RECHT WIRTSCHAFT STEUERN

Kommentar zum Vergaberecht

Vergaberechtliche Vorschriften des GWB

Herausgegeben von

Dr. Jan Byok, LL. M.
Rechtsanwalt, Düsseldorf

und

Wolfgang Jaeger
Vorsitzender Richter am OLG Düsseldorf a. D.,
Rechtsanwalt, Essen

Bearbeitet von

Guido **Bormann**, Rechtsanwalt, Düsseldorf • Univ.-Prof. Dr. Christoph **Brüning**, Christian-Albrechts-Universität zu Kiel • Dr. Jan **Byok**, LL.M., Rechtsanwalt, Düsseldorf • Dr. Alexander **Csaki**, Rechtsanwalt, München • Univ.-Prof. Dr. Johannes **Dietlein**, Heinrich-Heine-Universität Düsseldorf • Dr. Alexander **Fandrey**, Rechtsanwalt, Düsseldorf • Bernhard **Fett**, Leitender Regierungsdirektor, Dresden • Gregor **Franßen**, EMLE, Rechtsanwalt, Essen • Dr. Ramin **Goodarzi**, Rechtsanwalt, Düsseldorf • Wolfgang **Jaeger**, Vorsitzender Richter am OLG Düsseldorf a.D., Rechtsanwalt, Essen • Dr. Johannes **Jansen**, Vorsitzender Richter am LSG NRW, Essen • Prof. Dr. Marcel **Kau**, LL.M., außerplanmäßiger Professor an der Universität Konstanz • Prof. Dr. Jürgen **Kühnen**, Vorsitzender Richter am OLG Düsseldorf, Lehrbeauftragter an der Universität zu Köln • Hans-Martin **Müller**, Ministerialrat, Referatsleiter, Düsseldorf • Dr. Rainer **Noch**, Rechtsanwalt, Unkel/Rh. und München • Alexander **Ockenfels**, Rechtsanwalt, Essen • Dr. Nicola **Ohrtmann**, Rechtsanwältin, Essen • Dr. Ansgar **Suermann**, LL.M., Rechtsanwalt, Bielefeld, Unternehmensjurist, Duisburg und Frankfurt a. M. • Michael Jürgen **Werner**, LL.M., Rechtsanwalt, Brüssel, Lehrbeauftragter am Europa-Institut der Universität des Saarlandes • Jörg **Wiedemann**, Richter am OLG Naumburg

4., überarbeitete und umfassend ergänzte Auflage 2018

Fachmedien Recht und Wirtschaft | dfv Mediengruppe | Frankfurt am Main

Bibliografische Information der Deutschen Nationalbibliothek

Die Deutsche Nationalbibliothek verzeichnet diese Publikation in der Deutschen Nationalbibliografie; detaillierte bibliografische Daten sind im Internet über http://dnb.d-nb.de abrufbar.

ISBN 978-3-8005-1662-9

dfv Mediengruppe

Satzkonvertierung: Lichtsatz Michael Glaese GmbH, 69502 Hemsbach

Druck und Verarbeitung: Kösel GmbH & Co. KG, 87452 Altusried-Krugzell

Printed in Germany

Vorwort

Seit dem am 1.1.1999 in Kraft getretenen und im April 2009 sowie April 2016 grundlegend novellierten 4. Teil des GWB ist das Vergaberecht zu einem eigenständigen, volkswirtschaftlich bedeutsamen Rechtsgebiet herangewachsen. Durch landesrechtliche Maßnahmen, die Erfassung des Unterschwellenbereiches und den Zuwachs an Entscheidungspraxis hat sich die Materie merklich ausgedehnt. 20 Praxisjahre zeigen, dass die Regulierung der öffentlichen Auftragsvergabe ein hochkomplexes, dynamisches Gesamtsystem mit bedeutender Verzahnung zu einer Fülle von Fachrechtsgebieten geschaffen hat. Herausgeber und Verlag halten es daher im Interesse aller derjenigen, die Vergaberecht zu beachten und anzuwenden haben, jetzt für geboten, den aktuellen Stand des geltenden GWB-Vergaberechts durch diese 4. Auflage zu dokumentieren und zu erläutern.

Durch das am 18.4.2016 in Kraft getretene Vergaberechtsmodernisierungsgesetz wurden im 4. Teil des GWB zahlreiche Vorschriften neu eingefügt oder umfassend erweitert. Da der Kommentar – wie in den Vorauflagen – den Schwerpunkt auf das GWB-Vergaberecht legen und dessen gewohnte, qualitative Bearbeitungstiefe gewährleisten möchte, ohne hierbei die für den Nutzer praktische Handhabung in nur einem Band aufzugeben, wird in dieser 4. Auflage auf eine Kommentierung der Vergabeverordnung sowie auf die bisherige Entscheidungsübersicht verzichtet. Die Vergabeverordnung, welche ebenfalls im April 2016 umfassend reformiert sowie stark ausgeweitet wurde, stellt jedoch weiterhin eine unverzichtbare Ergänzung des GWB-Vergaberechts dar und ist daher in Anhang I 2. textlich abgebildet.

Für die kenntnisreiche Behandlung der zahlreichen neuen oder umgestalteten GWB-Vorschriften konnten als weitere Autoren folgende Persönlichkeiten gewonnen werden: Herr Univ.-Prof. Dr. Christoph Brüning, Herr Rechtsanwalt Dr. Alexander Csaki, Herr Leitender Regierungsdirektor Bernhard Fett, Herr Rechtsanwalt Dr. Ramin Goodarzi, Herr Prof. Dr. Marcel Kau, LL.M., Herr Rechtsanwalt Alexander Ockenfels, Frau Rechtsanwältin Dr. Nicola Ohrtmann, Herr Dr. Ansgar Suermann, LL.M. und Herr RiOLG Jörg Wiedemann. Dr. Ramin Goodarzi vermittelt einen Einblick in das „Sondervergaberecht" im Hinblick auf Ausschreibungen zur Ökostromförderung nach dem EEG, um dadurch das Werk umsichtig abzurunden.

Herr em. Univ.-Prof. Dr. Dr. h.c. Kay Hailbronner, LL.M., sowie Herr Rechtsanwalt Dr. Thomas Noelle sind aus dem Autorenteam ausgeschieden. Ihnen gilt großer Dank für die langjährige Unterstützung.

Die Herausgeber sind allen Autoren sehr verbunden, dass sie sich auch an der Fortsetzung dieses Kommentarwerkes in nunmehr 4. Auflage mit hohem Interesse, großer Geduld und herausragender Fachkompetenz beteiligt haben. Besonderen, tiefen Dank für die treue und unermüdliche Unterstützung bei der inhaltlichen und organisatorischen Bewältigung dieser 4. Auflage schulden die Herausgeber Frau Rechtsanwältin Alice-Christine Rudolph, Düsseldorf. Ohne ihre wertvollen Beiträge wäre das Erscheinen dieser Neuauflage nicht gelungen. Ein herzlicher Dank richtet sich auch an Frau Nadine Grüttner und Frau Tanja Brücker, Frankfurt am Main, für ihre kompetente Unterstützung auf Seiten des Verlages.

Für Anregungen und Kritik von Seiten der Benutzer des Kommentars sind die Herausgeber nach wie vor aufgeschlossen und dankbar.

Düsseldorf, im Mai 2018

Jan Byok
Wolfgang Jaeger

Bearbeiterverzeichnis

Guido Bormann	§§ 104, 117, 144, 145, 147, 156
Prof. Dr. Christoph Brüning	§§ 101,105,148–154
Dr. Jan Byok, LL.M.	§§ 160–168, 169 Abs. 1, Abs. 3 und 4, 170
Dr. Alexander Csaki	§§ 103, 118, 121, 122, 127, 130
Prof. Dr. Johannes Dietlein	Einl. A. (Systematische Einführung)
Dr. Alexander Fandrey	Einl. A. (Systematische Einführung)
Bernhard Fett	§§ 114, 128, 129, 133
Gregor Franßen, EMLE	§§ 102, 107, 113, 136–140, 142, 143, 180, 181
Dr. Ramin Goodarzi	Einl. B. II. (Ausschreibungen zur Ökostromförderung nach dem EEG)
Wolfgang Jaeger	§§ 169 Abs. 2, 171–179
Dr. Johannes Jansen	Einl. B. I. (Kartellvergaberecht im Gesundheitswesen)
Prof. Dr. Marcel Kau, LL.M.	§§ 97, 109–112, 116
Prof. Dr. Jürgen Kühnen	§§ 106, 134, 135
Hans-Martin Müller	Einl. C. (Zuwendungen und Vergaberecht), §§ 159, 183, 184, 186
Dr. Rainer Noch	§§ 155, 157,158, 182
Alexander Ockenfels	§§ 102, 107, 136, 140, 142
Dr. Nicola Ohrtmann	§§ 123–126
Dr. Ansgar Suermann, LL.M.	§ 131
Michael Jürgen Werner, LL.M.	§§ 98–100, 115, 119, 120, 141, 146
Jörg Wiedemann	§§ 108, 132

Inhaltsverzeichnis

Kommentierung der vergaberechtlichen Vorschriften des GWB

Teil 4
Vergabe von öffentlichen Aufträgen und Konzessionen

Kapitel 1
Vergabeverfahren

Abschnitt 1
Grundsätze, Definitionen und Anwendungsbereich

Abschnitt 2
Vergabe von öffentlichen Aufträgen durch öffentliche Auftraggeber

Unterabschnitt 1
Anwendungsbereich

Unterabschnitt 2
Vergabeverfahren und Auftragsausführung

Abschnitt 3
Vergabe von öffentlichen Aufträgen in besonderen Bereichen und von Konzessionen

Unterabschnitt 1
Vergabe von öffentlichen Aufträgen durch Sektorenauftraggeber

Unterabschnitt 2
Vergabe von verteidigungs- oder sicherheitsspezifischen öffentlichen Aufträgen

Unterabschnitt 3
Vergabe von Konzessionen

Kapitel 2
Nachprüfungsverfahren

Abschnitt 1
Nachprüfungsbehörden

Abschnitt 2
Verfahren vor der Vergabekammer

Abschnitt 3
Sofortige Beschwerde

Teil 6
Übergangs- und Schlussbestimmungen

Anhang

Anhang I

Anhang II

Anhang III

Abkürzungsverzeichnis

a.	auch
A. A., a. A.	anderer Ansicht
aaO., a. a. O.	am angegebenen Ort
abl.	ablehnend
ABlEG	Amtsblatt der Europäischen Gemeinschaften
ABlEU	Amtsblatt der Europäischen Union
Abs.	Absatz
AcP	Archiv für die civilistische Praxis
AUEV, AEU-Vertrag	konsolidierte Fassung des Vertrags über die Arbeitsweise der Europäischen Union
a. F.	alte Fassung
Ag.	Antragsgegner(-in)
AG	Amtsgericht
Allg., allg.	allgemein
Alt.	Alternative
a. M.	anderer Meinung
Amtl. Begr.	Amtliche Begründung
ANBest	Allgemeine Nebenbestimmungen für Zuwendungen
Anm.	Anmerkung
AnwBl.	Anwaltsblatt
AöR	Archiv des öffentlichen Rechts (Zeitschrift)
Art.	Artikel
Ast.	Antragsteller(-in)
Aufl.	Auflage
Az.	Aktenzeichen
BAnz.	Bundesanzeiger
BauR	Baurecht
BauRB	Bau-Rechts-Berater (Zeitschrift)
BayObLG	Bayerisches Oberstes Landesgericht
BayVBl.	Bayerische Verwaltungsblätter
BB	Betriebs-Berater (Zeitschrift)
Bd.	Band
BDI	Bundesverband der deutschen Industrie
bearb.	bearbeitet
BeckRS	Beck-Rechtsprechung
BENeuglG	Gesetz zur Zusammenführung und Neugliederung der Bundeseisenbahn
Beschl. v.	Beschluss vom
BFH	Bundesfinanzhof
BGB	Bürgerliches Gesetzbuch
BGBl. I	Bundesgesetzblatt Teil I
BGH	Bundesgerichtshof
BGHZ	Entscheidungen des Bundesgerichtshofs in Zivilsachen

BHO	Bundeshaushaltsordnung
BKartA	Bundeskartellamt
BKR	aufgehobene Baukoordinierungsrichtlinie (RL 93/37/EWG)
BMBF	Bundesministerium für Bildung und Forschung
BMF	Bundesministerium für Finanzen
BMVBS	Bundesministerium für Verkehr, Bauen und Stadtentwicklung
BMWi	Bundesministerium für Wirtschaft und Energie
BRat, BR	Bundesrat
BR-Drs.	Bundesrats-Drucksache
BSG	Bundessozialgericht
Bsp.	Beispiel
bspw.	beispielsweise
BTag, BT	Bundestag
BT-Drs.	Bundestags-Drucksache
Buchst.	Buchstabe
BVerfG	Bundesverfassungsgericht
BVerfGE	Entscheidungen des Bundesverfassungsgerichts
BVerwG	Bundesverwaltungsgericht
BVerwGE	Entscheidungen des Bundesverwaltungsgerichts
bzgl.	bezüglich
bzw.	beziehungsweise
ca.	circa
c.i.c.	culpa in contrahendo
CMLR	Common Market Law Review (Zeitschrift)
CMP	Code des Marchés Publics (Frankreich)
CPA	Statistische Güterklassifikation in Verbindung mit den Wirtschaftszweigen in der Europäischen Wirtschaftsgemeinschaft (Classification of Products According to Activities)
CPC	Zentrale Güterklassifikation der Vereinten Nationen (Central Product Classification)
CPV	Gemeinsames Vokabular für öffentliche Aufträge (Common Procurement Vocabulary)
d.	der, die, das, den, des, diesen, diesem
DAB	Deutsches Architektenblatt (Zeitschrift)
DB	Der Betrieb (Zeitschrift)
DDR	Deutsche Demokratische Republik
ders.	derselbe
d.h.	das heißt
dies.	dieselbe
DiskE	Diskussionsentwurf VgRÄG
Diss.	Dissertation
d. J.	des Jahres
DKR, DLR	aufgehobene Dienstleistungskoordinierungsrichtlinie (RL 92/50/EWG)
DÖV	Die öffentliche Verwaltung (Zeitschrift)

Dok.	Dokument
DStZ	Deutsche Steuer-Zeitung (Zeitschrift)
DVA	Deutscher Vergabe- und Vertragsausschuss für Bauleistungen
DVAL	Deutscher Verdingungsausschuss fur Leistungen
DVBl.	Deutsches Verwaltungsblatt (Zeitschrift)
DZWiR	Deutsche Zeitschrift für Wirtschaftsrecht (Zeitschrift)
E, Entw	Entwurf
EBRD	Europäische Bank für Wiederaufbau und Entwicklung (European Bank for Reconstruction and Development)
ECU	Europäische Währungseinheit (European Currency Unit)
EEG	Gesetz für den Ausbau erneuerbarer Energien (Erneuerbare-Energien-Gesetz – EEG)
EFTA	Europäische Freihandelsassoziation (European Free Trading Association)
EG	Europäische Gemeinschaft
EGV	Vertrag zur Gründung der Europäischen Gemeinschaft (EG-Vertrag)
EGV-N.	EG-Vertrag (in der Fassung des Vertrages von Nizza)
ELR	European Law Review (Zeitschrift)
EMRK	Europäische Menschenrechtskonvention zum Schutze der Menschenrechte und Grundfreiheiten vom 4.11.1950
endg.	endgültig
EnWG	Gesetz über die Elektrizitäts- und Gasversorgung (Energiewirtschaftsgesetz – EnWG)
EPL	European Public Law (Zeitschrift)
ErwG	Erwägungsgrund
ESM	Europäischer Stabilitätsmechanismus
EU	Europäische Union
EuG	Europäisches Gericht 1. Instanz
EuGH	Europäischer Gerichtshof
EUK	Europa kompakt (Zeitschrift)
EuR	Europarecht (Zeitschrift)
EUV	Vertrag über die Europäische Union
EuVgR	Europäisches Vergaberecht (Zeitschrift, fortgeführt als „Vergaberecht" [VgR] ab Heft 4/96)
EuZW	Europäische Zeitschrift für Wirtschaftsrecht (Zeitschrift)
evtl.	eventuell
EWR	Europäischer Wirtschaftsraum
EWS	Europäisches Wirtschafts- und Steuerrecht (Zeitschrift)
f.	folgende
F. A. Z.	Frankfurter Allgemeine Zeitung
ff.	fortfolgende
FiWi	Finanzwirtschaft (Zeitschrift)
Fn.	Fußnote
FS	Festschrift

GATS	Allgemeines Übereinkommen über den Handel mit Dienstleistungen (General Agreement on Trade in Services)
GATT	Allgemeines Zoll- und Handelsabkommen (General Agreement on Tariffs and Trade)
gem.	gemäß
GemHVO	Gemeindehaushaltsverordnung
GesR	GesundheitsRecht (Zeitschrift)
Gew Arch	Gewerbearchiv (Zeitschrift)
GG	Grundgesetz
ggf.	gegebenenfalls
GKG	Gerichtskostengesetz
GO VK Bund	Geschäftsordnung der Vergabekammern des Bundes vom 15.7.2005
GPA	Übereinkommen für das öffentliche Beschaffungswesen (Government Procurement Agreement)
GPC	Government Procurement Code
GRC	Charta der Grundrechte der Europäischen Union (Grundrechte-Charta)
grds.	grundsätzlich
GRUR	Gewerblicher Rechtsschutz und Urheberrecht (Zeitschrift)
GRW	Grundsätze und Richtlinien für Wettbewerbe auf den Gebieten der Raumplanung, des Städtebaus und des Bauwesens
GSOBG	Gemeinsamer Senat der obersten Bundesgerichte
GVBl.	Gesetz- und Verordnungsblatt
GVG	Gerichtsverfassungsgesetz
GWB	Gesetz gegen Wettbewerbsbeschränkungen
GWB-E	GWB-Entwurf
h. A.	herrschende Ansicht
HGB	Handelsgesetzbuch
HGrG	Haushaltsgrundsätzegesetz
h.M.	herrschende Meinung
HOAI	Honorarordnung für Architekten und Ingenieure
hrsg.	herausgegeben
Hrsg.	Herausgeber
Hs., HS	Halbsatz
IBR	Immobilien- & Baurecht (Zeitschrift)
IBRD	Internationale Bank für Wiederaufbau und Entwicklung (International Bank for Reconstruction and Development)
i.d.F.	in der Fassung
i. d. R.	in der Regel
i. E.	im Ergebnis
IGH	Internationaler Gerichtshof
i.H.v.	in Höhe von
IKZ	interkommunale Zusammenarbeit
ILO	Internationale Arbeitsorganisation (International Labour Organization)
insbes.	insbesondere
IÖÖP	institutionelle öffentlich-öffentliche Partnerschaft

IR	InfrastrukturRecht (Zeitschrift)
i.S.d.	im Sinne des/der
i. st. Rspr.	in ständiger Rechtsprechung
i.S.v.	im Sinne von
i. Ü.	im Übrigen
i.V.m.	in Verbindung mit
IWF	Internationaler Währungsfonds
JA	Juristische Arbeitsblätter (Zeitschrift)
jew.	jeweils
Jhrg.	Jahrgang
JR	Juristische Rundschau (Zeitschrift)
jurisPRWettbR	JurisPRWettbewerbsrecht (Online-Zeitschrift)
JuS	Juristische Schulung (Zeitschrift)
JZ	Juristenzeitung (Zeitschrift)
Kap.	Kapitel
KartR	Kartellrecht
Kat.	Kategorie
KG	Kammergericht (Berlin)
KMU	kleine und mittlere Unternehmen
KOM	Europäische Kommission
KommJur	Kommunaljurist (Zeitschrift)
KonzVgV	Verordnung über die Vergabe von Konzessionen (Konzessionsvergabeverordnung)
KostRMoG	Kostenrechtsmodernisierungsgesetz
KV	Kostenverzeichnis
KVR	Konzessionsvergaberichtlinie (RL 2014/23/EU)
LG	Landgericht
LHO	Landeshaushaltsordnung
lit.	littera(e) = Buchstabe(n)
Lit.	Literatur
LKR	aufgehobene Lieferkoordinierungsrichtlinie (RL 93/36/EWG)
LKV	Landes- und Kommunalverwaltung (Zeitschrift)
LMK	Kommentierte BGH-Rechtsprechung Lindenmaier-Möhring (Zeitschrift)
LS	Leitsatz
LSA	Land Sachsen-Anhalt
LSG	Landessozialgericht
MDR	Monatsschrift für Deutsches Recht (Zeitschrift)
m. E.	meines Erachtens
MF	Finanzministerium
MI	Monatsinfo des forum vergabe e.V., im Internet unter www. forum-vergabe.de/
MinBl.	Ministerialblatt

MMR	MultiMedia und Recht (Zeitschrift)
Mrd.	Milliarden
m. w. N., m. w. Nachw.	mit weiteren Nachweisen
MwSt.	Mehrwertsteuer
NATO	Nordatlantikpakt / Organisation des Nordatlantikvertrags (North Atlantic Treaty Organization)
n. F.	neue Fassung
NGO	Nichtregierungsorganisation (Non-governmental organization)
NJW	Neue Juristische Wochenschrift (Zeitschrift)
NJWE-WettbR	NJW Entscheidungsdienst Wettbewerbsrecht (Zeitschrift)
NJW-RR	Neue Juristische Wochenschrift – Rechtsprechungsreport (Zeitschrift)
NordÖR	Zeitschrift für öffentliches Recht in Norddeutschland (Zeitschrift)
NpV	Nachprüfungsverordnung
N&R	Netzwirtschaft & Recht (Zeitschrift)
Nr.	Nummer
NRW	Nordrhein-Westfalen
NVwZ	Neue Zeitschrift für Verwaltungsrecht (Zeitschrift)
NVwZ-RR	Neue Zeitschrift für Verwaltungsrecht – Rechtsprechungsreport (Zeitschrift)
NW	Nordrhein-Westfalen
NWVBl.	Nordrhein-Westfälische Verwaltungsblätter (Zeitschrift)
NZA	Neue Zeitschrift für Arbeitsrecht (Zeitschrift)
NZBau	Neue Zeitschrift für Baurecht und Vergaberecht (Zeitschrift)
NZM	Neue Zeitschrift für Miet- und Wohnungsrecht (Zeitschrift)
NZS	Neue Zeitschrift für Sozialrecht (Zeitschrift)
o.	oder
obj.	objektiv
OECD	Organisation für wirtschaftliche Zusammenarbeit und Entwicklung (Organisation for Economic Co-operation and Development)
o. g.	obengenannt/e/er
OLG	Oberlandesgericht
OVG	Oberverwaltungsgericht
PharmR	Pharma Recht (Zeitschrift)
PPLR	Public Procurement Law Review (Zeitschrift)
PPP	öffentlich-private Partnerschaft (Public Private Partnership/Private-Public-Partnership)
RB Bau	Richtlinie für die Durchführung von Hochbauaufgaben des Bundes im Zuständigkeitsbereich der Finanzbauverwaltungen
RdE	Recht der Energiewirtschaft (Zeitschrift)
RdErl.	Runderlass
RefE	Referentenentwurf
RegE	Regierungsentwurf

RFD adm.	Revue française de droit administratif (Zeitschrift)
RiA	Recht im Amt (Zeitschrift)
RIW (AWD)	Recht der Internationalen Wirtschaft (Außenwirtschaftsdienst) (Zeitschrift)
RL(n)	Richtlinie(n)
RML	Rechtsmittelrichtlinie (RL 89/665/EWG, geändert durch RL 2007/66/EG)
RMLS	Rechtsmittelrichtlinie Sektoren (RL 92/13/EWG, geändert durch RL 2007/66/EG)
Rn.	Randnummer
RPA	Recht und Praxis der öffentlichen Auftragsvergabe (Zeitschrift)
Rs.	Rechtssache
Rspr.	Rechtsprechung
RT	Riigi Teataja (Amtsblatt der Republik Estland)
RVG	Rechtsanwaltsvergütungsgesetz
s.	siehe
S.	Seite
s.a.	siehe auch
SächsVwBl.	Sächsische Verwaltungsblätter (Zeitschrift)
SBVR	Schweizerisches Bundesverwaltungsrecht (hrsg. v. Heinrich Koller u.a.)
SektVO	Verordnung über die Vergabe von öffentlichen Aufträgen im Bereich des Verkehrs, der Trinkwasserversorgung und der Energieversorgung (Sektorenverordnung)
SIMAP	Standardinformationssystem der EU im Internet für das öffentliche Auftragswesen (Système d'information pour les marchés publics européens)
SKR	aufgehobene Sektorenrichtlinie (RL 2004/17/EG)
SKR EWG	aufgehobene Sektorenrichtlinie (RL 93/38/EWG)
Slg.	Amtliche Sammlung der Entscheidungen des EuGH
SOG LSA	Gesetz über die öffentliche Sicherheit und Ordnung des Landes Sachsen-Anhalt
sog., sogen.	sogenannt/e/er
SozSich	Soziale Sicherheit. Zeitschrift für Arbeit und Soziales (Zeitschrift)
SPNV	Schienenpersonennahverkehr
SRL	Sektorenvergaberichtlinie (RL 2014/25/EU)
str.	streitig
st. Rspr.	ständige Rechtsprechung
subj.	subjektiv
SÜG	Sicherheitsüberprüfungsgesetz
SÜWR	Sektorenüberwachungsrichtlinie (RL 92/13/EWG)
SZR	Sonderziehungsrecht(e)
TED	Tenders Electronic Daily
TS	Technische Spezifikationen
Tz.	Teilziffer

u.	und
ÜWR	Überwachungsrichtlinie (RL 89/665/EWG)
UN	Vereinte Nationen (United Nations)
UNCITRAL	Kommission der Vereinten Nationen für Internationales Handelsrecht (United Nations Commission on International Trade Law)
UNO	Organisation der Vereinten Nationen (United Nations Organization)
Unterabs.	Unterabsatz
Ur. l. RS	Amtsblatt der Republik Slowenien (Teil 1)
Urt. v.	Urteil vom
U. S./USA	Vereinigte Staaten von Amerika
u. U.	unter Umständen
UVgO	Verfahrensordnung für die Vergabe öffentlicher Liefer- und Dienstleistungsaufträge unterhalb der EU-Schwellenwerte (Unterschwellenvergabeordnung)
UWG	Gesetz gegen den unlauteren Wettbewerb
v.	vom
Verf.	Verfasser
VergAB	Vergabeüberwachungsausschuss Bund (in: WuW/E)
VergabE	Entscheidungssammlung zum deutschen und europäischen Vergaberecht (Hrsg.: Fischer/Noch/Münkemüller, Stand: November 2004)
VergabeR, VergR	Vergaberecht (Zeitschrift, ab 2001)
VergAL	Vergabeüberwachungsausschüsse Länder (in: WuW/E)
VergK	Vergabekammer
VergModG, VergModG 2009	Gesetz zur Modernisierung des Vergaberechts vom 20.4.2009
VergRModG, VergRModG 2016	Gesetz zur Modernisierung des Vergaberechts vom 17.2.2016
VergRModVO	Verordnung zur Modernisierung des Vergaberechts vom 12.4.2016
VergStatVO	Vergabestatistikverordnung
VERIS	vergaberechtliche Datenbank des forum vergabe e. V.; im Internet unter https://www.vergabedatenbank.de/ oder über www.forum-vergabe.de (Link: vergaberechtliche Datenbank VERIS)
VertVergRL	Verteidigungsvergaberichtlinie (RL 2009/81/EG)
VerwArch	Verwaltungsarchiv (Zeitschrift)
VGH	Verwaltungsgerichtshof
vgl.	vergleich/e
VgNpV	(geplante) Vergabe- und Nachprüfungsverordnung
VgR	Vergaberecht (Fortsetzung des Periodikums „Europäisches Vergaberecht“ [EuVgR] ab Heft 4/1996)
VgRÄG	Vergaberechtsänderungsgesetz vom 26.8.1998
VgRÄGVS	Gesetz zur Änderung des Vergaberechts für die Bereiche Sicherheit und Verteidigung vom 7.12.2011
VgV	Vergabeverordnung
VK	Vergabekammer
VKR	aufgehobene Vergabekoordinierungsrichtlinie (RL 2004/18/EG)
VO	Verordnung

VOB	Vergabe- und Vertragsordnung für Bauleistungen
VOB/A	Vergabe- und Vertragsordnung für Bauleistungen, Teil A: Allgemeine Bestimmungen für die Vergabe von Bauleistungen
VOB/B	Vergabe- und Vertragsordnung für Bauleistungen, Teil B: Allgemeine Vertragsbedingungen für die Ausführung von Bauleistungen
VOB/C	Vergabe- und Vertragsordnung für Bauleistungen, Teil C: Allgemeine Technische Vertragsbedingungen für Bauleistungen
VOF	Vergabeordnung für freiberufliche Dienstleistungen
VOL	Vergabe- und Vertragsordnung für Leistungen
VOL/A	Vergabe- und Vertragsordnung für Leistungen, Teil A: Allgemeine Bestimmungen für die Vergabe von Leistungen
VOL/B	Vergabe- und Vertragsordnung für Leistungen, Teil B: Allgemeine Vertragsbedingungen für die Ausführung von Leistungen
Vorbem.	Vorbemerkung
VpSt	Vergabeprüfstelle
VR	Verwaltungsrundschau (Zeitschrift)
VRL	Vergaberichtlinie (RL 2014/24/EU)
VS	Verschlusssache(n)
VSVgV	Vergabeverordnung Verteidigung und Sicherheit vom 12.7.2012
VÜ, VÜA	Vergabeüberwachungsausschuss
VV	Vergütungsverzeichnis
VVD StRL	Veröffentlichungen der Vereinigung der Deutschen Staatsrechtslehrer (Zeitschrift)
VwGO	Verwaltungsgerichtsordnung
VwKostG	Verwaltungskostengesetz
VwVfG	Verwaltungsverfahrensgesetz
VwVG	Verwaltungsvollstreckungsgesetz
VwZG	Verwaltungszustellungsgesetz
WiB	Wirtschaftsrechtliche Beratung (Jahrgänge 1994 bis 1997)
WRP	Wettbewerb in Recht und Praxis (Zeitschrift)
WRV	Weimarer Verfassung
WTO	Welthandelsorganisation (World Trade Organization)
WuW	Wirtschaft und Wettbewerb (Zeitschrift)
WuW/E	Wirtschaft und Wettbewerb/Entscheidungssammlung zum Kartellrecht
z.B.	zum Beispiel
ZBB	Zeitschrift für Bankrecht und Bankwirtschaft (Zeitschrift)
ZEuP	Zeitschrift für Europäisches Privatrecht (Zeitschrift)
ZfBR	Zeitschrift für deutsches und internationales Baurecht (Zeitschrift)
ZfWG	Zeitschrift für Wett- und Glücksspielrecht (Zeitschrift)
ZHR	Zeitschrift für das gesamte Handelsrecht und Wirtschaftsrecht (Zeitschrift)
Ziff.	Ziffer
ZIP	Zeitschrift für Wirtschaftsrecht (Zeitschrift)

ZögU	Zeitschrift für öffentliche und gemeinwirtschaftliche Unternehmen (Zeitschrift)
ZPO	Zivilprozessordnung
ZVgR	Zeitschrift für deutsches und internationales Vergaberecht (Zeitschrift)
ZWeR	Zeitschrift für Wettbewerbsrecht (Zeitschrift)

Sonstige Gesetzesabkürzungen wie in Schönfelder/Sartorius etc.

Einleitung

A. Systematische Einführung

Schrifttum: *Adam*, Öffentliche Auftragsvergabe und culpa in contrahendo, Diss. Freiburg 2004, Berlin 2005; *Benedict*, Sekundärzwecke im Vergabeverfahren, Diss. Heidelberg 1998/1999, Berlin 2000; *Beutinger*, Das Submissionswesen, 1915; *Boesen*, Vergaberecht, Kommentar zum 4. Teil des GWB, 2000; *Bultmann*, Beihilfenrecht und Vergaberecht, 2004; *Bungenberg*, Vergaberecht im Wettbewerb der Systeme, Habil.-Schr. Jena 2005/2006, Tübingen 2007; *Broens/Glock/Grosse*, Best Practices bei der Beschaffung ausgewählter Bedarfe, 2015; *Bürsch/Funken*, Kommentar zum ÖPP-Beschleunigungsgesetz, 2007; *Denzin/Siederer/von Bechtolsheim*, Vorgabe von Sozialstandards in Ausschreibungen von ÖPNV-Leistungen (Rechtsgutachten), 2008; *Dittmer*, Öffentliche Unternehmen und der Begriff des öffentlichen Auftraggebers, Diss. Berlin 2007, Baden-Baden 2008; *Dobmann*, Die Tariftreueerklärung bei der Vergabe öffentlicher Aufträge, Diss. Berlin 2005, Baden-Baden 2007; *Dörner*, Kommunale Submissionspolitik, 1908; *Dreier*, Grundgesetz Kommentar, Bd. 1, 2. Aufl. 2004; *Ehlers/Krebs* Grundfragen des Verwaltungsrechts und des Kommunalrechts, 2000; *Enchelmaier*, Europäisches Wirtschaftsrecht, 2005; *Fandrey*, Direktvergabe von Verkehrsleistungen, Diss. Düsseldorf 2009, Langenfeld 2010; *Feuchtwanger*, Staatliche Submissionspolitik in Bayern, Diss. München 1910, Stuttgart 2010; *Frenz*, Handbuch Europarecht, Bd. III, 2007; *Gabriel/Krohn/Neun*, Handbuch Vergaberecht, 2014; *Gandenberger*, Die Ausschreibung, Diss., Heidelberg 1961; *Grabitz/Hilf*, Das Recht der Europäischen Union, Loseblatt-Ausgabe, Bd. I, II und III: München, Stand: 2010; Bd. VI und VI: München, Stand: 25. Erg.-Lfg., Januar 2005; *Grimm/Grimm*, Deutsches Wörterbuch, 1854–1960; *Heinemann*, Die Erbringung sozialer Dienstleistungen durch Dritte nach deutschem und europäischem Vergaberecht, Diss. Osnabrück 2008, Baden-Baden 2009; *Heller, Marie*, Das Submissionswesen in Deutschland, 1907; *Heller, Robert F.*, Haushaltsgrundsätze für Bund, Länder und Gemeinden, 1998; *Hertwig*, Praxis der öffentlichen Auftragsvergabe, 4. Aufl. 2009; *Huber, Franz Karl*, Das Submissionswesen, Tübingen 1885; *Huber, Peter M.*, Konkurrenzschutz im Verwaltungsrecht, Schutzanspruch und Rechtsschutz bei Lenkungs- und Verteilungsentscheidungen der öffentlichen Verwaltung, Habil., Tübingen 1991; *Immenga/Mestmäcker*, Wettbewerbsrecht, Bd. 2: GWB, Kommentar zum Deutschen Kartellrecht, 4. Aufl. 2007; *Irmer*, Sekundärrechtsschutz und Schadenersatz im Vergaberecht, Diss. Berlin 2004, Frankfurt a. M. 2004; *Jansen*, Sozialgerichtsgesetz, Kommentar, 3. Aufl. 2009; *Jarass/Pieroth*, Grundgesetz für die Bundesrepublik Deutschland, Kommentar, 10. Aufl. 2009; *Jüngel*, Shame Sanctions – Wiedergeburt der Schandstrafe?, Diss. Düsseldorf 2010, Langenfeld 2010; *Klein*, Veräußerung öffentlicher Unternehmen und Vergaberecht, Diss. Düsseldorf 2004, Frankfurt a. M. 2005; *Köhler/Bornkamm*, Gesetz gegen den unlauteren Wettbewerb., 34. Aufl. 2016; *Kramer*, Tariftreue im europäischen Vergaberecht, Bd. I und II, Diss. Osnabrück 2005, Hamburg 2006; *Kulartz/Kus/Portz/Prieß*, GWB, 4. Aufl. 2016; *Lampe-Helbig*, Überprüfung der Vergabeverfahren der öffentlichen Auftraggeber, in: Festschrift für Carl Soergel, Stamsried 1993, S. 151; *Lantermann*, Vergaberegister – Ein rechtmäßiges und effektives Mittel zur Korruptionsbekämpfung?, Diss. Bochum 2007, Hamburg 2007; *Linke*, Die Gewährleistung des Daseinsvorsorgeauftrags im öffentlichen Personennahverkehr, Diss., Baden-Baden 2010; *Martini*, Der Markt als Instrument hoheitlicher Verteilungslenkung, Habil.-Schr. Hamburg 2006, Tübingen 2008; *Merten/Papier*, Handbuch der Grundrechte in Deutschland und Europa, Bd. 2, München 2006; *Müller*, Staatliche Preislenkung bei öffentlichen Aufträgen, Diss. Göttingen 1970, Köln/Berlin/Bonn/München 1970; *Münchener Kommentar zum Bürgerlichen Gesetzbuch*, (Hrsg. Säcker/Rixecker), Bd. 5, 5. Aufl. 2009 (zitiert: *Bearbeiter*, in: MünchKomm-BGB); *Neumann/Nielandt/Philipp*, Erbringung von Sozialleistungen nach Vergaberecht?, 2004; *Noelle/Rogmans*, Öffentliches Auftragswesen, 3. Aufl. 2002; *Noll*, Haushalt und Verfassung, 2000; *Ortner*, Vergabe von Dienstleistungskonzessionen, Diss. Köln 2007, Köln 2007; *Ossenbühl*, Staatshaftungsrecht, 5. Aufl. 1998; *Pastor*, Festschrift für Hermann Korbion zum 60. Geburtstag am 18. Juni 1986, 1986; *Pieroth/Schlink*, Grundrechte, Staatsrecht II, 23. Aufl. 2007; *Pietzcker*, Der Staatsauftrag als Instrument des Verwaltungshandelns, Habil.-Schr. Tübingen 1978, Tübingen 1978; *Pietzcker*, Änderungen des Rechtsschutzes bei der Auftragsvergabe, in: Bender/Breuer/Ossenbühl/Sendler (Hrsg.), Rechtsstaat zwischen Sozialgestaltung und Rechtsschutz, Festschrift für Konrad Redeker, 1993, S. 501; *Pietzcker*, Die Zweiteilung des Vergaberechts, Subjektive Rechte, Rechtsschutz, Reform, 2001; *Reichert*, Vergaberechtlicher Zwang zur Zahlung von Tariflöhnen, Diss. Bielefeld 2006, Berlin 2007; *Reimnitz*, Der neue Wettbewerbliche Dialog, Diss. Köln 2008, Frankfurt a. M. 2009; *Ries*, Bauverträge im römischen Recht, Diss. München 1989, München 1989; *Röwekamp/Fandrey*, Die Binnenmarktrelevanz öffentlicher Auftragsvergaben, 2. Aufl. 2015; *Ruhland*, Die Dienstleistungskonzession, Diss., Baden-Baden 2006; *Sachs*, Grundgesetz, Kommentar, 5. Aufl. 2009; *Saxinger/Winnes*, Recht des öffentlichen Personenverkehrs (Loseblatt), 2017; *Schardt*, Öffentliche Aufträge und das Beihilferegime des Gemeinschaftsrechts, Diss. Jena 2002, Stuttgart 2003; *Scharpenack*, Sekundärzwecke im Vergaberecht, Diss. Frankfurt a. M. 2004, Frankfurt a. M. 2005; *Schmidt*, Wirtschaftlichkeit in der öffentlichen Verwaltung, 6. Aufl. 2002; *Schmidt-Bleibtreu/Hofmann/Hopfauf*, Grundgesetz, Kommentar, 11. Aufl. 2008; *Schneider*, Der wettbewerbliche Dialog im Spannungsfeld der Grundsätze des Vergaberechts, Diss., Berlin 2009; *Sieg*, Quellenkritische Studien zur Bessergebotsklausel (in diem addictio) im römischen Kaufrecht, Diss. Hamburg 1933, Hamburg 1933; *Sormani-Bastian*, Vergaberecht und Sozialrecht, Diss. Frankfurt a. M. 2006, Frankfurt a. M. 2007; *Stern*, Das Staatsrecht der Bundesrepublik Deutschland, Bd. III/1, 1988; *Summann*, Vergabegrundsätze und Vergabeverfahren im Rechtsvergleich, Diss. Bochum 2007, Baden-Baden 2007; *Walz*, Die Bau- und Dienstleistungskonzession im deutschen und europäischen Vergaberecht, Diss. Hamburg 2009, Köln 2009; *Widmann*, Vergaberechtsschutz im Unterschwellenbereich, Diss. Mainz 2008, Baden-Baden 2008; *Wiedmann*, Die Zulässigkeit sozialer Vergabekriterien im Lichte des Gemeinschaftsrechts, Diss. München 2006, Baden-Baden 2007.

Übersicht

I. Die Bedeutung des Vergaberechts

Der Staat bedarf zur Erfüllung seiner Aufgaben vielfältiger Wirtschaftsgüter und Leistungen. Will oder kann er seinen Bedarf nicht im Wege der Eigenregie decken, muss er sich an Dritte wenden. Schon aus grundrechtlichen Gründen kann der Staat zu diesem Zwecke 1 grundsätzlich nicht auf Zwang (etwa Enteignungen) zurückgreifen, vielmehr muss er primär auf die konsensuale Beschaffung dieser Güter und Leistungen setzen. Dieser Beschaffungsvorgang wird von zahlreichen Regeln und Vorschriften detailliert geregelt, die der Staat, seine Behörden und bestimmte andere Einrichtungen beim „Einkauf am Markt" zu beachten haben. Diese Rechtsmaterie, die sich aus deren Gesamtheit zusammensetzt, wird im weitesten Sinne als **Vergaberecht** bezeichnet (zur Unterscheidung zwischen Vergaberecht im engeren und weiteren Sinne sogleich 3.). Begrifflich darf aus dem Wort der „Vergabe" nicht auf eine freiwillige, gar mildtätige Übergabe geschlossen werden.[1] Angesichts der mit der öffentlichen Auftragsvergabe verbundenen wirtschaftlichen Bedeutung für den Markt und auch für den staatlichen Haushalt (dazu sogleich 1.) wäre eine solche Sinnzuschreibung verfehlt. Der Beschaffungsvorgang ist ein schlichter ökonomischer Prozess, der entgegen weit verbreiteter Vorstellungen zuvörderst nach wirtschaftlichen Kriterien erfolgen sollte. Andere (sog. sekundäre bzw. vergabefremde bzw. strategische[2]) Zwecke treten hierhinter zurück (dazu sogleich 2.).

1. Der wirtschaftliche Einfluss der öffentlichen Auftragsvergabe

2 Die Schätzungen schwanken, der Befund bleibt: Dem Staat kommt als öffentlicher Auftraggeber ein enormes Nachfragepotenzial auf dem Markt zu. So liegt das jährliche Beschaffungsvolumen der Mitgliedstaaten nach Schätzungen der Europäischen Kommission bei rund 1.800 Mrd. Euro bzw. 16% des EU-BIP.[3] Als Größenordnung für Deutschland wird hier auf die Schätzung verwiesen, die der Wissenschaftliche Beirat beim Bundesministerium für Wirtschaft und Technologie in seiner Stellungnahme vom 12.5.2007[4] nennt: etwa 360 Mrd. Euro pro Jahr zzgl. etwa 60 Mrd. Euro pro Jahr für Beschaffungen von öffentlichen Unternehmen.

3 Zugleich steht die öffentliche Hand weitgehend außerhalb der klassischen Marktmechanismen, sodass sie weder durch Gewinnerzielungsabsichten geleitet wird noch – vergleichbar zu Privaten – zum wirtschaftlichen und sparsamen Umgang mit den ihr zur Verfügung gestellten Mitteln tatsächlich[5] gezwungen ist. Nicht selten wurden öffentliche Aufträge daher

---

1 Vgl. Stichwort „Vergaben" in Deutsches Wörterbuch von *Jacob Grimm* und *Wilhelm Grimm*, Leipzig, 1854–1960.

2 Alle drei Adjektive beschreiben letztlich dieselben Regelungen.

3 Diese Schätzungen für das Jahr 2006 stützen sich auf Daten aus den VGR-Mitteilungen der nationalen Statistikämter an das Statistische Amt der Europäischen Union (Eurostat) bzw. für die Versorgungswirtschaft auf Daten aus Jahresberichten und anderen Quellen, zitiert nach den Angaben im Arbeitsdokument der Kommission SEC 2193, S. 4.

4 Nach Angaben von *Waldmann*, VergabeR 2010, 298, 300, werden in Deutschland ca. 2,4 Mio. Vergabeverfahren durchgeführt, die wiederum etwa 19 Mrd. Euro Prozesskosten jährlich verursachen.

5 Freilich ist der Staat bei der Vergabe von öffentlichen Aufträgen rechtlich an das Haushaltsrecht gebunden. Gemäß § 6 Abs. 1 HGrG (ebenso § 7 Abs. 1 BHO und etwa § 7 Abs. 1 LHO NRW) sind die Grundsätze der Wirtschaftlichkeit und Sparsamkeit zu beachten. Der Staat soll sorgsam mit dem ihm zur Verfügung stehenden Mitteln umgehen und versuchen, die günstigste Relation zwischen dem verfolgten Zweck und den einzusetzenden Mitteln zu erzielen, vgl. *Noll*, Haushalt und Verfassung, 2000, S. 65; *Schmidt*, Wirtschaftlichkeit in der öffentlichen Verwaltung, 2002, S. 19ff.; *Heller*, Haushaltsgrundsätze für Bund, Länder und Gemeinden, 1998, S. 116. Hier wird die Schnittstelle des Vergaberechts zum Zuwendungsrecht deutlich. Das Vergaberecht dient bei der Verteilung von Fördermitteln als sinnvolles Instrument, um den wirtschaftlichen und sparsamen Einsatz der zur Verfügung gestellten Mittel zu gewährleisten.

in der Vergangenheit ohne Rücksicht auf die Wirtschaftlichkeit als Instrument der nationalen Wirtschaftspolitik eingesetzt. Angesichts der wirtschaftlichen Bedeutung bedarf es aber eines engen rechtlichen Korsetts, das die öffentliche Auftragsvergabe in geordnete Bahnen lenkt.

2. Verfolgte Zwecke

Vergaberecht ist mehr als nur ein **Mittel zur haushaltsschonenden Beschaffung**. Zugleich dient es dem Staat dazu, **Marktübersicht** zu erlangen.[6] Für einen Großteil der Beschaffungsgegenstände gibt es keinen fixen bzw. „objektiven" Marktpreis, sei es wegen der hohen Komplexität der nachgefragten Leistung, der benötigten Menge oder aufgrund des Umstandes, dass ein derartiges Produkt bisher noch nicht existiert. Häufig ist der Weg über ein Ausschreibungsverfahren die wirtschaftlichste und transparenteste Möglichkeit, erst den Markt für das konkrete Beschaffungsvorhaben zu schaffen. 4

Darüber hinausgehend präsentieren sich formale Ausschreibungsverfahren als weniger anfällig für Willkür, Korruption und Parteilichkeit als freihändige Vergaben. **Vergabefremde Einflussnahmen** durch Dritte werden minimiert, sobald sich der Ausschreibende in das Licht der Öffentlichkeit begibt. Die gerade durch die Bekanntmachung entstehende Transparenz und die Beachtung der Vorgaben zur Gleichbehandlung sind daher als die wichtigsten Instrumente anzusehen, um gegen unlautere und wettbewerbsverzerrende Verhaltensweisen vorzugehen. Dabei gilt es, die (im Übrigen strafbare) Bestechung der zuständigen Mitarbeiter ebenso zu verhindern wie die politische Einflussnahme auf konkrete Beschaffungsvorhaben oder wettbewerbswidrige Absprachen zwischen Bietern. 5

Ganz im Sinne der europäischen Binnenmarktkonzeption dient das Vergaberecht der **Marktöffnung** und der damit verbundenen Schaffung des grenzüberschreitenden Wettbewerbs.[7] Unternehmen aus allen Mitgliedstaaten sollen im Wege öffentlicher Ausschreibungen Zugangsmöglichkeiten zu bislang meist geschützten Märkten erlangen. Die Europäische Kommission[8] sieht das Vergabewesen daher zutreffend als „Schlüsselbereich des Binnenmarktes" an. 6

Zuletzt ist festzustellen, dass das Vergaberecht auch als **Instrument der Wirtschaftspolitik** eingesetzt werden kann.[9] Während die Förderung nationaler Unternehmen („buy national") nicht in Einklang zu bringen ist mit den Zielen des Vergaberechts, verknüpfte der nationale Gesetzgeber in der Vergangenheit häufiger Sekundärzwecke mit Ausschreibungsverfahren:[10] Zuvörderst zu nennen sind in diesem Zusammenhang die Einführung sog. „Tariftreue-Erklärungen" der ersten Generation,[11] in denen Bieter sich verpflichten mussten, 7

6 Hierzu und zum Folgenden *Hertwig*, Auftragsvergabe, Rn. 4.

7 Hierzu *Hailbronner*, in: Grabitz/Hilf, Das Recht der Europäischen Union, 2009, B 1 Einl. Rn. 3.

8 Mitteilung der Kommission zur Binnenmarktstrategie, KOM(2003), 238 endg., S. 18.

9 Hierzu und zum Folgenden *Hertwig*, Auftragsvergabe, Rn. 7 ff.

10 Auch bezeichnet als „vergabefremde Zwecke" bzw. neuerdings auch „strategische Ziele", allgemein hierzu *Benedict*, Sekundärzwecke im Vergabeverfahren, Diss., 2000; *Burgi*, NZBau 2001, 64 ff.; *Dietlein*, in: Stern, Staatsrecht, Bd. IV/1, 2006, S. 1866 f.; *Scharpenack*, Sekundärzwecke im Vergaberecht, Diss., 2005; *Storr*, WiVerw 2007, 183 ff.

11 Diese haben sicherlich den größten Raum in der Diskussion der vergangenen Jahre eingenommen. Die Verpflichtung zur Abgabe einer solchen wurde vom Bundesverfassungsgericht aufgrund höherrangiger Gemeinwohlgründe (Schutz tariflicher Regelungen und Bekämpfung der Massenar-

die lokal geltenden tarifvertraglichen Bestimmungen einzuhalten, die „Tariftreue-Erklärungen“ der zweiten Generation,[12] die Förderung des Mittelstands[13] etwa durch die Bildung von Teil- und Fachlosen, die Korruptionsbekämpfung[14] sowie die Betonung umweltpolitischer[15] und sozialpolitischer Aspekte.[16] Die Verankerung derartiger, neuerdings unter dem Label „strategische Ziele“ gefasster Zwecke hat mit der Zunahme der Landesvergabegesetze seit ca. 2011 erheblich an Bedeutung gewonnen. Kein Bundesland verzichtet auf vergaberechtliche Vorgaben auf Landesebene – größtenteils in Form eigener Landesvergabegesetze und ergänzt durch diverse Erlasse. Die Landesregierungen haben erkannt, dass sie durch die Betonung einzelner strategischer Zwecke über eine Möglichkeit verfügen, politische Ziele zu verfolgen und auf die Gesellschaft einzuwirken, ohne in besonderem Maße selbst Haushaltsmittel hierfür einstellen zu müssen. Eine Aussage einer NRW-Landtagsabgeordneten aus der ersten Lesung zum Tariftreue- und Vergabegesetz NRW von 2012 bringt es zutreffend auf den Punkt: „Man muss sich einmal klarmachen, worum es eigentlich geht: 50 Mrd. Euro werden in Nordrhein-Westfalen im Einkauf umgesetzt: vom Land, von den Kommunen, von den Landschaftsverbänden. Wir haben damit einen enormen Hebel in der Hand, mit dem wir etwas tun können, wenn wir ihn richtig einsetzen.“[17]

---

beitslosigkeit) akzeptiert, vgl. BVerfG, Beschl. v. 13.6.2006, 1 BvR 1160/03, BVerfGE 116, 202, 223 f. – Berliner Tariftreuegesetz. Der EuGH hat in seinem Urt. v. 3.4.2008, C-346/06, Slg. 2008, I-1989 = NZBau 2008, 332 ff. – Rüffert, jedoch einer solchen Vorgabe widersprochen, soweit nicht zugleich die Voraussetzungen der Entsenderichtlinie 96/71/EG erfüllt sind. Ferner verlangt die Dienstleistungsfreiheit ein kohärentes Regelungssystem. Ein solches liegt nicht vor, wenn in den betreffenden Sektoren Arbeitnehmer, die im Rahmen einer privaten Beauftragung tätig werden, ohne plausiblen Grund einen geringeren Schutz genießen als Arbeitnehmer, die im Rahmen öffentlicher Beauftragungen tätig werden. Insofern bestehen gegen einige der neuen landesrechtlichen Tariftreueregelungen durchaus Bedenken. Vgl. zum Ganzen statt Vieler die Doktorarbeiten von *Dobmann*, Die Tariftreueerklärung bei der Vergabe öffentlicher Aufträge, Diss., 2007; *Kramer*, Tariftreue im europäischen Vergaberecht, Bd. I und II, Diss., 2006; *Reichert*, Vergaberechtlicher Zwang zur Zahlung von Tariflöhnen, Diss., 2007; ferner *Frenz*, VergabeR 2009, 563 ff.; *Steiff/Andre*, NZBau 2008, 364 ff.; *Klumpp*, NJW 2008, 3473 ff.

12 Gemeint ist die Verpflichtung des Auftragnehmers, während der Ausführung des öffentlichen Auftrags den für den Auftrag eingesetzten Beschäftigten einen sog. vergabespezifischen Mindestlohn in einer konkret definierten Höhe zu zahlen.

13 Vgl. die Kommentierung zu § 97 GWB. Siehe ferner *Antweiler*, VergabeR 2006, 637 ff.; *Dreher*, NZBau 2005, 427 ff.; *Johannes*, ZVgR 1999, 187 ff.; *ders.*, LKV 2000, 235 ff.; *Kaltenborn*, GewArch 2006, 321 ff.; *Schaller*, ZfBR 2008, 142 ff.; ausführlich zu den Möglichkeiten der mittelstandsfreundlichen Vergabe *Burgi*, NZBau 2006, 606 ff., sowie *ders.*, NZBau 2006, 693 ff.

14 *Byok*, NJW 2006, 2076, 2083; *Gabriel*, VergabeR 2006, 173 ff.; *Lantermann*, Vergaberegister – Ein rechtmäßiges und effektives Mittel zur Korruptionsbekämpfung?, Diss., 2007. Die Erfahrungen mit dem nordrhein-westfälischen Korruptionsbekämpfungsgesetz wurden zwischenzeitlich ausgewertet, vgl. die Zusammenfassung bei *Lantermann*, ZRP 2009, 6 ff.

15 *Diemon-Wies/Graiche*, NZBau 2009, 409 ff.; *Frenz*, NuR 2007, 107 ff.; *Griem*, NVwZ 1999, 1171 ff.; *Otting*, CuR 2009, 44 ff.; zur möglichen „Ökologisierung“ der öffentlichen Auftragsvergabe vgl. *Wegener*, NZBau 2010, 273 ff.

16 Vgl. *Diemon-Wies/Graiche*, NZBau 2009, 409 ff.; *Wiedmann*, Die Zulässigkeit sozialer Vergabekriterien im Lichte des Gemeinschaftsrechts, Diss., 2007; zu den Verhaltensweisen, die unterstützt werden, gehören etwa die Förderung von Frauen, die Ausbildung von Lehrlingen und die Beschäftigung von Langzeitarbeitslosen. Speziell zur Frauenförderung *Böttger*, AuA 1996, 148 ff.; speziell zu Verkehrsausschreibungen *Denzin/Siederer/von Bechtolsheim*, Vorgabe von Sozialstandards in Ausschreibungen von ÖPNV-Leistungen (Gutachten im Auftrag von ver.di und Transnet), 2008.

17 So MdL *Daniela Schneckenberger*, MdL, Plenarprotokoll Nr. 15/40 vom 22.7.2011, S. 4031.

Die Verfolgung derartiger Sekundärzwecke ist ein zweischneidiges Schwert und mit vielfältigen rechtlichen Unsicherheiten verbunden. Unabhängig hiervon lässt das europäische wie auch das nationale Vergaberecht die Berücksichtigung zusätzlicher Bedingungen für die Ausführung des Auftrags zu und auch in § 128 Abs. 2 GWB wird den Vergabestellen diese Option eröffnet, wenn die Anforderungen im sachlichen Zusammenhang mit dem Auftragsgegenstand stehen und sich aus der Auftragsbekanntmachung oder den Vergabeunterlagen ergeben. **8**

3. „Das Vergaberecht" und „das Vergaberecht außerhalb des Vergaberechts"

Der Begriff „Vergaberecht" lässt sich in unterschiedlichen Zusammenhängen begreifen und erfasst hiervon abhängig unterschiedliche Rechtsmaterien. Der vorliegende Kommentar umfasst die Erläuterungen zu den vergaberechtlichen Vorschriften, die – mehr aus traditionellen als aus systematischen Gründen noch immer – im Gesetz gegen Wettbewerbsbeschränkungen (GWB) niedergelegt sind. Insoweit wird vom sog. **Kartellvergaberecht** gesprochen. Im Detail wird es ergänzt durch die zahlreichen Regelungen der Vergabe- und Vertragsordnung für Bauleistungen – Teil A (VOB/A), der Vergabeverordnung (VgV), der Sektorenverordnung (SektVO), der Vergabeverordnung für die Bereiche Verteidigung und Sicherheit (VSVgV) sowie der Konzessionsvergabeverordnung (KonzVgV). Das sog. Kartellvergaberecht steht nicht nur im Blickfeld dieses Kommentars, sondern ist auch gemeint, wenn gemeinhin von Vergaberecht gesprochen wird. Bei genauer Betrachtung wird von „dem" Vergaberecht aber deutlich mehr erfasst, als das – im Übrigen stark europarechtlich geprägte – Kartellvergaberecht. **9**

Die hier ansetzende Aufzählung beginnt mit Aufträgen, deren Volumen unterhalb bestimmter Wertschwellen (sog. Schwellenwerte, vgl. § 106 GWB) liegt. Diese Beschaffungen richten sich grundsätzlich nur nach deutschem Haushaltsrecht in Kombination mit Landesvergaberecht. Das Sammelsurium an Regeln und Vorschriften, die ein Träger öffentlicher Verwaltung bei der Beschaffung von sachlichen Mitteln und Leistungen, die er zur Aufgabenerfüllung benötigt, zu beachten hat, reicht weiter. In zahlreichen Vorschriften sind Pflichten statuiert, nach denen die öffentliche Hand eine Ausschreibung durchführen muss. So existieren eigene Ausschreibungsregeln für Bodenabfertigungsdienste wie auch für Personenbeförderungsleistungen im Schienen- und straßengebundenen Personennahverkehr,[18] oder im Bereich der Trinkwasserkonzessionen. Auch im Sozialsektor kam es in den letzten Jahren zu großen Änderungen und im Bereich der EEG-Förderung werden eigene Vergabeverfahren für die Verteilung der Fördergelder etabliert. Zudem ergeben sich aus dem europäischen Primärrecht Ausschreibungspflichten in Bezug auf Aufträge unterhalb der Schwellenwerte und aus dem Beihilfenrecht. Im Rahmen des Letzteren kann ein Vergabeverfahren als Nachweis dafür dienen, dass das beauftragte/bezuschusste/etc. Unternehmen nach Marktregeln ausgesucht wurde und keine Bevorzugung erhalten hat, der nicht zugleich eine marktangemessene Gegenleistung gegenübersteht. So empfiehlt es **10**

---

18 Vgl. die Umsetzung im AEG und im PBefG sowie die europäische Verordnung 1370/2007; zu Letzterer ausführlich *Fandrey*, Direktvergabe von Verkehrsleistungen, Diss., 2010; *Linke*, Die Gewährleistung des Daseinsvorsorgeauftrags im öffentlichen Personennahverkehr, Diss., 2010; vgl. ferner die Kommentierung von *Saxinger/Winnes*, Recht des öffentlichen Personenverkehrs (Loseblatt).

sich bereits aus diesem Grund, dem Verkauf von Grundstücken durch die öffentliche Hand ein öffentliches Ausschreibungsverfahren vorangehen zu lassen.[19] Und auch die Wahl eines privaten (Mit-)Gesellschafters für ein öffentliches Unternehmen soll im Wettbewerb erfolgen, wenngleich hier nur noch schwerlich von „Beschaffung" gesprochen werden kann.[20]

11 In der Folge hat sich ein weites Feld an Ausschreibungspflichten entwickelt, das zutreffend als „**Vergaberecht außerhalb des Vergaberechts**" bezeichnet werden kann. Diese Verfahren werden von denselben Ideen getragen wie das Kartellvergaberecht. Auch hier geht es letztlich um die diskriminierungsfreie Öffnung des (zumeist Beschaffungs-)Marktes zugunsten privater Unternehmen. Dass im Detail häufig weniger (form)strenge Regeln greifen als im Vergaberegime des Kartellvergaberechts, ist nicht nur als Nachteil anzusehen. So verbleibt auf Seiten der Vergabestellen ein größerer Spielraum, der es ihnen ermöglicht, neue Verfahrenskonzepte zu testen und Anpassungen im Kleinen vorzunehmen. Bewährt sich eine Regelung in dieser „kleinen" Praxis, so kann über den Transfer in die formalen Vergaberichtlinien nachgedacht werden.

II. Die bisherige Entwicklung des Vergaberechts

12 Die Grundgedanken, die dem heutigen Vergaberecht zugrunde liegen, sind keineswegs neu. Als roter Faden ziehen sich das Primat der Wirtschaftlichkeit und das formelle Verfahren als Mittel zur Marktübersicht durch die Geschichte.

1. Die Ursprünge des Vergaberechts in der Antike

13 Bereits im antiken Griechenland und zu Zeiten der römischen Republik wurde auf formalisierte Verfahren mit Bekanntmachung zurückgegriffen, um möglichst preiswerte Angebote einzuholen.[21] Insbesondere bei Bau- und Beschaffungsvorhaben nutzten die Römer das Po-

---

19 In Folge der sog. „Ahlhorn"-Rechtsprechung des OLG Düsseldorf (vgl. NZBau 2007, 530 ff. = VergabeR 2007, 634 ff.) war ein heftiger Streit um die Ausschreibungspflicht von Grundstücksveräußerungen ausgebrochen, vgl. nur *Kulartz*, VergabeR 2009, 282 ff.; *Ziekow*, VergabeR 2008, 151 ff.; *Gartz*, NZBau 2010, 293 ff. Zwischenzeitlich hat der EuGH in der Rechtssache C-451/08 (Urt. v. 25.3.2010, NZBau 2010, 321 ff.) ein Machtwort gesprochen und entschieden, dass die bloße Wahrnehmung städtebaulicher Regelungszuständigkeiten keine Vergabepflicht begründet. Notwendig ist vielmehr, dass die Leistung dem Auftraggeber unmittelbar wirtschaftlich zugutekommt. Es bleiben aber beihilferechtliche Überlegungen, die ein „Investorenauswahlverfahren" gebieten. Die Europäische Kommission hat hierzu in der sog. Grundstücksmitteilung („Mitteilung der Kommission betreffend Elemente staatlicher Beihilfe bei Verkäufen von Bauten oder Grundstücken durch die öffentliche Hand", Amtsblatt Nr. C 209 vom 10/7/1997 S. 0003 – 0005) ausgeführt: Sofern der Verkäufer ein hinreichend publiziertes, allgemeines und bedingungsfreies Bietverfahren durchführt, stellt die darauf folgende Veräußerung an den meistbietenden oder den einzigen Bieter grundsätzlich einen Verkauf zum Marktwert dar und enthält damit keine staatliche Beihilfe (Art. 1). Es spielt dann auch keine Rolle, ob vor dem Bietverfahren eine andere Bewertung des Gebäudes oder des Grundstücks existierte, z. B. für Buchungszwecke oder um ein beabsichtigtes erstes Mindestangebot bereitzustellen.

20 Vgl. *Klein*, Veräußerung öffentlicher Unternehmen und Vergaberecht, Diss., 2005; *Dietlein*, NZBau 2004, 472 ff.

21 Vgl. die Ausführungen bei *Martini*, Der Markt als Instrument hoheitlicher Verteilungslenkung, Habil., 2008, S. 273 f.; *Ries*, Bauverträge im römischen Recht, 1989; *Noelle/Rogmans*, Öffentliches Auftragswesen, S. 21.

tenzial öffentlicher Vergabeverfahren. Der Termin wurde zusammen mit der leges locationes bekannt gemacht, die eine Beschreibung des Vorhabens sowie die weiteren Vertragsbestimmungen (über Abnahme, Fertigstellung, Entgelt) enthielt. Die Angebote wurden im Rahmen eines öffentlichen, mündlichen Absteigerungstermins[22] abgegeben, bei dem sich die interessierten Bieter gegenseitig unterboten, bis sich schlussendlich keiner mehr fand, der bereit war, ein niedrigeres Angebot abzugeben. Zugleich bestand aber die Möglichkeit, eine sog. Besserungsklausel[23] in der leges locationes zu verankern, die dem Staat ermöglichte, sich von dem Zuschlag innerhalb einer bestimmten Frist zu lösen, wenn er ein besseres Gebot erhielt. Möglicher Vetternwirtschaft wurde begegnet durch das Verbot für Inhaber öffentlicher Ämter und ihre Verwandten, sich an Vergabeverfahren direkt oder als Partner von Bauunternehmen zu beteiligen.

2. Die Entwicklung vom Hoflieferantentum zum Submissionsverfahren

Eine zunehmende Verbreitung des Vergabegedanken lässt sich ab dem Ende des 17. Jahrhunderts feststellen. Hier wurde noch auf kein schriftliches Verfahren zurückgegriffen, sondern auf die sog. Lizitation. Diese entstand unter dem Einfluss des – bereits seit dem Spätmittelalter bestehenden – französischen und des niederländischen Vergaberechts.[24] Die Aufträge wurden in einem mündlich durchgeführten Unterbietungsverfahren erteilt. Zu deren Nachteilen gehörte es jedoch, dass die Bieter in der Erregung des Versteigerungskampfes nicht selten übermäßig niedrige und auch verlustbringende Angebote abgaben. „Selbst dem kühl und leidenschaftslos rechnenden Geschäftsmann wurde es außerordentlich erschwert, in der Hast der Versteigerung richtig kalkulierte Angebote zu stellen.“[25] **14**

Im 18. Jahrhundert wurde gerade in Preußen die Vergabeidee aufgegriffen und König Friedrich Wilhelm I., der als Begründer „preußischer Sparsamkeit“ agierte, befahl den „Bau-Directores nebst denen Bau-Inspectores so viel thunlich, mit ein und anderem Entrepreneur überhaupt, auch dem Befinden nach mit denen Handwerks-Leuten, insbesondere, Verdinge zu machen“.[26] Er wendet sich damit ab von dem bisherigen Hoflieferantentum und der Indienstnahme der Pächter. Friedrich der Große folgte dem Weg seines Vaters und legte fest, dass Bauleistungen „dem wenigst fordernden anzuverdingen“ und Baumaterialien beim Anbieter mit dem „landesüblichen wohlfeilsten Preiß“ zu beschaffen seien.[27] **15**

---

22 Dieser Gedanke findet sich heute wieder im Rahmen sog. reverse auctions, dazu *Noelle*, NZBau 2002, 197 ff.

23 Dazu *Sieg*, Quellenkritische Studien zur Bessergebotsklausel (in diem addictio) im römischen Kaufrecht, 1933; *Ries*, Bauverträge im römischen Recht, 1989, S. 56.

24 Hierzu und zum Folgenden *Schubert*, FS Korbion, 1986, S. 389, 391–393; *Heller*, Das Submissionswesen in Deutschland, 1907, S. 2, weist aber darauf hin, dass in Hamburg bereits 1617 – und damit vor der Einführung in Frankreich zwischen 1665 und 1670 – die Bauhofs-Ordnung eine Verdingungspflicht vorsah.

25 *Dörner*, Kommunale Submissionspolitik, 1908, S. 15 f.

26 Bau-Reglement vor die Churmärkische Kriegs- und Domänien-Cammer, wie es bey Führung des Baues und Rechnung bey denen Aembtern zu halten (vom 10.2.1724), Corpus Mylii, Bd. I, Abteilung II, S. 169–172, zitiert nach *Heller*, Das Submissionswesen in Deutschland, 1907, S. 4 f.

27 Bau-Reglement, wonach künftig bey denen Domainen-Gbäuden im Cleveschen, auch Meursischen und Märkischen verfahren werden soll. Geh. Königl. Staatsarchiv zu Berlin, Tit. LXIII. Bausachen der Städte und des platten Landes. Nr. 1, § 3, S. 48, zitiert nach *Heller*, Das Submissionswesen in Deutschland, 1907, S. 5.

16 Trotz der Proteste von Seiten der in Zünften organisierten Handwerker setzte sich das Lizitationsverfahren in den deutschen Gebieten zu Beginn des 19. Jahrhunderts durch.[28] Zunehmend wurden sich die Herrschenden aber der Gefahren bewusst, die mit einem mündlichen Absteigerungsverfahren verbunden waren, und gingen nach und nach zum schriftlichen Ausschreibungsverfahren über,[29] das sich ab 1850 fast allgemein durchsetzte.

17 Antrieb für diese erste Phase der modernen öffentlichen Auftragsvergabe – für die noch zu Beginn dieses Jahrhunderts der Begriff „Submission" verwendet wurde und die zu den bedeutsamsten Errungenschaften des Liberalismus des 19. Jahrhunderts gezählt wird[30] – waren die allgemeinen wirtschaftlichen und politischen Entwicklungen. Der Staat ging, u. a. bedingt durch den Eisenbahnbau und der Ausweitung des Straßenbaus, verstärkt dazu über, seinen Bedarf „am Markt" zu decken und beseitigte durch die Einführung eines Vergabeverfahrens die mit einer freihändigen Vergabe verbundene Willkür in der bestehenden Vergabepraxis.[31] Die Idee fand zugleich Unterstützung in der Wirtschaft. Gerade die Möglichkeit, auf diesem Wege Willkür, Korruption und Parteilichkeit zu verhindern, motivierte diese, sich für die allgemeine Einführung der Submission einzusetzen.[32]

3. Die Weiterentwicklung des Submissionswesens durch den Zirkular-Erlass von 1885

18 Die mit der Submission verbundene Hoffnung auf eine dauerhafte Lösung, die für alle Seiten befriedigend ist, erfüllte sich zunächst nicht. Die frühen Regelungen waren geprägt durch eine Unausgewogenheit zwischen den Rechten des Staates und den Pflichten des Auftragnehmers.[33] Zugleich machten sich die Nachteile der Vergabe öffentlicher Aufträge an den Niedrigstbietenden um 1870 mit dem Aufkommen von Großbetrieben und einem Überangebot an Waren und Werkleistungen bemerkbar. Die an Leistungsfähigkeit und Haltbarkeit gestellten Ansprüche wurden nur noch notdürftig erfüllt. Materialfälschung und Verschlechterung der Arbeit bildeten sich bei der Übernahme öffentlicher Aufträge zu weit verbreiteten Praktiken heran.[34]

19 An dem Vergabewesen mit seinen vorgenannten Konsequenzen wurde daher unter drei Gesichtspunkten Kritik geübt:[35] Erstens sollte in wirtschaftspolitischer Hinsicht ein gesunder Wettbewerb wiederhergestellt und die Existenz mittelständischer Gewerbe- und Handwerksbetriebe gesichert werden. Insbesondere die Handwerksverbände forderten eine Einschränkung des freien Wettbewerbs durch die Abschaffung des Mindestpreissystems und verlangten ein Vergabeverfahren, das einen Mittelpreis oder einen annehmbaren bzw. ge-

---

28 Vgl. die zahlreichen Nachweise bei *Heller*, Das Submissionswesen in Deutschland, 1907, S. 4 ff., sowie *Huber*, Das Submissionswesen, 1885, S. 6.

29 Vgl. die Beispiele bei *Adam*, Öffentliche Auftragsvergabe und culpa in contrahendo, Diss., 2005, S. 20.

30 *Gandenberger*, Die Ausschreibung, 1961, S. 23 f., und eingehend *Huber*, Das Submissionswesen, 1885, S. 3–6.

31 *Schubert*, FS Korbion, S. 389, 393, und *Lampe-Helbig*, FS Korbion, S. 249, 249.

32 *Schubert*, FS Korbion, S. 389, 393.

33 *Schubert*, FS Korbion, S. 389, 393.

34 Eine umfangreiche Auflistung der Missstände findet sich bei *Huber*, Das Submissionswesen, 1885, S. 6–17.

35 Vgl. hierzu und zum Folgenden *Schubert*, FS Korbion, S. 389, 394 f.

rechten Preis bevorzugte. Zweitens wurde die Forderung nach Gestaltung der Vergabebedingungen auf Basis der Gleichberechtigung und Gegenseitigkeit erhoben.[36] Drittens wurde schließlich unter sozialpolitischen Gesichtspunkten gefordert, die Unternehmen zu arbeitnehmerfreundlichem Verhalten zu verpflichten. Diesen drei Anliegen kamen die „Allgemeinen Bestimmungen, betreffend die Vergebung von Leistungen und Lieferungen" des preußischen Arbeitsministeriums – ein Verwaltungserlass – vom 17.7.1885 nach.[37] Sie gaben zwar den Wettbewerbsgedanken des Submissionsrechts nicht auf, schränkten ihn aber dergestalt ein, dass das niedrigste Angebot als solches bei der Zuschlagserteilung nicht ausschlaggebend war: „Die niedrigste Geldforderung als solche ist bei der Zuschlagserteilung keineswegs vorzugsweise zu berücksichtigen. Der Zuschlag darf nur auf ein in jeder Beziehung annehmbares, die tüchtige und rechtzeitige Ausführung der betreffenden Arbeit oder Lieferung gewährleistendes Gebot erteilt werden. Ausgeschlossen von der Berücksichtigung sind solche Angebote (. . .) welche eine in einem offenbaren Missverhältnis zu der betreffenden Leistung (. . .) stehende Preisforderung enthalten, sodass nach dem geforderten Preise an und für sich eine tüchtige Ausführung nicht erwartet werden kann."[38] Zugleich wurden die Grundsätze der Gleichberechtigung beider Seiten sowie der kulanten und rücksichtsvollen Behandlung der Unternehmer anerkannt. Der Erlass enthielt zugleich Standardverträge und administrativ-geschäftliche Geschäftsbedingungen (etwa bzgl. Vertragsstrafen, Kautionen, Schiedsgerichten, Zahlungsweisen, Leistungsänderungen) und sah die Vergabe von Teillosen und Gewerbegattungen vor, wobei vorzugsweise die als zuverlässig bekannten örtlichen Handwerker, die auch gegenüber ihren Handwerkern und Arbeitern die erforderliche Sicherheit boten, berücksichtigt werden sollten.[39]

4. Die Entstehung der Verdingungsordnungen[40]

Auch um die Jahrhundertwende beschäftigte die öffentliche Auftragsvergabe die Beteiligten. **20** Lange Zeit standen Kompetenzfragen einer reichseinheitlichen Regelung des Vergaberechts entgegen, stand dieser Komplex doch im Schnittpunkt zwischen Verwaltungsrecht und dem zivilen Vertragsrecht.[41] Zurückgehend auf einen Entwurf eines Reichssubmissionsgesetzes, den eine private Vereinigung von Gewerbetreibenden (Hansa-Bund für Gewerbe, Handel und Industrie) 1911 vorlegte, beschloss der Reichstag 1913, eine entsprechende Kommission einzusetzen. Diese legte einen eigenen, aber weitestgehend auf dem

36 So kam den Behörden eine deutliche Übermacht zu, die sich etwa an der Möglichkeit des Rücktritts manifestierte. Vgl. dazu *Feuchtwanger*, Staatliche Submissionspolitik in Bayern, 1910, S. 48: „Der Staat hat ein Recht des Rücktritts ohne Grund, der Bieter nicht einmal mit Grund. Er hat nur ein bedingtes Recht auf den Zuschlag, eine unbedingte Pflicht den Zuschlag anzunehmen, wenn er einmal geboten."

37 Hierzu ausführlich *Huber*, ZStW 43 (1887), 474 ff.; *Adam*, Öffentliche Auftragsvergabe und culpa in contrahendo, Diss., 2005, S. 26 ff. Der gesamte Erlass ist abgedruckt bei *Huber*, Das Submissionswesen, 1885, S. 449 ff.

38 So Abschnitt II Nr. 7 des preußischen Zirkular-Erlasses von 1885, zitiert nach *Huber*, ZStW 43 (1887), 474, 482.

39 Siehe *Huber*, ZStW 43 (1887), 474, 483 f.

40 Hierzu ausführlich *Gandenberger*, Die Ausschreibung, 1961, S. 27 f.; *Schubert*, FS Korbion, S. 389, 395 ff.; *Adam*, Öffentliche Auftragsvergabe und culpa in contrahendo, Diss., 2005, S. 33 ff.; *Lampe-Helbig*, FS Korbion, S. 249, 249 f.

41 Zu diesen Fragen *Beutinger*, Das Submissionswesen, 1915, S. 205 ff.

Entwurf des Hansa-Bundes beruhenden Entwurf vor.[42] Infolge des Ausbruchs des Ersten Weltkriegs konnte der Reichstag indes die Ergebnisse nicht mehr debattieren.

21 Ein zweiter Anlauf begann 1921 mit der Einberufung eines „Reichsverdingungsausschusses", der sich aus sachkundigen Vertretern des Reiches, (später auch) der Länder, der Städte und Kreise sowie der Spitzenverbände der Wirtschaft und des Handwerks zusammensetzte, um „für die Vergebungen von Lieferungen und Leistungen einheitliche Grundsätze für Reich und Länder zu schaffen".[43] Nach einer Beschränkung der Zuständigkeit auf das baugewerbliche Verdingungswesen und jahrelangen Diskussionen verabschiedete die Vollversammlung des Reichsverdingungsausschusses am 6.5.1926 die „Verdingungsordnung für Bauleistungen" (VOB). Diese bestand aus drei Teilen, deren Systematik noch heute Bestand hat: Teil A enthielt die Vorschriften zur Vergabe (VOB/A), Teil B die Bedingungen des Vertrags als Ergänzung des BGB (VOB/B) und Teil C technische Vorschriften (VOB/C). Diese Verdingungsordnung umfasste u.a. Regelungen über den Geltungsbereich der Verdingungsordnung, Arten und Formen der Vergabe, Vorschriften für die Vergabe, Ausschreibung, Angebote und Zuschlag. Die Grundlage des Vergabeverfahrens bildete der Wettbewerb. Maßgeblich für die Erteilung des Zuschlags war aber – wie bei der Regelung in Preußen – nicht ausschließlich das niedrigste Gebot.

22 Erstmals in Deutschland beruhten damit die Verdingungsregeln auf einem durch Vertreter von Unternehmern und Behörden entwickelten Regelwerk. Diesem kam zwar zunächst nur Modellwirkung zu. Schnell wurde dessen Anwendung jedoch durch Verwaltungsvorschriften zur Pflicht erklärt.

23 Nach der Ausarbeitung der VOB wandte sich der Reichsverdingungsausschuss einer Verdingungsordnung für Leistungen – ausgenommen Bauleistungen – (VOL) zu, deren Teil A zehn Jahre später eingeführt wurde.[44] Während des Dritten Reiches galten beide Verdingungsordnungen weitgehend unverändert fort. Die Vergabe öffentlicher Aufträge wurde aber verstärkt zur Wirtschaftslenkung eingesetzt[45] und die Verdingungsordnungen büßten ihre Relevanz weitgehend ein. Maßgeblich für die Erteilung eines Auftrags waren vornehmlich Erwägungen der Arbeitsbeschaffung, aber auch der Förderung des mittelständischen Handwerks und der regionalen Strukturpolitik. Mit der Preisstoppverordnung[46] trat im Herbst 1936 hinsichtlich öffentlicher Aufträge schließlich der Selbstkostenpreis[47] an die Stelle des Wettbewerbspreises und es entstand eine Zentralverwaltungswirtschaft.

---

42 Entwurf eines Reichs-Gesetzes betreffend das öffentliche Verdingungswesen in der von der 15. Kommission des Reichstags festgestellten Fassung. Der Entwurf wird dargestellt bei *Adam*, Öffentliche Auftragsvergabe und culpa in contrahendo, Diss., 2005, S. 34.

43 Verhandlungen des Reichstags, I. Wahlperiode, Bd. 365, S. 1088, 1173, zitiert nach *Schubert*, FS Korbion, 1986, S. 389, 396.

44 Teil B wurde bereits 1932 vorabveröffentlicht, dazu *Gandenberger*, Die Ausschreibung, 1961, S. 29.

45 Ausführlich hierzu *Noelle/Rogmans*, Öffentliches Auftragswesen, S. 24.

46 Verordnung über das Verbot von Preiserhöhungen, RGBl. 1936 I, 955.

47 Vgl. *Gandenberger*, Die Ausschreibung, 1961, S. 29; ausführlich hierzu und zur Ausgestaltung der Preisregelungen im öffentlichen Auftragswesen nach 1933 allgemein *Müller*, Staatliche Preislenkung bei öffentlichen Aufträgen, 1970, S. 30ff.

5. Die Fortführung der haushaltsinternen Verdingungslösung in der Bundesrepublik

In der Nachkriegszeit verzichtete der Gesetzgeber in den alten Bundesländern[48] auf wesentliche Änderungen; insbesondere die Verdingungsordnungen blieben inhaltlich im Wesentlichen erhalten. Auch der Gedanke eines gemeinsamen Sachverständigengremiums, das im Einvernehmen über Änderungen an den Verdingungsordnungen beschließt, wurde beibehalten. Noch vor der Gründung der Bundesrepublik konstituierte sich der **Deutsche Verdingungsausschuss für Bauleistungen**,[49] der sich als Nachfolger des Reichsverdingungsausschusses ansah. Besetzt wurde er in paritätischer Zusammensetzung mit Vertretern aus den Regierungsressorts von Bund und Ländern, sonstigen Spitzenbehörden, kommunalen Verbänden sowie Organisationen der Wirtschaft und der Technik. Die bisherige Aufteilung in einen Bau- und einen Nichtbau-Bereich blieb – wohl mehr aus historischen als aus systematisch zwingenden Gründen – unangetastet, sodass zu diesem Zweck die Überarbeitung und Weiterentwicklung der Verdingungsordnung für Leistungen (ausgenommen Bauleistungen) dem **Deutschen Verdingungsausschuss für Leistungen – ausgenommen Bauleistungen** – überantwortet wurde. VOB/A und VOL/A wurden seitdem einige Male, insbesondere aufgrund europarechtlicher Vorgaben überarbeitet. Der Deutsche Verdingungsausschuss für Bauleistungen hat sich im Jahr 2000 in **Deutscher Vergabe- und Vertragsausschuss für Bauleistungen** umbenannt, sodass die VOB nunmehr die Bezeichnung Vergabe- und Vertragsordnung für Bauleistungen trägt. Die VOL heißt jetzt entsprechend Vergabe- und Vertragsordnung für Leistungen. **24**

Regelungsrelevanz übernahmen neben den Verdingungsordnungen als Kernstücke des deutschen Vergabewesens insbesondere die Haushaltsgesetze (zum mehrstufigen Regelungssystem sogleich unter III 1). Entsprechend zu § 46 Abs. 1 Reichshaushaltsordnung manifestierte sich der gesetzgeberische Wille in § 30 des **Haushaltsgrundsätzegesetz** von 1969, den **Haushaltsordnungen** des Bundes (§ 55 BHO) und der Länder (etwa § 55 LHO NRW) sowie in den landesrechtlichen **Gemeindehaushaltverordnungen**: Vor dem Abschluss von Verträgen über Lieferungen und Leistungen sollen regelmäßig öffentliche Ausschreibungen durchgeführt werden. Die genauen Vergabeverfahren sind durch Verwaltungsvorschrift zu regeln; in aller Regel wird hier auf die Verdingungsordnungen verwiesen,[50] denen insoweit keine unmittelbare Rechtswirkung nach außen zugemessen wird. **25**

In der Rechtswissenschaft führte das Vergaberecht bis zum Beginn der 60er Jahre ein Schattendasein.[51] Der Grund dafür lag in dem Umstand, dass die Vergabe öffentlicher Aufträge nicht nur an der Schnittstelle mehrerer Rechtsgebiete liegt, was selbst vor einigen Jahren noch zu Problemen bei der Zuordnung zu einem Rechtsweg außerhalb der Sonderzuweisung zu den Vergabekammern und Vergabesenaten geführt hatte. Die öffentliche Auftragsverga- **26**

---

48 Dem Vergaberecht kam in der planwirtschaftlich ausgerichteten DDR keine Bedeutung zu, vgl. *Noelle/Rogmans*, Öffentliches Auftragswesen, S. 25.

49 Zur Arbeitsweise des Deutschen Verdingungsausschusses für Bauleistungen *Lampe-Helbig*, FS Korbion, S. 249, 250 f.; siehe auch *Janssen*, in: GS Kratzenberg, S. 37 ff.

50 Siehe § 55 Abs. 2 BHO und die entsprechenden Vorschriften in den Landeshaushaltsordnungen, z. B. § 55 Abs. 2 LHO NRW. Für die Gemeinden sind die Vergabe- und Vertragsordnungen (vormals Verdingungsordnungen) aufgrund von Verordnung und Verwaltungsvorschriften anwendbar, vgl. *Faber*, DÖV 1995, 403, 404.

51 Vgl. dazu die Übersicht bei *Pietzcker*, Der Staatsauftrag als Instrument des Verwaltungshandelns, 1978, S. 356 ff.

be wird zudem stark durch wirtschaftliche – und nicht zuletzt politische – Gesichtspunkte geprägt. Da anfangs Gerichtsschutz nur selten in Anspruch genommen werden konnte,[52] fehlte es lange Zeit an einschlägiger Rechtsprechung und überhaupt an einem Anlass, sich in der Praxis mit den akademischen Feinheiten dieses Rechtsgebietes auseinander zu setzen. Durch die Charakterisierung des öffentlichen Vergaberechts als Gegenstand der öffentlichen Haushaltswirtschaft war es unterlegenen Bietern, ausgeschlossenen Bewerbern oder nicht informierten Konkurrenten grundsätzlich verwehrt, bei einem fehlerhaften Vergabeverfahren durch gerichtlichen Rechtsschutz die Erteilung des Zuschlags an einen anderen Bieter zu verhindern.[53] Da die öffentliche Hand an den durch den Zuschlag zustande gekommenen Vertrag zivilrechtlich gebunden war, blieben Rechtssuchende – neben dem Weg über die Fach- und Rechtsaufsicht bzw. über die Dienstaufsichtsbeschwerde – lediglich auf Schadensersatzansprüche verwiesen, mit denen sie im Regelfall nur ihre vergeblichen Aufwendungen für die Angebotserstellung ersetzt verlangen konnten.

6. Der Einfluss des Europarechts auf das deutsche Vergaberecht

27 Ein grundlegender Wandel im deutschen Vergaberecht und dessen Verständnis ergab sich erst durch die Einwirkungen des Europarechts.

a) Das europäische Sekundärrecht als Ausgangspunkt

28 Einschlägig waren zunächst nur die (primärrechtlichen) Vorschriften des EG-Vertrags (heute AEUV), allen voran die **Grundfreiheiten** (Waren- und Dienstleistungsverkehr, Niederlassungsfreiheit, Arbeitnehmerfreizügigkeit) sowie das **Diskriminierungsverbot**. Diese wurden als unabdingbare Voraussetzungen für einen funktionierenden Binnenmarkt identifiziert. Faktisch führte deren Wirkkraft aber nicht zur erhofften Schaffung eines Binnenmarktes über die Grenzen einzelner Mitgliedstaaten hinaus; den abstrakten Geboten allein kam keine ausreichende Wirkkraft zu. Die Beteiligten auf europäischer Ebene kamen daher überein, dass der angestrebte volle Zugang zu den öffentlichen Aufträgen in anderen Mitgliedstaaten ein gewisses Maß an **Rechtsangleichung** erfordere.[54]

29 Daher erließ der Rat bereits in den 70er Jahren **Richtlinien zur Koordinierung der Verfahren zur Vergabe öffentlicher Bauaufträge und öffentlicher Lieferaufträge**.[55] Die zwei Koordinierungsrichtlinien erfuhren in der Folgezeit wesentliche Änderungen und wurden zu Beginn der 90er Jahre zum Zweck der Konsolidierung und Klarheit neu kodifiziert und konkretisiert.[56] Der Rat ergänzte diese gleichzeitig um eine **Richtlinie betreffend**

---

52 *Pietzcker*, NVwZ 1996, 313, 313.

53 *Pietzcker*, FS Redeker, S. 501, 503.

54 Siehe *Pietzcker*, AöR 107 (1982), 61, 65.

55 Richtlinie 71/305/EWG des Rates vom 26.7.1971 über die Koordinierung der Verfahren öffentlicher Bauaufträge, ABl. EU Nr. L 185 vom 16.8.1971, S. 5, und Richtlinie 77/62/EWG des Rates vom 21.12.1976 über die Koordinierung der Verfahren zur Vergabe öffentlicher Lieferaufträge, ABl. EU Nr. L 13 vom 15.1.1977, S. 1.

56 Richtlinie 93/37/EWG des Rates vom 14.6.1993 zur Koordinierung der Verfahren zur Vergabe öffentlicher Bauaufträge (Baukoordinierungsrichtlinie, BKR), ABl. EU Nr. L 199 vom 9.8.1993, S. 54, berichtigt durch ABl. EU Nr. L 111 vom 30.4.1994, S. 115; Richtlinie 93/36/EWG des Rates vom 14.6.1993 über die Koordinierung der Verfahren zur Vergabe öffentlicher Lieferaufträge (Lieferkoordinierungsrichtlinie, LKR), ABl. EU Nr. L 199 vom 9.8.1993, S. 1.

die Vergabe öffentlicher Dienstleistungsaufträge,[57] wodurch nunmehr alle Arten öffentlicher Vergabe unionsrechtlich geprägt waren. Zugleich begründeten die Richtlinien aufgrund ihres allgemein bieterschützenden Charakters **subjektive Bieterrechte**.[58] In den **Anwendungsbereich der Richtlinien** fielen – und fallen noch immer – jedoch nicht sämtliche öffentliche Aufträge, sondern nur Aufträge ab dem Erreichen bestimmter, in den Richtlinien festgesetzter Auftragswerte (sog. **Schwellenwerte**[59]). Die Auftragswerte wiederum werden in Umsetzung von völkerrechtlichen Vorgaben festgelegt und alle zwei Jahre (zum 1.1. eines geraden Jahres, zuletzt zum 1.1.2016) neu festgelegt.

Schon 1990 hatte der Rat den Anwendungsbereich der europarechtlichen Regeln durch die **Sektorenrichtlinie**[60] erweitert. Danach galten – anders als nach deutschem Haushaltsrecht – auch privatrechtlich organisierte Wasser-, Energie-, Verkehrsversorgungs- und Telekommunikationsunternehmen, an denen die öffentliche Hand nicht beteiligt ist, als **öffentliche Auftraggeber**, sodass sie zur **europaweiten Ausschreibung** und der Anwendung der Vergaberegeln verpflichtet wurden. Die Richtlinie bezog sich also nicht auf eine bestimmte Auftragsart, sondern regelte die Vergabe von Aufträgen aller drei Arten durch Sektorenauftraggeber unabhängig von deren Rechtsform. Diese waren von den früheren Richtlinien ausdrücklich nicht erfasst worden, um nicht die Mitgliedstaaten zu benachteiligen, in denen diese Aufgaben der Daseinsvorsorge traditionell durch öffentlich-rechtlich organisierte Träger erfüllt wurden.[61] **30**

Zwischenzeitlich wurden die drei Koordinierungsrichtlinien im Jahre 2004 im Rahmen der Vereinfachung und Modernisierung des Vergaberechts auf Unionsebene zu einer **allgemeinen Vergaberichtlinie** 2004/18/EG[62] zusammengefasst. Der Sektorenbereich wurde anschließend durch die Sektorenrichtlinie 2004/17/EG[63] geregelt. Beide Richtlinien definieren den Begriff des öffentlichen Auftraggebers sowie des öffentlichen Auftrages und glie- **31**

57 Richtlinie 92/50/EWG des Rates vom 18.6.1992 über die Koordinierung der Verfahren zur Vergabe öffentlicher Dienstleistungsaufträge (Dienstleistungskoordinierungsrichtlinie, DLR bzw. DKR), ABl. EU Nr. L 209 vom 24.7.1992, S. 1.

58 *Elbel*, DÖV 1999, 235, 238; *Pietzcker*, FS Redeker, S. 501, 503; *Triantafyllou*, NVwZ 1994, 943, 944.

59 Diese Wertgrenzen beziehen sich auf den Auftragswert ohne Umsatzsteuer und werden regelmäßig angepasst, vgl. im Einzelnen die Kommentierung zu § 106 GWB.

60 Richtlinie 90/531/EWG des Rates vom 17.9.1990 betreffend die Auftragsvergabe durch Auftraggeber im Bereich der Wasser-, Energie- und Verkehrsversorgung sowie im Telekommunikationssektor, ABl. EU Nr. L 297 vom 29.10.1990, S. 1.

61 Vgl. die Erwägungsgründe der Baukoordinierungsrichtlinie von 1971, ABl. EU Nr. L 185 vom 16.8.1971, S. 5: „Es ist zu vermeiden, dass die Versorgungsbetriebe für Wasser und Energie bei ihren Bauaufträgen unterschiedlichen Regelungen unterworfen werden, je nachdem, ob sie dem Staat, den Gebietskörperschaften oder sonstigen juristischen Personen des öffentlichen Rechts unterstehen oder eine gesonderte Rechtspersönlichkeit besitzen; daher müssen diejenigen der genannten Versorgungsbetriebe, die aufgrund ihres Rechtsstatus unter diese Richtlinie fallen würde, von ihrem Anwendungsbereich ausgeschlossen werden."

62 Richtlinie 2004/18/EG des Europäischen Parlaments und des Rates vom 31.3.2004 über die Koordinierung der Verfahren zur Vergabe öffentlicher Bauaufträge, Lieferaufträge und Dienstleistungsaufträge, ABl. EU Nr. L 134 vom 30.4.2004, S. 114; vgl. hierzu *Rechten*, NZBau 2004, 366 ff.

63 Richtlinie 2004/17/EG des Europäischen Parlaments und des Rates vom 31.3.2004 zur Koordinierung der Zuschlagserteilung durch Auftraggeber im Bereich der Wasser-, Energie- und Verkehrsversorgung sowie der Postdienste, ABl. EU Nr. L 134 vom 30.4.2004, S. 1. Der Telekommunikationsbereich ist nicht mehr von der Sektorenrichtlinie erfasst. Insoweit herrscht ausreichender Wettbewerb, der eine Bindung an das Vergaberechtsregime überflüssig macht.

dern das Vergabeverfahren detailliert in vier wesentliche Abschnitte (Verfahrenswahl, Bekanntmachung, Eignungsprüfung und Zuschlag).

32 Dem Schutz der Bieter widmeten sich erstmals die sog. **Rechtsmittelrichtlinien**. Diese wurden zur effektiven Durchsetzung von **subjektiven Bieterrechten** bereits frühzeitig erlassen[64] und zwischenzeitlich in der Richtlinie 2007/66/EG wesentlich überarbeitet.[65] Nach den Rahmenvorgaben der Rechtsmittelrichtlinien haben die Mitgliedstaaten ein formelles **Nachprüfungsverfahren** für die Einhaltung des Verfahrens der Vergabe öffentlicher Aufträge einzurichten. Als Grundsatz wird nicht nur Sekundärrechtsschutz (Schadensersatz) gewährt; vielmehr kann ein Unternehmen auch Primärrechtsschutz suchen und sich direkt gegen die (geplante) Zuschlagsentscheidung wenden. Die Rechtsmittelrichtlinien verfolgen insoweit das Primat einer „wirksamen und raschen Nachprüfung".[66] Die Nachprüfungsinstanzen können die Zuschlagsentscheidung aufheben und auf diesem Wege einen Vertragsschluss verhindern. Die rasche Bearbeitung des Begehrens wird durch die Möglichkeit einstweiligen Rechtsschutzes und ein Beschleunigungsgebot sichergestellt. Während anfangs die Einführung eines Suspensiveffektes dem Ermessen der Mitgliedstaaten überlassen wurde, enthält die neue Rechtsmittelrichtlinie eine **„Stillhaltefrist"**: Innerhalb dieses Zeitraums können keine vollendeten Tatsachen – etwa durch einen wirksamen Vertragsschluss – geschaffen werden.[67] Ein Umbruch folgte mit dem Richtlinienbündel, das nach langen Verhandlungen und langer Kompromisssuche (im sog. Trilog-Verfahren) auf europäischer Ebene im Jahr **2014** verabschiedet wurde. Die zwischenzeitlich in Kraft getretene Verteidigungsrichtlinie aus 2009[68] wurde ergänzt durch drei neue Richtlinien, deren Umfang (in der Summe ca. 500 Seiten im Amtsblatt) alle bisher gekannten Maßstäbe deutlich überschritt. Die bisherige Aufteilung in eine **allgemeine Vergaberichtlinie** 2014/24/EU[69] und eine privilegierte Vergabe für den **Sektorenbereich** 2014/25/

---

64 Richtlinie 89/665/EWG des Rates vom 21.12.1989 zur Koordinierung der Rechts- und Verwaltungsvorschriften für die Anwendung der Nachprüfungsverfahren im Rahmen der Vergabe öffentlicher Liefer- und Bauaufträge, ABl. EU Nr. L 395 vom 30.12.1989, S. 33. Im Sektorenbereich griff die Richtlinie 92/13/EWG des Rates vom 25.2.1992 zur Koordinierung der Rechts- und Verwaltungsvorschriften für die Anwendung der Gemeinschaftsvorschriften über die Auftragsvergabe durch Auftraggeber im Bereich der Wasser-, Energie- und Verkehrsversorgung sowie im Telekommunikationssektor, ABl. EU Nr. L 76 vom 23.3.1992, S. 14.

65 Richtlinie 2007/66/EG des Europäischen Parlaments und des Rates vom 11.12.2007 zur Änderung der Richtlinien 89/665/EWG und 92/13/EWG des Rates im Hinblick auf die Verbesserung der Wirksamkeit der Nachprüfungsverfahren bezüglich der Vergabe öffentlicher Aufträge, ABl. EU Nr. L 335 vom 20.12.2007, S. 31.

66 Vgl. den 2. Erwägungsgrund der Richtlinie 2007/66/EG.

67 Vgl. Art. 2a der RL 89/665/EWG in der Fassung der RL 2007/66/EG. In Deutschland konnte hier bereits seit einigen Jahren auf § 13 VgV a. F. (zwischenzeitlich §§ 101a und b GWB a. F., nunmehr §§ 134, 135 GWB) zurückgegriffen werden, der ein gesetzliches Verbot im Sinne von § 134 BGB statuierte.

68 Richtlinie 2009/81/EG des Europäischen Parlaments und des Rates vom 13.7.2009 über die Koordinierung der Verfahren zur Vergabe bestimmter Bau-, Liefer- und Dienstleistungsaufträge in den Bereichen Verteidigung und Sicherheit und zur Änderung der Richtlinien 2004/17/EG und 2004/18/EG.

69 Richtlinie 2014/24/EU des Europäischen Parlaments und des Rates vom 26.2.2014 über die öffentliche Auftragsvergabe und zur Aufhebung der Richtlinie 2004/18/EG.

EU[70] wurde fortgeführt. Neu und erstmals vollständig geregelt wurde der Bereich der Konzessionen, der eine eigenen **Konzessionsvergaberichtlinie** 2014/23/EU[71] erhielt.

Weitere wichtige gemeinschaftsrechtliche bzw. nunmehr unionsrechtliche Vorgaben enthält das Sekundärrecht[72] bzgl. der Verwendung von **Standardformularen** für die Bekanntmachung von öffentlichen Aufträgen im Supplement zum Amtsblatt der Europäischen Union. Auch zu beachten ist die Empfehlung der Kommission über die Verwendung einer einheitlichen Nomenklatur (**Common Procurement Vocabulary, CPV**).[73] **33**

b) Die Umsetzung der Richtlinien in deutsches Recht

Die Notwendigkeit ihrer Umsetzung liegt im Wesen europäischer Richtlinien. Sie geben nur einen Rahmen vor, grobe Leitlinien und Zielvorgaben, die der einzelne Mitgliedstaat bei der eigenen Gesetzgebung zu beachten hat. Der Gesetzgeber muss aktiv werden, er muss Normen erlassen, die den Gedanken der Richtlinie Rechnung tragen und dem dort vorgegebenen Ziel dienen. Je nach Regelungsmaterie enthalten die Richtlinien konkretere (etwa exakte Mindestfristen) oder abstraktere Vorgaben (etwa das Gebot der Gleichbehandlung). Eine einfache „1zu1"-Übernahme der Regeln reicht aufgrund der einer Rahmenvorgabe immanenten Lückenhaftigkeit regelmäßig nicht aus. Die enthaltenen Mindestanforderungen müssen aber nicht strenger gehandhabt werden, als in der Richtlinie vorgegeben wird.[74] Gerade im Zusammenhang mit der Umsetzung des Richtlinienbündels aus 2014 wurde als vorrangiges Ziel ausgegeben, eine solche „1zu1"-Umsetzung zu erreichen. Dies hat aber den Nachteil, dass auch solche Lücken und Unklarheiten übernommen werden, die auf europäischer Ebene bestehen. **34**

Auch die oben aufgeführten Vergaberichtlinien veranlassten den deutschen Gesetzgeber stets dazu, sich mit den Vergabenormen auf nationaler Ebene auseinander zu setzen. Sie verpflichteten ihn, den Rahmen innerhalb eines (vorgegebenen) Übergangszeitraums mit Leben zu füllen. Zu diesem Zweck erließ der deutsche Gesetzgeber im Hinblick auf die Vergaberichtlinien aus den Jahren 1989 bis 1993 das Zweite Gesetz zur Änderung des **35**

---

70 Richtlinie 2014/25/EU des Europäischen Parlaments und des Rates vom 26.2.2014 über die Vergabe von Aufträgen durch Auftraggeber im Bereich der Wasser-, Energie- und Verkehrsversorgung sowie der Postdienste und zur Aufhebung der Richtlinie 2004/17/EG.

71 Richtlinie 2014/23/EU des Europäischen Parlaments und des Rates vom 26.2.2014 über die Konzessionsvergabe.

72 Verordnung (EG) Nr. 1150/2009 der Kommission vom 10.11.2009 zur Änderung der Verordnung (EG) Nr. 1564/2005 zur Einführung von Standardformularen für die Veröffentlichung von Vergabebekanntmachungen im Rahmen von Verfahren zur Vergabe öffentlicher Aufträge gemäß den Richtlinien 89/665/EWG und 92/13/EWG des Rates, ABl. EU Nr. L 313 vom 30.11.2009, S. 3; Richtlinie 2001/78/EG der Kommission vom 13.9.2001 über die Verwendung von Standardformularen für die Bekanntmachung öffentlicher Aufträge, ABl. EU Nr. L 285 vom 29.10.2001, S. 1.

73 Verordnung (EG) Nr. 213/2008 der Kommission vom 28.11.2007 zur Änderung der Verordnung (EG) Nr. 2195/2002 des Europäischen Parlaments und des Rates über das Gemeinsame Vokabular für öffentliche Aufträge (CPV) und der Vergaberichtlinien des Europäischen Parlaments und des Rates 2004/17/EG und 2004/18 EG im Hinblick auf die Überarbeitung des Vokabulars, ABl. EU Nr. L 74 vom 15.3.2008, S. 1, zuletzt berichtigt durch das ABl. EU Nr. L 198 vom 26.7.2008, S. 74.

74 Gleichwohl neigte der deutsche Gesetzgeber in der Vergangenheit immer wieder zu dieser sog. Überumsetzung, was nicht selten die Kritik der Überregulierung nach sich zog.

Haushaltsgrundsätzegesetzes (HGrG) vom 26.11.1993.[75] Mit der Einordnung in das Haushaltsrecht, der sog. **haushaltsrechtlichen Lösung**,[76] setzte er die deutsche Tradition fort, wonach das Vergaberecht primär dem Gebot der Sparsamkeit und Wirtschaftlichkeit staatlichen Handelns zu dienen habe. Kernbestandteil der haushaltsrechtlichen Lösung, die nicht in einem Stück bzw. in einem Regelungswerk umgesetzt wurde (sog. **Kaskadenlösung**), war die Verankerung der Vergabebestimmungen im Haushaltsgrundsätzegesetz. § 57a HGrG definierte den Begriff des öffentlichen Auftraggebers und enthielt eine allgemeine Ermächtigungsgrundlage für den Erlass einer ersten Vergabeverordnung,[77] in der vollumfänglich auf die VOB/A bzw. VOL/A verwiesen wurde. Diese wurden ihrerseits in Umsetzung der Vergaberichtlinien geändert. Darüber hinaus wurde – vier Jahre nach Ablauf der Umsetzungsfrist – eine **Verdingungsordnung für freiberufliche Leistungen** (VOF) erlassen, da diese Dienstleistungen – anders als die übrigen – nicht schon in die VOB/A und VOL/A integriert waren. §§ 57b, 57c HGrG regelten zur Umsetzung der Rechtsmittelrichtlinien das Verfahren zur Nachprüfung der Vergabe öffentlicher Aufträge. Vorgesehen war die Einrichtung von Vergabeprüfstellen bei den Rechtsaufsichtsbehörden als vergaberechtliche Prüforgane sowie als zweite Instanz Vergabeüberwachungsausschüsse (VÜA) beim Bundeskartellamt bzw. geeigneten Landesbehörden. Die von der Bundesrepublik gewählte haushaltsrechtliche Lösung hatte ausdrücklich zum Ziel, **keine einklagbaren subjektiven Rechte** der potenziellen Auftragnehmer entstehen zu lassen.[78] Getragen wurde dies von der Befürchtung, dass die gerichtliche Überprüfung die Vergabe der Gesamtaufträge – gerade bei Losvergaben – gefährden könnte.

36 Insbesondere aufgrund politischen Drucks seitens der USA, die sogar mit einem Handelskrieg drohten, um eine Verbesserung des deutschen Rechtsschutzsystems zu erreichen,[79] wurde die „haushaltsrechtliche Lösung“ durch ein Vergaberechtsänderungsgesetz[80] ersetzt. Durch das am 1.1.1999 in Kraft getretene Gesetz wurde aber nicht der gesamte Bereich der öffentlichen Auftragsvergabe neu geregelt; vielmehr wurden nur die für die Umsetzung der Richtlinien notwendigen Regelungsgegenstände des Vergaberechts – subjektiver und objektiver Geltungsbereich sowie die wesentlichen Grundsätze der Auftragsvergabe, der Rechtsschutz und Regelungen über den Schadensersatz – als **vierter Teil in das GWB** (§§ 97 bis 129 [a. F.]) eingefügt.[81] Ausgehend von dieser Verortung im Gesetz gegen Wettbewerbsbeschränkungen und den anderen dort geregelten Gegenständen wird von der „kartellrechtlichen Lösung“ bzw. allgemein dem „**Kartellvergaberecht**“ gesprochen.

---

75 Hierzu *Lamm*, FiWi 1994, 222 ff.; *Rehm*, ZögU 1993, 322 ff.; *Rogmanns*, NJW 1994, 3134 ff.

76 Hierzu ausführlich *Elbel*, DÖV 1999, 235, 239 f.; *Gröning*, WuW 1995, 985 ff.; *Hertwig*, Auftragsvergabe, Rn. 28.

77 Verordnung über die Vergabebestimmungen für öffentliche Aufträge (VgV) vom 22.2.1994. Die Verordnung wurde zwischenzeitlich mehrfach geändert.

78 Begründung des Regierungsentwurfs eines Zweiten Gesetzes zur Änderung des HGrG, BT-Drs. 12/4636, S. 12: „Das Konzept hat zum Ziel, individuelle, einklagbare Rechtsansprüche der Bieter nicht entstehen zu lassen.“

79 Vgl. *Byok*, EuZW 1996, 555, 555 (dort Fn. 9 m. w. N.); *Dreher*, WuW 1997, 949, 950 (dort Fn. 9).

80 Gesetz zur Änderung der Rechtsgrundlagen für die Vergabe öffentlicher Aufträge – Vergaberechtsänderungsgesetz – VgRÄG vom 26.8.1998, BGBl. I, S. 2512 ff.; hierzu *Jasper*, DB 1998, 2151 ff.; *Pietzcker*, SächsVBl 1999, 289 ff.; *ders.*, ZVgR 1999, 24 ff.; *Voppel*, LKV 1999, 5 ff.

81 Gleichzeitig wurden durch das VgRÄG auch andere, mit dem Vergaberecht zusammenhängende Kostengesetze (GKG und BRAGO) geändert.

In diesem Rahmen wurde ein Anspruch der Unternehmen auf Einhaltung der Bestimmungen über die Vergabeverfahren durch die öffentlichen Auftraggeber geschaffen (§ 97 Abs. 7 GWB a.F.) und der Rechtsweg neu ausgestaltet: Die Verfahren vor den Vergabeprüfstellen und Vergabeüberwachungsausschüssen wurden durch ein zweistufiges Verfahren ersetzt, sodass Bieter zunächst Nachprüfungsantrag bei der Vergabekammer (als Nachfolgeeinrichtung des Vergabeüberwachungsausschusses) stellen konnten. Gegen deren Entscheidung war nunmehr die sofortige Beschwerde zu einem Vergabesenat des zuständigen Oberlandesgerichtes statthaft. **37**

Außerhalb des Anwendungsbereichs der europäischen Richtlinien blieb es bei der bisherigen Rechtslage. Hierdurch wurde das **deutsche Vergaberecht zweigeteilt**: Die europarechtlich geprägten Regelungen des GWB, der VgV und die entsprechenden, in Bezug genommenen Abschnitte der VOB/A, VOL/A und VOF fanden nur auf Aufträge oberhalb festgelegter Schwellenwerte Anwendung. Wurden diese Wertgrenzen im Einzelfall nicht erreicht, blieben die europäischen Vorgaben außerhalb der Betrachtung. **38**

An dieser Aufteilung hat sich auch durch die einzelnen Vergaberechtsreformen der letzten Jahre nicht viel geändert. So wurde 2005 mit dem „Gesetz zur Beschleunigung der Umsetzung von Öffentlich Privaten Partnerschaften und zur Verbesserung gesetzlicher Rahmenbedingungen für Öffentlich Private Partnerschaften“[82] der „wettbewerbliche Dialog“ als neues Vergabeverfahren eingeführt, bevor die weitere Umsetzung der Richtlinien von 2004 im Laufe des Jahres 2006 folgte.[83] **39**

Nach weiteren kleineren Änderungen in der Zwischenzeit[84] trat 2009 eine umfangreiche Reform des GWB-Vergaberechts in Kraft.[85] Deren Ziel war die Vereinfachung des Vergaberechts, wobei zugleich bisher überschießende Regelungen beseitigt werden sollten. Die Vergabeverordnung wurde mit Wirkung zum 11.6.2010 weitestgehend verschlankt, insbesondere wurden Regelungen in das GWB überführt. Zudem wurde speziell für den Sektorenbereich eine sogenannte Sektorenverordnung geschaffen. Bereits Anfang 2011 wurden die Vergabe- und die Sektorenverordnung in Teilen geändert.[86] Diese Anpassung des nationalen Vergaberechts wurde erforderlich aufgrund der Richtlinie 2009/33/EG über die Förderung sauberer und energieeffizienter Straßenfahrzeuge.[87] Auch bei der Umsetzung des Richtlinienbündels aus dem Jahre 2014, die fristgerecht mit Wirkung zum 18.4.2016 – **40**

---

82 BGBl. I, S. 2676. Zu diesem auch als „ÖPP-Beschleunigungsgesetz“ genannten Regelungswerk auch *Knauff*, NZBau 2005, 443 f.; *Ollmann*, VergabeR 2005, 685 ff.; *Uechtritz/Otting*, NVwZ 2005, 1105 ff.; ferner *Kämmerer*, ZG 2008, 227 ff.; umfassend *Bürsch/Funken* (Hrsg.), Kommentar zum ÖPP-Beschleunigungsgesetz, 2007.

83 Hierzu *Gabriel*, LKV 2007, 262 ff.; *Pukall*, VergabeR 2006, 586 ff.; *Steinberg*, NVwZ 2006, 1349 ff.

84 Etwa hinsichtlich der Zuständigkeit für Rechtsstreitigkeiten über Entscheidungen der Vergabekammern zu seitens Krankenkassen ausgeschriebenen Rabattverträgen durch das Gesetz zur Weiterentwicklung der Organisationsstrukturen in der gesetzlichen Krankenversicherung vom 15.12.2008, BGBl. I, S. 2426, hierzu *Hölzl/Eichler*, NVwZ 2009, 27 ff.; *Masuch*, NZS 2009, 241 f.

85 Gesetz zur Modernisierung des Vergaberechts vom 20.4.2009, BGBl. I, S. 790, hierzu *Byok*, NVwZ 2009, 551 ff.; *Dieckmann*, AbfallR 2009, 82 ff.; *Egidy*, DÖV 2009, 835 ff.; *Rechten/Junker*, NZBau 2009, 490 ff.; *Waldmann*, VergabeR 2010, 298 ff.

86 Vgl. BR-Drs. 70/11.

87 Vgl. hierzu *Fandrey*, in: Broens/Glock/Grosse, Best Practices bei der Beschaffung ausgewählter Bedarfe, 2015, S. 319 ff. sowie die Kommentierung von *Fandrey*, in: Kulartz, u.a. VgV, § 68; *Schröder*, NZBau 2014, 467 ff.

dem letzten Tag der Umsetzungsfrist – erfolgte, blieben die wesentlichen Grundpfeiler erhalten, obwohl kaum ein Stein auf dem anderen blieb. Das GWB 2016 wurde durch zahlreiche Vorschriften aufgewertet (§ 97 bis § 186 GWB) und enthält nunmehr auch materielle Regelungen zum Verfahren (beispielsweise zur Eignung). Dies gilt gleichermaßen für die Vergabeverordnung (VgV 2016), die die Regelungen der VOL/A (2. Abschnitt) und der VOF aufgenommen hat und damit alle Regelungen für die Vergabe von Lieferungen und Dienstleistungen (einschließlich freiberuflicher Leistungen) klassischer Auftraggeber enthält. Eine vollständige Bündelung der Verfahrensregeln ist hingegen – mehr aus traditionellen als aus systematischen Gründen – nicht erfolgt. Die Vergabe von Bauaufträge ist weiterhin in der VOB/A (für den europaweiten Bereich: im zweiten Abschnitt) geregelt, auf die die VgV verweist. Für Vergaben im Sektorenbereich greift die SektVO, und der auf europäischer Ebene seit 2014 geregelte Bereich der Vergabe von Konzessionen ist seit April 2016 in der Konzessionsvergabeverordnung (KonzVgV) aufgegangen. Zur Ruhe gekommen ist das Vergaberecht damit noch nicht. Nachdem die VOB/A zunächst im Januar 2016 neu verabschiedet wurde, erschien im Sommer 2016 eine leicht modifizierte Fassung der VOB/A, die im Oktober 2016 in Kraft trat. 2017 wurde eine sog. Unterschwellenvergabeordnung verabschiedet. Diese soll die VOL/A 1. Abschnitt ersetzen und ein möglichst einheitliches Unterschwellenvergaberecht für die Vergabe von Lieferungen und Dienstleistungen schaffen. Die UVgO wird sukzessive in den Ländern eingeführt.

41 Der Befund bleibt aber: Das zweigeteilte Vergaberecht in Deutschland erfordert eine getrennte Betrachtung der „kartellrechtlichen Lösung“ für Aufträge oberhalb der Schwellenwerte (sogleich III.) und der fortbestehenden Rechtslage bei der Vergabe öffentlicher Aufträge unterhalb der Schwellenwerte (sogleich IV.).

III. Die „kartellrechtliche Lösung“ für Aufträge oberhalb der Schwellenwerte

42 Öffentliche Aufträge und Konzessionen, welche die einschlägigen Schwellenwerte erreichen oder überschreiten, unterfallen dem europarechtlich geprägten Vergaberegime des GWB und den dort in Bezug genommenen Vorschriften, sofern sie von ausschreibungspflichtigen Einrichtungen erteilt bzw. vergeben werden und keine Ausnahme vorliegt. Sie sind Gegenstand dieses Kommentars, sodass im Rahmen dieser Einleitung nur die Grundzüge und die systematischen Zusammenhänge dargestellt werden sollen. Für Detailfragen wird auf die jeweiligen Kommentierungen der Vorschriften im GWB verwiesen.

1. Einführung in die deutsche Kaskadenlösung

43 Der deutsche Gesetzgeber hat bislang davon abgesehen, ein einheitliches Vergabegesetz zu verabschieden. Die historisch geprägte Fundierung zahlreicher Regelungen in den Vergabe- und Vertragsordnungen (vormals: Verdingungsordnungen), die durch Sachverständigengremien konzipiert werden, blieb bislang im Grundsatz unangetastet. Die mit der vollständigen Novellierung 2016 bestehende Möglichkeit wurde nicht aufgegriffen. Anstelle einer Konzentration in einem Werk hat der Gesetzgeber vielmehr zwei weitere Ebenen auf- bzw. untergesattelt. Entstanden ist eine Verkettung (**Kaskade**) von GWB, Vergabeverordnungen und Vergabe- und Vertragsordnungen, die den unkundigen Rechtsanwender vor so manche Hürde stellt.

An oberster Stelle steht der vierte Abschnitt des **GWB**, der in den §§ 97 bis 186 die grundlegenden Weichenstellungen zu den allgemeinen Grundsätzen sowie zum Anwendungsbereich vornimmt und den Rechtsweg regelt. Als Grundlage zur zweiten Ebene wird die Bundesregierung zum Erlass von Rechtsverordnungen ermächtigt, in der sie unter anderem nähere Bestimmungen über das bei der Vergabe einzuhaltende Verfahren treffen kann. Auf dieser Grundlage sind die Vergabeverordnung (**VgV**), die Sektorenverordnung (**SektVO**), die Konzessionsvergabeverordnung (**KonzVgV**) sowie die Vergabeverordnung für die Bereiche Verteidigung und Sicherheit (**VSVgV**) erlassen. Die VgV, die die Auftragsvergabe von Dienst- und Lieferleistungen einschließlich der Vergabe freiberuflicher Leistungen von klassischen Auftraggebern regelt, verweist in § 2 VgV wiederum auf die **VOB/A** 2. Abschnitt und erklärt diese zusätzlich zu einzelnen Vorschriften der VgV für anwendbar. Dabei handelt es sich um eine „statische Verweisung", also eine Verweisung auf eine bestimmte, im Bundesanzeiger veröffentliche Fassung, durch die das Regelwerk durch den Staat in die Vergabeverordnung inkorporiert wird. Der in Bezug genommene Abschnitt ist damit vom Willen des Verordnungsgebers gedeckt[88] und damit verbindlich, obwohl er originär keine staatlichen Normen enthält, sondern nicht mehr als eine Vereinbarung eines Sachverständigen-Gremiums darstellt. **44**

Außerhalb der Kaskadenlösung existieren ergänzende Normen einzelner Bundesländer in Form eigener **Landesvergabegesetze**. Das GWB enthält zu diesem Zweck einige Öffnungsklauseln, die nicht nur landesrechtliche Regelungen hinsichtlich der Rechtswegorganisation zulassen. Regelmäßig finden sich auf Landesebene Vorgaben zum Umgang mit Tariftreueerklärungen. Ebenso existieren in einigen Ländern durch Landesgesetze statuierte Korruptionsregister,[89] während die Bestrebungen auf Bundesebene lange Zeit keine Mehrheit fanden.[90] Aktuell wird in Deutschland ein sog. Wettbewerbsregister beim Bundeskartellamt eingerichtet. **45**

2. Der Anwendungsbereich und Aufbau des GWB

Der Anwendungsbereich des Vergaberechts ist von drei zentralen Begriffen geprägt. Vereinfacht gesagt müssen **Auftraggeber bzw. Konzessionsgeber** (§§ 98 ff. GWB) **öffentliche Aufträge oder Konzession** (§§ 103 ff. GWB) europaweit in einem formalen Verfahren ausschreiben, soweit diese Aufträge bzw. Konzessionen die **Schwellenwerte** (§ 106 GWB) überschreiten und keine der zahlreichen Ausnahmekonstellationen vorliegt. Freilich werfen insbesondere die ersten beiden Merkmale zahlreiche Auslegungsprobleme auf, für die an dieser Stelle auf die entsprechende Kommentierung verwiesen werden muss. **46**

Der subjektive Anwendungsbereich des Kartellvergaberechts wird geregelt in § 98 GWB. Nur die hiervon erfassten Auftraggeber bzw. Konzessionsgeber werden erfasst. Keine selbstständige Bedeutung kommt der gewählten Rechtsform zu. Sie können öffentlich- **47**

---

88 Durch die Verweisung auf eine bestimmte Fassung der VOB/A wird rechtsstaatlichen und demokratietheoretischen Bedenken hinreichend begegnet. Problematisch würde eine dynamische Verweisung auf die jeweils geltende Fassung erscheinen, da dann der Staat Rechtssetzungskompetenz auf ein nicht demokratisch legitimiertes, nicht staatliches Gremium übertragen würde, vgl. *Pietzcker*, NZBau 2000, 64 ff.

89 Die Erfahrungen mit dem nordrhein-westfälischen Korruptionsbekämpfungsgesetz wurden zwischenzeitlich ausgewertet, vgl. die Zusammenfassung bei *Lantermann*, ZRP 2009, 6 ff., sowie die Ausführungen bei *Jüngel*, Shame Sanctions – Wiedergeburt der Schandstrafe?, 2011, Kap. 3 B VII.

90 Vgl. beispielhaft den Entwurf der Fraktion Bündnis 90/Die Grünen vom 25.6.2008, BT-Drs. 16/9780.

rechtlich als auch in Formen des Privatrechts organisiert sein, sodass eine „Flucht aus der öffentlichen Rechtsform" nicht zu einer „Flucht aus dem Vergaberecht" führt. Hintergrund dieser extensiven Auslegung des Auftraggeberbegriffs ist eine funktionelle Betrachtung durch den EuGH,[91] die als Grundlage für die möglichst effektive Gewährleistung der vergaberechtlichen Grundprinzipien fungiert. Nicht nur Gebietskörperschaften (Bund, Länder und Gemeinden) und deren Sondervermögen, sondern auch juristische Personen des öffentlichen und privaten Rechts sind Auftraggeber, sofern sie – vereinfacht formuliert – im Allgemeininteresse liegende Aufgaben nichtgewerblicher Art erfüllen, der Staat starken personellen oder finanziellen Einfluss hat und sie von Marktmechanismen entkoppelt sind.[92] Zusammenschlüsse aus Auftraggebern im vorgenannten Sinne werden ebenso erfasst wie Sektorenauftraggeber. In besonders gelagerten Fällen müssen Unternehmen den GWB-Vorgaben als Auftraggeber folgen, namentlich wenn ihnen die öffentliche Hand für bestimmte, in § 99 Nr. 4 GWB genannte Bauvorhaben die überwiegende Finanzierung gewährt. Infolge der verwendeten unbestimmten Rechtsbegriffe bleiben noch zahlreiche Abgrenzungsprobleme bestehen, wenngleich der EuGH in den letzten Jahren durch seine Rechtsprechung für punktuelle Klarheit gesorgt hat.[93]

48 Unter **öffentlichen Aufträgen** sind dabei gem. § 103 Abs. 1 GWB entgeltliche Verträge von öffentlichen Auftraggebern mit Unternehmen[94] zu verstehen, die die Beschaffung von Leistungen, die Liefer-, Bau- oder Dienstleistungen zum Gegenstand haben. In den nachfolgenden Absätzen von § 103 GWB werden die einzelnen Auftragsarten näher definiert, wenngleich auch hier eine funktionale Betrachtung die Auslegung dominiert. Im Einzelfall kann es hier also zu erheblichen Abgrenzungsschwierigkeiten kommen, was insbesondere die Diskussion um die Ausschreibungspflicht von Grundstücksveräußerungen durch die öffentliche Hand oder die sog. Open-house-Modelle im Pharma-Bereich zeigt.[95] Ebenfalls dem GWB unterfallen die Vergaben von sog. Konzessionen im Sinne von § 105 GWB, wobei die in der Vergangenheit wichtige Abgrenzung zu Dienstleistungskonzessionen[96] an

---

91 Ausführlich hierzu m. w. N. zur Rechtsprechung des EuGH *Dietlein*, NZBau 2002, 136 ff.

92 Vgl. EuGH, Urt. v. 10.5.2001, C-223/99 und C-260/99, Slg. 2001, I-3605, Rn. 43 – Agorá; *Hailbronner*, DÖV 2003, 534, 539 ff.; *Dietlein*, NZBau 2002, 136, 139 f.; ausführlich hierzu *Dittmer*, Öffentliche Unternehmen und der Begriff des öffentlichen Auftraggebers, Diss., 2008, S. 143 ff.

93 Siehe etwa zur Auftraggebereigenschaft der gesetzlichen Krankenkassen EuGH, Urt. v. 11.6.2009, C-300/07, NJW 2009, 2427 ff. = NZBau 2009, 520 ff.; zur Qualifizierung der öffentlich-rechtlichen Rundfunkanstalten als öffentliche Auftraggeber siehe EuGH, Urt. v. 13.12.2007, C-337/06, Slg. 2007, I-11173.

94 Freilich ist hier von zentraler Bedeutung, dass der Auftraggeber beschaffend (und nicht als Anbieter) tätig wird. Vergaberecht beschäftigt sich mit der entgeltlichen Beschaffung von Leistungen, sodass der Beschaffungscharakter konstitutives Merkmal des vergaberechtlichen Anwendungsbereichs ist.

95 In den letzten Jahren ist hier in Folge der sog. „Ahlhorn"-Rechtsprechung des OLG Düsseldorf (Beschl. v. 13.6.2007, VII-Verg 2/07, NZBau 2007, 530 ff. = VergabeR 2007, 634 ff.) ein heftiger Streit um die Ausschreibungspflicht von Grundstücksveräußerungen ausgebrochen, vgl. nur *Kulartz*, VergabeR 2009, 282 ff.; *Ziekow*, VergabeR 2008, 151 ff.; *Gartz*, NZBau 2010, 293 ff. Zwischenzeitlich hat der EuGH in der Rechtssache C-451/08 (Urt. v. 25.3.2010, NZBau 2010, 321 ff.) ein Machtwort gesprochen und entschieden, dass die bloße Wahrnehmung städtebaulicher Regelungszuständigkeiten keine Vergabepflicht begründet. Notwendig ist vielmehr, dass die Leistung dem Auftraggeber unmittelbar wirtschaftlich zugutekommt.

96 Vgl. nur *Ortner*, Vergabe von Dienstleistungskonzessionen, Diss., 2007, 87 ff.; *Ruhland*, Die Dienstleistungskonzession, Diss., 2006, S. 47 ff., 183 ff.; *Fandrey*, Direktvergabe von Verkehrsleistungen, Diss., 2010, S. 153 ff.

Bedeutung verloren hat, da seit der Novellierung mit Wirkung zum 18.4.2016 nunmehr auch solche Vergaben dem GWB unterfallen, die die Erteilung einer Dienstleistungskonzession zum Gegenstand haben.

Damit die zum Teil strengen Verfahrensanforderungen der Vergaberichtlinien nicht auch für Kleinaufträge gelten, gilt der auf den gemeinschaftsrechtlichen bzw. nunmehr unionsrechtlichen Vergaberechtsrichtlinien beruhende vierte Teil des GWB nach § 106 Abs. 1 GWB nur für Aufträge bzw. Konzessionen, welche näher definierte Auftragswerte erreichen oder überschreiten (sog. **Schwellenwerte**).[97] Der Schwellenwert berechnet sich nach dem Auftragswert ohne Umsatzsteuer und wird regelmäßig angepasst. **49**

Die im vierten Teil des GWB geregelten Vergabevorschriften sind in zwei Kapitel und insgesamt sechs Abschnitte unterteilt: Der erste Abschnitt (§§ 97–114 GWB) regelt die allgemeinen Grundsätze der Auftragsvergabe, bestimmt den Anwendungsbereich und beschreibt das Vergabeverfahren. **50**

Der zweite Abschnitt (§§ 115–135 GWB) betrifft die Vergabe von öffentlichen Aufträgen durch öffentliche Auftraggeber und regelt hier insbesondere den Verfahrensablauf einschließlich der wichtigen Vorschriften zu Absageschreiben (§ 134 GWB) und den Änderungen von laufenden Verträgen (§ 132 GWB), während der dritte Abschnitt (§§ 136–154) Sondervorschriften statuiert für die Vergabe von Aufträgen durch Sektorenauftraggeber, von verteidigungs- oder sicherheitsspezifischen Aufträgen sowie die Vergabe von Konzessionen. Das zweite Kapitel (§§ 155–184 GWB) regelt den Rechtsweg und damit das Nachprüfungsverfahren vor der Vergabekammer, das Verfahren der sofortigen Beschwerde zum Oberlandesgericht und die Vorlagepflicht an den Bundesgerichtshof. **51**

Im dritten Abschnitt des zweiten Kapitels (§§ 171–184 GWB) befinden sich Regelungen über Schadensersatz bei Missbrauch der Rechtsmittel, über den Anspruch auf Ersatz des Vertrauensschadens bei Verstoß gegen Vergabevorschriften und schließlich Vorschriften über die Verfahrenskosten. **52**

3. Die allgemeinen Grundsätze der Auftragsvergabe

Die **Grundsätze der Vergabe** öffentlicher Aufträge sind in § 97 GWB festgelegt. In Abs. 1 Satz 1 sind das **Wettbewerbs-** und das **Transparenzprinzip** verankert. Im April 2016 neu hinzugekommen ist der sog. **Verhältnismäßigkeitsgrundsatz**, der erstmalig ausdrücklich in § 97 Abs. 1 Satz 2 GWB fixiert ist. Abs. 2 enthält das **Gebot der Gleichbehandlung** der potenziellen Auftragnehmer, das jedoch nicht absolut gilt, sondern Abweichungen erlaubt, soweit diese aufgrund des GWB ausdrücklich geboten oder gestattet sind. Diese Grundsätze der Vergabe fundieren unmittelbar im europäischen Primärrecht[98] und werden auch in den Vergaberichtlinien vorausgesetzt. Die Grundsätze sind als Optimierungsgebote in der Auslegung, der Anwendung und bei der Lückenfüllung zu berücksichtigen.[99] Der vierte Absatz verpflichtet die Auftraggeber zur Berücksichtigung **mittel-** **53**

---

97 Siehe hierzu die Kommentierung zu § 106 GWB.

98 Vgl. nur EuGH, Urt. v. 10.3.1987, Rs. 199/85, Slg. 1987, 1039, Rn. 12 – Kommission/Italien; Urt. v. 12.7.2001, C-399/98, Slg. 2001, I-5409, Rn. 52, 75 – Ordine degli Architetti. Nachweise zur EuGH-Rechtsprechung im vergaberechtlichen Kontext finden sich bei *Frenz*, Handbuch Europarecht, Bd. III, 2007, Rn. 1699 ff.; *Burgi*, NZBau 2008, 29, 31.

99 *Burgi*, NZBau 2008, 29, 32, spricht insoweit von „Reservefunktion“ und „letzter Mann zur Verhinderung einer Europarechtswidrigkeit“.

ständischer Interessen und statuiert als Grundsatz die (Teil- bzw. Fach-) Losvergabe. Die Vergabestelle darf gem. § 97 Abs. 3 GWB in eingeschränktem Maße auch weitere Aspekte (sog. Sekundärzwecke[100]) berücksichtigen. Zuletzt anerkennt § 97 Abs. 6 GWB den an einem Vergabeverfahren beteiligten Unternehmen das **subjektive Recht** auf Einhaltung der Bestimmungen über das Vergabeverfahren.

4. Die Vergabeverfahren und deren Ablauf

a) Die einzelnen Vergabeverfahren

54 Das deutsche Vergaberecht kannte auf nationaler Ebene bislang drei Arten von Vergabeverfahren: Bei der **Öffentlichen Ausschreibung** werden Leistungen nach öffentlicher Aufforderung einer unbeschränkten Zahl von Unternehmen zur Einreichung von Angeboten vergeben. Bei der **Beschränkten Ausschreibung** werden Leistungen nach Aufforderung einer beschränkten Zahl von Unternehmen zur Einreichung von Angeboten vergeben. Bei der **Freihändigen Vergabe** schließlich werden Leistungen ohne förmliches Verfahren – also vergleichsweise frei – vergeben. Im Bereich der Vergabe von Dienst- und Lieferleistungen ersetzt die Unterschwellenvergabeordnung die Freihändige Vergabe durch die sog. **Verhandlungsvergabe**, wobei der Namenswechsel vor allem symbolische Bedeutung hatte.

55 Die Vergabeverfahren im Kartellvergaberecht werden anders bezeichnet, obwohl Parallelen in den Grundstrukturen durchaus erkennbar sind:[101] So entspricht das **offene Verfahren** (§ 119 Abs. 3 GWB) der Öffentlichen Ausschreibung. Beim **nicht offenen Verfahren** (§ 119 Abs. 4 GWB) wird öffentlich zur Teilnahme an dem Verfahren, und anschließend aus dem Bewerberkreis eine beschränkte Anzahl an Bewerbern zur Angebotsabgabe aufgefordert. Das **Verhandlungsverfahren** (§ 119 Abs. 5 GWB) lässt sich mit der Freihändigen Vergabe vergleichen, wobei sich die Vergabestelle hier – mit oder ohne vorherige öffentliche Aufforderung zur Teilnahme – an von ihr ausgewählte Unternehmen wendet, um mit einem oder mehreren über die Auftragsbedingungen zu verhandeln.

56 Ergänzend wurde 2005 im Rahmen des „ÖPP-Beschleunigungsgesetzes"[102] der **wettbewerbliche Dialog** als neues Vergabeverfahren eingeführt (nunmehr § 119 Abs. 6 GWB).[103] Bei komplexen Beschaffungsgegenständen kann die Vergabestelle in diesem Rahmen mit den Unternehmen in einen Dialog treten, um den Gegenstand zunächst genau an die eigenen Bedürfnisse anzupassen. Auf der Grundlage der gefundenen Lösung werden die Unternehmen anschließend aufgefordert, ihr endgültiges Angebot vorzulegen. Als fünfte Verfahrensart wurde 2016 die sog. **Innovationspartnerschaft**[104] im GWB verankert (§ 119 Abs. 7 GWB). Die Innovationspartnerschaft ist ein Verfahren zur Entwicklung innovativer, noch nicht auf dem Markt verfügbarer Liefer-, Bau- oder Dienstleistungen und zum an-

---

100 Dazu bereits oben Punkt I. 2.

101 Siehe dazu im Einzelnen die Kommentierung zu § 119 GWB.

102 BGBl. I, S. 2676.

103 Vgl. zum wettbewerblichen Dialog *Reimnitz*, Der neue Wettbewerbliche Dialog, Diss., 2009; *Schneider*, Der wettbewerbliche Dialog im Spannungsfeld der Grundsätze des Vergaberechts, Diss., 2009; *Fritz*, VergabeR 2008, 379 ff.; *Pünder/Franzius*, ZfBR 2006, 20 ff.; *Schröder*, NZBau 2007, 216 ff.

104 Vgl. hierzu *Püstow/Meiners*, NZBau 2016, 406 ff.; *Rosenkötter*, VergabeR 2016, 196 ff.; *Badenhausen-Fähnle*, VergabeR 2015, 743 ff.

schließenden Erwerb der daraus hervorgehenden Leistungen. Nach einem Teilnahmewettbewerb verhandelt der öffentliche Auftraggeber in mehreren Phasen mit den ausgewählten Unternehmen über die Erst- und Folgeangebote.

Als neue Variation wurde im Zuge der GWB-Reform 2009 die Möglichkeit in § 101 Abs. 6 GWB a. F. (nunmehr § 120 Abs. 2 GWB) verankert, eine **elektronische Auktion** zur elektronischen Ermittlung des wirtschaftlichsten Angebotes durchzuführen. Es handelt sich dabei nicht um eine eigenständige Verfahrensart. Vielmehr werden hier die klassischen Verfahren dahingehend modifiziert, dass nach einer ersten vollständigen Bewertung auf einer elektronischen Plattform eine umgekehrte Auktion durchgeführt wird. Ebenfalls an dieser Stelle neu eingeführt wurde das **dynamische elektronische Verfahren** bzw. das **dynamische Beschaffungssystem**. Dieses ist ein vollelektronisches, zeitlich befristetes und offenes Verfahren für die Beschaffungen von marktüblichen Leistungen (§ 120 Abs. 1 GWB). **57**

Bis April 2016 gab es den uneingeschränkten **Vorrang des Offenen Verfahrens**; lediglich die unter die Sektorenrichtlinie fallenden Auftraggeber hatten die freie Auswahl zwischen den drei Verfahrensarten. Der Vorrang wurde dahingehend aufgeweicht, dass ein Auftraggeber nunmehr auch ohne nähere Begründung ein nicht offenes Verfahren mit Teilnahmewettbewerb durchführen darf. **58**

b) Der Ablauf von Vergabeverfahren

Abgesehen von den allgemeinen Vergabegrundsätzen (dazu bereits oben III.3.) sind die Details der Vergabe nicht im GWB, sondern – durch die Verweisung der Vergabeverordnung auf die entsprechenden **Vergabe- und Vertragsordnungen** – weiterhin in der VOB/A, VgV, SektVO, KonzVgV geregelt. **59**

Vergabeverfahren beginnen grundsätzlich mit der europaweiten Bekanntgabe der Vergabeabsicht im Supplement zum Amtsblatt der Europäischen Union. Hierzu werden auf vorgegebenen Mustern die wesentlichen Rahmenbedingungen des Auftrages umrissen, damit sich potenzielle Bieter frühzeitig entscheiden können, ob sie sich an dem Verfahren beteiligen wollen. Eine weitergehende Veröffentlichung – etwa in Tageszeitungen, amtlichen Veröffentlichungsblättern oder Fachzeitschriften – ist grds. nicht erforderlich. Interessierte Unternehmen können bei der Vergabestelle die Vergabeunterlagen und die zusätzlichen Unterlagen (z. B. zusätzliche Vertragsbedingungen) einsehen. Die entsprechenden Unterlagen werden im Regelfall auf der Internetseite oder einem Vergabeportal uneingeschränkt und kostenlos zur Verfügung gestellt. Ggf. nach Durchführung eines vorgeschalteten Teilnehmerwettbewerbs reichen die Unternehmen innerhalb einer dafür vorgesehenen Frist ihre Angebote ein. Sofern die Angebote den strengen formellen Anforderungen genügen, werden die Angebote gewertet. Der Auftraggeber informiert die Beteiligten, deren Angebot nicht berücksichtigt werden soll, über den geplanten Zuschlag und kann selbigen nach Ablauf einer Wartefrist (vgl. § 134 GWB) erteilen. Das gesamte Verfahren ist ausführlich und vollständig zu dokumentieren. Beim Verhandlungsverfahren und dem wettbewerblichen Dialog können zudem vor der Abgabe des letzten Angebotes mehrere Phasen durchgeführt werden, in denen über das Angebot (Verhandlungsverfahren) bzw. den Leistungsgegenstand (wettbewerblicher Dialog) diskutiert wird. **60**

5. Ansprüche und Möglichkeiten benachteiligter Interessenten

61 Die Erfahrung der letzten Jahre hat gezeigt, dass Vergabeverfahren äußerst fehleranfällig sind. Dies mag zum einen an dem komplizierten Regelungskonstrukt mit häufig unklaren Rechtsbegriffen liegen, zum anderen aber auch an der nicht selten anzutreffenden Neigung mancher Vergabestellen, Spielräume und Grauzonen dahingehend nutzen zu wollen, dass ein – etwa wegen jahrelanger erfolgreicher Zusammenarbeit – favorisiertes Unternehmen den Zuschlag erhält. Anders als im noch zu besprechenden (unten IV.) Unterschwellenbereich ist im Kartellvergaberecht **effektiver Primärrechtsschutz** gesetzlich vorgesehen (sub a)). Unter Umständen kann ein Unternehmen auch **Schadensersatzansprüche** geltend machen (sub b)). Daneben existieren vereinzelte sonstige Rechtsbehelfe (sub c)), mit denen Unternehmen ihr Begehren verfolgen können.

a) Primärrechtliche Ansprüche der Interessenten

62 Zur Durchsetzung des Anspruchs der Unternehmer auf Einhaltung der Bestimmungen des Vergabeverfahrens aus § 97 Abs. 6 GWB steht dem Rechtssuchenden das **Nachprüfungsverfahren** (§§ 155 ff. GWB) zur Verfügung. Er kann sich damit bereits vor Abschluss des Vergabeverfahrens gegen das Verfahren bzw. den geplanten Zuschlag an einen Dritten wenden. In der ersten Instanz sind die Vergabekammern zuständig (sub aa)), gegen deren Entscheidung die sofortige Beschwerde zum Oberlandesgericht (sub bb)) zulässig ist. Der Bundesgerichtshof (sub cc)) und der Europäische Gerichtshof (sub dd)) werden nur in Ausnahmefällen mit dieser Materie befasst.

63 Dieser vergaberechtliche Rechtsweg steht Unternehmern aber nur im Anwendungsbereich des Kartellvergaberechts offen, wenngleich sich das OLG Düsseldorf seiner Zeit auch im Wege einer Analogie für den Rechtsschutz von Vergaben nach der Verordnung (EG) Nr. 1370/2007 zuständig erklärt hat.[105] Eine Vergabestelle kann die Zuständigkeit der Vergabekammern nicht dadurch begründen, dass sie fälschlicherweise selbst von einer Ausschreibungspflicht nach dem GWB ausgeht. Die Gewährleistung von Primärrechtsschutz gehört zu den Kernstücken des Kartellvergaberechts und bildet den mit bedeutendsten Unterschied gegenüber dem klassischen (verwaltungsinternen) Haushaltsrecht.

64 Die bestandskräftige Entscheidung der Vergabekammer – und soweit ergangen die Entscheidungen des Oberlandesgerichts und des Bundesgerichtshofes – haben gem. § 179

105 OLG Düsseldorf, Beschl. v. 2.3.2011, VII-Verg 48/10; a. A. zuvor bereits mit ausführlicher Begründung *Fandrey*, Verkehr und Technik 2010, S. 345 ff.; ebenso *Deuster/Michaels*, NZBau 2011, 340, 341. Das OLG Düsseldorf nimmt in nicht unproblematischer Weise eine Regelungslücke an und negiert damit die Zuordnung zu den Verwaltungsgerichten nach § 40 Abs. 1 Satz 1 VwGO. Eine – hier mit einer Analogie begründete – abdrängende Sonderzuweisung an eine andere Gerichtsbarkeit wäre richtigerweise nur aufgrund eines Gesetzes zulässig, an dem es hier fehlt. Es dürfte kaum die Aufgabe des Vergabesenates sein, eine als unzureichend bewertete Umsetzung von Unionsrecht mittels Analogie zu korrigieren, solange die Verwaltungsgerichtsbarkeit Rechtsschutz gewährt. Dies gilt insbesondere in Angesicht des grundgesetzlich geschützten Rechts auf den gesetzlichen Richter (Art. 101 Abs. 1 Satz 2 GG). Nicht durchschlagend erscheint das Argument der Sachnähe (Rn. 50). Soweit dem Senat auch beizustimmen ist, dass die Abgrenzung zwischen Dienstleistungsauftrag und Dienstleistungskonzession im Einzelfall nur schwer erfolgen kann, wirft dies doch die Folgefrage auf, warum der vergaberechtliche Nachprüfungsweg dann nicht auch zugleich bei der Ausschreibung von Dienstleistungskonzessionen eröffnet sein soll.

Abs. 1 GWB in einem späteren Schadensersatzprozess vor einem ordentlichen Gericht **Bindungswirkung.**[106] Eine nochmalige gerichtliche Prüfung bereits entschiedener Sach- und Rechtsfragen wird somit vermieden und das ordentliche Gericht kann sich jetzt darauf konzentrieren, Fragen des Verschuldens und des Schadens zu klären.

aa) Das Nachprüfungsverfahren vor der Vergabekammer

Der zentrale Baustein für den Rechtsschutz der am Vergabeverfahren beteiligten Unternehmen ist das Verfahren vor den **Vergabekammern** (§§ 160 ff. GWB), die auf Bundes- und Landesebene eingerichtet werden.[107] Das Nachprüfungsverfahren vor den Vergabekammern ist ein behördliches Verfahren, sodass – vorbehaltlich der Sonderregelungen im GWB – die **Verwaltungsverfahrensgesetze** des Bundes oder der Länder Anwendung finden. **65**

Obgleich es sich bei den Vergabekammern um Behörden handelt, üben sie ihre Tätigkeit im Rahmen der Gesetze unabhängig und in eigener Verantwortung aus (§ 157 Abs. 1 GWB). Sie sind nur dem Gesetz unterworfen (§ 157 Abs. 4 Satz 2 GWB). Der Gesetzgeber hat auf diesem Wege die Stellung der Vergabekammern weitgehend der von Gerichten angeglichen, sodass Vergabekammern auch als Gerichte im Sinne des Unionsrechts anzusehen sind. Um die nötige Unabhängigkeit sicherzustellen, werden alle Kammermitglieder für die Dauer von fünf Jahren bestellt und sind gegen ihren Willen nicht abrufbar (§ 157 Abs. 4 Satz 1 GWB). **Besetzt** sind die Vergabekammern mit einem **Vorsitzenden und zwei Beisitzern**, von denen einer ein ehrenamtlicher Beisitzer ist (§ 157 Abs. 2 Satz 1 GWB). Durch besondere Qualifikationen soll die Sachkompetenz der Vergabekammern und die Akzeptanz ihrer Entscheidungen sichergestellt werden: Der Vorsitzende und der hauptamtliche Beisitzende müssen die Befähigung zum höheren Verwaltungsdienst haben oder vergleichbar fachkundige Angestellte sein (§ 157 Abs. 2 Satz 2 GWB). Darüber hinaus muss der Vorsitzende oder der hauptamtliche Beisitzer die Befähigung zum Richteramt haben (§ 157 Abs. 2 Satz 3 GWB). Die Beisitzer sollen gründliche Kenntnisse des Vergaberechts haben und über mehrjährige Berufserfahrung auf dem Gebiet des Vergabewesens verfügen (§ 157 Abs. 2 Satz 4 GWB). **66**

Eingeleitet wird das Verfahren vor einer Vergabekammer auf Antrag eines Unternehmens, das sich in seinen Rechten aus § 97 Abs. 6 GWB beeinträchtigt fühlt. In dem **Antrag** ist die Nichtbeachtung von Vergaberechtsvorschriften geltend zu machen und darzulegen, dass dem antragstellenden Unternehmen ein Schaden entstanden ist oder zu entstehen droht, § 160 Abs. 2 GWB. Über den nicht offensichtlich unzulässigen und nicht offensichtlich unbegründeten Antrag wird der Auftraggeber von der Kammer informiert. Anschließend darf der Auftraggeber gem. § 169 Abs. 1 GWB den Zuschlag vor einer Entscheidung der Vergabekammer und dem Ablauf einer zweiwöchigen Beschwerdefrist nicht erteilen. Ein dennoch erteilter Auftrag ist wegen des Verstoßes gegen dieses gesetzliche Verbot nichtig (Suspensiveffekt). **67**

106 Vgl. die Kommentierung zu § 179 GWB.

107 Vgl. §§ 156, 158 GWB. Nach § 158 Abs. 1 Satz 1 GWB richtet der Bund Vergabekammern beim Bundeskartellamt ein. Die Organisation auf Länderebene ist in § 158 Abs. 2 GWB geregelt. Regelmäßig werden die Ländervergabekammern bei einem Ministerium, einer Landesober- oder einer Landesmittelbehörde angesiedelt. Die Zuständigkeitsabgrenzung erfolgt nach § 159 GWB.

68 Die Vergabekammer untersucht den Sachverhalt von Amts wegen (§ 163 Abs. 1 Satz 1 GWB), kann sich dabei aber auf das Vorgebrachte oder von Amts wegen Bekannte beschränken (§ 163 Abs. 1 Satz 2 GWB). Zwecks Untersuchung muss der öffentliche Auftraggeber der Kammer die Vergabeakten sofort zur Verfügung stellen (§ 163 Abs. 2 Satz 4 GWB), die von den Beteiligten grds. eingesehen werden können (§ 165 GWB). Eine Entscheidung über den Antrag ergeht nach einer mündlichen Verhandlung (§ 166 Abs. 1 Satz 1 GWB). Aufgrund der besonderen Eilbedürftigkeit von Nachprüfungsentscheidungen bei der öffentlichen Auftragsvergabe trifft und begründet die Vergabekammer ihre Entscheidung innerhalb einer Frist von fünf Wochen ab Eingang des Antrags (§ 167 Abs. 1 Satz 1 GWB). Diese Frist soll nur in zu begründenden Ausnahmefällen – und regelmäßig nicht länger als für zwei Wochen – verlängert werden (§ 167 Abs. 1 Sätze 2 und 3 GWB). Hier existieren regionale Unterschiede.

69 Die **Entscheidungen der Vergabekammern** ergehen in der Form des Verwaltungsakts (§ 168 Abs. 3 Satz 1 GWB). In diesem Rahmen wird entschieden, ob der Antragsteller durch einen Verstoß im Vergabeverfahren in seinen Rechten verletzt ist. Gleichzeitig werden die geeigneten Maßnahmen getroffen, um eine Rechtsverletzung zu beseitigen und eine Schädigung der betroffenen Interessen zu verhindern (§ 168 Abs. 1 Satz 1 GWB). Auf Antrag des öffentlichen Auftraggebers oder des Unternehmens, dessen Angebot angenommen werden soll, kann die Vergabekammer den Fortgang des Vergabeverfahrens und die Zuschlagserteilung bei Eilbedürftigkeit vorab gestatten (§ 169 Abs. 2 GWB).[108]

bb) Die sofortige Beschwerde zum Oberlandesgericht

70 Gegen die Entscheidung der Vergabekammer[109] steht den Beteiligten binnen einer Notfrist von zwei Wochen die sofortige Beschwerde zu (§ 171 Abs. 1, § 172 Abs. 1 GWB). Der am Oberlandesgericht eingerichtete Vergabesenat entscheidet in der Sache selbst.

71 Die Einlegung der sofortigen Beschwerde entfaltet **aufschiebende Wirkung** (§ 173 Abs. 1 GWB); diese Wirkung entfällt zwei Wochen nach Ablauf der Beschwerdefrist. Auf einen entsprechenden Antrag des Beschwerdeführers hin kann die aufschiebende Wirkung jedoch bis zu einer Entscheidung über die Beschwerde verlängert werden (§ 173 Abs. 1 Satz 3 GWB). Das Oberlandesgericht lehnt den Antrag aber nur ab, wenn die nachteiligen Folgen der Vergabeverzögerung die mit der Beschwerde verbundenen Vorteile überwiegen (§ 173 Abs. 2 GWB). Hierbei hat es u. a. die Erfolgsaussichten der Beschwerde sowie die Erfolgsaussichten der Unternehmen im Vergabeverfahren zu berücksichtigen. Die Zuschlagserteilung wird im Interesse eines effektiven Rechtsschutzes die Ausnahme bleiben. Dem entspricht es, dass das Gericht auf Antrag des öffentlichen Auftraggebers oder des Unternehmens, dessen Angebot angenommen werden soll, den Fortgang des Vergabeverfahrens und die Zuschlagserteilung bei Eilbedürftigkeit vorab gestatten kann.

72 Hält das Oberlandesgericht die Beschwerde für begründet, so hebt es die Entscheidung der Vergabekammer auf. In der Sache entscheidet das Gericht entweder selbst oder es verpflichtet die Vergabekammer zur erneuten Entscheidung. Aus Gründen der Eilbedürftigkeit wird der Vergabesenat aber regelmäßig die Sache nicht zurückweisen, sondern selbst

108 Vgl. hierzu aus dem Blickwinkel des Vergabesenates *Kühnen*, NZBau 2009, 357, 357 ff., der die miteinander abzuwägenden Belange ausführlich würdigt.

109 Einer solchen Entscheidung steht es nach § 171 Abs. 2 GWB gleich, wenn die Vergabekammer nicht innerhalb der (ggf. verlängerten) Frist des § 167 Abs. 1 GWB entschieden hat.

entscheiden. Ein Beschleunigungsgebot für Vergabesenate ist im GWB nicht verankert.[110] In der Praxis hat sich aber gezeigt, dass auch die Vergabesenate insoweit sehr zügig entscheiden, schon um die öffentliche Auftragsvergabe nicht durch überlange Verfahrensdauern zu verzögern.

cc) Vorlagepflicht zum Bundesgerichtshof

Die Entscheidungen der Vergabesenate sind unanfechtbar.[111] Zur Wahrung der Einheitlichkeit der Rechtsprechung ist aber ein Oberlandesgericht gem. § 179 Abs. 2 GWB zur Vorlage der Sache an den **Bundesgerichtshof** verpflichtet,[112] wenn es von der Entscheidung eines anderen Oberlandesgerichts oder des Bundesgerichtshofes abweichen will. Der Bundesgerichtshof kann dann anstelle des Oberlandesgerichts entscheiden oder sich auf die Divergenzfrage beschränken. **73**

dd) Vorabentscheidungsverfahren beim Europäischen Gerichtshof

Soweit für einen Vergabesenat eine Frage über die Auslegung des europäischen Unionsrechts offen ist, legt der Vergabesenat oder die Vergabekammer[113] diese Frage dem EuGH zur Vorabentscheidung nach Art. 267 AEUV (ex Art. 234 EGV) vor. Die Entscheidung hierüber liegt beim nationalen Gericht, welches selbst entscheidet, inwieweit der konkrete Fall eine Klärung auf europäischer Ebene erfordert. Über diesen Weg gibt der EuGH immer wieder Leitlinien vor und bestimmt so die Richtung, in der sich die nationale Rechtsprechung orientiert. In der Vergangenheit gingen nicht selten wesentliche Impulse für eine weitere Ausdehnung des Anwendungsbereichs des Wettbewerbsgedankens von den Luxemburger Richtern aus, die damit einheitlich für alle Mitgliedstaaten die Marschroute vorgaben. **74**

b) Schadensersatzansprüche

Das GWB beinhaltet zudem eine explizite Regelung zum Schadensersatz im Falle des Missbrauchs der im GWB vorgesehenen Rechtsmittel (sub aa)) sowie einen Anspruch auf Ersatz des Vertrauensschadens durch den Auftraggeber (sub bb)). Weiterreichende Ansprüche auf Schadensersatz bleiben aber nach § 181 Satz 2 GWB ausdrücklich unberührt (sub cc)). **75**

---

110 Gleichwohl ist das Verfahren auf größtmögliche Beschleunigung ausgelegt (Notfrist, um Beschwerde einzulegen und zu begründen, Anwaltspflicht für Unternehmen, etc.).

111 Wenngleich vereinzelte Gerichte auch noch die Möglichkeit der Gegenvorstellung zulassen, vgl. etwa OLG München, Beschl. v. 12.8.2008, Verg 6/08.

112 Eine Vorlage erfolgt in der Praxis aber nur selten.

113 Es war lange Zeit umstritten, ob auch eine Vergabekammer als Gericht im Sinne des AEUV angesehen werden kann und damit vorlageberechtigt war. Dies hat der EuGH in seiner „Bundesdruckerei"-Entscheidung (EuGH, Urt. v. 18.9.2014, C-549/13, NZBau 2014, 647 ff.) positiv beantwortet. Die Fälle sind zwar weiterhin selten, gleichwohl finden sich einige Vorlagebeschlüsse von Vergabekammern (z.B. VK Südbayern, Beschl. v. 5.6.2015, Z3-3-3194-1-20-03/15; VK Arnsberg, Beschl. v. 22.10.2013, VK 18a/13).

aa) Schadensersatz bei Rechtsmissbrauch

76 Die Wahrnehmung des effektiv ausgestalteten Vergaberechtsschutzes ist stets verbunden mit der Verzögerung des Vergabeverfahrens. Eine Verzögerung ist nicht selten mit weiteren, zum Teil erheblichen (Bau-, Finanzierungs-, etc.) Kosten verbunden. Hierauf gründet die bisweilen zu vernehmende Befürchtung, dass Vergabeverfahren auch dazu genutzt werden können, den Auftraggeber mit ungerechtfertigten Verfahren unter Druck zu setzen und so eine Einigung im Vergleichswege anzustreben. Als Gegengewicht hat der Gesetzgeber mit § 180 GWB eine spezielle Schadensersatzregelung und Ausprägung der sittenwidrigen Schädigung gem. § 826 BGB geschaffen.[114] Danach macht sich der Beschwerdeführer (gegenüber der Vergabestelle und etwa beigeladenen Mitbewerbern) schadensersatzpflichtig, wenn er das Vergabeprüfverfahren missbraucht und sich sein Antrag an die Vergabekammer bzw. die Beschwerde an das Oberlandesgericht „als von Anfang an ungerechtfertigt" erweist. § 180 Abs. 2 GWB zählt einige Regelbeispiele auf, in denen von einem Missbrauch ausgegangen werden kann. Darüber hinausgehend besteht eine verschuldensunabhängige Schadensersatzpflicht nach § 180 Abs. 3 GWB, wenn sich eine vorläufige Maßnahme der Vergabekammer zugunsten des Antragstellers als von Anfang an ungerechtfertigt erweist. In der Praxis lässt sich das grob sachfremde, eigennützige Vorgehen allerdings nur schwer beweisen, sodass § 180 GWB bisher kaum praktische Bedeutung erlangt hat.[115]

bb) Anspruch auf Ersatz des Vertrauensschaden

77 Nach § 181 GWB kann ein Unternehmen Schadensersatz für die Kosten der Vorbereitung des Angebots oder der Teilnahme an einem Vergabeverfahren verlangen, wenn der öffentliche Auftraggeber gegen eine dem Schutz des Unternehmens dienende Vorschrift verstoßen hat, sofern das Unternehmen ohne den Verstoß eine „echte Chance" gehabt hätte, den Zuschlag zu erhalten. Hiermit begründet wird eine verschuldensunabhängige Einstandspflicht des öffentlichen Auftraggebers, die aber auf das negative Interesse (Vertrauensschaden) begrenzt ist.

cc) Weitergehende Schadensersatzansprüche

78 Weitergehende Ansprüche auf Schadensersatz bleiben gem. § 181 Satz 2 GWB unberührt. Damit besteht unter bestimmten Voraussetzungen die Möglichkeit, aus dem zivilrechtlichen Rechtsinstitut des Verschuldens bei Vertragsschluss (culpa in contrahendo) einen Anspruch sogar auf Ersatz des Erfüllungsinteresses geltend zu machen. Ebenso kann ein geschädigtes Unternehmen Schadensersatz nach § 826 BGB und §§ 19 Abs. 1 i.V.m. Abs. 2 Nr. 1, 20 Abs. 1, 33 Abs. 3 GWB beanspruchen. Anders als im Unterschwellenbereich ist im 4. Teil des GWB auch das subjektive Recht der Unternehmen auf Beachtung der Bestimmungen über das Vergabeverfahren verankert (§ 97 Abs. 6 GWB). Die Vergabebestimmungen sind damit (oberhalb der Schwellenwerte) als Schutzgesetze im Sinne von § 823 Abs. 2 BGB zu qualifizieren.

---

114 Siehe hierzu im Einzelnen die Kommentierung zu § 180 GWB sowie ferner *Hesshaus*, VergabeR 2008, 372 ff.; *Horn/Graef*, NZBau 2006, 505, 507 f.

115 Vgl. einen der seltenen Fälle bei OLG Düsseldorf, Beschl. v. 14.5.2008 – VII-Verg 27/08, VergabeR 2008, 661 ff.

c) Weitere nationale sowie unionsrechtliche Rechtsbehelfe

Die Möglichkeit der Einleitung eines Nachprüfungsverfahrens vor einer Vergabekammer besteht gem. § 155 GWB unbeschadet der Prüfungsmöglichkeit von **Aufsichtsbehörden**. Der Rechtssuchende kann sich damit – unabhängig von einem Verfahren vor einer Vergabekammer – auch an die zuständige Aufsichtsbehörde wenden, sofern der Auftraggeber einer Rechts- oder Fachaufsicht unterliegt. Der bislang vorgesehene Weg zu sog. **Vergabeprüfstellen**[116] wurde mit der GWB-Reform 2009 gestrichen. **79**

Ergänzend ist an **europarechtliche Rechtsbehelfe** zu denken. So bleibt bei Verstößen der Mitgliedstaaten gegen unionsrechtsrechtliches Primärrecht und Sekundärrecht eine form- und voraussetzungslose **Beschwerde zur Europäischen Kommission** möglich mit dem Ziel, diese zur Einleitung eines **Vertragsverletzungsverfahrens** nach Art. 258 AEUV (ex Art. 226 EG) zu bewegen. Kann die Europäische Kommission von der Verletzung des Unionsrechts überzeugt werden, wird sie versuchen, auf das Ausschreibungsverfahren entsprechend einzuwirken. Ein Beschwerdeführer hat aber keinen einklagbaren Anspruch auf ein bestimmtes Handeln der Europäischen Kommission. Ein Vertragsverletzungsverfahren kann nicht erzwungen werden. **80**

Zudem kann die Europäische Kommission die Bundesregierung schon (und nur) während des Verfahrens darüber unterrichten, dass sie einen „klaren und eindeutigen“ Verstoß gegen die unionsrechtlichen Vergabevorschriften annimmt. In diesem Fall greift die detaillierte Regelung des sog. **Korrekturmechanismus** nach § 183 GWB. Im Anschluss an die Mitteilung der Europäischen Kommission wird der Auftraggeber seitens des Bundesministeriums für Wirtschaft und Energie hierüber informiert. Dieser hat dann 14 Tage Zeit eine adäquate Stellungnahme nach den Vorgaben in § 183 Abs. 2 GWB zu verfassen. Regelmäßig wird er den behaupteten Verstoß beseitigen, da es andernfalls dank der Vorlage aus Brüssel den unterlegenen Unternehmen relativ leicht fallen wird, Schadensersatzansprüche erfolgreich geltend zu machen. **81**

6. Aktuelle Reformbestrebungen

Obwohl das GWB-Vergaberecht erst 2016 überarbeitet wurde, befindet sich das deutsche Vergaberecht weiterhin im Fluss. Beschlüsse von Vergabekammern und Vergabesenaten haben zu einem stark fallgeprägten (sowie nicht immer dogmatisch stringenten) Vergabesystem geführt und werden auch in Zukunft so manche neue Hürde aufstellen bzw. tradierte Rechtsauffassung beenden. Eine Vereinheitlichung, mit der die Rechtsanwendung für die Beteiligten vereinfacht wird, wäre daher ebenso zu begrüßen wie eine Zusammenfassung des vergaberechtlichen Normen-Konglomerates. Zu erwägen wäre insbesondere eine Abkehr von der bisherigen Kaskadenlösung, mag dies auch gegenwärtig kaum realisierbar erscheinen. Die Aufgabe der Unterteilung in VOL/A 2. Abschnitt und VOF und deren Vereinigung in der VgV stellt insoweit nur einen ersten Schritt dar. **82**

Zugleich gilt es, das bestehende deutsche Recht einschließlich der Vergabe- und Vertragsordnungen auf Abweichungen vom unionsrechtlichen Standard zu überprüfen. So war in den letzten Jahren gerade in Deutschland nicht selten eine „Überumsetzung“ des europä- **83**

116 Vgl. zu diesen die Kommentierung von *Rudolf* in der 2. Aufl. Einl. Rn. 53.

ischen Rechts festzustellen, wodurch partiell ein seitens der Union nicht gefordertes, rigides Vergaberegime geschaffen wurde.

IV. Die fortbestehende Rechtslage bei der Vergabe öffentlicher Aufträge unterhalb der Schwellenwerte

1. Einführung in die Unterschwellen-Problematik

84 Erreicht der Auftragswert nicht die festgesetzten Schwellenwerte, unterfällt der Auftrag nicht den Vorgaben des Kartellvergaberechts. § 106 Abs. 1 GWB unterstellt damit nur einen Teil der öffentlichen Aufträge dem kartellrechtlichen Vergaberegime.

a) Die haushaltsrechtliche Konstruktion des Unterschwellenbereichs

85 Da die Rechtslage im Unterschwellenbereich nicht durch europäische Sekundärrechtsvorgaben modifiziert wurde, gilt hier weiterhin die sog. haushaltsrechtliche Lösung. Der Gesetzgeber beließ es insoweit bei der vom traditionellen deutschen Verständnis geprägten Rechtslage und verzichtete auf eine einheitliche Regelung.[117] Das so entstandene „Zweiklassensystem" gilt seither als in seinem Bestand gefestigt, wenn auch weithin kritisch betrachtet. Angesichts der unzweideutigen gesetzgeberischen Entscheidung zugunsten dieser differenzierenden Lösung besteht auch keine Möglichkeit einer analogen Anwendung des europarechtlich geprägten Vergaberechts auf Aufträge unterhalb der Schwellenwerte.[118]

86 Hoffnungsträger für die Kritiker war lange Zeit das Bundesverfassungsgericht. Als Anknüpfungspunkte für die Verfassungswidrigkeit des zweigliedrigen Vergaberechts wurden Art. 3 Abs. 1 und Art. 19 Abs. 4 GG angeführt: So verletze die Zweiteilung des vergaberechtlichen Rechtsschutzes den Gleichbehandlungsgrundsatz und die Aufspaltung des Rechtsschutzes entspreche einer verfassungswidrigen Verweigerung von Primärrechtsschutz. Durchdringen konnten diese Bedenken nicht. In seinem Beschluss vom 13.6.2006 wies der Erste Senat des Bundesverfassungsgerichts eine diesbezügliche Verfassungsbeschwerde zurück.[119] Der Staat übe in seiner Rolle als Nachfrager keine öffentliche Gewalt aus, sodass auf Art. 19 Abs. 4 GG nicht rekurriert werden könne. Dem allgemeinen Justizgewährungsanspruch hingegen genügten die bisherigen Rechtsschutzmöglichkeiten. Mit der eindeutigen, wenn auch nicht unumstrittenen[120] Entscheidung des Bundesverfassungsgerichts kann eine Änderung auf nationaler Ebene nunmehr nur noch von einem gesetzgeberischen Impuls ausgehen.

87 Das Vergaberecht für Aufträge unterhalb der Schwellenwerte bleibt daher Teil des öffentlichen Haushaltsrechts, das als solches – entgegen allgemeinem Sprachgebrauch – zwar kein „**Innenrecht der Verwaltung**" darstellt,[121] wohl aber „**Recht der inneren Verwal-**

---

117 *Pietzcker*, ZHR 162 (1998), 427, 435. Kritisch zu dieser Entscheidung des Gesetzgebers *Byok*, NJW 1998, 2774, 2776: „systematische Bruchstelle".

118 So auch *Gallwas*, VergabeR 2001, 2, 6.

119 BVerfG, Beschl. v. 13.6.2006, 1 BvR 1160/03, BVerfGE 116, 135 ff.

120 Vgl. die Nachweise bei *Dietlein*, in: Stern, Staatsrecht, § 123 IV. 1. c) a) ßß).

121 Zu Recht kritisch gegenüber dem Begriff „Innenrecht" *Schmidt-Aßmann*, in: Ehlers/Krebs, Grundfragen des Verwaltungsrechts und des Kommunalrechts, S. 1, 9.

tung". Dies hat Auswirkungen auf mögliche Ansprüche interessierter Bieter auf ordnungsgemäße Durchführung des Vergabeverfahrens. Derartige Ansprüche bestehen im Grundsatz nicht. Das Haushaltsrecht dient nicht dem Schutz des Wettbewerbs. Wettbewerb ist nur das Mittel auf dem Weg zur Wirtschaftlichkeit, aber kein eigener Zweck.[122] Es gewährt Bietern keinen Rechtsschutz bei Verstößen, sondern wirkt nur verwaltungsintern (und ggf. über appellhafte Berichte der Rechnungshöfe).[123] Zur Durchführung eines Vergabeverfahrens sind nach Haushaltsrecht ferner nur die klassischen Auftraggeber, also insbesondere die Gebietskörperschaften, gesetzlich verpflichtet. Juristische Personen des Privatrechts werden demgegenüber nur über Umwege (etwa gesellschaftsvertragliche Vereinbarungen, Nebenbestimmungen in Zuwendungsbescheiden etc.) in die Ausschreibungspflicht genommen. Die eigentliche Vergabe, also die Erteilung des Zuschlags, und die Abwicklung des so abgeschlossenen Vertrags werden zwar – was lange Zeit umstritten und inzwischen höchstrichterlich entschieden ist[124] – vom Zivilrecht geregelt. Derartiges fiskalisches Handeln ist aber öffentlich-rechtlich überlagert, sodass unter bestimmten Voraussetzungen Ansprüche aus Art. 3 Abs. 1 GG bestehen können.

b) Der Sinn dieser „Grenzziehung"

Die Unterteilung des Vergaberechts in einen haushaltsrechtlich geprägten Unterschwellen- **88**
und einen von subjektiven Bieterrechten geprägten Oberschwellenbereich beruht auf den Vorgaben des Unionsrechts und den dort verankerten Wertgrenzen. Das Unionsrecht greift an verschiedenen Stellen auf derartige Spürbarkeitsschwellen zurück (beispielsweise in Form von De-minimis-Regelungen im europäischen Beihilfenrecht[125]). Auf diese Weise wird der wettbewerbsrelevante vom wettbewerbsirrelevanten Bereich abgegrenzt. Die Beteiligten und insb. die Aufsichts- und Kontrollbehörden konzentrieren ihre Kräfte auf die Bereiche, die in aller Regel einen Effekt auf den Wettbewerb haben. Durch diese pauschalisierte Sichtweise mögen zwar vereinzelt konkret wettbewerbsrelevante Konstellationen aufgrund von unterschwelligen Volumen unberücksichtigt bleiben, den Kontrolleuren bleibt jedoch eine Prüfung zahlreicher nicht relevanter Vorgänge erspart (Verfahrensökonomie). Zugleich werden die beteiligten Behörden und Unternehmen nicht durch übermäßige Auflagen unverhältnismäßig belastet, denn der bei Beachtung unionsrechtlicher Bürokratievorgaben verbundene Aufwand in diesem Bereich würde nicht selten außer Verhält-

---

122 BVerfG, Beschl. v. 13.6.2006, 1 BvR 1160/03, BVerfGE 116, 135, 153; *Gaier*, NZBau 2008, 289, 291.

123 BVerwG, Beschl. v. 2.5.2007, 6 B 10/07, BVerwGE 129, 9, 17; *Dreher*, in: Immenga/Mestmäcker, GWB, Vorb. §§ 97 ff. Rn. 135.

124 Vgl. statt Vieler nur BVerwG, Beschl. v. 2.5.2007, 6 B 10/07, BVerwGE 129, 9, 10 ff. mit sehr ausführlichen Nachweisen: „Die öffentliche Hand trifft in diesem Vergabeverfahren eine Entscheidung über die Abgabe einer privatrechtlichen Willenserklärung, die die Rechtsnatur des beabsichtigten bürgerlich-rechtlichen Rechtsgeschäfts teilt. Die Vergabe öffentlicher Aufträge ist als einheitlicher Vorgang insgesamt dem Privatrecht zuzuordnen" (S. 13).

125 Vgl. die Verordnung (EG) Nr. 69/2001 der Kommission vom 12.1.2001 über die Anwendung der Artikel 87 und 88 EG-Vertrag auf „De-minimis"-Beihilfen, ABl. EU Nr. L 10 vom 13.1.2001, S. 30, inzwischen aktualisiert durch die Verordnung (EG) Nr. 1998/2006 der Kommission vom 15.12.2006 über die Anwendung der Artikel 87 und 88 EG-Vertrag auf „De-minimis"-Beihilfen, ABl. EU Nr. L 379 vom 28.12.2006, S. 5; dazu *Nordmann*, EuZW 2007, 752 ff. Vgl. zum Spezialfall einer deutlich zu hoch angesetzten Spürbarkeitsschwelle im Bereich der ÖPNV-Vergabe *Fandrey*, Direktvergabe von Verkehrsleistungen, 2010, S. 247 ff.

nis zu dem zu erwartenden Nutzen stehen. Die vergaberechtlichen Schwellenwerte legen damit abstrakt fest, bei welchem Leistungsvolumen das Interesse ausländischer Unternehmen unwiderlegbar vermutet wird. Typisierend wird angenommen, dass Aufträge unterhalb der Wertgrenzen kaum zu grenzüberschreitenden Geschäften führen werden.[126] Der Umkehrschluss ist nicht unwiderlegbar, jedoch wird bei Aufträgen unterhalb der Schwellenwerte nicht auf das Sekundärrecht zurückgegriffen. Hier kann – sofern im Einzelfall eine Binnenmarktrelevanz[127] angenommen werden kann – eine Prüfung des Einzelfalls an den Vorgaben des Primärrechts erfolgen. Aus Sicht des Unionsrechts erscheinen pauschale Schwellenwerte als sinnvolle und angemessene Instrumente, den anstehenden Aufgaben im Einklang mit dem Grundsatz der Verhältnismäßigkeit effektiv nachzukommen. Trotz ihrer Verbreitung im Bereich des Wettbewerbsrechts finden sich im Unionsrecht auch Regelungsgebiete, die gänzlich ohne entsprechende Spürbarkeitsschwelle auskommen: So hängt etwa der Eingriff in die Grundfreiheiten nicht von der Intensität der Beeinträchtigung bzw. Diskriminierung ab.[128]

c) Die wirtschaftliche Bedeutung von Unterschwellenaufträgen

89 Trotz des mit den Schwellen verfolgten Zweckes, die Relevanz der Aufträge zu gewichten, kann aus der Verortung derartiger Aufträge im Unterschwellenbereich nicht darauf geschlossen werden, dass diese wirtschaftlich vernachlässigbar sind. So kann ein solcher Unterschwellenauftrag – erst recht im Verbund mit anderen derartigen Aufträgen – durchaus Wettbewerbswirkung entfalten. Mag der Fokus auch auf den Aufträgen oberhalb der Wertgrenzen liegen, die Masse der Aufträge im Unterschwellenbereich kompensiert die niedrigeren Volumina hinsichtlich der wirtschaftlichen Auswirkungen. Als Orientierungspunkt für das Verhältnis kann auf die Eurostat-Statistiken zu den im Amtsblatt veröffentlichten öffentlichen Aufträgen rekurriert werden, da im Oberschwellenbereich regelmäßig eine Pflicht zur Bekanntgabe im Amtsblatt besteht. Hiernach werden in Deutschland gerade einmal 6,75% der öffentlichen Aufträge im Supplement des Amtsblattes veröffentlicht (Stand 2007). Angesichts dieser Bedeutung erscheint die bisherige Auseinandersetzung mit dem Unterschwellenbereich als offensichtlich unzureichend.

2. Das geltende Regelungssystem und seine Überlagerungen durch höherrangiges Recht

90 In vollständiger „Autarkie" kann das als Recht der inneren Verwaltung konzipierte Haushaltsvergaberecht (dazu sogleich a)) nicht ausgelegt und angewendet werden. Vielmehr muss stets das höherrangige Recht auf nationaler (sogleich b)) und europäischer Ebene (sogleich c)) in die rechtliche Betrachtung einfließen.

---

126 So etwa die Begründung der Kommission zu ihrem Vorschlag zur Änderung der RL 90/531/EWG, KOM(1991) 347 endg., S. 21.

127 Vgl. *Röwekamp/Fandrey*, Die Binnenmarktrelevanz öffentlicher Auftragsvergaben, passim.

128 So für die Maßnahmen gleicher Wirkung nach Art. 28 EGV der EuGH, Urt. v. 18.5.1993, C-126/91, Slg. 1993, I-2361, Rn. 21 – Yves Rocher; für die Dienstleistungsfreiheit EuGH, Urt. v. 13.12.1989, C-49/89, Slg. 1989, 4441, Rn. 7 – Societé Corsica Ferries; für die Niederlassungsfreiheit EuGH, Urt. v. 11.3.2004, C-9/02, Slg. 2004, I-2409, Rn. 43 – Lasteyrie du Saillant. Vgl. insgesamt *Enchelmaier*, Europäisches Wirtschaftsrecht, 2005, Rn. 38.

a) Vergaberecht als Haushaltsrecht

Die Verortung des Vergaberechts im Haushaltsrecht spiegelt sich in den Haushaltsordnungen von Bund und Ländern sowie den landesrechtlichen kommunalen Haushaltsordnungen wider. Hiernach sind die Grundsätze der Wirtschaftlichkeit und Sparsamkeit zu beachten.[129] Mit den zur Verfügung stehenden Mitteln soll sorgsam umgegangen und versucht werden, die günstigste Relation zwischen dem verfolgten Zweck und den einzusetzenden Mitteln zu erzielen. Als Instrument sieht das Haushaltsrecht die öffentliche Ausschreibung vor, die grundsätzlich dem Abschluss von Verträgen über Lieferungen und Leistungen vorauszugehen hat.[130] Private können durch besonderen Akt zur Anwendung der Vergaberegeln verpflichtet werden, beispielsweise durch einen Zuwendungsbescheid oder -vertrag, mit dem ihnen öffentliche Gelder gewährt werden.[131] **91**

Nach den haushaltsrechtlichen Vorschriften ist das genaue Vergabeverfahren durch Verwaltungsvorschrift zu regeln; hier wird regelmäßig auf die Vergabe- und Vertragsordnungen verwiesen.[132] Da den haushaltsrechtlichen Vorschriften ausschließlich eine haushaltswirtschaftliche Funktion zukommt und die Anwendbarkeit der Vergabe- und Vertragsordnungen lediglich durch Verwaltungsvorschriften angeordnet wird, soll den Vergabe- und Vertragsordnungen insoweit keine unmittelbare Rechtswirkung nach außen zugemessen werden. Nach Auffassung des Bundesverfassungsgerichts diene das Haushaltsrecht nicht dem Schutz des Wettbewerbs. Der Wettbewerb sei vielmehr nur das Mittel auf dem Weg zur Wirtschaftlichkeit.[133] Damit entfällt für unterlegene Bieter die Möglichkeit, die Missachtung einer Vergabeordnung im Rahmen eines Vergabenachprüfungsverfahrens vor den Vergabekammern zu rügen und auf diesem Wege den Zuschlag an einen anderen Bewerber zu verhindern. **92**

b) Geltung der Grundrechte im Haushaltsvergaberecht?

Das Haushaltsrecht regelt das Verhältnis zwischen öffentlichen Auftraggebern und Unternehmen nicht abschließend, sondern wird auch durch die geltenden Grundrechte modifiziert. Der Staat handelt beim Einkauf von Waren und Leistungen am Markt zwecks Beschaffung von Gütern, die mittelbar der Erfüllung der eigenen Aufgaben dienen, zwar in **93**

---

129 Vgl. § 6 Abs. 1 HGrG, § 7 Abs. 1 BHO und § 7 Abs. 1 LHO NRW. Die beiden Grundsätze sind nicht deckungsgleich, weil im Rahmen der Sparsamkeit nur auf die unmittelbaren finanziellen Aufwendungen abgestellt wird, während bei der Wirtschaftlichkeitsbewertung auch langfristige Kosten zu berücksichtigen sind, vgl. *Heller*, Haushaltsgrundsätze für Bund, Länder und Gemeinden, 1998, S. 116. Ausführlich zu Begriffspaar und Abgrenzung *Schmidt*, Wirtschaftlichkeit in der öffentlichen Verwaltung, 2002, S. 19 ff., 28 f.

130 Vgl. § 55 Abs. 1 BHO, § 30 HGrG und auf Landesebene z. B. § 55 Abs. 1 LHO NRW und § 31 Abs. 1 GemHVO NRW.

131 Ausführlich zur Verzahnung von Zuwendungs- und Vergaberecht *Müller*, VergabeR 2006, 592 ff.; *Dreher*, NZBau 2008, 93, 96 f.; *Mayen*, NZBau 2009, 98 ff.; *Dietlein/Fandrey*, in: Gabriel/Krohn/Neun, § 9.

132 Siehe § 55 Abs. 2 BHO und die entsprechenden Vorschriften in den Landeshaushaltsordnungen, z. B. § 55 Abs. 2 LHO NRW. Für die Gemeinden sind die Vergabe- und Vertragsordnungen aufgrund von Verordnung und Verwaltungsvorschriften anwendbar, vgl. *Faber*, DÖV 1995, 403, 404.

133 BVerfG, Beschl. v. 13.6.2006, 1 BvR 1160/03, BVerfGE 116, 135, 153; *Gaier*, NZBau 2008, 289, 291.

den Formen des Privatrechts (sog. **Hilfsgeschäfte der Verwaltung** oder Bedarfsdeckungsgeschäfte). Dies befreit ihn – entgegen früher verbreiteter Ansicht[134] – jedoch nicht von der Grundrechtsbindung. Eine auch nur partielle Freistellung würde zu „grundrechtsexemten Nischen“[135] für die staatliche Betätigung führen, die sich nicht mit dem Grundgesetz vereinbaren lassen. Art. 1 Abs. 3 GG bindet die Staatsgewalt lückenlos.[136] Eine Exemtion des Beschaffungssektors wird daher inzwischen zutreffend abgelehnt.[137] Soweit Grundrechte tatbestandlich einschlägig sind, finden sie im Bereich der öffentlichen Auftragsvergabe unmittelbare Anwendung.

94 Abzulehnen ist jedwede Berufung der Teilnehmer an einem Vergabeverfahren auf den **Eigentumsschutz** nach Art. 14 GG. Sie haben noch nichts „erworben“, für das sie Schutz in Anspruch nehmen können.[138] Die Teilnahme begründet lediglich eine in der Zukunft liegende Gewinnerwartung, Chance und Verdienstmöglichkeit, nicht aber eine schützenswerte Rechtsposition.[139]

95 Komplizierter und lange Zeit umstritten war die Zuordnung der öffentlichen Auftragsvergabe zur **Berufsfreiheit**. Während *Puhl*[140] jedwede staatliche Vergabe als Einmischung in den Markt auffasst, erkennt *Huber*[141] in der (mit der Zuschlagsentscheidung verknüpften) Ablehnung jedenfalls dann einen Eingriff in Art. 12 GG, wenn die öffentliche Hand auf einem Teilmarkt über ein Monopol oder eine marktbeherrschende Stellung verfügt. Ausdrücklich hiergegen hat sich *Pietzcker*[142] geäußert: Wenn es keinen positiven Anspruch auf einen Vertragsabschluss gebe, so könne das Unterlassen eines Vertragsabschlusses – etwa weil ein Konkurrent den Auftrag erhält – auch nicht als Freiheitseingriff gewertet werden. Dieser Auffassung folgte das Bundesverfassungsgericht in seinem Beschluss vom 13.6.2006:[143] Der fehlende Schutz vor Konkurrenz sei Teil des marktorientierten Systems, welches den Unternehmen eben nicht nur die Vorteile der Marktmechanismen gewähre. Den Herausforderungen des Wettbewerbs müsse sich der Bieter durch sein eigenes wettbe-

---

134 Beispielsweise BGHZ 36, 91, 96; 91, 84, 98.

135 So *Stern*, Staatsrecht, Bd. III/1, S. 1411; dem folgend *Höfling*, in: Sachs (Hrsg.), GG, Art. 1 Rn. 103; ähnlich *Dreier*, in: Dreier (Hrsg.), GG I, Art. 1 III Rn. 66.

136 Vgl. *Stern*, Staatsrecht, Bd. III/1, S. 1204 f., 1411 ff.; *Pieroth/Schlink*, Grundrechte, Rn. 171; *Höfling*, in: Sachs (Hrsg.), GG, Art. 1 Rn. 83 ff.

137 *Pieroth/Schlink*, Grundrechte, Rn. 171; *Höfling*, in: Sachs (Hrsg.), GG, Art. 1 Rn. 84, 103; *Kempen*, in: Merten/Papier (Hrsg.), Handbuch der Grundrechte II, § 54 Rn. 53; *Gaier*, NZBau 2008, 289, 291; *Pietzcker*, NZBau 2003, 242, 243; *ders.*, Die Zweiteilung des Vergaberechts, S. 16 f.; *Burgi*, WiVerw 2007, 173, 175; *Pünder*, VerwArch 2004, 38, 42 ff. m. w. N. Auch in der Rspr. setzt sich diese Ansicht durch, vgl. OLG Brandenburg, NVwZ 1999, 1142, 1146; OVG Berlin-Brandenburg, NZBau 2006, 668, 669.

138 *Gaier*, NZBau 2008, 289, 290.

139 BVerfGE 28, 119, 142; 30, 292, 335; 68, 193, 222; *Dietlein*, in: Stern, Staatsrecht, Bd. IV/1, S. 2215; *Wieland*, in: Dreier (Hrsg.), GG I, Art. 14 Rn. 183; *Jarass*, in: ders./Pieroth, GG, Art. 14 Rn. 22, 25.

140 *Puhl*, VVDStRL 60 (2001), S. 456, 481 f.

141 *P. M. Huber*, Konkurrenzschutz im Verwaltungsrecht, S. 443 ff.; *ders.*, JZ 2000, 877, 878 ff.; *Bungenberg*, Vergaberecht im Wettbewerb der Systeme, S. 239.

142 *Pietzcker*, NZBau 2003, 242, 244; *ders.*, Die Zweiteilung des Vergaberechts, S. 22 ff.; *ders.* NJW 2005, 2881, 2883; ebenso *Dietlein*, in: Stern, Staatsrecht, Bd. IV/1, S. 1866; *Burgi*, NZBau 2001, 64, 66; *Gaier*, NZBau 2008, 289, 290 f.; *Boesen*, Vergaberecht, Einl. Rn. 88 f.

143 BVerfG, Beschl. v. 13.6.2006, 1 BvR 1160/03, BVerfGE 116, 135 ff.

werbliches Verhalten stellen.[144] Mit diesem vorläufigen Schlussstrich – allenfalls denkbar bleibt eine teilhaberechtliche Sicht auf Art. 12 GG – ist aber nicht ausgeschlossen, dass freiheitsrechtlichen Belangen in diesem Rechtsgebiet Bedeutung zukommen kann. So kann etwa ein Eingriff in die berufsbezogene Privatautonomie angenommen werden, wenn das Vergabeverfahren durch sekundäre Zwecke (etwa die Tariftreueregelung[145]) partiell überlagert wird.

So verbleibt es hinsichtlich einschlägiger Grundrechte beim unmittelbaren **Anspruch auf Gleichbehandlung** aus Art. 3 Abs. 1 GG. Dieser vermittelt dem einzelnen Bieter ein subjektives Recht, das im Rahmen des Justizgewährungsanspruchs gerichtlich verfolgt werden kann.[146] Die Diskussion über die Zuordnung zu Art. 12 GG wird sich insoweit auf die Frage verlagern, wie weit der Schutz nach Art. 3 Abs. 1 GG reicht. In jedem Fall wirkt das Gleichbehandlungsgebot als umfassendes Willkürverbot,[147] dem jedes staatliche Handeln unterworfen ist. Die Vergabestelle darf das Auftragsverfahren und die Vergabekriterien nicht willkürlich bestimmen und muss jedem Bieter eine faire Chance auf Berücksichtigung seines Angebots bieten. **96**

c) Überlagerung des Haushaltsrechts durch europäisches Primärrecht

Obwohl die Vergaberichtlinien insoweit keine Geltung beanspruchen, besteht eine europarechtliche Überlagerung auch hier (und auch abseits von Sondervergaberechtsgebieten[148]). Weiterhin anwendbar bleiben alle Vorschriften des AEU-Vertrags, zu denen etwa der freie Warenverkehr, die Niederlassungsfreiheit, die Dienstleistungsfreiheit, sowie die Grundsätze der Nichtdiskriminierung und Gleichbehandlung, der Transparenz, der Verhältnismäßigkeit sowie der gegenseitigen Anerkennung zu zählen sind. Soweit die nötige Binnenmarktrelevanz[149] vorliegt, kann das Primärrecht in der Auslegung durch den EuGH daher auch auf Aufträge im Unterschwellenbereich Wirkung entfalten. So verstößt beispielsweise bei einer Ausschreibung die Festlegung, ein bestimmtes Produkt zu verwenden, gegen die Warenverkehrsfreiheit.[150] Als mittelbare Diskriminierungen unionsrechtswidrig sind etwa nationale oder regionale Präferenzregeln in der Ausschreibung,[151] Verweisungen auf **97**

---

144 BVerfG, Beschl. v. 13.6.2006, 1 BvR 1160/03, BVerfGE 116, 135, 152.

145 Zur Berliner Tariftreueerklärung: BVerfG, Beschl. v. 13.6.2006, 1 BvR 1160/03, BVerfGE 116, 202 ff. Vgl. zum Ganzen statt Vieler die Doktorarbeiten von *Dobmann*, Die Tariftreueerklärung bei der Vergabe öffentlicher Aufträge, Diss., 2007; *Kramer*, Tariftreue im europäischen Vergaberecht, Bd. I und II, Diss., 2006; *Reichert*, Vergaberechtlicher Zwang zur Zahlung von Tariflöhnen, Diss., 2007; sowie ferner *Frenz*, VergabeR 2009, 563 ff.; *Steiff/Andre*, NZBau 2008, 364 ff.; *Klumpp*, NJW 2008, 3473 ff.; zu beschaffungsfremden Sekundärzwecken allgemein auch *Dietlein*, in: Stern, Staatsrecht, Bd. IV/1, 2006, S. 1866 f.; *Burgi*, NZBau 2001, 64 ff.; *Benedict*, Sekundärzwecke im Vergabeverfahren, Diss., 2000; *Scharpenack*, Sekundärzwecke im Vergaberecht, Diss., 2005; *Storr*, WiVerw 2007, 183 ff.

146 BVerfG, Beschl. v. 13.6.2006, 1 BvR 1160/03, BVerfGE 116, 135, 153 f.

147 BVerfG, Beschl. v. 13.6.2006, 1 BvR 1160/03, BVerfGE 116, 135, 153 f.; ebenso *Gaier*, NZBau 2008, 289, 291; *Burgi*, WiVerw 2007, 173, 180 f.; *Pietzcker*, NJW 2005, 2881, 2883.

148 Etwa für Vergaben über öffentliche Personenverkehrsdienste die Verordnung (EG) Nr. 1370/2007 vom 23.10.2007, ABl. EU Nr. L 315 vom 3.12.2007, S. 1 ff., oder im Rüstungssektor die Richtlinie 2009/81/EG vom 13.7.2009, ABl. EU Nr. L 216 vom 20.8.2009, S. 76 ff.

149 Vgl. *Röwekamp/Fandrey*, Die Binnenmarktrelevanz öffentlicher Auftragsvergaben, passim.

150 EuGH, Beschl. v. 3.12.2001, C-59/00, Slg. 2001, I-9505 – Vestergaard.

151 EuGH, Urt. v. 20.3.1990, C-21/88, Slg. 1990, I-889, insbes. Rn. 11–15 – Mezzogiorno.

nationale Qualitätsstandards, die mittelbare Präferenzregeln darstellen,[152] oder Vorbehalte zugunsten von Unternehmen in staatlicher Hand, die nur in einem Mitgliedstaat existieren.[153]

d) Ergänzung des Haushaltsrechts durch Landesvergaberecht

98 Nahezu alle Bundesländer haben zwischenzeitlich eigene Landesvergabegesetze erlassen. Diese werden regelmäßig evaluiert und überarbeitet. Jedes Landesvergabegesetz setzt dabei eigene Akzente, sodass hier stets der Blick in das jeweilige Gesetz erforderlich ist. In einzelnen Bundesländern (z. B. Sachsen-Anhalt, Mecklenburg-Vorpommern) wurde ein gesonderter Rechtsschutz für Unterschwellenvergaben etabliert. Die nachfolgenden Ausführungen beziehen sich auf die Bundesländer, bei denen kein spezieller Rechtsweg zu Vergabekammern besteht.

3. Ansprüche und Möglichkeiten benachteiligter Interessenten

99 Die Überlagerung des Haushaltsrechts durch höherrangige Normen, insbesondere die Geltung des Anspruchs auf Gleichbehandlung aus Art. 3 Abs. 1 GG, kann im Ausnahmefall Primäransprüche von Interessenten im laufenden Vergabeverfahren begründen (dazu a)). Ferner können Interessenten eingeschränkt Schadensersatzansprüche geltend machen (dazu b)). Zuletzt sind dem verwaltungsinternen Haushaltsrecht interne Rechtsbehelfe eigen (dazu c)).

a) Primärrechtliche Ansprüche der Interessenten?

100 Das primäre Interesse der Anbieter liegt regelmäßig darin, dass die öffentlichen Auftraggeber die Aufträge zum einen überhaupt öffentlich und zum anderen in Einklang mit den Vergabevorschriften ausschreiben.[154] Weder das Haushaltsrecht noch die Vergabeordnungen, die nur verwaltungsintern wirken, verschaffen den Interessenten jedoch effektiv einklagbare Rechtspositionen. Lediglich in einzelnen Bundesländern (z. B. § 19 des Gesetzes über die Vergabe öffentlicher Aufträge in Sachsen-Anhalt) finden sich Landesregelungen, die einen effektiven Rechtsschutz unterhalb der Schwelle des GWB ermöglichen.

aa) Zivilrechtliche Ansprüche auf Durchführung eines Vergabeverfahrens?

101 Die fiskalischen Hilfsgeschäfte der Verwaltung im Unterschwellenbereich werden regelmäßig als zivilrechtlich charakterisiert.[155] Es gilt der Grundsatz der Vertragsfreiheit. Dieser schließt die Wahlfreiheit des potenziellen Auftraggebers ein; der Unternehmer, der an dem Abschluss eines Vertrags interessiert ist und der mit dem ihm gegenüberstehenden Auftraggeber verhandeln will oder verhandelt, hat daher zunächst weder einen Anspruch darauf, dass die Vertragsverhandlungen mit ihm überhaupt oder in einer bestimmten Weise

---

152 EuGH, Urt. v. 22.9.1988, C-45/87, Slg. 1987, I-4929, Rn. 16–25 – Dundalk.

153 EuGH, Urt. v. 5.12.1989, C-3/88, Slg. 1989, I-4035, insbes. Rn. 8–11 – Kommission/Italien.

154 Umfassend zum Primärrechtsschutz im Unterschwellenbereich *Widmann*, Vergaberechtsschutz im Unterschwellenbereich, Diss., 2008, S. 223 ff.

155 Kritisch insoweit aber *Schmidt-Aßmann*, in: Ehlers/Krebs, Grundfragen des Verwaltungsrechts und des Kommunalrechts, 2000, S. 1, 9 f.

geführt werden, noch dass der Vertrag mit ihm abgeschlossen wird.[156] Diese Grundsätze gelten auch für den Teil A der VOB/A sowie die UVgO und (gerade auch) für öffentliche Auftraggeber. Aus diesem Grund besteht für Aufträge unterhalb der Schwellenwerte grundsätzlich **kein unmittelbar individuell klagbarer Anspruch auf Durchführung eines Vergabeverfahrens** entsprechend den Vergabeordnungen. Anderes kann sich aus Landesvergabegesetzen ergeben.

bb) Zivilrechtliche Ansprüche bei Durchführung eines Vergabeverfahrens?

Wurde hingegen ein konkretes Ausschreibungsverfahren eingeleitet, kann zwischen den beteiligten Unternehmen und dem Auftraggeber ein vertragsähnliches Vertrauensverhältnis entstehen. Eine mögliche Anspruchsgrundlage kann in der Folge das zivilrechtliche Rechtsinstitut des Verschuldens bei Vertragsschluss (**culpa in contrahendo, c.i.c.**) bilden, jetzt gesetzlich geregelt durch § 311 Abs. 2 i.V. m. § 241 Abs. 1 BGB. Hiernach bestehen bereits bei der Aufnahme von Vertragsverhandlungen für die Beteiligten erhöhte Sorgfalts- und Rücksichtsnahmepflichten, deren schuldhafte Verletzung einen Schadensersatzanspruch auslösen kann. Denn wer mit einem anderen Geschäfte aufnimmt, darf regelmäßig erwarten, es mit einem redlich denkenden, sich loyal verhaltenden Partner zu tun zu haben. Wenn sich aber für einen Beteiligten abzeichnet, dass ihm aufgrund pflichtwidrigen Verhaltens der anderen Seite ein Schaden entstehen wird, welchen er im Wege eines Schadensersatzanspruches geltend machen darf, so wäre es verfehlt, seine Position auf Duldung und die spätere Liquidierung zu beschränken. Vielmehr steht aus diesem Grund dem Beteiligten – unter dem Vorbehalt der Voraussetzungen der Haftung aus culpa in contrahendo – ein vorbeugender Unterlassungsanspruch zu. So hat beispielsweise das OLG Düsseldorf[157] entschieden, dass ein unterlegener Bieter im Wege einer einstweiligen Verfügung die Untersagung des geplanten Zuschlags an einen anderen Bieter verlangen kann, wenn der Auftraggeber die Einhaltung bestimmter Vergaberegeln verspricht. **102**

Dem interessierten Bieter steht auch kein Anspruch aus **§ 823 Abs. 2 BGB** i.V. m. den Vorschriften der Vergabe- und Vertragsordnungen auf Einhaltung dieser Regelungen zu. Insoweit fehlt es für einen derartigen, als Unterlassungsanspruch zu konstruierenden Anspruch aus § 823 Abs. 2 BGB am Schutzgesetzcharakter der VOB/A 1. Abschnitt bzw. UVgO.[158] **103**

cc) Ansprüche aus Kartell- und Wettbewerbsrecht

Gelegentlich waren in der Vergangenheit auch auf das Kartellrecht gestützte Unterlassungsansprüche erfolgreich. Nach §§ 19 Abs. 1 i.V.m. Abs. 2 Nr. 1, 20 Abs. 1, 33 Abs. 3 GWB gilt bei marktbeherrschender oder marktstarker Stellung ein Diskriminierungsverbot. Aus diesem lässt sich etwa ein Anspruch auf Beachtung der Prüfungskriterien ableiten. Prozessual schwierig ist hingegen der vom Bieter zu erbringende Nachweis einer entsprechenden Marktmacht auf der staatlichen Nachfrageseite.[159] **104**

---

156 *Lampe-Helbig*, FS Soergel, S. 151, 165.

157 OLG Düsseldorf, Beschl. v. 13.1.2010, 27 U 1/09, VergabeR 2010, 531 ff. mit Anm. *Braun*.

158 OLG Düsseldorf, NJWE-WettbR 1999, 68, 71; LG Düsseldorf, Urt. v. 29.10.2008, 14c O 264/08; *Lampe-Helbig*, FS Soergel, S. 151, 165; *Pietzcker*, NJW 2005, 2881, 2884; *Wagner*, in: MünchKomm-BGB, § 823 Rn. 377.

159 Zum Streitstand mit weiteren Nachweisen *Hertwig*, Auftragsvergabe, Rn. 311.

105 Ferner ist im nationalen Bereich eine auf das UWG gestützte Untersagung in Betracht zu ziehen. Erfasst wird die Verletzung von Vergaberegeln, die als Verstoß gegen die guten Sitten im Wettbewerb anzusehen ist. So kommt ein relevanter Verstoß in Betracht, wenn die verletzte Vergabenorm die Chancengleichheit der Bewerber bei der Beteiligung am Wettbewerb und die Gleichbehandlung bei der Angebotsprüfung und dem Zuschlag sichern sollen.[160] In der Praxis wird der Unterlassungsanspruch nach § 8 Abs. 1, § 3 UWG durch die Vorgabe erschwert, dass sich der Verstoß als Wettbewerbshandlung der Vergabestelle im Sinne des § 2 Nr. 1 UWG darstellen muss. Regelmäßig lassen sich Beschaffungstätigkeiten der öffentlichen Hand nicht hierunter fassen.[161] Eine Ausnahme kann angenommen werden, wenn die Vergabestelle – was freilich nur schwer nachzuweisen sein wird – zugleich einen bestimmten Anbieter gezielt begünstigen will, etwa in der Form, dass dieser zusätzliche Informationen erhält oder dessen nicht zulassungsfähiges Angebot noch angenommen wird. Ein derartiges Interesse lässt sich auch dann annehmen, wenn die Vergabestelle etwa aufgrund vertraglicher oder gesellschaftsrechtlicher Beziehungen selbst profitiert.[162]

dd) Ansprüche aus Art. 3 Abs. 1 GG i.V. m. dem Grundsatz der Selbstbindung der Verwaltung

106 Obwohl die Zivilgerichte durch die Entscheidung des Bundesverwaltungsgerichts vom 2.5.2007[163] weitestgehend für zuständig erklärt wurden,[164] beschränkt sich deren Prüfung nicht auf ein zivilrechtliches Anspruchsdenken. Vielmehr müssen sie auch eine mögliche Verletzung von öffentlich-rechtlichen Rechtspositionen in ihre Erwägungen einbeziehen. Die Fachgerichte sind insbesondere für die Einhaltung der Grundrechte verantwortlich. Ihnen obliegt die Prüfung, ob der aus Art. 3 Abs. 1 GG i.V. m. dem Grundsatz der Selbstbindung der Verwaltung extrahierte Anspruch auf Berücksichtigung des Klägers verletzt ist. Anspruchsziel ist je nach Einzelfall, dass überhaupt ein öffentliches Ausschreibungsverfahren durchgeführt wird bzw. dass die Durchführung ordnungsgemäß erfolgt. Einen darüber hinausgehenden Anspruch (des günstigsten Bieters) auf Erteilung des Zuschlags kann aus den Grundsätzen über die Selbstbindung der Verwaltung aber nicht hergeleitet werden.[165]

107 Dogmatisch konstruiert wird ein mittelbarer Anspruch auf öffentliche Ausschreibung über die Grundsätze der **Selbstbindung der Verwaltung**, aus denen sich unter Umständen ein Anspruch auf Gleichbehandlung ergibt.[166] Danach kann die Verwaltung in einem Einzelfall nicht ohne besondere sachliche Rechtfertigung von einer von ihr ausgeübten ständigen Verwaltungspraxis abweichen. Auf diesem Wege kann den verwaltungsinternen Regelungen eine mittelbare Außenwirkung zukommen. Die Verwaltungsübung ist insoweit Auslö-

---

160 So etwa für einen Verstoß gegen § 8 Abs. 3 VOL/A (a. F.): LG Hamburg, Urt. v. 28.10.1998, 406 O 169/98, WRP 1999, 441, 442 f.

161 LG Düsseldorf, Urt. v. 29.10.2008, 14c O 264/08 (juris).

162 BGH, Urt. 3.7.2008, I ZR 145/05, NZBau 2008, 664, 667 m. w. N.

163 BVerwG, Beschl. v. 2.5.2007, 6 B 10/07, BVerwGE 129, 9 ff. = NZBau 2007, 389 ff. = NWVBl 2007, 300 ff. = NJW 2007, 2275 ff.

164 Anschaulich zu den Ausnahmen *Antweiler*, VergabeR 2008, 352, 353 ff.

165 BGH, Urt. v. 8.9.1998, X ZR 48/97, NJW 1998, 3636, 3639.

166 BVerfG, Beschl. v. 13.6.2006, 1 BvR 1160/03, BVerfGE 116, 135, 153 f.; BGH, NJW 1998, 3636, 3639; NJW 1992, 827; *Faber*, DÖV 1995, 403, 408.

ser für die Anwendung des allgemeinen Gleichheitssatzes.[167] Hat ein öffentlicher Auftraggeber das Vergabeverfahren in der Vergangenheit immer in einer bestimmten Weise durchgeführt, etwa stets eine Vergabe- und Vertragsordnungen zur Grundlage seiner Ausschreibung gemacht, so kann er hiervon im Einzelfall nur aufgrund sachlicher Erwägungen abweichen. Eine solche Rechtfertigung fehlt, wenn das Abweichen unvertretbar und damit willkürlich ist.[168]

Es bleibt aber dem öffentlichen Auftraggeber unbenommen, seine Verwaltungspraxis, hier also die Vergabepraxis, für die Zukunft generell zu ändern.[169] Fehlt es an einer solchen Verwaltungspraxis, so kann auf Art. 3 GG auch kein Anspruch auf Durchführung einer öffentlichen Ausschreibung gestützt werden. Die Verwaltung genügt vielmehr den Anforderungen des Gleichheitssatzes, wenn sie ihre Vertragspartner nach sachgerechten Kriterien auswählt.[170] **108**

Entschließt sich eine staatliche Stelle zur Durchführung eines öffentlichen Ausschreibungsverfahrens, darf sie aufgrund ihrer Verpflichtung aus Art. 3 Abs. 1 GG weder das Verfahren noch die Kriterien der Vergabe willkürlich bestimmen. Den Beteiligten steht eine faire Chance zu, „nach Maßgabe der für den spezifischen Auftrag wesentlichen Kriterien und des vorgesehenen Verfahrens berücksichtigt zu werden".[171] Obwohl das Bundesverfassungsgericht den Gerichten damit relativ viel Spielraum für die Etablierung eines primären Rechtsschutzes gegeben hat, kristallisiert sich in der Rechtsprechung eine (zu) restriktive Auffassung heraus, nach der „Primärrechtsschutz nur dann in Betracht kommt, wenn der öffentliche Auftraggeber vorsätzlich rechtswidrig, sonst in unredlicher Absicht oder willkürlich, das heißt ohne sachlich rechtfertigenden Grund, Vergabevorschriften verletzt. Das bedeutet, dass allein ein objektiver Verstoß gegen Vergabevorschriften nicht ausreicht; das Verhalten muss darüber hinaus in unredlicher Absicht, willkürlich oder vorsätzlich rechtswidrig sein".[172] Der damit verbundene Spielraum der Vergabestelle wird die Bedeutung von hierauf gestütztem Primärrechtsschutz weitgehend gering halten, wenngleich auch vereinzelt festgestellt wurde, dass Primärrechtsschutz im Unterschwellenbereich nicht ausgeschlossen ist und es vielmehr auf eine angemessene Handhabung ankommt, um den divergierenden Interessen der Beteiligten gerecht zu werden.[173] **109**

Die gerichtliche Durchsetzung stellt die Kläger in der Prozesspraxis vor kaum zu überwindende Probleme, die insbesondere auf mangelnden Informationen beruhen: Entweder mangelt es an der Kenntnis von der bevorstehenden Zuschlagserteilung. Oder potenzielle Bieter erfahren mangels Bekanntmachung erst gar nicht, dass eine staatliche Stelle die Leis- **110**

167 *Kannengießer*, in: Schmidt-Bleibtreu/Hofmann/Hopfauf, GG, Art. 3 Rn. 45.

168 *Osterloh*, in: Sachs, GG, Art. 3 Rn. 118; *Jarass*, in: Jarass/Pieroth, GG, Art. 3 Rn. 35 f. m. w. N.; *Malmendier*, DVBl. 2000, 963, 968.

169 BVerwGE 26, 153, 155; 31, 212, 213; siehe auch *Osterloh*, in: Sachs, GG, Art. 3 Rn. 118 m. w. N.

170 *Pietzcker*, AöR 107 (1982), 61, 81.

171 BVerfG, Beschl. v. 13.6.2006, 1 BvR 1160/03, BVerfGE 116, 135, 154.

172 LG Düsseldorf, Urt. v. 29.10.2008, 14c O 264/08, NZBau 2009, 142, unter Verweis auf OLG Hamm, VergabeR 2008, 682; LG Frankfurt (Oder), NZBau 2008, 208 L; OLG Stuttgart, NZBau 2002, 395; LG Konstanz, Urt. v. 18.9.2003, 4 O 266/03; LG Bad Kreuznach, NJOZ 2007, 1024. Ebenso *Bitterich*, NVwZ 2007, 890, 892. Gegen diese zurückhaltende Auslegung wendet sich etwa *Antweiler*, VergabeR 2008, 352, 359. Weitere Nachweise bei *Braun*, VergabeR 2008, 360, 361 (Fn. 3).

173 OLG Düsseldorf, Beschl. v. 13.1.2010, 27 U 1/09, VergabeR 2010, 531 ff. mit Anm. *Braun*.

tung beschafft. In beiden Fällen kommt gerichtlicher Primärrechtsschutz nach der Zuschlagserteilung aufgrund der zivilrechtlichen Bindungswirkung zu spät. Abhilfe schaffen könnte eine Pflicht zur Bekanntgabe einer Vergabeabsicht sowie eine Informationspflicht des Auftraggebers gegenüber unterlegenen Bietern und Bewerbern.[174] Derartige Vorgaben gibt es bislang nur in einzelnen Bundesländern (z.B. § 19 des Gesetzes über die Vergabe öffentlicher Aufträge in Sachsen-Anhalt). Der materielle Anspruch eines Unternehmens allein muss jedenfalls im Vergabealltag als unzureichend angesehen werden, um den (potenziellen) Bietern und Bewerbern effektiv zu ihrem Recht zu verhelfen.

b) Sekundärrechtsschutz unterhalb der Schwellenwerte

111 Angesichts der dargelegten materiellen und prozessualen Probleme bei der Durchsetzung von primärrechtlichen Ansprüchen sind benachteiligte Unternehmen regelmäßig auf die Möglichkeiten des Sekundärrechtsschutzes und damit auf Schadensersatzansprüche gegen den öffentlichen Auftraggeber verwiesen.[175]

aa) Kein Anspruch aus Amtshaftung

112 Ein Anspruch aus **Amtshaftung** nach § 839 BGB i.V.m. Art. 34 GG kommt nicht in Betracht. Denn notwendige Anspruchsvoraussetzung ist die Tätigkeit in Ausübung eines öffentlichen Amtes. Die Beschaffung von Bedarfsgütern durch privatrechtliche Verträge zählt zutreffend nicht hierzu.[176]

bb) Ansprüche aus Verschulden bei Vertragsschluss

113 Die vorrangig einschlägige Anspruchsgrundlage bei Vergaberechtsverstößen der öffentlichen Hand bildet das zivilrechtliche Rechtsinstitut des Verschuldens bei Vertragsschluss **(culpa in contrahendo, c.i.c.)**, jetzt gesetzlich geregelt durch § 311 Abs. 2 i.V. m. §§ 280 Abs. 1, 241 Abs. 1 BGB.[177] Danach bestehen bereits bei der Aufnahme von Vertragsverhandlungen für die Beteiligten erhöhte **Sorgfalts-** und **Rücksichtnahmepflichten**, deren schuldhafte Verletzung einen Schadensersatzanspruch auslösen kann. Der Grund hierfür liegt in dem Umstand, dass derjenige, der mit einem anderen Geschäfte aufnimmt, regelmäßig erwartet, es mit einem redlich denkenden, sich loyal verhaltenden Partner zu tun zu haben.

114 Als Pflicht der Vergabestelle kommt insbesondere die Einhaltung der Vergabevorschriften der Vergabeordnungen in Betracht:[178] Dabei kann derjenige, der sich an der Vergabe eines öffentlichen Auftrages beteiligt, grundsätzlich davon ausgehen, dass ein Auftraggeber das

---

174 Letzteres wird etwa gefordert von *Freitag*, NZBau 2002, 204, 206. Jüngst auch in einem obiter dictum angeregt vom OLG Düsseldorf, Beschl. v. 13.12.2017 – 27 U 25/17.

175 Umfassend *Irmer*, Sekundärrechtsschutz und Schadensersatz im Vergaberecht, Diss., 2004; *Widmann*, Vergaberechtsschutz im Unterschwellenbereich, Diss., 2008, S. 223 ff.

176 Vgl. *Ossenbühl*, Staatshaftungsrecht, S. 25, 27; *Widmann*, Vergaberechtsschutz im Unterschwellenbereich, Diss., 2008, S. 236 m. w. N.

177 Ausführlich zur Haftung aus Verschulden bei Vertragsverhandlungen im Rahmen der öffentlichen Auftragsvergabe *Adam*, Öffentliche Auftragsvergabe und culpa in contrahendo, Diss., 2005, passim; *Braun*, VergabeR 2008, 360, 362 ff.; *Widmann*, Vergaberechtsschutz im Unterschwellenbereich, Diss., 2008, S. 224 ff.; *Horn/Graef*, NZBau 2005, 505, 506 f.

178 BGH, Urt. v. 27.6.2007, X ZR 34/04, NZBau 2007, 727, 729; NZBau 2006, 797, 799; OLG Düsseldorf, NJW-RR 1990, 1046, 1047; *Braun*, VergabeR 2008, 360, 362.

Verfahren nach den einschlägigen Vorschriften durchführen wird, sofern nicht ausdrückliche Sonderregelungen getroffen sind. Als Fundament dieser Hoffnung kann das Recht jedes Bieters angesehen werden, auch bei Vergaben unterhalb der Schwellenwerte eine „faire Chance“[179] zu erhalten. Kommuniziert die Vergabestelle zudem unmittelbar oder mittelbar, dass sie die Vergabeordnungen anwendet, unterwirft sie sich erst recht dem dortigen Regelungsregime.

Der Umfang des Schadensersatzanspruchs aus culpa in contrahendo richtet sich grundsätzlich nach § 249 Abs. 1 BGB. Danach kann der Geschädigte verlangen, so gestellt zu werden, wie er ohne das schädigende Verhalten des anderen Teils gestanden hätte. Dieser Anspruch umfasst in der Regel zunächst das sog. **negative Interesse**, also die Kosten, die dem Bieter durch die Teilnahme an der Ausschreibung entstanden sind. Zu diesen Kosten für die Fertigung des konkreten Angebotes gehören – soweit nachweisbar – die zusätzlichen (Personal- und Sach-)**Kosten für die Erstellung der Angebotsunterlagen**, die Reisekosten für eine Ortsbesichtigung, **Porto- und Telefonkosten** sowie die Kosten für die Teilnahme am Eröffnungstermin.[180] In der Praxis ist der auf das negative Interesse gerichtete Schadensersatz von nachgeordneter Bedeutung, sofern nicht ausnahmsweise erheblicher, nachweisbarer Zusatzaufwand (z.B. durch Einbindung externer Planer) geltend gemacht werden kann. **115**

Ausnahmsweise kann der Geschädigte wegen eines Verschuldens bei Vertragsverletzungen auch das **positive Interesse** als Schadensersatz verlangen.[181] Voraussetzung ist die erfolgte Zuschlagserteilung an einen Konkurrenten sowie der Nachweis, dass dem Kläger mit an Sicherheit grenzender Wahrscheinlichkeit der Zuschlag hätte erteilt werden müssen. Der übergangene Unternehmer kann dann verlangen, so gestellt zu werden, als sei der Vertrag zustande gekommen. Diese Nachweishürde zu überwinden ist freilich eine große Herausforderung. **116**

Erschwerend kommt hinzu, dass der zum Schadensersatz verpflichtete Auftraggeber sich auf ein **rechtmäßiges Alternativverhalten** berufen kann.[182] Er kann also einwenden, dass der gleiche Schaden auch bei rechtmäßigem Verhalten eingetreten wäre. Sofern die Vergabestelle also etwa das Ausschreibungsverfahren hätte aufheben müssen, verbleibt es bei einem auf das negative Interesse beschränkten Anspruch. Aus Gründen der Waffengleichheit ist hier freilich zu fordern, dass nicht jede rechtliche Möglichkeit der Aufhebung genügt, sondern vielmehr nur eine solche Situation, in der die Vergabestelle zur Aufhebung verpflichtet war.[183] **117**

---

179 BVerfG, Beschl. v. 13.6.2006, 1 BvR 1160/03, BVerfGE 116, 135, 154.

180 *Dähne*, NZBau 2003, 489, 490.

181 BGHZ 120, 281, 284; 139, 259, 261; 139, 273, 275; 139, 280, 283; BGH, NZBau 2005, 709, 709 f.; *Dähne*, NZBau 2003, 489, 490; *Braun*, VergabeR 2008, 360, 367; *Widmann*, Vergaberechtsschutz im Unterschwellenbereich, Diss., 2008, S. 228. Zur abzulehnenden Kritik an einem Anspruch auf positives Interesse vgl. die Kommentierung in der 2. Auflage von *Rudolf*, Rn. 98 f.

182 BGHZ 120, 281, 285 m.w.N.; OLG München, Urt. v. 18.5.2000, U (K) 5047/99, NZBau 2000, 590, 594.

183 Vgl. BGH, BauR 1993, 214, 216; *Hertwig*, Auftragsvergabe, Rn. 460 f.

cc) Ansprüche aus Delikt

118 Ansprüche aus **§ 823 Abs. 1 BGB** sind regelmäßig mangels Verletzung eines absoluten Rechts kaum denkbar. Ausnahmsweise kommt ein solcher Anspruch wegen Eingriffs in den **eingerichteten und ausgeübten Gewerbebetrieb** in Betracht, wenn der öffentliche Auftraggeber ein Unternehmen rechtswidrig mit einer **Auftragssperre** belegt.[184] Ein Anspruch aus **§ 823 Abs. 2 BGB** scheitert an der Verletzung eines Schutzgesetzes. Die Vergabe- und Vertragsordnungen stellen nach der Rechtsprechung keine Schutzgesetze i. S. von **§ 823 Abs. 2 BGB** dar.[185]

119 Ausnahmsweise kann ein Schadensersatzanspruch aus **§ 826 BGB** bestehen,[186] sofern ein Auftraggeber im Rahmen eines Ausschreibungsverfahrens vorsätzlich gegen die guten Sitten verstößt und dies zu einem Schaden beim Beteiligten führt. Sittenwidriges Handeln setzt insoweit einen besonders schwerwiegenden Rechtsverstoß voraus, beispielsweise der Bestechung des Auftraggebers oder das kollusive Zusammenwirken von Auftraggeber und Bieter.

120 Denkbar sind im Ausnahmefall außerdem Ansprüche aus dem **UWG**. Der Verstoß gegen Vergabevorschriften muss sich aber als Wettbewerbshandlung der Vergabestelle im Sinne des § 2 Nr. 1 UWG darstellen. Regelmäßig sollen sich Beschaffungstätigkeiten der öffentlichen Hand nach Auffassung der Rechtsprechung nicht hierunter fassen lassen,[187] sofern nicht ausnahmsweise eine gezielte Förderung eines anderen Unternehmens vorliegt. Außerdem bedarf es einer vorsätzlichen oder fahrlässigen Verletzung im Sinne einer subjektiven Vorwerfbarkeit. Zumindest ein Fahrlässigkeitsvorwurf wird sich aber regelmäßig damit begründen lassen, dass die Vergabestelle bei Anwendung der im Verkehr erforderlichen Sorgfalt Kenntnis haben muss von besonderen Regelungen für die öffentliche Auftragsvergabe.

dd) Ansprüche aus dem GWB

121 Nur ausnahmsweise kann ein Bieter Schadensersatzansprüche aus dem **GWB**[188] (§§ 19 Abs. 1 i.V.m. Abs. 2 Nr. 1, 20 Abs. 1 GWB, § 33 Abs. 3 Satz 1 GWB i.V. m. § 249 Abs. 1 BGB) geltend machen, wenn die öffentliche Hand schuldhaft eine dominierende **Stellung** in diskriminierender Weise ausnutzt.[189]

---

184 BGH, NJW 1977, 628, 630; OLG Karlsruhe, VersR 1989, 732, 732; *Faber*, DÖV 1995, 410; *Pietzcker*, NVwZ 1983, 121, 124. Anders *Schnorbus*, BauR 1999, 77, 82, da die Auftragssperre nicht den gesamten Bestand des Unternehmens und seine unternehmerische Freiheit bedrohe.

185 OLG Düsseldorf, NJWE-WettbR 1999, 68, 71; LG Düsseldorf, Urt. v. 29.10.2008, 14c O 264/08, vgl. *Pietzcker*, NJW 2005, 2881, 2882; *Wagner*, in: MünchKomm-BGB, § 823 Rn. 377 – a. A. *Widmann*, Vergaberechtsschutz im Unterschwellenbereich, Diss., S. 230 ff.

186 *Lötzsch/Bornheim*, NJW 1995, 2134, 2136; *Widmann*, Vergaberechtsschutz im Unterschwellenbereich, Diss., 2008, S. 233 f., der aber darauf hinweist, dass entsprechende Verträge regelmäßig auch nach § 138 Abs. 1 BGB nichtig sind.

187 LG Düsseldorf, Urt. v. 29.10.2008, 14c O 264/08 (juris); *Köhler*, in: Köhler/Bornkamm, UWG, § 4 Rn. 13.18, 13.27 m. w. N.

188 Zur Frage der Anwendbarkeit des GWB auf Tätigkeiten der öffentlichen Hand vgl. die Ausführungen in der 2. Auflage von *Rudolf*, Rn. 104 m. w. N.

189 Vgl. KG Berlin, ZfBR 1995, 304, 305. In der Sache hat das Gericht den Anspruch aber verneint. Ferner *Widmann*, Vergaberechtsschutz im Unterschwellenbereich, Diss., 2008, S. 235 f.

c) Andere (öffentlich-rechtliche) Rechtsbehelfe

Sieht sich ein Unternehmen durch eine vermeintliche Nichtbeachtung von Vorschriften der Vergabe- und Vertragsordnungen ungerecht behandelt, kann es sich auch stets an die **(Rechts- oder Fach-)Aufsichtsbehörden** wenden oder aber **Dienstaufsichtsbeschwerde** erheben.[190] Den Vorschriften in den Vergabeordnungen kommt wie oben ausgeführt zwar keine Außenwirkung zu, sie wirken jedoch als verbindliche Dienstanweisung und binden damit die Vergabestellen im Innenverhältnis. Die Einhaltung wird von den Aufsichtsbehörden überwacht, wenngleich eine Überwachung ohne entsprechende Hinweise regelmäßig bereits aus praktischen Gründen nicht erfolgen kann. Erhält die Aufsichtsbehörde durch Hinweise betroffener Unternehmen Kenntnis von möglichen Verstößen, wird sie die Vergabestelle regelmäßig anweisen, über das Verfahren zu berichten und vorübergehend den Zuschlag nicht zu erteilen. Allerdings hat der Bewerber keinen rechtlich durchsetzbaren Anspruch gegen die Aufsichtsbehörde auf Einschreiten bei Vergaberechtsverstößen. Es ist damit nicht möglich, bei Untätigkeit der Aufsichtsbehörde gegen diese – etwa im Wege einer Untätigkeitsklage – vorzugehen.[191] **122**

Die **Befugnispalette** ist auf Maßnahmen **im laufenden Vergabeverfahren** (bis hin zu dessen Aussetzung) beschränkt. Nach Erteilung des Zuschlages kann in den zwischen dem öffentlichen Auftraggeber und einem Unternehmer zustande gekommenen Vertrag durch die Aufsichtsbehörden nicht mehr eingegriffen werden.[192] **123**

4. Reformbestrebungen

Die vom deutschen Gesetzgeber gewählte Kaskadenlösung muss trotz der Absegnung durch das Bundesverfassungsgericht weiterhin als bedenklich angesehen werden (dazu a)). Keineswegs nur auf nationaler Ebene (sogleich d)) wird über weitere Schritte nachgedacht. Obwohl die Schwellenwerte durch die Beteiligten auf Unionsebene festgesetzt werden, hat die Europäische Kommission Handlungsbedarf für den Unterschwellenbereich ausgemacht (sogleich b)) und auch der EuGH wirkt zunehmend aktiv auf den Unterschwellenbereich ein (sogleich c)). **124**

a) Fortbestehende Notwendigkeit einer Reform

Das bestehende „Zweiklassensystem“ stellt sich weiterhin als reformbedürftig dar. Zum einen ist es nur schwer mit dem **europarechtlichen Transparenzgebot** in Einklang zu bringen, welches sowohl für den Bereich oberhalb der Schwellen als auch für den „Unterschwellenbereich“ gilt.[193] Zum anderen ist die Verweisung der Vergabeverordnung auf die VOB/A unter dem Gesichtspunkt der **demokratischen Legitimation** der in diesen Gremien vereinbarten Lösungen zumindest bedenklich.[194] Auch präsentiert sich das weitge- **125**

190 *Antweiler*, VergabeR 2008, 352, 356; *Hertwig*, Auftragsvergabe, Rn. 338.

191 Anders *Antweiler*, VergabeR 2008, 352, 356, der für den Fall einer sog. Ermessensreduzierung auf Null bei offensichtlich rechtswidrigen Entscheidungen einer Gemeinde die Möglichkeit des Bieters sieht, beim Verwaltungsgericht Klage auf Einhaltung kommunalaufsichtsrechtlicher Maßnahmen zu erheben.

192 *Faber*, DÖV 1995, 403, 407.

193 So *Malmendier*, DVBl. 2000, 963, 967, und *Pache*, DVBl. 2001, 1781, 1790 f.

194 Hierzu umfassend *Dreher*, NVwZ 1999, 1265 ff.

hende Fehlen von Primärrechtsschutz – mit Ausnahme von Bagatellfällen – als angreifbarer Punkt,[195] dem sich alle Beteiligten angesichts der zahlreichen Nachteile des gegenwärtigen Rechtszustandes (Rechtsunsicherheit, Verzögerungen etc.[196]) in Zukunft widmen müssen.

b) Die Mitteilung der Kommission zu Unterschwellenaufträgen

126 Bereits 2006 hat die Kommission eine interpretierende Mitteilung zu „Auslegungsfragen in Bezug auf das Unionsrecht, das für die Vergabe öffentlicher Aufträge gilt, die nicht oder nur teilweise unter die Vergaberichtlinie fallen", veröffentlicht.[197] Hierin widmet sich die Kommission vornehmlich den Aufträgen unterhalb der Schwellenwerte und betont das mit ihnen verknüpfte wirtschaftliche Potenzial. Sofern eine – vor dem Hintergrund der fallspezifischen Umstände zu bewertende – Binnenmarktrelevanz vorliege, müssten nach Auffassung der Kommission auch im Unterschwellenbereich bestimmte, aus dem Primärrecht abgeleitete Anforderungen eingehalten werden. Diese Grundsätze und ihre Ausprägungen für das Vergabeverfahren (hinsichtlich Bekanntmachung, Vergabegrundsätze sowie Rechtsschutz) legt die Kommission anschließend dar.

127 Obwohl Mitteilungen keine unmittelbare Rechtskraft entfalten[198] und die Kommission selbst davon ausgeht, auf diesem Wege keine neuen rechtlichen Regeln einzuführen, kommt der Mitteilung gleichwohl eine eigenständige Bedeutung zu. So legt die Kommission ihr Verständnis der EuGH-Rechtsprechung dar und kann so in der Praxis hilfreich Leitlinien vorgeben, die – etwa im Falle eines Vertragsverletzungsverfahrens (Art. 258 AEUV) – das Vorgehen der Kommission transparenter und vorhersehbarer machen.

128 Ob sich diese Mitteilung durchsetzen kann, schien lange Zeit unklar. Die Bundesregierung hatte am 14.9.2006 Klage beim Europäischen Gericht erster Instanz erhoben und begehrte die Nichtigerklärung der Mitteilung. Im Verfahren (Az. T-258/06) wurde die Bundesregierung von mehreren Mitgliedstaaten und dem europäischen Parlament unterstützt. Angriffspunkt der Klage war eine angebliche Kompetenzüberschreitung, da die Normierung von Vergaberecht außerhalb der Vergaberichtlinie nicht in den Zuständigkeitsbereich der Kommission falle.[199]

129 Zwischenzeitlich hat das EuG[200] am 20.5.2010 entschieden und die Klage insgesamt abgewiesen. Die Mitteilung erzeuge keine neuen Verpflichtungen der Mitgliedstaaten, sondern erinnere diese lediglich an bereits bestehende Verpflichtungen, wie sie sich nach der Auslegung durch den Unionsrichter aus dem Unionsrecht ergeben. Im Detail nimmt das EuG zu allen Pflichten lesenswert Stellung und weist die entsprechenden Grundlagen im Unionsrecht und der Unionsrechtsprechung nach.

---

195 Ausführlich die Kommentierung in der 2. Auflage von *Rudolf*, Rn. 112 m. w. N.

196 Vgl. nur die Ausführungen von *Burgi*, VergabeR 2010, 403, 406 f.

197 ABl. EU Nr. C 179 vom 1.8.2006, S. 2 ff. Dazu etwa *Köster*, ZfBR 2007, 127 ff.; *Lutz*, VergabeR 2007, 372 ff.; *Steinberg*, NZBau 2007, 150, 154 f.; *Widmann*, Vergaberechtsschutz im Unterschwellenbereich, Diss., 2008, S. 84 ff.

198 Vgl. nur *Nettesheim*, in: Grabitz/Hilf, Das Recht der Europäischen Union, Art. 249 EG Rn. 222; zum Rechtsschutz gegen Mitteilungen *Gundel*, EuR 1998, 90 ff.

199 Zur Kritik auch *Köster*, ZfBR 2007, 127, 129 f.; *Lutz*, VergabeR 2007, 372, 377; *Steinberg*, NZBau 2007, 150, 155.

200 EuG, Urt. v. 20.5.2010, T-258/06.

c) Die primärrechtlichen Vorgaben nach der Auslegung des EuGH

Zur treibenden Kraft auf Unionsebene ist der Europäische Gerichtshof[201] geworden. Auch im Unterschwellenbereich kann ihm im Einzelfall Entscheidungskompetenz zukommen, unabhängig vom Ausgang der eben angesprochenen Klage. Soweit hier keine Vergaberichtlinien oder sonstige Sekundärrechtsakte (etwa Verordnungen zu Sonderrechtsgebieten) einschlägig sind, greift der EuGH unmittelbar auf das Primärrecht zurück.[202] Zu den relevanten Vorschriften des AEU-Vertrags zählen etwa der freie Warenverkehr, die Niederlassungsfreiheit, die Dienstleistungsfreiheit, sowie die Grundsätze der Nichtdiskriminierung und Gleichbehandlung, der Transparenz, der Verhältnismäßigkeit sowie der gegenseitigen Anerkennung. Soweit die nötige Binnenmarktrelevanz vorliegt, entscheidet der EuGH daher auch über Aufträge, deren Volumen zu niedrig sind für die Anwendung der Vergaberichtlinien, denn das europäische Primärrecht kennt keine Schwellenwerte. **130**

Die verankerten Schwellenwerte sind damit weder konstitutiv für den Geltungsbereich des AEU-Vertrags noch für die Entscheidungskompetenz des EuGH. Zwar ist diesem Vorgehen immanent, dass nur fallweise und damit punktuell Entscheidungen getroffen werden. Trotz des den Mitgliedstaaten zugestandenen Spielraums wurde der EuGH jedoch immer wieder als Korrektiv im Falle zu freihändiger Auftragsvergaben tätig. Mittelfristig bleibt jedoch zu hoffen, dass sich alle an der Gesetzgebung Beteiligten auf eine Reform „aus einem Guss" einigen können. **131**

Aus dem Bereich der Unterschwellen- und Konzessionsvergaben finden sich Leitentscheidungen insbesondere zu Fragen der **Transparenz**, die bei potenziellen Bietern das nötige Vertrauen schafft und für die Nachvollziehbarkeit der getroffenen Entscheidungen sorgt. Die Vergabestelle muss hiernach einen angemessenen Grad von Öffentlichkeit zugunsten potenzieller Bieter sicherstellen, um den Markt für den Wettbewerb zu öffnen.[203] Zentrales Instrument hierfür ist die vorherige Bekanntmachung der Vergabeabsicht. **132**

Nicht lediglich Diskriminierungen aus Gründen der Staatsangehörigkeit werden untersagt, vielmehr wirkt der AEU-Vertrag auch über den **Grundsatz der Gleichbehandlung**[204] in Vergabeverfahren hinein. Dieser Grundsatz steht in engem Zusammenhang zum Wettbewerbsprinzip, da nur unter Gleichen Wettbewerb herrschen kann,[205] und verbürgt eine neutrale Vergabeentscheidung. Insbesondere die Auswahl muss auf der Grundlage objektiver **133**

201 Eine ausführliche Übersicht über die Rechtsprechungspraxis des EuGH im Unterschwellenbereich bietet die s. g. Entscheidung des EuG hinsichtlich der Mitteilung der Kommission zu „Auslegungsfragen in Bezug auf das Gemeinschaftsrecht, das für die Vergabe öffentlicher Aufträge gilt, die nicht oder nur teilweise unter die Vergaberichtlinie fallen" (Urt. v. 20.5.2010, T-258/06).

202 Dazu *Widmann*, Vergaberechtsschutz im Unterschwellenbereich, Diss., 2008, S. 68 ff.

203 EuGH, Urt. v. 27.11.2001, C-285/99 und 286/99, Slg. 2001, I-9233, Rn. 38 – Lombardini; Urt. v. 7.12.2000, C-324/98, Slg. 2000, I-10745, Rn. 60 f. – Telaustria; Urt. v. 18.11.1999, C-275/98, Slg. 1999, I-8291, Rn. 31 – Unitron Scandinavia; Urt. v. 13.10.2005, C-458/03, Slg. 2005, I-8585, Rn. 49 – Parking Brixen.

204 In diesem Sinne EuGH, Urt. v. 19.6.2008, C-454/06, Slg. 2008, I-4401, Rn. 32 – pressetext Nachrichtenagentur; Urt. v. 29.4.2004, C-496/99 P, Slg. 2004, I-3801, 108 – CAS Succhi di Frutta; Urt. v. 27.11.2001, C-285/99 und 286/99, Slg. 2001, I-9233, Rn. 37 – Lombardini. Der EuGH versteht das Diskriminierungsverbot als spezielle Ausprägung des allgemeinen Gleichbehandlungsgrundsatzes, vgl. EuGH, Urt. v. 13.10.2005, C-458/03, Slg. 2005, I-8585, Rn. 48 – Parking Brixen.

205 *Summann*, Vergabegrundsätze und Vergabeverfahren im Rechtsvergleich, Diss., S. 35; *Kulartz/Niebuhr*, NZBau 2000, 6, 10 m. w. N.

Kriterien, die unter Gesichtspunkten der Nichtdiskriminierung und Gleichbehandlung festgelegt wurden, erfolgen.[206]

134 Aus dem europäischen Primärrecht ergibt sich zwar die Notwendigkeit **effektiven Rechtsschutzes** gegen Vergabeentscheidungen. So hatte der EuGH selbigen im Bereich der Dienstleistungskonzessionen über Jahre angemahnt, ohne dass hier Veränderungen eintraten.[207] Konkrete Vorgaben blieb er bislang aber schuldig und überlässt den nationalen Gesetzgebern und Gerichten damit gegenwärtig noch relativ viel Raum. Anzudenken wäre zumindest eine Vorabinformationspflicht, die dem Unterliegenden ermöglicht, (einstweiligen) Rechtsschutz zu suchen. Allgemein durchgesetzt hat sich dies aber bislang nicht.

d) Nationale Reformbestrebungen im Unterschwellenbereich

135 Nachdem das Bundesverfassungsgericht in seiner Entscheidung vom 13.6.2006 die zweigleisige Ausgestaltung des Vergaberechts gebilligt hat,[208] können in Deutschland neue Impulse nur von Seiten des **Gesetzgebers** ausgehen.

136 Die **zahlreichen Reformdiskussionen** im letzten Jahrzehnt waren stets auch begleitet von Überlegungen, die bisherige Unterteilung in unter- und oberschwelliges Vergaberecht zu beenden. Gerade das – wenn auch inzwischen partiell abgespeckte – Kaskadensystem aus GWB, VgV, VOB/A, SektVO, KonzVgV, VSVgV wurde als Widerspruch zum angestrebten Bürokratieabbau gesehen. So wurde etwa 2003 im „Masterplan Bürokratieabbau" der deutschen Bundesregierung im Rahmen der „Verschlankung des Vergaberechts" vorgesehen, eine einheitliche neue Regelung zu schaffen und die Vergabeordnungen zu streichen.[209] Letzteres konnte sich nicht gegen den Widerstand einiger Interessenverbände durchsetzen. Auch die Abschaffung des zweigeteilten Vergaberechts fand keine Mehrheit, sodass es weiterhin zu Unstimmigkeiten gerade im Bereich freiberuflicher Leistungen (einschließlich entsprechender Skandale um die freihändige Vergabe von hochdotierten Beraterverträgen) kommt. Auf die ausdrückliche und klar bestimmte Verankerung eines Primärrechtsschutzes zugunsten der Bieter wurde seitens des Gesetzgebers unter Berufung auf die angeblich investitionshemmende Wirkung des Individualrechtsschutzes bisher verzichtet. Zuletzt schienen etwaige Vorstöße zu mehr Transparenz und Wettbewerb im Unterschwellenbereich auf wenig Unterstützung von Seiten der Bundesregierung zu stoßen, was nicht zuletzt an ihrer (gescheiterten) Klage beim EuG gegen die sog. Unterschwellen-Mitteilung der Kommission abgelesen werden kann.

137 Mit der UVgO hat die Bundesregierung 2017 das wahrscheinlich vorerst letzte große Paket geschnürt, ohne hierin eine einheitliche Regelung für den Rechtsschutz vorzuschlagen. Es bleibt damit den einzelnen Bundesländern überlassen, Bieter die Tür zu einer effektiven

---

206 Dazu EuGH, Urt. v. 4.12.2003, C-448/01, Slg. 2003, I-14527, Rn. 47 ff. m.w.N.; Urt. v. 18.10.2001, C-19/00, Slg. 2001, I-7725, Rn. 34 – SIAC; Urt. v. 24.11.2005, C-331/04, Slg. 2005, I-10109, Rn. 22 – ATI.

207 So bereits EuGH, Urt. v. 7.12.2000, C-324/98, Slg. 2000, I-10745, Rn. 62 – Telaustria; Urt. v. 13.10.2005, C-458/03, Slg. 2005, I-8585, Rn. 48 – Parking Brixen; Urt. v. 6.4.2006, C-410/04, Slg. 2006, I-3303, Rn. 21 – ANAV.

208 BVerfG, Beschl. v. 13.6.2006, 1 BvR 1160/03, BVerfGE 116, 135 ff.

209 Ausführlich hierzu die Kommentierung in der 2. Auflage von *Rudolf*, Einl. Rn. 113, mit weiteren Nachweisen zum Masterplan sowie den Reaktionen der Beteiligten.

Überprüfung der Vergabeentscheidungen zu öffnen oder dies – wie weit verbreitet – nicht vorzusehen.

V. Die weitere Entwicklung des Vergaberechts

Kaum ein Rechtsgebiet unterlag in den letzten Jahren derart starken Veränderungen wie das Vergaberecht. Dieser Befund aus der Vorauflage von 2011 gilt unverändert. Jeden Tag werden neue Entscheidungen veröffentlicht, die nicht selten dazu führen, dass erprobte Verfahrensweisen auf den Prüfstand gestellt und verworfen werden müssen. Aufgrund der Einflüsse nationaler und unionsrechtlicher Gesetzgebung und Rechtsprechung mussten die Anwender im vergaberechtlichen Alltag stets mit gravierenden Richtungswechseln rechnen. Zunächst vergabefreie Geschäfte wurden für ausschreibungspflichtig erklärt, langjährige Praktiken als unvereinbar mit dem Vergaberecht verworfen. Umgekehrt eröffnen geänderte Vorstellungen (z.B. hinsichtlich der vom EuGH[210] akzeptierten Möglichkeit, einen vergabespezifischen Mindestlohn zu fordern) neue Spielräume für neue Regelungen. Triebfeder der Veränderung war zum einen die sukzessive Stärkung des Wettbewerbsgedankens und zum anderen das weitgehende Fehlen einschlägiger Rechtsprechung, das durch die Nachprüfungsinstanzen erst kompensiert werden musste. Inzwischen sind zahlreiche Kommentare und Lehrbücher zum deutschen und europäischen Vergaberecht auf dem Markt, und die Rechtsprechung füllt mit tausenden Entscheidungen ganze Datenbanken. **138**

Dass angesichts dieser Materialfülle eine weitere Entwicklung des Vergaberechts ausbleibt oder gar alle Fragen beantwortet sein könnten, steht gleichwohl nicht zu erwarten. Eine endgültige Gestalt hat das Vergaberecht bislang nicht gefunden, was sich nicht zuletzt an den aktuellen Novellierungen von allen einschlägigen Normen auf nationaler Ebene zeigt. Wohin sich das Vergaberecht letztlich entwickeln wird, ist nicht zuletzt eine politische Entscheidung. Dies hat auch die Politik erkannt, die insbesondere – aber keineswegs nur – auf Ebene der Bundesländer das Vergaberecht als Vehikel nutzt, eigene politische Vorstellungen zu fördern. Das Vergaberecht war seit jeher durch die Bereitschaft der Staaten geprägt, ihren Markt für den Wettbewerb zu öffnen, wenngleich zunehmend gerade die Rolle der Judikative an Bedeutung gewinnt. **139**

Motor der weiteren Entwicklung könnte vor allem ein Wandel der Ziele sein, die dem Vergaberecht zugrunde liegen. Vergaberecht ist nicht als rein fiskalisches Instrument zu sehen, sondern wird zunehmend durch wettbewerbliche und wirtschaftspolitische Zwecke bestimmt. Der Schwerpunkt der Entwicklung wird voraussichtlich wie bisher bevorzugt in der Ausdehnung des vergaberechtlichen Gedankens auf neue Felder und der Implementierung von Sondervergaberecht liegen. **140**

1. Die Rolle des Vergaberechts im Wandel

Seit Beginn der unionsrechtlichen Prägung des deutschen Vergaberechts dominiert die wettbewerbliche Zielsetzung. Das Vergaberecht wurde durch die Europäische Kommission mit der – im Übrigen noch immer passenden – Beschreibung „Schlüsselbereich des Bin- **141**

210 EuGH, Urt. v. 17.11.2015, C-115/14, NZBau 2016, 46 ff.

nenmarktes“[211] beschrieben. Unmittelbar geht es damit weniger um den sparsamen Einkauf,[212] als vielmehr um die Errichtung unverfälschten Wettbewerbes im Gemeinsamen Markt der Mitgliedstaaten. Hier liegt noch immer – nicht zuletzt aus EU-kompetenzrechtlichen Gründen – der aus Unionssicht verfolgte Hauptzweck. Mit dem Lissabon-Vertrag wurde die soziale Komponente im Primärrecht aber deutlich gestärkt,[213] was zugleich als zumindest partielle Abkehr vom Primat der liberalen Wirtschaft gedeutet werden muss: Wettbewerb soll auch anderen Allgemeinwohlzwecken dienen. Der Stärkung sog. vergaberechtsfremder bzw. sekundärer Zwecke bzw. nunmehr strategischer Ziele wird sich jedenfalls die Europäische Union nicht entgegenstellen. Die Entscheidung des EuGH zum vergabespezifischen Mindestlohn[214] macht dies deutlich.

142 Zugleich präsentierte sich weiterhin das **Beihilfenrecht als Einfalltor für öffentliche Ausschreibungen**. In diesem unmittelbaren Haupteinflussgebiet der Europäischen Kommission wird das Instrument der Vergabe verstärkt eingesetzt. Ein Vergabeverfahren kann hier als Nachweis dafür dienen, dass das beauftragte/bezuschusste/etc. Unternehmen keine Beihilfe erhalten hat, sondern der staatlichen Leistung eine marktangemessene Gegenleistung gegenübersteht.[215]

2. Ausdehnung des vergaberechtlichen Gedankens auf neue Felder und Implementierung von Sondervergaberecht?

143 Der Anwendungsbereich des Kartellvergaberechts war in den letzten Jahren gezeichnet von gravierenden Veränderungen. Getrieben von den Stützen des Primärrechts und gefördert von den sehr offen formulierten und seitens des EuGH funktional ausgelegten Tatbestandsmerkmalen („Auftrag“, „Auftraggeber“, etc.) eroberte das Vergaberecht neue Felder und beendete so manche tradierte Vergabepraxis. Zum Teil initiierte der deutsche Gesetzgeber selbst die Änderungen, indem er – etwa auf dem Gebiet des Sozialrechts (dazu Abschnitt B. Kartellvergaberecht im Gesundheitswesen) – durch wettbewerbliche Strukturen den Markt für den Wettbewerb öffnete.

144 Auch für die nächste Zukunft lässt sich die Fortsetzung der bisherigen Entwicklung absehen, zumal weitere Akteure aktiv an einer Ausdehnung arbeiten. So statuiert der Unionsgesetzgeber für bisher privilegierte Sachgebiete Vergabepflichten und (auch nationale) Gerichte fördern den Wettbewerbsgedanken durch extensive Interpretationen. Einige Beschaffungsfelder, die aktuell im Mittelpunkt der Entwicklung stehen, sollen im Folgenden kurz betrachtet werden:

211 Mitteilung der Kommission zur Binnenmarktstrategie, KOM (2003), 238 endg., S. 18.

212 Wenngleich dies auch als Folge des Vergaberechts gerne (und zutreffend) ins Feld geführt wird.

213 Ausführlich hierzu *Burgi*, NZBau 2009, 609, 613.

214 EuGH, Urt. v. 17.11.2015, C-115/14, NZBau 2016, 46 ff.

215 Zum Zusammenspiel siehe nur die Habil.-Schrift von *Bultmann*, Beihilfenrecht und Vergaberecht, 2004, sowie *Schardt*, Öffentliche Aufträge und das Beihilferegime des Gemeinschaftsrechts, Diss., 2003; *Pünder*, NZBau 2003, 530 ff. Vgl. anschaulich die sog. Grundstücksmitteilung der Europäischen Kommission („Mitteilung der Kommission betreffend Elemente staatlicher Beihilfe bei Verkäufen von Bauten oder Grundstücken durch die öffentliche Hand“, Amtsblatt Nr. C 209 vom 10/7/1997 S. 0003 – 0005).

a) Dienstleistungskonzessionen

Die Abkehr vom umfassend verantwortlichen Staat hin zum Gewährleistungsstaat führt vermehrt zur Übertragung von bisher staatlich erbrachten Dienstleistungen auf Private. Dritte werden als Konzessionäre eingesetzt und zur Übernahme der Aufgabe sowie selbstständigen Erbringung der vertraglich festgelegten Leistungen gegenüber den Nutzern (Dienstleistungsempfängern) verpflichtet. Zentrales Instrument dieser Aufgabenübertragung ist die Dienstleistungskonzession.[216] Ihr Wesen manifestiert sich in dem Umstand, dass – anders als im Rahmen der Erfüllung öffentlicher Dienstleistungsaufträge – keine bzw. keine kostendeckende Vergütung gezahlt wird; der Konzessionär erhält vielmehr das Recht zur Verwertung und zugleich das damit verknüpfte wirtschaftliche Risiko. **145**

Trotz ihrer Nähe zum klassischen Anwendungsbereich des Vergaberechts und dem ihr immanenten Charakter als Beschaffungsvorgang unterfielen Dienstleistungskonzessionen bis April 2016 nicht den Richtlinien über öffentliche Aufträge.[217] Mehr aus rechtspolitischen als aus systematischen Gründen hatten sich die Beteiligten auf Unionsebene nicht zu einer Kodifizierung eines entsprechenden Rechtsrahmens entschließen können.[218] **146**

Gleichwohl hat der EuGH bereits mehrfach festgestellt, dass auch bei Dienstleistungskonzessionen das europäische Primärrecht Anforderungen in Bezug auf Transparenz, Gleichbehandlung und Rechtsschutz konstituiert.[219] Die Freistellung stieß dabei auf ein geteiltes Echo. Während die mit der Anknüpfung an das Primärrecht verbundene Rechtsunsicherheit als Nachteil gesehen wird, erkennen einige Auftraggeber in Dienstleistungskonzessionen die Möglichkeit eines „Vergaberechts light" mit entsprechenden Freistellungen gegenüber dem förmlich-strengen Vergaberechtsregime. **147**

Da die weniger förmliche Vergabe von Dienstleistungskonzessionen zugleich als Hindernis für den Gemeinsamen Binnenmarkt gesehen werden kann, versuchte die Europäische Kommission schon seit längerer Zeit unter Rückgriff auf das Instrument der Mitteilung[220] Orientierungspunkte zu setzen.[221] Zwischenzeitlich ist die Vergabe von Dienstleistungs- **148**

---

216 Vgl. nur die hierzu veröffentlichen Doktorarbeiten mit weiteren Nachweisen von *Ortner*, Vergabe von Dienstleistungskonzessionen, Diss., 2007; *Ruhland*, Die Dienstleistungskonzession, Diss., 2006; *Walz*, Die Bau- und Dienstleistungskonzession im deutschen und europäischen Vergaberecht, Diss., 2009. Ferner aus Unionssicht die Mitteilung der Kommission zu „Auslegungsfragen in Bezug auf das Gemeinschaftsrecht, das für die Vergabe öffentlicher Aufträge gilt, die nicht oder nur teilweise unter die Vergaberichtlinie fallen", ABl. EU Nr. C 179 vom 1.8.2006, S. 2 ff.

217 So ausdrücklich Art. 17 der Richtlinie 2004/18/EG und Art. 18 der Richtlinie 2004/17/EG.

218 Vgl. zu den Hintergründen *Ullrich*, ZVgR 2000, 85, 88; *Walz*, Die Bau- und Dienstleistungskonzession im deutschen und europäischen Vergaberecht, Diss., 2009, S. 41 f.

219 Zur st. Rspr. EuGH, Urt. v. 7.12.2000, C-324/98, Slg. 2000, I-10745, Rn. 60–62 – Telaustria; Urt. v. 13.10.2005, C-458/03, Slg. 2005, I-8585, Rn. 46 – Parking Brixen; Urt. v. 6.4.2006, C-410/04 Slg. 2006, I-3303, Rn. 21 – ANAV.

220 Mitteilungen entfalten keine Bindungswirkung, sondern fungieren primär als Auslegungshilfe des Primär- und Sekundärrechts.

221 Zu nennen sind die Mitteilung der Kommission zu Auslegungsfragen im Bereich Konzessionen im Gemeinschaftsrecht vom 12.4.2000, ABl. EU Nr. C 121 vom 29.4.2000, S. 2 ff., die Mitteilung der Kommission zu öffentlich-privaten Partnerschaften und den gemeinschaftlichen Rechtsvorschriften für das öffentliche Beschaffungswesen und Konzessionen vom 15.11.2005, KOM(2005) 569 endg., sowie die Mitteilung der Kommission zu Auslegungsfragen in Bezug auf das Gemeinschaftsrecht, das für die Vergabe öffentlicher Aufträge gilt, die nicht oder nur teilweise unter die Vergaberichtlinien fallen, vom 23.6.2006, ABl. EU Nr. C 179 vom 1.8.2006, S. 2 ff.

konzessionen in der KonzVgV geregelt. Die dortigen Regelungen sind aber oberflächlich ausgestaltet und reichen nicht ansatzweise an die Vorgaben für öffentliche Auftragsvergaben heran. Hier wird mittelfristig noch mit einer Angleichung zu rechnen sein.

b) Die Erbringung von Sozialleistungen nach Vergaberecht

149 Seit jeher genießen Liefer- und Dienstleistungen im sozialen Sektor einen Sonderstatus.[222] Lange Zeit konnte unter Berufung auf die Spezifika des sozialen Sektors der freie Wettbewerb aus diesem Feld herausgehalten werden. Nachdem erste Versuche vor gut zehn Jahren aufgrund restriktiver Vorgaben von Verwaltungsgerichten im Sande verliefen,[223] erlebte das Vergaberecht als Instrument in den letzten Jahren eine Renaissance: Die gesetzlichen Krankenkassen erkannten die Möglichkeit von Preisvorteilen durch den Abschluss von sog. Hilfsmittel- und Arzneimittel-Rabattverträgen mit Pharmaunternehmen und initiierten milliardenschwere Ausschreibungen. Aufgrund der besonderen Bedeutung sozialrechtlicher Ausschreibungen für alle Beteiligten und die im Dezember 2008 in Kraft getretenen Neuerungen im Bereich des SGB V, mit denen der Gesetzgeber auf die zahlreichen Rechtsstreitigkeiten aus der jüngsten Zeit reagierte, verdient dieser Ausschnitt des Vergaberechts einer besonderen Würdigung, die separat im Kapitel B. Kartellvergaberecht im Gesundheitswesen erfolgt.

c) Die Vergabe von Verkehrsleistungen

150 Besonderheiten gelten für die Vergabe von Verkehrsleistungen.[224] Abhängig von der genauen Ausgestaltung des Vertrags als Dienstleistungsauftrag oder Dienstleistungskonzession, der Verortung des Leistungsgegenstandes im schienen- oder straßengebundenen Beförderungssektor und einigen weiteren Weichenstellungen wird hier der Anwendungsbereich des klassischen Kartellvergaberechts verlassen. Nach einem siebenjährigen Tauziehen um eine Nachfolgeregelung für die nicht mehr zeitgemäßen Verordnungen 1191/69 und 1107/70 konnten sich die Beteiligten auf Unionsebene auf den Erlass der Verordnung (EG) Nr. 1370/2007[225] verständigen. Die Ende 2007 veröffentlichte Verordnung ist im Dezember 2009 in Kraft getreten und konfrontiert den Rechtsanwender mit einer Vielzahl von unbestimmten Rechtsvorgaben. Der deutsche Gesetzgeber hat die dortigen Regelun-

---

222 Vgl. umfassend zu einzelnen Aspekten *Sormani-Bastian*, Vergaberecht und Sozialrecht, Diss., 2007; *Heinemann*, Die Erbringung sozialer Dienstleistungen durch Dritte nach deutschem und europäischem Vergaberecht, Diss., 2009; zur Vergabe von Rabattverträgen etwa *Byok/Csaki*, NZS 2008, 402 ff.

223 Vgl. nur die divergierenden Beschlüsse des OVG NRW, 21.10.2005, 12 E 1172/05; OVG NRW, NVwZ 2005, 832 ff., sowie des OLG Düsseldorf, NZBau 2005, 650 ff.; dazu auch das Parteigutachten von *Neumann/Nielandt/Philipp*, Erbringung von Sozialleistungen nach Vergaberecht?, 2004.

224 Einführend *Fandrey*, Direktvergabe von Verkehrsleistungen, Diss., 2010, passim; *Heiß*, VerwArch 2009, 113 ff.; *Wachinger*, IR 2007, 265 ff.; *Saxinger/Saxinger*, Recht des öffentlichen Personenverkehrs, Loseblattkommentar. Einen guten ersten Überblick bietet die Leitentscheidung vom OLG Düsseldorf vom 2.3.2011, VII-Verg 48/10.

225 Verordnung (EG) Nr. 1370/2007 des Europäischen Parlaments und des Rates vom 23.10.2007 über öffentliche Personenverkehrsdienste auf Schiene und Straße und zur Aufhebung der Verordnungen (EWG) Nr. 1191/69 und (EWG) Nr. 1107/70 des Rates, ABl. EU Nr. L 315 vom 3.12.2007, S. 1. Hierzu erschien bereits eine Änderungsverordnung, namentlich die Verordnung (EU) 2016/2338 vom 14.12.2016.

gen an unterschiedlichen Stellen, u. a. im PBefG, im AEG und auch im GWB (§ 131 GWB) umgesetzt. Auf die weiterführende Einleitung in den Bereich der Vergaben von Verkehrsleistungen soll an dieser Stelle verwiesen werden.

d) Der Rechtsrahmen im Rüstungssektor

Dem Rüstungssektor immanent ist eine von sicherheitspolitischen Motiven geprägte Sondersituation. Die einzelnen Staaten, denen auf dem Rüstungsmarkt ein faktisches Nachfragemonopol zukommt, verzichteten unter Berufung auf Art. 346 AEUV (ex Art. 296 EG) entsprechend lange Zeit auf Ausschreibungen und unterstützen mithilfe dieses industriepolitischen Instrumentes die nationale Rüstungsindustrie. Die Europäische Kommission nahm sich in den letzten Jahren dem Rüstungssektor an und initiierte Ende 2007 ein Verteidigungspaket.[226] Die darin enthaltene Richtlinie über die Vergabe von Aufträgen in den Bereichen Sicherheit und Verteidigung ist unter der Nummer 2009/81/EG nach intensiven Beratungen am 21.8.2009 in Kraft getreten[227] und wurde zwischenzeitlich in einem eigenen Abschnitt der VOB/A sowie in der VSVgV[228] umgesetzt. **151**

Den Vorgaben der Verteidigungsvergaberichtlinie 2009/81/EG unterfallen Bau-, Liefer- und Dienstleistungsaufträge zur Beschaffung von Militärausrüstung und sensibler Ausrüstung. Wird der Schwellenwert, der insoweit dem allgemeinen Vergaberecht entspricht, überschritten, so muss die beschaffende Stelle grds. alle Wirtschaftsteilnehmer gleich und nichtdiskriminierend behandeln und in transparenter Weise vorgehen. Obwohl auch die Richtlinie noch zahlreiche Ausnahmen vorsieht, sollen Auftraggeber bei der Vergabe auf das nichtoffene Verfahren, das Verhandlungsverfahren oder den wettbewerblichen Dialog zurückgreifen. Das offene Verfahren wird hingegen als ungeeignet für derart sensible Leistungen angesehen. Regelmäßig sollen die Aufträge aber öffentlich bekannt gemacht werden. **152**

Zwar können Mitgliedstaaten im Rüstungssektor auch weiterhin auf die im vorrangigen Primärrecht statuierte Sondernorm des Art. 346 AEUV (ex Art. 296 EG) zurückgreifen und im Einzelfall aus wesentlichen Sicherheitsinteressen den Wettbewerbsgedanken zu- **153**

---

226 Bestehend aus der Mitteilung an das Europäische Parlament, den Rat, den Europäischen Wirtschafts- und Sozialausschuss und den Ausschuss der Regionen – Eine Strategie für eine stärkere und wettbewerbsfähigere europäische Verteidigungsindustrie, KOM(2007), 764 endg., dem Vorschlag für eine Richtlinie des Europäischen Parlaments und des Rates zur Vereinfachung der Bedingungen für die innergemeinschaftliche Verbringung von Verteidigungsgütern, KOM(2007), 765 endg., sowie dem Vorschlag für eine Richtlinie des Europäischen Parlaments und des Rates über die Koordinierung der Verfahren zur Vergabe bestimmter öffentlicher Bau-, Liefer- und Dienstleistungsaufträge in den Bereichen Verteidigung und Sicherheit, KOM(2007), 766 endg.; hierzu *Gabriel*, VergabeR 2009, 380 ff.

227 Richtlinie 2009/81/EG des Europäischen Parlaments und des Rates vom 13.7.2009 über die Koordinierung der Verfahren zur Vergabe bestimmter Bau-, Liefer- und Dienstleistungsaufträge in den Bereichen Verteidigung und Sicherheit (ABl. EU Nr. L 216 vom 20.8.2009, S. 76 ff.). Hierzu *Hertel/Schöning*, NZBau 2009, 684 ff.; *Wagner/Bauer*, VergabeR 2009, 856 ff.

228 Vergabeverordnung für die Bereiche Verteidigung und Sicherheit zur Umsetzung der Richtlinie 2009/81/EG des Europäischen Parlaments und des Rates vom 13.7.2009 über die Koordinierung der Verfahren zur Vergabe bestimmter Bau-, Liefer- und Dienstleistungsaufträge in den Bereichen Verteidigung und Sicherheit und zur Änderung der Richtlinien 2004/17/EG und 2004/18/EG (Vergabeverordnung Verteidigung und Sicherheit – VSVgV); vgl. dazu *Horstkotte/Hünemörder*, LKV 2015, 541 ff.; *Roth/Lamm*, NZBau 2012, 609 ff.

rücktreten lassen. Es hat sich aber gezeigt, dass auch im Verteidigungsbereich Aufträge europaweit ausgeschrieben werden und die Regelungen zum Bieterrechtsschutz dem Recht Wirksamkeit verleihen.

e) Der Einkauf von Strom an der European Energy Exchange (EEX)

154 Seit seiner Liberalisierung im Jahre 1998 kam Bewegung in den Strommarkt. Inzwischen ist ein Markt entstanden, der für die Beschaffung von Strom durch öffentliche Auftraggeber eine Ausschreibungsverpflichtung begründet. Als Handelsplattform auf dem Markt hat sich die European Energy Exchange (EEX) in Leipzig etabliert.[229] Auftraggeber können hier ihren Strom beschaffen, das bestehende VgV-Regelwerk ist hierfür aber nicht ausgelegt und von einigen traditionellen Vorgaben muss abgewichen werden.[230]

3. Kaum vertikale Ausdehnung des Vergaberechts.

155 Während sich der Anwendungsbereich des Vergaberechts wie gezeigt in horizontaler Richtung stetig ausbreitet, kann in naher Zukunft nicht mit einer vertikalen Ausdehnung gerechnet werden.

a) Staatliche Verteilungsentscheidungen ohne Beschaffungsbezug.

156 Bisher wurde das Vergaberecht auf Vorgänge mit Beschaffungsbezug beschränkt. Eine direkte Ausweitung kann zwar angedacht werden, etwa für Bereiche des Verkaufs von Unternehmen und Grundstücken.[231] Zudem findet sich im sog. vierten Altmark-Kriterium des EuGH[232] der Hinweis, dass bei einer beihilferelevanten Kostenberechnung auf die Ergebnisse eines Vergabeverfahrens zurückgegriffen werden kann. Dieser Rückgriff ist aber auch hier nicht zwingend, sondern nur eine Alternative zur gutachtlichen Kostenanalyse. Konstitutiv wird auch weiterhin der Beschaffungsbezug bleiben,[233] zumal der Unionsrechtsgeber keine Kompetenz hat, sämtliche Verteilungsentscheidungen der Mitgliedstaaten pauschal zu regeln. Im Rahmen dieses Ergebnisses wird sich aber die Frage darauf verlagern, was noch als Beschaffung angesehen werden kann.

---

229 Zur Funktionsweise *Meyer-Hofmann/Tönnemann*, ZfBR 2009, 554 ff.; *Barth*, RdE 2000, 139 ff. Gleichwohl schreiben zahlreiche Auftraggeber Stromlieferverträge auch europaweit im Offenen Verfahren aus (CPV-Code 09310000: Elektrizität). Zu Strombezugsverträgen zwischen Kommunen und kommunalen Tochtergesellschaften *Müller*, NZBau 2001, 416 ff. Die Ausschreibung von Stromlieferverträgen (und seit 2014/2015 auch die Beschaffung von Bahnstrom) stellt Auftraggeber vor Herausforderungen, da die Preise an der Strombörse schwanken und eine Angebotsbindefrist (die aufgrund der einzuhaltenden Wartefrist des § 134 GWB vorzusehen ist) hiermit nicht in Einklang zu bringen ist. Hier kann bspw. helfen, anstatt eines Festpreises einen Aufschlag auf einen vorab definierten Börsenpreis abzufragen, sofern die nachgefragte Menge so groß ist, dass davon ausgegangen werden muss, dass der Anbieter sich den Strom umgehend an der EEX sichert.

230 Umfassend hierzu *Meyer-Hofmann/Tönnemann*, ZfBR 2009, 554 ff.

231 Hier wird weiterhin das europäische Beihilfenrecht mit der sog. Grundstücksmitteilung („Mitteilung der Kommission betreffend Elemente staatlicher Beihilfe bei Verkäufen von Bauten oder Grundstücken durch die öffentliche Hand", Amtsblatt Nr. C 209 vom 10/7/1997 S. 0003 – 0005) maßgeblich bleiben.

232 EuGH, Urt. v. 24.7.2003, C-280/00, Slg. 2003, I-7747, Rn. 93 – Altmark Trans.

233 *Burgi*, NZBau 2009, 609, 611; *Pietzcker*, NZBau 2008, 293, 296.

b) Regelungen im Unterschwellenbereich

Reformbestrebungen im Unterschwellenbereich sind notwendig und stehen auch insbesondere in Form einer sog. Unterschwellenvergabeordnung (UVgO) an. Eine Neuregelung des dortigen Systems wird zwar auf nationaler Ebene angestrebt, eine Ausdehnung des geltenden Kartellvergaberechts auf solche Aufträge ist aber nicht zu erwarten, tendieren die Beteiligten doch zuletzt zu größeren Entscheidungsspielräumen der öffentlichen Auftraggeber. Als problematisch kann hier angesehen werden, dass hier alle Bundesländer unterschiedliche Wege eingeschlagen haben. In jedem Bundesland gelten unterschiedliche Landesvergabegesetze bzw. Erlasse, die gerade für Bieter nicht einfach zu durchdringen sind. So existiert bspw. in einigen Bundesländern ein – jeweils aber unterschiedlich ausgestalteter – effektiver Unterschwellenrechtschutz. **157**

c) Pflichten bei „staatsinternen Beschaffungsvorgängen"

Nach jahrelangen Diskussionen haben sich hinsichtlich der Konstellationen Inhouse-Vergabe und interkommunaler Zusammenarbeit die Grundsätze gefestigt. Diese wurden zwischenzeitlich in § 108 GWB kodifiziert, auf dessen Kommentierung hier verwiesen werden kann. Die Freistellung von der Ausschreibungspflicht setzt bei **Inhouse-Vergaben** voraus, dass der öffentliche Auftraggeber allein oder mit anderen Stellen der öffentlichen Hand zusammen eine Kontrolle über den Auftragnehmer in der Weise ausübt, dass die Situation im Zeitpunkt der Auftragsvergabe (und nach den konkreten Planungen auch in der Zukunft) vergleichbar ist zu einer eigenen Dienststelle. Zweitens bietet der Auftragnehmer seine Leistungen überhaupt nicht auf dem Markt an oder wird im Wesentlichen im Auftrag seiner Anteilseigner tätig. Drittens darf grundsätzlich kein privater Dritter an dem Auftragnehmer beteiligt sein. Die hierzu ergangene Rechtsprechung des EuGH hat für weitgehende Klarheit gesorgt. Das geänderte Vergaberecht aus 2016 (bzw. die zugrunde liegenden Vergaberichtlinien) enthalten aber noch immer einige Detailfragen (Wann liegt eine Betrauung vor? Inwieweit sind horizontale und inverse Inhouse-Vergaben möglich), die erst durch den EuGH abschließend geklärt werden. **158**

B. Sondervergaberecht

I. Kartellvergaberecht im Gesundheitswesen

Schrifttum: *Bechtold*, Kartellgesetz, Gesetz gegen Wettbewerbsbeschränkungen, 7. Aufl. 2013; *Immenga/Mestmäcker*, Wettbewerbsrecht, Bd. 2, GWB, Kommentar zum deutschen Kartellrecht, 5. Aufl. 2014; *Schlegel/Engelmann/Voelzke*, juris PraxisKommentar, SGB V, 3. Aufl. 2016.

Übersicht

I. Historische Entwicklung

1 Für die gesetzliche Krankenversicherung bestimmt § 69 SGB V in der Fassung des Zweiten Gesetzes zur Änderung des Buchpreisbindungsgesetzes (2. BuchPrGÄndG)[1] die Anwendbarkeit des Kartellvergaberechts. Dabei ist in Abs. 4 die Möglichkeit eines vereinfachten Vergabeverfahrens in Umsetzung der Richtlinie 2014/24 EU geschaffen worden. Dies ist das Ergebnis einer – voraussichtlich immer noch nicht abgeschlossenen – sozialrechtspolitischen und gesetzgeberischen Entwicklung. Mit Einführung des SGB V durch das Gesundheitsreformgesetz (GRG) vom 20.12.1988[2] stellte § 69 SGB V eine Grundnorm des Leistungserbringerrechts dar, die als reine Einweisungsvorschrift konzipiert war und klarstellen sollte, welche Rechtsbeziehungen zum Leistungserbringerrecht des SGB V gehören. Durch das Gesetz zur Reform der gesetzlichen Krankenversicherung (GKV-Gesundheitsreformgesetz 2000) vom 22.12.1999[3] ordnete der Gesetzgeber aufgrund heftiger Diskussionen in der rechtswissenschaftlichen Literatur sowie im Hinblick auf zahlreiche Rechtsstreitigkeiten die Rechtsbeziehungen zwischen Krankenkassen und Leistungserbringern neu. In der Literatur[4] wurde kontrovers diskutiert, ob die Vorschriften des Kartell-

1 BGBl. I 2016, S. 1937.
2 BGBl. I, S. 2477.
3 BGBl. I, S. 2626.
4 *Engelmann*, in: jurisPK-SGB V, § 69 Rn. 5.

und Wettbewerbsrechts auf Versorgungsverträge zwischen Krankenkassen und Leistungserbringern Anwendung finden. Der Gesetzgeber bestimmte, dass die Rechtsbeziehungen der Krankenkassen zu den Leistungserbringern ausschließlich dem Sozialversicherungsrecht unterliegen und zwar auch dann, wenn dadurch Rechte Dritter betroffen sein könnten. Damit war nach dem gesetzgeberischen Willen eine Anwendbarkeit des Kartellvergaberechts ausgeschlossen.

Während des Gesetzgebungsverfahrens zum Gesetz zur Stärkung des Wettbewerbs in der gesetzlichen Krankenversicherung (GKVWSG)[5] wurden Stimmen lauter, die auf die dominierende Stellung der gesetzlichen Krankenkassen auf dem Gesundheitsmarkt hinwiesen und monierten, dass dadurch ein funktionierender Wettbewerb behindert oder gar verhindert würde. Das Bundeskartellamt forderte ebenfalls, den Ausschluss des Kartell- und Wettbewerbsrechts in § 69 SGB V zu streichen. Dieser Appell hatte Erfolg und führte dazu, dass § 69 SGB V um Satz 2 erweitert wurde. Darin wurde bestimmt, dass die §§ 19 bis 21 des Gesetzes gegen Wettbewerbsbeschränkungen a. F. (GWB) für die in § 69 SGB V genannten Rechtsbeziehungen entsprechend gelten. 2

Diese Neuregelung führte zu ganz erheblichen Auslegungsschwierigkeiten. Materiellrechtlich wurde erörtert, ob damit auch das Kartellvergaberecht der §§ 97ff. GWB a. F. auf Verträge zwischen den gesetzlichen Krankenkassen und ihren Leistungserbringern Anwendung findet. In prozessrechtlicher Hinsicht wurde massiv gestritten, ob für entsprechende Rechtsstreitigkeiten die Zivil- oder Sozialgerichtsbarkeit zuständig sei. Den Ausschlag für eine (erneute) Aktivität des Gesetzgebers gab die Diskussion, ob die Nichtanwendbarkeit des Kartellvergaberechts auf Verträge zwischen gesetzlichen Krankenkassen und ihren Leistungserbringern unionskonform sei. Mit dem GKVOrgWG vom 15.12.2008[6] wurde dann in § 69 SGB V ein neuer Abs. 2 geschaffen, der in Satz 1 die entsprechende Geltung der §§ 19 bis 21 GWB a. F. weiter aufrecht erhält und zusätzlich bestimmt, dass die kartellvergaberechtlichen Normen der §§ 97 bis 115 und 128 GWB a. F. anzuwenden sind. Dies allerdings mit der Maßgabe (Abs. 2 Satz 3), dass der Versorgungsauftrag der gesetzlichen Krankenkassen besonders zu berücksichtigen ist. Weiterhin bestimmte der Gesetzgeber durch die Einfügung von § 142a Sozialgerichtsgesetz a. F. (SGG) die Zuständigkeit der Gerichte der Sozialgerichtsbarkeit für kartellvergaberechtliche Rechtsstreitigkeiten im Gesundheitswesen. Seit dem 1.1.2011 ist jedoch die Zuständigkeit der Oberlandesgerichte gegeben. 3

Damit hat der Gesetzgeber Regelungen geschaffen, die – zumindest auf den ersten Blick – die Anwendbarkeit des Kartellvergaberechts im Gesundheitswesen bestimmen. Die praktische Anwendung dieser gesetzlichen Bestimmungen hat jedoch bereits nach kurzer Zeit gezeigt, dass diese vom Wortlaut klare und eindeutige Regelung zahlreiche neue Probleme aufwirft. Die weiteren gesetzgeberischen Bemühungen (Arzneimittelmarktneuordnungsgesetz – AMNOG,[7] Vergaberechtsmodernisierungsgesetz – VergRModG[8] und 2. Buch-PrGÄndG[9]) waren nur bedingt erfolgreich. Denn diese Probleme entstehen dem Grunde nach alle dadurch, dass der Gesetzgeber zwei Rechtsgebiete (Vergaberecht und Sozialver- 4

---

5 Gesetz v. 26.3.2007 – BGBl. I, S. 378.
6 BGBl. I, S. 2426.
7 BGBl. I 2010, S. 2262.
8 BGBl. I 2016, S. 203.
9 BGBl. I 2016, S. 1937.

sicherungsrecht) zwangsweise miteinander verknüpft hat, ohne einzelne – sich zum Teil diametral gegenüberstehende – Bestimmungen der beiden Rechtsgebiete miteinander zu verknüpfen.

II. Sozialversicherungsrecht und Vergaberecht – Verknüpfung widersprechender Systeme?

5 Gem. § 69 SGB V in der Fassung des 2. BuchPrgÄndG sind im Wesentlichen die kartellvergaberechtlichen Vorschriften des GWB auf die in Abs. 1 genannten Rechtsbeziehungen der Krankenkassen und Leistungserbringer anzuwenden, soweit die in den Vorschriften des GWB genannten Voraussetzungen erfüllt sind. Mit dieser Regelung hat der Gesetzgeber versucht, den Normenkonflikt zwischen den vergaberechtlichen Bestimmungen des Unionsrechts und den sozialversicherungsrechtlichen Normen des Leistungserbringerrechts in der gesetzlichen Krankenversicherung zu lösen.

6 Das GWB setzt in Teil 4 i.V.m. der Richtlinie über die Vergabe öffentlicher Aufträge (RL 2014/24 EU) europäisches Vergaberecht um, das sich auf die „klassischen“ Auftraggeber bezieht. In diesem Sinne handelt es sich bei den Normen des Vergaberechts um Regelungstatbestände, die ein Träger öffentlicher Verwaltung bei der Beschaffung von Gegenständen und Leistungen, die er zur Erfüllung von Verwaltungsaufgaben benötigt, zu beachten hat. Bei sozialversicherungsrechtlichen Ausschreibungen über Lieferaufträge für Hilfsmittel und Arzneimittelrabattverträge, die zwischen Krankenkassen als Auftraggeber und Leistungserbringern als Auftragnehmer geschlossen werden, wird bereits bei flüchtiger Betrachtung deutlich, dass eine von der das „klassische“ Vergaberecht prägenden Beschaffungssituation abweichende Konstellation besteht. Während in der „klassischen“ Beschaffungssituation allein der Auftraggeber bestimmt, was und in welcher Menge geliefert werden soll, stellt sich dies bei Ausschreibungen von Krankenkassen zumindest hinsichtlich der Menge der zu beschaffenden Arznei- und Hilfsmittel völlig anders dar. Denn aufgrund des im SGB V geltenden Sachleistungsprinzips (§ 2 SGB V) wird der Bedarf allein dadurch konkretisiert, was vom Vertragsarzt für die Versorgung des Versicherten für notwendig erachtet wird. Soweit es um die Verordnung von Arzneimitteln geht, ist die in § 129 SGB V i.V.m. dem Rahmenvertrag[10] den Apothekern aufgegebene Substitutionsverpflichtung weiter zu beachten. Eine ähnliche von der klassischen Versorgungssituation abweichende Situation ist bei den Verträgen zur hausarztzentrierten Versorgung gem. § 73 b SGB V,[11] Verträgen zur ambulanten Versorgung gem. § 73c SGB V[12] und Verträgen zur integrierten Versorgung gem. § 140 a SGB V[13] gegeben.

7 Diese sozialversicherungsrechtlichen Besonderheiten haben schnell eine kontroverse Diskussion dazu entfacht, ob es sich bei den Krankenkassen um öffentliche Auftraggeber handelt, ob und unter welchen Voraussetzungen Verträge zwischen gesetzlichen Krankenkassen und Leistungserbringern öffentliche Aufträge sind, ob und inwieweit Rahmenverträge nach dem SGB V Rahmenvereinbarungen i. S. d. Vergabe- und Vertragsordnung sind, ob

10 Rahmenvertrag über die Arzneimittelversorgung nach § 129 Abs. 2 SGB V in der Fassung vom 30.9.2016.

11 OLG Düsseldorf, Beschl. v. 3.8.2011, VII-Verg 6/11.

12 OLG Düsseldorf, Beschl. v. 7.12.2011, VII-Verg 79/11.

13 EuGH, Urt. v. 11.6.2009, Rs. C-300/07.

neben dem Vergaberecht auch das Kartellrecht Anwendung findet und wie die Losaufteilung zu erfolgen hat. Daneben stellte sich in den Jahren 2009 und 2010 in prozessualer Hinsicht die Frage, welche Verfahrensordnung bei sofortigen Beschwerden vor den Landessozialgerichten neben den (prozessualen) Normen des GWB Anwendung findet.

III. Auftraggebereigenschaft der Krankenkassen

Gem. § 97 Abs. 1 GWB werden öffentliche Aufträge und Konzessionen im Wettbewerb und im Wege transparenter Verfahren vergeben. Der Begriff des öffentlichen Auftraggebers ist in § 99 GWB definiert. Für die gesetzlichen Krankenkassen ist allein zu prüfen, ob die Voraussetzungen von § 99 Nr. 2 GWB vorliegen. Danach ist jede Einrichtung, die zu dem besonderen Zweck gegründet wurde, im Allgemeininteresse liegende Aufgaben nicht gewerblicher Art zu erfüllen, Rechtspersönlichkeit besitzt und überwiegend vom Staat, von Gebietskörperschaften oder anderen Einrichtungen des öffentlichen Rechts finanziert wird oder die hinsichtlich ihrer Leitung der Aufsicht durch letztere unterliegt oder deren Verwaltungs-, Leitungs- oder Aufsichtsorgan mehrheitlich aus Mitgliedern besteht, die vom Staat, von den Gebietskörperschaften oder von anderen Einrichtungen des öffentlichen Rechts ernannt worden sind, öffentlicher Auftraggeber. Der Zweck der VRL (wie auch der früheren VKR) besteht darin, die Gefahr einer Bevorzugung einheimischer Bieter oder Bewerber bei der Auftragsvergabe durch öffentliche Auftraggeber auszuschalten und zugleich die Möglichkeit auszuschließen, dass eine vom Staat finanzierte oder kontrollierte Stelle sich von anderen als wirtschaftlichen Überlegungen leiten lässt.[14] Dabei ist der Begriff des öffentlichen Auftraggebers funktionell zu verstehen. Eine staatliche Finanzierung ist anzunehmen, wenn vom Bürger ein Entgelt (Gebühr, Beitrag) verlangt wird, dessen Voraussetzungen und Höhe auf einer gesetzlichen Regelung beruhen und das im Wege hoheitlichen Handelns eingezogen wird, für das er aber keine spezifische Gegenleistung erhält.[15] 8

Das LSG Baden-Württemberg[16] hat dazu ausgeführt: Krankenkassen sind öffentliche Auftraggeber. Dies beruht – entgegen der im Jahre 2007 vom OLG Düsseldorf[17] vertretenen Ansicht – nicht auf einer überwiegenden Finanzierung durch den Bund. Denn dem steht bereits § 220 Abs. 1 Satz 1 SGB V entgegen, wonach die Mittel der Krankenversicherung durch Beiträge und sonstige Einnahmen aufgebracht werden. Der Bund beteiligt sich nach § 221 Abs. 1 Satz 1 SGB V nur in Form einer pauschalen Abgeltung der Aufwendungen der Krankenkassen für versicherungsfremde Leistungen an dieser Finanzierung. Von einer Finanzierung durch den Bund kann daher bereits nach dem klaren Wortlaut des SGB V nicht gesprochen werden. Weiter erhalten sowohl die in der gesetzlichen Krankenversicherung freiwillig Versicherten als auch die Pflichtversicherten für ihre Beiträge eine spezifische Gegenleistung in Form eines umfassenden Krankenversicherungsschutzes. Anders als bei der Rundfunkgebühr, bei der die Gebührenpflicht allein dadurch entsteht, dass ein Empfangsgerät bereitgehalten wird und die Gebühr keine Gegenleistung für die tatsächliche Inanspruchnahme der von den fraglichen Einrichtungen erbrachten Dienstleistungen 9

14 EuGH, Urt. v. 13.12.2007, C-337/06; Urt. v. 3.10.2004, C-380/98.
15 EuGH, Urt. v. 13.12.2007, C-337/06; Urt. v. 3.10.2004, C-380/98.
16 LSG Baden-Württemberg, Beschl. v. 23.1.2009, L 11 WB 5971/08.
17 Beschl. v. 19.12.2007, VII Verg 51/07, NZBau 2008, 194.

darstellt,[18] erwerben die gesetzlich Krankenversicherten einen Schutz gegen das Risiko einer Krankheit. Die Gegenleistung besteht nicht in der Gewährung bestimmter Dienst-, Sach- oder Geldleistungen, sondern wie bei jeder anderen Risikoversicherung in der Abdeckung eines bestimmten versicherten Risikos und wird deshalb auch dann erbracht, wenn ein Versicherungsfall gar nicht eintritt. Der Umstand, dass die Beitragserhebung bei den Pflichtversicherten nicht auf einer vertraglichen Vereinbarung der Versicherten mit den Krankenkassen beruht, sondern auf einer gesetzlichen Regelung, zwingt nicht dazu, eine staatliche Finanzierung anzunehmen.

10 Die Kenntnis des Schlussantrages des Generalanwalts beim **EuGH**[19] hat das LSG Baden-Württemberg nicht zu einer Änderung seiner Rechtsansicht veranlasst. Der Generalanwalt führt darin zwar aus, dass die von den deutschen Krankenkassen erbrachten Gesundheitsdienstleistungen keine „spezifische Gegenleistung" für die gezahlten Versicherungsbeiträge im Sinn der Rechtsprechung des EuGH seien, weil die Pflicht zur tatsächlichen Leistungserbringung von der Zahlung der Versicherungsbeiträge unabhängig sei. Nach der Rechtsprechung des BVerfG[20] zeichnen sich jedoch Sozialversicherungsbeiträge durch eine strenge grundrechtlich und kompetenzrechtlich begründete Zweckbindung aus. Die unter Eingriff in das Grundrecht auf allgemeine Handlungsfreiheit zustande gekommene Zwangsmitgliedschaft in der gesetzlichen Krankenversicherung vermag die Auferlegung nur solcher Geldleistungspflichten zu rechtfertigen, die ihren Grund und ihre Grenze in den Aufgaben der Sozialversicherung finden. Die erhobenen Geldmittel dürfen daher allein zur Finanzierung der Aufgaben der Sozialversicherung eingesetzt werden. Zur Befriedigung des allgemeinen Finanzbedarfs des Staats und seiner Glieder stehen sie nicht zur Verfügung. Dementsprechend sieht das SGB V ausdrücklich vor, dass die Beiträge der Versicherten der Finanzierung der Leistungen und sonstigen Ausgaben der Krankenkassen dienen. Die Beiträge sind so zu bemessen, dass sie die vorgesehenen Ausgaben decken. Zu hohe Beiträge sind zwingend zu verringern, zu niedrige zu erhöhen (vgl. § 220 Abs. 2 SGB V a. F.). Daraus ergibt sich, dass in rechtstatsächlicher Hinsicht die von den Krankenkassen gewährten Leistungen eine Gegenleistung für die gezahlten Beiträge darstellen.

11 Das LSG Baden-Württemberg ist vielmehr zu der Ansicht gelangt, dass Krankenkassen aufgrund der besonderen staatlichen Aufsicht öffentliche Auftraggeber i. S. v. § 98 Nr. 2 GWB a. F. sind.[21] Denn sie unterlägen sowohl einer nachträglichen Rechtsaufsicht (§§ 87 ff. SGB IV) als auch einer präventiven Aufsicht (z. B. § 34 SGB IV). Die staatliche Regelungsdichte sei derart hoch, dass den Sozialversicherungsträgern eine eigenverantwortliche Gestaltung des Satzungs-, Organisations-, Beitrags- und Leistungsrechts weitgehend verwehrt sei.[22]

12 Das LSG Berlin-Brandenburg[23] hat die Krankenkassen ebenfalls als öffentliche Auftraggeber angesehen, jedoch primär auf den gesetzgeberischen Willen abgestellt, wenn es ausführt, § 69 Abs. 2 Satz 1 SGB V in der Fassung des GKV-OrgWG erkläre für Vertragsschlüsse die §§ 97 bis 115 GWB a. F. – mithin das dort geregelte „Vergaberecht" – für an-

18 EuGH, Urt. v. 13.12.2007, C-337/06.
19 Antrag v. 16.12.2008 in der Rechtssache C-300/07.
20 Beschl. v. 18.7.2005, 2 BvF 2/01.
21 BayObLG, Beschl. v. 24.5.2004, Verg 6/04, NVwZ 2005, 117, 118.
22 BVerfG, Beschl. v. 9.6.2004, 2 BvR 1248/03, 2 BvR 1249/03.
23 LSG Berlin-Brandenburg, Beschl. v. 6.3.2009, L 9 KR 72/09 ER.

wendbar, soweit die dort genannten Voraussetzungen erfüllt seien. Grundsätzlich wolle der Gesetzgeber damit die Zweifel daran beseitigen, ob die Vorschriften, die die Pflicht zur Ausschreibung öffentlicher Aufträge und die konkrete Ausgestaltung dieser Verpflichtung regeln, auch auf Versorgungsverträge der Krankenkassen anzuwenden sind.[24] Die Stoßrichtung des Gesetzes gehe damit eindeutig in die Richtung, Verträge von gesetzlichen Krankenkassen mit Leistungserbringern den §§ 97ff. GWB a. F. unterfallen zu lassen mit der Konsequenz, dass der unterlegene Bieter spezifischen Rechtsschutz vor den Vergabekammern und sodann bei dem Beschwerdegericht (Oberlandesgericht, zuvor Landessozialgericht) finde; diese Intention könne nicht ohne Auswirkungen bei der Beantwortung der Frage bleiben, ob eine gesetzliche Krankenkasse „öffentlicher Auftraggeber" i. S. v. § 98 GWB a. F. sei.

13 In seinen Entscheidungen vom 26.3.2009[25] und 2.4.2009[26] hat das LSG Nordrhein-Westfalen sich der Rechtsauffassung des LSG Baden-Württemberg angeschlossen und weiter ausgeführt, es könne dahinstehen, ob darüber hinaus die Eigenschaft der gesetzlichen Krankenkassen als öffentliche Auftraggeber aus einer wenn auch mittelbaren staatlichen Finanzierung abzuleiten sei.[27]

14 Nachdem der EuGH[28] bejaht hatte, dass gesetzliche Krankenkassen öffentliche Auftraggeber i. S. v. § 98 Nr. 2 GWB a. F. sind, haben sich das LSG Nordrhein-Westfalen[29] sowie auch das Hessische LSG[30] dieser Rechtsauffassung angeschlossen und ausgeführt, gesetzliche Krankenkassen werden – jedenfalls mittelbar durch Beiträge der Versicherten und Arbeitgeber zur GKV – durch den Bund finanziert (vgl. §§ 3, 271 SGB V) und unterliegen einer engmaschigen staatlichen Rechtsaufsicht. Dies reicht für die Qualifikation als öffentlicher Auftraggeber aus. Das OLG Düsseldorf hat sich dieser Auffassung in ständiger Rechtsprechung angeschlossen.[31]

15 Die Frage, ob gesetzliche Krankenkassen öffentliche Auftraggeber sind, ist damit für die Rechtspraxis geklärt und scheint deshalb auch im Übrigen keine Bedeutung mehr zu haben.

IV. Öffentliche Aufträge

1. Sozialrechtliches Leistungssystem

16 Gem. § 103 Abs. 1 GWB sind öffentliche Aufträge entgeltliche Verträge zwischen öffentlichen Auftraggebern oder Sektorenauftraggebern und Unternehmen, die die Beschaffung

24 BT-Drs. 16/10609, S. 65.
25 L 21 KR 26/09 SFB.
26 L 21 KR 35/09 SFB.
27 Schlussantrag des Generalanwaltes *Mazak* v. 16.12.2008 in der Rs. C-300/07; *Engelmann*, in: jurisPK-SGB V, § 69 Rn. 195ff.
28 Urt. v. 11.6.2009, C-300/07.
29 Beschl. v. 24.8.2009, L 21 KR 45/09 SFB; Beschl. v. 3.9.2009, L 21 KR 51/09 SFB; Beschl. v. 10.9.2009, L 21 KR 53/09 SFB sowie Beschlüsse v. 8.10.2009, L 21 KR 39/09 SFB, L 21 KR 36/09 SFB und L 21 KR 44/09 SFB.
30 Beschl. v. 15.12.2009, L 1 KR 337/09 ER Verg.
31 Beschl. v. 3.8.2011, VII-Verg 6/11, Beschl. v. 1.8.2012, VII-Verg 15/12 und Beschl. v. 13.8.2014, VII-Verg 13/14.

von Leistungen, die Lieferung von Waren, die Ausführung von Bauleistungen oder die Erbringung von Dienstleistungen zum Gegenstand haben. Nach § 103 Abs. 2 Satz 1 GWB sind Lieferaufträge Verträge zur Beschaffung von Waren, die insbesondere Kauf oder Ratenkauf oder Leasing, Miet- oder Pachtverhältnisse mit oder ohne Kaufoption betreffen. Öffentliche Auftraggeber haben bei dem Abschluss von Rahmenvereinbarungen die Verfahrensvorschriften der § 103 Abs. 5 GWB, § 21 VgV zu beachten. Dies gilt auch dann, wenn dem Auftragnehmer vertraglich nicht die Abnahme von Produkten zugesichert wird. Gem. § 103 Abs. 5 GWB handelt es sich bei einer Rahmenvereinbarung zwischen einem oder mehreren öffentlichen Auftraggebern und einem oder mehreren Wirtschaftsteilnehmern um eine Vereinbarung, die dazu dient, die Bedingungen für die Aufträge, die im Laufe eines bestimmten Zeitraumes vergeben werden sollen, festzulegen, insbesondere in Bezug auf den Preis und gegebenenfalls die in Aussicht genommene Menge.

17 Das krankenversicherungsrechtliche Leistungssystem wird geprägt durch den Sachleistungsanspruch (§ 2 Abs. 2 Satz 1 SGB V) des Versicherten gegenüber den Krankenkassen. Dieser umfasst u.a. die Versorgung mit Arznei- und Hilfsmitteln. Der Leistungsanspruch des Versicherten wird durch den Vertragsarzt mit der ärztlichen Verordnung (§ 73 Abs. 2 Nr. 7 SGB V) konkretisiert und durch weitere Leistungserbringer (Apotheker/Hilfsmittelerbringer) mit der Aushändigung des Arznei- bzw. Hilfsmittels erfüllt. Dabei wird (in jedem Einzelfall) nach allgemeiner Ansicht ein Kaufvertrag zwischen Krankenkassen und Leistungserbringern – ohne Beteiligung z.B. des pharmazeutischen Unternehmens – geschlossen. Wegen dieser speziellen Art der Leistungserbringung, die sich von der „klassischen" Leistungserbringung zwischen Auftraggeber und Auftragnehmer unterscheidet, ist zu klären, ob es sich – insbesondere bei Verträgen nach § 130a Abs. 8 SGB V und § 127 SGB V – um öffentliche (Liefer-)Aufträge gem. § 103 GWB handelt.

2. Exklusivität

18 Rabattverträge nach § 130a Abs. 8 SGB V sind zumindest dann zu den öffentlichen Lieferverträgen i.S.v. § 103 Abs. 1 GWB zu zählen, wenn der Rabattvertrag eine Bestimmung enthält, nach der die Krankenkasse verpflichtet ist, keine weiteren Rabattverträge mit anderen pharmazeutischen Unternehmen abzuschließen, die vergleichbare Arzneimittel anbieten (Zusicherung von Exklusivität).[32] In einem solchen Fall führt der Rabattvertrag i.V.m. der Ersetzungsverpflichtung des Apothekers nach § 129 Abs. 1 Satz 3 SGB V tatsächlich zu einem Wettbewerbsvorteil, den der Auftraggeber dem Unternehmer einräumt, um einen möglichst hohen Rabatt zu erzielen. Insoweit ist der Rabattvertrag als öffentlicher Auftrag in Form einer Rahmenvereinbarung gem. § 103 Abs. 5 GWB zu werten. Dabei muss die Rahmenvereinbarung selbst noch nicht die Merkmale des öffentlichen Auftrages aufweisen; es genügt vielmehr, wenn die Einzelaufträge als entgeltliche Lieferungen anzusehen sind.[33]

19 Das Landessozialgericht Nordrhein-Westfalen[34] hat sich dieser Rechtsauffassung im Ergebnis angeschlossen. Es hat jedoch Bedenken geäußert und dazu ausgeführt: Ob Arzneimittelrabattverträge ausnahmslos als öffentliche Lieferaufträge i.S.d. vorgenannten Rege-

---

32 LSG Baden-Württemberg, Beschl. v. 23.1.2009, L 11 WB 5971/08 und Beschl. v. 17.2.2009, L 11 WB 381/09.

33 OLG Düsseldorf, Beschl. v. 1.8.2012, VII-Verg 15/12.

34 Beschl. v. 26.3.2009, L 21 KR 26/09 SFB und Beschl. v. 2.4.2009, L 21 KR 35/09 SFB.

lungen qualifiziert werden können, erscheint vor dem Hintergrund, dass nicht von einer typischen Beschaffungssituation ausgegangen werden kann, Krankenkassen keinen Einfluss auf das Verordnungsverhalten der Vertragsärzte haben und als weitere Entscheidungsebene Apotheken in die Arzneimittelversorgung einbezogen werden, fraglich.[35] Angesichts des Umstandes, dass dem Rabattvertragspartner Exklusivität zugesichert wird, unterliegt die Annahme eines öffentlichen Auftrages in Form eines Rahmenvertrags jedoch im Ergebnis keinen durchgreifenden Bedenken. Zu berücksichtigen ist nämlich, dass in einem solchen Fall der Rabattvertrag i.V.m. der Ersetzungsverpflichtung des Apothekers nach § 129 Abs. 1 Satz 3 SGB V zu einem echten Wettbewerbsvorteil führt, den der Auftraggeber dem Rabattvertragspartner einräumt, um seinerseits einen möglichst hohen Rabatt zu erzielen.[36]

Wenn in einem Rabattvertrag der Abschluss weiterer Rabattverträge ausdrücklich nicht ausgeschlossen wird oder sogar ausdrücklich mit mehreren Bietern ein Abschluss beabsichtigt ist und damit eine Exklusivität nicht besteht, kann am Vorliegen eines öffentlichen Auftrages gezweifelt werde. Jedoch ist im Ergebnis auch in einer solchen Fallkonstellation ein öffentlicher Auftrag zu bejahen. Denn die Gewährung von Rabatten in den Verträgen nach § 130a SGB V führt – in Form der durch die Unternehmer an die Krankenkassen gezahlten „Rückvergütung" – zu dem Bezug preisvergünstigter Arzneimittel. Die Rabattverträge schlagen eine „Brücke" zwischen den pharmazeutischen Unternehmern und den Krankenkassen als den Abnehmern der produzierten Arzneimittel. Das wirtschaftliche Ergebnis ist, dass sich die Krankenkassen nunmehr die von ihnen abgenommenen Arzneimittel zu einem günstigeren – nämlich rabattierten – Preis beschaffen können. Zugleich – und nur deshalb schließt der pharmazeutische Unternehmer den Rabattvertrag – ist für ihn der Rabattvertrag mit den hieran anknüpfenden, sich aus den gesetzlichen Regelungen (§ 129 Abs. 1 Satz 3 SGB V) ergebenden Vorteilen verbunden. Aufgrund dieser Betrachtungsweise ist es ohne Weiteres gerechtfertigt, den Abschluss von Rabattverträgen vergaberechtlich als die Lieferung preisvergünstigter Arzneimittel durch pharmazeutische Unternehmer an die Krankenkassen zu begreifen.[37] **20**

Dabei ist es grundsätzlich unerheblich, ob es Krankenkassen (rechtlich oder tatsächlich) möglich wäre, weitere Rabattverträge mit weiteren pharmazeutischen Unternehmern zu schließen. Entscheidend ist allein, dass die Zuschlagsempfänger den sich aus der Ersetzungspflicht des § 129 Abs. 1 Satz 3 SGB V ergebenden Wettbewerbsvorteil nutzen können. Denn es ändert sich an dem grundsätzlichen Bestehen eines Wettbewerbsvorteils nichts. Etwas anderes hat jedoch möglicherweise dann zu gelten, wenn mit allen oder nahezu allen pharmazeutischen Unternehmern ein Rabattvertrag geschlossen wird, da dann der Wettbewerbsvorteil gänzlich erloschen sein könnte. Von einem öffentlichen Auftrag ist jedoch dann nicht mehr auszugehen, wenn ein Vertrag geschlossen wird, ohne eine Auswahl unter den interessierten Wirtschaftsteilnehmern vorzunehmen und ihnen während der gesamten Laufzeit gestattet wird, dem Vertrag beizutreten.[38] Dann handelt es sich um eine „vergaberechtsfreie" Zulassung. Soweit jedoch der uneingeschränkt mögliche Beitritt während der gesamten Laufzeit nicht besteht oder es einzelnen Bietern ermöglicht wird, **21**

35 *Engelmann*, in: jurisPK-SGB V, § 69 Rn. 226 ff. m. w. N.
36 LSG Baden-Württemberg, Beschlüsse v. 23.1.2009, L 11 WB 5971/08 und v. 28.10.2008, L 11 KR 4810/08 ER-B.
37 LSG Nordrhein-Westfalen, Beschl. v. 3.9.2009, L 21 KR 51/09 SFB.
38 EuGH, Urt. v. 2.6.2016, Rs. C-410/14.

die Bedingungen nach ihren Vorstellungen mitzugestalten, wird eine Auswahlentscheidung getroffen und es liegt ein öffentlicher Auftrag vor, weil dann den anderen Bietern lediglich eine Wahl zwischen Vertragsbeitritt oder Verzicht bleibt.[39]

3. Steuerungs- und Lenkungsmöglichkeit

22 Soweit ein Rabattvertrag im Einzelfall auch eine Steuerungs- und Lenkungswirkung aufweist, liegt ein öffentlicher Auftrag auch dann vor, wenn in einer zwischen einer gesetzlichen Krankenkasse und einem pharmazeutischen Unternehmen abgeschlossene Rabattvereinbarung keine Lieferverpflichtung des pharmazeutischen Unternehmens vereinbart wird. Es kommt nicht darauf an, ob Exklusivitätsrechte vertraglich vereinbart worden sind. Vielmehr ist es ausreichend, dass Rabattverträge tatsächlich geeignet sind, einen Wettbewerbsvorteil im Hinblick auf Mitbewerber zu bewirken. Hiervon ist auch der Gesetzgeber ausgegangen. Der Ausschuss für Gesundheit hat nämlich ausgeführt, dass Arzneimittelrabattverträge über Generika wegen der den Krankenkassen zuzurechnenden Ersetzungspflicht nach § 129 Abs. 1 Satz 3 SGB V und dem damit verbundenen mittelbaren Einfluss auf die Auswahlentscheidung des Vertragsgegenstandes als öffentliche Aufträge zu qualifizieren sein könnten.[40] Die Beeinflussung der Auswahlentscheidung durch die Ersetzungspflicht führt jedoch letztlich zu einem Wettbewerbsvorteil für den Rabattvertragspartner im Verhältnis zu Mitbewerbern, da dieser im Verhältnis zu den Mitbewerbern in die Lage versetzt wird, seinen Umsatz zu erhöhen und ihm mithin eine gesetzlich abgesicherte Sonderstellung im Wettbewerb eingeräumt wird.[41] Wenn den bei der Auslegung der Rabattvereinbarung zu beachtenden tatsächlichen Umständen zu entnehmen ist, dass dem Vertragspartner von der Krankenkasse ein Wettbewerbsvorteil eingeräumt wurde und dies auch von den Vertragsparteien so gewollt war, ist dies ausreichend für die Annahme eines öffentlichen Auftrages. Dies kann sich z.B. aus Rundschreiben an Vertragsärzte und Versicherte ergeben, in denen darauf hingewiesen wird, dass das von dem Vertragspartner vertriebene Arzneimittel eine wirtschaftliche Alternative für die entsprechende Behandlung darstellt, eine Verordnung dieses Arzneimittels bei entsprechender Indikation begrüßt wird und dadurch Wirtschaftlichkeitsreserven genutzt werden können. Derartige Hinweise sind insbesondere geeignet, das Verordnungsverhalten der Vertragsärzte zu steuern und dem pharmazeutischen Unternehmen dadurch eine bevorzugte Stellung im Wettbewerb zu verschaffen. Bei solchen Hinweisen handelt es sich auch dann um ein Instrument der Absatzförderung zugunsten des pharmazeutischen Unternehmens, wenn in der Rabattvereinbarung sich die Vertragspartner zu weiteren abgestimmten Informationen von Ärzten, Apothekern und Patienten verpflichtet haben. Eine derartige Regelung ist im Kontext mit den bereits erfolgten Informationen zu sehen und hat ebenfalls den Effekt, dass ein Wettbewerbsvorteil des pharmazeutischen Unternehmens bewirkt wird. Die getroffene Vertragsgestaltung ergibt jedoch nur dann einen Sinn, wenn hierdurch nicht nur die eigene Wettbewerbssituation der Krankenkasse, sondern auch die des Vertragspartners optimiert werden soll. Dies ist etwa dann der Fall, wenn in entsprechenden Vermerken die Krankenkasse dokumentiert hat, dass es ihr bei der Auswahl des pharmazeutischen Unternehmers konkret

---

39 OLG Düsseldorf, Beschl. v. 11.1.2012, VII-Verg 57/11.

40 BT-Drs. 16/10609, S. 52 f.

41 *Byok*, GesR 2007, 553, 556.

um die Beeinflussung der Marktstrukturen zur Erschließung von Wirtschaftlichkeitsreserven geht.[42]

4. Auswahlentscheidung

Eine Auswahlentscheidung mit der daraus resultierenden Einräumung von Exklusivität und Begründung einer Sonderstellung im Wettbewerb[43] ist konstitutiver Bestandteil für die Annahme eines öffentlichen Auftrages.[44] Dabei kommt es, wie bereits zu Arzneimittelrabattvereinbarungen nach § 130a Abs. 8 SGB V entschieden, allerdings nicht darauf an, ob Exklusivität ausdrücklich durch den Auftraggeber vertraglich zugesichert wird. Soweit bei Rahmenverträgen mit Apotheken zur Lieferung von Zytostatika eine echte Exklusivität wegen des uneingeschränkten Apothekenwahlrechts der Versicherten (§ 31 Abs. 1 Satz 5 SGB V) nicht vollumfänglich besteht, stellt dies jedoch kein erhebliches Kalkulationsrisiko dar, da bei Zytostatika faktisch nicht zu erwarten ist, dass im nennenswerten Umfang vom Wahlrecht Gebrauch gemacht wird. [45] Vielmehr ist es für die Annahme eines öffentlichen Auftrages grundsätzlich ausreichend, wenn sich für den Leistungserbringer faktisch ein Wettbewerbsvorteil ergibt.[46] **23**

Diese Voraussetzungen sind im Bereich der Hilfsmittelversorgung immer dann gegeben, wenn Verträge gem. § 127 Abs. 1 SGB V nach einer Auswahlentscheidung durch die Krankenkassen geschlossen werden. In diesen Fällen ist ein gleicher Marktzugang sämtlicher Leistungserbringer nicht mehr möglich. Haben nämlich Krankenkassen Vereinbarungen nach § 127 Abs. 1 SGB V geschlossen, hat die Versorgung der Versicherten gem. § 33 Abs. 6 Satz 2 SGB V durch den Vertragspartner zu erfolgen; ein Wahlrecht der Versicherten existiert in diesen Fällen grundsätzlich nicht. Der Zuschlagsempfänger erwirbt dann eine gesetzlich abgesicherte Sonderstellung im Wettbewerb, da die Versicherten gehalten sind, ausschließlich den Vertragspartner der Krankenkassen in Anspruch zu nehmen und dieser hierdurch im Verhältnis zu seinen Mitbewerbern in die Lage versetzt wird, seinen Absatz zu steigern. Nur bei einem berechtigten Interesse können Versicherte im Einzelfall – allerdings gegen Tragung der Mehrkosten – einen anderen Leistungserbringer wählen (vgl. § 33 Abs. 6 Satz 3 SGB V). Da nur wenige Versicherte vom Wahlrecht nach § 33 Abs. 6 Satz 3 SGB V Gebrauch machen, entfalten die Verträge in diesen Konstellationen auch eine Lenkungs- und Steuerungswirkung. **24**

Für eine Auswahlentscheidung (und damit gleichzeitig für die Annahme eines öffentlichen Auftrages) ist demgegenüber kein Raum, wenn Verträge im Bereich der Hilfsmittelversorgung nach Maßgabe des § 127 Abs. 2 SGB V geschlossen werden. Denn Vergabeverfahren zielen darauf ab, unter mehreren Bietern eine Auswahlentscheidung zu treffen.[47] Zwar erfolgt auch hier der Zugang zur Versorgung durch einen Vertragsschluss. Einer Ausschreibungspflicht steht jedoch entgegen, dass Leistungserbringer in diesen Fällen gem. § 127 Abs. 2a SGB V einen gesetzlich geregelten Anspruch auf Beitritt – also auf gleichberechtigten Marktzugang und Teilhabe an der Versorgung der Versicherten – haben. Die Durch- **25**

---

42 LSG Nordrhein-Westfalen, Beschl. v. 10.9.2009, L 21 KR 53/09 SFB.
43 *Byok*, GesR 2007, 553, 556.
44 BT-Drs. 16/10609, S. 52 zu § 69 SGB V; *Knispel*, GesR 2009, 236, 238, 239, 241.
45 OLG Düsseldorf, Beschl. v. 7.12.2011, VII-Verg 96/11 und Beschl. v. 18.4.2012, VII-Verg 93/11.
46 LSG Nordrhein-Westfalen, Beschl. v. 10.9.2009, L 21 KR 53/09 SFB.
47 BT-Drs. 16/10609, S. 52 zu § 69 SGB V.

führung eines Auswahlverfahrens ist in derartigen Konstellationen somit nicht erforderlich.

26 Soweit davon ausgegangen wird, dass eine vom öffentlichen Auftraggeber zu treffende Auswahlentscheidung nicht Voraussetzung, sondern notwendige – und unionsrechtlich determinierte – Folge der Annahme eines öffentlichen Auftrages ist, wären öffentliche Auftraggeber bei Erfüllung der weiteren Voraussetzungen des § 103 Abs. 1 und 2 GWB gehalten, bei sämtlichen Beschaffungen eine Auswahlentscheidung zu treffen und Aufträge jedweder Art im Wettbewerb zu vergeben. Ein solches Regelungskonzept kann dem primären und sekundären Unionsrecht – ungeachtet der Frage, ob Beschaffungen durch öffentliche Auftraggeber ausschließlich „im Wettbewerb" wirtschaftspolitisch wünschenswert sein mögen – nicht entnommen werden. Keiner weiteren Erörterung bedarf, dass der Wettbewerbsgrundsatz (§ 97 Abs. 1 GWB) als tragendes Prinzip bei der Beschaffungstätigkeit der öffentlichen Hand gilt und zum Ziel hat, sämtlichen potenziellen Bewerbern einen freien Zugang zu den Beschaffungsmärkten der öffentlichen Hand zu ermöglichen.[48] Die aus dem Wettbewerbsgrundsatz resultierenden Ge- und Verbote gelangen jedoch erst dann zur Anwendung, wenn durch den öffentlichen Auftraggeber eine Auswahlentscheidung zu treffen ist.

27 In diese Richtung hat sich auch die Europäische Kommission geäußert. Mit Schreiben vom 8.4.2009 hat sie im Rahmen eines sog. „Vertragsverletzungsbeschwerdeverfahrens" mitgeteilt, dass mit der Änderung der §§ 69, 127 SGB V durch das GKV-OrgWG (zuvor geäußerte) Zweifel an der Unionskonformität dieser Regelungen ausgeräumt worden seien.[49] In einem weiteren Schreiben vom 11.6.2009 hat sie an dieser Auffassung festgehalten und erläutert, dass sie in dem Wahlrecht der Krankenkassen zwischen § 127 Abs. 1 und Abs. 2 SGB V eine Unionsrechtswidrigkeit nicht erkennen könne. Verträge nach § 127 Abs. 2 SGB V, denen sämtliche potenziellen Leistungserbringer beitreten könnten, unterfielen nicht dem Vergaberecht, da in diesen Fällen keine Auswahlentscheidung der Krankenkasse getroffen werde.[50] Diese Ausführungen sprechen dafür, dass auch die Kommission die Vornahme einer Auswahlentscheidung durch den öffentlichen Auftraggeber als konstitutiv für die Annahme eines öffentlichen Auftrages ansieht.

28 Der sozialversicherungsrechtliche (Leistungs-)Anspruch des Versicherten spricht ebenfalls dafür, dass eine Auswahlentscheidung für die Annahme eines öffentlichen Auftrages erforderlich ist, da anderenfalls die gesetzlich begründeten Leistungsansprüche der Versicherten beschränkt würden. Sofern Krankenkassen den Versicherten das grundsätzlich bestehende freie Wahlrecht zwischen einer im Vorhinein unbestimmten Zahl von Vertragspartnern (vgl. § 33 Abs. 6 Satz 1 SGB V) ermöglichen wollen, verbleibt ihnen unter der Geltung des bestehenden „Vertragssystems" keine andere Wahl, als auf Ausschreibungen zu verzichten und den Weg über § 127 Abs. 2 und 2a SGB V zu wählen. Soweit man einen öffentlichen Auftrag auch ohne das Kriterium „Auswahlentscheidung" bejaht, wäre jedoch das in § 33 Abs. 6 Satz 1 SGB V geregelte Wahlrecht der Versicherten im Hinblick auf unterschiedliche Leistungserbringer nicht mehr bzw. nur noch unter den sehr eingeschränkten Voraussetzungen des § 33 Abs. 6 Satz 3 SGB V – also Nachweis eines berechtigten Interesses und Aufzahlung durch die Versicherten – gegeben. Das Vergaberecht als

---

48 *Summa/Kullack*, in: jurisPK-SGB V, § 97 GWB Rn. 29 m. w. N.

49 Zit. nach *Stelzer*, WzS 2009, 303, 307.

50 Zit. nach *Stelzer*, WzS 2009, 336, 340.

„nachgelagertes" Beschaffungsrecht darf keinen Einfluss auf die materielle Gestaltung von Leistungserbringerverträgen und insbesondere Leistungsansprüche der Versicherten haben, soweit nicht der nationale Gesetzgeber dies ausdrücklich gestattet. Es kann nicht Sinn und Zweck der Anwendung des Vergaberechts auf Verträge mit gesetzlichen Krankenkassen sein, Versorgungsansprüche der Versicherten oder gesetzlich begründete Teilhabeansprüche anderer Leistungserbringer zu beschränken.[51] Für eine derartige Einschränkung der Leistungsansprüche der Versicherten besteht angesichts der in Art. 168 Abs. 7 Satz 1 AEUV getroffenen Vorgaben kein Kompetenztitel der Europäischen Union. Danach tragen die Mitgliedstaaten die Verantwortung für die Festlegung der Gesundheitspolitik sowie die Organisation des Gesundheitswesens und die medizinische Versorgung. Dass der Versorgungsauftrag der Krankenkassen und die Leistungsansprüche der Versicherten maßgeblich zu berücksichtigten sind, entspricht im Wesentlichen auch der Rechtsprechung des EuGH, wonach das Unionsrecht die Zuständigkeit der Mitgliedstaaten für die Ausgestaltung ihrer Systeme der sozialen Sicherheit und insbesondere für den Erlass von Regelungen zur Organisation von Diensten im Gesundheitswesen unberührt lässt.[52]

Dabei versteht es sich von selbst, dass die Mitgliedstaaten bei der Ausübung ihrer Zustän- **29**
digkeiten das Unionsrecht und insbesondere die Bestimmungen über die Verkehrsfreiheiten zu beachten haben.[53] Diesem Erfordernis wird bei Verträgen, die nach § 127 Abs. 2 SGB V ohne Durchführung von Vergabeverfahren geschlossen werden, dadurch Rechnung getragen, dass es Leistungserbringern aus den Mitgliedstaaten der Europäischen Union diskriminierungsfrei möglich ist, sich mit Angeboten in die Vertragsverhandlungen einzubringen und ihr Beitrittsrecht gem. § 127 Abs. 2a SGB V auszuüben.[54] Auf diese Weise wird eine gleichberechtigte Teilhabe an der Versorgung der Versicherten der GKV mit Hilfsmitteln und damit gleichzeitig ein Zugang zu den nationalen Beschaffungsmärkten der öffentlichen Hand gewährleistet. Schließlich wird der überragenden Bedeutung der Verkehrsfreiheiten bei der Schaffung und Ausgestaltung des Binnenmarktes entsprochen.

5. Losaufteilung

Im Gesundheitswesen sind sowohl auf dem Hilfsmittelsektor als auch im Arzneimittelbe- **30**
reich große Hersteller aber auch zahlreiche mittelständische Anbieter tätig. Bei der Vergabe öffentlicher Aufträge muss den Interessen beider Gruppen Rechnung getragen werden. Durch die sog. Mittelstandsklausel in § 97 Abs. 4 GWB wird gefordert, bei allen Vergaben eine strikte Teilung des Gesamtauftrages in Lose vorzunehmen, um kleinen und mittelständischen Unternehmen eine Chance zu geben, sich erfolgreich zu bewerben. Von der Regelung in § 97 Abs. 4 Satz 1 und 2 GWB kann nur in begründeten Ausnahmefällen abgewichen werden, wenn wirtschaftliche oder technische Gründe dies erfordern (Abs. 4 Satz 3).

51 LSG Nordrhein-Westfalen, Beschl. v. 19.11.2009, L 21 KR 55/09 SFB.

52 EuGH, Urt. v. 19.5.2009, C 171/07 und C 172/07, GewArch 2009, 298 Rn. 18 m. w. N. – Doc Morris; Urt. v. 19.5.2009, C 531/06, EuZW 2009, 415, 417 Rn. 35 – Kommission/Italien; Weißbuch der Kommission der Europäischen Gemeinschaften – Gemeinsam für die Gesundheit, KOM(2007) 630.

53 EuGH, Urt. v. 19.5.2009, C 171/07 und C 172/07 – , GewArch 2009, 298 Rn. 18 m. w. N. – Doc Morris; Weißbuch der Kommission der Europäischen Gemeinschaften – Gemeinsam für die Gesundheit, KOM(2007) 630.

54 BSG, Urt. v. 28.7.2008, B 1 KR 4/08 R, BSGE 101, 161 – Doc Morris.

Der Auftraggeber hat dann aber eine genaue Dokumentation vorzunehmen und dabei die Gründe klar, eindeutig und nachvollziehbar im Vergabevermerk darzulegen.

31 Die Aufteilung in Gebiets- und Fachlose ist im Gesundheitswesen ganz besonders davon abhängig, was Gegenstand der Ausschreibung ist. Dabei wird sich die Aufteilung in Fachlose regelmäßig danach richten, welche Hilfsmittel oder Arzneimittelwirkstoffe ausgeschrieben werden. Die Aufteilung in Gebietslose hängt insbesondere bei Hilfsmitteln davon ab, ob und inwieweit mit der Lieferung auch eine Beratung, Anpassung und/oder Einweisung zwingend verbunden ist. Soweit dies der Fall ist, ergibt sich eine Aufteilung in mehrere kleine Gebietslose nicht nur aus der Regelung in § 97 Abs. 4 GWB, sondern auch daraus, dass die Versicherten nicht nur ein Interesse, sondern auch einen Anspruch haben, von Leistungserbringern versorgt zu werden, die über eine Niederlassung im nahen Umfeld verfügen. Soweit es um Güter geht, für deren Anwendung es entweder keiner besonderen Beratung und/oder Anleitung bedarf (z. B. aufsaugende Inkontinenzmittel) oder bei denen die Beratung durch Dritte (z. B. Apotheker) erfolgt, sind die Interessen und Ansprüche der Versicherten nicht betroffen, sodass allein § 97 Abs. 4 GWB der Maßstab für die Gebietslosaufteilung ist.

32 Bei einer wirkstoffbezogenen Ausschreibung von nicht patentgeschützten Arzneimitteln (sog. Generika) erfolgte eine Aufteilung des gesamten Bundesgebietes in fünf Gebietslose, da die Lieferkapazitäten mittelständischer Unternehmen bei einer bundesweiten Ausschreibung eines stark nachgefragten Wirkstoffes gegebenenfalls nicht ausreichen könnten. Die Gebietslose umfassten dabei jeweils zwischen 4 und 6 Millionen Versicherte. Ein mittelständisches Pharmaunternehmen beanstandete die Aufteilung in fünf Gebietslose als zu großteilig und damit mittelstandsfeindlich. Das LSG Nordrhein-Westfalen[55] sah in einer solchen Losbildung keinen Verstoß gegen vergaberechtliche Vorschriften und stellte klar, dass § 97 Abs. 3 GWB a. F. eine Aufteilung in mehr als fünf Gebietslose nicht vorschreibe. Die Aufteilung in fünf Gebietslose und in 63 Fachlose (Wirkstoffe) mache es vielmehr möglich, dass eine große Zahl von verschiedenen pharmazeutischen Unternehmen Angebote für ein oder sogar für mehrere Fachlose innerhalb eines Gebietsloses einreichen könnten. In diesem Regionalprinzip i. S. v. § 143 Abs. 1 SGB V sei ein legitimes Interesse zu sehen, da die Auftraggeber so optimale Rabattkonditionen erzielen könnten. Damit werde auch ein im Gemeinwohlinteresse liegender Zweck erfüllt, da die Erzielung von Arzneimittelrabatten der Finanzierbarkeit der gesetzlichen Krankenversicherung diene. In einer Entscheidung des LSG Baden-Württemberg[56] wird dazu ausgeführt, dass die Losbildung für einzelne Bundesländer oder Regionen gerade nicht große Unternehmen bevorzuge, sondern durchaus auch für kleinere oder mittelständische Unternehmen eine Beteiligung bei umsatzstarken Wirkstoffen ermögliche. Falls die Unternehmen dennoch nicht in der Lage seien, die Versorgung der Versicherten innerhalb eines Gebietsloses allein zu bewältigen, müssten sie sich auf die Möglichkeit der Bildung einer Bietergemeinschaft verweisen lassen.[57] Andererseits ist es nicht zu beanstanden, wenn der Auftraggeber eine Loslimitierung vornimmt, also bestimmt, dass ein Bieter (bei einer Ausschreibung in 20 Gebietslose) Angebote für höchstens 5 Gebietslose abgeben darf, wenn es auf die jederzeitige Lieferfä-

---

55 Beschl. v. 8.10.2009, L 21 KR 39/09 SFB.
56 Beschl. v. 23.1.2009, L 11 WB 5971/08.
57 LSG Baden-Württemberg, Beschl. v. 27.2.2008, L 5 KR 507/08.

higkeit ankommt und diese damit sichergestellt werden soll.[58] Damit wird gerade dem Anspruch des Versicherten auf qualitative Versorgung entsprochen.

V. Rahmenverträge

1. Allgemeines

Verträge über die Versorgung mit Hilfsmitteln sind Rahmenvereinbarungen, denn sie regeln die Leistungs- und Vergütungspflichten der Leistungserbringer und der Krankenkassen, die dem künftigen Einzelabruf durch die Versicherten zugrunde zu legen sind. Dabei wird dem Auftragnehmer jedoch nicht die Abnahme seiner Produkte zugesichert. Eine Abnahmeverpflichtung scheidet schon deshalb aus, weil sich die Einzelaufträge stets nach dem tatsächlichen Bedarf der Versicherten richten und vom Verordnungsverhalten des jeweiligen Vertragsarztes abhängen. Bei den sog. Arzneimittelrabattverträgen nach § 130a Abs. 8 SGB V bedarf es einer genaueren Betrachtung. Denn in diesen Verträgen wird primär der den Krankenkassen zu gewährende Rabatt bestimmt, der nicht den Preis beim jeweiligen Einzelabruf unmittelbar reduziert, sondern vielmehr eine Rabattzahlung in bestimmten Zeitintervallen (quartalsmäßig oder jährlich) unmittelbar an die Krankenkassen vorsieht. Dennoch ist darin eine Rahmenvereinbarung über die Lieferung und den (letztendlichen) Preis für das jeweilige Arzneimittel zu sehen. Dabei reicht es aus, wenn zwar nicht der Rahmenvertrag selbst, aber die Einzelaufträge die Merkmale des öffentlichen Auftrages als entgeltliche Lieferungen erfüllen.[59] In der Rechtsprechung[60] wird dazu die Auffassung vertreten, dass der Abschluss von Rahmenvereinbarungen mit der Pharmaindustrie für die Krankenkassen sogar die einzige Möglichkeit sei, ihrem gesetzlich nach § 130a Abs. 8 SGB V eingeräumten Recht, Rabattverträge abzuschließen, nachzukommen. Es handele sich um eine geradezu typische Gestaltungsform. Denn durch den Abschluss dieser Rabattverträge in der Form von Rahmenvereinbarungen würden die Bedingungen – vornehmlich die Preise – für den späteren Abruf der einzelnen Medikamente geschaffen. Dem ist im Ergebnis zumindest immer dann zuzustimmen, wenn im Rahmen der Rabattverträge nicht nur die Preisgestaltung, sondern auch Lieferbedingungen und -verpflichtungen sowie Sanktionen bei Nichtlieferung festgelegt werden. **33**

2. Mehrere Vertragspartner

Da die Krankenkassen gehalten sind, die Gefahr von Lieferausfällen sowohl im Hilfsmittel- als auch im Arzneimittelbereich so gering wie möglich zu halten, stellte sich die Frage, ob es zulässig ist, Rahmenvereinbarungen mit mehreren Vertragspartnern für ein und dieselbe Leistung abzuschließen. Dies führt zwar bei wirtschaftlicher Betrachtung dazu, dass der zu erzielende Preis bzw. Rabatt ungünstiger ausfällt. Die Krankenkassen können jedoch bei Versorgungsproblemen auf mehrere Vertragspartner zurückgreifen und damit eine möglichst lückenlose und zeitgemäße Versorgung ihrer Versicherten erreichen. **34**

58 OLG Düsseldorf, Beschl. v. 7.12.2011, VII-Verg 99/11.
59 OLG Düsseldorf, Beschl. v. 1.8.2012, VII-Verg 15/12.
60 LSG Nordrhein-Westfalen, Beschl. v. 10.9.2009, L 21 KR 53/09 SFB und Beschl. v. 24.8.2009, L 21 KR 45/09 SFB.

35 In der Praxis ergibt sich diese Problematik allein bei den Arzneimittelrabattverträgen gem. § 130a Abs. 8 SGB V. Der Abschluss mit mehreren Vertragspartnern für ein und denselben Arzneimittelwirkstoff scheint auf den ersten Blick mit den Grundmaximen des Vergaberechts, der Schaffung von Wettbewerb und Gleichbehandlung in Widerspruch zu stehen. Denn aus diesen Grundsätzen ergibt sich, dass jeder Marktteilnehmer an der Vergabe öffentlicher Aufträge teilhaben soll, mit dem Ziel, allein für sich einen wirtschaftlichen Nutzen zu erzielen. Dieser Effekt relativiert sich jedoch dann, wenn ein Unternehmen zwar Vertragspartner eines öffentlichen Auftrages wird, für ihn aber unklar ist, welches Volumen am Gesamtumfang er als einer von mehreren Auftragnehmern letztlich erhalten wird. Andererseits schließt das Vergaberecht eine Rahmenvereinbarung mit mehreren Unternehmern nicht generell aus.

36 Mit dieser Problematik hatte sich die Rechtsprechung[61] insofern zu beschäftigen, als zu entscheiden war, ob es zwingend erforderlich sei, dass pro Los drei Bieter den Zuschlag erhalten. Anlässlich dieses Falles, bei dem die Ausschreibung gar nicht die Beauftragung mehrerer Unternehmer vorsah, sondern nur der Bieter den Zuschlag erhalten sollte, der das wirtschaftlichste Angebot unterbreitete, wird ausgeführt, dass bei Abschluss mit mehreren eine Einschränkung des Wettbewerbsprinzips vorliege. Denn der Wettbewerb unter den Unternehmern werde massiv behindert, wenn drei Bieter mit den insgesamt wirtschaftlichsten Angeboten in gleichem Umfang die Versicherten der Krankenkassen mit Arzneimitteln versorgen könnten. Der Anreiz, das wirtschaftlichste Angebot abzugeben, werde beeinträchtigt und die Spekulation mit dem zweit- oder drittwirtschaftlichsten Angebot weiter an der Versorgung der Versicherten teilhaben zu können, gefördert.

37 Andererseits wird die Auffassung vertreten, dass das Wettbewerbsprinzip durch die gleichzeitige Beauftragung mehrerer Auftragnehmer nicht beeinträchtigt sei.[62] Begründet wird dies damit, dass die im Rahmen der vorliegenden Ausschreibung angebotenen Rabatte darauf hindeuteten, dass auch bei drei Vertragspartnern pro Los die Stellung eines Rabattvertragspartners sehr attraktiv sei und mit aggressiven Rabattangeboten angestrebt werde. Diese Aussage der Vergabekammer ist jedoch unter dem Gesichtspunkt zu betrachten, dass ihr ein anderer Sachverhalt als in der Entscheidung des LSG Nordrhein-Westfalen zugrunde lag. Denn bei der der Vergabekammer zugrunde liegenden Ausschreibung sollten die drei preisgünstigsten Bieter den Zuschlag pro Los erhalten, sodass sich hier die Frage stellte, ob es zulässig ist, dass mehrere Bieter den Zuschlag erhalten, während es in dem vom LSG Nordrhein-Westfalen zu entscheidenden Fall um die Frage ging, ob es notwendig ist, dass mehrere Bieter den Zuschlag erhalten. Die vergaberechtliche Ausschreibung, die den Abschluss eines Rabattvertrages mit mehreren Bietern vorsieht, ist auch vom OLG Düsseldorf bejaht worden.[63]

38 Da die vergaberechtlichen Bestimmungen den Abschluss einer Rahmenvereinbarung mit mehreren Unternehmen ausdrücklich zulassen, stellt sich vielmehr primär die Frage, ob die Voraussetzungen im Einzelnen gegeben sind. Die Vergabe von Einzelaufträgen, die auf einer mit mehreren Unternehmen geschlossenen Rahmenvereinbarung beruht, erfolgt, sofern alle Bedingungen in der Rahmenvereinbarung erfüllt sind, ohne erneuten Aufruf zum Wettbewerb. Dabei ist zu entscheiden, ob dies aufgrund der sozialversicherungsrechtlichen

61 LSG Nordrhein-Westfalen, Beschl. v. 28.4.2009, L 21 KR 40/09 SFB.
62 2. VK-Bund, Beschl. v. 19.5.2009, VK 2-15/09.
63 Beschl. v. 24.11.2011, VII-Verg 62/11.

Leistungserbringerbestimmungen bejaht werden kann. Fraglich ist dabei insbesondere, ob die Krankenkassen als Auftraggeber in der jeweiligen Ausschreibung festlegen können, nach welchen Kriterien Arzneimittel mit demselben Wirkstoff in der Apotheke abzugeben sind. Diese Frage ist zu verneinen, da damit letztlich in den Sachleistungsanspruch des Versicherten gem. § 2 SGB V eingegriffen würde. Denn in die Rechtsbeziehung des Versicherten zu dem Leistungserbringer „Apotheke" können die Krankenkassen nicht einseitig eingreifen. Dieses Rechtsverhältnis wird primär geprägt durch § 129 SGB V i.V.m. dem Rahmenvertrag über die Arzneimittelversorgung.[64]

Nach § 129 Abs. 1 Satz 3 und Abs. 5 SGB V i.V.m. § 4 Abs. 2 Satz 5 des Rahmenvertrags wird dem Apotheker zwar letztlich ein freies Auswahlrecht gewährt, welches von mehreren rabattierten Arzneimittel er aufgrund der Verordnung des Vertragsarztes an den Versicherten abgibt. Wenn darin ein Verstoß gegen das Transparenzgebot gesehen wird, weil der Apotheker berechtigt sei, sich bei der Auswahl des Arzneimittels von eigenen wirtschaftlichen Vorteilen, wie z.B. Lagerhaltung oder der Vereinnahmung eines Großhandelszuschlages bei direkter Lieferung, leiten zu lassen und damit ohne weitere Maßgabe durch die ausschreibende Krankenkasse die Entscheidung über die Abgabe eines Präparates auf den Apotheker delegiert werde,[65] so kann dem nicht zugestimmt werden. Die Berechtigung der Apotheke, gem. § 4 Abs. 2 Satz 5 des Rahmenvertrags unter mehreren rabattbegünstigten Arzneimitteln frei zu wählen, darf nicht in dem Sinne verstanden werden, dass dem Apotheker damit willkürliches Handeln gestattet ist. Ein freies und willkürliches Handeln wird bereits durch die gesetzlichen Regelungen des SGB V verhindert. Denn nach § 70 SGB V ist der Apotheker gehalten, bei der Entscheidung über das im konkreten Einzelfall abzugebende Arzneimittel auch in der Person des Versicherten liegende Gesichtspunkte, wie z.B. den der Compliance oder den der Verträglichkeit (Nebenwirkungen bei gleichem Wirkstoff unter unterschiedlichen Trägersubstanzen), zu beachten. Nach der gesetzlichen Systematik soll der Apotheker fachkundig bei der Abgabe von Arzneimitteln alle konkreten Umstände gewichten und würdigen. Es kann und darf nicht unterstellt werden, dass ein Apotheker pflichtwidrig allein das Arzneimittel abgibt, das ihm den höchsten Profit oder andere Vorteile einbringt. Bei der vergaberechtlichen Würdigung ist vielmehr davon auszugehen, dass sich der Apotheker pflichtgemäß an die für ihn geltenden rechtlichen Vorschriften bei der Versorgung der Versicherten (z.B. § 70 SGB V) hält.[66] Anderenfalls würde man den Apotheker zu einer bloßen „Ausgabestelle" von Arzneimitteln degradieren, was weder mit seiner beruflichen Ausbildung noch seinen berufsrechtlichen Verpflichtungen in Einklang zu bringen ist.[67] Somit steht fest, dass der Auftraggeber eine Rahmenvereinbarung mit mehreren Unternehmen abschließen kann (jedoch nicht muss), da alle Bedingungen für die Vergabe von Einzelaufträgen festgelegt sind (§ 4 EG Abs. 5 lit. a) VOL/A), sofern in der Ausschreibung zumindest auf § 129 SGB V und den Rahmenvertrag Bezug genommen worden ist. 39

64 Rahmenvertrag über die Arzneimittelversorgung nach § 129 Abs. 2 SGB V in der Fassung v. 30.9.2016.

65 2. VK Bund, Beschl. v. 19.5.2009, VK 2-15/09.

66 So auch OLG Düsseldorf, Beschl. v. 24.11.2011, VII-Verg 62/11.

67 Vgl. LSG Nordrhein-Westfalen, Beschl. v. 3.9.2009, L 21 KR 51/09 SFB.

VI. Leistungsbeschreibung

40 Der Begriff der Transparenz ist ein tragender Grundsatz des Vergaberechts. Neben der Verpflichtung, die Ausschreibung öffentlich bekannt zu geben und die wesentlichen Entscheidungen des Vergabeverfahrens (Vorbereitung, Durchführung und Wertung, Erwägungen bei der Ermessensausübung sowie die abschließende Entscheidung) zu dokumentieren,[68] begründet das Transparenzgebot auch die Pflicht der Vergabestelle, sich an alle Bedingungen, die sie selbst zuvor in den Verdingungsunterlagen aufgestellt hat, zu halten.[69] Dies beinhaltet die Verpflichtung, von dort getroffenen (grundsätzlichen) Entscheidungen nicht an anderer Stelle in den Vergabeunterlagen – jedenfalls nicht ohne ausdrücklichen Hinweis und dokumentierte Begründung – abzuweichen.

41 Geschäftsgrundlage des mit den Zuschlagsempfängern zu schließenden Rahmenvertrags bildet auf Seiten der Krankenkassen die Erzielung eines günstigen Preises (Hilfsmittel) bzw. die Gewährung von Rabatten auf die ärztlich verordneten Arzneimittel des jeweiligen Wirkstoffes (Arzneimittelrabattvertrag). Für den Auftragnehmer ist es bei den Arzneimittelrabattverträgen entscheidend, dass ihm die gesetzlichen Regelungen des § 129 Abs. 1 Satz 3 SGB V zugutekommen, die im Zusammenhang mit der ihm eingeräumten (exklusiven) Stellung als Vertragspartner der Krankenkassen eine Umsatzsteigerung bewirken. Der Bedeutung der (erwarteten) Umsatzsteigerung auf Seiten des Auftragnehmers ist es geschuldet, dass die Krankenkassen in den Vergabeunterlagen u. a. Preisvergleichsgruppen bilden, die Umsätze in einem zu bezeichnenden Referenzzeitraum darlegen und die sog. Umsetzungsquote im Referenzzeitraum mitteilen. Dabei ist es ausreichend, wenn in der Leistungsbeschreibung lediglich der Wirkstoff und nicht das Arzneimittel selbst ausgeschrieben wird. Dies gilt zumindest dann, wenn auch Angaben zur Darreichungsform, zu den Verordnungszahlen und zur sog. Aut-idem-Quote enthalten sind.[70] Vergaberechtlich zulässig ist es bei einer wirkstoffbezogenen Ausschreibung auch, wenn unterschiedliche Arzneimittel (mit gleichen Wirkstoffen) im Rahmen einer Ausschreibung zusammengefasst werden.[71] Eine gesetzliche Substitutionspflicht stellt hingegen keine notwendige Bedingung für die „Zusammenfassung" verschiedener Präparate in einem Fachlos dar.[72] Alle Daten in der Leistungsbeschreibung dienen dem Zweck, es dem Auftragnehmer zu ermöglichen, die zu gewährenden Rabatte und die mögliche Umsatzsteigerung (annähernd) zu kalkulieren. Maßgebliche Bedeutung für die Umsetzungsquote (und damit für die mögliche Umsatzsteigerung) gewinnt die Frage, in welchem Umfang bei der Versorgung der Versicherten der jeweiligen Krankenkasse mit Arzneimitteln in der Apotheke eine Ersetzung des verordneten Medikaments nach Maßgabe des § 129 Abs. 1 Satz 3 SGB V zu erfolgen hat und damit auch erfolgen wird. Das Transparenzgebot verpflichtet die Krankenkassen dabei, bei der Ausgestaltung der Ausschreibung die die Substitution von Medikamenten regelnden Vorschriften zu beachten oder jedenfalls deutlich darauf hinzuweisen, inwiefern und aus welchen Gründen sie davon abweichen. Dabei ist es vergaberechtswidrig, wenn die Preisvergleichsgruppen nicht ausgehend von den jeweiligen Darreichungsformen der

68 *Otting*, in: Bechtold, GWB, § 97 Rn. 8 m. w. N.
69 *Summa*, in: jurisPK-Vergaberecht, § 97 Rn. 37.
70 OLG Düsseldorf, Beschl. v. 10.4.2013, VII-Verg 46/12.
71 OLG Düsseldorf, Beschl. v. 17.1.2011, VII-Verg 2/11.
72 OLG Düsseldorf, Beschl. v. 30.1.2012, VII-Verg 102/11.

betreffenden Arzneimittel gebildet werden.[73] So ist es unzulässig, wenn der Auftraggeber die Preisvergleichsgruppen nicht durchgehend an den verschiedenen Darreichungsformen der jeweiligen Arzneimittel ausrichtet – etwa die Darreichungsformen „Emulsion“ und „Lösung“ – einer gemeinsamen Preisvergleichsgruppe „flüssig“ zuordnet. Etwas anderes gilt nur dann, wenn die Auftraggeber in den Vergabeunterlagen hinreichend deutlich und begründet darauf hinweisen, dass die Bildung der Preisvergleichsgruppen teilweise abweichend von den Darreichungsformen der „Lauer-Taxe“ vorgenommen wird.

Ein Verstoß gegen das Gebot der Chancengleichheit nach § 97 Abs. 2 GWB und/oder ge- **42** gen den Grundsatz der produktneutralen Ausschreibung ist nicht gegeben, wenn bei einer Arzneimittelrabattausschreibung gefordert wird, zu allen zu einem bestimmten Stichtag in der Lauer-Taxe geführten Pharmazentralnummern (PZN) Gebote abzugeben. Auf die Lauer-Taxe kann abgestellt werden, da vergaberechtlich bestimmte Erzeugnisse oder Verfahren sowie bestimmte Ursprungsorte und Bezugsquellen dann ausdrücklich vorgeschrieben werden dürfen, wenn dies durch die Art der zu vergebenden Leistung gerechtfertigt ist. Obwohl Gegenstand einer Arzneimittelausschreibung nicht primär die Beschaffung der generischen Arzneimittel selbst, sondern die Einräumung von Rabatten ist, handelt es sich um einen Liefervertrag, der allerdings durch die gesetzliche Regelung des § 130a Abs. 8 SGB V modifiziert wird. Durch diese Modifizierung ist es gerechtfertigt, bei der Ausschreibung von Rabattverträgen genau auf diesen „Pool“ von Arzneimittel abzustellen, aus dem die zulasten der Krankenkassen verordneten Generika stammen.[74] Die Krankenkassen legen vielmehr mit der Bezugnahme auf die Lauer-Taxe ihren Beschaffungsbedarf nachvollziehbar und transparent fest. Eine Diskriminierung scheidet aus, da die Krankenkassen auf den Datenbestand der Lauer-Taxe keinen Einfluss nehmen können und der Zugang allen pharmazeutischen Unternehmen mit ihren Produkten offen steht. Unternehmen, deren Arzneimittel am Stichtag noch nicht gelistet sind, können sich an einer auf die Listung in der Lauer-Taxe abstellenden Ausschreibung nicht beteiligen, weil eine abstrakte Manipulationsgefahr insoweit besteht, als diese Unternehmen auch (noch) über den Listenpreis verfügen können.[75]

Das Abstellen auf einen in der Vergangenheit liegenden Stichtag verstößt nicht gegen die **43** Vorschriften des Vergaberechts. Denn die gesetzliche Formulierung in § 130a Abs. 8 Satz 1 SGB V („Zu ihren Lasten abgegebene Arzneimittel“) sowie der Ausschreibungsgegenstand („Rabatt“) rechtfertigen es, im Rahmen der Ausschreibung auf solche Arzneimittel abzustellen, die bereits in der Vergangenheit zulasten der Krankenkassen an Versicherte abgegeben worden sind. Damit knüpft der Gesetzgeber selbst – allerdings auch notwendigerweise – an den bestehenden Markt oder Bestand von Arzneimitteln an, der Versorgungen der Versicherten der gesetzlichen Krankenversicherung dient.[76] Deshalb sind die Krankenkassen nicht gehalten, einen in der Zukunft liegenden Stichtag anzugeben. Zwar darf man nicht verkennen, dass die Bieter ein unternehmerisches Interesse haben, ihre Produktportfolien an eine wirtschaftlich interessante Ausschreibung anzupassen. Weder das Sozialrecht noch das Vergaberecht verpflichten jedoch den Auftraggeber (Krankenkasse), den Bietern diese Möglichkeit einzuräumen.

---

73 LSG Nordrhein-Westfalen, Beschl. v. 28.1.2010, L 21 KR 68/09 SFB.
74 LSG Nordrhein-Westfalen, Beschl. v. 8.4.2009, L 21 KR 27/09 SFB.
75 OLG Düsseldorf, Beschl. v. 27.5.2015, VII-Verg 2/15.
76 LSG Nordrhein-Westfalen, Beschl. v. 2.4.2009, L 21 KR 35/09 SFB.

44 Hinsichtlich der Verträge zur hausarztzentrierten und ambulanten Versorgung (§§ 73b, 73c, SGB V) bestehen keine Zweifel, dass es sich um dem Vergaberecht unterliegende öffentliche Dienstleistungsaufträge handelt.[77] Bei den Verträgen zur integrierten Versorgung (§ 140a SGB V) ist ebenfalls von einem öffentlichen Auftrag als Dienstleistungs- oder Lieferauftrag auszugehen.[78] In diesem Fall ist die Differenzierung zwischen Dienstleistungs- und Lieferauftrag von den Einzelumständen bzw. der Gestaltung des Einzelfalles abhängig. In allen Fällen ist jedoch die Annahme einer vergaberechtsfreien Dienstleistungskonzession ausgeschlossen. Die (haus)ärztlichen Leistungen wie auch zusätzlich in den Vertrag aufgenommene Management- und Verwaltungstätigkeiten sind als Gegenstand eines Dienstleistungsauftrages zu werten.[79] Damit unterliegen diese Versorgungsformen dem neuen besonderen Vergaberechtsregime für „soziale und andere besondere Dienstleistungen" gem. Art. 74 bis 77 RL 2014/24 EU (VRL). Denn „Dienstleistungen des Gesundheits- und Sozialwesens und zugehörige Dienstleistungen" sind ausdrücklich im Anhang XIV der VRL aufgelistet. Diese Vorschriften sind durch § 130 GWB und §§ 64 bis 66 VgV umgesetzt worden. Das führt dazu, dass den gesetzlichen Krankenkassen nunmehr ein weitaus größeres Handlungsspektrum zur Verfügung steht, denn sie können sich jeder Vergabeverfahrensart – außer dem Verhandlungsverfahren ohne Teilnahmewettbewerb – bedienen (§ 65 Abs. 1 Satz 1 VgV). Die vorher auf eine Laufzeit von vier Jahren begrenzte Höchstdauer der Laufzeit einer Rahmenvereinbarung (ohne nähere Begründung) ist gem. § 65 Abs. 2 VgV auf sechs Jahre verlängert worden und gibt somit den gesetzlichen Krankenkassen einen weiten Gestaltungsfreiraum. Letztlich wurde auch der Schwellenwert auf 750.000 Euro angehoben (Art. 4 lit. d) VRL i.V.m. § 106 Abs. 2 Nr. 1 GWB), was den gesetzlichen Krankenkassen gerade bei regional begrenzten Beschaffungen eine weitere Handlungsalternative erlaubt.

VII. Kartellrecht

45 Weiterhin stellt sich bei Ausschreibungen im Gesundheitswesen die Frage, ob materielles Kartellrecht (auf der Auftraggeberseite) überhaupt als Prüfungsgegenstand in Betracht kommt und ob in vergaberechtlichen Nachprüfungsverfahren vor den Vergabekammern sowie in Beschwerdeverfahren vor den Oberlandesgerichten (früher Landessozialgerichten) kartellrechtliche Fragen Prüfungsgegenstand sein können. Soweit mehrere Krankenkassen gemeinsam ausschreiben, kommt ein Verstoß gegen Art. 101, 102 AEUV in Betracht. Danach sind Vereinbarungen zwischen Unternehmen und aufeinander abgestimmte Verhaltensweisen, welche den Handel zwischen Mitgliedstaaten zu beeinträchtigen geeignet sind und eine Verhinderung, Einschränkung oder Verfälschung des Wettbewerbs innerhalb des gemeinsamen Marktes bezwecken oder bewirken, ebenso verboten wie die missbräuchliche Ausnutzung einer beherrschenden Stellung auf dem gemeinsamen Markt oder auf einem wesentlichen Teil desselben durch ein oder mehrere Unternehmen (Verbot wettbewerbshindernder Vereinbarungen und Verbot des Missbrauchs einer den Markt beherrschenden Stellung). Dabei ist die Kernfrage, ob Krankenkassen „Unternehmen" i. S. v.

---

77 OLG Düsseldorf, Beschl. v. 3.8.2011, VII-Verg 6/11 und Beschl. v. 7.12.2011, VII-Verg 79/11; *Dreher*, in: Immenga/Mestmäcker, § 99 Rn. 69 f.

78 EuGH, Urt. v. 11.6.2009, Rs. C-300/07.

79 OLG Düsseldorf, Beschl. v. 3.8.2011, VII-Verg 6/11.

Art. 101, 102 AEUV sind. Eine Unternehmereigenschaft von Krankenkassen i. S. d. oben genannten unionsrechtlichen Vorschriften ist jedoch zu verneinen. Denn die Tätigkeiten von Krankenkassen sind nicht gewerblicher Art. Diese Ansicht vertritt auch der EuGH in mehreren Entscheidungen aus dem Bereich der sozialen Sicherheit.[80] Danach sind die Krankenkassen nach dem Gesetz verpflichtet, ihren Mitgliedern im Wesentlichen gleiche Pflichtleistungen anzubieten, die unabhängig von der Beitragshöhe sind. Die Krankenkassen haben darüber hinaus keine Möglichkeit, auf die Höhe der Beiträge, die Verwendung der Mittel und die Bestimmung des Leistungsumfangs Einfluss zu nehmen.[81] Daran hat auch die Neufassung von § 53 SGB V durch das GKV-WSG nichts geändert.[82] Zwar können die Krankenkassen ihren Versicherten einerseits sog. Wahltarife mit Selbstbehalt und Beitragsrückzahlung anbieten und andererseits Zusatzbeiträge erheben. Die Versicherten sind jedoch nicht gezwungen, von der Möglichkeit der Wahltarife Gebrauch zu machen. Deshalb ändert sich nichts an der Tatsache, dass die Krankenkassen in Bezug auf die Leistungen ihren gesetzlich Pflichtversicherten im Wesentlichen gleiche Leistungen anbieten müssen, die unabhängig von der Beitragshöhe sind. Auch soweit Zusatzbeiträge erhoben werden, bleibt es bei dem Grundsatz, dass alle Pflichtversicherten einen Anspruch auf im Wesentlichen gleiche Leistungen haben. Beim Abschluss von Hilfsmittel- und/oder Arzneimittelrabattverträgen ist weiter zu berücksichtigen, dass ein unternehmerisches Handeln der Krankenkassen auch deshalb ausscheidet, weil diese auf die Nachfrage nach verschreibungspflichtigen Arzneimitteln aufgrund der Therapiefreiheit des verordnenden Vertragsarztes keinen Einfluss haben. Damit steht fest, dass die Krankenkassen nicht gewerblich handeln.

Daneben ist zu fragen, ob bei Ausschreibungen im Gesundheitswesen die Krankenkassen gegen § 69 Abs. 2 Satz 1 SGB V i.V.m. §§ 19 bis 21 GWB verstoßen können und dies im Vergaberecht Berücksichtigung finden kann. § 69 Abs. 2 Satz 1 SGB V ist zwar durch das AMNOG[83] neu gefasst worden, jedoch ist hinsichtlich der Anwendbarkeit des Kartellrechts im Vergabenachprüfungsverfahren keine gesetzliche Klarstellung erfolgt. §§ 19 und 20 GWB gelten weiterhin entsprechend. Das Kartellrecht findet zwar im Verhältnis der Krankenkassen untereinander Anwendung, jedoch ist es nicht in der vergaberechtlichen Überprüfung zu berücksichtigen. Im Vergabenachprüfungsverfahren (einschließlich des Beschwerdeverfahrens) ist gem. §§ 160 Abs. 2 Satz 1, 97 Abs. 6 GWB allein zu prüfen, ob der Auftraggeber die Bestimmungen über das Vergabeverfahren einhält. Dazu gehören die §§ 19 und 20 GWB nicht,[84] weil sich diese Normen auf Verstöße außerhalb des Vergabeverfahrens beziehen.[85] Soweit rechtswidrige Zusammenschlüsse von Krankenkassen zu einer Einkaufsgemeinschaft gerügt werden, betrifft das eine zeitlich vor dem Vergabeverfahren liegende Frage. Der Anwendung europäischen oder nationalen Kartellrechts im Vergabenachprüfungsverfahren (einschließlich des Beschwerdeverfahrens) bedarf es nicht, denn gerade durch das Vergaberecht wird dem Missbrauch einer marktbeherrschenden **46**

---

80 EuGH, Urt. v. 17.2.1993, Rs. C-159/09 und C-160/91, Slg. 1993, I-637.

81 LSG Baden-Württemberg, Beschl. v. 23.1.2009, L 11 WB 5971/08.

82 GKV-Wettbewerbsstärkungsgesetz – GKV-WSG vom 26.3.2007 (BGBl. I, S. 378).

83 BGBl. I 2010, S. 2262.

84 OLG Düsseldorf, Beschl. v. 10.4.2002, Verg 6/02.

85 LSG Baden-Württemberg, Beschl. v. 23.1.2009, L 11 WB 5971/08.

Stellung bei der Auftragsvergabe durch einen öffentlichen Auftraggeber vorgebeugt.[86] Das OLG Düsseldorf[87] hat es offen gelassen, ob kartellrechtliche Verstöße des Auftraggebers in einem Vergabenachprüfungsverfahren zu berücksichtigen sind. Es ist jedoch dem Gedanken nahe getreten, dies dann zu bejahen, wenn die gerügten kartellrechtlichen Verstöße des Auftraggebers ohne zeitaufwändige Untersuchung einwandfrei festzustellen sind.[88] Dies ist abzulehnen, da das Abgrenzungskriterium „ohne zeitaufwändige Untersuchung" zu ungenau ist und damit zu einer rechtlichen Unsicherheit führt. Der vom BGH[89] – allerdings nur in einer Nebenbemerkung – geäußerten Auffassung, das Vergabeverfahren sei dazu nicht geeignet, ist insbesondere wegen seiner Rechtsklarheit schaffenden Wirkung der Vorzug zu geben.

VIII. Prozessrecht

47 Nach den durch das GKV-OrgWG[90] eingeführten § 116 Abs. 3 Satz 1, 2. Halbsatz GWB a. F., §§ 29 Abs. 5 Satz 1 und 142 Abs. 1 SGG a. F. entschieden bis zum 31.12.2010 Streitigkeiten über Entscheidungen von Vergabekammern, die Rechtsbeziehungen nach § 69 SGB V betreffen, ausschließlich das für den Sitz der Vergabekammer zuständige Landessozialgericht. Aus dieser gesetzgeberischen Wertung ergab sich, dass grundsätzlich bei Verfahren über sofortige Beschwerden vor den Landessozialgerichten das SGG Anwendung finden sollte, soweit nicht auf die Normen des GWB ausdrücklich verwiesen wird. Seit dem 1.1.2011 ist die Zuständigkeit der Oberlandesgerichte gegeben, sodass sich diese Problematik nicht mehr stellt.

IX. Streitwert

1. Zulässigkeit der Streitwertberechnung (bis 2010)

48 Da es an einer unmittelbaren gesetzlichen Grundlage für die Berechnung des Streitwertes im GKG einschließlich des Kostenverzeichnisses (KV) fehlte, stellte sich die Frage, ob in vergaberechtlichen Streitigkeiten vor den Landessozialgerichten ein Streitwert berechnet werden durfte oder vielmehr allein die Bestimmung des Gegenstandswertes in Betracht kam. Da diese Problematik sich jedoch durch Zeitablauf erledigt hat, wird insoweit auf die Darstellung in der 3. Auflage des Kommentars (Rn. 59–66) verwiesen.

49 In den Verfahren, in denen die sofortige Beschwerden noch bei den Landessozialgerichten eingelegt worden und die dann am 1.1.2011 in die Zuständigkeit der Oberlandesgerichte übergegangen sind, musste aus Gründen des Vertrauensschutzes auch von den Oberlandes-

86 LSG Baden-Württemberg, Beschl. v. 23.1.2009, L 11 WB 5971/08; Beschl. v. 27.2.2008, L 5 KR 6123/07 ER-B; LSG Nordrhein-Westfalen, Beschl. v. 23.4.2009, L 21 KR 36/09 SFB; Beschl. v. 8.4.2009, L 21 KR 27/09 SFB; Beschl. v. 2.4.2009, L 21 KR 35/09 SFB; Beschl. v. 23.3.2009, L 21 KR 26/09 SFB.

87 Beschl. v. 27.6.2012, VII-Verg 7/12.

88 So wohl auch *Scharen*, GRUR 2009, S. 345.

89 Beschl. v. 18.1.2000, KVR 23/98.

90 BGBl. I 2009, S. 2426.

gerichten auf eine Streitwertfestsetzung verzichtet werden, da Gerichtskosten nicht anfielen.[91]

2. Berechnung des Streitwertes

50 Die Festsetzung des Streitwertes beruht auf § 50 Abs. 2 GKG. Danach beläuft sich der Streitwert im Verfahren über die Beschwerde gegen die Entscheidung der Vergabekammer (§ 171 GWB) einschließlich des Verfahrens über den Antrag nach § 176 GWB auf 5% der Bruttoauftragssumme. Ferner war bis zum 31.12.2010 die Begrenzung des Streitwertes in sozialgerichtlichen Verfahren auf 2.500.000 Euro zu beachten (§ 52 Abs. 4 GKG).

51 Maßgeblich für die Ermittlung der Bruttoauftragssumme ist das wirtschaftliche Interesse des Auftragnehmers an dem Ausgang des Verfahrens, also seine Gewinnerwartung bei Erteilung des Zuschlags.[92] Aufgrund der Besonderheiten der Ausschreibungen im Gesundheitswesen, insbesondere bei den Rabattverträgen, existiert eine konkret bezifferbare, von den Krankenkassen zu zahlende oder von den pharmazeutischen Unternehmen in Form des Rabattes zu gewährende Bruttoauftragssumme nicht.[93] Es ist vielmehr auf den näherungsweise ermittelten Angebotswert abzustellen.

52 Das Interesse des pharmazeutischen Unternehmens an dem Auftrag bestimmt sich an dem Umsatz des streitbefangenen Wirkstoffes im Referenzzeitraum. Dabei ist eine prognostizierte Umsetzungsquote der Rabattverträge von 70% zugrunde zu legen. Dieser Betrag ist auf die Vertragslaufzeit (regelmäßig 24 Monate) unter Einbeziehung einer Verlängerungsoption von drei Monaten (vgl. § 3 Abs. 4 VgV) hochzurechnen (Betrag: 12 × 27). Von diesem zu erwartenden Umsatz (ohne Rabatt) ist der angebotene Rabatt oder, falls kein Angebot abgegeben wurde, ein Betrag von pauschal 40% abzurechnen. Gem. § 50 Abs. 2 GKG sind 5% davon der Streitwert.

53 Bei Verfahren vor den Oberlandesgerichten auf Wiederherstellung des Zuschlagsverbotes gem. § 176 GWB ist kein geminderter, sondern der volle Streitwert zugrunde zu legen. Denn das Beschwerdegericht hat darüber zu entscheiden, ob die Vergabekammer die Erlaubnis zum Zuschlag zu Recht erteilt hat. Da der Zuschlag sofort erfolgen kann, wenn das Beschwerdegericht dem Antrag auf Wiederherstellung des Zuschlagsverbots nicht stattgibt, ist das wirtschaftliche Interesse des Auftragnehmers nicht anders zu beurteilen als bei einer sofortigen Beschwerde gem. § 171 GWB. Denn es geht wirtschaftlich nicht darum, eine Entscheidung für einen begrenzten Zeitraum (wie etwa beim Antrag auf Verlängerung der aufschiebenden Wirkung gem. § 173 GWB) zu erreichen, sondern es wird mit der Entscheidung letztlich die Entscheidung in der Hauptsache vorweggenommen.

54 In den Fällen, in denen mit der sofortigen Beschwerde lediglich die Verweisung von einer Vergabekammer an eine andere angegriffen worden ist, ist der Ansatz eines Drittels der Bruttoauftragssumme ausreichend.[94]

---

91 OLG Düsseldorf, Beschl. v. 28.7.2011, VII-Verg 3/11.

92 OLG Sachsen-Anhalt, Beschl. v. 6.4.2005, 1 Verg 2/05, NZBau 2005; *Lausen*, NZBau 2005, 440, 443.

93 OLG Düsseldorf, Beschl. v. 20.7.2005, VII Verg 102/04.

94 LSG Nordrhein-Westfalen, Beschl. v. 9.9.2009, L 21 KR 17/09 SFB.

II. Ausschreibungen zur Ökostromförderung nach dem EEG

Die Höhe der Zahlungen für Strom aus erneuerbaren Energien soll durch Ausschreibungen ermittelt werden (§ 2 Abs. 3 EEG 2017).

Übersicht

I. Allgemeines

1 Das Erneuerbare-Energien-Gesetz (EEG) ist das Herzstück der **Energiewende** in Deutschland. Im EEG nimmt seit jeher der Ausbau der erneuerbaren Energien im Stromsektor einen besonderen Platz ein. Das für die Energiewende verantwortlich zeichnende Bundesministerium für Wirtschaft und Energie geht davon aus, dass der Anteil der erneuerbaren Energien von aktuell etwa 37% auf bis zu 60% im Jahr 2035 und sogar 80% bis zum Jahr 2050 steigen kann.[1]

2 Die sehr ambitionierten Ziele der Energiewende werden nicht ohne eine erhebliche Unterstützung des privaten Marktes durch staatliche Instrumentarien[2] erreicht. Allein im Februar des Jahres 2016 betrug der Förderbeitrag für erneuerbare Energien etwa 1,8 Milliarden Euro.[3]

3 Der Ausbau erneuerbarer Energien macht eine stärkere Integration im Strommarkt erforderlich. Bereits bei der EEG-Novelle 2014 ist entschieden worden, die Förderung für erneuerbare Energien ab spätestens 2017 wettbewerblich und durch Ausschreibungen zu ermitteln. Mit dem **EEG 2017**,[4] das seit dem Sommer 2016 als „Entwurf eines Gesetzes zur Einführung von Ausschreibungen für Strom aus erneuerbaren Energien und zu weiteren Änderungen des Rechts der erneuerbaren Energien" vorliegt[5] und das Anfang 2017 in Kraft getreten ist, wird einerseits die Entwicklung in Richtung Marktnähe und Wettbewerb

1 EEG-Novelle 2016, Fortgeschriebenes Eckpunktepapier zum Vorschlag des BMWi für das neue EEG v. 15.2.2016, S. 2.

2 Die EEG-Umlage für Ökostrom ist keine Förderung oder Subventionierung aus Staats- bzw. Steuermitteln. Der Staat legt beim EEG, wie etwa beim Mindestlohn nach dem MiLoG, Mindestpreise für den Strom aus erneuerbaren Energien fest. Die Vergütung der Anlagenbetreiber erfolgt über ein EEG-Konto, das von den Stromnetzbetreibern geführt wird. Es ist deshalb ein falsches Verständnis, bei den erneuerbaren Energien von einer staatlichen Förderung und Subventionierung des Stroms zu sprechen.

3 FAZ. v. 15.3.2016, S. 18.

4 „EEG 2017" ist die offizielle amtliche Abkürzung des Gesetzes, das am 1.1.2017 in Kraft tritt.

5 BT-Drs. 355/16.

vorangetrieben. Andererseits soll der sogenannte **Ausbaukorridor** weder überschritten noch unterschritten werden. Der Ausbaukorridor ist wichtig, damit die Installation erneuerbarer Energien und die Vergrößerung der Stromnetze synchronisiert werden können.[6] Eine Überschreitung kann dadurch ausgeschlossen werden, dass die Ausschreibungsmengen exakt festgelegt werden. Eine Unterschreitung soll dadurch verhindert werden, dass möglichst viele der Projekte, die sich bei den Ausschreibungen erfolgreich durchsetzen, auch tatsächlich realisiert werden. Leitend für das Ausschreibungsdesign ist daher die Erreichung einer möglichst hohen und genau definierten Realisierungsrate.

Die Ausschreibungen nach dem EEG sollen dazu dienen, die **Förderhöhe** neuer Anlagen zu reduzieren. Je niedriger die verlangte Förderhöhe ist, desto wahrscheinlicher wird die Erteilung des Zuschlags. Wortwörtlich heißt es in § 2 Abs. 3 EEG 2017: „Die Höhe der Zahlungen für Strom aus erneuerbaren Energien soll durch Ausschreibungen ermittelt werden. Dabei soll die **Akteursvielfalt** bei der Stromerzeugung aus erneuerbaren Energien erhalten bleiben." Das Ausschreibungssystem, wie es im EEG implementiert ist, nimmt durchaus Anleihen im wettbewerblichen Vergaberecht nach den §§ 97 ff. GWB, ohne jedoch letztendlich dieselbe Qualität und Intensität zu erreichen. Das äußert sich am ehesten beim unterentwickelten Rechtsschutz zugunsten der Bieterunternehmen.[7] 4

Der Wechsel vom System der festen **Einspeisevergütung**, wie sie mit den Anfängen des EEG verfolgt wurde, zu einem geregelten Ausschreibungssystem kommt nicht von ungefähr: Die EU-Kommission legte in ihren im Frühjahr 2014 verabschiedeten Leitlinien für staatlichen Umweltschutz und Energiebeihilfen 2014–2020[8] fest, dass die Förderung der Erzeugung von Strom aus erneuerbaren Energiequellen als Beihilfe einzustufen ist. Solche **Beihilfen** müssen ab dem Jahr 2017 grundsätzlich im Rahmen einer Ausschreibung anhand eindeutiger, transparenter und diskriminierungsfreier Kriterien gewährt werden, um nicht als europarechtswidrig eingestuft zu werden. Wörtlich heißt es: „Sofern an diesen Ausschreibungen alle Erzeuger, die Strom aus erneuerbaren Energiequellen erzeugen, zu diskriminierungsfreien Bedingungen teilnehmen können, wird die Kommission davon ausgehen, dass die Beihilfe angemessen ist und den Wettbewerb nicht in einem dem Binnenmarkt zuwiderlaufenden Maß verfälscht."[9] 5

Mit dem EEG in seiner novellierten Form sollen demnach gleich mehrere Ziele verwirklicht werden: Der Staat greift als Akteur in den Markt ein und sorgt für die Balance zwischen Ausbaubegrenzung auf der einen Seite und der Organisation des Wettbewerbs um Fördermittel auf der anderen Seite. Gleichzeitig wird dem aus dem europäischen Raum[10] kommenden Vorwurf von ungerechtfertigten **Betriebsbeihilfen** entgegengetreten, indem ein ausgewogenes Ausschreibungssystem etabliert wird. 6

6 In einigen Bundesländern soll das Ausbau-Tempo von Windkraft-Anlagen gedrosselt werden. Damit sollen hohe Zusatzkosten wegen fehlender Leitungen verhindert werden, Pressemitteilung des Hessischen Ministeriums für Wirtschaft, Energie, Verkehr und Landesentwicklung vom 25.6.2016.

7 Gem. § 83a EEG 2017.

8 Mitteilung der Kommission, Leitlinien für staatliche Umweltschutz- und Energiebeihilfen 2014–2020, (2014/C 200/01).

9 Mitteilung der Kommission, Leitlinien für staatliche Umweltschutz- und Energiebeihilfen 2014–2020, (2014/C 200/01), Rn. 126.

10 EU-Kommission C(2013) 4424 final vom 18.12.2013.

II. Ausschreibungen nach EEG 2014 und EEG 2017

7 Das Sondervergaberecht, wie es mit dem EEG 2017 auf eine neue Stufe gehoben werden soll, erfasst zwar ungleich mehr Technologien als je zuvor: Künftig werden die Förderung von Windenergie an Land, Windenergie auf See und große Photovoltaikanlagen ausgeschrieben. Das System fußt jedoch weiterhin und grundlegend auf den gemachten Erfahrungen mit dem EEG 2014. Die Bundesregierung hatte die ersten Ausschreibungen in einer Art Pilotprojekt im Rahmen des EEG 2014 und der extra hierfür geschaffenen Verordnung zur Ausschreibung der finanziellen Förderung für Freiflächenanlagen (FFAV)[11] zunächst „nur" für Solarstrom aus Freiflächenanlagen[12] getestet und die für die Durchführung verantwortliche Bundesnetzagentur hat auf diese Weise anfängliche praktische Erfahrungen[13] mit einer wettbewerblichen Ermittlung der Höhe der finanziellen Förderung gesammelt. Das Augenmerk soll aus diesem Grund auf der Ausschreibungsstruktur (siehe nachfolgende Abbildung[14]) des EEG 2014 bzw. der FFAV liegen, etwaige Unterschiede zum Wettbewerbsverfahren nach dem neuen EEG 2017 und auch zum GWB werden gegebenenfalls besonders betrachtet:

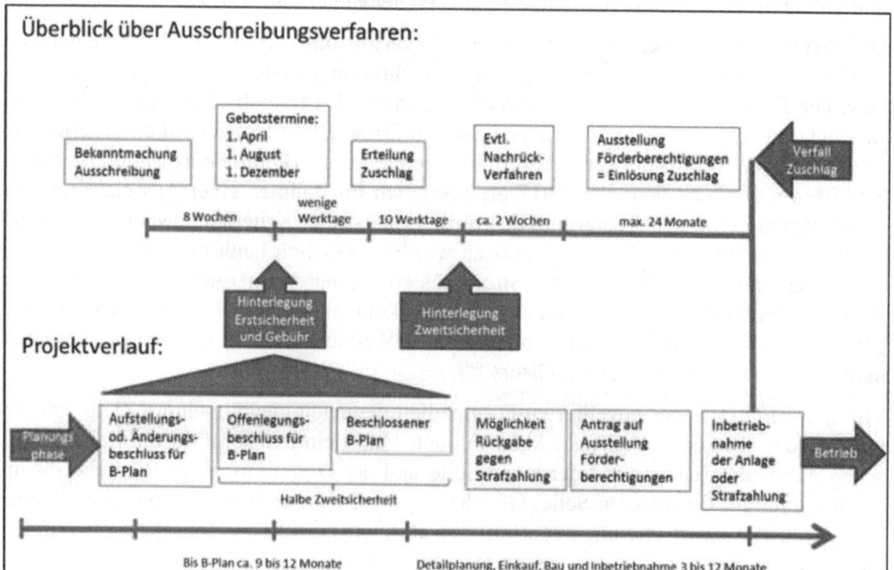

1. Das Gebotsverfahren

8 Die FFAV regelt die Ausschreibung der finanziellen Förderung und ihrer Höhe für Strom aus Freiflächenanlagen nach § 55 des EEG 2014, um im Rahmen des Ausbaupfads einen

11 Verordnung zur Ausschreibung der finanziellen Förderung für Freiflächenanlagen, verkündet als Art. 1 der entsprechenden Artikelverordnung vom 6.2.2015, BGBl. I 2015, S. 108.

12 § 5 Nr. 16 EEG 2014.

13 § 2 Abs. 5 EEG 2014.

14 Amtliche Begründung zur FFAV, S. 40.

Zubau von Freiflächenanlagen in Höhe von durchschnittlich 400 Megawatt pro Kalenderjahr zu erreichen. Die EEG-Ausschreibung beginnt mit einer Publikation. Die Bundesnetzagentur muss die Ausschreibungen gem. § 5 FFAV nach Ablauf der neunten und vor Ablauf der sechsten Kalenderwoche vor dem jeweiligen Gebotstermin auf ihrer Internetseite bekannt machen. Die **Bekanntmachungen** müssen mindestens folgende Angaben enthalten: den Gebotstermin, das Ausschreibungsvolumen, den Höchstwert und die von der Bundesnetzagentur für die Gebotsabgabe festgelegten Formatvorgaben. Eine entsprechende Bekanntmachung der **Bundesnetzagentur** für den Gebotstermin am 1.4.2016 sah z.B. die Ausschreibung eines Volumens von 125 Megawatt vor. Der Höchstwert, den Angebote maximal haben durften, betrug 11,09 Cent pro Kilowattstunde. Die Vorgaben zum Format der Angebote ergaben sich aus § 34 FFAV.[15] Die EGG-Bekanntmachung wird zwar dem Gebot einer Ex-ante-Transparenz gerecht, die Veröffentlichung der Ausschreibung allein auf der Internetseite der Bundesnetzagentur hat jedoch nicht die Reichweite einer Publikation im Supplement zum Amtsblatt der EU im Sinne des GWB-Vergaberechts. Der Kreis der angesprochenen Bieter fällt dementsprechend national aus. Das ist zwar einerseits nicht überraschend, sollen doch mit den EEG-Ausschreibungen vor allem lokal tätige **Bürgerenergiegesellschaften**, die mindestens aus 10 natürlichen Personen bestehen, zur Abgabe eines Angebots animiert werden.[16] Andererseits bleibt die Frage offen, warum nicht ein breiterer, europäischer Markt angesprochen wird, bekennen sich doch Deutschland und die Europäische Union seit jeher zu denselben Klimazielen, angefangen mit denen des Kyoto-Protokolls.[17]

Nach § 6 FFAV dürfen bei den Ausschreibungen natürliche Personen, rechtsfähige Perso- **9**
nengesellschaften und juristische Personen Gebote abgeben. Die Gebote müssen jeweils einen Umfang an installierter Leistung von mindestens 100 Kilowatt und höchstens 10 Megawatt haben. Bieter dürfen bei einer Ausschreibung mehrere Gebote abgeben. Die Gebote müssen bestimmte Angaben enthalten, z.B. Name, Anschrift, Telefonnummer und E-Mail-Adresse des Bieters, den Gebotstermin der Ausschreibung, für die das Gebot abgegeben wird, die Gebotsmenge in Kilowatt ohne Nachkommastellen, den **Gebotswert** in Cent pro Kilowattstunde mit zwei Nachkommastellen, den Standort der geplanten Freiflächenanlage, auf die sich das Gebot bezieht, die Kopie eines Beschlusses über die Aufstellung oder Änderung eines Bebauungsplans, eines Offenlegungsbeschlusses oder eines beschlossenen Bebauungsplans. Die Gebote müssen der Bundesnetzagentur spätestens am Gebotstermin zugegangen sein. Die **Rücknahme** von Geboten ist bis zum Gebotstermin zulässig; maßgeblich ist der Zugang bei der Bundesnetzagentur. Die Rücknahme muss durch eine unbedingte, unbefristete und der Schriftform genügende Rücknahmeerklärung des Bieters erfolgen, die sich dem entsprechenden Gebot eindeutig zuordnen lässt. Bieter sind an ihre Gebote, die innerhalb der Frist abgegeben und nicht zurückgenommen worden sind, bis

---

15 Hintergrundpapier zur vierten Ausschreibungsrunde für Photovoltaik (PV-)Freiflächen vom 1.4.2016, einsehbar unter http://www.bundesnetzegantur.de.

16 Das Ausschreibungsdesign für Windenergie nach dem EEG 2017 verlangt als Voraussetzung für die Teilnahme eigentlich eine immissionsschutzrechtliche Genehmigung. Ohne zu wissen, ob sie einen Zuschlag erhalten, kann das für kleine Bürgerenergiegesellschaften existenzbedrohend sein. Deshalb sollen die Bürgerenergiegesellschaften die Möglichkeit erhalten, bereits vor Erteilung einer immissionsschutzrechtlichen Genehmigung mitzubieten, vgl. § 36g EEG 2017.

17 Auf Bundesebene ist das Gesetz zur Förderung erneuerbarer Energien (Erneuerbare-Energien-Gesetz, EEG) das Mittel der Wahl, auf europäischer Ebene setzt man auf das Europäische Emissionshandelssystem.

zum Ablauf des zweiten auf den Gebotstermin folgenden Kalendermonats gebunden, sofern nicht vorher dem Bieter der Ausschluss des Gebots oder die Nichterteilung eines Zuschlags von der Bundesnetzagentur mitgeteilt worden ist. Diese Vorgaben sind natürlich spezifisch für FFAV/EEG-Ausschreibungen, sie entsprechen aber zu großen Teilen dem, was auch bei einer GWB bzw. VgV-Vergabe nach §§ 37 ff. VgV mitgeteilt werden muss.

10 Nach § 9 FFAV muss die Bundesnetzagentur die ihr zugegangenen Gebote mit einem Eingangsvermerk versehen. Gebote dürfen erst nach dem Gebotstermin geöffnet werden. Die Bundesnetzagentur muss alle in den Geboten gemachten Angaben und Nachweise registrieren und prüfen. Danach wird entschieden, welche Gebote zum **Zuschlagsverfahren** nach § 12 FFAV zugelassen werden und welche nicht. Gebote sind nur zum Zuschlagsverfahren zuzulassen, soweit die Gebote oder die Bieter nicht nach den §§ 10 und 11 FFAV auszuschließen sind. An dieser Stelle zeigt sich eine besondere Nähe zum GWB-Vergaberecht, das seit der jüngsten Reform unabhängig von der Eignung der Bieter ebenfalls bestimmte Gründe (zwingende oder fakultative) für einen Ausschluss des jeweiligen Angebots besonders hervorhebt.[18]

11 Nach § 10 Abs. 1 FFAV („**Ausschluss von Geboten**") muss die Bundesnetzagentur Gebote von dem Zuschlagsverfahren ausschließen, wenn die Voraussetzungen für die Teilnahme an der Ausschreibung nicht vollständig erfüllt sind, letztlich das Angebot den Ausschreibungsbedingungen nicht entspricht, z. B. also die angebotene, zu installierende Leistung zu groß oder zu klein ist. Ferner müssen Angebote ausgeschlossen werden, bei denen es Probleme mit der **Erstsicherheit** (Kaution) gibt, wenn diese nicht vollständig geleistet worden ist. Ein Angebot darf zudem den von der Bundesnetzagentur lancierten Höchstwert (im oben genannten Fall z. B. 11,09 Cent pro Kilowattstunde) nicht überschreiten. Bedingungen, Befristungen oder sonstige Nebenabreden darf ein Angebot ebenfalls nicht enthalten, ansonsten ist es zwingend auszuschließen.

12 Unabhängig von inhaltlichen Makeln des Gebots selbst kann die Bundesnetzagentur auch Bieter (und mit ihnen deren Gebote) – sehr ähnlich dem GWB-Vergaberecht[19] – wegen eines vorwerfbaren Verhaltens von dem Zuschlagsverfahren nach § 11 FFAV ausschließen, wenn der begründete Verdacht besteht, dass vorsätzlich oder grob fahrlässig Gebote unter **falschen Angaben** oder unter Vorlage **falscher Nachweise** abgegeben wurden, der Bieter mit anderen Bietern **Absprachen** über die Gebotswerte getroffen hat, der Bieter bei mindestens zwei vorangegangenen Ausschreibungen nach der Erteilung des Zuschlags die **Zweitsicherheit** (Kaution) nicht hinterlegt hat oder die **Gebotsmengen** mehrerer Zuschläge eines Bieters aus mindestens zwei vorangegangenen Ausschreibungen nach § 20 Abs. 2 Satz 2 FFAV vollständig **entwertet** worden sind. Der begründete Verdacht für ein dem Bieterunternehmen vorwerfbares Verhalten muss auf einem belastbaren Tatsachenstoff beruhen und jedenfalls nach den in der Praxis angewendeten Maßstäben des GWB aus einer gesicherten Erkenntnisquelle stammen.[20] Das heißt, dass z. B. nebulöse Verdachtsmomente nicht ausreichen.[21] Der Gesetzgeber geht davon aus, dass es durchaus Absprachen unter den Bietern über die Höhe des jeweiligen Gebotes geben kann. Dieser Umstand deutet auf eine wettbewerbliche Relevanz der EEG-Ausschreibungen unter den Marktteilnehmern

18 §§ 123, 124 GWB.
19 §§ 123, 124 GWB.
20 VK Bund, Beschl. v. 29.2.2016, VK 1-138/15.
21 Grundlegend: OLG Düsseldorf, Beschl. v. 9.4.2003, Verg 43/02.

hin. Beim **Rechtsschutz** wird dieser Befund jedoch nicht aufgegriffen und in subjektive Rechte umgesetzt. Im Gegenteil: Klagen, die sich gegen den Konkurrenten richten, sind unzulässig.[22]

2. Das Zuschlagsverfahren

Angebote, die nicht ausgeschlossen werden, erreichen – wie im GWB-Vergaberecht – die **13**
nächsthöhere Wertungsstufe, in der FFAV „Zuschlagsverfahren" (§ 12 FFAV) genannt. Anders als im GWB-Vergaberecht geht es bei der **Förderhöhenzuweisung** gemessen am Gegenstand der Ausschreibung nur um die Gebotswerte in Cent/Kilowattstunde, für andere **Kriterien**, wie sie etwa aus § 127 GWB bekannt sind,[23] ist kein Raum. Überschreitet die Gebotsmenge aller Angebote das Ausschreibungsgesamtvolumen, was die Regel ist,[24] wird nach folgendem Schema geprüft und gewertet: Die Bundesnetzagentur muss die zugelassenen Gebote sortieren, bei unterschiedlichen Gebotswerten nach dem jeweiligen Gebotswert in aufsteigender **Reihenfolge**, beginnend mit dem Gebot mit dem niedrigsten Gebotswert, bei dem gleichen Gebotswert nach der jeweiligen Gebotsmenge in aufsteigender Reihenfolge, beginnend mit der niedrigsten Gebotsmenge. Soweit die Gebotswerte und die Gebotsmenge der Gebote gleich sind, entscheidet das Los über die Reihenfolge. Die Bundesnetzagentur muss den zugelassenen Geboten in der Reihenfolge, beginnend mit den Geboten mit den niedrigsten Gebotswerten, einen Zuschlag im Umfang ihres Gebots (**pay-as-bid**,[25] sogenannter Zuschlagswert) erteilen, bis das Ausschreibungsvolumen erstmals durch den Zuschlag auf ein Gebot erreicht oder überschritten ist (Zuschlagsgrenze). Auf Gebote oberhalb der Zuschlagsgrenze wird kein Zuschlag erteilt. Das Bewertungs- und Zuschlagsverfahren erscheint simpel, da sich die Bieterreihenfolge unmittelbar aus den Gebotswerten ergibt. Alle erfolgreichen Bieter können ihre Projekte zu diesen Werten realisieren und sogar eine außerordentliche Überschreitung der ausgeschriebenen Menge ist möglich, gerade wenn das letzte Angebot, mit dem die Zuschlagsgrenze erreicht oder überschritten wird, ein großes Kilowatt- bzw. Megawattvolumen betrifft.[26] Der Zuschlag selbst erfolgt im Gegensatz zum GWB-Vergaberecht als **Verwaltungsakt** im Sinne von § 35 VwVfG. Es kommt nicht zu einem zivilrechtlichen Vertragsschluss zwischen Bieter und Bundesnetzagentur.[27] Das ist dem Wesen nach ein erheblicher Unterschied gegenüber Vergabeverfah-

22 § 39 FFAV.

23 Das wirtschaftlichste Angebot bestimmt sich nach dem besten Preis-Leistungs-Verhältnis. Zu dessen Ermittlung können neben dem Preis oder den Kosten auch qualitative, umweltbezogene oder soziale Aspekte berücksichtigt werden.

24 Beim Gebotstermin am 1.4.2016 wurden 125 Megawatt ausgeschrieben, es gingen Angebote mit einem Volumen von 540 Megawatt ein, sodass das Ausschreibungsvolumen mehr als vierfach überzeichnet war, vgl. Hintergrundpapier, Ergebnisse der vierten Ausschreibungsrunde für Photovoltaik (PV) – Freiflächenanlagen vom 1.4.2016, einsehbar unter http://www.bundesnetzagentur.de.

25 Es stimmen somit Zuschlagswert und Gebotswert exakt überein. Dieses Verfahren ist für die Bieter leicht nachzuvollziehen, sodass eine hohe Akzeptanz unter den Teilnehmern an der Ausschreibung und der Öffentlichkeit erwartet wird, vgl. Begründung zu FFAV, Stand: 28.1.2015, S. 73.

26 Beim Gebotstermin am 1.4.2016 wurden zwar 125 Megawatt ausgeschrieben, es wurden jedoch Zuschläge mit einem Volumen von etwa 128 Megawatt erteilt, vgl. Hintergrundpapier, Ergebnisse der vierten Ausschreibungsrunde für Photovoltaik (PV) – Freiflächenanlagen vom 1.4.2016, einsehbar unter http://www.bundesnetzagentur.de.

27 *Knauff/Chou*, EWeRK 2016, 160, 162.

ren nach dem GWB, die mit dem Abschluss eines Zivilvertrags zwischen öffentlichem Auftraggeber und Bieter enden.[28]

14 Nach dem Zuschlag muss die Bundesnetzagentur ihre Entscheidung öffentlich bekannt geben. Die **Publikation der Zuschläge** wird durch Bekanntmachung unter anderem der folgenden Angaben auf der Internetseite der Bundesnetzagentur bewirkt: Gebotstermin der Ausschreibung, für die die Zuschläge erteilt werden, Namen der Bieter, die einen Zuschlag erhalten haben, mit dem jeweils in ihrem Gebot angegebenen Standort der geplanten Freiflächenanlage, der Nummer des Gebots und dem Hinweis, dass mit der Veröffentlichung auf der Internetseite der Bundesnetzagentur die Zuschläge öffentlich bekannt gegeben werden und die vollständigen Entscheidungen an dem Standort der Bundesnetzagentur in Bonn eingesehen werden können. Nach § 14 FFAV unterrichtet die Bundesnetzagentur die Bieter, die einen Zuschlag erhalten haben, auch direkt und unverzüglich über die öffentliche Bekanntmachung. Dafür übermittelt sie die relevanten Angaben elektronisch und auf Verlangen des Bieters auch schriftlich. Die Bundesnetzagentur muss unverzüglich nach Abschluss des Zuschlagsverfahrens auch diejenigen Bieter, deren Gebote nach §§ 10, 11 FFAV von der Ausschreibung ausgeschlossen worden sind oder die keinen Zuschlag nach § 12 FFAV erhalten haben, unterrichten und die Gründe für den Ausschluss oder die Nichtberücksichtigung mitteilen. Mit dieser **Transparenz** vermeidet man eine Informationsasymmetrie zwischen den unterschiedlichen Bietern. So werden jeweils der höchste und der niedrigste Zuschlagswert sowie beim Gebotspreisverfahren auch der durchschnittliche Zuschlagswert veröffentlicht. Darüber hinaus dient die Veröffentlichung der Ergebnisse des Ausschreibungsverfahrens der transparenten Darstellung der bezuschlagten Freiflächenprojekte. So veröffentlicht die Bundesnetzagentur für jeden erteilten Zuschlag den bei der Gebotsabgabe angegebenen Standort einschließlich des aktuellen Planungsstands (beschlossener Bebauungsplan, Aufstellungs- bzw. Änderungsbeschluss, Offenlegungsbescheid). Schließlich dient die Veröffentlichung der Zuschlagnummer dazu, die Daten mit der zu einem späteren Zeitpunkt an das Anlagenregister übermittelten Baugenehmigung und den nach Inbetriebnahme der Anlage im Anlagenregister zu erfassenden Stammdaten zu vergleichen. So soll insbesondere nachvollzogen werden können, in welchem Umfang Bieter die Möglichkeit nutzen, Anlagen an anderen Standorten und mit anderem Umfang als bei Gebotsabgabe angegeben zu realisieren. Zudem erhalten die Bieter einen Überblick, in welchen Gemeinden Projekte geplant sind. Das ist insbesondere vor dem Hintergrund einer etwaigen **Anlagenzusammenfassung** wichtig.

15 Auch wenn – ähnlich dem öffentlichen Vergaberecht – in verschiedene Richtungen über den Ausgang des Gebotsverfahrens berichtet wird und der Inhalt der Zu- bzw. Absagen demjenigen der **vergaberechtlichen Vorabinformation** nahe kommt, handelt es sich doch nur um eine **Ex-post-Transparenz**, die weit entfernt von dem ist, was mit § 134 GWB bezweckt wird und vergaberechtlich gilt: Die zwingende Möglichkeit, eine Zuschlagsentscheidung aufzuheben.[29] Im GWB-Vergaberecht sind die öffentlichen Auftraggeber verpflichtet, die dem Vertragsschluss vorangehende Entscheidung darüber, mit welchem Bieter eines Vergabeverfahrens der Vertrag geschlossen werden soll, in jedem Fall einem Nachprüfungsverfahren zugänglich zu machen, indem ein potenzieller Antragsteller unabhängig von der Möglichkeit, nach dem Vertragsschluss Schadensersatz zu erlangen, die

28 Vgl. § 134 Abs. 1 Satz 1 und Abs. 2 Satz 1 GWB.

29 EuGH, Urt. v. 28.10.1999, Rs. C 81/98 – Alcatel Austria AG u. a. / Bundesministerium für Wissenschaft und Verkehr.

Aufhebung der Entscheidung erwirken kann, wenn die Voraussetzungen hierfür erfüllt sind. Bieter eines GWB-Vergabeverfahrens erfahren vorab, wer den Zuschlag aus welchen Gründen bekommen soll. So haben öffentliche Auftraggeber nach § 134 GWB die Bieter, deren Angebote nicht berücksichtigt werden sollen, über den Namen des Unternehmens, dessen Angebot angenommen werden soll, über die Gründe der vorgesehenen Nichtberücksichtigung ihres Angebots und über den frühesten Zeitpunkt des Vertragsschlusses unverzüglich in Textform zu informieren. Ein Vertrag darf erst 15 Kalendertage nach Absendung dieser (Vorab-)Information geschlossen werden. Wird die Vorabinformation auf elektronischem Weg oder per Fax versendet, verkürzt sich die Frist auf zehn Kalendertage.

3. Das Nachrück- und Förderverfahren

Auch in der letzten Phase einer EEG-Ausschreibung gilt der Grundsatz der **Verlässlichkeit** 16
und **Planungssicherheit**. Zuschläge erfolgen grundsätzlich projektbezogen. Bei Windenergieanlagen können z. B. Zuschläge nicht auf andere Projekte übertragen werden, bei Photovoltaik ist das nur unter bestimmten Voraussetzungen möglich. Wenn die notwendige Zeitsicherheit (Kaution) nicht fristgerecht geleistet wird, kann es den Fall geben, dass Zuschläge rückwirkend erlöschen und ein sogenanntes Nachrückverfahren im Sinne von § 12 Abs. 3 FFAV durch die Bundesnetzagentur eingeleitet wird. An dem Nachrückverfahren nehmen alle Bieter mit ihren Geboten teil, die im eigentlichen Zuschlagsverfahren nicht zum Zuge gekommen sind. Dabei geht es im **Nachrückverfahren** um die Gebotsmengen, die nach dem Ende der Zuschlagsphase erloschen sind. Aus rein vergaberechtlicher Sicht mutet dieses Nachrücken ungewöhnlich an, wenn man sich vergegenwärtigt, dass ein Zuschlag im Sinne des GWB nach §§ 127, 168 Abs. 2 unmittelbar zu einer „unwiderruflichen Beendigung“[30] des Vergabeverfahrens und zu einem nicht mehr aufzuhebenden Vertragsschluss zwischen dem öffentlichen Auftraggeber und dem Bieterunternehmen führt. Wenn das betreffende Gebot nicht erloschen ist, besteht aus Sicht eines Bieters, der einen Zuschlag auf sein Angebot erhalten hat, nach § 55 EEG 2014[31] ein Anspruch auf eine finanzielle Förderung, wenn er als Anlagenbetreiber zudem über eine **Förderberechtigung** (als weiterer Verwaltungsakt) verfügt, die im Rahmen der Ausschreibung für die Anlage durch Zuschlag erteilt oder später der Anlage verbindlich zugeordnet worden ist. Der Bieter muss seinen Zuschlag also gleichsam „einlösen“ und das Projekt in die Tat umsetzen. Die Anlage muss im Bereich eines beschlossenen Bebauungsplans errichtet worden sein, der zumindest auch mit dem Zweck aufgestellt oder geändert wurde, eine Anlage zur Erzeugung von Strom aus solarer Strahlungsenergie zu errichten. Ab der Inbetriebnahme der Anlage fließt die Förderung, wenn der gesamte während der Förderdauer erzeugte Strom in das Netz eingespeist und nicht selbst verbraucht wird.

4. Rechtsschutz und Kritik

Welche Richtung der Gesetzgeber mit einer Regelungsmaterie verfolgt, lässt sich oft daran 17
ablesen, wie ausgeprägt der Rechtsschutz für die verschiedenen Verfahrensbeteiligten ist. An diesem Maßstab gemessen sind die Möglichkeiten eines Bieters, gegen Maßnahmen und Entscheidungen der Bundesnetzagentur im Rahmen einer EEG-Ausschreibung vorzu-

---

30 OLG Rostock, Beschl. v. 25.9.2013, 17 Verg 3/13.
31 § 27a EEG 2017.

gehen, (noch) unterentwickelt und weit entfernt von den **Interventionsmöglichkeiten** anlässlich eines GWB-Vergabeverfahrens. Ein Grund mag sein, dass sich ein öffentlicher Auftraggeber Lieferleistungen, Dienstleistungen oder Bauleistungen als staatliche Institution individuell und selbst beschafft (z. B. eine Gemeinde), um etwa eine öffentliche Aufgabe erfüllen zu können. Von einer Förderhöhenzusage durch die Bundesnetzagentur unterscheidet sich das bereits dem **Wesen** nach. Doch dieser Befund allein kann nicht ausschlaggebend sein für den sehr verkürzten Rechtschutz nach EEG/FFAV.

18 Zunächst ist bemerkenswert, dass durch § 39 Abs. 2 FFAV die Möglichkeit einer **Konkurrentenklage** im klassischen Sinne gesetzlich ausdrücklich ausgeschlossen ist. Hierdurch soll Rechtssicherheit für diejenigen Bieter geschaffen werden, die einen Zuschlag nach § 12 FFAV erhalten haben. Wettbewerber um eine Anlagenförderung können nicht die Zuschlagsentscheidung zugunsten eines anderen Bieters anfechten. Bieter, die vom Zuschlagsverfahren nach § 10 oder § 11 FFAV ausgeschlossen worden sind oder die keinen Zuschlag nach § 13 FFAV erhalten haben, können aber die Entscheidung der Bundesnetzagentur gerichtlich im Wege einer **Verpflichtungsbeschwerde** nach § 85 Absatz 4 EEG 2014 in Verbindung mit § 75 EnWG vor dem Oberlandesgericht Düsseldorf[32] (zu ihren Gunsten) angreifen. Das zuständige Oberlandesgericht darf zwar bei einem erfolgreichen Rechtsbehelf nicht die Zuschläge anderer Bieter aufheben, es darf aber die Bundesnetzagentur zur Erteilung eines (weiteren) Zuschlags verpflichten. Im Ergebnis muss also das Wettbewerbsfeld nicht befürchten, dass Zuschläge wieder entzogen werden, weil ein Konkurrent klagt.

19 Im Falle einer erfolgreichen Verpflichtungsbeschwerde stellt das nach den §§ 3 und 4 FFAV an sich begrenzte Ausschreibungsvolumen kein Hindernis mehr dar. Das Ausschreibungsvolumen kann entsprechend der gerichtlich erstrittenen Zuschläge erhöht werden. Um das jährliche Ziel des Zubaus für Photovoltaik-Freiflächenanlagen gleichwohl nicht zu überschreiten, sieht § 4 FFAV die Möglichkeit für die Bundesnetzagentur vor, das Ausschreibungsvolumen in den nächsten Runden entsprechend zu reduzieren. So bleibt gewährleistet, dass das jährliche Ausschreibungsvolumen nicht überschritten wird.[33]

20 Die Konstruktion eines Rechtsschutzes ohne **Drittanfechtung** wird auch im neuen § 83a EEG 2017 übernommen. Es wird weiterhin davon ausgegangen, dass allein eine Verpflichtungsbeschwerde möglich ist, die dann Erfolg hat, wenn ein materielles subjektives Recht des Beschwerdeführers auf Erteilung der erstrebten Begünstigung besteht. Das kann nur dann angenommen werden, wenn ohne den gerügten Fehler (der Bundesnetzagentur) ein Zuschlag hätte erteilt werden müssen. Ist das Gebot jedoch zu hoch oder mangelt es ihm an den wesentlichen Voraussetzungen für die Zuschlagserteilung (etwa keine eindeutige Angabe zum angebotenen Preis/der angebotenen Menge), so kann ein subjektives Recht auf Zuschlagserteilung nicht angenommen werden.[34]

---

32 Als Gericht in bürgerlichen Rechtsstreitigkeiten nach dem Energiewirtschaftsgesetz ist wegen des Sitzes der Bundesnetzagentur in Bonn der Kartellsenat des Oberlandesgerichts in Düsseldorf zuständig, vgl. § 106 EnWG in Verbindung mit §§ 91, 92 GWB sowie § 2 der Kartellsachen-Konzentrations-Verordnung. Ohne die abdrängende Sonderzuweisung würde die Bundesnetzagentur in die allgemeine Zuständigkeit des Oberlandesgerichts in Köln fallen oder es wären gar die Verwaltungsgerichte zuständig.

33 *Kohls/Wustlich*, NVwZ 2015, 313, 320.

34 Entwurf der Bundesregierung eines Gesetzes zur Einführung von Ausschreibungen für Strom aus erneuerbaren Energien und zu weiteren Änderungen des Rechts der erneuerbaren Energien (Erneuerbare-Energien-Gesetz – EEG 2016), einsehbar unter https://www.bmwi.de.

Mit seinem Festhalten am kategorischen Ausschluss von Drittanfechtungen (über-)betont der Gesetzgeber die energiepolitische Planungssicherheit. Vorderstes Ziel des Gesetzes ist es, dass bestimmte Ausbaukorridore strikt eingehalten werden (vgl. § 1 Abs. 2 und § 4 EEG 2017) und in der Tat könnten Drittanfechtungsklagen dazu führen, dass eine Vielzahl von Projekten über mehrere Jahre nicht realisiert werden können. Angesichts von **Art. 19 Abs. 4 GG** und des dort geregelten **Gebots eines effektiven Rechtsschutzes** erscheint das Argument der Planungssicherheit – unabhängig davon, ob sie sich auf den einzelnen (bezuschlagten) Akteur bezieht oder ob sie als allgemeinpolitische Gut verstanden wird – jedoch nicht überzeugend: Es geht auch im EEG (2017) um die Schaffung einer Wettbewerbssituation. Wer am wenigsten „staatliche" Förderung[35] benötigt, bekommt den Zuschlag. Bei einer fortschreitenden Verknappung der potenziellen Ausbaugebiete (z. B. auch für Windkraftanlagen) wird es immer wahrscheinlicher, dass auf formal ordnungsgemäße Gebote oberhalb der im Einzelfall festgesetzten Zuschlagsgrenze (vgl. § 12 Abs. 2 Nr. 2 a. E. FFAV) keine Zuschläge erteilt werden. Gleichzeitig kann die Frage auftauchen, ob nicht eines der in der von der Bundesnetzagentur festgelegten Reihenfolge[36] bezuschlagten Angebote zu Unrecht berücksichtigt wurde. Unter Umständen lagen bei dem einen oder anderen Gebot formale Fehler vor. In einer solchen Situation einen Bieter darauf zu verweisen, er könne sich bei einer der nächsten Ausschreibungsrunden erneut bewerben, wird in Anbetracht der langen Vorbereitungszeit für ein individuelles Förderprojekt[37] nicht ausreichen.[38] Dann muss auch das Angebot des Konkurrenten auf den Prüfstand des Oberlandesgerichts gelangen können. Je intensiver der beschriebene **Verknappungswettbewerb** um die EEG-Förderung wird, desto geringer wiegt das gesetzgeberische Interesse an einem ungestörten Zubau, allgemeiner Planungssicherheit und individuellem Investitionsschutz im Rahmen von Art. 19 Abs. 4 GG. 21

Wenn ein Unternehmen mit behördlicher Hilfe und im Sinne des EEG 2017 auf der einen Seite begünstigt wird, führt das auf der anderen Seite zu einer Benachteiligung des Wettbewerbs. Es lässt sich nicht von der Hand weisen, dass bestimmte Gründe für den Ausschluss eines Bieters (und seines Gebots) nach §§ 11 FFAV, 34 EEG 2017 drittschützenden Charakter haben, wenn z. B. in dem Gebot falsche Angaben gemacht wurden oder dem Gebot eine Absprache mit anderen Akteuren zugrunde lag. Auf den vergleichbaren, fakultativen Ausschlussgrund nach § 124 Abs. 1 Nr. 4 GWB (wettbewerbswidrige Vereinbarung mit anderen Unternehmen), unter den gerade auch Preisabsprachen fallen,[39] können sich selbstverständlich auch Dritte (Konkurrenten) berufen[40] und ein Nachprüfungsverfahren bei der Vergabekammer einleiten. Für die unterschiedliche Behandlung von Bietern bei einer GWB-Vergabe und bei einer EEG-Ausschreibung gibt es keine vernünftige Rechtfertigung. Bei diesem Befund muss auch das Klagerecht der benachteiligten Konkurrenz bei einer EEG-Ausschreibung, selbst wenn dahinter subjektive Interessen stehen, so weit reichen, wie der Zweck, der objektiv-rechtlich mit den Ausschlussgründen verfolgt wird. 22

---

35 Siehe zur richtigen systematischen Einordnung Fußnote 2.

36 Siehe die obigen Ausführungen zum Zuschlagsverfahren.

37 Bei Windenergieanlagen zwischen drei und fünf Jahren, vgl. Fortgeschrittenes Eckpunktepapier zum Vorschlag des BMWi für das neue EEG, S. 11.

38 *Stelter, EnWZ* 2015, 147, 153.

39 OLG Düsseldorf, Beschl. v. 9.4.2008, VII-*Verg 2/8*.

40 Siehe zur Diskussion um die Wettbewerbsschädlichkeit von Bietergemeinschaften OLG Düsseldorf, Beschl. v. 8.6.2016, Verg 3/16.

Denn sowohl beim EEG als auch beim GWB geht es um einen unverfälschten Wettbewerb.[41]

5. Ausblick: Zukünftige Ausschreibungen nach Kraft-Wärme-Kopplungsgesetz

23 Die Bundesregierung hat den Entwurf eines Gesetzes zur Änderung der Bestimmungen zur Stromerzeugung aus Kraft-Wärme-Kopplung und zur Eigenversorgung (KWKG-E) vorgelegt.[42] Mit dem Gesetzesentwurf kommt die Bundesregierung einer Forderung der EU-Wettbewerbskommission nach, die für eine weitere Förderung von Kraft-Wärme-Kopplungs-Anlagen (KWK-Anlagen) die Einführung von Ausschreibungen gefordert hatte. Künftig werden neue und modernisierte KWK-Anlagen mit einer Leistung zwischen 1 Megawatt und 50 Megawatt nur noch gefördert, wenn diese erfolgreich im Rahmen einer Ausschreibung angeboten wurden. Die Bundesregierung erwartet hierdurch auch eine bessere Mengensteuerung und eine erhöhte Kosteneffizienz bei der Förderung. Zuständig für die Ausschreibungen soll ebenfalls die Bundesnetzagentur sein. Beginnen sollen die Ausschreibungen Ende 2017/Anfang 2018. Konkrete Vorgaben zum Verfahrensablauf der Ausschreibungen enthält der Gesetzesentwurf nicht. § 33a KWKG-E ermächtigt die Bundesregierung, das Ausschreibungsverfahren durch eine Rechtsverordnung zu regeln. Der Entwurf sieht die Möglichkeit vor, dass auch Anlagen aus dem EU-Ausland bis zu einem bestimmten Prozentsatz der jährlich ausgeschriebenen Leistung an den Ausschreibungen teilnehmen können, um die Vorgaben der europäischen Umweltschutz- und Energiebeihilfeleitlinien umzusetzen.

---

41 *Rennert*, EuZW 2011, 576 ff. Der Autor zieht mit Blick auf unzulässig gewährte Beihilfen auch eine Direktklage gegen den Beihilfeempfänger in Betracht. Als Anspruchsgrundlagen nennt er § 823 Abs. 2 BGB, daneben § 4 Nr. 11 UWG. Eine Übertragung dieses Direktklageansatzes auf Basis eines privaten Wettbewerbsverhältnisses (gegen einen EEG-Förderberechtigten) ist auch bei EEG-Ausschreibungen nicht abwegig.

42 Entwurf des BMWi vom 26.9.2016, einsehbar unter www.bhkw-infothek.de.

C. Zuwendungen und Vergaberecht

Schrifttum: *Aulbert*, Staatliche Zuwendungen an Kommunen, 2010; *Burgi*, Vergaberecht, 2016; *Byok/Jaeger*, Kommentar zum Vergaberecht, 2. Aufl. 2005; *Delbrück*, Gutachten zu den Prüfungsrechten des Landesrechnungshofs Schleswig-Holstein gegenüber den Freien Wohlfahrtsverbänden, 1993; *Gabriel/Krohn/Neun*, Handbuch Vergaberecht, 2014; *Gröpl*, BHO/LHO, Staatliches Haushaltsrecht, Kommentar, 2011; *Immenga/Mestmäcker*, Wettbewerbsrecht, Band 2, Teil 2, 5. Aufl. 2014; *Jarass/Pieroth*, Grundgesetz für die Bundesrepublik Deutschland, GG, Kommentar, 14. Aufl. 2016; *Krämer/Schmidt*, Zuwendungsrecht – Zuwendungspraxis. Loseblatt, 128. Ergänzungslieferung, August 2016; *Leisner*, Staatliche Rechnungsprüfung Privater unter besonderer Berücksichtigung der Freien Wohlfahrtspflege, Schriften zum öffentlichen Recht, 1990; *Müller/Richter/Ziekow*, Handbuch Zuwendungsrecht, 1. Aufl. 2017; *Piduch* (Begr.), Fortgeführt von Heller, Keilmann, Knörzer, Nebel, Nörbaß, Bundeshaushaltsrecht, Loseblatt, 18. Aktualisierung, Stand Februar 2015; *Prieß/Lau/Kratzenberg*, Wettbewerb – Transparenz – Gleichbehandlung, 13 Jahre GWB-Vergaberecht – Festschrift für Friedhelm Marx, 2013; *Sachs*, Grundgesetz: GG, Kommentar, 7. Aufl. 2014; *Stelkens/Bonk/Sachs*, VwVfG, 8. Aufl. 2014; *Ubbenhorst*, Zuwendungsrecht des Landes Nordrhein-Westfalen, 2. Aufl. 1999.

Übersicht

I. Verknüpfung Vergabe- und Zuwendungsrecht

1 Während vergaberechtliche Vorgaben als originärer Regelungsinhalt der einschlägigen Vorschriften des Kartellvergaberechts (insbesondere §§ 97 ff. GWB, VgV, KonzVO, SektVO, VSVgV, Vergabe- und Vertragsordnungen[1]) zur Anwendung kommen, wird ein Teil des Vergaberechts „abgeleitet" durch eine rechtliche **Verzahnung**[2] dieses Rechtskreises mit dem **Zuwendungsrecht** verpflichtend. Trotz der zuwendungsrechtlich begründeten Pflicht, das Vergaberecht anzuwenden, sind Zuwendungs- und Vergaberecht eigenständige Rechtsgebiete und konzeptionell weiterhin klar voneinander abzugrenzen.[3] Regelungs-

1 Am 18.4.2016 ist das neue nationale Kartellvergaberecht in Kraft getreten. Das Reformpaket bestand aus dem Gesetz zur Modernisierung des Vergaberechts vom 17.2.2016 mit der Überarbeitung des vierten Teils des GWB und der Mantelverordnung zur Modernisierung des Vergaberechts vom 12.4.2016, BGBl. I, S. 624, mit Änderungen der VgV, SektVO, VSVgV, KonzVgV und der VergStatVO. Das neue GWB wurde im Februar 2016 veröffentlicht, BGBl. I, S. 203, die neu geregelte VOB/A am 1.7.2016, BAnz AT 1.7.2016 B 4. Zu den Regelungen mit neuem Gehalt und strukturbildender Wirkung s. etwa *Knauff*, NZBau 2016, 195; *Schaller*, ZfBR 2016, 231; *von Wietersheim*, VergabeR 2016, 269; *Krönke*, NVwZ 2016, 568; *Burgi*, Vergaberecht, Kap. 1, § 4 Rn. 21 ff. Näher zur Neuregelung s. oben *Dietlein/Fandrey*, Einl. Rn. 49.

2 Die Verzahnung erfolgt durch Verweis. Zur Zulässigkeit der Verweistechnik OVG Münster, Urt. v. 2.9.2008, 15 A 2328/06, NVwZ-RR 2009, 57 m.w.N.

3 Zutreffend *Mayen*, NZBau 2009, 98, 98. Zur Negativabgrenzung Zuwendung/entgeltlicher Vertrag vgl. auch die Verwaltungsvorschriften zu § 23 BHO/LHO. So sind Zuwendungen zweckgebundene freiwillige vermögenswerte Leistungen des Staates zur Erfüllung öffentlicher Aufgaben, ohne dass ein Leistungsaustausch zugrunde liegt, vgl. eingehend *Müller/Richter/Ziekow*, Handbuch Zuwen-

technisch erfolgt eine Verklammerung der beiden Rechtsregime durch das im Zuwendungsrechtsverhältnis zumeist eingesetzte Instrument des Zuwendungsbescheids. Diesem werden regelmäßig „Allgemeine Nebenbestimmungen für Zuwendungen (ANBest)" als Nebenbestimmung beigefügt. Sie werden Bestandteil bzw. Regelungsinhalt des Zuwendungsbescheids. In leicht unterschiedlichen Ausprägungen[4] geben **Nr. 3 der ANBest**[5] von Bund und Ländern[6] den Zuwendungsempfängern die Anwendung von Vergabevorschriften mit folgendem wesentlichen Regelungsinhalt vor: Nr. 3.1.1 und Nr. 3.1.2 verpflichten zur Anwendung der **VOB/A und VOL/A** (jeweils **Abschnitt 1**[7]). Damit soll sichergestellt werden, dass der Zuwendungsempfänger grundsätzlich wie ein „klassischer Auftraggeber" dem Vergaberecht und damit – vor allem im Interesse wirtschaftlicher Mittelverwendung – den gleichen Bindungen[8] unterworfen wird. Allgemein werden diese in den Bewilligungsbescheid einbezogenen Vorgaben als **Auflage** im Sinne von § 36 Abs. 2 Nr. 4 VwVfG qualifiziert.[9] Nach Nr. 3.2 bleiben die Verpflichtungen des Zuwendungsempfängers, aufgrund des § 98 GWB und der VgV die Abschnitte 2 ff. der VOL/A bzw. VOB/A anzuwenden oder

dungsrecht, A. III., Rn. 162 ff.; auch *Antweiler*, NVwZ 2005, 169 in Fn. 11. Auftragsvergaben sind hingegen durch eine konkrete Gegenleistung gekennzeichnet, vgl. *Nebel*, in: Piduch, Bundeshaushaltsrecht, § 23 BHO Rn. 4 (S. 11).

4 Überblick über die ANBest in Bund und Ländern bei *Krämer/Schmidt*, Zuwendungsrecht, A III 1–16.

5 Dies sind z. B. für eine Projektförderung die ANBest-P, für eine institutionelle Förderung die ANBest-I. Die Projektförderung ist auf einzelne abgegrenzte Vorhaben mit zeitlicher Limitierung gerichtet. Mit der institutionellen Förderung wird hingegen eine Institution oder Einrichtung – meist dauerhaft – begünstigt.

6 Im Folgenden werden – die weitgehend mit denen anderer Länder gleichlautenden bzw. inhaltsgleichen – ANBest und Verwaltungsvorschriften des Landes NRW zugrunde gelegt.

7 Einige Bundesländer sahen früher eine Anwendungsverpflichtung der gesamten VOB/A und VOL/A vor, z. B. NRW, Berlin und Sachsen-Anhalt. Die Regelungen der VOF wurden zumeist nicht vorgegeben, wenn es auch in einigen Bundesländern, etwa in NRW, vor Jahren entsprechende Bestrebungen gegeben hat. Nach den ANBest unterfallen Aufträge zu freiberuflichen Leistungen unterhalb der einschlägigen Schwellenwerte nicht dem Anwendungsbereich der VOL/A, so auch wieder VG Köln, Beschl. v. 3.9.2015, 16 K 3369/14, VergabeR 2016, 139 ff. mit Anm. *Antweiler*. Die ANBest-K binden die Kommunen hingegen in den meisten Ländern lediglich an die VOB/A. Zu den jeweiligen Fassungen s. auch BVerwG, Beschl. v. 13.2.2013, 3 B 58/12.

8 Selbst bei dieser klaren Intention und scheinbar eindeutigen Regelung entstehen Anwendungsprobleme insb. dann, wenn die durch die Verklammerung bewirkten vergaberechtlichen Vorgaben sich auch ohne diese originär aus der Auftraggebereigenschaft, also nach §§ 97 ff. GWB, ergeben. Vgl. nur *Brune/Mannes*, VergabeR 2006, 864 in Fn. 7. S. eingehend III., Rn. 24.

9 Vgl. etwa OVG Münster, Urt. v. 22.2.2005, 15 A 1065/04, NVwZ-RR 2006, 86; OVG Magdeburg, Beschl. v. 5.3.2010, 1 L 6/10, BeckRS 2010, 48741; OVG Sachsen-Anhalt, Beschl. v. 5.3.2010, 1 C 6/10, juris, Rn. 42; VG Düsseldorf, Urt. v. 20.10.2006, 1 K 3293/05; *Burgi*, Anm. zu BVerwG, Beschl. v. 13.2.2013, 3 B 58/12, NVwZ 2013, 1082, 184 m. w. N.; *Mayen*, NZBau 2009, 98, 100; *Kulartz/Schilder*, NZBau 2005, 553; *Burgi*, Behörden Spiegel 2/2005, S. 19; *H.-M. Müller*, Behörden Spiegel 6/2005, S. 23. Zu undifferenziert *Greb*, VergabeR 2010, 387, 388, der zu Unrecht alle ANBest für Auflagen im Sinne des § 36 Abs. 2 Nr. 4 VwVfG hält. Beispielsweise hat Nr. 3.2 der ANBest-P lediglich hinweisenden Charakter, ebenso VGH München, Beschl. v. 29.7.2008, 4 ZB 07.2230, BeckRS 2010, 4858; OLG Düsseldorf, Urt. v. 5.10.2010, I-23 U 173/09, Umdruck S. 10 m. w. N., s. eingehend III. Rn. 24; *Müller/Richter/Ziekow*, Handbuch Zuwendungsrecht, E.II., Rn. 64, heben im Anschluss an *Laumann/Scharf*, NZBau 2013, 208, 209 hervor, dass sich die Reichweite der durch Auflage vorgegebenen Anwendung des Vergaberechts auf Aufträge beschränkt, für die Zuwendungen gewährt werden, mithin keine Ausschreibungspflicht für nicht geförderte, aber damit zusammenhängende Teilleistungen besteht.

andere Vergabevorschriften einzuhalten, unberührt.[10] Nach zutreffender Auffassung handelt es sich hierbei nicht um eine Auflage, sondern um einen rein **deklaratorischen Hinweis** auf das Kartellvergaberecht; ein Verstoß hat mithin keine direkten zuwendungsrechtlichen Folgen.[11]

In Bund und Ländern bzw. Kommunen sind **Rechtsänderungen** zu erwarten bzw. bereits erfolgt, die für die hier behandelte Thematik Bedeutung haben werden. So hat der Bund am 7.2.2017[12] eine Verfahrensordnung für die Vergabe öffentlicher Liefer- und Dienstleistungsaufträge unterhalb der EU-Schwellenwerte zur Angleichung des Vergaberechts oberhalb und unterhalb der Schwellenwerte (**UVgO**)[13] veröffentlicht. Sie wird die bisher geltende Vergabe- und Vertragsordnung für Leistungen (1. Abschnitt VOL/A) ersetzen und in weiten Teilen die Bestimmungen des Oberschwellenrechts übernehmen.[14] Voraussetzung ist aber, dass entsprechende „Anwendungsbefehle" ergehen,[15] voraussichtlich im Rahmen von Änderungen der Verwaltungsvorschriften (zur BHO/LHO), durch Vergabegesetz oder durch gesonderte Einführungserlasse. **Ob**[16] **und inwieweit** die UVgO jeweils eingeführt wird oder lediglich (voraussichtlich den Kommunen) zur Anwendung empfohlen wird, bleibt abzuwarten.[17] Die Länder wollten bzw. wollen die Bundesregelung abwarten, insbesondere die Änderung des § 55 BHO bzw.§ 30 HGrG, da nach überwiegender Auffassung der Ländervertreter hier – entsprechend der Regelung im Oberschwellenbereich – ebenfalls eine „Wahlmöglichkeit zwischen Öffentlicher Ausschreibung und Beschränkter Aus- **2**

---

10 Die Vergaberechtsreform, s. Fn. 1, wurde auch dazu genutzt, eine längst überfällige (moderate) Strukturreform im Bereich der Vergabe- und Vertragsordnungen durchzuführen. So wurde der ehemalige 2. Abschnitt von Teil A der Vergabe- und Vertragsordnung für Leistungen (VOL/A) und die Vergabeordnung für freiberufliche Dienstleistungen (VOF) in die neue Vergabeverordnung (VgV) überführt. Die spezifischen Vorschriften zur Vergabe von Bauaufträgen bleiben zunächst Bestandteil der Vergabe- und Vertragsordnung für Bauleistungen (VOB/A EU). Folgerichtig – wenn keine statische Verweisung auf früheres Recht gewollt oder hinreichend bestimmt deutlich gemacht ist – müssen (mindestens redaktionelle) Änderungen in der verweisenden Vorschrift der ANBest erfolgen. Die Praxis hilft sich bis dahin zumeist, indem sie die ANBest, die dem Zuwendungsbescheid regelmäßig beizufügen sind, entsprechend verändert oder eine Regelung gesondert in den Bescheid bzw. die Auflagen aufnimmt. In den meisten Ländern ist noch keine Anpassung erfolgt. In NRW ist eine Neufassung zu Beginn 2018 zu erwarten. Nachstehend wird bis zur Neuregelung von der bisherigen Rechtslage (am Beispiel NRW) ausgegangen.

11 *Müller/Ziekow/Richter*, Handbuch Zuwendungsrecht, E.II., Rn. 63. m. w. N. zum Streitstand in Fn. 2786. Der Frage, ob mit dieser Regelung das Ziel der Bindung an das komplexe Oberschwellenvergaberecht befördert wird, kann hier nicht nachgegangen werden.

12 Berichtigt am 8.2.2017, vgl. BAnz AT 8.2.2017 B 1.

13 S. dazu eingehend s. oben *Dietlein/Fandrey*, Einl. Rn. 137 u, 157.

14 Für die Vergabe von Bauleistungen wurde der strukturelle Gleichlauf zwischen Ober- und Unterschwellenbereich bereits 2016 durch die unmittelbar an die Reform des 2. Abschnitts anknüpfende Überarbeitung des 1. Abschnitts der VOB/A hergestellt; s. BAnz AT v. 1.7.2016 und Einführungserlass VOB 2016 des Bundesministeriums für Umwelt, Naturschutz, Bau und Reaktorsicherheit vom 9. September 2016 B I 7-81063.6/1.

15 Die Annahme, die UVgO im Wege einer dynamischen Verweisung wirksam zur Anwendung zu bringen, dürfte hier nicht ernsthaft zur Diskussion stehen. Zur Problematik einer dynamischen Verweisung (nach der bisherigen Rechtslage) *Portz*, VergabeR 2014, 280, 282.

16 Dem Vernehmen nach will Hessen auf die Einführung gänzlich verzichtet und es bei der VOL/A belassen.

17 Der Bund hat die UVgO bereits durch Änderung der Verwaltungsvorschriften zu § 55 der BHO am 2.9.2017 eingeführt, vgl. BMF-Rundschreiben vom 1.9.2017, II A 3 – H 1012-6/16/10003:003/2017/07476817, GMBl. 2017, S. 814.

schreibung ohne Teilnahmewettbewerb geschaffen werden muss".[18] Angestrebt wird eine möglichst bundeseinheitliche Regelung, dies schon deshalb, weil zahlreiche Verweise auf oberschwellige, teils komplexe Regelungen die Rechtsanwendung erschweren dürften,[19] was wiederum die ausführende Sachbearbeiterebene schnell überfordern könnte.

3 Die Bewilligungsbehörden sind nach Anlage 2 zu Nr. 5.1 der Verwaltungsvorschriften (VV) zu § 44 BHO/LHO NRW verpflichtet, die ANBest „grundsätzlich unverändert" zum Bestandteil des Zuwendungsbescheids und damit für den Zuwendungsempfänger verpflichtend zu machen. Inhaltlich wird dabei Nr. 3 der ANBest durch die Verwaltungsvorschriften zu § 55 LHO NRW ergänzt und konkretisiert.[20] Das bei der Mittelgewährung zu beachtende Regelungsgerüst, vor allem die weiteren Regelungen in der Bundeshaushaltsordnung oder den Landeshaushaltsordnungen sowie die insbesondere zu §§ 23, 44 BHO/LHO NRW erlassenen Verwaltungsvorschriften,[21] müssen für die darzustellende Verknüpfung von Zuwendungs- und Vergaberecht aus Raumgründen allerdings vernachlässigt wer-

---

18 *Hetmann*, FM NRW, im Vergabe Navigator 2/2017 vom 10.3.2017. S. dazu den entsprechenden Gesetzentwurf der Bundesregierung vom 13.2.2017, BT-Drs. 18/11135. Mit dem Entwurf „ist beabsichtigt, im Rahmen der Neuregelung des Vergaberechts des Bundes unterhalb der EU-Schwellenwerte wesentliche Teile der Vergabeverfahren im Bereich der Unterschwellenvergaben für Lieferungen und Leistungen an den Oberschwellenbereich anzugleichen, der mit dem Vergaberechtsmodernisierungsgesetz vom 17. Februar 2016 (BGBl. I, S. 203) und der Vergaberechtsmodernisierungsverordnung (BGBl. I, S. 624) neu geregelt wurde. Die Regelungen im Oberschwellenbereich sehen vor, dass öffentlichen Auftraggebern im Vergabeverfahren nach ihrer Wahl das offene Verfahren und das nicht offene Verfahren, das stets einen Teilnahmewettbewerb erfordert, zur Verfügung stehen. Die bisherigen haushaltsrechtlichen Regelungen des § 30 des Haushaltsgrundsätzegesetzes und des § 55 Bundeshaushaltsordnung (BHO) sehen regelmäßig die öffentliche Ausschreibung vor und schließen damit im nicht gesetzlich geregelten Bereich unterhalb der EU-Schwellenwerte die dem nicht offenen Verfahren entsprechende beschränkte Ausschreibung als Regelverfahren aus. Mit den Änderungen soll die Gleichartigkeit dieser Vergabearten im Haushaltsrecht etabliert werden.", BT-Drs. 18/11135, S. 1; vgl. dort auch S. 61, 67. Das „Gesetz zur Neuregelung des bundesstaatlichen Finanzausgleichssystems ab dem Jahr 2020 und zur Änderung haushaltsrechtlicher Vorschriften" vom 14.8.2017, dort Art. 10 und 11, machte diese Änderung verbindlich, vgl. BGBl. I Nr. 57. Hamburg, Bremen und Bayern haben bei Redaktionsschluss auch die UVgO eingeführt; zuerst Hamburg durch das „Dritte Gesetz zur Änderung des Vergabegesetzes" v. 18. Juli 2017, vgl. Hamburgisches Gesetz- und Verordnungsblatt Nr. 23 vom 28.7.2017, S. 222, anzuwenden seit dem 1.10.2017; dann Bremen durch Änderung des Tariftreue- und Vergabegesetzes, in Kraft seit dem 19.12.2017. Zu beachten sind hier der Anwendungsausschluss für freiberufliche Leistungen. Schließlich Bayern: Dort trat die UVgO am 1.1.2018 in Kraft, vgl. dazu Bekanntmachung der Bay. Staatsregierung v. 14.11.2017, B II 2 – G 17/17-1 und VV zum öffentlichen Antragswesen, Allg. Ministerialblatt Nr. 11 v. 30.11.2017, S. 507 zu Einzelheiten. Nordrhein-Westfalen beabsichtigt eine Einführung Anfang 2018, voraussichtlich durch entsprechende Fassung der VV zu § 55 LHO.

19 *Hetmann*, Vergabe Navigator 2/2017 vom 10.3.2017, weist allerdings darauf hin, dass auch Erleichterungen zu erwarten seien, da bisher ungeschriebene Vorgaben nunmehr klar geregelt wären. Belastbaren Quellen zufolge wird auf Bund-Länder-Arbeitsebene diskutiert, ob nicht die Zuwendungsempfänger, die ohnehin dem Vergaberecht unterworfen sind, stärker gefordert werden sollen als diejenigen, die erst im Wege der Auflage vergaberechtliche Vorgaben erfüllen müssen.

20 Inhalt des Zuwendungsbescheids werden danach über Nr. 3 ANBest die jeweils aktuellen Konkretisierungen in den VV zu § 55 LHO im Zeitpunkt des Erlasses des Bescheids. Eine spätere Änderung der VV würde hieran nichts ändern, da das Zuwendungsrechtsverhältnis durch den bestandskräftigen Bescheid inhaltlich verbindlich festgestellt worden ist.

21 Dass selbst diese Regelungen nur einen Ausriss des anzuwendenden Rechtsregimes darstellen, hebt *Ubbenhorst*, Zuwendungsrecht NRW, S. 19 f., bereits in der Einleitung hervor.

den.[22] Hinzuweisen ist im hier interessierenden Zusammenhang nur auf die in Nr. 3.1 ANBest vorgesehene Schwellenwertregelung (meist 100.000 Euro[23]). Ebenfalls nicht näher beleuchtet werden kann an dieser Stelle das der Verzahnung zugrunde liegende Zuwendungsrechtsverhältnis:[24] Es wird durch die genannten Regelungen maßgebend bestimmt und hat für Fallkonstellationen, die andere Fehlerquellen als die hier erörterten aufweisen, deutlich größere Bedeutung.[25] Relevant wird das stark innenrechtlich geprägte Rechtsregime vor allem bei **Rückforderungen**[26] wegen vergaberechtswidriger Verwendung von Fördergeldern.

So werden wegen Verstößen gegen die im Zuwendungsbescheid durch Nr. 3 ANBest aufgegebene Beachtung des Vergaberechts **vermehrt** Fördergelder **zurückgefordert**. Dies ist sicher vor dem Hintergrund enger werdender Finanzspielräume aufgrund **angespannter Haushaltslagen** zu sehen.[27] Gleichermaßen ist das Bemühen der **Kontrollorgane** gewachsen, noch strenger auf Ausgabendisziplin und strikte Beachtung aller Vorgaben zur Wirtschaftlichkeit fiskalischen Handelns der von ihnen kontrollierten Auftraggeber zu drängen bzw. bei Verstößen ausgekehrte Gelder der öffentlichen Hand konsequent wieder zuzuführen. Nach der Wahrnehmung des *Verfassers* haben sich dazu die Kontrollbehörden in den vergangenen Jahren fundiertes Fachwissen angeeignet.[28] Der Anstieg der auf eine Verletzung der in Nr. 3 ANBest geregelten Vorgaben gestützten Prüfungsmitteilungen ist schließlich wohl auch auf den Umstand zurückzuführen, dass es etwa für die Rechnungshöfe erheblich leichter ist, einen Vergabeverstoß der hier in Rede stehenden Art festzustellen, als z. B. eine Verfehlung des Zwecks der Fördermaßnahme.[29] 4

22 Eingehend dazu *Müller/Richter/Ziekow*, Handbuch Zuwendungsrecht, A.III., Rn. 162 ff.

23 Auch 25.000 Euro. Abzustellen ist auf den Gesamtbetrag der Zuwendung oder die Finanzierung durch mehrere Stellen. Vgl. zur Thematik auch die durch die Regelungen des Konjunkturprogramms II geschaffenen – bis 31.12.2010 befristeten – Erleichterungen, z. B. Gemeinsamer Runderlass des (damaligen) MWME, IM, FM, MBV NRW über die Beschleunigung von Investitionen durch Vereinfachungen im Vergaberecht (Az.: 121-80-20/02) vom 3.2.2009, Ziffer 3: Mit diesem Erlass wurden die im Konjunkturprogramm II der Bundesregierung beschlossenen Wertgrenzen für die nordrhein-westfälischen Auftraggeber übernommen. Die neuen Wertgrenzen galten damit abweichend von den bisherigen Regelungen sowohl für die Landesdienststellen und Hochschulen als auch für die kommunalen Auftraggeber sowie für Zuwendungsempfänger; s. auch *Greb*, VergabeR 2010, 387, 388 in Fn. 5. Damit fanden die veränderten Wertgrenzen für Zuwendungsempfänger erst im Rahmen von Bescheiden Anwendung, die nach dem Inkrafttreten des Erlasses am 3.2.2009 ergangen sind. Während auf Bundesebene die Regelungen für die erhöhten Wertgrenzen ausgelaufen sind, hatten die meisten Bundesländer sie – zumeist um ein Jahr – mit mehr oder weniger großen Änderungen verlängert, vgl. dazu auch Behörden Spiegel 10/2010, S. 25.

24 Vgl. dazu etwa *Ubbenhorst*, Zuwendungsrecht NRW, insbesondere S. 36 ff., 87 f.; *Müller/Richter/Ziekow*, Handbuch Zuwendungsrecht, A.II., Rn. 137 ff. und B.II., Rn. 37 ff.

25 Dies dürfte etwa für Fälle der Zweckverfehlung gelten.

26 Vgl. dazu III. Rn. 20 ff.

27 Eingehend *H.-M. Müller*, Behörden Spiegel 6/2005, S. 23; *ders.*, VergabeR 2006, 592 f., *Stoye/Walliczek*, in: Prieß/Lau/Kratzenberg, FS Marx, S. 745, sehen darin auch das (intensivierte) Prüfverhalten der Rechnungshöfe begründet.

28 Vgl. auch *Drey*, Behörden Spiegel 9/2009, S. 25.

29 So ist bereits die für die Erfolgskontrolle erforderliche genaue Bestimmung des Zwecks der Maßnahme oft nur schwer, ggf. nur unter Heranziehung aller das Zuwendungsrechtsverhältnis charakterisierenden Merkmale möglich, wohingegen hier relevante Vergabeverstöße häufig bereits evident oder aufgrund der durchgeführten oder unterlassenen Maßnahmen leicht darzulegen bzw. nachzuweisen sind. Dementsprechend haben sich nach Auffassung des Bundesbeauftragten für

II. Kontrolldichte der Prüfungen

5 So verwundert es nicht, dass sich die ersten grundlegenden rechtswissenschaftlichen Beiträge, die sich um die Thematik ranken, mit der **Reichweite der Kontrollbefugnisse der Prüforgane** befassten.[30] Dieser Problemkreis, vor allem am Beispiel der Rechnungshöfe[31] erörtert, und die Zulässigkeit von Rückforderungen (s. dazu unter III.) wurden in der Folge vor allem im Schrifttum[32] kontrovers diskutiert und die Auseinandersetzung über damit zusammenhängende Fragenkreise[33] eröffnet. Weil einschlägige Judikatur speziell zu den Kontrollbefugnissen bislang nur vereinzelt bzw. oft nur zu damit im Zusammenhang stehenden (Rand-)Problemen[34] ergangen ist und somit noch zu entscheidenden Fragenkreisen fehlt, können viele Fälle hinsichtlich der Prozessaussichten nicht verlässlich beurteilt werden. Zudem ist davon auszugehen, dass mit den **erwarteten Neufassungen der Nr. 3 ANBest** in Bund[35] und Ländern aufgrund der Einbeziehung der Unterschwellenvergabeordnung bzw. Teilen davon (ggf. in diese Regelung[36]) zwar bisher diskutierte Fragen geklärt,

---

Wirtschaftlichkeit in der Verwaltung – BWV –, Prüfung der Vergabe und Bewirtschaftung von Zuwendungen, 2004, S. 17, 108 ff., Verstöße gegen das Gebot der in den ANBest geregelten vergaberechtlichen Vorgaben mittlerweile als „lohnende" Prüfungsansätze herauskristallisiert.

30 So vor allem *Antweiler*, NVwZ 2005, 168 ff. und *H.-M. Müller*, in: Byok/Jaeger, Vergaberecht, 2. Aufl. 2005, § 20 VgV Rn. 1739 ff.; *ders.*, Behörden Spiegel 2/2005, S. 19; *ders.*, VergabeR 2006, 592 ff.; vgl. auch *Schilder*, NZBau 2009, 156.

31 Im Auftrag des Landesrechnungshofs handeln die Staatlichen Rechnungsprüfungsämter.

32 *Antweiler*, NVwZ 2005, 168 ff.; *H-M. Müller*, in: Byok/Jaeger, Vergaberecht, 2. Aufl. 2005, § 20 VgV Rn. 1739 ff.; *ders.*, Behörden Spiegel 2/2005, S. 19; *ders.*, VergabeR 2006, 592 ff.; *Kulartz/Schilder*, NZBau 2005, 553 ff.; *Schaller*, KommunalPraxis-BY 2006, 333 ff.; *Jennert*, KommJur 2006, 286 ff.; *Stachel*, ZKF 2006, 150 ff.; *Brune*, VergabeR 2006, 864 ff.; *Martin-Ehlers*, NVwZ 2007, 289 ff.; *Attendorn*, NVwZ 2006, 991 ff.; *ders.*, NWVBl 2007, 293 ff.; *Mayen*, NZBau 2009, 98 ff.; *Wagner/Kloker*, BWGZ 2009, 138; *Schilder*, NZBau 2009, 155 ff.; *Greb*, VergabeR 2010, 387 ff.; *Kautz*, BayVBl. 2010, 264 ff. Vgl. auch – lediglich deskriptiv – *Dreher*, in: Immenga/Mestmäcker, Wettbewerbsrecht, Bd. 2, Teil 2, Vorbemerkung Vor §§ 97 ff. Rn. 173; *ders.*, NZBau 2008, 93 ff. u. 154 ff. Zu Rückforderungen aus gewährten EU-Fördergeldern s. *Braun*, NZBau 2010, 279.

33 Etwa Rechtswegfragen, s. dazu etwa *Greb*, VergabeR 2010, 387, 389 ff.; *ders.*, VergabeR 2010, 387, 391 f. zu Fragen wirksamer Einbeziehung der ANBest. Problemkreise des vorzeitigen Maßnahmenbeginns und der Jahresfrist werden von *Schilder*, NZBau 155, 157 und 158 behandelt. Vgl. auch III, Rn. 20 ff.: Rückforderung vergaberechtswidrig verwendeter Fördergelder.

34 OVG Münster, Urt. v. 11.2.2009, 20 K 2335/08; Urt. v. 22.2.2005, 15 A 1065/04, NZBau 2006, 64 ff.; Urt. v. 12.6.2007, 15 A 1243/05, juris, Rn. 26–28; VGH München, Beschl. v. 29.7.2008, 4 ZB 07.2230, BeckRS 2010, 4858; VG Düsseldorf, Urt. v. 20.10.2006, 1 K 3293/05, BeckRS 2007, 21289; VG Minden, Urt. v. 13.4.2005, 3 K 7172/03, juris, Rn. 30–33; VG Minden, Urt. v. 13.4.2005, 3 K 4804/03, juris, Rn. 25; VG Stuttgart, Urt. v. 24.11.2009, 6 K 114/09; VG München, Urt. v. 11.3.2010, M 10 K 09.853, juris, Rn. 42; VG Potsdam, Urt. v. 17.8.2010, 3 K 1383/05.

35 Der Bund hat bereits die ANBest Nr. 3 angepasst. Mit Rundschreiben des BMF v. 25.4.2018, II A 3 – H 1012-6/17/10001 :003, Dok. 2018/6403235 an die Beauftragten des Haushalts wird die Anlage 1 und 2 zur VV Nr. 5.1 [ANBest I u. P] für die Bundesbehörden dahin geändert, dass bei Beibehaltung der 100.000 Euro-Schwelle (bei institutioneller und Projektförderung) die UVgO zur Anwendung kommt, allerdings mit der Möglichkeit, Ausnahmen zuzulassen, etwa von §§ 22, 28, 30 UVgO. Erst mit der – bei Redaktionsschluss (26.4.2018) noch ausstehenden – Veröffentlichung im Gemeinsamen Ministerialblatt tritt die Neuregelung in Kraft.

36 S. näher oben I, dort Einf. Rn. 2, insb. Fn. 10.

neue sich aber – über die nachstehend zunächst behandelte Kontrolldichte hinaus – stellen werden.

Aufgabe der **Rechnungshöfe** ist die Prüfung der Rechnung sowie die Kontrolle der Wirtschaftlichkeit und Ordnungsmäßigkeit der Haushalts- und Wirtschaftsführung.[37] Dazu zählt auch die **Finanzkontrolle von Zuwendungen** im Sinne von §§ 23, 44 BHO/LHO zur Projekt- oder institutionellen Förderung. Hierbei scheint sich die Rechnungshofkontrolle der jeweiligen Zuwendungsbescheide jedoch zum Einfallstor für eine **umfassende Überprüfung von Vergabeverfahren** zu entwickeln. **6**

So neigen einige Rechnungshöfe bei ihrer Prüfung der Förderung dazu, auch die Vergabepraxis des Zuwendungsempfängers umfänglich zu kontrollieren. Es werden beispielsweise weitere Gründe für ein – zulässiges und (ausreichend) begründetes – Abweichen von der Durchführung der Regelverfahren verlangt bzw. generell die Beauftragung in einem Ausnahmeverfahren bemängelt oder Probleme bei der Bürgschaftsstellung bei inländischen Großbanken gesehen. Diese Praxis ist nicht unproblematisch, da sie (auch) Fragen der **grundsätzlichen Zulässigkeit** einer solchen Prüfung, jedenfalls aber der **Beschränkung der Kontrolldichte**, im einzelnen Fall aufwirft. **7**

1. Grundsätzliche Zulässigkeit der Rechnungshofprüfung

§ 91 Abs. 1 Nr. 3 BHO bzw. entsprechende Regelungen in den Landeshaushaltsordnungen oder in Spezialgesetzen[38] berechtigen den Rechnungshof zwar, Stellen außerhalb der Verwaltung zu prüfen, wenn diese vom Bund/Land Zuwendungen erhalten haben. Die **Prüfung bei Privaten** findet dabei ihre Rechtfertigung im freiwilligen Gewähren der staatli- **8**

37 Vgl. Art. 114 Abs. 2 GG; Art. 86, 87 NRW Verf.

38 S. etwa § 6a des Gesetzes zur Umsetzung von Zukunftsinvestitionen der Kommunen und der Länder (Zukunftsinvestitionsgesetz – ZuInvG), erlassen als Art. 7 des Gesetzes zur Sicherung der Beschäftigung und Stabilität in Deutschland vom 2.3.2009 (BGBl. I, S. 416), zuletzt geändert durch Art. 3b des Gesetzes zur Abschaffung des Finanzplanungsrats und zur Übertragung der fortzuführenden Aufgaben auf den Stabilitätsrat sowie zur Änderung weiterer Gesetze vom 27.5.2010 (BGBl. I, S. 671). § 6a ZuInvG lautet: „Der Bund kann in Einzelfällen weitere Nachweise verlangen und bei Ländern und Kommunen Bücher, Belege und sonstige Unterlagen einsehen sowie örtliche Erhebungen durchführen. Ein unverhältnismäßiger Verwaltungsaufwand ist zu vermeiden. Der Bundesrechnungshof prüft gemeinsam mit dem jeweiligen Landesrechnungshof im Sinne von § 93 der Bundeshaushaltsordnung, ob die Finanzhilfen zweckentsprechend verwendet wurden. Dazu kann er auch Erhebungen bei Ländern und Kommunen durchführen." Mit Beschluss vom 7.9.2010 entschied allerdings das Bundesverfassungsgericht, dass die Sätze 1 und 4 des § 6a ZuInvG aufgrund fehlender Bundeskompetenz mit der Verfassung teilweise unvereinbar seien, während die ebenfalls angegriffene Regelung des § 6a Satz 3 mit dem Grundgesetz in Einklang stehe. Damit wurden die Kontrollrechte des Bundes im Rahmen des Konjunkturpakets II erheblich reduziert. Somit besteht die Einsichtsbefugnis des Bundes nur insoweit, als der Bund nach § 6a ZuInvG zu örtlichen Erhebungsmaßnahmen bei den Ländern und Kommunen ermächtigt wird, die der Prüfung eines Rückforderungs- bzw. Haftungsanspruchs nach § 7 Abs. 1 ZuInvG und Art. 104a Abs. 5 S. 1 Hs. 2 GG dienen, vorausgesetzt, das Vorliegen eines solchen Anspruchs erscheint aufgrund konkreter Tatsachen im Einzelfall möglich. Vgl. zu den Rückforderungsrechten des Bundes beim Konjunkturpaket II auch *Haak/Hogeweg*, Behörden Spiegel 3/2009, S. 17; *dies.*, NdsVBl. 2009, 130 ff.

chen Zuwendung[39] und wird daher allgemein für zulässig gehalten.[40] Inhalt und Grenzen dieses Prüfungsrechts werden zunächst durch § 91 Abs. 2 BHO/LHO festgelegt. Nach dieser Vorschrift erstreckt sich die Prüfung auf die bestimmungsmäßige und wirtschaftliche Verwaltung und Verwendung, bei Zuwendungen darüber hinaus auch auf die sonstige Haushalts- und Wirtschaftsführung des Empfängers, soweit es der Rechnungshof für notwendig hält. Anders gewendet: Der Rechnungshof prüft ggf. bei der Gewährung von Zuwendungen die „Bestimmungsgemäßheit" und „Wirtschaftlichkeit" auch der (sonstigen) Haushalts- und Wirtschaftsführung des Empfängers.[41]

9 Bedenken gegen eine so weitgehende Kontrolle des Rechnungshofs (auch) der Privaten werden jedoch vor allem unter folgenden Gesichtspunkten[42] geltend gemacht: Einmal sei Gegenstand der staatlichen Rechnungshofprüfung das haushaltsrelevante Verhalten des Staates, nicht aber das Verhalten Privater.[43] Richtig ist, dass im Mittelpunkt der Kontrolle die wirtschaftliche Effizienz des Zuwendungsgebers steht. Dazu kann es aber erforderlich werden, die Auswirkungen der Bewilligung anhand der Zielvorgaben beim Leistungsempfänger zu prüfen.[44] Zum anderen werden ausgreifende Geltungsansprüche der Rechnungshofprüfung unter Hinweis auf Verhältnismäßigkeitserwägungen generell zurückgewiesen, weil die Prüfung Privater zur Zweckerreichung nicht erforderlich sei.[45] Diese Auffassung wird nicht allen Fällen gerecht und ist in dieser Allgemeinheit abzulehnen.

10 Im Hinblick auf das thematisch begrenzte Kontrollziel des Rechnungshofs dürfte für den Prüfumfang vielmehr entscheidend sein, ob das hier in Rede stehende Vorgehen den in Art. 114 Abs. 2 GG als Ordnungsmäßigkeit oder Wirtschaftlichkeit konturierten Kontrollmaßstäben unterfällt. Dies könnte bei einer Prüfung der dem Empfänger im Wege einer

---

39 *Degenhart*, VVDStRL 55 (1996), 190, 220; *Stackmann*, DVBl. 1994, 383, 387.

40 *Siekmann*, in: Sachs, GG, Art. 114 Rn. 35 m. w. N. in Fn. 86, insbesondere bei privaten Zuwendungsempfängern (s. § 91 Abs. 1 Satz 1 Nr. 3 BHO/LHO), wenn sie zur Erfüllung eines öffentlichen Auftrags (allein) durch Steuermittel existieren können. Auch eine Prüfung bei den Letztempfängern, soweit Zuwendungen weitergeleitet wurden, s. *Schwarz*, in: Gröpl, BHO/LHO, § 91 Rn. 17 m. w. N. Nicht durchgesetzt hat sich die vereinzelt vertretene Auffassung, etwa von *Delbrück*, Gutachten zu den Prüfungsrechten des Landesrechnungshofs, S. 21 und 41, § 91 BHO/LHO sei verfassungswidrig.

41 Vgl. dazu die Fassung des Art. 114 Abs. 2 GG: „Der Bundesrechnungshof … prüft die Rechnung sowie die Wirtschaftlichkeit und Ordnungsgemäßheit der Haushalts- und Wirtschaftsführung …". Nach allgemeiner Meinung ist die sogenannte Betätigungsprüfung nach § 91 Abs. 1 Nr. 3 BHO/LHO unmittelbar von Art. 114 Abs. 2 S. 1, 2 GG umfasst, zählt also zum verfassungsrechtlich zugewiesenen Kernbereich der Kontrollfunktionen des Rechnungshofs, vgl. *Degenhart*, VVDStRL 55 (1996), 190, 221 m. w. N. in Fn. 242. Der Frage, welche sachlichen Unterschiede sich eventuell aus den unterschiedlichen Formulierungen ergeben, muss hier nicht weiter nachgegangen werden, da im Folgenden sich aus dem in beiden Bestimmungen enthaltenen Prüfungsmaßstab der „Wirtschaftlichkeit" das maßgebende Differenzierungskriterium ergibt. Ausgangspunkt für die weiteren Überlegungen ist der Normenhierarchie entsprechend Art. 114 Abs. 2 GG, an dem sich die einfachgesetzlichen Ausgestaltungen in der BHO bzw. den LHO messen lassen müssen.

42 Zu weiteren Argumenten vgl. *Groß*, VerwArch 95 (2004), 194, 209.

43 So insbesondere *Leisner*, Staatliche Rechnungsprüfung Privater, S. 96, 102. Einschränkend hält er die Prüfung Privater dann für zulässig, wenn sich daraus eine (fragwürdige) höhere Effizienz der Rechnungsprüfung ergeben könnte. Dies wiederum führe aber unzulässigerweise zum „Durchgriffsstaat".

44 Ähnlich *Stackmann*, DVBl. 1994, 383, 386 m. w. N. in Fn. 35; wohl auch *Groß*, VerwArch 95 (2004), 194, 205.

45 *Delbrück*, Gutachten zu den Prüfungsrechten des Landesrechnungshofs, S. 15.

Auflage aufgegebenen Verpflichtung zur Anwendung der genannten Vergabe- und Vertragsordnungen bereits deshalb zweifelhaft sein, weil es dabei nicht nur um Überprüfungen „am Maßstab des ‚**ökonomischen Prinzips**'"[46] und damit um eine Wirtschaftlichkeitsprüfung im Sinne möglichst günstiger Kosten-Nutzen-Relationen[47] geht. Bezweckt ist in der Regel vielmehr auch die Chance zur breiten Beteiligung von Bietern am Vergabeverfahren im Sinne der grundgesetzlich garantierten Wettbewerbsfreiheit.

Ebenso wenig dürfte eine Ordnungsmäßigkeitsprüfung ohne Weiteres zu einer Untersuchung sämtlicher verdingungsrechtlich aufgegebener Schritte führen. Denn im Rahmen der Prüfung der Ordnungsmäßigkeit können Ausgabeentscheidungen auf deren Übereinstimmung mit den Vorschriften des **Haushaltsrechts**[48] bzw. des **Haushaltsgesetzes**[49] untersucht werden. Darum handelt es sich im Kern aber häufig nicht, jedenfalls nicht ausschließlich. 11

2. Beschränkung der Kontrolldichte

Da es bei **beiden** Kontrollmaßstäben um eine **Finanzkontrolle** durch den Rechnungshof geht, ist **Gegenstand der Prüfung damit nicht das Einhalten sonstigen, von der Verwaltung vorgeschriebenen Verhaltens.**[50] Demzufolge ist nach dem Regelungsinhalt der Auflage bzw. der Zielsetzung der Bewilligungsbehörde zu **differenzieren**: 12

In unterschiedlichen Fassungen bestimmen (**Innenrechts-)Vorschriften**, dass der **Förderzweck** auf möglichst **sparsame** und **wirtschaftliche** Weise erreicht werden muss und Aufträge „öffentlich auszuschreiben (sind), damit die verfügbaren Haushaltsmittel im Rahmen des Wettbewerbs wirtschaftlich und sparsam verwendet werden".[51] Hier ist unzweifelhaft der Kontrollmaßstab der Wirtschaftlichkeit berührt.[52] Einer Wirtschaftlichkeitsprüfung grundsätzlich zugänglich ist auch relevantes Handeln für die Aufhebung des Zuwendungs- 13

46 *Siekmann*, in: Sachs, GG, Art. 114 Rn. 14.

47 Vgl. hierzu nur *Schulze-Fielitz*, VVDStRL 55 (1996), 231, 245 f.

48 *Siekmann*, in: Sachs, GG, Art. 114 Rn. 13.

49 *Jarass/Pieroth*, GG, Art. 114 Rn. 7 m. w. N.

50 Vgl. dazu *Stern*, DÖV 1990, 261, 263: „Ungeachtet gewisser Ausweitungstendenzen in der Wissenschaft bleibt zu betonen, daß ... diese Kontrolltätigkeit sich gerade auf das Finanzgebaren beziehen muss. Weder eine allgemeine Ergebnis- oder Erfolgskontrolle noch eine allgemeine Rechtmäßigkeitskontrolle sind daher von der Verfassungsgarantie erfaßt" und für die hier behandelte Thematik eingehend *Antweiler*, Behörden Spiegel 6/2004, S. 25: Zulässig sei nur eine Finanz-, nicht aber eine allgemeine Rechtmäßigkeitskontrolle der Rechnungshöfe; eine vergaberechtliche Kontrolle im Detail sei ausgeschlossen. Dies verkennt *Pelzer*, Behörden Spiegel 7/05, S. 23, wenn er die Kontrolle als dem Prüfungsmaßstab der „Ordnungsgemäßheit" unterfallend annimmt.

51 Vgl. z. B. Ziff. 1.1 der VV zu § 55 LHO NRW, MinBl. NRW Nr. 740 v. 20.11.2003, S. 1337.

52 *Schleich*, NJW 1988, 236, 241, bezweifelt, dass die Auferlegung aller verdingungsrechtlichen Pflichten in der Auflage der Wahrung des Gebots der Wirtschaftlichkeit und Sparsamkeit bei der Erfüllung des Zuwendungszwecks dienlich ist; dies treffe nur für einen Teil der Vorgaben zu, nämlich für die Bestimmungen über das Regel- bzw. Ausnahmeverfahren und für die Vorschriften, die im Rahmen einer Ausschreibung oder formlosen Markterkundung verpflichten, den Zuschlag auf das wirtschaftlichste bzw. annehmbarste Angebot zu erteilen. Dem sich damit im Übrigen aufdrängenden Problem, ob eine Nebenbestimmung, die zum Förderzweck – Erreichung des in der Zweckbestimmung gesteckten Ziels auf möglichst wirtschaftliche oder sparsame Weise – nicht oder doch nur wenig beiträgt, überhaupt zulässig ist, kann hier nicht weiter nachgegangen werden, vgl. dazu allgemein *Schleich*, NJW 1988, 236, 238 f., 241.

bescheids bzw. die Geltendmachung von **Erstattungsansprüchen**, die u. a. bei Verstoß gegen die zuvor genannten Vorgaben ausgelöst und zu geldlichen oder geldwerten Vorteilen führen und damit finanzwirksam werden können.

14 Mit der Auflage, das Vergaberecht anzuwenden, verfolgt der Fördergeber materiell aber oft zugleich auch, mitunter mittelbar, **wettbewerbliche Zwecke** und darf sich damit im Einklang mit der im GWB erfolgten Normierung des Wettbewerbsgrundsatzes (§ 97 Abs. 1 GWB) und dessen Akzentuierung sehen.[53] Auch dazu soll die Verpflichtung zur Anwendung der jeweils einschlägigen Vergabe- und Vertragsordnungen bzw. (nach Einführung) der entsprechenden Bestimmungen der UVgO eine (formal) vergaberechtlich ordnungsgemäße Auftragsvergabe sicherstellen, zwar nicht beim Auftraggeber selbst, sondern bei dem von ihm begünstigten Zuwendungsempfänger, der sonst nur bei Vorliegen bestimmter Voraussetzungen dazu verpflichtet ist. Regelmäßig liegen dem Sparsamkeits- und Wirtschaftlichkeitserwägungen zugrunde.

15 Im vorliegenden Zusammenhang ist aber weiter zu berücksichtigen, dass die Rechnungshofkontrolle an die Konkretisierungen und Gewichtungen der staatlichen **Zielsetzungen** durch die geprüfte Verwaltung anknüpfen, sich diese für die Kontrolle zu eigen machen und zum Maßstab für eine nachvollziehbare (Wirtschaftlichkeits-)Prüfung nehmen muss.[54] Derartige Zielsetzungen sind (auch) in den Förderzwecken konkretisiert. Bewegt sich die Zielverfolgung der Bewilligungsbehörde zulässigerweise, insbesondere im Rahmen ihrer **fachlichen Autonomie**, ihrem Zweck nach auch und besonders **außerhalb von Wirtschaftlichkeitsaspekten**,[55] so hat der Rechnungshof dies auch dann hinzunehmen, wenn die zu prüfenden Handlungsweisen dadurch nicht mehr seinem Prüfauftrag unterliegen, ihm somit die Kontrolle entzogen wird.

16 Das bedeutet, dass beispielsweise dann, wenn nach dem Willen der Bewilligungsbehörde für die vergaberechtlichen Vorgaben in der Auflage **wettbewerbliche Gründe**,[56] und zwar

53 Vgl. auch §§ 2 Abs. 1 VOL/A, 2 Abs. 1 VOB/A. Die eigenständige Bedeutung des Wettbewerbsgrundsatzes neben dem Wirtschaftlichkeitsgesichtspunkt wird auch in den Richtlinien Nr. 1.1 und 1.2 des VHB zu § 2 VOB/A deutlich: „Uneingeschränkter Wettbewerb ist notwendig, um … – allen in Betracht kommenden Bewerbern zu gleichen Bedingungen Zugang zu öffentlichen Aufträgen zu ermöglichen, – angemessene Preise zu erzielen…“.

54 Vgl. *Schulze-Fielitz*, VVDStRL 55 (1996) 231, 262 m. w. N. in Fn. 181, zur Kompetenz geprüfter, fachlich autonomer Stellen, Zwecke zu konkretisieren. Da, wie oben (Rn. 7) gezeigt, sich die Prüfung letztlich nicht gegen die Stellen außerhalb der Verwaltung richtet, sondern als Erkenntnismittel für die Prüfung der Verwaltung dient, die für die Weitergabe der Mittel an Externe verantwortlich ist, ist auch der geprüften Bewilligungsbehörde die Kompetenz zur Konkretisierung von Zielen zuzubilligen. Dem steht nicht entgegen, dass die zuwendende Behörde gewissermaßen zugleich „Zweckbestimmer“ und – wegen dem durch die (Innen-)Rechtsvorgaben vorbestimmten Rahmen für die Zielvorgaben – auch „Zweckadressat“ ist. Entscheidend ist, dass nach der hier vertretenen Auffassung die Bewilligungsbehörde Unabhängigkeit bzw. die fachliche Autonomie zur Konkretisierung staatlicher Zielsetzungen besitzt. Soweit diese Befugnis nicht auch die Gewichtung mit einschließt, ist von einer entsprechenden Erweiterung der Kompetenz auszugehen.

55 (Teil-)Ziele können auch in einer Nebenbestimmung geregelt sein.

56 Da die Bewilligungsbehörden verpflichtet sind, die ANBest „grundsätzlich“ unverändert zum Bestandteil des Zuwendungsbescheids zu machen, vgl. VV Nr. 5.1 zu § 44 BHO/LHO, kann die von Wirtschaftlichkeitszwecken abweichende Zielsetzung zulässigerweise auch ausdrücklich zum Regelungsinhalt der den Bescheid ergänzenden ANBest gemacht werden. Vgl. VV Nr. 15 zu § 44 BHO bzw. Nr. 13 zu § 44 LHO NRW: Einvernehmen mit Finanzministerium und Rechnungshof.

solche **im Interesse der späteren Auftragnehmer**,[57] ausschlaggebend oder **vorrangig** waren, die Befolgung der in dieser Nebenbestimmung geregelten Verpflichtung dem zugewiesenen **Kontrollbereich des Rechnungshofs entweder ganz entzogen** ist oder allenfalls Kontrollen in Form von **Evidenzprüfungen** zulässig sind. Die Fälle mit einer solchen ausschließlichen oder vornehmlichen Zielverfolgung haben allerdings seltenen **Ausnahmecharakter**, zumal der verfolgte Zweck nicht immer hinreichend deutlich wird oder alle Zwecke eine (gleichrangige) Rolle spielen. Doch besonders politisch motivierte Zuwendungen, die im herausragenden Interesse der Öffentlichkeit, der Wirtschaft bzw. der mit Partizipationswünschen handelnden Dritten stehen, können (ausschließlich oder doch vorrangig) vor allem aus wettbewerblichen Gründen die Anwendung des Vergaberechts beim Adressaten erfordern. Denn erst wenn vermittelt werden kann, dass der Zuwendungsempfänger Aufträge in einem formalisierten Verfahren vergeben und die Beteiligung mehrerer Bewerber/Bieter ermöglichen muss, sehen sich häufig die um Vergaben im Wettbewerb bemühten Unternehmen bzw. die deren Belange vertretenden Verbände zufriedengestellt.

Selbst wenn Sparsamkeits- und Haushaltsgesichtspunkte sowie wettbewerbliche Zwecke gleichgewichtig für die vergaberechtlichen Vorgaben in der Auflage maßgebend waren, kann der Grundsatz der **Verhältnismäßigkeit** einen **Freiraum** der Prüfung durch den Rechnungshof gebieten. In Ausübung des nach § 91 BHO/LHO eröffneten **Ermessens** („berechtigt") werden jedenfalls **besonders gelagerte Einzelfälle** prüfungsfrei bleiben können.[58] Im Rahmen der hierzu anzustellenden Erwägungen wird u. a. maßgebend sein, ob eine Vergaberechtskontrolle beim Privaten erforderlich ist, um **finanzwirksames** Verhalten der Verwaltung verlässlich feststellen zu können. Kontrollrestriktionen können dort entstehen, wo die Erfüllung des Zuwendungszwecks auch unter Wirtschaftlichkeits- bzw. Sparsamkeitsgesichtspunkten bereits (aufgrund anderer Erkenntnisse) außer Zweifel steht.[59] Ferner darf der Rechnungshof im Zuge seiner Ermessensausübung keine willkürlichen oder schikanösen Verfahren durchführen.[60] 17

Der Finanzkontrolle des Rechnungshofs entzogen sind nach Maßgabe der vorstehenden Ausführungen damit solche zum Gegenstand von Prüfungsmitteilungen gemachten Vergabeverstöße, die eindeutig nicht der als **zuwendungsrechtliche Wirtschaftlichkeitskontrolle**[61] beschriebenen Prüfungsbefugnis unterfallen.[62] Dazu dürften etwa Verstöße gegen 18

57 Die Durchsetzung des Wettbewerbs liegt nicht nur im Interesse des Auftragnehmers, sondern auch des Auftrag- bzw. Fördergebers. Denn Wettbewerb verhilft auch zur wirtschaftlichen Verwendung der Finanzmittel. Hieran wird deutlich, wie eng die jeweiligen Zielvorstellungen zusammenhängen.

58 Vgl. auch *Stackmann*, DVBl. 1994, 383, 386.

59 Vgl. hierzu auch *Nebel*, in: Piduch, Bundeshaushaltsrecht, § 91 BHO Rn. 8, der bei der Projektförderung im Allgemeinen gegenüber der institutionellen Förderung reduzierte Prüfungsmöglichkeiten annimmt. Hier genüge regelmäßig die Feststellung, dass die Zuwendung ihrer Zweckbestimmung zugeführt und hierbei wirtschaftlich verfahren worden sei, während bei institutionell geförderten Zuwendungsempfängern durchweg eine Prüfung ihrer gesamten Haushalts- und Wirtschaftsführung angezeigt sei.

60 *Groß*, VerwArch 95 (2004), 194, 217.

61 Ähnlich insoweit nunmehr auch *Greb*, VergabeR 2010, 387, 393 ff. im Kontext mit Rückforderungen, indem er dem Zuwendungsrecht einen anderen Wirtschaftsbegriff zuweist als dem Vergaberecht. Daher könne ein Verstoß gegen das Vergaberecht nicht automatisch ein zuwendungsfeindlicher Akt sein, der die Rückforderung einer Zuwendung begründet.

62 Im Ergebnis ebenso *Antweiler*, Behörden Spiegel 6/2004, S. 25 und *Kulartz/Schilder*, NZBau 2005, 553; nicht so klar *Burgi*, Behörden Spiegel 2/2005, S. 19; letztlich wohl auch *Schilder*,

das Nachverhandlungsverbot, gegen das Gebot der losweisen Vergabe und gegen das Verbot der Zuschlagserteilung auf ein unangemessen niedriges Angebot zu zählen sein. Derartige Feststellungen des Rechnungshofs liefern diesem keine Erkenntnisse über die im vorliegenden Zusammenhang relevante wirtschaftliche und sparsame Verwendung der Zuwendung, im Gegenteil: Diese zwar vergaberechtlich unzulässigen Vorgehensweisen führen häufig sogar erst zum wirtschaftlichen Einsatz der Fördergelder.

19 Zusammenfassend bleibt damit – ungeachtet im Einzelnen abweichender Begründungen der sich dieser Auffassung anschließenden Schrifttumsmeinungen – festzustellen, dass Zuwendungen an Private vom (verfassungsrechtlichen) Kontrollauftrag des Rechnungshofs **grundsätzlich** erfasst sind. Die Rechnungshofprüfung wirft aber im Hinblick auf die im Zuwendungsbescheid durch Nebenbestimmung aufgegebene Befolgung vergaberechtlicher Vorgaben Fragen der **Beschränkung der Kontrolldichte** im Hinblick auf die skizzierte, **richtig verstandene Finanzkontrolle** bereits im Grundsatz, jedenfalls aber im Detail auf. Insbesondere die Beachtung des Gleichheitsgrundsatzes und des Grundsatzes der Verhältnismäßigkeit kann im Einzelfall zu einer Beschränkung der Prüfung durch den Rechnungshof führen.[63]

III. Widerruf von Zuwendungsbescheiden und Rückforderungen

20 Bei Verstößen gegen die im Zuwendungsbescheid aufgegebene Pflicht, das Vergaberecht (also – bisher – zumeist die Abschnitte 1 der VOL/A und VOB/A) zu beachten,[64] steht den Bewilligungsbehörden ein wirkungsvolles Sanktionierungsinstrumentarium zur Verfügung: der **Widerruf des Bescheids**[65] und die **(Teil-)Rückforderung** der gewährten Mittel (§§ 49 Abs. 3, 49a VwVfG).

21 Wie an anderer Stelle bereits näher ausgeführt,[66] sehen sich nicht nur die Bewilligungsbehörden, sondern auch die Zuwendungsempfänger der vermehrten Ausübung des Prüfungsrechts durch den Rechnungshof bzw. durch die Rechnungsprüfungsämter ausgesetzt.[67] Obwohl die Bewilligungsbehörden dem Rechnungshof gegenüber weder weisungsgebunden noch von ihm unmittelbar abhängig sind, wird auf sie häufig rechtlicher,[68] aber auch außerrechtlicher Druck in verschiedener Weise zur Herstellung der Gesetzmäßigkeit oder Anpassung an ver-

---

NZBau 2009, 155, 156 f.; a. A. *Attendorn*, NVwZ 2006, 991; *Brune/Mannes*, VergabeR 2006, 864, 867; wohl auch VGH München, Beschl. v. 29.7.2008, 4 ZB 07.2230, BeckRS 2010, 4858. S. auch III., Rn. 42.

63 Dass diese Grundsätze den Kontrollorganen Beschränkungen auferlegen können, dürfte auch von der Gegenauffassung nicht in Zweifel gezogen werden.

64 Eingehend zu den vergaberechtlichen Vorgaben bzw. zur Regelung des entsprechenden Pflichtenkreises sowie zu den (beabsichtigten) Neuregelungen s. oben I. Rn. 1 f.

65 Die in der Praxis seltene Rücknahme des Zuwendungsbescheids (§ 48 VwVfG) bleibt hier unberücksichtigt.

66 *H.-M. Müller*, Behörden Spiegel 6/2005, S. 23; *ders.*, VergabeR 2006, 592, insb. 597 f.

67 Nach Auffassung des Bundesbeauftragten für Wirtschaftlichkeit in der Verwaltung, Prüfung der Vergabe und Bewirtschaftung von Zuwendung, 2004, S. 17, 108 ff., haben sich Verstöße gegen das Gebot der in den ANBest geregelten vergaberechtlichen Vorgaben mittlerweile als „lohnende" Prüfungsansätze herauskristallisiert.

68 Hier sind vor allem die Möglichkeiten im Rahmen der Kommunalaufsicht zu nennen.

änderte Umstände ausgeübt.[69] In der Sache selbst wird vom Zuwendungsempfänger der kritisierte Verstoß gegen das aufgegebene Vergabeverhalten häufig als bloßer Formalismus und nicht als so schwerwiegend empfunden, dass dies eine (Teil-)Rückforderung der Zuwendung zur Folge haben könnte.[70] Das gilt vor allem dann, wenn die Rückzahlung der Mittel Existenz vernichtend ist oder die Förderzwecke bereits erreicht worden sind bzw. hätten erreicht werden können.[71] Letzteres ist auch der entscheidende Gesichtspunkt für die zuwendenden Behörden. Damit werden sie entgegen gelegentlich zu vernehmenden Stimmen aus der Praxis allerdings nicht zu Sachverwaltern der Zuwendungsempfänger.[72]

Wenn bei Verstoß gegen die durch die ANBest begründete Vergaberechtspflicht eine Rück- **22**
forderung der Mittel in Betracht gezogen wird oder werden muss,[73] hat die Bewilligungsbehörde grundsätzlich folgende Überlegungen anzustellen:

Rechtsgrundlage für den Widerruf eines rechtmäßig ergangenen, eine Geldleistung gewäh- **23**
renden Zuwendungsbescheids ist regelmäßig[74] § 49 Abs. 3 VwVfG. In den Verwaltungsvorschriften der Länder sind dazu ergänzende Regelungen über die jeweilige Vorgehensweise getroffen worden.[75] Von besonderer Bedeutung sind in diesem Zusammenhang die ANBest, deren überwiegende Regelungen als **Auflagen** nach § 36 Abs. 2 Nr. 4 VwVfG zu qualifizieren sind.[76] Dies ist jedenfalls bei der **konstitutiven**, durch die ANBest vorgege-

---

69 Vgl. *Attendorn*, NVwZ 2006, 991, 992.

70 Vgl. *H.-M. Müller*, Behörden Spiegel 6/2005, S. 23.

71 Vgl. III. Rn. 38 und IV. Rn. 44.

72 Eingehend *H.-M. Müller*, Behörden Spiegel 6/2005, S. 23.

73 Oft wird auf eine Rückforderung verzichtet, weil der Erlass eines Änderungsbescheids – Teilaufhebung und Neuerlass des Bewilligungsbescheids – die Problematik löst. Näher dazu *Müller/Richter/Ziekow*, Handbuch Zuwendungsrecht, B.II., Rn. 173 ff.

74 Bei manchen Förderprogrammen bestehen (daneben) spezielle Rechtsregeln zur Rückzahlung von Zuwendungen bei Verstoß gegen Auflagen und Bedingungen, so etwa 9.2.3 der „Allgemeinen Bestimmungen für Investitionszuschüsse bei Infrastrukturmaßnahmen aus dem Regionalen Wirtschaftsförderungsprogramm des Landes Nordrhein-Westfalen (RWP)" (in der Fassung aus dem Jahre 2005). Vgl. dazu auch OLG Düsseldorf, Urt. v. 5.10.2010, I-23 U 173/09, Umdruck S. 9. Vgl. eingehend zu Rechtsgrundlagen zur Rückforderung europäischer Fördermittel (Strukturfonds) *Stoye/Walliczek*, in: Prieß/Lau/Kratzenberg, FS Friedhelm Marx, S. 745, 755 f. Zur Rückforderung europäischer Struktur-Fördermittel wegen vergaberechtlicher Verstöße s. jüngst EuGH, Urt. v. 26.5.2016, C-261/14 und C-2016/14, VergabeR 2016, 728 ff. – Neaumt/Bacau, mit Anm. *Hertwig*. Das Gericht bejaht eine „Unregelmäßigkeit" im Sinne des europäischen Rechts, wenn der Zuwendungsempfänger gegen eine nationale Vergabevorschrift verstößt, soweit der Verstoß einen Schaden für den Gesamthaushaltsplan der EU bewirkt hat oder bewirken würde. S. ferner *Dietlein/Fandrey*, in: Gabriel/Krohn/Neun, Handbuch Vergaberecht, § 8 Rn. 28 zu den „Leitlinien für die Festsetzung der Finanzkorrekturen, die bei Verstößen gegen die Vorschriften für die öffentliche Auftragsvergabe auf durch die Strukturfonds und den Kohäsionsfonds cofinanzierte Ausgaben anzuwenden sind" vom 29.11.2007, COCF 07/0037/03-De, abgedruckt in NZBau 2010, 297 ff. Die Leitlinien haben für die Rückforderung nationaler Zuwendungen zwar keine Bindungswirkung, doch lassen sich deren Gehalte fruchtbar machen, vgl. *Brune*, NZBau 2010, 279 ff. S. auch *Burgi*, Vergaberecht, § 22 Rn. 10 mit weiterführenden Nachweisen in Fn. 13.

75 Vgl. etwa Nr. 8 VV zu § 44 LHO NRW.

76 S. oben I., Rn. 1, Fn. 11. Da eine Auflage ein Verwaltungsakt i. S. v. § 35 VwVfG ist, vgl. BVerwG, Urt. v. 3.12.2003, 6 C 20/02, gelten für sie auch die für einen Verwaltungsakt vorgegebenen Rechtmäßigkeitsanforderungen, mithin auch § 37 VwVfG. Den dort normierten Bestimmtheitsanforderungen genügt (im Falle der Vergabe einer freiberuflichen Leistung) für eine Vorgabe zur Ausschreibung ein allgemeiner Verweis auf die ANBest-P oder ein bloßer Hinweis auf das Gebot der

benen **vergaberechtlichen** Verpflichtung (ANBest Nr. 3.1.1 und 3.1.2) der Fall.[77] Der hier in Rede stehende Widerruf ist damit auf **§ 49 Abs. 3 Satz 1 Nr. 2 VwVfG** zu stützen. Ein Widerruf wegen nicht zweckmäßiger Verwendung i. S. v. § 49 Abs. 3 Satz 1 Nr. 1 VwVfG kommt hingegen nicht Betracht, weil die Einhaltung eines Vergabeverfahrens nicht (Haupt-)Zweck der Zuwendung ist.[78] Für den Erfolg eines Widerrufs bleibt es damit entscheidend, ob es sich bei der jeweiligen Regelung der ANBest um eine Auflage im Rechtssinne handelt.[79] Aber nicht allein aus diesen Erwägungen behält die Unterscheidung zwischen ANBest Vorgaben mit lediglich deklaratorischem Gehalt und solchen mit einer konstitutiv wirkenden Vergabeverpflichtung ihre Bedeutung. Möglicherweise hängt der Erfolg des Widerrufs auch davon ab, welchen **sonstigen Regelungsinhalt** eine Auflage aufweist, dessen Vorliegen unter Umständen schwerer darzutun ist.

24 Mittlerweile kann als geklärt gelten, wie bei Verstößen des Zuwendungsempfängers gegen das lediglich **deklaratorisch** in den ANBest erwähnte Kartellvergaberecht (§§ 97 ff. GWB, VgV, Abschnitte 2 VOB/A bzw. VOL/A) verfahren werden kann.[80] Der bloß deklaratorische Hinweis auf das Kartellvergaberecht ist regelmäßig (anders in Sachsen-Anhalt) **keine Auflage** und kann jedenfalls keinen Widerruf nach § 49 Abs. 3 Satz 1 Nr. 2 VwVfG stützen. Die Nichterfüllung der anspruchsvolleren Abschnitte 2 der VOB/A bzw. VOL/A würde zuwendungsrechtlich damit keine unmittelbaren Konsequenzen auslösen.[81] Ob dennoch nicht, wie bei einem Verstoß gegen die Abschnitte 1 der VOB/A bzw. VOL/A, ein Widerruf möglich sein müsste,[82] ist weiterhin eine berechtigte Erwägung. Dafür spricht jedenfalls, dass durch die Anwendung der §§ 97 ff. GWB nicht die konstitutive Pflicht aus den Abschnitten 1 der VOB/A bzw. VOL/A erlischt. Bei Verstoß gegen die Abschnitte 2 der VOB/A bzw. VOL/A ist aber auch ein anderer Weg gangbar: Zwar stellt eine Vorgabe nach Nr. 3.2 Satz 1 ANBest selbst keine Auflage dar, doch ist mit der Verletzung der weiteren Regeln der VOB/A bzw. VOL/A regelmäßig auch ein **Verstoß gegen den Grundsatz der Wirtschaftlichkeit und damit gegen Nr. 1.1 ANBest** gegeben. Damit wäre ebenfalls ein Widerruf nach § 49 Abs. 3 Satz 1 Nr. 2 VwVfG möglich, da **diese** Vorgabe als **Auflage** zu qualifizieren ist.[83]

öffentlichen Ausschreibung nicht, vgl. VG Köln, Beschl. v. 3.9.2015, 16 K 3369/14, VergabeR 2016, 139, 144 mit Anm. *Antweiler* (s. auch dort S. 146).

77 *Burgi*, Behörden Spiegel 2/2005, S. 19; s. ferner I., Rn.1, Fn. 11.

78 *Burgi*, Behörden Spiegel 2/2005, S. 19.

79 Zutreffend weisen *Dietllein/Fandrey*, in: Gabriel/Krohn/Neun, Handbuch Vergaberecht, § 8, darauf hin, dass die durch eine Auflage im Zuwendungsbescheid erfolgte Bindung nicht dazu führt, dass der Rechtsweg zu den Nachprüfungsinstanzen – Vergabekammer, OLG, BGH – eröffnet wird.

80 S. zum rein deklaratorischen Regelungscharakter der Nr. 3.2. ANBest s. bereits oben I., Rn. 1. Eingehend auch *Burgi*, Behörden Spiegel 2/2005, S. 19. Für „parallele Wirkung“ und konstitutive Bedeutung *Dietlein/Fandrey*, in: Gabriel/Krohn/Neun, Handbuch Vergaberecht, § 8 Rn. 9. Instruktiv *Fandrey/Grüner*, Der Gemeindehaushalt 2014, 15, 16.

81 *Burgi*, Behörden Spiegel 2/2005, S. 19.

82 So *Burgi*, Behörden Spiegel 2/2005, S. 19.

83 BVerwG, Urt. v. 16.6.1997, 3 C 22.96, NJW 1998, 2233, 2234; Urt. v. 10.12.2003, 3 C 22.02, NVwZ-RR 2004, 413, 415; Urt. v. 26.6.2003, 8 C 30.01, NVwZ 2003, 221, 223; Urt. v. 13.2.2013, 3 B 58.12, NVwZ 2013, 1082, 1083; *H.-M. Müller*, VergabeR 2006, 593, 598; *Müller/Ziekow/Richter*, Handbuch Zuwendungsrecht, E.II., Rn. 63. Allerdings müsste dazu in Anlehnung an VG Köln, Beschl. v. 3.9.2015, 16 K 3369/14, VergabeR 2016, 139, 144, der betreffende Zuwendungsbescheid – mangels einer ausdrücklichen Zweckbestimmung – so verstanden werden können, dass

Auf offene Fragen im Zusammenhang mit der Behandlung der Sektorenauftraggeber, z. B. Anwendung der Sektorenverordnung oder überhaupt Abschnitt 1 oberhalb des 100.000-Euro-Schwellenwerts, kann aus Raumgründen nicht mehr eingegangen werden. Diese und andere Probleme[84] müssen in einem gesonderten Beitrag dargestellt werden. **25**

Der Widerrufstatbestand selbst unterscheidet nicht nach der Intensität des in Rede stehenden Verstoßes gegen das Vergaberecht. Allein der **objektive Verstoß** ist von der Bewilligungsbehörde festzustellen. Die Bewertung des Verstoßes ist Gegenstand der behördlichen Ermessensentscheidung.[85] **26**

Auf der **Rechtsfolgenseite**[86] ist bei einem Widerruf des Zuwendungsbescheids wegen eines regelwidrigen Vergaberechtsverstoßes umstritten, unter **welchen Voraussetzungen** er erfolgen kann.[87] Die Klärung dieses Fragenkreises hat in der Praxis große Bedeutung.[88] **27**

Der Widerruf liegt im **Ermessen** der Behörde („darf . . . widerrufen werden"). Im Interesse einer einheitlichen Anwendung bei der Nichterfüllung von Auflagen wird das Ermessen durch die zuvor angeführten Verwaltungsvorschriften der Länder (z. B. 8.2 VV NRW) bzw. die ANBest (NRW: Nr. 9.3) im Sinne eines regelmäßigen Widerrufs gelenkt. Zudem finden sich in vielen Bundesländern **spezielle Erlasse**,[89] so etwa in Nordrhein-Westfalen. **28**

---

die Auflage, ein Verwaltungsakt mit den dafür geltenden Rechtmäßigkeitsanforderungen, vgl. Fn. 73, dazu dienen solle, das Wirtschaftlichkeits- und Sparsamkeitsgebot einzuhalten, mithin eine entsprechende Auslegung (§§ 133, 157 BGB) in Betracht kommen. Denn der Empfänger muss erkennen können, was zwingend gewollt war. Dies gebiete der Bestimmtheitsgrundsatz i. S. v. § 37 Abs. 1 VwVfG, ein Verstoß bedeute – so das VG Köln – einen besonders schwerwiegenden und offenkundigen Fehler und führe zur Nichtigkeit i. S. v. § 44 VwVfG. Explizit zum hier vertretenen Ansatz a. A. *Dietlein/Fandrey*, in: Gabriel/Krohn/Neun, Handbuch Vergaberecht, § 8 Rn. 14.

84 Vgl. dazu *Dietlein/Fandrey*, in: Gabriel/Krohn/Neun, Handbuch Vergaberecht, § 8 Rn. 15. S. im hier interessierenden Zusammenhang ferner den instruktiven Beitrag von *Dreher*, NZBau 2008, 93 ff. (Teil 1) u. *ders.*, NZBau, 2008, 154 ff. (Teil 2), *Mayen*, NZBau 2009, 98, 99 und *Hövelberndt*, NZBau 2016, 9, zur Ausschreibungsfreiheit bei zuwendungsfinanzierten Inhouse-Vergaben; Letztgenannter auch zur Ausschreibungsfreiheit interkommunaler Kooperationen.

85 Vgl. zum Vorstehenden nur *Dietlein/Fandrey*, in: Gabriel/Krohn/Neun, Handbuch Vergaberecht, § 8 Rn. 12 m. w. N.

86 Auf der Tatbestandsseite bereitet der Widerruf aufgrund von Vergabeverstößen regelmäßig keine Probleme, ebenso *Aulbert*, Staatliche Zuwendungen an Kommunen, S. 151.

87 Vgl. etwa OVG Münster, Urt. v. 10.12.2003, 3 C 22.02, NVwZ-RR 2004, 413 ff.; BVerwG, NVwZ 2003, 221; *H.-M. Müller*, VergabeR 2006, 592; *Kulartz/Schilder*, NZBau 2005, 553; *Attendorn*, NVwZ 2006, 991; *Brune/Mannes*, VergabeR 2006, 864, 867.

88 S. etwa die – öffentlichkeitswirksamen – Rückforderungen sogenannter KV-Mittel des Bundes zur Förderung des Kombinierten Verkehrs zum Neu-, Ausbau und der Erweiterung von Umschlaganlagen für den Kombinierten Verkehr bzw. zur Förderung von Hafen(basis)infrastrukturen (Richtlinie –Verwaltungsvorschrift – zur Förderung von Umschlaganlagen des Kombinierten Verkehrs vom 1.4.2009), s. etwa VG Düsseldorf, Urt. v. 11.2.2009, 20 K 2335/08 und VG Stuttgart, Urt. v. 24.11.2009, 6 K 114/09; VGH München, Beschl. v. 29.7.2008, 4 ZB 07.2230, BeckRS 2010, 4858; Pressemitteilung des Bundesverbands öffentlicher Binnenhäfen (BÖB) vom 30.3.2009; s. auch Redaktionsbeitrag Schiffahrt, Hafen, Bahn und Technik, 2/2009, S. 20 mit der Aufmachung: „WSD West fordert 25 Mio. EUR Fördermittel für Kombiterminals in Häfen zurück. Häfen drohen mit Klagewelle", vgl. ferner *Holland*, Schiffahrt, Hafen, Bahn und Technik 3/2009, S. 30 und Bericht (*Naumann*) in der Deutsche(n) Verkehrszeitung (DVZ) vom 28.3.2009.

89 Übersicht bei *Aulbert*, Staatliche Zuwendungen an Kommunen, S. 161 in Fn. 727.

Hier gilt der Finanzminister-Erlass vom 18.12.2003, geändert am 16.8.2006,[90] übertitelt mit „Rückforderung von Zuwendungen wegen Nichtbeachtung der Vergabe- und Vertragsordnung für Bauleistungen (VOB/A) und Verdingungsordnung für Leistungen – ausgenommen Bauleistungen – VOL/A".[91]

29 Der Regelungsinhalt dieses Erlasses ist vom OVG Münster[92] und dem Bundesverwaltungsgericht[93] **bestätigt** worden.[94] Nach dem Erlass ist ein Widerruf des Zuwendungsbescheids grundsätzlich bei Vorliegen eines **schweren Verstoßes** gegen die VOL/A bzw. VOB/A angezeigt.[95] Dabei „ist davon auszugehen, dass (. . .) im Rahmen der vorzunehmenden Interessenabwägung das öffentliche Interesse an einer Rückforderung überwiegt".[96]

30 Das OVG Münster sieht diese Ermessensvorgabe im Einklang mit der Rechtsprechung des Bundesverwaltungsgerichts,[97] wonach **haushaltsrechtliche** Gründe der **Wirtschaftlichkeit und Sparsamkeit** bei Vorliegen von Widerrufsgründen im Regelfall zum Widerruf zwingen, sofern nicht **außergewöhnliche Umstände** des Einzelfalles eine andere Entscheidung möglich erscheinen lassen. Auch das Bundesverwaltungsgericht verweist in einer neueren Entscheidung aus 2013[98] auf das haushaltsrechtliche Gebot der Wirtschaftlichkeit und Sparsamkeit. Zuwendungen der öffentlichen Hand würden regelmäßig mit einer Verpflichtung des Zuwendungsempfängers zur Einhaltung der vergaberechtlichen Vorgaben im ersten Teil der VOL/A bzw. VOB/A versehen, weil „auf diesem Wege gewährleistet werden kann, dass bei der Verwendung von Zuwendungen das haushaltsrechtliche Gebot der Wirtschaftlichkeit und Sparsamkeit eingehalten wird". Die in Rede stehenden Formulierungen des Runderlasses des nordrhein-westfälischen Finanzministers stellten eine „fraglos … zulässige Konkretisierung" des Widerrufsermessens nach § 49 Abs. 3 Satz 2 Nr. 2 dar und verdeutlichten, „dass es sich bei der Bewertung des (hier streitgegenständlichen) Verstoßes gegen die Vergabeart um eine **generalisierende Regelbeurteilung** handelt, von der je nach den konkreten **Einzelfällen abgewichen** werden darf". Das Bundesverwaltungsgericht geht davon aus, dass ein Verstoß gegen die Bestimmungen über die Vergabeart wegen der damit verbundenen Gefährdung der haushaltsrechtlichen Gebote der Wirtschaftlichkeit und Sparsamkeit im **Regelfall** als **schwerwiegend** zu charakterisieren ist. Es setzt damit die von verschiedenen Obergerichten begründete Linie fort.[99]

---

90 NWMBl. 2005, S. 1310, geändert wiederum durch den Runderlass des Finanzministeriums vom 16.8.2006, NWMBl. 2006, S. 432.

91 Ähnlich das Rundschreiben des Ministeriums der Finanzen Rheinland-Pfalz vom 16.6.2003, MinBl., S. 374 und die Bekanntmachung des Bayerischen Staatsministeriums der Finanzen vom 23.11.2006, FMBl. Bay 2006, S. 228.

92 OVG Münster, Urt. v. 22.2.2005, 15 A 1065/04, NZBau 2006, 64 ff.; s. auch VG Köln, Urt. v. 11.12.2001, 7 K 4333/98.

93 Beschl. v. 13.2.2013, 3 B 58/12, NVwZ 2013, 1082 mit Anm. *Burgi*.

94 Dem haben sich auch andere Gerichte angeschlossen und den Erlass grundsätzlich für sachgerecht gehalten, vgl. die Nachweise bei *Aulbert*, Staatliche Zuwendungen an Kommunen, S. 161 in Fn. 729; s. zum Ganzen auch *Attendorn*, NWVBl. 2007, 293, 297; *ders.*, NVwZ 2006, 991, 994.

95 S. dort Nr. 2.

96 Nr. 8.3 VV zu § 44 LHO.

97 Urt. v. 10.12.2003, 3 C 22.02, NVwZ-RR 2004, 413 ff.; vgl. ferner BVerwG, Urt. v. 16.6.1997, 3 C 22.96, BVerwGE 105, 55, 57, BVerwG, Urt. v. 26.6.2002, 8 C 30.01, NVwZ 2003, 221.

98 Beschl. v. 13.2.2013, 3 B 58/12, NVwZ 2013, 1082 – Fernwärme-Übernahme-Station, mit Anm. *Burgi*; Vorinstanz: OVG Münster, Urt. v. 20.4.2012, 4 A 1055/09, NZBau 2012, 589.

99 Nachweise zur Rechtsprechung der Oberverwaltungsgerichte bei *Burgi*, NVwZ 2013, 1084.

Der grundsätzlich angezeigte, nach den vorstehenden, mittlerweile verfestigten Maßgaben auszuübende Widerruf[100] bei Vorliegen eines schweren Verstoßes vermag aber so ohne Weiteres nicht zu überzeugen. Immerhin ist zu berücksichtigen, dass ein Widerruf länger zurückliegende Zeiträume erfassen und damit entsprechend höhere Zahlungspflichten auslösen kann, sodass Rückforderungen bei Pflichtverletzungen von geringem Gewicht oder im Hinblick auf die wirtschaftliche Situation des Zuwendungsempfängers mit dem Grundsatz der Verhältnismäßigkeit in Konflikt geraten können. Dies mag nach den zu berücksichtigenden Umständen des Einzelfalls zu lösen sein und eine Beschränkung der Rückforderung auf bestimmte Zeiträume oder in anderer Weise geboten sein. Festzustellen ist hier dennoch: Da das Ermessen der gewährenden Behörde zugunsten der in der Anwendung der VOL/A oder UVgO bzw. VOB/A zum Ausdruck kommenden Gründe der Sparsamkeit und Wirtschaftlichkeit dahin gelenkt wird, dass der Zuwendungsbescheid regelmäßig zu widerrufen ist, stellt dies zunächst einmal – generell – die genannten haushaltsrechtlichen Gründe über das Veranschlagungsinteresse.[101] 31

Diese pauschale Wertung – auch in Ansehung einer im Einzelfall (mit dem damit verbundenen Begründungsaufwand und evtl. begrenzten Darlegungsmöglichkeiten) gebotenen „Korrektur" dessen – ist so selbstverständlich nicht. Immerhin setzt jede Zuwendung ein „erhebliches" Landes- bzw. Bundesinteresse voraus und ist regelmäßig Ausdruck einer entsprechenden (und zu beachtenden) politischen Bewertung.[102] So ist nach der Rechtsprechung des Bundesverwaltungsgerichts[103] ein für die Förderung **qualifiziertes Interesse** des Bundes bzw. Landes anzunehmen, wenn die Erfüllung des Zwecks der Aufgabenstellung und Zielsetzung des Bundes/Landes in besonderem Maße dienlich und dabei zu erwarten ist, dass mit möglichst geringen Zuschüssen ein optimaler Erfolg erzielt wird. Spiegelt sich das erhebliche Interesse an einer Fördermaßnahme zudem noch in der Finanzierungsquote wider, so beruht die in Rede stehende – generelle – Ermessenseinschränkung zulasten dieses Interesses auf einer durchaus **streitbaren** Wert- bzw. Abwägungsentscheidung.[104] 32

Die bisherige Praxis und die wissenschaftliche Auseinandersetzung kennzeichnend sind denn vor allem die (**Anwendungs-)Probleme**, die im Wesentlichen auf der **Rechtsfolgenseite** zu verorten sind.[105] Sie ranken sich im Kern um die Frage, welche Ermessenserwä- 33

---

100 Sog. intendiertes Ermessen. Das Ermessen wird für den Regelfall in einer bestimmten Richtung festgelegt, s. allgemein *Sachs*, in: Stelkens/Bonk/Sachs, VwVfG, § 40 Rn. 28; bezogen auf den NRW-Runderlass s. OLG Düsseldorf, Urt. v. 5.10.2010, I-23 U 173/09, Umdruck S. 15 m. w. N. aus der Rspr.

101 Vgl. § 23 BHO/LHO NRW.

102 Vgl. *Ubbenhorst*, Zuwendungsrecht NRW, S. 26.

103 Urt. v. 7.5.1995, DÖV 1995, 783.

104 Kritisch z. B. auch *Martin-Ehlers*, NVwZ 2007, 289, 291 und *Schilder*, NZBau 2009, 155, 157.

105 Instruktiv *Burgi*, NVwZ 2013, 1084; *ders.*, NZBau 2013, 601, 605; *ders.*, Vergaberecht, § 22 Rn. 16 ff., der den auf die Rechtsfolgenseite verengten Blick der Rechtsprechung und des Schrifttums kritisiert und eine eingehendere (dogmatische) Durchdringung auch in systematischer und regelungstechnischer Hinsicht unter Einschluss der tatbestandlichen Voraussetzungen mit beachtlichen Gründen fordert. Bereits auf der Tatbestandsseite müsse auch der Rechtmäßigkeit der Auflage nachgegangen werden (was in den bisher von der Rechtsprechung beurteilten Fällen wegen deren Bestandskraft nicht erfolgt sei). Daher bliebe die „primär zu klärende Frage nach der Rechtmäßigkeit der Verpflichtung privater Wirtschaftsunternehmen und gemeinnütziger Träger zur Beachtung des Vergaberechts unbeantwortet". Es müsse vor der Ausübung des Widerrufsermessens „geklärt sein, wie weit das Vergaberecht inhaltlich reicht, das heißt welche Pflichten im

gungen zum Tragen kommen dürfen, vor allem welcher Verstoß als „**schwer**" im Sinne des jeweiligen speziellen Erlasses gelten soll[106] und schließlich, ob der Vergaberechtsverstoß eine Rückforderung dann ausschließt, wenn sich der Verstoß nicht wirtschaftlich nachteilig, d. h. nicht kostenerhöhend ausgewirkt hat.[107] Die in den letzten Jahren verschiedentlich kritisierte[108] „schematische" Anwendung der im Zuge der Ermessensausübung auf die Schwere des Verstoßes abstellenden Erlasse der Bewilligungsbehörden ist für die Kritik symptomatisch. Die Erlasse selbst tragen zur Klärung dieser Fragestellungen oft nur wenig bei;[109] inhaltliche Vorgaben, soweit dort überhaupt geregelt,[110] erfassen nicht alle relevanten Fälle. Hierzu sind Rechtsprechung und Literatur heranzuziehen.

34 Zur Lösung dieser Problemkreise sind – unter Berücksichtigung zuvor bereits erörterter Aspekte – zunächst folgende Erwägungen maßgebend: Bei einem Widerruf des Zuwendungsbescheids wegen Verstoß gegen auferlegtes Vergaberecht hat sich die Bewilligungsbehörde zu vergegenwärtigen, dass sie trotz bestehender Erlasslage alle maßgebenden **Umstände des Einzelfalls** würdigen muss. Eine „**Rückforderungsautomatik**", verstanden als zwingende Verpflichtung zum Widerruf, ist unzulässig.[111] Es läge ein Fall eines **Ermessensnichtgebrauchs** vor, da sich die Bewilligungsbehörde irrigerweise im Sinne des intendierten Ermessens gebunden gefühlt hat.[112]

35 Damit entbindet das stets bestehende öffentliche Interesse an einer wirtschaftlichen und sparsamen Haushaltsführung die Bewilligungsbehörde nicht von der Pflicht, die für ihre Ermessensentscheidung **tragenden Gründe** darzulegen.[113] Gerade im Falle eines gelenkten Ermessens sind die Gründe für das Vorliegen eines **Ausnahme- bzw. atypischen** Falls offenzulegen.

36 In Rechtsprechung und Schrifttum haben sich zwischenzeitlich berücksichtigungsfähige **Ermessenserwägungen** herauskristallisiert. Dazu zählen neben der Schwere des Vergabeverstoßes auch **subjektive Komponenten (Verschulden), beachtliche (Rechts-)Irrtümer, vertretbare – objektiv aber falsche – Einschätzungen der Rechtslage**,[114] aber auch

---

Einzelnen überhaupt auferlegt werden dürfen". Zu weiteren, teils hier ebenfalls aufgeworfenen Fragenkreisen, vgl. z. B. Rn. 38 und 41 ff., s. *Burgi*, NZBau 2013, 601, 606.

106 So auch *Burgi*, NVwZ 2013, 1084. Vgl. dazu auch OVG Münster, Urt. v. 22.2.2005, 15 A 1065/04, NZBau 2006, 64, 66; VG Düsseldorf, Urt. v. 20.10.2006, 1K 3293/05, BeckRS 2007, 21289; *Kulartz/Schilder*, NZBau 2005, 553, 556; *Greb*, VergabeR 2010, 387, 390 unter Hinweis auf VG Düsseldorf, Urt. v. 2.9.2008, 15 A 2328/06, NVwZ-RR 2009, 57; *Schilder*, NZBau, 2009, 155 f.

107 Letzteres offengelassen vom OLG Düsseldorf, Urt. v. 5.10.2010, I-23 U 173/09, Umdruck S. 19.

108 Etwa von *Schilder*, NZBau 2009, 155 f. und *Greb*, VergabeR 2010, 387, 391 ff., der einen „Rückzug auf das intendierte Ermessen, welches sich angeblich aus den zitierten Erlassen ergeben soll", ausmacht.

109 Im Ergebnis mit überzeugenden Gründen auch *Dietlein/Fandrey*, in: Gabriel/Krohn/Neun, in: Handbuch Vergaberecht, § 8 Rn. 23 f.

110 In Form von Beispielen, Katalogen, Auflistungen, die sich z. T. erheblich unterscheiden. Siehe auch bei *Müller/Richter/Ziekow*, Handbuch Zuwendungsrecht, E.II., Rn. 68.

111 *Ubbenhorst*, Zuwendungsrecht des Landes Nordrhein-Westfalen, S. 136.

112 Vgl. nur *Aulbert*, Staatliche Zuwendungen, an Kommunen, S. 163 m. w. N. in Fn. 735.

113 Vgl. OLG Düsseldorf, Urt. v. 5.10.2011, I-23 U 173/09, Umdruck S. 16.

114 Zustimmend *Dietlein/Fandrey*, in: Gabriel/Krohn/Neun, Handbuch Vergaberecht, § 8 Rn. 32. Es soll nicht jeder objektive Verstoß gegen Vergaberecht ausreichen, sondern nur ein solcher, bei dem der Beurteilungsspielraum des Auftraggebers ersichtlich überschritten worden ist, so OLG Düsseldorf, Urt. v. 5.10.2011, I-23 U 173/09, Umdruck S. 17: Entscheidend sei, ob die Beurteilung diskussionswürdig war. Eingehend *Müller/Richter/Ziekow*, Handbuch Zuwendungsrecht,

die **Höhe des Schadens** und die **wirtschaftlich prekäre Lage** des Zuwendungsempfängers sowie ein zeitlich **lange zurückliegender Sachverhalt**.[115]

Das allgemeine, stets einer Rückforderung von Zuschüssen zugrunde liegende **fiskalische** Interesse ist, unabhängig davon, ob sich dies in den in Rede stehenden Runderlassen wiederfindet, nicht ausreichend.[116] Die mit dem Widerruf bewirkte **Sanktion** allein genügt ebenfalls nicht, gleich, ob der reine „Sanktionswiderruf" spezial- oder generalpräventiv motiviert war.[117] **37**

Welches Gewicht der **Zweckerfüllung** im Rahmen der Abwägung und damit dem Erfolg des geförderten Vorhabens zuzumessen ist, ist bislang ebenso wenig geklärt wie die Frage, wie hoch das jeder Förderung zugrunde liegende **qualifizierte Landesinteresse** regelmäßig bzw. im Besonderen einzuschätzen ist.[118] **38**

Unbestritten ist, dass der Grundsatz der **Verhältnismäßigkeit** eine zwingende Ermessensschranke darstellt.[119] **39**

Im Rahmen der Prüfung der Ermessensvoraussetzungen gewinnt zudem die Frage an Bedeutung, ob „**Wirtschaftlichkeitsbezüge**" bei den hier in Rede stehenden Vergabeverstößen bestehen müssen, namentlich ob ein **wirtschaftlich nicht nachteiliger** oder sogar vorteilhafter Verstoß zu **Einschränkungen oder zum Ausschluss** eines Widerrufs des Zuwendungsbescheids führt.[120] Für die Klärung dieses Problemkreises gibt der Wortlaut der jeweiligen zur Anwendung kommenden Tatbestände nichts her. Ob ein ungeschriebenes Tatbestandsmerkmal mit dem ermessensreduzierenden Inhalt anzunehmen ist, dass nur wirtschaftliche Auswirkungen zeigende[121] Vergabeverstöße einen Widerruf rechtfertigen, wird kontrovers beurteilt.[122] **40**

Ausgangspunkt einer Klärung ist die Bestimmung des **Zwecks** der Ermächtigungsgrundlage, nach dem das Ermessen entsprechend – und zwar sachgerecht – ausgeübt werden muss: Mit einem Widerruf soll erreicht werden, dass den haushaltsrechtlichen Geboten der **Wirtschaftlichkeit und Sparsamkeit im Zuwendungsrechtsverhältnis** Genüge getan **41**

E.II., Rn. 70ff. u. Rn. 75ff. m.w.N., die hervorheben, dass Berücksichtigung finden muss, dass das Vergabeverfahren schwierig rechtlich zu bewerten ist.

115 Vgl. dazu z.B. *Stachel*, ZFK 2006, 150, 152.

116 A.A. *Attendorn*, NWVBl. 2007, 293, 298; s. hierzu auch *Aulbert*, Staatliche Zuwendungen an Kommunen, S. 154.

117 Zutreffend *Aulbert*, Staatliche Zuwendungen an Kommunen, S. 155f.

118 S. oben Rn. 29. Es dürfte aber zwischen beiden Kriterien erhebliche Überschneidungen geben, s. dazu oben Rn. 14.

119 OLG Düsseldorf, Urt. v. 5.10.2011, I-23 U 173/09, Umdruck S. 16 m.w.N. aus der Rspr. Nach dem VG Düsseldorf, Urt. v. 20.10.2006, 1K 3293/05, führt die Beachtung des Verhältnismäßigkeitsgrundsatzes dazu, dass ein Vergabeverstoß nur dann als „schwer" angesehen werden kann, der sich „offensichtlich und eindeutig von den Vorgaben des Vergaberechts entfernt".

120 S. hierzu nur OVG Münster, Urt. v. 22.5.2005, 15 A 1065/04, NZBau 2006, 54; *Attendorn*, NVWZ 2006, 991, einerseits, *H.-M. Müller*, VergabeR 2006, 592, 595; *Martin-Ehlers*, NVWZ 2007, 289; *Mayen*, NZBau 2009, 98, andererseits.

121 Damit wird auch die Frage des Nachweises virulent, s. dazu etwa *Attendorn*, NVwZ 2006, 991, 994f. und *Aulbert*, Staatliche Zuwendungen an Kommunen, S. 153f.

122 S. bereits oben III., Rn. 33. *Dietlein/Fandrey*, in: Gabriel/Krohn/Neun, in: Handbuch Vergaberecht, § 8 Rn. 27, legen überzeugend dar, dass die Auffassungen im Ergebnis im Regelfall „nicht allzu weit" auseinanderliegen.

wird,[123] damit rechtswidrig, insbesondere nicht zweckentsprechend oder auflagenwidrig, mithin nicht wirtschaftlich und sparsam verwendete Mittel[124] dem **Haushalt wieder zugeführt** werden und ggf. **weiter für Förderungen zur Verfügung** stehen. Damit ist es also das Zuwendungsrecht, dem die Widerrufsnorm – durch Anpassung an veränderte Umstände[125] – zu einer sachgerechten Verwendung[126] verhelfen will. Die Beachtung des auferlegten Vergaberechts und dessen Durchsetzung sowie **Sanktionierung** sind hingegen **nicht primär** bezweckt.[127] Das Vergaberecht nimmt im hier interessierenden Gesamtzusammenhang vielmehr eine **untergeordnete**, „dienende" Funktion ein. Originär und ausschließlich dem Vergaberecht zuzuordnende Erwägungen können mithin nicht zum Tragen kommen bzw. sind nicht vorrangig in den Blick zu nehmen und damit **minder zu gewichten.**[128] Da der Ermessenszweck jedoch nicht isoliert aus der Betrachtung der Ermächtigungsnorm für den Widerruf zu bestimmen ist,[129] können in besonderen Fällen auch weitere (Zuwendungs-)Zwecke im Einzelfall verfolgt werden. Dabei sind im vorliegenden Zusammenhang regelmäßig aber nur die gleichrangigen (Primär-)Zwecke relevant.

42 Somit dient das Vergaberecht im hier zu erörternden Themenkreis dem Zuwendungsrecht, indem es den diesem immanenten Grundsätzen der Wirtschaftlichkeit und Sparsamkeit zur Anwendung verhelfen soll, doch verfolgt das so instrumentalisierte[130] Auftragsrecht lediglich als untergeordneter Gesichtspunkt im Zuwendungsrechtsverhältnis dort keine Primärzwecke. Das Zuwendungsrecht, das bereits ein besonderes Auskehrungsinteresse voraussetzt, bezweckt den **Erfolg der bezuschussten Maßnahme bzw. den Erfolg des Vorhabens**, hinter dem alle anderen Aspekte – mögen diese auch noch so wirksam die Zielrichtung der Zuwendung fördern oder dem Fördergeschehen allgemein dienlich sein – grundsätzlich zurücktreten. Somit ist eine (zumindest vorrangige) **zuwendungsrechtliche**, im Hinblick auf die **Verwirklichung der dortigen Förderzwecke** ausgerichtete Betrachtung der Widerrufsbestimmung zur Beurteilung der Sachgerechtigkeit der Ermessensaus-

---

123 Vgl. *Attendorn*, NVwZ 2006, 991, 994. S. auch *Sachs*, in: Stelkens/Bonk/Sachs, VwVfG, § 49 Rn. 96: § 49 Abs. 3 ist rechtspolitisch auf die Wahrung haushaltspolitischer Belange ausgerichtet.

124 S. nur *Aulbert*, Staatliche Zuwendungen an Kommunen, S. 152, die die Auferlegung des Vergaberechts zu diesen Zwecken hervorhebt.

125 *Sachs*, in: Stelkens/Bonk/Sachs, VwVfG, § 49 Rn. 2.

126 S. oben Rn. 13. Dem entspricht, dass § 49 Abs. 3 VwVfG bereits im Tatbestand auf den Zweck der Leistungsgewährung abstellt, sodass Zuwendungszweck und Auflagenverstoß in einem wechselseitigen Bezugsverhältnis stehen, ähnlich *Aulbert*, Staatliche Zuwendungen an Kommunen, S. 156.

127 S. oben Rn. 37. Anders wohl *Attendorn*, NVwZ 2006, 991, 994, der die Sanktionierung von Verstößen gegen die Auflage gleichrangig neben der wirtschaftlichen und haushaltsgerechten Verwendung von Haushaltsmitteln zum Zweck des § 49 Abs. 3 VwVfG zählt. *Aulbert*, Staatliche Zuwendungen an Kommunen, S. 156, sieht zwar in der Prävention auflagenwidrigen Verhaltens durch Sanktionierung einen legitimen Zweck und damit klare Bezüge zum konkreten Leistungszweck, nimmt aber zu Recht an, dass nur solche Erwägungen eine Rolle spielen dürfen, die mit der konkreten Leistungsgewährung in Zusammenhang stehen.

128 Vgl. zur Vorgehensweise bei mehreren Gesetzeszwecken *Sachs*, in: Stelkens/Bonk/Sachs, VwVfG, § 40 Rn. 63. Nach *Aulbert*, Staatliche Zuwendungen an Kommunen, S. 157, soll sich das Gewicht des Sanktionsinteresses mit der Bedeutung der im konkreten Fall verletzten Verhaltenspflicht erhöhen.

129 Vgl. *Sachs*, in: Stelkens/Bonk/Sachs, VwVfG, § 40 Rn. 63.

130 *Aulbert*, Staatliche Zuwendungen an Kommunen, S. 158, sieht einen Widerruf, der final als effektives Mittel zur Durchsetzung des Vergaberechts eingesetzt wird, sogar als missbräuchlich an.

übung geboten.[131] Da die ordnungsgemäße Anwendung des Vergaberechts keinen Hauptzweck im Zuwendungsrecht verfolgt und ein Vergabeverstoß grundsätzlich die Zweckerreichung nicht beeinflusst, hat der Vergabeverstoß angesichts des skizzierten Zuwendungszwecks kein oder ein deutlich geringeres Gewicht. Der Erfolg der Förderung bzw. die Zweckerreichung darf nämlich regelmäßig – entsprechend des hohen Stellenwerts – nicht aus Gründen, die sich **nicht wirtschaftlich auswirken**, und damit eben nicht der bezweckten Wirtschaftlichkeit und Sparsamkeit dienen, durch (Teil-)Rückforderungen in Frage gestellt werden. Anders gewendet: Das stets (bei Vorliegen der Voraussetzungen) bestehende allgemeine öffentliche – hier **fiskalisch** motivierte – Aufhebungsinteresse ist mit dem widerstreitenden – **besonderen** – **Interesse an der Zweckerfüllung** in Bezug zu setzen und dabei zu berücksichtigen, dass mangels wirtschaftlicher Auswirkungen des Vergabeverstoßes Wirtschaftlichkeits- und Sparsamkeitserwägungen hier schon qua definitione kein Gewicht beigemessen werden kann.[132] Dies gilt erst recht bei sich einstellenden wirtschaftlichen Vorteilen. Der ursprüngliche Förderzweck dominiert mithin bei mangelnden wirtschaftlichen Auswirkungen des vergaberechtswidrigen Verhaltens eindeutig andere Ermessenserwägungen,[133] und dies muss sich auch bei der Kehrseite, der Aufhebung, widerspiegeln. Ob das aber zur Folge hat, dass im behandelten Fall (von vornherein?) ein Widerruf ausgeschlossen oder nur eine Teilaufhebung ermessensfehlerfrei ist, ist wiederum im jeweiligen Einzelfall zu entscheiden.

IV. Ausblick

Die beiden konzeptionell unterschiedlichen Rechtsgebiete mit nicht durchgängig deckungsgleichen Regelungsintentionen und keinen übergroßen Schnittmengen stehen auch durch die skizzierte Verzahnung in einem **Spannungsverhältnis**, das der **Harmonisierung**[134] bedarf. Dies ist nicht nur von akademischem Interesse, sondern hat unmittelbare Bedeutung für die Anwendung in der Praxis. Da voraussichtlich lediglich (strukturelle) Neuregelungen zum Zwecke der Übernahme der UVgO[135] im Rechtsrahmen der Verwaltungsvorschriften zu §§ 23, 44 und 55 BHO/LHO erfolgen, somit vom Regelgeber wohl in nächster Zeit (zumindest) **klarstellende Regelungen** nicht im erforderlichen Umfang zu 43

131 Ähnlich *Aulbert*, Staatliche Zuwendungen an Kommunen, S. 157 f. u. 160.

132 Im Ergebnis wohl ebenso *Aulbert*, Staatliche Zuwendungen an Kommunen, S. 158, die darauf hinweist, dass bei wirtschaftlichkeitsfernen Vergaben aus zuwendungsrechtlicher Sicht kein „so großes Interesse (besteht), als dass es in der Abwägung mit dem Aspekt der Erreichung des materiellen Förderzwecks spürbar ins Gewicht fallen könnte". Differenzierend *Müller/Richter/Ziekow*, Handbuch Zuwendungsrecht, E.II., Rn. 72.

133 Wohl auch *Aulbert*, Staatliche Zuwendungen an Kommunen, S. 157 f.

134 Eine harmonische Verzahnung wird auch nicht durch die mit beiden Rechtskreisen (vornehmlich) verfolgte Zielsetzung erreicht, bestimmte Aufgaben bzw. Zwecke im öffentlichen Interesse unter Einsatz von Geldmitteln zu verfolgen. So stellt sich die grundsätzliche Frage, ob die Wertungen des Kartellvergaberechts auf das Zuwendungsrecht zu übertragen sind; s. eingehend zur Gesamtthematik etwa *Dreher*, in: Immenga/Mestmäcker, Wettbewerbsrecht, Vorbemerkung Vor §§ 97 ff. Rn. 173 m. w. N.; *ders.*, NZBau 2008, 93, 96 u. 154 ff.

135 S. bereits oben Rn. 2. Ferner: Was gilt für die Vergaben freiberuflicher Leistungen im Unterschwellenbereich? Wie sind Vergaben der Sektorenauftraggeber zu behandeln?

erwarten sind – in den meisten Ländern liegen die grundlegenden Novellierungen der Verwaltungsvorschriften noch nicht so lange zurück[136] –, ist hier die Rechtspraxis gefordert.

44 Das **strenge Rückforderungsregime**[137] und die **strenge Rückforderungspraxis** stoßen in der Literatur bisweilen auf vehemente Kritik, wurden aber von den Gerichten gebilligt.[138] Für die skizzierten und neuen problematischen Fallkonstellationen müssen daher **praxisgerechtere Lösungen** gefunden werden. Immerhin können Rückforderungen für die Pflichtigen **existenziell**[139] sein und noch **viele Jahre**[140] nach der Gewährung der finanziellen Mittel durchgesetzt werden, dies auch in Anbetracht dessen, dass das Kartellvergaberecht selbst – etwa wegen Heilung oder Präklusion – keine Rechtsschutzmöglichkeiten mehr bieten würde.[141] Bei Aufhebung des Zuwendungsbescheids hat der Zuwendungsgeber gem. § 49a VwVfG neben dem Anspruch auf Erstattung bereits erbrachter finanzieller Leistungen zudem einen „saftigen Zinsanspruch".[142] Dies alles kann erhebliche Konsequenzen für Arbeitsplätze, deren Erhalt ein häufiger Zuwendungszweck ist, nach sich ziehen und liegt weder im Interesse des Zuwendungsempfängers noch des Zuwendungsgebers, vor allem dann, wenn der mit der Förderung verfolgte **(Haupt-)Zweck erreicht** worden ist.[143]

---

136 Wie etwa im NRW RdErl. des Finanzministeriums vom 30.9.2003 (SMBl. NRW 631), geändert durch RdErl. v. 13.2.2004, RdErl. v. 25.10.2004 und RdErl. vom 24.9.2007. Allerdings sind betroffene nordrhein-westfälische Fachressorts bereits in eine erste Prüfung dahin eingetreten, ob der Finanzministererlass (s. oben III., Rn. 28 ff.) – bloß deklaratorische? – Änderungen erfahren sollte.

137 So *Burgi*, NZBau 2013, 601, 605.

138 *Antweiler*, VergabeR 2016, 145 m. w. N., Anm. zu VG Köln, Beschl. v. 3.9.2015, 16 K 3369/14, VergabeR 2016, 139.

139 Nur bedingt kann dieser Umstand durch die Annahme einer die Höhe der Rückforderung zumindest beschränkenden besonderen Härte entschärft werden, vgl. eingehend zu Härtefallregelungen *Müller/Richter/Ziekow*, Handbuch Zuwendungsrecht, Einleitung Rn. 4.

140 S. etwa *Portz*, VergabeR 2014, 280, 284; *Folnovic/Hellriegel*, NVwZ 2016, 638; *Zöpfl*, KommJur 2013, 88. *Dietlein/Fandrey*, in: Gabriel/Krohn/Neun, Handbuch Vergaberecht, § 8 Rn. 10, Fn. 23 verweisen auf OVG NRW, NVwZ-RR 2006, 80. Hier widerrief die Bewilligungsbehörde erst nach mehr als sieben Jahren (anteilig) die Zuwendung.

141 S. dazu nur *Dietlein/Fandrey*, in: Gabriel/Krohn/Neun, Handbuch Vergaberecht, § 8 Rn. 51. Vgl. auch *Müller/Richter/Ziekow*, Handbuch Zuwendungsrecht, E.II., Rn. 78 m. w. N. in Fn. 2851: „umfassendere objektive Rechtmäßigkeitskontrolle".

142 *Burgi*, NVwZ 2013, 1082, 1084.

143 S. bereits *H.-M. Müller*, VergabeR 2006, 592, 598; *ders.*, Behörden Spiegel 6/2005, S. 23; auch *Burgi*, NVwZ 2013, 1082, 1084 m. w. N.; *ders.*, Vergaberecht, § 22 Rn. 12. Allein die Tatsache, dass der Förderzweck erreicht worden ist, wird aber wohl nicht ausreichen, um die Zulässigkeit einer Rückforderung zu verneinen. Hinzukommen müssen weitere Umstände. Vgl. hierzu auch VG Stuttgart, Urt. v. 24.11.2009, 6 K 114/09: „Schließlich kann sie (die Klägerin) auch nicht erfolgreich vorbringen, sie habe das mit der Förderung angestrebte Ziel erreicht. Hierauf kann es dann nicht ankommen, wenn auf dem Weg zum Ziel erheblich gegen Vergabevorschriften verstoßen worden ist. Andernfalls blieben die Verstöße sanktionslos, wenn nur die Mittel zweckentsprechend verwendet worden wären, und ein solches Ergebnis würde der hohen Bedeutung der Vergabebestimmungen nicht gerecht." *Stoye/Walliczek*, in: Prieß/Lau/Kratzenberg, FS Marx, S. 745, 755 f., sehen die Entscheidung des EuGH v. 21.12.2011 (C-465/10, VergabeR 2012, 600), in der er die Rückforderung einer solchen Zuwendung bejahte, die zur Durchführung der finanzierten Aktion trotz Vergabeverstoß führte (unter Hinweis auf *Erdmann*, VergabeR 2012, 610, 611), allgemein verstanden als einen – wenn auch nicht zwingenden bzw. folgerichtigen – Beitritt zur Auffassung, dass trotz Zweckerreichung bzw. Verwirklichung der Aktion zurückgefordert wer-

Folgende Situation ist typisch und bildet in der Praxis ein weiteres Spannungsfeld zwischen allen am Zuwendungsrechtsverhältnis Beteiligten: Zuwendungsgeber sehen sich im Rahmen einer Rechnungshofprüfung oft in eine missliche Lage versetzt. Obwohl bei ansonsten rechtmäßiger, zweckentsprechender Verwendung der Fördergelder durch den Zuwendungsempfänger werden die Bewilligungsbehörden selbst grundsätzlich am Verbleib der Fördergelder beim Zuwendungsempfänger interessiert sein, um den angestrebten Erfolg – im erheblichen staatlichen Interesse (vgl. § 23 BHO/LHO NRW) – zu erreichen. So erklärt sich, dass die Bewilligungsbehörde im Rahmen der Verwendungsnachweisprüfung bisweilen keine strengen Maßstäbe anlegt und aus eigener Erkenntnis den Zuwendungsbescheid widerruft. Häufig ist es daher so, dass sich der Zuwendungsgeber nolens volens erst aufgrund entsprechender Prüfungen und Druck der Kontrollbehörden veranlasst sieht, das Verfahren zur Rückforderung einzuleiten – und dies ebenfalls aus im öffentlichen Interesse liegenden Gründen (Sparsamkeit und Wirtschaftlichkeit).[144] **45**

Die erörterten Situationen und Fälle fordern nahezu zu wie auch immer[145] ausgestalteten (weiteren) zulässigen Beschränkungen bzw. einer **maßvollen Ausübung der Rückforderungspraxis** auf.[146] Nach den Wahrnehmungen des Verfassers haben die Bewilligungsbehörden, insbesondere soweit oberste Landesbehörden selbst die Fördergeber sind, sich davon bereits leiten lassen und eine Praxis verfestigt, die dem hier vertretenen Standpunkt nahekommt. So erfahren Projekte bzw. Maßnahmen im Zuge sinnvoller Ermessensausübung eine der Situation angemessene Lösung durch entsprechende Berücksichtigung und Gewichtung **aller** die **Besonderheiten des Einzelfalles kennzeichnenden Ermessenserwägungen.**[147] **46**

Zunehmend wird eine Rückforderung auch mit dem Instrument des **verwaltungsrechtlichen Vertrags**[148] abgewickelt. Hierdurch werden flexible, interessengerechte und ausgewogene Lösungen, nicht zuletzt durch Berücksichtigung einer Vielzahl zielführender **47**

---

den könne und folgern weiter, dass der EuGH damit die Schrifttumsmeinung „für eine Berücksichtigung der Befolgung des Wirtschaftlichkeits- und Sparsamkeitsgrundsatzes trotz Vergabeverstoß mit dem Grund der Abschreckung zunichte gemacht" habe.

144 Vgl. oben III., Rn. 20 ff.

145 Über den Weg, wie dies erreicht werden könnte, besteht allerdings auch unter denjenigen, die dem beitreten, noch keine Klarheit. Vgl. zu einigen in der Literatur diskutierten eingrenzenden Überlegungen z. B. *Stachel*, ZKV 2006, 150, 152.

146 Ebenso *Schilder*, NZBau, 2009, 155, 156: Nur bei einem Widerruf wegen Zweckverfehlung sei „jedoch die Rückforderung als Regelfall, also sofern nicht ein atypischer Sachverhalt vorliegt, angezeigt". Vgl. dazu auch III., Rn. 36. Maßgebende Gesichtspunkte bzw. Begrenzungen: z. B. Erheblichkeitsschwelle? Vergabeverstöße von großem Gewicht? Nachteilige wirtschaftliche Auswirkungen? Veranschlagungsinteresse versus Sanktionserwägungen, vgl. zu Letzterem oben III., Rn. 37.

147 S. dazu oben III., Rn. 36. Eine Grundlage für diese Praxis findet sich etwa in Nr. 8.3 der VV zu § 44 LHO NRW. Dort ist bestimmt, dass auch in den hier in Rede stehenden Fällen „die Bewilligungsbehörde bei der Ausübung des Ermessens die Besonderheiten des Einzelfalles, unter anderem auch die Zeitdauer der zweckentsprechenden Verwendung sowie die Interessen der Zuwendungsempfängerin und des Zuwendungsempfängers und die öffentlichen Interessen gleichermaßen zu berücksichtigen" hat. Vgl. hierzu auch BVerwG, Urt. v. 16.6.1997, 3 C 22.96, BVerwG, DÖV 1997, 1006 f.; vgl. in diesem Zusammenhang ferner VGH München, Beschl. v. 29.7.2008, 4 ZB 07.2230, BeckRS 2010, 4858.

148 Zu anderen gängigen Verfahrensweisen in der Praxis vgl. III., Rn. 20 ff.

Aspekte[149] möglich, die auch dem (weiter) verfolgten Förderzweck bzw. dem Erfolg der Fördermaßnahme, welche häufig Teil einer Gesamtförderkonzeption oder -maßnahme ist, angemessen Rechnung tragen.

48 Wichtig ist, dass sowohl auf Seiten der Bewilligungsbehörden[150] als auch auf Seiten der Zuwendungsempfänger[151] ausreichender **Sachverstand** geschaffen wird, damit eine (Teil-)Rückabwicklung des Zuwendungsrechtsverhältnisses allein aufgrund der rechtsfehlerhaften Anwendung der einschlägigen vergaberechtlichen Bestimmungen möglichst vermieden wird.[152] In letzter Zeit hat diese Erkenntnis bei vielen Zuwendungsempfängern dazu geführt, sich auch[153] bei der **Abwicklung des Zuwendungsrechtsverhältnisses rechtlich begleiten** zu lassen. Wenn der Beratungsbedarf des Zuwendungsempfängers regelmäßig auch weit über die ihm auferlegte ordnungsgemäße Erfüllung der vergaberechtlichen Vorgaben hinausgeht, ist gerade hier im Hinblick auf die zuvor skizzierten Problemkreise ein fundiertes vergaberechtliches Wissen erforderlich, um die umrissenen schweren Folgen für den Auftragnehmer zu vermeiden. Berücksichtigt man weiter, dass das stark innenrechtsgeprägte Zuwendungsrecht von außerhalb der Sphäre von Fördergebern Stehenden nur schwer zu erfassen ist, werden zukünftig nur hochspezialisierte Berater die sich zunehmend bildenden „Nischen" dauerhaft besetzen können.

---

149 Diese müssen sachgerecht sein und in einem unmittelbaren Zusammenhang mit dem verfolgten Zweck bzw. mit den das Zuwendungsrechtsverhältnis kennzeichnenden Eckpunkten stehen, so auch *Kratz*, BayVBl. 2010, 264, 267. Zu bei Vertragslösungen immanenten Problemstellungen stichwortartig: Ausgewogenheit, verdeckte Verzichte. Denn das – auch einen Vertrag mit Rückerstattungspflichten i. d. R. kennzeichnende – beiderseitige Entgegenkommen und damit das Zurücktreten des (sonst in einem Rückforderungs- bzw. Erstattungsbescheid) zum Ausdruck kommenden fiskalischen bzw. (Haushalts-)Interesses ist oft nur schwer begründbar und regelmäßig von der „Gegenleistung" des insoweit begünstigten Zuwendungsempfängers abhängig.

150 *Greb*, VergabeR 2010, 387, 391 f., bescheinigt vor allem den „rückfordernden Institutionen" Mängel bei der Sachverhaltsermittlung und -würdigung, namentlich Prüfungsdefizite auf der Tatbestandsseite der Vorschriften und somit keine ordnungsgemäße Feststellung eines Vergaberechtsverstoßes.

151 Auch *Kautz*, BayVBl. 2010, 264, hat hierbei eher den Zuwendungsempfänger im Blick, dem die komplizierte Materie des Vergaberechts nicht hinreichend vertraut sei.

152 Verdient macht sich hier die Deutsche Universität für Verwaltungswissenschaften Speyer. Auf den von *Ziekow* jährlich veranstalteten Speyerer Vergaberechtstagen wurde das Thema „Zuwendungen und Vergaberecht" mit unterschiedlichen Schwerpunkten wiederholt behandelt, nämlich im Jahre 2005 (*H.-M. Müller*, VergabeR 2006, 592 ff.), 2009 (*Greb*, VergabeR 2010, 387 ff.), 2012 (*Schaller*, VergabeR 2012, 393) und 2013 (*Portz*, VergabeR 2014, 280).

153 Bislang hatten sich in der Praxis, soweit erkennbar, lediglich Beratungsunternehmen etabliert, die den Antragsteller im Rahmen der Erlangung der Mittel beraten (Förderberatung zum Auffinden von Förderzugängen und zur Erfüllung der Voraussetzungen).

Kommentierung der vergaberechtlichen Vorschriften des GWB

Teil 4
Vergabe von öffentlichen Aufträgen und Konzessionen

Kapitel 1
Vergabeverfahren

Abschnitt 1
Grundsätze, Definitionen und Anwendungsbereich

§ 97 Grundsätze der Vergabe

(1) Öffentliche Aufträge und Konzessionen werden im Wettbewerb und im Wege transparenter Vergabeverfahren vergeben. Dabei werden die Grundsätze der Wirtschaftlichkeit und Verhältnismäßigkeit gewahrt.

(2) Die Teilnehmer an einem Vergabeverfahren sind gleich zu behandeln, es sei denn, eine Ungleichbehandlung ist aufgrund dieses Gesetzes ausdrücklich geboten oder gestattet.

(3) Bei der Vergabe werden Aspekte der Qualität und der Innovation sowie soziale und umweltbezogene Aspekte nach Maßgabe dieses Teils berücksichtigt.

(4) Mittelständische Interessen sind bei der Vergabe öffentlicher Aufträge vornehmlich zu berücksichtigen. Leistungen sind in der Menge aufgeteilt (Teillose) und getrennt nach Art oder Fachgebiet (Fachlose) zu vergeben. Mehrere Teil- oder Fachlose dürfen zusammen vergeben werden, wenn wirtschaftliche oder technische Gründe dies erfordern. Wird ein Unternehmen, das nicht öffentlicher Auftraggeber oder Sektorenauftraggeber ist, mit der Wahrnehmung oder Durchführung einer öffentlichen Aufgabe betraut, verpflichtet der öffentliche Auftraggeber oder Sektorenauftraggeber das Unternehmen, sofern es Unteraufträge vergibt, nach den Sätzen 1 bis 3 zu verfahren.

(5) Für das Senden, Empfangen, Weiterleiten und Speichern von Daten in einem Vergabeverfahren verwenden Auftraggeber und Unternehmen grundsätzlich elektronische Mittel nach Maßgabe der aufgrund des § 113 erlassenen Verordnungen.

(6) Unternehmen haben Anspruch darauf, dass die Bestimmungen über das Vergabeverfahren eingehalten werden.

Schrifttum: *Bechtold*, GWB, 7. Aufl. 2013; *Benedict*, Sekundärzwecke im Vergaberecht. Öffentliches Auftragswesen, seine teilweise Harmonisierung im EG/EU-Binnenmarkt und die Instrumentalisierung von Vergabe durch vergabefremde Aspekte, 2000; *Boesen*, GWB, 2000; *Bovis*, The Liberalisation of Public Procurement and its effects on the Common Market, 1998; *Burgi/Dreher*, Beck'scher VergR-Kommentar, Bd. 1, 4. Aufl. 2017; *Calliess/Ruffert*, EUV/AEUV, 5. Aufl. 2016; *Dreier*, Grundgesetz, Bd. 1, 3. Aufl. 2013; *Dauses*, Handbuch des Europäischen Wirtschaftsrechts (Loseblatt); *Elverfeld*, Europäisches Recht und kommunales öffentliches Auftragswesen, 1992; *Emmerich-Fritsche*, Der Grundsatz der Verhältnismäßigkeit als Direktive und Schranke der EG-Rechtsetzung, 2000; *Epiney*, Umgekehrte Diskriminierung, 1995; *Gabriel*, Konzerne und Konzernunternehmen als Bieter im Vergabeverfahren, in: FS Marx, 2013; *Grabitz/Hilf/Nettesheim*, Recht der Europäischen Union, EUV/AEUV, 61. Aufl. 2017 (62. Lfg); *von der Groeben/Schwarze/Hatje*, EU-Kommentar, 7. Aufl. 2015; *Hailbronner/Wilms*, Recht der Europäischen Union (12. Lfg. 2006); *Heiermann/Riedl/Rusam*, VOB, 8. Aufl. 1997; *Heuvels*, Die Beteiligung insolventer Unternehmen an öffentlichen Ausschreibungen, in: FS Marx, 2013; *Hirsch*, Das Verhältnismäßigkeitsprinzip im Gemeinschaftsrecht, Bonn 1997; *Immenga/Mestmäcker*, GWB, 5. Aufl. 2014; *Ingenstau/Korbion* u.a., VOB, 16. Aufl., 2007; *Jarass*, Grundrechte-Charta, 3. Aufl. 2016; *Jasper/Marx*, „Buy Green – Buy Social": Paradigmenwechsel im Vergaberecht, in: FS Marx, 2013; *M. Jestaedt*, Verhältnismäßigkeit – zur Tragfähigkeit eines verfassungsrechtlichen Schlüsselkonzepts, 2015; *Th. Jestaedt/Kemper/Marx/Prieß*, Das Recht der Auftragsvergabe, 1999; *Kapellmann/Messerschmidt*, VOB, 5. Aufl. 2015; *Klöpfer*, Verfassungsrecht, 2010, Bd. 2; *Köhler/Bornkamm*, UWG, 35. Aufl. 2017; *Korbion*, Vergaberechtsänderungsgesetz (VgRÄG), Düsseldorf 1999; *Kulartz/Kus/Portz*, GWB, 3. Aufl. 2014; *Kulartz/Kus/Portz/Prieß*, GWB, 4. Aufl. 2016; *Kulartz/Marx/Portz/Prieß*, VOL/A, 3. Aufl. 2014; *Leinemann*, Das neue Vergaberecht, 2010; *Lerche*, Übermaß und Verfassungsrecht. Zur Bindung des Gesetzgebers an die Grundsätze der Verhältnismäßigkeit und der Erforderlichkeit, 1961 (2. Aufl. 1999); *Ley/Wankmüller*, Die neue VOL/A, 2010; *v. Mangoldt/Klein/Starck*, GG, Bd 1–3, 6. Aufl. 2010; *Maunz/Dürig*, GG (80. Ergänzung-Lfg.); *Motzke/Pietzcker/Prieß*, VOB, 2001; *Müller-Wrede*, GWB Vergaberecht, Kommentar, 2016; *Müller-Wrede*, VOL/A, 4. Aufl. 2014; *Oppermann/Classen/Nettesheim*, Europarecht, 7. Aufl. 2016; *Petersen*, Verhältnismäßigkeit als Rationalitätskontrolle, 2015; *Prieß*, Das öffentliche Auftragswesen in der Europäischen Union, 1994; *Reidt/Stickler/Glahs*, Vergaberecht, 3. Aufl. 2011; *Sachs*, Grundgesetz, 7. Aufl. 2014; *Schäfer*, Green Public Procurement im Rahmen der EU-Umwelt- und Nachhaltigkeitspolitik, in: FS Marx, 2013; *Schellenberg*, Generalunternehmervergabe und Losaufteilungsgebot, in: FS Marx, 2013; *Stern/Sachs*, Europäische Grundrechte-Charta, 2. Aufl. 2016; *Stolz*, Das öffentliche Auftragswesen in der EG, 1991; *Streinz*, EUV/AEUV, 2. Aufl. 2012; *Sulk*, Der Preis im Vergaberecht, 2015; *Summa*, Quo Vadis, Vergaberecht? Vom Haushaltsrecht zur Sozialpolitik, in: FS Marx, 2013.

Übersicht

I. Entstehungsgeschichte und Zweck der Vorschrift

1. Entstehungsgeschichte

Durch das Vergaberechtsmodernisierungsgesetz (VergRModG)[1] wurden die einzelnen Absätze von § 97 GWB ergänzt, umgestellt oder blieben in ihrer ursprünglichen Fassung weitgehend erhalten. So enthält § 97 Abs. 1 GWB nun **vier zentrale Grundsätze** des deutschen Kartellvergaberechts, von denen die in Satz 2 vorgesehenen Grundsätze der Wirtschaftlichkeit und Verhältnismäßigkeit erst mit dem VergRModG eingefügt wurden.[2] Im Hinblick auf den Grundsatz der Wirtschaftlichkeit hat der Gesetzgeber darauf verwiesen, dass dieser Grundsatz bislang auf mehrere Vorschriften des GWB verteilt war (u. a. § 97 Abs. 5 GWB a. F., § 101 Abs. 6 GWB a. F.[3]), nun aber „als allgemeiner Grundsatz des Vergabeverfahrens hervorgehoben" werde.[4] Der Grundsatz der Verhältnismäßigkeit muss nach den Gesetzesmaterialien bei den Anforderungen an die Leistungsbeschreibung, die Eignung, den Zuschlag und die Ausführungsbedingungen gleichermaßen berücksichtigt werden.[5] Allerdings ist davon auszugehen, dass diese Aufzählung nur beispielhaft ist („insbesondere") und dass der Verhältnismäßigkeitsgrundsatz daher auf die Vorschriften des gesamten Kartellvergaberechts Anwendung findet. Ferner wurde Abs. 1 um Aspekte der Konzessionsvergabe ergänzt und die auf die Auftraggeber abstellende subjektive Perspektive wurde durch die Ausrichtung auf das objektive Merkmal der öffentlichen Aufträge abgelöst.[6] 1

Während § 97 Abs. 2 GWB mit dem darin geregelten **Gleichbehandlungsgrundsatz** weitgehend unverändert blieb,[7] weist § 97 Abs. 3 GWB Elemente des früheren Abs. 4 a. F. auf, die jedoch redaktionell neu gestaltet und zusammengefasst wurden. Dadurch erhalten **strategische Vergabeziele** in § 97 Abs. 3 GWB eine allgemeine Grundlage, die dann in Einzel- 2

1 Begründung der BReg., BT-Drs. 18/6281 v. 8.10.2015; BGBl. 2016 I, S. 203 ff.
2 Begründung der BReg., BT-Drs. 18/6281 v. 8.10.2015, S. 67 f.
3 Außerdem werden genannt: § 115 Abs. 2 Satz 1, § 118 Abs. 2 Satz 1, § 121 Abs. 1 Satz 2 GWB a. F.
4 BT-Drs. 18/6281 v. 8.10.2015, S. 68.
5 BT-Drs. 18/6281 v. 8.10.2015, S. 68.
6 Vgl. *Dörr*, in: Burgi/Dreher, Beck'scher VergR-Kommentar, Bd. 1, § 97 Abs. 1 Rn. 2.
7 BT-Drs. 18/6281 v. 8.10.2015, S. 68 („fast wörtlich").

vorschriften des GWB sowie in den verschiedenen Rechtsverordnungen konkretisiert werden.[8]

3 § 97 Abs. 4 GWB (früher: Abs. 3 a. F.) mit der Berücksichtigung von mittelständischen Interessen wurde schon durch das Gesetz zur Modernisierung des Vergaberechts v. 20.4.2009[9] neu gefasst und blieb in dieser Form, abgesehen von geringfügigen Ergänzungen im Hinblick auf die Sektorenauftraggeber, auch nach der jüngsten Novellierung erhalten.

4 § 97 Abs. 5 GWB wurde neu eingefügt, um den Bedürfnissen der **elektronischen Vergabe (e-Vergabe)** vor dem Hintergrund der aktuellen unionsrechtlichen Vorgaben gerecht zu werden.

5 § 97 Abs. 6 entspricht schließlich weitgehend dem früheren Abs. 7 a. F.[10] und sieht subjektive Rechte vor. Alle übrigen Absätze wurden aus § 97 GWB gestrichen oder zum Teil nach redaktionellen Anpassungen in anderen Vorschriften des Kartellvergaberechts verortet.[11]

2. Zweck der Vorschrift

6 Wie auch die amtliche Überschrift besagt, beinhaltet § 97 GWB die **allgemeinen Grundsätze des Vergaberechts**.[12] Bis zur Neuregelung durch das Vergaberechtsänderungsgesetz (VergRÄndG) und das Vergaberechtsmodernisierungsgesetz (VergRModG) waren diese Grundsätze noch nicht alle gesetzlich normiert, sondern teilweise nur in den Verdingungsordnungen bzw. später in den Vergabe- und Vertragsordnungen geregelt. So enthielten beispielsweise § 2 Abs. 1 Nr. 2 VOB/A a. F. und § 2 Abs. 1 VOL/A a. F. die Eignungskriterien, den **Wettbewerbsgrundsatz** und das **Diskriminierungsverbot**.[13] Die Zusammenfassung der bereits früher geltenden Grundsätze des Vergaberechts soll u. a. eine Aufwertung dieser tragenden Bestimmungen des Kartellvergaberechts bewirken.[14]

7 Außerdem nahm der Gesetzgeber die gesetzliche Festlegung der Vergabegrundsätze zum Anlass, **neue Grundsätze** einzuführen. Dies gilt vor allem für die in § 97 Abs. 1 Satz 2 GWB neu eingefügten Grundsätze der **Wirtschaftlichkeit** und **Verhältnismäßigkeit**. Schon früher war in § 97 Abs. 6 GWB (zuvor: Abs. 7 a. F.) ein **subjektiver Anspruch der Unternehmen** vorgesehen, wonach öffentliche Auftraggeber die Bestimmungen des Vergabeverfahrens einhalten müssen.[15] Diese Vorschrift geht u. a. auf das Urteil des EuGH v. 11.8.1995 zurück, dem ein von der Europäischen Kommission gegen die Bundesrepublik Deutschland angestrengtes Vertragsverletzungsverfahren zugrunde lag. Darin führte der

8 BT-Drs. 18/6281 v. 8.10.2015, S. 68.

9 BGBl. I, S. 790, in Kraft seit 24.4.2009.

10 *Müller-Wrede*, in: Müller-Wrede, GWB, § 97 Rn. 239.

11 Z. B. in § 113 GWB u. §§ 122 ff. GWB, vgl. BT-Drs. 18/6281, S. 67.

12 Vgl. *Marx*, in: Motzke/Pietzcker/Prieß, VOB, § 97 Rn. 1; *Stickler*, in: Reidt/Stickler/Glahs, Vergaberecht, § 97 Rn. 1a.

13 Vergabe- und Vertragsordnung für Leistungen Teil A (VOL/A) i. d. F. der Bek. v. 20.11.2009, BAnz Nr. 196a v. 29.12.2009; vgl. auch Vergabeordnung für freiberufliche Leistungen – VOF v. 18.11.2009, BAnz Nr. 185a v. 8.12.2009.

14 Vgl. *Otting*, in: Bechtold, GWB, § 97 Rn. 2; *Dörr*, in: Burgi/Dreher, Beck'scher VergR-Kommentar, Bd. 1, § 97 Abs. 1 Rn. 1.

15 Vgl. *Stickler*, in: Reidt/Stickler/Glahs, Vergaberecht, § 97 Rn. 1a.

Gerichtshof aus, dass der in den EU-Vergaberichtlinien vorgesehene Schutz nicht wirksam sei, wenn sich die Bieter nicht unmittelbar auf die Vergabevorschriften berufen können.[16]

Die Neufassung von § 97 Abs. 3 GWB dient dem Zweck, die **strategische Beschaffung** auf eine einheitliche und klar umrissene Rechtsgrundlage zu stützen und sie damit zu erleichtern. Die Möglichkeit hierzu sieht die Bundesregierung durch die drei EU-Vergaberichtlinien als „umfassend gestärkt“ an, sodass nunmehr in jeder Phase des Verfahrens qualitative, soziale, umweltbezogene oder innovative (nachhaltige) Aspekte einbezogen werden können.[17] Im Wesentlichen entspricht dies auch der EuGH-Rspr., wonach – unter Einhaltung bestimmter Voraussetzungen – die Berücksichtigung nicht unmittelbar beschaffungsrelevanter Aspekte als zulässig eingestuft wurden.[18] 8

Die **Förderung mittelständischer Interessen** bleibt auch mit § 97 Abs. 4 GWB (zuvor: Abs. 3 a. F.) im Rang eines Vergabegrundsatzes. Zwar fanden sich schon früher in den Vergabe- und Vertragsordnungen verschiedene Vorschriften zur Berücksichtigung mittelständischer Interessen, an einer gesetzlichen Regelung mangelte es jedoch. Die Vorschrift des § 97 Abs. 4 GWB wurde bereits mit dem Gesetz zur Modernisierung des Vergaberechts v. 20.4.2009[19] in die Vorschrift aufgenommen, sodass an die bestehende Rspr. angeknüpft werden kann. 9

Auch der neu eingefügte § 97 Abs. 5 GWB beinhaltet einen verbindlichen Grundsatz des Vergaberechts und ist weit mehr als nur die Vorbereitung einer noch unbestimmten künftigen Entwicklung. In Abs. 5 wird der **Grundsatz der e-Vergabe** bzw. der **elektronischen Kommunikation** für alle öffentlichen Aufträge und in allen Stadien der Vergabe festgelegt.[20] Zwar gibt es noch befristeten Aufschub; die hiermit verbundene Übergangszeit läuft jedoch spätestens mit dem 18.4.2017 bzw. mit dem 18.10.2018 ab.[21] Damit wurde die Einführung des elektronischen Vergabeverfahrens vollzogen, sodass das Ende herkömmlicher „papiergebundener“ Beschaffungsvorgänge absehbar wird.[22] 10

Obwohl die Gesetzesbegründung zum Gesetzesentwurf darauf hinweist, der neue § 97 Abs. 6 GWB entspreche „wortgleich“ dem bisherigen § 97 Abs. 7 GWB a. F.,[23] ist dies bei genauer Betrachtung nicht zutreffend. Neben dem Wegfall des Artikels bei „[d]ie Unternehmen“, ist die Vorschrift nun auch passivisch formuliert („Bestimmungen … eingehalten werden“) und die zuvor noch erwähnten „Auftraggeber“ sind nun nicht mehr enthalten.[24] 11

---

16 Vgl. EuGH, Urt. v. 11.8.1995, Rs. C-433/93, Slg. 1995, 2303 – Kommission/Deutschland, Tz. 19.

17 BT-Drs. 18/6281 v. 8.10.2015, S. 68.

18 Z. B. EuGH, Urt. v. 11.12.2014, Rs. C-113/13, ECLI:EU:C:2014:2440 – San Lorenzo u. a.; EuGH, Urt. v. 1.7.2014, Rs. C-573/12, ECLI:EU:C:2014:2037 – Alands Vindkraft; EuGH, Urt. v. 10.5.2012, Rs. C-368/10, ECLI:EU:C:2012:284 – EKO/Max Havelaar.

19 BGBl. I 2009, S. 790, in Kraft seit 24.4.2009.

20 BT-Drs. 18/6281 v. 8.10.2015, S. 68.

21 BT-Drs. 18/6281 v. 8.10.2015, S. 69 („Im weiteren Verfahren ist bis spätestens 18. April 2017 [zentrale Beschaffungsstellen] bzw. 18. Oktober 2018 [andere als zentrale Beschaffungsstellen] auch das Einreichungsverfahren ausnahmslos IKT-basiert [= Informations- und Kommunikationstechnologie] auszugestalten.“).

22 *Koch*, in: Burgi/Dreher, Beck'scher VergR-Kommentar, Bd. 1, § 97 Abs. 5 Rn. 5 mit Verweis auf die „Strategie 2020“ der EU-Kommission, KOM(2010) 2020 endg., 25; KOM(2011) 896 endg., 2 ff.

23 BT-Drs. 18/6281 v. 8.10.2015, S. 69.

24 *Müller-Wrede*, in: Müller-Wrede, GWB, § 97 Rn. 239.

Eine andere Frage ist, ob mit diesen marginalen, vor allem grammatikalischen Änderungen auch inhaltliche Abweichungen vom früheren Rechtszustand verbunden sind. Das **Faktum der Änderungen** spricht grundsätzlich dafür, denn sonst hätte der Gesetzgeber alles beim Alten belassen können. Da beide Änderungen den Kreis der Begünstigten und der unter die vergaberechtlichen Vorschriften Fallenden[25] weiter fassen, ist davon auszugehen, dass im Grundsatz eine **extensive Auslegung** von § 97 Abs. 6 GWB orientiert an den EU-Vergaberichtlinien und dem Effet-utile-Grundsatz erfolgen soll.[26]

12 Insgesamt enthält § 97 GWB wie in früheren Gesetzesfassungen **allgemeine und wesentliche Grundsätze des Vergaberechts**.[27] Diese sollen die weitere Entwicklung der Vergabevorschriften „entsprechend den aktuellen Bedürfnissen des europäischen Binnenmarktes" ermöglichen und außerdem zu einer stärkeren Vereinheitlichung der Rechtsgrundlagen führen.[28] Die Zusammenfassung dieser Grundsätze im GWB ist vor dem Hintergrund zu sehen, dass der Gesetzgeber die früher geltende Regelung dieser Grundsätze an verschiedenen Stellen für unzureichend hielt und insbesondere durch die Hervorhebung der Rechte der Bieter unionsrechtlichen Vorgaben entsprechen wollte.[29] Die frühere sogenannte „haushaltsrechtliche Lösung" des Vergaberechts erfüllte diese Voraussetzungen nicht.[30]

13 So grundlegend und programmatisch die in § 97 GWB genannten Grundsätze auch für das gesamte Kartellvergaberecht sein mögen,[31] darf doch nicht außer Acht gelassen werden, dass regelmäßig zwischen ihnen im konkreten Einzelfall ein angemessener **Ausgleich herbeigeführt werden muss**.[32] Dies erschwert einerseits die Auslegung der Vorschriften des 4. Teils des GWB und der auf ihrer Grundlage verabschiedeten Rechtsverordnungen (z. B. VgV, SektVO, KonzVgV), andererseits werden den öffentlichen Auftraggebern durch das zwischen ihnen bestehende Spannungsverhältnis zum Teil aber auch **Spielräume eröffnet**.

14 Obwohl in § 97 GWB die zentralen Grundsätze des Vergaberechts genannt werden, ist in der Rechtsprechung anerkannt, dass die dort genannten Grundsätze nicht als abschließend zu verstehen sind und daneben noch **weitere allgemeine Rechtsprinzipien** existieren, die auch bei der Vergabe öffentlicher Aufträge zu berücksichtigen sind. Zu nennen sind beispielsweise das Gebot von Treu und Glauben und das daraus abzuleitende Prinzip, sich nicht in Widerspruch zum eigenen früheren Tun zu setzen (venire contra factum proprium) sowie die allgemeinen Gebote der Verfahrensfairness, des Vertrauensschutzes und der Selbstbindung der Verwaltung.[33]

---

25 A. A. *Müller-Wrede*, in: Müller-Wrede, GWB, § 97 Rn. 246 ff.

26 Vgl. *Dörr*, in: Burgi/Dreher, Beck'scher VergR-Kommentar, Bd. 1, § 97 Abs. 6 Rn. 4.

27 Vgl. OLG Rostock, Beschl. v. 16.5.2001, 17 W 1/01, 17 W 2/01, VergabeR 2001, 315, 317.

28 Vgl. Begründung der BReg., BT-Drs. 18/6281, S. 1 u. S. 55.

29 Vgl. Begründung der BReg., BT-Drs. 13/9340, S. 12; eingehend zur Entwicklung *Hailbronner*, in: Grabitz/Hilf, EU, Bd. 4, Öffentliches Auftragswesen, B.3 – Übersicht über die Rechtsgrundlagen (Neuordnung des gemeinschaftsrechtlichen Vergaberechts), Rn. 15 ff.

30 Vgl. Begründung der BReg., BT-Drs. 13/9340, S. 13.

31 Vgl. *Dörr*, in: Burgi/Dreher, Beck'scher VergR-Kommentar, Bd. 1, § 97 Abs. 1 Rn. 2 („§ 97 Abs. 1 als normativer »Leuchtturm«"); *Lux*, in: Müller-Wrede, GWB, § 97 Rn. 1 („zentrale Vorschrift des materiellen Vergaberechts").

32 OLG Düsseldorf, 1.6.2016, VII-Verg 6/16, VergabeR 2016, 751, spricht in diesem Zusammenhang von einer „umfassenden Interessenabwägung", bei der nach „vertretbarer Würdigung" die für das konkrete Ergebnis sprechenden Gründe überwiegen müssen.

33 Vgl. KG, Beschl. v. 18.7.2002, 2 Kart Verg 4/02, VergabeR 2003, 78, 81; KG, Beschl. v. 7.11.2001, KartVerg 8/01, VergabeR 2002, 95, 97.

II. Grundsatz des Wettbewerbs und der Transparenz (Abs. 1)

15 § 97 Abs. 1 GWB bestimmt, dass öffentliche Aufträge und Konzessionen **im Wettbewerb** und im Wege **transparenter Vergabeverfahren** beschafft werden. Der Grundsatz bezieht sich auf Auftraggeber im Sinne der §§ 98 ff. GWB, öffentliche Aufträge im Sinne der §§ 103 f. GWB sowie Konzessionen nach § 105 GWB i.V.m. KonzVgV. Damit gilt die Vorschrift für jede Beschaffung, allerdings **nur innerhalb des sachlichen und persönlichen Anwendungsbereichs** des 4. Teils des GWB.[34] Dies ergibt sich aus den Formulierungen der §§ 98 ff. u. §§ 103 f. GWB, die jeweils vorsehen, dass die Vorschriften dieses Teils nur für Auftraggeber und Aufträge gelten, die in diesen Bestimmungen näher definiert sind. Insbesondere gelten die Grundsätze nicht für die in §§ 107 ff. GWB aufgezählten Ausnahmen. Außerhalb des sachlichen Anwendungsbereichs ergeben sich allerdings **Vorgaben aus den Grundfreiheiten** des AEUV, insbesondere der Warenverkehrs- und der Dienstleistungsfreiheit (Art. 28 ff., 34 ff. u. Art. 56 AEUV). Die primärrechtlichen Gewährleistungen sind in diesen Bereichen unverändert von Bedeutung, wenn sie auch regelmäßig bloß subsidiär zur Anwendung gelangen.[35]

16 Im Hinblick auf die Grundsätze, die auch auf die **Vergabe unterhalb der Schwellenwerte** anwendbar sein sollen, hat die EU-Kommission am 23.6.2006 eine Mitteilung zu Auslegungsfragen in Bezug auf das „Gemeinschaftsrecht, das für die Vergabe öffentlicher Aufträge gilt, die nicht oder nur teilweise unter die Vergaberichtlinien fallen"[36] erlassen. In der Mitteilung wird darauf hingewiesen, dass nach der EuGH-Rspr. die Binnenmarktregeln auch für Aufträge gelten, die nicht von den Vergaberichtlinien erfasst werden. Die Mitteilung stellt die bei der Auftragsvergabe zu beachtenden Grundanforderungen dar, die sich aus den Vorschriften des AEU-Vertrags in ihrer Auslegung durch den Gerichtshof ergeben. Die gegen die Mitteilung gerichtete Klage Deutschlands ist durch das EuG als unzulässig abgewiesen worden.[37] Nach Auffassung des Gerichts enthält die Mitteilung keine neuen Regeln für die Vergabe öffentlicher Aufträge, die über die Verpflichtungen hinausgehen, die sich aus dem bestehenden Unionsrecht ergeben. Damit bestätigt das EuG seine bisherige Rspr. einer Ableitung vergaberechtlicher Grundprinzipien, wie sie auch in § 97 GWB enthalten sind, aus den Marktfreiheiten. Dementsprechend können die nachfolgend aufgeführten Grundsätze insoweit, als sie eine Konkretisierung des Grundsatzes der Wettbewerbsfreiheit, der Transparenz des Verfahrens, der Gleichbehandlung, der Wirtschaftlichkeit und Verhältnismäßigkeit darstellen, auch auf die Vergabe öffentlicher Aufträge unterhalb der Schwellenwerte[38] angewendet werden. Als Leitlinie kann insoweit die Kommis-

---

34 Vgl. OLG Brandenburg, Beschl. v. 19.12.2002, Verg W 9/02, VergabeR 2003, 168, 171; OLG Stuttgart, Beschl. v. 4.11.2002, 2 Verg 4/02, OLGR Stuttgart 2003, 218 f.; BayObLG, Beschl. v. 4.2.2002, Verg 1/02, VergabeR 2002, 305, 306.

35 Siehe auch *Prieß*, Öffentliches Auftragswesen in der europäischen Union, S. 5; eingehend zum Verhältnis von Marktfreiheiten und nationalem Vergaberecht *Hailbronner*, in: Grabitz/Hilf, EU, Bd. 4, Öffentliches Auftragswesen, B.2 – Marktfreiheiten und Vergaberichtlinien, Rn. 8 ff.; *Dörr*, in: Burgi/Dreher, Beck'scher VergR-Kommentar, Bd. 1, § 97 Abs. 1 Rn. 4 („europäisch determiniert"); *Müller*, in: Kulartz/Kus/Portz/Prieß, GWB, § 97 Rn. 8 ff.

36 ABl. 2006, C 179, S. 2.

37 EuG, Urt. v. 20.5.2010, T-258/06, Slg. 2010, II-2027-2098 – Deutschland/Kommission.

38 Zu den Schwellenwerten vgl. § 106 GWB; eingehend hierzu: § 106 Rn. 1 ff.; *Kau*, in: Burgi/Dreher, Beck'scher VergR-Kommentar, Bd. 1, § 106 Rn. 1 ff. u. 7 ff.

sionsmitteilung v. 23.6.2006 herangezogen werden, ohne dass damit die sich aus den Marktfreiheiten ergebenden Grundsätze abschließend umschrieben sind.

17 Nach einer Entscheidung des BKartA (1. VK Bund) stellt die Vorschrift des § 97 Abs. 1 GWB kein Verbotsgesetz i. S. von § 134 BGB dar. Danach beinhaltet die Vorschrift lediglich ein **Gebot zu einem positiven Tun** bei der Vertragsanbahnung. Selbst wenn man § 97 Abs. 1 GWB entgegen dem Wortlaut als Verbotsnorm verstünde, so wäre sie nicht, wie es § 134 BGB verlangt, gegen das abzuschließende Rechtsgeschäft gerichtet, sondern vielmehr auf das Verfahren, mit dem der Vertragspartner des Auftraggebers ausgewählt wird.[39] Daher berührt ein Verstoß gegen § 97 Abs. 1 GWB die Gültigkeit des mit dem erfolgreichen Bieter abgeschlossenen Vertrags grundsätzlich nicht.[40] Relativiert wurde diese Feststellung ursprünglich durch die Vorschriften der Rechtsmittel-RL 1989/ 665,[41] nach denen die unabhängige Nachprüfungsstelle bei gewissen schwerwiegenden Rechtsverstößen den Vertragsabschluss für unwirksam zu erklären hat. Dem liegt die Überlegung zugrunde, dass die Unwirksamkeit das beste Mittel ist, um den Wettbewerb wiederherzustellen und neue Geschäftsmöglichkeiten für die Wirtschaftsteilnehmer zu schaffen, denen rechtswidrige Wettbewerbsmöglichkeiten vorenthalten wurden.[42] Diese Grundsätze finden sich heute in Art. 1 lit. a) bis lit. c) RL 2007/66/EG wieder.

1. Wettbewerbsgrundsatz

18 Der Wettbewerbsgrundsatz war früher schon in den verschiedenen Verdingungsordnungen bzw. in den Vergabe- und Vertragsordnungen festgelegt. Insofern ergibt sich aus § 97 Abs. 1 GWB nichts grundsätzlich Neues.[43] Allerdings ist er seit 1999 im 4. Teil des GWB verankert, sodass der EuGH und die nationalen Gerichte hierüber schon in großer Zahl konkretisierende und interpretierende Entscheidungen erlassen haben. Der Gesetzgeber misst dem **Wettbewerbsgrundsatz unverändert eine hohe Bedeutung** zu, was nicht zuletzt in der Aufnahme und dem Verbleib in den Allgemeinen Grundsätzen des Vergaberechts zum Ausdruck kommt. Nach seiner Auffassung gewährleistet die „Organisation größtmöglichen Wettbewerbs" auch weiterhin am ehesten einen sparsamen, effizienten und effektiven Einsatz öffentlicher Mittel.[44] Die Beachtung wettbewerblicher Grundsätze soll beiden, Auftraggebern und Auftragnehmern, Vorteile bringen. Übergeordnetes Ziel war deshalb die Organisation eines größtmöglichen Wettbewerbs bei der Vergabe öffentlicher Aufträge.[45] Dem Wettbewerbsgrundsatz liegt dabei der Gedanke zugrunde, dass die sich üblicherweise entfaltenden Marktmechanismen zu **leistungs- und produktionsge-**

39 BKartA (VK Bund), Beschl. v. 13.7.2001, VK 1 – 19/01, VergabeR 2001, 433, 434 f. m. Anm. *Krist*.

40 Kritisch hierzu *Krist*, VergabeR 2001, 436, 437.

41 Vgl. Art. 2d I lit. a)–d) Rechtsmittel-RL 1989/665 i. d. F. der RL 2007/66/EG; vgl. hierzu im Einzelnen *Seidel/Mertens*, in: Dauses, Hdb. EU-WirtR, H. IV, Rn. 329 f.

42 Erwägungsgrund Nr. 14 der RL 2007/66/EG; vgl. dazu *Seidel/Mertens*, in: Dauses, Hdb. EU-WirtR, H. IV, Rn. 329–331.

43 *Otting*, in: Bechtold, GWB, § 97 Rn. 5.

44 Vgl. Begründung BReg., BT-Drs. 18/6281, S. 67; *Lux*, in: Müller-Wrede, GWB, § 97 Rn. 10 ff.; *Müller*, in: Kulartz/Kus/Portz/Prieß, GWB, § 97 Rn. 22.

45 Vgl. ebenso schon die Begründung zum Regierungsentwurf BT-Drs. 13/9340, S. 13 f.; vgl. zum Spannungsverhältnis von Wettbewerb und Auftraggebergemeinschaften *Kämper/Heßhaus*, NZBau 2003, 303, 305 ff.

rechter Preisgestaltung führen, womit jedenfalls im Hinblick auf Effektivität und Effizienz wesentliche Anforderungen erfüllt sind.

Der Gesetzgeber setzt mit der Stärkung des Wettbewerbsgrundsatzes die unionsrechtlichen **19**
Vorgaben um. Alle Vergaberichtlinien – auch die mittlerweile abgelösten – betonen in ihren Erwägungsgründen die Zielsetzung, einen **echten Wettbewerb zu schaffen.**[46] Bereits in ihrem Weißbuch von 1985 zur Verwirklichung des Binnenmarktes hatte die EU-Kommission auf die zentrale Bedeutung der Liberalisierung der öffentlichen Beschaffungsmärkte für die europäische Wirtschaft hingewiesen und die fortdauernde Aufsplitterung der mitgliedstaatlichen Vergabemärkte als eine der „augenfälligsten Schranken auf dem Weg zur Vollendung eines echten Binnenmarkts" angesehen.[47] Die Einhaltung des Wettbewerbsgrundsatzes soll auch die aus Beschaffungsmaßnahmen resultierenden Kosten für die öffentliche Hand senken. Das Volumen des öffentlichen Auftragswesens liegt unionsweit bei geschätzt über 2 Billionen Euro, was etwa 17 % des Bruttoinlandsproduktes der gesamten EU entspricht.[48]

Der Wettbewerbsgrundsatz **gilt für Auftraggeber und Auftragnehmer gleichermaßen.** **20**
Insofern besteht keine Änderung zum früheren Vergaberecht, bei dem auch bereits Bieter, die sich bei Ausschreibungen abgesprochen und dadurch eine Wettbewerbsbeschränkung verursacht hatten, ausgeschlossen wurden.[49] Gegen den Wettbewerbsgrundsatz verstößt es daher auch, wenn sich Wettbewerber untereinander absprechen und daher gegen den Grundsatz des Geheimwettbewerbs verstoßen.[50] Läuft die Beteiligung einzelner Unternehmer auf einen bloßen Scheinwettbewerb hinaus, weil wesentliche Teile des Angebots eines Mitbewerbers bekannt sind, so reicht dies aus, um einen Verstoß gegen den Wettbewerbsgrundsatz darzulegen.[51] Das Wettbewerbsprinzip fand lange Zeit seinen Niederschlag im **Vorrang des offenen Verfahrens** vor anderen Vergabeverfahren (§ 101 Abs. 7 GWB a.F.). In der novellierten Fassung des § 119 Abs. 2 GWB stehen nun jedoch offenes und nicht offenes Verfahren **gleichberechtigt nebeneinander** und der öffentliche Auftraggeber kann zwischen ihnen wählen.[52] Während nach dem Wettbewerbsprinzip regelmäßig das of-

---

46 Vgl. RL 2014/24/EU, Erwägungsgrund Nr. 1, ABl. EU 2014, L 94/65; RL 2014/25/EU, Erwägungsgrund Nr. 2, ABl. EU 2014, L 94/243; RL 2014/23/EU, Erwägungsgründe Nr. 1, 6 u. 8; ABl. EU 2014, L 94/1; früher schon: RL 92/50/EWG, Erwägungsgrund Nr. 20, ABl. EG 1992, L 209/2; RL 93/36/EWG, Erwägungsgrund Nr. 14, ABl. EG 1993, L 199/2; RL 93/37/EWG, Erwägungsgrund Nr. 10, ABl. EG 1993, L 199/54; RL 2004/18/EG, Erwägungsgründe Nr. 4, 36, ABl. EU 2004, L 134/114.

47 EG-Kommission, Weißbuch „Vollendung des Binnenmarktes", Luxemburg 1985, KOM1985, 310 endg., Tz. 87.

48 Vgl. zur wirtschaftlichen Bedeutung des öffentlichen Auftragswesens *Hailbronner*, in: Grabitz/Hilf, EU, Bd. 4, Öffentliches Auftragswesen, B.1 – Einleitung, Rn. 6ff.; *Seidel/Mertens*, in: Dauses, Hdb. EU-WirtR, H. IV, Rn. 19ff.; *Dreher*, in: Immenga/Mestmäcker, GWB, Vor §§ 97ff. Rn. 62ff.; *Prieß*, Handbuch des europäischen Vergaberechts, S. 1; *Fehns-Böer*, in: Müller-Wrede, GWB, § 97 Rn. 56 („Volumen von ca. 18 %"); zum Stand von 1986 *Cecchini*, Europa, 92, S. 37ff.

49 *Otting*, in: Bechtold, GWB, § 97 Rn. 7.

50 Zur gegenseitigen Einsetzung von Bietern als Nachunternehmer vgl. OLG Düsseldorf, Beschl. v. 9.4.2008, Verg 2/08, VergabeR 2008, 865.

51 OLG München, Beschl. v. 11.8.2008, Verg 16/08, Verg 016/08; OLG Düsseldorf, Beschl. v. 27.7.2006, VII-Verg 23/06, Verg 23/06; vgl. auch *Byok*, NJW 2009, 644, 645.

52 Vgl. *Marx*, in: Motzke/Pietzcker/Prieß, VOB, § 97 Rn. 5; *Stickler*, in: Reidt/Stickler/Glahs, Vergaberecht, § 97 Rn. 6; zu den wettbewerblichen Vergabeverfahren vgl. *Seidel/Mertens*, in: Dauses, Hdb. EU-WirtR, H. IV, Rn. 228–248.

fene Verfahren favorisiert werden müsste, stehen Wirtschaftlichkeit und Verhältnismäßigkeitsprinzip vielfach hinter dem nicht offenen Verfahren.[53] Durch dieses **Gleichgewicht der Grundprinzipien** bleibt es letztlich dem Auftraggeber überlassen, welchem er – im konkreten Fall nach sorgsamer Abwägung der in Betracht kommenden Grundprinzipien – den Vorzug gibt.

21 Ein Verstoß gegen das Wettbewerbsprinzip aus § 97 Abs. 1 GWB sowie gegen das in § 97 Abs. 2 GWB geregelte Diskriminierungsverbot liegt beispielsweise vor, wenn ein Auftraggeber vor Beginn des Ausschreibungsverfahrens seine **eigenen strategischen Ziele und Leistungsanforderungen nicht hinreichend definiert** hat und sich somit der Gefahr aussetzt, dass seine Zuschlagsentscheidung unter Anlegung sachfremder Maßstäbe erfolgt.[54] Etwas anderes kann nach einer Entscheidung des OLG Stuttgart ausnahmsweise dann gelten, wenn alle Bieter die an sich unzureichende Leistungsbeschreibung einheitlich richtig verstehen.[55] Allerdings dürfte das in der Praxis selten der Fall sein. Im Weiteren darf die Teilnahme am Vergabeverfahren generell **nicht ohne Rechtfertigung erschwert** werden. Dies ist beispielsweise dann der Fall, wenn aufgrund der umfangreichen Ausschreibung schließlich nur noch ein Bieter oder ein extrem kleiner Kreis von Bietern in Frage kommt. Auch ungebührlich kurze Fristen zu Abgabe eines Angebotes, unangemessen hohe Sicherheitsleistungen, sachlich nicht gerechtfertigte Anforderungen an das Profil des Bieters oder eine unangemessen niedrige Kostengrenze verstoßen ebenfalls gegen das Wettbewerbsprinzip.[56]

22 Ausfluss des Wettbewerbsprinzips ist außerdem, dass Ausschreibungen eines öffentlichen Auftraggebers unzulässig sind, die geeignet sind, den Wettbewerb zu umgehen, einzuschränken oder auszuschalten. Bei einer Ausschreibung, die mehrere nicht losweise ausgeschriebene Leistungen zum Gegenstand hat, ist es Voraussetzung für einen echten Wettbewerb i. S. v. § 97 Abs. 1 GWB, dass die Ausschreibung so gestaltet ist, dass nicht eine oder mehrere der in ihr geforderten Leistungen nur von einem Bieter erbracht werden können. Ist nämlich eine losweise Vergabe ausgeschlossen, kann auch in den Bereichen kein Wettbewerb stattfinden, in denen ein solcher an und für sich möglich wäre.[57]

23 Von einem **Verstoß gegen das Wettbewerbsprinzip** und das **Gebot der Gleichbehandlung** ist grundsätzlich auch dann auszugehen, wenn im Verhandlungsverfahren ein Bieter nach Ablauf der gesetzten Frist für die Teilnahmeanträge und der weiteren Frist für die Angebotsabgabe noch zugelassen und ihm später sogar der Zuschlag erteilt wird.[58]

24 In der Rechtsprechung ist grundsätzlich anerkannt, dass **externe Beratung bei der Vergabeentscheidung zulässig** ist. Voraussetzung dafür ist jedoch, dass sie bieterneutral erfolgt

---

53 *Dörr*, in: Burgi/Dreher, Beck'scher VergR-Kommentar, Bd. 1, § 97 Abs. 1 Rn. 12.

54 Vgl. OLG Düsseldorf, Beschl. v. 29.4.2009, VII-Verg 76/08, Verg 76/08; *Korbion*, VgRÄG, § 97 Rn. 6; *Boesen*, GWB, § 97 Rn. 11; *Brauer*, in: Kulartz/Kus/Portz, GWB, 3. Aufl., 2014, § 97 Rn. 21 f.

55 Vgl. OLG Stuttgart, Beschl. v. 12.5.2000, 2 Verg 1/00, NZBau 2000, 543 (Ls.).

56 OLG Rostock, Beschl. v. 6.3.2009, 17 Verg 1/09, NZBau 2009, 531, 533; OLG Düsseldorf, Beschl. v. 19.10.2011, VII-Verg 54/11, NZBau 2011, 762, 763; OLG Koblenz, Beschl. v. 4.2.2014, 1 Verg 7/13, BeckRS 2014, 09707.

57 OLG Celle, Beschl. v. 24.5.2007, 13 Verg 4/07, NZBau 2007, 607.

58 Vgl. OLG Düsseldorf, Beschl. v. 30.5.2001, Verg 23/00, Rn. 38; OLG München, Beschl. v. 29.9.2009, Verg 12/09, VergabeR 2010, 238; BKartA (VK Bund), Beschl. v. 26.10.2016, VK 1 – 92/16, VPR 2017, 52, Rn. 39.

und die Verantwortlichkeit für die Vergabeentscheidung letztlich bei der Vergabestelle verbleibt. Nicht mit dem Wettbewerbsprinzip und der Chancengleichheit im Wettbewerb nach § 97 Abs. 1 GWB vereinbar ist es jedoch, wenn bei einem externen Berater ein über die Vergabe hinausgehendes **Interesse an einer Courtagezahlung** besteht. Hiervon ist insbesondere dann auszugehen, wenn einzelne Bieter sich bereit erklärt haben, zusätzlich eigene Abschluss- oder fortlaufende Betreuungscourtagen an den von der Vergabestelle beauftragten Berater zu zahlen.[59]

Ein Verstoß gegen das Wettbewerbsprinzip des § 97 Abs. 1 GWB liegt jedenfalls dann vor, wenn der erfolgreiche Bieter aufgrund einer Klausel in den Ausschreibungsunterlagen verpflichtet wird, **Courtagezahlungen für Maklerleistungen zu übernehmen**.[60] Im Beispielsfall sollte der erfolgreiche Bieter für Leistungen wie Vertragsgestaltung/-bearbeitung, Dokumentierung, Schadensabwicklung und Risikobetreuung zahlen, die der Makler für den Auftraggeber und nicht für den Bieter erbracht hatte.[61] **25**

Sofern später ein **externer Berater** sich auch selbst als Bieter an der Ausschreibung beteiligen möchte, muss sichergestellt sein, dass er durch seine vorherige Beratungstätigkeit keinen wettbewerbswidrigen Vorteil gegenüber anderen Bietern erlangt hat. Sollte er den Zuschlag erhalten, liegt die Beweislast, dass keine wettbewerbswidrige Bevorzugung vorgelegen hat, beim Auftraggeber.[62] **26**

Das **Wettbewerbsprinzip** nach § 97 Abs. 1 GWB verpflichtet die öffentlichen Auftraggeber nach Auffassung des OLG Düsseldorf nicht nur dazu, **Wettbewerbsverfälschungen oder wettbewerbswidrige Praktiken Dritter zu unterbinden**, es sieht darüber hinaus auch vor, dass Unternehmen der öffentlichen Hand, die unter Verstoß gegen ein gesetzliches Verbot wirtschaftlich tätig geworden sind, nicht durch Auftragserteilung unterstützt werden dürfen.[63] Im konkreten Fall hatte das Tochterunternehmen eines kommunalen Zweckverbandes unter Verstoß gegen § 107 GemeindeO NRW erfolgreich an einer Ausschreibung teilgenommen. Zweifel an der Reichweite und Verallgemeinerungsfähigkeit der OLG-Entscheidung wurden in Zusammenhang mit der jüngeren Rspr. des BGH zu § 1 UWG[64] laut. Mit der Mehrheit des Schrifttums ist im Hinblick auf die **sachliche Reichweite und Schutzfunktion des § 97 Abs. 1 GWB** davon auszugehen, dass das **vergaberecht-** **27**

---

59 Vgl. OLG Schleswig, Beschl. v. 16.4.2002, 6 Verg 1/02, VergabeR 2002, 649, 652 f. m. Anm. *Reuber*; vgl. ähnliche Fälle, bei denen die Tätigkeit von Versicherungsmaklern zur vergaberechtlichen Unwirksamkeit geführt hat: OLG Rostock, Beschl. v. 29.9.1999, 17 W (Verg) 1/99, NZBau 2000, 479; OLG Düsseldorf, Beschl. v. 18.10.2000, Verg 3/00, VergabeR 2001, 45; OLG Celle, Beschl. v. 1.3.2001, 13 Verg 1/01, VergabeR 2001, 206 f.; eingehend *Trautner/Förster*, VergabeR 2001, 190, 198 f.

60 Vgl. OLG Celle, Beschl. v. 23.2.2001, 13 Verg 3/01, ZfBR 2002, 94; OLG Celle, Beschl. v. 1.3.2001, 13 Verg 1/01, VergabeR 2001, 206, 207; *Trautner/Förster*, VergabeR 2001, 190, 202 f.

61 Vgl. OLG Celle, Beschl. v. 1.3.2001, 13 Verg 1/01, VergabeR 2001, 206, 207.

62 EuGH, Urt. v. 3.3.2005, Verb. Rs. C-21/03, C-34/03, Slg. 2005, I-1559 – Fabricon, Tz. 32 ff.; hierzu auch *Dörr*, in: Burgi/Dreher, Beck'scher VergR-Kommentar, Bd. 1, § 97 Abs. 1 Rn. 18.

63 Vgl. OLG Düsseldorf, Beschl. v. 17.6.2002, Verg 18/02, VII-Verg 18/02, NZBau 2002, 626, 628 f. m. Anm. *Glahs/Külpmann*, VergabeR 2002, 555; *Dietlein*, NZBau 2003, 141; zu dieser Frage schon früher OLG Düsseldorf, Beschl. v. 12.1.2000, Verg 3/99, NZBau 2000, 155 – Awista; § 65 NdsLO i.V. m. § 108 Nds. GO im Hinblick auf den Drittschutz zweifelnd OLG Celle, Beschl. v. 12.2.2001, 13 Verg 2/01, NZBau 2001, 648.

64 Vgl. BGH, Beschl. v. 25.4.2002, VII-Verg 42/07, VergabeR 2002, 467; hierzu *Stickler*, in: Reidt/Stickler/Glahs, Vergaberecht, § 97 Rn. 6a.

liche Wettbewerbsprinzip grundsätzlich eigenständig ist, ohne von den zivilrechtlichen Feststellungen des UWG abhängig zu sein.[65] Entsprechend stellen auch Verstöße gegen Vorschriften des kommunalen Wirtschaftsrechts nicht notwendig zugleich Verstöße gegen das vergaberechtliche Wettbewerbsprinzip dar. Umstritten ist, ob Verstöße gegen Grundsätze des kommunalen Wirtschaftsrechts, insbesondere Regeln über den Marktzutritt Privater, im Verwaltungsrechtsweg zu verfolgen sind[66] oder ob auch auf vergaberechtlichem Weg kommunalwirtschaftsrechtlich untersagte Tätigkeiten einer wettbewerbsrechtlichen Beurteilung durch die Vergabenachprüfungsorgane unterliegen. Hierfür spricht, dass der Wettbewerb als grundlegendes Prinzip des Vergaberechts einen umfassenden Schutz gegen gesetzwidrige Beeinträchtigungen gebietet.[67]

28 Nach einer Entscheidung des Thüringer OLG ist die **Beachtung von Formerfordernissen** kein reiner Selbstzweck, sondern hat ihre Funktion in der Gewährleistung zentraler Vergabeprinzipien. Aus diesem Grunde war das Gericht der Auffassung, dass die Berücksichtigung eines im Hinblick auf die Preisangaben nur geringfügig lückenhaften Angebots keine Verletzung des Wettbewerbsprinzips (§ 97 Abs. 1 GWB) oder des Gebots der Gleichbehandlung (§ 97 Abs. 2 GWB) darstellt.[68] Dies gilt jedoch nur, wenn ohne Weiteres erkennbar ist, dass die **Preislücke lediglich einen untergeordneten Preis** betrifft, der einen unbedeutenden Anteil der Gesamtkalkulation ausmacht. Anders ist diese Frage hingegen zu beurteilen, wenn erst auf Nachfrage beim Bieter zu beurteilen ist, ob es sich um eine zu vernachlässigende oder wesentliche Preislücke handelt.[69]

29 Nach bisheriger Auffassung des OLG Düsseldorf konnte aus dem Wettbewerbsprinzip des § 97 Abs. 1 GWB **keine unmittelbare Pflicht zur Neutralisierung** einer entgegen unionsrechtlichen Vorschriften nicht notifizierten Beihilfe abgeleitet werden, da die Vergabestelle grundsätzlich nicht verpflichtet ist, die Gewährung staatlicher Fördermittel in formeller und materieller Hinsicht auf ihre Europarechtskonformität hin zu überprüfen. Nach Ansicht des Gerichts ließ sich eine entsprechende Verpflichtung nicht aus den §§ 97 ff. GWB ableiten. Auch die in den Vergabe- und Vertragsordnungen vorgesehene Möglichkeit, Angebote allein aufgrund ihres ungewöhnlich niedrigen Preises auszuschließen, zeige, auf welche Weise im Vergaberecht mit nicht notifizierten Beihilfen umgegangen werden könne (vgl. § 19 EG Abs. 7 VOL/A a. F.).[70] Nachdem mittlerweile jedoch in Art. 69 Abs. 4 RL 2014/24/EU und Art. 84 Abs. 4 RL 2014/25/EU ausdrücklich auf die **Rechtmäßigkeit von Beihilfen** Bezug genommen wird, ist zumindest anerkannt, dass die materielle Unvereinbarkeit mit dem Unionsrecht einen Ausschlussgrund darstellt. Lediglich das Fehlen der formellen Notifizierung genügt nach den bisherigen sekundärrechtlichen Gegebenheiten hingegen nicht für einen unmittelbaren Angebotsausschluss.[71] Die damit hergestellte Verknüpfung von unionsrechtlichem Vergaberecht mit dem unionsrechtlichen Beihilfe-

---

65 So auch *Dietlein*, NZBau 2003, 141, 142; *Glahs/Külpmann*, VergabeR 2002, 555, 564 ff.; ähnlich auch VerfGH Rh.-Pf., Beschl. v. 28.3.2000, VGH N 12/98, NVwZ 2000, 801, 802 mit zust. Anm. *Ruffert*, NVwZ 2000, 763.

66 So OVG Münster, Beschl. v. 1.4.2008, 15 B 122/08, NVwZ 2008, 1031.

67 Vgl. OLG Düsseldorf, Beschl. v. 13.8.2008, Verg 42/07, NVwZ 2010, 857.

68 Vgl. Thüringer OLG, Beschl. v. 8.4.2003, 6 Verg 9/02, ZfBR 2003, 504, 505.

69 Vgl. Thüringer OLG, Beschl. v. 8.4.2003, 6 Verg 9/02, ZfBR 2003, 504, 505.

70 Vgl. OLG Düsseldorf, Beschl. v. 26.7.2002, Verg 22/02, NZBau 2002, 634, 637; vgl. dazu *Leinemann*, Das neue Vergaberecht, Rn. 16; kritisch hierzu *Theobald/Kafka*, NZBau 2002, 603, 606 f.

71 *Dörr*, in: Burgi/Dreher, Beck'scher VergR-Kommentar, Bd. 1, § 97 Abs. 1 Rn. 19 f.

recht führt zwar zu weiterer Komplexität bei der Rechtsanwendung, ist aber im Hinblick auf die Ausgestaltung einer **kohärenten Wettbewerbsordnung der EU** grundsätzlich zu begrüßen.

Als Verstoß gegen den Wettbewerbsgrundsatz nimmt der BGH ein kollusives, auf eine vergaberechtswidrige Praxis ausgerichtetes Verhalten eines Mitbewerbers mit dem Auftraggeber an. Zwar scheidet in diesen Fällen aufgrund von § 156 Abs. 2 GWB ein vergaberechtliches Nachprüfungsverfahren aus. Der BGH sieht in einem Vorgehen, bei dem Private in bewusstem Zusammenwirken mit einem öffentlichen Auftraggeber einen vergaberechtswidrigen Zustand herbeiführen oder aufrechterhalten, jedoch eine Verletzung von §§ 3, 4 Nr. 11 UWG, die im zivilgerichtlichen Verfahren überprüft werden kann.[72] **30**

Auch das Einreichen **unvollständiger oder formwidriger Angebotsunterlagen** stellt wie ihr verspätetes Einreichen – nicht zuletzt wegen der damit verbundenen Benachteiligung der anderen Bieter – einen Verstoß gegen das Wettbewerbsprinzip dar.[73] Ausnahmen können nur dann anerkannt werden, wenn die Verstöße offensichtlich und aufgrund einer besonderen Sachlage nicht relevant sind, weil sie beispielsweise untergeordnete Details betreffen oder auf erkennbaren Flüchtigkeitsfehlern beruhen.[74] **31**

Besondere vergaberechtliche Fragen wirft die zusätzliche Beteiligung eines auch separat mit einem Angebot aufgetretenen Bieters an einer **Bietergemeinschaft** auf. Im Hinblick auf das Bestehen eines Geheimwettbewerbs wäre dies jedenfalls dann zu beanstanden, wenn der betreffende Bieter beide Angebote kennt und damit ein unverfälschter Bieterwettbewerb nicht mehr oder nur noch in eingeschränktem Umfang gewährleistet ist (**Mehrfachangebote**).[75] In jedem Fall liegt damit die Beweislast auf Seiten des mehrfach beteiligten Bieters, der dann nachweisen muss, dass er geeignete Maßnahmen ergriffen hat, um einen Angebotsausschluss wegen Verstoßes gegen die Vertraulichkeitsregeln (z.B. § 5 VgV, § 5 SektVO) zu vermeiden. In diesem Zusammenhang hat das OLG Düsseldorf darauf verwiesen, dass **konzernverbundene Unternehmen** zwar ohne Verstoß gegen vergaberechtliche Bestimmungen und § 1 UWG separat voneinander an einer Auftragsvergabe teilnehmen können. Zugleich hob es jedoch hervor, dass damit eine widerlegbare Vermutung begründet wird, dass der Geheimwettbewerb nicht gewahrt ist.[76] Damit befindet es sich im Einklang mit dem EuGH, der die Annahme einer unwiderlegbaren Vermutung und **32**

---

72 BGH, Urt. v. 3.7.2008, I ZR 145/05, NZBau 2008, 664; vgl. hierzu auch *Byok*, NJW 2009, 644, 645; *Köhler*, in: Köhler/Bornkamm, UWG, § 4 Rn. 13.60.

73 Z.B. OLG Frankfurt a.M., Beschl. v. 16.9.2003, 11 Verg 11/03, ZfBR 2004, 292.

74 OLG Düsseldorf, Beschl. v. 12.6.2013, VII-Verg 15/13, BeckRS 2014, 14201; OLG Düsseldorf, Beschl. v. 12.6.2013, VII Verg 7/13, NZBau 2013, 788, 792; BKartA (VK Bund), Beschl. v. 21.10.2015, VK 2-97/15, IBR 2016, 38.

75 Vgl. hierzu eingehend *Wanderwitz*, WRP 2016, 684; *Noch*, IBR 2016, 85; *Leinemann*, VergabeR 2015, 281; *Schwabe*, IBR 2014, 293; *Dicks*, VergabeR 2013, 1; *Schulte/Voll*, ZfBR 2013, 223; *Dörr*, in: Burgi/Dreher, Beck'scher VergR-Kommentar, Bd. 1, § 97 Abs. 1 Rn. 23; *Kayser*, WuW 2005, 502.

76 OLG Düsseldorf, Beschl. v. 29.7.2015, VII-Verg 5/15, NZBau 2015, 787; OLG Düsseldorf, Beschl. v. 1.7.2015, VII-Verg 17/15, ZfBR 2016, 822; OLG Düsseldorf, Beschl. v. 13.4.2011, VI-Verg 4/11, NZBau 2011, 371, 373f.; zum Ganzen auch: *Hausmann/Queisner*, NZBau 2015, 402ff.; *Köhler/Naumann*, Anmerkungen zum Beschluss des OLG Düsseldorf (Verg 5/15), VergabeR, 2016, 254; hierzu auch *Gabriel*, in: FS Marx, 2013, 167ff.

einen daraus folgenden „systematischen Ausschluss“ von verbundenen Unternehmen in seinem Urteil in der der Rs. „**Assitur**“[77] abgelehnt hatte.

33 Der Wettbewerbsgrundsatz bleibt nach Auffassung des OLG Düsseldorf hingegen unter bestimmten Voraussetzungen selbst dann gewahrt, wenn zwei auf demselben Markt tätige Unternehmen, die **zueinander potenziell im Wettbewerb** stehen, eine **Bietergemeinschaft** bilden. Voraussetzung hierfür ist jedoch, dass entweder jedes der beteiligten Unternehmen für sich wegen fehlender Leistungsfähigkeit nicht teilnehmen kann, seine Kapazitäten ungeachtet grundsätzlich gegebener Leistungsfähigkeit aufgrund anderweitiger Bindungen aktuell nicht einsetzbar sind oder jedes der beteiligten Unternehmen für sich zwar leistungsfähig ist, aber „im Rahmen einer wirtschaftlich zweckmäßigen und kaufmännisch vernünftigen Entscheidung“ erst der Zusammenschluss die Abgabe eines erfolgversprechenden Angebots ermöglicht.[78]

34 Die von der Vergabestelle anzulegenden **Kriterien** für die Bewertung eines Angebots sind stets in den Vergabeunterlagen **vorab** zu nennen, damit die Bieter die Möglichkeit haben, entsprechende Nachweise vorzulegen. Zwar sind öffentliche Auftraggeber vorbehaltlich der in § 97 GWB niedergelegten Kriterien frei in ihrer Entscheidung, welche Unterkriterien und Bewertungsmaßstäbe für ein ausgeschriebenes Vorhaben verwendet werden. Diese müssen jedoch den Bietern vorab bekannt gegeben werden, spätestens mit der Aufforderung zur Angebotsabgabe. Es ist daher unzulässig, Unterkriterien und Gewichtungskoeffizienten nach diesem Zeitpunkt festzulegen.[79]

35 Dabei müssen die Zuschlagskriterien nach Auffassung des EuGH so gefasst sein, dass alle **durchschnittlich fachkundigen Bieter** sie bei Anwendung der üblichen Sorgfalt in gleicher Weise auslegen können.[80] Die konkrete Nennung von Kriterien hat aber auch zur Folge, dass nach Auffassung des BGH ein „Mehr an Eignung“ bei der Prüfung grundsätzlich nicht berücksichtigt werden darf, da ansonsten diejenigen Bieter, die ohne Veranlassung in der Ausschreibung zusätzliche Eignungsnachweise vorgelegt haben, einen Vorteil erlangen würden, der mit dem Grundsatz des Wettbewerbs und mit dem Gebot der Transparenz nicht zu vereinbaren wäre.[81] Ausnahmen hiervon sollen nur dann bestehen, wenn eine gesetzliche Gebührenordnung den Preis als Zuschlagskriterium weitgehend neutralisiert.[82] Hat der Auftraggeber jedoch einmal ein **Zuschlagskriterium** genannt, so ist er nach Auffassung des EuGH wegen des Transparenzgebots an dessen **anfängliche Auslegung** gebunden.[83]

36 Keinen Verstoß gegen eine wettbewerbskonforme und transparente Auftragsvergabe hat der BGH angenommen, sofern der Auftraggeber für die Erfüllung qualitativer Wertungs-

77 EuGH, Urt. v. 19.5.2009, Rs. C-53807, Slg. 2011, I-4687 – Assitur, Tz. 21 f.

78 OLG Düsseldorf, Beschl. v. 8.6.2016, VII-Verg 3/16, PharmR 2016, 423.

79 OLG Düsseldorf, Beschl. v. 21.5.2008, VII-Verg 19/08, NZBau 2009, 69; KG, Beschl. v. 13.3.2008, 2 Verg 18/07, NZBau 2008, 471; vgl. auch *Byok*, NJW 2009, 644, 645.

80 Vgl. EuGH, Urt. v. 18.10.2001, Rs. C-19/00, Slg. 2001, I-7725 – SIAC Construction, Tz. 42.

81 Vgl. BGH, Urt. v. 8.9.1998, X ZR 109/96, BGHZ 139, 273, 279; später auch BKartA (2. VK Bund), Beschl. v. 9.1.2001, VK 2 – 40/00, VergabeR 2001, 138, 142.

82 Vgl. BayObLG, Beschl. v. 20.8.2001, Verg 9/01, VergabeR 2001, 438, 441; OLG Rostock, Beschl. v. 16.5.2001, 17 W 1/01 u. 2/01, VergabeR 2001, 315, 318; *Stickler*, in: Reidt/Stickler/Glahs, Vergaberecht, § 97 Rn. 27.

83 Vgl. EuGH, Urt. v. 18.10.2001, Rs. C-19/00, Slg. 2001, I-7725 – SIAC Construction, Tz. 43; EuGH, Urt. v. 25.4.1996, Rs. C-87/94, Slg. 1996, I-2043 – Kommission/Belgien, Tz. 88 f.

kriterien **Noten mit zugeordneten Punktwerten** vergibt, ohne dass sich aus den Vergabeunterlagen vorher ergeben hat, wovon das Erreichen der Punktwerte später konkret abhängen soll. Dabei ist es auch unschädlich, wenn Differenzierungen zwischen den verschiedenen Bewerbern nur in einem kleinen Bereich der Notenskala stattfinden.[84] Wie schon der EuGH in seinem Urteil in der Rs. „**Dimarso**" entschieden hatte, ist die vorherige Bekanntgabe der Zuschlagskriterien von der Bekanntgabe der Bewertungsmethode zu unterscheiden. Letztere darf zwar grundsätzlich nicht erst bei Öffnung der Angebote festgelegt werden, der Gerichtshof konnte aber aus den Vorschriften des europäischen Vergaberechts keine Pflicht des Auftraggebers ableiten, die Bewertungsmethode den potenziellen Bietern vorab zur Kenntnis zu bringen. Lediglich eine Irreführung der Bieter über die Bewertungsmethode muss vermieden werden.[85]

Wie das OLG Frankfurt a. M. ausführte, wirkt es sich bei einer **Interimsvergabe** schonend auf den Wettbewerb aus, wenn die Vertragslaufzeit möglichst kurz angesetzt ist. Im konkreten Fall ging es um eine Vertragslaufzeit von lediglich 3 Monaten, die das Gericht im Einklang mit dem Wettbewerbsprinzip sah.[86] 37

2. Transparentes Vergabeverfahren

Das in § 97 Abs. 1 GWB gesetzlich niedergelegte **Transparenzgebot** ist ein weiterer tragender Grundsatz des Vergaberechts.[87] Die Vergabe öffentlicher Aufträge im Rahmen eines transparenten Vergabeverfahrens dient unmittelbar der Verwirklichung des ebenfalls in § 97 Abs. 1 GWB niedergelegten **Wettbewerbsgedankens**.[88] Daher werden Verstöße gegen den Wettbewerbsgrundsatz und das Transparenzgebot regelmäßig zusammen geprüft. Außerdem besteht eine enge Verbindung zwischen dem Transparenzgebot und dem Gleichbehandlungsgrundsatz nach § 97 Abs. 2 GWB.[89] Ein echter Wettbewerb im Bereich des öffentlichen Auftragswesens kann nur entstehen, wenn durch Veröffentlichung und Bekanntmachung von Vorhaben interessierte Unternehmen **ausreichend Kenntnis von Bedingungen und nachgefragten Leistungen** erhalten.[90] Daher liegt ein offenkundiger Ver- 38

84 BGH, Beschl. v. 4.4.2017, X ZB 3/17, juris; ebenso OLG Düsseldorf, Beschl. v. 8.3.2017, VII-Verg 39/16, NZBau 2017, 296; a. A. noch OLG Düsseldorf, Beschl. v. 29.4.2015, VI-Verg 35/14, NZBau 2015, 440, 445; *Mösinger*, IBR 2016, 233; kritisch in diesem Zusammenhang auch: *Dörr*, in: Burgi/Dreher, Beck'scher VergR-Kommentar, Bd. 1, § 97 Abs. 1 Rn. 41.

85 EuGH, Urt. v. 14.7.2016, Rs. C-6/15, ECLI:EU:C:2016:555 – Dimarso; kritisch hierzu: *Greb*, Anmerkung zu einer Entscheidung des EuGH (C-6/15), VergabeR 2016, 276.

86 OLG Frankfurt a. M., Beschl. v. 26.1.2017, 11 Verg 1/17, juris, Rn. 64.

87 Vgl. EuGH, Urt. v. 25.4.1996, Rs. C-87/94, Slg. 1996, I-2043 – Kommission/Belgien, Tz. 53 f.; *Otting*, in: Bechtold, GWB, § 97 Rn. 8.

88 Vgl. *Marx*, in: Motzke/Pietzcker/Prieß, VOB, § 97 Rn. 16 („komplexe Kausalitäts- und Ergänzungsbeziehung").

89 Vgl. EuGH, Urt. v. 18.10.2001, Rs. C-19/00, Slg. 2001, I-7725 – SIAC Construction, Tz. 41 f.; EuGH, Urt. v. 7.12.2000, Rs. C-324/98, Slg. 2000, I-10745 – Telaustria; EuGH, Urt. v. 18.11.1999, Rs. C-275/98, Slg. 1999, I-8291 – Unitron Scandinavia; *Stickler*, in: Reidt/Stickler/Glahs, Vergaberecht, § 97 Rn. 7; *Lux*, in: Müller-Wrede, GWB, § 97 Rn. 6 („Trias von Wettbewerb, Gleichbehandlung und Transparenz"); *Müller*, in: Kulartz/Kus/ Portz/Prieß, GWB, § 97 Rn. 24.

90 OLG Düsseldorf, Beschl. v. 28.1.2015, VI-Verg 31/14, NZBau 2015, 503; OLG Düsseldorf, Beschl. v. 15.7.2015, VII-Verg 11/15, VergabeR 2016, 228, Rn. 64; zu diesen Fragen auch: *Willenbruch*, Anmerkung, VergabeR 2016, 254; *Prieß*, Das öffentliche Auftragswesen in der europäischen Union, S. 72 f.

stoß gegen das Transparenzgebot des § 97 Abs. 1 GWB vor, wenn nicht alle Bieter über den gleichen Informations- und Kenntnisstand im Hinblick auf die zu erbringenden Leistungen verfügen.[91] Dies gilt umso mehr, wenn mindestens einer der Bieter wegen der Erbringung anderer ausgeschriebener Leistungen über einen **erheblichen Informationsvorsprung** verfügt.[92] Auch die übrigen Zielsetzungen des unionsrechtlichen Vergaberechts sind besonders mit der Verwirklichung der Transparenz verknüpft. So dient die Transparenz des Verfahrens auch der Gleichbehandlung der Bieter und dem Schutz vor **staatlicher Willkür** sowie vor **Korruption und Vetternwirtschaft** (vgl. § 97 Abs. 2 GWB).[93] Die Teilnahme- und Publizitätsvorschriften der EU-Vergaberichtlinien, die die Transparenz der öffentlichen Beschaffungsmärkte sicherstellen sollen, sind dementsprechend von besonderer Rechtsqualität. Vor allem sind sie **mehr als formale Ordnungsprinzipien**. Der EuGH hat in ständiger Rechtsprechung betont, dass die Teilnahme- und Publizitätsvorschriften subjektive Rechte der Unternehmer begründen,[94] und die aus dem Transparenzgebot abgeleiteten Anforderungen in den letzten Jahren sukzessiv ausgebaut.[95] Dies gilt insbesondere für die Regelungen über die Teilnahmemöglichkeiten an Ausschreibungen, die Vorschriften über die Veröffentlichung beabsichtigter Auftragsvergaben sowie Kriterien für die Eignung der Bewerber.[96] Wenn die Richtlinien darauf abzielen, dem Einzelnen Rechte zu verschaffen, so müssen die Berechtigten in der Lage sein, von allen ihren Rechten **Kenntnis zu erlangen** und sie **vor Gericht geltend zu machen**.[97]

39 Wie das OLG Naumburg entschied, muss eine Eignungsanforderung so **hinreichend klar formuliert** sein, dass es einem verständigen Bieter ohne eigene Interpretation eindeutig erkennbar ist, was gefordert ist.[98] Diesen Anforderungen genügt bei einer ausgeschriebenen Krankenhausversorgung, die „im Bedarfsfall unverzüglich" erbracht werden soll, eine ergänzende Formulierung für die zeitlichen Bedingungen der Leistungserbringung nicht, in der es heißt „Orientierungswert; in max. 60 Minuten". Diese Eignungsanforderung wurde als intransparent eingestuft, da sie einen Spielraum bietet und auch die genannte Obergrenze nicht klar genug bezeichnet ist. Im Hinblick auf Unklarheiten bei der Eignungsanforderung haben mehrere Obergerichte zudem klargestellt, dass etwaige **Unklarheiten nicht zulasten der Bieter**, sondern zulasten der Auftraggeber gehen.[99]

---

91 Vgl. OLG Celle, Beschl. v. 16.1.2002, 13 Verg 1/02, VergabeR 2002, 299, 301 f. m. Anm. *Kuß*; zuletzt auch BKartA (VK Bund), Beschl. v. 28.1.2017, VK 2 – 129/17, juris Rn. 190 ff.

92 Vgl. OLG Naumburg, Beschl. v. 16.9.2002, 1 Verg 2/02, ZfBR 2003, 182, 185; *Dreher*, in: Immenga/Mestmäcker, GWB, § 97 Rn. 65.

93 Vgl. *Dörr*, in: Burgi/Dreher, Beck'scher VergR-Kommentar, Bd. 1, § 97 Abs. 1 Rn. 30 („Gefahr einer Günstlingswirtschaft").

94 EuGH, Urt. v. 20.9.1988, Rs. 31/87, Slg. 1988, 4652 – Beentjes, Tz. 43 f.

95 Vgl. EuGH, Urt. v. 19.6.2008, Rs. C-454/06, Slg. 2008, I-4401 – pressetext, Tz. 32; EuGH, Urt. v. 21.11.2009, Rs. C-199/07, Slg. 2009, I-10669 – Kommission/Griechenland, Tz. 37; EuGH, Urt. v. 29.3.2012, Rs. C-599/10, ECLI:EU:C:2012:191 – SAG ELV Slovensko; EuGH, Urt. v. 6.11.2014, Rs. C-42/13, ECLI:EU:C:2014:2345 – Cartiera dell'Adda; EuGH, Urt. v. 4.2.2016, Rs. C-336/14, ECLI:EU:C:2016:72 – Ince, Tz. 86 f.

96 Vgl. *Brinker*, EWS 1995, 255, 258.

97 EuGH, Urt. v. 30.5.1991, Rs. C-361/88, Slg. 1991, I-2567 – Kommission/Deutschland.

98 OLG Naumburg, Beschl. v. 14.10.2016, 7 Verg 3/16, VPR 2017, 30.

99 OLG München, Beschl. v. 30.4.2014, Verg 2/14, NZBau 2014, 718; OLG Düsseldorf, Beschl. v. 23.5.2012, VII-Verg 4/12, ZfBR 2013, 310; OLG Frankfurt a. M., Beschl. v. 15.7.2008, 11 Verg 4/08, ZfBR 2009, 86.

40 Dementsprechend kann ein Angebot nur dann wegen Abweichungen von den Vergabeunterlagen ausgeschlossen werden, wenn diese in dem maßgeblichen Punkt unmissverständlich und eindeutig sind.[100] Sofern die Vergabestelle eine **bestimmte Interpretation** der kalkulationsrelevanten Anforderungen ihrer Entscheidung zugrunde legt, gebieten es Transparenz und Gleichbehandlung, dass alle Bieter hierüber informiert werden und nicht Einzelne von ihnen einen Informationsvorsprung erhalten.[101]

41 Diese Grundsätze hat der EuGH mehrfach bei der Überprüfung der korrekten Umsetzung der EU-Vergaberichtlinien bekräftigt. So genügt eine **einfache Verwaltungspraxis**, die die Verwaltung beliebig ändern kann und die nur unzureichend bekannt ist, nicht für eine ordnungsgemäße Umsetzung der Richtlinien.[102] Ebenso wenig genügt eine **richtlinienkonforme Auslegung allgemeiner nationaler Verfahrensvorschriften**[103] oder eine Berufung auf eine nach der Rechtsprechung des EuGH bestehende unmittelbare Wirkung nicht umgesetzter Richtlinien.[104] Vor diesem Hintergrund ist die Aufnahme des transparenten Vergabeverfahrens in die Grundsätze des § 97 GWB zu verstehen.

42 Die Transparenz der Vergabebedingungen hat darüber hinaus zusammen mit den Zuschlagskriterien nach § 127 GWB (früher: § 97 Abs. 5 GWB a.F.) die Aufgabe, eine **gleichmäßige Grundlage der Angebotsbewertung** und die **bessere sachliche Nachvollziehbarkeit** bei der Auswahl des wirtschaftlichsten Angebots zu gewährleisten.[105] Eine Vergabe aufgrund von Anforderungen und Kriterien, die in den Ausschreibungsunterlagen nicht offengelegt wurden und damit für die Bieter auch nicht absehbar waren, ist – wie der EuGH entschieden hat – mit dem Transparenzgebot grundsätzlich nicht zu vereinbaren.[106]

43 Aus dem **Gebot der Transparenz** ist nach einer Entscheidung des OLG Düsseldorf außerdem die konkrete Pflicht des öffentlichen Auftraggebers abzuleiten, die wesentlichen Entscheidungen des Vergabeverfahrens in den Vergabeakten zu dokumentieren.[107] Mittlerweile ist die **Dokumentationspflicht** zwar ausdrücklich in § 8 Abs 1 Satz 2 VgV normiert, leitet sich aber subsidiär immer noch auf das allgemeine Transparenzgebot des § 97 Abs. 1 GWB ab.[108] Auf diese Weise werden die Entscheidungen der Vergabestelle erst nachvollziehbar und einer Überprüfung durch die zuständigen Instanzen (Vergabekammer, Verga-

---

100 Vgl. BGH, Urt. v. 3.4.2012, X ZR 130/10, NZBau 2012, 600; OLG Karlsruhe, Beschl. v. 29.4.2016, 15 Verg 1/16, IBRRS 2016, 1506; OLG Düsseldorf, Beschl. v. 22.6.2011, Verg 15/11, IBR 2011, 485.

101 OLG Frankfurt a.M., Beschl. v. 12.7.2016, 11 Verg 9/16, NZBau 2016, 705; OLG Karlsruhe, Beschl. v. 29.4.2016, 15 Verg 1/16, IBRRS 2016, 1506; OLG Düsseldorf, Beschl. v. 2.8.2002, Verg 25/02, IBR 2003, 216.

102 EuGH, Urt. v. 2.5.1996, Rs. C-311/95, Slg. 1996, I-2433 – Kommission/Griechenland.

103 EuGH, Urt. v. 19.9.1996, Rs. C-236/95, Slg. 1996, I-4459 – Kommission/Griechenland.

104 EuGH, Urt. v. 2.5.1996, Rs. C-253/95, Slg. 1996, I-2423 – Kommission/Deutschland.

105 Vgl. EuGH, Urt. v. 18.10.2001, Rs. C-19/00, Slg. 2001, I-7725 – SIAC Construction, Tz. 41; OLG Schleswig, Beschl. v. 13.2.2001, 6 Verg 1/01, VergabeR 2001, 214, 217; *Stickler*, in: Reidt/Stickler/Glahs, Vergaberecht, § 97 Rn. 7; *Müller*, in: Kulartz/Kus/Portz/Prieß, GWB, § 97 Rn. 28 („nachvollziehbar und kontrollierbar").

106 Vgl. EuGH, Urt. v. 18.10.2001, Rs. C-19/00, Slg. 2001, I-7725 – SIAC Construction, Tz. 41 ff.; so auch OLG Schleswig, Beschl. v. 13.2.2001, 6 Verg 1/01, VergabeR 2001, 214, 217; KG, Beschl. v. 3.11.1999, Kart Verg 3/99, BauR 2000, 565 f.

107 OLG Düsseldorf, Beschl. v. 26.7.2002, Verg 28/02, VergabeR 2003, 87 ff., hierzu auch *Dörr*, in: Burgi/Dreher, Beck'scher VergR-Kommentar, Bd. 1, § 97 Abs. 1 Rn. 47 ff.

108 *Lux*, in: Müller-Wrede, GWB, § 97 Rn. 25.

besenat) und nicht zuletzt durch den Bieter zugänglich.[109] Dabei genügt es nicht, die Dokumentation nach Abschluss des Vergabeverfahrens und nach Zuschlagserteilung anzufertigen; vielmehr gebietet es das Transparenzgebot nach § 97 Abs. 1 GWB, dass die Dokumentation während der Ausschreibung laufend fortgeschrieben wird.

44 Ein **Dokumentationsmangel** führt zu einer Verletzung des Bieters in seinem subjektiven Recht auf Einhaltung der Vergabevorschriften nach § 97 Abs. 6 GWB.[110] Allerdings besteht die Informationspflicht des Auftraggebers nur insoweit, als sie **nicht den Geheimhaltungsinteressen der anderen Bieter zuwiderläuft**. Akteneinsicht ist daher nur im Umfang des § 165 GWB (früher: § 111 GWB a.F.) möglich.[111]

45 Der BGH hat in diesem Zusammenhang klargestellt, dass der Auftraggeber die für die Zuschlagserteilung **maßgeblichen Erwägungen** in allen Schritten so eingehend dokumentieren muss, dass nachvollziehbar ist, welche konkreten qualitativen Eigenschaften des Angebots mit welchem Gewicht in die Bewertung eingegangen sind.[112]

46 Zwar sollen **untergeordnete und rein formalistische Dokumentationsmängel** im Nachprüfungsverfahren keine Rolle spielen,[113] sofern jedoch ein relevanter Fehler in der Dokumentation festgestellt worden ist, muss dieser Teil des Vergabeverfahrens – soweit möglich – nachgeholt werden.[114] Eine **nachträgliche Heilung** – wie sie beispielsweise nach dem VwVfG bei verschiedenen Verfahrensfehlern möglich ist – ist grundsätzlich ausgeschlossen. Denn das Kartellvergaberecht erhält erst durch die Möglichkeit zur Nachprüfung seine tatsächliche Durchschlagskraft. Die Voraussetzungen hierfür werden wiederum auf der Grundlage hinreichender Dokumentation geschaffen.[115] Der Gesetzgeber zeigt durch die Einbeziehung in das Transparenzgebot nach § 97 Abs. 2 GWB, dass die Dokumentation des Vergabeverfahrens nicht bloß eine lässliche und untergeordnete Verfahrensanforderung ist, sondern eine unmittelbar **verbindliche Rechtspflicht**, deren Verletzung für alle Beteiligten, vor allem aber für den Auftraggeber, sehr unangenehme Folgen hat.

---

109 BGH, Beschl. v. 4.4.2017, X ZB 3/17, juris; OLG Düsseldorf, Beschl. v. 17.3.2004, VII-Verg 1/04, NVwZ 2004, 1146; OLG Düsseldorf, Beschl. v. 26.7.2002, Verg 28/02, VergabeR 2003, 87, 89; OLG Naumburg, Beschl. v. 16.9.2002, 1 Verg 2/02, ZfBR 2003, 182, 185 f.; so auch BKartA (VK Bund), Beschl. v. 22.12.2016, 1 VK 50/16, IBR 2017, 213, Rn. 133 ff.; zuvor schon BayObLG, Beschl. v. 1.10.2001, Verg 6/01, VergabeR 2002, 63, 69; BayObLG, Beschl. v. 20.8.2001, Verg 9/01, VergabeR 2001, 438, 442; BayObLG, Beschl. v. 12.9.2000, Verg 4/00, VergabeR 2001, 65, 68; OLG Brandenburg, Beschl. v. 3.8.1999, 6 Verg 1/99, NZBau 2000, 39, 43; Thüringer OLG, Beschl. v. 22.12.1999, 6 Verg 3/99, NZBau 2000, 353; *Dreher*, in: Immenga/Mestmäcker, GWB, § 97 Rn. 35; *Leinemann*, Das neue Vergaberecht, Rn. 11.

110 Vgl. OLG Saarbrücken, Beschl. v. 15.10.2014, 1 Verg 1/14, NZBau 2015, 45; *Diercks-Oppler*, Anmerkung, VergabeR 2015, 261; OLG Celle, Beschl. v. 11.2.2010, 13 Verg 16/09, VergabeR 2010, 669, 673; OLG Düsseldorf, Beschl. v. 26.7.2002, Verg 28/02, VergabeR 2003, 87, 89; OLG Düsseldorf, Beschl. v. 17.3.2004, VII-Verg 1/04, NVwZ 2004, 1146.

111 § 165 GWB Rn. 1 ff.

112 BGH, Beschl. v. 4.4.2017, X ZB 3/17, juris, Rn. 53; BGH, Urt. v. 22.7.2010, VII ZR 213/08, ZfBR 2010, 814, 818; hierzu auch VK Baden-Württemberg, Beschl. v. 22.12.2016, 1 VK 50/16, juris (Ls. IBR 2017, 212).

113 So auch *Dörr*, in: Burgi/Dreher, Beck'scher VergR-Kommentar, Bd. 1, § 97 Abs. 1 Rn. 48 („Diesen Grundsatz [nicht] zur reinen Förmelei verkommen … lassen…").

114 Z.B. OLG Frankfurt a.M., Beschl. v. 28.11.2006, 11 Verg 4/06, NZBau 2007, 804, 805; OLG Düsseldorf, Beschl. v. 17.3.2004, VII-Verg 1/04, NZBau 2004, 461, 462.

115 *Müller*, in: Kulartz/Kus/Portz/Prieß, GWB, § 97 Rn. 30 („Ex-post-Transparenz").

Als **Verstoß gegen das Transparenzgebot** im Vergabeverfahren ist vom OLG Naumburg außerdem auch die Aufforderung zum Ausfüllen eines umfangreichen Fragebogens angesehen worden, ohne dass den Bietern mitgeteilt wurde oder in irgendeiner Weise erkennbar gewesen wäre, welche Bedeutung diesen zusätzlichen Auskünften für das Vergabeverfahren zukommt.[116] **47**

Auch eine **Parallelausschreibung**, die typischerweise nicht auf die Beschaffung von Leistungen gerichtet ist, sondern zunächst auf die Feststellung des für die Vergabestelle günstigsten Verfahrens, kann einen Verstoß gegen das Transparenz- und Gleichbehandlungsgebot i. S. von § 97 Abs. 1 GWB darstellen. Zwar ist nicht jede Parallelausschreibung per se unzulässig. Sie ist jedoch nur dann gerechtfertigt, wenn **berechtigte Interessen der Bieter im Hinblick auf einen unzumutbaren Arbeitsaufwand** gewahrt werden.[117] Dies ist jedoch insbesondere dann nicht der Fall, wenn es den Bietern ungeachtet der Darstellung in den Angebotsunterlagen nicht erkennbar war, nach welchen Kriterien der Auftrag letztlich vergeben werden sollte. Die Unzulässigkeit von Parallelausschreibungen folgt damit aus dem Grundsatz, dass **Vergabeverfahren nicht der Markterkundung oder Wirtschaftlichkeitsberechnung** geplanter Verfahren dienen dürfen. Diese vergabefremden Zwecke verstoßen daher regelmäßig gegen das Gebot der Transparenz (§ 97 Abs. 1 GWB) und der Gleichbehandlung (§ 97 Abs. 2 GWB).[118] **48**

Ebenfalls als Verstoß gegen das Transparenzgebot und den Gleichbehandlungsgrundsatz hat das BKartA eine Praxis qualifiziert, bei der **ungeeignete Bewerber** nicht zu Beginn vom weiteren Verfahren ausgeschlossen wurden, sondern nach verschiedenen Eignungsgraden eingruppiert wurden.[119] Aus dem Transparenzgebot folgt außerdem die Verpflichtung des Auftraggebers, die Bieter **rechtzeitig vor Zuschlagserteilung** über den Ausgang der Ausschreibung zu unterrichten, wie sie heute in § 134 GWB (früher: § 101a GWB a. F. bzw. § 13 VgV a. F.) vorgesehen ist.[120] **49**

Ein Verstoß gegen Transparenzgrundsatz und Wettbewerbsprinzip i. S. von § 97 Abs. 1 GWB liegt nach Auffassung des BKartA (1. VK Bund) auch dann vor, wenn die Vergabestelle **mehrere Fachlose** ohne zwingenden Grund zusammenfasst und deshalb denjenigen Bietern, die nicht alle Gewerke im eigenen Betrieb erfüllen können, die Eignung abspricht.[121] **50**

In letzter Konsequenz kann bei schwerwiegenden Verstößen gegen die vergaberechtlichen Grundsätze des Wettbewerbs, der Transparenz und der Gleichbehandlung eine **Aufhebung der Ausschreibung** die einzige Maßnahme zur Beseitigung der bestehenden Vergabe- **51**

116 Vgl. OLG Naumburg, Beschl. v. 16.9.2002, 1 Verg 2/02, ZfBR 2003, 182, 185; KG, Beschl. v. 5.1.2000, Kart Verg 11/99, BauR 2000, 1579, 1582.

117 Vgl. OLG Celle, Beschl. v. 8.11.2001, 13 Verg 9/01, VergabeR 2002, 154, 156 m. Anm. *Schwenker*; eingehend *Kaiser*, NZBau 2002, 553 ff.; so auch OLG Celle, Beschl. v. 3.9.2001, 13 Verg 9/01, NdsVBl. 2002, 221, 222 f.

118 Vgl. OLG Celle, Beschl. v. 8.11.2001, 13 Verg 9/01, VergabeR 2002, 154, 156 f.; OLG Celle, Beschl. v. 3.9.2001, 13 Verg 9/01, NdsVBl. 2002, 221, 222 f.; zu den Grenzen bei der Verwendung von Wahlpositionen bei der Ausschreibung siehe OLG Düsseldorf, Beschl. v. 24.3.2004, VII-Verg 7/04, ZfBR 2004, 604, 605 f.

119 Vgl. BKartA (1. VK Bund), Beschl. v. 10.5.2001, VK 1 – 11/01, IBR 2001, 509, m. Anm. *Noch*.

120 Vgl. BT-Drs. 16/10117, S. 31.

121 Vgl. BKartA (1. VK Bund), Beschl. v. 1.3.2002, VK 1 – 3/02, ZfBR 2002, 519, 520 f.

rechtsverletzungen sein.[122] Nach § 135 GWB (früher: § 101b GWB a. F.) ist ein unter Verletzung des Vergaberechts geschlossener Vertrag von Anfang an unwirksam, wenn der Auftraggeber gegen die Benachrichtigungspflicht nach § 134 GWB verstoßen hat, einen öffentlichen Auftrag unmittelbar an ein Unternehmen erteilt oder auf eine vorherige Veröffentlichung einer Bekanntmachung im Amtsblatt der EU verzichtet hat, ohne dass dies aufgrund des Gesetzes gestattet ist, und der Verstoß in einem Nachprüfungsverfahren nach Abs. 2 festgestellt wurde. Die frühere Rechtsfolge von § 101b GWB a. F. einer automatischen Nichtigkeit ist damit vom Gesetzgeber schon im VergRModG nicht übernommen worden.[123]

52 Das Transparenzgebot hat aber nicht nur einen Effekt für die Bieter. Durch die Verpflichtung zu transparenter Vergabe wird ebenfalls der Kreis der Anbieter erweitert. Der öffentliche Nachfrager von Bauten, Gütern und Dienstleistungen erhält dadurch eine grundsätzlich bessere Möglichkeit, Preise und Qualität zu vergleichen, was zu einer Reduzierung der öffentlichen Ausgaben führen kann. Es ist allerdings darauf hinzuweisen, dass dieser **Spareffekt** für die öffentlichen Haushalte nur eintritt, wenn die Verwaltungskosten für das Vergabeverfahren nicht höher sind als die Sparpotenziale, die durch den Preis- und Qualitätswettbewerb entstehen. Entsprechendes gilt für die Anbieterseite. Da grundsätzlich nur der Anbieter seine durch die Bewerbung entstandenen Kosten realisieren kann, darf der **Aufwand für eine Ausschreibung** nicht so hoch sein, dass das Risiko, die Kosten hierfür nicht realisieren zu können, die möglichen Gewinnchancen durch Erhalten des Auftrags übersteigt.[124]

53 **Transparenz und Wettbewerb** nach § 97 Abs. 1 GWB sind grundsätzlich **im Zusammenhang** zu betrachten und auszulegen.[125] Die Transparenz des Vergabeverfahrens muss gewährleisten, dass das Verfahren der Auftragsvergabe in einem **vernünftigen Kostenrahmen** bleibt. Dies bedeutet, dass keine unnötigen Kosten aufgrund von überlangen Verfahren oder bürokratischen Details entstehen. Aus diesem Grund ist es nicht nur zulässig, sondern im Hinblick auf das Transparenzgebot des § 97 Abs. 1 GWB geradezu geboten, dass das Vergaberecht **beschleunigte Nachprüfungsverfahren** vorsieht. Dieser Gedanke kommt nicht zuletzt in der möglichen Verlängerung der fünfwöchigen Entscheidungsfrist um grundsätzlich 2 Wochen zum Ausdruck (§ 167 GWB, früher: § 113 Abs. 1 Satz 3 GWB a. F.). Allerdings handelt es sich bei dieser Bestimmung um eine Sollvorschrift, sodass in begründeten Ausnahmefällen eine darüber hinausgehende Verlängerung zulässig sein kann. Noch deutlicher wird der Grundgedanke in § 169 Abs. 2 GWB (früher: § 115 Abs. 2 GWB a. F.), wonach der öffentliche Auftraggeber zur Beschleunigung des Verfahrens bei der Vergabekammer einen Antrag auf Vorabgestattung des Zuschlags stellen kann.[126] Der

122 Vgl. OLG Naumburg, Beschl. v. 16.9.2002, 1 Verg 2/02, ZfBR 2003, 182.

123 BT-Drs. 16/10117, S. 21.

124 Vgl. zu diesen ökonomischen Effekten *Bovis*, The Liberalisation of Public Procurement and its effects on the Common Market, S. 163 f.; insgesamt auch *Hailbronner/Kau*, NZBau 2006, 16 ff.

125 Vgl. zum Verhältnis der Grundsätze auch *Boesen*, GWB, § 97 Rn. 17; *Stickler*, in: Reidt/Stickler/Glahs, Vergaberecht, § 97 Rn. 4a; *Dreher*, in: Immenga/Mestmäcker, GWB, § 97 Rn. 12; *Dörr*, in: Burgi/Dreher, Beck'scher VergR-Kommentar, Bd. 1, § 97 Abs. 1 Rn. 31.

126 Zur Neufassung des § 115 GWB vgl. BT-Drs. 16/10117, S. 23; dort auch zur praktischen Bedeutung des Verfahrens.

Transparenz im Sinne einer Optimierung der Kosten für die Beteiligten dient auch die weitgehende Standardisierung der Bekanntmachungen.[127]

Im Einzelnen hat sich das **Transparenzgebot** in einer Reihe von **konkreten Verpflichtungen** im Vergabeverfahren niedergeschlagen. So sind im Einzelnen durch das Transparenzgebot motiviert: **54**

- Vorinformation,
- Vergabebekanntmachung einschließlich der Bekanntmachung von Wettbewerben,
- Aufruf zum Wettbewerb,
- Vergabemitteilung bei vergebenen Aufträgen,
- begründete Benachrichtigung nicht berücksichtigter Bewerber (vgl. § 134 GWB),
- Dokumentation der wesentlichen Entscheidungen innerhalb des Vergabeverfahrens.

Die Anwendung der vergaberechtlichen **Grundsätze des Wettbewerbs und der Transparenz** (§ 97 Abs. 1 GWB) gilt ebenso wie der **Grundsatz der Nichtdiskriminierung** (§ 97 Abs. 2 GWB) unabhängig von der konkreten Art des Vergabeverfahrens. So kommen nach Ausführung verschiedener Vergabesenate die Vergaberechtsgrundsätze des Wettbewerbs, der Transparenz und der Nichtdiskriminierung ungeachtet der geringeren formalen Verfahrensanforderung auch im Verhandlungsverfahren nach § 119 Abs. 5 GWB (früher: § 101 Abs. 5 GWB a. F.) zur Anwendung.[128] **55**

3. Vergabeverfahren und Koalitionsfreiheit

Die Regeln des Vergabeverfahrens können als Konkretisierungen der Grundfreiheiten der Niederlassungs- und Dienstleistungsfreiheit in Konflikt mit dem Grundrecht auf Kollektivverhandlungen und dem Grundrecht auf Tarifautonomie geraten. In den Urteilen „Viking Line"[129] und „Laval"[130] hat der EuGH Grundsätze über die Lösung von Konflikten zwischen der Ausübung von sozialen Grundrechten und Marktfreiheiten entwickelt, indem er die in der Rspr. entwickelten geschriebenen und ungeschriebenen Rechtfertigungsgründe auch im Hinblick auf die Wahrnehmung sozialer Grundrechte auf die Beschränkungen von Marktfreiheiten angewendet hat. Danach können soziale Unionsgrundrechte nicht als solche die Beschränkung einer Marktfreiheit unter Beachtung des Verhältnismäßigkeitsgrundsatzes rechtfertigen; vielmehr muss stets ein von diesem Grundrecht umfasster Rechtfertigungsgrund entwickelt werden. Entsprechendes gilt grundsätzlich auch für Kollisionen sozialer Grundrechte mit vergaberechtlichen Regeln.[131] **56**

---

127 Vgl. zur Standardisierung im Vergabeverfahren auch die VO (EG) Nr. 2195/2002 vom 5.11.2002 über das Gemeinsame Vokabular für öffentliche Aufträge (CPV, Common Procurement Vocabulary), die seit dem 16.12.2003 in den Mitgliedstaaten in Kraft getreten ist, ABl. EG 2002 L 340/1, zuletzt geändert durch VO (EG) Nr. 596/2009 v. 18.6.2009, ABl. EG 2009, L 188/14.

128 Vgl. BayObLG, Beschl. v. 5.11.2002, Verg 22/02, VergabeR 2003, 187, 188 m. Anm. v. *Schabel*, VergabeR 2003, 194; OLG Celle, Beschl. v. 16.1.2002, 13 Verg 1/02, VergabeR 2002, 299, 301 f. m. Anm. *Kuß*, VergabeR 2002, 303, 304; OLG Düsseldorf, Beschl. v. 30.5.2001, Verg 23/00, IBR 2001, Rn. 31 m. Anm. *Trautner*, IBR 2001, 564; OLG Frankfurt, Beschl. v. 10.4.2001, 11 Verg 1/01, NZBau 2002, 161, 163.

129 EuGH, Urt. v. 11.12.2007, Rs. C-438/05, Slg. 2007, I-10779 – Viking.

130 EuGH, Urt. v. 18.12.2007, Rs. C-341/05, Slg. 2007, I-11767 – Laval.

131 Kritisch hierzu GA *Trstenjak*, v. 14.4.2010 in der Rs. C-271/08 – Kommission/ Deutschland.

57 In der Rs. „Kommission gegen Bundesrepublik Deutschland" stellte sich die Frage nach der Vereinbarkeit von Vereinbarungen über die betriebliche Altersversorgung, die Gemeinden in ihrer Eigenschaft als Arbeitgeber im Rahmen der Tarifhoheit abgeschlossen hatten und durch die entsprechend den nationalen gesetzlichen Vorgaben von den Tarifvertragsparteien übereinstimmend diejenigen Versorgungseinrichtungen festgelegt worden waren, und bei denen künftige Entgeltansprüche in eine Anwartschaft auf Versorgungsleistungen umgewandelt werden können. Gegen eine Einbeziehung derartiger Verträge in das Vergaberecht ist u. a. eingewendet worden, dass die tarifvertragliche Vereinbarung dem Schutz der Tarifautonomie unterliege.[132]

58 Der EuGH kam zu dem Ergebnis, dass die kommunalen Arbeitgeber ungeachtet des auch durch Art. 28 EU-Grundrechte-Charta geschützten **Rechts auf Kollektivverhandlungen** sich nicht ohne Weiteres den aus den EU-Vergaberichtlinien resultierenden Verpflichtungen entziehen können. Dies liegt einerseits daran, dass auch nationale Tarifverträge dem Anwendungsbereich der EU-Freizügigkeit (Art. 45 ff. AEUV) unterliegen[133] und andererseits das Recht auf Kollektivverhandlungen ohnehin **Beschränkungen unterworfen** ist.[134] Insbesondere hob der Gerichtshof hervor, dass das zwischen den Sozialpartnern vereinbarte Ziel, das Rentenniveau der Beschäftigten im öffentlichen Dienst zu verbessern und dafür Einrichtungen und Unternehmen zu bestimmen, an die die Dienstleistungen über die betriebliche Altersrente vergeben werden soll, das Recht auf Kollektivverhandlungen **nicht in seinem Kern berührt**.[135] Aus der Entscheidung des EuGH lässt sich damit folgern, dass es zwar zu Spannungen zwischen den europäischen Vergabevorschriften und Grundrechten kommen kann, die ausnahmsweise dazu führen, dass die auf den EU-Vergaberichtlinien basierenden Verpflichtungen nicht zum Tragen kommen. Eine eher allgemeine Grundrechtsbezogenheit, die nicht einmal den Kernbereich des betreffenden Grundrechts erfasst, reicht dafür jedoch regelmäßig nicht aus. Ein wesentlicher Grund für diese Position des EuGH liegt auch darin, dass hinter den EU-Vergaberichtlinien unverändert die **EU-Grundfreiheiten** stehen, deren Wirkung nicht einfach durch mitgliedstaatliche Regelungen unter pauschalem Hinweis auf „Grundrechtspositionen" überspielt werden sollen. Lediglich dann, wenn **schwerwiegende Grundrechtsbeeinträchtigungen** drohen, können die vergaberechtlichen Regelungen der EU in Einzelfällen und nicht weiter, als unbedingt nötig, zurücktreten.

III. Grundsatz der Wirtschaftlichkeit (Abs. 1 Satz 2)

1. Anwendungsausweitung

59 Der nun in § 97 Abs. 1 Satz 2 GWB aufgenommene Grundsatz der Wirtschaftlichkeit knüpft ausweislich der Entwurfsbegründung der Bundesregierung[136] an den früher gelten-

132 EuGH, Urt. v. 15.7.2010, Rs. C-271/08, Slg. 2010, I-7091 – Kommission/Deutschland.

133 EuGH, Urt. v. 15.7.2010, Rs. C-271/08, Slg. 2010, I-7091 – Kommission/Deutschland, Tz. 42 unter Bezugnahme auf EUGH, Urt. v. 11.12.2007, Rs. C-438/05, Slg. 2007, I-10770 – Viking Line, T. 54.

134 EuGH, Urt. v. 15.7.2010, Rs. C-271/08, Slg. 2010, I-7091 – Kommission/Deutschland, Tz. 38 u. 43, mit Verweis auf Art. 52 Abs. 6 GRC.

135 EuGH, Urt. v. 15.7.2010, Rs. C-271/08, Slg. 2010, I-7091 – Kommission/Deutschland, Tz. 49.

136 BT-Drs. 18/6281, S. 68.

den § 97 Abs. 5 GWB a.F. an, geht inhaltlich jedoch darüber hinaus. Während in § 97 Abs. 5 GWB a.F. lediglich vorgesehen war, dass der Zuschlag auf das wirtschaftlichste Angebot zu erteilen ist, kann die Wirtschaftlichkeit durch die Aufnahme in § 97 Abs. 1 Satz 2 GWB für das gesamte Vergabeverfahren des GWB fruchtbar gemacht werden und wurde damit **insgesamt aufgewertet**. Der Grundsatz der Wirtschaftlichkeit kann im Hinblick auf das gesamte Kartellvergaberecht als Korrektiv zugunsten von wirtschaftlicher Effizienz betrachtet werden. Allerdings ist der Begriff in Anknüpfung an unionsrechtliche und vergaberechtliche Vorstellungen von Wirtschaftlichkeit auszulegen. Es erscheint hingegen nicht überzeugend, dass damit eine „**Renaissance des Haushaltsrechts**“ im öffentlichen Auftragswesen verbunden werden soll.[137]

Bei **wirtschaftlicher Effizienz** geht es vor allem darum, ein möglichst vorteilhaftes **Verhältnis von Kosten und Nutzen** zu erreichen. Je geringer die Kosten und je höher der Nutzen, desto stärker wird dem Grundsatz der Wirtschaftlichkeit entsprochen. **60**

Schon vor der jetzigen Normierung hatte es vergleichbare Vorschriften in den Vergabe- und Vertragsordnungen gegeben.[138] Mit der neuen Verankerung des Grundsatzes der Wirtschaftlichkeit sowie der Regelung des § 127 Abs. 1 Satz 4 GWB ist eine **verstärkte Orientierung am Preis** erfolgt, wie das schon früher nachdrücklich gefordert wurde.[139] **61**

Die Zielsetzung der Wirtschaftlichkeitsprüfung beim Zuschlag bestand nach den Worten des OLG Naumburg darin, „eine an objektiven, willkürfreien, (möglichst) nicht manipulierbaren Kriterien orientierte Auswahl des Vertragspartners zu organisieren“. Sie hat einen einzelwirtschaftlichen Maßstab, d.h. es geht stets um die **Wirtschaftlichkeit des konkreten Beschaffungsvorgangs** für den Auftraggeber, nicht etwa um gesamtwirtschaftliche Erwägungen. Nach diesem Begriffsverständnis kann Einzelwirtschaftlichkeit auch im Hinblick auf § 97 Abs. 1 Satz 2 GWB grundsätzlich in zwei Alternativen definiert werden: (1) Einzelwirtschaftlichkeit kann erreicht werden, wenn für eine genau definierte Leistung die Gegenleistung in Form von Entgelt möglichst gering ist, d.h. wenn der vom Auftraggeber zu leistende Aufwand so gering, so minimal wie möglich ist (daher auch: **Minimalprinzip**). **62**

(2) Einzelwirtschaftlichkeit kann aber auch dadurch verwirklicht werden, dass mit den für die Beschaffungsmaßnahme zur Verfügung stehenden finanziellen Mitteln als fixe Größe eine **möglichst hochwertige Leistung** erworben werden soll, d.h. dass mit einem feststehenden Aufwand das bestmögliche, maximale Ergebnis erzielt werden soll (daher auch: **Maximalprinzip**).[140] **63**

Das OLG Naumburg führt in Hinblick hierauf aus, dass beide Alternativen der Definition von Einzelwirtschaftlichkeit für ein konkretes Vergabeverfahren als gleichwertig anzusehen sind. Voraussetzung ist danach eine Grundentscheidung über die Anwendung eines der beiden Prinzipien. Diese Entscheidung ist für jeden konkreten Beschaffungsvorgang indi- **64**

137 *Lux*, in: Müller-Wrede, GWB, § 97 Rn. 28f.; *Müller*, in: Kulartz/Kus/Portz/Prieß, GWB, § 97 Rn. 35ff. u. 51.

138 Vgl. § 21 EG Abs. 1 VOL/A.

139 Vgl. *Otting*, in: Bechtold, GWB, § 97 Rn. 51; *Stickler*, in: Reidt/Stickler/Glahs, Vergaberecht, § 97 Rn. 27; hierzu eingehend *Sulk*, Der Preis im Vergaberecht, 2015.

140 OLG Naumburg, Beschl. v. 5.12.2008, 1 Verg 9/08, Tz. 65.

viduell zu treffen, da sie von der Konzeption der jeweiligen Vergabe und insbesondere von dem definierten Leistungs-Soll abhängig ist.[141]

2. Kosten-Nutzen-Betrachtung

65 Die Beurteilung der Wirtschaftlichkeit richtet sich vor allem nach einer betriebswirtschaftlichen **Kosten-Nutzen-Betrachtung**. Während beim Verhältnismäßigkeitsgrundsatz auch andere Erwägungen berücksichtigt werden können (vgl. unten Rn. 70 ff.), kommt es beim Grundsatz der Wirtschaftlichkeit darauf an, dass die wirtschaftliche Bedeutung des Beschaffungsvorgangs, verkörpert vor allem im Wert des Beschaffungsgegenstandes, in einem angemessenen Verhältnis zum Aufwand für Vergabeverfahren und Kosten steht.[142]

66 Die einen Einzelaspekt von § 97 Abs. 1 Satz 2 GWB aufgreifende Rspr. und Literatur entspricht im Wesentlichen diesen Prinzipien. Bisher ist die Rspr. weitgehend einheitlich davon ausgegangen, dass es in der **Dispositionsfreiheit** des Auftraggebers liegt, zu bestimmen, worauf es ihm beim Vertragsschluss vor allem ankommt.[143] Diese erfährt durch den allgemeinen Grundsatz der Wirtschaftlichkeit insoweit eine Einschränkung, als dabei auch **objektive Maßstäbe der Verfahrens- und Kosteneffizienz** berücksichtigt werden müssen. Der BGH hat in diesem Zusammenhang von den „Schranken wirtschaftlicher und fiskalischer Vernunft und der aus § 97 GWB abzuleitenden Regeln für den Vergabewettbewerb" gesprochen.[144]

67 Allgemein ist unter dem **Begriff der Wirtschaftlichkeit** zu verstehen, dass es nicht allein auf den niedrigsten Preis, sondern auf die günstigste Relation zwischen der zu erbringenden Leistung und den dafür einzusetzenden Finanzmitteln ankommt.[145] Dabei ist der Preis ein ganz wesentliches, aber nicht das allein ausschlaggebende Kriterium.[146] Die **anderen Wertungskriterien** müssen allerdings in der Auftragsbeschreibung enthalten und auftragsbezogen sein.[147] Es kann sich dabei um technische, gestalterische, funktionsbedingte oder finanzielle Kriterien handeln, wie etwa die Möglichkeit einer schnellen und sachgerechten Wartung.[148] Allerdings können auch Lieferfrist, Ausführungsdauer, Qualität etc. berücksichtigt werden.[149] Bei diesen Abwägungen darf der Angebotspreis jedoch nicht am Rande der Bewertung stehen, sondern der Auftraggeber muss **Preis und Leistung** eines Angebots in ein **angemessenes wirtschaftliches Verhältnis** zueinander bringen, das gleichermaßen auch die vergaberechtlichen Gebote des Wettbewerbs und der Transparenz

141 Vgl. dazu auch *Burgi*, VergabeR 2007, 457, 471.

142 BGH, Beschl. v. 4.4.2017, X ZB 3/17, juris, Rn. 34; OLG Düsseldorf, Beschl. v. 8.3.2017, VII-Verg 39/16, NZBau 2017, 296; so auch *Dörr*, in: Burgi/Dreher, Beck'scher VergR-Kommentar, Bd. 1, § 97 Abs. 1 Rn. 51.

143 So OLG Naumburg, Beschl. v. 5.12.2008, 1 Verg 9/08, Tz. 70.

144 BGH, Beschl. v. 4.4.2017, X ZB 3/17, juris, Rn. 34.

145 Vgl. *Müller*, in: Kulartz/Kus/Portz/Prieß, GWB, § 97 Rn. 39 („möglichst sparsame Zielerreichung"); *Opitz*, NZBau 2001, 12 ff.

146 Vgl. OLG Düsseldorf, Beschl. v. 29.12.2001, Verg 22/01, VergabeR 2002, 267, 274 f.; OLG Dresden, Beschl. v. 5.1.2001, WVerg 11/00 u. 12/00, VergabeR 2001, 41, 44; siehe zur praktischen Berücksichtigung von Preis und Funktionalität BayObLG, Beschl. v. 22.4.2002, Verg 8/02, VergabeR 2002, 383, 384; *Otting*, in: Bechtold, GWB, § 97 Rn. 54.

147 Vgl. BKartA (2. VK Bund), Beschl. v. 9.1.2001, VK 2 – 40/00, VergabeR 2001, 138, 141 f.

148 Vgl. BGH, Urt. v. 26.10.1999, X ZR 30/98, BauR 2000, 254, 255.

149 Vgl. *Jestaedt*, in: Jestaedt/Kemper/Marx/Prieß, Das Recht der Auftragsvergabe, S. 117.

(§ 97 Abs. 1 GWB) sowie der Gleichbehandlung (§ 97 Abs. 2 GWB) in die Wertung einbezieht.[150] Nach einem Urteil des BGH ist der Preis vor allem dann das ausschlaggebende Entscheidungskriterium, wenn die in Frage kommenden Angebote im Übrigen inhaltlich übereinstimmen.[151]

Keine Verletzung des Bieters in seinem subjektiven Recht aus § 97 Abs. 1 Satz 2 GWB i.V.m. § 97 Abs. 6 GWB liegt vor, wenn ein (unrichtig) als Nebenangebot bezeichneter **Preisnachlass** nicht berücksichtigt wird, wenn dieser aus einem Wissens- und Erfahrungsvorsprung des Bieters in Zusammenhang mit einem gesondert vergebenen früheren Bauabschnitt resultiert.[152] **68**

Indessen kann nicht davon ausgegangen werden, dass der Grundsatz der Wirtschaftlichkeit entgegenstehende Bestimmungen des Kartellvergaberechts überspielt, deren ausdrücklicher Wortlaut für eine andere Interpretation streitet oder sogar in ihr Gegenteil verkehrt.[153] Wenn auch durch den Grundsatz der Wirtschaftlichkeit Anforderungen der Verfahrens- und Kosteneffizienz in jedes Vergabeverfahren einbezogen werden und es somit zu einer „Verfahrensgestaltung mit Augenmaß“[154] kommt, ist dennoch zu berücksichtigen, dass die Wirtschaftlichkeit – oftmals im Verbund mit der Verhältnismäßigkeit – in einem **Spannungsverhältnis** zum Wettbewerbsgrundsatz, zum Transparenzgebot und zum Grundsatz der Gleichbehandlung steht. Vor diesem Hintergrund ist davon auszugehen, dass es in seiner Wirkung auch immer relativiert wird. Seine Funktion liegt daher vor allem darin, gravierende und nicht unmittelbar durch den konkreten Wortlaut von Vorschriften des Kartellvergaberechts veranlasste wirtschaftliche Disproportionalitäten auszugleichen. **69**

IV. Grundsatz der Verhältnismäßigkeit (Abs. 1 Satz 2)

1. Rechtlicher Hintergrund und Funktion

§ 97 Abs. 1 Satz 2 GWB führt mit dem Verhältnismäßigkeitsgrundsatz einen im Kartellvergaberecht vorher noch nicht ausdrücklich vorgesehenen Grundsatz in den Kreis der grundlegenden Prinzipien ein.[155] Es handelt sich dabei – dem Grunde nach – um den Verhältnismäßigkeitsgrundsatz, wie er im Unionsrecht in Art. 5 Abs. 4 EUV,[156] in Art. 52 Abs. 1 Satz 2 GR-Charta sowie in verschiedenen Vorschriften des sekundären Vergaberechts[157] bereits vorgesehen ist. **70**

---

150 Vgl. OLG Düsseldorf, Beschl. v. 29.12.2001, Verg 22/01, VergabeR 2002, 267, 274 f.; OLG Dresden, Beschl. v. 5.1.2001, WVerg 11/00 u. 12/00, VergabeR 2001, 41, 44.

151 Vgl. BGH, Urt. v. 26.10.1999, X ZR 30/98, BauR 2000, 254, 255; BGH, Urt. v. 17.2.1999, X ZR 101/97, BauR 1999, 736, 739 f.; hierzu auch OLG Naumburg, Beschl. v. 5.12.2008, 1 Verg 9/08, VergabeR 2009, 486, Rn. 71; OLG Düsseldorf, Beschl. v. 2.5.2007, VII-Verg 1/07, NZBau 2007, 600.

152 Vgl. BayObLG, Beschl. v. 20.8.2001, Verg 9/01, VergabeR 2001, 438, 440.

153 Ähnlich *Müller*, in: Kulartz/Kus/Portz/Prieß, GWB, § 97 Rn. 39 („keine inhaltliche Aufgabenpriorität“) u. Rn. 44 ff.

154 *Dörr*, in: Burgi/Dreher, Beck'scher VergR-Kommentar, Bd. 1, § 97 Abs. 1 Rn. 51 aE.

155 So auch *Lux*, in: Müller-Wrede, GWB, § 97 Rn. 33.

156 Vgl. eingehend *Streinz*, in: Streinz, EUV/AEUV, Art. 5 EUV Rn. 41 ff.

157 Z. B. Art. 3 Abs. 1 RL 2014/23/EU; Art. 18 Abs. 1 RL 2014/24/EU und Art. 36 RL 2014/25/EU, vgl. Begründung der BReg., BT-Drs. 18/6281 v. 8.10.2015, S. 68.

71 Der unionsrechtliche Grundsatz der Verhältnismäßigkeit gehört zusammen mit dem Prinzip der begrenzten Einzelermächtigung (Art. 5 Abs. 2 EUV) und dem Subsidiaritätsprinzip (Art. 5 Abs. 3 EUV) zu den grundlegenden Prinzipien des Unionsrechts, die bei der **Abgrenzung zwischen den Kompetenzen** der EU und denen der Mitgliedstaaten eine herausragende Rolle spielen. Der Grundsatz der Verhältnismäßigkeit sieht nach Art. 5 Abs. 4 Satz 1 EUV vor, dass die „Maßnahmen der Union inhaltlich wie formal nicht über das zur Erreichung der Ziele der Verträge erforderliche Maß“ hinausgehen. Allerdings ist der unionsrechtliche Grundsatz nicht vergleichbar ausdifferenziert und hat auch in der Rspr. des EuGH bislang nicht die Bedeutung erlangt wie das **Verhältnismäßigkeitsprinzip des deutschen Verfassungsrechts**.[158] Obwohl sich strukturelle Ähnlichkeiten und Übereinstimmungen zwischen beiden feststellen lassen, ist von einem **eigenständigen Bedeutungsgehalt** des Verhältnismäßigkeitsgrundsatzes im Unionsrecht auszugehen.[159]

72 Allerdings muss der kompetenziell angelegte Verhältnismäßigkeitsgrundsatz des Art. 5 Abs. 4 EUV auf die Erfordernisse des Vergaberechts angepasst werden. Hierbei kann die Verwendung des Verhältnismäßigkeitsgrundsatzes in Art. 52 Abs. 1 Satz 2 GR-Charta herangezogen werden, der Einschränkungen der europäischen Grundrechte nur zulässt, soweit Proportionalitätsgesichtspunkte gewahrt sind.[160] Somit sind typischerweise nicht nur die Mitgliedstaaten und ihre Behörden an den Grundsatz der Verhältnismäßigkeit gebunden, sondern generell jede Stelle, die grundrechtseinschränkend oder grundrechtsverkürzend tätig werden kann. Außerdem finden sich in unterschiedlichem Umfang Ausprägungen des Verhältnismäßigkeitsgrundsatzes in einer Vielzahl von Einzelbestimmungen des Kartellvergaberechts.[161] Dabei ist jedoch zu berücksichtigen, dass der in § 97 Abs. 1 Satz 2 GWB normierte Verhältnismäßigkeitsgrundsatz diese **weder bloß flankiert noch lediglich subsidiär** zu ihnen zur Anwendung gelangt.[162] Vielmehr ist aus der eigenständigen und prominenten Normierung in § 97 Abs. 1 Satz 2 GWB zu schließen, dass der Grundsatz der Verhältnismäßigkeit in allen Phasen des Vergabeverfahrens und bei allen Vorschriften des Kartellvergaberechts zu Anwendung kommen kann. Insbesondere ist er individual-

---

158 Grundlegend aus verfassungsrechtlicher Sicht: *Lerche*, Übermaß und Verfassungsrecht. Zur Bindung des Gesetzgebers an die Grundsätze der Verhältnismäßigkeit und der Erforderlichkeit, Köln u. a. 1961 (2. Aufl., 1999); aus jüngerer Zeit: *Petersen*, Verhältnismäßigkeit als Rationalitätskontrolle, Tübingen 2015; *Jestaedt*, Verhältnismäßigkeit – zur Tragfähigkeit eines verfassungsrechtlichen Schüsselkonzepts, Tübingen 2015.

159 Vgl. *Emmerich-Fritsche*, Der Grundsatz der Verhältnismäßigkeit als Direktive und Schranke der EG-Rechtsetzung, Berlin 2000; *Hirsch*, Das Verhältnismäßigkeitsprinzip im Gemeinschaftsrecht, Bonn 1997; offenbar einen Mittelweg favorisierend: *Lux*, in: Müller-Wrede, GWB, § 97 Rn. 33.

160 Vgl. *Terhechte*, in: von der Groeben/Schwarze/Hatje, GRC, Art. 52 GRC Rn. 8; *Jarass*, GRC, Art. 52 Rn. 34 ff.; *von Danwitz*, in: Stern/Sachs, EU-GRC, Art. 52 Rn. 39 ff.; *Kingreen*, in: Calliess/Ruffert, AEUV/EUV, EU-GRCharta, Art. 52 Rn. 65 ff.; zuvor schon: *Kischel*, EuR 2000, 380 ff.; *Pache*, NVwZ 1999, 1033 ff.

161 Vgl. *Dörr*, in: Burgi/Dreher, Beck'scher VergR-Kommentar, Bd. 1, § 97 Abs. 1 Rn. 57 ff., z. B. § 100 Abs. 2 Satz 2, § 117 Nr. 1 und Nr. 3, § 122 Abs. 4, § 123 Abs. 5 Satz 2, § 124 Abs. 1, § 132, Abs. 2 Nr. 2, § 163 Abs. 1 Satz 4, § 169 Abs. 2 Satz 1, § 176 Abs. 1 Satz 1, § 173 Abs. 2 Satz 1, § 182 Abs. 2 Satz 2 u. Abs. 4 Satz 1 GWB; § 19 Abs. 1 Satz 2, Abs. 8 Satz 4 und Abs. 9 VgV, § 20 Abs. 1 u. Abs. 3 Satz 2 VgV, § 31 Abs. 3 Satz 2 VgV.

162 A. A. *Müller*, in: Kulartz/Kus/Portz/Prieß, GWB, § 97 Rn. 53 („erübrigt sich ein eigener Regelungsgehalt“) u. Rn. 54 („keine abschließende Generalabsolution … auf der Basis des Verhältnismäßigkeitsgrundsatzes“).

schützend, sodass sich Bieter i.S.v. § 97 Abs. 6 GWB auch auf eine Verletzung des Verhältnismäßigkeitsgrundsatzes berufen können.[163]

2. Verfügbarkeit milderer Mittel

Im Hinblick auf die vergaberechtliche Anpassung des Verhältnismäßigkeitsgrundsatzes **73** kommt hinzu, dass der Begriff des öffentlichen Auftraggebers nach §§ 98, 99ff. GWB über den engeren Staatsbegriff des Verfassungs- und Unionsrechts hinausgeht.[164] Folglich dient der Verhältnismäßigkeitsgrundsatz generell als ein **begrenzendes Prinzip**, wenn es um allzu hochgesteckte und sachlich nicht gerechtfertigte Anforderungen im Rahmen des Vergabeverfahrens geht. Grundsätzlich steht dabei stets die Frage im Raum, ob nicht ggf. **mildere Mittel** verfügbar sind, die – sowohl für Auftraggeber als auch für Bieter – eine im Hinblick auf das konkrete Verfahren erträglichere Situation herbeiführen würden.

So hat beispielsweise das OLG Frankfurt a.M. dem Verhältnismäßigkeitsgrundsatz ent- **74** nommen, dass vor der Gestattung eines vorzeitigen Zuschlags und der damit verbundenen Verkürzung des Primärrechtsschutzes, der Auftraggeber als milderes Mittel auf die **Möglichkeit einer Interimsvergabe** zu verweisen ist.[165] Zuvor hatte bereits das OLG Düsseldorf entschieden, dass der Verhältnismäßigkeitsgrundsatz den Vorrang des milderen Mittels gebiete, sodass ein Auftraggeber bis zur abschließenden Entscheidung der Gerichte von Bietern im Nachprüfungsverfahren geltend gemachte Rügen im Wege der Interimsvergabe vorübergehend befriedigen darf.[166] Insofern ist die – kurzfristige und in der Regel nicht dauerhafte – Interimsvergabe als ein **typisches Gestaltungsmittel** anzusehen, in dem der Verhältnismäßigkeitsgrundsatz des § 97 Abs. 1 Satz 2 GWB seinen Ausdruck findet.

Nach der Entscheidung des OLG Naumburg darf der Auftraggeber im Hinblick auf den **75** Verhältnismäßigkeitsgrundsatz nur Maßnahmen treffen, die **geeignet und erforderlich** sind, um den festgestellten Vergaberechtsverstoß zu beheben und die generelle Rechtmäßigkeit des Vergabeverfahrens wieder zu gewährleisten. Dabei muss er jedoch darauf achten, dass bei der Beseitigung der festgestellte Rechtsverletzung eine Schädigung der betroffenen Bieterinteressen nach Möglichkeit zu verhindern oder zumindest auf den **kleinstmöglichen Umfang** zu begrenzen ist.[167]

Bemerkenswerterweise hebt die Bundesregierung in ihrer Entwurfsbegründung hervor, **76** dass durch die Aufnahme des Verhältnismäßigkeitsgrundsatzes in den § 97 Abs. 1 Satz 2 GWB das „umfassende Leistungsbestimmungsrecht des öffentlichen Aufraggebers nicht angetastet" werde und dieser „weiterhin selbst" bestimme, „welche konkrete Leistung seinem Beschaffungsbedarf am besten entspricht".[168] Allerdings bedeutet ein „umfassendes Leistungsbestimmungsrecht" nicht, dass der Auftraggeber **überkomplexe Vergabeausschreibungen** zusammenstellen kann, in denen Anforderungen enthalten sind, die kaum ein Bieter erbringen kann oder die **außer Verhältnis** zur angestrebten Leistungserbringung stehen und unter keinem sinnvollen Gesichtspunkt erforderlich, notwendig oder angemes-

163 *Lux*, in: Müller-Wrede, GWB, § 97 Rn. 35.
164 Vgl. § 98 Rn. 1 ff.
165 OLG Frankfurt a.M., Beschl. v. 26.1.2017, 11 Verg 1/17, juris, Rn. 64 f.
166 OLG Düsseldorf, Beschl. v. 20.7.2015, VII-Verg 37/15, NZBau 2015, 709.
167 OLG Naumburg, Beschl. v. 14.10.2016, 7 Verg 3/16, juris, Rn. 99.
168 Vgl. Begründung des Entwurfs der BReg., BT-Drs. 18/6281 v. 8.10.2015, S. 68.

sen sind.[169] Weiterhin gilt auf dieser Grundlage, dass **übermäßig aufwändige** Anforderungen an die Ausgestaltung des Vergabeverfahrens zugunsten von Auftraggeber und Bieter gleichermaßen durch den Verhältnismäßigkeitsgrundsatz limitiert und auf ein „vernünftiges Maß“ zurückgeführt werden. Es obliegt dabei den Instanzen im Nachprüfungsverfahren, einen angemessenen Ausgleich zwischen den Normierungen des GWB bzw. den verschiedenen Rechtsverordnungen und dem allgemeinen Grundsatz der Verhältnismäßigkeit zu finden.

77 Dem Verhältnismäßigkeitsgrundsatz könnte hierdurch – darin dem Grundsatz der Wirtschaftlichkeit nicht unähnlich – die allgemeine Funktion zufallen, mögliche **„Überschärfen“ des Vergabeverfahrens** und unvorhergesehene sowie unbeabsichtigte Folgen der im Vergleich zum bisher geltenden 4. Teil des GWB wesentlich intensiveren Normierung des deutschen Kartellvergaberechts abzumildern und in eine angemessene Proportion zu bringen.

V. Grundsatz der Gleichbehandlung (Abs. 2)

1. Bedeutung des Gleichbehandlungsgebots

78 § 97 Abs. 2 GWB begründet die Verpflichtung des Auftraggebers, **alle Bieter im Verfahren gleich zu behandeln**. Dieser Grundsatz ist unmittelbarer Ausdruck des Art. 18 AEUV und des Art. 3 GG und damit fundamentaler Prinzipien des Europäischen Unionsrechts und des Verfassungsrechts. § 97 Abs. 2 GWB zählt damit zu den zentralen Grundsätzen des Vergaberechts.[170] Wie der EuGH schon mehrfach ausführte, folgt die Pflicht zur Gleichbehandlung der Bieter aus dem **Wesen der EU-Vergaberichtlinien**. Im Einzelnen müssen daher die Bieter sowohl zum Zeitpunkt, zu dem sie ihre Angebote vorbereiten, als auch zum Zeitpunkt, zu dem diese vom Auftraggeber beurteilt werden, gleichbehandelt werden.[171] Das Gleichbehandlungsgebot wirkt in zweierlei Richtung: Zum einen hat es insofern eine europäische Dimension, als dadurch insbesondere Diskriminierungen wegen der Staatsangehörigkeit verboten sind. Zum anderen verbietet es die Diskriminierung inländischer Bewerber und ist damit Ausdruck des Art. 3 GG.[172]

---

169 Z.B. OLG Düsseldorf, Beschl. v. 8.3.2017, VII-Verg 39/16, NZBau 2017, 296, Rn. 55; OLG Frankfurt a.M., Beschl. v. 26.1.2017, 11 Verg 1/17, juris, Rn. 64f.; OLG Naumburg, Beschl. v. 14.10.2016, 7 Verg 3/16, juris, Rn. 99; BKartA (VK Bund), Beschl. v. 18.11.2016, VK 2 – 103/16, juris, Rn. 86.

170 Entwurfsbegründung der BReg., BT-Drs. 18/6281, S. 68 („elementare Grundsätze“); vgl. auch *Marx*, in: Motzke/Pietzcker/Prieß, VOB, § 97 Rn. 6 u. 20 („elementarstes Prinzip des Vergaberechts“).

171 Vgl. EuGH, Urt. v. 18.10.2001, Rs. C-19/00, Slg. 2001, I-7725 – SIAC Construction, Tz. 33; EuGH, Urt. v. 25.4.1996, Rs. C-87/94, Slg. 1996, I-2043 – Kommission/Belgien, Tz. 54; EuGH, Urt. v. 22.6.1993, Rs. C-243/89, Slg. 1993, I-3353 – Kommission/Dänemark (Storebaelt), Tz. 33; *Otting*, in: Bechtold, GWB, § 97 Rn. 12; zuletzt auch Entwurfsbegründung der BReg., BT-Drs. 18/6281, S. 68 („... denselben Zugang zu Informationen ... dieselben Bewertungsmaßstäbe...“).

172 *Zeise*, in: Kulartz/Kus/Portz/Prieß, GWB, § 97 Rn. 57f.

a) Europarechtliche Bedeutung

Die Vorschrift des § 97 Abs. 2 GWB ist im Sinne der **Diskriminierungsverbote des AEUV** und der **EU-Grundrechte-Charta (GRC)** zu verstehen. Zwar sind im AEUV kaum Vorschriften zu finden, die sich ausdrücklich mit dem Vergaberecht befassen.[173] Dies besagt jedoch nicht, dass der AEUV für das Vergaberecht nur eine untergeordnete Rolle spielt. „Einbruchstelle" des AEUV in das Vergaberecht waren schon früh die **Grundfreiheiten**, die insbesondere Diskriminierungs- und Beschränkungsverbote enthalten. Die Grundfreiheiten sollen einen Binnenmarkt mit einem freien Verkehr von Waren, Personen und Dienstleistungen gewährleisten. Die unionsrechtliche Koordinierung soll die Hemmnisse für den freien Dienstleistungs- und Warenverkehr beseitigen und somit die Interessen der in einem Mitgliedstaat niedergelassenen Wirtschaftsteilnehmer schützen, die in einem anderen Mitgliedstaat niedergelassenen öffentlichen Auftraggebern Waren oder Dienstleistungen anbieten möchten.[174] Der EuGH erkannte, noch bevor die EU-Vergaberichtlinien neueren Typs erlassen wurden, dass Voraussetzung hierfür ist, dass alle Bewerber **gleichberechtigten Zugang** zu den Beschaffungsmärkten aller Mitgliedstaaten haben.[175] Die Verwirklichung dieses Ziels ist gegenwärtig Grundlage der jüngsten Generation der EU-Vergaberichtlinien (RL 2014/23/EU, RL 2014/24/EU und RL 2014/25/EU).[176] Über die Vorschrift des § 97 Abs. 2 GWB sind die Diskriminierungsverbote des AEUV in das einfache Vergaberecht übernommen worden. Damit kommen die Grundfreiheiten gegenwärtig nur noch subsidiär zur Anwendung, soweit die EU-Vergaberichtlinien nicht einschlägig sind. Für den Bereich, der von den EU-Vergaberichtlinien abgedeckt ist, entfalten diese eine **Sperrwirkung**.[177] Die Grundfreiheiten können jedoch einerseits zur Anwendung kommen, wenn eine bestimmte Frage nicht sekundärrechtlich normiert ist. Dies ist allerdings in Anbetracht des mit den Richtlinien 2014/23/EU, 2014/24/EU und 2014/25/EU aktuell verbundenen Normierungsumfangs und ihrer -intensität eher unwahrscheinlich. Andererseits können die EU-Grundfreiheiten bei Vergabeverfahren **unterhalb der Schwellenwerte**, bei denen die Vorschriften des Kartellvergaberechts nicht zur Anwendung kommen, von Bedeutung sein.[178] 79

In der Rspr. des EuGH wird der Grundsatz der Gleichbehandlung weitgehend mit dem „Diskriminierungsverbot" synonym verwendet. Zugleich hat der Gerichtshof festgestellt, dass das Verbot der Diskriminierung im Bereich der Vergabe der öffentlichen Aufträge als **spezielle Ausprägung des allgemeinen unionsrechtlichen Verbots** ungleicher Behandlung anzusehen ist.[179] Der Gleichbehandlungsgrundsatz schließt eine Verpflichtung zur 80

---

173 Ausnahme ist Art. 199 Nr. 4 AEUV, der ein Gebot der Nichtdiskriminierung bei Aufträgen der Union enthält.

174 Vgl. EuGH, Urt. v. 3.10.2000, Rs. C-380/98, Slg. 2000, I-8035 – University of Cambridge, Tz. 16; EuGH, Urt. v. 18.10.2001, Rs. C-19/00, Slg. 2001, I-7725 – SIAC Construction, Tz. 32; vgl. hierzu auch *Schroeder*, in: Streinz, EUV/AEUV, Art. 34 Rn. 39 ff.

175 *Prieß*, Das öffentliche Auftragswesen in der Europäischen Union, S. 29.

176 Vgl. nur 1. Erwägungsgrund der RL 2014/24/EU, ABl. EU 2014 L 94/65 oder früher 2. Erwägungsgrund der RL 93/37/EWG, ABl. EG 1993 L 199/54.

177 Vgl. *Dörr*, in: Burgi/Dreher, Beck'scher VergR-Kommentar, Bd. 1, Einleitung Rn. 160.

178 Vgl. eingehend für die Vergabe unterhalb der Schwellenwerte: *Kau*, in: Burgi/Dreher, Beck'scher VergR-Kommentar, Bd. 1, § 106 Rn. 58 ff.

179 EuGH, Urt. v. 13.10.2005, Rs. C-458/03, Slg. 2005, I-8585 – Parking Brixen, Tz. 48; EuGH, Urt. v. 8.10.1980, Rs. 810/79, Slg. 1980, 2747 – Überschär, Tz. 16; vgl. auch Schlussanträge GA *Sharpston* v. 9.7.2009, Rs. C-199/07, Slg. 2009, I-10669 – Kommission/Griechenland, Tz. 81 f.

Transparenz ein, die für alle Vergabeverfahren gilt.[180] Das Transparenzgebot verpflichtet Auftraggeber, dafür Sorge zu tragen, dass allen potenziellen Antragstellern die bei Einreichung von Angeboten geltenden Bedingungen ohne Weiteres zugänglich sind. Hierzu gehören auch Angaben zu den Befähigungsnachweisen, die von Bewerbern als Voraussetzungen für die Teilnahme verlangt werden. Einbezogen in den Schutzbereich sind auch diejenigen Bewerber, die von einer Angebotsabgabe abgeschreckt werden, weil sie durch die Ausgestaltung des vom Auftraggeber angewandten Verfahrens benachteiligt werden.[181] Eine Veröffentlichung begrenzter Informationen im Amtsblatt der EU kann daher eine Diskriminierung darstellen, sofern diejenigen Bewerber, die Zugang zu den im nationalen Amtsblatt veröffentlichten zusätzlichen Angaben gehabt haben, im Vorteil gewesen sind, weil sie Kenntnisse von allen Fakten zum genauen Umfang der vorgesehenen Arbeiten gehabt haben.[182]

81 Der **Gleichbehandlungsgrundsatz** ergibt sich somit bereits aus der Anwendung der Grundfreiheiten des AEUV, ergänzt durch das allgemeine Diskriminierungsverbot des Art. 18 AEUV. Demnach sind regelmäßig Benachteiligungen verboten, die unmittelbar an die Staatsangehörigkeit anknüpfen.[183] Hierzu zählen etwa Vorschriften, wonach ausländische Bieter höhere Sicherheiten oder besondere Zuverlässigkeitsnachweise zu stellen haben.[184] Als diskriminierend sind regelmäßig auch Vorschriften einzustufen, wonach ausländische Bieter ausschließlich oder überwiegend inländische Produkte zu verwenden haben.[185] Entsprechendes gilt, wenn ein Bieter in größtmöglichem Umfang inländisches Material einsetzen soll.[186] Ähnlich diskriminierende Wirkung entfalten Vorschriften, die die Teilnahme an öffentlichen Ausschreibungen auf Gesellschaften beschränken, die sich überwiegend in öffentlicher Hand des Staates befinden, in dem die Vergabe stattfindet.[187] Derartige Vorschriften sind demnach genauso verboten wie Ausschreibungsbedingungen, nach denen ein im Ausland niedergelassener Bieter eine Niederlassungsgenehmigung im Vergabeland erwerben muss. Dies würde zur praktischen Bedeutungslosigkeit der Dienstleistungsfreiheit nach Art. 56 AEUV führen und ist daher unzulässig.[188]

---

180 Vgl. z. B. EuGH, Urt. v. 25.4.1996, Rs. C-84/94, Slg. 1996, I-2043 – Kommission/Belgien, Tz. 51 bis 54; EuGH, Urt. v. 7.12.2000, Rs. C-324/98, Slg. 2000, I-10745 – Telaustria, Tz. 61; EuGH, Urt. v. 9.2.2006, Rs. C-226/04 und C-228/04, Slg. 2006, I-1347 – La Cascina u. a., Tz. 32.

181 EuGH, Urt. v. 26.9.2000, Rs. C-16/98, Slg. 2000, I-8315 – Kommission/Frankreich, Tz. 109 – zum damaligen Art. 4 Abs. 2 RL 92/50/EWG.

182 EuGH, Urt. v. 26.9.2000, Rs. C-16/98, Slg. 2000, I-8315 – Kommission/Frankreich, Tz. 111.

183 EuGH, Urt. v. 18.6.1985, Rs. 197/84, Slg. 1985, 1819 – Steinhauser.

184 Vgl. *Hailbronner*, in: Grabitz/Hilf, EU, Bd. 4, Öffentliches Auftragswesen, B.2 – Marktfreiheiten und Vergaberichtlinien, Rn. 15.

185 Vgl. EuGH, Urt. v. 10.2.1982, Rs. 76/81, Slg. 1982 – Transporoute, 417; *Hailbronner*, WuV 1994, 178 f.

186 EuGH, Urt. v. 22.6.1993, Rs. C-243/89, Slg. 1993, I-3353 – Kommission/Dänemark (Storebaelt), Tz. 45.

187 EuGH, Urt. v. 5.12.1989, Rs. C-3/88, Slg. 1989, 4035 – Kommission/Italien, Tz. 9 ff.; vgl. auch EuGH, Urt. v. 26.4.1994, Rs. C-272/91, Slg. 1994, I-1409 – Kommission/Italien, Tz. 12; *Dreher*, in: Immenga/Mestmäcker, GWB, Vor §§ 97 ff. Rn. 19.

188 EuGH, Urt. v. 26.4.1994, Rs. C-272/91, Slg. 1994, I-1408 – Kommission/Italien (Lottomatica); EuGH, Urt. v. 5.12.1989, Rs. 3/88, Slg. 1989, 4035 – Kommission/Italien; EuGH, Urt. v. 10.2.1982, Rs. 76/81, Slg. 1982, 417 – Transporoute, Tz. 14; *Hailbronner*, in: Grabitz/Hilf, EU, Bd. 4, Öffentliches Auftragswesen, B.2 – Marktfreiheiten und Vergaberichtlinien, Rn. 26 u. 31 ff.

Nach der Rspr. des EuGH verbietet der Gleichbehandlungsgrundsatz nicht nur augenfällige Diskriminierungen aufgrund der Staatsangehörigkeit, sondern auch alle **versteckten Formen der Diskriminierung**, die durch die Anwendung anderer Unterscheidungsmerkmale tatsächlich zum gleichen Ergebnis führen,[189] damit die öffentlichen Aufträge in den verschiedenen Mitgliedstaaten für alle Unternehmen der Union zugänglich sind.[190] Außerdem hat der Gerichtshof den Grundsatz der Gleichbehandlung der Bieter bei der Vergabe eines öffentlichen Auftrags aufgestellt.[191] **82**

Daneben sind auch **mittelbare Diskriminierungen** verboten, d. h. solche, die nicht unmittelbar zwischen inländischen und ausländischen Bietern unterscheiden, die aber doch ausschließlich oder überwiegend ausländische Bieter benachteiligen.[192] So ist es unzulässig, den in bestimmten Teilen des Staatsgebietes ansässigen Betrieben einen prozentualen Anteil an öffentlichen Lieferaufträgen vorzubehalten, selbst wenn eine bestimmte Regelung als Beihilfe im Sinne von Art. 107 AEUV zu qualifizieren ist.[193] Diskriminierend sind auch Vorschriften, die ausländische Bieter verpflichten, ausschließlich oder überwiegend inländische Arbeitskräfte zu beschäftigen.[194] In gleicher Weise wurden auch Regelungen, wonach die Vergabe von Zuschüssen vom Erwerb inländischer Fahrzeuge abhängig gemacht wurde, vom EuGH als unionsrechtswidrig beanstandet.[195] Unzulässig können des Weiteren Vorschriften sein, nach denen bestimmte Materialien oder Waren nationalen Normen entsprechen müssen, da in diesen Fällen die Lieferung weitgehend inländischen Herstellern vorbehalten bleibt. Für eine derartige Anforderung besteht zumeist kein sachlicher Grund. Demgemäß hat der EuGH entschieden, dass in derartigen Fällen der Zusatz „oder gleichwertiger Art" verwendet werden muss.[196] Eine versteckte Diskriminierung kann auch gegeben sein, wenn die Bewerber in ein nationales Berufsregister eingetragen sein müssen. Auch die **Art und Weise der Ausschreibung** kann gegen den Grundsatz der Gleichbehandlung verstoßen. Dazu zählen etwa eine verzögerte Bekanntmachung in anderen Mitgliedstaaten oder eine derartig kurze Fristsetzung, dass sich faktisch nur nationale Bieter rechtzeitig bewerben können.[197] Schließlich verstoßen auch regionale Beschränkungen der **83**

---

189 EuGH, Urt. v. 29.10.1980, Rs. 22/80, Slg. 1980, 3427 – Boussac Saint-Frères, Tz. 7; EuGH, Urt. v. 5.12.1989, Rs. C-3/88, Slg. 1989, 4035 – Kommission/Italien, Tz. 8; EuGH, Urt. v. 27.10.2005, Rs. C-234/03, VergabeR 2006, 63 ff. – Insalud.

190 EuG, Urt. v. 20.5.2010, Rs. T-258/06, Tz. 112.

191 EuGH, Urt. v. 22.6.1993, Rs. C-243/89, Slg. 1993, I-3353 – Kommission/Dänemark, Tz. 23; EuGH, Urt. v. 25.4.1996, Rs. C-87/94, Slg. 1996, I-2043 – Kommission/Belgien, Tz. 54; EuGH, Urt. v. 12.12.2002, Rs. C-470/99, Slg. 2002, I-11617 – Universale Bau u. a., Tz. 93.

192 Vgl. eingehend *Hailbronner*, in: Grabitz/Hilf, EU, Bd. 3, Öffentliches Auftragswesen, B.2 – Marktfreiheiten und Vergaberichtlinien, Rn. 16; *Randelzhofer/Forsthoff*, in: Grabitz/Hilf, EU, Bd. 1, Art. 39 EGV Rn. 139; *Dreher*, in: Immenga/Mestmäcker, GWB, Vor §§ 97 ff. Rn. 18; auch *Hailbronner*, in: Hailbronner/Wilms, EU, Art. 39 EGV Rn. 79 ff.

193 Vgl. EuGH, Urt. v. 20.3.1990, Rs. C-21/88, Slg. 1990, I-889 – Dupont de Nemours, Tz. 20; EuGH, Urt. v. 11.7.1991, Rs. C-351/88, Slg. 1991, I-3641 – Laboratori Bruneau, Tz. 7 f.

194 Vgl. EuGH, Urt. v. 12.2.1998, Rs. C-163/96, Slg. 1998, I-533 – Raso; EuGH, Urt. v. 22.6.1993, Rs. C-243/89, Slg. 1993, I-3353 – Kommission/Dänemark (Storebaelt), Tz. 45; *Hailbronner*, WuW 1994, 178 f.

195 EuGH, Urt. v. 16.5.1991, Rs. C-263/85, Slg. I-2457 – Kommission/Italien.

196 EuGH, Urt. v. 22.9.1988, Rs. 45/87, Slg. 1988, 4929 – Kommission/Irland; *Hailbronner*, in: Grabitz/Hilf, EU, Bd. 4, Öffentliches Auftragswesen, B.2 – Marktfreiheiten und Vergaberichtlinien, Rn. 17.

197 Vgl. *Stolz*, Das öffentliche Auftragswesen in der EG, S. 7.

Ausschreibung gegen das Diskriminierungsverbot. So ist ein Vorbehalt für Bieter, die ihre Tätigkeit hauptsächlich in der Region der zu vergebenden Arbeiten ausüben, unzulässig, weil eine solche Bedingung kaum von ausländischen Anbietern zu erfüllen ist.[198] Gleiches gilt für einen Vorbehalt, dass ein Teil der Arbeiten durch in der Region ansässige Subunternehmer übernommen werden muss.[199]

84 Grundsätzlich ist es Sache des Auftraggebers, die Leistung zu beschreiben und die hierfür erforderlichen technischen Anforderungen festzulegen. Hieraus können sich auch Einschränkungen für den Kreis der Bieter ergeben. Ist die **Leistungsbeschreibung** derart, dass nur wenige Unternehmen in Frage kommen, muss dies aufgrund des Charakters der zu vergebenden Lieferleistungen gerechtfertigt sein. Schreibt ein Auftraggeber bei der Erbringung von Leistungen eine spezifische technische Lösung fest, die den potenziellen Bieterkreis einengt, muss er sich zuvor einen Überblick über die in Frage kommenden Alternativen verschaffen und positiv feststellen, warum andere technische Lösungen seinen Beschaffungszwecken nicht genügen. Die Gründe der Entscheidungsfindung sind in diesem Fall in der Vergabeakte zu dokumentieren.[200]

85 Auch die **Europäische Grundrechte-Charta** sieht in Art. 21 ein umfassendes **Diskriminierungsverbot** vor, das u. a. in Abs. 2 auch Benachteiligungen aus Gründen der Staatsangehörigkeit verbietet. Wie sich aus den Charta-Erläuterungen ergibt, soll Art. 21 Abs. 2 GRC weitgehend der Gewährleistung des Art. 18 AEUV entsprechen, sodass in materieller Hinsicht kaum eine darüber hinausgehende Wirkung angenommen werden kann.[201] Allerdings ist anerkannt, dass das Grundrecht ein **subjektives Recht** beinhaltet, auf das sich Personen bei Handlungen der Unionsorgane oder von Mitgliedstaaten „bei der Durchführung des Rechts der Union" berufen können (Art. 51 GRC).[202] Da das deutsche Kartellvergaberecht weitgehend auf den EU-Vergaberechtsrichtlinien beruht, dürften damit auch die Mitgliedstaaten weitgehend an die Gewährleistungen der Grundrechte-Charta gebunden sein.[203] Indes ist anerkannt, dass Art. 21 Abs. 2 GRC **subsidiär hinter die spezielleren Grundfreiheiten** zurücktritt (insbes. Waren- und Dienstleistungsfreiheit),[204] die ihrerseits von den sekundärrechtlichen Vergaberichtlinien verdrängt werden. Als Prüfungsmaßstab können dennoch beide, sowohl die Grundrechte der Charta als auch die Grundfreiheiten, subsidiär herangezogen werden. Auch die vom EuGH entwickelten Grundsätze zum Vergaberecht müssen stets im Hinblick auf ihre Einhaltung im Rahmen der EU-Vergaberichtlinien berücksichtigt werden.

---

198 EuGH, Urt. v. 3.6.1992, Rs. C-360/89, Slg. 1992, I-3401 – Kommission/Italien, Tz. 12.

199 EuGH, Urt. v. 3.6.1992, Rs. C-360/89, Slg. 1992, I-3401 – Kommission/Italien, Tz. 10; *Hailbronner*, in: Grabitz/Hilf, EU, Bd. 4, Öffentliches Auftragswesen, B.2 – Marktfreiheiten und Vergaberichtlinien, Rn. 17.

200 OLG Celle, Beschl. v. 22.5.2008, 13 Verg 1/08, OLGR Celle 2008, 663.

201 Vgl. *Jarass*, GRC, Art. 21 Rn. 34.

202 Hierzu auch *Rossi*, in: Calliess/Ruffert, EUV/AEUV, EU-GRCharta, Art. 21 Rn. 11 („eigenständige und neue Inhalte sind damit nicht verbunden"); *Jarass*, GRC, Art. 21 Rn. 36.

203 Vgl. *Ladenburger*, in: Stern/Sachs, EU-GRC, Art. 51 Rn. 6 u. 20 ff.; *Terhechte*, in: von der Groeben/Schwarze/Hatje, GRC, Art. 52 GRC Rn. 7 ff., insbes. Rn. 10; *Jarass*, GRC, Art. 51 Rn. 21; mit differenziertem Ansatz: *Kingreen*, in: Calliess/Ruffert, EUV/AEUV, EU-GRCharta, Art. 51 Rn. 12.

204 Z. B. *Jarass*, GRC, Art. 21 Rn. 34.

b) Grundrechtliche Bedeutung

Eine weitere Dimension des § 97 Abs. 2 GWB besteht in der einfachgesetzlichen Normierung des **grundrechtlichen Gleichheitssatzes**, wie er sich aus Art. 3 GG ergibt. Diese Dimension ist für das deutsche Vergaberecht in keiner Weise etwas Neues.[205] Der grundrechtlich gewährleistete Gleichbehandlungsgrundsatz ist in den Verdingungsordnungen bzw. in den Vergabe- und Vertragsordnungen schon seit Langem geregelt.[206] **Verstöße gegen das Diskriminierungsverbot** liegen etwa vor, wenn einem Bewerber Informationen vorenthalten wurden, die andere Bewerber bereits erhalten haben.[207] Das Gleiche gilt, wenn ein Bieter nicht von der Ausschreibung ausgeschlossen wird, obwohl er im Vorfeld der Ausschreibung unter Mithilfe der Vergabestelle Informationsvorsprünge erlangt hatte, die im späteren Vergabeverfahren verwertbar waren.[208] **86**

2. Geltungsbereich des Gleichbehandlungsgebots

a) Sachlicher Geltungsbereich

Das Diskriminierungsverbot des § 97 Abs. 2 GWB gilt nach seinem Wortlaut für „die Teilnehmer an einem Vergabeverfahren". Damit sind alle **Phasen der Vergabe** von der Ausschreibung bis zum Zuschlag vom Diskriminierungsverbot des § 97 Abs. 2 GWB erfasst.[209] Außerdem gilt das Diskriminierungsverbot des § 97 Abs. 2 GWB bei **allen Arten der Vergabe** i. S. von §§ 119 ff. GWB (früher: § 101 Abs. 1 GWB a. F.). Beim nicht offenen Verfahren nach § 119 Abs. 4 GWB ist nach einer Entscheidung des OLG Naumburg zu berücksichtigen, dass grundsätzlich kein subjektiver Anspruch auf eine Beteiligung am öffentlichen Teilnahmewettbewerb besteht, da das Verfahren vorrangig der Information des Auftraggebers über die Marktverhältnisse dient. Allerdings besteht beim nicht offenen Verfahren ein Anspruch darauf, dass der Auftraggeber seine **Auswahl nach pflichtgemäßem Ermessen** vornimmt und dabei unter Berücksichtigung von § 97 Abs. 2 GWB alles unterlässt, was zu einer Benachteiligung einzelner Bewerber führen könnte.[210] Insgesamt dürfen damit bei der Auswahl von Bewerbern für das nicht offene oder das Verhandlungsverfahren keine Ungleichbehandlungen erfolgen, etwa indem nur bestimmte nationale Bewerber oder nur lokale Anbieter zur Abgabe eines Angebots aufgefordert werden. Das Diskriminierungsverbot hat vor allem wegen seiner Verankerung in den Grundfreiheiten des AEUV eine über den Anwendungsbereich des § 97 GWB hinausgehende Bedeutung. Es gilt auch **außerhalb** des durch das GWB geregelten Vergaberechts unmittelbar für die öffentlichen Auftraggeber.[211] Insbesondere die **Diskriminierungsverbote des Art. 18 AEUV sind strikt zu beachten**. **87**

Der Grundsatz des § 97 Abs. 2 GWB bildet nach der BGH-Rspr. zusammen mit den in § 97 Abs. 1 GWB genannten Vorgaben die Grundlage für andere Bestimmungen über das **88**

205 *Brauer/Kus*, in: Kulartz/Kus/Portz, GWB, 3. Aufl., 2014, § 97 Rn. 29.
206 Vgl. z. B. § 2 Abs. 1 VOL/A.
207 VÜA Bund, Beschl. v. 25.10.1995, WuW 1996, 146, 152.
208 VÜA Bund, Beschl. v. 24.5.1996, WuW 1997, 265 (2. Leitsatz).
209 Vgl. *Marx*, in: Motzke/Pietzcker/Prieß, VOB, § 97 Rn. 23; *Zeise*, in: Kulartz/Kus/Portz/Prieß, GWB, § 97 Rn. 61 ff.
210 Vgl. OLG Naumburg, Beschl. v. 15.1.2002, 1 Verg 5/00, ZfBR 2002, 301, 303.
211 Vgl. *Otting*, in: Bechtold, GWB, § 97 Rn. 16.

Vergabeverfahren. Außerhalb der in Abs. 2 genannten Ausnahmen muss deshalb der öffentliche Auftraggeber das Gleichbehandlungsgebot einschränkungslos beachten. Dies zwingt den öffentlichen Auftraggeber nicht nur, alle Angebote gleichermaßen darauf zu überprüfen, ob sie der Ausschreibung entsprechen oder unvollständig sind. Der öffentliche Auftraggeber hat auch und vor allem die Entscheidung, wem er den Auftrag erteilt, und die hierzu nötigen Wertungen selbst nach einheitlichem Maßstab zu treffen. Wenn der öffentliche Auftraggeber hierbei die Unvollständigkeit des Angebots eines Bieters zum Anlass nehmen will, dieses Angebot nicht zu werten, findet deshalb eine Selbstbindung in der Weise statt, dass jedenfalls auch diejenigen Angebote anderer Bieter ausgeschlossen werden müssen, die ebenfalls an dem beanstandeten oder einem gleichwertigen Mangel leiden.[212]

89 Das Gleichbehandlungsgebot des § 97 Abs. 2 GWB erfordert, dass der Auftraggeber bei der Vorbereitung und Durchführung der Ausschreibung die von ihm beeinflussbaren Rahmenbedingungen des Vergabeverfahrens unter Berücksichtigung des Gleichbehandlungsgrundsatzes gestaltet. Davon unberührt bleiben allerdings Umstände, die nicht auf seine Ausschreibung zurückzuführen sind, sondern insbesondere aus der regelmäßig unterschiedlichen Marktstellung der teilnehmenden Unternehmen resultieren. Dies betrifft insbesondere den Umstand, dass ein Unternehmen wegen seiner Präsenz vor Ort und wegen seiner bisherigen Geschäftstätigkeit ggf. größere Chancen für die Abgabe eines wirtschaftlichen Angebots hat. Insoweit wäre ein diese Unterschiede in der Wettbewerbsstellung nivellierendes Eingreifen des Auftraggebers regelmäßig diskriminierend für das betroffene Unternehmen.

90 Ein **Verstoß gegen den Gleichbehandlungsgrundsatz** liegt nach Auffassung des BayObLG vor, wenn ein Auftraggeber den aus einem gesondert vergebenen früheren Bauabschnitt stammenden Wissens- und Erfahrungsvorsprung eines Bieters im Vergabeverfahren eines späteren Bauabschnitts dadurch berücksichtigt, dass er den daraus resultierenden Preisnachlass bei der Bewertung des Angebots abzieht.[213]

91 Wurden konkrete Fragen eines Bieters zu Modalitäten der Ausschreibung beantwortet oder hat ein Bieter auf sonstige Weise durch Mitwirkung der Vergabestelle einen Informationsvorsprung erhalten, so erfordert nach einer Entscheidung des BGH das Gleichbehandlungsgebot des § 97 Abs. 2 GWB, dass die entsprechenden Informationen allen anderen Bietern ebenfalls zukommen.[214]

b) Persönlicher Geltungsbereich

92 Das **Diskriminierungsverbot** gilt persönlich für **alle Bieter und Bewerber**. Anders als die Grundfreiheiten des AEUV, die nur bei grenzüberschreitendem Bezug ihre Wirkung entfalten,[215] verbietet § 97 Abs. 2 GWB auch die Diskriminierung inländischer Bewerber.

212 BGH, Beschl. v. 26.9.2006, X ZB 14/06, BGHZ 169, 131, Rn. 27; vgl. auch OLG Düsseldorf, Beschl. v. 7.3.2006, VII-Verg 98/05, ZfBR 2006, 513, 514.

213 Vgl. BayObLG, Beschl. v. 20.8.2001, Verg 9/01, VergabeR 2001, 438, 440.

214 Vgl. BGH, Urt. v. 26.10.1999, X ZR 30/98, BauR 2000, 254, 255.

215 Vgl. nur EuGH, Urt. v. 27.10.1982, Verb. Rs. C-35/82 u. C-36/82, Slg. 1982, 3723 – Morson, Tz. 16.

Eine Beschränkung des Wettbewerbs nach der Ansässigkeit der Bieter ist demnach auch gegenüber einem Inländer eine unzulässige Beschränkung.[216]

Das **Gleichbehandlungsgebot** gilt unabhängig von der Staatsangehörigkeit des Bewerbers. Dies bedeutet, dass nicht nur **Inländer und Unionsbürger** von diesem Schutz erfasst sind, sondern auch **Bewerber aus Drittstaaten**. Dies geht auch ausdrücklich aus der jüngsten Entwurfsbegründung der Bundesregierung zu § 97 Abs. 2 GWB hervor.[217] Diese Verpflichtung besteht völkerrechtlich gem. Art. III des Übereinkommens über das öffentliche Beschaffungswesen (GPA)[218] nur in Bezug auf die übrigen Vertragsstaaten. Eine grundrechtliche Verpflichtung zur Gleichbehandlung von Drittstaatsbewerbern besteht – jedenfalls soweit es sich um juristische Personen handelt – wegen Art. 19 Abs. 3 GG ebenfalls nicht.[219] Trotzdem hat der Gesetzgeber hier keine Differenzierung vorgenommen. Damit ist er nicht den Anregungen einiger Wirtschaftsverbände (BDI, AHO) in früheren Anhörungen gefolgt, die Nichtdiskriminierungsklausel nur auf Unternehmen aus solchen Drittstaaten anzuwenden, die ihrerseits ihre Vergabemärkte vollständig geöffnet haben. Der BDI wies in einer Anhörung darauf hin, dass durch die einseitige Marktöffnung durch Deutschland ein Anreiz für diese Drittstaaten zu einer weiteren Marktöffnung ohne Gegenleistung aus der Hand gegeben werde. Die Formulierung des § 97 Abs. 2 GWB schließt allerdings nicht aus, dass eine solche Regelung zu einem späteren Zeitpunkt getroffen wird. Vom Grundsatz der Nichtdiskriminierung können **Ausnahmen gesetzlich bestimmt** werden, die eine Vergabe an ein Unternehmen aus einem Drittstaat von einer entsprechenden Öffnung des Marktes abhängig macht. Die EU hat eine solche Regelung seit der ersten Sektoren-RL (damals: Art. 36) getroffen und seitdem beibehalten.[220] Demnach können Angebote für Waren mit Ursprung aus Drittländern bei der Auftragsvergabe **unter bestimmten Umständen benachteiligt** oder **zurückgewiesen** werden, wenn kein vergleichbarer oder tatsächlicher Zugang von Unternehmen der Union zu den Märkten dieses Drittstaates besteht (z. B. § 55 SektVO).[221] 93

c) Gesetzliche Ausnahmen

Das **Gleichbehandlungsgebot** ist in § 97 Abs. 2 GWB **nicht uneingeschränkt gewährleistet**. Eine Benachteiligung ist zulässig, soweit sie „aufgrund *dieses* Gesetzes ausdrücklich geboten oder gestattet ist".[222] Demnach kann eine Ausnahme vom Gleichbehandlungsgebot vom GWB selbst oder durch eine auf der Grundlage des GWB erlassene Rechtsverordnung vorgesehen werden.[223] Das GWB selbst enthält eine solche ausdrück- 94

216 Vgl. *Otting*, in: Bechtold, GWB, § 97 Rn. 12.

217 BT-Drs. 18/6281 v. 8.10.2015, S. 68 („Eine Diskriminierung aufgrund der Herkunft eines Bieters ist auszuschließen, wobei nicht zwischen Bietern aus Deutschland, aus EU-Staaten oder aus Nicht-EU-Staaten unterschieden wird.").

218 ABl. EG 1996 C 256/2; ABl. EG 1994 L 336/273 (englische Fassung).

219 Art. 19 Abs. 3 GG, vgl. *Remmert*, in: Maunz/Dürig, GG, Art. 19 Abs. 3 Rn. 88 ff., aber Rn. 92 ff. (Sitz in einem EU-Mitgliedstaat); *Sachs*, in: Sachs, GG, Art. 19 Rn. 51 ff.

220 Gegenwärtig: Art. 85 RL 2014/25/EU v. 28.3.2014, zuvor: Art. 58 RL 2004/17/EG v. 31.3.2004.

221 Vgl. *Marx*, in: Motzke/Pietzcker/Prieß, VOB, § 97 Rn. 24; *Otting*, in: Bechtold, GWB, § 97 Rn. 17.

222 Hervorhebung vom Verf.

223 Vgl. auch OLG Stuttgart, Beschl. v. 21.3.2002, 2 U 240/01, VergabeR 2002, 374, 375 m. Anm. *Prieß*; *Dörr*, in: Burgi/Dreher, Beck'scher VergR-Kommentar, Bd. 1, § 97 Abs. 2 Rn. 15 ff.

liche Abweichung in § 97 Abs. 4 GWB, der eine Bevorzugung des Mittelstands durch Teilung der Aufträge in Lose vorsieht.[224] § 107 GWB (früher: § 100 GWB a. F.) gehört jedoch nicht zu diesen Ausnahmevorschriften, da hierdurch nur der sachliche Anwendungsbereich des Kartellvergaberechts eingeschränkt wird. Soweit ein Auftrag in den durch § 107 GWB definierten Bereich fällt, gilt § 97 GWB nicht. Die Zulässigkeit von Benachteiligungen in diesem Bereich ist damit **allein von den Grundrechten des GG oder den Grundfreiheiten abhängig**. Einer Zulassung durch das GWB bedarf es dafür nicht.

95 Daneben bietet das GWB mehrere Möglichkeiten, eine unterschiedliche Behandlung vorzusehen. Benachteiligungen können etwa **beim Vergabeverfahren** in der aufgrund von § 113 GWB erlassenen Vergabeverordnung (VgV) normiert werden. So könnten zum Beispiel Verfahrensrechte von Unternehmen eingeschränkt werden, die aus Staaten stammen, die keine dem deutschen Vergabemarkt vergleichbare Marktöffnung vorgenommen haben. Außerdem sind hier die **strategischen Ziele** zu nennen, die in § 97 Abs. 3 GWB genannt werden und nach §§ 127 bis 129 GWB beim Zuschlag berücksichtigt werden können.[225] Sollten sie in den Vergabeunterlagen ausdrücklich als maßgeblich gekennzeichnet worden sein, sind sie beim Zuschlag zwingend zu berücksichtigen. Allerdings bestehen hierbei im Hinblick auf das Gleichbehandlungsgebot Einschränkungen. Insbesondere die Grundfreiheiten des AEUV, das Diskriminierungsverbot nach Art. 21 GRC und Art. 3 GG setzen möglichen Benachteiligungen insoweit Grenzen, als sie nur aufgrund **zulässiger Differenzierungsmerkmale** erfolgen dürfen und außerdem durch einen sachlichen Grund gerechtfertigt und insgesamt verhältnismäßig sein müssen.

96 Nach mittlerweile gefestigter Rspr. gilt das Gebot der Gleichbehandlung der Bieter auch für solche Angebote, die vergaberechtlich an **demselben (gleichartigen) Mangel** leiden. Der öffentliche Auftraggeber ist daher verpflichtet, aus dem übereinstimmend vorliegenden Mangel jener Angebote vergaberechtlich dieselben Konsequenzen zu ziehen.[226] Das Angebot eines Bieters kann daher nicht ausgeschlossen werden, wenn zugleich ein öffentlicher Auftraggeber die ausgeschriebenen Leistungen auf das Angebot eines Mitbieters vergeben will, das im selben oder einem gleichartigen Punkt Mängel aufweist.[227] An dem bei Beachtung des Gleichbehandlungsgrundsatzes erforderlich werdenden neuen Vergabeverfahren kann ein Bieter sich beteiligen und ein neues Angebot abgeben, das seine Chance auf einen Zuschlag wahrt.

VI. Berücksichtigung strategischer Ziele (Abs. 3)

1. Strategische Beschaffung

97 Nach § 97 Abs. 3 GWB wird, wie zuvor in § 97 Abs. 4 GWB a. F., die Möglichkeit zur strategischen Beschaffung eröffnet. Während die Berücksichtigung sonstiger politischer Zwe-

---

224 *Zeise*, in: Kulartz/Kus/Portz/Prieß, GWB, § 97 Rn. 63.
225 *Zeise*, in: Kulartz/Kus/Portz/Prieß, GWB, § 97 Rn. 64.
226 OLG Düsseldorf, Beschl. v. 14.10.2005, VII-Verg 40/05, NZBau 2006, 525 in st. Rspr.; ebenso BGH, Urt. v. 26.9.2006, X ZB 14/06, BGHZ 169, 131.
227 Vgl. auch OLG Düsseldorf, Beschl. v. 28.4.2004, VII-Verg 2/04, NZBau 2004, 400, 401.

cke im Vergabeverfahren traditionell als „Sekundärzwecke“[228] oder „vergabefremde Zwecke“[229] bezeichnet wurden, führt der v.a. von der EU-Kommission[230] geprägte Begriff „strategische Beschaffung“ zu einem **terminologischen und normativen Neuanfang**. Dadurch kann der Gesetzgeber neben den übrigen Grundsätzen des § 97 GWB die Auftragsvergabe auch weiterhin als Instrument der allgemeinen Wirtschafts-, Sozial- oder Umweltpolitik einsetzen.[231] Auch wenn die Verfolgung „strategischer Ziele“ v.a. im Hinblick auf die Beschaffungsabsicht der öffentlichen Auftraggeber vielfältig kritisiert wurde,[232] sind sie doch mittlerweile – bestätigt durch die EuGH-Rspr.[233] – Bestandteil des Vergabeverfahrens und der ihm zugrunde liegenden Rechtsvorschriften und Rechtsgrundsätze.

Während jedoch die Vorgängervorschrift des § 97 Abs. 4 GWB a. F. noch auf Eignungskriterien beschränkt war, hat der Gesetzgeber in § 97 Abs. 3 GWB mit „Aspekten der Qualität und der Innovation“ sowie „sozialen und umweltbezogenen Aspekten“ nun **vier allgemeine Aspekte** normiert, die nach Maßgabe des 4. Teils – insbesondere unter Anwendung der §§ 127 und 128 GWB – „bei der Vergabe“ berücksichtigt werden können. Diese Fassung des Gesetzes lässt zunächst darauf schließen, dass die genannten Aspekte im Rahmen der strategischen Beschaffung in allen Phasen des Vergabeverfahrens relevant sein können.[234] Außerdem ist auch davon auszugehen, dass die genannten Aspekte bei der Anwendung des gesamten Kartellvergaberechts einschließlich der Rechtsverordnungen gelten. Wenn auch die Formulierung „nach Maßgabe dieses Teils“ so ausgelegt werden könnte, dass damit nur der 4. Teil des GWB gemeint ist, erstreckt sich die Geltung der in § 97 Abs. 3 GWB vorgesehenen Aspekte strategischer Beschaffung wegen der im GWB hierfür enthaltenen Ermächtigungsgrundlage (§ 113 GWB) auch auf die vergaberechtlichen Rechtsverordnungen (z. B. VgV, SektVO, VSVgV und KonzVgV).[235] Schließlich ist aus der Verwendung des Wortes „berücksichtigen“ zu schließen, dass keiner der vier Aspekte einen **automatischen** 98

---

228 Vgl. hierzu grundlegend *Benedict*, Sekundärzwecke im Vergaberecht. Öffentliches Auftragswesen, seine teilweise Harmonisierung im EG/EU-Binnenmarkt und die Instrumentalisierung von Vergabe durch vergabefremde Aspekte, 2000, 323 S.

229 Vgl. *Opitz*, in: Burgi/Dreher, Beck’scher VergR-Kommentar, Bd. 1, § 97 Abs. 3 Rn. 9 ff.

230 *Fehns-Böer*, in: Müller-Wrede, GWB, § 97 Rn. 59 f.

231 *Wiedemann*, in: Kulartz/Kus/Portz/Prieß, GWB, § 97 Rn. 79 („deutliche Aufwertung“).

232 Z. B. *Latzel*, NZBau 2014, 673 ff.; *Opitz*, in: Burgi/Dreher, Beck’scher VergR-Kommentar, Bd. 1, § 97 Abs. 3 Rn. 23 („Politisierung des Beschaffungswesens … Gefahr für protektionistische Zwecke instrumentalisiert zu werden.“); *Fehns-Böer*, in: Müller-Wrede, GWB, § 97 Rn. 60 (vergabefremde Kriterien als „kritische Konnotation“); zur gegenwärtigen Lage: *Burgi*, NZBau 2015, 597, 599; *Burgi*, NZBau 2011, 577 ff.

233 Z. B. EuGH, Urt. v. 11.12.2014, Rs. C-113/13, ECLI:EU:C:2014:2440 – San Lorenzo u. a.; EuGH, Urt. v. 1.7.2014, Rs. C-573/12, ECLI:EU:C:2014:2037 – Alands Vindkraft; EuGH, Urt. v. 10.5.2012, Rs. C-368/10, ECLI:EU:C:2012:284 – EKO/Max Havelaar; vgl. zu den Anfängen EuGH, Urt. v. 20.9.1988, Rs. 31/87, Slg. 1988, 4635 – Beentjes; EuGH, Urt. v. 26.9.2000, Rs. C-225/98, Slg. 2000, I-7445 f. – Kommission/Frankreich (Nord-Pas-de-Calais); EuGH, Urt. v. 4.12.2003, Rs. C-448/01, Slg. 2003, I- 14527 – Wienstrom; hierzu auch *Opitz*, in: Burgi/Dreher, Beck’scher VergR-Kommentar, Bd. 1, § 97 Abs. 3 Rn. 5 (Der EuGH als Wegbereiter der strategischen Beschaffung).

234 BT-Drs. 18/6281 v. 8.10.2015, S. 68 („[i]n jeder Phase eines Verfahrens, von der Definition der Leistung über die Festlegung von Eignungs- und Zuschlagskriterien bis hin zur Vorgabe von Ausführungsbedingungen, … können qualitative … Aspekte einbezogen werden.“); mit ähnlichem Ansatz: *Fehns-Böer*, in: Müller-Wrede, GWB, § 97 Rn. 63.

235 BT-Drs. 18/6281 v. 10.8.2015, S. 68 („… sowie in den Rechtsverordnungen, die auf der Grundlage dieses Teils erlassen werden.“).

Vorrang beanspruchen kann, sondern in Ausgleich nicht nur mit den anderen in Abs. 3, sondern auch mit den in den übrigen Absätzen von § 97 GWB enthaltenen Grundsätzen gebracht werden muss.[236] Es ist davon auszugehen, dass die in Abs. 3 genannten Aspekte einen vergleichbaren Rang beanspruchen können, wie die in § 97 Abs. 1, Abs. 2 und Abs. 4 genannten Grundsätze.[237]

99 Die **rechtliche und wirtschaftliche Problematik** gesetzlich zugelassener strategischer Beschaffungsziele liegt in ihren **Auswirkungen auf das Vergabeverfahren**.[238] Zum einen können diese Kriterien auf bestimmte Bieter zugeschnitten werden, sodass andere Bieter diskriminiert werden. Zum anderen führen diese Kriterien dazu, dass potenzielle Bewerber entsprechende wirtschaftliche Aufwendungen machen, um diese Kriterien zu erfüllen.[239] Diese Bieter werden die dadurch verursachten Kosten auf den Preis umlegen. Da andere Bieter, die diese Kriterien nicht erfüllen, nicht zur Vergabe zugelassen werden, kann dies auch ohne Risiko geschehen. Das wirtschaftlichste Angebot wird nämlich nur unter den Bietern ermittelt, die die Anforderungen erfüllen. Dies bedeutet, dass die Anwendung allgemeiner Kriterien im Vergaberecht dazu führt, dass der Staat die Kosten hierfür **über höhere Preise letztlich selbst trägt**.[240]

100 Neben diesen rechtspolitischen und haushaltstechnischen Bedenken stellt sich die Frage der **unionsrechtlichen Zulässigkeit** strategischer Beschaffungsziele. Es ist zu berücksichtigen, dass solche zusätzlichen Kriterien mit den unionsrechtlichen **Diskriminierungsverboten in Konflikt geraten können**. Zwar sind Ungleichbehandlungen insoweit zulässig, als sie sich aus den unterschiedlichen Rechts- und Gesellschaftsordnungen der Mitgliedstaaten ergeben.[241] Denn die Aufgabe des Diskriminierungsverbotes ist es anerkanntermaßen nicht, **Standortunterschiede** innerhalb der Europäischen Union auszugleichen oder zu beseitigen.[242]

101 Nach der Rspr. des EuGH können im Rahmen der **Vergabe soziale Belange** berücksichtigt werden.[243] Allerdings sind solche sozialen Belange, insbesondere wenn sie beschäftigungspolitischer Art sind, in der Regel auf die nationalen Arbeitsmärkte bezogen. Hieraus kann sich eine auch nur **mittelbare Bevorzugung inländischer Bieter** ergeben, die als Diskriminierung einzustufen ist. Unionsrechtswidrig sind Bedingungen, die von ausländischen Bietern nur unter größeren Schwierigkeiten erfüllt werden können.[244] So ist es zum Bei-

---

236 Vgl. eingehend zum Wechselverhältnis zwischen den Aspekten nach § 97 Abs. 3 GWB und den Grundsätzen nach § 97 Abs. 1, Abs. 2 und Abs. 3 GWB: *Fehns-Böer*, in: Müller-Wrede, GWB, § 97 Rn. 136 ff.; *Wiedemann*, in: Kulartz/Kus/Portz/Prieß, GWB, § 97 Rn. 93 ff., insbes. Rn. 98 („angemessener Ausgleich").

237 So auch *Fehns-Böer*, in: Müller-Wrede, GWB, § 97 Rn. 66 („vergleichbarer Rang").

238 Vgl. eingehend hierzu auch *Seidel/Mertens*, in: Dauses, Hdb. EU-WirtR, H. IV, Rn. 289–300.

239 *Wiedemann*, in: Kulartz/Kus/Portz/Prieß, GWB, § 97 Rn. 94 („ … die konkrete Beschaffung verteuert.").

240 Vgl. *Opitz*, in: Burgi/Dreher, Beck'scher VergR-Kommentar, Bd. 1, § 97 Abs. 3 Rn. 22; *Ehlers*, WuW 1999, 685 f.

241 Vgl. zu den ordnungspolitischen Auswirkungen *Seidel/Mertens*, in: Dauses, Hdb. EU-WirtR, H. IV, Rn. 299.

242 Vgl. *Müller*, in: Kulartz/Kus/Portz/Prieß, GWB, § 97 Rn. 26; *Boesen*, GWB, Einl. Rn. 21; *Seidel/Mertens*, in: Dauses, Hdb. EU-WirtR, H. IV, Rn. 29; *Hailbronner*, in: Grabitz/Hilf, EU, Bd. 4, Öffentliches Auftragswesen, B.2 – Marktfreiheiten und Vergaberichtlinien, Rn. 22.

243 EuGH, Urt. v. 20.9.1988, Rs. 31/87, Slg. 1988, 4635 – Beentjes, Tz. 42.

244 EuGH, Urt. v. 20.9.1988, Rs. 31/87, Slg. 1988, 4635 – Beentjes, Tz. 30.

spiel unzulässig, die Vergabe öffentlicher Aufträge an die Bedingung zu knüpfen, dass die jeweiligen Bieter Berufsausbildung betreiben, sofern ausländische Bieter nicht von derartigen Voraussetzungen befreit werden. Andererseits führt die Befreiung ausländischer Anbieter zu einer Verzerrung der Wettbewerbssituation. Denkbar wäre daher allenfalls eine Verpflichtung, im jeweiligen Sitzstaat des Unternehmens Berufsausbildung zu betreiben. Damit würde jedoch die Bundesrepublik in unzulässiger Weise auf die Sozialpolitik anderer EU-Staaten Einfluss nehmen. Allenfalls bei allgemein akzeptierten oder unionsrechtlich vorgegebenen sozialpolitischen Zielen wäre daher eine vergaberechtliche Berücksichtigung auch gegenüber ausländischen Bietern zulässig.

Dem entspricht es, dass in der neueren Rechtsprechung des EuGH auch in anderen Bereichen den Mitgliedstaaten bei der Umsetzung sozialpolitischer Zielsetzungen ein **weiter Beurteilungsspielraum** eingeräumt wird.[245] Im Übrigen ist zu beachten, dass öffentliche Auftraggeber herkömmlicherweise auch makroökonomische Ziele verfolgen,[246] wie auch vom europäischen Recht anerkannt wird.[247] 102

Ungeachtet dessen ist zweifelhaft, inwieweit **strategische Beschaffungsziele** aus unionsrechtlicher Sicht als Zuschlagskriterien berücksichtigt werden können. Das unionsrechtliche Vergaberecht schreibt inhaltliche Kriterien für die Zuschlagserteilung im Allgemeinen nicht vor, sondern überlässt es den öffentlichen Auftraggebern, die hierfür relevanten Kriterien selbst festzulegen. Dass demnach Aspekte des Umweltschutzes oder sozialpolitische Gesichtspunkte als solche je nach Gegenstand des öffentlichen Auftrags ein Zuschlagskriterium sein könnten, ist im Prinzip nicht zweifelhaft.[248] Es muss sich aber um Bedingungen handeln, die als allgemeine Regelungen für alle **gleichermaßen gelten**. Problematisch ist es, wenn im Rahmen der Vergabe zusätzliche Bedingungen aufgestellt werden. So sind Tariftreueerklärungen jedenfalls dann unbedenklich, wenn sie sich auf die für alle geltenden Mindestlöhne beziehen. Der EuGH hat eine Pflicht zur Lohngleichbehandlung entsandter ausländischer Arbeitskräfte im Grundsatz für zulässig erachtet.[249] Eine andere Frage ist, ob die Einhaltung von Tarifen, die nur für tarifgebundene Unternehmen gelten, als Vergabekriterium herangezogen werden können.[250] 103

Eine weitere, noch nicht abschließend geklärte Frage ist, ob **allgemeine rechts- oder gesellschaftspolitische Zielsetzungen**, die in keinem sachlichen Zusammenhang mit der konkreten Auftragsvergabe stehen und deren Einhaltung den am Vergabeverfahren Betei- 104

245 Vgl. EuGH, Urt. v. 26.9.2000, Rs. C-225/98, Slg. 2000, I-7445 f. – Kommission/Frankreich (Nord-Pas-de-Calais); zur Gleichbehandlung von Männern und Frauen in der Sozialversicherung EuGH, Urt. v. 14.12.1995, Rs. C-444/93, Slg. 1995, 4743 – Megner und Scheffel, Tz. 29; siehe auch *Benedict*, Sekundärzwecke, S. 226; *Ziekow*, NZBau 2001, 72, 77; *Nessler*, DÖV 2000, 145, 151.

246 Vgl. *Elverfeld*, Europäisches Recht und kommunales öffentliches Auftragswesen, S. 49 f.

247 Vgl. eingehend *Burgi*, in: Grabitz/Hilf, EU, Bd. 4, Öffentliches Auftragswesen, B.13 – „Vergabefremde" Kriterien, Rn. 54.

248 So bereits Grünbuch der Kommission, Das öffentliche Auftragswesen in der Europäischen Union, 1996, S. 56; *Burgi*, in: Grabitz/Hilf, EU, Bd. 4, Öffentliches Auftragswesen, B.13 – „Vergabefremde" Kriterien, Rn. 53 ff.

249 EuGH, Urt. v. 28.3.1996, Rs. C-272/94, Slg. 1996, I-1909 – Guiot, Tz. 12; vgl. auch EuGH, Urt. v. 15.3.2001, Rs. C-165/98, Slg. 2001, I-2189 – Mazzoleni; EuGH, Urt. v. 9.8.1994, Rs. C-43/93, Slg. 1994, I-3803 – Van der Elst; EuGH, Urt. v. 27.3.1990, Rs. C-113/89, Slg. 1990, I-1417 – I Rush Portuguesa.

250 Ablehnend *Knipper*, WuW 1999, 682 f.

ligten nicht durch allgemeine, mit dem Unionsrecht vereinbare Bestimmungen vorgeschrieben ist, mittelbar durch die Drohung mit dem Ausschluss von der Vergabe öffentlicher Aufträge durchgesetzt werden dürfen.[251] Die Vergabe öffentlicher Aufträge ausschließlich nach Maßgabe von Fachkunde, Leistungsfähigkeit und Zuverlässigkeit und Gesetzestreue ist zwar nicht ausdrücklich im Unionsrecht niedergelegt; die **Berücksichtigung strategischer Beschaffungsziele** widerspricht aber in gewissem Umfang dem Grundgedanken eines freien und gleichen Wettbewerbs, der dem unionsrechtlichen Vergaberecht als allgemeine Zielsetzung zugrunde liegt. Der EuGH hat im Fall „Beentjes" unmissverständlich erklärt, dass „… die öffentlichen Auftraggeber die fachliche Eignung der Unternehmer nur auf der Grundlage von Kriterien prüfen können, die sich auf die wirtschaftliche, finanzielle und technische Leistungsfähigkeit der Betroffenen beziehen".[252] Dies deutet darauf hin, dass Anforderungen, die über die in den Richtlinien zugelassenen hinausgehen, einen Ausschluss von Unternehmen von der Vergabe nicht rechtfertigen können.

105 Es ist allerdings auch zu berücksichtigen, dass die EU-Kommission den strategischen Beschaffungszielen nicht nur positiv gegenübersteht, sondern sie auch zum Gegenstand ihrer **Strategie „Europa 2020"**[253] gemacht hat.[254] Schon früher hat die EU in ihrer Mitteilung vom 11.3.1998 zum öffentlichen Auftragswesen die öffentlichen Auftraggeber dazu angehalten, **sozialpolitische Zielsetzungen** bei der Vergabe zu berücksichtigen. Diesen Standpunkt hat die Kommission auch in den interpretierenden Mitteilungen vom 28.11.2001 über die Möglichkeiten zur Berücksichtigung von Umweltbelangen[255] bzw. von sozialen Belangen[256] bei der Vergabe öffentlicher Aufträge bekräftigt. Die Kommission ist der Auffassung, dass die Richtlinien den Ausschluss von Bewerbern ermöglichen, die gegen sozialrechtliche Vorschriften, insbesondere zur Förderung der Gleichbehandlung, verstoßen.[257] Der Erwägungsgrund Nr. 98 zu RL 2014/24/EU geht ausdrücklich davon aus, dass Maßnahmen zur Gleichstellung von Männern und Frauen am Arbeitsplatz sowie die verstärkte Beteiligung von Frauen am Erwerbsleben Bedingungen für die Auftragsausführung sein können. Damit ist aber noch nicht gesagt, dass eine gesellschaftspolitische Zielsetzung **nur im Rahmen der Auftragsvergabe** zur Bedingung gemacht werden kann, ohne dass sie zur allgemeinen Rechts- oder Verhaltenspflicht erhoben wird oder erhoben werden kann. Die Kommission bestätigt vielmehr die Linie, wonach strategische Beschaffungsziele nur im Rahmen der durch die **Richtlinien** vorgesehenen Anforderungen das Vergabeverfahren beeinflussen können.

106 In Zusammenhang mit den strategischen Beschaffungszielen wird gelegentlich ein Konflikt mit dem **Beihilfeverbot des Art. 107 AEUV** angenommen.[258] Die Kommission hat in

---

251 *Opitz*, in: Burgi/Dreher, Beck'scher VergR-Kommentar, Bd. 1, § 97 Abs. 3 Rn. 23 („Politisierung des Beschaffungswesens"); mit Beispielen aus jüngerer Zeit: *Braun*, NZBau 2017, 1.

252 Vgl. EuGH, Urt. v. 20.9.1988, Rs. 31/87, Slg. 1988, 4635 – Beentjes, Tz. 16.

253 KOM(2010) 2020 endg.

254 Vgl. *Opitz*, in: Burgi/Dreher, Beck'scher VergR-Kommentar, Bd. 1, § 97 Abs. 3 Rn. 8.

255 Vgl. KOM(2001), 274 endg., ABl. EG 2001, C 333/13 ff.

256 Vgl. KOM(2001), 566 endg., ABl. EG 2001, C 333/27 ff.

257 Vgl. KOM(1998), 143 endg., S. 32.

258 Vgl. *Arrowsmith*, LQRev 111, 235, 256 f.; *Pietzker*, ZHR 162 (1998), 467; *Ehlers*, WuW 1998, 689; eingehend auch *Burgi*, in: Grabitz/Hilf, EU, Bd. 4, Öffentliches Auftragswesen, B.13 – „Vergabefremde" Kriterien, Rn. 59 ff.; *Benedict*, Sekundärzwecke, S. 261 ff.; hierzu auch *Dippel/*

einer Mitteilung über regionale und soziale Aspekte des öffentlichen Auftragswesens eher beiläufig darauf hingewiesen, dass Art. 107 AEUV, insbesondere die Absätze 2 lit. c) und 3 lit. a) einen Rechtsrahmen für Regionalpräferenzen bieten könnten, die praktisch staatliche Beihilfen seien.[259] Die Rspr. hat diese Frage bisher offengelassen.[260] Grundsätzlich ist hierzu festzustellen, dass **die durch strategische Beschaffungsziele beeinflusste Vergabe** nicht nur nicht diskriminierend sein darf, sondern auch mit den Wettbewerbsvorschriften vereinbar sein muss. Es ist allerdings nur schwer ein Fall vorstellbar, in dem die Berücksichtigung strategischer Beschaffungsziele eine unzulässige Beihilfe darstellt, ohne nicht zugleich bereits gegen das Diskriminierungsverbot des AEUV zu verstoßen. Der Zuschlag an ein Unternehmen, welches zwar ein teureres Angebot vorlegt, dafür aber eine Reihe von gesellschafts- oder sozialpolitisch erwünschter Kriterien erfüllt, ist daher, sofern keine Diskriminierung ausländischer Unternehmen vorliegt, **keine Beihilfe** im Sinne des Art. 107 AEUV. Denn Kennzeichen einer Beihilfe ist, dass der Staat die Wettbewerbssituation eines Unternehmens im **relevanten Markt gezielt verbessert**. Der Markt für öffentliche Aufträge ist aber nicht mit dem allgemeinen Markt für die jeweiligen Produkte gleichzusetzen. Dies zeigt allein schon das besondere Vergaberechtsregime. Will sich ein Unternehmen am Markt für öffentliche Aufträge beteiligen, so muss es die spezifischen Marktbedingungen erfüllen. Eines Rückgriffs auf das Beihilfeverbot bedarf es auch dann nicht, wenn ein Zuschlag nicht auf das wirtschaftlichste Angebot erfolgt.[261]

Die europarechtlichen Vorgaben lassen für die Einführung von gesetzlich bestimmten strategischen Beschaffungszielen nur einen **beschränkten Spielraum**. Dies liegt u.a. daran, dass sie leicht mit dem Diskriminierungsverbot in Konflikt geraten und daher regelmäßig unionsrechtlich unzulässig sein können. Dies gilt jedenfalls dann, wenn es sich um Anforderungen handelt, die im Wege der Vergabe durchgesetzt werden sollen, ohne für alle allgemeinverbindlich zu sein. Die Einhaltung allgemeiner, für alle geltenden Vorschriften im Vergaberecht ist dagegen unbedenklich und bedarf keiner besonderen gesetzlichen Bestimmung. Das Merkmal der Zuverlässigkeit reicht in diesem Zusammenhang als Anknüpfungspunkt aus. Bundes- und Landesgesetzgeber werden daher gut beraten sein, von der Möglichkeit des § 129 GWB keinen oder nur einen sehr überlegten Gebrauch zu machen. **107**

Ein wesentliches Merkmal von § 97 Abs. 3 GWB liegt darin, dass die zusätzlichen Anforderungen **in sachlichem Zusammenhang** zum jeweiligen Vergabeverfahren stehen müssen.[262] Damit soll sichergestellt werden, dass allgemeine Anforderungen an die Unternehmens- oder Gesellschaftspolitik ohne konkreten Bezug zum Auftrag (z. B. allgemeine Ausbildungsquoten, Quotierungen von Führungspositionen, Beschäftigung von Langzeitarbeitslosen) **nicht willkürlich** mit öffentlichen Beschaffungsvorgängen verknüpft werden. Diese Voraussetzung galt auch bereits für die Vorgängervorschrift (§ 97 Abs. 4 Satz 2 Hs. 2 GWB a.F.). Die vom Gesetzgeber schon früher genannten Beispiele unzulässiger **108**

Zeiss, NZBau 2002, 376 ff.; *Opitz*, in: Burgi/Dreher, Beck'scher VergR-Kommentar, Bd. 1, § 97 Abs. 3 Rn. 23; *Fehns-Böer*, in: Müller-Wrede, GWB, § 97 Rn. 149 ff.

259 Vgl. ABl. EG 1989, C 311/7, 11 Rn. 41.

260 Vgl. EuGH, Urt. v. 20.3.1990, Rs. 21/88, Slg. 1990, I-889 – Du Pont Nemous SpA, Tz. 21 f.; KG, Beschl. v. 20.5.1998, Kart 24/97, WuW 1998, 1023, 1030.

261 Hierin sieht *Ehlers* einen Anwendungsfall des Beihilfeverbots, vgl. *Ehlers*, WuW 1998, 689.

262 Vielleicht ist es dabei etwas zu feinsinnig am Wortlaut der EU-Vergaberichtlinien orientiert, wenn hervorgehoben wird, dort sei nur noch von „Verbindung" die Rede, sodass nun weniger strenge Anforderungen gelten, vgl. *Fehns-Böer*, in: Müller-Wrede, GWB, § 97 Rn. 126.

Verknüpfungen[263] deuten darauf hin, dass der erforderliche Zusammenhang nur dann vorliegt, wenn die genannten Innovations- oder Umweltschutzaspekte sich **unmittelbar im Auftragsgegenstand** niederschlagen, d. h. die in Auftrag gegebenen Produkte oder Dienstleistungen innovativer oder umweltschützender sind als andere vergleichbare Produkte. Nicht ausreichend wäre dagegen, wenn z. B. Belange des Umweltschutzes oder der Innovation allgemein als Voraussetzung bei der Ausführung von Aufträgen verlangt oder berücksichtigt werden, ohne dass sich dies auf den **konkreten Auftragsgegenstand** auswirkt.

109 In der Entwurfsbegründung zum VergRModG stellt die Bundesregierung zudem klar, dass „die konkrete Ausgestaltung" der u. a. durch § 97 Abs. 3 GWB eröffneten Möglichkeit der Einbeziehung strategischer Beschaffungsziele erst **mit Einzelvorschriften im GWB** bzw. in den **Rechtsverordnungen** erfolgt.[264] Damit sind die noch mit der Vorläufervorschrift des § 97 Abs. 4 Satz 2 GWB a. F. verbundenen Unsicherheiten weitgehend behoben. Die Bilanz, inwieweit der Gesetzgeber durch § 97 Abs. 3 GWB eine Begrenzung der strategischen Beschaffung vorgenommen hat, fällt unterschiedlich aus, je nachdem auf welches Merkmal der Normierung abgestellt wird.[265] So können strategische Beschaffungsziele einerseits ohne eine konkret in einzelnen Bestimmungen des GWB oder der Rechtsverordnungen vorgesehene Anforderung aus dem Rahmen der in § 97 Abs. 3 GWB genannten Aspekte nicht in einem Vergabeverfahren wirksam werden. Andererseits sind die genannten Merkmale, insbesondere „Aspekte der Qualität" sowie „soziale und umweltbezogene Aspekte", so weit gefasst, dass sie inhaltlich nur restriktiv interpretiert werden können.[266]

2. Aspekte der Qualität

110 Soweit in § 97 Abs. 3 nunmehr „Aspekte der Qualität" als Grundlagen einer strategischen Beschaffung genannt werden, stellt dies eine Zusammenfassung der zuvor bereits in § 97 Abs. 4 GWB a. F. enthaltenen Vergabe an „fachkundige, leistungsfähige sowie gesetzestreue und zuverlässige Unternehmen" für das gesamte Vergabeverfahren dar und ist nicht länger auf die Eignungskriterien beschränkt.[267] Im Vergleich zu diesen bereits früher verwendeten Merkmalen ist jedoch davon auszugehen, dass der allgemeinere Begriff „Aspekte der Qualität" auch jenseits der bisherigen Anforderungen **Raum für weitere qualitative Merkmale** lässt. Auf dieser Grundlage verfügt der Gesetzgeber daher künftig über weitreichende Gestaltungsfreiheit, wenn er zusätzliche gesetzliche Grundlagen im GWB oder in den verschiedenen vergaberechtlichen Rechtsverordnungen schafft. Unbenommen davon bleibt die nunmehr in § 129 GWB vorgesehene Möglichkeit zur Festlegung von Ausführungsbedingungen durch Bundes- oder Landesgesetz erhalten (zuvor: § 97 Abs. 4 Satz 3 GWB a. F.).

111 Aufgrund des europarechtlichen Hintergrundes des Vergaberechts sind bei der Auslegung der Kriterien und der Zulässigkeit strategischer Beschaffungsziele jeweils die Vorgaben des Unionsrechts besonders zu berücksichtigen. Die EU-Vergaberichtlinien beurteilen die Eignung anhand von **Ausschlussgründen** und **positiven Eignungskriterien**. Ausschluss-

---

263 BT-Drs. 16/10117 v. 13.8.2008, S. 16 („z. B. Allgemeine Ausbildungsquoten, Quotierungen von Führungspositionen zugunsten der Frauenförderung …").

264 BT-Drs. 18/6281 v. 8.10.2015, S. 68.

265 *Opitz*, in: Burgi/Dreher, Beck'scher VergR-Kommentar, Bd. 1, § 97 Abs. 3 Rn. 11.

266 *Fehns-Böer*, in: Müller-Wrede, GWB, § 97 Rn. 56 („weiten Raum").

267 A. A. *Fehns-Böer*, in: Müller-Wrede, GWB, § 97 Rn. 92.

gründe sind u. a. in der RL 2014/24/EU[268] geregelt und schließen nach Art. 57 bestimmte Bewerber von vornherein von der Vergabe aus.[269] Hinsichtlich der positiven Eignungskriterien stellt die Richtlinie generell auf die **fachliche Eignung** des Bewerbers ab (Art. 58). Sie umfasst die Leistungsfähigkeit des Unternehmens in wirtschaftlicher und finanzieller, in technischer und beruflicher Hinsicht.[270] Im § 97 Abs. 3 GWB finden sich diese Anforderungen in der allgemeinen Form wieder.

Aus der EuGH-Rspr. in der Rs. „**La Cascina**" folgt, dass die in den EU-Vergaberichtlinien aufgeführten Ausschlussgründe abschließend diejenigen Gründe nennen, die ein Mitgliedstaat vorsehen darf, um Bewerber von der Teilnahme an einem Vergabeverfahren über öffentliche Dienstleistungsverträge auszuschließen, sofern sie sich auf die berufliche Eignung beziehen.[271] Auch wenn diese EuGH-Entscheidung aus dem Jahr 2006 datiert und daher noch zur RL 92/50/EWG erging, ist davon auszugehen, dass die dortigen Aussagen dem Grunde nach unverändert auch für die RL 2014/24/EU und die anderen EU-Vergaberichtlinien gelten. **112**

Zwar sind die Mitgliedstaaten grundsätzlich verpflichtet, die in den Richtlinien genannten Ausschlussgründe in nationales Recht umzusetzen. Allerdings kann es auf der Grundlage von Art. 57 Abs. 3 der RL 2014/24/EU bei der Erfüllung „zwingender Gründe des öffentlichen Interesses" etwa im Hinblick auf die öffentliche Gesundheit oder den Umweltschutz bei allen Ausschlussgründen zu Einschränkungen kommen. Die Mitgliedstaaten können ferner Ausnahmen bei einem zwingenden Ausschluss nach Art. 57 Abs. 2 der RL 2014/24/EU vorsehen, wenn dieser „offensichtlich unverhältnismäßig" wäre. Dies ist beispielsweise der Fall, wenn nur geringfügige Beträge an Steuern und Sozialversicherungsbeiträgen nicht gezahlt wurden oder der betreffende Wirtschaftsteilnehmer über den genau geschuldeten Betrag an Steuern und Sozialversicherung so spät unterrichtet wurde, dass er die nach Art. 57 Abs. 2 Unterabs. 3 der RL 2014/24/EU vorgesehenen Maßnahmen nicht mehr vor dem Ablauf der jeweils geltenden Frist ergreifen konnte. **113**

Wenn auch Ausnahmen zu den Ausschlussgründen möglich sind, ist doch anerkannt, dass zusätzliche Ausschlussgründe, die über die in Art. 57 der RL 2014/24/EU genannten hinausgehen und beispielsweise auf der beruflichen Ehrenhaftigkeit, Zahlungsfähigkeit oder Zuverlässigkeit gründen, unzulässig sind.[272] Wie GA *Mazak* in der **Rs. „Michaniki"** ausführte, schließt selbst die Aufzählung von sieben Gründen in Art. 29 der RL 92/50/EWG allerdings die Befugnis der Mitgliedstaaten nicht aus, Vorschriften aufrechtzuerhalten oder zu erlassen, durch die u. a. gewährleistet werden soll, dass auf dem Gebiet der öffentlichen Aufträge die Grundsätze der Transparenz (Abs. 1) oder der Gleichbehandlung (Abs. 2) be- **114**

268 RL 2014/24/EU v. 26.2.2014 über die öffentliche Auftragsvergabe, ABl. EU L 94/65 v. 28.3.2014; RL 2014/25/EU v. 26.2.2014 über die Vergabe von Aufträgen durch Auftraggeber im Bereich der Wasser-, Energie- und Verkehrsversorgung sowie der Postdienste, ABl. EU L 94/243 v. 28.3.2014.

269 Vgl. z. B. Art. 57 RL 2014/24/EU; zur bisherigen Regelung dazu im Einzelnen *Prieß*, Das öffentliche Auftragswesen in der europäischen Union, S. 14 ff.

270 Vgl. *Prieß*, Das öffentliche Auftragswesen in der Europäischen Union, S. 23 ff.

271 EuGH, Urt. v. 9.2.2006, Rs. C-226/04 u. C-228/04, Slg. 2006, I-1347 – La Cascina u. a., ergangen zu Art. 29 RL 92/50/EWG.

272 EuGH, Urt. v. 16.12.2008, Rs. C-213/07, Slg. 2008, I-9999 – Michaniki, Tz. 41 bis 43 – zu Art. 24 RL 93/37/EWG.

achtet werden.[273] Ein Mitgliedstaat ist daher grundsätzlich befugt, Ausschlussmaßnahmen vorzusehen, die sicherstellen sollen, dass in Vergabeverfahren der Grundsatz der Transparenz und derjenige der Gleichbehandlung aller Bieter beachtet werden. Entsprechendes gilt wegen des Verweises nach Art. 80 der RL 2014/25/EU auch für Sektorenauftraggeber.[274]

115 Der EuGH hat diese Grundsätze – soweit relevant – in der Rs. „**Assitur**"[275] bestätigt. Zulässig ist es daher, Unternehmen vom Vergabeverfahren auszuschließen, wenn sie durch **Abhängigkeitstatbestände** miteinander verbunden sind. Allerdings würde es nach Auffassung des EuGH einer wirksamen Anwendung des Unionsrechts zuwiderlaufen, miteinander verbundene Unternehmen systematisch von der Teilnahme an demselben Verfahren zur Vergabe eines öffentlichen Auftrags auszuschließen. Eine Regelung, die auf einer unwiderlegbaren Vermutung beruht, dass Angebote verbundener Unternehmen für denselben Auftrag stets voneinander beeinflusst worden sind, verstößt daher gegen den Grundsatz der Verhältnismäßigkeit. Ansonsten würde diesen Unternehmen keine Möglichkeit eingeräumt nachzuweisen, dass in ihrem Fall keine tatsächliche Gefahr besteht, dass es zu einer Praxis kommt, die geeignet ist, die Transparenz im Vergabeverfahren zu beeinträchtigen und den Wettbewerb zwischen den Bietern zu verfälschen.[276]

116 In der Rs. „**Michaniki**"[277] hat der EuGH zudem festgestellt, dass jeder Mitgliedstaat am besten in der Lage ist, im Licht seiner spezifischen historischen, rechtlichen, wirtschaftlichen oder sozialen Erwägungen zu bestimmen, welche Situationen oder Verhaltensweisen begünstigt werden, die zu Missständen bei der Beachtung der Grundsätze der **Transparenz** oder **Gleichbehandlung** der Bieter führen könnten. Auf diese Weise wird ersichtlich, dass auch zwischen den „Aspekten von Qualität und Innovation", wie sie jetzt in § 97 Abs. 3 GWB normiert sind, und den Grundsätzen von Transparenz und Gleichbehandlung enge Bezüge bestehen. Wie der Gerichtshof klarstellte, will das Unionsrecht nicht die Beurteilung in Zweifel ziehen, zu der ein Mitgliedstaat je nach seinem spezifischen Kontext hinsichtlich der besonderen Gefahr gelangt, dass es zu solchen Situationen oder Verhaltensweisen kommt. Dies soll insbesondere dann gelten, wenn sich unter den Bietern für einen öffentlichen Auftrag auch ein Unternehmen befindet, das im **Sektor der Informationsmedien** tätig ist oder Verbindungen zu Personen unterhält, die in diesem Sektor engagiert sind, sowie hinsichtlich des Erfordernisses, Maßnahmen zum Ausschluss dieser Gefahr zu ergreifen. Das Unionsrecht steht nach Ansicht des EuGH Maßnahmen zur Vermeidung einer Einwirkung der Informationsmedien auf die Verfahren zur Vergabe öffentlicher Aufträge nicht grundsätzlich entgegen.[278] Die betreffenden Maßnahmen müssen allerdings mit dem **Grundsatz der Verhältnismäßigkeit** vereinbar sein. Eine allgemeine Unvereinbar-

---

273 Schlussanträge GA *Mazak* v. 10.2.2009, Rs. C-538/07, Slg. 2011, I-4687 – Assitur, Tz. 37 f.

274 Art. 80 der RL 2014/25/EU verweist grundsätzlich auf die in Art. 57 und 58 der RL 2014/24/EU niedergelegten Ausschlussgründe und Auswahlkriterien, sodass sich in dieser Hinsicht ein weiterer Harmonisierungsschritt ankündigt.

275 EuGH, Urt. v. 19.5.2009, Rs. C-53807, Slg. 2011, I-4687 – Assitur, Tz. 21 f.

276 EuGH, Urt. v. 19.5.2009, Rs. C-538/07, Slg. 2011, I-4687 – Assitur, Tz. 30; EuGH, Urt. v. 3.3.2005, Rs. C-21/03 und C-34/03, Slg. 2005, I-1559 – Fabricom, Tz. 33 und 35; EuGH, Urt. v. 16.12.2008, Rs. C-213/07, Slg. 2008, I-9999 – Michaniki,Tz. 44 bis 48.

277 EuGH, Urt. v. 16.12.2008, Rs. C-213/07, Slg. 2008, I-9999 – Michaniki.

278 Vgl. insoweit auch EuGH, Urt. v. 26.6.1997, Rs. C-368/95, Slg. 1997, I-3689 – Familiapress, Tz. 18; EuGH, Urt. v. 13.12.2007, Rs. C-250/06, Slg. 2007, I-11135 – United Pan-Europe Communications Belgium u. a., Tz. 41 und 42.

keit des Sektors der öffentlichen Bauarbeiten mit dem der Informationsmedien würde dazu führen, dass Unternehmer, die öffentliche Bauaufträge durchführen und gleichzeitig auch im Sektor der Informationsmedien als Eigentümer, Hauptaktionär, Gesellschafter oder Führungskraft engagiert sind, von der Vergabe öffentlicher Aufträge automatisch ausgeschlossen sind, ohne dass ihnen eine Möglichkeit gegeben wird nachzuweisen, dass in ihrem Fall keine tatsächliche Gefahr der genannten Art besteht. Eine solche Regelung wäre nach Einschätzung des Gerichtshofs daher unverhältnismäßig, da sie eine gesamte Kategorie von Unternehmern, die öffentliche Bauarbeiten durchführen, aufgrund einer unwiderlegbaren Vermutung ausschließt. Denn allein, dass sich unter den Bietern ein Unternehmer befindet, der außerdem im Sektor der Informationsmedien engagiert ist, muss nicht notwendig zu einer Beeinträchtigung des Wettbewerbs zulasten der anderen Bieter führen.[279]

a) Fachkunde

Obwohl § 97 Abs. 3 GWB nunmehr auf „Aspekte der Qualität" abstellt, sind die bis zum VergRModG des Jahres 2016 im Rahmen von § 97 Abs. 4 Satz 1 GWB a. F. relevanten Kriterien **Fachkunde**, **Leistungsfähigkeit**, **Gesetzestreue** und **Zuverlässigkeit** auch weiterhin zur **Konkretisierung** der neuen Grundsätze heranzuziehen. Es lässt sich der Entwurfsbegründung der Bundesregierung jedenfalls nicht entnehmen, dass qualitative Aspekte der Eignung der Bewerber auf signifikant andere Weise nachgewiesen werden sollen. Insoweit besitzt ein Bewerber auch weiterhin die ausschreibungsgemäße **Fachkunde**, wenn er Kenntnisse, Erfahrungen und Fertigkeiten besitzt, die für die Ausführung der zu vergebenden Leistungen erforderlich sind.[280] Dies ist anhand **objektiver Kriterien** zu beurteilen.[281] Bei schwierigen Leistungen ist in der Regel zu fordern, dass der Bieter bereits nach **Art und Umfang vergleichbare Leistungen** ausgeführt hat.[282] **117**

Nach einer Entscheidung des BayObLG kann als objektives Kriterium für die fehlende Fachkunde die fehlende **Eintragung in die Handwerksrolle** herangezogen werden.[283] Allerdings ist die Eintragung in die Handwerksrolle bei grenzüberschreitenden Sachverhalten keine Voraussetzung für den Nachweis der Fachkunde, da dies mit den EU-Grundfreiheiten nicht zu vereinbaren wäre.[284] Die Entscheidung des BayObLG zur Eintragung in die Handwerksrolle ist daher auf nationale Bewerber zu begrenzen. Allerdings wird die Unterscheidung zwischen Unionsbürgern und Inländern mit zunehmender Ausübung der Freizügigkeit innerhalb der EU zunehmend fragwürdig.[285] Die **Benachteiligung** nationaler Bieter erscheint auch aus verfassungsrechtlicher Sicht umso problematischer, je stärker die Integration durch Errichtung einer einheitlichen europäischen Rechtsordnung voranschreitet. Im Einzelfall kann daher bereits zum gegenwärtigen Zeitpunkt in der **Inländerdiskriminierung** ein Verstoß gegen Art. 3 GG oder Art. 12 GG vorliegen.[286] **118**

---

279 EuGH, Urt. v. 16.12.2008, Rs. C-213/07, Slg. 2008, I-9999 – Michaniki, Tz. 62 ff.

280 Vgl. *Otting*, in: Bechtold, GWB, § 97 Rn. 31.

281 *Jestaedt*, in: Jestaedt/Kemper/Marx/Prieß, Das Recht der Auftragsvergabe, S. 110.

282 Vgl. *Schranner*, in: Ingenstau/Korbion u. a., VOB, § 2 VOB/A Rn. 29.

283 Vgl. BayObLG, Beschl. v. 24.1.2003, Verg 30/02, GewArch 2003, 167.

284 Vgl. z. B. EuGH, Urt. v. 29.10.1998, Rs. C-185/96, Slg. 1998, I-6601 – Kommission/Griechenland (zu Art. 45 AEUV); *Mager*, NZBau 2013, 92.

285 Vgl. *Fastenrath*, JZ 1987, 170.

286 Vgl. BVerfG, Beschl. v. 31.3.2000, 1 BvR 608/99, NVwZ 2001, 187 (lässt die Geeignetheit der dt. Meisterprüfung dahinstehen); *Starck*, in: v. Mangoldt/Klein/Starck, GG, Art. 3 Rn. 213;

b) Leistungsfähigkeit

119 Ein Bieter ist zudem leistungsfähig, wenn er i. S. qualitativer Aspekte über das für die fach- und fristgerechte Ausführung erforderliche Personal und Gerät verfügt und in der Lage ist, seine **Verbindlichkeiten zu erfüllen**. Die Leistungsfähigkeit muss demnach in technischer und finanzieller Hinsicht gegeben sein.[287] Die **technische Eignung** kann durch Auftragsbescheinigungen, Ausrüstungsbeschreibungen, Angaben zur technischen Leitung und Qualitätskontrolle, Muster und Beschreibungen der zu erbringenden Leistung nachgewiesen werden.[288] Im Einzelnen sind die vorzulegenden Nachweise durch das Richtlinienrecht abschließend festgelegt.[289]

120 Zur **technischen und fachlichen Leistungsfähigkeit** zählt auch die Gewährleistung bestimmter Qualitätsstandards, bei deren Formulierung die Vergabestelle im auftragsspezifischen Rahmen grundsätzlich frei ist. So hat das OLG Saarbrücken entschieden, dass die Zertifizierung als Entsorgungsfachbetrieb nach § 2 Abs. 1 Nr. 1 Entsorgungsfachbetriebs-VO (EfbV) eine zulässige Voraussetzung zum Nachweis der technischen und fachlichen Leistungsfähigkeit darstellt, wenn ein **sachlicher Zusammenhang** zu den konkret ausgeschriebenen Leistungen besteht.[290] Neben dem sachlichen Zusammenhang muss außerdem sichergestellt sein, dass der Leistungsfähigkeitsnachweis zur Gewährleistung von Qualitätsstandards sowohl **geeignet** als auch **erforderlich** war.[291]

121 Nach der Rspr. des EuGH ist eine Vergabestelle bei der Ausschreibung von umweltrelevanten Tätigkeiten grundsätzlich berechtigt, die Einhaltung umweltschützender Qualitätsstandards für diese Tätigkeiten zu verlangen.[292] In diesen Fällen stellte schon nach der bisherigen Rechtslage die Forderung nach Erfüllung bestimmter **Umweltkriterien** wie der bereits genannten Zertifizierung als Entsorgungsbetrieb einen zulässigen Aspekt i. S. v. § 97 Abs. 3 GWB (Abs. 4 a. F.) dar.[293] Mit der novellierten Fassung von § 97 Abs. 3 GWB werden diese Anforderungen nun außerdem als „umweltbezogene Aspekte" erfasst, wie dies zuvor schon nach § 97 Abs. 4 Satz 2 GWB a. F. der Fall war. Umweltstandards sind jedoch auch weiterhin dann als unzulässige und vergabefremde Kriterien zu qualifizieren, wenn sie von den Bietern allgemein, **ohne konkreten Bezug** zu der zu erbringenden Leistung verlangt werden.[294]

Heun, in: Dreier, GG, Bd. 1, Art. 3 Rn. 10; *Oppermann/Classen/Nettesheim*, Europarecht, § 28 Rn. 8; *Epiney*, Umgekehrte Diskriminierung, S. 459 ff.; hierzu auch *Fehns-Böer*, in: Müller-Wrede, GWB, § 97 Rn. 152.

287 Vgl. BKartA (2. VK Bund), Beschl. v. 9.1.2001, VK 2 – 40/00, VergabeR 2001, 138, 139; *Otting*, in: Bechtold, GWB, § 97 Rn. 32.

288 Vgl. *Jestaedt*, in: Jestaedt/Kemper/Marx/Prieß, Das Recht der Auftragsvergabe, S. 111.

289 Vgl. EuGH, Urt. v. 10.2.1982, Rs. 76/81, Slg. 1982, 417 – Transportoroute/Ministère des Travaux Publics, Tz. 9; vgl. im Einzelnen *Prieß*, Das öffentliche Auftragswesen in der Europäischen Union, S. 93 ff.

290 Vgl. OLG Saarbrücken, Beschl. v. 13.11.2002, 5 Verg 1/02, Rn. 30.

291 Vgl. OLG Saarbrücken, Beschl. v. 13.11.2002, 5 Verg 1/02, Rn. 31.

292 Vgl. EuGH, Urt. v. 17.9.2002, Rs. C-513/99, Slg. 2002, I-7213 – Concordia Bus Finland; zur Berücksichtigung von Umweltbelangen siehe auch die Mitteilung der Kommission v. 4.7.2001, KOM(2001) 274 endg., ABl. EG C 33/12; *Dagenförde*, NZBau 2002, 597 ff.

293 Vgl. OLG Saarbrücken, Beschl. v. 13.11.2002, 5 Verg 1/02, NZBau 2003, 625, Rn. 32 u. 30.

294 Vgl. *Otting*, in: Bechtold, GWB, § 97 Rn. 42; *Noch*, in: Müller-Wrede, VOL/A, § 25 VOL/A Rn. 108 ff.; vgl. auch *Burgi*, in: Grabitz/Hilf, EU, Bd. 4, Öffentliches Auftragswesen, B.13 – „Vergabefremde" Kriterien.

Die **finanzielle Leistungsfähigkeit** des Bieters kann anhand von Bankauszügen, Bilanzen oder Bilanzauszügen sowie Umsatzerklärungen nachgewiesen werden. Auch die Unterschwellenvergabeverordnung (UVgO) sieht die Vorlage entsprechender Nachweise vor.[295] Dabei ist auf die finanzielle Leistungsfähigkeit im Einzelfall abzustellen. So kann ein an sich gesundes Unternehmen auch dann als nicht hinreichend finanziell leistungsfähig eingestuft werden, wenn der Auftrag außergewöhnliche Vorleistungen verlangt, die über den Kreditrahmen oder die sonstigen finanziellen Möglichkeiten des Unternehmens hinausgehen.[296] 122

c) Zuverlässigkeit

Zuverlässig ist ein Bieter i. S. von Qualitätsaspekten, der bisher allen gesetzlichen Verpflichtungen nachgekommen ist und aufgrund der Erfüllung früherer Verträge eine **einwandfreie Ausführung einschließlich Gewährleistung** erwarten lässt.[297] Ob ein Bieter die zur Erfüllung der vertraglichen Verpflichtungen erforderliche Zuverlässigkeit besitzt, ist anhand der Umstände des Einzelfalls zu ermitteln.[298] Als wesentlicher Nachweis für mangelnde Zuverlässigkeit kann vor allem früheres vertragswidriges Verhalten des Bieters in Form von Lieferverzug oder Schlechtleistung dienen. Allerdings ist hierbei grundsätzlich eine **umfassende Würdigung** aller in Betracht kommenden Umstände unter angemessener Berücksichtigung des Umfangs, der Intensität, des Ausmaßes und des Grades der Vorwerfbarkeit einer Vertragsverletzung vorzunehmen, bei der auch die Ursachen für die nicht vertragsgemäße Durchführung früherer Aufträge zu berücksichtigen sind.[299] 123

Die Zuverlässigkeit als Teil der Eignungsprüfung ermöglicht eine Prognose darüber, ob von dem betreffenden Bieter oder Bewerber unter allen heranzuziehenden Gesichtspunkten eine einwandfreie und vertragsgemäße Vertragsausführung zu erwarten ist. Insoweit steht dem Auftraggeber ein **Prognosespielraum** zur Verfügung, der nur daraufhin überprüft werden kann, ob der der Eignungsprüfung zugrunde gelegte Sachverhalt vollständig und zutreffend ermittelt und bei der Eignungsbewertung berücksichtigt worden ist, allgemeine Bewertungsmaßstäbe eingehalten worden sind und sachwidrige Erwägungen dabei keine Rolle gespielt haben. Überschritten ist der dem Auftraggeber zustehende Spielraum, wenn er eine Zuverlässigkeit allein deshalb verneint, weil ein Bewerber eine von ihm verlangte Tariftreueerklärung nicht abgegeben hat. Dies gilt insbesondere dann, wenn über die Frage einer geforderten Tarifbindung unterschiedliche rechtliche Auffassungen bestehen.[300] 124

Maßgebliches Kriterium der Zuverlässigkeitsprüfung ist somit, ob ein Bieter seinen **gesetzlichen Verpflichtungen** nachgekommen ist und insbesondere aufgrund der Erfüllung 125

---

295 Vgl. § 35 i.V.m. § 33 UVgO (Fassung v. 7.2.2017); vgl. zur früheren Rechtslage: BKartA (2. VK Bund), Beschl. v. 9.1.2001, VK 2 – 40/00, VergabeR 2001, 138, 139 f.; *Jestaedt*, in: Jestaedt/Kemper/Marx/Prieß, Das Recht der Auftragsvergabe, S. 110.

296 Vgl. zur VOL/A a. F. *Dittmann*, in: Kulartz/Marx/Portz/Prieß, VOL/A, § 25 VOL/A Rn. 120.

297 Vgl. *Otting*, in: Bechtold, GWB, § 97 Rn. 34.

298 Vgl. OLG Düsseldorf, Beschl. v. 28.8.2001, Verg 27/01, WuW/E Verg 563, Rn. 12 ff., 18 ff. u. 53.

299 Vgl. OLG Düsseldorf, Beschl. v. 28.8.2001, Verg 27/01, WuW/E Verg 563, Rn. 16 ff.; so schon früher OLG Düsseldorf, Beschl. v. 10.5.2000, Verg 5/00, NZBau 2000, 540, Rn. 8 ff.

300 Im konkreten Fall hat das OLG Düsseldorf die geforderte Tarifbindung für rechtswidrig angesehen, OLG Düsseldorf, Beschl. v. 29.4.2009, VII-Verg 76/08, ZfBR 2009, 824, Rn. 19; zur Tariftreuebindung vgl. auch EuGH, Urt. v. 3.4.2008, Rs. C-346/06, Slg. 2008, I-1989 – Rüffert.

früherer Verträge eine einwandfreie Ausführung der Leistung erwarten lässt.[301] Verbleibende Zweifel, die auf gesicherte Erkenntnisse gegründet sein müssen, können zwar im Rahmen der Ermessensausübung zum Ausschluss des Bieters führen. Ein grundsätzliches, aus der Natur der geschuldeten Leistung herrührendes Misstrauen Bietern gegenüber könnte jedoch grundsätzlich Anlass geben, die ausgeschriebene Leistung oder die Qualität der geforderten Referenzen und Nachweise dementsprechend festzulegen. Zweifel an der Zuverlässigkeit der Bieter können jedoch nicht durch das Verlangen der Einstellung einer konkurrierenden Geschäftstätigkeit ausgeräumt werden.[302]

126 **Unzuverlässig** im Sinne qualitativer Aspekte nach § 97 Abs. 3 GWB i.V.m. § 124 GWB sind beispielsweise Unternehmen, die sich im Stadium der Liquidation befinden, über deren Vermögen ein Konkurs- oder Insolvenzverfahren eröffnet wurde (beide § 124 Nr. 2 GWB) oder die schwere Verfehlungen begangen haben (§ 124 Nr. 3 GWB).[303] Insbesondere gilt eine nicht ordnungsgemäße Zahlung von Steuern und Abgaben als Nachweis der Unzuverlässigkeit eines Bieters, die grundsätzlich zum Ausschluss vom Vergabeverfahren führt (§ 123 Abs. 4 Satz 1 und Abs. 5 Satz 2 GWB). Außerdem begründen auch unzutreffende Angaben in früheren Vergabeverfahren unter Umständen die Annahme der Unzuverlässigkeit.[304] Hinsichtlich der Zahlung von Steuern und Abgaben ist die oft geforderte Vorlage einer Unbedenklichkeitsbescheinigung des Finanzamts nicht unproblematisch. Sie ist insofern gerechtfertigt, als ein Bieter nicht von steuerfinanzierten Aufträgen profitieren soll, wenn er seinerseits seine Verpflichtungen dem Staat gegenüber nicht erfüllt.[305] Die Vorlage einer Unbedenklichkeitsbescheinigung darf allerdings nicht dazu dienen, den Bieter zur Zahlung von Steuern zu veranlassen oder ihn gar zum Einlenken in einem Steuerstreitverfahren zu bewegen. Dies ist ein **vergabefremder Aspekt**, der auch im Rahmen der strategischen Beschaffung nicht ohne Weiteres aufrecht erhalten werden kann. Die generelle Forderung von Unbedenklichkeitsbescheinigungen ist daher grundsätzlich unverhältnismäßig. Der Auftraggeber kann derartige Bescheinigungen nur im Zusammenhang mit der **Feststellung der finanziellen Eignung und Zuverlässigkeit** verlangen, wenn der konkrete Beschaffungsvorgang, etwa aufgrund seines Volumens, dies als notwendig erscheinen lässt.[306] Besteht hingegen keine Veranlassung, an der finanziellen Leistungsfähigkeit oder Zuverlässigkeit zu zweifeln, darf eine solche Unbedenklichkeitsbescheinigung nicht verlangt werden.

127 **Schwere Verfehlungen** führen regelmäßig unter Berücksichtigung qualitativer Aspekte nach den §§ 123ff. GWB zum Ausschluss von der Vergabe. Eine derartige Verfehlung muss einen **Bezug zum konkreten Verfahren** aufweisen. Das heißt, dass eine strafrechtliche Verurteilung im weitesten Sinn einen Zusammenhang mit dem Geschäftsbetrieb aufweisen muss oder zivilrechtliche Verstöße gegen Deliktsrecht oder gesetzliche Verbote, Wucher oder Ähnliches vorliegen müssen. Die daraus resultierende **Sperre für öffentliche Beschaffungsvorgänge** ist so zu bemessen, dass nach ihrem Ablauf der ungehinderte

---

301 *Kulartz*, in: Kulartz/Kus/Portz, GWB, 3. Aufl. 2014, § 97 Rn. 105.

302 OLG Rostock, Beschl. v. 6.3.2009, 17 Verg 1/09, NZBau 2009, 531, Rn. 176.

303 Vgl. hierzu auch *Heuvels*, in: FS Marx, 2013, 235 ff.

304 Vgl. *Jestaedt*, in: Jestaedt/Kemper/Marx/Prieß, Das Recht der Auftragsvergabe, S. 108; zur Frage der Eignung einer Bietergemeinschaft, wenn ein Gesellschafter der Bietergemeinschaft wegen Insolvenz ausscheidet, vgl. OLG Celle, Beschl. v. 5.9.2007, 13 Verg 9/07, ZfBR 2007, 830.

305 Vgl. BKartA (2. VK Bund), Beschl. v. 9.1.2001, VK 2 – 40/00, VergabeR 2001, 138, 140.

306 Vgl. zu § 6 VOB/A, *Schranner*, in: Ingenstau/Korbion u. a., VOB, § 6 VOB/A Rn. 127.

Wettbewerb wiederhergestellt ist. Sie darf nicht über die Zeit hinausgehen, die zur Sicherstellung eines ungehinderten Wettbewerbs erforderlich ist. Mittlerweile sind in § 126 GWB Fristen für die **Höchstdauer von Ausschlüssen** vorgesehen. Die Höchstdauer bei Ausschlüssen nach § 123 GWB (zwingende Ausschlussgründe, i. d. R. strafrechtliche Verfehlungen) liegt bei einem Zeitraum von fünf Jahren und bei Ausschlüssen nach § 124 (fakultative Ausschlussgründe, z. B. Verstöße gegen umwelt-, sozial- und arbeitsrechtliche Verpflichtungen unterhalb der Strafbarkeitsschwelle) bei drei Jahren. Während es früher auch bei schweren Verfehlungen eines Bieters weitgehend in das Ermessen von Auftraggebern gestellt war, sie wegen mangelnder Zuverlässigkeit auszuschließen, ist ein Ausschluss in den Fällen der § 123 GWB und bei entsprechender Kenntnis der Vergabestelle regelmäßig nicht zu vermeiden (Ausnahmen unter § 123 Abs. 5 Satz 1 und Satz 2 GWB). Notwendig ist in jedem Fall eine Untersuchung der Frage, ob das Unternehmen in der Zwischenzeit Maßnahmen zur Selbstreinigung nach § 125 GWB (z. B. Schadensersatzzahlungen, aktive Zusammenarbeit mit Ermittlungsbehörden sowie technische, organisatorische oder personelle Konsequenzen) ergriffen hat.[307] Berücksichtigungsfähig sind derartige Maßnahmen jedoch nur im laufenden Vergabeverfahren, sofern sie noch rechtzeitig für die Zuverlässigkeitsprüfung erfolgen und dem Auftraggeber zur Kenntnis gebracht werden können.[308]

So wie nach früherer Rechtslage das Kriterium der „Zuverlässigkeit“ dürfen auch nach gegenwärtiger Rechtslage die „Aspekte der Qualität“ nicht zur Folge haben, dass **neu auf dem Markt auftretende Unternehmen** allein aufgrund dieses Umstandes wegen mangelnder fachlicher Eignung aus einem Vergabeverfahren ausgeschlossen werden. Im Einzelfall muss bei der Prüfung der strategischen Beschaffungsziele gleichermaßen das in § 97 Abs. 1 GWB normierte **Wettbewerbsprinzip** mitberücksichtigt werden. Nach einer Entscheidung des OLG Celle birgt die Vergabe eines Erstauftrags an ein neues Unternehmen zwar stets ein gewisses Risiko für den Auftraggeber, die daraus resultierenden Erschwernisse bei der Überwachung dürfen jedoch nicht dazu führen, dass der Wettbewerb von vornherein nur auf Bieter beschränkt wird, die dem öffentlichen Auftraggeber bereits vertraut sind.[309] **128**

Nach einem Urteil des BGH müssen Anhaltspunkte für einen Mangel an Zuverlässigkeit auf **gesicherten eigenen Erkenntnissen** der Vergabestelle beruhen. Hierauf weisen nunmehr auch die in § 123 GWB und § 124 GWB genannten konkreten Anforderungen hin. Ungeprüfte Gerüchte über das Geschäftsgebaren einzelner Bieter oder nicht verifizierte Warnungen können eine für den betreffenden Bieter nachteilige Vergabeentscheidung regelmäßig nicht rechtfertigen.[310] **129**

---

307 Gegenwärtig in den Einzelheiten bei § 125 GWB Rn. 1 ff.; *Opitz*, in: Burgi/Dreher, Beck'scher VergR-Kommentar, Bd. 1, § 125 Rn. 15 ff.; *Radu*, in: Müller-Wrede, GWB, § 125 Rn. 18 ff.; OLG Frankfurt a. M., Beschl. v. 20.7.2004, 11 Verg 6/04, VergabeR 2004, 642; OLG Düsseldorf, Beschl. v. 28.7.2005, Verg 42/05, IBR 2005, 616; außerdem: *Burgi*, NZBau 2014, 595; *Dreher/Hoffmann*, NZBau 2014, 67; *Dreher/Hoffmann*, NZBau 2012, 265.

308 *Radu*, in: Müller-Wrede, GWB, § 125 Rn. 19. Zum maßgeblichen Zeitpunkt für die Zuverlässigkeitsprüfung vgl. OLG Brandenburg, Beschl. v. 14.12.2007, Verg W 21/07, NZBau 2008, 277 m. Anm. *Prieß/Stein*, NZBau 2008, 230; vgl. auch *Byok*, NJW 2009, 644, 646.

309 Vgl. OLG Celle, Beschl. v. 8.5.2002, 13 Verg 5/02, IBR 2003, 93, m. Anm. *Gottschalck*.

310 Vgl. BGH, Urt. v. 26.10.1999, X ZR 30/98, BauR 2000, 254, 256.

d) Gesetzestreue

130 Die durch die Vergaberechtsnovelle des Jahres 2016 in § 97 Abs. 3 GWB aufgenommenen „Aspekte der Qualität" finden im Weiteren ihre Entsprechung in dem bereits in § 97 Abs. 4 Satz 1 GWB a. F. vorgesehenen Kriterium der Gesetzestreue. Nach Abs. 3 sind wie bisher zum Wettbewerb um öffentliche Aufträge nur Unternehmen zugelassen, welche „zuverlässig" und „geeignet" sind. Die Zuverlässigkeit setzt voraus, dass ein Unternehmen die deutschen Gesetze einhält.[311] Dazu zählen nach Auffassung des Gesetzgebers auch die für allgemeinverbindlich erklärten Tarifverträge sowie auch die Bestimmungen über die Entgeltgleichheit von Männern und Frauen.[312] Auch die international vereinbarten Grundprinzipien und Rechte, wie die Kernarbeitsnormen der internationalen Arbeitsorganisation (ILO) zum Verbot der Kinder- und Zwangsarbeit, sind zwingender Bestandteil der deutschen Rechtsordnung und damit in Vergabeverfahren einzuhalten. In Deutschland agierende Unternehmen, die diese Grundprinzipien und Rechte nicht beachten, können nach § 124 GWB aufgrund fehlender Zuverlässigkeit vom Wettbewerb um öffentliche Aufträge ausgeschlossen werden. Ein Zwang zum Ausschluss, wie er noch vor der ausdrücklichen Normierung obligatorischer (§ 123 GWB) und fakultativer Ausschlussgründe (§124 GWB) von der Rspr. bisweilen angenommen wurde, ist damit nicht mehr aufrechtzuerhalten. Vielmehr muss der Einzelfall im Hinblick auf die konkrete Normierung betrachtet werden.

3. Aspekte der Innovation

131 Nach § 97 Abs. 3 GWB ist im Rahmen der strategischen Beschaffung die Möglichkeit vorgesehen, Aspekte der Innovation besonders zu berücksichtigen.[313] Unter Innovation versteht sich die **Einführung von neuen oder deutlich verbesserten Produkten, Dienstleistungen oder Verfahren**. Diese können neue oder verbesserte Produktions-, Bau- oder Konstruktionsverfahren sein, eine neue Vermarktungsmethode oder ein neues Organisationsverfahrens in Bezug auf Geschäftspraxis, Abläufe am Arbeitsplatz oder externe Beziehungen (vgl. Art. 2 Nr. 22 der RL 2014/24/EU, Art. 2 Nr. 18 der RL 2014/25/EU). Schon im Zusammenhang mit ihrer erstmaligen Einführung in das GWB ging es vor allem auch darum, den öffentlichen Auftraggebern ein **„Signal der Innovationsbereitschaft"** zu geben und in der Folge – vielleicht schon im Stadium der Bedarfsanalyse – entsprechende Impulse zu geben. Dabei kommt es jedoch darauf an, durch eine funktionale Leistungsbeschreibung oder die ausdrückliche Zulassung von Nebenangeboten die Entwicklung innovativer Lösungen zu fördern.[314]

132 Nach Auffassung der EU gehören Forschung und Innovation zu den Haupttriebkräften künftigen Wachstums und stehen daher im Mittelpunkt der **Strategie „Europa 2020"**[315] für intelligentes, nachhaltiges und integratives Wachstum.[316] Vor diesem Hintergrund se-

---

311 So BT-Drs. 16/10117 v. 13.8.2008, S. 16.

312 Vgl. aus jüngster Zeit: Gesetzentwurf der BReg. zur Förderung der Entgelttransparenz zwischen Frauen und Männern (EntgTranspG), BT-Drs. 18/11133 v. 13.2.2017.

313 *Opitz*, in: Burgi/Dreher, Beck'scher VergR-Kommentar, Bd. 1, § 97 Abs. 3 Rn. 16 ff.

314 Vgl. eingehend BT-Drs. 16/10117 v. 13.8.2008, S. 16.

315 KOM(2010) 2020, endg.

316 Vgl. 57. Erwägungsgrund der RL 2014/24/EU; hierzu auch *Fehns-Böer*, in: Müller-Wrede, GWB, § 97 Rn. 56 f.

hen die EU-Vergaberichtlinien ausdrücklich vor, dass Auftraggeber wegen der großen Bedeutung von Innovation dazu ermutigt werden sollen, **Varianten der Auftragserfüllung** zuzulassen. Dabei muss aber sichergestellt sein, dass Mindestanforderungen für diese Varianten definiert werden (48. Erwägungsgrund der RL 2014/24/EU). Außerdem wird als eigene Form der Auftragsvergabe die Gründung von langfristigen **Innovationspartnerschaften** ermöglicht (Art. 31 sowie der 47., 48. und der 49. Erwägungsgrund der RL 2014/24/EU).[317] Der Grund liegt vor allem darin, dass vielfach Produkte oder Dienstleistungen beschafft werden sollen, die noch gar nicht existieren und erst – in Abstimmung zwischen dem konkreten Bedarf der Auftraggeber und der Leistungsfähigkeit der Auftragnehmer – entwickelt werden müssen. Dementsprechend bestehen hierfür auch eigene vergaberechtliche Anforderungen an die dafür in Frage kommenden Bewerber, die bei ihrer Auswahl und bei der Auftragsvergabe geltenden Grundsätze sowie Eignungs- und Auswahlkriterien.[318]

4. Soziale und umweltbezogene Aspekte

Schon die Vorgängervorschrift von § 97 Abs. 3 GWB sah vor, dass zusätzliche Anforderungen gestellt werden können, die insbesondere soziale[319] oder umweltbezogene Aspekte betreffen (vgl. Art. 97 Abs. 4 Satz 2 GWB a. F.). Damit war in Anlehnung an die Rspr. klargestellt, dass aufgrund gesetzlicher Regelungen[320] u. a. auch in dieser Hinsicht Aspekte zu berücksichtigen sind, sofern sie in sachlichem Zusammenhang mit dem Auftragsgegenstand stehen und sich aus der Leistungsbeschreibung ergeben. Auch in den gegenwärtigen EU-Vergaberichtlinien sind entsprechende Anforderungen vorgesehen.[321] Im Ergebnis können Auftraggeber nach § 97 Abs. 3 GWB bei der Auftragsvergabe von Bietern und Bewerbern Rücksichtnahme auf bestimmte „soziale und umweltbezogene Aspekte“ verlangen. Ähnlich wie bei der Vorgängervorschrift liegt die wesentliche Bedeutung von § 97 Abs. 3 GWB in der „**Durchgriffswirkung**“ der zusätzlichen Anforderungen für Auftragnehmer im gesamten Vergabeverfahren. Die „sozialen und umweltbezogenen Aspekte“ müssen daher Gegenstand der Leistungsbeschreibung sein und allen Wettbewerbern zu Beginn des Vergabeverfahrens bekannt gemacht werden. 133

Schon früher hat der Gesetzgeber bei den sozialpolitischen Aspekten auf die schon bisher geltenden Regelungen des § 141 SGB IX hingewiesen, wonach der Bund die Möglichkeit hat, Werkstätten von **Menschen mit Behinderung** bei der Auftragsvergabe besonders zu berücksichtigen. Auch in der jüngsten Gesetzesbegründung verweist die Bundesregierung darauf, dass die Belange von Menschen mit Behinderung nach „**zwingenden Vorgaben**“ berücksichtigt werden müssen.[322] So sind beispielsweise in Art. 20 und Art. 42 der RL 134

317 Vgl. *Fehns-Böer*, in: Müller-Wrede, GWB, § 97 Rn. 90.

318 Z. B. Art. 74, 76, 78 und 80 RL 2014/24/EU.

319 Aus jüngerer Zeit z. B. *Burgi*, NZBau 2015, 597; *Krönke*, VergabeR 2017, 101; *Latzel*, NZBau 2014, 673; *Roth/Erben*, NZBau 2013, 409; *Ruffert*, JuS 2016, 371; *Schneider*, IBR 2016, 26; *Summa*, in: FS Marx, 2013, 763 ff.

320 BT-Drs. 18/6281 v. 10.8.2015, S. 68 („Die konkrete Ausgestaltung der Möglichkeit zur Einbeziehung strategischer Ziele erfolgt bei den jeweiligen gesetzlichen Einzelvorschriften sowie in den Rechtsverordnungen, die auf der Grundlage dieses Teils erlassen werden“).

321 Vgl. 3., 36., 53., 76. 99. und 101. Erwägungsgrund der RL 2014/24/EU sowie 5., 51., 64., 84., 104. und 106. Erwägungsgrund der RL 2014/25/EU; im Vorgriff hierauf bereits *Jasper/Marx*, in: FS Marx, 2013, 329 ff.

322 BT-Drs. 18/6281 v. 10.8.2015, S. 68.

2014/24/EU sowie Art. 38 und Art. 60 der RL 2014/25/EU unmittelbare Vorgaben enthalten. Dieser Gesichtspunkt wird schließlich auch in § 118 GWB aufgegriffen.

135 Als weitere sozialpolitische Aspekte können die **Beschäftigung von Auszubildenden** oder **Langzeitarbeitslosen** bezogen auf einen konkreten Auftrag berücksichtigt werden.[323] Sie können eine angemessene Bezahlung zur Sicherstellung der Qualifikation von Wachpersonal beinhalten. Ebenso steht es einem öffentlichen Auftraggeber frei, die Pflasterung öffentlicher Plätze aus Steinen zu verlangen, die im Ausland unter Einhaltung der Kernarbeitsnormen der Internationalen Arbeitsorganisation hergestellt wurden. Damit kann der öffentliche Auftraggeber die Vorgabe der Einhaltung der **ILO-Kernarbeitsnormen** bei Importen für die gesamte Lieferkette bis ins Ursprungsland erstrecken.[324]

136 Weitere soziale Aspekte betreffen Maßnahmen zur gleichberechtigten Teilhabe von **Männern und Frauen** im Erwerbsleben. Davon erfasst ist insbesondere die Sicherstellung der Entgeltgleichheit von Männern und Frauen bei der Ausführung eines Auftrags.[325] Entsprechende Anforderungen können auch bei der Leistungsbeschreibung und bei der Auftragsvergabe gestellt werden. Im Übrigen gehört die Entgeltgleichheit von Männern und Frauen zu den international über das EU-Recht vereinbarten Grundprinzipien, deren Einhaltung zu der erforderlichen Zuverlässigkeit gehört.[326]

137 Etwas zu weit geht vielleicht die Feststellung, dass mit den „umweltbezogenen Aspekten" eine „**Ökologisierung von Beschaffungsvorgängen**" einherginge.[327] Schließlich sind umweltbezogene Aspekte nur einer von vier in § 97 Abs. 3 GWB genannten Aspekten und zudem sind in § 97 Abs. 1, Abs. 2, Abs. 4 und Abs. 5 GWB auch noch weitere Grundsätze geregelt, mit denen umweltbezogene Aspekte in einem nicht leicht auszugleichenden Spannungsverhältnis stehen. Zutreffend ist daran jedoch, dass umwelttechnische Aspekte – nicht erst seit dem VergRModG von 2016 – zu den **wesentlichen Elementen der strategischen Beschaffung** zählen und die Erfüllung entsprechender Voraussetzungen von Bietern verlangt werden kann, wenn dies aus den Bedingungen eines konkreten Beschaffungsvorgangs gerechtfertigt ist.[328]

138 Unter den neu in das Gesetz aufgenommenen Umweltschutzaspekten erwähnt die Gesetzesbegründung beispielhaft die Beschaffung „**energieverbrauchsrelevanter Waren**", was durch die Bestimmung über die Lebenszykluskostenrechnung nach Art. 68 Abs. 1 lit. a) ii) der RL 2014/24/EU gerechtfertigt ist. Insgesamt finden umweltschutzbezogene Aspekte vielfältige Erwähnungen in den EU-Vergaberichtlinien.[329]

139 Bei der Berücksichtigung sozialpolitischer Belange wirft die Frage eines **sachlichen Zusammenhangs** mit dem Auftragsgegenstand schwierige Abgrenzungsfragen auf. Die

323 Z. B. 99. Erwägungsgrund der RL 2014/24/EU sowie 104. Erwägungsgrund der RL 2014/25/EU.

324 Z. B. 98. Erwägungsgrund der RL 2014/24/EU sowie 103. Erwägungsgrund der RL 2014/25/EU; hierzu auch *Summa*, VergabeR 2016, 147; *Germelmann*, GewArch 2016, 100; *Wiedemann*, in: Kulartz/Kus/Portz/Prieß, GWB, § 97 Rn. 80.

325 Z. B. 98. Erwägungsgrund der RL 2014/24/EU sowie 103. Erwägungsgrund der RL 2014/25/EU.

326 Zum Ganzen vgl. BT-Drs. 16/10117, S. 16.

327 *Fehns-Böer*, in: Müller-Wrede, GWB, § 97 Rn. 81.

328 Vgl. zur Einbindung in die allgemeine EU-Umweltpolitik: *Schäfer*, Green Public Procurement im Rahmen der EU-Umwelt- und Nachhaltigkeitspolitik, in: FS Marx, 657 ff.

329 Z.B. Art. 62 (Normen für Qualitätssicherung und Umweltmanagement), Art. 67 Abs. 2 (Zuschlagskriterien), Art. 68 Abs. 1 lit. b) (Lebenszykluskostenrechnung) und Art. 70 (Auftragsausführung) RL 2014/24/EU.

Beispiele der Gesetzesbegründung (z. B. Beschäftigung von Auszubildenden oder Langzeitarbeitslosen) lassen nicht recht erkennen, worin der sachliche Zusammenhang mit dem Auftragsgegenstand besteht. Ein sachlicher Zusammenhang wird hier offenbar schon darin gesehen, dass für den **konkreten Auftrag** (im Gegensatz zur generellen Beschäftigungspolitik eines Unternehmens) soziale Belange Berücksichtigung finden können. Ausreichend ist daher, wenn bei der konkreten Erfüllung des betreffenden Auftrags, z. B. bei der Herstellung eines Produkts sozialpolitische Anforderungen erfüllt werden, während der Auftraggeber nicht verlangen kann, dass generell, d. h. ohne Rücksicht auf die Ausführung des konkreten Auftrags ein Auftragnehmer bestimmten sozialpolitischen Belangen nachkommt, sofern diese nicht in gesetzlichen Anforderungen ihren Ausdruck gefunden haben. Allerdings ist, wenn das Merkmal des sachlichen Zusammenhangs nicht vollkommen entwertet werden soll, aus den konkreten Gegebenheiten des infrage stehenden Beschaffungsvorgangs eine sachliche Rechtfertigung zu verlangen, weshalb gerade hierbei sozial- oder umweltpolitische Aspekte erfüllt werden sollen.

5. Andere oder weitergehende Kriterien

Über die in § 97 Abs. 3 GWB genannten Aspekte hinausgehend ist nunmehr in § 129 GWB eine **weitreichende Öffnungsklausel** für zusätzliche Anforderungen vorgesehen, die durch Bundes- und Landesgesetz festgelegt werden können. Diese Vorschrift entspricht der früher in § 97 Abs. 4 Satz 3 GWB a. F. enthaltenen Regelung. Damit wurde der Anwendungsbereich von § 97 Abs. 3 GWB eingeschränkt und ein Teil der Befugnisse auf § 129 GWB verlagert. Soweit dieser zur Anwendung kommt, bedarf es keines Rückgriffs auf § 97 Abs. 3 GWB. Andererseits schließt die in § 97 Abs. 3 GWB vorgesehene Berücksichtigung sozialpolitischer, umweltpolitischer oder innovationspolitischer Aspekte einen Rückgriff auf § 129 GWB auch nicht aus. **140**

VII. Mittelstandsförderung (Abs. 4)

1. Regelung der Vorschrift

Die heutige Vorschrift des § 97 Abs. 4 GWB knüpft unmittelbar an die Vorgängervorschrift an (§ 97 Abs. 3 GWB a. F.) und ergänzt diese nun ausdrücklich in Satz 4 um die Sektorenauftraggeber, deren Einbeziehung früher aufwändig hergeleitet werden musste. Durch die Novelle des Jahres 2009 war der Grundsatz der Berücksichtigung mittelständischer Interessen bei der Vergabe öffentlicher Aufträge bereits im § 97 GWB festgeschrieben worden. Mit der Verpflichtung zur **Vergabe in Fach- und Teillosen** als Regelfall sollte die bis dahin als nicht hinreichend wirkungsvoll angesehene Vorschrift über die Mittelstandsförderung gestärkt werden.[330] Nunmehr ist klargestellt, dass Leistungen in der Menge aufgeteilt (Teillose) und getrennt nach Art oder Fachgebiet (Fachlose) zu vergeben sind. Mehrere Teil- oder Fachlose dürfen nur dann zusammen vergeben werden, wenn **wirtschaftliche oder technische Gründe** dies erfordern. Eine Stärkung des Mittelstandschutzes soll dadurch **141**

330 Vgl. BT-Drs. 16/10117, S. 15; BT-Prot. 16/179, S. 1946 H: hierzu auch *Schellenberg*, in: FS Marx, 2013, 687 ff.; *Kus*, in: Kulartz/Kus/Portz/Prieß, GWB, § 97 Rn. 111 ff. u. 120 ff.

bewirkt werden,[331] dass eine Losvergabe grundsätzlich stattzufinden hat und nur in begründeten Ausnahmefällen davon abgewichen werden kann. Der Grund für den Bezug zu mittelständischen Interessen beruht auf der Annahme, dass kleinere Aufträge in die wirtschaftliche und technische Reichweite kleiner und mittlerer Unternehmen gelangen. Sofern öffentliche Auftraggeber danach verfahren, haben sie aktenkundig zu begründen, dass die gesetzlichen Voraussetzungen erfüllt sind.[332]

142 Mit der Änderung des VergRModG des Jahres 2016 wurden Sektorenauftraggeber nunmehr ausdrücklich in die Geltung von § 97 Abs. 4 GWB einbezogen, sodass sie weiterhin verpflichtet sind, mittelständische Interessen zu berücksichtigen.[333] Da Konzessionen nicht aufgeführt sind, ist davon auszugehen, dass diese nicht unter die Wirkung der Vorschrift fallen.[334] § 97 Abs. 4 GWB enthält auch nicht nur einen unverbindlichen Programmsatz, sondern ein **unmittelbar geltendes Gebot** an die öffentlichen Auftraggeber und Sektorenauftraggeber, das mit einem subjektiven Bieterrecht korrespondiert.[335]

143 Umstritten ist, ob die Grundsätze des Abs. 4 ihrem Schutzbereich nach auf **kleine und mittlere Unternehmen** beschränkt sind. Zum Teil wird angenommen, dass es mittelständischen Unternehmen durch einen verfahrensrechtlichen Ausgleich ihrer strukturellen Schwächen ermöglicht werden soll, einen ihnen sonst nicht erschlossenen Markt zu nutzen. Daher sei es größeren Unternehmen versagt, Nachprüfungsverfahren wegen Verstößen gegen Grundsätze der Losvergabe nach Abs. 4 anzustrengen.[336] Demgegenüber hat das OLG Düsseldorf zutreffend angenommen, dass die gegenwärtig in Abs. 4 niedergelegte grundsätzliche Förderung mittelständischer Interessen bzw. die losweise Vergabe von Aufträgen der Wettbewerbsförderung, der Gleichbehandlung sowie der Erhaltung eines breit gestreuten Marktes dient, der die Möglichkeit wirtschaftlicher Beschaffungsmöglichkeiten langfristig sichert.[337] Sind aber die Grundsätze über die Losvergabe auch als Ausprägungen des Wettbewerbs- und Wirtschaftlichkeitsgebots (§ 97 Abs. 1 GWB) anzusehen, dienen sie nicht ausschließlich dem in Abs. 4 formulierten Ziel des Gesetzgebers, mittelständische Interessen durch die losweise Vergabe zu fördern. Daher können sich auch größere Unternehmen auf die Pflicht des öffentlichen Auftraggebers zur losweisen Vergabe berufen.[338] Insgesamt stehen die Fachlos- und Gesamtvergabe in einem **Regel- /Ausnahmeverhältnis**, das der Auftraggeber zu beachten hat.[339] Dies führt auch zu einer **Beweislastverteilung zu-**

---

331 Vgl. BT-Drs. 16/10117, S. 15; hierzu auch OLG Düsseldorf, Beschl. v. 29.7.2015, VII-Verg 12/15, juris, Rn. 39; *Köhler/Naumann*, Anmerkung, VergabeR 2016, 254.

332 BT-Drs. 16/10117, S. 15.

333 OLG Brandenburg, Beschl. v. 27.11.2008, Verg W 15/08, NZBau 2009, 337.

334 *Müller-Wrede*, in: Müller-Wrede, GWB, § 97 Rn. 160.

335 OLG Jena, Beschl. v. 6.6.2007, 9 Verg 3/07, ZfBR 2007, 603, Rn. 19; OLG Brandenburg, Beschl. v. 27.11.2008, Verg W 15/08, NZBau 2009, 337, Rn. 70.

336 *Stickler*, in: Kapellmann/Messerschmidt, VOB, § 4 Rn. 55, *Müller-Wrede*, NZBau 2004, 643, 647.

337 OLG Düsseldorf, Beschl. v. 11.7.2007, Verg 10/07, IBR 2008, 233, Rn. 24.

338 *Kus*, in: Kulartz/Kus/Portz/Prieß, GWB, § 97 Rn. 152; ungeachtet dessen kann zur Rüge, die Lose so zuzuschneiden, dass auch kleine und mittlere Unternehmen zur Auftragsdurchführung in der Lage sind, nur ein solches Unternehmen gehört werden, vgl. OLG Düsseldorf, Beschl. v. 8.9.2004, VII-Verg 38/04, VergabeR 2005, 107; aus jüngerer Zeit auch OLG Düsseldorf, Beschl. v. 29.7.2015, VII-Verg 12/15, juris, Rn. 39; *Köhler/Naumann*, VergabeR 2016, 254.

339 OLG Düsseldorf, Beschl. v. 11.7.2007, Verg 10/07, IBR 2008, 233, Rn. 27; *Schranner*, in: Ingenstau/Korbion u. a., VOB, § 4 VOB/A, Rn. 2.

lasten des Auftraggebers, der nachweisen muss, dass eine Aufteilung in Teil- oder Fachlose – aufgrund durchgreifender wirtschaftlicher oder technischer Gründe – nicht möglich war. Außerdem ist mit § 97 Abs. 4 GWB (früher: § 97 Abs. 3 GWB a. F.) nicht verbunden, dass **jeder Interessent** in der Lage sein muss, sich für **jedes Los** zu bewerben. Es geht bei der Aufteilung in Teillose lediglich darum, dass damit eine größere Wahrscheinlichkeit begründet wird, dass sich auch kleine und mittlere Unternehmen erfolgreich am jeweiligen Vergabeverfahren beteiligen können.[340]

Ungeachtet der mit § 97 Abs. 4 Satz 1 GWB verfolgten mittelständischen Interessen ergibt **144**
sich hieraus kein Anspruch darauf, mit einem Angriff gegen die konkrete Fachlosbildung **Einfluss auf die inhaltliche Ausgestaltung der Fachlose** nehmen zu können.[341]

Der in § 97 Abs. 4 Satz 1 GWB formulierte Grundsatz der **vornehmlichen Berücksichti-** **145**
gung mittelständischer Interessen wird in den nachfolgenden Sätzen – entsprechend der bisherigen Rechtslage[342] – dahingehend konkretisiert, dass Leistungen in der Menge aufgeteilt (Teillose) und getrennt nach Art oder Fachgebiet (Fachlose) zu vergeben sind. Eine Gesamt- oder zusammenfassende Vergabe wurde bereits nach dem in früheren Fassungen zum Ausdruck gebrachten Willen des Gesetzgebers aus Gründen der Mittelstandsförderung als Ausnahmefall angesehen, der besonderer Rechtfertigung bedarf.[343] Der Ausnahmefall einer Gesamtvergabe ist in Satz 3 dahingehend geregelt, dass wirtschaftliche oder technische Gründe dies erfordern müssen. Das in § 97 Abs. 4 GWB zum Ausdruck kommende Regel-/Ausnahmeverhältnis erfordert, dass sich der Auftraggeber nach dem Normzweck bei der Entscheidung über eine zusammenfassende Vergabe in besonderer Weise mit dem Gebot einer Teil- oder Fachlosvergabe und den ggf. dagegen sprechenden Gründen auseinanderzusetzen hat.[344]

Für eine Zusammenfassung bzw. Gesamtvergabe müssen grundsätzlich „wirtschaftliche **146**
oder technische Gründe“ sprechen. Da es sich hierbei um **unbestimmte Rechtsbegriffe** handelt, müssen für ihr Vorliegen vom Auftraggeber nachvollziehbare, objektive und auftragsbezogene Gründe genannt werden.[345] Es bedarf daher einer umfassenden Abwägung der widerstreitenden Belange im Einzelfall, als deren Ergebnis die für eine zusammenfassende Vergabe sprechenden Gründe nicht nur anerkennenswert, sondern überwiegend sein müssen.[346]

---

340 OLG Karlsruhe, Beschl. v. 6.4.2011, 15 Verg 3/11, juris, Rn. 52; OLG Karlsruhe, Beschl. v. 25.7.2014, 15 Verg 4/14, juris, Rn. 48.

341 OLG Düsseldorf, Beschl. v. 29.7.2015, VII-Verg 12/15 u. 13/15, juris, Rn. 39.

342 Vgl. auch § 4 Nr. 2 VOB/A.

343 Vgl. OLG Düsseldorf, Beschl. v. 25.11.2009, VII-Verg 27/09, IBR 2010, 162; OLG Düsseldorf, Beschl. v. 8.9.2004, VII-Verg 38/04, NZBau 2004, 688, 689; OLG Thüringen, Beschl. v. 6.6.2007, IX-Verg 3/07, VergabeR 2007, 677, 679; OLG Brandenburg, Beschl. v. 27.11.2008, Verg W 15/08, VergabeR 2009, 652, 657.

344 *Kus*, in: Kulartz/Kus/Portz/Prieß, GWB, § 97 Rn. 169.

345 OLG Düsseldorf, Beschl. v. 1.8.2012, Verg 10/12, VergabeR 2012, 846; OLG München, Beschl. v. 9.4.2015, Verg 1/15, NZBau 2015, 446.

346 So zu § 97 Abs. 3 GWB a. F. OLG Düsseldorf, Beschl. v. 25.11.2009, VII-Verg 27/09, IBR 2010, 162, Rn. 53; eingehend *Kus*, in: Kulartz/Kus/Portz/Prieß, GWB, § 97 Rn. 184 ff.

2. Bedeutung der Regelung

147 Schon vor der Aufnahme des Vergaberechts in das GWB war die **Teilung von Aufträgen in Teil- und Fachlose** in den Verdingungsordnungen sowie später in den Vergabe- und Vertragsordnungen geregelt. Insbesondere im Bauvergaberecht spielte die Teilung von Aufträgen in Teil- und Fachlose eine bedeutende Rolle (§ 4 VOB/A a.F.). Die im Bauvergaberecht vorgesehene Aufteilung diente, auch wenn dies nicht ausdrücklich erwähnt wurde, vor allem mittelständischen Interessen.[347] Daneben war die Aufteilung auch in der VOL/A a.F. vorgesehen, wobei hier im Gegensatz zur VOB/A a.F. die Aufteilung in Lose ausdrücklich dazu dienen sollte, dass sich **kleine und mittlere Unternehmen** um die Vergabe bewerben könnten.

148 Auch die Vorschrift des § 97 Abs. 4 GWB stellt somit gegenüber den früheren Bestimmungen in den Vergabe- und Vertragsordnungen **keine substanzielle Neuerung** dar. Die Regelung ändert auch nichts daran, dass es sich bei der Berücksichtigung mittelständischer Interessen an sich um einen **vergabefremden Aspekt** handelt.[348] Die Aufteilung in Lose soll nicht nur dann erfolgen, wenn sie am wirtschaftlichsten ist. Sie soll vielmehr den wirtschaftlichen Interessen des Mittelstandes dienen. Dementsprechend galt schon unter der alten Rechtslage, dass mögliche Belastungen des Auftraggebers durch Fachlosvergabe hinzunehmen sind.[349] Die Regelung ist als eine ausdrückliche Festschreibung strategischer Beschaffungsziele zu verstehen. Die Bedeutung der Vorschrift liegt demnach vor allem in der **Aufnahme der mittelständischen Interessen** in die Grundsätze des Vergaberechts und der damit verbundenen Aufwertung. Diese Aufwertung ist insbesondere dadurch begründet, dass die Vorschrift im Zusammenspiel mit § 97 Abs. 6 GWB den mittelständischen Bietern subjektive Rechte einräumt.

3. Förderauftrag mittelständischer Interessen

149 Der Begriff mittelständische Interessen knüpft an die spezifische Wettbewerbssituation kleiner und mittlerer Unternehmen an. Die **Förderung dieser Unternehmen** durch eine angemessene Beteiligung an den Aufträgen der öffentlichen Hand ist durch die Formulierung „Berücksichtigung mittelständischer Interessen" gemeint. Der deutsche Gesetzgeber liegt damit durchaus auf der Linie der EU. Die Kommission hat schon in ihrer Mitteilung über das öffentliche Auftragswesen vom 11.3.1998 deutlich gemacht, dass die Entwicklung eines günstigen Umfelds für Unternehmen, und zwar insbesondere für kleine und mittlere Unternehmen, eines der **vorrangigen Ziele** des öffentlichen Auftragswesens ist.[350] In dieser Tradition steht auch die Empfehlung der Kommission vom 6.5.2003, in der u.a. der Begriff des Mittelstands bzw. der kleinen und mittleren Unternehmen (KMU) dahingehend definiert worden ist, dass darunter Unternehmen fallen, die weniger als 250 Personen beschäftigen und entweder einen Jahresumsatz von höchstens 50 Millionen Euro erzielen

---

347 Vgl. hierzu *Kus*, in: Kulartz/Kus/Portz, GWB, 3. Aufl., 2014, § 97 Rn. 50; *Kämper/Heßhaus*, NZBau 2003, 303, 305 f.

348 So auch BGH, Urt. v. 17.2.1999, X ZR 101/97, NJW 2000, 137; *Dreher*, in: Immenga/Mestmäcker, GWB, § 97 Rn. 102; *Stickler*, in: Reidt/Stickler/Glahs, Vergaberecht, § 97 Rn. 11; a.A. *Antweiler*, in: Burgi/Dreher, Beck'scher VergR-Kommentar, Bd. 1, § 97 Abs. 4 Rn. 2 („heute kein vergabefremdes Kriterium"); *Marx*, in: Motzke/Pietzcker/Prieß, VOB, § 97 Rn. 27.

349 VÜA Bayern, Beschl. v. 2.5.1996, VÜA 5/96, 9 f.

350 KOM(1998) 143 endg., S. 20.

oder deren Jahresbilanzsumme sich auf höchstens 43 Millionen Euro beläuft.[351] Besonders berücksichtigt sind in § 97 Abs. 4 Satz 4 GWB Projekte im Rahmen von „**Private-Public-Partnerships**" (PPP).

Wird ein Auftragnehmer mit der Durchführung einer öffentlichen Aufgabe betraut, muss er – wenn er eine entsprechende Verpflichtung übernommen hat – die mittelständischen Interessen wie ein öffentlicher Auftraggeber oder Sektorenauftraggeber berücksichtigen. Dass mit dem Hinweis auf die „Wahrnehmung oder Durchführung einer öffentlichen Aufgabe" tatsächlich ein vom öffentlichen Auftrag abweichender Begriff geprägt werden soll, wird in Teilen des Schrifttums zwar bejaht.[352] Es bleibt jedoch offen, inwiefern sich eine „**öffentliche Aufgabe**" von einem öffentlichen Auftrag unterscheidet und ob, wenn dies der Fall sein sollte, ihr Anwendungsspektrum weiter oder enger ist. Ungeachtet dieser anhand der Gesetzesmaterialien nicht aufklärbaren terminologischen Unschärfe führt der systematische Zusammenhang mit den gegebenenfalls zu vergebenden „Unteraufträgen" dazu, dass unter „öffentlicher Aufgabe" ein Oberbegriff zu verstehen ist, der neben öffentlichen Vergaben auch andere, vom 4. Teil des GWB bzw. von den vier Rechtsverordnungen (VgV, SektVO, VSVgV und KonzVgV) nicht erfasste Vorgänge meint. Unabhängig von diesen Erwägungen soll § 97 Abs. 4 Satz 4 GWB grundsätzlich sicherstellen, dass mittelständische Interessen auch im Falle von Delegationen an „Nicht-Auftraggeber" gewahrt werden. Da die gesetzlichen Vorschriften der §§ 97 ff. GWB jedoch Unternehmen, die keine Auftraggeber sind, nicht erfasst, wird den delegierenden Stellen aufgegeben, die betreffenden Unternehmen – ggf. vertraglich – zu verpflichten, die mittelständischen Interessen zu wahren.[353] Fehlt es an einer solchen ausdrücklichen Verpflichtung, können die mit Wahrnehmung oder Durchführung öffentlicher Aufgaben betrauten Unternehmen, die selbst keine Auftraggeber sind, für Verstöße gegen mittelständische Interessen nicht verantwortlich gemacht werden.[354] 150

Auch in den EU-Richtlinien haben die mittelständischen Interessen sowie die kleinen und mittleren Unternehmen (KMUs) ihren Niederschlag gefunden. Damit ist in § 97 Abs. 4 GWB keine deutsche Sonderregelung zu sehen.[355] Wie in der Entwurfsbegründung der Bundesregierung hervorgehoben wird, geht die in § 97 Abs. 4 GWB vorgesehene **regelmäßige Aufteilung in Teil- und Fachlose** über die in den EU-Vergaberichtlinien an sich statuierte reine Begründungspflicht zur Losaufteilung hinaus. Dies wird jedoch in Art. 46 Abs. 4 RL 2014/24/EU ausdrücklich zugelassen.[356] Hierdurch soll sichergestellt werden, dass das deutsche Kartellvergaberecht seiner spezifischen Steuerungsfunktion nachkommt und – durch die Betonung mittelständischer Interessen – auch eine breite Akzeptanz in den Kreisen potenzieller Bieter und Bewerber erreicht. 151

---

351 ABl. EU 2003 Nr. L 124/36 v. 20.5.2003; hierzu auch *Antweiler*, in: Burgi/Dreher, Beck'scher VergR-Kommentar, Bd. 1, § 97 Abs. 4 Rn. 29.

352 *Ziekow*, in: Ziekow/Völlink, Vergaberecht, § 97 GWB Rn. 77.

353 *Kus*, in: Kulartz/Kus/Portz/Prieß, GWB, § 97 Rn. 196.

354 Kritisch zur Gesamtkonzeption von § 97 Abs. 4 Satz 4 GWB: *Kus*, in: Kulartz/Kus/Portz/Prieß, GWB, § 97 Rn. 198.

355 Z. B. 2. u. 78. Erwägungsgrund und Art. 46, 58 RL 2014/24/EU sowie 4. u. 87. Erwägungsgrund und Art. 65 RL 2014/25/EU.

356 BT-Drs. 18/6281 v. 8.10.2015, S. 68.

4. Reichweite des Förderauftrags

152 Ist der Begriff mittelständische Interessen noch relativ klar als Förderauftrag für kleine und mittlere Unternehmen zu verstehen, ist die Frage der **Reichweite dieses Förderauftrags** in der bisherigen Fassung als weitgehend unklar angesehen worden. Nach dem Wortlaut der Vorschrift sind mittelständische Interessen „vornehmlich" zu berücksichtigen. Die Formulierung „vornehmlich" zeigt, dass mittelständische Interessen auch **über die Auftragsteilung hinaus** berücksichtigt werden müssen.[357] Wie und in welcher Weise allerdings diese Interessen außerdem zu berücksichtigen sind, wirft auch in der Neufassung Fragen auf.[358] Die ursprüngliche Formulierung einer „angemessenen" Berücksichtigung ist durch die restriktivere Aussage in Satz 2 bereits durch die Novelle des Jahres 2009 ersetzt worden. Nach Wortlaut und Zweck wird damit der bisherige eher weite Auslegungsspielraum eingeschränkt. Es gilt nicht nur die weiche Pflicht zur „angemessenen" Berücksichtigung, sondern eine **generelle Pflicht** zur Berücksichtigung durch Aufteilung in Teil- und Fachlose.[359]

153 Die Vorschrift des § 97 Abs. 4 GWB gewährt den mittelständischen Unternehmen in Verbindung mit § 97 Abs. 6 GWB ein **einklagbares Recht** auf eine Einteilung der Aufträge in Lose. Dieses Recht gilt aber nicht ohne Ausnahme.[360] Vielmehr ist zu beachten, dass die Vorschrift nur eine **vornehmliche Berücksichtigung** fordert. Dies bedeutet nicht nur, dass sich die Förderung des Mittelstands vornehmlich in der Vergabe von Teillosen ausdrücken soll, sondern auch, dass nicht jede Auftragsvergabe in mittelstandsgerechte Teil- oder Fachlose aufgeteilt werden muss.[361] Der Auftraggeber hat die Möglichkeit, von der Aufteilung abzusehen, wenn überwiegende Gründe für eine einheitliche Auftragsvergabe sprechen. Eine solche Sachlage ist z.B. gegeben, wenn die Aufteilung **unverhältnismäßige Kostennachteile** bringen würde oder wenn die Aufteilung zu einer **starken Verzögerung** des Vorhabens führen würde, die der besonderen Interessenlage des Auftraggebers widerspricht.[362] In jedem Falle ist die Vergabestelle aber nach § 97 Abs. 4 GWB verpflichtet zu prüfen, ob bei einem konkreten Vorhaben die Aufteilung in Einzellose angemessen ist.[363] Bei der Anwendung dieser Kriterien ist allerdings zu beachten, dass der Gesetzgeber im Jahre 2009 und 2016 der Berücksichtigung von Mittelstandsinteressen starkes Gewicht beimessen wollte. Die Interessenabwägung muss dieser Gewichtung Rechnung tragen.

154 Unabhängig von dem in Abs. 4 Satz 2 vorgesehenen Grundsatz der Auftragsaufteilung steht es im Ausgangspunkt jeder Vergabestelle frei, die auszuschreibende Leistung nach ihren individuellen Vorstellungen zu bestimmen und nur in dieser – den **autonom be-**

---

357 Vgl. *Otting*, in: Bechtold, GWB, § 97 Rn. 25.

358 Vgl. zur bisherigen Regelung *Marx*, in: Jestaedt/Kemper/Marx/Prieß, Das Recht der Auftragsvergabe, S. 13.

359 *Roth*, VergabeR 2009, 404; *Otting/Trenelt*, VergabeR 2009, 585; *Kus*, NZBau 2009, 21 f.; *Leinemann*, Das neue Vergaberecht, Rn. 31.

360 Vgl. BKartA, Beschl. v. 1.2.2001, VK 1 – 1/01, VergabeR 2001, 143, 144 f.; *Marx*, in: Motzke/Pietzcker/Prieß, VOB, § 97 Rn. 28 ff.

361 Vgl. *Kullack*, in: Heiermann/Riedl/Rusam, VOB, § 97 GWB Rn. 38.

362 Vgl. auch *Marx*, in: Jestaedt/Kemper/Marx/Prieß, Das Recht der Auftragsvergabe, S. 13.

363 So auch OLG Frankfurt, Beschl. v. 5.3.2002, 11 Verg 2/01, VergabeR 2002, 394 f. m. Anm. *Lausen*; OLG Schleswig, Beschl. v. 14.8.2000, 6 Verg 2/00 u. 3/00, OLGR Schleswig 2000, 470.

stimmten Zwecken entsprechenden – Gestalt den Wettbewerb zu eröffnen.[364] Daher ist unverändert im Rahmen einer zweistufigen Prüfung festzustellen, ob das der Ausschreibung zugrunde gelegte Leistungsprofil der Gestaltungsfreiheit der Vergabestelle unterfällt oder ob innerhalb dieses Dispositionsrahmens eine weitere Zerlegung in Teil- und Fachlose möglich ist. Maßgeblich hierfür sind die mit dem Projekt verfolgten Ziele und Zwecke im Rahmen einer funktionalen Betrachtung. Ergibt diese, dass die benötigte Leistung auch in Form einer Losvergabe erbracht werden kann, ist auf der nachfolgenden Prüfungsstufe im Rahmen einer Einzelfallabwägung zu untersuchen, ob die Vergabestelle sich auf besondere Gründe stützen kann, wonach sie zur Vermeidung erheblicher Nachteile ausnahmsweise von einer losweisen Vergabe absehen darf.[365]

Bereits zu früheren Fassungen von § 97 Abs. 4 GWB hatte die Rspr. als zwingende Gründe, 155
nach denen eine ausgeschriebene Dienstleistung als Gesamtpaket vergeben werden kann, anerkannt, wenn sich die Vergabestelle mit der Ausschreibung externen Sachverstand in Form einer Dienstleistung am Markt beschaffen will, die auf einer umfassenden Beratung in rechtlicher, wirtschaftlicher und technischer Hinsicht gründet.[366] Würde eine losweise Ausschreibung einzelner Beratungsdienstleistungen zur Konsequenz führen, dass der Auftraggeber zwangsläufig eigene Projektleiter stellen muss, die den erforderlichen Managementaufwand erbringen, kann es sachlich gerechtfertigt sein, auch und gerade bei komplexen und nach unterschiedlichen Sparten verflochtenen Konstellationen externen Sachverstand unbeschränkt einzukaufen.[367] Zwar kann der mit einer Fach- oder Teillosvergabe allgemein verbundene Ausschreibungs-, Prüfungs- und Koordinierungsmehraufwand sowie ein höherer Aufwand bei Gewährleistungen das Absehen von einer losweisen Vergabe für sich allein nicht rechtfertigen.[368] Etwas anderes gilt jedoch, wenn eine Aufteilung in Lose nicht nur einen quantitativen Mehraufwand auslöst, sondern die Durchführung des Projekts in qualitativer Hinsicht von Managementdienstleistungen abhängig ist.[369]

An die Grenzen stoßen der Mittelstandsschutz und der Grundsatz der **Chancengleichheit** 156
kleiner und mittlerer Unternehmen nach der Rspr. insofern, als der öffentliche Auftraggeber solche eigenen Interessen nicht zu opfern braucht, die er nur in Gestalt einer Gesamtvergabe zu erreichen vermag. Den Gegenstand der Leistung bestimmt ausschließlich der Auftraggeber. Eine Zerlegung in Teil- oder Fachlose kommt somit nicht in Betracht, wenn diese in ihrer Summe den mit dem Beschaffungsprojekt verfolgten (übergeordneten) Zwe-

---

364 OLG Celle, Beschl. v. 26.4.2010, 13 Verg 4/10, VergabeR 2010, 661 OLG Jena, Beschl. v. 26.6.2006, 9 Verg 2/06, NZBau 2006, 735, 736; OLG Jena, Beschl. v. 6.6.2007, 9 Verg 2/06, NZBau 2007, 730, 731; *Kus*, in: Kulartz/Kus/Portz/Prieß, GWB, § 97 Rn. 184 f.

365 Eingehend hierzu OLG Jena, Beschl. v. 6.6.2007, 9 Verg 2/06, NZBau 2007, 730, 731; ebenso OLG Celle, Beschl. v. 26.4.2010, 13 Verg 4/10, VergabeR 2010,661; *Antweiler*, in: Burgi/Dreher, Beck'scher VergR-Kommentar, Bd. 1, § 97 Abs. 4 Rn. 51 ff.

366 OLG Jena, Beschl. v. 6.6.2007, 9 Verg 3/07, NZBau 2007, 730, 732.

367 So zur Planung und Durchführung eines ÖPP-Projektes, OLG Jena, Beschl. v. 6.6.2007, 9 Verg 3/07, NZBau 2007, 730.

368 OLG Düsseldorf, Beschl. v. 20.7.2016, VII-Verg 26/16, juris, Rn. 18; OLG Koblenz, Beschl. v. 4.4.2012, 1 Verg 2/11, NZBau 2012, 598; OLG Düsseldorf, Beschl. v. 11.7.2007, VII-Verg 10/07, IBR 2008, 233; OLG Düsseldorf, Beschl. v. 25.11.2009, VII-Verg 27/09, IBR 2010, 162.

369 OLG Celle, Beschl. v. 26.4.2010, 13 Verg 4/10, VergabeR 2010, 661, Rn. 20, 22; OLG Jena, Beschl. v. 6.6.2007, 9 Verg 3/07, NZBau 2007, 732 f.

cken nicht mehr entsprechen.[370] Daher darf bei der Durchsetzung der subjektiven Rechte die Gesamtzielsetzung des Vergaberechts, namentlich die Ermöglichung wirtschaftlicher Beschaffungsvorgänge, nicht aus den Augen verloren werden. Vor diesem Hintergrund muss der öffentliche Auftraggeber eingehend prüfen, ob umfangreiche bzw. komplexe Bauleistungen in Teil- bzw. Fachlose aufgeteilt werden können. Gegebenenfalls muss er mittelständischen Bietern die direkte Teilnahme am Wettbewerb ermöglichen.[371]

157 Im Einzelfall sind **Abweichungen** von der Losvergabe erlaubt, wenn diese **in hohem Maße unwirtschaftlich** wäre oder nur schwer überwindbare **technische Hindernisse** bestünden.[372] Bei der „angemessenen" Berücksichtigung mittelständischer Interessen muss deshalb stets geprüft werden, ob **wirtschaftliche** oder **räumlich-technische Belange** wie beispielsweise die Möglichkeit einer gemeinsamen Nutzung von Betriebseinrichtungen sowie höhere Kosten durch Bauzeitverzögerungen bei getrennter Vergabe einer Unterteilung in Fach- oder Teillose entgegenstehen.[373]

158 Nach Auffassung des OLG Düsseldorf sind allerdings aus wirtschaftlichen Gründen bestehende Schwierigkeiten, die nach Art und Ausmaß **typischerweise mit der Vergabe von Fachlosen** verbunden sind, nicht geeignet, eine Gesamtvergabe zu rechtfertigen. Es bedarf daher „überwiegender Gründe" für eine Gesamtvergabe. Eine solche Sachlage kann vorliegen, wenn die Aufteilung unverhältnismäßige Kostennachteile mit sich bringen würde oder zu einer starken Verzögerung des Vorhabens führen würde.[374] Gründe wie die Entlastung des Auftraggebers von der Koordinierung, der Vorzug, nur einen Vertragspartner zu haben, oder die einfachere Durchsetzung von Gewährleistungsansprüchen sind jedoch nicht geeignet, einen Ausnahmefall zu begründen.[375]

159 Unabhängig davon darf ein öffentlicher Auftraggeber von einer Teilung der Leistung auch dort Abstand nehmen, wo eine solche zwar möglich wäre, aus wirtschaftlichen oder technischen Gründen aber mit erheblichen Nachteilen, z.B. einem beträchtlichen Mehraufwand für ihn verbunden wäre. Insoweit bedarf es allerdings einer sorgfältigen Interessenabwägung hinsichtlich der mit einer Losvergabe einhergehenden Nachteile gegenüber dem Schutz kleinerer Unternehmen.[376]

---

370 OLG Jena, Beschl. v. 6.6.2007, 9 Verg 3/07, NZBau 2007, 730, 731; OLG Brandenburg, Beschl. v. 27.11.2008, Verg W 15/08, NZBau 2009, 337, Rn. 71.

371 Vgl. OLG Schleswig, Beschl. v. 13.10.2000, 6 Verg 4/00, IBR 2001, 38.

372 Vgl. BKartA, Beschl. v. 1.2.2001, VK 1 – 1/01, VergabeR 2001, 143, 145, m. zustimmender Anm. *Hartung*, VergabeR 2001, 145, 146; hierzu auch *Müller-Wrede*, in: Müller-Wrede, GWB, § 97 Rn. 188 ff.

373 Vgl. OLG Schleswig, Beschl. v. 13.10.2000, 6 Verg 4/00, IBR 2001, 38; BKartA, Beschl. v. 1.2.2001, VK 1 – 1/01, VergabeR 2001, 143, 145; *Hartung*, VergabeR 2001, 145, 146, nennt außerdem noch einen „höheren Koordinierungsaufwand" bei getrennter Vergabe und eine „einheitliche Gewährleistungshaftung" bei der Gesamtvergabe als Gründe gegen eine Fach- oder Teillosevergabe.

374 OLG Düsseldorf, Beschl. v. 11.7.2007, VII-Verg 10/07, IBR 2008, 233, Rn. 28 f.; OLG Düsseldorf, Beschl. v. 8.9.2004, VII-Verg 38/04, VergabeR 2005, 107, 110; *Müller-Wrede*, NZBau 2004, 645; *Rusam/Weyand*, in: Heiermann/Riedl/Rusam, VOB, § 4 VOB/A Rn. 18; *Schranner*, in: Ingenstau/Korbion u. a., VOB, § 5 VOB/A Rn. 4; *Stickler*, in: Kapellmann/Messerschmidt, VOB, § 4 Rn. 41.

375 OLG Düsseldorf, Beschl. v. 11.7.2007, VII-Verg 10/07, IBR 2008, 233, Rn. 29.

376 OLG Jena, Beschl. v. 6.6.2007, 9 Verg 3/07, NZBau 2007, 730, 732 f.

Wirtschaftliche Gründe sprechen beispielsweise dann gegen eine Aufteilung in Teil- bzw. Fachlose nach § 97 Abs. 4 Satz 3 GWB, wenn eine Fachlosbildung im Hinblick auf den **geringen Umfang** des zu stellenden Personals oder Fahrzeugs eine „unwirtschaftliche Zersplitterung der Auftragsvergabe" bewirken würde. Dies kann ebenfalls gegeben sein, wenn die Gestellung von Führungskomponenten mit vergleichsweise **hohen Vorhaltekosten** verbunden ist, die eine allein auf die Erbringung dieser (Teil-)Leistung gerichtete Auftragsvergabe uninteressant erscheinen lässt. Dadurch wird dann die zusätzliche Gefahr begründet, dass auf die fraglichen Lose keine Angebote unterbreitet werden.[377] 160

Nach Auffassung des OLG Düsseldorf beruht die Entscheidung des Auftraggebers für eine Gesamtvergabe – und gegen eine Aufteilung – auf einer **Interessenabwägung**, die nach einer vertretbaren Würdigung der relevanten Umstände dann zugunsten einer zusammenfassenden Vergabe streitet, wenn die dafür sprechenden Gründe überwiegen. Grundsätzlich kommt dem Auftraggeber bei der Entscheidung über die Aufteilung eine **Einschätzungsprärogative** zu.[378] 161

Die in der Rspr. aufgestellten Leitlinien sind freilich **nur begrenzt generalisierbar** und können eine individuelle Abwägung nicht ersetzen, sondern nur als Orientierungshilfen dienen.[379] Allgemein anerkannt ist, dass der mit einer Fachlos- oder gewerkeweisen Vergabe allgemein verbundene Ausschreibungs-, Prüfungs- und Koordinierungsmehraufwand sowie ein höherer Aufwand bei Gewährleistungen eine Gesamtvergabe für sich allein nicht rechtfertigen können, da es sich hierbei um einen fachlosvergabeimmanenten und damit **typischerweise verbundenen Mehraufwand** handelt, der nach dem Zweck des Gesetzes in Kauf zu nehmen ist und bei der Abwägung grundsätzlich unberücksichtigt zu bleiben hat.[380] Anders kann es sich bei Synergie-Effekten verhalten, die aus prognostischer Sicht durch eine zusammenfassende Vergabe zu erwarten sind.[381] Umgekehrt kann genauso wenig verlangt werden, eine Fachlosausschreibung müsse generell unverhältnismäßige Kostennachteile mit sich bringen und/oder zu einer starken Verzögerung des Beschaffungsvorhabens führen. Das OLG Düsseldorf hat insoweit seine im Beschluss v. 8.9.2004[382] verwendete Formulierung in seiner Rspr. eingeschränkt. Danach können auch einfache, jedenfalls nicht vernachlässigbare Nachteile oder Verzögerungen genügen, wobei die oben genannten Grundsätze einer umfassenden Interessenabwägung letztlich maßgeblich sind. Tendenziell wird ein Überhang solcher Nachteile umso geringer sein, je mehr eine Bauvergabe als solche, und zwar hinsichtlich ihres Umfangs oder ihrer Komplexität, ohnehin schon besonderen, vor allem erschwerenden Anforderungen unterliegt.[383] 162

Die am Merkmal „wirtschaftliche oder technische Gründe" orientierte Entscheidung des Auftraggebers über die Vergabe nach Teillosen bzw. Fachlosen einerseits oder eine Gesamtvergabe andererseits ist von den Nachprüfungsinstanzen nur darauf zu überprüfen, ob 163

377 OLG Düsseldorf, Beschl. v. 19.6.2013, VII-Verg 4/13, ZfBR 2013, 720, Rn. 50.

378 OLG Düsseldorf, Beschl. v. 20.7.2016, VII-Verg 26/16, juris, Rn. 18 ff.; kritisch hierzu *Antweiler*, in: Burgi/Dreher, Beck'scher VergR-Kommentar, Bd. 1, § 97 Abs. 4 Rn. 4.

379 Vgl. OLG Düsseldorf, Beschl. v. 25.11.2009, VII-Verg 27/09, IBR 2010, 162, Rn. 54.

380 OLG Düsseldorf, Beschl. v. 20.7.2016, VII-Verg 26/16, juris, Rn. 18; OLG Koblenz, Beschl. v. 4.4.2012, 1 Verg 2/11, NZBau 2012, 598. So auch OLG Düsseldorf, Beschl. v. 11.7.2007, VII-Verg 10/07, IBR 2008, 233.

381 OLG Düsseldorf, Beschl. v. 11.7.2007, VII-Verg 10/07, IBR 2008, 233, Rn. 30, 32 f.

382 OLG Düsseldorf, Beschl. v. 8.9.2004, VII-Verg 38/04, NZBau 2004, 688, 689.

383 OLG Düsseldorf, Beschl. v. 25.11.2009, VII-Verg 27/09, IBR 2010, 162, Rn. 54.

sie auf **vollständiger und zuständiger Sachverhaltsermittlung** und nicht auf Willkür beruht.[384] Dabei ist, wie das OLG Düsseldorf feststellt, von den Prüfungsinstanzen auch zu beachten, dass das Vergaberecht nicht nur Bietern Rechte eröffnet, sondern auch eine wirtschaftliche und den vom öffentlichen Auftraggeber aufgestellten Anforderungen entsprechende Leistungsbeschaffung gewährleisten soll. Der öffentliche Auftraggeber als Nachfrager hat durch seine Ausschreibungen nicht bestimmte Märkte oder Marktteilnehmer zu bedienen. Vielmehr bestimmt allein der Auftraggeber im Rahmen der ihm übertragenen öffentlichen Aufgaben den daran zu messenden Beschaffungsbedarf und die Art und Weise, wie dieser gedeckt werden soll.[385] Es besteht daher auch keine Verpflichtung des öffentlichen Auftraggebers, Ausschreibungen so zuzuschneiden, dass sich bestimmte Unternehmen – auch wenn dies für sie von wirtschaftlichem Vorteil ist – daran beteiligen können.[386] Ebenso wenig ist es Gegenstand der vergaberechtlichen Überprüfung, ob ein Auftraggeber die ihm bei einer Fachlosvergabe zufallenden Aufgaben, insbesondere eine Koordinierung und Überwachung der Bauarbeiten, mit eigenen Kräften genauso gut bewältigen kann wie der im Rahmen einer Gesamtvergabe damit beauftragte Generalunternehmer.[387]

164 Für die vergaberechtliche Nachprüfung ergibt sich daraus das Erfordernis einer **zweistufigen Prüfung**, bei der (1) zunächst abzugrenzen ist, ob das der Ausschreibung zugrunde gelegte Leistungsprofil der Gestaltungsfreiheit des Auftraggebers unterfällt oder ob innerhalb dieses Dispositionsrahmens eine Zerlegung in Teil- bzw. Fachlose möglich wäre und damit die mittelstandsschützenden Anforderungen des § 97 Abs. 4 GWB zum Tragen kommen. Maßgebend für die Abgrenzung sind die mit dem Beschaffungsprojekt verfolgten Ziele und Zwecke im Rahmen einer funktionalen Betrachtung. Ergibt sie, dass die benötigte Leistung auch in Form einer Losvergabe erbracht werden könnte, so ist (2) auf der Stufe der dann erforderlich werdenden **Einzelfallabwägung** zu untersuchen, ob die Vergabestelle sich auf besondere – namentlich wirtschaftlich oder technische – Gründe stützen kann, wonach sie zur Vermeidung erheblicher Nachteile dennoch von einer losweisen Vergabe absehen durfte.[388]

165 Wie das OLG München ausführte, ist die Frage, ob im Sinne von § 97 Abs. 4 GWB Fachlose zu bilden sind, für jedes in Betracht kommende Fachgewerk getrennt zu beantworten. Daher muss zunächst das Vorliegen „wirtschaftlicher und technischer Gründe" im Hinblick auf das **konkrete Fachgewerk** untersucht werden. Globale, das gesamte Vorhaben betreffende Überlegungen können nur dann berücksichtigt werden, wenn sie auch und gerade das jeweilige Fachgewerk erfassen. Im Hinblick auf die zu vergebende Errichtung einer Lärmschutzwand an einer Bundesautobahn hat das Gericht etwa entschieden, dass sie **ausreichend abgrenzbar** ist, sich hierfür ein **eigener Markt** gebildet hat und Anbieter solche Arbeiten als **eigenständigen Auftrag** übernehmen. Gleichzeitig seien diese Arbeiten nicht

384 OLG Düsseldorf, Beschl. v. 20.7.2016, VII-Verg 26/16, juris, Rn. 18.

385 OLG Düsseldorf, Beschl. v. 20.7.2016, VII-Verg 26/16, juris, Rn. 18; OLG Düsseldorf, Beschl. v. 25.11.2009, VII-Verg 27/09 Rn. 55.

386 OLG Düsseldorf, Beschl. v. 25.11.2009, VII-Verg 27/09, IBR 2010, 162, OLG Düsseldorf, Beschl. v. 25.4.2012, VII-Verg 100/11, ZfBR 2012, 608, Rn. 55.

387 OLG Düsseldorf, Beschl. v. 25.11.2009, VII-Verg 27/09, IBR 2010, 162, Rn. 56 unter Hinweis auf OLG München, Beschl. v. 28.4.2006, Verg 6/06, VergabeR 2006, 914, 921.

388 So OLG Brandenburg, Beschl. v. 27.11.2008, Verg W 15/08, NZBau 2009, 337, Rn. 73; *Müller-Wrede*, in: Müller-Wrede, GWB, § 97 Rn. 192 ff.; kritisch hierzu *Antweiler*, in: Burgi/Dreher, Beck'scher VergR-Kommentar, Bd. 1, § 97 Abs. 4 Rn. 5 („methodenfreie situative Kasuistik").

„untrennbar mit anderen Arbeiten" verflochten, wofür die vorgelegten Ablaufpläne der Baustelle im Konkreten Auskunft gaben.[389]

Bei der **Bildung eines Fachloses** – der eigenständigen Teilleistung einer Dienstleistung – kommt es z. B. auch darauf an, ob nach den gewerberechtlichen Vorschriften und nach der allgemein und regional üblichen Arbeitsteilung ein eigener Handwerks- oder Gewerbezweig entstanden ist. Davon mitumschlossen sind Fälle, in denen es innerhalb einer bereits bestehenden Branche zu **weiteren fachlichen Aufgliederungen** gekommen ist. Insofern spielt die tatsächliche Marktlage im betreffenden Handwerks- oder Gewerbezweig eine entscheidende Rolle. Es geht also bei der Bildung von Fachlosen nicht darum, ob eine Dienstleistung separat erbracht werden könnte, sondern ob sie bereits von Anbietern erbracht wird. Dies war im „Mülltonnenmarkt", mit dem das OLG Koblenz befasst war, nicht der Fall, da sich bei den streitgegenständlichen „relativ anspruchslosen Tätigkeiten", bei denen sich keine besonderen Anforderungen an die Qualifikation des Personals oder die technische Ausstattung stellen, tatsächlich noch kein eigener Markt entwickelt hatte.[390] **166**

Sofern im Nachprüfungsverfahren die Besonderheiten des konkreten, vom öffentlichen Auftraggeber in Anspruch genommenen Marktes betrachtet werden, ist besonderes Augenmerk darauf zu legen, ob – bezogen auf wettbewerbsrelevante Umstände – ein **eigener Anbietermarkt seit längerem besteht** oder sich gerade herausgebildet hat.[391] Nach Darlegung des OLG Naumburg kommt es hierfür vor allem auf Organisationsstrukturen, spezielle technische Ausrüstung und Logistik, die notwendige Qualifikation und Entlohnung des eingesetzten Personals, gewerberechtliche Vorschriften, den Marktauftritt der Anbieter oder die Marktwahrnehmung der typischen Nachfrager an.[392] **167**

Bei einer Aufteilung in lediglich zwei Gebietslose hatte sich der Auftraggeber nach Auffassung des OLG Düsseldorf nicht hinreichend mit einer **möglichen Unterteilung in weitere Teillose** beschäftigt und die dafür sprechenden Gründe weder herausgearbeitet oder dargestellt noch abgewogen. Es genügt daher nicht, eine Aufteilung nach Teillosen bzw. eine Bildung von Fachlosen vorzunehmen, der Auftraggeber muss auch noch **dokumentiert Rechenschaft** darüber ablegen, weshalb weitere Teil- oder Fachlose im vorliegenden Fall nicht in Betracht kamen.[393] Im Ergebnis geht es bei den Anforderungen nach § 97 Abs. 4 Satz 2 GWB nicht allein um die Bildung beliebiger Teil- oder Fachlose, sondern um die **maximal mögliche und vertretbare Aufteilung** in Teil- und Fachlose, bis die Grenze des § 97 Abs. 4 Satz 3 GWB – „wirtschaftliche oder technische Gründe" – einer weiteren Aufteilung entgegensteht.[394] **168**

---

389 OLG München, Beschl. v. 9.4.2015, Verg 1/15, NZBau 2015, 446, Rn. 66; zur Abtrennbarkeit von Komponenten für „Steuerung" und „Maschinen", vgl. OLG Hamburg, Beschl. v. 2.10.2012, 1 Verg 2/12 u. 3/12, juris, Rn. 114.

390 OLG Koblenz, Beschl. v. 16.9.2013, 1 Verg 5/13, VergabeR 2014, 28, Rn. 9.

391 OLG Schleswig, Beschl. v. 25.1.2013, 1 Verg 6/12, VergabeR 2013, 460; OLG Naumburg, Beschl. v. 14.3.2013, 2 Verg 8/12, VergabeR 2013, 777, Rn. 59; OLG Düsseldorf, Beschl. v. 21.3.2012, VII-Verg 92/11, NZBau 2012, 515; OLG Düsseldorf, Beschl. v. 11.1.2012, VII-Verg 52/11, ZfBR 2012, 389.

392 OLG Naumburg, Beschl. v. 14.3.2013, 2 Verg 8/12, VergabeR 2013, 777, Rn. 59 u. 61 f.

393 OLG Düsseldorf, Beschl. v. 25.6.2014, VII-Verg 38/13, VergabeR 2015, 71, Rn. 55 u. 57; *Amelung*, Anmerkung, VergabeR 2015, 77.

394 *Müller-Wrede*, in: Müller-Wrede, GWB, § 97 Rn. 175.

169 Aufgrund der Einzelfallbezogenheit der nach § 97 Abs. 4 Satz 3 GWB vorzunehmenden Abwägung spielt es für andere Fachgewerke im Übrigen keine Rolle, wie für ein spezifisches Gewerk über die Bildung von Fachlosen entschieden worden ist. Denn auch wenn beispielsweise für ein bestimmtes Fachgewerk Fachlose gebildet worden sind, trifft dieser Umstand keine Aussage darüber, dass der „Rest" eines geplanten Projekts dann, in Abweichung von § 97 Abs. 4 Satz 2 GWB, einheitlich vergeben werden kann.[395]

170 Im Rahmen der ersten Prüfungsstufe wird zu berücksichtigen sein, ob mittelständische Interessen auch durch die Einräumung der Möglichkeit zur Bildung von Bietergemeinschaften bzw. durch die Beteiligung von Nachunternehmern berücksichtigt werden können.[396] Abs. 4 verpflichtet den öffentlichen Auftraggeber nicht zwingend zur Aufteilung eines Auftrages in Lose, sondern lässt auch andere Maßnahmen der Mittelstandsförderung zu. Die Berücksichtigung mittelständischer Interessen, nicht die Aufteilung der Aufträge in Lose, ist das zentrale Gebot der Norm. Aufgrund der Neufassung des Abs. 4 hat der Gesetzgeber nun aber als Regelfall die Förderung mittelständischer Interessen durch Vergabe in Teil- und Fachlose vorgesehen. Es bleibt daher grundsätzlich nicht dem jeweiligen öffentlichen Auftraggeber überlassen, ob er eine Gesamtvergabe vornimmt.[397]

171 Bei der Vergabe sicherheitstechnischer Leistungen muss zusätzlich berücksichtigt werden, ob Einzelleistungen in enger räumlicher, technischer und betrieblicher Verbindung stehen und eine Aufteilung in weitere Gewerke und Bereiche deshalb nicht sachgerecht ist, weil anderenfalls die Funktionsfähigkeit der Einrichtung oder die Sicherheit der Anlage im Hinblick auf zahlreiche Schnittstellen und daraus resultierende Sicherheitsrisiken beeinträchtigt werden könnte.[398]

172 Ist im Einzelfall zweifelhaft, ob ein Unternehmen noch als „mittelständisch" einzustufen ist, so kann nach Auffassung des BKartA auch aus den **übrigen Vergaberechtsgrundsätzen**, wie etwa der Verpflichtung zu einer möglichst wirtschaftlichen Vergabe im Wettbewerb (§ 97 Abs. 1 GWB) oder dem Gleichbehandlungsgrundsatz (§ 97 Abs. 2 GWB), eine **generelle Verpflichtung** abgeleitet werden, die Möglichkeit und Zweckmäßigkeit einer losweisen Aufteilung in allen Fällen zu erwägen und gegebenenfalls umzusetzen.[399]

173 Wie die Formulierung „vornehmlich" zeigt, kann die Berücksichtigung mittelständischer Interessen nicht nur durch Aufteilung in Lose erfolgen. Umgekehrt bedeutet die Formulierung aber, dass mit der Aufteilung in Lose die mittelständischen Interessen in der Regel **ausreichend berücksichtigt** sind. Die Aufteilung in Lose bedeutet nicht, dass diese nur an mittelständische Unternehmer vergeben werden können. Ein Unternehmer kann nicht aufgrund seiner Zugehörigkeit zum Mittelstand verlangen, dass er bei der Auftragsvergabe bevorzugt wird.[400] Erfolgt keine Aufteilung in Lose, so kann u. U. eine **einklagbare Verpflichtung** zur anderweitigen Berücksichtigung der mittelständischen Interessen bestehen.

---

395 OLG München, Beschl. v. 9.4.2015, Verg 1/15, NZBau 2015, 446, Rn. 67.

396 *Müller-Wrede*, in: Müller-Wrede, GWB, § 97 Rn. 168.

397 Insoweit durch die Neufassung der Vorschrift überholt OLG Brandenburg, Beschl. v. 27.11.2008, Verg W 15/08, NZBau 2009, 337, Rn. 76 unter Hinweis auf *Antweiler*, VergabeR 2006, 637, 646 f.

398 So OLG Brandenburg, Beschl. v. 27.11.2008, Verg W 15/08, NZBau 2009, 337, Rn. 74 zur Vergabe von sicherheitstechnischen Anlagen für einen Flughafen.

399 Vgl. BKartA (1. VK Bund), Beschl. v. 19.9.2001, V 1 – 33/01, VergabeR 2002, 72, 73.

400 Vgl. *Otting*, in: Bechtold, GWB, § 97 Rn. 25.

Hierzu enthielten die Vergabe- und Vertragsordnungen lange Zeit konkretisierende Vorschriften (vgl. z.B. § 6 Abs. 1 VOL/A a.F.).[401]

Auch die sog. **Mittelstandsrichtlinien** können als eine Konkretisierung der Pflicht zur vornehmlichen Berücksichtigung mittelständischer Interessen angesehen werden, sofern sie nicht zu einer unzulässigen Bevorzugung mittelständischer Bewerber führen. Sie dürfen lediglich dazu dienen, den Bewerbern eine **gleiche Chance** einzuräumen, sich im Rahmen des Wettbewerbs um Aufträge zu bemühen oder sich an ihnen zu beteiligen. Unbedenklich sind insofern Regelungen, die eine regelmäßige und angemessene Berücksichtigung kleiner und mittlerer Unternehmen bei beschränkter Ausschreibung oder freihändiger Vergabe fordern. Ebenso ist es unbedenklich, bei Großaufträgen an Generalunternehmer festzulegen, dass der Auftragnehmer sich bemühen muss, mittelständische Unternehmen in dem Umfang an den Subaufträgen zu beteiligen, wie er es mit der vertragsgemäßen Ausführung der Leistung vereinbaren kann.[402] 174

Die Regelung des § 97 Abs. 4 GWB bewirkt, dass die Einhaltung derartiger Richtlinienbestimmungen **als subjektives Recht i.S. von § 97 Abs. 6 GWB** mittelständischer Unternehmen einklagbar ist. Allerdings hat das OLG Celle klargestellt, dass die unterbliebene Aufteilung des Liefervolumens in kleinere Teillose keinen Verstoß gegen § 97 Abs. 6 i.V.m. Abs. 4 GWB darstellt, wenn der betroffene Bieter **selbst bei unterstellter Teillosbildung** den Zuschlag nicht erhalten hätte.[403] 175

Da das Gebühren- und Kostenrisiko ansonsten kleine und mittelständische Unternehmen abschrecken könnte, ihre Rechte aus § 97 Abs. 6 i.V.m. Abs. 4 GWB geltend zu machen, muss bei einem Bieter, der die Aufteilung in Teil- oder Fachlose gerügt hat, lediglich der **Bruttoauftragswert desjenigen (Teil-)Auftrags** zugrunde gelegt werden, für den er sich ggf. beworben hätte. Demgegenüber wäre es fehlerhaft, bei der Berücksichtigung der wirtschaftlichen Bedeutung der Sache den Bruttowert des Gesamtauftrags als Maßstab zu nehmen.[404] 176

VIII. Grundsatz der e-Vergabe (Abs. 5)

1. Rechtlicher Hintergrund und Funktion

§ 97 Abs. 5 GWB hat keinen unmittelbaren Vorläufer im 4. Teil des GWB. Seine Fassung ist auf den ersten Blick etwas umständlich ausgefallen, indem er alle Vorgänge, die für eine elektronische Vergabe relevant sind, aufzählt („Senden, Empfangen, Weiterleiten und Speichern von Daten"). Dabei gerät fast aus dem Blick, dass sich Auftraggeber und Unternehmen fortan **„grundsätzlich elektronischer Mittel"** i.S. von Art. 2 der RL 2014/24/EU bedienen müssen. Diese Grundanforderung ist zwar in § 97 Abs. 5 GWB sprachlich durch die Einschränkungen „grundsätzlich" und „nach Maßgabe" der Rechtsverordnungen etwas 177

401 Vgl. *Ley/Wankmüller*, Die neue VOL/A, § 6 VOL/A, S. 40 und § 6 EG VOL/A, S. 103 f.

402 Vgl. zu solchen Regelungen: *Rusam/Weyand*, in: Heiermann/Riedl/Rusam, VOB, § 8 VOB/A Rn. 7.

403 OLG Celle, Beschl. v. 10.11.2016, 13 Verg 7/16, NZBau 2017, 242, Rn. 39 ff.

404 BGH, Beschl. v. 25.10.2011, X ZB 5/10, NZBau 2012.186; OLG Naumburg, Beschl. v. 10.6.2013, 2 Verg 5/12, VergabeR 2013, 949; OLG Thüringen, Beschl. v. 22.8.2016, 2 Verg 6/16, juris, Rn. 9 und OLG Thüringen, Beschl. v. 22.8.2016, 2 Verg 7/16, juris.

relativiert. Es sollte jedoch kein Zweifel bestehen, dass – wie es in der Begründung der Bundesregierung nachdrücklich heißt – der **Grundsatz der elektronischen Kommunikation**[405] in den Rang eines weiteren, maßgeblichen Prinzips des Kartellvergaberechts erhoben worden ist. Damit ist der Grundsatz der **e-Vergabe** rechtlich verbindlich.[406] Anders als bei den übrigen Grundsätzen des § 97 GWB ist aber nicht generell davon auszugehen, dass er mit den anderen im Konflikt steht und fallweise ein Ausgleich herbeigeführt werden muss.[407] Mit zunehmender Zeit wird die elektronische Kommunikation bei Beschaffungsvorgängen immer selbstverständlicher werden, sodass die **vollständige Umstellung auf den Einsatz von IKT** (= elektronische Informations- und Kommunikationstechnologien) im Vergabeverfahren schon in wenigen Jahren weitgehend abgeschlossen und e-Vergabe das übliche Verfahren geworden sein wird.

178 Dass es dem Gesetzgeber mit der verbindlichen **Umstellung auf e-Vergabe** ernst ist, geht nicht in erster Linie aus dem etwas umständlich formulierten § 97 Abs. 5 GWB hervor, sondern lässt sich ergänzend der Entwurfsbegründung der Bundesregierung entnehmen.[408] Dort wird unmissverständlich klargestellt, dass für **zentrale Beschaffungsstellen ab dem 18.4.2016**[409] jede EU-weite Bekanntmachung nur noch elektronisch unter Verwendung einer Internetadresse beim Amt für Veröffentlichung der EU erfolgen kann.[410] Dabei müssen alle Vergabeunterlagen „unentgeltlich, uneingeschränkt und vollständig direkt mit Hilfe von IKT abgerufen werden können".[411] Zudem sind für alle **nicht zentralen Beschaffungsstellen ab 18.10.2018** die Vergabeverfahren „ausnahmslos IKT-basiert" auszugestalten.[412]

179 Die in § 97 Abs. 5 GWB **vorgesehenen Einschränkungen** betreffen Regelungen, die auf der Grundlage der vergaberechtlichen Rechtsverordnungen (z.B. VgV, SektVO, KonzVgV) verabschiedet werden können. Insoweit verfügt nach § 113 GWB die Bundesregierung mit Zustimmung des Bundesrates über Gestaltungsmöglichkeiten im Hinblick auf **konkrete Inhalte und einzuhaltende Grenzen der e-Vergabe**.[413] So sind etwa in den §§ 9 und 37ff. VgV, §§ 9ff. und § 35 SektVO sowie in §§ 7ff. und § 28 KonzVgV die jeweiligen Einzelheiten der e-Vergabe normiert. Allerdings können diese – ungeachtet der in § 97 Abs. 5 GWB eröffneten Einschränkungsmöglichkeit – den dort vorgesehenen Grund-

---

405 BT-Drs. 18/6281 v. 8.10.2015, S. 68.

406 Z. B. eingehend: *Allekotte*, WPg 2015, 1146; *Braun*, VergabeR 2016, 179; *Schäfer*, NZBau 2015, 131; *Schippel*, VergabeR 2016, 434; *Zielke*, VergabeR 2015, 273; hierzu auch *Wagner*, in: Müller-Wrede, GWB, § 97 Rn. 212 („Kernpunkt der Vergaberechtsreform 2016"); *Koch*, in: Burgi/Dreher, Beck'scher VergR-Kommentar, Bd. 1, § 97 Abs. 5 Rn. 1.

407 Vgl. *Koch*, in: Burgi/Dreher, Beck'scher VergR-Kommentar, Bd. 1, § 97 Abs. 5 Rn. 12 („weiter Anwendungsbereich").

408 So auch *Wagner*, in: Müller-Wrede, GWB, § 97 Rn. 214.

409 Dies ist der Termin des Inkrafttretens der RL 2014/23/EU, RL 2014/24/EU sowie der RL 2014/25/EU.

410 Zu Recht fragt *Allekotte*, WPg 2015, 1146 danach, ob dies eine „Revolution im Vergaberecht?" darstellt; hierzu auch: *Zielke*, VergabeR 2015, 273 („Pflicht zur eVergabe"); *Koch*, in: Burgi/Dreher, Beck'scher VergR-Kommentar, Bd. 1, § 97 Abs. 5 Rn. 14 („alternativlos").

411 BT-Drs. 18/6281 v. 8.10.2015, S. 69.

412 BT-Drs. 18/6281 v. 8.10.2015, S. 69; vgl. auch *Wagner*, in: Müller-Wrede, GWB, § 97 Rn. 236.

413 *Koch*, in: Burgi/Dreher, Beck'scher VergR-Kommentar, Bd. 1, § 97 Abs. 5 Rn. 1 („Konkretisierungsspielraum").

satz elektronischer Kommunikation **nicht unverhältnismäßig eng auslegen** oder **in sein Gegenteil** verkehren.

2. Regelungsziele

Die Regelung des § 97 Abs. 5 GWB mit dem Grundsatz der e-Vergabe steht einerseits im **180** Kontext der allgemeinen Technisierung und Digitalisierung im Rahmen der **Strategie „Europa 2020“**,[414] andererseits erfolgt sie aber auch auf der Grundlage von Einzelvorschriften der EU-Vergaberichtlinien.[415] Durch die Richtlinien verpflichten sich die Mitgliedstaaten, dass es fortan „**in jedem Stadium**“ eines Vergabeverfahrens für alle Beteiligten – Auftraggeber und Unternehmen gleichermaßen – erforderlich ist, elektronische Mittel zu benutzen.[416] Vielleicht ist die schwerfällige Aufzählung von elektronischen Einzelvorgängen auch darauf zurückzuführen, dass keine Regelungslücken verbleiben sollten, die dann zu **verfassungsrechtlichen Schwierigkeiten** im Hinblick auf das aus dem Grundgesetz abgeleitete Recht auf informationelle Selbstbestimmung[417] bzw. das sog. IT-Grundrecht[418] führen.[419] Spiegelbildlich wird auch in der Entwurfsbegründung der Bundesregierung eigens aufgezählt, dass die elektronische Kommunikation insbesondere die „elektronische Erstellung und Bereitstellung der Bekanntmachung und der Vergabeunterlagen“ umfasst, außerdem noch die „elektronische Angebotsabgabe“ sowie die „elektronische Vorbereitung des Zuschlags“.[420]

Im Ganzen entsteht dadurch der Eindruck, dass eine von ausgefüllten Papierunterlagen ver- **181** anlasste und gesteuerte öffentliche Auftragsbeschaffung der Vergangenheit angehört und öffentliche Auftragsvergaben künftig **ausschließlich in elektronischer Form** über Internetkommunikation erfolgen werden. Wenn das Vergaberecht sein ursprüngliches Versprechen einer rechtlich gestalteten öffentlichen Beschaffung einlösen möchte, die aber dennoch schnell und – einschließlich des Nachprüfungsverfahrens – mit einem Minimum an administrativem Aufwand abgewickelt werden kann,[421] dann ist dies künftig wahrscheinlich nur noch unter Einsatz elektronischer Informations- und Kommunikationstechnologien möglich.[422] Dies gilt umso mehr, als die Handhabung des Vergaberechts angesichts erheblich gestiegener Normierungsintensität und gewachsenen Normierungsumfangs ansonsten zusehends erschwert wird.

---

414 KOM(2010) 2020 endg.; außerdem auch RL 2014/55/EU über die elektronische Rechnungsstellung bei öffentlichen Aufträgen (sog. „e-Invoicing“), die bis spätestens 27.11.2018 umzusetzen ist; vgl. zum „end-to-end e-procurement“, *Wagner*, in: Müller-Wrede, GWB, § 97 Rn. 218.

415 Z.B. Art. 29 Abs. 1 RL 2014/23/EU; Art. 22 Abs. 1 Unterabs. 1 Satz 1 RL 2014/24/EU, Art. 40 Abs. 1 Unterabs. 1 Satz 1 RL 2014/25/EU; vgl. *Koch*, in: Burgi/Dreher, Beck'scher VergR-Kommentar, Bd. 1, § 97 Abs. 5 Rn. 5.

416 Hierzu auch *Müller*, in: Kulartz/Kus/Portz/Prieß, GWB, § 97 Rn. 225 u. 229 ff.

417 BVerfG, Urt. v. 15.12.1983, 1 BvR 209, 269, 362, 420 u. 484/83, BVerfGE 65, 1, 41 ff.

418 BVerfG, Urt. v. 27.2.2008, 1 BvR 370/07 u. 595/07, BVerfGE 120, 274.

419 Vgl. *Klöpfer*, Verfassungsrecht, Bd. 2, § 56 Rn. 69 ff. u. 96 ff. Dass damit die Pflicht zur Führung einer ggf. zusätzlichen „elektronischen Vergabeakte“ verbunden ist, erscheint demgegenüber nicht zwingend, so aber *Wagner*, in: Müller-Wrede, GWB, § 97 Rn. 232 ff.

420 BT-Drs. 18/6281 v. 8.10.2015, S. 68.

421 Vgl. 52. Erwägungsgrund der RL 2014/24/EU, 74. Erwägungsgrund der RL 2014/23/EU; 63. Erwägungsgrund der RL 2014/25/EU.

422 Zu den praktischen Auswirkungen auch: *Koch*, in: Burgi/Dreher, Beck'scher VergR-Kommentar, Bd. 1, § 97 Abs. 5 Rn. 26 ff.

IX. Rechtsanspruch auf Einhaltung des Vergabeverfahrens (Abs. 6)

1. Bedeutung des Anspruchs

182 Die Vorschrift des § 97 Abs. 6 GWB enthält ein **Kernstück** des deutschen Vergaberechts.[423] Die heutige Regelung stimmt weitgehend mit der bereits vorher geltenden Vorschrift (§ 97 Abs. 7 GWB a. F.) überein, sodass zu früheren Gerichtsentscheidungen größtmögliche Kontinuität gewahrt werden kann.[424] § 97 Abs. 6 GWB begründet einen **subjektiven Rechtsanspruch** der Bieter auf Einhaltung des Vergabeverfahrens („Bestimmungen über das Vergabeverfahren"),[425] der in der Entwurfsbegründung nicht zu Unrecht als „konstitutiv wirkendes subjektives Recht" der Verfahrensteilnehmer auf Einhaltung des Vergaberechts bezeichnet wurde.[426] Dies stellt eine Abkehr von der früheren sog. „haushaltsrechtlichen Lösung" dar, wonach im Gegensatz zu den europäischen Vorgaben einem nicht berücksichtigten Bieter *keine* subjektiven Rechte eingeräumt wurden.[427]

183 Mit der ausdrücklichen Festlegung eines Rechtsanspruchs auf Einhaltung der Vergaberegeln in § 97 Abs. 6 GWB trägt die heute geltende Bestimmung der Rspr. des EuGH Rechnung, der die früher in Deutschland geltende Rechtslage gerade wegen des Fehlens subjektiver Rechte der anbietenden Unternehmen beanstandet hatte.[428] Die Bundesregierung entschied sich in ihrem damaligen Entwurf dafür, **keine Unterscheidung zwischen unionsrechtlichen und innerstaatlichen Vorgaben** zu machen. Obwohl eine solche Unterscheidung rechtlich möglich gewesen wäre, hätte eine Aufteilung einen erheblichen gesetzgeberischen Aufwand bedeutet, der sich zudem sehr nachteilig auf den mit § 97 Abs. 6 GWB beabsichtigten Paradigmenwechsel im Hinblick auf einen **subjektiv-rechtlichen Vergaberechtsschutz** ausgewirkt hätte. Denn es wären möglicherweise Rechtsunsicherheiten entstanden, die dem Ziel, das Vergaberecht fortan als unmittelbar verbindliches Recht zu etablieren und mit einem schnellen gerichtlichen Rechtsschutz auszustatten, zuwidergelaufen wären.[429]

184 § 97 Abs. 6 GWB eröffnet den Rechtsweg mit dem Ziel der Einhaltung der Bestimmungen über das Vergabeverfahren durch den Auftraggeber. Objektive Rechtsansprüche, die nach Abs. 6 durchsetzbar sind, bestehen aber nicht nur im Rahmen eines bereits eingeleiteten Vergabeverfahrens, sondern auch außerhalb eines nach Maßgabe des 4. Teils des GWB geregelten Vergabeverfahrens. In unionskonformer Auslegung der Vorschriften des GWB hat

---

423 Ähnlich *Dörr*, in: Burgi/Dreher, Beck'scher VergR-Kommentar, Bd. 1, § 97 Abs. 6 Rn. 1 („materiell-rechtliches Herzstück").

424 Begründung der BReg., BT-Drs. 18/6281 v. 8.10.2015, S. 68.

425 Vgl. VG Neustadt a.d.W., Beschl. v. 6.9.2001, 7 L 1422/01.NW, VergabeR 2002, 51, 52; *Marx*, in: Motzke/Pietzcker/Prieß, VOB, § 97 Rn. 4 („absolutes Novum", „Rückgrat und Basis für … die Nachprüfung").

426 BT-Drs. 18/6281, S. 69; dies auch hervorhebend: *Müller-Wrede*, in: Müller-Wrede, GWB, § 97 Rn. 241.

427 BT-Drs. 12/4636, S. 12; vgl. *Thieme/Correl*, DVBl. 1999, 887; *Byok*, NJW 1998, 2776; *Schneevogl/Horn*, NVwZ 1998, 1243; *Müller-Wrede*, in: Müller-Wrede, GWB, § 97 Rn. 237 f.; *Dörr*, in: Burgi/Dreher, Beck'scher VergR-Kommentar, Bd. 1, § 97 Abs. 6 Rn. 1.

428 Vgl. EuGH, Urt. v. 11.8.1995, Rs. C-433/93, Slg. 1995, 303 – Kommission/Deutschland, Tz. 19.

429 Vgl. Begründung der Bundesregierung, BT-Drs. 13/9340, S. 14 f. und BT-Drs. 13/9340, S. 25 f.; zu den damaligen Umständen: *Dörr*, in: Burgi/Dreher, Beck'scher VergR-Kommentar, Bd. 1, § 97 Abs. 6 Rn. 3.

der BGH entschieden, dass die vergaberechtliche Nachprüfungsmöglichkeit nicht von der Einleitung und Durchführung eines bestimmten Vergabeverfahrens abhängig gemacht werden darf.[430] Der BGH verweist insoweit auf die Rspr. des EuGH, wonach eine der Nachprüfung unterliegende Entscheidung bereits dann vorliegt, wenn ein öffentlicher Auftraggeber beschließt, kein geregeltes Vergabeverfahren einzuleiten, weil der zu erteilende Auftrag seiner Auffassung nach nicht in den Anwendungsbereich der einschlägigen Vorschriften des Unionsrechts bzw. des dieses umsetzenden nationalen Rechts fällt.[431]

Abzugrenzen ist diese Rspr. von Handlungen, die eine bloße Vorstudie des Marktes darstellen oder die rein vorbereitend sind und im Rahmen der internen Überlegungen des öffentlichen Auftraggebers im Hinblick auf die Vergabe eines öffentlichen Auftrags stattfinden.[432] In dem vorbereitenden Stadium entstehen noch keine subjektiven Rechte von Bietern auf Einhaltung von konkreten Vergabevorschriften. Hat ein Auftraggeber dieses Stadium allerdings verlassen, wenn z. B. Unternehmen Gelegenheit zur Einreichung von Angeboten gegeben worden ist oder mit Bietern über deren Angebot verhandelt worden ist, sind die in §§ 97 ff. GWB vorgesehenen Rechte berührt und § 97 Abs. 6 GWB anwendbar.[433] 185

An die Verletzung von Rechten nach § 97 Abs. 6 GWB dürfen nach der höchstrichterlichen Rspr. im Hinblick auf die Darlegungslast **keine allzu hohen Anforderungen** gestellt werden.[434] Das Interesse am Auftrag wird regelmäßig durch den Hinweis geltend gemacht, ein Angebot abgegeben zu haben. Dafür, dass einem Bieter infolge der Missachtung von Vergaberegeln zumindest ein Schaden zu entstehen droht, genügt, dass der behauptete Vergaberechtsverstoß geeignet ist, die Aussichten auf den Zuschlag zu beeinträchtigen.[435] 186

Zudem können die Rechte von Bietern und Bewerbern i. S. von § 97 Abs. 6 GWB auch dadurch gefährdet werden, dass **Zuschlagsverbote ignoriert** und ein Beigeladener nach Durchführung eines Verhandlungsverfahrens den Zuschlag erteilt bekommen hat.[436] 187

2. Reichweite des Anspruchs

a) Allgemeines

Trotz der Formulierung des Gesetzes, wonach die Unternehmen Anspruch darauf haben, dass der Auftraggeber die „Bestimmungen über das Vergabeverfahren einhält“, bezieht sich dieser Anspruch grundsätzlich auf die **Einhaltung jeder Verfahrensnorm**. Schon die Bundesregierung hat in der Begründung zu ihrem Gesetzentwurf darauf hingewiesen, dass dieser Anspruch nur so weit reicht, wie die entsprechende Vorschrift den Schutz des potenziellen Auftragnehmers bezweckt.[437] Diese **Unterscheidung zwischen subjektiven und** 188

430 BGH, Beschl. v. 1.2.2005, X ZB 27/04, BGHZ 162, 116.
431 EuGH, Urt. v. 11.1.2005, Rs. C-26/03, Slg. 2005, I-1 – Stadt Halle, Tz. 33.
432 EuGH, Urt. v. 11.1.2005, Rs. C-26/03, Slg. 2005, I-1 – Stadt Halle, Tz. 35.
433 Vgl. auch BayObLG, Beschl. v. 28.5.2003, Verg 7/03, VergabeR 2003, 563; OLG Düsseldorf, Beschl. v. 11.3.2002, Verg 43/01, NZBau 2003, 55; *Burgi*, NZBau 2003, 16, 19.
434 BGH, Beschl. v. 1.2.2005, X ZB 27/04, BGHZ 162, 116 Rn. 17; BVerfG, Beschl. v. 29.7.2004, 2 BvR 2248/03, NZBau 2004, 564; BGH, Beschl. v. 18.5.2004, X ZB 7/04, NZBau 2004, 457, 458.
435 BVerfG, Beschl. v. 29.7.2004, 2 BvR 2248/03, NZBau 2004, 564, 566.
436 OLG Düsseldorf, Beschl. v. 16.11.2016, VII-Verg 40/16, NZBau 2017, 308, Rn. 18.
437 Vgl. BT-Drs. 13/9340, S. 14; siehe auch *Mantler*, VergabeR 2003, 119, 123 f.; dies offenlassend BGH, Beschl. v. 18.2.2003, X ZB 43/02, VergabeR 2003, 313, 314 f.

objektiven Vergaberegeln wird teilweise im Hinblick auf die Rechtssicherheit für problematisch gehalten.[438] Die hiergegen vorgetragenen **Bedenken** sind jedoch **nicht durchgreifend**. Dies liegt daran, dass diese Einteilung weder dem deutschen noch dem EU-Recht fremd ist. Auch das Unionsrecht lässt Rechte Einzelner nicht generell entstehen. So kann sich der Einzelne auf eine nicht umgesetzte Richtlinie nur insoweit berufen, als sie hinreichend bestimmte Verhaltenspflichten vorsieht.[439] Die Unterscheidung ist daher **nicht unionsrechtswidrig**.[440] Allerdings fordert das Unionsrecht nicht eine dem Einzelnen eingeräumte subjektive Rechtsposition. Es genügt, dass eine hinreichend bestimmte, durch die Gerichte durchsetzbare Verhaltenspflicht gegenüber dem Einzelnen besteht.[441] In diesem Sinne gebietet das Unionsrecht, die Vorschrift weit auszulegen.[442]

189 Die Verfahrensvorschriften dienen demnach grundsätzlich dem **Schutz der Bieter**. Dies gilt jedenfalls für die Publizitäts- und Teilnahmevorschriften der einschlägigen EU-Vergaberichtlinien.[443] Der Bereich der subjektiven Rechte ist **weit zu fassen**. Dies ergibt sich auch aus den Grundsätzen des Wettbewerbs und der Transparenz (§ 97 Abs. 1 GWB) sowie dem Grundsatz der Gleichbehandlung (§ 97 Abs. 2 GWB). Die Verletzung von Verfahrensvorschriften bei einzelnen Bewerbern führt in der Regel auch zu einer Verletzung des Gleichbehandlungsgebots. Gerade gegen solche Verstöße soll sich der Bieter wehren können.[444]

190 Begehrt ein Bieter mit der schlüssigen Behauptung einer Missachtung der Bestimmungen über das Vergabeverfahren die Nachprüfung des eingeleiteten Vergabeverfahrens, bedarf die Verletzung von Rechten nach § 97 Abs. 6 GWB **keiner besonderen Darlegung** mehr. Für die Zulässigkeit des Nachprüfungsantrags ist vielmehr die schlüssige Behauptung erforderlich und regelmäßig ausreichend, dass und welche vergaberechtlichen Vorschriften im Verlauf des Vergabeverfahrens missachtet worden sein sollen.[445]

191 Der BGH hat bislang die Frage, ob und ggf. welche Regeln, die das Vergabeverfahren betreffen, von § 97 Abs. 6 GWB ausgenommen sind oder ob die Vorschrift ausnahmslos alle Bestimmungen über das Vergabeverfahren erfasst, die vom öffentlichen Auftraggeber einzuhalten sind, nicht abschließend beantwortet.[446] Eine Feststellung, ein Bieter sei durch das zur Nachprüfung gestellte Verhalten eines öffentlichen Auftraggebers nicht berührt, kann jedenfalls nicht daraus abgeleitet werden, dass ein Angebot nicht vorhanden ist, auf das ein Zuschlag erteilt werden kann oder werden darf. Es ist gerade Sinn des § 97 Abs. 6 GWB,

---

438 Vgl. *Byok*, NJW 1998, 2777; *Dreher*, in: Immenga/Mestmäcker, GWB, § 97 Rn. 190 ff.; *Marx*, in: Motzke/Pietzcker/Prieß, VOB, § 114 GWB Rn. 6; offenlassend BKartA (1. VK Bund), Beschl. v. 19.9.2001, VK 1 – 33/01, VergabeR 2002, 72, 73; wie hier *Stickler*, in: Reidt/Stickler/Glahs, Vergaberecht, § 97 Rn. 41 f.

439 Vgl. EuGH, Urt. v. 19.1.1982, Rs. 8/81, Slg. 1982, 56 – Becker, Tz. 23 f.

440 So auch *Byok*, NJW 1998, 2777; a. A. *Dreher*, EuZW 1997, 524.

441 Vgl. EuGH, Urt. v. 19.1.1982, Rs. 8/81, Slg. 1982, 56 – Becker, Tz. 23.

442 Vgl. *Otting*, in: Bechtold, GWB, § 97 Rn. 60; *Byok*, NJW 1998, 2777; *Dörr*, in: Burgi/Dreher, Beck'scher VergR-Kommentar, Bd. 1, § 97 Abs. 6 Rn. 31; *Müller-Wrede*, in: Müller-Wrede, GWB, § 97 Rn. 251 ff.

443 EuGH, Urt. v. 11.8.1995, Rs. C-433/93, Slg. 1995, 2303 – Kommission/Deutschland, Tz. 19.

444 Siehe *Noch*, ZfBR 1997, 222.

445 BGH, Beschl. v. 18.5.2004, X ZB 7/04, BGHZ 159, 186, 192; BGH, Beschl. v. 26.9.2006, X ZB 14/06, BGHZ 169, 131.

446 Vgl. BGH, Beschl. v. 26.9.2006, X ZB 14/06, BGHZ 169, 131; vgl. schon BGH, Beschl. v. 18.2.2003, X ZB 43/02, BGHZ 154, 32, 37.

Unternehmen, die hinsichtlich ihrer Chance, einen Bedarf gegen Entgelt zu decken, betroffen sind, einen Anspruch zu verleihen und Nachteile zu unterbinden, die sich aus der Missachtung von Bestimmungen über das Vergabeverfahren ergeben können. Will daher ein öffentlicher Auftraggeber unter Missachtung der Regeln über ein zuschlagsfähiges Angebot einen Auftrag erteilen, der eine Verletzung von Rechten anderer Bieter beinhaltet, ist ein Anspruch nach Abs. 6 gegeben.

Eine Rechtsverletzung wird auch nicht dadurch in Frage gestellt, dass ein Angebot eines Bieters angesichts weiterer Abweichungen von der Ausschreibung in jedem Fall von der Wertung im Vergabeverfahren ausgeschlossen werden müsste, also ein allein auf diese anderen Abweichungen gestützter, von dem Auftraggeber ausgesprochener Ausschluss des Angebots des Bieters rechtmäßig wäre.[447] Da § 97 Abs. 2 GWB das Recht auf Gleichbehandlung und den Anspruch auf Einhaltung der Bestimmungen über das Vergabeverfahren jedem durch deren Missachtung betroffenen Teilnehmer an einem solchen Verfahren zuweist, ist nach der BGH-Rspr. eine Einschränkung danach, wie das eigene Angebot beschaffen ist, oder danach, ob der betroffene Bieter seinerseits Bestimmungen über das Vergabeverfahren eingehalten hat, nicht zulässig. Da es allein Sache des öffentlichen Auftraggebers ist, Bedarf zur Beschaffung auszuschreiben und die Bedingungen festzulegen, die im Verfahren zu beachten sind, und der öffentliche Auftraggeber nicht das Recht hat, über die Handlungsfreiheit der am Auftrag interessierten Unternehmer zu verfügen, ist ein Bieter schon nicht verpflichtet, mit einem der Ausschreibung entsprechenden Angebot hervorzutreten.[448] Nur weil er Interesse am Auftrag hat und er angesichts der den öffentlichen Auftraggeber verpflichtenden **Regeln der Vergabe- und Vertragsordnungen** nur dann damit rechnen kann, Erfolg zu haben, wenn sein Angebot der Ausschreibung entspricht, ist ein Bieter nicht gehalten, ein solches Angebot abzugeben. 192

Nach Auffassung des BGH ist auch ein **zeitliches Ende** des bei eigener Betroffenheit durch § 97 Abs. 6 GWB gewährten subjektiven Rechts dem Gesetz nicht zu entnehmen. Der Anspruch auf Einhaltung der Bestimmungen über das Vergabeverfahren besteht deshalb bis zu dem das eingeleitete Vergabeverfahren beendenden Verhalten des öffentlichen Auftraggebers fort und schließt insbesondere seine Beachtung auch bei dessen abschließender Entscheidung ein.[449] Auch ein Bieter, dessen Angebot zu Recht ausgeschlossen wird oder ausgeschlossen werden kann, kann daher in seinen Rechten nach Abs. 6 verletzt sein, wenn ein anderes Angebot unter Missachtung von Bestimmungen über das Vergabeverfahren nicht ausgeschlossen wird und den Zuschlag erhalten soll oder wenn sich der beabsichtigte Zuschlag aus einem anderen Grund verbietet. Der BGH hat einer teilweise abweichenden Auffassung, die unter Hinweis darauf, dass der Gleichbehandlungsgrundsatz keinen Anspruch auf Gleichheit im Unrecht gewähre, eine Absage erteilt und zugleich seine eigene frühere Rspr.[450] klargestellt. Für den Fall, dass die Nachprüfung der Aufhebung der Ausschreibung begehrt wird, hatte der Senat ausgeführt, die Interessen des Antragstellers seien nicht berührt und eine Verletzung der Rechte komme nicht in Betracht, wenn dessen Angebot wegen Unvollständigkeit ausgeschlossen werden müsse. Da das Rechtsschutzziel in 193

447 BGH, Beschl. v. 26.9.2006, X ZB 14/06, BGHZ 169, 131 Rn. 48 f.

448 So bereits BGH, Beschl. v. 18.2.2003, X ZB 43/02, BGHZ 154, 32, 45; a. A. *Müller-Wrede/Schade*, VergabeR 2005, 460, 465.

449 BGH, Beschl. v. 26.9.2006, X ZB 14/06, BGHZ 169, 131, 147, Rn. 52 unter Hinweis auf EuGH, Urt. v. 12.12.2002, Rs. C-470/99, NZBau 2002, 162, 167 – Universale Bau.

450 Vgl. BGH, Beschl. v. 18.2.2003, X ZB 43/02, BGHZ 154, 32.

diesem Fall auf Rückgängigmachung der Aufhebung der Ausschreibung und Fortsetzung des eingeleiteten Vergabeverfahrens gerichtet sei, könne im Rahmen eines solchen Verfahrens ein Bieter, der ein auszuschließendes Angebot abgegeben habe, den Auftrag nicht erhalten. Nur wenn das Rechtsschutzziel auf die Aufhebung der Ausschreibung gerichtet sei, bestehe daher weiterhin die Chance darauf, den Auftrag zu erhalten. In diesem Fall kann auch nicht angenommen werden, dass ein Bieter mit dem Nachprüfungsantrag lediglich eine Belastung eines anderen Bieters, den Wegfall der diesem in Aussicht gestellten Begünstigung oder eine immaterielle Genugtuung erstrebe.[451]

194 Außerdem vermittelt § 97 Abs. 6 GWB zwar einen Anspruch auf Einhaltung der Bestimmungen über das Vergabeverfahren, ein **subjektiver Anspruch**, das der begehrte Auftrag auch tatsächlich erteilt wird und der Zuschlag zugunsten des Bieters oder anderer erfolgt, ist damit hingegen nicht verbunden. Wie der BGH klarstellte, besteht **kein subjektiver Anspruch auf Erteilung des Zuschlags** – selbst dann nicht, wenn keiner der zur Aufhebung berechtigenden Tatbestände erfüllt ist.[452] Grundsätzlich bleibt es der Vergabestelle unbenommen, von einem Beschaffungsvorhaben auch dann Abstand zu nehmen, wenn dafür kein anerkannter Aufhebungsgrund erfüllt ist.[453]

b) Bestimmungen über das Vergabeverfahren

195 Grundsätzlich können die Rechte aus § 97 Abs. 6 GWB und andere Ansprüche, die auf die Vornahme oder das Unterlassen einer Handlung gerichtet sind, nur vor den Vergabekammern und dem zuständigen OLG geltend gemacht werden.[454] Nach einer Entscheidung des OLG Naumburg ermöglicht § 97 Abs. 6 GWB i.V. m. § 156 Abs. 2 Satz 1 GWB (früher: § 104 Abs. 2 Satz 1 GWB a. F.) beispielsweise die Geltendmachung subjektiver Ansprüche, die auf die „Vornahme oder das Unterlassen einer Handlung in einem Vergabeverfahren gerichtet sind". Folglich kann der **Primärrechtsschutz des Bieters** im Rahmen eines Nachprüfungsverfahrens nur so lange in Betracht kommen, wie die Absicht und die Möglichkeit besteht, den Auftraggeber in einem noch laufenden Vergabeverfahren zu einem bestimmten Verhalten zu veranlassen oder ihm ein bestimmtes Verhalten zu untersagen.[455]

196 Nach Abschluss des Vergabeverfahrens ermöglicht § 97 Abs. 6 GWB im Rahmen des **Sekundärschutzes** die Feststellung von haftungsrelevanten Verfahrensfehlern. Weitergehende Ansprüche etwa auf Rückabwicklung bereits erbrachter Leistungen sieht § 97 Abs. 6 GWB nach zutreffender Auffassung des Kammergerichts hingegen nicht vor.[456]

197 Üblicherweise können Verstöße gegen die vergaberechtlichen Gebote des Wettbewerbs und der Transparenz (§ 97 Abs. 1 GWB) sowie der Gleichbehandlung (§ 97 Abs. 2 GWB)

---

451 So BGH, Beschl. v. 18.2.2003, X ZB 43/02, BGHZ 154, 32; a. A. *Müller-Wrede/Schade*, VergabeR 2005, 460, 464 f.

452 BGH, Beschl. v. 20.3.2014, X ZB 18/13, NZBau 2014, 310, Rn. 20; so später auch OLG Brandenburg, Beschl. v. 12.1.2016, Verg W 4/15, IBR 2016, 229.

453 BGH, Beschl. v. 20.3.2014, X ZB 18/13, NZBau 2014, 310, Rn. 20 f.; früher bereits: BGH, Urt. v. 5.11.2002, X ZR 232/00, ZfBR 2003, 194.

454 VG Neustadt a.d.W., Beschl. v. 6.9.2001, 7 L 1422/01.NW, VergabeR 2001, 51, 52.

455 Vgl. OLG Naumburg, Beschl. v. 8.1.2003, 1 Verg 7/02, VergabeR 2003, 196, 199, m. Anm. *Schwenker/Heinze*.

456 Vgl. KG, Beschl. v. 24.10.2001, KartVerg 10/01, VergabeR 2002, 100, 103; im Ergebnis zustimmende Anm. *Stapenhorst*, VergabeR 2002, 103.

als Verletzung des subjektiven Rechts aus § 97 Abs. 6 GWB geltend gemacht werden.[457] Dasselbe gilt für die Grundsätze der Wirtschaftlichkeit und der Verhältnismäßigkeit sowie die mittelständischen Interessen (§ 97 Abs. 4 GWB) und den Grundsatz der elektronischen Vergabe (§ 97 Abs. 5 GWB). So kann sich ein Bieter beispielsweise über § 97 Abs. 4 i.V.m. § 97 Abs. 6 GWB gegen die unterbliebene Aufteilung in Teil- und Fachlose mit der Begründung zur Wehr setzen, in einem seiner subjektiven Rechte aus dem Vergabeverfahren verletzt worden zu sein.[458] Dieselbe Möglichkeit besteht nach Auffassung des Kammergerichts und des OLG Düsseldorfs auch bei Verstößen gegen **allgemeine von der Verwaltung zu beachtende Grundsätze** wie das aus dem Gebot von Treu und Glauben herzuleitende Verbot des widersprüchlichen Verhaltens im Rechtsverkehr (venire contra factum proprium) und das allgemeine Gebot der Verfahrensfairness.[459]

Zu den unter § 97 Abs. 6 GWB fallenden „Bestimmungen über das Vergabeverfahren" **198**
zählen unmittelbar auch diejenigen Vorschriften der Vergabe- und Vertragsordnungen, denen im Umfang der Verweisung durch die Vorschriften der Vergabeverordnung (VgV) **Rechtsnormcharakter** zukommt.[460] So sah das OLG Celle im Rahmen der früheren Rechtslage zwar einen Verstoß gegen das Gebot produktneutraler Ausschreibung nach § 8 Abs. 7 Satz 1 VOL/A-EG a.F. als einen denkbaren Anknüpfungspunkt für die Verletzung eines subjektiven Rechts nach § 97 Abs. 6 GWB an. Im konkreten Fall war der Ausschluss einer Bieterin jedoch aufgrund sachlich gerechtfertigter und auftragsbezogener Gründe nicht zu beanstanden.[461] Auch die Änderung von Vergabeunterlagen und die Verringerung der Anzahl zugelassener Bieter i.S. von § 19 EG Abs. 3 lit. d) i.V.m. § 16 EG Abs. 4 VOL/A a.F. konnten nach früherer Rechtslage potenziell als subjektive Vergaberechte nach § 97 Abs. 6 GWB geltend gemacht werden.[462] Dasselbe galt bislang für den Fall, dass ein Bieter nach § 19 Abs. 3 lit. a) EG VOL/A a.F. vom Vergabeverfahren hätte ausgeschlossen werden müssen.[463] Nach neuer Rechtslage ist davon auszugehen, dass die Änderung von Vergabeunterlagen, sofern sie nicht gegen § 53 Abs. 7 Satz 1 bzw. § 57 Abs. 1 Nr. 2 oder Nr. 4 VgV verstößt, und der Schutz vor einer Verringerung der Anzahl zugelassener Bieter im Verhandlungsverfahren, sofern § 17 Abs. 12 VgV nicht einschlägig ist, auch weiterhin als subjektive Vergaberechte i.S. von § 97 Abs. 6 GWB geltend gemacht werden können.

Darüber hinaus können Vorschriften der Vergabe- und Vertragsordnungen **mittelbare Bezugsnormen** von § 97 Abs. 6 GWB sein, wenn in ihnen die wesentlichen vergaberechtli- **199**

457 Vgl. etwa BKartA (1. VK Bund), Beschl. v. 19.9.2001,VK 1 – 33/01, VergabeR 2002, 72, 73.

458 OLG Celle, Beschl. v. 10.11.2016, 13 Verg 7/16, NZBau 2017, 242, Rn. 36ff.

459 Vgl. KG, Beschl. v. 18.7.2002, 2 Kart Verg 4/02, VergabeR 2003, 78, 81; KG, Beschl. v. 7.11.2001, Kart Verg 8/01, VergabeR 2002, 95, 97; vgl. OLG Düsseldorf, Beschl. v. 22.5.2002, Verg 6/02,VergabeR 2002, 668, 670.

460 Vgl. OLG Düsseldorf, Beschl. v. 22.5.2002, Verg 6/02, VergabeR 2002, 668, 669f.; zum Rechtsnormcharakter der Vergabe- und Vertragsordnungen *Hailbronner*, in: Grabitz/Hilf, EU, Bd. 4, Öffentliches Auftragswesen, B.1 – Einleitung, Rn. 16f.; *Dreher*, in: Immenga/Mestmäcker, GWB, Vor §§ 97ff., Rn. 48; § 97 Rn. 259f.; *Boesen*, GWB, Einl. Rn. 141; *Meißner*, Anm., VergabeR 2002, 670, 671; a.A. *Stickler*, in: Reidt/Stickler/Glahs, Vergaberecht, § 97 Rn. 44, der auch aus weiteren Vorschriften der Vergabe- und Vertragsordnungen subjektive Rechte ableiten möchte.

461 OLG Celle, Beschl. v. 10.11.2016, 13 Verg 7/16, NZBau 2017, 242, Rn. 30f.

462 OLG Schleswig, Beschl. v. 19.8.2016, 54 Verg 7/16, VergabeR 2017, 63.

463 OLG Thüringen, Beschl. v. 24.2.2016, 2 Verg 2/16, juris, Rn. 192ff.

chen Grundsätze aus § 97 Abs. 1 bis Abs. 5 GWB konkretisiert werden.[464] Dies ist auch die dogmatische Grundlage des BayObLG, das bei der Prüfung von § 97 Abs. 6 GWB einen Verstoß gegen das Verhandlungsverbot des § 24 VOB/A a.F. auf die vergaberechtlichen Grundsätze des Wettbewerbsprinzips, der Verfahrenstransparenz und des Diskriminierungsverbots (§ 97 Abs. 2 GWB) zurückführt.[465]

200 Nicht zu den „Bestimmungen über das Vergabeverfahren" i.S. von § 97 Abs. 6 GWB zählen nach einer Entscheidung des OLG Düsseldorf hingegen Normen, die außerhalb des Kartellvergaberechts liegen. Verstöße gegen § 1 GWB können daher grundsätzlich **nicht im vergaberechtlichen Rechtsschutzverfahren** überprüft werden, sondern müssen im Rahmen von Unterlassungs- oder Feststellungsklagen vor den Kartellgerichten geltend gemacht werden, da sie sich nicht in erster Linie gegen eine Handlung in einem „Vergabeverfahren" richten.[466]

c) Einzelfälle

201 War ein unterlegener Bieter aufgrund von Vorabinformationen imstande, Verletzungen in seinen Rechten nach § 97 Abs. 6 GWB wegen Nichtbeachtung anderer Vergabevorschriften geltend zu machen, so ist nach einer Entscheidung des OLG Koblenz ein **Verstoß gegen die Informationspflicht** nach § 134 GWB (früher: § 101a GWB a.F. bzw. § 13 VgV a.F.) wegen unzureichender Begründung der Nichtberücksichtigung ausgeschlossen.[467] Allerdings ist zu bedenken, dass zahlreiche Vergabeverstöße etwa bei der Gestaltung und Konzipierung der Vergabeunterlagen grundsätzlich auch ohne nachträgliche Informationen von Seiten der Vergabestelle möglich sind.[468] Daher erscheint es nicht vollends überzeugend, dass anderweitige Rechtsverletzungen i.S. von § 97 Abs. 6 GWB, die auch ohne Vorabinformationen gerügt werden können, im Hinblick auf die unter den Voraussetzungen des § 135 GWB (früher: Nichtigkeit gem. § 101b GWB a.F. bzw. § 13 Satz 6 VgV a.F.) mögliche anfängliche Unwirksamkeit des zu früh abgeschlossenen Vertrags ohne Bedeutung sein sollen.

202 Nach Auffassung des OLG Brandenburg soll der aus § 97 Abs. 6 GWB resultierende subjektive Anspruch auf **Einhaltung der vergaberechtlichen Bestimmungen** die **formelle Rechtmäßigkeit** des Vergabeverfahrens sicherstellen. Diese auch in der VgV vom 12.4.2016 zutage tretende Formstrenge führt regelmäßig dazu, dass das Nichteinhalten der Formalien zur Begründetheit des Nachprüfungsantrags führt. Aufgrund dieses formell-rechtlichen Schwer-

---

464 Vgl. *Stickler*, in: Reidt/Stickler/Glahs, Vergaberecht, § 97 Rn. 44, der u.a. die Grundsätze der Vergabe (§ 2 VOB/A, § 97 Abs. 2 u. 4 GWB), die Wahl der richtigen Vergabeart (§§ 3, 3a VOB/A, § 101 GWB), die richtige Auswahl der Teilnehmer (§§ 8, 8a VOB/A), die Bekanntmachung (§§ 17, 17a VOB/A), die Angebots- und Bewerbungsfrist (§§ 18, 18a VOB/A), das Nachverhandlungsverbot (§ 24 VOB/A) sowie schließlich die Bestimmungen über Bewertung (§§ 25, 25a VOB/A) und Aufhebung (§§ 26, 26a VOB/A) als mittelbare Bezugsnormen des § 97 Abs. 7 GWB a.F. nennt.

465 Vgl. BayObLG, Beschl. v. 16.9.2002, Verg 19/02, VergabeR 2002, 644, 648.

466 Vgl. OLG Düsseldorf, Beschl. v. 22.5.2002, Verg 6/02, VergabeR 2002, 668, 669, m. zustimmender Anm. *Meißner*, VergabeR 2002, 670, 671; unklar zu § 1 GWB *Stickler*, in: Reidt/Stickler/Glahs, Vergaberecht, § 97 Rn. 6a.

467 Vgl. OLG Koblenz, Beschl. v. 25.3.2002, 1 Verg 1/02, VergabeR 2002, 384. 387; a.A. *Glahs/Külpmann*, Anm. VergabeR 2002, 387, 388.

468 So auch *Glahs/Külpmann*, Anm. VergabeR 2002, 387, 388.

punktes des § 97 Abs. 6 GWB kann nach Auffassung des Gerichts einer Verpflichtung zur Wiederholung der Angebotswertung nicht der Einwand des „vergaberechtmäßigen Alternativverhaltens" entgegengehalten werden, durch das dieselbe Zuschlagsentscheidung des Auftraggebers **in anderer Form** vergaberechtsgemäß gewesen wäre.[469]

Zu den nach Abs. 6 zu beachtenden Anforderungen gehört auch, dass der öffentliche Auftraggeber **erfüllbare Bedingungen** aufstellt. Unerfüllbare Anforderungen widersprechen dem Grundsatz von Treu und Glauben, der allgemein gilt und deshalb auch Grundlage eines jeden Vergabeverfahrens ist und zu den Bestimmungen gehört, die der öffentliche Auftraggeber nach § 97 Abs. 6 GWB zu beachten hat. Bei einer unerfüllbaren Anforderung leidet das Vergabeverfahren an einem grundlegenden Mangel, weshalb es nicht in Betracht kommt, auf dieser Grundlage einen Auftrag für die nachgefragte Leistung zu erteilen. Dies gilt nach der Rspr. des BGH nicht nur für den Fall, dass die Erbringung der nachgefragten Leistung selbst ganz oder teilweise objektiv unmöglich ist, sondern gleichermaßen, wenn bestimmte Nachweise (z.B. Erklärungen Dritter als Nachweis für die Qualität der angebotenen Leistung) über die Beschaffenheit der angebotenen Leistung verlangt werden, aber nicht rechtzeitig beigebracht werden können. Auch in diesem Fall fehlt eine vom öffentlichen Auftraggeber für wesentlich gehaltene Grundlage für den Vergleich der abgegebenen Angebote und damit für die sachgerechte Entscheidung, der das eingeleitete Vergabeverfahren dienen soll. Kann der grundlegende Mangel des eingeleiteten Vergabeverfahrens nicht durch transparente und diskriminierungsfreie Änderung der betreffenden Vorgabe behoben werden und/oder macht der öffentliche Auftraggeber hiervon keinen Gebrauch, so ist er gehalten, die Ausschreibung wegen des ihr anhaftenden Mangels aufzuheben (vgl. § 63 Abs. 1 Satz Nr. 1 und Nr. 4 VgV). In diesem Fall sind ein Ausschluss bloß einzelner Anbieter und die Erteilung des Auftrags an einen anderen Bieter, der ebenfalls den gewünschten Nachweis nicht rechtzeitig vorgelegt hat, unzulässig.[470] **203**

Insgesamt ist jedoch zu berücksichtigen, dass **nicht jede Vorschrift** mit Bezug zu wirtschaftlichen oder wirtschaftsverwaltungsrechtlichen Vorgängen in Verbindung mit § 97 Abs. 6 GWB im Nachprüfungsverfahren gerügt werden kann. Wie das OLG Frankfurt a.M. feststellte, ist beispielsweise der in den §§ 8 und 8a PersonenbeförderungsG vorgesehene Grundsatz des Vorrangs eigenwirtschaftlicher Verkehre hierfür ungeeignet, da es sich hierbei schon nicht um eine Bestimmung „über das Vergabeverfahren" handelt.[471] Wie das Gericht hervorhob, ist die Entscheidung, ungeachtet der genannten Vorschriften zu einer Ausschreibung zu kommen, dem Vergabeverfahren vorgelagert. Zudem werden bei der Verletzung des Vorrangs eigenwirtschaftlicher Verkehre zwar möglicherweise subjektive Rechte verletzt, diese sind jedoch nicht die Rechte, die Bieter in einem Nachprüfungsverfahren rügen können. **204**

Grundsätzlich können aber nur Ansprüche solcher Unternehmen im Nachprüfungsverfahren in Zusammenhang mit § 97 Abs. 6 GWB geltend gemacht werden, die sich auch **am Angebotswettbewerb beteiligt** haben. Andernfalls fehlt es bereits an der Antrags- bzw. Klagebefugnis (§ 160 Abs. 2 GWB, früher: § 107 Abs. 2 GWB a.F.), sodass subjektive Rechte nicht entstanden sind.[472] **205**

---

469 Vgl. OLG Brandenburg, Beschl. v. 11.12.2001, Verg W 6/01, NZBau 2002, 624, 625.
470 BGH, Beschl. v. 26.9.2006, X ZB 14/06, BGHZ 169, 131, Rn. 23.
471 OLG Frankfurt, Beschl. v. 24.1.2017, 11 Verg 1/16, VergabeR 2017, 407, Rn. 43.
472 OLG Düsseldorf, Beschl. v. 21.10.2015, VII-Verg 28/14, NZBau 2016, 235, Rn. 112; *Dörr*, in: Burgi/Dreher, Beck'scher VergR-Kommentar, Bd. 1, § 97 Abs. 6 Rn. 1 u. 17.

§ 98 Auftraggeber

Auftraggeber im Sinne dieses Teils sind öffentliche Auftraggeber im Sinne des § 99, Sektorenauftraggeber im Sinne des § 100 und Konzessionsgeber im Sinne des § 101.

Schrifttum: *Boesen*, Vergaberecht: Kommentar zum 4. Teil des GWB, 2000; *Burgi*, Vergaberecht, 2016; *Hertwig*, Praxis der öffentlichen Auftragsvergabe, 6. Aufl. 2016; *Immenga/Mestmäcker*, Wettbewerbsrecht, Bd. 2, GWB, Kommentar zum Deutschen Kartellrecht 5. Aufl. 2014; *Kulartz/Kus/Portz/Prieß*, Kommentar zum GWB Vergaberecht, 4. Aufl. 2016; *Kulartz/Kus/Portz*, Kommentar zum GWB Vergaberecht, 3. Aufl. 2014; *Langen/Bunte*, Kommentar zum deutschen und europäischen Kartellrecht, Bd. 1, 12. Aufl. 2014; *Müller-Wrede*, GWB Vergaberecht, Kommentar, 2016; *Reidt/Stickler/Glahs*, Vergaberecht, Kommentar, 3. Aufl. 2011.

Übersicht

I. Allgemeines

1 Der Begriff des Auftraggebers ist ein zentraler Terminus im Vergaberecht. In dieser Vorschrift wird der Adressatenkreis definiert, der grundsätzlich die vergaberechtlichen Anforderungen zu beachten und umzusetzen hat.

2 Vor der Vergaberechtsnovelle 2016 erfolgte die Begriffsbestimmung im Rahmen des § 98 GWB a. F. als einheitliche Vorschrift in vergleichsweise unübersichtlicher Form. Zum Zwecke einer besseren Verständlichkeit bietet § 98 GWB n. F. nunmehr eine klarstellende Definition des Begriffs des Auftraggebers „im Sinne dieses Teils", d. h. Teil 4 des GWB (§§ 97 bis 184 GWB) (Vergabe von öffentlichen Aufträgen und Konzessionen). Damit wird ein „Überbegriff" geschaffen, der zwischen öffentlichen Auftraggebern i. S. d. § 99 GWB, Sektorenauftraggebern i. S. d. § 100 GWB und Konzessionsgebern i. S. d. § 101 GWB differenziert.[1]

1 Vgl. auch *von Wietersheim*, VergabeR 2016, 269, 272.

§ 98 GWB n.F. wird zur Grundnorm des persönlichen Anwendungsbereichs des GWB-Vergaberechts.[2] 3

Der Gesetzgeber schafft damit eine größere Klarheit für den betroffenen Anwenderkreis, 4
und folgt zugleich der Struktur der europäischen Richtlinien, insbesondere der Richtlinie über die Vergabe von Konzessionen 2014/23/EU (KVR), die eine Unterteilung in Art. 6 und 7 vorsieht, und zwar auf der einen Seite zwischen „öffentlichen Auftraggebern" sowie zwischen „Auftraggebern, die einer Sektorentätigkeit nachgehen und zum Zwecke dieser Tätigkeit Konzessionen vergeben".[3]

Zudem vereinfacht der Gesetzgeber mit der Einführung einer übergeordneten Kategorie 5
(Auftraggeber i. S. d. Teils 4 des GWB) die Bezugnahme und die Verweisungsmöglichkeit zu anderen gesetzl. Vorschriften und Normen, z. B. im Hinblick auf § 1 VergStatVO sowie § 1 Abs. 1 VgV.[4]

Der Begriff des „Auftraggebers", der sich komplex in der ursprünglichen Fassung des § 98 6
GWB a. F. las, wird entzerrt und verwenderfreundlich strukturiert:

- Öffentliche Auftraggeber i. S. d. § 99 GWB,
- Sektorenauftraggeber i. S. d. § 100 GWB und
- Konzessionsgeber i. S. d. § 101 GWB.

Die in § 98 GWB dargelegte Definition ist abschließender Natur, d. h. nur die genannten 7
Kategorien von Auftraggebern unterliegen den Pflichten des GWB-Vergaberechts.[5] Die näheren Begriffsbestimmungen der genannten Auftraggeberkategorien finden sich in Bezug auf Tatbestandsvoraussetzungen in den §§ 99 bis 101 GWB.

II. Die Entwicklung des Auftraggeberbegriffs unter dem Einfluss des EU-Rechts

1. Öffentliches Haushaltsrecht

Für das Verständnis des Auftraggeberbegriffs ist es notwendig, die Entwicklung der Defi- 8
nition näher zu erfassen, insbesondere für die vollständige Erfassung der Rechtsprechung. Vor dem Tätigwerden der EU auf dem Gebiet des Vergaberechts war das deutsche Vergaberecht traditionell in das öffentliche Haushaltsrecht eingebettet. Die staatlichen Institutionen, die das öffentliche Haushaltsrecht zu beachten hatten, mussten auch die Vergaberegeln anwenden. Damit beschränkten sich die dem Vergaberecht unterliegenden Auftraggeber auf die sog. „klassischen" institutionellen Auftraggeber, nämlich den Staat mit seinen Gebietskörperschaften und sonstigen Körperschaften und Einrichtungen des öffentlichen Rechts. Private Unternehmen wurden vom Vergaberecht grundsätzlich nicht erfasst. Abgrenzungs- und Rechtsanwendungsschwierigkeiten beim Begriff des öffentlichen Auftraggebers traten demzufolge nicht auf.

---

2 *Badenhausen-Fähnle*, in: Müller-Wrede, GWB, § 98 Rn. 2.

3 *Badenhausen-Fähnle*, in: Müller-Wrede, GWB, § 98 Rn. 14; *Eschenbruch*, in: Kulartz/Kus/Portz/Prieß, GWB, § 98 Rn. 13.

4 Amtl. Begr., BT-Drs. 18/6281, S. 99.

5 *Eschenbruch*, in: Kulartz/Kus/Portz, GWB, 3. Aufl., § 98 Rn. 34.

2. Institutioneller Auftraggeberbegriff und Beginn des europarechtlichen Sekundärrechts

9 Anfang der 70er Jahre begann die EU (damals noch EWG), Regelungen auf dem Gebiet der öffentlichen Auftragsvergabe zu erlassen. Zielrichtung dabei war, die bis dato weitgehend voneinander abgeschotteten Beschaffungsmärkte dem freien Wettbewerb zu öffnen und dafür Sorge zu tragen, dass unionsweit alle Anbieter auf den jeweiligen nationalen Beschaffungsmärkten die gleichen Chancen haben, öffentliche Aufträge zu erhalten.[6] Die Gleichstellung aller EU-Unternehmen bei der Vergabe öffentlicher Aufträge ist für die Verwirklichung des Binnenmarktes von erheblicher Bedeutung und stellt ein bedeutendes Unionsziel dar.[7] Ermächtigungsgrundlage für den Erlass von gemeinschaftlichen Regelungen auf dem Gebiet des öffentlichen Auftragswesens ist Art. 114 AEUV. Die ersten auf dieser Grundlage erlassenen Koordinierungsregelungen waren die Baukoordinierungsrichtlinie von 1971 (BKR 1971)[8] und die Lieferkoordinierungsrichtlinie von 1976 (LKR 1976).[9]

10 Der Begriff des Auftraggebers orientierte sich in diesen Richtlinien noch am traditionellen Verständnis des öffentlichen Auftraggebers. So bestimmte Art. 1 b) der beiden Richtlinien als öffentlichen Auftraggeber den Staat, die Gebietskörperschaften und die in einem Anhang aufgeführten juristischen Personen des öffentlichen Rechts. Für die Bundesrepublik Deutschland führte der Anhang die „bundesunmittelbaren Körperschaften, Anstalten und Stiftungen des öffentlichen Rechts“ auf. In Privatrechtsform geführte, aber staatlich kontrollierte Unternehmen fielen noch nicht unter den Begriff des öffentlichen Auftraggebers.

11 Diese formale, rein auf die institutionelle Zugehörigkeit zum Staat abstellende Begriffsbestimmung benachteiligte diejenigen Mitgliedstaaten, die staatliche Aufgaben mit traditionell öffentlich-rechtlichen Organisationsformen erfüllten.[10] Dies war für diejenigen Mitgliedstaaten vorteilhaft, die sich zur Erfüllung öffentlicher Aufgaben privatrechtlicher Gestaltungsformen bedienten. Besonders stark entfaltete sich diese Problematik in den sog. Sektorenbereichen der Wasser-, Energie- und Verkehrsversorgung sowie im Telekommunikationsbereich. Diese Bereiche waren vom Anwendungsbereich der BKR 1971 und der LKR 1976 noch ausgenommen.

12 Um den sich aus der engen Begriffsbestimmung des öffentlichen Auftraggebers ergebenden Problemen gerecht zu werden, hat der EuGH in der Rs. „Beentjes“ entschieden, dass der Begriff des Staates in der BKR 1971 in einem funktionellen Sinne zu verstehen ist. Der EuGH führt aus:

> „Der in dieser Bestimmung verwendete Begriff des Staates ist im funktionellen Sinne zu verstehen. Das Ziel der Richtlinie, die die tatsächliche Verwirklichung der Niederlassungsfreiheit und des freien Dienstleistungsverkehrs auf dem Gebiet der öffentlichen Bauaufträge anstrebt, wäre gefährdet, wenn sie allein deswegen unanwendbar wäre, weil ein öffentlicher Bauauftrag von einer Einrichtung vergeben wird, die geschaffen

6 *Neßler*, EWS 1999, 89, 90 f.
7 *Dreher*, in: Immenga/Mestmäcker, GWB, Vorbemerkung vor §§ 97 ff. Rn. 6.
8 Richtlinie 71/305/EWG des Rates vom 26.7.1971 über die Koordinierung der Verfahren zur Vergabe öffentlicher Bauaufträge, ABlEG 1971 Nr. L 185 v. 16.8.1971, S. 5.
9 Richtlinie 77/62/EWG des Rates vom 26.12.1976 über die Koordinierung der Verfahren zur Vergabe öffentlicher Bauaufträge, ABlEG 1977 Nr. L 13 v. 15.1.1977, S. 1.
10 *Pietzcker*, ZHR 1998, 427, 443; *Boesen*, Vergaberecht, § 98 Rn. 10.

wurde, um ihr durch Gesetz zugewiesene Aufgaben zu erfüllen, die jedoch nicht förmlich in die staatliche Verwaltung eingegliedert ist."[11]

3. Funktioneller Auftraggeberbegriff im europarechtlichen Kontext

Mit der ersten Änderungsrichtlinie zur BKR 1971 vollzog die EU den vom EuGH vorgezeichneten Wechsel vom institutionellen zum **funktionellen Auftraggeberbegriff**. Durch die Richtlinie 89/440/EWG[12] wurde der Begriff des öffentlichen Auftraggebers um die „**Einrichtung des öffentlichen Rechts**" erweitert. Dieser Begriff sollte – wie sich aus dem in Anhang I angefügten Verzeichnis der von der Richtlinie erfassten „Einrichtungen des öffentlichen Rechts" ergibt – trotz des missverständlichen Wortlauts gerade auch die juristischen Personen des Privatrechts erfassen, die der staatlichen Kontrolle unterliegen und eine im Allgemeininteresse liegende Aufgabe nichtgewerblicher Art erfüllen.[13] 13

Unklar bleibt, ob das europäische Recht tatsächlich einen Wechsel vom institutionellen zum funktionellen Auftraggeberbegriff vollzog oder ob bereits der ursprüngliche Auftraggeberbegriff im funktionellen Sinne zu verstehen war, so wie dies der EuGH in der Rs. „Beentjes" angedeutet hat. Mit Blick auf die dem jeweiligen Art. 1 b) BKR angefügten Anhänge (s. o.) spricht viel dafür, dass zumindest aus Sicht von Kommission und Rat tatsächlich ein konzeptioneller Inhaltswechsel vorgenommen werden sollte.[14] Letztlich ist diese Frage nach der Festschreibung des funktionellen Auftraggeberbegriffs jedoch nur noch akademischer Natur. 14

4. Erweiterter unionsrechtlicher Rahmen

Der funktionelle Auftraggeberbegriff unter Einbeziehung privatrechtlich organisierter Unternehmen wurde in der Folge auch der Neufassung der BKR von 1993[15] (Art. 1 b)), der Neufassung der LKR von 1993[16] (Art. 1 b)) und der neu erlassenen DLR[17] (Art. 1 b)) zugrunde gelegt. Die Auftraggeberbegriffe in diesen drei ursprünglichen Richtlinien waren identisch. Der 1993 verabschiedeten SKR[18] lag dagegen ein erweiterter Auftraggeberbegriff zugrunde. Über die „Einrichtung des öffentlichen Rechts" hinaus galt die SKR gem. Art. 2 (1) a) SKR auch für öffentliche Unternehmen, die gem. Art. 1 Nr. 2 Satz 1 SKR wie folgt legal definiert waren: 15

---

11 EuGH, Urt. v. 20.9.1988, Rs. C-31/87 – Gebroeders Beentjes BV/Niederländischer Staat, Rn. 11.

12 Richtlinie 89/440/EWG des Rates vom 18.7.1989 zur Änderung der Richtlinie 71/305/EWG über die Koordinierung der Verfahren zur Vergabe öffentlicher Bauaufträge, ABlEG 1989 Nr. L 210 v. 21.7.1989, S. 1.

13 Vgl. auch *Pietzcker*, ZHR 1998, 427, 444; *Schlette*, EuR 2000, 119, 120.

14 So auch *Hailbronner*, EWS 1995, 285, 286.

15 Richtlinie 93/37/EWG des Rates vom 9.8.1993 über die Koordinierung der Verfahren zur Vergabe öffentlicher Bauaufträge, ABlEG 1993 Nr. L 199 v. 9.8.1993, S. 54, Anhang II. Abs. 3.

16 Richtlinie 93/36/EWG des Rates vom 14.6.1993 über die Koordinierung der Verfahren zur Vergabe öffentlicher Bauaufträge, ABlEG 1993 Nr. L 199 v. 9.8.1993, S. 1, Anhang II. Abs. 2.

17 Richtlinie 92/50/EWG des Rates vom 18.6.1992 über die Koordinierung der Verfahren zur Vergabe öffentlicher Bauaufträge, ABlEG 1993 Nr. L 209 v. 24.7.1992, S. 1, Anhang II. Nr. 1.

18 Richtlinie 93/38/EWG des Rates vom 14.6.1993 zur Koordinierung der Auftragsvergabe durch Auftraggeber im Bereich der Wasser-, Energie- und Verkehrsversorgung sowie im Telekommunikationssektor, ABlEG 1993 Nr. L 199 v. 9.8.1993, S. 84, Anhang II, Nr. 4.

„Jedes Unternehmen, auf das die staatlichen Behörden aufgrund von Eigentum, finanzieller Beteiligung oder der für das Unternehmen einschlägigen Vorschriften unmittelbar oder mittelbar einen beherrschenden Einfluss ausüben können."

16 In der am 30.4.2004 in Kraft getretenen einheitlichen Vergabekoordinierungsrichtlinie **2004/18/EG**[19] (VKR) wurde der Begriff des öffentlichen Auftraggebers in Art. 1 Abs. 9 wie folgt konkretisiert:

„‚Öffentliche Auftraggeber' sind der Staat, die Gebietskörperschaften, die Einrichtungen des öffentlichen Rechts und die Verbände, die aus einer oder mehreren dieser Körperschaften oder Einrichtungen des öffentlichen Rechts bestehen.

Als „Einrichtung des öffentlichen Rechts" gilt jede Einrichtung, die

(i) zu dem besonderen Zweck gegründet wurde, im Allgemeininteresse liegende Aufgaben nicht gewerblicher Art zu erfüllen,

(ii) Rechtspersönlichkeit besitzt und

(iii) überwiegend vom Staat, von Gebietskörperschaften oder von anderen Einrichtungen des öffentlichen Rechts finanziert wird, hinsichtlich ihrer Leitung der Aufsicht durch Letztere unterliegt oder deren Verwaltungs-, Leitungs- oder Aufsichtsorgan mehrheitlich aus Mitgliedern besteht, die vom Staat, von den Gebietskörperschaften oder von anderen Einrichtungen des öffentlichen Rechts ernannt worden sind.

Die nicht erschöpfenden Verzeichnisse der Einrichtungen und Kategorien von Einrichtungen des öffentlichen Rechts, die die in Unterabsatz 2 Buchstaben a, b und c genannten Kriterien erfüllen, sind in Anhang III enthalten. Die Mitgliedstaaten geben der Kommission regelmäßig die Änderungen ihrer Verzeichnisse bekannt."

17 Die Umsetzung des Auftraggeberbegriffs erfolgte in den 90er Jahren in Deutschland zunächst durch das Zweite Gesetz zur Änderung des HGrG,[20] und zwar in § 57a Nr. 1–8 HGrG a. F. Aufgrund der andauernden Kritik an der sog. „haushaltsrechtlichen Lösung"[21] verabschiedete der deutsche Gesetzgeber am 29.5.1998 das **Vergaberechtsänderungsgesetz (VgRÄG)**, das die Begriffsbestimmungen zum „Öffentlichen Auftraggeber" in nur geringfügig geänderter Form in den § 98 GWB a. F. überführte.[22]

18 Mit Inkrafttreten des Gesetzes zur Modernisierung des Vergaberechts vom April 2009 hatte es im Rahmen von § 98 GWB a. F. einige wenige Änderungen gegeben, mit denen die Anpassung an die Europäischen Richtlinien erfolgte. Erstens wurde in § 98 Nr. 4 GWB a. F. die Definition des Sektorenauftraggebers geändert. Zweitens wurde in § 98 Nr. 4

---

19 Richtlinie 2004/18/EG des Europäischen Parlaments und des Rates vom 31.3.2004 über die Koordinierung der Verfahren zur Vergabe öffentlicher Bauaufträge, Lieferaufträge und Dienstleistungsaufträge, ABlEG 2004, Nr. L 134 v. 30.4.2004, S. 4.

20 BGBl. I 1993, 1928.

21 Vgl. oben: Gliederungspunkt II. 1., Rn. 8.

22 § 57a Abs. 1 Nr. 8 HGrG a. F. wurde in § 98 GWB a. F. nicht übernommen. Sein Regelungsinhalt betraf die Vergabe von Bauleistungen durch eine natürliche oder juristische Person des Privatrechts, die mit einem der in § 57a Abs. 1 Nr. 1–3 HGrG a. F. genannten Auftraggeber einen Vertrag über die Erbringung einer Bauleistung, gleichgültig mit welchen Mitteln, gemäß den vom öffentlichen Auftraggeber genannten Erfordernissen geschlossen hatte (etwa Bauträger, Vertragspartner eines Mietkauf- oder Leasingvertrages). § 57a Abs. 1 Nr. 8 HGrG a. F. bezog sich allein auf die Vergabe von Bauleistungen durch den Vertragspartner des öffentlichen Auftraggebers. Letzterer blieb verpflichtet, Bauträger-, Mietkauf- oder Leasingverträge auszuschreiben, und zwar auf der Grundlage von § 98 Nr. 1–3 GWB a. F.; vgl. *Stickler*, in: Reidt/Stickler/Glahs, Vergaberecht, § 98 Rn. 63; *Thieme*, in: Langen/Bunte, Kartellrecht, § 98 Rn. 75.

Satz 3 GWB a. F. auf eine Anlage verwiesen, in der die Bereiche aufgeführt sind, die in die Sektorenbereiche fallen. Die Aufzählung in dieser Anlage entsprach weitgehend der in dem damals gestrichenen § 8 VgV a. F. Drittens wurde der Sektor der Telekommunikation aus dem Anwendungsbereich herausgenommen und unterliegt nicht länger dem Vergaberechtsregime. Viertens wurde in § 98 Nr. 4 Satz 2 GWB a. F. der Begriff der „besonderen und ausschließlichen Rechte" definiert. Fünftens wurden in § 98 Nr. 5 und 6 GWB a. F. folgende Klarstellungen vorgenommen: Erweiterung der Aufzählung in § 98 Nr. 5 GWB a. F. um juristische Personen des öffentlichen Rechts und Streichung der bisher in § 98 Nr. 5 GWB a. F. enthaltenen Definition des Begriffes Baukonzession, die sich danach in § 99 Abs. 6 GWB a. F. befand.

5. Letzte Novellierung der EU-Vergaberichtlinien und nationale Umsetzung

Am 17.4.2014 sind die Vergaberichtlinien des Europäischen Parlaments und des Rates, im Einzelnen die Richtlinie 2014/24/EU (allgemeine Vergaberichtlinie, VRL),[23] die Richtlinie 2014/25/EU (Sektorenvergaberichtlinie, SRL)[24] und die Richtlinie 2014/23/EU (Konzessionsvergaberichtlinie, KVR)[25] in Kraft getreten. **19**

Die damit einhergehende Novellierung des GWB-Vergaberechts machte es erforderlich, dass sich auch der deutsche Gesetzgeber erneut mit dem Begriff des Auftraggebers beschäftigte, und zwar sowohl aufgrund der bereits erwähnten Neustrukturierung der Definition des Begriffs des öffentlichen Auftraggebers, d. h. die systematische Trennung in der KVR zwischen einerseits öffentlichen Auftraggebern (Art. 6) und andererseits von Auftraggebern, die eine Sektorentätigkeit wahrnehmen und zu diesem Zweck eine Konzession vergeben, als auch aufgrund des Umstands, dass der europäische Gesetzgeber die Figur als „Konzessionsgeber" an sich geschaffen hat. Eine Neufassung war deshalb nicht nur sinnvoll, sondern auch geboten. Der neue § 98 GWB definiert als übergeordnete Kategorie den Begriff der Auftraggeber im Sinne des Teils 4. **20**

Dabei musste der deutsche Gesetzgeber berücksichtigen, dass die „aktuellen" Vergaberichtlinien den Begriff des „öffentlichen Auftraggebers" an sich nicht verändern wollen.[26] Illustrativ ist hierzu der Erwägungsgrund Nr. 10 zur VRL 2014/24/EU, der zwar auf „Überprüfungen" des Begriffs im Rahmen der Rechtsprechung des Europäischen Gerichtshofs verweist, aber klarstellt, dass „die Begriffsbestimmung beizubehalten ist, auf die sich der Gerichtshof selbst stützt".[27] Vor diesem Hintergrund findet sich auch kein geänderter Wortlaut in Art. 2 Abs. 1 Nr. 1 und Nr. 4 VRL 2014/24/EU.[28] Ausschließlich auf die zuvor in der VKR im Anhang III enthaltenen Verzeichnisse von Einrichtungen, die in den jeweili- **21**

---

23 Richtlinie 2014/24/EU des Europäischen Parlaments und des Rates vom 26.2.2014 über die öffentliche Auftragsvergabe und zur Aufhebung der Richtlinie 2004/18/EG, ABLEU Nr. L 94 v. 28.3.2014, S. 65.

24 Richtlinie 2014/25/EU des Europäischen Parlaments und des Rates vom 26.2.2014 über die Vergabe von Aufträgen durch Auftraggeber im Bereich der Wasser-, Energie- und Verkehrsversorgung sowie der Postdienste und zur Aufhebung der Richtlinie 2004/17/EG, ABLEU Nr. L 94 v. 28.3.2014, S. 243.

25 Richtlinie 2014/23/EU des Europäischen Parlaments und des Rates vom 26. Februar 2014 über die Konzessionsvergabe, ABLEU Nr. L 94 v. 28.3.2014, S. 1.

26 Vgl. *Hertwig*, Praxis der öffentlichen Auftragsvergabe, S. 27.

27 Erwägungsgrund 10 der VRL 2014/24/EU, ABLEU Nr. L 94 v. 28.3.2014, S. 65.

28 Darauf weist ausdrücklich *Rechten*, NZBau 2014, 667, 668 ebenfalls hin.

gen Mitgliedstaaten als zentrale Regierungsbehörden dem Begriff des öffentlichen Auftraggebers zugerechnet werden, hat der europäische Gesetzgeber verzichtet.

III. Auftraggeber nach nationalem Vergaberecht

22 Der in § 98 GWB verwandte Auftraggeberbegriff kommt grundsätzlich nur oberhalb der EU-Schwellenwerte zur Anwendung. Im nationalen **Haushaltsrecht**, also **unterhalb der Schwellenwerte**, ist grundsätzlich das nationale Budgetrecht weiterhin maßgeblich. Die institutionell bestimmten öffentlichen Auftraggeber „im klassischen Sinne", also der Staat mit seinen Gebietskörperschaften und seinen sonstigen Körperschaften und Einrichtungen des öffentlichen Rechts, müssen nicht nur das öffentliche Haushaltsrecht, sondern auch die Vergaberegeln anwenden. Ausgangspunkt hierfür sind **§ 55 BHO** und **§ 55 LHO** sowie die entsprechenden Regelungen der Gemeindehaushaltsverordnungen der Länder. Sofern entsprechende Haushaltsregelungen die Regelungen des § 55 BHO und § 55 LHO für bestimmte Institutionen nicht für anwendbar erklärt haben, sind diese nicht nach nationalem Recht und daher auch nicht unterhalb der Schwellenwerte zur Anwendung der Vergaberegeln verpflichtet. Private, natürliche und juristische Personen des privaten Rechts müssen Vergaberegeln – im Rahmen des Haushaltsrechts – nur anwenden, wenn ihnen die Anwendungspflicht im Einzelfall durch einen besonderen Akt auferlegt ist.

23 Die haushaltsrechtlichen Vorschriften gewähren **kein Recht auf Ausschreibung** eines Auftrags. Ein derartiges Recht wird erst bei Verträgen begründet, die von einem öffentlichen Auftraggeber oberhalb der in den Vergaberichtlinien vorgesehenen Schwellenwerten abgeschlossen werden sollen.

24 Sowohl juristischen Personen des Privatrechts als auch natürlichen Personen kann allerdings die Verpflichtung zur Durchführung von Ausschreibungen (und der damit einhergehenden Beachtung vergaberechtlicher Grundsätze und Normen) im Zusammenhang mit Zuwendungsbescheiden etwa im Rahmen entsprechender Nebenbestimmungen auferlegt werden.[29] Die Rechtmäßigkeit einer solchen Nebenbestimmung beurteilt sich dann nach den einschlägigen Vorschriften aufgrund derer die Subvention erteilt wird.

IV. Auftraggeberbegriff und EU-Primärrecht (AEUV)

25 § 98 GWB enthält eine abschließende Darstellung des Auftraggeberbegriffs i. S. d. GWB. Für diejenigen Fälle, bei denen eine Beschaffung betroffen ist, die aufgrund des geschätzten Auftragswerts die Anwendbarkeit des GWB ausschließt, hat die Rechtsprechung des EuGH darüber hinaus die Anwendbarkeit der Grundsätze des EU-Primärrechts entwickelt, wenn und soweit eine Binnenmarktrelevanz nachgewiesen werden kann.[30]

26 Die entsprechende Rechtsprechung hat sich bislang nicht abschließend mit der Frage beschäftigt, ob alle in § 98 GWB genannten Kategorien von Auftraggebern die Prinzipien der

29 Vgl. *Burgi*, Vergaberecht, § 8 Rn. 17.

30 EuGH, Urt. v. 7.12.2000, Rs. C-324/98 – Teleaustria; EuGH, Urt. v. 3.12.2001, Rs. C-59/00 – Vestergaard; EuGH, Urt. v. 20.10.2005, Rs. C-264/03 – Kommission/Frankreich; EuGH, Urt. v. 6.4.2006, Rs. C-410/04 – ANAV.

Transparenz, der Nichtdiskriminierung und der Gleichbehandlung bei entsprechenden Unterschwellenvergaben zu beachten haben. Nach Darstellung der EU-Kommission in der Mitteilung zu Auslegungsfragen in Bezug auf das Gemeinschaftsrecht, das für die Vergabe öffentlicher Aufträge gilt, die nicht oder nur teilweise unter die Vergaberichtlinien fallen, sind alle Auftraggeber, d. h. „sowohl die öffentlichen Auftraggeber im Sinne des Artikels 1 Absatz 9 der Richtlinie 2004/18/EG als auch die Auftraggeber im Sinne des Artikels 2 der Richtlinie 2004/17/EG" „bei der Vergabe öffentlicher Aufträge, die in den Geltungsbereich des EG-Vertrags fallen, an die Vorschriften und Grundsätze dieses Vertrags gebunden", und zwar einschließlich der Prinzipien der „Nichtdiskriminierung und Gleichbehandlung, Transparenz, Verhältnismäßigkeit und gegenseitige Anerkennung".[31] Diese Auslegung der EU-Kommission, die keine Ausnahme im Hinblick auf nicht staatlich beherrschte Unternehmen vorsieht, dürfte auf der Grundlage des Art. 106 Abs. 1 AEUV (ex-Art. 86 EGV) auch weiterhin Bestand haben.[32] Damit erfassen die primärrechtlichen Bindungen die Gebietskörperschaften, deren Sondervermögen sowie deren Verbände als auch alle staatlich beherrschten Unternehmen.[33] Soweit es jedoch nicht staatlich beherrschte Auftraggeber betrifft, d. h. insbesondere private Sektorenauftraggeber, wird eine solche Verbindlichkeit mit der Begründung verneint, und zwar aufgrund mangelnder Gefährdung, dass der Staat versuchen könnte, politische Ziele zulasten EU-ausländischer Wettbewerber durchzusetzen.[34] Ein solch grundsätzlicher „Ausschluss" privater Auftraggeber von den primärrechtlichen Bindungen ist nicht zu rechtfertigen.

Schon die Gewährung eines ausschließlichen bzw. besonderen Rechts durch den Staat **27** stellt eine besondere Nähe zu den begünstigten Unternehmen dar. In einer solchen Konstellation kann eben nicht ausgeschlossen werden, dass eine staatliche Einflussnahme ausgeübt wird. Nicht nur die direkte gesellschaftsrechtliche Beherrschung über ein Monopol oder begünstigtes Unternehmen begründet den Fall der Staatsnähe; auch vom Staat in die Verwaltungs-, Aufsichts-, oder Managementebene entsandte Personen können eine Staatsnähe begründen, etwa dann, wenn sie mit besonderen Informations-, Auskunfts- oder Mitentscheidungsrechten ausgestattet sind. Vor diesem Hintergrund ist in jedem Einzelfall zu prüfen, also auch bei staatlich nicht beherrschten Auftraggebern, ob ein Gefährdungspotenzial im Hinblick auf die Staatsnähe festzustellen ist. Kann eine solche Staatsnähe nicht ausgeschlossen werden, besteht eine Primärrechtswirkung.

V. Europarechtskonforme Auslegung des Auftraggeberbegriffs

Zur Sicherung der Anwendbarkeit der EU-vergaberechtlichen Vorgaben sind die Institutio- **28** nen, Organe und Gerichte in den EU-Mitgliedstaaten verpflichtet, die Tatbestandsvoraussetzungen europarechtskonform auszulegen.[35] Dabei haben sie die Zielsetzung der Vergaberichtlinien sowie deren Begründung heranzuziehen, und zwar mit dem Ziel, den öffentli-

---

31 Mitteilung vom 23.6.2006, ABl. C 179, S. 2, hier insbesondere Fn. 4.

32 Vgl. *Eschenbruch*, in: Kulartz/Kus/Portz, GWB, 3. Aufl., § 98 Rn. 24.

33 Vgl. *Eschenbruch*, in: Kulartz/Kus/Portz/Prieß, GWB, § 98 Rn. 14.

34 *Gabriel*, VergabeR 2009, 7, 13, 14; *Rechten*, NZBau 2014, 667, 671, *Eschenbruch*, in: Kulartz/Kus/Portz/Prieß, GWB, § 98 Rn. 14.

35 *Eschenbruch*, in: Kulartz/Kus/Portz/Prieß, GWB, § 98 Rn. 15.

chen Beschaffungsmarkt Anbietern aus der gesamten EU zu eröffnen.[36] Der EuGH hat immer wieder in seinen Entscheidungen darauf hingewiesen, dass die Beachtung des EU-Vergaberechts im Vordergrund steht und nicht wirtschaftliche Erwägungen auf nationaler Ebene.[37]

29 Die Würdigung als Auftraggeber steht nicht im Ermessen des Einzelnen, der einen Beschaffungsvorgang vornimmt, sondern entscheidet sich anhand der tatsächlichen Merkmale die für die Qualifizierung notwendig sind.[38]

36 *Badenhausen-Fähnle*, in: Müller-Wrede, GWB, § 98 Rn. 7.

37 EuGH, Urt. v. 10.4.2008, Rs C-393/06 – Fernwärme Wien, Rn. 37; EuGH, Urt. v. 13.12.2006, Rs. C-337/06 – Bayerischer Rundfunk, Rn. 36.

38 Vgl. *Eschenbruch*, in: Kulartz/Kus/Portz/Prieß, GWB, § 98 Rn. 15 ff., mit weiteren detaillierten Beispielen aus der Rechtsprechung.

§ 99 Öffentliche Auftraggeber

Öffentliche Auftraggeber sind

1. **Gebietskörperschaften sowie deren Sondervermögen,**
2. **andere juristische Personen des öffentlichen und des privaten Rechts, die zu dem besonderen Zweck gegründet wurden, im Allgemeininteresse liegende Aufgaben nichtgewerblicher Art zu erfüllen, sofern**
   a) **sie überwiegend von Stellen nach Nummer 1 oder 3 einzeln oder gemeinsam durch Beteiligung oder auf sonstige Weise finanziert werden,**
   b) **ihre Leitung der Aufsicht durch Stellen nach Nummer 1 oder 3 unterliegt oder**
   c) **mehr als die Hälfte der Mitglieder eines ihrer zur Geschäftsführung oder zur Aufsicht berufenen Organe durch Stellen nach Nummer 1 oder 3 bestimmt worden sind;**

   dasselbe gilt, wenn diese juristische Person einer anderen juristischen Person des öffentlichen oder privaten Rechts einzeln oder gemeinsam mit anderen die überwiegende Finanzierung gewährt, über deren Leitung die Aufsicht ausübt oder die Mehrheit der Mitglieder eines zur Geschäftsführung oder Aufsicht berufenen Organs bestimmt hat,
3. **Verbände, deren Mitglieder unter Nummer 1 oder 2 fallen,**
4. **natürliche oder juristische Personen des privaten Rechts sowie juristische Personen des öffentlichen Rechts, soweit sie nicht unter Nummer 2 fallen, in den Fällen, in denen sie für Tiefbaumaßnahmen, für die Errichtung von Krankenhäusern, Sport-, Erholungs- oder Freizeiteinrichtungen, Schul-, Hochschul- oder Verwaltungsgebäuden oder für damit in Verbindung stehende Dienstleistungen und Wettbewerbe von Stellen, die unter die Nummern 1, 2 oder 3 fallen, Mittel erhalten, mit denen diese Vorhaben zu mehr als 50 Prozent subventioniert werden.**

Schrifttum: *Bartosch*, EU-Beihilferecht, Kommentar, 2009; *Bechtold*, Kartellgesetz, GWB, 6. Aufl. 2010; *Boesen*, Vergaberecht, Kommentar zum 4. Teil des GWB, 2000; *Burgi*, Vergaberecht, 2016; *Burgi/Dreher*, Beck'scher Vergaberechtskommentar, Band 1, GWB 4. Teil, 3. Aufl. 2017; *Grabitz/Hilf*, Das Recht der Europäischen Union, Bd. IV Sekundärrecht, B. Öffentliches Auftragswesen, Stand: 40. EL, 2009; *Hertwig*, Praxis der öffentlichen Auftragsvergabe, 6. Aufl. 2016; *Immenga/Mestmäcker*, Wettbewerbsrecht, 5. Aufl. 2014; *Jestaedt/Kemper/Marx/Prieß*, Das Recht der Auftragsvergabe, 1999; *Kapellmann/Messerschmidt*, VOB/A Teil A und B, 5. Aufl. 2015; *Kulartz/Kus/Portz/Prieß*, Kommentar zum GWB-Vergaberecht, 4. Aufl. 2016; *Müller-Wrede*, GWB Vergaberecht, Kommentar 2016; *Noch*, Vergaberecht kompakt, Handbuch für die Praxis, 7. Aufl. 2016; *Loewenheim/Meessen/Riesenkampff*, 3. Aufl. 2016; *Pünder/Schellenberg*, Vergaberecht, 2. Aufl. 2015; *Reidt/Stickler/Glahs*, Vergaberecht, 3. Aufl. 2011; *Schulte-Just*, Kartellrecht, Kommentar, 2. Aufl. 2016; *Ziekow/Völlink*, Vergaberecht, 2. Aufl. 2013.

Übersicht

I. Allgemeines

1 Die erste Kategorie des Auftraggeberbegriffs behandelt § 99 GWB, den Terminus „öffentlicher Auftraggeber". Dabei ist die in § 99 GWB getroffene Definition abschließender Natur.[1]

2 § 99 GWB übernimmt im Wesentlichen die in § 98 GWB a. F. enthaltenen Regelungen der Nrn. 1, 2, 3 und 5 (nunmehr § 99 Nr. 4 GWB n. F.). Aufgrund der Einführung der Kategorisierung wurde der in § 98 Nr. 4 GWB a. F. noch enthaltene Begriff des Sektorenauftraggebers nunmehr in einen eigenen Paragrafen übertragen, nämlich in § 100 GWB. § 98 Nr. 6 GWB a. F. zur Baukonzession wird jetzt – wie die Kategorie der Konzessionsgeber generell – in § 101 GWB behandelt.

3 Der Begriff „öffentlicher Auftraggeber" in § 99 GWB reflektiert die Umsetzung der Regelungen der VRL 2014/24/EU in Art. 2 Abs. 1 Nr. 1–4. Hieran orientiert sich auch die Systematik des § 99 GWB:

- in § 99 Nr. 1 GWB: die Gebietskörperschaften und deren Sondervermögen; dabei handelt es sich um sogenannte „geborene" öffentliche Auftraggeber;
- in § 99 Nr. 2 GWB: der sogenannte „erweiterte" Kreis der öffentlichen Auftraggeber, und zwar unter Zugrundelegung des funktionalen Auftraggeberbegriffs im Hinblick auf

1 Regierungsbegründung BT-Drs. 18/6281 zu § 99 GWB (öffentliche Auftraggeber), S. 69.

die betreffende Staatsgebundenheit und unter Auslegung der dort genannten Tatbestandsmerkmale;
- in § 99 Nr. 3 GWB: die Verbände der unter § 99 Nr. 1 und Nr. 2 GWB genannten juristischen Personen
- und in § 99 Nr. 4 GWB: Zuwendungsempfänger, unter der Voraussetzung, dass sie für die in dieser Regelung genannten Maßnahmen mehr als 50 % der Mittel als Subvention erhalten.[2]

Die VKR 2004/18/EG enthielt in ihrem Anhang III noch ein Verzeichnis, in dem öffentliche oder „klassische" Auftraggeber exemplarisch aufgelistet waren. Dieser Anhang wurde im Rahmen der Neufassung (der Richtlinie) ersatzlos gestrichen. Hintergrund ist dazu, dass die enthaltene Liste weder abschließender Natur noch rechtsverbindlich war.[3] Aus diesem Grund hatte die Liste nur eine eingeschränkte rechtliche Bedeutung, sodass der Richtliniengeber davon Abstand genommen hat, diese Form der Benennung nationaler Beispiele beizubehalten. 4

II. Der Begriff des öffentlichen Auftraggebers nach § 99 Nr. 1 GWB

§ 99 Nr. 1 GWB erfasst die „Gebietskörperschaften sowie deren Sondervermögen" und damit die **klassischen öffentlichen Auftraggeber**, deren Pflicht zur Anwendung des Vergaberechts sich aus der institutionellen Zugehörigkeit zum Staat ergibt.[4] Da die institutionelle Zugehörigkeit zum Staat relativ leicht feststellbar ist, dürften sich aus dieser Vorschrift kaum Rechtsanwendungsschwierigkeiten ergeben. 5

Diese Regelung entspricht dem Wortlaut von Art. 2 Abs. 1 Nr. 1 VRL 2014/24/EU. Art. 2 Abs. 3 VRL 2014/24/EU und Art. 3 Nr. 2 und Nr. 3 SRL 2014/25/EU nehmen ergänzend Bezug auf die VO (EG) 1059/2003 zur „Schaffung einer gemeinsamen Klassifikation der Gebietseinheiten für die Statistik (abgekürzt „NUTS").[5] Danach umfasst der Begriff „Gebietskörperschaften" Behörden, die nicht erschöpfend gemäß der Bezugnahme der Verordnung (EG) Nr. 1059/2003 unter NUTS 1 und NUTS 2 aufgeführt sind, und sämtliche Behörden oder Verwaltungseinheiten, die unter NUTS 3 fallen, sowie kleinere Verwaltungseinheiten i. S. d. Verordnung (EG) Nr. 1059/2003. Damit gibt der Richtliniengeber eine Hilfestellung zur Reichweite des Terminus „Gebietskörperschaft". 6

Gebietskörperschaften sind durch ihre rechtliche Zuordnung zu einem räumlich abgegrenzten Teil der Erdoberfläche geprägt, wobei ihnen für diesen Teil eigene hoheitliche Rechte obliegen. Sie sind abzugrenzen von Körperschaften ohne geografischen Bezug. 7

Die Gebietskörperschaften in der Bundesrepublik sind der **Bund**, die **Länder** und die **Gemeinden**. Wegen der in § 99 Nr. 3 GWB speziell genannten Verbände fallen Gemeindeverbände, wie z. B. Landkreise, nicht unter § 99 Nr. 1 GWB.[6] 8

---

2 Regierungsbegründung BT-Drs. 18/6281 zu § 99 GWB (öffentliche Auftraggeber), S. 70.

3 *Just*, in: Schulte-Just, Kartellrecht, § 98 Rn. 4; *Burgi*, Vergaberecht, § 8 Rn. 3.

4 Vgl. *Dreher*, in: Immenga/Mestmäcker, GWB, § 98 Rn. 17.

5 Verordnung (EG) Nr. 1059/2003 des Europäischen Parlaments und des Rats vom 26.5.2003, OJL 154, S. 4 vom 21.6.2003.

6 *Badenhausen-Fähnle*, in: Müller-Wrede, GWB, § 99 Rn. 5.

9 § 99 Nr. 1 GWB sind alle Organisationseinheiten einer Gebietskörperschaft zuzuordnen, die nach außen im Hinblick auf eine Beschaffung auftreten, und zwar gleichgültig, welche Funktion sie wahrnehmen: Dazu zählen sowohl Gesetzgebungsorgane als auch Untergliederungen von Organen wie Ministerien, Anstalten und Körperschaften des öffentlichen Rechts, nicht rechtsfähige Eigenbetriebe und Regiebetriebe sowie nicht rechtsfähige Stiftungen.[7]

10 Für die Anwendbarkeit des § 99 Nr. 1 GWB ist somit unbeachtlich, in welcher rechtlichen Form eine Gebietskörperschaft handelt. In der Regel wird sie durch eine ihrer Behörden selbst auftreten; sie kann sich aber auch von Dritten vertreten lassen. Dies gilt auch dann, wenn ein Privater den Beschaffungsvorgang selbst in eigenem Namen vornimmt, aber im Interesse und für Rechnung eines öffentlichen Auftraggebers i. S. v. § 99 Nr. 1 GWB handelt (mittelbare Stellvertretung).[8] Das BKartA argumentierte schon in seiner „Echolot"-Entscheidung,[9] dass der Private im Außenverhältnis zwar als alleiniger Auftraggeber auftritt, die Beschaffung im Innenverhältnis jedoch der Gebietskörperschaft als öffentlicher Auftraggeberin nach § 98 Nr. 1 GWB a. F. (§ 99 Nr. 1 GWB n. F.) zuzurechnen ist.

11 Der Begriff der Gebietskörperschaft ist allerdings abzugrenzen von dem Terminus „**Zweckverband**". Dabei handelt es sich um eine Form einer Bundkörperschaft,[10] die nicht über eigene Rechte verfügt, sondern deren Hoheitsrechte sich von ihren Mitgliedern ableiten. Zweckverbände unterfallen dem Auftraggeberbegriff des § 99 Nr. 3 GWB.[11]

12 Unter **Sondervermögen**, die ebenfalls ausdrücklich von § 99 Nr. 1 GWB erfasst sind, versteht man nicht-rechtsfähige, dekonzentrierte Verwaltungsstellen, die haushaltsrechtlich und organisatorisch verselbstständigt sind.[12] Damit sind Sondervermögen **keine rechtlich eigenständigen Verwaltungsträger**. Aus der fehlenden Rechtsfähigkeit der Sondervermögen erklärt sich auch ihre systematische Zusammenfassung mit den Gebietskörperschaften, denen das Handeln der Sondervermögen rechtlich zuzuordnen ist. Im Gegensatz dazu sind die von § 99 Nr. 2 GWB erfassten juristischen Personen des öffentlichen Rechts rechtlich selbstständig. Sondervermögen sind damit insbesondere die **Eigenbetriebe** der Gebietskörperschaften[13] und sonstige Einheiten dieser Körperschaften sowie **kommunale, nicht-rechtsfähige Stiftungen**.

13 Nicht der (rechtlich unselbstständige) Eigenbetrieb selbst, sondern die jeweils hinter einem solchen Betrieb stehende Gebietskörperschaft ist der verpflichtete öffentliche Auftraggeber, und zwar auf der Grundlage des § 99 Nr. 1 GWB.

14 Von zunehmender Bedeutung ist verwaltungsorganisatorisch die **Zusammenfassung von Eigenbetrieben mehrerer Gebietskörperschaften in interkommunaler Kooperation**,

---

7 *Eschenbruch*, in: Kulartz/Kus/Portz/Prieß, GWB, § 99 Rn. 14; *Badenhausen-Fähnle*, in: Müller-Wrede, GWB, § 99 Rn. 4.

8 Vgl. auch *Badenhausen-Fähnle*, in: Müller-Wrede, GWB, § 99 Rn. 9; *Noch*, Kap. A, II, 3 (a) (bb) (26) Rn. 196.

9 BKartA, VergabeR 2007, 100, 105.

10 OVG Lüneburg, OVGE 16, 487, 495; Bundkörperschaft = Zusammenschluss einzelner Gebietskörperschaften.

11 BayObLG, Beschl. v. 12.4.2000, Verg 1/00.

12 Vgl. *Eschenbruch*, in: Kulartz/Kus/Portz/Prieß, GWB, § 99 Rn. 17.

13 VK Hessen, Beschl. v. 12.2.2008, 69d VK – 01/2008; VK Düsseldorf, Beschl. v. 29.3.2007, VK 08/2007 – B.

in Konsortien oder (Zweck-)Verbänden. Im Hinblick auf das Vergaberecht ist hierbei problematisch, ob es sich bei solchen Konsortien oder Verbänden um Untergliederungen der öffentlichen Hand handelt, die selbst wiederum als Unternehmen betrachtet werden müssen. Verfügt das Konsortium – wie die Eigenbetriebe der Gebietskörperschaften selbst – über keine eigene Rechtspersönlichkeit, bleibt es eine unselbstständige Verwaltungseinheit, die wiederum den Gebietskörperschaften zugerechnet werden muss. Es handelt sich um eine verwaltungsorganisatorische Ausgliederung der z. B. einer Gemeinde oder einem Landkreis obliegenden Aufgabe und nicht um die Vergabe eines öffentlichen Auftrags am Markt.[14] Auftraggeber ist in einem solchen Fall nur die Gebietskörperschaft selbst.

Die Auftraggebereigenschaft einer Gebietskörperschaft nach § 99 Nr. 1 GWB ist dann gegeben, wenn die Gebietskörperschaft beabsichtigt, mit einer Einrichtung, die sich formal von ihr unterscheidet und die ihr gegenüber eigene Entscheidungsgewalt besitzt, einen schriftlichen entgeltlichen Vertrag abzuschließen. Etwas anderes kann nur dann gelten, wenn die Gebietskörperschaft über das Konsortium eine Kontrolle ausübt wie über ihre eigenen Dienststellen, und wenn dieses Konsortium seine Tätigkeit im Wesentlichen für die Gebietskörperschaft ausübt.[15] **15**

Bis zu ihrer Privatisierung zählten auch die **Deutsche Bundesbahn** und die **Deutsche Bundespost** zu den Sondervermögen des Bundes. Nach der Neugliederung der Bahn durch das BENeuglG gilt dies nur noch bedingt. Zwar sind die „Deutsche Bundesbahn“ und die „Deutsche Reichsbahn“ zum „Bundeseisenbahnvermögen“ zusammengefasst worden (§ 1 BENeuglG). Das Bundeseisenbahnvermögen hat jedoch nur noch begrenzte Aufgaben im Verwaltungsbereich, insbesondere verwaltet es die nicht bahnnotwendigen Liegenschaften. Der gesamte unternehmerische Bereich obliegt der Deutsche Bahn AG.[16] Eine Ausschreibungspflicht nach § 99 Nr. 1 GWB kommt daher nur noch in Betracht, soweit das Bundeseisenbahnvermögen auf dem ihm zugewiesenen engen Aufgabenbereich tätig wird. **16**

§ 57a Nr. 1 HGrG a. F. erfasste auch die aus den Gebietskörperschaften und ihren Sondervermögen bestehenden **Verbände**. Der Wegfall der Verbände in § 99 Nr. 1 GWB stellt jedoch nur eine gesetzestechnische Klarstellung dar, da die Verbände in § 57a HGrG a. F. in Nr. 1 und 3 genannt und somit doppelt erfasst waren. Ob die **getrennte Erfassung der Verbände in § 99 Nr. 3 GWB** gesetzestechnisch aber sinnvoll ist, ist zweifelhaft. Vermutlich wäre es klarer gewesen, den gesamten institutionellen Staatsbereich mit Nr. 1 abzudecken und sich danach dem problematischen Bereich der „Einrichtungen des öffentlichen Rechts“ als öffentlicher Auftraggeber zuzuwenden. Diese Gliederung hätte auch den europarechtlichen Vorgaben entsprochen. **17**

---

14 Vgl. dazu BGH, Beschl. v. 12.6.2001, X ZB 10/01, NZBau 2001, 517 und OLG Düsseldorf, Beschl. v. 15.10.2003, VII Verg 50/03.

15 EuGH, Urt. v. 18.11.1999, Rs. C-107/98, Rn. 50 f., NZBau 2000, 90 – Teckal Srl ./. Gemeinde Viano.

16 Vgl. unten: Gliederungspunkt VI. 11., Rn. 151 ff.

III. Der Begriff des öffentlichen Auftraggebers nach § 99 Nr. 2 GWB

1. Vorbemerkung

18 Weitaus größere Rechtsprobleme als die Bestimmung des Öffentlichen Auftraggebers nach § 99 Nr. 1 GWB bereitet die Vorschrift des § 99 Nr. 2 GWB. Sie ist Ausdruck der bereits angesprochenen **Wandlung vom institutionellen zum funktionellen Auftraggeberbegriff**. Ziel der Vorschrift ist es, auch **in privatrechtlicher Form durchgeführte staatliche Aufgaben** dem Vergaberecht zu unterwerfen, um so in flexibler Weise den zunehmenden Privatisierungstendenzen begegnen zu können. Diese Zielrichtung birgt die Gefahr, dass gerade an den unscharfen Rändern des Staatsbezugs konkrete Vorgaben fehlen und Einzelfallentscheidungen zum Auftraggeberbegriff die Regel sein werden. Vielfach versuchen Einrichtungen, insbesondere solche, die privatrechtlich organisiert sind, sich einer Qualifizierung als öffentlicher Auftraggeber zu entziehen, etwa indem sie die Anknüpfungspunkte in ihren ursprünglichen Satzungen verändern. Nach ständiger Rechtsprechung des EuGH sollen die vergaberechtlichen Vorgaben daher verhindern, „dass eine vom Staat, von Gebietskörperschaften oder anderen Einrichtungen des öffentlichen Rechts finanzierte oder kontrollierte Stelle sich von anderen als wirtschaftlichen Überlegungen leiten lässt“.[17]

19 Ausgangspunkt des Wortlauts des § 99 Nr. 2 GWB ist der Begriff der „Einrichtungen des öffentlichen Rechts“ aus Art. 2 Abs. 1 Nr. 1 VRL 2014/24/EU und Art. 3 Nr. 1 SRL 2014/25/EU sowie der weiteren Konkretisierung der Voraussetzungen in Art. 2 Abs. 1 Nr. 4 lit. a) bis c) VRL 2014/24/EU sowie Art. 3 Nr. 4 lit. a) bis c) SRL 2014/25/EU. Danach müssen „Einrichtungen des öffentlichen Rechts“

a) zu dem besonderen Zweck gegründet worden sein, im Allgemeininteresse liegende Aufgaben nicht gewerblicher Art zu erfüllen,

b) Rechtspersönlichkeit besitzen und

c) überwiegend vom Staat, von Gebietskörperschaften oder von anderen Einrichtungen des öffentlichen Rechts finanziert werden oder hinsichtlich ihrer Leitung der Aufsicht dieser Gebietskörperschaften oder Einrichtungen unterstehen oder ein Verwaltungs-, Leitungs- beziehungsweise Aufsichtsorgan haben, das mehrheitlich aus Mitgliedern besteht, die vom Staat, von Gebietskörperschaften oder von anderen Einrichtungen des öffentlichen Rechts ernannt worden sind.

20 In diesem Zusammenhang hat der europäische Richtliniengeber in Erwägungsgrund 10 VRL 2014/24/EU festgehalten, dass

> „eine Einrichtung, die unter marktüblichen Bedingungen arbeitet, gewinnorientiert ist und die mit der Ausübung ihrer Tätigkeit einhergehenden Verluste trägt, nicht als „Einrichtung des öffentlichen Rechts“ angesehen werden sollte, da die im Allgemeininteresse liegenden Aufgaben, zu deren Erfüllung sie geschaffen oder mit deren Erfüllung sie beauftragt worden ist, als von gewerblicher Art anzusehen sind. Desgleichen ist die Bedingung bezüglich der Herkunft der Finanzausstattung der betreffenden Einrichtung

---

17 Vgl. u.a. EuGH, Urt. v. 1.2.2001, Rs. C-237/99, WuW/E Verg. 407, 408 – OPAC; Urt. v. 27.2.2003, Rs. C-373/00, NZBau 2003, 287, 291 – Adolf Truley GmbH ./. Bestattung Wien GmbH.

ebenfalls im Rahmen der Rechtsprechung überprüft worden, wobei unter anderem klargestellt wurde, dass unter „überwiegend“ finanziert eine Finanzierung in Höhe von mehr als der Hälfte zu verstehen ist, worunter auch Zahlungen von Nutzern fallen können, die nach den Vorschriften des öffentlichen Rechts auferlegt, berechnet und erhoben werden.“

In Erwägungsgrund 10 VRL 2014/24/EU stellt der europäische Richtliniengeber ebenfalls klar, dass der persönliche Geltungsbereich unverändert bleiben soll und daher im Wesentlichen die Begriffsbestimmung wie in der Vorgängerrichtlinie VKR 2004/18/EG beibehalten wird. **21**

Der deutsche Gesetzgeber hat den Wortlaut der Richtlinie nicht wortgetreu übernommen, sondern eine eigene sprachliche Fassung gefunden. Dabei hat man im Wesentlichen den Wortlaut des § 98 Nr. 2 GWB a.F. beibehalten, allerdings die Tatbestandsmerkmale übersichtlicher und anwenderfreundlicher als bisher aufgeschlüsselt, d.h. eine Trennung nach Buchstaben (lit. a) bis c)) vorgenommen anstelle eines Fließtextes.[18] **22**

Weiterhin ist der deutsche Gesetzgeber um eine klarere Formulierung im Hinblick auf den Beherrschungstatbestand des § 99 Nr. 2 Hs. 2 GWB bemüht. Zum einen wurde die bisherige Formulierung „Stelle“ durch die Begriffe „diese juristische Person“ sowie „einer anderen juristischen Person des öffentlichen oder privaten Rechts“ ersetzt, zum anderen nahm der deutsche Gesetzgeber in § 99 Nr. 2 Hs. 2 GWB auch die Regelung „über deren Leitung die Aufsicht ausübt“ als wörtliche Tatbestandsvoraussetzung auf.[19] **23**

Hs. 2 regelt den Fall der vermittelten staatlichen Gebundenheit, in dem die Beherrschung nicht durch Gebietskörperschaften nach § 99 Nr. 1 GWB oder deren Verbände nach § 99 Nr. 3 GWB, sondern durch den öffentlichen Auftraggeber nach § 99 Nr. 2 Hs. 1 GWB erfolgt.[20] **24**

Der Auslegung der einzelnen Kriterien des § 99 Nr. 2 GWB kommt besondere Bedeutung zu. Der oben zitierten Legaldefinition des Begriffs der „Einrichtung des öffentlichen Rechts“[21] lassen sich – schlagwortartig – die folgenden **drei Tatbestandsmerkmale** entnehmen: **25**

- selbstständige Rechtspersönlichkeit,
- Gründung zur Erfüllung einer im Allgemeininteresse liegenden Aufgabe nichtgewerblicher Art,
- überwiegende Finanzierung, Aufsicht über die Leitung oder Beherrschung durch staatliche Stellen.

Diese Tatbestandsmerkmale bringen – auch nach der verbesserten sprachlichen Fassung – in der praktischen Anwendung erhebliche praktische Schwierigkeiten mit sich, wobei sowohl die Rechtsprechung der europäischen als auch der nationalen Gerichte einer sehr **weiten Auslegung** zugunsten des öffentlichen Auftraggeberbegriffs den Vorzug geben.[22] Im **26**

---

18 Vgl. auch *Badenhausen-Fähnle*, in: Müller-Wrede, GWB, § 99 Rn. 17.

19 Vgl. *Badenhausen-Fähnle*, in: Müller-Wrede, GWB, § 99 Rn. 19.

20 Regierungsbegründung BT-Drs. 18/6281 zu § 99 GWB, S. 70.

21 Vgl. § 99 Nr. 2 GWB: „andere juristische Personen des öffentlichen und des privaten Rechts“.

22 *Mader*, EuZW 1999, 331, 333; EuGH, Urt. v. 27.2.2003 Rs. C-373/00, NZBau 2003, 287, 291 – Adolf Truley GmbH ./. Bestattung Wien GmbH; EuGH, Urt. v. 12.9.2013, Rs. C-526/11, Rn. 20, NZBau 2013, 719 – Ärztekammer Westfalen-Lippe.

Hinblick auf die Erklärungen des Richtliniengebers in Erwägungsgrund 10 VRL 2014/24/EU ist dieser Umstand auch nach wie vor so gewollt und beabsichtigt. Ausgangspunkt ist dabei die Vorstellung, dass eine enge Verbindung mit staatlicher Hoheit es ermöglicht, Entscheidungen bei der Auftragsvergabe zu beeinflussen. Eine solche Staatsnähe bringt es mit sich, dass durchaus andere als wirtschaftliche Überlegungen Vergabeentscheidungen leiten können.[23]

27 Die vorstehend genannten Tatbestandsmerkmale des § 99 Nr. 2 GWB müssen **kumulativ** vorliegen.[24] Aus diesem Grund unterliegen nicht alle staatlichen Unternehmen und/oder Beteiligungen den vergaberechtlichen Vorschriften des GWB, sondern nur solche, die sich sowohl unter staatlicher „Kontrolle" befinden als auch Aufgaben in Wahrnehmung allgemeiner Interessen und in Erfüllung ihrer satzungsgemäßen Bestimmung erfüllen. Dies bedeutet, es bedarf einer besonderen staatlichen Gebundenheit, die im Wege einer gesonderten Prüfung zu ermitteln und nachzuweisen ist.[25]

2. Selbstständige Rechtspersönlichkeit

28 Das Kriterium der selbstständigen Rechtspersönlichkeit ist vom deutschen Gesetzgeber dadurch umgesetzt worden, dass es sich beim Auftraggeber nach § 99 Nr. 2 GWB um eine **juristische Person des öffentlichen oder des privaten Rechts** handeln muss. Der in der VRL 2014/24/EU verwandte Begriff der „Rechtspersönlichkeit" ist weiter zu verstehen als dies der in § 99 Nr. 2 GWB benutzte Begriff der „juristischen Person des öffentlichen oder des privaten Rechts" durch den deutschen Gesetzgeber vermuten lässt.[26]

29 Als **juristische Personen des öffentlichen Rechts** sind in Deutschland anerkannt die **Körperschaft, die Anstalt und die Stiftung des öffentlichen Rechts**.[27] Die Gebietskörperschaften fallen nicht unter § 99 Nr. 2 GWB, da sie bereits vom vorrangigen § 99 Nr. 1 GWB erfasst werden.

30 Grundsätzlich gilt, dass sich die Gründung juristischer Personen des öffentlichen Rechts auf einen Hoheitsakt zurückführen lassen, d. h. im Rahmen eines Gesetzes oder anderer hoheitlicher Errichtungsakte ergehen muss. Anhang III zur VKR 2004/18/EG führte eine Vielzahl juristischer Personen des öffentlichen Rechts auf. Beispiele waren insbesondere die wissenschaftlichen **Hochschulen** und die verfassten Studentenschaften, die **Sozialversicherungen**, die **kassenärztlichen Vereinigungen** sowie die **berufsständischen Vereinigungen** wie Rechtsanwalts-, Architekten- und Ärztekammern etc. Aber selbst wenn eine Einrichtung im Anhang III zur VKR aufgeführt war, handelte es sich dabei nur um eine widerlegbare Vermutung dafür, dass die Voraussetzung einer Einrichtung des öffentlichen Rechts i. S. d. VKR 2004/18/EG vorlag. In jedem Falle musste eine gesonderte Untersu-

---

23 EuGH, Urt. v. 12.9.2013, Rs. C-526/11, Rn. 20, NZBau 2013, 719 – Ärztekammer Westfalen-Lippe.

24 Vgl. EuGH, Urt. v. 1.2.2001 Rs. C-237/99, Rn. 40, EuZW 2001, 184 – Kommission ./. Französische Republik.

25 *Burgi*, Vergaberecht, § 8 Rn. 7.

26 *Badenhausen-Fähnle*, in: Müller-Wrede, GWB, § 99 Rn. 28; *Eschenbruch*, in: Kulartz/Kus/Portz/Prieß, GWB, § 99 Rn. 33.

27 Vgl. *Hailbronner*, in: Grabitz/Hilf, Das Recht der Europäischen Union, B 4, Rn. 69.

chung durchgeführt werden, ob alle Tatbestandsmerkmale vorlagen oder nicht.[28] Mit dem Entfallen des Anhangs III zur VKR ist daher nochmals unterstrichen worden, dass es einer eingehenden Prüfung aller Gesamtumstände bedarf.[29]

So gab es auch nach der alten Gesetzeslage juristische Personen des öffentlichen Rechts, die in Anhang III zur VKR nicht ausdrücklich genannt waren. Dies galt z. B. für die **Religionsgesellschaften**, die **öffentlich-rechtlichen Rundfunkanstalten, Messegesellschaften etc.** Bei diesen juristischen Personen des öffentlichen Rechts ist in Deutschland, teilweise abweichend von den anderen EU-Staaten, umstritten, ob sie überhaupt den vergaberechtlichen Verpflichtungen unterliegen. Auf diese Sonderfälle wird in einem gesonderten Kapitel noch näher eingegangen werden.[30] **31**

Als **juristische Personen des Privatrechts** sind im deutschen Recht anerkannt: der eingetragene BGB-Verein, die Aktiengesellschaft, die Kommanditgesellschaft auf Aktien, die GmbH, die eingetragene Genossenschaft und der Versicherungsverein auf Gegenseitigkeit. Diese genannten juristischen Personen kommen prinzipiell ebenfalls als öffentliche Auftraggeber in Frage, sofern sie selbstverständlich die weiteren Voraussetzungen erfüllen. **32**

Problematisch ist jedoch die Erfassung der **Vorstadien dieser Gesellschaften**, wie z. B. der **Vor-GmbH und der Vor-AG**. Diese besitzen nach herrschender Meinung eine Rechtsnatur sui generis und sind daher keine juristischen Personen. Im Hinblick darauf, dass es sich bei diesen Vorstadien der Gesellschaften um notwendige Durchgangsstadien zu den endgültigen Gesellschaften handelt, ist die Anwendbarkeit des Vergaberechts bei Vorliegen der übrigen Voraussetzungen aber zu bejahen.[31] **33**

Zwar müsste vom konzeptionellen Ansatz die unechte **Vor-GmbH** bzw. Vorgründungsgesellschaft anders zu beurteilen sein, denn diese hat regelmäßig die Rechtsnatur der offenen Handelsgesellschaft. Die OHG besitzt ebenso wie die KG und die Vorstadien dieser Gesellschaften keine eigene Rechtspersönlichkeit. Da der klare Wortlaut des § 99 Nr. 2 GWB sowie der VRL 2014/24/EU die **Rechtspersönlichkeit** des Auftraggebers fordern, spricht zunächst die Formulierung der Regelung gegen eine Erfassung von Personengesellschaften als öffentliche Auftraggeber. **34**

So hat ursprünglich der Vergabeüberwachungsausschuss Brandenburg entschieden, dass eine **KG** kein Auftraggeber i. S. d. § 57a Nr. 2 HGrG (a. F.) sei, weil sie keine juristische Person sei.[32] Er konstatierte, diese formale Betrachtungsweise sei geboten, weil der Begriff der juristischen Person klar definiert sei. Auch führe ein Rückgriff auf die zugrunde liegenden EU-Richtlinien zu keinem anderen Ergebnis, denn auch dort fordere die Definition der „Einrichtung des öffentlichen Rechts" ausdrücklich den Besitz der Rechtspersönlichkeit. **35**

---

28 EuGH, Urt. v. 12.9.2013, Rs. C-526/11, Rn. 18, 19, NZBau 2013, 719 – Ärztekammer Westfalen-Lippe.

29 Vgl. *Hertwig*, Praxis der öffentlichen Auftragsvergabe, 1. Teil, III, 2, Rn. 52; *Dreher*, in: Immenga/Mestmäcker, GWB, § 98 Rn. 28.

30 Siehe unten: Gliederungspunkt VI., Rn. 114 ff.

31 *Stickler*, in: Reidt/Stickler/Glahs, Vergaberecht, § 98 Rn. 11; *Dreher*, in: Immenga/Mestmäcker, GWB, § 98 Rn. 43; *Eschenbruch*, in: Kulartz/Kus/Portz/Prieß, GWB, § 99 Rn. 44.

32 VÜA Brandenburg, WuW Entsch. VergAL 39, 45 – Heizkraftwerk Cottbus.

36 Die Entscheidung des VÜA und die ihr zugrunde liegende Argumentation wurde als zu formal und begriffsjuristisch kritisiert.[33] Obwohl der Wortlaut des GWB und der Richtlinien übereinstimmend eine selbstständige Rechtspersönlichkeit der jeweiligen Einrichtung verlangen, sollten die genannten Gesellschaftsformen vom Begriff des öffentlichen Auftraggebers erfasst werden, da ansonsten der **Umgehung des Vergaberechts** Tür und Tor geöffnet wäre.[34] Immer wieder wählen klassische öffentliche Auftraggeber nicht nur die Rechtsform einer GmbH und/oder einer AG, sondern auch diejenige einer Kommanditgesellschaft (oder GmbH & Co. KG-Strukturen), um dieser öffentliche Aufgaben zu übertragen.

37 Regelungsziel der EU-Richtlinien ist in erster Linie die Schaffung eines Vergabebinnenmarktes. Dieser Zielsetzung ist auch das deutsche Recht verpflichtet. Im Hinblick auf die genannten Umgehungsmöglichkeiten des Vergaberechts durch die Wahl einer bestimmten Rechtsform erscheint es zweifelhaft, ob die vom VÜA gewählte formale Betrachtungsweise tatsächlich im Sinne dieser Zielsetzung ist. Nach dem Sinn und Zweck der Richtlinien und des GWB sollte es daher **nicht** auf die **rein formale Klassifizierung** des deutschen Gesellschaftsrechts ankommen. Immerhin sind OHG und KG nach § 124 Abs. 1 HGB bzw. nach §§ 161 Abs. 2, 124 Abs. 1 HGB zumindest teilrechtsfähig, d.h. insbesondere partei- und insolvenzfähig. Hinzu kommt, dass das Bundesverfassungsgericht die Grundrechtsfähigkeit der KG entsprechend Art. 19 Abs. 3 GG, der direkt nur für juristische Personen gilt, bejaht hat.[35] Bei einer **richtlinienkonformen Auslegung** des § 99 Nr. 2 GWB können aus diesen Gründen auch die Gesellschaftsformen OHG, KG sowie Vorgründungsgesellschaften einer (späteren) juristischen Person die Qualifikation eines öffentlichen Auftraggebers erlangen.[36]

38 Kritischer stellt sich die Situation bei einer **BGB-Gesellschaft** und/oder einer **Europäischen wirtschaftlichen Vereinigung (EWIV)** dar. Diesen Gesellschaftsformen mangelt es an eigener Rechtspersönlichkeit. Die BGB-Gesellschaft besitzt allerdings zumindest (Teil)Rechtsfähigkeit, soweit sie durch Teilnahme am Rechtsverkehr eigene Rechte und Pflichten begründen kann. Diese Ansicht wird gestützt durch das Urteil des BGH vom 29.1.2001[37] zur Rechtsfähigkeit der BGB-Gesellschaft. Danach ist geklärt, dass die BGB-Gesellschaft Rechtsfähigkeit besitzt, soweit sie durch Teilnahme am Rechtsverkehr eigene Rechte und Pflichten begründet. Damit ist die BGB-Gesellschaft mit der OHG vergleichbar, die ebenfalls keine eigene Rechtspersönlichkeit besitzt, jedoch, wie oben erläutert, von § 99 Nr. 2 GWB erfasst wird. Das OLG Celle hat daher festgestellt, dass sie „bei Beschaffungen die Rechtsposition des Auftraggebers einnehmen“[38] kann. Nach Auffassung des OLG Celle sei der Begriff der juristischen Person weit auszulegen, „damit [durch die Wahl der Rechtsform] bei der Vergabe öffentlicher Aufträge keine Umgehungsmöglichkeiten eröffnet werden“.[39]

33 *Dreher*, DB 1998, 2579, 2580.

34 *Dreher*, DB 1998, 2579, 2580; so im Ergebnis auch *Otting*, in: Bechtold, GWB, § 98 Rn. 11.

35 BVerfGE 10, 89, 99; BVerfGE 20, 283, 290; BVerfGE 53, 1, 13.

36 Diese Auffassung wird allgemein vertreten: *Eschenbruch*, in: Kulartz/Kus/Portz/Prieß, GWB, § 99 Rn. 45; *Badenhausen-Fähnle*, in: Müller-Wrede, GWB, § 99 Rn. 57.

37 BGH, Urt. v. 29.1.2001, BGHZ 146, 341.

38 OLG Celle, Beschl. v. 14.9.2006, 13 Verg 3/06, VergabeR 2007, 86, 87.

39 OLG Celle, Beschl. v. 14.9.2006, 13 Verg 3/06, VergabeR 2007, 86, 87; vgl. auch *Eschenbruch*, in: Kulartz/Kus/Portz/Prieß, GWB, § 99 Rn. 46.

3. Gründung zur Erfüllung einer im Allgemeininteresse liegenden Aufgabe nichtgewerblicher Art

Dieses Tatbestandsmerkmal wird durch die folgenden Kriterien definiert: a) „Besonderer Gründungszweck", b) „Allgemeininteresse" und c) „Nichtgewerblichkeit". Der so verstandene Organisations- oder Gründungszweck ist dem Wortlaut von Art. 2 Nr. 4 lit. a) VRL 2014/24/EU zu entnehmen. **39**

a) Besonderer Gründungszweck

Abgesehen davon, dass der Auftraggeber über eine selbstständige Rechtspersönlichkeit (bzw. Teilrechtsfähigkeit) verfügt, muss er auch zu dem besonderen Zweck gegründet worden sein, eine im Allgemeininteresse liegende Aufgabe nichtgewerblicher Art zu erfüllen. Anknüpfungspunkt ist zunächst der **besondere Gründungszweck** bzw. der Unternehmensgegenstand des Unternehmens, wie er zum Zeitpunkt der Gründung bestand. **40**

Die **teleologische Auslegung** ergibt aber, dass auch solche Unternehmen von § 99 Nr. 2 GWB erfasst werden, die erst durch **nachträgliche Zweckbestimmung** eine entsprechende Zwecksetzung erhielten oder nach der Umwandlung in eine andere Rechtsform Aufgaben im Allgemeininteresse übertragen bekommen.[40] Dementsprechend hat der EuGH entschieden, dass eine Einrichtung, die zwar nicht zu dem besonderen Zweck gegründet wurde, im Allgemeininteresse liegende Aufgaben nicht gewerblicher Art zu erfüllen, die jedoch solche Aufgaben später übernommen hat und diese seither tatsächlich wahrnimmt, das Tatbestandsmerkmal des Art. 1 b) erster Gedankenstrich der Richtlinie 93/37[41] erfülle, und somit als Einrichtung des öffentlichen Rechts im Sinne dieser Bestimmung qualifiziert werden kann, sofern die Übernahme dieser Aufgaben objektiv feststellbar ist.[42] In dieser Vorlageentscheidung hatte der EuGH darüber zu befinden, ob eine österreichische Entsorgungsgesellschaft, die zwar ursprünglich nicht zur Erfüllung einer im Allgemeininteresse liegenden Aufgabe gegründet worden war, jedoch seit 1985 die Hauptkläranlage der Stadt Wien betreibt, als Einrichtung des öffentlichen Rechts in diesem Sinne qualifiziert werden muss. Die positive Beantwortung dieser Frage begründete der EuGH damit, dass die praktische Wirksamkeit der oben zitierten Richtlinie nicht vollständig gewährleistet wäre, wenn ihre Anwendung allein deshalb ausgeschlossen sein könnte, weil die im Allgemeininteresse liegenden Aufgaben nicht gewerblicher Art, die die Einrichtung erfüllt, ihr zum Zeitpunkt ihrer Gründung noch nicht übertragen worden waren.[43] **41**

Würde man hingegen unterstellen, dass eine spätere **Umwidmung des Gründungszwecks** zur Wahrnehmung von im Allgemeininteresse liegenden Aufgaben nicht für eine Qualifikation als öffentlicher Auftraggeber ausreicht, so wäre dies ein Einfallstor zur Umgehung. **42**

---

40 Dieser hier schon lange vertretenen Ansicht ist auch das OLG Düsseldorf ausdrücklich gefolgt: Beschl. v. 9.4.2003, Verg 66/02.

41 Richtlinie 93/37/EWG des Rates v. 14.6.1993 zur Koordinierung der Verfahren zur Vergabe öffentlicher Bauaufträge.

42 EuGH, Urt. v. 12.12.2002, Rs. C-470/99, Slg. 2002, I-11617, Rn. 63 – Universale-Bau AG.

43 Dazu kritisch: *Opitz*, NZBau, 2003, 252, 253.

Im Sinne der richtlinienkonformen Auslegung muss daher eine solche Interpretation schon im Ansatz verneint werden.[44]

43 Im **umgekehrten Fall**, dass ein **Betrieb zur Durchführung von Tätigkeiten im Allgemeininteresse gegründet wurde und inzwischen faktisch andere Aufgaben wahrnimmt**, verliert er – in der Regel – seine Eigenschaft als öffentlicher Auftraggeber nicht.[45] Auch wenn es nach der Rechtsprechung des EuGH[46] auf die tatsächlich ausgeübte Tätigkeit ankommt, erscheint es aus Gründen der Rechtssicherheit nicht sachgerecht, hieraus den Umkehrschluss zu ziehen, dass in den Fällen, in denen der besondere Gründungszweck nachträglich entfällt, damit auch die Eigenschaft als öffentlicher Auftraggeber nach § 99 Nr. 2 GWB nicht fortbesteht.[47] Außenstehende können nicht in jedem Fall untersuchen, über welche gegenwärtige Ausrichtung eine ursprünglich zum Zwecke der Durchführung im Allgemeininteresse dienender Aufgaben gegründete Einrichtung verfügt. Ein Unternehmen, das bei seiner Gründung einen „**öffentlichen Zweck**" auferlegt bekommen hat, muss sich diesen grundsätzlich auch in seinem weiteren Tätigkeitsverlauf zurechnen lassen, es sei denn, es ändert grundsätzlich seinen Geschäftsgegenstand.[48] Die Gefahr, der Umgehung vergaberechtlicher Vorschriften Tür und Tor zu öffnen, wäre zu groß. Bei Auslegungsfragen kann das jeweilige Gründungsstatut (Satzung, Gesellschaftsvertrag etc.) Hilfestellung geben; hieraus ergibt sich i. d. R. die von den Gründern beabsichtigte Intention. Diese ist maßgeblich, zumal die mit dem besonderen Gründungszweck verfolgten Aufgaben derzeit wahrgenommen werden können. Sofern der ursprünglich in der Satzung niederlegte Gründungszweck nicht „mehr praktiziert" wird und sich also der Unternehmensgegenstand verändert, trägt Derjenige, der sich auf solche tatsächliche Änderung beruft, eine erhöhte Gegendarlegungslast. Es muss hier eine umfassende Darstellung und Beweisführung erbracht werden, dass – trotz mangelnder Satzungsänderung – eine Tätigkeit im Allgemeininteresse nicht mehr erbracht wird; zudem ist entsprechend zu ergänzen, warum gerade keine Satzungsänderung trotz anderweitiger Geschäftstätigkeit erfolgt ist.[49] Eine bloße Behauptung reicht nicht aus.

44 Der Vollständigkeit halber ist darauf hinzuweisen, dass eine Einrichtung **neben** den im **Allgemeininteresse** liegenden Aufgaben **noch andere Tätigkeiten** ausüben kann. Dies hat der EuGH in der Entscheidung „Mannesmann Anlagenbau Austria" entschieden und festgestellt, dass alle Aufträge, die von einer Einrichtung mit der Eigenschaft eines öffentlichen Auftraggebers vergeben werden, unabhängig von ihrem Wesen dem Vergaberecht un-

44 Vgl. auch *Eschenbruch*, in: Kulartz/Kus/Portz/Prieß, GWB, § 99 Rn. 58, 66; EuGH, Urt. v. 12.12.2002, Rs. C-470/99, Slg. 2002, I-11617, Rn. 63 – Universale-Bau AG; OLG Düsseldorf, Beschl. v. 9.4.2003, Verg 66/02.

45 Vgl. *Lederer*, in: Kapellmann/Messerschmidt, VOB/A, § 1a Rn. 14; a. A. *Pünder*, in: Pünder/Schellenberg, Vergaberecht, § 98 Rn. 25.

46 EuGH, Urt. v. 15.1.1998, Rs. C-44/96, Slg. 1998, I-73 – Mannesmann Anlagenbau Austria AG ./. Strohal Rotationsdruck GmbH; Urt. v. 12.12.2002, Rs. C-470/99, Slg. 2002, I-11617, NZBau 2003, 162, 165 – Universale-Bau AG.

47 Zu diesem Ergebnis kommt: KG, Beschl. v. 6.2.2003, 2 Verg 1/03, NZBau 2003, 346, 347; wohl auch OLG Karlsruhe, Urt. v. 17.4.2008, 8 U 228/06, VergabeR 2009, 108, 110.

48 Vgl. *Dreher*, in: Immenga/Mestmäcker, GWB, § 98 Rn. 50.

49 Vgl. OLG Karlsruhe, Urt. v. 17.4.2008, 8 U 228/06, VergabeR 2009, 108, 111 mit umfassender Darlegung der Begründung.

terliegen (sog. **Infizierungstheorie**).[50] Diesen Ansatz hat der EuGH in seiner Entscheidung „Wienstrom II“ vom 10.4.2008[51] bestätigt. Dabei kommt es nicht darauf an, ob die Erfüllung der im Allgemeininteresse liegenden Aufgaben tatsächlich **nur einen relativ geringen Teil der Tätigkeiten der Einrichtung** ausmacht, solange sie weiterhin die Aufgaben wahrnimmt, die sie als besondere Pflicht zu erfüllen hat. Da somit die Eigenschaft einer Stelle als Einrichtung des öffentlichen Rechts nicht davon abhängt, welchen Anteil die Erfüllung von im Allgemeininteresse liegenden Aufgaben nichtgewerblicher Art an der Tätigkeit der betreffenden Stelle ausmacht, ist es erst recht unerheblich, ob von einer separaten juristischen Person, die zu derselben Gruppe oder demselben Konzern gehört, gewerbliche Tätigkeiten ausgeübt werden.[52] Unerheblich ist auch, ob die betreffenden Bereiche, bspw. durch eine getrennte Buchführung, organisatorisch getrennt sind.[53] Dieser Ansatz gewährleistet, dass die Beachtung vergaberechtlicher Vorschriften nicht etwa dadurch umgangen werden können, dass bspw. Gebietskörperschaften die Wahrnehmung der ihnen obliegenden, im Allgemeininteresse liegenden Aufgaben auf von ihnen finanzierte und beherrschte Dritte übertragen und diese zusätzlich gewerbliche Tätigkeiten übernehmen.[54]

Zu diesem Themenkomplex wird in der Literatur die Auffassung vertreten, dass nicht jede **45**
„kleine“ Nebenbetätigung im Allgemeininteresse immer zwingend zu einer Anwendbarkeit des § 99 Nr. 2 GWB führen soll.[55] Es wird vielmehr von der Notwendigkeit gesprochen, eine „Bagatellgrenze“ im wettbewerbsrechtlichen Sinne überschreiten zu müssen.[56] In welcher Form eine derartige Bagatellgrenze im Zusammenhang mit dem Vergaberecht zu quantifizieren ist, bleibt offen. Man wird hier erneut das Argument der Rechtssicherheit bemühen müssen: Für einen Außenstehenden, auch letztlich eine Vergabekammer, wird es sehr schwierig sein, zu überprüfen, ob ein (vermeintlich öffentlicher) Auftraggeber in der Lage ist, über seine „Nebentätigkeit“ eine Veränderung der Marktverhältnisse mit einer gewissen Wahrscheinlichkeit herbeizuführen oder nicht. Mangels einer entsprechenden gesetzlichen Formulierung einer solchen Bagatellgrenze sollte anerkannt werden, dass hier eine erweiterte Auslegung für die Praxis wenig hilfreich ist, da konkrete Rahmenbedingungen nicht benannt werden können.

Davon ist zu unterscheiden, dass eine Trennung dergestalt herbeigeführt wird, dass die sich **46**
nicht durch ein Allgemeininteresse auszeichnende Tätigkeit auf eine selbstständige Tochtergesellschaft übertragen wird.[57] Rechtlich selbstständige Unternehmen sind gesondert voneinander zu betrachten, auch wenn sie im Verhältnis einer Mutter-/Tochtergesellschaft

---

50 EuGH, Urt. v. 15.1.1998, Rs. C-44/96, Slg. 1998, I-73, Rn. 25 – Mannesmann Anlagenbau Austria AG ./. Strohal Rotationsdruck GmbH; in ständiger Rspr. EuGH, Urt. v. 10.4.2008, Rs. C-393/06, NZBau 2008, 393, 396 – Wienstrom II; vgl. auch *Kratzenberg*, NZBau 2009, 103, 105.

51 EuGH, Urt. v. 10.4.2008, Rs. C-393/06, NZBau 2008, 393, 396 – Wienstrom II.

52 EuGH, Urt. v. 10.11.1998, Rs. C-360/96, Slg. 1998, I-6821, Rn. 56 – BFI Holding ./. Gemeente Arnheim.

53 EuGH, Urt. v. 10.4.2008, Rs. C-393/06, NZBau 2008, 393, 396, 397 – Wienstrom II.

54 OLG Dresden, Urt. v. 9.3.2004, 20 U 1544/03, NZBau 2004, 404; s. auch *Pünder*, in: Pünder/Schellenberg, Vergaberecht, § 98 Rn. 26, Fn. 67 (online Fn. 9) mit weiteren umfassenden Nachweisen.

55 *Pünder*, in: Pünder/Schellenberg, Vergaberecht, § 98 Rn. 26; *Eschenbruch*, in: Kulartz/Kus/Portz/Prieß, GWB, § 99 Rn. 69.

56 *Badenhausen-Fähnle*, in: Müller-Wrede, GWB, § 99 Rn. 42.

57 *Dreher*, in: Immenga/Mestmäcker, GWB, § 98 Rn. 51; *Eschenbruch*, in: Kulartz/Kus/Portz/Prieß, GWB, § 99 Rn. 73.

stehen, vorausgesetzt, dass die Trennung der Geschäftsinhalte nachvollziehbar für Dritte – etwa im Wege einer eindeutigen Beschreibung im Rahmen der Satzungen – erfolgt und es im tatsächlichen Arbeitsablauf zu keinen Vermischungen der Tätigkeiten kommt.[58] Hier obliegt dem Tochterunternehmen eine erhöhte Darlegungslast, um Umgehungen zu vermeiden.

b) Allgemeininteresse

47 Bei dem Begriff des Allgemeininteresses handelt es sich um das wohl **umstrittenste Tatbestandskriterium des § 99 GWB.**[59] Was darunter zu verstehen ist, ergibt sich weder aus den Richtlinien selbst noch aus sonstigem primären oder sekundären Unionsrecht. Auch die Systematik des AEUV ist als Grundlage der Auslegung nur eingeschränkt heranzuziehen, da der Begriff des Allgemeininteresses von besonderer Relevanz ist, wo es um die Einschränkung der Anwendbarkeit des AEUV geht. Bedeutsam wird er zunächst bei den **ungeschriebenen**, von der Rechtsprechung des EuGH entwickelten **Ausnahmen** zu den Grundfreiheiten, so z.B. im Rahmen des Art. 106 Abs. 2 AEUV, der gewisse öffentliche Dienstleistungsunternehmen im Allgemeininteresse von den gemeinschaftlichen Wettbewerbsregeln ausnimmt.[60] § 99 Nr. 2 GWB hat aber gerade das von den Vergaberichtlinien vorgegebene gegenteilige Ziel, nämlich die einschlägigen Regelungen zur **Verwirklichung eines Vergabebinnenmarktes** umzusetzen.

48 Auch das nationale Recht kann nicht ohne Weiteres für die Begriffsbestimmung herangezogen werden, da den Mitgliedstaaten im Interesse der **Rechtsvereinheitlichung** insoweit die Definitionsbefugnis entzogen ist.[61] Zudem kommt diesem Begriff in den einzelnen Mitgliedstaaten auch unterschiedliche Bedeutung zu.[62] Wenn auch der Begriff des öffentlichen Interesses, den das nationale deutsche Recht verwendet, dem des Allgemeininteresses in weiten Teilen ähnelt, sind die Begriffe nicht notwendig deckungsgleich. Der Terminus wird häufig in der Literatur als „schillernd“ charakterisiert.[63]

49 Angesichts der Zielrichtung der Vergaberichtlinien, den öffentlichen Beschaffungsmarkt der Mitgliedstaaten zu öffnen und transparent zu halten, ist grundsätzlich der Begriff weit auszulegen.[64] Aufgrund des Umstandes, dass weder die VRL 2014/24/EU noch die gesetzliche nationale Implementierung eine klare Definition vorgibt, ist der Anwender gezwungen, eine greifbare Beschreibung zu finden. So finden sich Umschreibungen, die auf Tätigkeiten abstellen, die nicht allein dem Interesse des einzelnen Beteiligten, sondern der Befriedigung kollektiver Bedürfnisse dienen.[65] Andere sprechen von **Aufgaben, die jenseits von Einzelinteressen den Belangen der Gemeinschaft im jeweiligen Mitgliedstaat dienen.**[66] Allen abstrakten Versuchen einer Definition steht die Schwierigkeit entgegen, eine

---

58 *Ziekow*, in: Ziekow/Völlink, Vergaberecht, § 98 Rn. 196.

59 *Schlette*, EuR 2000, 119.

60 *Hailbronner*, EWS 1995, 284, 287; *Dreher*, DB 1998, 2597, 2581.

61 *Dreher*, DB 1998, 2579, 2582.

62 *Pietzcker*, ZHR 162 (1998), 427, 445; zustimmend: *Badenhausen-Fähnle*, in: Müller-Wrede, GWB, § 99 Rn. 44.

63 *Pünder*, in: Pünder/Schellenberg, Vergaberecht, § 98 Rn. 28; *Badenhausen-Fähnle*, in: Müller-Wrede, GWB, § 99 Rn. 44.

64 Siehe dazu auch *Badenhausen-Fähnle*, in: Müller-Wrede, GWB, § 99 Rn. 44.

65 *Pünder*, in: Pünder/Schellenberg, Vergaberecht, § 98 Rn. 28.

66 *Burgi*, Vergaberecht, § 8 Rn. 9.

klare Abgrenzung zwischen den Interessen des einzelnen Rechtsträgers (oder Beteiligten) sowie den Interessen einer mitgliedstaatlichen „Gesamtheit" zu finden. Aus diesem Grund kann man sich der Detaillierung der Definition nur systematisch nähern.

Zur Feststellung, ob eine Tätigkeit im allgemeinen Interesse erbracht wird, erscheint es zunächst notwendig, zwischen dem **Adressatenkreis** einerseits und der **Zweckrichtung** andererseits zu unterscheiden. In objektiver Hinsicht muss eine Aufgabe von allgemeinem Interesse tatsächlich oder potenziell einer **Mehrzahl von Personen** zugutekommen. Aufgaben i. S. v. § 99 Nr. 2 GWB sind also nur dann „allgemein", wenn sie zumindest auch **im Dienste der allgemeinen Öffentlichkeit** wahrgenommen werden. Hierfür genügt allerdings schon das Interesse eines Teils der Bevölkerung oder einer einzelnen Gemeinde.[67] Daneben ist in subjektiver Hinsicht erforderlich, dass die Aufgabe im Allgemeinen und nicht nur im eigenwirtschaftlichen Interesse erbracht wird. Damit fällt die **Wahrnehmung von Privatinteressen** nicht unter den Begriff der „allgemeinen Aufgabe". Schließlich fehlt auch dann der allgemeine Charakter, wenn die Leistung nur im Interesse einzelner Personen oder Personenkreise bzw. nur im Interesse einzelner Industriezweige erbracht wird. **50**

Die **Rechtsform** einer Einrichtung entfaltet bis zu einem gewissen Grad eine **Indizwirkung** dafür, ob die Einrichtung darauf ausgerichtet ist, dem **Allgemeinwohl** zu dienen oder nicht. So wird man grundsätzlich davon ausgehen können, dass das Handeln in einer **öffentlich-rechtlichen Rechtsform** einer öffentlichen Zwecksetzung und damit dem Allgemeininteresse dient, denn meist ist schon die öffentlich-rechtliche Organisationsform untrennbar mit der Erfüllung öffentlicher Aufgaben verbunden.[68] So dürfen **juristische Personen des öffentlichen Rechts** regelmäßig schon aus verfassungsrechtlichen Gründen nur dann gegründet werden, wenn die von ihnen zu bewältigenden Aufgaben nicht im privaten Interesse eines Einzelnen oder einer Gruppe von Menschen, sondern im Interesse der Allgemeinheit liegen, da andernfalls – innerstaatlich – ein Verstoß gegen das Diskriminierungsverbot des Art. 3 Abs. 1 GG gegeben sein könnte. So liegt beispielsweise die Gas- oder Wasserversorgung einer Gemeinde, die in öffentlich-rechtlicher Form von einer kommunalen Eigengesellschaft betrieben wird, auch dann im Allgemeininteresse, wenn die Gemeinde Profite erzielt und auch ein Privater die Versorgung als „Geschäft" betreiben könnte.[69] Im Ergebnis besteht also bei öffentlich-rechtlich verfassten Auftraggebern eine Vermutung dafür, dass diese zu dem Zweck gegründet wurden, im Allgemeininteresse liegende Aufgaben wahrzunehmen. Dies gilt etwa auch für die Durchführung von Klassenlotterien und ähnlichen Glücksspielen durch eine Anstalt des öffentlichen Rechts.[70] **51**

Im Gegensatz dazu ist der Staat dann, wenn er in **privatrechtlicher Organisationsform** handelt, grundsätzlich gleich einem privaten Unternehmer auf dem Markt tätig, es sei denn, er erfüllt eine spezifische, originär staatliche Aufgabenstellung. Folglich besteht in dem Fall, dass der Staat als juristische Person des Privatrechts tätig ist, eine **Vermutung** dafür, dass er **nicht im Allgemeininteresse** handelt. Auch diese Vermutung kann durch besondere Feststellungen widerlegt werden. **52**

---

67 So GA *Roemer*, Schlussanträge zu EuGH, Rs. C-82/71 (SAIL), Slg. 1972, S. 119, Ziff. 4 zur Bestimmung einer „allgemeinen Tätigkeit".

68 Vgl. *Dietlein*, NZBau 2002, 136, 138 f.

69 Vgl. VG Koblenz, Urt. v. 8.7.1997, 2 K 2971/96, NVwZ 1999, 1133, 1134.

70 OLG Hamburg, Beschl. v. 31.3.2014, 1 Verg 4/13, Rn. 52.

53 In diesem Zusammenhang kommt dem **Kommunalrecht** große Bedeutung zu, zumal wenn eine Gebietskörperschaft (etwa eine Gemeinde, ein Kreis etc.) privatwirtschaftlich handelt oder über Beteiligungen (in privatwirtschaftlicher Rechtsform) eine wirtschaftliche Tätigkeit aufnimmt. Aufgrund einer Vielzahl von Kommunal- und Gemeindeordnungen (z. B. etwa § 107 GO NW) sind Gemeinden nur dann berechtigt, wirtschaftlich ausgerichtete Unternehmen zu gründen, wenn dies durch einen **öffentlichen Zweck** gerechtfertigt ist. Neben den rein vergaberechtlichen Vorschriften muss deshalb häufig auch analysiert werden, ob der öffentliche Auftraggeber überhaupt wirtschaftlich tätig werden durfte.[71]

54 Der EuGH bejaht das Vorliegen eines Allgemeininteresses für den Fall, dass die wahrgenommenen Aufgaben eng mit der öffentlichen Ordnung und dem institutionellen Funktionieren des Staates verknüpft sind. Eine Tätigkeit sei regelmäßig dann von allgemeinem Interesse getragen, wenn sie einem rechtsverbindlich festgelegten besonderen Zweck dient und die ausführende Einrichtung zur Erfüllung dieses besonderen Zwecks auch dann verpflichtet sein soll, wenn ihr unternehmerisches Eigeninteresse dem entgegenstehen sollte.[72] Grob umrissen bedeutet dies: Dient eine Einrichtung/Institution/juristische Person der Aufgabe der Daseinsvorsorge, werden mit dieser Aufgabe Belange des Staats wahrgenommen oder will der Staat mit der Aufgabenerfüllung seinen Einfluss dokumentieren, so sprechen diese Umstände für eine Aufgabenerfüllung im Allgemeininteresse.[73] Das OLG Düsseldorf hat dies nochmals maßgeblich in einer Entscheidung zu einer Institution für Behinderte verdeutlicht.[74] Diese Einrichtung diene der Förderung von Menschen mit Behinderungen und zur Integration in den Arbeitsprozess, eine Aufgabe, zu der der Staat im Wege der Erbringung von Transferleistungen verpflichtet ist. Auch im Hinblick auf Kammertätigkeiten wurde eine Aufgabenerfüllung im Allgemeininteresse gesehen.[75] Obwohl Kammern in erster Linie für ihre Mitglieder tätig sind, nehmen sie häufig auch öffentliche Belange wahr, wie die Qualitätssicherung oder die Benennung von Sachverständigen.[76]

55 Das Allgemeininteresse an der Erfüllung einer Aufgabe kann im Übrigen schon dadurch begründet werden, dass neben kommerziellen auch Interessen der öffentlichen Hand gefördert werden. Sofern durch die betreffende Tätigkeit auch allgemein wirtschafts-, sozial- oder kulturpolitische Anliegen gefördert werden, ist grundsätzlich auch das Vorliegen einer im Allgemeininteresse liegenden Aufgabe nicht gewerblicher Art indiziert.[77] So kann

---

71 Eine zu diesem Komplex interessante Entscheidung ist das Urteil des OVG Schleswig vom 24.6.1998, 2 L 113/97, NordÖR 9/98, 314 ff.; bei dem zugrundeliegenden Fall hatte das Gericht u. a. die Ausschreibungspflichten einer Gebietskörperschaft im Zusammenhang mit der Abfallentsorgung zu untersuchen. Das OVG stellte fest, dass eine Mehrheitsbeteiligung der vergebenden Gemeinde an dem begünstigten Unternehmen nicht ein Absehen von einer Ausschreibung zu rechtfertigen vermag. Durch die Gründung eines gemischt-wirtschaftlichen Unternehmens darf der Wettbewerb nicht eingeschränkt oder gar ausgeschlossen werden. Vgl. auch OLG Düsseldorf, NZBau 2000, 155 und VK Schwerin, Beschl. v. 22.9.2014, 2 VK 12/14, IBRRS 2015, 0515; dazu *Dörr*, in: Burgi/Dreher, GWB, § 99 Rn. 28; *Badenhausen-Fähnle*, in: Müller-Wrede, GWB, § 99 Rn. 45, Fn. 115 (mit Übersicht über die landesrechtlichen Regelungen).

72 Vgl. *Mader*, EuZW 1999, 331, 334 f.; *Schlette*, EuR 2000, 119, 126.

73 *Eschenbruch*, in: Kulartz/Kus/Portz/Prieß, GWB, § 99 Rn. 88; *Badenhausen-Fähnle*, in: Müller Wrede, GWB, § 99 Rn. 49.

74 OLG Düsseldorf Beschl. v. 15.7.2015, VII Verg 11/15.

75 OLG Düsseldorf, Beschl. v. 5.10.2011, VII Verg 38/11, NZBau 2012, 188; VK Südbayern, Beschl. v. 7.3.2014, Z3-3-3194-02 01/14, NZBau 2014, 462.

76 *Rechten*, NZBau 2014, 667, 668.

77 Vgl. auch OLG Düsseldorf, Beschl. v. 8.6.2011, VII-Verg 49/11, Rn. 47.

eine städtisch kontrollierte Immobilienprojektgesellschaft, die gewerbliche Bauten errichtet und damit unter anderem auch die Voraussetzungen für die Ansiedlung von Unternehmen und die Sicherung von Arbeitsplätzen in der Stadt schafft, im Allgemeininteresse liegende Aufgaben wahrnehmen.[78] Ebenso kann eine auf die Beschaffung von IT-Infrastruktur ausgerichtete Gesellschaft einer Kommune grundsätzlich auch Tätigkeiten im Allgemeininteresse entfalten.[79]

Eine in diesem Zusammenhang interessante Entscheidung des **EuGH** ist diejenige in der Rs. „**Adolf Truley GmbH ./. Bestattung Wien GmbH**". Dort hat er entschieden, dass die Bestattung eine im Allgemeininteresse liegende Aufgabe darstellen kann.[80] Dass eine Gebietskörperschaft gesetzlich verpflichtet ist, für die Bestattung zu sorgen, wenn diese nicht binnen einer bestimmten Frist ab der Ausstellung der Todesbescheinigung veranlasst wird, und ggf. die Kosten der Bestattung zu übernehmen, indiziert das Vorliegen eines derartigen Allgemeininteresses. Aus diesem Grund ist auch ein örtliches Krankenhaus, das gesetzlich verpflichtet ist, jedermann zugängliche Gesundheitsdienstleistungen im Rahmen der allgemeinen Daseinsvorsorge zur Verfügung zu stellen, öffentlicher Auftraggeber i. S. v. § 99 Nr. 2 GWB.[81] 56

In Anlehnung an die vorgenannte Rechtsprechung des EuGH[82] steht der Anwendung des § 99 Nr. 2 GWB somit nicht entgegen, dass der Auftraggeber **nicht ausschließlich** zu dem Zweck tätig ist, **im Allgemeininteresse** liegende Aufgaben nichtgewerblicher Art zu erfüllen. Vielmehr reiche es bereits aus, dass er *auch* solche staatlichen Aufgaben erfüllt; auf den Umfang der Tätigkeit komme es dann nicht an. Selbst wenn der fragliche Auftraggeber lediglich einen geringen Teil seiner Tätigkeit damit bestreite, staatliche Aufgaben zu erfüllen, könne er dennoch Auftraggeber im Sinne der Vorschrift sein. Dies ergebe sich nicht nur aus dem Wortlaut und dem Sinn und Zweck der Vorschriften, sondern auch aus dem Grundsatz der Rechtssicherheit. So entschied der EuGH in seinem Urteil vom 15.1.1998,[83] welches durch das Urteil vom 10.11.1998[84] bestätigt wurde. Dementsprechend hat auch das OLG Düsseldorf entschieden, dass eine **Gewinnerzielungsabsicht**, die eine juristische Person oder deren Anteilseigner mit der (durch die Unternehmenstätigkeit bewirkten) Erfüllung der im Allgemeininteresse liegenden Aufgabe verbindet, die **Anwendung des § 99 Nr. 2 GWB nicht ausschließe**. Denn sonst kämen gerade die klassischen Organisationsformen der privatrechtlichen juristischen Person in Deutschland (AG und GmbH), mit denen man die Gewinnerzielungsabsicht gewissermaßen als Wesenselement verbindet, für § 99 Nr. 2 GWB grundsätzlich nicht in Betracht. Ein solches Auslegungsergebnis ließe sich aber mit dem Wortlaut der Vorschrift, die alle juristischen Personen einbezieht, nicht vereinbaren.[85] 57

---

78 EuGH, Urt. v. 22.5.2003, Rs. C-18/01, NZBau 2003, 396, 399 – Korhonen Oy.

79 OLG Celle, Beschl. v. 14.9.2006, 13 Verg 3/06, dazu auch *Eschenbruch*, in: Kulartz/Kus/Portz/Prieß, § 99 Rn. 89.

80 EuGH, Urt. v. 27.2.2003, Rs. C-373/00, ZfBR 2003, 489 = EuZW 2003, 315 – Adolf Truley.

81 OLG Naumburg, Beschl. v. 17.2.2004, 1 Verg 15/03, NVwZ 2004, 1023 f.

82 Vgl. *Mader*, EuZW 1999, 331, 334.

83 EuGH, Urt. v. 15.1.1998, Rs. C-44/96, Slg. 1998, I-73 – Mannesmann Anlagenbau Austria AG ./. Strohal Rotationsdruck GmbH.

84 EuGH, Urt. v. 10.11.1998, Rs. C-360/96, Slg. 1998, I-6821 – BFI Holding ./. Gemeente Arnheim; vgl. auch *Weidemann/Otting*, EWS 1999, 41, 42.

85 OLG Düsseldorf, Beschl. v. 30.4.2003, Verg 67/02, ZfBR 2003, 605 – Bundeswehrstiefel. Diese Entscheidung wird unten noch genauer betrachtet: vgl. Gliederungspunkt III. 3. d) bb), Rn. 78.

58 Auch ein einzelner Geschäftsmann, der seine Privatinteressen wahrnimmt und damit dem öffentlichen Interesse der Versorgung mit Wirtschaftsgütern, der Schaffung von Arbeitsplätzen etc. dient, kann im Allgemeininteresse handeln. Selbst wenn die von ihm wahrgenommene Tätigkeit im Allgemeininteresse liegt, agiert er dennoch nicht als staatliches Organ, das vom Vergaberecht erfasst wird. Schließlich sind Unternehmen der privaten Wirtschaftssphäre dem Wettbewerbsdruck vollumfänglich ausgesetzt und werden daher ohnehin zu ökonomischem Handeln veranlasst.

59 Festzuhalten bleibt, dass in weniger eindeutigen Bereichen staatlicher Aktivitäten in jedem Einzelfall genau zu überprüfen ist, ob die jeweilige Institution im Allgemeininteresse tätig wird oder nicht.[86] Hierauf wird nach der abstrakten Darstellung des Auftraggeberbegriffs noch genauer anhand von Fallbeispielen eingegangen werden.

c) Nichtgewerblichkeit

60 Nach der Rechtsprechung des EuGH wird das Tatbestandsmerkmal des Allgemeininteresses durch das Merkmal der Nichtgewerblichkeit konkretisiert.[87] Dabei handelt es sich um ein eigenständiges Tatbestandsmerkmal, das – auf der Grundlage der Rechtsprechung des EuGH – zu unterscheiden ist vom Begriff des Allgemeininteresses.[88] Die Nichtgewerblichkeit beschäftigt sich mit der Art und Weise der Erfüllung der Aufgaben im Allgemeininteresse, d. h. ob die Erfüllung der Aufgaben in gewerblicher oder in nichtgewerblicher Art geschieht.[89]

61 Das Merkmal der „Nichtgewerblichkeit" ist insofern problematisch, als auch die Bedeutung dieses Begriffes nicht völlig geklärt ist. Allein im deutschen Recht wird die Gewerblichkeit beispielsweise im Steuerrecht, im Handelsrecht und in der Gewerbeordnung durchaus unterschiedlich nuanciert. Die Ermittlung hat anhand von objektiven Kriterien zu erfolgen und muss in jedem Einzelfall herausgearbeitet werden. Nach Auffassung des EuGH gibt es **drei Indizien**, bei deren Vorliegen „Nichtgewerblichkeit" verneint werden kann. Dies sind (i) **Gewinnerzielungsabsicht**, (ii) **Tätigkeit einer „Einrichtung [...] unter normalen Marktbedingungen**" und (iii) **Risikoübernahme bzw. Erhalt öffentlicher Mittel**. Als Begründung führt der EuGH aus, „dass in einem solchen Fall [...] auch kein Grund für die Anwendung der Unionsrichtlinien über die Koordinierung der Verfahren zur Vergabe öffentlicher Aufträge [besteht], denn eine Einrichtung mit Gewinnerzielungsabsicht, die die mit ihrer Tätigkeit verbundenen Risiken selbst trägt, wird in der Regel keine Vergabeverfahren zu Bedingungen durchführen, die wirtschaftlich nicht gerechtfertigt sind".[90] Bei der Prüfung dieser Merkmale sind „alle erheblichen rechtlichen und tatsächlichen Gesichtspunkte, wie etwa die Umstände, die zur Gründung der betreffenden Einrichtung geführt haben, und die Voraussetzungen, unter denen sie ihre Tätigkeit ausübt, zu berücksichtigen".[91] Dabei sind „insbesondere das Fehlen einer grundsätzlichen Gewinner-

---

86 Vgl. *Mader*, EuZW 1999, 331, 334, 335; *Schlette*, EuR 2000, 119, 126.

87 EuGH, Urt. v. 15.1.1998, Rs. C-44/96, Slg. 1998, I-73, Rn. 22–24 – Mannesmann Anlagenbau Austria AG ./. Strohal Rotationsdruck GmbH; EuGH, Urt. v. 22.5.2003, Rs. C-18/01, NZBau 2003, 396, 399 – Korhonen Oy.

88 EuGH, Urt. v. 22.5.2003, Rs. C-18/01, NZBau 2003, 396, 398 – Korhonen Oy.

89 EuGH, Urt. 22.5.2003, Rs. C-18/01, NZBau 2003, 390, 398 – Korhonen Oy; vgl. auch *Dörr*, in: Burgi/Dreher, GWB, § 99 Rn. 34.

90 EuGH, Urt. v. 22.5.2003, Rs. C-18/01, NZBau 2003, 396, 399 – Korhonen Oy.

91 EuGH, Urt. v. 10.4.2008, Rs. C-393/06, NZBau 2008, 393, 396 – Wienstrom II.

zielungsabsicht, das Fehlen der Übernahme der mit der Tätigkeit verbundenen Risiken und die etwaige Finanzierung der Tätigkeit aus öffentlichen Mitteln zu berücksichtigen".[92] Dies sind die zu prüfenden Parameter.

aa) Keine Gewinnerzielungsabsicht

Eine Tätigkeit gilt als nichtgewerblich, wenn mit ihr keine Gewinnerzielungsabsichten verfolgt werden. Umgekehrt sind Tätigkeiten, die zum Zwecke der Gewinnerzielung ausgeübt werden, in aller Regel gewerblicher Natur. Dabei muss berücksichtigt werden, dass bei privatrechtlichen Unternehmen eine Gewinnerzielungsabsicht fast immer vorhanden ist. Allerdings müssen gerade auch privatrechtlich organisierte öffentliche Auftraggeber, die im Allgemeininteresse liegende Aufgaben wahrnehmen, in das Vergaberecht einbezogen werden.[93] In diesem Sinne hat das OLG Düsseldorf entschieden, dass eine Gewinnerzielungsabsicht, die eine juristische Person des privaten Rechts oder deren Anteilseigner mit der Erfüllung der im Allgemeininteresse liegenden Aufgabe verbindet, die Anwendung des § 99 Nr. 2 GWB nicht ausschließt.[94] **62**

Daher ist eine Gewinnerzielungsabsicht nicht schon allein deswegen anzunehmen, weil ein Unternehmen ebenso organisiert ist wie ein auf einen Gewinn ausgerichtetes Wirtschaftsunternehmen. Gewerbliche Tätigkeiten liegen auch nicht bereits deshalb vor, weil auch private Anbieter die fraglichen Leistungen erbringen könnten. Da heutzutage fast alle Aufgaben von privaten Anbietern wahrgenommen werden können, wäre der Anwendungsbereich der Richtlinien ansonsten zu sehr eingeschränkt.[95] Aus der Gesamtschau heraus spricht aber eine erkennbare und nachweisliche Gewinnerzielungsabsicht für eine gewerbliche Tätigkeit.[96] Während die Rechtsprechung bei Sparkassen eindeutig eine Gewinnerzielungsabsicht bejahte,[97] verneinte sie eine solche im Endeffekt bei gesetzlichen Krankenkassen.[98] **63**

bb) Keine Tätigkeit in einem wettbewerblichen Umfeld

Ein weiteres wichtiges Kriterium für die Beurteilung der Gewerblichkeit bzw. Nichtgewerblichkeit eines Unternehmens ist das **Vorliegen von Wettbewerb**. Hierfür sind die **wirtschaftlichen Verhältnisse auf dem jeweiligen Referenzmarkt** zu analysieren. Diesen Referenzmarkt definiert der EuGH, der funktionellen Auslegung des Begriffes der „Einrichtung des öffentlichen Rechts" folgend, als den Sektor, auf dem die jeweilige Einrichtung nach ihrem Gründungszweck tätig werden soll.[99] Ein Unternehmen, das nicht demselben Wettbewerbsdruck ausgesetzt ist wie ein Privatunternehmen, hat häufig eine **64**

92 EuGH, Urt. v. 22.5.2003, Rs. C-18/01, NZBau 2003, 396, 400 – Korhonen Oy.

93 *Dörr*, in: Burgi/Dreher, GWB, § 99 Rn. 37.

94 OLG Düsseldorf, Beschl. v. 30.4.2003, Verg 67/02, ZfBR 2003, 605 – Bundeswehrstiefel. Diese Entscheidung wird unten genauer betrachtet: vgl. Gliederungspunkt III. 3. d) bb), Rn. 78.

95 EuGH, Urt. v. 10.11.1998, Rs. C-360/96, Slg. 1998, I-6821, Rn. 44 – BFI Holding ./. Gemeente Arnheim.

96 VK Düsseldorf, Beschl. v. 21.3.2013, VK-33/2012-L, NZBau 2013, 534, 535 mit umfassender Prüfung (zu Messegesellschaften).

97 OLG Rostock, Urt. v. 15.6.2005, 17 Verg 3/05, NZBau 2006, 593.

98 EuGH, Urt. v. 11.6.2009, Rs. C-300/07, Slg. 2009, I-4803 – Hans & Christophorus Oymanns GbR ./. AOK Rheinland ./. Hamburg, auf Vorlagebeschluss des OLG Düsseldorf v. 23.5.2007, VII Verg 50/06, NZBau 2007, 525.

99 EuGH, Urt. v. 10.4.2008, Rs. C-393/06, NZBau 2008, 393, 396 – Wienstrom II.

staatlich herbeigeführte Sonderstellung und ist nichtgewerblich tätig.[100] In seinen bisherigen Entscheidungen hat der EuGH stets festgestellt, dass das Vorliegen von Wettbewerb für die Beantwortung der Frage, ob eine im Allgemeininteresse liegende Aufgabe nichtgewerblicher Art ist, **nicht völlig unerheblich** sein kann.[101] Die Existenz eines entwickelten Wettbewerbs und insbesondere der Umstand, dass die betreffende Einrichtung auf dem Referenzmarkt im Wettbewerb steht, können darauf hindeuten, dass es sich nicht um eine im Allgemeininteresse liegende Aufgabe nichtgewerblicher Art handelt. Solche Aufgaben werden nämlich – so der EuGH – im Allgemeinen auf andere Art als durch das Angebot von Waren oder Dienstleistungen auf dem Markt erfüllt. Hat ein Unternehmen jedoch eine Sonderstellung, etwa durch die staatliche Ermöglichung eines Monopols oder die Gewährung von wirtschaftlich relevanten Privilegien, sprechen gute Gründe dafür, dass die Tätigkeit dem Kriterium der Nichtgewerblichkeit zuzuordnen ist.[102]

cc) Risikoübernahme

65 Das dritte Indiz zur Beurteilung der Gewerblichkeit bzw. Nichtgewerblichkeit eines Unternehmens sieht der EuGH in der **Übernahme des wirtschaftlichen Risikos** durch die betreffende Einrichtung oder die Finanzierung der von der Einrichtung erbrachten Leistungen durch öffentliche Mittel. Eine Risikoübernahme ist bspw. anzunehmen, wenn in der Satzung einer Einrichtung Mechanismen zum Ausgleich von finanziellen Verlusten vorgesehen sind. Unter solchen Bedingungen kann „Nichtgewerblichkeit" angenommen werden. Auch wenn es bspw. an der Gewinnerzielungsabsicht fehlt, hat der EuGH die Gewerblichkeit bejaht, wenn eine Einrichtung ausweislich ihrer Satzung nach Leistungs-, Effizienz- und Wirtschaftlichkeitskriterien handelt und sie die Risiken für ihr Handeln selbst trägt.[103] Mit dieser Begründung hat das OLG Rostock denn auch die Eigenschaft einer Sparkasse als öffentliche Auftraggeberin verneint. Die Sparkassen tragen die mit ihrer Tätigkeit verbundenen Risiken im vollen Umfang. Ihre frühere Sonderstellung ist mit Abschaffung der Gewährträgerhaftung zum 18.7.2005 entfallen.[104] In einer bedeutenden Entscheidung zur GKL (Gemeinsame Klassenlotterie der Länder) hat das OLG Hamburg trotz der Feststellung, dass die GKL zwar unter Wettbewerbsbedingungen tätig ist und Gewinnerzielungsabsichten verfolgt, die Gewerblichkeit verneint, und zwar auf der Grundlage der Annahme, dass sie die in ihrer Tätigkeit verbundenen Risiken nicht selbst trägt.[105] Ausschlaggebend war, dass die Länder auf der Grundlage des Staatsvertrages (als Gründungsakt) als Gewährsträger für die Verbindlichkeiten der GKL einzustehen hatten und darüber hinaus die Eröffnung eines Insolvenzverfahrens praktisch ausgeschlossen ist.

---

100 Vgl. auch OLG Düsseldorf, Beschl. v. 30.4.2003, Verg 67/02, ZfBR 2003, 605; EuGH, Urt. v. 10.4.2008, Rs. C-393/06, NZBau 2008, 393, 396 – Wienstrom II.

101 EuGH, Urt. v. 10.11.1998, Rs. C-360/96, Slg. 1998, I-6821, Rn. 48 – BFI Holding ./. Gemeente Arnheim; EuGH Urt. v. 22.5.2003, Rs. C-18/01, NZBau 2003, 396, 399 – Korhonen Oy; Urt. v. 10.4.2008, Rs. C-393/06, NZBau 2008, 393, 396 – Wienstrom II.

102 EuGH, Urt. v. 16.10.2003, Rs. C-283/07. Slg. 2003, I-11697, Rn. 87 – SIEPSA; VK Südbayern, Beschl. v. 7.3.2014, Z3-3-3194-1-02-01/14, NZBau 2014, 462, 463.

103 EuGH, Urt. v. 10.5.2001, Rs. C-223/99, WuW/E Verg. 443, 446 – Agora.

104 OLG Rostock, Beschl. v. 15.6.2005, 17 Verg 3/05, VergabeR 2005, 629, 632 f.

105 OLG Hamburg, Beschl. v. 31.3.2014, 1 Verg 4/13, NZBau 2014, 659, 661.

d) Besondere Staatsbezogenheit

Weiteres Kriterium neben der eigenen Rechtspersönlichkeit und der besonderen Zwecksetzung ist die überwiegende Finanzierung oder Beherrschung durch einen klassischen staatlichen Auftraggeber, die eine **besondere Staatsgebundenheit des Auftraggebers** bewirkt (so Art. 2 Nr. 4 VRL 2014/24/EU) Diese besondere Staatsverbundenheit kann auf dreifache Weise dargelegt werden: (i) aufgrund überwiegender Finanzierung, (ii) Aufsicht über die Leitung der Einrichtungen oder (iii) die mehrheitliche Organbesetzung des betreffenden Rechtsträgers durch Stellen nach § 99 Nr. 1, Nr. 2 oder Nr. 3 GWB. Gerade die „Staatsbezogenheit" hat die Rechtspraxis vor besondere Herausforderungen gestellt, und zwar insbesondere im Hinblick auf die Grenze zwischen solidargemeinschaftlichen Aufgaben und solchen staatlicher Natur. **66**

aa) Überwiegende staatliche Finanzierung

Eine überwiegende Finanzierung im Sinne dieser Vorschrift liegt dann vor, wenn die betreffende Institution einzeln oder gemeinsam durch einen der unter § 99 Nr. 1 oder Nr. 3 GWB oder unter § 99 Nr. 2 GWB (s. Hs. 2) genannten öffentlichen Auftraggeber **zu mehr als 50 % finanziert** wird.[106] Die **Finanzierung** kann in **verschiedenen Formen** erfolgen. In Betracht kommt hierbei die direkte Bereitstellung von Geldern, die pekuniär messbare mittelbare Beteiligung, z. B. durch Aktien oder sonstige Wertpapiere, oder aber eine **Finanzierung in sonstiger Weise**, wie etwa durch die Bereitstellung von Materialien und/oder anderen Sachleistungen. Der EuGH hat insoweit entschieden, dass der Begriff der Finanzierung dahin auszulegen sei, dass er auch Fördermittel oder Zuwendungen, die ein oder mehrere öffentliche Auftraggeber zur Unterstützung der Forschung gewähren, und Hörgelder, die örtliche Erziehungsbehörden den Universitäten im Hinblick auf die Ausbildung namentlich benannter Studenten gewähren, umfasst.[107] **67**

Klarstellend sei an dieser Stelle nochmals betont, dass sich das Kriterium der überwiegenden Finanzierung **auf den Aufgabenträger als solchen** bezieht, **nicht** aber **auf die einzelne staatliche Aufgabe**.[108] So hat der EuGH in seiner Entscheidung „University of Cambridge" explizit ausgeführt, dass Zahlungen, die im Rahmen eines Vertrages über Dienstleistungen als Gegenleistungen erbracht werden, keine Finanzierung i. S. d. § 99 Nr. 2 GWB darstellten, da nicht die Finanzierung eines Auftrages, sondern nur die Finanzierung der Einrichtung die erforderliche „Staatsnähe" i. S. d. § 99 Nr. 2 GWB begründe.[109] Dieser Rechtsprechung ist der EuGH in der Entscheidung „Rundfunkanstalten"[110] gefolgt und hat damit die Diskussionen um deren Eigenschaft als öffentlich-rechtlicher Auftraggeber im Sinne von § 99 Nr. 2 GWB geklärt. Die zentrale Frage war, ob auch eine mittelbare, verfassungsrechtlich garantierte und kraft Staatsvertrag und Gesetz ermöglichte Finanzierung über Zahlungen der Bürger als eine im vergaberechtlichen Sinne relevante Finanzierung anzusehen ist und die Auftraggebereigenschaft der Rundfunkanstalten begründet. Der EuGH hat festgestellt, dass es für eine staatliche, im Sinne von § 99 Nr. 2 GWB relevante **68**

106 EuGH, Urt. v. 3.10.2000, Rs. C-380/98, NZBau 2001, 218, 220 – University of Cambridge.
107 EuGH, Urt. v. 3.10.2000, Rs. C-380/98, NZBau 2001, 218, 220 – University of Cambridge.
108 *Dreher*, DB 1998, 2579, 2583; *Dörr*, in: Burgi/Dreher, GWB, § 99 Rn. 55.
109 EuGH, Urt. v. 3.10.2000, Rs. C-380/98, Slg. 2000, I-8035, Rn. 26 – University of Cambridge.
110 EuGH, Urt. v. 13.12.2007, Rs. C-337/06, NZBau 2008, 130 – Rundfunkanstalten; ausführlich vgl. unten: Gliederungspunkt VI. 2., Rn. 118 f.

Finanzierung nicht darauf ankomme, ob die Finanzmittel den öffentlichen Haushalt durchlaufen, d. h. der Staat zunächst selbst die Gelder einzieht und direkt an die begünstigte Einrichtung auskehrt, oder ob diese das Recht hat, die Gebühren selbst zu erheben. Diese Rechtsprechung hat der EuGH fortentwickelt und festgestellt, dass eine überwiegende staatliche Finanzierung auch dann anzunehmen ist, wenn, wie im Falle gesetzlicher Krankenkassen, die Finanzierung „durch einen staatlichen Akt eingeführt worden ist, in der Praxis durch die Träger der öffentlichen Gewalt garantiert wird und durch eine öffentlichrechtlichen Vorschriften unterliegende Art der Erhebung der sich hierauf beziehenden Beiträge sichergestellt wird".[111]

69 Nach der Rechtsprechung des EuGH zur Auftraggebereigenschaft von öffentlich-rechtlichen Rundfunkanstalten[112] und gesetzlichen Krankenversicherungen[113] bedarf eine mittelbare staatliche Finanzierung zur Verwirklichung einer besonderen Staatsnähe, dass

- die Finanzierung zwar nicht unmittelbar aus dem Staatshaushalt stammen muss, aber zumindest die Festlegung einer Gebühr aufgrund gesetzlicher Vorgabe erfolgt ist und die Gebühr mittels hoheitlicher Befugnisse eingezogen werden kann oder
- die Festlegung der Gebühren und Beiträge zwar durch den Empfänger selbst erfolgt, ihm dabei aber nur ein äußerst geringer Spielraum hinsichtlich der Bemessung der Höhe der Beträge zusteht.

70 Es bedarf einer präzisen Einzelfallbetrachtung.[114] Sehr differenziert argumentiert der EuGH im Falle der berufsständischen Kammern (konkret der Ärztekammer Westfalen-Lippe).[115] Zwar erkannte er auch hier grundsätzlich eine Form der Zwangsmitgliedschaft an, jedoch verfügt die Ärztekammer über eine organisatorische und haushaltsrechtliche Autonomie, die eine besondere Staatsgebundenheit ausschließt. Eine lediglich nachträgliche Plausibilitätskontrolle durch staatliche Stellen reicht aus der Sicht des EuGH für die Annahme einer engen Beziehung nicht aus.[116]

71 Das Erfordernis der überwiegenden Finanzierung einer juristischen Person bezieht sich zudem auf diese juristische Person selbst; die überwiegende Finanzierung von einzelnen Aufgabenbereichen der juristischen Person genügt nicht. So hat das BayOLG befunden,[117] dass das **Bayrische Rote Kreuz** kein öffentlicher Auftraggeber i. S. d. § 99 Nr. 2 GWB ist, weil es nicht vollständig oder überwiegend durch eine der in § 99 Nr. 1 GWB genannten Gebietskörperschaften finanziert wird. Abzustellen sei dabei auf die juristische Person insgesamt und nicht nur auf die einzelne von ihr durchgeführte Aufgabe. Der Grund hierfür läge darin, dass eine juristische Person nur dann einem staatlichen Auftraggeber gleichzustellen ist, wenn die juristische Person in einer derartigen Weise staatsgebunden ist, dass zwischen der staatlichen Stelle und der juristischen Person praktisch kein Unterschied besteht.

---

111 EuGH, Urt. v. 11.6.2009, Rs. C-300/07, NJW 2009, 2427, 2429 – Hans & Christophorus Oymanns GbR ./. AOK Rheinland ./. Hamburg.
112 EuGH, Urt. v. 13.12.2006, Rs. C-337/06, Slg. 2007 I-11173, Rn. 41–49 – Bayerischer Rundfunk.
113 EuGH, Urt. v. 11.6.2009, Rs. C-300/07, Slg. 2009, I-04779, Rn. 50–57 – Oymanns.
114 Vgl. VK Südbayern, Beschl. v. 7.3.2014, NZBau 2014, 462, 463 – Berufsgenossenschaft.
115 EuGH, Urt. v. 12.9.2013, Rs. C-526/11, NZBau 2013, 719 – Ärztekammer Westfalen-Lippe.
116 EuGH, Urt. v. 12.9.2013, Rs. C-526/11, Rn. 29, NZBau 2013, 719 – Ärztekammer Westfalen-Lippe.
117 BayOLG, Beschl. v. 10.9.2002, Verg 23/02, ZfBR 2003, 77.

Eine mittelbare staatliche Finanzierung kann grundsätzlich auch auf der Grundlage von abgeschlossenen Austauschverträgen zwischen der öffentlichen Hand und den Empfängern vorliegen, wenn es sich dabei um eine überwiegende Finanzierung handelt.[118] **72**

bb) Aufsicht über die Leitung

Dazu, was unter **staatlicher Beherrschung** bzw. **staatlicher Leitung** zu verstehen ist, enthält § 99 Nr. 2 GWB konkrete Vorgaben. Staatliche Beherrschung bzw. staatliche Leitung liegt vor, wenn öffentliche Auftraggeber nach § 99 Nr. 1 oder 3 GWB oder auch nach § 99 Nr. 2 GWB (s. Hs. 2) die Aufsicht über die Führung einer solchen Einrichtung ausüben oder mehr als die Hälfte der Mitglieder eines ihrer zur Geschäftsführung oder zur Aufsicht bestimmten Organe bestimmt haben. **73**

Fraglich ist, ob hinsichtlich des **Beherrschungsbegriffes auf § 17 AktG** zurückgegriffen werden kann. Der Vergabeüberwachungsausschuss des Bundes ging davon aus, dass grundsätzlich ein Rückgriff auf den Beherrschungsbegriff des § 17 AktG möglich sei. Er konstatierte, dass die Beherrschungsvermutung mit der Abhängigkeitsvermutung in § 17 Abs. 2 AktG übereinstimme.[119] Ungeachtet der unterschiedlichen Schutzfunktionen der beiden Vermutungen sei im Hinblick auf den Umstand, dass bei der vergaberechtlichen Vermutung auch weitergehende, Allgemeininteressen dienende Gesichtspunkte eine Rolle spielen können, davon auszugehen, dass bei einer nach den Grundsätzen des deutschen Aktienrechts nicht widerlegten Vermutung **jedenfalls auch eine Beherrschung im Sinne des Vergaberechts** anzunehmen sei. Dem ist vollumfänglich zuzustimmen.[120] Eine Beherrschung im vergaberechtlichen Sinne liegt deshalb vor, wenn das **beherrschende Unternehmen eine derartige Einflussmöglichkeit hat, dass es seinen Willen hinsichtlich der Unternehmens- und Geschäftspolitik des beherrschten Unternehmens durchsetzen kann**. Widerlegt werden könne die Beherrschungsvermutung durch den Nachweis, dass das mehrheitsbeteiligte Unternehmen nicht in der Lage ist, dem anderen Unternehmen aufgrund seiner Beteiligung seinen Willen aufzuzwingen. Hierzu seien beispielsweise entsprechende vertragliche Vereinbarungen nachzuweisen, die die Einflussnahme verhindern. Nicht ausreichend sei hingegen der Nachweis, dass faktisch kein Einfluss genommen werde, denn der Begriff der Abhängigkeit setze keine tatsächliche Einflussnahme voraus.[121] **74**

Auch der EuGH hat in der Entscheidung „Truley“ entscheidend auf die Möglichkeit abgestellt, ob nach dem Gesellschaftsvertrag eine öffentliche Stelle eine „aktive Aufsicht über die Leitung der Gesellschaft“ hat. Im konkreten Fall wurde dies bejaht, konnte die Stadt Wien nach dem Gesellschaftsvertrag nicht nur die Jahresabschlüsse prüfen, sondern auch die laufende Verwaltung im Hinblick auf zahlenmäßige Richtigkeit, Ordnungsmäßigkeit, **75**

---

118 Vgl. *Eschenbruch*, in: Kulartz/Kus/Portz/Prieß, GWB, § 99 Rn. 150.

119 VÜA Bund, Beschl. v. 12.4.1995, 1 VÜ 1/95, WuW Entsch. VergAB 27 – Kraftwerkskomponenten; VÜA Bund, WuW Entsch VergAB 58 – Abrissarbeiten.

120 Vgl. *Badenhausen-Fähnle*, in: Müller-Wrede, GWB, § 99 Rn. 75.

121 Vgl. *Marx/Prieß*, in: Jestaedt/Kemper/Marx/Prieß, Das Recht der Auftragsvergabe, S. 19; in diesem Zusammenhang ist auch instruktiv die Entscheidung des OLG Düsseldorf, Beschl. v. 19.6.2013, VII-Verg 55/12, NZBau 2013, 653, 656 zur BWI Informationstechnik (Herkules). In dieser Entscheidung hat sich das OLG Düsseldorf sehr eingehend mit den gesellschaftsrechtlich vermittelten Möglichkeiten der öffentlichen Hand auseinandergesetzt.

Sparsamkeit, Wirtschaftlichkeit und Zweckmäßigkeit. Ferner konnte sie jederzeit die Betriebsräume und Anlagen besichtigen.[122]

76 Diese **richtlinienkonforme Auslegung** führt zu einem sachgerechten Ergebnis, was durch eine Parallele zum Wettbewerbsrecht belegt wird: Ziel ist es, eine Umgehung des Rechts der öffentlichen Auftragsvergabe zu vermeiden. Dieser Grundsatz hat seinen Ausdruck in der bereits zitierten Rechtsprechung des EuGH gefunden. Daher ist grundsätzlich eine **weite Auslegung** der vergaberechtlichen Vorschriften geboten. Hilfestellung zu diesem Problem vermag auch die **fusionskontrollrechtliche Praxis der EU-Kommission** unter dem Stichwort der „gemeinsamen Kontrolle" nach Art. 3 Abs. 1 lit. b) der Fusionskontrollverordnung geben.[123] Hierbei stellt die Kommission auf den entscheidenden Einfluss ab, der auf die Geschäftsführung ausgeübt werden kann, insbesondere um wesentliche geschäftspolitische Maßnahmen anzuordnen und durchzusetzen. Dieser „**entscheidende Einfluss**" ist sogar dann gegeben, wenn geschäftspolitische Entscheidungen lediglich „blockiert" werden können.[124] Dafür ist es erforderlich, dass die – hier staatliche – Seite über Rechte verfügt, die es ihr ermöglichen, ein „Veto" gegen Entscheidungen einzulegen, die wesentlich für das strategische Wirtschaftsverhalten der Einheit sind, wie etwa das Zustimmungserfordernis zum Budget, zum Geschäftsplan, zu größeren Investitionen und vor allem zur Besetzung der jeweiligen Geschäftsführung. Solche Rechte können sich zum einen aus den Statuten, zum anderen auch aus Konsortialverträgen oder ähnlichen Vereinbarungen ergeben.

77 Vor diesem Hintergrund verbleibt es bei der Qualität eines öffentlichen Auftraggebers, solange nur ein (gemeinsam) herrschender Gesellschafter einer privatwirtschaftlich gegründeten und geführten Gesellschaft selbst öffentlicher Auftraggeber ist. Bei einer **gemeinsamen Beherrschung** ist es mithin nicht erforderlich, dass alle herrschenden Gesellschafter öffentliche Auftraggeber sind. Ein (mitbeherrschender) öffentlicher Auftraggeber „infiziert" daher den Gesamtbetrieb privatrechtlicher Unternehmen und unterwirft diese in der Regel den Vorschriften der §§ 97 ff. GWB.

78 Das **OLG Düsseldorf** hatte darüber zu entscheiden,[125] ob die mit Beschaffungsaufgaben betraute privatrechtliche **LH Bundeswehr-Bekleidungsgesellschaft mbH** (Bekleidungsgesellschaft) als öffentlicher Auftraggeber anzusehen sei. Diese wurde als Eigengesellschaft der Bundeswehr und weiterer Tochtergesellschaften gegründet und gemeinsam mit privaten Anteilseignern als Public Private Partnership geführt. Aufgrund der Minderheitsbeteiligung des Bundes und der Auswahl des privaten Partners im Vergabeverfahren gingen die Anteilseigner davon aus, dass die Bekleidungsgesellschaft kein öffentlicher Auftraggeber sei.

79 Dieser Meinung ist das OLG jedoch nicht gefolgt. Es ging von der öffentlichen Auftraggebereigenschaft der Bekleidungsgesellschaft aus. Es begründete dies damit, dass die Aufgabe der unmittelbaren Deckung des Sachbedarfs der Streitkräfte, zu deren besonderen Zweck die Bekleidungsgesellschaft gegründet worden sei, zweifellos eine im Allgemeinin-

---

122 EuGH, Urt. v. 27.2.2003, Rs. C-373/00, ZfBR 2003, 489 = EuZW 2003, 315 – Adolf Truley.

123 Verordnung (EG) Nr. 139/2004 des Rates vom 20.1.2004 über die Kontrolle von Unternehmenszusammenschlüssen (EG-Fusionskontrollverordnung), ABlEG 2004 Nr. L 24/1 v. 29.1.2004.

124 Vgl. Bekanntmachung der EU-Kommission über den Begriff des Zusammenschlusses, ABl. 2.3.1998, Nr. C 66, S. 5.

125 OLG Düsseldorf Beschl. v. 30.4.2003, Verg 67/02, ZfBR 2003, 605 – Bundeswehrstiefel.

teresse liegende Aufgabe sei. Dies ergebe sich daraus, dass die Deckung des Sachbedarfs der Streitkräfte eine **staatliche**, der **Aufrechterhaltung der Verteidigungsbereitschaft** i. S. d. **Art. 87a Abs. 1 GG dienende Aufgabe** sei. Sie verliere diesen Charakter nicht dadurch, dass sie nach dem Willen des Bundes im Zuge organisatorischer Maßnahmen zu einem großen Teil von einer staatlichen Behörde auf eine juristische Person des privaten Rechts übertragen wird. Unerheblich sei für die Annahme einer im Allgemeininteresse liegenden Aufgabe, dass die juristische Person des privaten Rechts neben der Erfüllung der ihr übertragenen Aufgaben auch die Freiheit besitze, anderweitige unternehmerische Tätigkeiten (privatwirtschaftliche Ziele) zu entfalten.

Auch die Voraussetzung einer nichtgewerblichen Tätigkeit sei gegeben, da die Aufgaben- **80**
erfüllung der Bekleidungsgesellschaft weitgehend außerhalb der marktgängigen Mechanismen liege. Die Gesellschaft verfüge vielmehr über eine **staatlich herbeigeführte marktbezogene Sonderstellung**. Schließlich werde die Gesellschaft trotz der Minderheitsbeteiligung des Bundes durch diesen beherrscht. Denn die Gesamtheit der im Gesellschafts-, Leistungs- und Kooperationsvertrag enthaltenen Regelungen und insbesondere die dem Bund eingeräumten Befugnisse implizierten eine ständige Kontrolle der Geschäftstätigkeit der Bekleidungsgesellschaft.

In einem weiteren, auf die Bundeswehr bezogenen Fall hat das OLG Düsseldorf trotz einer **81**
Minderheitsbeteiligung durch die öffentliche Hand eine staatliche Beherrschung anerkannt.[126] Obwohl die Beherrschung der Leitungsorgane an sich nicht vorlag, hat das OLG aus dem Gesamtvertragswerk heraus die Leitung und den Einfluss durch die öffentliche Hand auf die Entscheidungen der Gesellschaft darlegen können. Dabei spielte die Einrichtung eines Gesellschafterausschusses eine maßgebende Rolle. Dieses Beispiel zeigt, dass eine inhaltlich detaillierte Prüfung der gesellschaftsrechtlichen und vertraglichen Einzelheiten für die Ermittlung, ob ein beherrschender Einfluss vorliegt oder nicht, von entscheidender Bedeutung ist.

Eine staatliche Beherrschung kann auch durch die Ausübung der Aufsicht begründet wer- **82**
den. Das öffentliche Recht unterscheidet zwischen der **Rechts- und der Fachaufsicht**. Jede Verwaltung kann den ihr nachgeordneten Verwaltungsstellen sowohl generelle als auch in einer konkreten Angelegenheit spezielle Anordnungen erteilen. Damit verbunden ist die Befugnis, die nachgeordneten Behörden zu beaufsichtigen. Mit der Fachaufsicht können Zweckmäßigkeit und Rechtmäßigkeit von Entscheidungen nachgeordneter Behörden überprüft werden.[127] Bei der Rechtsaufsicht (z. B. bei Selbstverwaltungsangelegenheiten) kann lediglich die Rechtmäßigkeit, nicht aber die Zweckmäßigkeit von der übergeordneten Behörde überprüft werden. Alle Träger mittelbarer Staatsverwaltung müssen mindestens einer Rechtsaufsicht unterliegen. Soweit es sich um juristische Personen des Privatrechts handelt, die von der öffentlichen Hand beherrscht werden, fehlt es jedoch an der Einrichtung einer Aufsichtsbehörde. Die Rechtmäßigkeit des Vergabeverhaltens kann dort allerdings mittelbar über die entsprechenden Kontroll- und Aufsichtsgremien (z. B. Gesellschafterversammlung) kontrolliert werden.[128]

---

126 OLG Düsseldorf, Beschl. v. 19.6.2013, VII-Verg 55/12, NZBau 2013, 653.

127 *Bungenberg*, in: Loewenheim/Meessen/Riesenkampff, Vor §§ 97 ff. Rn. 21; *Stockmann*, in: Immenga/Mestmäcker, GWB, § 102 Rn. 5, 6.

128 *Reidt*, in: Reidt/Stickler/Glahs, Vergaberecht, § 102 Rn. 6.

83 Eine **Beherrschung** wird jedenfalls grundsätzlich bei einer **reinen Fachaufsicht** angenommen werden können. Denn die Fachaufsicht ermöglicht eine aktive Gestaltung der Leitung der beaufsichtigten juristischen Person, da bei der Weisungserteilung Zweckmäßigkeitsüberlegungen zugrunde gelegt werden dürfen.[129]

84 **Problematisch** ist, ob die **reine Rechtsaufsicht** eine hinreichende Herrschaftsmacht i. S. d. § 99 Nr. 2 GWB begründet. Dies ist z. B. bei **berufsständischen Zwangsvereinigungen** des öffentlichen Rechts wie die (Landes-)Ärzte- oder Rechtsanwaltskammern von Relevanz.

85 Dies wird teilweise angenommen.[130] Dagegen ist jedoch einzuwenden, dass mit der Rechtsaufsicht lediglich rechtswidriges Handeln über eine nachträgliche Kontrolle verhindert werden kann, nicht jedoch eine aktive Gestaltung der Geschäftspolitik möglich ist. Die klassische Rechtsaufsicht nach den Kategorien des deutschen Verwaltungsrechts bietet **nicht** die **Möglichkeit** einer **staatlichen Beeinflussung** von Vergabeentscheidungen, wie es das Merkmal der Staatsnähe erfordert.[131]

86 Da die Grenze zwischen Fach- und Rechtsaufsicht allerdings nicht immer klar gezogen werden kann, ist eine Prüfung im Einzelfall unentbehrlich.[132] Aufgrund der besonderen Konstellation im Gesundheitswesen ist das OLG Düsseldorf in Bezug auf die Rechtsaufsicht bei gesetzlichen Krankenkassen der Auffassung, dass die **Rechtsaufsicht im deutschen Gesundheitswesen nicht auf eine bloß nachprüfende Kontrolle i. S. d. Rechtsprechung des EuGH beschränkt** ist. In einem Vorlagebeschluss vom 23.5.2007 hat das OLG Düsseldorf dem EuGH u. a. die Frage zur Entscheidung vorgelegt, ob eine staatliche Rechtsaufsicht, die noch laufende oder zukünftige Geschäfte betrifft – gegebenenfalls zuzüglich weiterer Eingriffsmöglichkeiten des Staates – eine vergaberechtliche relevante Beherrschung begründet.[133] Diese Frage ist vom EuGH nicht beantwortet worden. Die Eigenschaft einer gesetzlichen Krankenkasse als öffentliche Auftraggeberin sieht er bereits wegen der überwiegenden Finanzierung durch den Staat als gegeben an.[134]

87 Zuvor hatte bereits das BayObLG im Falle der Landesversicherungsanstalt aufgrund der Gesamtumstände ausnahmsweise eine andere Bewertung der Rechtsaufsicht und damit eine vergaberechtlich relevante Beherrschung angenommen. Das BayObLG hat entschieden, dass die Landesversicherungsanstalt eine öffentliche Auftraggeberin sei, da sie nur in einem engen vorgegebenen finanziellen und rechtlichen Rahmen selbstständig entscheiden könne.[135]

88 Diese Ergebnisse sind vor dem Hintergrund der im Vergaberecht herrschenden funktionellen Betrachtungsweise konsequent. Sie stehen auch in Einklang mit der Entscheidung des

---

129 Vgl. *Dietlein*, NZBau 2002, 136, 141.

130 Vgl. *Marx/Prieß*, in: Jestaedt/Kemper/Marx/Prieß, Das Recht der Auftragsvergabe, S. 18 f.; *Pietzcker*, ZHR 162 (1998), 427, 445.

131 Vgl. *Dietlein*, NZBau 2002, 136, 141; ebenso BayObLG, Beschl. v. 24.5.2004, Verg 06/04, ZfBR 2004, 718, 720; Beschl. v. 24.5.2004, Verg 6/04, NZBau 2004, 623, 625.

132 *Eschenbruch*, in: Kulartz/Kus/Portz/Prieß, GWB, § 99 Rn. 176.

133 OLG Düsseldorf, Beschl. v. 23.5.2007, VII-Verg 50/06, NZBau 2007, 525, 527.

134 EuGH, Urt. v. 11.6.2009, Rs. C 300/07, NJW 2009, 2427, 2429 – Hans & Christophorus Oymanns GbR ./. AOK Rheinland ./. Hamburg; vgl. ausführlich unten: Gliederungspunkt VI. 6., Rn. 126 ff.

135 BayObLG, Beschl. v. 21.10.2004, Verg 17/04, NZBau 2005, 173, 174 f.

EuGH in der Rs. „Kommission ./. Französische Republik".[136] Dort stellte der EuGH fest, dass die Richtlinie unter dem Begriff der Aufsicht nur eine solche Verbindung der Einrichtung mit der öffentlichen Hand verstehe, „die es dieser ermöglicht, die Entscheidungen dieser Einrichtung in Bezug auf öffentliche Aufträge zu beeinflussen".[137] Entsprechend hat der EuGH auch in der Entscheidung „Truley" konstatiert, dass „der Tatbestand der Aufsicht über die Leitung im Falle einer bloßen nachprüfenden Kontrolle [nicht] erfüllt ist, denn schon begrifflich erlaubt es eine derartige Kontrolle der öffentlichen Hand nicht, die Entscheidungen der betreffenden Einrichtung im Bereich der Vergabe öffentlicher Aufträge zu beeinflussen". Ferner könne – so der EuGH – eine Aufsicht über die Leitung einer Einrichtung nur angenommen werden, wenn, ebenso wie bei den sonstigen, besondere Staatsnähe begründenden Alternativen des § 99 Nr. 2 GWB, das Ergebnis der Aufsicht eine Beherrschung darstellt, mittels derer bestimmte unternehmerische Positionen durchgesetzt werden können. Nicht ausreichend ist dagegen die bloße Verhinderung einer rechtswidrigen Unternehmenspolitik, wie dies bei der Rechtsaufsicht der Fall ist.[138]

Angesichts der im Vergaberecht geltenden funktionellen Betrachtungsweise, wonach es entscheidend darauf ankommt, dass eine öffentliche Stelle eine „aktive Aufsicht über die Leitung der Gesellschaft"[139] hat, ist es sachgerecht, auch im Falle der Rechtsaufsicht die Besonderheiten im Einzelfall zu prüfen. Während eine nachträgliche Finanzkontrolle der Rechnungshöfe nicht ausreichen dürfte, ist die staatliche Aufsicht über Landesversicherungsanstalten wohl nach der Rechtsprechung ausreichend.[140] **89**

Nunmehr ist in diesem Zusammenhang die Entscheidung des EuGH in der Rs. „Ärztekammer Westfalen-Lippe" ergangen.[141] In der Sache folgerichtig entscheidet der EuGH, dass eine nachträgliche allgemeine Rechtmäßigkeitskontrolle durch eine Aufsichtsbehörde keine Beherrschung im Sinne einer vergaberechtlichen Einflussnahme vermuten lässt. Besteht hingegen die Kompetenz der Rechtsaufsicht, Leitungsorgane abzuberufen, dann muss man jedoch von einer qualifizierten Aufsicht ausgehen, die in einer tatsächlichen Einflussnahmemöglichkeit mündet.[142] **90**

cc) Bestimmung der Mitglieder eines zur Geschäftsführung oder zur Aufsicht berufenen Organs

§ 99 Nr. 2 GWB sieht als dritte Alternative zur Zurechnung der Staatsverbundenheit vor, dass mehr als die Hälfte der Mitglieder der zur Geschäftsführung oder zur Aufsicht berufenen Organe durch Stellen nach Nr. 1 oder Nr. 3 oder auch nach § 99 Nr. 2 GWB (s. Hs. 2) bestimmt werden. Dabei geht der Gesetzgeber davon aus, dass sich bei einem solchen Sachverhalt der öffentliche Einfluss quasi zwangsläufig ergibt, und zwar über die Führungsgremien. Führungsgremien sind zum einen die gesetzlichen Vertretungs- und Auf- **91**

---

136 EuGH, Urt. v. 1.2.2001, Rs. C-237/99, Slg. 2001, S. I-939, Rn. 48 – Kommission ./. Französische Republik.

137 EuGH, Urt. v. 1.2.2001, Rs. C-237/99, Slg. 2001, S. I-939, Rn. 48 – Kommission ./. Französische Republik.

138 EuGH, Urt. v. 27.2.2003, Rs. C-373/00, WuW Verg. 729, 735 – Adolf Truley.

139 EuGH, Urt. v. 27.2.2003, Rs. C-373/00, WuW Verg. 729, 735 – Adolf Truley.

140 Vgl. *Eschenbruch*, in: Kulartz/Kus/Portz/Prieß, GWB, § 99 Rn. 183 m. w. N.; BayObLG, NZBau 2005, 173.

141 EuGH, Urt. v. 12.9.2013, Rs. C-526/11, NZBau 2013, 717, 719 – Ärztekammer Westfalen-Lippe.

142 Vgl. *Badenhausen-Fähnle*, in: Müller-Wrede, GWB, § 99 Rn. 74 m. w. N.

sichtsorgane (d.h. Geschäftsführung bei der GmbH sowie – auf der Ebene der AG – Vorstand und Aufsichtsrat).

92 Nach richtiger Ansicht sind dies zum anderen auch fakultative Aufsichts- oder Beiräte, d.h. im Rahmen einer Gesellschaftssatzung und/oder eines Gesellschaftervertrags eingeführte Gremien, deren Aufgabe es ist, die gesetzlich festgelegten Organe qualifizierend zu beraten.[143] Wie das OLG Düsseldorf zutreffender Weise festgestellt hat, kann auch ein vertraglich bestimmter Gesellschafterausschuss, der selbst wiederum Aufsichtsratssitzungen vorbereitet und der Besprechung von Meinungsverschiedenheiten der Gesellschafter zum Zweck einer einvernehmlichen Klärung dient, erheblichen Einfluss auf die Willensbildung bei der Geschäftspolitik und bei der Auswahl von Vergabeverfahren haben.[144] Ist ein solcher Ausschuss dann mit mehr als der Hälfte von Vertretern der öffentlichen Hand „besetzt", ist von einer entsprechenden Staatsverbundenheit auszugehen.

93 Es wird in der Literatur darauf hingewiesen, dass eine Staatsverbundenheit dann zu verneinen sei, wenn das fakultative Gremium trotz entsprechender Besetzung mit Vertretern der öffentlichen Hand eine nur rein „beratende" Funktion ausübt.[145] Die Abgrenzung zwischen einer qualifizierten (d.h. mit Auswirkung auf die Willensbildung der gesetzlichen Organe) und einer beratenden Funktion ist in der Praxis schwierig. Aus der Natur der Sache heraus dient eine „Beratung" immer auch dazu, gerade eine Beeinflussung zu erzielen. Vor dem Hintergrund einer richtlinienkonformen, funktionalen Auslegung ist deshalb auch ein fakultatives Beratergremium, wenn es eine entsprechende Besetzung aufweist, im Zweifelsfall als qualifiziert zu betrachten.

94 Die mehrheitliche Bestimmung der Mitglieder eines Gremiums muss durch die öffentliche Hand erfolgen, d.h. tatsächlich ausgeübt werden. Macht die öffentliche Seite von einer solchen Bestimmung keinen Gebrauch, lässt sie ihr Mandat ruhen, obwohl sie zur Ausübung berechtigt ist, kann nicht von einer Bestimmung gesprochen werden.[146] Allerdings muss die öffentliche Hand kein besonderes Bestimmungsprozedere einhalten, noch müssen die bestimmten Mitglieder selbst weisungsabhängig sein.[147]

95 Nach dem ausdrücklichen Wortlaut bedarf es einer Mehrheit der von der öffentlichen Hand bestellten Leitungs- und Gremienmitgliedern. Dies ist an sich eindeutig, wirft jedoch die Frage auf, wie im Falle einer Parität die Vorschrift anzuwenden ist, etwa bei der Besetzung von Geschäftsführern oder Aufsichtsratsmitgliedern. Im Falle einer paritätischen Besetzung der Geschäftsführung dürfte die Vorschrift leerlaufen, da es einer Mehrheit von Leitungsmitgliedern bedarf;[148] bei Mitgliedern des Aufsichtsrats einer AG mag dies anders sein, insbesondere, wenn es sich um ein Unternehmen handelt, das der Mitbestimmung nach dem MitbestG unterliegt. Stellt in einer solchen Konstellation die öffentliche Seite den Aufsichtsratsvorsitzenden, der über ein Zweitstimmrecht verfügt (§ 29 Abs. 2 Satz 1 MitbestG), dann wird man darin im Rahmen einer teleologischen Interpretation eine faktische Mehrheit sehen müssen.[149]

---

143 Vgl. *Badenhausen-Fähnle*, in: Müller-Wrede, GWB, § 99 Rn. 77.
144 Vgl. OLG Düsseldorf, Beschl. v. 19.6.2013, VII-Verg 55/12, NZBau 2013, 653, 656.
145 *Eschenbruch*, in: Kulartz/Kus/Portz/Prieß, GWB, § 99 Rn. 192 m.w.N. in Fn. 319.
146 Vgl. *Badenhausen-Fähnle*, in Müller-Wrede, GWB, § 99 Rn. 78, 79.
147 *Eschenbruch*, in: Kulartz/Kus/Portz/Prieß, GWB, § 99 Rn. 195.
148 *Eschenbruch*, in: Kulartz/Kus/Portz/Prieß, GWB, § 99 Rn. 193.
149 Vgl. *Badenhausen-Fähnle*, in: Müller-Wrede, GWB, § 99 Rn. 86.

Die Voraussetzungen des Tatbestands sind auch dann erfüllt, wenn mehrere öffentliche Auftraggeber Gremienmitglieder bestellen, nur muss insgesamt die Mehrheit aus den Reihen der öffentlichen Hand kommen. **96**

dd) Sonstige gemeinsame Beherrschung (Hs. 2)

Ein weiterer Unterfall der Staatsbezogenheit ergibt sich aus dem Tatbestand des § 99 Nr. 2 Hs. 2 GWB, und zwar in Form einer Vermittlung über die Zwischenschaltung einer juristischen Person. Diese Regelung – in einer sprachlich verklausulierten Form – dient der Verhinderung der Umgehung vergaberechtlicher Vergaben durch die Verschachtelung in Konzernstrukturen, etwa über Beteiligungsgesellschaften. **97**

IV. Der Begriff des öffentlichen Auftraggebers nach § 99 Nr. 3 GWB (Verbände)

Die Vorschrift des § 99 Nr. 3 GWB benennt Verbände solcher Mitglieder, die unter Nr. 1 oder 2 fallen, als öffentliche Auftraggeber. Dabei handelt es sich um Verbände der Gebietskörperschaften sowie der juristischen Personen des öffentlichen und des privaten Rechts, beispielsweise um **Zweckverbände, Kommunalverbände (in der Praxis bedeutsame Beispiele sind kommunale Abwasser-, Abfall-, Wasser- und Planungsverbände etc.), Schulverbände** und **Caritasverbände**. Da sämtliche dieser Verbände Aufgaben erfüllen, die ihre Mitglieder als öffentliche Auftraggeber wahrzunehmen haben, werden auch sie als öffentliche Auftraggeber eingestuft. Wegen der dem Vergaberecht eigenen funktionellen Definition ist eine weite Auslegung geboten, sodass es auf die Rechtsform des jeweiligen Verbandes nicht ankommt.[150] Diese Regelung entspricht § 57a Abs. 1 Nr. 3 HGrG a. F. **98**

Auch eine Gesellschaft bürgerlichen Rechts ist ein „Verband". Die dem Vergaberecht eigene funktionelle Betrachtungsweise führt zu einer weiten Auslegung dieses Begriffs. Er umfasst Zusammenschlüsse aller Art, ungeachtet der jeweiligen Rechtsform. Es bedarf lediglich einer gemeinsamen Zielsetzung, sodass auch privatrechtlich organisierte Verbände, wie etwa Kooperationen, Arbeitsgemeinschaften und vergleichbare Gestaltungen jeweils die Voraussetzung des § 99 Nr. 3 GWB erfüllen. In diesem Zusammenhang hat die Rechtsprechung ausgeführt, dass auch ein Zusammenschluss von Gebietskörperschaften, die eine gemeinsame Beschaffung organisieren wollen, als Verband zu qualifizieren ist und somit letztlich auch eine Einkaufskooperation erfasst.[151] **99**

Einen Verband i. S. d. § 99 Nr. 3 GWB stellen auch Bund und Länder dar, wenn sie gemeinsam als Gebietskörperschaften i. S. d. § 99 Nr. 1 GWB Vergabemaßnahmen in Auftrag geben. In der Gemeinsamkeit handeln sie als Verband.[152] **100**

Auch gemischte Verbände zwischen öffentlichen und privaten Einheiten können die Tatbestandsvoraussetzungen erfüllen.[153] **101**

---

150 OLG Düsseldorf, Beschl. v. 6.7.2005, VII-Verg 22/05.
151 OLG München, Beschl. v. 20.3.2014, Verg 17/13, VergabeR 2014, 700, 708 – Digitalfunkgeräte.
152 Brandenburgisches OLG, Beschl. v. 3.8.1999, 6 Verg 1/99, DB 1999, 1793.
153 *Badenhausen-Fähnle*, in: Müller-Wrede, GWB, § 99 Rn. 86.

V. Der Begriff des öffentlichen Auftraggebers nach § 99 Nr. 4 GWB (staatlich subventionierte Auftraggeber)

102 § 99 Nr. 4 GWB basiert auf Art. 13 VRL 2014/24/EU, der die Anwendung der Vergaberegeln auf bestimmte, **zu mehr als 50 % mit öffentlichen Mitteln geförderte Bauvorhaben** verlangt. Öffentliche Mittel können nicht nur natürliche oder juristische Personen des privaten Rechts erhalten, sondern auch juristische Personen des öffentlichen Rechts. Als öffentliche Auftraggeber im Sinne von § 99 Nr. 4 GWB gelten daher natürliche oder juristische Personen des Privatrechts wie auch juristische Personen des öffentlichen Rechts, wenn sie bestimmte Bauvorhaben durchführen und von Stellen nach Nr. 1–3 der Vorschrift öffentliche Mittel erhalten, mit denen die genannten Vorhaben **zu mehr als 50 % subventioniert** werden. Es handelt sich hierbei um sog. **Drittvergaben**.

103 Mit dem VergRModG wurde der ursprünglich benutzte Begriff der Finanzierung durch den Terminus **subventionieren** ersetzt. Damit soll zum Ausdruck kommen, dass nur die Form der Subventionierung diesem Tatbestand unterliegt, nicht jedoch schon eine sonstige marktgerechte Finanzierung durch die öffentliche Hand. Hinzuweisen ist auch darauf, dass der bisherige Wortlaut zu „Auslobungsverfahren“ jetzt durch den Begriff „Wettbewerbe“ ersetzt wurde, um auch hier dem Wortlaut der VRL 2014/24/EU zu entsprechen.

104 Fallen juristische Personen des öffentlichen Rechts unter § 99 Nr. 2 GWB, müssen sie bereits deshalb die Vergaberegeln anwenden. Sind sie aber nicht zugleich Auftraggeber nach Nr. 2, müssen sie für den Fall der zu mehr als 50% mit öffentlichen Mitteln geförderten Bauvorhaben von Nr. 4 erfasst werden.

105 Die Vorschrift findet nur Anwendung im Falle der abschließend aufgezählten Bauvorhaben, also bei Tiefbaumaßnahmen, der Errichtung von Krankenhäusern, Sport-, Erholungs- oder Freizeiteinrichtungen, Schul-, Hochschul-, oder Verwaltungsgebäuden. Um eine europarechtlich geforderte weitgehende Marktöffnung für Bauaufträge zu erreichen, werden von dem Begriff „Errichtung“ auch Rekonstruktionen, Sanierungen und Modernisierungen erfasst.[154] Die Rechtsprechung hat den einzelnen Gebäudearten die Nutzungstypen zugeordnet, so beispielweise der Gebäudeart Krankenhaus auch Alten- und Pflegeheime.[155] Bei dieser Interpretation kann man zumindest eine Beziehung zwischen dem Gebäudetyp und der medizinisch-pflegerischen Nutzung eines Pflegeheims erkennen. Eine übermäßige Überdehnung des Begriffs der Sport-, Erholungs- und Freizeiteinrichtungen auf Gebäude zur kulturellen Nutzung erschließt sich jedoch nicht. Aus diesem Grund ist die Vorschrift im Falle von Bauvorhaben im Zusammenhang mit kulturellen Einrichtungen wie z. B. Bühnen, Opernhäusern oder Museen nicht anwendbar.[156] Der abschließende Charakter der Norm darf nicht dadurch künstlich ausgeweitet werden, indem Nutzungsarten auf Gebäudetypen übertragen werden, die anderen Zwecken dienen. Wenn der Gesetzgeber einen größeren Anwendungsbereich hätte eröffnen wollen, wäre er im Sinne der Bestimmtheit der Norm gehalten gewesen, eine entsprechende Formulierung zu wählen.

106 Sinn und Zweck dieser Vorschrift ist es zu verhindern, dass sich der Staat seinen vergaberechtlichen Verpflichtungen durch Zwischenschaltung von ihm subventionierter Auftrag-

---

154 OLG Thüringen, Beschl. v. 30.5.2002, 6 Verg 3/02.

155 Vgl. auch OLG Düsseldorf, Beschl. v. 13.1.2014, VII-Verg 11/13; VK Nordbayern, Beschl. v. 30.9.2015, 21 VK-3194-33/15.

156 A. A. *Eschenbruch*, in: Kulartz/Kus/Portz/Prieß, GWB, § 99 Rn. 333.

geber entzieht. Mit der Verwendung des Terminus „subventionieren" ist verdeutlicht, dass im Rahmen der Prüfung der Auftraggebereigenschaft nach § 99 Nr. 4 GWB auf das **Rechtsregime des Art. 107 AEUV** zurückgegriffen werden kann. Die Zuwendungen eines öffentlichen Auftraggebers im Zusammenhang mit der Erledigung eines der in § 99 Nr. 4 GWB genannten Aufträge ist beihilferechtlich relevant, wenn die folgenden in Art. 107 Abs. 1 AEUV genannten Bedingungen erfüllt sind: (i) Zuwendung aus staatlichen Mitteln, (ii) Begünstigung eines bestimmten Unternehmens oder Produktionszweiges, (iii) Verfälschung des Wettbewerbs oder drohende Verfälschung und (iv) Auswirkungen auf den Handel zwischen Mitgliedstaaten.[157]

Eine **Begünstigung** wird stets dann angenommen, wenn ein öffentlicher Auftraggeber **107**
nach § 99 Nr. 1–3 GWB im Zusammenhang mit der Vergabe einer der beschriebenen Aufträge dem Dritten eine Leistung gewährt, ohne dass dieser hierfür eine marktgerechte Gegenleistung erbringt.[158] Die **Zuwendung** kann **in unterschiedlicher Form** erfolgen, sei es als verlorener Zuschuss, als Darlehen, auch mit günstigeren als den marktüblichen Konditionen, als Gewährung einer Bürgschaft oder Garantie. Bei der Beurteilung, ob und inwieweit Garantien und Bürgschaften eine beihilferechtlich relevante Begünstigung darstellen, ist die „**Mitteilung der Kommission über die Anwendung der Artikel 87 und 88 des EG-Vertrags auf staatliche Beihilfen in Form von Haftungsverpflichtungen und Bürgschaften**"[159] hinzuzuziehen. Da ein öffentlicher Auftraggeber nach § 99 Nr. 1–3 GWB in der Regel nicht hoheitlich handelt, sondern an seiner Stelle auch ein nach marktwirtschaftlichen Grundsätzen agierender Privater tätig werden könnte, beurteilen EU-Kommission wie auch Gerichte das Vorliegen einer Begünstigung anhand des **Prinzips des marktwirtschaftlich handelnden Kapitalgebers**. Es ist daher stets zu prüfen, ob „ein privater Investor in einer vergleichbaren Lage unter Zugrundelegung der Rentabilitätsaussichten und unabhängig von allen sozialen oder regionalpolitischen Überlegungen oder Erwägungen einer sektorbezogenen Politik eine solche Kapitalhilfe gewährt hätte".[160] Kann dies bejaht werden, stellt die Zuwendung keine begünstigende Beihilfe dar.

Sofern es sich bei dem in Frage stehenden Auftrag, in dessen Rahmen der öffentliche Auf- **108**
traggeber nach § 99 Nr. 1–3 GWB dem Dritten eine Zuwendung gewährt, um die **Erfüllung einer gemeinwirtschaftlichen Verpflichtung** handelt, was bspw. im Bereich des Krankenhausbaus angenommen werden kann, kann eine Begünstigung und damit eine vergaberechtlich relevante Finanzierung ausgeschlossen werden, wenn die vom EuGH in seiner Entscheidung „**Altmark-Trans**" aufgestellten Kriterien[161] erfüllt sind. In der Praxis

---

157 *Badenhausen-Fähnle*, in: Müller-Wrede, GWB, § 99 Rn. 102; *Eschenbruch*, in: Kulartz/Kus/Portz/Prieß, GWB, § 99 Rn. 298.

158 *Bartosch*, EU-Beihilferecht, Art. 87 Rn. 1.

159 ABlEG 2008 C 155/02, 10ff.

160 EU-Kommission, Entscheidung v. 23.7.2008, C-48/2006 (ex N 227/2006), Rn. 201 – DHL und Flughafen Leipzig/Halle.

161 EuGH, Urt. v. 24.7.2003, Rs. C-280/00, Slg. 2003, I-7810, Rn. 89ff. – Altmark Trans: Eine Begünstigung i. S. v. Art. 107 Abs. 1 AEUV wird unter den folgenden vier Voraussetzungen, die kumulativ vorliegen müssen, verneint: (1) Erfüllung gemeinwirtschaftlicher Verpflichtungen auf Grundlage eines Betrauungsaktes; (2) Vorherige Bekanntgabe der Parameter, anhand derer der Ausgleich berechnet wird, in objektiver und transparenter Weise; (3) Keine Überkompensation, d. h. der Ausgleich darf nicht über das hinausgehen, was erforderlich ist, um die Kosten der Erfüllung der gemeinwirtschaftlichen Verpflichtungen unter Berücksichtigung der dabei erzielten Einnahmen und eines angemessenen Gewinns aus der Erfüllung dieser Verpflichtungen zu decken;

wird dabei insbesondere das zweite und vierte Kriterium von Relevanz sein. Dies bedeutet, dass vergaberechtliche Bindungen des Dritten dadurch vermieden werden können, dass der öffentliche Auftraggeber, der in der Regel wegen seiner Bindungen aus § 99 Nr. 1–3 GWB ohnehin den Regeln des Vergaberechts unterliegt, die beabsichtigten Zuwendungen im Vergabeverfahren den Bietern mitteilt und diese auf dieser Basis ihre Angebote erstellen.

109 Vergaberechtlich relevant sind die Zuwendungen eines öffentlichen Auftraggebers nur, wenn diese **mehr als die Hälfte der Projektfinanzierung** ausmachen. Nach Art. 13 VRL 2014/24/EU bedarf es einer unmittelbaren Förderung des konkreten Projekts, und zwar in jeder denkbaren Form, wenn die Förderung insgesamt die Höhe von 50 % der Projektfinanzierung übersteigt.

110 Dabei ist auf den Zeitpunkt der Planung abzustellen, die in die Ausschreibungsphase übergeht. Die Finanzierungsberechnung hat sich an den Gesamtkosten für die Durchführung des Projekts zu orientieren. Dem gegenübergestellt werden die zu erwartenden öffentlichen Zuwendungen in ihrer Gesamtheit. Die Berechnung ist komplex, da die konkrete Kostenberechnung auf vielfältigen Faktoren beruht und oft einen Prognosecharakter enthält. Ähnlich verhält es sich bei der Berechnung der Förderungsmaßnahmen, die sowohl positive Leistungen (direkte Zahlungen), Steuererleichterungen als auch Abgabenminderungen beinhalten können.

111 Mit der Vorgabe, dass ein Vorhaben Mittel erhalten muss, mit denen dieses zu mehr als 50 % subventioniert wird, hat der Gesetzgeber zwar eine nach außen hin klare Regelung geschaffen, andererseits den beteiligten Stellen ein hohes Risiko aufgebürdet, eine detaillierte und umfassende Analyse der Kosten und möglichen öffentlichen Förderungen durchzuführen.[162]

112 Da im Falle des § 99 Nr. 4 GWB nicht die Person des Auftraggebers in seiner Funktion ausschlaggebend ist, sondern die Umstände des konkreten Projekts, sind auch generelle staatliche Förderungen, die der Auftraggeber in seiner besonderen Funktion erhält, die aber nicht auf das konkrete Projekt abzielen, nicht in die Berechnung der Projektförderung einzubeziehen.[163] Dies ist folgerichtig und entspricht der Systematik der Richtlinie. Allerdings ist die konkrete Anwendung der Kalkulation in der Praxis oft schwierig, vor allem bei steuerlichen Erleichterungen und indirekten Fördermaßnahmen.

113 Die einmal getroffene Berechnung durch den Auftraggeber ist maßgeblich. Spätere Änderungen der Finanzierung und/oder der Kosten haben keinen weiteren Einfluss.[164] Entscheidend ist, mit welchen Fördermitteln gerechnet wurde.

---

(4) Sofern die Auswahl desjenigen, der die gemeinwirtschaftliche Leistung erbringt, nicht im Rahmen eines Verfahrens zur Vergabe öffentlicher Aufträge erfolgt ist, das die Auswahl desjenigen ermöglicht, der diese Dienste zu den geringsten Kosten erbringt, muss die Höhe des erforderlichen Ausgleichs auf der Grundlage einer Analyse der Kosten bestimmt werden, die ein durchschnittliches, gut geführtes Unternehmen bei der Erfüllung der betreffenden Verpflichtungen hätte. Dabei sind die durch die Tätigkeit erzielten Einnahmen und ein angemessener Gewinn aus der Erfüllung dieser Verpflichtungen zu berücksichtigen (sog. Benchmark-Kriterium).

162 Vgl. dazu OLG München, Beschl. 10.11.2010, Verg 19/10, VergabeR 2011, 205, 208, 209.
163 OLG München, Beschl. v. 10.11.2010, Verg 19/16, VergabeR 2011, 208.
164 OLG München, Beschl. v. 10.11.2010, Verg 19/10, VergabeR 2010, 209.

VI. Einzelfälle

114 Im Folgenden wird im Wege einer Einzelfallbetrachtung beleuchtet, ob und warum einzelne Unternehmen als öffentliche Auftraggeber dem Vergaberecht unterfallen.

1. Finanzsektor

115 Die bisher viel diskutierte Frage, ob **Sparkassen und andere öffentlich-rechtliche Kreditinstitute** als öffentliche Auftraggeber in den Anwendungsbereich des Vergaberechts fallen, hat sich infolge geänderter Rahmenbedingungen mittlerweile geklärt. **EU-Kommission** und Teile der Literatur[165] haben öffentlich-rechtliche Kreditinstitute bislang als **öffentliche Auftraggeber** qualifiziert, die dem Vergaberecht unterfallen. Sie argumentierten, dass Sparkassen gemeinnützige Anstalten des öffentlichen Rechts seien. Als solche nähmen sie für ihre externen Träger, die Gebietskörperschaften, im Allgemeininteresse liegende Aufgaben wahr. Dabei bestehe ihre vorrangige Aufgabe darin, im Rahmen ihres Passivgeschäftes Sparsinn und die Vermögensbildung zu fördern und im Rahmen ihres Aktivgeschäftes den besonderen örtlichen Kreditbedarf zu berücksichtigen. Diese Aufgabenstellung müsse unabhängig von etwaiger Gewinnerzielung erfüllt werden. Diese sei daher weitgehend nichtgewerblicher Art. Zudem unterlägen die Sparkassen Beschränkungen hinsichtlich der Gewinnerzielung, z. B. dem Spekulationsverbot und den Höchstkreditgrenzen. Ein wichtiger Aspekt bei der Qualifizierung als öffentlicher Auftraggeber war ferner, dass öffentlich-rechtlichen Kreditinstituten Privilegien zugestanden wurden, wie beispielsweise die unbeschränkte staatliche Nachschusspflicht, und sie damit das Risiko ihrer geschäftlichen Aktivitäten nicht in vollem Umfang trügen. Insgesamt wurde daher die Gewerblichkeit des Handelns öffentlich-rechtlicher Kreditinstitute berechtigterweise in Zweifel gezogen.

116 Diese Bewertung hat jedoch aufgrund der geänderten Rahmenbedingungen keinen Fortbestand. Auslöser war eine im Dezember 1999 von der Bankenvereinigung erhobene Beschwerde gegenüber der EU-Kommission. Die Bankenvereinigung hatte vorgetragen, dass die Anstaltslast und Gewährträgerhaftung zugunsten öffentlich-rechtlicher Kreditinstitute eine unzulässige Beihilfe im Sinne von Art. 107 Abs. 1 AEUV darstelle. Die EU-Kommission hat diese rechtliche Bewertung geteilt und den Tatbestand einer unzulässigen Beihilfe als gegeben angesehen. In einer zwischen EU-Kommission, der Bundesregierung, den Länderfinanzministern und dem Sparkassengiroverband erzielten Vereinbarung vom 27.3.2002 haben sich die Beteiligten auf den Wegfall der Anstalts- und Gewährträgerhaftung zum 18.7.2005 verständigt.[166] Damit stehen Sparkassen und öffentlich-rechtliche Kreditinstitute nicht nur im Wettbewerb mit anderen Kreditinstituten, sondern sie tragen auch in vollem Umfang die mit ihrer Tätigkeit verbundenen Risiken. Damit gibt es keinen die **Sonderstellung von Sparkassen und öffentlichen Kreditinstituten** begründenden Umstand mehr. Hieraus hat das OLG Rostock die Schlussfolgerung gezogen, dass auch, wenn Sparkassen und öffentlich-rechtliche Kreditinstitute neben einer Gewinnerzielungsabsicht und Rentabilitätsgesichtspunkten noch andere, z. B. **sozial und (kommunal)-politische**

---

165 *Eschenbruch*, in: Kulartz/Kus/Portz/Prieß, GWB, § 99 Rn. 220; *Jochum*, NZBau 2002, 69, 73; a. A. *Boesen*, Vergaberecht, § 98 Rn. 69, 71.

166 Vgl. Schreiben der Kommission vom 27.3.2002, C [2002] 1286 ff.

Aspekte verfolgen, sich an der Gewerblichkeit ihres Handelns nichts ändere und sie deshalb nicht als öffentliche Auftraggeber nach § 99 Nr. 2 GWB einzustufen seien.[167]

117 Diskutiert wird ebenfalls die Frage, ob das als Folge der Finanzmarktkrise im September 2008 erlassene Finanzmarktstabilisierungsgesetz, das unter besonderen Voraussetzungen Zuwendungen in erheblicher Höhe an private Banken ermöglicht, die mit entsprechenden Einflussnahmemöglichkeiten des Staates verknüpft sind, diese zeitweilig zu öffentlichen Auftraggebern werden lasse. Dies kann nur im Rahmen einer Prüfung im Einzelfall festgestellt werden. Es kommt insoweit entscheidend darauf an, wie weitgehend die Einfluss- und Kontrollmöglichkeiten sind, die sich der Sonderfonds Finanzmarktstabilisierung hat einräumen lassen.[168] In der Regel wird von einer gewerblichen Tätigkeit auszugehen sein.

2. Öffentlich-rechtliche Rundfunkanstalten

118 Die in der Vergangenheit kontrovers diskutierte Frage, ob öffentlich-rechtliche Rundfunkanstalten öffentliche Auftraggeber im Sinne von § 99 Nr. 2 GWB sind, ist durch die Entscheidung des **EuGH** in der Rs. „**Rundfunkanstalten**"[169] entschieden worden.

119 Der oben genannten Entscheidung des EuGH lag ein Vorlagebeschluss des OLG Düsseldorf vom 21.7.2006[170] zugrunde. Darin hat das OLG Düsseldorf den EuGH im Wesentlichen um die Klärung der Frage gebeten, ob auch eine staatlich gewährleistete Gebührenfinanzierung vergaberechtlich relevant ist. Der EuGH[171] hat dies bejaht. Nach seiner Auffassung ist das Merkmal der „**Finanzierung durch den Staat**" ebenso wie die Begriffe „öffentlicher Auftraggeber" und „Einrichtung des öffentlichen Rechts" **funktionell** zu verstehen. Der EuGH sieht daher eine vergaberechtlich relevante Finanzierung insbesondere aus den folgenden Gründen als gegeben: (i) Die Gebührenfinanzierung der öffentlich-rechtlichen Rundfunkanstalten gründet auf dem Rundfunkstaatsvertrag, also einem staatlichen Akt. Sie ist gesetzlich vorgesehen und auferlegt. (ii) Die Gebühr ist nicht eine Gegenleistung für eine von den öffentlich-rechtlichen Rundfunkanstalten erbrachte Leistung. Sie entsteht allein durch das Bereithalten eines Empfangsgerätes und nicht durch die Inanspruchnahme von Leistungen. (iii) Die Gebührenhöhe wird durch eine förmliche Entscheidung der Landesparlamente und der Landesregierungen festgesetzt. (iv) Wie im Rundfunkstaatsvertrag vorgesehen, werden die Gebühren von der GEZ für Rechnung der öffentlich-rechtlichen Rundfunkanstalten per Gebührenbescheid erhoben. Der EuGH resümiert daher, dass eine Finanzierung, „die durch staatlichen Akt eingeführt, durch den Staat garantiert und mittels hoheitlicher Befugnis erhoben und eingezogen wird, die Voraussetzung der „Finanzierung durch den Staat" für den Zweck der Anwendung von Unionsvorschriften auf dem Gebiet der Vergabe öffentlicher Aufträge erfüllt". Dabei kann es keinen Unterschied machen, ob die Finanzmittel den öffentlichen Haushalt durchlaufen oder ob, wie in diesem Fall, die öffentlich-rechtlichen Rundfunkanstalten selbst zur Einziehung der Gebühren berechtigt werden. Was die staatliche Einflussnahme bei der Vergabe bestimmter öffentlicher Aufträge anbelangt, ist festzustellen, dass eine unmittelbare Einflussnahme nicht erforderlich ist. Der EuGH sieht es insoweit als ausreichend an, dass „die

167 OLG Rostock, Beschl. v. 15.6.2005, 17 Verg 3/05, VergabeR 2005, 629, 631 ff. – Sparkasse.
168 *Höfler/Braun*, NZBau 2009, 5; *Gabriel*, NZBau 2009, 282 ff.
169 EuGH, Urt. v. 13.12.2007, Rs. C 337/06, NZBau 2008, 130 ff. – Rundfunkanstalten.
170 OLG Düsseldorf, Beschl. v. 21.7.2006, VII-Verg 13/06, VergabeR 2006, 893.
171 EuGH, Urt. v. 13.12.2007, Rs. C 337/06, NZBau 2008, 130 ff. – Rundfunkanstalten.

Existenz der fraglichen öffentlich-rechtlichen Rundfunkanstalten selbst vom Staat abhängt." Diese Nähe schließe – so der EuGH – nicht aus, dass sich die öffentlich-rechtlichen Rundfunkanstalten bei der Auftragsvergabe von anderen als wirtschaftlichen Erwägungen leiten ließen. Im Ergebnis unterfallen öffentlich-rechtliche Rundfunkanstalten dem Begriff des öffentlichen Auftraggebers.

3. Deutsche Post AG

Mit ihrer Privatisierung wurde die Deutsche Post AG ein gewerbliches Unternehmen, das in einigen Tätigkeitsbereichen dem Wettbewerb ausgesetzt ist. Auch **Art. 87f Abs. 2 GG** bewertet die Postdienstleistungen als privatwirtschaftliche Tätigkeiten. Dennoch wurden diese Dienstleistungen im Gegensatz zu anderen Daseinsvorsorgetätigkeiten des Staates grundgesetzlich für regelungsbedürftig erachtet.[172] Nachdem zum 31.12.2007 das Briefmonopol in Deutschland aufgehoben wurde, und der Postbereich vollständig liberalisiert ist, bestand nach Auffassung des deutschen Gesetzgebers keine Notwendigkeit mehr, die Postdienste als Leistungen im Sektorenbereich zu behandeln. Ab dem 1.1.2008 ist die Deutsche Post AG kein öffentlicher Auftraggeber mehr. Sie steht im Wettbewerb zu anderen Anbietern. 120

4. Deutsche Telekom AG

Nach der Privatisierung der Bundespost wurde die Deutsche Telekom AG nicht als ein Staatsunternehmen gegründet, das dem Vergaberegime unterliegt. Die Deutsche Telekom AG wurde allenfalls verpflichtet, den aufgrund der Sektorenrichtlinie erlassenen **Teil A der VOB** anzuwenden.[173] Mittlerweile wurde dieser Sektor aus dem Anwendungsbereich der SKR 2004/17/EG ausgenommen.[174] Mit dem Vergaberechtsmodernisierungsgesetz wurde dies im deutschen Recht umgesetzt. Die Deutsche Telekom AG unterliegt daher bei der Vergabe von Aufträgen nicht dem Vergaberecht.[175] 121

5. Berufsständische Versorgungswerke

Noch nicht eindeutig geklärt ist, ob berufsständische **Versorgungswerke für Ärzte, Apotheker, Architekten, Notare, Rechtsanwälte, Steuerberater, Tierärzte, Zahnärzte etc.** als öffentliche Auftraggeber dem Vergaberecht unterfallen. Diese Versorgungswerke werden stets in Form juristischer Personen betrieben, und zwar entweder als rechtlich unselbstständiges Vermögen der sie tragenden Selbstverwaltungskörperschaften, d. h. der Berufskammern, oder als öffentlich-rechtliche Anstalt bzw. selbstständige Körperschaft. Sie dienen dem Zweck, durch Sicherung der Alters-, Berufsunfähigkeits- und Hinterbliebenenversorgung eine effiziente Erfüllung der Berufspflichten der Berufsstandszugehörigen zu gewährleisten. 122

Es ist **zweifelhaft**, ob die Versorgungswerke tatsächlich **im Allgemeininteresse** tätig sind oder nur Partikularinteressen verfolgen. Immerhin sind bei der weitaus überwiegenden 123

---

172 *Pietzcker*, ZHR 162 (1998), 427, 447.

173 *Eschenbruch*, in: Kulartz/Kus/Portz/Prieß, GWB, § 99 Rn. 210.

174 Vgl. Erwägungsgrund Nr. 5 SKR 2004/17/EG.

175 Amtl. Begr. zum Gesetz zur Modernisierung des Vergaberechts, BT-Drs. 16/10117, S. 1, 17.

Zahl der Versorgungswerke die jeweiligen Berufsstandsangehörigen dazu verpflichtet, dem berufsständischen Versorgungssystem beizutreten, d.h. es besteht eine **Teilnahmepflicht** aller Personen, die den entsprechenden Beruf ausüben und daher als Pflichtmitglieder der jeweiligen Berufskammer angehören. Die Versorgungseinrichtungen sind demnach in die Selbstverwaltungskörperschaften der freien Berufe eingebunden, deren Aufgabe es wiederum ist, der **Erhaltung der freien Berufsstände** als gesellschaftspolitischem Ziel zu dienen.[176] Nach der Rechtsprechung des Bundesverfassungsgerichts liegt diese Aufgabe per se im allgemeinen Interesse, denn der Staat müsse Vorsorge dafür tragen, dass die freien Berufsstände leistungsfähig bleiben und ihre Mitglieder zur Gewährleistung einer pflichtgemäßen Erfüllung ihrer Dienste berufsständisch organisiert sind. Da die Alters- und Berufsunfähigkeitsversorgung zweifelsfrei zur Leistungsfähigkeit der freien Berufsstände beitragen, erfüllen sie zumindest einen Teilaspekt der öffentlichen Daseinsvorsorge und liegen folglich im Allgemeininteresse. Die Pflichtversicherungen verfolgen bei dieser Tätigkeit auch **keine wettbewerblichen, gewinnorientierten Zielsetzungen** und sind daher nichtgewerblich tätig.

124 Entscheidend ist aber, dass diese Einrichtungen ohne Staatszuschuss, sondern **ausschließlich durch** die **Beiträge ihrer Mitglieder** sowie aus den Erträgen angelegter Beitragsanteile **finanziert** werden. Dieser Gesichtspunkt hat erheblichen Einfluss auf die Bewertung, ob die Versorgungswerke im Allgemeininteresse handeln oder nicht. Dies wird man im Endeffekt verneinen müssen, da sie kraft ihrer Ausrichtung eher Partikularinteressen ihrer Mitglieder – ähnlich wie private Alters- und Berufsunfähigkeitsversicherungen – verfolgen. Das Allgemeininteresse ist im Gegensatz zum Individualinteresse das Interesse der Gemeinschaft der Bevölkerung oder einer zu einem bestimmten Zeitpunkt der gesellschaftlichen Entwicklung von der Regierung oder von den Behörden festgelegten Gesamtheit. Im Falle der berufsständischen Versorgungswerke wurden diese **nicht durch staatliche Stellen „angeordnet"**, sondern von den berufsständischen Vertretern selbst, quasi im Wege der „Selbsthilfe", initiiert. Folglich können sie nicht als öffentliche Auftraggeber im Sinne des § 99 Nr. 2 GWB qualifiziert werden, da der Schwerpunkt ihrer Tätigkeit gerade nicht im Allgemeininteresse, sondern im Partikularinteresse liegt.[177]

125 Dies hat letztlich die Bestätigung gefunden in der Entscheidung des EuGH zur „Ärztekammer Westfalen-Lippe".[178] Zwar unterstellte der EuGH, dass eine mittelbare Finanzierung durch eine Beitragsumlage eine überwiegende Finanzierung im Sinne des § 99 Nr. 2 GWB begründen könne. Allerdings ist dabei zu hinterfragen, welche Autonomie einer Kammer bei der Aufgabendurchführung und damit der Kostengestaltung zukommt. Ist die Autonomie vergleichsweise groß, insbesondere bei der Festlegung der Beiträge, und trifft die Mitgliederversammlung dazu selbst die Entscheidung, dann könne nicht von einer Staatsbezogenheit ausgegangen werden, selbst wenn eine nachträgliche Rechtsmäßigkeitskontrolle gegeben ist. Diese Entscheidung ist somit der Prüfungsmaßstab für Berufskammern und ihre Untergliederungen.

---

176 BVerfGE 10, 354, 369.

177 So im Ergebnis auch: *Eschenbruch*, in: Kulartz/Kus/Portz/Prieß, GWB, § 99 Rn. 222, der allerdings auf die fehlenden staatlichen Einflussmöglichkeiten abstellt.

178 EuGH, Urt. v. 12.9.2013, Rs. C-526/11, NZBau 2013, 717, 719 – Ärztekammer Westfalen-Lippe.

6. Gesetzliche Krankenkassen

Sie haben nach dem Gesetz die Rechtsstellung einer rechtsfähigen Körperschaft des öffentlichen Rechts mit Selbstverwaltung. Die gesetzlichen Krankenkassen sind weder untereinander noch im Verhältnis zu privaten Krankenkassen auf ihrem Tätigkeitsfeld der Leistungserbringung an die Versicherten einem entwickelten Wettbewerb ausgesetzt. Die ihnen gesetzlich zugewiesene Aufgabe, die Gesundheit der Versicherten zu erhalten und ihnen nach dem Solidaritätsgrundsatz die dafür erforderlichen Leistungen zur Verfügung zu stellen, ist eine im Allgemeininteresse liegende Aufgabe nichtgewerblicher Art.[179] 126

Dementsprechend bejahen sowohl die VK des Bundes[180] als auch die VK Hamburg[181] die Auftraggebereigenschaft der gesetzlichen Krankenkassen nach § 99 Nr. 2 GWB mit dem Hinweis auf deren Stellung als juristische Personen des öffentlichen Rechts und auf die Tatsache, dass diese zu dem besonderen Zweck gegründet worden sind, im allgemeinen Interesse liegende Aufgaben nichtgewerblicher Art zu erfüllen. 127

Nach Ansicht des BayObLG[182] sollen die gesetzlichen Krankenkassen hingegen keine Auftraggeber im Sinne von § 99 Nr. 2 GWB sein, da bei ihnen keine staatliche Beherrschung vorliege. Insbesondere fehle es an der Finanzierung durch eine staatliche Stelle nach § 99 Nr. 1 oder 3 GWB, da die Krankenkassen sich vorwiegend durch Beiträge der Versicherten finanzieren. Auch unter sonstigen Gesichtspunkten seien die Krankenkassen nicht als staatlich beherrscht anzusehen, da ihnen ein Selbstverwaltungsrecht und damit das Recht, unternehmerische Entscheidungen selbst zu treffen, gesetzlich garantiert sei. 128

Zu dieser Frage hat der EuGH in seiner am 11.6.2009 ergangenen Entscheidung „Hans & Christophorus Oymanns GbR ./. AOK Rheinland ./. Hamburg“[183] Stellung genommen. Ausgangspunkt war ein Vorlagebeschluss des OLG Düsseldorf.[184] Darin hat das OLG Düsseldorf dem EuGH die Frage vorgelegt, ob gesetzliche Krankenkassen öffentliche Auftraggeber im Sinne der Vergabekoordinierungsrichtlinie (VKR) sind. 129

Im Ergebnis bejaht der EuGH die Eigenschaft gesetzlicher Krankenkassen als öffentliche Auftraggeber nach § 99 Nr. 2 GWB. Sie seien juristische Personen des öffentlichen Rechts, die durch Gesetz zu dem besonderen Zweck gegründet seien, im Allgemeininteresse liegende Aufgaben, nämlich Aufgaben im Zusammenhang mit der Gesundheit der Bevölkerung zu erfüllen. Dies sei eine der Grundaufgaben des Staates.[185] Sie agierten dabei in nichtgewerblicher Art und Weise, da sie keine Gewinnerzielungsabsicht hätten. Was das Merkmal der überwiegenden staatlichen Finanzierung anbelangt, ist festzustellen, dass die VKR 2004/18/EG nicht eine unmittelbare Finanzierung durch den Staat oder eine andere Stelle des öffentlichen Rechts fordere, eine indirekte Finanzierung sei daher bereits ausreichend. Die gesetzlichen Krankenkassen werden weit überwiegend durch die gesetzlich 130

179 Dies hat das EuG im Hinblick auf das spanische Gesundheitssystem ausdrücklich festgestellt, Urt. v. 4.3.2003, Rs. T-319/99, Slg. 2003, II-357, Rn. 39 – FENIN.

180 VK Bund, Beschl. v. 5.9.2001, VK 1-23/01.

181 VK Hamburg, Beschl. v. 21.4.2004, VgKFB 1/04.

182 BayObLG, Beschl. v. 24.5.2004, Verg 6/04, ZfBR 2004, 718 ff.

183 EuGH, Beschl. v. 11.6.2009, Rs. C-300/07, NJW 2009, 2427 ff. – Hans & Christophorus Oymanns GbR ./. AOK Rheinland ./. Hamburg.

184 OLG Düsseldorf, Beschl. v. 23.5.2007, VII-Verg 50/06, NZBau 2007, 525 ff.

185 BVerfG, Beschl. v. 9.6.2004, 2 BvR 1248/03, NVwZ 2005, 572 = NZS 2005, 139; Beschl. v. 31.1.2008, 1 BvR 2156/02, NVwZ 2008, 671.

vorgeschriebenen Pflichtbeiträge der Versicherten finanziert, die ohne eine spezifische Gegenleistung geleistet werden. Die Höhe dieser Beiträge könnten die gesetzlichen Krankenkassen zwar selbst festlegen, allerdings sei ihr Spielraum begrenzt, da sie mit den Beiträgen die sozialversicherungsrechtlich vorgeschriebenen Leistungen sicherstellen müssen. Ein weiterer wichtiger Aspekt für die Staatsnähe der gesetzlichen Krankenkassen sei, dass der Beitragssatz behördlich genehmigt werden müsse. Der EuGH fasst daher zusammen, dass die Finanzierung der öffentlichen Krankenkassen durch einen staatlichen Akt eingeführt worden sei, durch den Staat garantiert werde und die Beitragserhebung durch öffentlich-rechtliche Vorschriften sichergestellt sei. Dies begründe die Eigenschaft als öffentlich-rechtlicher Auftraggeber nach § 99 Nr. 2 GWB.

7. Tochterunternehmen öffentlicher Auftraggeber

131 Zweifelhaft ist auch, ob Tochterunternehmen von öffentlichen Auftraggebern im Sinne von § 99 Nr. 1–3 GWB per se dem Vergaberecht unterfallen. Dieser Frage kommt in der **Praxis** insofern **große Bedeutung** zu, als nicht nur die Privatwirtschaft, sondern auch die öffentliche Verwaltung mehr und mehr dazu übergeht, einzelne Teilbereiche ihrer Tätigkeit auszugliedern (Stichwort: „**Outsourcing**") und auf zu diesem Zwecke gegründete Tochterunternehmen zu übertragen, so etwa im Bereich von EDV, Werbung sowie Forschung und Entwicklung. Diese Ausgliederungen erfolgen unter anderem aus steuerrechtlichen, aus bilanzrechtlichen, aber auch aus arbeitsrechtlichen Gründen.

132 Bei der Beantwortung der Frage, ob sich öffentliche Auftraggeber durch die Bildung von Tochterunternehmen in diesem ausgegliederten Teilbereich dem Vergaberecht entziehen können, sind folgende Erwägungen zu berücksichtigen: Die Art derjenigen Aufträge, die das Tochterunternehmen vergibt, hängt auch nach der Ausgliederung des Unternehmens weiterhin noch eng mit dem **Tätigkeitsbereich des Mutterunternehmens** zusammen. Die Prüfung der öffentlichen Auftraggebereigenschaft setzt deshalb bezüglich eines Tochterunternehmens immer bei den Charakteristika des Mutterunternehmens an.[186] So sind sämtliche größere Unternehmen wohl kaum ohne EDV-Verwaltung vorstellbar. Außerdem wird das Mutterunternehmen bei der Auftragsvergabe durch das Tochterunternehmen genaue Direktiven geben, die dieses zu befolgen hat. Im Grunde muss daher trotz der Tatsache, dass der Auftrag von Tochterunternehmen vergeben wird, **auf das Mutterunternehmen** als den dahinter stehenden Auftraggeber **abgestellt werden**. Letztlich kann sich ein öffentlicher Auftraggeber nicht, auch nicht partiell, durch gesellschaftsrechtliche Kunstgriffe dem Vergaberegime entziehen. Sinn und Zweck des Vergaberechts erfordern es, auch Tochterunternehmen von öffentlichen Auftraggebern ihrerseits als öffentliche Auftraggeber anzusehen, da das Vergaberecht ansonsten unterlaufen werden könnte. Hierzu hat insbesondere der Vergabeüberwachungsausschuss des Bundes in seinem Beschluss vom 20.11.1995 festgestellt:

> „Es liefe dem Gesetzeszweck zuwider, wenn Aktivitäten, die wirtschaftlich (z. B. eigentums- bzw. gesellschaftsrechtlich und entsprechend auch unter Finanzierungs- und Risikogesichtspunkten) der öffentlichen Hand zuzuordnen sind, dieser nur deswegen nicht zugerechnet würden, weil sie sich bestimmter organisatorischer Gestaltungsformen bedient."[187]

---

186 *Noch*, NVwZ 1999, 1083, 1084.
187 WuW Entsch. VergAB 58, 62 – Abrissarbeiten.

Festzuhalten bleibt, dass Tochterunternehmen öffentlicher Auftraggeber ebenfalls **grundsätzlich dem Vergaberecht unterfallen**.[188] **133**

8. Messegesellschaften

Streit herrscht über die Frage, ob Messegesellschaften in den Anwendungsbereich des § 99 Nr. 2 GWB fallen. Es handelt sich hierbei in der Regel um private Unternehmen, die gemeinhin in Form der GmbH betrieben werden und **im Besitz der öffentlichen Hand** stehen. Sie sind nach ihrem Gründungszweck mit dem Auftrag ausgestattet, laufende Einnahmen und Überschüsse nach betriebswirtschaftlichen Grundsätzen zu erwirtschaften. **134**

Gegen die Anwendung der Vergaberegeln auf Messegesellschaften wird angeführt, dass einzelne Messegesellschaften im Wettbewerb zu Messegesellschaften anderer Städte stehen. Die Veranstaltung von Fachmessen könne auch von reinen Privatunternehmen durchgeführt werden, sodass den Messegesellschaften bei einer Bindung an das Vergaberecht Wettbewerbsnachteile entstünden.[189] **135**

Dem wird entgegengehalten, dass es von alters her zum Kreis der öffentlichen Aufgaben zählte, Märkte und Messen abzuhalten. Die Messegesellschaften sind daher zu einer im Allgemeininteresse liegenden Aufgabe gegründet worden und haben nicht den Charakter eines auf Gewinnmaximierung ausgerichteten Handelsunternehmens. Sie sind daher in erster Linie nichtgewerblich tätig. Außerdem wird die Veranstaltung von Messen auch unter dem **Gesichtspunkt der Wirtschaftsförderung** betrieben.[190] **136**

Der EuGH[191] hat in einem entsprechenden Fall entschieden, dass die Tätigkeit der Ausrichtung von Messeveranstaltungen, Ausstellungen und sonstigen vergleichbaren Vorhaben im Allgemeininteresse liege. Er begründete dies damit, dass der Ausrichter solcher Veranstaltungen, indem er Hersteller und Händler an einem Ort zusammenbringe, nicht nur im besonderen Interesse dieser Personengruppen handele, denen damit ein Ort zur Förderung des Absatzes ihrer Erzeugnisse und Waren zur Verfügung gestellt werde. Vielmehr verschaffe der Ausrichter auch den Verbrauchern, die diese Veranstaltung besuchen, Informationen, die es ihnen ermöglichten, ihre Wahl unter optimalen Bedingungen zu treffen. Der daraus resultierende Impuls für den Handel könne als im Allgemeininteresse liegend angesehen werden.[192] **137**

Allerdings verneinte der EuGH im konkreten Fall die öffentliche Auftraggebereigenschaft aufgrund des **gewerblichen Charakters der Veranstaltung von Messen und Ausstellungen**. Er stellte fest, dass die Tätigkeit dann gewerblich sei, wenn zwar keine Gewinnerzielung verfolgt werde, die Geschäftsführung aber an Leistung, Effizienz und Wirtschaftlichkeit auszurichten sei und sich in einem wettbewerblich geprägten Umfeld abspiele.[193] Da- **138**

188 Vgl. VÜA Bund, Beschl. v. 17.11.1998, 1 VÜ 15/98, NVwZ 1999, 1130.

189 Vgl. *Seidel*, FS Heiermann, 1995, S. 293, 301; *Boesen*, Vergaberecht, § 98 Rn. 96.

190 *Seidel*, FS Heiermann, 1995, S. 293, 302; *Eschenbruch*, in: Kulartz/Kus/Portz/Prieß, GWB, § 99 Rn. 227.

191 EuGH, Urt. v. 10.5.2001, verb. Rs. C-223/99 und C-260/99, Slg. 2001, I-3605 = EuZW, 2001, 382 – Excelsior ./. Ente Fiera.

192 EuGH, Urt. v. 10.5.2001, verb. Rs. C-223/99 und C-260/99, Slg. 2001, I-3605, Rn. 33 f. – Excelsior ./. Ente Fiera.

193 EuGH, Urt. v. 10.5.2001, verb. Rs. C-223/99 und C-260/99, Slg. 2001, I-3605, Rn. 43 – Excelsior ./. Ente Fiera.

bei berief er sich u.a. auf eine erläuternde Mitteilung der Kommission, die den gewerblichen Charakter der Veranstaltung von Messen und Ausstellungen bestätige.[194]

139 Diese Entscheidung kann jedoch nicht verallgemeinert werden. Vielmehr müssen die besonderen Umstände des Einzelfalls stets gewertet werden. Im Falle der Hamburg-Messe wurde dagegen die öffentliche Auftraggebereigenschaft bejaht, da sie aufgrund des bestehenden Beherrschungsvertrages einem Insolvenzrisiko nicht ausgesetzt war.[195] In dieselbe Richtung geht die Entscheidung des KG Berlin betreffend Messe Berlin GmbH. Nach den Feststellungen des KG Berlin ist die Messe Berlin GmbH öffentliche Auftraggeberin nach § 99 Nr. 2 GWB, „weil sich das Land Berlin dieses von ihm mit 99,7 % der Geschäftsanteile beherrschten Unternehmens aus Gründen des Allgemeininteresses bedient und seine Existenz durch Zuwendungen beständig finanziert, um den Geschäftsbetrieb der Messegesellschaft unabhängig von der betriebswirtschaftlichen Rentabilität des Unternehmens sicherzustellen“.[196]

140 Für die Messe Düsseldorf hat hingegen die VK Düsseldorf in einer neueren Entscheidung anerkannt, dass (zumindest) diese Messegesellschaft dem Wettbewerb unterliegt und die öffentlichen Gesellschafter keine Bestandsgarantie für die Messegesellschaft abgegeben haben. Aus diesen Gründen verneinte die VK Düsseldorf das Tatbestandsmerkmal der Nichtgewerblichkeit.[197]

9. Wohnungsbaugesellschaften

141 Wohnungsbaugesellschaften, die im Bereich des sozialen Wohnungsbaus tätig sind und überwiegend von den in Nr. 1 und 3 genannten Stellen finanziert werden, sind in der Regel als öffentliche Auftraggeber im Sinne von § 99 Nr. 2 GWB zu qualifizieren, denn zweifelsohne besteht ein **Allgemeininteresse** an der **Erstellung preisgünstigen Wohnraums**.[198] Diese Qualifizierung von Wohnungsbaugesellschaften wird auch nicht durch die Entscheidung des OLG Karlsruhe widerlegt. In dem hier zu entscheidenden Fall wurde die Eigenschaft einer Wohnungsbaugesellschaft als öffentliche Auftraggeberin eingehend geprüft. Sie wurde letztlich nur deswegen verneint, da die Klägerin den Vortrag der beklagten Wohnungsbaugesellschaft hinsichtlich ihrer Qualifizierung als öffentliche Auftraggeberin nicht widerlegen konnte.[199]

10. Religionsgemeinschaften

142 Im Zusammenhang mit der Frage, ob Religionsgemeinschaften öffentliche Auftraggeber im Sinne des Vergaberechts sind, ist bereits **umstritten**, ob diese überhaupt generell **kraft ihres Status dem Vergaberecht unterfallen** oder nicht. Ebenso umstritten ist, ob sie im

---

194 Erläuternde Mitteilung der Kommission über die Anwendung der Regeln des Binnenmarktes auf das Messe- und Ausstellungswesen, ABlEG 1998 Nr. C 143/2.

195 OLG Hamburg, Beschl. v. 25.1.2007, 1 Verg 5/06, VergabeR 2007, 358, 360.

196 KG Berlin, Beschl. v. 27.7.2006, 2 Verg 5/06, VergabeR 2006, 904, 907.

197 VK Düsseldorf, Beschl. v. 21.3.2013, VK 33/20/2-Li; s. auch *Eschenbruch*, in: Kulartz/Kus/Portz/Prieß, GWB, § 99 Rn. 258.

198 KG Berlin, Beschl. v. 11.11.2004, 2 Verg 16/04, VergabeR 2005, 236, 237 f.; VK Niedersachsen, Beschl. 25.2.2010, vgk – 82/2009; *Hübner/Weitemeyer*, NZM 2006, 121 ff.

199 OLG Karlsruhe, Beschl. v. 17.4.2008, 8 U 228/06, VergabeR 2009, 108, 109 ff.

Allgemeininteresse handeln und ob die erforderliche Staatsgebundenheit gegeben ist. Auch über die Frage, ob die Religionsgemeinschaften unter § 99 Nr. 4 GWB fallen, herrscht Uneinigkeit.

Kirchen sind **öffentlich-rechtliche Körperschaften**. Diese Rechtsform allein begründet jedoch noch keine staatliche oder staatsnahe Tätigkeit. Dies zeigt schon die verfassungsrechtlich verankerte Ablehnung einer Staatskirche (Art. 140 GG i.V.m. Art. 137 Abs. 1 WRV). Die Religionsgemeinschaften sind vielmehr Bestandteil des gesellschaftlichen Lebens und Wirkens, nicht aber der staatlich gelenkten Sphäre.[200] Sie ordnen und verwalten ihre Angelegenheiten selbstständig (Art. 140 GG i.V.m. Art. 137 Abs. 3 Satz 1 WRV). Dem steht auch nicht die den Religionsgemeinschaften zustehende Steuerhoheit entgegen. Denn die **Einnahmen aus der Kirchensteuer** werden von den Kirchen **eigenständig verwaltet**. Die staatliche Finanzverwaltung zieht die Kirchensteuer lediglich ein und leitet sie an die Kirchen weiter.[201] Auch werden ihre Verwaltungsorgane nicht durch staatliche Mitglieder bestimmt, sodass die Kirchen weder personell noch inhaltlich vom Staat gelenkt werden.[202] Somit bleibt festzuhalten, dass die Religionsgemeinschaften nicht dem Vergaberegime unterfallen, weil ihre Tätigkeit nicht im staatlich beherrschten Raum erfolgt, sondern eine rein innerkirchliche Angelegenheit darstellt. 143

Umstritten ist, ob Religionsgemeinschaften im Allgemeininteresse handeln und folglich als **öffentliche Auftraggeber nach Nr. 2** eingestuft werden können. Religionsgemeinschaften handeln zumindest in weiten Teilbereichen ihrer Tätigkeit, so z. B. im Bereich des **Schulwesens**, des **Sozial- und Betreuungswesens** sowie bei der **Führung kirchlicher Krankenhäuser** nicht nur im Interesse der eigenen Glaubensgemeinschaft, sondern vor allem auch im Interesse der Allgemeinheit.[203] Ihnen könnte demnach grundsätzlich Auftraggeberqualität nach § 99 Nr. 2 GWB zukommen. 144

Dem ist jedoch entgegenzuhalten, dass nur staatliche Aufgaben im Allgemeininteresse liegen. Kirchengemeinschaften erfüllen zwar im karitativen Bereich Aufgaben, die andernfalls vom Staat erfüllt werden müssten, aber dennoch handeln sie nicht zu spezifisch öffentlichen, auf den Staat und seine Aufgabenwahrnehmung bezogenen Zwecken. Vielmehr verfolgen sie mit ihren Tätigkeiten in erster Linie die **Interessenwahrnehmung der eigenen Glaubensgemeinschaft, nicht** die **Wahrnehmung staatlicher Aufgaben im Allgemeininteresse**.[204] Die Religionsgemeinschaften werden nicht zur Erfüllung säkularer oder staatlicher Ziele tätig, sondern auf Grund ihres eigenen religiösen bzw. theologischen Glaubenskanons und Wertverständnisses. Die damit für die Allgemeinheit verbundenen positiven Auswirkungen stellen nur einen Reflex dar, der den Staat bei der Erfüllung seiner Aufgaben in einem gewissen Umfang entlastet, nicht hingegen einen auf die weltliche Aufgabenerfüllung des Staats abzielenden entlastenden Zweck.[205] 145

Auch daraus, dass den Kirchen nach Art. 140 GG, Art. 137 Abs. 5 Satz 1 WRV der Status der Körperschaft des öffentlichen Rechts zukommt, ergibt sich nichts anderes. Dieser Sta- 146

200 BVerfGE 18, 385, 386f.; *Schröder*, NZBau 2002, 259, 260; VK Nordbayern, Beschl. v. 29.10.2001, 320 VK-3194-35/01.

201 *Schröder*, NZBau 2002, 259, 260.

202 *Eschenbruch*, in: Kulartz/Kus/Portz/Prieß, GWB, § 99 Rn. 201.

203 Vgl. *Otting*, in: Bechtold, GWB, § 98 Rn. 27.

204 OLG Brandenburg, Beschl. v. 30.11.2004, Verg W 10/04, VergabeR 2005, 230, 232.

205 *Hailbronner*, EWS 1995, 285, 290; *Schröder*, NZBau 2002, 259, 260 f.

tus bewirkt, anders als bei anderen Körperschaften des öffentlichen Rechts, **keine Eingliederung der Kirchen in das staatliche Gefüge**. Anerkanntermaßen handelt es sich bei den öffentlich-rechtlichen Religionsgemeinschaften nämlich ungeachtet der Organisationsform nicht um staatliche, sondern um **gesellschaftliche Einrichtungen**.[206] Demnach handeln die Religionsgesellschaften nicht im Allgemeininteresse in diesem Sinne und sind keine öffentlichen Auftraggeber nach § 99 Nr. 2 GWB.

147 Vor diesem Hintergrund haben sowohl das OLG Celle als auch das OLG Düsseldorf die öffentliche Auftraggebereigenschaft eines Bistums verneint.[207] Insbesondere wurde dabei darauf hingewiesen, dass sie nicht staatlicher Leitung unterliegen.

148 Ebenfalls **umstritten** ist, ob die gem. § 99 Nr. 2 GWB erforderliche **Staatsgebundenheit** bei den Religionsgemeinschaften gegeben ist. Teilweise wird die Ansicht vertreten, dass das Recht, Kirchensteuer zu erheben, die finanzielle staatliche Einflussnahme begründe.[208] Dagegen ist jedoch einzuwenden, dass sich die Kirchen, wie bereits ausgeführt, eigenständig finanzieren. Sinn und Zweck der Kirchensteuer ist es, die Unabhängigkeit der Religionsgemeinschaften zu garantieren, und sie gerade nicht durch die öffentliche Hand zu bevormunden. Eine generelle finanzielle Beherrschung durch den Staat kann daher nicht festgestellt werden.[209]

149 Teilweise wird die vergaberechtliche Staatsgebundenheit i. S. d. § 99 Nr. 2 GWB mit der Ausübung der Rechtsaufsicht über eine kirchliche Stiftung begründet. Entscheidend ist hier jedoch, wie bereits ausgeführt worden ist, dass staatliche Stellen einen beherrschenden Einfluss auf den Auftraggeber ausüben können. Kirchliche Stiftungen könnten daher grundsätzlich dem Vergaberecht unterfallen. Dies gilt insbesondere im Hinblick auf die staatliche Stiftungsaufsicht nach den Landesgesetzen.[210] Bei den Religionsgemeinschaften ist dies jedoch nicht gegeben, da die **rechtsaufsichtliche staatliche Kontrolle** kirchlichen Handelns auf Grund der religiösen Autonomie **höchstens punktuell** erfolgen kann. Zudem kann die bloße Rechtsaufsicht die vergaberechtlichen Spielräume inhaltlich nicht beeinflussen. Schließlich kommt hinzu, dass ein staatlicher Eingriff in die Sphäre einer Religionsgemeinschaft durch hoheitlichen Akt nicht möglich ist, sodass die Maßnahmen der Rechtsaufsichtsbehörde gegenüber der in ihrem Wirkungskreis betroffenen Religionsgemeinschaft keine zwingende Wirkung entfalten.[211]

150 Die Eigenschaft als öffentlicher Auftraggeber könnte durch § 99 Nr. 4 GWB begründet werden, wenn öffentlich-rechtliche Religionsgemeinschaften im Falle von **Bauvorhaben** von **Schulen, Kindergärten, Altenheimen oder Krankenhäusern** etc. **Zuwendungen von mehr als 50% der Projektsumme** von der öffentlichen Hand erhalten.[212] Um eine Umgehung des Vergaberechts zu verhindern, wäre es notwendig, auch die Religionsgemeinschaften in diesen Fällen durch § 99 Nr. 4 GWB zu erfassen. Dabei ist darauf abzu-

---

206 *Hailbronner*, EWS 1995, 285, 290; vgl. auch VK Nordbayern, Beschl. v. 24.7.2001, 320 VK-3194-21/01; *Schröder*, NZBau 2002, 259, 260.

207 OLG Celle, Beschl. v. 25.8.2011, 13 Verg 5/11, VergabeR 2012, 182, 184; OLG Düsseldorf, Beschl. v. 15.7.2015, VII Verg 11/15.

208 Vgl. *Otting*, in: Bechtold, GWB, § 98 Rn. 28.

209 *Schröder*, NZBau 2002, 259, 261; siehe auch OLG Celle, Beschl. v. 25.8.2011, 13 Verg 5/11, VergabeR 2012, 184.

210 *Dreher*, in: Immenga/Mestmäcker, GWB, § 98 Rn. 132.

211 *Schröder*, NZBau 2002, 259, 261 f.; VK Nordbayern, Beschl. v. 29.10.2001, 320 VK-3194-35/01.

212 OLG Brandenburg, Beschl. v. 30.11.2004, Verg W 10/04, VergabeR 2005, 230, 232.

stellen, dass es im Fall des § 99 Nr. 4 GWB nicht auf die Funktion des Auftraggebers ankommt, sondern auf die Qualität der staatlichen finanziellen Unterstützung im Hinblick auf das konkrete Projekt. Es ist daher im Einzelfall konkret zu prüfen, ob die Voraussetzungen des § 99 Nr. 4 GWB vorliegen.

11. Deutsche Bahn AG

Es herrschte lange Uneinigkeit darüber, ob die Deutsche Bahn AG bzw. ihre Tochterunternehmen öffentliche Auftraggeberinnen i. S. d. § 99 GWB sind und als solche dem Vergaberegime unterfallen. Im Zusammenhang mit dieser Frage hatte der Vergabeüberwachungsausschuss des Bundes in zwei Beschlüssen jeweils unterschiedliche Ansichten vertreten. Während er in seinem Beschluss vom 11.7.1994[213] davon ausging, dass die Deutsche Bahn AG ein Sektorenauftraggeber i. S. v. § 57a Abs. 1 Nr. 4 HGrG (a. F.) sei, entschied er in seinem Beschluss vom 13.12.1995,[214] dass die Deutsche Bahn AG unter § 57a Abs. 1 Nr. 2 HGrG (a. F.) (entsprechend § 99 Nr. 2 GWB) falle. 151

Im Rahmen der Streitfrage, ob die Deutsche Bahn AG unter § 99 Nr. 2 GWB fällt, ist entscheidend, ob sie **überwiegend gewerblich** tätig ist. Dabei ist auch zu berücksichtigen, dass die Deutsche Bahn AG seit dem 1.1.1999 (im Zuge der Bahnreform II) nur noch als Holding Gesellschaft fungiert und das operative Geschäft von Tochtergesellschaften betrieben wird. Es ist deshalb erforderlich, für jede Tochtergesellschaft gesondert zu prüfen, ob die Voraussetzungen für eine öffentliche Auftraggeberin nach § 99 GWB gegeben sind. 152

Nach nunmehr gefestigter Praxis ist die DB Netz AG öffentliche Auftraggeberin nach § 99 Nr. 2 GWB. Die DB Netz AG ist verantwortlich für die gesamte Infrastruktur des Bahnbetriebs, d. h. Schienenwege, Betriebsanlagen, Betriebstechnik etc. Der Ausbau der Schieneninfrastruktur (einschließlich der Bahnhöfe) stellt im Hinblick auf Art. 87e Abs. 4 GG und das Fehlen jeglichen Wettbewerbs eine im Allgemeininteresse liegende Aufgabe nichtgewerblicher Art dar.[215] 153

12. Schienenpersonennahverkehr

Der Schienenpersonennahverkehr (**SPNV**) ist die allgemein zugängliche Beförderung von Personen in Zügen, die überwiegend dazu bestimmt sind, die Verkehrsnachfrage im Stadt-, Vorort- und Regionalverkehr zu befriedigen. Die VK Bund hat in einer die Deutsche Bahn AG Holding betreffenden Entscheidung festgestellt, dass die Unternehmensbereiche der Deutschen Bahn AG, die Verkehrsaktivitäten betreiben, im Wettbewerb mit anderen Unternehmen stehen und daher als Sektorenauftraggeber einzustufen sind.[216] Dies ist zutreffend, werden doch Aufträge im Schienenpersonennahverkehr von den Ländern oder ihren verantwortlichen Stellen nunmehr regelmäßig im Rahmen eines Vergabeverfahrens erteilt. Mittlerweile sind neben der DB Regio AG bereits zahlreiche andere Schienenverkehrsunternehmen in diesem Bereich präsent und erbringen entsprechende Leistungen. 154

213 WuW Entsch. VergAB, S. 17 ff. – Überführungsbauwerk.
214 WuW Entsch. VergAB, S. 64 ff. – Ausbaustrecke.
215 OLG Düsseldorf, Beschl. v. 30.11.2009, Verg 41/09; 2. VK Bund, Beschl. v. 30.11.2009, 195/09.
216 VK Bund, Beschl. v. 11.3.2004, VK 1-151/03.

13. Kommunale Versorgungsunternehmen ./. Stadtwerke

155 Zweifelhaft ist auch, ob kommunale Versorgungsunternehmen unter den Begriff des öffentlichen Auftraggebers nach **§ 99 Nr. 2 GWB** oder nach **§ 100 GWB (Sektorenauftraggeber)** fallen.

156 Soweit es um Entsorgungs- und Reinigungsleistungen kommunaler Versorgungsunternehmen geht, wird hier in der Regel die Eigenschaft als öffentlicher Auftraggeber nach § 99 Nr. 2 GWB angenommen werden können, da es sich um eine im Allgemeininteresse liegende Aufgabe handelt, zumeist kein entwickelter Wettbewerb vorhanden ist, die Unternehmen in der Regel aufgrund besonderer übertragener Rechte tätig werden und ein Anschluss- und Benutzungszwang besteht. Ob und inwieweit die öffentliche Hand diese Unternehmen beherrscht, bleibt der Prüfung im Einzelfall vorbehalten.[217]

157 Problematischer ist insbesondere die Frage, ob die Versorgung mit Strom und Gas die Auftraggebereigenschaft nach § 99 Nr. 2 GWB begründet. Die Auftraggebereigenschaft kommunaler Versorgungsunternehmen nach Nr. 2 wird gemeinhin mit dem Hinweis darauf bejaht, dass die Versorgung mit Energie in den Bereich der Daseinsvorsorge falle und daher im Allgemeininteresse liege, zumindest aber als soziale Aufgabe im weiteren Sinne zu verstehen sei.[218] Dafür spricht auch die nach § 36 EnWG bestehende Anschluss- und Versorgungspflicht für Energieversorgungsunternehmen, die in einem Gemeindegebiet die allgemeine Versorgung von Endverbrauchern durchführen. Kontrovers diskutiert wird allerdings die Frage, ob diese Tätigkeit aufgrund der Liberalisierung der Energiemärkte mittlerweile gewerblich ist. Wie oben dargelegt, beurteilt sich dies nach den folgenden drei Kriterien: (i) Gewinnerzielungsabsicht, (ii) die Tätigkeit unter normalen Marktbedingungen und (iii) die Übernahme der mit ihrer Tätigkeit verbundenen Verluste durch die öffentliche Hand bzw. der Erhalt öffentlicher Mittel.[219] Der EuGH hat diese Kriterien in dem Fall „Wienstrom II" eingehend geprüft und in diesem Fall die öffentliche Auftraggebereigenschaft nach § 99 Nr. 2 GWB bejaht. Insbesondere hat der EuGH für den Sektor, auf dem das betroffene Unternehmen tätig war, nämlich der Bereich der Versorgung der Bevölkerung mit Fernwärme durch Nutzung von Energie aus der Abfallentsorgung entschieden, dass das betroffene Unternehmen auf diesem Markt gewissermaßen eine Monopolstellung hat und daher nicht im Wettbewerb steht. Hinzu kam, dass der EuGH eine Gewinnerzielungsabsicht verneint hat und die Stadt Wien auch im Falle von Verlusten an diesem Heizsystem festhalten würde.[220] Abgesehen von der Frage der Gewinnerzielungsabsicht und der Übernahme von Verlusten kommt es bei der Versorgung mit Strom und Gas entscheidend darauf an, ob die Leistungen auf dem betreffenden Referenzmarkt unter Wettbewerbsbedingungen erbracht werden. Nach der Liberalisierung der Energiemärkte und der Durchbrechung des Netzmonopols durch die Netzzugangsregelungen sprechen gute Gründe dafür, ein wettbewerbliches Umfeld annehmen zu können. Andererseits sind die Versorgungsunternehmen nach § 36 EnWG zur Versorgung der Bevölkerung verpflichtet und haben aufgrund der Konzessionsverträge ein soweit gesichertes Absatzvolumen. Dennoch kann man vertreten, dass aufgrund der bestehenden Freiheit der privaten wie industriellen Abnehmer, den Energielieferanten frei zu wählen, eine Wettbewerbssituation zu unterstel-

217 *Eschenbruch*, in: Kulartz/Kus/Portz/Prieß, GWB, § 99 Rn. 252.
218 *Prieß*, DB 1998, 405, 406.
219 Siehe oben: Gliederungspunkt III. 3. c), Rn. 60 ff.
220 EuGH, Beschl. v. 10.4.2008 Rs. C-393/06, NZBau 2008, 393, 396 – Wienstrom II.

len und die öffentliche Auftraggebereigenschaft zu verneinen ist. Das OLG München ist hingegen davon ausgegangen, dass trotz der Freigabe des Stromlieferungsmarktes die Tätigkeit in dem zu entscheidenden Fall als nicht gewerblich angesehen werden muss.[221] Eine grundsätzliche Einschätzung lässt sich schwer treffen, da es stets auf die Situation im Einzelfall ankommen wird. Bei der rechtlichen Prüfung ist insbesondere zu prüfen, ob auf dem betreffenden Markt wettbewerbliche Strukturen herrschen und inwieweit das jeweilige Unternehmen die wirtschaftlichen Risiken trägt.

So hat das VG Koblenz in einer älteren Entscheidung die Sektorenauftraggebereigenschaft **158**
einer städtischen **Wasserversorgung** abgelehnt.[222] Der Umstand, dass sie Teil einer Stadtwerke GmbH und damit eines in privatrechtlicher Form organisierten Unternehmens sei, könne angesichts der einschlägigen landesrechtlichen Vorschriften (Grundversorgungsauftrag, Anschluss- und Benutzungszwang) nicht ausschlaggebend sein. Entscheidend sei vielmehr, dass im Allgemeininteresse liegende Aufgaben nichtgewerblicher Art wahrgenommen werden und die Gründung zu diesem Zweck erfolgt ist.[223] Daraus folgte für das VG Koblenz eine **öffentliche Auftraggebereigenschaft** nach **§ 99 Nr. 2 GWB**. Mit fortschreitender Öffnung der Märkte kommt es auf die entsprechenden Rahmenumstände an. Eine pauschale Darstellung verbietet sich daher.

---

221 OLG München, Beschl. v. 20.4.2005, Verg 8/05.
222 VG Koblenz, Urt. v. 8.7.1997, NVwZ 1999, 1133.
223 Vgl. auch *Noch*, NVwZ 1999, 1083, 1084.

§ 100 Sektorenauftraggeber

(1) Sektorenauftraggeber sind

1. öffentliche Auftraggeber gemäß § 99 Nummer 1 bis 3, die eine Sektorentätigkeit gemäß § 102 ausüben,

2. natürliche oder juristische Personen des privaten Rechts, die eine Sektorentätigkeit gemäß § 102 ausüben, wenn

a) diese Tätigkeit auf der Grundlage von besonderen oder ausschließlichen Rechten ausgeübt wird, die von einer zuständigen Behörde gewährt wurden, oder

b) öffentliche Auftraggeber gemäß § 99 Nummer 1 bis 3 auf diese Personen einzeln oder gemeinsam einen beherrschenden Einfluss ausüben können.

(2) Besondere oder ausschließliche Rechte im Sinne von Absatz 1 Nummer 2 Buchstabe a sind Rechte, die dazu führen, dass die Ausübung dieser Tätigkeit einem oder mehreren Unternehmen vorbehalten wird und dass die Möglichkeit anderer Unternehmen, diese Tätigkeit auszuüben, erheblich beeinträchtigt wird. Keine besonderen oder ausschließlichen Rechte in diesem Sinne sind Rechte, die aufgrund eines Verfahrens nach den Vorschriften dieses Teils oder aufgrund eines sonstigen Verfahrens gewährt wurden, das angemessen bekannt gemacht wurde und auf objektiven Kriterien beruht.

(3) Die Ausübung eines beherrschenden Einflusses im Sinne von Absatz 1 Nummer 2 Buchstabe b wird vermutet, wenn ein öffentlicher Auftraggeber gemäß § 99 Nummer 1 bis 3

1. unmittelbar oder mittelbar die Mehrheit des gezeichneten Kapitals des Unternehmens besitzt,

2. über die Mehrheit der mit den Anteilen am Unternehmen verbundenen Stimmrechte verfügt oder

3. mehr als die Hälfte der Mitglieder des Verwaltungs-, Leitungs- oder Aufsichtsorgans des Unternehmens bestellen kann.

Schrifttum: *Burgi/Dreher*, Beck'scher Vergaberechtskommentar, Band 1: GWB 4. Teil, 3. Aufl. 2017; *Dauses/Ludwigs*, Handbuch des EU-Wirtschaftsrecht, 41. EL Mai 2017; *Immenga/Mestmäcker*, Wettbewerbsrecht, 5. Aufl. 2014; *Kulartz/Kus/Portz/Prieß*, Kommentar zum GWB-Vergaberecht, 4. Aufl. 2016; *Montag/Säcker*, Münchener Kommentar zum Kartellrecht, 1. Aufl. 2011; *Müller-Wrede*, GWB Vergaberecht, Kommentar, 2016; *Pünder/Schellenberg*, Vergaberecht, 2. Aufl. 2015.

Übersicht

I. Allgemeines

Das Vergaberecht wurde durch das VergRModG 2016[1] reformiert, das am 18.4.2016 in Kraft trat. Die Reform dient der Umsetzung der Richtlinientrias aus der Vergaberichtlinie 2014/24/EU (VRL), der Sektorenrichtlinie 2014/25/EU (SRL) und der Konzessionsrichtlinie 2014/23/EU (KVR). Im Zuge der Reform wurde der zuvor in § 98 GWB a.F. umfassend normierte Auftraggeberbegriff auf die §§ 98–102 GWB verteilt.[2] Der Sektorenauftraggeber, vormals in § 98 Nr. 4 GWB a.F. geregelt, hat nunmehr in Umsetzung von Art. 4 SRL 2014/25/EU in § 100 GWB n.F. eine gesonderte Normierung erfahren. Der Anwendungsbereich des § 100 GWB wird durch § 102 GWB eingeschränkt, der die einzelnen Gruppen der Sektorentätigkeiten abschließend auflistet.[3] § 102 GWB übernimmt damit die Funktion der früheren Anlage zu § 98 Nr. 4 GWB a.F. 1

Die Auftraggeber werden innerhalb der Literatur unterschiedlich bezeichnet. So wird teilweise das Begriffspaar des „staatsnahen" Unternehmens für § 100 Abs. 1 Nr. 1 GWB und des „staatsfernen" Unternehmens für § 100 Abs. 1 Nr. 2 GWB verwendet.[4] Andere sprechen von „öffentlichen Unternehmen" für § 100 Abs. 1 Nr. 2 lit. b) GWB sowie „Auch-Sektorenauftraggeber" für § 100 Abs. 1 Nr. 1 GWB und „Nur-Sektorenauftraggeber" für § 100 Abs. 1 Nr. 2 GWB.[5] Die Terminologie wird nicht einheitlich verwendet und kann dementsprechend zu Verwirrung führen. Daher wird im Folgenden auf die Verwendung dieser Terminologie verzichtet. 2

Ziel der neuen Sektorenrichtlinie ist es, die Sektoren für den Wettbewerb zu öffnen. Um die Öffnung zu fördern, sollen durch die neuen Vorschriften private und öffentliche Auftraggeber gleichgestellt werden.[6] Die Sektorenrichtlinie folgt damit dem bereits in der Sektorenkoordinierungsrichtlinie eingeschlagenen Pfad.[7] 3

Das Verfahrensrecht für die Vergabe von Aufträgen zum Zwecke der Sektorentätigkeit durch einen Sektorenauftraggeber wird in den neu geschaffenen §§ 136–143 GWB geregelt. Sofern diese Vorschriften keine abweichenden Regelungen enthalten, gelten nach § 142 GWB einige Vorschriften aus dem Bereich der Vergabe öffentlicher Aufträge nach den §§ 115–135 GWB unter den dort statuierten Voraussetzungen. 4

---

1 Gesetz zur Modernisierung des Vergaberechts (Vergaberechtsmodernisierungsgesetz – VergRModG) vom 17.2.2016 (BGBl. I, S. 203).
2 Zur Entwicklung des Auftraggeberbegriffs siehe Kommentierung des § 98 GWB.
3 *Dörr*, in: Burgi/Dreher, GWB, § 102 Rn. 7.
4 *Gabriel*, in: MüKo Kartellrecht, § 98 Rn. 47 ff.; *Dörr*, in: Burgi/Dreher, GWB, § 100 Rn. 10.
5 *Opitz*, in: Kulartz/Kus/Portz/Prieß, GWB, § 100 Rn. 19.
6 Erwägungsgrund 19 SRL 2014/25/EU.
7 Erwägungsgründe 9 und 10 SKR 2004/17/EG.

II. Öffentliche Sektorenauftraggeber

5 Der Begriff des Sektorenauftraggebers in der Form des öffentlichen Auftraggebers gem. § 99 Nr. 1–3 GWB ist durch das VergRModG 2016 nunmehr ausdrücklich in das Gesetz aufgenommen worden. Die Vorgängernorm des § 100 GWB, der § 98 Nr. 4 GWB a. F., erfasste den öffentlichen Auftraggeber nicht ausdrücklich, was zumindest bis 2009[8] zu einem Umsetzungsdefizit gegenüber der Richtlinie geführt hatte und nur durch den Verweis des § 1 SektVO a. F.[9] auf § 98 Nr. 1–4 GWB a. F. behoben werden konnte.[10] Die Reform des Vergaberechts diente in Bezug auf den Auftraggeberbegriff vor allem dessen Übersichtlichkeit für den Rechtsanwender.[11] Daher wurde der Auftraggeberbegriff aufgespalten und auf die §§ 98–102 GWB neu verteilt. Dem Anliegen der Übersichtlichkeit wird die neue Regelung gerecht. Denn auch wenn es sich bei § 100 Abs. 1 Nr. 1 GWB nur um eine Klarstellung handelt, so erhöht sie dennoch die Lesbarkeit des Gesetzes.

1. Öffentlicher Auftraggeber

6 Der Begriff des öffentlichen Auftraggebers ist nunmehr in § 99 GWB geregelt. Der Verweis auf § 99 Nr. 1–3 GWB erfasst sämtliche Ausprägungen des Auftraggeberbegriffs mit Ausnahme des § 99 Nr. 4 GWB und des § 101 GWB (Konzessionsauftraggeber).

7 Die nunmehr ausdrückliche Aufnahme des öffentlichen Sektorenauftraggebers in den Gesetzestext ist der Aufgliederung des § 98 GWB a. F. und dem Konkurrenzverhältnis der Normen untereinander geschuldet. Von der zuvor einheitlichen Regelung in § 98 Nr. 1–3 GWB a. F. war auch der öffentliche Sektorenauftraggeber erfasst, ohne dass es dessen ausdrücklicher Benennung bedurft hätte. Nunmehr ist jedoch § 99 GWB gegenüber § 100 GWB genereller und tritt daher im Wege der Spezialität hinter § 100 GWB zurück.[12] Zwar wäre bei einer unterbliebenen Aufnahme des öffentlichen Sektorenauftraggebers in § 100 GWB das Spezialitätsverhältnis auf den privaten Sektorenauftraggeber beschränkt gewesen und im Übrigen § 99 Nr. 1–3 GWB zur Anwendung gekommen.[13] Diese Konstruktion hätte wohl jedoch das Ziel der Übersichtlichkeit der neuen Regelungen verfehlt.

2. Sektorentätigkeit

8 Der öffentliche Auftraggeber muss eine Sektorentätigkeit ausüben. Hierfür genügt nicht die institutionelle oder funktionelle Qualifikation. Denn durch diese Vorgehensweise soll die Gleichbehandlung von Auftraggebern im öffentlichen Sektor und im privaten Sektor sichergestellt werden.[14] Maßgeblich ist hingegen, dass die juristische Person des öffentlichen Rechts die Sektorentätigkeit selbst ausübt. Dabei ist eine rein tatsächliche Betrach-

---

8 Die SektVO a. F. trat erstmals am 29.9.2009 in Kraft.

9 Die SektVO 2009 ist mit Wirkung zum 18.4.2016 von der SektVO 2016 abgelöst worden.

10 *Dörr*, in: Burgi/Dreher, GWB, § 100 Rn. 2.

11 BT-Drs. 18/6281, S. 69.

12 *Dörr*, in: Burgi/Dreher, GWB, § 99 Rn. 122.

13 So nach der alten Rechtslage über die Verweisung der SektVO 2009 auf die § 98 Nr. 1–3 GWB a. F., vgl. auch *Pünder*, in: Pünder/Schellenberg, Vergaberecht, § 98 Rn. 63 ff.; *Opitz*, in: Kulartz/Kus/Portz/Prieß, GWB, § 100 Rn. 1.

14 SKR 2004/17/EG, Erwägungsgründe 9–10, Anhang II. Nr. 4.

tungsweise anzuwenden. Die Übertragung auf ein Tochterunternehmen führt zu einem Verlust der Eigenschaft als Sektorenauftraggeber.[15] Die Übertragung auf ein Tochterunternehmen wird dann in der Regel die Stellung des Tochterunternehmens als Sektorenauftraggeber gem. § 100 Abs. 1 Nr. 2 lit. b) GWB begründen.

Die Prüfung der Sektorentätigkeit ist unabhängig von dem im Einzelfall auszuschreibenden Auftrag. In der zweigliedrigen Prüfung, ob auf einen Auftrag die besonderen Verfahrensvorschriften der §§ 136 ff. GWB sowie der SektVO 2016[16] Anwendung finden, ist die Prüfung der Sektorenauftraggebereigenschaft nur der erste Schritt. In einem zweiten Prüfungsschritt ist zu untersuchen, ob der Auftrag im Einzelfall zum Zwecke der Ausübung der Sektorentätigkeit vergeben wird. Dieser zweite Prüfungsschritt fällt in den Anwendungsbereich des § 136 GWB[17] und ist daher für die Bewertung im Rahmen des § 100 GWB ohne Belang.[18] 9

Folge dieser Differenzierung ist, dass Sektorenauftraggeber, die einen Auftrag ausschreiben, der nicht der Ausübung der Sektorentätigkeit dient, nach den allgemeinen Verfahrensvorschriften der §§ 115 ff. GWB auszuschreiben haben. Eine „Infizierung" findet folglich nicht statt.[19] 10

Die Sektorentätigkeit ist in § 102 GWB abschließend geregelt. Sektorentätigkeiten können in den **Bereichen Wasser, Elektrizität, Gas und Wärme, Verkehrsleistungen**, **Häfen und Flughäfen** und **fossile Brennstoffe** erbracht werden. Ursprünglich gehörte auch der Bereich der Telekommunikation zu diesem Kreis. Bereits durch Mitteilung vom 3.6.1999 nahm die Europäische Kommission Telekommunikationsdienstleistungen aus dem Anwendungsbereich der Richtlinie 93/38/EWG für verschiedene Mitgliedstaaten, u.a. Deutschland aus.[20] 2004 wurden schließlich Telekommunikationsdienstleistungen aufgrund der Verabschiedung der Richtlinien 2004/17/EG und 2004/18/EG, die die Telekommunikation als Sektor nicht mehr anerkannten, in sämtlichen Mitgliedstaaten unter die Ausnahmeregelung des Art. 8 der Richtlinie 93/38/EWG gefasst.[21] Damit wurden Telekommunikationsdienstleister in keinem Mitgliedstaat mehr als Sektorenauftraggeber behandelt. Die SRL 2014/25/EU übernahm diese Regelung und führt Telekommunikationsdienstleistungen weiterhin nicht als Sektorentätigkeit. Der deutsche Gesetzgeber setzte die Ausnahmeregelung erst im Zuge der Vergaberechtsreform 2009 um, indem er den § 98 a. F. GWB entsprechend anpasste.[22] 11

Die nähere Bestimmung der Tätigkeiten auf dem Gebiet der Trinkwasser- und Energieversorgung und des Verkehrs erfolgt in § 102 GWB, der die Anlage zu § 98 Nr. 4 GWB a. F. ersetzt. Diese hatte 2009 § 8 VgV a. F. ersetzt. Mit Ausnahme des Sektorenbereichs der fossilen Brennstoffe wird in allen übrigen Sektorenbereichen zusammengefasst auf die Bereitstellung und das Betreiben von festen Versorgungsnetzen zur Versorgung der Allgemein- 12

15 OLG Frankfurt, Urt. v. 30.8.2011, 11 Verg 3/11.
16 Verordnungsermächtigung in § 113 GWB.
17 *Lausen*, in: Burgi/Dreher, GWB, § 136 Rn. 4 ff.
18 *Dörr*, in: Burgi/Dreher, GWB, § 100 Rn. 11 f.; *Opitz*, in: Kulartz/Kus/Portz/Prieß, GWB, § 100 Rn. 14.
19 EuGH, Urt. v. 10.4.2008, Rs. C-393/06 – Wienstrom II; *Röbke*, in: Müller-Wrede, GWB, § 100 Rn. 7.
20 Mitteilung der EU-Kommission gemäß Art. 8 der Richtlinie 93/38/EWG (1999/C 156/03).
21 Siehe auch *Wende*, in: MüKo Kartellrecht, GWB Anlage zu § 98 Nr. 4, Rn. 87.
22 BT-Drs. 16/10117, S. 17.

heit abgestellt. Anders als die privaten Sektorenauftraggeber können die öffentlichen Auftraggeber jedoch nicht von den Ausnahmeregelungen des § 102 Abs. 1 Satz 3, Abs. 2 Nr. 2 Hs. 2 oder Abs. 3 Nr. 2 Hs. 2 GWB Gebrauch machen.

13 Entgegen Art. 13 SRL 2014/25/EU sind Postdienstleistungen nicht von der Sektorentätigkeit des § 102 GWB erfasst. Die Umsetzung in Deutschland unterblieb, da Postdienstleistungen nach Art. 87f GG seit 1994 dem privatwirtschaftlichen Wettbewerb unterliegen (die Exklusivlizenz der Deutschen Post lief gem. § 51 PostG am 31.12.2007 aus) und auf dem deutschen Markt kein Unternehmen mehr tätig ist, das die Kriterien eines öffentlichen Auftraggebers i.S.d. §§ 98ff. GWB erfüllt.[23] Inwieweit dies mit Art. 34 und Art. 35 SRL 2014/25/EU kollidiert, die ein Freistellungsverfahren für den Fall vorsehen, dass eine von der Richtlinie als Sektorentätigkeit angesehene Tätigkeit tatsächlich dem unmittelbaren Wettbewerb ausgesetzt wird und daher nicht mehr in den Anwendungsbereich der Richtlinie fällt, ist fraglich. Zu diesem Thema ist anzumerken, dass schon die Vorgängerrichtlinie SKR 2004/17/EG in Anhang VI, der die Liste aller als öffentliche Auftraggeber zu qualifizierenden Postunternehmen enthielt, für Deutschland kein Unternehmen aufführte, da bereits zu diesem Zeitpunkt die Deutsche Post nicht mehr die Kriterien eines öffentlichen Auftraggebers erfüllte. Allerdings ist diese Liste weder abschließend noch verbindlich.[24] Folglich hat der Gesetzgeber die Richtlinie bezüglich der Postdienstleistungen nur unvollständig umgesetzt. Dies wird sich im Ergebnis jedoch in der Praxis nicht auswirken, da, auch wenn Postdienstleistungen als Sektorentätigkeit i.S.d. § 102 GWB einzustufen sind, kein Postdienstleister als Sektorenauftraggeber zu kategorisieren ist, da es an dem ausschließlichen oder besonderen Recht fehlt.

14 Die Abgrenzung zwischen dem öffentlichen und dem privaten Sektorenauftraggeber hat Auswirkungen darauf, welche Verfahrensvorschriften Anwendung finden. So greift der Abschnitt 2 (§§ 115–135 GWB) nur für öffentliche Auftraggeber.[25] Folglich sind diese Vorschriften anzuwenden, wenn ein öffentlicher Sektorenauftraggeber einen Auftrag vergibt, der nicht dem Zweck der Sektorentätigkeit dient. Im Umkehrschluss bedeutet dies, dass private Sektorenauftraggeber, die zwar die Voraussetzungen des § 102 Abs. 1 Nr. 2 GWB erfüllen, aber unter die Ausschlussregelung des § 137 Abs. 2 Nr. 1 GWB fallen, den jeweiligen Auftrag nicht nach vergaberechtlichen Verfahrensregeln ausschreiben müssen. Vielmehr ist in diesen Fällen das Vergaberecht gar nicht anwendbar.[26] Die betroffenen Unternehmen sind lediglich in ihrem Handeln durch die Grundrechte und die Grundpflichten aus dem europäischen Primärrecht gebunden.[27]

III. Private Sektorenauftraggeber

1. Allgemeines

15 Die Vorschrift erfasst jene Fallgruppen, die zuvor in § 57a Abs. 1 HGrG a.F. unter Nr. 4 und 5 getrennt aufgeführt waren, anschließend in § 98 Nr. 4 GWB a.F. als Varianten 1

23 BT-Drs. 18/6281, S. 73; Kritisch: *Dörr*, in: Burgi/Dreher, GWB, § 102 Rn. 27.
24 *Wende*, in: MüKo Kartellrecht, Anlage zu § 98 Nr. 4 Rn. 85.
25 Dies nur auf §§ 134, 135 GWB beschränkend: *Dörr*, in: Burgi/Dreher, GWB, § 102 Rn. 11.
26 Vgl. auch *Dörr*, in: Burgi/Dreher, GWB, § 102 Rn. 12.
27 *Opitz*, in: Kulartz/Kus/Portz/Prieß, GWB, § 100 Rn. 20.

und 2 gemeinsam normiert wurden und nun schließlich in § 100 Abs. 1 Nr. 2 lit. a) und lit. b) GWB einen neuen Platz gefunden haben. Die Fallgruppen erfassen einerseits Sektorenunternehmen, die ihre Tätigkeiten aufgrund behördlich erteilter besonderer oder ausschließlicher Rechte ausüben (Nr. 2 lit. a)) und andererseits solche Sektorenunternehmen, auf die ein öffentlicher Auftraggeber im Sinne des § 99 Nr. 1 bis 3 GWB einen beherrschenden Einfluss hat (Nr. 2 lit. b)). Grund für die Einbeziehung privater Auftraggeber in das Vergaberecht ist deren gegenüber anderen privaten Unternehmen privilegierte Stellung, die aufgrund der Verleihung besonderer oder ausschließlicher Rechte bzw. des Beherrschungsverhältnisses durch den Staat entsteht und den privaten Auftraggebern einen wettbewerblichen Vorteil verschafft, beispielsweise durch eine Monopolstellung.[28] Insbesondere sollen die Grundfreiheiten des AEUV, z. B. Art. 106 AEUV, gewahrt werden.[29]

2. Sektorentätigkeit

Wie auch der öffentliche Sektorenauftraggeber aus Abs. 1 Nr. 1 müssen die privaten Auftragnehmer eine Sektorentätigkeit nach § 102 GWB ausführen. Die Sektorentätigkeit muss von der beauftragenden juristischen Person selbst ausgeübt werden. Bei der Beurteilung dessen ist eine rein tatsächliche Bewertung vorzunehmen. So führt die Übertragung der Sektorentätigkeit auf ein Tochterunternehmen dazu, dass das Mutterunternehmen nicht als Sektorenauftraggeber zu qualifizieren ist.[30] 16

Für die Anwendung der Verfahrensvorschriften für Sektorenaufträge kommt es auch hier maßgeblich darauf an, dass der Auftrag zum Zwecke der Sektorentätigkeit vergeben wird. 17

3. Sektorenunternehmen, die aufgrund besonderer oder ausschließlicher Rechte tätig sind (§ 100 Abs. 1 Nr. 2 lit. a) GWB)

a) Anwendungsbereich

§ 100 Abs. 1 Nr. 2 lit. a) GWB erfasst solche Sektorenunternehmen, die weder dem öffentlichen Recht zuzuordnen sind noch von einer juristischen Person des öffentlichen Rechts beherrscht werden. Sektorenunternehmen können nur juristische Personen mit eigener Rechtspersönlichkeit sowie natürliche Personen sein. Die Rechtspersönlichkeit ist einem Unternehmen dann abzusprechen, wenn diese nicht wenigstens mit Teilrechtsfähigkeit ausgestattet ist.[31] 18

Voraussetzung für die Unterwerfung unter das Vergaberecht ist, dass die Sektorenunternehmen ihre Sektorentätigkeit i. S. d. § 102 GWB auf der Grundlage von **besonderen oder ausschließlichen Rechten** ausüben, die von der jeweils zuständigen Behörde gewährt wurden. Der Begriff der besonderen und ausschließlichen Rechte wurde bereits in § 98 Nr. 4 GWB a. F. verwendet und war dem Art. 106 AEUV entnommen worden. Dementsprechend kann der Begriff noch immer im Sinne des § 106 AEUV ausgelegt werden.[32] Aufgrund der 19

---

28 *Röbke* in: Müller-Wrede, GWB, § 100 Rn. 2; *Dörr*, in: Burgi/Dreher, GWB, § 102 Rn. 7, 8.

29 Erwägungsgründe 1–3 SRL 2014/25/EU; *Röbke*, in: Müller-Wrede, GWB, § 100 Rn. 2; *Dörr*, in: Burgi/Dreher, GWB, § 102 Rn. 7, 8.

30 OLG Frankfurt, Urt. v. 30.8.2011, 11 Verg 3/11.

31 Vgl. hierzu die Kommentierung zu § 99 Nr. 2 GWB.

32 *Röbke*, in: Müller-Wrede, GWB, § 100 Rn. 18.

Gewährung dieser besonderen Rechte sind die Sektorenunternehmen nicht wie andere Unternehmen gemäß den allgemeinen Regeln auf dem Markt tätig, sondern erhalten eine **marktbezogene Sonderstellung.**[33] Aufgrund dieser Sonderstellung müssen diese Unternehmen nicht die gleichen Maßstäbe bei wirtschaftlichen Entscheidungen anlegen, wie alle übrigen Unternehmen, die auf dem freien Markt tätig sind. Darüber hinaus eröffnet die Privilegierung dem Staat Einflussmöglichkeiten auf das privilegierte Unternehmen.[34]

20 Die Definition der besonderen oder ausschließlichen Rechte enthält § 100 Abs. 2 Satz 1 GWB. Danach sind alle Rechte erfasst, die einem oder mehreren bestimmten Unternehmen die Ausübung einer bestimmten Tätigkeit vorbehalten und zumindest die Möglichkeit der Ausübung der gleichen Tätigkeit durch andere Unternehmen erheblich beeinträchtigen. Die beiden Tatbestandsmerkmale müssen kumulativ vorliegen und stehen zueinander in einem Kausalitätsverhältnis.[35] Zum einen muss das gewährte Recht ein Monopol oder Oligopol einzelner Unternehmen schaffen. An einem Monopol fehlt es, wenn das Recht jedermann gewährt wird, der bestimmte Voraussetzungen erfüllt.[36] Nach neuerer Ansicht der Vergabekammern genügt es wiederum, wenn die Monopol- bzw. Oligopolstellung auf anderen Gründen als dem staatlich gewährten Recht beruht,[37] z. B. wegen zu hoher Investitionskosten, die einen Markteintritt unattraktiv machen.[38] Zum anderen muss die geschaffene Monopol- bzw. Oligopolstellung die Möglichkeit anderer Unternehmen erheblich beeinträchtigen, diese Sektorentätigkeit auszuüben.

21 Als ausschließliche und besondere Rechte sind insbesondere erfasst: Genehmigungen, die von vornherein nur einer beschränkten Anzahl von Personen gewährt werden, oder Anschluss- und Benutzungszwang zugunsten eines bestimmten Unternehmens sowie Lizenzen und Konzessionen mit der gleichen Einschränkung.[39] Folglich liegt ein ausschließliches Recht nicht bei gewerblichen Genehmigungen wie § 4 EnWG oder § 6 AEG vor. Denn derartige präventive Verbote mit Erlaubnisvorbehalt sollen in der Regel nur die Leistungsfähigkeit und die Zuverlässigkeit der Marktteilnehmer gewährleisten, nicht jedoch den Wettbewerb beschränken.[40] In der Rechtsprechungs- und Verwaltungspraxis ist vereinzelt entschieden worden, dass auch ausschließliche oder besondere Rechte vorliegen können, wenn besondere Rahmenbedingungen eine faktische Begrenzung der Anzahl der Marktteilnehmer bewirkt. Insbesondere wenn dies im Rahmen eines Planfeststellungsverfahrens geschieht, ist es vom Einzelfall abhängig, ob ein ausschließliches oder besonderes Recht vorliegt. Das OLG Celle vertritt hierzu, dass ein Planfeststellungsverfahren jedenfalls nicht zu der Gewährung eines ausschließlichen oder besonderen Rechts führen kann.[41]

---

33 *Dörr*, in: Burgi/Dreher, § 102 Rn. 22.

34 *Opitz*, in: Kulartz/Kus/Portz/Prieß, GWB, § 100 Rn. 22.

35 *Dörr*, in: Burgi/Dreher, GWB, § 102 Rn. 24; *Röbke*, in: Müller-Wrede, GWB, § 100 Rn. 20, 21.

36 *Röbke*, in: Müller-Wrede, GWB, § 100 Rn. 17; *Ohrtmann*, VergabeR 2007, 565, 572 f.

37 *Röbke*, in: Müller-Wrede, GWB, § 100 Rn. 18.

38 VK Lüneburg, Beschl. v. 13.5.16, VgK-10/16; VK Lüneburg, Beschl. v. 30.9.2015, VgK-30/15; a. A.: *Dörr*, in Burgi/Dreher, GWB, § 100 Rn. 24.

39 Vgl. *Dörr*, in: Burgi/Dreher, GWB, § 100 Rn. 25. Aufzählung vgl. *Opitz*, in: Kulartz/Kus/Portz/Prieß, GWB, § 100 Rn. 40.

40 *Opitz*, in: Kulartz/Kus/Portz/Prieß, GWB, § 100 Rn. 40.

41 OLG Celle, Urt. v. 24.3.2010, 13 Verg 7/13; weitere Informationen zum Streitstand: *Opitz*, in: Kulartz/Kus/Portz/Prieß, GWB, § 100 Rn. 40.

Das Recht wird gem. Art. 4 Abs. 3 SRL 2014/25/EU im Wege einer Definitionserläuterung, wie sie schon die der Sektorenkoordinierungsrichtlinie (SKR) vorgehende Richtlinie 93/38/EWG in Art. 2 Abs. 3 enthielt, durch eine zuständige Behörde eines Mitgliedstaates aufgrund einer Rechts- oder Verwaltungsvorschrift gewährt. Die eigentliche Definition des Art. 4 Abs. 3 SRL 2014/25/EU ist im Wesentlichen von Art. 2 Abs. 3 SKR 2004/17/EG übernommen worden. Der Wortlaut ist dahingehend weit zu verstehen, dass die Verwaltung bei der Gewährung eine Aufgabe der Daseinsvorsorge wahrnimmt. Eine engere Auslegung entspräche nicht der Formenvielfalt der EU und würde auch dem deutschen Recht widersprechen, das eine gesetzliche Grundlage im Bereich der Daseinsvorsorge nicht als zwingend voraussetzt.[42] 22

Anders als Art. 4 Abs. 3 SRL 2014/25/EU enthielt die Sektorenkoordinierungsrichtlinie keine Erläuterung dieser Definition, sondern forderte vielmehr eine Beurteilung im Einzelfall.[43] Die damaligen Kriterien waren: (i) Die Sektorentätigkeit erfolgt auf der Grundlage von Rechten, die von der zuständigen Behörde verliehen worden sind. (ii) Als Konsequenz aus der Verleihung dieser Rechte werden andere Unternehmen daran gehindert, eine entsprechende Tätigkeit in dem jeweiligen Gebiet zu den jeweiligen Konditionen auszuüben, und das begünstigte Unternehmen erhält eine „marktbezogene Sonderstellung". Dies muss im Einzelfall unter besonderer Berücksichtigung der jeweiligen Besonderheiten geprüft werden. (iii) Die Verleihung dieser Rechte muss in einem transparenten, diskriminierungsfreien und wettbewerbsoffenen Verfahren erfolgen.[44] 23

b) Einschränkung des Anwendungsbereichs

§ 100 Abs. 2 Satz 2 GWB enthält eine Einschränkung des Anwendungsbereichs, wenn die Gewährung der besonderen oder ausschließlichen Rechte aufgrund eines Vergabeverfahrens i. S. d. 4. Teils des GWB oder eines sonstigen Verwaltungsverfahrens[45] stattfand. Dieses Verfahren muss ausreichend bekannt gemacht worden sein und auf objektiven Kriterien beruhen. Die Anwendung des Vergaberechts ist in diesen Fällen schon deshalb nicht geboten, da schon bei der Gewährung dieser Rechte den Anforderungen an ein wettbewerbliches Verfahren genügt wurde.[46] Mit anderen Worten wird der Wettbewerb in dieser Konstellation nicht beeinträchtigt, sondern lediglich vorverlagert. Da in diesem Fall ein wettbewerbliches Verfahren stattgefunden hat und es daher nicht zu einer Beeinträchtigung des Wettbewerbs durch Bevorzugung des Unternehmens durch den Staat gekommen ist, besteht nach dem Telos der Norm kein Grund dafür, die so ausgewählten Unternehmen dem Sektorenvergaberecht zu unterwerfen. Da jedoch im 4. Teil des GWB auch das Verhandlungsverfahren ohne Teilnahmewettbewerb (§ 119 Abs. 5 GWB) sowie das Konzessionsvergabeverfahren ohne Bekanntmachung (§ 151 Satz 2 GWB) geregelt ist, die beide keine hinreichenden Bekanntmachungen voraussetzen, ist der Anwendungsbereich des § 100 Abs. 2 Satz 2 GWB entsprechend teleologisch zu reduzieren.[47] 24

---

42 *Opitz*, in: Kulartz/Kus/Portz/Prieß, GWB, § 100 Rn. 38.

43 Erwägungsgrund 25 SKR 2004/17/EG.

44 Explanatory Note – Utilities Directive, Definition of Exclusive or Special Rights, CC/2004/33 vom 18.6.2004; *Ohrtmann*, VergabeR 2007, 565, 572 f.

45 Art. 4 Abs. 3 SRL 2014/25/EU.

46 Gesetzesbegründung BT-Drs. 18/6281 S. 71.

47 *Dörr*, in: Burgi/Dreher, GWB, § 100 Rn. 30.

25 Art. 4 Abs. 3 SRL 2014/25/EU führt selbst mehrere Verfahren auf, bei deren Einhaltung ein besonderes oder ausschließliches Recht nicht gewährt wird. Hierzu zählen „Vergabeverfahren mit einem vorherigen Aufruf zum Wettbewerb gemäß der Richtlinie 2014/24/EU, der Richtlinie 2009/81/EG, der Richtlinie 2014/23/EU oder der vorliegenden Richtlinie" sowie „Verfahren gemäß anderen in Anhang II aufgeführten Rechtsakten der Union, die im Hinblick auf eine auf objektiven Kriterien beruhende Erteilung von Genehmigungen vorab eine angemessene Transparenz sicherstellen". Diese Verfahren subsummiert der Gesetzgeber unter § 100 Abs. 2 Satz 2 GWB.[48] Damit ist folglich geklärt, dass auch ausländische Verfahren der aufgeführten Art diesen Anforderungen genügen[49] und die Richtlinie einer Direktanwendung mangels Umsetzung zumindest aus Sicht des Gesetzgebers nicht zugänglich ist.

c) Bedeutung für Unternehmen im Energiesektor

26 Energieerzeuger, die ihre Tätigkeit aufgrund einer entsprechenden Genehmigung nach dem Energiewirtschaftsgesetz ausüben und einen entsprechenden Durchleitungsanspruch haben, werden nicht auf der Grundlage ausschließlicher und besonderer Rechte tätig und sind damit nicht als Sektorenauftraggeber im Sinne von § 100 Abs. 1 Nr. 2 lit. a) GWB zu qualifizieren.[50]

27 Betreiber und Errichter von Energienetzen fallen unter die Sektorenbeschreibung. Trotzdem ist fraglich, ob sie nach Inkrafttreten der SKR 2004/17/EG, die einen deutlich staatsbezogeneren Ansatz verfolgt als die vorherige Fassung, noch als Sektorenauftraggeber eingestuft werden können. Bis zum Inkrafttreten der SKR 2004/17/EG leitete sich ihre Eigenschaft als öffentlicher Auftraggeber aus dem ihnen zustehenden Enteignungsrecht (§ 12 EnWG a. F.) und den Gebrauchsrechten an öffentlichen Wegen (§ 13 EnWG a. F.) ab. Diese Rechte können jedoch nicht länger ohne Weiteres als ausschließliche und besondere Rechte qualifiziert werden, da alle interessierten Kreise ein solches Recht nach diskriminierungsfrei festgelegten Kriterien erhalten können. Aus diesem Grund wird in **Zweifel** gezogen, ob Betreiber und Errichter von Energienetzen noch als Sektorenauftraggeber anzusehen sind.[51]

28 Auch wenn dem grundsätzlich zuzustimmen ist, wird sich eine generelle Aussage aufgrund der Vielzahl der Beteiligten kaum treffen lassen, sodass eine **Einzelfallprüfung** in jedem Fall geboten ist.[52] Dabei sind die von der EU-Kommission in ihrer Mitteilung zu den ausschließlichen und besonderen Rechten aufgestellten zusätzlichen Kriterien zu berücksichtigen.[53] Da das mit einer Konzession und einer Lizenz verbundene Recht in der Regel nur von einem Unternehmen wahrgenommen werden kann und folglich andere Unternehmen an einer entsprechenden Tätigkeit gehindert sind, ist in diesen Fällen entscheidend, in welcher Weise diese Rechte vergeben werden. Nach dem von der EU-Kommission in ihrer Mitteilung aufgestellten Kriterium ist die Eigenschaft eines Sektorenauftraggebers zu ver-

48 Gesetzesbegründung BT-Drs. 18/6281 S. 71.
49 *Dörr*, in: Burgi/Dreher, GWB, § 100 Rn. 27.
50 So auch *Opitz*, in: Kulartz/Kus/Portz/Prieß, GWB, § 100 Rn. 40; *Ohrtmann*, VergabeR 2007, 565, 575 f.
51 *Burgi*, RdE 2007, 145, 150 m. w. N.; *Prieß/Hölzl*, NZBau 2009, 159, 160.
52 *Heiermann/Tschäpe*, ZfBR-Beil. 2012, 110.
53 Vgl. hierzu auch *Eschenbruch*, in: Kulartz/Kus/Portz/Prieß, GWB, § 99 Rn. 314 ff.

neinen, wenn das betreffende private Unternehmen die Konzession für ein Betreiber- oder Mautmodell oder eine Lizenz in einem **wettbewerblichen Verfahren** erhalten hat und die Grundsätze der Transparenz, Gleichbehandlung und Wettbewerbsoffenheit beachtet worden sind.[54]

Hierzu hat die Vergabekammer Lüneburg angemerkt, dass auch die Öffnung des Marktes durch ein wettbewerbliches Verfahren die Einstufung als öffentlicher Auftraggeber (jetzt: Sektorenauftraggeber i. S. d. § 100 Abs. 1 Nr. 2a GWB n. F.) nicht beseitigt, wenn von den Verfahren tatsächlich kein Gebrauch gemacht wird, weil beispielsweise der Investitionsbedarf für den Eintritt in den Markt so hoch ist, dass von einer Marktöffnung faktisch nicht gesprochen werden kann.[55] 29

4. Sektorenunternehmen unter beherrschendem Einfluss der öffentlichen Hand (§ 100 Abs. 1 Nr. 2 lit. b) GWB)

Private Sektorenauftraggeber i.S.d. § 100 Abs. 1 Nr. 2 lit. b) GWB sind Unternehmen, auf die ein staatlicher Auftraggeber i. S. v. § 99 Nr. 1–3 GWB einen beherrschenden Einfluss ausüben kann. Nach Art. 4 Abs. 2 SRL 2014/25/EU ist ein „„öffentliches Unternehmen" ein Unternehmen, auf das die öffentlichen Auftraggeber aufgrund der Eigentumsverhältnisse, der finanziellen Beteiligung oder der für das Unternehmen geltenden Bestimmungen unmittelbar oder mittelbar einen beherrschenden Einfluss ausüben können". Anders als noch in der Vorgängerrichtlinie SKR 2004/17/EG „gelten" öffentliche Unternehmen nicht mehr als öffentliche Auftraggeber. Mit der Schaffung des übergeordneten Begriffs des „Auftraggebers", der selbst wiederum in öffentliche und private Auftraggeber untergliedert wird, bedarf es dieser Fiktion nicht mehr. Vielmehr werden private Auftraggeber den öffentlichen Auftraggebern in bestimmten Ausnahmesituationen gleichgestellt. 30

Nunmehr hat der Gesetzgeber auch die zuvor nur in Art. 2 Abs. 2 lit. b) SKR 2004/17/EG geregelten Vermutungen entsprechend Art. 4 Abs. 2 SRL 2014/25/EU in § 100 Abs. 3 GWB übernommen. Danach wird die Ausübung eines beherrschenden Einflusses vermutet, „wenn ein öffentlicher Auftraggeber gem. § 99 Nr. 1–3 GWB (1) unmittelbar oder mittelbar die Mehrheit des gezeichneten Kapitals des Unternehmens besitzt oder (2) über die Mehrheit der mit den Anteilen am Unternehmen verbundenen Stimmrechte verfügt oder (3) mehr als die Hälfte der Mitglieder des Verwaltungs-, Leitungs- oder Aufsichtsorgans des Unternehmens bestellen kann". Die Modalität „mittelbar oder unmittelbar", die der deutsche Gesetzgeber nur für die erste Variante vorsieht, ist nach richtlinienkonformer Auslegung auch für die anderen beiden Varianten heranzuziehen. Der Text der Richtlinie zieht diese Formulierung in Art. 4 Abs. 2 SRL 2014/25/EU vor die Klammer und wendet sie auf alle drei Fallgruppen gleichermaßen an.[56] Daraus folgt, dass jede der Fallgruppen sowohl Tochter- als auch Enkelunternehmen erfasst.[57] 31

Aufgrund der Verflechtung europäischer Gesellschaften zu komplexen Konzerngebilden, an deren Spitze häufig ein Staat oder ein staatliches Unternehmen steht,[58] ist als beherr- 32

---

54 Vgl. Erwägungsgrund 20 SRL 2014/25/EU; *Ohrtmann*, VergabeR 2007, 565, 573.
55 VK Lüneburg, Beschl. v. 13.5.2016, VgK-10/16; VK Lüneburg, Beschl. v. 30.9.2015, VgK-30/15.
56 Art. 4 Abs. 2 SRL 2014/25/EU, vgl. auch *Dörr*, in: Burgi/Dreher, GWB, § 100 Rn. 33.
57 *Opitz*, in: Kulartz/Kus/Portz/Prieß, GWB, § 100 Rn. 26.
58 Aufzählung vgl. *Dörr*, in: Burgi/Dreher, GWB, § 100 Rn. 38.

schender öffentlicher Auftraggeber i.S.d. § 99 Nr. 1–3 GWB nicht notwendigerweise der Bund oder die Länder, sondern vielmehr jeder Hoheitsträger eines EU-Staates denkbar.[59] Auch muss der beherrschende Einfluss nicht notwendigerweise durch einen einzelnen Hoheitsträger ausgeübt werden. Auch ein Konglomerat aus Hoheitsträgern genügt diesen Anforderungen, sofern sie gemeinsam einen beherrschenden Einfluss auszuüben vermögen.[60]

33 Der Begriff des beherrschenden Einflusses ist nicht nur bei der Bestimmung der Auftraggebereigenschaft von Bedeutung, sondern wird auch in § 17 AktG verwendet. Der Vergabeüberwachungsausschuss des Bundes hatte vereinzelt versucht, die zu § 17 AktG und insbesondere zu dessen widerleglicher Vermutung in § 17 Abs. 2 AktG ergangene Rechtsprechung für das Vergaberecht heranzuziehen. Im Ergebnis kann dies jedoch nicht überzeugen. Zwar mögen beide Normen einzelne Sachverhalte identisch bewerten und daher zum gleichen Ergebnis kommen. Bei § 17 AktG handelt es sich jedoch um nationales Recht, das der Regulierung durch den europäischen Gesetzgeber bislang zumindest teilweise verschlossen war.[61] Das Vergaberecht ist hingegen spätestens seit der Richtlinie 77/62/EWG aus dem Jahre 1976 dem europäischen Gesetzgeber zugänglich. Folglich ist das Vergaberecht der europarechtskonformen Auslegung unterworfen und muss entsprechend verstanden werden.[62]

34 Praktische Relevanz kommt der Frage zu, ob und auf welche Weise diese Vermutung widerlegt werden kann, wobei aber weniger aktienrechtlich als europarechtlich argumentiert werden sollte. Beispielsweise sollten aus dem Konzernrecht bekannte Entherrschungsverträge nicht als ausreichend angesehen werden, die gesetzliche Vermutung des § 17 Abs. 2 AktG zu widerlegen.[63]

35 Sofern die Voraussetzungen der Vermutung des § 100 Abs. 3 GWB nicht erfüllt sind, kann ein beherrschender Einfluss im Einzelfall dennoch angenommen werden. In diesem Fall erhöht sich lediglich der Argumentationsbedarf. Als Fallgruppen zu nennen sind hier insbesondere: (1) der Abschluss schuldrechtlicher Verträge, (2) weitgehende Aufsichtsbefugnisse, (3) weitreichende finanzielle Unterstützung und sogar das nationale Recht selbst.[64] Die letzten beiden Fallgruppen sind bereits in Art. 4 Abs. 2 SRL 2014/25/EU in der Definition des „öffentlichen Unternehmens" enthalten. Für die Annahme eines beherrschender Einfluss ist jedoch nicht jede finanzielle Unterstützung oder rechtliche Bevorzugung ausreichend. Zur Eingrenzung der atypischen Anwendung des Vergaberechts auf private Unternehmen sind diese Fallgruppen außerordentlich restriktiv auszulegen.

---

59 VK Lüneburg, Beschl. v. 30.9.2015, VgK-30/2015; a.A. OLG Celle, Beschl. v. 8.8.2013, 13 Verg 7/13; ausführlich: *v. Strenge*, NZBau 2011, 17.

60 *Opitz*, in: Kulartz/Kus/Portz/Prieß, GWB, § 100 Rn. 24; *Dörr*, in: Burgi/Dreher, GWB, § 100 Rn. 39; *Röbke*, in: Müller-Wrede, GWB, § 100 Rn. 42.

61 *Kalss/Klampfl*, in: Dauses/Ludwigs, EU-Wirtschaftsrecht, E.III.1.g).

62 *Dreher*, in: Immenga/Mestmäcker, GWB, § 98 Rn. 207; zum gleichen Ergebnis kommend: *Opitz*, in: Müller-Wrede, GWB, § 100 Rn. 33.

63 *Dreher*, DB 1998, 2579, 2584; *Röbke*, in: Müller-Wrede, GWB, § 100 Rn. 40; a.A: *Dörr*, in: Burgi/Dreher, GWB, § 100 Rn. 35.

64 *Dörr*, in: Burgi/Dreher, GWB, § 100 Rn. 36f.

IV. Konkurrenzen

36 Das Rangverhältnis zwischen § 98 Nr. 2 GWB a.F. und § 98 Nr. 4 GWB a.F. ist durch die Neuverteilung nicht grundlegend geändert worden. Bisher war nach herrschender Ansicht **§ 98 Nr. 2 GWB a.F.** (§ 99 Nr. 2 GWB n.F.) im Verhältnis zu § 98 Nr. 4 2. Alt. GWB a.F. (§ 100 Abs. 1 Nr. 2b GWB n.F.) **lex specialis** und wurde damit als vorrangig angesehen.[65] Nach neuer Rechtslage ist § 100 GWB lex specialis und geht daher § 99 GWB insgesamt vor. Da allerdings der neue § 100 Abs. 1 Nr. 1 GWB nunmehr die Funktion des früheren § 98 Nr. 1–3 GWB a.F. übernimmt, kann von einem internen Vorrang des § 100 Abs. 1 Nr. 1 GWB vor § 100 Abs. 1 Nr. 2 lit. b) GWB ausgegangen werden, während § 100 Abs. 1 Nr. 2 lit. a) GWB neben § 100 Abs. 1 Nr. 1 GWB steht.[66]

37 Durch den erweiterten Verweis des § 100 Abs. 1 Nr. 1 GWB auf § 99 Nr. 1–3 GWB und nicht mehr nur § 99 Nr. 2 GWB sind ebenfalls keine weitreichenden Änderungen erzielt worden. So sind Überschneidungen zwischen § 99 Nr. 1 GWB und § 100 Abs. 1 Nr. 2 lit. b) GWB nicht denkbar, da eine juristische Person entweder dem öffentlichen oder dem privaten Recht zugeordnet werden kann. Insofern besteht also ein Exklusivitätsverhältnis. Gleiches gilt für § 99 Nr. 3 GWB, soweit dieser auf § 99 Nr. 1 GWB verweist.

38 Kritisch ist im Einzelfall die Auslegung des § 100 Abs. 1 Nr. 1 GWB, soweit dieser auf § 99 Nr. 2 und Nr. 3 i.V.m. Nr. 2 GWB verweist. Die Problematik entspricht dem alten Streitstand um die Abgrenzung von Unternehmen, die unter § 98 Nr. 4, 2. Alt. GWB a.F., und solchen, die unter § 98 Nr. 2 GWB a.F. fielen. Denn beide Varianten setzen die Beherrschung durch die öffentliche Hand voraus, und nach beiden Varianten werden die Einrichtungen zur Erfüllung von Aufgaben im Allgemeininteresse tätig, denn Sektorenunternehmen agieren grundsätzlich auf dem Gebiet der Daseinsvorsorge und erfüllen damit – in der Regel – im Allgemeininteresse liegende Aufgaben. Entscheidendes Kriterium bei der Abgrenzung ist das Tatbestandsmerkmal der **Gewerblichkeit der ausgeübten Tätigkeit**.[67] Unternehmen, die eine Tätigkeit nichtgewerblicher Art ausüben, fallen unter Nr. 1 des § 100 Abs. 1 GWB, während solche Unternehmen, die wirtschaftlich tätig sind, von Nr. 2 lit. b) des § 100 Abs. 1 GWB erfasst werden. Wie bereits erwähnt, ist für die Auslegung des Tatbestandsmerkmals der Nichtgewerblichkeit unter anderem darauf abzustellen, ob der **Schwerpunkt der Tätigkeit** darin liegt, öffentliche Aufgaben auf dem Gebiet der Daseinsvorsorge zu erfüllen, oder darin, Gewinne zu erzielen.[68]

---

65 *Dreher*, DB 1998, 1579, 2584; *Pietzcker*, ZHR 162 (1998), 427, 449; VK Brandenburg, Beschl. v. 28.1.2003, VK 71/02.

66 *Dörr*, in: Burgi/Dreher, GWB, § 102 Rn. 41, 42.

67 *Dörr*, in: Burgi/Dreher, GWB, § 100 Rn. 40.

68 Siehe dazu Kommentierung zu § 99 Rn. 34 ff.

§ 101 Konzessionsgeber

(1) Konzessionsgeber sind

1. **öffentliche Auftraggeber gemäß § 99 Nummer 1 bis 3, die eine Konzession vergeben,**
2. **Sektorenauftraggeber gemäß § 100 Absatz 1 Nummer 1, die eine Sektorentätigkeit gemäß § 102 Absatz 2 bis 6 ausüben und eine Konzession zum Zweck der Ausübung dieser Tätigkeit vergeben,**
3. **Sektorenauftraggeber gemäß § 100 Absatz 1 Nummer 2, die eine Sektorentätigkeit gemäß § 102 Absatz 2 bis 6 ausüben und eine Konzession zum Zweck der Ausübung dieser Tätigkeit vergeben.**

(2) § 100 Absatz 2 und 3 gilt entsprechend.

Schrifttum: *Byok/Jaeger*, Kommentar zum Vergaberecht, 3. Aufl. 2011.

Übersicht

I. Einleitung[1]

1 Die Vorschrift definiert den **Begriff des Konzessionsgebers**, der als „Auftraggeber im Sinne dieses Teils" in § 98 GWB benannt wird.[2] Sie dient damit der Umsetzung der Art. 6 und 7 der Richtlinie 2014/23/EU.[3] Die in der Richtlinie enthaltene Differenzierung zwischen öffentlichen Auftraggebern, die eine Konzession vergeben, und Auftraggebern, die einer Sektorentätigkeit nachgehen und zum Zwecke dieser Tätigkeit eine Konzession vergeben, ist in das GWB übernommen worden, da einzelne Vorschriften der Richtlinie zwischen beiden Kategorien unterscheiden.[4] Dies betrifft etwa die Regelungen zur öffentlich-öffentlichen Zusammenarbeit und zu verbundenen Unternehmen.

---

1 An der Kommentierung maßgeblich mitgewirkt hat Herr Rechtsanwalt *Dr. Christian Hoffmann*, wiss. Mitarbeiter am Lorenz-von-Stein-Institut für Verwaltungswissenschaften an der Christian-Albrechts-Universität zu Kiel.

2 Dazu auch *Siegel*, NVwZ 2016, 1672, 1673.

3 RL 2014/23/EU des EP und des Rates v. 26.2.2014 über die Konzessionsvergabe, ABl. EU 2014 L 94, 1.

4 BT-Drs. 18/6281, S. 72.

Die Vorschrift enthält zwei Elemente der Definition der Konzessionsgeber. Dies ist zum einen die **Auftraggebereigenschaft** und zum anderen der **Konzessionsbezug**. Die Vorschrift ist insbesondere durch die Bezugnahme auf § 101 GWB nicht einfach zu verstehen und zum Teil auch inkonsistent. 2

II. Öffentliche Auftraggeber (Abs. 1 Nr. 1)

Konzessionsgeber sind nach § 101 Abs. 1 Nr. 1 GWB öffentliche Auftraggeber gem. § 99 Nr. 1 bis 3 GWB, die eine Konzession vergeben. Als Konzessionsgeber kommen somit in Frage: 3

Gebietskörperschaften sowie deren Sondervermögen i. S. d. § 99 Nr. 1 GWB,

andere juristische Personen des öffentlichen und des privaten Rechts (§ 99 Nr. 2 GWB), die zu dem besonderen Zweck gegründet wurden, im Allgemeininteresse liegende Aufgaben nichtgewerblicher Art zu erfüllen und die in § 99 Nr. 2 GWB genannten Voraussetzungen erfüllen und

Verbände, deren Mitglieder unter § 99 Nr. 1 und Nr. 2 GWB fallen (§ 99 Nr. 3 GWB).

Die Vorschrift erfasst dem Wortlaut nach grundsätzlich alle öffentlichen Auftraggeber, die eine Konzession vergeben, unabhängig davon, ob die fragliche Leistung innerhalb oder außerhalb der Sektorentätigkeiten liegt. Angesichts von § 101 Abs. 1 Nr. 2 GWB, der öffentliche Auftraggeber erfasst, die eine Sektorentätigkeit gem. § 102 Abs. 2 bis 6 GWB ausüben, spricht jedoch systematisch viel dafür, dass dort die Konzessionsvergabe für Sektorentätigkeiten abschließend geregelt ist.[5] Anderenfalls wäre § 101 Abs. 1 Nr. 2 GWB überflüssig. Ungeachtet der besonderen Ausnahme des § 149 Nr. 9 GWB greift § 101 Abs. 1 Nr. 1 GWB deshalb für öffentliche Auftraggeber, die eine Konzession im Bereich Wasser vergeben, nicht ein. Damit fallen unter Nr. 1 alle **Konzessionsvergaben außerhalb der Sektorentätigkeiten**. 4

Keine Konzessionsgeber sind öffentliche Auftraggeber nach **§ 99 Nr. 4 GWB**. Dies sind natürliche oder juristische Personen des privaten Rechts sowie juristische Personen des öffentlichen Rechts in den Fällen, in denen sie für bestimmte Baumaßnahmen Mittel erhalten, mit denen näher benannte Vorhaben zu mehr als 50 Prozent subventioniert werden. 5

III. Sektorenauftraggeber (Abs. 1 Nr. 2)

1. Konzessionsgeber nach § 101 Abs. 1 Nr. 2 GWB

Konzessionsgeber nach § 101 Abs. 1 Nr. 2 GWB sind Sektorenauftraggeber gem. § 100 Abs. 1 Nr. 1 GWB, wenn sie eine Sektorentätigkeit gem. § 102 Abs. 2 bis 6 GWB ausüben und eine Konzession zum Zweck der Ausübung dieser Tätigkeit vergeben. Obwohl es sich bei diesen Sektorenauftraggebern gleichfalls um **öffentliche Auftraggeber** handelt, fallen sie nicht mehr unter Nr. 1. Diese Regelung hat – ebenso wie § 100 Abs. 1 Nr. 1 GWB – nur dann einen eigenständigen Anwendungsbereich, wenn sie als spezielle Anordnung dahin 6

5 I.d.S. wohl auch BT-Drs. 18/6281, S. 72.

verstanden wird, dass sie Konzessionsvergaben öffentlicher Auftraggeber für Sektorentätigkeiten abschließend bestimmt.[6]

7 Voraussetzung ist eine Sektorentätigkeit nach § 102 Abs. 2 bis 6 GWB. Für die Definition der damit einbezogenen Sektorentätigkeiten ist auf § 102 GWB zu verweisen, da es sich insoweit um einen einheitlichen Begriff handelt.[7] In Bezug genommen sind von § 101 Abs. 1 Nr. 2 GWB allerdings nur **bestimmte Sektorentätigkeiten** im Bereich Elektrizität (§ 102 Abs. 2 GWB), im Bereich von Gas und Wärme (§ 102 Abs. 3 GWB), im Bereich Verkehrsdienstleistungen (§ 102 Abs. 4 GWB), im Bereich Häfen und Flughäfen (§ 102 Abs. 5 GWB) und im Bereich fossiler Brennstoffe (§ 102 Abs. 6 GWB).

8 Ausgenommen von der Verweisung ist § 102 Abs. 1 GWB, der Sektorentätigkeiten im **Bereich Wasser** betrifft. Grund hierfür ist, dass gem. Art. 12 der Richtlinie 2014/23/EU Tätigkeiten auf dem Gebiet der Trinkwasserversorgung vom Anwendungsbereich der Richtlinie ausgenommen sind und § 101 Abs. 1 Nr. 2 GWB dies nachvollzieht.[8] Durch die eingeschränkte Verweisung auf die Sektorentätigkeiten bedarf es insoweit für Konzessionsvergaben öffentlicher Auftraggeber nicht der besonderen Ausnahme des § 149 Nr. 9 GWB für den Bereich Wasser.

2. Konzessionsgeber nach § 101 Abs. 1 Nr. 3 GWB

9 Konzessionsgeber nach § 101 Abs. 1 Nr. 3 GWB sind **privatrechtlich verfasste Sektorenauftraggeber** gem. § 100 Abs. 1 Nr. 2 GWB, die eine Sektorentätigkeit gem. § 102 Abs. 2 bis 6 GWB ausüben und eine Konzession zum Zweck der Ausübung dieser Tätigkeit vergeben. Für die Eigenschaft als Konzessionsgeber ist erforderlich, dass dem privaten Auftraggeber entweder besondere oder ausschließliche Rechte von einer zuständigen Behörde gewährt wurden (§ 100 Abs. 1 Nr. 2 lit. a) GWB) oder der private Auftraggeber einem beherrschenden Einfluss öffentlicher Auftraggeber gem. § 99 Nr. 1 bis 3 GWB unterliegt (§ 100 Abs. 1 Nr. 2 lit. b) GWB). Nicht ausreichend ist somit wiederum eine Beherrschung des Auftraggebers nach § 99 Nr. 4 GWB.

IV. Konzessionsbezug

10 Neben dem näher bestimmten Merkmal des Auftraggebers ist für die Eigenschaft als Konzessionsnehmer erforderlich, dass eine Konzession vergeben wird. Der Begriff der Konzession wird wiederum in § 105 GWB legaldefiniert. Bei Sektorenauftraggebern muss die Vergabe der Konzession zudem **zum Zweck der Sektorentätigkeit** vergeben werden. Die Zweckbestimmung liegt dann vor, wenn die Konzession mit Blick auf die Sektorentätigkeit dienenden Charakter hat, also für ihre Durchführung förderlich ist. Nicht erforderlich ist eine zwingende Notwendigkeit.[9]

11 Festzustellen ist insoweit eine inkonsistente Regelungssystematik. Denn nach dem Gesetzeswortlaut des § 101 Abs. 1 GWB muss ein Konzessionsgeber eine Konzession vergeben,

---

6 I.d.S. wohl auch BT-Drs. 18/6281, S. 72.

7 BT-Drs. 18/6281, S. 72.

8 Siehe dazu ausführlich *Jacob/Schmidt*, RdE 2016, 114 ff.

9 So bereits *Franßen*, in: Byok/Jaeger, Vergaberecht, 3. Aufl., GWB, § 100 Rn. 91.

die gem. § 105 Abs. 1 GWB ihrerseits voraussetzt, dass der Auftraggeber ein Konzessionsgeber ist. Maßgebend ist es daher allein, dass der Auftraggeber einen **Vertrag i. S. d. § 105 GWB** schließt.

V. Entsprechende Anwendung von § 100 Abs. 2 und 3 GWB (Abs. 2)

§ 101 Abs. 2 GWB bestimmt, dass die Absätze 2 und 3 des § 100 GWB im Rahmen des **12** § 101 GWB entsprechend gelten. § 100 Abs. 2 GWB definiert die **ausschließlichen und besonderen Rechte** i. S. d. § 100 Abs. 1 Nr. 2 lit. a) GWB. § 100 Abs. 3 GWB enthält eine Vermutungsregel, wann von einem **beherrschenden Einfluss** im Sinne des § 100 Abs. 1 Nr. 2 lit. b) GWB durch einen öffentlichen Auftraggeber auszugehen ist.

Durch die Anordnung der analogen Anwendung wird gewährleistet, dass der Begriff der **13** **Sektorenauftraggeber einheitlich** verwendet wird, ohne dass die Absätze 2 und 3 des § 100 GWB in § 101 GWB wiederholt werden müssen.

§ 102 Sektorentätigkeiten

(1) Sektorentätigkeiten im Bereich Wasser sind

1. die Bereitstellung oder das Betreiben fester Netze zur Versorgung der Allgemeinheit im Zusammenhang mit der Gewinnung, der Fortleitung und der Abgabe von Trinkwasser,
2. die Einspeisung von Trinkwasser in diese Netze.

Als Sektorentätigkeiten gelten auch Tätigkeiten nach Satz 1, die im Zusammenhang mit Wasserbau-, Bewässerungs- oder Entwässerungsvorhaben stehen, sofern die zur Trinkwasserversorgung bestimmte Wassermenge mehr als 20 Prozent der Gesamtwassermenge ausmacht, die mit den entsprechenden Vorhaben oder Bewässerungs- oder Entwässerungsanlagen zur Verfügung gestellt wird oder die im Zusammenhang mit der Abwasserbeseitigung oder -behandlung steht. Die Einspeisung von Trinkwasser in feste Netze zur Versorgung der Allgemeinheit durch einen Sektorenauftraggeber nach § 100 Absatz 1 Nummer 2 gilt nicht als Sektorentätigkeit, sofern die Erzeugung von Trinkwasser durch den betreffenden Auftraggeber erfolgt, weil dessen Verbrauch für die Ausübung einer Tätigkeit erforderlich ist, die keine Sektorentätigkeit nach den Absätzen 1 bis 4 ist, und die Einspeisung in das öffentliche Netz nur von dem Eigenverbrauch des betreffenden Auftraggebers abhängt und bei Zugrundelegung des Durchschnitts der letzten drei Jahre einschließlich des laufenden Jahres nicht mehr als 30 Prozent der gesamten Trinkwassererzeugung des betreffenden Auftraggebers ausmacht.

(2) Sektorentätigkeiten im Bereich Elektrizität sind

1. die Bereitstellung oder das Betreiben fester Netze zur Versorgung der Allgemeinheit im Zusammenhang mit der Erzeugung, der Fortleitung und der Abgabe von Elektrizität,
2. die Einspeisung von Elektrizität in diese Netze, es sei denn,
   a) die Elektrizität wird durch den Sektorenauftraggeber nach § 100 Absatz 1 Nummer 2 erzeugt, weil ihr Verbrauch für die Ausübung einer Tätigkeit erforderlich ist, die keine Sektorentätigkeit nach den Absätzen 1 bis 4 ist, und
   b) die Einspeisung hängt nur von dem Eigenverbrauch des Sektorenauftraggebers ab und macht bei Zugrundelegung des Durchschnitts der letzten drei Jahre einschließlich des laufenden Jahres nicht mehr als 30 Prozent der gesamten Energieerzeugung des Sektorenauftraggebers aus.

(3) Sektorentätigkeiten im Bereich von Gas und Wärme sind

1. die Bereitstellung oder das Betreiben fester Netze zur Versorgung der Allgemeinheit im Zusammenhang mit der Erzeugung, der Fortleitung und der Abgabe von Gas und Wärme,
2. die Einspeisung von Gas und Wärme in diese Netze, es sei denn,
   a) die Erzeugung von Gas oder Wärme durch den Sektorenauftraggeber nach § 100 Absatz 1 Nummer 2 ergibt sich zwangsläufig aus der Ausübung einer Tätigkeit, die keine Sektorentätigkeit nach den Absätzen 1 bis 4 ist, und

b) die Einspeisung zielt nur darauf ab, diese Erzeugung wirtschaftlich zu nutzen und macht bei Zugrundelegung des Durchschnitts der letzten drei Jahre einschließlich des laufenden Jahres nicht mehr als 20 Prozent des Umsatzes des Sektorenauftraggebers aus.

(4) Sektorentätigkeiten im Bereich Verkehrsleistungen sind die Bereitstellung oder das Betreiben von Netzen zur Versorgung der Allgemeinheit mit Verkehrsleistungen per Eisenbahn, automatischen Systemen, Straßenbahn, Trolleybus, Bus oder Seilbahn; ein Netz gilt als vorhanden, wenn die Verkehrsleistung gemäß den von einer zuständigen Behörde festgelegten Bedingungen erbracht wird; dazu gehören die Festlegung der Strecken, die Transportkapazitäten und die Fahrpläne.

(5) Sektorentätigkeiten im Bereich Häfen und Flughäfen sind Tätigkeiten im Zusammenhang mit der Nutzung eines geografisch abgegrenzten Gebiets mit dem Zweck, für Luft-, See- oder Binnenschifffahrtsverkehrsunternehmen Flughäfen, See- oder Binnenhäfen oder andere Terminaleinrichtungen bereitzustellen.

(6) Sektorentätigkeiten im Bereich fossiler Brennstoffe sind Tätigkeiten zur Nutzung eines geografisch abgegrenzten Gebiets zum Zweck

1. der Förderung von Öl oder Gas oder

2. der Exploration oder Förderung von Kohle oder anderen festen Brennstoffen.

(7) Für die Zwecke der Absätze 1 bis 3 umfasst der Begriff „Einspeisung" die Erzeugung und Produktion sowie den Groß- und Einzelhandel. Die Erzeugung von Gas fällt unter Absatz 6.

Schrifttum: *Kulartz/Kus/Portz/Prieß*, GWB-Vergaberecht, Köln, 4. Aufl. 2016; *Müller-Wrede*, GWB Vergaberecht, Kommentar, 2016.

Übersicht

I. Überblick

1 Die Vorgängervorschrift war in der GWB-Anlage (zu § 98 Nummer 4) a. F. enthalten. Die Vorschrift setzt die Art. 7 bis 14 der Richtlinie 2014/25/EU und den Anhang II der Richtlinie 2014/23/EU in deutsches Vergaberecht um. Diese unionsrechtlichen Bestimmungen definieren im Einzelnen die **Sektorentätigkeiten**, auf die die Richtlinien 2014/25/EU und 2014/23/EU Anwendung finden und die somit Gegenstand des Sektorenvergaberechts sein können. Zu den Sektorentätigkeiten zählen demnach:

- **Wasser**: vgl. Abs. 1 und Art. 10 der Richtlinie 2014/25/EU;
- **Elektrizität**: vgl. Abs. 2 und Art. 9 der Richtlinie 2014/25/EU;
- **Gas** und **Wärme**: vgl. Abs. 3 und Art. 8 der Richtlinie 2014/25/EU;
- **Verkehrsleistungen**: vgl. Abs. 4 und Art. 11 der Richtlinie 2014/25/EU;
- **Häfen** und **Flughäfen**: vgl. Abs. 5 und Art. 12 der Richtlinie 2014/25/EU; und
- **fossile Brennstoffe**: vgl. Abs. 6 und Art. 14 der Richtlinie 2014/25/EU.

2 Der Bereich der **Postdienste**, der gem. Art. 13 der Richtlinie 2014/25/EU ebenfalls zu den Sektorentätigkeiten zählt, wurde – wie bereits bei der Umsetzung der Vorgängerrichtlinie in der GWB-Anlage (zu § 98 Nummer 4) a. F. – im deutschen Vergaberecht nicht als Sektorentätigkeit aufgenommen. Das begründete der deutsche Gesetzgeber damit, dass zum einen der Markt der Postdienstleistungen in Deutschland liberalisiert sei und zum anderen sich in Deutschland keine Auftraggeber fänden, die im Bereich der Postdienste die Voraussetzungen der Definition der verschiedenen Auftraggeber gem. den §§ 98 ff. erfüllten.[1]

3 Der Bereich **Kälte** ist bereits vom unionsrechtlichen Richtliniengeber bewusst nicht in den Kreis der Sektorentätigkeiten nach der Richtlinie 2014/25/EU aufgenommen worden. Nach Ansicht des unionsrechtlichen Richtliniengebers sollte, bevor eine Änderung (sprich: Erweiterung) des Anwendungsbereichs dieser Richtlinie für den Kälte-Sektor in Aussicht genommen wird, die Lage im Kälte-Sektor gleichzeitig mit einer Evaluation der Richtlinie 2014/23/EU geprüft werden, damit genügend Informationen insbesondere über die Wettbewerbslage und den Umfang der grenzüberschreitenden Auftragsvergabe und die Standpunkte der Beteiligten eingeholt werden.[2]

4 Zu den Sektorentätigkeiten zählen nicht nur solche Tätigkeiten, die in einem ganz engen Wortlautsinne unmittelbar die definierten Sektorentätigkeiten abbilden. Die Sektorentätigkeiten-Definitionen der Abs. 1 bis 6 sind vielmehr wirtschaftlich-funktional zu verstehen, sodass zu den Sektorentätigkeiten auch sog. **Sektorenhilfstätigkeiten** zu zählen sind.[3] Zu den Sektorenhilfstätigkeiten zählen daher alle dienenden oder fördernden Tätigkeiten, die zu einer „reibungslosen" Durchführung der Sektorentätigkeit (i. e.S.) beitragen und von einer gut funktionierenden, modernen Sektorentätigkeit (i. e.S.) erwartet werden,[4] wobei

---

1 BT-Drs. 18/6281 v. 8.10.2015, Anlage, S. 73.

2 Vgl. Erwägungsgrund 22 der Richtlinie 2014/25/EU und Erwägungsgrund 27 der Richtlinie 2014/23/EU.

3 *Opitz*, in: Kulartz/Kus/Portz/Prieß, GWB-Vergaberecht, § 102 Rn. 11.

4 So der unionsrechtliche Richtliniengeber in Erwägungsgrund 25 der Richtlinie 2014/23/EU zum Beispiel eines Flughafen als Sektorentätigkeit i. e.S., zu der als Sektorenhilfstätigkeiten auch Dienstleistungen für Fluggäste wie insbesondere Einzelhandelsgeschäfte, Verpflegung und Parkplätze ebenfalls als Sektorentätigkeiten i.w.S. zu zählen sind. Daher ist die bloße Kontrollfrage, ob die Sektorentätigkeit auch ohne die jeweils in Rede stehende (Hilfs-)Tätigkeit ausgeübt werden

eine objektivierte Sichtweise sowohl vom Standpunkt eines sich im betreffenden Sektorenbereichs betätigenden Auftraggebers als auch vom Standpunkt der Marktgegenseite aus, also eines Nutzers oder Kunden, einzunehmen ist (vgl. im Übrigen die folgende Kommentierung zu den einzelnen Sektorentätigkeiten gem. Abs. 1 bis Abs. 6).

Der Abs. 7, der die spezielle **Begriffsdefinition „Erzeugung"** enthält, setzt Art. 7 der Richtlinie 2014/25/EU in deutsches Vergaberecht um. 5

Die Vorschrift steht in einem **engen systematischen Zusammenhang mit den §§ 100 und 101 GWB**, die den Begriff der Sektorenauftraggeber und der Konzessionsgeber definieren. Nach § 100 Abs. 1 GWB sind Sektorenauftraggeber zum einen öffentliche Auftraggeber gem. § 99 Nr. 1 bis 3 GWB, die eine Sektorentätigkeit gem. § 102 GWB ausüben (Nr. 1, sog. öffentliche Sektorenauftraggeber), und zum anderen natürliche oder juristische Personen des privaten Rechts, die eine Sektorentätigkeit gem. § 102 GWB ausüben, wenn a) diese Tätigkeit auf der Grundlage von besonderen oder ausschließlichen Rechten ausgeübt wird, die von einer zuständigen Behörde gewährt wurden, oder b) öffentliche Auftraggeber gem. § 99 Nr. 1 bis 3 GWB auf diese Personen einzeln oder gemeinsam einen beherrschenden Einfluss ausüben können (Nr. 2, sog. reine Sektorenauftraggeber). Es ist also nicht möglich, einen Auftraggeber als Sektorenauftraggeber i. S. d. § 100 GWB zu qualifizieren, ohne auf die Sektorentätigkeiten und deren Definition in § 102 GWB zurückzugreifen. Der Sache nach ist § 102 GWB ein in eine eigenständige Regelung ausgelagerter Teil der in § 100 vorgenommenen Bestimmung des Begriffs des Sektorenauftraggebers. Nach § 101 Abs. 1 Nr. 2 und Nr. 3 GWB sind Konzessionsgeber auch Sektorenauftraggeber gem. § 100 Abs. 1 Nr. 1 und Nr. 2, die eine Sektorentätigkeit gem. § 102 Abs. 2 bis 6 GWB ausüben[5] und eine Konzession zum Zweck der Ausübung dieser Tätigkeit vergeben. Vgl. im Übrigen die Kommentierungen zu den §§ 100 und 101 GWB. 6

Die Vorschrift steht ferner in einem **engen systematischen Zusammenhang mit § 140 GWB**, der eine besondere Ausnahme für unmittelbar dem Wettbewerb ausgesetzte Tätigkeiten normiert. Nach § 140 Abs. 1 Satz 1 GWB können Tätigkeiten, auch wenn sie in der vorliegenden Vorschrift als Sektorentätigkeiten definiert sind, gleichwohl vom Sektorenvergaberecht ausgenommen sein, wenn die betreffende Sektorentätigkeit unmittelbar dem Wettbewerb auf Märkten ausgesetzt ist, die keiner Zugangsbeschränkung unterliegen. Dasselbe gilt gem. § 140 Abs. 1 Satz 2 GWB für Wettbewerbe, die im Zusammenhang mit der Sektorentätigkeit ausgerichtet werden. Vgl. im Übrigen die Kommentierung zu § 140 GWB. 7

Die Vorschrift definiert nicht nur positiv die einzelnen Tätigkeiten, die als Sektorentätigkeiten anzusehen sind, sondern regelt zugleich auch in Ausnutzung entsprechender Umsetzungsspielräume, die von der Richtlinie 2014/25/EU eingeräumt werden, die verschiedenen speziellen **Ausnahmen** zu einzelnen Sektorentätigkeiten, so in Abs. 1 Satz 3 (Bereich Wasser), in Abs. 2 Nr. 2 Hs. 2 lit. a) und b) (Bereich Elektrizität) sowie in Abs. 3 Nr. 2 Hs. 2 lit. a) und b) (Bereiche Gas und Wärme). 8

---

könnte (so aber *Opitz*, in: Kulartz/Kus/Portz/Prieß, GWB-Vergaberecht, § 102 Rn. 11), unzureichend.

5 Die Sektorentätigkeit gem. Abs. 1 wird dort nicht erwähnt, weil die Richtlinie 2014/23/EU über Konzessionsvergaben gem. ihrem Art. 12 nicht anwendbar ist auf Konzessionen im Bereich Wasser.

9 Es kann vorkommen, dass ein Sektorenauftraggeber **mehrere Sektorentätigkeiten** ausübt.[6] Die insoweit von ihm vergebenen Aufträge unterfallen dann nach der jeweiligen Sektorentätigkeiten-Definition dem Sektorenvergaberecht. Soweit ein Auftrag eines Sektorenauftraggebers nur **zum Teil der Ausübung einer Sektorentätigkeit dient** und daher nur teilweise dem Sektorenvergaberecht unterfällt, regeln sich die Rechtsfolgen nach den §§ 111 und 112 GWB (vgl. die dortigen Kommentierungen). Das gilt insbesondere für Aufträge und Konzessionen, die für die Erbringung von Wärme als auch von Kälte vergeben werden.[7]

II. Sektorentätigkeiten im Bereich Wasser (Abs. 1)

10 Abs. 1 Satz 1 definiert die Sektorentätigkeiten im Bereich Wasser und untergliedert diese in zwei Varianten, einerseits in Bereitstellung/Betreiben von öffentlichen Trinkwasser-Versorgungsnetzen (Nr. 1) und andererseits in die Einspeisung von Trinkwasser in solche Netze (Nr. 2). Abs. 1 Satz 1 Nr. 1 setzt Art. 10 Abs. 1 lit. a) der Richtlinie 2014/25/EU, Abs. 1 Satz 1 Nr. 2 setzt Art. 10 Abs. 1 lit. b) der Richtlinie 2014/25/EU in deutsches Vergaberecht um.

11 In beiden Varianten (Satz 1 Nr. 1 und Nr. 2) sind die jeweils definierten Sektorentätigkeiten ausschließlich auf **Trinkwasser**[8] bezogen. Gem. der einschlägigen Anwendungsbereichsregelung in § 2 Abs. 1 Satz 1 TrinkwV 2001 ist Trinkwasser Wasser für den menschlichen Gebrauch. Die Begriffsdefinition des § 3 Nr. 1 lit. a) TrinkwV 2001 definiert als Trinkwasser für jeden Aggregatzustand des Wassers und ungeachtet dessen, ob es für die Bereitstellung auf Leitungswegen, in Wassertransport-Fahrzeugen oder verschlossenen Behältnissen bestimmt ist, a) alles Wasser, im ursprünglichen Zustand oder nach Aufbereitung, das zum Trinken, zum Kochen, zur Zubereitung von Speisen und Getränken oder insbesondere zu den bestimmten anderen häuslichen Zwecken (Körperpflege und -reinigung, Reinigung von Gegenständen, die bestimmungsgemäß mit Lebensmitteln in Berührung kommen, Reinigung von Gegenständen, die bestimmungsgemäß nicht nur vorübergehend mit dem menschlichen Körper in Kontakt kommen) bestimmt ist und b) alles Wasser, das in einem Lebensmittelbetrieb verwendet wird für die Herstellung, Behandlung, Konservierung oder zum Inverkehrbringen von Erzeugnissen oder Substanzen, die für den menschlichen Gebrauch bestimmt sind, sofern die zuständige Behörde aufgrund eines Ausnahmetatbestands nach § 18 Abs. 1 Satz 3 TrinkwV 2001 nichts Gegenteiliges festlegt. Natürliches Mineralwasser (§ 2 Mineral- und Tafelwasser-Verordnung), Heilwasser (vgl. § 2 Abs. 1 Arzneimittelgesetz), Schwimm- und Badebeckenwasser sowie unter bestimmten weiteren Voraussetzungen Wasser, das sich in wasserführenden, an die Trinkwasser-Installation angeschlossenen Apparaten befindet, sind gem. § 2 Abs. 1 Satz 2 TrinkwV 2001 vom Trinkwasserbegriff ausgenommen. Daher ist es konsequent, dass § 1 Abs. 1 SektVO nur von „dem Gebiet

6 Vgl. VK Sachsen, Beschl. v. 9.12.2014, 1/SVK/032-14, VPR 2015, 128 (juris, Rn. 93 f.); VK Bund, Beschl. v. 27.8.2014, VK 1 – 62/14, VPR 2015, 79 (juris, Rn. 79), die die genaue Zuordnung zu den Sektorentätigkeiten Energie oder Verkehr mit Blick auf die Tätigkeit des betreffenden Sektorenauftraggebers, nämlich Energie für Konzernunternehmen und für dritte Unternehmen aus dem Bereich Verkehr zu liefern, offen ließ.

7 Vgl. Erwägungsgrund 26 der Richtlinie 2014/23/EU.

8 Vgl. zum Trinkwasserbegriff auch die entsprechenden Art. 1 Abs. 1, Art. 2 Nr. 1 und Art. 3 Abs. 1 der (Trinkwasser-)Richtlinie 98/83/EG.

der Trinkwasserversorgung" spricht. Wie das Trinkwasser im Einzelfall gewonnen wird (Grundwasser, Quellwasser, Wasser aus Oberflächengewässern wie Flüssen oder Seen, Entsalzung von Meerwasser), ist irrelevant.

Satz 2 enthält eine Regelung über die Abgrenzung der Trinkwasser-Sektorentätigkeit von sonstigen Tätigkeiten (Nicht-Sektorentätigkeiten), wenn im jeweiligen Einzelfall ein Zusammenhang mit Wasserbau-, Bewässerungs- oder Entwässerungsvorhaben oder mit der Abwasserbeseitigung oder Abwasserbehandlung besteht. Satz 3 regelt eine Ausnahme zur Einspeisung-Variante nach Satz 1 Nr. 2. 12

Für Konzessionen ist auch der Trinkwasser-Sektorenbereich gem. § 149 Nr. 9 GWB ausgenommen (vgl. die dortige Kommentierung). 13

1. Bereitstellung oder Betreiben von öffentlichen Versorgungsnetzen (Satz 1 Nr. 1)

Sektorentätigkeiten im Bereich Wasser sind gem. Abs. 1 Satz 1 Nr. 1 die Bereitstellung oder das Betreiben fester Netze zur Versorgung der Allgemeinheit im Zusammenhang mit der Gewinnung, der Fortleitung und der Abgabe von Trinkwasser. Die Vorschrift setzt Art. 10 Abs. 1 lit. a) der Richtlinie 2014/25/EU in deutsches Vergaberecht um. 14

a) Anforderungen an ein Netz

Unter einem **Netz** ist eine technische Leitungseinrichtung einschließlich aller notwendiger Bestandteile (bei Trinkwasser: Pumpen, Rohre, Verbindungsstücke, Becken, Messeinrichtungen etc.) zu verstehen, mittels derer eine (in der Regel relativ große) Mehrzahl an Abnehmern und Abnahmestellen (von Trinkwasser) versorgt wird (mit Trinkwasser). Unerheblich ist es, ob das Netz ober- oder unterirdisch verläuft und ob die Installation des festen Netzes auf Dauer oder nur vorübergehend erfolgt. Bei nur zu einem vorübergehenden Zweck errichteten Netzen ist allerdings insbesondere zu prüfen, ob es sich um ein Netz zur Trinkwasser-Versorgung der Allgemeinheit handelt.[9] Da allein **feste** Netze erfasst werden, scheidet jedwede Art der Trinkwasserversorgung mittels mobiler Anlagen (etwa Tanklastwagen) als Sektorentätigkeit aus. Es muss vielmehr eine ortsgebundene Verbindung der technischen Versorgungseinrichtung (Netz) mit der Erdoberfläche oder dem Boden bestehen; die ortsgebundene Verbindung muss aber nicht zwingend in dem Sinne fest sein, dass sie durch besondere Befestigungseinrichtungen wie Verankerungen im Boden o.Ä. bewirkt wird,[10] es genügt z.B. eine schwerlastbedingte Verbindung durch bloßes Aufliegen. Die zivilrechtliche Bewertung des Netzes und seiner Bestandteile als Grundstücksbestandteil i.S.d. § 94 BGB oder als Scheinbestandteil i.S.d. § 95 BGB ist ebenso irrelevant wie die Allokation des zivilrechtlichen Eigentums am Netz und seiner Bestandteile (stattdessen kommt es auf die Betreiber-Eigenschaft an). 15

Mit der Voraussetzung, dass das feste Netz (selbst und unmittelbar) der **Versorgung der Allgemeinheit** mit Trinkwasser dienen muss, ist gemeint, dass nach der Netzkonzeption 16

9 So werden z.B. Einrichtungen zur Trinkwasserversorgung einer größeren Baustelle ggf. als Netz qualifiziert werden können, das aber in aller Regel nicht der Versorgung der Allgemeinheit dienen wird (vgl. zu diesem Kriterium auch nachstehend Rn. 16).

10 So wohl auch *Opitz*, in: Kulartz/Kus/Portz/Prieß, GWB-Vergaberecht, § 102 Rn. 14.

eine unbestimmte Vielzahl von Abnehmern an das Netz angeschlossen werden kann, also quasi „jedermann“. In diesem Sinne kann von einem öffentlichen Trinkwasserversorgungsnetz gesprochen werden. Daher werden alle Trinkwasserversorgungsnetze aus der Trinkwasser-Sektorentätigkeit ausgeschieden, die der Eigenversorgung des Auftraggebers oder der Versorgung eines einzigen oder eines abschließend festgelegten Kreises einzelner Dritter dienen und die deswegen nicht für eine unbestimmte Vielzahl von Anschlussnehmern bestimmt sind. Solange das Netz für die Allgemeinheit konzipiert ist (z. B. allgemeine Anschlussbedingungen, die am Markt allgemein für eine unbestimmte Anzahl von Kunden angeboten werden), steht der faktische Umstand, dass tatsächlich erst wenige oder im Extremfall sogar nur ein einziger Anschlussnehmer tatsächlich durch das Netz versorgt werden bzw. wird, der Qualifizierung des Netzes als der Versorgung der Allgemeinheit dienend nicht entgegen. Auch wenn der Netzbetrieb zur Trinkwasserversorgung in öffentlich zugänglichen Gebäuden erfolgt, ist auch das als Versorgung der Allgemeinheit mit Trinkwasser zu werten. Ob die Versorgung der so verstandenen Allgemeinheit als Daseinsvorsorge oder als Dienstleistung von allgemeinem Interesse i. S. d. Art. 106 Abs. 2 AEUV qualifiziert werden kann, ist irrelevant.[11] In Deutschland wird das freilich angesichts von § 50 Abs. 1 WHG in aller Regel der Fall sein.

17 Was der oder die Anschlussnehmer mit dem Trinkwasser nach Abnahme machen, ist irrelevant, solange es sich um einen der Trinkwasser-Definition (vgl. dazu vorstehend Rn. 11) nicht entgegenstehenden Gebrauch handelt. Daher unterfällt auch ein für die Allgemeinheit konzipiertes Versorgungsnetz der Sektorentätigkeit, wenn und soweit es Lebensmittelbetriebe (wie z. B. Getränkeproduzenten) mit Wasser versorgt, das diese Betriebe für die Herstellung, Behandlung, Konservierung oder zum Inverkehrbringen von Erzeugnissen oder Substanzen verwenden, die für den menschlichen Gebrauch bestimmt sind (vgl. § 3 Nr. 1 lit. b) TrinkwV 2001).

18 Schließlich muss das Netz in einem Zusammenhang mit der Gewinnung, der Fortleitung und der Abgabe von Trinkwasser stehen. **Gewinnung** von Trinkwasser meint ein Entnehmen, Zutagefördern, Zutageleiten und Ableiten von Wasser aus Oberflächengewässern oder von Grundwasser i. S. d. § 9 Abs. 1 Nr. 1 und Nr. 5 WHG zu dem Zweck, Wasser – ggf. nach einer erforderlicher Aufbereitung – mit der qualitativen Eignung zu Trinkwasserzwecken zu generieren. **Transport** von Trinkwasser meint die räumlich-örtliche Verbringung von Trinkwasser von einem Ort an einen anderen. **Verteilung** von Trinkwasser meint die Separierung begrenzter Teilmengen von Trinkwasser aus der im Netz vorhandenen Gesamtmenge an Trinkwasser und die Abgabe dieser definierten Wassermengen an einzelne Anschlussnehmer. Es spielt dabei keine Rolle, ob das Bereitstellen oder Betreiben fester Trinkwassernetze im Zusammenhang mit der Gewinnung, dem Transport oder der Verteilung von Trinkwasser erfolgt, es genügt irgendein Zusammenhang zu einer dieser Tätigkeiten.

b) Bereitstellung und Betrieb

19 **Bereitstellung** meint dabei die Errichtung, die Unterhaltung und die Instandsetzung einschließlich aller baulich-technischen Änderungen des Netzes, der **Betrieb** meint die eigentliche Versorgungsleistung.[12] Zum Betrieb zählen darüber hinaus alle weiteren betriebs-

---

11 So auch *Opitz*, in: Kulartz/Kus/Portz/Prieß, GWB-Vergaberecht, § 102 Rn. 15.

12 OLG Frankfurt, Beschl. v. 30.8.2011, 11 Verg 3/11, VergabeR 2012, 47 (juris, Rn. 49).

bezogenen (auch kaufmännischen etc.) Tätigkeiten als Sektorenhilfstätigkeiten (vgl. dazu vorstehend Rn. 4). Für die Annahme einer Sektorentätigkeit genügt das Bereitstellen oder das Betreiben auch **jeweils einzeln**. In diesem Sinne ist auch Art. 10 Abs. 1 lit. a) der Richtlinie 2014/25/EU zu verstehen, sodass es konsequent vom deutschen Gesetzgeber war, anstatt der Richtlinien-Formulierung „und" in Abs. 1 Satz 1 Nr. 1 das Wort „oder" zu verwenden.

Die Sektorentätigkeit i. S. d. Abs. 1 Satz 1 Nr. 1 wird vom **Betreiber** des Trinkwassernetzes ausgeübt, wobei es für die Betreiberstellung nicht auf das Eigentum am Trinkwassernetz ankommt, sondern auf die tatsächliche, wirtschaftliche und rechtliche Verfügungsgewalt über die Bereitstellung oder den Betrieb des Netzes. Betreiber ist daher z. B. auch eine Person, die das Trinkwasserversorgungsnetz auf Grundlage eines Cross-Border-Leasings betreibt. Hingegen ist die bloße gewerbliche Überlassung eines Trinkwasserversorgungsnetzes zum Betrieb durch einen Dritten z. B. im Wege einer Verpachtung grundsätzlich nicht als Sektorentätigkeit ansehen. In diesen Fällen übt grundsätzlich nur der operativ tätige Berechtigte (z. B. der Pächter) die Trinkwasser-Sektorentätigkeit aus, wenn der Eigentümer das Netz weder unterhält noch instand setzt. Der Eigentümer, der das Netz anschließend nicht selbst betreiben, sondern an einen Dritten als Betreiber verpachten will, übt aber in der Errichtungsphase ggf. eine Sektorentätigkeit aus, wenn er selbst ein für die Versorgung der Allgemeinheit konzipiertes Trinkwasserversorgungsnetz errichtet, um es danach einem Dritten zu dessen Betrieb zu überlassen. Die in dieser Phase vergebenen Bauaufträge zählen zur Sektorentätigkeit der Bereitstellung i. S. d. Abs. 1 Nr. 1. Anders verhält es sich in einer Konstellation, in der eine Person ein bereits bestehendes Netz lediglich kauft und anschließend das Nutzungsrecht am Netz gleich wieder einem Dritten z. B. durch Pacht überträgt: der Käufer und Verpächter übt dann keine Sektorentätigkeit aus. **20**

Um Betreiber und somit Sektorenauftraggeber zu sein, muss ein Unternehmen aktuell, aktiv und vor allem unmittelbar selbst als Netzbetreiber wie ein klassisches Wasserversorgungsunternehmen tätig sein; eine Übertragung der Verpflichtung zur Wasserversorgung auf einen Dritten schließt die Betreibereigenschaft und damit die Eigenschaft als Sektorenauftraggeber aus.[13] In der Regel (vorbehaltlich einer Aufgaben- bzw. Pflichtenübertragung) sind die nach den wasserrechtlichen Regelungen der Länder zur Trinkwasserversorgung Verpflichteten die Netzbetreiber.[14] **21**

Zur Trinkwasser-Sektorentätigkeit i. S. d. Abs. 1 Nr. 1 zählt es auch, wenn ein Auftraggeber im betreffenden Vergabeverfahren versucht, mit einem strategischen Beteiligungspartner ein gemeinsames Unternehmen zu gründen, das die Betriebsführung des Trinkwasserversorgungsnetzes übernehmen soll.[15] **22**

2. Einspeisung von Trinkwasser in solche Netze (Satz 1 Nr. 2 und Satz 3)

Sektorentätigkeit im Bereich Wasser ist darüber hinaus gem. Abs. 1 Satz 1 Nr. 2 die **Einspeisung** von Trinkwasser in Netze i. S. d. Abs. 1 Nr. 1. Die Vorschrift setzt Art. 10 Abs. 1 lit. b) der Richtlinie 2014/25/EU in deutsches Vergaberecht um. Gem. Abs. 7 Satz 1 umfasst der Begriff „Einspeisung" die Erzeugung und Produktion sowie den Groß- und Ein- **23**

13 OLG Frankfurt, Beschl. v. 30.8.2011, 11 Verg 3/11, VergabeR 2012, 47 (juris, Rn. 49).
14 VK Hessen, Beschl. v. 28.2.2011, 69d VK-47/2010, IR 2011, 187 (juris, Rn. 55).
15 OLG Düsseldorf, Beschl. v. 4.2.2013, VII-Verg 31/12, NZBau 2013, 321 (juris, Rn. 1 und 34).

zelhandel – eine Begriffsbestimmung, die zwar für den Trinkwasserbereich nicht wirklich hilfreich ist, die der deutsche Gesetzgeber aber aus Art. 7 Satz 1 der Richtlinie 2014/25/EU 1:1 übernommen hat. Einspeisung meint die unmittelbar selbst durchgeführte oder zumindest rechtsgeschäftlich veranlasste Einleitung von Trinkwasser in ein Netz i. S. d. Abs. 1 Satz 1 Nr. 1. Die Variante des Abs. 1 Satz 1 Nr. 2 hat in Deutschland neben der Variante des Abs. 1 Satz 1 Nr. 1 nur **wenig praktische Relevanz**, weil der Einspeiser in aller Regel auch der Netzbetreiber ist.[16] Die Beschaffung von Wasser im Rahmen der Trinkwasserversorgung (also v.a. der Wasserbezug des Netzbetreibers vom Einspeiser) ist gem. § 137 Abs. 1 Nr. 7 GWB vom Anwendungsbereich des Sektorenvergaberechts ausgenommen (vgl. die dortige Kommentierung).

24 Abs. 1 Satz 3 regelt dazu eine **Ausnahme**: Die Einspeisung von Trinkwasser in feste Netze zur Versorgung der Allgemeinheit durch einen Sektorenauftraggeber nach § 100 Abs. 1 Nr. 2 GWB gilt nicht als Sektorentätigkeit, sofern die Erzeugung von Trinkwasser durch den betreffenden Auftraggeber erfolgt, weil dessen Verbrauch für die Ausübung einer Tätigkeit erforderlich ist, die keine Sektorentätigkeit nach den Absätzen 1 bis 4 ist, und die Einspeisung in das öffentliche Netz nur von dem Eigenverbrauch des betreffenden Auftraggebers abhängt und bei Zugrundelegung des Durchschnitts der letzten drei Jahre einschließlich des laufenden Jahres nicht mehr als 30 % der gesamten Trinkwassererzeugung des betreffenden Auftraggebers ausmacht. Die Vorschrift setzt Art. 10 Abs. 3 der Richtlinie 2014/25/EU in deutsches Vergaberecht um.

25 Die Ausnahme gilt, wie der Wortlaut deutlich macht, ausschließlich für reine **Sektorenauftraggeber i. S. d. § 100 Abs. 1 Nr. 2 GWB**, nicht aber für öffentliche Sektorenauftraggeber i. S. d. § 100 Abs. 1 Nr. 1 GWB. Das ist auch unionsrechtlich zwingend, weil Art. 10 Abs. 3 Hs. 1 der Richtlinie 2014/25/EU eine entsprechende Ausnahme nur für einen „Auftraggeber, der kein öffentlicher Auftraggeber ist“ (i. S. d. Art. 3 der Richtlinie 2014/25/EU = § 99 Nr. 1 bis Nr. 3 GWB i.V.m. § 100 Abs. 1 Nr. 1 GWB), zulässt. Es genügt, dass das betreffende Unternehmen allein nach der allgemeinen Regelung des Abs. 1 Satz 1 Nr. 2 wegen der Einspeisung von Trinkwasser in ein öffentliches Trinkwasserversorgungsnetz als Sektorenauftraggeber zu qualifizieren ist bzw. wäre und im Übrigen keine Sektorentätigkeit nach Abs. 1 bis 6 ausübt. So sind z. B. Brauereien, auch wenn sie alle weiteren Tatbestandsvoraussetzungen des reinen Sektorenauftraggeberbegriffs nach § 100 Abs. 1 Nr. 2 GWB erfüllen, im Ergebnis mangels Ausübung einer Sektorentätigkeit kein Sektorenauftraggeber i. S. d. § 100 Abs. 1 Nr. 2 GWB i.V.m. § 102 Abs. 1 GWB, wenn sie zwar (ausschließlich) einen Überschuss von zu Selbstversorgungszwecken eigenerzeugtem Trinkwasser in ein öffentliches Trinkwasserversorgungsnetz einspeisen (also zwar grundsätzlich eine Sektorentätigkeit i. S. d. Abs. 1 Satz 1 Nr. 2 ausüben), aber des Weiteren alle Voraussetzungen der Ausnahme nach Abs. 1 Satz 3 erfüllen.[17]

26 Zudem betrifft die Ausnahme nur solche reinen Sektorenauftraggeber, die selber Trinkwasser erzeugen („Erzeugung von Trinkwasser durch den betreffenden Auftraggeber“), also die **Selbsterzeuger**, die mehr Trinkwasser erzeugen als sie zum Zweck der **Selbstversorgung** selbst verbrauchen. Die Ausnahmeregelung erfasst also Fälle der Einspeisung eines Überschusses aus der zu Selbstversorgungszwecken erfolgten Eigenproduktion.

---

16 Vgl. dazu *Opitz*, in: Kulartz/Kus/Portz/Prieß, GWB-Vergaberecht, § 102 Rn. 17.

17 So wohl auch *Opitz*, in: Kulartz/Kus/Portz/Prieß, GWB-Vergaberecht, § 102 Rn. 20.

Für die Geltung der Ausnahme bestimmt Abs. 1 Satz 3 in Übereinstimmung mit Art. 10 Abs. 3 lit. a) und b) der Richtlinie 2014/25/EU **drei Voraussetzungen**, die kumulativ vorliegen müssen: 27

- Erstens muss die Erzeugung von Trinkwasser durch den betreffenden reinen Sektorenauftraggeber erfolgen, weil dessen Verbrauch für die Ausübung einer Tätigkeit erforderlich ist, die keine Sektorentätigkeit nach Abs. 1 bis Abs. 4 ist. Das ist z. B. der Fall, wenn das betreffende Unternehmen trinkwasserfähiges Wasser erzeugt (z. B. durch Grundwasserbrunnen) und dieses zur Beregnung von Lagermaterialien einsetzt, um Staubbildung zu vermeiden oder zu vermindern, oder zur Kühlung von Anlagenteilen.[18] Da Satz 3 die Sektorentätigkeiten nach Abs. 5 und Abs. 6 nicht erwähnt,[19] gilt die Ausnahme auch für die Einspeisung von Trinkwasser, das der betreffende Sektorenauftraggeber zum Zweck der Selbstversorgung für eine Sektorentätigkeit im Bereich Häfen und Flughäfen (Abs. 5) oder im Bereich fossiler Brennstoffe (Abs. 6) erzeugt hat. Wenn ein solcher Sektorenauftraggeber Trinkwasser zur Selbstversorgung seiner Häfen-, Flughäfen- oder fossile Brennstoffe-Tätigkeit erzeugt und einen Teil davon in ein öffentliches Trinkwasserversorgungsnetz einspeist, übt er unter den weiteren Voraussetzungen des Satzes 3 jedenfalls mit Blick auf die Trinkwassereinspeisung keine Sektorentätigkeit im Bereich Wasser aus.
- Zweitens darf die Einspeisung in das öffentliche Netz ausschließlich vom Eigenverbrauch des betreffenden reinen Sektorenauftraggebers abhängen. Es darf also keine Pflichten zur Einspeisung von Trinkwasser-Mindestmengen in das betreffende Trinkwasserversorgungsnetz geben. Stattdessen muss die Einspeisemenge bei höherem Eigenverbrauch entsprechend sinken und bei sinkendem Eigenverbrauch entsprechend steigen.
- Drittens darf die Einspeisung bei Zugrundelegung des Durchschnitts der letzten drei (Kalender-)Jahre einschließlich des laufenden (Kalender-)Jahres nicht mehr als 30% der gesamten Trinkwassererzeugung des betreffenden reinen Sektorenauftraggebers ausmachen.

3. Zusammenhang mit Wasserbau-, Bewässerungs- oder Entwässerungsvorhaben oder mit der Abwasserbeseitigung oder -behandlung (Satz 2)

Als Sektorentätigkeiten gelten auch solche Tätigkeiten nach Satz 1, die im Zusammenhang mit Wasserbau-, Bewässerungs-, oder Entwässerungsvorhaben stehen, sofern die zur Trinkwasserversorgung bestimmte Wassermenge mehr als 20% der Gesamtwassermenge ausmacht, die mit den entsprechenden Vorhaben oder den Bewässerungs- oder Entwässerungsanlagen zur Verfügung gestellt wird, oder die im Zusammenhang mit der Abwasserbeseitigung oder Abwasserbehandlung steht. Satz 2 setzt Art. 10 Abs. 2 lit. a) und b) der Richtlinie 2014/25/EU in deutsches Vergaberecht um. 28

Abs. 1 Satz 2 ist mit Blick auf die Abwasserbeseitigung und -behandlung **sprachlich missglückt**, denn grammatikalisch (kein Komma hinter „wird", Prädikat im Singular („steht" 29

---

18 Im Bereich der Trinkwassereinspeisung in öffentliche Trinkwasserversorgungsnetze ergänzt also die Ausnahme nach Abs. 1 Satz 3 die Anwendungsbereichsbestimmung des § 136 GWB (vgl. auch § 1 Abs. 1 SektVO) mit dem dortigen Zweckbezug zu einer Sektorentätigkeit.

19 In Übereinstimmung mit Art. 10 Abs. 3 lit. a) der Richtlinie 2014/25/EU.

statt „stehen")) ist der Satzteil „oder die im Zusammenhang mit der Abwasserbeseitigung oder -behandlung steht" Bestandteil des zweiten Relativsatzes und bezieht sich deswegen auf das Wort „Gesamtwassermenge". Das ist aber angesichts der unionsrechtlichen Regelung in Art. 10 Abs. 2 lit. b) der Richtlinie 2014/25/EU nicht gemeint. Diese unionsrechtliche Regelung lautet (grammatikalisch korrekt und eindeutig): „Diese Richtlinie gilt auch für Aufträge oder Wettbewerbe, die von Auftraggebern vergeben oder ausgerichtet werden, die eine der in Absatz 1 genannten Tätigkeiten ausüben und mit Folgendem im Zusammenhang stehen: [...] b) mit der Abwasserbeseitigung oder -behandlung." So ist auch Abs. 1 Satz 2 zu lesen, was im Übrigen auch § 149 Nr. 9 lit. b) GWB zeigt, der die Abwasserbeseitigung und -behandlung in lit. bb) in einer eigenständigen Ausnahmeregelung aufführt. Daher enthält Satz 2 folgende **zwei Klarstellungsvarianten**: Als Sektorentätigkeiten gelten auch Tätigkeiten nach Satz 1,

- die entweder (Variante 1) im Zusammenhang mit Wasserbau-, Bewässerungs- oder Entwässerungsvorhaben stehen, sofern die zur Trinkwasserversorgung bestimmte Wassermenge mehr als 20% der Gesamtwassermenge ausmacht, die mit den entsprechenden Vorhaben oder Bewässerungs- oder Entwässerungsanlagen zur Verfügung gestellt wird;
- oder die (Variante 2) im Zusammenhang mit der Abwasserbeseitigung oder -behandlung stehen.

30 Eine Sektorentätigkeit nach Satz 1 kann also nicht allein deswegen verneint werden, weil die Bereitstellung oder der Betrieb des öffentlichen Trinkwasserversorgungsnetzes in einem Zusammenhang mit Wasserbau-, Bewässerungs- oder Entwässerungsvorhaben oder im Zusammenhang mit der Abwasserbeseitigung oder -behandlung stehen.[20]

31 Eine bloß organisatorische „Bündelung" einer Sektorentätigkeit nach Satz 1 mit einem andersartigen Vorhaben nach Satz 2 Var. 1 in dem Sinne, dass ein Unternehmen mehrere Tätigkeiten (solche nach Satz 1 und solche nach Satz 2) ausübt, genügt nicht für einen Zusammenhang.[21] Der **Zusammenhang** muss vielmehr **funktionaler** Natur sein. So übt z. B. ein Unternehmen keine Sektorentätigkeit nach Satz 1 aus, soweit es für ein bestimmtes Gebiet ausschließlich ein Abwasserkanalnetz mit Kläranlage errichtet, vorhält und betreibt, auch wenn es in einem anderen Gebiet ein öffentliches Trinkwasserversorgungsnetz betreibt (was für sich als Sektorentätigkeit nach Satz 1 zu qualifizieren ist). Die auf das Gebiet bezogenen Aufträge, in dem sich das Unternehmen ausschließlich im Bereich der Abwasserbeseitigung betätigt, sind grundsätzlich keine Sektorenaufträge, auch nicht nach Abs. 1 Satz 2, denn es fehlt in diesem Fall am gem. § 136 GWB und § 1 Abs. 1 SektVO erforderlichen Zweckbezug zu einer Sektorentätigkeit nach Satz 1.[22] Beschafft sich ein solches Un-

20 Erwägungsgrund 24 der Richtlinie 2014/25/EU, wonach Auftraggeber im Trinkwassersektor auch andere wasserwirtschaftliche Tätigkeiten in den Bereichen Wasservorhaben, Bewässerung, Entwässerung, Ableitung sowie Klärung von Abwässern ausüben können und in derartigen Fällen in der Lage sein sollten, die in dieser Richtlinie vorgesehenen Vergabeverfahren bei all ihren wasserwirtschaftlichen Tätigkeiten anzuwenden, unabhängig davon, um welchen Teil des „Wasserzyklus" es geht.

21 A. A.: *Röbke*, in: Müller-Wrede, GWB, § 102 Rn. 15; wohl auch *Opitz*, in: Kulartz/Kus/Portz/Prieß, GWB-Vergaberecht, § 102 Rn. 17.

22 Vgl. auch Art. 1 Abs. 2 der Richtlinie 2014/25/EU, wonach der Erwerb von Bauleistungen, Lieferungen oder Dienstleistungen mittels eines Liefer-, Bauleistungs- oder Dienstleistungsauftrags durch einen Sektorenauftraggeber nur dann ein der Richtlinie unterfallender Sektorenauftrag ist, sofern die Bauleistungen, Lieferungen oder Dienstleistungen für einen der in Artikel 8 bis 14 genannten Zwecke, also eine Sektorentätigkeit, bestimmt sind.

ternehmen hingegen z. B. ein einheitliches Kunden-Internetportal, das für beide Tätigkeiten in beiden Gebieten genutzt werden soll, handelt es sich (auch) um eine auf eine Trinkwasser-Sektorentätigkeit nach Satz 1 bezogene Sektorenhilfstätigkeit, die insgesamt als Sektorentätigkeit qualifiziert werden kann und zwar nach Satz 2 auch unbeschadet des Umstands, dass ein Zusammenhang mit der abwasserbezogenen (Nicht-Sektoren-)Tätigkeit besteht, die das Unternehmen in dem einen Gebiet ausübt.

Wenn eine Sektorentätigkeit nach Satz 1 mit einer solchen Tätigkeit in Zusammenhang steht, bleibt es dabei, dass nur die auf die Trinkwasserversorgung bezogenen Tätigkeiten als Sektorentätigkeit qualifiziert werden können. Denn Satz 2 setzt ausweislich seines insoweit eindeutigen Wortlauts eine Tätigkeit nach Satz 1 voraus und regelt (nur) für diese die Eigenschaft als Sektorentätigkeit. Eine Sektorentätigkeit nach Satz 1 verliert also auch dann nicht ihre Eigenschaft als Sektorentätigkeit, wenn ein Zusammenhang mit den in Satz 2 genannten Tätigkeiten besteht; umgekehrt besagt aber Satz 2 nichts dazu, dass Tätigkeiten, die keine Sektorentätigkeit nach Satz 1 sind, aufgrund eines Zusammenhangs mit einer Trinkwasser-bezogenen Sektorentätigkeit nach Satz 1 selbst auch zu Sektorentätigkeiten werden.[23] In der Regel werden zwar die verschiedenen Tätigkeiten wechselseitig zueinander in Zusammenhang stehen, sodass das Bestehen eines Zusammenhangs einer andersartigen Tätigkeit nach Satz 2 mit einer Sektorentätigkeit nach Satz 1 gleichzeitig auch dazu führt, dass die Sektorentätigkeit nach Satz 1 im Zusammenhang mit der andersartigen Tätigkeit nach Satz 2 und also im Ergebnis die gesamte bzw. alle Tätigkeit(en) von den für die Sektorentätigkeit bestehenden Vergaberechtspflichten erfasst werden. Soweit aber andersartige Tätigkeiten nach Satz 2 (ggf. auch erst zu einem späteren Zeitpunkt) nicht (mehr) in einem Zusammenhang mit einer Sektorentätigkeit nach Satz 1 erfolgen, unterliegen sie keinen für Sektorentätigkeiten geltenden Vergaberechtspflichten, auch wenn zuvor die Sektorentätigkeit nach Satz 1 im Zusammenhang mit einer andersartigen Tätigkeit nach Satz 2 erfolgte. 32

a) Zusammenhang mit Wasserbau-, Bewässerungs- oder Entwässerungsvorhaben

Als Sektorentätigkeiten gelten gem. Abs. 1 Satz 2 Var. 1 auch Tätigkeiten nach Satz 1, die im Zusammenhang mit Wasserbau-, Bewässerungs- oder Entwässerungsvorhaben stehen, sofern die zur Trinkwasserversorgung bestimmte Wassermenge mehr als 20 % der Gesamtwassermenge ausmacht, die mit den entsprechenden Vorhaben oder Bewässerungs- oder Entwässerungsanlagen zur Verfügung gestellt wird. 33

Ein **Zusammenhang** in diesem Sinne besteht, wenn eine trinkwasserbezogene Tätigkeit nach Satz 1 anlässlich eines andersartigen Vorhabens des Wasserbaus, der Bewässerung oder der Entwässerung ausgeübt werden soll und in diesem Sinne in ein Vorhaben eingebunden ist, das zumindest auch anderen Zwecken als der Trinkwasserversorgung, nämlich dem Wasserbau, der Bewässerung oder der Entwässerung dient. Ein Zusammenhang mit einem Wasserbauvorhaben besteht z. B. bei einem Vorhaben zur Stauung eines Oberflächengewässers (z. B. Talsperre oder Stausee), dem anschließend aus dem aufgestauten Wasser eine Teilmenge zu Zwecken der Trinkwasserversorgung entnommen werden soll. Ein solches Vorhaben kann ausschließlich der Trinkwasserversorgung dienen, es kann aber 34

23 A. A. wohl *Röbke*, in: Müller-Wrede, GWB, § 102 Rn. 15.

auch anderen Zwecken dienen, etwa der Erzeugung von Elektrizität aus Wasserkraft i. S. d. § 3 Nr. 21 lit. a) und § 40 EEG 2017 sowie § 35 WHG oder dem Hochwasserschutz i. S. d. §§ 72f. WHG. Ein Zusammenhang mit einem Bewässerungsvorhaben besteht z. B., wenn über eine Bewässerungsanlage Wasser auf eine (z. B. landwirtschaftlich genutzte) Fläche geleitet werden soll, um diese nutzungsentsprechend zu bewässern, wobei ein Teil des zur Fläche geleiteten Wassers auch zu Trinkwasserzwecken genutzt werden soll. Ein Zusammenhang mit einem Entwässerungsvorhaben besteht z. B. bei einem Vorhaben zur Dränierung und Trockenlegung einer bestimmten Oberfläche, die anschließend (baulich, gewerblich, landwirtschaftlich) genutzt werden soll, oder eines bestimmten Bereichs im Boden, in dem eine Baugrube auszuheben ist oder der mit Blick auf eine bestimmte anschließende Nutzung dauerhaft trockenzuhalten ist, wenn das zu Zwecken der Entwässerung entnommene Wasser zumindest teilweise zu Trinkwasserzwecken genutzt werden soll. Es muss also neben dem Zweck der Trinkwasserversorgung noch mindestens einen weiteren Zweck des Wasserbaus, der Bewässerung oder der Entwässerung geben, das Vorhaben muss in diesem Sinne dual-funktional sein.

35 Diese duale Funktionalität des Wasserbau-, Bewässerungs- oder Entwässerungsvorhabens ist solange unschädlich für das Vorliegen einer Sektorentätigkeit nach Satz 1, solange die Wasserteilmenge, die zur Trinkwasserversorgung bestimmt ist, mehr als 20 % der Gesamtwassermenge ausmacht, die im Einzelfall mit dem/den jeweiligen Vorhaben für Ausbau-, Bewässerungs- oder Entwässerungszwecke insgesamt zur Verfügung gestellt wird. Liegt die für die Trinkwasserversorgung bestimmte Menge aber unterhalb dieser **Irrelevanzschwelle**, beträgt sie also 20 % oder weniger, ist der auf die Trinkwasserversorgung bezogene Tätigkeitsanteil von so untergeordneter Bedeutung, dass es sich nach Abs. 1 Satz 2 nicht mehr um eine Sektorentätigkeit handelt.

36 Hält der trinkwasserbezogene Tätigkeitsteil die in Abs. 1 Satz 2 Var. 1 genannte Irrelevanzgrenze von 20 % oder kleiner ein, bestehen insoweit für alle Arten von Auftraggebern **keine Vergaberechtspflichten**: Reine Sektorenauftraggeber i. S. d. § 100 Abs. 1 Nr. 2 GWB unterliegen dann keinen Vergaberechtspflichten, weil sie insoweit schon keine Sektorentätigkeit ausüben und insoweit ganz aus dem Auftraggeberbegriff herausfallen. Für öffentliche Sektorenauftraggeber i. S. d. § 100 Abs. 1 Nr. 1 GWB leben ihre sonstigen Vergaberechtspflichten als öffentliche Auftraggeber i. S. d. § 99 Nr. 1 bis Nr. 3 GWB gem. den §§ 97ff. GWB nicht wieder auf, weil Abs. 1 Satz 1 und 2 i.V. m. § 1 Abs. 1 SektVO abschließend regelt, in welchem Umfang öffentliche Sektorenauftraggeber im Bereich der Sektorentätigkeiten Vergaberechtspflichten unterliegen. Das ist auch unionsrechtskonform, weil die Richtlinie 2014/24/EU gem. ihres Art. 7 Hs. 1 generell – unabhängig von der Art des öffentlichen Auftraggebers – nicht für Aufträge gilt, die gem. der Richtlinie 2014/25/EU von öffentlichen Auftraggebern, die eine oder mehrere Sektorentätigkeiten ausüben, vergeben werden und die der Durchführung dieser Tätigkeiten dienen.

37 Erst recht begründen Wasserbau-, Bewässerungs- oder Entwässerungsvorhaben allein ohne Zusammenhang zur Trinkwasserversorgung, also z. B. die isolierte Entwässerung, keine Sektorentätigkeit.[24]

---

24 VK Rheinland-Pfalz, Beschl. v. 3.6.2013, VK 2-10/13, juris, Rn. 50.

b) Zusammenhang mit der Abwasserbeseitigung oder -behandlung

Als Sektorentätigkeiten gelten gem. Abs. 1 Satz 2 Var. 2 auch Tätigkeiten nach Satz 1, die im Zusammenhang mit der Abwasserbeseitigung oder -behandlung stehen. **Abwasser** ist in § 54 Abs. 1 Satz 1 WHG legaldefiniert als (1.) das durch häuslichen, gewerblichen, landwirtschaftlichen oder sonstigen Gebrauch in seinen Eigenschaften veränderte Wasser und das bei Trockenwetter damit zusammen abfließende Wasser (Schmutzwasser) sowie (2.) das von Niederschlägen aus dem Bereich von bebauten oder befestigten Flächen gesammelt abfließende Wasser (Niederschlagswasser), wobei gem. § 54 Abs. 1 Satz 2 WHG als Schmutzwasser auch die aus Anlagen zum Behandeln, Lagern und Ablagern von Abfällen austretenden und gesammelten Flüssigkeiten gelten. **Abwasserbeseitigung** umfasst gem. § 54 Abs. 2 WHG das Sammeln, Fortleiten, Behandeln, Einleiten, Versickern, Verregnen und Verrieseln von Abwasser sowie das Entwässern von Klärschlamm in Zusammenhang mit der Abwasserbeseitigung; zur Abwasserbeseitigung gehört danach auch die Beseitigung des in Kleinkläranlagen anfallenden Schlamms. Aufgrund dieses weiten Begriffsverständnisses hat der in Abs. 1 Satz 2 Var. 2 verwendete Begriff der **Abwasserbehandlung** in diesem vergaberechtlichen Zusammenhang keine eigenständige Bedeutung mehr. 38

Ein **Zusammenhang** zur Abwasserbeseitigung im Sinne des Abs. 1 Satz 2 Var. 2 besteht, wenn eine trinkwasserbezogene Tätigkeit nach Satz 1 anlässlich einer abwasserbeseitigungbezogenen Tätigkeit ausgeübt werden soll und in diesem Sinne in eine Tätigkeit eingebunden ist, die zumindest auch einem anderen Zweck als der Trinkwasserversorgung, nämlich dem der Abwasserbeseitigung dient. Ein Zusammenhang besteht z. B. dann, wenn das zu beseitigende Abwasser zumindest teilweise unmittelbar zu Trinkwasserzwecken aufbereitet wird. Der Zusammenhang muss technisch-funktionaler Natur sein (vgl. dazu vorstehend Rn. 31). 39

Mit Blick auf die Abwasser-Variante nach Abs. 1 Satz 2 Var. 2 gilt aber (anders als bei der Var. 1) **keine Irrelevanzschwelle**. Das ist schon unionsrechtlich mit Blick auf Art. 10 Abs. 2 lit. b) der Richtlinie 2014/25/EU geboten. Die zu Trinkwasserzwecken genutzte Teilmenge der Gesamtwassermenge kann daher noch so unbedeutend sein, es liegt unter den Voraussetzungen des Satz 1 dann dennoch eine Sektorentätigkeit vor. Allerdings begründen Tätigkeiten der Abwasserbeseitigung oder -behandlung allein ohne Zusammenhang zur Trinkwasserversorgung, also z. B. die isolierte Abwasserentsorgung oder die isolierte Klärung von Abwässern, keine Sektorentätigkeit.[25] 40

III. Sektorentätigkeiten im Bereich Elektrizität (Abs. 2)

Abs. 2 definiert die Sektorentätigkeiten im Bereich Elektrizität und untergliedert diese in zwei Varianten, einerseits in die Bereitstellung oder das Betreiben fester Netze zur Versorgung der Allgemeinheit im Zusammenhang mit der Erzeugung, der Fortleitung und der Abgabe von Elektrizität (Nr. 1) und andererseits in die Einspeisung von Elektrizität in diese Netze (Nr. 2). Abs. 2 Nr. 1 setzt Art. 9 Abs. 1 lit. a) der Richtlinie 2014/25/EU, Abs. 2 Nr. 2 setzt Art. 9 Abs. 1 lit. b) der Richtlinie 2014/25/EU in deutsches Vergaberecht um. Abs. 2 Nr. 2 Hs. 2 regelt eine Ausnahme zur Einspeisung-Variante nach Abs. 2 Nr. 2, die Art. 9 Abs. 2 der Richtlinie 2014/25/EU in deutsches Vergaberecht umsetzt. 41

25 VK Rheinland-Pfalz, Beschl. v. 3.6.2013, VK 2-10/13, juris, Rn. 50.

42 In beiden Varianten sind die jeweils definierten Sektorentätigkeiten auf **Elektrizität** bezogen, worunter all jene Phänomene zu verstehen sind, die ihre Ursache in ruhender oder bewegter elektrischer Ladung haben. Wie die Begriffe Versorgung, Fortleitung und Abgabe (Nr. 1) sowie Einspeisung (Nr. 2) zeigen, ist in Abs. 2 vor allem der **elektrische Strom** gemeint, womit eine Bewegung von elektrischen Ladungsträgern gemeint ist, die in der Einheit Ampere gemessen wird.

43 In personaler Hinsicht stellt Abs. 2 in beiden Varianten keine weiteren Voraussetzungen, es ist also irrelevant, wer die Elektrizität-Sektorentätigkeit ausübt, insbesondere ist es irrelevant, ob es sich dabei um ein Energieversorgungsunternehmen i. S. d. § 3 Nr. 18 EnWG handelt oder nicht.[26]

1. Bereitstellung oder Betreiben von öffentlichen Versorgungsnetzen (Nr. 1)

44 Sektorentätigkeiten im Bereich Elektrizität sind die Bereitstellung oder das Betreiben fester Netze zur Versorgung der Allgemeinheit im Zusammenhang mit der Erzeugung, der Fortleitung und der Abgabe von Elektrizität. Die Vorschrift setzt Art. 9 Abs. 1 lit. a) der Richtlinie 2014/25/EU in deutsches Vergaberecht um.

45 Hinsichtlich der verschiedenen Begriffsbedeutungen kann auf die entsprechenden Ausführungen zu Abs. 1 verwiesen werden (vgl. zu „Bereitstellen" Rn. 19, zu „Betreiben" Rn. 19 ff., zu „festen Netzen" Rn. 15, zur „Versorgung der Allgemeinheit" Rn. 16).

46 Mit Blick auf den **Netz**-Begriff ist es insbesondere unerheblich, für welche Spannungsebene (Höchstspannung, Mittelspannung, Niederspannung) und für welche Funktion (Übertragung, regionale/örtliche Verteilung, Einspeisung) das betreffende Netz im Einzelfall konzipiert ist[27] und welche sonstigen energiewirtschaftlichen Eigenschaften es aufweist (z. B. Verbundnetz oder Inselnetz). Ein Elektrizitätsversorgungsnetz besteht vor allem aus Stromleitungen (Freileitungen und Erdkabel), Strommasten, Schaltwerken, Umspannwerken etc. Teil der Sektorentätigkeit i. S. d. Abs. 2 Nr. 1 ist z. B. der Betrieb eines Übertragungsnetzes für Strom in Form eines Höchstspannungsnetzes, mit dem Industrie und Endverbraucher in Deutschland mit Strom versorgt werden.[28]

47 Hinsichtlich des Begriffs **Versorgung der Allgemeinheit** kann auch auf die Legaldefinition des Begriffs der „Energieversorgungsnetze der allgemeinen Versorgung" gem. § 3 Nr. 17 EnWG als Energieversorgungsnetze, die der Verteilung von Energie an Dritte dienen und von ihrer Dimensionierung nicht von vornherein nur auf die Versorgung bestimmter, schon bei der Netzerrichtung feststehender oder bestimmbarer Letztverbraucher ausgelegt sind, sondern grundsätzlich für die Versorgung jedes Letztverbrauchers offenstehen, verwiesen werden. Insbesondere in Fällen von Inselnetzen kann es sein, dass das Netz nicht der Versorgung der Allgemeinheit i. S. d. Abs. 2 Nr. 1 dient. Im Falle eines geschlossenen Verteilnetzes i. S. d. § 110 EnWG oder einer Kundenanlage zur betrieblichen Eigenversorgung i. S. d. § 3 Nr. 24b EnWG dient das Netz schon gem. der jeweiligen Legaldefinition

---

26 So auch *Opitz*, in: Kulartz/Kus/Portz/Prieß, GWB-Vergaberecht, § 102 Rn. 22.

27 Vgl. dazu auch die Legaldefinition des Begriffs „Energieversorgungsnetze" gem. § 3 Nr. 16 EnWG.

28 VK Lüneburg, Beschl. v. 30.9.2015, VgK-30/2015, VPR 2016, 21 (juris, Rn. 50).

nicht der Versorgung der Allgemeinheit.[29] Eine Versorgung der Allgemeinheit scheidet auch dann aus, wenn eine einzelne Anlage einen einzelnen Abnehmer versorgt wie bspw. im Falle eines für die Stromversorgung eines einzelnen Gebäude(-komplexes) konzipiertes BHKW.

Der Netzbetrieb muss im **Zusammenhang mit der Erzeugung, der Fortleitung und der Abgabe von Elektrizität** erfolgen. Aus welchen Primär- und Sekundärenergieträgern mit welchen Mitteln elektrischer Strom erzeugt wird, ist dabei irrelevant. 48

Zur Elektrizität-Sektorentätigkeit i. S. d. Abs. 2 Nr. 1 zählt es auch, wenn ein Auftraggeber im betreffenden Vergabeverfahren versucht, mit einem strategischen Beteiligungspartner ein gemeinsames Unternehmen zu gründen, das die Betriebsführung des Stromnetzes übernehmen soll.[30] 49

2. Einspeisung von Elektrizität in solche Netze (Nr. 2)

Sektorentätigkeit im Bereich Elektrizität ist darüber hinaus gem. Abs. 2 Nr. 2 die **Einspeisung** von Elektrizität in Netze i. S. d. Abs. 2 Nr. 1. Die Vorschrift setzt Art. 9 Abs. 1 lit. b) der Richtlinie 2014/25/EU in deutsches Vergaberecht um. Gem. Abs. 7 Satz 1 umfasst der Begriff „Einspeisung" die Erzeugung und Produktion sowie den Groß- und Einzelhandel von/mit elektrischem Strom.[31] Aus welchem Primär- oder Sekundärenergieträger die eingespeiste Elektrizität erzeugt wird, ist irrelevant. Daher unterfällt z. B. auch die Stromerzeugung mittels Wasserkraft mit anschließender Einspeisung in ein öffentliches Versorgungsnetz i. S. d. Abs. 2 Nr. 1 der Einspeisung i. S. d. Abs. 2 Nr. 2. Zur Einspeisung von Energie kann daher z. B. auch ein Auftrag über die Errichtung einer Photovoltaikanlage auf einer stillgelegten Abfalldeponie zählen. 50

Da mit Einspeisung also als eine Variante auch schon die reine **Produktion** von elektrischem Strom gemeint ist und zwar ganz unabhängig von Handelsgeschäften (vgl. die weitere Variante „Groß- und Einzelhandel" in Abs. 7 Satz 1), kommt es nicht darauf an, ob sich der Elektrizitätserzeuger selbst in irgendeiner Weise um den Vertrieb seiner erzeugten Elektrizität kümmert oder nicht; auch soweit ein reiner Elektrizitätserzeuger den Vertrieb der erzeugten Elektrizität z. B. im Vorhinein vollständig und dauerhaft an eine (ggf. auch konzernverbundene) Vertriebsgesellschaft übertragen hat, unterfällt daher der Elektrizitätserzeuger der „Produktion"-Variante der Einspeisung i. S. d. Abs. 2 Nr. 2 i. V. m. Abs. 7 Satz 1. Am 24.4.2012 hat die EU-Kommission aber eine auf Deutschland bezogene **Freistellung** der Erzeugung und des Großhandels von Strom aus konventionellen Quellen beschlossen (vgl. die Kommentierung zu § 140 Rn. 38). Soweit die Freistellungsentscheidung reicht, mag zwar eine Sektorentätigkeit nach Abs. 2 Nr. 2 vorliegen, die Tätigkeit unterfällt dann aber gem. § 140 GWB nicht dem Sektorenvergaberecht. 51

Spiegelbildlich wird der **Handel** mit elektrischer Energie ganz unabhängig davon, ob die betreffende Person zugleich elektrische Energie erzeugt, unter den Begriff der Einspeisung gefasst; daher sind auch reine (Groß- oder Einzel-)Händler, die keinerlei Erzeugung von 52

29 So auch *Opitz*, in: Kulartz/Kus/Portz/Prieß, GWB-Vergaberecht, § 102 Rn. 24. Für Kundenanlagen i. S. d. § 3 Nr. 24a EnWG lässt sich dies aufgrund des „jedermann"-Bezugs in § 24a lit. d) EnWG aber nicht pauschal sagen.

30 VK Lüneburg, Beschl. v. 3.6.2016, VgK-12/2016, juris, Rn. 119.

31 Vgl. dazu auch Erwägungsgrund 23 der Richtlinie 2014/25/EU.

elektrischer Energie vornehmen, Einspeiser i. S. d. Abs. 2 Nr. 2 i.V.m. Abs. 7 Satz 1. Ebenso sind innerhalb einer ggf. über viele Glieder gestreckten Handelskette alle beteiligten Händler jeweils einzeln/selber Einspeiser i. S. d. Abs. 2 Nr. 2 i.V.m. Abs. 7 Satz 1. Gem. § 137 Abs. 1 Nr. 8 Var. 1 GWB ist aber die Beschaffung von (elektrischer) Energie im Rahmen der Energieversorgung (mit elektrischer Energie) vom Anwendungsbereich des Sektorenvergaberechts ausgenommen (vgl. die dortige Kommentierung). Zudem hat die EU-Kommission am 15.9.2016 eine auf Deutschland bezogene **Ausnahme** des Elektrizitätseinzelhandels beschlossen (vgl. die Kommentierung zu § 140 Rn. 37). Daher hat die Handel-Variante der Einspeisung i. S. d. Abs. 2 Nr. 2, wenn überhaupt, nur eine **geringe Bedeutung**.

53 Abs. 2 Nr. 2 Hs. 2 regelt zu Einspeisung als Sektorentätigkeit eine **Ausnahme**: Die Einspeisung von Elektrizität in ein Netz i. S. d. Abs. 2 Nr. 1 ist keine Sektorentätigkeit, wenn a) die Elektrizität durch den Sektorenauftraggeber nach § 100 Abs. 1 Nr. 2 erzeugt wird, weil ihr Verbrauch für die Ausübung einer Tätigkeit erforderlich ist, die keine Sektorentätigkeit nach Abs. 1 bis Abs. 4 ist, und b) die Einspeisung nur von dem Eigenverbrauch des Sektorenauftraggebers abhängt und bei Zugrundelegung des Durchschnitts der letzten drei Jahre einschließlich des laufenden Jahres nicht mehr als 30 % der gesamten Energieerzeugung des Sektorenauftraggebers ausmacht. Die Vorschrift setzt Art. 9 Abs. 2 der Richtlinie 2014/25/EU in deutsches Vergaberecht um.

54 Die Ausnahme gilt, wie der Wortlaut deutlich macht, ausschließlich für **reine Sektorenauftraggeber i. S. d. § 100 Abs. 1 Nr. 2 GWB**, nicht aber für öffentliche Sektorenauftraggeber i. S. d. § 100 Abs. 1 Nr. 1 GWB. Das ist auch unionsrechtlich zwingend, weil Art. 9 Abs. 2 der Richtlinie 2014/25/EU eine entsprechende Ausnahme nur für einen „Auftraggeber, der kein öffentlicher Auftraggeber ist" (i. S. d. Art. 3 der Richtlinie 2014/25/EU = § 99 Nr. 1 bis Nr. 3 GWB i.V.m. § 100 Abs. 1 Nr. 1 GWB), zulässt. Es genügt, dass das betreffende Unternehmen allein nach der allgemeinen Regelung des Abs. 2 Nr. 2 wegen der Einspeisung von Elektrizität in ein öffentliches Elektrizitätsversorgungsnetz als Sektorenauftraggeber zu qualifizieren ist bzw. wäre und im Übrigen keine Sektorentätigkeit nach Abs. 1 bis 6 ausübt (mit der Folge, dass er ggf. mangels Ausübung einer Sektorentätigkeit gar nicht als Sektorenauftraggeber i. S. d. § 100 Abs. 1 Nr. 2 GWB anzusehen ist, wenn hinsichtlich der Elektrizitätseinspeisung i. S. d. Abs. 2 Nr. 2 die Ausnahme gem. Abs. 2 Nr. 2 Hs. 2 greift und er im Übrigen keinerlei weitere Sektorentätigkeit i. S. d. Abs. 1 bis 6 ausübt).

55 Die Ausnahme betrifft darüber hinaus nur solche reinen Sektorenauftraggeber, die selber Elektrizität erzeugen („Elektrizität wird durch den Sektorenauftraggeber erzeugt"), also die **Selbsterzeuger**, die mehr Elektrizität erzeugen als sie zum Zweck der **Selbstversorgung** selbst verbrauchen. Die Ausnahmeregelung erfasst also Fälle der Einspeisung eines Überschusses aus der zu Selbstversorgungszwecken erfolgten Eigenproduktion.

56 Für die Geltung der Ausnahme bestimmt Abs. 2 Nr. 2 Hs. 2 in Übereinstimmung mit Art. 9 Abs. 2 lit. a) und b) der Richtlinie 2014/25/EU drei Voraussetzungen, die kumulativ vorliegen müssen:

- 1. (Abs. 2 Nr. 2 Hs. 2 lit. a)): Die Erzeugung von Elektrizität und ihr anschließender Eigenverbrauch zu Selbstversorgungszwecken muss für die Ausübung einer Tätigkeit erforderlich sein, die keine Sektorentätigkeit nach Abs. 1 bis Abs. 4 ist. Das ist z. B. der Fall, wenn das betreffende Unternehmen für seine eigenen Produktionszwecke elektrische Energie in eigenen Energieerzeugungsanlagen selbst erzeugt.[32] Ein weiterer Anwendungsfall sind abfallwirtschaftliche Abfallverbrennungsanlagen, deren Hauptzweck die Entsorgung von Abfällen i. S. d. § 3 Abs. 1 KrWG durch deren energetische Verwertung i. S. d. § 6 Abs. 1 Nr. 4 KrWG oder durch deren thermische Beseitigung i. S. d. § 6 Abs. 1 Nr. 5 KrWG ist, die aber gleichwohl auf Grundlage des Verbrennungsvorgangs elektrische Energie erzeugen (vgl. in diesem Zusammenhang die Legaldefinition der Abfallverwertung gem. § 3 Abs. 23 Satz 1 KrWG und die im Bereich der Abfallbeseitigung geltende Grundpflicht zur hochwertigen Energienutzung gem. § 15 Abs. 1 Satz 2 Hs. 1 Alt. 1 KrWG). Da Abs. 2 Nr. 2 Hs. 2 die Sektorentätigkeiten nach Abs. 5 und 6 nicht erwähnt, gilt die Ausnahme auch dann, wenn der betreffende Sektorenauftraggeber Elektrizität zum Zweck der Selbstversorgung für eine Sektorentätigkeit im Bereich Häfen und Flughäfen (Abs. 5) oder im Bereich fossiler Brennstoffe (Abs. 6) selbst erzeugt hat. Wenn ein solcher Sektorenauftraggeber Elektrizität zur Selbstversorgung seiner Häfen-, Flughäfen- oder fossile Brennstoffe-Tätigkeit erzeugt und einen Teil davon in ein öffentliches Elektrizitätsversorgungsnetz einspeist, übt er unter den weiteren Voraussetzungen von Abs. 2 Nr. 2 Hs. 2 jedenfalls mit Blick auf die Elektrizitätseinspeisung keine Sektorentätigkeit im Bereich Elektrizität aus.

- 2. (Abs. 2 Nr. 2 Hs. 2 lit. b)): Die Einspeisung von elektrischem Strom darf nur vom Eigenverbrauch des betreffenden reinen Sektorenauftraggebers abhängen. Es darf also keine Pflichten zur Einspeisung von Elektrizität-Mindestmengen in das betreffende Elektrizitätsversorgungsnetz geben. Stattdessen muss die Einspeisemenge bei höherem Eigenverbrauch entsprechend sinken und bei sinkendem Eigenverbrauch entsprechend steigen.
- 3. (Abs. 2 Nr. 2 Hs. 2 lit. b)): Die Einspeisung darf bei Zugrundelegung des Durchschnitts der letzten drei (Kalender-)Jahre einschließlich des laufenden (Kalender-)Jahres nicht mehr als 30 % der gesamten Energieerzeugung des betreffenden reinen Sektorenauftraggebers ausmachen.

IV. Sektorentätigkeiten im Bereich Gas und Wärme (Abs. 3)

Abs. 3 definiert die Sektorentätigkeiten im Bereich Gas und Wärme und untergliedert diese in zwei Varianten, einerseits in die Bereitstellung oder das Betreiben fester Netze zur Versorgung der Allgemeinheit im Zusammenhang mit der Erzeugung, der Fortleitung und der Abgabe von Gas und Wärme (Nr. 1) und andererseits in die Einspeisung von Gas und Wärme in diese Netze (Nr. 2). Abs. 3 Nr. 1 setzt Art. 8 Abs. 1 lit. a) der Richtlinie 2014/25/EU, Abs. 3 Nr. 2 setzt Art. 8 Abs. 1 lit.b) der Richtlinie 2014/25/EU in deutsches Vergaberecht um. Abs. 3 Nr. 2 Hs. 2 regelt eine Ausnahme zur Einspeisung-Variante nach Abs. 3 Nr. 2, die Art. 8 Abs. 2 der Richtlinie 2014/25/EU in deutsches Vergaberecht umsetzt. In beiden Varianten sind die jeweils definierten Sektorentätigkeiten auf Gas und Wärme bezogen. 57

Unter **Gas** sind fossile und erneuerbare Primär- und Sekundärenergieträger wie z. B. Erdgas oder Biogas, aber auch Deponiegas, Klärgas, Grubengas und Wasserstoff zu verstehen 58

32 Im Bereich der Elektrizitätseinspeisung in öffentliche Elektrizitätsversorgungsnetze ergänzt also die Ausnahme nach Abs. 2 Nr. 2 Hs. 2 lit. a) die Anwendungsbereichsbestimmung des § 136 GWB (vgl. auch § 1 Abs. 1 SektVO) mit dem dortigen Zweckbezug zu einer Sektorentätigkeit.

(vgl. in diesem Zusammenhang die Gas-Legaldefinition des § 3 Nr. 19a EnWG und die Biogas-Legaldefinition in § 3 Nr. 11 EEG 2017). Auf den Aggregatzustand kommt es nicht an, sodass auch Flüssiggas unter den Gas-Begriff fällt. Auch kommt es nicht darauf an, ob das Gas durch natürliche Prozesse entstanden oder künstlich erzeugt worden ist. Unter **Wärme** ist die Energie zu verstehen, die zwischen zwei thermodynamischen Systemen (lediglich) aufgrund eines Temperaturunterschieds übertragen wird, wobei Abs. 3 nur die Fälle erfasst, in denen der technisch-wirtschaftliche Zweck darin besteht, die Temperatur des einen thermodynamischen Systems zu erhöhen. Denn Kälte zählt weder nach Abs. 3 noch sonst zu den Sektorentätigkeiten (vgl. dazu vorstehend Rn. 3). Zur Wärme zählt sowohl natürlich vorkommende Wärme, sog. Erdwärme (Geothermie; vgl. § 3 Abs. 3 Satz 2 Nr. 2 lit. b) BBergG), als auch künstlich erzeugte Wärme einschließlich des Wärmeanteils der Kraft-Wärme-Koppelung (KWK).

59 In personaler Hinsicht stellt Abs. 3 in beiden Varianten keine weiteren Voraussetzungen, es ist also irrelevant, wer die Elektrizität-Sektorentätigkeit ausübt, insbesondere ist es irrelevant, ob es sich dabei um ein Energieversorgungsunternehmen i. S. d. § 3 Nr. 18 EnWG handelt oder nicht.

1. Bereitstellung oder Betreiben von öffentlichen Versorgungsnetzen (Nr. 1)

60 Sektorentätigkeiten im Bereich Gas und Wärme sind die Bereitstellung oder das Betreiben fester Netze zur Versorgung der Allgemeinheit im Zusammenhang mit der Erzeugung, der Fortleitung und der Abgabe von Gas und Wärme. Die Vorschrift setzt Art. 8 Abs. 1 lit. a) der Richtlinie 2014/25/EU in deutsches Vergaberecht um.

61 Hinsichtlich der verschiedenen Begriffsbedeutungen kann auf die entsprechenden Ausführungen zu Abs. 1 verwiesen werden (vgl. zu „Bereitstellen“ Rn. 19, zu „Betreiben“ Rn. 19 ff., zu „festen Netzen“ Rn. 15, zur „Versorgung der Allgemeinheit“ Rn. 16).

62 Mit Blick auf den **Netz**-Begriff ist es insbesondere unerheblich, für welche Funktion (Fernleitung, regionale/örtliche Verteilung, Einspeisung) das betreffende Netz im Einzelfall konzipiert ist und welche sonstigen energiewirtschaftlichen Eigenschaften es aufweist (z. B. Verbundnetz oder Inselnetz). Mit Blick auf den Begriff „**fest**“ scheiden im Bereich Gas alle mobilen Versorgungseinrichtungen aus dem Netzbegriff aus, also insbesondere Tankerschiffe und (Tank-)Lastwagen, mit denen (Flüssig-)Gas-Tanks, -Bulks oder -Flaschen transportiert werden. Ein Gas- oder Wärmeversorgungsnetz besteht vor allem aus ober- oder unterirdisch verlaufenden Gas- oder Wärmeleitungen, Turbinen, Einrichtungen zur Druckerzeugung bzw. zum Druckausgleich, Speichereinrichtungen, LNG-Anlagen (vgl. § 3 Nr. 26 EnWG), Messeinrichtungen etc.

63 Hinsichtlich des Begriffs **Versorgung der Allgemeinheit** kann auch auf die Legaldefinition des Begriffs der „Energieversorgungsnetze der allgemeinen Versorgung“ gem. § 3 Nr. 17 EnWG als Energieversorgungsnetze, die der Verteilung von Energie an Dritte dienen und von ihrer Dimensionierung nicht von vornherein nur auf die Versorgung bestimmter, schon bei der Netzerrichtung feststehender oder bestimmbarer Letztverbraucher ausgelegt sind, sondern grundsätzlich für die Versorgung jedes Letztverbrauchers offen stehen, verwiesen werden. Insbesondere in Fällen von Inselnetzen kann es sein, dass das Netz nicht der Versorgung der Allgemeinheit i. S. d. Abs. 2 Nr. 1 dient. Im Falle eines geschlossenen Verteilnetzes i. S. d. § 110 EnWG oder einer Kundenanlage zur betrieblichen Eigenversorgung i. S. d. § 3 Nr. 24b EnWG dient das Netz schon gem. der jeweiligen Legaldefinition nicht der Versorgung der Allgemeinheit.[33]

Der Netzbetrieb muss im **Zusammenhang mit der Erzeugung, der Fortleitung und der Abgabe von Gas und Wärme** erfolgen. Aus welchen Quellen/Stoffen bzw. Primär- und Sekundärenergieträgern mit welchen Mitteln das Gas oder die Wärme erzeugt wird, ist dabei irrelevant. **64**

Zur Gas-Sektorentätigkeit i. S. d. Abs. 2 Nr. 1 zählt es auch, wenn ein Auftraggeber im betreffenden Vergabeverfahren versucht, mit einem strategischen Beteiligungspartner ein gemeinsames Unternehmen zu gründen, das die Betriebsführung des Gasnetzes übernehmen soll.[34] **65**

2. Einspeisung (Nr. 2)

Sektorentätigkeit im Bereich Gas und Wärme ist darüber hinaus gem. Abs. 3 Nr. 2 die **Einspeisung** von Gas oder Wärme in Netze i. S. d. Abs. 3 Nr. 1. Die Vorschrift setzt Art. 8 Abs. 1 lit. b) der Richtlinie 2014/25/EU in deutsches Vergaberecht um. Gem. Abs. 7 Satz 1 umfasst der Begriff „Einspeisung" die Erzeugung und Produktion sowie den Groß- und Einzelhandel von/mit Gas oder Wärme.[35] Aus welchen Quellen/Stoffen oder Primär- oder Sekundärenergieträger das/die eingespeiste Gas oder Wärme erzeugt wird, ist irrelevant. Allerdings fällt die Erzeugung von Gas gem. Abs. 7 Satz 2 unter die Sektorentätigkeit nach Abs. 6 (fossile Brennstoffe). Abs. 7 Satz 2 erfasst aber, wie die gebotene unionsrechtliche Auslegung ergibt, nicht jedwede Erzeugung von Gas, sondern nur die Erzeugung von Gas in Form der Förderung von Gas, weil Art. 7 Satz 2 der Richtlinie 2014/25/EU dies so vorgibt.[36] Mit Förderung ist Gewinnung i. S. d. Legaldefinition des § 4 Abs. 2 Hs. 1 BBergG gemeint, also das Lösen oder Freisetzen von (Erd-)Gas einschließlich der damit zusammenhängenden vorbereitenden, begleitenden und nachfolgenden Tätigkeiten. Die Erzeugung bspw. von Biogas aus Biomasse ist also deswegen keine Erzeugung von Gas i. S. d. Abs. 7 Satz 2, weil sie keine Förderung von Gas ist; die Biogaserzeugung zählt demnach nicht gem. Abs. 7 Satz 2 zum Sektorenbereich der fossilen Brennstoffe, sondern dem Sektorenbereich Gas gem. Abs. 3 Nr. 2 i.V.m. Abs. 7 Satz 1. Entsprechendes gilt für weitere Gaserzeugungsverfahren, die keine Förderung i. S. d. Art. 7 Satz 2 der Richtlinie 2014/25/EU sind. **66**

Da mit Einspeisung also als eine Variante auch schon die reine **Produktion** von Gas oder Wärme gemeint ist und zwar ganz unabhängig von Handelsgeschäften (vgl. die weitere Variante „Groß- und Einzelhandel" in Abs. 7 Satz 1), kommt es nicht darauf an, ob sich der Gas- oder Wärme-Erzeuger selbst in irgendeiner Weise um den Vertrieb des/der von ihm erzeugten Gases oder Wärme kümmert oder nicht; auch soweit ein reiner Gas- oder Wär- **67**

---

33 So auch *Opitz*, in: Kulartz/Kus/Portz/Prieß, GWB-Vergaberecht, § 102 Rn. 31 i.V.m. Rn. 24. Für Kundenanlagen i. S. d. § 3 Nr. 24a EnWG lässt sich dies aufgrund des „jedermann"-Bezugs in § 24a lit. d) EnWG aber nicht pauschal sagen.

34 VK Lüneburg, Beschl. v. 3.6.2016, VgK-12/2016, juris, Rn. 119.

35 Vgl. dazu auch Erwägungsgrund 23 der Richtlinie 2014/25/EU.

36 Art. 7 Satz 2 der Richtlinie 2014/25/EU lautet: „Die Erzeugung von Gas in Form der Förderung von Gas fällt jedoch unter Artikel 14." Art. 14 der Richtlinie 2014/25/EU definiert die Sektorentätigkeiten in den Bereichen „Förderung von Öl und Gas und Exploration oder Förderung von Kohle oder anderen festen Brennstoffen".

me-Erzeuger den Vertrieb des/der erzeugten Gases oder Wärme z. B. im Vorhinein vollständig und dauerhaft an eine (ggf. auch konzernverbundene) Vertriebsgesellschaft übertragen hat, unterfällt daher der Gas- oder Wärme-Erzeuger der „Produktion"-Variante der Einspeisung i. S. d. Abs. 3 Nr. 2 i.V.m. Abs. 7 Satz 1.

68 Spiegelbildlich wird der **Handel** mit Gas oder Wärme ganz unabhängig davon, ob die betreffende Person zugleich Gas oder Wärme erzeugt, unter den Begriff der Einspeisung gefasst; daher sind auch reine (Groß- oder Einzel-)Händler, die keinerlei Erzeugung von Gas oder Wärme vornehmen, Einspeiser i. S. d. Abs. 3 Nr. 2 i.V.m. Abs. 7 Satz 1. Ebenso sind innerhalb einer ggf. über viele Glieder gestreckten Handelskette alle beteiligten Händler jeweils einzeln/selber Einspeiser i. S. d. Abs. 2 Nr. 2 i.V.m. Abs. 7 Satz 1. Gem. § 137 Abs. 1 Nr. 8 Var. 1 ist aber die Beschaffung von (gas- oder wärmegebundener) Energie im Rahmen der Energieversorgung (mit Gas oder Wärme) vom Anwendungsbereich des Sektorenvergaberechts ausgenommen (vgl. die dortige Kommentierung).

69 Abs. 3 Nr. 2 Hs. 2 regelt zu Einspeisung als Sektorentätigkeit eine **Ausnahme**: Die Einspeisung von Gas oder Wärme in ein Netz i. S. d. Abs. 3 Nr. 1 ist keine Sektorentätigkeit, wenn a) die Erzeugung von Gas oder Wärme durch den Sektorenauftraggeber nach § 100 Abs. 1 Nr. 2 sich zwangsläufig aus der Ausübung einer Tätigkeit, die keine Sektorentätigkeit nach Abs. 1 bis Abs. 4 ist, ergibt und b) die Einspeisung nur darauf abzielt, diese Erzeugung wirtschaftlich zu nutzen, und die Einspeisung bei Zugrundelegung des Durchschnitts der letzten drei Jahre einschließlich des laufenden Jahres nicht mehr als 20 % des Umsatzes des Sektorenauftraggebers ausmacht. Die Vorschrift setzt Art. 8 Abs. 2 der Richtlinie 2014/25/EU in deutsches Vergaberecht um.

70 Die Ausnahme gilt, wie der Wortlaut deutlich macht, ausschließlich für **reine Sektorenauftraggeber i. S. d. § 100 Abs. 1 Nr. 2 GWB**, nicht aber für öffentliche Sektorenauftraggeber i. S. d. § 100 Abs. 1 Nr. 1 GWB. Das ist auch unionsrechtlich zwingend, weil Art. 8 Abs. 2 der Richtlinie 2014/25/EU eine entsprechende Ausnahme nur für einen „Auftraggeber, der kein öffentlicher Auftraggeber ist" (i. S. d. Art. 3 der Richtlinie 2014/25/EU = § 99 Nr. 1 bis Nr. 3 GWB i.V.m. § 100 Abs. 1 Nr. 1 GWB), zulässt. Es genügt, dass das betreffende Unternehmen allein nach der allgemeinen Regelung des Abs. 3 Nr. 2 wegen der Einspeisung von Gas oder Wärme in ein öffentliches Gas- oder Wärmeversorgungsnetz als Sektorenauftraggeber zu qualifizieren ist bzw. wäre und im Übrigen keine anderweitige Sektorentätigkeit nach Abs. 1 bis Abs. 6 ausübt (mit der Folge, dass das Unternehmens bei Vorliegen der Ausnahmevoraussetzungen nach Abs. 3 Nr. 2 Hs. 2 ggf. mangels Ausübung einer anderweitigen Sektorentätigkeit gar nicht als Sektorenauftraggeber i. S. d. § 100 Abs. 1 Nr. 2 GWB anzusehen ist, wenn z. B. hinsichtlich einer etwaigen Elektrizitätseinspeisung i. S. d. Abs. 2 Nr. 2 die Ausnahme gem. Abs. 2 Nr. 2 Hs. 2 greift und das Unternehmen im Übrigen keinerlei weitere Sektorentätigkeit i. S. d. Abs. 1 bis Abs. 6 ausübt).

71 Die Ausnahme betrifft darüber hinaus nur solche reinen Sektorenauftraggeber, die selber Gas oder Wärme erzeugen („Erzeugung von Gas oder Wärme durch den Sektorenauftraggeber"), also die **Selbsterzeuger**. Anders als bei den vergleichbaren Ausnahmeregelungen nach Abs. 1 Satz 3 im Trinkwasser-Bereich und nach Abs. 2 Nr. 2 Hs. 2 lit. a) im Elektrizität-Bereich ist es bei der Ausnahmeregelung nach Abs. 3 Nr. 2 aber **keine Voraussetzung**, dass der Erzeuger des Gases oder der Wärme auch einen Teil des/der selbsterzeugten Gases oder Wärme **selbst verbraucht**. Die Ausnahmeregelung erfasst also nicht nur Fälle der Einspeisung eines Überschusses aus der zu Selbstversorgungszwecken erfolgten Eigenpro-

duktion, sondern auch Fälle, in denen die gesamte Eigenproduktion eingespeist wird; auf einen Selbstversorgungszweck der Eigenproduktion kommt es nicht an.

Für die Geltung der Ausnahme bestimmt Abs. 3 Nr. 2 Hs. 2 im Übrigen in Übereinstimmung mit Art. 8 Abs. 2 lit. a) und b) der Richtlinie 2014/25/EU drei Voraussetzungen, die kumulativ vorliegen müssen: **72**

- Erstens (Abs. 3 Nr. 2 Hs. 2 lit. a)): Die Erzeugung von Gas oder Wärme durch den Sektorenauftraggeber ergibt sich zwangsläufig aus der Ausübung einer Tätigkeit, die keine Sektorentätigkeit nach Abs. 1 bis Abs. 4 ist. Das ist z. B. der Fall, wenn das betreffende Unternehmen für seine eigenen Produktionszwecke Gas oder Wärme in eigenen Anlagen selbst erzeugt.[37] Ein weiterer Anwendungsfall sind abfallwirtschaftliche Abfallverbrennungsanlagen oder Bioabfallentsorgungsanlagen, deren Hauptzweck die Entsorgung von Abfällen i. S. d. § 3 Abs. 1 KrWG bzw. von Bioabfällen i. S. d. § 3 Abs. 7 KrWG durch deren energetische Verwertung i. S. d. § 6 Abs. 1 Nr. 4 KrWG oder durch deren thermische Beseitigung i. S. d. § 6 Abs. 1 Nr. 5 KrWG ist, die aber gleichwohl auf Grundlage des Verbrennungsvorgangs Gas oder Wärme erzeugen (vgl. in diesem Zusammenhang die Legaldefinition der Abfallverwertung gem. § 3 Abs. 23 Satz 1 KrWG und die im Bereich der Abfallbeseitigung geltende Grundpflicht zur hochwertigen Energienutzung gem. § 15 Abs. 1 Satz 2 Hs. 1 Alt. 1 KrWG). Da lit. a) nichts von einem Eigenverbrauch des/der selbsterzeugten Gases/Wärme durch den reinen Sektorenauftraggeber sagt, ist es für das Vorliegen der ersten Ausnahmevoraussetzung nicht erforderlich, dass der Sektorenauftraggeber einen Teil des/der eigenerzeugten Gases/Wärme selbst verbraucht; es kann auch die gesamte Eigenproduktion vollständig eingespeist werden. Da Abs. 3 Nr. 2 Hs. 2 lit. a) die Sektorentätigkeiten nach Abs. 5 und Abs. 6 nicht erwähnt, gilt die Ausnahme auch dann, wenn der betreffende Sektorenauftraggeber Gas oder Wärme bei Ausübung einer Sektorentätigkeit im Bereich Häfen und Flughäfen (Abs. 5) oder im Bereich fossiler Brennstoffe (Abs. 6) zwangsläufig erzeugen muss. Wenn ein solcher Sektorenauftraggeber Gas oder Wärme bei Ausübung seiner Häfen-, Flughäfen- oder fossile Brennstoffe-Tätigkeit erzeugen muss und einen Teil davon oder die Gesamterzeugung in ein öffentliches Gas- oder Wärme-Versorgungsnetz einspeist, übt er unter den weiteren Voraussetzungen von Abs. 3 Nr. 2 Hs. 2 jedenfalls mit Blick auf die Gas- oder Wärme-Einspeisung keine Sektorentätigkeit im Bereich Gas oder Wärme aus.
- Zweitens (Abs. 3 Nr. 2 Hs. 2 lit. b)): Die Einspeisung von Gas oder Wärme darf nur auf eine wirtschaftliche Nutzung der Eigenerzeugung abzielen.
- Drittens (Abs. 2 Nr. 2 Hs. 2 lit. b)): Die Einspeisung darf bei Zugrundelegung des Durchschnitts der letzten drei (Kalender-)Jahre einschließlich des laufenden (Kalender-)Jahres nicht mehr als 20 % des Umsatzes des betreffenden reinen Sektorenauftraggebers ausmachen.

---

37 Im Bereich der Gas- oder Wärmeeinspeisung in öffentliche Gas- oder Wärmeversorgungsnetze ergänzt also die Ausnahme nach Abs. 3 Nr. 2 Hs. 2 lit. a) die Anwendungsbereichsbestimmung des § 136 GWB (vgl. auch § 1 Abs. 1 SektVO) mit dem dortigen Zweckbezug zu einer Sektorentätigkeit.

V. Sektorentätigkeiten im Bereich Verkehrsleistungen (Abs. 4)

73 Sektorentätigkeiten im Bereich Verkehrsleistungen sind nach Abs. 4 Hs. 1 die Bereitstellung oder das Betreiben von Netzen zur Versorgung der Allgemeinheit mit Verkehrsleistungen per Eisenbahn, automatischen Systemen, Straßenbahn, Trolleybus, Bus oder Seilbahn. Nach Abs. 4 Hs. 2 gilt ein Netz als vorhanden, wenn die Verkehrsleistung gem. den von einer zuständigen Behörde festgelegten Bedingungen erbracht wird. Dazu gehören nach Abs. 4 Hs. 3 die Festlegung der Strecken, die Transportkapazitäten und die Fahrpläne. Die Vorschrift setzt Art. 11 der Richtlinie 2014/25/EU in deutsches Vergaberecht um.

74 Hinsichtlich der verschiedenen Begriffsbedeutungen kann auf die entsprechenden Ausführungen zu Abs. 1 verwiesen werden (vgl. zu „Bereitstellen" Rn. 19, zu „Betreiben" Rn. 19 ff., zu „Netzen" Rn. 15, zur „Versorgung der Allgemeinheit" Rn. 16).

75 Abs. 4 erfasst nicht alle Verkehrsträger, mit denen Verkehrsleistungen erbracht werden, sondern nur die in Abs. 4 Hs. 1 abschließend aufgezählten Verkehrsträger. Aufgrund der Beschränkung auf diese Verkehrsträger sind z. B. Taxibetriebe nicht erfasst. Voraussetzung für eine Sektorentätigkeit nach Abs. 4 ist daher, dass die betrachtete Tätigkeit zur Versorgung der Allgemeinheit mit Verkehrsleistungen gerade per Eisenbahn, automatischen Systemen, Straßenbahn, Trolleybus, Bus[38] oder Seilbahn erfolgt.

76 **Eisenbahn** sind gem. der Legaldefinition des § 2 Abs. 2 AEG öffentliche Einrichtungen oder privatrechtlich organisierte Unternehmen, die Eisenbahnverkehrsdienste erbringen (Eisenbahnverkehrsunternehmen) oder eine Eisenbahninfrastruktur betreiben (Eisenbahninfrastrukturunternehmen). Dabei sind Eisenbahnverkehrsunternehmen gem. § 2 Abs. 3 AEG alle Eisenbahnen, deren Tätigkeit im Erbringen von Eisenbahnverkehrsdiensten zur Beförderung von Gütern oder Personen besteht. Die Eisenbahninfrastruktur umfasst gem. § 2 Abs. 6 AEG die Betriebsanlagen der Eisenbahnen einschließlich der Bahnstromfernleitungen. Bei Eisenbahnen ist daher – wie beim Seilbahnverkehr – begrifflich neben dem Personen- auch der Güterverkehr in die Verkehr-Sektorentätigkeit mit einbezogen (vgl. dazu aber auch nachstehend Rn. 82 a. E.).

77 **Straßenbahnen** sind gem. § 4 Abs. 1 PBefG Schienenbahnen, die (1.) den Verkehrsraum öffentlicher Straßen benutzen und sich mit ihren baulichen und betrieblichen Einrichtungen sowie in ihrer Betriebsweise der Eigenart des Straßenverkehrs anpassen oder (2.) einen besonderen Bahnkörper haben und in der Betriebsweise den unter Nummer 1 bezeichneten Bahnen gleichen oder ähneln und ausschließlich oder überwiegend der Beförderung von Personen im Orts- oder Nachbarschaftsbereich dienen. Als Straßenbahnen gelten gem. § 4 Abs. 2 PBefG auch Bahnen, die als Hoch- und Untergrundbahnen, Schwebebahnen oder ähnliche Bahnen besonderer Bauart angelegt sind oder werden, ausschließlich oder überwiegend der Beförderung von Personen im Orts- oder Nachbarschaftsbereich dienen und nicht Bergbahnen oder Seilbahnen sind. Daher gehören insbesondere auch U-Bahnen und Schwebebahnen zu den Straßenbahnen. Bei den Straßenbahnen wird also schon begrifflich nur der Personenverkehr in die Verkehr-Sektorentätigkeit einbezogen.

78 Zu den **Bussen** zählen einerseits die Kraftomnibusse, die gem. der Legaldefinition in § 4 Abs. 4 Nr. 2 PBefG Kraftfahrzeuge – also Straßenfahrzeuge, die durch eigene Maschinenkraft bewegt werden, ohne an Schienen oder eine Fahrleitung gebunden zu sein – sind, die

---

38 Vgl. dazu z. B. VK Bund, Beschl. v. 12.1.2015, VK 2 – 111/14, VPR 2015, 136 (juris).

nach ihrer Bauart und Ausstattung zur Beförderung von mehr als neun Personen (einschließlich Führer) geeignet und bestimmt sind. Zum anderen zählen zu den Bussen die Obusse (Oberleitungsbusse), die Abs. 4 Hs. 1 als **Trolleybusse** benennt und die gem. der Legaldefinition des § 4 Abs. 3 PBefG elektrisch angetriebene, nicht an Schienen gebundene Straßenfahrzeuge sind, die ihre Antriebsenergie einer Fahrleitung entnehmen. Auch bei den Bussen wird – wie bei den Straßenbahnen – schon begrifflich nur der Personenverkehr in die Verkehr-Sektorentätigkeit einbezogen.

Seilbahnen sind – wie sich beispielhaft aus der Legaldefinition des § 2 Abs. 1 SeilbG NRW ergibt – Anlagen aus mehreren Bauteilen, die geplant, gebaut, montiert und in Betrieb genommen werden, um Personen oder Güter zu befördern. Bei diesen Anlagen handelt es sich um (1.) Standseilbahnen und andere Anlagen, deren Fahrzeuge von Rädern oder anderen Einrichtungen getragen und durch ein oder mehrere Seile bewegt werden; (2.) Seilschwebebahnen, deren Fahrzeuge von einem oder mehreren Seilen getragen und/oder bewegt werden; dazu gehören auch Kabinenbahnen und Sesselbahnen; (3.) Schleppaufzüge, bei denen mit geeigneten Geräten ausgerüstete Personen durch ein Seil fortbewegt werden. Bei Seilbahnen ist daher – wie beim Eisenbahnverkehr – begrifflich neben dem Personen- auch der Güterverkehr in die Verkehr-Sektorentätigkeit mit einbezogen. **79**

Mit dem Begriff der **automatischen Systeme** nennt Abs. 4 Hs. 1 nicht etwa einen weiteren eigenständigen Verkehrsträger. Stattdessen ist damit gemeint, dass auch solche Verkehrsleistungen zum Verkehr i. S. d. Abs. 4 Hs. 1 zählen, die automatisiert, also unter ausschließlicher Nutzung von technischen Einrichtungen, Computern und ggf. Robotern, erbracht werden. Damit wird aber kein eigenständiger Verkehrsträger beschrieben, der sich nicht auch als Eisenbahn-, Straßenbahn-, Trolleybus-, Bus- oder Seilbahn-Verkehr qualifizieren ließe. Im Ergebnis handelt es sich bei der Erwähnung des Begriffs der automatischen Systeme in Abs. 4 Hs. 1 lediglich um die Klarstellung, dass die anderen genannten Verkehrsträger-Netze auch dann als Verkehr-Sektorentätigkeit anzusehen sind, wenn die Verkehrsleistungen automatisiert, also ohne menschliches Personal erbracht werden. **80**

Im Unterschied zu den Sektorentätigkeiten-Definitionen nach Abs. 1 (Trinkwasser), Abs. 2 (Elektrizität) und Abs. 3 (Gas und Wärme) muss das Verkehrsleistungen-**Netz** nach Abs. 4 **nicht „fest“** sein. Daraus folgt, dass Verkehrsnetzleistungen nicht etwa – was für Verkehrsleistungen auch völlig wesensfremd wäre – ortsfest oder ortsgebunden sein müssen. Stattdessen werden selbstverständlich auch rein mobile Verkehrsnetze und Verkehrsleistungen in den Verkehr-Sektorenbereich einbezogen, denn gerade diese mobilen Leistungen sind ja mit Blick auf die wirtschaftlich-technische Funktion der Wesenskern von Verkehr. Zwar gibt es auch ortgebundene und feste Bestandteile von Verkehrsnetzen wie Eisenbahn-, Straßenbahn- und U-Bahnschienen und -weichen einschließlich der dazugehörigen Stellwerke etc., wie Oberleitungen von elektrischen Straßenbahnen und Obussen bzw. Stromschienen von U-Bahnen und – über alle genannten Verkehrsträger – Bahnhöfe, Haltestellen, besondere Verkehrseinrichtungen, Leitstellen, Betriebshöfe und Werkstätten. Aber der eigentliche Verkehr i. e.S. ist immer mobil. Daher ist es auch schon als Verkehrsnetz anzusehen, wenn ausschließlich mobile Verkehrsleistungen erbracht werden, wie es z. B. bei einem Unternehmen der Fall ist, das ausschließlich Personenbeförderungen mit Bussen durchführt, ohne Bereitsteller/Betreiber irgendeines ortsfesten Netzbestandteils zu sein. Das folgt auch aus Abs. 4 Hs. 2, wonach auch die (reine) Erbringung von Verkehrsleistungen gem. den von einer zuständigen Behörde festgelegten Bedingungen zum Bestehen („vorhanden“) eines Verkehrsleistungsnetzes führt. Durch diese Regelung wird sicher- **81** gestellt, dass auch bei straßengebundenen Verkehrsleistungen, die – im Gegensatz insbesondere zu schienengebundenen Verkehrsleistungen mit Blick auf Schienen – regelmäßig keiner besonderen festen physischen Einrichtungen bedürfen, sondern insoweit auf die allgemeine Straßenverkehrsinfrastruktur zurückgreifen können, auch die reine Erbringung von Verkehrsleistungen zur Sektorentätigkeit zählt.

82 Eine Verkehrsleistung wird aber gem. Abs. 4 Hs. 2 nur dadurch eine Verkehrsleistung i. S. d. Abs. 4 Hs. 1, wenn die Verkehrsleistung gem. den **von einer zuständigen Behörde festgelegten Bedingungen** erbracht wird. Verkehrsleistungen, die erbracht werden, ohne dass eine zuständige Behörde die dafür geltenden Bedingungen festgelegt hat, stellen keine Verkehr-Sektorentätigkeit dar. Hinsichtlich der Bedingungen, die von einer zuständigen Behörde festgelegt sein müssen, damit die Erbringung von Verkehrsleistungen der Verkehr-Sektorentätigkeit unterfällt, stellt Abs. 4 Hs. 3 klar, dass insoweit (also hinsichtlich der notwendigen Festlegung von Bedingungen) auch die Festlegung der Strecken, die Transportkapazitäten und die Fahrpläne genügen. Es muss sich aber immer um eine Festlegung von konkreten Bedingungen für die Erbringung von Verkehrsleistungen im Einzelfall handeln, sodass Genehmigungen mit letztlich ausschließlich gewerberechtlichem Charakter, die nur allgemein die Eignung des Unternehmens für die Erbringung von Verkehrsleistungen in den Blick nehmen (etwa nach § 6 Abs. 1 AEG), keine Festlegungen nach Abs. 4 Hs. 2 und Hs. 3 darstellen.[39] Auch gesetzliche Beförderungspflichten (etwa nach § 10 AEG oder nach § 22 PBefG) genügen insoweit nicht, zumal sie keine gerade behördliche (Einzelfall-)Festlegung von Bedingungen darstellen, sondern generell-abstrakte gesetzliche Rahmenbedingungen.[40] Angesichts des Umstandes, dass Abs. 4 Hs. 3 (wie auch Art. 11 Satz 2 Hs. 2 der Richtlinie 2014/25/EU) die behördlich festgelegten Bedingungen nicht abschließend aufzählt („dazu gehören"), genügen für eine behördliche Festlegung von Bedingungen aber auch Genehmigungs- oder Zustimmungsvorbehalte für Beförderungsentgelte und -bedingungen (etwa nach § 12 Abs. 3 AEG und § 39 PBefG) und Fahrpläne (etwa nach § 40 PBfG).[41] Es muss sich auch nicht zwingend um einen Verwaltungsakt i. S. d. § 35 VwVfG einer Behörde i. S. d. § 1 Abs. 1 VwVfG handeln, es genügt eine Festlegung von Bedingungen durch (Konzessions-)Vertrag. Mangels behördlicher Festlegung von Bedingungen i. S. d. Abs. 4 Hs. 2 und Hs. 3 stellen der Personenverkehr mit Fernbussen und auch der Güterverkehr per Eisenbahn keine Sektorentätigkeit dar.[42]

83 Zur **Bereitstellung** eines Schienenverkehrsnetzes gehören z. B. alle Bauleistungen für den Straßenbahngleisbau und für die straßenbahnbezogenen Straßen, Wege, Haltestellen, Verkehrssicherungen, Straßenbeleuchtungen, Ver- und Entsorgungsanlagen und Mastgründungen.[43] Mit dem **Betrieb** eines Verkehrsnetzes werden v.a. die eigentlichen Verkehrsleistungen erfasst,[44] also alle Tätigkeiten, die unter Rückgriff auf die jeweiligen Verkehrs-

---

39 So auch *Röbke*, in: Müller-Wrede, GWB, § 102 Rn. 32; *Opitz*, in: Kulartz/Kus/Portz/Prieß, GWB-Vergaberecht, § 102 Rn. 39.

40 So auch *Röbke*, in: Müller-Wrede, GWB, § 102 Rn. 32; a. A. *Opitz*, in: Kulartz/Kus/Portz/Prieß, GWB-Vergaberecht, § 102 Rn. 39.

41 So auch *Opitz*, in: Kulartz/Kus/Portz/Prieß, GWB-Vergaberecht, § 102 Rn. 39; a. A. *Röbke*, in: Müller-Wrede, GWB, § 102 Rn. 32.

42 So auch *Opitz*, in: Kulartz/Kus/Portz/Prieß, GWB-Vergaberecht, § 102 Rn. 40.

43 VK Sachsen-Anhalt, Beschl. v. 23.7.2014, 2 VK LSA 02/14, VPR 2014, 298 (juris, Rn. 1).

44 Unverständlich insoweit *Röbke*, in: Müller-Wrede, GWB, § 102 Rn. 30, der meint, die Erbringung der jeweiligen Verkehrsleistungen werde im Wortlaut von Abs. 4 nicht mehr erfasst und daher eine

mittel eine Beförderung von Personen und ggf. auch von Gütern bewirken. Zum Betrieb eines Verkehrsleistungsnetzes zählen als **Sektorenhilfstätigkeiten** auch alle betriebsdienlichen Leistungen wie z.B. Reinigungsdienstleistungen in einem Stadtbahn-Liniennetz.[45] Angesichts des grundsätzlich eher weiten Verständnisses vom Begriff der ebenfalls zur Sektorentätigkeit zählenden Sektorenhilfstätigkeiten (vgl. Rn. 4), unterfallen regelmäßig Parkplätze für die Kunden der Verkehrsleistungsnetze wie z.B. Park&Ride-Flächen oder auch Verkaufsflächen in Bahnhöfen der jeweiligen Verkehr-Sektorentätigkeit.[46]

Das betreffende Verkehrsleistungsnetz muss der **Versorgung der Allgemeinheit mit Verkehrsleistungen** dienen. Daher sind Tätigkeiten, die nicht der Allgemeinheit offen stehen, sondern nur für einzelne Personen/Kunden angeboten werden, ausgeschlossen. Daher zählen Leistungen des **Schülerverkehrs** nicht zu den Verkehr-Sektorentätigkeiten i.S.d. Abs. 4, denn dabei handelt es sich zwar um eine Verkehrsleistung, jedoch dient ein Schülerverkehr nicht der Allgemeinheit.[47] Gleiches gilt für **Charterbusse** oder **Sonderfahrten mit historischen Eisenbahnen** und **Werksbahnen** i.S.d. § 2 Abs. 8 AEG wie auch sonst jede Art von **Werksverkehr**. 84

Auf die Frage der Rechtsnatur der Verkehrsleistungen als eigenwirtschaftlich oder gemeinwirtschaftlich i.S.d. § 8 Abs. 4 PBefG kommt es für die Qualifizierung der Tätigkeit als Sektorentätigkeit i.S.d. Abs. 4 Hs. 1 nicht an.[48] 85

Als Sektorenauftraggeber ist im Verkehrsbereich nur anzusehen, wer Verkehrsleistungen **selbst erbringt**. Die bloße Organisation solcher Dienstleistungen macht den Auftraggeber nicht zu einem Sektorenauftraggeber, denn nach Abs. 4 kommt es auf die Bereitstellung oder den Betrieb von Verkehrsnetzen (Hs. 1) bzw. die Erbringung von Verkehrsleistungen (Hs. 2) an (ebenso Art. 11 Der Richtlinie 2014/25/EU), und auch die Sektorenauftraggeber-Definition in § 100 Abs. 1 GWB knüpft an die Ausübung einer Sektorentätigkeit an (ebenso Art. 4 Abs. 1 der Richtlinie 2014/25/EU).[49] 86

§ 131 GWB enthält Sondervorschriften für die Vergabe von öffentlichen Aufträgen über Personenverkehrsleistungen im Eisenbahnverkehr (vgl. die dortige Kommentierung). Gem. **§ 149 Abs. 1 Nr. 12 GWB** gilt das Sektorenvergaberecht nicht für die Vergabe von 87

---

unionsrechtskonforme Auslegung für nötig hält – obwohl Abs. 4 Hs. 1 vom Betrieb eines Verkehrsleistungsnetzes und Abs. 4 Hs. 2 vom Erbringen von Verkehrsleistungen spricht.

45 VK Münster, Beschl. v. 18.3.2015, VK 1 – 6/15, VPR 2015, 218 (juris).

46 So auch *Röbke*, in: Müller-Wrede, GWB, § 102 Rn. 27.

47 VK Lüneburg, Beschl. v. 28.5.2014, VgK-13/2014, VPR 2014, 262 (juris, Rn. 58).

48 VK Bund, Beschl. v. 12.1.2015, VK 2 – 111/14, VPR 2015, 136 (juris, Rn. 60).

49 VK Südbayern, Beschl. v. 23.11.2016, Z3-3-3194-1-20-03/15, juris, Rn. 83; VK Südbayern, Beschl. v. 1.2.2016, Z3-3-3194-1-58-11/15, juris, Rn. 116; VK Rheinland-Pfalz, Beschl. v. 17.11.2014, VK 1 – 28/14, VK 1-28/14, juris, Rn. 52 (bestätigt durch OLG Koblenz, Beschl. v. 25.3.2015, 1 Verg 11/14, NZBau 2015, 577); OLG Düsseldorf, Beschl. v. 7.11.2012, VII-Verg 11/12, NZBau 2013, 187 (juris, Rn. 16); VK Münster, Beschl. v. 7.10.2010, VK 6/10, juris, Rn. 99; OLG Düsseldorf, Beschl. v. 21.7.2010, Verg 19/10, IBR 2010, 1320. Die davon abweichende Entscheidung des OLG Düsseldorf, Beschl. v. 23.12.2015, VII-Verg 34/15, VPR 2016, 181 (juris, Rn. 25), die sich mit der vorstehend zitierten Rechtsprechung mit keiner Silbe beschäftigt, beruht wohl auf dem Missverständnis, dass Abs. 4 Hs. 3 eine Konkretisierung des Vorhandenseins eines Netzes nach Abs. 4 Hs. 2 regele; tatschlich regelt Abs. 4 Hs. 3 aber eine Konkretisierung der behördlichen Festlegung von Bedingungen nach Abs. 4 Hs. 2, wie schon der Wortlaut von Abs. 4 Hs. 3 („dazu“, „Festlegung“) zeigt.

Konzessionen, die die Beförderung von Personen im Sinne des § 1 PBefG betreffen (vgl. die dortige Kommentierung).

VI. Sektorentätigkeiten im Bereich Häfen und Flughäfen (Abs. 5)

88 Sektorentätigkeiten im Bereich Häfen und Flughäfen sind gem. Abs. 5 Tätigkeiten im Zusammenhang mit der Nutzung eines geografisch abgegrenzten Gebiets mit dem Zweck, für Luft-, See- oder Binnenschifffahrtsverkehrsunternehmen Flughäfen, See- oder Binnenhäfen oder andere Terminaleinrichtungen bereitzustellen. Die Vorschrift setzt Art. 12 der Richtlinie 2014/25/EU in deutsches Vergaberecht um.

1. Flughäfen

89 Ein **Flughafen** ist nach der Legaldefinition des § 38 Abs. 1 LuftVZO ein Flugplatz, der nach Art und Umfang des vorgesehenen Flugbetriebs einer Sicherung durch einen Bauschutzbereich nach § 12 LuftVG bedarf.[50] Es handelt sich um eine Flughafen-Sektorentätigkeit, wenn die Bereitstellung bzw. der Betrieb des Flughafens zum Zwecke dessen Bereitstellung für **Luftverkehrsunternehmen** erfolgt. Daraus folgt, dass – erstens – solche Flughäfen nicht erfasst werden, auf denen der Flugverkehr nicht durch Luftverkehrsunternehmen erfolgt, sondern durch Einzelpersonen (z. B. Privatflughäfen) oder durch ein Produktionsunternehmen bzw. dessen Kunden (z. B. Werksflughäfen),[51] und dass – zweitens – die von Dritten in Anspruch genommenen Flugverkehrsleistungen, die von den den Flughafen benutzenden Beförderungsunternehmen erbracht werden, nicht zur Sektorentätigkeit nach Abs. 5 zählen.

90 Hinsichtlich des Begriff der **Bereitstellung** kann auf die entsprechenden Ausführungen zu Abs. 1 verwiesen werden (vgl. dazu vorstehend Rn. 19). Teil der Bereitstellung (auch eines Flughafens) ist auch dessen Errichtung/Bau.[52]

91 Der Begriff der **Nutzung** des geografisch abgegrenzten Gebiets meint den **Betrieb** des Flughafens auf diesem Gebiet. Dabei ist aber zu beachten, dass nur der Betrieb des Flughafens im engeren Sinne gemeint ist, nicht also die Nutzung des Flughafens durch Luftverkehrsunternehmen, sodass die eigentlichen Flugverkehrsleistungen nicht von der Flughafen-Sektorentätigkeit umfasst werden. Nicht flughafenbezogene Flugverkehrsleistungen sind keine Sektorentätigkeit. Der Betrieb von Flughäfen erfasst alle Tätigkeiten/Bereiche, die nach dem Willen des Flughafenbetreibers bzw. aus Sicht eines objektiven Betrachters notwendiger oder auch nur funktionaler Bestandteil der Flughafenanlage sind, sodass nicht

---

50 Die Definition des § 38 Abs. 1 LuftVZO verwendet zumindest das OLG Düsseldorf, Beschl. v. 24.3.2010, Verg 58/09, NZBau 2010, 649, 650 – Flughafen Düsseldorf. Es ist aber durchaus zweifelhaft, ob diese Definition – insbesondere mit ihrer Bezugnahme auf Bauschutzbereiche nach § 12 LuftVG – wirklich abschließend für Abs. 5 gilt, der wie auch Art. 12 der Richtlinie 2014/25/EU allgemein von der Nutzung eines geografisch abgegrenzten Gebietes zum Zwecke der Bereitstellung von Flughäfen spricht. Der unionsrechtliche Flughafenbegriff und ihm folgend der Flughafenbegriff des Abs. 5 nimmt sicher keine Rücksicht auf verwaltungsrechtliche Besonderheiten des deutschen Luftverkehrsrechts.

51 Vgl. insoweit auch den Begriff des Sonderflughafens i. S. d. § 38 Abs. 2 Nr. 2 LuftVZO in Abgrenzung vom Begriff des Verkehrsflughafens i. S. d. § 38 Abs. 2 Nr. 1 LuftVZO.

52 Vgl. EuGH, Urt. v. 16.6.2005, C-462/03, ibr-online.

nur der Flughafenbetrieb (nicht: Flugbetrieb) auf den Start- und Landebahnen zur Sektorentätigkeit zählt, sondern auch alle bloßen **Hilfstätigkeiten auf dem gesamten geografisch abgegrenzten Gebiet des Flughafens**,[53] wie etwa Tätigkeiten, die die Sicherheit des Flughafens und den ungehinderten Verkehr auf dem Flughafengelände sicherstellen sollen.[54] Die in Abs. 5 angesprochene „Bereitstellung von Flughäfen" begrenzt die Sektorentätigkeit nicht etwa auf den eigentlichen Flughafenbetrieb, sondern geht weit darüber hinaus und erfasst alle Tätigkeiten zum Zwecke der Nutzung des Geländes als Flughafen.[55] Auch der unionsrechtliche Richtliniengeber zählt zur Flughafen-Sektorentätigkeit als Sektorenhilfstätigkeiten auch Dienstleistungen für Fluggäste wie insbesondere Einzelhandelsgeschäfte, Verpflegung und Parkplätze.[56] Räumlich erfasst werden daher nicht nur die Start- und Landebahnen einschließlich der Sicherheitsflächen, sondern sämtliche für die Flughafennutzung in Anspruch genommenen Flächen („geografisch abgegrenztes Gebiet"). Vgl. zu Bodenabfertigungsdiensten auf Flugplätzen die Vorschriften der BDAV.[57]

Sektorenauftraggeber ist der **Betreiber** des Flughafens.[58] Dazu zählt (jedenfalls) der jeweilige **Betreiber** eines Flughafens im Sinne der LuftVZO.[59] Inhaber einer Genehmigung nach § 38 Abs. 2 Nr. 1 LuftVZO sind daher Sektorenauftraggeber, ohne dass damit der Kreis der Sektorenauftraggeber im Flughafenbereich abschließend beschrieben wäre. Es genügt, dass das betreffende Unternehmen einen Teil eines Flughafens wie z. B. eines von mehreren Terminals selbst betreibt, um Sektorenauftraggeber zu sein;[60] dafür spricht insbesondere auch der Umstand, dass Abs. 5 am Ende von bloßen „Terminaleinrichtungen" spricht. Der Betreiber unterfällt als Sektorenauftraggeber auch mit der Vergabe von Aufträgen an Dritte zur Erbringung von Leistungen, die zum Betrieb des Flughafens zählen, der Flughafen-Sektorentätigkeit nach Abs. 5, z. B. mit Aufträgen zwecks Outsourcing von Flughafenbetriebsleistungen auf Dritte. Zu solchen Tätigkeiten gehören z. B. auch der Betrieb der Einrichtungen für die Taxi-Bereithaltung mit der Organisation des Taxiverkehrs vom und zum Flughafen[61] oder Abfalllogistik- und Entsorgungsdienstleistungen für den Flughafen.[62] Der lediglich vom Flughafenbetreiber mit einer Teilleistung beauftragte Dritte hingegen ist, auch wenn er gegenüber dem Flughafenbetreiber eine zum Flughafenbetrieb gehörende Leistung erbringt, nicht, auch nicht teilweise Betreiber des Flughafens und übt daher keine Sektorentätigkeit nach Abs. 5 aus. 92

---

53 VK Sachsen, Beschl. v. 23.9.2010, 1/SVK/031/10, juris, Rn. 64.

54 OLG Düsseldorf, Beschl. v. 24.3.2010, Verg 58/09, NZBau 2010, 649, 650.

55 VK Sachsen, Beschl. v. 23.9.2010, 1/SVK/031/10, juris, Rn. 64.

56 Erwägungsgrund 25 der Richtlinie 2014/23/EU.

57 Vgl. dazu auch *Opitz*, in: Kulartz/Kus/Portz/Prieß, GWB-Vergaberecht, § 102 Rn. 48.

58 Vgl. OLG Koblenz, Beschl. v. 15.9.2010, 1 Verg 7/10, NZBau 2010, 778, zum Flughafen Frankfurt/Hahn; OLG Brandenburg, Beschl. v. 16.1.2007, Verg W 7/06, NZBau 2007, 332 (insoweit dort nicht abgedruckt, aber Volltext erhältlich bei ibr-online), und Beschl. v. 3.8.1999, 6 Verg 1/99, NZBau 2000, 39, 41 – Flughafen Berlin-Schönefeld II, sowie VK Brandenburg, Beschl. v. 22.9.2008, VK 27/08, IBR 2009, 666, und Beschl. v. 14.12.2007, VK 50/07, IBR 2008, 111, jeweils zum Flughafen Berlin-Brandenburg; VK Sachsen, Beschl. v. 21.3.2006, 1/SVK/012-06, juris, Rn. 74, zum Flughafen Leipzig/Halle; VK Baden-Württemberg, Beschl. v. 21.6.2005, 1 VK 33/05, juris, Rn. 63 ff.

59 VK Brandenburg, Beschl. v. 31.5.2016, VK 6/16, juris, Rn. 62; VK Sachsen, Beschl. v. 19.10.2010, 1/SVK/037/10, juris, Rn. 55.

60 VK Südbayern, Beschl. v. 25.11.2013, Z3-3-3194-1-33-09/13, VPR 2014, 99 (juris, Rn. 81 f.).

61 Vgl. VK Südbayern, 24.9.2015, Z3-3-3194-1-42-07/15, juris.

62 OLG Brandenburg, Beschl. v. 16.2.2012, Verg W 1/12, VergabeR 2012, 866 (juris, Rn. 1 und 36).

2. See- und Binnenhäfen

93 Ein **Hafen** umfasst alle Infrastrukturen, und zwar selbst solche von geringer Bedeutung, deren Funktion darin besteht, die Ein- und Ausschiffung von Personen, die auf dem Seeweg befördert werden, und/oder Schiffen mit/von Gütern, die auf dem Seeweg befördert werden, zu be- oder entladen.[63] Daher und weil Abs. 5 auch den Auffangbegriff der anderen Terminaleinrichtungen verwendet, unterfallen auch alle sonstigen Be- und Entladeeinrichtungen für die Schifffahrt der Hafen-Sektorentätigkeit. Ob der Schiffsverkehr, dem der Hafen oder die Terminaleinrichtung dient, der Seeschifffahrt, der Küstenschifffahrt oder der Binnenschifffahrt zuzurechnen ist, ist dabei irrelevant, weil Abs. 5 sowohl See- als auch Binnenhäfen und entsprechende Terminaleinrichtungen erfasst. Nicht hafenbezogene Einrichtungen des Schiffsverkehrs wie die Gewässer jenseits des Hafengebiets („geografisch abgegrenztes Gebiet“) und die dortigen Einrichtungen wie Schleusen, Hebewerke, Wehre, Mauern, Deiche etc. gehören nicht zum Hafen und die dort ausgeübten Tätigkeiten folglich nicht zur Hafen-Sektorentätigkeit. Es handelt sich um eine Hafen-Sektorentätigkeit, wenn die Bereitstellung bzw. der Betrieb des Hafens zum Zwecke dessen Bereitstellung für See- oder Binnenschifffahrtsverkehrsunternehmen erfolgt. Daraus folgt, dass – erstens – solche Häfen nicht erfasst werden, auf denen der Schiffsverkehr nicht durch See- oder Binnenschifffahrtsverkehrsunternehmen erfolgt, sondern durch Einzelpersonen (z. B. Privathäfen) oder durch ein Produktionsunternehmen bzw. dessen Kunden (z. B. Werkshäfen) oder durch Fischereiunternehmen, und dass – zweitens – die von Dritten in Anspruch genommenen Schiffsverkehrsleistungen, die von den den Hafen benutzenden Schifffahrtsverkehrsunternehmen erbracht werden, nicht zur Hafen-Sektorentätigkeit nach Abs. 5 zählen.

94 Hinsichtlich der Begriffe der **Bereitstellung** und der **Nutzung** i. S. d. Hafenbetriebs kann auf die entsprechenden Ausführungen zur Flughafen-Sektorentätigkeit verwiesen werden (vgl. Rn. 90 und 91). Zum Hafenbetrieb zählen u. a. als hafenverkehrsbezogene Tätigkeiten alle Schlepp-, Verhol- und Assistenzleistungen.[64] Die eigentlichen Schiffsverkehrsleistungen im Bereich der See-, Küsten- und Binnenschifffahrt unterfallen nicht der Hafen-Sektorentätigkeit, sondern der Richtlinie 2014/24/EU.[65]

95 Hinsichtlich des **Betreibers** des Hafens als Sektorenauftraggeber kann ebenfalls auf die entsprechenden Ausführungen zur Flughafen-Sektorentätigkeit verwiesen werden (vgl. Rn. 92).

VII. Sektorentätigkeiten im Bereich fossiler Brennstoffe (Abs. 6)

96 Sektorentätigkeiten im Bereich fossiler Brennstoffe sind Tätigkeiten zur Nutzung eines geografisch abgegrenzten Gebiets zum Zweck entweder der Förderung von Öl oder Gas (Nr. 1) oder der Exploration oder Förderung von Kohle oder anderen festen Brennstoffen (Nr. 2). Der Unterschied zwischen beiden Varianten besteht also darin, dass mit Blick auf Öl und Gas nur die Förderung zur Sektorentätigkeit zählt, mit Blick auf Kohle und andere feste Brennstoffe hingegen neben der Förderung auch die (der Förderung vorausgehende)

63 EuGH, Urt. v. 9.3.2006, C-323/03, NZBau 2006, 386, Rn. 33 f.

64 *Opitz*, in: Kulartz/Kus/Portz/Prieß, GWB-Vergaberecht, § 102 Rn. 46.

65 Erwägungsgrund 21 der Richtlinie 2014/24/EU; GA *Jacobs*, Schlussanträge v. 21.4.2005, Rs. C-174/03, ibr-online, Rn. 39.

Exploration. Die Vorschrift setzt Art. 14 der Richtlinie 2014/25/EU in deutsches Vergaberecht um, wobei der deutsche Gesetzgeber die unionsrechtliche Überschrift „Förderung von Öl und Gas und Exploration oder Förderung von Kohle oder anderen festen Brennstoffen“ im Stichwort der fossilen Brennstoffe zusammengefasst hat, ohne dass damit eine Änderung gegenüber dem Unionsrecht verbunden wäre.

Öl und **Gas** ist im Sinne fester Brennstoffe, die einer Förderung zugänglich sind, zu verstehen, sodass nur natürlich vorkommendes Erdöl und Erdgas unter Abs. 6 fällt. Zur **Kohle** zählen sowohl Steinkohle als auch Braunkohle; spezielle Kohle, die kein Brennstoff ist, zählt nicht zur Kohle i. S. d. Abs. 6 Nr. 2. **Andere feste Brennstoffe** müssen – wie auch (Erd-)Öl, (Erd-)Gas und Kohle – fossile Brennstoffe sein. Nicht zu den in Abs. 6 beschriebenen Stoffen zählen jedoch sonstige (Alt-)Öle oder sonstige (nicht Erd-)Gase (vgl. zum Gas-Begriff im Bereich der Gas-Sektorentätigkeit Rn. 58) oder gar Holz oder sonstige biogene/anthropogene Brennstoffe wie Landschaftspflegematerial, Grünschnitt, Klärschlamm oder sonstige Bioabfälle. Insgesamt hat der deutsche Gesetzgeber damit zu Recht das Stichwort der fossilen Brennstoffe im Zusammenhang mit den Sektorentätigkeiten nach Abs. 6 eingeführt. 97

Exploration umfasst die Tätigkeiten, die durchgeführt werden, um festzustellen, ob Erdöl und Erdgas in einem bestimmten Gebiet vorhanden ist, und wenn dies der Fall ist, ob es gewerblich nutzbar ist.[66] Damit deckt sich der Explorationsbegriff des Abs. 6 Nr. 2 im Wesentlichen mit dem Begriff der Aufsuchung gem. § 4 Abs. 1 BBergG, worunter die Tätigkeiten zu verstehen sind, die mittelbar oder unmittelbar auf die Entdeckung oder Feststellung der Ausdehnung von Bodenschätzen gerichtet sind, mit Ausnahme (1.) der Tätigkeiten im Rahmen der amtlichen geologischen Landesaufnahme, (2.) der Tätigkeiten, die ausschließlich und unmittelbar Lehr- oder Unterrichtszwecken dienen und (3.) des Sammelns von Mineralien in Form von Handstücken oder kleinen Proben für mineralogische oder geologische Sammlungen. Der unionsrechtliche Explorationsbegriff geht aber insoweit – zumindest sprachlich – über den deutschen Aufsuchungsbegriff hinaus, als ersterer auch noch ausdrücklich die Tätigkeiten zur Prüfung der gewerblichen Nutzbarkeit vorhandenen Erdöls oder Erdgases umfasst, wobei diese Tätigkeit von letzterem nach Sinn und Zweck ebenfalls mit umfasst ist, weil eine Aufsuchung regelmäßig der Prüfung der gewerblichen Nutzbarkeit von Bodenschätzen dient. Der Grund dafür, dass die Exploration von Öl oder Gas gem. Abs. 6 Nr. 1 keine Sektorentätigkeit ist, liegt darin, dass dieser Sektor nach Einschätzung des europäischen Richtliniengebers einem so starken Wettbewerbsdruck ausgesetzt ist, dass die durch die einschlägigen Unionsvergabevorschriften bewirkte Beschaffungsdisziplin nicht mehr erforderlich ist.[67] 98

Förderung meint die „Erzeugung“ von Erdöl, Erdgas, Kohle und anderen festen Brennstoffen, wobei der Begriff „Erzeugung“ gem. der etablierten Praxis in Fusionsfällen so verstanden werden sollte, dass er auch die „Entwicklung“ umfasst, d. h. die Errichtung einer angemessenen Infrastruktur für die künftige Erzeugung (Ölplattformen, Rohrleitungen, Terminalanlagen usw.).[68] Der Förderungs- bzw. Erzeugungsbegriff des Abs. 6 dürfte damit im Wesentlichen gleichbedeutend sein mit dem Gewinnungsbegriff des § 4 Abs. 2 99

66 Erwägungsgrund 25 der Richtlinie 2014/25/EU.
67 Erwägungsgrund 25 der Richtlinie 2014/25/EU.
68 Erwägungsgrund 25 der Richtlinie 2014/25/EU.

BBergG, der das Lösen oder Freisetzen von Bodenschätzen einschließlich der damit zusammenhängenden vorbereitenden, begleitenden und nachfolgenden Tätigkeiten umfasst.

100 Gem. **Art. 33 Abs. 1 der Richtlinie 2014/25/EU** gewährleistet die Bundesrepublik Deutschland unbeschadet des Art. 34 dieser Richtlinie im Wege von Genehmigungsauflagen oder anderer geeigneter Maßnahmen, dass alle Stellen, die in den Bereichen tätig sind, die in der **Entscheidung der EU-Kommission 2004/73/EG**[69] genannt sind, a) die Grundsätze der Nichtdiskriminierung und der wettbewerblichen Beschaffung hinsichtlich der Vergabe von Liefer-, Bau- und Dienstleistungsaufträgen beachten, insbesondere hinsichtlich der Informationen, die die Stellen den Wirtschaftsteilnehmern bezüglich ihrer Beschaffungsabsichten zur Verfügung stellen; b) der EU-Kommission unter den in der Entscheidung 93/327/EWG festgelegten Bedingungen Auskunft über die von ihnen vergebenen Aufträge erteilen. Gem. Art. 1 der Entscheidung 2004/73/EG der EU-Kommission gilt die Nutzung geografisch abgegrenzter Gebiete zum Zweck der Suche nach oder der Förderung von Erdöl, Gas, Kohle oder anderen Festbrennstoffen in Deutschland ab 15.1.2004 nicht als Tätigkeit im Sinne von Art. 2 Abs. 2 lit. b) Ziffer i) der Richtlinie 93/38/EWG. Die eine solche Tätigkeit ausübenden Auftraggeber gelten in Deutschland nicht als Inhaber besonderer oder ausschließlicher Rechte im Sinne von Artikel 2 Abs. 3 lit. b) der Richtlinie 93/38/EWG. Die Regelung des Art. 33 Abs. 1 der Richtlinie 2014/25/EU ist in § 143 GWB in deutsches Vergaberecht umgesetzt worden. Seit der Entscheidung 2004/73/EG der EU-Kommission gilt die in Abs. 6 beschriebene Sektorentätigkeit im Bereich der fossilen Brennstoffe nicht mehr als Sektorentätigkeit; anstelle des sonstigen Sektorenvergaberechts treten die in § 143 normierten Verpflichtungen (vgl. die dortige Kommentierung).

101 Gem. **§ 138 Abs. 1 Nr. 8 GWB** ist die Beschaffung von (auch fossilen) Brennstoffen zur Energieerzeugung im Rahmen der Energieversorgung auch vom Sektorenvergaberecht ausgenommen. Gem. **§ 143 Abs. 1 Satz 3 GWB** gelten insoweit auch nicht die Verpflichtungen gem. § 143 Abs. 2 Satz 1 und Satz 2 GWB.

69 Entscheidung 2004/73/EG der Kommission vom 15.1.2004 über einen Antrag Deutschlands das spezielle Regime in Artikel 3 der Richtlinie 93/38/EWG anzuwenden (ABl. L 16 vom 23.1.2004, S. 57).

§ 103 Öffentliche Aufträge, Rahmenvereinbarungen und Wettbewerbe

(1) Öffentliche Aufträge sind entgeltliche Verträge zwischen öffentlichen Auftraggebern oder Sektorenauftraggebern und Unternehmen über die Beschaffung von Leistungen, die die Lieferung von Waren, die Ausführung von Bauleistungen oder die Erbringung von Dienstleistungen zum Gegenstand haben.

(2) Lieferaufträge sind Verträge zur Beschaffung von Waren, die insbesondere Kauf oder Ratenkauf oder Leasing, Mietverhältnisse oder Pachtverhältnisse mit oder ohne Kaufoption betreffen. Die Verträge können auch Nebenleistungen umfassen.

(3) Bauaufträge sind Verträge über die Ausführung oder die gleichzeitige Planung und Ausführung

1. von Bauleistungen im Zusammenhang mit einer der Tätigkeiten, die in Anhang II der Richtlinie 2014/24/EU des Europäischen Parlaments und des Rates vom 26. Februar 2014 über die öffentliche Auftragsvergabe und zur Aufhebung der Richtlinie 2004/18/EG (ABl. L 94 vom 28.3.2014, S. 65) und Anhang I der Richtlinie 2014/25/EU des Europäischen Parlaments und des Rates vom 26. Februar 2014 über die Vergabe von Aufträgen durch Auftraggeber im Bereich der Wasser-, Energie- und Verkehrsversorgung sowie der Postdienste und zur Aufhebung der Richtlinie 2004/17/EG (ABl. L 94 vom 28.3.2014, S. 243) genannt sind, oder

2. eines Bauwerkes für den öffentlichen Auftraggeber oder Sektorenauftraggeber, das Ergebnis von Tief- oder Hochbauarbeiten ist und eine wirtschaftliche oder technische Funktion erfüllen soll.

Ein Bauauftrag liegt auch vor, wenn ein Dritter eine Bauleistung gemäß den vom öffentlichen Auftraggeber oder Sektorenauftraggeber genannten Erfordernissen erbringt, die Bauleistung dem Auftraggeber unmittelbar wirtschaftlich zugutekommt und dieser einen entscheidenden Einfluss auf Art und Planung der Bauleistung hat.

(4) Als Dienstleistungsaufträge gelten die Verträge über die Erbringung von Leistungen, die nicht unter die Absätze 2 und 3 fallen.

(5) Rahmenvereinbarungen sind Vereinbarungen zwischen einem oder mehreren öffentlichen Auftraggebern oder Sektorenauftraggebern und einem oder mehreren Unternehmen, die dazu dienen, die Bedingungen für die öffentlichen Aufträge, die während eines bestimmten Zeitraums vergeben werden sollen, festzulegen, insbesondere in Bezug auf den Preis. Für die Vergabe von Rahmenvereinbarungen gelten, soweit nichts anderes bestimmt ist, dieselben Vorschriften wie für die Vergabe entsprechender öffentlicher Aufträge.

(6) Wettbewerbe sind Auslobungsverfahren, die dem Auftraggeber aufgrund vergleichender Beurteilung durch ein Preisgericht mit oder ohne Verteilung von Preisen zu einem Plan oder einer Planung verhelfen sollen.

Schrifttum: *Dauses*, Handbuch des EU-Wirtschaftsrechts, 23. Aufl. 2008; *Dreher/Motzke*, Beck'scher Vergaberechtskommentar, 2. Aufl. 2013; *Immenga/Mestmäcker*, Wettbewerbsrecht, Band 2. GWB/Teil 2, 5. Aufl. 2014; *Jestaedt/Kemper/Marx/Prieß*, Das Recht der Auftragsvergabe, 1999; *Korbion*, Vergaberechtsänderungsgesetz, 1999; *Kulartz/Kus/Portz*, Kommentar zum GWB-Vergaberecht,

4. Aufl. 2016; *Motzke/Pietzcker/Prieß*, Beck'scher VOB-Kommentar – Verdingungsordnung für Bauleistungen Teil A, 3. Aufl. 2017; *Noch*, Vergaberecht kompakt, 6. Aufl. 2015; *Palandt*, Bürgerliches Gesetzbuch, 76. Aufl. 2017; *Prieß*, Das öffentliche Auftragswesen in der Europäischen Union, 1994; *Pünder/Schellenberg*, Vergaberecht – Handkommentar, 2. Aufl. 2015; *Ziekow/Völlink*, Vergaberecht – Kommentar, 2. Aufl. 2013.

Übersicht

I. Entstehung und Bedeutung der Vorschrift

1 § 103 GWB entspricht weitgehend dem Inhalt des § 99 GWB a.F.,[1] wobei wesentliche in der alten Fassung im Rahmen des öffentlichen Auftrags geregelte Fallgestaltungen nun an anderer Stelle im GWB zu finden sind. Inhouse-Geschäfte und Verwaltungszusammenarbeit sind nun in § 108 GWB geregelt. Die Vergabe von Konzessionen ist vor allem in § 105 GWB normiert und der Umgang mit gemischten Verträgen ist nun in § 110 GWB zu finden. Neu in § 103 Abs. 5 GWB sind nun Vorgaben zu Rahmenvereinbarungen zu finden.

2 § 103 Abs. 1 bis 4 dienen der Umsetzung des Art. 2 Abs. 1 Nr. 5 bis 9 der RL 2014/24/EU und Art. 2 Abs. 1 Nr. 1 bis 5 RL 2014/25/EU. § 103 Abs. 5 setzt Art. 33 Abs. 1 UAbs. 2 RL 2014/24/EU und Art. 51 Abs. 1 UAbs. 2 RL 2014/25 EU um.

3 § 103 Abs. 1 GWB umschreibt anhand der Definition des öffentlichen Auftrags zugleich den Anwendungsbereich des Vergaberechts und ist wesentliche Voraussetzung für die Erlangung von Rechtsschutz vor den Vergabekammern und Oberlandesgerichten (vgl. §§ 155, 160 Abs. 2 GWB). Durch die Differenzierung zwischen den unterschiedlichen Auftragsarten in § 103 Abs. 2 bis 6 werden unterschiedliche Verfahrensvorschriften für die

1 Gesetz gegen Wettbewerbsbeschränkungen in der Fassung der Bekanntmachung vom 26.6.2013 (BGBl. I 2013, S. 1750, 3245).

Ausschreibung der jeweiligen Aufträge zur Anwendung gebracht. Die in Abs. 2 bis 4 vorgenommene Unterteilung in verschiedene Kategorien öffentlicher Aufträge und die verwendeten Begriffsbestimmungen lehnen sich an die Vorgaben des EU-Rechts an. § 103 GWB ist in Übereinstimmung mit EU-Vergaberecht auszulegen. In der Rechtsprechung des EuGH ist anerkannt, dass der Begriff des öffentlichen Auftrags in den Rechtsordnungen der Mitgliedstaaten grundsätzlich so auszulegen ist, dass die praktische Wirksamkeit der Richtlinien gewährleistet wird.[2]

II. Öffentlicher Auftrag gem. § 103 Abs. 1 GWB

1. Vorrangprüfung des § 98 GWB

Ein öffentlicher Auftrag i. S. d. § 103 Abs. 1 GWB setzt voraus, dass an dem **Vertragsverhältnis ein öffentlicher Auftraggeber** i. S. d. § 99 GWB oder ein Sektorenauftraggeber i. S. d. § 100 GWB beteiligt ist. Die Frage, ob ein öffentlicher Auftraggeber oder Sektorenauftraggeber vorhanden ist, muss deshalb vorab geprüft werden.[3] 4

2. Begriff des öffentlichen Auftrages

a) Allgemeines

§ 103 Abs. 1 GWB enthält die Legaldefinition des öffentlichen Auftrags. Wesentliche Voraussetzung ist, dass eine entgeltliche Beschaffung eines öffentlichen Auftraggebers oder Sektorenauftraggebers vorliegt. Die Merkmale sind insgesamt im Sinne des effet utile nicht formal zu fassen, sondern als funktionale Rechtsbegriffe zu verstehen.[4] Damit wird zugleich eine Negativabgrenzung getroffen. Ein öffentlicher Auftrag liegt nicht vor, wenn der öffentliche Auftraggeber/Sektorenauftraggeber nicht als Nachfrager auftritt und seinen Bedarf durch Eigenleistung erbringt.[5] Darüber hinaus wird ein öffentlicher Auftrag dann nicht anzunehmen sein, wenn dem Beschaffungsvorhaben keine Selektivität zukommt, der Auftraggeber also durch den Beschaffungsvorgang nicht zwischen Unternehmen auswählt. Denn § 103 GWB ist, wie einführend beschrieben, immer im Lichte des EU-Rechts und dessen Sinn und Zweck auszulegen. Wird durch ein Beschaffungsvorhaben der Wettbewerb daher per se nicht beeinträchtigt und kann keine Diskriminierung stattfinden, liegt ein öffentlicher Auftrag mangels Selektivität als ungeschriebenes Tatbestandsmerkmal nicht vor. 5

---

2 EuGH, Urt. v. 12.7.2001, Rs. C-399/98, Slg. 2001, I-5409, Tz. 55 – Milano e Lodi. Zwar geht es in der Entscheidung konkret um die RL 93/37/EWR (BKR), es ist jedoch – auch vor dem Hintergrund der bisherigen EuGH-Rspr. – davon auszugehen, dass für die Lieferkoordinierungsrichtlinie 93/36/EWG vom 14.6.1993 (LKR), die Dienstleistungskoordinierungsrichtlinie 92/50/EWG vom 18.6.1992 (DKR) und die Sektorenrichtlinie 90/351/EWG vom 17.9.1990 (SKR) grundsätzlich nichts anderes gilt; vgl. *Marx*, in: Motzke/Pietzcker/Prieß, VOB, § 99 GWB Rn. 1. Dies zeigt sich auch an Hand neuerer Entscheidungen: EuGH, Urt. v. 18.1.2007, Rs. C-220/05 – Auroux.

3 So auch *Korbion*, VgRÄG, § 99 Rn. 1; *Dreher*, in: Immenga/Mestmäcker, GWB, § 98 Rn. 114; vgl. zu den europarechtlichen Voraussetzungen *Seidel/Mertens*, in: Dauses, EU-Wirtschaftsrecht, Öffentliches Auftragswesen, Rn. 68 f.

4 In diesem Sinne auch: EuGH, Urt. v. 18.12.1999, Rs. C-107/98, Rn. 46 ff. – Teckal.

5 Vgl. Erwägungsgrund 5 RL 2014/24 EU.

b) Entgeltlichkeit

6 Die Legaldefinition des öffentlichen Auftrages in § 103 Abs. 1 GWB bestimmt zunächst, dass unter dem Begriff nur **entgeltliche Verträge** zwischen einem öffentlichen Auftraggeber und einem Unternehmen subsumiert werden können. Der Begriff der **Entgeltlichkeit**, der auch bei der Neufassung des § 103 Abs. 1 GWB beibehalten worden ist, bedarf allerdings im Hinblick auf die Rspr. des EuGH einer Relativierung und wird daher weit ausgelegt. Jede Art der Vergütung, die einen Geldwert haben kann, ist entgeltlich im Sinne des § 103 GWB. Auf die Höhe der Vergütung kommt es nicht an.[6] So kann z. B. auch ein streitbeilegender Vergleich[7] oder ein Mitgliedsbeitrag in einem Verein[8] einen entgeltlichen Vertrag darstellen. Gleiches gilt hinsichtlich des Verkaufs von Sekundärstoffen, obwohl der Auftraggeber hier auf den ersten Blick nicht als Beschaffer auftritt.[9] Da es dem Auftraggeber aber bei genauerer Betrachtung auf die Auslagerung seiner Pflichten zur Entsorgung geht, handelt es sich doch um einen entgeltlichen Beschaffungsvorgang.

7 Durch die Bezeichnung als „entgeltlicher" Vertrag soll klargestellt werden, dass der öffentliche **Auftraggeber eine Gegenleistung erbringen muss**, der Vertrag also „rechtlich abhängig ist von einer als Ausgleich aufgefassten eigenen Zuwendung in dem Sinne, dass er nur zusammen mit dieser endgültig sein soll".[10] Entgeltlichkeit umfasst jede Art von Vergütung, die einen geldwerten Vorteil bedeutet.[11] Eine Gewinnerzielung ist nicht erforderlich. Das weite Verständnis von der Entgeltlichkeit soll die vergaberechtspflichtigen öffentlichen Aufträge nur von vergabefreien Gefälligkeitsverhältnissen oder außerrechtlichen Beziehungen abgrenzen.[12] Im Übrigen verlangt § 103 Abs. 1 GWB kein Entgelt für die Dienstleistung selbst, die der betreffende Vertrag zum Gegenstand hat.[13] Erforderlich ist lediglich, dass Leistung und Gegenstand voneinander nicht trennbare Teile eines einheitlichen Leistungsaustauschgeschäfts sind.[14]

8 Ein solcher Vertrag besteht somit immer aus einer vereinbarten Leistung des vertraglich gebundenen Auftragnehmers und aus einer in Geld bestehenden Gegenleistung des vertraglich gebundenen öffentlichen Auftraggebers.[15] Nach einer Entscheidung des BGH vom 12.6.2001 **fehlt es** beispielsweise bei einem **hoheitlichen Beleihungsakt**, mit dem ein Teil der Staatsfunktionen auf ein Subjekt des Privatrechts übertragen wird, am **Merkmal der Entgeltlichkeit**.[16] Allerdings ist damit die Frage, ob ausnahmsweise auch öffentlich-recht-

---

6 Vgl. EuGH, Urt. v. 11.12.2014, Rs. C-113/13 – Spezzino.
7 OLG Düsseldorf, Beschl. v. 21.7.2010, VII-Verg 19/10.
8 BGH, Beschl. v. 3.7.2008, I ZR 145/05.
9 BGH, Beschl. v. 1.2.2005, X ZB 27/04.
10 RG, Beschl. v. 30.1.1940, GSZ 3/38, RGZ 163, 348, 356.
11 OLG Düsseldorf, Beschl. v. 12.1.2004, VII-Verg 71/03; OLG Düsseldorf, Beschl. v. 5.5.2004, VII-Verg 78/03; OLG Frankfurt, Beschl. v. 7.9.2004, 11 Verg 11/04; OLG Koblenz, Beschl. v. 6.11.2000, Verg 4/00, NZBau 2001, 283.
12 Vgl. *Dreher*, in: Immenga/Mestmäcker, GWB, § 99 Rn. 49.
13 BGH, Beschl. v. 1.2.2005, X ZB 27/04, BGHZ 162, 116.
14 BGH, Beschl. v. 1.2.2005, X ZB 27/04, BGHZ 162, 116.
15 Vgl. *Korbion*, VgRÄG, 1999 § 99 Rn. 2.
16 BGH, Beschl. v. 12.6.2001, X ZB 10/01, BGHZ, 148, 55, 61; kritisch hierzu *Zeiss*, DVBl. 2003, 435.

liche Verträge unter die Bestimmungen des Vergaberechts fallen können, noch nicht für alle Fallgestaltungen abschließend entschieden.[17]

Da die Entgeltlichkeit grundsätzlich bei jedem geldwerten Vorteil gewahrt sein soll, genügen **neben der unmittelbaren Zuwendung von Geldmitteln auch andere Formen der Leistungserbringung**. So hat der EuGH beispielsweise den Verzicht des öffentlichen Auftraggebers auf einen aufgrund eines Gesetzes bestehenden Gebührenanspruch auf Entrichtung eines Erschließungsbeitrags grundsätzlich genügen lassen.[18] **9**

An der **Entgeltlichkeit eines Vertrags** fehlt es nach der Entscheidung des EuGH in der Rs. „Telaustria" ebenfalls, **wenn die Gegenleistung** im Sinne einer finanziellen Zuwendung nicht in Geld, sondern **im Recht zur Verwertung seiner eigenen Leistung besteht**.[19] Dementsprechend stellen **Konzessionsverträge**, welche nunmehr in den §§ 105 und 101 GWB geregelt sind, **keine öffentlichen Aufträge** i. S. d. § 103 GWB dar. **10**

Bereits im Urteil „Stadt Halle" hat der EuGH i. S. d. Öffnung des öffentlichen Auftragswesens für einen möglichst umfassenden Wettbewerb entschieden, dass die vergaberechtlichen Unionsvorschriften anwendbar sind, wenn die Einrichtung, mit der ein öffentlicher Auftraggeber einen entgeltlichen Vertrag schließen möchte, selbst ein öffentlicher Auftraggeber ist.[20] Nach Art. 1 Abs. 9 der RL 2004/18/EG ist aber ein öffentlicher Auftraggeber eine Einrichtung, die im Allgemeininteresse liegende Aufgaben nicht gewerblicher Art erfüllt. Eine solche Einrichtung übt daher nicht in erster Linie eine gewinnerzielende Tätigkeit auf dem Markt aus. Dementsprechend hat der Gerichtshof in seinem Urteil v. 23.12.2009 die Frage, ob Universitäten und Forschungsinstitute als Wirtschaftsteilnehmer Bieterrechte wahrnehmen können, ausgeführt, dass jede Person oder Einrichtung als Bieter oder Bewerber, die in Anbetracht der in der Auftragsausschreibung festgelegten Bedingungen meint, dass sie den betreffenden Auftrag ausführen kann, qualifiziert werden kann. Dies gilt unabhängig davon, ob sie selbst oder unter Rückgriff auf Subunternehmer tätig wird, unabhängig von ihrem privatrechtlichen oder öffentlich-rechtlichen Status und der Frage, ob sie auf dem Markt systematisch tätig ist oder nur gelegentlich auftritt oder ob sie aus öffentlichen Mitteln subventioniert wird oder nicht. Auch Einrichtungen, die nicht in erster Linie Gewinnerzielung anstreben, nicht über die Organisationsstruktur eines Unternehmens verfügen und nicht ständig auf dem Markt tätig sind, wie Universitäten und Forschungsinstitute, sind daher berechtigt, an einem Verfahren zur Vergabe eines öffentlichen Auftrags teilzunehmen.[21] **11**

Öffentliche Aufträge i. S. der ersten Variante von § 103 GWB setzen die Beschaffung von Waren, Bau- und Dienstleistungen durch einen öffentlichen Auftraggeber (§ 98 GWB) voraus. Daher werden grundsätzlich nur solche Verträge von den vergaberechtlichen Vorschriften der §§ 97ff. GWB erfasst, bei denen **Leistungen durch einen Dritten an den Auftraggeber erbracht werden**. Der Auftraggeber muss daher bei einem öffentlichen **12**

17 Ausdrücklich offengelassen in OLG Düsseldorf, Beschl. v. 11.3.2002, Verg 43/01, NZBau 2003, 55, 59.

18 EuGH, Urt. v. 12.7.2001, Rs. C-399/98, Slg. 2001, I-5409, Tz. 84 – Milano e Lodi; entspr. auch OLG Naumburg, Beschl. v. 4.12.2001, 1 Verg 10/01, NZBau 2002, 235, 236.

19 EuGH, Urt. v. 7.12.2000, Rs. C-324/98, Slg. 2000, I-10745 – Telaustria; vgl. auch *Dreher*, in: Immenga/Mestmäcker, GWB, § 99 Rn. 50.

20 EuGH, Urt. v. 11.1.2005, Rs. C-26/03, Slg. 2005, I-1, Tz. 47 – Stadt Halle.

21 EuGH, Urt. v. 23.12.2009, Rs. C-305/08, Tz. 42 bis 45 – Consorzio Nazionale Interuniversitario per le Scienze del Mare/Regione Marche.

Auftrag auf Seiten der Güternachfrage auftreten; außerdem muss der Vertrag Beschaffungszwecken dienen.[22] Wie beispielsweise das BayObLG entschied, fällt die Einräumung eines Rechts zur Aufstellung und Bewirtschaftung von Großflächenwerbeanlagen (sog. Mega-Light-Boards) nicht unter den Begriff des öffentlichen Auftrags, da es am **Beschaffungselement** fehlt.[23] Die Einräumung eines Rechts qualifiziert den Auftrag in der Regel als Konzession im Sinne des § 105 Abs. 1 GWB. Im Falle von Konzessionen geht bei der Vergabe des Auftrags das Betriebsrisiko für die Nutzung auf den Konzessionsnehmer über. Grundsätzlich finden die vergaberechtlichen Vorschriften der §§ 97 ff. GWB keine Anwendung auf Veräußerungsverträge, Vermietungs- oder Verpachtungsverträge sowie Gesellschaftsverträge öffentlicher Auftraggeber.[24]

c) Öffentlich-öffentliche Zusammenarbeit

13 Unter welchen Voraussetzungen auch die öffentlich-öffentliche Zusammenarbeit einen öffentlichen Auftrag darstellt, ergibt sich nun explizit aus § 108 GWB.

d) Vertragsschluss

14 Ein Vertrag ist die von zwei oder mehreren Personen erklärte Willensübereinstimmung über die Herbeiführung eines bestimmten rechtlichen Erfolges und setzt zwei übereinstimmende Willenserklärungen voraus.[25] Prägend für einen Vertrag ist die grundsätzliche **rechtliche Gleichordnung** der Vertragsparteien und der **Grundsatz der Vertragsfreiheit**. Kein Vertrag und somit kein öffentlicher Auftrag liegt vor, wenn sich der Rechtsgrund für die erbrachten Leistungen **direkt aus Gesetzen oder Verordnungen** herleiten lässt, denn dann handelt es sich um einen einseitigen Hoheitsakt und es fehlt sowohl an einer Gleichordnung der Vertragsparteien als auch an einer Vertragsfreiheit.[26]

15 Grundsätzlich sind öffentliche Aufträge im Rahmen des Vergaberechts **privatrechtlicher Natur**.[27] Fragen nach deren Wirksamkeit, nach Art und Weise der Vertragsabwicklung (Verzug, Nicht- bzw. Schlechtleistung) oder Schadensersatz richten sich dementsprechend nach zivilrechtlichen Normen, soweit die Vertragspartner im Rahmen der Vertragsfreiheit keine anderen Regelungen getroffen haben. Dementsprechend sind für Streitigkeiten aus öffentlichen Aufträgen grundsätzlich auch die Zivilgerichte zuständig.

---

22 BayObLG, Beschl. v. 4.2.2002, Verg 1/02, VergabeR 2002, 305, 306; hierzu *Storr*, EWiR 2002, 385; früher schon BayObLG, Beschl. v. 11.12.2001, Verg 15/01, VergabeR 2002, 55, 57; OLG Brandenburg, Beschl. v. 3.8.2001, Verg 3/01; *Wegener*, in: Pünder/Schellenberg, Vergaberecht, § 99 Rn. 33 f.; *Ziekow*, in: Ziekow/Völlink, Vergaberecht, § 103 Rn. 12.

23 BayObLG, Beschl. v. 4.2.2002, Verg 1/02, VergabeR 2002, 305, 306; zustimmend *Sura*, Anm. VergabeR 2002, 307, 308; zuvor ebenso VK Südbayern, Beschl. v. 28.12.2001, 47-11/01.

24 Vgl. EuGH, Urt. v. 25.3.2010, Rs. C-451/08 – Helmut Müller; OLG München, Beschl. v. 27.9.2011, Verg 15/11; OLG Düsseldorf, Beschl. v. 9.6.2010, VII-Verg 9/10; *Dreher*, in: Immenga/Mestmäcker, GWB, § 99 Rn. 36 ff.; *Hüttinger*, in: Dreher/Motzke, GWB, § 103 Rn. 68 ff., 3. Aufl. 2017; a. A. *Kerssenbrock*, WuW 2001, 122, 123.

25 Vgl. *Ellenberger*, in: Palandt, BGB, Einf vor § 145 Rn. 1.

26 Vgl. *Wegener*, in: Pünder/Schellenberg, GWB, § 99 Rn. 5; *Hüttinger*, in: Dreher/Motzke, GWB, § 103 Rn. 62, 3. Aufl. 2017.

27 Vgl. auch die Begründung zu § 99 GWB i. d. F. des § 108 GWB des Regierungsentwurfes, BT-Drs. 13/9340, S. 15.

Öffentliche Aufträge i. S. v. § 103 GWB stellen in aller Regel keine öffentlich-rechtlichen Verträge i. S. v. §§ 54 ff. VwVfG bzw. der entsprechenden Vorschriften der LVwVfG der Länder dar. Die Einordnung der Rechtsnatur eines Vertrags als privatrechtlich oder öffentlich-rechtlich erfolgt nach dem Gegenstand der vertraglichen Regelung. Als öffentlich-rechtlich ist der Gegenstand nur dann zu beurteilen, wenn es sich um von der gesetzlichen Ordnung öffentlich-rechtlich geregelte Sachverhalte handelt.[28] Dies ist anzunehmen, wenn die im Vertrag getroffene Gesamtheit der Regelungen, wäre sie normativ erfolgt, Normen des öffentlichen Rechts darstellen würde. Davon kann man bei den in § 103 Abs. 1 GWB genannten Vertragstypen und dem Auslobungsverfahren jedoch im Regelfall nicht ausgehen. Diese weisen ausschließlich oder zumindest überwiegend Beschaffungscharakter auf und der öffentliche Auftraggeber nimmt dabei wie jede andere Privatperson am Rechtsleben teil. 16

Als mögliche **Ausnahme** von der privatvertraglichen Auftragsvergabe hat der EuGH in der Rs. „Milano e Lodi“ entschieden, dass auch öffentlich-rechtliche Erschließungsverträge im Einzelfall als öffentliche Aufträge i. S. v. § 103 GWB angesehen werden können.[29] Danach kann insbesondere der städtebauliche Zweck von Erschließungsvorhaben dazu führen, dass Einflussmöglichkeiten und rechtliche Befugnisse der zuständigen Behörden gewahrt bleiben. Der zwischen der Stadt Mailand und einer Gruppe von Bauträgern geschlossene Vertrag sah vor, dass der äußere Baukörper eines Theaters in einem gerade erschlossenen Stadtviertel als sekundäre Erschließungsanlage errichtet werden sollte. Diese Besonderheit des Falles machte es überhaupt erst möglich, dass ein Erschließungsvertrag zustande kam. Der EuGH sah in den übrigen öffentlich-rechtlichen Bestimmungen des Erschließungsrechts keinen Hinderungsgrund zur Bejahung eines öffentlichen Bauauftrags i. S. v. § 103 GWB.[30] 17

Der Entscheidung des EuGH ist somit in erster Linie zu entnehmen, dass auch **der öffentlich-rechtliche Charakter von Vertragsverhältnissen der Anwendung des Vergaberechts nicht grundsätzlich entgegensteht**. Allerdings führen die spezifischen Gegebenheiten des Falles dazu, dass die Grundsätze der Entscheidung nur in begrenztem Umfang verallgemeinerungsfähig sind. Denn der Zusammenhang mit den übrigen Bauvorhaben – der Innenausbau des Theaters sollte regulär ausgeschrieben werden, und der Vertragsschluss war mit einem Erlass des Erschließungsbeitrags verbunden – lässt darauf schließen, dass das Mittel des Erschließungsvertrags in diesem Fall gewählt worden war, um eine an sich erforderliche Ausschreibung zu umgehen. Schließlich zeigt der Fall, dass auch bei Erschließungsverträgen nach § 11 Abs. 1 Satz 2 Nr. 1 BauGB (§ 124 BauGB a. F.) Konstellationen denkbar sind, in denen vergaberechtliche Vorschriften zur Anwendung kommen können.[31] Allerdings dürfte die **Übertragbarkeit** der „Milano e Lodi-Grundsätze“ auf Erschließungsverträge nach dem BauGB grundsätzlich gering bleiben, da in der Regel Erschließungsverträge nicht der Beschaffung von Leistungen zugunsten eines öffentlichen Auftraggebers dienen, sondern die **Erfüllung öffentlich-rechtlicher Erschließungs-** 18

---

28 So BVerwG, Urt. v. 5.10.1965, IV C 26.65, BVerwGE 22, 138, 141; BVerwG, Urt. v. 6.7.1973, IV C 22.72, BVerwGE 42, 331, 332.

29 EuGH, Urt. v. 12.7.2001, Rs. C-399/98, Slg. 2001, I-5409, Tz. 70 ff. – Milano e Lodi.

30 EuGH, Urt. v. 12.7.2001, Rs. C-399/98, Slg. 2001, I-5409, Tz. 74 – Milano e Lodi.

31 So schon früher *Byok*, NJW 1998, 2774, 2777.

pflichten zum Gegenstand haben. Im Regelfall wird ein solcher öffentlich-rechtlicher Vertrag keine vom Staat zu erwerbende Marktleistung zum Inhalt haben.[32]

19 In der Rspr. wird davon ausgegangen, dass der Begriff des Vertrags in § 103 Abs. 1 GWB dahingehend auszulegen ist, dass er auch öffentlich-rechtliche Verträge und Zweckvereinbarungen umfasst.[33] Begründet wird diese Auffassung damit, dass der europäische Richtliniengeber und der Gesetzgeber die Fallgruppen, in denen als Auftragnehmer ein öffentlicher Auftraggeber beteiligt ist, gesehen und dafür enge Ausnahmetatbestände geschaffen hat. In den Fällen, in denen die Auftragnehmer ein auf Gesetz oder Verordnung beruhendes ausschließliches Recht zur Erbringung der in Rede stehenden Leistungen innehaben, ist damit eine Ausnahme gegeben.

e) Ausübung öffentlicher Gewalt

20 Das Vergaberecht muss dann nicht zur Anwendung kommen, wenn die Ziele der Öffnung des Wettbewerbs und der Gewährleitung der Niederlassungs- und Dienstfreiheit auch im AEUV eingeschränkt sind. Das Vergaberecht kann hier nicht weiter gehen, als es sich aus den Zielsetzungen des Europarechts allgemein ergibt. Art. 51 AEUV stellt eine solche europarechtliche Grenze dar. Danach sind Tätigkeiten, die dauernd oder zeitweise mit der Ausübung öffentlicher Gewalt verbunden sind, vom Anwendungsbereich der Niederlassungs- und Dienstleistungsfreiheit ausgenommen. Tätigkeiten die, eine unmittelbare Teilhabe an der Ausübung öffentlicher Gewalt zum Gegenstand haben, sind daher vom Anwendungsbereich des Vergaberechts ausgenommen,[34] auch wenn sie bei strenger Betrachtung unter den Begriff des § 103 GWB fallen würden. Entscheidend für den Anwendungsbereich dieser Ausnahme ist die Tatsache, dass es sich um eine unmittelbare Teilhabe handeln muss. Schon im Sinne der funktionalen Betrachtungsweise und der effektiven Umsetzung europarechtlicher Belange kann damit nicht jede mittelbare Tätigkeit, die im Zusammenhang mit der Ausübung öffentlicher Gewalt steht, eine vergaberechtliche Freistellung bewirken. Prominentes Beispiel in diesem Bereich war die Beschaffung von Rettungsdienstleistungen (vgl. nunmehr § 107 Abs. 1 Nr. 4 GWB). Hier hat der EuGH die Ausübung öffentlicher Gewalt abgelehnt.[35]

21 Der Entscheidungspraxis des BGH ist darüber hinaus zu entnehmen, dass nicht jede Ausnahme, die unter Art. 51 AEUV fällt, auch nach den Regelungen des GWB vom nationalen Vergaberecht ausgenommen sei.[36] Dies überzeugt deshalb, da die Mitgliedstaaten frei sind, strengere Vorgaben zu machen, als es das Europarecht fordert und bestimmte Tätigkeiten auch dem Vergaberecht national unterstellt werden können, die nicht in den Schutzbereich des Europarechts fallen.

---

32 OLG Celle, Beschl. v. 24.11.1999, 13 Verg 7/99, BayObLGZ Verg 7/03; Anerkennung BayObLG, Beschl. v. 28.5.2003, VK Nordbayern, Beschl. v. 22.4.2003, 320.VK-3194-09/03; zu weit gehend *Würfel/Butt*, NVwZ 2003, 153, 158.

33 OLG Sachsen-Anhalt, Beschl. v. 3.1.2005, 1 Verg 9/05; BayObLG, Beschl. v. 28.5.2003, Verg 7/03, VergabeR 2003, 563, 565; *Graef*, VergabeR 2004, 166, 168 f. m. w. N.

34 EuGH, Urt. v. 20.10.2005, Rs. C-264/03 – Kommission/Frankreich.

35 EuGH, Urt. v. 29.4.2010, Rs. C-160/08 – Kommission/Deutschland.

36 BGH, Beschl. v. 1.12.2008, X ZB 31/08, Rn. 19 ff.

f) Privatisierungen

Ob Privatisierungen öffentlicher Aufgaben dem Vergaberecht unterliegen, richtet sich nach den allgemeinen Grundsätzen über das Vorliegen eines öffentlichen Auftrags nach § 103 Abs. 1 GWB. Für den Fall der „Rekommunalisierung“[37] gelten danach folgende Grundsätze: Wird eine Aufgabe nach Ablauf eines Vertrags künftig wieder durch eine eigene Dienststelle oder eine eigene Tochtergesellschaft erledigt, so unterliegt dies nicht dem Vergaberecht, wenn bei einer erstmaligen Aufgabenübertragung die Voraussetzungen eines Inhouse-Geschäfts vorlägen.[38] Wird eine Aufgabe zwar in den kommunalen Raum zurückverlagert, aber nicht auf eine eigene Dienststelle oder Tochtergesellschaft einer Kommune, sondern auf eine andere Gebietskörperschaft verlagert, so ist danach zu unterscheiden, ob die andere Gebietskörperschaft als beauftragtes Unternehmen entgeltlich statt einem Wettbewerber auf dem Markt eine Dienstleistung erbringt (in diesem Fall Anwendung des Vergaberechts) oder außerhalb des Marktes in vertikaler Kooperation eine öffentliche Aufgabe erfüllt.[39] 22

Weder die materielle (d.h. dass sich der Staat völlig aus einem Tätigkeitsfeld zurückzieht, z.B. durch den Verkauf des bisherigen Staatsbetriebs) noch die formelle Privatisierung (d.h. Umwandlung in eine juristische Person des Privatrechts) stellt als solche eine Vergabe eines öffentlichen Auftrags dar. Soweit im Verlauf von Privatisierungsmaßnahmen öffentliche Aufträge vergeben werden, unterliegen sie grundsätzlich dem Vergaberecht. Soweit die Durchführung einer öffentlichen Aufgabe an selbstständige Private übergeben wird, bedient sich der öffentliche Auftraggeber zur Durchführung einer öffentlichen Aufgabe eines privaten Auftragnehmers. Insoweit ist in der Vergabe der öffentlichen Aufgabe ein öffentlicher Auftrag zu sehen.[40] 23

g) Formvorschriften

Nicht in § 103 Abs. 1 GWB geregelt ist, ob ein Vertrag im Rahmen des Vergaberechts einer besonderen Form bedarf. Während die europäischen Vorgaben ausdrücklich von „schriftlichen Verträgen“ ausgehen,[41] sieht § 103 Abs. 1 GWB keine entsprechende Bestimmung vor. In der Literatur war daher zunächst umstritten, ob auf die Schriftform des Vertrags im deutschen Vergaberecht bewusst verzichtet wurde,[42] sodass auch ein mündlich abgeschlossener Vertrag genügend ist,[43] oder ob es sich dabei möglicherweise um ein redaktionelles Versehen handelt.[44] Auf Letzteres weisen insbesondere die Begründung des Regierungsentwurfs und die Stellungnahme des Bundesrates hin. In der Begründung des Regierungsentwurfes zu § 99 GWB i.d.F. des § 108 GWB-E wird beispielsweise betont, dass die Be- 24

37 Vgl. *Ziekow/Siegel*, VerwArch 2005, 127 f. m.w.N.

38 Vgl. OLG Düsseldorf, Beschl. v. 15.10.2003, VII-Verg 50/03, NZBau 2004, 58.

39 Weitergehend i.S. einer Anwendung des VergR OLG Düsseldorf, Beschl. v. 5.5.2004, VII-Verg 78/03, NZBau 2004, 398, 399; OLG Frankfurt, Beschl. v. 7.9.2004, 11 Verg 11 und 12/04; OLG Sachsen-Anhalt, Beschl. v. 3.11.2005, 1 Verg 9/05.

40 Vgl. *Prieß*, in: Jestaedt/Kemper/Marx/Prieß, Das Recht der Auftragsvergabe, S. 54.

41 Vgl. jeweils Art. 1 lit. a) der Bau-, Liefer- und Dienstleistungskoordinationsrichtlinie.

42 So *Dreher*, DB 1998, 2579.

43 Davon offensichtlich ausgehend *Dreher*, DB 1998, 2587.

44 Ohne Begründung gehen *Thieme/Correll*, DVBl. 1999, 885, vom Bestehen eines Schriftformerfordernisses aus.

griffsbestimmung des öffentlichen Auftrags „auf der Definition der EG-Richtlinien" beruhen soll.[45]

25 Wie jedoch das BayObLG in einer Entscheidung vom 10.10.2000 zutreffend festgestellt hat, bedarf es beim Abschluss eines Bauvertrags der **Einhaltung des Schriftformerfordernisses grundsätzlich nicht**.[46] Nach der Auffassung des Gerichts beruht der Unterschied zwischen Unionsrecht und nationalem Recht darauf, dass nach deutschem Recht ein wirksamer Vertrag – auch im Anwendungsbereich des Vergaberechts – grundsätzlich durch schriftliche und mündliche Vereinbarung zustande kommen kann.[47] Die Einhaltung des Schriftformerfordernisses ist daher im Anwendungsbereich von § 103 GWB nach zutreffender Auffassung nicht erforderlich, es sei denn, es bestehen abhängig vom jeweiligen Vertragsgegenstand andere Formvorschriften.[48]

26 Das Fehlen des Schriftformerfordernisses ist auch unter Berücksichtigung der ständigen Rechtsprechung des EuGH,[49] nach der das **nationale Vergaberecht im Lichte der europäischen Richtlinien auszulegen ist**,[50] nicht zu beanstanden. Denn die Wirksamkeit der europäischen Richtlinien wird durch den Verzicht auf das Erfordernis der Schriftform nicht eingeschränkt, sondern im Gegenteil durch die Gültigkeit auch nicht schriftlicher Verträge im Rahmen der materiell-rechtlichen Auswirkungen tendenziell erweitert. Wie das BayObLG ausführte, würde der Bieterschutz gerade dann weitgehend unterlaufen, wenn mündlich erteilte Aufträge von vornherein von den nationalen Vergaberegeln befreit würden.[51] Möglicherweise wäre sogar eine Umgehung der vergaberechtlichen Vorschriften durch den Abschluss mündlicher Verträge zu befürchten.[52] Folglich ist in dem Verzicht auf die Schriftform kein Verstoß gegen das Gebot richtlinienkonformer Auslegung zu sehen.

27 **Abzulehnen ist** mit dem BayObLG weiterhin die Auffassung, wonach es sich bei dem **europarechtlichen Schriftformmerkmal um ein gesetzliches Schriftformerfordernis i.S.v. § 126 BGB handelt**, das vor allem die Sicherheit des Rechtsverkehrs gewährleisten und vor Missbrauch schützen soll.[53] Ein Verstoß gegen die Schriftform hätte dann gem. § 125 BGB die Nichtigkeit des Vertrags zur Folge, da sich nach dem EuGH die Rechtsfolge eines Formverstoßes grundsätzlich nach innerstaatlichem Recht richtet.[54] Nach dieser Ansicht läge im Fehlen des Schriftformerfordernisses in § 99 Abs. 1 GWB eine unionsrechtswidrige Umsetzung der Richtlinien durch die Bundesrepublik Deutschland vor, mit der Folge, dass der mündliche Vertrag zwar unwirksam wäre, sich der öffentliche Auftraggeber

45 Vgl. BT-Drs. 13/9340, S. 15 zu § 108.

46 BayObLG, Beschl. v. 10.10.2000, Verg 5/00 VergabeR 2001, 55.

47 BayObLG, Beschl. v. 10.10.2000, Verg 5/00 VergabeR 2001, 55.

48 *Wegener*, in: Pünder/Schellenberg, GWB, § 99 Rn 4.

49 Vgl. nur EuGH, Urt. v. 17.9.1997, Rs. C-54/96, Slg. 1997, I-4961 – Dorsch-Consult; dazu *Dreher*, VR 1997, 33 f. und *Elbel*, DÖV 1999, 240; EuGH, Urt. v. 24.9.1998, Rs. C-76/97, Slg. 1998-I, 5357, 5408 – Tögel, und EuGH, Urt. v. 28.10.1999, C-328/96, Slg. 1999, I-7479 – Republik Österreich.

50 Dazu auch VÜA des Bundes v. 28.5.1996, 1 VÜ 12/96, WuW 1997/E VergAB 87, S. 273; Schleswig-Holsteinisches OLG, Urt. v. 6.7.1999, 6 U Kart 22/99, S. 19 f. und *Sieveking*, VR 1999, 338.

51 BayObLG, Beschl. v. 10.10.2000, Verg 5/00, VergabeR 2001, 55; *Eschenbruch*, in: Kulartz/Kus/Portz, GWB, § 103 Rn. 240.

52 *Eschenbruch*, in: Kulartz/Kus/Portz, GWB, § 103 Rn. 240.

53 Vgl. *Prieß*, in: Jestaedt/Kemper/Marx/Prieß, Das Recht der Auftragsvergabe, S. 45.

54 EuGH, Vorabentscheidung v. 29.4.1982, Rs. 66/81, 99/81, Slg. 1982-I, 1363, 1378 – Pommerehnke; dazu BGH, Urt. v. 22.9.1982, VIII ZR 215/79, NJW 1983, 519, 521 f.

aber gegenüber seinem Vertragspartner schadensersatzpflichtig macht, falls dieser aufgrund des im deutschen Vertragsrecht bestehenden Grundsatzes der Formfreiheit von Verträgen[55] auf dessen Wirksamkeit vertrauen durfte.

h) Selektivität/Open-House-Verträge

Diskutiert wurde vor allem im Bereich des sog. Sozialvergaberechts, ob es ein ungeschriebenes Tatbestandsmerkmal im Rahmen des § 103 GWB gibt, nach dem nur dann von einem öffentlichen Auftrag ausgegangen werden kann, wenn dem Auftrag eine **Auswahlentscheidung** innewohnt (Selektivität durch den Auftrag). Vor diesem Hintergrund hat das Oberlandesgericht Düsseldorf in einem Verfahren über den Abschluss von Arzneimittelrabattverträgen nach § 130a Abs. 8 SGB V beschlossen, dem Europäischen Gerichtshof folgende zwei Fragen zur Vorabentscheidung vorzulegen:[56] **28**

1. Ist der Begriff des öffentlichen Auftrags nach Art. 1 Abs. 2 lit. a) der Richtlinie 2004/18 nicht mehr erfüllt, wenn öffentliche Auftraggeber ein Zulassungsverfahren durchführen, bei dem sie den Auftrag vergeben, ohne einen oder mehrere Wirtschaftsteilnehmer auszuwählen („Open-House-Modell")?
2. Falls Frage 1 dahin zu beantworten ist, dass eine Auswahl eines oder mehrerer Wirtschaftsteilnehmer Merkmal eines öffentlichen Auftrags ist: Ist das Merkmal der Auswahl von Wirtschaftsteilnehmern – das der Begriff des öffentlichen Auftrags dann implizieren würde – im Sinne von Art. 1 Abs. 2 lit. a) der Richtlinie 2004/18 im Licht von Art. 2 dieser Richtlinie dahin auszulegen, dass öffentliche Auftraggeber von einer Auswahl eines oder mehrerer Wirtschaftsteilnehmer im Wege eines Zulassungsverfahrens nur absehen dürfen, wenn die folgenden Voraussetzungen erfüllt sind:
   - die Durchführung eines Zulassungsverfahrens wird europaweit publiziert,
   - es werden eindeutige Regeln über den Vertragsschluss und den Vertragsbeitritt festgelegt,
   - die Vertragsbedingungen werden im Vorhinein in der Weise festgelegt, dass kein Wirtschaftsteilnehmer auf den Inhalt des Vertrags Einfluss nehmen kann,
   - Wirtschaftsteilnehmern wird ein jederzeitiges Beitrittsrecht gewährt und
   - Vertragsschlüsse werden europaweit bekannt gegeben?

Die vom EuGH zu beantwortende erste Frage, wurde zutreffender Weise verneint: Sinn und Zweck des (europäischen) Vergaberechts sei die Vermeidung der Bevorzugung einheimischer Bieter oder Bewerber. Diese Bevorzugung sei eng mit der **Auswahl** bestimmter Unternehmen verbunden, welche sodann durch den Auftrag ein Ausschließlichkeitsrecht erhielten. Strebe ein Auftraggeber an, **gerade kein Unternehmen exklusiv auszuwählen**, sondern stehe **jedem interessierten Bieter ein Recht zum Vertragsschluss zu**, so müssen die präzisen Vergaberegularien nicht angewendet werden, weshalb es sich im Ergebnis daher immer nur dann um einen öffentlichen (auszuschreibenden) Auftrag handele, wenn der Auftraggeber eine **Auswahlentscheidung** treffe. Dies sei insbesondere dann nicht der Fall, wenn allen Interessenten am Auftrag der Vertragsabschluss offenstehe und auch während der Laufzeit ein jederzeitiger Beitritt zu den gleichen Bedingungen (Preis/Vertragsregularien, etc.) möglich sei. Damit unterscheide sich dieses Modell auch von dem klassischen Rahmenvertrag, da auch während der Vertragsphase ein Beitritt zu gleichen Bedingungen **29**

55 Dazu *Ellenberger*, in: Palandt, BGB, § 125 Rn. 1.
56 OLG Düsseldorf, Beschl. v. 13.8.2014, Verg 13/14.

ermöglicht werde und daher anders als bei Rahmenverträgen nach Art. 32 Abs. 2 UAbs. 2 der RL 2004/18/EG die potenziellen Vertragspartner nicht von vornherein feststünden.

30 Auf die zweite Vorlagefrage antwortete der EuGH wie folgt: Das Verfahren müsse, soweit sein Gegenstand ein eindeutiges grenzüberschreitendes Interesse aufweise, im Einklang mit den Grundregeln des AEU-Vertrags ausgestaltet und durchgeführt werden. Insbesondere seien die Grundsätze der **Nichtdiskriminierung und der Gleichbehandlung der Wirtschaftsteilnehmer** sowie das sich hieraus ergebende Transparenzgebot zu beachten. Letzteres verlangt eine angemessene Bekanntmachung. Den Mitgliedstaaten komme ein gewisser Entscheidungsspielraum beim Erlass von Maßnahmen zur Gewährleistung der Beachtung des Grundsatzes der Gleichbehandlung zu. Das **Transparenzgebot** verlange aber zumindest eine entsprechende Bekanntmachung, nach der es allen potenziell interessierten Wirtschaftsteilnehmern ermöglicht werden müsse, vom Ablauf und den wesentlichen Merkmalen eines Zulassungsverfahrens in entsprechender Weise Kenntnis zu nehmen (Rn. 45). Vor diesem Hintergrund erfordert die Gewährleistung der Verfahrenstransparenz zumindest:

- eine **europaweite Bekanntgabe** der Absicht zur Durchführung eines Zulassungsverfahrens im Open-House-Verfahren,
- die Festlegung **diskriminierungsfreier Eignungskriterien**,
- Festlegung des **konkreten Beschaffungsbedarfs** zur Vergleichbarkeit der Leistung,
- klare, **unverhandelbare** und im Vorfeld nicht verhandelte Preisvorgaben,
- **jederzeitiges Beitrittsrecht** für alle interessierten Bieter während der Laufzeit,
- klare und eindeutige **Vorgaben für den Beitritt**, wie z. B. konkrete Fristen und Vorgaben über die einzuhaltenden Formalien,
- sowie eine **feste Vertragslaufzeit** (mindestens 2 Jahre, vgl. § 130a SGB V).

31 Im Rahmen der Ausgestaltung der auf den Open-House-Vertrag folgenden Einzelaufträgen stellt sich im Kern die Frage, ob diese wiederum ausschreibungspflichtig sind und bereits im Vorfeld eine klare Ausgestaltung für die Vergabe der Einzelabrufe erfolgen muss. Diese ist zu verneinen, da vom Schutzzweck des Vergaberechts nicht die Gleichbehandlung in der Einzelauswahl umfasst ist. Empfehlenswert, wenn auch rechtlich nicht zwingend erforderlich ist allerdings, die Kriterien der Einzelvergabe bereits in der Bekanntmachung zum Open-House-Vertrag bekannt zu machen.

32 Zumindest in dieser abgewandelten Form kann das Open-House-Modell auch für andere Beschaffungsvorhaben außerhalb des Gesundheitsbereichs offen stehen, also der Auftraggeber auch selbst die Einzelabrufentscheidung treffen. Erforderlich ist nur, dass die oben genannten Vorgaben an das Open-House-Modell eingehalten werden. Unzulässig ist es dabei insbesondere, wenn der Auftraggeber in der Bekanntmachung nicht alle Bedingungen für den Vertragsabschluss und Beitritt nennt und z. B. das Feld der Angebotsabgabefrist ausfüllt.

33 **Rechtsschutzmöglichkeiten** bestehen nach § 155 GWB n. F. nur in sehr eingeschränktem Maße. Da es sich nach der Entscheidung gerade nicht um einen öffentlichen Auftrag handelt, ist der Rechtsweg zu den Vergabenachprüfungsinstanzen bei enger Betrachtungsweise nicht eröffnet. Zu beachten ist aber, dass gerade die Frage, ob das konkrete Modell eine Auswahlentscheidung beinhaltet und es sich daher um einen öffentlichen Auftrag handelt, von den Vergabenachprüfungsinstanzen geprüft werden kann. Nur wenn es sich um ein offensichtlich nach den Regeln des EuGH durchgeführtes Verfahren handelt, kann der Antrag als bereits offensichtlich unzulässig zurückgewiesen werden. Es besteht daher eingeschränkter Rechtsschutz nach dem GWB in dem Maße, dass die Voraussetzungen für ein zulässiges Open-House-Modell inzident im Rahmen des § 103 GWB geprüft werden können. Liegen diese vor, ist der Nachprüfungsantrag unstatthaft. Liegen sie nicht vor, so besteht Rechtsschutz und es wird sich in aller Regel um eine unzulässige De-facto-Vergabe handeln. Zu beachten sind dabei jedoch dann die Fristen des § 135 GWB, wenn der Antragsteller die Unwirksamkeit der bereits geschlossenen Verträge geltend machen will. Die VK Bund geht dabei sogar so weit, dass nach wirksamen Abschluss des ersten Vertrages im Rahmen des Modells für alle weiteren Verträge ebenfalls kein Rechtsschutz besteht, da damit das Modell insgesamt wirksam in Gang gesetzt wurde.

III. Öffentlicher Lieferauftrag gem. § 103 Abs. 2 GWB

1. Begriff des öffentlichen Lieferauftrags

Ein öffentlicher Lieferauftrag liegt nach § 103 Abs. 2 GWB vor, wenn sich der **Vertrag auf die Beschaffung** von Waren bezieht. Unerheblich ist bei der Beschaffung, ob der Auftragnehmer dem öffentlichen Auftraggeber die Verfügungsgewalt an der Ware dadurch verschafft, dass er die Sache in dessen Einflussbereich verbringt. Insofern ist der Begriff des „Liefer"-Auftrags missverständlich. 34

In § 103 Abs. 2 Hs. 2 GWB werden „insbesondere" **der Kauf und Ratenkauf, Leasing-, Miet- und Pachtverträge** genannt. Aus der Verwendung des Wortes „insbesondere" ergibt sich, dass diese Aufzählung **nicht abschließend**, sondern nur beispielhaft gemeint ist.[57] Der Gesetzgeber hat sich bei der Aufnahme des „insbesondere" offensichtlich an der **Entscheidungspraxis des Vergabeüberwachungsausschusses des Bundes orientiert**, der bereits in seinem ersten Fall befand, dass die genannten Vertragstypen nur als Grundtyp genannt seien.[58] 35

Entscheidendes Kriterium zur Bejahung eines Liefervertrags ist nach § 103 Abs. 2 GWB also nicht die von den Parteien gewählte Vertragsform, sondern allein die **Verschaffung der Verfügungsgewalt**, sei es durch Erwerb oder zur Gebrauchsüberlassung.[59] Unerheblich ist dabei, ob die Gegenleistung für die Verschaffung bereits konkret oder lediglich abstrakt festgesetzt ist.[60] 36

Auch bei einem **Leasing von beweglichen Sachen** liegt **unproblematisch** ein öffentlicher Lieferauftrag i. S. v. § 103 Abs. 2 GWB vor. Umstritten ist hingegen, ob dies auch für Leasingverträge gilt, die sich auf **Immobilien** beziehen. 37

Soweit § 103 Abs. 2 GWB den **Begriff der Ware** verwendet, ist dieser nicht im handelsrechtlichen Sinn[61] dahingehend zu verstehen, dass von diesem nur bewegliche Sachen erfasst werden sollen. Vielmehr wird der Begriff der Ware – wie früher in § 14 GWB a. F. – 38

---

57 So auch *Ziekow*, in: Ziekow/Völlink, GWB, § 103 Rn. 79.

58 Entscheidung v. 2.8.1994, 1 VÜ 1/94, WuW 1995/E VergAB 1, S. 857 – Rollbehälter, siehe auch unten Rn. 126.

59 So auch *Prieß*, Das öffentliche Auftragswesen, S. 49.

60 Vgl. EuGH, Urt. v. 26.4.1994, Rs. C-272/91, Slg. 1994, I-1410 (1439) – Lottospiel.

61 Vgl. z. B. § 1 HGB.

nur zur Abgrenzung zur Werk- und Dienstleistung verwendet und umfasst somit **auch unbewegliche Sachen**. So ist z. B. auch ein Kaufvertrag über (bereits erstellte) Immobilien als öffentlicher Lieferauftrag i. S. v. § 103 Abs. 2 GWB zu klassifizieren.

2. Nebenleistungen

39 § 103 Abs. 2 Satz 2 GWB stellt klar, dass in öffentlichen Lieferverträgen auch Nebenpflichten geregelt werden können. Beispiele sind das „Verlegen und Anbringen" der gelieferten Ware.

40 Öffentliche Lieferaufträge sind nach der Rspr. des OLG Düsseldorf auch Rabattvereinbarungen zwischen gesetzlichen Krankenkassen und Arzneimittelherstellern nach § 130a Abs. 8 SGB V.[62] Zutreffend hält das OLG für entscheidend, dass die Krankenkassen als Auftraggeber Auftragnehmer mit einer Lieferung von Arzneimitteln beauftragen und hierfür bezahlen. Dass nicht die Kassen selbst die Entscheidung über die Einzelaufträge fällen, sondern der Arzt bzw. Apotheker, ist unerheblich, da die Entscheidung dieser Personen den Kassen zuzurechnen ist. Nach den einschlägigen Vorschriften des SGB V haben Ärzte/Apotheker grundsätzlich ein Medikament auszuwählen, das Gegenstand eines derartigen Vertrags ist. Ausreichend ist daher, dass das Nachfrageverhalten der Apotheker durch die Vereinbarung bestimmt wird.[63] Das OLG qualifiziert daher die Aufträge als Rahmenverträge, bei denen der Einzelvertrag durch den Arzt im Zusammenwirken mit dem Apotheker in einer die Ortskrankenkassen bindenden Weise zu Stande kommt. Dass der Auftrag auch nicht als Lieferkonzession vergaberechtsfrei ist, ergibt sich aus der Rspr. des EuGH.[64] Da unklar bleibt, ob der Auftraggeber überhaupt und in welchem Umfang Einzelaufträge erteilt, verbleibt dem Auftragnehmer das Risiko, ob und in welcher Höhe der Bedarf eintritt und er letztlich eine Vergütung erhält. Ob die Anwendbarkeit des Vergaberechts im Übrigen schon daraus resultiert, dass aufgrund der Neuregelung des Vergaberechts keine Grundlage mehr besteht, eine Ausnahme für „Lieferkonzessionen" anzunehmen, ist allerdings fraglich. Die Auffassung des OLG Düsseldorf ist mittlerweile durch den EuGH bestätigt worden.[65]

IV. Öffentlicher Bauauftrag gem. § 103 Abs. 3 GWB

1. Begriff des öffentlichen Bauauftrags

41 § 103 Abs. 3 GWB definiert den Bauauftrag. § 103 Abs. 1 Satz 1 Nr. 1 GWB unterstellt ein weites Verständnis und verweist im Wesentlichen auf Anhang II der Richtlinie 2014/24/EU und die dort ausgeführten Tätigkeiten. Einzubeziehen sind jedoch nicht nur die aus-

---

62 OLG Düsseldorf, Beschl. v. 19.12.2007, VII-Verg 50/07; Beschl. v. 17.1.2008, VII-Verg 57/07; a. A. OLG Karlsruhe, Beschl. v. 19.11.2007, 17 Verg 11/07.

63 OLG Düsseldorf, Beschl. v. 17.1.2008, VII-Verg 57/07, Rn. 38; vgl. auch *Gabriel*, NZS 2007, 344, 348.

64 EuGH, Urt. v. 18.7.2007, Rs. C-382/05, Slg. 2007, I-6657, Tz. 34 – Kommission/Italien; vgl. hierzu auch OLG Düsseldorf, EuGH-Vorlage v. 23.5.2007, VII-Verg 50/06, VergabeR 2007, 622.

65 EuGH, Urt. v. 11.6.2009, Rs. C-300/07 – Oymanns; vgl. *Stelzer*, WzS 2010, 46.

drücklich dort aufgeführten Leistungen, sondern auch Tätigkeiten, die für die Ausführung der aufgelisteten Tätigkeiten erforderlich sind.[66]

2. Alleinige Ausführung oder gleichzeitige Planung

Ein öffentlicher Bauauftrag liegt vor, wenn der **Vertrag die Ausführung eines Bauvorhabens oder Bauwerkes** regelt. Unter Ausführung eines Bauvorhabens oder Bauwerkes ist nicht nur dessen Errichtung, sondern auch dessen Instandsetzung, Renovierung, Ausbesserung, Beseitigung etc. zu verstehen.[67] Entscheidend ist die Erreichung des im Vertrag geregelten Vertragszieles. **Geschuldet wird vom Auftragnehmer** also keine bloße Tätigkeit oder die bloße Verschaffung der Verfügungsgewalt über die Sache, sondern **ein Erfolg**. Ein öffentlicher Bauauftrag stellt daher immer einen zivilrechtlichen Werkvertrag i. S. v. § 631 BGB dar. 42

Schließlich wird in § 103 Abs. 3 GWB klargestellt, dass auch dann ein öffentlicher Bauauftrag vorliegt, wenn der Vertrag die **gleichzeitige Planung und Ausführung eines Bauvorhabens oder Bauwerkes zum Inhalt hat**. Die gewählte Formulierung ist dabei nicht temporär dahingehend zu verstehen, dass die Planung und die Errichtung parallel ablaufen müssen, sondern sie soll klarstellen, dass im Vertrag neben der Planung immer auch die Ausführung eines Bauvorhabens oder Bauwerkes bestimmt sein muss. Ist der Vertragsgegenstand hingegen ausschließlich auf die Planung eines Bauvorhabens oder Bauwerkes beschränkt, wie dies z.B. bei besonderen Architekten- und Ingenieursverträgen der Fall ist, liegt somit kein öffentlicher Bauauftrag i. S. v. Abs. 3 vor. Solche Verträge unterfallen aber § 103 Abs. 4 GWB, da sie einen öffentlichen Dienstleistungsauftrag darstellen. 43

3. Wirtschaftliche oder technische Funktion

Nach § 103 Abs. 3 Nr. 2 GWB muss das Bauvorhaben oder Bauwerk das Ergebnis von Tief- oder Hochbauarbeiten sein und soll eine wirtschaftliche oder technische Funktion erfüllen. Die Bezugnahme auf Hoch- und Tiefbauarbeiten dient der Abgrenzung von Bauaufträgen gegenüber sonstigen Arten von Lieferaufträgen. Die speziellen Regeln über die Vergabe von Bauaufträgen sind nur anwendbar, wenn es sich im herkömmlichen Sinne um Bautätigkeit handelt. Die **wirtschaftliche oder technische Funktion** ist dabei **im Zusammenhang mit dem Aufgabengebiet des öffentlichen Auftraggebers zu betrachten** und ergibt sich direkt aus dem Gesetz oder wird auf dem Verordnungsweg geregelt. Die Nennung einer technischen Funktion betrifft Neubauten und Gebäude mit spezifischen Nutzungszwecken, wie z.B. Krankenhäuser, Bibliotheken und technische Anlagen, in denen Installationen durchgeführt werden, die aufgrund ihrer zwingenden Zugehörigkeit zu dem Funktionszusammenhang des Gebäudes zu den Bauleistungen dazuzurechnen sind.[68] Konkret zu nennen sind hierfür Lieferung und Einbau von Gebäudetechnik, die Lieferung von Küchenausrüstungen für Kantinen, von Liftsystemen für Hochhäuser, von Bestuhlungen 44

---

66 Erwägungsgrund 8 RL 2014/24/EU.

67 Vgl. insofern auch die Definition der Bauleistung in § 1 VOB/A.

68 So *Noch*, BauR 1998, 942.

für ein Bühnenhaus, von maschinentechnischen Teilen einer Kläranlage sowie von Sicherheitseinrichtungen für ein Gefängnis oder von Regalsystemen einer Bibliothek.[69]

45 Die **Lieferung und Montage von Maschinen sowie sonstigen Anlagen** unterfallen grundsätzlich § 103 Abs. 3 GWB, wenn sie für ein funktionsfähiges Bauwerk erforderlich sind.[70] So wurden Lieferung und Einbau von Dampfsterilisatoren (Autoklaven) und Wasserstoffperoxydgeneratoren als Bauauftrag qualifiziert, weil sie zur späteren Funktion des Neubaus eines Klinikums dienten.[71] Etwas anderes gilt jedoch bei Zweitausstattungen mit standardisierten Gegenständen, die einer individuellen baulichen Einpassung nicht bedürfen, da hierbei die Voraussetzungen einer wirtschaftlichen oder technischen Funktion i. S. v. § 103 Abs. 3 GWB regelmäßig nicht gegeben sind.[72]

46 Auch die **Sanierung und Erneuerung einer Brandmeldeanlage** für ein öffentliches Gebäude ist als Bauauftrag i. S. v. § 103 Abs. 3 GWB zu qualifizieren, da mit der Lieferung der Anlage die **Montage** der für die bauliche Anlage erforderlichen maschinellen und elektrotechnischen Anlagen und Anlagenteile untrennbar verbunden ist.[73] Auch die Erneuerung und Ergänzung von Anlagen an einem bestehenden Gebäude fallen grundsätzlich unter den Begriff der Bauleistung, wenn sie für den **bestimmungsmäßigen Bestand** der baulichen Anlage von **wesentlicher Bedeutung** sind.

47 Grundsätzlich sind nicht nur Leistungen, die bewegliche Sachen betreffen, als Bauleistung einzuordnen, wenn diese durch Einfügung zu **wesentlichen Bestandteilen** des Grundstücks bzw. des Gebäudes gem. § 94 BGB werden,[74] sondern auch die Erstellung von beweglichen Sachen, die nur **Zubehör** des Grundstücks nach § 97 BGB sind, können Bauleistungen darstellen, wenn die **zwingende Zugehörigkeit zum Gebäude eine andere Verwendungsmöglichkeit verhindert**.[75]

48 Nach § 1 Abs. 4 Nr. 3 BFStrG und Art. 2 Nr. 3 BayStrWG werden beispielsweise **Lichtsignalanlagen** (Ampeln u. Ä.) als Zubehör von Straßen angesehen. Letztere sind anerkanntermaßen als bauliche Anlagen i. S. des Vergaberechts einzustufen, sodass nach einer Entscheidung des BayObLG auch **Wartung und Störungsbeseitigung an Lichtsignalanlagen** unter den Begriff des Bauauftrags i. S. v. § 103 Abs. 3 GWB fallen.[76] Dies liegt daran, dass es sich bei Wartungs- und Störungsbeseitigungsarbeiten an Lichtsignalanlagen um **erfolgsbedingte Arbeiten** i. S. v. §§ 631 ff. BGB handelt, durch die nicht nur eine Funktionskontrolle der Anlage stattfinden soll, sondern durch die vor allem deren **Funktionstüch-**

69 Vgl. *Noch*, Vergaberecht, S. 454 ff.; OLG Thüringen, Beschl. v. 31.7.2002, 6 Verg 5/01, VergabeR 2003, 98, 99.

70 OLG Thüringen, Beschl. v. 31.7.2002, 6 Verg 5/01, VergabeR 2003, 98, 99; *Noch*, Vergaberecht, S. 118 ff.

71 OLG Thüringen, Beschl. v. 31.7.2002, 6 Verg 5/01, VergabeR 2003, 98 mit Anm. *Noch*, VergabeR 2003, 100 f.

72 Anm. *Noch*, VergabeR 2003, 100, 101.

73 BayObLG, Beschl. v. 23.7.2002, Verg 17/02, zuvor schon so VK Südbayern 120.3-3194-1-22-06/02, Beschl. v. 24.6.2002.

74 Vgl. VÜA Brandenburg, Beschl. v. 19.12.1996, 1 VÜ 1/96 – Einbauschränke.

75 Vgl. z. B. VÜA Bund, Beschl. v. 1.7.1997, 1 VÜ 9/97 – Regalsystem für die Deutsche Bibliothek in Frankfurt.

76 Vgl. BayObLG, Beschl. v. 29.3.2000, Verg 2/00.

tigkeit sichergestellt werden soll. Bei der Wartung und Störungsbeseitigung handelt es sich daher um **Substanzpflege** im Sinne einer Instandsetzung und Renovierung.[77]

Eine **wirtschaftliche** Funktion hat die Ausführung eines Bauwerks bereits dann, wenn nur **mittelbar ein wirtschaftlicher Zweck verfolgt** wird. Auch wenn mit dem betreffenden Bauwerk selbst kein wirtschaftlicher Zweck verfolgt wird, sondern z. B. nur aus strukturellen Gründen für eine bestimmte Region ein Bauwerk durchgeführt wird, ist diese Voraussetzung als erfüllt anzusehen. 49

4. Bauleistung durch Dritte

§ 103 Abs. 3 Satz 2 GWB erweitert den Begriff des **öffentlichen Bauauftrags** auf den Fall, dass eine **Bauleistung** im vorgenannten Sinn **durch Dritte** gemäß den vom öffentlichen Auftraggeber genannten Erfordernissen erbracht wird. Zusätzlich erforderlich ist, dass die Bauleistung dem Auftraggeber mittelbar wirtschaftlich zugutekommt. Mit der Regelung soll auch der **mittelbare Erwerb** von Bauleistungen durch öffentliche Auftraggeber etwa über **Management-, Bauträger- oder Leasingverträge** erfasst werden. Die Vertragspartner des öffentlichen Auftraggebers müssen bei solchen Modellen im Wettbewerb ermittelt werden. Dies geschieht in der Regel durch die Durchführung finanzmathematischer Vergleichsrechnungen.[78] 50

Zweifelhaft ist allerdings, inwieweit das Vorliegen eines Bauauftrags in diesen Fällen auch dann bejaht werden kann, wenn Bauwerke erstellt oder Bauleistungen erbracht werden sollen, bei denen der Auftraggeber ein auf seine öffentliche Zweckbestimmung ausgerichtetes Bauwerk erstellen lässt, ohne dass in diesem Sinne ein eigener unmittelbarer Bedarf gedeckt werden soll. Die Definition in § 103 Abs. 3 GWB ist durch das Erfordernis einer dem Auftraggeber unmittelbar wirtschaftlich zugutekommenden Bauleistung gem. der vom Auftraggeber genannten Erfordernisse offensichtlich darauf ausgerichtet, insoweit den Begriff des Bauauftrags zu beschränken. Demgegenüber ging das OLG Düsseldorf im Hinblick auf die unionsrechtliche Funktion eines weiten Bauauftragsbegriffs davon aus, dass auch dann Vergaberecht anwendbar ist, wenn der Auftraggeber ein Bauvorhaben nicht für seine Beschaffungszwecke erstellen lässt. 51

§ 103 Abs. 3 GWB bzw. dem unionsrechtlichen Vergaberecht unterfallen grundsätzlich auch Aufträge, die, ohne Bauaufträge im engeren Sinne zu sein, mittels der vom Auftraggeber genannten Erfordernisse gewährleisten sollen, dass das herzustellende, durch einen Dritten zu erstellende Bauwerk für einen bestimmten öffentlichen Zweck zur Verfügung steht, und die dem Auftraggeber kraft einer vertraglichen Vereinbarung zugleich die rechtliche Befugnis vermitteln, die Verfügbarkeit im Interesse der öffentlichen und durch die wirtschaftliche oder technische Funktion des Bauvorhabens beschriebene Zweckbestimmung sicherzustellen und einen Einfluss darauf auszuüben.[79] Der EuGH geht von einem weiten Begriff des öffentlichen Auftrags aus und bejaht grundsätzlich die Anwendung des Vergaberechtsregimes, wenn sich ein künftiger Auftragnehmer auf einem Markt betätigt und dort einen Auftrag erhalten soll, in dem er mit anderen Unternehmen in Wettbewerb 52

77 Vgl. BayObLG, Beschl. v. 29.3.2000, Verg 2/00.

78 Vgl. *Korbion*, VgRÄG, 1999, § 99 Rn. 7.

79 OLG Düsseldorf, Beschl. v. 12.12.2007, VII-Verg 30/07 unter Verweis auf EuGH, Urt. v. 12.7.2001, Rs. C-399/98 – Teatro alla Bicocca.

steht.[80] Aus der EuGH-Rspr. im Fall H. Müller GmbH ergibt sich jedoch, dass bei der Erbringung einer Bauleistung durch Dritte ein Bauauftrag nicht schon dadurch begründet wird, dass die zu erbringende Bauleistung als Maßnahme der Stadtentwicklung beabsichtigt ist.[81] Erforderlich ist auch im Fall der Erbringung der Bauleistung durch Dritte, dass ein hinreichend konkretisiertes Bauvorhaben durch den Auftragnehmer zu erstellen ist gem. den vom öffentlichen Auftraggeber genannten Erfordernissen.

53 Das Erfordernis einer dem Auftraggeber unmittelbar wirtschaftlich zugutekommenden Bauleistung ist daher dahin auszulegen, dass es ausreichend ist, wenn der Auftraggeber die Verfügungsgewalt über die Erstellung des Bauwerks besitzt. Dazu muss er Maßnahmen ergriffen haben, um die Merkmale der Bauleistung zu definieren oder einen entscheidenden Einfluss darauf auszuüben, während der endgültige Verwendungszweck des zu errichtenden Bauwerks auch nach der neueren EuGH-Rspr. unerheblich ist. Die unionsrechtlichen Ziele des freien Wettbewerbs können gleichermaßen dann gefährdet werden, wenn der öffentliche Auftraggeber ein konkret definiertes Bauwerk in Auftrag gibt, das – etwa als Maßnahme der Raumordnung und Stadtentwicklung – ganz oder teilweise der Allgemeinheit bzw. privaten Dritten zugutekommen soll.[82] Keine Anwendung findet die RL 2014/24/EG dagegen auf eine Situation, in der eine öffentliche Stelle ein Grundstück an ein Unternehmen veräußert, während eine andere öffentliche Stelle beabsichtigt, einen öffentlichen Bauauftrag in Bezug auf dieses Grundstück zu vergeben, auch wenn sie noch nicht formell beschlossen hat, den entsprechenden Auftrag zu erteilen. Zwar schließt der EuGH nicht aus, dass bei einem zweistufigen Verfahren, das durch den Verkauf eines Grundstücks gekennzeichnet ist, welches später Gegenstand eines Bauauftrags wird, eine einheitliche vergaberechtliche Bewertung notwendig ist. Das setzt aber voraus, dass hinreichend konkrete Verpflichtungen bestehen, die eine einheitliche Prüfung rechtfertigen.[83]

54 Erfasst sind nur die **Verträge** zwischen dem **öffentlichen Auftraggeber** und dem **privaten Dritten**, der nach Angaben des Auftraggebers im eigenen Namen und für eigene Rechnung baut und **Verträge** zwischen dem privaten Dritten und einem von diesem beauftragten Subunternehmer. Der **personelle Anwendungsbereich** des Vergaberechts ist nur eröffnet, wenn ein **öffentlicher Auftraggeber** vorhanden ist. Durch das Vergaberecht wird nur die Auftragsvergabe durch die öffentliche Hand geregelt.[84]

55 Eine Einbeziehung von **Privaten** ist nur dann angezeigt, wenn aus Finanzierungsgründen zwar **nicht für Rechnung des öffentlichen Auftraggebers**, wohl aber **nach dessen Erfordernissen** ein Bauwerk errichtet wird.[85] Ansonsten brauchen Aufträge zwischen dem privaten Unternehmen und seinen Subunternehmern nicht ausgeschrieben werden.

---

80 Vgl. EuGH, Urt. v. 11.5.2006, Rs. C-340/04, EuGZ 2006, 375 – Carbotermo.

81 EuGH, Urt. v. 25.3.2010, Rs. C-451/08 – Müller/Bundesanstalt f. Immobilienaufgaben.

82 EuGH, Urt. v. 25.3.2010, Rs. C-451/08, Tz. 67 – Müller/Bundesanstalt f. Immobilienaufgaben; weiter gehend aber GA *Kokott* v. 15.6.2006, Rs. C-220/05, Schlussanträge Ziff. 43 – Commune de Roanne.

83 EuGH, Urt. v. 25.3.2010, Rs. C-451/08, Tz. 89 – Müller/Bundesanstalt f. Immobilienaufgaben.

84 Vgl. auch *Sieveking*, VR 1999, 337, 338.

85 *Sieveking*, VR 1999, 337, 339.

V. Öffentlicher Dienstleistungsauftrag gem. § 103 Abs. 4 GWB

Die Regelung über den öffentlichen Dienstleistungsauftrag i. S. v. § 103 Abs. 4 GWB dient als **Auffangtatbestand**, der grundsätzlich alle Verträge über Leistungen erfassen soll, die weder Lieferaufträge i. S. d. § 103 Abs. 2 GWB **noch Bauaufträge** i. S. d. § 103 Abs. 3 GWB sind.[86] **56**

VI. Rahmenvereinbarungen gem. § 103 Abs. 5 GWB

§ 103 Abs. 5 GWB stellt der nationalen Entscheidungspraxis folgend im Wesentlichen klar, dass es sich bei Rahmenvereinbarungen nicht um öffentliche Aufträge nach § 103 Abs. 1 GWB handelt, die Vorschriften über die öffentliche Auftragsvergabe jedoch entsprechend anzuwenden sind. Klargestellt ist dadurch insbesondere, dass für die Rahmenvereinbarung selbst bereits eine Ausschreibungspflicht besteht. Besondere Anforderungen an die Ausgestaltung der Ausschreibung von Rahmenvereinbarungen ergeben sich aus den einzelnen Verordnungen. § 21 VgV legt so zum Beispiel fest, dass das in Aussicht genommene Volumen so genau wie möglich zu ermitteln und bekannt zu geben ist. Dazu darf eine Rahmenvereinbarung nicht missbräuchlich verwendet werden. Diese Anforderung ist deshalb besonders zu beachten, da Rahmenvereinbarungen per se wettbewerbsschädlicher sind als klassische öffentliche Aufträge. Denn durch die Flexibilität und nur eingeschränkte Kontrollierbarkeit der Einzelaufträge besteht die Gefahr, dass bestimmte Beschaffungsbedarfe dem Wettbewerb entzogen werden. Die Laufzeit entsprechender Verträge ist entsprechend in der Regel auf vier Jahre beschränkt. Dann muss der Rahmenvertrag selbst wieder in den Wettbewerb gestellt werden, soweit ein Bedarf besteht. **57**

Mehr als die Definition und die Klarstellung der anzuwendenden Vorschriften enthält § 103 Abs. 5 GWB nicht. **58**

VII. Auslobungsverfahren gem. § 103 Abs. 6 GWB

Nach § 103 Abs. 6 GWB gehören auch Auslobungsverfahren zu den **öffentlichen Aufträgen**. Unter dem Begriff der Auslobung wird im Allgemeinen die **Bezahlung einer Belohnung für die Vornahme einer Handlung** verstanden, wobei die Belohnung **öffentlich bekannt gemacht** worden sein muss.[87] Mit den in § 103 Abs. 1 GWB genannten Verträgen hat die Auslobung gemeinsam, dass sie **zu einer Tätigkeit veranlassen soll**. Im Unterschied zu diesen stellt die Auslobung allerdings nur ein **einseitiges Rechtsgeschäft** dar, d. h. es gibt **keinen Vertragspartner**, der zu irgendetwas verpflichtet wäre.[88] **59**

§ 103 Abs. 6 GWB schränkt die allgemeine Definition des Auslobungsverfahrens für das Vergaberecht in zweierlei Hinsicht ein. Zum einen in der Weise, dass unter einer öffentlichen Auslobung i. S. d. Vergabeverfahrens nur solche zu verstehen sind, die dem öffentli- **60**

86 OLG Düsseldorf, Beschl. v. 21.1.2002, Verg 45/01, VergabeR 2002, 282, 283; vgl. auch bereits BT-Drs. 13/9340, S. 15.
87 Vgl. § 657 BGB.
88 Vgl. *Sprau*, in: Palandt, BGB, § 657 Rn. 1.

chen Auftraggeber zu einem **Plan** bzw. einer **Planung** verhelfen sollen, d. h. zu einer **speziellen Dienstleistung**. Zum anderen muss das Verfahren aufgrund **vergleichender Beurteilung durch ein Preisgericht** mit oder ohne Verteilung von Preisen vorgenommen werden.

61 Voraussetzung für das Vorliegen eines Auslobungsverfahrens nach § 103 Abs. 6 GWB ist das Vorliegen eines Preisgerichts, wobei nicht die Benennung entscheidend ist, sondern die Funktion, für den Auftraggeber eine vergleichende Beurteilung vorzunehmen.[89] Ausreichend ist, wenn eine Empfehlung ausgesprochen werden kann, aufgrund derer eine weitere Beauftragung einer oder mehrerer Teilnehmer am Wettbewerb erfolgen kann.

89 VK Düsseldorf, Beschl. v. 29.5.2006, VK-24/2006-F.

§ 104 Verteidigungs- oder sicherheitsspezifische öffentliche Aufträge

(1) Verteidigungs- oder sicherheitsspezifische öffentliche Aufträge sind öffentliche Aufträge, deren Auftragsgegenstand mindestens eine der folgenden Leistungen umfasst:

1. die Lieferung von Militärausrüstung, einschließlich dazugehöriger Teile, Bauteile oder Bausätze,

2. die Lieferung von Ausrüstung, die im Rahmen eines Verschlusssachenauftrags vergeben wird, einschließlich der dazugehörigen Teile, Bauteile oder Bausätze,

3. Liefer-, Bau- und Dienstleistungen in unmittelbarem Zusammenhang mit der in den Nummern 1 und 2 genannten Ausrüstung in allen Phasen des Lebenszyklus der Ausrüstung oder

4. Bau- und Dienstleistungen speziell für militärische Zwecke oder Bau- und Dienstleistungen, die im Rahmen eines Verschlusssachenauftrags vergeben werden.

(2) Militärausrüstung ist jede Ausrüstung, die eigens zu militärischen Zwecken konzipiert oder für militärische Zwecke angepasst wird und zum Einsatz als Waffe, Munition oder Kriegsmaterial bestimmt ist.

(3) Ein Verschlusssachenauftrag im Sinne dieser Vorschrift ist ein Auftrag im speziellen Bereich der nicht-militärischen Sicherheit, der ähnliche Merkmale aufweist und ebenso schutzbedürftig ist wie ein Auftrag über die Lieferung von Militärausrüstung im Sinne des Absatzes 1 Nummer 1 oder wie Bau- und Dienstleistungen speziell für militärische Zwecke im Sinne des Absatzes 1 Nummer 4, und

1. bei dessen Erfüllung oder Erbringung Verschlusssachen nach § 4 des Gesetzes über die Voraussetzungen und das Verfahren von Sicherheitsüberprüfungen des Bundes oder nach den entsprechenden Bestimmungen der Länder verwendet werden oder

2. der Verschlusssachen im Sinne der Nummer 1 erfordert oder beinhaltet.

Schrifttum: *Dippel/Sterner/Zeiss*, Praxiskommentar Beschaffung im Verteidigungs- und Sicherheitsbereich, 2013; *Heiermann/Zeiss/Summa*, juris Praxiskommentar Vergaberecht, 5. Aufl. 2016; *Immenga/Mestmäcker*, Wettbewerbsrecht, Band 2. GWB/Teil 2, Kommentar zum Deutschen Kartellrecht, 5. Aufl. 2014; *Kulartz/Kus/Portz/Prieß*, Kommentar zum GWB-Vergaberecht, 4. Aufl. 2016; *Pünder/Schellenberg*, Vergaberecht, Handkommentar, 2. Aufl. 2015; *Ziekow/Völlink*, Vergaberecht, 3. Aufl. 2018.

Übersicht

I. Allgemeines

1. Hintergrund

1 Die Vorschrift entspricht § 99 Abs. 7 bis 9 GWB a. F.,[1] welche mit dem Gesetz zur Änderung des Vergaberechts für die Bereiche Verteidigung und Sicherheit vom 7.12.2011 (VgRÄGVS)[2] den Anwendungsbereich nach der RL 2009/81/EG über die Koordinierung der Verfahren zur Vergabe bestimmter Bau-, Liefer- und Dienstleistungsaufträge in den Bereichen Verteidigung und Sicherheit (VertVergRL)[3] umsetzen sollte. Die am 13.7.2009 erlassene VertVergRL hat als Teil des sog. „Defence Package" der EU-Kommission die Vergabe von Verteidigungs- und Rüstungsgütern dem Wettbewerb zugänglich gemacht und ein eigenes Regelungsregime geschaffen.[4] Sie geht insbesondere zurück auf das 2004 vorgestellte Grünbuch über die Beschaffung von Verteidigungsgütern der EU-Kommission, gefolgt von der Gründung der Europäischen Verteidigungsagentur (EVA) und der Mitteilung der EU-Kommission bezüglich der Anwendung des Art. 346 AEUV.[5]

2 Das besondere Regelungsregime der VertVergRL soll dem Umstand Rechnung tragen, dass sich öffentliche Auftraggeber im Anwendungsbereich der VKR vorschnell auf Art. 14 VKR berufen haben, wonach die nach Art. 10 VKR grundsätzlich der VKR unterliegenden Aufträge im Verteidigungsbereich aufgrund bestimmter Umstände (Geheimerklärung, besonderen Sicherheitsmaßnahmen bzw. Schutz wesentlicher Sicherheitsinteressen, insbesondere unter Berufung auf Art. 346 Abs. 1 lit. b) AEUV) dem Vergaberecht und damit auch dem Wettbewerb entzogen waren.[6] Mit der VertVergRL sollte daher ein den besonderen Geheimhaltungs- und Sicherheitsinteressen entsprechendes Vergabesystem geschaffen werden und die Aufträge einerseits dem Wettbewerb unterstellt, andererseits den öffentlichen Auftraggebern geeignete Schutzinstrumente bei der Beschaffung im sensiblen Verteidigungs- und Sicherheitsbereich an die Hand gegeben werden.

3 Mit dem VgRÄGVS wurde – vergleichbar der SektVO für Sektorenaufträge – im Verteidigungs- und Sicherheitsbereich als abschließendes Regelungswerk für Liefer- und Dienst-

1 Amtl. Begr., BT-Drs. 18/6281, S. 135 zu § 164 GWB-E VergRModG.
2 BGBl. 2011, S. 2570; in Kraft getreten am 14.12.2011.
3 Richtlinie 2009/81/EG des Europäischen Parlaments und des Rates v. 13.7.2009 über die Koordinierung der Verfahren zur Vergabe bestimmter Bau-, Liefer- und Dienstleistungsaufträge in den Bereichen Verteidigung und Sicherheit und zur Änderung der Richtlinien 2004/17/EG und 2004/18/EG, ABl. EU Nr. L 216 v. 20.8.2009 S. 76.
4 Siehe *Byok*, NVwZ 2012, 70, 71; *Ziekow*, in: Ziekow/Völlink, Vergaberecht, § 145 GWB Rn. 1.
5 *Dreher*, in: Immenga/Mestmäcker, Wettbewerbsrecht, § 99 GWB Rn. 250.
6 *Wegener*, in: Pünder/Schellenberg, Vergaberecht, § 99 GWB Rn. 97; näher dazu *Zeiss*, in: Dippel/Sterner/Zeiss, Praxiskommentar Beschaffung im Verteidigungs- und Sicherheitsbereich, Einleitung Rn. 5.

leistungsverträge die VSVgV, für Bauaufträge der 3. Abschnitt der VOB/A eingeführt.[7] Im Zuge der Vergaberechtsmodernisierung 2016 ist diese Systematik nicht geändert worden.

2. Begrifflichkeiten

Art. 2 VertVergRL bestimmte den Anwendungsbereich für sog. „Aufträge **im Bereich Verteidigung und Sicherheit**". Die Umsetzung in § 99 Abs. 7 GWB a. F. sprach dagegen zunächst abweichend von sog. „verteidigungs- und sicherheits**relevanten** Aufträgen". Für Aufträge, die nicht unter Art. 2 VertVergRL fallen, jedoch einen gewissen Bezug bzw. eine gewisse Relevanz für die Verteidigung und Sicherheit haben, spricht die VRL im Unterabschnitt 2 nun von sog. „Aufträgen, die Verteidigungs- oder Sicherheits**aspekte beinhalten**".[8] Dabei handelt es sich nicht etwa um eine neue Art bzw. neue Kategorie von Aufträgen im Verteidigungs- und Sicherheitsbereich, sondern um öffentliche Aufträge i. S. v. Art. 2 Abs. 1 Nr. 5 VRL, die keine „Aufträge im Bereich Verteidigung und Sicherheit" gem. Art. 2 VertVergRL sind, für welche jedoch gem. Art. 15 bis 17 VRL bestimmte zusätzliche Ausnahmen vom Anwendungsbereich der VRL gelten.[9] Diese Systematik ist nun im nationalen Recht mit § 117 GWB umgesetzt worden.[10] Um Verwechslungen zu vermeiden, verwendet § 104 Abs. 1 GWB nun statt der Bezeichnung „**verteidigungs- und sicherheitsrelevante Aufträge**" den Begriff „**verteidigungs- und sicherheitsspezifische Aufträge**".[11] Die Umstellung der Formulierung beruht zudem darauf, dass der besondere Charakter von Verteidigungs- und Sicherheitsaufträgen im nicht-militärischen Bereich betont werden soll. Die bisher nicht ausdrücklich umgesetzte Intention des Erwägungsgrundes 11 der VertVergRL, wonach die RL auch für Beschaffungen gelten, die ähnliche, d. h. spezifische Merkmale aufweisen wie Beschaffungen im Verteidigungsbereich, soll entsprechend zum Ausdruck gebracht werden. 4

3. Anwendungsbereich

Die Vorschrift ist **nicht dispositiv**. Maßgeblich ist alleine die objektive Rechtslage. Dem öffentlichen Auftraggeber steht kein Beurteilungsspielraum zu, der es ermöglichen würde, das anwendbare Vergaberechtsregime (VgV oder VSVgV) frei zu wählen.[12] Die VSVgV ist daher auch dann anwendbar, wenn der Auftraggeber irrtümlich auf die Vorschriften der VOL/A bzw. der VgV verweist.[13] 5

---

7 *Byok*, NVwZ 2012, 70, 71.

8 Insoweit irreführend die Amtl. Begr. zu § 104 GWB-E VergRModG, BT-Drs. 18/6281, S. 74 f., in der von „Aufträgen, die Verteidigungs- oder Sicherheitsaspekte umfassen" die Rede ist. Vgl. auch die amtliche Überschrift zu § 117 GWB.

9 Ebenfalls irreführend die Amtl. Begr. zu § 104 GWB-E VergRModG, BT-Drs. 18/6281, S. 74 f., die fälschlicherweise von Einführung einer neuen Kategorie von Aufträgen durch Art. 15 bis 17 VRL spricht; vgl. *Hölzl*, in: Kulartz/Kus/Portz/Prieß, Kommentar zum GWB-Vergaberecht, § 104 GWB Rn. 3 ff.

10 Vgl. hierzu die Kommentierung zu § 117 GWB.

11 Amtliche Begründung zu § 104 GWB-E VergRModG, BT-Drs. 18/6281, S. 75.

12 OLG Düsseldorf, Beschl. v. 21.10.2015, VII-Verg 28/14 Rn. 41; a. A. wohl *Hölzl*, in: Kulartz/Kus/Portz/Prieß, Kommentar zum GWB-Vergaberecht, § 104 GWB Rn. 7.

13 *Byok*, NJW 2016, 1494, 1499.

II. Einzelfälle

1. § 104 Abs. 1 Nr. 1 GWB

6 Nr. 1 setzt Art. 2 lit. a) der VertVergRL um. Der Auftragsgegenstand muss die Lieferung von Militärausrüstung, einschließlich dazugehöriger Teile, Bauteile oder Bausätze umfassen. Was Militärausrüstung ist, definiert § 104 Abs. 2 GWB.[14] Der Auftrag muss zudem Lieferleistungen betreffen, Dienstleistungs- bzw. Bauleistungen werden nicht erfasst.[15] Die Vorschrift betrifft nicht nur vollständige Militärausrüstung i. S. d. § 104 Abs. 2 GWB, da neben Ausrüstung auch einzelne Teile, Bauteile oder Bausätze ausdrücklich umfasst werden. Erwägungsgrund 51 der VertVergRL stellt klar, dass Militärausrüstung oftmals technisch sehr komplex ist und die Beschaffung auch lediglich die Integration neuer Bauteile in bestehende Systeme umfassen kann. Dies bedingt, dass auch einzelne Bestandteile, die isoliert betrachtet keine (vollständige) Militärausrüstung i. S. d. § 104 Abs. 2 GWB darstellen, unter § 104 Abs. 1 Nr. 1 GWB fallen. Den hierdurch potenziell drohenden Inkompatibilitäten oder unverhältnismäßigen technischen Schwierigkeiten kann im Einzelfall auch dadurch entgegengewirkt werden, dass im Verhandlungsverfahren ohne vorherige Veröffentlichung beschafft wird.[16]

2. § 104 Abs. 1 Nr. 2 GWB

7 Nr. 2 entspricht nur teilweise dem Art. 2 lit. b) VertVergRL, der die Lieferung von sensibler Ausrüstung regelt. Nach Art. 1 Nr. 7 VertVergRL wird sensible Ausrüstung als Ausrüstung für Sicherheitszwecke definiert, bei welcher Verschlusssachen verwendet werden oder die solche Verschlusssachen erfordern bzw. beinhalten. Art. 1 Nr. 8 VertVergRL fasst den Begriff der Verschlusssachen enger als das Gesetz über die Voraussetzungen und das Verfahren von Sicherheitsüberprüfungen des Bundes (SÜG), als die RL ein Interesse der nationalen Sicherheit erfordert, wohingegen § 4 Abs. 2 Nr. 4 SÜG Interessen der Bundesrepublik Deutschland oder eines ihrer Länder – ohne Einschränkung auf Interessen der nationalen Sicherheit – genügen lässt.[17]

8 § 104 Abs. 1 Nr. 2 GWB erstreckt den Anwendungsbereich des besonderen Regelungsregimes verteidigungs- und sicherheitsspezifischer Aufträge auf nicht-militärische Lieferleistungen, die lediglich im Rahmen eines Verschlusssachenauftrags beschafft werden müssen. Die Erweiterung des besonderen Vergaberechts auf nicht-militärische Beschaffungen ist auf Erwägungsgrund 11 der VertVergRL zurückzuführen, der den Bereich der nicht-militärischen Sicherheit sowie den Schutz der Union und/oder der Mitgliedstaaten auf ihrem Hoheitsgebiet und vor ernsten Bedrohungen durch **nicht-militärische und/oder nichtstaatliche Akteure** erwähnt und dabei beispielsweise den Grenzschutz, die polizeilichen Tätigkeiten und Kriseneinsätze aufzählt.[18]

---

14 Siehe hierzu Rn. 13 ff.

15 *Wegener*, in: Pünder/Schellenberg, Vergaberecht, § 99 GWB Rn. 96.

16 Vgl. § 11 Abs. 1 Satz 2 i. V. m. § 12 Abs. 1 Nr. 1 lit. c) VSVgV.

17 A. A. wohl *Dreher*, in: Immenga/Mestmäcker, Wettbewerbsrecht, § 99 GWB Rn. 270. Zu den Verschlusssachen ausführlich Rn. 18 ff.

18 *Dreher*, in: Immenga/Mestmäcker, Wettbewerbsrecht, § 99 GWB Rn. 269.

3. § 104 Abs. 1 Nr. 3 GWB

Nr. 3 entspricht wörtlich dem Art. 2 lit. c) der VertVergRL. Von dem Sondervergaberecht werden danach auch Aufträge umfasst, die alleine weder Militär- noch Verschlusssachenaufträge darstellen, jedoch einen derartigen Zusammenhang mit Aufträgen nach Nr. 1 und Nr. 2 aufweisen, dass sie auch den besonderen Schutz der VSVgV genießen. Die Vorschrift ist restriktiv auszulegen.[19] 9

Der **unmittelbare Zusammenhang** in Nr. 3 ist grundsätzlich eng zu verstehen und bezieht sich nicht allgemein auf Aufträge i. S. d. Nr. 1 oder 2, d. h. abstrakt auf verteidigungs- und sicherheitsspezifische Aufträge. Der unmittelbare Zusammenhang muss stets mit einer konkreten, unter Nr. 1 bzw. Nr. 2 fallenden Ausrüstung bestehen. Er liegt insbesondere vor, wenn die jeweiligen Liefer-, Bau- und Dienstleistungen derart mit der Ausrüstung i. S. d. Nr. 1 oder 2 verbunden sind, dass sie außerhalb dieser Ausrüstung keinerlei Verwendung finden können, z. B. bei Versorgung mit Betriebs- und Kraftstoffen, ohne die die Bundeswehreinheiten nicht einsatzfähig wären.[20] Für ein enges Verständnis spricht zum einen, dass der Zusammenhang in allen Phasen des Lebenszyklus der Ausrüstung bestehen kann und damit bereits ein weiter Anwendungsbereich umfasst wird. Zudem können Aufträge mit einem lediglich **mittelbaren Zusammenhang** im Einzelfall nach § 117 GWB als Aufträge zu qualifizieren sein, die Verteidigungs- oder Sicherheitsaspekte beinhalten, ohne selbst verteidigungs- und sicherheitsspezifisch zu sein. Für eine erweiternde Auslegung des Tatbestandsmerkmals des unmittelbaren Zusammenhangs besteht daher kein Bedürfnis. 10

Der Zusammenhang kann in allen **Phasen des Lebenszyklus** der Ausrüstung bestehen, d. h. entsprechend dem Erwägungsgrund 12 und Art. 1 Nr. 26 der VertVergRL in der Forschung und Entwicklung, industriellen Entwicklung, Herstellung, Reparatur, Modernisierung, Änderung, Instandhaltung, Logistik, Schulung, Erprobung, Rücknahme und bei ihrer Beseitigung. 11

4. § 104 Abs. 1 Nr. 4 GWB

Nr. 4 entspricht dem Art. 2 lit. d) der VertVergRL. Die Vorschrift umfasst Bau- und Dienstleistungen als Ergänzung der Nr. 1 und 2, welche nur Lieferleistungen betreffen. Erforderlich sind Bau- und Dienstleistungen speziell für militärische Zwecke bzw. Leistungen, die im Rahmen eines Verschlusssachenauftrags i. S. d. § 104 Abs. 3 GWB vergeben werden. Speziell für militärische Zwecke werden Leistungen vergeben, wenn diesbezüglich ausschließlich eine militärische Verwendungsabsicht besteht.[21] 12

---

19 *Dreher*, in: Immenga/Mestmäcker, Wettbewerbsrecht, § 99 GWB Rn. 273.

20 VK Bund, Beschl. v. 12.12.2014, VK 1 – 98/14; vgl. auch Directorate General Internal Market and Services, Directive 2009/81/EC on the award of contracts in the fields of defence and security – Guidance Note, Rn. 10. A. A. für einen besonderen verteidigungs- und sicherheitsspezifischen Charakter des unmittelbaren Zusammenhangs *Wegener*, in: Pünder/Schellenberg, Vergaberecht, § 99 GWB Rn. 115.

21 *Dreher*, in: Immenga/Mestmäcker, Wettbewerbsrecht, § 99 GWB Rn. 277.

III. Militärausrüstung

13 Abs. 2 definiert den Begriff der Militärausrüstung entsprechend dem Art. 1 Nr. 6 der VertVergRL.[22] Die Definition ist bewusst sehr weit gefasst[23] und unterscheidet zwischen der Ausrüstung, die eigens zu militärischen Zwecken konzipiert wurde und solcher die ursprünglich zwar keine militärische Verwendung haben sollte, jedoch nachträglich für militärische Zwecke angepasst wurde und in subjektiver Hinsicht zum Einsatz als Waffe, Munition oder Kriegsmaterial bestimmt ist.[24] Als Ausrüstung werden dabei sämtliche Produkte, körperlichen Gegenstände, aber auch immaterielle Komponenten wie Software oder Rechte umfasst.[25]

1. Militärische Zwecke

14 Die Vorschrift enthält keine enumerative Auflistung der relevanten Ausrüstung, die eigens zu militärischen Zwecken konzipiert wurde.[26] Gleichwohl bezieht sich die Gesetzesbegründung zum VgRÄGVS[27] und der Erwägungsgrund 10 der VertVergRL ausdrücklich auf die Produkte, die in der vom Europäischen Rat in der Entscheidung 255/58 vom 15.4.1958 zum damaligen EWG-Vertrag (heute in Art. 346 Abs. 2 AEUV genannt) angenommenen Liste von Waffen, Munition und Kriegsmaterial,[28] sog. **Militärgüterliste**, aufgeführt sind. Darunter fallen klassische Militärgüter wie Handfeuerwaffen, auch automatisch, wie Gewehre, Karabiner, Revolver, Pistolen, Maschinenpistolen und Maschinengewehre, mit Ausnahme von Jagdwaffen, Kleinkaliberpistolen und anderen Kleinkaliberwaffen mit einem Kaliber unter 7 mm, Artilleristische Waffen, Nebel-, Gas- und Flammenwerfer, Munition für die o.g. Waffen, Bomben, Torpedos, Raketen und ferngesteuerte Kriegsgeräte, Feuerleitungsmaterial für militärische Zwecke, Panzerwagen und eigens für militärische Zwecke konstruierte Fahrzeuge, toxische oder radioaktive Wirkstoffe, Pulver, Explosivstoffe und flüssige oder feste Treibmittel, Kriegsschiffe und deren Sonderausrüstungen, Luftfahrzeuge und ihre Ausrüstungen zu militärischen Zwecken, Elektronenmaterial für militärische Zwecke, eigens für militärische Zwecke konstruierte Aufnahmeapparate, sonstige Ausrüstungen und sonstiges Material, Teile und Einzelteile des in dieser Liste aufgeführten Materials, soweit sie einen militärischen Charakter haben, ausschließlich für die Entwicklung, Herstellung, Prüfung und Kontrolle der in der Liste aufgeführten Waffen, Munition und rein militärischen Geräte entwickelte Maschinen, Ausrüstungen und Werkzeuge.

---

22 So auch die Gesetzesbegründung zu § 104 Abs. 2 GWB n. F., BT-Drs. 18/6281, S. 75.

23 *Zeiss*, in: Heiermann/Zeiss/Summa, juris Praxiskommentar Vergaberecht, § 104 GWB Rn. 35.

24 Die subjektive Komponente gilt lediglich für die Fälle des § 104 Abs. 2 Alt. 2 GWB, da die Bestimmung zum Einsatz als Waffe, Munition oder Kriegsmaterial der Militärausrüstung nach § 104 Abs. 2 Alt. 1 GWB immanent ist, vgl. *Dreher*, in: Immenga/Mestmäcker, Wettbewerbsrecht, § 99 GWB Rn. 265, 268; a. A. *Scherer-Leydecker*, NZBau 2012, 533, 535; *Wegener*, in: Pünder/Schellenberg, Vergaberecht, § 99 GWB Rn. 108.

25 *Scherer-Leydecker*, NZBau, 2012, 533, 535.

26 *Zeiss*, in: Heiermann/Zeiss/Summa, juris Praxiskommentar Vergaberecht, § 104 GWB Rn. 35.

27 BT-Drs. 17/7275, S. 13.

28 Entscheidung zur Festlegung der Produkte (Waffen, Munition und Kriegsmaterial), für die Artikel 223 Abs. 1 Buchstabe b des Vertrags (heute Art. 346 AEUV) gilt (Dok. 255/58); Protokoll v. 15.4.1958 (Dok. 368/58).

15 Die Liste ist für die Annahme der Militärausrüstung in den Fällen der § 104 Abs. 1 GWB, anders als bei Art. 346 AEUV **nicht verbindlich**.[29] Ausweislich des Erwägungsgrundes 10 der VertVergRL ist diese unter Berücksichtigung der sich weiter entwickelnden Technologie, Beschaffungspolitik und militärischen Anforderungen, die die Entwicklung neuer Arten von Produkten nach sich ziehen, bzw. auch der gemeinsamen Militärgüterliste der Union,[30] weit auszulegen. Von der Möglichkeit, sich bei der Implementierung ausschließlich auf die Liste zu beschränken, hat die Bundesrepublik mit dem VgRÄGVS keinen Gebrauch gemacht und sich der erweiterten Auslegung der VertVergRL angeschlossen.[31] Damit ist die Anwendung des § 104 Abs. 2 GWB in jedem Einzelfall gesondert zu prüfen, die Liste dient dabei als Orientierungs- und Auslegungshilfe.[32]

16 **Andere Listen** sind ebenfalls lediglich als Auslegungshilfe heranzuziehen. Darunter fallen insbesondere die Europäische Gemeinsame Militärgüterliste der Europäischen Union,[33] der Anhang zur RL über die Verbringung von Verteidigungsgütern,[34] der Anhang in der Dual-Use-Verordnung[35] bzw. die Anlage AL zur Außenwirtschaftsverordnung[36] oder auf **nationaler Ebene** die Interpretationen des BMVg vom 1978,[37] die Anordnung des Bundesverteidigungsministeriums vom 1995,[38] die Erklärung des Bundesministeriums der Verteidigung und des Ausschusses Verteidigungswirtschaft im Bundesverband der Deutschen Industrie e. V. vom 20.11.2007 zu Nationalen Wehrtechnischen Kernfähigkeiten,[39] bzw. die in § 1 Abs. 1 KrWaffG aufgeführte **Kriegswaffenliste**,[40] die nach § 1 Abs. 2 KrWaffG entsprechend dem Stand der wissenschaftlichen, technischen und militärischen Erkenntnisse derart angepasst werden kann, dass sie alle Gegenstände, Stoffe und Organismen enthält, die geeignet sind, allein, in Verbindung miteinander oder mit anderen Gegenständen, Stoffen oder Organismen Zerstörungen oder Schäden an Personen oder Sachen zu verursachen und als Mittel der Gewaltanwendung bei bewaffneten Auseinandersetzungen zwischen Staaten dienen.

---

29 So auch *Dreher*, in: Immenga/Mestmäcker, Wettbewerbsrecht, § 99 GWB Rn. 263; a. A. *Wegener*, in: Pünder/Schellenberg, Vergaberecht, § 99 GWB Rn. 105.

30 Gemeinsame Militärgüterliste der Europäischen Union vom 17.3.2014, ABl. EU Nr. C 107 v. 9.4.2014, S. 1.

31 Vgl. Gesetzesbegründung zum VgRÄGVS, BT-Drs. 17/7275, S. 13.

32 *Zeiss*, in: Heiermann/Zeiss/Summa, juris Praxiskommentar Vergaberecht, § 104 GWB Rn. 37.

33 Gemeinsame Militärgüterliste der Europäischen Union v. 17.3.2014, ABl. EU Nr. C 107 vom 9.4.2014, S. 1.

34 RL 2009/43/EG des Europäischen Parlaments und des Rates v. 6.5.2009 zur Vereinfachung der Bedingungen für die innergemeinschaftliche Verbringung von Verteidigungsgütern.

35 VO (EG) Nr. 428/2009 des Rates v. 5.5.2009 über eine Gemeinschaftsregelung für die Kontrolle der Ausfuhr, der Verbringung, der Vermittlung und der Durchfuhr von Gütern mit doppeltem Verwendungszweck, ABl. 2009 Nr. L 134/1.

36 Abrufbar unter http://www.ausfuhrkontrolle.info/ausfuhrkontrolle/de/gueterlisten/ausfuhrliste/index.htm.

37 Interpretationen des deutschen BMVg „nach den neuen technologischen Erkenntnissen"; vollständige Fassung BArch, Best. B 102/287377, Bl. 163–166.

38 Anordnung 76/1995 v. 17.3.1995.

39 Pressemitteilung des Bundesministeriums der Verteidigung Nr. 169/2007 v. 20.11.2007; vgl. Auszug bei *Zeiss*, in: Heiermann/Zeiss/Summa, juris Praxiskommentar Vergaberecht, § 104 GWB Rn. 40.

40 Ausführungsgesetz zu Art. 26 Abs. 2 des Grundgesetzes (Gesetz über die Kontrolle von Kriegswaffen) v. 22.11.1990, BGBl. I, S. 2506.

2. Dual-Use-Güter

17 Neben reinen Militärgütern werden in § 104 Abs. 2 Alt. 2 GWB auch Ausrüstungsgegenstände umfasst, die ursprünglich zwar keine militärische Verwendung haben sollten, jedoch nachträglich für militärische Zwecke angepasst wurden und in subjektiver Hinsicht zum Einsatz als Waffe, Munition oder Kriegsmaterial bestimmt sind. Die Vorschrift ist eng auszulegen.[41] Die militärische Verwendungsabsicht muss ausweislich des Wortlauts mit einer objektiven – substanziellen – Anpassung der Ausrüstung einhergehen.[42] Eine reine Umwidmung ohne gezielte Anpassung für militärische Zwecke genügt insoweit nicht.[43] Auch eine lediglich abstrakte militärische Verwendungsabsicht reicht nicht aus.[44] Erforderlich ist eine konkretisierte Bestimmung zum speziellen Zweck als Waffe, Munition oder Kriegsmaterial.[45]

IV. Verschlusssachen

1. Allgemeines

18 § 104 Abs. 3 GWB definiert die ebenfalls nach Abs. 1 Nr. 2 und 4 dem Sondervergaberecht unterfallenden Verschlusssachenaufträge abweichend von der bisherigen Definition in § 99 Abs. 9 GWB a. F. Die aktuelle Definition lehnt sich mehr an die Vorgaben der VertVergRL an. Die VertVergRL knüpft den Anwendungsbereich an sensible Ausrüstung bzw. sensible Dienst- oder Bauleistungen in Art. 2 lit. b) und d). Sensible Ausrüstung, Dienst- oder Bauleistungen sind nach Art. 1 Nr. 7 Ausrüstung, Bauleistungen und Dienstleistungen für Sicherheitszwecke, bei denen Verschlusssachen verwendet werden oder die solche Verschlusssachen erfordern und/oder beinhalten. Verschlusssachen werden wiederum in Art. 1 Nr. 8 definiert als Informationen bzw. Material, denen unabhängig von Form, Beschaffenheit oder Art der Übermittlung ein Geheimhaltungsgrad zugewiesen ist oder für die eine Schutzbedürftigkeit anerkannt wurde und die im Interesse der nationalen Sicherheit und nach den in dem betreffenden Mitgliedstaat geltenden Rechts- und Verwaltungsvorschriften gegen Missbrauch, Zerstörung, Entfernung, Bekanntgabe, Verlust oder Zugriff durch Unbefugte oder jede andere Art der Preisgabe an Unbefugte geschützt werden müssen.

19 Lediglich zum Zwecke der **Klarstellung** wurde der Wortlaut der Definition des Verschlusssachenauftrags im Hinblick auf Erwägungsgrund 11 der VertVergRL ergänzt, wonach diese Richtlinie auch im speziellen Bereich der nicht-militärischen Sicherheit gelten soll.[46] Damit wird betont, dass das Sonderrechtsregime auch außerhalb klassischer Militäraufträge anwendbar ist, z. B. bei Beschaffungen der Polizei, des Grenzschutzes, im Bereich

---

41 *Dreher*, in: Immenga/Mestmäcker, Wettbewerbsrecht, § 99 GWB Rn. 266.

42 EuGH, Urt. v. 7.6.2012, Rs. C-615/10, Rn. 40, 44. Vgl. auch *Dreher*, in: Immenga/Mestmäcker, Wettbewerbsrecht, § 99 GWB Rn. 267.

43 A. A. *Scherer-Leydecker*, NZBau 2012, 533, 535.

44 *Wegener*, in: Pünder/Schellenberg, Vergaberecht, § 99 GWB Rn. 108.

45 Vgl. für Art. 296 Abs. 1 lit. b) EGV (heute Art. 346 Abs. 1 lit. b) AEUV) EuGH, Urt. v. 8.4.2008, Rs. C-337/05 m. Anm. *Prieß/Hölzl*, NZBau 2008, 563, 564.

46 Gesetzesbegründung zum VergRModG, BT-Drs. 18/6281, S. 75.

des Katastrophenschutzes oder der Feuerwehren sowie sonstiger Behörden und Organisationen mit Sicherheitsaufgaben.[47]

2. Tatbestandsmerkmale

Es muss sich zunächst um einen Auftrag im **speziellen Bereich der nicht-militärischen Sicherheit** handeln, der **ähnliche Merkmale** aufweist wie ein Militärauftrag i. S. d. § 104 Abs. 1 Nr. 1 oder 4 GWB und **ebenso schutzbedürftig ist**. Mit dieser Neuregelung sollte (als Nachholung der nur unvollständigen Umsetzung in § 99 Abs. 9 GWB a. F.) auf den Erwägungsgrund 11 der VertVergRL Bezug genommen werden, wonach Bereiche umfasst werden sollen, in denen militärische und nicht-militärische Einsatzkräfte bei der Erfüllung derselben Missionen zusammenarbeiten und/oder die Beschaffung dazu dient, die Sicherheit der Union und/oder der Mitgliedstaaten auf ihrem Hoheitsgebiet oder darüber hinaus vor ernsten Bedrohungen durch nicht-militärische und/oder nichtstaatliche Akteure zu schützen. Dies kann beispielsweise den Grenzschutz, polizeiliche Tätigkeiten und Kriseneinsätze einschließen. Die einzelnen Tatbestandsmerkmale werden dabei weder in den Gesetzesmaterialien noch in den Erwägungsgründen näher definiert. Ein spezieller Bereich der nicht-militärischen Sicherheit mit **ähnlichen Merkmalen** wie ein Militärauftrag liegt dann vor, wenn der Auftrag entsprechenden nicht-militärischen Sicherheitszwecken dient. Eine Vergleichbarkeit mit Militäraufträgen ist gerade nicht erforderlich. Soweit für militärische Aufträge maßgeblich auf die **Zweckbestimmung** abgestellt wird, die sich auf den Schutz des Hoheitsgebietes bezieht, muss ein Auftrag im nicht-militärischen Sicherheitsbereich dem Schutz der Bevölkerung oder der Aufrechterhaltung der Öffentlichen Sicherheit und Ordnung, d. h. der Gefahrenabwehr dienen. Nicht jede Gefahr dürfte jedoch insoweit ausreichen, als der Erwägungsgrund 11 der RL von einer „ernsten Bedrohung" spricht. Damit sind zumindest Aufträge umfasst, die wesentliche Funktionen der Gefahrenabwehr übernehmen, wie kritische Infrastruktur, Kommunikationsanlagen, zentrale IT-Ausstattung bzw. solche, die durch besondere Situationen, Kriseneinsätze, d. h. durch dringende Gefahren bedingt sind.[48] 20

Bei der Bestimmung der Schutzbedürftigkeit ist eine **Abwägung** der durch die Einstufung des Auftrags als sicherheitsspezifisch berührten Interessen erforderlich. In die Abwägung sind das besondere Sicherheitsinteresse einerseits, der Grad der „ernsten Bedrohung", d. h. der damit einhergehenden Gefahren sowie das Interesse der potenziellen Bieter an der Durchführung einer regelmäßigen Vergabe einzustellen. Hierbei ist der Grundsatz der Verhältnismäßigkeit gem. § 97 Abs. 1 a. E. GWB zu berücksichtigen. Insbesondere im Hinblick auf die Ausnahmevorschrift des § 117 Nr. 1 GWB für öffentliche Aufträge, die, ohne verteidigungs- oder sicherheitsspezifische Aufträge zu sein, bestimmte Verteidigungs- 21

47 *Zeiss*, in: Heiermann/Zeiss/Summa, juris Praxiskommentar Vergaberecht, § 104 GWB Rn. 52.

48 Vgl. auch *Hölzl*, in: Kulartz/Kus/Portz/Prieß, Kommentar zum GWB-Vergaberecht, § 104 GWB Rn. 43, 47. A. A. wohl *Zeiss*, in: Heiermann/Zeiss/Summa, juris Praxiskommentar Vergaberecht, § 104 GWB Rn. 59, 66 sowie *Summa*, in: Heiermann/Zeiss/Summa, juris Praxiskommentar Vergaberecht, § 117 GWB Rn. 9, welche die Schutzbedürftigkeit und die ähnlichen Merkmale nicht als gesonderte Tatbestandsmerkmale, sondern als Einschränkung der umfassten Klassifizierungen von Verschlusssachen ansehen. Danach sollen Verschlusssachen des Geheimhaltungsgrades VS-NUR FÜR DEN DIENSTGEBRAUCH nicht der Einstufung als Verschlusssache i. S. d. § 104 Abs. 3 GWB genügen; a. A. insoweit VK Bund, Beschl. v. 9.5.2014, VK 1-26/14; OLG Düsseldorf, Beschl. v. 21.10.2015, VII-Verg 28/14; VK Bund, Beschl. v. 29.8.2014, VK 2-63/14.

oder Sicherheitsaspekte umfassen. Soweit der Schutz wesentlicher Sicherheitsinteressen der Bundesrepublik Deutschland durch weniger einschneidende Maßnahmen gewährleistet werden kann als die Vergabe unterhalb der VSVgV, z. B. durch bestimmte Anforderungen an die Vertraulichkeit der Dokumente kann die Schutzbedürftigkeit im Rahmen des § 104 Abs. 3 GWB zu verneinen sein.

3. Verschlusssachen

22 Nach § 104 Abs. 3 Nr. 1 und 2 GWB müssen zudem **Verschlusssachen verwendet** werden oder der Auftrag muss solche Verschlusssachen **erfordern** oder **beinhalten**. Da diese Begriffe bereits in § 99 Abs. 9 Nr. 1 und 2 GWB a. F. enthalten waren, kann die zu § 99 Abs. 9 Nr. 1 und 2 GWB a. F. ergangene Rechtsprechung auch bei Auslegung dieser Begriffe herangezogen werden. Ein lediglich potenzieller Zugang des künftigen Auftragnehmers zu Verschlusssachen ist insoweit ausreichend.[49] Für die Bestimmung einer Verschlusssache ist im nationalen Recht auf § 4 des Gesetzes über die Voraussetzungen und das Verfahren von Sicherheitsüberprüfungen des Bundes (SÜG)[50] bzw. der entsprechenden landesgesetzlichen Bestimmungen zurückzugreifen. Eine Verschlusssache ist danach „STRENG GEHEIM“, wenn die Kenntnisnahme durch Unbefugte den Bestand oder lebenswichtige Interessen der Bundesrepublik Deutschland oder eines ihrer Länder gefährden kann; „GEHEIM“, wenn die Kenntnisnahme durch Unbefugte die Sicherheit der Bundesrepublik Deutschland oder eines ihrer Länder gefährden oder ihren Interessen schweren Schaden zufügen kann; „VS-VERTRAULICH“, wenn die Kenntnisnahme durch Unbefugte für die Interessen der Bundesrepublik Deutschland oder eines ihrer Länder schädlich sein kann; „VS-NUR FÜR DEN DIENSTGEBRAUCH“, wenn die Kenntnisnahme durch Unbefugte für die Interessen der Bundesrepublik Deutschland oder eines ihrer Länder nachteilig sein kann. Die konkrete Einstufung erfolgt durch die Stelle, die die Verschlusssache herausgibt. Dabei steht ihr ein weiter Ermessensspielraum zu, der durch die Nachprüfungsinstanzen nur auf das Vorliegen sachfremder Erwägungen oder auf eine offensichtliche Fehlbeurteilung des Sachverhaltes überprüft werden darf.

23 Teilweise werden Verschlusssachen des Geheimhaltungsgrades VS-NUR FÜR DEN DIENSTGEBRAUCH unter Verweis auf die unterschiedliche Definition der Verschlusssache in Art. 1 Nr. 8 VertVergRL und in § 4 SÜG von dem Anwendungsbereich des § 104 Abs. 3 GWB als ungenügend ausgenommen.[51] Dem ist nicht zuzustimmen. Auch die Verschlusssachen des Geheimhaltungsgrades VS-NUR FÜR DEN DIENSTGEBRAUCH fallen ausweislich des Wortlauts und der ausdrücklichen Verweisung des § 104 Abs. 3 Nr. 1 GWB auf die gesamte Regelung des § 4 SÜG unter § 104 Abs. 3 GWB. Entscheidend ist die in nationalen Rechts- und Verwaltungsvorschriften erfolgte Einstufung als Verschlusssache, auf welche auch Art. 1 Nr. 8 VertVergRL verweist. Für eine europarechtskonforme Einschränkung der Verweisung auf § 4 SÜG besteht auch keine Regelungslücke, da bereits die bisherige Regelung des § 99 Abs. 9 Nr. 1 GWB a. F. ausdrücklich auf § 4 SÜG und auf die entsprechenden Ländervorschriften verwiesen hat und dieser Verweis nun in § 104

---

49 VK Bund, Beschl. v. 3.6.2013, VK 2-31/13; VK Bund, Beschl. v. 9.5.2014, VK 1-26/14; OLG Düsseldorf, Beschl. v. 13.11.2013, VII-Verg 19/13.

50 Gesetz über die Voraussetzungen und das Verfahren von Sicherheitsüberprüfungen des Bundes (Sicherheitsüberprüfungsgesetz – SÜG) v. 20.4.1994, BGBl. I, S. 867.

51 *Zeiss*, in: Heiermann/Zeiss/Summa, juris Praxiskommentar Vergaberecht, § 104 GWB Rn. 59, 66.

Abs. 3 Nr. 1 GWB unverändert übernommen wurde. Für eine Einschränkung besteht auch kein Bedürfnis. Insoweit stellen die Tatbestandsmerkmale der **ähnlichen Merkmale** bzw. der besonderen **Schutzbedürftigkeit** gem. § 104 Abs. 3 GWB ein ausreichendes Korrektiv für Fälle dar, die trotz Einstufung als Verschlusssache einer besonderen Vergabe nach VSVgV nicht bedürfen. Zudem steht einer europarechtskonformen Einschränkung der Verweisung auf § 4 SÜG auch die VertVergRL selbst entgegen. So bestimmt der Erwägungsgrund 20, dass Aufträge in den Bereichen Verteidigung und Sicherheit oftmals Verschlusssachen enthalten, die **nach den in dem betreffenden Mitgliedstaat geltenden Rechts- und Verwaltungsvorschriften** aus Sicherheitsgründen vor nicht autorisiertem Zugriff geschützt werden müssen. Weiterhin ist im Erwägungsgrund 20 anerkannt, dass gerade im Bereich der nicht-militärischen Sicherheit, in dem Informationen ähnlich wie im militärischen Bereich geschützt werden müssen, ein Ansatz zu verfolgen ist, der den vielfältigen Praktiken der Mitgliedstaaten Rechnung trägt und der die Erfassung sowohl des militärischen als auch des nicht-militärischen Bereichs ermöglicht.

Entsprechend der Bundesnorm des § 4 SÜG sind die jeweiligen Normen der Landesgesetze **24**
heranzuziehen: **Niedersachsen**: Niedersächsisches Sicherheitsüberprüfungsgesetz;[52] **Nordrhein-Westfalen**: Sicherheitsüberprüfungsgesetz Nordrhein-Westfalen;[53] **Sachsen-Anhalt**: Sicherheitsüberprüfungs- und Geheimschutzgesetz;[54] **Bayern**: Bayerisches Sicherheitsüberprüfungsgesetz;[55] **Sachsen**: Sächsisches Sicherheitsüberprüfungsgesetz;[56] **Baden-Württemberg**: Landessicherheitsüberprüfungsgesetz;[57] **Berlin**: Berliner Sicherheitsüberprüfungsgesetz;[58] **Brandenburg**: Brandenburgisches Sicherheitsüberprüfungsgesetz;[59] **Hamburg**: Hamburgisches Sicherheitsüberprüfungs- und Geheimschutzgesetz;[60] **Bremen**: Bremisches Sicherheitsüberprüfungsgesetz;[61] **Schleswig-Holstein**: Landessi-

52 Niedersächsisches Gesetz über die Voraussetzungen und das Verfahren der Sicherheitsüberprüfungen von Personen im Rahmen des Geheimschutzes (Niedersächsisches Sicherheitsüberprüfungsgesetz – Nds. SÜG) v. 30.3.2004, Nds. GVBl. S. 128.

53 Gesetz über die Voraussetzungen und das Verfahren von Sicherheitsüberprüfungen des Landes Nordrhein-Westfalen (Sicherheitsüberprüfungsgesetz Nordrhein-Westfalen – SÜG NW) v. 7.3.1995, GV. NWS. 210.

54 Sicherheitsüberprüfungs- und Geheimschutzgesetz (SÜG-LSA) v. 26.1.2006, GVBl. LSA S. 14.

55 Gesetz über die Voraussetzungen und das Verfahren von Sicherheitsüberprüfungen des Freistaates Bayern (Bayerisches Sicherheitsüberprüfungsgesetz – BaySÜG) v. 27.12.1996, GVBl. S. 509.

56 Gesetz über die Voraussetzungen und das Verfahren von Sicherheitsüberprüfungen im Freistaat Sachsen (Sächsisches Sicherheitsüberprüfungsgesetz – SächsSÜG) v. 19.2.2004, SächsGVBl. S. 44.

57 Gesetz über die Sicherheitsüberprüfung aus Gründen des Geheimschutzes (Landessicherheitsüberprüfungsgesetz – LSÜG) v. 12.2.1996, GBl. S. 159.

58 Gesetz über die Voraussetzungen und das Verfahren von Sicherheitsüberprüfungen im Land Berlin (Berliner Sicherheitsüberprüfungsgesetz – BSÜG) v. 25.6.2001, GVBl. S. 243.

59 Gesetz über die Voraussetzungen und das Verfahren von Sicherheitsüberprüfungen im Land Brandenburg (Brandenburgisches Sicherheitsüberprüfungsgesetz – BbgSÜG) v. 30.7.2001, GVBl. I S. 126.

60 Gesetz über die Voraussetzungen und das Verfahren von Sicherheitsüberprüfungen und den Umgang mit eingestuften Geheimnissen der Freien und Hansestadt Hamburg (Hamburgisches Sicherheitsüberprüfungs- und Geheimschutzgesetz – HmbSÜGG) v. 25.5.1999, HmbGVBl. S. 82.

61 Gesetz über die Voraussetzungen und das Verfahren von Sicherheitsüberprüfungen des Landes Bremen (Bremisches Sicherheitsüberprüfungsgesetz – BremSÜG) v. 30.6.1998, Brem.GBl. S. 185.

cherheitsüberprüfungsgesetz;[62] **Saarland**: Saarländisches Sicherheitsüberprüfungsgesetz;[63] **Hessen**: Hessisches Sicherheitsüberprüfungsgesetz;[64] **Rheinland-Pfalz**: Landessicherheitsüberprüfungsgesetz;[65] **Thüringen**: Thüringer Sicherheitsüberprüfungsgesetz;[66] **Mecklenburg-Vorpommern**: Sicherheitsüberprüfungsgesetz.[67]

4. Sicherheitsüberprüfung

25 Die o.g. Sicherheitsüberprüfungsgesetze regeln insbesondere die Voraussetzungen und das Verfahren der **Sicherheitsüberprüfung zur Überprüfung einer Person**, die von der zuständigen Stelle mit einer sicherheitsempfindlichen Tätigkeit betraut werden soll, vgl. § 1 Abs. 1 SÜG. Eine sicherheitsempfindliche Tätigkeit wird nach § 1 Abs. 2 SÜG insbesondere dann ausgeübt, wenn eine betroffene Person Zugang zu Verschlusssachen eines bestimmten **Geheimhaltungsgrades** hat oder ihn sich verschaffen kann (**Geheimschutz**). Entsprechend der jeweils ausgeübten sicherheitsempfindlichen Tätigkeit wird nach § 7 Abs. 1 SÜG aus **Geheimschutzgründen** insbesondere zwischen einer **einfachen Sicherheitsüberprüfung** (sog. „SÜ 1“), einer **erweiterten Sicherheitsüberprüfung** (sog. „SÜ 2“) sowie einer **erweiterten Sicherheitsüberprüfung mit Sicherheitsermittlungen** (sog. „SÜ 3“) unterschieden. Nach erfolgreicher Sicherheitsüberprüfung wird die betroffene Person entsprechend dem Geheimhaltungsgrad der betroffenen Verschlusssachen **sicherheitsermächtigt**. Die einfache Sicherheitsüberprüfung ist nach § 8 Abs. 1 Nr. 1 SÜG für Personen durchzuführen, die Zugang zu als VS-VERTRAULICH eingestuften Verschlusssachen erhalten sollen oder ihn sich verschaffen können; eine erweiterte Sicherheitsüberprüfung ist nach § 9 Abs. 1 Nr. 1 und 2 SÜG hingegen für Personen einschlägig, die Zugang zu als GEHEIM eingestuften Verschlusssachen erhalten sollen oder ihn sich verschaffen können, bzw. Zugang zu einer hohen Anzahl als VS-VERTRAULICH eingestuften Verschlusssachen erhalten sollen oder ihn sich verschaffen können. Nach § 10 Nr. 1 und 2 SÜG ist eine erweiterte Sicherheitsüberprüfung mit Sicherheitsermittlungen für Personen durchzuführen, die Zugang zu als STRENG GEHEIM eingestuften Verschlusssachen erhalten sollen oder ihn sich verschaffen können, bzw. die Zugang zu einer hohen Anzahl als GEHEIM eingestuften Verschlusssachen erhalten sollen oder ihn sich verschaffen können.

26 Die Art der Sicherheitsüberprüfung von Personen hängt nicht nur von dem jeweils betroffenen Geheimhaltungsgrad der Verschlusssachen ab, zu welchen die Person Zugang hat oder sich diesen verschaffen kann. Auch aus Gründen des **vorbeugenden personellen Sabotageschutzes** und damit unabhängig von dem Vorliegen des jeweiligen Geheimhaltungsgrades oder Vertraulichkeitsbedürfnisses schreiben die Sicherheitsüberprüfungsgesetze eine bestimmte Sicherheitsüberprüfung für alle Personen vor, die ihre Tätigkeiten an einer bestimmten **sicherheitsempfindlichen Stelle** innerhalb einer **lebens- oder verteidi-**

---

62 Gesetz über die Voraussetzungen und das Verfahren von Sicherheitsüberprüfungen im Land Schleswig-Holstein (Landessicherheitsüberprüfungsgesetz – LSÜG) v. 10.12.2003, GVOBl. Schl.-H. 2003 S. 651, ber. 2004 S. 290.

63 Saarländisches Sicherheitsüberprüfungsgesetz v. 4.4.2001, ABl. S. 1182.

64 Hessisches Sicherheitsüberprüfungsgesetz (HSÜG) v. 19.12.2014, GVBl. S. 364.

65 Landessicherheitsüberprüfungsgesetz (LSÜG) v. 8.3.2000, GVBl. S. 70.

66 Thüringer Sicherheitsüberprüfungsgesetz (ThürSÜG) v. 17.3.2003, GVBl. S. 185.

67 Gesetz über die Voraussetzungen und das Verfahren von Sicherheitsüberprüfungen im Lande Mecklenburg-Vorpommern (Sicherheitsüberprüfungsgesetz – SÜG M-V) v. 22.1.1998, GVOBl. M-V S. 114, ber. S. 195.

gungswichtigen Einrichtung oder innerhalb einer besonders sicherheitsempfindlichen Stelle des Geschäftsbereiches des Bundesministeriums der Verteidigung („Militärischer Sicherheitsbereich") wahrnehmen sollen (vgl. § 1 Abs. 4 Satz 1 SÜG).[68] Insoweit unterscheiden sich die jeweiligen Landesvorgaben in der für den vorbeugenden personellen Sabotageschutz entsprechend geforderten einfachen bzw. erweiterten Sicherheitsüberprüfung.[69] Ziel des vorbeugenden personellen Sabotageschutzes ist es, potenzielle Saboteure (Innentäter) von sicherheitsempfindlichen Stellen fernzuhalten, um den Schutz folgender Schutzgüter sicherzustellen: Nach § 1 Abs. 5 Satz 1 SÜG sind solche Einrichtungen **lebenswichtig**, deren Beeinträchtigung aufgrund der ihnen anhaftenden betrieblichen Eigengefahr die Gesundheit oder das Leben großer Teile der Bevölkerung erheblich gefährden kann oder die für das Funktionieren des Gemeinwesens unverzichtbar sind und deren Beeinträchtigung erhebliche Unruhe in großen Teilen der Bevölkerung und somit Gefahren für die öffentliche Sicherheit oder Ordnung entstehen lassen würde; nach § 1 Abs. 5 Satz 2 SÜG sind außerhalb des Geschäftsbereiches des Bundesministeriums der Verteidigung solche Einrichtungen **verteidigungswichtig**, die der Herstellung oder Erhaltung der Verteidigungsbereitschaft dienen und deren Beeinträchtigung aufgrund fehlender kurzfristiger Ersetzbarkeit die Funktionsfähigkeit, insbesondere die Ausrüstung, Führung und Unterstützung der Bundeswehr und verbündeter Streitkräfte sowie der Zivilen Verteidigung, oder der ihnen anhaftenden betrieblichen Eigengefahr die Gesundheit oder das Leben großer Teile der Bevölkerung erheblich gefährden kann. Eine Sicherheitsempfindliche Stelle ist die kleinste selbstständig handelnde Organisationseinheit innerhalb einer lebens- oder verteidigungswichtigen Einrichtung, die vor unberechtigtem Zugang geschützt ist und von der im Falle der Beeinträchtigung eine erhebliche Gefahr für die vorgenannten Schutzgüter ausgeht.

Abzugrenzen von den SÜG-Vorschriften sind zudem die sog. **Verschlusssachenanweisungen (VSA)**. Die als Verwaltungsvorschriften zu qualifizierenden Anweisungen des Bundes[70] und der Länder[71] beinhalten die Definitionen der Verschlusssachen, die dem § 4 SÜG 27

---

68 Vgl. hierzu den Leitfaden Vorbeugender personeller Sabotageschutz im nichtöffentlichen Bereich; Satellitendatensicherheit des Bundesministeriums für Wirtschaft und Energie (BMWi), Stand Januar 2016.

69 Z. B. bestimmt § 7 Abs. 1 Nr. 3 Nds. SÜG für die Tätigkeit in einer sicherheitsempfindlichen Stelle eine einfache Sicherheitsüberprüfung, während § 10 lit. d) SÜG NW eine erweiterte Sicherheitsüberprüfung voraussetzt. Nach § 1 Nr. 2 der Verordnung zur Bestimmung lebenswichtiger Einrichtungen nach dem Hessischen Sicherheitsüberprüfungsgesetz (HSÜGEinrV) stellen z. B. auch nichtpolizeiliche Leitstellen lebenswichtige Einrichtungen mit sicherheitsempfindlichen Stellen i. S. v. § 1 Abs. 2 Nr. 4 HSÜG dar. Insoweit schreibt § 8 Abs. 1 Nr. 3 HSÜG aus Gründen des personellen Sabotageschutzes eine erweiterte Sicherheitsüberprüfung vor.

70 Allgemeine Verwaltungsvorschrift des Bundesministeriums des Innern zum materiellen und organischen Schutz von Verschlusssachen (VS-Anweisung – VSA) v. 31.3.2006, GMBl. S. 803.

71 **Niedersachsen**: Verschlusssachenanweisung (VS-Anweisung/VSA) für das Land Niedersachsen v. 30.11.1982 Az. – 45.1 – 143-A-00 005, Nds. MBl. 1982 Nr. 74, S. 2175; **Nordrhein-Westfalen**: Allgemeine Verwaltungsvorschrift des Innenministeriums des Landes Nordrhein-Westfalen zum materiellen und organisatorischen Schutz von Verschlusssachen (VS-Anweisung – VSA), RdErl. d. Innenministeriums v. 9.4.2001 – VI B 3/11, MBl. NRW. 2001 Nr. 32 v. 15.6.2001, S. 665; **Sachsen-Anhalt**: Verschlusssachenanweisung für das Land Sachsen-Anhalt (VSA-LSA) v. 2.9.1996, Az. 43.11-02220, MBl. LSA 1996, S. 1923; **Bayern**: Verschlusssachenanweisung (VS-Anweisung – VSA) für die Behörden des Freistaates Bayern v. 14.3.1995; **Sachsen**: Verschlusssachenanweisung v. 4.1.2008, SächsABl. SDr. 2008 Nr. 1, S. 2; **Baden-Württemberg**: Verwaltungsvorschrift des Innenministeriums zum materiellen und organisatorischen Schutz von Verschlusssachen (VS-

im Wesentlichen entsprechen. Zudem werden dort Allgemeine Grundsätze der Kenntnisverschaffung, Behandlung von Verschlusssachen und organisatorische Maßnahmen bestimmt.

5. Geheimschutzbetreuung

28 Neben der Sicherheitsüberprüfung **einzelner Personen** können auch **gesamte Unternehmen** Adressaten bestimmter Geheimschutzmaßnahmen sein. Unternehmen können in die sog. amtliche **Geheimschutzbetreuung** aufgenommen werden. Eine dahingehende Anforderung an die Bewerber oder Bieter in einem Vergabeverfahren stellt § 7 Abs. 2 Nr. 1 VSVgV auf. Die Aufnahme in die Geheimschutzbetreuung und das entsprechende Geheimschutzverfahren beruhen im Wesentlichen auf dem Handbuch für den Geheimschutz in der Wirtschaft (GHB).[72] Sie kommt regelmäßig zur Anwendung, wenn ein Unternehmen im Rahmen eines öffentlichen Auftrags mit Verschlusssachen befasst werden muss, und dient gem. Ziff. 1.1 Abs. 2 GHB der Schaffung, Aufrechterhaltung und Durchführung sämtlicher Maßnahmen zum Schutz von Verschlusssachen. Zuständig für die Durchführung des entsprechenden Verfahrens ist das Bundesministerium für Wirtschaft und Energie (BMWi) bzw. entsprechende Landesbehörden. Unternehmen werden auf Vorschlag eines Verschlusssachen-Auftraggebers in die Geheimschutzbetreuung durch das BMWi aufgenommen. Die Aufnahme in die Geheimschutzbetreuung setzt insbesondere den Einsatz eines geeigneten Sicherheitsbevollmächtigten (SiBe); die Sicherheitsüberprüfung der gesetzlichen Vertreter des Unternehmens, des Sicherheitsbevollmächtigten, dessen Vertreters und des zur ordnungsgemäßen Auftragsdurchführung erforderlichen Personals, die Realisierung der erforderlichen materiellen Geheimschutzmaßnahmen sowie eine rechtsverbindliche Anerkennung der Bestimmungen des GHB durch das Unternehmen voraus. Hierfür hat das Unternehmen mit der Bundesrepublik Deutschland einen öffentlich-rechtlichen

---

Anweisung – VSA) v. 20.12.2004 – Az.: 5-0214.3/77, GABl. 2005 S. 218; **Berlin**: Verschlusssachenanweisung (VS-Anweisung/VSA) für das Land Berlin v. 1.12.1992; Az.: AV E-5233/16; **Brandenburg**: Verschlusssachenanweisung für die Behörden des Landes Brandenburg (VS-Anweisung Brandenburg – VSA BB) v. 16.4.1991; **Hamburg**: Verschlusssachenanweisung für die Behörden der Freien und Hansestadt Hamburg (VS-Anweisung / HmbVSA) v. 9.11.1982; **Bremen**: Verschlusssachenanweisung für das Land Bremen; **Schleswig-Holstein**: Allgemeine Verwaltungsvorschrift zum materiellen und organisatorischen Schutz von Verschlusssachen für das Land Schleswig-Holstein (VS-Anweisung – VSA SH) v. 4.3.2004, Az. IV 70 – 143-S-0205, ABl. Schl.-H. 2004 S. 366; **Saarland**: Allgemeine Verwaltungsvorschrift zum materiellen und organisatorischen Schutz von Verschlusssachen für das Saarland (VS-Anweisung/VSA) v. 7.5.2008, Ordnungsnummer 3/1412; **Hessen**: Verschlusssachenanweisung (VS-Anweisung, VSA) für das Land Hessen (VS-Anweisung – VSA), Verwaltungsvorschrift des Ministeriums des Innern und für Sport vom 22.2.2010 – Z 1-03 a 08.08, StAnz. S. 934; **Rheinland-Pfalz**: Anweisung zum materiellen und organisatorischen Schutz von Verschlusssachen (VS-Anweisung/VSA) Rheinland-Pfalz, Verwaltungsvorschrift des Ministeriums des Innern und für Sport v. 12.11.2001, Az. 364-145-S-100 007, MinBl. S. 84; **Thüringen**: Verschlusssachenanweisung für den Freistaat Thüringen (VS-Anweisung – VSA) v. 17.6.2011, Az. 23.20-1324/2011, ThürStAnz Nr. 29/2011 S. 927; **Mecklenburg-Vorpommern**: Allgemeine Verwaltungsvorschrift zum materiellen und organisatorischen Schutz von Verschlusssachen für das Land Mecklenburg-Vorpommern (Verschlusssachenanweisung – VSA) (VSA-M-V) v. 8.11.1999.

72 Handbuch für den Geheimschutz in der Wirtschaft (Geheimschutzhandbuch) des Bundesministeriums für Wirtschaft und Energie, Stand 2004; abrufbar unter: https://bmwi-sicherheitsforum.de/handbuch.

Vertrag abzuschließen. Das Verfahren endet nach Ziff. 2.4.1.1 Abs. 1 GHB mit dem Erlass eines entsprechenden **Sicherheitsbescheides des BMWi**, den sowohl das Unternehmen als auch der Verschlusssachen-Auftraggeber erhält.

6. Eignungsanforderungen

Es ist fraglich, ob die Sicherheitsermächtigung der einzelnen Mitarbeiter eines Bewerbers oder Bieters bzw. die Aufnahme des gesamten Unternehmens des Bewerbers oder Bieters in die Geheimschutzbetreuung als **Eignungskriterium** im Vergabeverfahren aufgestellt werden kann. Eine dahingehende Eignungsanforderung dürfte im Anwendungsbereich der **VgV** mangels gesetzlicher Grundlage in § 122 Abs. 1 GWB, §§ 44 ff. VgV unzulässig sein. Das allgemeine Eignungskriterium der Zuverlässigkeit ist in § 122 GWB nicht mehr vorhanden. Auch betrifft die Sicherheitsüberprüfung weder eine Befähigung oder Erlaubnis zur Berufsausübung noch stellt dies ein Element der wirtschaftlichen oder finanziellen Leistungsfähigkeit dar. Die Auflistung der Nachweise für die technische und berufliche Leistungsfähigkeit in § 45 Abs. 3 VgV ist abschließend und sieht gerade bestimmte Anforderungen an die Sicherheitsüberprüfung oder Wahrung besonderer Vertraulichkeit nicht vor.[73] Gleiches dürfte im Hinblick auf die Geheimschutzbetreuung des BMWi gelten. Im Anwendungsbereich der **VSVgV** verweist § 21 Abs. 1 VSVgV zwar ebenfalls auf § 122 Abs. 1 GWB, jedoch bestimmt **§ 22 Abs. 1 Satz 1 VSVgV**, dass Auftraggeber in der Bekanntmachung oder im Verhandlungsverfahren ohne Teilnahmewettbewerb in den Vergabeunterlagen angeben müssen, mit welchen Nachweisen gem. den **§§ 6, 7, 8** und **23 bis 28** VSVgV Unternehmen ihre **Eignung** und das Nichtvorliegen von Ausschlussgründen nachzuweisen haben. Damit wird auch ausdrücklich die Regelung des § 7 VSVgV aufgeführt, die die besonderen Anforderungen an den Schutz von Verschlusssachen durch Unternehmen als relevante Eignungsanforderung bestimmt. Danach werden im Anwendungsbereich der VSVgV nach dem Wortlaut des Gesetzes die Anforderungen an den Schutz von Verschlusssachen, d. h. im Ergebnis die Sicherheitsüberprüfungen und die Aufnahme in die Geheimschutzbetreuung als Eignungsnachweise bestimmt. Dabei kann der Auftraggeber nach § 7 Abs. 6 Satz 1 VSVgV festlegen, ob er Bewerbern, Bietern oder bereits in Aussicht genommenen Unterauftragnehmern, die noch nicht in der Geheimschutzbetreuung des BMWi oder entsprechender Landesbehörden sind oder deren Personal noch nicht überprüft und ermächtigt ist, zusätzliche Zeit gewähren, um diese Anforderungen zu erfüllen. In diesem Fall muss der Auftraggeber diese Möglichkeit und die Frist bereits in der Auftragsbekanntmachung mitteilen. Damit kann der Auftraggeber entweder die Vorlage der Nachweise einer bereits erfolgten Sicherheitsüberprüfung bzw. Aufnahme in die Geheimschutzbetreuung oder lediglich eine Verpflichtungserklärung dahingehend als Eignungsanforderung verlangen, dass das Unternehmen sich nach entsprechender Aufforderung des Auftraggebers den Sicherheitsüberprüfungen im Hinblick auf das betroffene Personal bzw. als gesamtes Unternehmen dem Verfahren zur Aufnahme in die Geheimschutzbetreuung unterzieht und die Nachweise zu einem späteren Zeitpunkt vorlegt. Bei dieser Entscheidung hat der Auftraggeber den Grundsatz der Verhältnismäßigkeit gem. § 97 Abs. 1 a. E. GWB zu berücksichtigen. Es ist dabei auch zu beachten, dass die Bewerber, Bieter oder in Aussicht genommenen Unterauftragnehmer in einem Vergabeverfahren weder auf die Sicher- 29

73 Kritisch ebenfalls *Summa*, in: Heiermann/Zeiss/Summa, juris Praxiskommentar Vergaberecht, § 117 GWB Rn. 19 ff.

heitsüberprüfung ihres Personals noch auf die Aufnahme in der Geheimschutzbetreuung unmittelbar Einfluss nehmen können. Sowohl die Sicherheitsüberprüfung als auch die Aufnahme in die Geheimschutzbetreuung erfolgt nach entsprechender Aufforderung eines Verschlusssachen-Auftraggebers. Eine abstrakte, von einem bestimmten Auftrag losgelöste Antragstellung durch das Unternehmen selbst ist nicht möglich. Eignungsnachweise können sich jedoch nach dem „No-Spy-Beschluss" der 2. VK Bund nicht auf Umstände beziehen, die einem Bieter nicht zurechenbar sind, weil er auf diese überhaupt keinen Einfluss nehmen kann.[74] Dies spricht für eine Bestimmung als besondere Ausführungsbedingung i. S. v. § 128 Abs. 2 Satz 3 GWB („Schutz der Vertraulichkeit von Informationen") und gegen eine Eignungsanforderung.

74 VK Bund, Beschl. v. 24.6.2014, VK 2 – 39/14.

§ 105 Konzessionen

(1) Konzessionen sind entgeltliche Verträge, mit denen ein oder mehrere Konzessionsgeber ein oder mehrere Unternehmen

1. **mit der Erbringung von Bauleistungen betrauen (Baukonzessionen); dabei besteht die Gegenleistung entweder allein in dem Recht zur Nutzung des Bauwerks oder in diesem Recht zuzüglich einer Zahlung; oder**
2. **mit der Erbringung und der Verwaltung von Dienstleistungen betrauen, die nicht in der Erbringung von Bauleistungen nach Nummer 1 bestehen (Dienstleistungskonzessionen); dabei besteht die Gegenleistung entweder allein in dem Recht zur Verwertung der Dienstleistungen oder in diesem Recht zuzüglich einer Zahlung.**

(2) In Abgrenzung zur Vergabe öffentlicher Aufträge geht bei der Vergabe einer Bau- oder Dienstleistungskonzession das Betriebsrisiko für die Nutzung des Bauwerks oder für die Verwertung der Dienstleistungen auf den Konzessionsnehmer über. Dies ist der Fall, wenn

1. **unter normalen Betriebsbedingungen nicht gewährleistet ist, dass die Investitionsaufwendungen oder die Kosten für den Betrieb des Bauwerks oder die Erbringung der Dienstleistungen wieder erwirtschaftet werden können, und**
2. **der Konzessionsnehmer den Unwägbarkeiten des Marktes tatsächlich ausgesetzt ist, sodass potenzielle geschätzte Verluste des Konzessionsnehmers nicht vernachlässigbar sind.**

Das Betriebsrisiko kann ein Nachfrage- oder Angebotsrisiko sein.

Schrifttum: *Byok/Jaeger*, Kommentar zum Vergaberecht, 3. Aufl. 2011; *Immenga/Mestmäcker*, Wettbewerbsrecht, Band 2 GWB, 5. Aufl. 2014; *Noch*, Vergaberecht kompakt, 7. Aufl. 2016; *Schellenberg*, Vergaberecht Handkommentar, 2. Aufl. 2015.

Übersicht

I. Einleitung[1]

1 Die Vorschrift des § 105 GWB definiert den Begriff der Konzessionen. Mit ihr wird Art. 5 Nr. 1 der Richtlinie 2014/23/EU (sog. Konzessionsvergaberichtlinie)[2] umgesetzt. Die Richtlinie erfasst erstmals sowohl **Baukonzessionen** als auch **Dienstleistungskonzessionen**.

2 Weder im Unionsrecht noch im deutschen Recht wird die **Lieferkonzession** angesprochen, obwohl die Parallelvorschriften zum öffentlichen Auftrag ausdrücklich auch die „Lieferung von Waren" betreffen (vgl. Art. 2 Abs. 1 Nr. 5 der Richtlinie 2014/24/EU und § 103 Abs. 1 GWB). Insoweit bleibt von Gesetzes wegen die Frage unbeantwortet, ob und unter welchen Voraussetzungen Transport und Übergabe eines physisch fassbaren Gutes das Verhältnis des Auftragnehmers zum Endkunden so prägen, dass statt einer Dienstleistungs- eine Lieferkonzession anzunehmen ist. Ebenso unklar ist, welche vergaberechtlichen Konsequenzen daraus zu ziehen sind.

II. Bisherige Rechtslage

3 Bisher enthielt die Vorgängerrichtlinie 2004/18/EG (Vergabekoordinierungsrichtlinie – VKR)[3] lediglich Vorschriften über die Vergabe öffentlicher **Baukonzessionen** und dies auch nur rudimentär. Die Regelungsdichte war (bewusst)[4] gering. So fanden sich in den Art. 56 ff. VKR bspw. Vorgaben über die Bekanntmachung der Vergabeabsicht, die Vergabe von Unteraufträgen und die Mindestfrist für die Bewerbung um die Konzession. Die Umsetzung in deutsches Recht erfolgte durch Qualifikation der Baukonzession als öffentlicher Auftrag (§ 99 Abs. 1 und Abs. 6 GWB a. F. und § 22 EG Abs. 2 Nr. 1 VOB/A a. F.).[5] Öffentliche Auftraggeber hatten dafür bei der Vergabe von Baukonzessionen die Regelungen des Abschnitts 1 der VOB/A sinngemäß anzuwenden. Begründet wurde die Gleichbehandlung von Bauaufträgen und -konzessionen damit, dass der Schwerpunkt des Baukonzessionsrechts in der zunächst erforderlichen Errichtung eines Bauwerkes lag.[6]

4 **Dienstleistungskonzessionen** waren vom europäischen Sekundärrecht nahezu gar nicht erfasst.[7] Zwar fand sich in Art. 1 Abs. 4 VKR eine Begriffsbestimmung („Verträge, die von öffentlichen Dienstleistungsaufträgen nur insoweit abweichen, als die Gegenleistung für die Erbringung der Dienstleistungen ausschließlich in dem Recht zur Nutzung der Dienstleistung oder in diesem Recht zuzüglich der Zahlung eines Preises besteht"). Jedoch nahm Art. 17 VKR Dienstleistungskonzessionen ausdrücklich vom Anwendungsbereich der

1 An der Kommentierung maßgeblich mitgewirkt hat Herr Rechtsanwalt *Dr. Christian Hoffmann*, wiss. Mitarbeiter am Lorenz-von-Stein-Institut für Verwaltungswissenschaften an der Christian-Albrechts-Universität zu Kiel.

2 RL 2014/23/EU des EP und des Rates v. 26.2.2014 über die Konzessionsvergabe, ABl. 2014 L 94, 1; zum Gesetzgebungsverfahren vgl. etwa *Jacob/Schmidt*, RdE 2016, 114, 116 ff.

3 RL 2004/18/EG des EP und des Rates v. 31.3.2004 über die Koordinierung der Verfahren zur Vergabe öffentlicher Bauaufträge, Lieferaufträge und Dienstleistungsaufträge, ABl. 2004 L 134/114.

4 Vgl. Art. 17 VKR.

5 Siehe dazu vor allem *Hailbronner*, in: Byok/Jaeger, Vergaberecht, § 100 GWB Rn. 87 ff.

6 BT-Drs. 18/6281, S. 75.

7 Siehe zur bisherigen Rechtslage etwa *Dietlein/Fandrey*, in: Byok/Jaeger, Vergaberecht, Einl. A. Rn. 162 ff.

Richtlinie aus. Allein das Verbot der Diskriminierung aus Gründen der Staatsangehörigkeit war ausdrücklich zu beachten (Art. 3 VKR). Die Abgrenzung zwischen einem Dienstleistungsauftrag und einer Dienstleistungskonzession war daher stets von besonderer Bedeutung. Während der Dienstleistungsauftrag auch nach alter Rechtslage stets in einem umfangreichen Vergabeverfahren vergeben werden musste, waren bei der Dienstleistungskonzession „nur" die Vorgaben des EU-Primärrechts (insbesondere des AEUV) einzuhalten, soweit im Einzelfall ein „eindeutiges"[8] **grenzüberschreitendes Interesse** festgestellt werden konnte.[9] Diese Vorgaben hat der EuGH in zahlreichen Entscheidungen näher konkretisiert.[10] Insbesondere waren schon nach alter Rechtslage stets die Vergabegrundsätze **Gleichbehandlung**, **Wettbewerb**, **Transparenz** und **Rechtsschutz** zu beachten.[11] Die **Niederlassungsfreiheit** aus Art. 49 AEUV, die **Dienstleistungsfreiheit** aus Art. 56 AEUV sowie das **Diskriminierungsverbot** aus Art. 18 AEUV geboten stets, dass die Nachfrage nach binnenmarktrelevanten Leistungen so ausgestaltet sein muss, dass alle Unionsbürger die gleiche Chance haben, die Dienstleistung zu erbringen.

Dabei galt stets, dass der Begriff der Konzession als Abweichung vom „Normallfall" des öffentlichen Auftrags eng auszulegen war. Der Umstand, dass Dienstleistungskonzessionen nicht vom Anwendungsbereich der europäischen Vergaberichtlinien und damit auch nicht vom nationalen Vergaberechtsregime erfasst waren, führte zudem dazu, dass kein **Rechtsschutz** vor den Vergabekammern und den Vergabesenaten der Oberlandesgerichte möglich war. Vielmehr waren allein die Verwaltungs- und Zivilgerichte zuständig. Welcher Rechtsweg jeweils eröffnet war, richtete sich nach der Rechtsform der Dienstleistungskonzession.[12] In jedem Fall war der Rechtsschutz im Vergleich zum Nachprüfungsverfahren eingeschränkt, da der Rechtsschutzsuchende bspw. nicht die Möglichkeit hatte, Einsicht in die Vergabeakten zu nehmen.[13] Zudem löste das Rechtsmittel nicht automatisch das Zuschlagsverbot für den Auftraggeber aus, wie es § 115 GWB a. F. (jetzt § 169 GWB) vorsah. 5

III. Neue Rechtslage

1. Bau- und Dienstleistungskonzession in der Richtlinie 2014/23/EU

Die Richtlinie 2014/23/EU umfasst nunmehr erstmals **sowohl Bau- als auch Dienstleistungskonzessionen**. Abs. 1 definiert daher beide Begriffe jeweils unter Anpassung an die neuen Definitionen des Art. 5 Nr. 1 Unterabs. 1 lit. a) und b) der Richtlinie 2014/23/EU. 6

8 Vgl. etwa EuGH, Urt. v. 13.11.2007, C507/03, VergabeR 2008, 55 Rn. 29 – Irische Post.

9 Zu den damit im Einzelfall zusammenhängenden Schwierigkeiten bei der Bewertung: *Opitz*, NVwZ 2014, 753, 755.

10 Zu nennen sind hier insbesondere die Entscheidungen EuGH, Urt. v. 7.12.2000, C324/98, EuZW 2001, 90 ff. – Telaustria; EuGH, Urt. v. 13.10.2005, C458/03, VergabeR 2005, 737 ff. – Parking Brixen; EuGH, Urt. v. 13.4.2010, Rs. C91/08 Rn. 33 f. – Wall; siehe dazu auch *Dreher*, in: Immenga/Mestmäcker, Wettbewerbsrecht, § 99 Rn. 211 ff.; *Fritz/Seidler*, EuZW 2010, 933 ff.; *Braun*, NZBau 2011, 400 ff.

11 *Hailbronner*, in: Byok/Jaeger, Vergaberecht, § 100 GWB Rn. 51; ausführlich auch *Jacob/Schmidt*, RdE 2016, 114, 115 f.

12 *Braun*, NZBau 2011, 400, 401; wurde dennoch ein Vergabenachprüfungsverfahren eingeleitet, hatten die Vergabesenate das Verfahren nach § 17a Abs. 2 GVG an das Gericht des zulässigen Rechtsweges zu verweisen, vgl. BGH, Beschl. v. 23.1.2012, X ZB 5/11.

13 Dazu ausführlich *Bühs*, VR 2016, 115 ff.

Abs. 2 dient der Umsetzung der wichtigen Anforderungen an den Übergang des **Betriebsrisikos** (Art. 5 Nr. 1 Unterabs. 2 der Richtlinie 2014/23/EU). Ziel des Richtliniengebers war es vor allem, bestehende Rechtsunsicherheiten zu beseitigen.[14] So gab es in den einzelnen europäischen Staaten sehr unterschiedliche Regelungsdichten der Konzessionsmaterie. Zudem war trotz der Entscheidungen des EuGH unklar, welche Anforderungen konkret an die Vergabe der Konzession zu stellen waren.[15] Die geringe Regelungsdichte stand zu den erheblichen wirtschaftlichen Werten, um die es im Bereich der Dienstleistungskonzessionen oftmals geht, in keinem angemessenen Verhältnis, sodass insbesondere die Einbeziehung und Ausgestaltung der Dienstleistungskonzession durch den europäischen Normgeber als konsequenter Schritt erscheint.

7 Art. 5 Nr. 1 lit. a) der Richtlinie 2014/23/EU lautet wie folgt: „Für die Zwecke dieser Richtlinie bezeichnet der Ausdruck (…) ‚Baukonzession' einen entgeltlichen, schriftlich geschlossenen Vertrag, mit dem ein oder mehrere öffentliche Auftraggeber oder Auftraggeber einen oder mehrere Wirtschaftsteilnehmer mit der Erbringung von Bauleistungen beauftragen, wobei die Gegenleistung entweder allein in dem Recht zur Nutzung des vertragsgegenständlichen Bauwerks oder in diesem Recht zuzüglich einer Zahlung besteht." Der Richtliniengeber orientiert sich bei der Formulierung an der bisherigen Rechtsprechung des EuGH sowie an den bereits bestehenden Regelungsansätzen.

8 Art. 5 Nr. 1 lit. b) der Richtlinie 2014/23/EU lautet wie folgt: „Für die Zwecke dieser Richtlinie bezeichnet der Ausdruck (…) ‚Dienstleistungskonzession' einen entgeltlichen, schriftlich geschlossenen Vertrag, mit dem ein oder mehrere öffentliche Auftraggeber oder Auftraggeber einen oder mehrere Wirtschaftsteilnehmer mit der Erbringung und der Verwaltung von Dienstleistungen betrauen, die nicht in der Erbringung von Bauleistungen nach lit. a) bestehen, wobei die Gegenleistung entweder allein in dem Recht zur Verwertung der vertragsgegenständlichen Dienstleistungen oder in diesem Recht zuzüglich einer Zahlung besteht."

2. Begriff der Konzession

9 Der Wortlaut der Richtlinie wurde ins deutsche Recht fast wortgleich übernommen. Geringe Abweichungen ergeben sich vor allem bei der Baukonzession. Systematisch ist die Konzession nunmehr dem **öffentlichen Auftrag** (also Lieferauftrag, Bauauftrag, Dienstleistungsauftrag, Verteidigungs- oder sicherheitsspezifischer Auftrag) gleichgestellt.

10 Vereinfacht ausgedrückt handelt es sich somit bei einer Konzession im Sinne von § 105 Abs. 1 Nr. 1 und 2 GWB um einen **entgeltlichen Vertrag** zwischen einem öffentlichen Auftraggeber bzw. einem Sektorenauftraggeber und einem Unternehmen, aufgrund dessen das Unternehmen eine Bau- oder Dienstleistung zu erbringen hat.[16] Entlohnt wird das Unternehmen dabei nicht (ausschließlich) in Geld, sondern dadurch, dass es die **Erträge**, die mit der Nutzung des Bauwerks bzw. mit der Erbringung der Dienstleistung erzielt werden,

14 Vgl. Erwägungsgrund 1 der RL 2014/23/EU; dazu auch *Opitz*, NVwZ 2014, 753, 754.

15 Vgl. etwa zu der Frage, inwieweit Art. 49 und 56 AEUV einer unmittelbaren Vergabe ohne Ausschreibung entgegenstehen: EuGH, Urt. v. 21.7.2005, Rs. C-231/03 Tz. 17, NZBau 2005, 592 – Coname.

16 Siehe bereits *Hailbronner*, in: Byok/Jaeger, Vergaberecht, § 100 GWB Rn. 50 ff.

behalten darf. Zudem trägt das Unternehmen das **wirtschaftliche Risiko**. Es ist möglich, dass das Unternehmen zusätzlich eine **Zahlung** erhält; dies ist aber für das Vorliegen der Konzession nicht zwingend. Letztere Konstellation wird immer dann in Betracht kommen, wenn die Nutzung des Bauwerkes bzw. die Erbringung der Dienstleistung ansonsten für die Unternehmen wirtschaftlich nicht attraktiv bzw. nicht rentabel ist, etwa weil die Erträge allein als zu gering eingestuft werden.

Entsprechend den neuen europäischen Vorgaben[17] ist im Gegensatz zu § 99 Abs. 6 GWB a. F. und § 22 EG Abs. 1 VOB/A a. F. in der Definition des § 105 GWB keine **Laufzeitbeschränkung** der Konzession mehr enthalten.[18] Diese ist nun in den allgemeinen Bestimmungen in § 3 KonzVgV geregelt. 11

Art. 5 Nr. 1 der Richtlinie 2014/23/EU verlangt für die Konzession einen „schriftlich geschlossenen Vertrag". Die Vorschrift des § 105 GWB nimmt dieses Merkmal indes ebenso wenig auf wie § 103 GWB für den öffentlichen Auftrag. Wie schon zum inhaltsgleichen § 99 GWB a. F. bildet den Hintergrund weiterhin, dass im deutschen Recht das Zustandekommen eines wirksamen Vertrages nicht von dessen **Schriftform** abhängt und der Verzicht auf dieses Erfordernis den Anwendungsbereich des Vergaberechts daher sogar erweitert.[19] 12

Vor allem die Abgrenzung zwischen **Dienstleistungskonzession** und **Dienstleistungsauftrag** ist nach wie vor nicht leicht. Entscheidend ist, wer das mit der Nutzung der Dienstleistung verbundene wirtschaftliche Risiko trägt. Erfolgt die Refinanzierung durch den Auftraggeber, so ist in der Regel von einem Dienstleistungsauftrag auszugehen. Liegt das wirtschaftliche Risiko hingegen beim Auftragnehmer, handelt es sich um eine Dienstleistungskonzession. Eine Dienstleistungskonzession liegt demnach nicht vor, wenn der öffentliche Auftraggeber die Dienstleistungen vergütet und für ein Fehlverhalten des Dienstleisters haftet.[20] 13

IV. Die Elemente des Konzessionsbegriffes im Einzelnen

1. Entgeltlicher Vertrag

Voraussetzung für das Vorliegen einer Konzession ist zunächst das Vorliegen eines entgeltlichen Vertrages.[21] Damit wird klargestellt, dass ordnungsrechtliche **Erlaubnisse**, insbesondere personengebundene Genehmigungen wie Personalkonzessionen, die oftmals ebenfalls als „Konzession" bezeichnet werden (vgl. Gaststättenkonzession, Taxikonzession, Krankenhauskonzession), nicht unter den Konzessionsbegriff des § 105 GWB fallen. Es fehlt insoweit an dem vertragsrechtlichen Element.[22] Vielmehr handelt es sich bei diesen sog. „Konzessionen" um schlichte einseitige Gestattungen, die ausweislich der Richtlinie 2014/23/EU vom Konzessionsbegriff abzugrenzen sind.[23] Die Platzvergabe auf Wochen- 14

17 Vgl. Art. 18 der Richtlinie 2014/23/EU.
18 Dazu *Siegel*, NVwZ 2016, 1672, 1676 f.
19 Siehe bereits *Hailbronner*, in: Byok/Jaeger, Vergaberecht, § 99 GWB Rn. 59 ff.
20 Dazu ausführlich unter Rn. 27 ff.
21 Dazu auch *Opitz*, NVwZ 2014, 753, 756; *Siegel*, NVwZ 2016, 1672, 1673.
22 *Noch*, Vergaberecht kompakt, Kap. A Rn. 367; dazu auch *Opitz*, NVwZ 2014, 753, 757.
23 Vgl. Erwägungsgrund 14 der Richtlinie 2014/23/EU.

oder Weihnachtsmärkten ist demgemäß nach wie vor nicht als Konzession i. S. d. GWB anzusehen.

15 Für den Abschluss des Vertrages gelten die allgemeinen gesetzlichen **Formvorschriften**. Handelt es sich bei der Konzession bspw. um einen öffentlich-rechtlichen Vertrag i. S. d. § 54 VwVfG, ist die Schriftform des § 57 VwVfG zu beachten. Soweit sich aus den §§ 54–61 VwVfG keine Besonderheiten ergeben, gelten nach § 62 Satz 1 VwVfG die übrigen Vorschriften des VwVfG. Nach § 62 Satz 2 VwVfG gelten die Vorschriften des BGB zudem analog. Daraus folgt bspw., dass Grundstücksverträge nach § 311b BGB der notariellen Beurkundung bedürfen. Nach § 15 Abs. 4 GmbHG bedarf die Verpflichtung zur Abtretung eines Geschäftsanteils der notariellen Form.

2. Betrauung durch Konzessionsgeber

16 Die Begriffsdefinition in § 105 Abs. 1 GWB sieht vor, dass das oder die Unternehmen mit der Erbringung von Bauleistungen bzw. mit der Erbringung und der Verwaltung von Dienstleistungen betraut wird bzw. werden. Der **europäische Richtliniengeber** verwendet den Begriff der Betrauung jedoch ausschließlich bei der Definition der Dienstleistungskonzession. Bei der Baukonzession verzichtet er dagegen auf den Begriff, da hier die Errichtung des Bauwerkes im Vordergrund steht und der Betrauung somit keine besondere Rolle zukommt.[24] Der deutsche Gesetzgeber verwendet den Begriff dennoch einheitlich bei beiden Arten der Konzessionen.

17 **Betrauen** bedeutet, dass der öffentliche bzw. Sektorenauftraggeber eine ihm obliegende Aufgabe auf einen Dritten überträgt, damit dieser die Aufgabe für den Konzessionsgeber erledigt.[25] Die aufgrund der Konzession erbrachten Leistungen des Konzessionsnehmers können dabei entweder dem Konzessionsgeber selbst zu Gute kommen (wie etwa der Bau eines Verwaltungsgebäudes) oder den Konzessionsgeber lediglich von einer Aufgabe „befreien“, die er im Wege der Daseinsvorsorge zu erfüllen hat (wie etwa die Organisation des Rettungsdienstes,[26] die Strom- und Wasserversorgung oder der Breitbandausbau).[27]

18 Schwierig zu beantworten ist die Frage, inwieweit sich der Auftraggeber das Ergebnis des Auftrags **zu eigen machen** muss.[28] Bei der Baukonzession ist es jedenfalls nicht erforderlich, dass der Konzessionsgeber **Eigentum** an dem Bauwerk erwirbt.[29] Voraussetzung ist jedoch, dass dem öffentlichen bzw. Sektorenauftraggeber der **Nutzen** der betreffenden Bau- oder Dienstleistungen zusteht. Er muss ein **eigenes wirtschaftliches Interesse** an der beauftragten Leistung haben.[30] Für eine Konzession nicht ausreichend ist es daher, wenn ein öffentlicher Auftraggeber lediglich seine städtebauliche Zuständigkeit durch Aufnahmen von Pflichten in Kauf- oder städtebaulichen Verträgen ausübt. Ebenfalls nicht ausreichend ist es, wenn der öffentliche Auftraggeber Tätigkeiten unter bestimmten Bedingun-

---

24 *Schröder*, KommP spezial 2/2016, 69, 70.
25 *Diemon-Wies*, VergabeR 2016, 162, 163.
26 Vgl. dazu *Antweiler*, VergabeR 2015, 275 ff.
27 Vgl. dazu OLG München, Urt. v. 25.3.2011, Verg 4/11, VergabeR 2011, 606, 609.
28 So das OLG Düsseldorf, Urt. v. 28.3.2012, Verg 37/11 – allerdings verbunden mit dem Hinweis, dass die Frage noch nicht vom EuGH entschieden ist.
29 Vgl. Erwägungsgrund 11 der Richtlinie 2014/23/EU; EuGH, Urt. v. 25.3.2010, C 451/08 – Müller.
30 EuGH, Urt. v. 25.3.2010, C 451/08 – Müller.

gen **finanziert** und die Beträge bei nicht zweckmäßiger Verwendung zurückgezahlt werden müssen.[31]

19 Keine Konzession im Sinne des § 105 GWB sollen **Wegenutzungsverträge für Strom und Gas** nach § 46 Abs. 2 EnWG sein.[32] Zwar besagt Erwägungsgrund 16 der Richtlinie 2014/23/EU, dass „Vereinbarungen über die Gewährung von Wegerechten hinsichtlich der Nutzung öffentlicher Liegenschaften für die Bereitstellung oder den Betrieb fester Leitungen oder Netze, über die eine Dienstleistung für die Allgemeinheit erbracht werden soll", nicht in den Anwendungsbereich fallen, sofern „derartige Vereinbarungen weder eine Lieferverpflichtung auferlegen, noch den Erwerb von Dienstleistungen durch den öffentlichen Auftraggeber oder den Auftraggeber für sich selbst oder für Endnutzer vorsehen". Gleichwohl ist damit keineswegs unstreitig gestellt, dass die energiewirtschaftliche Konzession kein Anwendungsfall des § 105 GWB ist.[33] Zum einen streitet dagegen ein Umkehrschluss zu § 149 Nr. 9 GWB, der „Konzessionen im Bereich Wasser" ausdrücklich vom Anwendungsbereich des Kartellvergaberechts ausnimmt, die Stromkonzession aber nicht erwähnt. Zum anderen spricht für den Erwerb einer Dienstleistung § 46 Abs. 2 Satz 1 EnWG selbst, der die Gewährung von Wegenutzungsrechten „zur Verlegung und zum Betrieb von Leistungen" vorsieht.[34] Entscheidend kommt es daher darauf an, ob es an den notwendigen wirtschaftlichen Interessen des öffentlichen Auftraggebers mangelt.[35] Auch wenn bisher vom EuGH nicht geklärt ist, ob das eigene wirtschaftliche Interesse bei Dienstleistungskonzessionen im gleichen Maße erforderlich ist wie bei Baukonzessionen, reicht es jedenfalls nicht aus, wenn der Auftraggeber das Vorhaben lediglich befürwortet. Voraussetzung für eine Konzession i. S. d. § 105 GWB ist in jedem Fall ein Beschaffungswille.[36]

3. Leistungsgegenstand

20 Leistungsgegenstand der **Baukonzession** ist die „Erbringung von Bauleistungen". Die Gegenleistung besteht dabei entweder in dem Recht zur Nutzung oder in diesem Recht zuzüglich einer Zahlung. Nach der alten Begriffsbestimmung in § 99 Abs. 6 GWB a. F. war eine Baukonzession ein „Vertrag über die Durchführung eines Bauauftrages". Eine materiellrechtliche Änderung dürfte mit der neuen Formulierung nicht einhergehen.

21 Bei der **Dienstleistungskonzession** steht die Betrauung mit der Erbringung und der Verwaltung von Dienstleistungen inmitten, die nicht in der Erbringung von Bauleistungen nach Nr. 1 bestehen. Nach Art. 1 Abs. 4 VKR waren Dienstleistungskonzessionen Verträge „die von öffentlichen Dienstleistungsaufträgen nur insoweit abweichen, als die Gegenleistung für die Erbringung der Dienstleistungen ausschließlich in dem Recht zur Nutzung der Dienstleistung […] besteht". Neu ist somit vor allem die ausdrückliche Nennung der „Ver-

---

31 Vgl. Erwägungsgrund 12 der Richtlinie 2014/23/EU.

32 BT-Drs. 18/6281, S. 76.

33 *Donhauser/Hölzlwimmer*, VergabeR 2015, 509, 511 ff.; vgl. zu § 46 EnWG etwa: *Brüning*, Die Gemeinde SH 2016, 245 ff.; *Holznagel*, NordÖR 2014, 301 ff.; *Hofmann*, NZBau 2012, 11 ff.

34 I. d. S. auch *Brück/Kreggenfeld*, EWeRK 2016, 12 (14).

35 Dazu *Diemon-Wies*, VergabeR 2016, 162, 163; zur alten Rechtslage vgl. etwa OVG Münster, Urt. v. 10.2.2012, 11 B 1187/11, VergabeR 2012, 796, 798; OLG München, Urt. v. 25.3.2011, Verg 4/11, VergabeR 2011, 606, 609.

36 Vgl. Erwägungsgrund 11 der RL 2014/23/EU.

waltung" von Dienstleitungen. Eine materielle Änderung ergibt sich daraus indes nicht, da auch die Verwaltung eine Dienstleistung ist.

22 Im Übrigen gilt, dass unter Dienstleistungskonzessionen all jene Dienstleistungen zu verstehen sind, die nicht in der Erbringung von Bauleistungen bestehen. Handelt es sich um Konzessionen, die **sowohl Bau- als auch Dienstleistungen** zum Gegenstand haben, spricht man von **gemischten Konzessionen**. Maßgeblich sind nach § 110 Abs. 1 Satz 2 GWB insoweit die Vorschriften, denen der **Hauptgegenstand des Auftrags** zuzuordnen ist.[37] Die Unterscheidung ist indes kaum noch von Relevanz, da die Bestimmungen zu Bau- und Dienstleistungskonzessionen weitgehend identisch sind. Bedeutung erlangt die Unterscheidung jedoch insoweit, als Ausnahmen nach § 149 GWB nur für Dienstleistungskonzessionen gelten.

23 Schwierigkeiten vermag die Abgrenzung von Dienstleistungskonzessionen gegenüber **Miet- und Pachtverträgen** zu bereiten. Zwar fallen letztere grundsätzlich nicht unter das Vergaberecht, da es insoweit an einem Beschaffungsvorgang fehlt. Vielmehr handelt es sich um die bloße Verwaltung vorhandener Ressourcen. Eine Dienstleistungskonzession kann jedoch dann vorliegen, wenn ein Miet- oder Pachtvertrag abgeschlossen wird, bei dem der Mieter/Pächter zugleich zur Erbringung bestimmter, nicht bloß untergeordneter Leistungen verpflichtet wird. Als Abgrenzungshilfe kann **Erwägungsgrund 15** der Richtlinie 2014/23/EU herangezogen werden. Darin heißt es, dass bestimmte Vereinbarungen, „die das Recht eines Wirtschaftsteilnehmers regeln, öffentliche Bereiche oder Ressourcen wie z. B. Land oder öffentliche Liegenschaften öffentlich-rechtlich oder privatrechtlich zu nutzen, insbesondere in See-, Binnen- oder Flughäfen, wobei der Staat oder der öffentliche Auftraggeber oder der Auftraggeber nur allgemeine Bedingungen für deren Nutzung festlegt, ohne bestimmte Bau- oder Dienstleistungen zu beschaffen, nicht als Konzessionen im Sinne dieser Richtlinie gelten. Dies betrifft in der Regel Pachtverträge über öffentliche Liegenschaften oder Land, die meist Klauseln enthalten, die die Besitzübernahme durch den Pächter, die vorgesehene Nutzung und die Pflichten von Pächter und Eigentümer hinsichtlich der Instandhaltung der Liegenschaft, die Dauer der Verpachtung und die Rückgabe des Besitzes an den Eigentümer, den Pachtzins sowie die vom Pächter zu zahlenden Nebenkosten regeln". Entgegen dem Wortlaut gilt Erwägungsgrund 15 richtigerweise nicht nur für Pacht-, sondern auch für Mietverträge.[38] Durch Erwägungsgrund 15 wird deutlich, dass nicht bereits jede Übertragung von Pflichten auf den Mieter/Pächter einen Konzessionscharakter begründet, soweit der Vertrag lediglich „allgemeine Bedingungen" für die Nutzung betrifft. Satz 2 des Erwägungsgrundes 15 konkretisiert dies mit Pflichten hinsichtlich der **Instandhaltung** oder Pflichten bzgl. der **Rückgabe** des Besitzes an den Eigentümer und zur **Zahlung** des Pachtzinses. Klauseln mit derartigen Inhalten sind vertragstypisch für Miet- und Pachtverträge und begründen daher keine Konzession. Überschritten wird die Grenze indes, sobald „bestimmte Bau- oder Dienstleistungen" durch den Miet-/Pachtvertrag beschafft werden. Wie aus **Erwägungsgrund 11** ersichtlich wird, muss dabei dem öffentlichen Auftraggeber stets der Nutzen der Bau- oder Dienstleistung zustehen, wobei dies richtigerweise nur der wirtschaftliche **Nutzen** sein kann.[39] Trotz dieser Orientierungshilfe verbleiben zahlreiche Grenzfälle, die nur im Einzelfall bewertet werden können. Aus-

37 Dazu *Noch*, Vergaberecht kompakt, Kap. A Rn. 218, 366.
38 *Classen*, VergabeR 2016, 13, 18.
39 *Classen*, VergabeR 2016, 13, 20.

schlaggebend werden jeweils die konkret im Vertrag auferlegten Pflichten sein, wobei auch **branchenspezifische Besonderheiten** zu berücksichtigen sind.[40]

4. Gegenleistung

24 Die Gegenleistung besteht entweder allein in dem Recht zur **Nutzung des Bauwerks** (Baukonzession) oder zur **Verwertung der Dienstleistungen** (Dienstleistungskonzession) oder in diesem Recht zuzüglich einer Zahlung. Nutzungen sind nach § 100 BGB die Früchte einer Sache oder eines Rechts sowie die Vorteile, welche der Gebrauch der Sache oder des Rechts gewährt. Als Früchte der Sache gelten wiederum die Erzeugnisse der Sache und die sonstige bestimmungsgemäße Ausbeute sowie die Erträge aufgrund des Rechtsverhältnisses (§ 99 BGB). Zwar ist auch die Eigennutzung denkbar,[41] der Regelfall ist jedoch die Erwirtschaftung von Erträgen aus dem Bauwerk oder der Dienstleistung. Die jeweiligen Konstellationen können dabei vielfältig sein: Betrieb oder Bau und Betrieb eines Parkhauses,[42] Betrieb oder Bau und Betrieb eines Flughafens,[43] Mauterhebung für Straßen oder Straßenbauwerke,[44] entgeltliche Essensversorgung,[45] Betrieb oder Bau und Betrieb eines Sportstadions,[46] Wasserversorgung und Abwasserbeseitigung.[47]

25 Die **Rechtsnatur** der Einräumung des Nutzungs- bzw. Verwertungsrechts ist nicht festgelegt. Denkbar ist sowohl ein öffentliches Rechtsverhältnis, wie bspw. eine Beleihung – etwa nach dem Fernstraßenprivatfinanzierungsgesetz (FStrPrivFinG) zur Erhebung einer Mautgebühr –, als auch ein privates Rechtsverhältnis, vergleichbar einer Pacht. Bei dieser wird der Gebrauch gewährt mit dem Recht zum Genuss des Ertrags über die Vertragslaufzeit.

26 Keine Einräumung eines Nutzungs-/Verwertungsrechts ist die **Übereignung einer Sache**.[48] Zwar erlangt der Erwerber hier ebenfalls das Recht zur Nutzung oder Verwertung; jedoch beruht das Nutzungs-/Verwertungsrecht in diesen Fällen auf einer eigenen Rechtsposition, nicht aber auf der Einräumung des Rechts durch den Konzessionsgeber.

V. Abgrenzung Öffentlicher Auftrag – Konzession (Abs. 2)

27 Wesentliches Element der Konzession ist die Übernahme des **Betriebsrisikos**. In Abgrenzung zur Vergabe öffentlicher Aufträge geht bei der Vergabe einer Bau- oder Dienstleistungskonzession das Betriebsrisiko für die Nutzung des Bauwerks oder für die Verwertung

40 Ausführlich dazu v. a. *Classen*, VergabeR 2016, 13, 20.
41 Vgl. OLG Düsseldorf, Beschl. v. 13.6.2007, VII-Verg 2/07 – Ahlhorn.
42 EuGH, Urt. v. 13.10.2005, Rs. C-458/03, NZBau 2005, 644 – Parking Brixen; dazu etwa *Jacob/Schmidt*, RdE 2016, 114, 115.
43 OLG Brandenburg, Urt. v. 3.8.1999, Verg 1/99.
44 OLG Schleswig, Urt. v. 6.7.1999, 6 U Kart 22/99.
45 VK Sachsen, Urt. v. 13.8.2009, 1/SVK/034-09.
46 KG, Urt. v. 14.2.2006, 21 U 5/03.
47 OLG Jena, Urt. v. 11.12.2009, 9 Verg 2/08.
48 So aber offenbar noch OLG Düsseldorf, Beschl. v. 13.6.2007, VII-Verg 2/07 – Ahlhorn.

der Dienstleistungen auf den Konzessionsnehmer über. Das vom EuGH[49] formulierte Kriterium ist nun ausdrücklich in Abs. 2 gesetzlich geregelt.

28 Ein Betriebsrisiko liegt nach Abs. 2 Satz 1 Nr. 1 dann vor, wenn unter normalen Betriebsbedingungen nicht gewährleistet ist, dass die Investitionsaufwendungen oder die Kosten für den Betrieb des Bauwerks oder die Erbringung der Dienstleistungen wieder erwirtschaftet werden können. Diese Vorgabe findet sich in Art. 5 Nr. 1 Unterabs. 2 Satz 2 der **Richtlinie 2014/23/EU**. Zusätzlich („und") ist gem. Abs. 2 Satz 1 Nr. 2 erforderlich, dass der Konzessionsnehmer den Unwägbarkeiten des Marktes tatsächlich ausgesetzt ist, sodass potenzielle geschätzte Verluste des Konzessionsnehmers nicht vernachlässigbar sind. Auch diese Voraussetzung hat der **EuGH** in mehreren Urteilen betont.[50]

29 In der Vorgängerregelung des Art. 18 VKR war das Kriterium des Betriebsrisikos nicht ausdrücklich genannt. Vielmehr wurde es quasi als ungeschriebenes Tatbestandsmerkmal durch den EuGH entwickelt.[51] Dennoch bleibt die neue Regelung hinter der Rechtsprechung des EuGH zurück. Insbesondere fehlt eine Aussage **zur Höhe und zum Umfang** des zu übernehmenden Betriebsrisikos.[52] Der EuGH hat insoweit mehrfach betont, dass sich der Umfang des betrieblichen Risikos danach bestimmt, welches Risiko der Auftraggeber selbst zu tragen hätte, wenn er den Auftrag nicht an ein Unternehmen vergibt, sondern die Dienstleistung durch eine eigene Dienststelle erbringt.[53]

30 Insoweit gibt es Fälle, in denen auch das **wirtschaftliche Risiko** des Auftragnehmers **beschränkt** ist. Dies kann etwa auf Grund öffentlich-rechtlicher Vorschriften im Bereich der Daseinsvorsorge oder bei Branchen mit vorgeschriebenen Tarifen der Fall sein.[54] Da der öffentliche Auftraggeber keinen Einfluss auf die öffentlich-rechtliche Ausgestaltung und damit auf das zu übertragende Risiko hat, darf dieser Umstand nicht dazu führen, dass die Vergabe einer Konzession ausgeschlossen wird.[55] Zudem wäre es nicht sachgerecht, von dem Auftraggeber zu verlangen, dass er für einen schärferen Wettbewerb und ein höheres wirtschaftliches Risiko sorgen muss, als in dem betreffenden Bereich aufgrund der für ihn geltenden Regelungen existiert. Erforderlich war jedoch nach dem EuGH bisher, dass der öffentliche Auftraggeber das **volle** von ihm getragene **Risiko** oder zumindest einen **wesentlichen Teil** davon auf den Konzessionsnehmer überträgt.[56] Diese Vorgabe findet sich in der Vorschrift nicht wieder.[57] Es muss beim Konzessionsnehmer jedoch als spekulatives

---

49 EuGH, Urt. v. 13.10.2005, Rs. C-458/03, NZBau 2005, 644 – Parking Brixen; EuGH, Urt. v. 18.7.2007, Rs. C-82/05 – Kommission/Italien; OLG Düsseldorf, EuGH-Vorlage v. 23.5.2007, VII-Verg 50/06, NZBau 2007, 525, 528.

50 EuGH Urt. v. 10.3.2011, Rs. C 274/09 Tz. 37, 48, NZBau 2011, 239 – Rettungsdienst Stadler; EuGH, Urt. v. 10.11.2011, Rs. C-348/10 Tz. 48, 51, NZBau 2012, 183 – Norma-A SIA; kurzer Überblick etwa bei *Schwab/Giesemann*, VergabeR 2014, 351, 365.

51 Insbesondere in EuGH, Urt. v. 10.9.2009, Rs. C-206/08, NZBau 2009, 729 – Eurawasser.

52 So bereits *Knauf*, NZBau 2014, 395, 396 in Bezug auf die Richtlinienregelung.

53 EuGH, Urt. v. 11.6.2009, Rs. C-300/07 – Oymanns; EuGH, Urt. v. 10.9.2009, Rs. C-206/08 Tz. 68 – Eurawasser; dazu Anm. *Hübner*, EuZW 2009, 810 ff.

54 Vgl. Erwägungsgrund 19 der RL 2014/23/EU.

55 EuGH Urt. v. 10.3.2011, Rs. C 274/09 Tz. 34 f., NZBau 2011, 239 – Rettungsdienst Stadler; vgl. dazu auch den Leitfaden der EU-Kommission für Dienstleistungen von allgemeinem wirtschaftlichen Interesse (DAWI) v. 18.2.2013 SWD (2013) 53 final Rn. 198 ff., 218, 220.

56 EuGH, Urt. v. 10.9.2009, Rs. C-206/08 Tz. 77 – Eurawasser; EuGH, Urt. v. 10.3.2011, Rs. C 274/09, NZBau 2011, 239 – Rettungsdienst Stadler.

57 So zutreffend *Opitz*, NVwZ 2014, 753, 756.

Element ein **substanzielles Risiko** verbleiben, dass seine Investitionen und Kosten nicht ausgeglichen werden.[58] Nicht erforderlich ist dagegen, dass es sich dabei um ein „erhebliches Risiko“ handeln muss.[59] Entscheidend ist allein die **Quote** des Risikos, die weitergegeben wird.

Pauschale Aussagen, wann ein „ausreichendes“ Risiko auf den Auftragnehmer übertragen wird, sind nicht möglich.[60] Diskutiert wurde in der Vergangenheit bspw., wie sich eine **Anschubfinanzierung** auf das Betriebsrisiko des Unternehmens auswirkt. Denkbar ist dies etwa bei Mautstrecken, um die Maut für den Bürger erträglich zu halten. Richtigerweise lässt sich diesbezüglich **keine pauschale Höchstgrenze** festlegen, ab der nicht mehr von der Übernahme eines Betriebsrisikos gesprochen werden könnte.[61] Entscheidend ist allein, ob trotz des Zuschusses, der auch bei 50 % der Gesamtkosten liegen kann, dergestalt ein **Restrisiko** beim Konzessionsnehmer verbleibt, dass die Amortisation der Kosten nicht gewährleistet ist und er den Unwägbarkeiten des Marktes voll ausgesetzt ist.[62] **31**

Ein Betriebsrisiko kann auch dann bestehen, wenn der Konzessionsnehmer faktisch weitestgehend konkurrenzlos agieren kann, bspw. als alleiniger Betreiber einer Schulmensa. Erst recht gilt das im Falle eines satzungsrechtlichen Anschluss- und Benutzungszwangs.[63] Denn selbst bei einer Art **Monopolstellung** verbleibt das wirtschaftliche Risiko, dass das Angebot angenommen wird. Dies gilt selbst dann, wenn die Preise vom Konzessionsgeber vorgegeben werden. Vielmehr verstärkt dies das Ertragsrisiko, da sie dem Konzessionsnehmer die Möglichkeit nehmen, auf einen als unzureichend empfundenen Umsatz durch Preisveränderungen flexibel zu reagieren und so etwa die Attraktivität seines Angebots für die Sorgeberechtigten zu erhöhen.[64] **32**

Nach Abs. 2 Satz 3 kann das maßgebliche Betriebsrisiko ein Nachfrage- oder Angebotsrisiko sein. **Nachfragerisiko** ist das Risiko der tatsächlichen Nachfrage nach den Bau- oder Dienstleistungen, die Gegenstand des Vertrages sind.[65] **Angebotsrisiko** ist das mit der Erbringung der Bau- oder Dienstleistungen, die Gegenstand des Vertrags sind, verbundene Risiko, insbesondere das Risiko, dass die bereitgestellten Dienstleistungen nicht der Nachfrage entsprechen.[66] Zur Einschätzung des Betriebsrisikos ist der Nettogegenwartswert aller Investitionen, Kosten und Einkünfte des Konzessionsnehmers in kohärenter und einheitlicher Weise heranzuziehen. **33**

Die Zuordnung gemischter Verträge, die sowohl Elemente eines herkömmlichen Auftrags und einer Konzession enthalten, richtet sich nach § 111 bzw. nach § 112 GWB bei zusätzlicher Sektorentätigkeit. **34**

---

58 Erwägungsgrund 18 Satz 3 RL 2014/23/EU.

59 EuGH, Urt. v. 10.9.2009, Rs. C-206/08 Tz. 70 f., NZBau 2009, 729, 733 – Eurawasser.

60 So auch *Dreher*, in: Immenga/Mestmäcker, Wettbewerbsrecht, § 99 Rn. 206.

61 Wenngleich das OLG Düsseldorf in der Vergangenheit bereits mit Prozentangaben zur Ermittlung des übernommenen Risikos argumentiert hat, vgl. Urt. v. 28.3.2012, NZBau 2012, 518, 520.

62 OLG Schleswig, Urt. v. 6.7.1999, 6 U Kart 22/09.

63 OLG Brandenburg, Beschl. v. 10.7.2012, Verg W 19/11 – zu einer Abwasserkonzession. Zur Zulässigkeit von Konzessionen im Abwasserbereich *Dierkes*, ZfW 43 (2004), 201 ff.; *Herten-Koch*, EWeRK 2013, 248, 250.

64 OLG Dresden, Urt. v. 8.10.2009, WVerg 5/09.

65 Siehe Erwägungsgrund 20 der RL 2014/23/EU.

66 Siehe Erwägungsgrund 20 der RL 2014/23/EU.

§ 106 Schwellenwerte

(1) Dieser Teil gilt für die Vergabe von öffentlichen Aufträgen und Konzessionen sowie die Ausrichtung von Wettbewerben, deren geschätzter Auftrags- oder Vertragswert ohne Umsatzsteuer die jeweils festgelegten Schwellenwerte erreicht oder überschreitet. § 114 Absatz 2 bleibt unberührt.

(2) Der jeweilige Schwellenwert ergibt sich

1. für öffentliche Aufträge und Wettbewerbe, die von öffentlichen Auftraggebern vergeben werden, aus Artikel 4 der Richtlinie 2014/24/EU in der jeweils geltenden Fassung; der sich hieraus für zentrale Regierungsbehörden ergebende Schwellenwert ist von allen obersten Bundesbehörden sowie allen oberen Bundesbehörden und vergleichbaren Bundeseinrichtungen anzuwenden,

2. für öffentliche Aufträge und Wettbewerbe, die von Sektorenauftraggebern zum Zweck der Ausübung einer Sektorentätigkeit vergeben werden, aus Artikel 15 der Richtlinie 2014/25/EU in der jeweils geltenden Fassung,

3. für verteidigungs- oder sicherheitsspezifische öffentliche Aufträge aus Artikel 8 der Richtlinie 2009/81/EG des Europäischen Parlaments und des Rates vom 13. Juli 2009 über die Koordinierung der Verfahren zur Vergabe bestimmter Bau-, Liefer- und Dienstleistungsaufträge in den Bereichen Verteidigung und Sicherheit und zur Änderung der Richtlinien 2004/17/EG und 2004/18/EG (ABl. L 216 vom 20.8.2009, S. 76) in der jeweils geltenden Fassung,

4. für Konzessionen aus Artikel 8 derRichtlinie 2014/23/EU des Europäischen Parlaments und des Rates vom 26. Februar 2014 über die Konzessionsvergabe (ABl. L 94 vom 28.3.2014, S. 1) in der jeweils geltenden Fassung.

(3) Das Bundesministerium für Wirtschaft und Energie gibt die geltenden Schwellenwerte unverzüglich, nachdem sie im Amtsblatt der Europäischen Union veröffentlicht worden sind, im Bundesanzeiger bekannt.

Schrifttum: *Kulartz/Kus/Portz/Prieß*, Kommentar zum GWB-Vergaberecht, 4. Aufl. 2016.

Übersicht

I. Einleitung

1. Auftrags- und Konzessionsvergaben im Schwellenwertbereich

1 Erreicht oder übersteigt der Wert eines öffentlichen Auftrags oder einer Konzession den maßgeblichen Schwellenwert und liegen auch die sonstigen (persönlichen und sachlichen) Voraussetzungen für die Geltung des Vergaberechts vor, hat der Bieter gem. § 97 Abs. 6 GWB ein subjektives Recht auf Einhaltung der Vergabebestimmungen. Dieses Recht kann er im Nachprüfungsverfahren vor der Vergabekammer als dem erstinstanzlichen Kontrollorgan und dem zuständigen Oberlandesgericht als Beschwerdegericht durchsetzen. Die nähere Ausgestaltung des Verfahrens (Zuschlagsverbot nach § 169 Abs. 1 GWB, Suspensiveffekt der Beschwerde nach § 173 Abs. 1 Satz 2 GWB) in Verbindung mit der Pflicht des öffentlichen Auftraggebers, die nicht zum Zuge kommenden Bieter grundsätzlich 15 Kalendertage vor Erteilung des Zuschlags über die beabsichtigte Zuschlagsentscheidung zu unterrichten (§ 134 Abs. 1 und 2 GWB), gewährleistet einen wirksamen Primärrechtsschutz um den zu vergebenden Auftrag oder Konzession. Daneben tritt der Sekundärrechtsschutz des Bieters. Gem. § 181 GWB kann bei der Verletzung von bieterschützenden Normen, die zugleich die Zuschlagschancen des betreffenden Unternehmens beeinträchtigt hat, der Ersatz der nutzlos getätigten Aufwendungen beansprucht werden. Darüber hinaus kommt im Einzelfall eine Haftung des öffentlichen Auftraggebers auf das positive Interesse (unter Einschluss des entgangenen Gewinns) in Frage. Mögliche Anspruchsnormen sind §§ 311 Abs. 2, 241 Abs. 2, 280 Abs. 1 BGB (Verhandlungsverschulden), § 823 Abs. 1 BGB (Eingriff in den eingerichteten und ausgeübten Gewerbebetrieb), § 823 Abs. 2 BGB i.V. m. einer bieterschützenden Vergabebestimmung, in Einzelfällen auch § 826 BGB sowie ferner kartellrechtliche Ansprüche gem. §§ 33 Abs. 1 und 3, 20 GWB.[1]

2 § 106 GWB legt die Schwellenwerte fest, die erreicht werden müssen, damit die Vergabe von öffentlichen Aufträgen und Konzessionen sowie die Ausrichtung von Wettbewerben den Bestimmungen des Kartellvergaberechts unterliegt. Die Vorschrift enthält eine **dynamische** („... in der jeweils geltenden Fassung") Verweisung auf die unionsrechtlich in Art. 4 der Richtlinie 2014/24/EU (= Richtlinie über die öffentliche Auftragsvergabe), Art. 15 der Richtlinie 2014/25/EU (= Richtlinie über die Vergabe von Aufträgen durch Auftraggeber im Bereich der Wasser-, Energie- und Verkehrsversorgung sowie der Postdienste), Art. 8 der Richtlinie 2009/81/EG (= Richtlinie über die Koordinierung der Vergabe bestimmter Bau-, Liefer- und Dienstleistungsaufträge in den Bereichen der Verteidigung und Sicherheit) und Art. 8 der Richtlinie 2014/23/EU (= Richtlinie über die Konzessionsvergabe) geregelten Schwellenwerte. Die Richtlinien sehen vor, dass die normierten Schwellenwerte regelmäßig von der Europäischen Kommission überprüft und gegebenenfalls per Verordnung angepasst werden. Aufgrund der dynamischen Verweisung gelten die angepassten (neuen) Schwellenwerte sodann unmittelbar auch im Bundesgebiet. Einer Umsetzung in nationales Recht bedarf es nicht; gem. § 106 Abs. 3 GWB gibt das Bundesministerium für Wirtschaft und Energie die geltenden Schwellenwerte unverzüglich, nachdem sie im Amtsblatt der Europäischen Union veröffentlicht worden sind, im Bundesanzeiger bekannt.

1 Vgl. zu den Einzelheiten: *Heuvels*, NZBau 2005, 570, 572.

3 § 106 Abs. 2 GWB differenziert – den in Bezug genommenen Richtlinien folgend – für die Höhe des Schwellenwertes nach der Art des zu vergebenden **Auftrags**, der Art des **öffentlichen Auftraggebers** und dem **Bereich**, in dem der nachfragende Auftraggeber tätig ist und die Beschaffung vornimmt. Einen eigenen Schwellenwert sieht das Gesetz für die Konzessionsvergaben vor. In der Gesamtschau sind folgende Schwellenwerte maßgeblich:

- für öffentliche Liefer- und Dienstleistungsaufträge und Wettbewerbe von öffentlichen Auftraggebern: 209.000 Euro,
- für öffentliche Liefer- und Dienstleistungsaufträge und Wettbewerbe, die von oberen und obersten Bundesbehörden und vergleichbaren Bundeseinrichtungen vergeben werden: 135.000 Euro,
- für Liefer- und Dienstleistungsaufträge von Sektorenauftraggebern (also den öffentlichen Auftraggebern im Sinne von § 100 Abs. 1 Nr. 1 GWB sowie den Sektorenauftraggebern im Sinne von § 100 Abs. 1 Nr. 2 GWB) zum Zwecke der Ausübung einer Sektorentätigkeit: 418.000 Euro,
- für verteidigungs- und sicherheitsspezifische öffentliche Liefer- und Dienstleistungsaufträge: 412.000 Euro,
- für öffentliche Dienstleistungsaufträge, die soziale oder andere besondere Dienstleistungen im Sinne von Anhang XIV der Richtlinie 2014/24/EU zum Gegenstand haben: grundsätzlich 750.000 Euro, in den Fällen von Art. 15 lit. c) der RL 2014/25/EU: 1 Mio. Euro,
- für einzelne Lose von Liefer- und Dienstleistungsaufträgen: 80.000 Euro oder – falls dieser Schwellenwert unterschritten wird – der addierte Wert der Lose ab 20 % des Gesamtwertes aller Lose,
- für öffentliche Bauaufträge, die (a) von öffentlichen Auftraggebern oder (b) von Sektorenauftraggebern zum Zwecke der Ausübung einer Sektorentätigkeit vergeben werden sollen: 5,225 Mio. Euro,
- für verteidigungs- und sicherheitsspezifische öffentliche Bauaufträge: 5,15 Mio. Euro,
- für einzelne Lose von Bauaufträgen: 1 Mio. Euro oder – falls dieser Schwellenwert unterschritten wird – der addierte Wert der Lose ab 20 % des Gesamtwertes aller Lose,
- für Konzessionen über Bau- und Dienstleistungen: 5,225 Mio. Euro.

4 Da das europäische Recht lediglich Mindeststandards für den Wettbewerb um öffentliche Aufträge und Konzessionen normiert, kann der deutsche Gesetzgeber auch **niedrigere** als die vorstehende dargestellten Schwellenwerte festlegen und dadurch den Vergaberechtsschutz erweitern.[2]

2. Auftragsvergaben unterhalb der Schwellenwerte

5 Bei Auftrags- und Konzessionsvergaben unterhalb der Schwellenwerte stehen dem Bieter nur eingeschränkte Rechtsschutzmöglichkeiten offen.

---

2 Ebenso: *Röwekamp*, in: Kulartz/Kus/Portz/Prieß, Kommentar zum GWB-Vergaberecht, § 106 Rn. 6.

a) Analogie zum Kartellvergaberecht

Eine **analoge Anwendung** der Bestimmungen des **Kartellvergaberechts** scheidet aus. Der Bundesgesetzgeber hat für Auftragsvergaben unterhalb der Schwellenwerte an der haushaltsrechtlichen Lösung festgehalten. In Umsetzung der EU-Vergaberichtlinien hat er subjektive Bieterrechte ausschließlich für die Beschaffungsvorgänge im Schwellenwertbereich normiert. Lediglich für jene Beschaffungsvorgänge hat er auch das Nachprüfungsverfahren bereitgestellt. Diese bewusste gesetzgeberische Entscheidung schließt es aus, die Bestimmungen des Vergaberechts analog auf Auftragsvergaben unterhalb der Schwellenwerte anzuwenden. Verfassungsrechtliche Bedenken gegen diese Zweiteilung des Rechtsschutzes, insbesondere mit Blick auf den Gleichbehandlungsgrundsatz des Art. 3 Abs. 1 GG und die Rechtsweggarantie des Art. 19 Abs. 4 GG, bestehen nach der herrschenden Ansicht nicht.[3] 6

b) Beachtung der Grundfreiheiten des AEUV

Hat ein Unterschwellenauftrag **Binnenmarktrelevanz**, sind nach der Rechtsprechung des EuG allerdings die **Grundfreiheiten** des AEU-Vertrags zu beachten und einzuhalten. Dazu zählen die Grundsätze der Gleichbehandlung, der Transparenz, der Verhältnismäßigkeit und der gegenseitigen Anerkennung.[4] Welche konkreten Anforderungen sich daraus für die Vergabe eines Unterschwellenauftrags ergeben, an dem eindeutig ein grenzüberschreitendes Interesse besteht, hat die Kommission in ihrer „Mitteilung zu Auslegungsfragen in Bezug auf das Gemeinschaftsrecht, das für die Vergabe öffentlicher Aufträge gilt, die nicht oder nur teilweise unter die Vergaberichtlinien fallen“[5] zusammengefasst. Das EuG hat den Inhalt der Mitteilungen gebilligt und bestätigt.[6] Die europäischen Grundfreiheiten gebieten demnach bei der Vergabe von Unterschwellenaufträgen mit einer Binnenmarktrelevanz vor allem die angemessene Veröffentlichung des Beschaffungsvorhabens, nicht-diskriminierende Produkt- und Dienstleistungsanforderungen, einen gleichen Zugang für Unternehmen aller Mitgliedsstaaten der EU, angemessene Fristen, einen transparenten und gleichen Zugang für alle Bewerber sowie eine Vergabeentscheidung auf der Grundlage vorab festgelegter Verfahrensregeln. Eine Missachtung dieser Maßstäbe begründet insbesondere den Vorwurf der mittelbaren Diskriminierung im Sinne von Art. 49 und 56 AEUV.[7] 7

c) Zivilrechtlicher Primärrechtsschutz

Ein **zivilgerichtlicher Primärrechtsschutz** mit dem Ziel, dem öffentlichen Auftraggeber die beabsichtigte Zuschlagserteilung zu untersagen und/oder ihn zur Beachtung der bieterschützenden Bestimmungen über das Vergabeverfahren verurteilen zu lassen, wird zwar 8

---

3 BVerfG, Beschl. v. 13.6.2006, 1 BvR 1160/03, NZBau 2006, 791; vgl. dazu im Einzelnen auch: *Heuvels*, NZBau 2005, 570; *Dreher*, NZBau 2002, 419, 424 f.; *Pietzcker*, NJW 2005, 2281, 2284; vgl. auch *Prieß/Hölzl*, NZBau 2005, 411; *Malmendier*, DVBl. 2000, 963, 968; *Losch*, VergabeR 2006, 298, 302 ff.; *Irmer*, VergabeR 2006, 308.

4 EuG, VergabeR 2008, 625, 628.

5 ABl. EU C 179.

6 EuG, Urt. v. 20.5.2010, T-258/06, NZBau 2010, 510.

7 EuGH, Urt. v. 21.2.2008, C-412/04, VergabeR 2008, 501, 507; vgl. auch EuGH, Urt. v. 28.1.2016, C-50/14, NZBau 2016, 177.

durch die §§ 155ff. GWB nicht ausgeschlossen,[8] kommt praktisch aber nur selten in Betracht. Lauterkeitsrechtliche Ansprüche (insbesondere aus §§ 3 und 8 UWG) scheitern regelmäßig daran, dass die Vergabestelle bei der Bedarfsdeckung nicht zu Zwecken des Wettbewerbs handelt.[9] Kartellrechtliche Ansprüche (namentlich aus §§ 33 Abs. 1 und 2, 33a Abs. 1, 19, 20 GWB) bleiben in der Regel erfolglos, weil die beschaffende Stelle als Nachfrager keine marktbeherrschende oder marktstarke Stellung innehat. Ansprüchen aus § 823 Abs. 2 BGB i V m. den Bestimmungen der jeweils einschlägigen Verdingungsordnung steht entgegen, dass bei Auftragsvergaben unterhalb der Schwellenwerte die Regelungen in den Verdingungsordnungen keinen bieterschützenden Charakter haben und sie deshalb auch nicht Schutzgesetze im Sinne des § 823 Abs. 2 BGB sind.[10] Den Verdingungsordnungen kann allerdings im Einzelfall über die Grundsätze der Selbstbindung der Verwaltung Außenwirkung beigemessen werden.[11] Nach der zivilgerichtlichen Rechtsprechung besteht eine Fiskalgeltung der Grundrechte nur dann, wenn die Öffentliche Hand mit den Mitteln des Privatrechts unmittelbar öffentliche Zwecke verfolgt oder öffentliche Aufgaben erfüllt.[12] Ein Anspruch aus § 823 Abs. 1 BGB kommt nur ausnahmsweise in Frage. Ein Eingriff des öffentlichen Auftraggebers in den eingerichteten und ausgeübten Gewerbebetrieb des Bieters – und nur diese Fallgruppe ist ernsthaft zu erwägen – liegt mit Blick auf das Tatbestandsmerkmal des „betriebsbezogenen“ Eingriffs im Allgemeinen nur im Falle einer Auftragssperre, also dann vor, wenn ein Unternehmen systematisch von den Aufträgen des betreffenden öffentlichen Auftraggebers ausgeschlossen wird.[13] In Betracht kommen allerdings **Unterlassungsansprüche** aus den §§ 311 Abs. 2, 241, 280 BGB, solange die Verletzungshandlung oder der pflichtwidrig geschaffene Zustand andauern.[14] Gemeint sind Fallgestaltungen, bei denen der Auftraggeber gegen Regeln verstößt, die er bekannt gegeben und einzuhalten versprochen hat. In solchen Fällen kann einem in seinen Chancen auf Erhalt des Zuschlags beeinträchtigten Bieter aus den genannten zivilrechtlichen Normen ein Anspruch auf Unterlassung des Zuschlags zustehen. Die Durchführung einer Ausschreibung, die der Auftraggeber unter Einhaltung bestimmter mitgeteilter Regeln durchführen will, begründet regelmäßig ein Schuldverhältnis zwischen dem Auftraggeber und den am Auftrag interessierten Unternehmen auf Beachtung und Einhaltung jener Regeln.[15]

---

8 LG Heilbronn, Urt. v. 19.11.2011, 22 O 294/01, NZBau 2002, 239; *Köster*, NZBau 2006, 540 ff.

9 OLG Stuttgart, Urt. v. 11.4.2002, 2 U 240/01, NZBau 2002, 395; LG Arnsberg, Urt. v. 19.10.2007, 8 O 134/07, NZBau 2008, 206; vgl. auch LG Mannheim, Urt. v. 1.4.2005, 7 O 404/04, VergabeR 2005, 765, 767 mit Anm. *Sura*, VergabeR 2005, 767 ff.; OLG Karlsruhe, Beschl. v. 12.11.2008, 15 Verg 4/08, NZBau 2009, 344.

10 *Röwekamp*, in: Kulartz/Kus/Portz/Prieß, Kommentar zum GWB-Vergaberecht, § 106 Rn. 23; vgl. auch LG Düsseldorf, Urt. v. 29.10.2008, 14c O 264/08, NZBau 2009, 142; LG Arnsberg, Urt. v. 19.10.2007, 8 O 134/07, NZBau 2008, 206.

11 OLG Schleswig, Beschl. v. 8.1.2013, 1 W 51/12, VergabeR 2013, 520; OLG Saarbrücken, Urt. v. 19.8.2011, 1 U 357/11, NZBau 2012, 654; a. M. OLG Brandenburg, Urt. v. 10.12.2012, 6 U 172/12, ZfBR 2013, 503, 505; wohl auch LG Cottbus, Urt. v. 24.10.2007, 5 O 99/07, NZBau 2008, 207, 208; vgl. zu Allem auch *Braun*, NZBau 2008, 160.

12 BGH, Urt. v. 23.9.1969, VI ZR 19/68, BGHZ 52, 325, 327 ff.; BGH, Urt. v. 26.11.1975, VIII ZR 164/74, BGHZ 65, 284, 287; a.M. OVG Koblenz, Beschl. v. 25.5.2005, 7 B 10356/05, NZBau 2005, 411.

13 BGH, Urt. v. 14.12.1976, VI ZR 251/73, NJW 1977, 628, 630; OLG Karlsruhe, Urt. v. 16.3.1988, 7 U 275/87, VersR 1989, 732.

14 OLG Jena, Urt. v. 8.12.2008, 9 U 431/08, NZBau 2009, 208; OLG Düsseldorf, Urt. v. 13.1.2010, I-27 U 1/09, NZBau 2010, 328 ff.; OLG Celle, Beschl. v. 22.7.2015, 3 W 48/15, RdE 2015, 41.

15 OLG Düsseldorf, Urt. v. 13.1.2010, I-27 U 1/09, NZBau 2010, 328 ff.

Ob im Bereich der Auftragsvergaben unterhalb der Schwellenwerte **Primärrechtsschutz vor den Verwaltungsgerichten** in Anspruch genommen werden kann, wurde kontrovers beantwortet. Eine Klärung der Rechtsfrage hat der Beschluss des Bundesverwaltungsgerichts vom 2.5.2007[16] herbeigeführt. Danach ist für den **Primärrechtsschutz im Unterschwellenbereich** nicht der Rechtsweg zu den Verwaltungsgerichten, sondern der ordentliche Rechtsweg eröffnet. Zur Begründung verweist das Bundesverwaltungsgericht darauf, dass der Staat bei der Vergabe öffentlicher Aufträge am Markt als Nachfrager zur Deckung seines Bedarfs an bestimmten Gütern oder Dienstleistungen auftrete und insoweit im Grundsatz wie jeder andere Marktteilnehmer agiere. Dass die Bedarfsdeckung der Wahrnehmung öffentlicher Aufgaben diene und der Staat bei der Auftragsvergabe öffentlich-rechtlichen Bindungen (namentlich dem Gleichbehandlungsgebot) unterliege, mache die Vergabe eines öffentlichen Auftrags nicht zu einer öffentlich-rechtlichen Angelegenheit. 9

d) Zivilrechtlicher Sekundärrechtsschutz

Zentrale Anspruchsnorm für den **Sekundärrechtsschutz** des Bieters auf Ersatz seiner nutzlos getätigten Aufwendungen (negatives Interesse) – sowie gegebenenfalls weitergehend auf Ersatz des entgangenen Gewinns (positives Interesse) – sind die §§ 311 Abs. 2, 241 Abs. 2, 280 Abs. 1 BGB. Auch im Bereich der Auftragsvergaben unterhalb der Schwellenwerte gilt, dass durch die Ausschreibung des öffentlichen Auftraggebers ein vertragsähnliches Vertrauensverhältnis zu den an der Auftragsvergabe teilnehmenden Unternehmen zustande kommt, welches beide Seiten zu gegenseitiger Rücksichtnahme verpflichtet und Sorgfaltspflichten entstehen lässt. Zu den Verhaltenspflichten des öffentlichen Auftraggebers gehört es regelmäßig, keinen Bewerber zu **diskriminieren**,[17] die Ausschreibung nicht **grundlos aufzuheben**[18] und bei einer Ausschreibung nach der VOB/A oder VOL/A die Regeln der betreffenden Vergabe- und Vertragsordnung einzuhalten.[19] Überdies genießt der Bieter auch im Bereich der Unterschwellenwertvergabe **Vertrauensschutz** auf ein vergaberechtskonformes Verfahren unter Beachtung der einschlägigen Vergabe- und Vertragsordnung, sofern sich der Auftraggeber der jeweiligen Vergabe- und Vertragsordnung ausdrücklich unterworfen und ihr damit Außenwirkung verliehen hat.[20] Daneben kommen unter den zum Primärrechtsschutz geschilderten engen Tatbestandsvoraussetzungen lauterkeits- und kartellrechtliche sowie deliktische Ansprüche (§ 823 Abs. 1 BGB, § 826 BGB) in Betracht. 10

II. Inhalt der Norm

§ 106 Abs. 2 GWB legt durch den Verweis auf die näher bezeichneten EU-Vergaberichtlinien den Auftragswert fest, der erreicht sein muss, damit die Vergabe eines öffentlichen Auftrags bzw. einer Konzession dem Kartellvergaberecht unterfällt. Dazu kann auf die vor- 11

---

16 6 B 10/07, NZBau 2007, 389; ebenso: OLG Jena, Urt. v. 8.12.2008, 9 U 431/08, NZBau 2009, 208.

17 BGH, Urt. v. 8.11.1984, VII ZR 51/84, NJW 1985, 1466; OLG Düsseldorf, Urt. v. 5.11.2013, 23 U 27/13, NJW-RR 1990, 1046, 1047.

18 BGH, Urt. v. 12.6.2001, X ZR 150/99, NJW 2001, 3698.

19 BGH, Urt. v. 8.9.1998, X ZR 99/96, NJW 1998, 3640; OLG Düsseldorf, Urt. v. 5.11.2013, 23 U 27/13, NJW-RR 1990, 1046, 1047.

20 OLG Jena, Urt. v. 8.12.2008, 9 U 431/08, NZBau 2009, 208.

stehenden Ausführungen verwiesen werden. § 106 Abs. 1 GWB normiert, dass es für die Antwort auf die Frage, ob das Beschaffungsvorhaben dem Vergaberecht unterfällt, auf den geschätzten Nettoauftragswert bzw. den Nettovertragswert ankommt. § 3 VgV, § 2 SektVO, § 3 VSVgV und § 2 KonzVgV enthalten – gestützt auf die Verordnungsermächtigung in § 113 Satz 2 Nr. 1 GWB – ergänzende Regelungen zu den Einzelheiten dieser Wertermittlung. Die wichtigsten Ermittlungsgrundsätze werden im Folgenden in Bezug auf den Auftragswert dargestellt:

1. Bedeutung des (Netto-)Auftragswerts

12 Maßgeblich für die Berechnung des Schwellenwertes ist der **Nettowert** der beabsichtigten Auftragsvergabe.

a) Sorgfaltsanforderungen

13 Der Nettoauftragswert ist vom öffentlichen Auftraggeber in eigener Verantwortung, nach rein objektiven Kriterien und mit der gebotenen Sorgfalt zu schätzen. Zu ermitteln ist derjenige Wert, den ein umsichtiger und sachkundiger Auftraggeber nach sorgfältiger Prüfung des relevanten Marktsegments und auf dem Boden einer betriebswirtschaftlichen Finanzplanung veranschlagen würde.[21] In die Schätzung einzubeziehen sind deshalb **sämtliche** in der Leistungsbeschreibung aufgeführten **Arbeiten und Leistungen**, und ferner nicht nur alle bekannten, sondern ebenso **alle vorhersehbaren** Umstände, mit deren Eintritt zu rechnen ist und die Einfluss auf den Auftragswert haben.[22] Zu einer ordnungsgemäßen Schätzung gehört selbstverständlich auch die ordentliche Ermittlung der Schätzungsgrundlagen anhand realistischer Mengen.[23] Dabei gilt, dass eine sorgfältige Schätzung des Auftragswertes umso mehr geboten ist, wenn Anhaltspunkte dafür bestehen, dass der Wert des Auftrags dem maßgeblichen Schwellenwert nahe kommt. Auch in einem solchen Fall steht die Pflicht zu einer sorgfältigen Kostenschätzung allerdings unter dem Gebot der Verhältnismäßigkeit. Zahlenmaterial, das nur mit einem unverhältnismäßigen Aufwand beschafft werden kann, darf deshalb außer Betracht bleiben.[24] Inwieweit in einem solchen Fall mit Risikozuschlägen gearbeitet werden muss, entscheidet sich an den konkreten Umständen des Falles.

14 Bei der Ermittlung des Auftragswertes steht – weil es sich um eine Prognoseentscheidung[25] handelt – dem Auftraggeber ein **Beurteilungsspielraum** zu.[26] Dieser kann von den Nachprüfungsinstanzen nur eingeschränkt überprüft werden, nämlich daraufhin, ob die Vergabestelle von einem vollständig ermittelten und zutreffenden Sachverhalt ausgegangen ist, ihre Entscheidung nicht nach sachfremden Erwägungen getroffen hat, sie bei der Entscheidung einen sich sowohl im Rahmen des Gesetzes wie auch im Rahmen der Beurteilungs-

---

21 OLG Celle, Beschl. v. 12.7.2007, 13 Verg 6/07, ZfBR 2007, 704; OLG Düsseldorf, Beschl. v. 8.5.2002, VII-Verg 5/02, VergabeR 2002, 665, 666.
22 OLG Karlsruhe, Beschl. v. 16.12.2009, 15 Verg 5/09, VergabeR 2010, 685, 692.
23 OLG Karlsruhe, Beschl. v. 16.12.2009, 15 Verg 5/09, VergabeR 2010, 685, 693.
24 OLG Karlsruhe, Beschl. v. 16.12.2009, 15 Verg 5/09, VergabeR 2010, 685, 692.
25 BGH, Beschl. v. 20.11.2012, X ZR 108/10, NZBau 2013, 180.
26 OLG Dresden. Beschl. v. 24.7.2012, Verg 2/12, NZBau 2012, 794.

ermächtigung haltenden Beurteilungsmaßstab zutreffend angewandt und sie das vorgeschriebene Verfahren eingehalten hat.[27]

Bei einem **Interimsauftrag**, der deshalb notwendig wird, weil der ausgeschriebene Auftrag wegen des Zuschlagsverbots nach § 169 Abs. 1 GWB nicht erteilt werden kann und der weder ganz noch teilweise an die Stelle des „Hauptauftrags", sondern neben diesen treten soll, handelt es sich um einen zusätzlichen Auftrag mit einem eigenständigen Auftragswert.[28] Werte von früheren Interimsaufträgen über gleichgelagerte Leistungen können allenfalls dann hinzuzurechnen sein, wenn der Auftraggeber in der Vergangenheit gegen das Umgehungsverbot des § 3 Abs. 2 VgV verstoßen hat.[29] 15

b) Zeitpunkt

Der Auftragswert ist **zu Beginn des Vergabeverfahrens** und bezogen auf den Tag, an dem die Auftragsbekanntmachung abgesendet wird oder das Vergabeverfahren auf sonstige Weise eingeleitet wird, zu ermitteln (§ 3 Abs. 3 VgV). Der Begriff des Vergabeverfahrens ist dabei nicht „formell", sondern „materiell" zu verstehen. Entscheidend ist also nicht, ob der öffentliche Auftraggeber irgendwelche Förmlichkeiten gewahrt – wie z.B. eine Ausschreibung eingeleitet – hat. Maßgeblich abzustellen ist vielmehr auf den Beschaffungsvorgang als solchen. Ein Vergabeverfahren liegt dementsprechend vor, wenn der öffentliche Auftraggeber sich zwecks Deckung eines akuten oder künftigen Bedarfs zur Beschaffung von Waren, Bauleistungen oder Dienstleistungen entschlossen hat und im Hinblick darauf mit organisatorischen und/oder planerischen Schritten beginnt, um zu regeln, auf welche Weise und mit welchen Leistungsanforderungen das Beschaffungsvorhaben eingeleitet und durchgeführt und wie der Leistungserbringer ermittelt werden soll. Abzugrenzen ist der Beginn eines solchen Beschaffungsvorgangs von der bloßen Markterkundung ohne konkrete Beschaffungsinitiative des öffentlichen Auftraggebers.[30] Ein Kreistagsbeschluss zur Planung der Beschaffung von Rettungsdienst- und Krankentransportleistungen, in dem ausdrücklich die Erforderlichkeit einer Umsetzung durch die Verwaltung erwähnt wird, stellt nicht den Beginn eines Vergabeverfahrens dar, sondern ist allenfalls ein interner Beschaffungsbeschluss.[31] 16

c) Bedeutung des Auftragswerts

Ergibt die Schätzung einen Nettoauftragswert, der den maßgeblichen Schwellenwert erreicht oder übersteigt, unterliegt das Vergabeverfahren dem Kartellvergaberecht und folglich auch der Kontrolle durch die Nachprüfungsinstanzen. Das gilt auch dann, wenn der öffentliche Auftraggeber in Verkennung der Sach- und Rechtslage von der gebotenen europaweiten Ausschreibung abgesehen und sich mit einer bloß nationalen Ausschreibung be- 17

---

27 OLG Düsseldorf, Beschl. v. 19.6.2013, VII-Verg 4/13, VergabeR 2013, 477.

28 OLG Koblenz, Beschl. v. 24.3.2015, Verg 1/15, NZBau 2015, 386.

29 OLG Koblenz, Beschl. v. 24.3.2015, Verg 1/15, NZBau 2015, 386.

30 OLG Düsseldorf, Beschl. v. 16.12.2015, VII-Verg 25/15, VergabeR 2015, 242; OLG Düsseldorf, Beschl. v. 17.7.2013, VII-Verg 10/13, IBR 2014, 104; OLG Celle, Beschl. v. 30.10.2014, 13 Verg 8/14, NZBau 2014, 780; OLG München, Beschl. v. 19.7.2012, Verg 8/12, VergabeR 2012, 658; OLG Düsseldorf, Beschl. v. 20.6.2001, Verg 3/01, NZBau 2001, 696; OLG Dresden, Beschl. v. 5.1.2001, Wverg 11/00, VergabeR 2001, 52.

31 OLG Düsseldorf, Beschl. v. 16.12.2015, VII-Verg 25/15, VergabeR 2015, 242.

gnügt hat[32] oder wenn er ohne vorherige öffentliche Vergabebekanntmachung ein Verhandlungsverfahren durchführt.[33] Nach dem klaren Wortlaut des § 106 Abs. 1 GWB ist nämlich das **Erreichen** (oder Überschreiten) des **Schwellenwertes** und nicht die Durchführung oder Nichtdurchführung einer europaweiten Ausschreibung oder die vorherige veröffentlichte Vergabebekanntmachung der maßgebliche Gesichtspunkt für die Anwendbarkeit des Vergaberechts.[34] Dass das Kartellvergaberecht nur bei Aufträgen gilt, deren Auftragswert den maßgeblichen Schwellenwert erreicht oder überschreitet, begegnet keinen verfassungsrechtlichen Bedenken.[35] Umgekehrt gilt, dass das Vergaberecht und der Rechtsschutz vor den Vergabenachprüfungsinstanzen nicht alleine deshalb zur Geltung kommen, weil der öffentliche Auftraggeber einen Auftrag unterhalb des maßgeblichen Schwellenwertes nach den Regeln des Kartellvergaberechts europaweit ausgeschrieben hat.[36]

18 Den Auftragswert überprüfen die Nachprüfungsinstanzen **von Amts wegen**. Hat der Auftraggeber keine Schätzung des Auftragswertes vorgenommen bzw. eine solche nicht in den Vergabeakten dokumentiert, sind die Vergabenachprüfungsinstanzen zur eigenständigen Wertermittlung berechtigt und verpflichtet.[37] Die Schätzung des Auftragswerts ist dann korrekt, wenn alle ausgeschriebenen Positionen zu ordnungsgemäß ermittelten Preisen bei der Berechnung berücksichtigt worden sind.[38] Die Vergabestelle muss eine ernsthafte Prognose über den voraussichtlichen Auftragswert anstellen oder erstellen lassen, wobei die Prognose zum Gegenstand hat, zu welchem Preis die in den Vergabeunterlagen beschriebene Leistung voraussichtlich unter Wettbewerbsbedingungen beschafft werden kann.[39]

19 Die Schwellenwerte haben in § 106 Abs. 2 GWB eine eigene und **abschließende Normierung** gefunden. Das schließt es aus, Bestimmungen in den Vergabe- und Vertragsordnungen ergänzend oder modifizierend zur Bestimmung des Anwendungsbereichs des Kartellvergaberechts heranzuziehen.[40]

---

32 OLG Rostock, Beschl. v. 6.11.2015, 17 Verg 2/15, IBR 2016, 228; OLG Düsseldorf, Beschl. v. 12.3.2003, Verg 49/02, CuR 2004, 26; OLG Stuttgart, Beschl. v. 12.8.2002, 2 Verg 9/02, VergabeR 2003, 101, 102, 103; BayObLG, Beschl. v. 29.4.2003, 5 Verg 4/02; OLG Bremen, Beschl. v. 18.5.2006, Verg 3/05, VergabeR 2009, 948.

33 OLG Düsseldorf, Beschl. v. 30.4.2003, Verg 67/02; OLG Düsseldorf, Beschl. v. 31.3.2004, VII-Verg 74/03, IBR 2004, 637.

34 KG, Beschl. v. 24.10.2013, Verg 11/13, NZBau 2013, 792; OLG Celle, Urt. v. 18.3.2009, 2 U 19/09, BeckRS 2009, 24117.

35 BVerfG, Beschl. v. 13.6.2006, 1 BvR 1160/03, NZBau 2006, 791; BayObLG, Beschl. v. 29.4.2003, 5 Verg 4/02; Saarländisches OLG, VergabeR 2003, 429, 430 ff.; vgl. dazu im Einzelnen auch: *Heuvels*, NZBau 2005, 570; *Dreher*, NZBau 2002, 419, 424 f.; *Pietzcker*, NJW 2005, 2281, 2284; vgl. auch *Prieß/Hölzl*, NZBau 2005, 411; *Malmendier*, DVBl. 2000, 963, 968; *Losch*, VergabeR 2006, 298, 302 ff.; *Irmer*, VergabeR 2006, 308 ff.

36 OLG Stuttgart, Beschl. v. 12.8.2002, 2 Verg 9/02, VergabeR 2003, 101, 102, 103; OLG Düsseldorf, Beschl. v. 31.3.2004, VII-Verg 74/03, IBR 2004, 637; *Hübner*, VergabeR 2003, 103, 104.

37 OLG Celle, Beschl. v. 19.8.2009, 13 Verg 4/09, OLGR Celle 2009, 738; OLG Brandenburg, Beschl. v. 29.1.2013, Verg W 9/12.

38 OLG München, Beschl. v. 31.10.2012, Verg 19/12, VergabeR 2013, 487.

39 BGH, Urt. v. 27.11.2007, X ZR 18/07, VergabeR 2010, 836.

40 BayObLG, Beschl. v. 23.7.2002, Verg 17/12, VergabeR 2002, 662, 663.

2. Auftragsgegenstand

Die Höhe des jeweils maßgeblichen Schwellenwertes hängt vom Auftragsgegenstand ab. Die Vorschrift des § 106 Abs. 2 GWB und die dort in Bezug genommenen Vergaberichtlinien unterscheiden zwischen Bauaufträgen (Schwellenwert zwischen 5,115 Mio. Euro und 5,225 Mio. Euro), Lieferaufträgen (Schwellenwert zwischen 135.000 Euro und 418.000 Euro) Dienstleistungsaufträgen (Schwellenwert zwischen 135.000 Euro und 418.000 Euro, bei Aufträgen über soziale und andere besondere Dienstleistungen grundsätzlich 750.000 Euro, in den Fällen von Art. 15 lit. c) der RL 2014/25/EU 1 Mio. Euro) sowie Konzessionsvergaben (Schwellenwert von 5,225 Mio. Euro). Die Begriffe „Bauauftrag", „Lieferauftrag", „Dienstleistungsauftrag" entsprechen der Terminologie des § 103 GWB. Auf die dortige Legaldefinitionen sowie die Kommentierung dieser Vorschrift kann Bezug genommen werden. 20

Maßgebend für die Berechnung des Schwellenwertes ist die **geschätzte Gesamtvergütung** für die zur Auftragsbeschaffung vorgesehene Leistung. Abzustellen ist dabei regelmäßig auf die jeweilige (einzelne) Beschaffungsmaßnahme, wie sie der öffentliche Auftraggeber am Markt nachfragt. Bei der Schätzung des Auftragswerts ist von der geschätzten Gesamtvergütung ohne Umsatzsteuer für die vorgesehene Leistung einschließlich etwaiger Prämien oder Zahlungen an Bewerber oder Bieter auszugehen. Folglich ist zu bestimmen, was der Auftragnehmer vom Auftraggeber für die Ausführung des Auftrags als Entgelt erhalten soll. Ein entgeltlicher Vertrag im Sinne von § 103 Abs. 1 GWB besteht grundsätzlich aus der vereinbarten Leistung des vertraglich gebundenen Auftragnehmers und aus der in Geld bestehenden Gegenleistung des Auftraggebers. Die **Entgeltlichkeit** ist auch bei jedem geldwerten Vorteil gewahrt, sodass neben der unmittelbaren Zuwendung von Geldmitteln durch den öffentlichen Auftraggeber auch andere Formen der Leistungserbringung genügen.[41] Ist Auftragsgegenstand die Übernahme, Lagerung, Sortierung, Behandlung und Entsorgung von 900 t Alttextilien und Altschuhen, wobei der Auftraggeber dem Auftragnehmer die Alttextilien und Altschuhe zur Verfügung stellt und der Auftragnehmer für jede übergebene Tonnen einen vertraglich festgelegten Betrag an den Auftraggeber zurückzahlen muss, entspricht der Auftragswert dem Wert der Alttextilien und Altschuhe abzüglich des an den Auftraggeber zu zahlenden Betrages.[42] 21

a) Addition getrennter Beschaffungsmaßnahmen

Nur ausnahmsweise sind mehrere – organisatorisch getrennte – Beschaffungsvorgänge wertmäßig zusammenzufassen, nämlich dann, wenn ansonsten ein einheitlicher Beschaffungsvorgang künstlich aufgesplittert würde. Das folgt aus § 3 Abs. 2 VgV, wonach weder die Wahl der Methode zur Berechnung des geschätzten Auftragswerts noch die Aufteilung der Auftragsvergabe in der Absicht erfolgen darf, die Beschaffungsmaßnahme der Anwendung des Kartellvergaberechts zu entziehen. Ob in diesem Sinne die **Werte mehrerer** vom Auftraggeber **getrennt geführter Beschaffungsmaßnahmen** zur Berechnung des Schwellenwertes addiert werden müssen, ist eine Frage des Einzelfalles. § 3 Abs. 2 Satz 2 VgV verlangt in diesem Zusammenhang objektive Gründe, die eine Aufteilung des Auftrags rechtfertigen, und nennt als Beispiel den Fall der selbstständigen Beschaffung durch 22

41 BGH, Beschl. v. 1.2.2005, X ZB 27/04, VergabeR 2010, 799, 803 f.
42 OLG Düsseldorf, Beschl. v. 10.12.2014, VII-Verg 24/14.

eine eigenständige Organisationseinheit. In der Vergangenheit ist die Aufspaltung eines einheitlichen Beschaffungsvorgangs etwa akzeptiert worden, wenn kein wirtschaftlicher oder technisch-funktionaler Zusammenhang zwischen den einzelnen Maßnahmen besteht. Angenommen wurde dies beispielsweise für eine ausgeschriebene Unterhaltungsbaggerung und einen erst für die Zukunft geplanten Neuausbau der nämlichen Wasserstraßenstrecke. Verschiedene Auftragsvergaben liegen ferner bei mehreren Unterhaltungsbaggerungen vor, die verschiedene Streckenabschnitte betreffen und in aufeinander folgenden Jahren ausgeschrieben und durchgeführt werden sollen.[43] Das gilt in der Regel schon deshalb, weil die einzelnen jährlichen Maßnahmen unter dem Vorbehalt der Bewilligung ausreichender Haushaltsmittel stehen. Bei einer einheitlichen baulichen Anlage sind zur Ermittlung der geschätzten Gesamtvergütung alle Aufträge zusammenzurechnen, die für die vollständige Herstellung erteilt werden müssen, sofern ein funktionaler Zusammenhang der Einzelaufträge in technischer, wirtschaftlicher und zeitlicher Hinsicht besteht.[44] Ähnliches gilt bei der Vergabe freiberuflicher Leistungen. Hält sich der Auftraggeber bei der Ausschreibung unterschiedlicher freiberuflicher Leistungen (Beratung in rechtlicher, technischer und wirtschaftlicher Beziehung bei einem ÖPP-Projekt) offen, ob er die zu vergebenden Lose einem Auftragnehmer überträgt, ist für die Berechnung des Schwellenwertes auf die Summe der Einzelleistungen abzustellen.[45] Entscheidet der öffentliche Auftraggeber werktäglich neu über die Vergabe der benötigten Postdienstleistungen, richtet sich der Auftragswert nach dem Gesamtwert der aufeinanderfolgenden Aufträge aus dem vergangenen Haushaltsjahr bzw. dem Wert der Lieferungen der folgenden zwölf Monate.[46] Bei der Schätzung des Auftragswertes sind all diejenigen Bauabschnitte einer **Gesamtbaumaßnahme** als Einheit zu betrachten, die ohne die jeweils anderen Bauabschnitte keine sinnvollen Funktionen erfüllen können, und zwar unabhängig davon, ob die einzelnen Bauabschnitte als eigenständiger Auftrag oder als Los eines Gesamtauftrages ausgeschrieben wurden.[47] Auch wenn der öffentliche Auftraggeber Leistungen in verschiedenen Abschnitten ausführen lassen will, ist deshalb von einem Gesamtauftrag auszugehen, sofern und soweit die Leistungen in wirtschaftlicher und technischer Hinsicht zusammenhängen. Dienen nach der Baubeschreibung sämtliche ausgeschriebene Einzelleistungen der „Wiederherstellung des Sollprofils der Fahrrinne" in einer Bundeswasserstraße, so stellen sich die Bauleistungen „Bagger- und Transportleistungen" sowie „Entsorgung von Baggergut" als ein einheitlicher Auftrag dar.[48]

b) Losweise Vergabe

23 Kann das Beschaffungsvorhaben zu einem Auftrag führen, der in mehreren **Einzellosen** vergeben wird, ist der geschätzte Wert aller Lose zugrunde zu legen und unterliegt folglich die Vergabe jeden einzelnen Loses dem Kartellvergaberecht, auch wenn das Einzellos bei isolierter Betrachtung den maßgeblichen Schwellenwert nicht erreicht. Das gilt gem. § 3 Abs. 7 Satz 1 und 3 VgV sowohl für die Vergabe von Bauleistungen als auch für die Be-

43 Vgl. zu Allem: OLG Düsseldorf, Beschl. v. 31.3.2004, VII-Verg 74/03.
44 OLG Rostock, Beschl. v. 20.9.2006, 17 Verg 8/06, VergabeR 2007, 394.
45 OLG München, Beschl. v. 28.4.2006, Verg 6/06, VergabeR 2006, 914.
46 OLG Brandenburg, Beschl. v. 6.3.2012, Verg W 15/11.
47 KG, Beschl. v. 27.1.2015, Verg 9/14, VergabeR 2015, 708.
48 OLG Köln, Beschl. v. 24.10.2016, 11 W 54/16, NZBau 2017, 181; zu Planungsleistungen siehe OLG München, Beschl. v. 13.3.2017, Verg 15/16, NZBau 2017, 371.

schaffung von Dienstleistungen. Gleiches ordnet § 3 Abs. 8 VgV für den Lieferauftrag an, sofern er auf die Anschaffung gleichartiger Lieferungen gerichtet ist.

c) Kündigung des Auftrags

Nicht von § 3 Abs. 7 VgV wird der Fall erfasst, dass ein unter Beachtung des Vergaberechts vergebener Auftrag oberhalb des Schwellenwertes während der **Ausführung vom Auftraggeber gekündigt** wird und der Auftragswert der noch nicht ausgeführten Leistung den maßgeblichen Schwellenwert nicht mehr erreicht. In einem solchen Fall unterliegt die erneute Vergabe der noch ausstehenden Leistungen nicht dem Kartellvergaberecht. § 3 Abs. 7 VgV ist weder direkt noch analog anwendbar. Die unmittelbare Geltung der Norm scheitert daran, dass es an einer vom Auftraggeber vorgenommenen Aufteilung der Beschaffungsmaßnahme in Einzellose fehlt. Ebenso wie beim Ursprungsauftrag sollen nach dem Willen des öffentlichen Auftraggebers auch beim Nachfolgeauftrag über die Restarbeiten die zur Durchführung der Maßnahme (noch) erforderlichen Arbeiten einheitlich vergeben werden. Für eine analoge Anwendung des § 3 Abs. 7 VgV dürfte es schon an einer planwidrigen Gesetzeslücke fehlen; jedenfalls mangelt es aber an einer der normierten Konstellation rechtsähnlichen, vergleichbaren Fallgestaltung. § 3 Abs. 7 VgV senkt den Schwellenwert für den Fall ab, dass der Auftraggeber den zu vergebenden (Gesamt-)Auftrag in einzelne Lose aufteilt, um die Einzellose separat vergeben zu können. Bei dieser losweisen Aufteilung eines Gesamtauftrags handelt es sich um die für § 3 Abs. 7 VgV charakteristische Tatbestandsvoraussetzung. An ihr fehlt es, wenn der Auftraggeber nach Kündigung des Auftrags die noch verbleibenden Restarbeiten einheitlich an einen Auftragnehmer vergeben will. Der Auftraggeber steht hier nicht anders als wenn sich sein Beschaffungsbedarf von Anfang an auf die in Rede stehenden (Rest-)Arbeiten beschränkt hätte. In dem einen wie in dem anderen Fall gilt: Erreicht der Auftragswert der Leistungen, die der Auftraggeber im Zeitpunkt des zur Beurteilung stehenden Beschaffungsvorgangs für den Auftrag benötigt, nicht den Schwellenwert, unterfällt die Auftragsvergabe auch nicht dem Vergaberechtsregime. 24

Anders liegt es bei der **einvernehmlichen Rücknahme der Kündigung** eines öffentlichen Auftragsverhältnisses. Sie kommt jedenfalls dann dem Neuabschluss eines Vertrages gleich, wenn der öffentliche Auftraggeber zuvor durch eine bestandskräftige Entscheidung der Vergabekammer zur Neuausschreibung für den Fall des Fortbestehens der Vergabeabsicht verpflichtet worden ist.[49] Die Weiterführung eines Vertrages trotz bestehender Kündigungsmöglichkeit soll demgegenüber keine Neuvergabe darstellen, die den Vergaberechtsweg eröffnet, und zwar auch dann nicht, wenn der öffentliche Auftraggeber zur Kündigung des vergaberechtswidrigen Vertrages verpflichtet ist.[50] 25

d) Teilaufhebung der Ausschreibung

Anders ist der Fall zu beurteilen, dass der öffentliche Auftraggeber seine **Ausschreibung** im Verlaufe des Vergabeverfahrens oder im Rahmen eines Nachprüfungsverfahrens **teilweise aufhebt**, indem er beispielsweise einzelne Lose streicht. Eine solche Teilaufhebung hat nicht zur Folge, dass die ursprünglich dem Vergaberechtsregime unterfallende Aus- 26

49 OLG Naumburg, Beschl. v. 26.7.2012, 2 Verg 2/12, VergabeR 2013, 218.
50 KG, Beschl. v. 19.4.2012, Verg 7/11, VergabeR 2012, 783.

schreibung vergaberechtsfrei wird. Das muss schon deshalb gelten, weil es gem. § 3 Abs. 3 VgV für die Schätzung des Auftragswertes auf den Tag der Absendung der Bekanntmachung der beabsichtigten Auftragsvergabe oder die sonstige Einleitung des Vergabeverfahrens ankommt.

3. Besonderheiten beim Bauauftrag

27 Besonderheiten gelten für die Ermittlung des Schwellenwerts bei der Vergabe eines Bauauftrags.

a) Beigestellte Liefer- und Dienstleistungen

28 Gem. § 3 Abs. 6 Satz 1 VgV sind in die Berechnung des Schwellenwertes bei einem Bauauftrag nicht nur der Wert der ausgeschriebenen Bauleistungen einzubeziehen, sondern darüber hinaus auch der **Wert aller Lieferungen und Dienstleistungen**, die (1) für die Ausführung der Bauleistungen erforderlich sind und (2) vom Auftraggeber zur Verfügung gestellt werden. Die Regelung soll zum einen den notwendigen Spielraum des Auftraggebers bei der Beschaffung der zur Durchführung des ausgeschriebenen Bauauftrags benötigten Materialien und Dienstleistungen gewährleisten; sie soll zum anderen sicherstellen, dass die Geltung des Vergaberechts nicht davon abhängt, welche Beschaffungsart (eigene Beistellung durch den Auftraggeber oder Aufnahme des zur Auftragsdurchführung erforderlichen Materials und der notwendigen Dienstleistungen in die Ausschreibung) der öffentliche Auftraggeber wählt.

29 Unberührt bleibt die Möglichkeit des Auftraggebers, den Auftrag für die **Planung** und denjenigen für die Ausführung der Bauleistungen **getrennt** zu vergeben (§ 3 Abs. 6 Satz 2 VgV); macht er hiervon Gebrauch, fließt der Wert der Planungsleistungen mithin nicht in die Schätzung des Schwellenwertes für den Bauauftrag ein. Schreibt der öffentliche Auftraggeber demgegenüber sowohl die Bauleistung als auch die Planung **gemeinsam** aus, sodass sich der abzuschließende Vertrag auf beide Leistungsteile bezieht, ist der Wert der Planungsleistungen bei der Schätzung des Gesamtauftragswertes zu berücksichtigen.[51]

b) Losweise Vergabe

30 Für den Bauauftrag normiert § 3 Abs. 9 VgV eine Ausnahme von dem Grundsatz, dass für die Schätzung des Auftragswertes der Gesamtwert der ausgeschriebenen Bauleistung auch dann maßgeblich ist, wenn eine losweise Vergabe in Betracht kommt (§ 3 Abs. 7 Satz 1 und 3 VgV). Die genannte Vorschrift bestimmt, dass der öffentliche Auftraggeber bei der Vergabe einzelner Lose von der vergaberechtlichen Bindung des § 3 Abs. 7 Satz 3 VgV abweichen kann, wenn der geschätzte Nettowert des betreffenden Loses jeweils unter 1 Mio. Euro liegt und die Summe der Nettowerte dieser Lose 20% des Gesamtwertes aller Lose nicht übersteigt. Das bedeutet: Ein Bauauftrag, dessen Gesamtauftragswert den maßgeblichen Schwellenwert von 5,225 Mio. Euro erreicht oder übersteigt, unterfällt dem Kartellvergaberecht. Wird ein derartiger **Bauauftrag losweise ausgeschrieben**, unterliegt auch die Vergabe all derjenigen Einzellose, deren Nettoauftragswert mindestens 1 Mio. Euro beträgt, dem Vergaberecht und damit insbesondere auch der Kontrolle durch die Vergabe-

51 OLG München, Beschl. v. 31.10.2012, Verg 19/12, VergabeR 2013, 487.

nachprüfungsinstanzen (§ 3 Abs. 7 Satz 1 und 3, Abs. 9 VgV). Alle Einzellose, die den Wert von 1 Mio. Euro nicht erreichen, sind demgegenüber grundsätzlich vergaberechtsfrei. Das gilt allerdings nur, soweit der Auftragswert dieser Einzellose in der Summe 20 % des Auftragswertes des gesamten Bauauftrags nicht übersteigt (§ 3 Abs. 9 VgV). Der öffentliche Auftraggeber darf also Einzellose mit einem Auftragswert von jeweils unter 1 Mio. Euro national ausschreiben, solange der Gesamtwert dieser Einzellose 20 % des Auftragswertes des gesamten Bauauftrags nicht überschreitet. Ist die 20 %-Grenze überschritten, muss der Auftraggeber alle weiteren Einzellose europaweit ausschreiben, und zwar ohne Rücksicht darauf, ob der Auftragswert dieser Einzellose 1 Mio. Euro erreicht oder nicht. Im Ergebnis unterliegt also unabhängig von der Anzahl und dem Auftragswert der einzelnen Lose zumindest ein Kontingent von 80 % des gesamten Bauauftrags dem Vergaberecht.

Welche Einzellose mit einem Auftragswert unterhalb von 1 Mio. Euro dem vergaberechts- 31
freien 20 %-Kontingent unterfallen, steht im **Belieben des Auftraggebers**. Eine bestimmte Reihenfolge etwa dergestalt, dass die in die Anfangsphase der Ausschreibungen fallenden Einzellosvergaben bis zur Summe von 20 % des Wertes des gesamten Bauauftrags national ausgeschrieben werden können, während alle nachfolgenden Einzellosvergaben der europaweiten Vergabe unterliegen, gilt ebenso wenig wie beispielsweise die Verpflichtung, bis zu einem Wert von 80 % des gesamten Bauauftrags alle Leistungen europaweit auszuschreiben, sodass erst nach Erreichen des 80 %-Kontingents Raum für eine nationale Vergabe ist.[52] § 3 Abs. 9 VgV trägt dem Umstand Rechnung, dass kleinere Lose in aller Regel nur für Bieter im nationalen Bereich von Interesse sind, und befreit den Auftraggeber für solche Lose von der Verpflichtung zur europaweiten Ausschreibung. Diesem Regelungszweck entsprechend kann der Auftraggeber frei bestimmen, welche „Kleinlose" er dem 20 %-Kontingent zuordnet und bloß national ausschreibt und welche Lose dem vergaberechtspflichtigen 80 %-Kontingent unterfallen sollen. Hat der Auftraggeber eine dahingehende Wahl getroffen und ein Einzellos mit einem Auftragswert unterhalb von 1 Mio. Euro europaweit ausgeschrieben, ist er hieran gebunden. Es ist ihm also verwehrt, das Los nachträglich (z. B. im Nachprüfungsverfahren) dem vergaberechtsfreien 20 %-Kontingent zuzuordnen.[53]

Die **Zuordnung** eines Einzelloses **zum 20 %-Kontingent** kann ausdrücklich (etwa in einer 32
Festlegungsliste) erfolgen. Geschieht dies und wird das betreffende Los sodann auch national ausgeschrieben, ist die Angabe in der Vergabebekanntmachung, dass zur Nachprüfung von Vergaberechtsverstößen die Vergabekammer zuständig sei, nur ein fehlerhafter Hinweis auf einen nicht vorhandenen Rechtsweg. Weder durch diesen Hinweis noch durch die Versendung von Informationsschreiben nach § 134 GWB wird die Geltung des Vergaberechts herbeigeführt oder der Rechtsweg zu den Vergabenachprüfungsinstanzen eröffnet.[54] Fehlt es an einer ausdrücklichen Zuordnung des Einzelloses, ist nach den Umständen des Einzelfalles zu beurteilen, ob die Ausschreibung dem vergaberechtsfreien 20 %-Kontingent oder dem vergaberechtspflichtigen 80 %-Kontingent unterfällt. Hat der Auftraggeber

52 BayObLG, Beschl. v. 27.4.2001, Verg 5/01, VergabeR 2002, 61, 62.

53 BayObLG, Beschl. v. 1.10.2001, Verg 6/01, VergabeR 2002, 63, 65; BayObLG, Beschl. v. 19.3.2002, Verg 2/02, VergabeR 2002, 402, 404; offen gelassen von OLG Koblenz, Beschl. v. 18.9.2003, 1 Verg 4/03, VergabeR 2003, 567, 569 f.

54 BayObLG, Beschl. v. 23.5.2002, Verg 7/02, VergabeR 2002, 510, 512; *Köhler*, VergabeR 2002, 513, 514.

das „Kleinlos“ europaweit ausgeschrieben und darüber hinaus in der Bekanntmachung als Nachprüfungsinstanz die Vergabekammer angegeben, so spricht dies in aller Regel für eine Zuordnung zum 80%-Kontingent.[55] Alleine die europaweite Ausschreibung soll demgegenüber für eine Zuordnung zum 80%-Kontingent nicht ausreichen, weil sie lediglich dem Zweck dienen könne, „freiwillig“ einen möglichst breiten Vergabewettbewerb zu gewährleisten.[56] Dementsprechend ist der Auftraggeber dadurch, dass er im Rahmen eines Gesamtauftrags, der den maßgeblichen Schwellenwert nicht erreicht, die Ausschreibung eines Loses trotzdem europaweit im offenen Verfahren ausschreibt, hinsichtlich der Wahl des Vergabeverfahrens für weitere Lose nicht gebunden.[57]

4. Besonderheiten beim Dienstleistungs- und Lieferauftrag

33 Eine mit dem Vorstehenden inhaltlich vergleichbare Regelung enthält § 3 Abs. 9 VgV für die Ausschreibung von Einzellosen im Bereich der **Dienstleistungs- und Lieferaufträge**. Auch hier ist ohne Rücksicht auf den Wert des einzelnen Auftrags ein Kontingent von 80% des Gesamtauftrags vergaberechtspflichtig. Es gelten die vorstehenden Rechtsgrundsätze hier entsprechend. Vergaberechtspflichtig ist überdies stets jedes Einzellos, dessen Nettoauftragswert 80.000 Euro erreicht.

55 BayObLG, Beschl. v. 19.3.2002, Verg 2/02, VergabeR 2002, 402, 404; *Waldner*, VergabeR 2002, 405, 406.

56 KG, Beschl. v. 11.7.2000, KartVerg 7/00; *Waldner*, VergabeR 2002, 405, 406.

57 OLG Celle, Beschl. v. 19.8.2009, 13 Verg 4/09, OLGR Celle 2009, 738.

§ 107 Allgemeine Ausnahmen

(1) Dieser Teil ist nicht anzuwenden auf die Vergabe von öffentlichen Aufträgen und Konzessionen

1. **zu Schiedsgerichts- und Schlichtungsdienstleistungen,**
2. **für den Erwerb, die Miete oder die Pacht von Grundstücken, vorhandenen Gebäuden oder anderem unbeweglichem Vermögen sowie Rechten daran, ungeachtet ihrer Finanzierung,**
3. **zu Arbeitsverträgen,**
4. **zu Dienstleistungen des Katastrophenschutzes, des Zivilschutzes und der Gefahrenabwehr, die von gemeinnützigen Organisationen oder Vereinigungen erbracht werden und die unter die Referenznummern des Common Procurement Vocabulary 75250000-3, 75251000-0, 75251100-1, 75251110-4, 75251120-7, 75252000-7, 75222000-8, 98113100-9 und 85143000-3 mit Ausnahme des Einsatzes von Krankenwagen zur Patientenbeförderung fallen; gemeinnützige Organisationen oder Vereinigungen im Sinne dieser Nummer sind insbesondere die Hilfsorganisationen, die nach Bundes- oder Landesrecht als Zivil- und Katastrophenschutzorganisationen anerkannt sind.**

(2) Dieser Teil ist ferner nicht auf öffentliche Aufträge und Konzessionen anzuwenden,

1. **bei denen die Anwendung dieses Teils den Auftraggeber dazu zwingen würde, im Zusammenhang mit dem Vergabeverfahren oder der Auftragsausführung Auskünfte zu erteilen, deren Preisgabe seiner Ansicht nach wesentlichen Sicherheitsinteressen der Bundesrepublik Deutschland im Sinne des Artikels 346 Absatz 1 Buchstabe a des Vertrags über die Arbeitsweise der Europäischen Union widerspricht, oder**
2. **die dem Anwendungsbereich des Artikels 346 Absatz 1 Buchstabe b des Vertrags über die Arbeitsweise der Europäischen Union unterliegen.**

Schrifttum: *Kulartz/Kus/Portz/Prieß*, GWB-Vergaberecht, 4. Aufl. 2016; *Müller-Wrede*, GWB Vergaberecht, Kommentar, 2016.

Übersicht

I. Übersicht

1 In dieser Vorschrift sind nunmehr alle allgemeinen Ausnahmen – sprich: solche Ausnahmen, die in allen jeweils relevanten Bereichen des GWB-Vergaberechts (öffentliche Aufträge, öffentliche Konzessionen, Sektorenbereiche, Bereiche Verteidigung und Sicherheit) gleichermaßen gelten – in zwei Absätzen zusammengefasst. Die in § 107 GWB geregelten allgemeinen Ausnahmen sind dementsprechend zum Teil in allen vier EU-Richtlinien (Richtlinie 2014/23/EU (Konzessionen), Richtlinie 2014/24/EU (öffentliche Aufträge), Richtlinie 2014/25/EU (Sektorenbereiche) und Richtlinie 2009/81/EG (Verteidigung und Sicherheit)) identisch enthalten.

2 Die insgesamt sechs in § 107 GWB normierten Ausnahmen waren zuvor fast alle – meist identisch – in folgenden Vorgänger-Vorschriften geregelt:

- Abs. 1 Nr. 1 (Schiedsgerichts- und Schlichtungsdienstleistungen): bisher § 100 Abs. 4 Nr. 1 GWB a. F.
- Abs. 1 Nr. 2 (Immobiliengeschäfte): bisher § 100 Abs. 5 GWB a. F.
- Abs. 1 Nr. 3 (Arbeitsverträge): bisher § 100 Abs. 3 GWB a. F.
- Abs. 2 Nr. 1 (Sicherheitsinteressen der Bundesrepublik): bisher § 100 Abs. 6 Nr. 1 i. V. m. Abs. 7 GWB a. F.
- Abs. 2 Nr. 2 (Art. 346 Abs. 1 lit. b) AEUV): bisher § 100 Abs. 6 Nr. 2 i. V. m. Abs. 7 GWB a. F.

Die in § 107 Abs. 1 Nr. 4 normierte Ausnahme ist hingegen neu und hatte bislang keine Vorgänger-Vorschrift im GWB.

II. Öffentliche Aufträge und Konzessionen

3 Die in Abs. 1 und Abs. 2 genannten Ausnahmen erfassen sowohl die Vergabe öffentlicher Aufträge als auch die Vergabe von Konzessionen. **Öffentlicher Auftrag** ist jeder öffentliche Auftrag gem. § 103 Abs. 1 bis Abs. 5 GWB. Zu den öffentlichen Aufträgen zählen also Lieferaufträge i. S. d. § 103 Abs. 2 GWB, Bauaufträge i. S. d. § 103 Abs. 3 GWB, Dienstleistungsaufträge i. S. d. § 103 Abs. 4 GWB und auf solche öffentliche Aufträge bezogene Rahmenvereinbarungen gem. § 103 Abs. 5 GWB. **Konzession** ist jede Konzession gem. § 105 GWB. Zu den Konzessionen zählen also Baukonzessionen i. S. d. § 105 Abs. 1 Nr. 1 GWB und Dienstleistungskonzessionen i. S. d. § 105 Abs. 1 Nr. 2 GWB.

4 Auf **Wettbewerbe**, also Auslobungsverfahren gem. § 103 Abs. 6 GWB, finden die Ausnahmen des § 107 GWB hingegen keine Anwendung. Das ist unschädlich, weil die in § 107 GWB genannten Leistungen nicht in Wettbewerben vergeben werden.

III. Ausnahme für Schiedsgerichts- und Schlichtungsdienstleistungen (Abs. 1 Nr. 1)

Das GWB-Vergaberecht ist gem. § 107 Abs. 1 Nr. 1 nicht anzuwenden auf die Vergabe von öffentlichen Aufträgen und Konzessionen zu Schiedsgerichts- und Schlichtungsdienstleistungen. Vgl. §§ 1025 ff. ZPO zum schiedsrichterlichen Verfahren in Deutschland. Diese Ausnahme war bisher in § 100 Abs. 4 Nr. 1 GWB a. F. geregelt. Dort war zwar nur von „Schiedsgerichts- und Schlichtungsleistungen" die Rede und nicht von Schiedsgerichts- und Schlichtungsdienstleistungen, mit der sprachlichen ist aber keine inhaltliche Änderung verbunden. Mit Abs. 1 Nr. 1 hat der deutsche Gesetzgeber Art. 10 Abs. 8 lit. c) der Richtlinie 2014/23/EU, Art. 10 lit. c) der Richtlinie 2014/24/EU, Art. 21 lit. b) der Richtlinie 2014/25/EU und Art. 13 lit. g) der Richtlinie 2009/81/EG in deutsches Recht umgesetzt. 5

Wie sich aus Erwägungsgrund 24 der Richtlinie 2014/24/EU und Erwägungsgrund 32 der Richtlinie 2014/25/EU ergibt, sind die entsprechenden unionsrechtlichen Ausnahmen – und ihnen folgend auch Abs. 1 Nr. 1 – dadurch **intendiert**, dass Schiedsgerichts- und Schlichtungsdienste und andere vergleichbare Formen alternativer Streitbeilegung normalerweise von Organisationen oder Personen übernommen werden, deren Bestellung oder Auswahl in einer Art und Weise erfolgt, die sich nicht nach Vergabevorschriften für öffentliche Aufträge richten kann. Denn die Bestellung von Schiedsrichtern und Schlichtern basiert maßgeblich auf **persönlichem Vertrauen** und sachlich-persönlicher Unabhängigkeit – Kriterien, die, wenn überhaupt, nur sehr eingeschränkt mit der vergaberechtlichen Vorgabe gem. § 127 GWB vereinbar sind, den Zuschlag auf das wirtschaftlichste Angebot zu erteilen. 6

IV. Ausnahme für Immobiliengeschäfte (Abs. 1 Nr. 2)

Das GWB-Vergaberecht ist gem. Abs. 1 Nr. 2 nicht anzuwenden auf die Vergabe von öffentlichen Aufträgen und Konzessionen für den Erwerb, die Miete oder die Pacht von Grundstücken, vorhandenen Gebäuden oder anderem unbeweglichem Vermögen sowie Rechten daran, ungeachtet ihrer Finanzierung. Diese Ausnahme war bisher in § 100 Abs. 5 GWB a. F. in drei verschiedenen Nummern geregelt. Diese überzogen aufwändige Regelungstechnik hat der Gesetzgeber durch eine zusammenfassende Formulierung in Abs. 1 Nr. 2 ersetzt. In diese hat der Gesetzgeber nunmehr auch die Pacht ausdrücklich einbezogen, die aber auch bereits in § 100 Abs. 5 GWB a. F., wenngleich nicht ausdrücklich genannt, so dennoch inhaltlich mit einbezogen war. Materielle Änderungen sind mit der neuen Vorschrift demnach nicht verbunden.[1] Mit Abs. 1 Nr. 2 hat der deutsche Gesetzgeber Art. 10 Abs. 8 lit. a) der Richtlinie 2014/23/EU, Art. 10 lit. a) der Richtlinie 2014/24/EU, Art. 21 lit. a) der Richtlinie 2014/25/EU und Art. 13 lit. e) der Richtlinie 2009/81/EG in deutsches Recht umgesetzt. Allerdings sind die unionsrechtlichen Ausnahmetatbestände ausdrücklich auf **Dienstleistungsaufträge** beschränkt, wohingegen der deutsche Gesetzeswortlaut alle öffentlichen Aufträge (vgl. dazu vorstehend Rn. 3) erfasst, also (scheinbar) auch Bauaufträge. Gleichwohl ist auch die deutsche Ausnahme gem. Abs. 1 Nr. 2 **nicht auf Bauaufträge i. S. d. § 103 Abs. 3 GWB anwendbar** – auch nicht solche i. S. d. § 103 7

1 Vgl. BT-Drs. 18/6281 v. 8.10.2015, Anlage 1, S. 78.

Abs. 3 Satz 2 GWB (vgl. die dortige Kommentierung) –, was sich allein schon aus der mithin gebotenen unionsrechtskonformen Auslegung von Abs. 1 Nr. 2 ergibt.

8 Der Zweck der die in Abs. 1 Nr. 2 normierte Ausnahme ist darin zu sehen, dass die im Ausnahmetatbestand genannten Leistungen wegen ihres Gegenstandes, wenn überhaupt, nur sehr eingeschränkt im Wettbewerb vergeben werden können. Denn der betreffende öffentliche Auftraggeber hat im jeweiligen Einzelfall in aller Regel einen sehr **spezifischen Beschaffungsbedarf** im Hinblick auf die sachlich-technischen (Größe, bauliche und technische Ausstattung, weitere Eigenschaften), rechtlichen (v.a. Nutzbarkeit) und örtlichen Kriterien (Lage, räumliche Nähe-/Entfernungsbeziehungen) des benötigten Grundstücks, Gebäudes oder sonstigen unbeweglichen Vermögensgegenstands, sodass ein Wettbewerb regelmäßig nicht in Betracht kommt.

9 **Erwerb** meint v.a. den Abschluss von Kaufverträgen i. S. d. §§ 433 ff. BGB, aber auch vergleichbare Rechtsgeschäfte über den Eigentumsübergang.

10 **Miete** meint den Abschluss von Mietverträgen i. S. d. §§ 535 ff. BGB.

11 **Pacht** meint den Abschluss von Pachtverträgen i. S. d. §§ 581 ff. BGB. Die Ausnahme ist auch dann einschlägig, wenn in einem Rechtsgeschäft mehrere Tatbestände verwirklicht werden, etwa beim An- oder Verkauf eines Grundstücks und der anschließenden/gleichzeitigen Rückver-/-anmietung.

12 Die vorstehend genannten Rechtsgeschäfte müssen immobilienbezogen sein. **Grundstück** ist ein räumlich abgegrenzter Teil der Erdoberfläche, der im jeweiligen Grundbuch auf einem gesonderten Grundbuchblatt verzeichnet ist (vgl. § 3 Abs. 1 GBO).

13 Unter einem **Gebäude** ist ein Gebäude i. S. d. § 94 Abs. 1 Satz 1 und Abs. 2 BGB zu verstehen. Durch die (auch in den unionsrechtlichen Ausnahmetatbeständen jeweils enthaltene) ausdrückliche Beschränkung auf „**vorhandene**" Gebäude, wird noch einmal betont, dass (erst noch zu erbringende) Bauleistungen nicht vom Ausnahmetatbestand des Abs. 1 Nr. 2 erfasst werden (vgl. insoweit die Kommentierung zu § 103 Abs. 3 Satz 2 GWB). Weil mit diesem Tatbestandsmerkmal also (nur) die Abgrenzung zum öffentlichen Bauauftrag intendiert ist, kann die Ausnahme nach Abs. 1 Nr. 2 auch dann einschlägig sein, wenn der Immobilienvermögensgegenstand noch nicht errichtet ist (also zum Zeitpunkt des Zustandekommens des Rechtsgeschäfts noch kein Gebäude „vorhanden" ist), das zu beurteilende Rechtsgeschäft aber gleichwohl keinen Bauauftrag i. S. d. § 103 GWB beinhaltet (vgl. die Kommentierung zu § 103 GWB). Umgekehrt kann auch ein auf ein bestehendes = vorhandenes Gebäude bezogenes Rechtsgeschäft, das ggf. als Miet- oder Pachtvertrag bezeichnet wird, einen Bauauftrag i. S. d. § 103 GWB beinhalten, wenn z. B. im Rechtsgeschäft vereinbart wird, dass der Vertragspartner des öffentlichen Auftraggebers erst noch mehr als nur unerhebliche Bauleistungen i. S. d. § 103 GWB erbringen muss, bevor die Nutzung des (umzubauenden) Bestandsgebäudes durch den öffentlichen Auftraggeber erfolgen soll. Ist im Einzelfall (1.) der Einfluss, den der öffentliche Auftraggeber auf die Ausgestaltung eines Mietobjekts nimmt, nicht so schwerwiegend, dass von einem entscheidenden Einfluss gesprochen werden kann, weil er sich noch im Rahmen dessen hält, was auch ansonsten nach den jeweiligen Marktverhältnissen einem solventen Mieter in der Planungsphase üblicherweise eingeräumt wird, ist (2.) die anderweitige Nutzung des Objekts für die gleichartige Vermietung nach Auslaufen des Mietvertrages nicht erschwert und mietet (3.) der öffentliche Auftraggeber nur Teilflächen in dem Objekt an, so handelt es sich um einen Mietvertrag i. S. d. Abs. 1 Nr. 2, der vergaberechtsfrei abgeschlossen werden kann; es han-

delt sich hingegen nicht um einen dem GWB-Vergaberecht unterliegenden Bauauftrag i. S. d. § 103 GWB.[2]

Im Verhältnis zu den Begriffen Grundstück und Gebäude ist der Begriff des **anderen unbeweglichen Vermögens** als Auffangtatbestand zu verstehen, dem z. B. das Wohnungseigentum i. S. d. § 1 WEG unterfällt. 14

Rechte sind das Eigentum; Nutzungsrechte wie das Mietrecht, das Pachtrecht, das Erbbaurecht i. S. d. § 1 Abs. 1 ErbbauRG oder die Dienstbarkeit i. S. d. §§ 1018 ff. BGB; Verwertungsrechte wie die Reallast i. S. d. §§ 1105 ff. BGB oder Grundpfandrechte, zu denen die Hypothek i. S. d. §§ 1113 ff. BGB, die Grundschuld i. S. d. §§ 1191 ff. BGB und die Rentenschuld i. S. d. §§ 1199 BGB zählen; sowie Erwerbsrechte wie ein dingliches Vorkaufsrecht i. S. d. §§ 1094 ff. BGB oder Anwartschaftsrechte. 15

„Ungeachtet ihrer **Finanzierung**" oder, wie es in den unionsrechtlichen Ausnahmetatbeständen heißt, „ungeachtet der Finanzmodalitäten" bedeutet, dass es für die Anwendbarkeit der Ausnahme nach Abs. 1 Nr. 2 auf die vereinbarten finanziellen Leistungen und Gegenleistungen nicht ankommt, sondern allein die Qualifizierung des immobilienbezogenen Leistungsinhalts ausschlaggebend ist. 16

V. Ausnahme für Arbeitsverträge (Abs. 1 Nr. 3)

Das GWB-Vergaberecht ist gem. Abs. 1 Nr. 3 nicht anzuwenden auf die Vergabe von öffentlichen Aufträgen und Konzessionen zu Arbeitsverträgen. Diese Ausnahme war bisher in § 100 Abs. 3 GWB a. F. geregelt. Mit Abs. 1 Nr. 3 hat der deutsche Gesetzgeber Art. 10 lit. g) der Richtlinie 2014/24/EU, Art. 21 lit. f) der Richtlinie 2014/25/EU sowie Art. 13 lit. i) der Richtlinie 2009/81/EG in deutsches Recht umgesetzt. Die Richtlinie 2014/23/EU enthält keine entsprechende Ausnahme, weil Arbeitsverträge als Konzession nicht denkbar sind, sodass die Ausnahme für Konzessionen keine praktische Bedeutung hätte. Aus Gründen der einheitlichen Gestaltung der allgemeinen Ausnahmen in § 107 GWB hat der deutsche Gesetzgeber die Ausnahme in Abs. 1 Nr. 3 dem Wortlaut nach gleichwohl auch auf Konzessionen erstreckt, was praktisch unschädlich und im Übrigen unionsrechtskonform zu reduzieren ist. 17

Arbeitsvertrag ist ein Vertrag, bei dem sich eine natürliche Person gegenüber dem öffentlichen Auftraggeber verpflichtet, unter dessen Leitung und nach Maßgabe dessen Anweisungen Arbeitsleistungen gegen Entgelt zu erbringen.[3] Soweit diese Voraussetzungen nicht vorliegen, es insbesondere an einem Leitungs- und Weisungsrecht des öffentlichen Auftraggebers fehlt, liegt ein Dienstleistungsvertrag i. S. d. § 103 Abs. 4 GWB vor. So ist z. B. ein Managementvertrag, der nicht auf die Anstellung eines Geschäftsführers gerichtet ist, sondern auf eine umfassende kaufmännische Betriebsführung unter Einbeziehung der Gestellung eines Geschäftsführers (der aber Mitarbeiter des Leistungserbringers/Auftragnehmers bleibt), ein Dienstleistungsvertrag i. S. d. § 103 Abs. 4 GWB, auf den die Ausnahme gem. Abs. 1 Nr. 3 keine Anwendung findet.[4] Gleiches gilt für Arbeitnehmerüberlassun- 18

---

2 Vgl. ThürOLG, Beschl. v. 7.10.2015, 2 Verg 3/15, juris, Rn. 43 ff.
3 OLG Naumburg, Beschl. v. 26.7.2012, 2 Verg 2/12, VergabeR 2013, 218 (juris, Rn. 68).
4 OLG Naumburg, Beschl. v. 26.7.2012, 2 Verg 2/12, VergabeR 2013, 218 (juris, Rn. 68).

gen.[5] Umgekehrt ist ein Vertrag über die Anstellung eines Geschäftsführers unmittelbar beim öffentlichen Auftraggeber ein gem. Abs. 1 Nr. 3 vom GWB-Vergaberecht ausgenommener Arbeitsvertrag; das gilt unabhängig davon, ob der Geschäftsführer irgendwelchen Weisungen unterliegt oder nicht, weil insoweit die Eingliederung der betreffenden Person in die Arbeitsorganisation des öffentlichen Auftraggebers sowie die Organstellung und die Regelungen über deren Beendigung ausschlaggebend sind.

VI. Ausnahme für Notfalldienste (Abs. 1 Nr. 4)

19 Das GWB-Vergaberecht ist gem. Abs. 1 Nr. 4 nicht anzuwenden auf die Vergabe von öffentlichen Aufträgen und Konzessionen zu Dienstleistungen des Katastrophenschutzes, des Zivilschutzes und der Gefahrenabwehr, die von gemeinnützigen Organisationen oder Vereinigungen erbracht werden und die unter die Referenznummern des Common Procurement Vocabulary 75250000-3, 75251000-0, 75251100-1, 75251110-4, 75251120-7, 75252000-7, 75222000-8, 98113100-9 und 85143000-3 mit Ausnahme des Einsatzes von Krankenwagen zur Patientenbeförderung fallen; gemeinnützige Organisationen oder Vereinigungen im Sinne dieser Nummer sind insbesondere die Hilfsorganisationen, die nach Bundes- oder Landesrecht als Zivil- und Katastrophenschutzorganisationen anerkannt sind.

20 § 107 Abs. 1 Nr. 4 GWB betrifft die Ausnahme für Notfalldienste, die jeweils in Art. 10 lit. h) der Richtlinie 2014/24/EU, Art. 10 Abs. 8 lit. g) der Richtlinie 2014/23/EU und Art. 21 lit. h) der Richtlinie 2014/25/EU vorgesehen ist. In den drei Richtlinien werden die jeweils gleichlautenden Ausnahmen für „Dienstleistungen des Katastrophenschutzes, des Zivilschutzes und der Gefahrenabwehr", die von gemeinnützigen Organisationen oder Vereinigungen erbracht werden, durch eine Auflistung der jeweils identischen CPV-Nummern konkretisiert.[6] Mit dem Common Procurement Vocabulary (CPV), zu Deutsch: Gemeinsames Vokabular für öffentliche Aufträge, ist das einheitliche Klassifikationssystem für öffentliche Aufträge im Anhang I der CPV-Verordnung[7] gemeint. Der deutsche Gesetzgeber hat diese in den unionsrechtlichen Richtlinien vorgesehenen Ausnahmen „1:1" durch Abs. 1 Nr. 4 umgesetzt und nur den Hs. 2 zur näheren Konkretisierung der gemeinnützigen Organisationen und Vereinigungen hinzugefügt.

21 Die **Intention** für die Ausnahme, die in Abs. 1 Nr. 4 für Notfalldienste gemeinnütziger Organisationen normiert worden ist, beschreibt der europäische Richtliniengeber in Erwägungsgrund 28 der Richtlinie 2014/24/EU, Erwägungsgrund 36 der Richtlinie 2014/23/EU und Erwägungsgrund 36 der Richtlinie 2014/25/EU dahin, dass „der **spezielle Charakter dieser Organisationen** nur schwer **gewahrt** werden könnte, wenn die Dienstleistungserbringer nach den in dieser Richtlinie festgelegten Verfahren ausgewählt werden müssten".

---

5 *Röwekamp*, in: Kulartz/Kus/Portz/Prieß, GWB-Vergaberecht, § 107 Rn. 8 m. w. N.; *Sterner*, in: Müller-Wrede, GWB, § 107 Rn. 21.

6 Vgl. BT-Drs. 18/6281 v. 8.10.2015, Anlage 1, S. 79.

7 Verordnung (EG) Nr. 2195/2002 der europäischen Parlaments und des Rates vom 5.11.2002 über das Gemeinsame Vokabular für öffentliche Aufträge (CPV), ABl. L 340 vom 16.12.2002, S. 1, zuletzt geändert durch Verordnung (EG) Nr. 596/2009 des Europäischen Parlaments und des Rates vom 18.6.2009, ABl. L 188 14 18.7.2009.

Nach dem Willen des europäischen Richtliniengebers sollen die für die genannten CPV-Nummern normierten Ausnahmen eng verstanden werden, denn „diese Ausnahme sollte [...] nicht über das notwendigste [!] Maß hinaus ausgeweitet werden" (vgl. Erwägungsgrund 28 der Richtlinie 2014/24/EU, Erwägungsgrund 36 der Richtlinie 2014/23/EU und Erwägungsgrund 36 der Richtlinie 2014/25/EU). Andererseits hat der Richtliniengeber an gleicher Stelle auch ausgeführt, dass er das von ihm beabsichtigte Ziel (also die Beschränkung der allgemeinen Ausnahme für Notfalldienste auf das Notwendigste) dadurch erreichen wollte bzw. erreicht sah, dass zur CPV-Nr. 85143000-3 eine Rück- bzw. Gegenausnahme für Einsätze von Krankenwagen zur Patientenbeförderung normiert wird. Daher ist der allgemeine Grundsatz der engen Auslegung von Ausnahmeregelungen im Falle des Abs. 1 Nr. 4 nicht weiter auslegungsrelevant. **22**

1. Notfalldienste einschließlich „Rettungsdienstleistungen"

Folgende Katastrophen-, Zivilschutz- und Gefahrenabwehr-**Dienstleistungen**, bezeichnet nach ihrem **CPV-Code**, werden nach Abs. 1 Nr. 4 vom Anwendungsbereich des GWB-Vergaberechts ausgenommen (hier als Notfalldienste bezeichnet entsprechend der Formulierung in Erwägungsgrund 28 der Richtlinie 2014/24/EU, Erwägungsgrund 36 der Richtlinie 2014/23/EU und Erwägungsgrund 36 der Richtlinie 2014/25/EU): **23**

CPV-Code	**Beschreibung**
75250000-3	Dienstleistungen der Feuerwehr und von Rettungsdiensten
75251000-0	Dienstleistungen der Feuerwehr
75251100-1	Brandbekämpfung
75251110-4	Brandverhütung
75251120-7	Waldbrandbekämpfung
75252000-7	Rettungsdienste
75222000-8	Zivilverteidigung
98113100-9	Dienstleistungen im Bereich der nuklearen Sicherheit
85143000-3	Einsatz von Krankenwagen (§ 107 Abs. 1 Nr. 4 Hs. 2 GWB: „mit Ausnahme des Einsatzes von Krankenwagen zur Patientenbeförderung")

Mit den vorstehend einschließlich Beschreibung aufgelisteten CPV-Codes sind die von der Ausnahme des Abs. 1 Nr. 4 erfassten Notfall-Dienstleistungen **abschließend und ausreichend beschrieben** (vgl. zur CPV-Nr. 85143000-3 nachstehend Rn. 28 f.). Zwar gibt es mit dem Erfordernis der Gemeinnützigkeit noch eine weitere Ausnahmevoraussetzung, die auf die Person des Leistungserbringers bzw. Auftragnehmers bezogen ist. Doch gibt es **keine weitere auf den Leistungsinhalt der zu beschaffenden Dienstleistung bezogene Ausnahmevoraussetzung**. Sprich: Eine Dienstleistung wird bereits dann von der für Notfalldienste geltenden Anwendungsbereichsausnahme des Abs. 1 Nr. 4 erfasst, wenn die betreffende Dienstleistung einer der CPV-Codes zuzuordnen ist. **24**

Insbesondere zählt es **nicht** zu den in Abs. 1 Nr. 4 normierten Ausnahmevoraussetzungen, dass die betreffenden Dienstleistungen, wenn sie bereits unter eine der genannten CPV- **25**

Nummern subsumiert werden konnten, zusätzlich noch die weitere und unabhängig von der CPV-Qualifizierung zu prüfende Eigenschaft einer „Dienstleistung des Katastrophenschutzes, des Zivilschutzes und der Gefahrenabwehr" aufweisen müssten.[8] Vielmehr ist mit dem Gesetzgeber davon auszugehen, dass Abs. 1 Nr. 4 Hs. 1 die eingangs der Vorschrift erwähnten „Dienstleistungen des Katastrophenschutzes, des Zivilschutzes und der Gefahrenabwehr" durch die nachfolgende Auflistung der CPV-Nummern abschließend, aber auch erschöpfend konkretisiert,[9] sodass im Ergebnis alle unter die in Abs. 1 Nr. 4 Hs. 1 fallenden Dienstleistungen solche des Katastrophenschutzes, des Zivilschutzes und/oder der Gefahrenabwehr sind. Dafür spricht bereits der Wortlaut von Abs. 1 Nr. 4 Hs. 1: Zwar mögen die Begriffe des Katastrophen- und des Zivilschutzes so eng sein, dass nicht alle Dienstleistungen, die den aufgezählten CPV-Nummern zugehörig sind, als solche des Katastrophen- oder Zivilschutzes qualifiziert werden können. Aber alle Dienstleistungen, die den aufgezählten CPV-Nummern zugehörig sind, können zumindest als Dienstleistungen der Gefahrenabwehr qualifiziert werden; insbesondere können alle sog. „Rettungsdienstleistungen" unter den vergleichsweise weiten Begriff der „Dienstleistungen der Gefahrenabwehr" subsumiert werden.[10] Das Gleiche gilt auch für die Wortlautauslegung der einschlägigen und gleichlautenden unionsrechtlichen Vorschriften in Art. 10 lit. h) der Richtlinie 2014/24/EU, Art. 10 Abs. 8 lit. g) der Richtlinie 2014/23/EU und Art. 21 lit. h) der Richtlinie 2014/25/EU. Dies gilt mit Blick auf die genannten unionsrechtlichen Vorschriften umso mehr angesichts des Umstandes, dass der Richtliniengeber in den jeweils relevanten Erwägungsgründen den übergeordneten Begriff der „Notfalldienste" verwendete (vgl. Erwägungsgrund 28 der Richtlinie 2014/24/EU, Erwägungsgrund 36 der Richtlinie 2014/23/EU und Erwägungsgrund 36 der Richtlinie 2014/25/EU). Das unterstreicht noch einmal, dass (auch) der unionsrechtlich verwendete Begriff der „Dienstleistung der Gefahrenabwehr" nicht derart eng auszulegen ist, dass davon nur noch Großschadensereignisse umfasst werden.[11] Stattdessen zählen sowohl die Notfallrettung als auch der qualifizierte (weil gemeinsam mit ärztlichen oder medizinischen Leistungen erfolgende) Krankentransport zu den Dienstleistungen der Gefahrenabwehr; andernfalls würde man den Begriff der Gefahrenabwehr als Synonym für die Begriffe des Katastrophen- und Zivilschutzes verwenden, wodurch man den Gefahrenabwehrbegriff jedes eigenständigen Bedeutungsgehalts berauben würde; ein solches Begriffsverständnis überzeugt nicht.[12]

26 Somit ist die Anwendbarkeit von Vergaberecht auf öffentliche Aufträge über Rettungsdienstleistungen vom europäischen und ihm folgend vom deutschen Gesetzgeber **neu geregelt** worden. Denn die vergaberechtliche Beurteilung der Vergabe öffentlicher Aufträge

8 So aber *Prieß*, NZBau 2015, 343, 345 f.; *Antweiler*, VergabeR 2015, 275, 277 f.; *Amelung/Janson*, NZBau 2016, 23, 25.

9 Vgl. BT-Drs. 18/6281 v. 8.10.2015, Anlage 1, S. 79. Die Bundesregierung führt in ihrer Begründung zu Abs. 1 Nr. 4 Hs. 1 insoweit aus: „In den drei Richtlinien werden die jeweils gleichlautenden Ausnahmen für ‚Dienstleistungen des Katastrophenschutzes, des Zivilschutzes und der Gefahrenabwehr', die von gemeinnützigen Organisationen oder Vereinigungen erbracht werden, durch eine Auflistung der betroffenen CPV-Nummern konkretisiert."

10 VG Düsseldorf, Beschl. v. 15.9.2016, 7 L 2411/16, juris, Rn. 28 ff.; *Ruthig*, NZBau 2016, 3, 5. Aus diesem Grund führt auch die Gegenauffassung im Ergebnis ohnehin zu keinem anderen Ergebnis, weil es keine den CPV-Nummern zugehörigen Dienstleistungen geben dürfte, die nicht zumindest als „Dienstleistung der Gefahrenabwehr" qualifiziert werden können.

11 So aber *Prieß*, NZBau 2015, 343, 345; *Amelung/Janson*, NZBau 2016, 23, 26.

12 So auch VG Düsseldorf, Beschl. v. 15.9.2016, 7 L 2411/16, juris, Rn. 23 ff.

über die Erbringung von Dienstleistungen unter Einsatz von Krankenwagen etc. war in der Vergangenheit wechselhaft. Zunächst wurden Vergaben von Rettungsdienstleistungen als vergaberechtsfrei eingestuft.[13] Das änderte sich mit Entscheidungen des EuGH[14] und des BGH,[15] wonach öffentliche Aufträge über die Erbringung von Rettungsdienstleistungen dem Vergaberecht unterworfen waren. Infolge dieser Rechtsprechung von BGH und EuGH sahen die Vergabenachprüfungsinstanzen die Vergabe öffentlicher Aufträge über Rettungsdienstleistungen als dem Vergaberecht unterworfen an.[16] Nunmehr trafen 2014 der europäische Richtliniengeber und ihm folgend 2016 auch der deutsche Gesetzgeber übereinstimmend die Entscheidung, zugunsten der vereinfachten, weil vergaberechtsfreien Erteilung öffentlicher Aufträge über Rettungsdienstleistungen an gemeinnützige Einrichtungen den Ausnahmetatbestand des Abs. 1 Nr. 4 und die entsprechenden Ausnahmetatbestände in den europäischen Richtlinien zu schaffen. Diese Entscheidung sollte respektiert und nicht durch angestrengte Auslegungsversuche unterlaufen bzw. konterkariert werden.[17]

Im Übrigen ist Abs. 1 Nr. 4 **verfassungsgemäß**.[18] Ebenso sind die unionsrechtlichen Aus- 27
nahmeregelungen in Art. 10 lit. h) der Richtlinie 2014/24/EU, Art. 10 Abs. 8 lit. g) der Richtlinie 2014/23/EU und Art. 21 lit. h) der Richtlinie 2014/25/EU, auf die die Anwendungsbereichsausnahme des Abs. 1 Nr. 4 gestützt ist, auch ihrerseits **primärrechtskonform**.[19]

Besondere Beachtung ist bei der **CPV-Nr. 85143000-3 Krankenwagen-Einsatz** geboten, 28
weil der Gesetzgeber in Übernahme des Unionsrechts hier – anders als bei den übrigen genannten CPV-Nummern – eine besondere Einschränkung in Gestalt einer Rück- bzw. Gegenausnahme vorgesehen hat („mit Ausnahme des Einsatzes von Krankenwagen zur Patientenbeförderung"). Der Krankenwagen-Einsatz mit dem CPV Code 85143000-3 ist gem. dem Gesetzestext nicht ausgenommen – wird also vom GWB-Vergaberecht erfasst –, wenn der Krankenwagen-Einsatz der bloßen Patientenbeförderung dient. Voraussetzung der Ausnahme, die der Gesetzgeber für den Krankenwagen-Einsatz mit dem CPV Code 85143000-3 normiert hat, ist also die **Erbringung ärztlicher oder sonstiger medizinischer Leistungen im Krankenwagen während des Einsatzes**, sprich: während der Fahrt.[20] Um was für eine Art (Allgemeinarzt, Facharzt, Rettungsassistent, Rettungssanitä-

---

13 Vgl. z. B. OLG Düsseldorf, Beschl. v. 5.4.2006, VII-Verg 7/06, NZBau 2006, 595 m. w. N.

14 EuGH, Urt. v. 29.4.2010, C-160/08, NZBau 2010, 450 (Rn. 73–86).

15 BGH, Beschl. v. 1.12.2008, X ZB 31/08, NZBau 2009, 201.

16 OLG Schleswig, Beschl. v. 28.8.2015, 1 Verg 1/15, NZBau 2015, 718 m. w. N.

17 Vgl. zum Ganzen auch *Jaeger*, ZWeR 2016, 205, 217 f. und 221 ff., mit weiteren Argumenten und Nachweisen.

18 Vgl. dazu *Jaeger*, ZWeR 2016, 205, 233 ff. m. w. N.

19 Vgl. dazu *Jaeger*, ZWeR 2016, 205, 226 ff. m. w. N.

20 Vgl. beispielhaft die im nordrhein-westfälischen Gesetz über den Rettungsdienst sowie die Notfallrettung und den Krankentransport durch Unternehmer (Rettungsgesetz NRW – RettG NRW) normierten Regelungen zu Rettungsdiensten, die insoweit erfasst werden: Gem. § 2 Abs. 1 Satz 1 Nr. 1 und Nr. 2 RettG NRW umfasst der Rettungsdienst die Notfallrettung und den Krankentransport. Gem. § 2 Abs. 2 Satz 1 RettG NRW hat die Notfallrettung die Aufgabe, bei Notfallpatienten lebensrettende Maßnahmen am Notfallort durchzuführen, deren Transportfähigkeit herzustellen und sie unter Aufrechterhaltung der Transportfähigkeit und Vermeidung weiterer Schäden mit Notarzt- oder Rettungswagen oder Luftfahrzeugen in ein für die weitere Versorgung geeignetes Krankenhaus zu befördern. Der Krankentransport hat gem. § 2 Abs. 3 RettG NRW die Aufgabe, Kranken oder Verletzten oder sonstigen hilfsbedürftigen Personen fachgerechte Hilfe zu leisten und sie unter Betreuung durch qualifiziertes Personal mit Krankenkraftwagen oder mit Luftfahr-

ter etc.) und um welches Ausmaß bzw. um welche Intensität von ärztlichen oder medizinischen Leistungen es sich handelt, ist dabei für die Ausnahme irrelevant. Demgegenüber unterfallen reine Krankentransporte, während derer keine ärztlichen oder medizinischen Leistungen erbracht werden,[21] einem vereinfachten Verfahren für die Vergabe von sozialen und anderen besonderen Dienstleistungen der EU-Vergaberichtlinien (vgl. bspw. Art. 74 ff. der Richtlinie 2014/24/EU), das der deutsche Gesetzgeber im neuen § 130 GWB umgesetzt hat.

29 Die **Rückausnahme**, die für den „Einsatz von Krankenwagen zur Patientenbeförderung" gilt, kann **nicht** so **weit** verstanden werden, dass von ihr jede Beförderung aller Arten von Patienten (einschließlich der Notfallpatienten[22] und einschließlich der sonstigen Kranken, Verletzten oder sonstigen hilfsbedürftigen Personen, die während der Beförderung fachgerechte Hilfe und Betreuung durch qualifiziertes Personal benötigen[23]) in jeder Art von Krankenwagen (einschließlich technisch und personell voll ausgestatteter Notfallkrankenwagen und Rettungswagen – im Unterschied zum bloßen Krankentransportwagen) erfasst würde.[24] Dieses überzogen weite Verständnis der Rückausnahme würde die mit Art. 1 Nr. 4 bezweckte Ausnahme praktisch leerlaufen lassen, weil dann alle Fälle von Patientenbeförderungen von der Rückausnahme erfasst würden. Schon der Wortlaut der Rückausnahme spricht deutlich dafür, dass die Betonung auf „**Beförderung**" liegen soll – dass also aus der Gruppe aller Einsätze von Krankenwagen gem. CPV-Nr. 85143000-3 nur die Teilmenge derjenigen Patiententransporte von der Rückausnahme erfasst werden, deren **alleiniger Zweck die bloße Beförderung von Patienten** ist und bei denen daher während des Transports keine ärztliche oder medizinische Hilfe oder Betreuung erfolgt. Das Gleiche gilt auch für die Wortlautauslegung der einschlägigen und gleichlautenden unionsrechtlichen Vorschriften in Art. 10 lit. h) der Richtlinie 2014/24/EU, Art. 10 Abs. 8 lit. g) der Richtlinie 2014/23/EU und Art. 21 lit. h) der Richtlinie 2014/25/EU. Dies gilt mit Blick auf die genannten unionsrechtlichen Vorschriften umso mehr angesichts des Umstandes, dass der Richtliniengeber in den jeweils relevanten Erwägungsgründen von „Dienstleistungen, die ausschließlich [!] im Einsatz von Krankenwagen zur Patientenbeförderung bestehen", sprach (vgl. Erwägungsgrund 28 der Richtlinie 2014/24/EU, Erwägungsgrund 36 der Richtlinie 2014/23/EU und Erwägungsgrund 36 der Richtlinie 2014/25/EU). In den genannten Erwägungsgründen begründete der europäische Richtliniengeber die Notwendigkeit der Rückausnahme zudem damit, dass die ausschließliche Patientenbeförderung (ebenso wie die echte Notfallrettung und der qualifizierte Krankentransport) unter die Klasse 8514 „Diverse Dienstleistungen im Gesundheitswesen" und nicht unter die CPV-Gruppe 601 „Landverkehr" fällt. Damit gab der Richtliniengeber zu erkennen, dass er mit den von der Rückausnahme erfassten Leistungen **reine Personenverkehrs- bzw. Perso-**

---

zeugen zu befördern. Gem. § 4 Abs. 3 Satz 1 und Satz 2 RettG NRW ist für den Krankentransport mindestens ein Rettungssanitäter und für die Notfallrettung mindestens ein Rettungsassistent bzw. ein Notfallsanitäter oder ein Notarzt zur Betreuung und Versorgung der Patienten einzusetzen.

21 Für solche Fahrten gilt in Deutschland gem. dessen § 1 Abs. 1 und Abs. 2 Satz 1 Nr. 2 das PBefG.

22 Vgl. dazu beispielhaft die Legaldefinition in § 2 Abs. 2 Satz 3 RettG NRW. Bei der Beförderung von Notfallpatienten handelt es sich um einen Notfallrettungstransport als Teil der sog. Rettungsdienstleistungen.

23 Vgl. dazu beispielhaft § 2 Abs. 3 RettG NRW. Bei der Beförderung von solchen während der Beförderung hilfe- bzw. betreuungsbedürftigen Patienten handelt es sich um qualifizierte Rettungsdienstleistungen als Teil der sog. Rettungsdienstleistungen.

24 So aber *Antweiler*, NZBau 2015, Heft 9, S. VI f.

nenbeförderungsdienstleistungen erfasst sehen wollte. Das unterstreicht noch einmal, dass (auch) die unionsrechtlich normierte Rückausnahme für den „Einsatz von Krankenwagen zur Patientenbeförderung" nicht derart weit auszulegen ist, dass davon alle Beförderungen von Patienten aller Art in jeder Art von Krankenwagen umfasst werden, sondern dass die Rückausnahme – in Abgrenzung zu den gemeinsam mit ärztlichen oder medizinischen Dienstleistungen erfolgenden Notfallrettungen und qualifizierten Krankentransporten – nur die reine Patientenbeförderung erfasst. Auch hier gilt es, die übereinstimmende Entscheidung des europäischen Richtliniengebers und des deutschen Gesetzgebers zu respektieren (vgl. dazu vorstehend Rn. 26).[25]

Erfasst ein öffentlicher Auftrag über Krankenwagen-Einsätze sowohl Rettungsdienstleistungen (Leistungen der Notfallrettung und des qualifizierten Krankentransports) i. S. d. Ausnahme gem. Abs. 1 Nr. 4 Hs. 1 als auch Leistungen zur reinen Patientenbeförderung i. S. d. Rückausnahme gem. Abs. 1 Nr. 4 Hs. 1 a. E., sodass ein **gemischter Auftrag über Rettungsdienste und Patientenbeförderungen** vorliegt, kommt es für die Beantwortung der Frage, ob für einen solchen Auftrag die Anwendungsbereichsausnahme gem. Abs. 1 Nr. 4 Hs. 1 gilt oder nicht, auf das **Verhältnis der Anteile** an, zu denen der **Wert des Auftrages** auf den Teil der Rettungsdienstleistungen und auf den Teil der Patientenbeförderung entfällt. Der europäische Richtliniengeber hat insoweit in Erwägungsgrund 28 der Richtlinie 2014/24/EU, Erwägungsgrund 36 der Richtlinie 2014/23/EU und Erwägungsgrund 36 der Richtlinie 2014/25/EU zum Ausdruck gebracht, dass solche gemischten Aufträge über Rettungsdienste und Patientenbeförderungen „generell", also vollumfänglich unter die „Sonderregelung" der Art. 74 ff. der Richtlinie 2014/24/EU = § 130 GWB fallen (vgl. dazu auch Anhang XIV zur Richtlinie 2014/24/EU, Zeile 1: „Dienstleistungen des Gesundheits- und Sozialwesens und zugehörige Dienstleistungen"), falls der Wert des Einsatzes von Krankenwagen zur reinen Patientenbeförderung höher wäre als der Wert anderer Rettungsdienste. 30

2. Gemeinnützige Organisationen oder Vereinigungen

Zusätzliche, also kumulative Voraussetzung dafür, dass die in Abs. 1 Nr. 4 genannten Dienstleistungen vom Anwendungsbereich des GWB-Vergaberechts ausgenommen sind, ist die **Gemeinnützigkeit** der die Dienstleistung erbringenden Organisation bzw. Vereinigung.[26] Gemeinnützige Organisationen oder Vereinigungen sind gem. Abs. 1 Nr. 4 Hs. 2 insbesondere die Hilfsorganisationen, die nach Bundes- oder Landesrecht als Zivil- und Katastrophenschutzorganisationen anerkannt sind. Mit dem Bundes- oder Landesrecht sind Vorschriften wie z. B. **§ 26 Abs. 1 des Gesetzes über den Zivilschutz und die Katastrophenhilfe des Bundes (ZSKG)** gemeint. Nach dieser Vorschrift richtet sich die Mitwirkung der öffentlichen und privaten Organisationen bei der Erfüllung der Aufgaben nach dem ZSKG nach den landesrechtlichen Vorschriften für den Katastrophenschutz (Satz 1), wobei für die Mitwirkung insbesondere der Arbeiter-Samariter-Bund, die Deutsche Le- 31

25 Vgl. zum Ganzen auch *Jaeger*, ZWeR 2016, 205, 218 f. und 221 ff., mit weiteren Argumenten und Nachweisen.

26 Insoweit ist die Anwendungsbereichsausnahme des Abs. 1 Nr. 4 schon in der Rechtsprechung des EuGH vorgezeichnet worden: EuGH, Urt. v. 11.12.2014, C-113/13, NZBau 2015, 377; EuGH, Urt. v. 28.1.2016, C-50/14; beide Entscheidungen ergingen zu den Vorgänger-Richtlinien von 2004.

bensrettungsgesellschaft, das Deutsche Rote Kreuz, die Johanniter-Unfall-Hilfe und der Malteser-Hilfsdienst geeignet sind (Satz 2).

32 Mit der Gemeinnützigkeit-Voraussetzung ist **nicht** gemeint, dass die beauftragten Dienstleistungen ganz generell ausschließlich durch gemeinnützige Einrichtungen erbracht werden und am Markt von nicht gemeinnützigen Unternehmen nicht angeboten werden. Voraussetzung ist demnach **nicht**, dass kein Wettbewerb zwischen gemeinnützigen und nicht gemeinnützigen Einrichtungen/Unternehmen besteht. Es kommt vielmehr allein darauf an, ob der vom öffentlichen Auftraggeber ausgewählte Leistungserbringer im konkreten Einzelfall individuell als gemeinnützig einzustufen ist oder nicht. Denn die Gemeinnützigkeit-Voraussetzung dient dem Schutz der gemeinnützigen Einrichtungen vor Wettbewerb mit erwerbswirtschaftlich tätigen Unternehmen bei der Vergabe öffentlicher Dienstleistungsaufträge (vgl. dazu vorstehend Rn. 21); dieser Schutzzweck von Abs. 1 Nr. 4 würde verfehlt, wenn die Erteilung öffentlicher Dienstleistungsaufträge an gemeinnützige Einrichtungen nur dann von der Anwendung des Vergaberechts ausgenommen wäre, wenn die gemeinnützigen Einrichtungen keinem Wettbewerb mit erwerbswirtschaftlich tätigen Unternehmen ausgesetzt sind.[27]

33 Im Übrigen ist die Konkretisierung der Gemeinnützigkeit in Abs. 1 Nr. 4 Hs. 2 auch **unionsrechtskonform**.[28] Insbesondere muss der öffentliche Auftraggeber nicht im Einzelfall überprüfen, ob der von ihm vorgesehene Leistungserbringer hinsichtlich seiner Gemeinnützigkeit alle Voraussetzungen gem. Art. 77 Abs. 2 der Richtlinie 2014/24/EU erfüllt. Denn diese Vorschrift ist aufgrund ihrer Verortung im (ganz andersartigen) Titel III der Richtlinie schon systematisch nicht auf den Ausnahmetatbestand in Art. 10 lit. h) der Richtlinie 2014/24/EU anwendbar, zumal der Richtliniengeber in Art. 10 lit. h) auch keinen Verweis auf Art. 77 Abs. 2 aufgenommen hat. Darüber hinaus ist Art. 77 Abs. 2 dieser Richtlinie aufgrund seines Ausnahmecharakters nicht analogiefähig.

3. Rechtsfolge

34 Unterfällt eine Dienstleistung der Anwendungsbereichsausnahme des Abs. 1 Nr. 4, ist der betreffende öffentliche Auftrag von der Anwendung des GWB-Vergaberechts **vollständig freigestellt**.

35 Insoweit gelten dann auch **keine weitergehenden primärrechtlichen Pflichten**, denn andernfalls würde die mit der Anwendungsbereichsausnahme verfolgte Regelungsintention des Richtliniengebers verfehlt.[29] Darin unterscheidet sich auch eine Anwendungsbereichsausnahme, die der Richtliniengeber im Sekundärrecht ausdrücklich und sehr spezifisch zugunsten eines bestimmten, andernfalls vom europäischen Vergaberecht erfassten öffentlichen Auftrags normiert, grundsätzlich von der Situation, dass ein bestimmter öffentlicher Auftrag nicht in den Anwendungsbereich des europäischen Vergaberechts einbezogen ist, weil bspw. sein Auftragswert den Schwellenwert nicht erreicht: Im ersteren Fall kann aus der ausdrücklich normierten negativen Anwendungsbereichsausnahme der Schluss gezogen werden, dass es die Absicht des Richtliniengebers ist, den spezifizierten öffentlichen

27 So auch VG Düsseldorf, Beschl. v. 15.9.2016, 7 L 2411/16, juris, Rn. 57.

28 Vgl. VG Düsseldorf, Beschl. v. 15.9.2016, 7 L 2411/16, juris, Rn. 60 ff.; *Jaeger*, ZWeR 2016, 205, 223 ff., mit weiteren Argumenten und Nachweisen.

29 So im Ergebnis aus *Röwekamp*, in: Kulartz/Kus/Portz/Prieß, GWB-Vergaberecht, § 107 Rn. 8.

Auftrag von europäischen Vergabepflichten freizustellen, sodass primärrechtliche Vergabepflichten diesem Anliegen zuwider liefen. Im letzteren Fall kann hingegen aus einem bloßen Tatbestandsmerkmal einer positiven Anwendungsbereichsregelung regelmäßig kein eindeutiger Schluss zu einer vergleichbaren Regelungsabsicht des Richtliniengebers gezogen werden; eine allgemeine Anwendungsbereichsvoraussetzung (z.B. Schwellenwerte) gem. Art. 4 der Richtlinie 2014/24/EU hat nur für die erfassten öffentlichen Aufträge eine eindeutige Regelungsaussage; hinsichtlich der nicht erfassten öffentlichen Aufträge (z.B. Aufträge mit Auftragswert < Schwellenwert) ist eine solche Regelung hingegen grundsätzlich neutral.

Eine nach dem deutschen **Art. 3 Abs. 1 GG** ggf. verfassungsrechtlich gebotene gleichheitsgerechte Auswahl des Leistungserbringers beschränkt sich – wenn der öffentliche Auftraggeber von der Anwendungsbereichsausnahme des Abs. 1 Nr. 4 Gebrauch macht – von vornherein ausschließlich auf die **gemeinnützigen Einrichtungen**, die die nachgefragten Notfalldienste konkurrierend zueinander anbieten. Nicht gemeinnützige Unternehmen sind in die Entscheidung des öffentlichen Auftraggebers über die willkürfreie Auswahl des Leistungserbringers nicht einzubeziehen, weil die notwendige Rechtfertigung für ihren Ausschluss in der mit Abs. 1 Nr. 4 verfolgten Privilegierungsabsicht des Gesetzgebers liegt. 36

Die Ausnahmewirkung des Abs. 1 Nr. 4 gilt auch für den **Vergaberechtsschutz** gem. den §§ 155ff. GWB, der für solche Auftragsvergaben dann keine Anwendung findet. Insoweit ist Vergaberechtsschutz nach den §§ 155ff. GWB nur möglich, wenn der Antragsteller behauptet und darlegt, dass und inwiefern die tatbestandlichen Voraussetzungen des Abs. 1 Nr. 4 nicht vorliegen.[30] Im Übrigen kann ein betroffener Wettbewerber aber Vergaberechtsschutz bei den **Verwaltungsgerichten** nachsuchen, wenn im einschlägigen Landesrecht eine Beauftragung einer gemeinnützigen Einrichtung durch den Träger rettungsdienstlicher Aufgaben in Form eines öffentlich-rechtlichen Vertrages vorgesehen ist.[31] Wird hingegen der Auftrag in den Formen des Privatrechts vergeben, sind für die vergaberechtliche Nachprüfung die **ordentlichen Gerichte** zuständig.[32] 37

VII. Ausnahme zum Schutze wesentlicher Sicherheitsinteressen (Abs. 2)

Abs. 2 dient in beiden Nummern dem Schutz wesentlicher Sicherheitsinteressen. Die Regelungen beider Nummern haben – wie auch die entsprechenden unionsrechtlichen Ausnahmetatbestände in den Vergaberichtlinien der EU – **klarstellenden Charakter**, weil sie sich unmittelbar auf Primärrecht der EU stützen. 38

Die jeweiligen Art. 1 Abs. 3 der Richtlinien 2014/24/EU, 2014/23/EU und 2014/25/EU lauten: „Die Anwendung dieser Richtlinie unterliegt Art. 346 AEUV." Art. 2 der Richtlinie 2009/81/EG lautet einleitend: „Diese Richtlinie gilt vorbehaltlich der Artikel [...] 296 des Vertrags für Aufträge in den Bereichen Verteidigung und Sicherheit." Mit „Artikel 296 des 39

30 *Röwekamp*, in: Kulartz/Kus/Portz/Prieß, GWB-Vergaberecht, § 107 Rn. 9.

31 VG Düsseldorf, Beschl. v. 15.9.2016, 7 L 2411/16, juris, Rn. 6ff., zu § 13 RettG NRW; BGH, Beschl. v. 23.1.2012, X ZB 5/11, NZBau 2012, 248, 251, zu Art. 13 Abs. 4 BayRDG.

32 BGH, Beschl. v. 23.1.2012, X ZB 5/11, NZBau 2012, 248, 251.

Vertrages“ ist Art. 296 EGV a. F. gemeint, der die Vorgänger-Vorschrift von Art. 346 AEUV war. Alle unionsrechtlichen Ausnahmeregelungen sind demnach auf Art. 346 Abs. 1 lit. a) AEUV (umgesetzt durch Abs. 2 Nr. 1) und Art. 346 Abs. 1 lit. b) AEUV (umgesetzt durch Abs. 2 Nr. 2) bezogen. So wie also der europäische Richtliniengeber in den Vergabe-Richtlinien den klarstellenden Vorbehalt mit Blick auf Art. 346 AEUV ausdrücklich normierte, so normierte auch der deutsche Gesetzgeber ausdrücklich die klarstellende Ausnahme gem. Abs. 2. **Art. 346 Abs. 1 lit. a) AEUV** lautet: „Die Vorschriften der Verträge stehen folgenden Bestimmungen nicht entgegen: Ein Mitgliedstaat ist nicht verpflichtet, Auskünfte zu erteilen, deren Preisgabe seines Erachtens seinen wesentlichen Sicherheitsinteressen widerspricht.“ **Art. 346 Abs. 1 lit. b) AEUV** lautet: „Die Vorschriften der Verträge stehen folgenden Bestimmungen nicht entgegen: [...] jeder Mitgliedstaat kann die Maßnahmen ergreifen, die seines Erachtens für die Wahrung seiner wesentlichen Sicherheitsinteressen erforderlich sind, soweit sie die Erzeugung von Waffen, Munition und Kriegsmaterial oder den Handel damit betreffen; diese Maßnahmen dürfen auf dem Binnenmarkt die Wettbewerbsbedingungen hinsichtlich der nicht eigens für militärische Zwecke bestimmten Waren nicht beeinträchtigen.“ Abs. 2 **intendiert** die klarstellende Wiederholung dieser primärrechtlichen Ausnahmeregelungen.

1. Vergabeverfahrensbedingter Informationszugang in Widerspruch zu wesentlichen Sicherheitsinteressen (Abs. 2 Nr. 1)

40 Das GWB-Vergaberecht ist gem. Abs. 2 Nr. 1 nicht anzuwenden auf öffentliche Aufträge und Konzessionen, bei denen die Anwendung des GWB-Vergaberechts den öffentlichen Auftraggeber dazu zwingen würde, im Zusammenhang mit dem Vergabeverfahren oder der Auftragsausführung Auskünfte zu erteilen, deren Preisgabe seiner Ansicht nach wesentlichen Sicherheitsinteressen der Bundesrepublik Deutschland i. S. d. Art. 346 Abs. 1 lit. a) AEUV widerspricht. Diese Ausnahme war bisher in § 100 Abs. 6 Nr. 1 i. V. m. Abs. 7 GWB a. F. geregelt. Die bislang in § 100 Abs. 7 GWB a. F. enthaltene Definition des Begriffs der wesentlichen Sicherheitsinteressen, die die Nichtanwendung des GWB-Vergaberechts rechtfertigen, hat der deutsche Gesetzgeber nicht fortgeschrieben, weil er die betreffenden öffentlichen Auftraggeber zu einer vollständig eigenverantwortlichen und gänzlich einzelfallspezifischen Prüfung anhalten wollte.[33] Mit Abs. 2 Nr. 1 hat der deutsche Gesetzgeber Art. 1 Abs. 3 der Richtlinie 2014/24/EU, Art. 1 Abs. 3 der Richtlinie 2014/23/EU, Art. 1 Abs. 3 der Richtlinie 2014/25/EU und Art. 2 der Richtlinie 2009/81/EG in deutsches Recht umgesetzt (vgl. dazu vorstehend Rn. 39).

41 **Wesentliche Sicherheitsinteressen** i. S. d. Abs. 2 Nr. 1 können beim Betrieb oder Einsatz der Streitkräfte, bei der Umsetzung von Maßnahmen der Terrorismusbekämpfung[34] oder bei der Beschaffung von Informationstechnik oder Telekommunikationsanlagen[35] betroffen sein,[36] ferner dann, wenn Aufträge so sensibel sind, dass sogar deren Existenz geheim gehalten werden muss.[37] Seit dem Inkrafttreten der Richtlinie 2009/81/EG ist demnach nur

---

33 Vgl. BT-Drs. 18/6281 v. 8.10.2015, Anlage 1, S. 79.
34 Vgl. OLG Düsseldorf, Beschl. v. 12.7.2010, VII-Verg 27/10, NZBau 2010, 778.
35 Vgl. OLG Dresden, Beschl. v. 18.9.2009, WVerg 0003/09, VergabeR 2010, 90 (juris, Rn. 10 ff.).
36 Vgl. § 100 Abs. 7 GWB a. F.
37 Vgl. Erwägungsgrund 20 der RL 2009/81/EG.

noch ein beschränkter Anwendungsbereich für Abs. 2 Nr. 1 übrig geblieben, nämlich in Fallgestaltungen mit äußerst hohem Maße an Vertraulichkeit.[38]

Derartige wesentliche Sicherheitsinteressen müssen im konkreten Einzelfall einer Beauftragung dadurch betroffen sein, dass der öffentliche Auftraggeber zur Auskunftserteilung gezwungen sein würde. **Auskunftserteilung** ist dabei nach Sinn und Zweck von Abs. 2 Nr. 1 i.V.m. Art. 346 Abs. 1 lit. a) AEUV (Schutz von Sicherheitsinteressen durch Geheimnisschutz) weit zu verstehen, also im Sinne eines beliebigen Zugangs zu Informationen. Wer Informationszugang erhalten würde, ist dabei naturgemäß[39] nicht weiter von Relevanz; es kommt also nicht nur auf die Bewerber/Bieter im Vergabeverfahren oder einen späteren Auftragnehmer an, sondern auch auf jeden anderen Dritten. **42**

Der öffentliche Auftraggeber müsste dabei gerade deswegen zum Informationszugang **gezwungen** sein, weil (bzw. wenn und soweit) das GWB-Vergaberecht Anwendung findet (bzw. finden würde). Der Informationszugang muss also vergabeverfahrensbedingt unausweichlich sein. Das bedeutet, dass die Ausnahme nach Abs. 2 Nr. 1 nicht einschlägig ist, wenn ein den Sicherheitsinteressen widersprechender Informationszugang auch bei Durchführung eines Vergabeverfahrens nach den §§ 97 ff. GWB – und sei es in einem nicht offenen Verfahren mit Teilnahmewettbewerb oder einem Verhandlungsverfahren mit oder ohne Teilnahmewettbewerb – hinreichend sicher vermieden werden kann. Im Ergebnis hat der öffentliche Auftraggeber also eine Verhältnismäßigkeitsprüfung (Prüfung der Erforderlichkeit und Interessenabwägung) vorzunehmen, in der er vorher abzuwägen hat, ob den schutzwürdigen Sicherheitsbelangen – unter Aufrechterhaltung der Rechtsschutzmöglichkeiten der am Auftrag interessierten Wirtschaftsteilnehmer – nicht auch durch eine spezifische Gestaltung der Ausschreibungsbedingungen, insbesondere durch bestimmte Mindestanforderungen an die Eignung von Bewerbern oder Bietern, entsprochen werden kann.[40] Das Verhältnismäßigkeitsgebot ist daraus abzuleiten, dass Ausnahmen von der durch die europäischen Vergaberichtlinien angestrebten erweiterten Zugänglichkeit des öffentlichen Beschaffungswesens für den Wettbewerb und vom garantierten Rechtsschutz nur in dem Umfang zu tolerieren sind, wie durch Sicherheitsbelange Einschränkungen tatsächlich erforderlich sind. Anderenfalls würden die Verbindlichkeit und die effektive Durchsetzung des Unionsrechts (der „effet utile") beeinträchtigt werden.[41] Dies läuft im Ergebnis darauf hinaus, dass sich der öffentliche Auftraggeber nur dann auf Abs. 2 Nr. 1 berufen kann, wenn bestimmte Sicherheitsmaßnahmen nur deshalb notwendig würden, wenn der öffentliche Auftraggeber den Vertragspartner nicht frei, sondern nur als Ergebnis eines Vergabeverfahrens wählen dürfte. Sicherheitsmaßnahmen, die allein an eine bestimmte Eigenschaft des Auftraggebers anknüpfen, also nicht durch die Verfahrensweise bei einer Auftragsvergabe veranlasst sind oder die völlig unabhängig von einer Beschaffung ergriffen werden müssen, gehören nicht dazu.[42] **43**

Der vergabeverfahrensbedingte Zwang zum Informationszugang kann sich in zeitlicher Hinsicht sowohl auf die Phase des **Vergabeverfahrens** als auch auf die Phase der **Auf-** **44**

38 OLG Düsseldorf, Beschl. v. 8.6.2011, VII-Verg 49/11, NZBau 2011, 501 (juris, Rn. 24).

39 Sind Informationen auch nur einer externen Person bekannt geworden, ist eine gebotene Geheimhaltung bereits lückenhaft. Zudem lässt sich die weitere Verbreitung der bekannt gewordenen Information faktisch nicht mehr sicher steuern und begrenzen.

40 Vgl. auch OLG Celle, Beschl. v. 3.12.2009, 13 Verg 14/09, VergabeR 2010, 230 (juris, Rn. 31).

41 OLG Düsseldorf, Beschl. v. 1.8.2012, VII-Verg 10/12, NZBau 2012, 785 (juris, Rn. 23).

42 OLG Koblenz, Beschl. v. 15.9.2010, 1 Verg 7/10, NZBau 2010, 778 (juris, Rn. 21).

tragsdurchführung beziehen. Es genügt demnach, dass der Sicherheitsinteressen widersprechende Informationszugang nicht schon im Vergabeverfahren selbst erfolgt, sondern erst während der Auftragsdurchführung. Aber auch in diesem Fall muss der Zwang zum Informationszugang gerade vergabeverfahrensbedingt, also spezifisch durch die Durchführung eines Vergabeverfahrens verursacht sein. In der Regel wird Abs. 2 Nr. 1 daher nur dann einschlägig sein, wenn der den Sicherheitsinteressen widersprechende Informationszugang in der Phase des Vergabeverfahrens erfolgt.

45 Im **Streitfall** haben die **Vergabenachprüfungsinstanzen** die Frage, ob der Ausnahmetatbestand gem. Abs. 2 Nr. 1 erfüllt ist oder nicht, unabhängig davon zu prüfen und zu beantworten, ob sich der öffentliche Auftraggeber darauf beruft oder nicht.[43]

2. Erzeugung und Handel von/mit Waffen, Munition und Kriegsmaterial (Abs. 2 Nr. 2)

46 Das GWB-Vergaberecht ist gem. Abs. 2 Nr. 2 nicht anzuwenden auf öffentliche Aufträge und Konzessionen, die dem Anwendungsbereich des Art. 346 Abs. 1 lit. b) AEUV unterliegen. Diese Ausnahme war bisher in § 100 Abs. 6 Nr. 2 i.V.m. Abs. 7 GWB a.F. geregelt. Die bislang in § 100 Abs. 7 GWB a.F. enthaltene Definition des Begriffs der wesentlichen Sicherheitsinteressen, die die Nichtanwendung des GWB-Vergaberechts rechtfertigen, hat der deutsche Gesetzgeber nicht fortgeschrieben, weil er die betreffenden öffentlichen Auftraggeber zu einer vollständig eigenverantwortlichen und gänzlich einzelfallspezifischen Prüfung anhalten wollte.[44] Mit Abs. 2 Nr. 2 hat der deutsche Gesetzgeber Art. 1 Abs. 3 der Richtlinie 2014/24/EU, Art. 1 Abs. 3 der Richtlinie 2014/23/EU, Art. 1 Abs. 3 der Richtlinie 2014/25/EU und Art. 2 der Richtlinie 2009/81/EG in deutsches Recht umgesetzt (vgl. dazu vorstehend Rn. 39). Da sich der in Art. 2 der Richtlinie 2009/81/EG normierte Vorbehalt auf Art. 346 AEUV insgesamt und mithin auch auf Art. 346 Abs. 1 lit. b) AEUV erstreckt, findet die Ausnahme gem. Abs. 2 Nr. 2 eine ausdrückliche Erwähnung in der Richtlinie 2009/81/EG.[45]

47 Indem Abs. 2 Nr. 2 ausdrücklich und inhaltlich ausschließlich auf Art. 346 Abs. 1 lit. b) AEUV verweist, entspricht also der Gehalt der allgemeinen Anwendungsbereichsausnahme der unionsrechtlichen Ausnahmebestimmung des EU-Primärrechts. Diese ist auf die Erzeugung und den Handel von/mit Waffen, Munition und Kriegsmaterial bezogen. Gem. Art. 346 Abs. 2 AEUV kann der Rat die von ihm am 15.4.1958 festgelegte Liste der Waren, auf die Art. 346 Abs. 1 lit. b) AEUV Anwendung findet, einstimmig auf Vorschlag der Kommission ändern. In den Bereich der Erzeugung von und des Handels mit Waffen, Munition und Kriegsmaterial sind die Vergaberechtspflichten unionsrechtlich durch die Richtlinie 2009/81/EG und im deutschen Vergaberecht durch die §§ 104, 109 Abs. 2, 117, 134 Abs. 3 Satz 2, 144 bis 147, 150 und 154 Nr. 2 lit. b) GWB (vgl. die dortigen Kommentierungen) i.V.m. den Vorschriften der VSVgV geregelt.

---

43 OLG Düsseldorf, Beschl. v. 1.8.2012, VII-Verg 10/12, NZBau 2012, 785 (juris, Rn. 16).

44 Vgl. BT-Drs. 18/6281 v. 8.10.2015, Anlage 1, S. 79.

45 Nicht nachvollziehbar a.A. *Röwekamp*, in: Kulartz/Kus/Portz/Prieß, GWB-Vergaberecht, § 107 Rn. 47.

Bereits mit Datum vom **7.12.2006** veröffentlichte die Kommission eine **Mitteilung zur Auslegung** von Art. 296 EGV a. F. (= Art. 346 AEUV).[46] Diese kann nach wie vor zur Auslegung von Art. 346 AEUV herangezogen werden. 48

Danach wird der Ausnahmetatbestand durch die in Art. 346 Abs. 2 AEUV genannte Liste vom 15.4.1958 konkretisiert, die unter Berücksichtigung ihrer teilweisen Fortschreibung[47] bzw. ihrer Aktualisierungsnotwendigkeit gleichwohl als Richtschnur zur Ermittlung der **Rüstungsgüter** dienen kann, auf die die Ausnahme des Art. 346 Abs. 1 lit. b) AEUV (= Abs. 2 Nr. 2) Anwendung findet. Zutreffend weist die EU-Kommission darauf hin, dass die Ausnahme nur solche Waren betrifft, die „rein militärischer Natur und Bestimmung sind". Das folgt auch bereits aus dem Wortlaut von Art. 346 Abs. 1 lit. b) Hs. 2 AEUV, wonach der Wettbewerb „hinsichtlich der nicht eigens für militärische Zwecke bestimmten Waren" nicht beeinträchtigt werden darf. **Dual-Use-Güter** werden also von der Ausnahme gem. Abs. 2 Nr. 2 i.V.m. Art. 346 Abs. 1 lit. b) AEUV regelmäßig nicht erfasst,[48] wobei es nach der Rechtsprechung des EuGH weniger darauf ankommt, ob sich das Rüstungsgut auch andersartig nutzen lässt, als vielmehr auf den Umstand, dass das Rüstungsgut speziell für militärische Zwecke konzipiert und entwickelt worden ist.[49] Ausschlaggebend ist danach also eine im Einzelfall anhand bestimmter Eigenschaften festzustellende spezifisch militärische Spezialität. Verhält es sich umgekehrt so, dass die betreffenden Güter für zivile Zwecke konzipiert und entwickelt wurden und sich aber auch zu militärischen Zwecken nutzen lassen, unterfallen die betreffenden Güter nicht Art. 346 Abs. 1 lit. b) AEUV; Gleiches gilt für den Fall, dass eine militärische Nutzung der betreffenden Güter ungewiss ist.[50] Für die Beschaffung von Dual-Use-Gütern zu militärischen und nichtmilitärischen Sicherheitszwecken kann aber nach zutreffender Auffassung der EU-Kommission im Einzelfall der Ausnahmetatbestand gem. Abs. 2 Nr. 1 i.V.m. Art. 346 Abs. 1 lit. a) AEUV in Anspruch genommen werden, falls die Anwendung des GWB-Vergaberechts die Bundesrepublik Deutschland zwingen würde, Informationen zugänglich zu machen, deren Preisgabe wesentlichen Sicherheitsinteressen widersprechen würde. 49

Mit der Beschaffung von Rüstungsgütern müssen darüber hinaus auch **wesentliche Sicherheitsinteressen** der Bundesrepublik Deutschland verbunden sein. Insoweit kann auf die entsprechenden Ausführungen zu Abs. 2 Nr. 1 verwiesen werden (vgl. dazu vorstehend Rn. 41). Andere Aspekte können die Ausnahme gem. Abs. 2 Nr. 2 i.V.m. Art. 346 Abs. 1 lit. b) AEUV nicht ausfüllen. 50

Diese wesentlichen Sicherheitsinteressen müssen es schließlich **erfordern**, die betreffende Leistungsbeschaffung vollständig vom Anwendungsbereich des GWB-Vergaberechts auszunehmen (vgl. Art. 346 Abs. 1 lit. b) AEUV: „erforderlich"). Insoweit kommt den Mitgliedstaaten nach zutreffender Auffassung der EU-Kommission zwar ein Einschätzungsspielraum zu, dieser ist aber nicht grenzenlos. Das zeigt auch bereits Art. 348 AEUV, wo- 51

---

46 Mitteilung zu Auslegungsfragen bezüglich der Anwendung des Art. 296 des Vertrags zur Gründung der Europäischen Gemeinschaft (EGV) auf die Beschaffung von Verteidigungsgütern, KOM(2006) 779 endgültig.

47 Vgl. dazu *Sterner*, in: Müller-Wrede, GWB, § 107 Rn. 36 (Fn. 40).

48 *Sterner*, in: Müller-Wrede, GWB, § 107 Rn. 36; *Röwekamp*, in: Kulartz/Kus/Portz/Prieß, GWB-Vergaberecht, § 107 Rn. 49.

49 EuGH, Urt. v. 7.6.2012, C-615/10, NZBau 2012, 509 (Rn. 33 bis 46).

50 EuGH, Urt. v. 8.4.2008, C-337/05, NZBau 2008, 401 (Rn. 45 bis 49); EuGH, Urt. v. 2.10.2008, C-157/06, NZBau 2008, 723 (Rn. 24 bis 28).

nach die EU-Kommission ggf. gemeinsam mit dem betreffenden Staat eine Anpassung der auf Grundlage von Art. 346 Abs. 1 lit. b) AEUV erlassenen Regelungen prüft, wenn auf dem Binnenmarkt die Wettbewerbsbedingungen durch diese Maßnahmen verfälscht werden.[51] Der öffentliche Auftraggeber hat angesichts dessen darzulegen, dass und inwiefern eine Durchführung eines Vergabeverfahrens auch unter Ausschöpfung aller vergaberechtlichen Gestaltungsmöglichkeiten, die für verteidigungs- oder sicherheitsspezifische öffentliche Aufträge i. S. d. § 104 GWB gelten, zu einer Beeinträchtigung wesentlicher Sicherheitsinteressen führen würde, die so schwerwiegend wäre, dass eine vollständige Ausnahme vom GWB-Vergaberecht im Einzelfall angemessen ist.[52]

52 Mit Blick auf die Richtlinie 2009/81/EG hat die EU-Kommission einen **Bericht über die Durchführung der Richtlinie mit Datum vom 30.11.2016** veröffentlicht.[53] Darin zeigt sich die EU-Kommission grundsätzlich zufrieden mit der Richtlinie und die beabsichtigte Zielerreichung, meldet aber zugleich auch einen Überarbeitungsbedarf an, um die Effektivität der Durchführung und somit die Effizienz der Richtlinie zu steigern. Daher kündigte die EU-Kommission an, Auslegungs- und Anwendungsleitlinien für die Richtlinie zu erarbeiten, einen Dialog zwischen Mitgliedstaaten und Interessenvertretern zu initiieren, regelmäßig statistische Daten zu veröffentlichen und in relevanten Einzelfällen auch Vertragsverletzungsverfahren einzuleiten.

3. Gemischte Aufträge

53 Die Vergabe von öffentlichen Aufträgen und Konzessionen, deren Teile unterschiedlichen rechtlichen Regelungen unterliegen (der eine Teil unterfällt Abs. 2, der andere nicht), ist in § 111 GWB geregelt. Danach gilt: Sind die verschiedenen Teile eines öffentlichen Auftrags objektiv trennbar, so dürfen getrennte Aufträge für jeden Teil oder darf ein Gesamtauftrag vergeben werden (§ 111 Abs. 1 GWB). Wird ein Gesamtauftrag vergeben, kann der Auftrag ohne Anwendung des GWB-Vergaberechts vergeben werden, wenn ein Teil des Auftrags die Voraussetzungen des Abs. 2 Nr. 2 erfüllt und die Vergabe eines Gesamtauftrags aus objektiven Gründen gerechtfertigt ist (§ 111 Abs. 3 Nr. 1 GWB). Sind die verschiedenen Teile eines öffentlichen Auftrags, die jeweils unterschiedlichen rechtlichen Regelungen unterliegen, objektiv nicht trennbar, kann der Auftrag ohne Anwendung des GWB-Vergaberechts oder gem. den Vorschriften über die Vergabe von verteidigungs- oder sicherheitsspezifischen öffentlichen Aufträgen (vgl. §§ 144 ff. GWB) vergeben werden, wenn der Auftrag Elemente enthält, auf die § 107 Abs. 2 Nr. 1 oder Nr. 2 GWB anzuwenden ist (§ 111 Abs. 4 Nr. 2 GWB). Die Entscheidung, einen Gesamtauftrag oder getrennte Aufträge zu vergeben, darf jedoch nicht zu dem Zweck getroffen werden, die Auftragsvergabe von den Vorschriften zur Vergabe öffentlicher Aufträge und Konzessionen auszunehmen (§ 111 Abs. 5 GWB). Entsprechendes gilt auch für die Vergabe von Konzessionen (§ 111 Abs. 6 GWB).

---

51 Vgl. EU-Kommission, Mitteilung zu Auslegungsfragen, KOM(2006) 779 endgültig, S. 7 f.

52 EuGH, Urt. v. 7.6.2012, C-615/10, NZBau 2012, 509 (Rn. 45).

53 Report from the Commission to the European Parliament and the Council on the implementation of Directive 2009/81/EC on public procurement in the fields of defence and security, to comply with Article 73(2) of that Directive, COM(2016) 762 final. Vgl. ergänzend das Commission Staff Working Document, SWD(2016) 407 final.

§ 108 Ausnahmen bei öffentlich-öffentlicher Zusammenarbeit

(1) Dieser Teil ist nicht anzuwenden auf die Vergabe von öffentlichen Aufträgen, die von einem öffentlichen Auftraggeber im Sinne des § 99 Nummer 1 bis 3 an eine juristische Person des öffentlichen oder privaten Rechts vergeben werden, wenn

1. **der öffentliche Auftraggeber über die juristische Person eine ähnliche Kontrolle wie über seine eigenen Dienststellen ausübt,**
2. **mehr als 80 Prozent der Tätigkeiten der juristischen Person der Ausführung von Aufgaben dienen, mit denen sie von dem öffentlichen Auftraggeber oder von einer anderen juristischen Person, die von diesem kontrolliert wird, betraut wurde, und**
3. **an der juristischen Person keine direkte private Kapitalbeteiligung besteht, mit Ausnahme nicht beherrschender Formen der privaten Kapitalbeteiligung und Formen der privaten Kapitalbeteiligung ohne Sperrminorität, die durch gesetzliche Bestimmungen vorgeschrieben sind und die keinen maßgeblichen Einfluss auf die kontrollierte juristische Person vermitteln.**

(2) [1]Die Ausübung einer Kontrolle im Sinne von Absatz 1 Nummer 1 wird vermutet, wenn der öffentliche Auftraggeber einen ausschlaggebenden Einfluss auf die strategischen Ziele und die wesentlichen Entscheidungen der juristischen Person ausübt. [2]Die Kontrolle kann auch durch eine andere juristische Person ausgeübt werden, die von dem öffentlichen Auftraggeber auf gleiche Weise kontrolliert wird.

(3) [1]Absatz 1 gilt auch für die Vergabe öffentlicher Aufträge, die von einer kontrollierten juristischen Person, die zugleich öffentlicher Auftraggeber im Sinne des § 99 Nummer 1 bis 3 ist, an den kontrollierenden öffentlichen Auftraggeber oder an eine von diesem öffentlichen Auftraggeber kontrollierte andere juristische Person vergeben werden. [2]Voraussetzung ist, dass keine direkte private Kapitalbeteiligung an der juristischen Person besteht, die den öffentlichen Auftrag erhalten soll. [3]Absatz 1 Nummer 3 zweiter Halbsatz gilt entsprechend.

(4) Dieser Teil ist nicht anzuwenden auf die Vergabe von öffentlichen Aufträgen, bei denen der öffentliche Auftraggeber im Sinne des § 99 Nummer 1 bis 3 über eine juristische Person des privaten oder öffentlichen Rechts zwar keine Kontrolle im Sinne des Absatzes 1 Nummer 1 ausübt, aber

1. **der öffentliche Auftraggeber gemeinsam mit anderen öffentlichen Auftraggebern über die juristische Person eine ähnliche Kontrolle ausübt wie jeder der öffentlichen Auftraggeber über seine eigenen Dienststellen,**
2. **mehr als 80 Prozent der Tätigkeiten der juristischen Person der Ausführung von Aufgaben dienen, mit denen sie von den öffentlichen Auftraggebern oder von einer anderen juristischen Person, die von diesen Auftraggebern kontrolliert wird, betraut wurde, und**
3. **an der juristischen Person keine direkte private Kapitalbeteiligung besteht; Absatz 1 Nummer 3 zweiter Halbsatz gilt entsprechend.**

(5) Eine gemeinsame Kontrolle im Sinne von Absatz 4 Nummer 1 besteht, wenn

1. sich die beschlussfassenden Organe der juristischen Person aus Vertretern sämtlicher teilnehmender öffentlichen Auftraggeber zusammensetzen; ein einzelner Vertreter kann mehrere oder alle teilnehmenden öffentlichen Auftraggeber vertreten,

2. die öffentlichen Auftraggeber gemeinsam einen ausschlaggebenden Einfluss auf die strategischen Ziele und die wesentlichen Entscheidungen der juristischen Person ausüben können und

3. die juristische Person keine Interessen verfolgt, die den Interessen der öffentlichen Auftraggeber zuwiderlaufen.

(6) Dieser Teil ist ferner nicht anzuwenden auf Verträge, die zwischen zwei oder mehreren öffentlichen Auftraggebern im Sinne des § 99 Nummer 1 bis 3 geschlossen werden, wenn

1. der Vertrag eine Zusammenarbeit zwischen den beteiligten öffentlichen Auftraggebern begründet oder erfüllt, um sicherzustellen, dass die von ihnen zu erbringenden öffentlichen Dienstleistungen im Hinblick auf die Erreichung gemeinsamer Ziele ausgeführt werden,

2. die Durchführung der Zusammenarbeit nach Nummer 1 ausschließlich durch Überlegungen im Zusammenhang mit dem öffentlichen Interesse bestimmt wird und

3. die öffentlichen Auftraggeber auf dem Markt weniger als 20 Prozent der Tätigkeiten erbringen, die durch die Zusammenarbeit nach Nummer 1 erfasst sind.

(7) [1]Zur Bestimmung des prozentualen Anteils nach Absatz 1 Nummer 2, Absatz 4 Nummer 2 und Absatz 6 Nummer 3 wird der durchschnittliche Gesamtumsatz der letzten drei Jahre vor Vergabe des öffentlichen Auftrags oder ein anderer geeigneter tätigkeitsgestützter Wert herangezogen. [2]Ein geeigneter tätigkeitsgestützter Wert sind zum Beispiel die Kosten, die der juristischen Person oder dem öffentlichen Auftraggeber in dieser Zeit in Bezug auf Liefer-, Bau- und Dienstleistungen entstanden sind. [3]Liegen für die letzten drei Jahre keine Angaben über den Umsatz oder einen geeigneten alternativen tätigkeitsgestützten Wert wie zum Beispiel Kosten vor oder sind sie nicht aussagekräftig, genügt es, wenn der tätigkeitsgestützte Wert insbesondere durch Prognosen über die Geschäftsentwicklung glaubhaft gemacht wird.

(8) Die Absätze 1 bis 7 gelten entsprechend für Sektorenauftraggeber im Sinne des § 100 Absatz 1 Nummer 1 hinsichtlich der Vergabe von öffentlichen Aufträgen sowie für Konzessionsgeber im Sinne des § 101 Absatz 1 Nummer 1 und 2 hinsichtlich der Vergabe von Konzessionen.

Schrifttum: *Heiermann/Zeiss/Summa*, juris PraxisKommentar Vergaberecht, 5. Aufl. 2016; *Kulartz/Kus/Portz/Prieß*, Kommentar zum GWB-Vergaberecht, 4. Aufl. 2016; *Müller-Wrede*, GWB Vergaberecht, Kommentar, 2016; *Ziekow/Völlink*, Vergaberecht, 2. Aufl. 2013.

Übersicht

I. Vorbemerkung

1. Funktion und Bedeutung der Vorschrift

1 Mit der Vorschrift des § 108 GWB wird erstmals **vom Gesetzgeber selbst** eine Regelung über vergaberechtsfreie Rechtsgeschäfte eines öffentlichen Auftraggebers getroffen. Die Handlungsmöglichkeiten der öffentlichen Hand außerhalb des Marktes und damit außerhalb des sachlichen Anwendungsbereiches des Vergaberechts sind seit Jahrzehnten ein zentraler Streitpunkt sowohl in der politischen Diskussion als auch in der rechtlichen Bewertung; in der Vergabepraxis haben sich Fragen nach der Zulässigkeit und den Grenzen von vergabefreien Rechtsgeschäften der öffentlichen Hand zu einem der am häufigsten diskutierten Themen entwickelt. Verschiedene Fallgestaltungen von nachträglich anerkannten oder vermeintlichen vergabefreien Eigengeschäften der öffentlichen Hand waren Gegenstand von gerichtlichen Entscheidungen, die schrittweise ein immer klareres, wenn auch immer noch unvollständiges Bild von den Grenzen des sachlichen Anwendungsbereichs des Vergaberechts zeichneten. Vor diesem Hintergrund ist der im Erwägungsgrund 31 VRL zur Begründung der Kodifizierung herangezogene Befund einer „erheblichen Rechtsunsicherheit“ objektiv zweifelhaft,[1] mag aber vor allem subjektiv für eine Vielzahl von Akteuren im öffentlichen Beschaffungssektor zutreffen. Das Thema der vergabefreien Eigengeschäfte ist zudem eng verknüpft mit verfassungsrechtlichen Aspekten der Organisationsfreiheit der öffentlichen Hand im Rahmen der kommunalen Selbstverwaltung und mit dem im öffentlichen Recht normierten zulässigen Umfang der wirtschaftlichen Betätigung der öffentlichen Hand,[2] es weist bedeutsame Überschneidungen und Divergenzen zum europäischen Wettbewerbsrecht, insbesondere zum Beihilferecht, auf, weswegen es

1 So auch *Portz*, in: Kulartz/Kus/Portz/Prieß, GWB, § 108 Rn. 1.
2 Vgl. dazu *Portz*, in: Kulartz/Kus/Portz/Prieß, GWB, § 108 Rn. 10ff.

notwendig ist, im Einzelfall auch diesen interdisziplinären Zusammenhang sorgfältig zu prüfen. Aus diesen Gründen ist es zu begrüßen, dass die Regelung einer derart zentralen und umstrittenen Frage im Vergaberecht nicht länger allein der Rechtsprechung (und damit der Ableitung von Lösungen für immer neue Konflikte in bloßer Anwendung des bereits gesetzten Rechts) überlassen wurde, sondern der Gesetzgeber selbst in einem demokratischen Willensbildungsprozess Entscheidungen getroffen und in einem Normtext fixiert hat. Das entspricht dem Prinzip der Gewaltenteilung in einem Rechtsstaat und der Differenzierung zwischen Rechtsetzung und Rechtsanwendung und bietet die Chance, den Ausgleich der widerstreitenden Interessen in einer systematisch einheitlichen Art für eine unbestimmte Vielzahl von Alternativen zu regeln. Die Schaffung einer Gesetzesnorm führt für die Rechtsunterworfenen ungeachtet der verbleibenden Kontroversen über deren Auslegung auch zu einer höheren Transparenz und Rechtssicherheit als eine Sammlung einzelfallbezogener Judikate. Schließlich wird mit einer Regelung der Problematik in einem Bundesgesetz auch allen anderen Regelungsversuchen auf Länder- oder Kommunalebene Einhalt geboten, welche regelmäßig mit hoher Rechtsunsicherheit (wegen der offenen Fragen zur Vereinbarkeit mit dem höherrangigen Unionsrecht) und zumindest mit einer weiteren Rechtszersplitterung verbunden wären.

Solange die öffentliche Hand zur Beschaffung von Liefer-, Bau- und Dienstleistungen den Markt nicht in Anspruch nimmt, sondern diese **mit eigenen Ressourcen** erbringt, ist der sachliche Anwendungsbereich des Vergaberechts ungeachtet der Vorschrift des § 108 GWB nicht berührt. Zwar ist haushaltsrechtlich eine Wirtschaftlichkeitsprüfung der Eigenerbringung der Leistung vorgeschrieben. Der zeitweise eher populistisch erhobene Vorwurf, dass von dem Vergaberecht ein „Zwang zur Privatisierung" von Beschaffungen ausgehe, ist aber sachlich nicht gerechtfertigt. Ein öffentlicher Auftraggeber hat die Möglichkeit, seine im allgemeinen Interesse liegenden Aufgaben mit seinen eigenen administrativen, technischen und sonstigen Mitteln zu erfüllen, ohne gezwungen zu sein, sich an externe Einrichtungen zu wenden, die nicht zu seinen Dienststellen gehören.[3] Für die „Beauftragung" eigener Behörden, Ämter oder unselbständiger Abteilungen,[4] der Regiebetriebe und der Eigenbetriebe der öffentlichen Hand[5] bedarf es jeweils keiner besonderen vergaberechtlichen (Ausnahme-)Regelung, denn die Erbringung von Leistungen innerhalb einer einheitlichen juristischen Person auf Weisung[6] ist schon kein öffentlicher Auftrag, der denknotwendig einen Vertrag zwischen unterschiedlichen Rechtssubjekten voraussetzt. Darüber hinaus wird der (externe) Markt durch diese Aufgabenübertragungen nicht tangiert.[7] Das gilt auch unter den Bedingungen einer doppischen Haushaltsführung, bei der zwar eine wirtschaftliche und organisatorische Verselbständigung unter Bildung buchhalterischer Sondervermögen stattfindet und der Leistungsaustausch zwischen den einzelnen 2

3 Vgl. nur EuGH, Urt. v. 8.5.2014, Rs. C-15/13 – TU Hamburg-Harburg u. HIS GmbH ./. Datenlotsen Informationssysteme GmbH, Rn. 25.

4 Vgl. VK Südbayern, Beschl. v. 8.3.2013, Z3-3-3194-1-02-01/13 – Lieferauftrag einer Anstalt öffentlichen Rechts als Krankenhausträger an ihr Logistikzentrum mit Krankenhausapotheke.

5 Vgl. VK Nordbayern, Beschl. v. 27.5.2004, 320.VK-3194-14/04 – Lieferauftrag an eine JVA; auch *Müller*, NZBau 2001, 416, 418; *Masing*, ZfBR 2002, 450, 452.

6 Vgl. EuGH, Urt. v. 11.1.2005, Rs. C-26/03 – Stadt Halle und RPL Lochau ./. ARGE TREA Leuna, Rn. 48; Urt. v. 19.4.2007, Rs. C-295/05 – Asemfo ./. TrAgSA, Rn. 53–55, 60 f., keine eigene Rechtspersönlichkeit als Hilfsmittel und technischer Dienst der Verwaltung; in Abgrenzung dazu EuGH, Urt. v. 18.12.2007, Rs. C-220/06 – AP ./. Administración General del Estado, Rn. 51 ff.

7 Vgl. *Portz*, in: Kulartz/Kus/Portz/Prieß, GWB, § 108 Rn. 7 m. w. N. in Fn. 10.

Bereichen oder Einheiten der öffentlichen Hand auch wertmäßig erfasst und buchhalterisch bewertet wird, weil diese Bewertungen letztlich lediglich eine Simulation von Marktverhältnissen zur Erhöhung der Transparenz der Haushaltsführung darstellen. An einem entgeltlichen Vertrag fehlt es auch in den Fällen der Aufforderung zur **Amts- oder Rechtshilfe** oder bei Aufgabenerfüllungen für übergeordnete Behörden, welche ein Weisungs- und ggf. auch ein Substitutions- und Selbsteintrittsrecht haben.[8] Der für einen öffentlichen Auftrag notwendige Beschaffungsbezug fehlt bei der Übertragung von Aufgaben zur **Ausübung hoheitlicher Gewalt** i. S. von Art. 51 AEUV[9] oder bei **Vereinbarungen zur Kompetenzübertragung**.[10] Vergabefrei sind schließlich auch alle unentgeltlichen Übertragungen öffentlicher Aufgaben zwischen verschiedenen Gebietskörperschaften.[11]

3 Vor allem mit der Auslagerung von Tätigkeiten der öffentlichen Hand auf Einrichtungen mit eigener Rechtspersönlichkeit entsteht das Problem, dass die Einordnung der Beziehungen zwischen der leistungsnachsuchenden Rechtspersönlichkeit und der leistungsanbietenden Rechtspersönlichkeit als ein rein internes, auf die Nutzung eigener Ressourcen beschränktes und außerhalb des Marktes stattfindendes Verhältnis **nicht mehr nach dem rein formalen Kriterium** „einheitliche Rechtspersönlichkeit", sondern **nach materiellen Kriterien** erfolgen muss.[12] Erforderlich ist **eine wertende Entscheidung** darüber, ob diese Beziehungen noch als intern i. S. von außerhalb des Marktes bzw. zumindest marktfern oder bereits als extern i. S. einer Markt- bzw. unmittelbar marktbeeinflussenden Tätigkeit anzusehen sind. Die vorbeschriebene Auslagerung auf andere Rechtspersönlichkeiten hat zwei wesentliche Quellen: einerseits die (zunächst häufig nur) formelle und (teilweise auch) materielle Privatisierung von Einrichtungen, welche zur Erbringung von Leistungen für die öffentlichen Hand gegründet wurden oder betrieben werden, und andererseits die Formen der institutionellen Gemeinschaftsarbeit von juristischen Personen des öffentlichen Rechts, insbesondere diejenigen der kommunalen Gemeinschaftsarbeit. Für beide Gestaltungsmöglichkeiten gibt es vielfältige gute Gründe. Mit einer formellen Privatisierung werden häufig eine höhere Verwaltungseffizienz, flexiblere Handlungsmöglichkeiten im Bereich der Personalwirtschaft oder auch eine Beschränkung der Haftungsrisiken angestrebt. Die materielle (Teil-)Privatisierung dient der Einbindung des Know-hows der Privatwirtschaft in das öffentliche Handeln oder der Erschließung zusätzlicher finanzieller Ressourcen für die Aufgabendurchführung. Die Gemeinschaftsarbeit – das gilt neben der institutionellen Zusammenarbeit auch für die Formen der vertraglichen Kooperation – jeweils verschiedener öffentlicher Auftraggeber schafft oder erweitert deren eigene Handlungsmöglichkeiten oder führt zu einer besseren Auslastung der vorhandenen Ressourcen oder zu einer besseren Beherrschung von Belastungsspitzen. Mit der Vorschrift des § 108 GWB wird ein Kriterienkatalog dafür aufgestellt, innerhalb welcher Grenzen die bei formaler Betrachtung bereits dem sachlichen Anwendungsbereich des Vergaberechts unterfallenden Rechtsbeziehungen zwischen dem leistungsnachsuchenden öffentlichen Auf-

8 Vgl. *Schauenburg*, NZBau 2002, 259.

9 Vgl. *Henssler/Kilian*, EuR 2006, 192.

10 Vgl. Art. 1 Abs. 6 VRL und ergänzend ErwG 5 VRL; EuGH, Urt. v. 21.12.2016, Rs. C 51/15 – Remondis ./. Region Hannover, Vereinbarung zwischen zwei Gebietskörperschaften, auf deren Grundlage eine Satzung über die Gründung eines Zweckverbandes erlassen und dieser Einrichtung Befugnisse der Aufgabenträger zugewiesen wurden; OLG Celle, Beschl. v. 3.8.2017, 13 Verg 3/13; vgl. auch *Fritz*, NZBau 2017, 537, 538.

11 Vgl. *Portz*, in: Kulartz/Kus/Portz/Prieß, GWB, § 108 Rn. 6.

12 Vgl. *Schauenburg*, NZBau 2002, 259, 259 f.

traggeber und einer von ihm verschiedenen juristischen Person als Leistungserbringer privilegiert und vom Anwendungsbefehl des Vergaberechts ausgenommen werden sollen.

Die Privilegierung beruht auf der Überlegung, dass auch eine vom öffentlichen Auftraggeber verschiedene juristische Person bei wertender Betrachtung noch als dessen eigene Ressource, sozusagen als eine „Arbeitseinheit innerhalb der staatlichen Verwaltung" oder als „verlängerter Arm" des öffentlichen Auftraggebers außerhalb des betroffenen Marktes anzusehen ist. Mit dem Einsatz eigener Ressourcen ist weder ein Betreten des Marktes noch dessen Beeinflussung, etwa durch eine Bevorzugung eines Wirtschaftsteilnehmers gegenüber anderen mit einer wettbewerbsverzerrenden Wirkung zu besorgen. Maßgeblich für die erforderliche materielle Bewertung ist nicht die subjektive Sicht des öffentlichen Auftraggebers (also dessen Einschätzung, ob er als Nachfrager auf dem Markt auftreten oder durch die Art der Zusammenarbeit einen Wirtschaftsteilnehmer bevorzugen möchte), sondern die Wirkung seines Handelns **aus der objektivierten Sicht eines Marktteilnehmers.**[13] Die öffentliche Hand darf im Rahmen des durch das öffentliche Recht, z. B. die Kommunalverfassungen und Gemeindeordnungen, das kommunale Wirtschaftsrecht und das Recht der kommunalen Gemeinschaftsarbeit, geschaffenen Spielraums auch Organisationsformen wählen, mit denen sie objektiv einen Markt betritt, in diesem Fall sind diese Einrichtungen jedoch den allgemeinen, für alle Marktteilnehmer geltenden Vorschriften, darunter auch den Regeln für den Zugang zu öffentlichen Aufträgen, unterworfen, soweit es keine ausdrücklichen Ausnahmen hiervon gibt. 4

2. Verhältnis zu anderen Rechtsvorschriften

a) Verhältnis zum EU-Recht

Die Vorschrift des § 108 GWB dient der Umsetzung von Art. 12 VRL, von Art. 28 SRL und von Art. 17 KVR.[14] Es wurde eine einheitliche Regelung auf der Grundlage von Art. 12 VRL geschaffen, welche inhaltlich identisch sein soll[15] und deren Abweichungen im Wortlaut und in der Struktur lediglich dazu dienen sollen, die Übersichtlichkeit und Verständlichkeit der Norm zu erhöhen. Sollten Zweifel an einer zutreffenden sinngemäßen Umsetzung der Richtlinienbestimmungen aufkommen, könnte es geboten sein, auf andere Sprachfassungen der Richtlinie zuzugreifen. Die Abs. 1 und 3 von Art. 12 VRL wurden jeweils auf zwei Absätze in § 108 GWB aufgeteilt (einerseits Abs. 1 und 2, andererseits Abs. 4 und 5), um die Les- und Zitierbarkeit zu erleichtern. In Abs. 3 und Abs. 4 Nr. 3 wurde von einer jeweils duplizierenden Wiedergabe des Richtlinientextes abgesehen und stattdessen auf die gleichlautende Regelung des Abs. 1 Nr. 3 Hs. 2 verwiesen. Der deutsche Gesetzgeber hat in Abs. 7 Satz 3 die in der Richtlinie aufgezählten drei Fallgruppen der fehlenden Aussagekraft von tätigkeitsgestützten Werten für die letzten drei Jahre in einer abstrakten Formulierung zusammengefasst. Mit § 108 Abs. 8 GWB wird, der gesetzgeberischen Intention der Schaffung einer einheitlichen Regelung für verschiedene Normadressaten folgend, die entsprechende Geltung der Vorschriften der Abs. 1 bis 7 für Sektorenauf- 5

13 Vgl. ErwG 31 VRL; auch *Zeiss*, ZfBR 2002, 456 zur wettbewerblichen Wirkung von „Inhouse"-Geschäften.

14 Vgl. Begründung des Regierungsentwurfs, BR-Drs. 367/15, S. 91 – zu § 108.

15 Vgl. Begründung des Regierungsentwurfs, BR-Drs. 367/15, S. 91 – zu § 108 in Abs. 2 a.E.: „Im Rahmen der Umsetzung ins deutsche Recht sollen die europäischen Vorgaben möglichst eins-zu-eins übernommen werden."

traggeber – jedoch nur für diejenigen nach § 100 Abs. 1 Nr. 1 GWB – sowie für Konzessionsgeber angeordnet.

b) Verhältnis zum früheren Recht

6 Die Regelungen zu vergaberechtsfreien Rechtsgeschäften des öffentlichen Auftraggebers knüpfen zwar nach dem ausdrücklich erklärten Willen des Richtliniengebers[16] an der bisher ergangenen Rechtsprechung des EuGH an, weichen jedoch teilweise bewusst hiervon ab und erweitern damit die Ausnahmen vom Vergaberecht. Ein wesentlicher dogmatischer Unterschied besteht darin, dass nach dem früheren Recht die Vergaberechtsfreiheit von sog. Eigengeschäften der öffentlichen Hand mangels ausdrücklicher Regelung nur aus dem Begriff des öffentlichen Auftrags abgeleitet wurde und werden konnte, insbesondere aus der teleologischen (also aus dem Zweck der Norm abgeleiteten) Reduktion des Begriffs „Vertrag" auf ein Rechtsgeschäft zwischen einem öffentlichen Auftraggeber und einer von ihm verschiedenen juristischen Person, die ihm nicht bzw. nicht mehr aufgrund einer wertenden Betrachtung als eigene Ressource zugerechnet werden konnte.[17] Demgegenüber werden mit § 108 GWB Ausnahmen vom Anwendungsbereich des Vergaberechts geregelt, die teilweise ohne diese Ausnahmeregelung dem Begriff des öffentlichen Auftrags in § 103 GWB unterfallen würden. Aus diesem Grunde bedarf die Frage, inwieweit die bisher ergangene Rechtsprechung zu den vergaberechtsfreien Rechtsgeschäften der öffentlichen Auftraggeber auf die neue Rechtslage übertragbar ist, stets einer gesonderten Prüfung und Rechtfertigung.

c) Verhältnis zum Vergaberecht unterhalb der EU-Schwellenwerte

7 Weder die **VOB/A** noch die **VOL/A** enthalten in ihrem jeweils ersten Abschnitt eine Regelung zu Ausnahmen vom Vergaberecht. In § 1 VOB/A wird der Begriff der Bauleistungen ohne einen Verweis auf die Bereichsausnahme nach § 108 GWB definiert. Gleiches gilt für § 1 VOL/A. Deswegen kann allein auf die teleologische Reduktion des Auftragsbegriffs entsprechend der früheren Rechtsprechung zurückgegriffen werden. Das bedeutet, dass öffentliche Liefer-, Bau- und Dienstleistungsaufträge im Unterschwellenbereich in einem größeren Maße dem Vergaberecht unterliegen, als im Oberschwellenbereich.[18]

8 Demgegenüber ist in **§ 1 Abs. 2 UVgO** im Rahmen der Definition des Anwendungsbereichs der Vergabeordnung geregelt, dass diese Verfahrensordnung ungeachtet des Erreichens des jeweiligen Schwellenwerts nach § 106 GWB nicht auf Sachverhalte anzuwenden ist, für die das GWB – u. a. in § 107 GWB – Ausnahmen von der Anwendbarkeit des Vergaberechts vorsieht. Soweit die UVgO mit dieser Bestimmung für den jeweiligen Auftraggeber in Kraft gesetzt wird,[19] wird dadurch eine Vereinheitlichung des sachlichen Anwendungsbereichs des Vergaberechts erreicht.

---

16 Vgl. ErwG 31 VRL.

17 Vgl. BGH, Beschl. v. 8.2.2011, X ZB 4/10, BGHZ 188, 200 – S-Bahn-Verkehr Rhein/Ruhr I, Rn. 17.

18 Gleiches gilt im Übrigen in dem von der KVR ausgenommenen Bereich der Bau- und Dienstleistungskonzessionen bei der Trinkwasserversorgung, vgl. *Brockhoff*, VergabeR 2014, 625, 627.

19 Die Inkraftsetzung der UVgO ist ganz überwiegend Ländersache und in den einzelnen Bundesländern zu unterschiedlichen Zeitpunkten und ggf. auch unter Anordnung von Modifikationen zu erwarten.

d) Verhältnis zum Beihilferecht

9 Im sog. Primärrecht der EU, in **Art. 107 Abs. 1 AEUV**, ist das Verbot der staatlichen Beihilfen als eine tragende Säule des Wettbewerbsrechts verankert. Grundsätzlich kann jedes Rechtsgeschäft des öffentlichen Auftraggebers im Anwendungsbereich des § 108 GWB zugleich in den Anwendungsbereich des Beihilfeverbots fallen. Von den vier Voraussetzungen für das Vorliegen einer Beihilfe sind jedenfalls zwei stets erfüllt. Eine Beihilfe setzt voraus, dass sich eine staatliche Maßnahme bzw. eine Maßnahme unter Inanspruchnahme staatlicher Mittel (sog. Staatlichkeit der Mittel) an einen konkreten Adressaten wendet (sog. Selektivität) – das trifft auch bei einem Abschluss eines Vertrags zwischen einem staatlichen Auftraggeber und der leistungserbringenden juristischen Person zu. Umstritten ist, ob die dritte Voraussetzung für das Vorliegen einer grundsätzlich verbotenen Beihilfe, wonach die Maßnahme den Wettbewerb verfälscht oder zu verfälschen droht (sog. Wettbewerbsrelevanz), erfüllt sein kann oder nicht. Teilweise wird angenommen, dass der Wettbewerb und insbesondere der durch die Grundfreiheiten des AEUV vorgegebene Gleichbehandlungsgrundsatz durch Eigengeschäfte der öffentlichen Hand nicht betroffen sein kann.[20] Allein der Umstand, dass der öffentliche Auftraggeber die Leistung nicht „am Markt", sondern vergaberechtlich zulässig in seinem „Binnenbereich" beschafft, schließt aber nicht aus, dass der Markt davon berührt werden kann, z.B. durch eine mittel- oder langfristige erhebliche Reduzierung der Nachfrage nach entsprechenden Leistungen oder dadurch, dass sich die leistungserbringende juristische Person für ihre auf Drittumsätze gerichtete Markttätigkeit auf ein festes, nicht dem Wettbewerbsdruck unterworfenes Stammgeschäft stützen kann.[21] Je nachdem, wie diese Rechtsfrage beantwortet wird, rückt die Notwendigkeit der Prüfung des Vorliegens des vierten Merkmals einer grundsätzlich verbotenen Beihilfe ins Bild. Danach muss die Maßnahme einen Vorteil oder eine Begünstigung für den Adressaten darstellen, wobei im Rahmen von Verträgen mit dem Adressaten typischerweise auf eine fiktive Vergleichsbetrachtung abgestellt wird, ob ein marktwirtschaftlich handelnder Investor von vergleichbarer Größe wie die staatliche Einrichtung, welche die Vergünstigung gewährt, unter den gleichen Bedingungen bereit gewesen wäre, dieselbe finanzielle Unterstützung zu gewähren (sog. market economy test bzw. private investor test). Einer solchen Vergleichsbetrachtung bedarf es nicht, wenn sich die Marktüblichkeit und Angemessenheit der Gegenleistung des öffentlichen Auftraggebers daraus ergibt, dass die Gegenleistung in einer transparenten Ausschreibung ermittelt worden ist. Hieran fehlt es bei den vergabefreien Eigengeschäften des öffentlichen Auftraggebers i. S. von § 108 GWB jedoch, sodass sich aus Gründen der Rechtssicherheit für den Auftraggeber die Frage nach der Notwendigkeit der Durchführung eines private investor tests stellt. Die Ermittlung des Wettbewerbspreises ist häufig schwierig, aufwendig und mit großen Unsicherheiten behaftet.

10 Zwar bestünde das hier aufgezeigte Problem nicht, wenn die vergaberechtliche Privilegierung in § 108 GWB (bzw. in Art. 12 VRL) auch für das Beihilferecht gelten würde; das ist aber nicht der Fall.[22] Das ergibt sich schon aus der Normenhierarchie – das im Primärrecht der EU (AEUV) verankerte Beihilfeverbot ist höherrangiges Recht gegenüber dem im Se-

---

20 Vgl. *Portz*, in: Kulartz/Kus/Portz/Prieß, GWB, § 108 Rn. 19.

21 Vgl. *Zeiss*, ZfBR 2002, 456, 457; *Pfannkuch*, NZBau 2015, 743, 751; *Prieß*, NZBau 2015, 731, 733 f.

22 Vgl. *Pfannkuch*, NZBau 2015, 743.

kundärrecht der EU (Richtlinie) geschaffenen Privilegierungstatbestand. Die Prüfung der Begünstigung des Adressaten im Beihilferecht folgt anderen Maßstäben als den Gründen für die Freistellung vom Vergaberecht und erlangt durch den Wegfall eines wettbewerblichen Verfahrens zur Auswahl des Adressaten eine höhere Bedeutung. Der fehlende Gleichlauf zwischen dem Vergaberecht und dem Beihilferecht zeigt sich insbesondere auch in den Rechtsakten in Bezug auf Dienstleistungen von einem allgemeinen wirtschaftlichen Interesse (sog. DAWI).[23] Auch wenn vergabefreie Eigengeschäfte der öffentlichen Hand nur in zahlenmäßig wenigen Fällen als Gewährung einer verbotenen Beihilfe zu bewerten sein werden, geht von der Divergenz zwischen Vergabe- und Beihilferecht eine Rechtsunsicherheit und damit ein Risiko aus, dessen sich der öffentliche Auftraggeber bewusst sein und dem er in geeigneten Fällen entgegenwirken muss, z. B. durch eine intensive Wirtschaftlichkeitsprüfung.

11 Wird die Beschaffung ganz oder teilweise mit Zuwendungen finanziert, so ist zu prüfen, ob die Allgemeinen Nebenbestimmungen des Zuwendungsbescheids oder die Allgemeinen Geschäftsbedingungen des Zuwendungsvertrages abweichende Bestimmungen von § 108 GWB enthalten und deswegen die Inanspruchnahme der vergaberechtlichen Privilegierung als eine auflagen- bzw. vertragswidrige Verhaltensweise zuwendungsschädlich sein kann. Das ist jedenfalls schon dann der Fall, wenn der Zuwendungsgeber die „Vergabe von Aufträgen" verlangt, wohl aber noch nicht, wenn er die „Einhaltung der Bestimmungen des Vergaberechts" (zu denen § 108 GWB ebenfalls gehört) fordert.[24]

3. Gesetzgebungsverfahren

12 Dem Regierungsentwurf ging ein in der Öffentlichkeit diskutierter Referentenentwurf vom 30.4.2015 voraus, der nur marginale Abänderungen erfahren hat. Im Gegensatz zum Referentenentwurf wird im Regierungsentwurf die leistungserbringende juristische Person nicht mehr mit dem Zusatz „kontrollierte" gekennzeichnet – damit ist keine inhaltliche Änderung, sondern nur die Streichung einer als überflüssig empfundenen Präzisierung und eine Rückkehr zum Wortlaut des Richtlinientextes vorgenommen worden. Andere Änderungen sind redaktioneller Natur (Abs. 5 Satz 1: „liegt vor, wenn …" in „besteht, wenn …"; Abs. 4 Satz 1, Abs. 6 Satz 1: „kommt nicht zur Anwendung" in „ist nicht anzuwenden"; Abs. 7 Satz 3: „ist es ausreichend" in „genügt es" sowie Abs. 8: „Konzessionsauftraggeber" in „Konzessionsgeber"). Der im Referentenentwurf zu Abs. 1 Nr. 3 enthaltene Vorschlag, den schwer lesbaren Text der deutschen Übersetzung der Richtlinie klarer zu formulieren,[25] ist (leider) zugunsten einer wörtlichen Übernahme des Richtlinientextes abgelehnt worden. Die gegen den Referentenentwurf teilweise vorgebrachten Bedenken, dass

23 Vgl. Mitteilung der Kommission über die Anwendung der Beihilfevorschriften der Europäischen Union auf Ausgleichsleistung für die Erbringung von Dienstleistungen von allgemeinem wirtschaftlichem Interesse (2012, C 8/02), ABl. EU C 8/4 v. 11.1.2012; Leitfaden zur Anwendung der Vorschriften der Europäischen Union über staatliche Beihilfen, öffentliche Aufträge und den Binnenmarkt auf Dienstleistungen von allgemeinem wirtschaftlichem Interesse und insbesondere auf Sozialleistungen von allgemeinem Interesse vom 29.4.2013, SWD (2013) final/2.

24 A. A. *Portz*, in: Kulartz/Kus/Portz/Prieß, GWB, § 108 Rn. 19, der in beiden Fallgestaltungen von der Nichtanwendbarkeit des § 108 ausgeht.

25 Er lautete: „…; dieser Teil findet ungeachtet einer direkten privaten Kapitalbeteiligung keine Anwendung auf folgende Formen der Kapitalbeteiligung, wenn diese gesetzlich vorgeschrieben sind und keinen ausschlaggebenden Einfluss auf die kontrollierte juristische Person vermitteln: a) eine

die beabsichtigte Regelung zu weitgehend und ordnungspolitisch höchst kritisch sei, und Forderungen, dass einzelne im Normtext enthaltene unbestimmte Rechtsbegriffe einer einschränkenden gesetzgeberischen Konkretisierung bedürften bzw. einer klarstellenden Erläuterung, sowie die Anregung, für vergabefreie Eigengeschäfte eine Ex-post-Transparenz zu schaffen,[26] haben keine Änderungen bewirkt. Im Gesetzgebungsverfahren ist der Wortlaut der Vorschrift gegenüber dem Regierungsentwurf unverändert geblieben. Änderungsanträge sind hierzu nicht gestellt worden. Hierfür hat teilweise auch Bedeutung erlangt, dass der Gesetzgeber auf eine weitere Konkretisierung der unbestimmten Rechtsbegriffe aus der Richtlinie durch die Rechtsprechung insbesondere des EuGH vertraut hat.[27]

4. Struktur der Vorschrift

Der deutsche Gesetzgeber folgt im Aufbau den Vorgaben von Art. 12 VRL und übernimmt diese Regelungen in seine Abs. 1 bis 7. In Abs. 8 erklärt er diese Regelungen auch für andere Normadressaten als die öffentlichen Auftraggeber nach § 99 Nr. 1 bis 3 GWB für anwendbar. 13

Die **Abs. 1 und 2** betreffen die Grundform der sog. horizontalen Zusammenarbeit, d. h. der Zusammenarbeit zwischen einem („übergeordneten") öffentlichen Auftraggeber und einer von diesem kontrollierten („untergeordneten") juristischen Person (sog. **Mutter-Tochter-Beziehung**). Diese Rechtsbeziehungen werden in der Vergabepraxis und Vergaberechtsliteratur allgemein als **„Inhouse"-Geschäft** bezeichnet – allerdings mit unterschiedlichen Schreibweisen („In Haus", „In house", „In-House", teilweise auch „unechtes …" oder „quasi Inhouse" – im Hinblick auf die Beziehungen eines öffentlichen Auftraggebers zu Eigenbetrieben u. Ä. als „echtes" Eigengeschäft; *hier künftig:* Inhouse). Die Definition des Begriffes „Ausübung einer Kontrolle …" in Abs. 2 stellt klar, dass die Kontrolle auch über einen Vermittler erfolgen kann (sog. **Mutter-Enkel-Beziehung**). 14

Abs. 3 regelt besondere Formen des Inhouse-Geschäfts, deren Vergabefreiheit vor der Normierung zwar vielfach gefordert, in der Rechtsprechung aber noch nicht geklärt war. Beide Formen betreffen die Auftragsvergabe durch die kontrollierte juristische Person, und zwar in Alternative 1 an den kontrollierenden öffentlichen Auftraggeber (sog. **Tochter-Mutter-Beziehung** bzw. inverses Inhouse-Geschäft) und in Alternative 2 an eine von dem öffentlichen Auftraggeber ebenfalls kontrollierte andere juristische Person (sog. **Schwester-Beziehung**). 15

Die **Abs. 4 und 5** beziehen sich auf die horizontale Zusammenarbeit zwischen mehreren öffentlichen Auftraggebern und einer von ihnen gemeinschaftlich kontrollierten juristischen Person als eine spezielle Form des Inhouse-Geschäfts. Von dieser Fallgestaltung werden Formen der **institutionalisierten öffentlich-öffentlichen Zusammenarbeit** erfasst. 16

---

nicht beherrschende Form der privaten Kapitalbeteiligung und b) eine Form der privaten Kapitalbeteiligung ohne Sperrminorität."

26 Vgl. Stellungnahme des BDI v. 24.6.2015, S. 7 f.

27 Vgl. Stellungnahme der Fraktionen der CDU/CSU und SPD zum Regierungsentwurf, in: Beschlussempfehlung und Bericht des Ausschusses für Wirtschaft und Energie v. 16.12.2015, BT-Drs. 18/7068, S. 13.

17 **Abs. 6** betrifft die Formen der sog. horizontalen Zusammenarbeit, d.h. die Zusammenarbeit zwischen zwei oder mehreren öffentlichen Auftraggebern, die sich zueinander nicht in einer Hierarchie, sondern „auf Augenhöhe" befinden (sog. vertragliche Zusammenarbeit, insbesondere „interkommunale Zusammenarbeit" (IKZ) bzw. „In State"-Geschäft, *künftig:* **Kooperationsvertrag).**

18 **Abs. 7** enthält Vorgaben für die Ermittlung der in Abs. 1 Nr. 2, Abs. 4 Nr. 2 und Abs. 6 Nr. 3 jeweils angesprochenen quantitativen Anteile der Tätigkeit der kontrollierten juristischen Person für den oder die kontrollierenden öffentlichen Auftraggeber an ihrer Gesamttätigkeit bzw. der Marktanteile der öffentlichen Auftraggeber.

19 In **Abs. 8** erfolgt die Erweiterung des Anwendungsbereichs des § 108 GWB auf öffentliche Auftraggeber nach § 100 Abs. 1 Nr. 1 GWB und auf Konzessionsgeber nach § 101 Abs. 1 Nr. 1 und 2 GWB.

II. Einführung: Das Inhouse-Geschäft (Abs. 1 bis 5)

20 Die Vorschriften in den Abs. 1 bis 5 des § 108 GWB beziehen sich auf ein Rechtsgeschäft, das bei formaler Betrachtung als ein Vertrag zwischen einem (oder mehreren) öffentlichen Auftraggeber(n) und einer von ihm (von ihnen) verschiedenen juristischen Person des öffentlichen oder privaten Rechts i.S. eines Unternehmens zu charakterisieren ist. Sie nehmen dabei Bezug auf den Begriff des öffentlichen Auftrags in § 103 Abs. 1 GWB.

1. Der Rechtsbegriff des öffentlichen Auftraggebers

21 Der Begriff des **öffentlichen Auftraggebers** ist nicht erläuterungsbedürftig; er knüpft ausdrücklich an die Legaldefinitionen in § 99 Nr. 1 bis 3 GWB (hinsichtlich der „klassischen" öffentlichen Auftraggeber), § 100 Abs. 1 Nr. 1 GWB (hinsichtlich der Sektorenauftraggeber) und § 101 Abs. 1 Nr. 1 und Nr. 2 GWB (hinsichtlich der Konzessionsgeber) an. Damit deckt die Ausnahmevorschrift einen großen Teil des subjektiven Anwendungsbereichs des GWB-Vergaberechts ab.

2. Der Rechtsbegriff der anderen juristischen Person

22 Hinsichtlich der **vom öffentlichen Auftraggeber verschiedenen juristischen Person**, mit welcher das Rechtsgeschäft geschlossen wird, ist in der Vorschrift kein Oberbegriff geschaffen worden. Im Referentenentwurf wurde in den Abs. 1 bis 5 zu den Inhouse-Geschäften der Begriff der „kontrollierten juristischen Person" verwendet. Die Literatur hat teilweise den Begriff des „Auftragnehmers" verwendet, aber das Dilemma gesehen, dass bisher die Vergabefreiheit gerade aus einer teleologischen Reduktion des Begriffs des öffentlichen Auftrags abgeleitet wurde und dass z.B. bei inversen Inhouse-Geschäften der Begriff irreführend ist. Teilweise ist der Begriff der „öffentlichen Einrichtung i.S. der Inhouse-Rechtsprechung" bzw. der Begriff des „Vertragspartners" herangezogen worden. Ein einheitlicher Oberbegriff hat sich bisher nicht etabliert.

23 Auch der in den Normtexten auf Unions- und Bundesebene gleichermaßen verwendete Begriff der juristischen Person ist irreführend. Abweichend vom deutschen zivilrechtlichen

Begriff der juristischen Person werden hiervon nicht nur Rechtssubjekte mit einer eigenen Rechtspersönlichkeit, insbesondere Kapitalgesellschaften (GmbH, AG, KGaA, aber auch e.G., e.V.), sondern **grundsätzlich auch Personengesellschaften** (GbR, oHG, KG) erfasst.[28] Der Begriff ist ebenso wie der Begriff des öffentlichen Auftraggebers funktional im Hinblick auf den Zweck des Vergaberechts auszulegen. Nach dem Grundgedanken der Institution Inhouse-Geschäft kommt es allein darauf an, dass der Vertragspartner des öffentlichen Auftraggebers marktfern ist; die Vergabefreiheit wird dem Geschäft eingeräumt, obwohl der Vertragspartner in der Lage ist, im Rechtsverkehr selbständig zu handeln. Es besteht kein Anlass, für die Anwendbarkeit der Vorschrift auf das Maß der rechtlichen Selbstständigkeit des Vertragspartners abzustellen, sodass auch ein zumindest teilrechtsfähiger Personenverbund grundsätzlich in Betracht kommt. Soweit in der Literatur teilweise die Inhouse-Fähigkeit von Personengesellschaften generell verneint wird,[29] findet diese Auffassung insbesondere in der bisher ergangenen Rechtsprechung keine Grundlage. Der EuGH hat über die Inhouse-Fähigkeit einer Gesellschaft bürgerlichen Rechts (GbR) nicht, auch nicht in der Entscheidung „Stadtreinigung Hamburg“, entschieden. Unter Berücksichtigung des Vorbringens der Verfahrensbeteiligten hat sich der EuGH in diesem Verfahren lediglich mit der Frage auseinandergesetzt, ob die Bildung einer GbR zwischen den vier öffentlichen Auftraggebern und dem „Auftragnehmer“ eine hinreichende Kontrolle der erstgenannten Gesellschafter über den letztgenannten Gesellschafter vermittelt, und dies verneint. Er hat sich aber gerade nicht mit der Frage befasst, ob ein öffentlicher Auftraggeber nicht auch über eine von ihm verschiedene GbR eine entsprechende Kontrolle ausüben kann.[30] Zweifelhaft ist eher, ob es einen praktisch bedeutsamen Anwendungsbereich gibt für das Inhouse-Geschäft zwischen einem öffentlichen Auftraggeber und einer von ihm verschiedenen Personengesellschaft ohne private Kapitalbeteiligung und ohne Marktausrichtung; für Letztere kommen wohl nur Erscheinungsformen der GbR in Betracht.

Allein aus dem Umstand, dass der **Vertragspartner selbst eine öffentliche Einrichtung** **24**
ist, kann nicht auf eine hinreichende Marktferne geschlossen werden. Denn der Begriff des „Unternehmens“ ist in § 103 Abs. 1 GWB – ebenso wie der Begriff des öffentlichen Auftraggebers – funktionaler Rechtsnatur und erfasst alle sich wirtschaftlich betätigenden Rechtsträger, unabhängig davon, ob sie selbst öffentliche Auftraggeber sind.[31] Dies ergibt

28 Vgl. *Müller-Wrede*, VergabeR 2016, 292, 293; *Brockhoff*, VergabeR 2014, 625, 629.

29 Vgl. *Ziekow*, in: Ziekow/Völlink, GWB, 2. Aufl. 2013, § 99 Rn. 99; *v. Engelhardt/Kaelble*, in: Müller-Wrede, GWB, § 108 Rn. 19; so auch VK Thüringen, Beschl. v. 27.3.2017, 250-4003-8886/2016-E-S-022-GTH.

30 Vgl. EuGH, Urt. v. 9.6.2009, Rs. C-480/06 – KOM ./. Deutschland (Stadtreinigung Hamburg), Rn. 36: „Im vorliegenden Fall ist jedoch unstreitig, dass die vier Landkreise weder über ihren Vertragspartner, die Stadtreinigung Hamburg, noch über den Betreiber der Müllverbrennungsanlage Rugenberger Damm, eine Gesellschaft, deren Kapital teilweise aus Privatvermögen besteht, eine Kontrolle ausüben, die als eine ähnliche Kontrolle wie die über ihre eigenen Dienststellen charakterisiert werden könnte.“

31 Vgl. EuGH, Urt. v. 18.11.1999, Rs. C-107/98 – Teckal Srl ./. Comune de Viano u. AGAC, Rn. 51; EuGH, Urt. v. 7.12.2000, Rs. C-94/99 – ARGE Gewässerschutz ./. Bundesministerium f. Land- und Forstwirtschaft, Rn. 40; EuGH, Urt. v. 13.1.2005, Rs. C-84/03 – Kommission ./. Spanien, Rn. 38; EuGH, Urt. v. 18.1.2007, Rs. C-220/05 – Jean Aurox ./. Commune de Roanne et SEDL, Rn. 66; EuGH, Urt. v. 19.12.2012, Rs. C-159/11 – Azienda Sanitaria Locale di Lecce u. Universitá del Salento ./. Ordine degli Ingegneri della Provincia di Lecce, Rn. 26; OLG Naumburg, Beschl. v. 3.11.2005, 1 Verg 9/05 – Nachbarlandkreis; OLG Düsseldorf, Beschl. v. 7.8.2013, VII-Verg 14/13 – Polizeiwache.

sich auch aus dem Erwägungsgrund 31 VRL.[32] Für die Charakterisierung als Marktteilnehmer ist es nicht erheblich, ob das Rechtssubjekt privatrechtlich oder öffentlich-rechtlich verfasst ist, auch nicht, ob es unternehmerisch strukturiert ist, und schließlich auch nicht, ob es ständig oder nur gelegentlich auf dem Markt tätig ist oder ob es eine Gewinnerzielung anstrebt oder nicht.[33]

3. Das Grundverständnis der vertikalen Zusammenarbeit

25 Der europäische Normgeber differenziert bei den Formen der öffentlich-öffentlichen Zusammenarbeit zwischen der sog. vertikalen und der sog. horizontalen Zusammenarbeit und meint mit dem erstgenannten Begriff das Inhouse-Geschäft.[34] Das Vertikale an dieser Form der Zusammenarbeit besteht in der Beziehung zwischen dem bzw. den kontrollierenden und deswegen als übergeordnet anzusehenden Auftraggeber(n) und dem kontrollierten und deswegen untergeordneten Vertragspartner. Das vertikale Verhältnis ist regelmäßig institutionalisiert, d. h. durch einen gesellschaftsrechtlichen Rahmen verstetigt, weswegen in der Literatur teilweise auch der Begriff der **institutionalisierten Zusammenarbeit** Verwendung findet.

III. Das einfache Inhouse-Geschäft (Abs. 1 bis 2)

1. Struktur der Teilregelung und Hinweis zur Prüfungsreihenfolge

26 In Abs. 1 ist das sog. einfache vertikale Inhouse-Geschäft geregelt, das ist die Übertragung von Bau-, Liefer- bzw. Dienstleistungen von einem übergeordneten öffentlichen Auftraggeber auf einen ihm als eigene Ressource zugerechneten, marktfernen Vertragspartner. Die gesetzlichen Voraussetzungen für die Vergabefreiheit folgen im Wesentlichen der bisherigen Rechtsprechung, enthalten jedoch sowohl strukturell als auch inhaltlich Modifizierungen.

27 **In struktureller Hinsicht** wird das Tatbestandsmerkmal der grundsätzlichen Abwesenheit einer direkten privaten Kapitalbeteiligung auf Seiten des „Auftragnehmers“ (künftig: **Kapitalbeteiligungskriterium**), welches nach der Rechtsprechung Bestandteil des sog. Kontrollkriteriums war, verselbständigt und erhält in Abs. 1 Nr. 3 eine eigenständige Bedeutung. Bei der Prüfung der Frage, ob für ein beabsichtigtes Beschaffungsvorhaben eine Inhouse-Fähigkeit des vorgesehenen „Auftragnehmers“ vorliegt oder nicht, sollte mit diesem Kriterium begonnen werden, da die tatbestandlichen Merkmale des Status quo häufig schnell festgestellt werden können und eine Anpassung der Kapitalstruktur regelmäßig

32 „Der Umstand, dass beide Parteien einer Vereinbarung selbst öffentliche Stellen sind, reicht allein nicht aus, um die Anwendung der Vergabevorschriften auszuschließen“; ebenso: Begründung des Regierungsentwurfs zum GWB, BR-Drs. 367/15 v. 14.8.2015, S. 91 – zu § 108 Abs. 2.

33 Vgl. EuGH, Urt. v. 19.12.2012, Rs. C-159/11 – Azienda Sanitaria Locale di Lecce u. Universitá del Salento ./. Ordine degli Ingegneri della Provincia di Lecce, Rn. 26 f.; EuGH, Urt. v. 13.6.2013, Rs. C-386/11 – Piepenbrock Dienstleistungen GmbH & Co. KG ./. Landkreis Düren, Rn. 28 ff.; EuGH, Urt. v. 18.12.2014, Rs. C-568/13 – Azienda Ospedaliero di Careggi-firenze ./. Data Medical Service Srl, Rn. 33 ff.

34 Siehe ErwG 32 Abs. 1 und Abs. 3 VRL.

nicht oder nicht ohne Weiteres und jedenfalls nicht ohne hohen Aufwand zu bewerkstelligen sein wird.

In inhaltlicher Hinsicht ist das Tatbestandsmerkmal der ähnlichen Kontrolle wie über eigene Dienststellen (sog. **Kontrollkriterium**) unter Berücksichtigung der vorgenannten Verselbständigung der Frage der Kapitalstruktur des „Auftragnehmers" identisch zu den früher von der Rechtsprechung gestellten Anforderungen normiert worden, was sich auch in der Regelung des Abs. 2 zeigt, welche Formulierungen aus der Rechtsprechung aufgreift. Demgegenüber ist das Tatbestandsmerkmal der Tätigkeit im Wesentlichen für den bzw. die kontrollierenden öffentlichen Auftraggeber (sog. **Tätigkeitskriterium**, häufig auch Wesentlichkeitskriterium genannt, wobei dieser Begriff das Maß und nicht die zu prüfende Eigenschaft in den Vordergrund rückt und deswegen nach hier vertretener Auffassung unschärfer ist) neu formuliert und damit auch inhaltlich modifiziert worden, und zwar in zweierlei Hinsicht – hinsichtlich der Marge der erlaubten Fremdumsätze, die nun beziffert auf unter 20 % zugelassen sind, und hinsichtlich der Definition des sog. Eigengeschäfts („betraut"). 28

2. Das Kapitalbeteiligungskriterium (Abs. 1 Nr. 3)

a) Grundsatz: keine direkte private Kapitalbeteiligung

Nach dem Wortlaut der Norm fehlt es an einer Inhouse-Fähigkeit eines vorgesehenen „Auftragnehmers" grundsätzlich dann, wenn eine **direkte private Kapitalbeteiligung** an ihm besteht. Das bedeutet im Umkehrschluss, dass die Organisationsformen für den Vertragspartner des öffentlichen Auftraggebers in einer Inhouse-Konstellation eingeschränkt sind – es kommen grundsätzlich nur Organisationsformen in Betracht, bei denen die Gesellschafter bzw. Aktionäre jeweils der öffentlichen Hand zuzurechnen sind. Das sind neben Organisationsformen öffentlich-rechtlicher juristischer Personen (Anstalt des öffentlichen Rechts, Zweckverband) privatrechtliche Kapitalgesellschaften (GmbH, AG) und ggf. Personengesellschaften jeweils mit ausschließlich öffentlicher Beteiligung. Hieraus folgt, dass dem Kriterium der Kapitalbeteiligung besondere Bedeutung bei der beabsichtigten Leistungserbringung durch eine privatrechtliche Kapitalgesellschaft zukommt. 29

Das grundsätzliche Verbot direkter privater Kapitalbeteiligung beruht einerseits auf der Überlegung, es auszuschließen, dass ein privater Mitgesellschafter gegenüber seinen Konkurrenten auf dem Markt einen Vorteil i. S. einer Gewinnerwirtschaftung im öffentlichen Beschaffungssektor ohne Ausschreibung erlangen kann.[35] Die Vergabefreiheit solcher Geschäfte bewirke eine Gefährdung des Ziels des freien und unverfälschten Wettbewerbs und eine Verletzung des Gleichbehandlungsgrundsatzes. 30

In der Rechtsprechung zum alten Recht wurde andererseits verlangt, dass jeder unmittelbare Einfluss eines privaten Unternehmens und Marktteilnehmers auf den Vertragspartner des Auftraggebers bei einem Inhouse-Geschäft ausgeschlossen werden muss. Sobald (irgend-)eine gesellschaftsrechtliche Beteiligung eines Privatunternehmens vorlag, wurde davon ausgegangen, dass der Auftraggeber über diese Einrichtung keine vergleichbare 31

35 Vgl. ErwG 31 und 32 Abs. 2 Satz 1 VRL; Begründung des Gesetzesentwurfes v. 14.8.2015, BR-Drs. 367/15, S. 91, zu § 108 Abs. 2; zuvor in der Rechtsprechung nur EuGH, Urt. v. 11.1.2005, Rs. C-26/03 – Stadt Halle u. RPL GmbH ./. ARGE TREA Leuna, Rn. 51.

Kontrolle wie über eigene Dienststellen ausüben kann. Das Beispiel der GmbH nach deutschem Gesellschaftsrecht zeigt, dass grundsätzlich jeder Mitgesellschafter bereits formelle Rechte (z.B. nach §§ 51a, 51b, 74 Abs. 3 GmbHG) und z.T. sogar ein Vetorecht (z.B. § 53 Abs. 3 GmbHG) besitzt, die eine zum Vergleichsmaßstab erhobene eigene Dienststelle des Auftraggebers nicht innehätte, und zwar unabhängig davon, ob seine Beteiligung bereits ausreicht, um dem privaten Mitgesellschafter nach dem jeweiligen nationalen Gesellschaftsrecht oder nach dem Inhalt der konkret geschlossenen gesellschaftsrechtlichen Verträge weitere Rechte zu verschaffen (z.B. ab 10 % der Geschäftsanteile einer GmbH nach §§ 50 Abs. 1 f., 61 Abs. 2, 66 Abs. 2 f. GmbHG). Es ist allgemein anerkannt, dass zwischen Mitgesellschaftern die Pflicht besteht, Minderheitsgesellschafter nicht treuwidrig zu benachteiligen, was z.B. bei Entscheidungen bedeutsam werden kann, die den wirtschaftlichen Ertrag der Gesellschaft und damit den Gewinnanteil mindern.[36] Dem zuvor in der Literatur und sodann in der Rs. „Stadt Halle" von mehreren Beteiligten[37] vorgebrachten Einwand der Unschädlichkeit minderheitlicher Beteiligungen[38] – jedenfalls bei entsprechender Flankierung mit gesellschaftsvertraglichen Sonderregelungen – ist der EuGH in seiner Rechtsprechung nicht gefolgt, weil selbst dann nicht auszuschließen ist, dass die Beziehungen zwischen den Gesellschaftern durch Überlegungen geprägt werden könnten, die nicht mit öffentlichen Interessen, sondern mit der Rücksichtnahme auf die Interessen des privaten Mitgesellschafters zusammenhängen.[39] In den Erwägungsgründen der neuen Richtlinien ist dieser Aspekt der Begründung – die Divergenz der Interessenlagen – zwar nicht mehr ausdrücklich aufgeführt, unter dem Aspekt des Vergleiches mit der Kontrolldichte zu einer eigenen Dienststelle behält er nach hier vertretener Auffassung gleichwohl seine Gültigkeit, wenn auch nicht mehr als Ausschluss-, sondern nur noch als ein gewichtetes Kriterium. Der Verzicht auf die Ableitung des Ausschlusses privater Beteiligungen aus einer Interessendivergenz von öffentlicher Hand und Privaten macht den Weg frei, eine solche Beteiligung nicht mehr gänzlich auszuschließen, sondern einer Prüfung im Einzelfall zuzuführen.[40]

b) Eine Ausnahme vom Grundsatz des Verbots direkter Kapitalbeteiligungen

32 Bereits der EU-Normgeber hat Rücksicht genommen auf eine nationale Besonderheit in Deutschland,[41] die Ausdruck in einer **Ausnahme vom Verbot der direkten privaten Kapitalbeteiligung** gefunden hat. In Fällen, in denen eine nationale gesetzliche Bestimmung – d.h. eine von einem Parlament bestimmte, nicht etwa durch einen Rechtsakt der Regierung angeordnete – Pflichtmitgliedschaft eines Privatunternehmens am Kapital des kontrollierten Vertragspartners vorgeschrieben ist, ist diese direkte private Kapitalbeteiligung

36 Unter Verweis hierauf hatte die VK Düsseldorf bereits mit Beschl. v. 7.7.2000, VK 12/2000, einen Wegfall der Kontrolle durch bloße Beteiligung eines Privatunternehmens verneint; ablehnend *Schauenburg*, NZBau 2002, 259, 260.

37 Vgl. Stellungnahme der finnischen Regierung v. 9.6.2003, Rn. 20; Stellungnahme der Republik Österreich v. 6.6.2003; Stellungnahme der Französischen Republik v. 12.6.2003, Rn. 12.

38 Vgl. *Jaeger*, NZBau 2001, 6, 9 f.; *Dreher*, NZBau 2001, 360, 362 f.; *Müller*, NZBau 2001, 416, 419 f.; *Endler*, NZBau 2002, 125, 131; *Masing*, ZfBR 2002, 450, 453; *Zeiss*, ZfBR 2002, 456, 456.

39 Vgl. EuGH, Urt. v. 11.1.2005, Rs. C-26/03 – Stadt Halle u. RPL GmbH ./. ARGE TREA Leuna, Rn. 50.

40 So zutreffend *Ziekow*, NZBau 2015, 258, 261.

41 Nämlich das Verbandsrecht in Nordrhein-Westfalen, vgl. *Neun/Otting*, EuZW 2014, 446, 448; *Brockhoff*, VergabeR 2014, 625, 630; *Greb*, VergabeR 2015, 289, 292.

ausnahmsweise dann nicht inhouse-schädlich, wenn sie – kumulativ – weder eine beherrschende Form der Beteiligung darstellt noch eine Form der Beteiligung mit einer Sperrminorität und darüber hinaus die Beteiligung dem Privatunternehmen keinen maßgeblichen Einfluss auf die Entscheidungen der kontrollierten Person verschafft.[42] Während die Frage nach den ausgeschlossenen Formen der Beteiligung (beherrschend bzw. mit Sperrminorität) häufig relativ einfach quantitativ nach der Größe des Geschäfts- oder Aktienanteils zu beantworten ist, setzt die Prüfung des Fehlens eines maßgeblichen Einflusses auf die (Einzel-)Entscheidungen der kontrollierten Person eine qualitative Prüfung im Einzelfall voraus.

c) Keine Regelung zur direkten privaten Kapitalbeteiligung am Auftraggeber

Indem sich das Verbot der direkten privaten Kapitalbeteiligung nach dem eindeutigen Wortlaut der Norm nur auf die Beteiligungsverhältnisse am „Auftragnehmer“, d.h. an der kontrollierten Person, bezieht, ist auch klargestellt, dass **eine private Kapitalbeteiligung am kontrollierenden Auftraggeber** keinen Einfluss auf die Vergaberechtsfreiheit der vertikalen Zusammenarbeit haben soll.[43] 33

d) Maßgeblicher Zeitpunkt der Beurteilung

Der **maßgebliche Zeitpunkt** für die Beurteilung der direkten privaten Kapitalbeteiligung ist der Zeitpunkt der Auftragsvergabe i.S. des Vertragsschlusses zwischen dem Auftraggeber und dem „Auftragnehmer“. Im Moment der Konzeption der Vergabe liegt dieser Zeitpunkt in der Zukunft als ein lediglich beabsichtigter bzw. prognostizierter Termin. Der Auftraggeber trägt das Risiko, dass sich seine für diesen Zeitpunkt angestellte Prognose im Hinblick auf das Vorliegen der Voraussetzungen einer Inhouse-Vergabe bestätigt. Das Abstellen auf den Zeitpunkt des Vertragsschlusses schließt es nicht aus, dass auch Veränderungen, die zwar erst nach dem Vertragsschluss eintreten werden, zur Zeit des Vertragsschlusses aber bereits angelegt sind, Berücksichtigung finden. 34

aa) Öffnung für eine direkte private Kapitalbeteiligung

Sieht der Gesellschaftsvertrag der kontrollierten Person eine **Öffnung** der Gesellschaft **für eine direkte private Kapitalbeteiligung** während der Ausführungszeit der übertragenen Leistungen **konkret** vor bzw. besteht in sonstiger Weise eine **konkrete** Aussicht hierfür, so ist diese Konstellation als inhouse-schädlich zu berücksichtigen.[44] Das gilt auch, wenn z.B. 35

---

42 Vgl. ErwG 32 Abs. 2 Satz 2 VRL; siehe auch hier Rn. 12 mit Fn. 25.

43 Vgl. auch ErwG 32 Abs. 2 Satz 3 VRL; so auch Begründung des Gesetzesentwurfes v. 14.8.2015, BR-Drs. 367/15, S. 92, zu Nummer 3, Abs. 3.

44 Vgl. EuGH, Urt. v. 10.11.2005, Rs. C-29/04 – KOM ./. Rep. Österreich (Stadt Mödling), Rn. 38, hierbei handelte es sich um eine offenkundige Umgehung der Anwendung des Vergaberechts, weil von vornherein vorgesehen war, dass unmittelbar nach dem Vertragsschluss zwischen dem Auftraggeber und seiner Eigengesellschaft und noch vor dem Beginn der Ausführungsfrist Geschäftsanteile der Eigengesellschaft an ein Privatunternehmen veräußert werden sollten; EuGH, Urt. v. 6.4.2006, Rs. C-410/04 – ANAV./. Commune di Bari u.a., Rn. 30 für eine Dienstleistungskonzession bei konkreter Aussicht auf eine Teilprivatisierung des Konzessionsnehmers; EuGH, Urt. v. 8.4.2008, Rs. C-337/05 – KOM ./. Rep. Italien (Augusta), Rn. 39f. für eine seit mehr als 30 Jahren ununterbrochen gemischtwirtschaftlich zusammengesetzte Gesellschaft; EuGH, Urt. v. 10.9.2009, Rs. C-573/07 – Sea Srl ./. Comune di Ponte Nossa, Rn. 50.

das nationale Recht die baldige Öffnung der Gesellschaft für privates Kapital vorschreibt.[45] Die bloße **abstrakte** Möglichkeit der Öffnung der Gesellschaft für Fremdkapital genügt für einen Ausschluss der Inhouse-Fähigkeit nicht.

bb) Rekommunalisierung

36 Umgekehrt gilt für den Fall, dass z.Zt. des Vertragsschlusses mit einer gemischtwirtschaftlichen Beteiligungsgesellschaft entweder die Rückführung des in privater Hand befindlichen Anteils des Gesellschaftskapitals in die öffentliche Hand oder die Vertragsübernahme des gesamten Auftrags durch ein noch zu gründendes Tochterunternehmen des Vertragspartners des öffentlichen Auftraggebers, welches seinerseits keine direkte private Kapitalbeteiligung aufweist, **konkret** beabsichtigt ist, dass auch dieser nach dem Vertragsschluss eintretende Umstand bei der Beurteilung der Erfüllung der Voraussetzungen des § 108 Abs. 1 GWB zu berücksichtigen ist.[46]

e) Zulässige Formen der indirekten Kapitalbeteiligung

37 Die ausdrückliche Begrenzung des Verbots der privaten Kapitalbeteiligung auf Formen der direkten Kapitalbeteiligung bedeutet **im Umkehrschluss**, dass indirekte Formen der privaten Kapitalbeteiligung nicht zum sofortigen Ausschluss der Inhouse-Fähigkeit führen. Zu prüfen ist, ob die anderen beiden Kriterien erfüllt werden. Der Begriff der indirekten Kapitalbeteiligung ist jedoch kein feststehender Rechtsbegriff; er wird im Normtext selbst auch nicht verwendet. Die Begrenzung des Verbots auf direkte private Kapitalbeteiligungen erlaubt es auch solchen öffentlichen Auftraggebern, die selbst eine private Kapitalbeteiligung aufweisen und diese als indirekte Kapitalbeteiligung der kontrollierten Person vermitteln würden, oder solchen kontrollierten Unternehmen, die ihren Mitarbeitern oder Nutzern eine indirekte private Kapitalbeteiligung einräumen oder an denen mittelbare private Beteiligungen über deren Muttergesellschaft bestehen, die Ausnahmeregelung des § 108 GWB in Anspruch zu nehmen.[47]

38 Das Vorhandensein oder Hinzutreten eines sog. **stillen Gesellschafters**, also eines nach außen nicht in Erscheinung tretenden Kapitalgebers, der keine Geschäftsanteile, sondern nur Gewinnbeteiligungsansprüche erwirbt, ist nach hier vertretener Auffassung ebenfalls **nicht inhouse-schädlich**.[48] Vertragspartner des öffentlichen Auftraggebers bleibt die auftragnehmende Gesellschaft (ohne den stillen Gesellschafter), die daneben gegründete Gesellschaft zwischen Auftragnehmer und stillem Gesellschafter hat keinen Einfluss auf die Leistungserbringung. Die Situation ist wirtschaftlich mit einem Kreditgeber vergleichbar. Es ist anzumerken, dass eine andere Sichtweise auch nicht praktikabel wäre.

---

45 Vgl. EuGH, Urt. v. 13.10.2005, Rs. C-458/03 – Parking Brixen GmbH ./. Brixen u. Stadtwerke Brixen AG, Rn. 67, 72; EuGH, Urt. v. 10.9.2009, C-573/07 – Sea Srl. ./. Comune di Ponte Nossa, Rn. 47.

46 Vgl. OLG Düsseldorf, Beschl. v. 15.10.2003, Verg 50/03 – Rekommunalisierung; OLG Frankfurt, Beschl. v. 30.8.2011, 11 Verg 3/11 – Wasserversorgung, Rn. 39 ff., abgelehnt im konkreten Fall; *Michaels*, NZBau 2004, 27.

47 Vgl. v. *Engelhardt/Kaelble*, in: Müller-Wrede, GWB, § 108 Rn. 43; *Orlowski*, NZBau 2007, 80, 82; *Ziekow*, NZBau 2015, 258, 261.

48 Ebenso *Orlowski*, NZBau 2007, 80, 82; *Ziekow*, NZBau 2015, 258, 261.

3. Das (neue) Kontrollkriterium (Abs. 1 Nr. 1)

Mit der Formulierung, dass der öffentliche Auftraggeber über die juristische Person „eine ähnliche Kontrolle wie über seine eigenen Dienststellen" ausübt, greift die Vorschrift das in der Rechtsprechung entwickelte Kontrollkriterium auf, allerdings entledigt um das gesondert normierte Kapitalbeteiligungskriterium. Die Differenzierung zwischen einem Kapitalbeteiligungs- und einem Kontrollkriterium verdeutlicht, was schon vor der Normsetzung galt: Der Umkehrschluss, dass jede 100%ige Eigengesellschaft der öffentlichen Hand inhouse-fähig sei, ist nicht gerechtfertigt. Über die Beteiligungsverhältnisse hinaus muss eine hinreichende Kontrolldichte im Verhältnis zwischen dem öffentlichen Auftraggeber und seinem Vertragspartner festgestellt werden.[49] 39

a) Typische Parameter für die Beurteilung der Kontrolldichte

Eine „ähnliche" Kontrolle wie über eigene Dienststellen ist keine identische Kontrolle, aber sie erfordert eine Kontrollintensität, welche der in der Verwaltungshierarchie bestehenden Über- und Unterordnung nahe kommt. Zwischen Behörden erfolgt die Kontrolle im Wege der Fach- und der Rechtsaufsicht. Typischerweise hat die übergeordnete Behörde ein Weisungsrecht und ggf. auch ein Substitutions- und Selbsteintrittsrecht. Hinzu tritt, dass auch die Finanzausstattung einer Behörde grundsätzlich von der Bewilligung durch die übergeordnete Behörde abhängig ist, auch wenn in modernen Verwaltungshierarchien den untergeordneten Behörden teilweise größere Entscheidungsspielräume über die Verwendung ihres Budgets zugestanden werden. An dieser Kontrolldichte muss sich die „ähnliche" Kontrolle des Vertragspartners orientieren und messen lassen. Für die nachfolgend aufgeführten Indikatoren ist im Einzelfall zu prüfen, ob und inwieweit die auf eine Marktausrichtung des Vertragspartners hindeutenden Umstände dessen Kontrolle durch den Auftraggeber nicht mehr als gesichert erscheinen lassen.[50] 40

aa) Gesellschaftsform

Im Rahmen der Beurteilung der Kontrolldichte kommt dem Maß an Selbständigkeit des Vertragspartners der öffentlichen Hand Bedeutung zu. Hierfür ist ein erster Indikator **die Rechtsnatur der Gesellschaftsform**. Eine Gesellschaftsform wie diejenige der Aktiengesellschaft, deren Wesen nach ihrer gesetzlichen Ausgestaltung in einer weitgehenden Handlungsfreiheit des zur Vertretung im Rechtsverkehr berufenen Organs (Vorstand bzw. Verwaltungsrat) gegenüber den Gesellschaftern besteht, lässt es nahezu ausgeschlossen erscheinen, dass die öffentliche Stelle über diese Gesellschaft eine Kontrolle wie über ihre eigenen Dienststellen ausüben kann.[51] Gleiches gilt für einen Versicherungsverein auf Aktien (VVaG)[52] oder für eine 41

49 Vgl. EuGH, Urt. v. 10.11.2005, Rs. C-29/04 – KOM ./. Rep. Österreich (Stadt Mödling), Rn. 38 ff.; *Wiedemann*, CuR 2006, 123, 124 f.

50 Vgl. EuGH, Urt. v. 10.9.2009, Rs. C-573/07 – Sea Srl ./. Comune di Ponte Nossa, Rn. 73 ff.; OLG Düsseldorf, Beschl. v. 28.7.2011, VII-Verg 20/11 – Stoffgleiche Nichtverpackungen, juris Rn. 77.

51 Vgl. EuGH, Urt. v. 13.10.2005, Rs. C-458/03 – Parking Brixen GmbH ./. Brixen u. Stadtwerke Brixen AG, Rn. 67; OLG Düsseldorf, Beschl. v. 4.5.2009, VII-Verg 68/08 – Schülerspezialverkehr, juris Rn. 121; zur Bedeutung der Gesellschafterversammlung als Leitungsorgan auch *Mager/ Weßler*, NBau 2017, 342, 344.

52 Vgl. BGH, Urt. v. 3.7.2008, I ZR 145/05 – juris Rn. 29 f.

mit weit gehenden Autonomierechten versehene öffentliche Einrichtung, z. B. eine Universität.[53]

bb) Besondere gesellschaftsrechtliche Regelungen

42 Das Maß an Selbstständigkeit des vertretungsberechtigten Organs des Vertragspartners des öffentlichen Auftraggebers kann durch individuelle Gestaltungen der Satzung bzw. durch die **Übertragung weitgehender Kompetenzen**, so z. B. die Erteilung einer Generalvollmacht bzw. die Einräumung der Genehmigungsfreiheit für eine Vielzahl von Rechtsgeschäften, erhöht sein.[54] Umgekehrt kann die Einschränkung der gesetzlich eingeräumten Befugnisse, etwa durch einen gesellschaftsrechtlichen **Beherrschungsvertrag oder Satzungsbestimmungen**, das Maß an Selbständigkeit beschränken, sodass eine Inhouse-Fähigkeit hergestellt werden kann.[55] Gleiches kann u. U. dadurch erreicht werden, dass die Leitung des Vertragspartners ganz oder partiell verstärkt unter die **Aufsicht** seiner Gesellschafter gestellt wird, etwa durch die Unterwerfung unter die Kontrolle durch das Rechnungsprüfungsamt des kommunalen Gesellschafters.

cc) Gesellschaftszweck

43 Für die Beurteilung der Kontrolldichte können – vergleichbar zur Regelung der öffentlichen Auftraggeber i. S. von § 99 Nr. 2 GWB – **der Gesellschaftszweck und die Aufgabenstrukturen** maßgeblich sein. Dabei ist nicht allein entscheidend, ob die Tätigkeit des Vertragspartners allein oder überwiegend der Gewinnerzielung dient;[56] auch gemeinnützige Vereinigungen können letztlich private, von den öffentlichen Interessen partiell abweichende Zwecke verfolgen.[57] Von einer geringeren Kontrolldichte ist regelmäßig auszugehen, wenn der Vertragspartner auch Geschäftsfelder betreibt, welche sich nicht auf die Erfüllung im Allgemeininteresse liegender Aufgaben nichtgewerblicher Art (speziell: der Daseinsvorsorge) beschränken.[58] Gleiches kann gelten, wenn **der räumliche Tätigkeitsbereich** über das Hoheitsgebiet der Gesellschafter hinaus erstreckt wird.[59]

53 Vgl. EuGH, Urt. v. 8.5.2014, Rs. C-15/13 – TU Hamburg-Harburg u. HIS GmbH ./. Datenlotsen Informationssysteme GmbH, Rn. 31.

54 Vgl. EuGH, Urt. v. 13.10.2005, Rs. C-458/03 – Parking Brixen GmbH ./. Brixen u. Stadtwerke Brixen AG, Rn. 67 ff.: Generalvollmacht für den Verwaltungsrat und Genehmigungsfreiheit für Geschäfte bis 5 Mio. Euro; EuGH, Urt. v. 11.5.2006, Rs. C-340/04 – Carbotermo SpA et Consorzio Alisei ./. Comune di Busto Arsizio et AGESP SpA, Rn. 38 ff.; EuGH, Urt. v. 13.11.2008, Rs. C-3234707 – Coditel Brabant SA ./. Commune d'Uccle u. a., Rn. 35.

55 Vgl. *Orlowski*, NZBau 2007, 80, 81 näher zum Beherrschungsvertrag i. S. von § 29 Abs. 1 Satz 1 Alt. 1 AktG; OLG Düsseldorf, Beschl. v. 2.11.2016, VII-Verg 23/16 – Mandatsfahrten, satzungsmäßige Verpflichtungen des Mitgesellschafters zur inhouse-freundlichen Rechtsausübung.

56 Vgl. OLG Celle, Beschl. v. 10.11.2005, 13 Verg 12/05 – juris Rn. 7: keine Inhouse-fähige Kontrolldichte wegen der überwiegend erwerbswirtschaftlichen Ausrichtung der Gesellschaft im Bereich des ÖPNV; dazu *Bultmann*, NZBau 2006, 222.

57 Vgl. EuGH, Urt. v. 19.6.2014, Rs. C-574/12 – Centro Hospitalar de Setúbal EPE u. SUCH ./. Eurest, Rn. 33, 36, 48.

58 Vgl. EuGH, Urt. v. 13.10.2005, Rs. C-458/03 – Parking Brixen GmbH ./. Brixen u. Stadtwerke Brixen AG, Rn. 67: Hinzutreten der Geschäftsfelder Personen- und Gütertransport, Informatik, Telekommunikation und das Betreiben von Parkhäusern.

59 Vgl. EuGH, Urt. v. 13.10.2005, Rs. C-458/03 – Parking Brixen GmbH ./. Brixen u. Stadtwerke Brixen AG, Rn. 67: Ausweitung des räumlichen Tätigkeitsbereichs eines kommunalen Stadtwerks

dd) Finanzausstattung

Maß für die Kontrolldichte des öffentlichen Auftraggebers können die näheren Umstände der **Finanzausstattung** des Vertragspartners sein, wenn Finanztransfers über den unmittelbaren Leistungsaustausch hinaus erfolgen und für das Fortbestehen des Vertragspartners Bedeutung erlangen können. 44

ee) Gesicherter Einfluss auf Personalstruktur

Für den Grad der Kontrolle des öffentlichen Auftraggebers über seinen Vertragspartner kann schließlich herangezogen werden, inwieweit der Auftraggeber einen **gesicherten Einfluss auf Personalentscheidungen** in den für die Vertretung im Rechtsverkehr berufenen Organen des Vertragspartners ausüben kann.[60] 45

b) Die Regelvermutung des Abs. 2 Satz 1

Das Gesetz enthält in § 108 Abs. 2 Satz 1 GWB eine Regelvermutung,[61] wonach ein öffentlicher Auftraggeber eine Kontrolle wie über seine eigenen Dienststellen dann ausübt, wenn er einen ausschlaggebenden Einfluss sowohl auf die strategischen Ziele als auch auf die wesentlichen (Einzel-)Entscheidungen des Vertragspartners hat. Diese Formulierung ist unmittelbar der Rechtsprechung des EuGH entnommen. Der EuGH hat die Wendung dahin erläutert, dass die von dem öffentlichen Auftraggeber ausgeübte Kontrolle wirksam, strukturell und funktionell sein muss.[62] Als „strategische" Entscheidungen sind langfristig wirkende Maßnahmen anzusehen, wie Entscheidungen über mittel- und langfristige Kooperationsbeziehungen, über die Ausrichtung und Prioritäten der Tätigkeitsfelder, über Wirtschafts- und Finanzpläne bzw. Finanzierungskonzepte oder über die Besetzung der Leitungspositionen in der Einrichtung. Die (sonstigen) „wesentlichen" Entscheidungen sind Einzelentscheidungen, insbesondere kurzfristig umzusetzende Maßnahmen. Einer genauen Abgrenzung zwischen beiden Entscheidungsformen bedarf es nicht, das Begriffspaar soll lediglich deutlich machen, dass die Einflussmöglichkeit des Auftraggebers eine umfassende sein muss, um die nötige Kontrolldichte zu gewährleisten.[63] 46

c) Vermittelte Kontrolle (Abs. 2 Satz 2)

Im Gesetz ist nun ausdrücklich klargestellt, dass die Kontrolle des Vertragspartners durch den öffentlichen Auftraggeber nicht nur unmittelbar, sondern auch vermittelt über eine oder mehrere andere juristische Personen ausgeübt werden kann, wenn sie die in § 108 Abs. 1 Nr. 1, Abs. 2 Satz 1 GWB normierten Voraussetzungen erfüllt. Das betrifft nicht nur 47

---

auf das ganze Land und ggf. auch auf das grenznahe Ausland; *Portz*, in: Kulartz/Kus/Portz/Prieß, GWB, § 108 Rn. 54.

60 Vgl. EuGH, Urt. v. 13.11.2008, Rs. C-3234707 – Coditel Brabant SA ./. Commune d'Uccle u. a., Rn. 34.

61 Vgl. Begründung des Gesetzesentwurfs, BR-Drs. 367/15, S. 92 – zu Abs. 2; *Portz*, in: Kulartz/Kus/Portz/Prieß, GWB, § 108 Rn. 38.

62 Vgl. EuGH, Urt. v. 13.11.2008, Rs. C-3234707 – Coditel Brabant SA ./. Commune d'Uccle u. a., Rn. 28; EuGH, Urt. v. 29.11.2012, Rs. C-182/11 u. C-183/11 – Econord SpA ./. Comune di Varese u. a., Rn. 27 m. w. N.; EuGH, Urt. v. 8.5.2014, Rs. C-15/13 – TU Hamburg-Harburg u. HIS GmbH ./. Datenlotsen Informationssysteme GmbH, Rn. 26.

63 Ebenso *Portz*, in: Kulartz/Kus/Portz/Prieß, GWB, § 108 Rn. 40.

Fallgestaltungen, in denen der öffentliche Auftraggeber neben einer direkten Beteiligung weitere Geschäftsanteile über eigene Unternehmungen hält,[64] oder einfach gestufte Vermittlungen der Kontrolle (Geschäft zwischen „Mutter“ und „Enkelgesellschaft“),[65] sondern kann auch auf mehrfach gestufte Vermittlungen der Kontrolle zutreffen.[66] Mit zunehmender Anzahl der Vermittlungsstufen wird jedoch der Nachweis einer ausreichenden Kontrolldichte erschwert.

4. Das Tätigkeitskriterium (Abs. 1 Nr. 2)

48 Als dritter Indikator für die Marktferne des Vertragspartners des öffentlichen Auftraggebers dient neben dem Kriterium des Maßes der privaten Kapitalbeteiligung und dem Kriterium der Intensität der Kontrolle des Vertragspartners durch den öffentlichen Auftraggeber das Kriterium des Umfangs seiner Tätigkeit für den öffentlichen Auftraggeber oder von diesem kontrollierte juristische Personen. Der Normgeber folgt auch damit der bisherigen Rechtsprechung, modifiziert aber das Kriterium zugleich.

a) Wechsel zum rein quantitativen Kriterium

49 Das Maß der auftraggeberbezogenen Tätigkeit (sog. **Eigengeschäft**) wird nicht mehr mit dem unbestimmten Rechtsbegriff „im Wesentlichen“ beschrieben, sondern **exakt quantifiziert**. Schon die Festlegung einer Mindestquote für den Umfang des Eigengeschäfts legt nahe, dass der Normgeber eine höhere Transparenz und Rechtssicherheit schaffen wollte, indem er die Prüfung der Erfüllung dieses Kriteriums von empirisch zu ermittelnden Werten abhängig macht und zugleich den Spielraum für eine differenzierte Einzelfallbetrachtung erheblich eingrenzt.[67] Der ersatzlose Wegfall des unbestimmten Rechtsbegriffs führt dazu, dass es – abweichend von der bisherigen Rechtsprechung – bei diesem Kriterium nicht auf eine Gesamtschau quantitativer und qualitativer Aspekte ankommt,[68] sondern allein auf die vorgenannten quantitativen Gegebenheiten.[69] Dieser Umstand stellt im Übrigen ein weiteres Argument dafür dar, dieses Kriterium „Tätigkeits-“ und nicht „Wesentlichkeitskriterium“ zu nennen.

50 Für die Begrenzung auf eine rein quantitative Prüfung spricht zudem, dass die festgelegte Höchstquote (der Fremdgeschäfte) von weniger als 20 % – absolut gesehen – als zu hoch erscheint, um noch als „unwesentlich“ angesehen zu werden. Das zeigen sowohl der Umstand, dass die Rechtsprechung bisher eine entsprechende Anwendung des Rechtsgedankens des Art. 13 Abs. 1 lit. b) RL 93/38/EWG (SKR EWG) bzw. des Art. 23 RL 2004/17/

64 Vgl. EuGH, Urt. v. 17.7.2008, Rs. C-371/05 – KOM ./. Italien (Mantua).

65 Vgl. OLG Düsseldorf, Beschl. v. 12.1.2004, VII-Verg 71/03 – juris Rn. 65; EuGH, Urt. v. 11.5.2006, Rs. C-340/04 – Carbotermo SpA u. Consorzio Alisei ./. Comune di Busto Arsizio et AGESP SpA, Rn. 38.

66 Vgl. OLG München, Beschl. v. 31.3.2016, Verg 14/15 – Stadtverkehr Augsburg, für eine „Urenkel“-Gesellschaft.

67 Vgl. *Wagner/ Piesbergen*, NVwZ 2012, 653, 655.

68 Vgl. EuGH, Urt. v. 11.5.2006, Rs. C-340/04 – Carbotermo SpA u. Consorzio Alisei ./. Comune di Busto Arsizio et AGESP SpA, Rn. 64.

69 Ebenso *Müller-Wrede*, VergabeR 2016, 292, 297.

EG (SKR) abgelehnt hatte,[70] weiter der Umstand, dass in der Rechtsprechung zuletzt einheitlich eine Mindestquote von 90 % Tätigkeit für den öffentlichen Auftraggeber verlangt wurde,[71] und auch der Vergleich mit den bisher in der Rechtsprechung verwendeten Parallelbeschreibungen, z. B. Fremdgeschäfte seien „rein nebensächlich"[72] bzw. „nur am Rande"[73] bzw. „marginal",[74] verlangt seien Eigengeschäfte „nahezu ausschließlich"[75] – alle diese Wendungen sind mit dem neuen Normgehalt nicht vereinbar. Die damit vollzogene Rechtsänderung ist im Normgebungsverfahren bewusst herbeigeführt worden.[76] Mit ihr ist insbesondere den Interessen der Kommunen und kommunalen Unternehmen Rechnung getragen worden, die darauf verwiesen haben, dass aktuell ein prozentualer Anteil von bis zu 20 % der Drittgeschäfte am Gesamtgeschäft eines Stadtwerks weit verbreitet sei.[77]

b) Differenzierung zwischen Eigen- und Fremdgeschäften

aa) Begriff der Tätigkeit der kontrollierten Person

Im Rahmen des Tätigkeitskriteriums ist **das konkrete Handeln** des Vertragspartners des öffentlichen Auftraggebers maßgeblich, nicht etwa dasjenige, was ihm aufgrund gesetzlicher oder satzungsrechtlicher Bestimmungen erlaubt ist.[78] Der weite Begriff der „Tätigkeit" erfasst dabei jegliches Handeln der kontrollierten Person, ohne dass eine Begrenzung durch interne organisatorische Maßnahmen herbeigeführt werden kann.[79] 51

Für die Bewertung als Tätigkeit ist es unerheblich, ob der Vertragspartner des öffentlichen Auftraggebers über die zur Leistungserbringung erforderlichen Mittel selbst verfügt und sie selbst ausführt oder ob bzw. inwieweit er sich diese auf dem Markt beschafft.[80] 52

In zeitlicher Hinsicht kommt es auf die Verhältnisse z. Zt. der Erteilung desjenigen Auftrags an, dessen Vergaberechtsfreiheit geprüft wird. 53

---

70 Vgl. EuGH, Urt. v. 11.5.2006, Rs. C-340/04 – Carbotermo SpA u. Consorzio Alisei ./. Comune di Busto Arsizio et AGESP SpA, Rn. 55.

71 Vgl. EuGH, Urt. v. 19.4.2007, Rs. C-295/05 – Asemfo ./. TrAgSA, Rn. 62 f.: 90 %; das hiervon zunächst abweichende OLG Celle, Beschl. v. 14.9.2006, 13 Verg 2/06 – es hatte einen Anteil von 92,5 % nicht als ausreichend erachtet, juris Rn. 15 – hat diese Rechtsprechung ausdrücklich zugunsten einer einheitlichen Spruchpraxis aufgegeben, vgl. Beschl. v. 17.12.2014, 13 Verg 3/13 – Gründung eines Zweckverbands, juris Rn. 65.

72 Vgl. EuGH, Urt. v. 11.5.2006, Rs. C-340/04 – Carbotermo SpA u. Consorzio Alisei ./. Comune di Busto Arsizio et AGESP SpA, Rn. 63.

73 Vgl. EuGH, Urt. v. 17.7.2008, Rs. C-371/05 – KOM ./. Italien (Mantua).

74 Vgl. VK Sachsen, Beschl. v. 28.2.2007, 1/SVK/110-06-II.

75 Vgl. OLG Düsseldorf, Beschl. v. 12.1.2004, VII-Verg 71/03 – juris Rn. 67.

76 Vgl. *Schwab/Giesemann*, VergabeR 2014, 512, 518; *Müller-Wrede*, VergabeR 2016, 292, 297.

77 Vgl. auch *Tomerius*, VergabeR 2015, 373.

78 So schon GAin *Stix-Hackl*, Schlussanträge v. 12.1.2006, Rs. C-340/04 – Carbotermo SpA u. Consorzio Alisei ./. Comune di Busto Arsizio et AGESP SpA, Rn. 79.

79 Vgl. v. *Engelhardt/Kaelble*, in: Müller-Wrede, GWB, § 108 Rn. 33.

80 Vgl. OLG Düsseldorf, Beschl. v. 2.3.2011, VII-Verg 48/10 – kommunale Busverkehre, juris Rn. 70

bb) Subjektiver Definitionsbereich des Eigengeschäfts

54 **In subjektiver Hinsicht** werden als Eigengeschäfte Tätigkeiten definiert, die sich entweder auf den **kontrollierenden öffentlichen Auftraggeber** beziehen **oder** auf **andere juristische Personen, die von diesem kontrolliert werden**. Es ist – auch im Hinblick auf die Sonderfälle des Inhouse-Geschäftes, die in Abs. 3 geregelt sind – eine Gesamtberücksichtigung der durch die Kontrolle des öffentlichen Auftraggebers „verbundenen" juristischen Personen und damit eine konzernähnliche Betrachtungsweise angeordnet.[81] Auch insoweit ist davon auszugehen, dass der verwendete Begriff der juristischen Person solche Organisationseinheiten des öffentlichen Auftraggebers, die als (teilrechtsfähige) Personengesellschaft verfasst sind, nicht ausgrenzen soll. Als vom Auftraggeber kontrollierte juristische Personen sind dessen (weitere) „Tochter-" und „Enkel-"Ausgründungen, d. h. die in einem vertikalen Kontrollverhältnis zum Auftraggeber stehenden Gesellschaften anzusehen, unabhängig von deren Stellung zu dem auftragnehmenden Vertragspartner. Die Mitberücksichtigung der nur mittelbar vom öffentlichen Auftraggeber herrührenden, ihm kraft gesetzlicher Anordnung zugerechneten Tätigkeiten bewirkt eine Ausweitung des Bereichs vergabefreier Eigengeschäfte.

55 Nicht dem öffentlichen Auftraggeber zuzurechnen sind Tätigkeiten für andere öffentliche Auftraggeber, die nicht an der auftragnehmenden Einrichtung beteiligt sind und keine Kontrolle über diese Organisationseinheit ausüben.[82]

cc) Das „Betrautwerden"

56 **In objektiver Hinsicht** bezieht sich die in der Norm genannte Mindestquote auf die Tätigkeiten, welche der „Ausführung von Aufgaben dienen, mit denen sie (die juristische Person) … betraut wurde". Das ist eine gegenüber der bisherigen Rechtsprechung bewusst veränderte Formulierung, welche auslegungsbedürftig ist.

57 Die **bisherige Rechtsprechung** berücksichtigte im Rahmen des Tätigkeitskriteriums diejenigen Tätigkeiten, die der Vertragspartner „für die Gebietskörperschaft …" verrichtete.[83] Empirischer Anknüpfungspunkt war regelmäßig der Umsatz der kontrollierten Person.[84] Dem Eigengeschäft wurden alle Umsätze zugerechnet, welche die kontrollierte Person „aufgrund der Vergabeentscheidung der kontrollierenden Körperschaft erzielt",[85] wobei diese Erläuterung vor allem darauf abzielte, zu verdeutlichen, dass es weder darauf ankam, wer Nutzer oder Begünstigter der Leistungserbringung war, noch darauf, wer letztlich die Vergütung für die kontrollierte Person entrichtete. Das ergibt sich schon daraus, dass – streng genommen – der Begriff der „Vergabe"-Entscheidung für ein sog. vergabefreies

---

81 Vgl. VK Lüneburg, Beschl. v. 5.10.2013, VgK-33/2013 – BA S. 7: Reinigungsleistungen einer kommunalen Klinikdienste GmbH in Schulen derselben Kommune; OLG Düsseldorf, Beschl. v. 2.11.2016, VII-Verg 23/16 – Mandatsfahrten, Zurechnung der Leistungen für internationale Organisationen (NATO, UNO) als für den Bund erbrachte Leistungen.

82 Vgl. EuGH, Urt. v. 8.12.2016, Rs. C-553/15 – Undis Servizi Srl ./. Comune di Sulmona, Rn. 34 ff., vgl. auch Anmerkungen von *Ziekow*, NZBau 2017, 339, insbesondere 341.

83 Vgl. nur EuGH, Urt. v. 18.11.1999, Rs. C-107/98 – Teckal Srl ./. Comune di Viano et AGAC, Rn. 50.

84 Vgl. *Schröder*, ZfBR 2011, 776, 778 f.

85 Vgl. EuGH, Urt. v. 11.5.2006, Rs. C-340/04 – Carbotermo SpA u. Consorzio Alisei ./. Comune di Busto Arsizio et AGESP SpA, Rn. 60.

Rechtsgeschäft nur bedingt angemessen war. Da das Tätigkeitskriterium als ein Indikator der Marktnähe bzw. Marktferne der kontrollierten Person dient, war entscheidend, dass der Anteil des Fremdgeschäfts so gering war, dass die Betätigung der kontrollierten Person auf dem Markt und im Wettbewerb mit anderen privaten Unternehmen bei wertender Betrachtung keinen bzw. allenfalls einen nicht erheblichen Einfluss auf den Wettbewerb ausübte.[86] In diesem Lichte sind die Aussagen des EuGH zu interpretieren. Umstritten blieb bis zur Neuregelung, ob die Entscheidungen des EuGH tatsächlich auch so zu interpretieren waren, dass es für die Zurechenbarkeit von Umsätzen zum Eigengeschäft in jedem Falle der Tätigkeit einer unmittelbaren vertraglichen Beziehung zwischen der Gebietskörperschaft und der kontrollierten Person bedurfte, oder ob auch Umsätze hinzuzurechnen sind, welche letztlich auf einer Entscheidung der Nutzer und dem Abschluss eines Vertrags zwischen kontrollierter Person und dem Nutzer beruhten.[87]

Für die Auslegung des neuen Rechtsbegriffs des „Betrautwerdens" ist **nach dem Wortsinn** zunächst darauf zu verweisen, dass Voraussetzung der Zurechnung von Umsätzen der kontrollierten Person zum Eigengeschäft des Auftraggebers **ein Betrauungsakt**, d. h. ein Rechtsgeschäft des Auftraggebers (i. S. des subjektiven Definitionsbereichs des § 108 Abs. 1 Nr. 2 GWB) ist, auf den das Tätigsein der kontrollierten Person zurückzuführen ist. Es bedarf einer Zuweisung der Aufgabe zur kontrollierten Person, wobei die Rechtsform des Betrauungsakts nach dem Wortlaut nicht eingeschränkt ist.[88] Es kommen neben dem Auftrag beispielsweise auch Konzessionen oder hoheitliche Akte in Betracht. **58**

In **systematischer Hinsicht** ist darauf zu verweisen, dass der Begriff des „Betrauens" im Unionsrecht nicht neu, sondern dem (ebenfalls der Wettbewerbsregulierung dienenden) Beihilferecht entlehnt ist, Art. 106 Abs. 2 AEUV („Für Unternehmen, die mit Dienstleistungen von allgemeinem wirtschaftlichem Interesse betraut sind ..."). Dieser Regelungsgehalt ist ohne Weiteres auch in das Vergaberecht übertragbar.[89] So, wie es für die besondere beihilferechtliche Privilegierung der Tätigkeit des Unternehmens eines spezifischen Zusammenhangs zwischen der Erfüllung solcher öffentlichen Aufgaben und der vorangegangenen Zuweisung dieser Aufgaben durch einen Aufgabenträger bedarf, ist Voraussetzung der vergaberechtlichen Privilegierung die Zuweisung konkreter Aufgaben an die kontrollierte Person. Die bloße (abstrakte) Eröffnung eines Betätigungsfeldes für die kontrollierte Person durch die ursprüngliche Definition oder Veränderung des Gesellschaftszwecks genügt nicht. Soweit es um die Zurechnung von Rechtsgeschäften der kontrollierten Person mit Nutzern (sog. Drittgeschäfte) zum Eigengeschäft des Auftraggebers geht, ist eine parallele Rechtsbeziehung zwischen dem Auftraggeber und der kontrollierten Person erforderlich.[90] Der Betrauungsakt muss darüber hinaus auch rechtswirksam sein. In inhaltlicher Hinsicht müssen sich aus dem Betrauungsakt der Gegenstand der Verpflichtungen des Betrauten in sachlicher, räumlicher und zeitlicher Hinsicht und die Art und Bemessung der Gegenleistung ergeben. **59**

---

86 Vgl. EuGH, Urt. v. 11.5.2006, Rs. C-340/04 – Carbotermo SpA u. Consorzio Alisei ./. Comune di Busto Arsizio et AGESP SpA, Rn. 60 f.

87 Vgl. nur *Tomerius*, VergabeR 2015, 373, 377.

88 Vgl. *Portz*, in: Kulartz/Kus/Portz/Prieß, GWB, § 108 Rn. 83; *Ziekow*, NZBau 2015, 258, 260.

89 Vgl. *Portz*, in: Kulartz/Kus/Portz/Prieß, GWB, § 108 Rn. 83 ff. m. w. N. zum beihilferechtlichen Verständnis.

90 Vgl. zur alten Rechtslage *Dabringhausen*, NZBau 2009, 616,619; *Tomerius*, VergabeR 2015, 373, 377.

60 Aus dem **Vergleich** der Neuregelung **mit der bisherigen Rechtsprechung** kann abgeleitet werden, dass für die Anerkennung bestimmter Tätigkeiten als auf den öffentlichen Auftraggeber zurückgehend und damit als ein Eigengeschäft ein weiterer und für subjektive Wertungen offener Rechtsbegriff gewählt worden ist.[91]

61 In **teleologischer Hinsicht** (also unter Berücksichtigung des Normzwecks) verbleibt es zwar dabei, dass das Tätigkeitskriterium weiter dazu dient, eine Wettbewerbsverfälschung durch die Freistellung von Rechtsgeschäften vom Anwendungsbereich des Vergaberechts zugunsten des Vertragspartners des öffentlichen Auftraggebers gegenüber privaten Konkurrenten zu vermeiden, aufgrund der wesentlich großzügigeren Freigabe von Fremdgeschäften (nahezu 20% statt 10%) und der tendenziell weiteren Zurechnung von Drittgeschäften der kontrollierten Person zum Eigengeschäft des Auftraggebers (subjektiver Definitionsbereich und „Betrautwerden") sind jedoch potenzielle Auswirkungen des vergabefreien Rechtsgeschäfts auf den Wettbewerb in größerem Maße als ein vom Normgeber noch als „nicht erheblich" bewerteter Einfluss anzusehen.

dd) Einzelprobleme

62 Auch unter Geltung der Neuregelung verbleibt es dabei, dass es für die Zurechnung der Umsätze zum Eigengeschäft nicht darauf ankommt, wer **Nutzer oder Begünstigter** der Leistungserbringung ist und wer letztlich die Vergütung an den Leistungserbringer zahlt.[92] Tritt das Inhouse-Geschäft **an die Stelle eines öffentlichen Auftrags**, so gilt diese Aussage uneingeschränkt. Die vom OLG Düsseldorf für Aufträge im Bereich der Abfallentsorgung vorgenommene Differenzierung zwischen mandatierenden Aufgabenübertragungen nach § 16 Abs. 1 KrW-/AbfG – die jedenfalls dem Eigengeschäft zuzurechnen sind – und delegierenden Aufgabenübertragungen nach § 16 Abs. 2 KrW-/AbfG – die wegen der den öffentlichen Auftraggeber von der Aufgabenträgerschaft befreienden Wirkung bisher als Fremdgeschäft angesehen worden sind[93] – ist durch den weiten Begriff des „Betrautwerdens" überholt. Es spricht vieles dafür, dass durch die Neuregelung auch eine weitere Differenzierung im Abfallbereich ihre Grundlage verliert, und zwar dahin, dass nicht nur diejenigen Tätigkeiten einer in der Abfallentsorgung vom öffentlich-rechtlichen Entsorgungsträger eingesetzten und von diesem kontrollierten Person dem Eigengeschäft zuzurechnen sind, für die eine Überlassungspflicht der Erzeuger bzw. Besitzer nach § 17 KrW-/AbfG besteht,[94] sondern auch diejenigen Tätigkeiten, für die eine Annahmepflicht nach § 20 KrW-/AbfG begründet ist.[95]

63 Schwieriger lässt sich der Kreis der bloßen Nutzer bzw. Begünstigten dann bestimmen, wenn das Inhouse-Geschäft der **Erteilung einer Bau- oder Dienstleistungskonzession dient**. Der Personenkreis der Nutzer oder Begünstigten ist beschränkt auf diejenigen Personen, welche aufgrund der erteilten Konzession mit dem Konzessionsnehmer Vertragsbe-

---

91 Vgl. *Gröning*, NZBau 2015, 690, 692; *Hofmann*, VergabeR 2016, 189, 192.

92 Vgl. ErwG 32 VRL; Begründung des Gesetzesentwurfes, BR-Drs. 367/15, S. 92 – zu Nummer 2 a. E.; EuGH, Urt. v. 11.5.2006, Rs. C-340/04 – Carbotermo SpA u. Consorzio Alisei ./. Comune di Busto Arsizio et AGESP SpA, Rn. 60 f.

93 Vgl. OLG Düsseldorf, Beschl. v. 12.1.2004, VII-Verg 71/03 – juris Rn. 69.

94 So OLG Düsseldorf, Beschl. v. 28.7.2011, VII-Verg 20/11 – juris Rn. 85.

95 Vgl. OLG Celle, Beschl. v. 17.12.2014, 13 Verg 3/13 – juris Rn. 69.

ziehungen eingehen.[96] An der von der bisherigen Rechtsprechung vorgenommene Differenzierung danach, ob die Konzession in einem weitgehend wettbewerbsfreien Raum erteilt wird (sodass die Entscheidung des Nutzers für den Vertragsschluss durch die Konzessionserteilung bestimmt wird) oder ob für die konzessionierte Leistung ein liberalisierter Markt besteht (auf dem die Nutzer frei zwischen verschiedenen Anbietern wählen können),[97] ist trotz der hieran geübten Kritik[98] festzuhalten.[99]

Die dem Eigengeschäft zuzurechnenden Tätigkeiten sind jedenfalls beschränkt durch den **Gegenstand** der auf eine Leistungserbringung gerichteten Konzession. Inwieweit andere Konzessionen außerhalb des Vergaberechts (z. B. Wegerechtskonzessionen i. S. von § 46 EnWG) bereits als Betrauung mit Aufgaben des öffentlichen Auftraggebers anzusehen sind, erscheint zweifelhaft. Kein Bestandteil des Eigengeschäfts sind Drittgeschäfte, welche zwar aus Anlass der Nutzung einer – dem öffentlichen Auftraggeber als Eigengeschäft zuzurechnenden – Leistung zusätzlich geschlossen werden, aber hiervon trennbar sind und **ein anderes Geschäftsfeld** betreffen.[100] **64**

Soweit die Tätigkeit der kontrollierten Person in ihrem **räumlichen Wirkungsbereich** über das Hoheitsgebiet des öffentlichen Auftraggebers hinausreicht, ist – falls sich Entsprechendes nicht ohnehin aus dem Betrauungsakt ergibt – ein Drittgeschäft nicht mehr der Betrauung durch den öffentlichen Auftraggeber zuzurechnen.[101] Allein der Umstand, dass zusätzliche Drittgeschäfte der kontrollierten Person zur Auslastung der vorhandenen Kapazitäten auch (vorteilhafte) Auswirkungen auf die Wirtschaftlichkeit oder Versorgungssicherheit der für den öffentlichen Auftraggeber erbrachten Tätigkeiten haben können, genügt für ein Betrautsein mit diesen Tätigkeiten nicht.[102] **65**

Umsätze der kontrollierten Person **mit anderen öffentlichen Auftraggebern** als dem kontrollierenden öffentlichen Auftraggeber sind grundsätzlich Fremdgeschäfte, mit Ausnahme von zwei speziellen Konstellationen: **66**

Die Tätigkeit der kontrollierten Person des öffentlichen Auftraggebers zur Erfüllung von Aufgaben, die ihr vom kontrollierenden Auftraggeber **im Rahmen einer horizontalen Kooperation** i. S. des § 108 Abs. 6 GWB (häufigster Fall: vertragliche interkommunale **67**

---

96 Vgl. *Portz*, in: Kulartz/Kus/Portz/Prieß, GWB, § 108 Rn. 93 ff.

97 Vgl. Hanseat. OLG Hamburg, Beschl. v. 14.12.2010, 1 Verg 5/10 – Energiewirtschaftliche Leistungen, juris Rn. 53; OLG Frankfurt, Beschl. v. 30.8.2011, 11 Verg 3/11 – Trinkwasserversorgung, juris Rn. 43; ebenso EuGH, Urt. v. 18.12.2007, Rs. C-220/06 – AP ./. Administracion General del Estado, Rn. 59; ebenso *Wagner-Cardenal/ Scharf/ Dierkes*, NZBau 2011, 271274; *Gruneberg/ Wilden-Beck*, NZBau 2012, 148, 154; *Losch*, VergabeR 2012, 687, 688 f.; *Tomerius*, VergabeR 2015, 373, 377; *Müller-Wrede*, VergabeR 2016, 292, 297; *v. Engelhardt/Kaelble*, in: Müller-Wrede, GWB, § 108 Rn. 36.

98 U. a. *Michaels*, ZNER 2011, 201, 202; *Schröder*, ZfBR 2011, 776, 779.

99 Differenzierender *Portz*, in: Kulartz/Kus/Portz/Prieß, GWB, § 108 Rn. 109 ff, auch im Interesse des Erhalts der Inhouse-Fähigkeit der Stadtwerke-Struktur im heutigen Zustand, vgl. Rn. 124.

100 Vgl. VK Lüneburg, Beschl. v. 5.10.2013, VgK-33/2013 – BA S. 7 ff: Bistrobetrieb durch die Klinikdienste GmbH mit dem Gesellschaftszweck der Erbringung von Gebäudeserviceleistungen, wie Reinigung und Instandhaltung; OLG Düsseldorf, Beschl. v. 2.11.2016, VII-Verg 23/16 – Mandatsfahrten, keine Zurechnung von Leistungen im Carsharing und Gebrauchtwagenhandel.

101 Vgl. zur bisherigen Rechtslage EuGH, Urt. v. 10.9.2009, Rs. C-573/07 – Sea Srl ./. Comune di Ponte Nossa, Rn. 73.

102 A. A. *Portz*, in: Kulartz/Kus/Portz/Prieß, GWB, § 108 Rn. 99.

Kooperation) übertragen wurden, sind nach hier vertretener Auffassung dem Eigengeschäft zuzurechnen.[103]

68 Auch in der Konstellation der **mittelbaren Kontrolle** („Auftrag von der Mutter an die Enkelin“ u.s.w.) sind nach hier vertretener Auffassung grundsätzlich die Umsätze der kontrollierten Person mit allen in der vertikalen Linie „verbundenen“ öffentlichen Auftraggebern zusammenzurechnen und diese als Einheit zu betrachten.[104] Diese Situation ähnelt der in Abs. 4 geregelten Konstellation der gemeinsamen Kontrolle durch mehrere öffentliche Auftraggeber, nur dass hier neben einer kontrollierenden Person nicht eine weitere kontrollierende, sondern eine ebenfalls kontrollierte Person als Auftraggeber in Erscheinung tritt. Hiervon sind dann Ausnahmen geboten, wenn der Mittler bzw. einer der Mittler selbst nicht die Eigenschaft eines öffentlichen Auftraggebers besitzt.

69 Im Hinblick auf die Bestimmung des Umfangs der sog. Fremdgeschäfte, also derjenigen Drittgeschäfte mit Privaten, die nicht der Erfüllung von Aufgaben dienen, mit denen die kontrollierte Person betraut wurde, ist von großer praktischer Bedeutung, inwieweit die **Umsätze von Beteiligungsunternehmen des Vertragspartners** des öffentlichen Auftraggebers zu berücksichtigen sind. In der bisherigen Rechtsprechung war die Frage noch ungeklärt. Das OLG Celle erachtete die Einbeziehung der Umsätze eines 100%igen Tochterunternehmens zumindest dann für geboten, wenn für Mutter und Tochter ein gemeinsamer konsolidierter Abschluss vorliegt, der Geschäftsbericht die Ertragslage beider Gesellschaften zusammenfasst und gruppeninterne Vorgänge eliminiert sowie die Tochter nur mit personeller und sächlicher Ausstattung der Mutter arbeitsfähig ist.[105] Das OLG Düsseldorf hielt in seinem – u. U. weniger eindeutigen – Fall für eine Beantwortung der Rechtsfrage die Vorlage an den EuGH für erforderlich.[106] Generell wird man sagen können, dass zur Wahrung der Funktion der Vorschrift und zur Vermeidung von Umgehungen des Vergaberechts unternehmerische Strukturen auf Seiten der kontrollierten Person, insbesondere Ausgründungen zur Verlagerung der Fremdgeschäfte, nur dann den Anteil der Fremdgeschäfte der kontrollierten Person wirksam mindern können, wenn sie tatsächlich wirtschaftlich selbständig sind; können sie hingegen nur unter Ausnutzung der Kapazitäten der kontrollierten Person auf dem Markt tätig sein, so sind ihre Umsätze in die Betrachtung für die Erfüllung des Tätigkeitskriteriums durch den Vertragspartner des öffentlichen Auftraggebers einzubeziehen.[107]

70 Wird eine kontrollierte Person vom kontrollierenden öffentlichen Auftraggeber im Wege des Inhouse-Geschäfts mit Aufgaben betraut und verliert sie während der Laufzeit des Auftrags ihre Eigenschaft, mindestens zu 80% Eigengeschäfte zu verrichten, so liegt regelmäßig eine **wesentliche Vertragsänderung während der Auftragszeit** i. S. von § 132 GWB

103 So schon OLG Düsseldorf, Beschl. v. 28.7.2011, VII-Verg 20/11 – Stoffgleiche Nichtverpackungen, juris Rn. 84 im Rahmen einer Hilfserwägung; VK Bund, Beschl. v. 12.12.2012, VK 3-129/12; auch *Losch*, VergabeR 2012, 687, 691.

104 Ebenso *Müller-Wrede*, VergabeR 2016, 292, 298.

105 Vgl. OLG Celle, Beschl. v. 29.10.2009, 13 Verg 8/09 – juris Rn. 41, 44; abl. *Schröder*, ZfBR 2011, 776, 778.

106 Vgl. OLG Düsseldorf, Beschl. v. 28.7.2011, VII-Verg 20/11 – Stoffgleiche Nichtverpackungen, juris Rn. 80 f.

107 Ähnlich *Hölzl/Fedke*, DVBl. 2010, 64, 67; *Müller-Wrede*, VergabeR 2016, 292, 298; *Mager/ Weßler*, NZBau 2017, 342, 345.

vor, die eine Verpflichtung zur Ausschreibung ab dem Zeitpunkt des Wegfalls der Inhouse-Fähigkeit begründet.[108]

IV. Sonderformen des einfachen Inhouse-Geschäfts (Abs. 3)

1. Zwei Sonderformen des einfachen Inhouse-Geschäfts

In Abs. 3 Satz 1 werden in zwei Alternativen Sonderformen des einfachen (vertikalen) Inhouse-Geschäfts geregelt. Damit wird die Vergabefreiheit von Rechtsgeschäften der öffentlichen Hand auf weitere Bereiche und Gestaltungsmöglichkeiten erstreckt, und zwar auf solche, über die in der Rechtsprechung zum bisherigen Recht noch nicht zu entscheiden war[109] und welche im Schrifttum teilweise mit Gründen abgelehnt worden sind.[110] Beiden Sonderformen des einfachen Inhouse-Geschäfts liegt die Vorstellung zugrunde, dass das marktfern tätige Konglomerat aus der kontrollierenden und der kontrollierten Person als ein konzernähnliches Gebilde zu behandeln ist.[111] 71

a) Das inverse Inhouse-Geschäft

Alternative 1 beschreibt das sog. **inverse Inhouse-Geschäft**, die Vergabe eines Auftrags von der kontrollierten Person an den kontrollierenden öffentlichen Auftraggeber. Die Aufgabenübertragung erfolgt im umgekehrten Verhältnis zur Kontrollausübung, d. h. die Kontrolle wird von dem übergeordneten, kontrollierenden Auftraggeber – vertikal absteigend – über die untergeordnete, kontrollierte Person ausgeübt, während die Beschaffung umgekehrt – vertikal aufsteigend – durch einen Auftrag der kontrollierten Person an die kontrollierende Person erfolgt. Daher wird diese Sonderform auch „Bottom-up"-Vergabe genannt oder – im verwandtschaftlichen Bild – der „Auftrag von der Tochter an die Mutter". 72

b) Das vermittelt horizontale Inhouse-Geschäft

Alternative 2 betrifft ein im Ergebnis horizontales Inhouse-Geschäft, die Vergabe eines Auftrags von der kontrollierten Person an eine andere, vom selben öffentlichen Auftraggeber kontrollierte Person, den „Auftrag von der Schwester an die Schwester". Um Begriffsverwirrungen mit der in Abs. 6 normierten horizontalen Inhouse-Vergabe i. S. einer Zusammenarbeit gleichgestellter öffentlicher Auftraggeber zu vermeiden, sollte vielleicht besser von dem **vermittelt horizontalen Inhouse-Geschäft** gesprochen werden. Die **vergaberechtliche Sonderbeziehung** zwischen der auftraggebenden und der auftragnehmenden Einrichtung besteht nicht, wie beim einfachen Inhouse-Geschäft, in einer vertikalen Struktur der Kontrollausübung zwischen den beiden beteiligten Parteien, sondern ist dadurch gekennzeichnet, dass beide Vertragspartner vom selben öffentlichen Auftraggeber kontrolliert werden. 73

---

108 Vgl. OLG Düsseldorf, Beschl. v. 28.7.2011, VII-Verg 20/11 – Stoffgleiche Nichtverpackungen, in juris Rn. 87 ff.; OLG München, Beschl. v. 21.5.2008, Verg 5/08 – SPNV Regensburg, in juris Rn. 54 f.

109 Vgl. nur *Brockhoff*, VergabeR 2014, 625, 631; *Hofmann*, VergabeR 2016, 189, 194.

110 Vgl. *Müller-Wrede*, VergabeR 2016, 292, 299 f.

111 Vgl. *Schröder*, NZBau 2005, 127, 129; *Müller-Wrede*, VergabeR 2016, 292, 300 m. w. N.

74 Die Alternative 2 ist weiter dahin auszulegen, dass sie wegen der Vorschrift des § 108 Abs. 2 Satz 2 GWB auch dann Vergabefreiheit schafft, wenn in einer der beiden vertikalen Strukturen noch weitere Mittler zwischengeschaltet sind, ohne dass die Kontrolle der öffentlichen Auftraggeberin (Mutter) über die auftraggebende kontrollierte Person bzw. über die auftragnehmende kontrollierte Person i. S. von § 108 Abs. 1 GWB verloren geht. Das betrifft neben den „Schwestern" der gemeinsamen Mutter auch deren „Enkel" oder – aus Sicht der auftraggebenden „Schwester" – auch die Vergabe eines Auftrags an die „Nichte". Um im verwandtschaftlichen Bild zu bleiben: Das einfache Inhouse-Geschäft betrifft die Nachkommen, die Erben erster Ordnung nach § 1924 BGB wären, das vermittelt horizontale Inhouse-Geschäft die Verwandten, die Erben zweiter Ordnung nach § 1925 BGB wären.

2. Voraussetzungen der Vergabefreiheit bei beiden Sonderformen

75 Die Erweiterung der Vergabefreiheit des einfachen Inhouse-Geschäfts auf zwei Sonderformen setzt zunächst voraus, dass zwischen den beteiligten Personen ein Verhältnis besteht, welches die Tatbestandsmerkmale des einfachen Inhouse-Geschäfts erfüllt, und zusätzlich, dass die auftraggebende Person zugleich öffentlicher Auftraggeber i. S. von § 99 Nr. 1 bis 3 GWB ist (vgl. Abs. 3 Satz 1) und dass die auftragnehmende Person die Anforderungen des Kapitalbeteiligungskriteriums erfüllt (vgl. Abs. 3 Satz 2).

a) Erfüllung der Voraussetzungen des einfachen Inhouse-Geschäfts

76 Bereits **aus dem systematischen Zusammenhang** des Abs. 3 zu Abs. 1 ergibt sich, dass die Erweiterung des Kreises der vergabefreien Eigengeschäfte auf Sonderformen des einfachen Inhouse-Geschäfts nur dort gewollt ist, wo im Verhältnis zwischen kontrollierender und kontrollierter Person das einfache Inhouse-Geschäft zulässig wäre. Das bedeutet insbesondere, dass die auftraggebende kontrollierte Person und im Falle des vermittelt horizontalen Inhouse-Geschäfts zusätzlich auch die auftragnehmende kontrollierte Person jeweils in Bezug zu dem konkreten kontrollierenden öffentlichen Auftraggeber auch das **Tätigkeitskriterium** erfüllen müssen. Zwar ist das Tätigkeitskriterium in Abs. 3 nicht ausdrücklich genannt, im Normtext wird zur Abgrenzung vom einfachen Inhouse-Geschäft stets nur auf die „Richtung" der Aufgabenübertragung im Verhältnis zur „Richtung" der Kontrollausübung abgestellt. Der Normgeber leitet die vergaberechtliche Sonderbeziehung jedoch daraus ab, dass er verschiedene juristische Personen dann als eine marktferne (konzernähnliche) Einheit behandelt, wenn alle beteiligten Personen im Verhältnis zum konkreten öffentlichen Auftraggeber sämtliche Anforderungen der Inhouse-Fähigkeit erfüllen.

77 **Bei funktionaler Betrachtung** ist eine sachliche Rechtfertigung nicht erkennbar, dass es für die Sonderform des einfachen Inhouse-Geschäfts auf die Marktferne jedenfalls der auftragnehmenden Person nicht ankommen soll. Denn die Gefahr eines unberechtigten Vorteils der auftragnehmenden Person gegenüber privaten Unternehmen auf dem Markt soll gerade durch die Konstitution des Tätigkeitskriteriums ausgeschlossen bzw. vermindert werden.

Im **Wortlaut der Norm** findet sich ein Anhaltspunkt für diese Auslegung („Absatz 1 gilt auch für …"); dieser ist, um die aus systematischen und teleologischen Gründen gebotene Normauslegung zu ermöglichen, als eine sog. **Rechtsgrundverweisung** aufzufassen.[112] **78**

b) Auftrag von einem öffentlichen Auftraggeber

Die kontrollierte Person, welche sowohl beim inversen Inhouse-Geschäft als auch beim vermittelt horizontalen Inhouse-Geschäft zum Auftraggeber wird, muss **zugleich** selbst ein **öffentlicher Auftraggeber** i. S. von § 99 Nr. 1 bis 3 GWB sein (Abs. 3 Satz 1). Sie muss für ihre Beschaffungsvorhaben ebenfalls dem Anwendungsbereich des Vergaberechts unterfallen. Ist das nicht der Fall, so kommt eine Anwendung von Vergaberecht ohnehin nicht in Betracht. **79**

c) Erfüllung des Kapitalbeteiligungskriteriums auch durch die kontrollierende Person

Nach § 108 Abs. 3 Satz 2 GWB muss die auftragnehmende Person, d. h. hier **die kontrollierende Person, das Kapitalbeteiligungskriterium i. S. von Abs. 1 Nr. 3 erfüllen**. Das bedeutet: Während es für die Vergabefreiheit der Beauftragung der kontrollierten Person durch die kontrollierende Person (klassisches einfaches Inhouse-Geschäft) auf etwaige private Beteiligungen am öffentlichen Auftraggeber nicht ankommt, ist das inverse Inhouse-Geschäft nur zulässig, wenn die kontrollierende Person keine direkte private Kapitalbeteiligung – mit den in Abs. 1 Nr. 3 genannten Ausnahmen – aufweist. Auch bei der Auftragsvergabe in umgekehrter Richtung zur Kontrollausübung soll die Bevorzugung eines privaten Unternehmens durch die ausschreibungsfreie Auftragsvergabe vermieden werden, sodass nicht in allen Fällen, in denen zwischen zwei verschiedenen juristischen Personen eine vergabefreie einfache Inhouse-Konstellation vorliegt, auch stets ein inverses Inhouse-Geschäft zulässig und wirksam möglich ist. **80**

V. Inhouse-Geschäft bei einer Mehrheit von öffentlichen Auftraggebern (Abs. 4 und 5)

1. Einführung

Mit den Abs. 4 und 5 wird eine weitere Ausnahme vom Begriff des öffentlichen Auftrags normiert, die Rechtsgeschäfte betrifft, welche zwischen einem oder mehreren öffentlichen Auftraggebern und einer Einrichtung, die von keinem der sie tragenden öffentlichen Auftraggeber allein kontrolliert wird, geschlossen werden, welche aber die Eigenschaften eines „Inhouse"-Geschäfts dann aufweisen, wenn man die die Einrichtung kontrollierenden Auftraggeber nach den konkret normierten Maßstäben als eine Einheit betrachtet. Mit anderen Worten handelt es sich um eine vergaberechtliche Fiktion, dass sich eine Mehrheit von öffentlichen Auftraggebern im Verhältnis zur kontrollierten Einrichtung (d. h. im Innenverhältnis) genauso verhält, wie es ein einzelner öffentlicher Auftraggeber tun würde. Die **81**

---

112 Vgl. *Portz*, in: Kulartz/Kus/Portz/Prieß, GWB, § 108 Rn. 159 ff.; *Greb*, VergabeR 2015, 289, 293; *Müller-Wrede*, VergabeR 2016, 292, 302; *v. Engelhardt/Kaelble*, in: Müller-Wrede, GWB, § 108 Rn. 52 f. – „eine gesetzgeberische Ungenauigkeit".

Vergaberechtsfreiheit des gemeinsamen Inhouse-Geschäfts wurde bereits in der „Geburtsstunde" des Rechtsinstituts, in der Entscheidung des EuGH in der Rs. „Teckal" (noch unausgesprochen) anerkannt, denn die Gemeinde Viano hatte nur eine Minderheitsbeteiligung an der betroffenen Einrichtung.[113] In späteren Entscheidungen hat der EuGH die Vergaberechtsfreiheit der gemeinsamen Inhouse-Geschäfte mehrfach bestätigt.[114] In der Literatur wurde und wird die Möglichkeit der vergaberechtsfreien Zusammenarbeit von mehreren öffentlichen Auftraggebern – in Abgrenzung zu der in Abs. 6 normierten vertraglichen Zusammenarbeit – auch als institutionelle Zusammenarbeit oder **IÖÖP (institutionelle öffentlich-öffentliche Partnerschaft)** bezeichnet.

2. Voraussetzungen für die Vergabefreiheit (Abs. 4)

82 Für die Vergabefreiheit von Rechtsgeschäften zwischen einem oder mehreren öffentlichen Auftraggebern und einer gemeinsamen Einrichtung mehrerer öffentlicher Auftraggeber hat der Normgeber im Wesentlichen die gleichen Tatbestandsmerkmale, wie sie nach Abs. 1 für das einfache Inhouse-Geschäft eines öffentlichen Auftraggebers gelten, festgesetzt; lediglich das Kontrollkriterium hat er konkretisiert und ergänzt.

a) Das Kapitalbeteiligungskriterium nach Abs. 4 Nr. 3

83 Für die gemeinsame (auftragnehmende) Einrichtung mehrerer öffentlicher Auftraggeber gilt das Verbot der direkten privaten Kapitalbeteiligung in gleicher Weise und mit den gleichen Ausnahmen wie nach Abs. 1 Nr. 3, weswegen auf die dortige Kommentierung verwiesen werden kann.

b) Das Kontrollkriterium nach Abs. 4 Nr. 1 und Abs. 5

84 Als Erweiterung des einfachen Inhouse-Geschäfts wird auch die Fallgestaltung vergaberechtsfrei gestellt, bei welcher der öffentliche Auftraggeber allein die beauftragte Person nicht wie eigene Dienststellen kontrolliert, sondern nur „gemeinsam mit anderen öffentlichen Auftraggebern". Diese gemeinsame Kontrolle wird im Gesetz selbst, dort in Abs. 5, definiert durch die Aufstellung von drei Merkmalen, welche **kumulativ**, d.h. in ihrer Gesamtheit nebeneinander, vorliegen müssen.

---

113 Vgl. EuGH, Urt. v. 18.11.1999, Rs. C-107/98 – Teckal Srl ./. Comune di Viano u.a.: Die Gemeinde Viano hielt nur 0,9% der Stimmrechte der Einrichtung Azienda Gas-Acqua Consorciale Reggio Emilia (AGAC). Der in Rn. 50 aufgestellte Rechtssatz bezieht das Tätigkeitskriterium bereits auf eine Tätigkeit im Wesentlichen für die Gebietskörperschaft oder die Gebietskörperschaften, die ihre Anteile innehaben.

114 Vgl. EuGH, Urt. v. 19.4.2007, Rs. C-295/05 – Asemfo ./. TrAgSA, Rn. 58f.: Kontrolle auch durch eine der vier Autonomen Regionen, welche jeweils nur 0,25% des Gesellschaftskapitals halten; EuGH, Urt. v. 13.11.2008, Rs. C-324/07 – Coditel Brabant SA ./. Commune d'Uccle u.a., Rn. 50f.; EuGH, Urt. v. 10.9.2009, Rs. C-573/07 – Sea Srl ./. Comune di Ponte Nossa, Rn. 59f.; EuGH, Urt. v. 29.11.2012, Rs. C-182/11 und 183/11 – Econord SpA ./. Comune di Varese u.a., Rn. 33; auch OLG Düsseldorf, Beschl. v. 30.1.2013, VII Verg 56/12 – IT-Tochterholding: Auftraggeber hielt nur 0,94% des Kapitals der Holding-GmbH der Auftragnehmerin.

aa) Zusammensetzung der beschlussfassenden Organe (Abs. 5 Nr. 1)

Erste Voraussetzung für eine gemeinsame Kontrolle ist, dass die beschlussfassenden Organe (Mehrzahl!) sich aus Vertretern sämtlicher (!) teilnehmenden öffentlichen Auftraggeber zusammensetzen müssen. Dem liegt die Erwägung zugrunde, dass ein öffentlicher Auftraggeber nur dann (mit-)kontrollierender Auftraggeber i. S. des gemeinsamen Inhouse-Geschäfts sein kann, wenn er auch die reale Möglichkeit hat, Kontrolle über die Einrichtung auszuüben. **85**

(1) Vergleichbar zum einfachen Inhouse-Geschäft setzt die Kontrollmöglichkeit eine unmittelbare oder zumindest mittelbare **Kapitalbeteiligung** jedes öffentlichen Auftraggebers an der kontrollierten Person voraus, der als (mit-)kontrollierender Auftraggeber das Privileg der Vergaberechtsfreiheit in Anspruch nehmen möchte. Die Höhe der Beteiligung ist nicht erheblich; es kann sich dabei, wie die Rechtsprechung in der Vergangenheit bereits gezeigt hat, auch um sehr geringe, unter 1 % liegende Anteile handeln. Die Notwendigkeit der Kapitalbeteiligung ergibt sich nicht unmittelbar aus dem Wortlaut,[115] kann aber aus dem systematischen Zusammenhang zu Abs. 1 hergeleitet werden.[116] Da der Begriff der Kontrolle für das einfache Inhouse-Geschäft in der Legaldefinition in Abs. 2 auch die mittelbare Kontrollausübung – vermittelt über eine vom Auftraggeber kontrollierte Person – umfasst, ist nicht ersichtlich, weshalb bei der Kontrolle durch mehrere öffentliche Auftraggeber ein anderer rechtlicher Maßstab gelten sollte.[117] **86**

(2) Die Kapitalbeteiligung allein genügt jedoch nicht, um als kontrollierender Auftraggeber angesehen werden zu können. Eine hinreichende Teilhabe an der Kontrolle setzt vielmehr auch eine tatsächliche **Ausübung der** damit verbundenen **Stimmrechte** in dem oder – soweit vorhanden – **in allen beschlussfassenden Organen** und dies wiederum eine Zugehörigkeit zu diesen Organen voraus. Anders als beim einfachen Inhouse-Geschäft, bei dem der öffentliche Auftraggeber die einzige Person ist, die Kontrolle ausüben kann, soll bei einer Mehrheit von Auftraggebern gewährleistet werden, dass jeder Einzelne auch aktiv an der Kontrollausübung teilnimmt. **87**

(3) Der **Begriff der „beschlussfassenden Organe“** ist bewusst weit gefasst, um den vielfältigen gesellschaftsrechtlichen Gestaltungsmöglichkeiten in den Mitgliedstaaten der Union gerecht zu werden. Aus dem systematischen Zusammenhang mit Abs. 1 und vor allem dem Zweck der Norm ergibt sich ohne weiteres, dass hiermit diejenigen Organe der kontrollierten Person erfasst werden sollen, über welche der maßgebende Einfluss auf die strategischen Ziele und die wesentlichen Entscheidungen der kontrollierten Person ausgeübt werden kann. Das müssen nicht zwangsläufig die mit der Geschäftsführung betrauten Organe sein, soweit die Geschäftsführung weisungsgebunden ist. Mit der Abweichung dieses Begriffs zu dem in der bisherigen Rechtsprechung des EuGH verwendeten Begriff der „Leitungsorgane“ ist keine inhaltliche Änderung verbunden.[118] **88**

---

115 So zu Recht *Müller-Wrede*, VergabeR 2016, 292, 295 – er verweist jedoch zutreffend darauf, dass sich eine Mitwirkung an der Kontrolle ohne Kapitalbeteiligung schwerlich wird begründen lassen.

116 Vgl. EuGH, Urt. v. 8.12.2016, Rs. C-553/15 – Undis Servizi Srl ./. Comune di Sulmona, Rn. 35: keine Kontrolle ohne Kapitalbeteiligung.

117 Zweifelnd: *Müller-Wrede*, VergabeR 2016, 292, 295.

118 Vgl. *Ziekow*, NZBau 2015, 258, 262.

89 (4) Mit Abs. 5 Nr. 1 Hs. 2 wird einem praktischen Bedürfnis entsprochen und erlaubt, dass ein einzelner Vertreter in einem beschlussfassenden Organ auch mehrere oder alle teilnehmenden öffentlichen Auftraggeber **parallel vertreten** darf. Diese Erleichterung soll sich allein auf die Anzahl der natürlichen Personen in dem beschlussfassenden Organ auswirken, darf sich aber – um den Preis des Verlustes der Eigenschaft, kontrollierender öffentlicher Auftraggeber zu sein – nicht darauf erstrecken, dass dem Vertreter inhaltlich „freie Hand" i. S. einer Generalvollmacht eingeräumt wird.[119] Der Vertreter muss, unabhängig davon, wie viele der teilnehmenden öffentlichen Auftraggeber er stimmrechtlich vertritt, die Gewähr dafür bieten, dass er die Kontrolle für jeden der ihn mit der Vertretung beauftragenden öffentlichen Auftraggeber ausübt. Dies wird in der Regel eine Rechenschafts- und Einstandspflicht gegenüber jedem Vertretenen voraussetzen.

bb) Gemeinsamkeit der Ausübung der Kontrolle (Abs. 5 Nr. 2)

90 Das Kernstück der gemeinsamen Kontrolle besteht in der Form der Ausübung der Kontrolle, gemeinsam mit allen anderen an der Kontrolle teilhabenden öffentlichen Auftraggebern. Die Gemeinsamkeit der Ausübung **schließt** einerseits **aus**, dass einer der teilhabenden öffentlichen Auftraggeber in der Lage ist, die Kontrolle über die auftragnehmende Person allein auszuüben.[120] Sie **bedeutet** andererseits, dass die Kontrollausübung nicht individuell erfolgt, sondern nur über eine wechselseitige Zurechnung der Mitwirkung der anderen teilhabenden öffentlichen Auftraggeber an der Kontrolle zu einer Kontrolle durch mehrere wird.[121] Das wiederum erfordert regelmäßig, dass sie nach einem inneren Konzept der gemeinsamen Kontrolle ausgeübt wird.[122] Das gemeinsame Ziel der Kontrolle wird sich regelmäßig aus dem gesellschaftsrechtlich verbindlich festgelegten Geschäftsgegenstand und dem Zweck seiner Tätigkeit ergeben.

cc) Keine zuwiderlaufenden Interessen (Abs. 5 Nr. 3)

91 Weitere Voraussetzung für eine gemeinsame Kontrolle ist es, dass die kontrollierte Person jedenfalls keine Interessen verfolgt, welche den Interessen der sie kontrollierenden Auftraggeber zuwiderlaufen. Eine vollständige Übereinstimmung der Interessen ist nicht gefordert, aber eine **Gleichgerichtetheit**. Zum Teil wird diese Voraussetzung als Selbstverständlichkeit oder Redundanz aufgefasst,[123] zum Teil als Einfallstor für das Aufstellen weiterer, unvorhersehbarer Anforderungen durch die Rechtsprechung angesehen.[124] Dabei ist die Forderung nach der Verfolgung gleichgerichteter Interessen kein Novum; dies ist als

---

119 Vgl. *Portz*, in: Kulartz/Kus/Portz/Prieß, GWB, § 108 Rn. 185; *v. Engelhardt/Kaelble*, in: Müller-Wrede, GWB, § 108 Rn. 59 m. w. N.; *Geitel*, NZBau 2013, 483, 484; *Greb*, VergabeR 2015, 289, 294.

120 Ebenso *Portz*, in: Kulartz/Kus/Portz/Prieß, GWB, § 108 Rn. 167; *v. Engelhardt/Kaelble*, in: Müller-Wrede, GWB, § 108 Rn. 62; *Geitel*, NZBau 2013, 483, 484; vgl. auch OLG Düsseldorf, Beschl. v. 30.1.2013, VII-Verg 56/12 – IT-Tochterholding, Rn. 4; a. A. *Müller-Wrede*, VergabeR 2016, 292, 294.

121 So *Frenz*, VergabeR 2010, 147, 148 zur bisherigen Rechtsprechung.

122 Ebenso *Portz*, in: Kulartz/Kus/Portz/Prieß, GWB, § 108 Rn. 186.

123 Vgl. *Dabringhausen*, VergabeR 2014, 512, 522; *Greb*, VergabeR 2015, 289, 294; *Hofmann*, VergabeR 2016, 189, 195; *Müller-Wrede*, VergabeR 2016, 292, 295.

124 Vgl. *v. Engelhardt/Kaelble*, in: Müller-Wrede, GWB, § 108 Rn. 64.

qualitatives Korrektiv auch bisher verlangt worden.[125] Dadurch, dass das Tätigkeitskriterium seines qualitativen Elements zugunsten einer rein quantitativen Betrachtung entledigt wurde, besteht die Gefahr, dass die kontrollierte Person eine bis nahezu 20%ige Markttätigkeit entfaltet und durchaus Interessen verfolgen könnte, die den Interessen der öffentlichen Auftraggeber zuwider laufen. Für eine zu starke Marktausrichtung ist der Blick auf solche Anzeichen zu richten, wie eine Ausweitung des räumlichen Geschäftsfeldes über die Grenzen der Hoheitsbereiche der Auftraggeber hinaus, auf eine Ausweitung der Geschäftsfelder über diejenigen hinaus, welche durch die Betrauung eröffnet worden sind, auf den Verlust des gesicherten Einflusses auf Personalentscheidungen oder auf eine zu hohe finanzielle Selbstständigkeit.

c) Das Tätigkeitskriterium nach Abs. 4 Nr. 2

Die Tätigkeiten der gemeinsamen (auftragnehmenden) Einrichtung müssen zu mehr als 80 % der Ausführung von Aufgaben dienen, mit denen die Einrichtung von den kontrollierenden öffentlichen Auftraggebern betraut worden ist. Auch insoweit kann auf die Kommentierung zum einfachen Inhouse-Geschäft verwiesen werden. Das bedeutet, dass hinsichtlich der Tätigkeiten der Einrichtung zunächst der Anteil derjenigen Tätigkeiten zu ermitteln ist, den sie im Sinne des Betrautseins für jeden einzelnen öffentlichen Auftraggeber erbringt – diese Anteile sind zusammenzurechnen –, und sodann der Anteil derjenigen Tätigkeiten, die sie im Rahmen ihrer Betrauung durch mehrere der gemeinsam kontrollierenden Auftraggeber erbringt. **92**

3. Erscheinungsformen des gemeinsamen Inhouse-Geschäfts

Typische Organisationsformen der institutionellen Zusammenarbeit von mehreren öffentlichen Auftraggebern sind Körperschaften und Anstalten des öffentlichen Rechts. Auf sie wird insbesondere auch in den Landesgesetzen über die kommunale Gemeinschaftsarbeit verwiesen. Daneben kommen aber auch juristische Personen des privaten Rechts als Organisationsformen in Betracht. **93**

Körperschaften des öffentlichen Rechts sind juristische Personen, die – bezogen auf das vergaberechtliche Umfeld – häufig einem bestimmten Nutzungszweck dienen und verbandsförmig organisiert sind, d.h. ihr Aufbau beruht im Wesentlichen auf der Mitgliedschaft verschiedener Gebietskörperschaften. Die in der Praxis bedeutsamste Form für gemeinsame Inhouse-Geschäfte ist der **Zweckverband**. Die lange Zeit bestehende Verunsicherung, ob die Gründung und der Beitritt zu einem kommunalen Zweckverband ein dem Vergaberecht unterliegendes Rechtsgeschäft sind,[126] ist inzwischen beseitigt: Die Rechtsprechung sieht hierin eine vergabefreie Kompetenzübertragung.[127] **94**

---

125 Vgl. *Ziekow*, NZBau 2015, 258, 263 m. w. N.

126 Vgl. KOM, Vertragsverletzungsverfahren gegen Deutschland im Fall „Hinte" (beendet mit Einstellung).

127 So schon OLG Düsseldorf, Beschl. v. 21.6.2006, VII-Verg 17/06 – RegioEntsorgung; dazu *Düsterdiek*, NZBau 2006, 618; *Potthast/Klöck*, NZBau 2007, 496; *Wilke*, ZfBR 2007, 23; die KOM hat das nachfolgende Vertragsverletzungsverfahren eingestellt; EuGH, Urt. v. 21.12.2016, Rs. C-51/15 – Remondis GmbH & Co. KG Region Nord ./. Region Hannover.

95 **Anstalten des öffentlichen Rechts** sind Verwaltungseinrichtungen, die ebenfalls einem bestimmten Nutzungszweck dienen, aber im Gegensatz zu Körperschaften nicht mitgliedschaftlich organisiert sind. Sie stellen ihre Leistungen Nutzern zur Verfügung, die regelmäßig nicht Mitglied sind; die Nutzungsbedingungen werden regelmäßig durch eine Anstaltsordnung bestimmt.

96 Als privatrechtliche Organisationsformen erlangen die **Gesellschaft mit beschränkter Haftung** und die **eingetragene Genossenschaft** besondere Bedeutung. Weder die bloße Gründung einer inhouse-fähigen Kapitalgesellschaft noch der Beitritt eines öffentlichen Auftraggebers zu einer inhouse-fähigen Genossenschaft jeweils einschließlich der Übertragung von Aufgaben unterfallen dem Vergaberecht.[128]

4. Keine Anwendbarkeit der Sonderformen des einfachen Inhouse-Geschäfts im Bereich des gemeinsamen Inhouse-Geschäfts

97 Die Vorschrift des Abs. 3 über zwei Sonderformen des Inhouse-Geschäfts, das sog. inverse Inhouse-Geschäft und das vermittelt horizontale Inhouse-Geschäft, sind im Bereich der gemeinsamen Inhouse-Geschäfte **nicht anwendbar**.[129] Zwar ist der Gesetzesbegründung des nationalen Gesetzgebers ein entgegengesetzter Wille zu entnehmen,[130] dieser Wille hat jedoch im Wortlaut der Vorschrift keinen Niederschlag gefunden und wäre – selbst dann – angesichts der Abweichung vom Unionsrecht im Sinne einer Erweiterung der Vergaberechtsfreiheit unbeachtlich. Der **Wortlaut des Art. 12 VRL**, der vom deutschen Gesetzgeber in der Absicht einer sog. 1:1-Umsetzung übernommen wurde, enthält keinen Hinweis auf die Anwendbarkeit der Sonderformen bei gemeinsamer Kontrolle. In den Abs. 4 und 5 wird zwar Bezug genommen auf den Kontrollbegriff der Abs. 1 und 2 sowie auf die Definition des Kapitalbeteiligungskriteriums des Abs. 1, jedoch nicht auf die Konstellationen des Abs. 3. **In systematischer Hinsicht** ist zunächst zu berücksichtigen, dass die gesamte Regelung des § 108 GWB Ausnahmen vom Anwendungsbereich des Vergaberechts betrifft und Ausnahmevorschriften grundsätzlich einer analogen und erweiternden Auslegung nicht zugänglich sind. Aber auch unabhängig davon kann die systematische Stellung der Abs. 4 und 5 nach dem Abs. 3 nicht dahin verstanden werden, dass alles Vorstehende auch für die nachfolgenden Absätze gilt. In § 108 GWB sind sämtliche Konstellationen vereint, in denen öffentlich-öffentliche Zusammenarbeit vergabefrei sein soll. Für unterschiedliche Konstellationen sind voneinander verschiedene Regelungen getroffen worden. Das zeigt augenfällig die nachfolgende Regelung des Abs. 6, die in sich geschlossen und eigenständig eine gesonderte Fallkonstellation regelt, ohne auf die vorstehenden Abs. 1 bis 5 Bezug zu nehmen. Demgegenüber ist der Regelungstechnik des Abs. 3 zu entnehmen, dass der Normgeber für die Sonderformen des einfachen Inhouse-Geschäfts zum Teil ausdrücklich auf die vorstehenden Regelungen verwies und zum Teil die Festlegung besonderer zusätzlicher Tatbestandsmerkmale für erforderlich erachtete. Es wäre zu erwarten gewesen, dass er sich derselben Regelungsmethode auch für das gemeinsame Inhouse-Geschäft bedient hätte, woran es fehlt. Der deutsche Normgeber kann sich für seine Auffassung nicht auf entsprechende Anzeichen im Unionsrecht berufen: Den Erwägungsgründen der Richtlinie

---

128 Vgl. EuGH, Urt. v. 13.11.2008, Rs. C-324/07 – Coditel Brabant SA ./. Commune d'Uccle u. a.

129 Ebenso v. *Engelhardt/Kaelble*, in: Müller-Wrede, GWB, § 108 Rn. 68 ff.; a. A. *Portz*, in: Kulartz/Kus/Portz/Prieß, GWB, § 108 Rn. 162 ff.

130 Vgl. Begründung des Gesetzesentwurfes, BR-Drs. 365/15, S. 93 – zu Abs. 4.

ist eine entsprechende **Absicht des europäischen Normgebers**, die Sonderformen des einfachen Inhouse-Geschäfts auch bei gemeinsamer Kontrolle zuzulassen, nicht zu entnehmen. Schließlich kann aus dem Zweck der Regelungen nicht abgeleitet werden, dass bei gemeinsamer Kontrolle auch inverse oder vermittelt horizontale Inhouse-Geschäfte vergaberechtsfrei gestellt werden sollten. Der **Zweck der konkreten Vorschrift** besteht darin, Rechtssicherheit für Organisationsformen der öffentlich-öffentlichen Zusammenarbeit zu schaffen, von denen entweder die Rechtsprechung bisher bereits die Vergaberechtsfreiheit aus dem Auftragsbegriff hergeleitet hatte oder über deren Vergaberechtsfreiheit bereits diskutiert worden, aber noch keine Rechtsprechung ergangen war. Mit der Vergaberechtsfreiheit von inversen und vermittelt horizontalen Inhouse-Geschäften betrat der Gesetzgeber vergaberechtliches Neuland mit einem Missbrauchspotenzial. Dafür, dass er die Missbrauchsrisiken, die sowohl bei der gemeinsamen Kontrolle als auch bei den Sonderformen des einfachen Inhouse-Geschäfts bestehen[131] und die sich in der Kombination vervielfachen, in Kauf nehmen wollte, sind Anzeichen nicht ersichtlich.

VI. Die horizontale Zusammenarbeit (Abs. 6)

1. Einführung

a) Begriff

Die Vorschrift des § 108 Abs. 6 GWB betrifft die Zusammenarbeit von zwei oder mehr öffentlichen Auftraggebern auf horizontaler Ebene, d.h. **die Zusammenarbeit von gleichberechtigten öffentlichen Auftraggebern**, die zueinander nicht in einem Über-/Unterordnungsverhältnis stehen, sondern „auf Augenhöhe" miteinander kooperieren.[132] In Umsetzung des in den Richtlinien genannten Regelungszieles, dass öffentliche Auftraggeber auch beschließen können sollen, ihre öffentlichen Dienstleistungen gemeinsam im Wege der Zusammenarbeit zu erbringen, ohne zur Einhaltung einer bestimmten Rechtsform verpflichtet zu sein,[133] ist neben der institutionellen Zusammenarbeit – wie sie in den Abs. 4 und 5 geregelt ist – auch eine vergabefreie Form der **vertraglichen** Zusammenarbeit eröffnet worden. Abs. 6 bezieht sich ausdrücklich darauf, dass die Vergabevorschriften nicht anzuwenden seien „auf Verträge", während in den Abs. 1 und 4 die Ausnahmetatbestände jeweils „auf die Vergabe von öffentlichen Aufträgen" – gleich welcher Art – bezogen sind. Zum Teil wird hierfür – in Anlehnung an den Begriff des „Inhouse-Geschäfts" – auch der Begriff des „**In State**-Geschäfts" verwendet.[134] 98

Die sachliche Rechtfertigung der Ausnahme vom Anwendungsbereich des Vergaberechts besteht ebenfalls in einer **Marktferne** dieser Art der Zusammenarbeit. Diese Marktferne wird jedoch nicht über eine Zuordnung der Kapazitäten von zwar rechtlich selbständigen, aber bei wirtschaftlicher Betrachtung untergeordneten Einrichtungen des oder der öffentli- 99

---

131 Vgl. GA *Geelhoed*, Schlussanträge in C-295/05 – Asemfo ./. TrAgSA, Rn. 79: Gefahr einer weitreichenden Abschirmung oder Abschottung nationaler Teilmärkte für öffentliche Aufträge, und Rn. 82: faktische Versetzung des Konglomerats in die Position eines privilegierten Marktteilnehmers; dazu *Frenz*, VergabeR 2007, 446, 449.

132 Vgl. *Burgi*, NZBau 2012, 601, 606; *Portz*, in: Kulartz/Kus/Portz/Prieß, GWB, § 108 Rn. 189.

133 Vgl. ErwG 33 Abs. 1 Satz 1 VRL.

134 Vgl. zuerst *Ziekow/Siegel*, VerwArch 2005, 119.

chen Auftraggeber als dessen bzw. deren eigene Ressource bewirkt, sodass die beauftragte Person trotz eigener Rechtspersönlichkeit als „Teil der Staatlichkeit" angesehen wird,[135] sondern durch **eine intensive, marktatypische vertragliche Zusammenarbeit**, welche über einen formalen Leistungsaustausch hinausgeht.[136]

b) Bedeutung

100 Die Eröffnung der Vergabefreiheit der horizontalen Zusammenarbeit mehrerer gleichgeordneter öffentlicher Auftraggeber durch einen Vertrag hat insbesondere für Deutschland eine **große Bedeutung**, weil der Mitgliedstaat eine dezentral strukturierte Verwaltung aufweist mit einer Vielzahl von rechtlich selbständigen, gleichgeordneten Trägern öffentlicher Aufgaben. Die Zusammenarbeit dieser – z. T. kleinteiligen und mit geringeren eigenen Ressourcen ausgestatteten – Aufgabenträger bietet nicht nur die Chance des Eintretens von Synergie- und Kostenspareffekten, sondern sichert angesichts der teilweise zunehmenden Komplexität der Anforderungen sowie angesichts der aktuellen demographischen Entwicklung auch die Möglichkeit der Beibehaltung einer öffentlichen Aufgabenwahrnehmung, soweit dies politisch gewollt ist.[137] Dies zeigt sich z. B. in der Definition der Planung, der Errichtung und des Betriebs von informationstechnischen Systemen als Gemeinschaftsaufgabe von Bund und Ländern (vgl. Art. 91c GG)[138] oder in den jeweiligen Landesgesetzen über die kommunale Zusammenarbeit bzw. Gemeinschaftsarbeit,[139] welche jeweils den Abschluss von Verträgen zur Organisation der Zusammenarbeit vorsehen.

101 Gerade die **interkommunale Kooperation** (auch: interkommunale Zusammenarbeit, IKZ) findet auf immer mehr Handlungsfeldern statt, so z. B. bei der Regional-, Wirtschafts- oder Tourismusförderung, in Bereichen der Trinkwasserver- oder der Abwasserentsorgung, der Abfallentsorgung, Stadtreinigung und dem Winterdienst, in der Gebäudewirtschaft, im Bereich der IT-Infrastruktur, in der Bildung und bei der Gewährleistung von Rettungsdiensten und Katastrophenschutz. Wegen der anhaltenden Rechtsunsicherheit für vertragliche Kooperationsformen wurden für die interkommunale Kooperation häufig (zu über 50 %) gemeinsame privatrechtliche Institutionen (IÖÖP) oder Zweckverbände (etwa zu 12 %) als Organisationsformen gewählt. Daneben wurden auch **informelle Formen der Zusammenarbeit** – ohne einen Beschaffungsbezug – (etwa zu 25 %) entwickelt, etwa Arbeitsgemeinschaften zum Informationsaustausch oder zur Koordination der jeweils selbst ausgeführten Aufgabenerfüllung.[140] Die durch die ausdrückliche Regelung der Ausnahme vom Vergaberecht in § 108 Abs. 6 GWB gewonnene Rechtssicherheit könnte den Anteil der vertraglichen Kooperationsbeziehungen erhöhen.

135 Vgl. *Burgi*, NZBau 2005, 208, 209.
136 Vgl. *von Engelhardt/Kaelble*, in: Müller-Wrede, GWB, § 108 Rn. 73; *Raabe*, VergabeR 2012, 697, 708.
137 Vgl. *Portz*, in: Kulartz/Kus/Portz/Prieß, GWB, § 108 Rn. 189.
138 Ausführlicher dazu *Portz*, in: Kulartz/Kus/Portz/Prieß, GWB, § 108 Rn. 189 bis 191.
139 Ausführlicher dazu *Portz*, in: Kulartz/Kus/Portz/Prieß, GWB, § 108 Rn. 195.
140 Vgl. *Raabe*, VergabeR 2012, 697, 699.

c) Die Entwicklung des Rechtsinstituts der vergabefreien horizontalen Zusammenarbeit

aa) Notwendige Abgrenzung zwischen Kompetenzübertragung und Beschaffungsvorgang

Die Notwendigkeit der Inanspruchnahme eines vergaberechtlichen Ausnahmetatbestandes **102** für die Anwendbarkeit des Vergaberechts besteht nur dann, wenn der zu beurteilende Vertrag einen Beschaffungsbezug aufweist; das ergibt sich aus dem Begriff des öffentlichen Auftrags. Dem gegenüber steht die Aufteilung der Zuständigkeiten einzelner Verwaltungsträger für die Erbringung öffentlicher Dienstleistungen in jedem Mitgliedstaat unter dem Schutz von Art. 4 Abs. 2 AEUV, und zwar nicht nur für die erstmalige Aufteilung, sondern auch für jede innerstaatliche Neuordnung der Kompetenzen. Die Kompetenzübertragung verliert ihren Charakter als innerstaatlicher Organisationsakt nicht dadurch, dass sie nicht durch Gesetz oder Verordnung bzw. durch einen Verwaltungsakt[141] erfolgt, sondern konsensual durch einen Vertrag zwischen verschiedenen Verwaltungsträgern. Eine Vereinbarung zwischen zwei oder mehreren Verwaltungsträgern, auf deren Grundlage eine die Erfüllung öffentlicher Aufgaben betreffende Kompetenzübertragung stattfindet, ist daher grundsätzlich kein dem Vergaberecht unterfallender Vertrag; Voraussetzung ist nach der Rechtsprechung des EuGH, dass die Übertragung sowohl die mit der Kompetenz verbundenen Zuständigkeiten als auch die damit einhergehenden Befugnisse betrifft, sodass die neuerdings zuständige öffentliche Stelle über eine eigene Entscheidungsbefugnis und eine finanzielle Unabhängigkeit verfügt.[142] Der übertragende Vertragspartner darf sich eine eigene Einflussnahme auf konkrete Modalitäten der Aufgabenerfüllung nicht mehr vorbehalten,[143] insbesondere weder eine Kontrolle der Verwendung der Finanzmittel noch eine Entscheidungsbefugnis z. B. über vorzunehmende Investitionen u. Ä. Die Kompetenzübertragung schließt zwar „ein gewisses Überwachungsrecht" nicht aus,[144] also insbesondere den Vorbehalt von Informations- und Anhörungsrechten.[145] Auch eine Unumkehrbarkeit kann nicht verlangt werden,[146] d. h. der Vorbehalt von Widerrufs- und Kündigungsrechten ist wegen des Rechts zur jederzeitigen innerstaatlichen Neuordnung der Kompetenzverteilung unschädlich.[147] Im Ergebnis muss aber der übertragende Vertragspartner durch den Vertrag sein Interesse an der Erfüllung der Aufgabe verlieren.

---

141 Vgl. EuGH, Urt. v. 18.12.2007, Rs. C-220/06 – Asociación Professional de Empresas de Reparto y Maniputado de Correspondencia (AP) ./. Administración General del Estado, Rn. 85: „... soweit Verträge nicht in Wirklichkeit einen einseitigen Verwaltungsakt darstellen ..."; OLG Naumburg, Beschl. v. 13.5.2003, 1 Verg 2/03 – Thermische Abfallbehandlung II, in juris Rn. 46 ff., dort allerdings Beleihung zur Umgehung des Vergaberechts; vgl. auch *Braun/Buchmann*, NZBau 2007, 691; *Burgi*, NVwZ 2007, 383.

142 Vgl. EuGH, Urt. v. 21.12.2016, Rs. C-51/15 – Remondis GmbH & Co. KG Region Nord ./. Region Hannover, Rn. 40 ff.; nachfolgend OLG Celle, Beschl. v. 3.8.2017, 13 Verg 3/13; zuvor bereits VK Saarland, Beschl v. 24.10.2008, 3 VK 2/2008 – Verlagerung oder Rückverlagerung von öffentlich-rechtlichen Kompetenzen.

143 Vgl. EuGH, Urt. v. 21.12.2016, Rs. C-51/15 – Remondis GmbH & Co. KG Region Nord ./. Region Hannover, Rn. 49.

144 Vgl. EuGH, Urt. v. 21.12.2016, Rs. C-51/15 – Remondis GmbH & Co. KG Region Nord ./. Region Hannover, Rn. 52.

145 So schon *Flömer/Tomerius*, NZBau 2004, 660, 665; a. A. noch *Bauer*, ZfBR 2006, 446, 453.

146 Vgl. EuGH, Urt. v. 21.12.2016, Rs. C-51/15 – Remondis GmbH & Co. KG Region Nord ./. Region Hannover, Rn. 53.

147 So schon *Krohn*, NZBau 2006, 610, 615.

bb) Keine Abgrenzung nach der Zuordnung zum öffentlichen Recht

103 Bereits nach dem bisherigen, vor dem Inkrafttreten der Richtlinien von 2014 geltenden Recht war die vertragliche Zusammenarbeit mehrerer öffentlicher Auftraggeber **nicht generell** vom Vergaberecht **freigestellt**. Insbesondere konnte eine Ausnahme sämtlicher Formen der innerstaatlichen Kooperation vom Anwendungsbereich des Vergaberechts nicht durch eine nationale Gesetzesnorm herbeigeführt werden.[148]

104 Zwar sollten nach der ursprünglichen Vorstellung des deutschen Gesetzgebers bei der Verabschiedung des Vergaberechtsänderungsgesetzes von 1998 **öffentlich-rechtliche Verträge** insgesamt nicht vom Begriff des öffentlichen Auftrags nach § 99 GWB a. F. erfasst werden;[149] dem Unionsrecht ist jedoch schon die Unterscheidung zwischen privatrechtlichen und öffentlich-rechtlichen Verträgen fremd;[150] darüber hinaus hätte eine solche Annahme die praktische Wirksamkeit der Vergaberichtlinien in unzulässiger Weise eingeschränkt.

cc) Keine Abgrenzung nach nationalen verwaltungsorganisationsrechtlichen Maßstäben

105 Die nationale Rechtsprechung folgte zunächst dem **Ansatz der verwaltungsorganisationsrechtlichen Unterscheidung zwischen** der sog. **mandatierenden** und der sog. **delegierenden Zweckvereinbarung** im deutschen Recht (vgl. z. B. § 23 Abs. 1 GkG NRW). Übereinstimmend gingen die Vergabesenate der Oberlandesgerichte davon aus, dass jedenfalls die mandatierende Zweckvereinbarung, mit der die Verpflichtung zur Ausführung der öffentlichen Dienstleistung gegen Entgelt von einem öffentlichen Auftraggeber auf einen anderen übertragen wurde, dem Anwendungsbereich des Vergaberechts unterfiel.[151] Hinsichtlich der delegierenden, also der auf eine Übertragung der Aufgabe zur eigenverantwortlichen Wahrnehmung gerichteten Zweckvereinbarung wurde von der herrschenden Meinung eine Vergabefreiheit angenommen; sie wurde pauschal als eine Kompetenzüber-

---

148 Vgl. nur EuGH, Urt. v. 13.1.2005, Rs. C-84/03 – KOM ./. Spanien, Rn. 48 f.; vgl. auch *Steiff*, NZBau 2005, 205; ebenso EuGH, Urt. v. 18.1.2007, Rs. C-220/05 – Jean Aurox u. a. ./. Commune de Roanne et SEDL, Rn. 66; EuGH, Urt. v. 18.12.2007, Rs. C-220/06 – Asociación Professional de Empresas de Reparto y Maniputado de Correspondencia (AP) ./. Administración General del Estado, Rn. 50.

149 Vgl. Begründung des Gesetzesentwurfes, BT-Drs. 13/9340, S. 15 – zu § 109; dem noch folgend OLG Celle, Beschl. v. 24.11.1999, 13 Verg 7/99; offen lassend BGH, Beschl. v. 12.1.2001, X ZB 10/01.

150 Vgl. EuGH, Urt. v. 12.7.2001, Rs. C-399/98 – Ordine degli Architetti delle Province di Milano et Lodi ./. Comune di Milano, Rn. 73; OLG Naumburg, Beschl. v. 13.10.2000, 1 Verg 9/00 – Krankentransporte, in juris Rn. 23; BayObLG, Beschl. v. 3.7.2003, Verg 7/03 – Rettungsdienste, in juris Rn. 2; OLG Düsseldorf, Beschl. v. 5.5.2004, VII-Verg 78/03 – Nachbarschaftshilfe, in juris Rn. 27; OLG Frankfurt, Beschl. v. 7.9.2004, 11 Verg 11 u. 12/04 – Restabfallsammlung, in juris Rn. 86; auch *Ziekow/Siegel*, VerwArch 2005, 119, 124 f.; *Krohn*, NZBau 2006, 610, 614 f.; *Raabe*, VergabeR 2012, 697, 703.

151 Vgl. OLG Düsseldorf, Beschl. v. 5.5.2004, VII-Verg 78/03 – Nachbarschaftshilfe; OLG Frankfurt, Beschl. v. 7.9.2004, 11 Verg 11 u. 12/04 – Restabfallsammlung; OLG Naumburg, Beschl. v. 2.3.2006, 1 Verg 1/06 – Kaufmännische und technische Betriebsführung II; a. A. zuvor noch OLG Koblenz, Beschl. v. 20.12.2001, 1 Verg 4/01 – Kooperationsvereinbarung im ÖPNV; im Ergebnis gegen die Vergaberechtsfreiheit von vergleichbaren „In State"-Vereinbarungen auch EuGH, Urt. v. 15.10.2009, Rs. C-275/08 – KOM ./. Deutschland, betreffend einen Auftrag der Datenzentrale Baden-Württemberg an die Anstalt für Kommunale Datenverarbeitung Bayern über die Lieferung von Software zur Verwaltung der Kfz-Zulassungen.

tragung im o. g. Sinne verstanden. Abweichend hiervon vertrat das OLG Naumburg die Auffassung, dass es vergaberechtlich nicht auf die Unterscheidung zwischen mandatierender und delegierender Zweckvereinbarung nach deutschem Recht ankäme, sondern darauf, ob die Zweckvereinbarung bei funktionaler Betrachtung einen Beschaffungs- und Marktbezug aufweise; in dem vorliegenden Fall hatte das Gericht dies auch für eine delegierende Zweckvereinbarung bejaht.[152] Die Annahme eines Beschaffungs- und Marktbezuges bei einer delegierenden Zweckvereinbarung lag dann nahe, wenn der übertragende Vertragspartner mit einer Verpflichtung zur Zahlung einer Entschädigung belastet wurde, die über eine reine Kostenerstattung hinausging, oder wenn er sich Einflussmöglichkeiten auf die Auftragsdurchführung vorbehielt. Der EuGH hat auf Vorlage des OLG Düsseldorf[153] in einer späteren Entscheidung, auch unter dem Eindruck der bereits vorliegenden Entwürfe der späteren Richtlinien von 2014, bestätigt, dass es für die vergaberechtliche Beurteilung nicht auf die Unterscheidung zwischen mandatierenden und delegierenden Zweckvereinbarungen ankommt.[154]

dd) Vergabefreiheit der korporativen Zweckvereinbarung

Die erste Entscheidung des EuGH, in der die Vergaberechtsfreiheit einer Zweckvereinba- **106**
rung zwischen mehreren öffentlichen Auftraggebern festgestellt worden ist, betraf eine Konstellation, in der die vertragliche Gestaltung der Zusammenarbeit stark an das Wesen eines Vertrags über eine Gesellschaft ohne eigene Rechtspersönlichkeit (Gesellschaft bürgerlichen Rechts, GbR) erinnerte:[155] Gegenstand des Vertrages war allein die Wahrnehmung einer allen Vertragspartnern (das waren vier niedersächsische Landkreise und ein Eigenbetrieb der Stadt Hamburg, die namensgebende Stadtreinigung Hamburg) jeweils obliegenden öffentlichen Aufgabe (der Abfallbeseitigung); alle Vertragspartner übernahmen jeweils eigene Leistungspflichten (z. B. die Zur-Verfügung-Stellung eigener ungenutzter Kapazitäten), und der Vertrag enthielt Anforderungen, welche den Eintritt wechselseitiger Synergieeffekte sicherten. Darüber hinaus wurde ein gegenseitiger Beistand in Notfällen bis hin zur Beschränkung der übernommenen Leistungspflichten bei Kapazitätsengpässen vorgesehen. Lediglich der Betreiber der Müllverbrennungsanlage Rugenberger Damm erhielt eine Vergütung, welche aber nicht über eine reine Kostenerstattung hinausging. Der Vertrag wurde als „Regionaler Versorgungsverbund" bezeichnet. Die Zusammenarbeit der fünf öffentlichen Auftraggeber im Wege der institutionellen öffentlich-öffentlichen Kooperation, d. h. durch Gründung einer gemeinsam kontrollierten Einrichtung mit eigener Rechtspersönlichkeit, wäre vergabefrei möglich gewesen, wie der EuGH einleitend festgestellt hat. In dieser Konstellation entschied die Große Kammer des EuGH (was der Entscheidung besonderes Gewicht verleiht), dass das Unionsrecht den öffentlichen Stellen keine spezielle Rechtsform für die gemeinsame Wahrnehmung ihrer öffentlichen Aufga-

152 Vgl. OLG Naumburg, Beschl. v. 3.11.2005, 1 Verg 9/05 – Nachbarlandkreis; auch *Wiedemann*, CuR 2006, 123; krit. dazu u. a. Landkreistag Sachsen-Anhalt e. V., Rundschreiben Nr. 440/2005 v. 9.11.2005; *Brohm*, VergabeR 2006, 63 f.; *Portz*, VergabeR 2006, 96 ff.; zusammenfassend *Raabe*, VergabeR 2012, 697, 704 f. m. w. N.

153 Vgl. Beschl. v. 6.7.2011, VII-Verg 39/11.

154 Vgl. EuGH, Urt. v. 13.6.2013, Rs. C-386/11 – Piepenbrock Dienstleistungen GmbH & Co. KG ./. Landkreis Düren, Rn. 24; vgl. auch *Kunde*, NZBau 2013, 555; *Klein*, VergabeR 2013, 328, 331 f.; *Raabe*, VergabeR 2012, 697, 704 ff.

155 So auch *Raabe*, VergabeR 2012, 697, 709; *Portz*, in: Kulartz/Kus/Portz/Prieß, GWB, § 108 Rn. 203.

ben vorschreibt.[156] Diese Entscheidung löste Diskussionen um die Konsequenzen und die Reichweite der Vergaberechtsfreiheit von neuem aus.[157]

ee) Nachfolgende Rechtsprechung des EuGH

107 Die nachfolgende Rechtsprechung des EuGH zur Vergabefreiheit von Zweckvereinbarungen zur horizontalen Zusammenarbeit mehrerer öffentlicher Auftraggeber erging bereits unter dem Eindruck der vorliegenden Entwürfe zur Neufassung der Richtlinien, die nunmehr Grundlage der gesetzlichen Regelung in § 108 Abs. 6 GWB geworden sind. Zugleich haben sie den Rechtsetzungsprozess beeinflusst, sodass diese Entscheidungen durchaus zum Verständnis der jetzt vorliegenden Norm herangezogen werden können.

2. Beschränkter Anwendungsbereich des § 108 Abs. 6 GWB

a) Subjektiver Anwendungsbereich

108 Die Vorschrift ist nur anwendbar auf Verträge, die ausschließlich zwischen zwei oder mehreren öffentlichen Auftraggebern i. S. von § 99 Nr. 1 bis 3 GWB geschlossen werden. Das bedeutet, dass alle Parteien des Vertrags selbst **öffentliche Auftraggeber** in diesem Sinne sind, und zwar **im Hinblick auf die Aufgaben, welche den Vertragsgegenstand bilden**.

109 Eine Person, welche selbst nicht öffentlicher Auftraggeber ist, darf nicht Vertragspartner sein. Auch wenn in der nationalen Rechtsnorm der Begriff „ausschließlich" nicht enthalten ist, ergibt sich diese Einschränkung aus dem Unionsrecht.[158] Sie korrespondiert funktional mit dem Kapitalbeteiligungskriterium des einfachen Inhouse-Geschäfts.

110 Auch ein öffentlicher Auftraggeber, der im Hinblick auf den Vertragsgegenstand nicht selbst Aufgabenträger ist, kommt als Vertragspartner nicht in Betracht. Jeder Vertragspartner muss Aufgabenträger sein, wobei der Gesetzgeber keine identischen Aufgabenbereiche verlangt, sondern es genügen lässt, dass sich die Aufgabenbereiche der Vertragspartner ergänzen.[159] Deswegen kommt eine Vergabefreiheit insbesondere dann nicht in Betracht, wenn Gegenstand des Vertrags lediglich die Sicherstellung der Erfüllung der Aufgaben eines von zwei Vertragspartnern ist.[160]

111 Da in den subjektiven Anwendungsbereich auch öffentliche Auftraggeber nach § 99 Nr. 2 und Nr. 3 GWB ohne Einschränkungen einbezogen sind, steht die Möglichkeit der verga-

---

156 Vgl. EuGH, Urt. v. 9.6.2009, Rs. C-480/06 – KOM ./. Deutschland (Stadtreinigung Hamburg), Rn. 47.

157 Vgl. nur *Drey*, Behördenspiegel 7/2009: „Das Suchen hat begonnen"; *Brüning*, DVBl. 2009, 1539; *Brauser-Jung*, VergabeR 2010, 306: „Rugenberger Dammbruch …"

158 Vgl. ErwG 32 Abs. 3 Satz 2 VRL.

159 Vgl. ErwG 33 Abs. 1 letzter Satz VRL; Begründung des Gesetzesentwurfes, BR-Drs. 367/15, S. 94 zu Nummer 1.

160 Vgl. OLG Düsseldorf, Beschl. v. 7.11.2012, VII-Verg 69/11 – Klärschlammentsorgung, Rn. 44 und *Hertwig*, NZBau 2013, 278, 281; zuvor bereits OLG Celle, Beschl. v. 29.10.2009, 13 Verg 8/09 – Blaue Tonne, in juris Rn. 49; VK Baden-Württemberg, Beschl. v. 31.1.2012, 1 VK 66/11 – Vertrag zwischen einer Kommune und einem Zweckverband bei der thermischen Behandlung von Klärschlamm, welche dem Zweckverband nicht oblag; ebenso OLG Naumburg, Beschl. v. 17.3.2017, 7 Verg 8/16 – Technische Betriebsführung, in juris Rn. 88 ff.

befreien vertraglichen horizontalen Zusammenarbeit auch solchen öffentlichen Auftraggebern offen, an denen eine private Kapitalbeteiligung bzw. Mitgliedschaft besteht, also insbesondere **auch gemischt-wirtschaftlich organisierten öffentlichen Auftraggebern.**[161] Soweit die ursprünglichen Entwürfe der Richtlinien noch einen Ausschluss der gemischt-wirtschaftlichen Beteiligungsgesellschaften von der horizontalen Zusammenarbeit nach § 108 Abs. 6 GWB vorgesehen hatten,[162] ist der EU-Normgeber hiervon bewusst abgerückt.[163] Maßgeblich ist, ob die in der Norm genannten Voraussetzungen erfüllt werden; bei einer gemischt-wirtschaftlichen Beteiligungsgesellschaft bzw. einem Verband mit privaten Mitgliedern sind Schwierigkeiten bei der Erfüllung der in Nr. 2 und 3 genannten Voraussetzungen eher denkbar.

b) Sachlicher Anwendungsbereich

Die Vorschrift ist nach ihrem Wortlaut nur anwendbar auf Verträge, welche der Sicherstellung der von den Vertragspartnern zu erbringenden öffentlichen Dienstleistungen dienen. Auch wenn die in der Norm gewählte Formulierung semantisch Raum für ein weitergehendes Verständnis bietet (eine Sicherstellung der Erbringung öffentlicher Dienstleistungen könnte durchaus auch den Erwerb von Waren oder Bauleistungen einschließen), ist davon auszugehen, dass der Normgeber den Anwendungsbereich für die Ausnahmeregelung der horizontalen Zusammenarbeit **ausschließlich** auf die **Erbringung von Dienstleistungen** beschränken wollte. Dies ergibt sich insbesondere aus dem Erwägungsgrund 33 Abs. 1 Satz 1 VRL, in dem es heißt, dass die öffentlichen Auftraggeber auch beschließen können sollen, „ihre öffentlichen Dienstleistungen gemeinsam im Wege der Zusammenarbeit zu erbringen“. Danach sind **Verträge über Lieferungen oder Bauleistungen** vom Anwendungsbereich des § 108 Abs. 6 GWB **ausgeschlossen.**[164] **112**

Der **Begriff der „öffentlichen Dienstleistungen“** ist weder in den vergaberechtlichen Richtlinien (und diesen folgend im Gesetz) noch sonst im Unionsrecht ausdrücklich definiert. Er wird **im beihilferechtlichen Kontext** gleichgestellt mit dem Begriff der „Dienstleistungen von allgemeinem wirtschaftlichem Interesse“, wie er in Art. 14 und 106 Abs. 2 AEUV verwendet und in Art. 1 Abs. 4 VRL erwähnt wird;[165] diese Begriffe haben in einer einschlägigen Mitteilung der Kommission eine nähere Bestimmung erfahren.[166] Einer vollständigen Gleichstellung mag jedoch entgegenstehen, dass den Begriffen **eine unterschiedliche Funktion** zugewiesen ist. Der beihilferechtliche Begriff der Dienstleistungen **113**

---

161 Vgl. Begründung des Gesetzesentwurfes, BR-Drs. 367/15, S. 93 f. – zu Abs. 6, Abs. 3; *Portz*, in: Kulartz/Kus/Portz/Prieß, GWB, § 108 Rn. 218; *v. Engelhardt/Kaelble*, in: Müller-Wrede, GWB, § 108 Rn. 75.

162 Vgl. nur *Klein*, VergabeR 2013, 328, 336 m. w. N.

163 Vgl. ErwG 32 Abs. 3 VRL; *Gruneberg/Wilden-Beck*, VergabeR 2014, 99, 107; *Brockhoff*, VergabeR 2014, 625, 633.

164 Ebenso *v. Engelhardt/Kaelble*, in: Müller-Wrede, GWB, § 108 Rn. 82; wohl auch *Portz*, in: Kulartz/Kus/Portz/Prieß, GWB, § 108 Rn. 221.

165 Vgl. nur Mitteilung der Kommission – Reform der EU-Beihilfevorschriften über Dienstleistungen von allgemeinem wirtschaftlichem Interesse v. 23.3.2011, KOM(2011) 146 endg – Grünbuch, dort Ziffer 2.: „Öffentliche Dienstleistungen (die Verträge beziehen sich im Allgemeinen auf DAWI) ...“.

166 Vgl. Mitteilung der Kommission – Ein Qualitätsrahmen für Dienstleistungen von allgemeinem Interesse in Europa v. 20.12.2011, KOM(2011) 900 endg – Abschnitt 1. Unterabschnitt Grundbegriffe und -konzeptionen.

von allgemeinem wirtschaftlichem Interesse bezieht sich auf marktbezogene Tätigkeiten (in Abgrenzung zu karitativen, sozialen, fürsorgerischen und kulturellen Leistungen), die im Interesse der Allgemeinheit (in Abgrenzung zu Privat- und Partikularinteressen) erbracht werden und ohne staatliche Eingriffe am Markt überhaupt nicht oder in Bezug auf Qualität, Sicherheit, Bezahlbarkeit, Gleichbehandlung oder universalen Zugang nur zu geringeren Standards durchgeführt würden. Er soll staatliche Eingriffe in den Markt rechtfertigen. Der Begriff der öffentlichen Dienstleistungen im Vergaberecht soll dagegen das Betätigungsfeld der horizontalen vertraglichen öffentlich-öffentlichen Zusammenarbeit abgrenzen von denjenigen Tätigkeiten, bei denen Ausnahmen vom Vergaberecht nicht zu rechtfertigen sind. Das legt nahe, öffentliche Dienstleistungen **von einer eigenen wirtschaftlichen Tätigkeit** der betroffenen öffentlichen Auftraggeber **zu differenzieren**. Ein Ausschluss der vergabefreien vertraglichen Zusammenarbeit bei den o.g., nicht marktbezogenen Tätigkeiten ist nicht geboten. Eine Abgrenzung danach, ob die Dienstleistungen mehr oder weniger marktgängig sind, erscheint ebenfalls nicht sachgerecht.

114 In den Vergaberichtlinien wird der Begriff der öffentlichen Dienstleistungen umschrieben als „die gesetzlichen oder freiwilligen Aufgaben der Gebietskörperschaften und Dienste, die bestimmten Einrichtungen durch das öffentliche Recht übertragen werden".[167] Den Gebietskörperschaften wird danach ein größerer Beurteilungsspielraum dafür eingeräumt, welche Aufgaben sie als **Dienstleistungen im öffentlichen Interesse** einstufen, als den öffentlichen Auftraggebern i. S. von § 99 Nr. 2 und Nr. 3 GWB. Bei der Auslegung des Begriffs der öffentlichen Dienstleistungen kann es andererseits nicht allein auf die Zuordnung der Leistungen zu den öffentlichen Dienstleistungen durch den bzw. die öffentlichen Auftraggeber selbst ankommen, weil eine derartige Definitionsmacht der öffentlichen Auftraggeber eine Marktabschottung bewirken und kommunalen, auch gemischt-wirtschaftlichen Unternehmen einen erheblichen wettbewerblichen Vorteil verschaffen könnte. Die Einordnung einer Dienstleistung als öffentliche Dienstleistung muss **nach objektiven**, insbesondere willkürfreien und nicht diskriminierenden **Maßstäben** vorgenommen werden und sich auf die o.g. Werte der Qualität, Sicherheit, Bezahlbarkeit, Gleichbehandlung oder des universalen Zugangs beziehen.

115 Das Begriffsverständnis hat Auswirkungen auf die in der Literatur geführte Diskussion, ob lediglich sog. **Haupttätigkeiten** zur Erfüllung öffentlicher Aufgaben Gegenstand eines Kooperationsvertrages i. S. von § 108 Abs. 6 GWB sein können oder auch sog. **Hilfstätigkeiten**. Diese Unterscheidung führt nach hier vertretener Auffassung weder zu einem Erkenntnisgewinn noch zu einem höheren Maß an Rechtssicherheit. Denn die Abgrenzung zwischen Haupt- und Hilfstätigkeiten ist begrifflich unscharf, führt zu Problemen bei gemischten Verträgen und ist jedenfalls nicht geeignet, die Notwendigkeit der gründlichen Prüfung der Umstände des konkreten Einzelfalls (einschließlich des damit verbundenen Risikos einer Fehlbeurteilung) entfallen zu lassen.[168]

116 Soweit in der Literatur darauf verwiesen wird, dass der Normgeber nicht die Absicht verfolgt habe, die durch die Rechtsprechung gezogenen Grenzen erheblich auszuweiten, und die bisher ergangene Rechtsprechung dahin ausgewertet wurde, dass danach bloße Hilfsgeschäfte nicht Gegenstand einer vergabefreien vertraglichen Zusammenarbeit sein könn-

---

167 Vgl. ErwG 33 Abs. 1 VRL.

168 Im Ergebnis ablehnend auch *Burgi*, NZBau 2012, 601, 606; zurückhaltend *Portz*, in: Kulartz/Kus/Portz/Prieß, GWB, § 108 Rn. 258 ff.

ten,[169] ist der erstgenannte Ansatz angesichts der Normexegese zumindest zweifelhaft (im Hinblick auf die Streichung des Zusatzes „echte" für die Beschreibung der Zusammenarbeit)[170] und berücksichtigt der zweitgenannte Ansatz u. U. nicht hinreichend, dass der EuGH jeweils „nur" über Einzelfälle entschieden hat. Im Fall der Kooperationsvereinbarung zwischen dem kommunalen Sanitätsbetrieb der Provinz Lecce und der Universität Salento kam es auf die Frage, ob die vertragsgegenständlichen Leistungen – bauingenieurtechnische Leistungen zur Erforschung und Bewertung der Erdbebenanfälligkeit der Krankenhausanlagen in der Provinz Lecce – einer vergabefreien Zusammenarbeit zugänglich wären (i. S. einer heutigen Bewertung als eine öffentliche Dienstleistung), nicht an; entscheidungserheblich war u. a., dass die Aufgabe jedenfalls nur einem der beiden Vertragspartner oblag und der andere Vertragspartner – die Universität – wie ein Dienstleister gegen Bezahlung tätig wurde.[171] Im Fall der Kooperationsvereinbarung zwischen dem Landkreis Düren und der Stadt Düren hat das vorlegende Gericht zwar die Frage aufgeworfen, ob die Reinigung von Verwaltungs- und Schulgebäuden als bloßes Hilfsgeschäft die Erfüllung einer öffentlichen Aufgabe betreffe.[172] Der EuGH hat, ohne auf diesen Aspekt der Vorlagefrage einzugehen, das Vorliegen einer vergabefreien Kooperationsvereinbarung ebenfalls u. a. im Hinblick darauf abgelehnt, dass die vertragsgegenständlichen Reinigungsleistungen ausschließlich einem der Vertragspartner – dem Landkreis – oblagen, sodass der Vertrag einen bloßen Beschaffungscharakter aufwies.[173] Mit der gleichen Begründung lehnte der EuGH auch die geltend gemachte Vergabefreiheit einer Zusammenarbeit zwischen einer Universität und einer Kapitalgesellschaft, deren Geschäftsanteile zu einem Drittel vom Bund und zu zwei Dritteln von den 16 Bundesländern gehalten wurden, ab: Er beantwortete nicht die Frage, ob die vertragsgegenständliche Leistung – die Lieferung und Implementierung eines Hochschul-Managementsystems – überhaupt als öffentliche Dienstleistung anzusehen sei, sondern verwies darauf, dass diese Aufgabe jedenfalls der Kapitalgesellschaft nicht als eigene Aufgabe oblag.[174]

3. Voraussetzungen für eine vergaberechtsfreie vertragliche horizontale Zusammenarbeit

Für die Vergabefreiheit der vertraglichen Zusammenarbeit mehrerer öffentlicher Auftraggeber werden drei Voraussetzungen aufgestellt, die **kumulativ**, d. h. alle nebeneinander erfüllt sein müssen. **117**

a) Zielidentität (Nr. 1)

Gesetzestext: „(…) wenn 1. der Vertrag eine Zusammenarbeit zwischen den beteiligten öffentlichen Auftraggebern begründet oder erfüllt, um sicherzustellen, dass die von ihnen zu **118**

169 So *v. Engelhardt/Kaelble*, in: Müller-Wrede, GWB, § 108 Rn. 79 f.

170 Vgl. nur *Raabe*, VergabeR 2012, 703, 707 ff.; *Burgi*, NZBau 2012, 601, 605 ff. jeweils m. w. N.

171 Vgl. EuGH, Urt. v. 19.12.2012, Rs. C-159/11 – Azienda Sanitaria Locale di Lecce u. Universitá del Salento ./. Ordine degli Ingegneri della Provincia di Lecce u. a., Rn. 37.

172 Vgl. OLG Düsseldorf, Beschl. v. 6.7.2011, VII-Verg 39/11.

173 Vgl. EuGH, Urt. v. 13.6.2013, Rs. C-386/11 – Piepenbrock Dienstleistungen GmbH & Co. KG ./. Landkreis Düren, Rn. 39.

174 Vgl. EuGH, Urt. v. 8.5.2014, Rs. C-15/13 – TU Hamburg-Harburg und HIS Hochschul-Informationssysteme GmbH ./. Datenlotsen Informationssysteme GmbH, Rn. 34.

erbringenden öffentlichen Dienstleistungen im Hinblick auf die Erreichung gemeinsamer Ziele ausgeführt werden".

119 Das Kriterium in Nr. 1 bezieht sich auf den **Vertragszweck**, aber nicht in einem formalen, sondern in einem inhaltlichen Sinne. Mit dem Vertrag soll „sichergestellt" werden, dass die jedem einzelnen Vertragspartner obliegenden öffentlichen Dienstleistungen, welche Vertragsgegenstand sind, jeweils ausgeführt werden (das ist auch das Ziel eines Beschaffungsvorgangs) und dass die – rechtlich vorgegebenen oder von den Vertragspartnern hierfür definierten – gemeinsamen Ziele erreicht werden (hierin liegt die Besonderheit). Deswegen wird das Kriterium in der Literatur verkürzt mit dem Begriff „**Zielidentität**" bezeichnet.[175]

120 Dem Gesetzestext ist unmittelbar zu entnehmen, dass es für die Erfüllung dieser Voraussetzung nicht darauf ankommt, ob mit dem Vertrag die **Zusammenarbeit** der beteiligten öffentlichen Auftraggeber (erstmals) **begründet oder fortgeführt**, d.h. wiederholt, ergänzt oder modifiziert wird.

121 Der Wortlaut der Norm ist sowohl in den Richtlinien als auch im Gesetz gegenüber der bislang in der Rechtsprechung verwendeten Formulierung verändert: Statt der Wendung „**Wahrnehmung** der diesen Einrichtungen gemeinsam obliegenden öffentlichen Aufgaben"[176] bzw. „**Erledigung** einer gemeinsamen öffentlichen Aufgabe"[177] heißt es nunmehr „**Sicherstellung** der Ausführung der von ihnen zu erbringenden öffentlichen Dienstleistungen im Hinblick auf die Erreichung gemeinsamer Ziele". Nach hier vertretener Auffassung wird damit nicht etwa der sachliche Anwendungsbereich erweitert,[178] sondern es wird pointierter zum Ausdruck gebracht, dass diese Form der vergabefreien Zusammenarbeit nicht nur bei echten gemeinschaftlichen Aufgaben (etwa i.S. von Art. 91c GG) eröffnet ist und dass die Besonderheit des Vertrags nicht allein darin besteht, dass alle Vertragspartner identische oder teilidentische öffentliche Aufgaben zu erfüllen haben, sondern dass sie zur Erreichung gemeinsamer Ziele kooperieren.

122 Mit dem Kriterium der Zielidentität soll eine Abgrenzung der Kooperationsvereinbarung i.S. von § 108 Abs. 6 GWB zu anderen Verträgen zwischen mehreren öffentlichen Auftraggebern möglich werden. **In Abgrenzung zur Kompetenzübertragung** verbleibt es trotz des Vertragsschlusses bei der ursprünglichen Aufgabenträgerschaft jedes Vertragspartners. **In Abgrenzung zum bloßen Beschaffungsvorgang** i.S. eines Leistungserwerbs gegen Entgelt geht es um eine Zusammenarbeit der Vertragspartner, was schon nach dem allgemeinen Sprachgebrauch beinhaltet, dass jeder Vertragspartner „arbeitet", d.h. sich an der Leistungsausführung mit einem konkreten Beitrag beteiligt und sich dadurch in seiner Rechtsstellung als Vertragspartner von einem bloßen Besteller und Bezahler unterscheidet.

123 Der Begriff der **Zusammenarbeit** ist in den Richtlinien nicht ausdrücklich definiert. Der in den Richtlinienentwürfen verwendete Begriff der „echten Zusammenarbeit", welcher allerdings ebenfalls nicht näher bestimmt war, ist im Zuge des Normgebungsverfahrens nicht

175 Vgl. nur *Portz*, in: Kulartz/Kus/Portz/Prieß, GWB, § 108 Rn. 222.

176 Vgl. EuGH, Urt. v. 19.12.2012, Rs. C-159/11 – ASL u. Università del Salento ./. Ordine degli Ingegneri della Provincia di Lecce u.a., Rn. 37; EuGH, Urt. v. 13.6.2013, Rs. C-368/11 – Piepenbrock Dienstleistungen GmbH & Co. KG ./. Landkreis Düren, Rn. 39.

177 Vgl. EuGH, Urt. v. 8.5.2014, Rs. C-15/13 – TU Hamburg-Harburg u. HIS GmbH ./. Datenlotsen Informationssysteme GmbH, Rn. 35.

178 So *v. Engelhardt/Kaelble*, in: Müller-Wrede, GWB, § 108 Rn. 78: „Zur Sicherstellung können auch Tätigkeiten notwendig sein, die selbst keine öffentlichen Aufgaben darstellen."

beibehalten worden.[179] Das OLG Koblenz hat hierzu u. a. ausgeführt, dass „Zusammenarbeit (im englischen Richtlinientext: „cooperation“, im französischen: „coopération“) ... schon begrifflich mehr (sei) als bloße Leistung gegen Bezahlung ... und ... ein bewusstes Zusammenwirken bei der Verrichtung einer Tätigkeit zur Erreichung eines gemeinsamen Ziels“ meinte.[180] Aus den Materialien ist ersichtlich, dass eine Zusammenarbeit nach den Vorstellungen des Normgebers nicht voraussetzt, dass alle an der Kooperation beteiligten öffentlichen Auftraggeber die Ausführung wesentlicher vertraglicher Pflichten übernehmen und in gleichem Umfang zur Erbringung der Dienstleistungen beitragen müssten. Es reicht vielmehr im Allgemeinen aus, **dass jeder Kooperationsbeteiligte** überhaupt **einen Beitrag zur Ausführung der vertragsgegenständlichen Dienstleistungen leistet**.[181] Mit diesem Normverständnis soll auch der Gefahr begegnet werden, dass öffentliche Auftraggeber mit einer geringen eigenen Leistungsfähigkeit von der Teilnahme an der vertraglichen horizontalen Zusammenarbeit i. S. § 108 Abs. 6 GWB ausgeschlossen werden.[182]

Den Erwägungen des EU-Normgebers ist zu entnehmen, dass die Zusammenarbeit der beteiligten öffentlichen Auftraggeber zur Erfüllung der Tatbestandsmerkmale auf einem **kooperativen Konzept** beruhen „sollte“.[183] Das ultimative Verlangen eines kooperativen Konzepts hat nicht Eingang in den Normtext gefunden. Die Erwägung zeigt jedoch, dass die Zusammenarbeit der öffentlichen Auftraggeber eine Intensität erreichen muss, die den Vertrag von einem bloßen Beschaffungsvorgang unterscheidet. Auch insoweit kommt es nicht in formeller Hinsicht auf das Vorliegen eines – schriftlichen – Konzepts an, sondern darauf, dass aus den vertraglichen Einzelbestimmungen übereinstimmende Zielvorstellungen aller Kooperationspartner und eine Koordination der verschiedenen Teilbeiträge der Vertragspartner ersichtlich sind. Im Fall der Zusammenarbeit der vier niedersächsischen Landkreise mit der Stadtreinigung Hamburg war der Vertrag darauf angelegt, dass der Eigenbetrieb der Stadt Hamburg zwar die wesentlichen Leistungen zur Gewährleistung der Abfallentsorgung in den vier Landkreisen zu erbringen hatte, doch stellten die Landkreise ihre nicht selbstgenutzten Entsorgungskapazitäten zur Verfügung und verpflichteten sich u. a., den Anteil nicht verwertbarer Müllverbrennungsschlacken zur Entsorgung in ihren Deponiebereichen aufzunehmen, sich in Notfällen Beistand zu leisten und bei temporärer Überlastung der Anlage die gelieferten Abfallmengen zu reduzieren.[184] Danach können die auf ein kooperatives Konzept hindeutenden Vertragspflichten derjenigen Kooperationspartner, die keine wesentlichen Ausführungsleistungen erbringen können bzw. sollen, Beistands- oder besondere Rücksichtnahmepflichten sein, ggf. auch unterstützende Leistungen logistischer oder personeller Art.[185] Die nationale Rechtsprechung hat in ersten Entscheidungen das Vorliegen eines kooperativen Konzepts für die **124**

179 Vgl. nur *Portz*, in: Kulartz/Kus/Portz/Prieß, GWB, § 108 Rn. 240.

180 Vgl. OLG Koblenz, Beschl. v. 3.12.2014, 1 Verg 8/14 – Abfallwirtschaftszentrum, in juris Rn. 20.

181 Vgl. ErwG 33 Abs. 3 VRL; Begründung des Gesetzesentwurfes, BR-Drs. 367/15, S. 94 – zu Nummer 1 Abs. 2; so auch OLG Naumburg, Beschl. v. 17.3.2017, 7 Verg 8/16 – Technische Betriebsführung, in juris Rn. 84; *v. Engelhardt/Kaelble*, in: Müller-Wrede, GWB, § 108 Rn. 84; *Webeler*, in: jurisPK-VergabeR, § 108 GWB Rn. 68; *Klein*, VergabeR 2013, 328, 335; *Brockhoff*, VergabeR 2014, 625, 633.

182 Vgl. *Burgi*, NZBau 2012, 601, 605.

183 Vgl. ErwG 33 Abs. 3 VRL.

184 Vgl. EuGH, Urt. v. 9.6.2009, Rs. C-480/06 – KOM ./. Deutschland (Stadtreinigung Hamburg), Rn. 41 f.; auch *Portz*, VergabeR 2009, 702 ff.

185 Vgl. *Portz*, in: Kulartz/Kus/Portz/Prieß, GWB, § 108 Rn. 230.

Annahme der Vergabefreiheit verlangt,[186] sodass zumindest aus Gründen einer rechtssicheren Vertragsgestaltung ein besonderes Augenmerk auf die Implementierung von kooperativen Elementen gelegt werden sollte.

125 Unter Berücksichtigung der Vorausführungen wird regelmäßig **ein bloßer finanzieller Beitrag** eines Vertragspartners nicht genügen, um als ein Kooperationspartner und nicht als ein Besteller im Rahmen eines Beschaffungsvorgangs angesehen werden zu können.[187]

b) Ausschließlich im öffentlichen Interesse (Nr. 2)

126 Gesetzestext: „(…) wenn (…) 2. die Durchführung der Zusammenarbeit nach Nummer 1 ausschließlich durch Überlegungen im Zusammenhang mit dem öffentlichen Interesse bestimmt wird."

127 Die in Nr. 2 genannte Voraussetzung ist nahezu wörtlich der bisherigen Rechtsprechung des EuGH entnommen worden,[188] sodass zum Verständnis der Regelung uneingeschränkt auf die bisher ergangenen Entscheidungen zurückgegriffen werden kann. Es ist bei Kooperationsverträgen ein Ausschlusskriterium mit dem Inhalt, dass sich ein Vertrag über Zusammenarbeit dem Wettbewerb auf dem Markt zu stellen hat, sobald andere als öffentliche Interessen mit ihm verfolgt werden. Schon der Umstand, dass einer der Vertragspartner teilweise wirtschaftliche Interessen verfolgt, schließt die Vergabefreiheit aus.

128 Der EuGH hat unter Bezugnahme auf diese Voraussetzung vor allem dann Kooperationsverträge als nicht ausschreibungsfrei angesehen, wenn sie die Vergabe von Teilleistungen an einen Privaten ohne Ausschreibung vorsehen oder präjudizieren.[189] Durch den Vertrag darf **kein Privater besser gestellt** werden als seine Wettbewerber.[190] Bereits die vertragliche Ermächtigung zur Heranziehung externen Personals, welche auch die Beauftragung privater Dienstleister einschloss, wurde als Einbeziehung Dritter bewertet.[191]

---

186 Vgl. OLG Koblenz, Beschl. v. 3.12.2014, 1 Verg 8/14 – Abfallwirtschaftszentrum, in juris Rn. 18, 20; OLG Naumburg, Beschl. v. 17.3.2017, 7 Verg 8/16 – Technische Betriebsführung, in juris Rn. 91 f.

187 Vgl. OLG Koblenz, Beschl. v. 3.12.2014, 1 Verg 8/14 – Abfallwirtschaftszentrum, in juris Rn. 18, 20 im Rahmen einer hilfsweisen Erwägung; ebenso *Brockhoff*, VergabeR 2014, 625, 633; *Gruneberg/Wilden-Beck*, VergabeR 2014, 99, 107; a. A. *Ziekow*, NZBau 2015, 258, 263; *Webeler*, in: jurisPK-VergabeR, § 108 GWB Rn. 69 unter Verweis auf die bestehenden rechtlichen Risiken Rn. 71; wohl auch *Portz*, in: Kulartz/Kus/Portz/Prieß, GWB, § 108 Rn. 243; offenlassend: OLG Naumburg, Beschl. v. 17.3.2017, 7 Verg 8/16 – Technische Betriebsführung, in juris Rn. 94.

188 Vgl. EuGH, Urt. v. 9.6.2009, Rs. C-480/06 – KOM ./. Deutschland (Stadtreinigung Hamburg), Rn. 47; EuGH, Urt. v. 19.12.2012, Rs. C-159/11 – ASL u. Universitá del Salento ./. Ordine degli Ingegneri della Provincia di Lecce u. a., Rn. 35; EuGH, Urt. v. 13.6.2013, Rs. C-368/11 – Piepenbrock Dienstleistungen GmbH & Co. KG ./. Landkreis Düren, Rn. 37.

189 Vgl. EuGH, Urt. v. 9.6.2009, Rs. C-480/06 – KOM ./. Deutschland (Stadtreinigung Hamburg), Rn. 44; ebenso OLG Naumburg, Beschl. v. 17.3.2017, 7 Verg 8/16 – Technische Betriebsführung, in juris Rn. 107.

190 Vgl. ErwG 33 Abs. 2 VRL.

191 Vgl. EuGH, Urt. v. 19.12.2012, Rs. C-159/11 – ASL u. Universitá del Salento ./. Ordine degli Ingegneri della Provincia di Lecce u. a., Rn. 35, 38; EuGH, Urt. v. 13.6.2013, Rs. C-368/11 – Piepenbrock Dienstleistungen GmbH & Co. KG ./. Landkreis Düren, Rn. 40; ebenso OLG Celle, Beschl. v. 17.12.2004, 13 Verg 3/13 – PPK-Transport, Rn. 81.

Die Verfolgung anderer als öffentlicher Interessen liegt auch darin, dass der Kooperationsvertrag für mindestens einen der Vertragspartner **auch aus einem eigenen wirtschaftlichen Interesse** geschlossen wird. So ist bereits entschieden worden, dass ein Vertragspartner nicht nur Ziele verfolgt, die im öffentlichen Interesse liegen, wenn ein Vertrag über die Entwicklung und Pflege von Software u. a. vorsieht, **das entwickelte Produkt** später **auch Dritten am Markt anzubieten**.[192] Mit einem Modellvorhaben für eine Kooperation zwischen einer gesetzlichen Krankenkasse und der Kassenärztlichen Vereinigung verfolgen die Vertragspartner zwar grundlegend das Ziel einer qualitativ hochstehenden und dennoch bezahlbaren Gesundheitsversorgung, also ein öffentliches Interesse, daneben aber auch jeweils eigene wirtschaftliche Interessen: die Krankenkasse das Interesse an der Beitragsstabilität und einer **Stärkung ihrer Position im Wettbewerb** mit anderen Krankenkassen, und die Kassenärztliche Vereinigung im Interesse der Vertragsärzte das **Ziel einer leistungsadäquaten Vergütung**.[193] Ebenso ist es nach diesen Maßstäben als eigenes wirtschaftliches Interesse anzusehen, wenn einer der Vertragspartner mit der Zusammenarbeit das Ziel verfolgt, eigene **vorhandene Überkapazitäten besser auszulasten**, nicht nur um die Kostenbelastung der von ihm originär zu versorgenden Nutzer zu reduzieren, sondern auch um eine von ihm eingenommene Wettbewerbsposition zu verbessern, selbst wenn der Anteil seines Drittgeschäfts die in Nr. 3 geregelte Quote nicht übersteigt. Das gilt umso mehr, wenn dieser Vertragspartner ein öffentlicher Auftraggeber mit privater Kapitalbeteiligung ist und sich dadurch auch die Stellung des beteiligten Privaten im Wettbewerb verbessert. **129**

Die Anforderung, dass die Durchführung der Zusammenarbeit ausschließlich von dem für die Vergabefreiheit maßgeblichen öffentlichen Interesse bestimmt wird, hat auch Auswirkungen auf den Inhalt der **Vereinbarung von Finanztransfers**. Jeder Finanztransfer zwischen den Vertragspartnern, welcher mehr als eine reine Selbstkostenerstattung darstellt, ist geeignet, während der Durchführung der Zusammenarbeit auch wirtschaftliche Interessen des Empfängers zu begründen.[194] Das kann selbst dann der Fall sein, wenn die Vertragsparteien für die Ermittlung der Höhe der zu leistenden Zahlungen auf die Leitsätze für die Preisermittlung aufgrund der Selbstkosten (LSP, Anlage zur VO PR 30/53) verweisen, soweit nach Nr. 51 LSP u. a. auch der Ansatz eines Betrages für die Abgeltung des unternehmerischen Wagnisses erfolgt.[195] **130**

Ein gewichtiges Indiz für die Nichterfüllung des Kriteriums in Nr. 2 wird von der Rechtsprechung schließlich darin gesehen, wenn der Kooperationsvertrag **mit einem vorherigen Dienstleistungsvertrag weitgehend identisch** ist bis auf den Austausch des vorheri- **131**

---

192 Vgl. KG Berlin, Beschl. v. 16.9.2013, Verg 4/13 – Jugendhilfe-Software, Rn. 28.

193 Vgl. OLG Dresden, Beschl. v. 29.9.2016, Verg 4/16 – Modellvorhaben, in juris Rn. 18.

194 Vgl. EuGH, Urt. v. 9.6.2009, Rs. C-480/06 – KOM ./. Deutschland (Stadtreinigung Hamburg), Rn. 43; OLG München, Beschl. v. 21.2.2013, Verg 21/12 – Krankenhausapotheke, in juris Rn. 62: neben Apothekenware zum Selbstkostenpreis waren Pauschalen, z. B. Logistikpauschalen, vereinbart; *Portz*, in: Kulartz/Kus/Portz/Prieß, GWB, § 108 Rn. 253; *v. Engelhardt/Kaelble*, in: Müller-Wrede, GWB, § 108 Rn. 87; schon *Klein*, VergabeR 2013, 325, 336 – zum Entwurf der Richtlinien.

195 Vgl. OLG Naumburg, Beschl. v. 17.3.2017, 7 Verg 8/16 – Technische Betriebsführung, in juris Rn. 96 ff.

gen privaten Vertragspartners durch einen Vertragspartner, der selbst öffentlicher Auftraggeber ist.[196]

c) Spezielles Tätigkeitskriterium (Nr. 3)

132 Gesetzestext: „(…) wenn (…) 3. die öffentlichen Auftraggeber auf dem Markt weniger als 20 Prozent der Tätigkeiten erbringen, die durch die Zusammenarbeit nach Nummer 1 erfasst sind."

133 Vergleichbar – aber nicht identisch – zum gemeinschaftlichen Inhouse-Geschäft wird für die **Gewährleistung einer ausreichenden Marktferne** auch vorgesehen, dass die beteiligten öffentlichen Auftraggeber sich quantitativ nur im geringen Maße erwerbswirtschaftlich betätigen. In der Norm ist eine direkte Quote für das sog. Drittgeschäft („weniger als 20 %") angegeben, die äquivalent ist zu der in Abs. 1 und Abs. 4 jeweils vorgesehenen Quote für das sog. Eigengeschäft der kontrollierten Person. Der Zweck dieses Kriteriums besteht darin, eine Verzerrung des Wettbewerbs zugunsten der auch am Markt tätigen öffentlichen Auftraggeber zu vermeiden.[197] Hieraus folgt, dass der Normgeber diesen Effekt, der natürlich bei einem den Anforderungen entsprechenden Anteil an Drittgeschäften (von unter 20 %) ebenfalls eintritt, als hinnehmbar akzeptiert. Entgegen der in der Literatur geäußerten Auffassung[198] überrascht die Aufnahme dieses Kriteriums in die Regelungen über die vergabefreie horizontale Zusammenarbeit mehrerer öffentlicher Auftraggeber nicht. Zwar war sie in den Entscheidungen des EuGH nicht aufgeführt worden (hierzu bestand jeweils kein Anlass), die Berücksichtigung eines Tätigkeitskriteriums auch im Rahmen der Vergabefreiheit der vertraglichen horizontalen Kooperation von mehreren öffentlichen Auftraggebern war in der deutschen Rechtsprechung jedoch übereinstimmend für notwendig erachtet worden.[199]

134 Da die Vertragspartner keine gemeinsame Institution einsetzen, muss der Maßstab für die Beurteilung der Einhaltung des Tätigkeitskriteriums jeder einzelne beteiligte öffentliche Auftraggeber sein, d. h. es muss eine **isolierte Betrachtung der Tätigkeit jedes Vertragspartners** erfolgen.[200] Für die Unterscheidung von Eigen- und Fremdgeschäften kann auf die Kommentierung zum Tätigkeitskriterium beim einfachen Inhouse-Geschäft verwiesen werden. Für die Ermittlung der Größe der Anteile gilt Abs. 7.

---

196 Vgl. OLG Düsseldorf, Beschl. v. 5.5.2004, VII-Verg 78/03 – Nachbarschaftshilfe, in juris Rn. 24; OLG München, Beschl. v. 21.2.2013, Verg 21/12 – Krankenhausapotheke, in juris Rn. 61; OLG Naumburg, Beschl. v. 17.3.2017, 7 Verg 8/16 – Technische Betriebsführung, in juris Rn. 105.

197 Vgl. Begründung des Gesetzesentwurfes, BR-Drs. 367/15, S. 94.

198 Vgl. *Portz*, in: Kulartz/Kus/Portz/Prieß, GWB, § 108 Rn. 268.

199 Vgl. OLG Düsseldorf, Beschl. v. 28.7.2011, VII-Verg 20/11 – Stoffliche Nichtverpackungen, in juris Rn. 84; OLG München, Beschl. v. 21.2.2013, Verg 21/12 – Krankenhausapotheke, in juris Rn. 64; OLG Celle, Beschl. v. 17.12.2014, 13 Verg 3/13 – PPK-Transport, in juris Rn. 82; ebenso *v. Engelhardt/Kaelble*, in: Müller-Wrede, GWB, § 108 Rn. 91.

200 Vgl. *v. Engelhardt/Kaelble*, in: Müller-Wrede, GWB, § 108 Rn. 94.

VII. Tätigkeitsgestützte Werte (Abs. 7)

1. Anwendungsbereich und Zweck der Vorschrift

In § 108 Abs. 7 GWB stellt der Normgeber **eine einheitliche Regelung** für die Bestimmung prozentualer Anteile der verschiedenen Tätigkeitsbereiche zur Verfügung – diese Regelung gilt ausdrücklich für alle Konstellationen der vergabefreien öffentlich-öffentlichen Kooperation, also für einfache Inhouse-Geschäfte, für gemeinsame Inhouse-Geschäfte (IÖÖP) und für die horizontalen Kooperationsverträge. Die Vorschrift erhöht die Handhabbarkeit und die Rechtssicherheit bei der Anwendung der Ausnahmebestimmungen der Abs. 1 bis 6. 135

In allen Fallgruppen dient die prozentuale Beschränkung des Umfangs der Tätigkeiten „auf dem Markt" der Vermeidung bzw. Begrenzung einer Wettbewerbsverzerrung zulasten der privaten Wirtschaftsteilnehmer, welche im Leistungsbereich im Wettbewerb mit den öffentlichen Auftraggebern stehen.[201] 136

2. Berechnungsgrundlagen

a) In sachlicher Hinsicht

Den Tätigkeitskriterien in den verschiedenen Fallkonstellationen liegt jeweils eine **Abgrenzung zwischen den Tätigkeiten** der zu beurteilenden Person im Rahmen der öffentlich-öffentlichen Zusammenarbeit und damit **„außerhalb des Marktes"** einerseits und denjenigen **„auf dem Markt"** andererseits zugrunde. Die zu beurteilende Person ist im Falle des einfachen Inhouse-Geschäfts (Abs. 1 bis 2 und Abs. 3 Alt. 2) bzw. des gemeinsamen Inhouse-Geschäfts (Abs. 4 bis 5) die (auftragnehmende) kontrollierte Person, im Falle des inversen Inhouse-Geschäfts (Abs. 3 Alt. 1) die kontrollierende (auftragnehmende) Person und im Falle der horizontalen Kooperationsvereinbarung (Abs. 6) jeder als Vertragspartner beteiligte öffentliche Auftraggeber. 137

Zur Ermittlung der prozentualen Anteile soll, soweit möglich, auf einen **„geeigneten tätigkeitsbezogenen Wert"** zurückgegriffen werden. In der Rechtsprechung des EuGH und der nationalen vergaberechtlichen Spruchkörper ist bisher jeweils auf einen **durchschnittlichen Gesamtumsatz** der Person abgestellt worden;[202] das hat vor allem praktische Gründe. Die Umsatzwerte für bestimmte zeitliche Perioden liegen regelmäßig bereits vor, weil sie von den zu beurteilenden Personen häufig ohnehin zu ermitteln und teilweise sogar zu publizieren sind; dadurch sind sie zuverlässig und schnell zu ermitteln und zu überprüfen. Mit dem Begriff des Gesamtumsatzes werden, wie dem Wortlaut der Norm zu entnehmen ist, die Umsätze mit allen Liefer-, Bau- und Dienstleistungen der zu beurteilenden Person jeweils entweder „außerhalb des Marktes" oder „auf dem Markt" erfasst, d. h. der tätigkeitsbezogene Wert, hier der durchschnittliche Gesamtumsatz, ist personenbezogen zu ermitteln. Eine weitere Unterscheidung, etwa nach den Leistungsarten oder nach den Sparten 138

201 Vgl. Begründung des Gesetzesentwurfes, BR-Drs. 367/15, S. 94 – zu Abs. 7; *Portz*, in: Kulartz/Kus/Portz/Prieß, GWB, § 108 Rn. 269.

202 Vgl. *Schröder*, ZfBR 2011, 776, 778.

eines kommunalen Mehrspartenunternehmens, findet nicht statt.[203] Denn die Ziele der Marktferne und der Vermeidung von Wettbewerbsverzerrungen zulasten privater Wirtschaftsteilnehmer würden verfehlt, wenn sich die Umsatzanteile auf dem Markt durch eine zunehmende Differenzierung in der Buchhaltung summieren könnten.

139 Nach dem Gesetzeswortlaut, welcher mit dem Normtext der Richtlinien insoweit identisch ist, kann neben dem Gesamtumsatz auch ein anderer geeigneter tätigkeitsgestützter Wert herangezogen werden. Ausdrücklich genannt werden hier (beispielhaft) die **Kosten** zur Erzielung dieses Gesamtumsatzes. Im Regelfall werden die Kosten einen Rückschluss auf den Umfang der Tätigkeiten zulassen, es sei denn, es existieren Anhaltspunkte für durchschnittlich marktatypisch hohe bzw. durchschnittlich marktatypisch geringe Kosten für die Leistungserbringung. Als Kosten der zu beurteilenden Person sind jedenfalls bilanzielle aufwandsgleiche Kosten, wie Materialkosten (Roh-, Hilfs-, Betriebsstoffe, Energie), Personalkosten, Aufwendungen für Fremdleistungen sowie für Mieten und Pachten, sonstige betriebliche Kosten (Kommunikation, Versicherung, Schulung, Werbung etc.) und auch Fremdkapitalkosten, anzusehen.[204] Nach hier vertretener Auffassung ist es sachgerecht und praxisnah, auch weitere bilanzielle Kosten, wie Abschreibungen, zu berücksichtigen. Rein kalkulatorische und insbesondere nicht eigenwirtschaftliche, sondern sog. „externe" Kosten, wie sie bei der Auswahl von Zuschlagskriterien berücksichtigt werden dürfen, sind in die Kostenermittlung nach Abs. 7 nicht einzubeziehen.

140 In der Literatur sind als – je nach Sachlage – weitere geeignete tätigkeitsbezogene Werte auch die **Arbeitszeitaufwendungen** bzw. der **Umfang des Personaleinsatzes** angeführt worden.[205] Diese Kenngrößen werden in der Regel vor allem bei personalintensiven Dienstleistungen ein für die Berechnung geeigneter Wert sein.

141 Dem gegenüber sind die **Gewinnanteile** in den beiden Tätigkeitsbereichen kein Wert, der geeignet wäre, zuverlässige Schlussfolgerungen über die Tätigkeitsanteile zu ziehen.[206]

142 Dem Wortlaut der Norm ist ein Vorrang eines bestimmten tätigkeitsbezogenen Werts, etwa des durchschnittlichen Gesamtumsatzes, gegenüber anderen tätigkeitsbezogenen Werten nicht zu entnehmen. Das Bindewort „oder" weist auf **ein Wahlrecht des öffentlichen Auftraggebers** hin. Nach dem Zweck der Vorschrift ist alleiniger Maßstab die Eignung des Wertes zur Beurteilung der Tätigkeitsanteile, hinsichtlich derer dem öffentlichen Auftraggeber ein Beurteilungsspielraum verbleiben muss. Deswegen muss dessen Auswahl auch Bestand haben, soweit sie auf zutreffender tatsächlicher Grundlage sachlich nachvollziehbar bleibt.[207]

---

203 Vgl. *v. Engelhardt/Kaelble*, in: Müller-Wrede, GWB, § 108 Rn. 102; a. A. *Portz*, in: Kulartz/Kus/Portz/Prieß, GWB, § 108 Rn. 270, der eine Differenzierung nach Liefer-, Bau- oder Dienstleistungen für zulässig erachtet.

204 Vgl. zum Begriff der Kosten *Portz*, in: Kulartz/Kus/Portz/Prieß, GWB, § 108 Rn. 271.

205 Vgl. *Knauff*, EuZW 2014, 486, 488; *Hofmann*, VergabeR 2016, 189, 192; *Müller-Wrede*, VergabeR 2016, 292, 296; *Portz*, in: Kulartz/Kus/Portz/Prieß, GWB, § 108 Rn. 271.

206 Vgl. *Ziekow*, NZBau 2015, 258, 260; *v. Engelhardt/Kaelble*, in: Müller-Wrede, GWB, § 108 Rn. 102.

207 Wie hier: *v. Engelhardt/Kaelble*, in: Müller-Wrede, GWB, § 108 Rn. 101; a. A. *Portz*, in: Kulartz/Kus/Portz/Prieß, GWB, § 108 Rn. 270 – „primär" der durchschnittliche Gesamtumsatz.

b) In zeitlicher Hinsicht

Dem Normgeber geht es im Kern darum, dass die Ermittlung der prozentualen Anteile der beiden voneinander abzugrenzenden Tätigkeitsbereiche im Rahmen des Tätigkeitskriteriums **auf einer verlässlichen Grundlage** beruht. Daher ordnet er an, dass regelmäßig der jeweilige tätigkeitsbezogene Wert als **Durchschnittswert aus den letzten drei (vollständigen) Geschäftsjahren vor der Vergabe** heranzuziehen ist. 143

Dem weiteren Normtext in Art. 12 Abs. 5 Unterabs. 2 VRL, welcher nur teilweise in § 108 Abs. 7 GWB und im Übrigen nur in der Gesetzesbegründung hierzu Niederschlag gefunden hat, ist zu entnehmen, dass Fallgestaltungen, in denen entweder die zu beurteilende Person wegen Neugründung noch keine Werte über diesen Zeitraum aufzuweisen hat oder ihr diese – belastbaren – Werte fehlen, weil ältere Daten wegen einer zwischenzeitlich vollzogenen Umstrukturierung ihrer Tätigkeitsfelder keinen Aussagewert mehr haben,[208] u. U. gesondert zu beurteilen sind. Nach hier vertretener Auffassung unterliegt es zunächst der Beurteilung des öffentlichen Auftraggebers, ob **ausnahmsweise auch ein kürzerer Zeitraum** eine ausreichende Datenbasis verschafft. 144

c) Fehlende oder nicht aussagekräftige Daten

Für den Fall, dass keine den vorgenannten Anforderungen entsprechenden bzw. keine ausreichend aussagekräftigen Daten für die zu beurteilende Person vorliegen, ist dem bzw. den kooperationswilligen öffentlichen Auftraggeber(n) der Zugang zum vergabefreien Rechtsgeschäft nicht vollständig verwehrt; er ist aber mit höheren Rechtsunsicherheiten belastet. Für die zu beurteilende Person darf auch auf Werte zurückgegriffen werden, welche eine geringere Verlässlichkeit und Eignung zur Berechnung der Tätigkeitsanteile aufweisen, insbesondere auf **Prognosen über die künftige Entwicklung der Geschäfte**, d.h. auf Prognosen zu einem geeigneten tätigkeitsgestützten Wert.[209] 145

Da für diese Prognose, anders als beispielsweise für die Gesamtumsätze oder Kosten in der Vergangenheit, keine Belege vorliegen, wird von der zu beurteilenden Person eine **Glaubhaftmachung** verlangt. Damit ist nicht eine Glaubhaftmachung i. S. des nationalen Prozessrechts (z. B. § 294 ZPO) gemeint, sondern eine besonders aussagekräftige Dokumentation über das Zustandekommen des Prognoseergebnisses.[210] Genügt die Dokumentation der zu beurteilenden Person nicht den Anforderungen und lässt sich deswegen das Vorliegen der Voraussetzungen für die Zulässigkeit eines vergabefreien Rechtsgeschäfts nach § 108 GWB nicht zweifelsfrei feststellen, so ist die Ausnahmevorschrift nicht anwendbar und das Rechtsgeschäft demnach ausschreibungspflichtig (sog. **Feststellungslast** im Nachprüfungsverfahren).[211] 146

---

208 Vgl. Begründung des Gesetzesentwurfs, BR-Drs. 367/15, S. 94 – zu Abs. 7.

209 Deutlicher im Wortlaut von Art. 12 Abs. 5 Unterabs. 2 VRL.

210 Vgl. *Webeler*, in: jurisPK-VergabeR, § 108 GWB Rn. 36; *Portz*, in: Kulartz/Kus/Portz/Prieß, GWB, § 108 Rn. 270.

211 Vgl. nur EuGH, Urt. v. 11.1.2005, Rs. C-26/03 – Stadt Halle u. RPL Lochau GmbH ./. ARGE TREA Leuna, Rn. 46; OLG Celle, Beschl. v. 17.12.2014, 13 Verg 3/13 – PPK-Transport, in juris Rn. 63.

VIII. Entsprechende Anwendung auf Sektorenauftraggeber und Konzessionsgeber (Abs. 8)

147 Die in § 108 Abs. 1 bis 7 GWB getroffenen Regelungen gelten unmittelbar für klassische öffentliche Auftraggeber nach § 99 Nr. 1 bis 3 GWB. Da die drei EU-Vergaberichtlinien im Wesentlichen identische Regelungen zur Vergabefreiheit der öffentlich-öffentlichen Zusammenarbeit enthalten, werden die Regelungen mit Abs. 8 **für öffentliche Sektorenauftraggeber** bei der Vergabe öffentlicher Aufträge (Sektorenauftraggeber i. S. von § 100 Abs. 1 Nr. 1 GWB) sowie **für klassische öffentliche Auftraggeber und öffentliche Sektorenauftraggeber** bei der Vergabe von Konzessionen (Konzessionsgeber i. S. von § 101 Abs. 1 Nr. 1 und Nr. 2 GWB) für entsprechend anwendbar erklärt.

148 Die Vorschriften gelten damit **nicht für private Sektorenauftraggeber** i. S. von § 100 Abs. 1 Nr. 2 GWB; allerdings weist die Begründung des Gesetzesentwurfes darauf hin, dass für diese Auftraggeber ohnehin weitreichende Möglichkeiten einer Zusammenarbeit durch das sog. Konzernprivileg des § 138 GWB eröffnet sind.[212]

212 Vgl. BR-Drs. 367/15, S. 95 – zu Abs. 8 a. E.

§ 109 Ausnahmen für Vergaben auf der Grundlage internationaler Verfahrensregeln

(1) Dieser Teil ist nicht anzuwenden, wenn öffentliche Aufträge, Wettbewerbe oder Konzessionen

1. nach Vergabeverfahren zu vergeben oder durchzuführen sind, die festgelegt werden durch

a) ein Rechtsinstrument, das völkerrechtliche Verpflichtungen begründet, wie eine im Einklang mit den EU-Verträgen geschlossene internationale Übereinkunft oder Vereinbarung zwischen der Bundesrepublik Deutschland und einem oder mehreren Staaten, die nicht Vertragsparteien des Übereinkommens über den Europäischen Wirtschaftsraum sind, oder ihren Untereinheiten über Liefer-, Bau- oder Dienstleistungen für ein von den Unterzeichnern gemeinsam zu verwirklichendes oder zu nutzendes Projekt, oder

b) eine internationale Organisation oder

2. gemäß den Vergaberegeln einer internationalen Organisation oder internationalen Finanzierungseinrichtung bei vollständiger Finanzierung der öffentlichen Aufträge und Wettbewerbe durch diese Organisation oder Einrichtung zu vergeben sind; für den Fall einer überwiegenden Kofinanzierung öffentlicher Aufträge und Wettbewerbe durch eine internationale Organisation oder eine internationale Finanzierungseinrichtung einigen sich die Parteien auf die anwendbaren Vergabeverfahren.

(2) Für verteidigungs- oder sicherheitsspezifische öffentliche Aufträge ist § 145 Nummer 7 und für Konzessionen in den Bereichen Verteidigung und Sicherheit ist § 150 Nummer 7 anzuwenden.

Schrifttum: *Bechtold*, GWB, 7. Aufl. 2013; *Boesen*, GWB, 2000; *Burgi/Dreher*, Beck'scher VergR-Kommentar, Bd. 1, 4. Aufl. 2017; *Grabitz/Hilf/Nettesheim*, Recht der Europäischen Union, EUV/AEUV, 61. Aufl. 2017 (62. Lfg.); *Immenga/Mestmäcker*, GWB, 5. Aufl. 2014; *Korte*, Standortfaktor Öffentliches Recht, 2016; *Kulartz/Kus/Portz/Prieß*, GWB, 4. Aufl. 2016; *Lampe-Helbig/Wörmann*, Handbuch der Bauvergabe 2. Aufl. 1995; *Motzke/Pietzcker/Prieß*, VOB, 2001; *Müller-Wrede*, GWB Vergaberecht, Kommentar, 2016; *Noch*, Vergaberecht kompakt, 7. Aufl. 2016; *Prieß*, Das öffentliche Auftragswesen in der Europäischen Union, 1994; *Pünder/Schellenberg*, Vergaberecht, 2. Aufl. 2015; *Reidt/Stickler/Glahs*, Vergaberecht, 3. Aufl. 2011; *Vitzthum/Proelß*, Völkerrecht, 7. Aufl. 2016; *Ziekow/Völlink*, Vergaberecht, 3. Aufl. 2018.

Übersicht

I. Systematik und Entstehungsgeschichte der Vorschrift

1 § 109 GWB ist eine von mehreren Vorschriften, in denen **Ausnahmen für die Anwendung des Kartellvergaberechts** vorgesehen sind. Normtechnisch wird damit der sachliche Anwendungsbereich des Vergaberechts eingeschränkt.[1] Zum Teil geht die Vorschrift auf die früheren Regelungen des § 100 Abs. 8 Nr. 4, Nr. 5 und Nr. 6 sowie Abs. 8 Nr. 1 bis 3 GWB a. F. zurück (vor 2011: § 100 Abs. 2 lit. b) und lit. c) GWB a. F.), in denen ebenfalls schon Ausnahmen für Sachverhalte unter Bezugnahme auf das internationale Recht bzw. auf internationale Organisationen und Vergaben mit besonderen Geheimschutzerfordernissen vorgesehen waren. Die Regeln für Vergaben im Zusammenhang mit **Finanzierungsbeiträgen** durch internationale Organisationen oder Finanzierungseinrichtungen sind hingegen im Kartellvergaberecht bislang ohne Vorbild.[2] Nach der Entwurfsbegründung der Bundesregierung sollen mit § 109 GWB die Art. 9 Abs. 1 und Abs. 2 RL 2014/24/EU sowie ihre Korrespondenzbestimmungen in den anderen EU-Vergaberichtlinien umgesetzt werden,[3] was auch annähernd wörtlich geschehen ist.

2 Durch § 109 Abs. 1 und Abs. 2 GWB werden **bestimmte Vertragsarten und Beschaffungsfelder**, für die die Anwendung der Vergaberegeln des 4. Teils des GWB unpassend erschien, aus dem **Anwendungsbereich des Kartellvergaberechts herausgenommen**.[4] Zum Teil handelt es sich bei diesen Ausnahmen um bloße Klarstellungen, die sich eigentlich schon unmittelbar aus der Definition des öffentlichen Auftrags gemäß §§ 103, 104 GWB ergeben (früher: § 99 Abs. 1 GWB a. F.). Dabei werden einige Vertragsarten auch von der Geltung des Vergaberechts ausgenommen, weil von ihnen von vornherein kein nennenswerter grenzüberschreitender Austausch erwartet wird[5] bzw. in den Fällen des § 109 Abs. 1 Nr. 1 lit. a) und lit. b) GWB davon ausgegangen wird, dass vorrangige internationale Vorschriften über das Beschaffungswesen zur Anwendung kommen sollen.

3 Die Nichtanwendung der marktöffnenden Vergabevorschriften des 4. Teils des GWB wird lediglich durch **besondere Umstände** gerechtfertigt, die eigens in den EU-Vergaberichtlinien vorgesehen sind.

II. Ausnahmen für bestimmte Vergabeverfahren

4 Gemäß § 109 GWB ist eine Reihe von Aufträgen unabhängig von ihrem jeweiligen Wert von den Vergabevorschriften nicht erfasst (früher: § 100 Abs. 8 GWB a. F.) und gibt anderweitig erlassenen Vergabevorschriften damit den Vorrang. Der Katalog folgt exakt den europarechtlichen Vorgaben.[6] Als Ausnahme von der Grundregel des § 103 GWB sind die Bestimmungen des § 109 GWB **grundsätzlich eng auszulegen**.[7]

---

1 Zur begrifflichen Abgrenzung: *Ziekow*, VergabeR 2007, 711 ff.
2 So auch *Otting*, in: Burgi/Dreher, Beck'scher VergR-Kommentar, Bd. 1, § 109 Rn. 1.
3 BT-Drs. 18/6281 v. 8.10.2015, S. 83; z. B. Art. 10 Abs. 4 RL 2014/23/EU u. Art. 20 RL 2014/25/EU.
4 Vgl. *Sterner*, in: Müller-Wrede, GWB, § 109 Rn. 2.
5 Vgl. *Noch*, Vergaberecht kompakt, S. 52.
6 Vgl. Begründungen der Bundesregierung, BT-Drs. 18/6281, S. 83 und zuvor schon BT-Drs. 13/9340, S. 15; *Röwekamp*, in: Kulartz/Kus/Portz/Prieß, GWB, § 100 Rn. 21.
7 Vgl. grundsätzlich EuGH, Urt. v. 10.3.1987, Rs. 199/85, Slg. 1987, 1039 – Kommission/Italien; konkret zur Auslegung der Vorgängervorschrift § 100 GWB a. F.: *Dreher*, in: Immenga/Mest-

1. Internationale Übereinkunft (Abs. 1 Nr. 1 lit. a))

Zunächst nimmt § 109 Abs. 1 Nr. 1 lit. a) GWB Aufträge aus dem Anwendungsbereich des Vergaberechts heraus, die **aufgrund einer internationalen Übereinkunft der Bundesrepublik Deutschland mit einem oder mehreren Drittstaaten** in Bezug auf gemeinsame internationale Projekte nach einem gesonderten Vergabeverfahren vergeben oder durchgeführt werden. Der Regelung liegt der Gedanke zugrunde, dass der Abschluss komplexer internationaler Abkommen nicht durch die von einzelnen Beteiligten ungewollte Anwendung des Kartellvergaberechts erschwert werden soll. Durch § 109 Abs. 1 Nr. 1 lit. a) GWB wird allerdings nicht ausgeschlossen, dass die Anwendung des Kartellvergaberechts durch eine zwischen den Parteien eigens getroffene vertragliche Vereinbarung im konkreten Fall wieder vorgesehen wird. **5**

Bekanntermaßen ist die konkrete Bezeichnung eines **völkerrechtlichen Vertrags** i. S. von Art. 38 Abs. 1 lit. a) IGH-Statut weitgehend austauschbar und ohne unmittelbare rechtliche Konsequenzen, sodass die Verwendung des Begriffs „Übereinkunft" in § 109 Abs. 1 GWB **lediglich beispielhaft** für die gebräuchlichen Bezeichnungen eines völkerrechtlichen Vertrags steht. Denn in seltener Geringschätzung des Terminologischen spielt es im Völkerrecht keine Rolle, ob ein „Rechtsinstrument" als Übereinkunft, Abkommen, Vereinbarung, Memorandum, Protokoll oder anders bezeichnet wird.[8] Sichergestellt muss lediglich sein, dass es sich dabei um ein völkerrechtliches oder sonstiges internationales Abkommen handelt, das mit Rechtsbindungswillen geschlossen wurde, rechtliche Verpflichtungen begründet[9] und – das erscheint vor dem Hintergrund der EU-Vergaberichtlinien nur konsequent – überdies **im Einklang mit den EU-Verträgen** steht (vgl. Art. 205 ff. und Art. 216 ff. AEUV).[10] **6**

Unter „**Staaten**" i. S. von § 109 Abs. 1 Nr. 1 lit. a) GWB sind in diesem Zusammenhang Drittstaaten zu verstehen, die weder Mitglieder der Europäischen Union noch des Europäischen Wirtschaftsraumes (EWR) sind.[11] Für die Anwendung von § 109 Abs. 1 Nr. 1 lit. a) GWB genügt es, dass bei multilateralen Übereinkünften **eine Partei** ein Nicht-EU- oder Nicht-EWR-Staat ist.[12] **7**

Entscheidend ist, dass es sich um Abkommen zwischen der Bundesrepublik Deutschland und einem anderen Staat bzw. seinen Untereinheiten handelt und nicht bloß um ein staatliches Unternehmen.[13] Außerdem muss das betreffende Abkommen **besondere Vereinbarungen über das anwendbare Vergabeverfahren enthalten**.[14] **8**

---

mäcker, GWB, § 100 Rn. 23; *Boesen*, GWB, § 100 Rn. 39; *Stickler*, in: Reidt/Stickler/Glahs, Vergaberecht, § 100 Rn. 12; *Marx*, in: Motzke/Pietzcker/Prieß, VOB, § 100 Rn. 4.

8 *Vitzthum*, in: Vitzthum/Proelß, Völkerrecht, 1. Abschn. Rn. 115; hierzu auch *Sterner*, in: Müller-Wrede, GWB, § 109 Rn. 5.

9 *Otting*, in: Burgi/Dreher, Beck'scher VergR-Kommentar, Bd. 1, § 109 Rn. 6 unter Hinweis auf den „Rechtsbindungswillen".

10 Vgl. *Prieß*, Das öffentliche Auftragswesen in der Europäischen Union, S. 62.

11 Vgl. *Antweiler*, in: Ziekow/Völlink, Vergaberecht, § 100 Rn. 49; *Marx*, in: Motzke/Pietzcker/Prieß, VOB, § 100 Rn. 10.

12 *Sterner*, in: Müller-Wrede, GWB, § 109 Rn. 6.

13 *Schellenberg*, in: Pünder/Schellenberg, Vergaberecht, § 100 Rn. 84.

14 Vgl. *Lampe-Helbig/Wörmann*, Handbuch der Bauvergabe Rn. 35; *Otting*, in: Bechtold, GWB, § 100 Rn. 16.

9 Beispiele für gemeinsame Projekte i.S. von § 109 Abs. 1 Nr. 1 lit. a) GWB sind etwa bedeutsame Bau- und Infrastrukturvorhaben in Entwicklungsländern oder Großprojekte zur gemeinsamen Rohstoffausbeutung.[15] Dabei ist es wichtig, dass die zwischen den Parteien geschlossene Übereinkunft auf ein **„gemeinsam zu verwirklichendes oder zu nutzendes"** Projekt gerichtet ist. Hieran ist nach Überzeugung des BKartA (3. VK) etwa zu zweifeln, wenn die tatsächlichen Realisierungsaussichten für ein solches „gemeinsames" Projekt noch zu abstrakt oder fernliegend erscheinen.[16] Wenn auch an den Grad der Konkretheit keine zu hohen Anforderungen zu stellen sind, ist dem BKartA (3. VK) doch insoweit zuzustimmen, dass auch aufgrund des **Ausnahmecharakters** des § 109 Abs. 1 Nr. 1 lit. a) GWB (früher: § 100 Abs. 8 Nr. 4 GWB a. F.) eine extensive Auslegung grundsätzlich nicht in Betracht kommt. Daher wird man zumindest eine **hinreichende Konkretheit** des gemeinsam zu verwirklichenden oder zu nutzenden Projekts fordern müssen, die sich regelmäßig aus den diesbezüglichen Passagen der unterzeichneten Übereinkunft ergeben sollte.

2. Internationale Organisation (Abs. 1 Nr. 1 lit. b))

10 § 109 Abs. 1 Nr. 1 lit. b) GWB bezieht sich auf **Aufträge einer internationalen Organisation**, die in einem besonderen Verfahren vergeben werden. Da internationale Organisationen im Regelfall schon keine öffentlichen Auftraggeber i. S. der §§ 98 ff. GWB darstellen, wird es sich im Rahmen von § 109 Abs. 1 Nr. 1 lit. b) GWB üblicherweise um Aufträge handeln, die ein öffentlicher Auftraggeber *für eine* internationale Organisation vergibt.[17] Die Vorschrift beruht auf Art. 9 Abs. 1 Unterabs. 1 lit. b) RL 2014/24/EU (früher: Art. 15 lit. c) RL 2004/18/EG). Die Ausnahme ermöglicht es, unabhängig vom konkret handelnden Auftraggeber, das bei der internationalen Organisation geltende Verfahren anzuwenden.[18] Ohne die Ausnahme des § 109 Abs. 1 Nr. 1 lit. b) GWB wären die EU-Mitgliedstaaten wesentlich unattraktivere Standorte, da es internationalen Organisationen generell widerstrebt, bei der Erledigung eigener Angelegenheiten, zu denen auch Beschaffungsvorgänge zählen, den Rechtsordnungen der Sitzstaaten zu unterfallen. Dabei ist es unschädlich, ob diese Angelegenheiten von eigenen Organen und Einrichtungen oder von Dritten ausgeführt werden. Dies gilt in der Praxis umso mehr, als internationale Organisationen vielfach über Niederlassungen in mehreren Staaten verfügen, die Beschaffung aber regelmäßig zentralisiert nach den Bestimmungen eines eigenen Regelwerks abläuft. Durch § 109 Abs. 1 Nr. 1 lit. b) GWB kommen die Vorschriften des Kartellvergaberechts grundsätzlich nicht zur Anwendung, sodass Deutschland keine Standortnachteile erleidet.[19]

11 In den Anwendungsbereich dieser Vorschrift fallen Aufträge über Bauwerke oder Leistungen, die für eine **in der Bundesrepublik ansässige internationale Organisation** erledigt werden, ohne Rückschlüsse darauf, wer hierfür die Kosten trägt (Bund, Land oder interna-

---

15 Mit weiteren Beispielen: *Otting*, in: Burgi/Dreher, Beck'scher VergR-Kommentar, Bd. 1, § 109 Rn. 7.

16 Vgl. BKartA, Beschl. v. 4.5.2012, VK 3 – 30/12, ZfBR 2012, 698 Rn. 59 mit im konkreten Fall Zweifeln am „gemeinsamen" Charakter des geplanten internationalen Projekts; *Schellenberg*, in: Pünder/Schellenberg, Vergaberecht, § 100 Rn. 87.

17 Vgl. *Antweiler*, in: Ziekow/Völlink, Vergaberecht, § 109 Rn. 7; *Sterner*, in: Müller-Wrede, GWB, § 109 Rn. 9.

18 *Sterner*, in: Müller-Wrede, GWB, § 109 Rn. 8; früher schon: *Lampe-Helbig/Wörmann*, Handbuch der Bauvergabe, Rn. 35; *Ullrich*, VergabeR 2002, 331 ff.

19 Vgl. eingehend hierzu: *Korte*, Standortfaktor Öffentliches Recht.

tionale Organisation). Als Beispiele sind zu nennen das European Molecular Biology Laboratory (EMBL), die Europäische Patentorganisation (EPO), die Europäische Südsternwarte (ESO) oder die European Organisation for the Exploitation of Meteorological Satellites (EuMetSat). Unter die Ausnahme fallen außerdem auch Beschaffungen der UN oder ihrer Unterorganisationen und ggf. der NATO in Deutschland.[20] Zu Recht ist im Schrifttum darauf hingewiesen worden, dass die Vergabeverfahren internationaler Organisationen vielfach nicht allzu weit entwickelt sind, sodass häufig keine oder nur sehr eingeschränkte Rechtsschutzmöglichkeiten bestehen.[21] Nicht unter den Begriff der internationalen Organisationen fallen hingegen sog. „Non-governmental Organizations" (NGO's).[22]

3. Finanzierung oder Kofinanzierung durch internationale Organisation oder Finanzierungseinrichtung (Abs. 1 Nr. 2)

§ 109 Abs. 1 Nr. 2 GWB erfasst in seiner ersten Alternative Fälle, in denen es zur **vollständigen Finanzierung** eines öffentlichen Auftrags oder Wettbewerbs durch eine internationale Organisation oder eine internationale Finanzierungseinrichtung kommt, und daher deren Vergabeverfahren anwendbar ist. Somit führt die 100-prozentige Finanzierung durch eine internationale Organisation oder Finanzierungseinrichtung dazu, dass auch deren jeweilige Vergaberechtsvorschriften gelten. 12

Unter **internationalen Organisationen** werden wie schon unter § 109 Abs. 1 Nr. 1 lit. b) GWB (vgl. Rn. 10) klassische internationale Organisationen erfasst, wie FAO, WHO, WTO, ILO, etc. **Internationale Finanzierungseinrichtungen** i.S.v. § 109 Abs. 2 GWB können die Weltbank und der IWF sein, aber auch internationale Aufbaubanken, z.B. die European Bank for Reconstruction and Development (EBRD, sog. „Osteuropabank") und die International Bank for Reconstruction and Development (IBRD), etc. 13

In der zweiten Alternative führt eine lediglich **überwiegende Kofinanzierung** durch eine internationale Organisation oder eine internationale Finanzierungseinrichtung dazu, dass sich die Parteien unter Einschluss der Bundesrepublik Deutschland miteinander auf das anwendbare Vergabeverfahren **einigen müssen**. Vor diesem Hintergrund hat selbst schon ein kleiner Finanzierungsanteil der Bundesrepublik zur Folge, dass eine Vereinbarung über das anwendbare Vergabeverfahren getroffen werden muss. Für den Fall, dass dies entgegen § 109 Abs. 1 Nr. 2 GWB noch nicht geschehen ist, ist weder dem GWB noch der zugrunde liegende RL-Vorschrift des Art. 9 Abs. 2 eine Stichentscheidung zu entnehmen.[23] Daher ist eine Einigung zwischen den Vertragsparteien unausweichlich; sie kann aber ggf. erst dann erfolgen, wenn konkrete Beschaffungsvorgänge unmittelbar bevorstehen. 14

---

20 *Röwerkamp*, in: Kulartz/Kus/Portz/Prieß, GWB, § 109 Rn. 2; vgl. zur vergaberechtlichen Situation internationaler Organisationen *Ullrich*, in: Grabitz/Hilf, EU, Bd. 4, Öffentliches Auftragswesen, B.17 – Vergabe durch internationale Organisationen; vgl. zum Rechtsschutz bereits *Ullrich*, VergabeR 2002, 331.

21 *Schellenberg*, in: Pünder/Schellenberg, Vergaberecht, § 100 Rn. 88 f.

22 *Antweiler*, in: Ziekow/Völlink, Vergaberecht, § 109 Rn. 7.

23 *Röwerkamp*, in: Kulartz/Kus/Portz/Prieß, GWB, § 109 Rn. 3; a.A. *Sterner*, in: Müller-Wrede, GWB, § 109 Rn. 15, der in diesen Fällen „das Vergaberecht der §§ 97 ff. GWB" in der Anwendung sieht.

15 Zudem muss die Kofinanzierung eine überwiegende sein, was nur bei **50 % plus 1** der Fall ist.[24] Sollte die Finanzierung der internationalen Organisation oder der internationalen Finanzierungseinrichtung **nicht überwiegen**, kommt das Kartellvergaberecht des 4. Teils des GWB zur Anwendung.

16 Bei allen in § 109 Abs. 1 GWB vorgesehenen Sonderfällen ist die Bundesrepublik verpflichtet, der Kommission die hierfür relevanten Rechtsinstrumente, d. h. völkerrechtlichen Abkommen, zu übermitteln, die dazu ihrerseits den Beratenden Ausschuss für öffentliche Aufträge i. S. v. Art. 89 der RL 2014/24/EU anhören kann.

4. Verteidigungs- und sicherheitsspezifische Auftragsvergabe (Abs. 2)

17 § 109 Abs. 2 GWB ist nicht so umfassend gestaltet wie die Ausnahmen in § 109 Abs. 1 GWB, sondern sieht eine **differenzierte Anwendung** des Kartellvergaberechts vor, bei dem lediglich auf die besonderen Vertraulichkeitsbedürfnisse des Verteidigungs- und Sicherheitsbereichs Rücksicht genommen werden soll.[25] So verweist Abs. 2 für verteidigungs- und sicherheitsspezifische Aufträge i. S. v. § 104 GWB auf die Vorschrift des **§ 145 Nr. 7 GWB** bzw. für Konzessionen in diesem Bereich auf **§ 150 Nr. 7 GWB**. Danach unterliegen Aufträge, die den in § 109 Abs. 1 Nr. 1 und Nr. 2 GWB genannten vergleichbar sind, sowie Aufträge im Rahmen internationaler Abkommen im Zusammenhang mit Truppenstationierungen „**besonderen Vergaberegeln**“. Dies bedeutet für die verteidigungs- und sicherheitsspezifische Auftragsvergabe i. S. von § 109 Abs. 2 GWB, dass auch sie **in dem Umfang, wie ihn § 145 Nr. 7 und § 150 Nr. 7 GWB sowie die VSVgV vorsehen**, anderen Vergabevorschriften unterfällt, die inhaltlich den besonderen Bedingungen des erfassten Bereichs angepasst sind.[26]

18 Die Ausnahmen nach § 109 Abs. 2 GWB beruhen auf Art. 12 der RL 2009/81/EG sowie im Hinblick auf Konzessionen auf Art. 10 Abs. 5 der RL 2014/23/EU.

---

24 10. Erwägungsgrund zur RL 2014/24/EU sowie auch *Otting*, in: Burgi/Dreher, Beck'scher VergR-Kommentar, Bd. 1, § 109 Rn. 13 („mehr als die Hälfte des Auftragsvolumens“).

25 *Sterner*, in: Müller-Wrede, GWB, § 109 Rn. 3.

26 Hierzu *Haak/Koch*, NZBau 2016, 204; *Voll*, NVwZ 2013, 120; *Scherer-Leydecker*, NZBau 2012, 533.

§ 110 Vergabe von öffentlichen Aufträgen und Konzessionen, die verschiedene Leistungen zum Gegenstand haben

(1) Öffentliche Aufträge, die verschiedene Leistungen wie Liefer-, Bau- oder Dienstleistungen zum Gegenstand haben, werden nach den Vorschriften vergeben, denen der Hauptgegenstand des Auftrags zuzuordnen ist. Dasselbe gilt für die Vergabe von Konzessionen, die sowohl Bau- als auch Dienstleistungen zum Gegenstand haben.

(2) Der Hauptgegenstand öffentlicher Aufträge und Konzessionen, die

1. teilweise aus Dienstleistungen, die den Vorschriften zur Vergabe von öffentlichen Aufträgen über soziale und andere besondere Dienstleistungen im Sinne des § 130 oder Konzessionen über soziale und andere besondere Dienstleistungen im Sinne des § 153 unterfallen, und teilweise aus anderen Dienstleistungen bestehen oder

2. teilweise aus Lieferleistungen und teilweise aus Dienstleistungen bestehen,

wird danach bestimmt, welcher geschätzte Wert der jeweiligen Liefer- oder Dienstleistungen am höchsten ist.

Schrifttum: *Burgi/Dreher*, Beck'scher VergR-Kommentar, Bd. 1, 4. Aufl. 2017; *Kulartz/Kus/Portz/Prieß*, GWB, 4. Aufl. 2016; *Müller-Wrede*, GWB Vergaberecht, Kommentar, 2016; *Ziekow/Völlink*, Vergaberecht, 3. Aufl. 2018.

Übersicht

I. Entstehung und Zweck der Vorschrift

1 Mit der Vorschrift des § 110 GWB sollen die bislang bestehenden Regelungen über **typengemischte öffentliche Aufträge** vereinheitlicht werden. Ein typengemischter öffentlicher Auftrag besteht aus **verschiedenen Leistungen**, die unter unterschiedliche Regelungen **derselben Richtlinie** fallen. Erfasst werden damit die von öffentlichen Auftraggebern oder Sektorenauftraggebern zu vergebenden öffentlichen Aufträge, die aus einer Kombination von Liefer-, Bau- und Dienstleistungen bestehen.[1] Es werden damit vor allem verschiedene Leistungen aus dem Bereich der RL 2014/24/EU und der RL 2014/25/EU sowie gemischte Konzessionen nach RL 2014/23/EU erfasst.

1 Begründung der BReg., BT-Drs. 18/6281 v. 8.10.2015, S. 83; hierzu *Csaki*, in: Müller-Wrede, GWB, § 110 Rn. 1.

2 Die Zuordnung zu den Vorschriften über Liefer-, Bau- oder Dienstleistungen bzw. zur Vergabe von Konzessionen erfolgt auf der Grundlage von § 110 Abs. 1 GWB nach dem **Hauptgegenstand**, während in § 110 Abs. 2 GWB festgelegt ist, dass der Hauptgegenstand unter Beteiligung von Dienst- und Lieferleistungen sowie Aufträgen über soziale und andere besondere Dienstleistungen (Nr. 1) bzw. bei öffentlichen Aufträgen und Konzessionen, die teilweise aus Liefer- und Dienstleistungen bestehen, nach dem **höchsten jeweils geschätzten Wert** bestimmt wird.

3 Die Vorschrift des § 110 GWB hat ihre heutige Fassung durch das VergRModG[2] erhalten und verfügt über **keine unmittelbare Vorläufervorschrift**.[3] Dennoch lassen sich Ähnlichkeiten zur früheren Regelung des § 99 Abs. 10 GWB a. F. erkennen.[4]

4 Insgesamt werden durch § 110 GWB die **unionsrechtlichen Vorgaben** der **Art. 3 Abs. 1 und Abs. 2 RL 2014/24/EU, Art. 5 Abs. 1 und Abs. 2 RL 2014/25/EU** sowie **Art. 20 Abs. 1 RL 2014/23/EU** umgesetzt. Zudem sind die Grundkonzepte des § 110 GWB zur Festlegung des Schwerpunkts bei typengemischten Aufträgen auf die **Entscheidungspraxis des EuGH** zurückzuführen.[5] Die vom Gerichtshof in einer Vielzahl von Entscheidungen entwickelten Grundsätze zur Abgrenzung und rechtlichen Behandlung von typengemischten öffentlichen Aufträgen hat der Unionsgesetzgeber allmählich in die EU-Vergaberichtlinien übernommen.

II. Typengemischte Verträge über Liefer-, Bau- oder Dienstleistungen (§ 110 Abs. 1 Satz 1 GWB)

5 Zunächst muss für die Anwendung von § 110 Abs. 1 Satz 1 GWB ein **typengemischter Vertrag** vorliegen, dessen einzelne Teile untrennbar miteinander verbunden sind und daher über einen einheitlichen Charakter verfügen.[6] Von Untrennbarkeit ist nicht schon deshalb auszugehen, weil dies der Absicht oder dem Willen der Beteiligten entspricht.[7] Von einem untrennbaren Ganzen ist typischerweise auszugehen, wenn nach objektiven Gesichtspunkten die Notwendigkeit begründet ist, einen einheitlichen Vertrag abzuschließen.[8] Ein wesentliches **Indiz gegen die Untrennbarkeit** liegt vor, wenn für die einzelnen Auftragsteile

---

2 BGBl. I 2016, S. 203 ff.; zuvor Begründung der BReg., BT-Drs. 18/6281 v. 8.10.2015, S. 86 ff.

3 *Csaki*, in: Müller-Wrede, GWB, § 110 Rn. 4.

4 Vgl. hierzu *Hüttinger*, in: Burgi/Dreher, Beck'scher VergR-Kommentar, Bd. 1, § 110 Rn. 4.

5 Z. B. EuGH, Urt. v. 26.5.2011, Rs C-306/08, Slg. 2011, I-4541 – Kommission/Spanien; EuGH, Urt. v. 22.12.2010, Rs. C-215/09, Slgl. 2010, I-13749 – Oulun kaupunki, Tz. 36 ff.; EuGH, Urt. v. 6.5.2010, Verb. Rs. C-145/08 u. C-149/08, Slg. 2010, I-4165 – Loutraki, Tz. 48 f.; EuGH, Urt. v. 29.10.2009, Rs. C-536/07, Slg. 2009, I-10355 – Kommission/Deutschland (Köln Messe); EuGH, Urt. v. 21.2.2008, Rs. C-412/04, Slg. 2008, I-619 – Kommission/Italien; EuGH, Urt. v. 18.1.2007, Rs. C-220/05, Slg. 2007, I-385 – Roanne; EuGH, Urt. v. 12.7.2001, Rs. C-399/98, Slg. 2001, I-5409 – Milano e Lodi; EuGH, Urt. v. 19.4.1994, Rs. C-331/92, Slg. 1994, I-1329 – Gestión Hotelera Internacional SA; hierzu auch *Csaki*, in: Müller-Wrede, GWB, § 110 Rn. 4 u. 11.

6 EuGH, Urt. v. 22.12.2010, Rs. C-215/09, Slgl. 2010, I-13749 – Oulun kaupunki, Tz. 36 u. 39; *Hüttinger*, in: Burgi/Dreher, Beck'scher VergR-Kommentar, Bd. 1, § 110 Rn. 26.

7 *Hüttinger*, in: Burgi/Dreher, Beck'scher VergR-Kommentar, Bd. 1, § 110 Rn. 13.

8 EuGH, Urt. v. 22.12.2010, Rs. C-215/09, Slgl. 2010, I-13749 – Oulun kaupunki, Tz. 36 u. 39.

die Schwellenwerte erreicht oder überschritten werden und Aufträge dieser Art „typischerweise getrennt" vergeben werden können.[9]

6 Nach § 110 Abs. 1 Satz 1 GWB erfolgt die Zuordnung der einschlägigen Rechtsvorschriften – wie bei § 111 Abs. 4 Nr. 1[10] und § 112 Abs. 3 GWB[11] – nach dem **Hauptgegenstand** des Auftrags. Im Schrifttum wurde dieses Zuordnungskriterium auch als „main object test"[12] bezeichnet. Welche Tätigkeit eines Gesamtauftrags wegen ihres **prozentualen Anteils** als Hauptgegenstand einzustufen ist und damit über die anwendbaren Bestimmungen entscheidet, bemisst sich u. a. danach, welche Tätigkeit in welchem **wertmäßigen Umfang am Gesamtvolumen** eines Auftrags beteiligt ist. Allerdings wird nicht allein auf den Wert oder wertmäßigen Anteil abgestellt. Da in § 110 Abs. 1 Satz 1 GWB von „Hauptgegenstand" und – anders als bei § 110 Abs. 2 GWB – nicht vom „Wert" gesprochen wird, ist davon auszugehen, dass es sich im Rahmen von Abs. 2 lediglich um einen von **mehreren möglichen Anknüpfungs- und Bewertungsaspekten** handelt. Dies deckt sich auch mit dem 16. Erwägungsgrund zur RL 2014/25/EU, wonach die Feststellung des Hauptgegenstandes **mit dem Bedarf beginnen soll**, den die Vergabestelle in erster Linie decken möchte, unabhängig davon, ob zur Ermöglichung oder Erleichterung dieses primären Bedarfs noch weitere Leistungen erforderlich werden.[13]

7 Diesem Grundsatz entspricht auch eine Entscheidung der VK Detmold, wonach die Abgrenzung und Einordnung des Auftrags nicht „lediglich formell anhand der Wertanteile" vorzunehmen ist.[14] Der jeweilige Wert der Einzelleistung stelle „**lediglich ein Kriterium unter anderen**" dar, das bei der Ermittlung des Hauptgegenstandes zu berücksichtigen sei. Insbesondere wies die VK darauf hin, dass ein Vertrag sogar dann als Bauleistung eingestuft werden kann, wenn deren Anteil weniger als 50 oder 40 % des Gesamtvolumens ausmache.[15] Im Anschluss an eine Entscheidung des OLG Düsseldorf, kommt es „auf die den jeweiligen Einzelfall kennzeichnenden rechtlichen und wirtschaftlichen Merkmale und Umstände an".[16]

8 Im Hinblick auf **Bauleistungen** wird im 8. Erwägungsgrund zur RL 2014/24/EU sowie im 10. Erwägungsgrund der RL 2014/25/EU hervorgehoben, dass ein öffentlicher Bauauftrag nur vorliegt, wenn er eine in **Anhang II der Richtlinien**[17] speziell aufgeführte Tätigkeit zum Gegenstand hat. Dies gilt auch dann, wenn er sich auf Leistungen erstreckt, die ledig-

---

9 *Csaki*, in: Müller-Wrede, GWB, § 110 Rn. 7; *Hüttinger*, in: Burgi/Dreher, Beck'scher VergR-Kommentar, Bd. 1, § 110 Rn. 13 f.

10 § 111 Rn. 17 ff.

11 § 112 Rn. 8 ff.

12 *Hüttinger*, in: Burgi/Dreher, Beck'scher VergR-Kommentar, Bd. 1, § 110, Rn. 18 u. 28 im Gegensatz zum „main value test" (Rn. 15).

13 *Csaki*, in: Müller-Wrede, GWB, § 110 Rn. 12.

14 VK Detmold, Beschl. v. 27.9.2013, VK 2-04/13, juris, Rn. 65.

15 VK Detmold, Beschl. v. 27.9.2013, VK 2-04/13, juris, Rn. 67; so auch OLG Düsseldorf, Beschl. v. 30.4.2014, VII-Verg 35/13, NZBau 2014, 589, Rn. 29; OLG Karlsruhe, Beschl. v. 6.2.2013, 15 Verg 11/12, VergabeR 2013, 570.

16 OLG Düsseldorf, Beschl. v. 12.3.2003, VII-Verg 49/02, CuR 2004, 26, Rn. 36; OLG Düsseldorf, Beschl. v. 18.10.2006, VII-Verg 35/06, VergabeR 2007, 200; OLG Düsseldorf, Beschl. v. 30.4.2014, VII-Verg 35/13, NZBau 2014, 589; hierzu auch *Csaki*, in: Müller-Wrede, GWB, § 110 Rn. 12; *Röwerkamp*, in: Kulartz/Kus/Portz/Prieß, GWB, § 109 Rn. 4.

17 Z. B. Anhang II zur RL 2014/24/EU „Verzeichnis der Tätigkeiten nach Artikel 2 Absatz 2 Nummer 6 Buchstabe a)".

lich zur Ausführung der dort genannten Tätigkeiten dienen.[18] Eine Grenze finde diese Zuordnung nur dort, wo die Bauleistung im Verhältnis zum Hauptgegenstand **lediglich Nebenarbeiten** darstellt.

III. Typengemischte Konzessionen (§ 110 Abs. 1 Satz 2 GWB)

9 Die zu § 110 Abs. 1 Satz 1 GWB entwickelten Grundsätze finden entsprechende Anwendung auf **typengemischte Konzessionen** nach § 110 Abs. 1 Satz 2 GWB. Hierbei richten sich die anwendbaren Vorschriften nach dem **Hauptgegenstand** der gemischten Bau- und Dienstleistungskonzession.

IV. Bestimmung des Hauptgegenstandes nach der Teilleistung mit dem höchsten Wert (§ 110 Abs. 2 Nr. 1 u. Nr. 2 GWB)

10 Während bei § 110 Abs. 1 GWB die Bestimmung der einschlägigen Vorschriften sich nach dem Hauptgegenstand richtet und eben nicht allein nach dem Wert oder wertmäßigen Anteil, liegt der Fall bei § 110 Abs. 2 Nr. 1 und Nr. 2 GWB anders. Bei zwei abschließend bestimmten **Ausnahmetatbeständen** erfolgt die Ermittlung des Hauptgegenstandes **ausschließlich nach dem Wert bzw. dem wertmäßigen Anteil** der entsprechenden Leistung.[19] Normative Einschätzungen oder eine Einordnung infolge einer Gesamtschau finden bei § 110 Abs. 2 GWB nicht statt.[20]

11 Diese Regelungen gelten, wenn öffentliche Aufträge aus Dienstleistungen und aus **sozialen oder besonderen Dienstleistungen i. S. v. § 130 GWB** bestehen oder wenn **Konzessionen zum Teil aus sozialen und anderen besonderen Dienstleistungen nach § 153 GWB** und zum Teil aus anderen Dienstleistungen bestehen (gemischte Konzessionen). Der Hintergrund dieser Regelung wird durch den 28. Erwägungsgrund der RL 2014/24/EU beleuchtet, wonach das Kartellvergaberecht für bestimmte von gemeinnützigen Organisationen oder Vereinigungen erbrachte Notfalldienste nur in eingeschränktem Umfang gelten soll. Da der „Einsatz von Krankenwagen zur Patientenbeförderung" ausdrücklich dem EU-Vergaberecht unterfällt (vgl. Art. 10 lit. h) der RL 2014/24/EU, umgesetzt in § 107 Abs. 1 Nr. 4 GWB), greift hierbei grundsätzlich das **vereinfachte Vergabeverfahren** nach § 130 GWB. In der Folge gelten etwa für „gemischte Aufträge für Dienste von Krankenwagen" generell Sonderregelungen, wenn der Wert des Einsatzes zur Patientenbeförderung höher ist als der Wert anderer Rettungsdienste.[21] Entsprechendes gilt für gemischte Konzessionen nach § 153 GWB.

12 Bei Aufträgen, die **teilweise aus Lieferleistungen und teilweise aus Dienstleistungen** bestehen gilt nach § 110 Abs. 2 Nr. 2 GWB ebenfalls, dass sich der Hauptgegenstand nach dem **geschätzten Wert** der jeweiligen Leistungen ergibt. Entscheidend ist auch hierbei, welcher Wert am höchsten ist.[22]

---

18 *Röwerkamp*, in: Kulartz/Kus/Portz/Prieß, GWB, § 109 Rn. 4; *Csaki*, in: Müller-Wrede, GWB, § 110 Rn. 9.

19 So auch *Csaki*, in: Müller-Wrede, GWB, § 110 Rn. 14 („rein quantitative Betrachtung").

20 *Ziekow*, in: Ziekow/Völlink, Vergaberecht, § 110 Rn. 14; *Hüttinger*, in: Burgi/Dreher, Beck'scher VergR-Kommentar, Bd. 1, § 110 Rn. 34.

21 Vgl. 28. Erwägungsgrund der RL 2014/24/EU.

22 Begründung der BReg., BT-Drs. 18/6281 v. 8.10.2015, S. 84; *Hüttinger*, in: Burgi/Dreher, Beck'scher VergR-Kommentar, Bd. 1, § 110 Rn. 37.

§ 111 Vergabe von öffentlichen Aufträgen und Konzessionen, deren Teile unterschiedlichen rechtlichen Regelungen unterliegen

(1) Sind die verschiedenen Teile eines öffentlichen Auftrags, die jeweils unterschiedlichen rechtlichen Regelungen unterliegen, objektiv trennbar, so dürfen getrennte Aufträge für jeden Teil oder darf ein Gesamtauftrag vergeben werden.

(2) Werden getrennte Aufträge vergeben, so wird jeder einzelne Auftrag nach den Vorschriften vergeben, die auf seine Merkmale anzuwenden sind.

(3) Wird ein Gesamtauftrag vergeben,

1. **kann der Auftrag ohne Anwendung dieses Teils vergeben werden, wenn ein Teil des Auftrags die Voraussetzungen des § 107 Absatz 2 Nummer 1 oder 2 erfüllt und die Vergabe eines Gesamtauftrags aus objektiven Gründen gerechtfertigt ist,**
2. **kann der Auftrag nach den Vorschriften über die Vergabe von verteidigungs- oder sicherheitsspezifischen Aufträgen vergeben werden, wenn ein Teil des Auftrags diesen Vorschriften unterliegt und die Vergabe eines Gesamtauftrags aus objektiven Gründen gerechtfertigt ist,**
3. **sind die Vorschriften zur Vergabe von öffentlichen Aufträgen durch Sektorenauftraggeber anzuwenden, wenn ein Teil des Auftrags diesen Vorschriften unterliegt und der Wert dieses Teils den geltenden Schwellenwert erreicht oder überschreitet; dies gilt auch dann, wenn der andere Teil des Auftrags den Vorschriften über die Vergabe von Konzessionen unterliegt,**
4. **sind die Vorschriften zur Vergabe von öffentlichen Aufträgen durch öffentliche Auftraggeber anzuwenden, wenn ein Teil des Auftrags den Vorschriften zur Vergabe von Konzessionen und ein anderer Teil des Auftrags den Vorschriften zur Vergabe von öffentlichen Aufträgen durch öffentliche Auftraggeber unterliegt und wenn der Wert dieses Teils den geltenden Schwellenwert erreicht oder überschreitet,**
5. **sind die Vorschriften dieses Teils anzuwenden, wenn ein Teil des Auftrags den Vorschriften dieses Teils und ein anderer Teil des Auftrags sonstigen Vorschriften außerhalb dieses Teils unterliegt; dies gilt ungeachtet des Wertes des Teils, der sonstigen Vorschriften außerhalb dieses Teils unterliegen würde und ungeachtet ihrer rechtlichen Regelung.**

(4) Sind die verschiedenen Teile eines öffentlichen Auftrags, die jeweils unterschiedlichen rechtlichen Regelungen unterliegen, objektiv nicht trennbar,

1. **wird der Auftrag nach den Vorschriften vergeben, denen der Hauptgegenstand des Auftrags zuzuordnen ist; enthält der Auftrag Elemente einer Dienstleistungskonzession und eines Lieferauftrags, wird der Hauptgegenstand danach bestimmt, welcher geschätzte Wert der jeweiligen Dienst- oder Lieferleistungen höher ist,**
2. **kann der Auftrag ohne Anwendung der Vorschriften dieses Teils oder gemäß den Vorschriften über die Vergabe von verteidigungs- oder sicherheitsspezifischen öf-**

fentlichen Aufträgen vergeben werden, wenn der Auftrag Elemente enthält, auf die § 107 Absatz 2 Nummer 1 oder 2 anzuwenden ist.

(5) Die Entscheidung, einen Gesamtauftrag oder getrennte Aufträge zu vergeben, darf nicht zu dem Zweck getroffen werden, die Auftragsvergabe von den Vorschriften zur Vergabe öffentlicher Aufträge und Konzessionen auszunehmen.

(6) Auf die Vergabe von Konzessionen sind die Absätze 1, 2 und 3 Nummer 1 und 2 sowie die Absätze 4 und 5 entsprechend anzuwenden.

Schrifttum: *Burgi/Dreher*, Beck'scher VergR-Kommentar, Bd. 1, 4. Aufl. 2017; *Calliess/Ruffert*, EUV/AEUV, 5. Aufl. 2016; *Immenga/Mestmäcker*, GWB, 5. Aufl. 2014; *Kulartz/Kus/Portz/Prieß*, GWB, 4. Aufl. 2016; *Müller-Wrede*, GWB Vergaberecht, Kommentar, 2016; *Pünder/Schellenberg*, Vergaberecht, 2. Aufl. 2015; *Ziekow/Völlink*, Vergaberecht, 3. Aufl. 2018.

Übersicht

I. Entstehung und Zweck der Vorschrift

1 Mit der Vorschrift des § 111 GWB ist der Ansatz verbunden, ungeachtet einer zusehends komplexen Normierung eine **möglichst präzise Zuordnung** aller denkbaren Fallkonstellationen zu den bestehenden Vorschriften des Kartellvergaberechts sicherzustellen. Insgesamt befasst sich § 111 GWB mit der Frage, wie mit **objektiv abtrennbaren Teilen** umzugehen ist, die verschiedenen rechtlichen Bestimmungen unterliegen, aber zu **einem öffentlichen Auftrag** gehören. Damit liegen bei § 111 GWB mehrere Beschaffungsvorgänge vor, die zu einem Auftrag gehören,[1] während es bei § 112 GWB um mehrere Tätigkeiten in einem Beschaffungsvorgang geht. Schließlich werden auch Regelungen getroffen, wie mit **objektiv nicht trennbaren Teilen** umzugehen ist.

2 Im Überblick sieht § 111 GWB ein Wahlrecht vor, sodass verschiedene, aber **objektiv trennbare Teile** eines öffentlichen Auftrags als getrennte Aufträge oder als Gesamtauftrag vergeben werden dürfen (Abs. 1). In der Folge wird statuiert, dass die Aufträge bei der getrennten Vergabe nach den jeweils für sie vorgesehenen Vorschriften vergeben werden (Abs. 2).[2] Weiterhin wird festgelegt, nach welchen Bestimmungen ein aus mehreren Beschaffungsvorgängen bestehender Gesamtauftrag vergeben werden soll (Abs. 3) und wie mit verschiedenen Teilen eines öffentlichen Auftrags umgegangen werden soll, die **objektiv nicht trennbar** sind (Abs. 4). Den Abschluss bilden Vorschriften über ein **Umgehungs-**

1 *Ziekow*, in: Ziekow/Völlink, Vergaberecht, § 111 Rn. 1 f.; *Hüttinger*, in: Burgi/Dreher, Beck'scher VergR-Kommentar, Bd. 1, § 111 Rn. 7.
2 *Csaki*, in: Müller-Wrede, GWB, § 111 Rn. 6.

verbot im Hinblick auf das Kartellvergaberecht (Abs. 5) sowie eine allgemeine Anordnung der entsprechenden Anwendung der ansonsten in § 111 Abs. 1 bis Abs. 5 GWB vorgesehenen Bestimmungen auf die **Vergabe von Konzessionen** (Abs. 6).

Die Vorschrift des § 111 GWB wurde durch das VergRModG[3] neu konzipiert und hatte **keine unmittelbare Vorläufervorschrift**.[4] Dennoch lassen sich bestimmte Abgrenzungskonzepte bereits in § 99 Abs. 13 Satz 1 GWB a. F. nachweisen.[5] 3

Dem Grunde nach dient § 111 GWB zur Umsetzung der **unionsrechtlichen Vorgaben** der **Art. 3 Abs. 3 bis 6 und Art. 16 RL 2014/24/EU**, **Art. 5 Abs. 3 bis 5 und Art. 25 RL 2014/25/EU** sowie **Art. 20 Abs. 2 bis 5 und Art. 21 RL 2014/23/EU**. Zudem wird im 11. Erwägungsgrund der RL 2014/24/EU und in weiteren Erwägungsgründen[6] sowie in der Entwurfsbegründung der Bundesregierung als Beispiel für die Anwendung von § 111 GWB die Errichtung eines einzigen Gebäudes genannt, von dem ein Gebäudeteil direkt vom Auftraggeber genutzt werden soll und ein anderer Gebäudeteil etwa als öffentliches Parkhaus auf der Basis einer Konzession bewirtschaftet werden soll.[7] 4

Auch wenn § 111 GWB eine andere Konstellation zugrunde liegt, können die Grundkonzepte zur Abgrenzung verschiedener Beschaffungsvorgänge in einem Auftrag auf die **Entscheidungspraxis des EuGH** zurückgeführt werden.[8] Die vom Gerichtshof in einer Vielzahl von Entscheidungen entwickelten Grundsätze zur Abgrenzung hat der Unionsgesetzgeber allmählich in die EU-Vergaberichtlinien übernommen. 5

II. Wahlrecht bei objektiver Trennbarkeit (Abs. 1)

Zunächst überträgt § 111 Abs. 1 GWB dem öffentlichen Auftraggeber ein **Wahlrecht** zwischen der **Vergabe getrennter Aufträge** und einer **Vergabe des Gesamtauftrags** für den Fall, dass verschiedene Teile eines öffentlichen Auftrags jeweils unterschiedlichen rechtlichen Regelungen unterliegen und objektiv trennbar sind.[9] 6

Dabei ist es weder den unionsrechtlichen Materialien noch der Gesetzesbegründung der Bundesregierung zu § 111 GWB[10] zu entnehmen, dass die Ausübung des Wahlrechts in irgendeiner Weise **normativ gelenkt** oder seine Ausübung an **substanzielle Anforderungen** gebunden wäre.[11] In diesem Zusammenhang kann aus der vorrangigen Nennung der „getrennten Aufträge“ vor dem „Gesamtauftrag“ keine Präjudizierung irgendeiner Art ent- 7

3 BGBl. I 2016, S. 203 ff.; zuvor Begründung der BReg., BT-Drs. 18/6281 v. 8.10.2015, S. 86 ff.
4 *Hüttinger*, in: Burgi/Dreher, Beck'scher VergR-Kommentar, Bd. 1, § 111 Rn. 2.
5 Vgl. hierzu *Hüttinger*, in: Burgi/Dreher, Beck'scher VergR-Kommentar, Bd. 1, § 111 Rn. 10; vgl. hierzu Gesetz zur Änderung des Vergaberechts für die Bereiche Verteidigung und Sicherheit v. 7.11.2011, BGBl. I 2011, S. 2570.
6 Z. B. 13. Erwägungsgrund RL 2014/25/EU sowie 29. Erwägungsgrund RL 2014/23/EU.
7 Begründung der BReg., BT-Drs. 18/6281 v. 8.10.2015, S. 84.
8 Z. B. EuGH, Urt. v. 21.2.2008, Rs. C-412/04, Slg. 2008, I-619 – Kommission/Italien; EuGH, Urt. v. 18.1.2007, Rs. C-220/05, Slg. 2007, I-385 – Roanne; EuGH, Urt. v. 12.7.2001, Rs. C-399/98, Slg. 2001, I-5409 – Milano e Lodi; EuGH, Urt. v. 19.4.1994, Rs. C-331/92, Slg. 1994, I-1329 – Gestión Hotelera Internacional SA.
9 Begründung der BReg., BT-Drs. 18/6281 v. 8.10.2015, S. 84.
10 Begründung der BReg., BT-Drs. 18/6281 v. 8.10.2015, S. 84.
11 *Csaki*, in: Müller-Wrede, GWB, § 111 Rn. 4.

nommen werden. Als rechtlicher Mindeststandard, wie er sowohl aus dem Unionsrecht als auch aus dem Verfassungsrecht abgeleitet wird, gilt lediglich, dass das Wahlrecht **nicht willkürlich** ausgeübt werden darf. Im Grundsatz braucht es daher nachvollziehbare sachliche Gründe, um den rechtlichen Mindestanforderungen an einer konkreten Ausübung des Wahlrechts zu entsprechen. Wie sich aus verschiedenen Erwägungsgründen der EU-Vergaberichtlinien ergibt, kann sich die Notwendigkeit einer Gesamtvergabe sowohl aus technischen als auch aus wirtschaftlichen Gründen ergeben.[12]

8 Nach dem **11. Erwägungsgrund der RL 2014/24/EU** wird hierbei jedoch verlangt, dass klargestellt werden soll, wie öffentliche Auftraggeber festzustellen haben, ob eine Trennung unterschiedlicher Teile möglich ist. Ohne dass dieser Aspekt seinerseits präzisiert würde, soll sich diese Klarstellung „auf die einschlägige Rechtsprechung" des EuGH stützen. Ein im Schrifttum genannter Ansatz spricht sich für eine Trennung der Aufträge aus, wenn sie jeweils für sich die Schwellenwerte erreichen oder übersteigen.[13]

III. Getrennte Aufträge (Abs. 2)

9 Für den Fall, dass das Wahlrecht zugunsten getrennter Aufträge ausgeübt wird, verweist § 111 Abs. 2 GWB naheliegender Weise darauf, dass dann jeder der getrennt auszuschreibenden Aufträge nach denjenigen Vorschriften ausgeschrieben werden muss, **deren Merkmale er erfüllt**. Danach gelten beispielsweise für einen öffentlichen Auftrag die auf der RL 2014/24/EU basierenden nationalen Bestimmungen, während für einen Auftrag aus dem Sektorenbereich die auf Grundlage der RL 2014/25/EU erlassenen Vorschriften zur Anwendung kommen.

IV. Gesamtauftrag (Abs. 3)

10 Nach § 111 Abs. 3 Nr. 1 bis Nr. 5 GWB wird nach einem differenzierten System darüber entschieden, welche Regelungen in unterschiedlichen Konstellationen auf die **Vergabe eines Gesamtauftrags** Anwendung finden. Damit ist – ähnlich wie bei § 112 Abs. 5 Nr. 1 bis Nr. 3 GWB[14] – ein **generelles Vorrang-Schema** zwischen den unterschiedlichen Vorschriften über die Auftragsvergabe verbunden.

11 Nach **§ 111 Abs. 3 Nr. 1 GWB** kann ein Auftrag ohne Anwendung des 4. Teils des GWB vergeben werden, wenn ein Teil des Auftrags die Voraussetzungen des § 107 Abs. 2 Nr. 1 oder Nr. 2 GWB erfüllt und die Vergabe als Gesamtauftrag aus „objektiven Gründen" gerechtfertigt ist.[15] Zunächst müssen die allgemeinen Ausnahmen nach § 107 Abs. 2 GWB erfüllt sein, die zum **Schutz wesentlicher Sicherheitsinteressen** der Bundesrepublik

12 Begründung der BReg., BT-Drs. 18/6281 v. 8.10.2015, S. 85 unter Verweis auf den 11. Erwägungsgrund der RL 2014/24/EU, den 13. Erwägungsgrund der RL 2014/25/EU sowie den 29. Erwägungsgrund der RL 2014/23/EU; *Csaki*, in: Müller-Wrede, GWB, § 111 Rn. 7; *Hüttinger*, in: Burgi/Dreher, Beck'scher VergR-Kommentar, Bd. 1, § 111 Rn. 22.

13 *Dreher*, in: Immenga/Mestmäcker, GWB, § 99 Rn. 281; *Hüttinger*, in: Burgi/Dreher, Beck'scher VergR-Kommentar, Bd. 1, § 111 Rn. 17 („Die objektive Trennbarkeit liegt nahe…").

14 Vgl. § 112 Rn. 17 ff.

15 Begründung der BReg., BT-Drs. 18/6281 v. 8.10.2015, S. 85.

Deutschland bestehen[16] und die daher entweder der **Preisgabe wesentlicher Auskünfte** entgegenstehen (§ 107 Abs. 2 Nr. 1 GWB und Art. 346 Abs. 1 lit. a) AEUV) oder bei denen es sich generell um **Verteidigungsaufträge** handelt (§ 107 Abs. 2 Nr. 2 GWB und Art. 346 Abs. 1 lit. b) AEUV).[17] Der Hintergrund dieser Regelung liegt in Art. 346 AEUV, der die dort genannten Bereiche vom Unionsrecht ausnimmt,[18] sodass sie auch den EU-Vergaberichtlinien nicht unterfallen.

Die Anforderungen an diese „**objektiven Gründe**" sind bei § 111 Abs. 3 Nr. 1 und Nr. 2 GWB wie schon bei dessen ideeller Vorgängervorschrift § 99 Abs. 13 Satz 1 GWB a.F. substanzieller Natur, da durch die Vergabe eines Gesamtauftrags die mit der **RL 2009/81/EG verbundenen Regelungen** im Verteidigungs- und Sicherheitsbereich möglicherweise außer Acht gelassen werden.[19] Anstelle einer verschiedenen Geheimhaltungsanforderungen entsprechenden Vergabe, kann – wenn dies durch „objektive Gründe" gerechtfertigt ist – auch eine Vergabe außerhalb des Anwendungsbereichs des Kartellvergaberechts erfolgen. Dies ist regelmäßig nur dann der Fall, wenn selbst die auf der Grundlage der RL 2009/18/EG erlassenen nationalen Regelungen (z.B. die VSVgV) den dann geltenden Anforderungen nicht entsprechen.[20] Aufgrund dieser Sachlage muss die Vergabestelle substantiiert darlegen, inwiefern im konkreten Beschaffungsfall solche „objektiven Gründe" gegeben sind. Pauschale Hinweise auf Sicherheits- oder Verteidigungsinteressen genügen demgegenüber nicht.[21] 12

In ähnlicher Weise kann nach **§ 111 Abs. 3 Nr. 2 GWB** die Vergabe eines Gesamtauftrags nach den Vorschriften über eine **Vergabe im Verteidigungs- oder Sicherheitsbereich** erfolgen, wenn ein Teil des Auftrags diesen Vorschriften unterfällt und eine Vergabe als Gesamtauftrag wiederum aus „objektiven Gründen" gerechtfertigt ist. Bei den in § 111 Abs. 3 Nr. 1 und Nr. 2 GWB vorgesehenen Fallkonstellationen sollen, abhängig davon wie geheimhaltungsbedürftig der konkrete Auftrag ist, entweder ganz auf eine Vergabe nach den Vorschriften des 4. Teils des GWB verzichtet werden oder zumindest nur nach den vergleichsweise restriktiven Regelungen erfolgen, die auf der Grundlage der RL 2009/81/EG erlassen wurden (z.B. VSVgV). 13

Nach **§ 111 Abs. 3 Nr. 3 GWB** sind auf einen Gesamtauftrag die Vorschriften über die Vergabe **öffentlicher Sektorenaufträge** anzuwenden, wenn einer von mehreren Aufträgen dem Sektorenbereich unterliegt (z.B. Trinkwasser-, Energieversorgung oder Verkehr) und der Wert dieses Teils den geltenden **Schwellenwert erreicht oder übersteigt**. Sofern also in einem Gesamtauftrag ein Sektorenauftrag im Umfang von derzeit[22] **443.000 Euro** (Lie- 14

---

16 *Hüttinger*, in: Burgi/Dreher, Beck'scher VergR-Kommentar, Bd. 1, § 111 Rn. 26f.

17 *Sterner*, in: Müller-Wrede, GWB, § 107 Rn. 26ff. u. 32ff.; *Röwerkamp*, in: Kulartz/Kus/Portz/Prieß, GWB, § 111 Rn. 3; *Csaki*, in: Müller-Wrede, GWB, § 111 Rn. 8; *Hüttinger*, in: Burgi/Dreher, Beck'scher VergR-Kommentar, Bd. 1, § 111 Rn. 27f.

18 *Wegener*, in: Calliess/Ruffert, EUV/AEUV, Art. 346 Rn. 3f.

19 *Ziekow*, in: Ziekow/Völlink, Vergaberecht, § 111 Rn. 13; *Wegener*, in: Pünder/Schellenberg, Vergaberecht, § 99 Rn. 117.

20 *Hüttinger*, in: Burgi/Dreher, Beck'scher VergR-Kommentar, Bd. 1, § 111 Rn. 29; hierzu auch: *Ziekow*, in: Ziekow/Völlink, Vergaberecht, § 111 Rn. 14 („... in staatlichen Sicherheitsinteressen wurzelnde Gründe ...").

21 Noch zu § 99 Abs. 13 Satz 1 GWB a.F.: *Dreher*, in: Immenga/Mestmäcker, GWB, § 99 Rn. 303.

22 Vgl. zur Anpassung: *Kau*, in: Burgi/Dreher, Beck'scher VergR-Kommentar, Bd. 1, § 106 Rn. 14 (Fn. 51); die neuen Schwellenwerte gelten seit 1.1.2018, vgl. delegierte VOen (EU) 2017/2366, 2017/2365, 2017/2364 sowie 2017/2367.

fer- und Dienstleistungsaufträge) bzw. **5.548.000 Euro** (Bauleistungen) enthalten ist,[23] führt dies dazu, dass der Gesamtauftrag bei der Vergabe vollständig den Regeln über die Sektorenvergabe unterfällt. Dies gilt auch, wenn der andere Teil den Vorschriften über die Vergabe von Konzessionen unterliegt. Auf den Wert der anderen Teile eines solchen Auftrags kommt es indessen nicht an.[24]

15 Auf der Grundlage von **§ 111 Abs. 3 Nr. 4 GWB** hat der Gesetzgeber festgelegt, dass bei einem Gesamtauftrag die Vorschriften über die **Vergabe öffentlicher Aufträge** auf der Basis der RL 2014/24/EU zur Anwendung gelangen, wenn dieser Teil den geltenden Schwellenwert für öffentliche Aufträge von derzeit[25] **221.000 Euro** (Liefer- und Dienstleistungsaufträge) bzw. **5.548.000 Euro** (Bauleistungen) erreicht oder übersteigt,[26] und außerdem ein Teil den Vorschriften zur Vergabe von Konzessionen unterliegt (sog. gemischte Konzession). Wird der Schwellenwert nicht erreicht oder überschritten, kommen die Vorschriften über die Vergabe von Konzessionen zur Anwendung.[27]

16 Schließlich ist nach **§ 111 Abs. 3 Nr. 5 GWB** für den Zweifelsfall vorgesehen, dass das **Kartellvergaberecht grundsätzlich anwendbar** ist, wenn ein oder mehrere Teile eines Auftrags ihm unterfallen, während ein anderer Teil außerhalb der Anwendbarkeit des 4. Teils des GWB liegt. Anders als bei Abs. 3 Nr. 3 und Nr. 4 spielt hierfür weder der Wert des Teils, der außerhalb des Kartellvergaberechts liegt, noch der Wert des Teils, den das Kartellvergaberecht erfasst, eine Rolle.[28]

V. Objektiv untrennbare Aufträge (Abs. 4)

17 § 111 Abs. 4 GWB gilt für öffentliche Aufträge, die zwar aus mehreren Teilen bestehen, aber **objektiv untrennbar** sind. In diesen Fällen knüpft die rechtliche Regelung – ähnlich wie bei § 112 Abs. 3 GWB[29] – an den **Hauptgegenstand** des Auftrags an, um die anwendbaren Vorschriften zu bestimmen. Ob ein Fall der objektiven Untrennbarkeit vorliegt, bemisst sich nach denselben Grundsätzen, die bei der Trennbarkeit eines Mischauftrags im Rahmen typengemischter Verträge nach § 110 GWB Anwendung finden. Von Untrennbarkeit ist nicht schon deshalb auszugehen, weil dies der Absicht der Beteiligten entspricht,[30] sondern hierfür müssen die einzelnen Teile untrennbar miteinander verbunden sein und ein unteilbares Ganzes bilden.[31] Dies ist typischerweise der Fall, wenn nach objektiven Ge-

23 § 106 Rn. 3; *Kau*, in: Burgi/Dreher, Beck'scher VergR-Kommentar, Bd. 1, § 106 Rn. 13.

24 Begründung der BReg., BT-Drs. 18/6281 v. 8.10.2015, S. 85; *Hüttinger*, in: Burgi/Dreher, Beck'scher VergR-Kommentar, Bd. 1, § 111 Rn. 38.

25 Es ist davon auszugehen, dass diese Schwellenwerte ab dem 31.12.2017 einer Überprüfung unterzogen werden und sich dann ggf. auch ändern werden; vgl. zur Anpassung: *Kau*, in: Burgi/Dreher, Beck'scher VergR-Kommentar, Bd. 1, § 106 Rn. 14 (Fn. 51).

26 § 106 Rn. 3; *Kau*, in: Burgi/Dreher, Beck'scher VergR-Kommentar, Bd. 1, § 106 Rn. 13.

27 Begründung der BReg., BT-Drs. 18/6281 v. 8.10.2015, S. 85; *Hüttinger*, in: Burgi/Dreher, Beck'scher VergR-Kommentar, Bd. 1, § 111 Rn. 41.

28 *Ziekow*, in: Ziekow/Völlink, Vergaberecht, § 111 Rn. 17; *Röwerkamp*, in: Kulartz/Kus/Portz/Prieß, GWB, § 111 Rn. 6.

29 § 112 Rn. 8 ff.

30 *Hüttinger*, in: Burgi/Dreher, Beck'scher VergR-Kommentar, Bd. 1, § 110 Rn. 13.

31 EuGH, Urt. v. 6.5.2010, Verb. Rs. C-145/08 u. C-149/08, Slg. 2010, I-4165 – Loutraki, Tz. 48 f.; EuGH, Urt. v. 22.12.2010, Rs. C-215/09, Slgl. 2010, I-13749 – Oulun kaupunki, Tz. 36 ff.

sichtspunkten die Notwendigkeit begründet ist, einen einheitlichen Vertrag abzuschließen.[32] Ein wesentliches Indiz gegen die Untrennbarkeit liegt vor, wenn für die einzelnen Auftragsteile die Schwellenwerte erreicht oder überschritten werden und Aufträge dieser Art „typischerweise getrennt" vergeben werden können.[33]

Nach **§ 111 Abs. 4 Nr. 1 GWB** wird ein Auftrag nach den Vorschriften vergeben, die den **Hauptgegenstand** des Auftrags regeln. Damit kann auch in diesem Rahmen die Vergabe als Gesamtauftrag dazu führen, dass Sektorentätigkeiten oder Tätigkeiten aus dem Verteidigungs- und Sicherheitsbereich unter Rechtsvorschriften für eine andere Tätigkeit fallen, die den Hauptgegenstand des Gesamtauftrags ausmacht. Welcher Teil eines Gesamtauftrags als Hauptgegenstand einzustufen ist und damit über die anwendbaren Bestimmungen entscheidet, kann sich u. a. danach bemessen, welcher Teil in welchem **wertmäßigen Umfang** am Gesamtvolumen eines Auftrags beteiligt ist. Während es bei der Vergabe nach § 112 Abs. 3 GWB nicht allein auf den Wert einer Tätigkeit ankommt,[34] knüpft § 111 Abs. 4 Nr. 1 GWB zum Beispiel im Fall einer Dienstleistungskonzession und eines Lieferauftrags ausschließlich an den „**geschätzten Wert**" der jeweiligen Leistung an.[35] 18

Enthält ein objektiv nicht trennbarer Auftrag Elemente nach § 107 Abs. 2 Nr. 1 GWB (z. B. Preisgabe wesentlicher Auskünfte/Verteidigungsaufträge), auf die Art. 346 AEUV Anwendung findet, so kann dies nach **§ 111 Abs. 4 Nr. 2 GWB** dazu führen, dass er **ohne Anwendung des Kartellvergaberechts** vergeben wird. Bei Fällen des § 107 Abs. 2 Nr. 2 GWB erfolgt die Vergabe unter Anwendung der Vorschriften über **verteidigungs- oder sicherheitsspezifische Aufträge**. 19

VI. Umgehungsverbot (Abs. 5)

In § 111 Abs. 5 GWB ist wie in § 112 Abs. 4 GWB ein vergaberechtliches **Umgehungsverbot** statuiert, wonach die Entscheidung über getrennte Aufträge (Abs. 2) oder Gesamtvergabe (Abs. 3) **nicht deswegen getroffen werden darf**, um einen konkreten Auftrag aus der Anwendung der Vorschriften des 4. Teils des GWB auszunehmen.[36] Da die Anwendung der Bestimmungen über Sektorentätigkeiten (z. B. SektVO), Konzessionen (z. B. KonzVgV) oder den Verteidigungs- und Sicherheitsbereich (z. B. VSVgV) letztlich zur Anwendung „von den Vorschriften dieses Teils [des GWB]" führt, spielen in Zusammenhang mit § 111 Abs. 5 GWB vor allem solche Vergaben eine Rolle, die nicht von den Vorschriften des Vergaberechts erfasst werden. Liegt beispielsweise der **Hauptgegenstand eines Gesamtauftrags** in einem Bereich, der nicht von den Vorschriften des Vergaberechts erfasst wird, so kann die Gesamtvergabe zusammen mit einem Sektorenauftrag etwa zur Folge haben, dass auch dieser nicht dem Kartellvergaberecht unterfällt. Vor diesem Hinter- 20

---

32 EuGH, Urt. v. 22.12.2010, Rs. C-215/09, Slgl. 2010, I-13749 – Oulun kaupunki, Tz. 36 u. 39.

33 *Hüttinger*, in: Burgi/Dreher, Beck'scher VergR-Kommentar, Bd. 1, § 111 Rn. 17.

34 § 112 Rn. 8 ff.

35 Begründung der BReg., BT-Drs. 18/6281 v. 8.10.2015, S. 85; *Röwerkamp*, in: Kulartz/Kus/Portz/Prieß, GWB, § 111 Rn. 8; *Hüttinger*, in: Burgi/Dreher, Beck'scher VergR-Kommentar, Bd. 1, § 111 Rn. 51.

36 *Csaki*, in: Müller-Wrede, GWB, § 111 Rn. 23 *Hüttinger*, in: Burgi/Dreher, Beck'scher VergR-Kommentar, Bd. 1, § 111 Rn. 58 unter Hinweis darauf, dass sich § 111 Abs. 5 GWB auf die gesamte Wahlentscheidung bezieht.

grund darf eine Entscheidung über Gesamtvergabe oder getrennte Vergabe (Abs. 1) nicht von dem Gedanken geleitet sein, durch das Zusammenfassen mehrerer Aufträge die Bestimmungen des Kartellvergaberechts **zu umgehen**.[37]

21 Wie beim parallelen Umgehungsverbot nach § 112 Abs. 4 GWB, liegt das Hauptproblem bei § 111 Abs. 5 GWB darin, dass es im Einzelfall nicht leicht zu **beweisen** sein wird, dass Entscheidungen eines Auftraggebers nach § 111 GWB aus der Absicht erfolgen, das Vergaberecht zu umgehen. Denn dass ein Auftraggeber dieses Motiv ausdrücklich nach außen kommuniziert, dürfte generell selten vorkommen. Erforderlich sind daher entweder **Indizienbeweise** oder einschlägige **Zeugenaussagen**, die eine Umgehungsabsicht beweisen.

VII. Gesamtkonzessionen für mehrere Aufträge (Abs. 6)

22 Nach § 111 Abs. 6 GWB kommen die **Vorschriften der § 111 Abs. 1 bis Abs. 5 GWB** entsprechend zur Anwendung, wenn eine Konzession mehrere Aufträge umfasst. Damit finden nach § 111 Abs. 6 GWB – ähnlich wie bei § 112 Abs. 6 Satz 1 GWB[38] – bei der Konzessionsvergabe dieselben Grundsätze Anwendung, wie sie für andere Aufträge im Hinblick auf das Bestehen eines Wahlrechts zwischen getrennten Aufträgen oder Gesamtauftrag (Abs. 1, Abs. 2),[39] ein Vorrang-Schema bei mehreren Aufträgen (Abs. 3), die Vergabe von objektiv nicht trennbaren Gesamtaufträgen (Abs. 4) sowie das Umgehungsverbot (Abs. 5) gelten.[40]

---

37 *Ziekow*, in: Ziekow/Völlink, Vergaberecht, § 111 Rn. 10; *Röwerkamp*, in: Kulartz/Kus/Portz/Prieß, GWB, § 111 Rn. 10; *Csaki*, in: Müller-Wrede, GWB, § 111 Rn. 23.

38 § 112 Rn. 23.

39 Vgl. oben Rn. 6 ff. u. 9 ff.

40 Vgl. oben Rn. 10 ff., 17 ff. u. Rn. 20 ff.

§ 112 Vergabe von öffentlichen Aufträgen und Konzessionen, die verschiedene Tätigkeiten umfassen

(1) Umfasst ein öffentlicher Auftrag mehrere Tätigkeiten, von denen eine Tätigkeit eine Sektorentätigkeit im Sinne des § 102 darstellt, dürfen getrennte Aufträge für die Zwecke jeder einzelnen Tätigkeit oder darf ein Gesamtauftrag vergeben werden.

(2) Werden getrennte Aufträge vergeben, so wird jeder einzelne Auftrag nach den Vorschriften vergeben, die auf seine Merkmale anzuwenden sind.

(3) Wird ein Gesamtauftrag vergeben, unterliegt dieser Auftrag den Bestimmungen, die für die Tätigkeit gelten, für die der Auftrag hauptsächlich bestimmt ist. Ist der Auftrag sowohl für eine Sektorentätigkeit im Sinne des § 102 als auch für eine Tätigkeit bestimmt, die Verteidigungs- oder Sicherheitsaspekte umfasst, ist § 111 Absatz 3 Nummer 1 und 2 entsprechend anzuwenden.

(4) Die Entscheidung, einen Gesamtauftrag oder getrennte Aufträge zu vergeben, darf nicht zu dem Zweck getroffen werden, die Auftragsvergabe von den Vorschriften dieses Teils auszunehmen.

(5) Ist es objektiv unmöglich, festzustellen, für welche Tätigkeit der Auftrag hauptsächlich bestimmt ist, unterliegt die Vergabe

1. **den Vorschriften zur Vergabe von öffentlichen Aufträgen durch öffentliche Auftraggeber, wenn eine der Tätigkeiten, für die der Auftrag bestimmt ist, unter diese Vorschriften fällt,**
2. **den Vorschriften zur Vergabe von öffentlichen Aufträgen durch Sektorenauftraggeber, wenn der Auftrag sowohl für eine Sektorentätigkeit im Sinne des § 102 als auch für eine Tätigkeit bestimmt ist, die in den Anwendungsbereich der Vorschriften zur Vergabe von Konzessionen fallen würde,**
3. **den Vorschriften zur Vergabe von öffentlichen Aufträgen durch Sektorenauftraggeber, wenn der Auftrag sowohl für eine Sektorentätigkeit im Sinne des § 102 als auch für eine Tätigkeit bestimmt ist, die weder in den Anwendungsbereich der Vorschriften zur Vergabe von Konzessionen noch in den Anwendungsbereich der Vorschriften zur Vergabe öffentlicher Aufträge durch öffentliche Auftraggeber fallen würde.**

(6) Umfasst eine Konzession mehrere Tätigkeiten, von denen eine Tätigkeit eine Sektorentätigkeit im Sinne des § 102 darstellt, sind die Absätze 1 bis 4 entsprechend anzuwenden. Ist es objektiv unmöglich, festzustellen, für welche Tätigkeit die Konzession hauptsächlich bestimmt ist, unterliegt die Vergabe

1. **den Vorschriften zur Vergabe von Konzessionen durch Konzessionsgeber im Sinne des § 101 Absatz 1 Nummer 1, wenn eine der Tätigkeiten, für die die Konzession bestimmt ist, diesen Bestimmungen und die andere Tätigkeit den Bestimmungen für die Vergabe von Konzessionen durch Konzessionsgeber im Sinne des § 101 Absatz 1 Nummer 2 oder Nummer 3 unterliegt,**
2. **den Vorschriften zur Vergabe von öffentlichen Aufträgen durch öffentliche Auftraggeber, wenn eine der Tätigkeiten, für die die Konzession bestimmt ist, unter diese Vorschriften fällt,**

3. den Vorschriften zur Vergabe von Konzessionen, wenn eine der Tätigkeiten, für die die Konzession bestimmt ist, diesen Vorschriften und die andere Tätigkeit weder den Vorschriften zur Vergabe von öffentlichen Aufträgen durch Sektorenauftraggeber noch den Vorschriften zur Vergabe öffentlicher Aufträge durch öffentliche Auftraggeber unterliegt.

Schrifttum: *Burgi/Dreher*, Beck'scher VergR-Kommentar, Bd. 1, 4. Aufl. 2017; *Kulartz/Kus/Portz/Prieß*, GWB, 4. Aufl. 2016; *Müller-Wrede*, GWB Vergaberecht, Kommentar, 2016; *Ziekow/Völlink*, Vergaberecht, 3. Aufl. 2018.

Übersicht

I. Entstehung und Zweck der Vorschrift

1 Ähnlich wie schon bei der Vorschrift des § 111 GWB lässt sich auch bei der durch das VergRModG[1] neu konzipierten Vorschrift des § 112 GWB der Ansatz erkennen, ungeachtet einer zusehends komplexen Normierung des Kartellvergaberechts eine **möglichst präzise Zuordnung** aller denkbaren Fallkonstellationen zu den bestehenden Vorschriften sicherzustellen.

2 Im Überblick befasst sich § 112 GWB mit der Frage, wie **mehrere Tätigkeiten** eines Auftraggebers zu beurteilen sind, von denen eine Tätigkeit entweder Sektorentätigkeit, Konzession oder eine Tätigkeit darstellt, die nicht vom Vergaberecht erfasst wird (Abs. 1, Abs. 2).[2] Zudem bietet § 112 GWB mit dem Merkmal der **Haupttätigkeit** das wichtigste Abgrenzungskriterium zwischen unterschiedlichen Tätigkeiten im Rahmen sog. gemischter Aufträge (Abs. 3) und beinhaltet zudem ein **Umgehungsverbot** im Hinblick auf das Kartellvergaberecht (Abs. 4). Schließlich sind umfangreiche Regelungen im Umgang mit mehreren Tätigkeiten vorgesehen, bei denen die Feststellung einer Haupttätigkeit „**objektiv unmöglich**" ist (Abs. 5 und Abs. 6).

3 Zwar findet sich im früheren Vergaberecht keine dem § 112 GWB nach Umfang und Detailreichtum ebenbürtige Vorschrift.[3] Dennoch waren zentrale Grundentscheidungen be-

1 BGBl. I 2016, S. 203 ff.; zuvor Begründung der BReg., BT-Drs. 18/6281 v. 8.10.2015, S. 86 ff.

2 *Ziekow*, in: Ziekow/Völlink, Vergaberecht, § 112 Rn. 1 f.; *Csaki*, in: Müller-Wrede, GWB, § 112 Rn. 1.

3 *Hüttinger*, in: Burgi/Dreher, Beck'scher VergR-Kommentar, Bd. 1, § 112 Rn. 2 („in der Gesamtheit kein Vorbild").

reits in den Vorschriften des § 99 Abs. 10, Abs. 11 und Abs. 12 GWB a. F. enthalten.[4] Davor waren zwischen 2009[5] und 2011 rudimentäre Regelungen in § 99 Abs. 8 GWB a. F. enthalten, der aber dennoch für die **Abgrenzung gemischter Aufträge** als Ursprung und normativer Ausgangspunkt der heutigen, wesentlich differenzierteren Bestimmungen gelten kann.

§ 112 GWB beruht auf den **unionsrechtlichen Vorgaben** der **Art. 6 und 26 der RL 2014/25/EU** sowie der **Art. 22 und 23 der RL 2014/23/EU**. Diese verfügen ihrerseits u. a. in Art. 9 der RL 2004/17/EG über Vorläuferbestimmungen. Allerdings darf bei diesen sekundärrechtlichen Bezügen nicht übersehen werden, dass die früheren und heutigen Vorschriften zur Abgrenzung gemischter Verträge auf der **EuGH-Rspr.** vieler Jahre beruhen.[6] Die vom Gerichtshof in einer ganzen Reihe von Entscheidungen entwickelten Grundsätze der Abgrenzung hat der Unionsgesetzgeber sukzessiv übernommen und in die Form von Sekundärrecht gebracht. 4

II. Wahlrecht (Abs. 1)

Zunächst überträgt § 112 Abs. 1 GWB dem öffentlichen Auftraggeber ein **Wahlrecht** zwischen der **Vergabe getrennter Aufträge** und einer **Vergabe des Gesamtauftrags** für den Fall, dass Tätigkeiten unter Einschluss einer Sektorentätigkeit sowie anderer Tätigkeiten, die entweder der Geltung der Regelungen über die Vergabe eines öffentlichen Auftrags (RL 2014/24/EU), einer Konzession (RL 2014/23/EU) oder eines Auftrags aus dem Verteidigungs- und Sicherheitsbereich (RL 2009/81 EG) unterliegen, oder einer außerhalb der EU-Vergaberichtlinien liegenden Tätigkeit gegeben sind. Voraussetzung ist hierfür weiterhin, dass mehrere Tätigkeiten der beschriebenen Zusammensetzung (Sektorentätigkeit plus eine weitere andere Tätigkeit) zu einem einheitlichen Beschaffungsvorgang gehören und es **ein inhaltliches oder sachliches Band** zwischen den Tätigkeiten gibt. 5

Es ist weder den unionsrechtlichen Materialien noch der Gesetzesbegründung der Bundesregierung zu § 112 GWB[7] zu entnehmen, dass die Ausübung des Wahlrechts in irgendeiner Weise **normativ gelenkt** oder seine Ausübung an **substanzielle Anforderung** gebunden wäre.[8] Insbesondere ist aus der vorrangigen Nennung der „getrennten Aufträge" vor dem „Gesamtauftrag" keine Präjudizierung irgendeiner Art zu entnehmen. Im Einklang mit den Vorgaben des Unionsrechts und des Verfassungsrechts wird lediglich zu verlangen sein, dass das Wahlrecht **nicht willkürlich** – unter Verstoß gegen Art. 3 Abs. 1 GG – ausgeübt 6

4 *Csaki*, in: Müller-Wrede, GWB, § 112 Rn. 3; *Hüttinger*, in: Burgi/Dreher, Beck'scher VergR-Kommentar, Bd. 1, § 112 Rn. 2; vgl. hierzu Gesetz zur Änderung des Vergaberechts für die Bereiche Verteidigung und Sicherheit v. 7.11.2011, BGBl. I 2011, S. 2570.

5 Gesetz zur Modernisierung des Vergaberechts v. 20.4.2009, BGBl. I 2009, S. 790.

6 Z. B. EuGH, Urt. v. 21.2.2008, Rs. C-412/04, Slg. 2008, I-619 – Kommission/Italien; EuGH, Urt. v. 18.1.2007, Rs. C-220/05, Slg. 2007, I-385 – Roanne; EuGH, Urt. v. 12.7.2001, Rs. C-399/98, Slg. 2001, I-5409 – Milano e Lodi; EuGH, Urt. v. 19.4.1994, Rs. C-331/92, Slg. 1994, I-1329 – Gestión Hotelera Internacional SA.

7 Begründung der BReg., BT-Drs. 18/6281 v. 8.10.2015, S. 86.

8 *Röwerkamp*, in: Kulartz/Kus/Portz/Prieß, GWB, § 112 Rn. 2; *Csaki*, in: Müller-Wrede, GWB, § 112 Rn. 9 („in das Ermessen des Auftraggebers [gestellt]"); *Ziekow*, in: Ziekow/Völlink, Vergaberecht, § 112 Rn. 4.

wird. Ansonsten werden in der Regel nachvollziehbare sachliche Gründe genügen, um eine konkrete Ausübung des Wahlrechts zu rechtfertigen.

III. Getrennte Aufträge (Abs. 2)

7 § 112 Abs. 2 GWB verweist für den Fall, dass das Wahlrecht zugunsten getrennter Aufträge ausgeübt wird, auf die – an sich – naheliegende Folge, wonach jeder der dann getrennt auszuschreibenden Aufträge nach denjenigen Vorschriften ausgeschrieben werden muss, **deren Merkmale er erfüllt**. Danach gelten beispielsweise für einen öffentlichen Auftrag die auf der RL 2014/24/EU basierenden nationalen Bestimmungen, während für einen Auftrag aus dem Verteidigungs- und Sicherheitsbereich die auf Grundlage der RL 2009/81/EG erlassenen Vorschriften gelten.

IV. Gesamtauftrag (Abs. 3)

8 Nach § 112 Abs. 1 und Abs. 3 GWB liegt die erste wesentliche Voraussetzung für eine **Vergabe als Gesamtauftrag** darin, dass neben einer Sektorentätigkeit noch eine weitere Tätigkeit aus einem anderen Bereich vorliegen muss. Bei einem so beschaffenen Gesamtauftrag ist nach § 112 Abs. 3 GWB vorgesehen, dass die Bestimmungen für alle auf diese Weise verbundenen Tätigkeiten sich nach der dominierenden **Haupttätigkeit** richten („Tätigkeiten, für die der Auftrag hauptsächlich bestimmt ist“[9]). Die Vergabe als Gesamtauftrag kann also dazu führen, dass Sektorentätigkeiten oder Tätigkeiten aus dem Verteidigungs- und Sicherheitsbereich unter Rechtsvorschriften für eine andere Tätigkeit fallen, die die Haupttätigkeit des Gesamtauftrags ausmacht.

9 Die gleichen Grundsätze gelten, wenn ein Auftrag verschiedene Tätigkeiten eines Auftraggebers umfasst. In diesem Fall bestimmt wiederum die **Haupttätigkeit**, welche Vorschriften Anwendung finden.[10] Im Schrifttum wurde dieses Zuordnungskriterium als **„main object test“**[11] bezeichnet, man könnte im Einklang mit zahlreichen Abgrenzungsfragen des deutschen Rechts auch davon sprechen, dass die normative Zuordnung sich bei einer Gesamtbetrachtung nach dem **Schwerpunkt** richten soll. Während es früher vor allem um die Abgrenzung zwischen Bau-, Liefer- und Dienstleistungen ging, steht heute die Abgrenzung zwischen Richtlinien über die Auftragsvergabe, die Sektorentätigkeit, Konzessionen sowie über Verteidigungs- oder Sicherheitsaufträge im Mittelpunkt.[12] In der Begründung

---

9 Vgl. *Ziekow*, in: Ziekow/Völlink, Vergaberecht, § 112 Rn. 6 ff.; *Hüttinger*, in: Burgi/Dreher, Beck’scher VergR-Kommentar, Bd. 1, § 112 Rn. 23, wonach es keinen relevanten Unterschied macht, dass in § 112 Abs. 3 GWB von „hauptsächlich bestimmt“ die Rede ist, während in Art. 6 Abs. 2 RL 2014/25/EU von „hauptsächlich vorgesehen“ gesprochen wird.

10 EuGH, Urt. v. 18.1.2007, Rs. C-220/05, Slg. 2007, I-385 – Roanne, Tz. 37; EuGH, Urt. v. 21.2.2008, Rs. C-412/04, Slg. 2008, I-619 – Kommission/Italien, Tz. 47; EuGH, Urt. v. 29.10.2009, Rs. C-536/07, Slg. 2009, I-10355 – Kommission/Deutschland (Köln Messe); vgl. hierzu auch OLG Karlsruhe, Beschl. v. 14.11.2014, 15 Verg 10/14, NZBau 2015, 506, Rn. 26; VK Münster, Beschl. v. 5.8.2015, VK 2 – 16/15, VPR 2016, 119, Rn. 37; *Wegener*, in: Pünder/Schellenberg, Vergaberecht, § 99 Rn. 90; *Otting*, VergabeR 2013, 343 ff.

11 *Hüttinger*, in: Burgi/Dreher, Beck’scher VergR-Kommentar, Bd. 1, § 112 Rn. 8.

12 Vgl. auch GA *Sharpston* v. 29.10.2009, Rs. C-145/08 u. C-149/08 – Lutraki u. Aktorate, Rn. 57, zum Erwägungsgrund Nr. 16 der Dienstleistungsrichtlinie.

eines früheren Gesetzentwurfs wird als Beispiel für eine **Abgrenzung nach der Haupttätigkeit** die Erstellung eines Gebäudes für die Stadtverwaltung, in dem auch einige Räume für die Verwaltung der kommunalen Stadtwerke vorgesehen sind, aufgeführt. Danach wären auf die Haupttätigkeit die Regeln über die Vergabe öffentlicher Aufträge anzuwenden (Grundlage: RL 2014/24/EU),[13] während der untergeordnete Anteil der Stadtwerke als Sektorenauftraggeber nicht zur Anwendung der Regeln über die Vergabe im Sektorenbereich führt (Grundlage: RL 2014/25/EU).

Welche Tätigkeit bei einem Gesamtauftrag wegen ihres **prozentualen Anteils** als Haupttätigkeit einzustufen ist und damit über die anwendbaren Bestimmungen entscheidet, bemisst sich u. a. danach, welche Tätigkeit in welchem **wertmäßigen Umfang am Gesamtvolumen** eines Beschaffungsvorgangs beteiligt ist. Handelt es sich beispielsweise um eine Bautätigkeit aus dem Anwendungsbereich der RL 2014/24/EU, die aber in überwiegendem Umfang die Gesichtspunkte einer Sektorentätigkeit erfüllt, läge regelmäßig bei Letzterer der Schwerpunkt. Dies hätte zur Folge, dass ungeachtet des bestehenden Anteils der Bautätigkeit sich der gesamte Beschaffungsvorgang bei **wertmäßiger Einschätzung** nach den Bestimmungen der RL 2014/25/EU bzw. ihren nationalen Umsetzungen richten würde. 10

Insgesamt hat der Wert bzw. der wertmäßige Anteil einer Tätigkeit den Vorzug der Objektivität und erleichterten Feststellbarkeit. Zudem können durch die Zuweisung eines angemessenen Wertes auch **nicht-kommerzielle oder ideelle Bestandteile** in Relation zu anderen Teilen und zum Gesamtvolumen gestellt werden. Insgesamt ist es unter Anwendung von § 112 GWB daher keineswegs ausgeschlossen, dass zur Feststellung der Haupttätigkeit auch andere, normative Gesichtspunkte als den Wert zugrundegelegt werden. 11

Verschiedentlich ist beanstandet worden, dass das alleinige oder vorrangige **Abstellen auf den Wert bzw. den wertmäßigen Anteil** an den Gesamttätigkeiten eines Beschaffungsvorgangs keine angemessene Einschätzung im Hinblick auf die Haupttätigkeit erlaube. So hat beispielsweise GA *Sharpston* darauf hingewiesen, dass dabei die Gefahr bestünde, dass bestimmte Tätigkeiten durch (Wert-)Manipulation gezielt bestimmten Vergabevorschriften entzogen bzw. anderen zugewiesen würden.[14] Da weder § 112 GWB noch seine unionsrechtlichen Grundlagen (z. B. Art. 6 Abs. 2 RL 2014/25/EU „hauptsächlich vorgesehen“) unmittelbar an den Wert oder den wertmäßigen Anteil der Aufträge anknüpfen, ist davon auszugehen, dass es sich dabei lediglich um einen von **mehreren möglichen Anknüpfungs- und Bewertungsaspekten** handelt. Dies deckt sich auch mit dem 16. Erwägungsgrund zur RL 2014/25/EU, wonach die Feststellung der Haupttätigkeit **mit dem Bedarf beginnen soll**, den die Vergabestelle in erster Linie decken möchte.[15] 12

Nach der **Rspr. des EuGH** gelten bei der Abgrenzung bei gemischten Aufträgen folgende Grundsätze:[16] Bei einem gemischten Auftrag, der sich sowohl auf eine Tätigkeit, die von einer Vergaberichtlinie erfasst wird, als auch auf eine Tätigkeit bezieht, die nicht dem unionsrechtlichen Vergaberecht unterliegt, wird darauf abgestellt, ob der dem Vergabe- 13

---

13 BT-Drs. 16/10117, S. 19.

14 GA *Sharpston* v. 29.10.2009, Rs. C-145/08 u. C-149/08 – Lutraki u. Aktorate, Tz. 59; vgl. auch EuGH, Urt. v. 21.2.2008, Rs. C-412/04, Slg. 2008, I-619 – Kommission/Italien, Tz. 50 f.

15 *Csaki*, in: Müller-Wrede, GWB, § 112 Rn. 15.

16 Vgl. hierzu die Zusammenfassung von GA *Sharpston* v. 29.10.2009, Rs. C-145/08 u. C-149/08 – Lutraki u. Aktorate, Tz. 53 f.

recht unterliegende Sachverhalt gegenüber dem Letztgenannten von **untergeordneter Bedeutung** ist.[17]

14 Der mit § 112 Abs. 3 Satz 2 GWB verbundene Hinweis auf die Vorschrift des § 111 Abs. 3 Nr. 1 und Nr. 2 GWB ist folgendermaßen zu verstehen: Wenn ein Beschaffungsvorgang sowohl eine Sektorentätigkeit als auch eine Tätigkeit aus dem Verteidigungs- oder Sicherheitsbereich umfasst, kann ein Gesamtauftrag aus **„objektiven Gründen"** gerechtfertigt sein.[18] Die Anforderungen an diese „objektiven Gründe" sind in Anknüpfung an § 111 Abs. 3 Nr. 1 und Nr. 2 GWB bzw. die Vorgängervorschrift des § 99 Abs. 13 Satz 1 GWB a. F. erheblich. Dies führt dazu, dass die Vergabestelle, die einen Gesamtauftrag nach § 112 Abs. 3 Satz 2 i.V.m. § 111 Abs. 3 Nr. 1 und Nr. 2 GWB beabsichtigt, für das Vorliegen „objektiver Gründe" **beweispflichtig** ist.[19] Zur Annahme „objektiver Gründe" kommen technische oder wirtschaftliche Gründe in Betracht.

V. Umgehungsverbot (Abs. 4)

15 In § 112 Abs. 4 GWB ist wie auch schon in § 111 Abs. 5 GWB ein vergaberechtliches **Umgehungsverbot** statuiert, wonach die Entscheidung über Gesamtvergabe (Abs. 3) oder getrennte Aufträge (Abs. 2) **nicht deswegen getroffen werden darf**, um einen konkreten Beschaffungsvorgang aus der Anwendung der Vorschriften des 4. Teils des GWB auszunehmen. Da die Anwendung der Bestimmungen über Sektorentätigkeiten (z. B. SektVO), Konzessionen (z. B. KonzVgV) oder Tätigkeiten im Verteidigungs- und Sicherheitsbereich (z. B. VSVgV) letztlich zur Anwendung „von den Vorschriften dieses Teils [des GWB]" führt, spielen in Zusammenhang mit § 112 Abs. 4 GWB vor allem solche Tätigkeiten eine Rolle, die nicht von den Vorschriften des Vergaberechts erfasst werden. Liegt beispielsweise die **Haupttätigkeit eines Beschaffungsvorgangs** in einem Bereich, der nicht von den Vorschriften des Vergaberechts erfasst wird, dann hat die Gesamtvergabe zusammen mit einer Sektorentätigkeit beispielsweise zur Folge, dass auch diese nicht dem Kartellvergaberecht unterfällt. Vor diesem Hintergrund darf eine Entscheidung über Gesamtvergabe oder getrennte Vergabe (Abs. 1) nicht von dem Gedanken geleitet sein, durch das Zusammenfassen mehrerer Aufträge die Bestimmungen des Kartellvergaberechts **ins Leere laufen zu lassen**.[20]

16 Wie auch beim parallelen Umgehungsverbot nach § 111 Abs. 5 GWB, liegt das Hauptproblem bei § 112 Abs. 4 GWB darin, dass es im Einzelfall nicht leicht zu **beweisen** sein wird, dass Entscheidungen des Auftraggebers nach § 112 GWB von der Absicht geleitet waren, das Vergaberecht zu umgehen. Denn dass ein Auftraggeber dieses Motiv ausdrücklich nach außen kommuniziert, dürfte selten vorkommen, ist aber auch nicht ausgeschlossen. Daher braucht es entweder **mittelbare indizielle Umstände**, die belastbare Schlüsse zulassen, dass gegen das Umgehungsverbot verstoßen wurde, oder es muss eine entsprechende

---

17 EuGH, Urt. v. 19.4.1994, Rs. C-331/92, Slg. 1994, I-1329 – Gestión Hotelera Internacional SA, Tz. 29; das Urteil betraf einen gemischten Vertrag, der eine Verpflichtung zur Durchführung einer Reihe von Bauarbeiten, zum Betrieb eines Hotels sowie eine Konzession für die Einrichtung und Eröffnung einer Spielbank miteinander verband.

18 Vgl. § 111 Rn. 12.

19 *Hüttinger*, in: Burgi/Dreher, Beck'scher VergR-Kommentar, Bd. 1, § 111 Rn. 10 ff.

20 *Csaki*, in: Müller-Wrede, GWB, § 112 Rn. 17.

Zeugenaussage vorliegen, aus der das zu entnehmen ist. Beides dürfte in der Vergabepraxis schwer zu bekommen sein.

VI. Objektive Unmöglichkeit der Feststellung (Abs. 5)

Während die Ermittlung der anwendbaren Bestimmungen bei einem Gesamtauftrag nach § 112 Abs. 3 GWB sich typischerweise an der Haupttätigkeit eines Beschaffungsvorgangs orientiert, befassen sich die Bestimmungen der § 112 Abs. 5 und Abs. 6 GWB mit Fällen, in denen es **objektiv unmöglich** ist festzustellen, wo der Schwerpunkt der verschiedenen Tätigkeiten des Auftraggebers liegt. Zwar mag es auf den ersten Blick überraschen, dass es Beschaffungsvorgänge geben soll, bei denen es unerweislich ist, wo ihre Haupttätigkeit liegt. Insbesondere bei hochkomplexen Aufträgen kommt es aber durchaus vor, dass es schwer fällt, einen Bestandteil auszumachen, der den Tätigkeiten des Auftraggebers insgesamt „ihr Gepräge" gibt und damit die Haupttätigkeit darstellt.[21] Bisweilen liegt gerade im Fehlen einer Haupttätigkeit das besondere Charakteristikum eines solchen Beschaffungsvorgangs. Zudem kann auch die wertmäßige Veranschlagung auf Schwierigkeiten stoßen, wenn neben bereits feststehenden Kosten beispielsweise noch Zukunfts- oder Betriebskosten hinzukommen, deren Höhe flexibel oder aus sonstigen Gründen nicht absehbar ist. 17

Wenn eine Haupttätigkeit **objektiv nicht bestimmbar** ist und von mehreren Tätigkeiten **zumindest eine dem Sektorenbereich zuzuordnen** ist,[22] gehen die § 112 Abs. 5 Nr. 1, Nr. 2 und Nr. 3 GWB von einem **generellen Vorrang-Schema** zwischen den unterschiedlichen Tätigkeiten aus. Nach § 112 Abs. 5 Nr. 1 GWB führt die Beteiligung einer Tätigkeit im Rahmen der Vergabe von öffentlichen Aufträgen beispielsweise dazu, dass grundsätzlich die **Vorschriften über die Vergabe von öffentlichen Aufträgen** i. S. der RL 2014/24/EU bzw. der jeweiligen nationalen Umsetzungsvorschriften zur Anwendung kommen.[23] 18

Für den Fall, dass von mehreren Tätigkeiten keine den Vorschriften zur Vergabe von öffentlichen Aufträgen unterfällt, sondern neben einer Tätigkeit aus dem Sektorenbereich nur noch eine Tätigkeit vertreten ist, die in den Anwendungsbereich der Vorschriften über die Vergabe von Konzessionen fällt, so kommen nach § 112 Abs. 5 Nr. 2 GWB auf den gesamten Beschaffungsvorgang die **Vorschriften über die Vergabe öffentlicher Aufträge durch Sektorenauftraggeber** i. S. der RL 2014/25/EU zur Anwendung.[24] 19

Schließlich sieht § 112 Abs. 5 Nr. 3 GWB vor, dass die **Vorschriften über die Vergabe öffentlicher Aufträge durch Sektorenauftraggeber** i. S. der RL 2014/25/EU bzw. den nationalen Umsetzungsvorschriften auch dann zur Anwendung gelangen, wenn neben einer Sektorentätigkeit eine weitere Tätigkeit vorliegt, die weder unter die Konzessionsrichtlinie 2014/23/EU noch unter die Richtlinie 2014/24/EU zur Vergabe öffentlicher Aufträge durch öffentliche Auftraggeber fällt. Da es sich dabei auch nicht allein um eine weitere Tätigkeit aus dem Sektorenbereich handeln kann, ist davon auszugehen, dass dies eine Tätigkeit sein muss, die entweder dem Verteidigungs- und Sicherheitsbereich zuzuordnen 20

21 A. A. OLG Naumburg, Beschl. v. 23.12.2014, 2 Verg 5/14, VergabeR 2015, 458, Rn. 42, das allein auf den wertmäßigen Anteil abstellt.

22 *Hüttinger*, in: Burgi/Dreher, Beck'scher VergR-Kommentar, Bd. 1, § 111 Rn. 32.

23 *Ziekow*, in: Ziekow/Völlink, Vergaberecht, § 112 Rn. 9; *Csaki*, in: Müller-Wrede, GWB, § 112 Rn. 21.

24 *Röwerkamp*, in: Kulartz/Kus/Portz/Prieß, GWB, § 112 Rn. 5.

ist oder die überhaupt nicht von den Vorschriften des Vergaberechts erfasst wird. Allerdings kann sich für Tätigkeiten aus dem Verteidigungs- und Sicherheitsbereich nach § 112 Abs. 3 Satz 2 GWB etwas Abweichendes ergeben.[25]

VII. Gesamtkonzessionen für mehrere Tätigkeiten (Abs. 6 Satz 1)

21 Nach § 112 Abs. 6 Satz 1 GWB kommen die **Vorschriften der § 112 Abs. 1 bis Abs. 4 GWB** zur Anwendung, wenn eine Konzession mehrere Tätigkeiten umfasst, von denen zumindest eine als Sektorentätigkeit einzustufen ist und eine weitere entweder den Vorschriften über öffentliche Aufträge (RL 2014/24/EU) oder den Vorschriften über den Bereich der Verteidigung und Sicherheit zugeordnet werden kann. Damit gelten dieselben Grundsätze für die Konzessionsvergabe im Hinblick auf das Bestehen eines Wahlrechts zwischen getrennten Aufträgen oder Gesamtauftrag (Abs. 1, Abs. 2),[26] im Hinblick auf die Bestimmung der Haupttätigkeit (Abs. 3) sowie das Umgehungsverbot (Abs. 4).[27]

VIII. Gesamtkonzessionen bei objektiver Unmöglichkeit der Feststellung (Abs. 6 Satz 2)

22 Für den Fall, dass eine Bestimmung der Haupttätigkeit unter Einbeziehung einer Konzessionsvergabe **objektiv unmöglich** ist, sieht § 112 Abs. 6 Satz 2 GWB ähnliche Regelungen vor wie § 112 Abs. 5 GWB. Kann bei einer Gesamtkonzession objektiv nicht festgestellt werden, wo der Schwerpunkt der verschiedenen Tätigkeiten liegen soll, ist in § 112 Abs. 6 Satz 2 Nr. 1, Nr. 2 und Nr. 3 GWB wiederum ein **generelles Vorrang-Schema** zwischen den unterschiedlichen Tätigkeiten vorgesehen. Nach § 112 Abs. 6 Satz 2 Nr. 1 GWB führt die Beteiligung einer Konzession, die unter § 101 Abs. 1 Nr. 1 GWB fällt, und mindestens einer anderen Tätigkeit des Konzessionsgebers, auf die § 101 Abs. 1 Nr. 2 oder Nr. 3 GWB anwendbar ist, für die Gesamtkonzession zur Anwendung der **Vorschriften über die Vergabe von Konzessionen durch Konzessionsgeber** nach § 101 Abs. 1 Nr. 1 GWB.

23 Nach § 112 Abs. 6 Satz 2 Nr. 2 GWB kommen grundsätzlich die **Vorschriften über die Vergabe öffentlicher Aufträge** zur Anwendung, wenn **bei einer Gesamtkonzession** eine Tätigkeit, für die eine Konzession bestimmt ist, unter die Vorschriften i. S. der RL 2014/24/EU bzw. die nationalen Vorschriften zu ihrer Umsetzung fällt. Hierin zeigt sich ähnlich wie in § 112 Abs. 5 Nr. 1 GWB der generelle Vorrang der öffentlichen Auftragsvergabe gegenüber den anderen Vergaberechtsregimen.

24 Wenn zusätzlich **innerhalb einer Gesamtkonzession** weder eine Tätigkeit vorliegt, die den Vorschriften über die Sektorenvergabe noch eine die den Vorschriften über die Vergabe öffentlicher Aufträge unterliegt, so kommen nach § 112 Abs. 6 Satz 2 Nr. 3 GWB insgesamt die Vorschriften zur Vergabe von Konzessionen zur Anwendung.[28] Auch in diesem Zusammenhang kann sich nach § 112 Abs. 3 Satz 2 GWB für Konzessionen aus dem Bereich Verteidigung und Sicherheit Abweichendes ergeben.

---

25 Vgl. oben Rn. 14; *Csaki*, in: Müller-Wrede, GWB, § 112 Rn. 22.
26 Vgl. oben Rn. 7 u. Rn. 8.
27 Vgl. oben Rn. 8 ff. u. Rn. 15 f.
28 *Röwerkamp*, in: Kulartz/Kus/Portz/Prieß, GWB, § 112 Rn. 6.

§ 113 Verordnungsermächtigung

Die Bundesregierung wird ermächtigt, durch Rechtsverordnungen mit Zustimmung des Bundesrates die Einzelheiten zur Vergabe von öffentlichen Aufträgen und Konzessionen sowie zur Ausrichtung von Wettbewerben zu regeln. Diese Ermächtigung umfasst die Befugnis zur Regelung von Anforderungen an den Auftragsgegenstand und an das Vergabeverfahren, insbesondere zur Regelung

1. **der Schätzung des Auftrags- oder Vertragswertes,**
2. **der Leistungsbeschreibung, der Bekanntmachung, der Verfahrensarten und des Ablaufs des Vergabeverfahrens, der Nebenangebote, der Vergabe von Unteraufträgen sowie der Vergabe öffentlicher Aufträge und Konzessionen, die soziale und andere besondere Dienstleistungen betreffen,**
3. **der besonderen Methoden und Instrumente in Vergabeverfahren und für Sammelbeschaffungen einschließlich der zentralen Beschaffung,**
4. **des Sendens, Empfangens, Weiterleitens und Speicherns von Daten einschließlich der Regelungen zum Inkrafttreten der entsprechenden Verpflichtungen,**
5. **der Auswahl und Prüfung der Unternehmen und Angebote sowie des Abschlusses des Vertrags,**
6. **der Aufhebung des Vergabeverfahrens,**
7. **der verteidigungs- oder sicherheitsspezifischen Anforderungen im Hinblick auf den Geheimschutz, auf die allgemeinen Regelungen zur Wahrung der Vertraulichkeit, auf die Versorgungssicherheit sowie auf die besonderen Regelungen für die Vergabe von Unteraufträgen,**
8. **der Voraussetzungen, nach denen Sektorenauftraggeber, Konzessionsgeber oder Auftraggeber nach dem Bundesberggesetz von der Verpflichtung zur Anwendung dieses Teils befreit werden können, sowie des dabei anzuwendenden Verfahrens einschließlich der erforderlichen Ermittlungsbefugnisse des Bundeskartellamtes und der Einzelheiten der Kostenerhebung; Vollstreckungserleichterungen dürfen vorgesehen werden.**

Die Rechtsverordnungen sind dem Bundestag zuzuleiten. Die Zuleitung erfolgt vor der Zuleitung an den Bundesrat. Die Rechtsverordnungen können durch Beschluss des Bundestages geändert oder abgelehnt werden. Der Beschluss des Bundestages wird der Bundesregierung zugeleitet. Hat sich der Bundestag nach Ablauf von drei Sitzungswochen seit Eingang der Rechtsverordnungen nicht mit ihnen befasst, so werden die unveränderten Rechtsverordnungen dem Bundesrat zugeleitet.

Schrifttum: *Kulartz/Kus/Portz/Prieß*, GWB-Vergaberecht, 4. Aufl. 2016; *Müller-Wrede*, GWB Vergaberecht, Kommentar, 2016.

Übersicht

I. Überblick

1 Die Vorschrift ist die zentrale[1] **Verordnungsermächtigung** im GWB und Nachfolgerregelung der bisherigen §§ 97 Abs. 6, 127, 127a GWB a. F.,[2] deren Ermächtigungen in § 113 GWB den durch die Vergaberechtsnovelle 2016 bedingten Änderungen angepasst und zusammengeführt werden.

2 Auf Grundlage der Verordnungsermächtigung des **§ 113 Satz 1 GWB** ist die **Bundesregierung** als Kollegialorgan ermächtigt, durch Rechtsverordnung **mit Zustimmung des Bundesrates** die durch das GWB geregelten allgemeinen vergaberechtlichen Rahmenbedingungen durch Rechtsverordnung zu konkretisieren und zu diesem Zweck Einzelheiten zur Vergabe von öffentlichen Aufträgen, Konzessionen sowie zur Ausrichtung von Wettbewerben zu regeln. **§ 113 Satz 2 GWB** konkretisiert in Hs. 1 den Umfang dieser Verordnungsermächtigung, indem er klarstellt, dass sowohl die Befugnis zur Regelung von materiellrechtlichen Anforderungen an den Auftragsgegenstand als auch die Befugnis zur Regelung von Anforderungen an das Vergabeverfahren von der Verordnungsermächtigung erfasst ist.[3] Der Verordnungsgeber darf auf der Grundlage von § 113 Satz 1 GWB also zum einen die Freiheit des Auftraggebers bei der Bestimmung des Auftragsgegenstands einschränkend regeln, etwa in Bezug auf die Energieeffizienzklasse, Energieverbrauchsstandards oder umweltbezogene Aspekte.[4] Zum anderen ist nach Satz 2 Hs. 1 von der Verordnungsermächtigung des Satzes 1 das gesamte Vergabeverfahren im Anwendungsbereich des GWB erfasst. Hs. 2 des § 113 Satz 2 GWB enthält eine weitere, konkretisierende (und nicht abschließende) Aufzählung möglicher Regelungsinhalte von auf § 113 Satz 1 GWB gestützten Verordnungen (vgl. hierzu nachfolgend Rn. 4 ff.). Die **Sätze 3 bis 7 des § 113 GWB** schließlich treffen Regelungen zum Verordnungsgebungsverfahren. Der Verordnungserlass steht danach nun unter Parlamentsvorbehalt.[5] Die Bundesregierung muss die Rechtsverordnung, bevor sie dem Bundesrat zugeleitet werden darf, künftig dem Bundestag zuleiten, der die Verordnung durch Beschluss ändern oder ablehnen darf. Befasst sich der Bundestag nicht innerhalb von drei Sitzungswochen mit der Verordnung, wird die Rechtsverordnung unverändert dem Bundesrat zugeleitet.

---

1 Weitere Verordnungsermächtigungen finden sich für spezielle Regelungsmaterien des GWB in § 114 Abs. 2 Satz 4 GWB (Einzelheiten der Datenübermittlung), der Rechtsgrundlage der neuen Vergabestatistikverordnung (VergStatVO) ist, sowie zugunsten der Landesregierungen in § 171 Abs. 4 GWB (Abweichende Zuweisung von Entscheidungen über sofortige Beschwerden).

2 Die Verordnungsermächtigung des § 97 Abs. 6 GWB a. F. ermächtigte die Bunderegierung nähere Bestimmungen über das bei der Vergabe einzuhaltende Verfahren zu regeln. § 127 GWB a. F. diente vor allem der Sicherstellung, dass die unionsrechtlichen Schwellenwerte und die unionsrechtlichen Regelungen über das für Sektoren-Auftraggeber geltende Vergaberecht in deutsches Recht umgesetzt werden konnten. § 127a GWB a. F. enthielt eine Verordnungsermächtigung zur Kostenerhebung für Gutachten und Stellungnahmen nach der Sektorenverordnung. Auf Grundlage dieser Verordnungsermächtigungen wurden die Verordnung über die Vergabe von Aufträgen im Bereich des Verkehrs, der Trinkwasserversorgung und der Energieversorgung vom 23.9.2009 (SektVO), die Verordnung über die Vergabe öffentlicher Aufträge (Vergabeverordnung – VgV) vom 11.2.2003 und die Vergabeverordnung Verteidigung und Sicherheit (VSVgV) vom 12.7.2012 erlassen.

3 Vgl. Entwurf BReg BT-Drs. 18/6281, S. 88, 89.

4 Vgl. *Fandrey,* in: Kulartz/Kus/Portz/Prieß, GWB-Vergaberecht, § 113 Rn. 10 sowie Entwurf BReg BT-Drs. 18/6281, S. 88, 89.

5 Vgl. BT-Drs. 18/7096, 6, 15 (Beschlussempfehlung und Bericht des Ausschusses für Wirtschaft und Energie).

Im Vergleich zu der **Vorläuferregelung** des § 127 GWB a. F. entfallen ist die bislang in § 127 Nr. 1 GWB a. F. geregelte Ermächtigung zur Umsetzung der vergaberechtlichen Schwellenwerte der Richtlinien der Europäischen Union, da sich der dynamische Verweis auf die EU-Schwellenwerte nunmehr auf gesetzlicher Ebene in § 106 Abs. 2 GWB findet.[6] Entfallen ist wegen der jetzt in § 183 GWB aufgenommenen Regelung zum Korrekturmechanismus auch die bisher in § 127 Nr. 7 GWB enthaltene Ermächtigung zur Regelung eines freiwilligen Streitschlichtungsverfahrens der Europäischen Kommission. Schließlich ist die bislang in § 127 Nr. 6 GWB a. F. enthaltene Verordnungsermächtigung zur Regelung eines Verfahrens weggefallen, nach dem öffentliche Auftraggeber durch unabhängige Prüfer eine Bescheinigung erhalten können, dass ihr Vergabeverfahren vergaberechtskonform ist.[7] Hingegen wurde die bislang in § 97 Abs. 6 GWB a. F. enthaltene Verordnungsermächtigung zur Regelung des Vertragsabschlusses in Satz 2 Nr. 5 fortgeschrieben.[8] 3

II. Die konkretisierenden Tatbestände des Satz 2

§ 113 Satz 2 Nr. 1 GWB nimmt aus Gründen der Klarstellung die Befugnis zur **Regelung der Schätzung des Auftragswertes** von öffentlichen Aufträgen und des Vertragswertes von Konzessionen in die Verordnungsermächtigung auf.[9] Es handelt sich dabei um einen Tatbestand der das Vergabeverfahren im Sinne von § 113 Satz 2 Hs. 1 GWB betrifft. Auf § 113 Satz 1, Satz 2 Nr. 1 GWB basieren die neuen Regelungen zur Schätzung des Auftragswertes in § 3 VgV, § 2 SektVO, § 2 KonzVgV, § 3 VSVgV.[10] 4

§ 113 Satz 2 Nr. 2 GWB greift die bislang in § 97 Abs. 6 GWB a. F. enthaltene Befugnis zur Regelung der Bekanntmachung, der Verfahrensarten und des Ablaufs des Vergabeverfahrens auf. Zusätzlich werden Regelungen zur Leistungsbeschreibung, zu Nebenangeboten, zur Vergabe von Unteraufträgen sowie zur Vergabe öffentlicher Aufträge und Konzessionen, die soziale und andere besondere Dienstleistungen betreffen, genannt.[11] Dieser Tatbestand kann als **umfassende (bloße) Klarstellung** des ohnehin schon in § 113 Satz 1, Satz 2 Hs. 1 GWB angelegten Ermächtigungsumfangs (vgl. auch Rn. 2) aufgefasst werden. 5

§ 113 Satz 2 Nr. 3 GWB nimmt die Befugnis zur Regelung der von den Richtlinien 2014/24/EU (vgl. dort Kapitel II, Art. 33 ff.) und 2014/25/EU (vgl. dort Kapitel II, Art. 51 ff.) vorgesehenen **besonderen Methoden und Instrumente** im Vergabeverfahren und für Sammelbeschaffungen sowie die zentrale Beschaffungstätigkeit gem. § 120 Abs. 4 GWB und deren Anforderungen in die Verordnungsermächtigung auf. In Bezug auf die elektroni- 6

6 Dementsprechend sind die bislang auf Rechtsverordnungsebene in § 2 Abs. 1 VgV a. F., § 1 Abs. 2 SektVO a. F. und § 1 Abs. 2 VSVgV a. F. enthaltenen dynamischen Verweise auf die EU-Schwellenwerte entfallen.

7 Vgl. Entwurf BReg BT-Drs. 18/6281, S. 88.

8 Die Gesetzesbegründung zum Regierungsentwurf (vgl. Entwurf BReg BT-Drs. 18/6281, S. 88) ging hingegen unter Hinweis auf den Umstand, dass der Vertragsabschluss selbst nicht dem Vergabe-, sondern dem Zivilrecht unterliegt, unzutreffend davon aus, dass die Verordnungsermächtigung nicht fortgeschrieben werden würde. Das lag wohl daran, dass die auf den Vertragsabschluss bezogene Formulierung noch nicht im Referentenentwurf enthalten war, sondern erst in der Kabinettsfassung eingefügt wurde, wobei die Begründung nicht mehr entsprechend angepasst wurde.

9 Vgl. Entwurf BReg BT-Drs. 18/6281, S. 88, 89.

10 Wobei § 3 VSVgV lediglich in Abs. 7 geändert wurde.

11 Vgl. Entwurf BReg BT-Drs. 18/6281, S. 88, 89.

sche Auftragsvergabe betrifft dies das dynamische Beschaffungssystem, die elektronische Auktion und den elektronischen Katalog. Unter den Begriff Sammelbeschaffungen fallen Regelungen über Rahmenvereinbarungen im Sinne von § 103 Abs. 5 GWB und die gelegentliche gemeinsame Auftragsvergabe sowie die Auftragsvergabe durch öffentliche Auftraggeber aus verschiedenen Mitgliedstaaten. Darüber hinaus werden von der Verordnungsermächtigung auch die Einzelheiten zur zentralen Beschaffungstätigkeit umfasst.[12]

7 **§ 113 Satz 2 Nr. 4 GWB** erfasst Regelungen zum Senden, Empfangen, Weiterleiten und Speichern von Daten einschließlich der Regelung zum Inkrafttreten der entsprechenden Verpflichtungen. Die Bundesregierung ist auf Grundlage von § 113 Satz 1, Satz 2 Nr. 4 GWB also befugt, die Regelung der Einzelheiten des Sendens, Empfangens, des Weiterleitens und Speicherns von Daten in einem Vergabeverfahren im Verordnungswege zu erlassen.[13] Die Vorschrift ergänzt den in § 97 Abs. 5 GWB aufgestellten Grundsatz der verpflichtenden Anwendung elektronischer Kommunikation im Vergabeverfahren (sog. E-Vergabe).[14] Im Zuge der Einführung der E-Vergabe durch § 97 Abs. 5 GWB dürfen ab dem 18.4.2016 EU-weite Bekanntmachungen nur noch elektronisch beim Amt für Veröffentlichungen der Europäischen Union eingereicht werden. Die Bekanntmachungen müssen zwingend eine Internetadresse enthalten, unter der sämtliche Vergabeunterlagen unentgeltlich, uneingeschränkt und vollständig direkt mithilfe von elektronischen Kommunikationsmitteln abgerufen werden können. Im weiteren Verfahren ist bis spätestens 18.4.2017 (zentrale Beschaffungsstellen) bzw. 18.10.2018 (andere als zentrale Beschaffungsstellen) auch das weitere Vergabeverfahren elektronisch auszugestalten.[15] Dazu zählen insbesondere der Austausch zwischen Auftraggeber und Bewerbern bzw. Bietern über zu klärende Fragen, die Mitteilung des Auftraggebers an nicht berücksichtigte Bewerber bzw. Bieter, die Abgabe von Teilnahmeanträgen und Angeboten und die Zuschlagserteilung sowie die jeweiligen Ausnahmen von der elektronischen Kommunikation.[16] Diese Anforderungen wurden für den Bereich der Liefer- und Dienstleistungsaufträge und – über § 2 VgV – auch für den VOB-Bereich, also für Bauaufträge, in §§ 9 ff. VgV umgesetzt.

8 **§ 113 Satz 2 Nr. 5 GWB** greift deklaratorisch und inhaltsgleich zu § 97 Abs. 6 GWB a. F. die Befugnis zur Regelung der **Auswahl und Prüfung der Unternehmen** und Angebote sowie des Abschlusses des Vertrags auf. Erfasst sind insbesondere Regelungen zu Vorgaben zu Eignungs- und Zuschlagskriterien, zu deren Ausgestaltung und zur Nachweisführung darüber. Im Rahmen der Nachweisführung wird (in Umsetzung von Art. 43 der Richtlinie 2014/24/EU) auch die Möglichkeit der Verwendung von Gütezeichen zur Nachweisführung geregelt.[17]

9 **§ 113 Satz 2 Nr. 6 GWB** nimmt aus Gründen der Klarstellung die Befugnis zur Regelung der **Aufhebung des Vergabeverfahrens** in die Verordnungsermächtigung des § 133 Satz 1 GWB auf.[18] Der Gesetzgeber stellt damit für den Verordnungsgeber klar, dass die Regelungen über die Aufhebung des Vergabeverfahrens Teil desselben sind. In der VgV ist der Verordnungsermächtigung durch § 63 VgV Rechnung getragen worden.

---

12 Vgl. Entwurf BReg BT-Drs. 18/6281, S. 88, 89.
13 Vgl. Entwurf BReg BT-Drs. 18/6281, S. 88, 89.
14 Vgl. auch *Braun*, VergabeR 2016, S. 179, 183.
15 Vgl. Entwurf BReg BT-Drs. 18/6281, S. 88, 89.
16 Vgl. insoweit etwa auch *Fandrey*, in: Kulartz/Kus/Portz/Prieß, GWB-Vergaberecht, § 97 Rn. 229.
17 Vgl. Entwurf BReg BT-Drs. 18/6281, S. 88, 90.
18 Vgl. Entwurf BReg BT-Drs. 18/6281, S. 88, 90.

§ 113 Satz 2 Nr. 7 GWB übernimmt die bislang in § 127 Nr. 3 GWB a. F. enthaltene Verordnungsermächtigung zur Regelung des Vergabeverfahrens für **verteidigungs- oder sicherheitsspezifische Aufträge** im Sinne von § 104 GWB. Die beispielhafte Aufzählung zur Konkretisierung der Verordnungsermächtigung dient der Klarstellung und konzentriert sich dabei auf die besonderen Aspekte des Vergabeverfahrens von verteidigungs- oder sicherheitsspezifischen Aufträgen.[19] **10**

§ 113 Satz 2 Nr. 8 GWB, der die bislang in § 127 Nr. 9 GWB a. F. enthaltene Befugnis zur Regelung des **Freistellungsverfahrens für Sektorenauftraggeber und Auftraggeber nach dem Bundesberggesetz** sowie die im bisherigen § 127a Abs. 2 GWB a. F. enthaltene Befugnis zur Regelung der Einzelheiten der Kostenerhebung einschließlich von Vollstreckungserleichterungen zusammenfasst, ermöglicht es dem Verordnungsgeber, Regelungen darüber zu erlassen, wie Sektorenauftraggeber und BBergG-Auftraggeber (vgl. § 143 GWB) **vom Geltungsbereich des 4. Teils GWB im Übrigen befreit** werden können. Dabei wird im Hinblick auf die Vergabe von Konzessionen der in Art. 16 der Richtlinie 2014/23/EU vorgesehene Ausschluss von Tätigkeiten, die unmittelbar dem Wettbewerb ausgesetzt sind, berücksichtigt.[20] Die Verordnungsermächtigung des § 113 Satz 1 GWB erstreckt sich danach zum einen auf die **materiell-rechtlichen Voraussetzungen**, bei deren Erfüllung eine Befreiung möglich ist, zum anderen auf das für eine Befreiung durchzuführende **formelle Verfahren**, wenn die materiell-rechtlichen Voraussetzungen erfüllt sein sollten. Der deutsche Verordnungsgeber hat von der Verordnungsermächtigung durch die Regelung des § 3 SektVO Gebrauch gemacht, die für Sektorenauftraggeber sowie BBergG-Auftraggeber (vgl. § 3 Abs. 7 SektVO) gilt. **11**

19 Vgl. Entwurf BReg BT-Drs. 18/6281, S. 88, 90.
20 Vgl. Entwurf BReg BT-Drs. 18/6281, S. 88, 90.

§ 114 Monitoring und Pflicht zur Übermittlung von Vergabedaten

(1) Die obersten Bundesbehörden und die Länder erstatten in ihrem jeweiligen Zuständigkeitsbereich dem Bundesministerium für Wirtschaft und Energie über die Anwendung der Vorschriften dieses Teils und der aufgrund des § 113 erlassenen Rechtsverordnungen bis zum 15. Februar 2017 und danach alle drei Jahre jeweils bis zum 15. Februar schriftlich Bericht.

(2) Auftraggeber im Sinne des § 98 übermitteln an das Bundesministerium für Wirtschaft und Energie Daten zu öffentlichen Aufträgen im Sinne des § 103 Absatz 1 und zu Konzessionen im Sinne des § 105 zur Gewinnung flächendeckender Daten im Vergabewesen. Die zu übermittelnden Daten umfassen für öffentliche Aufträge im Sinne des § 103 Absatz 1 und Konzessionen im Sinne des § 105 oberhalb der jeweils geltenden Schwellenwerte maximal Daten, die in den Bekanntmachungen über vergebene öffentliche Aufträge und Konzessionen enthalten sind. Die zu übermittelnden Daten umfassen für öffentliche Aufträge durch öffentliche Auftraggeber im Sinne des § 99 unterhalb der jeweils geltenden Schwellenwerte und oberhalb einer durch die Verordnung nach Satz 4 festzulegenden Bagatellgrenze Daten zur Art und zur Menge der Leistung sowie zum Wert des erfolgreichen Angebots. Die Bundesregierung wird ermächtigt, durch Rechtsverordnung mit Zustimmung des Bundesrates die Einzelheiten der Datenübermittlung einschließlich des Umfangs der zu übermittelnden Daten und des Zeitpunkts des Inkrafttretens der entsprechenden Verpflichtungen zu regeln.

Schrifttum: *Kulartz/Kus/Portz/Prieß*, Kommentar zum GWB-Vergaberecht, 4. Aufl. 2016; *Müller-Wrede*, GWB Vergaberecht, Kommentar, 2016; *Willenbruch/Wieddekind*, Vergaberecht Kompaktkommentar, 3. Aufl. 2014.

Übersicht

I. Vorbemerkung

1. Funktion und Bedeutung der Vorschrift

1 § 114 GWB vereinigt erstmals auf Gesetzesebene verschiedene **Berichts- und Statistikpflichten** im Zusammenhang mit der Vergabe öffentlicher **Aufträge und Konzessionen**. Separate jährliche Statistikpflichten für eventuell nachfolgende Vergabenachprüfungsverfahren finden sich für Vergabekammern und Oberlandesgerichte in **§ 184 GWB**, dem Nachfolger von § 129a GWB a.F.

2 Hintergrund dieser **Konzentration von Monitoring- und Berichtspflichten** ist das erklärte **Ziel** des Gesetzgebers, eine **bundesweit einheitliche Statistik** zum öffentlichen Auftragswesen zu erhalten. Ausweislich der amtlichen Begründung zu § 114 GWB konnten **bisher weder das Gesamtvolumen** der öffentlichen Aufträge in der Bundesrepublik Deutschland **noch** die aktuelle **Anzahl der Vergabestellen zuverlässig angegeben** werden.[1] Sammelnde **Bündelungsbehörde** derartiger Daten ist das **Bundesministerium für Wirtschaft und Energie**, das seinerseits die gesammelten Daten an das **Statistische Bundesamt** zwecks statistischer Aufbereitung weiterleitet. Nach § 6 Abs. 6 und 7 VergabeStatVO erhalten auch die Länder- und Kommunalbehörden sowie auf Antrag auch die Landesämter für Statistik die sie örtlich und sachlich betreffenden Daten.

3 Der EU-Normgeber hatte in den Entwürfen der neuen EU-Vergaberichtlinien zunächst viel weitergehende Governance-Regelungen[2] angedacht, die aber im Laufe der Verhandlungen, zuletzt im sog. Trilog, auf das nunmehrige Maß zurückgeführt wurden. Deren Umsetzung dient § 114 **Abs. 1** GWB, der aber **nur** einen **begrenzten Adressatenkreis** mit den **obersten Bundesbehörden und** den **Ländern** hat. **Abs. 2** regelt **ohne EU-Hintergrund** für Auftraggeber aller Ebenen Datenübermittlungspflichten **oberhalb als auch unterhalb der EU-Schwellenwerte**. Die dazu relevante **Bundesgesetzgebungskompetenz** beruht auf **Art. 73 Nr. 11 GG** (Statistik für Bundeszwecke).

4 **Daneben** sind auch die **Mitgliedstaaten** selbst zur **Abgabe von sog. Überwachungsberichten** verpflichtet.[3] Hierein sollen sie über die **Ursachen** von strukturellen und wiederkehrenden **Anwendungsproblemen** ebenso berichten wie über die **Ursachen falscher Rechtsanwendung** oder Rechtsunsicherheiten. Zudem soll u.a. auch über die Vorbeugung, die Aufdeckung und die Berichterstattung von Bestechung, Betrug oder sonstigen schwerwiegenden Unregelmäßigkeiten informiert werden. Schlussendlich soll der Umfang der Beteiligung kleiner und mittlerer Unternehmen an der Auftragsvergabe aufgezeigt werden. Insoweit ist **der Informationsumfang im Bereich der Konzessionsrichtlinie eingeschränkt**, da in deren Geltungsbereich **nur Aussagen zu den häufigsten Ursachen** für eine mangelhafte Anwendung der Konzessionsvorschriften und Anwendungsprobleme **sowie zu Betrugsfällen** oder sonstigem rechtswidrigen Verhalten getroffen werden müssen.[4]

---

1 BT-Drs. 18/6281, S. 91.

2 Vgl. Vorschlag für eine Richtlinie des Europäischen Parlaments und des Rates vom 20.12.2011, KOM (2011) 896/2, insbesondere Art. 84 zur Einrichtung einer nationalen Aufsichtsbehörde zum öffentlichen Auftragswesen.

3 Art. 83 Abs. 2 Unterabs. 2 VRL sowie Art. 99 Abs. 2 Unterabs. 2 SRL

4 Art. 45 Abs. 2 Unterabs. 2 KVR.

5 Um insbesondere nach diesen, aus den RL 2014/23/EU, 2014/24/EU, 2014/25/EU stammenden, **Berichtspflichten gegenüber der EU-Kommission effektiv nachkommen** zu können, enthält **§ 6 Abs. 3 VergabeStatVO die grundsätzliche Absicherung**, dass das Bundesministerium für Wirtschaft und Energie **berechtigt ist, die gesammelten Daten sowie die statistische Auswertung ganz oder in Teilen an die EU-Kommission übermitteln zu dürfen**.

6 **Abs. 2 Satz 4** enthält die **notwendige Verordnungsermächtigung** für die neue Vergabestatistikverordnung, die in ihren Teilen zu unterschiedlichen Zeitpunkten in Kraft tritt.

2. Verhältnis zu anderen Rechtsvorschriften

a) Verhältnis zum EU-Recht

7 Die Vorschrift des § 114 GWB dient der Umsetzung mehrerer, auch unterschiedlich stark ausgeprägter, Vorgaben der verschiedenen EU-Richtlinien. Diese sind in **Art. 83 Abs. 3 VRL, Art. 99 Abs. 3 SRL** und **Art. 45 Abs. 3 KVR**[5] verankert.

8 Mit diesen und weiteren Richtlinienbestimmungen **verbunden** ist eine **Änderung des Systems zur statistischen Datenerhebung** mit z. T. auch gegenüber der früheren Rechtslage völlig neuen Berichtspflichten. Die EU-Kommission kann insoweit direkt auf die Bekanntmachungsdaten zugreifen und diese inhaltlich auf Vollständigkeit und Qualität überprüfen.[6] Bei Schlecht- oder Nichterfüllung dieser Bekanntmachungspflichten besteht für die EU-Kommission die Möglichkeit, sich an den Mitgliedstaat Bundesrepublik Deutschland zu wenden und die fehlenden Informationen dort einzufordern.[7]

b) Verhältnis zum früheren Recht

9 Der auf der **Grundlage der RL 2004/18/EG beruhende § 17 VgV a. F., die Regelung** in § 33 SektVO a. F. für den Sektorenbereich und auch **§ 44 VSVgV** im Verteidigungs- und Sicherheitsbereich werden nunmehr auf der Grundlage von § 114 Abs. 2 GWB **durch die neue VergabestatistikVO ersetzt**. Die VOB/A enthielt zu den Statistikpflichten keine ergänzenden oder gar abweichenden Festlegungen zum ehedem geltenden und nur umzusetzenden EU-Recht.

II. Fristgebundene schriftliche Berichts- und Monitoringpflichten oberster Bundesbehörden und der Länder (Abs. 1)

10 Die **obersten Bundesbehörden** und die **Länder** haben dem Bundesministerium für Wirtschaft und Energie nach § 114 Abs. 1 GWB über die Anwendung der Vorschriften des 4. Teils des GWB und drei der vier ausführenden Verordnungen ab Erreichen der EU-Schwel-

5 So enthält Art. 45 KVR für Konzessionsgeber keine den anderen Richtlinienbestimmungen vergleichbare Meldepflichten. Da die Mitgliedstaaten aber sicherstellen müssen, dass die Vorgaben der Konzessionsvergaberichtlinie eingehalten und überwacht werden, kann die EU-Kommission alle drei Jahre einen Bericht über die häufigsten Ursachen einer mangelhaften Anwendung verlangen, Art. 45 Abs. 3 KVR.

6 Vgl. Art. 85 Abs. 1 Unterabs. 1 VRL sowie Art. 101 Abs. 1 Unterabs. 1 SRL.

7 Vgl. Art. 85 Abs. 1 Unterabs. 2 VRL sowie Art. 101 Abs. 1 Unterabs. 2 SRL.

lenwerte zu berichten. Betroffen sind dabei die VgV, die SektVO und die KonzVgV, nicht aber die VSVgV. Denn mit der Vergaberechtsnovelle 2016 wurden die statistischen Berichtspflichten aufgrund der RL 2009/81/EG im Verteidigungs- und Sicherheitsbereich nicht abgeändert. Somit bleibt es dort bei der jährlichen Berichtspflicht der Mitgliedstaaten gem. Art. 65 dieser Richtlinie, jeweils spätestens zum 31.10. über die durchgeführten Vergaben des Vorjahres.[8]

Diese Berichtspflicht der angesprochenen Behörden soll die eigenen dualen Berichts- 11
pflichten des Bundeswirtschaftsministeriums gegenüber der EU-Kommission absichern und sicherstellen. Diese bestehen zum einen in der **Abgabepflicht von sog. Überwachungsberichten**[9], zum **zweiten in den alle drei Jahre fälligen Berichten über die praktische Umsetzung** der nationalen strategischen Beschaffungspolitik im Bereich der beiden Richtlinien VRL und SRL. Erster Turnustermin war der 15.2.2017. Danach ist der Bericht jeweils alle drei Jahre, jeweils zum 15.2. zu erstatten.

Die **Mitgliedstaaten ihrerseits** hatten **bis zum 18.4.2017 Zeit**, dem nachfolgend auch in 12
einem **dreijährigen Zyklus**, ihre **daraus generierten Überwachungsberichte der EU-Kommission vorzulegen.**[10]

Die Erfüllung dieser Berichtspflichten erfordert auch eine Mitwirkung der Bundesländer 13
im Wege der Rechts- und Fachaufsicht. Der Bundesgesetzgeber setzt dabei auf deren freiwillige Mitarbeit, da dort die entsprechenden Fach- und Rechtsaufsichten schon existieren.[11]

III. Statistikpflichten im Vergabewesen (Abs. 2)

1. Grundsätzliche Übermittlungspflichten zur Gewinnung flächendeckender Daten (Abs. 2 Satz 1)

Gem. § 114 Abs. 2 Satz 1 GWB müssen alle Auftraggeber nach § 98 GWB dem Bundes- 14
ministerium für Wirtschaft und Energie Daten[12] zu öffentlichen Aufträgen im Sinne des § 103 Abs. 1 GWB (Bau-, Liefer- und Dienstleistungen)[13] sowie auch zu Konzessionen nach § 105 GWB – **zur Gewinnung flächendeckender Daten im Vergabewesen** – übermitteln. Näheres bestimmen die nachfolgenden Sätze 2 (Oberschwelle) und 3 (Unterschwelle). Danach differiert der Umfang der Datenerhebung im Oberschwellenwertbereich gegenüber demjenigen im Unterschwellenwertbereich.

---

8 So zu Recht *Müller*, in: Müller-Wrede, GWB, § 114 Rn. 13.

9 Siehe zum Inhalt Rn. 4.

10 Art. 83 Abs. 3 Unterabs. 2 VRL sowie Art. 99 Abs. 3 Unterabs. 2 SRL.

11 Vgl. *Müller*, in: Müller-Wrede, GWB, § 114 Rn. 23.

12 Als sog. Geschäftsstatistik nach § 8 BStatG.

13 Ausgenommen sind daher im Umkehrschluss Daten zu Rahmenvereinbarungen nach § 103 Abs. 5 GWB und zu Wettbewerben nach § 103 Abs. 6 GWB. Dies verdeutlicht und bekräftigt auch noch § 5 VergabeStatVO, in dessen relevanten Abs. 1 bis 7 nur öffentliche Aufträge und Konzessionen erwähnt sind, nicht aber Rahmenvereinbarungen und Wettbewerbe.

2. „Oberhalb" der Schwellenwerte (maximal) wie in der Vergabebekanntmachung (Abs. 2 Satz 2)

15 Nach dem **Wortlaut des Satzes 2** haben Auftraggeber nach § 98 GWB bei der Vergabe öffentlicher Aufträge und **Konzessionen „oberhalb" der EU-Schwellenwerte** die Vorschrift zu beachten. Der **Wortlaut** ist **missverständlich** und so auch **nicht unionskonform**. **§ 106 Abs. 1 GWB** bestimmt insoweit **richtlinienkonform** den Anwendungsbereich des vierten Teils des GWB für die Vergabe öffentlicher Aufträge und Konzessionen, **die den jeweiligen Schwellenwert erreichen**[14] oder überschreiten.

16 **Satz 2** enthält eine **Beschränkung** für die verpflichtend zu übermittelnden Daten, dass diese **maximal diejenigen Daten** umfassen, die **auch schon in den unterschiedlichen Vergabebekanntmachungen** über vergebene Aufträge (§ 39 VgV, § 38 SektVO, § 35 VSVgV) und Konzessionen (§§ 21, 22 KonzVgV) im EU-Amtsblatt **enthalten** sind bzw. waren.

17 In der **Gesetzesbegründung** wird diese Beschränkung sogar noch intensiver – im Wege einer Auslegungsregel – vertreten, indem ausgeführt ist, dass es sich dabei **nur um eine Teilmenge dieser Daten handeln soll**, somit die Bekanntmachungsinhalte nicht 1:1 in die Vergabestatistik überführt werden sollen.[15] Nur Daten, die einen tatsächlichen statistischen Nutzen haben, sollen überführt werden.

18 Nähere **Einzelheiten** ergeben sich insbesondere aus den **Anlagen 1 bis 7 zur VergStatVO**, auf die die verschiedenen Absätze des § 3 VergStatVO verweisen.

3. Im Unterschwellenwertbereich, oberhalb der Bagatellgrenze von 25.000 Euro (Abs. 2 Satz 3)

19 Auch im **Unterschwellenwertbereich** für Vergaben, die die – auch der Höhe nach unterschiedlichen – Schwellenwerte des § 106 GWB nicht erreichen, gibt es darüber hinaus **zwei in § 114 GWB angelegte Einschränkungen** zu beachten. Im Unterschied zum Bereich des Satzes 2 ab Erreichen der EU-Schwellenwerte gilt Satz 3 expressis verbis **nur für öffentliche Auftraggeber nach § 99 GWB**. Definitiv sind deshalb **private Sektorenauftraggeber** nach § 100 GWB und **Konzessionsgeber** nach § 101 GWB in toto **nicht von den Statistikpflichten** des § 114 Abs. 2 Satz 3 GWB **erfasst**.

20 Die **zweite Einschränkung** ergibt sich aus der in § 114 Abs. 2 Satz 3 GWB i.V.m. **§ 2 Abs. 2 Nr. 1 VergStatVO festgelegten, wertmäßigen Bagatellgrenze von 25.000 Euro** (netto, ohne Umsatzsteuer). Nur wenn dieser Bagatellauftragswert überschritten wird, besteht eine Pflicht zur Übermittlung der in § 4 VergStatVO ausgeführten Daten.

21 **§ 2 Abs. 3 VergStatVO nimmt schlussendlich** auf der Ebene der Verordnung ergänzend auch noch **Auslandsdienststellen**[16] von den Datenübermittlungspflichten des § 2 VergStatVO bei der Vergabe öffentlicher Aufträge und Konzessionen **aus**.

---

14 So auch zu Recht *Müller*, in: Müller-Wrede, GWB, § 114 Rn. 36. Vgl. zu demselben Lapsus in § 33 Abs. 1 Satz 2 SektVO 2009 auch schon *Fett*, in: Willenbruch/Wieddekind, Vergaberecht Kompaktkommentar, § 33 SektVO Rn. 1 Fn. 2.

15 Vgl. Gesetzesbegründung BT-Drs. 18/6281, S. 92.

16 Wie bspw. Auslandsvertretungen der Bundesrepublik Deutschland oder außerhalb der Bundesrepublik Deutschland stationierte Einheiten der Bundeswehr, vgl. *Fandrey*, in: KKPP, GWB, § 114 Rn. 6.

Aufgrund dieser Beschränkungen und der wertmäßigen Bagatellgrenze sind die **Übermittlungspflichten im Unterschwellenwertbereich nicht so umfassend** wie in den Fällen ab Erreichen der EU-Schwellenwerte nach § 114 Abs. 2 Satz 2 GWB i.V.m. § 3 VergStatVO. 22

§ 114 Abs. 2 Satz 3 GWB nennt dazu auf Gesetzesebene **beispielhaft Art und Menge** der vergebenen Bau-, Liefer- oder Dienstleistungen und den Wert des jeweils erfolgreichen Angebots. 23

§ 4 Abs. 1 Nr. 1 bis 5 VergStatVO ergänzt und konkretisiert dies um nachfolgende Angaben: 24

1. Postleitzahl des öffentlichen Auftraggebers,
2. E-Mail-Adresse des öffentlichen Auftraggebers,
3. die **Verfahrensart**, differenziert nach:
   a) öffentlicher Ausschreibung,
   b) beschränkter Ausschreibung und
   c) freihändiger Vergabe,
   d) sonstige Verfahrensart,[17]
4. **Auftragswert ohne Mehrwertsteuer**
5. **Art und Menge der Leistung, soweit quantifizierbar**.

Die zu Nr. 5 zu machenden Angaben – soweit quantifizierbar – hat die **Gesetzesbegründung noch näher ausgeformt** und nochmals weiter **wie folgt konkretisiert**. 25

Abhängig von der jeweils vergebenen Leistung ist bei der Mengenangabe **auf einzelne Liefer- und Leistungseinheiten**, z.B. bei Kraftfahrzeugen oder Rechentechnik oder auf handelsübliche Abpackungen, z.B. bei Büroverbrauchsmaterial oder Sanitär- und Reinigungsbedarf, **abzustellen**.[18] Schüttgüter oder andere Liefergegenstände, die nach **Gewichts- oder Volumeneinheiten bemessen** werden (z.B. in Kilogramm, Tonnen oder Kubikmetern), sind nicht der Menge nach anzugeben, sondern **als eine Lieferung** zu werten.[19] 26

Dasselbe gilt für Liefergegenstände, die zwar eindeutig der Stückzahl nach quantifizierbar sind, jedoch ausschließlich zum Zweck der dauerhaften Verbindung mit einem Bauwerk erworben werden, z.B. Elektroinstallationsmaterial, Fenster, Stahlträger oder Türen.[20] 27

Vergebene Bau- und Dienstleistungen sind jeweils als **eine Leistung** zu werten. Wertungsmaßstab ist hierbei das jeweils konkret in Bezug genommene Bauobjekt bzw. die jeweilige Art der Dienstleistung.[21] 28

IV. Verordnungsermächtigung (Abs. 2 Satz 4)

Satz 4 sieht eine **Ermächtigung** für den **Erlass einer Rechtsverordnung** durch die Bundesregierung mit vorheriger Zustimmung des Bundesrates vor. Diese ist dazu bestimmt, 29

17 Damit dürfte bspw. der Direktkauf nach § 3 Abs. 6 VOL/A bzw. § 14 UVgO v. 2.2.2017 gemeint sein.
18 Vgl. Gesetzesbegründung BT-Drs. 18/6281, S. 92.
19 Vgl. Gesetzesbegründung BT-Drs. 18/6281, S. 92.
20 Vgl. Gesetzesbegründung BT-Drs. 18/6281, S. 92.
21 Vgl. Gesetzesbegründung BT-Drs. 18/6281, S. 92.

Einzelheiten der Datenübermittlung nach § 114 Abs. 2 GWB einschließlich des Umfangs der zu übermittelnden Daten und den Zeitpunkt des Inkrafttretens entsprechender Verpflichtungen zu regeln. **Mit** der Verordnung zur Statistik über die Vergabe öffentlicher Aufträge und Konzessionen (**Vergabestatistikverordnung, VergStatVO**[22]) hat der Verordnungsgeber diese Ermächtigungsgrundlage **zwischenzeitlich zum 18.4.2016** genutzt. Da **aber** die **§§ 1 bis 6 der VergStatVO im Jahre 2017 noch nicht in Kraft getreten** sind, **galt** für die statistische Erhebung der EU-weiten Aufträge für das Berichtsjahr **2016 einzig § 8 VergStatVO**. **Durch zwei Allgemeinverfügungen** wurde deshalb festgelegt, welche Auftraggeber in welcher Form die statistischen Angaben zu ermitteln und zu übersenden haben.[23] Hintergrund dieser Maßnahme ist der Umstand, dass die Auftraggeber ausweislich der Gesetzesbegründung vor der Einführung eines vollautomatischen, elektronischen Datenübermittlungsverfahrens unterhalb der EU-Schwellenwerte samt entsprechender Programme nicht mit dem Zusatzaufwand belastet werden sollten, die Daten händisch an das Bundeswirtschaftsministerium zu übermitteln.[24] Im Unterschwellenwertbereich soll zusätzlicher Aufwand durch ein auf die Bedürfnisse der Auftraggeber abgestimmtes elektronisches Verfahren abgemildert werden. Mittels einer webbasierten Eingabemaske als auch über bereits bestehende Schnittstellen zu schon existierenden kommunalen, Landes- und Bundesvergabeplattformen soll eine Datenübermittlung an das Bundeswirtschaftsministerium erleichtert werden.

V. Primär-Rechtsschutz

30 § 114 GWB regelt in **Abs. 1 nur reine Statistikpflichten** oberster Bundesbehörden und der Bundesländer sowie **in Abs. 2 darüber hinaus selbige generell für Auftraggeber im Verhältnis zum Bundesministerium für Wirtschaft und Energie**. **Rechte Dritter**, etwa von Unternehmen im Vergabeverfahren, nach § 97 Abs. 6 GWB werden dadurch **nicht berührt**. Somit kommt weder § 114 Abs. 1 GWB noch § 114 Abs. 2 GWB eine drittschützende Wirkung zu.[25]

---

22 Vom 14.4.2016, BGBl. I, S. 624, 691.

23 Vgl. dazu die Allgemeinverfügung zur Erhebung der im Kalenderjahr 2016 vergebenen Aufträge von Auftraggebern nach § 99 GWB vom 15.3.2017 (BAnz AT 24.3.2017 B4) sowie die Allgemeinverfügung zur Erhebung der im Kalenderjahr 2016 vergebenen Aufträge von Auftraggebern nach §§ 99 und 100 GWB im Bereich Verteidigung und Sicherheit vom 13.3.2017 (BAnz AT 24.3.2017 B2), jeweils mit Fristsetzung bis zum 16.10.2017 an das Bundesministerium für Wirtschaft und Energie.

24 Vgl. Art. 7 Abs. 3 der Mantelverordnung zur Modernisierung des Vergaberechts mit der ergänzenden Übergangsregelung, wonach die Datenübermittlung erst erfolgen muss, wenn die Voraussetzungen einer elektronischen Übermittlung gegeben sind und das Bundeswirtschaftsministerium dies drei Monate vorab im Bundesanzeiger bekannt gemacht hat.

25 So zu Recht *Müller*, in: Müller-Wrede, GWB, § 114 Rn. 53.

Abschnitt 2
Vergabe von öffentlichen Aufträgen durch öffentliche Auftraggeber

Unterabschnitt 1
Anwendungsbereich

§ 115 Anwendungsbereich

Dieser Abschnitt ist anzuwenden auf die Vergabe von öffentlichen Aufträgen und die Ausrichtung von Wettbewerben durch öffentliche Auftraggeber.

Schrifttum: *Burgi/Dreher*, Beck'scher Vergaberechtskommentar, Band 1: GWB 4. Teil, 3. Aufl. 2017; *Kulartz/Kus/Portz/Prieß*, Kommentar zum GWB-Vergaberecht, 4. Aufl. 2016; *Müller-Wrede*, GWB Vergaberecht, Kommentar, 2016.

Übersicht

I. Allgemeines

1 § 115 GWB wurde durch das VergRModG[1] neu in das GWB eingefügt. Er bildet die Einleitung des 2. Abschnitts des 4. Teils des GWB, der sich mit dem Vergabeverfahren zur Vergabe öffentlicher Aufträge befasst. § 115 GWB ist grundsätzlich nur für Vergaben i. S. d. Abschnitts 2 (§§ 115–135 GWB) anwendbar. Allerdings wird aus den besonderen Verfahrensvorschriften des Abschnitts 3 (§§ 136–154 GWB) für die Vergabe von öffentlichen Aufträgen durch Sektorenauftraggeber (§§ 136–143 GWB), für die Vergabe von verteidigungs- und sicherheitsspezifischen öffentlichen Aufträgen (§§ 144–147 GWB) und für die Vergabe von Konzessionen (§§ 148–154 GWB) im Einzelfall auf Abschnitt 2 verwiesen.[2] Abschnitt 2 erfasst alle zentralen Elemente des Vergabeverfahrens im GWB und dient damit der Umsetzung der VRL 2014/24/EU.[3]

2 Die Verfahrensvorschriften werden durch verschiedene Verordnungen konkretisiert und ergänzt. Insbesondere die VgV, die SektVO und die KonzVgV enthalten Verweise auf das Verfahrensrecht des GWB.[4]

1 BT-Drs. 18/6281.
2 Siehe Verweisungen in §§ 142, 147 und 154 GWB.
3 BT-Drs. 18/6281, S. 92; *Schneevogl*, in: Müller-Wrede, GWB, § 115 Rn. 3.
4 *Röwekamp*, in: Kulartz/Kus/Portz/Prieß, GWB, § 115 Rn. 1.

3 Die Vorgängerregelung des Anwendungsbereichs der Verfahrensvorschriften befand sich vor der Vergaberechtsreform in § 100 GWB a. F. § 115 GWB hat als Nachfolgeregelung jedoch einen geringeren Umfang als § 100 GWB a. F. Denn anders als § 100 GWB a. F., der den gesamten Teil (§§ 97–129b GWB a. F.) erfasste, gilt § 115 GWB bis auf die oben genannten Verweise nur für den 2. Abschnitt des 4. Teils.[5]

4 Der 2. Abschnitt des 4. Teils ist in zwei Unterabschnitte gegliedert. Der 1. Unterabschnitt (§§ 115–118 GWB) definiert den Anwendungsbereich der allgemeinen Regeln zum Vergabeverfahren, während der 2. Unterabschnitt (§§ 119–135 GWB) das Vergabeverfahren und die Auftragsausführung enthält. § 115 GWB befindet sich im 1. Unterabschnitt. Der in § 115 GWB eröffnete Anwendungsbereich wird durch die §§ 116–118 GWB wieder eingeschränkt.

5 Vom Anwendungsbereich ausgenommen sind gem. § 116 Abs. 1 GWB in unterschiedlicher Ausprägung Rechtsdienstleistungen, Forschungs- und Entwicklungsdienstleistungen, der Erwerb, die Entwicklung, die Produktion oder die Koproduktion von Sendematerial für audiovisuelle Mediendienste oder Hörfunkmediendienste, finanzielle Dienstleistungen, Kredite und Darlehen sowie Dienstleistungen, die an einen öffentlichen Auftraggeber nach § 99 Nr. 1–3 GWB vergeben werden, der ein auf Gesetz oder Verordnung beruhendes ausschließliches Recht hat, die Leistungen zu erbringen. Nach § 116 Abs. 2 GWB sind ferner öffentliche Aufträge und Wettbewerbe ausgenommen, „die hauptsächlich den Zweck haben, dem öffentlichen Auftraggeber die Bereitstellung oder den Betrieb öffentlicher Kommunikationsnetze oder die Bereitstellung eines oder mehrerer elektronischer Kommunikationsdienste für die Öffentlichkeit zu ermöglichen“.

6 Nach § 117 GWB sind vom Anwendungsbereich ausgenommen öffentliche Aufträge und Wettbewerbe, die Verteidigungs- oder Sicherheitsaspekte umfassen. Es handelt sich dabei nicht um verteidigungs- und sicherheitsspezifische öffentliche Aufträge i. S. d. § 104 GWB. Denn auf Erstere ist auch nicht der Unterabschnitt 2 (§§ 144–147 GWB) für die Vergabe von verteidigungs- und sicherheitsspezifischen öffentlichen Aufträgen anwendbar.[6]

7 § 118 GWB nimmt nicht etwa besondere Auftragsarten von der Anwendung des Vergabeverfahrens aus, wie dies die §§ 116 und 117 GWB tun, sondern eröffnet öffentlichen Auftraggebern lediglich das Recht, im Vergabeverfahren den Bieterkreis auf „Werkstätten für Menschen mit Behinderungen und Unternehmen“ zu beschränken, „deren Hauptzweck die soziale und berufliche Integration von Menschen mit Behinderungen oder von benachteiligten Personen ist“. Im Rahmen der Auftragsausführung können öffentliche Auftraggeber bestimmen, dass der Auftrag „im Rahmen von Programmen mit geschützten Beschäftigungsverhältnissen durchzuführen“ ist.

II. Öffentliche Auftraggeber

8 § 115 GWB eröffnet das Vergabeverfahren des 2. Abschnitts nur für öffentliche Auftraggeber i. S. d. § 99 GWB. Der Kreis der öffentlichen Auftraggeber ist in § 99 Nr. 1–4 GWB abschließend aufgelistet. Öffentliche Auftraggeber sind Gebietskörperschaften sowie deren

5 Vgl. auch *Lausen*, in: Burgi/Dreher, GWB, § 115 Rn. 2–4.
6 Siehe Wortlaut § 117 GWB, der ausdrücklich von „Teil“ und nicht „Abschnitt“ spricht.

Sondervermögen, können aber auch andere juristische Personen des öffentlichen und des privaten Rechts sowie Verbände sein.[7]

Der Begriff des Auftraggebers ist durch die Vergaberechtsreform von § 98 GWB a. F. auf die §§ 98–101 GWB aufgeteilt worden. Zudem wurde in § 98 GWB der Oberbegriff des Auftraggebers in das Gesetz aufgenommen. Der Begriff des Auftraggebers erfasst den öffentlichen Auftraggeber (§ 99 GWB), den Sektorenauftraggeber (§ 100 GWB) und den Konzessionsauftraggeber (§ 101 GWB). Durch die Aufspaltung des Auftraggeberbegriffs sind in §§ 100 und 101 GWB auch öffentliche Auftraggeber aufgeführt, die eine Sektorentätigkeit i. S. d. § 102 GWB ausüben oder Konzessionen i. S. d. § 105 GWB vergeben. Trotzdem diese Sektoren- bzw. Konzessionsauftraggeber auch die Eigenschaften der öffentlichen Auftraggeber aufweisen, sind sie im Rahmen des § 115 GWB nicht als öffentliche Auftraggeber zu behandeln. Vielmehr unterfallen diese den §§ 136–143 GWB bzw. den §§ 148–154 GWB. **9**

III. Öffentliche Aufträge und Wettbewerbe

Der 2. Abschnitt ist nur auf die Vergabe von öffentlichen Aufträgen und Wettbewerben anwendbar. Der Begriff des öffentlichen Auftrags ist in § 103 Abs. 1 GWB legaldefiniert. Sie zeichnen sich dadurch aus, dass ein öffentlicher Auftraggeber oder ein Sektorenauftraggeber mit einem Unternehmen einen entgeltlichen Vertrag schließt, der der Beschaffung von Leistungen, und zwar der Lieferung von Waren, der Ausführung von Bauleistungen oder der Erbringung von Dienstleistungen, dient. **10**

Der Begriff des öffentlichen Auftrags wird in § 103 Abs. 2–4 GWB in Lieferaufträge, Bauaufträge und Dienstleistungsaufträge geteilt. Mischformen zwischen diesen Formen sind möglich. Deren Kategorisierung richtet sich nach § 110 GWB, wobei bei der Auslegung dieser Norm wiederum das Unionsrecht zu berücksichtigen ist, insbesondere Art. 3 Abs. 1 und 2 VRL 2014/24/EU.[8] **11**

Der Wortlaut der Norm erfasst keine Rahmenvereinbarungen i. S. d. § 103 Abs. 5 GWB. Rahmenvereinbarungen werden zwischen einem oder mehreren Auftraggebern und einem oder mehreren Unternehmern geschlossen und legen die Rahmenbedingungen für eine Vielzahl von Aufträgen fest, die in einem bestimmten Zeitabschnitt vergeben werden sollen. Da § 103 Abs. 5 Satz 2 GWB die Rahmenvereinbarung dem öffentlichen Auftrag i. S. d. § 103 Abs. 1–4 GWB gleichstellt, gilt damit auch mittelbar der § 115 GWB für die Rahmenvereinbarung.[9] **12**

Ausdrücklich erfasst ist der Wettbewerb i. S. d. § 103 Abs. 6 GWB. Wettbewerbe sind Auslobungsverfahren mit dem Ziel, dem öffentlichen Auftraggeber oder dem Sektorenauftraggeber einen Plan oder eine Planung zu verschaffen. Dieses Ziel wird durch vergleichende Beurteilung durch ein Preisgericht erreicht. Wettbewerbe sollen unter anderem auf den Gebieten der Raumplanung, der Stadtplanung, der Architektur und des Bauwesens oder der Datenverarbeitung stattfinden.[10] **13**

---

7 *Lausen*, in: Burgi/Dreher, GWB, § 115 Rn. 11.
8 *Hüttinger*, in: Burgi/Dreher, GWB, § 103 Abs. 1–4 Rn. 116.
9 *Lausen*, in: Burgi/Dreher, GWB, § 115 Rn. 14.
10 *Hüttinger*, in: Burgi/Dreher, GWB, § 103 Abs. 5 und 6 Rn. 24.

§ 116 Besondere Ausnahmen

(1) Dieser Teil ist nicht anzuwenden auf die Vergabe von öffentlichen Aufträgen durch öffentliche Auftraggeber, wenn diese Aufträge Folgendes zum Gegenstand haben:

1. Rechtsdienstleistungen, die eine der folgenden Tätigkeiten betreffen:

a) Vertretung eines Mandanten durch einen Rechtsanwalt in

aa) Gerichts- oder Verwaltungsverfahren vor nationalen oder internationalen Gerichten, Behörden oder Einrichtungen,

bb) nationalen oder internationalen Schiedsgerichts- oder Schlichtungsverfahren,

b) Rechtsberatung durch einen Rechtsanwalt, sofern diese zur Vorbereitung eines Verfahrens im Sinne von Buchstabe a dient oder wenn konkrete Anhaltspunkte dafür vorliegen und eine hohe Wahrscheinlichkeit besteht, dass die Angelegenheit, auf die sich die Rechtsberatung bezieht, Gegenstand eines solchen Verfahrens werden wird,

c) Beglaubigungen und Beurkundungen, sofern sie von Notaren vorzunehmen sind,

d) Tätigkeiten von gerichtlich bestellten Betreuern, Vormündern, Pflegern, Verfahrensbeiständen, Sachverständigen oder Verwaltern oder sonstige Rechtsdienstleistungen, deren Erbringer durch ein Gericht dafür bestellt oder durch Gesetz dazu bestimmt werden, um bestimmte Aufgaben unter der Aufsicht dieser Gerichte wahrzunehmen, oder

e) Tätigkeiten, die zumindest teilweise mit der Ausübung von hoheitlichen Befugnissen verbunden sind,

2. Forschungs- und Entwicklungsdienstleistungen, es sei denn, es handelt sich um Forschungs- und Entwicklungsdienstleistungen, die unter die Referenznummern des Common Procurement Vocabulary 73000000-2 bis 73120000-9, 73300000-5, 73420000-2 und 73430000-5 fallen und bei denen

a) die Ergebnisse ausschließlich Eigentum des Auftraggebers für seinen Gebrauch bei der Ausübung seiner eigenen Tätigkeit werden und

b) die Dienstleistung vollständig durch den Auftraggeber vergütet wird,

3. den Erwerb, die Entwicklung, die Produktion oder die Koproduktion von Sendematerial für audiovisuelle Mediendienste oder Hörfunkmediendienste, wenn diese Aufträge von Anbietern von audiovisuellen Mediendiensten oder Hörfunkmediendiensten vergeben werden, die Ausstrahlungszeit oder die Bereitstellung von Sendungen, wenn diese Aufträge an Anbieter von audiovisuellen Mediendiensten oder Hörfunkmediendiensten vergeben werden,

4. finanzielle Dienstleistungen im Zusammenhang mit der Ausgabe, dem Verkauf, dem Ankauf oder der Übertragung von Wertpapieren oder anderen Finanzinstrumenten, Dienstleistungen der Zentralbanken sowie mit der Europäischen Finanzstabilisierungsfazilität und dem Europäischen Stabilitätsmechanismus durchgeführte Transaktionen,

5. Kredite und Darlehen, auch im Zusammenhang mit der Ausgabe, dem Verkauf, dem Ankauf oder der Übertragung von Wertpapieren oder anderen Finanzinstrumenten oder

6. Dienstleistungen, die an einen öffentlichen Auftraggeber nach § 99 Nummer 1 bis 3 vergeben werden, der ein auf Gesetz oder Verordnung beruhendes ausschließliches Recht hat, die Leistungen zu erbringen.

(2) Dieser Teil ist ferner nicht auf öffentliche Aufträge und Wettbewerbe anzuwenden, die hauptsächlich den Zweck haben, dem öffentlichen Auftraggeber die Bereitstellung oder den Betrieb öffentlicher Kommunikationsnetze oder die Bereitstellung eines oder mehrerer elektronischer Kommunikationsdienste für die Öffentlichkeit zu ermöglichen.

Schrifttum: *Bechtold*, GWB, 7. Aufl. 2013; *Boesen*, GWB, 2000; *Burgi/Dreher*, Beck'scher VergR-Kommentar, Bd. 1, 4. Aufl. 2017; *Calliess/Ruffert*, EUV/AEUV, 5. Aufl., 2016; *Grabitz/Hilf/Nettesheim*, Recht der Europäischen Union, EUV/AEUV, 61. Aufl. 2017 (62. Lfg); *von der Groeben/Schwarze/Hatje*, EU-Kommentar, 7. Aufl. 2015; *Immenga/Mestmäcker*, GWB, 5. Aufl. 2014; *Kulartz/Kus/Portz/Prieß*, GWB, 4. Aufl. 2016; *Motzke/Pietzcker/Prieß*, VOB, 2001; *Müller-Wrede*, GWB Vergaberecht, Kommentar, 2016; *Prieß*, Das öffentliche Auftragswesen in der Europäischen Union, 1994; *Pünder/Schellenberg*, Vergaberecht, 2. Aufl. 2015; *Reidt/Stickler/Glahs*, Vergaberecht, 3. Aufl. 2011; *Ziekow/Völlink*, Vergaberecht, 3. Aufl. 2018.

Übersicht

I. Systematik und Entstehungsgeschichte der Vorschrift

1. Systematik

1 Nach der amtlichen Überschrift werden in § 116 GWB **besondere Ausnahmen** für die Vergabe öffentlicher Aufträge bzw. in einem Fall für die Ausrichtung von öffentlichen Wettbewerben geregelt.[1] Sie ergänzen die „allgemeinen Ausnahmen" nach § 107 GWB und gelten parallel zu anderen besonderen Ausnahmen nach § 137 GWB (Sektorenbereich), § 145 GWB (Verteidigungs- oder Sicherheitsbereich) und § 149 GWB (Konzessionen). Letztere verweisen wieder zum Teil auf § 116 GWB zurück.[2] Durch § 116 GWB wird der **sachliche Anwendungsbereich** der Vergabe von öffentlichen Aufträgen durch die negative Nennung von Ausnahmebereichen **eingeschränkt**, sodass das Kartellvergaberecht einschließlich der Vorschriften über das Nachprüfungsverfahren (§§ 155 ff. GWB) nicht gilt.

2 Negativ werden in § 116 Abs. 1 Nr. 1 bis Nr. 6 sowie in Abs. 2 GWB **bestimmte Vertragsarten und Beschaffungsfelder** genannt, für die die Anwendung der Vergaberegeln des 4. Teils des GWB aufgrund spezifischer Gegebenheiten unpassend erscheinen und die deshalb aus dem Anwendungsbereich des Kartellvergaberechts herausgenommen wurden.

3 Im Überblick sieht § 116 Abs. 1 GWB folgende **Ausnahmebereiche** für die Anwendung der Vorschriften über die öffentliche Vergabe vor: Rechtsdienstleistungen (Nr. 1), Forschungs- und Entwicklungsdienstleistungen (Nr. 2), audiovisuelle Mediendienste und Hörfunkmediendienste (Nr. 3), finanzielle Dienstleistungen (Nr. 4), Kredite und Darlehen (Nr. 5) sowie Dienstleistungsaufträge an öffentliche Auftraggeber (Nr. 6). In § 116 Abs. 2 GWB folgen noch Aufträge mit dem hauptsächlichen Zweck, öffentliche Kommunikationsnetze bzw. elektronische Kommunikationsdienste bereitzustellen oder zu betreiben.

2. Entstehungsgeschichte

4 In früheren Fassungen des 4. Teils des GWB finden sich **verschiedene Vorläuferregelungen**, die ebenfalls Ausnahmen vom Anwendungsbereich vorsahen.[3] So waren u. a. schon früher Ausnahmen wie die gegenwärtige Nr. 2 im Hinblick auf Aufträge über Forschungs- und Entwicklungsdienstleistungen vorgesehen (§ 100 Abs. 2 lit. n) GWB a. F.). Dasselbe gilt für Ausnahmen wie die Nr. 4 im Hinblick auf finanzielle Dienstleistungen (§ 100 Abs. 2 lit. m) GWB a. F.) sowie nach der heutigen Nr. 6 für Aufträge, die an Personen vergeben werden, die ihrerseits Auftraggeber sind (§ 100 Abs. 2 lit. g) GWB a. F.). Wie heute in Abs. 2 vorgesehen, bestanden auch Ausnahmen für öffentliche Telekommunikationsnetze und -dienste (§ 100 Abs. 2 lit. k) GWB a. F.). Im Ergebnis finden sich lediglich für Nr. 1 (Rechtsdienstleistungen) sowie für Nr. 5 „Kredite und Darlehen" keine unmittelbaren Vorläufervorschriften. Allerdings war eine Ausnahme für „Kredite und Darlehen" früher Bestandteil der Regelung über „finanzielle Dienstleistungen".[4]

---

1 *Schneevogl*, in: Müller-Wrede, GWB, § 116 Rn. 1.

2 Begründung der BReg., BT-Drs. 18/6281 v. 8.10.2015, S. 92.

3 *Lausen*, in: Burgi/Dreher, Beck'scher VergR-Kommentar, Bd. 1, § 116 Rn. 2; *Antweiler*, in: Ziekow/Völlink, Vergaberecht, § 116 Rn. 2.

4 Vgl. unten Rn. 44.

Mit den Änderungen der Jahre 2013 und 2015 wurden schließlich „Finanzdienstleistungen“ in § 100c Abs. 2 Nr. 1 GWB a. F. und in § 100b Abs. 2 Nr. 1 GWB a. F. verlagert und „Kooperationsprogramme“, die auf „Forschung und Entwicklung“ beruhen, in § 100 Abs. 4 Nr. 2 GWB a. F. bzw. § 100c Abs. 2 Nr. 3 GWB a. F. aufgenommen. Schließlich fanden sich – bevor eine Zusammenfassung in § 116 GWB erfolgte – Sendungen von Rundfunk- und Fernsehanstalten in § 100a Abs. 2 Nr. 1 GWB a. F., die Vergabe an öffentliche Auftraggeber in § 100a Abs. 3 GWB a. F. sowie Bereitstellung und Betrieb von Telekommunikationsnetzen und -diensten in § 100a Abs. 4 GWB a. F. Bereits dieser kurze Überblick zeigt, dass der Gesetzgeber mit der Zusammenfassung in § 116 GWB vor allem das Ziel verfolgte, eine **übersichtliche und kompakte Normierung** im Hinblick auf die besonderen Ausnahmen zu schaffen.[5] 5

§ 116 GWB dient im Wesentlichen der Umsetzung der **unionsrechtlichen Vorgaben** von **Art. 10 der RL 2014/24/EU** sowie außerdem von **Art. 10 der RL 2014/23/EU** und **Art. 21 der RL 2014/25/EU**.[6] Im EU-Recht gab es zuvor bereits u. a. in Art. 24 der RL 2004/17/EG und Art. 16 der RL 2004/18/EG Vorläuferbestimmungen. 6

II. Rechtsdienstleistungen (Abs. 1 Nr. 1)

Die umfangreichste und regelungstechnisch anspruchsvollste Ausnahme bezieht sich auf Rechtsdienstleistungen. Zuvor war im deutschen Recht eine solche Ausnahme nicht vorgesehen.[7] Die Vorschrift geht auf Art. 10 lit. d) RL 2014/24/EU,[8] Art. 10 Abs. 8 lit. d) RL 2014/23/EU sowie Art. 21 lit. c) RL 2014/25/EU zurück (früher Art. 16 RL 2004/18/EG). 7

Bei § 116 Abs. 1 Nr. 1 GWB fällt zunächst auf, dass der Gesetzgeber sich anstelle einer Generalklausel zugunsten *aller* Rechtsdienstleistungen, für eine **stark differenzierte Regelung**, bestehend aus fünf Kategorien und zwei Unterkategorien entschieden hat.[9] Offenbar sollte durch die differenzierte Lösung vermieden werden, dass durch den Bereich „Rechtsdienstleistungen“ eine weite, nicht in jedem Fall gerechtfertigte Bresche in den Anwendungsbereich des Kartellvergaberechts geschlagen wird. Die Ausnahmen, die getroffen wurden, beruhen fast alle auf einem mit der Erbringung von Rechtsdienstleistungen regelmäßig verbundenen **besonderen Vertrauensverhältnis** zwischen Auftraggeber und dem Erbringer von Rechtsdienstleistungen.[10] Insofern wäre eine Auftragsvergabe, die sich allein nach wirtschaftlichen Faktoren, wie dem besten oder preiswertesten Angebot richtet, hierbei grundsätzlich nicht angemessen. Sofern § 116 Nr. 1 lit. a) bis lit. e) GWB nicht einschlägig sind, greift nach § 130 GWB ausnahmsweise das vereinfachte Vergabeverfahren mit einem höheren Schwellenwert von 750.000 Euro.[11] 8

---

5 *Schneevogl*, in: Müller-Wrede, GWB, § 116 Rn. 2.

6 *Röwekamp*, in: Kulartz/Kus/Portz/Prieß, GWB, § 116 Rn. 1.

7 *Lausen*, in: Burgi/Dreher, Beck'scher VergR-Kommentar, Bd. 1, § 116 Rn. 11; *Schneevogl*, in: Müller-Wrede, GWB, § 116 Rn. 8.

8 Vgl. Begründung der BReg., BT-Drs. 18/6281 v. 8.10.2015, S. 94.

9 Begründung der BReg., BT-Drs. 18/6281 v. 8.10.2015, S. 93 („keine generelle Ausnahme für Rechtsdienstleistungen“); *Schneevogl*, in: Müller-Wrede, GWB, § 116 Rn. 8.

10 Von einem „gewissen Näheverhältnis“ spricht in diesem Zusammenhang *Schneevogl*, in: Müller-Wrede, GWB, § 116 Rn. 17; *Röwekamp*, in: Kulartz/Kus/Portz/Prieß, GWB, § 116 Rn. 3.

11 *Schneevogl*, in: Müller-Wrede, GWB, § 116 Rn. 10; *Lausen*, in: Burgi/Dreher, Beck'scher VergR-Kommentar, Bd. 1, § 116 Rn. 11; Begründung der BReg., BT-Drs. 18/6281 v. 8.10.2015, S. 93; zu

9 Unter „**Rechtsdienstleistungen**" nach § 116 Abs. 1 Nr. 1 GWB werden – unter ideeller Bezugnahme auf das Gesetz über außergerichtliche Rechtsdienstleistungen (RDG) v. 12.12.2007,[12] – **jede Tätigkeit in konkreten fremden Angelegenheiten** verstanden, sobald sie eine **rechtliche Prüfung des Einzelfalls** erfordern.[13] Für eine aus unionsrechtlicher Perspektive geeignete Begriffsprägung ist der Begriff der Rechtsdienstleistung umfassend zu verstehen.

10 Die an der inhaltlichen Begrenzung von § 116 Abs. 1 Nr. 1 GWB im Schrifttum geübte **Kritik**[14] ist weithin berechtigt, da es – von wenigen Ausnahmen abgesehen – keinen effektiven europäischen Markt für Rechtsdienstleistungen gibt und selbst bei Überschreiten der einschlägigen Schwellenwerte aufgrund der nationalen Prägung der einzelnen Rechtsordnungen bei Rechtsdienstleistungen kaum von einem grenzüberschreitenden Wettbewerb ausgegangen werden kann. Zudem werden den öffentlichen Auftraggebern mit den einzelnen Regelungen des § 116 Abs. 1 Nr. 1 GWB Einschätzungs- und Prognose-Entscheidungen zugemutet, die diese kaum leisten können. Wären sie in allen rechtlichen, einschließlich den vergaberechtlichen, Fragen so versiert, wie es der europäische Gesetzgeber offensichtlich annimmt, müssten sie mit großer Wahrscheinlichkeit keine Rechtsdienstleistungen in Anspruch nehmen, sondern könnten auch die damit zusammenhängenden Fragen aus eigener Sachkunde heraus beurteilen. Zudem ist aus rechtsdogmatischer Perspektive nicht ausgeschlossen, dass die Organe der EU bei der Abfassung von Art. 10 lit. d) i) bis v) RL 2014/24/EU – insoweit der deutschen Auslegungstechnik zuwiderlaufend – bloß die Vielzahl möglicher Rechtsdienstleistungen aufführen wollten, damit aber keine restriktive Auslegung der traditionellen nationalen Umsetzungsvorschriften bezweckten. Ein Hinweis auf die Stichhaltigkeit dieser Deutung liegt in der Aufzählung bestimmter CPV-Referenznummern in Art. 14 RL 2014/24/EU, umgesetzt in § 116 Abs. 1 Nr. 2 GWB, die damit den Eindruck erwecken, als seien bloß einige ausdrücklich genannte Bereiche der „Forschungs- und Entwicklungsdienstleistungen" erfasst, während tatsächlich kaum verbleibende, von der Vorschrift nicht erfasste Forschungsdienstleistungen benannt werden können.[15] Der europäische Gesetzgeber wäre aufgrund dieser insgesamt **unbefriedigenden Sachlage** bei der nächsten Novellierung gut beraten, eine allgemeine Ausnahme für Rechtsdienstleistungen an die Stelle der kleinteiligen Regelungen von Art. 10 lit. d) i) bis v) RL 2014/24/EU zu setzen.

1. Gerichtliche oder schiedsgerichtliche Vertretung (lit. a))

11 Nach Nr. 1 lit. a) aa) erfasst die erste Ausnahme von der Anwendung des Kartellvergaberechts die Vertretung eines Mandanten durch einen Rechtsanwalt oder eine diesem gleich gestellte Person[16] in einem **Gerichts- oder Verwaltungsverfahren** vor nationalen oder in-

---

§ 130 GWB vgl. *Rixen*, in: Burgi/Dreher, Beck'scher VergR-Kommentar, Bd. 1, § 130 Rn. 106; einschränkend für die Anwendbarkeit auf juristische Dienstleistungen: *Kau*, in: Burgi/Dreher, Beck'scher VergR-Kommentar, Bd. 1, § 106 Rn. 41.

12 BGBl. I, S. 2840, zuletzt geändert durch Ges. v. 12.5.2017, BGBl. I 2017, S. 1121.

13 *Lausen*, in: Burgi/Dreher, Beck'scher VergR-Kommentar, Bd. 1, § 116 Rn. 10.

14 Z. B. *Schneevogl*, in: Müller-Wrede, GWB, § 116 Rn. 11; ohne größere Einwendungen: *Antweiler*, in: Ziekow/Völlink, Vergaberecht, § 116 Rn. 4 u. 7.

15 Vgl. unten Rn. 22 ff.

16 Vgl. *Lausen*, in: Burgi/Dreher, Beck'scher VergR-Kommentar, Bd. 1, § 116 Rn. 13.

ternationalen Gerichten, Behörden oder Einrichtungen.[17] Durch diese Regelung soll dem Umstand Rechnung getragen werden, dass die besonders vertrauensrelevante Beauftragung von Rechtsanwälten zur Rechtsvertretung vielfach auch von anderen als wirtschaftlichen Faktoren beeinflusst wird. Hintergrund der Regelung ist außerdem, dass in manchen EU-Mitgliedstaaten, so z.B. in Deutschland, durch gesetzlich festgelegte Gebührenordnungen Rechtsdienstleistungen ohnehin ähnlichen, wenn nicht sogar identischen finanziellen Bedingungen unterliegen (vgl. Rechtsanwaltsvergütungsgesetz, RVG). Letztlich spielen bei der Beauftragung von Rechtsanwälten und der durch diese zu erbringenden verfahrensmäßigen Rechtsdienstleistungen eben auch Fragen einer früheren, erfolgreichen Vertretung sowie der nicht allein rational begründete Eindruck des Mandanten, sich „in guten Händen zu befinden", eine ausschlaggebende Rolle. Dasselbe gilt nach Nr. 1 lit. a), bb) entsprechend auch für die Vertretung eines Mandanten durch einen Rechtsanwalt in nationalen oder **internationalen Schiedsgerichts- oder Schlichtungsverfahren**. Bei beiden Alternativen des Nr. 1 lit. a) kommt es vorrangig darauf an, dass das jeweilige Verfahren bereits begonnen hat,[18] denn im verfahrensrechtlichen Vorfeld ist Nr. 1 lit. b) einschlägig. Wie die Bundesregierung in der Entwurfsbegründung klarstellt, gelangt die Ausnahme des Nr. 1 lit. a) auch zur Anwendung, wenn ein Gericht einen Rechtsanwalt beigeordnet hat, obwohl es hierbei im eigentlichen Sinne keine Auswahl durch den Mandanten gab.[19]

2. Vorbereitende Rechtsberatung (lit. b))

Wiederum als Ausdruck eines grundsätzlich restriktiven Verständnisses von § 116 GWB wird in Abs. 1 Nr. 1 lit. b) ergänzend zur Ausnahme für die gerichtliche bzw. schiedsgerichtliche Vertretung eines Mandanten nach Nr. 1 lit. a) die Rechtsberatung durch einen Rechtsanwalt lediglich dann als vom Vergaberecht ausgenommen betrachtet, wenn sie zur **Vorbereitung eines Verfahrens** dient oder wenn **konkreter Anlass und hohe Wahrscheinlichkeit** bestehen, dass der Gegenstand der Rechtsberatung zu einem solchen Verfahren führen wird. Durch den unmittelbaren Zusammenhang zu einem Gerichts- oder Schiedsgerichtsverfahren im Sinne von Nr. 1 lit. a) soll sichergestellt werden, dass **nicht schlechterdings jede Rechtsberatung** aus dem Anwendungsbereich des Vergaberechts herausfällt.[20] **12**

Allerdings ist insbesondere im Hinblick auf das zwischen Mandanten und Rechtsbeistand bestehende Vertrauensverhältnis sowie die unter Nr. 1 lit. b) genannten tatbestandlichen Elemente „konkrete Anhaltspunkte" und „hohe Wahrscheinlichkeit" für ein sich anschließendes Verfahren davon auszugehen, dass der Auftraggeber in dieser Hinsicht über einen **substanziellen Einschätzungsspielraum** verfügt, den ein zuständiges Gericht nur eingeschränkt überprüfen kann.[21] Zumal der öffentliche Auftraggeber – als juristischer Laie – in **13**

---

17 Mit restriktivem Ansatz, der sich so nicht aus der Gesetzesbegründung ergibt, *Schneevogl*, in: Müller-Wrede, GWB, § 116 Rn. 14.

18 *Lausen*, in: Burgi/Dreher, Beck'scher VergR-Kommentar, Bd. 1, § 116 Rn. 18; *Schneevogl*, in: Müller-Wrede, GWB, § 116 Rn. 13; hierzu auch Begründung der BReg., BT-Drs. 18/6281 v. 8.10.2015, S. 93.

19 Begründung der BReg., BT-Drs. 18/6281 v. 8.10.2015, S. 93.

20 *Lausen*, in: Burgi/Dreher, Beck'scher VergR-Kommentar, Bd. 1, § 116 Rn. 23 („keine allgemeine Ausnahme").

21 *Röwekamp*, in: Kulartz/Kus/Portz/Prieß, GWB, § 116 Rn. 4 („Anforderungen … eher niedrig anzusetzen."); *Schneevogl*, in: Müller-Wrede, GWB, § 116 Rn. 26; *Antweiler*, in: Ziekow/Völlink,

der Regel gar keine Einschätzung bzw. Prognose über konkrete Anhaltspunkte oder Prozesswahrscheinlichkeiten abgeben kann.[22] Man wird mit den Bedürfnissen der Praxis davon ausgehen können, dass ein sich anschließendes Gerichts- oder Verwaltungsverfahren bzw. ein internationales Schiedsgerichts- oder Schlichtungsverfahren bei der Beauftragung eines Rechtsbeistandes jedenfalls nicht gänzlich ausgeschlossen sein darf, um die Voraussetzungen des Nr. 1 lit. b) zu erfüllen. Auch wenn die Tätigkeit des europäischen und nationalen Gesetzgebers sichtbar davon gekennzeichnet ist, die Ausnahme vom Kartellvergaberecht bei Rechtsdienstleistungen zu begrenzen,[23] legt doch Wesen und Situationsgebundenheit der Rechtsberatung nahe, dass eine sich anschließende streitige Rechtsverfolgung in der anwaltlichen Praxis kaum je auszuschließen ist.[24] Dies wird auch durch die Überlegung gestützt, dass öffentliche Auftraggeber nur selten abstrakte oder von den Erfordernissen ihrer wirtschaftlichen und praktischen Tätigkeit losgelöste Rechtsfragen klären lassen oder ganz allgemein zum Gegenstand von Rechtsdienstleitungen machen. Im Ergebnis dürfte ein Großteil der **Rechtsberatung durch Rechtsanwälte** oder durch ihnen gleich gestellte Personen vor dem Hintergrund von Nr. 1 lit. b) vom Kartellvergaberecht ausgenommen sein.

14 Die unter Nr. 1 lit. b) genannte Ausnahme zeigt, dass das Bemühen des Gesetzgebers unter Vermeidung einer Generalklausel zwar im Sinne des europäischen Binnenmarktes und der Wirksamkeit des Vergaberechts durchaus nachvollziehbar, im Hinblick auf die rechtsberatenden und rechtsvertretenden anwaltlichen Tätigkeiten jedoch **nicht sonderlich praktikabel** ist. Solange der öffentliche Auftraggeber – begründet oder unbegründet – mit der Absicht eine Rechtsdienstleistung in Anspruch nimmt, einen Rechtsstreit zu führen, kann er davon ausgehen, dass das Kartellvergaberecht entweder auf der Grundlage von Nr. 1 lit. a) oder von Nr. 1 lit. b) nicht zur Anwendung kommt. Dies gilt auch, wenn es schließlich gar nicht zu einem Gerichts- oder Schiedsverfahren kommt.[25] Selbst wenn er ohne die Absicht, einen Rechtsstreit zu führen, einen Rechtsbeistand konsultiert, dieser aber Maßnahmen für einen Rechtsstreit ergreift, ist Nr. 1 lit. a) oder Nr. 1 lit. b) tatbestandlich erfüllt.

3. Beglaubigungen und Beurkundungen (lit. c))

15 Die nächste Ausnahme im Hinblick auf Rechtsdienstleistungen bezieht sich nach Abs. 1 Nr. 1 lit. c) auf **Beglaubigungen und Beurkundungen**, die von **Notaren** vorzunehmen sind. Damit soll sichergestellt werden, dass öffentliche Auftraggeber bei der Beauftragung von Notaren nicht durch Bestimmungen des Kartellvergaberechts beschränkt werden. Offenbar wird auch das Verhältnis zwischen Notar und Mandanten als so sensibel betrachtet,

---

Vergaberecht, § 116 Rn. 8 („… nach einer Prognose des öffentlichen Arbeitgebers konkret möglich").

22 Eine „auf konkrete Tatsachen abstellende Prognose hinsichtlich der Wahrscheinlichkeit" verlangt aber dennoch *Schneevogl*, in: Müller-Wrede, GWB, § 116 Rn. 26.

23 Z. B. Begründung der BReg., BT-Drs. 18/6281 v. 8.10.2015, S. 93 („Nummer 1 Buchstabe b enthält dabei keine allgemeine Ausnahme für sämtliche anwaltliche Beratungsleistungen, sondern fordert im Kern …").

24 Verfehlt ist daher die kleinteilige Sezierung anwaltlicher Tätigkeiten im Hinblick auf „offensive Handlungen" oder die Qualität von „Verteidigungshandlungen", vgl. *Schneevogl*, in: Müller-Wrede, GWB, § 116 Rn. 19 ff. u. 25 ff.

25 So auch *Lausen*, in: Burgi/Dreher, Beck'scher VergR-Kommentar, Bd. 1, § 116 Rn. 24.

dass hier eine von vergaberechtlichen Kriterien losgelöste Beauftragung ermöglicht werden soll. Hinzu kommt außerdem, dass die Gebühren für Beglaubigung und Beurkundungen in Deutschland ebenfalls rechtlich geregelt sind (vgl. BeurkundungsG), sodass sich hierbei grundsätzlich keine relevanten kostenmäßigen Unterschiede zwischen den von unterschiedlichen Notaren erbrachten Leistungen feststellen lassen.

4. Gerichtlich bestellte Funktionsträger (lit. d))

Außerdem werden nach Abs. 1 Nr. 1 lit. d) auch die Tätigkeiten von gerichtlich bestellten **Betreuern, Vormündern, Pflegern, Verfahrensbeiständen, Sachverständigen oder Verwaltern oder sonstige Rechtsdienstleistungen** von den Bestimmungen des Vergaberechts ausgenommen. Dies liegt insbesondere daran, dass in diesen Fällen eine Bestellung üblicherweise durch staatliche Gerichte erfolgt oder sogar unmittelbar durch Gesetz bestimmt wird, um einzelne Aufgaben unter Aufsicht von Gerichten wahrzunehmen. Auch bei dieser Ausnahme fällt auf, dass die Begleichung der für die Rechtsdienstleistungen entstehenden Kosten oder Gebühren als wesentlicher Aspekt einer Vergabeentscheidung grundsätzlich gesetzlich geregelt ist, sodass sich hieraus keine relevanten Unterschiede ergeben. Außerdem spielt bei Nr. 1 lit. d) eine erhebliche Rolle, dass hiermit in die verfassungsrechtlichen Befugnisse der **Gerichtsbarkeit als „Dritter Gewalt“** eingegriffen würde, Betreuer, Vormünder, Pfleger, Verfahrensbeiständen, Sachverständige oder Verwalter aus eigener Sachkunde heraus und aufgrund früherer Erfahrungen zu benennen.[26] Die Gesetzesbegründung der Bundesregierung hebt in diesem Zusammenhang eigens hervor, dass etwa zwischen Gericht und Sachverständigem ein „öffentlich-rechtliches Verhältnis“ begründet wird.[27] In ähnlicher Weise wird auch Akten der Gesetzgebung ein entsprechender Vorrang eingeräumt, soweit Ernennungen für die genannten Rechtsdienstleistungen sich unmittelbar aus Gesetz ergeben. 16

5. Teilweise hoheitliche Befugnisse (lit. e))

Als letzte der fünf ausdrücklichen Ausnahmen zugunsten von Rechtsdienstleistungen werden in Nr. 1 lit. e) Tätigkeiten aufgeführt, die zumindest **teilweise** mit der **Ausübung von hoheitlichen Befugnissen** verbunden sind. Soweit es um die Ausübung von Hoheitsrechten geht, ist hiermit kein klassischer Beschaffungsvorgang verbunden, mit dem öffentliche Auftraggeber weitgehend ähnlich agieren wie Private. Nach der Gesetzesbegründung werden nach Nr. 1 lit. e) insbesondere **Gerichtsvollzieher** genannt, die einerseits Tätigkeiten als „selbständiges Organ der Rechtspflege hoheitlich ausüben“ und andererseits „aufgrund des Vollstreckungsauftrags an die Weisungen des Gläubigers“ gebunden sind.[28] Im Schrifttum wird als weiteres Beispiel für Nr. 1 lit. e) der **Rechtspfleger** genannt, der ebenfalls hoheitlich und auf Hinweis eines Bürgers tätig werden kann.[29] 17

---

26 Begründung der BReg., BT-Drs. 18/6281 v. 8.10.2015, S. 93 („...aufgrund ihrer besonderen Sachkunde...“).

27 Begründung der BReg., BT-Drs. 18/6281 v. 8.10.2015, S. 93; *Röwekamp*, in: Kulartz/Kus/Portz/Prieß, GWB, § 116 Rn. 6.

28 Begründung der BReg., BT-Drs. 18/6281 v. 8.10.2015, S. 93 mit der Einschränkung, dass sie „den Dienstanweisungen des Gerichtsvollziehers nicht widersprechen“ dürfen.

29 *Lausen*, in: Burgi/Dreher, Beck'scher VergR-Kommentar, Bd. 1, § 116 Rn. 36.

III. Forschungs- und Entwicklungsdienstleistungen (Abs. 1 Nr. 2)

18 Eine weitere Ausnahme ist in § 116 Abs. 1 Nr. 2 GWB (früher: § 100 Abs. 4 Nr. 2 GWB a. F. bzw. davor § 100 Abs. 2 lit. n) GWB a. F.) für **Forschungs- und Entwicklungsdienstleistungen** vorgesehen. Allerdings steht diese Ausnahme ihrerseits unter dem Vorbehalt einer Rückausnahme. Wenn drei kumulative Voraussetzungen erfüllt sind und sog. **Auftragsforschung** gegeben ist, zieht dies nach sich, dass die Vorschriften über das Vergabeverfahren doch zur Anwendung gelangen.[30]

19 Die Vorschrift entspricht u. a. Art. 14 RL 2014/24/EU[31] (früher: Art. 16 RL 2004/18/EG) und ihr Ziel liegt darin, Beiträge zur Finanzierung von Forschungsprogrammen unter bestimmten Voraussetzungen von den EU-Vergaberichtlinien auszunehmen. Der Gesetzesentwurf verweist darauf, dass die Ausnahme in Abs. 1 Nr. 2 nun weiter formuliert wurde als bisher und dass eine Einordnung unter die allgemeine Ausnahme des § 107 GWB daher nicht möglich war.[32]

1. Forschung im unionsrechtlichen Kontext

20 Die Unterstützung von Forschung und Entwicklung soll dazu beitragen, die **wissenschaftlichen und technischen Grundlagen der europäischen Industrie zu stärken**, wobei die Öffnung der öffentlichen Beschaffungsmärkte an der Erreichung dieses Ziels Anteil hat.[33] Dies gilt umso stärker für die **Strategie „Europa 2020“**,[34] die dem **Forschungs- und Innovationsstandort EU** eine herausragende Rolle zuweist.[35] Wie schon ihre Vorläufervorschriften berücksichtigen auch die gegenwärtigen Vergaberichtlinien die Besonderheiten im Bereich von Forschung und Entwicklung. Die Zielsetzungen und die Mittel, mit denen technologischer Fortschritt gefördert wird, sind im Einzelnen recht unterschiedlich. Die öffentlichen Aufträge, auf die sich die Ausnahmevorschrift des § 116 Abs. 1 Nr. 2 GWB bezieht, sind lediglich eines der zahlreichen Instrumente, mit denen Forschungsvorhaben innerhalb der EU gefördert werden. Oftmals **fehlt den Verträgen in diesem Bereich die Gegenseitigkeit**, die mit dem Begriff öffentlicher Auftrag untrennbar verbunden ist. Dies ist zum Beispiel der Fall, wenn Forschungsergebnisse in erster Linie der Forschungsstelle selbst zur Verfügung stehen und nicht dem Auftraggeber (z. B. Unternehmen, Forschungsinstitut oder Universität).[36] Des Weiteren müsste die Behandlung von Forschungstätigkeiten als Dienstleistungsgeschäft eventuell darauf begrenzt werden, dass die fraglichen Aufträge ausdrücklich die Ausarbeitung von festliegenden Ergebnissen für einen bestimmten Abnehmerkreis vorsehen müssen. Die Finanzierung von allgemein bedeutsamer Forschung zum allgemeinen Nutzen der Gesellschaft oder zumindest eines erheblichen Teils

---

30 *Schellenberg*, in: Pünder/Schellenberg, Vergaberecht, § 100 Rn. 29 f.

31 Außerdem noch Art. 25 RL 2014/23/EU und Art. 32 RL 2014/25/EU, vgl. Begründung der BReg., BT-Drs. 18/6281 v. 8.10.2015, S. 94.

32 Begründung der BReg., BT-Drs. 18/6281 v. 8.10.2015, S. 94.

33 RL 92/50/EWG, 9. Erwägungsgrund, ABl. EG 1992 L 209/1 f.

34 KOM(2010) 2020 endg.

35 Vgl. auch 47. Erwägungsgrund zur RL 2014/24/EU; hierzu auch *Lausen*, in: Burgi/Dreher, Beck'scher VergR-Kommentar, Bd. 1, § 116 Rn. 38.

36 Vgl. auch zur vergaberechtlichen Beurteilung von Universitäten EuGH, Urt. v. 3.10.2000, Rs. C-380/98, Slg. 2000, I-8035 – University of Cambridge.

davon, stellt in diesem Sinne keine Auftragsforschung dar.[37] Soweit allerdings öffentliche Auftraggeber Forschungsaufträge **ausschließlich auf eigene Rechnung und für eigenen Nutzen vergeben**, besteht, auch weil es sich nicht um „Forschungsförderung" handelt, keine Veranlassung, sie vom Anwendungsbereich des Vergaberechts auszunehmen.

In Zusammenhang mit § 116 Abs. 1 Nr. 2 GWB sind auch noch die primärrechtlichen Bestimmungen der Art. 179 bis 190 AEUV zu nennen.[38] Der **Begriff „Forschung"** ist jedoch weder im AEU-Vertrag noch im Sekundärrecht erschöpfend und für das Unionsrecht verbindlich definiert. Einigkeit dürfte aber darüber bestehen, dass darunter eine auf den **planmäßigen und zielgerichteten Gewinn neuer Erkenntnisse gerichtete Tätigkeit** zu verstehen ist, ungeachtet dessen, ob es sich um Grundlagenforschung oder um angewandte Forschung handelt.[39] 21

2. Rückausnahme bei Auftragsforschung

Die Ausnahme des § 116 Abs. 1 Nr. 2 GWB kommt hingegen nicht zur Anwendung, wenn die Voraussetzungen einer **Rückausnahme** erfüllt sind. Dies ist grundsätzlich der Fall, wenn es sich um eine unter eine bestimmte Referenznummer fallende Forschungs- und Entwicklungsdienstleistung handelt, und zusätzlich beide unter Abs. 1 Nr. 2 lit. a) und lit. b) genannten Voraussetzungen für die Annahme von Auftragsforschung erfüllt sind. 22

Die im Hinblick auf die Rückausnahme genannten Referenznummern aus dem **„Common Procurement Vocabulary" (CPV)**[40] erfassen – anders als es die einzelnen Aufzählungen zunächst suggerieren – Forschungs- und Entwicklungsdienstleistungen in großem Umfang.[41] Vor allem davon *nicht* erfasst sind Forschung und Entwicklung für **Sicherheits- und Verteidigungsgüter oder Militärforschung und -technologie**.[42] Vor diesem Hintergrund kann im Hinblick auf die vergaberechtspflichtige Auftragsforschung davon ausgegangen werden, dass es für die Rückausnahme vor allem auf die beiden unter Abs. 1 Nr. 2 lit. a) und lit. b) genannten Voraussetzungen ankommt.[43] 23

---

37 Vgl. Begründung der Kommission, KOM(90) 372 endg., Tz. 27.

38 Vgl. *Ruffert*, in: Calliess/Ruffert, EUV/AEUV, Art. 179 AEUV Rn. 1 („methodengeleitetes Generieren neuen Wissens"); *Hilf*, in: von der Groeben/Schwarze/Hatje, EU/AEUV, Bd. 3, Art. 179 Rn. 45.

39 Obwohl es keine unionsrechtliche Definition der Begriffe „Forschung" und „technologische Entwicklung" gibt, sind doch verschiedene Unterbegriffe legal definiert, *Hilf*, in: von der Groeben/Schwarze/Hatje, EUV/AEUV, Bd. 3, Art. 179 Rn. 56 ff.; *Dreher*, in: Immenga/Mestmäcker, GWB, § 100 Rn. 38; *Schneevogl*, in: Müller-Wrede, GWB, § 116 Rn. 41; *Lausen*, in: Burgi/Dreher, Beck'scher VergR-Kommentar, Bd. 1, § 116 Rn. 39; *Ruffert*, in: Calliess/Ruffert, EUV/AEUV, Art. 179 AEUV Rn. 4 ff.

40 VO (EG) Nr. 2195/2002, zuletzt geändert durch VO (EG) Nr. 596/2009, ABl. EG 2009, L 188/14.

41 Nach der Gesetzesbegründung fallen darunter: (1) Forschungs- und Entwicklungsdienste und zugehörige Beratung, (2) Dienstleistungen im Bereich Forschung und experimentelle Entwicklung, (3) Forschungsdienste, (4) Forschungslabordienste, (5) Meeresforschungsdienste, (6) Experimentelle Entwicklung, (7) Planung und Ausführung von Forschung und Entwicklung, (8) Vordurchführbarkeitsstudie und technologische Demonstration sowie (9) Test und Bewertung; Begründung der BReg., BT-Drs. 18/6281 v. 8.10.2015, S. 94.

42 *Röwekamp*, in: Kulartz/Kus/Portz/Prieß, GWB, § 116 Rn. 8; *Lausen*, in: Burgi/Dreher, Beck'scher VergR-Kommentar, Bd. 1, § 116 Rn. 40; *Schneevogl*, in: Müller-Wrede, GWB, § 116 Rn. 46.

43 Begründung der BReg., BT-Drs. 18/6281 v. 8.10.2015, S. 94; *Schneevogl*, in: Müller-Wrede, GWB, § 116 Rn. 44, der dennoch von einer Erschwerung der tatbestandlichen Verwirklichung ausgeht, da nun „nicht mehr zwei, sondern drei kumulativ zu erfüllende Kriterien" vorliegen müssen.

24 Zunächst müssen nach Nr. 2 lit. a) die Ergebnisse der Forschung oder Entwicklungsdienstleistung in das „**ausschließliche Eigentum**“ des Auftraggebers fallen. Im klassischen eigentumsrechtlichen Verständnis umfasst Eigentum, das uneingeschränkte Recht der alleinigen Nutzung und die damit gleichzeitig verbundene Möglichkeit, andere von der Nutzung vollständig auszuschließen. Aber zu Recht ist im Schrifttum darauf hingewiesen worden, dass in diesem Fall keine „rein zivilrechtliche“ Beurteilung zugrunde gelegt werden kann.[44] So ist unter „ausschließlichem Eigentum“ ohne genaue rechtliche Ein- oder Zuordnung, ein Status zu verstehen, der die uneingeschränkte Verfügungsgewalt umfasst – auch und vor allem im Hinblick auf die Verwertbarkeit. Letztlich ähnelt die Verfügung über das „ausschließliche Eigentum“ i. S. v. Nr. 2 lit. a) derjenigen Situation, dass sich jemand unmittelbar eine Dienstleistung erbringen lässt, nur dass im Forschungs- und Entwicklungsbereich anfangs noch nicht sicher feststeht, ob und in welcher Form die Leistung nach Abschluss der Arbeiten überhaupt verfügbar sein wird.

25 Im Weiteren muss die Dienstleistung nach Nr. 2 lit. b) **vollständig vom Auftraggeber vergütet** werden. Dies führt letztlich zu einer Situation, die wiederum mit derjenigen vergleichbar ist, dass ein Auftraggeber unmittelbar für eine Dienstleistung bezahlt. Wie es im 35. Erwägungsgrund zur RL 2014/24/EU sowie im Gesetzentwurf heißt, soll durch diese Bestimmung die Kofinanzierung von Forschungs- und Entwicklungsprogrammen durch die Industrie gefördert werden.[45] Denn wenn es lediglich zur **Kofinanzierung** kommt, fehlt es an einer vollständigen Vergütung durch den Auftraggeber und die Voraussetzung des Nr. 2 lit. b) wird nicht erfüllt. Dies führt wiederum dazu, dass die Ausnahmeregelung des § 116 Abs. 1 Nr. 2 GWB zugunsten von Forschungs- und Entwicklungsdienstleistungen bereits dann zur Anwendung gelangt, wenn eine vollständige – d.h. eine Vergütung zu 100 % – nicht erfolgt ist. Insofern hat es ein Auftraggeber durch die Kofinanzierung mit anderen oder durch eine vertragliche Relativierung seiner alleinigen Verfügungsgewalt weitgehend selbst in der Hand, die Voraussetzungen der Rückausnahme nicht eintreten zu lassen.[46]

26 Die Ausnahmebestimmung des § 116 Abs. 1 Nr. 2 GWB setzt zunächst einen **konkreten Forschungsauftrag** voraus. Dieser ist z.B. mit einer „Untersuchung der Rüstungsaltlastverdachtsstandorte“ gegeben. Allerdings waren nach Auffassung des BayObLG die Leistungen von Ingenieurbüros und Laboren mit einschlägigen Erfahrungen ausschreibungspflichtig, weil es sich hierbei um **Auftragsforschung** handelte, bei der sich der Auftraggeber die ausschließlichen Nutzungsrechte einräumen ließ.[47] Auch die vorgesehene Weitergabe von Informationen und Ergebnissen an nachgeordnete Behörden sowie die Öffentlichkeit änderten nach der Auffassung des BayObLG daran nichts, da es entscheidend auf die **Verwertungsbefugnis des Auftraggebers** ankommt.[48] Ein Auftraggeber, der über die ausschließliche Verwertungsbefugnis verfügt, ist der ausschließliche Eigentümer,

---

44 *Schneevogl*, in: Müller-Wrede, GWB, § 116 Rn. 47; *Antweiler*, in: Ziekow/Völlink, Vergaberecht, § 116 Rn. 13; *Dreher*, in: Immenga/Mestmäcker, GWB, § 100 Rn. 40; *Lausen*, in: Burgi/Dreher, Beck'scher VergR-Kommentar, Bd. 1, § 116 Rn. 42.

45 Begründung der BReg., BT-Drs. 18/6281 v. 8.10.2015, S. 94.

46 *Antweiler*, in: Ziekow/Völlink, Vergaberecht, § 116 Rn. 13; ähnlich auch *Schneevogl*, in: Müller-Wrede, GWB, § 116 Rn. 49.

47 BayObLG, Beschl. v. 27.2.2003, Verg 25/02, BayObLGZ 2003, 44 (Nr. 9); vgl. auch EUROPA kompakt, 5/2003, 73 f.

48 So auch bereits *Marx*, in: Motzke/Pietzcker/Prieß, VOB, § 100 Rn. 34.

der darüber disponieren kann, ob er die Forschungs- und Entwicklungsergebnisse für sich selbst behalten möchte oder sie ggf. mit anderen – u. U. sogar mit der Öffentlichkeit – teilen möchte.

IV. Audiovisuelle Mediendienste und Hörfunkmediendienste (Abs. 1 Nr. 3)

Für **audiovisuelle Mediendienste und Hörfunkmediendienste** ist eine Ausnahme in § 116 Abs. 1 Nr. 3 GWB vorgesehen (früher: § 100a Abs. 2 Nr. 1 GWB a. F. bzw. davor § 100 Abs. 2 lit. j) GWB a. F.). Die Terminologie orientiert sich an der technischen Entwicklung[49] und dient u. a. der Umsetzung von Art. 10 lit. b) RL 2014/24/EU. Während in den Vorläufervorschriften von „Ausstrahlung durch Rundfunk- und Fernsehanstalten“ die Rede war, knüpft der Begriff **„audiovisuelle Mediendienste“ und „Anbieter von Mediendiensten“** an die entsprechenden Begriffsprägungen in Art. 1 Abs. 1 lit. a) und lit. d) der RL 2010/13/EU über die „Bereitstellung von audiovisuellen Mediendiensten“ an. Die Begriffe „Sendungen“ und „Sendematerial“ aus § 116 Abs. 1 Nr. 3 GWB haben in diesem Zusammenhang dieselbe Bedeutung und entsprechen den Festlegungen des Art. 1 Abs. 1 lit. b) der RL 2010/13/EU.[50] Die Verbreitungsform der Sendung ist jedoch nur ein Aspekt, der erfasst wird. In gleicher Weise werden auch Rundfunk-Mediendienste und Abruf-Dienste (nichtlineare On-demand-Dienste) von § 116 Abs. 1 Nr. 3 GWB erfasst. 27

Ähnlich wie die Vorläuferregelungen umfasst nun auch § 116 Abs. 1 Nr. 3 GWB Erwerb, Entwicklung, Produktion oder Koproduktion von Sendematerial für audiovisuelle Mediendienste oder Hörfunkmediendienste, wenn diese Aufträge von oder an audiovisuelle Mediendienste(n) oder Hörfunkmediendienste(n) vergeben werden. Wie der Entwurfsbegründung entnommen werden kann, spielt bei dieser Ausnahme vor allem eine Rolle, dass „besondere **kulturelle und gesellschaftspolitische Erwägungen** angemessen berücksichtigt werden können“, wie dies im vor allem an wirtschaftlichen Faktoren orientierten Vergabeverfahren nicht möglich wäre.[51] Für den Fall, dass öffentliche Aufträge von Anbietern von Mediendiensten vergeben werden, soll durch die in § 116 Abs. 1 Nr. 3 GWB statuierte Ausnahme vom Kartellvergaberecht sichergestellt werden, dass Mediendienste auch von **künstlerischen, konzeptionellen und programmatischen Überlegungen** beeinflusst werden, da die Programmgestaltung nicht als konventioneller „Beschaffungsvorgang“ betrachtet werden kann. Stattdessen müssen sich die erfassten Sendungen u. a. auch in **ästhetischer oder gesellschaftspolitischer Hinsicht** in die spezifischen Anforderungen eines Erbringers von audiovisuellen Mediendiensten oder Hörfunkmediendiensten einfügen.[52] 28

In **persönlicher Hinsicht** geht es bei der Ausnahme des § 116 Abs. 1 Nr. 3 GWB um Aufträge, die von oder an Anbieter(n) audiovisueller Mediendienste oder Hörfunkmediendienste vergeben werden und für die diese redaktionelle Verantwortung tragen. Dies sind typi- 29

49 Begründung der BReg., BT-Drs. 18/6281 v. 8.10.2015, S. 94; *Lausen*, in: Burgi/Dreher, Beck'scher VergR-Kommentar, Bd. 1, § 116 Rn. 45; *Schneevogl*, in: Müller-Wrede, GWB, § 116 Rn. 51.

50 Begründung der BReg., BT-Drs. 18/6281 v. 8.10.2015, S. 94.

51 Begründung der BReg., BT-Drs. 18/6281 v. 8.10.2015, S. 94; *Schneevogl*, in: Müller-Wrede, GWB, § 116 Rn. 52; *Röwekamp*, in: Kulartz/Kus/Portz/Prieß, GWB, § 116 Rn. 12; *Antweiler*, in: Ziekow/Völlink, Vergaberecht, § 116 Rn. 16.

52 *Lausen*, in: Burgi/Dreher, Beck'scher VergR-Kommentar, Bd. 1, § 116 Rn. 46.

scherweise **öffentlich-rechtliche Fernseh- und Rundfunkanstalten**, die sich aber in ihrer heutigen Funktion zu umfangreichen Mediendienstanbietern entwickelt haben, deren Tätigkeiten nicht mehr auf Herstellung und Sendung von Beiträgen beschränkt sind.[53] Für andere öffentliche Auftraggeber gilt die Ausnahme des § 116 Abs. 1 Nr. 3 GWB zwar nicht,[54] jedoch wird es bei Planung und Herstellung durch private Dritte vielfach an der Auftraggeber-Eigenschaft fehlen.

30 Die Ausnahme des § 116 Abs. 1 Nr. 3 GWB ist ungeachtet ihres Ausnahmecharakters grundsätzlich **extensiv zu interpretieren**, wie es durch die umfassende Aufzählung der mit der Erbringung von Mediendiensten verbundenen Einzelleistungen nahegelegt wird. Es soll auf diese Weise nicht nur der **gesamte Herstellungs- und Beschaffungsprozess** vom einfachen Erwerb, über die Entwicklung bis hin zu Produktion und Koproduktion von Sendematerial erfasst werden. Wie den Gesetzesmaterialien zu entnehmen ist, sollen darüber hinaus auch „**andere Vorbereitungsdienste**" umfasst werden, was auf Dienste im Zusammenhang mit den für die Produktion von Sendungen erforderlichen Drehbüchern oder anderen künstlerischen Leistungen abzielt.[55] Auch das Merkmal des „**Programmbezugs**", wie es einschränkend vom EuGH[56] und Teilen des Schrifttums herangezogen wird,[57] überzeugt nicht in allen Teilen, da es bei öffentlich-rechtlichen Fernseh- und Rundfunkanstalten sehr viele Tätigkeiten gibt, die Programmbezug aufweisen. Im Grunde fallen damit vor allem administrative und technische Beschaffungen aus dem Anwendungsbereich von § 116 Abs. 1 Nr. 3 GWB heraus.[58]

31 Grundsätzlich von § 116 Abs. 1 Nr. 3 GWB **nicht umfasst** ist beispielsweise die Bereitstellung des für Produktion oder Koproduktion und Ausstrahlung erforderlichen **technischen Materials**.[59] Ein wesentlicher Grund liegt darin, dass hierbei ein größeres Maß an Vergleichbarkeit angenommen werden darf, bei dem das Vergabeverfahren angemessene Gewähr für Verfahrensgerechtigkeit bietet.

V. Finanzielle Dienstleistungen (Abs. 1 Nr. 4)

32 In **§ 116 Abs. 1 Nr. 4 GWB** ist eine weitere Ausnahme für ein breites Spektrum von **finanziellen Dienstleistungen** vorgesehen (früher: § 100a Abs. 2 Nr. 2 u. § 100b Abs. 2 Nr. 1 GWB a. F. bzw. davor § 100 Abs. 2 lit. m) GWB a. F.). Als Grund für diese Ausnahme wird regelmäßig auf die Bedürfnisse der Finanzmärkte verwiesen, die in besonderem Umfang

53 *Schneevogl*, in: Müller-Wrede, GWB, § 116 Rn. 53; *Lausen*, in: Burgi/Dreher, Beck'scher VergR-Kommentar, Bd. 1, § 116 Rn. 47; *Antweiler*, in: Ziekow/Völlink, Vergaberecht, § 116 Rn. 15.

54 *Lausen*, in: Burgi/Dreher, Beck'scher VergR-Kommentar, Bd. 1, § 116 Rn. 48.

55 23. Erwägungsgrund der RL 2014/24/EU; Begründung der BReg., BT-Drs. 18/6281 v. 8.10.2015, S. 94.

56 Z. B. EuGH, Urt. v. 13.12.2007, C-337/06, Slg. 2007, I-11173 – Bayerischer Rundfunk u. a.

57 Z. B. *Dreher*, in: Immenga/Mestmäcker, GWB, § 100a Rn. 9; *Lausen*, in: Burgi/Dreher, Beck'scher VergR-Kommentar, Bd. 1, § 116 Rn. 49.

58 Mit weiteren Beispielen *Antweiler*, in: Ziekow/Völlink, Vergaberecht, § 116 Rn. 17 („Bauaufträge, Dienstleistungsaufträge über Reinigungsleistungen oder die Beschaffung von Sendetechnik").

59 Begründung der BReg., BT-Drs. 18/6281 v. 8.10.2015, S. 94; *Schellenberg*, in: Pünder/Schellenberg, Vergaberecht, § 100a Rn. 4; *Schneevogl*, in: Müller-Wrede, GWB, § 116 Rn. 59.

schnelllebig und volatil seien, sodass das Kartellvergaberecht zu unflexibel erscheine.[60] Die Vorschrift dient u. a. der Umsetzung von Art. 10 lit. e) der RL 2014/24/EU[61] und entspricht weitgehend, jedoch nicht vollständig, den früheren Fassungen des GWB. Neu eingefügt wurden beispielsweise die im Rahmen der Euro- und Griechenlandkrise geschaffenen Einrichtungen der „**Europäischen Finanzstabilisierungsfazilität**" (EFSF) sowie des „**Europäischen Stabilitätsmechanismus**" (ESM) im Hinblick auf die von ihnen durchzuführenden Transaktionen.[62]

Nach § 116 Abs. 1 Nr. 4 GWB sind neben den Dienstleistungen der Zentralbanken Verträge über finanzielle Dienstleistungen im Zusammenhang mit Ausgabe, Verkauf, Ankauf oder Übertragung von Wertpapieren oder anderen Finanzinstrumenten von der Geltung des unionsrechtlichen Vergaberechts ausgeschlossen. Darunter fallen jedoch nicht länger auch Geschäfte, die der **Geld- oder Kapitalbeschaffung der Auftraggeber** dienen, da der entsprechende Passus des § 100b GWB a. F. sich im Wortlaut von § 116 Abs. 1 Nr. 4 GWB nicht mehr wiederfindet. Dafür sieht nun aber § 116 Abs. 1 Nr. 5 GWB eine Ausnahme für „**Kredite und Darlehen**" von öffentlichen Auftraggebern vor.[63] Es ist daher bei materiell unveränderter Rechtslage davon auszugehen, dass die neue Bestimmung des § 116 Abs. 1 Nr. 5 GWB der früheren Vorschrift des § 100b Abs. 2 Nr. 1 GWB a. F. nachfolgt. Dies hat zudem den Vorteil, dass damit regelungstechnisch zugleich Anschluss an Art. 10 lit. f) der RL 2014/24/EU gefunden wird. 33

1. Wertpapiere

Zunächst fallen unstreitig „finanzielle Dienstleistungen" über die Ausgabe (Emission), den Verkauf, den Ankauf oder die Übertragung von Wertpapieren unter die Ausnahme des § 116 Abs. 1 Nr. 4 GWB.[64] Der **Begriff des Wertpapiers** wird zwar weder im GWB noch in den EU-Vergaberichtlinien definiert, zumindest indizielle Bedeutung kommt aber der RL 2014/65/EU und ihren Vorläufern zu (z. B. RL 93/22/EG, RL 2004/39/EG).[65] Danach sind **folgende Finanzinstrumente als Wertpapiere** einzuordnen: 34

- Aktien und andere Aktien gleichzustellende Wertpapiere,
- Schuldverschreibungen und sonstige verbriefte Schuldtitel, die auf dem Kapitalmarkt gehandelt werden können, sowie
- alle sonstigen üblicherweise gehandelten Titel, die zum Erwerb oder Verkauf solcher Wertpapiere durch Zeichnung oder Austausch berechtigen (Optionen) oder zu einer Barzahlung führen, mit Ausnahme von Zahlungsmitteln.[66]

---

60 *Antweiler*, in: Ziekow/Völlink, Vergaberecht, § 116 Rn. 19 („unzweckmäßig"); *Schellenberg*, in: Pünder/Schellenberg, Vergaberecht, § 100a Rn. 6.

61 *Schneevogl*, in: Müller-Wrede, GWB, § 116 Rn. 61; ebenso: Art. 10 Abs. 8 lit. e) RL 2014/23/EU sowie Art. 21 lit. d) RL 2014/25/EU.

62 *Lausen*, in: Burgi/Dreher, Beck'scher VergR-Kommentar, Bd. 1, § 116 Rn. 52.

63 *Schneevogl*, in: Müller-Wrede, GWB, § 116 Rn. 62 u. 79.

64 So schon zur Vorgängervorschrift: EU-Kommission (Hrsg.), Finanzdienstleistungsbericht, S. 5.

65 ABl. EU 2014 L 173/349.

66 *Schellenberg*, in: Pünder/Schellenberg, Vergaberecht, § 100a Rn. 10; *Lausen*, in: Burgi/Dreher, Beck'scher VergR-Kommentar, Bd. 1, § 116 Rn. 54.

2. Andere Finanzinstrumente

35 Während sich die Ausnahmen des § 116 Abs. 1 Nr. 4 GWB zugunsten von Wertpapieren unmittelbar auf eine gesetzliche Regelung zurückführen lassen und ihre Reichweite daher leicht zu ermitteln ist, fällt die Ausnahme für „andere Finanzinstrumente" schwerer. In diesem Kontext stellt sich beispielsweise die Frage, ob unter den Begriff „**andere Finanzinstrumente**" auch nicht-verbriefte Formen der Kreditaufnahme fallen (z. B. Gelddarlehen jeder Art, Diskontierung von Schecks und Wechseln, Stundung von Forderungen, Bürgschaften, Garantien, Beteiligungen, etc.). Im 26. Erwägungsgrund der RL 2014/24/EU heißt es, dass der Begriff „**Finanzinstrumente**" i. S. dieser Richtlinie „dieselbe Bedeutung hat wie in anderen Rechtsakten über den Binnenmarkt". Dies bezieht sich ausweislich von Art. 10 lit. e) RL 2014/24/EU für eine Übergangszeit noch auf die Richtlinie 2004/39/EG über Märkte für Finanzinstrumente,[67] die jedoch zwischenzeitlich durch die RL 2014/65/EU[68] abgelöst wurde. Außerdem wird auf die RL 2006/49/EG[69] und die ihr nachfolgende RL 2013/36/EU (Anhang I Nr. 7 lit. a) bis e))[70] verwiesen.[71] Allerdings ist der Begriff „andere Finanzinstrumente" in den EU-Vergaberichtlinien nicht unmittelbar definiert. Definitionen enthält jedoch der 8. Erwägungsgrund sowie Art. 4 Abs. 1 Nr. 2 lit. b) und lit. c) der RL 2014/65/EU,[72] worin auf ein Verzeichnis in Anhang I Abschnitt C der RL 2014/65/EU verwiesen wird (früher: Abschnitt B des Anhangs der Richtlinie 93/22/EWG[73]). Eine Aufstellung findet sich weiterhin in Anhang I Nr. 7 lit. a) bis lit. e) der RL 2013/36/EU. Demnach handelt es sich bei den „anderen Finanzinstrumenten" in erster Linie um **Geldmarktinstrumente** (Schecks, Wechsel, Depositenzertifikate, etc.) und Produkte wie **Finanzterminkontrakte** (sog. futures), **Optionsgeschäfte** und **Swapgeschäfte** (z. B. Zins- und Devisen-Swaps sowie Swaps auf Aktien- oder Aktienindexbasis, sog. equity swaps), unabhängig davon, ob diese an der Börse, an einem reglementierten Markt oder im geregelten Freiverkehr gehandelt werden. Außerdem zählen dazu auch **Waren- und sonstige Derivate**, die so konzipiert sind und gehandelt werden, dass sie unter aufsichtsrechtlichen Aspekten traditionellen Finanzinstrumenten vergleichbar sind (vgl. 8. Erwägungsgrund der RL 2014/65/EU).[74]

36 Allerdings ist **umstritten**, ob der Bezug auf die Richtlinie 2014/65/EU zulässig ist, da sie zeitlich nach der RL 2014/24/EU verabschiedet wurden.[75] Indessen ist dem 26. Erwägungsgrund der RL 2014/24/EU ein insofern offener Verweis auf „andere Rechtsakte über den Binnenmarkt" zu entnehmen. Da dies ansonsten nicht üblich ist, hat der Unionsgesetzgeber – möglicherweise unter Vorwegnahme der zeitgleich behandelten Novellierung der Finanzmarkt-RL – hier ausnahmsweise eine offene Verweisung verwendet, um den Zusammenhang zwischen der RL 2014/24/EU und der RL 2014/65/EU zu gewährleisten. Eine ähnliche Situation hatte es bereits bei der Verabschiedung der RL 92/50/EWG gegeben,

---

67 ABl. EG 2004, L 145/1.
68 ABl. EU 2014, L 173/349.
69 ABl. EG 2006, L 177/201.
70 ABl. EU 2013, L. 176/338.
71 *Antweiler*, in: Ziekow/Völlink, Vergaberecht, § 116 Rn. 21.
72 ABl. EU 2014, L 173/349.
73 ABl. EG 1993 L 141/27.
74 *Lausen*, in: Burgi/Dreher, Beck'scher VergR-Kommentar, Bd. 1, § 116 Rn. 54.
75 Vgl. EU-Kommission (Hrsg.), Finanzdienstleistungsbericht, S. 24; *Dreher/Opitz*, WM 2002, 413, 420.

bei der darauf verwiesen wurde, dass jedenfalls der Entwurf der RL 93/22/EWG (als Vorgänger-RL der RL 2014/65/EU) bereits vorlag, als die DKR erlassen wurde, sodass etwaige Bedenken über die Verwendbarkeit der Definitionen als weitgehend ausgeräumt betrachtet wurden.[76] Dies hat zur Folge, dass auch der Begriff der „**anderen Finanzinstrumente**" in Anlehnung an die RL 2014/65/EU **weit zu verstehen** ist.

37 Weitgehende Einigkeit besteht darüber, dass die **Kreditaufnahme im Wege der Emission wertpapiermäßig verbriefter Schuldtitel** von § 116 Abs. 1 Nr. 4 GWB erfasst wird, sodass das Kartellvergaberecht in diesen Fällen grundsätzlich nicht zur Anwendung kommt (ebenso zuvor: § 100 Abs. 2 lit. m) GWB a. F.).[77] Soweit im Schrifttum als entscheidendes Merkmal für die Annahme eines Wertpapiers auf die „jederzeitige Veräußerbarkeit" abgestellt wird,[78] ist dies möglicherweise zu eng. **Orientierungspunkte** können bei der Feststellung, was auch im Hinblick auf § 116 Abs. 1 Nr. 4 GWB dem Begriff der „Finanzinstrumente" unterfällt, eher die Mitteilung der Kommission über die „Sondierung »EU-Regulierungsrahmen für Finanzdienstleistungen«",[79] das „Grünbuch über Finanzdienstleistungen für Privatkunden"[80] sowie die Mitteilung der EU-Kommission über den „Aktionsplan Finanzdienstleistungen für Verbraucher"[81] geben, die neben ihrer Aktualität auch im Hinblick auf die geplante „**Kapitalmarktunion**" von großer Bedeutung sind.

38 Auf dieser Grundlage ist § 116 Abs. 1 Nr. 4 GWB dahingehend auszulegen, dass die **gesamte Finanzpolitik der Mitgliedstaaten vom Vergaberecht unbeeinflusst bleiben soll**.[82] So erklärt sich auch, dass der ursprünglich nur für die staatliche Kreditaufnahme vorgesehene Vorbehalt in früheren Phasen der Vergaberechtsharmonisierung auf Verträge über Wertpapiere und andere Finanzinstrumente erweitert wurde. Das Vergaberecht soll nicht zum Hemmschuh staatlichen Handelns werden, indem es die Finanzierung des Staates über die Kapitalmärkte erschwert. Die Ausnahme ist somit im Sinne eines **staatlichen Fiskalvorbehalts** zu verstehen.[83] Sie umfasst neben den Transaktionsgeschäften mit Wertpapieren und anderen Finanzinstrumenten oder den Darlehensgeschäften selbst alle vorbereitenden und begleitenden Dienstleistungen, die mit dem Finanzierungsgeschäft in einem solchen Zusammenhang stehen, dass sie die Durchführung des Geschäfts selbst beeinflussen können. Der Begriff der „anderen Finanzinstrumente" ist daher im Sinne des unionsrechtlichen Vergaberechts auf diejenigen Finanzdienstleistungen anzuwenden, die eine ähnliche oder vergleichbare Funktion wie die ausdrücklich genannten Wertpapiergeschäfte

---

76 Vgl. *Hailbronner*, in: Byok/Jaeger, GWB (Vorauflage), § 100 Rn. 59; so ebenfalls: *Boesen*, GWB, § 100 Rn. 137; *Heegemann*, VergabeR 1996, 38; *Hailbronner*, WM 2002, 1674, 1679.

77 Vgl. *Hailbronner*, WM 2002, 1674, 1676 mit Verweis auf den sog. Finanzdienstleistungsbericht der Europäischen Kommission, CC/99/69-DE v. 26.10.1999 („Die Anwendung der Richtlinien 92/50/EWG und 93/38/EWG auf Finanzdienstleistungen").

78 *Schneevogl*, in: Müller-Wrede, GWB, § 116 Rn. 68.

79 KOM(2016) 855 endg.

80 KOM(2015) 630 endg.

81 KOM(2017) 139 endg.

82 *Schneevogl*, in: Müller-Wrede, GWB, § 116 Rn. 63 („geldpolitischer Gestaltungsraum"); *Schellenberg*, in: Pünder/Schellenberg, Vergaberecht, § 100a Rn. 6 („geldpolitischer Spielraum"); vgl. auch *Heegemann*, VergabeR 1996, 38 f.; eingehend *Hailbronner*, WM 2002, 1674, 1677 ff.; a. A. *Dreher/Opitz*, WM 2002, 413, 419 f.

83 *Lausen*, in: Burgi/Dreher, Beck'scher VergR-Kommentar, Bd. 1, § 116 Rn. 46; *Antweiler*, in: Ziekow/Völlink, Vergaberecht, § 116 Rn. 19; *Schellenberg*, in: Pünder/Schellenberg, Vergaberecht, § 100a Rn. 6.

erfüllen. Dieser Schluss wird auch durch den 8. Erwägungsgrund der RL 2014/24/EU unterstützt, der Waren- und Finanzderivate in die Liste der Finanzinstrumente mit aufnimmt. Außerdem werden aufgrund des Merkmals der Funktionsgleichheit auch verbriefte und unverbriefte Forderungen gleichermaßen von der Ausnahme des § 116 Abs. 1 Nr. 4 GWB erfasst.[84]

39 Ein anderer Ansatz im Schrifttum stellt längere Zeit darauf ab, ob dem jeweiligen Geschäft ein **besonderes Vertrauensverhältnis** zugrunde liegt.[85] Dazu wird vertreten, dass neben den ausdrücklich erwähnten Geschäften solche Geschäfte als im Zusammenhang stehend angesehen werden sollten, die aufgrund der Besonderheiten der Finanzmärkte eine Anwendung des Vergaberechts unmöglich oder nicht praktikabel erscheinen lassen.[86] Nach diesem Abgrenzungskriterium wären Aufträge über die Emission von öffentlichen Schuldtiteln, Derivatehandel und Investmentgeschäfte aufgrund ausdrücklicher Erwähnung ausgeschlossen, während sich der Ausschluss von Kommunalkrediten, Einlagen und Diskontgeschäften aus ihrer Kapitalmarktbezogenheit ergibt. Allerdings ist das **Kriterium der Kapitalmarktbezogenheit** wenig greifbar, sodass sich hierbei stets die Frage stellt, wie weit die Kapitalmarktbezogenheit des Geschäfts reichen muss und welche Merkmale zur Feststellung heranzuziehen sind. Allerdings ist in diesem Zusammenhang sicher zutreffend, dass bei den genannten Finanzdienstleistungen oftmals ein Vertrauensverhältnis besteht, das die Anwendung des Kartellvergaberechts als nicht angemessen erscheinen lässt.[87]

40 Nach einer Entscheidung der VK Stuttgart unterfallen die von einem Arrangeurvertrag umfassten Dienstleistungen zur Vorbereitung, Verhandlung und Nachbereitung der abzuschließenden US-Leasing-Transaktion (sog. Sale-and-lease-back-Geschäft) wegen des damit verbundenen besonderen kapitalmarktbezogenen Vertrauensverhältnisses der Ausnahme des § 116 Abs. 1 Nr. 4 GWB (früher: § 100 Abs. 2 lit. m) GWB a. F.), sodass in diesem Fall die Vorschriften der §§ 97 ff. GWB nicht zur Anwendung kommen.[88]

3. Zusammenhangsgeschäfte

41 Unterschiedliche Auffassungen werden zu der Frage vertreten, welche Art von Geschäften „**in Zusammenhang**" mit Wertpapiergeschäften steht (sog. Zusammenhangsgeschäfte). Da dies für das Bestehen der Ausnahme des § 116 Abs. 1 Nr. 4 GWB wesentlich ist, bedarf diese Frage der Klärung. Zunächst treten die Europäische Kommission und verschiedene Stimmen im Schrifttum unter Hinweis auf den Ausnahmecharakter von Art. 10 lit. e) RL 2014/24/EU bzw. § 116 Abs. 1 Nr. 4 GWB für eine **grundsätzlich restriktive Auslegung**

84 Vgl. *Marx*, in: Motzke/Pietzcker/Prieß, VOB, § 100 Rn. 33; *Hailbronner*, WM 2002, 1674, 1679 f.; *Brandt*, WM 1999, 2525, 2528 f.; *Schoppmann*, EVgR 2/1994, 45; a. A. im Hinblick auf Kreditfinanzierungen *Boesen*, GWB, § 100 Rn. 141; *Heegemann*, VergabeR 1996, 38 ff.

85 Vgl. *Otting*, in: Bechtold, GWB, § 100 Rn. 30; *Schellenberg*, in: Pünder/Schellenberg, Vergaberecht, § 100a Rn. 6.

86 Vgl. *Noelle*, VergabeR 1998, 26, 28; *Heegemann*, VergabeR 1996, 38, 39; ergänzend auch *Otting*, in: Bechtold, GWB, § 100 Rn. 30.

87 *Schneevogl*, in: Müller-Wrede, GWB, § 116 Rn. 63 f.

88 Vgl. VK Stuttgart, Beschl. v. 30.11.2001, 1 VK 40/01, NZBau 2003, 61, 63; siehe hierzu auch *Burgi*, NZBau 2001, 601; *Brandt*, WM 1999, 2525, 2529; kritisch *Bühner*, DB 2002, 1036; allgemein zum US-Cross-Border-Leasing *Laudenklos/Pegatzy*, NVwZ 2002, 1299.

der Vorschrift ein.[89] Danach umfasst das Merkmal des „Zusammenhangsgeschäfts" lediglich Leistungen sog. Finanzintermediäre, während die übrigen Leistungen nicht unter die Ausnahmebestimmung fallen.[90] Legt man indessen den Wortlaut von § 116 Abs. 1 Nr. 4 GWB zugrunde, so sind unter Dienstleistungen, die „in Zusammenhang" mit Wertpapiergeschäften angeboten werden, auch **vorbereitende Tätigkeiten** wie beispielsweise die Entwicklung von Vermarktungsstrategien, die Formulierung von Vermarktungskonzepten, Vermittlungs- und Depotgeschäfte, Portfolio-Management und Beratungstätigkeiten bei der Wertpapieremission zu verstehen.[91] Der Hinweis auf die grundsätzlich restriktive Auslegung von Ausnahmebestimmungen im Unionsrecht kann bei näherer Betrachtung daher **nicht überzeugen**, da sich der Anwendungsbereich von § 116 Abs. 1 Nr. 4 GWB gerade nicht auf „die Ausgabe, den Verkauf, den Ankauf oder die Übertragung von Wertpapieren" beschränken soll, sondern auch auf weitere „in Zusammenhang" damit stehende Dienstleistungen.[92] Würde dieses Merkmal auf notwendig oder untrennbar mit den ausdrücklich benannten Finanzdienstleistungen verbundene Geschäfte beschränkt, so wäre die gewählte Formulierung von § 116 Abs. 1 Nr. 4 GWB und von Art. 10 lit. e) RL 2014/24/EU überflüssig. Dieses Resultat liefe der Auslegungsregel zuwider, wonach jede Bestimmung so auszulegen ist, dass sie einen sinnvollen Regelungsgehalt aufweist.[93] Auch der Vergleich mit der englischen und französischen Sprachfassung spricht für ein **umfassendes Verständnis der Zusammenhangsgeschäfte**.[94]

4. Dienstleistungen der Zentralbanken

Das Vergaberecht findet **generell keine Anwendung auf Dienstleistungen der Zentralbanken**. Die Ausnahme knüpft zunächst an die Institution der Zentralbanken an, die als öffentliche Auftraggeber nach §§ 98ff. GWB einzustufen sind und damit grundsätzlich dem Vergaberecht unterfallen. Das Vergaberecht gilt nach § 116 Abs. 1 Nr. 4 GWB allerdings nicht für die Dienstleistungen, die die Zentralbanken aufgrund ihres gesetzlichen Auftrags erfüllen. In Deutschland sind hiervon die Europäische Zentralbank (EZB) sowie die Deutsche Bundesbank mit ihren Hauptverwaltungen erfasst (§ 8 BBankG),[95] nicht aber Landesbanken oder Sparkassen. Zu den Dienstleistungen der Zentralbanken gehören die im vierten und fünften Abschnitt des BBankG geregelten Geschäfte und Befugnisse der Bundesbank und ihrer Hauptgeschäftsstellen (§§ 14ff. u. §§ 19ff. BBankG).[96] **Beschaf-** 42

---

89 Vgl. *Lausen*, in: Burgi/Dreher, Beck'scher VergR-Kommentar, Bd. 1, § 116 Rn. 55; *Dreher*, in: Immenga/Mestmäcker, GWB, § 100a Rn. 31; *Antweiler*, in: Ziekow/Völlink, Vergaberecht, § 116 Rn. 22; *Schellenberg*, in: Pünder/Schellenberg, Vergaberecht, § 100a Rn. 15; früher hierzu EU-Kommission (Hrsg.), Finanzdienstleistungsbericht, S. 5; *Prieß*, Das öffentliche Auftragswesen in der EU, S. 51 f.; *Dreher/Opitz*, WM 2002, 413, 419.

90 So auch *Dreher/Opitz*, WM 2002, 413, 419.

91 Vgl. *Schneevogl*, in: Müller-Wrede, GWB, § 116 Rn. 71; früher schon: *Hailbronner*, WM 2002, 1674, 1676.

92 *Röwekamp*, in: Kulartz/Kus/Portz/Prieß, GWB, § 97 Rn. 17 („...gegen eine zu restriktive Auslegung der Vorschrift.").

93 Vgl. eingehend *Hailbronner*, WM 2002, 1674, 1676; *Marx*, in: Motzke/Pietzcker/Prieß, VOB, § 100 Rn. 33.

94 *Schneevogl*, in: Müller-Wrede, GWB, § 116 Rn. 71 („im Zweifel eher ein funktionales Verständnis").

95 *Lausen*, in: Burgi/Dreher, Beck'scher VergR-Kommentar, Bd. 1, § 116 Rn. 56.

96 *Schneevogl*, in: Müller-Wrede, GWB, § 116 Rn. 72.

fungsvorgänge der Zentralbanken selbst sind von der Ausnahme des § 116 Abs. 1 Nr. 4 GWB jedoch nicht umfasst.[97] Nur wenn die Zentralbanken selbst Auftragnehmer anderer öffentlicher Auftraggeber sind, kommen sie in den Genuss der Ausnahme.[98]

5. Transaktionen von EFSF und ESM

43 Erst mit § 116 Abs. 1 Nr. 4 GWB wurden Ausnahmen für Transaktionen der „**Europäischen Finanzstabilisierungsfazilität**" (EFSF) sowie des diese ablösenden „**Europäischen Stabilitätsmechanismus**" (ESM) geschaffen.[99] Durch die Einbeziehung soll einerseits die Aktualität des europäischen Vergaberechts gewährleistet werden und andererseits aber vor allem sichergestellt werden, dass diese zur Beilegung von Währungs- und Schuldenkrisen geschaffenen Einrichtungen nicht durch Vergabevorschriften in ihrer Effektivität beschränkt werden.[100] Daher ist der offene Begriff „Transaktionen" bewusst gewählt und soll in großem Umfang alle zur Erfüllung der den beiden Einrichtungen zugewiesenen Aufgaben umfassen.[101]

VI. Kredite und Darlehen (Abs. 1 Nr. 5)

44 Die Ausnahme des § 116 Abs. 1 Nr. 5 GWB für „**Kredite und Darlehen**" hat zwar keine eigenständige Vorläuferregelung, inhaltlich wurden beide Bereiche aber von früheren Ausnahmen zugunsten „finanzieller Dienstleistungen" mitumfasst (z. B. § 100a Abs. 2 Nr. 2 GWB a. F. bzw. § 100b Abs. 2 Nr. 1 GWB a. F.).[102] Mit der jüngsten Novellierung des Kartellvergaberechts wurden „Kredite und Darlehen" nun in eine eigene Ausnahme gefasst und damit aus § 116 Abs. 1 Nr. 4 GWB entfernt.[103] Die in Abs. 1 Nr. 5 vorgesehene Ausnahme ist damit parallel zu Art. 10 lit. f) der RL 2014/24/EU geregelt.

45 Unter die Begriffe „Kredite und Darlehen" fallen grundsätzlich alle Geschäfte, die der **Geld- oder Kapitalbeschaffung der Auftraggeber** dienen.[104] Im Ergebnis soll mit der Ausnahme des Abs. 1 Nr. 5 auch weiterhin sichergestellt werden, dass der Kapitalbedarf öffentlicher Auftraggeber nicht nach vergaberechtlichen Regelungen abläuft. Dies hat zum einen Gründe der Diskretion, nach denen nicht immer unmittelbar öffentlich bekannt werden soll, wenn sich öffentliche Auftraggeber mit Krediten versorgen, es hat zum anderen aber vor allem den Grund, dass gerade auf dem Kapitalmarkt die Finanzierungsleistungen innerhalb einer engen Marge liegen, sodass sich kaum Unterschiede in wirtschaftlich relevanter Weise ergeben. Außerdem sind öffentliche Auftraggeber auch auf flexible und kurzfristige Finanzierungen angewiesen, die mit dem Vergabeverfahren – so effizient es auch ausgestaltet sein mag – nicht zu gewährleisten sind. Ähnlich wie bei anderen Ausnahmen

---

97 *Röwekamp*, in: Kulartz/Kus/Portz/Prieß, GWB, § 116 Rn. 19; *Dreher*, in: Immenga/Mestmäcker, GWB, § 100a Rn. 34; *Schellenberg*, in: Pünder/Schellenberg, Vergaberecht, § 100a Rn. 8.

98 *Schneevogl*, in: Müller-Wrede, GWB, § 116 Rn. 73.

99 *Lausen*, in: Burgi/Dreher, Beck'scher VergR-Kommentar, Bd. 1, § 116 Rn. 52.

100 Begründung der BReg., BT-Drs. 18/6281 v. 8.10.2015, S. 95.

101 *Schneevogl*, in: Müller-Wrede, GWB, § 116 Rn. 76.

102 *Antweiler*, in: Ziekow/Völlink, Vergaberecht, § 116 Rn. 25; *Schellenberg*, in: Pünder/Schellenberg, Vergaberecht, § 100a Rn. 6.

103 *Schneevogl*, in: Müller-Wrede, GWB, § 116 Rn. 62 u. 79.

104 *Lausen*, in: Burgi/Dreher, Beck'scher VergR-Kommentar, Bd. 1, § 116 Rn. 59 ff.

des § 116 GWB (z. B. Nr. 1 oder Nr. 4) spielt vor allem ein wichtige Rolle, dass aufgrund der herrschenden Marktverhältnisse nur geringfügige Unterschiede im Hinblick auf die für die Erteilung von Krediten oder Darlehen anwendbaren Modalitäten zu erwarten sind.

VII. Dienstleistungsaufträge an öffentliche Auftraggeber (Abs. 1 Nr. 6)

Eine weitere Ausnahme ist nach § 116 Abs. 1 Nr. 6 GWB für Dienstleistungen vorgesehen, die **an einen öffentlichen Auftraggeber** nach § 99 Nr. 1 bis 3 GWB vergeben werden.[105] **Aufträge zwischen öffentlichen Auftraggebern** werden danach unter bestimmten Voraussetzungen von der Geltung des Kartellvergaberechts befreit. Die Vorschrift dient u. a. der Umsetzung von Art. 11 RL 2014/24/EU[106] und entspricht – abgesehen von redaktionellen Anpassungen – weitgehend den früheren Fassungen des GWB (z. B. § 100a Abs. 3 GWB a. F. bzw. davor § 100 Abs. 2 lit. g) GWB a. F.). Wie zuvor in der auf den RL 2004/18/EG und RL 2004/17/EG beruhenden Bestimmung ist auch die Geltung der Ausnahme nach § 116 Abs. 1 Nr. 6 GWB auf Dienstleistungsaufträge beschränkt.[107] Sinn und Zweck der Vorschrift liegen darin, zu verhindern, dass eine Ausschreibung vorgenommen wird, obwohl die betreffende Dienstleistung bereits aufgrund von Gesetz oder Verordnung einem öffentlichen Auftraggeber nach § 99 Nr. 1 bis 3 GWB zugewiesen ist.[108] Auf diese Weise sollen öffentliche Auftraggeber im Verhältnis untereinander – soweit der Anwendungsbereich von § 116 Abs. 1 Nr. 6 GWB eröffnet ist – von den zeit- und kostenaufwändigen Belastungen des Vergaberechts freigestellt werden, da der Zuschlag zugunsten eines bestimmten Bieters bereits feststeht.[109] Die Ausnahme setzt zweierlei voraus. Zum einen muss es sich bei dem **Dienstleistungserbringer** um einen öffentlichen Auftraggeber **i. S. des § 99 Nr. 1, 2 oder 3 GWB** handeln, zum anderen muss er ein **auf Gesetz oder Verordnung beruhendes ausschließliches Recht** (Monopol) zur Erbringung dieser Leistung haben. 46

1. Öffentlicher Auftraggeber

Gemäß dem Gesetzeswortlaut ist es erforderlich, dass der Auftrag an eine Person oder ein Unternehmen vergeben wird, die Auftraggeber im Sinne des § 99 Nr. 1, 2 oder 3 GWB sind (früher: § 98 Nr. 1, 2 oder 3 GWB a. F.). Dies umfasst die Gebietskörperschaften und ihre 47

---

105 *Antweiler*, in: Ziekow/Völlink, Vergaberecht, § 116 Rn. 26 f.

106 *Schneevogl*, in: Müller-Wrede, GWB, § 116 Rn. 61; ebenso: Art. 10 Abs. 8 lit. e) RL 2014/23/EU sowie Art. 21 lit. d) RL 2014/25/EU.

107 So bereits zur früheren Rspr. *Dreher*, in: Immenga/Mestmäcker, GWB, § 100 Rn. 46; *Stickler*, in: Reidt/Stickler/Glahs, Vergaberecht, § 100 Rn. 21; *Boesen*, GWB, § 100 Rn. 76; großzügiger *Marx*, in: Motzke/Pietzcker/Prieß, VOB, § 100 Rn. 21.

108 Vgl. *Schellenberg*, in: Pünder/Schellenberg, Vergaberecht, § 100a Rn. 16; *Jaspers*, DB 1998, 2153.

109 *Lausen*, in: Burgi/Dreher, Beck'scher VergR-Kommentar, Bd. 1, § 116 Rn. 65; *Röwekamp*, in: Kulartz/Kus/Portz/Prieß, GWB, § 116 Rn. 1 („irreführender Formalismus"); *Schneevogl*, in: Müller-Wrede, GWB, § 116 Rn. 87.

Sondervermögen (Nr. 1), die juristischen Personen des öffentlichen und privaten Rechts (Nr. 2) sowie Verbände (Nr. 3).[110]

2. Ausschließliches Leistungserbringungsrecht

48 Weiterhin ist erforderlich, dass die zu erbringende Leistung aufgrund eines dem Unternehmen **durch Rechtsvorschrift zugewiesenen ausschließlichen Rechts** (Monopol) vergeben wird. Der EuGH hat hierzu festgestellt, dass die Rechts- und Verwaltungsvorschriften, aufgrund derer der Einrichtung ein ausschließliches Recht eingeräumt wird, **mit dem EU-Recht vereinbar sein müssen.**[111] Hierzu gehören insbesondere die Wettbewerbsregeln des AEUV.[112] Die Einräumung eines Monopols zur Erledigung des Auftrags muss daher in erster Linie der Erfüllung von im allgemeinen Interesse liegenden Aufgaben dienen. Weiterhin ist es erforderlich, dass die Aufgabe durch das **Angebot privater Dienstleistung** möglicherweise nicht in dem Maß erfüllt werden kann, wie es aus im Allgemeininteresse liegenden Gründen für erforderlich gehalten wird.[113] Die Aufgabenerfüllung muss so beschaffen sein, dass zwischen den Auftraggebern ein **Verhältnis zwischenorganschaftlicher Delegation** besteht.[114] Außerdem darf die Aufgabe den Verwaltungsbereich der übertragenden Körperschaft nicht verlassen.[115] Damit sind reine Organisationsprivatisierungen gemeint oder die Übertragung von Aufgaben an Eigenbetriebe. Anerkannt ist im Schrifttum, dass bereits ein „relatives staatliches Monopol" gegenüber dem betreffenden Auftraggeber genügt, um die Voraussetzungen des § 116 Abs. 1 Nr. 6 GWB zu erfüllen (früher: § 100a Abs. 3 GWB a. F. und davor § 100 Abs. 2 lit. g) GWB a. F.).[116] Nicht ausreichend ist hingegen die Einräumung von Monopolen durch kommunale Satzung, Verwaltungsvorschrift oder privatrechtlichen Vertrag.[117]

49 Ein **ausschließliches Recht** zur Erbringung einer Leistung haben das BayObLG und das OLG Düsseldorf bei der Beauftragung zur Abfallverwertung und -beseitigung nach § 16 Abs. 1 KrW-/AbfG übereinstimmend abgelehnt, da sich diese nicht durch Gesetz oder Verordnung vollziehe, sondern regelmäßig durch eine vertragliche Vereinbarung zustande

---

110 Vgl. dazu § 99 GWB Rn. 98 ff.; unter unionsrechtlichem Blickwinkel vgl. *Hailbronner*, in: Grabitz/Hilf, EU, Bd. 4, Öffentliches Auftragswesen, B.4 – Begriff des öffentlichen Auftraggebers.

111 Vgl. EuGH, Urt. v. 10.11.1998, Rs. C-360/96, Slg. 1998, I-6821 – BFI Holding/Gemeente Arnhem, Tz. 45; *Antweiler*, in: Ziekow/Völlink, Vergaberecht, § 116 Rn. 27; *Boesen*, GWB, § 100 Rn. 84; *Dreher*, in: Immenga/Mestmäcker, GWB, § 100 Rn. 52.

112 Vgl. *Otting*, in: Bechtold, GWB, § 100 Rn. 23; *Stickler*, in: Reidt/Stickler/Glahs, Vergaberecht, § 100 Rn. 21.

113 Vgl. EuGH, Urt. v. 10.11.1998, Rs. C-360/96, Slg. 1998, I-6821 – BFI Holding/Gemeente Arnhem, Tz. 52 (für Dienstleistungen im Rahmen der Müllabfuhr); *Lausen*, in: Burgi/Dreher, Beck'-scher VergR-Kommentar, Bd. 1, § 116 Rn. 73.

114 *Schneevogl*, in: Müller-Wrede, GWB, § 116 Rn. 85.

115 Vgl. Schlussanträge des GA *La Pergola* v. 19.2.1998, Rs. C-360/96, Slg. I-6824 – BFI Holding/Gemeente Arnhem, Tz. 38.

116 Vgl. *Dreher*, in: Immenga/Mestmäcker, GWB, § 100 Rn. 48; *Schneevogl*, in: Müller-Wrede, GWB, § 116 Rn. 90; *Lausen*, in: Burgi/Dreher, Beck'scher VergR-Kommentar, Bd. 1, § 116 Rn. 71; *Stickler*, in: Reidt/Stickler/Glahs, Vergaberecht, § 100 Rn. 21; *Boesen*, GWB, § 100 Rn. 78.

117 *Lausen*, in: Burgi/Dreher, Beck'scher VergR-Kommentar, Bd. 1, § 116 Rn. 70; *Schellenberg*, in: Pünder/Schellenberg, Vergaberecht, § 100a Rn. 20; *Schneevogl*, in: Müller-Wrede, GWB, § 116 Rn. 89.

komme.[118] Im Übrigen bestehe die Entsorgungspflicht der öffentlich-rechtlichen Körperschaft gegenüber privaten Haushalten ungeachtet der Beauftragung fort (vgl. § 16 Abs. 1 Satz 2 KrW-/AbfG).[119] Das OLG Düsseldorf hat in seiner Entscheidung weiter hervorgehoben, dass auch ein für verbindlich erklärter Abfallwirtschaftsplan i. S. von § 29 Abs. 1 Satz 4, Abs. 4 KrW-/AbfG, § 18 Abs. 1 Satz 1 AbfG NW als Grundlage eines Leistungserbringungsrechts nicht in Betracht kommt, da er dem Betreiber einer Abfallbeseitigungsanlage kein Recht auf Erbringung der Abfallentsorgungsleistung einräumt.[120] Dies aber ist nach § 116 Abs. 1 Nr. 6 GWB eine Voraussetzung für den Ausschluss der §§ 97 ff. GWB.

VIII. Kommunikationsnetze und -dienste (Abs. 2)

Die Ausnahme des § 116 Abs. 2 GWB unterscheidet sich von den übrigen Ausnahmen des Abs. 1 dadurch, dass er sich nicht nur auf „**öffentliche Aufträge**“, sondern ebenso auf „**Wettbewerbe**“ erstreckt. Die Vorschrift dient u. a. der Umsetzung von Art. 8 der RL 2014/24/EU[121] und entspricht weitgehend den früheren Fassungen des GWB (§ 100 Abs. 2 lit. k) GWB a. F. bzw. § 100a Abs. 4 GWB a. F.). Ähnlich wie seine Vorläufervorschriften umfasst der gegenwärtige Abs. 2 „die Bereitstellung oder den Betrieb öffentlicher Kommunikationsnetze oder (…) elektronischer Kommunikationsdienste für die Öffentlichkeit“. Zwar wird im Schrifttum bestritten, dass davon auch noch ursprüngliche Kommunikationsformen wie Fernsprechdienstleistungen, Telexdienste, Mobiltelefondienste, Funkrufdienste und Satellitenkommunikation erfasst werden.[122] Vom Wortlaut und von den damit umfassten Techniken ist Abs. 2 aber grundsätzlich entwicklungsoffen formuliert. Damit unterfallen auch die bisherigen Kommunikationsformen der Vorschrift, soweit sich die entsprechenden Leistungen unter die Bereitstellung oder den Betrieb „öffentlicher Telekommunikationsnetze“ und „öffentlicher Telekommunikationsdienste“ fassen lassen.[123] 50

Allerdings ist klarzustellen, dass lediglich „**Bereitstellung**“ und „**Betrieb**“ von Kommunikationsnetzen und Kommunikationsdiensten“ der Ausnahme des Abs. 2 unterfallen, nicht jedoch die Vergabe von Kommunikationsdienstleistungen, die auf der Grundlage dieser Netze und Dienste erbracht werden.[124] In diesem Zusammenhang ist jedoch ggf. die Ausnahme des Abs. 1 Nr. 3 zu berücksichtigen.[125] Während der Begriff des „Betriebs“ eine **ge-** 51

---

118 OLG Düsseldorf, Beschl. v. 12.1.2004, VII-Verg 71/03, NVwZ 2004, 510; OLG Frankfurt/M., Beschl. v. 7.9.2004, 11 Verg 11/04, VergabeR 2005, 80; BayObLG, Beschl. v. 22.1.2002, Verg 18/01, VergabeR 2002, 244, 249 m. Anm. *Wagner*.

119 BayObLG, Beschl. v. 22.1.2002, Verg 18/01, VergabeR 2002, 244, 249 m. Anm. *Wagner*.

120 OLG Düsseldorf, Beschl. v. 12.1.2004, VII-Verg 71/03, NVwZ 2004, 510.

121 *Schneevogl*, in: Müller-Wrede, GWB, § 116 Rn. 96.

122 *Antweiler*, in: Ziekow/Völlink, Vergaberecht, § 116 Rn. 29; *Dreher*, in: Immenga/Mestmäcker, GWB, § 100 Rn. 68.

123 So auch *Schneevogl*, in: Müller-Wrede, GWB, § 116 Rn. 99 („Beispiel … sind etwa Festnetze [Breitbandkabelnetz, Internet, klassisches Telefonnetz], funkgestützte Netze [Mobilfunknetze, Wireless Local Loop, WLAN] oder Satellitennetze.“); ähnlich *Lausen*, in: Burgi/Dreher, Beck'scher VergR-Kommentar, Bd. 1, § 116 Rn. 76.

124 *Röwekamp*, in: Kulartz/Kus/Portz/Prieß, GWB, § 116 Rn. 29; *Dreher*, in: Immenga/Mestmäcker, GWB, § 100a Rn. 44; *Lausen*, in: Burgi/Dreher, Beck'scher VergR-Kommentar, Bd. 1, § 116 Rn. 77.

125 Vgl. oben Rn. 27 ff.

wisse Dauer voraussetzt, muss mit einer „Bereitstellung" die **Möglichkeit für Zugriff und Nutzung** verbunden sein.[126]

52 Nachdem frühere Ausnahmen auf der RL 92/50/EWG bzw. RL 93/38/EWG beruht hatten, führt sich Abs. 2 nun auf Art. 8 RL 2014/24/EU zurück. Danach sind die Begriffe „öffentliches Kommunikationsnetz" und „elektronischer Kommunikationsdienst" nach der Definition der RL 2002/21/EG „über einen gemeinsamen Rechtsrahmen für elektronische Kommunikationsnetze und -dienste" (Rahmenrichtlinie) auszulegen.[127] Aus dem deutschen Recht ist insbesondere auf die Vorschriften der §§ 3 Nr. 16a, 27 TKG oder §§ 3 Nr. 17a, 24 TKG zu verweisen.[128]

53 Mit der Neufassung der Regelung in Abs. 2 werden alle Verträge erfasst, die hauptsächlich den Zweck haben, dem Auftraggeber die Bereitstellung oder den Betrieb öffentlicher Telekommunikationsnetze oder die Bereitstellung eines oder mehrerer Telekommunikationsdienste für die Öffentlichkeit zu ermöglichen. Der Grund für diese Regelung liegt darin, dass in Folge der unionsrechtlichen Rechtsvorschriften zur Liberalisierung des Telekommunikationssektors auf den Telekommunikationsmärkten inzwischen ein wirksamer Wettbewerb herrscht. Die Kommission hat daher öffentliche Aufträge in diesem Bereich aus dem Anwendungsbereich der Vergaberichtlinien ausgeklammert, sofern sie allein mit dem Ziel vergeben werden, den Auftraggebern bestimmte Tätigkeiten auf dem Telekommunikationssektor zu ermöglichen.

54 Auch im Hinblick auf Abs. 2 ist unverändert von Bedeutung, dass die Europäische Kommission durch Mitteilung vom 3.6.1999 den deutschen Telekommunikationsmarkt nach Art. 8 der früheren Sektorenrichtlinie 93/38/EWG von der Anwendung des Vergaberechts freigestellt hat. Insofern kommt auch Abs. 2 – ebenso wie früher § 100 Abs. 2 lit. k) GWB a. F. – **keine praktische Bedeutung** mehr zu.[129]

---

126 *Lausen*, in: Burgi/Dreher, Beck'scher VergR-Kommentar, Bd. 1, § 116 Rn. 77.

127 ABl. EG v. 24.4.2002, L 108/33.

128 Begründung der BReg., BT-Drs. 18/6281 v. 8.10.2015, S. 95; *Lausen*, in: Burgi/Dreher, Beck'scher VergR-Kommentar, Bd. 1, § 116 Rn. 76.

129 Vgl. Mitteilung der Europäischen Kommission v. 3.6.1999, ABl. EG 1999 – C.156/3; *Stickler*, in: Reidt/Stickler/Glahs, Vergaberecht, § 98 Rn. 49; vgl. zu den Hintergründen: *Schneevogl*, in: Müller-Wrede, GWB, § 116 Rn. 97.

§ 117 Besondere Ausnahmen für Vergaben, die Verteidigungs- oder Sicherheitsaspekte umfassen

(1) Bei öffentlichen Aufträgen und Wettbewerben, die Verteidigungs- oder Sicherheitsaspekte umfassen, ohne verteidigungs- oder sicherheitsspezifische Aufträge zu sein, ist dieser Teil nicht anzuwenden,

1. soweit der Schutz wesentlicher Sicherheitsinteressen der Bundesrepublik Deutschland nicht durch weniger einschneidende Maßnahmen gewährleistet werden kann, zum Beispiel durch Anforderungen, die auf den Schutz der Vertraulichkeit der Informationen abzielen, die der öffentliche Auftraggeber im Rahmen eines Vergabeverfahrens zur Verfügung stellt,

2. soweit die Voraussetzungen des Artikels 346 Absatz 1 Buchstabe a des Vertrags über die Arbeitsweise der Europäischen Union erfüllt sind,

3. wenn die Vergabe und die Ausführung des Auftrags für geheim erklärt werden oder nach den Rechts- oder Verwaltungsvorschriften besondere Sicherheitsmaßnahmen erfordern; Voraussetzung hierfür ist eine Feststellung darüber, dass die betreffenden wesentlichen Interessen nicht durch weniger einschneidende Maßnahmen gewährleistet werden können, zum Beispiel durch Anforderungen, die auf den Schutz der Vertraulichkeit der Informationen abzielen,

4. wenn der öffentliche Auftraggeber verpflichtet ist, die Vergabe oder Durchführung nach anderen Vergabeverfahren vorzunehmen, die festgelegt sind durch

a) eine im Einklang mit den EU-Verträgen geschlossene internationale Übereinkunft oder Vereinbarung zwischen der Bundesrepublik Deutschland und einem oder mehreren Staaten, die nicht Vertragsparteien des Übereinkommens über den Europäischen Wirtschaftsraum sind, oder ihren Untereinheiten über Liefer-, Bau- oder Dienstleistungen für ein von den Unterzeichnern gemeinsam zu verwirklichendes oder zu nutzendes Projekt,

b) eine internationale Übereinkunft oder Vereinbarung im Zusammenhang mit der Stationierung von Truppen, die Unternehmen betrifft, die ihren Sitz in der Bundesrepublik Deutschland oder einem Staat haben, der nicht Vertragspartei des Übereinkommens über den Europäischen Wirtschaftsraums ist, oder

c) eine internationale Organisation oder

5. wenn der öffentliche Auftraggeber gemäß den Vergaberegeln einer internationalen Organisation oder internationalen Finanzierungseinrichtung einen öffentlichen Auftrag vergibt oder einen Wettbewerb ausrichtet und dieser öffentliche Auftrag oder Wettbewerb vollständig durch diese Organisation oder Einrichtung finanziert wird. Im Falle einer überwiegenden Kofinanzierung durch eine internationale Organisation oder eine internationale Finanzierungseinrichtung einigen sich die Parteien auf die anwendbaren Vergabeverfahren.

Schrifttum: *Bechtold*, Kartellgesetz, Gesetz gegen Wettbewerbsbeschränkungen, 6. Aufl. 2010; *Daub/Eberstein*, Kommentar zur VOL/A, Verdingungsordnung für Leistungen Teil A, 5. Aufl. 2000; *Dreher/Motzke*, Beck'scher Vergaberechtskommentar, 2. Aufl. 2013; *Grabitz/Hilf*, Das Recht der Europäischen Union, Loseblatt-Ausgabe, Bd. IV, München, Stand: 40. Erg.-Lfg., Oktober 2009; *Heiermann/Zeiss/Summa*, juris Praxiskommentar Vergaberecht, 5. Aufl. 2016; *Kulartz/Kus/Portz/Prieß*,

Kommentar zum GWB-Vergaberecht, 4. Aufl. 2016; *Leinemann/Kirsch*, VSVgV, Vergabeverordnung Verteidigung und Sicherheit, 2013; *Müller-Wrede*, GWB Vergaberecht, Kommentar, 2016; *Prieß*, Handbuch des europäischen Vergaberechts, 3. Aufl. 2015.

Übersicht

I. Allgemeines

1 Die Vorschrift entspricht zum Teil den § 100 Abs. 6 bis 8 GWB a.F. sowie dem § 100c Abs. 4 GWB a.F. Sie setzt Art. 15 Abs. 2 und 3, Art. 17 VRL sowie Art. 24 Abs. 2 und 3, Art. 27 SRL um, die die Anwendung des Vergaberechts auf Aufträge und Wettbewerbe, die Verteidigungs- oder Sicherheitsaspekte beinhalten, regeln.[1] Die RL-Bestimmungen erfassen die besonderen Ausnahmen vom Vergaberecht für solche Aufträge, die Verteidigungs- oder Sicherheitsaspekte umfassen, ohne die Voraussetzungen des Art. 2 der VertVergRL bzw. § 104 GWB zu erfüllen, und die nicht in den Ausnahmebereich der Art. 8, 12 und 13 der VertVergRL fallen. Aufträge, die der VertVergRL unterliegen bzw. die nach den Bestimmungen der VertVergRL von dieser nicht umfasst sind, unterliegen nach Art. 15 Abs. 1 lit. a) und b) der VRL und Art. 24 Abs. 1 lit. a) und b) der SRL auch nicht der VRL bzw. der SRL.

II. Systematik

2 Das VergModG gestaltet die Systematik im Hinblick auf besonders schutzwürdige öffentliche Aufträge im Bereich Verteidigung und Sicherheit neu. Im ersten Schritt ist zwischen „normalen" öffentlichen Aufträgen gem. § 103 GWB, die grundsätzlich nach den Bestimmungen der VgV und den verteidigungs- oder sicherheitsspezifischen öffentlichen Aufträgen gem. § 104 GWB, welche unter das Regime der VSVgV fallen, zu unterscheiden. In diesen zwei Kategorien sieht das GWB bestimmte allgemeine und besondere Ausnahmen von dem Anwendungsbereich vor. Für „normale" öffentliche Aufträge werden die regulären Ausnahmen in §§ 107 bis 109 GWB geregelt. Erweitert werden diese Ausnahmen für „normale" öffentliche Aufträge um besondere Ausnahmen gem. § 116 GWB, abhängig von dem jeweiligen Auftragsgegenstand, sowie um **besondere Ausnahmen aus Gründen des Bezuges zu Verteidigungs- und Sicherheitsaspekten**, die in § 117 GWB vorgesehen werden. Für die verteidigungs- oder sicherheitsspezifischen öffentlichen Aufträge gem. § 104 GWB werden die Ausnahmen hingegen in § 145 GWB geregelt.

1 Amtl. Begr., BT-Drs. 18/6281, S. 95 zu § 117 GWB-E VergRModG.

Die in § 117 GWB genannten Aufträge, die Verteidigungs- und Sicherheitsaspekte umfassen, stellen keine neue, gesonderte Kategorie öffentlicher Aufträge dar (vgl. § 104 Rn. 4). Auch ist § 117 GWB nicht für verteidigungs- oder sicherheitsspezifische Aufträge gem. § 104 GWB vorgesehen, die aus bestimmten Gründen dennoch nicht der VSVgV, sondern der VgV unterliegen würden. Liegt der Natur nach ein Verschlusssachenauftrag gem. § 104 Abs. 3 GWB vor, der jedoch die besonderen Schwellenwerte des § 106 Abs. 2 Nr. 3 GWB nicht erreicht oder bzgl. welcher eine besondere Ausnahme des 145 GWB greift, findet der 4. Teil des GWB keine Anwendung. Der Auftrag fällt nicht auf das „normale“ Vergaberecht zurück,[2] auch nicht als ein „besonderer“ Auftrag i. S. d. § 117 GWB. 3

Eine genaue Definition der Aufträge, die Verteidigungs- und Sicherheitsaspekte umfassen, enthält weder das GWB noch die VRL oder die VertVergRL. Von § 117 GWB dürften zunächst Fälle umfasst sein, bei denen in der Erfüllung oder Ausführung des Auftrags zwar Verschlusssachen i. S. d. § 104 Abs. 3 Nr. 1 GWB verwendet werden oder die solche Verschlusssachen nach § 104 Abs. 3 Nr. 2 GWB erfordern bzw. beinhalten, es jedoch an den gem. § 104 Abs. 3 GWB vorausgesetzten **ähnlichen Merkmalen** zu einem militärischen Auftrag bzw. der besonderen **Schutzbedürftigkeit** fehlt. Insoweit erscheint es der Systematik des GWB nicht zu entsprechen, entgegen dem Wortlaut des § 104 Abs. 3 Nr. 1 GWB aus § 104 Abs. 3 GWB bereits Verschlusssachen herauszunehmen, die lediglich den Geheimhaltungsgrad VS-NUR FÜR DEN DIENSTGEBRAUCH aufweisen (siehe § 104 Rn. 23). Es können weiterhin Aufträge umfasst sein, die, ohne ein Verschlusssachenauftrag gem. § 104 Abs. 3 GWB zu sein, Leistungen gezielt für Bundeswehrstandorte oder Sicherheitsbehörden beschaffen.[3] Darunter könnten künftig die Vergabe von Bewachungs- oder Reinigungsleistungen in sicherheitsrelevanten Bereichen fallen oder die Beschaffung von gängiger Office-Software für die Rechner der Bundesverwaltung, der Bundeswehr oder von Sicherheitsbehörden.[4] 4

Gleichwohl ist von Bedeutung, dass die unter die jeweiligen Ausnahmefälle des § 117 Nr. 1 bis 5 GWB fallenden Aufträge dem Vergaberecht gänzlich ausgenommen sind. Auf sie findet weder die VgV/SektVO noch die VSVgV Anwendung. Dies bedingt eine **enge** Auslegung der Begriffe des § 117 GWB. Die VertVergRL und die eingeführte VSVgV verfolgten gemeinsam das Ziel, Aufträge nicht vorschnell unter Berufung auf Verteidigungs- oder Sicherheitsaspekte dem Vergaberecht auszunehmen. Dieser Zweck soll durch eine extensive Auslegung des § 117 nicht ausgehöhlt werden. Fällt ein Auftrag mangels besonderer Schutzbedürftigkeit nicht unter § 104 Abs. 3 GWB, d. h. im Ergebnis auch nicht unter die VSVgV, darf dieser erst recht nicht unter § 117 GWB fallen, der den Auftrag dem Vergaberecht gänzlich, d. h. sowohl im Hinblick auf die VgV/SektVO als auch auf die VSVgV ausnimmt. Ein besonders strenger Maßstab ist jedoch bei der Anwendung des Begriffes der Aufträge, die Verteidigungs- oder Sicherheits**aspekte umfassen**, jedoch nicht anzunehmen. Bereits der Wortlaut des § 117 GWB ist insoweit im Vergleich zu dem Begriff der verteidigungs- oder sicherheits**spezifischen** Aufträgen weiter und soll zunächst ein breites Spektrum von Beschaffungen im Verteidigungs- und Sicherheitsbereich umfassen. Diese 5

---

2 *Summa*, in: Heiermann/Zeiss/Summa, juris Praxiskommentar Vergaberecht, § 117 GWB Rn. 4.

3 *Summa*, in: Heiermann/Zeiss/Summa, juris Praxiskommentar Vergaberecht, § 117 GWB Rn. 10.

4 Vgl. zur Qualifikation als verteidigungs- oder sicherheitsrelevanter Auftrag nach § 99 Abs. 7 GWB a. F.; VK Bund, Beschl. v. 3.6.2013, VK 2-31/13; VK Bund, Beschl. v. 9.5.2014, VK 1-26/14; Beschl. v. 29.8.2014, VK 2-63/14; OLG Düsseldorf, Beschl. v. 13.11.2013, VII-Verg 19/13; Beschl. v. 21.10.2015, VII-Verg 28/14.

sind anschließend nach den engen Vorgaben der § 117 Nr. 1 bis 5 GWB dahingehend zu überprüfen, ob eine Ausnahme vom Vergaberecht geboten ist oder ggf. weniger einschneidende Maßnahmen unter der VgV einen gerechten Ausgleich zwischen den Sicherheitsbelangen und der Forderung nach öffentlichem Wettbewerb schaffen.

III. Einzelheiten

1. Sicherheitsinteressen

6 § 117 Nr. 1 GWB setzt Art. 15 Abs. 2 Unterabs. 1 VRL und Art. 24 Abs. 2 Unterabs. 1 SRL um. Hiermit wird über die Bestimmung des Art. 346 lit. b) AEUV hinaus die Ausnahme von der Anwendung des Vergaberechts nicht nur für Fälle der Erzeugung von Waffen, Munition und Kriegsmaterial oder den Handel damit, sondern bei sämtlichen Verträgen, die Verteidigungs- oder Sicherheitsaspekte aufweisen, ohne in den Anwendungsbereich der VertVergRL zu fallen, bejaht.[5]

7 Die Vorschrift knüpft an die bisherige obergerichtliche Rechtsprechung an und bestimmt, dass ein öffentlicher Auftrag, der Verteidigungs- oder Sicherheitsaspekte umfasst, dem Vergaberecht nicht unterliegt, wenn dies der Schutz **wesentlicher Sicherheitsinteressen** der Bundesrepublik Deutschland erfordert und dieser nicht durch weniger einschneidende Maßnahmen gewährleistet werden kann.[6] Soweit auf wesentliche Sicherheitsinteressen abgestellt wird, lehnt sich die Bestimmung an § 100 Abs. 8 Nr. 3 GWB a. F. an, der ebenfalls den Schutz wesentlicher nationaler Sicherheitsinteressen unter Nennung bestimmter Beispiele vorausgesetzt hat. In der Altregelung waren besondere Beispielsfälle genannt, um deren hohe Sicherheitsrelevanz zu unterstreichen. Erwähnt waren der Einsatz der Streitkräfte oder die Umsetzung von Maßnahmen der Terrorismusbekämpfung oder sonstige wesentliche Sicherheitsinteressen bei der Beschaffung von Informationstechnik oder Telekommunikationsanlagen. In diesen Fällen dürfte es weiterhin – auch unter der Neuregelung – aufgrund der Art und des Gewichts der Sicherheitsinteressen geboten sein, dass die vergaberechtlichen Bestimmungen nicht zur Anwendung kommen.[7] Der Gesetzgeber hat daher die staatlichen Sicherheitsinteressen als vorrangig gegenüber den einzelnen Unternehmensinteressen angesehen.[8]

8 Soweit nun **abstrakt** auf den Schutz wesentlicher Sicherheitsinteressen des Staates abgestellt wird, gehören hierzu neben den o.g. Fällen z.B. auch Aufträge, bei deren Vergabe und Durchführung die Unternehmen Einblick in die Organisation und Arbeitsweise von Sicherheitsbehörden erlangen würden, sowie Beschaffungen, die im Zusammenhang mit Einsätzen der Bundespolizei stehen oder Beschaffungen sensibler Materialien oder Anlagen, wenn der Schutz wesentlicher Interessen der Sicherheit des Staates es gebietet.[9]

9 Die Ausnahmen beruhen auf dem gleichen Grundgedanken wie Art. 346 AEUV (ex-Art. 296 EGV). Danach ist ein Mitgliedstaat nicht verpflichtet, Auskünfte zu erteilen, de-

5 Amtl. Begr., BT-Drs. 18/6281, S. 95 f. zu § 117 GWB-E VergRModG.

6 Siehe insbesondere OLG Düsseldorf, Beschl. v. 30.4.2003, Verg 61/02, OLG Celle, Beschl. v. 3.12.2009, 13 Verg 14/09.

7 *Sterner*, in: Müller-Wrede, GWB Vergaberecht Kommentar, § 117 GWB Rn. 11.

8 BT-Drs. 16/10117, S. 19.

9 BR-Drs. 349/08, S. 34.

ren Preisgabe wesentlichen Sicherheitsinteressen widerspricht. Eine Offenlegung derjenigen Umstände, die eine Geheimhaltungsbedürftigkeit begründen, kann nicht verlangt werden, wenn dadurch der Zweck der Geheimhaltung gefährdet würde. Andererseits wird man aus der Vorschrift keinen Blankoscheck für die Freistellung von den Vergaberegeln ableiten können. Die Tragweite der Geheimschutzinteressen kann nicht einseitig von jedem Mitgliedstaat ohne gerichtliche Überprüfungsmöglichkeit bestimmt werden, im Hinblick darauf, dass die Nichtanwendbarkeit des Vergaberechts möglicherweise Grundfreiheiten tangiert.[10] Grundsätzlich wird man eine **tatsächliche und hinreichend schwere Gefährdung staatlicher Sicherheitsinteressen** verlangen müssen; es ist jedoch auch unionsrechtlich nicht bestritten, dass jeder Mitgliedstaat seine Sicherheitsinteressen nach seiner eigenen spezifischen Gefährdungssituation festlegen kann. In der Praxis allerdings wird Art. 346 AEUV weitgehend als eine Vorschrift verstanden, die bestimmte Bereiche mitgliedstaatlicher Beschaffungspolitik global von den Vergabevorschriften ausnimmt. Dem Mitgliedstaat ist es jedoch grundsätzlich nicht möglich, durch missbräuchliche Auslegung seiner Geheimschutzinteressen das Vergaberecht zu umgehen. So dürfte es zum Beispiel unzulässig sein, den Bau eines Behördengebäudes insgesamt zu einer geheimen Angelegenheit zu erklären, weil in dem Gebäude ein abhörsicherer Raum eingerichtet werden soll. Eine andere Beurteilung könnte sich allerdings dann ergeben, wenn weitere Gesichtspunkte hinzuträten, die eine Einstufung des gesamten Projekts als sicherheitsrelevant rechtfertigen würden.[11]

Das Vergaberecht gilt nicht für Aufträge, wenn es der **Schutz wesentlicher staatlicher Sicherheitsinteressen** erfordert. Wie der Ausdruck „wesentliche Sicherheitsinteressen" bereits nahelegt, muss es sich um eine **besondere Sicherheitslage** handeln. Es reicht hier nicht aus, dass der betreffende Mitgliedstaat ein konventionelles staatliches Interesse zu einem wesentlichen Sicherheitsinteresse macht. Vielmehr wird man im Anschluss an die in der Rechtsprechung des EuGH entwickelten Begriffe der öffentlichen Ordnung, Sicherheit und Gesundheit fordern müssen, dass eine **tatsächliche und hinreichend schwere Gefährdung** vorliegt, die ein **Grundinteresse der Gesellschaft** berührt.[12] Für das Vorliegen der besonderen Gefährdung der Sicherheitsinteressen durch die Anwendung der Vorschriften der §§ 97 ff. GWB ist insoweit der öffentliche Auftraggeber **beweispflichtig**.[13] 10

Gleichzeitig greift § 117 Nr. 1 GWB zum Zwecke der Klarstellung ausdrücklich den Grundsatz der **Verhältnismäßigkeit** auf. Art. 15 Abs. 2 Unterabs. 1 VRL und Art. 24 Abs. 2 Unterabs. 1 SRL lassen die Ausnahme vom Vergaberecht nur insoweit zu, als der Schutz wesentlicher Sicherheitsinteressen eines Mitgliedsstaats nicht durch **weniger einschneidende Maßnahmen** gewährleistet werden kann. Das Absehen von einem förmlichen Vergabeverfahren ist insoweit **ultima ratio**. 11

Zu den weniger einschneidenden Maßnahmen führen die RL sowie die Umsetzung in § 117 Nr. 1 GWB zum Beispiel die Anforderungen auf, die auf den Schutz der Vertraulichkeit solcher Informationen abzielen, die der öffentliche Auftraggeber im Rahmen eines 12

---

10 Vgl. die st. Rspr. des EuGH zur Auslegung des Begriffs der öffentlichen Sicherheit, Ordnung und Gesundheit als Schranke von Marktfreiheiten: EuGH, Urt. v. 4.12.1974, Rs. 41/74, Slg. 1974, 1337, 1350 – Van Duyn.

11 Vgl. OLG Düsseldorf, Beschl. v. 30.3.2005, VII-Verg 101/04 – BND-Bau.

12 Vgl. EuGH, Urt. v. 28.10.1975, Rs. 36/75, Slg. 1975, 1219, 1231 – Rutili; EuGH, Urt. v. 27.10.1977, Rs. 30/77, Slg. 1977, 1999, 2013 – Bouchereau.

13 *Sterner*, in: Müller-Wrede, GWB Vergaberecht Kommentar, § 117 GWB Rn. 9.

Vergabeverfahrens zur Verfügung stellt.[14] Es bleibt jedoch fraglich, was genau darunter zu verstehen ist und welche weiteren Maßnahmen in diesem Zusammenhang als weniger einschneidend und geeignet angesehen werden können. Zunächst könnte die nach der neuen Regelung des § 119 Abs. 2 Satz 1 GWB freie Wahl eines **nicht offenen Verfahrens** eine solche Maßnahme sein,[15] soweit die besondere Gefährdung der Sicherheitsinteressen aus der uneingeschränkten Teilnahme und Veröffentlichung resultiert, was jedoch nur in wenigen Beschaffungen eine taugliche Lösung darstellen dürfte. Soweit die Sicherheitsinteressen durch den Inhalt der Vergabeunterlagen berührt werden und diese im nicht offenen Verfahren nur dem entsprechend beschränkten Kreis geeigneter Bewerber zur Verfügung gestellt werden sollen, stellt sich die Bestimmung des § 41 Abs. 1 VgV als problematisch dar, soweit diese eine uneingeschränkte und unmittelbare Bereitstellung der vollständigen Vergabeunterlagen in jeder Verfahrensart fordert. Als weitere Maßnahme könnte die Aufstellung bestimmter **Eignungsanforderungen** genannt werden.[16] Als besondere Eignungsanforderung käme hier insbesondere der Nachweis einer einfachen (sog. „SÜ 1“) bzw. erweiterten (sog. „SÜ 2“) Sicherheitsüberprüfung oder einer erweiterten Sicherheitsüberprüfung mit Sicherheitsermittlungen (sog. „SÜ 3“) nach §§ 8, 9, 10 SÜG (vgl. hierzu § 104 Rn. 25) in Betracht. Eine dahingehende Eignungsanforderung dürfte jedoch mangels gesetzlicher Grundlage in § 122 GWB, §§ 44 ff. VgV scheitern.[17] Gleiches dürfte im Hinblick auf die Geheimschutzbetreuung des BMWi einschlägig sein (s. § 104 Rn. 28). Etwas anderes dürfte jedenfalls im Rahmen besonderer Bedingungen für die Ausführung eines Auftrags (sog. **Ausführungsbedingungen**) nach § 128 Abs. 2 Satz 3 a. E. GWB gelten, wonach für alle Aufträge ausdrücklich Bedingungen zum „Schutz der Vertraulichkeit von Informationen“ zugelassen werden. Dies stellt jedoch insgesamt eine deutliche Einschränkung gegenüber den Möglichkeiten, die den öffentlichen Auftraggebern § 22 VSVgV eröffnet,[18] dar. Die Systematik überzeugt im Hinblick auf die besonderen Eignungsanforderungen daher nicht. Bereits der **Wettbewerbsgrundsatz** gebietet es, die möglichen weniger einschneidenden Maßnahmen des § 117 Nr. 1 GWB im Rahmen der Eignung jedenfalls auf diejenigen Möglichkeiten zu erstrecken, die den öffentlichen Auftraggeber auch unter der VSVgV zur Verfügung stehen. Liegt ein verteidigungs- und sicherheitsspezifischer Auftrag i. S. d. § 104 Abs. 3 GWB vor, erfolgt die Beschaffung nach VSVgV. Liegt jedoch ein Auftrag i. S. d. § 117 Nr. 1 GWB vor, erfolgt die Beschaffung **gänzlich vergaberechtsfrei**, soweit der Schutz wesentlicher Sicherheitsinteressen nicht durch bestimmte Maßnahmen doch noch gewährleistet werden kann. Aus diesem Grund und im Hinblick auf den Verhältnismäßigkeitsgrundsatz erscheint es daher sachgerecht, die Möglichkeit einer gänzlich vergaberechtsfreien Beschaffung dem öffentlichen Auftraggeber nach § 117 Nr. 1 GWB erst dann zu eröffnen, wenn weder die Maßnahmen nach der VgV noch nach der VSVgV den erforderlichen Schutz gewährleisten können und die besonderen Sicherheitsinteressen der Bundesrepublik eine Beschaffung außerhalb eines förmlichen Vergabeverfahrens erzwingen.

---

14 Amtl. Begr., BT-Drs. 18/6281, S. 95 f. zu § 117 GWB-E VergRModG.

15 *Summa*, in: Heiermann/Zeiss/Summa, juris Praxiskommentar Vergaberecht, § 117 GWB Rn. 18; *Sterner*, in: Müller-Wrede, GWB Vergaberecht Kommentar, § 117 GWB Rn. 9.

16 *Hölzl*, in: Kulartz/Kus/Portz/Prieß, Kommentar zum GWB-Vergaberecht, § 117 GWB Rn. 9; *Sterner*, in: Müller-Wrede, GWB Vergaberecht Kommentar, § 117 GWB Rn. 9.

17 Vgl. zur Sicherheitsüberprüfung als Eignungsnachweis § 104 Rn. 29.

18 Vgl. zur Sicherheitsüberprüfung als Eignungsnachweis § 104 Rn. 29.

2. Artikel 346 lit. a) AEUV

§ 117 Nr. 2 GWB dient der Umsetzung des Art. 15 Abs. 2 Unterabs. 2 VRL und Art. 24 Abs. 2 Unterabs. 2 SRL. Die Bestimmungen der RL nehmen ausdrücklich Artikel 346 lit. a) AEUV in Bezug. Ausweislich der Gesetzesbegründung orientiert sich die Fassung der Ausnahme des § 117 Nr. 2 GWB für Aufträge, die Verteidigungs- oder Sicherheitsaspekte beinhalten, am Wortlaut der bisherigen allgemeinen Ausnahme gem. § 100 Abs. 6 Nr. 1 GWB a. F. sowie dessen Vorgänger, § 100 Abs. 2 lit. d) sublit. dd) GWB a. F.[19] **13**

Die Vorschrift des § 117 Nr. 2 GWB dürfte lediglich einen deklaratorischen Charakter haben. Sie entspricht der allgemeinen Ausnahme des § 107 Abs. 2 Nr. 1 GWB.[20] Nach § 117 Nr. 2 GWB ist das Kartellvergaberecht nicht anzuwenden, soweit die Voraussetzungen des Art. 346 Abs. 1 lit. a) AEUV erfüllt sind. Art. 346 Abs. 1 lit. a) AEUV bestimmt insoweit, dass ein Mitgliedstaat nicht verpflichtet ist, Auskünfte zu erteilen, deren Preisgabe seines Erachtens seinen wesentlichen Sicherheitsinteressen widerspricht. § 107 Abs. 2 Nr. 1 GWB bezieht sich ebenfalls und in gleicher Weise auf den Regelungsgehalt des Art. 346 Abs. 1 lit. a) AEUV, wenn darin bestimmt wird, dass das Kartellvergaberecht nicht auf öffentliche Aufträge anzuwenden ist, bei denen die Anwendung des Kartellvergaberechts den Auftraggeber dazu zwingen würde, im Zusammenhang mit dem Vergabeverfahren oder der Auftragsausführung Auskünfte zu erteilen, deren Preisgabe seiner Ansicht nach wesentlichen Sicherheitsinteressen der Bundesrepublik Deutschland im Sinne des Art. 346 Abs. 1 lit. a) AEUV widerspricht. Ungeachtet des unterschiedlichen Wortlauts knüpfen beide Vorschriften an den Schutz der wesentlichen Sicherheitsinteressen gem. Art. 346 Abs. 1 lit. a) AEUV. Für öffentliche Aufträge i. S. d. § 117 GWB, die keine verteidigungs- oder sicherheitsspezifische Aufträge i. S. v. § 104 GWB sind, aber Verteidigungs- bzw. Sicherheitsaspekte umfassen, ergeben sich im Hinblick auf die Auslegung der Ausnahmebestimmung ersichtlich keine Besonderheiten gegenüber der allgemeinen Ausnahme des § 107 Abs. 2 Nr. 1 GWB, die für alle öffentliche Aufträge, auch für diejenigen gem. § 117 GWB greift (vgl. Rn. 7). **14**

Fraglich bleibt im Hinblick auf § 117 Nr. 2 GWB lediglich, ob dem Grundsatz der **Verhältnismäßigkeit** eine gesonderte Bedeutung zukommt und die öffentlichen Auftraggeber bei der Anwendung der Ausnahme des § 117 Nr. 2 GWB ähnlich den Ausnahmen in § 117 Nr. 1 und § 117 Nr. 3 GWB zu überprüfen haben, ob der Schutz der Sicherheitsinteressen durch weniger einschneidende Maßnahmen als das Absehen vom Vergaberecht gewährleistet werden kann. Die Literatur bejaht es.[21] Dem klaren Wortlaut der Vorschrift ist dies jedoch nicht zu entnehmen. Im Gegenteil lässt die Formulierung der Vorschrift keinen Raum für eine Analogie entsprechend § 117 Nr. 1 und § 117 Nr. 3 GWB, die – anders als § 117 Nr. 2 GWB – ausdrücklich die „weniger einschneidenden Maßnahmen" nennen. Für eine Analogie dürfte insoweit auch kein Bedürfnis bestehen, als sich die § 117 Nr. 1 und **15**

---

19 Amtl. Begr., BT-Drs. 18/6281, S. 96 zu § 117 GWB-E VergRModG; *Hölzl*, in: Kulartz/Kus/Portz/Prieß, Kommentar zum GWB-Vergaberecht, § 117 GWB Rn. 20.

20 *Sterner*, in: Müller-Wrede, GWB Vergaberecht Kommentar, § 117 GWB Rn. 12; *Summa*, in: Heiermann/Zeiss/Summa, juris Praxiskommentar Vergaberecht, § 117 GWB Rn. 24.

21 So *Hölzl*, in: Kulartz/Kus/Portz/Prieß, Kommentar zum GWB-Vergaberecht, § 117 GWB Rn. 8 und *Summa*, in: Heiermann/Zeiss/Summa, juris Praxiskommentar Vergaberecht, § 117 GWB Rn. 27.

Nr. 2 GWB überschneiden und der Verhältnismäßigkeitsgrundsatz bereits ohnehin in § 97 Abs. 1 GWB statuiert ist.

3. Geheimerklärung

16 § 117 Nr. 3 GWB setzt Art. 15 Abs. 3 VRL und Art. 24 Abs. 3 SRL in das deutsche Recht um. Diese greifen zum Zwecke der Klarstellung ausdrücklich das Verhältnismäßigkeitsgebot auf. Die Vorschrift beruht auf § 100 Abs. 8 Nr. 1 GWB a.F., dem wiederum § 100 Abs. 2 lit. d) sublit. aa) GWB a.F. vorausgegangen war. Nach § 117 Nr. 3 GWB soll eine Beschaffung dem Vergaberecht nicht unterliegen, wenn die Vergabe und die Ausführung des Auftrags für **geheim** erklärt werden oder nach den Rechts- oder Verwaltungsvorschriften **besondere Sicherheitsmaßnahmen** erfordern.

17 Von der Anwendung des Vergaberechts sind zunächst solche Aufträge ausgenommen, die **in Übereinstimmung mit den Rechts- und Verwaltungsvorschriften in der Bundesrepublik Deutschland für geheim erklärt** werden. Es muss sich demnach um Aufträge handeln, die gemäß den Geheimschutzbestimmungen entweder des Bundes oder der Länder für geheim erklärt worden sind. Erforderlich ist demnach eine **Geheimerklärung**, die aufgrund der Rechts- und Verwaltungsvorschriften über den Geheimschutz in der Bundesrepublik Deutschland zulässig war.[22]

18 Die Nichtanwendung des Vergaberechts ist gerechtfertigt, wenn Aufträge nach den nationalen Vorschriften für geheim erklärt werden. Der Ausnahmetatbestand umschreibt die Möglichkeit, Aufträge zum Schutz betroffener Sicherheitsbelange verschlossen zu halten. Die Geheimerklärung bemisst sich nach der Einstufung gemäß den einschlägigen Vorschriften des Sicherheitsüberprüfungsgesetzes (SÜG) und den auf der Grundlage des SÜG erlassenen Verwaltungsvorschriften zum materiellen und organisatorischen Schutz von Verschlusssachen (Verschlusssachen-Anweisungen, VSA) in entsprechenden länderrechtlichen Sicherheitsüberprüfungsgesetzen.[23] Als „geheim" i.S.d. § 117 Nr. 3 GWB ist entgegen dem Wortlaut nicht nur eine Verschlusssache mit der VS-Geheimhaltungsstufe GEHEIM gem. § 4 Abs. 2 Nr. 2 SÜG anzusehen. Umfasst werden auch Aufträge, die gem. § 4 Abs. 2 Nr. 3 SÜG als VS-VERTRAULICH oder höher, d.h. als GEHEIM nach § 4 Abs. 2 Nr. 2 SÜG und als STRENG GEHEIM nach § 4 Abs. 2 Nr. 1 SÜG eingestuft werden. Nicht ausreichend hingegen ist die Einstufung als VS-NUR FÜR DEN DIENSTGEBRAUCH nach § 4 Abs. 2 Nr. 4 SÜG.[24] Diese Einschränkung korrespondiert damit, dass Verschlusssachen des Geheimhaltungsgrades VS-VERTRAULICH und höher nur an Unternehmen vergeben werden können, die sich in der Geheimschutzbetreuung des BMWi befinden.[25] Dies hat die vergaberechtliche Rechtsprechung auch bestätigt.[26]

19 Ausweislich des Wortlauts des § 117 Nr. 3 GWB („wenn die Vergabe **und** die Ausführung des Auftrags") reicht es für die Anwendung der Ausnahmevorschrift nicht aus, wenn lediglich die Vergabeunterlagen, nicht aber die im Rahmen der Auftragsausführung zum Zuge kommenden Vertrags- oder sonstigen Unterlagen für geheim erklärt werden. Es dürfte

---

22 Vgl. zur Einstufung einer Verschlusssache als „GEHEIM" § 104 Rn. 22.
23 Vgl. hierzu *Herrmann/Polster*, NVwZ 2010, 341 sowie umfassend § 104 Rn. 22 ff.
24 *Hölzl*, in: Kulartz/Kus/Portz/Prieß, Kommentar zum GWB-Vergaberecht, § 117 GWB Rn. 32.
25 Vgl. BT-Drs. 16/10117, S. 19. Zur Geheimschutzbetreuung § 104 Rn. 25.
26 VK Bund, Beschl. v. 9.2.2004, VK 2-154/03.

auch nicht ausreichen, wenn die Vergabe umfassend öffentlich bekannt gemacht wird, die Ausführungsunterlagen hingegen als VS-VERTRAULICH eingestuft werden.[27]

Es werden auch solche Aufträge aus dem Anwendungsbereich des Vergaberechts des GWB herausgenommen, deren Ausführung **nach den Rechts- und Verwaltungsvorschriften des Bundes oder der Länder besondere Sicherheitsmaßnahmen erfordern**. Auch hier gilt an sich, dass diese besonderen Sicherheitsmaßnahmen durch ein **relevantes Sicherheitsinteresse** legitimiert werden müssen. Erforderlich für die Anwendung ist das Erfordernis besonderer Sicherheitsmaßnahmen. Betroffen sind beispielsweise Schutzvorkehrungen, die beim Transport von sensiblem Material notwendig sind,[28] die besonderen Maßnahmen des vorbeugenden personellen Sabotageschutzes,[29] der Geheimschutzbetreuung des BMWi[30] oder Zuverlässigkeitsprüfungen nach § 7 Luftsicherheitsgesetz.[31] 20

Die ursprüngliche Rechtsprechung und Literatur ließen keine völlig einheitlichen Regeln darüber erkennen, ob die Ausnahme schon dann eingreift, wenn sich aus den einschlägigen Rechts- und Verwaltungsvorschriften die **Notwendigkeit** zur Durchführung besonderer Sicherheitsmaßnahmen ergibt oder ob darüber hinaus eine **Abwägung** zwischen den staatlichen Sicherheitsinteressen und den Bieterinteressen erforderlich ist.[32] Eine derartige Abwägung war vom OLG Dresden und den Vergabekammern des Bundes in Übereinstimmung mit der überwiegenden Auffassung für nicht erforderlich gehalten.[33] Auch der EuGH verlangte in seiner Rechtsprechung ursprünglich keine Abwägung staatlich festgelegter Sicherheitsinteressen.[34] Einer anderen Ansicht waren das OLG Düsseldorf und OLG Celle,[35] die eine Abwägung unter Berufung auf den – jetzt ausdrücklich in § 97 Abs. 1 GWB geregelten – Grundsatz der Verhältnismäßigkeit gefordert haben. 21

Voraussetzung für die Ausnahme des § 117 Nr. 3 GWB ist nach der jetzigen Regelung jedoch nun ausdrücklich die Feststellung darüber, dass die betreffenden wesentlichen Interessen nicht durch **weniger einschneidende Maßnahmen** gewährleistet werden können. Das Vergaberecht ist insoweit nicht anzuwenden, sofern der Mitgliedstaat festgestellt hat, dass die betreffenden wesentlichen Interessen nicht durch **weniger einschneidende Maßnahmen** gewährleistet werden können. Zu den weniger einschneidenden Maßnahmen gehören auch hier zum Beispiel Anforderungen, die auf den Schutz der Vertraulichkeit sol- 22

---

27 So auch *Summa*, in: Heiermann/Zeiss/Summa, juris Praxiskommentar Vergaberecht, § 117 GWB Rn. 32 ff. A. A. *Hölzl*, in: Kulartz/Kus/Portz/Prieß, Kommentar zum GWB-Vergaberecht, § 117 GWB Rn. 30.

28 BR-Drs. 349/08, S. 34.

29 *Sterner*, in: Müller-Wrede, GWB Vergaberecht Kommentar, § 117 GWB Rn. 21. Siehe hierzu ausführlich § 104 Rn. 26.

30 Siehe hierzu ausführlich § 104 Rn. 28.

31 BGBl. I 2005, S. 78.

32 Vgl. hierzu *Herrmann/Polster*, NVwZ 2010, 341.

33 OLG Dresden, Beschl. v. 18.9.2009, WVerg 3/09, VergabeR 2010, 90; VK Bund, Beschl. v. 12.12.2006, VK 1-136/06; Beschl. v. 3.2.2006, VK 1-01/06; Beschl. v. 9.2.2004, VK 2-154/03; ebenso *Ziekow*, VergabeR 2007, 711, 717; a. M. *Prieß*, Handbuch des europäischen Vergaberechts, S. 185.

34 *Herrmann/Poster*, NVwZ 2010, 341, 343 unter Hinweis auf EuGH, Urt. v. 16.10.2003, Rs. C-252/01, NZBau 2004, 281, Rn. 30; vgl. auch EuGH, Urt. v. 8.4.2008, Rs. C-337/05, EuZW 2008, 372 – Kommission/Italienische Republik; teilweise a. A. *Probst*, NVwZ 2010, 346.

35 OLG Düsseldorf, Beschl. v. 10.9.2009, VII-Verg 12/09, VergabeR 2010, 83; OLG Celle, Beschl. v. 3.12.2009, 13 Verg 14/09, VergabeR 2010, 230.

cher Informationen abzielen, die der öffentliche Auftraggeber im Rahmen eines Vergabeverfahrens zur Verfügung stellt.[36] Dies stellt einen besonderen Ausfluss des Verhältnismäßigkeitsgrundsatzes dar, der es nun gebietet, eine **Abwägung** zwischen den betroffenen Sicherheitsinteressen, den durch das Absehen vom Vergaberecht betroffenen Bieterinteressen sowie den in Betracht kommenden weniger einschneidenden Maßnahmen im Einzelfall vorzunehmen.[37]

23 Insoweit kann auf die Kommentierung zu § 117 Nr. 1 in Rn. 6 ff. verwiesen werden.

4. Besondere Verfahrensregeln

24 § 117 Nr. 4 lit. a), b) und c) dienen der Umsetzung von Art. 17 Abs. 1 lit. a), b) und c) VRL und Art. 27 Abs. 1 lit. a), b) und c) SRL.[38] Sie entsprechen im Wesentlichen den § 100 Abs. 8 Nr. 4, 5 und 6 GWB a. F., die wiederum den ursprünglichen § 100 Abs. 2 GWB a. F. fortführten.

25 **§ 117 Nr. 4 lit. a) GWB** nimmt Aufträge aus dem Anwendungsbereich des Vergaberechts heraus, die **aufgrund eines internationalen Abkommens mit einem oder eines Übereinkommens mit mehreren Drittstaaten** in Bezug auf internationale Projekte vergeben werden. Es muss sich dabei um Projekte handeln, die zwischen der Bundesrepublik Deutschland und einem oder mehreren Drittstaaten in einem internationalen Abkommen vereinbart werden und **für die besondere Verfahrensregeln gelten**. Unter Drittstaaten i. S. d. § 117 Nr. 4 lit. a) GWB sind Staaten zu verstehen, die weder Mitglieder der Europäischen Union noch des Europäischen Wirtschaftsraumes (EWR) sind.[39] Die Ausnahme beruhte ursprünglich auf Art. 5 lit. a) Baukoordinierungsrichtlinie 93/37/EWG, Art. 5 lit. a) Dienstleistungskoordinierungsrichtlinie 92/50/EWG, Art. 4 lit. a) Lieferkoordinierungsrichtlinie 93/36/EWG und Art. 12 Nr. 1 Sektorenrichtlinie 93/38/EWG. Entscheidend ist, dass es sich um Abkommen zwischen der Bundesrepublik Deutschland und einem anderen Staat, nicht nur einem staatlichen Unternehmen handelt.[40] Außerdem muss das Abkommen **besondere Vereinbarungen über ein Verfahren der Auftragsvergabe enthalten**.[41] Beispiele für solche Projekte sind etwa Infrastrukturprojekte in Entwicklungsländern oder Großprojekte zur gemeinsamen Rohstoffausbeutung. Außerdem ist darauf hinzuweisen, dass die **Abkommen der Kommission** nach Art. 17 Abs. 1 Unterabs. 2 VRL und Art. 27 Abs. 1 Unterabs. 2 SRL **mitzuteilen** sind, die den Beratenden Ausschuss für öffentliche Aufträge bzw. den Beratenden Ausschuss für Beschaffungen im Telekommunikationssektor anhören kann.

26 Da die Vorschrift des § 117 Nr. 4 lit. a) GWB nahezu wortgleich mit der allgemeinen Ausnahme für Vergaben auf der Grundlage internationaler Verfahrensregeln nach § 109 Abs. 1 Nr. 1 lit. a) GWB ist, wird auf die Kommentierung unter § 109 Rn. 5–9 verwiesen. Die Doppelregelung ist lediglich durch die Systematik der VRL bedingt. Die VRL sieht für re-

---

36 Amtl. Begr., BT-Drs. 18/6281, S. 96 zu § 117 GWB-E VergRModG.

37 *Sterner*, in: Müller-Wrede, GWB Vergaberecht Kommentar, § 117 GWB Rn. 24; *Hölzl*, in: Kulartz/Kus/Portz/Prieß, Kommentar zum GWB-Vergaberecht, § 117 GWB Rn. 34.

38 Amtl. Begr., BT-Drs. 18/6281, S. 96 zu § 117 GWB-E VergRModG.

39 Vgl. *Masing*, in: Dreher/Motzke, Beck'scher Vergaberechtskommentar, § 100 GWB Rn. 18.

40 *Homann*, in: Leinemann/Kirsch, VSVgV-Kommentar, § 100c GWB Rn. 31.

41 *Otting*, in: Bechtold, Kartellgesetz, § 100 GWB Rn. 16.

guläre öffentliche Aufträge und Wettbewerbe, die nach internationalen Regeln vergeben bzw. durchgeführt werden, zunächst eine allgemeine Ausnahme in Art. 9 VRL vor. Entsprechend werden Ausnahmen gem. Art. 17 i.V.m. Art. 9 Abs. 3 VRL für öffentliche Aufträge mit Verteidigungs- oder Sicherheitsaspekten gesondert geregelt. Inhaltliche Unterschiede ergeben sich daraus nicht.[42]

§ 117 Nr. 4 lit. b) GWB beruhte ursprünglich auf Art. 4 lit. b) Lieferkoordinierungsrichtlinie 93/36/EWG, Art. 5 lit. b) Dienstleistungskoordinierungsrichtlinie 92/50/EWG und Art. 12 Nr. 2 Sektorenrichtlinie 93/38/EWG. Die Vorschrift erfasst **Aufträge, die aufgrund eines internationalen Abkommens im Zusammenhang mit der Stationierung von Truppen** vergeben werden. Erforderlich ist darüber hinaus, dass für derartige Aufträge **besondere Verfahrensregeln** gelten. Derartige Verfahrensregeln gelten im Bereich der Finanzbauverwaltung des Bundes bei der Vergabe von Aufträgen für die Bauvorhaben der gemeinsam finanzierten NATO-Infrastruktur. Für diese Vergaben gelten die besonderen Richtlinien der NATO (RL-NATO). Gleiches gilt für Baumaßnahmen für Stationierungsstreitkräfte, die auf der Grundlage der Auftragsbautengrundsätze entwickelt werden, soweit diese eigene Verfahrensbestimmungen enthalten.[43] 27

Unter die Ausnahme fallen auch Beschaffungsverfahren der im Bundesgebiet stationierten ausländischen Truppen einschließlich zivilem Gefolge gemäß der Regelung des Art. IX des sog. NATO-Truppenstatuts[44] i.V.m. Art. 47 des sog. Zusatzabkommens.[45] Dabei ist zu beachten, dass lediglich für die Beschaffung unmittelbar durch die Behörden ausländischer Truppen und ihres zivilen Gefolges ein besonderes Verfahren gilt. Soweit die Beschaffung mittelbar durch die deutschen Behörden erfolgt, d.h. die Verträge über Lieferungen und Leistungen zwischen den deutschen Behörden und den Auftragnehmern abgeschlossen werden, gelten die deutschen Rechts- und Verwaltungsvorschriften. Da es insofern an einer besonderen Verfahrensregelung fehlt, verbleibt es bei der Anwendung des deutschen Vergaberechts.[46] Besonderheiten gelten weiterhin für Beschaffungen im Rahmen der NATO-Infrastruktur, die von allen NATO-Mitgliedstaaten gemeinsam finanziert werden.[47] 28

§ 117 Nr. 4 lit. c) GWB bezieht sich auf **Aufträge einer internationalen Organisation**, die **in einem besonderen Verfahren vergeben** werden. Die Vorschrift setzte ursprünglich Art. 5 lit. c) Baukoordinierungsrichtlinie 93/37/EWG, Art. 5 lit. c) Dienstleistungskoordinierungsrichtlinie 92/50/EWG, Art. 4 lit. c) Lieferkoordinierungsrichtlinie 93/36/EWG sowie Art. 12 Nr. 3 Sektorenrichtlinie 93/38/EWG in nationales Recht um. Die Ausnahme ermöglicht es dem Mitgliedstaat, das bei der internationalen Organisation geltende Verfahren anzuwenden. In den Anwendungsbereich dieser Vorschrift fallen Aufträge über Bauwerke oder Leistungen, die für eine in der Bundesrepublik ansässige internationale Organi- 29

---

42 *Summa*, in: Heiermann/Zeiss/Summa, juris Praxiskommentar Vergaberecht, § 117 GWB Rn. 40 f.

43 Vgl. VK Bund, Beschl. v. 20.12.2005, VK 2 – 159/05; *Hölzl*, in: Kulartz/Kus/Portz/Prieß, Kommentar zum GWB-Vergaberecht, § 117 GWB Rn. 41, 42.

44 Abkommen zwischen den Parteien des Nordatlantikvertrags über die Rechtsstellung ihrer Truppen (NATO-Truppenstatut) v. 19.6.1951, BGBl. 1961 II, S. 1183.

45 Zusatzabkommen zu dem Abkommen zwischen den Parteien des Nordatlantikvertrages über die Rechtsstellung ihrer Truppen hinsichtlich der in der Bundesrepublik Deutschland stationierten ausländischen Truppen v. 3.8.1959, BGBl. 1961 II, S. 1218.

46 Vgl. VK Bund, Beschl. v. 20.12.2005, VK 2 – 159/05; *Hölzl*, in: Kulartz/Kus/Portz/Prieß, Kommentar zum GWB-Vergaberecht, § 117 GWB Rn. 41, 42.

47 Vgl. zum Ganzen *Müller*, in: Daub/Eberstein, Kommentar zur VOL/A, § 1 Rn. 44–49.

sation, wie z. B. EMBL,[48] ESO[49] oder EuMetSat[50] erledigt werden, ohne Rückschlüsse darauf, wer hierfür die Kosten trägt (Bund, Land oder internationale Organisation). Unter die Ausnahme fallen etwa Beschaffungen der UN oder ihrer Unterorganisationen in Deutschland.[51]

30 Da die Vorschrift des § 117 Nr. 4 lit. c) GWB im Wesentlichen dem § 109 Abs. 1 Nr. 1 lit. b) GWB entspricht, ist auf dessen Kommentierung in § 109 Rn. 10f. zu verweisen. Inhaltlich unterscheiden sich die Normen nicht.[52]

5. Internationale Organisationen

31 § 117 Nr. 5 GWB setzt Art. 17 Abs. 2 VRL und Art. 27 Abs. 2 SRL um.[53] Die mit VergRModG neu eingeführte Ausnahme regelt, dass ein öffentlicher Auftraggeber dem nationalen Vergaberecht nicht unterliegen soll, wenn nicht staatliche Mittel verwendet werden, sondern das Projekt vollständig aus Drittmitteln finanziert wird. Insoweit besteht jedenfalls haushaltsrechtlich kein Bedürfnis an einem förmlichen Vergabeverfahren. Von § 117 Nr. 5 GWB ist § 117 Nr. 4 lit. c) GWB abzugrenzen. Auch wenn sich § 117 Nr. 4 lit. c) GWB und § 117 Nr. 5 Satz 1 GWB in den meisten Fällen decken dürften, grenzt sich § 117 Nr. 5 Satz 2 GWB von § 117 Nr. 4 lit. c) GWB dadurch ab, dass den öffentlichen Auftraggeber **keine Pflicht** zur Anwendung bestimmter Vergaberegeln der internationalen Organisation bzw. Finanzierungseinrichtung trifft, diese jedoch auf einer **Vereinbarung** zwischen dem öffentlichen Auftraggeber und einer internationalen Organisation bzw. Finanzierungseinrichtung beruht.[54]

32 Auch insoweit ist auf die Vorschrift des § 109 Abs. 1 Nr. 2 GWB zu verweisen, als die Vorschriften nahezu, abgesehen von abweichenden marginalen sprachlichen Formulierungen, identisch sind.

---

48 European Molecular Biology Laboratory.

49 European Organisation for Astronomical Research in the Southern Hemisphere.

50 European Organisation for the Exploitation of Meteorological Satellites.

51 Vgl. zur vergaberechtlichen Situation internationaler Organisationen *Ullrich*, in: Grabitz/Hilf, Das Recht der Europäischen Union, Teil B. Öffentliches Auftragswesen, B.17 – Vergabe durch internationale Organisationen; vgl. zum Rechtsschutz bereits *Ullrich*, VergabeR 2002, 331.

52 *Summa*, in: Heiermann/Zeiss/Summa, juris Praxiskommentar Vergaberecht, § 117 GWB Rn. 40 f.

53 Amtl. Begr., BT-Drs. 18/6281, S. 96 zu § 117 GWB-E VergRModG.

54 *Sterner*, in: Müller-Wrede, GWB Vergaberecht Kommentar, § 117 GWB Rn. 38.

§ 118 Bestimmten Auftragnehmern vorbehaltene öffentliche Aufträge

(1) Öffentliche Auftraggeber können das Recht zur Teilnahme an Vergabeverfahren Werkstätten für Menschen mit Behinderungen und Unternehmen vorbehalten, deren Hauptzweck die soziale und berufliche Integration von Menschen mit Behinderungen oder von benachteiligten Personen ist, oder bestimmen, dass öffentliche Aufträge im Rahmen von Programmen mit geschützten Beschäftigungsverhältnissen durchzuführen sind.

(2) Voraussetzung ist, dass mindestens 30 Prozent der in diesen Werkstätten oder Unternehmen Beschäftigten Menschen mit Behinderungen oder benachteiligte Personen sind.

Schrifttum: *Müller-Wrede*, GWB Vergaberecht, Kommentar, 2016.

Übersicht

I. Normzweck

1 Zweck der Norm ist die Förderung von Werkstätten für Menschen mit Behinderung und von Unternehmen, deren Hauptzweck die soziale und berufliche Integration von Menschen mit Behinderung oder von benachteiligten Personen ist.

II. Vorgaben des Europarechts

2 Sie dient dabei der Umsetzung von Art. 24 Satz 1 RL 2014/23/EU, des Art. 20 Abs. 1 Hs. 1 RL 2014/24/EU[1] sowie des Art. 38 Abs. 1 RL 2014/25/EU[2]. Dem Erwägungsgrund 3 der Richtlinie 2014/24/EU ist dabei zu entnehmen, dass die europarechtlichen Vorgaben dem

1 Vorgängernorm: Art. 19 RL 2004/18/EG.
2 Vorgängernorm: Art. 28 RL 2004/17/EG.

Übereinkommen der Vereinten Nationen über die Rechte von Menschen mit Behinderungen vom 13.12.2006[3] Rechnung tragen soll.

III. Umsetzungshistorie

3 Eine unmittelbar mit § 118 GWB vergleichbare Norm existierte lange Zeit in der nationalen Umsetzung der europarechtlichen Vorgaben nicht. Lediglich die §§ 141, 143 SGB IX[4] sahen bislang eine bevorzugte Vergabe von „Aufträgen der öffentlichen Hand" an anerkannte Werkstätten für Menschen mit Behinderung vor. Im Unterschwellenbereich besteht die Möglichkeit einer freihändigen Vergabe, § 3 Abs. 5 lit. j) VOL/A.

4 Im Unterschied zur bisherigen Rechtslage gelten nun verbindlich § 118 GWB und die entsprechenden Vorgaben im Verordnungswege.[5] Die Auftragsbekanntmachung muss nach nationalem Recht einen gesonderten Abschnitt (III.1.5, Angaben zu vorbehaltenen Aufträgen) enthalten; dies regeln die § 39 Abs. 2 VgV, § 35 Abs. 2, § 36 Abs. 1 SektVO und § 19 Abs. 2 KonzVgV.

IV. Andere Vorschriften

5 Nach der Gesetzesbegründung bleibt die Bestimmung des § 141 SGB IX unberührt[6] und kann weiterhin als Grundlage für ein bevorzugtes Anbieten von Aufträgen der öffentlichen Hand an anerkannte Werkstätten für Menschen mit Behinderung dienen. Zusätzlich bestimmt § 128 Abs. 2 GWB, dass Vertragsbedingungen gestellt werden können, die Vorgaben zur Beschäftigung von Menschen mit Behinderungen haben.

V. Regelungsinhalt

6 Anwendung findet § 118 GWB auf die Vergabe von öffentlichen Aufträgen durch öffentliche Auftraggeber gem. Teil 4 Abschnitt 2. Die Vorschrift gilt gem. § 142 GWB auch für Sektorenauftraggeber und ebenso, nach § 154 Nr. 1 GWB, für die Vergabe von Konzessionen.

1. Voraussetzungen einer Privilegierung (Abs. 1)

7 Die in der Vorschrift vorgesehen Privilegierungen knüpfen sich an die folgenden Voraussetzungen:

3 BGBl. II 2006, S. 1419 ff.
4 Art. 1 des Gesetzes vom 19.6.2001, BGBl. I 2001, S. 1046.
5 Gesetzesbegründung, BT-Drs. 18/6281, S. 96.
6 Gesetzesbegründung, BT-Drs. 18/6281, S. 96.

a) Werkstätten für Menschen mit Behinderung (Abs. 1 Alt. 1 Var. 1)

Nach Abs. 1 Alt. 1 Var. 1 kann der Auftrag „Werkstätten für Menschen mit Behinderung" vorbehalten werden. Eine einheitliche Begriffsbestimmung erfolgt in der Gesetzesbegründung nicht, es kann jedoch auf § 136 Abs. 1 SGB IX zurückgegriffen werden. Darüber hinaus sind „geschützte" Werkstätten gleichzusetzen mit „anerkannten" Werkstätten[7] nach dieser Vorschrift. Dies gilt jedoch nur, wenn eine Anerkennung nach § 142 SGB IX erfolgt ist und die entsprechende Werkstatt im Verzeichnis anerkannter Werkstätten gem. § 142 Satz 3 SGB IX[8] aufgeführt wird. **8**

b) Unternehmen, deren Hauptzweck die soziale und berufliche Integration von Menschen mit Behinderung oder benachteiligten Personen ist (Abs. 1 Alt. 1 Var. 2)

Privilegiert sind auch „Unternehmen, deren Hauptzweck die soziale und berufliche Integration von Menschen mit Behinderung oder benachteiligten Personen" ist (Abs. 1 Alt. 1 Var. 2). Der Unterschied zu den geschützten Werkstätten nach Abs. 1 Alt. 1 Var. 1 besteht darin, dass allein eine Ausrichtung des Unternehmens auf das Ziel der Integration von Menschen mit Behinderung oder benachteiligten Personen ausreicht. Unklar ist indes die Definition des Begriffs der „benachteiligten Personen": Teilweise wird hierzu vertreten, es handele sich allein um „sozial benachteiligte Personen"[9]. Anhaltspunkt kann darüber hinaus § 2 des Gesetzes zur Gleichstellung von Menschen mit Behinderungen (BGG) sein. **9**

c) Programme mit geschützten Beschäftigungsverhältnissen (Alt. 2)

Für den in Abs. 1 Alt. 2 verwendeten Begriff des „Programms mit geschützten Beschäftigungsverhältnissen" existiert ebenfalls keine exakte Begriffsdefinition; auch die Gesetzesbegründung gibt hier keine näheren Anhaltspunkte. Es ist allerdings möglich, die Vorschriften des § 16e SGB II und des § 115 SGB III heranzuziehen. Geschützt ist demnach nur die tatsächliche Beschäftigung, nicht aber die Einrichtung als solche (tätigkeitsbezogene Privilegierung).[10] **10**

d) Ermessensausübung.

Der Vergabestelle steht Erschließungsermessen hinsichtlich der Frage zu, ob von der Privilegierung der Vorschrift Gebrauch gemacht werden soll.[11] Bezüglich der aufgeführten Umsetzungswege besteht Auswahlermessen. Es existiert keine Verpflichtung zur regelmäßigen Anwendung der Möglichkeiten des § 118 GWB.[12] **11**

---

7 *Fehns-Böer*, in: Müller-Wrede, GWB, § 118 Rn. 21.

8 Abrufbar unter: https://con.arbeitsagentur.de/prod/apok/ct/dam/download/documents/dok_ba015706.pdf (letzter Aufruf: 22.3.2018).

9 *Fehns-Böer*, in: Müller-Wrede, GWB, § 118 Rn. 24 f.

10 So auch: *Fehns-Böer*, in: Müller-Wrede, GWB, § 118 Rn. 35.

11 Vgl. zur alten Rechtslage: OLG Düsseldorf, Beschl. v. 27.10.2004, VII-Verg 52/04.

12 Im Gesetzgebungsprozess vereinzelt gefordert: vgl. Stellungnahme der Bundesarbeitsgemeinschaft der freien Wohlfahrtspflege vom 14.8.2015 zum Gesetzesentwurf der Bundesregierung zur Modernisierung des Vergaberechts, Stand 5.12.2015.

e) Schwellenwert (Abs. 2)

12 Gem. Abs. 2 müssen mindestens 30 % der Beschäftigten Menschen mit Behinderung oder benachteiligte Menschen sein. Werden Integrationsunternehmen nach § 132 Abs. 3 SGB IX beauftragt, gilt auch insofern der maßgebliche Wortlaut der Spezialvorschrift des § 118 GWB. Unerheblich ist, dass nach § 132 Abs. 3 SGB IX ein Prozentsatz von 25 % schwerbehinderter Menschen ausreicht. Die vergaberechtliche Vorschrift hat hier wegen des intendierten Wettbewerbsschutzes Vorrang.

2. Rechtsfolge

13 Liegen die Voraussetzungen des § 118 GWB vor, darf die Vergabestelle das Vergabeverfahren von vornherein auf die in § 118 GWB benannten Unternehmen beschränken. Der Wettbewerb findet dann zwischen geschützten Sozialunternehmen statt und nicht mehr im freien Wirtschaftsraum. Auftraggeber können auch bestimmen, dass öffentliche Aufträge im Rahmen von Programmen mit geschützten Beschäftigungsverhältnissen durchzuführen sind.

VI. Drittschutz der Norm

14 § 118 GWB hat bieterschützenden Charakter; insbesondere kann die Ermessensentscheidung der Vergabestelle auf Ermessensfehler hin überprüft werden.[13]

13 OLG Düsseldorf, Beschl. v. 27.10.2004, VII-Verg 52/04.

Unterabschnitt 2
Vergabeverfahren und Auftragsausführung

§ 119 Verfahrensarten

(1) Die Vergabe von öffentlichen Aufträgen erfolgt im offenen Verfahren, im nicht offenen Verfahren, im Verhandlungsverfahren, im wettbewerblichen Dialog oder in der Innovationspartnerschaft.

(2) Öffentlichen Auftraggebern stehen das offene Verfahren und das nicht offene Verfahren, das stets einen Teilnahmewettbewerb erfordert, nach ihrer Wahl zur Verfügung. Die anderen Verfahrensarten stehen nur zur Verfügung, soweit dies aufgrund dieses Gesetzes gestattet ist.

(3) Das offene Verfahren ist ein Verfahren, in dem der öffentliche Auftraggeber eine unbeschränkte Anzahl von Unternehmen öffentlich zur Abgabe von Angeboten auffordert.

(4) Das nicht offene Verfahren ist ein Verfahren, bei dem der öffentliche Auftraggeber nach vorheriger öffentlicher Aufforderung zur Teilnahme eine beschränkte Anzahl von Unternehmen nach objektiven, transparenten und nichtdiskriminierenden Kriterien auswählt (Teilnahmewettbewerb), die er zur Abgabe von Angeboten auffordert.

(5) Das Verhandlungsverfahren ist ein Verfahren, bei dem sich der öffentliche Auftraggeber mit oder ohne Teilnahmewettbewerb an ausgewählte Unternehmen wendet, um mit einem oder mehreren dieser Unternehmen über die Angebote zu verhandeln.

(6) Der wettbewerbliche Dialog ist ein Verfahren zur Vergabe öffentlicher Aufträge mit dem Ziel der Ermittlung und Festlegung der Mittel, mit denen die Bedürfnisse des öffentlichen Auftraggebers am besten erfüllt werden können. Nach einem Teilnahmewettbewerb eröffnet der öffentliche Auftraggeber mit den ausgewählten Unternehmen einen Dialog zur Erörterung aller Aspekte der Auftragsvergabe.

(7) Die Innovationspartnerschaft ist ein Verfahren zur Entwicklung innovativer, noch nicht auf dem Markt verfügbarer Liefer-, Bau- oder Dienstleistungen und zum anschließenden Erwerb der daraus hervorgehenden Leistungen. Nach einem Teilnahmewettbewerb verhandelt der öffentliche Auftraggeber in mehreren Phasen mit den ausgewählten Unternehmen über die Erst- und Folgeangebote.

Schrifttum: *Boesen*, Vergaberecht: Kommentar zum 4. Teil des GWB, 2000; *Bürsch/Funken*, ÖPP-Beschleunigungsgesetz, 2007; *Burgi*, Vergaberecht, 2016; *Burgi/Dreher*, Beck'scher Vergaberechtskommentar, Band 1: GWB 4. Teil, 3. Aufl. 2017; *Hattig/Maibaum*, Praxiskommentar Kartellvergaberecht, 2. Aufl. 2014; *Immenga/Mestmäcker*, Wettbewerbsrecht, Bd. 2, GWB, Kommentar zum deutschen Kartellrecht, 5. Aufl. 2014; *Ingenstau/Korbion*, VOB Teile A und B, 20. Aufl. 2017; *Kapellmann/Messerschmidt*, VOB Teile A und B, 4. Aufl. 2014; *Kulartz/Kus/Portz/Prieß*, Kommentar zum GWB-Vergaberecht, 4. Aufl. 2016; *Kulartz/Kus/Portz*, Kommentar zum GWB-Vergaberecht, 3. Aufl. 2014; *Kulartz/Kus/Marx/Portz/Prieß*, Kommentar zur VgV, 2017; *Kulartz/Marx/Portz/Prieß*, Kommentar zur VOB/A, 2. Aufl. 2014; *Loewenheim/Meessen/Riesenkampff*, Kartellrecht, 2. Aufl. 2009; *Müller-Wrede*, GWB-Vergaberecht Kommentar, 2016; *Müller-Wrede*, ÖPP-Beschleunigungsgesetz, 2006; *Reimnitz*, Der neue Wettbewerbliche Dialog, Diss., 2009; *Willenbruch/Wieddekind*, Vergaberecht Kompaktkommentar, 3. Aufl. 2014.

Übersicht

I. Übersicht über die fünf Arten des Vergabeverfahrens (Abs. 1)

In Abs. 1 der Vorschrift werden die **einzelnen Verfahrensarten** aufgezählt, die dann in den Absätzen 3 bis 7 legaldefiniert werden: das **offene Verfahren**, das **nicht offene Verfahren**, das **Verhandlungsverfahren**, der **wettbewerbliche Dialog** und die **Innovationspartnerschaft**. Diese Terminologie entspricht den **unionsrechtlichen Vorgaben** in Titel II Kapitel 1 der Allgemeinen Vergaberichtlinie 2014/24/EU (VRL).[1] Ebenfalls erwähnt sind diese Verfahrensarten in Titel II Kapitel 1 der Sektorenrichtlinie 2014/25/EU (SRL).[2] Damit ist nun auch im Bereich der SRL 2014/25/EU der wettbewerbliche Dialog unionsrechtlich ausdrücklich vorgesehen. Die Konzessionsrichtlinie 2014/23/EU (KVR)[3] zählt hingegen keine der Vergabeverfahrensarten auf, da die Konzessionsgeber das Verfahren zur Konzessionsvergabe grundsätzlich frei gestalten können, vgl. Art. 30 Abs. 1 KVR 2014/23/EU. 1

1 Richtlinie 2014/24/EU des Europäischen Parlaments und des Rates vom 26.2.2014 über die öffentliche Auftragsvergabe und zur Aufhebung der Richtlinie 2004/18/EG, ABl. 2014, Nr. L 94/65.

2 Richtlinie 2014/25/EU des Europäischen Parlaments und des Rates vom 26.2.2014 über die Vergabe von Aufträgen durch Auftraggeber im Bereich der Wasser-, Energie- und Verkehrsversorgung sowie der Postdienste und zur Aufhebung der Richtlinie 2004/17/EG, ABl. 2014, Nr. L 94/243.

3 Richtlinie 2014/23/EU des Europäischen Parlaments und des Rates vom 26.2.2014 über die Konzessionsvergabe, ABl. 2014, Nr. L 94/1.

2 Die Vorschrift entspricht im Wesentlichen ihrer **Vorgängerregelung § 101 GWB a.F.**, wurde jedoch durch das **Vergaberechtsmodernisierungsgesetz 2016**[4] (VergRModG) mit Wirkung zum 18.4.2016 neu strukturiert und ergänzt. Abs. 1 zählt weiterhin die den öffentlichen Auftraggebern zur Verfügung stehenden Vergabeverfahrensarten auf; wichtigste Neuerung ist hier die **Einführung der Innovationspartnerschaft** als fünfte Verfahrensart. Abs. 2 regelt das Rangverhältnis der Verfahrensarten untereinander, welches früher in Abs. 7 des § 101 GWB a.F. zu finden war. Während die a.F. das offene Verfahren als Regelfall angeordnet hatte, haben nach dem neuen Abs. 2 die Auftraggeber nun die **freie Wahl zwischen dem offenen und dem nicht offenen Verfahren** (Satz 1). Die weiteren Verfahrensarten sind subsidiär; sie stehen nur bei Vorliegen besonderer Voraussetzungen, also ausnahmsweise zur Verfügung (Satz 2). Absätze 3 bis 7 enthalten jeweils **Legaldefinitionen der fünf Vergabeverfahrensarten**. Der Teilnahmewettbewerb (legaldefiniert in Abs. 4) als Bestandteil verschiedener Verfahrensarten wird betont. Der **Teilnahmewettbewerb** ist von Relevanz bei allen Vergabeverfahren außer dem offenen Verfahren; in Abs. 2 wird klargestellt, dass ein nicht offenes Verfahren stets einen Teilnahmewettbewerb erfordert. Die ehemals in § 101 Abs. 6 GWB a.F. aufgeführten „besonderen Ausgestaltungen"[5] der Vergabeverfahrensarten (z.B. das dynamische Beschaffungssystem) sind nun in § 120 GWB geregelt.

3 Zunächst ist festzuhalten, dass § 119 GWB für **öffentliche Auftraggeber** (§ 99 GWB) bei der Vergabe von **öffentlichen Aufträgen** (§ 103 GWB) im **Oberschwellenbereich** (§ 106 GWB) Geltung entfaltet. Aus der Vorschrift folgt, dass der Katalog der Vergabeverfahren grundsätzlich **abschließend** ist; öffentliche Auftraggeber im Oberschwellenbereich dürfen Vergaben nicht auf andere Weise durchführen. Die Wahl der richtigen Verfahrensart ist von äußerster Wichtigkeit: Unternehmen haben Anspruch darauf (§ 97 Abs. 6 GWB), dass der öffentliche Auftraggeber **keine Fehler bei der Wahl des Vergabeverfahrens** begeht. Ein so begründeter Vergabeverstoß ist der Rüge zugänglich und in einem **Vergabenachprüfungsverfahren** anfechtbar.[6] Er kann auch Schadensersatzpflichten des öffentlichen Auftraggebers auslösen. Die Wahl der Verfahrensart ist durch die Vergabeinstanzen überprüfbar, wobei hinsichtlich der zu berücksichtigenden Umstände auf den Zeitpunkt der Einleitung des Vergabeverfahrens abzustellen ist.[7]

4 In § 119 GWB sind nur die wesentlichen Vergabeverfahrensmerkmale und -unterschiede dargestellt, während die Verfahren selbst auf der **Verordnungsebene** ausgestaltet sind, die im Zuge des VergRModG 2016 erhebliche Neustrukturierungen und Veränderungen erfahren hat. Aus den jeweiligen Verordnungen ergeben sich auch die konkreten Voraussetzungen, unter denen die subsidiären Verfahren (Verhandlungsverfahren, wettbewerblicher Dialog und Innovationspartnerschaft) zulässig sind.

5 Für die Vergabe von **Liefer- und Dienstleistungsaufträgen** durch öffentliche Auftraggeber im Oberschwellenbereich sind §§ 14 bis 20 Vergabeverordnung (VgV) maßgeblich; für die Vergabe von öffentlichen Aufträgen über **soziale und andere besondere Dienstleistungen** sind § 130 GWB, § 65 VgV zu beachten; für die Vergabe von öffentlichen Aufträ-

---

4 BGBl. 2016 I, S. 203.

5 *Knauff*, in: Müller-Wrede, GWB, § 119 Rn. 10, unterstreichend, dass es sich hierbei nicht um eigenständige Verfahrensarten handelt.

6 Vgl. BGH, Beschl. v. 10.11.2009, X ZB 8/09, NZBau 2010, 124.

7 Vgl. VK Lüneburg, Beschl. v. 30.9.2012, VgK 28/2012.

gen über **Personenverkehrsleistungen im Eisenbahnverkehr** enthält § 131 GWB besondere Verfahrensregelungen; für die Vergabe von **Architekten- und Ingenieursleistungen** gilt § 74 VgV.

Die Vergabe von **Bauaufträgen** richtet sich nur teilweise nach den Vorschriften der VgV (vgl. § 2 VgV), hauptsächlich aber nach dem Abschnitt 2 der Vergabe- und Vertragsordnung für Bauleistungen (VOB/A). Die § 119 GWB konkretisierenden Vorschriften befinden sich in §§ 3 bis 3b EU sowie §§ 10a bis 10d EU VOB/A. 6

Sektorenauftraggeber (§ 100 GWB) müssen sich nicht nach § 119 GWB richten. Hier sehen die §§ 136ff. GWB sowie die Sektorenverordnung (SektVO) Sonderregeln vor. Die zur Verfügung stehenden Verfahrensarten ergeben sich aus § 141 GWB, Konkretisierungen enthalten §§ 13 bis 18 SektVO. 7

Konzessionsgeber (§ 101 GWB) unterfallen ebenfalls nicht dem § 119 GWB. Die Vergabe von Konzessionen (§ 105 GWB) ist in den §§ 148ff. GWB geregelt. Die maßgebliche Verfahrensnorm ist § 151 GWB. Konkretisierungen enthalten §§ 12ff. Konzessionsvergabeverordnung (KonzVgV). Konzessionsgeber haben die wenigsten Vorgaben bei der Vergabe von Konzessionen zu beachten. Sie sind grundsätzlich frei in der Ausgestaltung ihrer Vergabeverfahren. Der Verordnungsgeber hat den Konzessionsgebern jedoch den „Hinweis" mit auf den Weg gegeben, dass sie das Verfahren an den Vorschriften der VgV zum Ablauf des Verhandlungsverfahrens mit Teilnahmewettbewerb ausrichten können, vgl. § 12 Abs. 1 Satz 2 KonzVgV. 8

Die Vergabe von **verteidigungs- oder sicherheitsspezifischen öffentlichen Aufträgen** erfährt in § 146 GWB eine beachtliche Sonderregelung im Hinblick auf das Verfahren, da hier das offene Verfahren und die Innovationspartnerschaft nicht als mögliche Verfahrensarten zur Verfügung stehen. Für die Vergabe von verteidigungs- und sicherheitsspezifischen Liefer- und Dienstleistungen enthalten die §§ 11 bis 13 Vergabeverordnung Verteidigung und Sicherheit (VSVgV) konkretisierende Verfahrensregeln. Die Vergabe von verteidigungs- und sicherheitsspezifischen Bauaufträgen ist nur teilweise in der VSVgV geregelt, vgl. § 2 Abs. 2 VSVgV. Die §§ 119, 146 GWB konkretisierenden Regeln befinden sich in §§ 3 bis 3b VS VOB/A für Bauaufträge, die den Schwellenwert nach § 106 Abs. 2 Nr. 3 GWB erreichen. 9

Die Vorschrift des § 119 GWB bezieht sich nur auf öffentliche Aufträge oberhalb der EU-Schwellenwerte (§ 106 GWB). **Unterhalb der EU-Schwellenwerte** korrespondiert das offene Verfahren mit der öffentlichen Ausschreibung, das nicht offene Verfahren mit der beschränkten Ausschreibung und das Verhandlungsverfahren mit der freihändigen Vergabe, jedoch sind erhebliche Unterschiede zu beachten. Zur **Auslegung der Vorschrift** und der weiteren Konkretisierungen sind jedoch nicht die Vergabeverfahrensarten aus dem Unterschwellenbereich, sondern vordringlich die **unionsrechtlichen Vergaberichtlinien** VRL 2014/24/EU, SRL 2014/25/EU und KVR 2014/23/EU heranzuziehen.[8] 10

8 Vgl. *Knauff*, in: Müller-Wrede, GWB, § 119 Rn. 11.

II. Das Rangverhältnis der Verfahrensarten (Abs. 2)

11 Es besteht ein **Spannungsverhältnis** zwischen der Forderung nach einem größtmöglichen **Wettbewerb** und einem **transparenten, diskriminierungsfreien Verfahren** auf der einen Seite und der Forderung nach **größtmöglicher Flexibilität bei der Leistungsbeschaffung** auf der anderen Seite.[9] § 119 Abs. 2 GWB versucht, einen Ausgleich zwischen diesen gegensätzlichen Positionen zu schaffen.

12 Die Verfahrensarten stehen nicht wahlweise nebeneinander. § 119 Abs. 2 Satz 1 GWB räumt dem **offenen Verfahren und dem nicht offenen Verfahren** mit Teilnahmewettbewerb **Vorrang** vor dem Verhandlungsverfahren, dem wettbewerblichen Dialog und der Innovationspartnerschaft ein. Letztere sind nur zulässig, wenn dies aufgrund gesonderter Vorschriften gestattet ist, vgl. § 119 Abs. 2 Satz 2 GWB.

13 Zwischen dem offenen und dem nicht offenen Verfahren mit Teilnahmewettbewerb besteht **Wahlfreiheit**. Dies ist in der Praxis eine der wichtigsten Neuerungen des VergRModG 2016.[10] Nach der alten Rechtslage (§ 101 Abs. 7 Satz 1 GWB a. F.) galt das offene Verfahren als Regelfall, während das nicht offene Verfahren gesondert durch gesetzliche Bestimmungen zugelassen sein musste. Der deutsche Gesetzgeber hatte dem offenen Verfahren den Vorrang eingeräumt, obwohl schon seinerzeit die unionsrechtlichen Richtlinienvorschriften die freie Wahl zwischen dem offenen Verfahren und dem nicht offenen Verfahren mit Teilnahmewettbewerb zuließen. Für den deutschen Gesetzgeber war das offene Verfahren jedoch vorzugswürdig, da dieses Verfahren den **Prinzipien der Marktwirtschaft** am ehesten entspricht, denn es gewährleistet den **größtmöglichen Wettbewerb**.[11] Zudem trägt das offene Verfahren dem **Grundsatz der sparsamen Mittelverwendung**, der für den innerdeutschen Bereich in der Bundeshaushaltsordnung (BHO) niedergelegt ist, am ehesten Rechnung. Das Verfahren sichert die Gleichbehandlung aller potenziellen Bewerber. Außerdem ist es dadurch, dass es den Kreis der potentiellen Bewerber völlig offen lässt, am ehesten dazu geeignet, **Preisabsprachen zwischen den Bietern** zu unterbinden. Dennoch hat sich der deutsche Gesetzgeber mit dem VergRModG 2016 entschieden, eine Angleichung an das Unionsrecht vorzunehmen, indem er nun die in Art. 26 Abs. 2 VRL 2014/24/EU vorgesehene **Gleichrangigkeit des offenen Verfahrens und des nicht offenen Verfahrens mit Teilnahmewettbewerb** in § 119 Abs. 2 Satz 1 GWB übernommen hat.[12] Zu betonen ist hierbei die Wichtigkeit des Teilnahmewettbewerbs, der gem. § 119 Abs. 1 Satz 2 GWB beim nicht offenen Verfahren „stets" erforderlich ist. Entsprechend wird der Teilnahmewettbewerb zusammen mit dem nicht offenen Verfahren in § 119 Abs. 4 GWB legaldefiniert.

14 Ohne die Betonung der Erforderlichkeit eines Teilnahmewettbewerbs wäre die Gleichrangigkeit des nicht offenen Verfahrens mit dem offenen Verfahren gewiss nicht zu rechtfertigen. Denn im Rahmen des nicht offenen Verfahrens sind sowohl die **Transparenz der Auftragsvergabe als auch der Wettbewerb eingeschränkt**. Der Teilnahmewettbewerb soll

9 Vgl. *Boesen*, GWB, § 101 Rn. 52.

10 Vgl. *Stolz*, in: Ingenstau/Korbion, VOB, § 3a Rn. 5.

11 *Haak/Preißinger*, in: Willenbruch/Wieddekind, Vergaberecht, 3. Los, § 101 Rn. 32; BT-Drs. 13/9340, S. 15.

12 Auch in § 55 BHO wurde mittlerweile neben der „Öffentlichen Ausschreibung" die „Beschränkte Ausschreibung mit Teilnahmewettbewerb" als Regel-Vergabeverfahrensart aufgenommen.

nach der Gesetzesbegründung zum VergRModG 2016 diese Einschränkung der vergaberechtlichen Grundsätze des § 97 GWB zum Teil jedenfalls auffangen.[13] Im **Teilnahmewettbewerb** ergeht eine öffentliche Aufforderung an eine unbeschränkte Anzahl von Unternehmen, sich um die Teilnahme an einem Vergabeverfahren zu bewerben. Sodann wird aus den Bewerbungen eine beschränkte Anzahl an Unternehmen nach objektiven, transparenten und nichtdiskriminierenden Kriterien ausgewählt, die zur Abgabe von Angeboten aufgefordert werden.

Im Rahmen des **Verhandlungsverfahrens**, des **wettbewerblichen Dialogs** und der **Innovationspartnerschaft** sind die vergaberechtlichen Grundsätze der Transparenz, der Gleichbehandlung und des Wettbewerbs, mithin auch die Wirtschaftlichkeit, ebenfalls gefährdet. Diese subsidiären Verfahrensarten sind daher nur zulässig, wenn eine der in den jeweiligen Verordnungen[14] niedergelegten **Ausnahmeregelungen** einschlägig ist. Die Ausnahmeregeln spiegeln den Bedarf der öffentlichen Auftraggeber an Flexibilität wider. Durch die Formalisierung der Verfahren wird im Gegenzug aber die größtmögliche Transparenz des Beschaffungsmarktes gewährleistet. Die Ausnahmeregelungen sind **eng auszulegen**, wobei der Auftraggeber die **Darlegungslast** trägt.[15] 15

Ein **Rangverhältnis zwischen den drei subsidiären Verfahrensarten** besteht nicht;[16] wohl aber sind manche Verfahrensarten bzw. Verfahrensvarianten[17] praktisch relevanter als andere. So sind etwa im Anwendungsbereich der VgV die Anforderungen an die Zulässigkeit eines Verhandlungsverfahrens mit Teilnahmewettbewerb oder eines wettbewerblichen Dialogs (§ 14 Abs. 3 VgV) weniger streng als für ein Verhandlungsverfahren ohne Teilnahmewettbewerb (§ 14 Abs. 4 bis 6 VgV). 16

Generell dürften der wettbewerbliche Dialog und die neu eingeführte Innovationspartnerschaft recht spezielle Fälle bleiben, weil sie ihrer Natur nach auf – vergaberechtlich grundsätzlich problematische – **„offene" Beschaffungsabsichten** abzielen, also in Situationen zur Anwendung kommen, in denen der Auftraggeber noch erhebliche Schwierigkeiten hat, zu definieren, was er will oder welche Lösungen zur Verfügung stehen. Der EU-Gesetzgeber möchte zwar die **Innovationsbeschaffung** fördern und hat daher wohl auch dem Verhandlungsverfahren mit Teilnahmewettbewerb diese Rolle zugedacht, wie sich aus Art. 26 Abs. 4 VRL 2014/24/EU ergibt, wonach die Zulässigkeit des Verhandlungsverfahrens mit Teilnahmewettbewerb und des wettbewerblichen Dialogs identisch sind.[18] Hier stellen sich aber Abgrenzungsfragen insbesondere zwischen dem wettbewerblichen Dialog und dem Verhandlungsverfahren mit Teilnahmewettbewerb. Nach *Knauff*[19] muss die Vergabestelle 17

---

13 BT-Drs. 18/6281, S. 97.

14 Siehe oben Rn. 5 bis 9.

15 *Haak/Preißinger*, in: Willenbruch/Wieddekind, Vergaberecht, 3. Los, § 101 Rn. 35 mit weiteren Hinweisen in Fn. 85.

16 Allerdings sprechen gute Gründe für eine Spezialität des wettbewerblichen Dialogs vor dem Verhandlungsverfahren, siehe Kommentierung dort.

17 Das Verhandlungsverfahren stellt sich als einheitliches Vergabeverfahren dar, wenngleich es in zwei Varianten zur Anwendung kommt: Das Verhandlungsverfahren mit Teilnahmewettbewerb und das Verhandlungsverfahren ohne Teilnahmewettbewerb.

18 Auch aus den deutschen Umsetzungsvorschriften in § 14 Abs. 3 VgV und § 3a EU Abs. 3 und 4 VOB/A ergibt sich, dass der wettbewerbliche Dialog und das Verhandlungsverfahren mit Teilnahmewettbewerb identische Zulässigkeitsvoraussetzungen haben und demnach bei Vorliegen dieser Voraussetzungen dem Auftraggeber gleichermaßen zur Wahl stehen.

19 Vgl. *Knauff*, in: Müller-Wrede, GWB, § 119 Rn. 54.

beim Verhandlungsverfahren zumindest eine **grundlegende Vorstellung über die Auftragskonzeption** haben. Dem ist prinzipiell zuzustimmen, aber ob dies beim wettbewerblichen Dialog oder der Innovationspartnerschaft tatsächlich anders ist, erscheint fraglich. Denn **jede Ausschreibung bedarf einer gewissen Konkretisierung und Identitätswahrung**, damit nicht die vergaberechtlichen Rechte und Pflichten der Beteiligten leerlaufen.[20]

18 Nach *Jasper*[21] werden das **Wettbewerbs- und Transparenzprinzip** beim wettbewerblichen Dialog stärker strapaziert als beim Verhandlungsverfahren mit Teilnahmewettbewerb, da das Dialogverfahren nur eine einzige Angebotsrunde vorsieht (vgl. etwa § 18 Abs. 8 VgV), das Verhandlungsverfahren dagegen mehrere (vgl. etwa § 17 Abs. 4 und 10 VgV). Das Verhandlungsverfahren sei deshalb für den Wettbewerb offener, da die Ideen der Bieter gezielter eingebracht werden könnten. Zu beachten ist hier allerdings der erhebliche Aufwand für das Erstellen mehrerer Angebote im Verhandlungsverfahren, der oft Bieter-abschreckend und damit wettbewerbshinderlich wirkt.

19 Insgesamt erleben die **Verfahren mit Verhandlungselementen** in der EU-Gesetzgebung eine **Aufwertung** – vgl. Erwägungsgrund 42 VRL 2014/24/EU: „Für die öffentlichen Auftraggeber ist es äußerst wichtig, über zusätzliche Flexibilität zu verfügen, um ein Vergabeverfahren auszuwählen, das Verhandlungen vorsieht. Eine stärkere Anwendung dieser Verfahren wird wahrscheinlich dazu beitragen, den grenzüberschreitenden Handel zu fördern, da die Bewertung gezeigt hat, dass bei Aufträgen, die im Wege des Verhandlungsverfahrens mit vorheriger Veröffentlichung einer Bekanntmachung vergeben werden, die Erfolgsquote von grenzüberschreitenden Angeboten besonders hoch ist. [...].“

20 Die **Innovationspartnerschaft**, die mit der VRL 2014/24/EU und dem VergRModG 2016 neu in den Katalog der Vergabeverfahren aufgenommen wurde, ist ebenfalls nicht als nachrangig gegenüber dem Verhandlungsverfahren oder dem wettbewerblichen Dialog zu betrachten. Allerdings ergibt sich schon aus ihrer Legaldefinition in § 119 Abs. 7 GWB, dass sie nur in sehr **speziellen Beschaffungssituationen** zur Anwendung kommt, nämlich dann, wenn die Entwicklungsleistung einer Innovation einerseits sowie der spätere Erwerb der Innovation andererseits in einem einheitlichen Vergabeverfahren geregelt werden sollen. Die Innovationspartnerschaft bietet eine Alternative für Situationen, in denen der Markt noch keine entsprechende Lösung hergibt und die Entwicklung einer Lösung für Unternehmen risikoreich ist, sodass sie ein Interesse an sicheren vertraglichen Bedingungen für ihre Forschungs- und Entwicklungsleistungen haben. Die Innovationspartnerschaft ist grundsätzlich kritisch im Hinblick auf negative Auswirkungen auf den **Wettbewerb und beihilferechtliche Risiken** zu prüfen.[22]

---

20 Vgl. OLG Dresden, Beschl. v. 3.12.2003, WVerg 15/03; siehe auch VK Schleswig-Holstein, Beschl. v. 14.5.2008, VK-SH 6/08: „Insoweit darf es sich bei dem für den Zuschlag vorgesehenen Angebot nicht um ein sog. aliud handeln.“

21 *Jasper*, in: Burgi/Dreher, GWB, § 119 Rn. 18.

22 Erwägungsgrund 49 VRL 2014/24/EU.

III. Das offene Verfahren (Abs. 3)

1. Allgemeines

Das **offene Verfahren** zeichnet sich gem. § 119 Abs. 3 GWB dadurch aus, dass „eine unbeschränkte Anzahl von Unternehmen öffentlich zur Abgabe von Angeboten" aufgefordert wird. In den EU-Richtlinien wird das offene Verfahren als Verfahren bezeichnet, in dem „jeder interessierte Wirtschaftsteilnehmer auf einen Aufruf zum Wettbewerb hin ein Angebot abgeben" kann.[23] In den konkretisierenden Verordnungen wird nunmehr auch der Begriff des „offenen Verfahrens" verwendet;[24] vor der Vergaberechtsreform 2016 war dort der Begriff der „**öffentlichen Ausschreibung**" gebräuchlich. Das offene Verfahren stellt neben dem nicht offenen Verfahren mit Teilnahmewettbewerb den Regelfall des Vergabeverfahrens dar (§ 119 Abs. 2 Satz 1 GWB).[25] Eine Abweichung von diesen beiden Verfahren ist nur aufgrund einer besonderen Rechtfertigung gestattet (§ 119 Abs. 2 Satz 2 GWB). Um den in § 97 GWB genannten Zielen des freien Wettbewerbs, der Gleichbehandlung und der Transparenz möglichst nah zu kommen, wurde das offene Verfahren als ein **stark formalisiertes Verfahren** gestaltet. Allerdings ergeben sich nicht alle verfahrensmäßigen Vorgaben aus den jeweiligen, das offene Verfahren konkretisierenden Vorschriften auf Verordnungsebene (etwa § 15 VgV, § 3b EU Abs. 1 VOB/A); vielmehr sollte der/die Rechtsanwendende die jeweils einschlägigen Verordnungen als Ganzes beachten. 21

Im Rahmen dieses Verfahrens ergeht – wie bei allen Vergabeverfahrensarten – idealtypisch eine vollständige **Leistungsbeschreibung** (§ 121 GWB). Allen Interessenten wird die **Möglichkeit der Angebotsabgabe** eröffnet. Die Angebote werden bis zum festgesetzten Eröffnungstermin geheim gehalten (vgl. etwa § 55 Abs. 1 VgV, § 14 EU Abs. 1 VOB/A), verspätete Angebote werden zurückgewiesen (vgl. etwa § 57 Abs. 1 Nr. 1 VgV, § 16 EU Nr. 1 VOB/A). Eine Nachverhandlung über Angebote ist verboten. Schließlich erhält das **„wirtschaftlichste" Angebot** den Zuschlag (vgl. etwa § 127 Abs. 1 Satz 1 GWB, § 58 Abs. 1 VgV, § 16d EU Abs. 2 Nr. 1 Satz 1 VOB/A). 22

Insgesamt ist daher festzuhalten, dass alle potenziellen Bewerber im Rahmen dieser Vergabeform gleich behandelt werden. Da das Verfahren den Kreis der potenziellen Bewerber völlig offen lässt, ist es auch am ehesten dazu geeignet, **Preisabsprachen zwischen den Bietern** zu verhindern. Zudem trägt es dem Grundsatz der sparsamen Mittelverwendung Rechnung und kommt den marktwirtschaftlichen Prinzipien, insbesondere dem Wettbewerbsgrundsatz, am nächsten. 23

Für das offene Verfahren sind folgende Kriterien kennzeichnend: Veröffentlichung von Auftragsbekanntmachungen (ggf. Vorinformationen), die unbeschränkte Teilnahmemöglichkeit von (potenziellen) Bietern, die Bindung an bestimmte Mindestfristen, die eindeutige und erschöpfende Leistungsbeschreibung, die Geheimhaltung der Angebote bis zu einem Öffnungstermin und das Nachverhandlungsverbot. Diese Kriterien wurden durch die EU-Vergaberichtlinien vorgegeben und finden sich im deutschen Recht zum Teil im 24

---

23 Art. 27 Abs. 1 Satz 1 VRL 2014/24/EU; Art. 45 Abs. 1 SRL 2014/25/EU.

24 S. o. Rn. 5 bis 9.

25 Die Vergabe von verteidigungs- oder sicherheitsspezifischen öffentlichen Aufträgen erfährt in § 146 GWB eine beachtliche Sonderregelung im Hinblick auf das Verfahren, da hier das offene Verfahren und die Innovationspartnerschaft nicht als mögliche Verfahrensarten zur Verfügung stehen.

4. Abschnitt des GWB, jedoch vor allem in den das GWB-Vergaberecht konkretisierenden Verordnungen wieder.

2. Ablauf des Verfahrens

25 Der Ablauf des offenen Verfahrens ist in den EU-Vergaberichtlinien detailliert vorgegeben und durch entsprechende Anpassungen insbesondere auf **Verordnungsebene** ins deutsche Recht aufgenommen worden. Im Folgenden wird nur auf die grundsätzlichen Überlegungen eingegangen, um einen wesentlichen Überblick über den Verfahrensablauf zu geben.

a) Vorinformation

26 Die Vorinformation wurde bis zu einer klarstellenden Entscheidung des **EuGH** insbesondere von der EU-Kommission und Deutschland als obligatorisch angesehen. Der EuGH gelangte jedoch in seiner Entscheidung „Kommission ./. Französische Republik" zu dem Ergebnis, dass es sich bei der Regelung der Vorinformation nicht um eine obligatorische, sondern um eine fakultative Bestimmung handelt, solange die öffentlichen Auftraggeber nicht von der Möglichkeit Gebrauch machen, die Fristen für den Eingang der Gebote zu verkürzen. Diese Rechtsprechung wurde in Art. 48 VRL 2014/24/EU aufgegriffen.[26] Die Vorinformationen sollen die Entstehung eines echten Wettbewerbs auf dem Gebiet des öffentlichen Auftragswesens auf Unionsebene fördern, indem sie sicherstellen, dass die potenziellen Bieter aus anderen Mitgliedstaaten auf die verschiedenen Angebote unter vergleichbaren Bedingungen wie die nationalen Bieter antworten können. Den Zweck einer Vorinformation sieht der EuGH ferner darin, dass alle potenziellen Bieter auf Unionsebene in der vorgeschriebenen Zeit über den wesentlichen Inhalt eines Auftrags unterrichtet werden, damit sie ihr Angebot fristgerecht einreichen können, insbesondere sollen potenzielle Bieter aus anderen Mitgliedstaaten unter vergleichbaren Bedingungen wie die nationalen Bieter antworten können.[27]

27 Es bestehen nunmehr ausdrückliche Regelungen zur Vorinformation etwa in **§ 38 VgV, § 12 EU Abs. 1 und 2 VOB/A**.[28] Danach ist eine Vorinformation im Rahmen eines offenen Verfahrens lediglich dann verpflichtend – und unterliegt höheren Formanforderungen –, wenn der öffentliche Auftraggeber von der Möglichkeit einer Verkürzung der Fristen für den Eingang der Angebote Gebrauch machen möchte. In diesen Fällen soll die Vorinformation eine Orientierungshilfe für die Unternehmen im Hinblick auf die in absehbarer Zeit zu erwartenden Vergaben sein. Die Möglichkeit, eine Vorinformation bereits als Aufruf zum Wettbewerb zu gestalten und damit eine spätere Auftragsbekanntmachung entbehrlich zu machen, besteht nur im nicht offenen und im Verhandlungsverfahren, vgl. etwa § 38 Abs. 4 VgV, § 12 EU Abs. 2 VOB/A. Eine Vorinformation kann im Übrigen **freiwillig und ohne weitere rechtliche Wirkungen** erfolgen, wobei allerdings die Vergabestelle keine

26 In der SRL 2014/25/EU wird von der „regelmäßigen nicht verbindlichen Bekanntmachung" gesprochen, Art. 67. In der Sektorenverordnung ist diese in § 36 geregelt.

27 EuGH, Urt. v. 26.9.2000, Rs. C-225/98, NZBau 2000, 584, 586 – Kommission ./. Französische Republik.

28 Die Modalitäten der Bekanntmachung ergeben sich aus § 40 VgV sowie direkt aus § 12 EU Abs. 1 und 2 VOB/A.

willkürliche Falschinformation geben darf und auch das Gleichbehandlungsgebot beachten muss.[29]

b) Auftragsbekanntmachung

Die Auftragsbekanntmachung (siehe etwa **§ 38 VgV, § 12 EU Abs. 3 VOB/A**) setzt das eigentliche **Vergabeverfahren** in Gang. Durch sie werden die Unternehmer aufgefordert, am Wettbewerb teilzunehmen. Die Bekanntmachung ist dem Amt für Veröffentlichungen der EU mit elektronischen Mitteln zu übermitteln. Das Amt besorgt die Veröffentlichung im Supplement „Tenders Electronic Daily" (TED) zum Amtsblatt der EU.[30] Daneben dürfen Bekanntmachungen auf nationaler Ebene, z.B. in Tageszeitungen, amtlichen Veröffentlichungsblättern oder Fachzeitschriften sowie auch Internetportalen erfolgen; hier sind zeitliche Vorgaben im Hinblick auf die EU-weite Bekanntmachung einzuhalten, vgl. etwa § 40 Abs. 3 VgV, § 12 EU Abs. 3 Nr. 5 VOB/A. **28**

Da die Auftragsbekanntmachung die Grundlage für die Entschlussfassung der Unternehmer zur Teilnahme am Wettbewerb ist, müssen die Angaben wesentlich **umfangreicher und ausführlicher** als in einer (jedenfalls einfachen) Vorinformation sein. In § 37 VgV sowie in § 12 EU Abs. 3 VOB/A wird angeordnet, dass die Auftragsbekanntmachung nach von der EU-Kommission festgelegten **Standardformularen** zu erstellen ist.[31] Nach der derzeitigen Praxis ist das einschlägige Formular über das „Tenders Electronic Daily"-Internetportal zu erreichen und innerhalb der Anwendung „eNotices" auszufüllen. Die Auftragsbekanntmachung muss insgesamt die **Informationen nach Anhang V Teil C VRL 2014/24/EU** enthalten (vgl. nur § 12 EU Abs. 3 Nr. 2 VOB/A). Dazu gehören insbesondere die Beschreibung der Beschaffung, eine Kontaktadresse der Vergabestelle, die Eignungskriterien sowie die Angabe der für Nachprüfungsverfahren zuständigen Vergabekammer. Die Zuschlagskriterien und ihre Gewichtung können gem. § 127 Abs. 5 GWB auch noch in den Vergabeunterlagen angegeben werden; allerdings stellt sich hier die **Frage, wann die Vergabeunterlagen bereitgestellt werden müssen**. Denn bereits in der Auftragsbekanntmachung ist gemäß Anhang V Teil C VRL 2014/24/EU eine E-Mail- oder Internet-Adresse anzugeben, über die die Auftragsunterlagen „unentgeltlich, uneingeschränkt, vollständig und unmittelbar" abgerufen werden können. Jedenfalls beim offenen Verfahren, in dem die Auftragsbekanntmachung bereits den Startschuss für die Angebotserstellung bildet (vgl. Fristbeginn gem. § 15 Abs. 2 VgV, § 10a EU Abs. 1 VOB/A), müssen die Vergabeunterlagen ab Auftragsbekanntmachung jederzeit abrufbereit sein.[32] Insgesamt muss der Auftrag **29**

---

29 Vgl. *Rechten*, in: Kulartz/Marx/Portz/Prieß, VOB/A, § 12 EG Rn. 81, 86.

30 Die Modalitäten der Bekanntmachung ergeben sich etwa aus § 40 VgV sowie direkt aus § 12 EU Abs. 3 VOB/A.; s. auch EuGH, Urt. v. 28.3.1996, Rs. C-318/94 – Schiffahrtsamt Emden.

31 Diese folgen aus Anhang III Durchführungsverordnung (EU) 2015/1986 der Kommission vom 11.11.2015 zur Einführung von Standardformularen für die Veröffentlichung von Vergabebekanntmachungen für öffentliche Aufträge und zur Aufhebung der Durchführungsverordnung (EU) Nr. 842/2011, ABl. 2015, Nr. L 296/1.

32 Der genaue Zeitpunkt, in dem die Vergabeunterlagen vorhanden sein müssen, lässt sich nicht zweifelsfrei anhand Anhang V Teil C VRL 2014/24/EU bestimmen, da verschiedene sprachliche Fassungen der Richtlinie auch nahelegen, dass lediglich eine Internetadresse anzugeben ist, unter der die Vergabeunterlagen (künftig) verfügbar sein werden. Zudem besteht dieses Erfordernis bereits für den Inhalt einer Vorinformation gemäß Anhang V Teil B VRL. Es würde dem Sinn und Zweck jedenfalls der „einfachen", unverbindlichen Form der Vorinformation zuwiderlaufen, wenn im Zeitpunkt ihrer Veröffentlichung bereits umfangreiche Vergabeunterlagen erstellt worden sein

im Zeitpunkt der Veröffentlichung der Auftragsbekanntmachung im Wesentlichen „**vergabereif**“[33] sein. Zusätzlich zu diesen notwendigen formalen und inhaltlichen Voraussetzungen hat die Bekanntmachung nach der Rechtsprechung des EuGH Angaben über die „besonderen zusätzlichen Bedingungen“ zu enthalten, auf die es für die Entscheidung über die Auftragsvergabe ankommen soll.[34] Die Bekanntmachungspflicht ist zwingend zu beachten. Ein Verstoß berechtigt Unternehmen zur Rüge und führt zur **Unwirksamkeit des Vertrages** nach § 135 GWB.

c) Vergabeunterlagen

30 Die Vergabeunterlagen sind den potentiellen Bietern über eine **elektronische Adresse** zugänglich zu machen, die in der Auftragsbekanntmachung genannt werden muss (zu Auslegungsfragen s. o.). § 12a EU Abs. 1 Nr. 1 VOB/A ordnet ausdrücklich an, dass die Vergabeunterlagen „ab dem Tag der Veröffentlichung einer Auftragsbekanntmachung [...] oder dem Tag der Aufforderung zur Interessensbestätigung“ zugänglich gemacht werden müssen. Da im offenen Verfahren keine Aufforderung zur Interessenbestätigung erfolgt, ist hier die Auftragsbekanntmachung maßgeblich. Auch im Anwendungsbereich der VgV dürften die Vergabeunterlagen zu diesem Zeitpunkt erforderlich sein, auch wenn sich dies nur mittelbar aus § 41 VgV ergibt.

31 Während das GWB die Vergabeunterlagen nur erwähnt, nicht aber definiert, ergibt sich etwa aus § 29 VgV, § 8 EU VOB/A, dass die Vergabeunterlagen **alle Angaben** umfassen, **die erforderlich sind, um dem Bieter eine Entscheidung zur Teilnahme am Vergabeverfahren zu ermöglichen**. Sie bestehen im Falle des offenen Verfahrens in der Regel aus einem Anschreiben, insbesondere mit der Aufforderung zur Abgabe eines Angebots, der Beschreibung der Einzelheiten der Durchführung des Verfahrens (Bewerbungsbedingungen) und den Vertragsunterlagen, die aus der Leistungsbeschreibung und den Vertragsbedingungen bestehen. Für Bauaufträge sieht § 8 EU VOB/A wichtige Maßgaben vor.

32 Insbesondere die **Leistungsbeschreibung** (§ 121 GWB, § 31 VgV, § 7 EU VOB/A) erfordert äußerste Sorgfalt. Verlangt wird eine eindeutige und erschöpfende Leistungsbeschreibung.

33 Für die **Vertragsbedingungen** für Bauaufträge sieht § 8a EU Abs. 3 VOB/A vor, dass die Allgemeinen Vertragsbedingungen der VOB/B und die Allgemeinen Technischen Vertragsbedingungen der VOB/C zum Gegenstand des Bauvertrages zu machen sind. Soweit zusätzliche Vertragsbedingungen oder etwaige zusätzliche technische Vertragsbedingungen Vertragsbestandteil werden sollen, sind sie ebenfalls in die Vertragsbedingungen auf-

---

müssten. Nach hiesiger Ansicht müssen die Vergabeunterlagen (die im deutschen Recht eine etwas formellere Bedeutung als haben als die in der VRL definierten „Auftragsunterlagen“) jedenfalls in dem Zeitpunkt vorliegen, in dem ein fristauslösendes Ereignis stattfindet, wie etwa die Absendung der Auftragsbekanntmachung im offenen Verfahren. Siehe auch § 41 Abs. 1 VgV, § 12a EU Abs. 1 Nr. 1 VOB/A.

33 *Burgi*, Vergaberecht, § 13 Rn. 3; siehe auch § 2 EU Abs. 8 VOB/A: „Der öffentliche Auftraggeber soll erst dann ausschreiben, wenn alle Vergabeunterlagen fertig gestellt sind und wenn innerhalb der angegebenen Fristen mit der Ausführung begonnen werden kann.“ Siehe zur Statthaftigkeit von Vorbehalten in den Vergabeunterlagen: OLG Düsseldorf, Beschl. v. 10.6.2015, VII-Verg 39/14, VergabeR 2015, 664.

34 EuGH, Urt. v. 20.9.1988, Rs. C-31/87 – Gebroeder Beentjes NV./. Niederlande; vgl. auch *Boesen*, GWB, § 101 Rn. 18.

zunehmen.[35] Die Allgemeinen Vertragsbedingungen „können von Auftraggebern, die ständig Bauleistungen vergeben, für die bei ihnen allgemein gegebenen Verhältnisse durch Zusätzliche Vertragsbedingungen ergänzt werden".[36] Die Zusätzlichen Vertragsbedingungen dürfen den Allgemeinen Vertragsbedingungen nicht widersprechen.

Während der Angebotserstellung können Unklarheiten durch **Bieterfragen** ausgeräumt 34
werden. Die Beantwortung rechtzeitiger Bieterfragen ist spätestens sechs Kalendertage vor Ablauf der Angebotsfrist allen Unternehmen in gleicher Weise zu erteilen, vgl. etwa § 20 Abs. 3 VgV, § 12a EU Abs. 3 VOB/A. Andernfalls ist die Angebotsfrist zu verlängern. Erkennbare Vergabeverstöße haben potentielle Bieter vor Ablauf der Angebotsfrist, bei positiver Kenntnis eines geltend gemachten Vergabeverstoßes sogar gegebenenfalls früher zu rügen, um die Präklusion im Hinblick auf ein späteres Vergabenachprüfungsverfahren zu vermeiden, vgl. § 160 Abs. 3 GWB.

Die **Frist für die Abgabe der Angebote** im offenen Verfahren beträgt in der Regel mindes- 35
tens 35 Tage, gerechnet ab dem Tag nach der Absendung der Auftragsbekanntmachung, vgl. § 15 Abs. 2 VgV, § 10a EU Abs. 1 VOB/A. Unter Umständen kann das Umstellen auf ein rein elektronisches Verfahren sowie die Veröffentlichung einer Vorinformation eine Verkürzung der Angebotsfrist ermöglichen. Auch eine hinreichend begründete Dringlichkeit kann eine Fristverkürzung auf 15 Tage rechtfertigen. Verspätet eingereichte Angebote müssen zwingend ausgeschlossen werden, vgl. etwa § 57 Abs. 1 Nr. 1 VgV, § 16 EU Nr. 1 VOB/A.

d) Eröffnungstermin

Es wird ein Eröffnungstermin bestimmt, in dem die bis dahin unter Verschluss zu haltenden 36
Angebote von zwei Vertretern des öffentlichen Auftraggebers geöffnet werden, vgl. etwa § 55 Abs. 2 VgV. Für elektronische Angebote gilt entsprechendes.

e) Prüfung und Wertung

Während im 4. Teil des GWB grundlegende Regelungen zur Eignung (§ 122 GWB), zu 37
den zwingenden und den fakultativen Ausschlussgründen (§§ 123, 124 GWB) sowie zu den Zuschlagskriterien (§ 127 GWB) enthalten sind, finden sich in den einschlägigen Verordnungen wiederum Konkretisierungen. Die Prüfung und Wertung der Angebote ist etwa Gegenstand der §§ 42 ff., §§ 56 ff. VgV und der §§ 16 EU ff. VOB/A. Das Verfahren unterteilt sich in **vier Wertungsphasen**, die auch in ihrer Reihenfolge einzuhalten sind:[37] In der ersten Phase werden die Angebote ermittelt, die nicht den inhaltlichen oder formellen Anforderungen entsprechen (**Ausschluss**). Die zweite Phase ist der Prüfung der Eignung der Bieter in persönlicher und sachlicher Hinsicht vorbehalten (**Eignung**). In der dritten Phase erfolgt eine inhaltliche Prüfung der verbliebenen Angebote in Hinsicht auf die Angemessenheit der Angebotspreise (**Prüfung**). Diese Prüfung beschränkt sich auf formelle, rechnerische sowie technische Aspekte und ist von der späteren Wertung der Angebote zu unterscheiden. Die Prüfung erfüllt eine gewisse „Filterfunktion" für die folgende Angebots-

35 Hierfür sind die §§ 8a EU ff. VOB/A zu beachten.
36 § 8a EU Abs. 2 Nr. 1 Satz 1 VOB/A.
37 Allerdings kann seit der Vergaberechtsreform 2016 im offenen Verfahren die Angebotsprüfung vor der Eignungsprüfung vorgenommen werden, vgl. etwa § 42 Abs. 3 VgV.

wertung. In der vierten und letzten Phase geht es schließlich um die Auswahl des wirtschaftlichsten Angebots (**Wertung**). Zweifel ergeben sich häufig dann, wenn darüber zu urteilen ist, ob ein unangemessen niedriger Preis angeboten wurde. Hierbei ist nicht nur das Preiselement als solches zu betrachten, sondern das Angebot in seiner Gesamtheit, insbesondere dann, wenn Nebenangebote zugelassen werden. Im Falle eines unangemessen hohen oder niedrigen Preises ist das Angebot auszuschließen.

f) Aufklärung des Angebotsinhalts

38 Mit der Öffnung der Angebote ist der freie Wettbewerb zwischen den Bietern beendet. In dem Zeitraum zwischen der Angebotsöffnung und der Zuschlagserteilung darf mit den Bietern nur ein Austausch stattfinden, um **Zweifel über die Angebote oder die Eignung** auszuräumen. Verhandlungen, insbesondere über Änderungen der Angebote oder Preise, sind unzulässig, vgl. das etwa in § 15 Abs. 5 VgV, § 12 EU Abs. 3 VOB/A niedergelegte Nachverhandlungsverbot. § 15 EU Abs. 3 VOB/A gewährt in engen Grenzen Ausnahmen vom **Nachverhandlungsverbot**. So sieht die Vorschrift eine Ausnahme für den Fall vor, dass in Nebenangeboten oder in Angeboten aufgrund eines Leistungsprogramms unumgängliche technische Änderungen geringen Umfangs erforderlich sind, und daraus sich ergebende Änderungen der Preise vereinbart werden müssen. Es ist nicht immer einfach, zwischen zulässigen Aufklärungsgesprächen und unzulässigen Nachverhandlungen zu trennen. Als Hilfestellung lässt sich argumentieren, dass Gespräche zulässig sind, wenn sie der Ermittlung des maßgeblichen Inhalts des Angebots dienen. Unzulässig ist dagegen eine „klassische" Nachverhandlung mit dem Ziel, den Inhalt des ursprünglichen Angebots abzuändern.[38] Um Streitfällen so weit wie möglich zu entgehen, sollte der Grund des Aufklärungsgesprächs und das Ergebnis in einem **Protokoll** festgehalten werden.

g) Zuschlagserteilung

39 Die Erteilung des Zuschlags gem. § 127 Abs. 1 GWB, § 58 VgV und § 16d EU Abs. 2 VOB/A i.V.m. § 18 EU VOB/A beendet regelmäßig das Vergabeverfahren. In Ausnahmefällen endet das Verfahren mit der Aufhebung der Ausschreibung.[39] Der Zuschlag bedeutet die Annahme des Angebots i. S. d. § 147 BGB. Mit ihm kommt der **zivilrechtliche Vertrag** zustande.[40]

h) Mitteilungspflichten

40 Bieter, deren Angebote für Bauaufträge nach § 16 EU VOB/A ausgeschlossen worden oder nicht in die engere Wahl gekommen sind, sollen **unverzüglich** benachrichtigt werden (vgl. § 19 EU Abs. 1 VOB/A; siehe aber auch § 134 GWB, § 62 VgV, die keine solchen Vorgaben enthalten). Die übrigen Bieter sind gleich nach der Zuschlagserteilung zu unterrichten;[41] dies gilt etwa auch für Liefer- oder Dienstleistungsaufträge.[42] Nach § 134 Abs. 2 GWB muss diese Information 15 Kalendertage vor Abschluss des Vertrages den betroffe-

38 *Boesen*, GWB, § 101 Rn. 28; *von Wietersheim*, in: Ingenstau/Korbion, VOB, § 15 Rn. 20.
39 Siehe etwa § 63 VgV, § 17 EU VOB/A.
40 Vgl. *von Wietersheim*, in: Ingenstau/Korbion, VOB, § 18 Rn. 1.
41 § 19 EU Abs. 2 VOB/A.
42 § 134 GWB, § 62 VgV.

nen Bietern schriftlich mitgeteilt werden. Die Auftragserteilung ist bekanntzumachen und spätestens innerhalb von 30 Kalendertagen nach Auftragserteilung dem Amt für amtliche Veröffentlichungen der EU mitzuteilen.[43] Schließlich ist ein **Vermerk** zu fertigen, der den Ansprüchen des § 8 VgV genügt.[44] Dieser hat die einzelnen Stufen des Verfahrens, die maßgebenden Feststellungen sowie die Begründung der im Einzelnen getroffenen Entscheidungen zu enthalten.[45]

3. Zulässigkeit des offenen Verfahrens

§ 119 Abs. 2 Satz 1 GWB statuiert einen grundsätzlichen Vorrang des offenen Verfahrens und des nicht offenen Verfahrens mit Teilnahmewettbewerb vor den anderen Verfahrensarten. § 141 Abs. 1 GWB sieht eine generelle Ausnahme vom Vorrang des offenen Verfahrens und des nicht offenen Verfahrens mit Teilnahmewettbewerb für Sektorenauftraggeber vor. Diese haben die freie Wahl zwischen den Verfahrensarten, außer für das Verhandlungsverfahren ohne Teilnahmewettbewerb und die Innovationspartnerschaft. Daneben bestehen noch einzelne Ausnahmefälle, die auf Verordnungsebene geregelt sind. **41**

Fraglich ist, ob der Auftraggeber in den Fällen, in denen ausnahmsweise die Anwendung des Verhandlungsverfahrens, des wettbewerblichen Dialogs oder der Innovationspartnerschaft zulässig ist, verpflichtet ist, den Auftrag nach diesen Verfahren zu vergeben, oder ob er sich auch freiwillig dem wettbewerbsintensiveren offenen Verfahren unterwerfen kann. Die Beantwortung dieser Frage hängt nach hiesiger Ansicht vom **Regelungszweck des jeweiligen Ausnahmetatbestandes** ab, sodass hinsichtlich jedes Ausnahmetatbestandes eine gesonderte Betrachtung erforderlich ist. Dient die Ausnahmevorschrift einzig den Interessen des Auftraggebers, so kann dieser grundsätzlich das offene Verfahren anwenden, da der Auftraggeber auf seinen Schutz verzichten kann und das offene Verfahren das Ziel der Vergaberichtlinien, einen diskriminierungsfreien, transparenten Wettbewerb herzustellen, am ehesten erfüllt. Wurde die Ausnahmevorschrift allerdings (zusätzlich) zum Schutz der Bieterinteressen oder Allgemeininteressen erlassen, über die der Auftraggeber nicht disponieren kann, so ist der Auftraggeber zur Anwendung des nicht offenen bzw. des Verhandlungsverfahrens verpflichtet.[46] **42**

Hat der Auftraggeber sich einmal für das offene Verfahren entschieden, so muss er dieses bis zur endgültigen Vergabe des Auftrages ordnungsgemäß durchführen. Es ist nicht zulässig, das offene Verfahren mit Elementen des Verhandlungsverfahrens zu verbinden, selbst wenn der Vergabestelle im Verlauf des Verfahrens bewusst geworden ist, dass sie zur Vergabe im Verhandlungsverfahren berechtigt gewesen wäre.[47] **43**

---

43 Vgl. etwa § 18 EU Abs. 3 und 4 VOB/A, § 39 VgV.
44 Siehe etwa Verweis in § 20 EU VOB/A auf § 8 VgV.
45 Vgl. dazu *Düsterdiek*, in: Ingenstau/Korbion, VOB, § 20 Rn. 8 ff.
46 *Boesen*, GWB, § 101 Rn. 62; *Hausmann/Kern*, in: Kulartz/Kus/Marx/Portz/Prieß, VgV, § 14 Rn. 18; a. A. *Knauff*, in: Müller-Wrede, GWB, § 119 Rn. 16.
47 EuGH, Urt. v. 25.4.1996, Rs. C-87/94 – Kommission ./. Belgien [Wallonische Busse].

IV. Das nicht offene Verfahren (Abs. 4)

1. Allgemeines

44 Auch beim nicht offenen Verfahren handelt es sich um ein **förmliches Vergabeverfahren**. Hierbei ergeht zunächst eine öffentliche **Aufforderung zur Teilnahme**, sodann wird eine **beschränkte Anzahl von Unternehmen** aus dem Kreis der Bewerber dazu aufgefordert, Angebote abzugeben. Es ist im Oberschwellenbereich in § 119 Abs. 4 GWB verankert und wird etwa in § 16 VgV, §§ 3b EU Abs. 2, 10b EU VOB/A näher konkretisiert. Unterhalb der EU-Schwellenwerte entspricht das nicht offene Verfahren der „**beschränkten Ausschreibung**". Die **Mindestzahl der Bewerber**, die zur Abgabe eines Angebotes aufgefordert werden, beträgt fünf.[48] Dabei ist den Bewerbern vorab lediglich die Mindestzahl der auszuwählenden Bewerber mitzuteilen, eine Festlegung der **Höchstzahl** muss hingegen nicht erfolgen.[49] Es müssen jedoch immer so viele Bewerber zum Bieten zugelassen werden, dass ein „echter Wettbewerb" gewährleistet ist.[50]

45 Besondere Zulässigkeitsvoraussetzungen bestehen keine. Seit der Vergaberechtsreform 2016 stehen das offene Verfahren und das nicht offene Verfahren mit Teilnahmewettbewerb als Regelverfahren zur Auswahl, vgl. § 119 Abs. 2 Satz 1 GWB.

2. Ablauf des Verfahrens

a) Vorinformation und Auftragsbekanntmachung

46 Auch im nicht offenen Verfahren ist, wie im offenen Verfahren, nur unter den oben genannten Voraussetzungen die Veröffentlichung einer Vorinformation erforderlich. Im Gegensatz zum offenen Verfahren kann im nicht offenen Verfahren eine Vorinformation von **subzentralen Auftraggebern** auch schon bereits als **Aufruf zum Wettbewerb** eingesetzt werden, sodass das Vergabeverfahren bereits mit der Veröffentlichung einer **qualifizierten Vorinformation** beginnt, vgl. etwa § 38 Abs. 4 VgV, § 12 EU Abs. 2 VOB/A. Ansonsten wird mit der **Auftragsbekanntmachung** (siehe etwa § 37 VgV, § 12 EU Abs. 3 VOB/A), die in ihrer Form und ihrem notwendigen Inhalt im Wesentlichen der Auftragsbekanntmachung des offenen Verfahrens entspricht, das eigentliche Vergabeverfahren eingeleitet.

47 § 119 Abs. 4 GWB verdeutlicht, dass das nicht offene Verfahren **stets einen Teilnahmewettbewerb** erfordert, der in der Vorschrift legaldefiniert ist. Die danach erforderliche **öffentliche Aufforderung zur Teilnahme** erfolgt entweder mittels einer EU-weit zu publizierenden **Auftragsbekanntmachung** oder mehrschrittig über eine EU-weit zu publizierende, qualifizierte Vorinformation eines subzentralen Auftraggebers (vgl. § 38 Abs. 4 VgV, § 12 EU Abs. 2 VOB/A), die zunächst eine Aufforderung zur Interessensbekundung enthält und der sich dann eine **Aufforderung zur Interessensbestätigung** anschließt. Die Aufforderung zur Interessensbestätigung ergeht nur gegenüber denjenigen Unternehmen, die zuvor ihr Interesse bekundet haben. Mit der Aufforderung zur Interessensbestätigung

48 Vgl. etwa § 51 Abs. 2 VgV, § 3b EU Abs. 2 Nr. 3 VOB/A.
49 Vgl. etwa § 51 Abs. 1 Satz 2 VgV, § 3b EU Abs. 2 Nr. 3 VOB/A; VK Lüneburg, Beschl. v. 21.8.2006, Vgk-18/2006; a. A. BayOLG, Beschl. v. 20.4.2005, Verg 26/04.
50 Vgl. *Dreher*, in: Immenga/Mestmäcker, GWB, § 101 Rn. 26.

wird der Teilnahmewettbewerb eingeleitet, vgl. etwa § 38 Abs. 5 Satz 2 VgV, § 10b EU Abs. 1 VOB/A.

Zu den in der Auftragsbekanntmachung oder den in der qualifizierten Vorinformation (oder im Falle Letzterer spätestens in der Aufforderung zur Interessensbestätigung) zu machenden Angaben gilt das oben zum offenen Verfahren Erläuterte mit folgenden Maßgaben: Die **Vergabeunterlagen** müssen auch im nicht offenen Verfahren grundsätzlich **im Zeitpunkt der Veröffentlichung der Auftragsbekanntmachung** vorliegen, welche eine Internetadresse enthalten muss, unter der die Vergabeunterlagen abrufbar sind, vgl. etwa § 41 Abs. 1 VgV, § 12a EU Abs. 1 Nr. 1 VOB/A. Wird anstelle einer Auftragsbekanntmachung eine qualifizierte Vorinformation als Aufruf zum Wettbewerb gewählt, so müssen die Vergabeunterlagen grundsätzlich erst **im Zeitpunkt der Versendung der Aufforderung zur Interessensbestätigung** vorliegen, vgl. etwa §§ 41 Abs. 1, 52 Abs. 3 VgV, § 12a EU Abs. 1 Nr. 1 VOB/A. Da die Aufforderung zur Interessensbestätigung nur gegenüber einem beschränkten Kreis von Unternehmen ergeht, nämlich solchen, die zuvor auf die qualifizierte Vorinformation reagiert und ihr Interesse bekundet haben, werden die Vergabeunterlagen hier also nur einem beschränkten Kreis an Unternehmen zugänglich gemacht.[51] 48

Die Frage, ob die Vergabeunterlagen im nicht offenen Verfahren möglicherweise auch erst im **Zeitpunkt der Aufforderung zur Angebotsabgabe** vorliegen müssen (dies wird etwa durch § 12a EU Abs. 1 Unterabs. 2 VOB/A nahegelegt), wird unterschiedlich beantwortet.[52] Die Mehrzahl der diesbezüglich relevanten Normen auf Verordnungsebene (s. o. sowie auch § 2 EU Abs. 8 VOB/A) sowie in der VRL 2014/24/EU sprechen gegen die Möglichkeit, die Vergabeunterlagen noch zu einem späteren Zeitpunkt bereitstellen zu können. Andererseits erscheint es nicht ganz nachvollziehbar, warum die Vergabeunterlagen beim nicht offenen Verfahren so früh vorliegen müssen. Rechtspolitisch vorzugswürdig wäre es aus hiesiger Sicht, die Aufforderung zur Abgabe eines Angebots, die den Beginn der Angebotsfrist auslöst, zum maßgeblichen Termin für die Bereitstellung der vollständigen Vergabeunterlagen zu machen, sofern die essentiellen Informationen in der Auftragsbekanntmachung oder der (qualifizierten) Vorinformation enthalten sind. Dies würde auch Kohärenz zu den Fällen schaffen, in denen die Vergabeunterlagen ausnahmsweise auf andere als elektronische Weise zur Verfügung gestellt werden dürfen, vgl. Art. 53 Abs. 1 Unterabs. 2 und 3 VRL 2014/24/EU, § 41 Abs. 2 VgV, § 11b EU Abs. 1 VOB/A. 49

b) Teilnahmewettbewerb

Mit ihrem auf die Auftragsbekanntmachung oder die Aufforderung zur Interessensbestätigung hin übermittelten Teilnahmeantrag bewerben sich **die interessierten Unternehmen** um die Teilnahme am Wettbewerb, d. h. die Möglichkeit, später ein Angebot abgeben zu dürfen. Die Frist für die Abgabe des Teilnahmeantrags beträgt im Regelfall mindestens 30 Tage, gerechnet ab dem Tag nach Absendung der Auftragsbekanntmachung oder der Aufforderung zur Interessensbestätigung, vgl. etwa § 16 Abs. 2 VgV, § 10b EU Abs. 1 VOB/A. 50

Im Mittelpunkt des Teilnahmewettbewerbs steht zunächst die Frage, ob die sich bewerbenden Unternehmen die erforderliche **Eignung** besitzen (§ 122 GWB). Daher übermitteln 51

---

51 Vgl. *von Wietersheim*, in: Ingenstau/Korbion, VOB, § 12a EU VOB/A Rn. 6.

52 Dagegen *von Wietersheim*, in: Ingenstau/Korbion, VOB, § 12a EU VOB/A Rn. 14 ff.

die Unternehmen die vom öffentlichen Auftraggeber geforderten Informationen über die Eignung und etwaige **Ausschlussgründe**, vgl. etwa § 16 Abs. 1 Satz 3 VgV, § 3b EU Abs. 2 Nr. 1 Satz 3 VOB/A. Im Hinblick auf die Eignungsprüfung stellt sich die Frage, ob bereits vollständige **Eignungsnachweise** gefordert werden können, da es beim Teilnahmewettbewerb ja gerade darum geht, geeignete Unternehmen auszuwählen. Für die Eignungsanforderungen ist grundsätzlich § 122 GWB maßgeblich. Der Nachweis der Eignung erfolgt mangels verfahrensspezifischer Einschränkung etwa des § 48 Abs. 2 VgV, § 6b EU Abs. 2 VOB/A vorrangig im Wege der **Einheitlichen Europäischen Eigenerklärung** nach § 50 VgV, § 6b EU Abs. 2 Nr. 3 VOB/A.[53] **Abweichungen** hiervon bedürfen eines sachlichen Grundes, der nach hiesiger Ansicht etwa in der **Komplexität des Auftrages** liegen kann, sodass ohnehin nur mit einer **überschaubaren Zahl von Bewerbern** gerechnet wird. Im Anwendungsbereich der VOB/A EU ist in § 6b EU Abs. 2 Nr. 3 VOB/A ausdrücklich angeordnet, dass **die in Frage kommenden Bewerber** zur Beibringung von Nachweisen zum Beleg der Eigenerklärungen aufzufordern sind.

52 Der Auftraggeber ist zudem berechtigt, eine **Auswahl unter den geeigneten Bewerbern** zu treffen, wobei ihm ein **Beurteilungsspielraum** zusteht, der jedoch durch die allgemeinen Grundsätze des Vergaberechts, insbesondere den Gleichbehandlungsgrundsatz und den Wettbewerbsgrundsatz, eingeschränkt wird.[54] Hierfür muss der Auftraggeber bereits in der Auftragsbekanntmachung oder der Aufforderung zur Interessensbestätigung die von ihm vorgesehenen **objektiven und nichtdiskriminierenden Eignungskriterien** für die Begrenzung der Zahl, die vorgesehene **Mindestzahl** und gegebenenfalls auch die **Höchstzahl** der einzuladenden Bewerber angeben, vgl. etwa § 51 VgV, § 3b EU Abs. 2 Nr. 3 VOB/A.[55] Die vorgesehene Mindestzahl darf nicht niedriger als fünf sein. In jedem Fall muss die Zahl der eingeladenen Bewerber einen ausreichenden **Wettbewerb** gewährleisten, d.h. die Zahl der eingeladenen Bewerber kann letztlich auch hinter der bekannt gemachten Mindestzahl zurückbleiben.[56]

c) Abgabe von Angeboten

53 Die ausgewählten Bewerber werden zur Abgabe von Angeboten aufgefordert; die **Frist** zur Abgabe eines Angebots beträgt mindestens 30 Tage, gerechnet ab dem Tag nach der Absendung der Aufforderung zur Angebotsabgabe, vgl. etwa § 16 Abs. 5 VgV, § 10b EU Abs. 2 VOB/A. Es ist vergaberechtlich unzulässig und stellt einen **Verstoß gegen das Gleichbehandlungsgebot** dar, wenn der öffentliche Auftraggeber nach Ablauf der Bewerbungsfrist Unternehmen zur Angebotsabgabe auffordert, die sich nicht am Teilnahmewettbewerb beteiligt haben.[57] Dies gilt auch in dem Fall, dass im Teilnahmewettbewerb qualifi-

---

53 *Knauff*, in: Müller-Wrede, GWB, § 119 Rn. 37 unter Verweis auf Art. 59 Abs. 1 Satz 1 VRL 2014/24/EU.

54 Vgl. BayOLG, Beschl. v. 12.4.2000, Verg 1/00, NZBau 2000, 401; *Boesen*, GWB, § 101 Rn. 38; *Bungenberg*, in: Loewenheim/Meessen/Riesenkampff, GWB, § 101 Rn. 18.

55 Im Bereich der SektVO ist keine konkrete Zahl genannt, vgl. § 45 Abs. 3 SektVO; bei verteidigungs- und sicherheitsspezifischen Bauaufträgen müssen mindestens drei geeignete Bewerber aufgefordert werden, vgl. § 3b VS Abs. 1 VOB/A.

56 Vgl. EuGH, Urt. v. 15.10.2009, Rs. C-138/08, NZBau 2010, 59 – Hochtief AG u. Linde-Kca-Dresden-GmbH ./. Közbeszerzések Tanácsa Közbeszerzési Döntőbizottság; OLG Düsseldorf, Beschl. v. 9.6.2010, VII-Verg 14/10.

57 *Knauff*, in: Müller-Wrede, GWB, § 119 Rn. 38.

zierte Bewerber nach erfolgter Aufforderung zur Angebotsabgabe eine **Bietergemeinschaft nachträglich gründen**. Die Vergabekammer des Bundes sieht dies als vergaberechtlich unzulässig an: „Zwar haben diese Teilnehmer einzeln die Kriterien des Teilnahmewettbewerbs erfüllt und die im Teilnahmewettbewerb vorgelagerte Eignungsprüfung einzeln erfolgreich durchlaufen. Dies ändert jedoch nichts an der Tatsache, dass die Bietergemeinschaft selbst nicht am Teilnahmewettbewerb teilgenommen hat, keine eigene Eignungsprüfung durchlaufen hat und nicht zur Angebotsabgabe aufgefordert wurde bzw. aufgefordert werden konnte. Auch insoweit ist die Verletzung des Gleichbehandlungsgrundsatzes in Bezug auf andere Bieter aus den oben genannten Gründen zu besorgen. Zudem ist in der nachträglichen Bildung einer Bietergemeinschaft aus zur Angebotsabgabe aufgeforderten Teilnehmern eine unzulässige Beschränkung des Wettbewerbs zu sehen."[58] Fordert der öffentliche Auftraggeber dennoch Unternehmen zur Angebotsabgabe auf, die nicht am Teilnahmewettbewerb beteiligt waren, so macht er sich **schadensersatzpflichtig**.[59]

d) Weiteres Verfahren

Der weitere Verfahrensablauf entspricht im Wesentlichen dem des **offenen Verfahrens**. 54
Die Angebote werden nach Ablauf der Angebotsfrist geöffnet und einer formalen und inhaltlichen Prüfung unterzogen. Im Anschluss daran folgen, soweit Zweifel vorhanden sind, Aufklärungsgespräche mit den Bietern über den Inhalt des Angebots. Es folgt die Wertung der Angebote, und zum Ende des Verfahrens wird der Zuschlag erteilt. Dabei dürfen geeignete Bieter nur dann unberücksichtigt bleiben, wenn besser bewertete Bieter vorhanden sind. Der öffentliche Auftraggeber hat insoweit eine in seinem Ermessen stehende Auswahlentscheidung unter den Teilnehmern zu treffen. Es müssen daher sachliche Gründe für die von ihm vorgenommene Differenzierung zwischen den einzelnen Unternehmen vorliegen. Diese müssen im Vergabevermerk dokumentiert sein. Ist dies nicht der Fall, hat der öffentliche Auftraggeber bei seiner Auswahlentscheidung den Grundsatz der Gleichbehandlung und Transparenz verletzt.[60]

e) Mitteilungspflichten

Bieter, deren Angebote nicht berücksichtigt werden sollen, müssen **vor Zuschlagsent-** 55
scheidung informiert werden, vgl. § 134 Abs. 1 Satz 1 GWB. Dies gilt auch für Bewerber, d.h. solche des Teilnahmewettbewerbs, denen keine Information über die Ablehnung ihrer Bewerbung zur Verfügung gestellt wurde, bevor die Mitteilung über die Zuschlagserteilung an die betroffenen Bieter ergangen ist, vgl. § 134 Abs. 1 Satz 2 GWB. Ein Vertrag darf erst 15 Tage nach Absendung dieser Informationen geschlossen werden; bei elektronischer Kommunikation kann die Frist verkürzt werden, vgl. § 134 Abs. 2 Sätze 1 und 2 GWB. Auf Verordnungsebene ergeben sich etwa aus §§ 19 EU VOB/A und 62 VgV noch gewisse Besonderheiten.

---

58 VK Bund, Beschl. v. 22.2.2008, VK 1-4/08, ZfBR 2008, 412, 416.
59 *Bungenberg*, in: Loewenheim/Meessen/Riesenkampff, GWB, § 101 Rn. 19.
60 BayObLG, Beschl. v. 20.4.2005, Verg 26/04, VergabeR 2005, 532, 536; VK Sachsen, Beschl. v. 9.2.2009, 1/SVK/071-08.

V. Das Verhandlungsverfahren (Abs. 5)

1. Allgemeines

56 Das Verhandlungsverfahren ist ein Verfahren, bei dem sich der öffentliche Auftraggeber mit oder ohne Teilnahmewettbewerb an **ausgewählte Unternehmen** wendet, um mit einem oder mehreren dieser Unternehmen über die Angebote zu **verhandeln.**[61] Das Verhandlungsverfahren ist im Gegensatz zum offenen und nicht offenen Verfahren nur unter besonderen Voraussetzungen zulässig (vgl. § 119 Abs. 2 Satz 2 GWB).[62] Diese Ausnahmevoraussetzungen sind auf Verordnungsebene ausgestaltet. Die **Zulässigkeitsvoraussetzungen** für ein Verhandlungsverfahren mit Teilnahmewettbewerb sind weniger streng als solche für ein Verhandlungsverfahren ohne Teilnahmewettbewerb. Letzteres ist der **absolute Ausnahmefall** unter den Verfahrensvarianten.[63] Das Verhandlungsverfahren korrespondiert im Unterschwellenbereich mit der „**freihändigen Vergabe**“.

2. Gesetzliche Regelung des Verhandlungsverfahrens

57 Im Unterschied zum offenen und nicht offenen Verfahren handelt es sich beim Verhandlungsverfahren um ein gesetzlich nicht abschließend definiertes Verfahren, wenngleich die 2014 novellierten EU-Richtlinien und die deutsche Vergaberechtsreform 2016 eine **stärkere Ausgestaltung des Verhandlungsverfahrens** hervorgebracht haben.[64] Das Verhandlungsverfahren bietet die Möglichkeit, das Angebot und die Preise zu verhandeln. Ziel der Verhandlungen zwischen dem Auftraggeber und dem Bieter ist eine **Anpassung der Angebote** entsprechend den in der Bekanntmachung, den Vergabeunterlagen und etwaigen, in zusätzlichen Unterlagen angegebenen Anforderungen, um das **wirtschaftlichste Angebot** zu ermitteln (§ 127 Abs. 1 GWB). Es darf über den gesamten Angebotsinhalt verhandelt werden, mit Ausnahme der vom öffentlichen Auftraggeber in den Vergabeunterlagen festgelegten Mindestanforderungen und Zuschlagskriterien, vgl. § 17 Abs. 10 VgV, § 3b EU Abs. 3 Nr. 6 und 7 VOB/A.[65] Der **Verhandlungsspielraum ist allerdings insoweit begrenzt**, als am Ende der Verhandlungen keine andere als die in den Vergabeunterlagen definierte Leistung vergeben werden darf.[66] Auch bedeutet die Wahl des Verhandlungsverfahrens nicht, dass der Auftraggeber im Rahmen des Verhandlungsprozesses keine Verfahrens- und Formvorschriften zu beachten hätte. Die allgemeinen Grundsätze, d. h. **das Prin-**

---

61 § 119 Abs. 5 GWB.

62 Die freie Wahl in Bezug auf das Verhandlungsverfahren *mit* Teilnahmewettbewerb haben allerdings die Sektorenauftraggeber, vgl. § 141 Abs. 1 GWB; öffentliche Auftraggeber und Sektorenauftraggeber im verteidigungs- und sicherheitsrelevanten Bereich, vgl. § 145 GWB; öffentliche Auftraggeber bei der Vergabe von öffentlichen Aufträgen über soziale und andere besondere Dienstleistungen, vgl. § 130 Abs. 1 GWB, § 65 VgV; öffentliche Auftraggeber bei der Vergabe von Aufträgen über Personenverkehrsleistungen im Eisenbahnverkehr, vgl. § 131 GWB; öffentliche Auftraggeber bei der Vergabe von Architekten und Ingenieurleistungen, vgl. § 74 VgV.

63 Vgl. bereits Art. 26 Abs. 6, Art. 32 VRL 2014/24/EU.

64 *Ollmann*, VergabeR 2016, 413, hält die Neufassung des Verhandlungsverfahrens durch die VRL 2014/24/EU für äußerst erheblich und die Umsetzung in das deutsche Recht für nicht geglückt.

65 Siehe auch EuGH, Urt. v. 5.12.2013, Rs. C-561/12 – Nordecon.

66 *Stickler*, in: Kapellmann/Messerschmidt, VOB, § 3 EG Rn. 16; siehe auch OLG Dresden, Beschl. v. 3.12.2003, WVerg 15/03; VK Schleswig-Holstein, Beschl. v. 14.5.2008, VK-SH 6/08: „Insoweit darf es sich bei dem für den Zuschlag vorgesehenen Angebot nicht um ein sog. aliud handeln.“

zip der Einhaltung des Wettbewerbs, der Transparenz und der Gleichbehandlung sind zu beachten.[67]

Das Verhandlungsverfahren ist, wie auch die anderen Vergabeverfahren, auf der **Verordnungsebene** näher ausgestaltet worden. Zentrale Vorschriften etwa in der VgV und der VOB/A EU sind: 58

- die Zentralvorschriften des § 14 Abs. 3 sowie 4 bis 6 VgV und § 3a EU Abs. 2 und 3 VOB/A für die Zulässigkeit des Verhandlungsverfahrens mit und ohne Teilnahmewettbewerb;
- die Zentralvorschriften des § 17 VgV und §§ 3b EU Abs. 3, 10c VOB/A zum Verfahrensablauf und den Fristen;
- die wie im nicht offenen Verfahren bestehende Möglichkeit für subzentrale Auftraggeber, das Verhandlungsverfahren mit einer qualifizierten Vorinformation mit daran anschließendem Interessensbekundungsverfahren einzuleiten, § 38 Abs. 5 VgV und § 12 EU Abs. 2 VOB/A.

Zwar korrespondiert das Verhandlungsverfahren mit dem „freihändigen Verfahren“ im Unterschwellenbereich, es ist aber durchaus **förmlicher** als dieses. Im Sinne der VRL 2014/24/EU hat das Verhandlungsverfahren eine **stärkere Aufwertung und Konturierung** erfahren.[68] Aus § 119 Abs. 5 ergibt sich, dass sich im Verhandlungsverfahren der Auftraggeber an Unternehmen seiner Wahl wendet und mit ihnen über die Auftragsvergabe verhandelt. Im Vergleich zu der freihändigen Vergabe etwa nach § 3 Abs. 3 VOB/A ist das ein Mehr; bei der freihändigen Vergabe werden Leistungen ohne förmliches Verfahren vergeben. Im Ergebnis finden daher neben den allgemeinen vergaberechtlichen Grundsätzen (wie dem Wettbewerbsprinzip, dem Transparenzgebot und dem Diskriminierungsgebot) **wesentliche Vorschriften der VgV und der VOB/A EU** auch im Verhandlungsverfahren Anwendung, insbesondere die grundlegenden Verfahrensvorschriften über Formen, Fristen und Wertungen etc.[69] Das kann natürlich nur gelten, sofern sich nicht aus der Natur des Verhandlungsverfahrens etwas anderes ergibt. 59

3. Grundzüge des Verfahrens

a) Auswahl der Verhandlungsteilnehmer

Gem. § 119 Abs. 5 GWB wählt der öffentliche Auftraggeber Unternehmen aus, mit denen er Verhandlungen aufnimmt. Die beiden Varianten des Verhandlungsverfahrens unterscheiden sich hier voneinander: Das **Verhandlungsverfahren mit Teilnahmewettbewerb** basiert (wie die Bezeichnung schon sagt) auf einem Teilnahmewettbewerb im Sinne von § 119 Abs. 4 GWB, also auf demselben förmlichen Verfahren wie beim nicht offenen Verfahren (siehe Kommentierung oben). Um das Vergabeverfahren zu starten, wendet sich der Auftraggeber mit einer **Auftragsbekanntmachung** an eine unbeschränkte Anzahl von Un- 60

---

67 BGH, Urt. v. 10.9.2009, VII ZR 255/08, ZfBR 2010, 94 ff.; Urt. v. 1.8.2006, X ZR 115/04, ZfBR 2007, 40, 41.

68 Wie sich aus Erwägungsgrund 42 VRL 2014/24/EU ergibt, erachtet der EU-Gesetzgeber eine stärkere Anwendung des Verhandlungsverfahrens mit Teilnahmewettbewerb für sinnvoll, um den grenzüberschreitenden Handel zu fördern.

69 So auch *Willenbruch*, NZBau 2003, 422, 423; *Haak/Preißinger*, in: Willenbruch/Wieddekind, Vergaberecht, 3. Los, § 101 Rn. 20.

ternehmen; alternativ kann er eine **qualifizierte Vorinformation** veröffentlichen, sich das Interesse der interessierten Unternehmen bekunden lassen und diese um eine Interessensbestätigung bitten, mit der der Teilnahmewettbewerb beginnt. Im Wesentlichen unterscheiden sich die diesbezüglichen Fristen und Formanforderungen nicht von denjenigen des nicht offenen Verfahrens. Ein Unterschied besteht etwa bei der vom öffentlichen Auftraggeber vorgesehenen **Mindestzahl** der einzuladenden Bewerber: Diese darf nicht niedriger als drei sein, während beim nicht offenen Verfahren die Zahl bei fünf liegt, vgl. etwa § 31 Abs. 2 VgV, § 3b EU Abs. 3 Nr. 3 VOB/A.

61 Bei einem **Verhandlungsverfahren ohne Teilnahmewettbewerb** erfolgt keine öffentliche Aufforderung zur Teilnahme, vgl. § 17 Abs. 5, § 3b EU Abs. 3 Nr. 4 VOB/A. Hier tritt der öffentliche Auftraggeber aus **eigener Initiative** auf ausgewählte Unternehmen zu. Hierbei kann es zu Konstellationen kommen, in denen nur mit einem einzigen Anbieter verhandelt wird (siehe sogleich bei den Zulässigkeitsvoraussetzungen). In der Regel müssen jedoch mit Blick auf den Wettbewerbsgrundsatz (§ 97 Abs. 1 GWB) **Verhandlungen mit mehreren Unternehmen** aufgenommen werden. Die Auswahl dieser Unternehmen erfolgt nach vergaberechtlichen Grundsätzen (§ 97 GWB), insbesondere müssen geeignete Unternehmen ausgewählt werden (§ 122 GWB). Dies erfordert eine **Festlegung von Eignungskriterien** durch den öffentlichen Auftraggeber, an die er sich auch während des Verhandlungsverfahrens halten muss und über die nicht verhandelt werden kann.[70] Ist die Auswahl getroffen, erfolgt an diese Unternehmen unmittelbar eine Aufforderung zur Abgabe von Erstangeboten, vgl. § 17 Abs. 5 VgV.

62 Sofern der Auftraggeber beabsichtigt, in den anschließenden Verhandlungsrunden „**abzuschichten**", d. h. die Teilnehmerzahl zu verringern, so muss er dies zuvor in der Auftragsbekanntmachung, der Aufforderung zur Interessensbestätigung oder in den Vergabeunterlagen angeben, vgl. etwa § 17 Abs. 12, § 3b EU Abs. 3 Nr. 8 VOB/A. Der Ausschluss von Teilnehmern bzw. ihren Angeboten erfolgt anhand von **vorgegebenen Zuschlagskriterien**, d. h. es hat eine Wertung zu erfolgen.

63 Der Formalisierungsgrad birgt die Gefahr, die auch vom EU-Gesetzgeber gewünschte **Flexibilität des Verhandlungsverfahrens** zu minimieren. Oftmals müssen Teilnehmer oder Angebote aus formalen Gründen ausgeschlossen werden, da auch der Eindruck der „Kungelei" vermieden werden muss. *Kulartz* weist daher darauf hin, dass bei der Gestaltung des Verfahrens die formellen Anforderungen und die materiellen Mindestbedingungen auf das **zwingend erforderliche Maß** zu beschränken sind.[71]

b) Leistungsbeschreibung

64 Das Verhandlungsverfahren unterscheidet sich vom offenen bzw. nicht offenen Verfahren dadurch, dass sowohl der **Leistungsgegenstand** nicht bereits in der Ausschreibung in allen Einzelheiten festgeschrieben sein muss, als auch Angebote abgeändert werden können, nachdem sie abgegeben worden sind. „Nach Ablauf der Angebotsfrist sind die Angebote nicht nur noch nach dem für alle Angebote einheitlichen Maßstab zu bewerten; es beginnt vielmehr ein dynamischer Prozess, in dem sich durch Verhandlungen sowohl auf beiden

---

70 Siehe hierzu anschaulich OLG Jena, Beschl. v. 21.1.2015, 2 Verg 4/14, VergabeR 2015, 599; *Knauff*, in: Müller-Wrede, GWB, § 119 Rn. 52, spricht insoweit von einer „informellen Einschätzung der Eignung der zu beteiligenden Unternehmen".

71 *Kulartz*, in: Kulartz/Kus/Portz/Prieß, GWB, § 119 Rn. 32.

Seiten Veränderungen ergeben können. Diese dürfen nur nicht dazu führen, dass letztlich andere Leistungen beschafft werden als angekündigt."[72] Die **Identität zwischen Ausschreibungs- und Auftragsinhalt** muss sichergestellt sein.[73] Anderenfalls würde im Ergebnis die Ausschreibungsverpflichtung als Ausgangspunkt aller vergaberechtlichen Rechte und Pflichten der Beteiligten ins Leere laufen. Sehen die Vergabeunterlagen z. B. die Errichtung einer Restabfallentsorgungsanlage einschließlich der Verwendung bestimmter biologischer Behandlungsverfahren vor, kann ein Auftrag nicht für die Errichtung einer Anlage ohne jegliche weitere Behandlung erteilt werden.[74] Der Leistungsbeschreibung in den Vergabeunterlagen kommt daher eine überragende Bedeutung für die Bestimmung des Auftragsinhalts zu. Daraus folgt, dass es auch im Verhandlungsverfahren bei dem Grundsatz der strengen Anforderungen nach § 121 GWB sowie etwa § 31 VgV und § 7 EU VOB/A bleibt. Danach muss der Auftraggeber die Leistung so **eindeutig und erschöpfend** beschreiben, dass jeder Bewerber die Beschreibung im gleichen Sinne verstehen muss und die **Angebote miteinander verglichen werden können**. Nur wenn dies bei der Ausschreibung selbst nicht möglich ist, kann eine Konkretisierung im Laufe des Verhandlungsverfahrens vorgenommen werden.[75] **Verhandeln** heißt in diesem Zusammenhang, dass Auftraggeber und potenzielle Auftragnehmer den Auftragsinhalt und die Auftragsbedingungen solange besprechen, bis klar ist, wie die Leistung ganz konkret beschaffen sein soll, zu welchen Konditionen der Auftragnehmer diese liefert und grundsätzlich auch, zu welchem Preis geliefert wird. Der Auftraggeber ist dabei zu Klarheit und Stringenz verpflichtet und darf den **eröffneten Rahmen** in den Verhandlungen mit den Bietern **nicht missbrauchen**.

c) Verhandlungsprozess

Das Verhandlungsverfahren ist angebotsbasiert. Die Teilnehmer werden zur Abgabe eines **Erstangebots** aufgefordert. Die Frist für den Eingang der Erstangebote beträgt mindestens 30 Tage, gerechnet ab dem Tag nach der Absendung der Aufforderung zur Angebotsabgabe, vgl. § 17 Abs. 6 VgV, § 10c EU Abs. 1 i.V.m. § 10b EU Abs. 2 VOB/A. Auf diese Weise wird sichergestellt, dass den Bietern ein auskömmlicher Zeitraum gewährt wird. In Fällen der Dringlichkeit und, im Anwendungsbereich der VgV und sofern der öffentliche Auftraggeber keine oberste Bundesbehörde ist, bei Vereinbarung kann eine Frist von mindestens zehn Tagen bestimmt werden. 65

Beim Verhandlungsverfahren mit Teilnahmewettbewerb sind die Verhandlungen mit **mindestens drei Bewerbern** zu führen, vgl. etwa § 31 Abs. 2 VgV, § 3b EU Abs. 3 Nr. 3 VOB/A. Auch beim Verhandlungsverfahren ohne Teilnahmeverfahren muss – außer in Sonderfällen – **ausreichender Wettbewerb** durch die Verhandlung mit mehreren Teilnehmern gewährleistet sein. Ob dies der Fall ist, entscheidet sich anhand der objektiven Merkmale und 66

---

72 BGH, Urt. v. 10.9.2009, VII ZR 255/08, ZfBR 2010, 94 ff.; OLG Düsseldorf, Beschl. v. 5.7.2006, VII Verg 21/06, VergabeR 2006, 929 ff. = IBR 2002, 511; OLG Celle, Beschl. v. 16.1.2002, 13 Verg 1/02; vgl. *Haak/Preißinger*, in: Willenbruch/Wieddekind, Vergaberecht, 3. Los, § 101 Rn. 20.

73 OLG Dresden, Beschl. v. 3.12.2003, WVerg 15/03, VergabeR 2004, 225; VK Schleswig-Holstein, Beschl. v. 14.5.2008, VK-SH 6/08.

74 OLG Dresden, Beschl. v. 3.12.2003, WVerg 15/03, VergabeR 2004, 225.

75 Vgl. *Willenbruch*, NZBau 2003, 422, 423.

des Gegenstands des betreffenden Auftrags.[76] Wie etwa aus § 17 VgV und § 3b EU Abs. 3 VOB/A ersichtlich, können die Verhandlungen in **mehrere Phasen** unterteilt werden. § 17 Abs. 13 VgV, § 3b EU Abs. 9 VOB/A enthalten ausführliche **Verhaltensregeln für den öffentlichen Auftraggeber** im Umgang mit Verhandlungsteilnehmern insbesondere im Hinblick auf **vertrauliche Informationen**. Auch im Verhandlungsverfahren ist der Auftraggeber verpflichtet, die Bieter gleich zu behandeln. Er muss allen Bietern die gleichen Informationen zukommen lassen und ihnen die Chance geben, innerhalb gleicher Fristen und zu gleichen Anforderungen Angebote abzugeben.[77] Daraus ergibt sich, dass die einzelnen **Verhandlungsrunden**[78] so **klar strukturiert** sein müssen, dass jeder Bieter zu jeder Zeit weiß, in welchem Stand sich das Verfahren befindet und welche Frist- und Zeitvorgaben gelten. Der Auftraggeber sollte dabei **größtmögliche Transparenz** wahren. Es empfiehlt sich für den Auftraggeber, die beteiligten Bieter regelmäßig über den Gegenstand der Verhandlungsrunde, den Terminplan und mögliche Zwischenergebnisse (ohne Nennung der spezifischen Angebotsinhalte und Preise) zu informieren. Stellt der Auftraggeber einen solchen **Termin- und Fristenplan** allerdings (freiwillig) auf, so ist er auch daran gebunden.[79] Für den Auftraggeber hat das jedoch den Vorteil, dass er sich auf diese Weise selbst zwingt, die erforderliche Transparenz zu wahren. Im Übrigen ist **zumindest eine Verhandlungsrunde** durchzuführen.[80] Will der Auftraggeber von einer von ihm gewählten Vorgehensweise des Verhandlungsprozesses **abweichen**, kann er dies grundsätzlich veranlassen, vorausgesetzt eine solche Abweichung erfolgt diskriminierungsfrei.[81]

67 Regelmäßig verläuft das Verhandlungsverfahren in der Weise, dass der **Kreis der Bieter** fortlaufend dadurch **verkleinert** wird, dass nacheinander Bieter ausgeschlossen werden, deren Angebot wahrscheinlich nicht zum Zuge kommt. Diese Vorgehensweise ist etwa in § 17 Abs. 12 VgV, § 3b EU Abs. 3 Nr. 8 VOB/A niedergelegt. Danach können **Angebote sukzessive auf der Grundlage der Zuschlagskriterien** ausgeschieden werden. Es müssen allerdings am Ende des Verfahrens noch so viele Angebote vorliegen, dass ein **wettbewerbliches Verfahren** gewährleistet ist. Dies bedeutet, dass der Auftraggeber eine Entscheidung zwischen mindestens zwei Angeboten von unterschiedlichen Unternehmen treffen können muss. Der öffentliche Auftraggeber verhandelt mit den Bietern über die von ihnen eingereichten **Erstangebote und Folgeangebote**, mit Ausnahme der **endgültigen Angebote**, vgl. § 17 Abs. 10 VgV, § 3b EU Abs. 3 Nr. 6 VOB/A. Sofern in der Auftragsbekanntmachung oder der Aufforderung zur Interessensbestätigung ausdrücklich vorbehalten, kann der öffentliche Auftraggeber auch den **Zuschlag aufgrund der Erstangebote** erteilen, vgl. § 17 Abs. 11 VgV, § 3a Abs. 3b EU Abs. 3 Nr. 7 VOB/A. Dies dürfte allerdings nur im Verhandlungsverfahren mit Teilnahmewettbewerb möglich sein, da nur dort entsprechende Bekanntmachungen erfolgen. Beim Verhandlungsverfahren ohne Teilnahmewettbewerb sind die Vergabeunterlagen das einzige anfängliche förmliche Publikationsmittel, welche in den vorgenannten Vorschriften nicht aufgeführt sind. Die Bedeutung der

---

76 EuGH, Urt. v. 15.10.2009, Rs. C-138/08, NZBau 2010, 59, Rn. 49, 52 – Hochtief.

77 OLG Celle, Beschl. v. 16.1.2002, 13 Verg 1/02, VergabeR 2002, 299, 301; OLG Düsseldorf, Beschl. v. 18.6.2003, VII Verg 15/03.

78 Es sind nicht zwangsläufig mehrere Verhandlungsrunden erforderlich. Der Verhandlungsprozess kann bereits nach einer Verhandlungsrunde abgeschlossen werden.

79 VK Leipzig, Beschl. v. 13.5.2002, 1 VK 27/02.

80 OLG Düsseldorf, Beschl. v. 25.2.2009, Verg 6/09; vgl. *Byok*, NJW 2010, 817.

81 VK Sachsen, Beschl. v. 12.10.2010, 1/SVK/036-10, 1-SVK/036/10, BeckRS 2011, 01298; OLG Düsseldorf, Beschl. v. 22.10.2010, VII-Verg 40/10, BeckRS 2011, 01658.

Transparenz und gleichberechtigten Information für die Verhandlungsteilnehmer besteht darin, dass ihnen jederzeit klar sein muss, ob von ihnen nur unverbindliche Erstangebote oder **verbindliche, zuschlagsfähige oder jedenfalls einer Abschichtungsentscheidung unterliegende Angebote** erwartet werden.

d) Vertragsschluss

Am Ende des Verhandlungsprozesses wird der Zuschlag auf das **wirtschaftlichste Angebot** erteilt, vgl. § 127 Abs. 1 GWB. Auch hier gilt die **Informations- und Wartepflicht** des § 134 GWB, allerdings nicht beim Verhandlungsverfahren ohne Teilnahmewettbewerb wegen besonderer Dringlichkeit. Es wird aufgrund des Zuschlags ein Vertrag mit demjenigen Unternehmen geschlossen, das bis zum Schluss übrig geblieben ist. Im deutschen Vergaberecht erfolgt die Zuschlagserteilung anders als in der europäischen Rechtsordnung nicht als hoheitlicher Akt, sondern als Vertragsschluss nach den allgemeinen Regeln des BGB.[82] Damit endet das Verhandlungsverfahren. 68

4. Aufhebung des Verfahrens

Sollte auch nach mehreren Verhandlungsrunden **kein annehmbares Angebot** erreicht werden, kann der Auftraggeber das Verfahren aufheben. Nach Ansicht von *Kulartz* kann eine Aufhebung nicht auf § 63 VgV, § 17 EU VOB/A gestützt werden, wenngleich diese keine Einschränkung hinsichtlich des Verhandlungsverfahrens nennen.[83] Vielmehr seien die Möglichkeiten einer Aufhebung oder auch Anpassung des Verhandlungsverfahrens weitaus größer als im offenen und nicht offenen Verfahren, da sich der öffentliche Auftraggeber hier nur an den allgemeinen Grundsätzen der Transparenz, des Willkürverbots und des Vertrauensschutzes messen lassen müsse. Nach hiesiger Ansicht muss sich der öffentliche Auftraggeber hingegen an die Vorgaben aus § 63 VgV, § 17 EU VOB/A halten. Der öffentliche Auftraggeber ist auch im Verhandlungsverfahren bei der Entscheidung über die Aufhebung nicht völlig frei, sondern an die Beachtung des **Transparenz- und Gleichbehandlungsgebots** gebunden. Die Aufhebung eines Vergabeverfahrens darf daher nur aus **sachlichen Gründen** erfolgen. Da in § 63 Abs. 1 VgV, § 17 EU Abs. 1 VOB/A ausdrücklich die Gründe genannt sind, die der Gesetzgeber als sachlich geboten ansieht, gelten diese für Verhandlungsverfahren entsprechend, sobald ein Bewerber oder Bieter in **berechtigter Weise auf einen bevorstehenden Vertragsschluss vertrauen kann**.[84] Das ist jedoch nur unter den dort genannten Bedingungen zulässig, also **wenn kein Angebot eingegangen ist, das den Ausschreibungsbedingungen entspricht, wenn die Verdingungsunterlagen grundlegend geändert werden müssen oder wenn andere schwerwiegende Gründe bestehen**. Hebt der Auftraggeber das Verfahren auf, ohne dass eine dieser Bedingungen vorliegt, so ist er den beteiligten Bietern zum **Ersatz des negativen Interesses** verpflichtet (§ 181 GWB). Eine Aufhebung aus schwerwiegenden Gründen kann auch darin liegen, dass das niedrigste Angebot ebenfalls höher liegt als die verfügbaren Mittel, und zwar unabhängig davon, ob das niedrigste Angebot an sich angemessen ist oder nicht. Dieser An- 69

82 Vgl. *Quilisch*, NZBau, 2003, 249 f.
83 Vgl. *Kulartz*, in: Kulartz/Kus/Portz/Prieß, GWB, § 119 Rn. 38.
84 Vgl. VK Brandenburg, Beschl. v. 17.9.2002, VK 50/02; *Willenbruch*, NZBau 2003, 422, 425.

satz gilt auch im Verhandlungsverfahren, vorausgesetzt, der Auftraggeber hat den Verhandlungsbedarf in fahrlässiger Weise nicht zu gering bemessen.[85]

5. Dokumentation und Nachprüfungsverfahren

70 An die Dokumentation des Verfahrens werden im Verhandlungsverfahren besonders **hohe Anforderungen** gestellt. Das ergibt sich schon daraus, dass die Verhandlungen selbst nicht im Rahmen von klaren gesetzlichen Vorgaben ablaufen. Dokumentation bedeutet dabei, dass **sämtliche Verfahrensschritte im Rahmen von Vergabevermerken mit größter Genauigkeit** erfasst sein müssen.[86] Durch die Dokumentation soll erreicht werden, dass Verfahren im Nachhinein Schritt für Schritt nachvollziehbar sind. Aus ihr muss sich auch ergeben, dass alle Bieter gleich behandelt worden sind und welche Zielrichtung mit den einzelnen Verfahrensschritten verfolgt wurde.

71 Viele Nachprüfungsverfahren werden nur deshalb geführt, weil die Bieter sich durch den Ausgang des Vergabeverfahrens unfair behandelt fühlen,[87] insbesondere weil sie häufig mit einem hohen Aufwand an finanziellen und sachlichen Mitteln gearbeitet haben. Aus diesem Grunde ist die Dokumentation für das Nachprüfungsverfahren stets von besonderer Wichtigkeit. Hält diese der kritischen Begutachtung der Beteiligten nicht stand, wird sich beim Antragsteller das subjektive Gefühl, unfair behandelt worden zu sein, verstärken. Ist die Dokumentation hingegen sorgfältig geführt und gut nachvollziehbar, so wird dies genau das Gegenteil bewirken. Gerade im Verhandlungsverfahren ist die Vergabestelle daher gut beraten, bei der Dokumentation besondere Sorgfalt walten zu lassen. Dies gilt insbesondere für die **Begründung dieser Vergabeart**. Denn sollte diese Vergabeart zu Unrecht gewählt worden sein, besteht für einen Bieter die Antragsbefugnis, sich gegen diese Auswahl zu wehren. Ihm droht ein Schaden durch eine Verletzung von Vergabevorschriften, wenn zu Unrecht statt des offenen oder nicht offenen Verfahrens das Verhandlungsverfahren gewählt wird.[88]

6. Verhandlungsverfahren als Ausnahme

72 Bereits aus § 119 Abs. 2 Satz 2 GWB ergibt sich, dass das Verhandlungsverfahren (wie auch der wettbewerbliche Dialog und die Innovationspartnerschaft) **Ausnahmecharakter** hat. Da beim Verhandlungsverfahren die **Gefahr unzulässiger Submissionsabsprachen** innerhalb dieses Verfahrens als hoch erachtet wird, gilt der Grundsatz des Ausnahmecharakters in besonderem Maße. In Art. 26 Abs. 4 und 6 i.V.m. Art. 32 VRL 2014/24/EU sind abschließend und ausdrücklich die einzigen Ausnahmefälle aufgeführt, in denen der Rückgriff auf das Verhandlungsverfahren zulässig ist.[89] Die in den EU-Richtlinien vorgesehenen **Ausnahmetatbestände** wurden in Deutschland auf Verordnungsebene umgesetzt. Es handelt sich bei den in den Verordnungen aufgezählten Ausnahmefällen um **abschließende Kataloge**. Zudem müssen diese Ausnahmetatbestände sehr **restriktiv ausgelegt** werden,

---

85 OLG Celle, Beschl. v. 13.1.2011, 13 Verg 15/10, BeckRS 2011, 02421.
86 Vgl. *Willenbruch*, NZBau 2003, 422, 425.
87 Vgl. *Willenbruch*, NZBau 2003, 422, 425.
88 BGH, Beschl. v. 10.11.2009, X ZB 8/09, NZBau 2010, 124 ff.
89 EuGH, Urt. v. 15.10.2009, Rs. C-275/08, Rn. 56 – Kommission ./. Bundesrepublik Deutschland; *Maibaum*, in: Hattig/Maibaum, PK Kartellvergaberecht, § 101 Rn. 64.

um den Vorrang des offenen und des nicht offenen Verfahrens nicht zu gefährden.[90] Aus diesem Grund sollte man annehmen, dass das Verhandlungsverfahren nur in vergleichsweise wenig Fällen Anwendung findet. Dennoch hat es in der Praxis eine hohe Bedeutung.[91] Auch in den EU-Vergaberichtlinien von 2014 hat das Verhandlungsverfahren eine Aufwertung erfahren, vgl. etwa Erwägungsgrund 42 VRL 2014/24/EU. Die einzelnen Fälle, in denen das Verhandlungsverfahren zulässig ist, werden unten dargestellt. Dabei muss unterschieden werden:

§ 119 Abs. 5 GWB sowie die Verordnungen wie etwa die VgV und die VOB/A EU sehen in 73
Anlehnung an die EU-Richtlinien zwei Verfahrensarten vor: Das Verhandlungsverfahren mit Teilnahmewettbewerb und das Verhandlungsverfahren ohne Teilnahmewettbewerb. Für die erstgenannte Verfahrensvariante sind die Zulässigkeitsvoraussetzungen identisch mit denen des **wettbewerblichen Dialogs**.[92] Für die zweitgenannte Verfahrensvariante sind die Anforderungen an die Zulässigkeit besonders hoch.

Die vorgesehenen Ausnahmefälle sind – in beiden Varianten – als solche restriktiv auszu- 74
legen. Die **Beweislast** für das Vorliegen von eine Ausnahme rechtfertigenden außergewöhnlichen Umständen trägt derjenige, der sich auf diese Ausnahme berufen will.[93] Die Gründe, die zur Wahl des Verhandlungsverfahrens führen, sind in den Vergabevermerk aufzunehmen, vgl. etwa § 8 Abs. 2 Nr. 6 und 7 VgV.

a) Zulässigkeit des Verhandlungsverfahrens mit Teilnahmewettbewerb

Zunächst ist das Verhandlungsverfahren mit öffentlicher Teilnahmeaufforderung etwa für 75
Vergaben von **Architekten und Ingenieurleistungen** (§ 74 VgV) sowie für **Sektorenauftraggeber** (§ 141 Abs. 1 GWB) gesetzlich vorgesehen. Während die Sektorenauftraggeber gem. § 141 Abs. 1 GWB frei zwischen allen Verfahrensarten wählen dürfen (mit Ausnahme des Verhandlungsverfahrens ohne Teilnahmewettbewerb und der Innovationspartnerschaft, vgl. § 141 Abs. 2 GWB), werden Aufträge für Architekten- und Ingenieurleistungen gem. § 74 VgV in der Regel im Verhandlungsverfahren mit Teilnahmewettbewerb (oder im wettbewerblichen Dialog) vergeben. Darüber hinaus sind die Fälle, in denen das Verhandlungsverfahren mit Teilnahmewettbewerb (sowie der wettbewerbliche Dialog) zulässig ist, etwa in **§ 14 Abs. 3 VgV, § 3a EU Abs. 2 VOB/A** geregelt. Die dort aufgezählten Fälle sind abschließend. Sie sind eng auszulegen und nicht analogiefähig.[94] Wegen der höheren Wettbewerbsintensität ist das Verhandlungsverfahren mit Teilnahmewettbewerb allerdings auch zulässig, sofern die strengeren Zulässigkeitsvoraussetzungen für das Verhandlungsverfahren ohne Teilnahmewettbewerb vorliegen.

---

90 Vgl. EuGH, Urt. v. 28.3.1998, Rs. C-318/94 – Kommission ./. Bundesrepublik Deutschland.

91 Vgl. dazu: *Willenbruch*, NZBau 2003, 422.

92 Siehe bereits Art. 26 Abs. 4 VRL 2014/24/EU; siehe auch § 14 Abs. 3 VgV, § 3a EU Abs. 2 und 4 VOB/A.

93 EuGH, Urt. v. 15.10.2009, Rs. C-275/08, Rn. 56 – Kommission ./. Bundesrepublik Deutschland; OLG Düsseldorf, Beschl. v. 10.6.2015, VII-Verg 39/14, VergabeR 2015, 664.

94 Vgl. *Maibaum*, in: Hattig/Maibaum, PK Kartellvergaberecht, § 101 Rn. 65; siehe auch: EuGH, Urt. v. 17.11.1993, Rs. C-71/92, Rn. 10, 22 – Kommission ./. Spanien; EuGH, Urt. v. 28.3.1998, Rs. C-318/94 – Kommission ./. Bundesrepublik Deutschland.

aa) Erfordernis der Anpassung bereits verfügbarer Lösungen

76 Gem. § 14 Abs. 3 Nr. 1 VgV, § 3a EU Abs. 2 Nr. 1 lit. a) VOB/A ist das Verhandlungsverfahren mit Teilnahmewettbewerb (sowie der wettbewerbliche Dialog) zulässig, wenn die Bedürfnisse des öffentlichen Auftraggebers nicht ohne die Anpassung bereits verfügbarer Lösungen erfüllt werden können. Im Wesentlichen ist hiermit der Fall gemeint, in dem der öffentliche Auftraggeber seine Bedürfnisse nicht mit bereits am Markt verfügbaren **Standardlösungen** befriedigen kann, sondern solche Produkte oder Dienstleistungen noch **Anpassungen** benötigen. Verhandlungen sollen hier zu passenden Angeboten führen,[95] wobei stets bedacht werden muss, ob nicht auch ein offenes oder nicht offenes Verfahren zielführend ist.

bb) Konzeptionelle oder innovative Lösungen

77 Gem. § 14 Abs. 3 Nr. 2 VgV, § 3a EU Abs. 2 Nr. 1 lit. b) VOB/A ist das Verhandlungsverfahren mit Teilnahmewettbewerb (sowie der wettbewerbliche Dialog) ferner dann zulässig, wenn der Auftrag konzeptionelle und innovative Lösungen umfasst. Der **Innovationsbegriff** in Art. 2 Nr. 22 VRL 2014/24/EU ist zugrunde zu legen (siehe unten bei der Kommentierung zur Innovationspartnerschaft). Für die Beschaffung innovativer Lösungen steht neben dem Verhandlungsverfahren mit Teilnahmewettbewerb und dem wettbewerblichen Dialog auch die Innovationspartnerschaft zur Verfügung. Konzeptionelle Lösungen dürften eng mit der Möglichkeit der **funktionalen Ausschreibung** zusammenhängen. Allerdings sei daran zu erinnern, dass stets zu prüfen ist, ob eine solche funktionale Ausschreibung nicht auch im Wege des offenen oder nicht offenen Verfahrens möglich ist. Dies gilt auch für das vorgenannte Zulässigkeitskriterium des Anpassungserfordernisses. Hinweise zur Abgrenzung ergeben sich aus Erwägungsgrund 43 VRL 2014/24/EU: „Notwendig sind solche Anpassungen oder konzeptionellen Arbeiten vor allem bei komplexen Anschaffungen, beispielsweise für besonders hoch entwickelte Waren, geistige Dienstleistungen wie etwa bestimmte Beratungs-, Architekten- oder Ingenieurleistungen oder Großprojekten der Informations- und Kommunikationstechnologie […]. In diesen Fällen können Verhandlungen notwendig sein, um zu gewährleisten, dass die betreffende Lieferung oder Dienstleistung den Anforderungen des öffentlichen Auftraggebers entspricht."

cc) Verhandlungen aufgrund konkreter Umstände notwendig, die mit der Art, der Komplexität oder dem rechtlichen oder finanziellen Rahmen oder den damit einhergehenden Risiken zusammenhängen

78 Auch dieses Zulässigkeitskriterium ist identisch in § 14 Abs. 3 Nr. 3 VgV und § 3a EU Abs. 2 Nr. 1 lit. c) VOB/A enthalten und gilt gleichermaßen für den wettbewerblichen Dialog. Der vorgehend zitierte Erwägungsgrund 43 VRL 2014/24/EU gibt auch für die Auslegung dieses Kriteriums Hinweise. In der Vorgängerrichtlinie 2004/18/EG war das Merkmal einer „besonderen Komplexität" speziell dem wettbewerblichen Dialog zugeordnet. Durch den **Gleichlauf der Zulässigkeitsvoraussetzungen des wettbewerblichen Dialogs und des Verhandlungsverfahrens mit Teilnahmewettbewerb** ist die Komplexität des Auftrags nun nicht mehr taugliches Abgrenzungskriterium zwischen den beiden Verfahrensar-

95 Vgl. *Kulartz*, in: Kulartz/Kus/Marx/Portz/Prieß, VgV, § 14 Rn. 24.

ten. Entscheidend für die Zulässigkeit beider Verfahrensarten dürfte in dieser Fallgruppe jedenfalls sein, dass der Auftraggeber ohne Verhandlungen nicht beurteilen kann, was der Markt an technischen, finanziellen/rechtlichen Lösungen bieten kann.[96]

dd) Keine ausreichende Genauigkeit hinsichtlich der Leistungsbeschreibung/technischen Spezifikationen möglich

Gem. § 14 Abs. 3 Nr. 4 VgV ist das Verhandlungsverfahren (sowie der wettbewerbliche Dialog) zulässig, wenn die Leistung, insbesondere ihre technischen Anforderungen, vom öffentlichen Auftraggeber nicht mit ausreichender Genauigkeit unter Verweis auf eine Norm, eine Europäische Technische Bewertung (ETA), eine gemeinsame technische Spezifikation oder technische Referenzen im Sinne der Anlage 1 Nr. 2 bis 5 (Anhang TS Nr. 2 bis 5 der VRL 2014/24/EU) beschrieben werden kann. Bei Bauaufträgen ist das Kriterium in § 3a EU Abs. 2 Nr. 1 lit. d) VOB/A noch näher dahingehend konkretisiert, dass nur die technischen Spezifikationen nicht ausreichend genau beschrieben werden können. Bei der Prüfung, ob das Kriterium vorliegt, ist § 121 GWB zu beachten, der grundsätzlich ausnahmslos für alle Vergabeverfahrensarten gilt und anordnet, dass in der **Leistungsbeschreibung** der Auftragsgegenstand so **eindeutig und erschöpfend** wie möglich zu beschreiben ist. Gewisse **Festlegungen seitens des Auftraggebers** sind bei allen Vergabeverfahrensarten erforderlich, da sonst die vergaberechtlichen Rechte und Pflichten der Beteiligten leerliefen.[97] **79**

ee) Keine ordnungsgemäßen oder nur unannehmbare Angebote im offenen oder nicht offenen Verfahren

Der fünfte und letzte Fall, in dem das Verhandlungsverfahren mit Teilnahmewettbewerb (sowie auch der wettbewerbliche Dialog) gem. § 14 Abs. 3 Nr. 5 VgV, § 3a EU Abs. 2 Nr. 2 VOB/A zulässig ist, liegt vor, wenn im Rahmen eines offenen oder nicht offenen Verfahrens keine ordnungsgemäßen oder nur unannehmbare Angebote eingereicht wurden. Hierzu wird in den Vorschriften erläutert, dass **nicht ordnungsgemäß** insbesondere Angebote sind, die nicht den Vergabeunterlagen entsprechen, nicht fristgerecht eingereicht wurden, nachweislich auf kollusiven Absprachen oder Korruption beruhen oder nach Einschätzung des öffentlichen Auftraggebers ungewöhnlich niedrig sind. **Unannehmbar** sind insbesondere Angebote von Bietern, die nicht über die erforderlichen Qualifikationen verfügen, und Angebote, deren Preis die vor Einleitung des Vergabeverfahrens festgelegten und dokumentierten eingeplanten Haushaltsmittel (in VOB/A: das schriftlich dokumentierte Budget) des öffentlichen Auftraggebers übersteigt. Gem. § 14 Abs. 3 Nr. 5 VgV, § 3a EU Abs. 3 Nr. 1 VOB/A kann der öffentliche Auftraggeber in diesen Fällen von einem Teilnahmewettbewerb absehen, wenn er in das Verhandlungsverfahren alle geeigneten Unternehmen einbezieht, die form- und fristgerechte Angebote abgegeben haben. **80**

---

96 Vgl. *Kulartz*, in: Kulartz/Kus/Marx/Portz/Prieß, VgV, § 14 Rn. 29.

97 Vgl. OLG Dresden, Beschl. v. 3.12.2003, WVerg 15/03; siehe auch VK Schleswig-Holstein, Beschl. v. 14.5.2008, VK-SH 6/08.

b) Zulässigkeit des Verhandlungsverfahrens ohne Teilnahmewettbewerb

81 Der Verzicht auf einen vorhergehenden Teilnahmewettbewerb und mithin auf eine vorherige Veröffentlichung der Auftragsvergabe[98] muss der **absolute Ausnahmefall** in der Beschaffungstätigkeit öffentlicher Auftraggeber sein. Selbst bei dem hinsichtlich der Gestaltung von Vergabeverfahren am wenigsten gebundenen Konzessionsgeber wird in § 12 Abs. 1 Satz 1 KonzVgV empfohlen, das Verhandlungsverfahren mit Teilnahmewettbewerb zu wählen. Die in Art. 32 VRL 2014/24/EU aufgezählten Ausnahmetatbestände für die Zulässigkeit eines Verhandlungsverfahrens ohne Teilnahmewettbewerb sind auf Verordnungsebene etwa in § 14 Abs. 4 VgV, § 3a EU Abs. 3 VOB/A übernommen worden. Die dort **aufgezählten Fälle sind abschließend**. Sie sind eng auszulegen und nicht analogiefähig. Der öffentliche Auftraggeber kann nach § 14 Abs. 4 VgV Aufträge im Verhandlungsverfahren ohne Teilnahmewettbewerb vergeben,

1. wenn in einem offenen oder einem nicht offenen Verfahren keine oder keine geeigneten Angebote oder keine geeigneten Teilnahmeanträge abgegeben worden sind, sofern die ursprünglichen Bedingungen des Auftrags nicht grundlegend geändert werden; ein Angebot gilt als ungeeignet, wenn es ohne Abänderung den in den Vergabeunterlagen genannten Bedürfnissen und Anforderungen des öffentlichen Auftraggebers offensichtlich nicht entsprechen kann; ein Teilnahmeantrag gilt als ungeeignet, wenn das Unternehmen aufgrund eines zwingenden oder fakultativen Ausschlussgrunds nach den §§ 123 und 124 GWB auszuschließen ist oder ausgeschlossen werden kann oder wenn es die Eignungskriterien nicht erfüllt; in diesem Fall ist der EU-Kommission auf Anforderung ein Bericht vorzulegen (§ 14 Abs. 5 VgV),
2. wenn der Auftrag nur von einem bestimmten Unternehmen erbracht oder bereitgestellt werden kann,
   a) weil ein einzigartiges Kunstwerk oder eine einzigartige künstlerische Leistung erschaffen oder erworben werden soll,
   b) weil aus technischen Gründen kein Wettbewerb vorhanden ist oder
   c) wegen des Schutzes von ausschließlichen Rechten, insbesondere von gewerblichen Schutzrechten,

   wobei die unter obigen lit. b) und c) genannten Voraussetzungen für die Anwendung des Verhandlungsverfahrens ohne Teilnahmewettbewerb gem. § 14 Abs. 6 VgV nur dann gelten, wenn es keine vernünftige Alternative oder Ersatzlösung gibt und der mangelnde Wettbewerb nicht das Ergebnis einer künstlichen Einschränkung der Auftragsvergabeparameter ist,
3. wenn äußerst dringliche, zwingende Gründe im Zusammenhang mit Ereignissen, die der betreffende öffentliche Auftraggeber nicht voraussehen konnte, es nicht zulassen, die Mindestfristen einzuhalten, die für das offene und das nicht offene Verfahren sowie für das Verhandlungsverfahren mit Teilnahmewettbewerb vorgeschrieben sind; die Umstände zur Begründung der äußersten Dringlichkeit dürfen dem öffentlichen Auftraggeber nicht zuzurechnen sein,
4. wenn eine Lieferleistung beschafft werden soll, die ausschließlich zu Forschungs-, Versuchs-, Untersuchungs- oder Entwicklungszwecken hergestellt wurde; hiervon nicht

98 So ist die Formulierung für das Verhandlungsverfahren ohne Teilnahmewettbewerb in der VRL 2014/24/EU (siehe dort Art. 32).

umfasst ist die Serienfertigung zum Nachweis der Marktfähigkeit des Produkts oder zur Deckung der Forschungs- und Entwicklungskosten,

5. wenn zusätzliche Lieferleistungen des ursprünglichen Auftragnehmers beschafft werden sollen, die entweder zur teilweisen Erneuerung oder Erweiterung bereits erbrachter Leistungen bestimmt sind, und ein Wechsel des Unternehmens dazu führen würde, dass der öffentliche Auftraggeber eine Leistung mit unterschiedlichen technischen Merkmalen kaufen müsste und dies eine technische Unvereinbarkeit oder unverhältnismäßige technische Schwierigkeiten bei Gebrauch und Wartung mit sich bringen würde; die Laufzeit dieser öffentlichen Aufträge darf in der Regel drei Jahre nicht überschreiten,
6. wenn es sich um eine auf einer Warenbörse notierte und gekaufte Lieferleistung handelt,
7. wenn Liefer- oder Dienstleistungen zu besonders günstigen Bedingungen bei Lieferanten, die ihre Geschäftstätigkeit endgültig einstellen, oder bei Insolvenzverwaltern oder Liquidatoren im Rahmen eines Insolvenz-, Vergleichs- oder Ausgleichsverfahrens oder eines in den Vorschriften eines anderen Mitgliedstaats der Europäischen Union vorgesehenen gleichartigen Verfahrens erworben werden,
8. wenn im Anschluss an einen Planungswettbewerb im Sinne des § 69 ein Dienstleistungsauftrag nach den Bedingungen dieses Wettbewerbs an den Gewinner oder an einen der Preisträger vergeben werden muss; im letzteren Fall müssen alle Preisträger des Wettbewerbs zur Teilnahme an den Verhandlungen aufgefordert werden, oder
9. wenn eine Dienstleistung beschafft werden soll, die in der Wiederholung gleichartiger Leistungen besteht, die durch denselben öffentlichen Auftraggeber an das Unternehmen vergeben werden, das den ersten Auftrag erhalten hat, sofern sie einem Grundprojekt entsprechen und dieses Projekt Gegenstand des ersten Auftrags war, das im Rahmen eines Vergabeverfahrens mit Ausnahme eines Verhandlungsverfahrens ohne Teilnahmewettbewerb vergeben wurde; die Möglichkeit der Anwendung des Verhandlungsverfahrens muss bereits in der Auftragsbekanntmachung des ersten Vorhabens angegeben werden; darüber hinaus sind im Grundprojekt bereits der Umfang möglicher Dienstleistungen sowie die Bedingungen, unter denen sie vergeben werden, anzugeben; der für die nachfolgenden Dienstleistungen in Aussicht genommene Gesamtauftragswert wird vom öffentlichen Auftraggeber bei der Berechnung des Auftragswerts berücksichtigt; das Verhandlungsverfahren ohne Teilnahmewettbewerb darf nur innerhalb von drei Jahren nach Abschluss des ersten Auftrags angewandt werden.

Die in § 3b EU Abs. 3 VOB/A aufgeführten Fälle entsprechen diesen im Wesentlichen, es sei denn es handelt sich um spezielle Regeln für Lieferaufträge. **82**

Der Fall äußerster **Dringlichkeit** wegen unvorhergesehener Ereignisse (§ 14 Abs. 4 Nr. 3 VgV) ist mit Vorsicht zu betrachten. Öffentliche Auftraggeber gehen oftmals zu schnell davon aus, dass ihnen aufgrund der Umstände des Einzelfalls und zeitlichen Drucks keine andere Wahl bliebe, als ein Verhandlungsverfahren ohne Teilnahmewettbewerb (quasi im Sinne einer Notvergabe) durchzuführen. Jedoch ist an die Unvorhersehbarkeit eines Ereignisses sowie an die Dringlichkeit ein strenger, objektivierender Maßstab anzulegen.[99] Die Eilbedürftigkeit der Beschaffung liegt zwar in einem gerichtlich nur eingeschränkt über- **83**

99 Vgl. OLG Naumburg, Beschl. v. 14.3.2014, 2 Verg 1/14, VergabeR 2014, 787; *Knauff*, in: Müller-Wrede, GWB, § 119 Rn. 49.

prüfbaren Beurteilungsspielraum des öffentlichen Auftraggebers.[100] Dieser darf die **Dringlichkeit** jedoch **nicht selber erzeugt** haben, indem er beispielsweise einen unnötig frühen Vertragsbeginn ansetzt. Eine Entscheidung des OLG Düsseldorf zur Beschaffung der Betriebsführung des Feldlagers Mazar-e-Sharif in Afghanistan weist darauf hin, dass eine Dringlichkeit dann begründet sein kann, wenn ein **zusätzlicher Zeitbedarf für Nachprüfungsverfahren** in einem offenen oder nicht offenen Verfahren in die zeitliche Berechnung des öffentlichen Auftraggebers tatsächlich einkalkuliert wird und dieser sich darauf auch beruft.[101]

84 Die Fälle, in denen bereits ein Auftragnehmer vorhanden ist (§ 14 Abs. 4 Nr. 5 und 9 VgV) müssen gegenüber der **Auftragsänderung gem. § 132 GWB** abgegrenzt werden.

c) Zweckmäßigkeit des Verhandlungsverfahrens

85 Selbst in denjenigen Fällen, in denen das Verhandlungsverfahren grundsätzlich zulässig ist, muss dieses Verfahren nicht zwingend angewandt werden. Vielmehr hat in jedem Einzelfall eine Prüfung zu erfolgen, ob die Durchführung des Verhandlungsverfahrens auch tatsächlich zweckmäßig ist. Dies ergibt sich aus dem in § 97 Abs. 1 GWB, § 119 Abs. 2 Satz 1 GWB festgehaltenen Grundsatz, dass allen Unternehmen bei der öffentlichen Auftragsvergabe die Teilnahme am Wettbewerb offenstehen muss.

VI. Der wettbewerbliche Dialog (Abs. 6)

1. Allgemeines

86 Der wettbewerbliche Dialog wurde aufgrund der Vergabekoordinierungsrichtlinie 2004/18/EG (VKR) im Jahr 2005 in das GWB eingeführt. Wurde der wettbewerbliche Dialog zunächst noch als „Verfahren zur Vergabe komplexer Aufträge" bezeichnet (§ 101 Abs. 4 GWB a. F.), ist das **Merkmal der Komplexität** im Zuge der Vergaberechtsreform 2016 gestrichen worden. Dennoch dürfte der wettbewerbliche Dialog weiterhin nur für komplexe Beschaffungsvorgänge angewandt werden, da seine gesetzlich festgelegten Anwendungsfälle stets eine gewisse Komplexität aufweisen.[102] Die **Legaldefinition** in § 119 Abs. 6 GWB entspricht nun den Anforderungen in Art. 30 VRL 2014/24/EU: Der wettbewerbliche Dialog ist ein Verfahren zur Vergabe öffentlicher Aufträge mit dem **Ziel der Ermittlung und Festlegung** der **Mittel**, mit denen die **Bedürfnisse** des öffentlichen Auftraggebers **am besten erfüllt** werden können. Nach einem Teilnahmewettbewerb eröffnet der öffentliche Auftraggeber mit den ausgewählten Unternehmen einen Dialog zur Erörterung aller Aspekte der Auftragsvergabe. Durch dieses Verfahren soll der öffentliche Auftraggeber in die Lage versetzt werden, die technischen, finanziellen und/oder rechtlichen Bedingungen zu ermitteln, mit denen er seine Bedürfnisse und Ziele erfüllen kann, **sofern** er dazu **objektiv selbst nicht in der Lage** ist.[103]

---

100 Vgl. OLG Düsseldorf, Beschl. v. 10.6.2015, VII-Verg 39/14.
101 Vgl. OLG Düsseldorf, Beschl. v. 10.6.2015, VII-Verg 39/14.
102 *Knauff*, in: Müller-Wrede, GWB, § 119 Rn. 62.
103 *Marx/Werner*, in: Bürsch/Funken, ÖPP-Beschleunigungsgesetz, Art. 1 Rn. 9.

Der wettbewerbliche Dialog ist ein Verfahren, das für **Ideen und Innovationen** der Marktteilnehmer offen ist. Die sich am Dialog beteiligenden Unternehmen sollen in der Dialogphase ihre Vorstellungen einbringen und **gemeinsam** mit dem öffentlichen Auftraggeber die **bestgeeignete Lösung** finden. Dabei kann es sein, dass die in technischer Hinsicht beste Lösung dem öffentlichen Auftraggeber zu Beginn des Dialogs noch nicht bekannt war, oder dass dem Auftraggeber die verschiedenen, in Frage kommenden Lösungen zwar bekannt sind, er jedoch nicht abschätzen kann, welche Lösung seinen Bedürfnissen am besten gerecht wird. Ferner kann es Fälle geben, in denen ein öffentlicher Auftraggeber nicht vorhersehen kann, ob Wirtschaftsteilnehmer bereit sind, ein bestimmtes **wirtschaftliches Risiko** zu tragen. Der Dialog dient in diesen Fällen dazu, dem öffentlichen Auftraggeber **flexiblere Handlungsmöglichkeiten** bei **besonders komplexen Beschaffungen** an die Hand zu geben.[104] Gerade in **technisch, finanziell und rechtlich anspruchsvollen** Bereichen, die in einer ständigen Entwicklung begriffen sind, soll das Verfahren dazu dienen, die Beschaffungsbedürfnisse der öffentlichen Hand in qualitativer und finanzieller Hinsicht besser zu befriedigen. Aus diesem Grund wollte der europäische Gesetzgeber mit der Einführung des wettbewerblichen Dialogs die Möglichkeit zum Gespräch zwischen öffentlichem Auftraggeber und anbietenden Unternehmen eröffnen.[105] Die übrigen Vergabeverfahrensarten lassen nämlich nur einen **sehr geringen Spielraum für Diskussionen über den Gegenstand des Vergabeverfahrens** und werden daher als zu starr empfunden.[106] In Erwägungsgrund 31 VKR 2004/18/EG hieß es, dass sich der Gesetzgeber mit dem wettbewerblichen Dialog das Ziel gesetzt hat, ein flexibles Verfahren vorzusehen, „das sowohl den Wettbewerb zwischen Wirtschaftsteilnehmern gewährleistet als auch dem Erfordernis gerecht wird, dass der öffentliche Auftraggeber alle Aspekte des Auftrags mit jedem Bewerber erörtern kann“. **87**

Im Zuge der neuen EU-Vergaberichtlinien 2014 hat der EU-Gesetzgeber ein kleines **Resümee zur Einführung des wettbewerblichen Dialogs** gezogen, vgl. Erwägungsgrund 42 VRL 2014/24/EU: „[...] Es sei daran erinnert, dass die Nutzung des wettbewerblichen Dialogs gemessen an den Auftragswerten in den vergangenen Jahren stark zugenommen hat. Der wettbewerbliche Dialog hat sich in Fällen als nützlich erwiesen, in denen öffentliche Auftraggeber nicht in der Lage sind, die Mittel zur Befriedigung ihres Bedarfs zu definieren oder zu beurteilen, was der Markt an technischen, finanziellen oder rechtlichen Lösungen zu bieten hat. Diese Situation kann insbesondere bei innovativen Projekten, bei der Realisierung großer, integrierter Verkehrsinfrastrukturprojekte oder großer Computer-Netzwerke oder bei Projekten mit einer komplexen, strukturierten Finanzierung eintreten. [...].“ Zugleich hat der EU-Gesetzgeber allerdings die **Zulässigkeitsvoraussetzungen** für den **wettbewerblichen Dialog** denen des **Verhandlungsverfahrens mit Teilnahmewettbewerb** angeglichen (Art. 26 Abs. 4 VRL 2014/24/EU) und in Erwägungsgrund 43 VRL 2014/24/EU beide Verfahren gleichermaßen für „komplexe Anschaffungen“ empfohlen. Auch sind beide Verfahren für die Beschaffung von „konzeptionellen und innovativen Lösungen“ geeignet, vgl. Art. 26 Abs. 4 VRL 2014/24/EU. Insgesamt erfahren die Verfahren **88**

---

104 *Kus*, VergabeR 2006, 851, 857.

105 Europäische Kommission, Vorschlag für eine Richtlinie des europäischen Parlaments und des Rates über die Koordinierung der Verfahren zur Vergabe öffentlicher Lieferaufträge, Dienstleistungsaufträge und Bauaufträge, KOM(2000) 275 endg., Ziff. 3.1.

106 Mitteilung der Kommission: Das öffentliche Auftragswesen in der Europäischen Union, KOM (98) 143 endg.

mit Verhandlungselementen in der VRL 2014/24/EU eine Aufwertung, zumal nun auch die Innovationspartnerschaft zur Verfügung steht.

2. Gesetzliche Regelung des wettbewerblichen Dialogs

89 Der deutsche Gesetzgeber hat den wettbewerblichen Dialog mit dem am 8.9.2005 in Kraft getretenen **ÖPP-Beschleunigungsgesetz** in das deutsche Vergaberecht (§ 101 GWB a. F.) eingeführt. Sein Ansinnen war es, damit die Rahmenbedingungen für Public Private Partnership-Projekte zu verbessern. Nach der neueren Vergaberechtsreform 2016 finden sich die Vorschriften zum wettbewerblichen Dialog in § 119 Abs. 6 GWB sowie auf der **Verordnungsebene**, etwa in **§§ 14, 18 VgV und §§ 3 EU, 3a EU, 3b EU und 10d EU VOB/A**

90 Das zentrale Stadium in diesem Verfahren ist die **Dialogphase**. Ihre Gestaltung ist gesetzlich nur in **Grundparametern** vorgegeben, vgl. § 18 Abs. 5 bis 7 VgV, § 3b EU Abs. 4 Unterabs. 1 Nr. 4 bis 6, Unterabs. 2 Satz 1 VOB/A. Der sich daraus ergebende **weite Handlungsspielraum** bietet Chancen, erfordert jedoch auch besondere Umsicht im Hinblick auf die Beachtung der vergaberechtlichen Verfahrensgrundsätze. Im Großen und Ganzen ist festzustellen, dass der wettbewerbliche Dialog bislang eher selten zur Anwendung gelangt[107] und eine umfangreiche Rechtsprechung wie zu den übrigen Vergabeverfahren noch immer fehlt.[108]

3. Voraussetzungen des wettbewerblichen Dialogs

a) Taugliches Beschaffungsvorhaben und besondere Ausnahmevoraussetzungen

91 Es müssen ein für den wettbewerblichen Dialog **taugliches Beschaffungsvorhaben** vorliegen und darüber hinaus **besondere Ausnahmevoraussetzungen** vorliegen, da der wettbewerbliche Dialog gegenüber dem offenen und dem nicht offenen Verfahren mit Teilnahmewettbewerb nachrangig ist, vgl. § 119 Abs. 2 Satz 2 GWB. Das erste Element bestimmt sich nach der Legaldefinition des wettbewerblichen Dialogs in § 119 Abs. 6 GWB und betrifft ein **Informationsdefizit** sowie die **Zweckmäßigkeit** des wettbewerblichen Dialogs. Die **besonderen Ausnahmevoraussetzungen** bestimmen sich nach den Konkretisierungen auf Verordnungsebene, etwa nach den Regelungen in § 14 Abs. 3 VgV, § 3a EU Abs. 2 VOB/A, die auch für das **Verhandlungsverfahren mit Teilnahmewettbewerb** gelten. Daher wird für die besonderen Ausnahmevoraussetzungen auf die Kommentierung zum Verhandlungsverfahren verwiesen.[109]

92 Gem. § 119 Abs. 6 GWB ist das Ziel die „Ermittlung und Festlegung der Mittel, mit denen die Bedürfnisse des öffentlichen Auftraggebers am besten erfüllt werden können". Öffentliche Auftraggeber müssen also darlegen können, dass sie gewisse, **nicht zu vertretende Informationsdefizite** hinsichtlich der Mittel haben, mit denen sie ihre Bedürfnisse am besten erfüllen können, und diese daher nicht abschließend definieren können. Allerdings gebietet es das Vergaberecht als solches, dass die Auftraggeber **gewisse Grundfestsetzun-**

---

107 *Burgi*, Vergaberecht, § 13 Rn. 25.
108 VK Rheinland-Pfalz, Beschl. v. 21.7.2009, VK 1-41/09.
109 S. o. Rn. 75–80.

gen treffen können, bevor sie das Vergabeverfahren starten, da sonst die vergaberechtlichen Rechte und Pflichten leerlaufen.[110]

Vor diesem Hintergrund weist *Knauff* zu Recht darauf hin, dass der zur Anwendung des wettbewerblichen Dialogs (oder des Verhandlungsverfahrens mit Teilnahmewettbewerb) berechtigende Ausnahmefall, dass in einem vorherigen offenen oder nicht offenen Verfahren **keine annehmbaren oder ordnungsgemäßen Angebote** eingegangen sind, im Ergebnis wohl nur schwerlich zur Anwendung des wettbewerblichen Dialogs führen kann.[111] Denn sofern zunächst eine Ausschreibung im offenen Verfahren oder nicht offenen Verfahren rechtmäßig durchgeführt wurde, steht eigentlich fest, dass der öffentliche Auftraggeber den Beschaffungsgegenstand in einer Leistungsbeschreibung bereits hinreichend konkretisieren konnte. **93**

Die besonderen Ausnahmevoraussetzungen in § 14 Abs. 3 VgV, § 3a EU Abs. 2 VOB/A, von denen nur jeweils eine Alternative gegeben sein muss, spiegeln nur teilweise diese Situation des Informationsdefizites wider. Die Vorgabe, die sich direkt aus § 119 Abs. 6 Satz 2 GWB ergibt, ist daher, dass ein solches Informationsdefizit besteht und der **wettbewerbliche Dialog grundsätzlich geeignet** sein muss, das **Informationsdefizit zu beseitigen**. Zur näheren Bestimmung der Geeignetheit des wettbewerblichen Dialogs ist auf die VRL 2014/24/EU zurückzugreifen, insbesondere den bereits erwähnten Erwägungsgrund 42. **94**

Wie die Vergabenachprüfungsinstanzen mit den neuen gesetzlichen Vorgaben des wettbewerblichen Dialogs umgehen werden, wird sich in den kommenden Jahren zeigen. Vor der Vergaberechtsreform 2016 war das Merkmal der „Komplexität“ noch das entscheidende **Abgrenzungskriterium**. So wurde gefolgert, dass der öffentliche Auftraggeber für das Vorliegen der besonderen Komplexität eines Auftrags die Beweislast trug. Eine Vergabeentscheidung konnte von einem Unternehmen mit der Behauptung angegriffen werden, der wettbewerbliche Dialog sei nicht zulässig gewesen,[112] und ihre Überprüfung in einem Nachprüfungsverfahren angestrengt werden. Da die VRL 2014/24/EU jedoch keinen Zweifel daran lässt, dass das Verhandlungsverfahren mit Teilnahmewettbewerb und der wettbewerbliche Dialog weitestgehend dieselben Anwendungsvoraussetzungen haben, stellt sich die Frage, ob ein Vergabeverfahren etwa überhaupt mit der Begründung angegriffen werden kann, anstelle eines wettbewerblichen Dialogs hätte ein Verhandlungsverfahren mit Teilnahmewettbewerb gewählt werden müssen. Jedenfalls tun öffentliche Auftraggeber gut daran, die Voraussetzungen in jedem Einzelfall umfassend zu prüfen und im Vergabevermerk klar und eindeutig zu dokumentieren.[113] **95**

b) Objektiver Maßstab

Es ist anhand objektiver Maßstäbe zu beurteilen, ob ein vom öffentlichen Auftraggeber nicht allein zu schließendes Informationsdefizit vorliegt und der wettbewerbliche Dialog geeignet ist, dieses zu schließen und zur besten Lösung für den öffentlichen Auftraggeber **96**

---

110 Vgl. OLG Dresden, Beschl. v. 3.12.2003, WVerg 15/03; siehe auch VK Schleswig-Holstein, Beschl. v. 14.5.2008, VK-SH 6/08.

111 *Knauff*, in: Müller-Wrede, GWB, § 119 Rn. 62.

112 *Ruthig*, NZBau 2006, 137, 142.

113 *Schröder*, NZBau 2007, 216, 218.

zu gelangen.[114] Dies bedeutet, dass die Unmöglichkeit, die für die Zweckerreichung erforderlichen Mittel zu bestimmen, nicht auf ein **Verschulden des öffentlichen Auftraggebers** zurück zu führen sein darf. Er kann sich nicht darauf beschränken zu bestätigen, dass er nicht in der Lage sei, technische Mittel zu definieren oder Lösungen zu beurteilen, die der Markt zu bieten hat.[115] Vielmehr muss er nachweisen, dass er, bedingt durch den besonderen Charakter des Auftrags, objektiv nicht in der Lage ist, dies zu tun. Demnach hat der öffentliche Auftraggeber eine **Sorgfaltspflicht**. Ist es ihm mit einem zumutbaren Aufwand möglich, die erforderlichen technischen Mittel bzw. die finanzielle und/oder rechtliche Konstruktion festzulegen, darf er nicht auf den wettbewerblichen Dialog zurückgreifen.[116] Mögliche Fälle, für die der wettbewerbliche Dialog geeignet ist, sind folgende zum früheren Merkmal der Komplexität entwickelte:

aa) Unmöglichkeit zur Bestimmung der technischen Mittel der Bedarfserfüllung („technische Komplexität“)

97 In der Praxis ist an die beiden folgenden Sachverhaltsgestaltungen zu denken: (i) der öffentliche Auftraggeber ist objektiv nicht in der Lage, die technischen Mittel zu spezifizieren oder (ii) es ist ihm objektiv unmöglich, die seinen Bedürfnissen und Zielen entsprechende beste Lösung zu identifizieren.

bb) Unmöglichkeit zur Spezifizierung der technischen Mittel

98 Dies bedeutet, dass der öffentliche Auftraggeber selbst nicht in der Lage ist, die zu beschaffende Leistung in Form von Leistungs- oder Funktionsanforderungen zu beschreiben. Da für die Festlegung technischer Mittel mit Hilfe von europäischen Normen, technischen Zulassungen und technischen Spezifikationen weitreichende Möglichkeiten gegeben sind, um auch technisch schwierige Vorhaben weitgehend und näher nach den eigenen Leistungs- und/oder Funktionsanforderungen zu beschreiben, ist die Hürde für das Vorliegen der Unmöglichkeit recht hoch.[117]

cc) Unmöglichkeit zur Identifizierung der „besten“ Lösung

99 Dies kann etwa der Fall sein, wenn es sich bei dem betreffenden Vorhaben um den ersten Auftrag seiner Art handelt, wenn es für den öffentlichen Auftraggeber mit unverhältnismäßig hohem Kosten- und/oder Zeitaufwand verbunden wäre, die für die Beschreibung notwendigen Kenntnisse zu erlangen, oder wenn die Komplexität der Leistung es mit sich bringt, dass eine vorherige Beschreibung der technischen Bedingungen zu einer erhebli-

---

114 Vgl. Wortlaut Erwägungsgrund Nr. 31 VKR 2004/18/EG: „ohne dass ihnen dies anzulasten wäre“; *Marx/Werner*, in: Bürsch/Funken, ÖPP-Beschleunigungsgesetz, Art. 1 Rn. 29, 30; siehe zur neuen Rechtslage auch: *Knauff*, in: Müller-Wrede, GWB, § 119 Rn. 64.

115 Europäische Kommission, Vorschlag für eine Richtlinie des europäischen Parlaments und des Rates über die Koordinierung der Verfahren zur Vergabe öffentlicher Lieferaufträge, Dienstleistungsaufträge und Bauaufträge, KOM(2000) 275.

116 Europäische Kommission, Vorschlag für eine Richtlinie des europäischen Parlaments und des Rates über die Koordinierung der Verfahren zur Vergabe öffentlicher Lieferaufträge, Dienstleistungsaufträge und Bauaufträge, KOM(2000) 275.

117 Vgl. *Schröder*, NZBau 2007, 216, 219.

chen Verengung des Wettbewerbs führen würde.[118] Der öffentliche Auftraggeber hat den Nachweis zu führen, dass er wegen von ihm nicht zu vertretender Gründe nicht in der Lage ist, die technische Lösung für seinen Beschaffungsbedarf zu identifizieren.[119] Von besonderer praktischer Relevanz dürfte insoweit die Unverhältnismäßigkeit des Aufwands zur Erstellung einer Leistungsbeschreibung sein. Teilweise wird hier der Einwand erhoben, dass die Unverhältnismäßigkeit des Aufwands zur Erstellung einer Leistungsbeschreibung keine ausreichende Legitimation darstellen könne, da der Auftraggeber nicht auf diese Weise die ihm obliegenden Lasten auf die Bieter verlagern dürfe.[120] Soweit die Entwurfs- und Ausführungsplanung für ein Projekt abgeschlossen und durch einen bestandskräftigen Planfeststellungsbeschluss konkretisiert ist, scheidet die Unmöglichkeit der Bestimmung der technischen Mittel der Bedarfserfüllung in der Regel aus, vorausgesetzt, die Planfeststellung hat eine entsprechende Tiefe erreicht, bei der die beste technische Lösung bereits dokumentiert ist. Der öffentliche Auftraggeber verfügt dann über eine dokumentierte technische Lösung, und es ist ihm möglich, die technischen Mittel in den Vergabeunterlagen anzugeben.

dd) Unmöglichkeit zur Bestimmung der rechtlichen oder finanziellen Bedingungen („finanzielle und/oder rechtliche Komplexität“)

Nach Erwägungsgrund 31 VKR 2004/18/EG kann sich eine finanziell und/oder rechtlich **100** komplexe Situation vor allem bei „Vorhaben mit einer komplexen und strukturierten Finanzierung ergeben, deren finanzielle und/oder rechtliche Konstruktion nicht im Voraus festgeschrieben werden kann.“ Rechtliche Bedingungen können etwa sein: vertragliche Verteilung der wirtschaftlichen Risiken, rechtlicher Charakter der Beziehung zwischen öffentlichem Auftraggeber und Auftragnehmer (z. B. als zeitlich begrenzter Vertrag oder gemischtwirtschaftliches Unternehmen), Vertragsdauer etc.[121] Finanzielle Bedingungen betreffen die Finanzierung der Leistungserbringung.[122] Hierzu zählen etwa: „Finanzierung allein durch den öffentlichen Auftraggeber, Drittfinanzierung oder eine Co-Finanzierung durch die Nutzer in unterschiedlicher Höhe“.[123] Nach Auffassung der EU-Kommission stellen sich insoweit häufig ÖPP-Projekte als komplex dar,[124] auch wenn es, wie die EU-Kommission klarstellend erwähnt, dabei ebenfalls „keine Automatismen“ gibt: „Die Bezeichnung ÖPP bedeutet nicht zwangsläufig, dass es sich dabei um ein finanziell und/oder rechtlich komplexes Vorhaben handelt; vielmehr müsse dies in jedem Fall geprüft werden, auch wenn es, so die Europäische Kommission, meist der Fall sein werde.“[125] „ÖPP-Vorhaben können deshalb finanziell [und/oder] rechtlich besonders komplex sein, weil der öffentliche Auftraggeber die wirtschaftlich sinnvollste Risikoverteilung häufig nicht alleine,

---

118 *Kulartz*, in: Kulartz/Kus/Portz, GWB, 3. Aufl., § 101 Rn. 19.

119 Vgl. *Kaelble*, in: Müller-Wrede, ÖPP-Beschleunigungsgesetz, S. 45; *Ruthig*, NZBau 2006, 137, 140.

120 PPP Task Force im BMVBS und PPP-Task Force NRW (Hrsg.): „PPP im Hochbau – Vergaberechtsleitfaden“, August 2007, S. 29; ebenso *Drömann*, NZBau 2007, 751, 752.

121 *Kaelble*, in: Müller-Wrede, ÖPP-Beschleunigungsgesetz, S. 46.

122 *Kaelble*, in: Müller-Wrede, ÖPP-Beschleunigungsgesetz, S. 46.

123 *Kaelble*, in: Müller-Wrede, ÖPP-Beschleunigungsgesetz, S. 46.

124 Europäische Kommission, Erläuterungen – Wettbewerblicher Dialog – Klassische Richtlinie, Ziff. 2.3.

125 Europäische Kommission, Erläuterungen – Wettbewerblicher Dialog – Klassische Richtlinie, Ziff. 2.3.

sondern nur im Dialog mit den privaten Partnern ermitteln kann."[126] Bei der Beurteilung der Zulässigkeit des wettbewerblichen Dialogs stellt die EU-Kommission insoweit auch darauf ab, ob der öffentliche Auftraggeber feststellen kann, ob Unternehmen bereit sein werden, ein wirtschaftliches Risiko zu tragen.[127]

4. Ablauf des wettbewerblichen Dialogs

a) Einführung

101 Eine Beschreibung des Verfahrensablaufs findet sich in **§ 18 VgV, § 3b EU Abs. 4 VOB/A**. Der wettbewerbliche Dialog ist ein **dreigliedriges Vergabeverfahren**. Es beginnt mit einem **Teilnahmewettbewerb**, wie er aus den anderen drei Vergabeverfahrensarten bekannt ist. Daran schließt sich die **Dialogphase** an. Diese findet in den anderen Vergabeverfahrensarten keine Entsprechung. Sie ist das Besondere und gleichzeitig das „Kernstück" dieses Verfahrens. Das Verfahren endet mit der **Angebotsphase**. Im Ergebnis entspricht der wettbewerbliche Dialog einem nicht offenen Verfahren mit Teilnahmewettbewerb und vorgeschaltetem Dialog.[128] Anders als beim nicht offenen Verfahren ist beim wettbewerblichen Dialog jedes Element des Auftrags verhandelbar. Im Unterschied zum Verhandlungsverfahren sind beim wettbewerblichen Dialog die Verhandlungen allerdings auf eine bestimme Phase des Verfahrens beschränkt.[129]

b) Teilnahmewettbewerb

102 Wie das nicht offene Verfahren mit vorgeschaltetem Teilnahmewettbewerb oder das Verhandlungsverfahren beginnt auch der wettbewerbliche Dialog mit einem Teilnahmewettbewerb, vgl. § 18 Abs. 2 und 3 VgV, § 3b EU Abs. 4 Unterabs. 1 Nr. 1 und 2 VOB/A. Dieser folgt im Wesentlichen denselben Regeln wie denen des Verhandlungsverfahrens mit Teilnahmewettbewerb. In einer europaweit zu veröffentlichenden **Bekanntmachung** oder in den **Vergabeunterlagen** muss der öffentliche Auftraggeber den Bewerbern seine „Bedürfnisse und Anforderungen" mitteilen (vgl. § 18 Abs. 1 VgV, § 3b EU Abs. 4 Unterabs. 1 Nr. 3 VOB/A). Die Bewerber müssen mindestens die folgenden Informationen erhalten:

- Frist für die Einreichung der Teilnahmeanträge,
- Mindestkriterien für die Leistungsfähigkeit der auszuwählenden Bewerber,
- Angaben zu den „Bedürfnissen und Anforderungen" des öffentlichen Auftraggebers, die so umfassend sind, dass die Bewerber in der Lage sind, zu entscheiden, ob sie an dem Vergabeverfahren teilnehmen wollen oder nicht[130],
- vorläufiger Zeitrahmen für Verhandlungen,

126 *Reimnitz*, Der neue Wettbewerbliche Dialog, S. 95 f.
127 Europäische Kommission, Erläuterungen – Wettbewerblicher Dialog – Klassische Richtlinie, Ziff. 2.3.
128 *Rechten*, NZBau 2004, 366, 369; i.E. ebenso *Pünder/Franzius*, ZfBR 2006, 20, 21.
129 Europäische Kommission, Erläuterungen – Wettbewerblicher Dialog – Klassische Richtlinie, Ziff. 3.3. a. E.
130 *Schröder*, NZBau 2007, 216, 221.

- die Angabe, dass die Vergabe ausschließlich nach dem Kriterium des wirtschaftlichsten Angebots erfolgt, die Unterkriterien sowie mindestens die Reihenfolge ihrer Bedeutung.[131]

Die vorher festgelegte Zahl der Unternehmen, die zur Teilnahme am Dialog eingeladen werden, darf **nicht auf weniger als drei Unternehmen** beschränkt werden. Um ein wettbewerbliches Verfahren bis zum Schluss zu gewährleisten, ist die Anzahl der ausgewählten Bewerber so zu bemessen, dass am Ende der Dialogphase **mindestens zwei Bieter** ein Angebot abgeben werden. **103**

c) Dialogphase

aa) Gestaltung und Gegenstand

Ziel der Dialogphase ist, eine den „Anforderungen" des öffentlichen Auftraggebers entsprechende **Lösung zu finden**. Ein wichtiger Unterschied zu den anderen Verfahrensarten besteht darin, dass die Dialogteilnehmer nicht an ihre Lösungsvorschläge gebunden sind und zu jedem Zeitpunkt ihre Teilnahme am Verfahren beenden können, da es sich nicht um bindungsfähige Angebote handelt. **104**

§ 18 Abs. 5 bis 7 VgV, § 3b EU Abs. 4 Unterabs. 1 Nr. 4 bis 6, Unterabs. 2 Satz 1 VOB/A enthalten Grundparameter für die Dialogphase. Der öffentliche Auftraggeber hat grundsätzlich einen **weiten Gestaltungsspielraum**.[132] Es können **alle Einzelheiten des Auftrags** erörtert werden. Es gibt keine gesetzlichen Fristen. Es gibt anfangs einen vorläufigen Zeitplan, über dessen Änderungen der Auftraggeber die Teilnehmer in nichtdiskriminierender Weise stets unterrichtet halten muss. Ist eine **Abschichtung der Teilnehmer oder Lösungen** in mehreren Dialogphasen beabsichtigt, muss dies bereits in der Auftragsbekanntmachung oder den Vergabeunterlagen angekündigt worden sein. Der öffentliche Auftraggeber hat die vertraulichen Informationen der Teilnehmer sorgfältig zu behandeln und holt vor der Weitergabe an die anderen Teilnehmer dessen Zustimmung ein. **105**

Angesichts des weiten Handlungsspielraums gerade in der Dialogphase ist eine **ausführliche Dokumentation** des Verfahrens durch den öffentlichen Auftraggeber ebenso wie eine Protokollierung der Gespräche von großer praktischer Relevanz. **106**

Auch die **Dialogphase ist dreigliedrig** und unterteilt sich in die folgenden Phasen: (i) Eröffnung der Dialogphase, (ii) Gespräche und ggf. „schrittweise Reduzierung der Zahl der zu prüfenden Lösungen" und (iii) Abschluss der Dialogphase. Generell lässt sich feststellen, dass sich die Länge der Dialogphase vor allem nach dem Umfang der Themen und deren Komplexität richten wird. Die Verhandlungen mit jedem Dialogteilnehmer müssen **separat** geführt werden.[133] Nach Auffassung der EU-Kommission besteht jedoch die Möglichkeit, dass die Dialogteilnehmer in einen **gemeinsamen Dialog einwilligen**, bei dem alle Dialogteilnehmer bei den Verhandlungen anwesend sind.[134] Dies ist jedoch in der Praxis nur selten darstellbar. **107**

---

131 Vgl. OLG Celle, Beschl. v. 16.5.2013, 13 Verg 13/12; VK Münster, Beschl. v. 2.10.2014, VK 13/14, ZfBR 2015, 93.

132 *Marx/Werner*, in: Bürsch/Funken, ÖPP-Beschleunigungsgesetz; Art. 2 Rn. 36.

133 *Marx/Werner*, in: Bürsch/Funken, ÖPP-Beschleunigungsgesetz; Art. 2 Rn. 30.

134 Europäische Kommission, Erläuterungen – Wettbewerblicher Dialog – Klassische Richtlinie, Ziff. 3.2, vgl. hier zu den Grundsätzen unter Abschnitt 3.2.5.

bb) Eröffnung der Dialogphase

108 Die Dialogphase beginnt mit der **schriftlichen Mitteilung** an die Dialogteilnehmer zur Teilnahme am Dialog. Dem öffentlichen Auftraggeber bleibt es überlassen, ob die Dialogteilnehmer zunächst in einem sogenannten **Kick-off Meeting** allgemein über das Projekt informiert werden und sich hieran die Gespräche anschließen, oder ob die Dialogteilnehmer unmittelbar mehr oder weniger detaillierte schriftliche Unterlagen erhalten, auf die sie einen **ersten Lösungsvorschlag** abgeben, der Gegenstand der **ersten Gesprächsrunde** sein wird.

cc) Mitteilung der Zuschlag- und Wertungskriterien (vgl. § 3b EU Abs. 4 Unterabs. 1 Nr. 3 Satz 2 und Nr. 5 Satz 2 VOB/A)

109 Der Zuschlag ist im Endeffekt auf das „wirtschaftlich günstigste Angebot" zu erteilen. Um den vergaberechtlichen Vorgaben gerecht zu werden, ist nach Auffassung der VK Düsseldorf bei der Bestimmung der Zuschlagskriterien erforderlich, „dass die Zuschlagskriterien so hinreichend sorgfältig erarbeitet werden, um – etwa durch das Zusammenspiel von abstrakten und konkreten Anforderungen – die Zielerreichung aller angebotenen Lösungen in unterschiedlichen Stadien des wettbewerblichen Dialogs abbilden zu können. Dies mag aufwendig erscheinen, allerdings dürfte bei den für den wettbewerblichen Dialog vorgesehenen innovativen (Groß-)Projekten eine genaue, wenn auch abstrakte Zieldefinition für den Auftraggeber ohnehin unerlässlich sein, wenn er nicht zum Spielball seiner Dialogpartner werden will".[135] Bei einem wettbewerblichen Dialog, der nur bei besonders komplexen Aufträgen angewendet werden soll, ist davon auszugehen, dass eine **Gewichtung der Zuschlagskriterien** aus nachvollziehbaren Gründen vorab kaum möglich sein wird. Es ist daher ausreichend, die Kriterien – wenn möglich – in absteigender Reihenfolge ihrer Bedeutung anzugeben.[136] Vor dem Hintergrund der klaren Äußerungen der EU-Kommission und der Rechtsprechung des EuGH begegnet allerdings eine teilweise für zulässig gehaltene nachträgliche Änderung der Zuschlagskriterien Bedenken. Die Gefahr, durch eine Änderung der Zuschlagskriterien in einem späteren Stadium der Dialogphase gerade Teilnehmer zu benachteiligen, deren Lösungsvorschläge in einer frühen Runde ausgeschlossen worden sind und die sich auch nicht weiter an dem Verfahren beteiligen, ist zu groß. Insbesondere wirft diese Vorgehensweise weitere Fragen auf, z. B. wie lange vorher die Zuschlagskriterien bekannt gemacht werden müssen und ob es ausreicht, wenn dies zu Beginn einer neuen Dialogrunde geschieht. Es steht zu befürchten, dass der zeitliche Ablauf eines wettbewerblichen Dialogs erheblich verzögert würde.

dd) Fristen

110 Die den Dialogteilnehmern eingeräumten Fristen für die Erarbeitung von Lösungsvorschlägen und Vorbereitungszeiten müssen so bemessen sein, dass alle Dialogteilnehmer in die **gleiche Ausgangslage** versetzt werden.[137] Besondere Relevanz erlangt dieser Aspekt beim sukzessiven Ausscheiden von Lösungsvorschlägen und der Festsetzung von Überar-

135 VK Düsseldorf, Beschl. v. 11.8.2006, VK 30/2006-L.

136 Vgl. OLG Celle, Beschl. v. 16.5.2013, 13 Verg 13/12; VK Münster, Beschl. v. 2.10.2014, VK 13/14, ZfBR 2015, 93.

137 *Heiermann*, ZfBR 2005, 766, 774; *Schröder*, NZBau 2007, 216, 222.

beitungsfristen. Es widerspricht dem Gleichbehandlungsgrundsatz, unterschiedliche Ausarbeitungsfristen zu gewähren. Alle Dialogteilnehmer müssen die entsprechende Möglichkeit erhalten, zeitlich ihre Vorschläge vorzubereiten und darzustellen.[138] Nur so kann gewährleistet werden, dass Vorschläge dezidiert ausgearbeitet werden können, was seinerseits wiederum Grundlage für eine Entscheidung der Vergabestelle ist, eine begründete „Abschichtung" vornehmen zu können.

ee) Schrittweise Reduzierung von Lösungsvorschlägen (vgl. § 18 Abs. 6 VgV, § 3b EU Abs. 4 Unterabs. 1 Nr. 5 VOB/A)

Hat sich der öffentliche Auftraggeber entschieden, in der Dialogphase sukzessive Lösungs- **111**
vorschläge auszuscheiden, so hat er dies den Teilnehmern **vorab bekannt zu geben**. Die Entscheidung selbst trifft er auf Grundlage der Zuschlagskriterien. Diese Kriterien müssen den Dialogteilnehmern bekannt sein, wenn der öffentliche Auftraggeber sie zur Grundlage einer Entscheidung machen will. Da naturgemäß beim Ausscheiden von Lösungsvorschlägen andere Aspekte eine Rolle spielen als bei der Zuschlagserteilung, ist es aus pragmatischen Gründen geboten und vergaberechtlich vertretbar, wenn die Vergabestelle für das Ausscheiden von Lösungsvorschlägen spezifische Unterkriterien definiert. Werden diese den Dialogteilnehmern rechtzeitig vorab mitgeteilt, ist für den Teilnehmer ersichtlich, welche Kriterien der Auswahlentscheidung zugrunde liegen. Ein Verstoß gegen das Transparenzgebot sollte dann damit ausgeschlossen sein.

Mit dem Ausschluss der **Lösungsvorschläge** ist nicht zugleich der **Dialogteilnehmer** **112**
selbst aus dem Verfahren ausgeschlossen. Allerdings geht die EU-Kommission davon aus, dass dies in der Mehrzahl der Verfahren der Fall sein wird, da die meisten Teilnehmer in aller Regel wohl nur einen Lösungsvorschlag vorlegen werden.[139] Nach § 18 Abs. 6 VgV hat der öffentliche Auftraggeber den betroffenen Teilnehmer über seine Entscheidung zu **informieren**. Daraus kann allerdings nicht die Verpflichtung abgeleitet werden, dass der Teilnehmer bereits vorab darüber in Kenntnis gesetzt werden muss, dass er unter Zugrundelegung der entscheidungserheblichen Zuschlagskriterien schlecht abschneidet.[140] Hat ein Dialogteilnehmer mehrere Lösungsvorschläge unterbreitet – woran er nicht gehindert ist – und werden diese Vorschläge nicht ausgeschlossen, bleibt er nach dem Verständnis der EU-Kommission mit diesen Vorschlägen am Verfahren beteiligt.[141] Wird einer dieser Lösungsvorschläge ausgeschlossen, wird ihm nicht das Recht abgesprochen werden können, diese Entscheidung des öffentlichen Auftraggebers wegen eines Verstoßes gegen vergaberechtliche Vorschriften anzugreifen, vorausgesetzt, er ist in eigenen Rechten verletzt. Denn durch den unberechtigten Ausschluss seines (einen) Lösungsvorschlags können sich unter Umständen seine Chancen auf Erhalt des Auftrags verringert haben. Hat ein Teilnehmer nur einen Lösungsvorschlag vorgelegt und wird dieser ausgeschlossen, kann er – sofern keine Vertraulichkeitsaspekte entgegenstehen – auf die verbliebenen Lösungskonzepte einen eigenen Vorschlag in der nächsten Runde ausarbeiten.

---

138 Vgl. OLG Brandenburg, Beschl. v. 7.5.2009, Verg W 6/09, NZBau 2009, 734, 736.

139 Europäische Kommission, Erläuterungen – Wettbewerblicher Dialog – Klassische Richtlinie, Ziff. 3.2.1, Seite 9, Fn. 30.

140 OLG Koblenz, Beschl. v. 21.4.2009, 1 Verg 2/09.

141 Vgl. Fn. 105.

ff) Vertraulichkeit – Umgang mit Lösungsvorschlägen und Informationen (vgl. § 18 Abs. 5 Sätze 3 und 4 VgV, § 3b EU Abs. 4 Unterabs. 1 Nr. 4 Satz 3 VOB/A)

113 Grundsätzlich haben die Dialogteilnehmer ein berechtigtes Interesse, alle verfügbaren Informationen zu erhalten und gegenüber den anderen Dialogteilnehmern auf dem **gleichen Wissensstand** zu sein. Dies ergibt sich aus der Verpflichtung zur Führung eines transparenten, diskriminierungsfreien und wettbewerblichen Verfahrens. Im wettbewerblichen Dialog besteht insoweit ein Spannungsverhältnis zum Vertraulichkeitsgebot in § 18 Abs. 5 Sätze 3 und 4 VgV, § 3b EU Abs. 4 Unterabs. 1 Nr. 4 Satz 3 VOB/A, wonach Lösungsvorschläge und vertrauliche Informationen nur mit vorheriger Zustimmung des betreffenden Dialogteilnehmers weitergegeben werden dürfen. Die vorab erteilte Einwilligung zur Weitergabe ist nicht an Formerfordernisse geknüpft. Sie kann auch konkludent erfolgen. Allerdings muss der Dialogteilnehmer seine Einwilligung jederzeit widerrufen können (§ 183 Satz 1 BGB analog). Unzulässig ist es hingegen, die Zustimmung zur Weitergabe vertraulicher Informationen zur Mindestbedingung für die Dialogteilnahme zu machen oder einen Dialogteilnehmer aufgrund einer verweigerten Zustimmung auszuschließen. Denn diese Zustimmung knüpft an ein Verhalten der Dialogteilnehmer an und bezieht sich weder auf deren Eignung noch auf die Wirtschaftlichkeit der Leistungserbringung.[142]

114 Inhaltlich ähnelt das Vertraulichkeitsgebot dem **Akteneinsichtsrecht im Nachprüfungsverfahren** nach § 165 Abs. 1 GWB, hat jedoch nach seinem Sinn und Zweck eine weiterreichende Bedeutung. Besondere praktische Relevanz erlangt dieses Gebot, wenn Lösungsvorschläge sukzessive ausgeschieden werden sollen. Es ist dann von zentraler Bedeutung, ob die verbleibenden Lösungsvorschläge oder Elemente derselben verwendet und weitergegeben werden dürfen. Problematisch ist insoweit insbesondere der Begriff „Lösungsvorschlag", der eher weit definiert wird als ein „von den Verfahrensteilnehmern abgegebener Vorschlag zur Ausführung des gesamten Auftrags oder von Teilen desselben".[143] Hierdurch können sich in der Praxis große Verfahrenshindernisse ergeben, sodass aus pragmatischen Gründen ein weitergehendes Verständnis angeraten und auch vergaberechtlich vertretbar ist. Ein Lösungsvorschlag sollte nur dann dem Vertrauensschutz unterliegen, wenn er ein besonderes „**Vertraulichkeitsmerkmal**" aufweist. Dies bedeutet, dass er lösungs- und unternehmensspezifische Daten und Informationen enthalten muss.

115 Neben der vergaberechtlichen Vertraulichkeitspflicht sind auch **Immaterialgüterrechte** der Dialogteilnehmer zu beachten, insbesondere der Schutz eventueller Urheberrechte.[144] Urheberrechtliche Aspekte, die insbesondere bei technischen Lösungen relevant werden, sind gesondert zu prüfen. Aus diesem Grund empfiehlt es sich, zusammen mit der Zustimmung zur Weitergabe der Informationen auch eine urheberrechtliche Vereinbarung mit den Dialogteilnehmern zu schließen.[145]

116 Stellt ein Dialogteilnehmer wegen eines Verstoßes gegen das Vertraulichkeitsgebot nach erfolgloser Rüge einen Antrag auf Einleitung eines **Nachprüfungsverfahrens**, wird dem Dialogteilnehmer in aller Regel bereits ein Schaden entstanden sein. Etwaige **Schadenser-**

---

142 *Kaelble*, in: Müller/Wrede, ÖPP-Beschleunigungsgesetz, Rn. 102.

143 *Kaelble*, in Müller-Wrede, ÖPP-Beschleunigungsgesetz, Rn. 91 m. w. N.

144 Europäische Kommission, Erläuterungen – Wettbewerblicher Dialog – Klassische Richtlinie, Ziff. 3.2.

145 Vgl. *Kallmayer*, in: Kapellmann/Messerschmidt, VOB, § 3a Rn. 46.

satzansprüche können sich aus § 282 i.V.m. § 311 Abs. 2 Nr. 1 BGB ergeben und müssen in einem gesonderten Rechtsstreit vor den Zivilgerichten geltend gemacht werden.

gg) Abschluss der Dialogphase (§ 18 Abs. 7 Satz 2 VgV, § 3b EU Abs. 4 Unterabs. 2 Satz 1 VOB/A)

Der öffentliche Auftraggeber muss die Dialogteilnehmer über den Abschluss des Dialogs **informieren**. Die Dialogphase ist zu beenden, wenn erkennbar keine Lösung gefunden wurde. In diesem Fall sind den Dialogteilnehmern die Gründe mitzuteilen, warum keine der von ihnen eingereichten Lösungen die „Anforderungen" des öffentlichen Auftraggebers erfüllt. **117**

Bei der Entscheidung über die Beendigung des Dialogs handelt es sich um eine Prognoseentscheidung, die die Vergabestelle nach pflichtgemäßem Ermessen unter Beachtung der allgemeinen vergaberechtlichen Grundsätze zu treffen hat. In Ermangelung genauerer Anhaltspunkte dienen als Beurteilungsmaßstab für diese Entscheidung die Zuschlagskriterien, mit denen die Vergabestelle ihre Bedürfnisse umschrieben und auf deren Grundlage sie auch Lösungskonzepte in der Dialogphase ausgeschieden hat. **118**

hh) Streitwert eines Nachprüfungsverfahrens

Wird ein Nachprüfungsantrag noch in der Dialogphase gestellt, ist für die Bemessung des Streitwerts die Auftragswertschätzung des Auftraggebers zugrunde zu legen. Diese soll sich aus dem Public Sector Comparator (PSC), vermindert um einen Abschlag von 10 %, ergeben.[146] **119**

d) Angebotsphase (§ 18 Abs. 8 VgV, § 3b EU Abs. 4 Unterabs. 2 Nr. 1 VOB/A)

Der öffentliche Auftraggeber fordert „die Unternehmen auf, auf der Grundlage der eingereichten und in der Dialogphase näher ausgeführten Lösungen ihr endgültiges Angebot vorzulegen". Insoweit unterscheidet sich die Stellung eines Bieters im wettbewerblichen Dialog nicht von derjenigen eines Bieters im offenen oder nicht offenen Verfahren. Die Angebote sind bindend und der Handlungsspielraum ist limitiert.[147] Verhandlungen über Hauptbestandteile des Auftrags, deren Änderung den Wettbewerb verfälschen könnte, und insbesondere über die Preise sind ausgeschlossen.[148] Auf Verlangen des öffentlichen Auftraggebers können die Bewerber nur „**Klarstellungen und Ergänzungen**" zu ihren Angeboten machen. **120**

Nach Auswahl des wirtschaftlichsten Angebotes, aber noch **vor Erteilung des Zuschlags** kann der öffentliche Auftraggeber den Bieter des wirtschaftlichsten Angebotes auffordern, „im Angebot enthaltene finanzielle Zusagen oder andere Bedingungen zu bestätigen, die in den Auftragsbedingungen abschließend festgelegt werden".[149] **121**

---

146 OLG Brandenburg, Beschl. v. 7.4.2009, Verg W 14/08.

147 Europäische Kommission, Erläuterungen – Wettbewerblicher Dialog – Klassische Richtlinie, Ziff. 3.3; Competitive Dialogue in 2008, OGC/HMT Joint Guidance on Using the Procedure, S. 28, Ziff. 5.4.7, 5.4.8.

148 Europäische Kommission, Erläuterungen – Wettbewerblicher Dialog – Klassische Richtlinie, Ziff. 3.3.

149 Vgl. § 18 Abs. 9 Satz 2 VgV, § 3b EU Abs. 4 Unterabs. 2 Nr. 2 Satz 2 VOB/A.

122 Auch in Bezug auf Zuschlagserteilung und Vertragsschluss gleicht der wettbewerbliche Dialog den anderen Vergabeverfahrensarten. Die nicht erfolgreichen Bewerber werden entsprechend § 134 Abs. 1 GWB (n. F.) über den Ausgang des Verfahrens informiert.[150] In dem Schreiben muss der Name des Bewerbers, der den Zuschlag erhalten soll, ebenso angegeben werden wie die Gründe der vorgesehenen Nichtberücksichtigung des Angebots desjenigen Bieters, dessen Angebot nicht berücksichtigt werden soll.

5. Kostenerstattung

123 Soweit der öffentliche Auftraggeber von Bauaufträgen die Ausarbeitung von Entwürfen, Plänen, Zeichnungen, Berechnungen oder andere Unterlagen verlangt hat und die Unternehmen diese rechtzeitig vorgelegt haben, haben die Unternehmen Anspruch auf eine angemessene Kostenerstattung, vgl. § 3b EU Abs. 4 Unterabs. 2 Satz 3 VOB/A. Dagegen ist in § 18 Abs. 10 VgV vorgesehen, dass der öffentliche Auftraggeber Prämien oder Zahlungen an die Teilnehmer am Dialog vorsehen kann.

124 Es besteht kein Anspruch auf Erstattung der Kosten für den üblicherweise im Rahmen einer Angebotserstellung in Ausschreibungen anfallenden Bearbeitungsaufwand, sondern nur insoweit, als der Umfang über diesen Rahmen hinausgeht. Nach § 8b EU Abs. 1 Nr. 1 VOB/A sind nur kreative Leistungen wie etwa für Elemente einer funktionalen Ausschreibung erstattungsfähig. Diese Regelung findet auch auf die Kostenerstattung im Rahmen des wettbewerblichen Dialogs Anwendung.[151]

125 Da die Regelung von einem Kostenersatz spricht, besteht nur ein Anspruch auf **Aufwendungsersatz** ohne Berücksichtigung des entgangenen Gewinns.[152] Wichtig ist, dass die Berechnungsgrundlage des Erstattungsbetrages angemessen und für alle Unternehmen gleich ist. Die Berechnungsgrundlage sollte den Bewerbern bereits mit der (Leistungs-)Beschreibung mitgeteilt werden.[153]

6. Konkurrenzverhältnis zwischen wettbewerblichem Dialog und Verhandlungsverfahren mit Teilnahmewettbewerb

126 Hierzu gibt es zurzeit – soweit ersichtlich – keine Entscheidungen von Vergabekammern oder Gerichten. Eine eindeutige Festlegung hat sich nach hiesiger Ansicht auch nicht dadurch ergeben, dass nun die **Ausnahmevoraussetzungen für beide Verfahrensarten gleich lauten**. In der **Literatur wurden bisher unterschiedliche Auffassungen** vertreten.

127 Einige Stimmen sind der Auffassung, dass der wettbewerbliche Dialog vorrangig sei. Sie begründen dies u. a. damit, dass es sich um eine spezielle Ausgestaltung des Verhandlungsverfahrens handele.[154] Andere Stimmen sind der Auffassung, dass die beiden Verfahren

150 Vgl. *Marx/Werner*, in: Bürsch/Funken, ÖPP-Beschleunigungsgesetz, 2007, Art. 2 Rn. 40.

151 *Heiermann*, ZfBR 2005, 766, 776; *Kolpatzik*, VergabeR 2007, 279, 296; *Kaelble*, in: Müller-Wrede, ÖPP-Beschleunigungsgesetz, Rn. 174.

152 *Heiermann*, ZfBR 2005, 766, 776.

153 *Kaelble*, in: Müller-Wrede, ÖPP-Beschleunigungsgesetz, Rn. 175.

154 *Schenke/Klimpel*, DVBl. 2006, 1492, 1495; *Knauff*, NZBau 2005, 249, 255. Für einen Vorrang auch *Müller-Wrede*, ÖPP-Beschleunigungsgesetz, Rn. 42 und *Pünder/Franzius*, ZfBR 2006, 20; *Werner/Freitag*, NZBau 2000, 551, 551.

gleichberechtigt nebeneinander stehen, sodass ein öffentlicher Auftraggeber im Falle der Konkurrenz zwischen beiden Verfahren frei wählen könne.[155] Als Gründe werden angeführt, dass es sich um jeweils eigenständige Verfahrensarten handele und für ein Spezialitätsverhältnis insofern keine Anhaltspunkte gegeben seien.[156] Aus den Vorgaben des europäischen Gesetzgebers ergebe sich ein intendiertes Ermessen des Auftraggebers dergestalt, dass der wettbewerbliche Dialog gewählt werden „soll", wenn dessen Anwendungsvoraussetzungen gegeben sind. Anhaltspunkte für eine „gleichrangige" Behandlung des wettbewerblichen Dialogs und des Verhandlungsverfahrens ist die Vorschrift des Art. 26 Abs. 4 lit. b) Satz 1 VRL 2014/24/EU, wonach die Erfolglosigkeit eines vorherigen wettbewerblichen Dialogs nicht mehr als eine der Varianten für ein anschließendes (zulässiges) Verhandlungsverfahren erwähnt wird.

Es sprechen jedoch **gute Gründe für den Vorrang des wettbewerblichen Dialogs** gegenüber dem Verhandlungsverfahren. Wie die EU-Kommission in ihren Erläuterungen zum wettbewerblichen Dialog ausführt, gilt diese „Ausnahmeregelung" ausschließlich für „Sonderfälle, in denen Art oder Umfang der Arbeiten von vornherein unwägbar ist". Das Verfahren sei jedoch, so die EU-Kommission, nicht für Fälle gedacht, in denen andere Unwägbarkeiten auftreten, etwa Probleme mit der vorherigen Preisfestlegung aufgrund der Tatsache, dass die finanztechnische und/oder rechtliche Konstruktion sehr komplex ist. Das Verhandlungsverfahren mit Veröffentlichung einer Bekanntmachung sei daher in ähnlichen Fällen keine Alternative zum wettbewerblichen Dialog.[157] Aus diesen Ausführungen lässt sich im Falle eines Konkurrenzverhältnisses eine eindeutige Präferenz der EU-Kommission für den Vorrang des wettbewerblichen Dialogs ableiten. **128**

Auch die sonstigen, bei der Auslegung von Gesetzen herangezogenen Methoden sprechen für einen solchen Vorrang des „Wettbewerblichen Dialogs". Soweit der Auftrag ein besonders komplexes Verfahren oberhalb der Schwellenwerte betrifft, muss nach dem Grundsatz „*lex specialis derogat legi generali*" („Das speziellere Gesetz verdrängt das allgemeinere") vorrangig auf die speziellen Verfahrensregeln des wettbewerblichen Dialogs zurückgegriffen werden. Für diese Interpretation spricht insbesondere, dass für den wettbewerblichen Dialog speziellere Verfahrensregeln existieren und er deutliche Vorzüge gegenüber dem Verhandlungsverfahren insbesondere mit Blick auf die vergaberechtlichen Grundsätze von Wettbewerb, Transparenz und Gleichbehandlung hat. Der Ablauf des wettbewerblichen Dialogs ist im Gegensatz zum Verhandlungsverfahren, wenn auch nicht vollständig, so (doch) jedenfalls hinreichend präzise gesetzlich beschrieben.[158] Aus hiesiger Sicht sprechen auch Sinn und Zweck des Verfahrens für einen etwaigen Vorrang gegenüber dem Verhandlungsverfahren. Mit der Schaffung eines Verfahrens speziell für komplexe Sachverhalte wollte der europäische Gesetzgeber die angebliche Unberechenbarkeit des Verhandlungsverfahrens durch die konkrete Normierung der Verfahrensschritte und deren Dokumentation weitestgehend kompensieren.[159] Der wettbewerbliche Dialog sollte gerade dazu **129**

---

155 *Müller/Veil*, VergabeR 2007, 298, 308; *Kus*, VergabeR 2006, 851, 854; *Dreher*, in: Immenga/Mestmäcker, GWB, § 101 Rn. 30.

156 *Müller/Veil*, VergabeR 2007, 298, 309.

157 Europäische Kommission, Erläuterungen – Wettbewerblicher Dialog – Klassische Richtlinie, S. 4 (Fn. 8).

158 *Kus*, VergabeR 2006, 851, 859.

159 Vgl. Europäische Kommission, Erläuterungen – Wettbewerblicher Dialog – Klassische Richtlinie, S. 1; ebenso Grünbuch ÖPP, Rn. 24.

dienen, den öffentlichen Auftraggebern ein speziell auf die Vergabe von **umfangreichen und komplexen ÖPP-Projekten** zugeschnittenes Verfahren an die Hand zu geben, mit dem Innovationen und technologische Entwicklungen gefördert werden sollen. Vor diesem Hintergrund ist es kaum nachvollziehbar, warum der öffentliche Auftraggeber berechtigt sein sollte, das Verhandlungsverfahren weiterhin neben dem wettbewerblichen Dialog anzuwenden, wenn alle dialogbegründenden Voraussetzungen gegeben sind.[160]

VII. Die Innovationspartnerschaft (Abs. 7)

1. Allgemeines

130 Die Innovationspartnerschaft ist erstmalig in der VRL 2014/24/EU in Art. 31 vom EU-Gesetzgeber geregelt worden. Sie wurde im Rahmen der Vergaberechtsreform 2016 als fünfte Verfahrensart in § 119 Abs. 1 GWB aufgenommen und weiter in § 119 Abs. 7 GWB legaldefiniert. Danach ist die Innovationspartnerschaft ein Verfahren zur Entwicklung innovativer, noch nicht auf dem Markt verfügbarer Liefer-, Bau- oder Dienstleistungen und zum anschließenden Erwerb der daraus hervorgehenden Leistungen.

131 Zusammen mit der Neuordnung von Verhandlungsverfahren und wettbewerblichem Dialog in der VRL 2014/24/EU bildet die Einführung dieser neuen Verfahrensart das aktuelle Repertoire des EU-Gesetzgebers, öffentlichen Auftraggebern mehr Beweglichkeit bei der Förderung von Innovationen und der Modernisierung ihrer Beschaffungstätigkeit zu bieten.[161] Die Innovationspartnerschaft hat hierbei allerdings eine spezielle Aufgabe: Sie soll es „den öffentlichen Auftraggebern ermöglichen, eine **langfristige Innovationspartnerschaft** für die **Entwicklung** und den **anschließenden Kauf** neuer, **innovativer Waren, Dienstleistungen oder Bauleistungen** zu begründen – unter der Voraussetzung, dass für solche innovativen Waren, Dienstleistungen oder Bauleistungen die **vereinbarten Leistungs- und Kostenniveaus** eingehalten werden können, und **ohne dass ein getrenntes Vergabeverfahren für den Kauf** erforderlich ist“[162] (Hervorhebungen durch den Verfasser).

132 Das Bedürfnis für die Verfahrensart der Innovationspartnerschaft sieht der EU-Gesetzgeber in Situationen gegeben, in denen der Markt noch keine entsprechende Lösung hergibt und die Entwicklung einer Lösung für Unternehmen **risikoreich** ist, sodass sie ein Interesse an sicheren vertraglichen Bedingungen für ihre Forschungs- und Entwicklungsleistungen haben.[163] Die Innovationspartnerschaft soll also einen Anreiz für die Unternehmen bieten, sich auf „unsicheres Terrain“ zu begeben, um Innovationen hervorzubringen.[164]

---

160 *Fritz*, VergabeR 2008, 379, 381.
161 Vgl. Erwägungsgründe 42, 43 und 49 VRL 2014/24/EU.
162 *Püstow/Meiners*, NZBau 2016, 406 nennen daneben noch die funktionale Leistungsbeschreibung nach § 121 Abs. 1 Satz 1 GWB sowie Nebenangebote zur Entwicklung von Varianten unter Wahrung der Vertraulichkeit nach § 35 VgV.
163 Erwägungsgrund 49 VRL 2014/24/EU.
164 Vgl. auch *Krönke*, in: Burgi/Dreher, GWB, § 119 Absatz 7 Rn. 4.

Die Besonderheit der Innovationspartnerschaft als Vergabeverfahren besteht darin, dass der **Zuschlag** erteilt wird, obwohl die **Leistung noch nicht abschließend definiert** wird.[165] 133

Die Innovationspartnerschaft steht für ein Vergabeverfahren, jedoch auch für eine daraus hervorgehende Rechts- und Leistungsbeziehung zwischen einem öffentlichen Auftraggeber und einem oder mehreren Unternehmen. 134

2. Gesetzliche Regelung der Innovationspartnerschaft

Die Innovationspartnerschaft ist – wie auch die anderen Vergabeverfahren des § 119 GWB – auf Verordnungsebene näher ausgestaltet. Konkretisierungen finden sich etwa in § 19 VgV, §§ 3a EU Abs. 5, 3b EU Abs. 5 und 10d EU VOB/A. 135

Das Vergabeverfahren ist in den vorgenannten Vorschriften ausdrücklich vorgegeben. Im Ergebnis stützt es sich vor allem auf die Verfahrensregeln des Verhandlungsverfahrens und bringt diesbezüglich kaum Neuerungen mit sich.[166] Wie dieses und der wettbewerbliche Dialog, ist die Innovationspartnerschaft gegenüber dem offenen und dem nicht offenen Verfahren mit Teilnahmewettbewerb **subsidiär**, vgl. § 119 Abs. 2 Satz 2 GWB. 136

Bei der Auslegung der Innovationspartnerschaft von Bedeutung ist der in Art. 2 Abs. 1 Nr. 22 VRL 2014/24/EU niedergelegte Innovationsbegriff: Danach ist eine „Innovation" die Realisierung von **neuen** oder **deutlich verbesserten Waren, Dienstleistungen oder Verfahren**, einschließlich – aber nicht beschränkt auf – Produktions-, Bau- oder Konstruktionsverfahren, eine neue **Vermarktungsmethode** oder ein neues **Organisationsverfahren** in Bezug auf Geschäftspraxis, Abläufe am Arbeitsplatz oder externe Beziehungen, u. a. mit dem **Ziel**, zur **Bewältigung gesellschaftlicher Herausforderungen beizutragen** oder die **Strategie Europa 2020 für intelligentes, nachhaltiges und integratives Wachstum zu unterstützen**. 137

3. Voraussetzungen der Innovationspartnerschaft

a) Informationsdefizit

Wie auch in Fällen des Verhandlungsverfahrens und des wettbewerblichen Dialogs besteht ein **Informationsdefizit** bezüglich des Beschaffungsgegenstands, weshalb der öffentliche Auftraggeber ein Bedürfnis hat, seine Beschaffungsabsicht mit geeigneten Unternehmen zu erörtern. Hier gilt wieder, dass der öffentliche Auftraggeber **keine konturenlose Beschaffungsabsicht** verfolgen darf, sondern sich bemühen muss, den geforderten Leistungsgegenstand so weit wie möglich zu benennen, damit die vergaberechtlichen Rechte und Pflichten der Beteiligten nicht leerlaufen.[167] Die Innovationspartnerschaft muss auf ein konkretes Beschaffungsvorhaben gerichtet sein und ist kein Mittel allgemeiner staatlicher Forschungsförderung.[168] 138

---

165 *Püstow/Meiners*, NZBau 2016, 406, 407.

166 *Püstow/Meiners*, NZBau 2016, 406.

167 Aufgrund der Subsidiarität zum offenen und nicht offenen Verfahren ist stets zu prüfen, ob das Beschaffungsziel nicht etwa auch durch eine funktionale Ausschreibung (vgl. § 121 Abs. 1 Satz 2 GWB) erreicht werden kann.

168 Vgl. *Knauff*, in: Müller-Wrede, GWB, § 119 Rn. 76.

b) Keine am Markt verfügbare Lösung

139 Der Beschaffungsbedarf, der der Innovationspartnerschaft zugrunde liegt, darf nicht durch auf dem Markt bereits verfügbare Liefer-, Bau- oder Dienstleistungen befriedigt werden können, vgl. § 119 Abs. 7 Satz 1 GWB, § 19 Abs. 1 Satz 2 VgV, § 3a EU Abs. 5 VOB/A. Hieraus wird der Begriff der Innovation gefolgert, für den auch die bereits erwähnte Definition der VRL 2014/24/EU maßgeblich ist.[169]

140 Die Innovation kann sich sowohl auf das **Beschaffungsprodukt** als auch auf den **Beschaffungsprozess** beziehen, oder auf beides.[170] Prozessbezogene Innovationen sind etwa Produktions-, Bau- und Konstruktionsverfahren, eine neue Vermarktungsmethode oder ein neues Organisationsverfahren in Bezug auf Geschäftspraxis, Abläufe am Arbeitsplatz oder externe Beziehungen, vgl. Art. 2 Abs. 1 Nr. 22 VRL 2014/24/EU. Aus dem Innovationsbegriff der VRL folgt auch, dass nicht nur gänzlich **neue** Waren, Dienstleistungen oder Verfahren mit der Innovationspartnerschaft beschafft werden können, sondern auch nur „**deutliche Verbesserungen**" dieser.

141 Der öffentliche Auftraggeber muss sich vor Beginn einer Innovationspartnerschaft einen **Marktüberblick** verschaffen (und diesen dokumentieren), um nicht Fehler bei der Verfahrenswahl zu begehen, wenn sich später herausstellt, dass in Wahrheit der Markt schon passende Lösungen für die Beschaffungsabsicht des Auftraggebers vorgehalten hat. *Krönke* sieht hier ein Abgrenzungsmerkmal der Innovationspartnerschaft im Hinblick auf das Verhandlungsverfahren mit Teilnahmewettbewerb und den wettbewerblichen Dialog.[171] Allerdings ist ein Anwendungsfall der beiden vorgenannten Verfahren die Beschaffung konzeptioneller oder **innovativer** Lösungen, vgl. § 14 Abs. 3 Nr. 2 VgV, § 3a EU Abs. 2 Nr. 1 lit. b) VOB/A. Es bestehen keine Anhaltspunkte dafür, dass nur die Innovationspartnerschaft die Beschaffung von Innovationen ermöglichen soll.

c) Entwicklung und Erwerb der Lösung

142 Die Innovationspartnerschaft findet auf Fälle Anwendung, in denen der Markt noch keine Lösungen für einen Bedarf hervorgebracht hat. Dies dürfte in der Regel mit den **erheblichen wirtschaftlichen Risiken der Forschung und Entwicklung** zusammenhängen, die Unternehmen davor zurückschrecken lassen, etwa einen einfachen Werkvertrag einzugehen. Hierfür haben Risikotragungsmodelle, wie sie etwa bei ÖPP-Projekten entwickelt wurden und werden, zum Teil schon Abhilfe geschaffen.[172] Die Innovationspartnerschaft dürfte auf einen **Forschungs- und Entwicklungs-intensiveren Bereich** abzielen, in dem private Partner üblicherweise nicht in der Lage sind, allzu große Risiken zu tragen.

---

169 Vgl. *Knauff*, in: Müller-Wrede, GWB, § 119 Rn. 75.

170 *Krönke*, in: Burgi/Dreher, GWB, § 119 Absatz 7 Rn. 10.

171 Vgl. *Krönke*, in: Burgi/Dreher, GWB, § 119 Absatz 7 Rn. 18.

172 Die Abgrenzung der aus der Innovationspartnerschaft folgenden Rechts- und Leistungsbeziehung zu ÖPP-Modellen dürfte künftig an Bedeutung gewinnen, etwa wenn, wie *Prieß/Stein*, NZBau 2014, 323 vorschlagen, große Infrastrukturvorhaben wie die Anbindung von Offshore-Windkraftanlagen an das Stromnetz im Wege einer Innovationspartnerschaft vergeben werden könnten.

4. Grundzüge des Verfahrens

Das Vergabeverfahren folgt im Grundsatz den Merkmalen des Verhandlungsverfahrens mit Teilnahmewettbewerb. Es ist in zwei Stufen aufgeteilt: Zunächst wird ein Teilnahmewettbewerb durchgeführt. Anschließend folgt eine Angebotsphase. 143

a) Auftragsbekanntmachung

Der öffentliche Auftraggeber beschreibt in der Auftragsbekanntmachung oder den Vergabeunterlagen die Nachfrage nach der innovativen Liefer-, Bau- oder Dienstleistung, vgl. § 19 Abs. 1 Satz 3 VgV, § 3b EU Abs. 5 Nr. 1 Satz 1 VOB/A. Es muss deutlich gemacht werden, welche Elemente der Beschreibung Mindestanforderungen darstellen. Wie stets gilt, dass der öffentliche Auftraggeber die gesuchte Leistung möglichst erschöpfend beschreiben muss (§ 121 GWB). Auch Eignungskriterien sind anzugeben, die die „Fähigkeiten der Unternehmen auf dem Gebiet der Forschung und Entwicklung sowie die Ausarbeitung und Umsetzung innovativer Lösungen“[173] betreffen. Unternehmen müssen zur Teilnahme aufgefordert werden, vgl. § 19 Abs. 2 VgV, § 3b EU Abs. 5 Nr. 2 VOB/A. 144

b) Teilnahmewettbewerb

Der Teilnahmewettbewerb ist in § 19 Abs. 2 und 3 VgV, §§ 3b EU Abs. 5 Nr. 2, 10d EU VOB/A geregelt und folgt dem üblichen Schema. Der öffentliche Auftraggeber prüft die Eignung, Ausschlussgründe und verkleinert gegebenenfalls, und wenn zuvor entsprechend bekanntgemacht, den Kreis der Teilnehmer im Rahmen einer Eignungswertung. Die Mindestzahl der einzuladenden Unternehmen beträgt drei, vgl. § 51 Abs. 2 VgV, § 3b EU Abs. 5 Nr. 3 VOB/A. 145

c) Angebotsphase

Die Angebotsphase beginnt damit, dass die (ausgewählten) Teilnehmer der Innovationspartnerschaft zur Abgabe eines **Erstangebots** aufgefordert werden. Hierüber und über **Folgeangebote**, jedoch nicht über die **endgültigen Angebote**, finden Verhandlungen statt, vgl. § 19 Abs. 5 VgV, § 3b EU Abs. 5 Nr. 4 VOB/A. Es ergeben sich insoweit keine Besonderheiten zum Verhandlungsverfahren. Auch stellen die VgV und VOB/A EU gewisse Verhaltensregeln für den öffentlichen Auftraggeber hinsichtlich Vertraulichkeit der Informationen der Bieter, Gleichbehandlung der Bieter etc. auf. 146

Sofern anfänglich bekanntgemacht, kann der öffentliche Auftraggeber die Verhandlungsrunden mittels Zwischenwertungen der Angebote auch abschichten, um so die Zahl der Angebote, über die verhandelt wird, zu verringern. Hier jedoch ergibt sich eine Besonderheit: Im Gegensatz zu den Regeln zum Verhandlungsverfahren ist in § 19 VgV und § 3b EU Abs. 5 VOB/A nicht ausdrücklich geregelt, dass in der Endphase der Verhandlungen noch ein ausreichender Wettbewerb gewährleistet sein muss. Es ist daher davon auszugehen, dass bei der Innovationspartnerschaft mit einem „preferred bidder“ noch **Endverhandlungen** durchgeführt werden können.[174] 147

---

173 § 19 Abs. 1 Satz 5 VgV, § 3b EU Abs. 5 Nr. 1 Satz 3 VOB/A.

174 *Püstow/Meiners*, NZBau 2016, 406, 407; a. A. *Rosenkötter*, VergabeR 2016, 196.

d) Zuschlag

148 Der Zuschlag erfolgt auf das „wirtschaftlichste Angebot“, vgl. § 127 GWB, bzw. kann auch auf mehrere Angebote erfolgen, vgl. § 19 Abs. 7 Satz 2 VgV, § 3b EU Abs. 5 Nr. 6 Satz 2 VOB/A. Allerdings ist eine Erteilung des Zuschlags aufgrund des niedrigsten Preises oder Kosten ausgeschlossen, vgl. § 19 Abs. 7 VgV, § 3b EU Abs. 5 Nr. 6 VOB/A. Es bestehen die üblichen Mitteilungs- und Wartepflichten.

149 Zu beachten ist, dass im Zeitpunkt des Zuschlags noch immer **Unwägbarkeiten** hinsichtlich des Leistungsgegenstandes bestehen, denn erst nach Zuschlag (und Vertragsschluss) beginnt die eigentliche Forschungs- und Entwicklungsleistung. Beim wettbewerblichen Dialog und dem Verhandlungsverfahren dürfte der Leistungsgegenstand hingegen in der Regel weitaus klarer definiert sein.

5. Innovationspartnerschaft als vertragliches Modell

150 Die vergabeverfahrensrechtlichen Vorschriften der § 19 VgV und § 3b EU Abs. 5 VOB/A enthalten auch Regeln für die nach Zuschlag einzugehende Vertragsbeziehung. Die Innovationspartnerschaft wird entsprechend dem Forschungs- und Innovationsprozess in **zwei Phasen** strukturiert: (1) eine **Forschungs- und Entwicklungsphase** und (2) eine **Leistungsphase**, in der die aus der Partnerschaft hervorgebrachte Leistung erbracht wird; vgl. § 19 Abs. 8 VgV und § 3b EU Abs. 5 Nr. 7 VOB/A.

151 In der vertraglichen Struktur werden **wettbewerbliche Anreize** gesetzt, da sonst die Innovationspartnerschaft nicht mit dem Wettbewerbsprinzip zu vereinbaren wäre. Denn die endgültige Leistung steht trotz Eintritt in den Vertrag noch immer nicht fest. Der Auftraggeber muss auf eine marktgerechte Erbringung der Leistung hinwirken.[175] Hierzu ordnen § 19 Abs. 8 VgV und § 3b EU Abs. 5 Nr. 7 VOB/A an, dass Zwischenziele und die Zahlung von angemessenen Teilvergütungen vereinbart werden. Unbedingt sollten hier **Qualitätsanreize** und **Kontrollmechanismen** eine Rolle spielen.

152 Die vorgenannten Vorschriften räumen dem öffentlichen Auftraggeber das Recht ein, am Ende jedes Entwicklungsabschnittes zu **kündigen**. Zum Erwerb der innovativen Leistung ist der Auftraggeber nur dann verpflichtet, wenn das bei der Eingehung der Innovationspartnerschaft festgelegte **Leistungsniveau und die Kostenobergrenze** eingehalten werden.

6. Wettbewerbsrechts- und beihilferechtliche Aspekte

153 Die Innovationspartnerschaft ist grundsätzlich kritisch im Hinblick auf negative Auswirkungen auf den **Wettbewerb und beihilferechtliche Risiken** zu prüfen.[176]

154 Mit Blick auf einen marktmäßigen Wettbewerb besteht die Gefahr der **Marktabschottung**, wenn der Innovationspartner mithilfe der Innovationspartnerschaft in eine marktbeherrschende Position gelangt. Es ist daher bei der Konzeption der Innovationspartnerschaft stets auf eine größtmögliche Offenheit der zu entwickelnden Systeme oder Produkte zu achten, sowohl in technischer, rechtlicher als auch in wirtschaftlicher Hinsicht. Der EU-

---

175 *Püstow/Meiners*, NZBau 2016, 406, 409.

176 Erwägungsgrund 49 VRL 2014/24/EU.

Gesetzgeber empfiehlt die Eingehung einer Innovationspartnerschaft mit mehreren Partnern, um Wettbewerbsbeschränkungen zu vermeiden.[177] Hierbei sind dann aber freilich die Risiken wettbewerbswidriger Absprachen unter den Partnern der Innovationspartnerschaft im Blick zu behalten.

Beihilferechtliche Bedenken sind im Bereich der öffentlichen Innovationsförderung nichts Neues; hier sind in erster Linie die beihilferechtlichen Vorschriften[178] sauber zu prüfen, *bevor* die Innovationspartnerschaft eingegangen wird. Im Zweifel kann die Sichtweise der EU-Kommission eingeholt werden.[179] Eine besondere Herausforderung liegt bei der Innovationspartnerschaft darin, einen angemessenen Marktpreis für das Innovationsprodukt zu bestimmen. Denn aufgrund des Informationsdefizits zu Beginn und während der Entwicklungsphase müssen zwangsläufig andere Kriterien als der Preis eine größere Rolle spielen.[180] Dies begründet Zweifel daran, ob das Vergabeverfahren grundsätzlich zur Bestimmung eines Marktpreises geeignet ist. 155

Beihilferechtliche Risiken stecken nach Darstellung bei *Hasselgard* insbesondere in einem **Kontrolldefizit** des öffentlichen Auftraggebers während der Entwicklungsphase. Die Entwicklungsphase sei allein bestimmt von Festlegungen und Prognosen zu Beginn der Innovationspartnerschaft. Während der Entwicklungsphase fehle es an Kontrollmechanismen, sodass eine ideale Situation für die **Umgehung beihilferechtlicher Regeln** bestehe.[181] Den öffentlichen Auftraggebern und ihren Fachberatern obliegt es, hier in der Zukunft bei der Anwendung der Innovationspartnerschaft vergaberechts- wie beihilferechtskonforme Verfahren zu gestalten. 156

177 Erwägungsgrund 49 VRL 2014/24/EU.

178 Art. 107 f. AEUV; Verordnung Nr. 651/2014 der Kommission vom 17.6.2014 zur Feststellung der Vereinbarkeit bestimmter Gruppen von Beihilfen mit dem Binnenmarkt in Anwendung der Artikel 107 und 108 des Vertrags über die Arbeitsweise der Europäischen Union, ABl. 2014, Nr. L 187/1.

179 Siehe auch Mitteilung der Kommission zum Unionsrahmen für staatliche Beihilfen zur Förderung von Forschung, Entwicklung und Innovation, ABl. 2014, Nr. C 198/1.

180 Dies im Hinblick auf Innovationsbeschaffungen thematisierend der EFTA-Gerichtshof, Entsch. v. 27.1.2014, E-1/13 – Míla ehf ./. EFTA Surveillance Authority.

181 Vgl. *Hasselgard*, EPPPL 2017, 16 ff.

§ 120 Besondere Methoden und Instrumente im Vergabeverfahren

(1) Ein dynamisches Beschaffungssystem ist ein zeitlich befristetes, ausschließlich elektronisches Verfahren zur Beschaffung marktüblicher Leistungen, bei denen die allgemein auf dem Markt verfügbaren Merkmale den Anforderungen des öffentlichen Auftraggebers genügen.

(2) Eine elektronische Auktion ist ein sich schrittweise wiederholendes elektronisches Verfahren zur Ermittlung des wirtschaftlichsten Angebots. Jeder elektronischen Auktion geht eine vollständige erste Bewertung aller Angebote voraus.

(3) Ein elektronischer Katalog ist ein auf der Grundlage der Leistungsbeschreibung erstelltes Verzeichnis der zu beschaffenden Liefer-, Bau- und Dienstleistungen in einem elektronischen Format. Er kann insbesondere beim Abschluss von Rahmenvereinbarungen eingesetzt werden und Abbildungen, Preisinformationen und Produktbeschreibungen umfassen.

(4) Eine zentrale Beschaffungsstelle ist ein öffentlicher Auftraggeber, der für andere öffentliche Auftraggeber dauerhaft Liefer- und Dienstleistungen beschafft, öffentliche Aufträge vergibt oder Rahmenvereinbarungen abschließt (zentrale Beschaffungstätigkeit). Öffentliche Auftraggeber können Liefer- und Dienstleistungen von zentralen Beschaffungsstellen erwerben oder Liefer-, Bau- und Dienstleistungsaufträge mittels zentraler Beschaffungsstellen vergeben. Öffentliche Aufträge zur Ausübung zentraler Beschaffungstätigkeiten können an eine zentrale Beschaffungsstelle vergeben werden, ohne ein Vergabeverfahren nach den Vorschriften dieses Teils durchzuführen. Derartige Dienstleistungsaufträge können auch Beratungs- und Unterstützungsleistungen bei der Vorbereitung oder Durchführung von Vergabeverfahren umfassen. Die Teile 1 bis 3 bleiben unberührt.

Schrifttum: *Burgi/Dreher*, Beck'scher Vergaberechtskommentar Band 1 GWB: 4. Teil, 3. Aufl. 2017; *Goede/Stoye/Stolz*, Handbuch des Fachanwalts, 1. Aufl. 2017; *Kulartz/Kus/Portz/Prieß*, GWB, 4. Aufl. 2016; *Müller-Wrede*, GWB, 1. Aufl. 2016; *Soudry/Hettich*, Das neue Vergaberecht, 2014; *Willenbruch/Wiedekind*, Vergaberecht – Kompaktkommentar, 4. Aufl. 2017.

Übersicht

I. Allgemeines

1 Die Einführung des § 120 GWB ist der nächste große Schritt des Gesetzgebers in Richtung des elektronischen Vergabeverfahrens. § 120 GWB wurde in Umsetzung der Art. 33–39

VRL 2014/24/EU[1] sowie der Art. 51–57 SRL 2014/25/EU durch das VergRModG[2] in das GWB eingefügt. Sie geben den Auftraggebern die notwendigen Mittel an die Hand, um das elektronische Vergabeverfahren effektiv auszugestalten. Dabei war ein Teil der Neuregelung bereits in § 101 Abs. 6 GWB a. F. enthalten: Dieser enthielt bereits die Normierung der elektronischen Auktion, nunmehr § 120 Abs. 2 GWB, und das dynamische elektronische Verfahren, das nunmehr als dynamisches Beschaffungssystem in § 120 Abs. 1 GWB geregelt ist. Neu in das GWB aufgenommen sind der elektronische Katalog in § 120 Abs. 3 GWB und die zentrale Beschaffungsstelle in § 120 Abs. 4 GWB. Konkretisiert werden diese Regelungen durch die §§ 21–27 VgV und §§ 19–25 SektVO. Ebenfalls zu beachten ist die Schaffung eines barrierefreien Zugangs zum Vergabeverfahren, den die Verwaltung gem. §§ 4, 11 BGG gewährleisten muss.[3]

Dogmatisch handelt es sich beim dynamischen Beschaffungsverfahren, der elektronischen Auktion und dem elektronischen Katalog nicht um eigenständige Verfahrensarten. Sie stellen vielmehr Verfahrensmodalitäten dar, die die Verfahrensarten des § 119 GWB modifizieren. Obwohl es 2009 noch strittig war, ob es sich insbesondere beim dynamischen Beschaffungssystem um eine eigenständige Verfahrensart handelte,[4] kann nunmehr unter Berücksichtigung der neuen Gesetzessystematik davon ausgegangen werden, dass es sich nicht um eine eigene Verfahrensart handelt. So hat der Gesetzgeber in § 119 GWB sämtliche Verfahrensarten mit einem eigenen Absatz bedacht, während das dynamische Beschaffungssystem in § 120 GWB untergebracht wurde. Die Verfahrensmodalitäten wurden darüber hinaus in extra Kapiteln untergebracht, die, anders als bei den Verfahrensarten des § 119 GWB, nicht mit „Verfahren" überschrieben sind. Außerdem verweist die Richtlinie bezüglich des dynamischen Beschaffungssystems in Art. 34 Abs. 2 VRL 2014/24/EU und Art. 52 Abs. 2 SRL 2014/25/EU auf die Vorschriften des nicht offenen Verfahrens – eine Herangehensweise, die bei der Regelung der Verfahrensvorschriften in den Art. 27–31 VRL 2014/24/EU und Art. 45–49 SRL 2014/25/EU nicht gewählt wurde. 2

Die Verfahrensmodalitäten sollen einem möglichst weiten Kreis von Auftraggebern offen stehen. Daher sind vom personellen Anwendungsbereich sowohl öffentliche Auftraggeber i. S. d. § 99 GWB als auch Sektorenauftraggeber i. S. d. § 100 GWB erfasst. Ausweislich der Gesetzesbegründung sollen Konzessionsauftraggeber i. S. d. § 101 GWB nicht in den personellen Anwendungsbereich fallen.[5] Bezüglich der Anwendung der Verfahrensmodalitäten auch auf die Vergabe von verteidigungs- und sicherheitsspezifischen öffentlichen Aufträgen ist auf § 147 GWB zu verweisen. Obwohl solche Aufträge aus diesem Bereich meist hoch komplex und individuell sind, gilt grundsätzlich die Anwendbarkeit des § 120 GWB.[6] Allerdings können Beschaffungen nach Art. 22 Abs. 1 VRL 2014/24/EU und Art. 40 Abs. 1 SRL 2014/25/EU, die mit derart sensiblen Informationen zusammenhängen, dass deren angemessener Schutz in einem elektronischen Verfahren nicht ausreichend gewährleistet werden kann, von der elektronischen Vergabe explizit ausgenommen werden. 3

---

1 BT-Drs. 18/6281, S. 98 f.

2 BT-Drs. 18/6281.

3 *Pinkenburg*, in: Goede/Stoye/Stolz, Vergaberecht, Kap. 23 Rn. 20.

4 *Müller*, NZBau 2011, 72, 73; *Wankmüller*, in: Soudry/Hettich, S. 256; *Seidel*, in: Burgi/Dreher, GWB, § 120 Rn. 5.

5 BT-Drs. 18/6281, S. 98.

6 *Haak/Koch*, in: Willenbruch/Wiedekind, GWB, § 120 Rn. 2; *Hölzl*, in: Kulartz/Kus/Portz/Prieß, GWB, § 120 Rn. 16.

Hierzu dürften grundsätzlich auch verteidigungs- und sicherheitsspezifische öffentliche Aufträge zählen.

4 Die Richtlinien enthalten in den jeweiligen Kapiteln[7] Einzelvorschriften, die sich den neuen Verfahrensmodalitäten zuordnen lassen. Das dynamische Beschaffungssystem in § 120 Abs. 1 GWB setzt Art. 34 VRL und Art. 52 SRL um; die elektronische Auktion in § 120 Abs. 2 GWB die Art. 35 VRL und Art. 53 SRL; der elektronische Katalog in § 120 Abs. 3 GWB die Art. 36 VRL und Art. 54 SRL und die zentrale Beschaffungsstelle in § 120 Abs. 4 GWB die Art. 37 VRL und Art. 55 SRL. Letzterer ist in der Gesetzesbegründung jedoch nicht aufgeführt.[8] Dabei handelt es sich wohl um ein redaktionelles Versehen.

5 Eine Effizienzsteigerung soll vor allem durch die Verringerung des Zeit- und Materialaufwandes sowie sonstiger Kosten für den Transport erreicht werden.[9] Wichtig ist, dass auch bei diesen Verfahren die allgemeinen Vergaberechtsgrundsätze eingehalten werden.[10] Neben den positiven Effekten wird jedoch in der Literatur auch auf die negativen Aspekte hingewiesen. So wird ein verstärkter Preisdruck auf die Bieter befürchtet. Zudem wird auf die mit einer Veröffentlichung von Vergabeunterlagen im Internet verbundene Manipulationsgefahr hingewiesen. Es kann nicht mit Sicherheit ausgeschlossen werden, dass unbefugte Dritte vorhandene Sicherungsmechanismen umgehen können und sich Zugang zu streng vertraulichen Dokumenten verschaffen. Dies erfordert auf Seiten der Auftraggeber einen erhöhten Aufwand der Datensicherung durch entsprechende Sicherheitsprogramme und Codes, was die Ersparnis an Zeit- und Personalaufwand erheblich verringern kann.[11]

6 Ab dem 18.10.2018 müssen alle Beschaffungsvorgänge (mit wenigen Ausnahmen) für öffentliche Auftraggeber und Sektorenauftraggeber zwingend in elektronischer Form durchgeführt werden.[12] Positiver Effekt des elektronischen Verfahrens ist die Verkürzung der Mindestfrist für den Eingang von Angeboten im offenen und nicht offenen Verfahren auf 5 Tage.[13]

II. Das dynamische Beschaffungssystem

7 Das dynamische Beschaffungssystem in § 120 Abs. 1 GWB wurde im Zuge der Neuordnung des GWB durch das VergRModG 2016 aus dem § 101 Abs. 6 Satz 2 GWB a. F. übernommen. Dort war es noch unter der Bezeichnung des „dynamischen, elektronischen Verfahrens“ geführt. Die Bezeichnung als dynamisches Beschaffungssystem existierte jedoch bereits zum Zeitpunkt seiner Einführung in das GWB a. F. am 24.4.2009,[14] da die Vergabekoordinierungsrichtlinie diesen Begriff bereits verwendete. Insofern handelt es sich bei der Einführung des dynamischen Beschaffungssystems um eine redaktionelle Anpassung, die

7 Titel 2 Kapitel 2 der VRL 2014/24/EU bzw. der SRL 2014/25/EU.
8 Vgl. BT-Drs. 18/6281, S. 99 zu § 120 Abs. 4 GWB.
9 *Hölzl*, in: Kulartz/Kus/Portz/Prieß, GWB, § 120 Rn. 3.
10 *Seidel*, in: Burgi/Dreher, GWB, § 120 Rn. 10; Erwägungsgrund 1 VRL 2014/24/EU.
11 *Just/Sailer*, LKV 2009, 529, 532; *Pinkenburg*, in: Goede/Stoye/Stolz, Vergaberecht, Kap. 23 Rn. 19.
12 *Schaller*, LKV 2016, 529, 530.
13 *Wankmüller*, in: Soudry/Hettich, S. 224.
14 *Hölzl*, in: Kulartz/Kus/Portz/Prieß, GWB, § 120 Rn. 8.

der Gesetzgeber bei der Umsetzung der VRL und SRL neben anderen redaktionellen Änderungen in der Definition vorgenommen hat.[15]

8 Gem. § 22 Abs. 1 VgV und § 20 Abs. 1 SektVO steht es den öffentlichen Auftraggebern bzw. Sektorenauftraggebern nunmehr frei, ein dynamisches Beschaffungssystem zu verwenden. Ein Rechtsanspruch der Unternehmen auf Einrichtung eines dynamischen Beschaffungssystems besteht jedoch nicht,[16] der Wortlaut ergibt eindeutig, dass die Entscheidung darüber im Ermessen des einzelnen Auftraggebers liegt.

9 Unter dynamischen Beschaffungssystemen sind – ausschließlich elektronisch betriebene – Vergabeverfahren i. S. d. § 119 GWB zur Beschaffung marktüblicher Leistungen zu verstehen. Das Verfahren ist zeitlich befristet und steht während der gesamten Verfahrensdauer jedem Unternehmen offen. Eine Höchstfrist ist nicht normiert, die Befristung auf maximal vier Jahre[17] wurde aus der Vorgängerregelung nicht übernommen.

10 Nach den europarechtlichen Vorgaben gestaltet sich der Ablauf im Wesentlichen wie folgt[18]: Das Verfahren beginnt mit der Veröffentlichung einer Bekanntmachung, mit der der öffentliche Auftraggeber die Nutzung eines dynamischen Beschaffungssystems anzeigt. Während der Laufzeit des Systems kann sich jedes Unternehmen um die Teilnahme an dem Beschaffungssystem bewerben. Dies gilt auch dann, wenn bereits einzelne Aufträge im laufenden Verfahren vergeben wurden. Idealerweise kann der Auftraggeber nach der Bekanntmachung einen Bieterpool gewissen Umfangs generieren, der ihm bei der Ausschreibung der Einzelaufträge dann zur Verfügung steht. Sofern ein Unternehmen die erforderlichen Eignungskriterien erfüllt, muss es in das System aufgenommen werden. Eine Begrenzung der Teilnehmerzahl ist nicht möglich.[19] Während der Laufzeit des Systems können individuelle Aufträge unter den Teilnehmern des Systems vergeben werden. Auf diese Weise wird die Eignungsprüfung der Bieter vorverlagert und der Prozess der Auftragsvergabe im Einzelfall deutlich verschlankt. Innerhalb des Systems können nur Aufträge vergeben werden, mit denen marktübliche Leistungen nachfragt werden.

11 Anders als noch gem. den Vorgängerrichtlinien, nach denen die Auftraggeber die Regeln des offenen Verfahrens anwenden sollten,[20] sollen die Auftraggeber nunmehr gem. Art. 34 Abs. 2 VRL 2014/24/EU und Art. 52 Abs. 2 SRL 2014/25/EU die Regeln des nicht offenen Verfahrens anwenden.[21] Grund für die Anpassung ist, dass sich die Anwendung der Regeln des offenen Verfahrens seit der Einführung des § 101 Abs. 6 GWB a. F. als unpopulär erwiesen hat, da die dem damaligen dynamischen Beschaffungssystem immanente Abgabe eines vorläufigen Angebots sich mit dem Verständnis des offenen Verfahrens nur schlecht verträgt.[22] Die Abgabe eines vorläufigen Angebots erinnert jedoch eher an das nicht offene Verfahren, bei dem zunächst die Teilnehmer bestimmt werden und erst im Anschluss das Angebotsverfahren stattfindet.[23] Folglich soll der Umschwung dem dynami-

---

15 *Amelung*, in: Müller-Wrede, GWB, § 120 Rn. 12.

16 *Amelung*, in: Müller-Wrede, GWB, § 120 Rn. 41.

17 Art. 33 Abs. 7 VKR 2004/18/EG und Art. 15 Abs. 7 SKR 2004/17/EG.

18 *Haak/Koch*, in: Willenbruch/Wiedekind, GWB, § 120 Rn. 5 ff.; Hölzl, in: Kulartz/Kus/Portz/Prieß, GWB, § 120 Rn. 23.

19 *Hölzl*, in: Kulartz/Kus/Portz/Prieß, GWB, § 120 Rn. 25.

20 Art. 33 Abs. 2 VKR 2004/18/EG; Art. 15 Abs. 2 SKR 2004/17/EG.

21 Vgl. auch *Wankmüller*, in: Soundry/Hettich, S. 256.

22 *Seidel*, in: Burgi/Dreher, GWB, § 120 Rn. 12.

23 Vgl. auch *Wankmüller*, in: Soundry/Hettich, S. 256.

schen Beschaffungssystem zu mehr Popularität verhelfen. Vorteilhaft hierfür ist, dass Bieter nunmehr auch im laufenden Verfahren eintreten können, sofern sie die Eignungskriterien erfüllen.[24]

III. Die elektronische Auktion

12 Mit Einführung der elektronischen Auktion gibt der Gesetzgeber den Auftraggebern ein weiteres Instrument in die Hand. Die Auftraggeber wiederum haben ein Wahlrecht, ob sie die elektronische Auktion in ihrem Vergabeverfahren anwenden wollen.[25] Ziel der elektronischen Auktion ist, das **wirtschaftlichste Angebot elektronisch zu ermitteln**. Dies soll in einem **iterativen Verfahren** geschehen. Die elektronische Auktion kommt als **Durchführungsmodus für ein offenes und nicht offenes Verfahren ebenso wie für ein Verhandlungsverfahren** in Betracht.[26] Die Sektorenrichtlinie schränkt dies insofern ein, als bei der Wahl des Verhandlungsverfahrens ein **vorheriger Aufruf zum Wettbewerb** stattgefunden haben muss.[27] Voraussetzung ist, dass die Spezifikationen des Auftrags „hinreichend präzise" beschrieben werden können.[28] Die weitere Ausgestaltung des Verfahrens ergibt sich aus den §§ 25, 26 VgV und den §§ 23, 24 SektVO.

13 Das **Verfahren** im Wege der elektronischen Auktion läuft wie folgt ab:[29] Zunächst gibt ein ggf. beschränkter Kreis[30] von Bietern sein Erstangebot ab. Diese Angebote werden auf ihre Zulässigkeit untersucht.[31] Danach werden alle eingereichten Angebote in eine Reihenfolge gebracht, die den Rang des jeweiligen Angebots zu den restlichen Angeboten widerspiegeln soll. Die Rangfolge ergibt sich aus einer vorläufigen Wertung, die der Auftraggeber durchführt. Die Wertung erfolgt anhand des Preises sowie sonstiger qualitativer Zuschlagskriterien. Nun erst startet das elektronische Auktionsverfahren. Die Bieter werden in dieser zweiten Phase des Verfahrens aufgefordert, ihr Angebot nachzubessern. Die Nachbesserung kann über mehrere Runden hinweg vorgenommen werden, die Auktion darf allerdings frühestens zwei Arbeitstage nach der Aufforderung zur Nachbesserung beginnen.[32] Das Verfahren endet, wenn die zuvor angegebene Anzahl von Nachbesserungsphasen ausgeschöpft ist oder keine weiteren Korrekturen der Angebote mehr eingehen.[33] Der Bieter mit dem besten, d. h. wirtschaftlichsten Angebot erhält den Zuschlag.

14 Folge dieser Vorgehensweise ist, dass Bieter ihr Erstangebot großzügig kalkulieren, um in der Nachbesserungsphase das Angebot nach unten korrigieren zu können, ohne unwirtschaftlich zu werden.[34]

---

24 *Seidel*, in: Burgi/Dreher, GWB, § 120 Rn. 12.
25 *Haak/Koch*, in: Willenbruch/Wiedekind, GWB, § 120 Rn. 9.
26 Art. 35 Abs. 2 VRL 2014/24/EU und Art. 53 Abs. 2 SRL 2014/25/EU.
27 Art. 53 Abs. 2 SRL 2014/25/EU.
28 *Hölzl*, in: Kulartz/Kus/Portz/Prieß, GWB, § 120 Rn. 28; *Seidel*, in: Burgi/Dreher, GWB, § 120 Rn. 17.
29 *Hölzl*, in: Kulartz/Kus/Portz/Prieß, GWB, § 120 Rn. 31.
30 *Seidel*, in: Burgi/Dreher, GWB, § 120 Rn. 17.
31 *Amelung*, in: Müller-Wrede, GWB, § 120 Rn. 25.
32 *Hölzl*, in: Kulartz/Kus/Portz/Prieß, GWB, § 120 Rn. 34.
33 *Amelung*, in: Müller-Wrede, GWB, § 120 Rn. 23.
34 *Hölzl*, in: Kulartz/Kus/Portz/Prieß, GWB, § 120 Rn. 31.

Die elektronische Auktion ist für die Vergabe geistig schöpferischer Leistungen per se ausgeschlossen.[35] Denn diese können aufgrund ihres schöpferischen Eigenwertes keiner automatischen Wertung in elektronischer Form unterzogen werden. Da diese automatische Bewertung jedoch gerade den Mehrwert der elektronischen Auktion darstellt,[36] ist der Ausschluss geistig-schöpferischer Leistungen von dieser Verfahrensmodalität lediglich folgerichtig. 15

Darüber hinaus werden Angebote im Rahmen der Zulässigkeitsprüfung[37] ausgeschlossen, die unregelmäßig oder unannehmbar sind. Unregelmäßig sind Angebote, die auf Kollusion oder Korruption beruhen oder ungewöhnlich niedrig sind. Inakzeptabel sind Angebote, deren Preis außerhalb des Budgets liegen, sodass der Auftraggeber das Angebot nicht annehmen kann. Ebenfalls unzulässig sind Angebote, die den Bedürfnissen und Anforderungen des Auftraggebers ersichtlich nicht entsprechen und daher ungeeignet sind. 16

IV. Der elektronische Katalog

Der elektronische Katalog ist durch das VergRModG 2016 neu in das GWB aufgenommen worden. Der deutsche Gesetzgeber setzt damit Art. 36 VRL 2014/24/EU und Art. 54 SRL 2014/25/EU um. Gleichwohl ist der elektronische Katalog auch vor dem Richtlinienpaket 2014 nicht unbekannt gewesen, sondern wurde bereits in den Vorgängerrichtlinien in Erwägungsgrund 20 der SKR 2004/17/EG und Erwägungsgrund 12 der VKR 2004/18/EG diskutiert. 17

Der elektronische Katalog dient der Arbeitserleichterung des Auftraggebers, in dessen Ermessen die Anwendung des elektronischen Katalogs liegt,[38] indem ihm in Form eines Sammelwerkes Informationen zu Produkten und Dienstleistungen potenzieller Bieter zur Verfügung gestellt werden. Dies kann insbesondere bei der Vergabe von Rahmenverträgen äußerst nützlich sein, sofern es sich um standardisierte Produkte oder Dienstleistungen handelt. Elektronische Kataloge können zudem nur bei Aufträgen verwendet werden, die die Beschaffung von Liefer-, Bau- und Dienstleistungen zum Gegenstand haben. Sofern die Kataloge in der gleichen Form durch alle oder zumindest eine Mehrzahl der Bieter eingereicht werden,[39] kann durch die vereinfachte Vergleichbarkeit der Kataloge die Übersichtlichkeit und Schnelligkeit des Vergabeverfahrens gesteigert werden. Aufgrund der Einschränkung auf standardisierte Güter kann der elektronische Katalog auch zusammen mit einem dynamischen Beschaffungssystem verwendet werden.[40] 18

Dem elektronischen Katalog entnimmt der Auftraggeber die Preise und Eigenschaften der Produkte und Dienstleistungen. Vor dem Zuschlag übermittelt er jedem Bieter die Daten, die er zur Grundlage seiner Entscheidung gemacht hat. Die Bieter haben dann die Möglich- 19

35 *Haak/Koch*, in: Willenbruch/Wiedekind, GWB, § 120 Rn. 9; *Wankmüller*, in: Soundry/Hettich, S. 260.

36 *Amelung*, in: Müller-Wrede, GWB, § 120 Rn. 21.

37 Art. 35 Abs. 5 VRL 2014/24/EU und Art. 53 Abs. 5 SRL 2014/25/EU.

38 *Haak/Koch*, in: Willenbruch/Wiedekind, GWB, § 120 Rn. 13.

39 Hiervon ausgehend *Hölzl*, in: Kulartz/Kus/Portz/Prieß, GWB, § 120 Rn. 38.

40 *Hölzl*, in: Kulartz/Kus/Portz/Prieß, GWB, § 120 Rn. 42.

keit des Widerspruchs.[41] Bei der Vergabe von Einzelaufträgen nach vorherigem Abschluss eines Rahmenvertrags mit mindestens einem Bieter können die Bieter ihre Kataloge anpassen. Sie werden dazu entweder konkret vom Auftraggeber aufgefordert oder bekommen von diesem einen Stichtag mitgeteilt, zu dem die Kataloge aktualisiert sein sollten, da der Einzelauftrag anhand der stichtagsbezogenen Kataloginformationen vergeben wird.[42]

20 Reicht der Bieter im Rahmen seines Angebots einen elektronischen Katalog ein, darf er hierfür nicht seinen allgemeinen elektronischen Katalog verwenden, in dem alle seine Produkte aufgeführt sind. Vielmehr soll der Auftraggeber einen Katalog erhalten, in dem ausschließlich Produkte aufgeführt sind, die in der Ausschreibung nachgefragt sind.[43]

V. Die zentrale Beschaffungsstelle

21 Wie sich bereits aus dem Wortlaut ergibt, ist die Rechtsnatur der zentralen Beschaffungsstelle eindeutig durch den Gesetzgeber vorgegeben. Es handelt sich nicht um eine besondere Verfahrensart oder eine Verfahrensmodalität, sondern um die Einführung eines gesonderten Auftraggebers,[44] der für andere öffentliche Auftraggeber tätig wird. Diese Tätigkeit kann entgeltlich oder unentgeltlich erfolgen. Die zentrale Beschaffungsstelle unterliegt den gleichen Anforderungen wie jeder andere Auftraggeber.[45]

22 § 120 Abs. 4 GWB eröffnet öffentlichen Auftraggebern die Möglichkeit, öffentliche Aufträge durch zentrale Beschaffungsstellen auszuschreiben. Es handelt sich dabei um eine bloße Option des Auftraggebers, sodass dieser auch in Zukunft nicht gehindert ist, öffentliche Aufträge ohne Beteiligung einer zentralen Beschaffungsstelle auszuschreiben.

23 Der Anwendungsbereich des § 120 Abs. 4 GWB ist in § 120 Abs. 4 Satz 4 GWB auch um Beratungs- und Unterstützungstätigkeiten ergänzt worden, sofern es sich hierbei um eine Nebenbeschaffungstätigkeit handelt. Die reine beratende oder unterstützende Tätigkeit darf jedoch nicht durch die zentrale Beschaffungsstelle ausgeübt werden. Denn derartige Tätigkeiten sind grundsätzlich ausschreibungspflichtig.[46] Sie sind deswegen der zentralen Beschaffungsstelle entzogen, da deren Zweck die Verlagerung, nicht der Ausschluss des Vergabeverfahrens ist.

24 Die Ausschreibung mittels einer zentralen Beschaffungsstelle kann auf zwei unterschiedliche Arten geschehen: Entweder wird der Auftrag an die Beschaffungsstelle vergeben, die wiederum selbst als Auftraggeber ein Vergabeverfahren durchführt und gegenüber dem Bieter als Auftraggeber auftritt.[47] Die Vergabe des Beschaffungsauftrags an die zentrale Beschaffungsstelle selbst bedarf dann keines Vergabeverfahrens.[48]

41 *Haak/Koch*, in: Willenbruch/Wiedekind, GWB, § 120 Rn. 14; *Hölzl*, in: Kulartz/Kus/Portz/Prieß, GWB, § 120 Rn. 47.

42 *Hölzl*, in: Kulartz/Kus/Portz/Prieß, GWB, § 120 Rn. 46.

43 *Wankmüller*, in: Soundry/Hettich, S. 254; *Hölzl*, in: Kulartz/Kus/Portz/Prieß, GWB, § 120 Rn. 44.

44 *Badenhausen-Fähnle*, in: Müller-Wrede, GWB, § 98 Rn. 10.

45 *Ameling*, in: Müller-Wrede, GWB, § 120 Rn. 42.

46 *Haak/Koch*, in: Willenbruch/Wiedekind, GWB, § 120 Rn. 19; *Seidel*, in: Burgi/Dreher, GWB, § 120 Rn. 24.

47 *Ameling*, in: Müller-Wrede, GWB, §120 Rn. 35; *Hölzl*, in: Kulartz/Kus/Portz/Prieß, GWB, § 120 Rn. 50.

48 § 120 Abs. 4 Satz 3 GWB.

Die zentrale Beschaffungsstelle kann jedoch auch als bloßer Vermittler auftreten. Sie übernimmt dann entweder die Organisation und Durchführung des Vergabeverfahrens auf Weisung des Auftraggebers, sodass der öffentliche Auftraggeber nach wie vor die Verantwortung für das Verfahren trägt,[49] oder sie wird autonom tätig, nachdem sie damit beauftragt wurde. Dann ist die zentrale Vergabestelle jedoch auch verantwortlich für die Rechtmäßigkeit des Vergabeverfahrens.[50] Die zentrale Beschaffungsstelle wird dann folglich offen[51] in fremdem Namen und auf fremde Rechnung tätig. **25**

Den öffentlichen Auftraggebern steht es offen, auch gemeinsam über eine zentrale Beschaffungsstelle Aufträge zu vergeben. Dies führt zu einer Bündelung der Aufträge, was wiederum die von den Richtlinien erstrebte effizientere Gestaltung und Durchführung des Vergabeverfahrens bedeutet.[52] Zu beachten ist hier jedoch, dass den KMU weiterhin der Zugang zu diesen Verfahren eröffnet bleiben muss.[53] Insbesondere der Verweis auf die Bildung einer Bietergemeinschaft reicht für den Schutz der KMU nicht aus.[54] Darüber hinaus soll es auch nicht zu einer Konzentration der staatlichen Kaufkraft kommen. Zwar ist der Verstoß gegen § 1 GWB[55] im Vergabenachprüfungsverfahren nicht berücksichtigungsfähig. Allerdings können auch auf Erwerberseite Kaufkooperationen unter das Kartellverbot fallen, weil es zu einer unerwünscht starken Konzentration der Marktmacht gekommen ist. Ausschlaggebend ist jedoch auch hier, ob es zu einer Beeinträchtigung des Wettbewerbs gekommen ist.[56] Zu beachten sind insbesondere auch die Freistellungstatbestände der §§ 2, 3 GWB.[57] **26**

Darüber hinaus besteht gem. § 4 VgV auch die Möglichkeit, dass mehrere öffentliche Auftraggeber einen gemeinsamen Auftrag ausschreiben, den sie ohne zentrale Beschaffungsstelle getrennt hätten ausschreiben müssen. Obwohl dies im GWB mit keinem Wort erwähnt ist, bringt dies die gewünschte Effizienzsteigerung mit sich. Allerdings tragen die Auftraggeber alle gemeinsam die Verantwortung für das Verfahren, auch wenn die Ausschreibung nur im Namen eines Auftraggebers durchgeführt wird.[58] Nach dem Wortlaut des § 4 VgV darf es sich dabei jedoch nur um eine gelegentliche gemeinsame Auftragsvergabe handeln, d. h. um eine Zusammenarbeit im Einzelfall. **27**

---

49 *Seidel*, in: Burgi/Dreher, GWB, § 120 Rn. 23; *Schaller*, LKV 2016, 529, 532.
50 *Hölzl*, in: Kulartz/Kus/Portz/Prieß, GWB, § 120 Rn. 50.
51 Anzeigepflicht für die zentrale Beschaffungsstelle, siehe hierzu: *Hölzl*, in: Kulartz/Kus/Portz/Prieß, GWB, § 120 Rn. 51.
52 *Hölzl*, in: Kulartz/Kus/Portz/Prieß, GWB, § 120 Rn. 54.
53 *Haak/Koch*, in: Willenbruch/Wiedekind, GWB, § 120 Rn. 20.
54 *Seidel*, in: Burgi/Dreher, GWB, § 120 Rn. 21; VK Bund, Beschl. v. 27.8.2012, VK 2-83/12.
55 Anwendbarkeit siehe § 120 Abs. 4 Satz 5 GWB.
56 *Hölzl*, in: Kulartz/Kus/Portz/Prieß, GWB, § 120 Rn. 55.
57 Vgl. hierzu *Amelung*, in: Müller-Wrede, GWB, § 120 Rn. 39.
58 Wortlaut des § 4 Abs. 2 VgV.

§ 121 Leistungsbeschreibung

(1) In der Leistungsbeschreibung ist der Auftragsgegenstand so eindeutig und erschöpfend wie möglich zu beschreiben, sodass die Beschreibung für alle Unternehmen im gleichen Sinne verständlich ist und die Angebote miteinander verglichen werden können. Die Leistungsbeschreibung enthält die Funktions- oder Leistungsanforderungen oder eine Beschreibung der zu lösenden Aufgabe, deren Kenntnis für die Erstellung des Angebots erforderlich ist, sowie die Umstände und Bedingungen der Leistungserbringung.

(2) Bei der Beschaffung von Leistungen, die zur Nutzung durch natürliche Personen vorgesehen sind, sind bei der Erstellung der Leistungsbeschreibung außer in ordnungsgemäß begründeten Fällen die Zugänglichkeitskriterien für Menschen mit Behinderungen oder die Konzeption für alle Nutzer zu berücksichtigen.

(3) Die Leistungsbeschreibung ist den Vergabeunterlagen beizufügen.

Schrifttum: *Gabriel/Krohn/Neun*, Handbuch des Vergaberechts, 2014; *Müller-Wrede*, GWB Vergaberecht, Kommentar, 2016; *Weyand*, Vergaberecht, 4. Aufl. 2013; *Ziekow/Völlink*, Vergaberecht – Kommentar, 2. Aufl. 2013.

Übersicht

I. Allgemeines

1. Entstehungsgeschichte

1 § 121 GWB führt in Umsetzung von Artikel 42 Abs. 1 der Richtlinie 2014/24/EU den zuvor im vierten Teil des GWB nicht enthaltenen Begriff der Leistungsbeschreibung ein. Die

Vorschrift stellt nunmehr gleichsam eine **Generalklausel** im Hinblick auf die Anforderungen an eine Leistungsbeschreibung im Oberschwellenbereich dar, welche ihre Konkretisierung in den jeweiligen Vergabeverordnungen erfährt (vgl. § 31 VgV sowie § 28 SektVO, § 15 VSVgV und § 15 KonzVgV). Die weiteren Anforderungen sind insbesondere im ebenfalls neu eingeführten § 31 VgV geregelt, welcher Bezug auf die Basisregelung in § 121 GWB nimmt und darüber hinaus in Abs. 6 die Verpflichtung des Auftraggebers zur produktneutralen Ausschreibung statuiert, welche inhaltlich nicht von § 121 GWB umfasst ist.

§ 121 GWB greift im Wesentlichen den Regelungsgehalt seiner Vorgängernormen § 8 VOL/A EG 2009, § 7 VOB/A EG sowie § 6 VOF 2009 auf, ohne die nun in den Vergabeverordnungen normierten Regelungen zu technischen Spezifikationen zu übernehmen. Neu hinzugekommen sind in Abs. 2 die aus Art. 42 Abs. 1 UA 4 und 5 der Richtlinie 2014/24/EU fließende Verpflichtung zur Konzeption der Leistungsbeschreibung unter Beachtung des Gebots „**Design für Alle**“ und der sich daraus ergebenden Barrierefreiheit der Leistungsbeschreibung und der zu beschaffenden Leistungen sowie die vormals in § 9 Abs. 1 lit. c) VOL/A EG 2009 normierte Pflicht, die Leistungsbeschreibung den Vergabeunterlagen beizufügen. 2

2. Sinn und Zweck der Vorschrift

Hat der öffentliche Auftraggeber seinen Beschaffungsbedarf in einem ersten Schritt bestimmt, ist der sich daraus ergebende Auftragsgegenstand im Rahmen einer Leistungsbeschreibung möglichst umfassend und für alle potenziellen Auftragnehmer gleichermaßen verständlich zu beschreiben. Vorrangiges Ziel der Leistungsbeschreibung ist es hierbei, eine **Vergleichbarkeit** der von den Bietern eingereichten Angebote herzustellen, sodass deren Wertung durch den öffentlichen Auftraggeber nach Maßgabe eines einheitlichen Bewertungsmaßstabes und unter Wahrung des vergaberechtlichen Gleichbehandlungsgrundsatzes erfolgen kann und letztlich ein fairer Wettbewerb gewährleistet wird. 3

Aufgrund ihrer essenziellen Bedeutung im Vergabeverfahren bildet die Leistungsbeschreibung gewissermaßen das **Kernstück der Vergabeunterlagen**.[1] Zum einen ermöglicht es die Leistungsbeschreibung als Ausprägung des vergaberechtlichen Transparenzgebots potenziellen Auftragnehmern, anhand der darin enthaltenen Informationen ihre Befähigung zur Leistungserbringung einzuschätzen und über eine sinnvolle Beteiligung am Vergabeverfahren realistisch entscheiden zu können. Denn eine eindeutige und erschöpfende Leistungsbeschreibung stellt potenziellen Auftragnehmern die zur Erstellung eines Angebots notwendigen **Kalkulationsgrundlagen** zur Verfügung und fördert nicht zuletzt die Verfahrensökonomie. Zum anderen bestimmt sie als invitatio ad offerendum den wesentlichen Inhalt des zivilrechtlichen Vertrages, der nach Abschluss des Vergabeverfahrens mit dem erfolgreichen Bieter geschlossen wird.[2] 4

1 VK Niedersachsen, Beschl. v. 17.3.2011, VgK-65/2010; *Krohn/Schneider*, in: Gabriel/Krohn/Neun, Handbuch des Vergaberechts, § 17 Leistungsbeschreibung Rn. 1; *Prieß*, NZBau 2004, 20, 20.

2 VK Hessen, Beschl. v. 26.4.2007, 69d VK-08/2007.

II. Eindeutige und erschöpfende Leistungsbeschreibung (§ 121 Abs. 1 Satz 1 GWB)

1. Allgemeines

5 § 121 Abs. 1 Satz 1 GWB beschreibt den Sinn und Zweck der Leistungsbeschreibung und definiert die an eine vorgaberechtlich einwandfreie Leistungsbeschreibung zu stellenden Anforderungen. In qualitativer Hinsicht muss der Auftragsgegenstand im Rahmen der Leistungsbeschreibung demnach so eindeutig, d.h. unmissverständlich, widerspruchsfrei und präzise wie möglich beschrieben werden. Gleichzeitig muss er möglichst erschöpfend beschrieben sein. Mithin muss er also sämtliche zur Angebotskalkulation notwendigen Informationen umfassen. Gleichwohl gewährt der Gesetzgeber dem Auftraggeber bei der konkreten Ausgestaltung einen **weiten Spielraum**, indem er unter bestimmten Voraussetzungen funktionale Ausschreibungen oder Aufgabenbeschreibungen genügen lässt (Abs. 1 Satz 2).

6 Dass darüber hinaus die an eine Leistungsbeschreibung zu stellenden Anforderungen gelockert werden sollen, indem die Leistungsbeschreibung nunmehr nach dem Wortlaut der Vorschrift lediglich „**so eindeutig und erschöpfend wie möglich**" und nicht mehr schlicht „eindeutig und erschöpfend" zu beschreiben ist, wie es noch in den jeweiligen Vorgängervorschriften hieß, ist nicht ersichtlich; gegen diese Auffassung sprechen jedenfalls fehlende Anhaltspunkte in der Gesetzesbegründung sowie in der Richtlinie 2014/24/EU. Es ist vielmehr davon auszugehen, dass sich die Anforderungen durch diese Formulierung sogar **verschärft** haben, da der Auftraggeber jetzt alles ihm Mögliche tun muss, um die Leistungsbeschreibung eindeutig und erschöpfend zu fassen. Alle ihm ohne erheblichen Aufwand zur Verfügung stehenden Informationen sind im Rahmen der Leistungsbeschreibung bekanntzugeben. Ihre Grenze findet die Anforderung in für den Auftraggeber nicht zumutbaren Aufwendungen.

7 Als Konkretisierung des Transparenzgebots hat das Gebot der eindeutigen und erschöpfenden Leistungsbeschreibung nach § 97 Abs. 6 GWB **bieterschützenden Charakter** und kann bei subjektiver Rechtsverletzung zum Gegenstand eines Nachprüfungsverfahrens gemacht werden.[3]

2. Eindeutige Leistungsbeschreibung

8 Eine Leistungsbeschreibung kann dann als eindeutig angesehen werden, wenn sie **Art und Umfang der geforderten Leistung** mit sämtlichen zur Ermittlung des Leistungsumfangs notwendigen Bedingungen **zweifelsfrei** erkennen lässt und **keinerlei Widersprüche** in sich und zu anderen, insbesondere vertraglichen Regelungen, enthält.[4] Die Leistungsbeschreibung muss es den Bietern ermöglichen, ihre Preise sicher und ohne umfangreiche Vorarbeiten zu kalkulieren; insbesondere müssen sie die für die Auftragsausführung wesentlichen Begleitumstände kennen oder zumindest zuverlässig einschätzen können.[5]

---

3 OLG München, Beschl. v. 20.3.2014, Verg 17/13; OLG Frankfurt, Beschl. v. 24.7.2012, 11 Verg 6/12.

4 OLG Karlsruhe, Beschl. v. 29.4.2016, 15 Verg 1/16.

5 OLG Karlsruhe, Beschl. v. 29.4.2016, 15 Verg 1/16.

Grundsätzlich kommt dem **Wortlaut** einer Leistungsbeschreibung im Rahmen einer Ausschreibung vergleichsweise große Bedeutung zu.[6] Da sich die Leistungsbeschreibung als Teil der Vergabeunterlagen an eine Vielzahl von Bietern bzw. Interessenten und damit an einen nur abstrakt bestimmbaren Adressatenkreis richtet, hat die **Auslegung** unter Berücksichtigung der Grundsätze der §§ 133, 157 BGB nach dem objektiven Empfängerhorizont aus Sicht des angesprochenen Empfängerkreises uns somit **aus Sicht der potenziellen Bieter** zu erfolgen.[7] Abzustellen ist dabei auf den verständigen und sachkundigen, mit den Beschaffungsleistungen vertrauten Bieter.[8] **9**

Etwaige **Unklarheiten** gehen zulasten des Auftraggebers.[9] Denn der Auftragnehmer darf sich grundsätzlich darauf verlassen, dass eine Leistung richtig beschrieben ist.[10] So trägt der Auftraggeber das Risiko, welches sich aus einer fehlerhaften Leistungsbeschreibung ergibt, selbst.[11] Verstöße gegen interpretierbare, missverständliche oder mehrdeutige Angaben in der Leistungsbeschreibung führen somit nicht zum Angebotsausschluss.[12] Konkretisiert der Auftraggeber Anforderungen während des Verfahrens, so muss er dies gegenüber allen Bietern kommunizieren. Dies gilt auch, wenn gleiches im Rahmen einer Rügeantwort passiert. **10**

Im Falle eines unterschiedlichen, aber jeweils noch vertretbaren Verständnisses der Leistungsbeschreibung hat die Nachprüfungsinstanz die Intransparenz **von Amts wegen** zu berücksichtigen, wenn andernfalls die Grundsätze der Transparenz, der Gleichbehandlung und des Wettbewerbs im Rahmen der Vergabeentscheidung nicht genügend Beachtung finden können.[13] **11**

Lässt sich selbst bei äußerst sorgfältiger Erstellung der Leistungsbeschreibung ein Auslegungsbedürfnis nicht gänzlich vermeiden, so stellt dies keinen Verstoß gegen das Gebot der eindeutigen und erschöpfenden Leistungsbeschreibung dar.[14] Denn andernfalls böte sich Bietern stets die Gelegenheit, durch geschickte Argumentation nachträglich Unklarheiten in die Leistungsbeschreibung hineinzulesen.[15] **12**

Eine Leistung ist dann **nicht eindeutig und erschöpfend beschreibbar**, wenn eine noch nicht existierende Lösung für die gestellte Aufgabe gesucht wird und das Ergebnis der Auftragsdurchführung dementsprechend nicht ausreichend konkretisiert werden kann, sofern der Auftraggeber nicht einen zumindest wesentlichen Teil der Aufgabenlösung vorwegnimmt.[16] Bei der Frage, ob eine **Aufgabenlösung** eindeutig beschreibbar ist, steht dem Auftraggeber keinerlei Beurteilungs- oder Entscheidungsspielraum zu.[17] Abzustellen ist dabei auf den Zeitpunkt der Einleitung des Vergabeverfahrens. Hat der Auftraggeber in **13**

---

6 BGH, Urt. v. 9.1.1997, VII ZR 259/95, BGHZ 134, 245, 248 = NJW 1997, 1577.
7 OLG Frankfurt, Beschl. v. 23.2.2014, 11 Verg 7/14; VK Bund, Beschl. v. 1.2.2016, VK 1 – 122/15.
8 VK Bund, Beschl. v. 1.2.2016, VK 1 – 122/15.
9 OLG Frankfurt, Beschl. v. 24.7.2012, 11 Verg 6/12.
10 BGH, Urt. v. 22.12.2011, VII ZR 67/11.
11 OLG Dresden, Beschl. v. 17.5.2011, Verg 3/11.
12 BGH, Urt. v. 3.4.2012, X ZR 130/10; OLG Düsseldorf, Beschl. v. 26.7.2005, VII-Verg 71/04; KG Berlin, Beschl. v. 21.11.2014, Verg 22/13.
13 OLG Frankfurt a. M., Beschl. v. 24.7.2012, 11 Verg 6/12.
14 OLG Karlsruhe, Beschl. v. 25.7.2014, 15 Verg 4/14.
15 OLG Karlsruhe, Beschl. v. 25.7.2014, 15 Verg 4/14.
16 OLG Düsseldorf, Beschl. v. 10.8.2011, VII-Verg 36/11.
17 OLG Düsseldorf, Beschl. v. 15.6.2016, VII-Verg 49/15.

diesem Zeitpunkt subjektive tatsächliche oder fachliche Schwierigkeiten, die Aufgabenlösung eindeutig zu beschreiben, so rechtfertigt dies nicht, die Lösung in der Leistungsbeschreibung offen zu lassen oder in ein Verhandlungsverfahren auszuweichen.[18]

14 Die Pflicht des Auftraggebers die Leistungsbeschreibung eindeutig und erschöpfend zu gestalten, findet ihre **Grenze im Prinzip der Verhältnismäßigkeit**. Der Grundsatz, dass der Auftraggeber alle kalkulationsrelevanten Parameter zu ermitteln und zusammenzustellen und damit über den genauen Leistungsgegenstand und -umfang vor Erstellung der Leistungsbeschreibung aufzuklären hat, unterliegt daher der Grenze des Mach- und Zumutbaren.[19]

3. Fallbespiele für nicht eindeutige Leistungsbeschreibungen

15
- Vorgabe von Bewertungsmaßstäben, welche es im Hinblick auf den Punkt Qualität nicht zulassen, im Vorhinein zu bestimmen, welchen Erfüllungsgrad die Angebote auf der Grundlage des Kriterienkatalogs und konkreter Kriterien aufweisen müssen, um mit den festgelegten Punktwerten bewertet zu werden,[20]
- Widerspruch zwischen Leistungsbeschreibung und Bieterinformation im Hinblick auf den Umfang der Leistungspflicht,[21]
- keine genaue Angabe zu den Fahrplankilometern im Rahmen von Personenbeförderungsaufträgen,[22]
- fehlende Entscheidung darüber, welches Fahrzeugrückhaltesystem zum Zeitpunkt des Zuschlags eigentlich vom Bieter angeboten werden kann,[23]
- widersprüchliche Angaben in der Leistungsbeschreibung in Bezug auf die Frage ob es sich bei einer anzubietenden „Kombüse“ um einen abgeschlossenen Schiffsküchenraum oder lediglich um eine Kochnische mit entsprechendem Equipment handelt,[24]
- keine Erläuterungen dazu, inwiefern welche Preisposten in welchem Umfang als Grundlage für die Wertung nach dem Zuschlagskriterium „Preis“ herangezogen werden,[25]
- Unklarheit hinsichtlich der Frage, ob für Trainingsmaßnahmen fest angestelltes oder freiberufliches Personal vorgesehen ist,
- keine konkrete und eindeutige Festlegung in der Leistungsbeschreibung zu der Frage, ob nur ein einziges System/Fabrikat angeboten werden durfte oder ob diesbezüglich eine Mehrfachnennung zulässig war,[26]
- widersprüchliche Angaben innerhalb der Leistungsbeschreibung hinsichtlich der Zielgruppe der ausgeschriebenen Maßnahmen,[27]

---

18 OLG Düsseldorf, Beschl. v. 15.6.2016, VII-Verg 49/15.
19 VK Niedersachsen, Beschl. v. 7.3.2011, VgK-73/2010.
20 OLG Düsseldorf, Beschl. v. 21.10.2015, VII-Verg 28/14.
21 OLG Rostock, Beschl. v. 6.3.2009, 17 Verg 1/09.
22 VK Sachsen, Beschl. v. 27.9.2013, 1/SVK/027-13.
23 VK Münster, Beschl. v. 14.4.2016, VK 1 – 09/16.
24 VK Bund, Beschl. v. 1.2.2016, VK 1 – 122/15.
25 VK Bund, Beschl. v. 12.12.2013, VK 1 – 101/13.
26 VK Münster, Beschl. v. 25.10.2016, VK 1 – 36/16.
27 VK Bund, Beschl. v. 4.8.2016, VK 2 – 69/16.

- Unklarheit, ob die Bieter im Rahmen der anzubietenden Krankentransportleistungen für den Fall sog. Großschadenslagen zusätzliches Personal anzubieten hatten oder nicht,[28]
- fehlende Definition des Begriffs „Wertermittlung“ bei der Ausschreibung von Versicherungsleistungen,[29]
- keine Kenntlichmachung funktionaler Elemente innerhalb der Leistungsbeschreibung,[30]
- keine Erkennbarkeit, ob es sich bei der Fahrzeitangabe („Orientierungswert: maximal 60 Minuten“) um einen Orientierungswert oder einen Maximalwert handelt.[31]

4. Erschöpfende Leistungsbeschreibung

„Erschöpfend ist die Leistungsbeschreibung, wenn keine Restbereiche verbleiben, die seitens des Auftraggebers nicht klar umrissen sind.“[32] Dabei kann sich der erschöpfende Charakter der Leistungsbeschreibung auch bereits aus ihrer Eindeutigkeit ergeben.[33] Die Leistung muss so erschöpfend beschrieben sein, dass Bewerber ihre Preise sicher und ohne umfangreiche Vorarbeiten berechnen können.[34] Sie muss daher insbesondere die für die **Kalkulation** notwendigen Informationen enthalten.[35] Hierfür erforderlich ist die Zusammenstellung aller preisbildenden Parameter, aus denen sich Art und Umfang der zu beschaffenden Leistung ergibt.[36] Der Auftragnehmer darf sich grundsätzlich darauf verlassen, dass Details in der Leistungsbeschreibung vollständig angegeben sind.[37] 16

Der Auftraggeber darf **Bedarfspositionen** ausnahmsweise dann in die Leistungsbeschreibung aufnehmen, wenn für ihn im Zeitpunkt der Versendung der Vergabeunterlagen nicht voraussehbar und zumutbar aufzuklären ist, ob und unter welchen Voraussetzungen solche Leistungen bei der Auftragsausführung erforderlich sein werden.[38] Zudem muss ein anzuerkennendes Bedürfnis zur Aufnahme der Bedarfspositionen bestehen und diese müssen in den Vergabeunterlagen hinreichend deutlich als solche gekennzeichnet sowie bei verständiger Sicht der Dinge für einen fachkundigen Bieter als solche unzweideutig zu erkennen sein.[39] Dazu sind Bedarfspositionen zwingend in die Wirtschaftlichkeitsbewertung im Rahmen der Zuschlagsentscheidung einzubeziehen. Dabei sind sie mit dem Wert zu berücksichtigen, der die Wahrscheinlichkeit des Eintritts des Bedarfs widerspiegelt. Andernfalls sind die Angebote nicht vergleichbar, da jeder Bieter von unterschiedlichen Wahrscheinlichkeiten ausgehen könnte. Bedarfspositionen sind an sich wiederum so eindeutig zu be- 17

28 OLG Düsseldorf, Beschl. v. 7.3.2012, VII-Verg 82/11.
29 VK Niedersachsen, Beschl. v. 7.3.2011, VgK- 73/2010.
30 OLG Düsseldorf, Beschl. v. 11.12.2013, VII-Verg 22/13.
31 VK Sachsen-Anhalt, Beschl. v. 3.5.2016, 2 VK LSA 40/15.
32 OLG Karlsruhe, Beschl. v. 25.7.2014, 15 Verg 4/14; OLG München, Beschl. v. 20.3.2014, Verg 17/13; vgl. auch OLG Düsseldorf, Beschl. v. 12.10.2011, VII-Verg 46/11.
33 OLG Düsseldorf, Beschl. v. 12.10.2011, VII-Verg 46/11.
34 BGH, Urt. v. 22.12.2011, VII ZR 67/11, BGHZ 192, 172; OLG Düsseldorf, Beschl. v. 7.8.2013, VII-Verg 15/13.
35 OLG Düsseldorf, Beschl. v. 7.8.2013, VII-Verg 15/13.
36 VK Sachsen-Anhalt, Beschl. v. 16.12.2011, 2 VK LSA 23/11.
37 BGH, Urt. v. 22.12.2011, VII ZR 67/11.
38 OLG Düsseldorf, Beschl. v. 10.2.2010, VII-Verg 36/09.
39 OLG Düsseldorf, Beschl. v. 10.2.2010, VII-Verg 36/09.

schreiben, dass insbesondere klar wird, wann und unter welchen Bedingungen sie geltend gemacht werden können. Nur so kann eine Manipulationsgefahr ausgeschlossen werden.

18 Teilweise wird vertreten, dass der Grundsatz der eindeutigen und erschöpfenden Leistungsbeschreibung insoweit eine **Einschränkung** erfährt, als dass die Pflicht des Auftraggebers dort endet, wo eine in allen Punkten eindeutige Leistungsbeschreibung nur mit **unverhältnismäßigem Kostenaufwand** möglich wäre.[40]

19 Das gänzliche **Fehlen einer Leistungsbeschreibung** wird regelmäßig als „schwerwiegender Grund“ i. S. v. § 63 Abs. 1 Satz 2 Nr. 4 VgV anzusehen sein.[41]

5. Fallbeispiele für nicht erschöpfende Leistungsbeschreibung

20
- Keine Aufschlüsselung der Kalkulationsgrundlagen im Rahmen einer Ausschreibung von Arzneimittelrabattverträgen nach § 130a Abs. 8 SGB V nach Darreichungsformen, Packungsgrößen und Wirkstoffstärken,[42]
- keine Angabe von Zuschlags- und Wertungskriterien,[43]
- fehlende Angabe der Gebäudewerte bei der Ausschreibung von Gebäudeversicherungsleistungen,[44]
- keine Schätzung und Angabe der zu erwartenden Mengen im Hinblick auf einzelne Positionen im Rahmen der Ausschreibung von Dienstleistungen für „Lagerhaltung & Warehouse Printprodukte“, obwohl dies dem Auftraggeber ohne Weiteres möglich und zumutbar gewesen wäre.[45]

6. Rahmenvereinbarungen

21 Die Gebote der Bestimmtheit, Eindeutigkeit und Vollständigkeit der Leistungsbeschreibung gelten nur **eingeschränkt**, soweit ein Rahmenvertrag den Auftragsgegenstand im Vergabeverfahren darstellt. Der voraussichtliche **Vertragsumfang** muss dann nicht abschließend festgelegt werden; es genügt wenn dieser so genau wie möglich ermittelt und bekannt gegeben wird.[46] Nähere Vorgaben ergeben sich aus § 21 Abs. 1 VgV.

III. Inhalt der Leistungsbeschreibung (§ 121 Abs. 1 Satz 2 GWB)

1. Allgemeines

22 § 121 Abs. 1 Satz 2 GWB führt die verschiedenen Gestaltungsmöglichkeiten und Inhalte der Leistungsbeschreibung auf. Sinn und Zweck der Vorschrift ist es ausweislich der Gesetzesbegründung, dem Auftraggeber einen **weiten Spielraum** im Hinblick auf die Art

---

40 VK Niedersachsen, Beschl. v. 7.3.2011, VgK-73/2010; Beschl. v. 29.10.2010, VgK 52/10.
41 *Traupel*, in: Müller-Wrede, GWB, § 121 Rn. 14.
42 VK Bund, Beschl. v. 10.4.2008, VK 2 – 37/08.
43 VK Nordbayern, Beschl. v. 20.11.2012, 21. VK-3194-26/12.
44 OLG Celle, Beschl. v. 15.12.2005, 13 Verg 14/05.
45 VK Sachsen-Anhalt, Beschl. v. 18.12.2014, 3 VK LSA 100/14.
46 OLG Düsseldorf, Beschl. v. 11.5.2016, VII-Verg 2/16; OLG Düsseldorf, Beschl. v. 20.2.2013, Verg 44/12; OLG Düsseldorf, 28.3.2012, VII-Verg 90/11.

und den Umfang der Beschreibung zu gewähren. So kann der Auftraggeber die Leistung nicht nur in Form einer konventionellen Leistungsbeschreibung definieren; die Beschreibung der Leistung kann vielmehr auch in Form einer funktionalen Leistungsbeschreibung oder anhand einer Beschreibung der zu lösenden Aufgabe erfolgen. Zu nennen sind zudem bei jeder der Varianten die Umstände und Bedingungen der Leistungserbringung. Die Regelung des § 121 Abs. 1 Satz 2 GWB ist nicht abschließend und lediglich als **Basisnorm** zu verstehen, welche ihre **Konkretisierung in den §§ 31 und 32 VgV** erfährt, die jeweils ausführlich auf technische Spezifikationen eingehen.

2. Leistungsanforderungen

Leistungsanforderungen können im Rahmen einer konventionellen Leistungsbeschreibung aufgestellt werden. Diese bildet den klassischen Fall einer Leistungsbeschreibung und zeichnet sich im Wesentlichen dadurch aus, dass die Eigenschaften und technischen Spezifikationen der Leistung selbst umfassend beschrieben werden und es insofern nicht lediglich bei der Beschreibung des mit der Leistung beabsichtigten Zwecks bleibt. So schreibt der Auftraggeber dem jeweiligen Auftragnehmer die Leistung bei einer **konventionellen deskriptiven Leistungsbeschreibung** detailliert und ohne eigene Gestaltungsmöglichkeit vor.[47] In Abgrenzung hierzu gibt die **konstruktive Leistungsbeschreibung** als Mischform zwischen konventioneller und funktionaler Leistungsbeschreibung den Weg zur Zielerreichung teilweise, aber nicht vollständig vor. 23

3. Funktionale Leistungsbeschreibung

Im Gegensatz zu einer Ausschreibung mit konstruktiver Leistungsbeschreibung **verlagert** der Auftraggeber bei einer funktionalen Ausschreibung bestimmte **Planungsaufgaben und Risiken auf den Bieter**. Typischerweise kombiniert die funktionale Leistungsbeschreibung einen Wettbewerb, der eine Konzeptionierung und Planung der Leistung zum Gegenstand hat, mit der Vergabe der Leistung als solcher und unterscheidet sich dadurch vom reinen Wettbewerb um einen klar umrissenen und beschriebenen Auftrag. Der Umstand, dass die Bieter dabei insbesondere mit der Konzeptionierung und Planung der Leistung solche Aufgaben übernehmen sollen, die grundsätzlich dem Auftraggeber obliegen, lässt die funktionale Ausschreibung nicht per se unzulässig werden.[48] Deren Wesen liegt nämlich gerade darin, dass der Auftraggeber im Bereich der Planung **beim Bieter vorhandenes Know-how abschöpfen** will und ihm dies grundsätzlich auch erlaubt ist.[49] Somit kann sich der Auftraggeber im Wege der funktionalen Leistungsbeschreibung die unternehmerische bzw. technische Kreativität der Bieter zu Nutzen machen. 24

Die funktionale Beschreibung ist **zulässig**, soweit die zu beschaffenden Leistungen **nicht hinreichend beschreibbar** sind, die **Vergleichbarkeit der Angebote** durch die Festlegung 25

47 VK Niedersachsen, Beschl. v. 26.8.2014, VgK – 31/2014.

48 OLG Düsseldorf, Beschl. v. 1.6.2016, VII-Verg 6/16; OLG Düsseldorf, Beschl. v. 11.12.2013, VII-Verg 22/13.

49 OLG Düsseldorf, Beschl. v. 1.6.2016, VII-Verg 6/16; OLG Düsseldorf, Beschl. v. 11.12.2013, VII-Verg 22/13.

der wesentlichen Einzelheiten der Leistungen aber sichergestellt ist.[50] Insbesondere bei der Beschaffung größerer IT-Objekte kommt die funktionale Beschreibung in Betracht, wenn die IT-Leistungen technisch nicht näher beschrieben werden können, jedoch eine Übersicht der vom Auftraggeber gewünschten Funktionen vorgegeben werden kann.[51]

26 Auch die funktionale Leistungsbeschreibung muss **eindeutig und erschöpfend** formuliert sein.[52] So kommt insbesondere dem **Transparenzgrundsatz** im Rahmen von Funktionalausschreibungen ein hoher Stellenwert zu.[53] Die Anforderungen an die Eindeutigkeit gelten dabei jedoch nur insoweit, als sie den den Bietern eingeräumten Spielraum beachten.[54]

4. Beschreibung der zu lösenden Aufgabe

27 Der öffentliche Auftraggeber kann gem. § 121 Abs. 1 Satz 2 GWB auch von der Möglichkeit Gebrauch machen, die zu lösende Aufgabe, deren Kenntnis für die Erstellung des Angebots durch den Bieter erforderlich ist, lediglich zu beschreiben. Eine solche Aufgabenbeschreibung kann insbesondere bei geistig-schöpferischen Leistungen, z. B. Planungsleistungen ausreichend sein.[55] Die Vorschrift greift den Regelungsgehalt der weggefallenen §§ 7 VOB/A EG, 8 VOL/A EG und 6 VOF auf.[56]

28 Doch auch die Aufgabenbeschreibung entbindet den Auftraggeber nicht von der Pflicht, diese möglichst eindeutig und erschöpfend zu formulieren. So muss der Auftraggeber die Beschreibung der zu lösenden Aufgabe derart gestalten, dass die Bewerber ausreichende Aussagen zur Erbringung der Leistung treffen und unter Zugrundelegung der bei ihnen vorhandenen Fachkenntnisse die Aufgaben objektiv im gleichen Sinne verstehen können.[57]

5. Umstände und Bedingungen der Leistungserbringung

29 Unabhängig davon, welche Form der Leistungsbeschreibung der öffentliche Auftraggeber wählt, muss die Leistungsbeschreibung nach § 121 Abs. 1 Satz 2 GWB stets die Umstände und Bedingungen der Leistungserbringung beinhalten. Unter den Umständen der Leistungserbringung sind lediglich solche zu verstehen, die mit dem konkreten Auftrag verbunden sind. Diese können ausweislich der Gesetzesbegründung auch solche Merkmale umfassen, die nicht zwingend materielle Auswirkungen auf die Leistung selbst haben, sondern sich auf die Art der Herstellung sowie die Produktions- und Lieferprozesse beziehen.[58] Näheres hierzu findet sich in der Regelung des § 31 Abs. 3 VgV.

30 Hinsichtlich der Bedingungen der Leistungserbringung lassen sich Ausführungsbedingungen, Vertragsbedingungen und Bewerbungsbedingungen unterscheiden. Gem. § 128

---

50 OLG Düsseldorf, Beschl. v. 1.6.2016, VII-Verg 6/16; OLG Düsseldorf, Beschl. v. 16.8.2010, VII Verg 35/10.

51 OLG Düsseldorf, Beschl. v. 1.6.2016, VII-Verg 6/16; *Bernhardt*, in: Ziekow/Völlink, Vergaberecht, § 7 VOL/A Rn. 5.

52 VK Hessen, Beschl. v. 26.4.2007, 69d VK-08/2007.

53 VK Hessen, Beschl. v. 26.4.2007, 69d VK-08/2007.

54 *Traupel*, in: Müller-Wrede, GWB, § 121 Rn. 30.

55 Gesetzesbegründung zum VergRModG, BT-Drs. 18/6821, S. 100.

56 Gesetzesbegründung zum VergRModG, BT-Drs. 18/6821, S. 100.

57 VK Sachsen, Beschl. v. 10.9.2015, 1/SVK/022-15.

58 Gesetzesbegründung zum VergRModG, BT-Drs. 18/6821, S. 100.

Abs. 2 Satz 1 GWB können öffentliche Auftraggeber besondere Bedingungen für die Ausführung eines Auftrags festlegen, sofern diese mit dem Auftragsgegenstand entsprechend § 127 Abs. 3 GWB in Verbindung stehen. Dabei kann es sich gem. Satz 3 der Vorschrift insbesondere um wirtschaftliche, innovationsbezogene, umweltbezogene, soziale oder beschäftigungspolitische Belange handeln, oder um solche, die den Schutz der Vertraulichkeit von Informationen betreffen. Voraussetzung für die Wirksamkeit der **Ausführungsbedingungen** ist, dass diese in der Auftragsbekanntmachung oder aber in den Vergabeunterlagen bekannt gemacht werden. Im Hinblick auf **Vertragsbedingungen** sieht § 29 Abs. 2 VgV vor, dass in der Regel die Allgemeinen Vertragsbedingungen der VOL/B in den Vertrag einzubeziehen sind. Schließlich können Bedingungen in Gestalt von **Bewerbungsbedingungen** vorliegen, welche gem. § 29 Abs. 1 Satz 2 Nr. 2 VgV Bestandteil der Vergabeunterlagen sind und in der Regel insbesondere Vorgaben hinsichtlich der einzuhaltenden Fristen und der Form der einzureichenden Angebote beinhalten.

IV. Grenzen der Bestimmungsfreiheit des Auftraggebers

1. Allgemeines

Der öffentliche Auftraggeber ist grundsätzlich frei in seiner Entscheidung darüber, welcher 31
Gegenstand mit welcher Beschaffenheit und mit welchen Eigenschaften beschafft werden soll.[59] Die Bestimmungsfreiheit des Auftraggebers erfährt jedoch ihre Grenzen dort, wo sie die Rechte der Bieter verletzt.

2. Unzumutbarkeit

Im Zuge der Novellierung der VOL/A im Jahre 2009 wurde das Verbot der Aufbürdung 32
eines ungewöhnlichen Wagnisses ersatzlos gestrichen.[60] Nachdem das Verbot auch im Zuge der Vergaberechtsmodernisierung keinerlei Erwähnung im GWB bzw. in der VgV findet, können etwaige Bestrebungen, eine Fortgeltung des Gebots zu konstruieren,[61] nunmehr ad acta gelegt werden. Nach überwiegender Auffassung ist eine inhaltliche Überprüfung von Ausschreibungsbedingungen anhand einer Zumutbarkeitsprüfung vorzunehmen,[62] welche jedoch nicht deckungsgleich mit der Prüfung des Vorliegens eines ungewöhnlichen Wagnisses ist.[63] Eine Leistungsbeschreibung kann „unzumutbar" sein, wenn die Leistungsbeschreibung den Bietern branchen- und markttypische Risiken auferlegt, die üblicherweise aus der Sphäre des öffentlichen Auftraggebers stammen. Dies muss im Einzelfall anhand der tatsächlichen Gegebenheiten überprüft werden.[64] Die Grenze der „Zu-

---

59 VK Bund, Beschl. v. 16.3.2015, VK 2-9/15.

60 Vgl. Bundesanzeiger Nr. 100a v. 30.5.2006, 50; Nr. 196a v. 29.12.2009, 124.

61 Vgl. nur OLG Jena, Beschl. v. 22.8.2011, 9 Verg 2/11; OLG Dresden, Beschl. v. 2.8.2011, Verg 4/11.

62 OLG Koblenz, Beschl. v. 4.2.2014, 1 Verg 7/13; OLG Düsseldorf, Beschl. v. 7.11.2012, VII-Verg 24/12; Beschl. v. 7.11.2011, VII-Verg 90/11.

63 OLG Düsseldorf, Beschl. v. 19.10.2011, VII-Verg 54/11.

64 VK Münster, Beschl. v. 2.10.2014, VK 13/14.

mutbarkeit" ist jedenfalls erreicht, wenn die Vergabeunterlagen unerfüllbare (rechtliche) Anforderungen enthalten.[65]

3. Kein Verstoß gegen vorvertragliche Pflichten

33 Der öffentliche Auftraggeber hat bereits bei der Ausschreibung seines Beschaffungsvorhabens Sorge dafür zu tragen, dass der Bieter, sollte er den Zuschlag auf sein Angebot erhalten, durch die Erfüllung des Auftrags nicht gegen das Gesetz oder Rechte Dritter verstößt und Gefahr läuft, wegen dieser Verstöße in Anspruch genommen zu werden.[66] Der Auftraggeber darf von dem Auftragnehmer daher keine Leistung fordern, die verboten ist. Davon zu unterscheiden ist der Fall, in dem die ausgeschriebene Leistung zwar nicht verboten ist, jedoch die Gefahr besteht, dass es bei der Erfüllung des ausgeschriebenen Auftrags durch den Auftragnehmer zu einer Verletzung von Rechten oder sonstigen Rechtsgütern kommen kann, für welche der Auftragnehmer einzustehen hat. Dann hängt der Umfang sowie der Inhalt der vorvertraglichen Schutzpflicht des Auftraggebers davon ab, wie groß ein solches Risiko ist und welche Möglichkeiten ihm zur Verfügung stehen, um dieses Risiko einzuschränken oder zu beseitigen. Ist das Risiko eher gering und auf Einzelfälle beschränkt, so treffen den Auftraggeber keine besonderen, über das übliche Maß hinausgehenden Pflichten. Ist hingegen von einem erhöhten oder gar hohen Risiko auszugehen, so hat der Auftraggeber im Rahmen des ihm Möglichen und Zumutbaren Maßnahmen zu treffen, um den Auftragnehmer davor zu bewahren, dass es bei Durchführung des ausgeschriebenen Auftrags zu Gesetzes- oder Rechtsverletzungen kommt.[67]

34 Besteht etwa bei Erfüllung eines Arzneimittelrabattvertrags ein hohes Risiko, dass es zu Patentverletzungen durch Abgabe des rabattierten Generikums kommt, so sind an die Schutzpflichten der ausschreibenden Krankenkassen entsprechend hohe Anforderungen zu stellen.[68] Diese haben dann im Rahmen der ihr zur Verfügung stehenden Mittel alles zu unternehmen, um zumindest eine Reduzierung des Risikos herbeizuführen.[69]

4. Keine produktspezifische Ausschreibung (§ 31 Abs. 6 VgV)

35 Die Verpflichtung zur produktneutralen Ausschreibung stellt eine weitere **Grenze des Bestimmungsrechts** des öffentlichen Auftraggebers dar.[70] Diese ist nunmehr in § 31 Abs. 6 VgV normiert. Demnach darf in der Leistungsbeschreibung nicht auf eine bestimmte Produktion oder Herkunft oder ein besonderes Verfahren oder auf gewerbliche Schutzrechte, Typen oder einen bestimmten Ursprung verwiesen werden, wenn dadurch bestimmte Unternehmen oder Produkte begünstigt oder ausgeschlossen werden, es sei denn, dies ist durch den Auftragsgegenstand gerechtfertigt.

36 Ausnahmsweise zulässig sind solche Verweise nach § 31 Abs. 6 Satz 2 VgV dann, wenn der Auftragsgegenstand andernfalls nicht hinreichend genau und allgemein verständlich

65 VK Münster, Beschl. v. 2.10.2014, VK 13/14.
66 OLG Düsseldorf, Beschl. v. 11.5.2016, VII-Verg 2/16.
67 OLG Düsseldorf, Beschl. v. 11.5.2016, VII-Verg 2/16.
68 OLG Düsseldorf, Beschl. v. 11.5.2016, VII-Verg 2/16.
69 OLG Düsseldorf, Beschl. v. 11.5.2016, VII-Verg 2/16.
70 VK Bund, Beschl. v. 16.3.2015, VK 2-9/15.

beschrieben werden kann. In solchen Fällen sind die Verweise jedoch mit dem Zusatz „oder gleichwertig" zu versehen.

Ein Verstoß gegen die Verpflichtung zur produktneutralen Ausschreibung ist nicht nur dann gegeben, wenn ein Leitfabrikat offen und explizit in der Leistungsbeschreibung benannt worden ist. Ein solcher kann vielmehr auch dann vorliegen, wenn durch die Vielzahl der Vorgaben verdeckt ein Leitfabrikat ausgeschrieben wurde, weil nur ein einziges Produkt sämtlichen Vorgaben gerecht werden kann.[71] Eine produktspezifische Ausschreibung kann jedoch in solchen Fällen sachlich gerechtfertigt sein, in denen etwa beispielsweise die Ersetzung vorhandener Produkte kostenintensiver wäre, langjähriges Know-how von Mitarbeitern verloren ginge, der aufzubringende Zeit- und Kostenaufwand deutlich größer wäre, ernsthafte Kompatibilitätsprobleme zu befürchten wären oder ein erhebliches Risikopotenzial für Fehlfunktionen bestünde.[72] Gleiches gilt, wenn ein Auftraggeber zur Wahrung der Zuverlässigkeit von über einen längeren Zeitraum gesammelten Forschungsergebnissen sowie der Funktionsfähigkeit seiner etablierten Arbeitsabläufe die mit einer Beschaffung verbundenen Risiken minimieren möchte.[73] **37**

V. Barrierefreie Zugänglichkeit und Konzeption (§ 121 Abs. 2 GWB)

In Umsetzung von Art. 42 Absatz 1 Unterabsatz 4 und 5 der Richtlinie 2014/24/EU stellt **38**
§ 121 Abs. 2 GWB sicher, dass bereits bei der Festlegung des Beschaffungsbedarfs das aus der UN-Behindertenrechtskonvention fließende[74] Gebot des „**Designs für Alle**" einschließlich des Zugangs für Menschen mit Behinderung Berücksichtigung findet.[75] Demnach soll **Barrierefreiheit** dergestalt hergestellt werden, dass allen Personen einschließlich dieser Personengruppen sowohl Zugang zu der Leistungsbeschreibung selbst als auch zu der zu beschaffenden Leistung ermöglicht wird. Eine bloße unverbindliche Kenntnisnahme genügt hierzu nicht; notwendig ist vielmehr, dass der öffentliche Auftraggeber bei der Definition der zu beschaffenden Leistung zwingende Vorgaben zur Berücksichtigung der Barrierefreiheit trifft.[76] Aus der Gesetzesbegründung zur Vergaberechtsmodernisierung geht hervor, dass bereits existierende nationale oder internationale Normen im Hinblick auf die Zugänglichkeit für Menschen mit Behinderungen grundsätzlich anzuwenden sind.[77] Ausnahmen von der Verpflichtung des Auftraggebers nach § 121 Abs. 2 GWB sind nach dem Wortlaut der Vorschrift lediglich in „ordnungsgemäß begründeten Fällen" möglich. Wann diese vorliegen, ist weder der Gesetzesbegründung noch der Richtlinie 2014/24/EU konkret zu entnehmen. Denkbar wären jedoch Situationen, in denen der Ausschreibungsgegenstand ausnahmsweise faktisch nicht für eine Nutzung durch Menschen mit Behinderung in Betracht kommt.[78]

---

71 VK Bund, Beschl. v. 16.3.2015, VK 2-9/15.
72 VK Sachsen, Beschl. v. 30.8.2016, 1/SVK/016-16.
73 VK Sachsen, Beschl. v. 30.8.2016, 1/SVK/016-16.
74 Vgl. Art. 2 der UN-Behindertenrechtskonvention; Erwägungsgrund 3 der Richtlinie 2014/24/EU.
75 Gesetzesbegründung zum VergRModG, BT-Drs. 18/6821, S. 100, § 121 Abs. 2.
76 *Carstens*, ZRP 2015, 141, 143.
77 Gesetzesbegründung zum VergRModG, BT-Drs. 18/6821, S. 100, § 121 Abs. 2.
78 *Traupel*, in: Müller-Wrede, GWB, § 121 Rn. 97.

VI. Bestandteil der Vergabeunterlagen (§ 121 Abs. 3 GWB)

39 § 121 Absatz 3 GWB gibt vor, dass die Leistungsbeschreibung zwingend bereits den Vergabeunterlagen **beizufügen** ist. Diese Pflicht des öffentlichen Auftraggebers war vormals in § 9 Abs. 1 lit. c) VOL/A EG 2009 normiert und findet nunmehr ihren Einzug in das GWB. Klargestellt wird dadurch auch, dass die Leistungsbeschreibung bereits im Zeitpunkt der Veröffentlichung der Bekanntmachung fertiggestellt sein muss. Dies gewährleistet die Gleichbehandlung aller Bieter, da der Auftraggeber so gehindert ist, die Leistungsbeschreibung erst nach Kenntnis des Teilnehmerkreises zu gestalten.

§ 122 Eignung

(1) Öffentliche Aufträge werden an fachkundige und leistungsfähige (geeignete) Unternehmen vergeben, die nicht nach den §§ 123 oder 124 ausgeschlossen worden sind.

(2) Ein Unternehmen ist geeignet, wenn es die durch den öffentlichen Auftraggeber im Einzelnen zur ordnungsgemäßen Ausführung des öffentlichen Auftrags festgelegten Kriterien (Eignungskriterien) erfüllt. Die Eignungskriterien dürfen ausschließlich Folgendes betreffen:

1. Befähigung und Erlaubnis zur Berufsausübung,

2. wirtschaftliche und finanzielle Leistungsfähigkeit,

3. technische und berufliche Leistungsfähigkeit.

(3) Der Nachweis der Eignung und des Nichtvorliegens von Ausschlussgründen nach den §§ 123 und 124 kann ganz oder teilweise durch die Teilnahme an Präqualifizierungssystemen erbracht werden.

(4) Eignungskriterien müssen mit dem Auftragsgegenstand in Verbindung und zu diesem in einem angemessenen Verhältnis stehen. Sie sind in der Auftragsbekanntmachung, der Vorinformation oder der Aufforderung zur Interessensbestätigung aufzuführen.

Schrifttum: *Gabriel/Mertens/Prieß/Stein*, 2. Edition, 2017; *Immenga/Mestmäcker*, Wettbewerbsrecht, Band 2, GWB/Teil 2, 5. Aufl. 2014; *Kulartz/Kus/Portz*, Kommentar zum GWB-Vergaberecht, 4. Aufl. 2016; *Müller-Wrede*, GWB Vergaberecht, Kommentar, 2. Aufl. 2014; *Weyand*, Vergaberecht, 4. Aufl. 2013, 17. Aktualisierung 2015; *Ziekow/Völlink*, Vergaberecht – Kommentar, 2. Aufl. 2013.

Übersicht

I. Entstehung und Anwendungsbereich der Vorschrift

1 Im Rahmen der Novellierung des Vergaberechts 2016 (Vergaberechtsmodernisierungsgesetz – VergRModG)[1] wurden die Vorschriften zur Eignungsprüfung neu gefasst und insbesondere § 122 GWB eingeführt. Die Vorschrift legt entsprechend der amtlichen Überschrift die Grundanforderungen an die Eignung der Unternehmen, die sich am Vergabeverfahren beteiligen möchten, fest und knüpft dabei an den Regelungsgehalt des bisherigen § 97 Abs. 4 Satz 1 GWB an.[2] Der Anwendungsbereich des § 122 GWB erstreckt sich gem. § 115 GWB auf die Vergabe von öffentlichen Aufträgen und die Ausrichtung von Wettbewerben durch öffentliche Auftraggeber sowie gem. § 142 GWB auf den Sektorenbereich und über § 152 Abs. 2 GWB auch auf Konzessionsvergaben. Für den Sektorenbereich sieht § 142 Nr. 1 GWB vor, dass Sektorenauftraggeber abweichend von § 122 Abs. 1 und 2 GWB die Unternehmen anhand objektiver Kriterien auswählen, die allen interessierten Unternehmen zugänglich sind.

2 § 122 GWB greift in Umsetzung des Art. 58 RL 2014/24/EU dessen Regelungssystematik und Terminologie auf.[3] Wurde im Rahmen des § 97 Abs. 4 GWB noch auf die vier Elemente Fachkunde, Leistungsfähigkeit, Zuverlässigkeit und Gesetzestreue zurückgegriffen, definiert § 122 Abs. 2 GWB die nunmehr maßgeblichen drei Eignungskriterien und entzieht sie auf diese Weise der Verordnungsebene. § 122 Abs. 3 GWB greift die bereits in § 97 Abs. 4a GWB a.F. eröffnete Möglichkeit auf, die Eignung und das Nichtvorliegen von Ausschlussgründen durch die Teilnahme an Präqualifizierungssystemen zu erbringen. § 122 Abs. 4 GWB trägt insoweit in Umsetzung von Art. 58 Abs. 1 Satz 3 und 4 RL 2014/24/EU den erforderlichen Zusammenhang zwischen Eignungskriterien und Auftragsgegenstand sowie das in Art. 58 Abs. 5 RL 2014/24/EU zum Ausdruck kommende Transparenzprinzip auf.

3 Ungeachtet der neu eingeführten Definition der Eignungskriterien wurde auch im Rahmen der Vergaberechtsnovelle das Kaskadenprinzip nicht vollständig aufgegeben. Dies, obgleich diesem System im Hinblick auf das Demokratie- und Rechtsstaatsprinzip (Art. 20 GG) erhebliche verfassungsrechtliche Bedenken entgegenstehen.[4] So werden die besonderen Regeln für die Vergabe von Bauaufträgen weiterhin durch den Deutschen Vergabe- und Vertragsausschluss für Bauleistungen (DVA) in der VOB/A und demnach durch **kein parlamentarisch legitimiertes Organ** erarbeitet.

4 § 42 Abs. 1 VgV statuiert insoweit ebenso wie § 21 Abs. 1 VSVgV und § 25 KonzVgV die Pflicht des Auftraggebers, die Eignung der Bewerber oder Bieter anhand der nach § 122 GWB festgelegten Kriterien zu überprüfen, § 6 EU Abs. 2 VOB/A übernimmt § 122 Abs. 1 und 2 GWB nahezu wortgleich. Abweichungen sieht insoweit lediglich die SektVO vor. Nach § 142 Nr. 1 GWB i.V.m. § 45 SektVO wählen Sektorenauftraggeber die Unternehmen abweichend von § 122 Abs. 1 und 2 GWB anhand objektiver Kriterien aus, die allen interessierten Bietern zugänglich sind (§ 46 SektVO). Eine klassische Eignungsprüfung ist daher im Rahmen der SektVO nicht vorgesehen. Objektive Kriterien können dabei

---

1 Gesetz vom 17.2.2016, BGBl. I 2016, S. 203.
2 Vgl. Gesetzesbegründung zu § 122 Abs. 1 GWB, BT-Drs. 18/6281, S. 100.
3 Vgl. Gesetzesbegründung zu § 122 Abs. 1 GWB, BT-Drs. 18/6281, S. 100.
4 Vgl. hierzu *Dreher*, in: Immenga/Mestmäcker, Wettbewerbsrecht, § 97 GWB Rn. 369.

klassische Zuschlagskriterien sein, sodass im Rahmen der SektVO eine Vermischung von Eignungs- und Zuschlagskriterien zulässig ist.

II. Grundsätze der Eignung – Vergabe an geeignete Unternehmen (§ 122 Abs. 1 GWB)

§ 122 Abs. 1 GWB kodifiziert den Grundsatz, dass öffentliche Aufträge nur an fachkundige und leistungsfähige (geeignete Unternehmen) zu vergeben sind, die nicht nach §§ 123 oder 124 ausgeschlossen worden sind. Die Vorschrift knüpft in ihrer Systematik zunächst an die in Art. 56 Abs. 1 lit. b) RL 2014/24/EU normierten Kriterien an, wonach öffentliche Aufträge nur dann vergeben werden, sofern der Auftraggeber unter anderem überprüft hat, dass das Angebot von einem Bieter stammt, der nicht gem. Art. 57 ausgeschlossen ist und die vom öffentlichen Auftraggeber gem. Art. 58 genannten Eignungskriterien erfüllt sind. **5**

Die Eignungsprüfung ist dabei eine eigenständige Prüfung, welche von der materiellen Angebotsprüfung auch nach der Vergaberechtsnovelle 2016 strikt zu trennen ist. Dies verdeutlicht zum einen Art. 56 Abs. 2 RL 2014/24/EU sowie § 42 Abs. 1 und 3 VgV und § 16b EU Abs. 1 und 2 VOB/A, welche sich zwar maßgeblich auf das offene Verfahren beziehen, in ihrer Systematik jedoch deutlich machen, dass die Eignungsprüfung hinsichtlich der Bieter dem Grunde nach von der Angebotswertung zu trennen ist. Demnach darf es grundsätzlich zwecks Überprüfbarkeit des Vergabeverfahrens im Ergebnis zu keiner Vermengung von Eignungs- und Zuschlagskriterien kommen.[5] Erleichterungen gibt es zum Beispiel im Bereich der freiberuflichen Leistungen. **6**

Ziel der Prüfung ist die Feststellung derjenigen Bewerber oder Bieter, die über die erforderliche Fachkunde und Leistungsfähigkeit zur Erfüllung des ausgeschriebenen Auftrags verfügen. Von der Angebotswertung werden diejenigen Bewerber ausgeschlossen, die die Eignungskriterien nicht erfüllen, vgl. § 57 Abs. 1 VgV. **7**

Die Eignungsprüfung erfolgt in zwei Stufen. Bestandteil der Prüfung ist eine formelle und eine materielle Eignungsprüfung. Im Rahmen der formellen Eignungsprüfung wird die Vollständigkeit der eingereichten Eignungsbelege seitens des öffentlichen Auftraggebers geprüft. Die materielle Eignungsprüfung geht der inhaltlichen Frage nach, ob der Bieter die geforderten Eignungskriterien erfüllt.[6] Fraglich ist, ob der Auftraggeber von einer Eignungsprüfung Abstand nehmen kann und daher direkt und allein in eine Angebotswertung einsteigen darf. Zwingend ist allein die Prüfung der Ausschließungsgründe nach §§ 123, 124 GWB. Eine weitergehende Pflicht zur Prüfung der Eignung nach § 122 Abs. 2 Nr. 1–3 GWB ist der Norm nicht direkt zu entnehmen. Will der Auftraggeber daher allein eine Wirtschaftlichkeitsbewertung vornehmen, da er davon ausgeht, dass die Bieter, welche für den Auftrag in Betracht kämen, ohnehin geeignet sind, so kann er auf eine weitergehende **8**

---

5 Vgl. zur Trennung von Eignungs- und Zuschlagskriterien: BGH, Urt. v. 15.4.2008, X ZR 129/06; OLG Celle, Beschl. v. 12.1.2012, 13 Verg 9/11; OLG Karlsruhe, Beschl. v. 20.7.2011, 15 Verg 6/11; EuGH, Urt. v. 24.1.2008, Rs. C-532/06; EuGH, Urt. v. 12.11.2009, Rs. C-199/07; Gesetzesbegründung VergRModVO, § 42 VgV, BT-Drs. 18/7318, S. 182, wonach gem. § 42 Abs. 3 im offenen Verfahren – und nur dort – die Möglichkeit einer Ausnahme von der grundsätzlich geltenden Prüfungsreihenfolge „Eignungsprüfung vor Angebotsprüfung“ vorgesehen ist.

6 *Gnittke/Hattig*, in: Müller-Wrede, GWB, § 122 Rn. 116; VK Südbayern, Beschl. v. 27.4.2015, Z 3-3-3194-1-09-02/15.

Prüfung verzichten. Etwas anderes ergibt sich insoweit auch nicht aus **§ 57 VgV** sowie **§ 42 Abs. 3 VgV**, die lediglich eine Aussage zur **Reihenfolge** von Angebots- und Eignungsprüfung treffen.[7]

9 Werden seitens des Auftraggebers Eignungskriterien gefordert, die einer **Wertung zugänglich** sind, so darf der Auftraggeber nicht eine bloß formale Prüfung durchführen. Er muss die Wertung sodann auch vollziehen und ungeeignete Bewerber aus dem Verfahren ausschließen. Dies ergibt sich schon aus der Selbstbindung des Auftraggebers. Für eine vergaberechtskonforme Bewertung bedarf es sodann jedoch einer **transparenten Bewertungsmatrix** unter Berücksichtigung der Grundsätze[8] zur Wertung von Zuschlagskriterien. Diese ist auch in der EU-Bekanntmachung zu veröffentlichen. Die Bewertungsmatrix zu den Eignungskriterien hat daher dieselben Anforderungen zu erfüllen wie eine Bewertungsmatrix im Rahmen der Zuschlagskriterien. Sie muss daher im Ergebnis **eindeutig, klar und transparent erkennbar machen, welchen Erfüllungsgrad die eingereichten Eignungsnachweise aufweisen müssen, um als geeignet eingestuft zu werden**. Der Bieter muss im Voraus zuverlässig ermitteln können, worauf seitens des Auftraggebers im Rahmen der Eignungsprüfung Wert gelegt wurde.[9] Dabei muss der Auftraggeber im Rahmen der Eignungsprüfung nicht in jedem Fall eine Punktewertung vornehmen. Es kann auch ausreichen, dass er bekannt macht, wann er von einer Eignung ausgeht. Verlangt er so „vergleichbare Referenzen", hat er bekannt zu geben, wann er von einer Vergleichbarkeit ausgeht (z.B. bei gleichem Volumen, gleicher Schwierigkeit etc.). Nimmt er eine Beschränkung des Bewerberkreises vor Angebotsabgabe zum Beispiel im nicht-offenen Verfahren vor, so wird die Bewertungsmatrix dezidierter auszugestalten sein. Dann ist auch anzugeben, ab welchem Wert der Auftraggeber den Bewerber zur Angebotsabgabe auffordern wird und wie dieser Punktwert erreicht werden kann. Dieses Erfordernis, welches in der Praxis häufig nicht angewendet wird, findet seine Grundlage in dem Transparenzgrundsatz (§ 97 Abs. 1 GWB). Nicht nur bei der Zuschlagsentscheidung muss der Bieter vorhersehen können, welche Maßstäbe der Auftraggeber der Bewertung zugrunde legt. Den gleichen Anspruch hat er auch bei der Eignungsprüfung, wobei sich der erforderliche Transparenzgrad je nach Folge der Eignungsprüfung unterscheiden kann (s. o.).

1. Fachkunde und Leistungsfähigkeit

10 Nach der bisherigen Systematik im GWB bestand die Eignung gem. § 97 Abs. 4 Satz 1 GWB aus den vier Elementen Fachkunde, Leistungsfähigkeit sowie Gesetzestreue und Zuverlässigkeit des Unternehmens. In Umsetzung des Art. 58 Abs. 1 RL 2014/24/EU blieben insoweit im Rahmen der Vorgaben des § 122 Abs. 1 GWB die Begriffe Fachkunde und Leistungsfähigkeit als zentral definierte Komponenten der Eignung weiterhin erhalten. Be-

---

7 Vgl. Gesetzesbegründung VergRModVO, § 42 VgV, BT-Drs. 18/7318, S. 182, wonach gem. § 42 Abs. 3 im offenen Verfahren die Möglichkeit einer Ausnahme von der grundsätzlich geltenden Prüfungsreihenfolge „Eignungsprüfung vor Angebotsprüfung" vorgesehen ist.

8 Vgl. zur Bewertung von Zuschlagskriterien: OLG Karlsruhe, Beschl. v. 15.4.2015, 15 Verg 2/15; OLG Düsseldorf, Beschl. v. 9.4.2014, VII-Verg 36/13; OLG Düsseldorf, Beschl. v. 21.10.2015, VII-Verg 28/14; OLG Düsseldorf, Beschl. v. 2.11.2016, VII-Verg 25/16; OLG Düsseldorf, Beschl. v. 15.6.2016, VII-Verg 49/15; OLG Düsseldorf, Beschl. v. 16.12.2015, VII-Verg 25/15.

9 Vgl. zur Bewertungsmatrix im Rahmen von Zuschlagskriterien: OLG Düsseldorf, Beschl. v. 2.11.2016, VII-Verg 25/16; OLG Düsseldorf, Beschl. v. 15.6.2016, VII-Verg 49/15; OLG Düsseldorf, Beschl. v. 16.12.2015, VII-Verg 25/15.

griffspaar und mithin der Eignungsbegriff werden sodann im Rahmen des § 122 Abs. 2 GWB definiert.[10] Allein das Merkmal der Fachkunde findet sich nicht im Wortlaut der Richtlinie 2014/24/EU (insb. Art. 58) wieder, obgleich es von der Definition des § 122 Abs. 2 GWB umfasst zu sein scheint. Aus der Systematik des § 122 Abs. 1 GWB ergibt sich, dass die Unternehmen geeignet sind, sofern sie fachkundig und leistungsfähig sind, was bereits eine grobe Definition des Eignungsbegriffes ermöglicht. Weder § 42 VgV, § 6 EU VOB/A oder die SektVO, noch die VSVgV greifen indes die Fachkunde als eigens zu behandelndes Merkmal auf.

Insoweit löst § 122 GWB die Vorschriften zur Eignungsprüfung aus den ursprünglich in **11**
§ 97 GWB kodifizierten allgemeinen Grundsätzen heraus und ordnet ihn als eigene Norm im Rahmen des Unterabschnitts 2. Vergabeverfahren und Auftragsausführung einen eigenen Stellenwert zu.

2. Keine Ausschlussgründe nach §§ 123, 124 GWB

Gem. § 122 Abs. 1 GWB ist neben der Fachkunde und Leistungsfähigkeit ferner maßgeb- **12**
lich, dass das Unternehmen nicht nach den §§ 123 oder 124 GWB ausgeschlossen worden ist. Insoweit wird klargestellt, dass mangels der Eignungsvoraussetzungen im Übrigen nicht als Auftragnehmer eines öffentlichen Auftrags in Betracht kommen kann, wer aufgrund zwingender (§ 123 GWB) oder fakultativer (§ 124 GWB) Ausschlussgründe vom weiteren Verfahren ausgeschlossen worden ist. Bereits aus dem Wortlaut und dem verwendeten Tempus wird deutlich, dass die Prüfung von Ausschlussgründen durch den öffentlichen Auftraggeber vor der Eignungsprüfung im engeren Sinne zu erfolgen hat. Dabei gilt es zu beachten, dass ein Unternehmen beim Vorliegen zwingender Ausschlussgründe nach § 123 GWB zwingend (ohne Entscheidungsspielraum des öffentlichen Auftraggebers) oder aber, sofern es sich um fakultative Ausschlussgründe nach § 124 GWB handelt, nach einer entsprechenden Ermessensentscheidung des Auftraggebers ausgeschlossen werden kann. Auf der Grundlage der Prüfung von Ausschlussgründen wird sichergestellt, dass letztlich nur diejenigen Unternehmen den Zuschlag erhalten können, welche sich in der Vergangenheit gesetzeskonform verhalten haben und auch in Zukunft diesbezüglich eine positive Prognose erwarten lassen. Vor dem Hintergrund der Prüfung der Ausschlussgründe können die unbestimmten Rechtsbegriffe der Zuverlässigkeit und Gesetzestreue künftig entfallen, sodass es neben der Prüfung von Ausschlussgründen bei den vorstehend bezeichneten Kriterien der Fachkunde und Leistungsfähigkeit im Kontext der Bestimmung der Eignung bleibt.[11] An der bisherigen Gesetzeslage ändert sich somit im Ergebnis nichts, da auch nach bisher geltender Rechtslage ein Bieter als zuverlässig galt, wenn er seinen gesetzlichen Verpflichtungen in der Vergangenheit nachgekommen ist und aufgrund der ordnungsgemäßen Erfüllung früherer Aufträge eine einwandfreie Auftragsausführung auch für die Zukunft erwarten lässt.[12]

---

10 Gesetzesbegründung § 122 Abs. 1, BT-Drs. 18/6281, S. 100.
11 Vgl. Gesetzesbegründung zu § 122 Abs. 1 GWB, BT-Drs. 18/6281, S. 101.
12 Vgl. OLG München, Beschl. v. 4.4.2013, Verg 4/13; VK Bund, Beschl. v. 5.4.2013, VK 3-14/13.

III. Eignungskriterien gem. § 122 Abs. 2 GWB

13 Im Gegensatz zu § 97 Abs. 4 GWB a. F., der als Eignungskriterien lediglich die Fachkunde, Leistungsfähigkeit sowie die Gesetzestreue und Zuverlässigkeit als unbestimmte Rechtsbegriffe aufführte, greift § 122 Abs. 2 GWB die in Art. 58 Abs. 1 RL 2014/24/EU enthaltenen drei Eignungskategorien auf, welche den in Abs. 1 definierten Eignungsbegriff näher konkretisieren. Die drei in § 122 Abs. 2 GWB genannten Kategorien „1. Befähigung und Erlaubnis zur Berufsausübung“, „2. Wirtschaftliche und finanzielle Leistungsfähigkeit“ sowie „3. Technische und berufliche Leistungsfähigkeit“ regeln dabei lediglich die zugelassenen Eignungskategorien, wobei die Festlegung der Eignungskriterien im Einzelfall dem öffentlichen Auftraggeber obliegt. Auf diese Weise kann gewährleistet werden, dass nur Angebote solcher Unternehmen in die Auswahl einbezogen werden, die eine ordnungsgemäße Erfüllung des konkreten Auftrags erwarten lassen.[13] Der abschließende Charakter der aufgestellten Kategorien ergibt sich bereits aus dem Gesetzeswortlaut „Die Eignungskriterien dürfen ausschließlich Folgendes betreffen: „Das Nähere regeln – entsprechend der Vorgaben in Art. 58, 60 und 62 RL 2014/24/EU – die §§ 42–51 VgV, die §§ 6, 6a EU VOB/A sowie die §§ 25 f. KonzVgV und die §§ 21–28 VSVgV.

1. Befähigung und Erlaubnis zur Berufsausübung (§ 122 Abs. 2 Nr. 1 GWB)

14 § 122 Abs. 2 Nr. 1 GWB setzt Art. 58 Abs. 1 lit. a), Abs. 2 RL 2014/24/EU um, wonach die Eignungskriterien unter anderem die Befähigung zur Berufsausübung betreffen können. Im Hinblick auf die Befähigung können die öffentlichen Auftraggeber den Wirtschaftsteilnehmern vorschreiben, eine in Anhang XI der RL 2014/24/EU genannte Anforderung zu erfüllen. Ausweislich Art. 58 Abs. 2 RL 2014/24/EU handelt es sich dabei vor allem um die Pflicht, in einem Berufs- oder Handelsregister des Niederlassungsmitgliedstaats verzeichnet zu sein.

15 Konkretisiert wird das Erfordernis in § 44 VgV sowie § 6a EU Nr. 1 VOB/A. Gem. § 44 Abs. 1 VgV kann der öffentliche Auftraggeber verlangen, dass Bewerber oder Bieter je nach den Rechtsvorschriften des Staates, in dem sie niedergelassen sind, entweder die Eintragung in einem Berufs- oder Handelsregister dieses Staates nachweisen, oder die erlaubte Berufsausübung auf andere Weise vorbringen. Auch hier wird auf Anlage XI der RL 2014/24/EU Bezug genommen. Insoweit korrespondiert die Vorschrift mit dem Wortlaut des Art. 58 Abs. 2 RL 2014/24/EU. § 44 Abs. 2 VgV bietet zudem die Möglichkeit, auch das Vorliegen von ggf. mitgliedstaatsspezifischen Berechtigungen zu fordern. Die EU VOB/A verzichtet auf einen direkten Verweis auf Anlage IX und bezieht sich in § 6a EU Nr. 1 VOB/A auf die Eintragung in das Berufs- oder Handelsregister oder der Handwerkerrolle des Sitzes oder des Wohnsitzes. Der öffentliche Auftraggeber darf keine inhaltliche Nachprüfung dahingehend anstellen, ob die Voraussetzungen für eine erlaubte Berufsausübung in dem jeweiligen Mitgliedsstaat tatsächlich vorliegen. Sofern ein Bieter oder Bewerber die geforderten Nachweise wie beispielsweise einen Handelsregisterauszug beibringt, gilt seine Befähigung und Erlaubnis zur Berufsausübung als gegeben. Dies entspricht letztlich auch der Systematik des Art. 58 Abs. 2, Art. 60 RL 2014/24/EU und wird besonders deut-

---

13 Vgl. Gesetzesbegründung zu § 122 Abs. 2 GWB, BT-Drs. 18/6281, S. 101.

lich, schaut man sich § 60 RL 2014/24/EU an, welcher, anders als zu den anderen beiden Eignungskriterien, keine ergänzenden Regelungen enthält.[14]

2. Wirtschaftliche und finanzielle Leistungsfähigkeit (§ 122 Abs. 2 Nr. 2 GWB)

§ 122 Abs. 2 Nr. 2 GWB setzt Art. 58 Abs. 1 lit. b) RL 2014/24/EU um, wonach die Eignungskriterien unter anderem auch die wirtschaftliche und finanzielle Leistungsfähigkeit betreffen können. Ein Bieter ist wirtschaftlich und finanziell leistungsfähig, wenn er über ausreichend finanzielle Mittel verfügt, um den Verpflichtungen gegenüber seinen Gläubigern nachzukommen.[15] Einzelheiten regeln auch hier wiederum die VgV sowie die EU VOB/A und die VSVgV. In Umsetzung des Art. 58 Abs. 3 RL 2014/24/EU regelt § 45 Abs. 1–3 VgV die zulässigerweise zu fordernden materiellen Anforderungen an die wirtschaftliche und finanzielle Leistungsfähigkeit öffentlicher Auftraggeber. § 45 Abs. 1 Satz 2 Nr. 1–3 VgV gibt hier eine beispielhafte, hingegen nicht abschließende Auflistung möglicher Anforderungen, welche seitens des öffentlichen Auftraggebers sowohl einzeln als auch kumulativ abgefragt werden können. § 45 Abs. 4 und 5 VgV listet in Umsetzung des Art. 60 Abs. 3 und Anhang XII Teil I der RL 2014/24/EU beispielhaft und nicht abschließend all diejenigen Belege auf, die „in der Regel" verlangt werden können.[16] Um Missbrauch vorzubeugen, hat der Gesetzgeber eine Begrenzung des geforderten Mindestjahresumsatzes in der VgV kodifiziert. § 45 Abs. 2 VgV sieht beispielsweise vor, dass der Mindestjahresumsatz das Zweifache des geschätzten Jahresumsatzes nur überschreiten darf, wenn aufgrund der Art des Auftragsgegenstandes spezielle Risiken bestehen. Ein entsprechendes Erfordernis ist vom Auftraggeber im Vergabevermerk oder den Ausschreibungsunterlagen hinreichend zu begründen. Ferner finden sich auch in § 6a EU Nr. 2 VOB/A entsprechende Regelungen, wenn auch in anderer Systematik. Dadurch soll der Wettbewerb gewährleistet und einer Einschränkung durch unsachliche Eignungskriterien vorgebeugt werden. 16

Auch § 26 Abs. 1 und 2 VSVgV kodifiziert die Möglichkeiten des öffentlichen Auftraggebers Nachweise bzgl. der finanziellen und wirtschaftlichen Leistungsfähigkeit der Bewerber und Bieter zu fordern. Die zu fordernden Nachweise decken sich teils mit den in der VgV aufgeführten Nachweisen, obgleich die VSVgV insbesondere in Bezug auf den geforderten Mindestumsatz eine weniger große Regelungsdichte als die VgV und die EU VOB/A aufweist. 17

3. Technische und berufliche Leistungsfähigkeit

§ 122 Abs. 2 Nr. 3 GWB setzt Art. 58 Abs. 1 c RL 2014/24/EU um, wonach die vom Auftraggeber aufgestellten Eignungskriterien auch die technische und berufliche Leistungsfähigkeit betreffen können. Auf diese Weise wird es dem öffentlichen Auftraggeber ermög- 18

14 Vgl. Gesetzesbegründung VergRModVO, § 44 VgV, BT-Drs. 18/7318, S. 183; OLG Düsseldorf, Beschl. v. 16.1.2006, VII-Verg 92/05; *Hausmann/von Hoff*, in: Kulartz/Kus/Portz/Prieß, Kommentar zum GWB-Vergaberecht, § 122 Rn. 17.

15 Vgl. OLG Düsseldorf, Beschl. v. 9.6.2004, VII-Verg 11/04; VK Baden-Württemberg, Beschl. v. 9.4.2013, 1 VK 08/13.

16 Vgl. Gesetzesbegründung VergRModVO, § 45 VgV, BT-Drs. 18/7318, S. 183.

licht, Anforderungen hinsichtlich der technischen und beruflichen Leistungsfähigkeit zu stellen, die sicherstellen, dass die Wirtschaftsteilnehmer über die erforderlichen personellen und technischen Ressourcen und Erfahrungen verfügen, um eine angemessene Qualität bei der Auftragsausführung sicherzustellen. Weiter geht aus Art. 58 Abs. 4 RL 2014/24/EU hervor, dass der öffentliche Auftraggeber davon ausgehen kann, dass ein Wirtschaftsteilnehmer nicht über die erforderliche berufliche Leistungsfähigkeit verfügt, wenn festgestellt worden ist, dass der Wirtschaftsteilnehmer kollidierende Interessen hat, die die Auftragsausführung negativ beeinflussen. In Anhang XII der Richtlinie findet sich unter anderem auch eine Liste der Nachweise, die zum Nachweis der technischen Leistungsfähigkeit eines Bewerbers gem. Art. 58 RL 2014/24/EU erbracht werden können.

19 Die technische und berufliche Leistungsfähigkeit wird in § 46 VgV sowie in § 6a EU Nr. 3 VOB/A näher konkretisiert. Sowohl die § 46 Abs. 3 VgV als auch die § 6a EU Nr. 3 VOB/A zählen entsprechende Belege auf, die zwecks Nachweis der technischen und beruflichen Leistungsfähigkeit zulässigerweise herangezogen werden dürfen, abschließend auf.[17]

20 Wie bereits im Rahmen des § 122 Abs. 2 Nr. 1 und 2 GWB erfolgt auch hier eine Konkretisierung der Merkmale insbesondere durch die VgV und die EU VOB/A. Dies war bereits vor der Vergaberechtsnovelle der Fall (vgl. etwa § 7 EG VOL/A, § 7 EG VOB/A).

21 Der in Anhang XII zur RL 2014/24/EU kodifizierte Nachweiskatalog wird im Kontext des § 46 Abs. 3 VgV sowie des § 6a EU Nr. 3 VOB/A nahezu vollständig – wenn auch in unterschiedlicher Systematik – in das deutsche Vergaberecht umgesetzt.

22 Auch § 27 VSVgV sieht einen entsprechenden Katalog vor, der sich an dem vorstehend genannten Anhang XII der RL orientiert. Die insoweit klare Umsetzung des EU-Rechts in das nationale Vergaberecht bringt eine Erleichterung und Rechtssicherheit für die Auftraggeber bei der Erstellung der Vergabeunterlagen mit sich.

IV. Nachweis der Eignung durch die Teilnahme an Präqualifizierungssystemen gem. § 122 Abs. 3 GWB

23 § 122 Abs. 3 GWB erlaubt den Eignungsnachweis sowie den Nachweis über das Nichtvorliegen von Ausschlussgründen durch die (teilweise) Teilnahme an Präqualifizierungssystemen. Die Vorschrift ersetzt den früheren § 97 Abs. 4a GWB a.F., welcher bereits derzeit die Erbringung des Eignungsnachweises auf diese Weise erlaubte. Präqualifizierungssysteme im Sinne der Norm meint die Einrichtung staatlicher oder privatwirtschaftlich organisierter, anerkannter Präqualifizierungssysteme und transferiert insoweit Art. 64 Abs. 1 RL 2014/24/EU in das nationale (deutsche) Vergaberecht.[18] § 48 Abs. 8 VgV konkretisiert hier näher (s. auch § 6b EU Abs. 1 Nr. 1 VOB/A). Die Präqualifikation dient vor allem der Verkürzung des Vergabeverfahrens mittels einer abstrakten Eignungsprüfung. Unternehmen können ihre Eignungsnachweise mittels ihrer Registrierung im Präqualifikationssystem erbringen. Wie sich auch aus § 48 Abs. 8 VgV sowie Art. 64 Abs. 4 und 5 RL 2014/24/EU ergibt, greift bei Vorliegen der Voraussetzungen nach Art. 64 Abs. 1 RL 2014/24/EU eine Eignungsvermutung in Bezug auf die in dem amtlichen Verzeichnis oder Zertifizierungs-

17 Vgl. *Gnittke/Hattig*, in: Müller-Wrede, GWB, § 122 Rn. 44; OLG Düsseldorf, Beschl. v. 7.5.2014, VII-Verg 46/13.

18 Vgl. Gesetzesbegründung § 122 Abs. 3, BT-Drs. 18/6281, S. 101.

system niedergelegten Unterlagen und Angaben. Die aus den Präqualifizierungssystemen erlangten Informationen betreffend die Eignung können daher nur in begründeten Fällen in Zweifel gezogen werden (vgl. insb. § 48 Abs. 8 Satz 1 VgV; Art. 64 Abs. 5 RL 2014/24/EU).[19]

Anders als nach dem vorher geltenden § 7 EG Abs. 4 VOL/A a. F., steht es nun nicht mehr im Ermessen des Auftraggebers, ob er einen Eignungsnachweis, der mittels eines Präqualifikationsverfahrens erworben wurde, akzeptiert. Dies zeigt sich bereits am Wortlaut des § 122 Abs. 3 GWB „kann […] erbracht werden" Wirtschaftsteilnehmer, die in derartigen amtlichen Verzeichnissen eingetragen sind oder über eine Zertifizierung verfügen, können dem öffentlichen Auftraggeber bei jeder Vergabe eine Bescheinigung der zuständigen Stelle über die Eintragung oder eine entsprechend seitens der Zertifizierungsstelle ausgestellte Bescheinigung zum Nachweis der Eignung vorlegen.[20] 24

Hieraus folgt indes nicht, dass der öffentliche Auftraggeber die Präqualifikation von Auftraggebern zur zwingenden Voraussetzung für die Teilnahme am Vergabeverfahren machen darf. Aus dem Wortlaut des § 122 Abs. 3 GWB sowie § 48 Abs. 8 VgV folgt vielmehr, dass eine zusätzliche Möglichkeit der Nachweiserbringung für den Bieter geschaffen werden soll. Eine Pflicht des Bieters begründete auch die Vorgängernorm in Gestalt des § 97 Abs. 4a GWB a. F. für die Bieter und Bewerber nicht. Bereits dort bestand kein Rechtsanspruch von Bieterunternehmen auf Einrichtung eines Präqualifizierungssystems. Die Bieter und Bewerber konnten allenfalls verlangen, dass ihre Eignung über ein bereits eingerichtetes Präqualifizierungssystem nachgewiesen werden konnte, obgleich die Möglichkeit der Erbringung von Einzelnachweisen nach wie vor möglich war.[21] 25

1. Präqualifizierungssysteme im Liefer- und Dienstleistungsbereich

Im Dienstleistungsbereich finden sich Regeln zu Präqualifizierungssystemen in § 48 Abs. 8 VgV. Im Gegensatz zum Baubereich (§ 6b EU Abs. 1 Nr. 1 VOB/A) wird auf kein bestimmtes System verwiesen.[22] § 48 Abs. 8 Satz 2 VgV überträgt die Möglichkeit zur Einrichtung amtlicher Verzeichnisse für präqualifizierte Unternehmen auf die Industrie- und Handelskammern. Trotz der exemplarischen Nennung sind amtliche Verzeichnisse anderer öffentlicher Stellen indes nicht vom Anwendungsbereich der Vorschrift ausgeschlossen. Aus § 48 Abs. 8 Satz 2 VgV ergibt sich, dass die eingerichteten Systeme insbesondere der IHK die hohen Anforderungen der Richtlinie (Art. 64 RL 2014/24/EU) umzusetzen haben. Nach § 48 Abs. 8 Satz 3 VgV hat sich die IHK bei der Führung des amtlichen Verzeichnisses einer zentralen, verkehrsführenden Stelle zu bedienen. In der Praxis ist hierfür eine zentrale IT-gestützte Datenbank erforderlich, welche von der zentralen Stelle gemeinsam betrieben wird. Bei der Stelle kann es beispielsweise um eine gemeinsame Stelle handeln, die bereits durch § 32 Abs. 2 des Umweltauditgesetzes durch schriftliche Vereinba- 26

19 Vgl. Gesetzesbegründung VergRModVO, § 48 Abs. 8 VgV, BT-Drs. 18/7318, S. 186; *Friton/Bayer*, in: Gabriel/Mertens/Prieß/Stein, Beck'scher Online-Kommentar Vergaberecht, § 122 Rn. 54.

20 *Hausmann/von Hoff*, in: Kulartz/Kus/Portz/Prieß, Kommentar zum GWB-Vergaberecht, § 122 Rn. 24.

21 *Gnittke/Hattig*, in: Müller-Wrede, GWB, § 122 Rn. 68; *Weyand*, in: Weyand, Vergaberecht, § 97 Rn. 1116 f.

22 *Gnittke/Hattig*, in: Müller-Wrede, GWB, § 122 Rn. 76.

rung der einzelnen Kammern benannt worden ist, konkret also der Deutsche Industrie- und Handelskammertag als Dachverband. Ziel ist eine einfache direkte und internetbasierte Abfrage aller präqualifizierten Unternehmen durch den öffentlichen Auftraggeber, womit dem Schutzzweck der Vorschrift in Gestalt einer Vereinfachung des Eignungsnachweises Rechnung getragen wird.[23]

27 Eine bundesweite Präqualifizierungsdatenbank wird seit 2009 für den Liefer- und Dienstleistungsbereich unter dem Dach des Deutschen Industrie- und Handelskammertages e. V. betrieben.[24] Hiervon erfasst sind all jene Unternehmen, welche von den Industrie- und Handelskammern oder von Auftragsberatungsstellen auf ihre Eignung (VOL-Bereich) überprüft wurden. Die betreffenden Unternehmen können über die vorstehend genannte Datenbank unter anderem über Suchkriterien wie Name, Sitz oder Branchencode gefunden werden.[25]

2. Präqualifizierungssysteme im Baubereich

28 § 6b EU Abs. 1 Nr. 1 VOB/A kodifiziert Regelungen für Präqualifizierungssysteme im Baubereich. Danach kann der Eignungsnachweis unter anderem durch die vom öffentlichen Auftraggeber direkt abrufbare Eintragung in den allgemein zugänglichen Listen des Vereins für die Präqualifikation von Bauunternehmen e. V. erbracht werden. Auch diesbezüglich wird klargestellt, dass die hinterlegten Angaben nur mit ausreichender Begründung in Zweifel gezogen werden dürfen.

29 Insoweit verweist die Norm, abweichend von § 122 Abs. 3 GWB und § 48 Abs. 8 VgV auf ein bestimmtes Präqualifizierungssystem.

30 Anders als noch § 6 Abs. 3 EG VOB/A fehlt es im Rahmen des § 6b EU Abs. 1 Nr. 1 VOB/A an einer Auflistung der im Präqualifikationsverzeichnis hinterlegten Angaben zu den einzelnen Unternehmen. § 6b EU Abs. 1 Nr. 1 VOB/A macht lediglich deutlich, dass die hinterlegten Angaben nicht unbegründet in Zweifel gezogen werden dürfen und zusätzliche Einzelnachweise durch den öffentlichen Auftraggeber gefordert werden dürfen (Nr. 2). Die zur Anwendung der VOB/A verpflichteten Auftraggeber müssen die Eignungsnachweise, entsprechend den Angaben der vorstehend genannten Liste als verbindlich anerkennen. Anderenfalls liegt hierin ein Verstoß gegen § 6b EU Abs. 1 Nr. 1 VOB/A.[26]

3. Präqualifizierungssysteme in anderen Bereichen

31 Auch im Sektorenbereich können entsprechende Präqualifizierungssysteme etabliert werden, vgl. § 48 SektVO. Die Vorschrift setzt Art. 77 RL 2014/25/EU um. Danach kann der öffentliche Auftraggeber zur „Eignungsfeststellung ein Qualifizierungssystem für Unternehmen einrichten und betreiben". § 122 GWB gilt im Sektorenbereich mit der Besonderheit, dass die Auftraggeber in diesem Bereich abweichend von § 122 Abs. 1 und 2 GWB die Unternehmen anhand objektiver Kriterien auswählt, die allen interessierten Unterneh-

---

23 Vgl. Gesetzesbegründung VergRModVO, § 48 Abs. 8 VgV, BT-Drs. 18/7318, S. 186.

24 Vgl. http://www.pq-vol.de/info.

25 *Gnittke/Hattig*, in: Müller-Wrede, GWB, § 122 Rn. 79; *Hausmann/von Hoff*, in: Kulartz/Kus/Portz/Prieß, Kommentar zum GWB-Vergaberecht, § 122 Rn. 28.

26 Vgl. *Gnittke/Hattig*, in: Müller-Wrede, GWB, § 122 Rn. 74.

men zugänglich sind, § 142 Nr. 1 GWB. Anders als die VgV und die VOB/A sieht § 48 VgV eine detaillierte Ausdifferenzierung der Qualifizierungssysteme vor. Die Aufnahme in ein derartiges Qualifizierungssystem wird im Hinblick auf ein diskriminierungsfreies Antragsverfahren zur Aufnahme im Einzelnen geregelt.[27] Weder in der KonzVgV noch in der VSVgV existieren Vorschriften zu Präqualifizierungssystemen.

4. Verhältnis zur Einheitlichen Europäischen Eigenerklärung

32 Von Bedeutung ist darüber hinaus die Bedeutung von Präqualifizierungssystemen im Zusammenhang mit der Einheitlichen Europäischen Eigenerklärung gem. § 50 VgV. Sofern der öffentliche Auftraggeber nachgeforderte Unterlagen seitens der Bieter im Rahmen eines Präqualifizierungssystems kostenfrei abrufen kann, entfällt eine Pflicht der Bieter zur entsprechenden Beibringung der Nachweise über die bloße Eigenerklärung hinaus. Gem. § 50 Abs. 2 Satz 1 VgV kann der öffentliche Auftraggeber die Bieter jederzeit während des laufenden Verfahrens auffordern, sämtliche oder einen Teil der nach §§ 44 bis 49 VgV geforderten Unterlagen beizubringen. Dies bietet sich vor allem in Fällen an, in denen der Auftraggeber Anhaltspunkte für die Annahme hat, dass dessen Einheitliche Europäische Eigenerklärung unzutreffende Angaben enthält. Gem. § 50 Abs. 2 Satz 2 VgV führt der Auftraggeber, nachdem zuvor eine Eignungsprüfung aller Bieter anhand der Europäischen Eigenerklärung erfolgt ist, vor der Zuschlagserteilung eine endgültige Eignungsprüfung in Bezug auf denjenigen Bieter durch, an den der Auftrag vergeben werden soll.[28]

33 Gem. § 50 Abs. 3 VgV entfällt eine Pflicht der Bewerber und Bieter, entsprechend nachgeforderte Unterlagen beizubringen, sofern und soweit die zuschlagerteilende Stelle den Nachweis bereits besitzt oder aber die Unterlagen über eine gebührenfreie nationale Datenbank und insbesondere eines Präqualifizierungssystems abfragen kann. Die Nachweise müssen daher aktuell und gültig sein. Bei Unklarheiten besteht die Möglichkeit einer Aufklärung beim Bieter, vgl. § 48 Abs. 7 VgV.[29] Insoweit setzt die Vorschrift Art. 59 Abs. 5 RL 2014/24/EU um. Auch in diesem Kontext spiegelt sich der Sinn und Zweck der Präqualifizierungssysteme als Vereinfachung des Nachweises der Eignung wider. Ähnlich den Regelungen der VgV verhalten sich auch die der EU VOB/A, obgleich der diesbezüglich einschlägige § 6b Abs. 2 Nr. 2, Abs. 3 EU VOB/A im Gegensatz zum § 50 Abs. 3 VgV nicht explizit von Präqualifizierungssystemen spricht sondern lediglich die „gebührenfreie nationale Datenbank“ erwähnt.

V. Angemessenheit der Eignungskriterien und Transparenzgebot gem. § 122 Abs. 4 GWB

34 Gem. § 122 Abs. 4 Satz 1 GWB müssen Eignungskriterien mit dem Auftragsgegenstand in Verbindung und zu diesem in einem angemessenen Verhältnis stehen. § 122 Abs. 4 Satz 1

27 Vgl. *Hausmann/von Hoff*, in: Kulartz/Kus/Portz/Prieß, Kommentar zum GWB-Vergaberecht, § 122 Rn. 32.

28 Vgl. Gesetzesbegründung VergRModVO, § 50 VgV, BT-Drs. 18/7318, S. 187; *Gnittke/Hattig*, in: Müller-Wrede, GWB, § 122 Rn. 84 f.

29 Vgl. Gesetzesbegründung VergRModVO, § 50 VgV, BT-Drs. 18/7318, S. 187.

GWB stellt sicher, dass seitens der öffentlichen Auftraggeber lediglich angemessene Anforderungen an die Eignung gestellt werden, was maßgeblich von der Art des Auftrags, vom Auftragsgegenstand und von den Bedingungen der Auftragsausführung abhängen dürfte. Im Zusammenhang mit komplexen Bauvorhaben werden daher deutliche höhere Eignungsvorgaben gefordert werden als im Rahmen der Beschaffung marktüblicher Waren. Dabei ist dem Wortlaut entsprechend stets darauf zu achten, dass eine Verbindung zum Auftragsgegenstand besteht.[30] In Umsetzung des Art. 58 Abs. 5 RL 2014/24/EU fordert § 122 Abs. 4 Satz 2 GWB, dass die für die konkrete Ausschreibung geforderten Eignungskriterien allen interessierten Wirtschaftsteilnehmern rechtzeitig bekannt gemacht werden. Danach sind sie in der Auftragsbekanntmachung, der Vorinformation oder der Aufforderung zur Interessenbestätigung aufzuführen. Damit umfasst § 122 Abs. 4 GWB zwei eigenständige Regelungstatbestände in Gestalt der Angemessenheit der Eignungskriterien und zum anderen deren Bekanntmachungspflicht im Rahmen des Vergabeverfahrens.

1. § 122 Abs. 4 Satz 1 GWB

35 Die Vorschrift spiegelt die bereits aktuell geltende Gesetzeslage wider, wonach von Unternehmen seitens der öffentlichen Auftraggeber zum Nachweis der Eignung lediglich solche Unterlagen und Angaben gefordert werden dürfen, die durch den Auftragsgegenstand gerechtfertigt und insgesamt angemessen sind, vgl. § 6 EG Abs. 5 Nr. 1 VOB/A 2012, § 7 EG Abs. 1 VOL/A, § 5 Abs. 1 VOL/A. Auch die etablierte Entscheidungspraxis konkretisiert diese Voraussetzungen entsprechend.[31] Als besondere Ausgestaltung des in § 97 Abs. 1 Satz 2 GWB kodifizierten Verhältnismäßigkeitsgrundsatzes begrenzt § 122 Abs. 4 Satz 1 GWB somit den Ermessensspielraum des öffentlichen Auftraggebers bei der Festlegung der Eignungskriterien, obgleich dieser, wie schon in der Vergangenheit, weiterhin bestehen bleiben dürfte. Wird dieser Ermessensspielraum gänzlich unberücksichtigt gelassen, liegt ein Ermessensausfall und somit ein Ermessensfehler vor.[32] Die einschlägige Entscheidungspraxis ging bisher davon aus, dass die Ermessensentscheidung des Auftraggebers von den Nachprüfungsinstanzen nur in eingeschränktem Maße überprüfbar ist. Dabei soll lediglich die Einhaltung der Grenzen des Beurteilungsspielraums überprüfbar sein. Maßgeblich ist danach, ob aus verständiger Sicht des Auftraggebers ein berechtigtes Interesse hinsichtlich der verlangten Nachweise besteht, sodass diese sachlich berechtigt und verhältnismäßig erscheinen und den Bieterwettbewerb nicht unnötig einschränken.[33]

36 Dabei hängt die Angemessenheit der geforderten Eignungskriterien maßgeblich von der Art des Auftrages, vom Auftragsgegenstand sowie von den Ausführungsmodalitäten ab. Die Vergabestelle muss dabei ein berechtigtes Interesse an der Aufstellung bestimmter

30 Vgl. Gesetzesbegründung § 122 Abs. 4, BT-Drs. 18/6281, S. 101; *Hausmann/von Hoff*, in: Kulartz/Kus/Portz/Prieß, Kommentar zum GWB-Vergaberecht, § 122 Rn. 35.

31 OLG Düsseldorf, Beschl. v. 25.6.2014, VII-Verg 38/13; OLG Düsseldorf, Beschl. v. 12.2.2014, VII-Verg 29/13; VK Bund, Beschl. v. 10.9.2014, VK 1-66/14.

32 Vgl. *Hausmann/von Hoff*, in: Kulartz/Kus/Portz/Prieß, Kommentar zum GWB-Vergaberecht, § 122 Rn. 39; zur bisherigen Rechtslage: OLG Düsseldorf, Beschl. v. 21.12.2011, VII-Verg 74/11; OLG Karlsruhe, Beschl. v. 22.7.2011, 15 Verg 8/11.

33 Vgl. OLG Düsseldorf, Beschl. v. 21.12.2011, VII-Verg 74/11; OLG Koblenz, Beschl. v. 13.6.2012, 1Verg 2/12; Thüringer OLG, Beschl. v. 18.5.2009, 9 Verg 4/09; *Hausmann/von Hoff*, in: Kulartz/Kus/Portz/Prieß, Kommentar zum GWB-Vergaberecht, § 122 Rn. 41.

Eignungsvoraussetzungen haben.[34] Der Auftraggeber muss seine Ausschreibung hingegen nicht so zuschneiden, dass sich jedes auf dem betreffenden Markt tätige Unternehmen daran beteiligen kann.[35]

Es können darüber hinaus gem. § 122 Abs. 4 Satz 1 GWB nur Kriterien festgelegt und entsprechende Nachweise von den potenziellen Bietern und Bewerbern gefordert werden, die mit dem Auftragsgegenstand in Verbindung stehen und mithin sachlich gerechtfertigt sind.[36] Sachlich nicht gerechtfertigt sind regelmäßig die Beschränkung auf Unternehmen mit bestimmter regionaler Niederlassung und Vernetzung oder Eignungsanforderungen, die sich nicht auf den Auftragsgegenstand des betreffenden Fachloses bezieht.[37] Zulässig hingegen ist die Forderung „vergleichbarer Referenzen" als Eignungskriterium.[38] Vergleichbarkeit besteht dabei dann, wenn die angegebene Referenzleistung in technischer oder organisatorischer Sicht mit einem gleich hohen oder höheren Schwierigkeitsgrad durchgeführt wurde. Sie muss im Ergebnis einen aussagekräftigen Rückschluss auf die Leistungsfähigkeit des Bieters im Hinblick auf die ausgeschriebene Leistung zulassen.[39] **37**

2. Bekanntmachungsgebot gem. § 122 Abs. 4 Satz 2 GWB

§ 122 Abs. 4 Satz 2 GWB setzt Art. 58 Abs. 5 RL 2014/24/EU um und stellt sicher, dass die Eignungskriterien allen interessierten Wirtschaftsteilnehmern rechtzeitig bekannt gemacht werden.[40] Nach dem Wortlaut sind die Kriterien in der Auftragsbekanntmachung, der Vorinformation oder der Aufforderung zur Interessensbestätigung aufzuführen. Auch § 48 VgV greift dieses Erfordernis auf. Danach ist in der Auftragsbekanntmachung oder der Aufforderung zur Interessenbestätigung neben den Eignungskriterien auch anzugeben, mit welchen Unterlagen die Bewerber oder Bieter ihre Eignung gem. §§ 43 bis 47 VgV sowie das Nichtvorliegen von Ausschlussgründen belegen müssen. **38**

Die Eignungskriterien sind insoweit in der EU-Bekanntmachung eindeutig und abschließend zu beschreiben. Eine Mitteilung der Eignungskriterien erst in den Vergabeunterlagen ist ausweislich des klaren Wortlauts der Vorschrift daher unzulässig.[41] Auf diese Weise soll den Interessenten von vornherein eine sachgerechte und zuverlässige Entscheidung darüber ermöglicht werden, ob sie am Vergabeverfahren teilnehmen können und die damit verbundenen Aufwendungen unternehmen wollen. Die bereits in der Vergabebekanntmachung zu benennenden, vom Auftraggeber geforderten Eignungsnachweise dürfen danach **39**

---

34 Vgl. *Gnittke/Hattig*, in: Müller-Wrede, GWB, § 122 Rn. 89; *Weyand*, in: Weyand, Vergaberecht, § 97 GWB Rn. 695, 17. Ak. 2015.

35 OLG Düsseldorf, Beschl. v. 19.12.2012, VII-Verg 30/12.

36 Vgl. OLG Koblenz, Beschl. v. 13.6.2012, 1 Verg 2/12; VK Rheinland-Pfalz, Beschl. v. 21.10.2012, VK 1 26/12.

37 EuGH, Urt. v. 29.5.2013, Rs. T-384/10; VK Bund, Beschl. v. 12.5.2009, VK 3 – 109/09; VK Bund, Beschl. v. 4.1.2016, VK 2-125/15; *Gnittke/Hattig*, in: Müller-Wrede, GWB, § 122 Rn. 92 f.

38 Vgl. etwa OLG Düsseldorf, Beschl. v. 25.10.2011, VII-Verg 86/11; OLG Koblenz, Beschl. v. 13.6.2012, 1 Verg 2/12.

39 Vgl. OLG Frankfurt, Beschl. v. 8.4.2014, 11 Verg 1/14; VK Westfalen, Beschl. v. 16.4.2015, VK 2-9/15; VK Bund, Beschl. v. 30.4.2010, VK 2-29/10; *Gnittke/Hattig*, in: Müller-Wrede, GWB, § 122 Rn. 98.

40 Vgl. Gesetzesbegründung § 122 Abs. 4, BT-Drs. 18/6281, S. 101.

41 Vgl. *Hausmann/von Hoff*, in: Kulartz/Kus/Portz/Prieß, Kommentar zum GWB-Vergaberecht, § 122 Rn. 42.

in den Begleitdokumenten zur Ausschreibung lediglich präzisiert, hingegen nicht ausgetauscht oder erstmals gefordert werden. Die Eignungsanforderung muss dabei so eindeutig formuliert und hinreichend klar sein, dass einem verständigen Bieter ohne eigene Interpretation eindeutig erkennbar wird, was seitens der Auftraggeber gefordert wird.[42]

40 Eine Entscheidung potenzieller Interessenten dahingehend, ob sie sich an dem weiteren Verfahren beteiligen, ist daher nicht gewährleistet, wenn die Angabe der vorzulegenden Nachweise erst in den Vergabeunterlagen zum Ausdruck kommt.[43] Werden die Eignungskriterien erst aus den noch anzufordernden Vergabeunterlagen selbst ersichtlich, liegt hierin ein Vergaberechtsverstoß mit der Folge, dass die Eignungsnachweise seitens des öffentlichen Auftraggebers nicht wirksam gefordert wurden.[44] Der öffentliche Auftraggeber ist insoweit an die in der Vergabebekanntmachung festgelegten Eignungskriterien gebunden und kann diese im späteren Verfahrensverlauf nicht verändern, einschränken oder erweitern sondern lediglich präzisieren.[45] Bei Widersprüchen zwischen Bekanntmachung und Vergabeunterlagen gilt in diesem Kontext primär der Inhalt der Bekanntmachung.[46] Dem öffentlichen Auftraggeber bleibt insoweit die Möglichkeit einer jederzeitigen, transparenten und diskriminierungsfreien Änderung der Eignungskriterien im Rahmen einer Änderungsbekanntmachung im EU-Amtsblatt.[47]

---

42 Vgl. VK Südbayern, Beschl. v. 19.3.2015, Z3-3-3194-1-61-12/14.

43 Vgl. OLG Naumburg, Beschl. v. 2.7.2009, 1 Verg 2/09.

44 Vgl. OLG Celle, Beschl. v. 24.4.2014, 13 Verg 2/14; OLG Düsseldorf, Beschl. v. 22.1.2014, VII-Verg 26/13; *Gnittke/Hattig*, in: Müller-Wrede, GWB, § 122 Rn. 104.

45 VK Sachsen-Anhalt, Beschl. v. 29.9.2015, 3 VK LSA 65/15.

46 Vgl. OLG München, Beschl. v. 12.11.2010, Verg 21/10; VK Südbayern, Beschl. v. 22.12.2015, Z3-3-3194-1-48-09/15.

47 *Gnittke/Hattig*, in: Müller-Wrede, GWB Vergaberecht Kommentar, § 122 Rn. 111; VK Westfalen, Beschl. v. 18.3.2015, VK 1-6/15.

§ 123 Zwingende Ausschlussgründe

(1) Öffentliche Auftraggeber schließen ein Unternehmen zu jedem Zeitpunkt des Vergabeverfahrens von der Teilnahme aus, wenn sie Kenntnis davon haben, dass eine Person, deren Verhalten nach Absatz 3 dem Unternehmen zuzurechnen ist, rechtskräftig verurteilt oder gegen das Unternehmen eine Geldbuße nach § 30 des Gesetzes über Ordnungswidrigkeiten rechtskräftig festgesetzt worden ist wegen einer Straftat nach:

1. § 129 des Strafgesetzbuchs (Bildung krimineller Vereinigungen), § 129a des Strafgesetzbuchs (Bildung terroristischer Vereinigungen) oder § 129b des Strafgesetzbuchs (Kriminelle und terroristische Vereinigungen im Ausland),
2. § 89c des Strafgesetzbuchs (Terrorismusfinanzierung) oder wegen der Teilnahme an einer solchen Tat oder wegen der Bereitstellung oder Sammlung finanzieller Mittel in Kenntnis dessen, dass diese finanziellen Mittel ganz oder teilweise dazu verwendet werden oder verwendet werden sollen, eine Tat nach § 89a Absatz 2 Nummer 2 des Strafgesetzbuchs zu begehen,
3. § 261 des Strafgesetzbuchs (Geldwäsche; Verschleierung unrechtmäßig erlangter Vermögenswerte),
4. § 263 des Strafgesetzbuchs (Betrug), soweit sich die Straftat gegen den Haushalt der Europäischen Union oder gegen Haushalte richtet, die von der Europäischen Union oder in ihrem Auftrag verwaltet werden,
5. § 264 des Strafgesetzbuchs (Subventionsbetrug), soweit sich die Straftat gegen den Haushalt der Europäischen Union oder gegen Haushalte richtet, die von der Europäischen Union oder in ihrem Auftrag verwaltet werden,
6. § 299 des Strafgesetzbuchs (Bestechlichkeit und Bestechung im geschäftlichen Verkehr), §§ 299a und 299b des Strafgesetzbuches (Bestechlichkeit und Bestechung im Gesundheitswesen),
7. § 108e des Strafgesetzbuchs (Bestechlichkeit und Bestechung von Mandatsträgern), §§ 299a und 299b des Strafgesetzbuches (Bestechlichkeit und Bestechung im Gesundheitswesen),
8. den §§ 333 und 334 des Strafgesetzbuchs (Vorteilsgewährung und Bestechung), jeweils auch in Verbindung mit § 335a des Strafgesetzbuchs (Ausländische und internationale Bedienstete),
9. Artikel 2 § 2 des Gesetzes zur Bekämpfung internationaler Bestechung (Bestechung ausländischer Abgeordneter im Zusammenhang mit internationalem Geschäftsverkehr) oder
10. den §§ 232, 232a Absatz 1 bis 5, den §§ 232b bis 233a des Strafgesetzbuches (Menschenhandel, Zwangsprostitution, Zwangsarbeit, Ausbeutung der Arbeitskraft, Ausbeutung unter Ausnutzung einer Freiheitsberaubung).

(2) Einer Verurteilung oder der Festsetzung einer Geldbuße im Sinne des Absatzes 1 stehen eine Verurteilung oder die Festsetzung einer Geldbuße nach den vergleichbaren Vorschriften anderer Staaten gleich.

(3) Das Verhalten einer rechtskräftig verurteilten Person ist einem Unternehmen zuzurechnen, wenn diese Person als für die Leitung des Unternehmens Verantwortlicher

gehandelt hat; dazu gehört auch die Überwachung der Geschäftsführung oder die sonstige Ausübung von Kontrollbefugnissen in leitender Stellung.

(4) Öffentliche Auftraggeber schließen ein Unternehmen zu jedem Zeitpunkt des Vergabeverfahrens von der Teilnahme an einem Vergabeverfahren aus, wenn

1. **das Unternehmen seinen Verpflichtungen zur Zahlung von Steuern, Abgaben oder Beiträgen zur Sozialversicherung nicht nachgekommen ist und dies durch eine rechtskräftige Gerichts- oder bestandskräftige Verwaltungsentscheidung festgestellt wurde oder**
2. **die öffentlichen Auftraggeber auf sonstige geeignete Weise die Verletzung einer Verpflichtung nach Nummer 1 nachweisen können.**

Satz 1 ist nicht anzuwenden, wenn das Unternehmen seinen Verpflichtungen dadurch nachgekommen ist, dass es die Zahlung vorgenommen oder sich zur Zahlung der Steuern, Abgaben und Beiträge zur Sozialversicherung einschließlich Zinsen, Säumnis- und Strafzuschlägen verpflichtet hat.

(5) Von einem Ausschluss nach Absatz 1 kann abgesehen werden, wenn dies aus zwingenden Gründen des öffentlichen Interesses geboten ist. Von einem Ausschluss nach Absatz 4 Satz 1 kann abgesehen werden, wenn dies aus zwingenden Gründen des öffentlichen Interesses geboten ist oder ein Ausschluss offensichtlich unverhältnismäßig wäre. § 125 bleibt unberührt.

Schrifttum: *Heiermann/Zeiss/Summa*, jurisPK-Vergaberecht, 5. Aufl. 2016; *Knauer/Kudlich/Schneider*, Münchener Kommentar zur StPO, 1. Aufl. 2014; *Kulartz/Kus/Portz/Prieß*, Kommentar zum GWB-Vergaberecht, 4. Aufl. 2016; *Müller-Wrede*, GWB Vergaberecht, Kommentar, 2016.

Übersicht

I. Allgemeines[1]

Ein wesentliches Ziel der Vergaberechtsreform war es, die Bekämpfung von Wirtschaftskriminalität zu verbessern. Wirtschaftsdelikte dürfen auch bei der Vergabe öffentlicher Aufträge und Konzessionen nicht ohne Folgen bleiben. Wer sich wegen Wirtschaftsdelikten – insbesondere im Zusammenhang mit Korruption – strafbar gemacht hat, soll nicht zum Nachteil von rechtstreuen Unternehmen von öffentlichen Aufträgen und Konzessionen profitieren, sondern vom Vergabeverfahren ausgeschlossen werden. § 123 GWB regelt, in welchen Fällen ein Bieter bzw. Bewerber wegen mangelnder Zuverlässigkeit im Hinblick auf die Verletzung strafrechtlicher Vorschriften (Abs. 1) und die Nichtentrichtung von Steuern und Sozialabgaben (Abs. 4) zwingend von der Teilnahme an einem Vergabeverfahren auszuschließen ist. Derartige Ausschlusstatbestände existierten zwar bereits vor der nationalen Vergaberechtsreform des Jahres 2016, allerdings waren diese Regelungen anders als jetzt in untergesetzlichen Regelwerken zu finden.[2] Vor dem Hintergrund der teilweisen unterschiedlichen Ausgestaltungen der Ausschlusstatbestände in den verschiedenen Regelwerken, ist die nunmehr einheitliche Regelung im GWB zu begrüßen. Die Aufnahme der Ausschlusstatbestände in das GWB ist schließlich insbesondere auch unter grundrechtlichen Gesichtspunkten sinnvoll, denn der Ausschluss eines Bieters bzw. Bewerbers von der Teilnahme an einem Vergabeverfahren kann mit Grundrechtsverletzungen einhergehen. Des Weiteren sind auch die erheblichen Konsequenzen, die mit einem Ausschluss verbunden sind, zu berücksichtigen. So handelt es sich um einen weitreichenden Ausschluss, denn der betreffende Bieter bzw. Bewerber ist für einen nicht zu unterschätzenden Zeitraum[3] für sämtliche Vergabeverfahren von Auftraggebern i. S. d. § 98 GWB gesperrt. **1**

Im Vergleich zu den bisherigen Regelungen enthält § 123 GWB insbesondere folgende Neuerungen: **2**

- Eine Erweiterung des Straftatenkatalogs (z. B. Terrorismusfinanzierung/Menschenhandel/Bestechlichkeit und Bestechung im Gesundheitswesen),
- die Nichtzahlung von Steuern, Gebühren und Sozialabgaben wird zu einem zwingenden Ausschlussgrund heraufgestuft, § 123 Abs. 4 GWB,
- die einheitliche Zurechnungsnorm in § 123 Abs. 3 GWB.[4]

§ 123 GWB dient der Umsetzung des Art. 57 Abs. 1–3 sowie Abs. 5 UAbs. 1 der Richtlinie 2014/24/EU. Die Vorgängerregelung findet sich in Art. 45 der Richtlinie 2004/18/EG. Mit der Richtlinie 2004/18/EG wurden erstmals zwingende Ausschlussgründe, die sich auf die **3**

---

1 Die Autorin dankt Frau Rechtsanwältin *Katrin Weßler* für die wertvolle und tatkräftige Unterstützung bei der Kommentierung dieser Vorschrift.

2 § 6 EG Abs. 5 VOL/A, § 6 EG Abs. 4 VOB/A, § 4 Abs. 6 und 8 VOF, § 21 Abs. 1–3 SektVO, § 23 Abs. 1–5 VSVgV.

3 Vgl. § 126 GWB.

4 Die Zurechnungsnormen im Rahmen der bisherigen Ausschlussregelungen in der VOB/A-EG, VOL/A-EG und SektVO waren insoweit uneinheitlich, dass sie in Bezug auf den Zeitpunkt, zu dem die verurteilte Person eine Leitungsfunktion innegehabt haben musste, divergierten: § 6 EG Abs. 4 Nr. 1 Satz 3 VOB/A und § 21 Abs. 2 SektVO stellten darauf ab, ob die verurteilte Person gegenwärtig – also im Zeitpunkt der Ausschlussentscheidung – eine Leitungsfunktion innegehabt hatte. § 6 EG Abs. 3 Satz 2 VOL/A stellte wie auch nunmehr § 123 Abs. 3 GWB auf den Zeitpunkt der Tatbegehung ab.

berufliche Eignung des Bewerbers bzw. Bieters beziehen, auf der Ebene des Gemeinschaftsrechts eingeführt.

II. Zwingender Ausschluss wegen rechtskräftiger Verurteilung oder rechtskräftiger Festsetzung einer Geldbuße nach § 30 OWiG

1. Relevante Straftatbestände

4 § 123 Abs. 1 GWB enthält einen abschließenden Katalog von Ausschlusstatbeständen, die an die rechtskräftige Verurteilung bzw. rechtskräftige Festsetzung einer Geldbuße wegen bestimmter konkret benannter Strafrechtsvorschriften anknüpfen. Bei Verstößen gegen Straftatbestände, die keine Katalogstraftat im Sinne des Abs. 1 sind, kommt folglich ein zwingender Ausschluss nicht ohne Weiteres in Betracht. Allerdings kann in einem solchen Fall der fakultative Ausschlussgrund nach § 124 Abs. 1 Nr. 3 GWB erfüllt sein. Die Begehung einer Straftat stellt in der Regel eine schwere Verfehlung dar.[5] Je nach den konkreten Umständen der Tat kann aufgrund ihrer Schwere das Ermessen des Auftraggebers auf null reduziert sein, sodass auch dieser Ausschlussgrund auf einen letztlich zwingenden Ausschluss hinauslaufen kann.[6] In § 123 Abs. 1 GWB werden insgesamt 17 Straftatbestände aufgelistet, die überwiegend dem Wirtschaftsstrafrecht zuzuordnen sind. Die Straftatbestände in Abs. 1 können in zwei Gruppen unterteilt werden. Die erste Gruppe bilden die in Abs. 1 aufgelisteten Ausschlusstatbestände, die alleine auf die Erfüllung des jeweiligen Straftatbestandes abstellen (§ 123 Abs. 1 Nr. 1, 2, 3, 6, 7, 8, 9 und 10 GWB). Sie bilden folglich auch die größere der beiden Gruppen. Von der zweiten Gruppe werden schließlich solche Ausschlusstatbestände erfasst, bei denen es zusätzlich erforderlich ist, dass sich die jeweilige Straftat gegen einen Haushalt richtet, der entweder von der Europäischen Union oder in deren Auftrag verwaltet wird. Hierunter fallen lediglich § 123 Abs. 1 Nr. 4 und 5 GWB.

5 **§ 123 Abs. 1 Nr. 1 und 2 GWB** setzten Art. 57 Abs. 1 lit. a), d) und e) der Richtlinie 2014/24/EU um, die wiederum auf Art. 2 des Rahmenbeschlusses 2008/841/JI des Rates vom 24.10.2008 zur Bekämpfung der organisierten Kriminalität,[7] auf Art. 1, 3 und 4 des Rahmenbeschlusses 2002/475/JI des Rates vom 13.6.2002 zur Terrorismusbekämpfung[8] und auf Art. 1 der Richtlinie 2005/60/EG des Europäischen Parlaments und des Rates vom 26.10.2005 zur Verhinderung und Nutzung des Finanzsystems zum Zwecke der Geldwäsche und der Terrorismusfinanzierung verweisen. Neu in die Kategorie der zwingenden Ausschlussgründe aufgenommen wurde der Straftatbestand der Terrorismusfinanzierung gem. § 89c StGB. Die Terrorismusfinanzierung wird ausdrücklich auch in Erwägungsgrund 100 zur Richtlinie 2014/24/EU erwähnt.

6 **§ 123 Abs. 1 Nr. 3 GWB** dient der Umsetzung des Art. 57 Abs. 1 lit. e) der Richtlinie 2014/24/EU i.V.m. Art. 1 der Richtlinie 2005/60/EG (die Geldwäsche betreffend).

---

5 Vgl. Kommentierung § 124 Rn. 17, 18, 22.
6 Gesetzesbegründung, BT-Drs. 18/6281, S. 104.
7 Rahmenbeschl. 2008/841/JI des Rates v. 24.10.2008, ABl. 2008 L 300, S. 42.
8 Rahmenbeschl. des Rates v. 13.6.2002, ABl. 2002 L 164, S. 3.

§ 123 Abs. 1 Nr. 4 und 5 GWB setzen Art. 57 Abs. 1 lit. c) der Richtlinie 2014/24/EU um. 7
§ 123 Abs. 1 Nr. 4 und 5 GWB nennt den Betrug nach § 263 StGB und den Subventionsbetrug nach § 264 StGB als zwingende Ausschlusstatbestände, wobei erforderlich ist, dass sich die Betrugsstraftat gegen den Haushalt der Europäischen Union oder gegen einen Haushalt, der von der Europäischen Union oder in deren Auftrag verwaltet wird, richtet. Ein Betrug zulasten der öffentlichen Haushalte dürfte jedoch regelmäßig eine schwere Verfehlung im Rahmen der beruflichen Tätigkeit gemäß § 124 GWB Abs. 1 Nr. 3 GWB begründen, sodass selbstverständlich auch ein solcher einen Ausschlussgrund begründen kann. Eine Korrektur dahingehend, dass § 123 Abs. 1 Nr. 4 und 5 auch insoweit Anwendung findet, als sich die Straftat gegen öffentliche Haushalte richtet, hat das Bundeministerium für Wirtschaft und Energie in § 31 Abs. 2 S. 4 UVgO[9] für die Vergabe von Liefer- und Dienstleistungen unterhalb der Schwelle bereits veranlasst.

§ 123 Abs. 1 Nr. 6, 7, 8 und 9 GWB setzen Art. 57 Abs. 1 lit. b) der Richtlinie 2014/24/ 8
EU um. Als richtlinienkonform ist dabei insbesondere auch die Regelung in § 123 Abs. 1 Nr. 8 GWB anzusehen, die neben der Bestechung von Amtsträgern gem. § 334 StGB auch die Vorteilsgewährung für Amtsträger nach § 333 StGB nennt, obgleich die Richtlinie in Art. 57 Abs. 1 lit. b) begrifflich allein auf die Bestechung abstellt („Bestechung im Sinne des nationalen Rechts"). Dem Begriff der Bestechung kommt im Rahmen der Richtlinie die Bedeutung eines Oberbegriffs zu.[10] Hierfür spricht insbesondere auch die Verwendung des Begriffs „corruption" in der englischen Sprachfassung.[11] Die Regelung des § 123 Abs. 1 Nr. 6 wurde durch das Gesetz „zur Einführung eines Wettbewerbsregisters und zur Änderung des Gesetzes gegen Wettbewerbsbeschränkungen" mit Geltung ab 29.7.2017,[12] um „§§ 299a und 299b des Strafgesetzbuchs (Bestechlichkeit und Bestechung im Gesundheitswesen)" erweitert. Der zwingende Ausschlussgrund der Bestechlichkeit wurde damit an die Änderung des Strafgesetzbuchs für den Bereich Bestechlichkeit und Bestechung im Gesundheitswesen angepasst.[13]

§ 123 Abs. 1 Nr. 10 GWB dient schließlich der Umsetzung des Art. 57 Abs. 1 lit. f) der 9
Richtlinie 2014/24/EU (den Menschenhandel betreffend). Der Gesetzestext erfuhr unmittelbar nach Inkrafttreten des Vergaberechtsmodernisierungsgesetzes zu dieser Ziffer erste Änderungen. In der am 18.4.2016 in Kraft getretenen Ursprungsfassung lautete der Gesetzestext noch: „(…wegen einer Straftat nach) den §§ 232 und 233 des Strafgesetzbuchs (Menschenhandel) oder § 233a des Strafgesetzbuchs (Förderung des Menschenhandels)." Die jetzige Fassung des Gesetzestextes des § 123 Abs. 1 Nr. 10 GWB kam sodann durch das Gesetz „zur Verbesserung der Bekämpfung des Menschenhandels und zur Änderung des Bundeszentralregistergesetzes sowie des Achten Buches Sozialgesetzbuch" vom 11.10.2016[14] zustande und trat am 15.10.2016 in Kraft. Es handelt sich um eine Folgeänderung zur Änderung der früheren §§ 232, 233, 233a StGB, die nunmehr die §§ 232, 232a, 232b StGB darstellen (Menschenhandel, Zwangsprostitution, Zwangsarbeit). Zugleich sollten zur Vermeidung von Wertungswidersprüchen auch die neuen Vorschriften der §§ 233, 233a StGB (Ausbeutung der Arbeitskraft, Ausbeutung unter Ausnutzung einer

9 Bekanntgemacht im Bundesanzeiger BAnz AT 7.2.2017 B1.
10 Gesetzesbegründung, BT-Drs. 18/6281, S. 103.
11 Gesetzesbegründung, BT-Drs. 18/6281, S. 103.
12 BGBl. I, S. 2743, Art. 2 Abs. 2 Nr. 2.
13 Gesetzesbegründung, BT-Drs. 18/12051, S. 35.
14 BGBl. I, S. 2226, Art. 4 Abs. 8.

Freiheitsberaubung) als zwingende Ausschlussgründe von einem Vergabeverfahren in § 123 Absatz 1 Nr. 10 GWB aufgenommen werden.[15] Insgesamt betrachtet wurde im Vergleich zu den bisherigen Regelungen der Katalog der zwingenden Ausschlussgründe an dieser Stelle erweitert, wobei der nationale Gesetzgeber anders als der Richtliniengeber in Art. 57 Abs. 1 lit. f) der Richtlinie 2014/24/EU auf eine explizite Nennung von Kinderarbeit als zwingenden Ausschlussgrund verzichtet hat. Hintergrund hierfür ist, dass auf nationaler Ebene Kinderarbeit unter die Straftatbestände des Menschenhandels subsumiert wird. Dies stößt insoweit auch europarechtlich nicht auf Bedenken, denn die Richtlinie versteht den Begriff des Menschenhandels selbst als Oberbegriff in diesem Zusammenhang („Kinderarbeit und anderer Formen des Menschenhandels“[16]).

10 Der Katalog von Straftatbeständen in § 123 Abs. 1 GWB geht insgesamt grundsätzlich nicht über die verpflichtenden Vorgaben des Richtliniengebers in Art. 57 Abs. 1 der Richtlinie 2014/24/EU hinaus. Insbesondere hat der deutsche Gesetzgeber nicht von der in Art. 57 Abs. 4 der Richtlinie 2014/24/EU eingeräumten Möglichkeit Gebrauch gemacht, die in der Richtlinie als fakultative Ausschlussgründe ausgestalteten Tatbestände auf nationaler Ebene als zwingende Gründe auszugestalten. Angesichts der gravierenden Rechtsfolge des zwingenden Ausschlusses von der Teilnahme an einem Vergabeverfahren darf nach Auffassung der Bundesregierung die Festlegung obligatorischer Ausschlussgründe nicht weiter als unbedingt notwendig gehen.[17]

2. Rechtskräftige Verurteilung/Rechtskräftige Festsetzung einer Geldbuße nach § 30 OWiG

11 § 123 Abs. 1 GWB enthält in persönlicher Hinsicht zwei Anknüpfungspunkte für den Ausschluss eines Unternehmens. Zum einen ist ein Unternehmen zwingend auszuschließen, wenn eine natürliche Person wegen einer der im Katalog des Abs. 1 aufgelisteten Straftaten rechtskräftig verurteilt worden ist und ihr Verhalten dem Unternehmen nach Abs. 3 zugerechnet werden kann. Zum anderen ist ein Unternehmen zwingend auszuschließen, wenn gegen das Unternehmen selbst eine Geldbuße nach § 30 OWiG rechtskräftig festgesetzt worden ist.

a) Rechtskräftige Verurteilung

12 Für eine rechtskräftige Verurteilung ist die sog. formelle Rechtskraft im Sinne der StPO erforderlich. Ein Strafurteil erwächst in formeller Rechtskraft, wenn es nicht mehr angefochten werden kann.[18] Dies ist der Fall, wenn die Rechtsmittelfrist verstrichen ist, ein eingelegtes Rechtsmittel zurückgenommen oder ein Rechtsmittelverzicht erklärt worden ist.[19] Gem. § 410 Abs. 3 StPO steht ein Strafbefehl, gegen den nicht rechtzeitig Einspruch erhoben worden ist, einem rechtskräftigen Urteil gleich. Diese Gleichsetzung findet nach über-

---

15 Vgl. Beschlussempfehlung und Bericht zu dem Gesetzentwurf der Bundesregierung – BT-Drs. 18/4613 –, BT-Drs. 18/9095 v. 6.7.2016 zu Artikel 4 Abs. 8, S. 47.

16 Art. 57 Abs. 1 lit. f) der Richtlinie 2014/24/EU.

17 Vgl. Gesetzentwurf der Bundesregierung, Entwurf eines Gesetzes zur Modernisierung des Vergaberechts (Vergaberechtsmodernisierungsgesetz – VergRModG), S. 126.

18 Vgl. *Kudlich*, in: Münchener Kommentar zur StPO, Einleitung Rn. 499; *Summa*, in: Heiermann/Zeiss/Summa, jurisPK-Vergaberecht, § 123 GWB Rn. 14.

19 Vgl. *Kudlich*, in: Münchener Kommentar zur StPO, Einleitung Rn. 499.

wiegender Ansicht auch im Vergaberecht Anwendung.[20] Nicht ausreichend für einen zwingenden Ausschluss im Sinne des § 123 GWB sind dagegen die bloße Einleitung eines Ermittlungsverfahrens, die Anordnung einer Durchsuchung, der Erlass eines Haftbefehls, die Anklageerhebung, die Eröffnung des Hauptsacheverfahrens oder das Vorliegen eines noch nicht rechtskräftigen Urteils. In diesen Fällen ist aber an den fakultativen Ausschlussgrund nach § 124 Abs. 1 Nr. 3 GWB zu denken. § 123 GWB entfaltet keine Sperrwirkung im Hinblick auf § 124 GWB. Dies stellt auch Erwägungsgrund 101 der Richtlinie 2014/24/EU klar. Dort heißt es, dass ein öffentlicher Auftraggeber ein schwerwiegendes berufliches Fehlverhalten eines Unternehmens auch dann bejahen und das Unternehmen ausschließen kann, wenn noch keine endgültige und verbindliche Entscheidung vorliegt, er jedoch das Vorliegen eines zwingenden Ausschlussgrundes nachweisen kann. Die deutsche Gesetzesbegründung steht damit im Einklang.[21]

b) Rechtskräftige Festsetzung einer Geldbuße

Nach § 123 Abs. 1 GWB bedarf es für einen Ausschluss nicht notwendigerweise einer rechtskräftigen Verurteilung. Ausreichend ist es bereits, wenn gegen das Unternehmen rechtskräftig eine Geldbuße gem. § 30 OWiG festgesetzt worden ist. Rechtskräftig ist eine solche Festsetzung, wenn sie mit einem Rechtsbehelf nicht mehr angefochten werden kann. Mit Blick auf die Richtlinie ist die Erweiterung auf den Fall einer rechtskräftigen Festsetzung einer Geldbuße allerdings kritisch zu hinterfragen. Art. 57 Abs. 1 der Richtlinie 2014/24/EU nennt ausdrücklich nur die rechtskräftige Verurteilung. Die Festsetzung einer Geldbuße unter den in der Richtlinie verwendeten Begriff der Verurteilung zu subsumieren, überzeugt nicht ohne Weiteres. Während es sich bei der Verurteilung um eine gerichtliche Entscheidung handelt, sind für die Verhängung einer Geldbuße nach § 30 OWiG gem. § 35 OWiG primär die Verwaltungsbehörden zuständig, sodass es sich mithin um eine Verwaltungsentscheidung handelt. Auch auf Ebene des Gemeinschaftsrechts wird zwischen gerichtlichen und verwaltungsbehördlichen Entscheidungen unterschieden. Dies kann nicht zuletzt unmittelbar der hier relevanten Richtlinie selbst entnommen werden. So heißt es in Art. 57 Abs. 2 der Richtlinie 2014/24/EU ausdrücklich „verbindliche Gerichts- oder Verwaltungsentscheidung“. Eine Subsumtion der Festsetzung einer Geldbuße unter den Begriff der Verurteilung in Art. 57 Abs. 1 der Richtlinie 2014/24/EU würde die in Art. 57 Abs. 2 der Richtlinie 2014/24/EU vorgenommene Differenzierung obsolet machen. Soweit § 123 Abs. 1 GWB einen zwingenden Ausschluss auch bei rechtskräftiger Festsetzung einer Geldbuße vorsieht, drängt sich folglich die Frage auf, ob es sich um eine richtlinienkonforme Umsetzung handelt. In der Literatur wird dies zunehmend bezweifelt.[22] 13

3. Kenntnis des Auftraggebers

Der zwingende Ausschluss eines Unternehmens vom Vergabeverfahren erfordert nach § 123 Abs. 1 GWB zudem die Kenntnis des öffentlichen Auftraggebers von der jeweiligen 14

20 Vgl. VK Niedersachsen, Beschl. v. 24.3.2011, VgK-04/2011; BKArtA, Beschl. v. 29.2.2016, VK 1 138/15.
21 Vgl. Gesetzesbegründung, BT-Drs. 18/6281, S. 104 f.
22 Vgl. *Stein*, in: jurisPR-Compl 3/2015, Anm. 5; *Gnittke/Hatting*, in: Müller-Wrede, GWB, § 123 Rn. 19.

rechtskräftigen Verurteilung bzw. rechtskräftigen Festsetzung, wobei der bloße Verdacht nicht ausreichend ist, sondern die positive Kenntnis des öffentlichen Auftraggebers erforderlich ist.[23]

15 Hinsichtlich der Frage, ob dem öffentlichen Auftraggeber eine Nachforschungspflicht zukommt, ist zu differenzieren. Zu verneinen ist eine umfassende Nachforschungspflicht.[24] Begründet wird dies nicht zuletzt damit, dass andernfalls das Vergabeverfahren erheblich verzögert und verkompliziert werden würde.[25] Verfügt der öffentliche Auftraggeber jedoch über derart stichhaltige Anhaltspunkte für das Vorliegen einer rechtskräftigen Verurteilung bzw. Festsetzung einer Geldbuße, dass bereits von einem konkreten Verdacht gesprochen werden kann, so hat der öffentliche Auftraggeber diesem Verdacht nachzugehen und beispielsweise weitere Informationen bei dem betreffenden Unternehmen einzuholen.[26] Da ein Ausschluss gem. § 123 Abs. 1 GWB „zu jedem Zeitpunkt" zu erfolgen hat, ist der öffentliche Auftraggeber auch nach Abschluss einer Eignungsprüfung im Fall von sich im späteren Verlauf des Vergabeverfahrens ergebenden Anhaltspunkten zu Nachforschungen verpflichtet.[27] Dies steht auch im Einklang mit der nunmehr eingeführten Einheitlichen Europäischen Eigenerklärung (vgl. § 50 VgV). Danach hat eine zweistufige Eignungsprüfung zu erfolgen. Während die Abgabe der einheitlichen Europäischen Eigenerklärung als vorläufiger Beleg der Eignung gilt, werden die Einzelbelege erst im Fall einer beabsichtigten Zuschlagserteilung oder bereits vorher, wenn eine entsprechende Notwendigkeit hierzu besteht, verlangt. Letzteres ist unter anderem gerade dann der Fall, wenn konkrete Anhaltspunkte für eine strafrechtliche Verurteilung bzw. die Verhängung einer Geldbuße im Sinne des § 123 Abs. 1 GWB bestehen.

16 Zu beachten ist schließlich, dass sich im Einzelfall eine konkret ausgestaltete Nachforschungspflicht aus spezialgesetzlichen Regelungen ergeben kann. Hervorzuheben sind in diesem Zusammenhang die landesrechtlichen Vorschriften zur Führung von Korruptionsregistern und die Landesvergabegesetze. Ergibt sich beispielsweise auf die Anfrage des Auftraggebers beim Korruptionsregister, ob das für den Zuschlag vorgesehene Unternehmen dort eingetragen sei, eine positive Rückmeldung, ist dies für den Auftraggeber wie ein „gelbes Ampellicht" zu werten: Weder darf der Auftraggeber reflexhaft das Unternehmen ausschließen, noch den Hinweis auf einen Eintrag ignorieren. Vielmehr trifft ihn eben dann die vorstehend bezeichnete Nachforschungspflicht zu Art und Schwere des Sachverhaltes, der zum Eintrag des Unternehmens in das Korruptionsregister geführt hat.

17 Verschließt sich ein Auftraggeber einer bestehenden Nachforschungspflicht, genügt für einen Verstoß nach § 123 Abs. 1 GWB bereits das „Kennenmüssen".

18 Zur Überwindung der faktischen Schwierigkeiten der öffentlichen Auftraggeber bei der Einhaltung ihrer Prüfungspflicht bezüglich des Vorliegens von Ausschlussgründen hat der

---

23 Vgl. OLG Koblenz, Beschl. v. 25.9.2012, 1 Verg 5/12; *Gnittke/Hatting*, in: Müller-Wrede, GWB, § 123 Rn. 30.

24 Vgl. OLG Düsseldorf, Beschl. v. 2.12.2009, VII – Verg 39/09; *Gnittke/Hatting*, in: Müller-Wrede, GWB, § 123 Rn. 30.

25 Vgl. *Gnittke/Hatting*, in: Müller-Wrede, GWB, § 123 Rn. 30; *Hausmann/von Hoff*, in: Kulartz/Kus/Portz/Prieß, GWB, § 123 Rn. 41.

26 Vgl. *Gnittke/Hatting*, in: Müller-Wrede, GWB, § 123 Rn. 30. Vgl. zu § 6 EG Abs. 4: VK Niedersachsen, Beschl. v. 18.12.2015, VgK-45/2015.

27 Vgl. OLG Düsseldorf, Beschl. v. 4.2.3013, VII-Verg 51/12.

Bundestag am 1.6.2017 das Wettbewerbsregistergesetz (WRegG) beschlossen.[28] In ein beim Bundeskartellamt zu führendes Register werden Unternehmen und natürliche Personen in der Konsequenz bestimmter Rechtsverletzungen eingetragen. Spätestens 2020 soll das Wettbewerbsregister nach aktuellen Planungen eingerichtet sein. Zu den eintragungsrelevanten Rechtsverletzungen zählen insbesondere auch die in § 123 Abs. 1 GWB genannten, daneben aber auch durchaus solche, die für fakultative Ausschlüsse nach § 124 GWB relevant sind, vgl. im Detail § 2 WRegG. Das WRegG verpflichtet Strafverfolgungsbehörden und Behörden, die zur Verfolgung von Ordnungswidrigkeiten berufen sind, eintragungsrelevante Entscheidungen (rechtskräftige strafgerichtliche Verurteilungen und Strafbefehle, bestandskräftige Bußgeldentscheidungen) unverzüglich an die Registerbehörde zu melden. Diese prüft die Daten, gibt den betroffenen Unternehmen oder natürlichen Personen Gelegenheit zur Stellungnahme und entscheidet dann über die Eintragung. Der Meldepflicht einerseits steht die Abfragepflicht der Auftraggeber i.S.d. §§ 99 ff. GWB gegenüber, vgl. im Detail § 6 WRegG. Allerdings hat der Eintrag eines Bewerbers oder Bieters im Wettbewerbsregister für den Auftraggeber keine deklaratorische Bedeutung. Er entscheidet vielmehr auch weiterhin in eigener Verantwortung über den Ausschluss eines Unternehmens.[29]

4. Berücksichtigung ausländischer Verurteilungen und Geldbußen (§ 123 Abs. 2 GWB)

Nach § 123 Abs. 2 GWB stehen einer Verurteilung oder der Festsetzung einer Geldbuße im Sinne des Abs. 1 eine Verurteilung oder Festsetzung einer Geldbuße nach vergleichbaren Vorschriften anderer Staaten gleich. Von der Regelung erfasst werden folglich Verurteilungen des Bieters bzw. Bewerbers im Ausland, wenn sie auf einem ausländischen Straftatbestand beruhen, der einer der Katalogstraftaten des § 123 Abs. 1 GWB entspricht. Dem Gesetzestext des § 123 Abs. 2 GWB nicht zu entnehmen ist, ob nur Verurteilungen in Mitgliedstaaten der Europäischen Union oder weltweite Verurteilungen unter die Regelung fallen. Letzteres ist wohl anzunehmen.[30] Ebenfalls dem Gesetzestext nicht zu entnehmen ist, nach welchen Maßstäben die Beurteilung der Vergleichbarkeit zu erfolgen hat.[31] Der Gesetzesbegründung nach fehlt eine Vergleichbarkeit in denjenigen Fällen, in denen die ausländische Verurteilung mit den wesentlichen Grundsätzen des deutschen Rechts, insbesondere mit den Grundrechten nicht vereinbar ist.[32] Auch schon bisher war ein zwingender Ausschluss aufgrund einer ausländischen Verurteilung nur gerechtfertigt, wenn zumindest ein Mindestmaß an rechtsstaatlichen Verfahrensvorgaben eingehalten wurde.[33] 19

Während das deutsche Rechtssystem bisher kein Unternehmensstrafrecht kennt, verfügen ausländische Rechtssysteme teilweise sehr wohl über ein solches. Daher stellt sich die Frage, ob eine Verurteilung eines Unternehmens als juristische Person nach ausländischem 20

28 Verkündet im Bundesgesetzblatt am 28.7.2017, BGBl. I, S. 2739.

29 Zur Löschung des Eintrags im Wettbewerbsregister nach Selbstreinigung und Fristablauf vgl. die Kommentierungen zu § 125 und § 126 GWB.

30 Vgl. *Hausmann/von Hoff*, in: Kulartz/Kus/Portz/Prieß, GWB, § 123 Rn. 16.

31 Vgl. zur Problematik der Vergleichbarkeit ausländischer Urteile *Stein/Friton*, VergabeR 2010, 151 ff.

32 Gesetzesbegründung, BT-Drs. 18/6281, S. 103.

33 *Summa*, in: Heiermann/Zeiss/Summa, jurisPK-Vergaberecht, § 123 GWB Rn. 26.

Unternehmensstrafrecht im Wege des § 123 Abs. 2 GWB zum zwingenden Ausschluss dieses Unternehmens im Vergabeverfahren führt. Man könnte den Einwand erheben, dass eine Verurteilung nach ausländischem Unternehmensstrafrecht gerade nicht vergleichbar sei mit einer Verurteilung nach deutschem Individualstrafrecht und dass eine entsprechende ausländische Verurteilung nach Unternehmensstrafrecht mangels entsprechender nationaler Regelungen ausländische Unternehmen im Vergabeverfahren mittelbar diskriminiere. Für eine Berücksichtigung ausländischer Straftatbestände, die auf einem dortigen Unternehmensstrafrecht beruhen, spricht jedoch schließlich der Wortlaut der Richtlinie. Nach Art. 57 Abs. 1 der Richtlinie 2014/24/EU ist auf die strafrechtliche Verurteilung des „Wirtschaftsteilnehmers" abzustellen.

21 Stets zu beachten ist, dass gem. § 53 BZRG (Bundeszentralregistergesetz) im Fall des Fehlens eines entsprechenden Registereintrags die betroffene Person als unbestraft gilt. Nach § 58 BZRG gilt dies ebenfalls für ausländische rechtskräftige Verurteilungen. Auf diese Vermutungswirkung müssen Auftraggeber wie auch Unternehmen sich bei der Einstellung von Führungspersonal verlassen dürfen, wenn entgegenstehende Anhaltspunkte fehlen.

5. Zurechnung (§ 123 Abs. 3 GWB)

22 Das Verhalten einer rechtskräftig verurteilten natürlichen Person führt nur dann zu einem Ausschluss des Bieter- bzw. Bewerberunternehmens, wenn das Verhalten der verurteilten Person dem Unternehmen zuzurechnen ist, vgl. § 123 Abs. 1 GWB. § 123 Abs. 3 GWB regelt, unter welchen Voraussetzungen eine solche Zurechnung stattfindet. § 123 Abs. 3 GWB dient der Umsetzung von Art. 57 Abs. 1 Satz 2 der Richtlinie 2014/24/EU. Nach § 123 Abs. 3 GWB ist das Verhalten einer rechtskräftig verurteilten Person einem Unternehmen zuzurechnen, wenn diese Person als für die Leitung des Unternehmens Verantwortlicher gehandelt hat. Dazu gehört auch die Überwachung der Geschäftsführung oder die sonstige Ausübung von Kontrollbefugnissen in leitender Stellung.

a) Für die Leitung des Unternehmens Verantwortlicher

23 Die in § 123 Abs. 3 GWB verwendete Formulierung „für die Leitung des Unternehmens Verantwortlicher" ist angelehnt an § 30 Abs. 1 Nr. 5 OWiG.[34] § 30 Abs. 1 OWiG schreibt vor, wann im Fall einer Straftat bzw. Ordnungswidrigkeit einer natürlichen Person eine Geldbuße gegen eine juristische Person oder Personenvereinigung verhängt werden kann, wobei nach der Gesetzesbegründung[35] § 30 Abs. 1 Nr. 5 OWiG als Oberbegriff des relevanten Personenkreises zu verstehen ist und die in § 30 Abs. 1 Nr. 1–4 OWiG aufgelisteten Personen Unterfälle hiervon darstellen. Das Merkmal „als für die Leitung des Unternehmens Verantwortlicher" ist folglich insbesondere dann zu bejahen, wenn die betreffende Person vertretungsberechtigtes Organ einer juristischen Person oder Mitglied eines solchen Organs, Vorstand eines nicht rechtsfähigen Vereins oder Mitglied eines solchen Vorstandes, vertretungsberechtigter Gesellschafter einer rechtsfähigen Personengesellschaft oder Generalbevollmächtigter oder in leitender Stellung als Prokurist oder Handlungsbevollmächtigter einer juristischen Person, eines nicht rechtsfähigen Vereins bzw. einer rechtsfä-

34 Gesetzesbegründung, BT-Drs. 18/6281, S. 103.
35 Gesetzesbegründung, BT-Drs. 18/6281, S. 103.

higen Personengesellschaft ist. Der Gesetzesbegründung[36] nach werden beispielsweise auch Prokuristen, die nur für einen Teil der wirtschaftlichen Tätigkeit Prokura haben und nicht Mitglied eines Verwaltungs-, Leitungs- oder Aufsichtsgremiums des Unternehmens sind, von der Zurechnungsvorschrift erfasst. Dies widerspreche nicht den Richtlinienvorgaben. Nach Art. 57 Abs. 1 der Richtlinie 2014/24/EU findet die Verpflichtung zum Ausschluss auch dann Anwendung, wenn „die rechtskräftig verurteilte Person ein Mitglied im Verwaltungs-, Leitungs- oder Aufsichtsgremium dieses Unternehmens ist oder darin Vertretungs-, Entscheidungs- oder Kontrollbefugnisse hat". Der Gesetzesbegründung[37] zufolge bezieht sich das Wort „darin" auf das Unternehmen insgesamt und nicht alleine auf Verwaltungs-, Leitungs- oder Aufsichtsgremien, sodass eine Mitgliedschaft in einem dieser Gremien nicht zwingend Voraussetzung ist.

b) Unternehmensbezug

Unklar ist, ob die Straftat, die der rechtskräftigen Verurteilung zugrunde liegt, mit der be- 24
ruflichen Tätigkeit des Verurteilten bei dem betroffenen Unternehmen in Zusammenhang stehen muss. Eine dahingehende Vermutung legt zumindest der Wortlaut des § 123 Abs. 3 GWB nahe („wenn diese Person als für die Leitung des Unternehmens Verantwortlicher gehandelt hat").[38] Art. 57 Abs. 1 Satz 2 der Richtlinie 2014/24/EU dagegen weist keine entsprechende Unternehmensbezogenheit auf. Die Richtlinie verlangt vielmehr nur in Art. 57 Abs. 4 lit. c), der mittels § 124 Abs. 1 Nr. 3 GWB ins deutsche Recht umgesetzt worden ist, dass ein Bewerber bzw. Bieter, der wegen einer Katalogstraftat rechtskräftig verurteilt worden ist, auszuschließen ist, ohne dabei zu unterscheiden, ob die Straftat in beruflicher Funktion oder im privaten Zusammenhang begangen worden ist. Diese Diskrepanz zwischen nationaler Regelung und Richtlinienvorgabe hat der Bundesrat im Rahmen des Gesetzgebungsverfahrens beanstandet und eine entsprechende Änderung der Vorschrift vorgeschlagen.[39] Die Bundesregierung schloss sich dem Vorschlag des Bundesrates nicht an.[40] Die Beschränkung auf Straftaten mit Unternehmensbezug trage dem Grundsatz der Verhältnismäßigkeit Rechnung.[41] In diesem Sinne stellt die Gesetzesbegründung zu § 123 Abs. 3 GWB dann auch klar, dass eine ausschließlich im privaten Zusammenhang stehende Straftat beispielsweise des Geschäftsführers eines Unternehmens, die keinen Bezug zur wirtschaftlichen Tätigkeit des Unternehmens aufweist, keinen Ausschlussgrund nach § 123 GWB darstellen könne.[42] Da die Vorschrift des § 123 GWB bieterschützend wirkt, wird abzuwarten sein, ob die Rechtsprechung mit dem Argument richtlinienkonformer Auslegung den Tatbestand künftig weiter auslegen wird. Mit Sinn und Zweck der Regelung wäre dies jedenfalls zu vereinbaren.

c) Zeitpunkt der Leitungsfunktionsinhaberschaft

Der Wortlaut des § 123 Abs. 3 GWB und des Art. 57 Abs. 1 S. 2 der Richtlinie 2014/24/ 25
EU unterscheiden sich auch in der Weise, dass in der Regelung der Richtlinie vorausgesetzt

36 Gesetzesbegründung, BT-Drs. 18/6281, S. 103.
37 Gesetzesbegründung, BT-Drs. 18/6281, S. 103.
38 So auch *Hausmann/von Hoff*, in: Kulartz/Kus/Portz/Prieß, GWB, § 123 Rn. 27.
39 Stellungnahme des Bundesrates v. 25.9.2015, BR-Drs. 367/15, S. 4 ff.
40 Gegenäußerung des Bundestags 8.10.2015, BT-Drs. 18/6281, S. 158.
41 Gegenäußerung des Bundestags 8.10.2015, BT-Drs. 18/6281, S. 158.
42 Gesetzesbegründung, BT-Drs. 18/6281, S. 103.

wird, dass die rechtskräftig verurteilte Person auch gegenwärtig noch dem Unternehmen angehören muss („wenn die rechtskräftig verurteilte Person ein Mitglied … **ist** oder darin … Kontrollbefugnisse **hat**"). Die entsprechende deutsche Regelung in § 123 Abs. 3 GWB stellt hinsichtlich des Zeitpunkts der Unternehmensleitungszugehörigkeit auf den der Tatbegehung ab („wenn diese Person als für die Leitung des Unternehmens Verantwortlicher **gehandelt hat**"). Auch die Vorgängerversionen auf nationaler Ebene waren dahingehend uneinheitlich gestaltet.[43] Im Rahmen einer richtlinienkonformen Auslegung des § 123 Abs. 3 GWB wird zu berücksichtigen sein, dass eine rechtskräftige Verurteilung einer Person, die im Zeitpunkt der Tatbegehung auf Leitungsebene tätig war, jedoch dies im Zeitpunkt des Vergabeverfahrens nicht mehr ist, für einen zwingenden Ausschluss nicht unbedingt ausreichend ist, da der Verlust der Leitungsposition auch zu einer Unterbrechung des Zurechnungszusammenhangs führen kann. Keinen Unterschied kann es in der Ausschlussbewertung darstellen, wenn die straffällig gewordene Person die Tat als Leitungsfigur eines anderen Unternehmens als des Bieterunternehmens begangen hat und jetzt in vergleichbarer Funktion das Bieterunternehmen leitet.

III. Nichterfüllung der Verpflichtungen zur Zahlung von Steuern und Abgaben und Sozialversicherungsbeiträgen (§ 123 Abs. 4 GWB)

26 In § 123 Abs. 4 GWB findet sich der neue zwingende Ausschlussgrund der Nichtentrichtung von Steuern und Sozialabgaben. Die Regelung dient der Umsetzung des Art. 57 Abs. 2 der Richtlinie 2014/24/EU. Sowohl die vorherige Richtlinie[44] als auch die vorherigen nationalen Regelungen[45] sahen im Fall der Nichterfüllung von derartigen Zahlungsverpflichtungen lediglich einen fakultativen Ausschlussgrund vor.

1. Steuern, Abgaben und Beiträge zur Sozialversicherung (§ 123 Abs. 4 Nr. 1 GWB)

27 Unter den Begriff „Steuern" fallen Geldleistungen im Sinne des § 3 Abs. 1 der Abgabenordnung (AO). Als „Abgaben" sind dagegen Gebühren und Beiträge zu verstehen, die von einer Gegenleistung abhängen. Unter den Begriff „Beiträge zur Sozialversicherung" fallen Beitragszahlungen an die gesetzlichen Kranken-, Unfall-, Renten-, Pflege- und Arbeitslosenversicherungen. Nicht eindeutig ist, ob Zahlungen an eine in einem allgemeinverbindlichen Tarifvertrag vorgesehene Sozialkasse ebenfalls als „Beiträge zur Sozialversicherung" im Sinne des § 123 Abs. 4 Nr. 1 GWB angesehen werden. In Bezug auf die Vorgängerregelungen wurde dies verneint.[46] Diese Ansicht ist nunmehr als überholt anzusehen. Hierfür spricht zum einen die vergleichbare Interessenlage, zum anderen der Wortlaut des § 123 Abs. 4 GWB. Der Wortlaut des § 123 Abs. 4 GWB unterscheidet sich von dem der Vor-

---

43 § 6 EG Abs. 3 Satz 2 VOL/A („verantwortlich gehandelt hat"); § 6 EG Abs. 4 Nr. 1 Satz 2 VOB/A („verantwortlich handelt").

44 Art. 45 Abs. 2 lit. e) und f) der Richtlinie 2004/18/EG.

45 § 6 EG Abs. 6 lit. d) VOL/A; § 16 EG Abs. 1 Nr. 2 lit. d) VOB/A; § 21 Abs. 4 Nr. 3 SektVO.

46 Vgl. OLG Koblenz, Beschl. v. 19.1.2015, Verg 6/14; OLG Schleswig, Beschl. v. 6.11.2001, 6 U 50/01.

gängerversionen insoweit, als § 123 Abs. 4 GWB nicht wie die Vorgängerregelungen von „Beiträgen zur **gesetzlichen** Sozialversicherung",[47] sondern allein von „Beiträgen zur Sozialversicherung" spricht.

2. Nichterfüllung von Zahlungsverpflichtungen

Der Ausschlussgrund in § 123 Abs. 4 Nr. 1 GWB knüpft schließlich an die Nichterfüllung 28
der genannten Zahlungsverpflichtungen an. Ein Nichterfüllen liegt immer dann vor, wenn die zu zahlenden Steuern, Abgaben oder Beiträge in einem Bescheid oder einer Anmeldung festgesetzt und nicht bzw. nicht rechtzeitig gezahlt wurden. Ebenfalls unter den Ausschlussgrund in § 123 Abs. 4 GWB zu subsumieren sind die Steuerhinterziehung nach § 370 AO und das Vorenthalten von Sozialversicherungsbeiträgen nach § 266a StGB.[48]

3. Nachweis der Nichterfüllung der Zahlungsverpflichtungen

Die Nichterfüllung der Zahlungsverpflichtung kann mittels einer rechtskräftigen Gerichts- 29
oder bestandskräftigen Verwaltungsentscheidung nachgewiesen werden, vgl. § 123 Abs. 4 Nr. 1 GWB. Diese Art der Nachweisführung ist jedoch nicht zwingend. Gem. § 123 Abs. 4 Nr. 2 GWB hat ein Ausschluss auch dann zu erfolgen, wenn der öffentliche Auftraggeber die Verletzung der Zahlungsverpflichtung „auf sonstige geeignete Weise (…) nachweisen" kann. Welche Art von Nachweis hierunter konkret zu verstehen ist, kann weder der Richtlinie noch der Gesetzesbegründung entnommen werden. Mit Blick auf die Rechtsfolge (zwingender Ausschluss) sind die Anforderungen an einen Nachweis im Sinne von § 123 Abs. 4 Satz 1 Nr. 2 GWB entsprechend hoch anzusetzen. Erfüllt sein dürfte die Anforderung an einen solchen Nachweis „sonstiger geeigneter Art" im Fall der von § 48 Abs. 5 VgV erfassten Belege.[49] Zur Nachweisführung der Nichtzahlung von Steuern, Abgaben oder Beträgen zur Sozialversicherung können damit insbesondere Bescheinigungen der Finanzämter, der Krankenkassen und der Berufsgenossenschaften herangezogen werden, die Zahlungsrückstände belegen.[50] Eine ausreichende Nachweisführung ist auch dann anzunehmen, wenn ein Finanzamt oder ein Sozialversicherungsträger sich weigert, eine Unbedenklichkeitsbescheinigung auszufüllen.[51]

4. Kein Ausschluss bei Vornahme bzw. Verpflichtung zur Zahlung (§ 123 Abs. 4 Satz 2 GWB)

§ 123 Abs. 4 Satz 2 GWB enthält einen im Verhältnis zu § 125 GWB spezielleren Selbst- 30
reinigungstatbestand.[52] Nach § 123 Abs. 4 Satz 2 GWB ist von einem zwingenden Ausschluss wegen Nichtentrichtung von Steuern, Gebühren und Sozialversicherungsbeiträgen

47 Vgl. beispielsweise § 6 EG Abs. 6 lit. d) VOL/A; *Hausmann/von Hoff*, in: Kulartz/Kus/Portz/Prieß, GWB, § 123 Rn. 48, begründen die Zulässigkeit einer weiten Auslegung zudem mit dem europarechtlichen Grundsatz des „effet utile".

48 Gesetzesbegründung, BT-Drs. 18/6281, S. 103.

49 Vgl. *Gnittke/Hatting*, in: Müller-Wrede, GWB, § 123 Rn. 64.

50 Vgl. *Hausmann/von Hoff*, in: Kulartz/Kus/Marx/Portz/Prieß, VgV, § 48 Rn. 22.

51 Vgl. *Gnittke/Hatting*, in: Müller-Wrede, GWB, § 123 Rn. 64.

52 Gesetzesbegründung, BT-Drs. 18/6281, S. 104.

abzusehen, wenn das betreffende Unternehmen zwischenzeitlich seinen Verpflichtungen nachgekommen ist und die Zahlungen erfolgt sind oder sich das Unternehmen zur Zahlung verpflichtet hat. Auf diese Weise steht es jedem Zahlungssäumigen im Sinne des Tatbestandes frei, sich kurz vor oder während der Teilnahme an einem Vergabeverfahren durch Nachzahlung oder Verpflichtung hierzu des zwingenden Ausschlussgrundes nach § 123 Abs. 4 GWB zu entledigen.

IV. Rechtsfolge und Ausnahmen

1. Zwingender Ausschluss

31 § 123 GWB ordnet sowohl in Abs. 1 als auch in Abs. 4 den zwingenden Ausschluss vom Vergabeverfahren als Rechtsfolge an. Folglich steht dem öffentlichen Auftraggeber im Fall des Vorliegens der Voraussetzungen des Ausschlusstatbestandes im Gegensatz zu den fakultativen Ausschlussgründen in § 124 GWB im Rahmen seiner Entscheidung über den Ausschluss des Unternehmens kein Ermessen zu. Zu beachten ist, dass gem. § 123 Abs. 1 GWB ein Ausschluss zu jedem Zeitpunkt des Vergabeverfahrens zu erfolgen hat. Die Dauer des Ausschlusses ist schließlich in § 126 GWB geregelt.

2. Ausnahmsweise Absehen vom Ausschluss (§ 123 Abs. 5 GWB)

32 Gem. Art. 57 Abs. 3 der Richtlinie 2014/24/EU können die Mitgliedstaaten Ausnahmen von der Verpflichtung zum Ausschluss zulassen, wenn dies aus zwingenden Gründen des öffentlichen Interesses geboten ist und ferner, wenn ein Ausschluss offensichtlich unverhältnismäßig wäre. Der deutsche Gesetzgeber hat von dieser Möglichkeit Gebrauch gemacht. § 123 Abs. 5 GWB regelt, wann ein öffentlicher Auftraggeber ausnahmsweise von einem zwingenden Ausschluss absehen kann.

a) Zwingende Gründe des öffentlichen Interesses

33 Von einem Ausschluss nach Abs. 1 kann nach § 123 Abs. 5 Satz 1 GWB abgesehen werden, wenn dies aus zwingenden Gründen des öffentlichen Interesses geboten ist. Was konkret zwingende Gründe des öffentlichen Interesses entsprechend der Vorschrift sind, kann dieser selbst nicht entnommen werden. Es handelt sich insoweit um einen ausfüllungsbedürftigen unbestimmten Rechtsbegriff. Der Ausnahmecharakter der Vorschrift und der Begriff „zwingend" legen jedoch nahe, dass von einer restriktiven Auslegung auszugehen ist.

34 Aufschlussreicher sind die Angaben der Richtlinie 2014/24/EU. Diese nennt in Art. 57 Abs. 3 die öffentliche Gesundheit und den Umweltschutz als Beispiele für den Begriff des „öffentlichen Interesses". Aus der ausdrücklichen Nennung des Umweltschutzes lässt sich schließen, dass das Vorliegen von zwingenden Gründen des öffentlichen Interesses nicht unbedingt eine Bedrohung für Leib und Leben voraussetzt. Der Erwägungsgrund 100 der Richtlinie 2014/24/EU nennt als zwingende Gründe des Allgemeininteresses beispielsweise dringend benötigte Impfstoffe oder Notfallausrüstungen, die nur von einem Wirtschaftsteilnehmer käuflich erworben werden können, der sonst einen der obligatorischen Ausschlussgründe erfüllt. Der Erwägungsgrund 100 gibt folglich in verschiedener Hinsicht Aufschluss darüber, wie die nationale Vorschrift auszulegen ist. Zum einen handelt es sich

bei den in Erwägungsgrund 100 genannten Beispielen gerade nicht um häufig vorkommende Fallkonstellationen, sondern um äußerst selten auftretende Extremfälle. Hierdurch wird der Ausnahmecharakter der Regelung deutlich. Daran anknüpfend kann festgestellt werden, dass die Vorschrift des § 123 Abs. 5 stets restriktiv auszulegen ist. Inhaltlich kann den beiden in Erwägungsgrund 100 genannten Beispielen (Impfstoffe und Notfallausrüstung) entnommen werden, dass von einem zwingenden Grund nur dann gesprochen werden kann, wenn es zum einen um die Beschaffung wichtiger Versorgungsgüter geht und diese Güter zum anderen ausschließlich durch das eigentlich zwingend auszuschließende Unternehmen beschafft werden können. Von einem Ausschluss kann jedoch nicht bereits dann abgesehen werden, wenn die Beauftragung eines Alternativunternehmens objektiv zwar möglich wäre, die Beauftragung eines solchen Unternehmens jedoch aus Zweckmäßigkeits- oder Kostengründen nicht sinnvoll erscheint.[53] Derartige Erwägungsgründe sind gerade keine zwingenden Gründe im Sinne der Ausnahmevorschrift.

b) Ausnahme wegen offensichtlicher Unverhältnismäßigkeit

In den Fällen des § 123 Abs. 4 Satz 1 GWB kann außerdem dann von einem Ausschluss abgesehen werden, wenn ein solcher offensichtlich unverhältnismäßig wäre. Bei der Frage, ob ein Fall offensichtlicher Unverhältnismäßigkeit vorliegt, ist sowohl die Höhe der nichterfüllten Zahlungsverpflichtungen als auch die Häufigkeit des Verstoßes mit zu berücksichtigen.[54] Die Richtlinie führt in Artikel 57 Abs. 3 Unterabsatz 2 als Beispiele für eine solch offensichtliche Unverhältnismäßigkeit auf, dass nur geringfügige Beträge an Steuern oder Sozialversicherungsbeiträgen nicht gezahlt wurden oder dass das Unternehmen im Zusammenhang mit der Zahlung von Steuern oder Sozialversicherungsbeiträgen so spät über den genauen geschuldeten Betrag unterrichtet wurde, dass es keine Möglichkeit hatte, die nachträgliche Zahlung vor dem Ablauf der Frist für die Beantragung der Teilnahme bzw. im offenen Verfahren der Frist für die Einreichung der Angebote durchzuführen. An diesen Beispielen werden Sinn und Zweck der Ausnahmevorschrift deutlich, Bagatellfälle aus dem Anwendungsbereich des Ausschlusstatbestandes herauszuhalten und die Verhältnismäßigkeit zu wahren. 35

53 Gesetzesbegründung, BT-Drs. 18/6281, S. 104.
54 Art. 57 Abs. 3 der Richtlinie 2014/24/EU.

§ 124 Fakultative Ausschlussgründe

(1) Öffentliche Auftraggeber können unter Berücksichtigung des Grundsatzes der Verhältnismäßigkeit ein Unternehmen zu jedem Zeitpunkt des Vergabeverfahrens von der Teilnahme an einem Vergabeverfahren ausschließen, wenn

1. **das Unternehmen bei der Ausführung öffentlicher Aufträge nachweislich gegen geltende umwelt-, sozial- oder arbeitsrechtliche Verpflichtungen verstoßen hat,**
2. **das Unternehmen zahlungsunfähig ist, über das Vermögen des Unternehmens ein Insolvenzverfahren oder ein vergleichbares Verfahren beantragt oder eröffnet worden ist, die Eröffnung eines solchen Verfahrens mangels Masse abgelehnt worden ist, sich das Unternehmen im Verfahren der Liquidation befindet oder seine Tätigkeit eingestellt hat,**
3. **das Unternehmen im Rahmen der beruflichen Tätigkeit nachweislich eine schwere Verfehlung begangen hat, durch die die Integrität des Unternehmens infrage gestellt wird; § 123 Absatz 3 ist entsprechend anzuwenden,**
4. **der öffentliche Auftraggeber über hinreichende Anhaltspunkte dafür verfügt, dass das Unternehmen mit anderen Unternehmen Vereinbarungen getroffen oder Verhaltensweisen aufeinander abgestimmt hat, die eine Verhinderung, Einschränkung oder Verfälschung des Wettbewerbs bezwecken oder bewirken,**
5. **ein Interessenkonflikt bei der Durchführung des Vergabeverfahrens besteht, der die Unparteilichkeit und Unabhängigkeit einer für den öffentlichen Auftraggeber tätigen Person bei der Durchführung des Vergabeverfahrens beeinträchtigen könnte und der durch andere, weniger einschneidende Maßnahmen nicht wirksam beseitigt werden kann,**
6. **eine Wettbewerbsverzerrung daraus resultiert, dass das Unternehmen bereits in die Vorbereitung des Vergabeverfahrens einbezogen war, und diese Wettbewerbsverzerrung nicht durch andere, weniger einschneidende Maßnahmen beseitigt werden kann,**
7. **das Unternehmen eine wesentliche Anforderung bei der Ausführung eines früheren öffentlichen Auftrags oder Konzessionsvertrags erheblich oder fortdauernd mangelhaft erfüllt hat und dies zu einer vorzeitigen Beendigung, zu Schadensersatz oder zu einer vergleichbaren Rechtsfolge geführt hat,**
8. **das Unternehmen in Bezug auf Ausschlussgründe oder Eignungskriterien eine schwerwiegende Täuschung begangen oder Auskünfte zurückgehalten hat oder nicht in der Lage ist, die erforderlichen Nachweise zu übermitteln, oder**
9. **das Unternehmen**
   a) **versucht hat, die Entscheidungsfindung des öffentlichen Auftraggebers in unzulässiger Weise zu beeinflussen,**
   b) **versucht hat, vertrauliche Informationen zu erhalten, durch die es unzulässige Vorteile beim Vergabeverfahren erlangen könnte, oder**
   c) **fahrlässig oder vorsätzlich irreführende Informationen übermittelt hat, die die Vergabeentscheidung des öffentlichen Auftraggebers erheblich beeinflussen könnten, oder versucht hat, solche Informationen zu übermitteln.**

(2) § 21 des Arbeitnehmer-Entsendegesetzes, § 98c des Aufenthaltsgesetzes, § 19 des Mindestlohngesetzes und § 21 des Schwarzarbeitsbekämpfungsgesetzes bleiben unberührt.

Schrifttum: Beck'scher Online-Kommentar StPO, 26. Edition, Stand: 1.10.2016; BKartA, „Wie erkennt man unzulässige Submissionsabsprachen?", 2015; *Dreher/Motzke*, Beck'scher Vergaberechtskommentar, 2. Aufl. 2013; *Heiermann/Zeiss/Summa*, jurisPK-Vergaberecht, 5. Aufl. 2016; *Immenga/Mestmäcker*, Wettbewerbsrecht, 5. Aufl. 2014; *Jauernig*, Kommentar zum BGB, 16. Aufl. 2015; *Kulartz/Kus/Portz/Prieß*, Kommentar zum GWB-Vergaberecht, 4. Aufl. 2016; *Müller-Wrede*, GWB Vergaberecht, Kommentar, 2016.

Übersicht

I. Allgemeines[1]

1 § 124 GWB regelt, wann ein Unternehmen von der Teilnahme an einem Vergabeverfahren ausgeschlossen werden kann. Dabei besteht bei § 124 GWB – anders als bei Vorliegen eines zwingenden Ausschlussgrundes nach § 123 GWB – ein Ermessen des öffentlichen Auftraggebers, ob er das Unternehmen von der Teilnahme an einem Vergabeverfahren ausschließt. Es handelt sich hier nicht nur um ein Beurteilungsermessen des öffentlichen Auftraggebers hinsichtlich des Vorliegens des Ausschlussgrundes, sondern auch um einen Ermessensspielraum hinsichtlich des „Ob" des Ausschlusses, wenn der fakultative Ausschlussgrund nachweislich vorliegt. Es steht im Ermessen des öffentlichen Auftraggebers zu entscheiden, ob aufgrund des Fehlverhaltens des Unternehmens, das einen fakultativen Ausschlussgrund nach § 124 GWB begründet, die Zuverlässigkeit des Unternehmens zu verneinen ist. Dabei handelt es sich um eine Prognoseentscheidung dahingehend, ob von dem Unternehmen trotz des Vorliegens eines fakultativen Ausschlussgrundes im Hinblick auf die Zukunft zu erwarten ist, dass es den öffentlichen Auftrag gesetzestreu, ordnungsgemäß und sorgfältig ausführt. Im Einzelfall und abhängig von dem anwendbaren Ausschlussgrund kann das Ermessen des öffentlichen Auftraggebers auf null reduziert sein, sodass nur ein Ausschluss ermessensfehlerfrei ist.[2]

2 Die öffentlichen Auftraggeber haben bei der Anwendung fakultativer Ausschlussgründe insbesondere den Grundsatz der Verhältnismäßigkeit zu beachten. Wie Erwägungsgrund 101 der Richtlinie 2014/24/EU ausführt, sollten daher kleinere Unregelmäßigkeiten nur in Ausnahmefällen zum Ausschluss eines Unternehmens führen. Allerdings können wiederholte Fälle kleinerer Unregelmäßigkeiten einen Ausschluss rechtfertigen.[3] Die Regierungsbegründung zum Vergaberechtsmodernisierungsgesetz weist explizit darauf hin, dass in den Fällen, in denen ein zwingender Ausschluss eines Unternehmens am „Fehlen bestimmter Tatbestandsvoraussetzungen" eines zwingenden Ausschlussgrundes scheitere, ein fakultativer Ausschluss nach § 124 GWB, insbesondere nach § 124 Abs. 1 Nr. 3 GWB, in Betracht kommen könne. Erwägungsgrund 101 der Richtlinie 2014/24/EU stelle klar, dass ein öffentlicher Auftraggeber ein schwerwiegendes berufliches Fehlverhalten eines Unternehmens auch dann bejahen – und ihn deswegen nach § 124 GWB ausschließen – könne, wenn vor einer rechtskräftigen Entscheidung über das Vorliegen zwingender Ausschlussgründe Nachweise vorliegen, dass das Unternehmen gegen seine Verpflichtungen verstoßen habe.[4] In der Tat ist der Erwägungsgrund 101 der Richtlinie 2014/24/EU an dieser Stelle sehr klar im Hinblick darauf, dass der Auftraggeber eigenverantwortlich feststellen können muss, ob er ein Unternehmen wegen einer schweren Verfehlung ausschließen will, wenn er dieses Fehlverhalten in geeigneter Form nachweisen kann. Danach geht es bei dem in der Regierungsbegründung angesprochenen „Fehlen bestimmter Tatbestandsvoraussetzungen" gem. dem Erwägungsgrund 101 nur darum, dass es (noch) kein rechts-

---

1 Die Autorin dankt Frau Rechtsanwältin *Katrin Weßler* für die wertvolle und tatkräftige Unterstützung bei der Kommentierung dieser Vorschrift.

2 Vgl. Gesetzentwurf der Bundesregierung, Entwurf eines Gesetzes zur Modernisierung des Vergaberechts (Vergaberechtsmodernisierungsgesetz – VergRModG), BT-Drs. 18/6281, S. 104.

3 Vgl. Gesetzentwurf der Bundesregierung, Entwurf eines Gesetzes zur Modernisierung des Vergaberechts (Vergaberechtsmodernisierungsgesetz – VergRModG), BT-Drs. 18/6281, S. 104.

4 Vgl. Gesetzentwurf der Bundesregierung, Entwurf eines Gesetzes zur Modernisierung des Vergaberechts (Vergaberechtsmodernisierungsgesetz – VergRModG), BT-Drs. 18/6281, S. 104 f.

kräftiges Urteil (i.S.d. Art. 57 Abs. 1 RL 2014/24/EU und § 123 Abs. 1 GWB) und auch keine rechtskräftige Festsetzung einer Geldbuße gem. § 30 OWiG (i.S.d. § 123 Abs. 1 GWB) gibt. Der in Artikel 57 Abs. 4 der Richtlinie 2014/24/EU enthaltene Katalog fakultativer Ausschlussgründe ist umfangreicher als der Katalog in Artikel 45 Abs. 2 der Richtlinie 2004/18/EG. Neu hinzugekommen sind fakultative Ausschlussgründe bei Verstoß gegen geltende umwelt-, sozial- und arbeitsrechtliche Verpflichtungen, bei wettbewerbsverzerrenden Absprachen, bei Interessenkonflikt, bei Wettbewerbsverzerrung aufgrund vorheriger Einbeziehung des Unternehmens, bei mangelhafter früherer Auftragsausführung sowie bei versuchter unzulässiger Einflussnahme auf die Entscheidungsfindung des öffentlichen Auftraggebers. Der bisherige fakultative Ausschlussgrund des Nichtentrichtens von Steuern oder Sozialabgaben wurde zu einem zwingenden Ausschlussgrund. Die bereits in der Richtlinie 2004/18/EG vorgesehenen fakultativen Ausschlussgründe wurden teilweise umformuliert.[5]

II. Die Ausschlussgründe im Einzelnen

1. Verstoß gegen geltende umwelt-, sozial- oder arbeitsrechtliche Verpflichtungen (§ 124 Abs. 1 Nr. 1 GWB)

Nach § 124 Abs. 1 Nr. 1 GWB kann ein Unternehmen von der Teilnahme an einem Vergabeverfahren ausgeschlossen werden, wenn es bei der Ausführung öffentlicher Aufträge nachweislich gegen umwelt-, sozial- oder arbeitsrechtliche Verpflichtungen verstoßen hat. Die Vorschrift dient der Umsetzung des Art. 57 Abs. 4 lit. a) der Richtlinie 2014/24/EU, der die Möglichkeit eines Ausschlusses für den Fall nachgewiesener Verstöße gegen geltende Verpflichtungen nach Art. 18 Abs. 2 der Richtlinie 2014/24/EU eröffnet. Konkret werden von Art. 18 Abs. 2 der Richtlinie 2014/24/EU alle für das Unternehmen geltenden umwelt-, sozial- und arbeitsrechtlichen Verpflichtungen erfasst, die durch Rechtsvorschriften der Europäischen Union, einzelstaatliche Rechtsvorschriften, für das Unternehmen verbindlich geltende Tarifverträge oder durch die in Anhang X der Richtlinie 2014/24/EU aufgeführten internationalen umwelt-, sozial- und arbeitsrechtlichen Vorschriften festgelegt werden. Art. 18 Abs. 2 der Richtlinie 2014/24/EU selbst wurde auf nationaler Ebene mit § 128 Abs. 1 GWB umgesetzt. Vor diesem Hintergrund ist § 124 Abs. 1 Nr. 1 GWB stets auch mit Blick auf § 128 Abs. 1 GWB zu verstehen, wobei § 128 Abs. 1 GWB über die Regelung in § 124 Abs. 1 Nr. 1 GWB insoweit hinausgeht, als § 128 Abs. 1 GWB nicht nur geltende umwelt-, sozial- und arbeitsrechtliche Regelungen nennt, sondern „alle für sie (das Unternehmen) geltenden rechtlichen Verpflichtungen" erfasst. Im Fall von Verpflichtungen aus Tarifverträgen ist unter Heranziehung des § 128 Abs. 1 GWB zu beachten, dass § 124 Abs. 1 Nr. 1 GWB ebenfalls nur Verpflichtungen aus Tarifverträgen erfasst, die nach dem Tarifvertragsgesetz für allgemeingültig erklärt worden sind. 3

Von § 124 Abs. 1 Nr. 1 GWB werden nur umwelt-, sozial- und arbeitsrechtliche Verpflichtungen durch oder aufgrund eines Gesetzes erfasst. Folglich werden insbesondere solche Verpflichtungen nicht von der Regelung erfasst, die sich ein Unternehmen selbst, also freiwillig auferlegt (Selbstverpflichtungen). Ebenfalls nicht unter § 124 Abs. 1 Nr. 1 GWB fal- 4

5 Vgl. Gesetzentwurf der Bundesregierung, Entwurf eines Gesetzes zur Modernisierung des Vergaberechts (Vergaberechtsmodernisierungsgesetz – VergRModG), BT-Drs. 18/6281, S. 105.

len sog. besondere auftragsspezifische Ausführungsbedingungen im Sinne des § 128 Abs. 2 GWB. Zwar können Ausführungsbedingungen grundsätzlich thematisch ebenfalls umwelt-, sozial- und arbeitspolitische Belange betreffen. Während § 124 Abs. 1 Nr. 1 GWB jedoch ausschließlich gesetzlich geregelte Verpflichtungen erfasst, fallen unter § 128 Abs. 2 GWB allein vertraglich im Rahmen des jeweiligen Auftrags festgelegte Verpflichtungen (Vertragspflichten). Wenngleich Verstöße gegen Ausführungsbedingungen nach § 128 Abs. 2 GWB nicht von § 124 Abs. 1 Nr. 1 GWB erfasst werden, so können sie dennoch im Wege des § 124 Abs. 1 Nr. 3 oder 7 GWB ggf. mit dem Ausschluss vom Vergabeverfahren sanktioniert werden.

5 In Bezug auf Mindestlohnvorgaben ist ebenfalls zwischen gesetzlichen und vertraglichen Verpflichtungen zur Zahlung eines bestimmten Mindestentgelts zu differenzieren. Während es sich bei der bundeseinheitlichen Mindestlohnvorgabe um eine gesetzlich geregelte Verpflichtung zur Zahlung eines branchenunabhängigen Mindestentgelts in Höhe von 8,84 Euro brutto[6] je Arbeitszeitstunde handelt (vgl. § 1 Abs. 1 MiLoG) und Verstöße gegen diese Verpflichtung folglich dem Ausschlusstatbestand des § 124 Abs. 1 Nr. 1 GWB unterfallen, resultiert aus den landesrechtlichen Vorgaben, die sich aus den jeweiligen Landesvergabegesetzen[7] ergeben, lediglich eine vertragliche Verpflichtung des Auftragnehmers zur Zahlung des vergaberechtlichen Mindestlohns. Verstöße auf vertraglicher Basis unterfallen jedoch nicht der Regelung in § 124 Abs. 1 Nr. 1 GWB. In diesen Fällen kann auf den Ausschlusstatbestand des § 124 Abs. 1 Nr. 3 oder ggf. auch des § 124 Abs. 1 Nr. 7 GWB zurückgegriffen werden.

6 Bei Verstößen gegen die Verpflichtung zur Zahlung von Sozialversicherungsbeiträgen geht der Ausschlusstatbestand des § 123 Abs. 4 Nr. 1 GWB als spezielle Regelung vor. Eine Ausnahme gilt im Hinblick auf Zahlungsverpflichtungen an tarifvertragliche Sozialkassen. Verstöße hiergegen werden von § 124 Abs. 1 Nr. 1 erfasst.[8]

7 Der Verstoß muss „bei der Ausführung eines öffentlichen Auftrags" erfolgt sein. Verstöße gegen umwelt-, sozial- und arbeitsrechtliche Verpflichtungen außerhalb eines öffentlichen Auftrages können jedoch einen Ausschlussgrund nach § 124 Abs. 1 Nr. 3 GWB bilden.

8 Der Ausschlusstatbestand des § 124 Abs. 1 Nr. 1 GWB greift schließlich nur dann, wenn der betreffende Bewerber bzw. Bieter **nachweislich** gegen geltende umwelt-, sozial- oder arbeitsrechtliche Verpflichtungen verstoßen hat. An die Nachweislichkeit werden hohe Anforderungen geknüpft.[9]

2. Zahlungsunfähigkeit, Insolvenz, Liquidation (§ 124 Abs. 1 Nr. 2 GWB)

9 § 124 Abs. 1 Nr. 2 setzt Art. 57 Abs. 4 lit. b) der Richtlinie 2014/24/EU um. Der fakultative Ausschlussgrund in Nr. 2 knüpft an den Wegfall der finanziellen Leistungsfähigkeit der Bieter bzw. Bewerber an.

---

6 Verordnung zur Anpassung des Mindestlohns (Mindestlohnanpassungsverordnung – MiLoV) vom 15.11.2016, BGBl. I S. 2530.

7 Beispielsweise § 4 TVgG NRW.

8 Gesetzesbegründung, BT-Drs. 18/6281, S. 105.

9 Vgl. Kommentierung zu § 124 Abs. 1 Nr. 3 GWB, Rn. 20.

a) Zahlungsunfähigkeit

§ 124 Abs. 1 Nr. 2 GWB enthält keine Erläuterungen, was die Vorschrift unter dem Begriff der Zahlungsunfähigkeit konkret versteht. Mithin ist auf die Begriffsdefinition aus der InsO zurückzugreifen.[10] Zahlungsunfähigkeit besteht nach § 17 Abs. 2 Satz 1 InsO erst in dem Moment, in dem das Unternehmen fällige Zahlungspflichten tatsächlich nicht erfüllen kann. Dies ist wiederum nach § 17 Abs. 1 Satz 2 InsO im Fall der Zahlungseinstellung zu vermuten. **10**

b) Insolvenzverfahren oder vergleichbares Verfahren eröffnet/beantragt/ mangels Masse abgelehnt

§ 124 Abs. 1 Nr. 2 GWB eröffnet dem öffentlichen Auftraggeber die Möglichkeit, ein Unternehmen, über dessen Vermögen ein Insolvenzverfahren oder ein vergleichbares gesetzliches Verfahren eröffnet, beantragt oder mangels Masse abgelehnt worden ist, vom Vergabeverfahren auszuschließen. Das Insolvenzverfahren selbst ist in der InsO geregelt. Mit vergleichbaren gesetzlichen Verfahren sind in erster Linie ausländische Verfahren, die den Fall der Unternehmensinsolvenz regeln, gemeint.[11] Die Eröffnung eines Insolvenzverfahrens setzt unter anderem nach § 16 InsO voraus, dass ein sog. Eröffnungsgrund gegeben ist. Ein solcher liegt im Fall (drohender) Zahlungsunfähigkeit (§§ 17f. InsO) und Überschuldung (§ 19 InsO) vor. Die Ausschlussvariante trägt demnach dem Umstand Rechnung, dass einem öffentlichen Auftraggeber nicht zugemutet werden kann, sich an ein Unternehmen, dessen finanzielle Leistungsfähigkeit ungewiss ist, vertraglich zu binden. Allerdings ist zu beachten, dass ein Bieter bzw. Bewerber nicht allein wegen seiner Insolvenz ausgeschlossen werden kann.[12] Schließlich wird mit der Aufstellung eines Insolvenzplanes auch das Ziel verfolgt, die Erhaltung und Fortführung des betreffenden Unternehmens zu ermöglichen.[13] Ein genereller Ausschluss insolventer Bieter bzw. Bewerber würde dieses Ziel unberücksichtigt lassen. Erforderlich ist eine sorgfältige und umfassende Ermessensausübung, bei der der öffentliche Auftraggeber sich intensiv mit der zukünftigen finanziellen Leistungsfähigkeit des betreffenden Unternehmens auseinanderzusetzen hat.[14] Der öffentliche Auftraggeber ist dabei verpflichtet, entsprechende Nachforschungen durchzuführen. Im Rahmen der Ermessensentscheidung muss der öffentliche Auftraggeber die Risiken, die mit einer Bezuschlagung des Angebots des betreffenden insolventen Unternehmens verbunden sind, abwägen.[15] Im Rahmen der Ausschlussentscheidung kann unter anderem auch berücksichtigt werden, wie groß der Vorsprung des betreffenden Unternehmens zum zweitplatzierten Unternehmen ist. Je größer der Abstand ist, desto höher kann die Risikobereitschaft eines insolventen Bieters eingestuft werden.[16] Die Abgabe einer Vertragserfüllungsbürgschaft ist als Sicherstellung der wirtschaftlichen Leistungs- **11**

10 Vgl. *Conrad*, in: Müller-Wrede, GWB § 124 Rn. 25.

11 Vgl. *Conrad*, in: Müller-Wrede, GWB § 124 Rn. 27; vgl. *Mutschler-Siebert*, in: Heiermann/Zeiss, jurisPK-Vergaberecht § 6 VOL/A Rn. 40.

12 Vgl. OLG Düsseldorf, Beschl. v. 2.5.2012, VII-Verg 68/11.

13 Vgl. OLG Düsseldorf, Beschl. v. 2.5.2012, VII-Verg 68/11.

14 Vgl. OLG Rostock, Beschl. v. 2.10.2014, 2 W 10/14; OLG Celle, Beschl. v. 18.2.2013, 13 Verg 1/13; OLG Düsseldorf, Beschl. v. 2.5.2012, VII-Verg 68/11.

15 Vgl. VK Sachsen-Anhalt, Beschl. v. 21.6.2012, 2 VK LSA 08/12.

16 Vgl. OLG Celle, Beschl. v. 18.2.2013, 13 Verg 1/13.

fähigkeit eines insolventen Bieters in jedem Fall nicht ausreichend.[17] Neben der Eröffnung und der Beantragung stellt die Ablehnung der Eröffnung eines Insolvenzverfahrens mangels Masse eine weitere Ausschlussvariante im Rahmen des § 124 Abs. 1 Nr. 2 dar. Wird ein Insolvenzverfahren mangels Masse gar nicht erst eröffnet, kann davon ausgegangen werden, dass das Vermögen des betreffenden Unternehmens nicht einmal zur Deckung der Kosten des Insolvenzverfahrens ausreicht (vgl. § 26 Abs. 1 Satz 1 InsO).

c) Liquidation

12 Nach § 124 Abs. 1 Nr. 2 GWB können außerdem Bewerber bzw. Bieter ausgeschlossen werden, die sich in Liquidation befinden. In diesem Fall sind zwar in der Regel noch genügend finanzielle Mittel vorhanden, jedoch ist es einem öffentlichen Auftraggeber nicht zuzumuten, sich vertraglich an ein sich gerade auflösendes Unternehmen zu binden. Das Ermessen des öffentlichen Auftraggebers ist in diesem Fall auf null reduziert.[18]

d) Einstellung der Tätigkeit

13 Schließlich kann ein öffentlicher Auftraggeber ein Unternehmen, das bereits seine Tätigkeit eingestellt hat, vom Vergabeverfahren ausschließen. Wie auch im Fall der Liquidation ist das Ermessen des öffentlichen Auftraggebers im Fall einer Einstellung der Tätigkeit auf null reduziert.[19]

3. Nachweislich schwere Verfehlung im Rahmen der beruflichen Tätigkeit (§ 124 Abs. 1 Nr. 3 GWB)

14 § 124 Abs. 1 Nr. 3 GWB kommt die Funktion eines Auffangtatbestandes[20] zu, der die Möglichkeit eines Ausschlusses vorsieht, wenn ein Unternehmen nachweislich im Rahmen der beruflichen Tätigkeit eine schwere Verfehlung begangen hat, durch die die Integrität des Unternehmens infrage gestellt wird. Mit § 124 Abs. 1 Nr. 3 GWB wird Art. 57 Abs. 4 lit. c) der Richtlinie 2014/24/EU umgesetzt.

a) Nachweislich schwere berufsbezogene Verfehlung

15 Im Rahmen der Prüfung, ob ein Ausschluss nach § 124 Abs. 1 Nr. 3 GWB gerechtfertigt ist, ist auf Tatbestandsebene zunächst einmal das Vorliegen einer **nachweislich schweren berufsbezogenen Verfehlung** erforderlich.

16 Bei dem Begriff der „**schweren Verfehlung**" handelt es sich um einen unbestimmten Rechtsbegriff, der jedoch einer Prüfung durch die Nachprüfungsinstanzen vollumfänglich zugänglich ist.[21] Die Voraussetzung der Verfehlung ist dabei an die Verletzung rechtlicher Pflichten geknüpft, wobei sowohl gesetzliche als auch vertragliche Pflichten erfasst wer-

---

17 Vgl. OLG Celle, Beschl. v. 18.2.2013, 13 Verg 1/13.

18 *Conrad*, in: Müller/Wrede, GWB, § 124 Rn. 35.

19 *Conrad*, in: Müller/Wrede, GWB, § 124 Rn. 38.

20 Gesetzesbegründung, BT-Drs. 18/6281, S. 105.

21 Vgl. OLG München, Beschl. v. 22.11.2012, Verg 22/12; *Summa*, in: Heiermann/Zeiss/Summa, jurisPK-Vergaberecht, § 124 GWB Rn. 46; *Conrad*, in: Müller/Wrede, GWB, § 124 Rn. 35.

den (z.B. auch Auftragsausführungsbedingungen bei früheren öffentlichen Aufträgen).[22] Nicht ausreichend für die Annahme einer schweren Verfehlung sind dagegen bloße Meinungsverschiedenheiten zwischen Bieter bzw. Bewerber und dem öffentlichen Auftraggeber über die Ordnungsgemäßheit der Auftragserfüllung.[23] Eine schwere Verfehlung liegt auch dann nicht vor, wenn derartige Meinungsverschiedenheiten Gegenstand eines Rechtsstreits oder eines selbstständigen Beweisverfahrens sind.[24] Der Anwendungsbereich des § 124 Abs. 1 Nr. 3 GWB erfährt des Weiteren dadurch eine Einschränkung, dass es sich um eine schwere Verfehlung handeln muss. „Schwer" ist eine Verfehlung, wenn sie schuldhaft begangen wurde und erhebliche Auswirkungen hatte.[25] Eine bloß fahrlässig begangene Verfehlung reicht für einen Ausschluss nach § 124 Abs. 1 Nr. 3 GWB in der Regel nicht aus.[26] Bei der Beurteilung der Auswirkungen der Verfehlung kann auf die Bedeutung der verletzten Rechtsgüter und den Umfang des entstandenen bzw. voraussichtlich entstehenden Schadens abgestellt werden.[27] Das Bestehen erheblicher Auswirkungen ist u.a. bei Beamtenbestechung, Vorteilsgewährung, Diebstahl, Unterschlagung, Erpressung, Betrug (insbesondere Submissionsbetrug), Untreue und Urkundenfälschung, unzulässigen Preisabsprachen, unlauterem Wettbewerb, Missbrauch einer marktbeherrschenden Stellung, Marken- und Schutzrechtsverletzungen sowie bei Straftaten gegen Leib und Leben denkbar.[28] Verneint wird eine schwere Verfehlung bei Bagatelldelikten.[29]

Des Weiteren muss es sich um eine Verfehlung „**im Rahmen der beruflichen Tätigkeit**" **17**
handeln. Der EuGH hat im „Forposta"-Urteil entschieden, dass der Begriff der berufsbezogenen Verfehlung jedes fehlerhafte Verhalten erfasst, „das Einfluss auf die berufliche Glaubwürdigkeit des betreffenden Wirtschaftsteilnehmers hat, und nicht nur Verstöße gegen berufsethische Regelungen im engen Sinne des Berufsstands, dem dieser Wirtschaftsteilnehmer angehört, die durch das Disziplinarorgan dieses Berufsstands oder durch eine rechtskräftige Gerichtsentscheidung festgestellt werden".[30] Nicht ausreichend ist danach die Missachtung bloßer gesellschaftlicher oder unternehmensinterner Wertvorstellungen. Klassischer Anwendungsbereich des § 124 Abs. 1 Nr. 3 GWB sind berufsbezogene Straftaten. Hierzu zählen insbesondere die in § 123 Abs. 1 GWB aufgelisteten Straftaten. Der Anwendungsbereich des § 124 Abs. 1 Nr. 3 GWB ist jedoch nicht auf die in § 123 Abs. 1 GWB aufgezählten Straftaten beschränkt. Maßgeblich ist vielmehr, dass durch die Straftat die Integrität des Unternehmens infrage gestellt wird.[31] Im Unterschied zu § 123 Abs. 1 GWB bedarf es im Rahmen des § 124 Abs. 1 Nr. 3 GWB jedoch keiner rechtskräftigen Verurteilung. § 124 Abs. 1 Nr. 3 GWB agiert hier insbesondere als Auffangtatbestand im

---

22 Gesetzesbegründung, BT-Drs. 18/6281, S. 105.

23 Vgl. OLG München, Beschl. v. 5.10.2012, Verg 15/12; LG Düsseldorf, Urt. v. 16.3.2005, 12 O 225/04; VK Schleswig-Holstein, Beschl. v. 7.11.2014, VK-SH 21/14.

24 Vgl. OLG Celle v. 26.6.1998, 6 U 21/97, FHZivR 46 Nr. 1894 (Ls.); VK Sachsen: Beschl. v. 17.7.2007, 1-SVK/46/07.

25 Vgl. OLG München, Beschl. v. 21.5.2010, Verg 02/10; LG Düsseldorf, Urt. v. 16.3.2005, 12 O 225/04; VK Lüneburg, Beschl. v. 24.3 2011,VgK-4/2011; VK Bund, Beschl. v. 15.5.2009, VK 2-21/09.

26 Vgl. *Summa*, in: Heiermann/Zeiss/Summa, jurisPK-Vergaberecht, § 124 GWB Rn. 47.

27 Vgl. *Hausmann/von Hoff*, in: Kulartz/Kus/Portz/Prieß, GWB, § 124 Rn. 26.

28 Vgl. *Hausmann/von Hoff*, in: Kulartz/Kus/Portz/Prieß, GWB, § 124 Rn. 26.

29 Vgl. OLG München, Beschl. v. 22.11.2012, Verg 22/12.

30 Vgl. EuGH, Urt. v. 13.12.2012, C-465/11; ebenso EuGH, Urt. v. 18.12.2014, C-470/13.

31 Gesetzesbegründung, BT-Drs. 18/6281, S. 106.

Rahmen derjenigen Fälle, in denen ein zwingender Ausschluss nach § 123 Abs. 1 GWB mangels einer noch nicht bestehenden rechtskräftigen Verurteilung scheitert.[32]

18 Irrelevant für das Vorliegen eines Ausschlussgrundes nach § 124 Abs. 1 Nr. 3 GWB ist, ob die Verfehlung im Rahmen eines öffentlichen Auftrags erfolgte.

19 Einen Ausschlussgrund können schließlich nur **nachweislich** begangene Verfehlungen begründen. Dies ergibt sich ebenfalls aus der Richtlinie. Nach Art. 57 Abs. 4 lit. c) der Richtlinie 2014/24/EU ist es erforderlich, dass der Auftraggeber die Verfehlung „auf geeignete Weise nachweisen kann". Die Anforderungen an die Nachweislichkeit einer schweren Verfehlung sind hoch. Das Merkmal der Nachweislichkeit ist insbesondere im Fall bloßer Behauptungen, unspezifischer Vorwürfe, Vermutungen und vager Verdachtsgründe nicht erfüllt.[33] Der öffentliche Auftraggeber trägt für das Vorliegen der berufsbezogenen schweren Verfehlung die Darlegungs- und Beweislast.[34] Dies bedeutet, dass es gerade nicht ausreichend ist, wenn der Auftraggeber den bloßen Vorwurf einer schweren Verfehlung erhebt. Er kann sich nicht darauf zurückziehen, dass der betroffene Bieter bzw. Bewerber darzulegen habe, dass er gerade keine solche Verfehlung begangen hat. Dessen ungeachtet trifft Bewerber und Bieter aber sehr wohl die Obliegenheit, bei der Sachverhaltsaufklärung mitzuwirken. Zum Zwecke der Sachverhaltsaufklärung kann der öffentliche Auftraggeber vom betreffenden Bewerber bzw. Bieter insbesondere die Abgabe von Erklärungen verlangen, die das Nichtvorliegen von schweren beruflichen Verfehlungen, belegen.[35] Kommt ein Bieter bzw. Bewerber einem solchen Verlangen nicht nach und ist es dem öffentlichen Auftraggeber folglich unmöglich, das Bestehen eines Ausschlussgrundes abschließend zu überprüfen, so ist der öffentliche Auftraggeber berechtigt, den betreffenden Bieter bzw. Bewerber allein aufgrund seiner mangelnden Mitwirkung an der Sachverhaltsaufklärung auszuschließen.[36]

20 Die Anforderungen an die Nachweislichkeit erfahren jedoch insoweit eine gewisse Erleichterung, dass die Verfehlung nicht mit derselben Gewissheit vorliegen muss, wie es im Falle einer prozessualen Tatsachenfeststellung gem. § 286 ZPO der Fall ist. So hat das KG Berlin dargelegt, dass zwischen einer nachweislichen Verfehlung und einer nachgewiesenen Verfehlung zu differenzieren sei.[37] Auch diverse weitere Spruchkörper haben eine entsprechende Differenzierung vorgenommen und halten es für ausreichend, wenn der Vorwurf auf „gesicherten Erkenntnissen" basiert[38] bzw. die Erkenntnisse aus einer „seriösen Quelle"[39] stammen. Dieses herabgesetzte Maß in Bezug auf die Gewissheit des Vorliegens einer Verfehlung ist mit Blick auf den Beschleunigungsgrundsatz, der das gesamte Verga-

---

32 Gesetzesbegründung, BT-Drs. 18/6281, S. 105; Erwägungsgrund 101 der Richtlinie 2014/24/EU.

33 Vgl. OLG Düsseldorf, Beschl. v. 17.2.2016, Verg 41/15; OLG München, Beschl. v. 21.5.2010, Verg 02/10; OLG Bremen, Beschl. v. 24.5.2006, Verg 1/2006; OLG Saarbrücken, Beschl. v. 29.12.2003, 1 Verg 4/03; VK Bund, Beschl. v. 29.2.2016, VK 1-138/15.

34 Vgl. VK Nordbayern, Beschl. v. 22.1.2007, 21.VK-3194-44/06; VK Sachsen Beschl. v. 3.11.2005, 1/SVK/125-05.

35 Vgl. OLG München, Beschl. v. 27.1.2005, Verg 2/05.

36 Vgl. OLG München, Beschl. v. 27.1.2005, Verg 2/05.

37 Vgl. KG, Beschl. v. 17.1.2011, 2 U 4/06, NZBau 2012, 56.

38 Vgl. OLG Saarbrücken, Urt. v. 28.1.2015, 1 U 138/14; OLG Saarbrücken, Beschl. v. 8.7.2003, 5 Verg 5/02; VK Sachsen, Beschl. v. 21.7.2005, 1/SVK/076 – 05; VK Bund, Beschl. v. 15.10.2001, VK 2-36/01.

39 Vgl. BGH, Urt. v. 26.10.1999, X ZR 30/98; OLG Düsseldorf, Beschl. v. 29.1.2014, Verg 28/13.

beverfahren prägt, sinnvoll. Eine Nachweisführung, die allein auf Zeugenaussagen beruht, genügt indes nicht. Erforderlich sind in diesem Fall zwingend zusätzliche objektive Belege.[40]

Bezieht sich der Vorwurf einer schweren Verfehlung auf die Begehung einer Straftat oder einer Ordnungswidrigkeit, ist der Nachweis jedenfalls dann geführt, wenn sich der öffentliche Auftraggeber auf das Bestehen einer rechtskräftigen Verurteilung bzw. das Vorliegen eines rechtskräftigen Bußgeldbescheids berufen kann.[41] Für die Nachweisführung zwingend erforderlich ist dies indes nicht.[42] Ein ausreichender Nachweis liegt bereits dann vor, wenn das staatsanwaltliche Ermittlungsverfahren mittels einer Anklageerhebung oder der Beantragung eines Strafbefehls beendet worden ist.[43] Beide Varianten setzen das Vorliegen eines hinreichenden Tatverdachts voraus.[44] Reicht mithin das Vorliegen eines hinreichenden Tatverdachts im Rahmen der Nachweisführung aus, so muss das Vorliegen eines dringenden Tatverdachtes erst recht genügen. Folgerichtig ist der Erlass eines Haftbefehls, der das Vorliegen eines dringenden Tatverdachts verlangt, als Nachweis für das Vorliegen einer schweren Verfehlung ausreichend.[45] Wird ein Ermittlungsverfahren gem. § 153a StPO eingestellt, so bedeutet dies nicht zwingend, dass der Nachweis endgültig gescheitert ist, denn insbesondere im Bereich der Wirtschaftskriminalität geschieht dies nicht selten aus Gründen der Verfahrensökonomie, sodass aus der bloßen Einstellung noch keine Rückschlüsse in Bezug auf das Vorliegen einer schweren Verfehlung gezogen werden können.[46] Liegt dagegen ein rechtskräftiger Freispruch vor, so ist ein Ausschluss grundsätzlich nicht mehr möglich.[47] 21

Unklar dagegen ist, ob von einer gesicherten Erkenntnislage auch bereits dann gesprochen werden kann, wenn die staatsanwaltlichen Ermittlungen noch andauern.[48] Vor dem Hintergrund, dass insbesondere im Bereich der Wirtschaftskriminalität teilweise Jahre vergehen, bis die staatsanwaltlichen Ermittlungen abgeschlossen sind und es dem öffentlichen Auftraggeber indes nicht zugemutet werden kann, während dieses langen Zeitraums trotz bereits bestehender Anhaltspunkte in Form eines Anfangsverdachts vertragliche Beziehungen mit dem betreffenden Bieter bzw. Bewerber abzuschließen, sprechen gute Gründe dafür.[49] 22

Schließlich kann in Bezug auf das Merkmal der Nachweislichkeit im Rahmen des § 124 Abs. 1 Nr. 3 GWB auch auf eine Eintragung in einem einschlägigen Register – Bundeszentralregister oder Gewerberegister – abgestellt werden, wobei öffentliche Auftraggeber 23

---

40 Vgl. OLG München, Beschl. v. 21.5.2010, Verg 2/10.

41 Vgl. OLG München, Beschl. v. 21.4.2006, Verg 08/06, VergabeR 2006, 561, 564.

42 Vgl. OLG München, Beschl. v. 22.11.2012, Verg 22/12; OLG Saarbrücken, Beschl. v. 29.12.2003, 1 Verg 4/03; VK Nordbayern, Beschl. v. 22.1.2007, 21.VK-3194-44/06; VK Düsseldorf, Beschl. v. 13.3.2006, VK-08/2006-L.

43 Vgl. LG Berlin, Urt. v. 22.3.2006, 23 O 118/04; VK Bund, Beschl. v. 29.2.2016, VK 1-138/15; a.A. OLG Frankfurt a.M., Beschl. v. 20.7.2004, 11 Verg 6/04; VK Nordbayern, Beschl. v. 22.1.2007, 21.VK-3194-44/06.

44 *Temming*, in: Beck'scher Online-Kommentar StPO, § 407 Rn. 9.

45 Vgl. OLG München, Beschl. v. 5.10.2012, Verg 15/12.

46 *Conrad*, in: Müller/Wrede, GWB, § 124 Rn. 51.

47 *Conrad*, in: Müller/Wrede, GWB, § 124 Rn. 51.

48 Dafür OLG Frankfurt a.M., Beschl. v. 20.7.2004, 11 Verg 6/04; VK Nordbayern, Beschl. v. 22.1.2007, 21.VK-3194-44/06; dagegen vgl. LG Berlin, Urt. v. 22.3.2006, 23 O 118/04; VK Bund, Beschl. v. 29.2.2016, VK 1-138/15; a.A. OLG Frankfurt a.M., Beschl. v. 20.7.2004, 11 Verg 6/04; VK Nordbayern, Beschl. v. 22.1.2007, 21.VK-3194-44/06.

49 Vgl. OLG Saarbrücken, Beschl. v. 29.12.2003, 1 Verg 4/03.

nicht in jedem Fall zur Einholung von entsprechenden Registerauskünften berechtigt sind. Gem. § 150a Abs. 1 Satz 2 GewO können Auskünfte aus dem Gewerberegister ausdrücklich nur von Behörden und öffentlichen Auftraggebern nach § 99 GWB eingeholt werden. Sektorenauftraggeber nach § 100 GWB sind mithin nicht auskunftsberechtigt. Dieses Problem wird durch die Einführung des Wettbewerbsregisters auf Bundesebene künftig im Grunde behoben: Die bisher bestehenden Abfragepflichten und Abfragemöglichkeiten der Auftraggeber nach dem Schwarzarbeitsbekämpfungsgesetz, dem Arbeitnehmer-Entsendegesetz und dem Mindestlohngesetz im Hinblick auf das Gewerbezentralregister werden durch die Abfrage des Wettbewerbsregisters ersetzt. Abfrageberechtigt wie -verpflichtet sind insoweit auch Sektorenauftraggeber und Konzessionsgeber neben den öffentlichen Auftraggebern nach § 99 GWB, § 6 WRegG. Allerdings geben Eintragungen im künftigen Wettbewerbsregister genauso wie aktuelle Eintragungen in landeseigenen vergleichbaren Registern (z.B. dem Vergaberegister in NRW) nur ein Indiz für nachweisliche Verfehlungen. Der Auftraggeber muss ungeachtet solcher Eintragungen nach Maßgabe vergaberechtlicher Vorschriften in eigener Verantwortung über den Ausschluss eines Unternehmens im Einzelfall entscheiden. Ein Verweis des Auftraggebers auf die Eintragung im Wettbewerbsregister reicht zum Beleg der Nachweislichkeit allein jedenfalls dann nicht aus, wenn der Registereintrag keinen zwingenden Ausschlussgrund nach § 123 GWB betrifft.

b) Infragestellung der Integrität des Unternehmens

24 Für einen Ausschluss nach § 124 Abs. 1 Nr. 3 GWB genügt das Vorliegen einer nachweislichen schweren berufsbezogenen Verfehlung alleine jedoch noch nicht. Erforderlich ist zudem, dass es sich um eine die Integrität des Unternehmens infrage stellende Verfehlung handelt. So findet sich in der neuen Regelung nicht mehr der Begriff der „Zuverlässigkeit“,[50] sondern der auch in der Richtlinie[51] verwendete Begriff der „Integrität“. Inhaltlich führt dies jedoch zu keinen Neuerungen oder gar Ausweitungen der Norm. Die Frage der Integrität ist Gegenstand einer vom öffentlichen Auftraggeber zu treffenden Prognoseentscheidung.[52] Die nachweislich bestehende schwere berufsbezogene Verfehlung muss die Integrität des Unternehmens auch in Bezug auf den nunmehr zu vergebenden Auftrag erheblich in Zweifel ziehen.[53] Mithin ist nicht erforderlich, dass die Infragestellung der Integrität mit letzter Gewissheit feststeht.[54] Ausreichend sind vielmehr bestehende erhebliche Zweifel an der Integrität. Anders als bei der Frage, ob eine schwere Verfehlung nachweislich vorliegt, steht dem öffentlichen Auftraggeber hinsichtlich der Frage der Integrität ein Beurteilungsspielraum zu,[55] der nur eingeschränkt seitens der Nachprüfungsinstanzen überprüft werden kann. Überprüfbar ist lediglich, ob der öffentliche Auftraggeber seiner Prognose einen vollständig ermittelten und zutreffenden Sachverhalt zugrunde gelegt hat und im Rahmen der Prognose keine sachfremden Erwägungen, sondern nachvollziehbare und insbesondere sachliche Gründe herangezogen hat.[56]

---

50 Vgl. beispielsweise § 6 EG Abs. 6 lit. c) VOL/A.
51 Vgl. Art. 57 Abs. 4 lit. c) der Richtlinie 2014/24/EU.
52 Vgl. *Summa*, in: Heiermann/Zeiss/Summa, jurisPK-Vergaberecht, § 124 GWB Rn. 48.
53 Vgl. *Hausmann/von Hoff*, in: Kulartz/Kus/Portz/Prieß, GWB, § 124 Rn. 27.
54 Vgl. OLG München, Beschl. v. 21.4.2006, Verg 08/06.
55 Vgl. *Hausmann/von Hoff*, in: Kulartz/Kus/Portz/Prieß, GWB, § 124 Rn. 27.
56 Vgl. OLG München, Beschl. v. 22.11.2012, Verg 22/12.

Im Fall einer strafrechtlichen Verurteilung ist das Fortbestehen der Integrität in der Regel zu verneinen. Eine günstige Sozialprognose im Rahmen einer Strafaussetzung zur Bewährung führt jedoch andererseits nicht zwingend zur Bejahung der Integrität, denn eine abschließende positive Bewertung dahingehend, dass es einer Vollzugsstrafe nicht bedarf, erfolgt erst bei nachgewiesenem Wohlverhalten während der Dauer der Bewährungszeit und somit erst zu einem späteren Zeitpunkt.[57] **25**

Neben einer strafrechtlichen Verurteilung können auch Verstöße gegen zivilrechtliche Vorschriften, insbesondere solche des BGB (§§ 823, 826, 123, 134, 138 BGB)[58] und solche gegen das UWG[59] die Integrität eines Unternehmens infrage stellen. **26**

Weiter kann die Integrität eines Unternehmens dann infrage stehen, wenn Verletzungen vertraglicher Verpflichtungen vorliegen. Voraussetzung ist jedoch, dass die Verletzungen einen solchen Grad an Intensität und Schwere aufweisen, dass der öffentliche Auftraggeber berechtigterweise an der Integrität des betreffenden Unternehmens zweifelt.[60] Andernfalls würde der Anwendungsbereich des Ausschlussgrundes erheblich ausgeweitet werden, was dem Charakter des § 124 Abs. 1 Nr. 3 GWB als Ausschlusstatbestand nicht gerecht werden würde. Wurde die Leistung beispielsweise trotz vertraglicher Beanstandungen letztlich als vertragsgemäß abgenommen, kann die Integrität nicht in Zweifel gezogen werden.[61] Die Ausschlussmöglichkeit ist nicht als eine Sanktionsmöglichkeit für alltägliche Probleme die Vertragsabwicklung eines anderen öffentlichen Auftrags betreffend zu verstehen.[62] Dies ergibt sich insbesondere auch aus dem Umstand, dass § 124 Abs. 1 Nr. 7 GWB für den Fall der mangelhaften Vertragsausführung nunmehr einen eigenständigen fakultativen Ausschlussgrund vorsieht, dessen Voraussetzungen gerade nicht im Fall bloßer alltäglicher Probleme erfüllt sind. **27**

Schließlich können Verstöße gegen Verpflichtungen zu Vertraulichkeit und Sicherheit die Integrität eines Unternehmens infrage stellen.[63] **28**

c) Zurechnung von schweren Verfehlungen

Dem Wortlaut des § 124 Abs. 1 Nr. 3 GWB zufolge muss die schwere Verfehlung durch das Unternehmen begangen worden sein. Das Verhalten natürlicher Personen in Leitungsfunktion des Unternehmens wird dem Unternehmen allerdings gem. § 124 Abs. 1 Nr. 3 Hs. 2 GWB i.V.m. § 123 Abs. 3 GWB zugerechnet. Zu den Leitungsfunktionen gehört auch die Überwachung der Geschäftsführung oder die sonstige Ausübung von Kontrollbefugnissen in leitender Stellung. Der Verweis auf die in § 123 Abs. 3 GWB verankerte Zurechnungsnorm trägt nicht zuletzt auch dem Umstand Rechnung, dass in Deutschland kein sog. Unternehmensstrafrecht existiert, sodass im Fall einer Personengesellschaft oder juris- **29**

57 Vgl. OLG München, Beschl. v. 21.4.2006, Verg 08/06.

58 Vgl. *Hausmann/von Hoff*, in: Kulartz/Marx/Portz/Prieß, GWB, § 124 Rn. 28.

59 Vgl. *Hausmann/von Hoff*, in: Kulartz/Marx/Portz/Prieß, GWB, § 124 Rn. 28; OLG Jena, Beschl. v. 16.7.2007, 9 Verg 4/07; VK Düsseldorf, Beschl. v. 13.9.2005, VK 08/2005-B.

60 Gesetzesbegründung, BT-Drs. 18/6281, S. 105; vgl. auch VK Düsseldorf, Beschl. v. 31.10.2005, VK-30/2005-B; VK Sachsen, Beschl. v. 17.7.2007, 1/SVK/046-07.

61 Vgl. VK Sachsen, Beschl. v. 17.7.2007, 1/SVK/046-07.

62 Vgl. *Hausmann/von Hoff*, in: Kulartz/Marx/Portz/Prieß, Kommentar zum GWB, § 124 Rn. 30.

63 Gesetzesbegründung, BT-Drs. 18/6281, S. 105.

tischen Person auf die strafrechtliche Relevanz des Verhaltens verantwortlich handelnder natürlicher Person abzustellen ist.[64]

30 Besteht ein Konzernverbund, so findet ebenfalls eine Zurechnung nach § 123 Abs. 3 GWB statt, sofern das betreffende Unternehmen unter dem Einfluss desjenigen Unternehmens steht, das die schwere Verfehlung begangen hat.[65]

4. Wettbewerbsbeschränkende Vereinbarungen (§ 124 Abs. 1 Nr. 4 GWB)

31 Nach § 124 Abs. 1 Nr. 4 GWB kann der öffentliche Auftraggeber Unternehmen vom Wettbewerb ausschließen, wenn er über hinreichende Anhaltspunkte dafür verfügt, dass das Unternehmen mit anderen Unternehmen Vereinbarungen getroffen oder Verhaltensweisen aufeinander abgestimmt hat, die eine Verhinderung, Einschränkung oder Verfälschung des Wettbewerbs bezwecken oder bewirken.

a) Verhinderung, Einschränkung oder Verfälschung des Wettbewerbs

32 Die Vorschrift setzt Art. 57 Abs. 4 Unterabs. 1 lit. d) der Richtlinie 2014/24/EU um, wobei die unionsrechtliche Vorgabe von „**Verzerrungen des Wettbewerbs**" spricht und § 124 Abs. 1 Nr. 4 GWB die Formulierung des Verbots wettbewerbsbeschränkender Vereinbarungen des § 1 GWB aufgreift („**Verhinderung, Einschränkung und Verfälschung des Wettbewerbs**").[66] Der Richtliniengeber hat jedoch bewusst diese auch im europäischen Kartellverbot des Art. 101 AEUV verwendeten Begriffe nicht aufgegriffen. Diese Divergenz zwischen unionsrechtlicher Vorgabe und nationaler Umsetzung ist dadurch zu lösen, dass unter den unionsrechtlichen Begriff der „Wettbewerbsverzerrung" die auf nationaler Ebene verwendeten Begriffe der „Verhinderung", „Einschränkung" und „Verfälschung" subsumiert werden. Dies ist insoweit vertretbar, als die Begriffe „Verhinderung", „Einschränkung" und „Verfälschung" nicht streng voneinander zu trennen sind, sondern auch im nationalen Recht einheitlich unter den Begriff der „Wettbewerbsbeschränkung", der gleichbedeutend ist mit dem Begriff der „Wettbewerbsverzerrung", fallen.

33 Nachdem die ursprüngliche Gesetzesfassung, die allein das Tatbestandsmerkmal „Vereinbarungen" nannte, die Frage nach sich zog, ob explizit nur Vereinbarungen als solche oder auch die übrigen in § 1 GWB und Art. 101 AEUV genannten Kartellverbote – Beschlüsse von Unternehmensvereinigungen und aufeinander abgestimmte Verhaltensweisen – subsumiert werden können, wurde durch das Gesetz „zur Einführung eines Wettbewerbsregisters und zur Änderung des Gesetzes gegen Wettbewerbsbeschränkungen" mit Geltung ab 29.7.2017[67] die alte Fassung „Vereinbarungen mit anderen Unternehmen getroffen" durch die Wörter „mit anderen Unternehmen Vereinbarungen getroffen oder Verhaltensweisen aufeinander abgestimmt" ergänzt. Durch die neue Fassung werden somit auch abgestimmte Verhaltensweisen von Unternehmen, die zumindest wettbewerbsbeschränkend wirken, von dem fakultativen Ausschlussgrund des Wettbewerbsverstoßes ausdrücklich umfasst. Die Änderung wird damit begründet, dass sowohl im deutschen als auch im europäischen

64 So auch schon bisher OLG Düsseldorf: Beschl. v. 28.7.2005, Verg 42/05; OLG Saarbrücken, Beschl. v. 29.12.2003, 1 Verg 4/03; LG Frankfurt a. M., Urt. v. 26.11.2003, 2-06 O 345/03.

65 Vgl. VK Niedersachsen, Beschl. v. 24.3.2011, VgK-4/2011.

66 Gesetzesbegründung, BT-Drs.18/6281, S. 106.

67 BGBl. I. S. 2743, Art. 2 Abs. 2 Nr. 3.

Kartellrecht die Tatbestandsalternativen der Vereinbarung und der abgestimmten Verhaltensweise gleichwertig nebeneinander stehen. Durch die Neufassung soll gewährleistet werden, dass immer eindeutig feststellbar ist, ob die Voraussetzung für eine Eintragung vorliegen, da in der Praxis kartellbehördlicher Ermittlungen die Frage, welche Alternative verwirklicht ist, häufig offengelassen wird.[68] Eindeutig ist der Begriff „Vereinbarung" dahingehend, dass dieser zwingend zwei Tatbeteiligte voraussetzt. Einseitige Kartellrechtsverstöße[69] genügen insoweit nicht den Anforderungen des § 124 Abs. 1 Nr. 4 GWB.

Im Gegensatz zu den Vorgängervorschriften[70] ist der Ausschlusstatbestand in § 124 Abs. 1 Nr. 4 GWB schließlich nicht mehr auf wettbewerbsbeschränkende Vereinbarungen beschränkt, die im Zusammenhang mit dem laufenden Vergabeverfahren getroffen worden sind.[71] Außerdem muss sich die Vereinbarung auch nicht gegen den jetzigen öffentlichen Auftraggeber richten. Irrelevant ist zudem, ob die Vereinbarung im Zusammenhang mit einem öffentlichen Auftrag gestanden hat. 34

b) „Bezwecken, bewirken" vs. „abzielen"

Während Art. 57 Abs. 4 Unterabs. 1 lit. d) der Richtlinie 2014/24/EU auf das Vorliegen einer Vereinbarung abstellt, die auf eine Verzerrung des Wettbewerbs **abzielt**, ist der Wortlaut der nationalen Vorschrift weiter gefasst. Nach dem Wortlaut des § 124 Abs. 1 Nr. 4 GWB besteht die Möglichkeit eines Ausschlusses nicht nur bei Vereinbarungen oder aufeinander abgestimmte Verhaltensweisen, die Wettbewerbsbeschränkungen „bezwecken", sondern auch bei solchen, die derartige Beschränkungen „bewirken". Während ein „Bezwecken" bzw. „Abzielen" ein zielgerichtetes Verhalten voraussetzt, ist dies für ein bloßes „Bewirken" nicht erforderlich. Hierfür genügt es schlicht, dass Wettbewerbsbeschränkungen kausale Folge einer Vereinbarung sind, mit der an sich jedoch andere Ziele verfolgt werden. Der nationale Gesetzgeber hat sich bei seiner Formulierung abermals bewusst an § 1 GWB angelehnt[72] und der Richtliniengeber hat sich bewusst gegen eine entsprechende Anlehnung an das europäische Kartellverbot in § 101 AEUV entschieden. Diese Erweiterung des Ausschlusstatbestandes auf nationaler Ebene im Vergleich zur Richtlinienvorgabe ist problematisch: Zum einen ist der nationale Gesetzgeber grundsätzlich nicht dazu befugt die unionsrechtlichen Vorgaben zu erweitern. Die Vorgaben in Art. 57 Richtlinie 2014/24/EU sind insoweit abschließend. Zum anderen stellt sich die Frage, ob die Erweiterung des Ausschlusstatbestandes auf den Fall eines bloßen „Bewirkens" überhaupt sinnvoll und im Hinblick auf die weitreichende Konsequenz eines Ausschlusses überhaupt noch sachgerecht und verhältnismäßig ist. 35

c) Hinreichende Anhaltspunkte

Im Gegensatz zu § 124 Abs. 1 Nr. 1, Nr. 3 und Nr. 7 GWB muss der öffentliche Auftraggeber im Fall des § 124 Abs. 1 Nr. 4 GWB den Rechtsverstoß nicht nachweisen. Ausreichend ist es, wenn der Auftraggeber über entsprechende „**hinreichende Anhaltspunkte**" verfügt. 36

68 Gesetzesbegründung, BT-Drs. 18/12051, S. 35.

69 Zum Beispiel: Missbrauch einer marktbeherrschenden Stellung oder Verletzung des Diskriminierungsverbotes nach §§ 19, 20 GWB.

70 Vgl. beispielsweise § 19 EG Abs. 3 lit. f) VOL/A.

71 Gesetzesbegründung, BT-Drs. 18/6281, S. 106.

72 Gesetzesbegründung, BT-Drs. 18/6281, S. 106.

Dies ist zu begrüßen, denn in der Praxis sind wettbewerbsbeschränkende Vereinbarungen nur sehr schwer nachweisbar. In der Regel sind hierfür kartellbehördliche Ermittlungen erforderlich. Allerdings genügt der bloße Verdacht einer wettbewerbsbeschränkenden Vereinbarung oder einer aufeinander abgestimmten Verhaltensweise nicht. Hinreichende Anhaltspunkte liegen jedenfalls dann vor, wenn eine Kartellbehörde den Kartellverstoß in einer Entscheidung festgestellt hat.[73] Einer rechtskräftigen Entscheidung bedarf es jedoch nicht.[74] Bloße kartellrechtliche Ermittlungsmaßnahmen, wie beispielsweise Durchsuchungen, genügen hingegen genauso wenig.[75] Ebenfalls keine belastbare Grundlage für einen Ausschluss nach § 124 Abs. 1 Nr. 4 GWB stellen ein Beschuldigtenschreiben des Bundeskartellamtes bzw. das „Statement of Objections" der Europäischen Kommission dar.[76] In beiden Fällen wurde dem betroffenen Unternehmen noch kein umfassend rechtliches Gehört gewährt.[77]

37 Unklar dagegen ist, ob im Fall einer Vereinbarung („settlement") mit der Kartellbehörde, mittels derer ein Kartellverfahren beendet wird, von „hinreichenden Anhaltspunkten" gesprochen werden kann. Für eine Bejahung hinreichender Anhaltspunkte spricht, dass im Gegensatz zu dem oben genannten Beschuldigtenschreiben bzw. „Statement of Objections" nicht bloß umfangreiche Ermittlungen stattgefunden haben, sondern das betroffene Unternehmen insbesondere angehört worden ist und es den Kartellvorwurf anerkannt haben muss.[78]

38 Ein öffentlicher Auftraggeber muss keine eigene kartellrechtliche Prüfung vornehmen, wenn eine Kartellbehörde das in Frage stehende Verhalten eines Unternehmens bereits als kartellrechtlich unbedenklich angesehen hat.[79]

d) Relevante Fallgruppen

aa) Unzulässige Bietergemeinschaften

39 Schließen sich mehrere Unternehmen zu einer Bietergemeinschaft zusammen, so kann darin eine wettbewerbswidrige Abrede liegen. Allerdings ist dies nicht der Regelfall. Ein Angebot darf nicht allein deshalb von der Vergabe ausgeschlossen werden, weil es von einer Bietergemeinschaft stammt. Hierfür spricht schon, dass Bietergemeinschaften grundsätzlich zulässig sind.[80] Im Fall von Bietergemeinschaften gilt es vielmehr genau zu differenzieren:

40 Unproblematisch sind diejenigen Fälle, in denen sich Unternehmen zu einer Bietergemeinschaft zusammenschließen, die auf unterschiedlichen Märkten tätig sind und folglich nicht miteinander konkurrieren.[81] In diesen Fällen sind die einzelnen der Bietergemeinschaft angehörigen Unternehmen für sich genommen betrieblich in der Regel gar nicht auf die Er-

---

73 Gesetzesbegründung, BT-Drs. 18/6281, S. 106.
74 Vgl. *Stein/Friton/Huttenlauch*, WuW 2012, 38, 43.
75 Gesetzesbegründung, BT-Drs.18/6281, S. 106.
76 Vgl. *Stein/Friton/Huttenlauch*, WuW 2012, 38, 43.
77 Vgl. *Stein/Friton/Huttenlauch*, WuW 2012, 38, 43.
78 Vgl. *Stein/Friton/Huttenlauch*, WuW 2012, 38, 43.
79 Vgl. OLG Düsseldorf, Beschl. v. 9.4.2003, Verg 43/02, NZBau 2003, 578, 579.
80 Siehe § 43 VgV und § 6 EU Abs. 3 Nr. 2 VOB/A.
81 Vgl. OLG Düsseldorf, Beschl. v. 17.2.2014, VII, Verg 2/14 m. w. N.

bringung der ausgeschriebenen Gesamtleistung eingerichtet (fehlende Markteintrittsfähigkeit).[82] Insbesondere im Fall komplexer Gesamtaufträge ermöglicht oftmals erst der Zusammenschluss mehrerer Unternehmen aus verschiedenen Branchen eine Angebotsabgabe und folglich den Zugang zum Wettbewerb. In diesen Fällen wird der Wettbewerb durch die Bildung von Bietergemeinschaften nicht beschränkt, sondern vielmehr vergrößert und dadurch gefördert.

Ebenfalls wettbewerbsrechtlich unbedenklich sind Bietergemeinschaften zwischen konzernangehörigen Unternehmen. Hintergrund hierfür ist, dass diese Unternehmen gem. § 36 Abs. 2 GWB als ein Unternehmen anzusehen sind (sog. Konzernprivileg).[83] 41

Problematisch kann die Bildung von Bietergemeinschaften jedoch dann sein, wenn sich Unternehmen zusammenschließen, die derselben Branche angehören, folglich auf demselben Markt tätig sind und mithin in Konkurrenz zueinander stehen. Sofern die beteiligten Unternehmen mit Blick auf ihre betrieblichen und geschäftlichen Verhältnisse (Kapazitäten, technische Ausrüstung und fachliche Fähigkeiten) bereits für sich genommen über die erforderliche Leistungsfähigkeit im Hinblick auf die Durchführung der ausgeschriebenen Gesamtleistung verfügen, liegt zwar für sich genommen noch keine unzulässige Bietergemeinschaft vor, allerdings ist in diesem Fall eine nähere Prüfung notwendig. Die Bildung einer solchen Bietergemeinschaft könnte dem Zweck dienen, die üblicherweise bestehende Konkurrenz zwischen den Mitgliedern mittels der Bildung der Bietergemeinschaft zu umgehen und auf diese Weise die Leistung insgesamt zu einem höheren Preis anzubieten. 42

Unschädlich ist die Bildung einer Bietergemeinschaft in diesen Fällen zum einen dann, wenn jedes der beteiligten Unternehmen für sich betrachtet objektiv über die erforderliche Leistungsfähigkeit verfügt, jedoch die erforderliche Kapazität aufgrund anderweitiger Gebundenheit gegenwärtig tatsächlich nicht abrufen kann.[84] 43

Ebenfalls unschädlich ist die Bildung einer Bietergemeinschaft im Fall konkurrierender und objektiv leistungsfähiger Unternehmen, wenn sich der Zusammenschluss der Unternehmen als **wirtschaftlich zweckmäßig** und **kaufmännisch vernünftig** darstellt und erst der Zusammenschluss ein erfolgsversprechendes Angebot ermöglicht.[85] Dies geht auf die sog. „Schramberg“-Entscheidung des BGH[86] zurück. 44

Sobald die Bildung der Bietergemeinschaft für eines der beteiligten Unternehmen jedoch wirtschaftlich nicht zweckmäßig bzw. kaufmännisch nicht vernünftig und mithin nicht nachvollziehbar ist, ist die betreffende Bietergemeinschaft als wettbewerbswidrig zu qualifizieren und folglich unzulässig.[87] Die Entscheidung eines Unternehmens, sich einer Bietergemeinschaft anzuschließen und sich auf diese Weise an einer Ausschreibung zu beteili- 45

82 Vgl. OLG Düsseldorf, Beschl. v. 8.6.2016, VII-Verg 3/16, PharmR 2016, 423; OLG Karlsruhe, Beschl. v. 5.11.2014, 15 Verg 6/14; KG Beschl. v. 24.10.2012, Verg 11/13.

83 Vgl. OLG Düsseldorf, Beschl. v. 8.6.2016, VII-Verg 3/16, PharmR 2016, 423; OLG Düsseldorf, Beschl. v. 29.7.2015, VII-Verg 5/15.

84 Vgl. OLG Düsseldorf, Beschl. v. 7.1.2015, VII-Verg 17/15, NZBau 2015, 787; OLG Düsseldorf, Beschl. 8.6.2016, VII-Verg 3/16, PharmR 2016, 423.

85 Vgl. OLG Düsseldorf, Beschl. v. 8.6.2016, VII-Verg 3/16, PharmR 2016, 423; OLG Düsseldorf, Beschl. v. 7.1.2015, VII-Verg 17/15, NZBau 2015, 787 m.w.N.; OLG Koblenz, Beschl. v. 29.12.2004, 1 Verg 6/04; OLG Naumburg, Beschl. v. 21.12.2000, 1 Verg 10/00; VK Südbayern, Beschl. v. 1.2.2016, Z3-3-3194-1-58-11/15; VK Sachsen, Beschl. v. 23.5.2014, 1/SVK/011-14.

86 Vgl. BGH, Urt. v. 13.12.1983, KZR 10/83.

87 Vgl. OLG Koblenz, Beschl. v. 29.12.2004, 1 Verg 6/04, ZfBR 2005, 407.

gen, ist nur eingeschränkt überprüfbar, da sie der Einschätzungsprärogative der jeweils beteiligten Unternehmen unterliegt.[88] Unabhängig hiervon muss die Entscheidung jedoch auf objektiven Kriterien beruhen, deren Vorliegen wiederum einer uneingeschränkten Überprüfung zugänglich ist.

46 Um eine diesbezügliche kartellrechtliche Prüfung vornehmen zu können, kann der Auftraggeber die beteiligten Unternehmen zu einem einzelfallbezogenen Vortrag auffordern.[89] Die Einholung betriebswirtschaftlicher Gutachten ist zum Zweck der Überprüfung der unternehmerischen Entscheidung vor dem Hintergrund des im Rahmen einer Nachprüfung zu beachtenden Beschleunigungsgebotes ungeeignet.[90] Im Zweifel ist die Bildung einer Bietergemeinschaft als vergaberechtskonform anzusehen.[91]

47 Ein Ausschluss nach § 124 Abs. 1 Nr. 4 GWB ist schließlich auch in den Fällen nicht gerechtfertigt, in denen Gespräche über die Bildung einer Bietergemeinschaft zwischen zwei Unternehmen im Vorfeld einer Angebotsabgabe ergebnislos enden. Denn mit der grundsätzlichen Zulässigkeit der Bildung von Bietergemeinschaften geht auch die Zulässigkeit einher, in Vorgesprächen abwägen zu können, ob die gemeinsame Angebotsabgabe wirtschaftlich überhaupt sinnvoll ist.[92]

bb) Verstöße gegen den Grundsatz des Geheimwettbewerbs

48 Der Grundsatz des Geheimwettbewerbs ist grundlegend für eine Auftragsvergabe im Wettbewerb. Ein echter Bieterwettbewerb ist nur dann möglich, wenn jeder der Bieter sein Angebot in Unkenntnis der Angebote, Angebotsgrundlagen und Kalkulationen seiner Mitbewerber abgibt.[93] Der Grundsatz des Geheimwettbewerbs ist mithin Ausfluss sowohl des Gleichbehandlungs- als auch des Wettbewerbsgrundsatzes, die beide in § 97 GWB gesetzlich verankert sind. Kein Verstoß gegen den Grundsatz des Geheimwettbewerbs liegt daher in der Regel dann vor, wenn sich die Kenntnisse im Fall einer losweisen Vergabe auf andere Lose beziehen, denn Angebote, die sich auf unterschiedliche Lose beziehen, stehen regelmäßig nicht in einem Konkurrenzverhältnis zueinander.[94]

49 Besonderes Augenmerk ist bei der Abgabe von Angeboten durch **Bietergemeinschaften** den Fällen potenzieller sog. „**Parallelangebote**" zu widmen. Ein Parallelangebot liegt vor, wenn ein Bieter nicht nur ein eigenes, sondern zusätzlich auch ein Angebot als Mitglied einer Bietergemeinschaft abgegeben hat. Hier besteht die – widerlegbare – Vermutung, dass ein Verstoß gegen den Grundsatz des Geheimwettbewerbs vorliegt, da die beiden An-

---

88 Vgl. OLG Düsseldorf, Beschl. v. 8.6.2016, VII-Verg 3/16, PharmR 2016, 423; OLG Koblenz, Beschl. v. 29.12.2004, 1 Verg 6/04, ZfBR 2005, 407; OLG Frankfurt, Beschl. v. 27.6.2003, 11 Verg 2/03; OLG Naumburg, Beschl. v. 21.12.2000, 1 Verg 10/00; VK Sachsen, Beschl. v. 23.5.2014, 1/SVK/011-14.

89 Vgl. OLG Düsseldorf, Beschl. v. 17.2.2014, VII-Verg 2/14, NZBau 2014, 716, 718; Beschl. v. 9.11.2011, VII-Verg 35/11, NZBau 2012, 252.

90 Vgl. OLG Koblenz, Beschl. v. 29.12.2004, 1 Verg 6/04, ZfBR 2005, 407.

91 Vgl. OLG Frankfurt, Beschl. v. 27.6.2003, 11 Verg 2/03.

92 Vgl. OLG Koblenz, Beschl. v. 26.10.2005, 1 Verg 4/05, VergabeR 2006, 392, 400.

93 Vgl. OLG Naumburg, Beschl. v. 2.8.2012, 2 Verg 3/12; OLG Düsseldorf, Beschl. v. 13.4.2011, VII-Verg 4/11, NZBau 2011, 371; OLG München, Beschl. v. 11.8.2008, Verg 16/08; OLG Düsseldorf, Beschl. v. 27.7.2006, Verg 23/06; OLG Jena, Beschl. v. 6.7.2004, 6 Verg 3/04; OLG Düsseldorf, Beschl. v. 16.9.2003, VII-Verg 51/03.

94 VK Sachsen, Beschl. v. 13.12.2013, 1/SVK/039-13.

gebote in der Regel in Kenntnis des jeweiligen anderen Angebots abgegeben worden ist.[95] Der Auftraggeber bzw. die Vergabekammern und -senate haben dem betreffenden Bieter Gelegenheit zu geben, diese Vermutung zu widerlegen.[96] Die Folge einer nicht erfolgreichen Widerlegung der Vermutung ist, dass beide Angebote wegen Verletzung des Geheimwettbewerbs auszuschließen sind.[97]

50 Ein Verstoß gegen den Grundsatz des Geheimwettbewerbs kann in vergleichbarem Sinne auch im Fall gleichzeitiger **Beteiligung konzernverbundener Unternehmen** an einer Ausschreibung vorliegen. Beteiligen sich konzernverbundene Unternehmen mit jeweils selbstständigen Angeboten an ein und derselben Ausschreibung, besteht zumindest die Gefahr, dass die betreffenden Unternehmen Kenntnis über den Inhalt des jeweils anderen Angebotes haben. Allerdings rechtfertigt diese potenzielle Gefahr einer Wettbewerbsbeeinträchtigung – die aus den im Fall eines Konzernverbundes typischerweise bestehenden gesellschaftsrechtlichen, personellen und organisatorischen Verflechtungen resultiert – für sich betrachtet noch keinen Ausschluss beider Angebote.[98] Ein derartiger Automatismus wäre insbesondere nicht mit dem **Verhältnismäßigkeitsgrundsatz** vereinbar, da den betreffenden Unternehmen keinerlei Möglichkeit eingeräumt werden würde, darzulegen, dass eben gerade keine wechselseitige Angebotskenntnis besteht und folglich auch keine Gefahr einer Wettbewerbsbeschränkung bestehe.[99] Der Ausschluss eines Bieters oder seines Angebotes als schärfstes Schwert des Auftraggebers im Vergabeverfahren muss stets ultima ratio sein. Des Weiteren würde unberücksichtigt bleiben, dass Unternehmen, die demselben Konzern angehören, in der Regel wirtschaftlich eigenständig agieren und teilweise sogar in Wettbewerb zueinander stehen. Vor diesem Hintergrund besteht in dem Fall, dass sich mehrere konzernverbundene Unternehmen mit eigenen Angeboten an einer Ausschreibung beteiligen, lediglich die – widerlegbare – Vermutung, dass ein Verstoß gegen den Grundsatz des Geheimwettbewerbs besteht. Die betreffenden Unternehmen können diese Vermutung widerlegen, indem sie auf nachvollziehbare Weise darlegen, dass ausreichende Vorkehrungen (z. B. „Chinese Walls“) zur Vermeidung einer gegenseitigen Kenntniserlangung getroffen worden sind.[100] Nicht ausreichend für eine Widerlegung ist der bloße Verweis auf entsprechende Erklärungen, dass die Vertraulichkeit und somit das Gebot des Geheimwettbewerbs gewahrt worden ist.[101]

51 Ebenfalls nicht per se unzulässig ist es, wenn ein Bieter mit dem Auftraggeber selbst gesellschaftsrechtlich bzw. konzernmäßig verbunden ist. Einer solchen Unzulässigkeit stehen bereits die nunmehr in § 108 GWB verankerten Grundsätze einer Inhouse-Vergabe entgegen.

95 Vgl. OLG Düsseldorf, Beschl. v. 16.11.2010, Verg 50/10; OLG Dresden, Beschl. v. 28.3.2006, WVerg 4/06; OLG Naumburg, Beschl. v. 30.7.2004, 1 Verg 10/04; OLG Düsseldorf, Beschl. v. 16.9.2003, Verg 52/03.

96 Vgl. EuGH, Urt. v. 23.12.2009, C-376/08 – Serrantoni.

97 Vgl. OLG Düsseldorf, Beschl. v. 16.9.2003, Verg 52/03.

98 OLG Düsseldorf, Beschl. v. 11.5.2011, Verg 1/11.

99 Vgl. EuGH, Urt. v. 19.5.2009, C-538/07, NZBau 2009, 75 – Assitur; OLG Düsseldorf, Beschl. v. 13.4.2011, VII-Verg 4/11, NZBau 2011, 371.

100 Vgl. OLG Düsseldorf, Beschl. v. 13.4.2011, VII-Verg 4/11, NZBau 2011, 371.

101 Vgl. OLG Düsseldorf, Beschl. v. 13.4.2011, VII-Verg 4/11, NZBau 2011, 371.

cc) Submissionsabsprachen

52 Eine weitere relevante Fallgruppe des § 124 Abs. 1 Nr. 4 GWB stellen sog. Submissionsabsprachen dar. Submissionsabsprachen stellen einen Sonderfall von Kartellabsprachen dar. Bei Submissionsabsprachen handelt es sich um Vereinbarungen, die Wettbewerber im Rahmen öffentlicher Ausschreibungen bzgl. ihres Bieterverhaltens mit dem Ziel, einen vom gewöhnlichen Marktpreis abweichenden erhöhten Preis zu erzielen, treffen.[102] Im Fall sog. Einmalvergaben, d.h. also Leistungen, die nicht regelmäßig vergeben werden, wird oftmals das sog. „Phantom Bidding" praktiziert.[103] Bei dieser Form der Absprache wird die Höhe des Preises durch Abgabe von Scheinangeboten bewusst in die Höhe getrieben, wobei der Bestbieter bereits im Vorhinein unter den Kartellanten bestimmt wird. Regelmäßig legt man sich auf denjenigen Kartellanten fest, der den Auftrag am kostengünstigsten ausführen kann, sodass ein möglichst hoher interner Gewinn erzielt wird.[104] Im Fall regelmäßig zu vergebender Leistungen ist sowohl die territoriale Aufteilung unter den Kartellmitgliedern als auch die Heranziehung eines Rotationssystems zu beobachten.[105] Der Nachweis von Submissionsabsprachen ist regelmäßig eine zähe Angelegenheit und doch ist es dem Bundeskartellamt und der Europäischen Kommission in den letzten Jahren mehrfach gelungen, Submissionsabsprachen aufzudecken.[106] Bestimmte Auffälligkeiten in den Angebotsunterlagen können auf das Vorliegen einer Submissionsabsprache hinweisen. Das BKartA hat in seiner 2015 veröffentlichten Broschüre „Wie erkennt man unzulässige Submissionsabsprachen" eine Reihe von Verdachtsmomenten aufgeführt. So kann beispielsweise eine sehr oberflächliche Bearbeitung eines Angebots, die insoweit nicht nachvollziehbar ist (z.B. trotz eindeutiger Anforderungen und ausreichender Zeit) ein Indikator für ein Scheinangebot sein.[107] Besonders anfällig für Submissionsabsprachen sind diejenigen Märkte, auf denen von vornherein eine nur geringe Anzahl von Unternehmen tätig ist und an den konkreten Beschaffungsvorgängen regelmäßig dieselben Bieter teilnehmen, die Nachfrage vorhersehbar ist und die Beschaffung sich auf standardisierte bzw. verhältnismäßig simple Produkte bezieht.[108]

5. Interessenkonflikte (§ 124 Abs. 1 Nr. 5 GWB)

53 § 124 Abs. 1 Nr. 5 GWB sieht die Möglichkeit eines Ausschlusses vor, wenn ein Interessenkonflikt bei der Durchführung des Vergabeverfahrens besteht, der die Unparteilichkeit und Unabhängigkeit einer für den öffentlichen Auftraggeber tätigen Person bei der Durchführung des Vergabeverfahrens beeinträchtigen könnte und dieser Interessenkonflikt

102 Vgl. *Ulshöfer*, VergabeR 2016, 327, 328.
103 Vgl. *Opitz*, in: Dreher/Motzke, Beck'scher Vergaberechtskommentar, VOB/A, § 16 Rn. 115; *Zimmer*, in: Immenga/Mestmäcker, Wettbewerbsrecht, § 1 GWB Rn. 229.
104 Vgl. *Ulshöfer*, VergabeR 2016, 327, 328.
105 Vgl. *Opitz*, in: Dreher/Motzke, Beck'scher Vergaberechtskommentar, VOB/A, § 16, Rn. 115.
106 Als Beispiele können herangezogen werden: „Kartellverfahren gegen Hersteller von Feuerlöschfahrzeugen", BKartA, Fallbericht v. 18.2.2011, B12 – 11/09; „Hydrantenkartell", BKartA, Pressemitteilung v. 16.12.2011, B5-546/06; „Schienenkartell", BKartA, Fallbericht v. 6.9.2013, B12 – 16/12; „Aufzüge- und Fahrtreppenkartell", Europäische Kommission, Entscheidung C (2007) 512 (final) v. 21.2.2007.
107 BKartA, Broschüre „Wie erkennt man unzulässige Submissionsabsprachen" 2015, S. 5.
108 BKartA, Broschüre „Wie erkennt man unzulässige Submissionsabsprachen" 2015, S. 57.

durch andere, weniger einschneidende Maßnahmen nicht wirksam beseitigt werden kann. Die Regelung setzt Art. 57 Abs. 4 lit. e) der Richtlinie 2014/24/EU um.

Der Ausschlusstatbestand knüpft an das Bestehen eines Interessenkonflikts an. Hinsichtlich der Frage, welche Interessenkonflikte von § 124 Abs. 1 Nr. 5 GWB konkret erfasst werden, ist die Vorschrift wenig aufschlussreich. Auch die unionsrechtlichen Vorgaben sind sehr allgemein und generalklauselartig gestaltet. In Art. 24 der Richtlinie 2014/24/EU, auf den Art. 57 Abs. 4 lit. e) der Richtlinie 2014/24/EU ausdrücklich verweist, heißt es in Abs. 2, dass der Begriff „Interessenkonflikt" zumindest alle Situationen abdecke, in denen Mitarbeiter des öffentlichen Auftraggebers oder eines im Namen des öffentlichen Auftraggebers handelnden Beschaffungsdienstleisters, die an der Durchführung des Vergabeverfahrens beteiligt sind oder Einfluss auf den Ausgang des Verfahrens nehmen können, direkt oder indirekt ein finanzielles, wirtschaftliches oder sonstiges persönliches Interesse haben, von dem man annehmen könnte, dass es ihre Unparteilichkeit und Unabhängigkeit im Rahmen des Vergabeverfahrens beeinträchtigt. **54**

Aufschlussreicher ist der Blick in das untergesetzliche Vergaberecht, wo der Interessenkonflikt in den §§ 6 VgV, 6 SektVO, 5 KonzVgV näher bestimmt wird. Die Heranziehung untergesetzlicher Regelungen zur näheren Erläuterung gesetzlicher Regelungen ist unter systematischen Gesichtspunkten unglücklich, jedoch in Bezug auf § 124 Abs. 1 Nr. 5 GWB derzeit unumgänglich, um den Begriff des Interessenkonfliktes näher definieren zu können. **55**

a) Persönlicher Anwendungsbereich

Während § 124 Abs. 1 Nr. 5 GWB in persönlicher Hinsicht lediglich voraussetzt, dass der Interessenkonflikt eine Person betreffen muss, die „für den öffentlichen Auftraggeber tätig" ist, wird der persönliche Anwendungsbereich in jeweils Abs. 1 der genannten untergesetzlichen vergaberechtlichen Vorschriften §§ 6 VgV, 6 SektVO und 5 KonzVgV näher bestimmt. Danach sind vom persönlichen Anwendungsbereich der Vorschrift drei Gruppen erfasst, die alle drei eine besondere Nähe zum Auftraggeber aufweisen, nämlich: **56**

- Organmitglieder des öffentlichen Auftraggebers,
- Mitarbeiter des öffentlichen Auftraggebers und
- im Namen des öffentlichen Auftraggebers handelnde Beschaffungsdienstleister.

b) Sachlicher Anwendungsbereich

Mit Blick auf Abs. 2 der entsprechenden untergesetzlichen Regelungen setzt das Vorliegen eines Interessenkonfliktes in sachlicher Hinsicht voraus, dass die für den öffentlichen Auftraggeber tätigen Personen an der Durchführung des Vergabeverfahrens beteiligt sein oder Einfluss auf den Ausgang eines Vergabeverfahrens nehmen können müssen. Im Rahmen der ersten Variante (Beteiligung an der Durchführung des Vergabeverfahrens) ist eine Einflussnahme auf den Ausgang des Vergabeverfahrens nicht erforderlich. Bei Variante zwei ist die vom Interessenkonflikt betroffene Person an der Verfahrensdurchführung möglicherweise gar nicht beteiligt, hat aber zwingend die Möglichkeit zur Beeinflussung des Verfahrensausgangs („können Einfluss nehmen"). **57**

Darüber hinaus und damit kumulativ setzt der Tatbestand des Interessenkonfliktes voraus, dass die für den öffentlichen Auftraggeber tätigen Personen ein direktes oder indirektes fi- **58** nanzielles, wirtschaftliches oder persönliches Interesse haben, das ihre Unparteilichkeit und Unabhängigkeit im Rahmen des Vergabeverfahrens beeinträchtigen **könnte**.

59 Unerheblich ist es danach, ob es zu einer tatsächlichen Wettbewerbsbeeinflussung gekommen ist. Es reicht vielmehr der Anschein einer Parteinahme bzw. die Möglichkeit dazu aufgrund einer bestimmten Interessenlage und Position aus, um das Bestehen eines Interessenkonfliktes zu bejahen.

c) Vermutungsregelungen

60 Die untergesetzlichen Regelungen enthalten in deren Abs. 3 und 4 Vermutungstatbestände für das Bestehen eines Interessenkonfliktes. Nach Abs. 3 wird vermutet, dass ein Interessenskonflikt besteht, wenn die betroffenen Personen

1. Bewerber oder Bieter sind,
2. einen Bewerber oder Bieter beraten oder sonst unterstützen oder als gesetzliche Vertreter oder nur in dem Vergabeverfahren vertreten,
3. beschäftigt oder tätig sind
   a) bei einem Bewerber oder Bieter gegen Entgelt oder bei ihm als Mitglied des Vorstandes, Aufsichtsrates oder gleichartigen Organs oder
   b) für ein in das Vergabeverfahren eingeschaltetes Unternehmen, wenn dieses Unternehmen zugleich geschäftliche Beziehungen zum öffentlichen Auftraggeber und zum Bewerber oder Bieter hat.

61 Diese Vermutung gilt gem. Abs. 4 der genannten untergesetzlichen Normen auch für Personen, deren Angehörige diese Voraussetzungen erfüllen. Angehörige sind der Verlobte, der Ehegatte, Lebenspartner, Verwandte und Verschwägerte gerader Linie, Geschwister, Kinder der Geschwister, Ehegatten und Lebenspartner der Geschwister und Geschwister der Ehegatten und Lebenspartner, Geschwister der Eltern sowie Pflegeeltern und Pflegekinder. Dies führt letztlich zu einer enormen Ausweitung des Ausschlusstatbestandes, ist aber konsequent, um den „bösen Schein" des Interessenkonfliktes zu vermeiden.

d) Keine weniger einschneidende Maßnahme

62 Dem Problem der enormen Ausweitung des § 124 Abs. 1 Nr. 5 GWB auf Tatbestandsebene wird auf Rechtsfolgenseite dadurch Rechnung getragen, dass ein Ausschluss nur dann gerechtfertigt ist, wenn keine weniger einschneidende Maßnahme in Betracht kommt. Eine solche weniger einschneidende Maßnahme stellt regelmäßig die Unterbindung einer weiteren Mitwirkung der durch die Interessenkollision betroffenen Person bei der Durchführung des Vergabeverfahrens oder ihrer Möglichkeiten zur Beeinflussung des Verfahrensausgangs dar. Sofern die Voraussetzungen des § 124 Abs. 1 Nr. 5 GWB erfüllt sind und insbesondere keine weniger einschneidende Maßnahme zur Verfügung steht, ist das Ermessen in der Regel auf null reduziert.[109]

109 Vgl. *Conrad*, in: Müller-Wrede, GWB, § 124 Rn. 108.

6. Projektanten: Vorbefasste Bieter bzw. Bewerber (§ 124 Abs. 1 Nr. 6 GWB)

Der in § 124 Abs. 1 Nr. 6 GWB geregelte Ausschlusstatbestand regelt den Fall, dass ein Unternehmen bereits in die Vorbereitung des Vergabeverfahrens einbezogen war und daraus eine Wettbewerbsverzerrung resultiert, die durch andere, weniger einschneidende Maßnahmen nicht beseitigt werden kann. Die Vorschrift setzt Art. 57 Abs. 4 lit. f) der Richtlinie 2014/24/EU, der wiederum auf Art. 41 der Richtlinie 2014/24/EU verweist, um. 63

a) Projektantenstellung

Die Ausschlussregelung in § 124 Abs. 1 Nr. 6 GWB setzt zunächst einmal voraus, dass das Unternehmen bereits **„in die Vorbereitung des Vergabeverfahrens einbezogen war"**. Diese Voraussetzung ist weit zu verstehen und erfasst jede Tätigkeit im Vorfeld des Vergabeverfahrens, die einen Bezug zum konkreten Vergabeverfahren aufweist. Fehlt es an einem solchen inhaltlichen Bezug, ist das betreffende Unternehmen bereits nicht als Projektant zu qualifizieren.[110] Der Projektant ist damit grundsätzlich zu unterscheiden vom vorherigen Erbringer der neu auszuschreibenden Leistung.[111] 64

Bislang nicht durch die Rechtsprechung geklärt ist, ob eine Vorbefasstheit im Sinne der Ausschlussregelung auch dann zu bejahen ist, wenn der Projektant später nicht als Bieter bzw. Bewerber auftritt, jedoch für diesen tätig wird (z. B. als Nachunternehmen), oder personell oder gesellschaftsrechtlich mit dem Bieter- bzw. Bewerberunternehmen verknüpft ist (z. B. als Mitglied einer Bietergemeinschaft oder als konzernverbundenes Unternehmen). Zur Gewährung eines geregelten Wettbewerbs und der Gleichbehandlung der Bieter erscheint eine dahingehende weite Auslegung der Ausschlussregelung sinnvoll und auch dem Gesetzeszweck dienlich. Sie wird gestützt durch den differenzierenden Wortlaut von Richtlinie und Gesetz: Wie die Richtlinie in Art. 57 Abs. 4 nicht etwa von „Bewerbern" und „Bietern", sondern von „Wirtschaftsteilnehmern" spricht, unterscheidet auch der deutsche Gesetzgeber mutmaßlich bewusst zwischen der Verwendung des „Bewerber-" und „Bieterbegriffs" und der des „Unternehmens" in § 124 GWB. Ausweislich der in Art. 2 Abs. 1 RL 2014/24/EU getroffenen Begriffsbestimmungen ist der Begriff des Wirtschaftsteilnehmers nach Art. 2 Abs. 1 Nr. 10 RL 2014/24/EU deutlich weiter gefasst als der des Bieters oder Bewerbers nach Art. 2 Abs. 1 Nr. 11 bzw. 12 RL 2014/24/EU. Der die Projektantenproblematik auf europäischer Ebene zentral regelnde Art. 41 RL 2014/24/EU, auf den Art. 57 Abs. 4 lit. f) RL 2014/24/EU verweist, fasst seinen Anwendungsbereich ebenfalls weit: „Hat ein Bewerber oder Bieter oder ein mit ihm in Verbindung stehendes Unternehmen den öffentlichen Auftraggeber – ob im Zusammenhang mit Artikel 40 oder nicht – beraten oder war auf andere Art und Weise an der Vorbereitung des Vergabeverfahrens beteiligt, so ergreift der öffentliche Auftraggeber angemessene Maßnahmen, um sicherzustellen, dass der Wettbewerb durch die Teilnahme des Bewerbers oder Bieters nicht verzerrt wird." Als mit dem betreffenden Bewerber oder Bieter „in Verbindung stehendes Unternehmen" kann man durchaus bei einer Bietergemeinschaft eines ihrer Mitglieder und bei einem Konzernunternehmen ein anderes, demselben Konzern verbundenes Unternehmen ansehen. Vor dem Hintergrund dieses Verständnisses von Art. 57 Abs. 4 lit. f) i.V.m. 65

---

110 Vgl. VK Hessen, Beschl. v. 12.2.2008, 69dVK-01/2008, IBR 2008, 1183.

111 Vgl. OLG Bremen, Beschl. v. 9.10.2012, Verg 1/12; VK Bund, Beschl. v. 16.7.2013, VK 3-47/13.

Art. 41 RL 2014/24/EU stellt sich die Frage, ob § 124 Abs. 1 Nr. 6 GWB richtlinienkonform umgesetzt wurde, wenn dessen Wortlaut den Ausschlussgrund darauf zu begrenzen scheint, eine nicht anders zu beseitigende Wettbewerbsverzerrung resultiere daraus, dass „das Unternehmen“ bereits in die Vorbereitung des Vergabeverfahrens einbezogen war“. Denn man könnte diese Formulierung durchaus dahingehend verstehen, dass es sich um dasselbe Unternehmen i. S. einer Bieter-/Bewerberidentität handeln müsse. Hiergegen spricht aber, dass auch der deutsche Gesetzgeber sehr wohl zwischen den Begrifflichkeiten des „Unternehmens“ einerseits und der „Bieter“ und „Bewerber“ andererseits differenziert und der Begriff „Unternehmen“ funktional und weit auszulegen ist.[112]

b) Wettbewerbsverzerrungen

66 Lediglich aufgrund einer bestehenden Projektantenstellung darf ein Bieter bzw. Bewerber allerdings ohnehin nicht vom Vergabeverfahren ausgeschlossen werden. Hierfür ist außerdem erforderlich, dass der betreffende Bieter bzw. Bewerber aufgrund seiner Projektantenstellung einen **Wettbewerbsvorteil** erlangt hat. Die Wettbewerbsverzerrung muss demnach tatsächlich eingetreten sein. Die bloße Möglichkeit genügt nicht.[113]

67 Ein Wettbewerbsvorteil kann zum einen dadurch entstehen, dass der Projektant die **Bedingungen der Auftragsvergabe** im Vorhinein **zu seinen Gunsten gestaltet**, indem er beispielsweise die Wahl der Eignungs- oder Zuschlagskriterien für sich vorteilhaft beeinflusst oder eine für sich günstige Leistungsbeschreibung forciert. Zum anderen kann der Projektant im Wege seiner Vorbefasstheit über einen **Informationsvorsprung** im Gegensatz zu den anderen Bietern verfügen, der ihm bei der Angebotserstellung Vorteile verschaffen kann. So erlangt ein Unternehmen, das für den Auftraggeber im Rahmen der Ausschreibungsvorbereitung tätig war, aufgrund dieser Tätigkeit in der Regel Informationen in Bezug auf die konkrete Ausschreibung, z. B. Idealvorstellungen des Auftraggebers zur Leistungserbringung, Produktmerkmalen, Leistungshindernissen oder anderen besonderen Problemstellungen, kalkulationsrelevanten Umständen jenseits der Kernleistung etc. Allerdings kann der Wettbewerb nur dann unzulässig beeinflusst werden, wenn es sich um wettbewerbsrelevante Informationen handelt.[114] Ob dies der Fall ist oder es sich letztlich um unerhebliche Informationen handelt, muss im Einzelfall festgestellt werden.

68 Irrelevant ist es, wenn ein Projektant zwar über einen wettbewerbsrelevanten Wissensvorsprung verfügt, der Projektant jedoch beispielsweise aufgrund besserer Marktkenntnisse bzw. seiner Marktstellung und somit aus eigener Kraft zu diesem Wissen gekommen ist und nicht durch seine Vorbefasstheit.[115] Relevanz haben nur solche Informationen, die allgemein nicht zugänglich sind und die ein Bieter bzw. Bewerber exklusiv aufgrund seiner Projektantenstellung erlangt hat. Hintergrund dieser Differenzierung ist der Umstand, dass vergaberechtlich nur eine mangelnde formelle Gleichbehandlung zu beanstanden ist.[116]

69 Kommt ein Auftraggeber zu dem Schluss, dass es aufgrund der Vorbefasstheit eines Bieters bzw. Bewerbers zu einer Wettbewerbsverfälschung kommen könnte, so ist dem betreffen-

112 Vgl. u. a. *Dreher*, in: Immenga/Mestmäcker, Wettbewerbsrecht, GWB, Vor §§ 97 ff. GWB Rn. 147 und § 99 GWB Rn. 8.

113 Vgl. *Conrad*, in: Müller-Wrede, GWB, § 124 Rn. 124.

114 Vgl. OLG Brandenburg, Beschl. v. 22.5.2007, Verg W 13/06.

115 Vgl. OLG Naumburg, Beschl. v. 5.12.2009, 1 Verg 9/08.

116 Vgl. OLG Naumburg, Beschl. v. 5.12.2009, 1 Verg 9/08.

den Projektanten Gelegenheit zu geben nachzuweisen, dass seine Beteiligung im Vorhinein keine Verzerrung des Wettbewerbs verursacht. Dieser in der Rechtsprechung[117] bereits anerkannte Grundsatz ist nunmehr in § 7 Abs. 3 VgV und § 7 Abs. 3 SektVO geregelt. Der Nachweis kann sich insbesondere darauf beziehen, dass der Wissensvorsprung nicht wettbewerbsrelevante Informationen erfasst, dass es sich um allgemein zugängliche Informationen handelt oder dass der Wissensvorsprung durch Zur-Verfügung-Stellung der Informationen über die Vergabeunterlagen mit ausreichendem Fristenlauf ausgeglichen wurde.

c) Ausschluss als ultima ratio

Nach § 124 Abs. 1 Nr. 6 GWB ist ein Ausschluss nur dann gerechtfertigt, wenn die aus der Projektantenstellung resultierende Wettbewerbsverzerrung nicht wirksam durch andere, weniger einschneidende Maßnahmen beseitigt werden kann. Der Angebotsausschluss ist demnach stets nur „ultima ratio".[118] Dieser Grundsatz findet sich auch in Art. 41 Unterabs. 2 Satz 1 der Richtlinie 2014/24/EU. Er ist insbesondere Ausfluss des in § 97 Abs. 1 Satz 2 GWB verankerten Verhältnismäßigkeitsgrundsatzes. Als geeignete aber weniger einschneidende Maßnahme kommt insbesondere die Unterrichtung der anderen am Vergabeverfahren teilnehmenden Unternehmen in Betracht, um auf diese Weise bestehende, wettbewerbsrelevante Informationsvorsprünge auszugleichen.[119] Diese Maßnahme zur Gewährleistung eines chancengleichen Wettbewerbs wird in § 7 Abs. 2 VgV, der Art. 41 der Richtlinie 2014/24/EU umsetzt, bzw. in § 7 Abs. 2 SektVO explizit genannt. Neben der Weiterleitung der Informationen an sämtliche Bieter und Bewerber ist es zudem erforderlich, dass den Bietern und Bewerbern durch die Festlegung angemessener Fristen für den Eingang der Angebote und Teilnahmeanträge ausreichend Zeit für die Berücksichtigung der erhaltenen Informationen bleibt, § 7 Abs. 2 VgV/§ 7 Abs. 2 SektVO. Neben der in § 7 Abs. 2 VgV/§ 7 Abs. 2 SektVO genannten Maßnahme kann der Auftraggeber auch auf andere im Einzelfall geeignete Handlungsoptionen zurückgreifen. Die Wahl der konkreten Maßnahmen liegt im pflichtgemäßen Ermessen des Auftraggebers.[120] Der öffentliche Auftraggeber hat die ergriffene Maßnahme im Vergabevermerk zu dokumentieren.[121] 70

Um möglichst umfassend und zuverlässig beurteilen zu können, ob relevante und somit auszugleichende Wissensvorsprünge bestehen, empfiehlt es sich für Auftraggeber, die Tätigkeit eines Projektanten und deren Resultate genau zu dokumentieren. 71

Die Entscheidung über den Ausschluss eines Projektanten steht zwar grundsätzlich im Ermessen des öffentlichen Auftraggebers. Sind jedoch sämtliche Voraussetzungen des § 124 Abs. 1 Nr. 6 GWB erfüllt, ist das Ermessen des öffentlichen Auftraggebers in der Regel mit Blick auf den das Vergaberecht prägenden Gleichbehandlungs- und Wettbewerbsgrundsatz auf null reduziert und ein Ausschluss zwingend geboten. Denn wenn bestehende Wettbewerbsverzerrungen allein mittels eines Ausschlusses beseitigt werden können, kann 72

---

117 Vgl. OLG Celle, Beschl. v. 14.4.2016, 13 Verg 11/15; OLG München, Beschl. v. 19.12.2013, Verg 12/13; Beschl. v. 25.7.2013, Verg 7/13.

118 Vgl. VK Nordbayern, Beschl. v. 4.5.2009, 21.VK-3194-06/09; VK Sachsen Beschl. v. 28.10.2008, 1/SVK/054-0.

119 Vgl. OLG Brandenburg, Beschl. v. 19.12.2011, Verg W 17/11.

120 Vgl. OLG München, Beschl. v. 19.12.2013, Verg 12/13; OLG München, Beschl. v. 25.7.2013, Verg 7/13.

121 Gesetzesbegründung, BT-Drs. 18/6281, S. 106.

auch nur die Ausschlussentscheidung als ermessensfehlerfrei bewertet werden.[122] Allerdings ist stets zu beachten, dass dies zu verneinen ist, sobald weniger einschneidende Maßnahmen zur Beseitigung der Wettbewerbsverzerrung möglich waren, die der Auftraggeber jedoch pflichtwidrig unterlassen hat.

7. Fehlleistungen bei früheren Aufträgen (§ 124 Abs. 1 Nr. 7 GWB)

73 Nach § 124 Abs. 1 Nr. 7 GWB kann ein öffentlicher Auftraggeber ein Unternehmen vom Vergabeverfahren ausschließen, wenn dieses Unternehmen eine wesentliche Anforderung bei der Ausführung eines früheren öffentlichen Auftrags oder Konzessionsvertrags erheblich oder fortdauernd mangelhaft erfüllt hat und dies zu einer vorzeitigen Beendigung, zu Schadensersatz oder zu einer vergleichbaren Rechtsfolge geführt hat. Die Vorschrift setzt Art. 57 Abs. 4 lit. g) der Richtlinie 2014/24/EU um.

74 Der Ausschlussgrund knüpft an eine mangelbehaftete Vertragserfüllung im Rahmen eines früheren öffentlichen Auftrags bzw. Konzessionsvertrages an. Dabei muss es sich nicht notwendigerweise um einen Auftrag desjenigen Auftraggebers handeln, der die Ausschlussentscheidung zu treffen hat.[123]

75 Der Ausschlusstatbestand des § 124 Abs. 1 Nr. 7 GWB setzt zunächst einmal die **mangelhafte Erfüllung** einer Anforderung bei der Ausführung eines früheren öffentlichen Auftrags bzw. Konzessionsvertrags voraus. Eine mangelhafte Erfüllung liegt zumindest dann vor, wenn ein Fall der Nicht- bzw. Schlechtleistung vorliegt. So werden in Erwägungsgrund 101 der Richtlinie 2014/24/EU als relevante Mängel explizit der Lieferungs- und Leistungsausfall, sowie das Bestehen erheblicher Defizite der gelieferten Waren oder Dienstleistungen, die sie für den beabsichtigten Zweck unbrauchbar machen, angeführt. Darüber hinaus wird in Erwägungsgrund 101 der RL 2014/24/EU auch ein Fehlverhalten, das ernste Zweifel an der Zuverlässigkeit des Wirtschaftsteilnehmers aufkommen lässt, als Beispiel genannt. Insoweit kann eine mangelhafte Erfüllung insbesondere auch bei sonstigen Verstößen gegen vertragliche Verpflichtungen vorliegen, wie zum Beispiel bei Verstößen gegen eine Verpflichtung zur Wahrung der Vertraulichkeit oder gegen wesentliche Sicherheitsauflagen.[124] In jedem Fall knüpft das Tatbestandsmerkmal der Mangelhaftigkeit in § 124 Abs. 1 Nr. 7 GWB an das Vorliegen von Verletzungen **vertraglicher** Pflichten an. Nicht ausreichend ist dagegen das bloße Bestehen von Meinungsverschiedenheiten in Bezug auf das Vorliegen einer Mangelhaftigkeit.[125] Dies gilt selbst dann, wenn die Meinungsverschiedenheit Anlass und Gegenstand eines Rechtsstreits ist, denn aus dem Recht auf Rechtsverfolgung darf einem Bieter, der dieses Recht für sich in Anspruch nimmt, kein Nachteil erwachsen.[126] Eine Mangelhaftigkeit im Sinne des Ausschlusstatbestandes liegt schließlich auch im Fall bloß subjektiver Unzufriedenheit eines öffentlichen Auftraggebers in Bezug auf einen früheren Auftrag nicht vor. Vielmehr sind stets objektivierbare Fakten erforderlich.[127]

---

122 Vgl. OLG Celle, Beschl. v. 14.4.2016, 13 Verg 11/15; *Conrad,* in: Müller-Wrede, GWB, § 123, Rn. 137; *Hausmann/von Hoff,* in: Kulartz, Kus, Portz, Prieß, GWB, § 124 Rn. 47.

123 Gesetzesbegründung, BT-Drs.18/6281, S. 106.

124 Gesetzesbegründung, BT-Drs.18/6281, S. 106.

125 Vgl. VK Düsseldorf, Beschl. v. 31.10.2005, VK-30/2005-B.

126 Vgl. LG Düsseldorf, Urt. v. 16.3.2005, 12 O 225/04.

127 Vgl. OLG Frankfurt, Beschl. v. 30.3.2004, 11 Verg 4/04, IBRS 2004, 1386.

Der Ausschlusstatbestand ist jedoch nicht bereits bei jeder Form der dargestellten Pflichtverletzung im Rahmen vergangener öffentlicher Aufträge erfüllt. Die Pflichtverletzung muss sich auf eine **wesentliche Anforderung** im Rahmen des früheren Auftrags beziehen. Während dies im Fall der Verletzungen von vertraglichen Hauptpflichten zu bejahen ist, ist dies bei bloßer Verletzung von vertraglichen Nebenpflichten regelmäßig zu verneinen.[128] Das OLG Celle hat jüngst entschieden, dass es sich z. B. bei der Bauförderungspflicht eines Auftragnehmers um eine wesentliche Vertragspflicht i. S. d. § 124 Abs. 1 Nr. 7 GWB handelt.[129] 76

Der Anwendungsbereich des § 124 Abs. 1 Nr. 7 GWB erfährt eine weitere Einschränkung dahingehend, dass ein Ausschluss eines Bieters nur dann erfolgreich auf ein früheres Fehlverhalten dieses Bieters gestützt werden kann, wenn es sich entweder um ein **fortdauerndes** Fehlverhalten oder um ein einmaliges Fehlverhalten, das jedoch einen **erheblichen** Schweregrad aufweist, handelt. Letzteres ist anhand von Umfang, Intensität und Grad der Vorwerfbarkeit des früheren Fehlverhaltens zu beurteilen.[130] Auch die Rechtsfolge, die das Fehlverhalten ausgelöst hat, kann Indizwirkung haben. Das Merkmal der Erheblichkeit ist im Besonderen zu bejahen, wenn die Mangelhaftigkeit zu einer deutlichen Belastung des Auftraggebers in tatsächlicher oder finanzieller Hinsicht geführt hat.[131] Dem Auftraggeber kommt in diesem Zusammenhang ein durch die Nachprüfungsinstanzen nur eingeschränkt überprüfbarer Bewertungsspielraum zu. Laut OLG Celle liegt eine erhebliche mangelhafte Erfüllung i. S. d. § 124 Abs. 1 Nr. 7 GWB vor, wenn die mangelhafte Leistung den Auftraggeber in tatsächlicher und finanzieller Hinsicht deutlich belastet.[132] 77

Schließlich ist der Auftraggeber nur dann dazu berechtigt, einen Bieter wegen eines früheren Fehlverhaltens auszuschließen, wenn das Fehlverhalten zu einer **vorzeitigen Beendigung**, zu **Schadensersatz** oder zu einer **vergleichbaren Rechtsfolge** geführt hat. Bei der Prüfung, ob der Ausschlussgrund des § 124 Abs. 1 Nr. 7 GWB gegeben ist, stellt erstinstanzlich die Vergabekammer Lüneburg im konkret entschiedenen Fall darauf ab, dass die Vertragsbeendigung, auf die der Ausschluss gestützt wird, nicht völlig ohne Anlass oder erkennbar missbräuchlich erfolgte.[133] Das OLG Celle prüfte, ob die Entscheidung über den Ausschluss willkürlich oder sachwidrig ist oder ob sie gegen den Grundsatz der Verhältnismäßigkeit verstößt.[134] 78

Eine vorzeitige Beendigung im Tatbestandssinne liegt in den Fällen einer außerordentlichen Kündigung,[135] eines Rücktritts oder einer Vertragsauflösung vor. Eine „vergleichbare Rechtsfolge" ist anzunehmen, wenn sie ihrem Schweregrad nach mit einer vorzeitigen Beendigung oder Schadensersatz vergleichbar ist.[136] Als vergleichbare Rechtsfolge kommt 79

128 Vgl. *Conrad*, in: Müller/Wrede, GWB, § 124 Rn. 150.
129 Vgl. OLG Celle, Beschl. v. 9.1.2017, 13 Verg 9/16.
130 Vgl. Kommentierung zu § 124 Rn. 17.
131 Vgl. OLG Stuttgart, Urt. v. 29.4.2003, 1 U 130/02; VK Nordbayern, Beschl. v. 12.6.2012, 21.VK-3194; VK Brandenburg, Beschl. v. 11.7.2007, 1 VK 23/07 – 10/12; VK Nordbayern, Beschl. v. 18.12.2007, 21.VK-3194-47/07.
132 Vgl. OLG Celle, Beschl. v. 9.1.2017, 13 Verg 9/16.
133 VK Lüneburg, Beschl. v. 14.11.2016, VgK-44/2016.
134 Vgl. OLG Celle, Beschl. v. 9.1.2017, 13 Verg 9/16.
135 Vgl. OLG München, Beschl. v. 1.7.2013, Verg 8/13; OLG Celle, Beschl. v. 9.1.2017, 13 Verg 9/16.
136 Gesetzesbegründung, BT-Drs.18/6281, S. 107.

zum Beispiel die Ersatzvornahme in Betracht, aber auch umfangreiche Nachbesserungen können unter Umständen als eine vergleichbare Rechtsfolge qualifiziert werden.[137] Eine Vertragsstrafe stellt als solche dagegen nicht unbedingt eine vergleichbare Rechtsfolge dar, da sie im Gegensatz zu einem Schadensersatzanspruch keinen Schadenseintritt voraussetzt.[138] Hier wird es maßgeblich auf die Einzelfallumstände ankommen. Die bloße Geltendmachung einer von § 124 Abs. 1 Nr. 7 GWB erfassten Rechtsfolge reicht für einen Ausschluss noch nicht ohne Weiteres aus. Vielmehr muss feststehen, dass die Rechtsfolge greift. Dies ist insbesondere dann der Fall, wenn ein entsprechendes rechtskräftiges Urteil vorliegt oder der Bieter bzw. Bewerber eine Kündigung anerkannt hat. Fraglich ist, ob auch bei einem anhängigen, jedoch noch nicht entschiedenen Rechtsstreit über die Wirksamkeit einer Kündigung der Ausschlussgrund des § 124 Abs. 1 Nr. 7 GWB greifen kann. Das OLG Celle bejaht dies. Nach seiner Ansicht kann die Neuregelung nicht zur Folge haben, dass die Vergabekammer bzw. der Vergabesenat auf eine rechtskräftige Entscheidung der Zivilgerichte warten oder die Rechtmäßigkeit der streitigen Kündigung selbst im Wege einer vollumfänglichen Inzidenterprüfung mit ggf. langwieriger Beweisaufnahme wie in einem Bauprozess klären muss. Schließlich gelte im Nachprüfungsverfahren der Beschleunigungsgrundsatz des § 167 GWB. Diesem Grundsatz würde es eklatant zuwider laufen, einen monate- oder gar jahrelangen Zivilprozess abzuwarten oder in selbst (inzidenter) durchzuführen. Daher entschieden die Nachprüfungsinstanzen auf der Grundlage des Vortrags und der vorgelegten Unterlagen, **ob der Auftraggeber Indiztatsachen vorbringt, die von einigem Gewicht sind, auf gesicherten Erkenntnissen aus seriösen Quellen basieren und seine Entscheidung als nachvollziehbar erscheinen lassen**. Die Anforderungen seien nicht höher anzusetzen, als bei einer Verfehlung nach § 124 Abs. 1 Nr. 3 GWB. Diese Schlussfolgerung ergibt sich für den Senat konsequent aus dem Umstand, dass § 124 Abs. 1 Nr. 3 GWB das Tatbestandsmerkmal der Nachweislichkeit einer schweren Verfehlung enthält, das im Tatbestand des § 124 Abs. 1 Nr. 7 GWB wie auch in Art. 57 Abs. 4 lit. g) der Richtlinie 2014/24/EU gerade fehlt.[139] Letztlich ist ein derartiges Tatbestandsmerkmal auch nicht erforderlich, da bei Eintritt der Rechtsfolge vorzeitige Beendigung, Schadensersatz oder vergleichbar von einer Nachweislichkeit letztlich ausgegangen werden darf.

80 Das Rechtsfolgentatbestandsmerkmal des § 124 Abs. 1 Nr. 7 GWB führt in der Praxis zur weitgehenden Bedeutungslosigkeit des Ausschlussgrundes in Relation zur Masse der Vergabeverfahren. In nur wenigen Fällen kündigen öffentliche Auftraggeber ihre Verträge oder machen Schadensersatzforderungen geltend. In noch geringerer Anzahl der Fälle wird dies widerspruchslos vom Auftragnehmer hingenommen. Streiten sich die Parteien drei Jahre lang vor Gericht, wird der Ausschlussgrund wegen der Regelung des § 126 Nr. 2 GWB, wonach das Vorliegen eines Ausschlussgrundes nach § 124 Abs. 1 Nr. 7 GWB höchstens drei Jahre ab dem betreffenden Ereignis berücksichtigt werden darf, nicht zum Zuge kommen. Dies offenbar erkennend hat man in § 31 Abs. 2 Satz 4 der final zwischen Bund und Ländern abgestimmten Fassung der Unterschwellenvergabeordnung (UVgO) bestimmt, dass der vergleichbare Ausschlussgrund im Unterschwellenbereich auch dann erfüllt ist, wenn es zu keiner der genannten Rechtsfolgen gekommen ist. Hier reicht die

---

137 Gesetzesbegründung, BT-Drs.18/6281, S. 107.

138 Vgl. *Stadler*, in: Jauernig, Kommentar zum BGB, § 339 Rn. 3 und 18.

139 Vgl. OLG Celle, Beschl. v. 9.1.2017, 13 Verg 9/16.

erhebliche oder fortdauernde mangelhafte Erfüllung früherer öffentlicher Aufträge als solche für den Ausschluss.

Sind die Voraussetzungen des § 124 Abs. 1 Nr. 7 GWB erfüllt, ist ausweislich der Geset- **81**
zesbegründung eine **Prognoseentscheidung** dahingehend erforderlich, ob von dem betreffenden Unternehmen trotz der festgestellten früheren Schlechtleistung zukünftig zu erwarten ist, dass es den nunmehr ausgeschriebenen Auftrag gesetzestreu, ordnungsgemäß und sorgfältig ausführen wird.[140]

8. Täuschung in Bezug auf Ausschlussgründe oder Eignungskriterien (§ 124 Abs. 1 Nr. 8 GWB)

Mit § 124 Abs. 1 Nr. 8 GWB wird Art. 57 Abs. 4 lit. h) Richtlinie 2014/24/EU umgesetzt. **82**
Nach § 124 Abs. 1 Nr. 8 GWB kann der öffentliche Auftraggeber ein Unternehmen, das in Bezug auf Ausschlussgründe oder Eignungskriterien eine schwerwiegende Täuschung begangen oder Auskünfte zurückgehalten hat oder nicht in der Lage ist, die erforderlichen Nachweise zu übermitteln, vom Vergabeverfahren ausschließen. Die Vorschrift erfasst demnach drei Fallvarianten: Variante 1 erfasst die „schwerwiegende Täuschung", Variante 2 das „Zurückhalten von Auskünften" und Variante 3 die „Unfähigkeit, erforderliche Nachweise zu übermitteln". Allen drei Varianten ist gemeinsam, dass sie sich auf die Eignungsprüfung und das Nichtvorliegen von Ausschlussgründen beziehen. Da die Nachweisführung zur Eignungsprüfung wiederum grundsätzlich und im ersten Schritt mittels Eigenerklärungen (vgl. §§ 48 Abs. 2 Satz 1 VgV, 50 VgV) erfolgt, dient die Vorschrift nicht zuletzt dazu, den Bewerbern bzw. Bietern vor Augen zu führen, dass der ordnungsgemäßen, insbesondere wahrheitsgemäßen und vollständigen Abgabe von Eigenerklärungen eine herausragende Bedeutung im Verfahren zukommt.

Die ersten beiden Varianten des Ausschlusstatbestandes § 124 Abs. 1 Nr. 8 GWB setzen **83**
nicht zwingend voraus, dass sich der Bewerber bzw. Bieter fehlerhaft im Sinne der Vorschrift in Bezug auf das **laufende Vergabeverfahren** verhält. Von der Vorschrift insoweit ebenfalls erfasst wird ein entsprechendes Fehlverhalten im Rahmen anderer, insbesondere bereits vergangener Vergabeverfahren.[141] Dies ergibt sich zunächst einmal aus einem Vergleich mit § 124 Abs. 1 Nr. 5 und Nr. 6 GWB. Die genannten beiden Ausschlussvorschriften beziehen sich aufgrund der Verwendung der Formulierung „das Vergabeverfahren" eindeutig nur auf das laufende Verfahren. In § 124 Abs. 1 Nr. 8 GWB fehlt diese Formulierung. Es ist nicht davon auszugehen, dass es sich dabei um ein bloß redaktionelles Versehen handelt. Es wäre schließlich nicht nachvollziehbar, weshalb beispielsweise eine Täuschung im Sinne der Variante 1, die erst nach Abschluss eines Vergabeverfahrens aufgedeckt wird, im Gegensatz zu einer Täuschung, die während des laufenden Verfahrens vorgenommen wird, sanktionslos bleiben soll. § 124 Abs. 1 Nr. 8 GWB setzt in seinen ersten beiden Varianten daher ebenfalls nicht voraus, dass Adressat des vorwerfbaren Verhaltens der Auftraggeber des laufenden Vergabeverfahrens war. Für die dritte Variante des Ausschlusstatbestandes des § 124 Abs. 1 Nr. 8 GWB, der zufolge das Unternehmen „nicht in der Lage ist, die erforderlichen Nachweise zu übermitteln", ist dies anders zu beurteilen. Schon das

---

140 Gesetzesbegründung, BT-Drs.18/6281, S. 106.

141 A.A. *Summa*, in: Heiermann/Zeiss/Summa, jurisPK-Vergaberecht, § 124 GWB Rn. 105; *Hausmann/von Hoff*, in: Kulartz/Marx/Portz/Prieß, GWB, § 124 Rn. 55.

Tempus, in dem die Variante formuliert ist: „nicht in der Lage ist“ – mithin das Präsens, macht deutlich, dass die Variante die Gegenwart, also das laufende Vergabeverfahren betrifft. Weiter verdeutlicht der Wortlaut „die erforderlichen Nachweise“ den Bezug zum laufenden Vergabeverfahren, weil sich die Erforderlichkeit eines jeden Nachweises erst aus der Natur des konkreten Auftrags rechtfertigen kann. Ferner ist in der Sache – auch wegen des Grundsatzes der Verhältnismäßigkeit – nicht einzusehen, dass ein Bewerber oder Bieter, der im laufenden Vergabeverfahren alle erforderlichen Nachweise übermittelt, nur deshalb soll ausgeschlossen werden können, weil ihm eine vollständige Vorlage in einem früheren Vergabeverfahren nicht gelungen war.

a) Variante 1: Schwerwiegende Täuschung

84 Die 1. Variante des Ausschlusstatbestandes in § 124 Abs. 1 Nr. 8 GWB erfasst die Fälle einer **schwerwiegenden Täuschung** über Ausschlussgründe oder Eignungskriterien. Eine **Täuschung durch positives Tun** liegt vor, wenn der Bewerber bzw. Bieter in Bezug auf Ausschlussgründe oder Eignungskriterien unwahre Tatsachen behauptet und auf diese Weise auf Seiten des öffentlichen Auftraggebers ein entsprechender Irrtum hervorgerufen oder aufrechterhalten wird. Allerdings rechtfertigt nicht jede Täuschung über Ausschlussgründe oder Eignungskriterien einen Ausschluss. Entsprechend der unionsrechtlichen Vorgabe in Art. 57 Abs. 4 lit. h) Richtlinie 2014/24/EU verlangt auch § 124 Abs. 1 Nr. 8 GWB, dass es sich um eine **schwerwiegende Täuschung** handeln muss. Keine der Regelungen, weder Art. 57 Abs. 4 lit. h) der Richtlinie 2014/24/EU noch § 124 Abs. 1 Nr. 8 GWB enthält jedoch nähere Ausführungen dazu, nach welchen Kriterien die Schwere einer Täuschung zu bestimmen ist. Unter systematischen Normgesichtspunkten ist davon auszugehen, dass der Begriff der Schwere innerhalb des § 124 Abs. 1 einheitlich zu definieren ist. Insoweit kann auf die Ausführungen im Rahmen des § 124 Abs. 1 Nr. 3 (schwere Verfehlung) verwiesen werden.[142] Ob die Täuschung „schwerwiegend“ ist, bestimmt sich folglich nach objektiven Faktoren wie Umfang, Intensität und Verschuldensgrad. Insbesondere wenn dem betreffenden Bieter bzw. Bewerber lediglich Fahrlässigkeit vorgeworfen werden kann, liegt keine schwerwiegende Verfehlung vor.[143] Diese Ansicht steht auch im Einklang damit, dass sowohl dem deutschen Zivilrecht als auch dem deutschen Strafrecht die „fahrlässige Täuschung“ fremd ist.[144] Das Erfordernis eines vorsätzlichen und nicht bloß fahrlässigen Handelns kann schließlich auch Art. 57 Abs. 4 lit. h) Richtlinie 2014/24/EU („einer schwerwiegenden Täuschung **schuldig gemacht**“) entnommen werden. Hat der Bieter bzw. Bewerber „nur“ fahrlässig gehandelt, so kommt jedoch der Ausschlusstatbestand des § 124 Abs. 1 Nr. 9 lit. c) GWB in Betracht, der auch die fahrlässige Übermittlung irreführender Informationen über die Eignung bzw. Ausschlussgründe erfasst.

85 Eine **Täuschung durch Unterlassen** rechtfertigt einen Ausschluss nach § 124 Abs. 1 Nr. 8 GWB nur in besonders gelagerten Fallkonstellationen. Maßgeblich ist, dass hinsichtlich des Umstands, der verschwiegen wird, eine Aufklärungspflicht bestehen muss. Eine Aufklärungspflicht besteht unstreitig bei Umständen, nach denen der öffentliche Auftraggeber explizit gefragt hat. Fraglich dagegen ist, ob eine Aufklärungspflicht auch in Bezug auf Umstände besteht, nach denen der öffentliche Auftraggeber zwar nicht ausdrücklich

142 Vgl. Kommentierung zu § 124 GWB Rn. 17.

143 Vgl. *Summa*, in: Heiermann/Zeiss/Summa, jurisPK-Vergaberecht, § 124 GWB Rn. 47.

144 Vgl. § 123 BGB und § 263 StGB.

gefragt hat, die jedoch für ihn von entscheidender Bedeutung sind.[145] Dies ist zu verneinen. Der öffentliche Auftraggeber hat bereits mit Bekanntgabe festzulegen, welche konkreten Eignungskriterien Bieter bzw. Bewerber zu erfüllen haben und wozu sie sich zu erklären haben. Ein Ausschluss, der an anderen als den tatsächlich geforderten Eigenerklärungen bzw. Nachweisen anknüpft, ist als intransparent und somit mit Blick auf § 97 Abs. 1 GWB nicht vergaberechtskonform zu werten. Schließlich stellt sich im Zusammenhang mit der „Täuschung durch Unterlassen" die Frage, ob der Ausschlusstatbestand des § 124 Abs. 1 Nr. 8 Var. 1 GWB auch dann greift, wenn der Bieter bzw. Bewerber Angaben lediglich versehentlich, also gerade nicht bewusst, verschweigt. Vor dem Hintergrund, dass im Fall einer Täuschung durch positives Tun fahrlässiges Verhalten nicht durch einen Ausschluss sanktioniert werden kann,[146] kann auch im Fall einer Täuschung durch Unterlassen nichts anderes gelten.

Vom Anwendungsbereich des § 124 Abs. 1 Nr. 8 GWB erfasst wird auch der Fall, dass ein Bewerber bzw. Bieter falsche bzw. unvollständige Angaben **aufrechterhält bzw. nicht korrigiert**.[147] Gemeint ist z. B. die Konstellation, dass Erklärungen im Zeitpunkt ihrer Abgabe zwar zutreffend waren, sich dies jedoch im Anschluss an die Abgabe geändert hat und der Bewerber bzw. Bieter auf diese veränderte Situation hin seine Erklärungen nicht richtigstellt.[148] 86

Des Weiteren wird auch die **versuchte Täuschung** von der Ausschlussvariante erfasst. Das Vertrauen in den Bieter ist nicht nur dann nachhaltig verletzt, wenn der Auftraggeber tatsächlich einem Irrtum unterliegt, sondern in gleicher Weise auch dann, wenn der Auftraggeber das Verhalten des Bieters durchschaut und somit nur eine versuchte Täuschung vorliegt. 87

Ist aufgrund der Täuschung gleichzeitig auch der Betrugstatbestand des § 263 StGB erfüllt, so ist neben § 124 Abs. 1 Nr. 8 GWB auch § 124 Abs. 1 Nr. 3 GWB erfüllt. 88

Aus dem Umstand, dass sich die Täuschung auf die geforderten Eigenerklärungen beziehen müssen, folgt zugleich, dass die Täuschung in Bezug auf Fremderklärungen nicht § 124 Abs. 1 Nr. 8 GWB unterfallen, sondern vom Auffangtatbestand des § 124 Abs. 1 Nr. 3 GWB erfasst werden. 89

Eine **Nachforschungspflicht des Auftraggebers** dahingehend, ob die Angaben des Bieters bzw. Bewerbers der Wahrheit entsprechen, besteht nicht. Der öffentliche Auftraggeber kann im vorvertraglichen Vertrauensverhältnis grundsätzlich darauf vertrauen, dass die seitens eines Bewerbers bzw. Bieters gemachten Angaben der Wahrheit entsprechen.[149] Der öffentliche Auftraggeber ist grundsätzlich nicht verpflichtet, die Richtigkeit der Angaben zu überprüfen. Eine derartige Pflicht zur Überprüfung besteht nur, wenn hinreichende Anhaltspunkte dafür bestehen, dass die Angaben falsch sind.[150] 90

---

145 Vgl. VK Hessen, Beschl. v. 28.6.2005, 69d VK 07/2005.
146 Vgl. Kommentierung zu § 124 GWB Rn. 17.
147 Vgl. VK Darmstadt, Beschl. v. 28.6.2005, 69d VK – 07/2005.
148 Vgl. VK Darmstadt, Beschl. v. 28.6.2005, 69d VK – 07/2005.
149 Vgl. OLG Celle, Beschl. v. 13.12.2007, 13 Verg 10/07.
150 Vgl. OLG Düsseldorf, Beschl. v. 21.2.2005, Verg 91/04.

b) Variante 2: Zurückhalten von Auskünften

91 Die **Variante 2** des Ausschlusstatbestandes erfasst diejenigen Fälle, in denen Bieter oder Bewerber Auskünfte zurückgehalten haben. Während der Richtliniengeber in Bezug auf die ersten beiden Varianten von „Auskünften" spricht, hat der deutsche Gesetzgeber nur im Rahmen der 2. Variante auf den Begriff „Auskünfte" zurückgegriffen. Allerdings gibt es keine nachvollziehbaren Anhaltspunkte dafür, dass der Gesetzgeber hier bewusst eine Differenzierung vornehmen wollte. In Übereinstimmung mit Variante 1 fallen folglich unter den Begriff „Auskünfte" jegliche Aussagen, die der Bieter bzw. Bewerber im Rahmen von Erklärungen zu seiner Eignung bzw. dem Fehlen von Ausschlussgründen trifft. Ebenfalls in Übereinstimmung mit Variante 1 werden nur solche Auskünfte erfasst, die der Auftraggeber auch explizit gefordert hat. Nicht erfasst werden Fälle bloß formeller Unvollständigkeit. Diese Fallkonstellation regelt vielmehr § 57 Abs. 1 Nr. 2 VgV bzw. § 16a EU VOB/A. Andernfalls käme es zu einer Umgehung der in § 56 Abs. 2 VgV bzw. § 16a EU VOB/A eingeräumten Vervollständigungsmöglichkeit. Auch wenn der Wortlaut der Variante 2 anders als der der Variante 1 nicht ausdrücklich verlangt, dass die Zurückhaltung der Auskünfte schwer wiegt: Mit Blick auf den Verhältnismäßigkeitsgrundsatz ist es auch im Rahmen der Variante 2 als erforderlich anzusehen, dass die Eignungsprüfung im Fall vollständiger Eignungsnachweise zu einem anderen Ergebnis gekommen wäre.[151]

92 Unklar kann im Einzelfall sein, in welchem Verhältnis die Variante 2 des § 124 Abs. 1 Nr. 8 GWB zu Variante 1 steht. So ist der Vorschrift nicht zu entnehmen, ob bei jeglicher Art des Zurückhaltens von Auskünften die Variante 2 erfüllt ist, oder mit Blick auf Variante 1 nur ein Zurückhalten, das in Täuschungsabsicht erfolgt ist. Für eine enge Auslegung insoweit sprechen jedenfalls Sinn und Zweck der Vorschrift. § 124 Abs. 1 Nr. 8 GWB dient jedenfalls auch dazu, Bieter bzw. Bewerber, die durch ihr Verhalten gegenüber dem Auftraggeber als nicht vertrauenswürdig erscheinen, von der weiteren Teilnahme am Vergabeverfahren ausschließen zu können. Die Vorschrift nimmt also die Vertrauensbindung zwischen Auftraggeber und Bieter bzw. Bewerber ins Visier und knüpft damit an die bereits erwähnte subjektive Komponente an.

c) Variante 3: Nicht in der Lage, die erforderlichen Nachweise zu übermitteln

93 **Variante 3** des § 124 Abs. 1 Nr. 8 GWB deckt schließlich die Fälle ab, in denen Bieter bzw. Bewerber nicht in der Lage sind, die erforderlichen Nachweise zu übermitteln. Unter den Begriff „Nachweise" sind Belege zu subsumieren, die als Beweis für die im Rahmen von Eigenerklärungen gemachten Auskünfte dienen. Dieses Verständnis bzgl. des Begriffs „Nachweise" erschließt sich erst mit Blick auf die unionsrechtlichen Vorgaben in der Richtlinie 2014/24/EU. Die 3. Variante in Art. 57 Abs. 4 lit. h) der Richtlinie 2014/24/EU bezieht sich auf „erforderliche zusätzliche Unterlagen" im Sinne des Art. 59 der Richtlinie 2014/24/EU. Mit Blick auf Art. 59 Abs. 4 Richtlinie 2014/24/EU wird klar, dass mit dem Begriff der „zusätzlichen Unterlagen" solche gemeint sind, die über die Eigenerklärung hinausgehen. Dieses Verständnis ist auch auf die nationale Regelung zu übertragen, um nicht zuletzt eine richtlinienkonforme Auslegung der nationalen Vorschrift gewährleisten zu können. Entgegen dem Wortlaut der Richtlinie wie auch der nationalen Vorschrift, je-

151 *Conrad*, in: Müller/Wrede, GWB, § 124 Rn. 172.

doch in Übereinstimmung mit den beiden anderen Varianten bezieht sich auch Variante 3 nur auf Nachweise, die der Auftraggeber explizit eingefordert hat.

Ein Zurückhalten von Auskünften bzw. das Nichterbringen von Nachweisen ist dann nicht zu beanstanden, wenn der Auftraggeber kein berechtigtes Interesse an der Einforderung der Auskünfte bzw. Nachweise hat, mithin von einer Unverhältnismäßigkeit auszugehen ist.[152] Dies ist insbesondere dann der Fall, wenn die Erbringung objektiv nicht möglich ist und es sich folglich um unerfüllbare Anforderungen handelt, die nach Treu und Glauben nicht zulasten des Bieters bzw. Bewerbers gehen dürfen.[153] Ebenfalls darf der Bieter bzw. Bewerber durch das Einfordern von Auskünften bzw. Nachweisen nicht unzumutbar belastet werden.[154] Schließlich müssen die geforderten Nachweise durch die Natur des zu vergebenden Auftrags gerechtfertigt sein, also einen Sachzusammenhang zu dem Beschaffungsgegenstand aufweisen. **94**

Im Fall fehlender Auskünfte und Nachweise hat der Auftraggeber stets die Regelungen zur Möglichkeit des Nachforderns und Nachreichens von Unterlagen zu beachten.[155] Hier stellt sich dann jedoch die Frage, welche Regelungen eingreifen, wenn der betreffende Bieter bzw. Bewerber trotz expliziten Nachforderns Auskünfte dennoch nicht erteilt bzw. Nachweise nicht vorlegt. Denn die Regelungen im untergesetzlichen Vergaberecht zur Thematik des Nachforderns sehen den zwingenden Ausschluss vom Vergabeverfahren vor.[156] Dabei dürfte es auch jedenfalls in den Fällen bleiben, in denen die Bieter oder Bewerber grundsätzlich in der Lage sind, die erforderlichen Nachweise zu übermitteln, dies jedoch nicht tun, um sich dem Zuschlag zu entziehen.[157] Problematisch sind allerdings die Fälle, in denen das Unternehmen im Einklang mit dem Wortlaut des § 124 Abs. 1 Nr. 8 GWB nicht in der Lage ist, die erforderlichen Nachweise zu erbringen. Bei § 124 Abs. 1 Nr. 8 GWB handelt es sich lediglich um einen fakultativen Ausschlusstatbestand. Vor dem Hintergrund, dass § 124 Abs. 1 Nr. 8 GWB eine auf Unionsrecht beruhende Regelung darstellt und unionsrechtliche Vorgaben nicht zur Disposition der Mitgliedstaaten stehen, ist von einem Vorrang des § 124 Abs. 1 Nr. 8 GWB auszugehen. Dafür spricht auch der Vorrang der gesetzlichen Regelung vor der untergesetzlichen. Das Ergebnis der Normanwendung in der Praxis dürfte jedoch regelmäßig dasselbe sein, denn schon vor dem Hintergrund des Gleichbehandlungs- und Verhältnismäßigkeitsgrundsatzes sollte die ermessensgetragene Abwägung des Auftraggebers im Falle der fortbestehenden Unfähigkeit des Unternehmens, erforderliche Nachweise auf Nachforderung zu erbringen, regelmäßig zum Ausschluss des Unternehmens führen. **95**

152 Vgl. OLG Düsseldorf, Beschl. v. 21.12.2011, VII-Verg 74/11.

153 Vgl. BGH, Beschl. v. 26.9.2006, X ZB 14/06.

154 Vgl. OLG Düsseldorf, Beschl. v. 25.6.2014, VII-Verg 38/13.

155 § 56 Abs. 2 VgV; § 16 EU Nr. 4 und § 16a EU S. 1 VOB/A.

156 § 57 Abs. 1 Nr. 2 VgV; § 16 EU Nr. 4, § 16 EU S. 4 VOB/A und § 31 Abs. 2 Nr. 1 VSVgV.

157 Neben der Ausschlusssanktion stehen hier die – jedenfalls theoretischen – Möglichkeiten der Schadensersatzforderungen seitens des Auftraggebers gegenüber dem die Zuschlagsfähigkeit seines Angebotes vereitelnden Bieter aus culpa in contrahendo, §§ 311 Abs. 2 i.V.m. § 280 Abs. 1 i.V.m. § 241 Abs. 2 BGB.

9. Unzulässige Beeinflussung des Vergabeverfahrens (§ 124 Abs. 1 Nr. 9 GWB)

96 Nach § 124 Abs. 1 Nr. 9 GWB kann ein öffentlicher Auftraggeber ein Unternehmen im Fall unzulässiger Beeinflussung eines Vergabeverfahrens ausschließen. Die Vorschrift setzt § 57 Abs. 4 lit. i) der Richtlinie 2014/24/EU um.

a) Unzulässige Beeinflussung (lit. a))

97 Nach § 124 Abs. 1 Nr. 9 lit. a) GWB kann ein Unternehmen, das versucht hat, die Entscheidungsfindung des Auftraggebers in unzulässiger Weise zu beeinflussen, ausgeschlossen werden.

98 Unter welchen konkreten Voraussetzungen eine unzulässige Beeinflussung vorliegt, ist weder der Richtlinie noch § 124 Abs. 1 Nr. 9 lit. a) GWB und deren Begründung zu entnehmen. Der Ausschlusstatbestand ist insoweit äußerst weit und unbestimmt gefasst. Eine unzulässige Beeinflussung wird stets vorliegen, wenn sich das betreffende Unternehmen nicht an die vorgesehenen Wege und Mittel der Kontaktaufnahme mit dem Auftraggeber hält und auf diese Weise versucht, auf die Vergabeentscheidung Einfluss zu nehmen.[158] Die Vorschrift mahnt insoweit zur Einhaltung der in der Bekanntmachung und in den Vergabeunterlagen genannten Kommunikationswege und -mittel.

99 Als eine unzulässige Beeinflussung ist es anzusehen, wenn ein Bieter politische Stellen seines Heimatstaates mit dem Ziel kontaktiert, diese dazu zu bewegen, den Zuschlag an ein nationales Unternehmen zu vergeben.[159] Die damit verbundene Aufforderung zum Verstoß gegen das Diskriminierungsverbot ist als grob rechtswidrige Einflussnahme zu bewerten.[160] Genauso liegt der Versuch einer unzulässigen Beeinflussung in der Kontaktierung politischer Stellen der Heimatgemeinde mit dem Ziel, dass diese ihren Einfluss geltend machen, um das Ergebnis der Auftragsvergabe zu beeinflussen.[161]

100 Eine unzulässige Beeinflussung liegt weiter dann vor, wenn der Bieter bzw. Bewerber einen günstigeren Preis vortäuscht, indem er bewusst Rechenfehler einbaut.[162] Schließlich kann ein Bieter bzw. Bewerber das Vergabeverfahren in unzulässiger Weise beeinflussen, indem er Konkurrenzbieter bzw. -bewerber zu Unrecht diskreditiert.[163]

b) Beschaffung vertraulicher Informationen (lit. b))

101 § 124 Abs. 1 Nr. 9 lit. b) GWB erfasst Fälle, in denen ein Unternehmen versucht, vertrauliche Informationen zu erhalten, mittels derer es unzulässige Vorteile beim Vergabeverfahren erlangen könnte. Um vertrauliche Informationen kann es sich insbesondere dann handeln, wenn es sich um Bestandteile fremder Angebote oder sonstige dem Geheimwettbewerb unterfallende Informationen oder um Sonderwissen handelt, auf welches nicht alle Bieter gleichermaßen Zugriff haben. Dem Begriff der „Beschaffung“ ist zu entnehmen,

---

158 Vgl. *Hausmann/von Hoff*, in: Kulartz/Marx/Portz/Prieß, GWB, § 124 Rn. 62 ff.

159 Vgl. OLG Jena, Beschl. v. 16.7.2007, 9 Verg 4/07, ZfBR 2007, 817.

160 Vgl. OLG Jena, Beschl. v. 16.7.2007, 9 Verg 4/07, ZfBR 2007, 817.

161 Vgl. VK Südbayern, Beschl. v. 16.9.2010, Z3-3-3194-1-48-07/10.

162 Vgl. BGH, Urt. v. 6.2.2002, X ZR 185/99; BGH, Urt. v. 14.10.1993, VII ZR 96/92.

163 Vgl. VK Berlin, Beschl. v. 21.2.2011, VK-B2-18/2011.

dass es eines aktiven Handelns des Bieters bzw. Bewerbers bedarf. Im Fall einer Kenntniserlangung ohne eigenes Zutun liegt keine „Beschaffung“ vor.

c) Übermittlung von irreführenden Informationen (lit. c))

Nach § 124 Abs. 1 Nr. 9 lit. c) GWB kann ein Unternehmen, das fahrlässig oder vorsätzlich irreführende Informationen, die die Vergabeentscheidung des Auftraggebers erheblich beeinflussen könnten, übermittelt hat oder dies versucht hat, vom Vergabeverfahren ausgeschlossen werden. 102

Die dritte Variante des § 124 Abs. 1 Nr. 9 GWB war einer 1:1-Umsetzung der Richtlinienvorgaben, wie der deutsche Gesetzgeber sie grundsätzlich angestrebt hat, nicht zugänglich: Nach Art. 57 Abs. 4 lit. i) der Richtlinie 2014/24/EU kann ein Wirtschaftsteilnehmer, der **versucht** hat, **fahrlässig** irreführende Informationen zu übermitteln, die die Entscheidung über Ausschluss, Auswahl oder Auftragszuschlag erheblich beeinflussen könnten, ausgeschlossen werden. Der Fall eines fahrlässigen Versuchs ist dem deutschen Recht fremd. Diese Hürde für eine richtlinienkonforme Umsetzung hat der deutsche Gesetzgeber damit versucht zu überwinden, dass er in § 124 Abs. 1 Nr. 9 lit. c) GWB sowohl die fahrlässige als auch die vorsätzliche und die versuchte Übermittlung als alternative Tatbestandsvarianten nebeneinander erfasst. 103

Als irreführende Informationen sind sämtliche Informationen zu verstehen, die einen unrichtigen Inhalt haben und die Vergabeentscheidung erheblich beeinflussen können. Der Ausschlusstatbestand ist an dieser Stelle wie auch die beiden ersten Varianten äußerst weit gefasst. 104

III. Andere sozial- und arbeitsrechtliche Verpflichtungen (Abs. 2)

Die in Abs. 2 genannten spezialgesetzlichen Vorschriften des § 21 des Arbeitnehmer-Entsendegesetzes, des § 98c des Aufenthaltsgesetzes, des § 19 des Mindestlohngesetzes und des § 21 des Schwarzarbeitsbekämpfungsgesetzes enthalten besondere Regelungen zum Ausschluss von Unternehmen von Vergabeverfahren. Danach können bzw. sollen Unternehmen von der Teilnahme an Vergabeverfahren ausgeschlossen werden, wenn sie z. B. gegen Vorgaben des Mindestlohngesetzes verstoßen haben und deswegen mit einer bestimmten Geldbuße belegt wurden. Abs. 2 stellt klar, dass diese spezialgesetzlichen Vorgaben von den allgemeinen vergaberechtlichen Regelungen unberührt bleiben.[164] 105

164 Vgl. Gesetzesbegründung, BT-Drs. 18/6281, S. 107.

§ 125 Selbstreinigung

(1) Öffentliche Auftraggeber schließen ein Unternehmen, bei dem ein Ausschlussgrund nach § 123 oder § 124 vorliegt, nicht von der Teilnahme an dem Vergabeverfahren aus, wenn das Unternehmen nachgewiesen hat, dass es

1. **für jeden durch eine Straftat oder ein Fehlverhalten verursachten Schaden einen Ausgleich gezahlt oder sich zur Zahlung eines Ausgleichs verpflichtet hat,**
2. **die Tatsachen und Umstände, die mit der Straftat oder dem Fehlverhalten und dem dadurch verursachten Schaden in Zusammenhang stehen, durch eine aktive Zusammenarbeit mit den Ermittlungsbehörden und dem öffentlichen Auftraggeber umfassend geklärt hat, und**
3. **konkrete technische, organisatorische und personelle Maßnahmen ergriffen hat, die geeignet sind, weitere Straftaten oder weiteres Fehlverhalten zu vermeiden.**

§ 123 Absatz 4 Satz 2 bleibt unberührt.

(2) Öffentliche Auftraggeber bewerten die von dem Unternehmen ergriffenen Selbstreinigungsmaßnahmen und berücksichtigen dabei die Schwere und die besonderen Umstände der Straftat oder des Fehlverhaltens. Erachten die öffentlichen Auftraggeber die Selbstreinigungsmaßnahmen des Unternehmens als unzureichend, so begründen sie diese Entscheidung gegenüber dem Unternehmen.

Schrifttum: *Freund/Kallmayer/Kraft*, Korruption und Kartelle bei Auftragsvergaben, 2008; *Müller-Wrede*, GWB, Vergaberecht, Kommentar, 2016; *Ohrtmann/Gimnich*, Compliance – Praxishandbuch für öffentliche Unternehmen, 2. Aufl. 2013; *Palandt*, Bürgerliches Gesetzbuch, 76. Aufl. 2017; *Pünder/Prieß/Arrowsmith*, Self-Cleaning in Public Procurement Law, Band I/9, 2009; *Stober/Ohrtmann*, Compliance – Handbuch für die öffentliche Verwaltung, 2015; *Willenbruch/Wieddekind*, Vergaberecht, Kompaktkommentar, 3. Aufl. 2014.

Übersicht

I. Allgemeines[1]

1 § 125 GWB setzt im Wesentlichen Art. 57 Abs. 6 der Richtlinie 2014/24/EU um. Die Regelung in Art. 57 Abs. 6 der Richtlinie 2014/24/EU zur Selbstreinigung stellt die erste Kodifizierung dieses Instruments auf europäischer Ebene dar. In Deutschland – wie in den meisten Mitgliedstaaten – gab es bisher keine gesetzliche Regelung zur Selbstreinigung. Die deutsche Rechtsprechung, unterstützt von der Literatur, hat aber die Möglichkeit einer Selbstreinigung zu einem allgemein akzeptierten Instrument entwickelt und die dafür zu erfüllenden Voraussetzungen herausgearbeitet.[2] Diese Rechtsprechung hat die Regelung zur Selbstreinigung in der neuen europäischen Richtlinie mitgeprägt.[3]

2 Unter Selbstreinigung sind Maßnahmen zu verstehen, die ein Unternehmen ergreift, um seine Integrität wiederherzustellen und eine Begehung von Straftaten oder schweres Fehlverhalten in der Zukunft zu verhindern. Liegt ein fakultativer oder obligatorischer Ausschlussgrund vor, ist das Unternehmen dennoch nicht vom Vergabeverfahren auszuschließen, wenn es ausreichende Selbstreinigungsmaßnahmen durchgeführt hat. Selbstreinigungsmaßnahmen, die eine Wiederherstellung der Integrität dauerhaft gewährleisten, haben bereits nach bisheriger Rechtsprechung Einfluss auf die Prognoseentscheidung, ob ein Unternehmen als zuverlässig angesehen werden kann.[4] Hat ein Unternehmen, bei dem ein Ausschlussgrund vorliegt, Maßnahmen ergriffen und nachgewiesen, die dazu führen, dass sich ein in der Vergangenheit liegendes Fehlverhalten höchstwahrscheinlich nicht wiederholen wird, darf aus dem Fehlverhalten nicht mehr die fehlende Zuverlässigkeit des Unternehmens für die Zukunft abgeleitet werden. Es gibt dann keinen Grund mehr, das Unternehmen von der Teilnahme an einem Vergabeverfahren auszuschließen.[5]

---

1 Die Autorin dankt Frau Rechtsanwältin *Katrin Weßler* für die wertvolle und tatkräftige Unterstützung bei der Kommentierung dieser Vorschrift.

2 Vgl. OLG Frankfurt a. M., Beschl. v. 20.7.2004, 11 Verg 6/04; OLG Düsseldorf, Beschl. v. 9.6.2010, Verg 14/10; Beschl. v. 9.4.2003, Verg 66/02; Beschl. v. 9.4.2003, Verg 43/02, NZBau 2003, 578, 580; Beschl. v. 18.7.2001, Verg 16/01; LG Berlin, Urteil v. 22.3.2006, 23 O 118/04, NZBau 2006, 397, 399; VK Lüneburg, Beschl. v. 14.2.2012, VgK-5/2012; Beschl. v. 24.3.2011, VgK-4/2011; VK Nordbayern, Beschl. v. 24.1.2008, 21 VK 3194 52/07; 1. VK Sachsen, Beschl. v. 25.6.2003, 1/SVK/ 051 – 03; *Ohrtmann/Gimnich*, Compliance – Praxishandbuch für öffentliche Unternehmen, S. 56; *Byok/Ohrtmann*, KommunalPraxis spezial 2009, 44 ff.; *Ohrtmann*, NZBau 2007, 278, 280 f.

3 Vgl. Gesetzesbegründung, BT-Drs. 18/6281, S. 107.

4 Vgl. OLG Düsseldorf, Beschl. v. 9.4.2003, Verg 43/02; OLG Frankfurt, Beschl. v. 20.7.2004, 11 Verg 6/04.

5 Vgl. Gesetzesbegründung, BT-Drs. 18/6281, S. 107.

3 § 125 GWB statuiert im Einklang mit den betroffenen Grundrechten eine zwingende Verpflichtung der öffentlichen Auftraggeber, Selbstreinigungsmaßnahmen zu berücksichtigen. Laut Gesetzesbegründung wäre der Ausschluss eines Unternehmens, das ausreichende Maßnahmen zur Selbstreinigung getroffen und damit seine Integrität wiederhergestellt hat, nicht geeignet, die Funktionsfähigkeit der Verwaltung und der öffentlichen Haushalte sowie den fairen Wettbewerb zu schützen oder Wirtschaftskriminalität zu bekämpfen. Der Ausschluss wäre daher in einem solchen Fall nicht verhältnismäßig.[6]

4 Diese Verpflichtung korrespondiert mit Erwägungsgrund 102 der Richtlinie 2014/24/EU, wonach das Unternehmen ein Prüfungsrecht hinsichtlich der von ihm durchgeführten Selbstreinigungsmaßnahmen hat. Die Richtlinie stellt es – so ausdrücklich Erwägungsgrund 102 – dabei den Mitgliedsstaaten anheim, welche genauen verfahrenstechnischen Bedingungen sie für die Prüfung von Selbstreinigungsmaßnahmen vorsehen. Nach der in § 125 GWB getroffenen Regelung steht dem Unternehmen in Deutschland kein abstraktes, von der Durchführung eines konkreten Vergabeverfahrens unabhängiges Prüfungsrecht gegenüber öffentlichen Auftraggebern zu. Die getroffenen Selbstreinigungsmaßnahmen sind nur im Hinblick auf die Prüfung der Zuverlässigkeit eines Bewerbers oder Bieters, bei dem ein Ausschlussgrund vorliegt, in einem konkreten Vergabeverfahren von Bedeutung.[7] Hieran wird sich perspektivisch durch die künftige Einführung des bundesweiten Wettbewerbsregisters beim Bundeskartellamt insoweit etwas ändern, als eingetragene Unternehmen nach § 8 WRegG bei der Registerbehörde beantragen können, dass die Eintragung wegen Selbstreinigung vor Ablauf der Löschungsfristen (§ 7 WRegG) aus dem Wettbewerbsregister gelöscht wird. Das Unternehmen muss in diesem Fällen gegenüber der Registerbehörde eine erfolgreiche Selbstreinigung nachweisen. Gelingt dies, wird die Eintragung gelöscht, anderenfalls der Antrag begründet abgelehnt. Unabhängig hiervon und auch im Ablehnungsfalle bleibt es den betroffenen Unternehmen jedoch unbenommen, Auftraggeber individuell von ihrer Selbstreinigung i. S. d. § 125 GWB zu überzeugen.[8]

5 § 125 Absatz 1 GWB setzt Artikel 57 Absatz 6 Unterabs. 2 der Richtlinie 2014/24/EU um und § 125 Absatz 2 GWB setzt Artikel 57 Absatz 6 Unterabs. 3 der Richtlinie 2014/24/EU um. Da es in Deutschland keine durch gerichtliche Entscheidung verhängten Ausschlüsse von Vergabeverfahren gibt, wurde von einer Umsetzung von Artikel 57 Absatz 6 Unterabs. 4 der Richtlinie 2014/24/EU abgesehen.[9]

II. Voraussetzungen der Selbstreinigung (§ 125 Abs. 1 Satz 1 GWB)

6 Für eine erfolgreiche Selbstreinigung muss das Unternehmen, das trotz des Vorliegens eines Ausschlussgrundes an einem Vergabeverfahren teilnehmen will, die in § 125 Abs. 1 Nr. 1–3 GWB enthaltenen Voraussetzungen kumulativ erfüllen.

---

6 Vgl. Gesetzesbegründung, BT-Drs. 18/6281, S. 107.

7 Vgl. Gesetzesbegründung, BT-Drs. 18/6281, S. 108.

8 § 125 GWB wird durch Art. 2 Abs. 2 Nr. 3 des Gesetzes zur Einführung eines Wettbewerbsregisters neu gefasst, tritt jedoch erst an dem Tag in Kraft, an dem erstmals eine Rechtsverordnung nach § 10 Wettbewerbsregistergesetz in Kraft tritt. Das Bundesministerium für Wirtschaft und Energie gibt den Tag im Bundesgesetzblatt bekannt, vgl. Art. 3 des Gesetzes zur Einführung eines Wettbewerbsregisters.

9 Vgl. Gesetzesbegründung, BT-Drs. 18/6281, S. 108.

1. Schadensausgleich (§ 125 Abs. 1 Satz 1 Nr. 1 GWB)

Nach § 125 Abs. 1 Nr. 1 GWB ist Voraussetzung einer erfolgreichen Selbstreinigung, dass das ausgeschlossene Unternehmen für den verursachten Schaden einen Ausgleich gezahlt oder sich zur Zahlung eines Ausgleichs verpflichtet hat. § 125 Abs. 1 Nr. 1 GWB bringt folglich dahingehend Klarheit, dass eine Schadenswiedergutmachung als solche grundsätzlich für eine erfolgreiche Selbstreinigung erforderlich ist. Ebenfalls eindeutig ist, dass der Ausgleich bzw. die Verpflichtung zum Ausgleich im Fall eines bereits rechtskräftig festgestellten Schadens stets verlangt werden kann.[10] 7

Ist die Schadensersatzforderung noch nicht rechtskräftig festgestellt worden, verbleiben trotz gesetzlicher Regelung Unklarheiten. Herrscht zwischen den Parteien Einvernehmen hinsichtlich des Bestehens einer Schadensersatzforderung dem Grunde nach und ist lediglich die Höhe streitig, stellt sich die Frage, ob in diesen Fällen ebenfalls eine Ausgleichszahlung bzw. die Verpflichtung hierzu als Teil einer erfolgreichen Selbstreinigung verlangt werden darf. Praxisrelevanz kommt dieser Frage im Besonderen in Fällen kartellrechtlicher Verstöße zu. Hintergrund hierfür ist die meist mit erheblichen Schwierigkeiten verbundene Feststellung des Gesamtschadens und der Gläubiger im Rahmen von Kartellverstößen. In derartigen Fällen ist es für eine erfolgreiche Selbstreinigung ausreichend, wenn ein Anerkenntnis der Verpflichtung zur Schadensersatzleistung dem Grunde nach vorliegt.[11] Ein solches Anerkenntnis muss Gegenstand eines Feststellungs- oder Bestätigungsvertrags zwischen Schuldner und Gläubiger sein.[12] Ein deklaratorisches Schuldanerkenntnis, dessen per Auslegung ermittelter Inhalt nur der Beweiserleichterung dient, würde den Anforderungen der Selbstreinigung i. S. d. § 125 Abs. 1 Satz 1 Nr. 1 GWB gerade nicht genügen. Denn in diesen Fällen enthält das Anerkenntnis gerade keine rechtsgeschäftliche Verpflichtung des Schuldners, sondern bewirkt im günstigsten Fall eine Umkehr der Beweislast zulasten des Schuldners.[13] Das ist entschieden zu wenig für eine erfolgreiche Selbstreinigung. Denn bei einer Schadensersatzklage, bei der nur die Höhe des zu ersetzenden Schadens streitig ist, muss das Gesetz, das vom Schuldner die Begründung einer wirklichen Selbstverpflichtung verlangt (§ 125 Abs. 1 Satz 1 Nr. 1 Alt. 2 GWB; s. auch Art. 57 Abs. 6 UAbs. 2 RL 2014/24/EU), zumindest teilweise eingehalten werden – nämlich zum Grunde des Schadensersatzanspruchs. Es bedarf daher eines den Anspruchsgrund betreffenden Schuldanerkenntnis- oder Schuldbestätigungsvertrags, der alle Einwendungen tatsächlicher und rechtlicher Art zum Anspruchsgrund, die der Schuldner beim Vertragsschluss kannte und mit denen er überdies rechnen musste, für die Zukunft ausschließt bzw. dem Streit der Parteien entzieht und eben in diesem Sinne verbindlich ist.[14] 8

Problematischer ist, welche konkreten Voraussetzungen an eine erfolgreiche Selbstreinigung gestellt werden dürfen, wenn die Schadensersatzforderung nicht bloß der Höhe nach, sondern auch bereits dem Grunde nach streitig ist. Zu einem solchen Fall kann es vor allem dann kommen, wenn der Ausschluss eines Unternehmens auf einen der in § 124 Abs. 1 GWB verankerten fakultativen Ausschlussgründe gestützt wird. Die fakultativen Ausschlussgründe setzen zwar durchaus ein bestimmtes Fehlverhalten voraus. Allerdings be- 9

10 Vgl. Gesetzesbegründung, BT-Drs. 18/6281, S. 108.
11 Vgl. Gesetzesbegründung, BT-Drs. 18/6281, S. 108.
12 Vgl. *Sprau*, in: Palandt, BGB, § 781, Rn. 3 m. w. N.
13 Vgl. *Sprau*, in: Palandt, BGB, § 781, Rn. 6 m. w. N.
14 Vgl. *Sprau*, in: Palandt, BGB, § 781, Rn. 4 m. w. N.

steht die Möglichkeit eines Ausschlusses nicht erst, wenn das Fehlverhalten unstreitig vorliegt. In § 124 Abs. 1 Nr. 1, 3 und 4 GWB ist ausdrücklich lediglich von einer Nachweislichkeit bzw. von hinreichenden Anhaltspunkten die Rede, die Meinungsverschiedenheiten und Zweifel durchaus zulassen und einen Schadensersatzanspruch streitig stellen. Eine erfolgreiche Selbstreinigung kann in diesen Fällen nicht von der Vornahme einer Ausgleichszahlung bzw. einer entsprechenden Anerkennung abhängig gemacht werden. Andernfalls würde ein ausgeschlossenes Unternehmen zum Zwecke der Selbstreinigung zum Ausgleich von möglicherweise nicht bestehenden Forderungen gezwungen werden. Auf diese Weise wird der Zweck der Selbstreinigung, die Wiedererlangung der Integrität, wohl kaum erreicht. Hierdurch verhilft man allein dem öffentlichen Auftraggeber dazu, seine Forderungen leichter durchzusetzen. Mithin wird ein der Selbstreinigung sachfremder Zweck verfolgt. Zu Recht verweist die Rechtsprechung in diesem Zusammenhang auf das Bestehen der Gefahr, dass ein nach §§ 123 bzw. 124 GWB ausgeschlossenes Unternehmen durch Begleichung bzw. Anerkennung eines von ihm eigentlich bestrittenen Schadens sich die Wiederzulassung zum Vergabeverfahren „erkaufen" könne.[15] Vor dem Hintergrund, dass Unternehmen teilweise in erheblicher Weise von einer Auftragsvergabe durch die öffentliche Hand abhängig sind, ist ein solches Vorgehen aus Unternehmenssicht zumindest nachvollziehbar. Der Ausgleich bzw. das Anerkennen unberechtigter Forderungen hat jedoch mit Selbstreinigung nichts zu tun. Vielmehr ist ein Bestreiten einer Forderung Ausdruck der Wahrnehmung berechtigter Interessen. Es wäre mit dem Sinn und Zweck der Selbstreinigung nicht vereinbar, wenn die Begleichung einer Forderung auf Kosten der Verfolgung legitimer Interessen verlangt würde. Dieses Verständnis hat der Gesetzgeber auch im Rahmen der Gesetzesbegründung zum Ausdruck gebracht. Dort heißt es unter anderem, dass das Recht des Unternehmens, einen streitigen Schadensersatzanspruch vor einem Gericht im Rahmen eines Schadensersatzprozesses zu klären, durch die Regelungen zur Selbstreinigung nicht beeinträchtigt wird.[16]

10 Fraglich ist, ob von den Unternehmen in solchen Fällen nicht wenigstens der Verzicht auf die Einrede der Verjährung von Seiten des ggf. geschädigten Auftraggebers verlangt werden kann. Er befindet sich – gerade in den Fällen von Kartellverstößen – zwischen Skylla und Charybdis: Die Klärung von Sach- und Schadenslage ist oftmals langwierig, gleichzeitig steht er ehemaligen Auftragnehmern gegenüber, die ihn sehr wahrscheinlich in der Vergangenheit geschädigt haben, wobei mindestens die Höhe unklar oder jedenfalls umstritten ist, die sich aber dennoch um eine Fortsetzung der Zusammenarbeit bewerben. Auch wenn die Anforderungen an eine Selbstreinigung nach § 125 Abs. 1 Satz 1 Nr. 1 GWB nicht das Recht des Unternehmens beeinträchtigen, sich gegen streitige Schadensersatzansprüche auch notfalls vor Gericht zu verteidigen, so spricht nach hier vertretener Auffassung jedoch nichts dagegen, als öffentlicher Auftraggeber von dem Unternehmen dann wenigstens einen Verzicht auf die Einrede der Verjährung verlangen zu dürfen. Denn dieser Verzicht wird ohnehin nur zum Tragen kommen, wenn das Unternehmen entgegen seinem Bestreiten von Grund und Höhe eines Schadensersatzanspruchs letztlich doch für vorwerfbares Fehlverhalten verantwortlich ist. In diesen Fällen ist aber eine Wiedergutmachung entstandener Schäden gerade unerlässliche Voraussetzung der Selbstreinigung. Die Unternehmen sollen sich dann nicht hinter Verjährungseinreden verstecken können. Die Selbstreinigung nach § 125 GWB honoriert die Rückkehr zu Rechtsrespekt und Rechtstreue mit der Befrei-

15 Vgl. KG, Urt. v. 17.1.2011, 2 U 4/06, NZBau 2012, 56, 63.
16 Vgl. Gesetzesbegründung, BT-Drs. 18/6281, S. 108.

ung von Ausschlussgründen. Da der Verjährungstatbestand des § 126 GWB ohnehin dafür sorgt, dass die Unternehmen auch ohne Vornahme einer Selbstreinigung nach einem Zeitraum von drei bis maximal fünf Jahren wieder zum Wettbewerb um öffentliche Aufträge und Konzessionen zugelassen werden müssen, ist es nur konsequent, dass in der Zwischenzeit das Unternehmen geradlinig entweder dazu steht, dass es sich nichts vorzuwerfen und keinerlei Schäden verursacht hat. Dann ist die Verzichtserklärung auf die Einrede der Verjährung überzeugende Untermauerung dieser Einlassung. Oder aber es kann die Verantwortlichkeit für einen Schaden nicht vollständig ausschließen. Dann ist die Verzichtserklärung auf die Einrede der Verjährung das Zugeständnis, in diesem Fall auch für den Schaden aufkommen zu wollen, so wie es der Wiedergutmachungsgedanke des § 125 Abs. 1 Satz 1 Nr. 1 GWB beabsichtigt.[17]

2. Aktive Zusammenarbeit mit den Ermittlungsbehörden und dem Auftraggeber (§ 125 Abs. 1 Satz 1 Nr. 2 GWB)

Eine erfolgreiche Selbstreinigung setzt nach § 125 Abs. 1 Nr. 2 GWB zudem voraus, dass **11** das Unternehmen die Tatsachen und Umstände, die mit der Straftat oder dem Fehlverhalten und dem dadurch verursachten Schaden in Zusammenhang stehen, durch eine aktive Zusammenarbeit mit den Ermittlungsbehörden und dem öffentlichen Auftraggeber umfassend geklärt hat. Die Gesetzesbegründung rechtfertigt dies zu Recht damit, dass insbesondere ohne eine umfassende Aufklärung zukünftiges Fehlverhalten nicht verhindert werden könne.[18]

Das Unternehmen hat sich an der Aufklärung durch „**aktive**" Zusammenarbeit mit den Er- **12** mittlungsbehörden und dem öffentlichen Auftraggeber zu beteiligen. Eine aktive Beteiligung an der Sachverhaltsaufklärung verlangt ein Mindestmaß an Eigeninitiative. Das betroffene Unternehmen sollte „mit offenen Karten" spielen und den Ermittlungsbehörden alle erforderlichen Dokumente, Daten etc. zur Verfügung stellen. Als nicht ausreichend ist es anzusehen, wenn ein Unternehmen lediglich das ihm zur Last gelegte Fehlverhalten und den Schaden bestreitet oder sich hiervon distanziert.[19] Versuche des Unternehmens, die Aufklärungsbemühungen in engen Grenzen zu halten und den zuständigen Behörden gar das Verständnis der Zusammenhänge vorzuenthalten oder zu erschweren, sind somit schädlich.[20] Andererseits darf es dem Unternehmen auch nicht vorgeworfen und nachteilig ausgelegt werden, wenn es sich gegen die – möglicherweise auch unberechtigt erhobenen Vorwürfe – zur Wehr setzt. Es muss dem Unternehmen erlaubt sein, in etwaigen Ermittlungsverfahren bzw. Strafprozessen und auch in Zivilprozessen ohne Nachteile fürchten zu müssen, gegen Vorwürfe vorzugehen.[21] Die von dem Unternehmen geforderte aktive Zusammenarbeit soll zur Klärung aller Umstände des Fehlverhaltens führen. Das ist dahin einzuschränken, dass das Unternehmen alle ihm möglichen und zumutbaren Anstrengungen zu unternehmen hat, diesen Erfolg herbeizuführen.[22] Gelingt sodann trotz dieser An-

17 A. A.VK Südbayern, Beschl. v. 7.3.2017, Z3-3-3194-1-45-11/16, Rn. 63.
18 Vgl. Gesetzesbegründung, BT-Drs. 18/6281, S. 109.
19 Vgl. *Freund/Kallmayer/Kraft*, Korruption und Kartelle bei Auftragsvergaben, S. 160.
20 Vgl. OLG Düsseldorf, Beschl. v. 9.6.2010, VII-Verg 14/10.
21 Vgl. *Freund/Kallmayer/Kraft*, Korruption und Kartelle bei Auftragsvergaben, S. 160.
22 Ähnlich *Dreher/Hoffmann*, NZBau 2014, 67, 71, wonach bei den geforderten Aufklärungsmaßnahmen die Gedanken der Erforderlichkeit, Verhältnismäßigkeit und Wirtschaftlichkeit zu beachten seien.

strengungen eine Sachverhaltsaufklärung nicht oder nicht vollständig, kann dies dem Unternehmen nicht als der Selbstreinigung entgegenstehende Minderleistung angerechnet werden.[23]

13 Auch die **zeitliche Komponente** spielt bei der Bewertung der Ernsthaftigkeit von Aufklärungsbemühungen eine wesentliche Rolle. Je später die Sachverhaltsaufklärung einsetzt, desto stärker wird der Verdacht, dass es sich dabei um ein taktisches Hinauszögern handeln könnte, das unter Umständen sogar die Aufklärung erschweren soll. Nur eine unverzügliche Aufklärung nach Kenntniserlangung von Verdachtsfällen kann belegen, dass das Unternehmen Rechtsverstöße in den eigenen Reihen nicht duldet und klar, kompromisslos und stringent hierauf reagiert – im ersten Schritt mit der Herstellung von Klarheit über die vorgefallenen Geschehnisse.

14 Eine dem § 125 Abs. 1 Nr. 2 GWB entsprechende Sachverhaltsaufklärung umfasst zwei Komponenten, nämlich die **interne und** die **externe Aufklärung**: Ausgangspunkt jeder Sachverhaltsaufklärung sind die internen Unternehmensstrukturen. **Unternehmensinterne Maßnahmen**, die der Sachverhaltsaufklärung dienen, sind insoweit zwingend, aber alleine noch nicht ausreichend. Als interne Sachverhaltsaufklärungsmaßnahmen kann beispielsweise die Durchsicht der E-Mail-Accounts von Mitarbeitern (sog. E-Search), das Führen von Interviews mit möglicherweise involvierten Mitarbeitern und die Durchführung von unternehmensinternen Audits genannt werden.[24] In komplexeren Fällen kann es angebracht sein, einen Wirtschaftsprüfer, eine auf interne Ermittlungen spezialisierte Wirtschaftskanzlei oder einen anderen neutralen und unabhängigen Experten mit der Prüfung zu beauftragen, ob es im Unternehmen Fehlverhalten gegeben hat.[25] Der Sinn und Zweck des § 125 Abs. 1 Nr. 2 GWB entbindet die Unternehmen selbstverständlich nicht davon, bei diesen Maßnahmen geltende arbeitsrechtliche und datenschutzrechtliche[26] Vorgaben einzuhalten.

15 Die internen Sachverhaltsaufklärungsmaßnahmen stehen in einem nicht zu unterschätzenden Spannungsverhältnis zu den personellen Konsequenzen, denen involvierte Mitarbeiter im Fall eines der Aufklärung dienenden kooperativen Verhaltens ausgesetzt sein können. Mitarbeiter, die Gefahr laufen, fristlos gekündigt zu werden, werden kaum bereit sein, bei der Aufklärung des Sachverhalts aktiv mitzuwirken. Aus diesem Grund kann es erforderlich sein, unternehmensinterne Kronzeugen- bzw. Amnestieregelungen einzuführen, um dadurch eine umfassende interne Sachverhaltsaufklärung durch aktive Mithilfe der Mitarbeiter zu ermöglichen.[27] Die Einführung derartiger Anreize muss stets begründet werden können.[28] Im Rahmen der personellen Konsequenzen muss dann ein angemessener Umgang mit dem Umstand sichergestellt werden, dass ggf. Personen, die für unternehmerisches Fehlverhalten verantwortlich zeichnen, immer noch unternehmenszugehörig sind. Je nach Schwere des Fehlverhaltens muss hier durch Versetzung, Ruhestandsregelungen, Beurlaubung, Schulungen bis hin zum Einzel-Coaching, Überwachungsmaßnahmen, Be-

---

23 Vgl. *Radu*, in: Müller-Wrede, GWB Vergaberecht, § 125 Rn. 38.

24 Vgl. *Stein/Friton/Huttenlauch*, WuW 2012, 38, 48.

25 So im Fall des OLG Frankfurt a. M., Beschl. v. 20.7.2004, 11 Verg 6/04, das eine erfolgreiche Selbstreinigung des Bieters annahm; vgl. auch *Prieß/Pünder/Stein*, in: Pünder/Prieß/Arrowsmith, Self-Cleaning in Public Procurement Law, S. 77.

26 Vgl. *Wybitul/Böhm*, CCZ 2015, 133 ff.; *Spehl/Momsen/Grützner*, CCZ 2014, 2 ff.

27 Vgl. *Mutschler-Siebert/Dorschfeldt*, BB 2015, 642, 645.

28 Vgl. *Mutschler-Siebert/Dorschfeldt*, BB 2015, 642, 645.

richtspflichten etc. sichergestellt werden, dass sich das Fehlverhalten solcher Personen nicht wiederholt.[29]

Neben einer internen Aufklärung des Sachverhalts ist zudem zwingend eine aktive Zusammenarbeit mit den Ermittlungsbehörden und dem öffentlichen Auftraggeber erforderlich. Hintergrund hierfür ist nicht zuletzt der Umstand, dass mittels der Durchführung **externer Maßnahmen**, nämlich der Zusammenarbeit mit den Ermittlungsbehörden und dem Auftraggeber, die Ernsthaftigkeit der Bemühungen des Unternehmens um eine erfolgreiche Selbstreinigung belegt und manifestiert wird. 16

a) Zusammenarbeit mit den Ermittlungsbehörden

Die Verpflichtung zur aktiven, umfassenden und zeitnahen Sachverhaltsaufklärung besteht in Übereinstimmung zu den Richtlinienvorgaben zweifelsfrei gegenüber den Ermittlungsbehörden. Hierunter fallen insbesondere die Polizei, die Staatsanwaltschaft und das Bundeskartellamt. In diesem Zusammenhang könnte sich die Frage stellen, inwieweit diese Verpflichtung mit dem in Art. 6 EMRK sowie in den §§ 55 Abs. 1 und 136 Abs. 1 Satz 2 StPO verankerten sog. Nemo-tenetur-Grundsatz vereinbar ist. Diesem Grundsatz zufolge ist ein Beschuldigter nicht verpflichtet, sich selbst zu belasten und so an seiner eigenen Überführung mitzuwirken. Letztlich besteht jedoch hier kein Widerspruch. Der Nemo-tenetur-Grundsatz bleibt unangetastet. Der Grundsatz der Selbstbelastungsfreiheit findet im Strafverfahren Anwendung und dient dort dem Schutz des Beschuldigten bzw. von Zeugen, denen strafrechtlich im Fall eines kooperativen Verhaltens ebenfalls eine Strafe droht. Diese Situation kann von den Fällen, die § 125 GWB regelt, klar unterschieden werden. Kein Unternehmen – das in Deutschland ohnehin strafrechtlich als solches nicht belangt werden kann, weil Deutschland ein Unternehmensstrafrecht (noch) nicht kennt – ist verpflichtet, Selbstreinigungsmaßnahmen i. S. d. § 125 Abs. 1 GWB und damit u. a. Sachverhaltsaufklärung zu betreiben. § 125 GWB gibt den Unternehmen lediglich die Möglichkeit, auf diesem Wege Ausschlussgründen entgegenzutreten. Dem betreffenden Unternehmen droht im Falle des kooperativen Verhaltens gerade keine Strafe, sondern es kann dadurch die Wiederzulassung zum vergaberechtlichen Wettbewerb erlangen.[30] Möglicherweise wird hierdurch letztlich die Verurteilung von strafrechtlich in Erscheinung tretenden Mitarbeitern unterstützt und forciert. Das genau ist aber auch Ziel und Zweck der Regelung. 17

b) Zusammenarbeit mit dem öffentlichen Auftraggeber

Dem Wortlaut des § 125 Abs. 1 Nr. 2 GWB nach ist es für eine erfolgreiche Selbstreinigung zudem erforderlich, dass das betreffende Unternehmen auch mit dem öffentlichen Auftraggeber zum Zwecke der Sachverhaltsaufklärung aktiv zusammenarbeitet. Dieses Erfordernis überrascht insoweit, als die nationale Vorschrift auf den ersten Blick über die Richtlinienvorgaben hinausgeht. Art. 57 Abs. 6 Satz 2 der deutschen Fassung des Richtlinientextes nennt alleine die aktive Zusammenarbeit mit den „Ermittlungsbehörden“. Der nationale Gesetzgeber vertritt die Ansicht, dass der Begriff der „Ermittlungsbehörde“ weit 18

---

29 Vgl. zu diesem Zielkonflikt zwischen Sachverhaltsaufklärung und personellen Maßnahmen auch die Ausführungen unten unter Rn. 58.

30 Ebenso *Mutschler-Siebert/Dorschfeldt*, BB 2015, 642, 645.

auszulegen ist und im Ergebnis auch der Auftraggeber darunter zu subsumieren sei.[31] Er beruft sich zur Rechtfertigung dieses weiten Verständnisses des Begriffs „Ermittlungsbehörde" auf die Rechtsprechung zur Rechtslage vor der Vergaberechtsreform 2016,[32] auf Sinn und Zweck der Regelung und zieht schließlich insbesondere auch die englische Sprachfassung der Richtlinie heran, in der von „investigating authorities" die Rede ist, sowie die französische Sprachfassung, die von „autorités chargées de l'enquête" spricht. Diese Sprachfassungen legen laut Gesetzesbegründung nahe, dass nicht „Ermittlungsbehörden" im engeren Sinne, sondern „ermittelnde Behörden" gemeint seien. Der öffentliche Auftraggeber gehört nach Auffassung des Gesetzgebers dazu, denn er müsse zur Prüfung der Zuverlässigkeit des Bieters in der Lage sein, die durchgeführten Selbstreinigungsmaßnahmen vor dem Hintergrund des bestehenden Ausschlussgrundes zu beurteilen. Da der Bieter, bei dem ein Ausschlussgrund vorliege, mit seinem Delikt oder Fehlverhalten die Ursache für die Notwendigkeit einer Selbstreinigungsprüfung gesetzt habe, müsse er auch den das Vergabeverfahren durchführenden öffentlichen Auftraggeber durch aktive Zusammenarbeit in die Lage versetzen zu bewerten, ob die ergriffenen Selbstreinigungsmaßnahmen unter Berücksichtigung der Schwere und der besonderen Umstände der Straftat oder des Fehlverhaltens ausreichend seien, vgl. § 125 Abs. 2 GWB. Eine Sachverhaltsaufklärungspflicht im Hinblick auf alle Details der Straftat oder des Fehlverhaltens bestehe gegenüber dem öffentlichen Auftraggeber aber nicht, sondern nur hinsichtlich der für seine Prüfung relevanten Umstände.[33] Die Vergabekammer Südbayern folgt dieser Auffassung nicht. Sie sieht in öffentlichen Auftraggebern keine Ermittlungsbehörden, da ihnen – anders als etwa dem Bundeskartellamt oder der Staatsanwaltschaft – von ihrer Funktion her nicht die Aufgabe zukomme, allgemein wegen etwaiger Verfehlungen Ermittlungen vorzunehmen. Zudem seien die öffentlichen Auftraggeber nicht wie die Ermittlungsbehörden zu einer unparteiischen Ermittlung des Sachverhalts in der Lage. Dies zeige sich insbesondere in Fällen, in denen der öffentliche Auftraggeber selbst bspw. von unzulässigen Kartellabsprachen betroffen sei und möglicherweise durch Preisabsprachen auch geschädigt wurde. Eine solche Stelle könne aus nachvollziehbaren Gründen keine neutralen und ergebnisoffenen Ermittlungen führen und daher auch nicht als „Ermittlungsbehörde" angesehen werden.[34] Da die VK Südbayern bezweifelt, dass der nationale Gesetzgeber in § 125 Abs. 1 Nr. 2 GWB an die Selbstreinigung strengere Anforderungen stellen durfte, als die RL 2014/24/EU dies vorsieht, legte sie dem Europäischen Gerichtshof mit Vorlagebeschluss vom 7.3.2017 die Frage der Vereinbarkeit der Regelung in § 125 Abs. 1 Nr. 2 GWB mit den Vorgaben europäischen Richtlinien zur Vorabentscheidung vor.[35] Die Entscheidung des EuGH steht aktuell noch aus.

31 Vgl. Gesetzesbegründung, BT-Drs. 18/6281, S. 109.

32 So z.B. OLG Düsseldorf, Beschl. v. 9.4.2003, Verg 66/02; Beschl. v. 28.7.2004, Verg 42/05; LG Berlin, Urt. v. 22.3.2006, 23 O 118/04.

33 Vgl. Gesetzesbegründung, BT-Drs. 18/6281, S. 109.

34 VK Südbayern, Beschl. v. 7.3.2017, Z3-3-3194-1-45-11/16, Rn. 72.

35 VK Südbayern, Beschl. v. 7.3.2017, Z3-3-3194-1-45-11/16.

3. Technische, organisatorische und personelle Maßnahmen (§ 125 Abs. 1 Satz 1 Nr. 3 GWB)

19 Während die beiden vorangegangenen Voraussetzungen einer erfolgreichen Selbstreinigung reaktiv wirken, verfolgt die dritte und letzte Voraussetzung einen präventiven und damit in die Zukunft gerichteten Ansatz: Das Unternehmen muss nachweisen, dass es konkrete technische, organisatorische und personelle Maßnahmen ergriffen hat, die geeignet sind, weitere Straftaten oder weiteres Fehlverhalten zu vermeiden. Welche konkreten Maßnahmen insoweit für eine erfolgreiche Selbstreinigung erforderlich und ausreichend sind, hängt vom jeweiligen Einzelfall ab. Die Gesetzesbegründung hebt insbesondere hervor, dass die ergriffenen Maßnahmen einen konkreten Bezug zu der begangenen Straftat bzw. dem begangenen Fehlverhalten haben müssen und gerade dazu geeignet sein müssen, der erneuten Begehung der konkreten Verfehlungen der Vergangenheit entgegenzuwirken. Maßnahmen, die die Vermeidung von Straftaten bzw. Fehlverhalten im Allgemeinen bezwecken, erfüllten nicht die Anforderungen des § 125 Abs. 1 Nr. 3 GWB.[36] Vor dem Hintergrund der zwingend erforderlichen Einzelfallbetrachtung ist der Katalog der geeigneten Maßnahmen hier nicht abschließend aufführbar.[37]

20 Auch die Richtlinie 2014/24/EU macht insoweit keine abschließenden Vorgaben. Erwägungsgrund 102 der Richtlinie 2014/24/EU verweist ganz allgemein auf „Compliance-Maßnahmen“ und nennt beispielhaft einzelne mögliche Maßnahmen wie den Abbruch aller Verbindungen zu an dem Fehlverhalten beteiligten Personen oder Organisationen, geeignete Personalreorganisationen, die Einführung von Berichts- und Kontrollsystemen, die Schaffung einer internen Audit-Struktur zur Überwachung der Compliance oder die Einführung interner Haftungs- und Entschädigungsregelungen.

21 Im Rahmen der erforderlichen Einzelfallbetrachtung sind unter Beachtung des **Verhältnismäßigkeitsgrundsatzes** auch die Schwere des konkret begangenen Verstoßes, seine Dauer, Häufigkeit und Auswirkungen sowie der Verschuldensgrad zu berücksichtigen.

22 Diese präventiven Anforderungen an die Selbstreinigung eines Unternehmens korrespondieren letzten Endes mit der Entwicklung der Rechtsprechung wie auch der Unternehmensstandards der Wirtschaft, wonach Compliance-Management heute zweifellos zu den Grundsätzen einer guten Unternehmensführung zählt. Mit seinem Urteil vom 10.12.2013 hatte das LG München in der vielbeachteten „Siemens/Neubürger“-Entscheidung klargestellt, dass die Einhaltung des Legalitätsprinzips und demgemäß die Einrichtung eines funktionierenden Compliance-Systems zur Gesamtverantwortung des Vorstands einer Aktiengesellschaft gehört.[38] Aber auch das Landgericht stellte klar, dass keine allgemeingültigen Anforderungen an die Organisationspflicht zu stellen seien, sondern dass diese von der konkreten Gefährdungslage abhängen. Dieser entsprechend muss die Geschäftsleitung eine auf Schadensprävention und Risikokontrolle angelegte Compliance-Organisation einrichten. Entscheidend für den Umfang im Einzelnen sind dabei Art, Größe und Organisation des Unternehmens, die zu beachtenden Vorschriften, die geografische Präsenz wie auch Verdachtsfälle aus der Vergangenheit.[39] Oder – wie es die Europäische Kommission

---

36 Vgl. Gesetzesbegründung, BT-Drs. 18/6281, S. 109.

37 Die Gesetzesbegründung spricht von einem „breiten Spektrum von infrage kommenden Maßnahmen“, vgl. Gesetzesbegründung, BT-Drs. 18/6281, 109.

38 LG München, Urt. v. 10.12.2013, 5 HKO 1387/10.

39 LG München, Urt. v. 10.12.2013, 5 HKO 1387/10.

ausdrückt: „Compliance programmes need to be tailor-made to the company concerned (...) no „one size fits all"-model."[40]

23 Bezogen auf die vorliegend relevanten Sachverhaltsfälle, in denen Ausschlussgründe nach § 123 und/oder § 124 GWB vorliegen, wird man jedoch sagen können, dass dann, wenn der Leitung eines Unternehmens bekannt wird, dass Mitarbeiter des Unternehmens wesentliche Rechtsvorschriften verletzt haben und diese Rechtsverletzungen durch ein angemessenes Compliance-Verfahren hätten verhindert werden können, letztlich eine Verpflichtung zum Handeln durch Einführung von Compliance-Instrumenten bzw. zur Verbesserung der bestehenden Compliance-Verfahren aus der Führungsverantwortung der Geschäftsleitung resultiert.[41] Die Möglichkeit zur Selbstreinigung und in der Konsequenz der Wiederzulassung zu den Geschäftsoptionen mit der öffentlichen Hand fördert mithin letztlich nur ein haftungsrechtlich ohnehin gebotenes Verhalten der Geschäftsführer und Vorstände.

24 Um eine zukünftige Wiederholung von Straftaten bzw. Fehlverhalten zu vermeiden, haben die von den Ausschlussgründen der §§ 123, 124 GWB betroffenen Unternehmen **kumulativ** konkrete technische, organisatorische und personelle Maßnahmen i. S. d. § 125 GWB zu ergreifen.

a) Technische Maßnahmen

25 Unter den Begriff der technischen Maßnahmen fallen zum Beispiel solche, die darauf abzielen, die in der Vergangenheit fehlerhaften Ausführungen der vom Unternehmen erbrachten Leistungen zu vermeiden. War die fehler- oder mangelhafte oder schlicht nicht zureichende technische Ausrüstung eines Unternehmens für seine Schlechtleistung in der Vergangenheit verantwortlich, sind technische Maßnahmen zur Behebung solcher Mängel gefragt.[42] Daneben können es technische Maßnahmen wie IT-Lösungen sein, die zur Unterstützung eines Compliance-Management-Systems herangezogen werden. Zum Beispiel kann ein Vertrags- und Lizenzmanagement für die künftige Übersichtlichkeit und Vollständigkeit sowie bessere Kontrollfähigkeit der Dokumentation sorgen, bei der Fristenkontrolle helfen sowie die Aktualisierung und Anpassung an eine veränderte Rechtslage oder neue Rechtsprechung unterstützen. Ein am Compliance-Gedanken ausgerichtetes IT-System fördert eine ordnungsgemäße Buchführung und zeitnahe Rechnungslegung. IT-Systeme können aber auch noch breiter angelegt Geschäftsvorgänge, interne Berichtspflichten und Arbeitsprozesse dokumentieren. Auch hier erleichtern sie Archivierung und Kontrolle und erschweren Manipulation und Abweichung von Rechtsvorgaben oder unternehmensinternen Weisungen bzw. helfen bei deren Aufdeckung. Nicht zuletzt sind es die IT-Systeme, welche eine Wissensvermittlung und -kontrolle durch E-Learning ermöglichen.

---

40 EU-Kommission, Compliance matters, 2011, S. 20.

41 Vgl. *Liese/Schulz*, BB 2011, 1347, 1350; *Ohrtmann/Gimnich*, Compliance – Praxishandbuch für öffentliche Unternehmen, S. 109.

42 Vgl. *Radu*, in: Müller-Wrede, GWB, § 125 Rn. 42.

b) Organisatorische Maßnahmen

Zur Präventivfunktion der Selbstreinigung gehört es auch, dass Unternehmen prüfen, wie individuelles Fehlverhalten organisatorisch hätte vermieden werden können und auf das Ergebnis dieser Prüfung hin Gegenmaßnahmen ergreifen. **26**

Schon im Interesse einer wirksamen Haftungsprävention[43] sollte der Fokus organisatorischer Compliance des Unternehmens auf der ordnungsgemäßen **Auswahl, Anweisung und Überwachung** seiner Mitarbeiter gerichtet sein. Auf allen drei Ebenen ist zu überprüfen, ob strukturelle Maßnahmen hier Optimierung herbeiführen können. **27**

Bereits auf der **Auswahlebene** ist darauf zu achten, dass neu einzustellende Mitarbeiter dem Anforderungsprofil der Position entsprechen, die sie bekleiden sollen. Sie dürfen weder intellektuell noch körperlich durch ihre Aufgabe überfordert sein. Vita und Führungszeugnisse sind – je nach Sensibilität der zu übertragenden Aufgaben – genau zu überprüfen. **28**

Zur ordnungsgemäßen **Anweisung** der Mitarbeiter gehört eine detaillierte Beschreibung des Tätigkeitsfeldes, der Verantwortlichkeiten, der Berichtspflichten und aller sonstigen Sorgfaltspflichten, die den einzelnen Mitarbeiter in seiner Position betreffen. Die Kenntnis der aktuellen Rechtslage ist für die ordnungsgemäße Erfüllung der Tätigkeit die Grundlage, die Kenntnis aller damit verbundenen unternehmensinternen Richtlinien aber ebenso wichtig. Diese Informationen sind dem Mitarbeiter klar und verständlich zu übermitteln. **29**

Zu den Pflichten der jeweiligen Vorgesetzten der Mitarbeiter gehört nicht nur die ordnungsgemäße Anweisung und Anleitung, sondern auch die regelmäßige **Kontrolle** der Untergebenen. Sie haben zu überprüfen, ob die Mitarbeiter Anweisungen verstanden und verinnerlicht haben sowie entsprechend agieren. Im hierarchischen System des Unternehmens gehört es wiederum zur Kontrollaufgabe jedes Vorgesetzten, auch zu überprüfen, ob die ihm nachgeordneten Mitarbeiter ihrerseits ihre Führungsverantwortung der Anweisung und Kontrolle den ihnen nachgeordneten Mitarbeitern gegenüber ordnungsgemäß wahrnehmen. **30**

Bei der Erfüllung dieser Aufgaben ordnungsgemäßer Anleitung und Überwachung kann das Unternehmen durch eine Vielzahl von organisatorischen Instrumenten unterstützen: **31**

aa) Tätigkeitsbeschreibung/Pflichtenheft/Praxisleitfäden

Im Sinne der Vollständigkeit und Vereinheitlichung der Anweisungen bietet sich die Erstellung von Arbeitsplatz- oder Tätigkeitsbeschreibungen, dem damit verbundenen Pflichtenrahmen und Praxisleitfäden an. Formulare und Checklisten können die Arbeit erleichtern und standardisieren.[44] **32**

---

43 Beginnend mit der allgemeinen deliktischen Haftung aus den zivilrechtlichen Vorgaben des § 831 BGB bis hin zu spezialgesetzlich kodifizierten Deliktsansprüchen für Verletzungshandlungen nachgeordneter Mitarbeiter, die nicht ordnungsgemäß ausgesucht, angewiesen oder überwacht wurden.

44 *Ohrtmann*, VergabeNavigator 5/2015, 5, 7.

bb) Werte- oder Verhaltenskodex

33 Auch die Etablierung eines unternehmensinternen **Wertekodex** gilt als eine sinnvolle Präventivmaßnahme:[45] Er definiert wesentliche Grundwerte und Verhaltensregeln, deren Beachtung nach dem Selbstverständnis und Wertekanon des Unternehmens für ein rechtlich korrektes und verantwortungsbewusstes Verhalten im Rahmen der unternehmerischen Tätigkeit unabdingbar ist. Wie weit solche Kodizes gefasst sind und wie sie konkret bezeichnet werden (üblich sind etwa auch die Benennung als „Verhaltenskodex" oder „Code of Conduct") ist nicht festgelegt. Sie können sich auch auf Regelungen zur Vertraulichkeit gegenüber der Öffentlichkeit, das interne Verhalten der Mitarbeiter, mögliche Interessenkollisionen und die Grenzen von erlaubten Nebentätigkeiten erstrecken.[46] Gute und verbindliche Unternehmensrichtlinien zeichnen sich stets durch **konkrete Handlungsanweisungen** sowie **Sanktionen** für den Fall des Zuwiderhandelns aus, sodass diese Aspekte – egal bei welchem Regelungsrahmen – nicht vernachlässigt werden sollten.

cc) Richtlinien für den Umgang mit Einladungen und Geschenken, Spenden und Sponsoring (Korruptionsprävention und -bekämpfung)

34 Im Hinblick auf den Umgang mit öffentlichen Auftraggebern besonders sinnvoll und empfehlenswert ist in jedem Fall auch eine „Richtlinie für den Umgang mit Einladungen und Geschenken, Spenden und Sponsoring". Solche Richtlinien sollten konkrete Handlungsanweisungen und Praxistipps (beispielsweise Wertgrenzen für Geschenke und Einladungen) für die Mitarbeiter bereithalten. Wichtig ist aber auch, dass die Mitarbeiter bei Zweifeln über die Subsumtion des konkreten Einzelfalls unter diese Weisungsvorgaben einen konkreten Ansprechpartner – mindestens in ihrem Vorgesetzten, idealerweise in einem Fachmann der Compliance- oder Rechtsabteilung – haben, der schnell und praktisch zielführend hilft, Verhaltensunsicherheiten zu beseitigen.

dd) Dokumentation der Aufsichts- und Leitungspflichten/Zuständigkeitenregelung

35 Neben der Erfassung von Rechtspflichten und Risiken sowie ihrer praktischen Umsetzung in Tätigkeitsbeschreibungen, Pflichtenheften, Praxisleitfäden und/oder Richtlinien sollten sämtliche Aktivitäten und Maßnahmen zur Erfüllung der Aufsichts- und Leitungspflichten dokumentiert werden. Dieses Vorgehen ist erforderlich, um bei etwaigen später festgestellten Verstößen im Hinblick auf ein eventuelles Organisationsverschulden den Entlastungsbeweis führen zu können und eine Haftungsbeschränkung oder -vermeidung zu erreichen. Weiterhin sollten von der Dokumentation die Aufgabenverteilung, Ein- und Anweisungspflichten sowie Überwachungszuständigkeiten erfasst sein.

ee) Schulungen

36 Da Compliance in den Köpfen beginnt, sind Schulungen zur rechts- und regelkonformen Betätigung eine wichtige Maßnahme auf allen Hierarchieebenen des Unternehmens, um die notwendige Sensibilität für rechtliche Gefahren und damit die Bedeutung der Kenntnis der rechtlichen Rahmenbedingungen der Mitarbeiter zu erzielen.[47] Verdeutlichungs-,

---

45 Vgl. OLG Brandenburg, Beschl. v. 14.7.2007, Verg W 21/07.
46 *Ohrtmann*, VergabeNavigator 5/2015, 5, 7.
47 Vgl. *Mutschler-Siebert/Dorschfeldt*, BB 2015, 642, 648.

Kommunikations- und Transparenzfunktion der Compliance finden im Schulungsinstrument zentralen Ausdruck. Die Dokumentation sachgerechter Schulungen können den Leitungsorganen der Unternehmen nachweisen helfen, dass sie ihrer Führungsaufgabe, die Mitarbeiter zu regelkonformem Verhalten aufzuklären und anzuweisen, nachgekommen sind und die Mitarbeiter auch für die Fallstricke ihrer Tätigkeiten sensibilisiert haben. Neben der Vermittlung der normativ festgelegten Pflichten dienen Schulungen auch und insbesondere der Wissensaktualisierung nach Richtlinien-, Gesetzes- sowie sonstigen Normänderungen, bei neuer Rechtsprechung und zu aktuellen Anlässen (z. B. Compliance-Verstößen). Sie sollten daher in regelmäßigen Abständen wiederholt werden. Je nach Sensibilität des Tätigkeitsfeldes und Schnelllebigkeit der zugrunde liegenden Rechtsvorschriften oder der dazu sich entwickelnden Rechtsprechung ist der Schulungsturnus anzupassen.[48]

ff) Strukturelle Maßnahmen

Anknüpfend an konkret vorgefallenes Fehlverhalten kann zur besseren Kontrolle im Unternehmen an strukturelle Maßnahmen wie die **Trennung von Unternehmensbereichen** gedacht werden, bspw. die Trennung des operativen Bereichs eines Unternehmens von dem der Unternehmensverwaltung.[49] Über die bloß formale Trennung der Bereiche muss jedoch des Weiteren sichergestellt werden, dass auch in tatsächlicher Hinsicht keine Einflussmöglichkeit gegenüber dem jeweils anderen Bereich besteht. Hierfür ist es erforderlich, dass zumindest die (Geschäfts-)Führung der Bereiche personell unabhängig voneinander ist.[50] **37**

Auch mit der **Umorganisation einer Abteilungsstruktur** kann effektiv den dort in der Vergangenheit etablierten schädlichen oder Fehlverhalten begünstigenden Strukturen entgegengewirkt werden.[51] **38**

Nicht zielführend ist dagegen die bloße gesellschaftsrechtliche Umwandlung eines Unternehmens bzw. Firmenneugründung unter Beibehaltung der bisherigen Geschäftsführung, da die Entscheidungsträger dieselben sind und folglich in tatsächlicher Hinsicht keine Veränderung erzielt wird.[52] **39**

gg) Einrichtung einer eigenen Compliance-Abteilung

Die Verantwortung für ein Compliance-Management liegt immer auf der Ebene der Geschäftsleitung. Besteht diese aus mehreren Personen, erscheint es pragmatisch und sinnvoll, die Aufgabe einem Ressort organisatorisch zuzuschreiben. Das bedeutet allerdings nicht, dass hierdurch die übrigen Geschäftsleitungsmitglieder aus ihrer Gesamtverantwortung entlassen würden. Je größer ein Unternehmen ist, aber auch je nach Branche und Betätigungsfeld (national/international), desto sinnvoller und notwendiger ist die Einrichtung einer eigenen Compliance-Abteilung bzw. die Einsetzung eines Compliance-Managers. Er und sein Team identifizieren und bewerten Compliance-Risiken, entwickeln Vorschläge für das Compliance-Management-System, implementieren und dokumentieren beschlos- **40**

---

48 Vgl. *Ohrtmann*, VergabeNavigator 5/2015, 5, 7 f.

49 Vgl. OLG Brandenburg, Beschl. v. 14.7.2007, Verg W 21/07.

50 Vgl. OLG Brandenburg, Beschl. v. 14.7.2007, Verg W 21/07.

51 Vgl. *Dreher/Hoffmann*, NZBau 2014, 150.

52 Vgl. OLG Düsseldorf, Beschl. v. 18.7.2001, Verg 16/01; VK Bund, Beschl. v. 30.5.2006, VK 2-29/06.

sene Compliance-Instrumente und fungieren als zentrale Anlaufstelle für Mitarbeiter bei konkreten Compliance-Fragen. Zum anderen hat eine Compliance-Abteilung bzw. ein Compliance-Manager die Aufgabe, die Einhaltung der bestehenden Compliance-Regelungen zu kontrollieren, zu beaufsichtigen und im Fall von Verstößen diese zu ahnden.[53]

hh) Einrichtung eines Berichts- und Kontrollwesens/Vier-Augen-Prinzip

41 Der Überwachung bestehender Compliance-Maßnahmen dient insbesondere auch die Implementierung einer internen Audit-Struktur, eines Berichts- und Kontrollwesens, wie es ausdrücklich als Instrument der Selbstreinigung in Erwägungsgrund 102 der Richtlinie 2014/24/EU genannt wird. Unterschieden wird zwischen externen und internen Auditierungen.

42 Eine **externe Auditierung** kann durch unabhängige Wirtschaftsprüfer und Steuerberater erfolgen sowie durch jeden anderen spezialisierten externen und neutralen Dritten (bei technischen Kontrollen TÜV u. a.), den das Unternehmen mit einer Überprüfung der Einhaltung von Legalitätspflichten, unternehmensinternen Richtlinien und unternehmensindividuellen Bindungen beauftragt.[54]

43 Die Gesamtheit aller im Unternehmen unterhalb der Geschäftsleitungsebene tätigen Überwachungseinheiten bildet das **interne Kontrollsystem** (IKS). Zu diesen Kontrolleinheiten zählen das Controlling, das Risikomanagement, die Betriebsorganisation, die Rechtsabteilung und die Interne Revision sowie die Compliance-Abteilung – jeweils, soweit eingerichtet. All diese Einheiten dienen letztlich dem Ziel, rechtstreues Verhalten des Unternehmens sicherzustellen. Sie sind der Geschäftsleitung gegenüber berichtspflichtig.[55]

44 Daneben kann sich das Unternehmen innerhalb der einzelnen Unternehmensbereiche technisch-organisatorischer Kontrollmechanismen bedienen, um Compliance sicherzustellen oder jedenfalls zu unterstützen: Neben IT-gestützte Vorgangskontrollen und der Dokumentation von (mindestens) wesentlichen Arbeitsabläufen durch eine umfassende Aktenführung ist auch die Einführung von regelmäßigen Berichtspflichten gegenüber Vorgesetzten klassischer Bestandteil des IKS. Bisweilen ist es erforderlich, dass die Möglichkeit der Einflussnahme einzelner Personen eingeschränkt wird. Mit der Beteiligung mehrerer statt einzelner im Rahmen von Entscheidungsprozessen geht in der Regel ein Kontrollmechanismus einher. Allerdings gehen derartige Kontrollmechanismen auch stets zulasten der Effizienz eines Unternehmens, die mittels eigenverantwortlichen Handelns gesteigert wird. Des Weiteren führen diese Mechanismen je nach Art und Umfang zu erheblichen Einschränkungen der beruflichen Freiräume.[56] Der BGH hat insoweit zutreffend bzgl. des Umfangs von Überwachungsmaßnahmen in Unternehmen ausgeführt, dass „überzogene, von zu starkem Misstrauen geprägte Aufsichtsmaßnahmen den Betriebsfrieden stören und die Würde des Arbeitnehmers verletzen können".[57]

---

53 Vgl. zur ausführlichen Darstellung des Tätigkeitsspektrums eines Compliance-Beauftragten: *Ohrtmann/Gimnich*, Compliance – Praxishandbuch für öffentliche Unternehmen, S. 110 ff.

54 Vgl. *Ohrtmann/Gimnich*, Compliance – Praxishandbuch für öffentliche Unternehmen, S. 141.

55 Vgl. *Ohrtmann/Gimnich*, Compliance – Praxishandbuch für öffentliche Unternehmen, S. 139 f.; *Ohrtmann*, VergabeNavigator 5/2015, 5, 6.

56 Vgl. auch *Mutschler-Siebert/Dorschfeldt*, BB 2015, 642, 648.

57 BGH, Beschl. v. 11.3.1986, KRB 9/85.

Mit dieser Sichtweise wohl durchaus vereinbar ist die Einführung und tatsächliche Umsetzung des **Vier- oder Mehr-Augen-Prinzips** in denjenigen Bereichen, die typischerweise besonders korruptionsanfällig sind, wie z. B. Buchhaltung oder Einkauf. Hiernach können bestimmte Entscheidungen nicht allein getroffen werden, sondern müssen von mindestens zwei Personen verantwortlich getragen werden. Hierdurch soll das Risiko von Fehlern und Machtmissbrauch reduziert werden. Damit die Zweitprüfung diesem Ziel gerecht werden kann, muss auch der zweite Entscheider fachlich geeignet sein, den zu entscheidenden Sachverhalt zu beurteilen. Eine Mitzeichnung unter anderen fachlichen Aspekten oder nur unter Teilaspekten genügt den Anforderungen nicht. Die entscheidungsbegründenden Unterlagen müssen für mitzeichnende Beschäftigte eine verständliche und hinreichende Informationsgrundlage für eine sachgerechte Prüfung bieten. Die zweite Person kann auf gleicher Hierarchieebene tätig sein. Es muss nicht zwingend der Vorgesetzte handeln. Wenig sinnvoll ist aber, wenn der Zweitzeichner Untergebener ist. **45**

ii) Whistle-Blower-Hotline/Ombudsperson

Eine weitere Möglichkeit der Vermeidung von Non-Compliance und zur Aufklärung und Aufdeckung bereits begangener Rechts- und Regelverstöße ist das sogenannte Whistle-Blowing. Unter diesem Begriff versteht man im weitesten Sinne kritische Äußerungen, Beschwerden oder Anzeigen von Mitarbeitern oder auch externen Dritten über Missstände oder Fehlverhalten im Unternehmen selbst oder im Außenauftritt des Unternehmens. **46**

Als organisatorisches Instrument kann eine „Whistle-Blower-Hotline" dienen, hinter der sich eine bestimmte Rufnummer oder elektronische Plattform verbirgt, an die Mitarbeiter oder Dritte auch anonym Hinweise auf Rechtsverstöße oder andere Unregelmäßigkeiten adressieren können. Diese „Whistle-Blower-Hotline" wird vorzugsweise von einem neutralen Dritten, einer Ombudsperson, betrieben. Der Ombudsperson obliegt es, persönlich Hinweise auf Rechtsverstöße, insbesondere Korruption, aber auch andere geschäftsschädigende Verhaltensweisen vertraulich entgegenzunehmen und einer ersten Schlüssigkeitsprüfung zu unterziehen. Die gewonnenen Erkenntnisse gibt er an die Compliance-Abteilung oder Geschäftsleitung weiter.[58] **47**

Zentrale Erfolgsvoraussetzung der Arbeit einer Ombudsstelle ist die Garantie, dass sie Hinweise auf Rechtsverstöße oder andere Fehlverhaltensweisen vertraulich entgegennimmt und die Identität der Hinweisgeber zu schützen vermag. Denn diese fürchten – leider oft nicht unberechtigt – Repressalien, die vom Mobbing über Versetzung in minderwertige Positionen bis zum Arbeitsplatzverlust reichen. Hinzu kommt die Angst, als Denunziant oder „Nestbeschmutzer" angesehen und bei Bekanntwerden entsprechend abgestempelt zu werden. Dass beides bei sachlich begründeten Hinweisen in der Regel nicht zutrifft, ändert nichts an der subjektiv so empfundenen Situation. Hinweisgeber benötigen sowohl absolute Vertraulichkeit als auch Schutz. Unabdingbar für Akzeptanz und Wirksamkeit der Ombudsstelle ist daher, dass der Verfahrensablauf des Whistle-Blowings transparent und glaubwürdig ist und offen kommuniziert wird.[59] Nur dann werden potenzielle Hinweisgeber das tun, was die Einrichtung der Ombudsstelle idealer Weise bewirken soll, nämlich ihren Hinweis letztlich zunächst beim Unternehmen selbst platzieren, bevor eine Rechts- **48**

58 *Ohrtmann*, VergabeNavigator 5/2015, 5, 7.
59 Vgl. *Larisch*, CCZ 2015, 193.

verletzung entsteht oder sich manifestiert und auch bevor die Strafverfolgungsbehörden, das Kartellamt oder die Presse informiert werden.

49 Bis vor kurzem hielt man externe Rechtsanwälte für die Idealbesetzung der Ombudsperson: Da sie der beruflichen Verschwiegenheitspflicht gem. § 43a Abs. 2 BRAO, § 203 StGB unterliegen und mit dem Zeugnisverweigerungsrecht nach § 53 Abs. 1 Nr. 3 StPO ausgerüstet sind, galten sie als „safe harbour" für Hinweisgeber. Mit Beschluss vom 16.3.2016 entschied jedoch das LG Bochum, dass das Beschlagnahmeverbot des § 97 Abs. 1 Nr. 3 StPO Compliance-Ombudsleute nicht mit Blick auf die von anonymen Hinweisgebern erlangten Informationen schütze.[60] Entgegen ihrem umfassenden Wortlaut sei die Regelung in § 97 Abs. 1 Nr. 3 StPO dahingehend einschränkend auszulegen, dass das Beschlagnahmeverbot nicht das allgemeine Zeugnisverweigerungsrecht des Rechtsanwalts aus § 53 Abs. 1 Nr. 3 StPO im Sinne einer ebenso umfassenden Freistellung von der Beschlagnahme widerspiegele. Vielmehr sei § 97 Abs. 1 Nr. 3 StPO dahingehend einschränkend auszulegen, dass allein das Vertrauensverhältnis des Beschuldigten im Strafverfahren zu einem von ihm in Anspruch genommenen Zeugnisverweigerungsberechtigten durch ein Beschlagnahmeverbot geschützt sein soll, nicht jedoch die Beziehung eines Nichtbeschuldigten zu einem Berufsgeheimnisträger. Diese Zielrichtung der Vorschrift lasse sich insbesondere den Regelungen in § 97 Abs. 1 Nrn. 1 und 2 StPO entnehmen, die ausdrücklich allein auf den Schutz der Vertrauensbeziehung zwischen Beschuldigtem und Zeugnisverweigerungsberechtigtem ausgerichtet seien. Als Ergänzung dieser Regelungen komme § 97 Abs. 1 Nr. 3 StPO der Sinn zu, den Anwendungsbereich des Beschlagnahmeverbots auf „andere Gegenstände" als die in § 97 Abs. 1 Nrn. 1 und 2 StPO genannten zu erweitern, nicht dagegen der Zweck, das Beschlagnahmeverbot nunmehr umfassend und unter Einschluss am Strafverfahren nicht direkt beteiligter Dritter zu erweitern, wodurch die Ausdifferenzierung des für den Beschuldigten geltenden Beschlagnahmeschutzes aus § 97 Abs. 1 Nrn. 1 und 2 StPO teilweise unterlaufen würde. Der anonyme Hinweisgeber sei nicht Beschuldigter, sondern komme lediglich als Zeuge in Betracht. Schließlich sei – und dies ist wohl die Kernbotschaft mit Blick auf die Funktionalität der anwaltlichen Ombudsperson als Betreiber einer Whistle-Blowing-Hotline – zwischen dem anonymen Hinweisgeber und der Rechtsanwältin als Ombudsfrau kein „mandatsähnliches Vertrauensverhältnis" entstanden, aus dem sich eine Schutzwirkung des § 97 StPO zugunsten der Ombudsfrau als Rechtsanwältin ergeben könnte.

50 Diese Entscheidung des LG Bochum wurde in der Literatur zu Recht sehr kritisch aufgenommen.[61] Entgegen seinem Wortlaut legt das Gericht § 97 StPO einschränkend aus. Zwar ist der Beschlagnahmeschutz generell eng auszulegen. Keineswegs darf man dabei aber außer Acht lassen, dass es Ziel des § 160 a StPO ist, einen umfassenden Schutz auch Rechtsanwälten zu gewähren, die nicht als Verteidiger tätig sind. Die Einschaltung externer Rechtsanwälte als Ombudsleute dient gerade der Sicherung bzw. Wiederherstellung gesetzeskonformen Verhaltens. Angesichts der Vielzahl in der Praxis vorkommender Gesetzesverstöße besteht eine praktische Notwendigkeit, Mitarbeitern in Kommunen und Unternehmen zu ermöglichen, unter Wahrung der Anonymität und im Vertrauen auf die berufliche Verschwiegenheitspflicht des als Ombudsperson fungierenden Rechtsanwalts entsprechende Hinweise zu geben, ohne sich der Gefahr auszusetzen, über eine Inanspruchnahme

---

60 LG Bochum, Beschl. v. 16.3.2016, II 6 Qs 1/16, NZWiST 2016, 401 ff.

61 Vgl. *Lotze/Busold*, EWiR 2017, 63 f.

als Zeuge seiner Anonymität beraubt zu werden. Das mit der Einschaltung einer Ombudsperson einhergehende erhöhte Entdeckungsrisiko für diejenigen, die gegen Gesetze verstoßen, führt letztlich zu mehr gesetzeskonformem Verhalten und zu einer höheren Akzeptanz von Compliance-Regelungen. Eine enge Auslegung des § 97 Abs. 1 Nr. 3 StPO konterkariert dieses Ziel.

Das LG Bochum beruft sich zur Untermauerung seiner Rechtsauffassung auf eine Entscheidung des LG Hamburg,[62] die jedoch zu einer nicht unmittelbar vergleichbaren Konstellation erging: Das hanseatische Landgericht hatte vor einigen Jahren die Durchsuchung in den Räumen einer Anwaltskanzlei gebilligt, die die Staatsanwaltschaft im Zuge der Ermittlungen gegen die Ex-Vorstände einer Bank beantragt hatte. Die Kanzlei beriet das Unternehmen, nicht aber die Einzelpersonen. Seitdem ist der Beschlagnahmeschutz durch § 160a StPO zwar erweitert worden, doch begründen die Bochumer Richter ihre Entscheidung zu § 97 StPO ebenfalls mit dem fehlenden Mandatsverhältnis, was nach hier vertretener Auffassung nicht nur den Wortlaut des § 97 StPO, sondern auch Sinn und Zweck der Vorschrift zu sehr beengt. 51

Obergerichtliche Entscheidungen zu dieser Frage sind bislang nicht ergangen. Wünschenswert wäre im Interesse der Rechtssicherheit eine gesetzliche Klarstellung zu § 160a StPO. Solange keine der LG-Bochum-Entscheidung entgegenstehende höher- oder höchstrichterliche Rechtsprechung vorliegt, sollten Ombudspersonen im persönlichen Gespräch dem Hinweisgeber dazu raten, anonym zu bleiben, sodass auch die Ombudsperson seine Identität nicht kennt, wenn dem Hinweisgeber seine Anonymität besonders wichtig ist. Dann wird es Aufgabe der Ombudsperson sein, den Hinweisgeber idealerweise dazu zu bringen, dass er sich für den Fall von Nachfragen zu einem späteren Zeitpunkt noch einmal von sich aus meldet. Die Ombudsperson kann aufgrund der Mandatsvereinbarung weiterhin dafür einstehen, dass der Mandant den Namen des Hinweisgebers von der Ombudsperson nicht erfährt. Nur wenn eine behördliche Beschlagnahme stattfindet, aufgrund derer im Nachgang eine Zeugenbenennung die Identität des Meldenden offenbart, ist die Anonymität gefährdet. Hierauf sollte jedoch künftig im Rahmen der Vorstellung des Instruments der Whistle-Blowing-Plattform, die von einer Ombudsperson betrieben wird, zur Vermeidung von Fehlvorstellungen bei den Hinweisgebern vorsorglich hingewiesen werden. Es ist nicht auszuschließen, dass potenzielle Melder hierdurch abgeschreckt werden. Die grundsätzliche Wirksamkeit des Hinweisgeber-Systems als solches und als Compliance-Instrument wird jedoch nicht infrage gestellt. Wer dies anders sieht, sollte überlegen, sein Hinweisgebersystem auf internetbasierte Hotlines umzustellen. 52

jj) Vorbildfunktion der Unternehmensleitung und der sonstigen Führungskräfte

Bei allen Formen der Compliance-Maßnahmen auf Mitarbeiterebene ist schließlich zu beachten, dass deren Erfolg stets auch davon abhängt, ob sich die Führungsspitze eines Unternehmens klar zur Einhaltung von Compliance-Standards bekennt, sog. „Tone from the Top".[63] Die Einstellung des Managements hat wegen seiner Vorbildfunktion stets prägenden Charakter für das Unternehmen in seiner Gesamtheit, repräsentiert durch seine Mitarbeiter.[64] Ist der Wertekanon nur Lippenbekenntnis, haben Compliance-Regeln nur Feigen- 53

62 LG Hamburg, Beschl. v. 15.10.2010, 608 Qs 18/10, NJW 2011, 942.
63 Vgl. *Linsmeier/Dittrich*, NZKart 2014, 495 ff.
64 Vgl. *Mutschler-Siebert/Dorschfeldt*, BB 2015, 642, 648.

blattfunktion und werden Verstöße nicht konsequent geahndet und nimmt das Management es mit Einladungen und Geschenken unter Berufung auf die Sozialadäquanz in der eigenen Position nicht so genau, werden die Mitarbeiter nicht dauerhaft zu Regeltreue angehalten werden können. Eine Compliance-Kultur kann sich unter solchen Vorzeichen niemals etablieren.

c) Personelle Maßnahmen

54 Die dritte Voraussetzung der Selbstreinigung nach § 125 Abs. 1 GWB umfasst schließlich personelle Maßnahmen, wenn der dem Unternehmen vorgeworfene Ausschlussgrund auf dem Fehlverhalten einer oder mehrerer Person(en) beruht, deren Verhalten dem Unternehmen im Sinne des § 123 Abs. 3 GWB zuzurechnen ist. Zutreffend hat das OLG Düsseldorf formuliert, dass zum Zwecke einer erfolgreichen Selbstreinigung sich das Unternehmen grundsätzlich „vollständig und unverzüglich“[65] von den für die Verfehlungen verantwortlichen Personen zu trennen hat. Gleiches geht auch aus dem Erwägungsgrund 102 der Richtlinie 2014/24/EU hervor. Dort wird der „Abbruch aller Verbindungen zu an dem Fehlverhalten beteiligten Personen und Organisationen“ genannt.

55 Die Begriffe „Trennung“ bzw. „Abbruch“ sind dabei jedoch nicht derart eng zu verstehen, dass allein die sofortige Beendigung des Beschäftigungsverhältnisses darunter fällt. Welche konkreten personellen Maßnahmen für eine Selbstreinigung ausreichend sind, hängt – wie auch im Fall der technischen und organisatorischen Maßnahmen – vom Einzelfall ab. Von zentraler Bedeutung ist dabei die Schwere der begangenen Verfehlung und nicht zuletzt auch die arbeitsrechtliche Zulässigkeit der in Betracht kommenden personellen Möglichkeiten. Es wäre mit dem Verhältnismäßigkeitsgrundsatz nicht vereinbar, zum Zwecke einer erfolgreichen Selbstreinigung Maßnahmen zu fordern, die arbeitsrechtlich nicht zulässig sind.[66]

56 Ausreichend sind personelle Maßnahmen nur dann, wenn sie nicht nur scheinbar die Einflussmöglichkeit der betreffenden Personen beschränken bzw. vollständig beseitigen, sondern dies auch in tatsächlicher Hinsicht der Fall ist.[67]

57 Welche konkreten Konsequenzen zum Zwecke der Selbstreinigung in Betracht kommen, hängt auch entscheidend davon ab, ob es sich bei der für die Verfehlung verantwortlichen Person, deren Verhalten dem Unternehmen zuzurechnen ist, um einen Angestellten oder um einen Gesellschafter handelt.

aa) Personelle Maßnahmen in Bezug auf Angestellte

58 Hat sich ein Mitarbeiter für die Verfehlungen zu verantworten, ist im Fall einer schwerwiegenden Verfehlung in der Regel alleine die Beendigung des Arbeitsverhältnisses als hinreichende personelle Maßnahme zu werten. Ziel muss es für das Unternehmen sein, sich so

65 Vgl. OLG Düsseldorf, Beschl. v. 28.7.2005, Verg 42/05.

66 Vgl. *Radu*, in: Müller-Wrede, GWB, § 125 Rn. 47; *Prieß/Pünder/Stein*, in: Pünder/Prieß/Arrowsmith, Self-Cleaning in Public Procurement Law, S. 51, 78; *Dreher/Hoffmann*, NZBau 2014, 67, 72.

67 Vgl. OLG Düsseldorf, Beschl. v. 28.7.2005, Verg 42/05.

unverzüglich und vollständig wie möglich von einem solchen Mitarbeiter zu trennen.[68] Die tatsächliche Umsetzung dieser Maßnahmen erfolgt mittels der fristlosen Kündigung, sofern diese arbeitsrechtlich zulässig ist. Eine – möglicherweise kostspielige – Alternative ist der Aufhebungsvertrag oder die vorzeitige Ruhestandsregelung. Für die Beurteilung der Schwere der Verfehlung ist neben der Zuordnung zu den Tatbestandsmerkmalen der §§ 123 und 124 Abs. 1 Nr. 3 GWB zu berücksichtigen, ob die Verfehlung unmittelbar durch den Mitarbeiter selbst begangen worden ist oder ihn lediglich eine Aufsichts- bzw. Überwachungspflicht trifft. Im Fall einer unmittelbaren Verursachung der Verfehlung ist zudem zu berücksichtigen, ob der betreffende Mitarbeiter selbstverantwortlich oder auf Weisung gehandelt hat.

In dem Fall, dass der die Verfehlung zu verantwortende Mitarbeiter der Geschäftsführung des Unternehmens angehört, erfordert dies in personeller Hinsicht, dass der betreffende Mitarbeiter aus der Geschäftsführung entlassen und ihm auch im Übrigen jeglicher Einfluss auf die Geschäftsführung verwehrt wird. Ferner muss gewährleistet sein, dass der betreffende Mitarbeiter zukünftig auch keine Gesellschafterrolle erhält bzw. eine vorhandene nicht länger behält, da er auf diese Weise in der Regel ebenfalls weiter Einfluss auf die Führung der Geschäfte nehmen kann.[69] **59**

Liegt eine weniger schwerwiegende Verfehlung vor, sind auch die Anforderungen an die personellen Konsequenzen entsprechend abzusenken. Ist eine Beendigung des Arbeitsverhältnisses dennoch geboten, so wird zwar aufgrund des Vorliegens einer weniger schweren Verfehlung eine fristlose Kündigung unzulässig sein, allerdings kommt in diesen Fällen sehr wohl die ordentliche Kündigung oder eine Aufhebungsvereinbarung in Betracht. Denkbar sind auch „bloße" interne Maßnahmen, wie die der (dauerhaften) Beurlaubung, Abmahnung, Nichtbeförderung und Versetzung des betreffenden Mitarbeiters in eine andere nicht mit dem operativen Geschäft des Unternehmens betraute Abteilung. **60**

Neben den arbeitsrechtlichen Grenzen der Trennung von Mitarbeitern, die in die Verfehlungen involviert sind, tritt auch die zweite Voraussetzung der Selbstreinigung (die aktive Zusammenarbeit mit Ermittlungsbehörden und dem öffentlichen Auftraggeber zur umfassenden Klärung der Tatsachen und Umstände, die mit der Straftat oder dem Fehlverhalten und dem dadurch verursachten Schaden in Zusammenhang stehen) in einen Zielkonflikt mit den nach § 125 Abs. 1 Nr. 3 GWB geforderten personellen Maßnahmen: Die vom Unternehmen geschuldete Sachverhaltsaufklärung kann nämlich regelmäßig nur dann gelingen, wenn auch die Mitarbeiter des Unternehmens kooperieren. Um die Kooperation der betroffenen Mitarbeiter zu erreichen, sichern die Unternehmen ihnen oftmals zu, Disziplinarmaßnahmen ganz oder zumindest eine bestimmte Härte betreffend zu unterlassen (Amnestieregelungen). Solche unternehmensindividuellen Zusagen können freilich vom Erfordernis der vollständigen Selbstreinigung unter allen gesetzlich geforderten Gesichtspunkten nicht befreien. Vielmehr wird auch hier unter Beachtung des Verhältnismäßigkeitsgrundsatzes im Einzelfall mit Blick auf die Schwere des jeweiligen Fehlverhaltens sowie auf die Unterstützung bei der Aufklärung durch den Mitarbeiter zu beurteilen sein, ob die vom Unternehmen hierauf hin ergriffenen disziplinarischen Sanktionen den Selbstreini- **61**

68 Vgl. *Prieß/Pünder/Stein*, in: Pünder/Prieß/Arrowsmith, Self-Cleaning in Public Procurement Law, S. 51, 78.
69 Vgl. OLG Düsseldorf, Beschl. v. 28.7.2005, Verg 42/05.

gungsansprüchen genügen.[70] Hierzu hat das Unternehmen ggf. auf der Grundlage der Ergebnisse aus den Interviews mit den Mitarbeitern, die im Rahmen der internen Ermittlungen zum Zwecke der Zusammenarbeit mit den Ermittlungsbehörden geführt wurden, darzulegen, warum in Bezug auf den jeweiligen Mitarbeiter mit der jeweils darzulegenden personellen Maßnahme in welchem Umfang reagiert und dadurch die Selbstreinigung des Unternehmens hinreichend befördert wurde.

bb) Personelle Maßnahmen in Bezug auf Gesellschafter

62 Im Fall einer Verfehlung durch einen Gesellschafter steht das OLG Brandenburg auf dem Standpunkt, dass es einer Selbstreinigung an sich nicht hinderlich ist, wenn der betreffende Gesellschafter seine Gesellschafterstellung in formeller Hinsicht beibehält. Für die Beurteilung, ob in personeller Hinsicht eine ausreichende Selbstreinigung vorliege, kommt es vielmehr darauf an, dass die konkrete Ausgestaltung der Gesellschafterstellung Gewähr biete, dass eine Einflussnahme auf das operative Geschäftsgebaren des Unternehmens durch den betreffenden Gesellschafter nicht mehr möglich sei.[71] Der Entscheidung lag ein Sachverhalt zugrunde, in dem die Trennung des Unternehmens von einem wegen Angestelltenbestechung und Beihilfe zur Untreue mit einem Strafbefehl belegten Gesellschafter nur insofern erfolgt war, als der Gesellschafter angeblich tatsächlich keinen Einfluss mehr auf das operative Geschäft des Unternehmens hatte. Für unerheblich hielt der Vergabesenat die Tatsache, dass der Gesellschafter formal und wirtschaftlich weiterhin Gesellschafter des Unternehmens war.[72] Diese Entscheidung überzeugt nicht. Es leuchtet nicht ein, warum Gesellschafter, die die Eignung eines Unternehmens für eine glaubwürdig rechtstreue wirtschaftliche Zusammenarbeit mit der öffentlichen Hand durch ihr eigenes Verhalten nachhaltig infrage gestellt haben, von einer Rückkehr des Unternehmens zur Rechtstreue wirtschaftlich profitieren können sollen. Solange eine wirtschaftliche Verknüpfung zwischen Gesellschafter und Unternehmen besteht, erscheint die Annahme, der Gesellschafter habe faktisch keinerlei Handhabe, seine (wirtschaftlichen) Interessen durch Beeinflussung der Unternehmensziele zu verfolgen, wirklichkeitsfremd. Wenn selbst eine Inhouse-Vergabe wegen einer noch so geringen Minderheitsbeteiligung privaten Kapitals an dem Merkmal der „Kontrolle wie über eine eigene Dienststelle“ scheitert, weil der EuGH davon ausgeht, dass ein privater Investor sich nicht an einem Unternehmen finanziell beteiligt, wenn er keine Möglichkeit besitzt, seine privaten wirtschaftlichen Interessen durch diese Beteiligung auch zu verfolgen,[73] erscheint es inkonsequent, die Selbstreinigung eines Unternehmens zu bejahen, wenn es strafrechtlich vorbelastete Personen formal und wirtschaftlich in

70 Für die Erwägung einer „Verschonung“ von belasteten Mitarbeitern, wenn diese bei der Aufarbeitung des Sachverhalts konstruktiv mitarbeiten in Konkordanz mit den Wertungen des Kartellrechts: *Stein/Friton/Huttenlauch*, WuW 2012, 38, 49f.; *Radu*, in: Müller-Wrede, GWB, § 125 Rn. 47 m.w.N.

71 Vgl. OLG Brandenburg, Beschl. v. 14.12.2007, Verg W 21/07.

72 Vgl. OLG Brandenburg, Beschl. v. 14.12.2007, Verg W 21/07, Umdruck S. 17f.

73 Vgl. EuGH, Urt. v. 11.1.2005, C-26/03 Rn. 49ff. – Stadt Halle.

Einflusspositionen wie der eines Gesellschafters belässt.[74] Der Praktikabilität halber wird man diese strenge Sichtweise allerdings auf Fälle beschränken müssen, in denen der Gesellschafter für den Ausschlussgrund des Unternehmens auch konkret verantwortlich zeichnet und im Rahmen der Selbstreinigung die personelle Loslösung von seiner Person zu bewältigen ist. Es ist öffentlichen Auftraggebern hingegen nicht zuzumuten, da vielfach auch nicht praktikabel, die Gesellschafterstrukturen sämtlicher Unternehmen jeden Größenzuschnitts auf die Frage hin zu überprüfen, ob einer der Gesellschafter mit einem Ausschlussgrund nach §§ 123 und/oder 124 Abs. 1 Nr. 3 GWB belegt ist. Erhält der Auftraggeber Hinweise hierauf, wird er dann nur zu prüfen haben, ob der Ausschlussgrund gem. § 123 Abs. 3 GWB dem Unternehmen zuzurechnen ist. Ist dies zu bejahen, muss dann allerdings die Selbstreinigungsprüfung erfolgen, deren Erfolg im Fall der fortbestehenden Einflussnahme auch als Gesellschafter auf das Unternehmen nach hier vertretener Auffassung grundsätzlich nicht bejaht werden kann.

In einem ganz anders gelagerten Fall hatte das OLG Düsseldorf über einen Sachverhalt zu entscheiden, in dem der Geschäftsführer eines Unternehmens, der gleichzeitig auch weitgehend Eigentümer der Gesellschaftsanteile war, mit einem Ausschlussgrund strafrechtlicher Verurteilung i. S. d. § 123 GWB belegt war. Im Rahmen der Selbstreinigung wurde der straffällige Geschäftsführer entlassen und die Geschäftsführungsposition an dessen Vater und einen langjährigen treuen Mitarbeiter des Unternehmens vergeben. Auch seine Geschäftsanteile übertrug der ehemalige straffällige Geschäftsführer an die neuen Geschäftsführer. Allerdings schlossen diese mit dem ausgeschiedenen Geschäftsführer Treuhandverträge über dessen Geschäftsanteile, die ihm die tatsächliche und rechtliche Möglichkeit zur Einflussnahme auf die Geschäftsführung beließen. Zwar ergab sich aus den Verträgen kein unmittelbares Weisungsrecht des ehemaligen Geschäftsführers gegenüber den neuen Geschäftsführern. Der ehemalige (straffällige) Geschäftsführer erhielt jedoch das jederzeitige Recht, die Geschäftsanteile zurückzufordern. Die Treuhänder mussten den Gewinn an den ehemaligen Geschäftsführer auskehren und wurden für ihre Tätigkeit von ihm entlohnt. Als entsprechend gewichtig beurteilte das OLG Düsseldorf seine tatsächlichen Einflussmöglichkeiten auf die Geschäftsführung des Unternehmens. Seine Position – obwohl faktisch nicht einmal mehr Gesellschafter – rechtfertige die Annahme, dass der ehemalige (straffällige) Geschäftsführer faktisch nach wie vor wie ein Geschäftsführer die Geschicke des Unternehmens beeinflussen könne. Seine Verfehlung müsse sich das Unternehmen daher weiterhin zurechnen lassen.[75] Ungeachtet dieser Entscheidung können Treuhandverträge eine Lösung für Fälle bieten, in denen Gesellschafter zu Selbstreinigungszwecken des Unternehmens aus ihrer Position herausgelöst werden sollten. Wichtig ist dann aber eine Ausgestaltung der Treuhandverträge in einer Form, die eine vollständige personelle und organisatorische Herauslösung aus dem Unternehmen und seiner Führungsverantwortung gewährleistet, sodass keinerlei Einflussnahme mehr seitens des ehemaligen Gesellschafters besteht.[76] **63**

Ausschlaggebend für den Erfolg von personellen Selbstreinigungsmaßnahmen ist mithin stets die konkrete Ausgestaltung der Beteiligungs- und Weisungsrechte und ihre Effektivi- **64**

---

74 Vgl. *Byok/Ohrtmann*, KommunalPraxis spezial 2009, 44, 46; a. A.: *Radu*, in: Müller-Wrede, GWB, § 125 Rn. 48; *Werner*, in: Willenbruch/Wieddekind, § 6 VOB/A EG Rn. 19.

75 Vgl. OLG Düsseldorf, Beschl. v. 28.7.2005, Verg 42/05.

76 Vgl. OLG Düsseldorf, Beschl. v. 18.7.2001, Verg 16/01; BKartA, Beschl. v. 11.10.2002, VK 1-75/02; *Radu*, in: Müller-Wrede, GWB, § 125 Rn. 48; *Ohrtmann*, NZBau 2007, 278, 280.

tät im Hinblick auf die Frage, ob die für den Ausschlussgrund verantwortliche Person noch irgendwelche Einflussmöglichkeiten auf das zu reinigende Unternehmen hat.[77]

4. Nachweispflicht des Unternehmens

65 Gem. § 125 Abs. 1 Satz 1 GWB obliegt es dem Unternehmen nachzuweisen, welche Selbstreinigungsmaßnahmen es vorgenommen hat und dass die vorgenommenen Maßnahmen zur Wiederherstellung seiner Integrität ausreichend sind. Das Unternehmen trägt die **Darlegungs- und Beweislast** für eine erfolgreiche Selbstreinigung, da es mit dem ihm zurechenbaren Delikt oder Fehlverhalten die Ursache für die Notwendigkeit einer Selbstreinigung gesetzt hat. Dabei muss das Unternehmen auch die den drohenden Ausschluss begründende Straftat bzw. sein Fehlverhalten gegenüber dem öffentlichen Auftraggeber darlegen, damit der öffentliche Auftraggeber die durchgeführten Selbstreinigungsmaßnahmen gem. § 125 Absatz 2 GWB unter Berücksichtigung der Schwere und besonderen Umstände der Straftat oder des Fehlverhaltens bewerten kann.[78]

66 Während wie dargestellt gerade **keine allgemeingültigen Anforderungen an die im Zuge einer Selbstreinigung zu ergreifenden Compliance-Maßnahmen** existieren, gibt es aber sehr wohl **allgemeingültige Grundsätze**, an denen sich ein Unternehmen im Rahmen der Einrichtung eines funktionsfähigen Compliance-Systems orientieren kann. Dazu gehören die 2014 eingeführte und international gültige **ISO-Norm 19600** und der vom Institut der Wirtschaftsprüfer veröffentlichte **Prüfungsstandard IDW PS 980** „Grundsätze ordnungsgemäßer Prüfung von Compliance Management Systemen", der die Anforderungen an ein funktionsfähiges Compliance-System anhand von sieben Grundelementen (Compliance-Kultur, Compliance-Ziele, Compliance-Risiken, Compliance-Programm, Compliance-Organisation, Compliance-Kommunikation, Compliance-Überwachung/Verbesserung) konkretisiert.[79] Der Nachweis der Erlangung einer entsprechenden Zertifizierung bzw. Vorlage eines Prüfungsberichts eines Wirtschaftsprüfers nach IDW PS 980 beim Auftraggeber kann den Nachweis der erfolgreichen Selbstreinigung jedenfalls im Hinblick auf organisatorische Maßnahmen sicherlich erleichtern. Dies dürfte vor allem dann gelten, wenn die Zertifizierung bzw. der Bericht des Wirtschaftsprüfers sich auf Compliance-Maßnahmen bezieht, die nach dem Entstehen des Ausschlussgrundes nach §§ 123, 124 GWB zur Vermeidung entsprechenden Fehlverhaltens in der Zukunft ergriffen wurden.

67 Hinsichtlich der Prüfung nach IDW PS 980 kommt es für die Nachweisbarkeit auch auf die Prüfungsart an. Nur die sogenannte **Wirksamkeitsprüfung** wird wohl die in § 125 GWB verlangte Eignung der ergriffenen Maßnahmen, weitere Straftaten oder weiteres Fehlverhalten zu vermeiden, attestieren können. Denn nur bei dieser Prüfung wird die tatsächliche Funktion der einzelnen Komponenten des Compliance-Management-Systems beurteilt.

68 Die Berufung auf bereits zum Zeitpunkt des Verstoßes existente Compliance-Maßnahmen ist stets kritisch zu hinterfragen, da diese erwiesenermaßen gerade nicht hinreichend effizient waren, um den Verstoß zu vermeiden. Allerdings muss man auch zugestehen, dass selbst das beste und gründlichste Compliance-System systemimmanenten Grenzen unter-

77 Vgl. OLG Düsseldorf, Beschl. v. 28.7.2005, Verg 42/05; VK Düsseldorf, Beschl. v. 13.3.2006, VK 08/2006-L.

78 Vgl. Gesetzesbegründung, BT-Drs. 18/6281, S. 108.

79 Vgl. vertiefend *Wermelt*, in: Stober/Ohrtmann, Compliance, S. 100 ff.

liegt. Diese ergeben sich aus menschlichen Fehlleistungen, Missbrauch, Vernachlässigung von Verantwortung oder dem Verzicht auf Maßnahmen, die nicht mehr als verhältnismäßig anzusehen waren.[80]

III. § 125 Abs. 1 Satz 2 GWB

§ 125 Abs. 1 Satz 2 GWB stellt klar, dass die spezialgesetzlich in § 123 Abs. 4 Satz 2 GWB geregelten Selbstreinigungsmaßnahmen im Fall der Verletzung von Verpflichtungen zur Zahlung von Steuern, Abgaben oder Beiträgen zur Sozialversicherung von den allgemeinen Grundsätzen zur Selbstreinigung in § 125 Abs. 1 Satz 1 GWB unberührt bleiben, ihnen also vorgehen. **69**

IV. Bewertung der Selbstreinigungsmaßnahmen und Begründung der Entscheidung (§ 125 Abs. 2 GWB)

1. Bewertung der Selbstreinigungsmaßnahmen (§ 125 Abs. 2 Satz 1 GWB)

§ 125 Abs. 2 Satz 1 GWB dient der Umsetzung des Art. 57 Abs. 6 Unterabs. 3 der Richtlinie 2014/24/EU. Nach § 125 Abs. 2 Satz 1 GWB ist die Bewertung der seitens des Unternehmens ergriffenen Selbstreinigungsmaßnahmen Aufgabe des öffentlichen Auftraggebers. Er hat sie in eigener Verantwortung durchzuführen.[81] **70**

Der Gesetzesbegründung kann entnommen werden, dass die Einrichtungen von zentralen Prüfstellen möglich ist. So könnte beispielsweise die Bewertung von Selbstreinigungsmaßnahmen in einer einzelnen Landesbehörde gebündelt werden.[82] Auch Präqualifizierungsstellen können in die Prüfung miteinbezogen werden.[83] Außerdem wäre die Einrichtung einer unabhängigen Zertifizierungsstelle denkbar, an die sich die Unternehmen freiwillig wenden können, um sich den Erfolg ihrer ergriffenen Selbstreinigungsmaßnahmen mittels Zertifizierung bestätigen zu lassen.[84] Der Auftraggeber wäre an derartige Zertifizierungen zwar nicht gebunden.[85] Allerdings macht eine solche Zertifizierung aus Sicht der Unternehmen dennoch Sinn, da ein Auftraggeber sich dem Urteil einer Zertifizierungsstelle wohl oftmals anschließen wird, um die für den Fall der Ablehnung des Unternehmens drohende anschließende gerichtliche Auseinandersetzung über die Erforderlichkeit der Wiederzulassung zum Wettbewerb zu vermeiden. Vor diesem Hintergrund ist insbesondere auf die Wirkungen des Wettbewerbsregistergesetzes (WRegG) zu verweisen, durch das die Einrichtung eines beim Bundeskartellamt zu führenden Registers beschlossen wurde. Eingetragen werden Unternehmen und natürliche Personen in der Konsequenz bestimmter Rechtsverletzungen.[86] Eintragungen im Wettbewerbsregister werden allerdings auch wie- **71**

80 Vgl. IDW PS 980, Tz. 20, A12.
81 Vgl. Gesetzesbegründung, BT-Drs. 18/6281, S. 110.
82 Vgl. Gesetzesbegründung, BT-Drs. 18/6281, S. 110.
83 Vgl. Gesetzesbegründung, BT-Drs. 18/6281, S. 110.
84 Vgl. Gesetzesbegründung, BT-Drs. 18/6281, S. 110.
85 Vgl. Gesetzesbegründung, BT-Drs. 18/6281, S. 110.
86 Vgl. hierzu auch bereits die Ausführungen zu § 123 GWB, Rn. 17, und § 124 GWB, Rn. 4.

der gelöscht – und zwar entweder automatisch nach Zeitablauf, § 7 Abs. 1 WRegG, oder auf Antrag bei Nachweis der Selbstreinigung, § 8 Abs. 1 WRegG. Ein solcher Antrag ist zulässig, wenn das Unternehmen ein berechtigtes Interesse an der vorzeitigen Löschung glaubhaft macht, § 8 Abs. 1 S. 2 WRegG. Die Registerbehörde erhebt zur Deckung ihres Verwaltungsaufwandes im Zusammenhang mit Anträgen auf vorzeitige Löschung Gebühren und Auslagen, § 8 Abs. 6 WRegG. Inhaltlich prüft die Registerbehörde die Selbstreinigung nach denselben gesetzlichen Kriterien wie dies aktuell noch allein dem Auftraggeber obliegt. Sie ermittelt den Sachverhalt von Amts wegen. Sie kann sich dabei auf das beschränken, was von dem Antragsteller vorgebracht wird oder ihr sonst bekannt sein muss. Sie kann aber auch zusätzliche Auskünfte vom Antragsteller verlangen, wie die Übermittlung der strafgerichtliche Entscheidung oder der Bußgeldentscheidung sowie von Gutachten und anderen Unterlagen, die zur Bewertung der Selbstreinigungsmaßnahmen geeignet sind, § 8 Abs. 2 WRegG. Zur Vorbereitung ihrer Entscheidung über den Antrag kann die Registerbehörde zudem die mitteilende Strafverfolgungsbehörde oder die Behörde, die für die Verfolgung von Ordnungswidrigkeiten berufen ist, ersuchen, ihr Informationen, die nach Einschätzung der Registerbehörde zur Bewertung des Antrags erforderlich sein können, zu übermitteln, § 8 Abs. 3 S. 1 WRegG. Die ersuchte Behörde übermittelt diese Informationen, § 8 Abs. 3 S. 2 WRegG. Hält die Registerbehörde die vom Unternehmen ergriffenen Selbstreinigungsmaßnahmen für ausreichend, nimmt sie die Löschung vor. Ist die Eintragung einmal gelöscht, so bestimmt § 7 Abs. 2 S. 1 WRegG, dass die der Eintragung zugrunde liegende Tat im Vergabeverfahren nicht mehr zum Nachteil des betroffenen Unternehmens verwertet werden darf. Wird der Antrag auf Löschung abgelehnt, begründet die Registerbehörde dies dem Unternehmen gegenüber. Die Ablehnung des Löschungsantrags durch die Registerbehörde ist für den Auftraggeber nicht bindend und steht seiner eigenen Prüfung und ggf. gegenteiligen Entscheidung über den Erfolg der Selbstreinigung sowie dem weiteren Fortgang des Vergabeverfahrens nicht entgegen.[87] Für die konkrete Vorgehensweise zur Stellung und Bescheidung eines Löschungsantrags soll die Registerbehörde nach § 8 Abs. 5 WRegG noch Leitlinien erlassen, die bislang noch nicht vorliegen. Insbesondere sind – unter Berücksichtigung der Rechtsverordnung nach § 10 WRegG – die näheren Anforderungen an die vom Antragsteller vorzulegenden geeigneten Gutachten, Unterlagen und die Schadenswiedergutmachung für die Selbstreinigung zu erläutern. Sieht die Rechtsverordnung die Zulassung von Systemen unabhängiger Stellen durch die Registerbehörde vor, mit denen geeignete Vorsorgemaßnahmen zur Verhinderung künftiger Verfehlungen für die Zwecke des Vergabeverfahrens belegt werden können (Zertifizierungen), so können die Leitlinien hierzu weitere Einzelheiten enthalten.[88] Gegen Entscheidungen der Registerbehörde ist die Beschwerde zum Vergabesenat des zuständigen Oberlandesgerichts zulässig, § 11 Abs. 1 WRegG. Allerdings soll das Beschwerdegericht grundsätzlich durch eines seiner Mitglieder als Einzelrichter entscheiden und zwar ohne mündliche Verhandlung, § 11 Abs. 2 und 3 WRegG. Mit einer Arbeitsaufnahme des Registers kann nach aktuellen Schätzungen nicht vor 2020 gerechnet werden.

72 Bis dahin hat im Rahmen der Bewertung allein der Auftraggeber zu prüfen, ob die ergriffenen Selbstreinigungsmaßnahmen zum Zwecke der Wiederherstellung der Integrität ausreichend sind, weil sie gewährleisten, dass von dem betreffenden Unternehmen in der Zukunft

---

87 Vgl. Gesetzesbegründung des Gesetzes zur Einführung eines Wettbewerbsregisters, BT-Drs. 18/12051, S. 33.

88 Vgl. Gesetzesbegründung , BT-Drs. 18/12051, S. 33.

höchstwahrscheinlich keine Gefahr der Wiederholung vergangenen Fehlverhaltens oder der sonstigen Begehung von Straftaten mehr ausgeht.[89] Es handelt sich insoweit um eine Prognoseentscheidung, die sich auf den konkret zu vergebenden öffentlichen Auftrag bezieht.[90] Bei dieser Einzelfallentscheidung hat der öffentliche Auftraggeber dem Gesetzeswortlaut nach sowohl die Schwere als auch die besonderen Umstände der begangenen Straftat bzw. des Fehlverhaltens zu berücksichtigen. So sind die konkreten Anforderungen, die an eine hinreichende Selbstreinigung zu stellen sind, auch stets davon abhängig, ob es sich um einen fakultativen oder um einen zwingenden Ausschlussgrund handelt, dem die Selbstreinigung entgegenwirken muss.[91] Der Erfolg von Selbstreinigungsmaßnahmen hängt nicht zuletzt davon ab, ob es sich bei der dem Unternehmen zu Last gelegten Verfehlung um einen Einzelfall oder um systematisches Fehlverhalten handelt, wie hoch der Schaden ist und wie viel Zeit seit dem Delikt bzw. dem Fehlverhalten vergangen ist.[92]

Aufgrund des Bewertungsspielraums,[93] der dem öffentlichen Auftraggeber zusteht, ist der Bewertungsvorgang von den Nachprüfungsinstanzen nur eingeschränkt überprüfbar.[94] Deshalb und weil jede Prüfung immer mit Blick auf die konkret anstehende Auftragsvergabe zu erfolgen hat, kann das Prüfungsergebnis auch je nach Auftraggeber unterschiedlich ausfallen. 73

Bei seiner Bewertung berücksichtigt der Auftraggeber den konkreten Sachverhalt der Selbstreinigung, wie er sich zum **Zeitpunkt der Eignungsprüfung** darstellt. Dies bedeutet zum einen, dass der Auftraggeber auch solche Umstände zu berücksichtigen hat, die erst nach Angebotsabgabe, jedoch noch vor dem Zeitpunkt der Eignungsprüfung hinzugetreten sind. Unerheblich ist es dabei, wenn eine Selbstreinigungsmaßnahme vor der Eignungsprüfung ergriffen wurde, jedoch erst nach der Eignungsprüfung ihren Abschluss findet. Zum anderen haben Maßnahmen, die ein Unternehmen erst nach Eignungsprüfung zum Zwecke der Selbstreinigung ergreift, keine Bedeutung mehr für die Bewertung durch den Auftraggeber. 74

Letztere Konstellation ist jedoch nicht mit der Situation zu verwechseln, in der nach erfolgter Eignungsprüfung Umstände hinzutreten, die zu Zweifeln an der zuvor bejahten Eignung führen. In einem solchen Fall ist der Auftraggeber verpflichtet, die Eignung erneut zu prüfen.[95] 75

Eine Korrektur der Eignungsprüfung ist selbst im Nachprüfungsverfahren noch möglich.[96] Hat der Auftraggeber dem betroffenen Unternehmen zunächst die Erteilung des Zuschlags in Aussicht gestellt, danach jedoch die Eignung dieses Zuschlagsdestinatärs aufgrund neuer Erkenntnisse in Zweifel gezogen, hat der Auftraggeber dies zu dokumentieren und dem betroffenen Unternehmen im Rahmen einer Anhörung die Möglichkeit

89 Vgl. Gesetzesbegründung, BT-Drs. 18/6281, S. 110.
90 Vgl. Gesetzesbegründung, BT-Drs. 18/6281, S. 110.
91 Vgl. Gesetzesbegründung, BT-Drs. 18/6281, S. 110.
92 Vgl. Gesetzesbegründung, BT-Drs. 18/6281, S. 110.
93 Vgl. Gesetzesbegründung, BT-Drs. 18/6281, S. 107.
94 VK Nordbayern, Beschl. v. 14.3.2006, 21.VK-3194-07/06.
95 Vgl. OLG Düsseldorf, Beschl. v. 21.1.2002, Verg 45/01; OLG Düsseldorf, Urt. v. 15.12.2008, I-27 U 1/07.
96 Der BGH hat dies in Bezug auf das Offene Verfahren entschieden, BGH v. 7.1.2014, X ZB 15/13, NZBau 2014, 185, 188 f.

zu geben, sich zu äußern.[97] Hiernach erfolgt sodann die endgültige Ermessenausübung und Entscheidung seitens des Auftraggebers über die Unternehmenseignung. Sind nach erfolgter Eignungsprüfung keine neuen Umstände hinzugetreten, ist der Auftraggeber an seine einmal getroffene Beurteilung gebunden.[98]

76 Schließlich ist in Bezug auf die Frage des relevanten Beurteilungszeitpunktes stets auch die konkrete Verfehlung des Unternehmens zu beachten. So hat das OLG München für den Fall, dass sich die Verfehlung erheblich auf die Angebotskalkulation auswirken kann, Selbstreinigungsmaßnahmen, die erst nach Angebotskalkulation, aber vor der eigentlichen Eignungsprüfung in die Wege geleitet wurden, als unzureichend für eine Selbstreinigung erachtet.[99]

2. Begründungspflicht im Fall unzureichender Selbstreinigungsmaßnahmen (§ 125 Abs. 2 Satz 2 GWB)

77 Bewertet der öffentliche Auftraggeber die seitens des Unternehmens ergriffenen Selbstreinigungsmaßnahmen im Ergebnis für unzureichend, ist er nach § 125 Abs. 2 Satz 2 GWB dazu verpflichtet, seine Entscheidung gegenüber dem Unternehmen zu begründen. Wann eine Begründung als ausreichend gilt oder welche Konsequenzen gar eine vollständig fehlende Begründung hat, ist weder dem Gesetzestext noch den Vorgaben in der Richtlinie zu entnehmen. Nicht ausreichend ist in jedem Fall eine bloß formelhafte Begründung. Erforderlich ist vielmehr, dass die Begründung sich auf den konkret zu vergebenden Auftrag und die konkret ergriffenen Selbstreinigungsmaßnahmen beziehen muss. Dem Unternehmen muss anhand der Begründung verständlich werden, warum die konkret ergriffenen Maßnahmen in Bezug auf die konkrete Auftragsvergabe seitens des Auftraggebers als nicht ausreichend bewertet werden. Basierend auf der Begründung muss das Unternehmen in die Lage versetzt werden, die Entscheidung der Nichtberücksichtigung im Rahmen eines Nachprüfungsverfahrens bzw. eines diesem zwingend vorgeschalteten Rügeverfahrens überprüfen zu lassen.

78 Dient also die Begründungspflicht dazu, dass das betroffene Unternehmen gegen die Begründung seines Ausschlusses substantiiert Rechtsschutz nachsuchen kann, kodifiziert § 125 Abs. 2 Satz 2 GWB mit diesem Recht auf Begründung ein subjektives Recht im Sinne des § 97 Abs. 6 GWB. Die Vernachlässigung der Begründungspflicht als solche durch Nichtbegründung oder unzureichende Begründung sollte daher ebenfalls über das Nachprüfungsverfahren angreifbar sein – und zwar unabhängig von der Begründetheit der Entscheidung über den Ausschluss des Unternehmens.

---

97 Vgl. OLG Frankfurt a. M., Beschl. v. 20.7.2004, 11 Verg 6/04.
98 Vgl. OLG Frankfurt a. M., Beschl. v. 20.7.2004, 11 Verg 6/04.
99 Vgl. OLG München, Beschl. v. 22.12.2012, Verg 22/12.

§ 126 Zulässiger Zeitraum für Ausschlüsse

Wenn ein Unternehmen, bei dem ein Ausschlussgrund vorliegt, keine oder keine ausreichenden Selbstreinigungsmaßnahmen nach § 125 ergriffen hat, darf es

1. **bei Vorliegen eines Ausschlussgrundes nach § 123 höchstens fünf Jahre ab dem Tag der rechtskräftigen Verurteilung von der Teilnahme an Vergabeverfahren ausgeschlossen werden,**
2. **bei Vorliegen eines Ausschlussgrundes nach § 124 höchstens drei Jahre ab dem betreffenden Ereignis von der Teilnahme an Vergabeverfahren ausgeschlossen werden.**

Schrifttum: *Kulartz/Kus/Portz/Prieß*, Kommentar zum GWB-Vergaberecht, 4. Aufl. 2016; *Müller-Wrede*, GWB Vergaberecht, Kommentar, 2016.

Übersicht

I. Allgemeines[1]

§ 126 GWB regelt die Höchstdauer von Ausschlüssen und dient der Umsetzung von Art. 57 Abs. 7 Satz 2 und 3 der Richtlinie 2014/24/EU. Art. 57 Abs. 7 Satz 3 der Richtlinie 2014/24/EU enthält konkrete Vorgaben in Bezug auf die zulässigen Höchstfristen, sofern eine solche nicht durch eine rechtskräftige gerichtliche Entscheidung festgelegt worden ist. Letzteres hat jedoch für das deutsche Vergaberecht keine Relevanz, da es nach deutschem Recht nicht den Gerichten obliegt, über die Dauer von Vergabesperren zu entscheiden.[2] Die Entscheidung über den Ausschluss und dessen Dauer ist nach deutschem Recht allein Aufgabe des öffentlichen Auftraggebers.[3] Soweit fakultative Ausschlussgründe betroffen sind, handelt es sich dabei um eine Ermessensentscheidung, die nur beschränkt auf etwaige Ermessensfehler hin von den Nachprüfungsinstanzen überprüft werden darf. Hervorzuhe- 1

1 Die Autorin dankt Frau Rechtsanwältin *Katrin Weßler* für die wertvolle und tatkräftige Unterstützung bei der Kommentierung dieser Vorschrift.

2 Gesetzesbegründung, BT-Drs. 18/6281, S. 108.

3 Gesetzesbegründung, BT-Drs. 18/6281, S. 111.

ben ist, dass die Vorschrift entsprechend der Gesetzesbegründung nicht nur die Höchstdauer regelt, während der ein Unternehmen von einem konkreten Vergabeverfahren ausgeschlossen werden darf, sondern auch die Höchstdauer von allgemeinen Vergabesperren, die sich gerade nicht allein auf ein konkretes Vergabeverfahren beziehen.[4] Die Festlegung einer gesetzlichen Höchstdauer dient sowohl dem Verhältnismäßigkeitsgrundsatz als auch dem Wettbewerbsgrundsatz. Der Erhalt öffentlicher Aufträge und die vorgeschaltete Möglichkeit, an Vergabeverfahren teilzunehmen, ist für Unternehmen oftmals von enormer wirtschaftlicher – je nach Branche sogar von existenzieller – Bedeutung. Die zeitliche Begrenzung von Ausschlüssen ist aus Gründen der **Verhältnismäßigkeit** geboten.[5] Daneben dienen die Höchstgrenzen für einen Ausschluss auch der Wahrung des **Wettbewerbsgrundsatzes**. Denn je mehr leistungsfähige, miteinander konkurrierende Unternehmen an öffentlichen Ausschreibungen teilnehmen können, desto mehr Wettbewerb entsteht und desto günstiger wird idealerweise die Beschaffung für die öffentliche Hand.[6]

II. Höchstdauer für den Ausschluss

1. Zwingende Ausschlussgründe nach § 123 GWB

2 Bei Vorliegen eines Ausschlussgrundes nach § 123 GWB beträgt die Höchstdauer eines Ausschlusses nach § 126 Nr. 1 GWB fünf Jahre. Hinsichtlich des Beginns dieses Zeitraums ist auf den Tag der rechtskräftigen Verurteilung abzustellen. Mithin kommt es nicht auf den Zeitpunkt der Begehung der Straftat an. Problematisch ist dies in den Fällen, in denen zwischen der Begehung der Tat und der rechtskräftigen Verurteilung ein langer Zeitraum liegt und sich das betroffene Unternehmen keine weiteren Verfehlungen hat zu Schulden kommen lassen. Der Auftraggeber ist in diesen Fällen nicht daran gehindert, das betreffende Unternehmen dennoch auszuschließen.[7] So kann es zu folgenden Konstellationen kommen: Bei einer nachweislichen Begehung einer der Katalogstraftaten des § 123 GWB besteht vor einer Verurteilung ein fakultativer Ausschlussgrund nach § 124 Abs. 1 Nr. 3 GWB.[8] Im Fall eines fakultativen Ausschlussgrundes greift § 126 Nr. 2 GWB, sodass die Höchstdauer eines Ausschlusses drei Jahre beträgt. In diesem Zeitraum wird das Unternehmen möglicherweise bereits auf Grund der schwerwiegenden Verfehlung von Auftragsvergaben ausgeschlossen. Kommt es im Laufe dieses Zeitraums oder sogar noch später zu einer Verurteilung, liegt ab deren Rechtskraft ein zwingender Ausschlussgrund nach § 123 Abs. 1 GWB vor. Hier stellt sich die Frage, inwiefern bereits vor der Verurteilung verhängte Ausschlusszeiträume auf die Maximalfrist des § 126 Nr. 1 GWB anzurechnen sind. Gegen einen Anrechnungsanspruch des Unternehmens spricht der klare Wortlaut des Gesetzes. Nach § 126 Nr. 1 GWB beginnt die Ausschlussfrist im Fall des Eingreifens eines zwingenden Ausschlussgrundes ab dem Tag der rechtskräftigen Verurteilung zu laufen. Eine zwingend zu beachtende Anrechnung zeitlich vorhergehender Ausschlüsse stünde im Widerspruch zu dieser unmissverständlichen Vorgabe. Des Weiteren gibt es mit Blick auf die

---

4 Gesetzesbegründung, BT-Drs. 18/6281, S. 111.
5 Vgl. LG Berlin, Urt. v. 22.3.2006, 23 O 118/04.
6 Vgl. *Prieß/Simonis*, in: Kulartz/Kus/Portz/Prieß, GWB, § 126 Rn. 5.
7 Vgl. OLG München, Beschl. v. 21.4.2006, Verg 8/06.
8 Vgl. OLG München, Beschl. v. 22.11.2012, Verg 22/12; OLG Saarbrücken, Beschl. v. 18.12.2003, Verg 4/03.

Schwere der in § 123 Abs. 1 GWB aufgelisteten Straftaten keinen Anlass dafür, betroffene Unternehmen, die nicht zwischenzeitlich im Wege der Selbstreinigung dafür gesorgt haben, dass sie wieder zum Wettbewerb zuzulassen sind, von einer Verkürzung des Ausschlusszeitraumes profitieren zu lassen. Schließlich dürfen öffentliche Auftraggeber ein Unternehmen nach § 126 Nr. 1 GWB »höchstens« für die dort genannte Zeitdauer von fünf Jahren von der Teilnahme an Vergabeverfahren ausschließen. Dem ist zu entnehmen, dass die Bestimmung des genauen Ausschlusszeitraums – innerhalb der genannten Obergrenze – weiterhin im **Ermessen** des öffentlichen Auftraggebers liegt,[9] das nach allgemeinen Grundsätzen rechtmäßig ausgeübt werden muss. Bei der Bestimmung des Ausschlusszeitraums muss der öffentliche Auftraggeber demnach die Umstände des jeweiligen Einzelfalls berücksichtigen. Insbesondere muss die Dauer des Ausschlusses in einem angemessenen Verhältnis zur Schwere des Verstoßes stehen.[10] Der Auftraggeber kann also durchaus bei der Ausübung des Ermessens auch den Umstand berücksichtigen, dass das betreffende Unternehmen bereits vor Entstehen eines zwingenden Ausschlussgrundes nach § 123 GWB durch Verurteilung nach § 124 GWB ausgeschlossen wurde. Lediglich ein Anspruch des Unternehmens auf Fristverkürzung durch diesen Umstand ist zu verneinen.

Der Wortlaut des § 126 Nr. 1 GWB, wonach die Ausschlussfrist ab dem Tag der rechtskräftigen Verurteilung bei Vorliegen eines Ausschlussgrundes nach § 123 GWB zu laufen beginnt, erfasst nicht alle Ausschlussfälle des § 123 GWB. Er passt nicht in Gänze zu den Ausschlussgründen nach § 123 Abs. 4 Nr. 1 und Nr. 2 GWB. Ein zwingender Ausschlussgrund wegen Nichtzahlung von Steuern oder Sozialversicherungsbeiträgen nach § 123 Abs. 4 Nr. 1 GWB liegt nämlich nicht bloß im Fall einer rechtskräftigen Verurteilung, sondern auch bereits im Fall einer entsprechenden bestandskräftigen Verwaltungsentscheidung vor. Im Fall des Ausschlussgrundes nach § 123 Abs. 4 Nr. 2 GWB existiert weder ein rechtskräftiges Urteil noch eine bestandskräftige Verwaltungsentscheidung, sondern der öffentliche Auftraggeber kann die Nichtzahlung von Steuern oder Sozialversicherungsbeiträgen in sonstiger Weise nachweisen. Fraglich ist, ob die Ausschlussfrist des § 126 Nr. 1 GWB in diesen Fällen ebenfalls zur Anwendung gelangt und falls ja, ab wann die Frist in den Fällen zu laufen beginnt, in denen keine rechtskräftige Verurteilung gegeben ist. Ein Blick in die Richtlinie zeigt, dass der die Ausschlussfristen regelnde Art. 57 Abs. 7 RL 2014/24/EU sich ausschließlich auf die in Art. 57 Abs. 1 und Abs. 4 RL 2014/24/EU geregelten Ausschlussgründe bezieht, nicht aber auf Art. 57 Abs. 2 RL 2014/24/EU, der wiederum den Ausschlussgrund des Verstoßes gegen die Verpflichtung zur Zahlung von Steuern, Abgaben oder Beiträgen zur Sozialversicherung formuliert. Eine solche In-Bezug-Nahme ist auch nicht nötig, weil Art. 57 Abs. 2 RL 2014/24/EU die Lösung des Problems des maximalen Ausschlusszeitraums selbst enthält: Art. 57 Abs. 2 Unterabs. 3 bestimmt, dass Art. 57 Abs. 2 „keine Anwendung mehr findet", wenn das betreffende Unternehmen seinen Verpflichtungen durch Zahlungen oder durch verbindliche Vereinbarung im Hinblick auf die Zahlung der fälligen Beträge nachgekommen ist. Daraus kann man den Umkehrschluss ziehen, dass die Ausschlussgründe gem. Unterabs. 1 und 2 des Art. 57 Abs. 2 RL 2014/24/EU so lange – ggf. auch über mehr als fünf Jahre hinweg – fortbestehen, bis das betreffende Unternehmen seinen Pflichten i.S.d. Art. 57 Abs. 2 Unterabs. 3 RL 2014/24/EU nachgekommen ist. Erst dann wird die Ausschlussvorschrift des Art. 57 Abs. 2 RL 2014/24/EU nicht mehr angewendet, und zwar sofort nicht mehr. Dieser Umkehrschluss 3

9 Gesetzesbegründung, BT-Drs. 18/6281, S. 111.
10 Vgl. *Prieß/Simonis*, in: Kulartz/Kus/Portz/Prieß, GWB, § 126 Rn. 16.

erscheint auch sinnvoll: Denn ein Unternehmen, das seiner Pflicht zur Begleichung von (rechts- oder bestandskräftig festgestellten oder nachweisbar feststehenden) Steuer-, Abgaben- oder Sozialversicherungsbeitragsschulden – sozusagen hartnäckig – nicht nachkommt, wird man auch dann für die Vergabe eines öffentlichen Auftrags für nicht ausreichend zuverlässig halten können, wenn die Entstehungszeit der unerledigten Schulden lange zurückliegt. Da § 123 Abs. 4 Satz 2 GWB letztlich die gleiche Regelung enthält wie Art. 57 Abs. 2 Unterabs. 3 RL 2014/24/EU, ergibt sich aus einer richtlinienkonformen Auslegung des § 126 Nr. 1 GWB, dass er wegen der auf die in § 123 Abs. 4 GWB geregelten Ausschlussgründe zugeschnittenen Speziallösung des § 123 Abs. 4 Satz 2 GWB keine normative Bedeutung für die Ausschlussgründe des § 123 Abs. 4 Satz 1 GWB hat und im Ergebnis also auf die dort geregelten Fälle nicht angewendet wird.

4 Im Fall eines Fristablaufs während eines laufenden Vergabeverfahrens ist ein Ausschluss ab dem Zeitpunkt des Fristablaufs unzulässig. Dies gilt auch dann, wenn ein Ausschluss zunächst zulässigerweise ausgesprochen worden ist.[11] Ein Ausschluss bleibt jedoch trotz Fristablaufs wirksam, wenn das betreffende Unternehmen den Ausschluss nicht rechtzeitig rügt.[12]

2. Fakultative Ausschlussgründe nach § 124 GWB

5 Im Fall des Vorliegens eines fakultativen Ausschlussgrundes im Sinne des § 124 GWB beträgt die Höchstdauer eines Ausschlusses drei Jahre und beginnt ab dem betreffenden Ereignis. Was mit der Formulierung „ab dem betreffenden Ereignis“ gemeint ist, hängt vom jeweils vorliegenden Ausschlussgrund ab.[13]

a) § 124 Abs. 1 Nr. 1 GWB

6 Wird dem betreffenden Auftraggeber ein Fehlverhalten zur Last gelegt, welches über einen längeren Zeitraum andauert, wie es oftmals in den durch § 124 Abs. 1 Nr. 1 GWB erfassten Fällen der Verstöße gegen geltende umwelt-, sozial- oder arbeitsrechtliche Verpflichtungen der Fall ist, so stellt sich die Frage, welcher Zeitpunkt für den Beginn des Ausschlusszeitraums maßgeblich ist. Beispielhaft sei die Nichteinhaltung arbeitsrechtlicher Verpflichtungen über einen längeren Zeitraum genannt. In Betracht kommen der Beginn des Fehlverhaltens und seine Beendigung. Gegen ein Abstellen auf den Beginn des Fehlverhaltens spricht der Umstand, dass es irrelevant wäre, wenn das betreffende Unternehmen während des Ausschlusszeitraums sein Fehlverhalten fortsetzen würde und im Zeitpunkt der Neuvergabe des zugrunde liegenden Auftrags der Ausschlusszeitraum nach § 126 Nr. 2 GWB trotz anhaltender Verfehlung abgelaufen wäre. Der Ausschluss dient als Sanktion für

11 Vgl. *Radu*, in: Müller/Wrede, GWB, § 126 Rn. 15.

12 Vgl. *Radu*, in: Müller/Wrede, GWB, § 126 Rn. 16.

13 Allerdings hat die VK Südbayern grundsätzlich unabhängig von der Art des jeweiligen Ausschlussgrundes dem EuGH die Frage zur Vorabentscheidung vorgelegt, ob unter dem „betreffenden Ereignis“ schon die Verwirklichung der unter Art. 57 Abs. 4 der RL 2014/24/EU aufgeführten Ausschlussgründe zu verstehen oder der Zeitpunkt maßgeblich sei, zu dem der Auftraggeber über gesicherte und belastbare Kenntnis des Vorliegens des Ausschlussgrundes verfüge, VK Südbayern, Beschl. v. 7.3.2017, Z3-3-3194-1-45-11/16. Die Bescheidung dieses Vorlagebeschlusses steht aktuell noch aus.

begangene Verstöße. Abzustellen ist für den Beginn der Ausschlussfrist daher auf den Zeitpunkt der Beendigung des Fehlverhaltens.

b) § 124 Abs. 1 Nr. 2 GWB

Im Fall des Ausschlusstatbestandes des § 124 Abs. 1 Nr. 2 GWB treten in Bezug auf die Heranziehung des § 126 Nr. 2 GWB verschiedene Passformschwierigkeiten auf. So wird § 126 Nr. 2 GWB für den Fall der Liquidation eines Unternehmens wenig Praxisrelevanz entfalten: Ein Unternehmen, welches sich in Liquidation befindet, wird zukünftig nicht mehr am Markt agieren. Eine Befristung des Ausschlusses ist somit eigentlich nicht erforderlich. Will der öffentliche Auftraggeber ein Unternehmen wegen der Eröffnung eines Insolvenzverfahrens ausschließen, so stellt sich hier die Frage, an welchen Zeitpunkt in Bezug auf den Beginn des Ausschlusszeitraumes anzuknüpfen ist. In Betracht kommen der Eintritt der Zahlungsunfähigkeit nach § 17 InsO, der Antrag auf Einleitung eines Insolvenzverfahrens und schließlich der Zeitpunkt der Eröffnung des Insolvenzverfahrens. Für letztgenannten Zeitpunkt spricht, dass über die Eröffnung eines Insolvenzverfahrens nach § 27 InsO das Insolvenzgericht entscheidet und mithin die Zahlungsunfähigkeit gerichtlich festgestellt wird. In diesem Sinne führt auch die Gesetzesbegründung der Bundesregierung aus, es sei bei dem fakultativen Ausschlussgrund der Insolvenz des Bewerbers oder Bieters nach § 124 Abs. 1 Nr. 2 GWB auf den Zeitpunkt abzustellen, an dem über das Vermögen des Unternehmens ein Insolvenzverfahren beantragt oder eröffnet worden sei.[14] Andererseits ist die Gesetzesbegründung trotz ihrer befehlenden Ausdrucksweise („So ist … abzustellen“) keineswegs rechtsverbindlich, weshalb sich genauso argumentieren lässt, dass nach § 124 Abs. 1 Nr. 2 GWB ein Unternehmen auch bereits bei Eintritt der Zahlungsunfähigkeit nach § 17 InsO ausgeschlossen werden kann, also ohne dass die Zahlungsunfähigkeit gerichtlich festgestellt worden ist. Konsequenterweise ist daher im Fall der Eröffnung eines Insolvenzverfahrens bereits auf den Zeitpunkt des Eintritts der Zahlungsunfähigkeit abzustellen. 7

c) § 124 Abs. 1 Nr. 3 GWB

Im Fall des Vorliegens einer schweren Verfehlung im Sinne des § 124 Abs. 1 Nr. 3 GWB ist für den Beginn der Ausschlussfrist auf die Begehung der schweren Verfehlung abzustellen, wobei die Frist nicht vor Beendigung des Fehlverhaltens zu laufen beginnt.[15] 8

d) § 124 Abs. 1 Nr. 4 GWB

Im Fall des Ausschlusstatbestandes nach § 124 Abs. 1 Nr. 4 GWB (Ausschluss wegen wettbewerbsbeschränkenden Vereinbarungen oder aufeinander abgestimmte Verhaltensweisen) kommt als Zeitpunkt für den Beginn des Ausschlusszeitraumes sowohl der Zeitpunkt der Vornahme der wettbewerbsbeschränkenden Vereinbarung oder abgestimmten Verhaltensweise in Betracht als auch der Zeitpunkt, in dem die zuständige Kartellbehörde eine solche verbindlich festgestellt hat. Entsprechend der Gesetzesbegründung darf auf den letztgenannten Zeitpunkt abgestellt werden:[16] „Bei dem fakultativen Ausschlussgrund 9

---

14 Vgl. Gesetzesbegründung, BT-Drs. 18/6281, S. 111, Zu § 126 GWB, 1. Absatz.
15 *Radu*, in: Müller/Wrede, GWB, § 126 Rn. 24.
16 Gesetzesbegründung, BT-Drs. 18/6281, S. 111.

eines Verstoßes gegen Wettbewerbsrecht nach § 124 Absatz 1 Nr. 4 GWB kann das betreffende Ereignis insbesondere **die Entscheidung der zuständigen Kartellbehörde** über das Vorliegen eines Wettbewerbsverstoßes sein." Die „Insbesondere"-Formulierung zeigt aber auch, dass ein Abstellen auf andere Zeitpunkte ebenfalls möglich ist. Die Voraussetzungen des fakultativen Ausschlussgrundes einer wettbewerbsbeschränkenden Vereinbarung oder abgestimmten Verhaltensweise liegen dem Wortlaut des § 124 Abs. 1 Nr. 4 GWB nach bereits dann vor, wenn „hinreichende Anhaltspunkte" für das Vorliegen einer wettbewerbsbeschränkenden Vereinbarung bestehen. Auch dieser Zeitpunkt kann mithin als Fristbeginn herangezogen werden, wobei der Auftraggeber, der sich hierauf beruft, insoweit seine Darlegungs- und Beweislast im Auge behalten sollte. Ist es infolge der wettbewerbsbeschränkenden Vereinbarung tatsächlich zu einer Wettbewerbsbeschränkung gekommen, wie es § 124 Abs. 1 Nr. 4 GWB ausdrücklich als eigene Fallvariante benennt („bewirken"), kann auf die Argumentation zu Verstößen, die über einen längeren Zeitraum andauern, verwiesen werden.[17] Mithin ist in diesem Fall auf den Zeitpunkt abzustellen, in dem der wettbewerbswidrige Zustand beendet wurde. Da – je nachdem, welcher Auffassung zum Beginn des Ausschlussfrist man folgt – durchaus divergierende Ergebnisse bei der Prüfung des Ablaufs der Ausschlussfrist entstehen können, hat die VK Südbayern dem EuGH die konkrete Frage zur Vorabentscheidung vorgelegt, ob bei der Beteiligung eines Wirtschaftsunternehmens an einem Kartell das „betreffende Ereignis" i. S. d. § 54 Abs. 7 der RL 2014/24/EU die Beendigung der Kartellbeteiligung oder die Erlangung der gesicherten Kenntnis des Auftraggebers von der Kartellbeteiligung sei. Schließlich stünden die Entscheidung der zuständigen Kartellbehörde und eine Sanktion oftmals am Ende jahrelanger Ermittlungen und erfolgten zeitlich weit nach Beendigung der Kartelltat.[18] Die Vorabentscheidung durch den EuGH steht aktuell noch aus.

e) § 124 Abs. 1 Nr. 5 GWB

10 Für den Ausschlussgrund eines Interessenkonfliktes i. S. d. § 124 Abs. 1 Nr. 5 GWB hat die Verweisung in § 126 Nr. 2 GWB keine praktische Relevanz. Das Bestehen eines Interessenkonfliktes bezieht sich stets nur auf das konkrete Vergabeverfahren. Hieraus resultiert grundsätzlich gerade kein fortdauernder Ausschluss über das jeweilige Vergabeverfahren hinaus.

f) § 124 Abs. 1 Nr. 6 GWB

11 Die in Bezug auf § 124 Abs. 1 Nr. 5 GWB gemachten Ausführungen beanspruchen genauso für den Fall eines Ausschlusses nach § 124 Abs. 1 Nr. 6 GWB Gültigkeit. Auch die Projektantenproblematik betrifft nur das jeweils konkrete einzelne Vergabeverfahren. Die Frage der Höchstdauer des Ausschlusses stellt sich insoweit nicht.

g) § 124 Abs. 1 Nr. 7 GWB

12 Liegt der Ausschlusstatbestand des § 124 Abs. 1 Nr. 7 GWB vor, so ist für den Beginn des Ausschlusszeitraumes auf die vorzeitige Beendigung, die Entstehung des Schadensersatzanspruches bzw. das Eintreten einer vergleichbaren Rechtsfolge abzustellen.

---

17 § 126 Rn. 6.

18 VK Südbayern, Beschl. v. 7.3.2017, Z3-3-3194-1-45-11/16.

h) § 124 Abs. 1 Nr. 8 GWB

Im Fall eines Ausschlusses nach § 124 Abs. 1 Nr. 8 GWB stellt in den Fällen der Täuschungsvariante die Täuschungshandlung das den Fristlauf auslösende Ereignis dar. Bei einem Unterlassen von Auskünften oder der Übermittlung von Nachweisen ist jeweils der Zeitpunkt, zu dem ein Handeln geboten gewesen wäre, für den Beginn des Fristlaufs maßgeblich. In den Fällen, für die die dritte Ausschlussvariante des § 124 Abs. 1 Nr. 8 GWB maßgeblich ist, d.h. in denen das Unternehmen nicht in der Lage ist, die erforderlichen Nachweise zu übermitteln, bezieht sich dieser Ausschlussgrund ohnehin ausschließlich auf das konkrete Vergabeverfahren. Der Fristenlauf des § 126 Nr. 2 GWB ist für diese Sachverhaltskonstellationen obsolet. 13

i) § 124 Abs. 1 Nr. 9 GWB

Im Rahmen des § 124 Abs. 1 Nr. 9 GWB ist schließlich auf den jeweiligen Zeitpunkt der Beeinflussung abzustellen. 14

III. Ermessen in Bezug auf die konkrete Ausschlussdauer

Bei den in § 126 GWB enthaltenen Fristen handelt es sich ausdrücklich um Höchstfristen, sodass der zulässige Ausschlusszeitraum auch kürzer sein kann. Anhand welcher Kriterien ein Unterschreiten der vorgegebenen Höchstfristen zulässig ist, ist der Vorschrift selbst nicht zu entnehmen. Laut Gesetzesbegründung[19] steht dem öffentlichen Auftraggeber hinsichtlich der Dauer ein Ermessen zu, bei dessen Ausübung die Schwere und die besonderen Umstände der Straftat oder des Fehlverhalten zu berücksichtigen sind. Die in der Gesetzesbegründung genannten ermessensrelevanten Kriterien sind allerdings unvollständig. Bei der Ermittlung des zulässigen Ausschlusszeitraums hat der öffentliche Auftraggeber auch zu prognostizieren, wann berechtigterweise unter Berücksichtigung der in § 126 GWB vorgegebenen Höchstfristen davon auszugehen ist, dass ein auszuschließendes Unternehmen die für die Teilnahme an einem Vergabeverfahren erforderliche Eignung wiedererlangt.[20] Hierbei ist insbesondere zu berücksichtigen, ob es im Anschluss an das den gegenwärtigen Ausschluss begründende Fehlverhalten zu weiterem Fehlverhalten gekommen ist und sich das Unternehmen somit gerade nicht für eine zeitnahe Wiederzulassung für den Wettbewerb bewährt hat.[21] Mit Blick auf § 125 GWB sind außerdem im Rahmen der Festlegung der Ausschlussdauer die seitens des betroffenen Unternehmens ergriffenen Selbstreinigungsmaßnahmen in den Blick zu nehmen. Zwar ist systematisch klar, dass die zeitlichen Ausschluss-Obergrenzen des § 126 GWB nur für Unternehmen gelten, die einen obligatorischen oder fakultativen Ausschlussgrund im Sinne der §§ 123 oder 124 GWB verwirklicht und die keine oder keine ausreichenden Selbstreinigungsmaßnahmen im Sinne des § 125 GWB ergriffen haben.[22] Aber genau in den Fällen, in denen zwar Selbstreinigungsmaßnahmen ergriffen wurden, diese jedoch als unzureichend eingestuft wurden, können diese Maßnahmen ein wichtiges Indiz dafür sein, ob es dem Unternehmen Ernst ist mit sei- 15

19 Gesetzesbegründung, BT-Drs. 18/6281, S. 111.
20 *Radu*, in: Müller/Wrede, GWB, § 126 Rn. 35.
21 *Radu*, in: Müller/Wrede, GWB, § 126 Rn. 37.
22 Vgl. *Prieß/Simonis*, in: Kulartz/Kus/Portz/Prieß, GWB, § 126 Rn. 15.

ner Bemühung um eine Wiedererlangung seiner Zuverlässigkeit und ob es ggf. nach Ablauf einer gewissen Zeit wieder zum Wettbewerb zugelassen werden sollte. Je schwerer das Fehlverhalten wiegt und umso weniger sich das Unternehmen um eine effiziente Selbstreinigung bemüht, desto weniger spricht dafür, die in § 126 GWB enthaltenen Höchstfristen zu unterschreiten. Dem Transparenzgebot folgend hat der öffentliche Auftraggeber seine Abwägungskriterien stets im Vergabevermerk zu dokumentieren.

IV. Vergabesperren

1. Zulässigkeit von Vergabesperren

16 Eine Vergabesperre ist eine außerhalb eines konkreten Vergabeverfahrens stattfindende reine Willensbekundung. Der Auftraggeber gibt zu verstehen, dass er das betroffene Unternehmen bei künftigen Vergabeverfahren für einen gewissen Zeitraum nicht berücksichtigen will.[23] Der Auftraggeber unterliegt keinem Kontrahierungszwang. Aus der für den Auftraggeber geltenden Vertragsfreiheit folgt, dass er (in den Grenzen des Vergaberechts) weder gezwungen sein kann, Angebote von als unzuverlässig eingestuften Unternehmen einzuholen, noch mit ihnen ein Auftragsverhältnis einzugehen.[24] Ausweislich der Gesetzesbegründung regelt § 126 GWB nicht nur den maximalen Zeitraum, innerhalb dessen ein Ausschlussgrund in einem konkreten Vergabeverfahren seitens des öffentlichen Auftraggebers berücksichtigt werden darf, sondern auch die Höchstdauer von diesen sog. Vergabe- bzw. Auftragssperren, die unabhängig vom konkreten Vergabeverfahren bestehen.[25] Damit stellt der Gesetzgeber klar, dass derartige Vergabesperren grundsätzlich zulässig sind, ohne jedoch eine entsprechende Ermächtigungsgrundlage zu schaffen. Hieraus kann abgeleitet werden, dass es einer solchen nicht bedarf. Dies entspricht auch der in der Rechtsprechung bisher überwiegend vertretenen Auffassung.[26] Die Argumente der Befürworter einer Ermächtigungsgrundlage überzeugen nicht. So wurde hierfür insbesondere der Umstand, dass eine Vergabesperre Unternehmen in erheblicher Weise wirtschaftlich treffen könne und folglich mit Blick auf den Grundsatz des Vorbehalts des Gesetzes eine gesetzlich verankerte Ermächtigungsgrundlage zwingend erforderlich sei, angeführt.[27] Diese Argumentation verkennt allerdings, dass die Nichtvergabe eines Auftrags keine Grundrechtsrelevanz aufweist.[28]

2. Rechtsschutzmöglichkeiten

17 Im Fall einer durch einen individuellen Auftraggeber verhängten Vergabesperre stehen dem betroffenen Unternehmen verschiedene Rechtsschutzmöglichkeiten zur Verfügung.

---

23 Vgl. *Mutschler-Siebert/Baumann*, NZBau 2016, 678, 680.

24 Vgl. KG, Urt. v. 17.1.2011, 2 U 4/06 Kart; VG Düsseldorf, Urt. v. 24.3.2015, 20 K 6764/13, BeckRS 2015, 45979.

25 Gesetzesbegründung, BT-Drs. 18/6281, S. 111.

26 Vgl. LG Nürnberg-Fürth, Urt. v. 13.4.2016, 4 HK O 1154/16; KG, Urt. v. 8.12.2011, 2 U 11/11 Kart; KG, Urt. v. 17.1.2011, 2 U 4/06 Kart; LG Berlin, Urt. v. 22.3.2006, 23 O118/04.

27 Vgl. *Battis/Kersten*, NZBau 2004, 303, 304 f.

28 Vgl. BVerfG, Beschl. v. 13.6.2006, 1 BvR 1160/03; *Pietzcker*, NZBau 2004, 530; *Pietzcker*, NZBau 2003, 242.

Wird ein Unternehmen aufgrund einer bestehenden Vergabesperre von der Teilnahme an einem konkreten Vergabeverfahren ausgeschlossen, so hat es die Möglichkeit, die Ausschlussentscheidung im Rahmen eines Nachprüfungsverfahrens nach §§ 155 ff. GWB überprüfen zu lassen.[29] Ein Anspruch auf Rücknahme einer Vergabesperre ist ebenfalls bei der Vergabekammer geltend zu machen, sofern die Sperrentscheidung im Zusammenhang mit einem konkreten Vergabeverfahren steht.[30] Andernfalls steht dem betroffenen Unternehmen der Rechtsweg zu den ordentlichen Gerichten offen.[31] Einen (einigermaßen) effektiven Rechtsschutz bietet hier oftmals nur der einstweilige Rechtsschutz. Allerdings erlegt die Rechtsprechung dem Antragsteller hohe Hürden auf. So hat das OLG Köln entschieden, dass ein Verfügungsgrund fehle, wenn in absehbarer Zeit keine Vergabeverfahren anstehen würden.[32] Das LG Nürnberg-Fürth hat das Bestehen eines Verfügungsgrundes daran scheitern lassen, dass der Antragsteller mit seinem einstweiligen Rechtsschutzantrag mehr als einen Monat zugewartet habe und der Antragsteller damit das Bestehen einer besonderen Dringlichkeit selbst widerlegt habe.[33] Der Rechtsweg zu den Verwaltungsgerichten ist dagegen grundsätzlich nicht eröffnet, da es sich bei der Vergabesperre um eine privatrechtliche Erklärung handelt.[34] Eine Ausnahme gilt dann, wenn der Auftraggeber die Vergabesperre ausdrücklich mittels eines Verwaltungsaktes ausspricht.[35]

3. Spezialgesetzliche Regelungen

Auf Bundes- und Landesebene existieren verschiedene spezialgesetzliche Regelungen, die **18**
die Verhängung einer Auftragssperre zwingend vorschreiben, zum Beispiel § 21 des Gesetzes zur Bekämpfung der Schwarzarbeit (SchwarzArbG), § 21 Arbeitnehmerentsendegesetz (AEntG), § 98c des Aufenthaltsgesetzes (AufenthG), § 19 Mindestlohngesetz (MiLoG) oder § 13 Tariftreue- und Vergabegesetz Nordrhein-Westfalen (TVgG NRW). Diese Bestimmungen gehen über die faktische Sperrwirkung der §§ 123, 124 GWB hinaus: So regeln § 21 Abs. 3 AEntG, § 21 Abs. 1 Satz 6 SchwarzArbG, § 19 Abs. 5 MiLoG Anhörungsrechte der Betroffenen. § 21 Abs. 3 AEntG verpflichtet öffentliche Auftraggeber zur Anforderung von Gewerbezentralregisterauskünften und § 21 Abs. 2 AEntG gibt den Verfolgungsbehörden ein Auskunftsrecht gegenüber öffentlichen Auftraggebern. Nach § 98c Abs. 3 AufenthG gelten die Vorgaben des § 21 Abs. 2–5 AEntG entsprechend. Und auch § 19 MiLoG sieht in seinen Absätzen 2 und 3 gleichlautende Vorgaben vor. Soweit § 98c AufenthG wegen Tatbeständen, die nicht von § 123 GWB erfasst sind, eine Sperre von bis zu 5 Jahren vorsieht, verstößt die Vorschrift gegen die EU-Vorgaben der Richtlinie 2014/24/EU und ist im Interesse einer praktischen Konkordanz entsprechend reduziert auszulegen, das heißt es kann eine Sperre von bis zu drei Jahren angesetzt werden.

---

29 Vgl. KG, Beschl. v. 21.11.2002, KartVerg 7/02.
30 Vgl. LG Düsseldorf, Urt. v. 16.3.2005, 12 O 225/04; LG Frankfurt a. M., Urt. v. 26.11.2003, 2-06 O 345/03.
31 Vgl. LG Düsseldorf, Urt. v. 16.3.2005, 12 O 225/04; LG Frankfurt a. M., Urt. v. 26.11.2003, 2-06 O 345/03.
32 Vgl. OLG Köln, Beschl. v. 17.4.2013, 11 W 20/13, NZBau 2013, 600.
33 Vgl. LG Nürnberg-Fürth, Urt. v. 13.4.2016, 4 HK O 1154/16.
34 Vgl. *Sterner*, NZBau 2001, 423.
35 Vgl. VG Düsseldorf, Urt. v. 24.3.2015, 20 K 6764/13.

19 Daneben werden in aktuell neun Bundesländern sog. Vergabe- und Korruptionsregister geführt.[36] Sie bestimmen, wann Einträge vorzunehmen sind, definieren die meldepflichtigen Stellen und die meldepflichtigen Sachverhalte, regeln teilweise Anhörungsrechte der Betroffenen und Meldepflichten ihnen gegenüber bei Vornahme eines Eintrags. Sie definieren – oft über Schwellenwertvorgaben – bei welchen Auftragsvergaben Auftraggeber vor Zuschlagserteilung das Register zu dem für den Zuschlag vorgesehenen Unternehmen zu befragen haben und welche Konsequenzen ein bestehender Eintrag hat. Eintragungen in diese Register haben i. d. R. keine bindende Wirkung im Rahmen der Ausschlussentscheidung über ein Unternehmen im konkreten Vergabeverfahren. Vielmehr stellt der Eintrag grundsätzlich ein „Warnsignal" für öffentliche Auftraggeber dar. Das Register ermöglicht ihnen, Nachforschungen über den Grund des Eintrags bei der meldenden Behörde/dem meldenden Auftraggeber anzustellen. Auf der so zu vervollständigenden Sachverhaltsgrundlage hat der Auftraggeber sodann sein Ermessen ordnungsgemäß auszuüben und über den Ausschluss des Unternehmens in dem konkreten Vergabeverfahren zu entscheiden.

20 Ausblick nehmend auf die künftige Entwicklung in diesem Bereich ist auf das bereits am 1.6.2017 durch den Bundestag beschlossene Gesetz zur Einführung eines Wettbewerbsregisters zu verweisen.[37] Auf der Ebene des Bundes wird beim Bundeskartellamt ein Register zum Schutz des Wettbewerbs um öffentliche Aufträge und Konzessionen eingerichtet. In das Register werden Unternehmen eingetragen, zu denen Erkenntnisse über ihnen zuzurechnende Straftaten und andere schwerwiegende Rechtsverstöße, die Gründe für einen Ausschluss von der Teilnahme am Vergabeverfahren darstellen, vorliegen. Die bisher bestehenden Abfragepflichten und Abfragemöglichkeiten der Auftraggeber nach dem Schwarzarbeitsbekämpfungsgesetz, dem Arbeitnehmer-Entsendegesetz und dem Mindestlohngesetz im Hinblick auf das Gewerbezentralregister werden durch die Abfrage des Wettbewerbsregisters ersetzt werden. Liegt eine Eintragung vor, so entscheiden die Auftraggeber nach Maßgabe der vergaberechtlichen Vorschriften in eigener Verantwortung, ob ein Unternehmen von der Teilnahme an dem jeweiligen Verfahren ausgeschlossen wird. Die Registerbehörde löscht Eintragungen nach Fristablauf der Ausschlussfristen i. S. d. § 7 WRegG. Nach Löschung darf die der Eintragung zugrunde liegende Straftat oder Ordnungswidrigkeit im Vergabeverfahren nicht mehr zum Nachteil des betroffenen Unternehmens verwertet werden, § 7 Abs. 1 Satz 1 WRegG. Die Auskunft aus dem Wettbewerbsre-

---

36 Berlin: Berliner Korruptionsregistergesetz v. 19.4.2006 (GVBl. Berlin 2006, S. 358); Bremen: Korruptionsregistergesetz v. 15.12.2015 (Gesetzesblatt der Freien Hansestadt Bremen 2015, 135, S. 609); Hamburg: Hamburgisches Gesetz zur Einrichtung eines Registers zum Schutz fairen Wettbewerbs (GRfW) v. 17.9.2013, HmbGVbl. 2013, S. 417; Nordrhein-Westfalen: Gesetz zur Verbesserung der Korruptionsbekämpfung und zur Errichtung und Führung eines Vergaberegisters in Nordrhein-Westfalen (GV.NRW. 2005, S. 8; zuletzt geändert durch Artikel 1 des Gesetzes v. 19.12.2013, GV.NRW 2013, S.875); Schleswig-Holstein: Gesetz zur Einrichtung eines Registers zum Schutz fairen Wettbewerbs (GRfW) v. 13.11.2013 (GVBl. 2013, S. 403); Baden-Württemberg: Verwaltungsvorschrift „Korruptionsverhütung und Bekämpfung" v. 15.1.2013 (GABl. 2013, S. 55); Bayern: Korruptionsbekämpfungsrichtlinie v. 13.4.2004, geändert durch Bekanntmachung v. 14.9.2010 (AllMBl. S. 243); Hessen: Gemeinsamer Runderlass zum Ausschluss von Bewerbern und Bietern wegen schwerer Verfehlungen, die ihre Zuverlässigkeit in Frage stellen (Erlass i. d. F. v. 13.12.2010, StAnz. 2010, S. 2831); Rheinland-Pfalz: Ziff. 17.5 der Verwaltungsvorschrift der Landesregierung zur Korruptionsprävention in der öffentlichen Verwaltung (Az.: FM – O 1559 A – 411, MinBl. v. 29.6.2012).

37 Verkündet im Bundesgesetzblatt am 28.7.2017, BGBl. I, S. 2739.

gister an die Auftraggeber soll elektronisch im Wege eines automatisierten Abrufverfahrens erfolgen, anstelle des bisherigen papiergebundenen Auszugs aus dem Gewerbezentralregister.[38] Nach aktuellen Schätzungen wird die Registerbehörde nicht vor 2020 ihre Arbeit aufnehmen.[39]

38 Vgl. den Entwurf eines Gesetzes zur Einführung eines Wettbewerbsregisters, Drucks. 18/12051 vom 24.4.2017, S. 2.

39 Vgl. im Detail zum Wettbewerbsregister *Haus/Erne*, NZG 2017, 1167 ff.

§ 127 Zuschlag

(1) Der Zuschlag wird auf das wirtschaftlichste Angebot erteilt. Grundlage dafür ist eine Bewertung des öffentlichen Auftraggebers, ob und inwieweit das Angebot die vorgegebenen Zuschlagskriterien erfüllt. Das wirtschaftlichste Angebot bestimmt sich nach dem besten Preis-Leistungs-Verhältnis. Zu dessen Ermittlung können neben dem Preis oder den Kosten auch qualitative, umweltbezogene oder soziale Aspekte berücksichtigt werden.

(2) Verbindliche Vorschriften zur Preisgestaltung sind bei der Ermittlung des wirtschaftlichsten Angebots zu beachten.

(3) Die Zuschlagskriterien müssen mit dem Auftragsgegenstand in Verbindung stehen. Diese Verbindung ist auch dann anzunehmen, wenn sich ein Zuschlagskriterium auf Prozesse im Zusammenhang mit der Herstellung, Bereitstellung oder Entsorgung der Leistung, auf den Handel mit der Leistung oder auf ein anderes Stadium im Lebenszyklus der Leistung bezieht, auch wenn sich diese Faktoren nicht auf die materiellen Eigenschaften des Auftragsgegenstandes auswirken.

(4) Die Zuschlagskriterien müssen so festgelegt und bestimmt sein, dass die Möglichkeit eines wirksamen Wettbewerbs gewährleistet wird, der Zuschlag nicht willkürlich erteilt werden kann und eine wirksame Überprüfung möglich ist, ob und inwieweit die Angebote die Zuschlagskriterien erfüllen. Lassen öffentliche Auftraggeber Nebenangebote zu, legen sie die Zuschlagskriterien so fest, dass sie sowohl auf Hauptangebote als auch auf Nebenangebote anwendbar sind.

(5) Die Zuschlagskriterien und deren Gewichtung müssen in der Auftragsbekanntmachung oder den Vergabeunterlagen aufgeführt werden.

Schrifttum: *Kulartz/Kus/Portz/Prieß*, Kommentar zum GWB-Vergaberecht, 4. Aufl. 2016; *Kulartz/Marx/Portz/Prieß*, Kommentar zur VOB/A, 2. Aufl. 2014; *Müller-Wrede*, GWB Vergaberecht Kommentar, 2016; *Pünder/Schellenberg*, Vergaberecht, 2. Aufl. 2015; *Voppel/Osenbrück/Bubert*, VOF Kommentar, 3. Aufl. 2013.

Übersicht

I. Allgemeines

Die Gestaltung und Benennung der Zuschlagskriterien ist zusammen mit der Erstellung der Leistungsbeschreibung (§ 121 GWB), der Vorgabe der Eignungskriterien (§§ 122ff. GWB) und ggf. der besonderen Ausführungsbedingungen (§ 128 Abs. 2 GWB), der zentrale Kern einer jeden Vergabeverfahrensvorbereitung.[1] Durch die von ihm ausgewählten und gewichteten Zuschlagskriterien zeigt der öffentliche Auftraggeber den Bietern, worauf es ihm bei der ausgeschriebenen Leistung entscheidend ankommt. Denn insbesondere die vom öffentlichen Auftraggeber ausgewählten qualitativen Zuschlagskriterien sollen die Bieter dazu anleiten, ihr Angebot nach den spezifischen Bedürfnissen des öffentlichen Auftraggebers zu gestalten, um hierdurch eine bestmögliche Bedarfsdeckung sicherzustellen.[2] 1

Die Norm des § 127 GWB wurde mit dem VergRModG 2016 neu in das Gesetz eingefügt und geht auf Art. 67 RL 2014/24/EU zurück. § 127 setzt sich teilweise aus den bisherigen Regelungen in § 97 Abs. 5 GWB 2009 und § 19 EG Abs. 8 und Abs. 9, § 21 EG Abs. 1 Satz 1 VOL/A 2009, § 11 Abs. 5 VOF 2009 sowie § 16 EG Abs. 7 VOB/A 2009 zusammen. Im Detail wird sie jedoch um zahlreiche Neuregelungen ergänzt.[3] Die Vorschrift trifft zudem nur die grundlegenden Regelungen zur Zuschlagsentscheidung. Im Übrigen gelten § 58 VgV und § 16d Abs. 2 VOB/A für die Einzelheiten zur Angebotsauswahl ergänzend. 2

§ 127 GWB gilt unmittelbar für die Vergabe von öffentlichen Aufträgen durch öffentliche Auftraggeber und in entsprechender Anwendung nach § 147 Satz 1 GWB für verteidigungs- oder sicherheitsspezifische öffentliche Aufträge und nach § 142 GWB bei der Vergabe von Sektorenaufträgen. § 152 Abs. 3 GWB enthält jedoch eine abweichende Spezialregelung für die Vergabe von Konzessionen. 3

Im Laufe des Gesetzgebungsverfahrens kam es sowohl von Seiten des Bundesrates als auch aus dem Bundestag zu Änderungsanträgen, durch die in Abs. 1 Satz 4 das Wort „können" durch das Wort „sollen"[4] bzw. durch das Wort „müssen"[5] ersetzt werden sollte.[6] Durch die Änderungen sollte eine Stärkung der Anwendung und Berücksichtigung von qualitati- 4

1 Vgl. Gesetzesentwurf der Bundesregierung v. 14.8.2015, BR-Drs. 367/15, S. 131 zu § 127 (Zuschlag) und Erwägungsgrund 89 VRL.
2 *Wiedmann*, in: Kulartz/Kus/Portz/Prieß, Kommentar zum GWB-Vergaberecht, § 127 Rn. 1.
3 Vgl. Gesetzesbegründung, BT-Drs. 18/6281, S. 111 zu § 127 (Zuschlag).
4 Vgl. Empfehlungen der Ausschüsse des Bundesrates v. 11.9.2015, BR-Drs. 367/1/15, S. 9 Ziffer 9.
5 Vgl. Änderungsantrag v. 16.12.2015, BT-Drs. 18/7089, S. 2 Ziffer 1 b) cc).
6 Vgl. Plenarprotokoll des Bundesrates 936 v. 25.9.2015, S. 333 zu Ziffer 9 bzw. Plenarprotokoll 18/146 v. 17.12.2015, S. 14428 zu Drucksache 18/7089.

ven, umweltbezogenen und sozialen Aspekten im Vergabeverfahren erreicht werden. Die Anträge wurden allesamt abgelehnt. Gleiches gilt für einen hilfsweise gestellten Änderungsantrag, wonach in Abs. 1 Satz 4 das Wort „umweltbezogene" durch die Einführung eines neuen Satzes 5 ersetzt werden sollte. Darin sollte wenigstens für umweltbezogene Aspekte eine Soll-Verpflichtung zur Berücksichtigung im Rahmen der Angebotswertung enthalten sein.[7] Andere Änderungsvorschläge hinsichtlich der Barrierefreiheit,[8] zur Regelung von sozialen und ökologischen Kriterien[9] sowie zur Einhaltung des Antidiskriminierungsrechts[10] im Rahmen der Zuschlagsentscheidung fanden ebenfalls keine Mehrheit.

II. Das wirtschaftlichste Angebot (Abs. 1)

1. Entstehungsgeschichte

5 Auch wenn der nationale Gesetzgeber in § 127 Abs. 1 GWB anstelle des in den Richtlinien verwendeten Begriffs des „wirtschaftlich günstigsten Angebots" im GWB weiterhin den Begriff des „**wirtschaftlichsten Angebots**" verwendet, folgt die nationale Umsetzung im Wesentlichen den europäischen Vorgaben des Art. 67 Abs. 1 und 2 RL 2014/24/EU und des Art. 82 Abs. 1 und 2 RL 2014/25/EU.

6 Der nationale Gesetzgeber hat dabei im GWB (anders als z. B. im SGB V) von der in den Richtlinien den Mitgliedstaaten eröffneten Möglichkeit keinen Gebrauch gemacht, für alle oder nur für bestimmte Auftraggeber bzw. für bestimmte Arten von Aufträgen jeweils die Zulässigkeit einer Angebotsbewertung ausschließlich aufgrund des Preises oder der Kosten auszuschließen.

2. Wirtschaftlichkeit als das beste Preis-Leistungs-Verhältnis

7 Ziel eines jeden Vergabeverfahrens ist die Erteilung eines oder mehrerer Zuschläge auf ein oder mehrere Angebote. Nach § 127 Abs. 1 Satz 1 GWB stellt die „**Wirtschaftlichkeit**" des Angebots dabei auch in Zukunft den hierfür maßgeblichen Maßstab zur Auswahl der Angebote dar. Die Norm enthält keine Regelung dazu, wer den Zuschlag erteilen darf.

8 Die Regelung des § 127 Abs. 1 Satz 1 GWB stellt trotz der teilweise beschreibenden Formulierung eine **zwingende Verpflichtung** dar. Der öffentliche Auftraggeber ist demnach nicht berechtigt, den Zuschlag auf ein Angebot zu erteilen, das nach Durchführung der Angebotswertung aufgrund der von ihm bekanntgemachten Zuschlagskriterien nicht das wirtschaftlichste Angebot abgegeben hat. Eine anderweitige Auftragsvergabe würde gegen das Willkürverbot des § 97 Abs. 2 GWB verstoßen.

9 Der Begriff der „Wirtschaftlichkeit" hat zunächst keinen eigenständigen, sich selbst erklärenden Inhalt.[11] Es handelt sich dabei vielmehr um einen Oberbegriff zur Ermittlung des

---

7 Vgl. Plenarprotokoll des Bundesrates 936 v. 25.9.2015, S. 333 zu Ziffer 10.
8 Vgl. Plenarprotokoll des Bundesrates 936 v. 25.9.2015, S. 333 zu Ziffer 11.
9 Vgl. BT-Drs. 18/7090 v. 16.12.2015.
10 Vgl. Plenarprotokoll 18/146 v. 17.12.2015, S. 14428 zu Drucksachen 18/7090 und 18/7092.
11 Vgl. OLG Düsseldorf, Beschl. v. 14.4.2008, VII-Verg 19/08; *Kulartz*, in: Kulartz/Kus/Portz/Prieß, Kommentar zum GWB-Vergaberecht, § 97 Rn. 129.

besten „**Preis-Leistungs-Verhältnisses**".[12] Wirtschaftlichkeit in diesem Sinne bedeutet, dass die angebotene Leistung nach den konkreten Vorgaben des öffentlichen Auftraggebers zu dem angebotenen Preis die beste Qualität beinhaltet.[13] Die Wirtschaftlichkeit ist daher stets nur an dem individuellen Beschaffungsvorhaben zu messen.

Die Begriffe „Wirtschaftlichkeit", „Preis" und „Leistung" waren ursprünglich ausschließlich auf die **Einzelwirtschaftlichkeit** des Beschaffungsvorgangs für den konkreten Auftraggeber bezogen.[14] Maßgeblich war immer die Wirtschaftlichkeit der konkreten Beschaffung, nicht hingegen etwaige **gesamtwirtschaftliche Überlegungen**.[15] Mit Einführung des Abs. 1 wird diese strenge, auf die Einzelvergabe bezogene Betrachtung durch die Aufnahme von weiteren Aspekten unter dem Begriff der Wirtschaftlichkeit aufgeweicht. Öffentliche Auftraggeber können nunmehr z. B. nicht nur unmittelbar leistungsbezogene Preise bei der Wertung berücksichtigen, sondern auch sog. „externe" Kosten. Diese betreffen insbesondere den Lebenszyklus, etwaige finanzielle Bewertungen von Umweltbelastungen, welche dem öffentlichen Auftraggeber nicht unmittelbar zur Last fallen. Auch im Rahmen der Qualität der Leistung können neben dem technischen Wert, der Energieeffizienz, der technischen Hilfe etc., auch Kriterien im Rahmen der Wirtschaftlichkeit berücksichtigt werden, welche keinen zwingenden unmittelbaren Wert für den öffentlichen Auftraggeber selbst haben. Aus vergaberechtlicher Sicht liegt es nunmehr in der Entscheidungsfreiheit des öffentlichen Auftraggebers selbst, in welchem Umfang seine Festlegung der Zuschlagskriterien und damit seine Definition des in dem konkreten Verfahren als besonders wirtschaftlich anzusehenden Angebots einzelwirtschaftlichen Maßstäben folgen. 10

3. Preis als alleiniges Zuschlagskriterium

Viele öffentliche Auftraggeber wählen für die Wertung der Angebote den **Preis als alleiniges Zuschlagskriterium**. Dies liegt vielfach in dem vermeintlich niedrigeren Aufwand bei der Vorbereitung und Durchführung der Vergabeverfahren begründet. Durch die einfachere, meist rein mathematische Angebotswertung, sinken auch die Risiken einer vergaberechtlichen Nachprüfung. 11

Die Bewertung von Angeboten allein nach dem niedrigsten Preis kann jedoch erhebliche Nachteile haben. Denn zum einen wird auf Seiten des Auftraggebers ein sehr hohes Maß an fachlicher Kompetenz vorausgesetzt. Hierfür ist auch eine **umfassende Marktkenntnis** bereits vor Durchführung des Vergabeverfahrens erforderlich. Andernfalls trägt der Auftraggeber das Risiko, mit seiner Ausschreibung entgegen den Marktgegebenheiten zu beschaffen, sodass die Ausschreibung ggf. ohne Erfolg endet. Öffentliche Auftraggeber haben somit auch im Falle einer Ausschreibung mit dem niedrigsten Preis als alleiniges Zuschlagskriterium einen ganz erheblichen Aufwand in der Vergabevorbereitungsphase zu leisten. Dieser Aufwand könnte in vielen Fällen durch eine (teil-)funktionale Leistungsbeschreibung unter Verwendung von qualitativen oder anderen nicht-preislichen Zuschlagskriterien, verringert werden. Denn so kann Know-how der Bieter im Rahmen der Angebotserstellung abgefragt und bewertet werden. 12

---

12 VK Hessen, Beschl. v. 3.2.2012, 69d-VK-48/2011; VK Hamburg, Beschl. v. 17.12.2002, VgK FB 3/02; Gesetzesbegründung, VgRÄG, BT-Drs. 13/9340, S. 14.

13 Vgl. Erwägungsgrund 89 VRL, Erwägungsgrund 94 SRL.

14 Vgl. *Wiedemann*, in: Kulartz/Marx/Portz/Prieß, VOB/A, § 16 Rn. 290, § 127 Rn. 25 GWB.

15 Vgl. *Opitz*, NZBau 2001, 12; *Helmedag*, WuW 2004, 1000.

13 Eine Zuschlagsentscheidung allein aufgrund des niedrigsten Preises verleitet Bieter zudem möglicherweise dazu, auf **Lücken in der Leistungsbeschreibung** nicht bereits im noch laufenden Vergabeverfahren hinzuweisen, sondern diese vielmehr nach Zuschlagserteilung durch Nachtragsangebote auszugleichen.

14 Wie auch nach alter Rechtslage,[16] kann bei bestimmten Beschaffungsvorhaben die Bewertung der Wirtschaftlichkeit alleine aufgrund des Preises ausreichend sein, wohingegen bei anderen, insbesondere bei komplexeren Vorhaben, eine Bewertung nach Preis oder Kosten und leistungsbezogene Zuschlagskriterien erforderlich sein wird.

15 Aus dem Wortlaut und der Gesetzesbegründung ergibt sich, dass öffentliche Auftraggeber auch ein preisliches bzw. neuerdings ein kostenbezogenes Kriterium als alleiniges Zuschlagskriterium auswählen dürfen. Denn ein Preis-Leistungs-Verhältnis kann auch dann ermittelt werden, wenn die Qualität der Leistungen aufgrund der Vorgaben in den Vergabeunterlagen feststeht und somit **keine Abweichungen im Rahmen der Angebote möglich** sind. Die Zulässigkeit der Bestimmung des Zuschlagskriteriums „niedrigster Preis" wird in der Gesetzesbegründung zur Einführung des § 127 ausdrücklich bestätigt.[17]

16 Die Festlegung des niedrigsten Preises als alleiniges Zuschlagskriterium ist auch nach der **Entscheidungspraxis des EuGH** generell zulässig.[18] Dies ist insbesondere dann der Fall, wenn die Leistungsbeschreibung hinreichend konkrete und verbindliche Leistungsvorgaben trifft, sodass alle Angebote in Bezug auf den Leistungsinhalt und -umfang gleichförmig sein werden.[19] Nicht erforderlich sind neben dem Preis weitere Zuschlagskriterien somit in der Regel nur dann, wenn es sich bei den ausgeschriebenen Leistungen um standardisierte Lieferungen oder Dienstleistungen handelt.[20] Das heißt entgegen anderer Auffassungen aber nicht, dass der Preis als alleiniges Zuschlagskriterium nicht auch bei funktionalen/teilfunktionalen Ausschreibungen gewählt werden dürfte.

17 Es ist vielmehr im Einzelfall zu betrachten, ob die Leistungsbeschreibung geeignet ist, vergleichbare Angebote hervorzubringen. Dies kann auch bei **funktionalen Leistungsbeschreibungen** der Fall sein, wenn z. B. Mindestbedingungen aufgestellt und/oder beschrieben sind. Bestätigung findet diese Auffassung in § 127 Abs. 4 Satz 2. Auch bei Nebenangeboten kann der Preis alleiniges Zuschlagskriterium sein, wenn Mindestbedingungen die Vergleichbarkeit der Angebote gewährleisten. Nur dort, wo der Spielraum der Bieter bei der qualitativen Ausgestaltung der Leistung (z. B. durch Konzepte) erheblich ist, wird der Preis als Zuschlagskriterium unzulässig, da dieser dann nicht mehr geeignet ist, den Wettbewerb zu ermöglichen.

---

16 Vgl. OLG Naumburg, Beschl. v. 5.12.2008, 1 Verg 9/08; VK Hessen, Beschl. v. 3.2.2012, 69d-VK-48/2011; VK Schleswig-Holstein, Beschl. v. 8.10.2010, VK-SH 13/10.

17 Vgl. BR-Drs. 367/15, S. 132; Erwägungsgrund 90 VRL sowie Erwägungsgrund 95 SRL.

18 Vgl. EuGH, Urt. v. 7.10.2004, C-247/02 – Sintesi SpA ./. Aucoritá per la Vigilanza sui Lavori Pubblici.

19 Vgl. OLG Düsseldorf, Beschl. v. 2.5.2007, VII-Verg 1/07 – Postdienste; OLG Naumburg, Beschl. v. 5.12.2008, 1 Verg 9/08 – Abfall Altmark; OLG München, Beschl. v. 20.5.2010, Verg 4/10 – Anruf-Sammeltaxi; OLG Frankfurt, Beschl. v. 5.6.2012, 11 Verg 4/12 – Rechnungslegung; OLG Frankfurt, Beschl. v. 28.5.2013, 11 Verg 6/13 – Solarkataster; OLG Düsseldorf, Beschl. v. 24.9.2014, VII-Verg 17/14 – Hilfsmittel; VK Lüneburg, Beschl. v. 12.6.2015, VgK-17/2015 – Entsorgung von Giftmüll.

20 Vgl. OLG Düsseldorf, Beschl. v. 11.12.2013, VII-Verg 22/13 – Ausführungsplanung.

4. Qualitative, umweltbezogene und soziale Aspekte

Abs. 1 Satz 4 greift die bereits in § 97 Abs. 3 GWB vollzogene Aufwertung der qualitativen, umweltbezogenen und sozialen Aspekte auf und überträgt diese auf die Zuschlagsentscheidung und die zugrunde liegende Auswahl der Zuschlagskriterien. Die Wertung der Angebote nach verschiedenen, mithin nicht nur preis- bzw. kostenbezogenen Kriterien, soll nach der Vorstellung der Richtlinien, wie auch des Gesetzgebers der Normalfall sein. Ziel ist es, mit den zur Verfügung stehenden Haushaltsmitteln möglichst hochwertige, nachhaltige Leistungen und/oder Waren zu beschaffen. **18**

Qualitative Aspekte können durch die Auswahl nicht preislicher Zuschlagskriterien stattfinden. Dazu gehören u. a. der technische Wert, die Funktionalität und die Zweckmäßigkeit von Leistungen, Leistungsoptionen und Entwicklungspotenziale, die Leistungszeit, die Leistungssicherheit oder technische Hilfe, die Gestaltung oder Ausführungskonzepte etc. **19**

Umweltbezogene Aspekte können sowohl durch preisliche als auch nicht-preisliche Kriterien berücksichtigt werden. Zu den preislichen Kriterien gehören u. a. Betriebs-, Folge-, Energie- oder Lebenszykluskosten. Zu den nicht preislichen Kriterien gehören u. a. Energieeffizienz, Energieverbrauch, Nutzungsdauer, Verwendung von Rohstoffen, Reparaturmöglichkeiten, Entsorgungskosten etc. **20**

Soziale Aspekte werden wohl in der Regel, aber nicht zwingend ausschließlich, durch nicht preisliche Kriterien abgedeckt. Hierzu gehören u. a. Barrierefreiheit, Bedienfreundlichkeit für bestimmte Nutzergruppen (z. B. für Ältere oder Menschen mit Behinderungen) etc. **21**

5. Bewertungsmatrix und Angebotswertung

Der Auftraggeber bewertet die Angebote nach den Vorgaben des Abs. 1 Satz 2 unverändert danach, ob und inwieweit ein Angebot die vorgegebenen Zuschlagskriterien erfüllt. Ziel der Angebotswertung ist daher, einen Überblick über die unterschiedlichen Grade der Wirtschaftlichkeit der diversen Angebote zu erhalten. **22**

Um diese Grade zu messen, stellt der öffentliche Auftraggeber im Rahmen der Ausschreibungsvorbereitung zunächst die passenden Kriterien zusammen („vorgegebene Zuschlagskriterien" i. S. d. Abs. 1 Satz 2), gewichtet diese und erstellt einen Maßstab, woran die einzelnen Angebote sodann bemessen werden. Zusammen ergibt dies eine **Bewertungsmatrix**. Bei der Auswahl und Gewichtung der Zuschlagskriterien hat der öffentliche Auftraggeber einen **sehr großen Gestaltungsspielraum**.[21] Dieser Gestaltungsspielraum sollte auch nicht durch die Einführung des § 127 GWB beschränkt werden.[22] Die Auswahl der Zuschlagskriterien sollte für jede Beschaffung individuell und in Abhängigkeit der konkreten zu beschaffenden Leistung, Ware oder Bauwerk festgelegt werden. **23**

---

21 Vgl. Urt. v. 7.10.2004, C-247/02 – Sintesi SpA ./. Autoritá per la Vigilanza sui Lavori Pubblici; Urt. v. 24.1.2008, C-532/06 – Emm. G. Lianakis AE u. a. ./. Plantiki AE u. a.; EuGH, Urt. v. 25.2.2003, T-4/01 – Renco SpA ./. Rat; OLG München, Beschl. v. 17.1.2008, Verg 15/07 – Lärmschutz-Einhausung; OLG Naumburg, Beschl. v. 5.12.2008, 1 Verg 9/08 – Abfall Altmark; LSG Nordrhein-Westfalen, Beschl. v. 8.10.2009, L 21 KR 39/09 SFB.

22 Vgl. BR-Drs. 367/15, S. 133 zu Absatz 4.

24 Aus der Bewertungsmatrix ergibt sich, wie die Angaben der Bieter in Anbetracht der Zuschlagskriterien konkret bewertet werden und wie eine etwaige Umrechnung in Wertungspunkte erfolgt.[23] Die Norm enthält selbst keine Vorgaben zur Festlegung einer konkreten Bewertungsmatrix. Aus der Gesetzesbegründung folgt jedoch, dass die Zuschlagskriterien mit einer „**Wertungsskala**" zu versehen und Kriterien für die Beurteilung im Rahmen dieser Wertungsskala festzulegen sind.[24]

25 Keine Schwierigkeiten ergeben sich in der Regel, wenn der Preis als alleiniges Zuschlagskriterium herangezogen wird. In diesem Fall können in einer Bewertungsmatrix allenfalls Vorgaben zur Ermittlung des Gesamtpreises oder der Gesamtkosten angegeben werden. Die Bewertung der Angebote erfolgt durch einen direkten Vergleich der jeweiligen Gesamtpreise bzw. -kosten der Angebote. Das Angebot mit dem niedrigsten Angebotspreis bzw. den niedrigsten Kosten ist das wirtschaftlichste Angebot.

a) Absolute Bewertung

26 Der öffentliche Auftraggeber kann die Angebote zudem entweder absolut oder relativ[25] bewerten. Im erst genannten Fall muss der Auftraggeber den konkreten Bewertungsmaßstab festlegen und bekanntgeben, an dem jedes einzelne Angebot gemessen werden soll.[26]

aa) Schulnoten-Rechtsprechung des OLG Düsseldorf

27 Zwischenzeitlich war umstritten, ob die Verwendung eines sog. „**Schulnotensystems**" zur Bewertung von Konzepten ohne konkrete Unterkriterien, die dem Bieter verdeutlichen, wovon die Vergabe der Noten im Einzelnen abhängig wäre, diesem Transparenzgrundsatz genügen könne.[27] Denn durch die Verwendung eines allgemeinen Schulnotensystems zur Bewertung von Konzepten, statt der Angabe konkreter Unterkriterien, anhand derer die Schulnoten vergeben werden sollen, verstieße der öffentliche Auftraggeber nach Ansicht des OLG Düsseldorf gegen den Transparenzgrundsatz.[28]

28 Die Bewertungsmatrix müsse jedoch insbesondere im Falle der Bewertung von nicht-preislichen Kriterien die vergaberechtlichen **Transparenzanforderungen** erfüllen. Dies sei nach vorübergehender vergaberechtlicher Entscheidungspraxis[29] nur dann der Fall, wenn aus den Vergabeunterlagen im Vorhinein bestimmt werden könne, welchen Erfüllungsgrad die Angebote auf der Grundlage des Kriterienkatalogs und konkreter Kriterien aufweisen

---

23 Vgl. OLG Düsseldorf, Beschl. v. 27.3.2013, Vll-Verg 53/12; OLG München, Beschl. v. 19.3.2009, Verg 2/09; VK Berlin, Beschl. v. 30.11.2012, VK-B1-30/12.

24 Vgl. Gesetzesbegründung, BT-Drs. 18/6281, S. 111; zur alten Rechtslage VK Bund, Beschl. v. 6.12.2013, VK 1-103/13; VK Nordbayern, Beschl. v. 6.8.2015, 21.VK-3194-16/15.

25 OLG Schleswig, Beschl. v. 2.7.2010, 1 Verg 1/10; OLG Düsseldorf, Beschl. v. 15.7.2015, Vll-Verg 11/15; Beschl. v. 3.3.2010, Vll-Verg 48/09.

26 Vgl. VK Sachsen, Beschl. v. 7.3.2014, 1/SVK/048-13.

27 Vgl. OLG Düsseldorf, Beschl. v. 16.12.2015, VII-Verg 25/15; OLG Düsseldorf, Beschl. v. 15.6.2016, VII-Verg 49/15.

28 OLG Düsseldorf, Beschl. v. 15.6.2016, Vll-Verg 49/15.

29 OLG Düsseldorf, Beschl. v. 21.10.2015, VII-Verg 28/14; OLG Düsseldorf, Beschl. v. 16.12.2015, VII-Verg 25/15; OLG Naumburg, Beschl. v. 16.12.2016, 7 Verg 6/16.

müssten, um mit den festgelegten Punktwerten bewertet zu werden.[30] Anders ausgedrückt: Für den Bieter müsse zu erkennen sein, unter welchen Voraussetzungen welche Kriterien als mit „kleinen Schwächen", „geringen Einschränkungen" oder mit „deutlichen Einschränkungen" bewertet würden. Könnten Bieter aufgrund der Vergabeunterlagen im Voraus nicht zuverlässig ermitteln, auf welche konkreten Leistungen die Vergabestelle Wert legt und wie Angaben und angebotene Konzepte insofern zueinander gewichtet werden sollten, ließe das Wertungssystem objektiv Raum für Manipulationen und Willkür.[31]

Würde der öffentliche Auftraggeber durch weitere Erläuterungen den Bietern jedoch klarstellen, wann er davon ausgeht, dass ein „mit Einschränkungen den Anforderungen" oder „der Zielerreichung in besonderer Weise dienlich" vorliege, so sollte dies den Transparenzanforderungen genügen.[32] Der öffentliche Auftraggeber habe dabei den zunächst unbestimmten Wertungsmaßstab z. B. des Schulnotensystems in den Vergabeunterlagen weiter aufzugliedern. Er habe dadurch Anhaltspunkte zu geben, an denen Bieter den bei den jeweiligen Notenstufen geforderten Erfüllungsgrad erkennen könnten. Den Bietern müsse aufgezeigt werden, worauf bei den Angeboten vom Auftraggeber Wert gelegt würde.[33] Die Lösung selbst müsse freilich nicht vorweggenommen werden. Der Bieter müsse nur erkennen können, worauf es dem Auftraggeber im Kern ankommt. **29**

bb) Klarstellung des EuGH und des BGH zur Schulnoten-Rechtsprechung

Nach einer jüngsten Entscheidung des BGH steht nunmehr jedoch fest, dass auch eine solche Bewertungsmatrix vergaberechtlich zulässig ist. Der BGH schloss sich dabei einem zuvor ergangenen Urteil des EuGH an.[34] Aus diesem geht hervor, dass der öffentliche Auftraggeber keiner Pflicht unterliegt, seine konkrete Bewertungsmethode den Bietern zwingend zuvor zur Kenntnis zu bringen. Voraussetzung für die Verwendung einer solchen Bewertungsmatrix bleibt nach Ansicht des EuGH jedoch, dass dadurch keine Veränderung der bekanntgemachten Zuschlagskriterien oder ihrer Gewichtung bewirkt wird.[35] Der BGH sieht in der Pflicht des öffentlichen Auftraggebers zur **umfassenden Dokumentation des Wertungsprozesses**, der dadurch für einen Dritten nachvollziehbar gemacht werden soll, die Lösung, um der Gefahr der Intransparenz in solchen Fällen zu begegnen. Obwohl dem öffentlichen Auftraggeber damit ein gewisser Freiraum bleibt, ist seine Auswahlentscheidung vor den Nachprüfungsinstanzen auch hinsichtlich der angewandten Bewertungsmatrix und deren Plausibilität der Bewertung **überprüfbar**. Das OLG Düsseldorf hat daher seine restriktive Entscheidungspraxis zur Schulnotenbewertung relativiert und sie bleibt allenfalls bei funktionalen Leistungsbeschreibungen von Bedeutung.[36] Hier hat der Auftraggeber entweder konkrete Vorgaben zum erwarteten Erfüllungsgrad im Rahmen der Zuschlagskriterien aufzustellen oder in der Leistungsbeschreibung konkrete Vorgaben zur erwarteten Lösung zu machen. **30**

---

30 OLG Düsseldorf, Beschl. v. 21.10.2015, VII-Verg 28/14; OLG Düsseldorf, Beschl. v. 16.12.2015, VII-Verg 25/15.

31 OLG Düsseldorf, Beschl. v. 21.10.2015, VII-Verg 28/14.

32 OLG Düsseldorf, Beschl. v. 2.11.2016, VII-Verg 25/16.

33 OLG Düsseldorf, Beschl. v. 2.11.2016, VII-Verg 25/16.

34 BGH, Beschl. v. 4.4.2017, X ZB 3/17; EuGH, Urt. v. 14.7.2016, C-6/15.

35 OLG Düsseldorf, Beschl. v. 8.3.2017, VII-Verg 39/16; EuGH, Urt. v. 14.7.2016, C-6/15.

36 OLG Düsseldorf, Beschl. v. 8.3.2017, VII-Verg 39/16.

b) Relative Bewertung

31 Bei einer relativen Bewertung werden die Angebote jeweils am Maßstab des besten eingereichten Angebots gemessen. Dies ist insbesondere bei der Preisbewertung üblich. Die Reihenfolge der Angebote kann in diesem Fall bei preislichen Kriterien durch eine Interpolationsrechnung zwischen dem niedrigsten und dem jeweils zu bewertenden Angebotspreis ermittelt werden. Gegen eine **relative Bewertung im Falle von nicht-preislichen Kriterien** kann die fehlende Transparenz des Bewertungsmaßstabes sprechen. Da dieser sich erst nach Auswertung der Angebote und Feststellung des qualitativ besten Angebotes als Referenzmaßstab ergibt, ist er den Bietern naturgemäß bei der Angebotserstellung nicht bekannt. Davon zu unterscheiden ist die Frage, ob die Bewertungsmotive selbst auch sogleich mit Bekanntmachung zur Verfügung gestellt werden müssen. Dies ist nicht der Fall. Zumindest vor der Angebotserweiterung ist sie aber offenzulegen.

32 Um die Verhältniszahl zwischen Preis und qualitativen, bzw. sonstigen nicht-preislichen Zuschlagskriterien zu ermitteln, ist es in den meisten Fällen erforderlich, eine **Umrechnungsformel** zu bilden. Dies gilt nicht für den Fall, in dem Preis und Qualität zu jeweils 50% in die Gesamtwertung eingehen. In der Praxis greifen öffentliche Auftraggeber oftmals auf die sog. UfAB-Formeln[37] zurück. Der öffentliche Auftraggeber ist in der Festlegung der Umrechnungsformel zwar frei, er muss dabei aber die allgemeinen vergaberechtlichen Grundsätze beachten.[38] Mit diesen Grundsätzen ist es unvereinbar, wenn sich aus der Formel sog. „**unerwartete Effekte**" ergeben.[39] Nicht zu den unerwarteten Effekten gehören jedoch typische Konsequenzen aus der Umrechnungsformel, wie z. B. die Begünstigung hochqualitativer, aber teurer Angebote bei Verwendung des „inversen Dreisatzes".[40] Eine Bewertungsmatrix, die den Mittelwert aller Angebote als Referenzwert festgelegt, entspricht jedoch nicht dem Grundsatz der Wirtschaftlichkeit.[41] Mit dem Grundsatz der Wirtschaftlichkeit ist auch eine Bewertungsmethode unvereinbar, bei der es zu einem sog. **Flipping-Effekt** kommen kann.[42] Der Flipping-Effekt kann insbesondere bei Verhandlungsverfahren mit mehreren Verhandlungsrunden auftreten.

33 Die aufgestellte **Bewertungsmatrix darf auch nicht zu einer Abweichung von den bekannt gegebenen Zuschlagskriterien und deren Gewichtung** führen.[43] Dies ist u. a. dann der Fall, wenn das beste Angebot bezüglich eines Zuschlagskriteriums 100 Punkte und das schlechteste Angebot 0 Punkte erhalten soll.[44] Nach vereinzelten Entscheidungen,[45] kann

37 Abrufbar unter: http://www.cio.bund.de/Web/DE/IT-Beschaffung/UfAB/ufab_node.html.

38 Vgl. OLG Düsseldorf, Beschl. v. 15.6.2016, VII-Verg 49/15.

39 Vgl. OLG Düsseldorf, Beschl. v. 15.6.2016, VII-Verg 49/15.

40 Vgl. OLG Düsseldorf, Beschl. v. 15.6.2016, VII-Verg 49/15.

41 Vgl. VK Bund, Beschl. v. 21.11.2013, VK 2-102/13.

42 OLG Celle, Beschl. v. 19.3.2015, 13 Verg 1/15; OLG Düsseldorf, Beschl. v. 19.6.2013, VII-Verg 8/13; VK Bund, Beschl. v. 21.10.2014, VK 2-81/14; VK Südbayern, Beschl. v. 20.12.2012, Z3-3-3194-1-58-11/12; für Beispiele siehe *Bartsch/von Gehlen*, NZBau 2015, 523, 526; *Bartsch/v. Gehlen/Hirsch*, NZBau 2012, 393, 397.

43 Vgl. EuGH, Urt. v. 14.7.2016, Rs. C-6/15, Rn. 37 – Dimarso; OLG Düsseldorf, Beschl. v. 29.4.2015, VII-Verg 35/14; Beschl. v. 22.1.2014, VII-Verg 26/13; OLG Schleswig, Beschl. v. 2.7.2010, 1 Verg 1/10; OLG Hamburg, Beschl. v. 19.3.2003, 1 Verg 4/02; LG Stuttgart, Beschl. v. 21.11.2014, 11 O 180/14.

44 OLG Düsseldorf, Beschl. v. 29.4.2015, VII-Verg 35/14; Beschl. v. 22.1.2014, VII-Verg 26/13.

45 OLG Schleswig, Beschl. v. 2.7.2010, 1 Verg 1/10; VK Sachsen, Beschl. v. 22.7.2010, 1/SVK/022-10; VK Münster, Beschl. v. 21.12.2001, VK 22/01.

es zudem erforderlich sein, dass die Bewertung des Preises oder der Kosten mit Hilfe der gleichen Bewertungsmethode erfolgen muss, wie sie auch für die Bewertung der nichtpreislichen Zuschlagskriterien zur Anwendung kommen soll. Nicht ausgeschlossen ist auch, dass die Umrechnung des Preises in (Preis-)Punkte zu einer nachträglichen Änderung der bekanntgegebenen Gewichtung führt.[46] Die Bewertungsmatrix muss zudem sicherstellen, dass die relativen Preisabstände angemessen bei der Punkteverteilung berücksichtigt werden.[47] Die Formel für die Umrechnung muss zudem in den Vergabeunterlagen angegeben werden. Dies ergibt sich schon aus dem Transparenzgrundsatz.

Im Rahmen der Wertung der einzelnen Angebote trifft der öffentliche Auftraggeber nach den von ihm zuvor aufgestellten Kriterien und dem bekanntgegebenen Maßstab eine eigene Entscheidung über den Grad der Erreichung jedes einzelnen Kriteriums. Dem Auftraggeber steht sowohl bei diesen Einzelentscheidungen, als auch bei der **Gesamtbewertung** ein weiter Beurteilungsspielraum zu, welcher nur eingeschränkt gerichtlich überprüft werden kann. Die beabsichtigte Zuschlagserteilung kann im Rahmen eines vergaberechtlichen Nachprüfungsverfahrens nur daraufhin überprüft werden, 34

- ob der Auftraggeber sich an die bekanntgemachten Zuschlagskriterien und ihre Gewichtung gehalten,
- ob der Auftraggeber bei der Wertung den zugrunde liegenden Sachverhalt zutreffend und vollständig erfasst hat und
- ob der Auftraggeber bei der Ausübung des ihm zustehenden Beurteilungsspielraums keine sachwidrigen, mithin keine willkürlichen, diskriminierenden oder sonst unvertretbaren Erwägungen hat einfließen lassen.[48]

Die Angebotswertung muss daher insbesondere dem **Gleichbehandlungsgrundsatz** genügen. Der öffentliche Auftraggeber darf daher ein Angebot nicht schlechter oder besser als ein Angebot mit identischen Leistungs- und/oder Preismerkmalen bewerten.[49]

Die Angebotswertung muss vom öffentlichen Auftraggeber zwingend **dokumentiert** werden.[50] Wegen des dem Auftraggeber zustehenden Wertungsspielraums und der nur eingeschränkten gerichtlichen Überprüfbarkeit muss die Ausübung des Wertungsspielraums sich aus der entsprechenden Dokumentation ergeben. Aus der Dokumentation müssen sich grundsätzlich die sachlichen Gründe für die konkrete Punktevergabe ergeben.[51] Eine ausführliche Begründung kann in Einzelfällen dann unterbleiben, wenn das jeweilige Angebot „den durchschnittlichen Anforderungen" entspricht.[52] 35

46 *Bartsch/von Gehlen*, NZBau 2015, 523, 525 ff.; *Brackmann/Berger*, VergabeR 2016, 313, 319 ff.
47 VK Südbayern, Beschl. v. 24.7.2015, Z 3-3-3194-1-28-04/15; VK Thüringen, Beschl. v. 26.6.2014, 250-4003-3903/2014-E-009-GRZ; VK Niedersachsen, Beschl. v. 7.2.2014, VgK-51/2013.
48 St. Rspr. BGH, Urt. v. 6.2.2002, X ZR 185/99; OLG Koblenz, Beschl. v. 2.10.2012, 1 Verg 4/12; OLG Celle, Beschl. v. 12.1.2012, 13 Verg 8/11; OLG München, Beschl. v. 7.4.2011, Verg 5/11; OLG Düsseldorf, Beschl. v. 27.7.2005, VII-Verg 108/04; OLG Jena, Beschl. v. 13.10.1999, 6 Verg 1/99.
49 OLG Düsseldorf, Beschl. v. 22.8.2007, VII-Verg 27/07; VK Bund, Beschl. v. 16.3.2015, VK 1-10/15.
50 Vgl. VK Baden-Württemberg, Beschl. v. 14.11.2013, 1 VK 37/13.
51 Vgl. VK Sachsen, Beschl. v. 6.11.2015, 1/SVK/024-15.
52 VK Bund, Beschl. v. 24.11.2011, VK 3-143/11.

36 Der öffentliche Auftraggeber hat alle wesentlichen Entscheidungen im Vergabeverfahren, mithin insbesondere die Angebotsentscheidung, selbst zu treffen. Er kann die **Entscheidung nicht auf einen anderen delegieren**. Der öffentliche Auftraggeber kann sich aber die von einem Dritten vorbereitete Vergabeentscheidung zu eigen machen und genehmigen.[53] Dies gilt auch für externen Sachverstand z. B. im Rahmen von Teststellungen.

III. Vorschriften zur Preisgestaltung (Abs. 2)

1. Keine Begründung neuer Rechtspflichten

37 Abs. 2 verweist rein deklaratorisch auf die zusätzliche Geltung von gesetzlichen Gebühren- oder Honorarordnungen (hierzu gehört insbesondere die Honorarordnung für Architekten und Ingenieure – HOAI). Es werden dadurch keine neuen Rechtspflichten begründet. Die Regelung wurde daher teilweise im Gesetzgebungsverfahren als überflüssig bezeichnet.[54]

2. Abgrenzung öffentliches Preisrecht zum Vergaberecht

38 Das öffentliche **Preisrecht** betrifft grundsätzliche Fragen der Preisbestimmung sowie etwaige Grenzen dieser Preisbestimmung. Das öffentliche Preisrecht behandelt somit Fragen, die das europäische und das nationale Vergaberecht nicht regeln. Das öffentliche Preisrecht gliedert[55] sich in

- allgemeine Preisvorschriften, welche für eine Vielzahl von Waren und Leistungen anwendbar sind,[56] und
- besondere Preisvorschriften, die vor allem für bestimmte Leistungen Mindest- und Höchstpreisvorschriften[57] oder Genehmigungserfordernisse für Preise[58] enthalten.

39 Der öffentliche Auftraggeber muss bei der Verfahrensgestaltung die jeweils einschlägigen preisrechtlichen Rahmenbedingungen berücksichtigen. Zudem muss er bei der Prüfung und Wertung der Angebote auf die Einhaltung der preisrechtlichen Vorschriften achten.[59]

---

53 Vgl. OLG Frankfurt, Beschl. v. 9.7.2010, 11 Verg 5/10.

54 Vgl. DAV, Ausschuss Vergaberecht, Stellungnahme zum Referentenentwurf eines Gesetzes zur Modernisierung des Vergaberechts (NZBau aktuell, Heft 6/2015, S. VII).

55 Vgl. *Berstermann*, in: Pünder/Schellenberg, Vergaberecht, Kap. 8 Rn. 24.

56 Z. B. VO PR 30/53 über die Preise bei öffentlichen Aufträgen v. 21.11.1953 (BAnz 1953, Nr. 244), § 138 BGB (Sittenwidriges Rechtsgeschäft), §§ 309 bis 311 BGB (Klauselverbote), § 291 StGB (Wucher), §§ 3 bis 5 WiStrG (Verstöße gegen die Preisregelung, Preisüberhöhung in einem Beruf oder Gewerbe, Mietpreisüberhöhung), § 1 PrKG (Preisklauselverbot).

57 Z. B. Honorarordnung für Architekten und Ingenieure v. 10.7.2013 (BGBl. I S. 2276); Rechtsanwaltsvergütungsgesetz v. 5.5.2004 (BGBl. I S. 718); §§ 55, 55a WiPrO; Arzneimittelpreisverordnung v. 14.11.1980 (BGBl. I S. 2147); Gesetz über die Preisbindung von Büchern v. 2.9.2002 (BGBl. I S. 3448).

58 Z. B. § 23a EnWG (Genehmigung der Entgelte für den Netzzugang), §§ 2, 51 PBefG (Beförderungsentgelte); § 31 TKG (Entgeltgenehmigung); §§ 19 ff. PostG (Entgeltregulierung).

59 Vgl. *Voppel/Osenbrück/Bubert*, in: Voppel/Osenbrück/Bubert, VOF, § 11 Rn. 42 m. w. N.

IV. Die Zuschlagskriterien (Abs. 3 und Abs. 4)

1. Entstehungsgeschichte

Trotz des geänderten Wortlautes enthalten die nationalen Bestimmungen im Vergleich zu Art. 67 Abs. 3 und 4 RL 2014/24/EU bzw. Art. 82 Abs. 3 und 4 RL 2014/25/EU keine inhaltlich abweichenden Regelungen. Ziel des Gesetzgebers war es, die Verständlichkeit des Regelungsinhaltes im Vergleich zum Richtlinientext zu erhöhen.[60] 40

2. Verbindung der Zuschlagskriterien zum Auftragsgegenstand (Abs. 3)

Abs. 3 Satz 1 fordert nunmehr ausdrücklich, dass die vom öffentlichen Auftraggeber aufgestellten Zuschlagskriterien **mit dem ausgeschriebenen Leistungsgegenstand in Verbindung stehen** müssen. Dies ergab sich auch bereits aus dem Sinn und Zweck der Zuschlagskriterien generell. Denn diese sollen gerade die Vergleichbarkeit der Angebote im Hinblick auf bestimmte, vom Auftraggeber hervorgehobene Kriterien ermöglichen, um dadurch die Wirtschaftlichkeit der Beschaffung sicherzustellen.[61] Daher muss sich auch die vergleichende Beurteilung des angebotenen Leistungsniveaus an dem eindeutig bestimmten und bekanntgemachten Gegenstand des Auftrags orientieren.[62] Da auch optionale Leistungen, Bedarfs- und Abrufoptionen Bestandteil der ausgeschriebenen Leistung sind, können sich die Zuschlagskriterien auch auf solche Leistungsbestandteile beziehen.[63] 41

Die Verbindung zwischen dem bekanntgemachten Zuschlagskriterium und dem Auftragsgegenstand ist zumindest wohl dann ausreichend, wenn dadurch bestimmte, charakteristische Merkmale der Dienstleistung oder der Ware betroffen sind.[64] Die Verbindung ist auch dann noch gegeben, wenn sich ein Zuschlagskriterium auf Prozesse im Zusammenhang mit der Herstellung, Bereitstellung oder Entsorgung der Leistung, auf den Handel mit der Leistung oder auf ein anderes Stadium im Lebenszyklus der Leistung bezieht, auch wenn sich diese Faktoren nicht auf die materiellen Eigenschaften des Auftragsgegenstandes auswirken. Die zwingende Anforderung, dass Zuschlagskriterien mit dem Auftragsgegenstand in Verbindung stehen müssen, schließt von vornherein solche Zuschlagskriterien aus, die nur allgemein gesellschaftliche oder politisch erwünschte Verhaltensanforderungen aufstellen.[65] Nicht mit dem Auftragsgegenstand in Verbindung stehen zudem Kriterien, die sich allein auf das Verhalten des Bieters bei der Durchführung des Vergabeverfahrens beziehen.[66] 42

---

60 So ausdrücklich BR-Drs. 367/15, S. 132 zu Absatz 3 und S. 133 zu Absatz 4.

61 So schon EuGH, Urt. v. 10.5.2012, C-368/10 – KOM ./. Kgr. Niederlande.

62 Vgl. Erwägungsgrund 92 Abs. 1 VRL, sowie Erwägungsgrund 97 Abs. 1 SRL.

63 Vgl. OLG Düsseldorf, Beschl. v. 7.3.2012, VII-Verg 82/11; Beschl. v. 19.11.2014, VII-Verg 30/14 – Interferon beta 1-b III.

64 So auch Erwägungsgrund 97 VRL und Erwägungsgrund 102 SRL.

65 Vgl. EuGH, Urt. v. 4.12.2003, C-448/01 – EVN AG et Wienstrom GmbH ./. Republik Österreich.

66 Vgl. OLG Düsseldorf, Beschl. v. 21.5.2012, VII-Verg 3/12.

3. Wirksamer Wettbewerb und willkürfreie Zuschlagsentscheidung (Abs. 4 Satz 1)

43 Durch die Auswahl der Zuschlagskriterien muss jedoch zwingend nach Abs. 4 Satz 1 ein wirksamer Wettbewerb und eine willkürfreie Auswahl beachtet werden.[67] Zudem müssen auch die allgemeinen Prinzipien der Wirtschaftlichkeit und der Verhältnismäßigkeit gem. § 97 Abs. 1 Satz 2 GWB berücksichtigt werden. Durch die Auswahl der Zuschlagskriterien darf es mithin nicht zu einer unsachgerechten Verengung des potenziellen Anbietermarktes kommen. Der Wettbewerb ist somit dann wirksam, wenn er fair organisiert ist,[68] die teilnehmenden Bieter also nicht durch die Gestaltung der Verfahrensbedingungen diskriminiert werden und formal betrachtet die gleichen Chancen auf den Vertragsabschluss haben.

44 Das Vergabeverfahren und die Angebotswertung müssen dabei so organisiert sein, dass die **Vergabeentscheidung nicht willkürlich** getroffen werden kann.[69] Vor diesem Hintergrund ist es erforderlich, dass alle fachkundigen Bieter Inhalt, Gewichtung und Bewertungsstufen der Zuschlagskriterien in gleicher Weise verstehen können.[70]

45 Ob die dem öffentlichen Auftraggeber bei der Angebotsbewertung verbleibenden Wertungs- und Entscheidungsspielräume noch legitim oder schon willkürlich sind, hängt sehr stark vom Einzelfall ab. Bei dieser ebenfalls wertenden Feststellung durch die Vergabenachprüfungsinstanzen werden die allgemeinen Vergabegrundsätze (Transparenz, Nichtdiskriminierung und Verhältnismäßigkeit) eine entscheidende Rolle spielen.

4. Wirksame Überprüfbarkeit der Zuschlagsentscheidung (Abs. 4 Satz 1)

46 Zuschlagskriterien, sowie deren Unterkriterien müssen soweit wie möglich **objektiv bewertbar** sein. Dies ist der Fall, wenn

- der jeweilige Maßstab in der fachlichen Praxis als geeignet angesehen werden kann,
- die Bewertungsgrundlagen für den Auftraggeber feststellbar und effektiv nachprüfbarsind[71] und
- die Bewertungsentscheidung, soweit möglich, von subjektiven Einflüssen frei ist.

47 Dies bedeutet nicht, dass dem öffentlichen Auftraggeber überhaupt kein **subjektives Bewertungselement** mehr verbleiben darf. Subjektive Elemente dürfen jedoch keine willkürlichen Entscheidungen eröffnen. Grundsätzlich ist es somit nicht unzulässig, wenn Kriterien zur Anwendung kommen, welche per se nicht frei von subjektiven Wertungen sein können. Dies gilt u. a. für die in der Richtlinie genannten Kriterien „Ästhetik" und „Gestaltung".

---

67 Vgl. Erwägungsgrund 92 Abs. 2 VRL und Erwägungsgrund 97 Abs. 2 SRL.

68 In Art. 67 VRL ausdrücklich aufgeführt.

69 EuGH, Urt. v. 20.9.1988, C-31/87 – Gebroeders Beentjes BV ./. Kgr. Niederlande; EuGH, Urt. v. 18.10.2001, C-19/00 – SLAC Construction Lrd. ./. County Council of the County of Mayo; BGH, Urt. v. 17.2.1999, X ZR 101/97 – Krankenhauswäsche.

70 Vgl. EuGH, Urt. v. 18.10.2001, C-19/00 – SLAC Construction Ltd. ./. County Council of die County of Mayo.

71 Vgl. EuGH, Urt. v. 4.12.2003, C-448/01 – EVN AG et Wienstrom GmbH ./. Rep. Österreich.

5. Gewichtung der Zuschlagskriterien

Der öffentliche Auftraggeber verfügt hinsichtlich der Festlegung der Gewichtung über einen **breiten Festlegungsspielraum**.[72] Auch dieser Festlegungsspielraum ist von den Nachprüfungsinstanzen nur begrenzt überprüfbar.[73] Dabei muss die gewählte Gewichtung der Zuschlagskriterien deren jeweilige Bedeutung angemessen widerspiegeln, da ansonsten ein Verstoß gegen den Wirtschaftlichkeitsgrundsatz vorliegt. 48

Der Preis und/oder die Kosten dürfen bei der Wirtschaftlichkeitswertung somit nicht nur eine untergeordnete Rolle spielen.[74] Eine Berücksichtigung des Preises und der Kosten mit einem Anteil von 27 % kann dabei noch angemessen sein.[75] Unangemessen ist es, wenn der Preis oder die Kosten mit lediglich 5 % gewichtet werden.[76] Zwar verbietet sich eine pauschale quantitative Untergrenze aufgrund der notwendigen Einzelfallbetrachtung.[77] Dies soll jedoch eine Regel-Ausnahme-Systematik nicht ausschließen, wonach ein Wertungsanteil des Angebotspreises von 30 % in der Regel nicht unterschritten werden sollte.[78] 49

Unterlässt der öffentliche Auftraggeber die ausdrückliche Bekanntgabe der Gewichtung der Zuschlagskriterien, so ergibt sich aus der reinen Aufzählung der Zuschlagskriterien weder, dass diese in einer bestimmten Reihenfolge (absteigend oder aufsteigend), noch, dass alle genannten Kriterien gleichgewichtet werden sollen.[79] 50

V. Zuschlagskriterien bei Haupt- und Nebenangeboten (Abs. 4 Satz 2)

Nach Abs. 4 Satz 2 hat der öffentliche Auftraggeber, wenn er **Nebenangebote** zulassen will, die Zuschlagskriterien so auszuwählen, dass sie sowohl auf Haupt- als auch auf Nebenangebote angewendet werden können. 51

Es darf somit keine Zuschlagskriterien geben, welche ausschließlich entweder im Rahmen der Wertung des Hauptangebotes oder im Rahmen der Angebotswertung der Nebenangebote zur Anwendung kommen. Künftig unzulässig sind demnach nur für Nebenangebote geltende sogenannte **Gleichwertigkeitsanforderungen**. Die Gleichwertigkeit der Haupt- und der Nebenangebote ist vielmehr über entsprechende Mindestanforderungen an die Nebenangebote sicherzustellen. 52

---

72 Vgl. OLG Celle, Beschl. v. 19.3.2015, 13 Verg 1/15; OLG Düsseldorf, Beschl. v. 9.1.2013, VII-Verg 33/12; Beschl. v. 21.5.2012, VII-Verg 3/12.

73 Vgl. OLG Düsseldorf, Beschl. v. 9.1.2013, VII-Verg 33/12.

74 OLG Düsseldorf, Beschl. v. 21.5.2012, VII-Verg 3/12; Beschl. v. 29.12.2001, Verg 22/01, VergabeR 2002, 267; Beschl. v. 25.5.2005, Verg 8/05.

75 Vgl. VK Bund, Beschl. v. 12.12.2002, VK 2-92/02.

76 Vgl. VK Bund, Beschl. v. 10.6.2005, VK 2-36/05.

77 OLG Düsseldorf, Beschl. v. 29.12.2001, Verg 22/01, VergabeR 2002, 267.

78 OLG Dresden, Beschl. v. 5.1.2001, Verg 0011/00 und Verg 0012/00, VergabeR 2001, 41; VK Sachsen, Beschl. v. 7.5.2007, 1/SVK/027-07; VK Bund, Beschl. v. 12.12.2002, VK 2-92/02, hatte auch eine Preisgewichtung von 27 % für zulässig gehalten.

79 Vgl. EuGH, Urt. v. 18.11.2010, C-226/09 – KOM ./. Rep. Irland.

VI. Bekanntmachung der Zuschlagskriterien und ihrer Gewichtung (Abs. 5)

1. Form der Bekanntgabe

53 Die Zuschlagskriterien zur Ermittlung des wirtschaftlichsten Angebotes sind durch den öffentlichen Auftraggeber vor Wertung der Angebote festzulegen, den Bietern **bekannt zu machen** und dürfen in aller Regel nach Ablauf der Angebotsfrist **nicht verändert** werden. Anders als im Falle der besonderen Bedingungen für die Ausführung eines Auftrags nach § 128 Abs. 2 GWB, müssen Zuschlagskriterien in jedem Vergabeverfahren bestimmt werden. Andernfalls kann keine rechtmäßige Zuschlagsentscheidung erfolgen.

54 Die Zuschlagskriterien und ihre Gewichtung sind entweder in der EU-Bekanntmachung oder in den Vergabeunterlagen anzugeben. Im letztgenannten Fall ist in der EU-Bekanntmachung durch Ankreuzen der entsprechenden Auswahl auf die Vergabeunterlagen zu verweisen. Es genügt nicht, dass sich Zuschlagskriterien und/oder ihre Gewichtung lediglich konkludent aus den Vergabeunterlagen ergeben. Es bedarf vielmehr einer ausdrücklichen Benennung.

55 Unterbleibt die Bekanntgabe der Zuschlagskriterien, kann nicht (mehr) automatisch von der Vergabe nach einem bestimmten Kriterium, z. B. nach dem niedrigsten Preis, zurückgeschlossen werden.[80] Der Rückschluss auf die Festlegung des Kriteriums „niedrigster Preis" als alleiniges Zuschlagskriterium ist dann erst recht nicht möglich, wenn der öffentliche Auftraggeber in der EU-Bekanntmachung die Zuschlagsentscheidung aufgrund des wirtschaftlich günstigsten Angebots „in Bezug auf die Kriterien, die in den Ausschreibungsunterlagen … aufgeführt sind" angekreuzt hat.[81]

56 **Ausnahmsweise** kann im Einzelfall nach der Rechtsprechung des EuGH[82] für die Festlegung der Gewichtungskennzahl für Unterkriterien eine Ausnahme von der Transparenzanforderung gelten. Öffentliche Auftraggeber können diese auch nachträglich noch festlegen, wenn die Gewichtung der Unterkriterien

- die in den Vergabeunterlagen oder in der EU-Bekanntmachung bestimmten Zuschlagskriterien für den Auftrag nicht ändern,
- nichts enthält, was, wenn es bei der Vorbereitung der Angebote bekannt gewesen wäre, diese Vorbereitung hätte beeinflussen können,
- nicht unter Berücksichtigung von Umständen gewählt wurde, die einen der Bieter diskriminieren könnte.

57 Ebenfalls im Einzelfall, kann ein öffentlicher Auftraggeber, wenn ein Dienstleistungsauftrag nach dem Kriterium des aus seiner Sicht wirtschaftlichsten Angebots vergeben werden soll, nicht verpflichtet sein, den potenziellen Bietern in der Auftragsbekanntmachung oder in den entsprechenden Verdingungsunterlagen die Bewertungsmethode, die er zur konkreten Bewertung und Einstufung der Angebote anwenden wird, zur Kenntnis zu bringen.[83]

---

80 Vgl. OLG Nürnberg, Beschl. v. 26.5.2015, 1 U 1430/14.
81 Vgl. OLG Düsseldorf, Beschl. v. 28.1.2015, VII-Verg 31/14 – Dichtsohle.
82 EuGH, Beschl. v. 24.1.2008, Rs. C-532/06 – Lianakis.
83 EuGH, Urt. v. 14.7.2016, C-6/15 – TNS Dimarso.

Allerdings darf diese Methode keine Veränderung der Zuschlagskriterien oder ihrer Gewichtung bewirken.

Im Falle einer **zulässigen nachträglichen Änderung** der Zuschlagskriterien bzw. ihrer Gewichtung muss die Bekanntgabe in derselben Form erfolgen, wie die Erstbenennung. Hat der öffentliche Auftraggeber die ursprünglichen Zuschlagskriterien und ihre Gewichtung in der EU-Bekanntmachung benannt, so hat er diese Bekanntmachung zu berichtigen.[84] Waren die Informationen lediglich Teil der Vergabeunterlagen, so ist eine Information der Bieter, im Zweifel nebst Übermittlung von geänderten Vergabeunterlagen, ausreichend. Der Auftraggeber kann hierfür das von ihm in den Vergabeunterlagen bekannt gegebene System zur Beantwortung von Bieterfragen nutzen.[85] 58

2. Änderung der Zuschlagskriterien und/oder ihrer Gewichtung

In der Gesetzesbegründung zu Abs. 5 heißt es: „ein späteres Nachschieben von Zuschlagskriterien ist unzulässig". Es ist jedoch nicht ersichtlich, dass der Gesetzgeber von der hierzu ergangenen Entscheidungspraxis abweichen wollte. Ansonsten hätte es einer eindeutigeren Vorgabe im Gesetzestext bedurft. 59

Bislang galt es als zulässig, wenn eine Änderung in Form einer Ergänzung, Berichtigung oder Abänderung der Zuschlagskriterien unter bestimmten Voraussetzungen erfolgte. Dabei musste insbesondere allen Bietern die Änderung in gleicher Weise transparent gemacht werden. Alle Bieter mussten zudem zeitlich angemessene Gelegenheit erhalten, ihre Angebote entsprechend der veränderten Ausgangslage anzupassen.[86] Änderungen vor Ablauf der Angebotsfrist konnten damit stets vorgenommen werden. 60

Nach Ablauf der Angebotsfrist ist **zwischen den einzelnen Verfahrensarten zu unterscheiden**. Im Offenen, im Nicht-Offenen Verfahren und im Wettbewerblichen Dialog nach Ende der Dialogphase kommt eine Änderung der Zuschlagskriterien im Zweifel nur dann in Betracht, wenn der Auftraggeber das Vergabeverfahren ganz oder teilweise in die Angebotsphase zurückversetzt.[87] 61

Etwas anderes gilt im Verhandlungsverfahren und im Wettbewerblichen Dialog vor Ablauf der Dialogphase. Hier ist den Bietern eine nachträgliche Änderung ihrer Angebote unter den konkreten Verfahrensbedingungen möglich. In diesen Verfahren ist eine nachträgliche Änderung der Zuschlagskriterien und/oder ihrer Gewichtung möglich, falls die Bieter so rechtzeitig vor der Abgabe ihrer letztverbindlichen Angebote informiert werden. Zudem ist den Bietern auch hier ausreichend Zeit einzuräumen, um ihre Angebote entsprechend den neuen Zuschlagsbedingungen anzupassen.[88] 62

---

84 Vgl. OLG Düsseldorf, Beschl. v. 26.1.2015, VII-Verg 31/14.

85 Vgl. OLG Düsseldorf, Beschl. v. 22.12.2011, VII-Verg 40/10.

86 Vgl. EuGH, Urt. v. 24.11.2005, C-331/04 – ATI EAC Sri. ./. ACTV Venezia SpA; EuGH, Urt. v. 24.1.2008, C-532/06 – Emm. G. Lianakis AE.

87 Vgl. EuGH, Urt. v. 18.11.2010, C-226/09 – KOM ./. Rep. Irland; OLG München, Beschl. v. 4.4.2013, Verg 4/13; OLG Düsseldorf, Beschl. v. 5.11.2011, VII-Verg 46/10; OLG Dresden, Beschl. v. 23.7.2013, Verg 2/13; OLG Rostock, Beschl. v. 9.10.2013, 17 Verg 6/13 – Straßenbau.

88 Vgl. OLG München, Beschl. v. 12.5.2011, Verg 26/10 – Kraftwerksleittechnik; OLG Naumburg, Beschl. v. 12.4.2012, 2 Verg 1/12 – Landesdatennetz; auch OLG München, Beschl. v. 21.5.2010, Verg 2/10 – Straßenreinigung und Winterdienst.

3. Inhalt der Bekanntgabe

63 Der öffentliche Auftraggeber ist verpflichtet, die ausgewählten Zuschlagskriterien hinreichend bestimmt und eindeutig zu bezeichnen. Sind die von ihm gewählten Begriffe oder Bezeichnungen nicht selbsterklärend, hat er diese zu erläutern, sodass alle fachkundigen Bieter ein gleiches Verständnis von den Kriterien haben. Die Kriterien sind zur Erläuterung im Zweifel durch **weitere Untergliederungen** zu konkretisieren.[89] Ziel des öffentlichen Auftraggebers sollte es sein, seine konkrete Erwartungshaltung an die Angebote in Form der Unterkriterien transparent zu machen. Nur so kann er sicherstellen, dass Bieter ihre Angebote nach den konkreten Wünschen des Auftraggebers gestalten. Nur wenn dem Bieter die Anforderungslage und die Erwartungshaltung des öffentlichen Auftraggebers klar ist, kann er sein Angebot entsprechend kalkulieren und konzipieren. Je ungenauer der Auftraggeber seine Erwartungshaltung in den Zuschlagskriterien und ihren Unter- und Unterunterkriterien darlegt, desto weniger Angebote können seiner Erwartung gerecht werden und entsprechend eine gute Bewertung erhalten.[90]

64 Nach der entsprechenden obergerichtlichen Entscheidungspraxis gelten als nicht hinreichend bestimmt z.B. folgende Vorgaben: „Plausibilität des Angebots", bzw. „Machbarkeit der Leistung",[91] die jeweils nicht weiter spezifizierten Kriterien „Wirtschaftlichkeit",[92] „Energieeffizienz",[93] „Referenzobjekt" und „Projektanalyse",[94] das Kriterium „bestmögliche Erfüllung der Anforderungen".[95] Stellt der Auftraggeber einen internen Bewertungsleitfaden auf und ist das darin enthaltene Verständnis der bekannt gegebenen Zuschlagskriterien sowie der Unter- und Unterunterkriterien für die Angebotserstellung erheblich, so muss auch der Bewertungsleitfaden den Bietern offengelegt werden.[96]

65 Aus den Zuschlagskriterien muss sich eindeutig ergeben, ob das Kriterium ein sog. **MUSS-Kriterium** sein soll, dessen Nichterfüllung zum Ausschluss aus dem Vergabeverfahren führt,[97] oder ob es sich um ein zu bewertendes Auswahlkriterium handelt. Im Falle eines Bewertungskriteriums sind die einzelnen Bewertungsstufen sowie der jeweilige erwartete Erfüllungsgrad bekannt zu geben.

---

89 OLG Düsseldorf, Beschl. v. 21.10.2015, VII-Verg 28/14; OLG Düsseldorf, Beschl. v. 16.12.2015, VII-Verg 25/15.

90 OLG Düsseldorf, Beschl. v. 15.6.2016, VII-Verg 49/15; OLG Düsseldorf, Beschl. v. 21.10.2015, VII-Verg 28/14; OLG Düsseldorf, Beschl. v. 16.12.2015, VII-Verg 25/15.

91 Vgl. OLG Düsseldorf, Beschl. v. 14.1.2009, VII-Verg 59/08.

92 Vgl. OLG Düsseldorf, Beschl. v. 14.4.2008, VII-Verg 19/08.

93 Vgl. OLG Düsseldorf, Beschl. v. 19.6.2013, VII-Verg 4/13 – Rettungsdienstleistungen im Ennepe-Ruhr-Kreis.

94 Vgl. OLG München, Beschl. v. 25.9.2014, Verg 9/14 – Green Hospital.

95 Vgl. VK Lüneburg, Beschl. v. 26.11.2012, VgK-40/2012; a.A. OLG Düsseldorf, Beschl. v. 4.2.2013, VII-Verg 31/12 – Gemeindewerke-Gesellschaft.

96 Vgl. OLG Düsseldorf, Beschl. v. 23.3.2005, VII-Verg 77/04 – Ausbildungsbegleitende Maßnahmen III; OLG München, Beschl. v. 9.2.2009, Verg 27/08.

97 Vgl. OLG Naumburg, Beschl. v. 29.4.2003, 1 U 119/02 – Ausführungsfristen; VK Bund, Beschl. v. 23.1.2009, VK 3 – 194/08.

VII. Drittschutz

Abs. 1 enthält die Grundsätze der Zuschlagserteilung. Unmittelbarer Drittschutz dürfte sich in der Regel diesbezüglich aus den deutlich detaillierteren Normen der Rechtsverordnungen oder der VOB/A ergeben. Unmittelbaren Drittschutz vermittelt die Verpflichtung des öffentlichen Auftraggebers, überhaupt Zuschlagskriterien festzulegen. 66

Hinsichtlich der vom öffentlichen Auftraggeber geforderten Einhaltung des Preisrechtes ergibt sich der Umfang des Bieterschutzes aus den konkret verletzten vergaberechtlichen Vorschriften. Es sind dabei Verstöße gegen das Gebot der eindeutigen und erschöpfenden Leistungsbeschreibung, sowie gegen das Gebot der Transparenz der Zuschlagskriterien oder gegen das Gebot der Gleichbehandlung bei Erfüllung der Voraussetzungen von formellen Ausschlussgründen denkbar. 67

Die allgemeinen Anforderungen an die Bestimmung der Zuschlagskriterien und deren Gewichtung nach Abs. 3 und Abs. 4 Satz 1, die Anforderung an die Bestimmung von Zuschlagskriterien im Falle von zugelassenen Nebenangeboten nach Abs. 4 Satz 2, sowie die Transparenzanforderungen des Abs. 5 sind umfassend drittschützend. 68

§ 128 Auftragsausführung

(1) Unternehmen haben bei der Ausführung des öffentlichen Auftrags alle für sie geltenden rechtlichen Verpflichtungen einzuhalten, insbesondere Steuern, Abgaben und Beiträge zur Sozialversicherung zu entrichten, die arbeitsschutzrechtlichen Regelungen einzuhalten und den Arbeitnehmerinnen und Arbeitnehmern wenigstens diejenigen Mindestarbeitsbedingungen einschließlich des Mindestentgelts zu gewähren, die nach dem Mindestlohngesetz, einem nach dem Tarifvertragsgesetz mit den Wirkungen des Arbeitnehmer-Entsendegesetzes für allgemein verbindlich erklärten Tarifvertrag oder einer nach § 7, § 7a oder § 11 des Arbeitnehmer-Entsendegesetzes oder einer nach § 3a des Arbeitnehmerüberlassungsgesetzes erlassenen Rechtsverordnung für die betreffende Leistung verbindlich vorgegeben werden.

(2) Öffentliche Auftraggeber können darüber hinaus besondere Bedingungen für die Ausführung eines Auftrags (Ausführungsbedingungen) festlegen, sofern diese mit dem Auftragsgegenstand entsprechend § 127 Absatz 3 in Verbindung stehen. Die Ausführungsbedingungen müssen sich aus der Auftragsbekanntmachung oder den Vergabeunterlagen ergeben. Sie können insbesondere wirtschaftliche, innovationsbezogene, umweltbezogene, soziale oder beschäftigungspolitische Belange oder den Schutz der Vertraulichkeit von Informationen umfassen.

Schrifttum: *Kulartz/Kus/Portz/Prieß*, Kommentar zum GWB-Vergaberecht, 4. Aufl. 2016; *Müller-Wrede*, GWB Vergaberecht, Kommentar, 2016.

Übersicht

I. Allgemeines

1 **§ 128 GWB** befasst sich im **Abs. 1** mit Regelungen und Verpflichtungen, die Unternehmen **bei** der **Ausführung** öffentlicher Aufträge einzuhalten haben. **Abs. 2** enthält eine **Ermächtigung** für öffentliche Auftraggeber, **darüber hinausgehende Ausführungsbedingungen** festlegen zu dürfen, sofern gewisse Transparenzpflichten und Anknüpfungen an den jeweiligen Auftragsgegenstand beachtet werden. Im Satz 3 des Abs. 2 werden dafür **beispielhafte Belange** aufgeführt. Im **bisherigen Recht enthielten § 97 Abs. 4 Satz 1 und 2 GWB** vergleichbare Regelungen zu § 128 Abs. 1 und 2 GWB. § 128 GWB beruht aber aktuell auf der **Umsetzung** von **Art. 18 Abs. 2 VRL** (Abs. 1) und **Art. 70 VRL** (Abs. 2) für klassische Auftraggeber, von Art. 36 Abs. 2 SRL und Art. 87 SRL für Sektorenauftraggeber und von Art. 30 Abs. 3 KVR für Konzessionsgeber, hier nur bezogen auf § 128 Abs. 1 GWB.[1] **Ergänzend** ist für Abs. 2 ausführende Weise z. B. **§ 61 VgV** mit zu **beachten**. Die autonom und freiwillig vorgebbaren Ausführungsbedingungen durch einen individuellen Auftraggeber in einem konkreten Vergabeverfahren sind **von** den **zwingend** zu **berücksichtigenden** nach **§ 129 GWB** zu **unterscheiden**, zu deren Vorgabe der öffentliche Auftraggeber gegenüber Unternehmen generell aufgrund einer Gesetzesbestimmung in den Grenzen europäischen Rechts verpflichtet ist.

2 § 128 Abs. 1 GWB dient vor diesem Hintergrund auch dazu, dem Auftraggeber eine Rechtfertigung zu geben, in seine allgemeinen oder besonderen Vertragsbedingungen die Verpflichtung des späteren Auftragnehmers zur Einhaltung dieser spezifischen Bestimmungen aufzunehmen, um hierdurch neben den öffentlich-rechtlichen Möglichkeiten ihrer Durchsetzung durch die hierfür zuständigen Behörden mit zivilrechtlichen vertraglichen Mitteln den **Umsetzungsdruck erhöhen zu können**.[2] Demgemäß ist dieser „Daumenschraubenabsatz“ auch aus europarechtlicher Sicht[3] ebenso kritisch zu sehen wie die sehr weite und unbestimmte Fassung des Abs. 2, was nicht zuletzt auch durch die im Gesetzgebungsverfahren erfolgte **Einfügung des Wortes „insbesondere“** in § 128 Abs. 2 Satz 3 GWB bedingt ist.

3 Noch viel weiter gehende **Änderungsanträge** im **Bundesrat** und **Bundestag** sind hingegen **nicht Gesetz** geworden. So sollte auf Vorschlag des Bundesrates in einem separaten, strengeren Abs. 3 eine Sollvorschrift eingeführt werden, wonach öffentliche Auftraggeber in ihren Ausführungsbedingungen allen offensichtlich durch die Ausführung nachteilig berührten umweltbezogenen Belangen im Rahmen des wirtschaftlich Vertretbaren durch geeignete besondere Ausführungsbedingungen Rechnung tragen sollten. Auf Vorschlag des Bundestages sollte neben einer Regelung zur Zustimmungsbedürftigkeit bei Übertragung von Leistungen auf Nachunternehmer samt Haftung des Hauptauftragnehmers für die Einhaltung von § 128 Abs. 1 GWB durch seine Nachunternehmer ein separater § 128a GWB eingefügt werden, der Regelungen zur Kontrolle der Einhaltung der Ausführungsbedingungen und zu Sanktionen während des Vollzuges des Vertrages enthalten sollte.

---

1 Die Konzessionsvergaberichtlinie 2014/23/EU (KVR) enthält keine vergleichbare Regelung wie § 128 Abs. 2 GWB.

2 In dieser Diktion zutreffend *Wiedemann*, in: Kulartz/Kus/Portz/Prieß, GWB, § 128 Rn. 4.

3 Prüfungsmaßstäbe sind dabei die primärrechtlichen EU-Vorgaben zur Dienstleistungsfreiheit und zum Diskriminierungsverbot, vgl. EuGH, Urt. v. 17.11.2015, Rs. C-115/14, NZBau 2016, 46.

II. Allgemeingültige Bedingungen für die Auftragsausführung (Abs. 1)

4 § 128 Abs. 1 GWB postuliert im Grunde eine **Selbstverständlichkeit**, nämlich, dass Unternehmen, die sich um die Vergabe öffentlicher Aufträge bemühen, die für sie **geltenden rechtlichen Verpflichtungen einhalten** (müssen).

5 Diese Prüfung erfolgt in einem laufenden Vergabeverfahren nunmehr neuerdings **ohne Prüfung** der früher relevanten **Zuverlässigkeit oder Gesetzestreue** anhand der in § 123 GWB und § 124 GWB konzentrierten zwingenden und fakultativen Ausschlussgründe, die teilweise inhaltlich auch im Übrigen ausgeweitet wurden.[4]

6 **§ 128 Abs. 1 GWB** betrifft demgegenüber den **Zeitraum der Auftragsausführung** nach Abschluss des Vergabeverfahrens durch einen Zuschlag. Die auch in dieser Phase einzuhaltenden rechtlichen Bestimmungen und Verpflichtungen werden dabei in Abs. 1 beispielhaft aufgeführt. Mit § 128 Abs. 1 GWB setzt der Gesetzgeber zum einen **Art. 18 Abs. 2 VRL** in deutsches Recht um. Danach haben die Mitgliedstaaten sicherzustellen, dass Unternehmen, die öffentliche Aufträge ausführen, die geltenden **umwelt-, sozial- und arbeitsrechtlichen Verpflichtungen einhalten**. Mit der Regelung in § 128 Abs. 1 GWB **geht** der **Gesetzgeber** zum zweiten auch **über** diese **EU-Vorgaben hinaus**,[5] indem dort aufgenommen ist, dass **alle** für das betreffende Unternehmen geltenden **rechtlichen Vorschriften eingehalten** werden müssen.

7 Die Sicherstellung der Einhaltung dieser Vorschriften erfolgt dabei primär über Vorgaben in den einzuhaltenden spezialgesetzlichen Regelungen selbst, da diese bereits spezielle Sanktionsmechanismen, wie etwa Straf- oder Bußgeldtatbestände, besondere Ausschlussgründe für künftige Vergabeverfahren oder die Einrichtung besonderer Kontrollbehörden enthalten.[6]

1. Entrichtung von Steuern, Abgaben und Beiträgen zur Sozialversicherung

8 Die Pflicht zur Zahlung von Steuern, Abgaben und Beiträgen zur Sozialversicherung ergibt sich für Unternehmen u. a. aus den einschlägigen **Steuergesetzen**,[7] der Abgabenordnung und den Bestimmungen über **die gesetzliche Kranken-, Unfall- oder Rentenversicherung**.

9 **§ 123 Abs. 4 Satz 1 Nr. 1 und Nr. 2 GWB** regeln dazu auch schon innerhalb des Vergaberechts für den **Zeitraum des laufenden Vergabeverfahrens**, dass ein Unternehmen neuerdings **grundsätzlich zwingend**[8] **ausgeschlossen** werden muss, wenn es seinen **Verpflichtungen zur Zahlung von Steuern, Abgaben oder Beiträgen zur Sozialversicherung nicht nachgekommen** ist und dies rechtskräftig oder bestandskräftig festgestellt wurde oder vom Auftraggeber nachgewiesen werden konnte.

---

4 Vgl. z. B. hinsichtlich der 2017 in § 123 Abs. 1 Nr. 6 GWB neu eingefügten §§ 299a StGB und 299b StGB (Bestechlichkeit und Bestechung im Gesundheitswesen).

5 Gesetzesbegründung, BT-Drs. 18/6281, S. 113.

6 Vgl. Gesetzesbegründung, BT-Drs. 18/6281, S. 113.

7 Z. B. § 1 Abs. 1 UStG oder § 2 Abs. 1 GewStG.

8 Bisher sah z. B. § 19 EG Abs. 4 i. V. m. § 6 EG Abs. 6 lit. d) VOL/A in einem solchen Fall nur einen fakultativen Ausschlussgrund vor.

Kritisch einzuwenden bleibt ergänzend, dass das Vergaberecht ohnehin auch **schon mit § 133 GWB eine Reaktionsmöglichkeit des Auftraggebers** auf entsprechendes „Fehlverhalten" des Auftragnehmers nach Abschluss des Vergabeverfahrens neu implementiert hat. So sieht **§ 133 Abs. 1 Nr. 2 GWB** eine **Kündigungsmöglichkeit** eines öffentlichen Vertrages während seiner Laufzeit vor, wenn zum Zeitpunkt der Zuschlagserteilung ein zwingender Ausschlussgrund nach § 123 Abs. 1 bis 4 GWB vorlag. **Nach § 123 Abs. 4 Satz Nr. 1 und 2 GWB** schließen öffentliche Auftraggeber – **vorbehaltlich § 123 Abs. 5 Satz 2 GWB** – Unternehmen, wie gesehen, zu jedem Zeitpunkt des Vergabeverfahrens aus, wenn das Unternehmen seinen Verpflichtungen zur Zahlung von Steuern, Abgaben oder Beiträgen zur Sozialversicherung nicht nachgekommen ist und dies endgültig festgestellt wurde oder auf sonstige Weise nachgewiesen werden kann, **es sei denn**, das Unternehmen ist gem. Satz 2 dieser Bestimmung seinen **Verpflichtungen zwischenzeitlich nachgekommen**. 10

Eine zusätzliche Sanktionierung durch § 128 Abs. 1 GWB ist daher angesichts der einschränkenden Regelung in § 60 Abs. 2 Nr. 4 und Abs. 3 VgV, darüber hinaus auch wegen der wenig konturierten Öffnungsklausel „insbesondere" kritisch zu sehen. 11

2. Einhaltung arbeitsschutzrechtlicher Regelungen

Unternehmen haben als spätere Auftragnehmer bei der Auftragsausführung die für sie geltenden arbeitsrechtlichen Regelungen am Leistungsort[9] wie z. B. das **Arbeitsschutzgesetz** einzuhalten. 12

3. Gewährung der Mindestarbeitsbedingungen

Die europarechtlich **wegen Art. 70 VRL zulässige Gewährung von Mindestarbeitsbedingungen hat der EuGH** auch, soweit landesrechtliche Regelungen betroffen sind, in den Verfahren „Bundesdruckerei" und „Regiopost"[10] entgegen vermeintlich anders lautenden Sichtweisen in der Entscheidung „Rüffert"[11] mittlerweile **bestätigt.** Die zusätzliche Anforderung eines zu gewährenden Mindestlohnes sei **nur an primärrechtlichen Bestimmungen, insbesondere Art. 56 AEUV, zu messen**. Eine Mindestlohnvorgabe könne durch Erwägungen des **Arbeitnehmerschutzes gerechtfertigt** sein, auch wenn Arbeitnehmer nur bei öffentlichen Aufträgen, nicht aber bei privaten Aufträgen insoweit geschützt würden.[12] 13

a) Mindestlohngesetz, Mindestentgelt und für allgemein verbindlich erklärter Tarifvertrag

Die weitere Verpflichtung eines Unternehmens nach § 128 Abs. 1 GWB, die am Leistungsort zu entrichtenden Mindestentgelte zu gewähren, nimmt auf das **Mindestlohngesetz Bezug**, das für die Jahre 2017 und 2018 durch die zuständige Mindestlohnkommission 14

---

9 EuGH, Urt. v. 18.9.2014, Rs. C-549/13, VergabeR 2015, 28.

10 Urteile vom 18.9.2014, Rs. C-549/13, VergabeR 2015, 28 und vom 17.11.2015, Rs. C-115/14, NZBau 2016, 46.

11 EuGH, Urt. v. 3.4.2008, Rs. C-346/06, VergabeR 2008, 478.

12 EuGH, Urt. v. 17.11.2015, Rs. C-115/14, NZBau 2016, 46.

einen bundesgesetzlich normierten Mindestlohn von **8,84 Euro brutto** vorschreibt. Zahlreiche Bundesländer haben in landesrechtlichen Spezialgesetzen[13] noch höhere Mindestlöhne lokal vorgegeben.

15 Entsprechend **§ 60 Abs. 2 Nr. 4 VgV** darf ein **Auftraggeber auch die Einhaltung der Verpflichtungen nach § 128 Abs. 1 GWB prüfen.** Somit ist grundsätzlich auch die Prüfung der Einhaltung der Vorschriften nach dem Mindestlohngesetz (des Bundes) gerechtfertigt.[14]

16 Es besteht jedoch **keine Verpflichtung** des Auftraggebers, den Bietern den (noch nicht) für allgemein verbindlich erklärten Mindestlohn im Bewachungsgewerbe in Baden-Württemberg nach dem Landestariftreue- und Mindestlohngesetz kalkulatorisch vorzugeben.[15]

17 § 128 Abs. 1 GWB sieht weiterhin vor, dass Unternehmen auch wenigstens die Mindestarbeitsbedingungen einschließlich des Mindestentgelts zu gewähren haben, die nach einem nach dem Tarifvertragsgesetz mit den Wirkungen des Arbeitnehmer-Entsendegesetzes für allgemein verbindlich erklärten Tarifvertrag verbindlich vorgegeben werden.

18 Kalkulationsvorgaben in Bezug auf **Tariflohnvorgaben** durch den Auftraggeber sind deshalb im Ausgangspunkt **vergaberechtlich zugelassen**. Mit ihnen kann der Auftraggeber nicht nur Kalkulationsvorgaben machen, sondern auch einen sozialen Standard zur angemessenen Bezahlung des Personals aufstellen.[16]

b) Rechtsverordnung aufgrund Arbeitnehmer-Entsendegesetz oder § 3a Arbeitnehmerüberlassungsgesetz

19 Zu den von Unternehmen einzuhaltenden Verpflichtungen gehören auch diejenigen, die sich aus Rechtsverordnungen auf der Grundlage von § 3a des Arbeitnehmerüberlassungsgesetzes (Lohnuntergrenze) oder § 7, § 7a oder § 11 des Arbeitnehmer-Entsendegesetzes verbindlich ergeben.

20 Seit der Novelle 2014 gilt das Arbeitnehmer-Entsendegesetz (AEntG) für alle Branchen. Außer im Wege der Allgemeinverbindlicherklärung nach § 5 Tarifvertragsgesetz können auch durch Rechtsverordnungen nach dem AEntG die Regelungen eines Tarifvertrages im Rahmen seines Geltungsbereichs auf Beschäftigte bisher nicht tarifgebundener Arbeitgeber, etwa mit Sitz im Ausland, erstreckt werden. 2017/2018 gibt es in insgesamt elf Branchen eine derartige Rechtsverordnung nach den § 7 und § 7a AEntG. Daneben ist für die Pflegebranche ein eigenes Verfahren zur Festlegung eines Mindestentgelts und bezahlten Jahresurlaubs auf Vorschlag der sog, Pflegekommission vorgesehen, §§ 11a, 12 AEntG. Derartige bundesweite tarifliche Mindestlohnvorgaben gibt es außerhalb des Mindestlohngesetz des Bundes und außerhalb der Pflegebranche noch für folgende Branchen:

- Aus- und Weiterbildungsdienstleistungen nach SGB II und III,
- Bauhauptgewerbe,
- Dachdeckerhandwerk,

---

13 Häufig sog. Vergabe- und Tariftreuegesetze; vgl. insoweit auch die Kommentierung zu § 129 GWB.

14 VK Nordbayern, Beschl. v. 7.9.2017, 21.VK-3194-02-04.

15 VK Baden-Württemberg, Beschl. v. 18.8.2017, 1 VK 29/17, VPR 2018, 16.

16 VK Bund, Beschl. v. 3.5.2017, VK 2-38/17 für die Vorgabe einer bestimmten Lohngruppe des maßgeblichen Lohntarifvertrages im Bewachungsgewerbe.

- Fleischwirtschaft,
- Gebäudereinigerhandwerk,
- Gerüstbauerhandwerk,
- Maler- und Lakiererhandwerk,
- Steinmetz- und Steinbildhauerhandwerk (jeweils nach § 7 AEntG),
- Land- und Forstwirtschaft sowie Gartenbau,
- Textil- und Bekleidungsindustrie,
- Wäschereidienstleistungen im Objektkundengeschäft (jeweils nach § 7a AEntG).

Den **Erwägungsgründen 37 und 38 VRL** entsprechend sind die für den späteren Auftragnehmer **am Ort der Leistungserbringung geltenden** rechtlichen **Verpflichtungen maßgeblich**.[17] Übereinstimmend nennen Erwägungsgrund 38 VRL und die Gesetzesbegründung als typisches Beispiel den **Ort der charakteristischen Leistungserbringung**. Bei aus der Ferne, z.B. von Call-Centern, erbrachten **Dienstleistungen** sollte dies der Ort der Leistungserbringung sein, ungeachtet der Orte wie des Auftraggebersitzes und der Mitgliedstaaten, für die die Dienstleistungen bestimmt sind. Dies entspricht auch der einschlägigen Rechtsprechung des EuGH,[18] der bei einer einhundertprozentigen Übertragung von Druckereileistungen samt Aktendigitalisierung auf **einen Nachunternehmer in einem anderen Mitgliedstaat** schon die Geltung der Arbeitnehmerentsenderichtlinie verneinte und eine Bindung an bundesdeutsche Standards deshalb für unzulässig hielt. 21

Bei **reinen Warenlieferungen** hingegen wird der Ort der Leistungserbringung (Anlieferung, Übersendung der Ware) in der Regel der **Sitz des öffentlichen Auftraggebers** sein.[19] 22

III. Besondere Ausführungsbedingungen (Abs. 2)

Unabhängig von den allgemeinen gesetzlich verankerten Rechtspflichten ermächtigt § 128 Abs. 2 GWB den öffentlichen Auftraggeber, den Unternehmen/Auftragnehmern **individuell** auch noch **zusätzliche Ausführungsbedingungen**[20] für den Ausführungszeitraum vorzugeben. 23

§ 128 Abs. 2 GWB dient der **Umsetzung von Art. 70 VRL**, Art. 87 SRL für den Sektorenbereich und Art. 20 VertVergRL für den Bereich verteidigungs- und sicherheitsrelevanter Beschaffungen, während die **Konzessionsvergaberichtlinie keine vergleichbare Bestimmung** enthält, die es bis April 2016 in deutsches Recht umzusetzen galt. 24

Neben der Leistungsbeschreibung, den Eignungs- und Zuschlagskriterien **bieten Ausführungsbedingungen** ein **weiteres wesentliches Instrument** für den öffentlichen Auftraggeber, um das Vergabeverfahren nach seinem Beschaffungsbedarf zu **gestalten**.[21] Diese auf den ersten Blick überraschende Wertung des Gesetzgebers für eine Ausführungsbedingung, die erst nach Abschluss des Vergabeverfahrens primäre Relevanz hat, erschließt sich 25

---

17 Gesetzesbegründung, BT-Drs. 18/6281, S. 113.

18 EuGH, Urt. v. 18.9.2014, Rs. C-549/13, VergabeR 2015, 28.

19 Gesetzesbegründung, BT-Drs. 18/6281, S. 113.

20 Der Begriff geht auf das sog. „Beentjes"-Urteil des EuGH v. 20.9.1988, Rs. C-31/87, Slg. 1988, 463, zurück, mit dem der EuGH eine Anforderung des Auftraggebers, sein Personal zu mindestens 70% aus Langzeitarbeitslosen zusammenzusetzen, erstmalig als besondere zusätzliche Bedingung eingestuft hat, die weder die Leistungsfähigkeit beträfe noch ein Zuschlagskriterium sei.

21 Gesetzesbegründung, BT-Drs. 18/6281, S. 113.

aber mit der weiteren erläuternden **Angabe des Gesetzgebers, regelungstechnisch** handele es sich dabei **um Vertragsbedingungen**, die dem Auftragnehmer zwingend zur Beachtung und Einhaltung vorgegeben werden, und es bleibe dem **Auftraggeber unbenommen**, sich die **Einhaltung der Ausführungsbedingungen bei Angebotsabgabe durch eine gesonderte Erklärung des Bieters oder Bewerbers zusichern zu lassen.**[22] Sofern ein Bewerber oder Bieter **nicht willens oder in der Lage** sei, im Falle der Zuschlagserteilung diese Bedingungen bei der Auftragsausführung zu beachten, liege dann **von Beginn an kein zuschlagsfähiges Angebot** vor.[23]

26 Dennoch ist die Abgrenzung zwischen Eignungskriterien, Parametern der Leistungsbeschreibung, gewichteten und bewerteten Zuschlagskriterien auf der einen Seite und zu derartigen Bedingungen der Auftragsausführung auf der anderen Seite nicht immer zweifelsfrei möglich und im Einzelfall durchaus schwierig.

27 Zur Abgrenzung sind dabei der weitergehende **§ 61 VgV** ebenso heranzuziehen wie die **Erwägungsgründe 104f. VRL** sowie die Rechtsprechung des EuGH, insbesondere im Verfahren „Max Havelaar".[24]

28 Gem. Erwägungsgrund 104 VRL dienen Bedingungen für die Auftragsausführung **der Festlegung konkreter Anforderungen** bezüglich der Ausführung des Auftrags. **Anders als Zuschlagskriterien**, die die Grundlage für eine vergleichende Bewertung der Qualität von Angeboten bilden, sind Bedingungen für die Auftragsausführung **festgelegte, objektive Anforderungen**, von denen die **Bewertung von Angeboten unberührt** bleibt. Dazu gehören alle Faktoren, die mit dem **konkreten Prozess der Herstellung, Bereitstellung oder Vermarktung zusammenhängen.** Dies schließt Bedingungen in Bezug auf die Ausführung des Auftrags mit ein, jedoch **nicht Anforderungen in Bezug auf eine allgemeine Unternehmenspolitik**.

29 **Von** reinen **Eignungskriterien unterscheiden** sich Bedingungen für die Auftragsausführung wiederum dadurch, dass diese spezifisch im Zusammenhang mit dem streitigen Auftrag und **nicht allgemein formuliert sein** müssen.[25]

30 Von technischen Anforderungen/Spezifikationen i.S.d. §§ 31, 32 VgV wiederum unterscheiden sich Ausführungsbedingungen dadurch, dass ihre Erfüllung für den Auftraggeber schon begrifflich nicht zu einem Mehrnutzen führt. Exemplarisch ist dafür die Forderung, dass zu liefernder Strom aus erneuerbaren Energiequellen stammen müsse. Diese Forderung betrifft nur den vorgelagerten Produktionsprozess des Stromes, nicht aber dessen Nutzen oder inhaltliche Qualität. Laut EuGH im Verfahren „Wienstrom" stellen Anforderungen an den Einkauf und den Handel von vorneherein keine technischen Spezifikationen dar.[26]

---

22 Gesetzesbegründung, BT-Drs. 18/6281, S. 113.

23 Gesetzesbegründung, BT-Drs. 18/6281, S. 113

24 EuGH, Urt. v. 10.5.2012, Rs. C-368/10, VergabeR 2012, 569.

25 EuGH, Urt. v. 10.5.2012, Rs. C-368/10, VergabeR 2012, 569 Rn. 103, der die Einhaltung des Kriteriums der Nachhaltigkeit der Einkäufe und des gesellschaftsrechtlich verantwortlichen Verhaltens als in diesem Sinne allgemein und nicht spezifisch und somit entgegen der vorgetragenen Ansicht der Niederlande als nicht erlaubte Mindestanforderung an die technische Leistungsfähigkeit (Eignungskriterium) qualifiziert hat.

26 EuGH, Urt. v. 4.12.2003, Rs. C-448/01, VergabeR 2004, 36.

Die Intention des **Gesetzgebers**[27] für derart a priori wenig konturierte Instrumente wie Ausführungsbedingungen unabhängig von diesen rechtlichen Abgrenzungsschwierigkeiten ist die gewünschte **Steuerungsfunktion**, den Beschaffungsvorgang samt Ausführungen entsprechend dem individuellen Beschaffungsbedarf des öffentlichen Auftraggebers lenken zu können. Durch Einforderung entsprechender Bescheinigungen schon im Vergabeverfahren[28] kann damit wie vom Gesetzgeber dargelegt auch das vorgelagerte Vergabeverfahren selber beeinflusst und gesteuert werden, was **gravierende Wettbewerbsrelevanz** haben und auch zu einem **Konflikt mit höherrangigem Recht** führen kann. Im Gegensatz zu den kraft Gesetzes zwingend zu berücksichtigenden Ausführungsbedingungen nach § 129 GWB liegen die zusätzlichen Ausführungsbedingungen nach § 128 Abs. 2 GWB **im reinen Ermessen** des individuellen Auftraggebers und **können z.B. auf reinen Zweckmäßigkeitserwägungen** im Hinblick auf eine optimierte Deckung des Beschaffungsbedarfs bis hin zu eher vergabefernen, rein gesellschaftspolitischen Motiven beruhen. 31

Unstreitig liegt bei **Missachtung der Auftragsbedingungen** in der Auftragsausführung eine **zivilrechtliche Vertragsverletzung** des Auftragnehmers vor, die entsprechende zivilrechtliche Ansprüche gegen den Auftragnehmer nach sich ziehen und auch Auswirkungen für künftige Vergabeverfahren haben kann. So bestimmt nunmehr **§ 124 Abs. 1 Nr. 7 GWB**, dass öffentliche Auftraggeber Unternehmen zu jedem Zeitpunkt von der Teilnahme am Vergabeverfahren **ausschließen** können, wenn das Unternehmen eine wesentliche Anforderung bei der Ausführung eines früheren öffentlichen Auftrags erheblich oder fortdauernd mangelhaft erfüllt und dies zu einer vorzeitigen Beendigung, zu Schadensersatz oder zu einer vergleichbaren Rechtsfolge geführt hat. Als **wesentliche Anforderungen** im Sinne von **§ 124 Abs. 1 Nr. 7 GWB gelten** dabei auch **Ausführungsbedingungen nach § 128 Abs. 2 GWB**.[29] 32

1. Bestimmungsfreiheit des öffentlichen Auftraggebers

Aus der **Vertragsfreiheit des Auftraggebers** nach § 305 BGB folgt grundsätzlich auch die **Bestimmungsfreiheit hinsichtlich denkbarer Ausführungsbedingungen** i.S.d. § 128 Abs. 2 GWB.[30] 33

2. Grenzen der Bestimmungsfreiheit

Der grundsätzlichen Bestimmungsfreiheit des Auftraggebers werden aber **zahlreiche Grenzpflöcke** in § 128 Abs. 2 GWB entgegengehalten bzw. sind auch über § 128 GWB hinausgehende entgegenzuhalten, um insbesondere **willkürliche Entscheidungen zu verhindern**. 34

---

27 Vgl. Gesetzesbegründung, BT-Drs. 18/6281, S. 113.

28 Die aber nicht konstitutives Definitionsmerkmal einer Ausführungsbedingung ist; a.A. zum vormaligen Recht noch OLG Düsseldorf, Beschl. v. 29.1.2014, VII-Verg 28/13, NZBau 2014, 314, zu den ILO-Kernarbeitsnormen.

29 *Conrad*, in: Müller-Wrede, GWB, § 124 Rn. 150.

30 Grundsätzlich zur Bestimmungsfreiheit allgemein z.B. OLG Düsseldorf, Beschl. v. 14.11.2012, Verg 42/12, IBR 2013, 230 (Kurzdarstellung).

35 Dabei handelt es sich um die in § 128 Abs. 2 GWB expressis verbis angesprochenen Grundsätze der **Auftragsbezogenheit**, der **Objektivität und Transparenz** der Auftraggebervorgaben sowie die allgemeinen vergaberechtlichen Grundsätze der **Wirtschaftlichkeit und Verhältnismäßigkeit**.[31]

a) In Verbindung mit dem Auftragsgegenstand (Abs. 2 Satz 1)

36 **§ 128 Abs. 2 Satz 1 GWB koppelt** die Vorgabe freiwilliger zusätzlicher Ausführungsbedingungen an eine **Verbindung**[32] **mit dem konkreten Auftragsgegenstand** und **übernimmt** dabei durch entsprechenden Querverweis die leicht modifizierten **Vorgaben des § 127 Abs. 3 GWB** für Zuschlagskriterien **analog** auch für Ausführungsbedingungen.[33] Demgemäß gilt für die Auftragsbezogenheit dieser Kriterien insoweit ein einheitlicher Maßstab,[34] auch wenn einzuräumen bleibt, dass Zuschlagskriterien gewichtet und bewertet werden müssen, während bei Auftragsbedingungen nur deren – spätere – Einhaltung oder Nichteinhaltung anhand schon im vorgezogenen Vergabeverfahren vorgelegter Erklärungen und entsprechender Unterlagen zu prüfen ist.

37 Damit ist es ausweislich der Gesetzesbegründung[35] beispielsweise zulässig, den **Einsatz von Auszubildenden oder Langzeitarbeitslosen** bei der Ausführung des konkreten Auftrags festzuschreiben, da laut Gesetzgeber in diesen Fällen eine Verbindung zum Auftragsgegenstand vorliegt. Denkbar sind nach Ansicht des Gesetzgebers auch **Maßnahmen zur Förderung der Gleichstellung von Frauen und Männern am Arbeitsplatz** und zur verstärkten **Beteiligung von Frauen am Erwerbsleben** nach Erwägungsgrund 98 VRL. **Nicht möglich** ist es danach aber, über Ausführungsbedingungen dem Unternehmen **allgemeine Vorgaben für seine Unternehmenspolitik oder Betriebsorganisation** zu machen. Mit der Koppelung an den Auftragsgegenstand in der Norm selber und dieser klaren Auslegungshilfe installiert der Gesetzgeber eine Rückversicherung, dass den Unternehmen über überbordende Ausführungsbedingungen keine allgemeinen Vorgaben für ihre Unternehmenspolitik[36] oder ihre Betriebsorganisation[37] gemacht werden (können).[38]

---

31 So auch *Wiedemann*, in: Kulartz/Kus/Portz/Prieß, GWB, § 128 Rn. 2.

32 Die Vorgängerregelung in § 97 Abs. 4 Satz 2 GWB a. F. forderte noch einen sachlichen „Zusammenhang“ mit dem Auftragsgegenstand.

33 Vgl. grundlegend zur Abgrenzung von Zuschlagskriterien und Ausführungsbedingungen EuGH, Urt. v. 10.5.2012, Rs. C-368/10, VergabeR 2012, 569 sowie die Kommentierung zu § 127 Abs. 3 GWB.

34 Die Erwägungsgründe 98 und 99 VRL nennen insoweit Zuschlagskriterien und Bedingungen für die Auftragsausführung gemeinsam und parallel nebeneinander.

35 BT-Drs. 18/6281, S. 114.

36 Z. B. das Unternehmen muss im Ausführungsfalle Mitglied bei Greenpeace sein.

37 Vgl. wenn auch zu unzulässigen Eignungsnachweisen und -anforderungen im alten Recht den auch bei Auftragsbedingungen zu fordernden Zusammenhang mit dem Auftragsgegenstand verneinend OLG Düsseldorf, Beschl. v. 21.12.2011, Verg 74/11, NZBau 2012, 321; zur Forderung, ein Unternehmen müsse über einen Meisterbrief im Reinigungsgewerbe verfügen oder im Ausführungsfalle nur sozialversicherungspflichtiges Personal einsetzen, OLG Düsseldorf, Beschl. v. 5.12.2012, Verg 29/12, IBR 2013, 232 (Kurzdarstellung), a. A. nunmehr bzgl. der Forderung nach ausschließlich fest angestelltem Personal als Pflegeberater nach dem SGB XI VK Bund, Beschl. v. 6.11.2017, VK 1-113/17. Diese Vorgabe diene sowohl beschäftigungspolitischen wie sozialen Belangen nach § 128 Abs. 2 GWB auf der Grundlage gegenüber § 97 Abs. 4 S. 2 GWB a. F. geänderten Rechts (früher im sachlichen Zusammenhang mit dem Auftragsgegenstand stehende Belange, nunmehr lediglich mit dem Auftragsgegenstand entsprechend § 127 Abs. 3 S. 1 GWB in Verbin-

Es bleibt aber einzuräumen, dass diese Grenzziehung durchaus schwierig sein dürfte. So enthält die Auftraggebervorgabe, den Einsatz von Auszubildenden bei der Ausführung eines konkreten Auftrags vorzuschreiben, durchaus auch das Potenzial, die Unternehmenspolitik und insbesondere die Betriebsorganisation zu beeinflussen, wenn ein Unternehmen Auszubildende bisher bewusst nicht ausbildet und auch keine innerbetrieblichen Vorkehrungen für Ausbildungsfälle getroffen hat. **38**

Eindeutig kein Zusammenhang mit dem Auftragsgegenstand besteht aber dann, wenn der Auftraggeber eine Erlaubnis nach § 1 des Arbeitnehmerüberlassungsgesetzes einfordert, die ausgeschriebenen Wach-, Kontroll-, Ordnungs- und Serviceleistungen aber durch einen Dienstleistungsvertrag erbracht werden sollen, bei dem der Bieter alle notwendigen Handlungen selbst organisiert und somit keinerlei Arbeitnehmerüberlassungen in Rede stehen.[39] **39**

b) Objektivität und Nachprüfbarkeit

Ähnlich wie bei Zuschlagskriterien § 127 Abs. 4 Satz 1 GWB die Möglichkeit einer wirksamen Überprüfung fordert, ob und inwieweit die Angebote die Zuschlagskriterien erfüllen, ist selbige Einschränkung auch bei den zusätzlichen Ausführungsbedingungen in gleicher Art und Weise einzufordern,[40] obwohl § 128 Abs. 2 S. 1 GWB direkt nur den Abs. 3 des § 127 GWB in Bezug nimmt. Denn ohne eine wirksame Kontrollmöglichkeit des Auftraggebers verstößt eine derartige Vorgabe gegen das Diskriminierungsverbot. **40**

Insoweit ist z. B. einzuräumen, dass es hinsichtlich des Nachweises, dass Grabsteine nicht aus **ausbeuterischer Kinderarbeit** (ILO-Kernarbeitsnorm 182) stammen, derzeit keinen validen Nachweis oder ein Zertifikat gibt.[41] **41**

c) Aus der Auftragsbekanntmachung oder den Vergabeunterlagen ersichtlich (Abs. 2 Satz 2)

Aus **Transparenzgründen** (§ 97 Abs. 1 GWB) fordert **§ 128 Abs. 2 Satz 2 GWB**, dass sich die relevanten Ausführungsbedingungen **aus der Auftragsbekanntmachung oder den Vergabeunterlagen ergeben** müssen.[42] Ausweislich der Gesetzesbegründung[43] soll sich ein Interessent schon vorab auf einer **gesicherten Grundlage** entscheiden können, ob er auch im Fall eines Zuschlags durch den öffentlichen Auftraggeber diese publik gemachten Ausführungsbedingungen im Einzelfall einhalten kann. **42**

---

dung stehende Belange), da festangestellte Arbeitnehmer über eine bessere soziale Absicherung verfügten und Festanstellungsverhältnisse ein höheres Maß an Arbeitsplatzsicherheit vermittelten. Zumindest im Lichte der spezialgesetzlichen Forderung nach einer unabhängigen und neutralen Pflegeberatung nach § 7b Abs. 2 SGB XI sei diese Forderung auch zur Vermeidung von Interessenkonflikten bei mehrfach nur auf Honorarbasis tätigen Pflegeberatern sachlich gerechtfertigt.

38 So die Gesetzesbegründung, BT-Drs. 18/6281, S. 114.

39 VK Bund, Beschl. v. 17.8.2015, VK 2-35/15.

40 So auch *Wiedemann*, in: Kulartz/Kus/Portz/Prieß, GWB, § 128 Rn. 30 f.

41 BVerwG, Urt. v. 16.10.2013, 8 CN 1.12, NVwZ 2014, 527.

42 Siehe z. B. auch Erwägungsgrund 104 VRL, wonach die Bedingungen für die Auftragsausführung in der Auftragsbekanntmachung, der als Aufruf zum Wettbewerb dienenden Vorinformation oder den Auftragsunterlagen angegeben werden sollten.

43 BT-Drs. 18/6281, S. 114.

43 In Falle der **Vorinformation nach § 38 Abs. 4 VgV** als Aufruf zum Wettbewerb müssen die Auftragsbedingungen deshalb in Umsetzung von Art. 70 Satz 1 VRL/Erwägungsgrund 104 VRL im Aufruf zum Wettbewerb = EU-Vorinformation oder den Auftragsunterlagen angegeben werden.

3. Relevante Belange

44 Gem. **§ 128 Abs. 2 Satz 3 GWB** können freiwillige, zusätzliche Ausführungsbedingungen insbesondere **wirtschaftliche, innovationsbezogene, umweltbezogene, soziale oder beschäftigungspolitische Belange oder den Schutz der Vertraulichkeit** von Unterlagen umfassen.

45 Ausweislich der Gesetzesbegründung[44] ist diese vorstehende **Aufzählung nicht abschließend**. Darüber hinaus kann im Rahmen der Vorgabe von sozialen Kriterien z. B. den **Belangen von Menschen mit Behinderung** besonders Rechnung getragen werden.[45] Auch die Beachtung bestimmter sicherheitsspezifischer Aspekte wie des Schutzes der Vertraulichkeit von Informationen[46] kann der öffentliche Auftraggeber im Rahmen von Ausführungsbedingungen auf der Grundlage von Art. 21 Abs. 2 VRL, Art. 39 Abs. 2 SRL und Art. 28 Abs. 2 KVR vorgeben.[47]

a) Wirtschaftliche Belange

46 Zu den relevanten **wirtschaftlichen** bzw. auch wirtschaftspolitischen **Belangen**, die Ausführungsbedingungen zugrunde liegen können, kann z. B. auch die Beschaffung relevanter Produkte im Weg des **fairen Handels** („fair trade") gehören.[48]

b) Innovationsbezogene Belange

47 **Schon § 97 Abs. 4 Satz 2 GWB a. F.** enthielt die Möglichkeit, für die Auftragsausführung zusätzliche Anforderungen an Auftragnehmer zu stellen, die u. a. auch innovative Aspekte betreffen konnten. § 128 Abs. 2 Satz 3 GWB nennt auch nach der Novelle **innovationsbezogene Belange** als denkbare Ausführungsbedingungen. Dazu zählen z. B. die parallele Ausbildung und Qualifizierung des eingesetzten Personals, die **Förderung und Entwicklung hinsichtlich angebotener Leistungen, z. B. bei Softwareprodukten**, oder die Anpassung von Herstellungsmethoden und -verfahren.[49]

---

44 BT-Drs. 18/6281, S. 114.

45 Gesetzesbegründung, BT-Drs. 18/6281, S. 114.

46 So zur vormaligen Rechtslage nach § 97 Abs. 4 Satz 2 GWB a. F. auch schon OLG Düsseldorf, Beschl. v. 21.10.2015, Verg 28/14, NZBau 2016, 235, zu den „No-Spy"-Anforderungen zur Datensicherheit, sofern dafür ein durch den Auftragsgegenstand Virensoftware gerechtfertigter sachlicher Grund wie der Schutz sensibler, für den Schutz des Staates relevanter Daten namhaft gemacht werden kann.

47 Gesetzesbegründung, BT-Drs. 18/6281, S. 114.

48 Der EuGH hat die Frage in seinem Urteil v. 10.5.2012, Rs. C-368/10, VergabeR 2012, 569, offen gelassen, aber zumindest ein gewisses Wohlwollen für eine derartige Forderung bei Kaffee und Kaffeeautomaten erkennen lassen.

49 So etwas allgemeiner *Wiedemann*, in: Kulartz/Kus/Portz/Prieß, GWB, § 128 Rn. 19.

c) Umweltbezogene Belange

Auch aufgrund des hohen Stellenwertes, den der **Schutz der Umwelt** in den EU-Verträgen[50] genießt, sind insoweit **sowohl produktspezifische**[51] **als auch produktionsspezifische** Anforderungen denkbar. Dabei bleibt aber zu beachten, dass aufgrund der nunmehr sehr weit fassbaren Zuschlagskriterien eine **Überschneidung mit** diesen bzw. den **Vorgaben der Leistungsbeschreibung** an die Leistung nicht auszuschließen sind. 48

Anforderungen an das zu beschaffende Produkt selbst können dabei z. B. schon in der Kategorisierung des Beschaffungsgutes liegen, also z. B. Elektrogeräte mit einem niedrigen Energieverbrauch oder die Zugehörigkeit zur höchsten am Markt verfügbaren Energieeffizienzklasse. So **schreibt § 67 Abs. 1 VgV** vor, dass bei energieverbrauchsrelevanten Waren, technischen Geräten oder Ausrüstungen die Anforderungen in § 67 Abs. 2 bis 5 VgV zu beachten sind. § 67 Abs. 2 Nr. 1 und Nr. 2 VgV sehen dabei als Sollvorgabe für die Leistungsbeschreibung das **höchste** Leistungsniveau an Energieeffizienz und, soweit vorhanden, die höchste Energieeffizienzklasse im Sinne der Energieverbrauchskennzeichnungsverordnung vor. 49

Umweltbezogene Belange sind aber **auch hinsichtlich des Produktionsprozesses** des Beschaffungsgegenstandes denkbar, selbst wenn sich dieser **nicht auf die Qualität** der letztendlich produzierten Ware oder Leistung **auswirken** sollte. 50

Aber auch die Recycelbarkeit von Geräten und Verpackungen nach Ablauf der Nutzungsdauer können als zusätzliche Bedingungen für die Auftragsausführung vorgegeben werden.[52] 51

Vorgebbar sind insoweit entgegen vormaliger EuGH-Rechtsprechung[53] auch konkrete Gütezeichen, z. B. für **ökologisch erzeugte Produkte**, was **§ 34 Abs. 1 VgV** nunmehr auf Verordnungsebene klargestellt hat. 52

Gem. **§ 61 VgV** gelten die **§ 33 VgV** (Nachweisführung durch Bescheinigungen von Konformitätsbewertungsstellen) und **§ 34 VgV** (Nachweisführung durch Gütezeichen) entsprechend für den Beleg, dass die angebotene Leistung den geforderten Ausführungsbedingungen gem. § 128 Abs. 2 GWB entspricht. 53

Der ehemalige Vorbehalt der Rechtsprechung, man dürfe die Einhaltung von Ausführungsbedingungen nicht schon im Vergabeverfahren mit Ausschlussrelevanz bei Nichtvorlage entsprechend geforderter Nachweise sanktionieren,[54] ist damit kraft Gesetzes ausgeräumt worden. Insoweit bestimmt z. B. auch der Erwägungsgrund 39 der VRL, dass sich derartige 54

---

50 Vgl. Art. 3 EUV (Umweltschutz als Aufgabe der EU); Art. 11 AEUV (allgemeine Pflicht zur Beachtung des Umweltschutzes).

51 So auch schon zur vormaligen Rechtslage nach § 97 Abs. 4 Satz 2 GWB a. F. OLG Düsseldorf, Beschl. v. 7.5.2014, Verg 46/13, ZfBR 2014, 785, zur Ausführungsbedingung, dass die Leistung (Abschleppen und Verwahren von ordnungswidrig geparkten PKW) ausschließlich mit Hilfe umweltfreundlicher Fahrzeuge erbracht werden darf.

52 So zu Recht *Wiedemann*, in: Kulartz/Kus/Portz/Prieß, GWB, § 128 Rn. 19.

53 EuGH, Urt. v. 10.5.2012, Rs. C-368/10, VergabeR 2012, 569, wonach nach vormaliger Rechtslage nur die Inhalte von Gütezeichen, nicht aber konkrete Gütezeichen vorgebbar waren.

54 OLG Düsseldorf, Beschl. v. 7.5.2014, Verg 46/13: Eine präventive Kontrolle darüber, ob Bieter zusätzliche Anforderungen an die Vertragsausführung (dort das Abschleppen mit Hilfe umweltfreundlicher Fahrzeuge) einhalten können oder dies wahrscheinlich tun werden, lasse das damalige Vergaberecht in § 97 Abs. 4 Satz 2 GWB a. F. nicht zu.

Verpflichtungen in Auftragserfüllungsklauseln widerspiegeln können und die Überprüfung der Einhaltung dieser umwelt-, sozial- und arbeitsrechtlichen Bestimmungen (auch zur Einhaltung von Tarifverträgen) bei der Anwendung der allgemeinen Grundsätze für die Auswahl der Teilnehmer und die Auftragsvergabe, bei der Anwendung der Ausschlusskriterien und bei der Bestimmung bezüglich ungewöhnlich niedriger Angebote erfolgen könne.

55 Dies bedeutet aber auch, dass z. B. die Anforderungen an Gütezeichen oder entsprechende Nachweise in Bezug auf Ausführungsbedingungen objektiv **nachprüfbar und auf nichtdiskriminierenden Kriterien beruhen** müssen.[55]

56 Das **Konformitätsverfahren** nach § 33 Abs. 1 VgV beruht auf Art. 44 VRL und ist ein Verfahren, mit dem geprüft wird, ob ein Produkt, ein Prozess, ein System oder eine Person bestimmte Anforderungen, z. B. **technische Normen erfüllt**.[56] § 33 Abs. 1 VgV nennt als mögliche Konformitätsbescheinigungsbelege **Testberichte oder Zertifizierungen**. Sollte ein Unternehmen keinen oder unverschuldet keinen fristgemäßen Zugang zu derartigen Bescheinigungen haben, muss der Auftraggeber nach **§ 33 Abs. 2 VgV** auch andere geeignete Unterlagen akzeptieren, insbesondere ein **technisches Dossier des Herstellers** (Herstellererklärung).

57 Über § 61 VgV kann der Auftraggeber auf **bestimmte Gütezeichen Bezug** nehmen und deren Vorlage, etwa den **Blauen Engel**[57] (für Laptops, Papier, Reinigungsmittel, Textilien, Wasch- und Reinigungsmittel) verlangen, um einen Beleg zu erhalten, dass die angebotene Leistung den geforderten Ausführungsbedingungen, nicht nur im Umweltbereich, entspricht. § 34 VgV dient der Umsetzung von Art. 43 VRL. Das bisherige Vergaberecht kannte lediglich in den nunmehr aufgehobenen Bestimmungen in § 8 EG Abs. 5 VOL/A und § 6 Abs. 5 VOF eine ähnliche Vorlagemöglichkeit, die sich jedoch nur auf die Verwendung von **Umweltzeichen** beschränkte, während die analoge Anwendung von § 34 VgV über § 61 VgV aktuell sämtliche Belange des § 128 Abs. 2 GWB betreffen kann. Der Begriff **Gütezeichen** ist aber weder in § 34 VgV noch sonst im Vergaberecht definiert, sodass auf die **Definition** aus der VRL zurückgegriffen werden muss. **Art. 2 Abs. 1 Nr. 23 VRL** definiert ein Gütezeichen als ein **Dokument, ein Zeugnis oder eine Bescheinigung, mit denen bestätigt wird, dass eine bestimmte Ware, Dienstleistung, Prozess oder Verfahren bestimmte Anforderungen erfüllt**. Sie bestätigen somit das Vorliegen oder Nichtvorliegen von Eigenschaften. Vermittels einer **unabhängigen Bestätigung eines Dritten** gewährleisten sie ein taugliches Zutrauen auf diese Bestätigung. § 34 VgV eröffnet Auftraggebern nunmehr entgegen der insoweit überholten Rechtsprechung des EuGH im Verfahren „Max Havelaar" die Möglichkeit, ein **Gütezeichen direkt als Nachweis** von Unternehmen für die Einhaltung von individuellen Auftragsbedingungen **zu verlangen**. Die auf der vormaligen Rechtslage fußende Forderung des EuGH, der Auftraggeber müsse die einzelnen Kriterien und Spezifikationen vorher darstellen, die durch ein Gütezeichen nachge-

---

55 Vgl. dazu auch Erwägungsgrund 98 VRL, wonach Bedingungen für die Auftragsausführung nicht in einer Weise ausgewählt oder angewandt werden sollen, durch die u. a. Wirtschaftsteilnehmer aus anderen Mitgliedstaaten unmittelbar oder mittelbar diskriminiert werden.

56 Vgl. Art. 2 Nr. 12 VO (EG) Nr. 765/2008 über die Vorschriften für die Akkreditierung und Marktüberwachung im Zusammenhang mit der Vermarktung von Produkten, ABl. 2008 L 218, 30.

57 Andere staatliche Gütezeichen sind das Nordic Ecolabel in den nordischen Ländern oder das österreichische Umweltzeichen, siehe dazu auch das Kompetenzzentrum innovative Beschaffung, www.koinno-bmwi.de.

wiesen werden sollen, ist durch die Novelle entfallen, sodass der Auftraggeber auch direkt auf die Anforderungen des Gütezeichens unter den qualifizierten **Voraussetzungen des § 34 Abs. 2 Nr. 1 bis 5 VgV** (u. a. Verbindung mit dem Auftragsgegenstand; objektiv nachprüfbare und nichtdiskriminierende Kriterien; Anforderungsfestlegung durch unabhängige Dritte) verweisen kann.

Zudem muss der Auftraggeber gem. **§ 34 Abs. 4 und 5 VgV andere Gütezeichen**, die gleichwertige Anforderungen an die Leistung stellen oder andere geeignete Belege akzeptieren, sofern ein Unternehmen aus Gründen, die ihm nicht zugerechnet werden können, keine Möglichkeit hatte, das geforderte Gütezeichen innerhalb einer einschlägigen Frist zu erlangen. 58

d) Soziale und beschäftigungspolitische Belange

Als **soziale Belange**, die Ausführungsbedingungen zugrunde liegen können, sind insbesondere **Maßnahmen für Menschen mit Behinderungen** oder sonstige Integrationsmaßnahmen[58] denkbar. 59

Hinter Auftragsausführungsbedingungen kann aber auch die Absicht stehen, die Umsetzung von Maßnahmen zur Förderung der Gleichstellung von Frauen und Männern am Arbeitsplatz, die verstärkte Beteiligung der Frauen am Erwerbsleben und die Vereinbarkeit von Arbeit und Privatleben zu begünstigen und mehr benachteiligte Personen als nach nationalem Recht gefordert einzustellen.[59] 60

Über die auch nach Ansicht des Gesetzgebers[60] schon ohnehin einzuhaltenden Kernarbeitsnormen der internationalen Arbeitsorganisation (International Labour Organisation = **ILO-Kernarbeitsnormen**) kann ein Auftraggeber deshalb individuell auch darüber hinausgehende Anforderungen als zusätzliche besondere Ausführungsbedingungen vorgeben. Dies betrifft – wie dargelegt – z. B. die **Förderung der Vereinbarkeit von Arbeit und Familienleben, die Förderung der Gleichstellung von Männern und Frauen**[61] oder geforderte Weiterbildungsmaßnahmen für Langzeitarbeitslose. 61

Daraus wird ersichtlich, dass sich **soziale und beschäftigungspolitische Belange oftmals überlappen** und nicht immer passgenau zu trennen sind. 62

Unzulässig sind aber in jedem Fall Verpflichtungen der Bieter, in arbeitsrechtlich unzulässiger Weise in das Persönlichkeitsrecht von Mitarbeitern einzugreifen, die beim Bieter für die ausgeschriebene Leistung für alle neu eingestellten Mitarbeiter während der Auftragsausführung vorgesehen sind. So sind etwa verdachtsunabhängige Drogenscreenings allenfalls dann zulässig, wenn sich aus den Besonderheiten des zu begründenden Arbeitsverhältnisses ergibt, dass die Arbeitsausübung durch unter Drogeneinfluss stehende Arbeit- 63

58 Vgl. dazu Erwägungsgrund 99 Abs. 1 VRL.

59 So wörtlich, wenn auch mit dem Hilfswort „könnte" statt „kann", der Erwägungsgrund 98 Abs. 2 VRL.

60 Gesetzesbegründung BT-Drs. 18/6281, S. 113, wonach die in Anhang X zur VRL aufgeführten, von allen EU-Mitgliedstaaten ratifizierten internationalen Übereinkommen, insbesondere ILO-Übereinkommen, vollständig in das deutsche Recht umgesetzt sind.

61 Vgl. dazu Erwägungsgrund 98 Abs. 2 VRL.

nehmer aus wichtigen Gründen verhindert werden muss, was bei Kassen-, Garderoben-, Wach- und Sicherheitsdienstleistungen gerade nicht der Fall ist.[62]

e) Schutz der Vertraulichkeit von Informationen

64 Nach § 128 Abs. 2 Satz 3 GWB kann der Auftraggeber auch Anforderungen zum **Schutz der Vertraulichkeit von Informationen** stellen, was Art. 20 VertVergRL, Art. 21 Abs. 2 VRL und Art. 39 Abs. 2 SRL auf EU-rechtlicher Ebene unter dem Gesichtspunkt der Vertraulichkeit im Rahmen des Vergabeverfahrens verdeutlichen.[63] Dies betrifft etwa die Abgabe von **Verpflichtungserklärungen zur Datensicherheit**[64] oder die Forderung der Einrichtung und Unterhaltung eines lokalen **Reputationsdienstes**,[65] der verhindert, dass Anfragen der Endgeräte eines Viren-Schutz-Programms-Bund-Nutzers an den Cloud-Dienst des Herstellers einer Virensoftware im Internet gestellt werden, sondern stellvertretend dafür lokal nur an diesen.

f) Sonstige Belange

65 Durch die Öffnung der enumerativ benannten Belange durch das Wort „insbesondere" sind auch sonstige Belange als Ausführungsbedingungen denkbar. Diese dürften aber noch konturloser sein als die konkret benannten Belange in § 128 Abs. 2 Satz 3 GWB.

66 Zudem ist insbesondere bei Lieferleistungen einzuräumen, dass dort in aller Regel lediglich eine Ware ohne ergänzende Dienstleistungen geschuldet ist. Deshalb erscheint es fraglich, ob gesonderte Anforderungen an das Auftragnehmerpersonal (Langzeitarbeitslose, Auszubildende, Frauenförderung) bei Lieferaufträgen überhaupt unter dem Gesichtspunkt der Verhältnismäßigkeit Bestand haben können. Da Arbeitnehmer zudem an vielen Lieferaufträgen parallel arbeiten, ist es auch schon objektiv unmöglich, personalbezogene oder vergleichbare sonstige Anforderungen oder Belange einem konkreten Lieferauftrag zuzuordnen.[66]

67 Von weitergehenden Forderungen im Hinblick auf noch unkonturiertere sonstige Belange sollte insbesondere bei Lieferaufträgen deshalb vollständig abgesehen werden.

68 Insbesondere die sog. Scientology-Schutzklausel gegen die Anwendung, Lehre oder Verbreitung der Technologie von Ron Hubbard dürfte als sonstiger personalbezogener Belang zu klassifizieren sein. Sie kann aber nur bei Schulungs- oder Beratungsleistungen eine Verbindung mit dem Auftragsgegenstand haben.

---

62 VK Südbayern, Beschl. v. 12.2.2015, Z3-3-3194-1-58-12/14, VPR 2015, 139.

63 Vgl. dazu auch Gesetzesbegründung, BT-Drs. 18/6281, S. 114.

64 Z. B. die No-Spy-Erklärung des BMI v. 30.4.2014 sowie die als Handreichung deklarierte Korrektur v. 19.8.2014, mit der von der Qualifizierung als Eignungskriterium Abstand genommen wurde.

65 Vgl. OLG Düsseldorf, Beschl. v. 21.10.2015, VII-Verg 28/14, NZBau 2016, 235, bzgl. Virenschutzsoftware.

66 So zu Recht auch schon OLG Düsseldorf, Beschl. v. 25.6.2014, VII-Verg 39/13, ZfBR 2014, 815.

4. Ermessen des Auftraggebers, Interdependenzen und Verhältnismäßigkeitsgrundsatz

Im Rahmen des § 128 Abs. 2 GWB steht einem Auftraggeber ein weites, aber pflichtgemäßes **Ermessen** zu, **ob** er überhaupt Ausführungsbedingungen festlegen will und wenn ja, **welche** er konkret im Rahmen geltenden Rechts, insbesondere EU-Rechts,[67] vorgeben möchte und darf. Dabei bleibt zu beachten, dass mit perspektivisch mehr und schärferen Ausführungsbedingungen potenziell die Anzahl der Bieterunternehmen sinken dürfte und die Wirtschaftlichkeit der Angebote durch Riskozuschläge der Bieter für die Ausführungszeit zu Lasten des Auftraggebers ebenfalls abnehmen dürfte. Zudem bleibt der Verhältnismäßigkeitsgrundsatz aus § 97 Abs. 1 S. 2 GWB als Regulativ zu beachten. Demnach muss der konkret ins Feld geführte Belang einem sachlich legitimen und gerechtfertigten Zweck dienen und zur Erreichung dieses Zwecks zumindest geeignet sein. Daran fehlt es etwa bei einer Ausführungsbedingung, wonach der Transport der zur Auftragsausführung verwendeten Produkte umweltverträglich erfolgen soll und vom Auftraggeber lediglich Angaben zur Transportentfernung abgefragt werden, da diese keinen sicheren Schluss auf die Art und das Ausmaß des Energieverbrauchs und der umweltschädlichen Umweltbelastungen durch den Transport gewährleistet.[68] 69

IV. Primär-Rechtsschutz

Gegen eine fehlerhafte Anforderung hinsichtlich geforderter Ausführungsbedingungen gem. **§ 128 Abs. 2 GWB** besteht vergaberechtlicher **Rechtsschutz gem. §§ 155 ff. GWB**. 70

Dies betrifft insbesondere Ausführungsbedingungen, die objektiv nicht mit dem Auftragsgegenstand in Verbindung stehen oder vom Auftraggeber nicht hinreichend publik gemacht worden sind. 71

Ob, wie *Pfohl*[69] undifferenziert meint, vergaberechtlicher Rechtsschutz auch für § 128 Abs. 1 GWB gilt, erscheint zweifelhaft. 72

Eine Verletzung subjektiver Rechte nach § 97 Abs. 6 GWB eines an einem öffentlichen Auftrag interessierten Unternehmens ist nämlich nicht vorstellbar, wenn der Auftraggeber lediglich die Einhaltung ohnehin anwendbarer allgemeingültiger Rechtsvorschriften gesondert in seine Vertragsbedingungen aufnimmt.[70] 73

Soweit es aber z. B. darum geht, ob die **dafür in Bezug genommene Bestimmung im konkreten Vergabeverfahren überhaupt** Anwendung findet oder ob der Auftraggeber objektiv ggf. gar nicht in der Lage ist, die Einhaltung dieser Vertragsbestimmungen in der Phase 74

67 Die beiden relevanten Messlatten sind dabei insbesondere die europäische Warenverkehrsfreiheit der Art. 34 ff. AEUV und die europäische Dienstleistungsfreiheit nach Art. 56 ff. AEUV. Zusätzlich sind vorrangig auch die spezielleren sekundärrechtlichen Schranken der EU-Entsenderichtlinie 96/71/EG als Prüfungsmaßstab für die Auferlegung von Beschäftigungs- und Arbeitsbedingungen zu beachten.

68 So zu Recht *Wiedemann*, in: Kulartz/Kus/Portz/Prieß, § 128 GWB Rn. 36.

69 *Pfohl*, in: Müller-Wrede, GWB, § 128 Rn. 44.

70 So zu Recht grundsätzlich auch *Wiedemann*, in: Kulartz/Kus/Portz/Prieß, GWB, § 128 Rn. 50.

der Vertragsausführung zu überprüfen, ist **auch § 128 Abs. 1 GWB ausnahmsweise** ein bieterschützender Charakter zuzubilligen.[71]

V. Sekundär-Rechtsschutz

75 Kommt ein späterer Auftragnehmer den im Vergabeverfahren vertraglich vorgegebenen **Ausführungsbedingungen** während der Erbringung der Leistung **nicht nach**, liegt eine **Vertragsverletzung** vor, die zivilrechtliche Konsequenzen nach sich ziehen kann.[72] Neben zivilrechtlichen **Schadensersatzansprüchen** kommt insbesondere auch ein **Kündigungsrecht** hinsichtlich des geschlossenen Vertrages durch den Auftraggeber in Betracht.

71 So zu Recht *Wiedemann*, in: Kulartz/Kus/Portz/Prieß, GWB, § 128 Rn. 50.
72 Vgl. Gesetzesbegründung, BT-Drs. 18/6281, S. 113.

§ 129 Zwingend zu berücksichtigende Ausführungsbedingungen

Ausführungsbedingungen, die der öffentliche Auftraggeber dem beauftragten Unternehmen verbindlich vorzugeben hat, dürfen nur aufgrund eines Bundes- oder Landesgesetzes festgelegt werden.

Schrifttum: *Kulartz/Kus/Portz/Prieß*, Kommentar zum GWB-Vergaberecht, 4. Aufl. 2016.

Übersicht

I. Vorbemerkung

1. Funktion und Bedeutung der Vorschrift

1 § 129 GWB ist im Rahmen der Vergaberechtsmodernisierung 2016 als **nunmehr eigenständiger Paragraf neu** in das GWB aufgenommen worden. Mit ihm wird der **Regelungsgehalt des vormaligen § 97 Abs. 4 Satz 3 GWB a. F.** auch im neuen Vergaberecht **aufgegriffen und zusätzlich präzisiert**.[1] § 97 Abs. 4 Satz 3 GWB a. F. sah ehedem in Abgrenzung zu den **zusätzlichen Ausführungsbedingungen** des vormaligen **§ 97 Abs. 4 Satz 2 GWB a. F.** und jetzigen § 128 Abs. 2 GWB vor, dass **andere oder weitergehende Anforderungen** an Auftragnehmer **nur** gestellt werden dürfen, wenn dies nach einem förmlichen Gesetzgebungsverfahren **durch Bundes- oder Landesgesetz** vorgeschrieben ist.

2 Auch mit dem jetzigen **§ 129 GWB** wird **sichergestellt**, dass Ausführungsbedingungen, die der öffentliche Auftraggeber dem beauftragten Unternehmen verbindlich vorzugeben hat, nur aufgrund eines Bundes- oder Landesgesetzes festgelegt werden können.[2] Nach der **Gesetzesbegründung** soll auf diese Weise sichergestellt werden, dass **besondere Ausführungsbedingungen nicht mittels einer Verwaltungsvorschrift oder einer Satzung** zu

1 Vgl. Gesetzesbegründung, BT-Drs. 18/6281, 114 a. E.

2 So auch schon die bisherige Rechtsprechung zu § 97 Abs. 4 GWB a. F.; vgl. OLG Düsseldorf, Beschl. v. 5.5.2008, VII-Verg 5/08, VergabeR 2008, 956, zu Tariftreueforderungen, die lediglich in einem nach § 5 TVG allgemeinverbindlich erklärten Tarifvertrag enthalten und somit nicht ausreichend legitimiert waren.

für Auftraggeber verbindlichen Bedingungen gemacht werden, da das allein dem Bundes- oder Landesgesetzgeber vorbehalten sein soll.

3 **Ausgangspunkt** ist die auch durch die Rechtsprechung anerkannte **Freiheit des Auftraggebers, seinen konkreten Beschaffungsbedarf individuell** für jedes Vergabeverfahren **frei zu bestimmen**, was auch in § 128 Abs. 2 GWB für Ausführungsbedingungen zum Ausdruck kommt, wonach diese entsprechend § 127 Abs. 3 GWB – wie auch bei Zuschlagskriterien – mit dem Auftragsgegenstand in Verbindung stehen müssen. Dies schließt es ein, eigenverantwortlich und individuell auch besondere Regularien und Bedingungen für die spätere Auftragsdurchführung vorab festlegen zu dürfen. Ausweislich der Gesetzesbegründung zu § 129 GWB[3] liegt es **im Gestaltungsspielraum des Auftraggebers, ob und welche Ausführungsbedingungen** im konkreten Vergabeverfahren bzw. bei der späteren Vertragsausführung **vom Auftragnehmer beachtet werden müssen**.

4 Durch die unterschiedliche Platzierung im GWB wird ebenfalls deutlich, dass **Ausführungsbedingungen weder Zuschlagskriterien** nach § 127 GWB **noch Eignungskriterien** nach § 122 GWB sind.[4]

5 **Soll in diese Gestaltungsfreiheit** aus ggf. auch nur **politisch motivierten Gründen**[5] entscheidend zulasten primär des individuellen Auftraggebers, mittelbar auch der beteiligten Unternehmen, **eingegriffen** werden, wird die dazu nötige Eingriffslatte durch § 129 GWB maximal hoch auf die Ebene eines parlamentarischen Gesetzes gelegt.

2. Verhältnis zu anderen Rechtsvorschriften

a) Verhältnis zum EU-Recht

6 Die Vorschrift des **§ 129 GWB** hat **keine europarechtliche Wurzel** in den drei neuen Vergaberichtlinien der EU aus dem Jahre 2014, sondern ist ein nationales Eigengewächs. Damit wird der eigene Anspruch des Normgebers, EU-Recht nur 1:1 umzusetzen und kein gold plating zu betreiben, auch und gerade in der Zusammenschau mit § 128 GWB bewusst und deutlich durchbrochen.

7 Dies ist insbesondere im Lichte der übergeordneten Prinzipien des Wettbewerbs und der Nichtdiskriminierung kritisch zu hinterfragen. In gleicher Weise stellt sich dabei auch die Frage der Vereinbarkeit mit höherrangigem EU-Recht, als auch die Gefahr einer sog. Inländerdiskriminierung, insbesondere durch territorial begrenzte Landesgesetze.

8 Dies verdeutlicht **Erwägungsgrund 104 Unterabs. 1 Satz 3 der RL 2014/24/EU** als einzige EU-Messlatte, wonach **Bedingungen** für die Auftragsausführung **mit** dieser **Richtlinie vereinbar** sein sollten, sofern sie nicht unmittelbar oder mittelbar eine Diskriminie-

---

3 Gesetzesbegründung, BT-Drs. 18/6281, 114.

4 Vgl. dazu auch schon VK Bund, Beschl. v. 24.6.2014, VK 2-39/14, ZfBR 2014, 787, zur sog. No-Spy-Erklärung zum Verbot der Weitergabe von Daten sowie EuGH, Urt. v. 10.5.2012, Rs. C-368/10, VergabeR 2012, 569.

5 Die Gesetzesbegründung verweist darauf, dass aus übergeordneten politischen Erwägungen heraus ein Bedürfnis entstehen kann, den öffentlichen Auftraggeber zu verpflichten, bestimmte Bedingungen dem Auftragnehmer obligatorisch für die Ausführung des Auftrags vorzugeben. Dies können besondere soziale, beschäftigungspolitische und umweltbezogene Aspekte sein, BT-Drs. 18/6281, 114.

rung bewirken **und** sie **mit dem Auftragsgegenstand in Zusammenhang** stehen; dazu gehören nach diesem Erwägungsgrund alle Faktoren, die mit **dem konkreten Prozess der Herstellung, Bereitstellung oder Vermarktung zusammenhängen**. Dies schließt Bedingungen in Bezug auf die Ausführung des Auftrags mit ein, **nicht jedoch** Anforderungen in Bezug auf eine **allgemeine Unternehmenspolitik**.

So hat sich der **EuGH** wiederholt mit Anforderungen aus Landesvergabegesetzen und deren **Vereinbarkeit mit EU-Recht** beschäftigen müssen. 9

In der **„Rüffert"-Entscheidung** hatte der EuGH[6] eine Ausführungsbedingung des Auftrags zur **Zahlung des tarifvertraglichen Entgelts** in Niedersachsen als **nicht vereinbar mit EU-Recht** und somit für unzulässig erklärt, da Art. 3 Abs. 1 der RL 96/71 (**Arbeitnehmer-Entsende-Richtlinie**) bestimmte, dass Mindestlöhne für alle Arbeitnehmer nur zu garantieren sind, wenn sie **durch Rechts- oder Verwaltungsvorschrift oder für allgemeinverbindlich erklärte Tarifverträge festgelegt** sind. Der dem damaligen Verfahren zugrunde liegende Tarifvertrag des Baugewerbes war aber nicht für allgemeinverbindlich erklärt worden, das einschlägige Landesgesetz enthielt den Mindestlohn nicht, sondern verwies nur auf diesen Tarifvertrag. 10

In der **„Regio-Post"-Entscheidung** hingegen ließ der EuGH[7] einen **in einem Landesvergabegesetz direkt verankerten Mindestlohn** als auch im Übrigen nichtdiskriminierend, nur bezogen auf öffentliche Aufträge, **unbeanstandet** und hielt auch den **Ausschluss eines Unternehmens**, das diesen Vorgaben nicht entsprach, **für zulässig**, da erforderlich und angemessen. 11

In der „**Bundesdruckerei"-Entscheidung** problematisierte der EuGH[8] die Einbindung eines **ausländischen Nachunternehmens**, das die Leistung komplett im Ausland erbrachte. Die **RL 96/71** sei hier, anders als im Fall „Rüffert", gar **nicht anwendbar**, da **keine Entsendung** in einen anderen EU-Mitgliedstaat erfolge, da die Leistung in Polen erbracht werde und dort ein Mindestlohn gesetzlich nicht vorgeschrieben sei. Es liege somit ein **Verstoß gegen** die **Dienstleistungsfreiheit** des Art. **56 AEUV** vor. Die Forderung nach Zahlung von 8,62 Euro Mindestlohn, auch an Subunternehmen im Ausland, sei wegen **Zielüberschreitung unverhältnismäßig**, da **kein Bezug zu den Lebenshaltungskosten** der Arbeitnehmer im EU-Ausland bestehe und sogar legitime Wettbewerbsvorteile von Unternehmen aus dem EU-Ausland vereitelt würden. 12

Auch die **Sperrwirkung des Art. 31 GG** (Bundesrecht bricht Landesrecht), sofern der **Bundesgesetzgeber von seiner Bundesgesetzgebungskompetenz** etwa im Bereich Mindestlohn schon Gebrauch gemacht hat, im Verhältnis zu darüber hinausgehenden Festlegungen in Landesgesetzen, wirft schwierige Abgrenzungsprobleme auf, die zumindest höchstrichterlich weder durch das BVerfG noch den EuGH abschließend geklärt sind. 13

b) Verhältnis zum früheren Recht und zu § 128

§ 129 GWB folgt der bisherigen Regelung in **§ 97 Abs. 4 Satz 3 GWB a. F.** nach und präzisiert diese ausweislich der schon zitierten Gesetzesbegründung. **Die jetzige Präzisierung, wenn nicht gar Änderung**, liegt darin, dass in § 97 Abs. 4 Satz 3 GWB a. F. noch 14

6 Urt. v. 12.2.2008, Rs. C-346/06, VergabeR 2008, 478.
7 Urt. v. 17.11.2015, Rs. C-115/14, NZBau 2016, 46.
8 Urt. v. 18.9.2014, Rs. C-549/13, VergabeR 2015, 28.

„andere weitergehende Anforderungen **an Auftragnehmer**" geregelt waren, die somit unternehmensbezogene Kriterien darstellten und die Eignung der Unternehmen betraf. **Nunmehr** ist **klar** geregelt, dass es sich um **leistungsbezogene Merkmale des auszuführenden Auftrags** handelt.

15 Entsprechend der Überschrift zu § 129 GWB **„zwingend zu berücksichtigende Ausführungsbedingungen"** nach § 129 GWB **unterscheiden sich diese von** den **zusätzlichen** Ausführungsbedingungen **nach § 128 Abs. 2 GWB**[9] dadurch, dass dem öffentlichen Auftraggeber bundes- oder landesgesetzlich **vorgegeben** ist, diese Ausführungsbedingungen zu fordern, was der Passus **„verbindlich vorzugeben** hat" in der Norm nochmals verdeutlicht. Zusätzliche Ausführungsbedingungen nach § 128 Abs. 2 GWB hingegen kann ein Auftraggeber vorgeben, muss dies aber nicht.

3. Gesetzgebungsverfahren

16 Der **Bundestag** hatte im Gesetzgebungsverfahren zu § 129 GWB zunächst noch gefordert, den Gesetzesvorbehalt in § 129 GWB um Zuschlagskriterien zu ergänzen.[10] Dies hätte insbesondere den Landesgesetzgebern ermöglicht, nicht nur Ausführungsbedingungen nach § 97 Abs. 4 a. F./§ 128 GWB n. F., sondern auch Zuschlagskriterien nach § 97 Abs. 5 GWB a. F./§ 127 GWB n. F. verpflichtend vorzugeben. Diese Forderung hat dann letztlich aber doch keinen Eingang in das finale Gesetz gefunden.[11] Gleiches gilt für Wünsche der **Ausschüsse des Bundesrates,**[12] wonach verbindliche gesetzliche Festlegungen nicht nur für besondere Ausführungsbedingungen, sondern auch für Zuschlags- und sogar Eignungskriterien gelten sollten. Auch diese beiden Änderungswünsche wurden abgelehnt.[13] Die **Bitte des Plenums des Bunderates** in einer **Hilfserwägung**, den Gesetzesvorbehalt auf Zuschlagskriterien auszuweiten,[14] hat letztlich auch zu **keiner Änderung des Gesetzeswortlauts** mehr geführt.

II. Tatbestandliche Voraussetzungen

1. Zwingende Ausführungsbedingungen

17 Beispiele für die in § 129 GWB nur angesprochenen zwingenden Ausführungsbedingungen sind Mindestlohnforderungen im Mindestlohngesetz des Bundes- oder vielen Landesvergabegesetzen oder Tariftreueforderungen, z. B. auch separat in den Tariftreuegesetzen der Länder.

---

9 Deren Forderung und Existenz auf Art. 70 der RL 2014/24/EU beruht.
10 Vgl. Änderungsantrag vom 16.12.2015, BT-Drs. 18/7089, S. 3 und 5.
11 Vgl. Plenarprotokoll des Bundestages 18/146, S. 14428 zur BT-Drs. 18/7089.
12 Vgl. Ausschussempfehlungen der Bundesratsausschüsse vom 11.9.2015, BR-Drs. 367/1/15, Ziffern 13 und 14.
13 Vgl. Plenarprotokoll des Bundesrates v. 25.9.2015, S. 333.
14 Vgl. Ausschlussempfehlungen der Bundesratsausschüsse vom 11.9.2015, BR-Drs. 367/1/15, Ziffer 15.

2. Vorgabe aufgrund eines Bundes- oder Landesgesetzes

Die zwingenden Ausführungsbedingungen können sich **nur aus einem formellen Gesetz** des Bundes oder der Länder ergeben. 18

Andere Rechtsakte wie **Rechtsverordnungen,**[15] **kommunale Satzungen oder reine Verwaltungsvorschriften** (ministerielle Erlasse, Leitfäden) sind somit **keine ausreichende Rechtsgrundlage**, um den Auftraggeber zur Festlegung von besonderen Ausführungsbedingungen zulasten des späteren Auftragnehmers zu verpflichten.[16] 19

Im **Umkehrschluss** dürfte sich daraus aber andererseits auch ergeben, dass **lediglich empfehlende oder fakultativ festzulegende Ausführungsbedingungen nicht unter** den **Gesetzesvorbehalt** des § 129 GWB fallen.[17] 20

Zudem dürfte es auf der Grundlage von § 44 BHO und entsprechenden Parallelbestimmungen in den Haushaltsordnungen der Länder zulässig sein, entsprechende zwingende Ausführungsbedingungen in Auflagen nach § 35 VwVfG eines Fördermittelbescheides ohne gesonderte weitere gesetzliche Ermächtigung zu fordern, da für sie zumindest der vergaberechtliche Gesetzesvorbehalt des § 129 GWB nicht gilt.[18] 21

Viele **Landesgesetzgeber** haben zwischenzeitlich auf der Grundlage des alten § 97 Abs. 4 GWB a. F. oder des jetzigen § 129 GWB in Landesvergabegesetzen **zusätzliche Anforderungen für die Auftragsausführung** geschaffen. In vielen Teilen konkretisieren diese landesgesetzlichen Anforderungen jedoch lediglich den jetzigen § 128 Abs. 1 GWB[19] mit den Kernanforderungen zur Einhaltung arbeitsschutzrechtlicher Regelungen und zur Gewährung des Mindestentgelts, das teilweise auch über demjenigen aus dem Mindestlohngesetz des Bundes liegt. 22

III. Rechtsschutz

1. Primär-Rechtsschutz

§ 129 GWB dient der **Wahrung und Sicherstellung des eigenverantwortlichen Bestimmungsrechts** des öffentlichen Auftraggebers. Er soll somit mittelbar auch dem Schutz der am Auftrag interessierten Unternehmen vor einer übermäßigen Einflussnahme Dritter außerhalb der Sphäre des individuellen Auftraggebers im oder auf das konkrete Vergabeverfahren samt seiner Abwicklung dienen.[20] Beruht somit eine zwingend geforderte Ausführungsbedingung außerhalb des § 128 GWB nicht auf einem Bundes- oder Landesgesetz, so kann ein Bewerber oder Bieter dies in einem Nachprüfungsverfahren als Verstoß gegen § 129 GWB monieren und die Nichtberücksichtigung dieser Ausführungsbedingung bzw. den Nichtausschluss bei ihrer Nichtanerkennung durchsetzen. 23

15 Vgl. auch schon OLG Koblenz, Beschl. v. 29.11.2012, 1 Verg 6/12, zur nicht ausreichenden Verpackungsverordnung sowie OLG Düsseldorf, Beschl. v. 29.7.2009, VII-Verg 18/09, BeckRS 2009, 23467, zur ebenfalls nicht ausreichenden Postmindestlohnverordnung.

16 So zu Recht *Wiedemann*, in: Kulartz/Kus/Portz/Prieß, GWB, § 129 Rn. 6.

17 Vgl. *Wiedemann*, in: Kulartz/Kus/Portz/Prieß, GWB, § 129 Rn. 7.

18 So zumindest *Wiedemann*, in: Kulartz/Kus/Portz/Prieß, GWB, § 129 Rn. 8.

19 So zu Recht *Wagner/Pfohl*, VergabeR 2015, 389.

20 In dieser Diktion auch *Wiedemann*, in: Kulartz/Kus/Portz/Prieß, GWB, § 129 Rn. 9.

2. Sekundär-Rechtsschutz

24 Ein tatsächlicher Verstoß gegen vom Auftraggeber zulässigerweise zwingend vorgegebene Ausführungsbestimmungen stellt zum einen einen zivilrechtlichen **Vertragsverstoß in der Ausführungsphase** eines vorherigen Vergabeverfahrens dar. Dies **kann** zu **Schadensersatzansprüchen** des Auftraggebers wegen dieser Vertragsverletzung führen oder zur Verwirkung von Vertragsstrafen, sofern diese entsprechend vereinbart waren. Zudem kann der **Auftraggeber Ansprüche** wegen **Schlecht- oder Nichterfüllung** geltend machen, z. B. nach den §§ 280 ff. BGB.

§ 130 Vergabe von öffentlichen Aufträgen über soziale und andere besondere Dienstleistungen

(1) Bei der Vergabe von öffentlichen Aufträgen über soziale und andere besondere Dienstleistungen im Sinne des Anhangs XIV der Richtlinie 2014/24/EU stehen öffentlichen Auftraggebern das offene Verfahren, das nicht offene Verfahren, das Verhandlungsverfahren mit Teilnahmewettbewerb, der wettbewerbliche Dialog und die Innovationspartnerschaft nach ihrer Wahl zur Verfügung. Ein Verhandlungsverfahren ohne Teilnahmewettbewerb steht nur zur Verfügung, soweit dies aufgrund dieses Gesetzes gestattet ist.

(2) Abweichend von § 132 Absatz 3 ist die Änderung eines öffentlichen Auftrags über soziale und andere besondere Dienstleistungen im Sinne des Anhangs XIV der Richtlinie 2014/24/EU ohne Durchführung eines neuen Vergabeverfahrens zulässig, wenn der Wert der Änderung nicht mehr als 20 Prozent des ursprünglichen Auftragswertes beträgt.

Schrifttum: *Müller-Wrede*, GWB Vergaberecht, Kommentar, 2016.

Übersicht

I. Historie und Vorgaben des EU-Rechts

1 Die Vorschrift dient der Umsetzung von Art. 4 lit. d), Art. 74 und Art. 77 der Richtlinie 2014/24/EU. Entfallen ist im Zusammenhang mit der Neuregelung die Unterscheidung gem. der Art. 20 ff. der Richtlinie 2014/24/EU zwischen vorrangigen A- und nachrangigen B-Dienstleistungen. Der Grund für die Privilegierung liegt nach Auffassung des europäischen Normgebers in den zu verzeichnenden kulturellen Unterschieden in der Behandlung der fraglichen Dienstleistungen in den einzelnen Mitgliedsstaaten, die eine lediglich begrenzte grenzüberschreitende Wirkung zur Folge haben soll.[1] Ziel ist die Vereinfachung

1 Richtlinie 2014/24/EU, Erwägungsgrund 114.

der Vergabeverfahren und die Erweiterung kommunaler Handlungsspielräume im Oberschwellenbereich durch vereinfachte Vorgaben für die Beschaffung.[2]

II. Regelungsgehalt

2 Die Privilegierungen des § 130 GWB knüpfen sich an die folgenden Voraussetzungen:

1. Soziale und besondere Dienstleistungen

3 Eine eindeutige rechtliche Definition der zu privilegierenden Dienstleistungen fehlt sowohl auf europäischer wie auch auf nationaler Ebene. Anhaltspunkt ist jedoch der in Erwägungsgrund 114 der RL 2014/24/EU beschriebene Geltungsgrund der Privilegierung. Es sollen solche Dienstleistungen umfasst sein, die „aufgrund ihrer Natur nach wie vor lediglich eine begrenzte grenzüberschreitende Dimension haben, insbesondere die personenbezogenen Dienstleistungen".

4 Diesem Wortlaut ist zu entnehmen, dass ausschließlich Dienstleistungen, jedoch keine Liefer- oder Bauleistungen umfasst sind.[3] Die Vorschrift soll Anwendung auf Dienstleistungen des Anhangs XIV finden, die durch CPV Codes dort näher definiert sind.[4] Privilegiert sind demnach die folgenden Dienstleistungen:

- Dienstleistungen des Gesundheits- und Sozialwesens und zugehörige Dienstleistungen
- Administrative Dienstleistungen im Sozial-, Bildungs-, Gesundheits- und kulturellen Bereich
- Dienstleistungen im Rahmen der gesetzlichen Sozialversicherung
- Beihilfen-, Unterstützungsleistungen und Zuwendungen
- Sonstige gemeinschaftliche, soziale und persönliche Dienstleistungen, einschließlich Dienstleistungen von Gewerkschaften, von politischen Organisationen, von Jugendverbänden und von sonstigen Organisationen und Vereinen
- Dienstleistungen von religiösen Vereinigungen
- Gaststätten und Beherbergungsgewerbe[5]
- Dienstleistungen im juristischen Bereich, sofern sie nicht nach Art. 10d der Richtlinie 2014/24/EU ausgeschlossen sind
- Sonstige Dienstleistungen der Verwaltung und für die öffentliche Verwaltung
- Kommunale Dienstleistungen
- Dienstleistungen für Haftanstalten, Dienstleistungen im Bereich öffentliche Sicherheit und Rettungsdienste, sofern sie nicht nach Art. 10h der Richtlinie 2014/24/EU ausgeschlossen sind
- Dienstleistungen von Detekteien und Sicherheitsdiensten
- Internationale Dienstleistungen
- Postdienste

---

2 BT-Drs. 18/6281, S. 2, S. 114 ff.

3 Ebenso: *Amelung*, in: Müller-Wrede, GWB, § 130 Rn. 10.

4 CPV Codes der Dienstleistungen nach Art. 74 im Anhang XIV zu RL 2014/24/EU.

5 Zur Begründung s. RL 2014/24/EU, Erwägungsgrund 115.

Handelt es sich um gemischte Aufträge, gilt die Vorschrift des § 110 GWB. Dessen Absatz 1 bestimmt für gemischte Aufträge mit Anteilen aus Liefer-, Bau- und Dienstleistungen den Hauptgegenstand des Auftrags als maßgeblich. Besteht der Auftrag teils aus Dienstleistungen im Sinne von § 130 GWB und teils aus anderen Dienstleistungen ist zu bestimmen, welcher geschätzte Wert der jeweiligen Liefer- oder Dienstleistungen am höchsten ist (§ 110 Abs. 2 GWB). **5**

2. Sonderfall Rettungsdienstleistungen

Einen Sonderfall stellen Rettungsdienstleistungen dar. Nach § 107 Abs. 1 Nr. 4 GWB sollen diese generell vom Anwendungsbereich des Vergaberechts ausgenommen sein. Diese Ausnahme sollte jedoch in Anbetracht des Schutzzweckes des Vergaberechts restriktiv gehandhabt werden. Nur Rettungsdienstleistungen mit unmittelbarem Bezug zum Katastrophenschutz können daher vollständig vom Anwendungsbereich des Vergaberechts ausgenommen werden. Für andere Rettungsdienstleistungen sprechen die besseren Argumente dafür, diese als Unterfall des § 130 GWB zu behandeln.[6] **6**

III. Rechtsfolge – Erleichterte Beschaffung

An die Erfüllung der genannten Voraussetzungen sind drei Rechtsfolgen geknüpft, nämlich die Erhöhung des maßgeblichen Schwellenwertes, eine größere Auswahl bei Bestimmung der Verfahrensart und Erleichterungen bei der Auftragsänderung. **7**

1. Erhöhung des Schwellenwertes

Gem. § 106 Abs. 2 Nr. 1 GWB i.V.m. Art. 4 lit. d) RL 2014/24/EU erhöht sich der Schwellenwert auf derzeit 750.000 Euro. Ist dieser Wert unterschritten, ist eine freihändige Vergabe zulässig. Zu berücksichtigen ist jedoch, dass bei grenzüberschreitendem Interesse die Grundsätze der Diskriminierungsfreiheit und der Transparenz und weitere Vorgaben des EU-Primärrechts beachtet werden müssen.[7] **8**

2. Weitere Optionen der Verfahrenswahl

Sind die Voraussetzungen des § 130 GWB erfüllt, besteht ein echtes Wahlrecht bezogen auf die Verfahrensart. Einzig das Verhandlungsverfahren ohne Teilnahmewettbewerb darf nicht gewählt werden. Grund für den weiten Spielraum öffentlicher Auftraggeber bei der Verfahrenswahl ist der sehr unterschiedliche Charakter der betroffenen Dienstleistungen.[8] **9**

3. Erleichterungen bei Auftragsänderungen

Im Vergleich zu § 132 Abs. 3 GWB sind im Anwendungsbereich des § 130 GWB Vertragsänderungen auch ohne neues Vergabeverfahren zulässig, wenn der Wert der Änderung **10**

---

6 Vgl. *Amelung*, in: Müller-Wrede, GWB, § 130 Rn. 19 ff.
7 Vgl. EuGH, Urt. v. 15.5.2008, C 147/06.
8 BT-Drs. 18/6281, S. 116.

nicht mehr als 20% des ursprünglichen Auftragsvolumens beträgt. Dies stellt gegenüber dem sonst geltenden Schwellenwert von 10% eine erhebliche Privilegierung dar. Grund für die Privilegierung ist der Umstand, dass bei den betroffenen Dienstleistungsverträgen Änderungsbedarf aus äußeren, von ihm nicht vorhersehbaren Gründen resultieren kann, die er weder vorhersehen noch beeinflussen kann.[9]

IV. Rechtsschutz

11 Insbesondere das Verfahrenswahlrecht liegt im Ermessen des Auftraggebers, sodass Bieter keinen Anspruch auf die Wahl eines bestimmten Verfahrens haben. Bei Überschreitung des Schwellenwertes gelten die §§ 155 ff. GWB.

9 Erwägungsgrund 109 RL 2014/24/EU.

§ 131 Vergabe von öffentlichen Aufträgen über Personenverkehrsleistungen im Eisenbahnverkehr

(1) Bei der Vergabe von öffentlichen Aufträgen, deren Gegenstand Personenverkehrsleistungen im Eisenbahnverkehr sind, stehen öffentlichen Auftraggebern das offene und das nicht offene Verfahren, das Verhandlungsverfahren mit Teilnahmewettbewerb, der wettbewerbliche Dialog und die Innovationspartnerschaft nach ihrer Wahl zur Verfügung. Ein Verhandlungsverfahren ohne Teilnahmewettbewerb steht nur zur Verfügung, soweit dies aufgrund dieses Gesetzes gestattet ist.

(2) Anstelle des § 108 Absatz 1 ist Artikel 5 Absatz 2 der Verordnung (EG) Nr. 1370/2007 des Europäischen Parlaments und des Rates vom 23. Oktober 2007 über öffentliche Personenverkehrsdienste auf Schiene und Straße und zur Aufhebung der Verordnungen (EWG) Nr. 1191/69 und (EWG) Nr. 1107/70 des Rates (ABl. L 315 vom 3.12.2007, S. 1) anzuwenden. Artikel 5 Abs. 5 und Artikel 7 Absatz 2 der Verordnung (EG) Nr. 1370/2007 bleiben unberührt.

(3) Öffentliche Auftraggeber, die öffentliche Aufträge im Sinne von Absatz 1 vergeben, sollen gemäß Artikel 4 Absatz 5 der Verordnung (EG) Nr. 1370/2007 verlangen, dass bei einem Wechsel des Betreibers der Personenverkehrsleistung der ausgewählte Betreiber die Arbeitnehmerinnen und Arbeitnehmer, die beim bisherigen Betreiber für die Erbringung dieser Verkehrsleistung beschäftigt waren, übernimmt und ihnen die Rechte gewährt, auf die sie Anspruch hätten, wenn ein Übergang gemäß § 613a des Bürgerlichen Gesetzbuchs erfolgt wäre. Für den Fall, dass ein öffentlicher Auftraggeber die Übernahme von Arbeitnehmerinnen und Arbeitnehmern im Sinne von Satz 1 verlangt, beschränkt sich das Verlangen auf diejenigen Arbeitnehmerinnen und Arbeitnehmer, die für die Erbringung der übergehenden Verkehrsleistung unmittelbar erforderlich sind. Der öffentliche Auftraggeber soll Regelungen vorsehen, durch die eine missbräuchliche Anpassung tarifvertraglicher Regelungen zu Lasten des neuen Betreibers zwischen der Veröffentlichung der Auftragsbekanntmachung und der Übernahme des Betriebes ausgeschlossen wird. Der bisherige Betreiber ist nach Aufforderung durch den öffentlichen Auftraggeber verpflichtet, alle hierzu erforderlichen Angaben zu machen.

Schrifttum: *Burgi/Dreher*, Beck'scher Vergaberechtskommentar, Band 1, 3. Aufl. 2017; *Gabriel/Krohn/Neun*, Handbuch Vergaberecht, 2. Aufl. 2017; *Kaufmann/Lübbig/Prieß/Pünder/Fehling*, VO (EG) Nr. 1370/2007, Verordnung über öffentliche Personenverkehrsdienste auf Schiene und Straße, Kommentar, 2010; *Kulartz/Kus/Portz/Prieß*, Kommentar zum GWB-Vergaberecht, 4. Aufl. 2016; *Müller-Wrede*, GWB Vergaberecht, Kommentar, 2016; *Prieß/Lau/Kratzenberg*, Wettbewerb – Transparenz – Gleichbehandlung, 15 Jahre GWB-Vergaberecht, Festschrift für Fridhelm Marx, 2013; *Saxinger/Winnes*, Recht des öffentlichen Personenverkehrs, Kommentar zur Personenbeförderung auf Straße und Schiene, Stand Januar 2015; *Willenbruch/Wieddekind*, Vergaberecht, Kompaktkommentar, 4. Aufl. 2017; *Ziekow/Völlink*, Vergaberecht, Kommentar, 2. Aufl. 2013.

Übersicht

I. Einleitung

1 § 131 GWB statuiert ein **Sondervergaberecht für Personenverkehrsleistungen im Eisenbahnverkehr**. Derartige Leistungen sind über das Unionsrecht hinausgehend grundsätzlich im Wettbewerb zu vergeben, wobei die Auftraggeber Wahlfreiheit hinsichtlich des Verfahrens haben (Abs. 1). Bestimmte Direktvergabemöglichkeiten des Unionsrechts stehen aber weiter zur Verfügung (Abs. 2). Zum Schutz der Beschäftigten ist, wiederum über das Unionsrecht hinaus gehend, in der Regel ein Betriebsübergang anzuordnen (Abs. 3).

2 § 131 GWB ist das Ergebnis rechtlicher und wettbewerblicher Entwicklungen im Eisenbahnbereich in der Europäischen Union und in Deutschland:

1. Unionsrecht und Wettbewerbsentwicklung in der Europäischen Union

3 Die unionsrechtlichen Vorgaben für die Vergabe von Öffentlichen Personenverkehrsdiensten finden sich in der **Verordnung (EG) Nr. 1370/2007**. Die Verordnung beinhaltet **spezifische beihilfenrechtliche Regeln**, die in Anlehnung an die „Altmark-Trans"-Rechtspre-

chung des Europäischen Gerichtshofs[1] festgelegt wurden.[2] Daneben legt die VO (EG) Nr. 1370/2007 **Vergaberegeln für den Öffentlichen Personenverkehr** fest. Ungeachtet der durch die Verordnung im Grundsatz ermöglichten Übergangszeiträume gelten auch diese vergaberechtlichen Regeln seit Inkrafttreten der Verordnung am 3.12.2009 unmittelbar.[3] Hinsichtlich der Vergaberegeln ist nach Art. 5 Abs. 1 VO (EG) Nr. 1370/2007 zwischen öffentlichen Personenverkehrsdiensten auf der Straße und auf der Schiene zu differenzieren. Was die Vergabe von Öffentlichen Personenverkehrsdiensten auf der Straße (insbesondere Verkehre mit Bussen und Straßenbahnen) betrifft, ist die Verordnung nur für Dienstleistungskonzessionen anwendbar; handelt es sich vergaberechtlich um Dienstleistungsaufträge, sind die allgemeinen Vergaberichtlinien einschlägig. Hingegen sind öffentliche Personenverkehrsdienste im Eisenbahnbereich auch dann von der VO (EG) Nr. 1370/2007 erfasst, sofern es sich vergaberechtlich um Dienstleistungskonzessionen handelt.

Art. 5 Abs. 3 VO (EG) Nr. 1370/2007 legt fest, dass öffentliche Dienstleistungsaufträge im Wege eines wettbewerblichen Vergabeverfahrens zu vergeben sind. Von dieser **Grundentscheidung für wettbewerbliche Vergaben** sieht die Verordnung diverse Ausnahmen vor. So gestattet Art. 5 Abs. 2 VO (EG) Nr. 1370/2007 unter bestimmten Voraussetzungen **eine In-house-Vergabe an einen sog. internen Betreiber**. Daneben können nach Art. 5 Abs. 5 VO (EG) Nr. 1370/2007 sog. **Notmaßnahmen** ergriffen werden: Ist ein Verkehrsdienst unterbrochen oder besteht die unmittelbare Gefahr des Eintretens einer solchen Situation, kann im Wege einer Notmaßnahme ein Auftrag direkt vergeben werden. Die maximale Laufzeit einer solchen Vergabe beträgt zwei Jahre. Art. 5 Abs. 4 VO (EG) Nr. 1370/2007 nimmt bestimmte **Bagatellaufträge** vom Gebot der wettbewerblichen Vergabe aus, sofern die Direktvergabe derartiger Aufträge nicht nach nationalem Recht untersagt ist. Und schließlich sieht Art. 5 Abs. 6 VO (EG) Nr. 1370/2007 vor: Im **Eisenbahnbereich** können **Aufträge direkt vergeben** werden, sofern dies nicht nach nationalem Recht untersagt ist. 4

Die VO (EG) Nr. 1370/2007 stellt damit **erstmals unionsrechtliche Regeln für die Vergabe von Personenverkehrsleistungen im Eisenbahnverkehr** auf. Die zuvor geltende VO (EWG) Nr. 1191/69[4] beinhaltete keine Vergabevorschriften für derartige Aufträge. Solche waren auch nicht in den allgemeinen Vergaberichtlinien enthalten. Dort waren Personenverkehrsleistungen im Eisenbahnverkehr lediglich den nicht-prioritäten Dienstleistungen zugeordnet. Auch aus dem Primärrecht der Europäischen Union folgte keine Verpflichtung, Personenverkehrsleistungen im Eisenbahnverkehr in wettbewerblichen Verfahren zu vergeben.[5] 5

Aufgrund des Fehlens zwingender unionsrechtlicher Vorgaben zur wettbewerblichen Vergabe ist der **Grad der Marktöffnung im Eisenbahnbereich** in den Mitgliedstaaten der Europäischen Union **sehr unterschiedlich.** Einige Mitgliedstaaten haben ihre Eisenbahn- 6

---

1 EuGH, Urt. v. 24.7.2003, Rs. C-280/00, NJW 2003, 2515 – Altmark Trans.

2 Vgl. dazu etwa *Fehling/Niehnus*, DÖV 2008, 662, 665 f.

3 OLG Düsseldorf, Beschl. v. 2.3.2011, VII Verg 48/10, VergabeR 2011, 471, 478 f.; OLG München, Beschl. v. 22.6.2011, Verg 6/11, VergabeR 2011, 848, 852 f.

4 Vgl. zur Historie der VO 1191/69 *Fehling*, in: Kaufmann/Lübbig/Prieß/Pünder, VO (EG) Nr. 1370/2007, Einleitung Rn. 16 ff.

5 Vgl. dazu im Einzelnen *Otting/Scheps*, NVwZ 2008, 499, 505 f.; *Polster* NZBau 2011, 209, 212; *Motherby/Gleichner*, in: FS Marx, 421, 425 ff.; anders *Bremer/Helmstädter*, in: FS Marx, 53, 65 ff., 69, die aus dem Primärrecht eine Pflicht zur „nicht förmliche(n) wettbewerbliche(n) Vergabe" herleiten wollen.

märkte für Personenverkehrsleistungen weitgehend geöffnet, andere haben erheblichen Nachholbedarf.[6]

7 Weiter sieht die Verordnung auch **Instrumente des Arbeitnehmerschutzes** vor: Nach Art. 4 Abs. 5 Satz 1 VO (EG) Nr. 1370/2007 haben die zuständigen Behörden die Möglichkeit, einen Übergang der Arbeitsverhältnisse des bisher die jeweiligen Leistungen erbringenden Verkehrsunternehmens auf einen neuen Betreiber zu bestimmen (sog. **angeordneter Betriebsübergang**).[7] Die Vorschrift wird als Resultat der Erkenntnis gesehen, dass Wettbewerb nicht zu einem Wettbewerb um die schlechtesten Lohn- und Arbeitsbedingungen verkommen dürfe.[8] Eine solche Anordnung ist auf die Arbeitnehmer beschränkt, die zuvor zur Erbringung der Verkehrsleistungen eingestellt wurden.

8 Schließlich legt die Verordnung, abweichend vom allgemeinen Vergaberecht, **Höchstlaufzeiten für öffentliche Dienstleistungsaufträge** fest. Nach Art. 4 Abs. 3 VO (EG) Nr. 1370/2007 haben öffentliche Dienstleistungsaufträge für Busverkehrsdienste eine Laufzeit von höchstens 10 Jahren. Für Personenverkehrsdienste mit der Eisenbahn und andere schienengestützte Verkehrsdienste beträgt die Höchstlaufzeit 15 Jahre. Werden Eisenbahnverkehrsleistungen direkt vergeben, beträgt die Höchstlaufzeit 10 Jahre. Art. 4 Abs. 4 VO (EG) Nr. 1370/2007 gestattet unter bestimmten Voraussetzungen Verlängerungen der Höchstlaufzeiten.

9 Die VO (EG) Nr. 1370/2007 hat **Änderungen** erfahren **durch die VO (EU) 2016/2338** vom 14.12.2016.[9] Diese ist am 24.12.2017 in Kraft getreten. Im Kern betreffen die Änderungen die Direktvergabe im Eisenbahnbereich. Ab dem 25.12.2023 können keine Direktvergaben mehr auf Art. 5 Abs. 6 VO (EG) Nr. 1370/2007 gestützt werden. Eine voraussetzungslose Direktvergabe ist dann nicht mehr möglich. Allerdings wird die damit verbundene Perspektive einer unionsweiten Marktöffnung sogleich relativiert, indem neue, an bestimmte Voraussetzungen geknüpfte Direktvergabetatbestände eingeführt werden, die ab dem 3.12.2019 wirksam werden.[10] Es bleibt dabei, dass die Möglichkeiten zur Direktvergabe nur greifen, sofern das nationale Recht keine strengeren Vorgaben aufstellt. Daneben bleiben die bisherigen Direktvergabemöglichkeiten, z. B. im Wege der Notmaßnahme nach Art. 5 Abs. 5 VO (EG) Nr. 1370/2007, grundsätzlich erhalten.

10 Insgesamt stellen die modifizierten Regelungen zu Direktvergaben im Eisenbahnbereich einen eher zaghaften Ansatz zur unionsweiten Öffnung des Marktes für inländische Schienenpersonenverkehrsdienste dar. Dies gilt insbesondere angesichts der recht vagen Voraussetzungen in den neuen Direktvergabetatbeständen und der beträchtlichen Zeitspanne, in der noch Direktvergaben gemäß Art. 5 Abs. 6 VO (EG) Nr. 1370 ohne Voraussetzungen vorgenommen werden dürfen. Es wird – neben dem politischen Willen – von der Konkretisierung der Anforderungen an Direktvergaben durch die Rechtsprechung abhängen, ob die

---

6 Vgl. zur Liberalisierung im Einzelnen *Wielgoss/Gasparic/Vogelpohl*, Railway Gazette International 2010, 60, 61.

7 Dazu ausführlich *Dönneweg*, in: Saxinger/Winnes, Recht des öffentlichen Personenverkehrs, Art. 4 Abs. 5 Rn. 1 ff.

8 So *Fehling/Niehnus*, DÖV 2008, 662, 667.

9 Verordnung (EU) 2016/2338 des Europäischen Parlaments und des Rats vom 14. Dezember 2016 zur Änderung der Verordnung (EG) Nr. 1370/2007 hinsichtlich der Öffnung des Marktes für inländische Personenverkehrsdienste. Ausführlich dazu: *Linke*, NZBau 2017, 331 und *Knauff*, N&R 2018, 26 sowie *Staebe*, N&R 2018, 30.

10 Im Einzelnen *Linke*, NZBau 2017, 331, 335 ff.; *Knauff*, N&R 2018, 26, 27 f.

neue Verordnung „ein bedeutsamer Schritt in Richtung einer höheren Wettbewerbsintensität bei der Vergabe von Eisenbahnverkehrsleistungen“ ist.[11] Der **Grad der Marktöffnung in den Mitgliedstaaten der Europäischen Union** wird wohl noch **für lange Zeit sehr unterschiedlich** sein.[12]

2. Nationales Recht und Wettbewerbsentwicklung in Deutschland

11 Im nationalen Recht war seit Normierung des Kartellvergaberechts im Jahr 1999 umstritten, ob Aufträge über Personenverkehrsleistungen im Eisenbahnverkehr – über die unionsrechtlichen Vorgaben hinausgehend – der Pflicht zur Vergabe im Wettbewerb nach §§ 97ff. GWB a.F. unterfielen. In praktischer Hinsicht betrifft dies die Vergabe von Aufträgen im **Schienenpersonennahverkehr (SPNV)**, da dieser in erheblichem Umfang durch öffentliche Mittel mitfinanziert wird. Dreh- und Angelpunkt war insofern das Verhältnis von § 15 Abs. 2 AEG zu §§ 97ff. GWB a.F. § 15 Abs. 2 AEG stellt die wettbewerbliche Vergabe ins Ermessen des Auftraggebers. Das OLG Brandenburg ging von einem Vorrang des § 15 Abs. 2 AEG aus.[13] Hingegen tendierte das OLG Düsseldorf – in einem obiter dictum – zur Vorrangigkeit der §§ 97ff. GWB.[14] Auch die Literatur war uneins.[15] Ungeachtet der Frage, ob §§ 97ff. GWB a.F. zwingend auf die Vergabe von SPNV-Leistungen anwendbar waren, hatte sich die **wettbewerbliche Vergabe – wo immer faktisch möglich – durchgesetzt**.[16] Dies führte dazu, dass Deutschland schon 2010 unter den führenden Ländern in der Europäischen Union war, was Marktöffnungen und Marktbedingungen anbelangt.[17] Die Rechtsprechung ging insofern davon aus, dass für den Fall, dass der Auftraggeber sich für eine wettbewerbliche Vergabe nach den Vorschriften des GWB a.F. entschied, auch der vergaberechtliche Rechtsschutz nach §§ 102ff. GWB a.F. eröffnet sei.[18] Im Jahr 2011 hat der **Bundesgerichtshof** das Verhältnis von AEG und GWB schließlich zugunsten eines **Vorrangs der §§ 97ff. GWB a.F.** entschieden.[19] An diesem Vorrang des GWB änderte auch das Inkrafttreten des Art 5 Abs. 6 VO (EG) Nr. 1370/2007 mit der ausdrücklichen Zulässigkeit der Direktvergabe nichts, da das GWB entgegen stehendes nationales Recht im Sin-

---

11 *Knauff*, N&R 2018, 26, 29.

12 Der französische Staatspräsident *Macron* hatte im Wahlkampf angekündigt, den Schienenregionalverkehr schon vor 2023 für den Wettbewerb zu öffnen, FAZ Nr. 145 v. 26.6.2017. Nunmehr sollen sich die französischen Regionen doch bis Ende 2023 Zeit lassen dürfen, FAZ Nr. 63 v. 15.3.2018, S. 16 und FAZ Nr. 76 v. 31.3.2018, S. 22.

13 OLG Brandenburg, Beschl. v. 2.9.2003, Verg W 3/03 und Verg W 5/03, NZBau 2003, 688.

14 OLG Düsseldorf, Beschl. v. 26.7.2002, Verg 22/02, NZBau 2002, 634, 635.

15 Vgl. z.B. *Prieß*, NZBau 2002, 539 einerseits; *Thieme/Schlüter*, NVwZ 2004, 162 andererseits.

16 Praktisch stellte sich die Situation früher so dar, dass insbesondere umfangreiche Leistungen oftmals faktisch nur von einem Unternehmen erbracht werden konnten. Vgl. BT-Drs. 18/12711, S. 2: „In den Jahren nach der Regionalisierung wurden oftmals Verträge mit DB Regio verhandelt, weil es nicht genügend andere leistungsfähige Anbieter gab, die große Verkehrsverträge hätten bedienen können.“

17 *Wielgoss/Gasparic/Vogelpohl*, Railway Gazette International 2010, 60, 61: „The leading countries are Germany, Sweden, Denmark, The Netherlands the UK and Switzerland.“

18 OLG Düsseldorf, Beschl. v. 26.7.2002, Verg 22/02, NZBau 2002, 634, 635; OLG Koblenz, Beschl. v. 5.9.2002, 1 Verg 2/02, NZBau 2002, 699, 703; OLG Düsseldorf, Beschl. v. 6.12.2004, VII Verg 79/04, VergabeR 2005, 212, 212f.

19 BGH, Beschl. v. 8.2.2011, X ZB 4/10, BGHZ 188, 200 = NZBau 2011, 175 – Abellio Rail; Vorlagebeschluss des OLG Düsseldorf, Beschl. v. 21.7.2010, VII-Verg 19/10, NZBau 2010, 582 – Kooperationsräume VRR und Niederrhein.

ne von Art. 5 Abs. 6 VO (EG) Nr. 1370/2007 war.[20] Die Intensität des Wettbewerbs ist weiter hoch. Der Wettbewerb ist in den letzten Jahren geprägt durch neue Vergabekonzeptionen. Eine Erscheinungsform dieser neuen Konzeptionen ist, dass die Auftraggeber den bislang einheitlichen Verkehrsvertrag, der auch Teilleistungen wie Fahrzeugbeschaffung und -wartung sowie Fahrscheinvertrieb beinhaltete, aufspalten, Teilleistungen wie z.B. die Fahrzeugbeschaffung und -wartung vorab isoliert vergeben und diese Leistung dann dem Verkehrsunternehmen im Verkehrsvertrag beistellen.[21] Es ist grundsätzlich noch ungeklärt, welche Vorgaben die VO (EG) Nr. 1370/2007 für die getrennte Vergabe derartiger Teilleistungen, etwa hinsichtlich maximaler Vertragslaufzeiten (Art. 4 Abs. 3, 4 VO (EG) Nr. 1370/2007), mit sich bringt.[22]

II. Anwendungsbereich

12 Der persönliche Anwendungsbereich des § 131 GWB erstreckt sich auf öffentliche Auftraggeber im Sinne von § 99 GWB. Im SPNV sind dies die Bundesländer bzw. landeseigene Gesellschaften. Teilweise haben die Bundesländer diese Aufgaben kommunalen Zweckverbänden überantwortet. Der sachliche Anwendungsbereich des § 131 ist auf Personenverkehrsdienste mit Eisenbahnen beschränkt. Nach § 154 Ziff. 3 lit. a) GWB sind Abs. 2 und 3 des § 131 GWB entsprechend anzuwenden, sofern die Personenverkehrsdienste sich nicht als Dienstleistungsauftrag, sondern als Dienstleistungskonzession darstellen. Daraus folgt, dass für die Vergabe von Dienstleistungskonzessionen Abs. 1 keine Anwendung findet. Für die Vergabe von Personenverkehrsleistungen im Eisenbahnverkehr als Dienstleistungskonzession gelten daher die Vorschriften der VO (EG) Nr. 1370/2007 sowie § 131 Abs. 2 und 3 GWB. Praktisch ist dies von eher geringer Bedeutung, da die Verkehrsverträge im Schienenpersonennahverkehr regelmäßig Dienstleistungsaufträge und keine -konzessionen sind.[23] Die unter das PBefG fallenden Verkehrsleistungen, wie Leistungen mit Straßenbahnen und Bussen, sind von § 131 GWB nicht erfasst.

III. Entstehungsgeschichte des § 131 GWB

13 Schon zu Beginn des Gesetzgebungsverfahrens war vorgesehen, dass Personenverkehrsleistungen im Eisenbahnverkehr **grundsätzlich im Wettbewerb** vergeben werden. Bereits

---

20 Explizit OLG Naumburg, Beschl. v. 6.12.2012, 2 Verg 5/12, NJOZ 2013, 1214, 1218 – Elektronetz Nord Sachsen-Anhalt.

21 Vgl. etwa den Fall der VK Münster, Beschl. v. 2.10.2014, VK 13/14, ZfBR 2015, 93; dazu *Conrad*, ZfBR 2015, 455.

22 Vgl. *Otting/Olgemöller/Tresselt*, in: Gabriel/Krohn/Neun, Handbuch Vergaberecht, § 70 Rn. 17-19 einerseits; *Müller-Wrede*, in: Festschrift Marx, S. 461 andererseits. Das Kammergericht hatte bei der Überprüfung der Vergabe eines Teils der Leistungen der S-Bahn Berlin erwogen, eine derartige Rechtsfrage dem Europäischen Gerichtshof vorzulegen. Das zugrundeliegende Nachprüfungsverfahren wurde jedoch vor einer Entscheidung des Kammergerichts beendet.

23 Nach den strengen Anforderungen des BGH, der im Ergebnis auf das quantitative Ausmaß der Zuzahlungen der öffentlichen Hand abstellt (BGH, Beschl. v. 8.2.2011, X ZB 4/10, NZBau 2011, 175, 179 ff.), liegt in der Praxis nur in seltenen Ausnahmekonstellationen eine Dienstleistungskonzession vor. Kritisch dazu *Michaels*, NVwZ 2011, 969, 973 ff. Nach dem OLG München soll zudem in Zweifelsfällen ein Dienstleistungsauftrag angenommen werden, vgl. OLG München, Beschl. v. 21.5.2008, Verg 5/08, VergabeR 2008, 845, 849.

der Referentenentwurf vom 5.5.2015 sah einen § 131 GWB vor, der jedenfalls in seinen Absätzen 1 und 2 im Kern den Vorgaben des späteren Gesetzes entsprach. Der Gesetzentwurf des Bundestages vom 8.10.2015 nahm dies auf und verwies darauf, die Vergabe von öffentlichen Aufträgen im Eisenbahnverkehr solle auch in Zukunft grundsätzlich im Wettbewerb erfolgen.[24] Die Ausschreibungspraxis im SPNV belege, dass die wettbewerbliche Vergabe zu mehr Effizienz und Dienstleistungsqualität führe und dabei helfe, das wirtschaftlich günstigste Angebot zu ermitteln.[25] Der Gesetzgeber geht damit bewusst über die Vorgaben des Art. 5 Abs. 6 VO (EG) Nr. 1370/2007 hinaus und unterstellt die Vergabe von Personenverkehrsleistungen im Eisenbahnverkehr den allgemeinen vergaberechtlichen Bestimmungen des nationalen Rechts.[26] Der Gesetzgebungsprozess war hinsichtlich Abs. 1 und 2 also von Kontinuität geprägt.

Demgegenüber haben die **Vorgaben zum Betriebsübergang** im Gesetzgebungsprozess eine **bedeutsame Änderung** erfahren. Was § 131 Abs. 3 GWB anbelangt, sollte zunächst lediglich auf die Möglichkeit der Anordnung eines Betriebsübergangs nach Art. 4 Abs. 5 VO (EG) Nr. 1370/2007 hingewiesen werden. Demensprechend war zunächst vorgesehen, dass der Auftraggeber einen Betriebsübergang anordnen „kann".[27] Auf Veranlassung des Bundesrats ist die Formulierung „**kann**" im weiteren Verlauf des Gesetzgebungsverfahrens durch die Formulierung „**soll**" ersetzt worden.[28] Der Bundesrat drängte darauf, die häufigeren Auftragnehmerwechsel sollten „nicht auf dem Rücken der Beschäftigten ausgetragen werden".[29] Der Gesetzgeber verfolgte damit die Absicht, über Art. 4 Abs. 5 VO (EG) Nr. 1370/2007 hinaus zu gehen und den Betriebsübergang zum Regelfall zu machen.[30] Noch weitergehende Vorschläge konnten sich im Gesetzgebungsverfahren nicht durchsetzen.[31] Auch der Versuch, für Personenverkehrsleistungen auf der Straße ebenfalls die Anordnung eines Betriebsübergangs zum Regelfall zu erklären,[32] hatte keinen Erfolg. 14

Der Gesetzgeber bezweckt mit § 131 GWB also ein **spezifisches Wettbewerbsmodell bzw. ein Sondervergaberecht**: Einerseits sollen Personenverkehrsleistungen im Eisenbahnverkehr wettbewerblich vergeben werden. Im Wesentlichen soll die nach der Grundsatzentscheidung des BGH bestehende Rechtslage fortgeschrieben werden. Der Gesetzgeber geht also hinsichtlich der Pflicht zur Vergabe im Wettbewerb über das Unionsrecht hinaus. Der Wettbewerb soll aber andererseits nicht „auf dem Rücken der Beschäftigten" ausgetragen werden. Sozialdumping soll bekämpft werden. Daher sieht der Gesetzgeber in § 131 Abs. 3 GWB – gewissermaßen zur Abmilderung der Wettbewerbsfolgen für die Beschäftigten – eine regelmäßige Pflicht zur Anordnung eines Betriebsübergangs vor. Der Gesetzgeber geht also auch hinsichtlich des Arbeitnehmerschutzes über die unionrechtlichen Regelungen hinaus. Insgesamt stellt § 131 GWB einen Kompromiss zwischen dem Interesse an einer effizienten Erbringung von Nahverkehrsleistungen und den

24 BT-Drs. 18/6281, S. 114.
25 BT-Drs. 18/6281, S. 114.
26 BT-Drs. 18/6281, S. 114.
27 So noch im Gesetzentwurf des Bundestags, vgl. BT-Drs. 18/6281, S. 30.
28 BR-Drs. 367/15, S. 7.
29 BR-Drs. 367/15, S. 7.
30 BT-Drs. 18/7086, S. 14f.
31 Die Fraktion „DIE LINKE" hatte beantragt, aus der Soll- eine Mussvorschrift zu machen, vgl. BT-Drs. 18/7086, S. 12.
32 Vgl. zum Vorschlag für einen § 131a BR-Drs. 367/15, S. 9.

Interessen der Beschäftigten im Eisenbahnverkehr dar.[33] **Wettbewerb einerseits und Arbeitnehmerschutz andererseits** – das sollen die **Maximen für die Vergabe von Personenverkehrsleistungen im Eisenbahnverkehr** sein.

IV. Freie Wahl des Verfahrens (§ 131 Abs. 1 GWB)

15 Der Gesetzgeber stellt mit § 131 Abs. 1 GWB zunächst klar, dass die Vergabe von Personenverkehrsleistungen im Eisenbahnverkehr den Vorgaben der §§ 97ff. GWB unterfällt. Für die unter der früheren Rechtslage vereinzelt vertretene Auffassung, Art. 5 Abs. 3 VO (EG) Nr. 1370/2007 eröffne dem Auftraggeber die Möglichkeit eines wettbewerblichen Vergabeverfahrens außerhalb des GWB,[34] ist damit endgültig kein Raum mehr. Bei der Vergabe von Personenverkehrsleistungen im Eisenbahnverkehr haben die Auftraggeber **Wahlfreiheit, was die Verfahrensarten des GWB** anbelangt. Der Vorrang des offenen bzw. nicht offenen Verfahrens nach § 119 Abs. 2 Satz 1 GWB gilt nicht. Die Auftraggeber können insbesondere voraussetzungslos ein Verhandlungsverfahren mit Teilnahmewettbewerb durchführen.

16 Ein **Verhandlungsverfahren ohne Teilnahmewettbewerb** ist nur zulässig, sofern dies auf Grund dieses Gesetzes gestattet ist. Praktisch wird hier vor allem § 14 Abs. 4 Nr. 2 lit. b) VgV von Bedeutung sein. Danach ist ein Verhandlungsverfahren ohne Teilnahmewettbewerb zulässig, wenn der Auftrag nur von einem Unternehmen erbracht werden kann, weil aus technischen Gründen kein Wettbewerb vorhanden ist. Das kann im Eisenbahnbereich sog. durchgebundene Linien betreffen. Dies meint eine Konstellation, in der im Gebiet eines Auftraggebers der in seine Zuständigkeit fallende Teil einer Linie noch länger vertraglich gebunden ist, während im Zuständigkeitsgebiet eines anderen Auftraggebers die vertragliche Bindung der Linie früher ausläuft. Wenn der Auftraggeber hier die Entscheidung trifft, dass aus verkehrlichen Gründen ein „Brechen" der Linie nicht erfolgen soll, sondern diese wie bisher verlaufen soll, können die Leistungen nur von einem Unternehmen erbracht werden.[35] Das kann auch Konstellationen betreffen, in denen bei der Vergabe von kurzlaufenden Verkehrsverträgen nur ein Unternehmen über passende Gebrauchtfahrzeuge verfügt und angesichts der Kürze der Vertragslaufzeit eine Beschaffung von Neufahrzeugen unter wirtschaftlichen Gesichtspunkten unrealistisch ist. Freilich sind dann strenge Anforderungen an die notwendige vorherige Markterkundung zu stellen. Empfehlenswert ist, dass der Auftraggeber, etwa im Zuge einer Vorabveröffentlichung nach Art. 7 Abs. 2 VO (EG) Nr. 1370/2007, im EU-Amtsblatt die Auftragsvergabe an ein bestimmtes Unternehmen ankündigt und andere Verkehrsunternehmen ausdrücklich zur Interessenbekundung und zum Nachweis der Leistungsfähigkeit auffordert. Anders lässt sich kaum verlässlich erkunden, ob tatsächlich kein Wettbewerb möglich ist. Zudem darf es auch nach § 14 Abs. 6 VgV keine vernünftige Alternative oder Ersatzlösung geben und der Wettbewerb darf nicht das Ergebnis einer künstlichen Einschränkung der Auftragsparameter

---

33 Vgl. die Bewertung des Parl. Staatssekretärs *Beckmeyer*, Bundesrat, 940. Sitzung, 18.12.2015, Stenografischer Bericht, S. 15.

34 VK Sachsen, Beschl. v. 8.8.2013, 1/SVK/025-13, beck-online. Dagegen zu Recht *Kühling*, IR 2011, 101, 104.

35 Ebenso schon für die bisherige Rechtslage *Pooth*, Der Nahverkehr 4/2011, 42, 43.

sein.[36] Angesichts der strengen rechtlichen Vorgaben werden Verhandlungsverfahren ohne Teilnahmewettbewerb auf eher kurz laufende Verkehrsverträge und/oder Sondersituationen beschränkt sein.

17 Daneben bleibt abzuwarten, welche Grenzen die Rechtsprechung der Erbringung zusätzlicher Verkehrsleistungen innerhalb bestehender bzw. im Anschluss an bestehende Verkehrsverträge nach § 132 GWB setzt. Dem Wortlaut nach eröffnen § 132 Abs. 2 Satz 1 Ziff. 2 und 3 GWB erhebliche Möglichkeiten, um zusätzliche Leistungen ohne neue förmliche Vergabeverfahren zu vergeben.[37] Gerade bei lang laufenden Verkehrsverträgen – 12 bis 15 Jahre sind im Eisenbahnbereich üblich – ergeben sich im Laufe der Zeit oftmals verkehrliche Erfordernisse, die vom Auftraggeber zum Zeitpunkt des Vertragsschlusses nicht vorhergesehen wurden und auch nicht vorhergesehen werden konnten. Das Missbrauchspotenzial einer allzu laxen Bejahung der Voraussetzungen des § 132 Abs. 2 Satz 1 Ziff. 2 und 3 GWB ist andererseits offenkundig.

V. § 131 Abs. 2 GWB: Verbleibende Direktvergabemöglichkeiten nach der VO (EG) Nr. 1370/2007 und Verweis auf die Pflicht zur Vorabveröffentlichung

18 § 131 Abs. 2 GWB verweist zum einen darauf, dass die Direktvergabemöglichkeiten der VO (EG) Nr. 1370/2007 für In-House-Vergaben nach Art. 5 Abs. 2 VO (EG) Nr. 1370/2007 und für Notmaßnahmen nach Art. 5 Abs. 5 VO (EG) Nr. 1370/2007 ungeachtet des Gebots der wettbewerblichen Vergabe nach § 131 Abs. 1 GWB bestehen bleiben sollen. Art. 2 lit. h) VO (EG) Nr. 1370/2007 definiert eine Direktvergabe als die Vergabe eines öffentlichen Dienstleistungsauftrags an einen bestimmten Betreiber eines öffentlichen Dienstes ohne Durchführung eines vorherigen wettbewerblichen Vergabeverfahrens. Zum anderen wird deklaratorisch auf Veröffentlichungspflichten nach der Verordnung verwiesen.

1. In-House-Vergaben gem. Art. 5 Abs. 2 VO (EG) Nr. 1370/2007

19 § 131 Abs. 2 Satz 1 GWB bestimmt, dass für eine Direktvergabe an einen internen Betreiber Art. 5 Abs. 2 VO (EG) Nr. 1370/2007 maßgeblich ist. § 108 GWB, die allgemeine Regelung der In-House-Vergabe, findet insoweit keine Anwendung. Art. 5 Abs. 2 VO (EG) Nr. 1370/2007 legt fest, dass die zuständige Behörde oder Gruppe von Behörden einen öffentlichen Dienstleistungsauftrag grundsätzlich direkt an einen internen Betreiber vergeben kann, sofern dies nicht nach nationalem Recht untersagt ist. Die VO (EU) 2016/2338 sieht zusätzliche Einschränkungen für die In-House-Vergabe von Eisenbahnverkehrsleistungen vor, wenn Gruppen von Behörden als Auftraggeber tätig werden.[38] Die Rechtspre-

---

36 Vgl. dazu OLG Düsseldorf, Beschl. v. 7.6.2017, VII-Verg 53/16, NZBau 2018, 118, 119f.: Bei einem völligen Wettbewerbsverzicht bedarf die Ausübung des Leistungsbestimmungsrechts einer wesentlich höheren Rechtfertigungstiefe als in Konstellationen, in denen der Vergabewettbewerb grundsätzlich erhalten wird.

37 So auch die Bewertung von *Gröning*, NZBau 2015, 690, 691 bzgl. des Unionsrechts, das in § 132 GWB umgesetzt worden ist; etwas zurückhaltender *Hausmann/Queisner*, NZBau 2016, 619, 625. Mit Überlegungen zu Konstellationen im SPNV *Linke*, NVwZ 2017, 510, 514f.

38 Vgl. dazu *Linke*, NZBau 2017, 331, 335.

chung sieht Direktvergaben als verfassungsrechtlich unproblematisch an.[39] Art. 5 Abs. 2 VO (EG) Nr. 1370/2007 knüpft hinsichtlich der Anforderungen an In-House-Vergaben an die überkommene Rechtsprechung des EuGH zu In-House-Vergaben an, modifiziert und konkretisiert diese jedoch:

a) Kontrolle wie über eine eigene Dienststelle

20 Der Auftraggeber muss über den internen Betreiber eine Kontrolle ausüben, die der Kontrolle über eine eigene Dienststelle entspricht. Nach Art. 5 Abs. 2 lit. a) Satz 1 VO (EG) Nr. 1370/2007 sind hierbei Faktoren zu berücksichtigen wie der Umfang der Vertretung in Verwaltungs-, Leitungs- oder Aufsichtsgremien, diesbezügliche Bestimmungen in der Satzung, Eigentumsrechte, tatsächlicher Einfluss auf und tatsächliche Kontrolle über strategische Entscheidungen und einzelne Managemententscheidungen. Im Zuge einer wertenden Gesamtbetrachtung sind **alle Rechtsvorschriften und maßgebenden Umstände** zu berücksichtigen.[40] Dabei ist auch die Vergabe an eine Enkel- bzw. Urenkelgesellschaft möglich, wobei dann das Kontrollerfordernis besonders sorgsam zu prüfen ist.[41] Eine private Beteiligung am internen Betreiber ist zulässig, wenn ein beherrschender öffentlicher Einfluss besteht und eine Kontrolle auch ausgeübt wird (Art. 5 Abs. 2 lit. a) Satz 2 VO (EG) Nr. 1370/2007).

b) Tätigkeitsbeschränkung

21 Art. 5 Abs. 2 lit. b) VO (EG) Nr. 1370/2007 bestimmt, dass der interne Betreiber und jede andere Einheit, auf die der Betreiber auch nur geringfügigen Einfluss ausübt, ihre öffentlichen Personenverkehrsdienste innerhalb des Zuständigkeitsgebiets der zuständigen örtlichen Behörde ausüben müssen. Mit Ausnahme von abgehenden Linien in benachbarte Gebiete anderer zuständiger Behörden darf der interne Betreiber nicht außerhalb des Gebiets tätig werden und insbesondere nicht an außerhalb des Gebiets der zuständigen Behörde durchgeführten wettbewerblichen Vergabeverfahren für die Erbringung von öffentlichen Personenverkehrsdiensten teilnehmen.

22 Ergänzend legt Art. 5 Abs. 2 lit. c) VO (EG) Nr. 1370/2007 fest, dass ein interner Betreiber frühestens zwei Jahre vor Ablauf des direkt an ihn vergebenen Auftrags an wettbewerblichen Vergabeverfahren teilnehmen kann, sofern endgültig beschlossen wurde, die In-House vergebenen Verkehrsdienste in einem wettbewerblichen Vergabeverfahren zu vergeben und der interne Betreiber nicht Auftragnehmer anderer direkt vergebener Verkehrsdienste ist.

23 Die **ratio** dieser Tätigkeitsbeschränkung ist Folgende: Durch eine interne Beauftragung privilegierte Betreiber sollen diesen Vorteil nicht in wettbewerblichen Vergabeverfahren um andere Verkehrsleistungen nutzen können (etwa im Wege der Quersubventionierung). Daher ist die Tätigkeit des internen Betreibers auf das Gebiet der Behörde beschränkt, die

---

39 Vgl. jüngst OLG München, Beschl. v. 31.3.2016, Verg 14/15, NZBau 2016, 583, 589 f.; kritisch erhebliche Teile der Literatur mit Blick auf Art. 12 Abs. 1 GG, vgl. etwa *Pünder*, NJW 2010, 263, 266 f. Vgl. auch *Knauff*, DVBl 2014, 692, 696 m. w. N.

40 OLG München, Beschl. v. 31.3.2016, Verg 14/15, NZBau 2016, 583, 588.

41 OLG München, Beschl. v. 31.3.2016, Verg 14/15, NZBau 2015, 583, 588; so auch schon *Zuck*, in: Ziekow/Völlink, Vergaberecht, Art. 5 VO 1370 Rn. 15.

ihn beauftragt. Aus verkehrlichen Erwägungen gibt es von diesem Grundsatz eng begrenzte Ausnahmen: Linien bzw. Verbindungen, die gewissermaßen in das Gebiet einer benachbarten zuständigen Behörde „hineinragen“, können auch vom internen Betreiber bedient werden. Es wäre aus verkehrlichen Gesichtspunkten nicht akzeptabel, müssten einheitliche Linien, die etwa Ballungsräume mit dem Umland verbinden, „gebrochen“ und von unterschiedlichen Verkehrsunternehmen bedient werden.

Hinsichtlich des **Inhalts, der Reichweite und der Dauer dieser Tätigkeitsbeschränkungen** sind noch viele Einzelfragen klärungsbedürftig.[42] Unstreitig sind neben dem internen Betreiber auch Tochtergesellschaften desselben erfasst. Denn diese sind Einheiten, auf die der Betreiber einen nicht nur unerheblichen Einfluss ausübt. Hinsichtlich Schwestergesellschaften ist dies jedoch nicht ohne Weiteres zu bejahen: Auf diese wird eher die „Mutterbehörde“ als der interne Betreiber Einfluss ausüben. Wohl überwiegend wird dennoch die Auffassung vertreten, **auch Schwestergesellschaften des internen Betreibers unterfielen dem Tätigkeitsverbot des Art. 5 Abs. 2 VO (EG) Nr. 1370/2007.**[43] Das Tätigkeitsverbot ziele von Sinn und Zweck her darauf ab, Wettbewerbsverfälschungen zu verhindern; würde man Schwesterunternehmen des internen Betreibers nicht erfassen, könnten mit einem „organisatorischen Kunstgriff“[44] – der Gründung einer Schwestergesellschaft für die auswärtige Tätigkeit – die Tätigkeitsbeschränkung umgangen werden. 24

c) Selbsterbringungsquote

Schließlich bestimmt Art. 5 Abs. 2 lit. e) VO (EG) Nr. 1370/2007, dass der interne Betreiber den überwiegenden Teil der Verkehrsleistungen selbst erbringen muss. Derartige Einschränkungen für die Beauftragung von Subunternehmern gibt es bei der allgemeinen vergaberechtlichen In-House-Beauftragung nicht.[45] 25

d) Insbesondere: Abwehrrechte gegen Beteiligung bei wettbewerblichen Verfahren

In der Praxis haben **In-House-Vergaben bei Personenverkehrsleistungen im Eisenbahnverkehr bislang keine größere Rolle gespielt**. Ganz anders ist die Situation im straßengebundenen ÖPNV. Insbesondere Kommunen beauftragen häufig eigene Verkehrsunternehmen per In-House-Auftrag mit der Erbringung der innerstädtischen Bus- und/oder Straßenbahnverkehrsleistungen. Für wettbewerbliche Verfahren um Personenverkehrsleistungen im Eisenbahnverkehr rückt die Frage in den Vordergrund, inwieweit andere Unternehmen 26

42 Siehe dazu *Motherby/Gleichner*, in: FS Marx, 431, 439 ff.

43 *Kramer*, IR 2010, 80, 81; *Motherby/Gleichner*, in: FS Marx, 421, 436 f.; *Fandrey*, in: Kulartz/Kus/Portz/Prieß, GWB, § 131 Rn. 19 f.; so auch *Pünder*, NJW 2010, 263, 266, der darauf hinweist, dass auch zwischen internem Betreiber und Schwesterunternehmen etwa wegen personeller Verflechtungen der erforderliche Einfluss vorhanden sein könnte. Jedenfalls müsse nach dem Gebot des effet utile Umgehungsmöglichkeiten entgegen gewirkt werden. Auch die VK Hessen sieht bei einer personellen Identität des Geschäftsführers des internen Betreibers mit dem einer Schwestergesellschaft den erforderlichen Einfluss als gegeben an, Beschl. v. 24.2.2017, 69 d – VK-33/2016. Hingegen hält etwa *Knauff*, NZBau 2012, 65, 70 Schwesterunternehmen angesichts des Wortlauts für nicht erfasst; zustimmend *Schröder*, in: Müller-Wrede, GWB, § 131 Rn. 127.

44 So *Kramer*, IR 2010, 80, 81.

45 Näher dazu *Bungenberg/Schelhaas*, in: Burgi/Dreher, Beck’scher Vergaberechtskommentar, Band 1, § 131 Rn. 43 f.

verlangen können, dass die Teilnahme derartiger interner Betreiber an Wettbewerbsverfahren im Eisenbahnverkehr unterbleibt:

27 Namentlich stellt sich die Frage, ob die Wettbewerbsteilnahme eines internen Betreibers im Wettbewerbsverfahren abgewehrt werden kann oder ob „nur" die In-House-Vergabe angegriffen werden kann. Nach zutreffender Ansicht **besteht auch ein Abwehrrecht im wettbewerblichen Verfahren**: Nimmt ein interner Betreiber oder eine Einheit, auf die der interne Betreiber einen nicht nur unerheblichen Einfluss ausübt, an einem „auswärtigen" wettbewerblichen Verfahren teil, können andere Bieter diesen Verstoß im vergaberechtlichen Nachprüfungsverfahren geltend machen. Eine drittschützende Wirkung der Tätigkeitsbeschränkung ist zu bejahen, da Wettbewerbsverfälschungen effektiv verhindert werden sollen und es dafür nicht ausreichen würde, könnte sich ein Wettbewerber nur gegen die In-House-Vergabe wehren.[46] Das OLG Düsseldorf will das Abwehrrecht im wettbewerblichen Verfahren jedoch dann nicht einräumen, wenn das Rechtsverhältnis des internen Betreibers vor Inkrafttreten der VO (EG) Nr. 1370/2007 begründet worden ist.[47] Zusätzlich kann sich die Frage stellen, ob die Voraussetzungen der In-House-Vergabe nachträglich entfallen sind und dieser Auftrag neu zu vergeben ist.[48]

2. Notmaßnahmen gem. Art. 5 Abs. 5 VO (EG) Nr. 1370/2007

28 Art. 5 Abs. 5 Satz 1 VO (EG) Nr. 1370/2007 eröffnet den Auftraggebern ein Ermessen, im Falle der Unterbrechung von Verkehrsdiensten oder bei unmittelbarer Gefahr des Eintretens einer solchen Situation eine Notmaßnahme zu ergreifen. Unter einer Notmaßnahme sind Direktvergaben, Direkterweiterungen bestehender Aufträge sowie die Auflage, bestimmte Verkehrsleistungen zu erbringen, zu verstehen (Art. 5 Abs. 5 Satz 2 VO (EG) Nr. 1370/2007). Die Dauer einer derartigen Notmaßnahme ist auf längstens zwei Jahre beschränkt (Art. 5 Abs. 5 Satz 4 VO (EG) Nr. 1370/2007).

a) Notsituation

29 Eine Notmaßnahme setzt zunächst eine Notsituation voraus, also die Unterbrechung eines Verkehrsdienstes oder die unmittelbare Gefahr, dass es zu einer solchen Unterbrechung kommt. Die Unterbrechung eines Verkehrsdienstes ist gegeben, wenn die bislang erbrachten Verkehre tatsächlich nicht mehr erbracht werden. Neue, in der Vergangenheit nicht erbrachte Verkehrsleistungen können mangels Notsituation nicht über eine Notmaßnahme legitimiert werden.[49] Das gilt auch für sog. Erstverkehre, also Verkehre, die bisher nicht erbracht wurden, jedoch seit längerem geplant und dann unerwarteter Weise nicht aufgenommen werden konnten, etwa wegen Insolvenz des Verkehrsunternehmens.[50] Auf die Gründe für das Eintreten der Notsituation kommt es nicht an. So ist es etwa unschädlich, wenn die Notsituation auf einem Verschulden des Auftraggebers beruht, der das wettbe-

---

46 Dazu *Wagner-Cardenal/Dierkes*, NZBau 2012, 738, 742 f. Anders OLG München, Beschl. v. 21.5.2008, Verg 5/08, VergabeR 2008, 845, 850 f. in einem obiter dictum und einem Fall vor Inkrafttreten der VO (EG) Nr. 1370/2007; kritisch dazu *Prieß/Eichler*, VergabeR 2008, 751, 754 ff.

47 OLG Düsseldorf, Beschl. v. 7.11.2012, VII-Verg 11/12, VergabeR 2013, 251, 252 f.

48 Vgl. *Otting/Olgemöller/Tresselt*, in: Gabriel/Krohn/Neun, Handbuch Vergaberecht, § 72 Rn. 21 ff.

49 *Otting/Olgemöller/Tresselt*, in: Gabriel/Krohn/Neun, Handbuch Vergaberecht, § 72 Rn. 36.

50 A. A. *Otting/Olgemöller/Tresselt*, in: Gabriel/Krohn/Neun, Handbuch Vergaberecht, § 72 Rn. 36.

werbliche Vergabeverfahren nicht rechtzeitig eingeleitet hat.[51] Die Notmaßnahme setzt auch keine besondere Dringlichkeit voraus.[52]

b) Notmaßnahmen

Es ist zwischen konsensualen und nicht-konsensualen Notmaßnahmen zu unterscheiden. **30** **Konsensuale Notmaßnahmen** sind die **Direktvergabe eines Auftrags** sowie die **Direkterweiterung eines bestehenden Auftrags.** Hier erfolgt ein Vertragsschluss bzw. die Änderung eines bestehenden Vertrags. SPNV-Verträge werden zum Teil als öffentlich-rechtliche Verträge angesehen.[53] Mit Blick auf das Schriftformerfordernis nach § 57 der jeweiligen Landes-Verwaltungsverfahrensgesetze stellt das bloße Einvernehmen über die Erbringung von Verkehrsleistungen daher unter Umständen keine Notmaßnahme dar. Eine **nicht-konsensuale Notmaßnahme** ist die **Auferlegung**: Darin wird ein Verkehrsunternehmen per Verwaltungsakt verpflichtet, näher definierte Verkehrsleistungen für einen bestimmten Zeitraum zu erbringen.

c) Ermessen des Auftraggebers

Dem Auftraggeber kommt ein Ermessen zu, ob und inwieweit er auf eine Notsituation mit **31** einer Notmaßnahme reagiert. Zunächst hat der Auftraggeber eine Entscheidung zu treffen, ob er eine Notmaßnahme ergreift (**Entschließungsermessen**). Insofern wird es in aller Regel ermessensfehlerfrei sein, wenn der Auftraggeber zur Abdeckung des öffentlichen Verkehrsbedürfnisses eine Notmaßnahme trifft. Dies gilt regelmäßig auch in Fällen, in denen der Auftraggeber den Eintritt der Notsituation verschuldet hat, etwa durch den nicht rechtzeitigen Beginn eines wettbewerblichen Vergabeverfahrens. Denn ein solches Verschulden soll nach dem Willen des Verordnungsgebers einer Notmaßnahme grundsätzlich nicht entgegenstehen. Hiervon wird man allenfalls solche Konstellationen ausnehmen können, in denen der Auftraggeber bewusst vergaberechtliche Pflichten missachtet, um ein von ihm bevorzugtes Verkehrsunternehmen im Wege einer Notmaßnahme beauftragen zu können. Was die Auswahl des Verkehrsunternehmens anbelangt (**Auswahlermessen**), das die Verkehrsdienste erbringen soll, ist die **Effektivität** das Leitmotiv: Die verkehrliche Notlage soll bestmöglich bewältigt werden. Es ist dasjenige Unternehmen zu wählen, welches dafür am ehesten Gewähr bietet. Im Rahmen der Ermessensausübung ist ferner zu beachten, dass die Auferlegung als hoheitliche Indienstnahme für die Allgemeinheit nur in Betracht kommt, wenn eine konsensuale Direktvergabe eines Vertrags oder eine Direkterweiterung eines bestehenden Vertrags nicht in Betracht kommt. Der Auftraggeber muss also zunächst vergeblich eine konsensuale Notmaßnahme versucht haben, bevor eine Auferlegung überhaupt in Betracht kommt. Die **Dauer der Notmaßnahme** ist auf längstens zwei Jahre begrenzt. Eine von vornherein auf einen längeren Zeitraum als zwei Jahre erstreckte Notmaßnahme ist rechtswidrig. Die Notmaßnahme darf nur für den Zeitraum an-

---

51 *Schröder*, in: Müller-Wrede, GWB, § 131 Rn. 39. *Zuck*, in: Ziekow/Völlink, Vergaberecht, Art. 5 VO 1370 Rn. 38 hält bei verschuldeten Notsituationen allerdings nur konsensuale Notmaßnahmen für zulässig.

52 Ebenso *Otting/Olgemöller/Tresselt*, in: Gabriel/Krohn/Neun, Handbuch Vergaberecht, § 72 Rn. 37 f. unter Verweis auf die Entstehungsgeschichte der Norm.

53 Für Nordrhein-Westfalen: VG Gelsenkirchen, Urt. v. 19.12.2008, 14 K 2147/07, DVBl 2009, 469 (Ls.).

geordnet werden, der zur Gewährleistung der Verkehrsleistungen erforderlich ist; wenn die Notsituation schneller beendet werden kann, darf die maximale Laufzeit von zwei Jahren nicht ausgeschöpft werden.[54] Man wird es aber für zulässig erachten müssen, wenn im Wege einer „**Ketten-Notmaßnahme**“[55] eine weitere Notmaßnahme erfolgt, wenn während der Dauer der ersten, auf zwei Jahre begrenzten Notmaßnahme kein Betreiber im wettbewerblichen Vergabeverfahren ausgewählt werden konnte.[56] Dies ist nach dem Wortlaut der Norm nicht ausgeschlossen. Dafür streitet zudem das Interesse der Allgemeinheit an einer Erbringung der Verkehrsleistungen, das Art. 5 Abs. 5 VO (EG) Nr. 1370/2007 schützt. Und schließlich muss in praktischer Hinsicht auch berücksichtigt werden, dass die Neuvergabe von Eisenbahnverkehrsleistungen geraume Zeit in Anspruch nimmt; dies gilt insbesondere dann, wenn Neufahrzeuge beschafft werden müssen. Oftmals wird eine einmalige Notmaßnahme über zwei Jahre nicht ausreichen, um ausreichend Zeit für eine Neuvergabe der Leistungen zu gewinnen. Freilich gilt auch hier: Je stärker sich ein Auftraggeber vom gesetzlichen Grundfall der einmaligen, längstens zwei Jahre dauernden Notmaßnahme entfernt, desto größer ist der Rechtfertigungsbedarf.[57] Notmaßnahmen dürfen kein Vehikel sein, um das gesetzliche Gebot der Vergabe im Wettbewerb zu unterminieren.

32 Es ist zweifelhaft, ob der Auftraggeber bei mehreren Interessenten für die Verkehrsleistungen ein „**Minimum an Wettbewerb**“[58] ermöglichen muss. Denn die Direktvergabemöglichkeiten der VO (EG) Nr. 1370/2007 zeichnen sich dadurch aus, dass bei beabsichtigten Direktvergaben kein Übergang in den Wettbewerb erfolgen muss, wenn mehrere Unternehmen Interesse an der Leistungserbringung bekunden.[59] Der Auftraggeber muss im Rahmen der Ermessensausübung aber ohnehin prüfen, welches Unternehmen am ehesten Gewähr dafür bietet, dass das identifizierte Verkehrsbedürfnis bestmöglich abgedeckt wird und die Beauftragung wirtschaftlich ist. Auf diese Weise werden gewisse wettbewerbliche Elemente sichergestellt, wenn mehrere Unternehmen an einer Notmaßnahme interessiert sind.

33 Bei **Auferlegungen** erlangt der **Grundsatz der Verhältnismäßigkeit** besonderes Gewicht. Es bedarf keiner näheren Erläuterung, dass unmögliche Anforderungen an die Leistungserbringung nicht gestellt werden dürfen. Sämtliche Inhalte der Auferlegung sind am Grundsatz der Verhältnismäßigkeit zu messen. Das Verkehrsunternehmen darf nur in dem Maße für die Abdeckung des Verkehrsbedürfnisses in Anspruch genommen werden, wie es erforderlich und angemessen ist. Das kann bedeuten, dass bestimmte wirtschaftliche Risiken dem Verkehrsunternehmen – anders als bei der „freiwilligen“ Übernahme im Rahmen von konsensualen Notmaßnahmen – nicht überantwortet werden dürfen. Dies gilt vor allem für Risiken, die das Verkehrsunternehmen nicht oder kaum beeinflussen kann. Im Rahmen der Anhörung nach § 28 Abs. 1 der Landes-Verwaltungsverfahrensgesetze sind die schutzwürdigen Interessen des Verkehrsunternehmens zu ermitteln.

---

54 *Fandrey*, in: Kulartz/Kus/Portz/Prieß, GWB, § 131 Rn. 30; *Saxinger*, in: Saxinger/Winnes, Recht des öffentlichen Personenverkehrs, Art. 5 Abs. 5 Rn. 20.

55 So *Otting/Olgemöller/Tresselt*, in: Gabriel/Krohn/Neun, Handbuch Vergaberech, § 72 Rn. 57.

56 *Bungenberg/Schelhaas*, in: Burgi/Dreher, Beck'scher Vergaberechtskommentar, Band 1, § 131 Rn. 55. Anders *Knauff*, NZBau 2012, 65, 71.

57 Ebenso *Nettesheim*, NVwZ 2009, 1449, 1452 f.

58 So *Fandrey*, in: Kulartz/Kus/Portz/Prieß, GWB, § 131 Rn. 29.

59 Vgl. *Prieß*, in: Kaufmann/Lübbig/Prieß/Pünder, VO ((EG) Nr. 1370/2007, Art. 5 Rn. 264 ff.

3. Keine Bagatellvergaben gem. Art. 5 Abs. 4 VO (EG) Nr. 1370/2007

Hingegen sind Vergaben nach Art. 5 Abs. 4 VO (EG) Nr. 1370/2007 in Deutschland nicht zulässig. § 131 Abs. 2 GWB schweigt zur Möglichkeit derartiger Direktvergaben. Vor dem Hintergrund des gesetzgeberischen Willens, Aufträge über Personenverkehrsleistungen grundsätzlich der Vergabe im Wettbewerb zu unterstellen, hätte der Gesetzgeber es ausdrücklich geregelt, wenn Aufträge nach Art. 5 Abs. 4 VO (EG) Nr. 1370/2007 davon hätten ausgenommen werden sollen.[60] **34**

4. Keine sonstigen Direktvergaben gem. VO (EG) Nr. 1370/2007

Die allgemeine Direktvergabemöglichkeit für Eisenbahnverkehrsleistungen gem. Art. 5 Abs. 6 VO (EG) Nr. 1370/2007 – die noch bis zum 25.12.2023 Bestand hat – kommt ebenso wenig zur Anwendung, weil das nationale Recht mit § 131 Abs. 1 GWB eine über das Unionsrecht hinaus gehende Verpflichtung zur wettbewerblichen Vergabe beinhaltet. Gleiches gilt für die mit der VO (EU) 2016/2338 eingeführten weiteren, ab dem 3.12.2019 wirksam werdenden Direktvergabetatbestände, denen § 131 Abs. 1 vorgeht. **35**

5. Vorabveröffentlichungspflicht gem. Art. 7 Abs. 2 VO (EG) Nr. 1370/2007

§ 131 Abs. 2 Satz 2 GWB verweist schließlich auf die Vorabveröffentlichungspflicht nach Art. 7 Abs. 2 VO (EG) Nr. 1370/2007. Danach ist ein Jahr vor Einleitung eines wettbewerblichen Vergabeverfahrens oder vor einer Direktvergabe die Vergabeabsicht zu veröffentlichen. Mindestinhalt dieser Bekanntmachung sind Name und Anschrift des Auftraggebers, die Art des Vergabeverfahrens und die betroffenen Linien sowie der geplante Beginn und die Laufzeit des öffentlichen Dienstleistungsauftrags. Der Auftraggeber ist verpflichtet, die Informationen zu korrigieren, sollten sich diese nach Veröffentlichung ändern. **36**

Sinn und Zweck der Vorschrift ist, dass den Verkehrsunternehmen die unternehmerische Planung erleichtert wird. Die Unternehmen erfahren, welche Vergabeverfahren in nächster Zukunft anstehen und können prüfen, inwieweit eine Teilnahme attraktiv erscheint. **37**

Das OLG Frankfurt sieht in Art. 7 Abs. 2 VO (EG) Nr. 1370/2007 ein **Verbotsgesetz im Sinne von § 134 BGB**.[61] Wird der Verkehrsvertrag vor Ablauf der Jahresfrist der Vorabbekanntmachung geschlossen, führt dies zur Nichtigkeit des Vertrags. Hingegen können Vereinbarungen geschlossen werden, die der wirtschaftlichen Absicherung des Nichtzustandekommens des avisierten Vertragsschlusses dienen; darin liegt keine Vorwegnahme des Abschlusses des Verkehrsvertrags.[62] Bei der Frage, inwiefern bei wesentlichen Änderungen eine bloße Korrektur der schon erfolgten Bekanntmachung ausreichend ist, dürfte ein groß- **38**

---

60 Ebenso *Fandrey*, in: Kulartz/Kus/Portz/Prieß, GWB, § 131 Rn. 31; *Hübner*, in: Willenbruch/Wieddekind, Vergaberecht, § 131 Rn. 23; tendenziell auch *Mutschler-Siebert/Dorschfeldt*, VergabeR 2016, 385, 389, die allerdings eine durch die Rechtsprechung zu beseitigende Rechtsunsicherheit konstatieren.

61 OLG Frankfurt, Beschl. v. 6.8.2015, 11 Verg 7/15, 11 Verg 8/15, NZBau 2015, 793, 794; ebenso *Schröder*, in: Müller-Wrede, GWB, § 131 Rn. 34.

62 Dazu *Fehling*, in: Kaufmann/Lübbig/Prieß/Pünder, VO (EG) 1370/2007, Art. 7 Rn. 48 ff.

zügiger Maßstab anzulegen sein.[63] Gleiches gilt, wenn die Vorabbekanntmachung inklusive etwaiger Korrekturen in Randbereichen vom Inhalt des später zu vergebenden Auftrags abweicht.

VI. Regelmäßige Anordnung des Betriebsübergangs (§ 131 Abs. 3 GWB)

1. Einleitung

39 § 131 Abs. 3 Satz 1 GWB bestimmt, dass öffentliche Auftraggeber, die öffentliche Aufträge im Sinne von Abs. 1 vergeben, gem. Art. 4 Abs. 5 VO (EG) Nr. 1370/2007 verlangen sollen, dass bei einem Wechsel des Betreibers der Personenverkehrsleistung der ausgewählte Betreiber die Arbeitnehmerinnen und Arbeitnehmer, die beim bisherigen Betreiber für die Erbringung dieser Verkehrsleistung beschäftigt waren, übernimmt und ihnen die Rechte gewährt, auf die sie Anspruch hätten, wenn ein Übergang gem. § 613a BGB erfolgt wäre.[64] Verfassungsrechtlich bestehen keine Bedenken gegen die Regelung, da dem Gesetzgeber bei der Ausgestaltung der Arbeitsmarkt- und Wirtschaftsordnung weitreichende Spielräume zukommen.[65] Es handelt sich um eine zulässige Ausgestaltung des Wettbewerbs um Eisenbahnverkehrsleistungen, wenn der Gesetzgeber über die unionrechtlichen Vorgaben hinaus gehend eine Pflicht zur wettbewerblichen Vergabe vorsieht und diesen Wettbewerb mit Regelungen des Arbeitnehmerschutzes flankiert. Die Regelung zum Betriebsübergang ist die **rechtspolitisch umstrittenste Vorschrift des neuen Vergaberechts für Personenverkehrsleistungen im Eisenbahnverkehr**. Beklagt wird ein massiver Eingriff in den Wettbewerb, „zumal je nach Ausschreibungsmodell die Personalkosten die zentrale Stellschraube für die Kalkulation“ darstellten.[66] Dem ist entgegen zu halten, dass der Gesetzgeber gerade das Ziel verfolgt, die Bedeutung der Personalkosten als Stellschraube für den Wettbewerbserfolg zu verringern. Diese rechtspolitische Zielrichtung – Wettbewerb und Arbeitnehmerschutz – ist zu akzeptieren. Der Wettbewerb, wird weiter eingewandt, könne beschränkt werden, wenn nicht marktfähige Personalstrukturen übernommen werden müssten.[67] Nimmt man andere Länder in den Blick, in denen ein Beschäftigtenübergang beim Betreiberwechsel im SPNV seit vielen Jahren gang und gäbe ist, erscheinen diese Befürchtungen unbegründet.[68]

63 Im Ergebnis wohl ebenso *Schröder*, in: Müller-Wrede, GWB, § 131 Rn. 33.

64 Zur rechtstechnischen Umsetzung dieser Vorgabe vgl. *Bayreuther*, NZBau 2016, 459, 460 ff.

65 Vgl. dazu *Bayreuther*, NZA 2016, 1506, 1507 ff. auf die Kritik von *Ruge/von Tiling*, NZA 2016, 1055.

66 *Fandrey*, in: Kulartz/Kus/Portz/Prieß, GWB, § 131 Rn. 2.

67 So *Mutschler-Siebert/Dorschfeldt*, VergabeR 2016, 385, 389 f.; dies befürchtet auch *Winnes*, Der Landkreis 5/2016, 207, 208.

68 *Rohrmann/Pfaff*, Der Nahverkehr 1-2/2016, 68, 70 f.: Es seien gerade die im Vergleich wettbewerbsintensiven Märkte, bei denen Betriebsübergänge seit langem praktiziert würden; in den Niederlanden habe der Gesetzgeber gerade wettbewerbliche Gründe für Betriebsübergänge angeführt: Nur so erhalte das übernehmende Verkehrsunternehmen ausreichend Personal.

2. Soll-Regelung: Anordnung nur in atypischen Fällen verzichtbar

Die „Soll-Bestimmung" des § 131 Abs. 3 Satz 1 GWB führt dazu, dass ein Auftraggeber nur in atypischen Fällen von der Anordnung eines Personalübergangs absehen darf. Soll-Vorschriften sind nach der Rechtsprechung des Bundesverwaltungsgerichts **im Regelfall zwingend** und gestatten nur in Sonderfällen ein Abweichen von der Regel.[69] Auch der Gesetzgeber verweist darauf, dass regelmäßig der Betriebsübergang anzuordnen sei.[70] Nur bei atypischen Fallgestaltungen besteht ein Ermessensspielraum.[71] Die Frage, ob ein typischer oder atypischer Fall vorliegt, ist eine Rechtsfrage, die gerichtlich voll überprüfbar ist.[72] Sämtliche typischen Begleiterscheinungen einer Anordnung nach § 131 Abs. 3 GWB, wie etwa mögliche Verteuerungen der Personalkosten in Angeboten, Kalkulationsunsicherheiten etc. rechtfertigen keine Abweichung von der Soll-Vorgabe des § 131 Abs. 3 GWB.[73] Ein atypischer Fall ist gegeben, wenn ein Sachverhalt unter eine bestimmte gesetzliche Regelung fällt, die Regelung auf den Sachverhalt von Sinn und Zweck her aber nicht ausgerichtet ist.[74] Die Gründe für ein Abweichen von der Soll-Vorgabe dürfen nicht vom Auftraggeber zu vertreten sein.[75] Soweit in der Gesetzesbegründung davon die Rede ist, atypische Fälle seien zu erwägen, wenn die zu vergebende Verkehrsleistung sich von der bisherigen Verkehrsleistung erheblich etwa im Leistungsumfang unterscheide, kann dem in dieser Allgemeinheit nicht beigetreten werden. In der Praxis werden nur in Ausnahmefällen vorhandene Verkehrsleistungen im Umfang unverändert neu vergeben.[76] Allenfalls in Fällen, in denen die zu vergebenden Leistungen keinen vorherigen Verkehrsleistungen zugeordnet werden können, kommt ein atypischer Fall in Betracht.[77] Bei Vorliegen atypischer Fälle ist das Ermessen so auszuüben, dass dem normativen Ziel des § 131 Abs. 3 GWB in größtmöglichem Umfang entsprochen wird; eine ermessensleitende Funktion des § 131 Abs. 3 GWB ist auch bei atypischen Fällen zu berücksichtigen.[78] § 131 Abs. 3 GWB kann auch nicht im Wege von Verhandlungen zwischen Auftraggeber und Verkehrsunternehmen abbedungen oder modifiziert werden.[79] **40**

---

69 BVerwG, Urt. v. 17.3.1992, BVerwG 1 C 31.89, BVerwGE 90, 88, 93; BVerwG, Urt v. 15.12.1989, BVerwG 7 C 35.87, BVerwGE 84, 220, 233.

70 BT-Drs. 18/7086, S. 14.

71 BVerwG, Urt. v. 17.9.1987, BVerwG 5 C 26.84, BVerwGE 78, 101, 105; BVerwG, Urt. v. 27.5.1981, BVerwG 8 C 51.79, BVerwGE 62, 230, 242.

72 BVerwG, Urt. v. 23.11.1966, VI C 94.63, DÖV 1967, 424, 425; OVG Hamburg, Urt. v. 26.3.1992, Bf VII 71/91, NVwZ 1992, 1115, 1115; explizit für § 131 VK Südbayern, Beschl. v. 12.12.2017, Z3-3-3194-1-40-08/17, beck-online.

73 *Reidt/Stickler*, VergabeR 2016, 708, 713.

74 *Reidt/Stickler*, VergabeR 2016, 708, 712; VK Südbayern, Beschl. v. 12.12.2017, Z3-3-3194-1-40-08/17, beck-online.

75 Vgl. VK Südbayern, Beschl. v. 12.12.2017, Z3-3-3194-1-40-08/17, beck-online.

76 Zu weitgehend daher *Hübner*, in: Willenbruch/Wieddekind, Vergaberecht, § 131 Rn. 32.

77 Ähnlich *Bayreuther*, NZBau 2016, 459, 459 f.

78 Vgl. *Reidt/Stickler*, VergabeR 2016, 708, 712.

79 Bayreuther, Der Nahverkehr 5/2017, 28, 28.

3. Erfasster Personenkreis

41 § 131 Abs. 3 GWB erfasst Arbeitnehmer des bisherigen Betreibers. Beamte sind keine Arbeitnehmer und daher von vornherein nicht vom Personalübergang erfasst.[80] Ebenso wenig sind Leiharbeitnehmer und Arbeitnehmer, die bei einem Subunternehmer des Altbetreibers beschäftigt sind, erfasst.[81] § 131 Abs. 3 Satz 2 GWB grenzt den erfassten Personenkreis weiter ein: Anzuordnen ist der Betriebsübergang für die Arbeitnehmer, die für die Erbringung der übergehenden Verkehrsleistung unmittelbar erforderlich sind. **Unmittelbar erforderlich in diesem Sinne sind Arbeitnehmer, ohne deren Mitarbeit „die Verkehrsleistung innerhalb eines überschaubaren Zeitraums zum Erliegen kommt oder in Umfang oder Qualität mangelhaft würde“.**[82] Dies erfasst jedenfalls Triebfahrzeugführer, Zugbegleiter, Kundenbetreuer im Zug, Reinigungs- und Sicherheitspersonal und Disponenten. Nicht erfasst sind Arbeitnehmer der allgemeinen betrieblichen Organisation ohne unmittelbaren Kontakt zum Fahrgast bzw. zu den eingesetzten Fahrzeugen.[83] Schwierigkeiten können sich ergeben, wenn Arbeitnehmer eines Betreibers für verschiedene Verkehrsleistungen eingesetzt werden. Wird dann eine dieser Verkehrsleistungen neu vergeben, fragt sich, ob für die betreffenden Arbeitnehmer der Betriebsübergang anzuordnen ist. Man wird hier auf den **Schwerpunkt der Tätigkeit** abstellen müssen, der nach mathematischen und/oder wertenden Kriterien zu bestimmen ist.[84] In der Gesetzesbegründung findet sich darüber hinaus der irritierende Hinweis, der erfasste Personenkreis solle sich nach dem Bedarf des neuen Betreibers richten.[85] Dies wird nicht näher ausgeführt. Mit der ratio des § 131 Abs. 3 GWB wäre es nicht vereinbar, könnte der neue Betreiber definieren, welche Arbeitsverhältnisse übergehen. Der bezweckte Schutz der Arbeitsverhältnisse würde obsolet. Daher hängt es nicht vom Bedarf des neuen Betreibers ab, welche Arbeitsverhältnisse übergehen, sondern von der Festlegung des Auftraggebers: Dieser hat die von § 131 Abs. 3 GWB erfassten Arbeitsverhältnisse objektiv zu benennen.[86] Hingegen will die VK Südbayern unter Verweis auf die Gesetzesbegründung auf den Bedarf des neuen Betreibers abstellen.[87] Insoweit soll aber nur „bereits vorhandenes Personal des neuen Betreibers berücksichtigungsfähig sein.[88] Praktisch wird ein neuer Betreiber in der Regel aber Personal für eine neue Verkehrsleistung erst rekrutieren, nachdem ihm der Zuschlag für die Verkehrsleistungen erteilt worden ist. Die Entscheidung der VK Südbayern betrifft daher nur die eher seltene Konstellation, dass ein neuer Betreiber schon vor einem Ausschreibungsgewinn über entsprechendes Personal verfügt.

---

80 Dazu im Einzelnen *Reidt/Stickler*, VergabeR 2016, 708, 710.

81 *Bayreuther*, NZBau 2016, 459, 462.

82 So *Bayreuther*, NZBau 2016, 459, 462.

83 Vgl. dazu näher *Reidt/Stickler*, VergabeR 2016, 708, 711; ebenso *Schröder*, in: Müller-Wrede, GWB, § 131 Rn. 63.

84 Vgl. dazu näher *Reidt/Stickler*, VergabeR 2016, 708, 710 f.; ähnlich *Schröder*, in: Müller-Wrede, GWB, § 131 Rn. 62.

85 BT-Drs. 18/7086, S. 16.

86 Ebenso *Reidt/Stickler*, VergabeR 2016, 708, 711; *Bayreuther*, NZBau 2016, 459, 463.

87 VK Südbayern, Beschl. v. 12.12.2017, Z3-3-3194-1-40-08/17, beck-online.

88 So ausdrücklich VK Südbayern, Beschl. v. 12.12.2017, Z3-3-3194-1-40-08/17, beck-online.

4. Inhalt der übergehenden Arbeitsverhältnisse

Die Arbeitsverhältnisse gehen **inhaltlich ungeschmälert** über. Dies betrifft insbesondere sämtliche Inhalte, die die Vergütung beeinflussen, Betriebszugehörigkeiten, Sonderkündigungsregeln und Regelungen der Altersvorsorge.[89] Sofern in der Gesetzesbegründung darauf verwiesen wird, bestimmte Inhalte der Arbeitsverhältnisse seien vom Betriebsübergang nicht erfasst, steht dies in Widerspruch zum eindeutigen Wortlaut des Gesetzes.[90] 42

5. Missbrauchsverbot und Auskunftsverpflichtung

Nach § 131 Abs. 3 Satz 3 GWB soll der öffentliche Auftraggeber Regelungen vorsehen, durch die eine missbräuchliche Anpassung tarifvertraglicher Regelungen zulasten des neuen Betreibers zwischen der Veröffentlichung der Auftragsbekanntmachung und der Übernahme des Betriebs ausgeschlossen wird. Die in der Vorschrift zum Ausdruck kommende Befürchtung, der Altbetreiber könne die Personalkosten über tarifvertragliche Regelungen missbräuchlich in die Höhe treiben, dürfte unbegründet sein, da der Altbetreiber Gefahr läuft, sich selbst höhere Personalkosten einzuhandeln.[91] § 131 Abs. 3 Satz 4 GWB bestimmt, dass der bisherige Betreiber nach Aufforderung durch den öffentlichen Auftraggeber verpflichtet ist, alle hierzu erforderlichen Angaben zu machen. Diese Regelung sichert ab, dass der Auftraggeber im Vergabeverfahren über die betroffenen Arbeitsverhältnisse informieren kann. Was die „erforderlichen Angaben" sind, führt das Gesetz nicht weiter aus. Die betroffenen Arbeitnehmer, ihre Arbeitsverhältnisse und Arbeitsplätze müssen anonymisiert beschrieben werden.[92] Absolute Kalkulationssicherheit kann und muss nicht hergestellt werden. Die Rechtsprechung hat insofern für gesetzliche Betriebsübergänge nach § 613a BGB bereits festgestellt, dass **typische Kalkulationsunsicherheiten**, die mit jedem Betriebsübergang einher gehen, **hinzunehmen** sind.[93] 43

6. Rechtsschutz

a) Rechtsschutz im Vergabenachprüfungsverfahren

Unternehmen, die sich als Bieter an einem Vergabeverfahren beteiligen wollen, in dem entgegen § 131 Abs. 3 GWB kein Betriebsübergang angeordnet wird, können diesen Vergaberechtsverstoß in einem vergaberechtlichen Nachprüfungsverfahren geltend machen. Dies betrifft zunächst den Altunternehmer. Denn § 131 Abs. 3 GWB schützt neben den Arbeitnehmern auch den bisherigen Betreiber.[94] Daneben sind auch solche Unternehmen vom Schutzzweck mitumfasst, die sich am Vergabeverfahren beteiligen wollen, aber nicht Altunternehmer sind. § 131 Abs. 3 GWB bezweckt nämlich auch, dass diese Bieter durch die Anordnung des Betriebsübergangs bessere Aussichten auf ausreichend qualifiziertes Per- 44

89 *Bayreuther*, NZBau 2016, 459, 463.
90 *Bayreuther*, NZBau 2016, 459, 463.
91 Weiterführend *Bayreuther*, NZBau 2016, 459, 463 f.
92 *Bayreuther*, NZBau 2016, 459, 461.
93 OLG Düsseldorf, Beschl. v. 30.4.2009, Verg 50/08, beck-online; OLG München, Beschl. v. 16.4.2009, Verg 3/09, beck-online; ebenso *Bayreuther*, NZBau 2016, 459, 461.
94 *Reidt/Stickler*, VergabeR 2016, 708, 716; ebenso VK Südbayern, Beschl. v. 12.12.2017, Z3-3-3194-1-40-08/17, beck-online.

sonal erhalten. Schließlich können Bieter, die sich am Vergabeverfahren beteiligen wollen, in einem Nachprüfungsverfahren geltend machen, es liege ein atypischer Fall vor, weswegen die Anordnung eines Betriebsübergangs nach § 131 Abs. 3 GWB hätte unterbleiben müssen.[95]

b) Rechtsschutz außerhalb des Vergabenachprüfungsverfahrens

45 Arbeitnehmern, die die Anordnung eines Betriebsübergangs verlangen, stehen Rechtsschutzmöglichkeiten vor den Zivil- bzw. Verwaltungsgerichten offen. Dies gilt auch für den Altbetreiber, sofern er sich nicht um den Folgeauftrag bewerben will und er den Verstoß gegen § 131 Abs. 3 GWB daher nicht in einem Vergabenachprüfungsverfahren geltend machen kann.[96]

7. Weiterreichender Arbeitnehmerschutz durch Art. 4 Abs. 5 VO (EG) Nr. 1370/2007 bzw. Landesgesetze

46 Die Möglichkeit der Anordnung eines Betriebsübergangs nach Art. 4 Abs. 5 VO (EG) Nr. 1370/2007 bleibt durch § 131 Abs. 3 GWB unberührt. Das ist von Bedeutung, weil Art. 4 Abs. 5 VO (EG) Nr. 1370/2007 teilweise weitergehend als § 131 Abs. 3 GWB ist und etwa auch ermöglicht, für die Arbeitnehmer eines Subunternehmers des bisherigen Betreibers einen Betriebsübergang anzuordnen. Sollten bei einer Anordnung eines Betriebsübergangs gem. § 131 Abs. 3 GWB dessen Grenzen überschritten sein, kann die Anordnung dennoch rechtmäßig sein, wenn die Grenzen des Art. 4 Abs. 5 VO (EG) Nr. 1370/2007 eingehalten sind.[97] Zudem haben die Länder die Möglichkeit, über die Soll-Regelung des § 131 Abs. 3 GWB hinaus zu gehen und **landesgesetzlich** einen **verpflichtenden Betriebsübergang** vorzusehen.[98]

---

95 *Reidt/Stickler*, VergabeR 2016, 708, 717; im Ergebnis auch VK Südbayern, Beschl. v. 12.12.2017, Z3-3-3194-1-40-08/17, beck-online.

96 Vgl. dazu im Einzelnen *Reidt/Stickler*, VergabeR 2016, 708, 718 ff.

97 *Bayreuther*, NZBau 2016, 459, 460.

98 *Bayreuther*, NZBau 2016, 459, 460; eingehend *Reidt/Stickler*, VergabeR 2016, 708, 715 f.

§ 132 Auftragsänderungen während der Vertragslaufzeit

(1) [1]Wesentliche Änderungen eines öffentlichen Auftrags während der Vertragslaufzeit erfordern ein neues Vergabeverfahren. [2]Wesentlich sind Änderungen, die dazu führen, dass sich der öffentliche Auftrag erheblich von dem ursprünglich vergebenen öffentlichen Auftrag unterscheidet. [3]Eine wesentliche Änderung liegt insbesondere vor, wenn

1. mit der Änderung Bedingungen eingeführt werden, die, wenn sie für das ursprüngliche Vergabeverfahren gegolten hätten,
   a) die Zulassung anderer Bewerber oder Bieter ermöglicht hätten,
   b) die Annahme eines anderen Angebots ermöglicht hätten oder
   c) das Interesse weiterer Teilnehmer am Vergabeverfahren geweckt hätten,
2. mit der Änderung das wirtschaftliche Gleichgewicht des öffentlichen Auftrags zugunsten des Auftragnehmers in einer Weise verschoben wird, die im ursprünglichen Auftrag nicht vorgesehen war,
3. mit der Änderung der Umfang des öffentlichen Auftrags erheblich ausgeweitet wird oder
4. ein neuer Auftragnehmer den Auftragnehmer in anderen als den in Absatz 2 Satz 1 Nummer 4 vorgesehenen Fällen ersetzt.

(2) [1]Unbeschadet des Absatzes 1 ist die Änderung eines öffentlichen Auftrags ohne Durchführung eines neuen Vergabeverfahrens zulässig, wenn

1. in den ursprünglichen Vergabeunterlagen klare, genaue und eindeutig formulierte Überprüfungsklauseln oder Optionen vorgesehen sind, die Angaben zu Art, Umfang und Voraussetzungen möglicher Auftragsänderungen enthalten, und sich aufgrund der Änderung der Gesamtcharakter des Auftrags nicht verändert,
2. zusätzliche Liefer-, Bau- oder Dienstleistungen erforderlich geworden sind, die nicht in den ursprünglichen Vergabeunterlagen vorgesehen waren, und ein Wechsel des Auftragnehmers
   a) aus wirtschaftlichen oder technischen Gründen nicht erfolgen kann und
   b) mit erheblichen Schwierigkeiten oder beträchtlichen Zusatzkosten für den öffentlichen Auftraggeber verbunden wäre,
3. die Änderung aufgrund von Umständen erforderlich geworden ist, die der öffentliche Auftraggeber im Rahmen seiner Sorgfaltspflicht nicht vorhersehen konnte, und sich aufgrund der Änderung der Gesamtcharakter des Auftrags nicht verändert, oder
4. ein neuer Auftragnehmer den bisherigen Auftragnehmer ersetzt
   a) aufgrund einer Überprüfungsklausel im Sinne von Nummer 1,
   b) aufgrund der Tatsache, dass ein anderes Unternehmen, das die ursprünglich festgelegten Anforderungen an die Eignung erfüllt, im Zuge einer Unternehmensumstrukturierung, wie zum Beispiel durch Übernahme, Zusammenschluss, Erwerb oder Insolvenz, ganz oder teilweise an die Stelle des ursprünglichen Auftragnehmers tritt, sofern dies keine weiteren wesentlichen Änderungen im Sinne des Absatzes 1 zur Folge hat, oder

c) aufgrund der Tatsache, dass der öffentliche Auftraggeber selbst die Verpflichtungen des Hauptauftragnehmers gegenüber seinen Unterauftragnehmern übernimmt.

[2]In den Fällen des Satzes 1 Nummer 2 und 3 darf der Preis um nicht mehr als 50 Prozent des Wertes des ursprünglichen Auftrags erhöht werden. [3]Bei mehreren aufeinander folgenden Änderungen des Auftrags gilt diese Beschränkung für den Wert jeder einzelnen Änderung, sofern die Änderungen nicht mit dem Ziel vorgenommen werden, die Vorschriften dieses Teils zu umgehen.

(3) [1]Die Änderung eines öffentlichen Auftrags ohne Durchführung eines neuen Vergabeverfahrens ist ferner zulässig, wenn sich der Gesamtcharakter des Auftrags nicht ändert und der Wert der Änderung

1. die jeweiligen Schwellenwerte nach § 106 nicht übersteigt und
2. bei Liefer- und Dienstleistungsaufträgen nicht mehr als 10 Prozent und bei Bauaufträgen nicht mehr als 15 Prozent des ursprünglichen Auftragswerts beträgt.

[2]Bei mehreren aufeinander folgenden Änderungen ist der Gesamtwert der Änderungen maßgeblich.

(4) Enthält der Vertrag eine Indexierungsklausel, wird für die Wertberechnung gemäß Absatz 2 Satz 2 und 3 sowie gemäß Absatz 3 der höhere Preis als Referenzwert herangezogen.

(5) Änderungen nach Absatz 2 Satz 1 Nummer 2 und 3 sind im Amtsblatt der Europäischen Union bekannt zu machen.

Schrifttum: *Heiermann/Zeiss/Summa*, juris PraxisKommentar Vergaberecht, 5. Aufl. 2016; *Kulartz/Kus/Portz/Prieß*, Kommentar zum GWB-Vergaberecht, 4. Aufl. 2016; *Müller-Wrede*, GWB Vergaberecht, Kommentar, 2016.

Übersicht

I. Vorbemerkung

1. Funktion und Bedeutung der Vorschrift

1 Der Regelung liegt im Kern der Gedanke zugrunde, dass ein im Wege eines Vergabeverfahrens zustande gekommener Vertrag auch so durchgeführt werden soll, wie er geschlossen worden ist, und dass bei einer Änderung des Vertrages neben den zivil- oder öffentlichrechtlichen Aspekten auch vergaberechtliche Aspekte Bedeutung erlangen können. Der funktionale Hintergrund der Regelung, der in deren Wortlaut nur noch teilweise in Erscheinung tritt, besteht darin, eine **Umgehung einer bestehenden Ausschreibungspflicht zu verhindern**, und zwar eine Umgehung dadurch, dass statt der an sich gebotenen Ausschreibung eines „wesentlich" veränderten Beschaffungsbedarfs eine intransparente Verhandlung mit dem bisherigen Leistungserbringer über die „Anpassung" des bestehenden Vertrags erfolgt. Ausschreibungspflichtig sind hierbei nur Vertragsänderungen oberhalb eines gewissen Marktabschottungseffekts.

2 Die Vorschrift soll dem **angemessenen Ausgleich einander widersprechender Interessen** der Betroffenen dienen: Aus dem Blickwinkel des konkreten öffentlichen Auftraggebers führt eine für die Vertragsänderung notwendige Neuausschreibung oft zu einem erheblichen zusätzlichen zeitlichen, personellen und kostenmäßigen Aufwand. Der Neuausschreibung ist immanent, dass der Auftraggeber die Vertragsbeziehung auch zu solchen Wirtschaftsteilnehmern beenden muss, mit deren Leistungserbringung er zufrieden ist. Schon das Risiko von Neuausschreibungen bei notwendigen Vertragsänderungen ist geeignet, laufende Vertragsbeziehungen des öffentlichen Auftraggebers mit seinen Vertragspartnern zu belasten. Die zivilrechtlich eröffnete Flexibilität der Vertragsparteien wird durch eine vergaberechtliche Verpflichtung zur Neuausschreibung eingeschränkt.[1] Unter Berücksichtigung der zentralen Zielstellungen des Vergaberechts – also der Entwicklung und Gewährleistung eines diskriminierungsfreien EU-Binnenmarktes mit den Grundprinzipien Wettbewerb, Gleichbehandlung und Transparenz, welche nicht nur dem Marktzugang der Wirtschaftsteilnehmer zum öffentlichen Beschaffungswesen dienen, sondern auch dem Ziel der nachhaltigen Wirtschaftlichkeit öffentlicher Beschaffungen – sind andererseits Marktabschottungen nicht hinnehmbar, die dadurch bewirkt werden, dass ein Wirtschaftsteilnehmer in intransparenter Weise durch Veränderungen eines bestehenden Vertrages auch Vertragspartner für ein neues Beschaffungsvorhaben werden kann.[2]

3 Dieser Interessenausgleich ist bisher in konkreten Konfliktfällen allein durch die Rechtsprechung gesucht worden. Dabei folgte die Rechtsprechung nicht einem zivilrechtlichen Ansatz durch die Prüfung der Frage, ob eine Änderung von Hauptbestandteilen der vertraglichen Einigung (sog. essentialia negotii) vorgenommen worden ist oder nicht, sondern einem **spezifisch vergaberechtlichen Ansatz** durch die Auslegung des Begriffs des öffentlichen Auftrags und einer am Zweck des Vergaberechts orientierten Prüfung, ob durch die Vertragsänderung im Ergebnis ein Wirtschaftsteilnehmer – der bisherige Leistungserbringer – gegenüber anderen Wirtschaftsteilnehmern ungerechtfertigt bevorzugt wird, wenn mit ihm ein neuer, vom ursprünglich begründeten Auftragsverhältnis verschiedener Vertrag begründet wird. Es liegt in der Natur von Einzelfallentscheidungen im Rah-

1 Vgl. *Ziekow*, VergabeR 2016, 278; *Müller*, VergabeR 2015, 652, 653.

2 Grundlegend: OLG Düsseldorf, Beschl. v. 20.6.2001, Verg 3/01, VergabeR 2001, 329 – in juris Tz. 105 ff.; vgl. *Th. Jaeger*, EuZW 2008, 492, 492 f.; *Greb/Stenzel*, NZBau 2012, 404.

men der Rechtsanwendung, dass zunächst nur punktuelle Wertentscheidungen getroffen werden konnten, sodass eine nicht zu unterschätzende Rechtsunsicherheit bei der Beurteilung der Ausschreibungspflicht von Vertragsänderungen verblieb, und sich regelmäßig erst bei einer größeren Zahl von entschiedenen Fällen ein verallgemeinerungsfähiges Bild ergibt.[3] Der Gerichtshof der Europäischen Gemeinschaften hat mit seinem Urteil vom 19.6.2008[4] versucht, über den Einzelfall hinaus Leitlinien für die Auslegung des Begriffs „neuer Auftrag in Gestalt wesentlicher Änderungen eines bestehenden Vertrags" vorzugeben, und hierfür den Begriff der sog. „wesentlichen Vertragsänderung" geprägt.

Der Normgeber auf EU-Ebene hat die Reformierung des Vergaberechts zum Anlass genommen, für den oben beschriebenen Interessenausgleich nunmehr eine ausdrückliche Regelung zu schaffen.[5] Systematisch hätte diese Regelung auch dem Bereich der Vorschriften zum Begriff des öffentlichen Auftrags zugeordnet werden können; der Normgeber hat der Alternative den Vorzug gegeben, sie in Anlehnung an die chronologische Abfolge – Vertragsänderung nach Zuschlagserteilung – bei den Vorschriften über die Phase der Auftragsausführung anzusiedeln. Diese systematische Zuordnung darf nicht zu Fehlbewertungen führen: Auch nach der Neuregelung verbleibt es dabei, dass die wirksame Erteilung des Zuschlags das konkrete Vergabeverfahren beendet; damit endet auch der Anwendungsbereich des Vergaberechts.[6] Der Anwendungsbereichs des Vergaberechts wird lediglich erneut eröffnet durch einen materiell betrachtet neuen Beschaffungsvorgang, unabhängig davon, ob dieser neue Beschaffungsvorgang durch die Aufnahme von Vertragsverhandlungen mit einem dritten Wirtschaftsteilnehmer eingeleitet wird (das ist der „klassische" Fall der sog. De-facto-Vergabe) oder durch die Aufnahme von Vertragsänderungsverhandlungen mit demjenigen Wirtschaftsteilnehmer, mit dem man bereits in vertraglicher Beziehung steht.[7] Die „wesentliche Auftragsänderung während der Vertragslaufzeit" ist **ein Sonderfall der De- facto-Vergabe**. 4

Eine ausdrückliche Regelung zur Lösung des o.g. Interessenkonflikts ist grundsätzlich zu begrüßen, weil sie besser als eine einzelfallbezogene Rechtsanwendung geeignet ist, zu Rechtsklarheit und Rechtssicherheit zu führen. Insbesondere die unionsrechtlichen Vorgaben sind jedoch teilweise deswegen kritisiert worden, dass sie „höchst unübersichtlich" und „inhaltlich problematisch" seien (insbesondere wegen der Verwendung einer Vielzahl von unbestimmten Rechtsbegriffen, welche in der Rechtsanwendung fehlerträchtig sind),[8] sodass wiederum der Rechtsprechung die Aufgabe zufallen dürfte, hier für mehr Klarheit zu sorgen.[9] Hinsichtlich einzelner Regelungen zu den zulässigen vergabefreien Vertragsänderungen ist nicht zu Unrecht der Vorwurf erhoben worden, dass das Ergebnis der politischen Willensbildung letztlich teilweise eine Umgehung des zentralen vergaberechtlichen 5

3 Vgl. *Rosenkötter/Fritz*, VergabeR 2014, 290, 291.

4 EuGH, Urt. v. 19.6.2008, Rs. C-454/06, VergabeR 2008, 758 – pressetext Nachrichtenagentur.

5 Art. 72 VRL, Art. 89 SRL und Art. 43 KVR, jeweils überschrieben mit Auftrags- bzw. Vertragsänderungen während der Vertragslaufzeit.

6 A. A. *Müller*, VergabeR 2015, 652, 653.

7 Vgl. *Eggert*, Europäisches Vergaberecht, Baden-Baden 2008, Rn. 1288; *Ziekow*, VergabeR 2004, 430, 432 f.; *Kulartz/ Duikers*, VergabeR 2008, 728, 733.

8 *Kling*, in: Siebzehnte forum vergabe Gespräche 2015, Bd. 54 der Schriftenreihe des forum vergabe e. V., S. 93, 96.

9 Ebenso: *Müller*, VergabeR 2015, 652, 662.

Wettbewerbsprinzips durch die Vergaberichtlinie selbst darstellte.[10] Je nach Interessenlage kann dieser Aspekt auch als ein Zuwachs von Flexibilität für die öffentlichen Auftraggeber bewertet werden.

2. Verhältnis zu anderen Rechtsvorschriften

a) Verhältnis zum EU-Recht

6 Die Vorschrift des § 132 GWB dient der Umsetzung von Art. 72 VRL.[11] Es wurde eine inhaltlich identische, allerdings im Wortlaut und in der Struktur abweichende Regelung geschaffen, um die Übersichtlichkeit und Verständlichkeit der Norm zu erhöhen. Die in Art. 72 Abs. 5 VRL genannte Rechtsfolge einer wesentlichen Auftragsänderung während der Vertragslaufzeit wurde als zentrale Regelung in § 132 Abs. 1 Satz 1 GWB vorgezogen. Dem folgt die in Art. 72 Abs. 4 VRL enthaltene grundlegende Definition, wann eine Änderung als wesentlich anzusehen ist, in § 132 Abs. 1 Satz 2 f. GWB. Es folgen die Fallgruppen der ausdrücklich erlaubten Auftragsänderungen ohne Neuausschreibung aus Art. 72 Abs. 1 VRL als § 132 Abs. 2 GWB – mit Ausnahme der Regelung von Art. 72 Abs. 1 lit. e) VRL, deren Übernahme offenkundig angesichts der Regelung in § 132 Abs. 1 Satz 2 f. GWB als überflüssig angesehen wurde – und aus Art. 72 Abs. 2 VRL als § 132 Abs. 3 GWB. Die Sonderregelung zum Referenzwert bei einem Vertrag mit einer Indexklausel in Art. 72 Abs. 3 VRL wurde in § 132 Abs. 4 GWB übernommen. Die deutsche Umsetzungsnorm wird – ebenso wie in anderen Vorschriften des GWB – in § 132 Abs. 5 GWB beschlossen mit der zugehörigen Transparenzregelung, welche in Art. 72 Abs. 1 Unterabs. 2 (a. E.) VRL enthalten ist. Eine zu Art. 72 VRL im Wesentlichen gleiche Regelung enthalten auch Art. 89 SRL und Art. 43 KVR; im nationalen Recht ist die Umsetzung mit Ausnahme der in § 142 Nr. 3 GWB für die Vergabe von Sektorenauftraggebern und der in § 154 Nr. 3 GWB für besondere Konzessionsvergaben getroffenen speziellen Regelungen einheitlich in § 132 GWB erfolgt.

b) Verhältnis zum früheren Recht

7 Die Regelungen zu Auftragsänderungen während der Vertragslaufzeit sind zweigeteilt, was auch bei ihrer Auslegung zu berücksichtigen ist. Sie knüpfen einerseits – hinsichtlich der in **§ 132 Abs. 1 GWB** enthaltenen Vorschrift – an der bisher ergangenen Rechtsprechung zur Auslegung des Begriffs des öffentlichen Auftrags in der besonderen Konstellation an, dass ein bestehender Vertrag geändert wird. Trotz der in der Vorschrift aufgeführten Fallgruppen, welche mit denen identisch sind, die der Gerichtshof im Urteil vom 19.6.2008 bereits entwickelt hatte, handelt es sich um eine **generalklauselartige Regelung** zur Verhinderung einer Umgehung von Vergaberecht. Daher ist grundsätzlich davon auszugehen, dass die bisher ergangene Rechtsprechung zu wesentlichen Vertragsänderungen weiterhin uneingeschränkt Gültigkeit für diesen Regelungsbereich haben.

8 Die Vorschriften in **§ 132 Abs. 2 bis 5 GWB** stellen **Neuregelungen** dar, welche teilweise auch neue erhebliche Privilegierungen zugunsten der öffentlichen Auftraggeber begrün-

---

10 *Kling*, in: Siebzehnte forum vergabe Gespräche 2015, Bd. 54 der Schriftenreihe des forum vergabe e. V., S. 93, 97; a. A. *W. Jaeger*, NZBau 2014, 259, 266 („selbsterklärend").

11 Vgl. Begründung des Regierungsentwurfs, BR-Drs. 367/15, S. 141 – zu § 132.

den.[12] Danach sind Auftragsänderungen während der Vertragslaufzeit stets zulässig, wenn sie die Tatbestandsmerkmale einer der enumerativ genannten Fallgruppen erfüllen, unabhängig davon, ob die Vertragsänderung im Lichte des Abs. 1 als eine wesentliche Auftragsänderung anzusehen wäre oder nicht.[13] Inwieweit die bisher ergangene Rechtsprechung hierauf übertragbar ist, z. B. im Hinblick auf die Auslegung der darin verwendeten unbestimmten Rechtsbegriffe, bedarf stets der gesonderten Prüfung und Rechtfertigung.

c) Verhältnis zur VOB/A

Die VOB/A enthält in ihrem 2. Abschnitt in **§ 22 EU VOB/A** und in ihrem 3. Abschnitt in **§ 22 VS VOB/A** jeweils eine im Wortlaut zu § 132 GWB identische Regelung. Diese Regelungen sind deklaratorischer Natur; wegen der Normhierarchie wäre jede von § 132 GWB abweichende Regelung unwirksam. 9

Hohe praktische Bedeutung besitzt hingegen die im 1. Abschnitt in **§ 22 VOB/A** enthaltene Regelung, wonach Vertragsänderungen nach den Bestimmungen der – stets in den öffentlichen Bauauftrag einzubeziehenden – VOB/B keine Neuausschreibung erfordern, mit Ausnahme der Vertragsänderungen nach § 1 Abs. 4 Satz 2 VOB/B. Ebenso wie die in **§ 47 UVgO-Entwurf** enthaltene Verweisung auf die Geltung des § 132 Abs. 1, 2 und 4 GWB im Unterschwellenbereich ist diese Regelung geeignet, zu vermeiden, dass die nationale Ausschreibungspflicht bei Auftragsänderungen während der Vertragslaufzeit weiter reicht als die Verpflichtung zur EU-weiten Ausschreibung. Ohne entsprechende Regelungen wäre zwar die Rechtsprechung zum Auftragsbegriff – also zu § 132 Abs. 1 GWB – übertragbar, nicht aber die ausdrücklichen Erlaubnisse in § 132 Abs. 2 und 4 GWB. 10

3. Gesetzgebungsverfahren

Der Wortlaut der Vorschrift folgt dem Referentenentwurf und ist im gesamten Gesetzgebungsverfahren unverändert geblieben. Änderungsanträge sind hierzu nicht gestellt worden. 11

4. Struktur der Vorschrift

Der deutsche Normgeber hat, insoweit strukturell abweichend von den unionsrechtlichen Vorgaben, die Regelung vom Kopf auf die Füße gestellt und den Kerngedanken der Vorschrift in **Abs. 1** platziert: Wird vom öffentlichen Auftraggeber eine wesentliche Änderung des bestehenden Vertrages angestrebt, so wird durch diese Beschaffungsentscheidung eine neue Ausschreibungspflicht begründet. Die in Abs. 1 Satz 3 enthaltene Aufzählung von vier Fallgruppen, deren Anwendungsbereiche sich im Übrigen auch überschneiden können, ist lediglich beispielhaft („insbesondere"). Letztlich enthält Abs. 1 eine **Generalklausel**. 12

In **Abs. 2** sind vier Fallgruppen von Vertragsänderungen aufgeführt, die ohne Prüfung der Wesentlichkeit der Vertragsänderung stets vergabefrei vorgenommen werden dürfen. Die Vergabefreiheit ist entweder **ausschließlich von qualitativen Aspekten** (Nr. 1 und Nr. 4) 13

---

12 Vgl. *Ziekow*, VergabeR 2016, 278, 291.

13 Vgl. Begründung des Regierungsentwurfs, BR-Drs. 367/15, S. 141 – zu § 132, zu Absatz 2.

oder **von einer Kombination aus qualitativen und quantitativen Aspekten** (Nr. 2 und Nr. 3 i.V.m. Abs. 4) abhängig. Es ist jedoch zu beachten, dass es sich bei diesen Neuregelungen um **enumerative**, d.h. grundsätzlich nicht analogiefähige Regelungen handelt, deren Zweck darin besteht, für einzelne Konstellationen schnell prüfbare und relativ rechtssicher zu beurteilende Befunde zu einer (nicht bestehenden) Ausschreibungspflicht erheben zu können. Andere als die in § 132 Abs. 2 Satz 1 Nr. 1 GWB genannten Vertragsklauseln, andere zusätzliche Leistungen als diejenigen, die den Anforderungen des § 132 Abs. 2 Satz 1 Nr. 2 oder Nr. 3 GWB entsprechen, oder andere Fälle des Auftragnehmerwechsels sind hinsichtlich ihrer Wesentlichkeit i.S. des § 132 Abs. 1 GWB zu untersuchen und als wesentlich oder unwesentlich zu bewerten.

14 **Abs. 3** enthält eine sog. **De-minimis-Regelung**, d.h. die Vergabefreiheit der hiervon erfassten Vertragsänderungen wird ausschließlich aus quantitativen Aspekten abgeleitet.

15 Hinsichtlich derjenigen Regelungen zur Vergaberechtsfreiheit von Auftragsänderungen, welche das höchste Potenzial der Marktabschottung bieten (Abs. 2 Satz 1 Nr. 2 und Nr. 3), wird in **Abs. 5** flankierend eine besondere **Transparenzpflicht** begründet.

5. Praxishinweis zur Prüfreihenfolge

16 Ausgehend vom jeweiligen Prüfungsaufwand und von der Rechtssicherheit des eigenen Prüfergebnisses bietet es sich an, bei der Frage, ob eine beabsichtigte Auftragsänderung den Bestimmungen des § 132 GWB unterfällt und u.U. eine Ausschreibungspflicht begründet, in veränderter Reihenfolge vorzugehen:[14]

1) Ist die De-minimis-Grenze für den Wert der Auftragsänderung nach § 132 Abs. 3 GWB nicht überschritten, so ist die Änderung bei Wahrung des Gesamtcharakters des Beschaffungsvorgangs zulässig.
2) Bei Vorliegen eines der – alternativ zu verstehenden – Tatbestände des § 132 Abs. 2 Satz 1 Nr. 1 bis Nr. 4 GWB (bei Satz 1 Nr. 2 und Nr. 3 i.V.m. Satz 2f.und Abs. 4) ist die Änderung ebenfalls ohne Neuausschreibung zulässig.
3) Nur für Auftragsänderungen, welche weder unter § 132 Abs. 3 GWB noch unter § 132 Abs. 2 GWB fallen, kommt es darauf an, ob sie wesentlich i.S. von § 132 Abs. 1 Satz 2 GWB sind, wobei zunächst zu prüfen ist, ob sich die Wesentlichkeit aus einer der vier Fallgruppen des § 132 Abs. 1 Satz 3 Nr. 1 bis Nr. 4 GWB ergibt, und sodann – soweit noch erforderlich – alternativ aus einer offenen Wesentlichkeitsprüfung i.S. der Generalklausel des § 132 Abs. 1 Satz 2 GWB.

II. Wesentliche Auftragsänderungen (Abs. 1)

1. Begriff der Auftragsänderung

17 Als Änderung des Auftrags i.S. von § 132 GWB ist **jede inhaltliche Änderung des vertraglichen Schuldverhältnisses** zwischen dem Auftraggeber und dem Auftragnehmer erfasst. Sie kann durch eine zweiseitige Vereinbarung, d.h. einen neuen Vertrag, durch eine zweiseitige Vertragsergänzung, aber auch durch einseitige Vertragsänderung, etwa durch

14 Ebenso: *Ziekow*, VergabeR 2016, 278, 279.

Ausübung eines Leistungsbestimmungs- oder Optionsrechts, erfolgen. Ebenso wie beim Begriff des öffentlichen Auftrags kommt es weder auf den Rechtscharakter als privatrechtlicher oder öffentlich-rechtlicher Vertrag noch auf die Form der Vertragsänderung – mündlich, in Textform, schriftlich, notariell beglaubigt oder beurkundet – an.

Auch der Anlass bzw. das Motiv der Vertragsänderung sind für das Begriffsverständnis ohne Bedeutung. Zwar wird im Erwägungsgrund 107 VRL ergänzend darauf verwiesen, dass für die o.a. Abgrenzung wesentlicher von unwesentlichen Vertragsänderungen auch maßgeblich sein kann, ob in den Vertragsänderungen die Absicht der Vertragspartner zur Neuverhandlung des betreffenden Auftrags zum Ausdruck kommt, was insbesondere bei Änderungen des Umfangs und der inhaltlichen Ausgestaltung der gegenseitigen Rechte und Pflichten der Parteien, einschließlich der Zuweisung der Rechte des geistigen Eigentums, der Fall sei. Gleichwohl sind auch sog. **Vergleichsverträge**, deren Abschluss allein auf das Streben der Vertragsparteien zurückgeht, objektiv bei der Durchführung des Auftrags aufgetretene Schwierigkeiten zu überwinden, nach den Regelungen des § 132 GWB auf die Wesentlichkeit der Vertragsänderung zu prüfen.[15] **18**

2. Begriff der Wesentlichkeit der Auftragsänderung (Abs. 1 Satz 2)

Der Gesetzgeber hat in § 132 Abs. 1 Satz 2 GWB selbst eine Definition des unbestimmten Rechtsbegriffs „**wesentlich**" im Zusammenhang mit Vertragsänderungen während der Vertragslaufzeit vorgenommen. Die Feststellung der Wesentlichkeit einer Vertragsänderung erfordert danach eine wertende Betrachtung der Vertragsänderung im Hinblick darauf, ob die Änderungen in ihren wirtschaftlichen und wettbewerblichen Auswirkungen der Vergabe eines neuen, vom ursprünglich vergebenen Auftrag verschiedenen Auftrags gleichkommen. Es ist abzugrenzen, ob die Vertragsänderungen in ihrer Gesamtheit nur eine Modifikation des bestehenden Vertrages ohne eine wettbewerbliche Relevanz darstellen oder als eigenständiger Beschaffungsvorgang zu bewerten sind.[16] Der Begriff der „Wesentlichkeit" in § 132 GWB ist **ein wirkungsbezogener Begriff**.[17] Er dient der Verhinderung einer Verfälschung des Wettbewerbs und einer Bevorzugung eines Wirtschaftsteilnehmers (des bisherigen Leistungserbringers) durch die Nichtausschreibung.[18] Im Erwägungsgrund 107 VRL wird insoweit die Kontinuität zur bisherigen Rechtsprechung bekräftigt. Letztlich kommt auch in den nachfolgend aufgeführten Regelbeispielen für wesentliche Vertragsänderungen zum Ausdruck, dass für die Wesentlichkeit die Wettbewerbsrelevanz der Vertragsänderungen maßgeblich ist. **19**

Die Abgrenzung zwischen wesentlichen und unwesentlichen Änderungen von Vertragsverhältnissen, zwischen Vertragsmodifikationen ohne wettbewerbliche Relevanz und den einer Neuvergabe gleichkommenden Vertragsänderungen wirft im Einzelfall erhebliche Probleme und Unsicherheiten auf, insbesondere bei Vertragsverhältnissen, welche durch eine weitreichende Flexibilität der Vertragspartner gekennzeichnet sind, wie Rahmenvereinbarungen, aber auch generell Bauaufträge. In der forensischen Praxis überwiegen bisher langfristig geschlossene Verträge der Daseinsvorsorge. **20**

---

15 Vgl. BGH, Beschl. v. 8.2.2011, X ZB 4/10, VergabeR 2011, 452 – S-Bahn-Verkehr Rhein/Ruhr I, in juris Rn. 47 f.; EuGH, Urt. v. 7.9.2016, Rs. C-549/14, VergabeR 2017, 35 – Finn Frogne, Rn. 32.

16 Vgl. Thüringer OLG, Beschl. v. 14.10.2003, 6 Verg 5/03, VergabeR 2004, 113.

17 So auch *Th. Jaeger*, EuZW 2008, 492, 493.

18 Vgl. auch Schlussanträge d. GAin *Kokott* v. 13.3.2009, Rs. C-454/06, Rn. 48.

3. Regeltatbestände für wesentliche Vertragsänderungen (Abs. 1 Satz 3)

21 In Anlehnung an die bisher ergangene Rechtsprechung hat der Normgeber sowohl auf unionsrechtlicher Regelungsebene als auch in der nationalen Umsetzung Tatbestände definiert, in denen von einer wesentlichen Vertragsänderung auszugehen ist, und damit dem Rechtsanwender einen Prüfungskatalog zur Verfügung gestellt. Diese Tatbestände sind – jedenfalls hinsichtlich der Regelungen in Abs. 1 Satz 3 Nr. 1 und 2 – keine am äußeren Erscheinungsbild der Vertragsänderung orientierten Fallgruppen, sondern **Prüfungs- und Bewertungsmaßstäbe**. Für die Feststellung der Wesentlichkeit einer Vertragsänderung genügt, dass einer der genannten Tatbestände erfüllt ist; sie stehen alternativ nebeneinander, wie sich aus dem mehrfachen Gebrauch des Bindewortes „oder" ergibt. Dem widerspricht es nicht, dass einzelne Vertragsänderungen durchaus auch mehrere dieser Tatbestände kumulativ erfüllen können.

a) Einführung von wettbewerbsrelevanten neuen Bedingungen (Abs. 1 Satz 3 Nr. 1)

22 Den in Nr. 1 aufgeführten Tatbeständen ist gemein, dass sie zur Ermittlung der Wettbewerbsrelevanz einer Vertragsänderung einen **Vergleich** fordern zwischen dem tatsächlichen Verlauf des ursprünglichen Vergabeverfahrens (welcher aufgrund der Zuschlagserteilung feststeht) und dem fiktiven Verlauf des ursprünglichen Vergabeverfahrens für den Fall, dass von Anfang an der Auftrag mit dem Inhalt der beabsichtigten Änderung ausgeschrieben worden wäre. Wie sich aus den alternativen Einzeltatbeständen in lit. a) bis lit. c) ergibt, ist unter dem Begriff der neu eingeführten „Bedingungen" das gesamte Spektrum der Gestaltungsspielräume des Auftraggebers im Vergabeverfahren zu verstehen.

23 Die Vorschrift bezieht sich nach ihrem Wortlaut nur auf Fälle, in denen der ursprüngliche Auftrag auf der Grundlage eines Vergabeverfahrens zustande gekommen ist. Es unterliegt nach der Funktion der Norm jedoch keinem Zweifel, dass auch in Fällen, in denen der ursprüngliche Auftrag ohne ein wettbewerbliches Verfahren vergeben wurde, dessen wesentliche Änderung ebenfalls als ein neuer Auftrag anzusehen ist, sodass die vorliegende Vorschrift anwendbar ist. In Fällen, in denen der ursprüngliche Auftrag zulässigerweise ohne Vergabeverfahren erteilt wurde, ist zu prüfen, ob die Voraussetzungen für eine Ausnahme vom Vergaberecht bzw. für die Zulässigkeit der Direktvergabe nicht auch für den neuen (den wesentlich geänderten) Auftrag vorliegen, sodass es auf die Prüfung der vorliegenden Vorschrift nicht ankommt. In allen anderen Fällen wäre es nicht gerechtfertigt und stellte einen Wertungswiderspruch dar, wenn ein u. U. vergaberechtswidrig zustande gekommener, aber nicht mehr angreifbarer Ursprungsvertrag auch von den Regelungen des § 132 Abs. 1 GWB ausgenommen wäre. Dann stellt sich jedoch die Frage nach dem Vergleichsmaßstab. Für diesen Fall, dass der von der Änderungsabsicht betroffene Auftrag nicht auf der Grundlage eines Vergabeverfahrens vergeben worden ist, ist **ein doppelt fiktiver Vergleich** vorzunehmen zwischen dem hypothetischen Verlauf eines ordnungsgemäßen Vergabeverfahrens mit dem ursprünglichen Beschaffungsgegenstand und dem hypothetischen Verlauf eines Vergabeverfahrens mit dem geänderten Gegenstand.

24 Die **Zulassung anderer Bewerber und Bieter** (Abs. 1 Satz 3 Nr. 1 lit. a)) wird ermöglicht, wenn zwingende oder fakultative Leistungsanforderungen entfallen oder hinzutreten, welche Einfluss auf die Eignungsanforderungen bzw. Bewerbungsbedingungen gehabt hätten.

Es kommt auch in Betracht, dass auf ursprünglich zwingend vorgegebene Ausführungsbedingungen verzichtet wird oder neue Ausführungsbedingungen eingeführt werden, bei denen ein Einfluss auf das Bewerber- bzw. Bieterfeld nicht auszuschließen ist.

Die **Annahme eines anderen Angebots** (Abs. 1 Satz 3 Nr. 1 lit. b)) wird ermöglicht, wenn entweder im Hinblick auf die Veränderung der Leistungsanforderungen das Angebot des bisherigen Auftragnehmers u. U. nicht mehr das wirtschaftlichste nach den im ursprünglichen Vergabeverfahren bekannt gemachten Zuschlagskriterien und deren Gewichtung gewesen wäre – die Möglichkeit des Zuschlags auf ein anderes Angebot genügt. Das Gleiche gilt, wenn die Veränderung der Leistungsanforderungen u. U. dazu geführt hätte, andere (zusätzliche oder entfallende) Zuschlagskriterien auszuwählen und/oder deren Gewichtung zu verändern. Der Nachweis der Unwesentlichkeit ist insofern nur geführt, wenn eine Änderung der Bewertungsmethoden auszuschließen ist, z. B. auch in Ansehung der bisherigen Vergabepraxis der konkreten Vergabestelle. 25

Das **Interesse weiterer Wirtschaftsteilnehmer für das Vergabeverfahren** (Abs. 1 Satz 3 Nr. 1 lit. c)) kann geweckt werden sowohl durch veränderte Bewerbungs- und Eignungsanforderungen als auch durch veränderte Vertragsgegenstände, konkrete Leistungsanforderungen oder ein verändertes Bewertungssystem für die Wirtschaftlichkeit der Angebote. Insoweit genügt nach dem Wortlaut der Norm jedoch die bloße Möglichkeit bzw. die Nichtausschließbarkeit nicht, sondern es muss eine gewisse Wahrscheinlichkeit für die Teilnahme weiterer Bewerber oder Bieter bestehen. 26

b) Änderung des wirtschaftlichen Gleichgewichts des Vertrags zugunsten des Auftragnehmers (Abs. 1 Satz 3 Nr. 2) in nicht vorgesehener Weise

Auch dem Tatbestand des Abs. 1 Satz 3 Nr. 2 liegt ein Vergleich zwischen dem ursprünglichen Vertrag und dem Vertrag in Gestalt der beabsichtigten Änderung zugrunde, allerdings im Hinblick auf das **wirtschaftliche Gleichgewicht** beider Verträge. Letztlich geht es funktional darum, ob sich eine Wettbewerbsrelevanz der Vertragsänderung daraus ergibt, dass der Auftrag durch die Änderung attraktiver wird und z. B. dadurch das Interesse weiterer Bewerber oder Bieter geweckt hätte oder zu erhöhten Anstrengungen der teilnehmenden Bewerber bzw. Bieter geführt hätte, den Zuschlag auf den Auftrag zu erhalten. 27

In der vergaberechtlichen Literatur zur bisherigen Rechtsprechung ist die Auffassung vertreten worden, dass es insoweit auf einen rein formalen Maßstab ankomme.[19] Diese Ansicht ist neben Praktikabilitätserwägungen auch darauf gestützt worden, dass der Gerichtshof in seinem Urteil in der Rechtssache „Pressetext Nachrichtenagentur" einer abweichenden Auffassung der Generalanwältin nicht ausdrücklich beigetreten ist.[20] Hierfür gab es jedoch im entschiedenen Fall auch keine Veranlassung. Demgegenüber kann eine wettbewerbliche Relevanz einer Vertragsänderung auch dann gegeben sein, wenn eine Vertragsänderung im Hinblick auf aktuell veränderte Marktverhältnisse erfolgt und sich dabei formal zulasten des Auftragnehmers auswirkt, z. B. Preisreduzierungen, sich materiell unter Berücksichtigung der aktuell am Markt erzielbaren Preise jedoch als eine Bevorzugung des Auftragnehmers gegenüber anderen Wirtschaftsteilnehmern darstellt, weil er ohne Wettbewerb einen Auftrag mit einer den Marktpreis überschreitenden Preisregelung erlangt. Ob diese Fall- 28

19 Vgl. *Prieß/Hölzl*, NZBau 2011, 513, 515.
20 Vgl. Schlussanträge der GAin *Kokott* v. 13.3.2009, Rs. C-454/06, Rn. 91.

gruppe unter § 132 Abs. 1 Satz 3 Nr. 2 GWB zu subsumieren ist oder einen ungenannten Tatbestand der Wesentlichkeit erfüllt, ist ein Streit rein akademischer Natur. Jedenfalls wird im vorgenannten Fall auch in der im Hinblick auf die Veränderung der Marktverhältnisse vorgenommenen Preisreduzierung der Wille der Vertragsparteien zur **Neuregelung des Äquivalenzverhältnisses** des Vertrags deutlich. Bei materieller Betrachtung des Tatbestands der Veränderung des wirtschaftlichen Gleichgewichts erweist sich auch eine nur summarische Betrachtung, d.h. ohne Differenzierung zwischen auftragnehmergünstigen und auftragnehmerungünstigen Änderungen, u. U. als eine verkürzte Sichtweise. Veränderungen in einzelnen Elementen können beispielsweise zu einem veränderten Bewerberfeld führen.[21]

c) Erhebliche Ausweitung des Auftragsumfangs (Abs. 1 Satz 3 Nr. 3)

29 Dieser Tatbestand erfasst rein quantitativ Auftragserweiterungen in erheblichem Umfang. Insoweit wird auf die nachfolgende Kommentierung der verschiedenen Fallgruppen verwiesen.

d) Auftragnehmerwechsel (Abs. 1 Satz 3 Nr. 4)

30 Durch diese Regelung wird klargestellt, dass der Wechsel des Auftragnehmers grundsätzlich eine Wettbewerbsrelevanz entfaltet. Der Normgeber hat ausdrückliche Ausnahmen in Abs. 2 Satz 1 Nr. 4 geregelt, welche zuvor vereinzelt bereits von der Rechtsprechung angenommen worden waren. Wegen der Einzelheiten wird auf die nachfolgende Kommentierung der verschiedenen Fallgruppen verwiesen.

4. Fallgruppen der wesentlichen Vertragsänderungen

a) Entgeltabreden, Preise

31 Die Veränderung der vereinbarten Preise oder der Methoden der Entgeltberechnung birgt **grundsätzlich** die Gefahr der Verschiebung des wirtschaftlichen Gleichgewichts in sich und ist wettbewerbsrelevant, wenn sie sich zugunsten des Auftragnehmers auswirken kann.[22] Diese Auswirkung zugunsten des Auftragnehmers ist nach hier vertretener Auffassung in einem materiellen Sinne zu verstehen. Sie liegt nicht nur bei einer Erhöhung der Entgelte vor, sondern auch dann, wenn eine neue Abrechnungsmethode vereinbart werden soll, die – wenn sie so bereits im ursprünglichen Vergabeverfahren vorgegeben worden wäre – möglicherweise zur Auswahl eines anderen Angebots als wirtschaftlichstes geführt hätte oder wenn sie das Interesse weiterer Bewerber bzw. Bieter am Auftrag geweckt hätte. Selbst dann, wenn die Veränderung der Preise oder sonstigen Entgeltabreden bei formaler Betrachtung zulasten des Auftragnehmers ausfällt, materiell aber der Abwendung der – andernfalls drohenden – Beendigung des Vertragsverhältnisses dient, ist nach hier vertretener Auffassung von einer wettbewerblichen Relevanz auszugehen.

32 **Keine wettbewerbliche Relevanz** kommt Änderungen der Preisabreden zu, die am wirtschaftlichen Gleichgewicht des Vertrags nichts ändern, weil sie ohne Veränderung des „in-

21 Vgl. *v. Engelhardt/Kaelble*, in: Müller-Wrede, GWB, § 132 Rn. 23.
22 Vgl. *Höfler/Noll-Ehlers*, NJOZ 2007, 2342.

neren Wertes" der Preise erfolgen.[23] So hat der Gerichtshof die Umrechnung der vertraglich vereinbarten Preise von der nationalen Währung auf Euro als unwesentlich angesehen.[24] Gleiches gilt für Aktualisierungen der Preise nach einer vereinbarten Preisindexklausel,[25] für die – im Vertrag vorgesehene – Neufassung einer Wertsicherungsklausel i. S. einer bloßen Aktualisierung des in Bezug genommenen Preisindexes[26] oder Maßnahmen zur Wiederherstellung des wirtschaftlichen Gleichgewichts nach einer vereinbarten Vertragsanpassungsklausel.[27] In diesem zuletzt genannten Sinne bewertet der Bundesgerichtshof in ständiger Rechtsprechung die durch die Verschiebung von Bauzeiten, z. B. durch verzögerte Zuschlagserteilung, veranlassten Preisanpassungen nach § 2 Abs. 5 VOB/B (analog) als unwesentliche Vertragsänderungen.[28]

Ebenfalls noch keine wettbewerbliche Relevanz kommt Änderungen zu, die in ihren materiellen Auswirkungen als geringfügig anzusehen sind. Das hat der Gerichtshof z. B. für reine Rundungsregeln oder sonstige Regelungen zur Erleichterung der Rechnungsstellung angenommen.[29] 33

Schließlich sind Vereinbarungen, die sich – auch bei materieller Betrachtung – allein zu Lasten des Auftragnehmers auswirken, vergaberechtlich nicht relevant, so z. B. die Erhöhung von Rabatten, die der Auftragnehmer gewährt.[30] 34

b) Veränderungen der Vertragslaufzeit

Grundsätzlich ist bei Veränderungen der Laufzeit eines Vertrages zwischen Aufträgen über objektbezogene Leistungen, z. B. einem Bauauftrag zur Errichtung eines Verwaltungsgebäudes, und Aufträgen mit dem Charakter von Dauerschuldverhältnissen, z. B. einem Dienstleistungsauftrag über Reinigungsleistungen oder einem Rahmenliefervertrag über Büromaterialien, zu differenzieren. Bei **objektbezogenen Aufträgen** sind Veränderungen der Ausführungsfristen regelmäßig unwesentlich.[31] Zum Teil sind Verlängerungen im Vertrag selbst vorgesehen (z. B. § 6 Abs. 2 VOB/B) und dienen der Wiederherstellung des wirtschaftlichen Gleichgewichts, im Übrigen stellt bei solchen Aufträgen der Zeitpunkt der Fertigstellung eine bloße Leistungsmodalität dar, deren Veränderung nicht die Bedeutung eines neuen Beschaffungsvorgangs zukommt. In Ausnahmefällen kann eine erhebliche Ausweitung der Ausführungsfristen wesentlich i. S. dieser Vorschrift sein, wenn hierdurch das Interesse weiterer Wirtschaftsteilnehmer an der ursprünglichen Ausschreibung 35

---

23 Vgl. EuGH, Urt. v. 19.6.2008, Rs. C-454/06, VergabeR 2008, 758 – pressetext Nachrichtenagentur, Rn. 56.
24 Vgl. EuGH, Urt. v. 19.6.2008, Rs. C-454/06, VergabeR 2008, 758 – pressetext Nachrichtenagentur, Rn. 57 f.
25 Vgl. EuGH, Urt. v. 19.6.2008, Rs. C-454/06, VergabeR 2008, 758 – pressetext Nachrichtenagentur, Rn. 63.
26 Vgl. EuGH, Urt. v. 19.6.2008, Rs. C-454/06, VergabeR 2008, 758 – pressetext Nachrichtenagentur, Rn. 64 ff.
27 Vgl. BGH, Urt. v. 22.7.2010, VII ZR 213/08, BGHZ 186, 295 – Küstenkanal.
28 Vgl. auch *Leinemann/Lazay*, VergabeNews 2010, 114.
29 Vgl. EuGH, Urt. v. 19.6.2008, Rs. C-454/06, VergabeR 2008, 758 – pressetext Nachrichtenagentur, Rn. 61 f.
30 Vgl. EuGH, Urt. v. 19.6.2008, Rs. C-454/06, VergabeR 2008, 758 – pressetext Nachrichtenagentur, Rn. 86.
31 Vgl. Thüringer OLG, Beschl. v. 14.10.2003, 6 Verg 5/03, VergabeR 2004, 113, in juris Rn. 44.

hätte geweckt werden können, oder eine erhebliche Reduzierung der Ausführungsfristen, wenn sich hieraus erhöhte Mindestanforderungen an die Eignung der Teilnehmer des Vergabeverfahrens ergeben hätten.

36 Bei **Dauerschuldverhältnissen** ist weiter zu differenzieren:

aa) Vergaberechtliche Beschränkungen der Laufzeit von Dauerschuldverhältnissen?

37 Zwar läuft die Praxis von zeitlich nicht befristeten Aufträgen an und für sich der Systematik und den Zielen des unionsrechtlichen Vergaberechts zuwider.[32] Es mag in vielen Fällen auch nicht zweckmäßig sein, sich zeitlich unbegrenzt vertraglich zu binden, weil in überschaubaren Zeiträumen Veränderungen des Beschaffungsbedarfs oder neuartige Möglichkeiten von dessen Befriedigung zu erwarten sind. Andererseits ist das Vergaberecht in erster Linie Verfahrensrecht, d.h. es dient der Organisation eines möglichst intensiven, diskriminierungsfreien Wettbewerbs, und setzt erst ein, wenn der öffentliche Auftraggeber die Entscheidung über den Beschaffungsgegenstand (einschließlich der Bezugsdauer der Leistung) und über die Befriedigung des Bedarfs am Markt bereits getroffen hat. Eine Aussage darüber, in welcher Häufigkeit ein Auftrag zu vergeben ist, oder über die Begrenzung der Laufzeit von öffentlichen Aufträgen ist grundsätzlich kein vergaberechtlicher Regelungsgegenstand. Aus diesem Grund sind von der Rechtsprechung bisher auch **unbefristete Verträge** als vergaberechtskonform angesehen worden.[33] Letztlich ergibt sich dies auch aus der Vorschrift des § 3 Abs. 11 Nr. 2 VgV, die eine Sonderregelung zur Berechnung des Netto-Auftragswerts bei unbefristeten Verträgen enthält.

38 Inzwischen sind im Vergaberecht an einzelnen Stellen Beschränkungen geregelt worden. Am weitreichendsten ist die ausdrückliche Laufzeitbeschränkung **für Konzessionsverträge** in **§ 3 KonzVgV**; danach ist jede über fünf Jahre hinausgehende Laufzeit rechtfertigungsbedürftig. Das korrespondiert z.T. mit beihilferechtlichen Regelungen, welche z.B. im Bereich des Öffentlichen Personennahverkehrs Laufzeitbeschränkungen zwischen acht und maximal 15 Jahren vorgeben, mit der bisherigen Rechtsprechung des Gerichtshofs, der in extremen Ausnahmefällen eine Behinderung der Freiheit des Dienstleistungsverkehrs angenommen hat,[34] und mit Einzelfällen in der nationalen Spruchpraxis.[35]

39 Regelbegrenzungen gelten auch **für Rahmenvereinbarungen** (**§ 21 Abs. 6 VgV:** 4 Jahre, **§ 65 Abs. 2 VgV:** 6 Jahre; **§ 14 Abs. 6 VSVgV:** 7 Jahre, **§ 19 Abs. 3 SektVO:** 8 Jahre) und für **zusätzliche Lieferaufträge**, soweit sie im Verhandlungsverfahren ohne erneute Vergabebekanntmachung vergeben werden sollen (**§ 14 Abs. 4 Nr. 5 VgV:** 3 Jahre; **§ 12 Abs. 1 Nr. 2 lit. a) VSVgV:** 5 Jahre).

---

32 Vgl. EuGH, Urteil v. 19.6.2008, Rs. C-454/06, VergabeR 2008, 758 – pressetext Nachrichtenagentur, Rn. 73.

33 Vgl. EuGH, Urt. v. 2.4.1998, Rs. C-76/97, EuZW 1998, 660 – Tögel, Rn. 61; EuGH, Urt. v. 19.6.2008, Rs. C-454/06, VergabeR 2008, 758 – pressetext Nachrichtenagentur, Rn. 74; OLG Düsseldorf, Beschl. v. 1.10.2003, VII-Verg 45/03, in juris Rn. 18.

34 Vgl. EuGH, Urt. v. 9.3.2006, Rs. C-323/03, VergabeR 2006, 493 – Seekabotage Ria von Vigo, Rn. 44: bei einer Vertragslaufzeit von 20 Jahren mit Verlängerungsoption für weitere 10 Jahre.

35 Vgl. VK Baden-Württemberg, Beschl. v. 16.11.2004, 1 VK 69/04 – unbefristete Wäschereileistungen; VK Arnsberg, Beschl. v. 21.2.2006, VK 29/05 – Laufzeit eines PPP-Projekts zur Abwasserbeseitigung für 25 Jahre mit Verlängerungsoption für weitere 5 Jahre.

bb) Verlängerungsklauseln im ursprünglichen Vertrag

Für die im ursprünglichen Vertrag enthaltene Klausel, dass sich das Vertragsverhältnis im Falle der Nichtausübung des Kündigungsrechts **automatisch verlängert**, gilt Entsprechendes; ihrem Rechtscharakter nach handelt es sich um unbefristete Verträge.[36] Dem folgend stellt die **Nichtausübung** eines vertraglich eröffneten Rechts zur vorzeitigen Vertragsbeendigung keinen vergaberechtsrelevanten Vorgang dar.[37] **40**

Für **Verlängerungsoptionen** im ursprünglichen Vertrag kann auf die Kommentierung zu § 132 Abs. 2 Satz 3 Nr. 1 GWB verwiesen werden, welche hier entsprechend gilt. Deren Inanspruchnahme ist regelmäßig nicht als eine wesentliche Vertragsänderung anzusehen. **41**

cc) Kündigungsrechte

Allein die **vorzeitige Beendigung** von Dauerschuldverhältnissen, etwa durch Kündigungserklärung oder Aufhebungsvertrag, ist keine wesentliche Veränderung i. S. des Vergaberechts und dieser Vorschrift; auch insoweit wird der Unterschied zum zivilrechtlichen Begriff einer wesentlichen Änderung deutlich. **42**

Nach der bisherigen Rechtsprechung des Gerichtshofs ist ein **zeitlich befristeter Verzicht auf die Ausübung eines Kündigungsrechts** in einem unbefristeten Vertrag noch keine wesentliche Änderung.[38] Das kann aber dann anders zu beurteilen sein, wenn der Verzicht auf das Kündigungsrecht für einen längeren Zeitraum (mehr als vier Jahre in Anlehnung an die Erwägungen für die Kappung in § 3 Abs. 11 Nr. 1 VgV) oder mehrfach erfolgt, sodass dem Auftragnehmer gegenüber einem „nur“ unbefristeten Vertrag eine höhere Laufzeitsicherheit gewährt wird, und insbesondere dann, wenn der Auftragnehmer hierfür auf eine ursprünglich vereinbarte Preisanpassung zu seinen Gunsten verzichtet. Als wesentliche Änderung kann ein Verzicht auf die Ausübung des Kündigungsrechts auch dann anzusehen sein, wenn zuvor bereits konkrete Anhaltspunkte für eine vorzeitige Vertragsbeendigung vorhanden waren. **43**

Die (einvernehmliche) **Rücknahme einer** rechtswirksam erklärten Kündigung eines Vertrags kommt einer Neuvergabe des Auftrags gleich.[39] **44**

dd) Verlängerungsvertrag

Grundsätzlich sind **nachträgliche Vereinbarungen** über eine Verlängerung eines Dauerschuldverhältnisses, auch in der Form einer nachträglichen Vereinbarung über eine automatische Vertragsverlängerung oder über eine Verlängerungsoption einer Vertragspartei, als wesentliche Vertragsänderungen anzusehen.[40] Das gilt umso mehr, wenn der Verlän- **45**

---

36 Vgl. *Th. Jaeger*, EuZW 2008, 492, 496.

37 Vgl. EuGH, Urt. v. 5.10.2000, Rs. C-337/98 – MATRA Transport; VK Bund, Beschl. v. 12.10.2004, VK 2 – 187/04; kritisch *Braun*, VergabeR 2005, 586.

38 Vgl. EuGH, Urt. v. 19.6.2008, Rs. C-454/06, VergabeR 2008, 758 – pressetext Nachrichtenagentur, Rn. 74: Verzicht für drei Jahre.

39 Vgl. OLG Düsseldorf, Beschl. v. 8.5.2002, VII-Verg 8-15/01; OLG Dresden, Beschl. v. 24.1.2008, W Verg 0010/07, VergabeR 2008, 424.

40 Vgl. Thüringer OLG, Beschl. v. 14.10.2003, 6 Verg 5/03, VergabeR 2004, 113 – Betreibervertrag; OLG Düsseldorf, Beschl. v. 12.1.2004, VII-Verg 71/03, NZBau 2004, 343; VK Lüneburg, Beschl. v. 10.3.2005, VgK-04/2005 (nachfolgend: OLG Celle, Beschl. v. 12.5.2005, 13 Verg 6/05); vgl.

gerungsvertrag außer der Laufzeit auch den Auftragsinhalt gegenüber dem Ursprungsvertrag in weiteren wesentlichen Punkten abändert.[41] Die Verlängerung eines Dauerschuldverhältnisses könnte allenfalls dann ausnahmsweise keine wesentliche Auftragsänderung darstellen, wenn sie nach dem Volumen und dem Wert der zusätzlichen Leistungen lediglich als ein wirtschaftlich unbedeutender Nachtrag angesehen werden kann,[42] so angenommen für eine Verlängerung eines Arzneimittelrabattvertrages um bis zu fünf Monate bis zum Inkrafttreten des Anschlussvertrages bei einer Vertragslaufzeit des Ursprungsvertrags von 24 Monaten.[43]

46 Inwieweit bei einem Dauerschuldverhältnis die **Verlängerung von Ausführungsfristen** für objektbezogene Einzelleistungen, z. B. in einem IT-Dienstleistungsvertrag die Frist für die Inbetriebnahme des Systems oder den Abschluss der Migrationsarbeiten, als wesentlich anzusehen sein kann, ist im Einzelfall zu entscheiden. Regelmäßig wird es sich insoweit um bloße Leistungsmodifikationen ohne wettbewerbliche Relevanz handeln;[44] im Ausnahmefall hätte gerade die Veränderung dieser Ausführungsbedingung zu einer Änderung des Teilnehmerfeldes des ursprünglichen Vergabeverfahrens führen können.

c) Rein quantitative Leistungsänderungen

47 Erhebliche Erweiterungen des Leistungsumfangs des Auftragnehmers sind nach dem ausdrücklichen Wortlaut des in § 132 Abs. 1 Satz 3 Nr. 3 GWB enthaltenen Regelbeispiels wesentliche Vertragsänderungen. Das entspricht der bisherigen Rechtsprechung und gilt selbst dann, wenn keine weiteren Vertragsänderungen hinzutreten. Eine vereinzelte Entscheidung, wonach allein das erhebliche finanzielle Volumen einer Vertragsänderung keine eigenständige Bedeutung habe,[45] ist spätestens durch die gesetzliche Regelung überholt.

48 Nach der Systematik der Regelungen in § 132 GWB versteht es sich von selbst, dass **nicht jede Auftragserweiterung, welche die Geringfügigkeitsschwelle des § 132 Abs. 3 GWB überschreitet**, quasi automatisch als eine wesentliche Vertragsänderung zu bewerten wäre – die Geringfügigkeitsgrenze dient lediglich dem Aussortieren der eindeutig keine Wettbewerbsrelevanz aufweisenden Fälle von Vertragsänderungen. Wenn jedoch auch keiner der Fälle des § 132 Abs. 2 GWB vorliegt, die vorrangig zu prüfen sind, dann rückt die Annahme einer Erheblichkeit der Auftragserweiterung und damit der Wesentlichkeit der damit verbundenen Vertragsänderung in das Blickfeld. Häufig ergeben sich aus hinzutretenden weiteren Vertragsänderungen Anhaltspunkte für die wettbewerbliche Relevanz des Vorgangs, insbesondere im Hinblick auf Zugeständnisse des Auftragnehmers an den Auftraggeber im Gegenzug. Auch der Anlass und die Motivation für eine Vertragsänderung können Aufschluss darüber geben, ob die Vertragsänderung durch die Vertragspartner

---

auch *Marx*, NZBau 2002, 311; *Knauff*, NZBau 2007, 347; ähnlich Neuabschluss für weitere 7 Jahre, dort nicht streitig: EuGH, Urt. v. 11.9.2014, Rs. C-19/13, VergabeR 2015, 164 – Fastweb, Rn. 19 ff.

41 Vgl. OLG Düsseldorf, Beschl. v. 14.2.2001, Verg 13/00, VergabeR 2001, 210.

42 Vgl. BGH, Beschl. v. 8.2.2011, X ZB 4/10, BGHZ 188, 200 – S-Bahn-Verkehr Rhein/Ruhr I, Rn. 47.

43 Vgl. VK Bund, Beschl. v. 20.4.2016, VK 1 – 20/16.

44 Vgl. OLG Frankfurt, Beschl. v. 3.5.2016, 11 Verg 12/15 – Verlängerung einer Migrationsfrist für ein Rechtsinformationssystem von 2 auf 12 Monate.

45 Vgl. Brandenburgisches OLG, Beschl. v. 8.7.2010, Verg W 4/09, ZfBR 2011, 383 – Rettungsdienst.

selbst – im Willen der Neuregelung ihrer Vertragsbeziehung – initiiert ist oder der Auftraggeber ohne die Vertragsänderung das Vertragsverhältnis beenden und den Auftrag neu ausschreiben würde.

Eine wesentliche Vertragserweiterung ist von der Rechtsprechung u. a. angenommen worden in folgenden Fällen: 49

- Erweiterung eines Deponie-Rahmenvertrages für Abfälle bis zur Erreichung der notwendigen Rekultivierungshöhe innerhalb eines vorgegebenen Zeitraums sowie Übernahme der Verbrennung kommunaler Abfallmengen im Rahmen eines sog. „Umstiegskonzepts“;[46]
- Übernahme des Betriebs neuer zusätzlicher Linienverkehre bei gleichzeitiger Reduzierung der Vergütungssätze um 14 %;[47]
- Erweiterung eines Rettungsdienstvertrages mit dem Gesamtwert von 4,45 Mill. Euro um den Betrieb einer Rettungswache mit einem Auftragswert von 673.719,92 Euro;[48]
- Erweiterung eines Entsorgungsvertrages für Siedlungsabfall, welche zu Mehrvergütungen weit über dem Schwellenwert führten und knapp 3,7% des Gesamtvolumens des neuen Auftrags ausmachen;[49]
- Erweiterung eines Vertrags zur Prozessoptimierung um ca. 20%, wobei die Auftragsänderungen auch den Zweck hatten, die gegen den abgeschlossenen Vertrag bestehenden Vorbehalte auszuräumen;[50]
- Erweiterung eines Vertrags zur augenärztlichen Versorgung auf ursprünglich nicht vorgesehene Dienstleistungen, die etwa 20% des ursprünglichen Auftragsvolumens erreichten und bei isolierter Betrachtung den Schwellenwert überschritten;[51]
- Erweiterung eines seit 1978 bestehenden unbefristeten Rettungsdienstvertrags um Rettungsmittelwochenstunden, nachdem ein Gutachten im Jahr 2012 einen erheblichen Aufstockungsbedarf des Auftraggebers ergeben hatte, und der Wert der daraufhin in zwei Schritten vorgenommenen Aufstockung den Schwellenwert deutlich überstieg und unabhängig davon den Leistungsumfang des bisherigen Vertrags um 16% erweiterte.[52]

Diese Alt-Fälle sind nicht unmittelbar auf das neue Recht übertragbar, weil der Gesetzgeber inzwischen eigene Wertungen, z. B. in Abs. 3, vorgegeben hat, enthalten aber Anhaltspunkte für die Vornahme der wertenden Betrachtung. 50

d) Qualitative Leistungsänderungen

Eine Neubestimmung wesentlicher Leistungsmerkmale kann auch unabhängig davon, ob damit eine Änderung des wirtschaftlichen Gleichgewichts des Vertrages verbunden ist, 51

---

46 Vgl. OLG Düsseldorf, Beschl. v. 20.6.2001, Verg 3/01, VergabeR 2001, 329, in juris Rn. 109, 113.

47 Vgl. OLG Düsseldorf, Beschl. v. 8.5.2002, VII-Verg 8-15/01.

48 Vgl. EuGH, Urt. v. 29.4.2010, Rs. C-160/08, VergabeR 2010, 617 – KOM ./. Deutschland, Rn. 32, 98 f.

49 Vgl. OLG Düsseldorf, Beschl. v. 28.7.2011, VII-Verg 20/11, VergabeR 2012, 25 – stoffgleiche Nichtverpackungen.

50 Vgl. VK Bund, Beschl. v. 22.7.2013, VK 3 – 56/13.

51 Vgl. OLG Düsseldorf, Beschl. v. 12.2.2014, VII-Verg 32/13, VergabeR 2014, 557.

52 Vgl. Schleswig-Holsteinisches OLG, Beschl. v. 28.8.2015, 1 Verg 1/15, VergabeR 2015, 768 – Rettungsdienst Schleswig-Flensburg.

eine wesentliche Vertragsänderung darstellen.[53] Die Abgrenzung zwischen i. S. des Vergaberechts unwesentlichen Modifikationen und vergaberechtlich wesentlichen Auftragsänderungen ist im Einzelfall schwierig und darf sich, gerade bei komplexen Leistungen, nicht an zivilrechtlichen Maßstäben ausrichten, sondern allein an der wettbewerblichen Relevanz der Änderungen nach den in Abs. 1 Satz 3 genannten Regeltatbeständen.

aa) Vertraglicher Anspruch auf Vertragsanpassung

52 Ist im ursprünglichen Vertrag selbst eine Regelung enthalten, welche die Veränderung von Leistungsmerkmalen zulässt, entweder dadurch, dass das Leistungsziel nur funktional beschrieben ist, sodass es dem Auftragnehmer im Rahmen der Ausführung der Leistung obliegt, die Art und Weise der Ausführung zu konkretisieren – was eine Konkretisierung unter Einbeziehung des Auftraggebers einschließt –, oder dadurch, dass unter bestimmten äußeren Voraussetzungen Vertragsanpassungen vorgenommen werden dürfen (Preisanpassung bei Bezugskostensteigerung, Produktwechsel bei Markteinführung des Nachfolgeprodukts, vorgesehene Bedarfspositionen ...), so stellt die Inanspruchnahme dieser vertraglichen Regelungen keine Vertragsänderung dar, sondern eine Modalität der Durchführung des ursprünglichen Vertrags. Sie unterliegt nicht dem Vergaberecht.

bb) Gesetzlicher Anspruch auf Vertragsanpassung

53 Das Vorausgeführte gilt in gleicher Weise für Vertragsänderungen, die zwar nicht ausdrücklich vereinbart worden sind, die sich aber aus den gesetzlichen Regelungen selbst ergeben. Das betrifft insbesondere gesetzliche Regelungen zur Gewährleistung, bei der die primären Leistungspflichten unter bestimmten Voraussetzungen in sekundäre Leistungspflichten wechseln.[54]

cc) Leistungsänderungen in Lieferverträgen

54 Bei Lieferverträgen können Änderungen der technischen Anforderungen an die Produkte wesentliche Vertragsänderungen darstellen. Das ist insbesondere dann der Fall, wenn ein Produktwechsel unter **Verzicht auf bisher zwingende Leistungsvorgaben** erfolgt, weil diese Änderung, wäre sie bereits Gegenstand des ursprünglichen Vergabeverfahrens gewesen, zu anderen Teilnehmerfeldern bzw. anderen Wettbewerbsergebnissen hätte führen können.[55] Auch die **Änderung wertungsrelevanter Umstände** führt zur Verpflichtung zur Neuausschreibung, z. B. der Verzicht auf zuvor bewertete Nachhaltigkeitsaspekte (Verzicht auf einen 10%igen Anteil von Strom aus erneuerbaren Energieträgern bei der Stromlieferung).[56] Demgegenüber ist der Wechsel eines Produkts ohne Änderung der wertungsrelevanten Leistungsparameter im Falle eines Echolotsystems für ein Forschungsschiff als unwesentliche Vertragsänderung bewertet worden.[57]

---

53 Vgl. *Greb/Stenzel*, NZBau 2012, 404, 405.

54 Vgl. OLG Frankfurt, Beschl. v. 3.5.2016, 11 Verg 12/15 – Rechtsinformationssystem.

55 Vgl. VK Bund, Beschl. v. 12.11.2012, VK 1 – 109/12.

56 Vgl. VK Hamburg, Beschl. v. 27.4.2006, VgK FB 2/06.

57 Vgl. OLG Rostock, Beschl. v. 5.2.2003, 17 Verg 14/02, VergabeR 2003, 321 – eine Entscheidung des EuGH ist wegen zwischenzeitlicher Erledigung nicht mehr ergangen.

dd) Leistungsänderungen in Dienstleistungsverträgen

Bei Dienstleistungsverträgen ist nicht nur die Erweiterung eines Vertrags prüfungsrelevant, sondern vor allem auch die in einer **Reduzierung des Auftragsumfangs** u. U. verdeckt liegende Minderung der Eignungsanforderungen, Herabsetzung der zwingenden Ausführungsbedingungen (z. B. durch das Verlassen eines Sektors mit höheren Mindestlöhnen) oder die Änderung der ursprünglichen Zuschlagskriterien. Das betrifft insbesondere längerfristige Verträge der Daseinsvorsorge, bei denen Schwankungen des Beschaffungsbedarfs oder gesetzliche Neuregelungen im Fachrecht Vertragsanpassungen aus Sicht des Auftraggebers notwendig machen. Unwesentliche Vertragsänderungen stellen z. B. die Änderungen nebenvertraglicher Verpflichtungen, z. B. Informationspflichten, oder von Formvorschriften dar. Als wesentliche Auftragsänderungen sind in der Rechtsprechung z. B. bewertet worden: **55**

- Abfallentsorgung: Reduzierung des Auftragsvolumens und Wegfall von zu entsorgenden Abfallfraktionen,[58] Erweiterung um Abfallfraktionen mit besonderen Anforderungen an die Leistungsfähigkeit,[59] Einführung zusätzlicher Abfalltrennungen;[60] nicht: bei der bloßen Veränderung der Art der Sammelvorrichtung;[61]
- Verkehr: Änderung des Verkehrskonzepts, z. B. hinsichtlich der Sitzplatzkapazitäten und der Laufwege beim Umsteigen, mit der Notwendigkeit der Vornahme von Neuinvestitionen,[62] nicht: die Reduzierung bestimmter Leistungen von Doppel- auf Einfachtraktion;[63]
- Änderung eines Kooperationsvertrags von der gemeinsamen Herausgabe einer Publikation zu einer Herausgabe eines eigenen Publikationsmediums durch den Auftragnehmer mit veränderten Erscheinungsbild, veränderter Papierqualität, verändertem Verkaufspreis usw.;[64]
- Änderung eines Vertrags über den Betrieb einer elektronischen Veröffentlichungsplattform auf eine Plattform, die die aktive Beteiligung an öffentlichen Ausschreibungen (Herunterladen der Vergabeunterlagen, Einreichung elektronischer Angebote) ermöglicht;[65]
- Erweiterung eines Vertrags über den Betrieb einer Erstaufnahmeeinrichtung für Asylbewerber um einen zusätzlichen Standort;[66]
- Reduzierung des Auftragsumfangs für Telekommunikationsleistungen (Lieferungen und Dienstleistungen) im Hinblick auf objektive, mit unüberschaubaren Konsequenzen verbundene Schwierigkeiten bei der Durchführung des Vertrags.[67]

---

58 Vgl. OLG Düsseldorf, Beschl. v. 14.2.2001, Verg 13/00, VergabeR 2001, 210.

59 Vgl. OLG Düsseldorf, Beschl. v. 12.1.2004, VII-Verg 71/03, NZBau 2004, 343; OLG Celle, Beschl. v. 29.10.2009, 13 Verg 8/09 – Blaue Tonne.

60 Vgl. OLG Düsseldorf, Beschl. v. 28.7.2011, VII-Verg 20/11, VergabeR 2012, 35 – stoffgleiche Nichtverpackungen; auch *Gruneberg/Pieck*, AbfallR 2011, 254.

61 Vgl. VK Brandenburg, Beschl. v. 17.6.2008, VK 13/08.

62 Vgl. VK Münster, Beschl. v. 18.3.2010, VK 1/10.

63 Vgl. OLG Rostock, Beschl. v. 25.9.2013, 17 Verg 3/13, VergabeR 2014, 209.

64 Vgl. VK Baden-Württemberg, Beschl. v. 26.3.2002, 1 VK 7/02.

65 Vgl. VK Brandenburg, Beschl. v. 3.11.2008, VK 33/08.

66 Vgl. OLG Dresden, Beschl. v. 7.7.2015, Verg 3/15.

67 Vgl. EuGH, Urt. v. 7.9.2016, Rs. C-549/14, VergabeR 2017, 35 – Finn Frogne.

ee) Leistungsänderungen in Bauverträgen

56 Bei objektbezogenen Bauverträgen kommen in der Praxis bloße Vertragsmodifikationen häufig vor und sind von wesentlichen Auftragsänderungen abzugrenzen, die wettbewerbliche Relevanz besitzen. Im Hinblick auf die Baupraxis ist es unter den Wirtschaftsteilnehmern auch anerkannt, dass nicht jede Vertragsänderung den Willen der Vertragspartner zur Neuverhandlung des „Vertragspakets" zum Ausdruck bringt, sondern den Willen zur Erreichung des ursprünglichen Vertragszwecks trotz veränderter äußerer Rahmenbedingungen

57 In der höchstrichterlichen Rechtsprechung ist anerkannt, dass die Inanspruchnahme der in der VOB/B enthaltenen Vertragsklauseln zur Flexibilisierung regelmäßig keine wesentliche Vertragsänderung darstellt, so für § 2 Abs. 5 VOB/B.[68] Insoweit wird von einer hinreichend klaren Vertragsklausel im Ursprungsvertrag auszugehen sein. Dies gilt nach hier vertretener Ansicht grundsätzlich auch für Änderungen des Bauauftrags durch den Auftraggeber auf der Grundlage des § 1 Abs. 3 VOB/B, wenn die Änderungen des Bauentwurfs nicht zur Beschaffung eines anderen Bauwerks als nach dem ursprünglichen Vertrag vorgesehen führen, also identitätswahrend sind. Die Änderungen des Bauvertrags nach § 1 Abs. 4 Satz 1 VOB/B dürften regelmäßig von den Tatbeständen der § 132 Abs. 2 Nr. 2 und Nr. 3 GWB erfasst werden.[69]

58 Für zusätzliche Leistungen i. S. von § 1 Abs. 4 Satz 2 VOB/B wird regelmäßig eine Ausschreibungspflicht bestehen. Dies gilt jedenfalls dann, wenn die zusätzlichen Arbeiten keinen inneren Zusammenhang zum bisherigen Vertrag aufweisen oder gar zunächst gesondert ausgeschrieben worden waren.[70]

e) Wechsel des Auftragnehmers

59 Wie sich bereits aus § 132 Abs. 1 Satz 3 Nr. 4 GWB ergibt, stellt der Wechsel des Auftragnehmers **grundsätzlich** eine wesentliche Vertragsänderung im vergaberechtlichen Sinne dar.[71] Regelmäßig bewirkt der Wechsel des Vertragspartners eine Bevorzugung des Wirtschaftsteilnehmers, der neuer Vertragspartner wird, da er sich nicht dem Wettbewerb mit anderen Wirtschaftsteilnehmern stellen musste, um den Auftrag zu erlangen. Hierin liegt die abstrakte Gefahr einer Wettbewerbsverfälschung. Der Gesetzgeber hat in Abs. 2 Satz 1 Nr. 4 Ausnahmen von diesem Grundsatz vorgesehen; auf die gesonderte Kommentierung dieser Vorschriften wird verwiesen.

aa) Vertragsübernahme durch einen neuen Auftragnehmer

60 Die Vertragsübernahme durch eine andere, vom bisherigen Auftragnehmer verschiedene natürliche oder juristische Person ist ungeachtet ihrer zivilrechtlichen Zulässigkeit nach § 415 BGB vergaberechtlich nur unter Beachtung der EU-weiten Ausschreibungspflicht

---

68 Vgl. BGH, Urt. v. 20.8.2009, VII ZR 205/07, BGHZ 182, 158; BGH, Urt. v. 22.7.2010, VII ZR 213/08, BGHZ 186, 295; BGH, Urt. v. 10.1.2013, VII Verg 37/11, NZBau 2013, 190.

69 Vgl. OLG München, Urt. v. 9.3.2010, 9 U 3488/07; so auch *Kulartz/Duikers*, VergabeR 2008, 728, 736; *Stoye/Brugger*, VergabeR 2011, 803; *Eschenbruch*, in: Kulartz/Kus/Portz/Prieß, GWB, § 132 Rn. 89 m. w. N.

70 Vgl. VK Bund, Beschl. v. 7.7.2014, VK 2 – 47/14 – Abbruch Gewölbekeller.

71 Vgl. EuGH, Urt. v. 19.6.2008, Rs. C-454/06, VergabeR 2008, 758 – pressetext Nachrichtenagentur, Rn. 40.

zulässig.[72] Hierfür ist es auch unerheblich, ob der neue Auftragnehmer zuvor bereits eine Beteiligung am bisherigen Auftragnehmer innehatte (z. B. als Mitgesellschafter).[73]

bb) Verlust der „Inhouse"-Fähigkeit des Auftragnehmers

Es spricht einiges dafür, dass bereits eine stärkere Marktausrichtung des (ursprünglich im Wege des „Inhouse"-Geschäfts beauftragten) Auftragnehmers und der damit bewirkte Verlust der „Inhouse"-Fähigkeit dieses Auftragnehmers als eine wesentliche Änderung des (Alt-) Vertrags anzusehen ist.[74] 61

cc) Wechsel des Nachauftragnehmers

Grundsätzlich stellt der Wechsel eines Nachauftragnehmers keine wesentliche Änderung des ursprünglichen Vertrags dar; das gilt jedenfalls dann, wenn dem Auftraggeber, wie z. B. in § 4 Abs. 8 VOB/B, Befugnisse zur Gewährleistung der hinreichenden Eignung der eingesetzten Nachunternehmer zustehen. Der Wechsel eines bestimmten Nachunternehmers kann im Ausnahmefall eine wesentliche Auftragsänderung sein, wenn die Heranziehung eines anderen Nachunternehmers unter Berücksichtigung der besonderen Merkmale der betreffenden Leistung ein ausschlaggebendes Element für den Abschluss des Ursprungsverfahrens war. Das hat der Gerichtshof in einem Vorabentscheidungsverfahren angenommen, dem die Vergabe einer Dienstleistungskonzession zum Betrieb und zur Instandhaltung öffentlicher Toilettenanlagen im Stadtgebiet zugrunde lag und in dem der Auftragnehmer nach Darstellung des vorlegenden Gerichts den Zuschlag im Hinblick auf das Angebot besonderer, für dessen Nachauftragnehmer patentierter Toilettenanlagen erhalten habe.[75] Im nachfolgenden Instanzenzug des Zivilrechtsstreits wurde jedoch festgestellt, dass der Austausch des Nachauftragnehmers im konkreten Fall nicht mit wesentlichen Änderungen der Merkmale des Vertrags verbunden gewesen sei.[76] Im Ergebnis ebenfalls als unwesentliche Vertragsänderung wurde der Wechsel eines Lieferanten für ein Echolot für ein Forschungsschiff bewertet.[77] 62

f) Übernahme der Leistungspflichten durch den Auftraggeber selbst

Die Übernahme der Leistungspflichten des Auftragnehmers durch den Auftraggeber stellt zwar in zivilrechtlicher Hinsicht eine wesentliche Änderung dar, in vergaberechtlicher Hinsicht ist sie jedoch unwesentlich. Denn die Selbstausführung der Leistungen mit eigenen Ressourcen des Auftraggebers hat wettbewerblich keine Wirkungen. Dem Auftraggeber 63

---

72 OLG Naumburg, Beschl. v. 15.3.2007, 1 Verg 14/06, VergabeR 2007, 512 – Multimediazentrum. A. A. OLG Frankfurt, Beschl. v. 5.8.2003, 11 Verg 2/02, NZBau 2003, 633; vgl. *Ziekow*, VergabeR 2004, 430.

73 Vgl. VK Bund, Beschl. v. 29.6.2005, VK 3 – 52/03 – Beauftragung einer ARGE aus der Auffanggesellschaft des insolventen ursprünglichen Auftragnehmers und einem dritten Unternehmen.

74 Vgl. OLG Düsseldorf, Beschl. v. 28.7.2011, VII-Verg 20/11, VergabeR 2012, 35 – stoffgleiche Nichtverpackungen.

75 Vgl. EuGH (Große Kammer), Urt. v. 13.4.2010, Rs. C-91/08, VergabeR 2010, 643 – Wall AG, Rn. 39.

76 Vgl. OLG Frankfurt, Urt. v. 29.1.2013, 11 U 33/12, VergabeR 2013, 762 – Wall AG II; krit. *Heuvels*, NZBau 2013, 485.

77 Vgl. OLG Rostock, Beschl. v. 5.2.2003, 17 Verg 14/02, VergabeR 2003, 321.

hätte auch von Anfang an die Möglichkeit offen gestanden, einzelne Leistungen mit eigenen Mitteln zu erfüllen und insoweit den Markt nicht zu betreten. Diese vergaberechtsfreie Handlungsoption mag insbesondere in solchen Fällen Bedeutung erlangen, in denen nur noch Restarbeiten des ursprünglichen Auftrags auszuführen sind.

g) Wechsel des Auftraggebers

64 Der Wechsel des Auftraggebers ist zwar bei zivilrechtlicher Betrachtung ebenso eine Änderung eines wesentlichen Vertragsbestandteils wie der Wechsel des Auftragnehmers. Vergaberechtlich verbleibt es auch beim Wechsel der Person des Auftraggebers dabei, dass es sich um die Beschaffung der öffentlichen Hand nach identischen Regeln handelt. Typischerweise hätte der Umstand, dass der neue Auftraggeber bereits das ursprüngliche Vergabeverfahren betrieben hätte, keine Veränderung im Teilnehmerfeld, bei der Festlegung der Ausführungsbedingungen, der Mindestleistungsanforderungen oder der Zuschlagskriterien und auch keine Änderungen im Ergebnis des Verfahrens bewirkt. Vergaberechtlich ist der Wechsel des Auftraggebers deswegen regelmäßig unwesentlich i. S. des § 132 GWB.[78] Etwas anderes kann nur gelten, wenn der Wechsel des Auftraggebers zugleich mit weiteren Änderungen des Auftrags, z. B. eines Wechsels des Orts der Leistungserbringung oder einer Erweiterung um die originären Aufgaben des neuen Auftraggebers, verbunden ist und mit ihm – ganz oder teilweise – ein anderer Beschaffungsbedarf gedeckt wird.

III. Ausdrücklich zulässige Auftragsänderungen nach Abs. 2

1. Überprüfungsklauseln und Optionen (Abs. 2 Satz 1 Nr. 1)

a) Anwendungsbereich

65 Die Vorschrift erfasst lediglich zwei konkrete zivilrechtliche Möglichkeiten der Vertragsflexibilisierung: die Überprüfungsklausel und die Option.

66 Die **Überprüfungsklausel** begründet einen Anspruch eines Vertragspartners auf Überprüfung der fortbestehenden Angemessenheit einer Vertragsbestimmung und verbindet diese Überprüfung mit der Möglichkeit einer nachträglichen einvernehmlichen Vertragsänderung unter Zugrundelegung der Ergebnisse der Überprüfung. In der Richtlinie werden hierfür beispielhaft Vereinbarungen einer Überprüfung der Funktionalität von Kommunikationseinrichtungen unter sich verändernden technologischen Rahmenbedingungen bzw. einer Vertragsanpassung bei Auftreten technischer Schwierigkeiten während des Betriebs oder der Instandhaltung angeführt.[79] Denkbar sind z. B. auch laufzeitbezogene Überprüfungsklauseln im Hinblick auf die Amortisation von besonders hohen Anfangsinvestitionen oder auch preisbezogene Überprüfungsklauseln,[80] z. B. im Hinblick auf einen Mindestkostendeckungsgrad.

67 Die **Option** ist die zivilrechtlich begründete Anwartschaft, einen Anspruch durch eigene einseitige Erklärung zu erwerben, im hier gebrauchten Sinne die einseitige Berechtigung

---

78 A.A. *Greb/Stenzel*, NZBau 2012, 404, 406 f.; wie hier *von Engelhardt/Kaelble*, in: Müller-Wrede, GWB, § 132 Rn. 109 m. w. N.

79 Vgl. ErwG 111 VRL.

80 So ausdrücklich Art. 89 Abs. 1 lit. a) SRL.

des Auftraggebers zu einer Änderung – inhaltliche Ergänzung des Leistungsgegenstands, zeitliche Ausweitung der Vertragslaufzeit oder sonstige Anpassung von Vertragsbestimmungen – jeweils, ohne einen Anspruch des Auftragnehmers auf diese Vertragsanpassung zu begründen.

Nach dem Wortlaut und nach der Systematik der Regelung, insbesondere ihrer Stellung als eine der enumerativ und abschließend aufgeführten ausdrücklichen Erlaubnistatbestände unabhängig von einer Wesentlichkeitsprüfung, ist der Anwendungsbereich der Vorschrift **nicht ausdehnbar**. Rechtsdogmatisch sind daher andere, in der ursprünglichen Ausschreibung bereits angelegte zivilrechtliche Gestaltungsmöglichkeiten des Auftragsverhältnisses nicht unter diesen Tatbestand zu subsumieren. Dazu besteht bei solchen vertraglichen oder auch gesetzlichen Regelungen, welche unmittelbar eine Vertragsänderung bewirken oder einen Anspruch eines Vertragspartners auf eine veränderte Vertragsabwicklung begründen, kein Anlass.[81] **68**

b) Klare, genaue und eindeutig formulierte Klausel

Die erste Voraussetzung für eine Vergaberechtsfreiheit ist nach dem Normtext, dass in den ursprünglichen Vergabeunterlagen **klare, genaue und eindeutig formulierte Vertragsklauseln** vorgesehen sind, welche Angaben zu Art, Umfang und Voraussetzungen möglicher Auftragsänderungen enthalten. Damit folgt der Gesetzgeber der bisherigen Rechtsprechung zu den Anforderungen an die Bestimmtheit von Vertragsanpassungsklauseln und Optionen und an die Transparenz hiervon erfasster Beschaffungsgegenstände bereits im ursprünglichen Vergabeverfahren.[82] Die Klauseln sollen dem öffentlichen Auftraggeber keinen unbegrenzten Entscheidungsspielraum eröffnen.[83] **69**

Als nicht hinreichend bestimmt und transparent sind u. a. folgende Klauseln bewertet worden: **70**

- in einem Vertrag über Rettungsdienstleistungen die Ermächtigung des öffentlichen Auftraggebers, die Strukturierung der Leistungen im ursprünglichen Vertrag zu ändern; insoweit hat das Gericht jedoch eine Beschränkung der Entscheidungsfreiheit des öffentlichen Auftraggebers durch die Regelungen des Landesrettungsdienstgesetzes angenommen und im Rahmen der Gesamtbewertung eine wesentliche Vertragsänderung verneint;[84]
- in einem Vertrag über Abfallentsorgungsleistungen eine allgemein gehaltene Klausel zur Möglichkeit der Übertragung neuer Leistungspflichten „im Rahmen künftiger Abfallentsorgungskonzepte";[85]
- in einem Vertrag über besondere ambulante augenärztliche Versorgungsleistungen nach § 73c SGB V, betreffend die Behandlung von altersbedingter Makula-Degeneration, der

81 Vgl. Kommentierung zu § 132 Abs. 1.

82 So auch *Ziekow*, VergabeR 2016, 278, 284; *Rosenkötter/Fritz*, NZBau 2014, 290, 292.

83 Vgl. ErwG 111 VRL.

84 Vgl. Brandenburgisches OLG, Beschl. v. 8.7.2010, Verg W 4/09, ZfBR 2011, 383; eindeutiger ablehnend VK Münster, Beschl. v. 18.11.2010, VK 8/10; Schleswig-Holsteinisches OLG, Beschl. v. 28.8.2015, 1 Verg 1/15, VergabeR 2015, 768 – Rettungsdienst Schleswig-Flensburg.

85 Vgl. OLG Düsseldorf, Beschl. v. 28.7.2011, VII-Verg 20/11, VergabeR 2012, 35 – stoffgleiche Nichtverpackungen, in juris Tz. 103.

Vorbehalt, die Behandlung des diabetischen Makulaödems und der Zentralvenen- bzw. Venenast-Verschlüsse in den Vertrag zu einem späteren Zeitpunkt aufzunehmen;[86]
- in einem Vertrag zum Betrieb einer Erstaufnahmeeinrichtung für Asylbewerber auf einer Liegenschaft in C. der Vorbehalt, in den Vertrag zusätzliche geeignete Unterbringungskapazitäten im Freistaat, auch außerhalb der Liegenschaft, einzubeziehen;[87]
- in einem Vertrag über den Vertrieb von Fahrkarten für den Schienenpersonennahverkehr eine Vertragsklausel, die quantitative und qualitative Änderungen der Leistungen (Zu- und Abbestellungen) lediglich durch Obergrenzen für den Vergütungszuwachs begrenzt.[88]

71 Als nicht hinlänglich bestimmt sind unter dem Aspekt der zu großen Entscheidungsfreiheit des Auftraggebers solche Vertragsverlängerungsklauseln anzusehen, die eine Vertragsverlängerung allein davon abhängig machen, dass ein bestehendes Kündigungsrecht des Auftraggebers nicht ausgeübt wird.[89] Gleiches gilt für Vertragsverlängerungsklauseln, bei denen weder die Länge der einzelnen Vertragsverlängerung noch die Anzahl der zulässigen Verlängerungen erkennbar sind.[90]

c) Keine Änderung des Gesamtcharakters des Auftrags

72 Die zweite, daneben zu erfüllende Voraussetzung besteht darin, dass sich der „**Gesamtcharakter des Auftrags**" durch die Vertragsänderung nicht verändern darf.

73 Der nur in § 132 Abs. 2 und Abs. 3 GWB verwendete Begriff des „Gesamtcharakters des Auftrags" ist weder in den Richtlinien noch im GWB legal definiert; lediglich im Erwägungsgrund 109 VRL wird ausgeführt, dass hierunter „das Wesen des gesamten Vertrags" zu verstehen sei, „indem beispielsweise die zu beschaffenden Bauleistungen, Lieferungen oder Dienstleistungen durch andersartige Leistungen ersetzt werden oder indem sich die Art der Beschaffung grundlegend ändert".

74 Aus der Dualität der Begriffe „Vertragsänderung" und „Änderung des Gesamtcharakters des Vertrags", aus der Verwendung des zuletzt genannten Begriffs als Tatbestandsmerkmal derjenigen Privilegierungsvorschriften, welche von einer Prüfung der Wesentlichkeit der Vertragsänderung befreien sollen, sowie aus der Systematik der Vorschriften ist erkennbar, dass es sich um unterschiedliche Maßstäbe handelt, die zueinander in einem Stufenverhältnis stehen; an die Änderung des Gesamtcharakters des Auftrags sind höhere Anforderungen zu stellen als an eine wesentliche Vertragsänderung.[91]

75 Das Tatbestandsmerkmal „Änderung des Gesamtcharakters des Auftrags" kann nur dann eine eigenständige Bedeutung entfalten, wenn es auch dann sowohl erfüllt als auch nicht erfüllt sein kann, wenn das erste Tatbestandsmerkmal – klare, genaue und eindeutig formulierte Klausel oder Option – erfüllt wird. Das heißt, dass mit dem zweiten Tatbestandsmerkmal letztlich eine Begrenzung der Gestaltungsmöglichkeiten des Auftraggebers in

86 Vgl. OLG Düsseldorf, Beschl. v. 12.2.2014, VII-Verg 32/13, VergabeR 2014, 557 – Augenchirurgie, in juris Tz. 26.
87 Vgl. OLG Dresden, Beschl. v. 7.7.2015, Verg 3/15 – in juris Tz. 9.
88 Vgl. OLG Düsseldorf, Beschl. v. 1.6.2016, VII-Verg 6/16, VergabeR 2016, 751.
89 Vgl. *Ziekow*, VergabeR 2016, 278, 285 und Fn. 45.
90 Vgl. *Ziekow*, VergabeR 2016, 278, 285 und Fn. 46.
91 Vgl. *Greb/Stenzel*, NZBau 2012, 404, 409; *Rosenkötter/Fritz*, VergabeR 2014, 290, 293; *Ziekow*, VergabeR 2016, 278, 285.

den Vergabeunterlagen des ursprünglichen Vergabeverfahrens bzw. im ursprünglichen Vertrag bewirkt werden soll. Sowohl die Funktion der gesamten Vorschrift des § 132 GWB als auch das im Erwägungsgrund 109 VRL (a.E.) angedeutete Motiv für das Vorsehen dieses Tatbestandsmerkmals in einzelnen Fallgruppen der erlaubten Vertragsänderungen („da in einer derartigen Situation ein hypothetischer Einfluss auf das Ergebnis unterstellt werden kann") sprechen dafür, dass die Zulässigkeit der Aufnahme von Überprüfungsklauseln und Optionen unabhängig von ihrer Bestimmtheit und Transparenz dort ihre Grenze finden soll, wo die Inanspruchnahme der Klausel zur Verletzung der **Identität des Beschaffungsgegenstandes** führt. Träfe diese Auslegung zu, so könnte z.B. auf die einschlägige Rechtsprechung zur Wahrung der Identität des Beschaffungsgegenstandes im Rahmen der Durchführung eines Verhandlungsverfahrens zurückgegriffen werden.[92] Maßgeblich wären dann vor allem die Angaben zum Auftragsgegenstand in der Vergabebekanntmachung der ursprünglichen Ausschreibung und das hieraus für einen fachkundigen Wirtschaftsteilnehmer erkennbare Bild vom Beschaffungsgegenstand.[93] Jedenfalls wird es Aufgabe der Rechtsprechung sein, anhand von Einzelfällen schrittweise Fallgruppen für die Änderung des Gesamtcharakters des Auftrags zu entwickeln, an denen sich die Vergabepraxis orientieren kann.[94]

d) Praxishinweis

Die Vorschrift ist zugleich als eine Handlungsempfehlung für künftige Vergabeverfahren 76
zu verstehen. Der öffentliche Auftraggeber hat es danach selbst in der Hand, zumindest auf absehbare potenzielle künftige Anpassungsbedarfe in seinen Beschaffungsverträgen zu reagieren und das Risiko einer Neuausschreibung dadurch zu vermindern, dass er entsprechende vertragliche Klauseln in den Vergabeunterlagen der ursprünglichen Ausschreibung vorsieht und die Anpassungsbedarfe damit transparent in den Wettbewerb gibt.[95] Für die Herstellung einer hinreichenden Transparenz von möglichen Vertragserweiterungen bestehen im ursprünglichen Vergabeverfahren besondere Anforderungen; bereits die Vergabebekanntmachung muss Angaben dazu enthalten, in welchem Umfang und unter welchen Umständen der Vertrag geändert werden kann.[96]

---

92 Vgl. OLG Dresden, Beschlüsse v. 3.12.2003, WVerg 0015/03, VergabeR 2004, 225, und v. 21.10.2005, WVerg 0005/05, VergabeR 2006, 249: „der nach wirtschaftlichen und technischen Kriterien zu beurteilende Wesenskern der Ausschreibung"; auch OLG Naumburg, Beschl. v. 25.9.2008, 1 Verg 3/08, zur Identität des Beschaffungsgegenstands zwischen einem Offenen Verfahren und einem nachfolgenden Verhandlungsverfahren; Hanseat. OLG Bremen, Beschl. v. 29.1.2016, 2 Verg 3/15.

93 Vgl. *Kronsbein/Dewald*, NZBau 2011, 146.

94 Vgl. *Greb/Stenzel*, NZBau 2012, 404, 409.

95 Vgl. *Greb/Stenzel*, NZBau 2012, 404, 409.

96 Vgl. EuGH, Urt. v. 22.4.2010, Rs. C-423/07, VergabeR 2010, 632 – KOM ./. Spanien, Rn. 55; OLG Düsseldorf, Beschl. v. 12.2.2014, VII-Verg 32/13, VergabeR 2014, 557 – Augenchirurgie, in juris Rn. 26; OLG Düsseldorf, Beschl. v. 1.6.2015, VII-Verg 6/16, VergabeR 2016, 751 – Fahrkartenvertrieb, in juris Rn. 97 ff.

2. Notwendige zusätzliche Leistungen nach Abs. 2 Satz 1 Nr. 2

a) Anwendungsbereich und Bedeutung der Vorschrift

77 Die Vorschrift bezieht sich auf **zusätzliche** Leistungen, die – anders beispielsweise als Bedarfspositionen, neue Leistungen im Rahmen von Überprüfungsklauseln oder Optionen – im ursprünglichen Vertrag nicht vorgesehen waren. Sie ist – in Abgrenzung zur Regelung in Abs. 2 Satz 1 Nr. 3 – nicht beschränkt auf solche für den Auftraggeber nicht vorhersehbaren zusätzlichen Leistungen, sondern ist auch anwendbar bei an sich vorhersehbaren, aber gleichwohl nicht im Vertrag vorbehaltenen zusätzlichen Leistungen. Der Begriff der zusätzlichen Leistungen erfasst ausweislich der Begründung des Gesetzesentwurfs auch Leistungen, die nur teilweise an die Stelle vertraglicher Leistungen treten und darüber hinaus zusätzliche Elemente enthalten, jedoch nicht Leistungen zum vollständigen Ersatz.[97] Für vollständige Ersatzleistungen ist eine Prüfung der Wesentlichkeit der Vertragsänderung an den Maßstäben des Abs. 1 vorzunehmen.

78 Der Befreiungstatbestand erfasst **alle Leistungsarten** – Liefer-, Bau- und Dienstleistungen – bei Vorliegen der drei genannten, **einheitlichen Voraussetzungen**.

79 In ihrer Entstehung **knüpft** die Vorschrift an frühere Regelungen zur Zulässigkeit des Verhandlungsverfahrens ohne Teilnahmewettbewerb durch Direktverhandlungen mit dem bisherigen Auftragnehmer **an** (vgl. § 3 EG Abs. 4 lit. e) VOL/A 2009 für Lieferungen, § 3 EG Abs. 5 Nr. 5 und 6 VOB/A 2012 für Bauleistungen und § 3 EG Abs. 4 lit. f) und g) VOL/A 2009 für Dienstleistungen) an. Die Neuregelung führt in zweierlei Hinsicht zu einer veränderten Rechtslage: Der bisherigen Rechtslage lag systematisch zugrunde, dass solche zusätzlichen Leistungen grundsätzlich wesentliche Vertragsveränderungen darstellten und eine neue Ausschreibungspflicht begründeten.[98] Dem Auftraggeber wurde die Neuausschreibung jedoch durch die Zulässigkeit der Wahl des Verhandlungsverfahrens ohne Teilnahmewettbewerb bzw. ohne Vergabebekanntmachung erheblich erleichtert. Nunmehr wird die Beschaffung zusätzlicher Leistungen im größeren Maße vollständig der Ausschreibungspflicht und damit dem Vergaberecht entzogen.[99] Die einheitlichen und gegenüber den Vorgängerregelungen reduzierten Voraussetzungen sowie insbesondere die mit 50 % hoch angesetzte Schwelle und die Regelung zur ggf. kumulativ mehrfach vorgenommenen Beschaffung zusätzlicher Leistungen eröffnen in ihrer Gesamtheit einen umfangreichen vergaberechtsfreien Beschaffungsmarkt.[100]

b) Erforderliche zusätzliche Leistungen

80 Die Anknüpfung an den bisher bestehenden Vertrag erfolgt zunächst durch **das Merkmal der Erforderlichkeit**. Der Begriff der Erforderlichkeit ist dahin auszulegen, dass die zusätzlichen Leistungen für die Durchführung des bestehenden Vertrages bzw. für die Errei-

---

97 Vgl. BT-Drs. 18/6281, S. 147; ebenso *von Engelhardt/Kaelble*, in: Müller-Wrede, GWB, § 132 Rn. 43.

98 Vgl. EuGH, Urt. v. 19.6.2008, Rs. C-454/06, VergabeR 2008, 758 – pressetext Nachrichtenagentur, Rn. 36; Urt. v. 22.4.2010, Rs. C-423/07, VergabeR 2010, 632 – KOM ./. Spanien: Baukonzession für den Bau, Unterhalt und Betrieb von Autobahnabschnitten – Arbeiten für zusätzliche Bauwerke, hier weitere Fahrstreifen und ein neuer Tunnel.

99 Vgl. *Ziekow*, VergabeR 2016, 278, 285.

100 Vgl. *Ziekow*, VergabeR 2016, 278, 286.

chung des damit verfolgten Beschaffungszwecks notwendig geworden sind. Das wiederum setzt einen engen, unmittelbaren Zusammenhang zwischen den bisherigen vertraglichen Leistungen und den zusätzlich benötigten Leistungen voraus. Erforderlich i. S. dieser Vorschrift ist mithin nicht jede Vertragserweiterung um zusätzliche Leistungspositionen. Fraglich ist, ob für die Erforderlichkeit der zusätzlichen Leistungen stets deren Unentbehrlichkeit zu verlangen ist, wofür der Wortlaut und die systematische Stellung der Vorschrift als Ausnahmevorschrift sprechen könnten, oder ob jeder Grad der Unterstützung der Erreichung des ursprünglichen Beschaffungsziels ausreichend ist;[101] Letzteres hätte allerdings genauer mit dem bekannten Begriff der zweckmäßigen bzw. der sachlich gerechtfertigten zusätzlichen Leistungen umschrieben werden können.

Abweichend von den früheren Regelungen zur Privilegierung bei der Wahl der Verfahrensart wird für die Vergabefreiheit von erforderlichen zusätzlichen Leistungen **keine direkte zeitliche Begrenzung** (z. B. nur Vertragserweiterungen innerhalb von drei Jahren ab Zuschlagserteilung) festgelegt. Mittelbar führt allerdings auch das Tatbestandsmerkmal der Erforderlichkeit im o. g. Sinne zu einer zeitlichen Begrenzung – im Einzelfall kann es sich als schwierig erweisen, für Vertragsänderungen in einem größeren zeitlichen Abstand zur Zuschlagserteilung noch deren Erforderlichkeit für die Erreichung des ursprünglichen Beschaffungsziels zu begründen. **81**

c) Wechsel des Auftragnehmers unmöglich oder unzumutbar

Darüber hinaus erfordert die Vorschrift **einen engen, unmittelbaren Zusammenhang zwischen den zusätzlichen Leistungen und dem bisherigen Leistungserbringer**. Alternativ wird in § 132 Abs. 2 Satz 1 Nr. 2 GWB unter lit. a) verlangt, dass ein Wechsel des Auftragnehmers aus wirtschaftlichen oder technischen Gründen nicht erfolgen kann, oder unter lit. b), dass ein Wechsel des Auftragnehmers mit erheblichen Schwierigkeiten oder beträchtlichen Zusatzkosten für den öffentlichen Auftraggeber verbunden wäre. **82**

aa) Die Formulierung, dass „ein Wechsel ... nicht erfolgen kann", deutet auf einen objektiven Befund, und zwar im Sinne einer Unmöglichkeit hin. Konstellationen der technischen Unmöglichkeit der Erbringung zusätzlicher Leistungen durch einen anderen Auftragnehmer als den bisherigen Leistungserbringer können darin bestehen, dass sowohl die bisherigen als auch die zusätzlichen Leistungen in einem einheitlichen technologischen Fertigungsgang zu erbringen sind oder in einem Teilersatz einer bisherigen Leistung.[102] Konstellationen für eine wirtschaftliche objektive Unmöglichkeit des Auftragnehmerwechsels werden selten vorliegen; insoweit wird häufiger die Unzumutbarkeit des Wechsels Bedeutung erlangen. **83**

bb) Die alternativ verwendete Formulierung, wonach „ein Wechsel mit ..." näher beschriebenen Nachteilen „verbunden" wäre, meint die subjektive Unzumutbarkeit des Auftragnehmerwechsels für den Auftraggeber. Auch hier werden zwei Fallgruppen der Unzumutbarkeit gebildet – die Überlegung liegt nahe, dass eine Fallgruppe jeweils die Ergänzung zu einer Fallgruppe der objektiven Unmöglichkeit darstellt, sodass der Wechsel unzumutbar ist, wenn er entweder „mit erheblichen Schwierigkeiten" in technischer Hinsicht oder **84**

---

101 Zu Recht kritisch *Kling*, in: Siebzehnte forum vergabe Gespräche 2015, Bd. 54 der Schriftenreihe des forum vergabe e. V., S. 93, 97.

102 Vgl. ErwG 108 VRL, ebenso Begründung des Regierungsentwurfs, BR-Drs. 367/15, S. 141 – zu § 132, zu Nummer 2.

mit „beträchtlichen Zusatzkosten“, d. h. mit einer Unzumutbarkeit in wirtschaftlicher Hinsicht, verbunden ist. Im Erwägungsgrund 108 VRL sind hierfür beispielhaft die Fälle aufgeführt worden, in denen ein Wechsel des Lieferanten dazu führen würde, dass der öffentliche Auftraggeber Material, Bau- oder Dienstleistungen mit unterschiedlichen technischen Merkmalen erwerben müsste und dies eine Unvereinbarkeit oder unverhältnismäßige technische Schwierigkeiten bei Gebrauch und Instandhaltung mit sich bringen würde. In Art. 89 Abs. 1 lit. b) Unterabs. i) SRL werden in der entsprechenden Regelung beispielhaft für wirtschaftliche oder technische Gründe die „Austauschbarkeit oder Kompatibilität mit im Rahmen des ursprünglichen Vergabeverfahrens beschafften Ausrüstungsgegenständen, Softwares, Dienstleistungen oder Anlagen“ aufgeführt.

85 cc) Sowohl der hier in der Kommentierung gebrauchte Begriff der Unmöglichkeit als auch der Begriff der Unzumutbarkeit kennzeichnen besondere Ausnahmesituationen, sodass die in dieser Norm gleich mehrfach verwendeten unbestimmten Rechtsbegriffe, für deren Interpretation kein Rückgriff auf absolut gültige Referenzwerte erfolgt ist, stets eine Abwägung der Interessen des konkreten Auftraggebers an der Vermeidung eines solchen Auftragnehmerwechsels mit den Interessen der Allgemeinheit an einem diskriminierungsfreien Marktzugang im Einzelfall erfordern. Eine solche einzelfallbezogene Interessenabwägung läuft jedoch trotz des dem Auftraggeber hierfür zuzubilligenden Beurteilungsspielraums dem Ziel der Vorschrift, eine schnell zu prüfende und rechtssicher zu bewertende Vertragsänderung ohne Verpflichtung zur Neuausschreibung zu beschreiben, zuwider.

d) Obergrenze

86 Nach § 132 Abs. 2 Satz 2 und 3 GWB werden für vergaberechtsfreie erforderliche zusätzliche Leistungen **wertmäßige Obergrenzen** gesetzt: Das Entgelt für die zusätzlichen Leistungen darf den Wert des ursprünglichen Auftrags um nicht mehr als 50 % erhöhen (Satz 2). Mehrere aufeinander folgende Vertragsänderungen sind jeweils isoliert zu bewerten. Diese Voraussetzung gilt nicht für Aufträge im Sektorenbereich (§ 142 Nr. 3 GWB) und für Konzessionen (§ 154 Nr. 4 lit. a) GWB).

87 aa) Wegen der Gleichbehandlung aller Wirtschaftsteilnehmer des EU-Binnenmarkts als Bieter ist eine Vergleichsberechnung auf Basis der **Nettopreise** geboten.

88 bb) **Referenzwert** ist für alle Betrachtungen stets der Netto-Auftragswert des durch Zuschlag im ursprünglichen Vergabeverfahren geschlossenen Vertrages; das gilt sowohl für die erste Vertragsänderung als auch für mögliche nachfolgende Vertragsänderungen.

89 cc) Der Netto-Auftragswert aller erforderlichen zusätzlichen Leistungen ist für **jede beabsichtigte Vertragsveränderung gesondert** zu ermitteln. Wegen der Gleichartigkeit der Regelungen und Regelungszwecke sind für die Ermittlung des Netto-Auftragswerts einer Vertragsänderung die Grundsätze des § 3 VgV entsprechend anzuwenden.[103] Insbesondere dürfen die wirtschaftlich durch die einheitliche Beauftragung eines Auftragnehmers miteinander verbundenen zusätzlichen Leistungen nicht mit der Absicht in zwei oder mehrere „Nachträge“ aufgeteilt werden, die wertmäßige Obergrenze nicht zu überschreiten. Hieraus folgt, dass zusätzliche Leistungen, welche aus demselben Grund erforderlich geworden sind, wertmäßig zusammenzufassen sind.

---

103 Vgl. *Ziekow*, VergabeR 2016, 278, 287.

dd) Fraglich ist, ob das vorbeschriebene Normverständnis durch den **weiteren Wortlaut** („sofern die Änderungen nicht mit dem Ziel vorgenommen werden, die Vorschriften dieses Teils zu umgehen“) lediglich bekräftigt werden soll oder ob der letzte Halbsatz eine generalklauselartige Regelung darstellen soll, welche z. B. den Nachprüfungsinstanzen eine wertende Einzelfallbetrachtung eröffnet. Für das erstgenannte Verständnis spräche die Praktikabilität und höhere Vorhersehbarkeit der Bewertung, für das letztgenannte Verständnis eine höhere Gewähr für den Ausschluss von Missbrauchsfällen. 90

ee) Eine Sonderregelung zum vorgenannten Referenzwert enthält **§ 132 Abs. 4 GWB**: Für den Fall, dass der ursprünglich durch den Zuschlag geschlossene Vertrag eine **Indexierungsklausel** enthält, d. h. dass sein Netto-Auftragswert mit zunehmender Vertragslaufzeit Schwankungen unterliegt, so ist für die Prüfung der Einhaltung der wertmäßigen Obergrenze derjenige Netto-Auftragswert als Referenzwert zu verwenden, der sich bei Wertermittlung zum Zeitpunkt der beabsichtigten Vornahme der Vertragsänderung ergibt. Beispiel: Für einen im Jahr 2016 geschlossenen Vertrag mit einer Preisgleitklausel ist für eine im Jahr 2018 beabsichtigte Vertragsänderung der sich unter Anwendung der Preisgleitklausel ergebende Auftragswert im Jahr 2018 der Referenzwert. Ist er – wovon der Normgeber offenkundig ausgeht – höher als der ursprüngliche Netto-Auftragswert, so erhöht sich zwar nicht relativ, aber in absoluten Zahlen auch die wertmäßige Obergrenze für den Netto-Auftragswert der zusätzlichen Leistungen. 91

3. Vertragsänderungen aufgrund von nicht vorhersehbaren Umständen (Abs. 2 Satz 1 Nr. 3)

a) Bedeutung der Vorschrift

Mit dieser Vorschrift soll den praktischen Bedürfnissen der Vertragspartner **insbesondere bei Verträgen mit längerer Vertragslaufzeit oder längerer Ausführungsfrist** Rechnung getragen werden, auf unvorhersehbare Änderungen der äußeren Umstände der Vertragsabwicklung ohne erneute Ausschreibung reagieren zu können. Nach ihrem Wortlaut hat die Vorschrift jedoch einen sehr weitreichenden, für eine Ausnahmevorschrift ungewöhnlich großen Anwendungsbereich.[104] In Abgrenzung zu Abs. 2 Satz 1 Nr. 2 für zusätzliche Leistungen, welche zur Durchführung des ursprünglichen Vertrags bzw. zur Erreichung des ursprünglichen Beschaffungsziels zusätzlich erforderlich sind, erfasst dieser Tatbestand diejenigen Vertragsänderungen, welche als **notwendige Anpassung an veränderte äußere Rahmenbedingungen** geboten sind. Diese Fallgruppe der nicht ausschreibungspflichtigen Vertragsänderungen stellt eine Novität dar; hierfür gab es in der bisherigen Rechtsprechung des Gerichtshofs keine Vorbilder.[105] Der Vorschrift wohnt ein gewisses Missbrauchspotenzial inne. Es wird Aufgabe der Rechtsprechung sein, Fallgruppen zum Anwendungsbereich der Vorschrift herauszuarbeiten. Es erscheint unter diesem Aspekt geboten, dass öffentliche Auftraggeber jeweils verantwortungsvoll von dieser Möglichkeit der ausschreibungsfreien Vertragsänderung Gebrauch machen. 92

---

104 Vgl. *Müller*, VergabeR 2015, 652, 660.
105 Vgl. *Dageförde/Hattig*, Vergabenavigator Sonderausgabe 2014, 9, 11.

b) Anlass der Vertragsänderung: Äußere Umstände von einigem Gewicht

93 Der insoweit nicht eindeutige Normtext, welcher lediglich von „Umständen“ spricht, ist im Lichte des Erwägungsgrundes 109 VRL dahin zu verstehen, dass nur äußere, d. h. **außerhalb des Vertrags und des Willens der Vertragspartner liegende Umstände** einen hinreichenden Anlass für ausschreibungsfreie Vertragsänderungen nach dieser Vorschrift bieten können.[106] Eine geänderte Willensbildung der Vertragspartner ohne den vorgenannten äußeren Anlass genügt nicht.[107] Erfasst werden Vertragsänderungen auch nur dann, wenn und soweit, wie sie durch die Änderungen der äußeren Umstände erforderlich geworden sind. Hieraus ist abzuleiten, dass es sich um erhebliche Änderungen der äußeren Umstände i. S. einer Störung des ursprünglichen Äquivalenzverhältnisses handeln muss und dass nur angemessene Vertragsanpassungen mit dem Ziel der bloßen Beseitigung der Äquivalenzstörung ausschreibungsfrei vorgenommen werden dürfen. Die Vorschrift dient, wie dem Erwägungsgrund 109 VRL zu entnehmen ist, der Gewährleistung einer gewissen – zivilrechtlich ohnehin eröffneten – Flexibilität der Vertragspartner auch durch vergaberechtsfreie Möglichkeiten der Vertragsanpassung.

c) Unvorhersehbarkeit der Vertragsänderung

94 Nicht jeder äußere Anlass, der zu einer Äquivalenzstörung des ursprünglichen Auftrags führt, erlaubt die Vertragsänderung außerhalb des Vergaberechts, sondern lediglich Umstände, die der öffentliche Auftraggeber **zum Zeitpunkt der Zuschlagserteilung** nicht absehen konnte.[108] Nähere Angaben zum Grad der Vorhersehbarkeit enthalten weder die Richtlinien noch die nationalen Regelungen. Im Erwägungsgrund 109 VRL heißt es hierzu ergänzend: „Der **Begriff ‚unvorhersehbare** Umstände‘ bezeichnet Umstände, die auch bei einer nach vernünftigem Ermessen sorgfältigen Vorbereitung der ursprünglichen Zuschlagserteilung durch den öffentlichen Auftraggeber unter Berücksichtigung der diesem zur Verfügung stehenden Mittel, der Art und der Merkmale des spezifischen Projekts, der bewährten Praxis im betreffenden Bereich und der Notwendigkeit, ein angemessenes Verhältnis zwischen den bei der Vorbereitung der Zuschlagserteilung eingesetzten Ressourcen und dem absehbaren Nutzen zu gewährleisten, nicht hätten vorausgesagt werden können.“

95 Bezieht man diese Erwägungen in die Auslegung der Vorschrift ein, so spricht das für einen zwar weitgehend objektivierten Prüfungsmaßstab, aber auch für die Möglichkeit der Berücksichtigung eines subjektiv begrenzten Ressourceneinsatzes bei der Vorbereitung der ursprünglichen Ausschreibung bzw. bei der Vertragsgestaltung.

d) Wertmäßige Obergrenze

96 Für Vertragsänderungen nach Abs. 2 Satz 1 Nr. 3 gilt – ebenso wie für die erforderlichen zusätzlichen Leistungen nach Abs. 2 Satz 1 Nr. 2 – eine **wertmäßige Obergrenze**. Wegen der Einzelheiten der Höhe und der Berechnung einschließlich des Umgangs mit mehreren Vertragsänderungen wegen verschiedener unvorhersehbarer äußerer Umstände kann auf die Ausführungen in Abschnitt III. 2. d) Bezug genommen werden.

---

106 Ebenso Begründung des Regierungsentwurfs, BR-Drs. 367/15, S. 142 – zu Nummer 3.
107 Vgl. *Ziekow*, VergabeR 2016, 278, 287.
108 Vgl. ErwG 109 VRL.

e) Keine Änderung des Gesamtcharakters des Auftrags

Bereits im Erwägungsgrund 109 VRL (a. E.) wird darauf hingewiesen, dass die Ausnahme von der Ausschreibungspflicht jedoch nicht für Fälle gelten kann, in denen sich mit einer Änderung das Wesen des gesamten Auftrags verändert. Insoweit wird Bezug genommen auf die Ausführungen in Abschnitt III. 1. c) dieser Kommentierung. 97

4. Auftragnehmerwechsel nach Abs. 2 Satz 1 Nr. 4

Die Vorschrift privilegiert einzelne – nicht alle – Fälle des Wechsels des Auftragnehmers. 98
Sie gilt sowohl für den vollständigen als auch für einen teilweisen, d. h. nur auf einzelne Leistungspositionen bezogenen Auftragnehmerwechsel. Im Rahmen einer „erst recht"-Bewertung dürften auch Wechsel des Nachauftragnehmers unter den beschriebenen Voraussetzungen stets unwesentliche Vertragsänderungen darstellen.[109]

a) Aufgrund einer Überprüfungsklausel oder Option (lit. a))

Unter den Voraussetzungen des § 132 Abs. 2 Satz 1 Nr. 1 GWB führen – auch ohne die 99
Regelung des § 132 Abs. 2 Satz 1 Nr. 4 lit. a) GWB – entsprechende Vertragsbestimmungen zur Vergabefreiheit von hierauf basierenden Vertragsänderungen. Es ist deswegen davon auszugehen, dass die Beschränkung der Vorschrift im Wortlaut auf Überprüfungsklauseln ein redaktionelles Versehen darstellt und Optionen ebenso in den Anwendungsbereich einbezogen sind. Praktisch bedeutsam sind solche Klauseln bei PPP-Projekten, bei denen die Vertragspartner sich die spätere Übernahme von Restleistungen durch eine neu zu gründende Betreibergesellschaft vorbehalten wollen. Diese Form des Auftragnehmerwechsels wurde auch bisher von der Rechtsprechung als unwesentliche Vertragsänderung bewertet.[110]

Im Unterschied zu der in § 132 Abs. 2 Satz 1 Nr. 4 lit. b) GWB aufgeführten Fallgruppe 100
wird hier neben dem Vorliegen einer Überprüfungsklausel (bzw. einer Option) keine weitere Voraussetzung benannt, insbesondere nicht die Notwendigkeit einer nachträglichen Prüfung der Eignung des neuen Auftragnehmers. Aus dem Erfordernis eines klaren, genauen und eindeutig formulierten Textes der Vertragsklausel ist jedoch abzuleiten, dass die Klausel auch bezüglich der Eignungsanforderungen an den neuen Auftragnehmer hinreichend aussagekräftig sein muss, sodass die Kriterien für die Auswahl des neuen Auftragnehmers oder die bei der Neugründung einer Auftragnehmergesellschaft zu beachtenden Anforderungen bereits im ursprünglichen Vergabeverfahren transparent in den Wettbewerb gestellt wurden.[111]

b) Umstrukturierung des Unternehmens des ursprünglichen Auftragnehmers (lit. b))

Die zweite Fallgruppe betrifft verschiedene Arten von **Umstrukturierungen** des ursprüng- 101
lichen Auftragnehmers während der Vertragslaufzeit, welche formal zu einem Auftragneh-

109 Vgl. *Ziekow*, VergabeR 2016, 278, 288.

110 Vgl. EuGH, Urt. v. 19.6.2008, Rs. C-454/06, VergabeR 2008, 758 – pressetext Nachrichtenagentur, Rn. 40.

111 Vgl. *Ziekow*, VergabeR 2016, 278, 288.

merwechsel führen. Die Regelung ist nach ihrem Wortlaut aus systematischen und teleologischen Gründen nicht entsprechend anwendbar für Wechsel des Bieters während des Vergabeverfahrens.[112] Für eine vergaberechtsfreie Vornahme des Auftragnehmerwechsels müssen kumulativ drei Tatbestandsmerkmale erfüllt sein.

aa) Auftragnehmerwechsel aufgrund einer Umstrukturierung

102 Die Vorschrift enthält eine beispielhafte, d. h. eine der Ergänzung zugängliche Aufzählung von in Betracht kommenden Umstrukturierungsmaßnahmen. Die verwendeten Rechtsbegriffe entsprechen nicht denjenigen des deutschen Gesellschaftsrechts.

103 Der Begriff der **Übernahme** meint nicht etwa die Vertragsübernahme i. S. von § 415 BGB, sondern – ebenso wie der Begriff des **Zusammenschlusses** – eine gesellschaftsrechtliche Maßnahme, z. B. eine Verschmelzung nach §§ 2 ff. UmwG,[113] eine Vermögensübertragung nach §§ 174 ff. UmwG oder eine Eingliederung nach § 319 AktG.

104 Als Umstrukturierungsmaßnahmen sind auch Spaltungen nach §§ 123 ff. UmwG – also Aufspaltung, Abspaltung oder Ausgliederung – erfasst. Vergaberechtlich unbedenklich sind daneben reine Formenwechsel nach §§ 190 ff. UmwG, welche die wirtschaftliche Identität des auftragnehmenden Unternehmens nicht berühren.

105 Mit dem Begriff des **Erwerbs** sind Gesellschafterwechsel beim Auftragnehmer gemeint. Dies war nach der bisherigen Rechtsprechung nur für Publikumsgesellschaften allgemein anerkannt,[114] überwiegend auch für Unternehmungen, welche auf einen Wechsel der Gesellschafter angelegt waren,[115] und vereinzelt aber auch ganz ohne Einschränkung.[116]

106 Ausdrücklich aufgeführt ist auch der Fall der Fortführung des Auftrags bei **Insolvenz** des Auftragnehmers, d. h. entweder durch den Insolvenzverwalter oder durch Umwandlung des insolventen Unternehmens.[117]

bb) Erfüllung der ursprünglichen Eignungsanforderungen

107 Im Falle eines Auftragnehmerwechsels durch eine Umstrukturierungsmaßnahme ist vom öffentlichen Auftraggeber zu prüfen und festzustellen, ob der neue Auftragnehmer die ursprünglich festgelegten Anforderungen an die Eignung erfüllt, d. h. vergaberechtsfrei sind nur Unternehmensumstrukturierungen ohne Eignungsrelevanz.[118] Diese Formulierung orientiert sich an der Situation im sog. einstufigen Vergabeverfahren, in dem nur Mindesteignungsanforderungen gestellt worden sind. Aus der Systematik der Vorschrift und aus

112 Vgl. *Ziekow*, VergabeR 2016, 278, 289 f.
113 Zur Vergaberechtsfreiheit nach altem Recht: VK Münster, Beschl. v. 20.6.2009, VK-7/09; *Prieß/Hölz*, NZBau 2011, 513, 516.
114 Vgl. EuGH, Urt. v. 19.6.2008, Rs. C-454/06, NZBau 2010, 382 – pressetext Nachrichtenagentur, Rn. 51.
115 Vgl. *Prieß/Hölzl*, NZBau 2011, 513, 516.
116 Vgl. OLG Naumburg, Beschlüsse je v. 29.4.2010, 1 Verg 2/10, ZfBR 2010, 722; 1 Verg 3/10, VergabeR 2010, 979 – Anteilsveräußerung I und II.
117 Vgl. zur früheren Rechtslage *Rittwage*, VergabeR 2006, 327, 338 f.; VK Bund, Beschl. v. 29.6.2005, VK 3 – 52/05.
118 Vgl. *Ziekow*, VergabeR 2016, 278, 291; auch VK Bund, Beschl. v. 26.2.2016, VK 2 – 7/16, in juris Rn. 101 ff.

dem Zweck der Regelung ist bei einem vorangegangenen zweistufigen Verfahren abzuleiten, dass der neue Auftragnehmer auch eine gleichwertige Eignung wie der ursprüngliche Auftragnehmer haben muss, d.h. nicht nur die Mindesteignungsanforderungen, sondern auch die qualifizierten Anforderungen in gleicher Weise erfüllen muss, um als Ersatz-Auftragnehmer in Betracht zu kommen. Ist das nicht der Fall, ist eine Prüfung des Bestehens einer Ausschreibungspflicht am Maßstab des § 132 Abs. 1 GWB vorzunehmen.

cc) Keine weiteren wesentlichen Änderungen

Die Feststellung einer Vergaberechtsfreiheit nach § 132 Abs. 2 Satz 1 Nr. 4 GWB setzt schließlich voraus, dass der Wechsel zu einem eignungsgleichen Auftragnehmer aufgrund von Umstrukturierungsmaßnahmen **die einzige Vertragsänderung** sein muss; tritt der Auftragnehmerwechsel zusammen mit weiteren Vertragsänderungen auf, ist eine Prüfung am Maßstab des § 132 Abs. 1 GWB geboten. **108**

c) Übernahme der Unteraufträge durch den Auftraggeber selbst (lit. c))

Die dritte Fallgruppe betrifft die Konstellation, dass sich der Auftraggeber bei Ausscheiden des bisherigen Auftragnehmers – unabhängig davon, aus welchen Gründen der Auftragnehmer ausscheidet – entschließt, die vom ursprünglichen Auftragnehmer geschlossenen Unteraufträge an dessen Stelle als Unterauftraggeber zu übernehmen. Hiervon ist eine Wettbewerbsverfälschung nicht zu besorgen. Diese Fallgruppe weist dem Auftraggeber gerade in Fällen geringer Restarbeiten einen einfachen Weg zur Vermeidung einer nochmaligen Ausschreibung. **109**

IV. Zulässige geringfügige Auftragsänderungen (Abs. 3)

1. Bedeutung der Vorschrift

Der Zweck der Vorschrift ist offenkundig und wird im Erwägungsgrund 107 Unterabs. 2 VRL eindeutig beschrieben: Vertragsänderungen, welche nur zu einer geringfügigen Änderung des Auftragswerts führen, sollen jederzeit und rechtssicher ohne ein neues Vergabeverfahren möglich sein. Dem wurde durch die Bestimmung von sog. Geringfügigkeitsgrenzen entsprochen. Diese Regelung ist leicht zu handhaben und geeignet, den vergaberechtlich veranlassten Prüfungsaufwand bei erforderlichen oder zweckmäßigen Vertragsänderungen zu vermindern. **110**

2. Geringfügigkeitsgrenzen

Die Norm enthält zwei Geringfügigkeitsgrenzen, die jeweils beide nicht überschritten werden dürfen, wie sich aus der Verbindung der beiden Halbsätze durch das Wort „und" ergibt. **111**

a) Allgemeine Regelungen zur Ermittlung des Auftragswerts der Änderung

Maßgeblich ist der Netto-Auftragswert der Vertragsänderung **bei isolierter Betrachtung**. **112**
Die Berechnung des Netto-Auftragswerts der Vertragsänderung erfolgt nach den Vorschriften des § 3 VgV. Für alle geänderten Einzelleistungen gilt ein wirtschaftlicher Zusammen-

hang im Hinblick auf die Einbeziehung in den bestehenden Vertrag mit einem bestimmten Wirtschaftsteilnehmer.

113 Wie der Vorschrift des § 132 Abs. 3 Satz 2 GWB zu entnehmen ist, sind für die Prüfung der Einhaltung der Geringfügigkeitsgrenzen die Einzelauftragswerte **mehrerer Vertragsänderungen** zusammenzurechnen; der Gesamtwert sämtlicher Änderungen ist maßgeblich. Dies bedeutet, dass Vertragsänderungen solange nach dieser Vorschrift ohne erneutes Vergabeverfahren vorgenommen werden können, bis bei Addition ihrer Einzelauftragswerte eine der Geringfügigkeitsgrenzen überschritten wird. Soll danach eine weitere Vertragsänderung vorgenommen werden, so ist entweder die Erfüllung eines Befreiungstatbestandes von § 132 Abs. 2 GWB oder deren (Un-)Wesentlichkeit nach Abs. 1 zu prüfen. Überschreiten mehrere beabsichtigte Vertragsänderungen wertmäßig eine der Geringfügigkeitsobergrenzen, so ist die Vorschrift insgesamt nicht anwendbar, auch nicht für denjenigen Teil der Vertragsänderungen, der bei isolierter Betrachtung die Geringfügigkeitsgrenze nicht überschreiten würde. Denn die verschiedenen zusätzlichen Leistungen stehen jedenfalls deswegen in einem unmittelbaren Zusammenhang, weil sie wirtschaftlich durch die Vergabe an denselben Vertragspartner verknüpft sind.[119]

114 Die spezielle Berechnungsvorschrift des **Abs. 4** für ursprüngliche **Verträge mit Indexierungsklausel** gilt auch für die Prüfung des Überschreitens der Geringfügigkeitsgrenzen. Wegen der Einzelheiten wird auf die Kommentierung in Abschnitt III. 2. d) ee) Bezug genommen.

115 Zweifelhaft ist, wie mit Vertragsänderungen umzugehen ist, welche **sowohl wertsteigernde** Änderungen vertraglicher Rechte und Pflichten beinhalten **als auch wertmindernde** Leistungsänderungen. Im Hinblick auf die Eröffnung von Manipulationsmöglichkeiten könnte man die Auffassung vertreten, dass die wertsteigernden Vertragsänderungen isoliert zu betrachten seien. Diese Vorgehensweise ist jedoch u. U. nicht praktikabel. Im Hinblick auf das Anliegen, geringfügige Änderungen von der Prüfungspflicht im Einzelnen auszunehmen, spricht mehr dafür, dass es für die Berechnung der Differenz zwischen dem Auftragswert des ursprünglichen Vertrags und der Summe der Auftragswerte der Vertragsänderungen auf deren Saldo ankommt.

b) Gleich oder unterhalb des jeweiligen Schwellenwerts

116 Der Auftragswert sämtlicher Vertragsänderungen darf den jeweiligen Schwellenwert nicht überschreiten. Da es bei der Vorschrift nicht um ein Wiederaufleben der ursprünglichen Ausschreibungspflicht geht, sondern um die Begründung einer Ausschreibungspflicht für den neuen Auftrag – in Form des geänderten ursprünglichen Auftrags –, ist als **Referenzwert** der zur Zeit der ersten Entäußerung der Vertragsänderungsabsicht gültige Schwellenwert nach § 106 GWB heranzuziehen. Das bedeutet, dass bei einem im Jahr 2016 durch Zuschlag zustande gekommenen Vertrag, bei dem im Jahr 2019 eine Vertragsänderung vorgenommen werden soll, der im Jahr 2019 geltende Schwellenwert maßgeblich ist.

---

119 A. A. *Ziekow*, VergabeR 2016, 278, 288: Differenzierung danach, ob die Vertragsänderungen funktional zusammenhängen.

c) Gleich oder unterhalb des jeweiligen bereichsspezifischen Geringfügigkeitswerts

Die weitere Geringfügigkeitsgrenze differenziert nach den Leistungsarten bzw. Vergabe- 117
regimen: es gelten folgende Obergrenzen, jeweils im Verhältnis des Netto-Auftragswerts aller Vertragsänderungen zum Netto-Auftragswert des ursprünglich geschlossenen und nunmehr zur Abänderung herangezogenen Vertrags:

- bei Liefer- und Dienstleistungsaufträgen eine Grenze von 10% nach § 132 Abs. 3 Satz 1 Nr. 2 Alt. 1) GWB,
- für Bauaufträge eine Grenze von 15% nach § 132 Abs. 3 Satz 1 Nr. 2 Alt. 2 GWB,[120]
- für Aufträge über soziale und andere besondere Dienstleistungen eine Grenze von 20% nach § 130 Abs. 2 GWB und
- für Bau- und Dienstleistungskonzessionen einheitlich eine Grenze von 10 % nach § 154 Nr. 3 lit. b) GWB.

3. Keine Änderung des Gesamtcharakters des Auftrags

Auch insoweit ist weitere Voraussetzung für das Entfallen einer Ausschreibungspflicht, 118
dass sich der Gesamtcharakter des Auftrags nicht ändert. Insoweit wird Bezug genommen auf die Ausführungen in Abschnitt III. 1. c) dieser Kommentierung.[121]

V. Besondere Transparenzpflichten (Abs. 5)

1. Bedeutung der Vorschrift

Die Vorschrift dient der Umsetzung von Art. 72 Abs. 1 Unterabs. 2 VRL.[122] Danach besteht 119
für die beiden Fallgruppen der ausdrücklich zulässigen Auftragsänderungen während der Vertragslaufzeit nach Abs. 2 Satz 1 Nr. 2 und 3, denen das größte Missbrauchspotenzial immanent ist, eine besondere Verpflichtung zur Ex-post-Transparenz.

2. Inhalt der Bekanntmachung

Die Bekanntmachung der Auftragsänderung hat **nach Anhang V Teil G VRL** folgende 120
Angaben zu enthalten:

1. Name, Identifikationsnummer (soweit nach nationalem Recht vorgesehen), Anschrift einschließlich NUTS-Code, Telefon- und Fax-Nummer, E-Mail- und Internet-Adresse des öffentlichen Auftraggebers und, falls abweichend, der Dienststelle, bei der weitere Informationen erhältlich sind,
2. CPV-Codes,

---

120 So bereits EuGH, Urt. v. 5.10.2000, Rs. C-337/98, NZBau 2001, 272 – MATRA (Wertsteigerung eines Bauträgervertrags für ein Stadtbahnvorhaben um 10%).

121 Vgl. Rn. 72ff.

122 Vgl. auch Begründung des Regierungsentwurfs, BR-Drs. 367/15, S. 142 – zu Absatz 5.

3. NUTS-Code für den Haupterfüllungsort der Bauarbeiten bei Bauaufträgen bzw. NUTS-Code für den Haupterfüllungsort für Lieferungen und Leistungen bei Liefer- und Dienstleistungsaufträgen,
4. Beschreibung des Auftrags vor und nach der Änderung: Art und Umfang der Bauarbeiten, Art und Menge bzw. Wert der Lieferungen, Art und Umfang der Dienstleistungen,
5. die etwaige durch die Änderung bedingte Preiserhöhung,
6. Beschreibung der Umstände, die die Änderung erforderlich gemacht haben,
7. Tag der Entscheidung über die Auftragsvergabe,
8. ggf. Name, Anschrift einschließlich NUTS-Code, Telefon- und Fax-Nummer, E-Mail und Internet-Adresse des (der) neuen Wirtschaftsteilnehmer(s),
9. Angaben darüber, ob der Auftrag mit einem aus Mitteln der Union finanzierten Vorhaben bzw. Programm im Zusammenhang steht,
10. Name und Anschrift der Aufsichtsstelle und der für Nachprüfungen und ggf. für Mediationsverfahren zuständigen Stelle; genaue Angaben zu den Fristen für Nachprüfungsverfahren bzw. ggf. Name, Anschrift, Telefon- und Fax-Nummer und E-Mail-Adresse der Stelle, bei der diese Informationen erhältlich sind,
11. Daten und Angaben zu früheren Veröffentlichungen im Amtsblatt der Europäischen Union, die für den (die) bekanntgegebenen Auftrag (Aufträge) relevant sind,
12. Tag der Absendung,
13. sonstige einschlägige Auskünfte.

3. Praxishinweis

121 Für die Bekanntmachung der o. a. Auftragsänderungen steht ein webbasiertes Standardformular zur Verfügung. Für das Bekanntmachungsverfahren gilt § 40 VgV.

VI. Primär-Rechtsschutz

1. Bieterschützender Charakter der Vorschrift

122 Nach der unionsrechtlichen Konzeption soll die Durchsetzung des Vergaberechts vornehmlich durch die betroffenen Wirtschaftsteilnehmer selbst im Wege der Inanspruchnahme individuellen Rechtsschutzes erfolgen. Einer Vorschrift, welche (wie § 132 GWB) die Verpflichtung zur (Neu-)Ausschreibung regelt, kommt eine die potenziellen Auftragnehmer schützende Funktion zu.

123 Der Schutzzweck der Norm besteht unabhängig von der zivilrechtlichen Konstruktion der Vertragsänderung.

2. Besonderheiten des Primärrechtsschutzes

124 Primärrechtsschutz, d. h. der Rechtsschutz gegen den wirksamen Abschluss der Vertragsänderung, wird im Rahmen des vergaberechtlichen Nachprüfungsverfahrens gewährt. Der Rechtssuchende hat daher die allgemeinen Zulässigkeitsvoraussetzungen für das Nachprüfungsverfahren zu erfüllen. Hierfür gelten Besonderheiten.

a) Zugang zum Nachprüfungsverfahren – Auftragswert der Vertragsänderung

Grundsätzlich ist bei einer vergaberechtlich relevanten Vertragsänderung für die Prüfung der Überschreitung des Schwellenwerts auf den Gesamtwert des neuen Auftrags abzustellen, weil der u. U. einer Ausschreibungspflicht unterliegende neue Auftrag zusammengesetzt ist aus denjenigen Bestandteilen des ursprünglichen Auftrags, welche unverändert bleiben und fortwirken (d. h. Leistungen betreffen, die nach dem Zeitpunkt der Änderung noch zur Ausführung gelangen sollen), und den neuen Bestandteilen des Auftrags.[123] Insoweit kommt es auf die funktionale Verknüpfung der einzelnen Vertragsgegenstände nicht an, weil der Auftraggeber durch die Zusammenfassung der Leistungen in einem Vertrag eine wirtschaftliche Verknüpfung hergestellt hat, welche auch im Rahmen der Ermittlung des Gesamtauftragswerts Berücksichtigung findet. Die Berücksichtigung lediglich des isoliert ermittelten Werts der Auftragsänderung ist allenfalls ausnahmsweise bei einem modularen Aufbau des neuen Vertrags, d. h. bei einer funktionalen Abtrennbarkeit der neuen von den bisherigen Vertragsgegenständen unter weiteren besonderen Umständen des Einzelfalls denkbar. 125

b) Antragsbefugnis

Die Antragsbefugnis besteht auch für denjenigen Wirtschaftsteilnehmer, der nicht am (materiellen) Vergabeverfahren beteiligt war, den sog. Nichtbieter. Ein Wirtschaftsteilnehmer, der sich gegen die Nichtausschreibung bzw. die nicht hinreichend transparente Ausschreibung eines öffentlichen Auftrags – bisher im Verfahren nach § 101b Abs. 2 GWB a. F. – wendet, verfügt regelmäßig schon dann über die erforderliche Antragsbefugnis, wenn er generell eine Eignung für Leistungen der angesprochenen Branche besitzt.[124] Der Wirtschaftsteilnehmer kann sich auch bereits gegen eine unmittelbar bevorstehende Vertragsänderung wehren und muss nicht abwarten, bis der Vertrag geschlossen wird. Voraussetzung ist, dass der Auftraggeber schon hinreichend konkret den Abschluss der Vertragsänderung plant und entsprechende organisatorische oder planerische Schritte zur Durchführung des neuen Beschaffungsvorgangs begonnen hat (kein präventiver Rechtsschutz).[125] An der Antragsbefugnis fehlt es hingegen, wenn das (materielle) Vergabeverfahren nicht mehr andauert, weil sich der Auftraggeber die erforderlichen Leistungen durch einen wirksamen (Änderungs-)Vertrag bereits beschafft hat.[126] 126

c) Rügeobliegenheit

Nach § 160 Abs. 3 Satz 2 GWB ist für einen Antrag auf Feststellung der Unwirksamkeit eines Vertragsschlusses i. S. von § 135 Abs. 1 Nr. 2 GWB (Vergabe des Auftrags ohne vorherige Veröffentlichung einer EU-weiten Bekanntmachung, ohne dass dies aufgrund des Gesetzes gestattet ist) eine vorherige Rüge nicht als sachliche Verfahrensvoraussetzung vorgesehen. In extremen Ausnahmefällen (z. B. bei Kenntnis und Teilnahme des Antrag- 127

---

123 A. A. im Grundsatz wohl OLG Frankfurt, Beschl. v. 3.5.2016, 11 Verg 12/15 – Rechtsinformationssystem.

124 Vgl. nur OLG Naumburg, Beschl. v. 14.3.2014, 2 Verg 1/14, VergabeR 2014, 787 – Projektsteuerung.

125 Vgl. nur VK Sachsen, Beschl. v. 27.4.2015, 1/SVK/012-15.

126 Vgl. Brandenburgisches OLG, Beschl. v. 8.7.2010, Verg W 4/09, ZfBR 2011, 383 – Rettungsdienst.

stellers am intransparenten Vergabeverfahren über mehr als drei Monate ohne Rüge)[127] hat die Rechtsprechung allerdings vereinzelt ein fehlendes Rechtsschutzbedürfnis wegen unterlassener Rüge aus den Grundsätzen des § 242 BGB hergeleitet[128] oder nach mehrjähriger Kenntnis eine Verwirkung angenommen.[129]

d) Antragsfrist

128 Mangels Rügeobliegenheit und deswegen fehlender Zurückweisung der Rüge ist die Antragsfrist des § 160 Abs. 3 Satz 1 Nr. 4 GWB nicht einschlägig. Regelmäßig wird es auf die besondere Antragsfrist des § 135 Abs. 2 GWB für den Antrag auf Feststellung der Unwirksamkeit des Vertragsschlusses ankommen.

e) Feststellungslast

129 Das Nachprüfungsverfahren ist ein von Amts wegen zu führendes Verfahren. Soweit der Nachprüfungsinstanz sichere Feststellungen zu einem entscheidungserheblichen Umstand nicht möglich sind, hat sie eine Entscheidung danach zu treffen, wem die Nichterweislichkeit des Umstands nach dem materiellen Recht zur Last fällt.

130 Im Hinblick auf die sprachliche Fassung der Norm in Abs. 2 und 3 (jeweils: „... Änderung ... ohne Durchführung eines neuen Vergabeverfahrens zulässig, wenn ...“) hat der Auftraggeber das Risiko der Nichterweislichkeit des Vorliegens eines „Befreiungstatbestandes“ nach Abs. 2 bzw. Abs. 3 zu tragen.

131 Der Wortlaut von § 132 Abs. 1 GWB („Wesentliche Änderungen ... erfordern ...“) deutet zwar darauf hin, dass der Wirtschaftsteilnehmer, der sich auf eine Verletzung der Verpflichtung zur (Neu-)Ausschreibung nach dieser Vorschrift beruft, deren Vorliegen zu beweisen bzw. das Risiko der Nichterweislichkeit zu tragen haben könnte. Dies trifft jedoch nicht zu. Im Rahmen der unionsrechtskonformen Auslegung der Vorschrift ergibt sich auch insoweit eine Feststellungslast des Auftraggebers für die Unwesentlichkeit der Vertragsänderung. Nach Art. 72 Abs. 1 lit. e) VRL besteht neben den im deutschen Recht in § 132 Abs. 2 Satz 1 GWB aufgeführten vier Fallgruppen der Befreiung von der Ausschreibungspflicht eine fünfte, nämlich dann, wenn die Änderungen, unabhängig von ihrem Wert, nicht wesentlich i. S. des Art. 72 Abs. 4 VRL sind. Für das Vorliegen eines Ausnahmetatbestands hat aber der Auftraggeber die Feststellungslast zu tragen. Damit korrespondiert in Art. 72 Abs. 5 VRL die Regelung, dass ein neues Vergabeverfahren erforderlich ist bei (allen) anderen als den in den Abs. 1 und 2 vorgesehenen Änderungen der Bestimmungen des öffentlichen Auftrags.[130]

---

127 Vgl. OLG Rostock, Beschl. v. 20.11.2013, 17 Verg 7/13 – SPNV-Notmaßnahme.

128 Vgl. zu Recht kritisch *Summa*, in: jurisPK-VergabeR, § 160 GWB Rn. 187.

129 Vgl. OLG Naumburg, Beschl. v. 29.4.2010, 1 Verg 2/10, VergabeR 2010, 979 – Anteilsveräußerung I, in juris Rn. 91.

130 Ebenso *von Engelhardt/Kaelble*, in: Müller-Wrede, GWB, § 132 Rn. 14.

§ 133 Kündigung von öffentlichen Aufträgen in besonderen Fällen

(1) Unbeschadet des § 135 können öffentliche Auftraggeber einen öffentlichen Auftrag während der Vertragslaufzeit kündigen, wenn

1. eine wesentliche Änderung vorgenommen wurde, die nach § 132 ein neues Vergabeverfahren erfordert hätte,

2. zum Zeitpunkt der Zuschlagserteilung ein zwingender Ausschlussgrund nach § 123 Absatz 1 bis 4 vorlag oder

3. der öffentliche Auftrag aufgrund einer schweren Verletzung der Verpflichtungen aus dem Vertrag über die Arbeitsweise der Europäischen Union oder aus den Vorschriften dieses Teils, die der Europäische Gerichtshof in einem Verfahren nach Artikel 258 des Vertrags über die Arbeitsweise der Europäischen Union festgestellt hat, nicht an den Auftragnehmer hätte vergeben werden dürfen.

(2) Wird ein öffentlicher Auftrag gemäß Absatz 1 gekündigt, kann der Auftragnehmer einen seinen bisherigen Leistungen entsprechenden Teil der Vergütung verlangen. Im Fall des Absatzes 1 Nummer 2 steht dem Auftragnehmer ein Anspruch auf Vergütung insoweit nicht zu, als seine bisherigen Leistungen infolge der Kündigung für den öffentlichen Auftraggeber nicht von Interesse sind.

(3) Die Berechtigung, Schadensersatz zu verlangen, wird durch die Kündigung nicht ausgeschlossen.

Schrifttum: *Burgi/Dreher*, Beck'scher Vergaberechtskommentar, Band 1, GWB, 2017; *Kulartz/Kus/Portz/Prieß*, Kommentar zum GWB-Vergaberecht, 4. Aufl. 2016; *Müller-Wrede*, GWB Vergaberecht, Kommentar, 2016.

Übersicht

I. Allgemeines

§ 133 GWB benennt **erstmals** auf der Grundlage von **Art. 73 VRL** im Vergaberecht die Voraussetzungen, unter denen ein öffentlicher Auftraggeber i.S.d. § 99 GWB[1] einen öffent- 1

1 Für andere Auftraggeber ist § 133 GWB ebenfalls relevant. So verweist § 154 Nr. 4 GWB auf der Grundlage von Art. 44 KVR für die Vergabe von Konzessionen durch Konzessionsgeber entspre-

lichen **Auftrag während** der **Vertragslaufzeit kündigen** kann.[2] In Abs. 1 Nr. 1 bis 3 sind dabei **vorrangig vergaberechtliche Gründe** aufgeführt, die eine solche Kündigung ermöglichen. § 133 Abs. 1 GWB **erweitert** dabei sonstige **zivilrechtliche Kündigungsrechte** und -möglichkeiten, etwa nach dem **BGB**, die davon völlig **unberührt** bleiben. Diese können sich als vertraglich vereinbarte oder auch anderweitig gesetzlich verankerte Kündigungsrechte darstellen, bis hin zum Recht zur Kündigung eines Dauerschuldverhältnisses aus wichtigem Grund gemäß § 314 BGB. **Von § 133 GWB unberührt** bleibt auch die von der Rechtsprechung für extreme Ausnahmefälle anerkannte Möglichkeit, den schon geschlossenen Vertrag nach **§ 138 BGB wegen Sittenwidrigkeit für nichtig** zu erklären.[3] Im letztgenannten Fall sind sämtliche Vergütungs-, Rückforderungs- und Gewährleistungsansprüche nach § 817 Satz 2 BGB ausgeschlossen.

2 Im **Gegensatz** zu **§ 135 Abs. 2 GWB** mit den dortigen Fristen zwischen 30 Tagen und maximal 6 Monaten für die Geltendmachung der Unwirksamkeit eines geschlossenen Vertrages enthält **§ 133 GWB keine zeitliche Begrenzung** für die angesprochenen Kündigungsmöglichkeiten. **Einzige Grenze** bildet die **Anknüpfung** an vertraglich **noch fortdauernde Pflichten**. So ist bei einem Vertrag über einen einmaligen Austausch von Leistung und Gegenleistung der Vertrag mit der geschuldeten einmaligen Leistung nach **§ 362 BGB** erfüllt, sodass für eine Kündigung für die Zukunft[4] mangels noch fortwährender vertraglicher Pflichten dann fristenunabhängig kein Raum mehr ist. In **seltenen Ausnahmefällen** kann einem Auftraggeber die **Kündigungsberechtigung** aber auch noch in einem aktiven Leistungsaustauschverhältnis im **Rahmen** des **Kündigungsermessens unter dem Gesichtspunkt** der mangelnden **Verhältnismäßigkeit abgesprochen** werden. Auch wenn das Kündigungsrecht aus § 133 Abs. 1 GWB grundsätzlich innerhalb eines aktiven Austauschverhältnisses unbefristet gilt, kommt **insbesondere bei rechtsmissbräuchlicher** Ausübung des Kündigungsrechts eine Unverhältnismäßigkeit einer Kündigung z. B. dann in Betracht, wenn der Auftraggeber sich zu Beginn der Auftragsausführung durch eine vergaberechtswidrige Änderungsvereinbarung **bewusst einen Kündigungsgrund auf Vorrat verschafft** hat.[5] Zu beachten bleiben aber bei wirksamer Einbeziehung der VOB/B in einen Bauvertrag § 8 Abs. 4 S. 2 und Abs. 6 VOB/B, wonach die Kündigung nach § 133 GWB innerhalb von 12 Werktagen nach Bekanntwerden des Kündigungsgrundes schriftlich zu erklären ist, da sie ansonsten nicht wirksam ist.

---

chend auf die § 133 bis 135 GWB. Sektorenauftraggeber können und müssen § 133 GWB nutzen und beachten über § 142 GWB (~Art. 90 SRL), der insoweit gerade keinerlei einschränkende Maßgaben aufweist.

2 Erwägungsgrund 112 VRL fordert insoweit nur die Sicherstellung durch die Mitgliedstaaten, dass öffentliche Auftraggeber über die Möglichkeit verfügen, einen öffentlichen Auftrag während seiner Laufzeit kündigen zu können, wenn dies aufgrund des Unionsrechts erforderlich ist. Die Verankerung einer Kündigungspflicht oder eine Kündigungspflicht für den Auftraggeber lässt sich daraus somit nicht ableiten.

3 Vgl. dazu OLG Saarbrücken, Urt. v. 17.8.2016, 1 U 159/14, NZBau 2016, 792 sowie vertiefend zu den neuen Kündigungsmöglichkeiten, *Görlich/Conrad*, VergabeR 2016, 567, 569.

4 Im Rahmen des § 133 GWB kommt nur eine Beendigung der vereinbarten Leistungserbringung für die Zukunft in Betracht, so zu Recht *Görlich/Conrad*, VergabeR 2016, 567, 574.

5 In dieser Diktion *Berger*, in: Burgi/Dreher, GWB, § 133 Rn. 19, der dies aber unter dem Gesichtspunkt der Verwirkung prüft, Gesichtspunkte der Anlassbezogenheit, des Vertrauensschutzes und des Zeitraums aber gerade keine Rolle spielen dürften.

In Abs. 1 hat der Gesetzgeber **drei enumerative Fallkonstellationen** in den Nummern 1 bis 3 benannt, in denen öffentliche Auftraggeber einen öffentlichen Auftrag kündigen können. Die **Rechtsfolgen** einer nach Abs. 1 erfolgten Kündigung behandelt **§ 133 Abs. 2 GWB** in zwei Konstellationen: als **Regelfall (Satz 1)** einerseits, mit einer **abweichenden Ausnahmekonstellation in Satz 2** andererseits. **§ 133 Abs. 3 GWB** stellt – insoweit **wortgleich mit § 314 Abs. 4 BGB** – klar, dass durch eine aufgrund § 133 GWB erfolgte **Kündigung etwaige Schadensersatzansprüche unberührt** bleiben. 3

II. Kündigungsgründe (Abs. 1)

Bis zum Inkrafttreten des § 133 GWB auf der Grundlage des neuen **Art. 73 lit. a), b) und c) VRL** war es in der bundesdeutschen Rechtsprechung trotz eindeutiger Judikate des EuGH[6] umstritten, ob und auf welcher konkreten Rechtsgrundlage die Beendigung eines unter Verstoß gegen das europäische Vergaberecht zustande gekommenen Vertrags erfolgen kann, zumal Entscheidungen des EuGH sich nur gegen den Mitgliedstaat Bundesrepublik Deutschland richteten[7] und nicht gegen den durch die EuGH-Entscheidung mittelbar betroffenen Auftraggeber, gegen den auch das zuständige Bundesministerium für Wirtschaft und Energie keine effektiven Durchgriffsbefugnisse hatte. So wurde ein außerordentliches Kündigungsrecht in diesen Fällen vereinzelt auf eine vertraglich vereinbarte Loyalitätsklausel in Verbindung mit der Bestimmung zum Wegfall der Geschäftsgrundlage nach § 313 BGB gestützt[8] oder auf § 314 BGB. Trotz der vom EuGH vertretenen Beendigungspflicht für vergaberechtswidrige Aufträge sah der **Bundesgesetzgeber** noch **2008 bewusst davon ab**, eigenständige **Kündigungsregelungen im Vergaberecht** zu verankern. Vielmehr hielt er damals ausdrücklich gesetzliche Klarstellungen im GWB mit Verweis auf das BGB für nicht erforderlich.[9] Zur Begründung wurde angeführt, eine denkbare gesetzliche Regelung des Kündigungsrechts würde sachgerechtere vertragliche Lösungen ausschließen und könne sachgerechtere Lösungen im Einzelfall nicht in gleicher Weise sicherstellen[10] und der vierte Teil des GWB sollte nur die öffentlich-rechtlichen Vorschriften zum Vergabeverfahren und zum Rechtsschutz enthalten. 4

Mit der **Vergaberechtsnovelle** zum **18.4.2016** hat der Gesetzgeber in § 133 Abs. 1 GWB diese **Zurückhaltung auf der Grundlage völlig neuer Richtlinienvorgaben** im Art. 73 VRL **aufgegeben** und **drei** enumerative **Fallkonstellationen** verankert, die einen öffentlichen **Auftraggeber** zu einer **Kündigung** eines laufenden Vertrages berechtigen. Mit der 5

---

6 Feststellungsklageentscheidung des EuGH durch Urt. v. 18.7.2007, Rs. C-503/04, VergabeR 2007, 597 auf der Grundlage des Urt. v. 10.4.2003, Rs. C-20/01 und C-28/01, NZBau 2003, 393 – Bockhorn und Braunschweig.

7 Nach Art. 260 AEUV haben die Mitgliedstaaten die Pflicht, Urteile im Rahmen von Vertragsverletzungsverfahren umzusetzen; vgl. dazu EuGH, Urt. v. 18.7.2007, Rs. C-503/04, VergabeR 2007, 597.

8 So durch das LG München, Urt. v. 20.12.2005, 33 O 16465/05, VergabeR 2006, 269. Siehe zum damaligen, offenen Streitstand auch OLG Schleswig, Beschl. v. 4.11.2014, 1 Verg 1/14, NZBau 2015, 186.

9 Gesetzentwurf der Bundesregierung vom 13.8.2008 zum Gesetz zur Modernisierung des Vergaberechts, BT-Drs. 16/10117, S. 41.

10 Erwiderung der Bundesregierung auf Gegenvorschläge des Bundesrates zum Entwurf eines Gesetzes zur Modernisierung des Vergaberechts, BT-Drs. 16/10117, S. 41.

Nummer 3 des Abs. 1 ist nunmehr auch die Konstellation in den Fällen „**Bockhorn und Braunschweig**" erfasst, in denen der **EuGH** die Unzulässigkeit eines Verhandlungsverfahrens ohne EU-Teilnahmewettbewerb ebenso festgestellt hatte wie auch ein unterlassendes Untätigbleiben der Bundesrepublik zwecks Beseitigung des vergaberechtswidrig zustande gekommenen Vertrages.

1. Unzulässige wesentliche Auftragsänderung (Nr. 1)

6 **§ 133 Abs. 1 Nr. 1 GWB** sieht nunmehr eine Kündigungsmöglichkeit vor, wenn ein in der Vergangenheit schon **erteilter Auftrag wesentlich abgeändert** wird, ohne dass dafür ein erneutes Vergabeverfahren durchgeführt wurde, obwohl ein erneutes Vergabeverfahren entsprechend gültigem Vergaberecht hätte durchgeführt werden müssen, weil etwa die Voraussetzungen für die ebenfalls neuen Ausnahmebestimmungen des § 132 Abs. 2 oder 3 GWB nicht vorlagen und die relevanten EU-Schwellenwerte nach § 106 GWB, bezogen auf die Änderung, erreicht oder überschritten waren. Selbiges gilt, wenn der ursprüngliche Auftrag unterhalb der EU-Schwellenwerte lag und durch die nicht EU-weit ausgeschriebene Änderung der EU-Schwellenwert mittels einer erheblichen Ausweitung des Auftrags erreicht wird. Nach **§ 132 Abs. 1 Satz 1 GWB** erfordern **wesentliche Änderungen** eines öffentlichen **Auftrags** nämlich **im Grundsatz immer ein neues Vergabeverfahren**, auch wenn die **Ausnahmetatbestände gegenüber** der bisherigen **EuGH-Rechtsprechung** nunmehr **erheblich ausgeweitet** wurden.

7 Der **Gesetzgeber** hat in **§ 132 Abs. 1 Satz 2 GWB** selbst eine **Definition** des unbestimmten Rechtsbegriffs „**wesentlich**" im Zusammenhang mit Vertragsänderungen während der Vertragslaufzeit vorgenommen. Die Feststellung der Wesentlichkeit einer Vertragsänderung erfordert danach eine wertende Betrachtung der Vertragsänderung im Hinblick darauf, ob die **Änderungen** in ihren **wirtschaftlichen und wettbewerblichen Auswirkungen der Vergabe eines neuen**, vom ursprünglich vergebenen Auftrag **verschiedenen Auftrags gleichkommen**. Es ist abzugrenzen, ob die Vertragsänderungen in ihrer Gesamtheit nur eine Modifikation des bestehenden Vertrages ohne eine wettbewerbliche Relevanz darstellen oder als eigenständiger Beschaffungsvorgang zu bewerten sind.[11] Der Begriff der „**Wesentlichkeit**" in § 132 GWB ist ein **wirkungsbezogener Begriff**.[12] Er dient der **Verhinderung** einer **Verfälschung des Wettbewerbs** und einer **Bevorzugung eines Wirtschaftsteilnehmers** (des bisherigen Leistungserbringers) durch die Nichtausschreibung.

8 Im **Erwägungsgrund 107 VRL** wird insoweit die Kontinuität zur bisherigen Rechtsprechung bekräftigt. Danach sei es erforderlich, die Bedingungen näher zu bestimmen, unter denen Änderungen eines Auftrags während des Ausführungszeitraums ein neues Vergabeverfahren erfordern; dabei sei der einschlägigen Rechtsprechung des Gerichtshofs der Europäischen Union Rechnung zu tragen. Ein neues Vergabeverfahren sei danach erforderlich bei wesentlichen Änderungen des ursprünglichen Auftrags, insbesondere des Umfangs und der inhaltlichen Ausgestaltung der gegenseitigen Rechte und Pflichten der Parteien. Derartige Änderungen seien Ausdruck der Absicht der Parteien, wesentliche Bedingungen des betreffenden Auftrags neu zu verhandeln. Dies sei insbesondere dann der Fall, wenn

---

11 Vgl. dazu die Kommentierung von *Wiedemann* zu § 132 GWB sowie ehedem schon in dieser Diktion Thüringer OLG, Beschl. v. 14.10.2003, 6 Verg 5/03, VergabeR 2004, 113.

12 Vgl. § 132 Rn. 19.

die geänderten Bedingungen, hätten sie bereits für das ursprüngliche Verfahren gegolten, dessen Ergebnis beeinflusst hätten. Änderungen des Auftrags hingegen, die nur zu einer geringfügigen Änderung des Auftragswerts bis zu einer bestimmten Höhe führen, sollten jederzeit möglich sein, ohne dass ein neues Vergabeverfahren durchgeführt werden müsse. Zu diesem Zweck und um Rechtssicherheit zu gewährleisten, sollten Geringfügigkeitsgrenzen vorgesehen werden, unterhalb derer kein neues Vergabeverfahren erforderlich sei. Änderungen des Auftrags, die diese Schwellenwerte überschritten, sollten ohne erneutes Vergabeverfahren möglich sein, soweit diese die in dieser Richtlinie festgelegten Bedingungen erfüllen.

Letztlich kommt auch in den nachfolgend aufgeführten **Regelbeispielen für wesentliche** 9 **Vertragsänderungen in § 132 GWB** auf der Grundlage dieser Richtlinienvorgabe zum Ausdruck, dass für die Wesentlichkeit die Wettbewerbsrelevanz der Vertragsänderungen maßgeblich ist.

So sieht **§ 132 Abs. 1 Satz 2 Nr. 1 GWB** eine wesentliche Auftragsänderung z. B. vor, 10 wenn mit der Änderung Bedingungen eingeführt werden, die, wenn sie schon für das ursprüngliche Vergabeverfahren gegolten hätten,

a) die **Zulassung anderer** Bewerber oder Bieter ermöglicht hätten,
b) die **Annahme** eines **anderen Angebots** ermöglicht oder
c) das **Interesse weiterer Teilnehmer** am Vergabeverfahren geweckt hätten.

§ 132 Abs. 1 Satz 3 Nr. 2, 3 und 4 GWB **ergänzen diese Fallgruppe** um die Änderung des wirtschaftlichen Gleichgewichts des Auftrags, die erhebliche Ausweitung des Auftrags durch die Änderung und die Ersetzung durch einen neuen Auftragnehmer, sofern nicht die Ausnahme in § 132 Abs. 2 Satz 1 Nr. 4 GWB (Überprüfungsklausel/Unternehmensumstrukturierung/Übernahme der Verpflichtungen gegenüber den Unterauftragnehmern durch den Auftraggeber selbst) eingreift.

Greifen diese nunmehrigen gesetzlichen **Dispense** von der Durchführung eines europa- 11 weiten Vergabeverfahrens **nicht** und wird eine vergaberechtlich relevante Änderung eines Altvertrages realisiert, greift nunmehr grundsätzlich und erstmalig gesetzlich fixiert die **Kündigungsmöglichkeit des § 133 Abs. 1 Nr. 1 GWB**.

Eine derart – nunmehr ggf. kündigungsrelevante – **wesentliche Vertragserweiterung** ist 12 von der Rechtsprechung auch schon bisher u. a. in folgenden Fällen angenommen worden:

- Erweiterung eines Vertrags zur augenärztlichen Versorgung auf ursprünglich nicht vorgesehene Dienstleistungen, die etwa 20 % des ursprünglichen Auftragsvolumens erreichten und bei isolierter Betrachtung den Schwellenwert überschritten;[13]
- Erweiterung eines Vertrags zur Prozessoptimierung um ca. 20 %, wobei die Auftragsänderungen auch den Zweck hatten, die gegen den abgeschlossenen Vertrag bestehenden Vorbehalte auszuräumen;[14]
- Erweiterung eines Rettungsdienstvertrages mit dem Gesamtwert von 4,45 Mill. Euro um den Betrieb einer Rettungswache mit einem Auftragswert von 673.719,92 Euro;[15]

13 Vgl. OLG Düsseldorf, Beschl. v. 12.2.2014, VII-Verg 32/13, VergabeR 2014, 557.
14 Vgl. VK Bund, Beschl. v. 22.7.2013, VK 3-56/13, bestätigt durch OLG Düsseldorf, Beschl. v. 18.12.2013, Verg 21/13.
15 Vgl. EuGH, Urt. v. 29.4.2010, Rs. C-160/08, VergabeR 2010, 617.

- Erweiterung eines seit 1978 bestehenden unbefristeten Rettungsdienstvertrags um Rettungsmittelwochenstunden, nachdem ein Gutachten im Jahr 2012 einen erheblichen Aufstockungsbedarf des Auftraggebers ergeben hatte und der Wert der daraufhin in zwei Schritten vorgenommenen Aufstockung den Schwellenwert deutlich überstieg und unabhängig davon den Leistungsumfang des bisherigen Vertrags um 16 % erweiterte;[16] Übernahme des Betriebs neuer zusätzlicher Linienverkehre bei gleichzeitiger Reduzierung der Vergütungssätze um 14 %;[17]
- nicht unwesentliche Änderung eines öffentlichen Auftrags, selbst wenn die betreffende Änderung objektiv eine Vergleichsvereinbarung darstellt, die von Seiten beider Parteien wechselseitige Zugeständnisse beinhaltet und dazu dient, einen Streit mit ungewissem Ausgang beizulegen, der aus einer Störung des Vertragsverhältnisses entstanden ist;[18]
- Erweiterung eines Vertrags über den Betrieb einer Erstaufnahmeeinrichtung für Asylbewerber um einen zusätzlichen Standort;[19]
- Reduzierung des Auftragsumfangs für Telekommunikationsleistungen (Lieferungen und Dienstleistungen) im Hinblick auf objektive, mit unüberschaubaren Konsequenzen verbundene Schwierigkeiten bei der Durchführung des Vertrags;[20]
- Änderung des Verkehrskonzepts, z. B. hinsichtlich der Sitzplatzkapazitäten und der Laufwege beim Umsteigen, mit der Notwendigkeit der Vornahme von Neuinvestitionen;[21] nicht: die Reduzierung bestimmter Leistungen von Doppel- auf Einfachtraktion.[22]

13 Diese vormals nach altem Recht entschiedenen **Fälle**[23] sind im Übrigen aber **nicht unmittelbar 1:1 auf das neue Recht übertragbar**, weil der **Gesetzgeber** inzwischen auf der Grundlage von Art. 72 VRL Umbewertungen und sogar Neubewertungen mit **De-minimis-Ausnahmen**, z. B. in **§ 132 Abs. 3 GWB**, vorgegeben hat. Sie enthalten aber, wenn auch im Wesentlichen auf der Grundlage bisheriger EuGH-Rechtsprechung, **weiterhin Anhaltspunkte** für die Vornahme der wertenden Betrachtung einer **wesentlichen Auftragsänderung**, die aber immer auch noch **an** den **Neuregelungen des § 132 GWB zu spiegeln** sind.

14 Bei **Dienstleistungsverträgen** ist insbesondere die Erweiterung eines Vertrages relevant. Das betrifft insbesondere längerfristige Verträge der Daseinsvorsorge, bei denen Schwankungen des Beschaffungsbedarfs oder gesetzliche Neuregelungen im Fachrecht Vertragsanpassungen aus Sicht des Auftraggebers notwendig machen. Unwesentliche Vertragsänderungen stellen aber z. B. die Änderungen nebenvertraglicher Verpflichtungen, z. B. Informationspflichten, oder von Formvorschriften dar.

15 Bei **Lieferverträgen** können **Änderungen der technischen Anforderungen** an die Produkte wesentliche Vertragsänderungen darstellen. Das ist insbesondere dann der Fall, wenn

---

16 Vgl. Schleswig-Holsteinisches OLG, Beschl. v. 28.8.2015, 1 Verg 1/15, VergabeR 2015, 768.
17 Vgl. OLG Düsseldorf, Beschl. v. 8.5.2002, VII-Verg 15/01.
18 Vgl. EuGH, Urt. v. 7.9.2016, Rs. C-549/14, NZBau 2016, 871 zu Art. 2 VKR 2004; so auch schon EuGH, Urt. v. 14.11.2013, Rs. C-221/12, NZBau 2014, 53 zu einer Dienstleistungskonzession zu Art. 49 und 56 AEUV.
19 Vgl. OLG Dresden, Beschl. v. 7.7.2015, Verg 3/15.
20 Vgl. EuGH, Urt. v. 7.9.2016, Rs. C-549/14, VergabeR 2017, 35.
21 BGH, Beschl. v. 8.2.2011, X ZB 4/10, VergabeR 2011, 452.
22 Vgl. OLG Rostock, Beschl. v. 25.9.2013, 17 Verg 3/13, VergabeR 2014, 209.
23 Vgl. § 132 Rn. 49 und 55, denen diese Beispielsfälle teilweise entnommen sind.

ein Produktwechsel unter **Verzicht auf bisher zwingende Leistungsvorgaben** erfolgt, weil diese Änderung, wäre sie bereits Gegenstand des ursprünglichen Vergabeverfahrens gewesen, zu anderen Teilnehmerfeldern bzw. anderen Wettbewerbsergebnissen hätte führen können.[24]

Insbesondere auch für und in **Verhandlungsverfahren** im Liefer- und Dienstleistungsbereich ist nunmehr ausdrücklich ergänzend festgelegt, dass dort im Vergabeverfahren **Verhandlungen über die Mindestanforderungen unzulässig** sind, vgl. **§ 17 Abs. 10 Satz 2 VgV**. Zudem muss sich der Auftraggeber gem. **§ 17 Abs. 14 Satz 2 VgV** am Ende der Verhandlungen nochmals ausdrücklich **vergewissern**, dass die **finalen Angebote die Mindestanforderungen erfüllen**. Ändert der Auftraggeber kurz nach dem Vertragsschluss die vertraglichen Grundlagen und gibt die ehemaligen Mindestbedingungen zugunsten des Vertragspartners auf, so **umgeht** er diese **vor dem Zuschlag eingebauten Sicherungsanker** zulasten eines dann nicht mehr fairen und nicht mehr gleichberechtigten Wettbewerbs kurz nach dessen Ende. 16

Bei objektbezogenen **Bauverträgen** kommen in der Praxis bloße Vertragsmodifikationen häufig vor und sind von wesentlichen Auftragsänderungen **abzugrenzen**, die wettbewerbliche Relevanz besitzen. 17

In der höchstrichterlichen Rechtsprechung ist anerkannt, dass die Inanspruchnahme der in der **VOB/B** enthaltenen **Vertragsklauseln** zur Flexibilisierung **regelmäßig keine wesentliche Vertragsänderung** darstellt, so für **§ 2 Abs. 5 VOB/B**.[25] Insoweit wird von einer hinreichend klaren Vertragsklausel im Ursprungsvertrag auszugehen sein. Dies gilt wohl auch für Änderungen des Bauauftrags durch den Auftraggeber auf der Grundlage des § 1 Abs. 3 VOB/B, wenn die Änderungen des Bauentwurfs nicht zur Beschaffung eines anderen Bauwerks als nach dem ursprünglichen Vertrag vorgesehen führen, also identitätswahrend sind.[26] Die Änderungen des Bauvertrags nach § 1 Abs. 4 Satz 1 VOB/B dürften regelmäßig von den Tatbeständen der **§ 132 Abs. 2 Nr. 2 und Nr. 3** erfasst werden[27] und damit **keine Kündigung** auf der Grundlage des § 133 Abs. 1 Nr. 1 GWB **rechtfertigen**. Daran dürfte sich auch durch das am 1.1.2018 in Kraft getretene, neue Bauvertragsrecht im BGB nichts geändert haben. Zum einen bestimmt § 310 Abs. 1 S. 3 BGB, dass die VOB/B, wenn sie insgesamt ohne inhaltliche Abweichungen in den Vertrag einbezogen wurde, keiner Inhaltskontrolle nach den § 307 Abs. 1 und 2, § 308 Nr. 1 a und b BGB unterliegt und somit klauselfest ist. Zum Zweiten dürfte sich auch durch das neu geschaffene einseitige Anordnungsrecht des Auftraggebers als Besteller nach § 650 b BGB n. F. im Verhältnis zulässige Vertragsanpassung i. S. d. § 132 GWB zum ausschreibungspflichtigen und kündigungsrelevanten Neuvertrag Nichts geändert haben.[28] 18

Für **zusätzliche** Leistungen i. S. von **§ 1 Abs. 4 Satz 2 VOB/B** wird regelmäßig eine Ausschreibungspflicht bestehen. Dies gilt jedenfalls dann, wenn die zusätzlichen Arbeiten kei- 19

24 Vgl. VK Bund, Beschl. v. 12.11.2012, VK 1-109/12, IBR 2010, 353.

25 Vgl. BGH, Urt. v. 20.8.2009, VII ZR 205/07, BGHZ 182, 158; BGH, Urt. v. 22.7.2010, VII ZR 213/08, BGHZ 186, 295; BGH, Urt. v. 10.1.2013, VII Verg 37/11, NZBau 2013, 190.

26 So § 132 Rn. 57.

27 Vgl. OLG München, Urt. v. 9.3.2010, 9 U 3488/07, BauR 2011, 1543; *Eschenbruch*, in: Kulartz/Kus/Portz/Prieß, GWB, § 132 Rn. 89 m. w. N.

28 So auch und vertiefend *Diehl*, VOB-Vertragsmanagement – Auswirkungen der neuen gesetzlichen Leitbilder des GWB und BGB-E für das öffentliche Bauauftragswesen, ZfBR 2017, 762.

nen inneren Zusammenhang zum bisherigen Vertrag aufweisen oder gar zunächst gesondert ausgeschrieben worden waren.[29] Gerade derartige zusätzliche Leistungen sind deshalb im besonderen Maße geeignet, insbesondere bei sehr langwierigen Bauvorhaben eine spätere Kündigung durch den Auftraggeber zu rechtfertigen.

20 **Fraglich** ist, **worauf sich die Kündigungsberechtigung** bei einer **vergaberechtlich unzulässigen Vertragsänderung** erstreckt bzw. erstrecken muss. Denkbar wäre zum einen nur der änderungsrelevante Vertragsteil, andererseits aber auch der gesamte abgeänderte Vertrag mitsamt dem ehedem schon vergebenen Grundvertrag.

21 Die **Kündigung** dürfte **regelmäßig nur die Auftragsänderung** selber erfassen (müssen), **sofern diese vom Ursprungsauftrag trennbar** ist. Dafür sprechen der **Verhältnismäßigkeitsgrundsatz** und eine **Parallelbetrachtung zu § 139 BGB** bei einer **Teilnichtigkeit** von Verträgen. Unter diesem Gesichtspunkt abtrennbar kündbar erscheinen insbesondere vorzeitige Vertragsverlängerungen und **Erweiterungen** des bisherigen Leistungsumfangs.

22 Die **Kündigung** ist auch dann **möglich**, wenn der **Anstoß zur Auftragsänderung** einzig und allein vom öffentlichen **Auftraggeber** ausgegangen sein sollte.[30]

2. Zwingender Ausschlussgrund nach § 123 GWB (Nr. 2)

23 Nach **§ 133 Abs. 1 Nr. 2 GWB** liegt ein **weiterer möglicher Kündigungsgrund** vor, wenn zum Zeitpunkt der Zuschlagserteilung ein zwingender **Ausschlussgrund nach § 123 Abs. 1 bis 4 GWB**[31] beim **Zuschlagsbieter** und Auftragnehmer vorlag. Damit setzt der Gesetzgeber **Art. 73 lit. b) VRL** in deutsches Recht um. Nach der **Gesetzesbegründung** ist es für das Vorliegen dieser Kündigungsmöglichkeit **nicht erforderlich**, dass der öffentliche **Auftraggeber** zum Zeitpunkt der damaligen Zuschlagserteilung **Kenntnis** vom Vorliegen des zwingenden Ausschlussgrundes erlangt **hatte**. Vielmehr ist diese Kündigungsmöglichkeit **auch** schon **dann** gegeben, wenn ein zwingender Ausschlussgrund zum Zeitpunkt der Zuschlagserteilung (objektiv) vorlag, der öffentliche Auftraggeber davon jedoch **erst zu einem späteren Zeitpunkt Kenntnis** erlangt hat.[32] **Nicht umfasst**, weil dies eine Erweiterung unionsrechtlich nicht vorgesehener Kündigungsgründe nach sich ziehen würde, sind demnach **zwingende Ausschlussgründe nach § 123 Abs. 1 bis 4 GWB, wenn diese nach Zuschlagserteilung** entstanden sind. Derartige Ausschlussgründe sind jedenfalls im Rahmen des § 133 Abs. 1 Nr. 2 GWB nicht kündigungsrelevant.

24 **Ungeklärt** scheint dabei auch die denkbare Situation, dass objektiv ein zwingender Ausschlussgrund nach § 123 Abs. 1 bis 4 GWB vorlag, der Auftraggeber aber, u. U. **fälschlicherweise, von einer ausschlussverhindernden Selbstreinigung** des Unternehmens nach

---

29 Vgl. VK Bund, Beschl. v. 7.7.2014, VK 2-47/14, ZfBR 2014, 715.

30 So *Fülling*, in: Müller-Wrede, GWB, § 133 Rn. 26, der gegenläufige, einschränkende Tendenzen unter dem Gesichtspunkt von Treu und Glauben zu Recht ablehnt, weil das Ziel des § 133 GWB die Einhaltung der aus dem Unionsrecht erwachsenden Verpflichtungen im Bereich der öffentlichen Auftragsvergabe sei und ein mögliches Verschulden des Auftraggebers im Rahmen etwaiger Schadensersatzansprüche zu berücksichtigen sei.

31 Vgl. dazu die Kommentierung zu § 123 GWB, der zuletzt im Abs. 1 Nr. 6 geändert wurde durch das Gesetz zur Einführung eines Wettbewerbsregisters und zur Änderung des Gesetzes gegen Wettbewerbsbeschränkungen, G. v. 18.7.2017, BGBl. I, S. 2739.

32 Gesetzesbegründung BT-Drs. 18/6281, S. 121.

§ 125 GWB[33] ausgegangen war, die sich nachträglich jedoch als nicht stichhaltig erwiesen hat. Gleiches gilt für die Situation, dass zwingende Gründe des öffentlichen Interesses unter den Voraussetzungen des § 123 Abs. 5 GWB ein Absehen von einem Ausschluss nach § 123 Abs. 1 GWB ermöglicht hätten oder aus heutiger Sicht die damalige Interessenabwägung zugunsten des Auftragnehmers fehlerhaft erscheint.

Soweit *Fülling*[34] zu § 123 Abs. 5 GWB in diesem Zusammenhang die These vertritt, dass von einer Kündigung nach § 133 Abs. 1 Nr. 2 GWB auch dann abgesehen werden könne, wenn nunmehr Gründe nach § 123 Abs. 5 GWB vorliegen, da diese aus dem **Verhältnismäßigkeitsgrundsatz** des § 97 Abs. 1 Satz 2 GWB fließende Wertung die Situation sowohl vor als auch nach der Zuschlagserteilung zu beachten habe, **überzeugt dies nicht**. § 133 Abs. 1 Nr. 2 GWB nimmt **lediglich die Abs. 1 bis 4** des § 123 GWB in Bezug, **nicht** aber dessen **Abs. 5**. Es gibt insbesondere auch keinen Vorbehalt, dass die Entscheidung innerhalb des § 133 Abs. 1 Nr. 2 unter besonderer Berücksichtigung eines über die normale Ermessensausübung hinausgehenden Verhältnismäßigkeitsgrundsatzes im Hinblick auf objektiv vorliegende und zwingende und nicht nur fakultative Ausschlussgründe zu treffen sei. Auch die Gesetzesbegründung verhält sich dazu nicht. 25

Entscheidend muss daher die **objektive Sachlage** zu den konkret betroffenen zwingenden Ausschlussgründen nach **§ 123 Abs. 1 bis 4 GWB** im Zeitpunkt der damaligen Zuschlagsentscheidung sein. **Nicht entscheidend** kann sein, **ob damals ggf. anderslautende Erwägungen ggf. hätten angestellt** werden können, **da** dies jedenfalls **objektiv damals nicht erfolgt** ist. Die Situation im **aktiven Wettbewerb** mit anderen Bietern zu zwingenden Ausschlussgründen mit Gegenausnahmen ist **situativ eine völlig andere als** bei der **denkbaren Kündigung** eines einzigen Auftragnehmers, bei dem sich im Nachgang zwingende Ausschlussgründe erweisen und der **keinem Wettbewerb** und **keiner akuten Wertungsentscheidung** mehr ausgesetzt ist. **In § 133 GWB** geht es gerade darum, die **Gleichbehandlung mit anderen zwingend ausgeschlossenen Bietern** im Nachgang durch die einzig noch denkbare Sanktion der Kündigung des geschlossenen Vertrages erstmalig wieder herzustellen. Dürfte der Auftraggeber in dieser auch für ihn misslichen Situation **subjektive Erwägungen** zu zwingenden Gründen des öffentlichen Interesses oder Verhältnismäßigkeitserwägungen **erstmalig anstellen**, könnte sich die **Gefahr einer nachträglichen Rechtfertigung** des eigentlich **vergaberechtswidrigen Verbleibens** eines auszuschließenden Bieters im Wettbewerb extrem verdichten. Diese **objektive, rückwärtsgewandte Ausrichtung** der Kündigungsgründe insgesamt zeigt auch der **Vergleich mit der Kündigungsklausel in § 133 Abs. 1 Nr. 3 GWB**, bei der der **EuGH** nach rein **objektiven Gesichtspunkten** im Rahmen eines **Vertragsverletzungsverfahrens** nach Art. 258 AEUV feststellen muss, ob und dass der öffentliche Auftrag, etwa wegen zwingender Ausschlussgründe, nicht an den Auftragnehmer hätte vergeben werden dürfen. Dies betrifft **dort nur die vergangenheitsbezogene Entscheidung zugunsten des Auftragnehmers aus damaliger Sicht**. Im Zeitpunkt der Kündigungsentscheidung zu Nr. 3 ist die zugrunde liegende Entscheidung des **EuGH** aber schon abschließend gefallen und kann auch **nicht mehr durch nachträgliche Verhältnismäßigkeitsüberlegungen des Auftraggebers in ihr Gegenteil verkehrt** werden. In die gleiche Richtung zielt auch die Hilfserwägung, dass bei der damaligen Auswahlentscheidung der erst jetzt in das Vergaberecht implementierte „Weichma- 26

33 Vgl. dazu die Kommentierung zu § 125 GWB.

34 *Fülling*, in: Müller-Wrede, GWB, § 133 Rn. 30.

cher“ in § 123 Abs. 5 GWB noch gar nicht gegolten hat und der zwingende Angebotsausschluss die einzig denkbare Entscheidung gewesen wäre. Ergänzend ist darauf hinzuweisen, dass § 125 Abs. 1 Satz 1 GWB bestimmt, dass ein Unternehmen dem öffentlichen Auftraggeber nachgewiesen haben muss, dass schadensausgleichende Zahlungen und eine aktive Zusammenarbeit u.a. mit den Ermittlungsbehörden vorgenommen wurden bzw. stattgefunden haben. Somit ist es nicht die aktive Aufgabe des Auftraggebers im Rahmen einer Kündigungsprüfung, mit dem Auftragnehmer von sich aus Erwägungen zu einer denkbaren Selbstreinigung anzustellen. Wollte man dies anders sehen, könnten **in ein und derselben Angelegenheit unterschiedliche Ergebnisse im Hinblick auf eine Kündigung** erfolgen, je nachdem ob die Nr. 2 mit Relativierungsmöglichkeit oder die Nr. 3 geprüft wird, auch wenn einzuräumen ist, dass es sich im Rahmen der Nr. 3 um eine schwere Verletzung des Unionsrechts handeln muss.

27 Im Übrigen bleibt das **Recht des öffentlichen Auftraggebers zur Anfechtung** des zivilrechtlichen Vertrags **unberührt**.[35]

3. Durch den EuGH festgestellte schwere Verletzung des Unionsrechts (Nr. 3)

28 **§ 133 Abs. 1 Nr. 3 GWB** dient der Umsetzung von **Art. 73 lit. c) VRL** und betrifft den Fall, dass der Vertrag aufgrund eines schweren Verstoßes gegen die Verpflichtungen aus dem AEUV oder den Vergaberichtlinien 2014/23/EU, 2014/24/EU und 2014/25/EU[36] **nicht an den vertraglich gebundenen Auftragnehmer hätten vergeben werden dürfen** und dies der **EuGH in einem Verfahren nach Art. 258 AEUV vorher festgestellt** hat.[37] Bereits nach der schon dargelegten bisherigen Rechtsprechung des EuGH ist ein öffentlicher Auftraggeber verpflichtet, einen unionswidrig zu Stande gekommenen, noch laufenden Vertrag zu beenden. Soweit dies erforderlich ist, kann der öffentliche Auftraggeber daher einen laufenden Vertrag kündigen, und zwar nach der Gesetzesbegründung nach § 314 BGB[38] auch schon, um ein drohendes Vertragsverletzungsverfahren der EU-Kommission zu verhindern. Die Vorschrift des § 133 Abs. 1 Nr. 3 GWB hingegen normiert nach der Gesetzesbegründung[39] dieses Kündigungsrecht erst und richtigerweise für den erweiterten Fall im GWB, dass der EuGH eine entsprechende Vertragsverletzung auch tatsächlich festgestellt hat.

29 Eine **Definition** der erforderlichen **„schweren“ Verletzung** des Unionsrechts findet sich im **Gesetz nicht**.[40] Einem durch die EU-Kommission angestoßenen Vertragsverletzungsverfahren nach Art. 258 AEUV liegt in der Regel auch aufgrund der vorherigen Stellungnahmemöglichkeiten des Mitgliedstaates eine gravierende Verletzung des EU-Primär- (z. B. AEUV) oder Sekundärrechts (z. B. EU-Vergaberichtlinien) zugrunde. Typische Fall-

35 So die Gesetzesbegründung zu § 133 GWB, BT-Drs. 18/6281, S. 121.

36 Umgesetzt durch das GWB, z. T. hilfsweise ergänzt durch die jeweils einschlägigen Vergabeverordnungen.

37 So Gesetzesbegründung BT-Drs. 18/6281, S. 121.

38 Gesetzesbegründung, BT-Drs. 18/6281, S. 120 zu Absatz 1.

39 Gesetzesbegründung BT-Drs. 18/6281, S. 121.

40 Die englische Sprachfassung des zugrunde liegenden Artikels 73 VRL lautet „a serious infringement of the obligations“, was ebenfalls mit schwer, ernsthaft oder gravierend übersetzt werden kann.

konstellationen dürften die Direktvergabe eines Auftrags ohne erforderliches EU-Ausschreibungsverfahren sein oder die Vergabe an einen Bieter in einem formgerechten Verfahren, der aus zwingenden Gründen den Auftrag nicht hätte erhalten dürfen. Der Wortlaut des § 133 Abs. 1 Nr. 3 GWB ist insoweit auslegungsbedürftig. Denn dort ist zum einen der Vertrag über die Arbeitsweise der Europäischen Union (AEUV) ausdrücklich aufgeführt. Andererseits heißt es aber auch weiter: „oder aus den Vorschriften dieses Teils“ Damit dürfte der vierte Teil des nationalen GWB gemeint sein, über dessen ggf. schwere Verletzung der EuGH in seinem Urteil aber nicht befindet, sondern z. B. über eine Verletzung von sekundärem EU-Richtlinienrecht, das wie im Falle der drei EU-Vergaberichtlinien VRL, SRL und KVR auch im vierten Teil des GWB in nationales Recht umgesetzt ist.[41]

Da eine Kündigung nach Nr. 3 erst nach einem ergangenen Urteil des EuGH erfolgen kann, das erfahrungsgemäß kaum vor zwei Jahren erwartet werden kann, kann der öffentliche Auftraggeber erwägen, schon in den Vertrag mit dem Auftragnehmer **turnusmäßig ein Kündigungsrecht** für den Fall zu **vereinbaren**, dass infolge der späteren Rechtsprechung das Vergabeverfahren und die Auswahlentscheidung als **letztlich unionswidrig erkannt** werden.[42] 30

4. Ermessensausübung

§ 133 Abs. 1 GWB ist als **Kann-Vorschrift** („**können** öffentliche Auftraggeber“) ausgestaltet. Somit steht die Ausübung des gesetzlich eingeräumten Kündigungsrechts im **pflichtgemäßen Ermessen** des Auftraggebers als aktuellem Vertragspartner des Auftragnehmers. Dabei stehen auf der einen Seite der **Grundsatz der Gesetzmäßigkeit der Verwaltung**, auf der anderen Seite u. U. auch **berechtigte Belange des Auftragnehmers** und ggf. der ehemaligen Bieterunternehmen, die in einem **verhältnismäßigen Umfang gegeneinander abgewogen** werden müssen. Dies kann im Einzelfall dazu führen, dass das **Absehen von einer Kündigung** eine ermessenskonforme Entscheidung sein kann, etwa wenn der ggf. kündigungsfähige Vertrag ohnehin in ein paar Tagen sein Ende findet. Zudem können im Einzelfall im Sinne der **ultima ratio einer Kündigung auch mildere Mittel** gewählt werden, etwa ein einvernehmlicher **Aufhebungsvertrag nach § 305 BGB** oder eine Kündigung zu einem leicht nach hinten verschobenen Termin, um eine ordnungsgemäße, auch technische Abwicklung des Vertragsverhältnisses[43] zu ermöglichen. 31

Zu beachten bleibt aber im Fall des § 133 Abs. 1 Nr. 3 GWB, dass die im Urteil des EuGH niedergelegten Maßnahmen nach **Art. 260 Abs. 1 AEUV unverzüglich**, d. h. ohne schuldhaftes Zögern einzuleiten und innerhalb kürzestmöglicher Frist abzuschließen sind.[44] An- 32

41 So auch Gesetzesbegründung, BT-Drs. 18/6281, 121: „... aufgrund eines schweren Verstoßes gegen die Verpflichtungen, welche sich aus dem Vertrag über die Arbeitsweise der Europäischen Union **oder den Richtlinien 2014/23/EU, 2014/24/EU und 2014/25/EU, welche durch die Vorschriften dieses Teils umgesetzt werden**, ergeben ...“

42 So zu Recht *Fülling*, in: Müller-Wrede, GWB, § 133 Rn. 31 m. w. N.

43 So kann bei der Anmietung einer Datenbank oder der Pflege von Softwarelizenzen ein Übergangszeitraum vonnöten sein, in dem eine Datenmigration realisiert wird oder Quellcodes noch bei einem Treuhänder hinterlegt werden oder eine finale Verfahrensdokumentation abgeschlossen wird.

44 Vgl. EuGH, Urt. v. 18.7.2007, Rs. C-503/04, NZBau 2007, 594.

sonsten drohen zudem **empfindliche Zwangsgelder** durch den EuGH. Ein Recht des Auftragnehmers auf Beendigung des Vertrages hingegen folgt daraus nicht.[45]

III. Rechtsfolgen

1. Vergütungsanspruch (Abs. 2)

a) Anteilige Vergütung (Satz 1)

33 **§ 133 Abs. 2 Satz 1 GWB** regelt (nur) die **Rechtsfolgen einer Kündigung** durch den öffentlichen Aufraggeber nach § 133 Abs. 1 GWB. Danach ist der **Auftragnehmer** trotz und in Ansehung der erfolgten Auftraggeberkündigung grundsätzlich berechtigt, einen **seinen bisherigen Leistungen entsprechenden Teil der Vergütung** zu verlangen.[46] Damit übernimmt der Gesetzgeber die **Wertung aus § 628 Abs. 1 Satz 1 BGB**[47] und nicht etwa diejenige des § 648 Satz 2 BGB.[48] Nach letztgenannter Vorschrift wäre der Unternehmer/Auftragnehmer bei Kündigung des Bestellers/Auftraggebers sogar berechtigt, die vereinbarte Vergütung unter Anrechnung seiner Ersparnisse an eigenen Aufwendungen oder anderweitiger Vergütungsmöglichkeiten zu verlangen. Diese vor fast zehn Jahren vom Bundesrat noch für sachgerecht erachtete Variante sähe das Risiko eines ggf. unionswidrig zustande gekommenen Vergabeverfahrens beim Auftraggeber und nicht beim Auftragnehmer. Mit der nunmehrigen Anlehnung an § 628 Abs. 1 Satz 1 BGB (Teilvergütung und Schadensersatz bei fristloser Kündigung) erhält der **Auftragnehmer** nach einer Auftraggeberkündigung **nur den seinen bisher tatsächlich erbrachten Leistungen entsprechenden Teil der Vergütung**, auch wenn er schon interne Aufwendungen getätigt hatte, die auf die gesamte Vertragslaufzeit bezogen waren.

b) Kein Vergütungsanspruch im Falle des Abs. 1 Nr. 2 bei Interessenswegfall (Satz 2)

34 Zudem wird mit **Satz 2** der **Vergütungsanspruch des Auftragnehmers** – **nur für** den Fall des **Abs. 1 Nr. 2** („zwingender Ausschlussgrund“) – **beschränkt**, soweit die Leistungen des Auftragnehmers infolge der Kündigung **ohne Wert oder Vorteil für den öffentlichen Auftraggeber** sind.

35 Zwar ist der öffentliche Auftraggeber unmittelbar durch die Vorschriften des Vergaberechts verpflichtet.[49] Er trägt aber nunmehr das Risiko, dass vergaberechtliche Gesichtspunkte einer weiteren Vertragsdurchführung entgegenstehen, bei wirtschaftlicher Betrachtung nicht allein.[50] Mit **§ 133 Abs. 2 Satz 2 GWB** wird daher erstmalig direkt im Vergaberecht der zivilrechtliche Vergütungsanspruch des Auftragnehmers (nur) für den in

45 So zu Recht OLG Schleswig, Beschl. v. 28.8.2015, 1 Verg 1/15, VergabeR 2015, 768.
46 Vgl. Gesetzesbegründung, BT-Drs. 18/6281, S. 121.
47 Gesetzesbegründung, BT-Drs. 18/6281, S. 121.
48 Für eine Kündigungsfolgenregelung anhand des ehemaligen, zu § 648 BGB wertgleichen § 649 Satz 2 BGB ehedem aber der Bundesrat 2008, BT-Drs. 16/10117, S. 32 mit ablehnender Gegenäußerung der Bundesregierung BT-Drs. 16/10117, S. 41.
49 Vgl. z. B. § 97 Abs. 6 GWB und § 181 GWB.
50 Gesetzesbegründung, BT-Drs. 18/6281, S. 121.

§ 132 Abs. 1 Nr. 2 GWB genannten Fall eines zwingenden Ausschlussgrundes bei Zuschlagserteilung **beschränkt**, soweit die **Leistungen** des gekündigten Auftragnehmers **infolge der Kündigung ohne Wert und Vorteil** für den öffentlichen Auftraggeber sind.

Vor dem Hintergrund, dass ein zwingender Ausschlussgrund nach **§ 123 Abs. 1 bis 4 GWB in der Regel** die **Verurteilung** wegen einer **schweren Straftat** voraussetzt, ist es sachgerecht, den **Vergütungsanspruch** des Auftragnehmers zu **beschränken**.[51] Denn der Auftragnehmer hat durch die gesetzlich nicht gerechtfertigte Auftragserteilung trotz zwingenden Ausschlussgrundes nach § 123 Abs. 1 bis 4 GWB und des entsprechenden Wertungsfehlers des öffentlichen Auftraggebers massiv wirtschaftlich **profitiert**, da er den Auftrag objektiv **unrechtmäßigerweise** zulasten eines anderen Wettbewerbers oder unter Vermeidung einer Aufhebung erhalten hat.[52] 36

Nicht erfasst wird damit die durchaus aus Compliance-Gesichtspunkten relevante Fallkonstellation des **nur fakultativen Ausschlussgrundes des 124 Abs. 1 Nr. 9 GWB**, in denen der spätere Auftragnehmer z. B. versucht hat, die Entscheidungsfindung des öffentlichen Auftraggebers, etwa zur Unterlassung einer europaweiten Ausschreibung, zur Missachtung eines fakultativen Ausschlussgrundes, etwa des § 124 Abs. 1 Nr. 1 bis 8 GWB, oder zur Ermittlung des tatsächlich wirtschaftlichsten Angebotes, **in unzulässiger Weise zu beeinflussen** (§ 124 Abs. 1 Nr. 9 lit. a) GWB). Ebenfalls irrelevant für eine teilweise Vergütungskürzung nach § 133 Abs. 2 Satz 2 GWB sind demnach auch der Versuch eines Bieters und späteren Auftragnehmers, vertrauliche Informationen zu erhalten, durch die er unzulässige Vorteile beim Vergabeverfahren erlangen könnte (§ 124 Abs. 1 Nr. 9 lit. b) GWB). 37

2. Schadensersatzanspruch (Abs. 3)

Mit Abs. 3 wird – analog § 314 Abs. 4 BGB – rein deklaratorisch klargestellt, dass durch die Kündigung etwaige Schadensersatzansprüche unberührt bleiben. Dies betrifft in erster Linie den gekündigten Auftragnehmer. Durch die Kündigung und einen ggf. auch nur anteiligen Vergütungsanspruch für seine schon erbrachten Leistungen soll er ggf. darüber hinaus gehende **Schadensersatzansprüche nicht verlieren**. **§ 133 GWB begründet somit weder Schadensersatzansprüche noch schließt er sie per se aus**. Schadensersatzansprüche sind vielmehr **separat** nach wie vor möglich und völlig gesondert verfolgbar. Derartige Schadensersatzansprüche gegen den kündigenden Auftraggeber kommen immer dann in Betracht, wenn diesen bei dem Zustandekommen des vergabewidrigen Vertrages, etwa durch Vermeidung der europaweiten Ausschreibung, selber ein Verschulden trifft. Dies dürfte insbesondere den **Fall des § 135 Abs. 3 GWB** betreffen, bei dem der Auftraggeber **unrechtmäßigerweise der subjektiven Ansicht** gewesen ist, er könne den Auftrag ohne europaweite Bekanntmachung vergeben, und sich diese **Ansicht nicht als tragfähig** oder zumindest vertretbar erweist. 38

51 Gesetzesbegründung, BT-Drs. 18/6281, S. 121.

52 Ähnlich auch schon LG München, Urt. v. 20.12.2005, 33 O 16465/05, VergabeR 2006, 269, wenn auch bezogen auf diese Wertungslinie im Rahmen einer vom EuGH durch Urteil vom 18.11.2004, Rs. C-126/03, VergabeR 2005, 57, beanstandeten unrechtmäßigen De-facto-Vergabe, bei der der Auftragnehmer ebenfalls von einem Verstoß gegen das Vergaberecht profitiert und in Kenntnis mangelnden Wettbewerbs höhere Angebotspreise durchsetzen kann.

39 Etwaige Schadensersatzansprüche können z.B. nach den allgemeinen Schadensersatzvorschriften des BGB[53] bestehen. Im Rahmen des ergänzenden Schadensersatzrechtes können die Verantwortlichkeiten und ein **eventuelles Mitverschulden** nach der **Gesetzesbegründung**[54] im Einzelfall dann **gerecht gewertet** werden.[55] Dabei ist insbesondere an vertragliche Schadensersatzansprüche statt der Leistung **(§§ 280, 281 BGB)** oder wegen der Verletzung sonstiger Interessen oder Rechtsgüter (§ 280 Abs. 1 BGB) zu denken. Auch gesetzliche Ansprüche aus Delikt gem. **§ 823 BGB** sind denkbar, aber eben nicht im Rahmen des § 133 GWB verortet, sondern gem. § 13 Gerichtsverfassungsgesetz **gesondert vor den Zivilgerichten** geltend zu machen. Auch die Bindungswirkung aus § 179 Abs. 1 GWB in positiver wie negativer Hinsicht[56] steht hier ohne gesondertes Nachprüfungsverfahren vor den Nachprüfungsinstanzen nicht zur Verfügung.

40 In gleicher Weise sind auch aus der Sicht des kündigenden **Auftraggebers eigene Schadensersatzansprüche gegen den Auftragnehmer** umgekehrt **nicht ausgeschlossen**.

IV. Rechtsschutz

41 § 133 GWB ist **nicht bieterschützend** i.S.v. § 97 Abs. 6 GWB. § 133 Abs. 1 GWB stellt lediglich eine **rechtliche Grundlage** dar, mit der der Auftraggeber die Einhaltung der ihm selber aus den unionsrechtlichen Vorgaben des Primär- und Sekundärrechts erwachsenden Pflichten während der Laufzeit eines Vertrages sicherstellen kann. Einem **unterlegenen Bieter** steht somit **kein Anspruch** gegen den öffentlichen Auftraggeber **auf Kündigung** eines vergaberechtswidrig zustande gekommenen Vertrages zu, noch kann er selber eine ihm gegenüber erklärte Kündigung vor den Vergabenachprüfungsinstanzen revidieren lassen.[57]

42 Zur Sicherstellung seiner Rechtsposition stehen einem **Bieter vielmehr § 135 Abs. 1 Nr. 2 GWB** sowie innerhalb eines Vergabenachprüfungsverfahrens die Instrumente aus § 169 Abs. 3 GWB zur Verfügung. Diese sind dann aber auf Unwirksamkeitserklärung eines schon geschlossenen Vertrages oder Untersagung der Vertragsdurchführung durch die Vergabenachprüfungsinstanzen gerichtet, **nicht aber auf eine Kündigung durch den Auftraggeber**. Erklärt eine Vergabenachprüfungsinstanz einen geschlossenen Vertrag rückwirkend für unwirksam, entfällt der Rechtsgrund, und die Rechtsfolgen ergeben sich dann aus dem Bereicherungsrecht des BGB mit § 812 Abs. 1 Satz 1 BGB[58] direkt. **Zwar** spricht **§ 156 Abs. 2 GWB** auch von **sonstigen Ansprüchen gegen einen Auftraggeber**, die auf die **Vornahme** oder das Unterlassen einer **Handlung in einem Vergabeverfahren** gerichtet sind. Das Erzwingen einer **Kündigung** oder die **Abwehr einer Kündigung** eines „aktiven“ Vertrages sind **aber** dem eigentlichen **Vergabeverfahren nachgelagert**, das grundsätzlich mit der Auftragserteilung durch den Zuschlag sein Ende findet. Ab diesem Zeit-

---

53 Vgl. dazu ausführlich *Görlich/Conrad*, VergabeR 2016, 567, 577 ff.

54 Gesetzesbegründung BT-Drs. 18/6281, S. 121.

55 So die Gesetzesbegründung zu § 133 Abs. 3 GWB, BT-Drs. 18/6281, S. 121.

56 Vgl. auch § 168 Abs. 2 Satz 2 GWB bei hier nicht relevanten Erledigungstatbeständen mit Antragsrechten für alle Verfahrensbeteiligten, also auch den Auftraggeber.

57 OLG Frankfurt, Beschl. v. 3.5.2016, 11 Verg 12/15, NZBau 2016, 511; OLG Schleswig, Beschl. v. 4.11.2014, 1 Verg 1/14, NZBau 2015, 186.

58 OLG Düsseldorf, Beschl. v. 7.6.2017, VII-Verg 53/16, Rn. 59, NZBau 2018, 118.

punkt ist der Vergabekammer gem. § 168 Abs. 2 Satz 1 GWB eine Revision des Zuschlags – abgesehen von der dargelegten Fallkonstellation des § 135 GWB – untersagt. **§ 133 GWB** soll aber **nur** den **Auftraggeber ermächtigen**, von sich aus eine Kündigung in enumerativ aufgeführten Fällenerklären zu können, ohne dass er dazu in einem Nachprüfungsverfahren selber verpflichtet werden könnte. Dies ist **insbesondere nach Ablauf der Sechs-Monats-Frist des § 135 Abs. 2 GWB relevant**, mit deren Erreichen zumindest am Vertragsschluss nicht beteiligte Drittbieter keine zulässige Möglichkeit mehr besitzen, einen schon **geschlossenen Vertrag** aus eigenem Recht durch die Vergabenachprüfungsinstanzen **für rückwirkend unwirksam erklären zu lassen.**

§ 134 Informations- und Wartepflicht

(1) Öffentliche Auftraggeber haben die Bieter, deren Angebote nicht berücksichtigt werden sollen, über den Namen des Unternehmens, dessen Angebot angenommen werden soll, über die Gründe der vorgesehenen Nichtberücksichtigung ihres Angebots und über den frühesten Zeitpunkt des Vertragsschlusses unverzüglich in Textform zu informieren. Dies gilt auch für Bewerber, denen keine Information über die Ablehnung ihrer Bewerbung zur Verfügung gestellt wurde, bevor die Mitteilung über die Zuschlagsentscheidung an die betroffenen Bieter ergangen ist.

(2) Ein Vertrag darf erst 15 Kalendertage nach Absendung der Information nach Absatz 1 geschlossen werden. Wird die Information auf elektronischem Weg oder per Fax versendet, verkürzt sich die Frist auf zehn Kalendertage. Die Frist beginnt am Tag nach der Absendung der Information durch den Auftraggeber; auf den Tag des Zugangs beim betroffenen Bieter und Bewerber kommt es nicht an.

(3) Die Informationspflicht entfällt in Fällen, in denen das Verhandlungsverfahren ohne Teilnahmewettbewerb wegen besonderer Dringlichkeit gerechtfertigt ist. Im Fall verteidigungs- oder sicherheitsspezifischer Aufträge können öffentliche Auftraggeber beschließen, bestimmte Informationen über die Zuschlagserteilung oder den Abschluss einer Rahmenvereinbarung nicht mitzuteilen, soweit die Offenlegung den Gesetzesvollzug behindert, dem öffentlichen Interesse, insbesondere Verteidigungs- oder Sicherheitsinteressen, zuwiderläuft, berechtigte geschäftliche Interessen von Unternehmen schädigt oder den lauteren Wettbewerb zwischen ihnen beeinträchtigen könnte.

Schrifttum: *Boesen*, Vergaberecht, Kommentar zum 4. Teil des GWB, 2000; *Immenga/Mestmäcker*, Wettbewerbsrecht, Band 2: GWB, Kommentar zum Deutschen Kartellrecht, 5. Aufl. 2014; *Kulartz/Kus/Portz*, Kommentar zum GWB-Vergaberecht, 3. Aufl. 2013; *Kulartz/Kus/Portz/Prieß*, Kommentar zum GWB-Vergaberecht, 4. Aufl. 2016; *Müller-Wrede*, GWB Vergaberecht, Kommentar, 2016; *Palandt*, Bürgerliches Gesetzbuch, 76. Aufl. 2017; *Reidt/Stickler/Glahs*, Vergaberecht, Kommentar, 3. Aufl. 2011.

Übersicht

I. Einleitung

Das nationale Vergaberecht hatte durch das am 19.12.2008 verabschiedete und vom Bundesrat am 13.2.2009 gebilligte Vergaberechtsmodernisierungsgesetz[1] auch im Bereich der Vorschriften über die Bieterinformation Änderungen erfahren. **§§ 101a und 101b GWB 2009** regelten die – bislang in § 13 VgV 2003 normierte – Informations- und Wartepflicht des öffentlichen Auftraggebers. § 101a Abs. 1 GWB 2009 verpflichtete den öffentlichen Auftraggeber, die Bieter, deren Angebote nicht berücksichtigt werden sollen, schriftlich vor dem Vertragsschluss über den Namen des für den Zuschlag vorgesehenen Mitbewerbers sowie über den Grund der beabsichtigten Nichtberücksichtigung ihres eigenen Angebots und den frühesten Zeitpunkt des Vertragsschlusses zu informieren (Satz 1). In Anpassung an das europäische Vergaberecht (vgl. Art. 2a Abs. 2 der Richtlinie 2007/66/EG) verlängerte § 101a Abs. 1 Satz 3 GWB 2009 dabei die Wartefrist für den Auftraggeber auf 15 Kalendertage, beginnend mit dem Tag nach der Absendung der Bieterinformation. Für den Fall, dass die Bieterinformation per Telefax oder auf elektronischem Wege versandt wurde, war die Wartefrist auf 10 Kalendertage verkürzt (§ 101a Abs. 1 Satz 4 GWB 2009). § 101b GWB 2009 regelte die rechtlichen Konsequenzen einer vorzeitigen Auftragsvergabe und einer De-facto-Vergabe ohne Durchführung des an sich vorgeschriebenen Vergabeverfahrens. Abweichend von § 13 VgV 2003 sah § 101b Abs. 1 GWB 2009 keine Nichtigkeit, sondern nur noch eine schwebende Unwirksamkeit des Vertrages vor. § 101b Abs. 2 GWB 2009 normierte zudem eine Ausschlussfrist für die Geltendmachung der Unwirksamkeit. Die Frist endete 30 Kalendertage nach Kenntnis vom Verstoß, spätestens aber sechs Monate nach Vertragsschluss. 1

Das am 18.4.2016 in Kraft getretene Vergaberechtsmodernisierungsgesetz[2] lässt diese Rechtslage weitestgehend unberührt. Die bislang in § 101a GWB 2009 normierte Informations- und Wartepflicht des öffentlichen Auftraggebers findet sich nunmehr in **§ 134 GWB**, die in § 101b GWB 2009 enthaltenen Regelungen zur Unwirksamkeit von öffentlichen Aufträgen, die unter Verstoß gegen die Informations- und Wartepflicht geschlossen worden sind, findet sich jetzt in **§ 135 GWB**. Beide Vorschriften sind strukturell und sprachlich überarbeitet und in einigen Punkten ergänzt worden. § 134 GWB hat die in Art. 35 Abs. 3 der Richtlinie 2009/81/EG enthaltene Ausnahme von der Informationspflicht für verteidigungs- oder sicherheitsspezifische öffentliche Aufträge in seinen Absatz 3 Satz 2 übernommen. § 135 GWB setzt in seinem Absatz 1 Nr. 2 die Rechtsprechung des OLG Düsseldorf[3] um und übernimmt in seinem Absatz 3 die im europäischen Vergaberecht[4] vorgesehene Möglichkeit, die Unwirksamkeit eines öffentlichen Auftrags zu vermeiden, wenn der öffentliche Auftraggeber eine Vergabe ohne vorherige Veröffentlichung 2

1 BT-Drs. 16/11428.
2 BT-Drs. 596/15.
3 OLG Düsseldorf, Beschl. v. 11.1.2012, VII-Verg 67/11.
4 Art. 2d der Richtlinie 89/665/EWG und 92/13/EWB, jeweils in der Fassung der Richtlinie 2007/66/EG.

im Amtsblatt der Europäischen Union für zulässig hält, indem er unter näher bezeichneten Voraussetzungen im Amtsblatt der Europäischen Union die Absicht des Vertragsschlusses bekannt macht und der Vertragsschluss nicht vor Ablauf von zehn Kalendertagen, gerechnet ab dem Tag nach der Veröffentlichung der Bekanntmachung, erfolgt.

3 §§ 134 und 135 GWB dienen der **Gewährleistung des Primärrechtsschutzes** im Vergabeverfahren und ergänzen die Regelungen der §§ 169 Abs. 1, 173 Abs. 1 GWB. Nach deutschem Recht bewirkt der Zuschlag das Zustandekommen eines Vertrags mit dem betreffenden Bieter. Der Zuschlag ist die auf Annahme des Vertragsangebots des ausgewählten Bieters gerichtete Willenserklärung des öffentlichen Auftraggebers (§ 28 Nr. 2 Abs. 1 VOB/A a.F.; § 28 Nr. 2 Abs. 1 VOL/A a.F.; vgl. § 18 Abs. 2 VOL/A, § 21 EG Abs. 2 VOL/A), die – sofern die Voraussetzungen der §§ 145 ff. BGB erfüllt sind, d.h. namentlich der Zuschlag innerhalb der Annahmefrist und ohne Abänderungen oder Abweichungen vom Angebot erfolgt ist – rechtswirksam den Vertrag zustande bringt. Das wirft Probleme im Hinblick auf die Sicherstellung des Primärrechtsschutzes auf, zumal §§ 168 Abs. 2 Satz 1, 178 Satz 4 GWB ausdrücklich anordnen, dass ein aufgrund Zuschlagserteilung geschlossener Vertrag im Vergabenachprüfungsverfahren nicht mehr aufgehoben werden kann. Infolgedessen ist der das Nachprüfungsverfahren betreibende Bieter im Falle einer wirksamen Zuschlagserteilung auf den Feststellungsantrag beschränkt, dass seine Bieterrechte verletzt worden sind (§§ 168 Abs. 2 Satz 2, 178 Satz 3 GWB), um den öffentlichen Auftraggeber sodann vor den ordentlichen Gerichten auf Zahlung von Schadensersatz in Anspruch nehmen zu können (§ 179 GWB).

4 Bei dieser rechtlichen Ausgangslage sichern die **§§ 169 Abs. 1, 173 Abs. 1 GWB** den Primärrechtsschutz im Vergabenachprüfungsverfahren. Gem. § 169 Abs. 1 GWB hat die Benachrichtigung des öffentlichen Auftraggebers, dass bei der Vergabekammer ein Nachprüfungsantrag eingegangen ist, zur Folge, dass dieser einstweilen den Zuschlag nicht erteilen darf. Es handelt sich bei diesem Zuschlagverbot um ein gesetzliches Verbot im Sinne von § 134 BGB, sodass ein gleichwohl erteilter Zuschlag nichtig ist.[5] Das Zuschlagverbot des § 169 Abs. 1 GWB gilt für die Dauer des Nachprüfungsverfahrens vor der Vergabekammer und darüber hinaus bis zum Ablauf der zweiwöchigen Beschwerdefrist des § 172 Abs. 1 GWB. Legt der vor der Vergabekammer unterlegene Antragsteller Beschwerde ein, so verlängert sich das Zuschlagverbot gem. § 173 Abs. 1 Satz 2 GWB bis zwei Wochen nach Ablauf der Beschwerdefrist. Das Gesetz spricht insoweit von der aufschiebenden Wirkung der Beschwerde. Nach diesen weiteren zwei Wochen endet der kraft Gesetzes bestehende Suspensiveffekt; damit gerät automatisch auch das Zuschlagverbot in Fortfall. Will der im Nachprüfungsverfahren vor der Vergabekammer unterlegene Antragsteller seine Chancen auf den Zuschlag wahren, muss er eine Fortdauer des Zuschlagverbots bis zum Abschluss des Beschwerdeverfahrens erreichen. Den passenden Rechtsbehelf dafür bietet § 173 Abs. 1 Satz 3 GWB. Danach kann das Beschwerdegericht auf Antrag die Suspensivwirkung der Beschwerde – und damit zugleich auch das Zuschlagverbot des § 169 Abs. 1 GWB – bis zur Entscheidung über die Beschwerde verlängern.

---

5 Vgl. nur OLG Frankfurt, Beschl. v. 20.2.2003, 11 Verg 1/02, NZBau 2004, 173; *Kus*, in: Kulartz/Kus/Portz/Prieß, GWB-Vergaberecht, § 169 Rn. 47 m.w.N.; *Dreher*, in: Immenga/Mestmäcker, GWB, § 115 Rn. 7 m.w.N.; *Boesen*, Vergaberecht, § 115 Rn. 13 m.w.N.; *ders.*, EuZW 1998, 551, 558; *Gröning*, ZIP 1999, 52, 56.

§§ 134 und 135 GWB ergänzen diese Normlage und gewährleisten den Primärrechtsschutz auch im Vergabeverfahren. Durch die Verpflichtung des Auftraggebers, die nicht berücksichtigten Bieter über den beabsichtigten Zuschlag zu informieren, wird für jene die Möglichkeit eröffnet, die getroffene Auswahlentscheidung im Wege eines Nachprüfungsverfahrens – und mit der rechtlichen Konsequenz des Zuschlagverbots nach § 169 Abs. 1 GWB – anzufechten. Die in § 134 Abs. 1 Satz 1 GWB normierte Pflicht des öffentlichen Auftraggebers, die nicht zum Zuge kommenden Bieter in Textform über den Namen des für den Zuschlag vorgesehenen Unternehmens, den frühesten Zeitpunkt des Vertragsschlusses und die Gründe der Nichtberücksichtigung ihres eigenen Angebots zu unterrichten, ferner das während der grundsätzlich fünfzehntägigen Wartefrist geltende Zuschlagsverbot (§ 134 Abs. 2 GWB) und schließlich die Unwirksamkeit eines gleichwohl erteilten Zuschlags (§ 135 Abs. 1 Nr. 1 GWB) führen dabei in der Zusammenschau zu einem lückenlosen Primärrechtsschutz. 5

II. Geltungsbereich der Vorschrift

1. In sachlicher Hinsicht

Gemäß § 134 Abs. 1 Satz 1 GWB ist der öffentliche Auftraggeber verpflichtet, die betroffenen Bieter, deren Angebote nicht berücksichtigt werden sollen, über den Namen des für den Zuschlag ausgewählten Bieters und über die Gründe der vorgesehenen Nichtberücksichtigung des eigenen Angebotes dieser Bieter sowie über den frühesten Zeitpunkt des Vertragsschlusses zu unterrichten. Die Vorschrift findet im Ausgangspunkt auf **alle Arten der Vergabe** Anwendung, die dem Vergaberechtsregime des GWB unterfallen. Erfasst ist damit die Vergabe aller öffentlichen Aufträge und Konzessionen (§§ 97 Abs. 1, 103, 105 GWB) durch einen öffentlichen Auftraggeber (§§ 98, 99 GWB), einen Sektorenauftraggeber (§§ 98, 100 GWB) oder einen Konzessionsgeber (§§ 98, 101 GWB), deren Auftrags- oder Vertragswert den maßgeblichen Schwellenwert (§ 106 GWB) erreicht oder überschreitet[6] und die nicht unter einen der in §§ 107–109, 116, 117, 137–140, 145, 149 und 150 GWB normierten Ausnahmetatbestände fallen. 6

Die Vergaberechtspflichtigkeit einer Auftragsvergabe gilt auch dann, wenn beispielsweise der öffentliche Auftraggeber trotz Überschreitens der Schwellenwerte von einer europaweiten Ausschreibung abgesehen und sich mit einer bloß nationalen Ausschreibung begnügt hat[7] oder er ohne eine vorherige veröffentlichte Vergabebekanntmachung ein Verhandlungsverfahren durchgeführt hat.[8] Denn nach dem klaren Wortlaut des § 106 Abs. 1 GWB ist das Erreichen (oder Überschreiten) des Schwellenwertes und nicht die Durchführung einer europaweiten Ausschreibung oder die öffentliche Bekanntmachung des Vergabeverfahrens der maßgebliche Gesichtspunkt für die Geltung des Kartellvergaberechts.[9] 7

---

6 *König*, in: Kulartz/Kus/Portz, GWB, 3. Aufl., § 101a Rn. 6 und 9; zur Vorgängernorm des § 13 VgV 2003 auch *Höß*, VergabeR 2002, 443, 444 m. w. N.

7 Jeweils zu § 13 VgV 2003: OLG Düsseldorf, Beschl. v. 12.3.2003, Verg 49/02; OLG Stuttgart, Beschl. v. 12.8.2002, 2 Verg 9/02, VergabeR 2003, 101, 102, 103.

8 Jeweils zu § 13 VgV 2003: OLG Düsseldorf, Beschl. v. 30.4.2003, VII-Verg 67/02, VergabeR 2003, 435 ff. m. w. N.; *Glahs*, in: Reidt/Stickler/Glahs, Vergaberecht, § 13 VgV Rn. 14.

9 OLG Stuttgart, Beschl. v. 12.8.2002, 2 Verg 2/09 zu § 13 VgV 2001; *Gnittke/Hattig*, in: Müller-Wrede, Vergaberecht, § 134 Rn. 17.

Daraus folgt zugleich, dass der öffentliche Auftraggeber nicht umgekehrt dadurch die Geltung des Vergaberechts herbeiführen und den Rechtsschutz vor den Vergabenachprüfungsinstanzen eröffnen kann, dass er einen Auftrag unterhalb des maßgeblichen Schwellenwertes europaweit ausschreibt.[10] Soweit das Gesetz für Sektorenauftraggeber (§ 141 GWB) und Konzessionsgeber (§ 151 GWB) besondere Vorschriften zum Vergabeverfahren enthält, ist in § 142 GWB und § 154 Nr. 4 GWB die entsprechende Geltung der §§ 134, 135 GWB vorgesehen. § 147 GWB ordnet überdies für die Vergabe von verteidigungs- oder sicherheitsspezifischen öffentlichen Aufträgen die entsprechende Anwendung der §§ 134, 135 GWB an.

8 Von der Verpflichtung des Auftraggebers, auch den **zum Zuge kommenden Bieter**, dem der Zuschlag erteilt werden soll, zu informieren, hatte bereits der Verordnungsgeber des § 13 VgV 2003 bewusst abgesehen,[11] weil eine solche Unterrichtung im ureigensten Interesse des Auftraggebers liegt. Daran hat der Gesetzgeber im Rahmen der §§ 101a, 101b GWB 2009 und § 134 GWB festgehalten. Eine Unterrichtung des für den Zuschlag ausgewählten Bieters entspricht auch nicht dem auf die Gewährleistung eines effektiven Primärrechtsschutzes im Vergabenachprüfungsverfahren gerichteten Normzweck des § 134 GWB.

2. In persönlicher Hinsicht

9 § 134 Abs. 1 GWB verpflichtet den öffentlichen Auftraggeber, sowohl die nicht zum Zuge kommenden Bieter (Satz 1) als auch die bereits im Teilnahmewettbewerb ausgeschiedenen und hierüber nicht informierten Bewerber (Satz 2) über die beabsichtigte Zuschlagserteilung zu unterrichten.

a) Begriff des Bieters

10 **Bieter** im Sinne von § 134 Abs. 1 Satz 1 GWB sind alle diejenigen Unternehmer, die ein Angebot abgegeben haben und den Zuschlag entweder überhaupt nicht oder nur auf einen Teil ihres Angebots erhalten sollen.[12] Dabei spielt es keine Rolle, ob der Bieter mit seinem Angebot bereits in der ersten Wertungsstufe mangels fachlicher Eignung, Leistungsfähigkeit oder Zuverlässigkeit ausgeschieden ist, ob sein Angebot aus sonstigen (zwingenden oder fakultativen) Gründen von der Wertung ausgeschlossen worden ist oder ob er erst in der letzten Wertungsstufe bei der Auswahl des wirtschaftlichsten Angebots das Nachsehen hatte.[13] Bieter ist danach derjenige Beteiligte an einem Vergabeverfahren, der sich mit einem auf einen Vertragsschluss gerichteten Angebot am Vergabeverfahren beteiligt hat. Abzugrenzen ist der Bieter vom bloßen Interessenten, der gegenüber der Vergabestelle in irgendeiner Weise sein Interesse am Auftrag bekundet hat, sowie vom Bewerber, der seine Eignung als Vertragspartner entsprechend den Bewerbungsbedingungen zu belegen versucht hat. Ob das **Angebot vollständig** oder **wirtschaftlich** ist, ob es **rechtzeitig eingeht**,

---

10 OLG Stuttgart, Beschl. v. 12.8.2002, 2 Verg 9/02, VergabeR 2003, 101, 102, 103; *Hübner*, VergabeR 2003, 103, 104.

11 Vgl. BT-Drs. 13/9340, S. 20.

12 Zu § 13 VgV 2003: OLG Naumburg, Beschl. v. 3.9.2009, 1 Verg 4/09, VergabeR 2009, 933; *Erdl*, VergabeR 2001, 10, 13; *Kratzenberg*, NZBau 2001, 119, 120.

13 Jeweils zu § 13 VgV 2003: a. A. wohl *Portz*, VergabeR 2002, 211, 213, für das VOF-Verfahren zweifelnd: *Kratzenberg*, NZBau 2001, 119, 120.

verbindlich **unterschrieben** oder **seriös** gemeint ist, spielt für die Bieterstellung keine Rolle. Auch auf eine ausdrückliche Bezeichnung als Angebot kommt es nicht an. Denn die Bieterstellung kann aus Gründen der Rechtsklarheit nicht erst vom Ergebnis der Prüfung und Wertung des Angebotes abhängen, und zwar auch dann nicht, wenn die Wertung offensichtlich erscheint.[14]

Auf der anderen Seite beschränkt sich der Kreis der zu unterrichtenden Unternehmer auf diejenigen Bieter, die im Zeitpunkt der Bieterinformation noch am Wettbewerb teilnehmen und weiterhin ein Interesse am Auftrag haben. Nicht informiert werden muss folglich der Bieter, der sein **Angebot** zwischenzeitlich **zurückgezogen** hat.[15] Das kann unmittelbar am Wortlaut der Vorschrift festgemacht werden. § 134 Abs. 1 Satz 1 GWB normiert die Informationspflicht nur im Hinblick auf solche Angebote, die vom Auftraggeber „nicht berücksichtigt werden sollen". Das zurückgezogene Angebot gehört nicht dazu, weil es für eine Zuschlagserteilung nicht mehr zur Verfügung steht. Überdies folgt aus dem auf die Gewährleistung eines effektiven Primärrechtsschutzes gerichteten Normzweck des § 134 Abs. 1 GWB, dass der Auftraggeber den Bieter eines zurückgezogenen Angebots nicht unterrichten muss. Umgekehrt sind bei Planungswettbewerben nach § 15 Abs. 2 VOF 2009 (vgl. jetzt: §§ 69 bis 72 VgV) unter dem Gesichtspunkt eines effektiven Primärrechtsschutzes grundsätzlich alle Preisträger zu informieren, auch wenn sie nicht als „Bieter" ein „Angebot" abgegeben haben.[16] Ebenso bleiben die Informationspflicht des öffentlichen Auftraggebers und der Bieterstatus des nicht für den Zuschlag vorgesehenen Bieter bestehen, wenn der Auftraggeber nach einem erfolglosen (offenen oder nichtoffenen) Verfahren und bei unverändert fortbestehendem Beschaffungsbedarf nur mit einem Bieter des aufgehobenen Vergabeverfahrens verhandelt und diesem den Auftrag erteilen will. Zwar gibt es in dem (am Ende durchgeführten) Verhandlungsverfahren kein Angebot der nicht zum Zuge kommenden Unternehmen; das ist aber unschädlich, weil angesichts des unverändert gebliebenen Beschaffungsbedarfs von einem einzigen (fortbestehenden) Vergabeverfahren auszugehen ist mit der Konsequenz, dass der ursprüngliche Bieterstatus fortbesteht.[17] 11

Der Kreis der nach § 134 Abs. 1 Satz 1 GWB zu unterrichtenden Bieter ist ferner auf diejenigen begrenzt, die von der beabsichtigten Zuschlagsentscheidung (noch) **„betroffen"** sind. Aus der Gesetzesbegründung des Vergaberechtsmodernisierungsgesetzes 2009[18] ergibt sich, dass das Tatbestandsmerkmal der Betroffenheit diejenigen Bieter von der Informationsobliegenheit des öffentlichen Auftraggebers ausnehmen soll, die bereits **endgültig** aus dem Vergabeverfahren **ausgeschieden** sind. Die amtliche Begründung nennt in diesem Zusammenhang den Fall, dass das Angebot des Bieters vom Auftraggeber ausgeschlossen worden ist, dem Bieter dieser Ausschluss auch mitgeteilt wurde und der Ausschluss entweder im Vergabenachprüfungsverfahren bestätigt wurde oder einem Nachprüfungsverfahren nicht mehr unterzogen werden kann. Dahinter steht die Erwägung, dass derjenige, der – aus welchen Gründen auch immer – mit seinem Angebot definitiv aus dem Vergabeverfahren ausgeschieden und damit seine Bieterposition endgültig verloren hat, eines effektiven 12

---

14 Vgl. OLG Naumburg, Beschl. v. 3.9.2009, 1 Verg 4/09, VergabeR 2009, 933 (zu § 13 VgV 2003).

15 Zu § 13 VgV 2003: *Kratzenberg*, NZBau 2001, 119, 120.

16 OLG Düsseldorf, Beschl. v. 2.12.2009, VII-Verg 39/09, NZBau 2010, 393, 395 f. zu § 13 VgV 2003.

17 Zu § 13 VgV 2003: OLG Düsseldorf, Beschl. v. 23.2.2005, VII-Verg 85/04, NZBau 2005, 536; OLG Hamburg, Beschl. v. 25.1.2007, 1 Verg 5/06, VergabeR 2007, 358.

18 BT-Drs. 16/11428.

Primärrechtsschutzes nicht mehr bedarf und dementsprechend vom öffentlichen Auftraggeber auch nicht (mehr) über die beabsichtigte Zuschlagsentscheidung informiert werden muss. Endgültig ist ein Ausscheiden aus dem Vergabeverfahren erst dann, wenn sie entweder auf einer **unanfechtbaren** Entscheidung der Vergabekammer oder des Beschwerdegerichts beruht oder wenn der Bieter aufgrund der Präklusionsregelungen in **§ 160 Abs. 3 GWB** gehindert ist, den Ausschluss seines Angebots mit Aussicht auf Erfolg im Vergabenachprüfungsverfahren anzugreifen. Freilich dürfte die praktische Bedeutung der Fallgruppe zu § 160 Abs. 3 GWB eher gering sein. Im Zeitpunkt der Bieterinformation wird der öffentliche Auftraggeber in aller Regel nämlich nicht hinreichend sicher beurteilen können, ob und gegebenenfalls welchem Bieter gegenüber er mit Blick auf die Präklusion nicht rechtzeitig gerügter Vergabefehler gefahrlos von einer Unterrichtung nach § 134 Abs. 1 Satz 1 GWB absehen kann. Zur Vermeidung unnötiger Risiken empfiehlt es sich für den öffentlichen Auftraggeber deshalb dringend, jeden nicht zum Zuge kommenden Bieter zu unterrichten, solange der Angebotsausschluss nicht von den Vergabenachprüfungsinstanzen bestätigt worden ist.

b) Begriff des Bewerbers

13 Zu informieren ist gem. § 134 Abs. 1 Satz 2 GWB auch derjenige Unternehmer, der eine „Bieterstellung" nicht erlangen konnte.[19] In Betracht kommt dies insbesondere im Rahmen eines Verhandlungsverfahrens oder bei einer beschränkten Ausschreibung nach öffentlichem Teilnahmewettbewerb. Ist ein Unternehmen – etwa weil seine Zuverlässigkeit, Leistungsfähigkeit oder fachliche Eignung verneint worden ist – zum Verhandlungsverfahren oder zur Angebotsabgabe nicht zugelassen worden, kann es einen diesbezüglichen Vergabefehler in einem Nachprüfungsverfahren geltend machen. Zur Gewährleistung eines effektiven Primärrechtsschutzes muss auch dieses Unternehmen von der beabsichtigten Zuschlagsentscheidung unterrichtet werden. Das gilt freilich nur, wenn ihm nicht bereits zuvor – namentlich zum Ende des Teilnahmewettbewerbs oder nach Abschluss der betreffenden Verhandlungsrunde – die Ablehnung der eigenen Bewerbung mitgeteilt worden ist. Diese – unmittelbar aus dem Normzweck des § 134 Abs. 1 GWB folgende – Einschränkung ordnet § 134 Abs. 1 Satz 2 GWB nunmehr ausdrücklich an. Bewerber ist überdies das an einem konkreten Auftrag interessierte Unternehmen, welches den öffentlichen Auftraggeber um Mitteilung bittet, wann mit dem Beginn des Vergabeverfahrens zu rechnen ist.[20] Den Status eines Bewerbers begründet es demgegenüber nicht, wenn das Unternehmen zeitlich und sachlich losgelöst von dem konkret zu vergebenden Auftrag nur sein ganz **generelles Interesse** an Aufträgen der betreffenden Art bekundet[21] oder wenn es sein Auftragsinteresse nicht verlautbart, sodass es für den öffentlichen Auftraggeber nicht als Adressat der Bieterinformation nach § 134 Abs. 1 Satz 2 GWB zu erkennen ist.[22] Anders als für die Bieterinformation nach § 134 Abs. 1 Satz 1 GWB fordert das Gesetz für die vorausgegangene Unterrichtung des Bewerbers **keine Textform**.

19 Zu § 13 VgV 2003: OLG Dresden, Beschl. v. 16.10.2001, Wverg 7/01, VergabeR 2002, 142, 145 (mit zust. Anm. von *Otting*, VergabeR 2002, 146, 147); ebenso OLG Düsseldorf, Beschl. v. 30.4.2003, VII-Verg 67/02, VergabeR 2003, 435 ff.; a. A.: *Glahs*, in: Reidt/Stickler/Glahs, Vergaberecht, § 13 VgV Rn. 20.

20 OLG Naumburg, Beschl. v. 22.12.2011, 2 Verg 10/11, VergabeR 2012, 445.

21 OLG Karlsruhe, Beschl. v. 6.2.2007, 17, Verg 7/06, NZBau 2007, 395.

22 OLG Düsseldorf, Beschl. v. 24.2.2005, VII-Verg 88/04, NZBau 2005, 535.

Das OLG Düsseldorf[23] will darüber hinaus dasjenige Unternehmen, das an einem vom Auftraggeber vergaberechtswidrig **de-facto** erteilten Auftrag bekannterweise interessiert gewesen ist, in den Geltungsbereich des § 134 Abs. 1 GWB einbeziehen. Gleiches kann für Fallgestaltungen erwogen werden, in denen der öffentliche Auftraggeber vergaberechtswidrig nur eine nationale Ausschreibung durchführt, sodass im Ausland ansässige Unternehmen keine Kenntnis von dem Vergabeverfahren erhalten, oder in denen ein am Auftrag interessiertes Unternehmen aufgrund eines Vergabefehlers schon im Ansatz davon abgehalten wird, sich an der Ausschreibung zu beteiligen. Zweifel an einem erweiterten Anwendungsbereich des § 134 Abs. 1 GWB sind nicht alleine deshalb angebracht, weil der bundesdeutsche Gesetzgeber in Kenntnis der Problematik die Informationspflicht des § 134 Abs. 1 GWB – nach wie vor – auf Bieter und Bewerber beschränkt und die De-facto-Vergabe alleine im Zusammenhang mit der Unwirksamkeit eines erteilten Zuschlags in § 135 Abs. 1 Nr. 2 GWB geregelt hat. Sie rechtfertigen sich aber aus der Tatsache, dass das von einer Direktvergabe betroffene oder durch einen Vergaberechtsverstoß von einer Teilnahme am Vergabeverfahren abgehaltene Unternehmen nicht selten in der Lage sein wird, seine Einwendungen bereits vor der Zuschlagsentscheidung des öffentlichen Auftraggebers in einem Vergabenachprüfungsverfahren zur Entscheidung zu stellen, weshalb es zur Gewährleistung eines effektiven Rechtsschutzes nicht auf die Bieterinformation nach § 134 Abs. 1 GWB angewiesen ist. Vor diesem Hintergrund spricht vieles dafür, die Informationspflicht des öffentlichen Auftraggebers zumindest auf diejenigen Unternehmen zu erstrecken, die aufgrund eines Vergaberechtsverstoßes keine Kenntnis vom Vergabeverfahren hatten (und für einen Rechtsschutz dementsprechend auf die Bieterinformation angewiesen sind) und deren Interesse an dem zu vergebenden Auftrag dem öffentlichen Auftraggeber bekannt war oder bekannt sein musste (sodass eine Bieterinformation rein tatsächlich in Betracht kommen kann). 14

3. Ausnahmetatbestand des § 134 Abs. 3 GWB

§ 134 Abs. 3 GWB normiert Ausnahmen von der Informationspflicht des öffentlichen Auftraggebers. 15

a) Besondere Dringlichkeit

Die Informationspflicht entfällt, wenn wegen der besonderen Dringlichkeit des Beschaffungsvorhabens das Verhandlungsverfahren ohne vorherige Bekanntmachung gerechtfertigt ist. Nach der amtlichen Begründung der Vorgängernorm des § 101a Abs. 2 GWB 2009 soll der Ausnahmetatbestand die erforderliche Flexibilität für besonders dringliche Vergabeverfahren schaffen. Für Vergabeverfahren, bei denen „besondere dringliche Gründe außerhalb der Einflusssphäre des öffentlichen Auftraggebers ein Verhandlungsverfahren ohne vorherige Bekanntmachung rechtfertige,“ müsse der erforderliche Auftrag sofort vergeben werden können, ohne eine Wartefrist einhalten zu müssen und zu einer Bieterinformation verpflichtet zu sein. Als einen möglichen Anwendungsfall nennt die amtliche Gesetzesbegründung Flutkatastrophen. Als Ausnahmevorschrift ist § 134 Abs. 3 Satz 1 GWB 16

23 Jeweils zu § 13 VgV 2003: OLG Düsseldorf, Beschl. v. 1.10.2009, VII-Verg 31/09, IBR 2009, 51 (Ls.); ebenso: OLG Naumburg, Beschl. v. 15.3.2007, 1 Verg 14/06, VergabeR 2007, 512; a. A.: *Maimann*, in: Kulartz/Kus/Portz/Prieß, GWB-Vergaberecht, § 134 Rn. 22 m. w. N.

eng auszulegen. Zur Auslegung des Begriffs der besonderen Dringlichkeit kann auf **§ 14 Abs. 4 Nr. 3 VgV** zurückgegriffen werden. Die Vorschrift gestattet die Auftragsvergabe im Verhandlungsverfahren ohne Teilnahmewettbewerb, wenn „äußerst dringliche, zwingende Gründe im Zusammenhang mit Ereignissen, die der betreffende öffentliche Auftraggeber nicht voraussehen konnte, es nicht zulassen, die Mindestfristen einzuhalten, die für das offene und das nicht offene Verfahren sowie für das Verhandlungsverfahren mit Teilnahmewettbewerb vorgeschrieben sind, wobei die Umstände zur Begründung der äußersten Dringlichkeit dem öffentlichen Auftraggeber nicht zuzurechnen sein dürfen". Keine besondere Dringlichkeit resultiert folglich aus dem drohenden Verfall der Verfügbarkeit von Haushaltsmitteln oder aus wirtschaftlichen Vorteilen einer kurzfristigen Beschaffung.[24] Es muss vielmehr um die Gefährdung absoluter Schutzgüter gehen, die eine schnelle Auftragsvergabe erfordert, oder um die Gefahr von Versorgungslücken mit gravierenden Folgen für die Bevölkerung.[25] Die Dringlichkeit darf weder durch den öffentlichen Auftraggeber **verursacht** noch für ihn **vorhersehbar** gewesen sein.[26] Sie scheidet folglich aus, wenn der Zeitdruck darauf beruht, dass zwei vorausgegangene Vergabeverfahren im Nachprüfungsverfahren aufgehoben werden mussten.[27]

b) Verteidigungs- oder sicherheitsspezifische Aufträge

17 Übereinstimmend mit Art. 35 Abs. 3 der Richtlinie 2009/81/EG und übernommen aus dem bisherigen § 36 Abs. 2 VSVgV stellt es § 134 Abs. 3 Satz 2 GWB in das **pflichtgemäße Ermessen** des öffentlichen Auftraggebers, einzelne der an sich nach § 134 Abs. 1 Satz 1 GWB gebotenen Bieterinformationen über das für den Zuschlag vorgesehene Unternehmen und die Gründe der Nichtberücksichtigung des eigenen Angebots des Informationsadressaten nicht mitzuteilen. Voraussetzung für eine bloß eingeschränkte Bieterinformation ist, dass es um die Vergabe eines verteidigungs- oder sicherheitsspezifischen Auftrags geht und einer der in § 134 Abs. 3 Satz 2 GWB aufgeführten besonderen Geheimhaltungsgründe vorliegt. Das Gesetz verlangt dabei eine **vorhergehende Beschlussfassung** des öffentlichen Auftraggebers über die nur beschränkte Unterrichtung der Bieter. Der Auftraggeber muss folglich die im konkreten Einzelfall bestehenden Gründe für die beschränkte Bieterinformation in einer für die Nachprüfungsinstanzen nachvollziehbaren Weise vor Absendung der Bieterinformation darlegen und dokumentieren. Die dazu erforderliche Begründungsbreite und Begründungstiefe orientiert sich an der Kontrolldichte, mit der die Vergabekammer und das Beschwerdegericht die Entscheidung überprüfen können. Diese Überprüfung beschränkt sich – wie allgemein bei Ermessensentscheidungen – darauf, ob ein zutreffender und vollständiger Sachverhalt zugrunde gelegt worden ist, keine sachwidrigen Erwägungen in die Entscheidung eingeflossen sind und allgemeingültige Bewertungsmaßstäbe beachtet worden sind.

18 § 134 Abs. 3 Satz 2 GWB nennt – in einer abschließenden Aufzählung – insgesamt vier Gründe, die eine nur eingeschränkte Bieterinformation rechtfertigen können, nämlich (1) die Behinderung des Gesetzesvollzugs, (2) die Beeinträchtigung des öffentlichen Interes-

24 OLG Celle, Beschl. v. 29.10.2009, 13 Verg 8/09, NZBau 2010, 194; siehe auch OLG Düsseldorf, Beschl. v. 1.8.2005, VII-Verg 41/05, IBR 2005, 706 (Ls.).

25 OLG Celle, Beschl. v. 24.9.2014, 13 Verg 9/14, NZBau 2014, 784; OLG München, Beschl. v. 21.1.2013, Verg 21/12, NZBau 2013, 458.

26 OLG Düsseldorf, Beschl. v. 29.2.2012, VII-Verg 75/11, ZfBR 2012, 519.

27 OLG Karlsruhe, Beschl. v. 27.3.2015, 15 Verg 9/14, VPR 2015, 190.

ses, insbesondere der Verteidigungs- und Sicherheitsinteressen, (3) die Schädigung berechtigter geschäftlicher Interessen von Unternehmen und (4) die Beeinträchtigung des lauteren Wettbewerbs zwischen den Unternehmen. Erforderlich ist, dass im konkreten Fall ein **hinreichender Kausalzusammenhang** zwischen dem betreffenden Interesse und den entgegen § 134 Abs. 1 Satz 1 GWB nicht mitgeteilten Informationen besteht. Gerade die Offenlegung der nicht mitgeteilten Bieterinformation muss also das vom Auftraggeber in Anspruch genommene Interesse (Gesetzesvollzug, öffentliches Interesse, geschäftliches Interesse, lauterer Wettbewerb) schädigen oder beeinträchtigen.

III. Inhalt der Bieterinformation

1. Begründungsinhalt und Begründungstiefe

19 Die vom Auftraggeber geschuldete Bieterinformation umfasst die namentliche Bekanntgabe des für den Zuschlag vorgesehenen Bieters sowie die Angabe, aus welchem Grund das eigene Angebot des zu unterrichtenden Bieters bzw. der Teilnahmeantrag des Bewerbers nicht berücksichtigt werden soll. Der Auftraggeber hat überdies mitzuteilen, zu welchem Zeitpunkt er frühestens den Vertragsabschluss beabsichtigt. Aufgrund dieser Information kann der abgelehnte Bieter oder Bewerber abschätzen, mit welcher Dringlichkeit er ein etwaiges Vergabenachprüfungsverfahren betreiben muss.

20 Die Frage nach der gebotenen Begründungsbreite und Begründungstiefe stellt sich in allererster Linie in Bezug auf die beiden erstgenannten Informationspunkte (Name des ausgewählten Bieters, Gründe der Nichtberücksichtigung). Nach der Gesetzesbegründung zu § 13 VgV 2003[28] konnte die Information auch durch einen Standardtext erfolgen, der die jeweilige für den Einzelfall tragende Begründung enthalten musste. Dieser Grundsatz gilt unverändert. Die amtliche Begründung zu § 101a GWB 2009 und ebenso diejenige zu § 134 GWB enthalten keinen Hinweis, dass die inhaltlichen Anforderungen an die Bieter- und Bewerberinformation[29] abweichend von der bisherigen Normlage geregelt werden sollten. Zur Begründungsbreite und Begründungstiefe der Bieterinformation gilt deshalb nach wie vor: Es ist eine Bieterinformation erforderlich, die auf das **konkrete** Angebot des betreffenden Bieters bzw. den Teilnahmeantrag des Bewerbers zugeschnitten ist. Die bloß formelhafte Wiederholung der in §§ 97 Abs. 1, 127 Abs. 1 GWB niedergelegten Zuschlagskriterien genügt nicht. An den Inhalt der Bieterinformation sind andererseits keine übertrieben strengen Anforderungen zu stellen. Der öffentliche Auftraggeber darf sich kurz fassen.[30]

a) Name des für den Zuschlag vorgesehenen Bieters

21 Erforderlich, aber auch ausreichend ist es, dass der Auftraggeber den Namen des für den Zuschlag vorgesehenen Bieters in einer **eindeutig identifizierenden** Weise angibt. Das kann im Einzelfall die genaue Wiedergabe der Firmenbezeichnung (gegebenenfalls mit Rechtsformzusatz) erforderlich machen, wenn – zum Beispiel wegen gleicher oder ähnli-

28 BT-Drs. 455/00, S. 18.
29 Im Folgenden auch kurz nur „Bieterinformation“.
30 Zu § 13 VgV 2001: BayObLG, Beschl. v. 18.6.2002, Verg 8/02, VergabeR 2002, 383.

cher Firmennamen von Konzernunternehmen – nur so das Unternehmen eindeutig und unterscheidbar bezeichnet werden kann.[31] Soll der Auftrag an eine Bietergemeinschaft vergeben werden, sind alle dazugehörigen Unternehmen offenzulegen, weil nur dann vollständig überprüft und beurteilt werden kann, ob in der Person eines Mitglieds der Gemeinschaft ein Ausschlussgrund verwirklicht ist.

b) Gründe der vorgesehenen Nichtberücksichtigung

22 Anzugeben sind ferner die **tragenden Gründe**, aufgrund derer das Angebot des zu unterrichtenden Bieters bzw. der Teilnahmeantrag des Bewerbers nicht zum Zuge kommen soll. Die Angaben müssen **wahrheitsgemäß**, **präzise** sowie **verständlich** sein und den Bieter in die Lage versetzen, die Angebotswertung, soweit sie zu seinen Lasten ausgefallen ist, in ihrem Kern nachzuvollziehen. Dem Bieter bzw. Bewerber muss so viel an Information gegeben werden, dass er unzweideutig und nachvollziehbar erkennen kann, an welchen Bewertungskriterien sein Angebot gescheitert ist. Für einen Auftraggeber, der die Angebotswertung anhand einer Matrix vorgenommen hat, kann es deshalb erforderlich sein, die Matrix offenzulegen und dem Bieter die in den jeweiligen Kategorien erreichte Punktzahl mitzuteilen. Eine darüber hinausgehende detaillierte Erläuterung und Aufschlüsselung der Angebotswertung schuldet der Auftraggeber ebenso wenig wie die Bekanntgabe des Vergabevermerks.[32] Welche Angaben der öffentliche Auftraggeber danach im Einzelnen machen muss, lässt sich nicht allgemein festlegen; dies hängt stets von den jeweiligen Umständen des Entscheidungsfalles ab, insbesondere von der Komplexität des Beschaffungsvorhabens, der Anzahl der in den Ausschreibungsbedingungen gestellten Anforderungen an den Bieter bzw. Bewerber sowie der Zahl und Komplexität der Wertungskriterien. Allgemein lässt sich allerdings sagen, dass Richtschnur und maßgebliches Abgrenzungskriterium das vom Gesetzgeber verfolgte Ziel ist, mithilfe der Bieter- und Bewerberinformation einen effektiven Primärrechtsschutz zu gewährleisten und den Bieter bzw. Bewerber in die Lage zu versetzen, die Erfolgsaussichten eines Nachprüfungsantrags und seine Rechtsposition im Vergabeverfahren zu beurteilen. Das macht es beispielsweise erforderlich, **sämtliche Gründe** mitzuteilen, die zur Nichtberücksichtigung des Angebots bzw. Teilnahmeantrags geführt haben; die Offenlegung nur eines von mehreren tragenden Erwägungen genügt nicht. Diese zu § 13 VgV 2003 noch streitige Frage[33] ist bereits durch § 101a Abs. 1 Satz 1 GWB 2009 in dem erstgenannten Sinne entschieden worden. Die Vorschrift verpflichtet den Auftraggeber ausdrücklich, dem Bieter und Bewerber die „Gründe" seiner Nichtberücksichtigung mitzuteilen.

23 Die Informationspflicht nach § 134 Abs. 1 Satz 1 GWB wird durch die in § 62 Abs. 2 VgV sowie in den **Vergabe- und Vertragsordnungen**[34] **vorgesehene Bieterinformation** nicht berührt. Jene Bestimmungen sehen vor, dass der öffentliche Auftraggeber den bei der Auftragsvergabe nicht berücksichtigten Bewerbern auf schriftlichen Antrag hin innerhalb von

---

31 OLG Jena, Beschl. v. 24.9.2014, 2 Verg 3/14.

32 OLG Düsseldorf, Beschl. v. 22.8.2007, VII-Verg 27/07, WuW/E Verg 507; BayObLG, Beschl. v. 22.4.2002, Verg 8/02, NZBau 2002, 578; KG, Beschl. v. 4.4.2002, KartVerg 5/02, NZBau 2002, 522, 523; *Portz*, VergabeR 2002, 211, 213, 214; *Hailbronner*, NZBau 2002, 474, 477; *Kratzenberg*, NZBau 2001, 119, 120; *Otting*, NVwZ 2001, 775, 776; *Antweiler*, DB 2001, 1975, 1978; *Berrisch/Nehl*, DB 2001, 184, 186.

33 Vgl. *Otting*, NVwZ 2001, 775, 776; a. A.: *Kratzenberg*, NZBau 2001, 119, 120.

34 Vgl. § 19 Abs. 1 und 2 VOB/A, § 19 Abs. 1, 2 und 4 VOB/A EU.

fünfzehn Tagen nach Eingang des Antrags (und Eintritt des die Mitteilung auslösenden Ereignisses[35]) die Gründe für die Ablehnung ihrer Bewerbung und den Namen des erfolgreichen Bewerbers sowie darüber hinaus die Merkmale und Vorteile der erfolgreichen Bewerbung offenzulegen hat. In der Literatur wurde zu § 13 VgV 2003 die Auffassung vertreten, dass die dort normierte Informationspflicht – der eine automatische Information spätestens vierzehn Kalendertage vor dem Zuschlag vorsah – für alle diejenigen Bieter, die schon nach den Regelungen der Vergabe- und Vertragsordnungen – und damit unter Umständen zu einem schon früheren Zeitpunkt – zu unterrichten sind, nicht eingreife.[36] Gegen eine solche (teleologische) Reduktion des § 13 VgV 2003 bestanden durchgreifende Bedenken und sie ist auch für § 134 Abs. 1 GWB abzulehnen. Weder dem Wortlaut noch der Gesetzesbegründung des § 134 GWB lässt sich entnehmen, dass die Informationspflicht des Auftraggebers im Vergabeverfahren dann eingeschränkt sein soll, wenn der betreffende Bieter bereits auf der Grundlage der Vergabe- und Vertragsordnungen eine (inhaltlich gleiche oder ähnliche) Bieterinformation erhalten hat. Im Ausgangspunkt stehen deshalb die in § 134 Abs. 1 GWB einerseits und in den Vergabe- und Vertragsordnungen andererseits normierten Informationspflichten des öffentlichen Auftraggebers nebeneinander. Das ist im Interesse eines wirksamen Primärrechtsschutzes nicht zuletzt schon deshalb geboten, weil das Gesetz in § 135 GWB nur an eine Missachtung der Informationspflicht des § 134 GWB die – für einen effektiven Primärrechtsschutz wichtige – Rechtsfolge der schwebenden Unwirksamkeit eines gleichwohl erteilten Zuschlags knüpft. Überschneidungen, die zweifellos auftreten können, lässt sich zwanglos dadurch Rechnung tragen, dass eine Information, die der Auftraggeber in Befolgung von § 62 VgV oder der einschlägigen Bestimmungen in den Vergabe- und Vertragsordnungen erteilt hat und die zugleich den Anforderungen des § 134 Abs. 1 GWB genügt, selbstverständlich auch die Erfüllung jener (letztgenannten) Informationsverpflichtung darstellt.[37] Die zeitliche Komponente spielt dabei keine Rolle. Denn § 134 Abs. 1 GWB normiert mit der zehn- bzw. fünfzehntägigen Wartefrist nur den spätesten Zeitpunkt der Bieterinformation. Aus den gleichen Erwägungen wird die **Bieterinformation** nicht dadurch entbehrlich, dass der zu unterrichtende Bieter oder Bewerber bereits **von nicht autorisierter dritter Seite** die Informationen nach § 134 Abs. 1 Satz 1 GWB erhalten hat.[38] Das muss schon deshalb gelten, weil der zu unterrichtende Bieter bzw. Bewerber die Richtigkeit, Vollständigkeit und Zuverlässigkeit der von dritter Seite erhaltenen Informationen nicht hinreichend sicher beurteilen kann, weshalb aus seiner verständigen Sicht jene Drittinformation die Bieterinformation durch den Auftraggeber auch nicht entbehrlich machen kann.

c) Zeitpunkt des Vertragsschlusses

Mitzuteilen hat der öffentliche Auftraggeber schließlich den frühesten Zeitpunkt des Vertragsabschlusses. **24** Der frühestmögliche Zeitpunkt des Zuschlags ergibt sich aus den in § 134 Abs. 2 GWB normierten Wartefristen (15 bzw. 10 Kalendertage nach Absendung der Bieterinformation). Der Auftraggeber kann aber auch einen späteren Zeitpunkt für die

---

35 *Portz*, VergabeR 2002, 211, 213.

36 *Portz*, VergabeR 2002, 211, 213 für das VOF-Verfahren.

37 Für § 13 VgV 2001 ebenso: *Hailbronner*, NZBau 2002, 474, 477; a. A.: *Erdl*, VergabeR 2001, 10, 21.

38 So aber: *König*, in: Kulartz/Kus/Portz, GWB, 3. Aufl., § 101b Rn. 3; wie hier: *Gnittke/Hattig*, in: Müller-Wrede, Vergaberecht, § 134 Rn. 64.

Auftragserteilung angeben. In diesem Fall ist er selbstverständlich an den Inhalt seiner Mitteilung gebunden und darf den Zuschlag nicht vorher erteilen. Ein gleichwohl vorher erteilter Auftrag verstößt gegen § 134 GWB[39] und löst die Unwirksamkeitsfolge des § 135 Abs. 1 Nr. 1 GWB aus. Das gilt auch dann, wenn der Auftraggeber den späteren Zuschlagzeitpunkt nur versehentlich – etwa in Verkennung des sich aus den gesetzlich einzuhaltenden Wartefristen ergebenden Datums – genannt hat. Ein Verstoß gegen § 134 GWB liegt ebenfalls vor, wenn die Bieterinformation keine Angaben zum frühesten Zeitpunkt des Vertragsschlusses enthält.[40] Der Mangel der Bieterinformation kann allerdings noch im Vergabenachprüfungsverfahren **geheilt** werden.

2. Aufhebung des Vergabeverfahrens

25 Die Informationspflicht nach § 134 Abs. 1 GWB erstreckt sich **nicht** auf die beabsichtigte **Aufhebung des Vergabeverfahrens**.[41] Das ist nach dem Wortlaut des § 134 Abs. 1 GWB eindeutig. Die Vorschrift listet den Inhalt der Bieter- und Bewerberinformation enumerativ auf und nennt als offenbarungspflichtig ausschließlich den Namen des für den Zuschlag vorgesehenen Bieters und den Grund, aus dem das Angebot des jeweils zu unterrichtenden Bieters bzw. der Teilnahmeantrag des Bewerbers unberücksichtigt bleiben soll. Ebenso scheidet eine analoge Anwendung der Vorschrift aus. Es fehlt an einer planwidrigen Regelungslücke. Bereits der Verordnungsgeber des § 13 VgV 2001 hatte die Informationspflicht des öffentlichen Auftraggebers ganz bewusst nicht auf die geplante Aufhebung des Vergabeverfahrens erstreckt. Das belegt der Verlauf des damaligen Normgebungsverfahrens. Während die Entwurfsfassung der Vergabeverordnung mit Stand vom 8.6.2000 noch eine Unterrichtung der Bieter über die Aufhebung der Ausschreibung vorsah, ist davon später bewusst Abstand genommen worden mit dem Hinweis, eine dahingehende Unterrichtungspflicht würde in der Tendenz dazu führen, dass ein Auftrag zustande kommt, an dem der Auftraggeber kein Interesse mehr habe. Daran hat der Gesetzgeber des § 101a GWB 2009 festgehalten, indem er die Aufhebung des Vergabeverfahrens nicht in den Katalog der mitteilungspflichtigen Informationen aufgenommen hat, und § 134 GWB ändert an alledem nichts.

3. Korrektur der Angebotswertung

26 Hat der Auftraggeber die Bieter und Bewerber nach § 134 Abs. 1 GWB unterrichtet und **korrigiert er** später – zum Beispiel aufgrund einer berechtigten Rüge oder im Anschluss an ein erfolgreich durchgeführtes Nachprüfungsverfahren – **seine Angebotswertung**, entsteht die Informationspflicht neu.[42] Das gilt unabhängig davon, ob nach der neuen Angebotswertung nunmehr ein anderer Bieter den Zuschlag erhalten soll oder ob zwar im Ergeb-

---

39 OLG Bremen, Beschl. v. 5.3.2007, Verg 4/2007, IBR 2007, 269.

40 OLG Jena, Beschl. v. 9.9.2010, 9 Verg 4/10, VergabeR 2011, 96; OLG Koblenz, Beschl. v. 25.9.2012, 1 Verg 5/12, NZBau 2013, 63; OLG Düsseldorf, Beschl. v. 3.3.2010, VII-Verg 11/10.

41 Zu § 13 VgV 2001: *Portz*, VergabeR 2002, 211, 216; *Wegmann*, NZBau 2001, 475, 477; *Byok*, NJW 2001, 2295, 2301; a. A.: *Erdl*, VergabeR 2001, 10, 16, 17; zur Möglichkeit, die Aufhebung der Ausschreibung im Nachprüfungsverfahren anzugreifen: vgl. OLG Düsseldorf, Beschl. v. 30.4.2003, Verg 67/02, NZBau 2003, 401, 404 f.

42 Zu § 13 VgV 2001: *Erdl*, VergabeR 2001, 10, 18; OLG Düsseldorf, Beschl. v. 29.6.2017, VII-Verg 7/17, NZBau 2017, 619.

nis an dem bereits bislang ausgewählten Bieter festgehalten, aber die Begründung der Auswahlentscheidung modifiziert wird. Denn in beiden Fällen liegt bezüglich der nach § 134 Abs. 1 Satz 1 GWB offenbarungspflichtigen Umstände ein neuer Sachverhalt vor, über den die Bieter zu unterrichten sind. Im Interesse eines effektiven Primärrechtsschutzes wird man darüber hinaus annehmen müssen, dass der öffentliche Auftraggeber sogar dann zu einer neuen Bieterinformation verpflichtet ist, wenn die zweite Angebotswertung sowohl im Ergebnis wie auch in der Begründung mit der ersten übereinstimmt.[43] In diesem Fall haben die nicht für den Zuschlag vorgesehenen Bieter nämlich ein berechtigtes Interesse, selbst überprüfen zu können und gegebenenfalls in einem Nachprüfungsverfahren kontrollieren zu lassen, ob der Auftraggeber im Rahmen seiner neuen Angebotswertung der gerügten Beanstandung Rechnung getragen oder ob er dem Gebot der Vergabenachprüfungsinstanzen Folge geleistet hat. Dass der eine oder andere Bieter oder Bewerber Beteiligter des erfolgreich durchgeführten Vergabenachprüfungsverfahrens war, auf dessen Grundlage die neue (zweite) Angebotswertung erfolgt, befreit den Auftraggeber diesen Bietern gegenüber nicht von der Pflicht des § 134 Abs. 1 GWB.[44] Die Informationspflicht des öffentlichen Auftraggebers entsteht selbstverständlich nicht neu, wenn dieser seine Angebotswertung aufgrund einer Rüge alleine mit dem Willen der Überprüfung nochmals nachvollzieht und dabei zu dem Ergebnis gelangt, dass die Wertung nicht fehlerhaft ist.[45]

4. Information über weitere Umstände des Vergabeverfahrens

Ungeklärt ist, ob und gegebenenfalls unter welchen Voraussetzungen § 134 Abs. 1 Satz 1 27
GWB **erweiternd** dahin **auszulegen** ist, dass der Auftraggeber nicht nur den Namen des für den Zuschlag vorgesehenen Mitbewerbers und die Gründe für die Nichtberücksichtigung des nicht zum Zuge gekommenen Adressaten der Bieter- oder Bewerberinformation sowie den frühestmöglichen Zeitpunkt des Vertragsabschlusses mitteilen, sondern in Einzelfällen **auch über weitere Umstände zu unterrichten** hat.[46] Diese Frage hat sich in der Vergangenheit bereits unter der Geltung von § 13 VgV 2001 gestellt. Der öffentliche Auftraggeber hatte die Beigeladene für den Zuschlag vorgesehen und die übrigen Bieter nach Maßgabe des § 13 VgV 2001 über das Ergebnis ihrer Angebotswertung unterrichtet. Kurze Zeit nach dem Informationsschreiben an die Bieter – aber noch vor Zuschlagserteilung – bot die Beigeladene dem Auftraggeber an, die ausgeschriebenen schusssicheren Unterziehwesten kostenneutral durch zusätzliche Materiallagen zu verstärken, um sie so auch gegen künftige Munition schusssicher zu machen. Der Auftraggeber prüfte die vorgeschlagene Leistungsmodifikation und stimmte ihr schließlich zu. Danach erteilte er den Zuschlag an die Beigeladene. Nach Zuschlagserteilung reichte die antragstellende Partei ihren Nachprüfungsantrag ein. Auf den Einwand, das Nachprüfungsbegehren sei unzulässig, weil es sich gegen ein bereits abgeschlossenes Vergabeverfahren richte, berief sich die Antragstellerin auf die Nichtigkeit der Auftragserteilung. Denn – so argumentierte sie – die Bieterinformation sei deshalb unzureichend gewesen, weil sie nicht auf die nachträgliche

43 OLG Düsseldorf, Beschl. v. 19.4.2017, VII-Verg 38/16.

44 Zu § 13 VgV 2001 wohl a. A. *Erdl*, VergabeR 2001, 10, 18.

45 OLG Düsseldorf, Beschl. v. 19.4.2017, VII-Verg 38/16.

46 Die amtliche Begründung zu § 101a GWB 2009 stellt dem Auftraggeber lediglich frei, im Rahmen der Bieterinformation auch weitere nützliche Angaben – beispielsweise zur Platzierung der jeweiligen Angebote – zu machen. Die hier aufgeworfene Frage nach einer erweiternden Auslegung des § 101a GWB 2009 wird demgegenüber nicht angesprochen.

Leistungsänderung hingewiesen habe. Das OLG Düsseldorf,[47] das mit dem Sachverhalt im Rahmen einer Beschwerde gegen die Kostenentscheidung der Vergabekammer befasst war, hat dies für erwägenswert gehalten, brauchte zu der Frage aber nicht abschließend Stellung zu nehmen. Für eine erweiternde Auslegung sprechen gute Gründe. Sinn und Zweck des § 134 GWB ist es, einen wirksamen und effektiven Primärrechtsschutz der nicht für den Zuschlag vorgesehenen Bieter zu gewährleisten. Mit dem Gebot an den Auftraggeber, jene Bieter fünfzehn bzw. zehn Tage vor Zuschlagserteilung über das Ergebnis der Angebotswertung zu unterrichten, und der gleichzeitigen Anordnung, dass ein unter Verstoß gegen diese Pflicht erteilter Zuschlag unwirksam ist, will der Gesetzgeber sicherstellen, dass die nicht zum Zuge kommenden Bewerber hinreichende Gelegenheit für die Prüfung haben, ob berechtigte Bedenken an der Rechtmäßigkeit der beabsichtigten Vergabeentscheidung bestehen und ob sie deswegen ein Nachprüfungsverfahren einleiten wollen. Im Allgemeinen ist diesem Regelungszweck dadurch Genüge getan, dass der Name des vom Auftraggeber ausgewählten Bieters und die Gründe, aufgrund derer der jeweilige Adressat des Informationsschreibens nicht zum Zuge kommen soll, bekannt gegeben werden. Anders ist die Sachlage, wenn der öffentliche Auftraggeber den Zuschlag beispielsweise zu Bedingungen erteilen will, die von der Leistungsbeschreibung oder den sonstigen Ausschreibungsbedingungen abweichen. Liegt eine solche Abweichung bereits der Angebotswertung zugrunde, lässt sich eine diesbezügliche Informationspflicht des Auftraggebers aus § 134 Abs. 1 GWB ableiten. Die Verpflichtung des Auftraggebers, die Bieter im Interesse eines effektiven Primärrechtsschutzes wahrheitsgemäß und vollständig über die Gründe ihrer Nichtberücksichtigung zu informieren, kann ohne Weiteres auch auf Modifikationen von der ursprünglichen Ausschreibung erstreckt werden. Will der Auftraggeber nicht zu den ausgeschriebenen, sondern zu veränderten Konditionen den Auftrag erteilen, welche der nicht für den Zuschlag vorgesehene Bewerber nicht erfüllt, weil er zu den ausgeschriebenen Konditionen angeboten hat, gehört nämlich auch diese Modifikation zu den Gründen für seine Nichtberücksichtigung. Im Ergebnis nichts anderes kann gelten, wenn sich der Auftraggeber erst nach der Angebotswertung und Absendung der Bieterinformation dazu entschließt, den Auftrag zu veränderten Bedingungen an den ausgewählten Bieter zu erteilen. Eine solche Vorgehensweise verletzt in eklatanter Weise sowohl den Gleichbehandlungsgrundsatz des § 97 Abs. 2 GWB als auch den Wettbewerbsgrundsatz des § 97 Abs. 1 GWB. Dem Zweck des § 134 Abs. 1 Satz 1 GWB, den nicht zum Zuge kommenden Bewerbern im Interesse eines wirksamen Primärrechtsschutzes die Vergabeentscheidung so weit bekannt zu geben, dass der einzelne Bieter hinreichend beurteilen kann, ob zu seinen Lasten Vergaberechtsfehler vorliegen können, ist in einem solchen Fall nur dann Genüge getan, wenn der Auftraggeber die Abweichung von den Ausschreibungsbedingungen in einem nachgereichten Schreiben offenlegt. Es dürfte dabei konsequent sein, anzunehmen, dass insoweit die Wartefrist des § 134 Abs. 2 GWB von neuem zu laufen beginnt, der Auftraggeber also fünfzehn bzw. zehn Tage vor Zuschlagserteilung das ergänzende (Informations-)Schreiben absenden muss, andernfalls ein erteilter Auftrag unwirksam ist.

47 Beschl. v. 15.5.2002, Verg 10/02.

IV. Textform der Bieterinformation

28 Die Bieterinformation nach § 134 Abs. 1 Satz 1 GWB muss in Textform erfolgen. Das schließt eine bloß mündliche oder fernmündliche Unterrichtung aus. Andererseits bedeutet Textform nicht Schriftform im Sinne von § 126 Abs. 1 BGB;[48] eine eigenhändige Unterzeichnung des Informationsschreibens ist also nicht erforderlich. Zurückzugreifen ist vielmehr auf **§ 126b BGB**.[49] Danach erfordert eine gesetzlich vorgeschriebene Textform, dass die Erklärung in einer Urkunde oder auf andere zur dauerhaften Wiedergabe in Schriftzeichen geeigneten Weise abgegeben, die Person des Erklärenden genannt und der Abschluss der Erklärung durch Nachbildung der Namensunterschrift oder anders erkennbar gemacht werden. Diesen Anforderungen ist durch eine Übermittlung der Bieterinformation per Telefax oder Fernschreiben ebenso Genüge getan wie durch die Versendung des Informationsschreibens per E-Mail oder Computer-Fax oder die Überlassung der Bieterinformation auf Diskette oder CD-ROM[50] oder USB-Stick. Ein Verstoß gegen das Textformerfordernis führt gem. § 135 Abs. 1 Nr. 1 GWB zur Unwirksamkeit eines erteilten Auftrags. Dieselbe Anforderung gilt für die in § 134 Abs. 1 Satz 2 GWB vorgeschriebene Information des **Bewerbers**.

V. Zeitpunkt der Bieterinformation

29 § 134 Abs. 1 Satz 1 GWB verpflichtet den öffentlichen Auftraggeber, die nicht zum Zuge kommenden Bieter und Bewerber „unverzüglich" – d. h. ohne schuldhaftes Zögern – zu unterrichten. Eine Verletzung der Informations**frist** bleibt für den Auftraggeber allerdings **folgenlos**, weil es sich bei der Fristenregelung in § 134 Abs. 1 Satz 1 GWB um eine reine Ordnungsvorschrift handelt.[51] Zwar ordnet § 135 Abs. 1 Nr. 1 GWB ganz allgemein an, dass ein Verstoß des öffentlichen Auftraggebers gegen § 134 GWB zur Unwirksamkeit des erteilten Zuschlags führt. Nach Sinn und Zweck der genannten Vorschriften ist ein Vertragsschluss des Auftraggebers indes nur dann unwirksam, wenn er ohne die gebotene Bieterinformation oder unter Verletzung der gesetzlichen Wartefrist geschlossen worden ist. Nur in diesen Fällen – und nicht auch bei der bloßen Überschreitung der Informationsfrist – ist der vom Gesetzgeber erstrebte Primärrechtsschutz gefährdet. Folgerichtig geht deshalb auch die amtliche Begründung zu § 101b GWB 2009[52] davon aus, dass nur „die Verletzung der Informationspflicht gemäß § 101a" – und nicht die Missachtung des Unverzüglichkeitsgebots – zur Unwirksamkeit eines erteilten Auftrags führt. Alleine diese Sichtweise vermeidet unangemessene rechtliche Konsequenzen. Würde eine Bieterinformation, die inhaltlich vorschriftsmäßig und bloß nicht unverzüglich erteilt worden ist, zur Unwirksamkeit des erteilten Zuschlags nach § 135 Abs. 1 GWB führen, müsste das gesamte Vergabeverfahren wiederholt werden, weil die fehlende Unverzüglichkeit irreparabel ist. Eine der-

---

48 OLG Jena, Beschl. v. 29.5.2002, 6 Verg 2/02, NZBau 2002, 526; *Gesterkamp*, NZBau 2002, 481, 482; *Höß*, VergabeR 2002, 443, 453; i. E. ebenso: *Gröning*, WRP 2001, 1, 5; a. A. wohl *Portz*, VergabeR 2002, 211, 215.

49 So ausdrücklich § 62 Abs. 2 VgV.

50 *König*, in: Kulartz/Kus/Portz, GWB, 3. Aufl., § 101a Rn. 18.

51 Ebenso: *Gnittke/Hattig*, in: Müller-Wrede, Vergaberecht, § 134 Rn. 84; a. A.: *Maimann*, in: Kulartz/Kus/Portz/Prieß, GWB-Vergaberecht, § 135 Rn. 12.

52 BT-Drs. 16/11428.

art weitreichende Konsequenz steht ganz offensichtlich außer Verhältnis zu der Verletzung des Unverzüglichkeitsgebots und ist vom Gesetzgeber nicht gewollt.

VI. Wartefrist

30 § 134 Abs. 2 Satz 1 GWB verbietet dem öffentlichen Auftraggeber, den ausgeschriebenen Auftrag vor Ablauf von fünfzehn Kalendertagen nach Absendung der Bieter- bzw. Bewerberinformation zu erteilen, wobei sich die Wartefrist auf zehn Kalendertage verkürzt, wenn die Information per Fax oder auf elektronischem Weg versendet wird. Es handelt sich um ein gesetzliches Verbot im Sinne von **§ 134 BGB**, sodass ein vor Ablauf der Wartefrist erteilter Zuschlag unwirksam ist. Nichtigkeit tritt auch dann ein, wenn die Vorabinformation „lediglich" keinen Hinweis auf den Zeitpunkt des frühestmöglichen Vertragsschluss enthält.[53]

31 Der Verstoß gegen § 134 GWB allein verhilft einem **Nachprüfungsantrag** allerdings noch nicht zum Erfolg. Vielmehr bedarf es über den Verstoß gegen die gesetzliche Wartefrist hinaus einer Rechtsverletzung der Antragstellerin durch die Nichtbeachtung von anderen Bestimmungen des Vergaberechts.[54] Der Antragsteller muss nachweisen, dass er ohne den zum Verstoß gegen § 134 Abs. 1 GWB hinzukommenden Vergabefehler eine echte Chance auf den Zuschlag gehabt hätte. Kann eine solche über den Verstoß gegen § 134 GWB hinausgehende Rechtsverletzung nicht festgestellt werden, bleibt der Nachprüfungsantrag trotz Verstoßes gegen die Informationspflicht im Ergebnis erfolglos.[55]

1. Fristberechnung

32 Die zehn- bzw. fünfzehntägige Wartefrist beginnt am Tag **nach** der Absendung des Informationsschreibens (§ 134 Abs. 2 Satz 3 GWB) um null Uhr. Zwischen Absendung der Bieterinformation und der Zuschlagserteilung muss ferner ein Zeitraum von mindestens zehn bzw. fünfzehn vollen **Kalendertagen** (nicht: Werktagen) liegen. Im Ergebnis darf der Zuschlag deshalb von der Versendung der Bieterinformation an gerechnet frühestens am elften bzw. sechzehnten Tag (jeweils ab null Uhr) erfolgen.[56]

33 Stimmen alle Bieter und Bewerber zu, kann der öffentliche Auftraggeber die **Frist abkürzen** und den Zuschlag schon vor Ablauf der gesetzlichen Wartefrist rechtswirksam erteilen. Nichts spricht dagegen, dass der von § 134 Abs. 2 GWB bezweckte Bieterschutz disponibel ist und die zu unterrichtenden Bieter folglich auf die Einhaltung der gesetzlich vorgesehenen Wartefrist verzichten können. In jedem Fall ist ein Bieter, der einer Abkürzung der Wartefrist zugestimmt hat, nach Treu und Glauben daran gehindert, sich später gleichwohl auf die schwebende Unwirksamkeit des (vorzeitig erteilten) Zuschlags zu berufen.

---

53 OLG Jena, Beschl. v. 9.9.2010, 9 Verg 4/10, VergabeR 2011, 96; OLG Düsseldorf, Beschl. v. 12.9.2012, VII-Verg 108/11, NZBau 2013, 61.

54 OLG München, Beschl. v. 12.5.2011, Verg 26/10, VergabeR 2011, 762, Rn. 73; OLG Karlsruhe, Beschl. v. 9.10.2012, 15 Verg 12/11, ZfBR 2013, 285.

55 OLG Karlsruhe, Beschl. v. 9.10.2012, 15 Verg 12/11, ZfBR 2013, 285.

56 Zur Fristberechnung kann auch auf § 188 Abs. 1 BGB abgestellt werden.

34 Erst recht kann die Vergabestelle die gesetzliche **Wartefrist verlängern**. Das gilt schon deshalb, weil § 134 Abs. 2 Satz 1 und 2 GWB dem Auftraggeber lediglich untersagt, den Zuschlag vor Ablauf von zehn bzw. fünfzehn Kalendertagen nach Absendung der Bieterinformation zu erteilen. Die Vorschrift normiert eine bloße Mindestfrist. Sie hindert den öffentlichen Auftraggeber nicht, sich freiwillig einer längeren Wartefrist zu unterwerfen. Davon geht ersichtlich auch § 134 Abs. 1 Satz 1 GWB aus, indem er den Auftraggeber verpflichtet, im Rahmen der Bieterinformation auch den frühesten Zeitpunkt des Vertragsschlusses mitzuteilen. Gibt der Auftraggeber dem Bieterkreis eine längere Wartefrist bekannt, muss er sich hieran festhalten lassen mit der Folge, dass ein vorzeitig erteilter Zuschlag unwirksam ist.[57] Das gebietet der von § 134 Abs. 1 GWB intendierte effektive Primärrechtsschutz. Der Zuschlag kann deshalb dann, wenn der öffentliche Auftraggeber in seinem Informationsschreiben an die Bieter eine längere als die gesetzlich vorgesehene Wartefrist zugesagt hatte, nicht rechtswirksam erteilt werden. Ob die Mitteilung des Auftraggebers in seinem Informationsschreiben, den Zuschlag nicht vor einem bestimmten – zeitlich nach der gesetzlichen Wartefrist liegenden – Zeitpunkt erteilen zu wollen, eine Fristverlängerung in dem vorgenannten Sinne enthält, beurteilt sich nach den Umständen des jeweiligen Falles. Ist für den Bieter zu erkennen, dass es sich um eine bloß fehlerhafte Berechnung des Fristablaufs handelt, dürfte eine Fristverlängerung regelmäßig zu verneinen und die sich aus § 134 Abs. 1 GWB errechnende (richtige) Frist maßgeblich sein.[58] Andererseits darf sich der Bieter darauf verlassen, wenn die Vergabestelle die Vorabinformation mit einer Rechtsbehelfsbelehrung über den Lauf der Einspruchsfrist gegen die beabsichtigte Zuschlagserteilung versieht.[59] Gleiches muss gelten, wenn der öffentliche Auftraggeber den Bietern mitteilt, den Zuschlag zu einem bestimmten Datum erteilen zu wollen.[60] Auch diese Erklärung darf der angesprochene Bieterkreis in aller Regel als die Verlängerung der Frist des § 134 Abs. 2 Satz 1 und 2 GWB verstehen.

2. Fristbeginn

35 Die gesetzliche Wartefrist beginnt am Tag nach der Absendung des Informationsschreibens. Enden die Wartefristen gegenüber den einzelnen Bietern oder Bewerbern nicht an demselben Tag, kann der Zuschlag wirksam erst nach dem Ende der **letztablaufenden Wartefrist** erteilt werden:

a) Absendung des Informationsschreibens

36 Dass schon die Absendung des Informationsschreibens – und nicht der Eingang der Bieterinformation beim Adressaten – den Lauf der gesetzlichen Wartefrist in Gang setzt, wird in § 134 Abs. 2 Satz 3 Hs. 2 GWB ausdrücklich angeordnet. Es versteht sich von selbst, dass der Lauf der Frist nur in Gang gesetzt wird, wenn die Bieterinformation an den richtigen Adressaten und mit einer ordnungsgemäßen Adressierung versandt wird.

57 OLG Düsseldorf, Beschl. v. 19.4.2017, VII-Verg 38/16.

58 Vgl. zu dieser Problematik bei § 13 VgV: *Glahs*, in: Reidt/Stickler/Glahs, Vergaberecht, § 13 VgV Rn. 26 ff.; siehe auch: 2. VK Bund, VK 2-50/02.

59 OLG Bremen, Beschl. v. 17.11.2003, Verg 6/03, NZBau 2004, 172.

60 A. A.. OLG Bremen, Beschl. v. 17.11.2003, Verg 6/03, NZBau 2004, 172.

b) Zugang des Informationsschreibens

37 Neben der Absendung der Bieterinformation ist der **Zugang des Informationsschreibens** bei den Bietern **nicht erforderlich**. Der Ansicht, dass für die Fristberechnung im Ausgangspunkt zwar auf die Absendung der Bieterinformation abzustellen, zusätzlich aber der Zugang des Informationsschreibens beim Bieter erforderlich ist mit der Folge, dass der Bieter das Verzögerungsrisiko und der öffentliche Auftraggeber das Verlustrisiko trägt,[61] ist nicht zu folgen. Die dahingehende Forderung ist mit Blick auf den Schutzzweck des § 134 Abs. 1 GWB, einen effektiven Primärrechtsschutz zu gewährleisten, nicht geboten. Geht dem Bieter das Informationsschreiben des öffentlichen Auftraggebers erst nach Ablauf der gesetzlichen Wartefrist und anschließender Zuschlagserteilung zu, ist der Auftrag nach einhelliger Ansicht wirksam vergeben und ein Nachprüfungsantrag mithin nicht mehr zulässig. Es besteht weder ein Grund noch eine Rechtfertigung, den Fall dann anders zu entscheiden, wenn das Informationsschreiben den Bieter nicht „zu spät", sondern überhaupt nicht erreicht. Im Übrigen können Schriftstücke als Irrläufer viele Wochen und Monate „unterwegs" sein, sodass sich im Einzelfall kaum feststellen lässt, ob noch ein bloßes Verzögerungsrisiko oder schon ein Verlustrisiko in Rede steht. Schließlich ist, wenn man den Zugang des Informationsschreibens beim Bieter als ungeschriebene Tatbestandsvoraussetzung des § 134 Abs. 1 GWB ansieht, der öffentliche Auftraggeber letztlich doch gehalten, die Bieterinformation beweiskräftig und nachweisbar zuzustellen. Gerade von dieser Last will § 134 Abs. 2 Satz 3 Hs. 2 GWB den Auftraggeber aber gerade freistellen, indem das Zuschlagsverbot zehn bzw. fünfzehn Kalendertage nach Absendung des Informationsschreibens endet.

3. Fristablauf

38 Nach dem Rechtsgedanken des § 188 BGB endet die Wartefrist des § 134 GWB mit dem Ablauf des letzten Tages der (10 bzw. 15-tägigen) Frist. Fällt der letzte Tag der Frist auf einen Sonntag, einen Sonnabend oder einen gesetzlichen Feiertag, verlängert sich die Wartefrist nicht bis zum Ablauf des nächsten Werktages. § 193 BGB findet im Rahmen des § 134 GWB keine Anwendung. Eine unmittelbare Geltung der Vorschrift scheidet aus, weil die Wartefrist keine von dem öffentlichen Auftraggeber zu beachtende Frist für die „Abgabe einer Willenserklärung" oder „zur Bewirkung einer Leistung" ist. Einer analogen Anwendung der Norm steht der Schutzzweck des § 193 BGB entgegen. Die Vorschrift schützt die Sonn- und Feiertagsruhe und berücksichtigt, dass sich in Wirtschaft und öffentlicher Verwaltung die 5-Tage-Woche durchgesetzt hat.[62] Um diesen Schutzgedanken geht es bei der Einhaltung der gesetzlichen Wartefrist durch den öffentlichen Auftraggeber nicht. Diese kann folglich auch an einem Wochenende oder einen gesetzlichen Feiertag enden. Für den öffentlichen Auftraggeber ergibt sich daraus insbesondere im Hinblick auf die Oster- und Weihnachtstage die Möglichkeit, den Fristablauf so zu beeinflussen, dass dem Bieter oder Bewerber für die Prüfung und Einleitung eines Vergabenachprüfungsverfah-

61 KG, Urt. v. 27.5.2002, 8 U 2074,00, KG-Report 2002, 27; OLG Jena, Beschl. v. 9.9.2002, 6 Verg 4/02, VergabeR 2002, 631, 633; *Antweiler*, DB 2001, 1975, 1978; *Rojahn*, NZBau 2004, 382, 383; *Stockmann*, NZBau 2003, 591, 594; *Maimann*, in: Kulartz/Kus/Portz/Prieß, GWB-Vergaberecht, § 134 Rn. 44; *Gnittke/Hattig*, in: Müller-Wrede, Vergaberecht, § 134 Rn. 95; a. A. BGH, Beschl. v. 9.2.2004, X ZB 44/03, NZBau 2004, 229, 232.

62 Vgl. nur: *Ellenberger*, in: Palandt, BGB, § 193 Rn. 1.

rens nur wenige Kalendertage verbleiben. Die Rechtsprechung hat hierauf reagiert und angenommen, dass die Wartefrist nicht wirksam in Lauf gesetzt wird, wenn die Frist durch den vom öffentlichen Auftraggeber gewählten Zeitpunkt der Bieter- bzw. Bewerberinformation so über gesetzliche Feiertage und/oder Wochenenden gelegt wird, dass dem Bieter bzw. Bewerber keine ausreichende Zeit für die Nachprüfung verbleibt.[63]

Sofern die Bieterinformationsschreiben entweder nicht an ein und demselben Tag, sondern an verschiedenen Tagen abgesendet werden oder die Informationsschreiben teils auf dem Postweg (mit der Folge einer fünfzehntägigen Wartefrist) und teils per Fax oder in elektronischer Form (mit der Konsequenz einer auf zehn Kalendertage verkürzten Wartefrist) versendet werden, ist für den Ablauf der gesetzlichen Wartefrist zu **unterscheiden**: Für den öffentlichen Auftraggeber gerät das Zuschlagsverbot erst dann in Fortfall, wenn die letztendende Wartefrist abgelaufen ist. Erst in diesem Zeitpunkt kann der Zuschlag nämlich unanfechtbar erteilt werden. In Bezug auf den einzelnen Bieter oder Bewerber endet die Wartefrist jeweils in dem Zeitpunkt, zu dem die ihm gegenüber in Gang gesetzte Zehn- bzw. Fünfzehntagesfrist abgelaufen ist. Ob die Wartefrist bei anderen Bietern oder Bewerbern noch läuft, ist dafür ohne Belang. Denn mit Ablauf der „eigenen" Wartefrist kann der Bieter oder Bewerber ein Nachprüfungsverfahren nach § 135 Abs. 2 GWB zur Feststellung der Unwirksamkeit des erteilten Zuschlags nicht mehr mit Aussicht auf Erfolg betreiben.[64] **39**

4. Darlegungs- und Feststellungslast

Die **Darlegungs- und Feststellungslast** für die Absendung des Informationsschreibens an die Bieter und den Absendezeitpunkt trägt nach allgemeinen Grundsätzen der Auftraggeber. Nach dem dargestellten Normverständnis des § 134 Abs. 1 GWB ist die Versendung der Bieterinformation und die Einhaltung der gesetzlichen zehn- bzw. fünfzehntägigen Wartefrist eine Voraussetzung für den rechtswirksamen Zuschlag. Beides muss folglich vom Auftraggeber, der die Rechtsgültigkeit seines Zuschlags reklamiert, dargelegt und notfalls nachgewiesen werden.[65] Bleiben am Ende der Sachverhaltsaufklärung Zweifel, gehen diese zulasten des öffentlichen Auftraggebers. **40**

5. Ausländische Bieter

Die fünfzehntägige Frist des § 134 Abs. 2 Satz 1 GWB kann insbesondere dann knapp bemessen sein, wenn im Ausland ansässige Bieter zu benachrichtigen sind und die Bieterinformation auf dem Postweg übersandt wird. Wegen der langen Postlaufzeiten kann der bis zum Wegfall des Zuschlagsverbots verbleibende Zeitraum auf wenige Tage schrumpfen. Die bei einer **Auslandszustellung** vorhandenen längeren Postlaufzeiten benachteiligen überdies die ausländischen Bieter gegenüber den inländischen Bietern. Der öffentliche Auftraggeber sollte in derartigen Fällen deshalb von einer Postübersendung absehen und stattdessen einen Übermittlungsweg (z. B. Telefax oder E-Mail) wählen, der für eine zügige Übermittlung der Bieterinformation sorgt und alle zu unterrichtenden Bieter möglichst am gleichen Tag, zumindest aber ohne erhebliche zeitliche Unterschiede, erreicht. Ist das zu informierende Bieterfeld derart zusammengesetzt, dass von vornherein erheblich abwei- **41**

---

63 OLG Düsseldorf, Beschl. v. 5.10.2016, VII-Verg 24/16, NZBau 2016, 119 f.

64 Ebenso: *König*, in: Kulartz/Kus/Portz, GWB, 3. Aufl., § 101a Rn. 21.

65 Ebenso: *Maimann*, in: Kulartz/Kus/Portz/Prieß, GWB-Vergaberecht, § 134 Rn. 43.

chende Postlaufzeiten zu erwarten sind, dürfte es sogar ein Gebot der Gleichbehandlung aller Bieter sein (§ 97 Abs. 2 GWB), dass der Auftraggeber statt der Postzustellung eine solche andere Übermittlungsart wählt. Bereits in den Angebotsunterlagen kann auf eine diesbezügliche Absicht hingewiesen und um Bekanntgabe einer entsprechenden Empfängeradresse gebeten werden. Dadurch lässt sich in aller Regel sicherstellen, dass dieser (andere) Übermittlungsweg gegenüber allen Bietern benutzt werden kann. Dabei versteht es sich von selbst, dass der öffentliche Auftraggeber nach dem Gleichbehandlungsgrundsatz lediglich gehalten ist, jenen Übersendungsweg anzubieten. Macht ein Bieter von diesem Angebot keinen Gebrauch und benennt er keine Empfangsadresse, ist ihm die Bieterinformation per Post zu übersenden. Die daraus resultierenden Nachteile, insbesondere die längere Übermittlungsdauer, hat er in diesem Fall hinzunehmen.

§ 135 Unwirksamkeit

(1) Ein öffentlicher Auftrag ist von Anfang an unwirksam, wenn der öffentliche Auftraggeber

1. gegen § 134 verstoßen hat oder

2. den Auftrag ohne vorherige Veröffentlichung einer Bekanntmachung im Amtsblatt der Europäischen Union vergeben hat, ohne dass dies aufgrund Gesetzes gestattet ist,

und dieser Verstoß in einem Nachprüfungsverfahren festgestellt worden ist.

(2) Die Unwirksamkeit nach Absatz 1 kann nur festgestellt werden, wenn sie im Nachprüfungsverfahren innerhalb von 30 Kalendertagen nach der Information der betroffenen Bieter und Bewerber durch den öffentlichen Auftraggeber über den Abschluss des Vertrags, jedoch nicht später als sechs Monate nach Vertragsschluss geltend gemacht worden ist. Hat der Auftraggeber die Auftragsvergabe im Amtsblatt der Europäischen Union bekannt gemacht, endet die Frist zur Geltendmachung der Unwirksamkeit 30 Kalendertage nach Veröffentlichung der Bekanntmachung der Auftragsvergabe im Amtsblatt der Europäischen Union.

(3) Die Unwirksamkeit nach Absatz 1 Nummer 2 tritt nicht ein, wenn

1. der öffentliche Auftraggeber der Ansicht ist, dass die Auftragsvergabe ohne vorherige Veröffentlichung einer Bekanntmachung im Amtsblatt der Europäischen Union zulässig ist,

2. der öffentliche Auftraggeber eine Bekanntmachung im Amtsblatt der Europäischen Union veröffentlicht hat, mit der er die Absicht bekundet, den Vertrag abzuschließen, und

3. der Vertrag nicht vor Ablauf einer Frist von mindestens zehn Kalendertagen, gerechnet ab dem Tag nach der Veröffentlichung dieser Bekanntmachung, abgeschlossen wurde.

Die Bekanntmachung nach Satz 1 Nummer 2 muss den Namen und die Kontaktdaten des öffentlichen Auftraggebers, die Beschreibung des Vertragsgegenstands, die Begründung der Entscheidung des Auftraggebers, den Auftrag ohne vorherige Veröffentlichung einer Bekanntmachung im Amtsblatt der Europäischen Union zu vergeben, und den Namen und die Kontaktdaten des Unternehmens, das den Zuschlag erhalten soll, umfassen.

Schrifttum: *Immenga/Mestmäcker*, Wettbewerbsrecht, Band 2: GWB, Kommentar zum Deutschen Kartellrecht, 5. Aufl. München 2014; *Kulartz/Kus/Portz*, Kommentar zum GWB-Vergaberecht, 2. Aufl. Köln 2009; *Kulartz/Kus/Portz*, Kommentar zum GWB-Vergaberecht, 3. Aufl. Köln 2013; *Kulartz/Kus/Portz/Prieß*, Kommentar zum GWB-Vergaberecht, 4. Aufl. 2016; *Müller-Wrede*, GWB Vergaberecht, Kommentar, 2016; *Reidt/Stickler/Glahs*, Vergaberecht, Kommentar, 3. Aufl. Köln 2011; *Ziekow/Völlink*, Vergaberecht, 2. Aufl. München 2013.

Übersicht

I. Einleitung

1 § 135 GWB vervollständigt die Regelungen zur Sicherstellung eines effektiven Primärrechtsschutzes. Die Vorschrift regelt in Abs. 1 Nr. 1 die Unwirksamkeit des Zuschlags, den der öffentliche Auftraggeber entweder ohne die nach § 134 Abs. 1 Satz 1 und 2 GWB vorgeschriebene **Bieter- und Bewerberinformation** oder unter Missachtung der gesetzlichen **Wartefrist** des § 134 Abs. 2 GWB erteilt hat. Abs. 1 Nr. 2 von § 135 GWB ordnet dieselbe Rechtsfolgen für den Fall an, dass der öffentliche Auftraggeber den Auftrag vergaberechtswidrig ohne vorherige Veröffentlichung einer Bekanntmachung im Amtsblatt der Europäischen Union vergeben hat. Erfasst sind damit zum einen die Fälle der sog. **De-facto-Vergabe**, also einer Beschaffungsmaßnahme, bei welcher der öffentliche Auftraggeber in – schuldhafter oder unverschuldeter – Verkennung der Rechtslage von der Durchführung des an sich gebotenen Vergabeverfahrens absieht und unter Beschränkung des an sich vorgeschriebenen Bieter- oder Teilnehmerkreises einen Auftragnehmer sucht. Unter § 135 Abs. 1 Nr. 2 GWB fallen zum anderen Fallgestaltungen, bei denen der öffentliche Auftraggeber zwar ein wettbewerbliches Verfahren unter Beteiligung mehrerer Bieter durchführt, dabei aber von der vergaberechtlich gebotenen **europaweiten Ausschreibung** absieht.

2 Anders als die (Vor-)Vorgängernorm des § 13 Satz 6 VgV 2003 knüpft § 135 GWB an die Verletzung der Informationspflicht und die Missachtung der vorgeschriebenen Wartefrist

nicht die strikte Nichtigkeit des erteilten Auftrags. Der unter Verstoß gegen § 134 Abs. 1 und 2 GWB oder ohne eine europaweite Ausschreibung erteilte Auftrag ist vielmehr nur dann von Anfang an unwirksam, wenn der betreffende Vergaberechtsverstoß in einem Vergabenachprüfungsverfahren festgestellt worden ist, wobei § 135 Abs. 2 GWB zwei 30-Tage-Fristen sowie eine 6-Monats-Frist vorschreibt, innerhalb deren das diesbezügliche Nachprüfungsverfahren eingeleitet werden muss. In der Zwischenzeit ist der durch Zuschlag zustande gekommene Vertrag **schwebend wirksam**. Der Vertrag wird **endgültig wirksam**, wenn der auf Feststellung der Unwirksamkeit des erteilten Auftrags gerichtete Nachprüfungsantrag unanfechtbar zurückgewiesen oder innerhalb der 30-Tage-Fristen bzw. der 6-Monats-Frist des § 135 Abs. 2 GWB kein Nachprüfungsantrag gestellt wird; er wird **rückwirkend unwirksam**, wenn seine Nichtigkeit in einem Nachprüfungsverfahren unanfechtbar festgestellt wird.

§ 135 Abs. 3 GWB normiert eine Ausnahme von der schwebenden Unwirksamkeit des erteilten Auftrags, die in **§ 135 Abs. 1 Nr. 2 GWB** für den Fall der fehlerhaft unterbliebenen europaweiten Vergabebekanntmachung vorgesehen ist. Die Norm beruht auf Art. 2d Abs. 4 der Richtlinie 2007/66/EG und lässt die Unwirksamkeit des Auftrags nicht eintreten, wenn (1) der öffentliche Auftraggeber eine europaweite Ausschreibung für entbehrlich gehalten hat, (2) er seine Absicht zum Vertragsabschluss (nachträglich) im Amtsblatt der Europäischen Union bekannt gibt und (3) der Vertrag nicht vor Ablauf von mindestens zehn Kalendertagen, gerechnet ab dem Tag nach der Veröffentlichung dieser Bekanntmachung, abgeschlossen wird. Regelungsziel ist es, dem öffentlichen Auftraggeber in Bezug auf den Unwirksamkeitsgrund der irrtümlich unterbliebenen europaweiten Ausschreibung die Möglichkeit einer Selbstkorrektur des Vergabefehlers einzuräumen. 3

II. Tatbestandliche Voraussetzungen der Unwirksamkeit

1. Verstoß gegen § 134 GWB

Gemäß § 135 Abs. 1 Nr. 1 GWB ist ein vom öffentlichen Auftraggeber erteilter Auftrag unwirksam, wenn gegen § 134 GWB verstoßen worden ist. Gemeint ist damit zum einen der Verstoß gegen die Obliegenheit des öffentlichen Auftraggebers zur textlichen Bieterinformation nach § 134 Abs. 1 Satz 1 und 2 GWB und zum anderen die Missachtung der zehn- bzw. fünfzehntägigen Wartefrist des § 134 Abs. 2 GWB. **Nicht** erfasst von § 135 Abs. 1 Nr. 1 GWB wird demgegenüber eine Missachtung der gesetzlich vorgesehenen **Informationsfrist** („unverzüglich"), weil § 134 Abs. 1 Satz 1 GWB insoweit den Charakter einer bloßen Ordnungsvorschrift besitzt. 4

a) Verletzung der Obliegenheit zur Bieterinformation

Unwirksamkeit des erteilten Auftrags tritt ein, wenn der öffentliche Auftraggeber unter Verstoß gegen seine Obliegenheit aus § 134 Abs. 1 Satz 1 und 2 GWB die betroffenen Bieter und Bewerber nicht unterrichtet hat. In folgenden Fällen ist die Informationsobliegenheit verletzt: 5

aa) Unterbliebene Bieterinformation

6 Unproblematisch ist die Obliegenheit des § 134 Abs. 1 GWB verletzt, wenn der öffentliche Auftraggeber den Vertrag **ohne** Erteilung einer **Bieterinformation** abschließt. Ob der zu unterrichtende Bieter oder Bewerber **von nicht autorisierter dritter Seite** die Informationen nach § 134 Abs. 1 Satz 1 GWB erhalten hat, spielt in diesem Zusammenhang keine Rolle.[1] Schon weil der Bieter bzw. Bewerber die Richtigkeit, Vollständigkeit und Zuverlässigkeit der von dritter Seite erhaltenen Informationen nicht hinreichend sicher beurteilen kann, kann die Drittinformation die gesetzlich vorgeschriebene Bieterinformation durch den Auftraggeber nicht entbehrlich machen.

bb) Inhaltlich fehlerhafte Bieterinformation

7 Zweifelhaft ist die Behandlung der Fälle, in denen eine **Bieterinformation** zwar erteilt wird, diese aber **inhaltlich fehlerhaft** ist, etwa weil die Unterrichtung unvollständig oder sonst unzureichend ist.

8 Schon zu § 13 VgV 2001 wurde eine teleologische Reduktion der Vorschrift für den Fall befürwortet, dass die Bieterinformation die Gründe für die Nichtberücksichtigung des eigenen Angebots **nicht hinreichend verständlich** oder mit einer **unzureichenden Informationstiefe** wiedergibt.[2] § 13 Satz 6 VgV 2001 sollte mit Rücksicht auf seinen Schutzzweck einschränkend dahin auszulegen sein, dass die Nichtigkeitsfolge die Fälle einer nicht nachvollziehbaren Bieterinformation nicht erfasst. Tragendes Argument war die Erwägung, dass der Vergaberechtsschutz in derartigen Fällen auch ohne die Nichtigkeitsfolge ausreichend gesichert sei. Der Bieter, der eine aus seiner Sicht nicht nachvollziehbare Unterrichtung erhalten habe, könne nach vorheriger Rüge das Nachprüfungsverfahren mit dem Begehren einleiten, den Auftraggeber zur Erteilung einer inhaltlich ordnungsgemäßen Bieterinformation zu verpflichten und auf diesem Weg das Zuschlagsverbot des § 115 Abs. 1 GWB 2009 herbeiführen. Dadurch sei der Primärrechtsschutz in ausreichendem Maße gesichert; es bedürfe nicht auch noch zusätzlich der Nichtigkeit des Vertragsschlusses nach § 13 Satz 6 VgV 2001. Diese Erwägungen gelten für § 135 Abs. 1 GWB nicht in gleicher Weise. Anders als bei § 13 VgV 2001[3] zieht die Verletzung der Informationsobliegenheit nicht mehr die Nichtigkeit, sondern lediglich die schwebende Unwirksamkeit des erteilten Auftrags nach sich. § 135 Abs. 2 GWB stellt überdies nur noch knappe Fristen zur Verfügung, innerhalb derer ein Bieter oder Bewerber die Unwirksamkeit des Zuschlags feststellen lassen kann. Grundsätzlich muss ein solches Nachprüfungsverfahren binnen 30 Kalendertagen nach der Information geltend gemacht werden, andernfalls wird der vom Auftraggeber geschlossene Vertrag wirksam. Nach Fristablauf besteht folglich Rechtssicherheit über den erteilten Auftrag. Angesichts dieser grundlegend veränderten Normlage

---

1 A. A. *König*, in: Kulartz/Kus/Portz, GWB-Vergaberecht, 2. Aufl., § 101b Rn. 3.

2 BayObLG, Beschl. v. 22.4.2002, Verg 8/02, NZBau 2002, 578; OLG Koblenz, Beschl. v. 25.3.2002, 1 Verg 1/02, NZBau 2002, 526, 527; OLG Jena, Beschl. v. 29.5.2002, 6 Verg 2/02, NZBau 2002, 526; *Portz*, VergabeR 2002, 211, 216; *Abel*, VergabeR 2001, 431, 432; *Erdl*, VergabeR 2001, 10, 23; *Wegmann*, NZBau 2001, 475, 478; *Glahs*, in: Reidt/Stickler/Glahs, Vergaberecht, § 13 VgV Rn. 33; a. A.: *Glahs/Külpmann*, VergabeR 2002, 387, 388; *Hailbronner*, NZBau 2002, 474, 477; wohl auch: OLG Düsseldorf, Beschl. v. 5.9.2001, Verg 18/01, VergabeR 2001, 429, 430; *Antweiler*, DB 2001, 1975, 1978.

3 Gleiches gilt für § 13 VgV 2003.

kommt eine **teleologische Reduktion** des § 135 Abs. 1 Nr. 1 GWB **nicht** in Betracht. Der Gesetzgeber hat in § 135 GWB einen Ausgleich zwischen den Interessen des nicht oder nicht ordnungsgemäß informierten Bieters oder Bewerbers auf der einen Seite und dem Interesse des Auftraggebers an einer zeitnahen Vergabe des ausgeschriebenen Auftrags auf der anderen Seite gefunden, indem er an die Verletzung der Bieterinformationspflicht zwar die schwebende Unwirksamkeit des erteilten Auftrags knüpft, dem betroffenen Bieter oder Bewerber aber eine knappe Ausschlussfrist zur Geltendmachung dieses Vergaberechtsverstoßes auferlegt. Die bei Erlass des § 101b GWB 2009 (der Vorgängernorm des § 135 GWB) seit Jahren diskutierte – und deshalb auch dem Gesetzgeber bekannte – Frage, ob eine erkennbar unzureichende Bieterinformation im Interesse der Realisierung des ausgeschriebenen Beschaffungsbedarfs von der Nichtigkeitsfolge auszunehmen ist, hat dabei keinerlei Eingang in die Gesetzesbegründung gefunden. Sowohl nach dem Wortlaut des § 101b Abs. 1 Nr. 1 GWB 2009 als auch nach dessen amtlicher Begründung soll einschränkungslos jede Verletzung der Informationspflicht gem. § 101a GWB 2009 (der Vorgängervorschrift des § 134 GWB) zur Unwirksamkeit des erteilten Zuschlags führen. Dies lässt in der Gesamtschau nur den Schluss zu, dass der Gesetzgeber eine einschränkende Handhabung des § 101b Abs. 1 Nr. 1 GWB 2009 ablehnt und dem öffentlichen Auftraggeber auch dann die Unwirksamkeit des abgeschlossenen Vertrags auferlegt, wenn der unterrichtete Bieter oder Bewerber die Unzulänglichkeit der erteilten Information erkennen konnte. Die Neufassung dieser Rechtslage in den §§ 134, 135 GWB hat daran nichts geändert.[4]

Das gleiche Ergebnis gilt bei **verdeckten Mängeln der Bieterinformation**. Hat die Bieterinformation einen sachlich unzutreffenden Inhalt, weil sie beispielsweise den für den Zuschlag vorgesehenen Bieter nicht richtig bezeichnet, den wahren Grund der Nichtberücksichtigung des eigenen Angebots des Empfängers nicht ausweist oder nur einen von mehreren tatsächlich vorhandenen Gründen nennt, ohne dass der Bieter den inhaltlichen Mangel der Information erkennen kann, muss es erst recht bei der schwebenden Unwirksamkeit des erteilten Auftrags bleiben. 9

cc) Fehlende Textform

Auch die Missachtung der gesetzlich vorgeschriebenen Textform der Bieterinformation führt zur Unwirksamkeit des Zuschlags. Anders als bei der **Frist für die Bieterinformation** („unverzüglich“) ist § 134 Abs. 1 Satz 1 GWB keine bloße Ordnungsvorschrift, sondern normiert eine bieterschützende Anforderung an die vom Auftraggeber zu erteilende Information. Eine Missachtung des Textformerfordernisses fällt deshalb in den Anwendungsbereich des § 135 Abs. 1 Nr. 1 GWB und hat die Unwirksamkeit eines erteilten Auftrags zur Konsequenz. 10

Die **Darlegungs- und Beweislast** für die Beachtung der gesetzlichen Informationsobliegenheit trägt nach allgemeinen Grundsätzen der öffentliche Auftraggeber. Denn die Versendung der textlichen Bieterinformation ist Voraussetzung für den rechtswirksamen Zuschlag.[5] 11

---

4 Siehe zu Allem auch: *Gnittke/Hattig*, in: Müller-Wrede, Vergaberecht, § 135 Rn. 35 ff.
5 Ebenso: *Maimann*, in: Kulartz/Kus/Portz/Prieß, GWB-Vergaberecht, § 134 Rn. 43.

b) Verstoß gegen die Wartefrist

12 Die Unwirksamkeit des erteilten Auftrags tritt ferner ein, wenn der öffentliche Auftraggeber den ausgeschriebenen Auftrag vor Ablauf der gesetzlichen Wartefrist des § 134 Abs. 2 GWB erteilt.

13 Laufen unterschiedliche Wartefristen, weil der öffentliche Auftraggeber die Bieterinformationsschreiben nicht an ein und demselben Tag abgesendet hat, oder die Informationsschreiben teils auf dem Postweg (mit der Folge der fünfzehntägigen Wartefrist nach § 134 Abs. 2 Satz 1 GWB) und teils per Fax oder in elektronischer Form (mit der Konsequenz der auf zehn Kalendertage verkürzten Wartefrist des § 134 Abs. 2 Satz 2 GWB) versandt worden sind, ist für den Ablauf der gesetzlichen Wartefrist zu **unterscheiden**: Für den öffentlichen Auftraggeber gerät das Zuschlagsverbot erst in Fortfall, wenn die letztendende Wartefrist abgelaufen ist. Denn erst in diesem Zeitpunkt kann der Zuschlag unanfechtbar erteilt werden. In Bezug auf den einzelnen Bieter oder Bewerber endet die Wartefrist jeweils in dem Zeitpunkt, zu dem die ihm gegenüber in Gang gesetzte Zehn- bzw. Fünfzehntagesfrist abgelaufen ist. Ob die Wartefrist bei anderen Bietern oder Bewerbern noch läuft, ist dafür ohne Belang. Denn mit Ablauf der „eigenen" Wartefrist kann der Bieter oder Bewerber ein Nachprüfungsverfahren nach § 135 Abs. 2 GWB zur Feststellung der Unwirksamkeit des erteilten Zuschlags nicht mehr mit Aussicht auf Erfolg betreiben.[6]

14 Die **Darlegungs- und Beweislast** für die Einhaltung der gesetzlichen Wartefrist trägt nach allgemeinen Grundsätzen der öffentliche Auftraggeber. Denn die Versendung der textlichen Bieterinformation und die Einhaltung der gesetzlichen zehn- bzw. fünfzehntägigen Wartefrist sind Voraussetzungen für den rechtswirksamen Zuschlag.[7] Der Auftraggeber hat demzufolge im Vergabenachprüfungsverfahren die Textform der Bieterinformation, ferner die Absendung des Informationsschreibens und den Absendezeitpunkt sowie den gewählten Übermittlungsweg (Postweg, Fax, elektronische Übermittlung) vorzutragen und gegebenenfalls zu beweisen.

2. Rechtswidrig unterbliebene europaweite Ausschreibung

15 § 135 Abs. 1 Nr. 2 GWB sieht darüber hinaus die Unwirksamkeit eines öffentlichen Auftrags vor, den der Auftraggeber vergeben hat, ohne zuvor das Beschaffungsvorhaben im Amtsblatt der Europäischen Union veröffentlicht zu haben. Diese Fallgruppe umfasst zwei unterschiedliche Konstellationen:

a) De-facto-Vergabe

16 Unter § 135 Abs. 1 Nr. 2 GWB fällt zum einen die Auftragsvergabe, die unter Verstoß gegen das Vergaberecht **de-facto** erfolgt ist. Angesprochen sind damit zunächst diejenigen Fälle, bei denen der öffentliche Auftraggeber in – schuldhafter oder unverschuldeter – Verkennung der Rechtslage von der Durchführung eines an sich gebotenen Vergabeverfahrens gänzlich abgesehen und einen Auftrag erteilt hat, ohne dass irgendein anderes Unternehmen am Beschaffungsvorgang beteiligt worden ist. Das ist beispielsweise der Fall, wenn der öffentliche Auftraggeber einen Auftrag freihändig unter alleiniger Beteiligung des

---

6 Ebenso: *König*, in: Kulartz/Kus/Portz, GWB, 3. Aufl., § 101a Rn. 21.
7 Ebenso: *König*, in: Kulartz/Kus/Portz, GWB, 3. Aufl., § 101a Rn. 20.

späteren Vertragspartners vergeben hat.[8] Eine unzulässige Direktvergabe liegt demgegenüber nicht vor bei einer Vereinbarung zwischen der Vergabestelle und dem einzigen Bieter über die Vornahme von Vertragsänderungen nach Zuschlagserteilung, wenn der Auftrag nicht vor anderen Bietern verheimlicht worden ist, die Vergabestelle andere Bieter nicht durch eine bewusste Umgehung vergaberechtlicher Vorschriften „ausbooten" will und die betreffenden Vertragsänderungen nicht als wesentlich einzustufen sind.[9]

Auf solche Fälle der Direktvergabe ist § 135 Abs. 1 Nr. 2 GWB indes nicht beschränkt. **17** Schon die Vorgängervorschrift des **§ 101b Abs. 1 Nr. 2 GWB 2009**, der nach seinem Wortlaut („ … ohne andere Unternehmen am Vergabeverfahren zu beteiligen") einen dahingehenden Eindruck erwecken konnte, war weiter auszulegen. Ziel von § 101b Abs. 1 Nr. 2 GWB 2009 war (und des § 135 Abs. 1 Nr. 2 GWB ist) es, einen möglichst umfassenden und lückenlosen effektiven Primärrechtsschutz gegen vergaberechtswidrige Beschaffungsmaßnahmen der öffentlichen Hand zu gewährleisten. Diesem Regelungszweck wäre nur unvollkommen Rechnung getragen gewesen, wenn lediglich die unter völliger Verletzung des Vergaberechts erfolgte Direktvergabe die Unwirksamkeit des erteilten Auftrags nach sich ziehen würde. Für einen derart eingeschränkten Anwendungsbereich des § 101b Abs. 1 Nr. 2 GWB 2009 bestand kein sachlicher Grund; hierfür gaben auch die Gesetzesmaterialien zu dieser Vorschrift nichts her. Richtigerweise unterfielen dem § 101b Abs. 1 Nr. 2 GWB 2009 deshalb **alle Auftragsvergaben**, bei denen der öffentliche Auftraggeber – absichtlich oder irrig – den **Kreis der** in das Auswahlverfahren **einzubeziehenden Unternehmen vergaberechtswidrig zu eng gefasst** hatte und der Antragsteller des Vergabenachprüfungsverfahrens nicht zu denjenigen Unternehmen gehörte, die vom Auftraggeber zur Abgabe eines Angebots oder zur Teilnahme aufgefordert worden waren.[10] Eine unter § 101b Abs. 1 Nr. 2 GWB 2009 fallende De-facto-Vergabe lag dementsprechend auch dann vor, wenn anstelle des gebotenen Offenen Verfahrens das Nichtoffene Verfahren mit Teilnahmewettbewerb oder das Verhandlungsverfahren gewählt wurde, ferner wenn im Rahmen eines Verhandlungsverfahrens zu Unrecht von der vorherigen öffentlichen Vergabebekanntmachung abgesehen wurde oder das Vergabeverfahren des wettbewerblichen Dialogs Anwendung gefunden hatte, obschon die dafür erforderlichen Voraussetzungen nicht erfüllt waren. **§ 135 Abs. 1 Nr. 2 GWB** lässt diese Rechtslage grundsätzlich unverändert. Die Gesetzesbegründung[11] betont, dass mit der Neufassung der Norm (lediglich) der erweiternden Auslegung des § 101b Abs. 1 Nr. 2 GWB 2009 durch das OLG Düsseldorf Rechnung getragen werden soll. Nach dieser Rechtsprechung war § 101b Abs. 1 Nr. 2 GWB 2009 vor dem Hintergrund des Art. 2d Abs. 1 lit. a) der Rechtsmittelrichtlinie 89/665/EWG i.d.F. der Richtlinie 2007/66/EG dahin auszulegen, dass die Vorschrift bereits dann eingreift, wenn eine Auftragsvergabe ohne vorherige Veröffentlichung einer Bekanntmachung im Amtsblatt der Europäischen Union erfolgt, ohne dass dies nach der Richtlinie 2004/18/EG zulässig ist. Freilich ist zu den vorgenannten Beispielen einer De-facto-Vergabe zu berücksichtigen, dass der öffentliche Auftraggeber gem. § 119 Abs. 2

---

8 OLG Naumburg, Beschl. v. 6.12.2012, 2 Verg 5/12, VergabeR 2013, 438; OLG Frankfurt, Beschl. v. 24.9.2013, 11 Verg 12/13, NZBau 2014, 247.

9 OLG Rostock, Beschl. v. 25.9.2013, 17 Verg 3/13, VergabeR 2014, 209.

10 OLG Düsseldorf, Beschl. v. 21.4.2010, VII-Verg 55/09, NZBau 2010, 390; OLG Düsseldorf, Beschl. v. 21.7.2010, VII-Verg 19/10, NZBau 2010, 582; OLG Düsseldorf, Beschl. v. 3.8.2011, VII-Verg 33/11, IBR 2011, 717; OLG Dresden, Beschl. v. 12.10.2010, WVerg 9/10, VergabeR 2011, 504; wohl auch OLG München, Beschl. v. 13.6.2013, Verg 1/13, NZBau 2014, 124.

11 BT-Drs. 18/6281, dort: „Zu § 135"; „Zu Absatz 1" (S. 122).

Satz 1 GWB nunmehr zwischen dem offenen Verfahren und dem nicht offenen Verfahren mit Teilnahmewettbewerb frei wählen darf, sodass insoweit eine De-facto-Vergabe nicht mehr angenommen werden kann, wenn der öffentliche Auftraggeber statt des offenen das nicht offene Verfahren wählt. Es ist überdies zweifelhaft, ob die Wahl des Verhandlungsverfahrens mit Teilnahmewettbewerb, für das die besonderen Erlaubnisvoraussetzungen (§§ 119 Abs. 2 Satz 2, 113 Satz 2 GWB, § 14 Abs. 3 VgV) nicht erfüllt sind, statt des ohne Weiteres gestatteten nicht offenen Verfahrens mit Teilnahmewettbewerb als eine De-facto-Vergabe im Sinne von § 135 Abs. 1 Nr. 2 GWB betrachtet werden kann. Beide Teilnahmewettbewerbe unterscheiden sich sachlich nicht voneinander (vgl. §§ 16 Abs. 1, 17 Abs. 1 VgV), sodass der in Rede stehende Vergabefehler (Wahl des Verhandlungsverfahrens statt des nicht offenes Verfahrens) ohne Einfluss auf den Kreis der in das Auswahlverfahren einzubeziehenden Unternehmen ist. Für diese Sicht sprechen auch Erwägungsgrund 13 und 14 der Richtlinie 89/665/EWG in der Fassung der Richtlinie 2007/66/EG, deren Art. 2d Abs. 1 durch § 135 Abs. 1 Nr. 2 GWB umgesetzt worden ist. Danach dient die Richtliniennorm dem Zweck, gegen die rechtswidrige freihändige Vergabe von Aufträgen vorzugehen, wobei als Kennzeichen einer solchen freihändigen Vergabe die Auftragsvergabe ohne vorherige Veröffentlichung einer Bekanntmachung im Amtsblatt der EU definiert wird. Diesem Gesetzeszweck folgend dürfte eine De-facto-Vergabe im Sinne von § 135 Abs. 1 Nr. 2 GWB nur vorliegen, wenn der öffentliche Auftrag unter Verstoß gegen § 14 Abs. 4–6 VgV in einem Verhandlungsverfahren ohne Teilnahmewettbewerb erteilt wird.

b) Unterbliebene europaweite Bekanntmachung

18 Von § 135 Abs. 1 Nr. 2 GWB erfasst wird zum anderen der Fall, dass der öffentliche Auftraggeber ein wettbewerbliches Verfahren zur Auftragsvergabe durchgeführt, dabei aber vergaberechtswidrig[12] die **Bekanntmachung** des Beschaffungsvorhabens im **Amtsblatt der Europäischen Union** unterlassen hat. Diese Voraussetzung ist ohne Weiteres erfüllt, wenn es **überhaupt** an einer Bekanntmachung des Beschaffungsvorhabens im Amtsblatt der Europäischen Union fehlt. Erfasst werden darüber hinaus aber auch alle diejenigen Fälle, bei denen die Beschaffungsmaßnahme zwar im Amtsblatt der Europäischen Union veröffentlicht wird, diese Bekanntmachung aber ein Vergabeverfahren betrifft, bei dem unter Verstoß gegen die einschlägigen vergaberechtlichen Bestimmungen der **Kreis** der in das Auswahlverfahren **einzubeziehenden Unternehmen zu eng gefasst** ist. Es handelt sich insoweit um die vorstehend erörterten Fälle, die bislang unter § 101b Abs. 1 Nr. 2 GWB 2009 subsumiert werden konnten. Sie lassen sich heute unter § 135 Abs. 1 Nr. 2 GWB fassen, wenn man das Tatbestandsmerkmal der „Veröffentlichung im Amtsblatt der Europäischen Union" dahin auslegt, dass sich die Veröffentlichung an alle diejenigen Unternehmen richten muss, die nach den einschlägigen vergaberechtlichen Bestimmungen in das Auswahlverfahren einzubeziehen sind. Demzufolge fehlt es an einer „Veröffentlichung" im Sinne von § 135 Abs. 1 Nr. 2 GWB, wenn beispielsweise der öffentliche Auftraggeber anstelle des gebotenen offenen oder nicht offenen Verfahrens das Verhandlungsverfahren ohne Teilnahmewettbewerb gewählt hat und deshalb das so fehlerhafte Vergabeverfahren nicht im Amtsblatt der Europäischen Union veröffentlichen lässt, ferner wenn im Rahmen eines Verhandlungsverfahrens zu Unrecht von der vorherigen öffentlichen Vergabebe-

---

12 Vgl. § 113 GWB i.V.m. §§ 37 – 41 VgV, § 12 VOB/A EU sowie die Ausnahmen in §§ 130 Abs. 1 Satz 2, 131 Abs. 1 Satz 2, 141 Abs. 2, 146 Satz 2, 151 Satz 2 GWB; § 14 Abs. 4 VgV; § 3a Abs. 3 VOB/A EU.

kanntmachung abgesehen wurde. Sonstige Vergaberechtsfehler, die nicht in der rechtswidrig unterbliebenen europaweiten Bekanntmachung bestehen, führen nicht zur Unwirksamkeit eines erteilten Zuschlags nach § 135 Abs. 1 Nr. 2 GWB, und zwar auch dann nicht, wenn sie sich auf den Kreis der Bieter oder Bewerber ausgewirkt haben.[13]

3. Erfolgreiches Nachprüfungsverfahren

Für die Fälle einer nicht ordnungsgemäßen Bieterinformation, der Missachtung der gesetzlichen Wartefrist (§ 135 Abs. 1 Nr. 1 GWB) und einer vergaberechtswidrig unterbliebenen Bekanntmachung im Amtsblatt der Europäischen Union (§ 135 Abs. 1 Nr. 2 GWB) hängt die Unwirksamkeit des erteilten Auftrags gem. § 135 Abs. 2 Satz 1 GWB davon ab, dass der betreffende Rechtsverstoß – also die unterbliebene oder nicht ordnungsgemäße Bieterinformation, der Verstoß gegen die Wartefrist oder die fehlende Veröffentlichung im Amtsblatt der Europäischen Union – in einem dazu geführten Vergabenachprüfungsverfahren festgestellt wird. Anders als dies noch bei § 13 VgV 2003 – wegen der dort alleine an den Verstoß gegen die Obliegenheit zur Bieterinformation und zur Beachtung der Wartefrist anknüpfenden Nichtigkeit des erteilten Zuschlags – möglich war, kann der **öffentliche Auftraggeber** den Verstoß im Sinne von § 135 Abs. 1 GWB heutzutage nicht mehr zum Anlass nehmen, sich eines „unliebsam gewordenen" Vertrages zu entledigen. Denn mangels Antragsbefugnis (§ 160 Abs. 2 GWB) kann er auf die – ihn selbst nicht belastenden – Rechtsverstöße nach § 135 Abs. 1 GWB von vornherein keinen zulässigen Nachprüfungsantrag stützen. 19

a) Nachprüfungsverfahren

Es ist nicht erforderlich, dass der betreffende Bieter, Bewerber oder Interessent **eigens zur Geltendmachung der genannten Rechtsverstöße** ein Nachprüfungsverfahren einleitet. Ist ein von ihm aus anderen Gründen betriebenes Vergabenachprüfungsverfahren noch anhängig, so genügt es, wenn der Verstoß im Sinne von § 135 Abs. 1 GWB dort geltend gemacht wird. Der Erfolg des Nachprüfungsantrags hängt nicht davon ab, dass die ungenügende Information nach § 134 Abs. 1 GWB rechtzeitig gerügt worden ist.[14] 20

b) Unanfechtbare Feststellung

Das so begründete Nachprüfungsbegehren muss **unanfechtbar** zugunsten des Bieters, Bewerbers oder Interessenten abgeschlossen werden. Wenn § 135 Abs. 2 GWB in diesem Zusammenhang fordert, der Vergaberechtsverstoß müsse „festgestellt" worden sein, ist dieser Begriff **nicht streng formal** zu verstehen. Erforderlich (und maßgeblich) ist alleine, dass die Vergabenachprüfungsinstanz in ihrer Entscheidung einen Verstoß im Sinne von § 135 Abs. 1 Nr. 1 oder Nr. 2 GWB unanfechtbar bejaht. Ob das Nachprüfungsverfahren mit einem dahingehenden Feststellungsausspruch endet oder ob darüber hinausgehend Anordnungen zum weiteren Fortgang des Vergabeverfahrens (z. B. Aufhebung der Wertung und Zurückversetzung des Vergabeverfahrens in das betreffende Stadium) ergehen, ist uner- 21

13 Ebenso: *Gnittke/Hattig*, in: Müller-Wrede, Vergaberecht, § 135 Rn. 52.
14 VK Südbayern, Beschl. v. 4.7.2017, Z3-3-3194-1-17-04/17; OLG Düsseldorf, Beschl. v. 19.4.2017, VII-Verg 38/16 mit dem Argument, dass die Rügeobliegenheit nach Erteilung des Zuschlags keinen Sinn mehr macht.

heblich. In beiden Fällen hat die Überprüfung durch die vergaberechtlichen Kontrollinstanzen nämlich einen Verstoß nach § 135 Abs. 1 GWB ergeben, und alleine hieran knüpft der Gesetzgeber die Unwirksamkeit des erteilten Zuschlags. Folgerichtig ist ein Nachprüfungsantrag, mit dem ein Vergabefehler im Sinne von § 135 Abs. 1 Nr. 1 und 2 GWB reklamiert wird, schon dann statthaft, wenn die betreffende Vergabehandlung (Bieterinformation, Einleitung des Beschaffungsvorhabens ohne europaweite Ausschreibung) vorgenommen worden ist; ein **Zuschlag** ist darüber hinaus für die Statthaftigkeit des Nachprüfungsbegehrens **nicht erforderlich**.[15]

c) Zulässiger Nachprüfungsantrag

22 Das auf die Feststellung eines Vergaberechtsverstoßes im Sinne von § 135 Abs. 1 Nr. 1 und 2 GWB gerichtete Nachprüfungsbegehren muss **zugunsten** der antragstellenden Partei entschieden werden. Ihr Nachprüfungsbegehren muss mithin zulässig (und begründet) sein.

aa) Statthaftigkeit

23 Der auf Feststellung der Unwirksamkeit des Zuschlags gerichtete Nachprüfungsantrag muss statthaft sein. Ist Verfahrensgegenstand eine Direktvergabe, muss diese bereits stattgefunden haben; andernfalls ist der Nachprüfungsantrag unstatthaft.[16]

bb) Antragsbefugnis (§ 160 Abs. 2 GWB)

24 Gegeben sein muss ferner die nach § 160 Abs. 2 GWB erforderliche Antragsbefugnis. Nach dieser Vorschrift ist jedes Unternehmen antragsbefugt, das Interesse an dem öffentlichen Auftrag oder der Konzession hat und eine Verletzung in seinen Rechten nach § 97 Abs. 6 GWB durch Nichtbeachtung von Vergabevorschriften geltend macht (Satz 1), wobei darzulegen ist, dass dem Unternehmen durch die behauptete Verletzung der Vergabevorschriften ein Schaden entstanden ist oder zu entstehen droht (Satz 2).

(1) Interesse am Auftrag

25 Wird mit dem Nachprüfungsbegehren geltend gemacht, dass die erteile Bieterinformation unterblieben oder nicht ordnungsgemäß erteilt oder die gesetzliche Wartefrist des § 134 Abs. 2 GWB nicht eingehalten worden ist, bereitet die Feststellung, dass das antragstellende Unternehmen ein Interesse an dem zu vergebenden Auftrag besitzt, im Allgemeinen keine Schwierigkeiten. Das Auftragsinteresse dokumentiert sich ohne Weiteres in der fortbestehenden Teilnahme am Vergabeverfahren.[17] Geht es um die vergaberechtswidrig unterbliebene europaweite Ausschreibung und ist das Beschaffungsvorhaben dem antragstellenden Unternehmen aus diesem Grund verborgen geblieben, genügt in der Regel die plausible Behauptung, dass man sich bei Kenntnis vom Vergabeverfahren an der Ausschreibung beteiligt haben würde.[18] Nähere Ausführungen können dann erforderlich sein, wenn bei-

15 *Maimann*, in: Kulartz/Kus/Portz/Prieß, GWB-Vergaberecht, § 135 Rn. 20 m. w. N.
16 KG, Beschl. v. 13.9.2012, Verg 4/12, ZfBR 2013, 104 (Ls.).
17 BGH, Beschl. v. 10.11.2009, X ZB 8/09, NZBau 2010, 124.
18 OLG Düsseldorf, Beschl. v. 21.4.2010, VII-Verg 55/09, NZBau 2010, 390; OLG Naumburg, Beschl. v. 4.11.2010, 1 Verg 10/10, VergabeR 2011, 493.

spielsweise der Ausschreibungsgegenstand nicht zum unternehmerischen Betätigungsfeld gehört; in diesem Fall sind Darlegungen zur Leistungsfähigkeit geboten.[19]

(2) Rechtsverletzung

Die Darlegung einer Rechtsverletzung ist in aller Regel unproblematisch. Die Obliegenheiten zur Bieterinformation und zur Beachtung der gesetzlichen Wartefrist haben ebenso wie die Pflicht zu einer europaweiten Ausschreibung bieterschützenden Charakter. Fraglich kann deshalb im Einzelfall nur sein, ob das antragstellende Unternehmen in den Schutzbereich der jeweiligen Norm fällt, es sich also zum Beispiel um einen nach § 134 Abs. 1 GWB zu informierenden Bieter oder Bewerber handelt, dem gegenüber die Wartefrist des § 134 Abs. 2 GWB einzuhalten ist. Es genügt, wenn nach der Darstellung des Antragstellers eine Verletzung in eigenen Rechten **möglich** erscheint. **26**

(3) Darlegung eines Schadens

Schließlich ist darzulegen, dass dem Unternehmen durch den behaupteten Vergaberechtsfehler im Sinne von § 135 Abs. 1 Nr. 1 und 2 GWB ein Schaden entstanden ist oder zu entstehen droht. Schaden meint dabei die Verschlechterung der eigenen **Zuschlagschancen**. Erforderlich ist die nachvollziehbare Behauptung, dass das Unternehmen entweder bei einem fehlerfreien Vergabeverfahren bessere Aussichten auf den Zuschlag gehabt hätte oder sich seine Zuschlagschancen im beanstandeten Vergabeverfahren verschlechtert haben.[20] **27**

Da die unterbliebene oder inhaltlich fehlerhafte Bieterinformation und die Missachtung der gesetzlichen Wartefrist als solche die Zuschlagsaussichten des betroffenen Unternehmens unberührt lassen, erfordert die Antragsbefugnis in diesen Fällen die Geltendmachung eines weiteren, zuschlagsrelevanten Vergaberechtsfehlers.[21] Zu beachten ist, dass nichtvergaberechtliche Regelungen im Kartellgesetz oder in anderen Gesetzen wie etwa die Normen des EU-Beihilfenrechts (Art. 107 ff. AEUV), des Kartellrechts (§§ 1, 19, 20 GWB) oder des Wettbewerbsrechts (§§ 3 Abs. 1, 4 Nr. 11 UWG) außerhalb des Prüfungsrahmens der Vergabenachprüfungsinstanzen liegen, sodass aus derartigen Rechtsverstößen eine Antragsbefugnis nicht hergeleitet werden kann.[22] Andererseits reicht es im Falle einer vergaberechtswidrigen Direktvergabe für die Antragsbefugnis aus, dass dem Unternehmen die Chance zur Beteiligung an einer Ausschreibung genommen worden ist.[23] **28**

Unter diesem Gesichtspunkt rechtfertigt sich eine Antragsbefugnis auch dann, wenn ein Verstoß gegen die Pflicht zur ordnungsgemäßen Veröffentlichung des Beschaffungsvorhabens im Amtsblatt der Europäischen Union beanstandet wird und der Antragsteller geltend machen kann, durch die fehlerhafte Bekanntmachung an einer Teilnahme am Vergabever- **29**

19 OLG Brandenburg, Beschl. v. 27.11.2008, Verg W 15/08, NZBau 2009, 337.

20 BGH, Beschl. v. 10.11.2009, X ZB 8/09, NZBau 2010, 124.

21 OLG Karlsruhe, Beschl. v. 9.10.2012, 15 Verg 12/11, ZfBR 2013, 285; OLG München, Beschl. v. 12.5.2011, Verg 26/10, VergabeR 2011, 762.

22 OLG Schleswig, Beschl. v. 4.11.2014, 1 Verg 1/14, NZBau 2015, 186.

23 OLG Naumburg, Beschl. v. 22.12.2011, 2 Verg 10/11, NZBau 2012, 258; OLG Düsseldorf, Beschl. v. 12.2.2014, VII-Verg 32/13, NZBau 2014, 454; Beschl. v. 12.7.2017, VII-Verg 13/17; OLG Karlsruhe, Beschl. v. 15.11.2013, 15 Verg 5/13, NZBau 2014, 378; OLG München, Beschl. v. 19.7.2012, Verg 8/12, NZBau 2012, 658.

fahren gehindert worden zu sein.[24] Umgekehrt ist eine Beeinträchtigung der Zuschlagschancen kaum möglich, wenn dem antragstellenden Unternehmen trotz der fehlerhaften Veröffentlichung eine Beteiligung am Vergabeverfahren möglich war und das Verfahren auch im Übrigen fehlerfrei durchgeführt worden ist.[25]

cc) Keine Präklusion

30 Für ein zulässiges Nachprüfungsbegehren muss schließlich die Präklusionsvorschrift des § 160 Abs. 3 GWB beachtet werden. Nach dieser Vorschrift kann ein Vergabefehler dann nicht mehr zulässigerweise zur Überprüfung durch die Kontrollinstanzen gestellt werden, wenn er nicht innerhalb näher definierter Fristen dem öffentlichen Auftraggeber gegenüber gerügt worden ist. Geht es um ein auf Feststellung der Unwirksamkeit des Zuschlags nach § 135 Abs. 1 GWB gerichtetes Nachprüfungsbegehren, ist in diesem Zusammenhang Folgendes zu beachten:

(1) § 135 Abs. 1 Nr. 1 GWB

31 Da sich ein Verstoß gegen die Informations- und Wartefrist (§ 134 Abs. 1 und 2 GWB) im Allgemeinen weder aus der Vergabebekanntmachung (§ 160 Abs. 3 Nr. 2 GWB) noch aus den Vergabeunterlagen (§ 160 Abs. 3 Nr. 3 GWB) ergibt, spielen nur die in § 160 Abs. 3 Nr. 1 und 4 GWB geregelten Fallgruppen eine Rolle.[26]

32 Nach **§ 160 Abs. 3 Nr. 1 GWB** ist ein Nachprüfungsantrag unzulässig, soweit der Antragsteller den reklamierten Vergaberechtsverstoß (hier: der Verstoß gegen die Informations- und Wartepflicht) vor Einreichung des Antrags erkannt und gegenüber dem Auftraggeber nicht innerhalb von zehn Kalendertagen gerügt hat. Ausgelöst wird die Rügeobliegenheit durch die positive Kenntnis des Antragstellers. Sie erfordert das Wissen von allen tatsächlichen Umständen, die den in Rede stehenden Vergaberechtsverstoß begründen, und die zumindest laienhafte rechtliche Wertung, dass es sich um ein vergaberechtlich fehlerhaftes Verhalten handelt. Die Darlegungs- und Beweislast für die Kenntnis und den Zeitpunkt der Kenntniserlangung liegt beim öffentlichen Auftraggeber.[27] Die Zehn-Tage-Frist beginnt gem. § 187 Abs. 1 BGB – der mangels einer abweichenden Regelung im Kartellvergaberecht zur Fristberechnung heranzuziehen ist (§ 186 BGB) – an dem auf die Kenntniserlangung vom Rechtsverstoß folgenden Tag und endet gem. § 188 Abs. 1 BGB mit Ablauf des letzten Fristtages. § 193 BGB, der bei einem Fristablauf am Wochenende oder auf einem gesetzlichen Feiertag das Fristende auf den folgenden Werktag hinausschiebt, findet keine direkte Anwendung, weil die Rügeerklärung nach § 160 Abs. 3 Satz 1 Nr. 1 GWB keine Willenserklärung im Sinne von § 193 BGB ist. In Erwägung zu ziehen ist aber eine analoge Anwendung der Vorschrift. Der Zweck des § 193 BGB, Sonntage und gesetzliche Feiertage zu schützen und der weit verbreiteten 5-Tage-Woche Rechnung zu tragen, kommt auch im Rahmen des § 160 Abs. 3 Nr. 1 GWB zum Tragen. Innerhalb der vorbeschriebenen Frist muss der erkannte Verstoß gegen § 134 Abs. 1 und 2 GWB dem Auftraggeber gegenüber

24 OLG Naumburg, Beschl. v. 22.12.2011, 2 Verg 10/11, NZBau 2012, 258.
25 *Dicks*, in: Ziekow/Völlink, Vergaberecht, § 107 Rn. 27.
26 § 160 Abs. 3 Nr. 1 und 3 GWB können allerdings einschlägig sein, soweit es um den weiteren, zuschlagsrelevanten Vergabefehler geht, auf den für die Beeinträchtigung der Zuschlagschancen abzustellen ist (siehe vorstehend unter Rn. 27).
27 OLG Düsseldorf, Beschl. v. 9.4.2014, VII-Verg 36/13, VergabeR 2014, 557.

gerügt, d.h. mit der Aufforderung zur Abhilfe angezeigt werden. Da die Rügeobliegenheit dem Auftraggeber zur Entlastung der Vergabenachprüfungsinstanzen die Möglichkeit einer Selbstkorrektur geben soll, ist die Rüge entbehrlich, wo dieser Normzweck nicht (mehr) erreicht werden kann. Das ist beispielsweise der Fall, wenn eine unterbliebene oder unzureichende Bieterinformation beanstandet wird und der Auftraggeber den Zuschlag bereits erteilt hat.[28] Im Einzelfall kann es dem öffentlichen Auftraggeber zudem verwehrt sein, sich auf die Verletzung der Rügeobliegenheit zu berufen. Angenommen wird dies etwa, wenn der Auftraggeber den Zeitpunkt der Telefax-Bieterinformation so wählt (z.B. Gründonnerstag), dass sich die Frist des § 134 Abs. 2 GWB für die Anbringung eines Nachprüfungsantrags faktisch von zehn auf drei Tage reduziert.[29] Dem liegt die Erwägung zugrunde, dass die Gerichte befugt sind, diejenigen Maßnahmen zu ergreifen, die geeignet erscheinen, eine objektiv eingetretene Erschwerung eines effektiven Rechtsschutzes auszugleichen und die praktische Wirksamkeit der vergaberechtlichen Rechtsschutzvorschriften im GWB wiederherzustellen.

Nach **§ 160 Abs. 3 Nr. 4 GWB** muss der Antragsteller überdies innerhalb von 15 Kalendertagen nach Erhalt der Mitteilung des Auftraggebers, dass er der Rüge nicht abhelfen wird, den Nachprüfungsantrag bei der zuständigen Vergabekammer einreichen. Ist eine Rüge ausnahmsweise entbehrlich und tatsächlich auch unterblieben, gilt die Antragsfrist nicht. **33**

(2) § 135 Abs. 1 Nr. 2 GWB

Keine Rügeobliegenheit nach § 160 Abs. 3 GWB besteht, wenn und soweit mit dem Nachprüfungsantrag ein Verstoß gegen die Pflicht zur europaweiten Ausschreibung (§ 135 Abs. 1 Nr. 2 GWB) geltend gemacht wird. Das ist durch § 160 Abs. 3 Satz 2 GWB unmissverständlich geregelt und gilt angesichts des klaren und einschränkungslosen Wortlauts der Vorschrift nicht nur dann, wenn auf eine Veröffentlichung des Beschaffungsvorhabens im Amtsblatt der Europäischen Union gänzlich verzichtet worden ist, sondern in allen Anwendungsfällen des § 135 Abs. 1 Nr. 2 GWB.[30] **34**

4. Beachtung der Ausschlussfristen

Im Interesse der Rechtssicherheit und Rechtsklarheit normiert § 135 Abs. 2 GWB zwei Ausschlussfristen für die Geltendmachung der Rechtsverstöße nach § 135 Abs. 1 GWB im Vergabenachprüfungsverfahren. Unterrichtet der öffentliche Auftraggeber den betroffenen Bieter oder Bewerber selbst über den Abschluss des ausgeschriebenen Vertrages, steht eine Frist von 30 Kalendertagen, längstens jedoch ein Zeitraum von sechs Monaten nach Vertragsschluss, zur Verfügung (§ 135 Abs. 2 Satz 1 GWB). Hat der Auftraggeber die Auftragsvergabe im Amtsblatt der Europäischen Union bekannt gemacht, endet die Frist 30 Kalendertage nach Veröffentlichung der Bekanntmachung (§ 135 Abs. 2 Satz 2 GWB). Der öffentliche Auftraggeber kann auf diesem Wege eine 30-Tage-Frist in Gang setzen, die von der tatsächlichen Kenntnis vom Rechtsverstoß unabhängig ist. **35**

---

28 OLG Düsseldorf, Beschl. v. 11.1.2012, VII-Verg 67/11.

29 OLG Düsseldorf, Beschl. v. 16.12.2015, VII-Verg 25/15, VergabeR 2015, 473; vgl. auch OLG Düsseldorf, Beschl. v. 5.10.2016, VII-Verg 24/16, NZBau 2017, 119.

30 Zweifelnd: *Maimann*, in: Kulartz/Kus/Portz/Prieß, GWB-Vergaberecht, § 135 Rn. 35.

a) Formelle Ausschlussfristen

36 Sämtliche Fristen des § 135 Abs. 2 GWB sind Ausschlussfristen,[31] deren Ablauf zum endgültigen Rechtsverlust des betreffenden Bieters, Bewerbers oder Interessenten führt. Eine Hemmung des Fristablaufs in Anlehnung an die Bestimmungen zur Verjährungshemmung kommt ebenso wenig in Betracht[32] wie eine Wiedereinsetzung in den vorigen Stand.[33]

b) Fristenlauf

37 Bei keiner der in § 135 Abs. 2 GWB normierten Fristen hängt der Beginn des Fristenlaufs davon ab, dass der öffentliche Auftraggeber zuvor auf die Fristenregelung hingewiesen hatte oder die Bekanntmachung einen dahingehenden Hinweis enthält. Dem Wortlaut des § 135 Abs. 2 GWB ist nicht zu entnehmen, dass es für den Beginn oder den Ablauf der normierten Fristen auf derartige Angaben ankommt.[34] Weder das deutsche noch das europäische Vergabeverfahrensrecht fordern eine Rechtsmittelbelehrung.[35]

aa) 30-Tage-Frist

38 Die Frist des § 135 Abs. 2 Satz 1 GWB beginnt, nachdem der betreffende Bieter oder Bewerber vom öffentlichen Auftraggeber über die Auftragsvergabe informiert worden ist. Die Information ist **formfrei**. Sie muss **durch den Auftraggeber** erfolgen oder von ihm – für den Bieter, Bewerber oder Interessenten erkennbar – veranlasst sein. Eine anderweitige Kenntniserlangung des Bieters, Bewerbers oder Interessenten, etwa durch die Presse[36], eine Schutzschrift oder eigene Recherchen[37], ist mithin nicht fristauslösend.[38] Die Information muss zudem an den betreffenden Bieter oder Bewerber oder an eine von ihm zum Empfang **bevollmächtigte Person** adressiert sein. Ausreichend ist eine Zurechnung nach den Grundsätzen der Anscheins- oder Duldungsvollmacht. Der Lauf der 30-Tage-Frist beginnt nicht, solange die Auftragsvergabe mangels der erforderlichen Genehmigung des Vertretenen nicht wirksam geworden ist; verbleiben diesbezüglich Zweifel, gehen diese zulasten des öffentlichen Auftraggebers.[39] Ist der Vertrag zum Zeitpunkt der Bieterinformation durch den öffentlichen Auftraggeber noch nicht geschlossen worden, beginnt der Lauf der 30-Tage-Frist am Tag nach dem Vertragsschluss.[40]

---

31 OLG Schleswig, Beschl. v. 1.4.2010, 1 Verg 5/09, IBR 2010, 578 (Ls.); a. A. *König*, in: Kulartz/Kus/Portz, GWB, 3. Aufl., § 101b Rn. 6, der die Wiedereinsetzung in eine schuldlos versäumte Frist zulassen will.

32 OLG Schleswig, Beschl. v. 4.11.2014, 1 Verg 1/14, NZBau 2015, 186; OLG München, Beschl. v. 10.3.2011, Verg 1/11, NZBau 2011, 445.

33 OLG Schleswig, Beschl. v. 4.11.2014, 1 Verg 1/14, NZBau 2015, 186.

34 OLG Schleswig, Beschl. v. 4.11.2014, 1 Verg 1/14, NZBau 2015, 186.

35 Zu Allem: OLG Schleswig, Beschl. v. 4.11.2014, 1 Verg 1/14, NZBau 2015, 186; OLG Schleswig, Beschl. v. 1.4.2010, 1 Verg 5/09, IBR 2010, 578 (Ls.).

36 OLG München, Beschl. v. 13.6.2013, Verg 1/13, VergabeR 2013, 893.

37 OLG Düsseldorf, Beschl. v. 4.2.2013, VII-Verg 31/12, VergabeR 2013, 42.

38 So schon zu § 101b Abs. 2 Satz 1 GWB 2009: OLG Düsseldorf, Beschl. v. 1.8.2012, VII-Verg 15/12, NZBau 2012, 791.

39 OLG Frankfurt, Beschl. v. 30.1.2014, 11 Verg 15/13, NZBau 2014, 386.

40 VK Sachsen, Beschl. v. 26.9.2017, 1/SVK/016-17; zu § 101b Abs. 2 Satz 1 GWB 2009 so schon: OLG Düsseldorf, Beschl. v. 3.8.2011, Verg 33/11; OLG München, Beschl. v. 21.2.2013, Verg 21/12.

Die 30-Tage-Frist beginnt gem. **§ 187 Abs. 1 BGB** – der mangels einer abweichenden Regelung im Kartellvergaberecht zur Fristberechnung heranzuziehen ist (§ 186 BGB) – an dem auf die Information über den Vertragsschluss folgenden Tag und endet gem. **§ 188 Abs. 1 BGB** mit Ablauf des letzten Fristtages. Fällt das Fristende auf einen Samstag, Sonntag oder gesetzlichen Feiertag, endet die Frist mit dem Ablauf des nächsten Werktages. Das ergibt sich aus § 193 BGB, der Anwendung findet. § 135 Abs. 2 Satz 1 GWB normiert nämlich eine Ausschlussfrist für die Einreichung eines Vergabenachprüfungsantrags, mithin eine Frist für die Abgabe einer (prozessualen) Willenserklärung.[41] Innerhalb dieser Frist muss der Rechtsverstoß geltend gemacht, d.h. der betreffende Nachprüfungsantrag bei der zuständigen Vergabekammer **eingereicht** werden. Auf den Zeitpunkt der Zustellung des Nachprüfungsantrags kommt es für die Fristwahrung nicht an. **39**

Anders als dies der Wortlaut des § 135 Abs. 2 Satz 1 GWB nahelegt, hat der öffentliche Auftraggeber nicht nur über den Abschluss des Vertrages zu informieren. Die gebotene richtlinienkonforme Auslegung der Vorschrift führt mit Blick auf Art. 2f Abs. 1 lit. a) 2. Spiegelstrich der Richtlinie 2007/66/EG vielmehr zu dem Ergebnis, dass die nicht zum Zuge gekommenen Bieter, Bewerber oder Interessenten auch **zusammenfassend über die Gründe** gem. Art. 41 Abs. 2 der Richtlinie 2004/18/EG, d.h. die Gründe für die Ablehnung der Bewerbung oder des Angebots sowie die Merkmale und Vorteile des für den Zuschlag ausgewählten Angebots, zu unterrichten sind. Erst eine in diesem Sinne vollständige Information setzt die 30-Tage-Frist in Gang. **40**

bb) Sechs-Monats-Frist

Unabhängig vom Zeitpunkt der Unterrichtung über die Auftragsvergabe endet die Möglichkeit zur Einleitung eines Nachprüfungsverfahrens in jedem Fall – also auch dann, wenn der öffentliche Auftraggeber keine oder keine ordnungsgemäße Information nach § 135 Abs. 2 Satz 1 GWB erteilt hat – **sechs Monate** nach Erteilung des Auftrags (§ 135 Abs. 2 Satz 1 Hs. 2 GWB). Das dient der Rechtssicherheit und Rechtsklarheit und verhindert, dass das rechtliche Schicksal der Auftragsvergabe auf unbestimmte Zeit ungewiss ist. Der Ablauf der Sechs-Monats-Frist hängt nicht davon ab, dass die am Auftrag interessierten Unternehmen Kenntnis von dem in Rede stehenden Vergaberechtsverstoß erlangt haben.[42] Zur Fristberechnung sind die §§ 187 Abs. 1, 188 Abs. 1, 193 BGB heranzuziehen. **41**

cc) Bekanntmachung im Amtsblatt der EU

Hat der öffentliche Auftraggeber die Auftragsvergabe im Amtsblatt der Europäischen Union bekannt gemacht, gilt ebenfalls eine 30-Tage-Frist, die mit der Veröffentlichung der Bekanntmachung beginnt (§ 135 Abs. 2 Satz 2 GWB). Fristauslösend ist dabei nur eine **ordnungsgemäße** Veröffentlichung der Bekanntmachung. Fehlen notwendige Bestandteile oder ist die Bekanntmachung inhaltlich fehlerhaft, setzt sie den Lauf der Frist nicht in Gang.[43] Ihrem Inhalt nach beschränkt sich die erforderliche Bekanntmachung nicht – wie **42**

41 Ebenso: *Dreher*, in: Immenga/Mestmäcker, GWB, § 101b Rn. 50.

42 OLG Schleswig, Beschl. v. 4.11.2014, 1 Verg 1/14, NZBau 2015, 186; OLG Brandenburg, Beschl. v. 22.12.2011, Verg W 14/11.

43 OLG Frankfurt, Beschl. v. 24.9.2013, 11 Verg 12/13, NZBau 2014, 247; OLG Naumburg, Beschl. v. 6.12.2012, 2 Verg 5/12, VergabeR 2013, 438; OLG Schleswig, Beschl. v. 1.4.2010, 1 Verg 5/09, IBR 2010, 578 (Ls.); OLG Düsseldorf, Beschl. v. 12.7.2017, VII-Verg 13/17.

der Wortlaut von § 135 Abs. 2 Satz 2 GWB nahelegt – auf die Tatsache der Auftragsvergabe. Art. 2f lit. a) 1. Spiegelstrich der Richtlinie 2007/66/EG, der durch § 135 Abs. 2 GWB in nationales Recht umgesetzt werden sollte,[44] ist vielmehr zu entnehmen, dass die Bekanntmachung auch (wahrheitsgemäß, vollständig und nachvollziehbar) die **Gründe** des öffentlichen Auftraggebers dafür enthalten muss, den Auftrag ohne vorherige Veröffentlichung einer Bekanntmachung im Amtsblatt der Europäischen Union zu vergeben. Für den Lauf der Frist kommt es nicht darauf an, ob der betroffene Bieter von der Bekanntmachung oder dem Vergaberechtsverstoß Kenntnis erlangt hat.[45]

43 Die Fristberechnung folgt auch hier den Regeln der §§ 187 Abs. 1, 188 Abs. 1, 193 BGB. Der Lauf der Frist beginnt am Tag nach der Veröffentlichung der Bekanntmachung im Sinne von § 135 Abs. 2 Satz 2 GWB und endet nach 30 Kalendertagen. Fällt das Fristende auf einen Samstag, Sonntag oder gesetzlichen Feiertag, verlängert sich die 30-Tage-Frist bis zum Ablauf des nächsten Werktages.

44 Will man dem erklärten Ziel des Gesetzgebers Rechnung tragen, dass **sechs Monate** nach Auftragsvergabe Rechtssicherheit über den geschlossenen Vertrag herrschen soll, muss die Sechs-Monats-Frist des § 135 Abs. 2 Satz 1 Hs. 2 GWB auch im Rahmen des § 135 Abs. 2 Satz 2 GWB zur Anwendung kommen.[46] Liegt der unzulässigen Direktvergabe eine Vertragsänderung zugrunde, kann auf den Zeitpunkt der Änderung für den Fristbeginn nur dann abgestellt werden, wenn die Vertragsänderung isoliert angegriffen werden kann.[47]

c) Darlegungs- und Feststellungslast

45 Nach allgemeinen Grundsätzen steht die Einhaltung aller der in § 135 Abs. 2 GWB genannten Fristen zur Darlegungs- und Feststellungslast desjenigen, der in einem Nachprüfungsverfahren die Unwirksamkeit des erteilten Zuschlags feststellen lassen will. Denn es handelt sich um ein **Zulässigkeitserfordernis** seines Nachprüfungsantrags.[48] Der Antragsteller hat folglich im Rahmen des ihm Möglichen und Zumutbaren den Zeitpunkt seiner Information durch den Auftraggeber (§ 135 Abs. 2 Satz 1 Hs. 1 GWB) bzw. den Zeitpunkt der Auftragsvergabe (§ 135 Abs. 2 Satz 1 Hs. 2 GWB) bzw. den Zeitpunkt der Veröffentlichung der Bekanntmachung der Auftragsvergabe vorzutragen. Tritt der öffentliche Auftraggeber diesem Sachvortrag substantiiert entgegen, indem er nachvollziehbar einen früheren Zeitpunkt behauptet, hat die Vergabekammer den Sachverhalt im Rahmen ihrer Amtsermittlungspflicht aus § 163 GWB aufzuklären. Verbleiben am Ende Zweifel über den Zeitpunkt der Information/Auftragsvergabe/Bekanntmachung, geht dies zulasten des Antragstellers. Sein Nachprüfungsantrag (auf Feststellung der Unwirksamkeit des Zuschlags) ist dann als unzulässig zu verwerfen.

---

44 Vgl. BT-Drs. 18/6281, S. 122 „Zu Absatz 1" und „Zu Absatz 2".

45 OLG Frankfurt, Beschl. v. 24.9.2013, 11 Verg 12/13, NZBau 2014, 247; OLG Schleswig, Beschl. v. 6.12.2012, 2 Verg 5/12, VergabeR 2013, 438.

46 OLG Frankfurt, Beschl. v. 3.5.2016, 11 Verg 12/15, NZBau 2016, 511.

47 OLG Frankfurt, Beschl. v. 3.5.2016, 11 Verg 12/15, NZBau 2016, 511.

48 OLG Düsseldorf, Beschl. v. 9.4.2014, VII-Verg 36/13, VergabeR 2014, 557; OLG Schleswig, Beschl. v. 28.8.2015, 1 Verg 1/15, VergabeR 2015, 228; a.A.: OLG München, Beschl. v. 21.2.2013, Verg 21/12, VergabeR 2013, 750; OLG Naumburg, Beschl. v. 26.7.2012, 2 Verg 2/12, VergabeR 2013, 218.

III. Rechtsfolge der Unwirksamkeit

1. Eintritt der Unwirksamkeitsfolge

§ 135 Abs. 1 GWB ordnet die anfängliche Unwirksamkeit eines Auftrags an, den der öffentliche Auftraggeber ohne die nach § 134 Abs. 1 GWB vorgeschriebene Bieter- und Bewerberinformation oder unter Missachtung der gesetzlichen Wartefrist des § 134 Abs. 2 GWB erteilt oder vergaberechtswidrig ohne eine europaweite Ausschreibung im Amtsblatt der Europäischen Union vergeben hat. Der so erteilte Auftrag ist allerdings nur dann von Anfang an unwirksam, wenn der betreffende Vergaberechtsverstoß in einem Vergabenachprüfungsverfahren festgestellt worden ist, wobei § 135 Abs. 2 GWB zwei 30-Tage-Fristen vorschreibt, innerhalb deren das diesbezügliche Nachprüfungsverfahren eingeleitet werden muss. In der Zwischenzeit ist der durch Zuschlag zustande gekommene Vertrag **schwebend wirksam** und der vereinbarte Leistungsaustausch darf einstweilen durchgeführt werden. Der Vertrag wird **endgültig wirksam**, wenn der auf Feststellung der Unwirksamkeit des erteilten Auftrags gerichtete Nachprüfungsantrag unanfechtbar zurückgewiesen oder innerhalb der 30-Tage-Fristen des § 135 Abs. 2 GWB oder der Sechs-Monats-Frist des § 135 Abs. 2 Satz 1 Hs. 2 GWB kein Nachprüfungsantrag gestellt wird. Er wird **rückwirkend unwirksam**, wenn seine Nichtigkeit in einem Nachprüfungsverfahren unanfechtbar festgestellt wird. In diesem Fall müssen bereits einander gewährte Vertragsleistungen nach Bereicherungsrecht rückabgewickelt werden. Die **Rückabwicklung** des vergaberechtswidrig abgeschlossenen Austauschvertrages steht nicht zur Disposition des öffentlichen Auftraggebers.[49] Das ist schon deshalb erforderlich, um für den obsiegenden Antragsteller des Nachprüfungsverfahrens zumindest die Chance auf einen effektiven Primärrechtsschutz zu erhalten. Nicht selten dürfte freilich dessen Interesse, einen bereits begonnen Leistungsaustausch fortzusetzen, gering sein; Hauptgrund wird in vielen Fällen die Schwierigkeit sein, die Gewährleistungshaftung der beiden hintereinander tätigen „Auftragnehmer" klar voneinander abzugrenzen. Ein durchsetzbarer Anspruch des Antragstellers auf Rückabwicklung des unwirksamen Austauschvertrages ergibt sich weder aus § 168 GWB noch aus §§ 8 Abs. 1 Satz 1, 3, 4 Nr. 11 UWG.[50] Im Einzelfall darf der öffentliche Auftraggeber den Zeitraum bis zu einer vergaberechtskonformen Regelung seines Beschaffungsbedarfs durch einen kurzfristigen Interimsauftrag ohne europaweite Ausschreibung überbrücken, wenn die Feststellung der Nichtigkeit des Zuschlags zu einer nicht hinnehmbaren Gefährdung Dritter führt.[51] 46

a) Einwand von Treu und Glauben

Im Einzelfall kann es dem Antragsteller des Nachprüfungsverfahrens nach Treu und Glauben verwehrt sein, sich auf die Unwirksamkeit des erteilten Zuschlags zu berufen. Angenommen worden ist dies für den Fall, dass der übergangene Bieter nicht – wie in der Konzeption der §§ 134, 135 GWB vorgesehen – erst durch den Vertragsschluss von der zu vergebenden Leistung erfährt, sondern geraume Zeit vorher bereits Kenntnis von dem Wettbe- 47

49 Ausführlich zu Allem: *König*, in: Kulartz/Kus/Portz, GWB, 3. Aufl., § 101b Rn. 4 ff.; *Braun*, in: Ziekow/Völlink, Vergaberecht, § 101b Rn. 93 ff.; *Maimann*, in: Kulartz/Kus/Portz/Prieß, GWB-Vergaberecht, § 135 Rn. 64.

50 OLG Karlsruhe, Beschl. v. 12.11.2008, 15 Verg 4/08, NZBau 2009, 403.

51 OLG München, Beschl. v. 21.2.2013, Verg 21/12, NZBau 2013, 249.

werbsverfahren erlangt hatte, und zudem die Rechtsprechung die Ausschreibungspflicht erst während des laufenden Vergabeverfahrens auf Sachverhalte der in Rede stehenden Art übertragen hatte. § 135 Abs. 1 Nr. 2 GWB solle sicherstellen, dass Verstöße gegen die Ausschreibungspflicht zwar zur Unwirksamkeit der abgeschlossenen Verträge führen, nach einer gewissen Zeitspanne aber die Wirksamkeit der abgeschlossenen Verträge feststeht. Diesem Zweck würde es entgegenstehen, wenn nach länger dauernden gerichtlichen Verfahren, die erstmals eine Ausschreibungspflicht postulieren, Dritte die Wirksamkeit der Verträge wieder in Frage stellen könnten.[52]

b) Keine Heilung des Vergabefehlers

48 Der Zuschlag ist auch dann unwirksam, wenn der öffentliche Auftraggeber den Rechtsverstoß im Vergabenachprüfungsverfahren „beseitigt", indem er zum Beispiel die unterbliebene oder fehlerhafte Bieterinformation ordnungsgemäß nachholt. Die nachgeholte Bieterinformation ändert nämlich nichts daran, dass der in Rede stehende Auftrag ohne die gesetzlich vorgeschriebene Information oder unter Missachtung der Wartefrist – und folglich unwirksam – erteilt worden ist. Der öffentliche Auftraggeber kann die nachgeholte Bieterinformation freilich zum Anlass nehmen, den Auftrag unter Beachtung der sich nunmehr ergebenden Wartefrist neu zu erteilen. Hierdurch tritt Erledigung des Vergabenachprüfungsverfahrens ein.

2. Mehrzahl betroffener Bieter, Bewerber und Interessenten

49 Aus dem gesetzgeberischen Ziel, für alle betroffenen Bieter, Bewerber und Interessenten einen effektiven Primärrechtsschutz sicherzustellen, folgt unmittelbar, dass der erteilte Auftrag **erst dann endgültig wirksam** wird, wenn die dazu erforderlichen Voraussetzungen (Verstreichen der Frist des § 135 Abs. 2 GWB, Erfolglosigkeit des Nachprüfungsverfahrens nach § 135 Abs. 1 GWB) in Bezug auf alle betroffenen Bieter, Bewerber und Interessenten erfüllt sind. Umgekehrt **bleibt** der abgeschlossene Vertrag **so lange schwebend wirksam**, wie auch nur einem Bieter, Bewerber bzw. Interessenten gegenüber die Frist des § 135 Abs. 2 GWB zur Einleitung eines Nachprüfungsverfahrens noch nicht verstrichen oder ein rechtzeitig eingeleitetes Nachprüfungsverfahren noch anhängig ist, mögen auch in der Person der anderen Bieter, Bewerber oder Interessenten bereits die Voraussetzungen für ein endgültiges Wirksamwerden des Vertrags vorliegen. Der erteilte Auftrag **wird** andererseits bereits **dann endgültig unwirksam**, wenn der Nachprüfungsantrag auch nur eines Bieters, Bewerbers oder Interessenten mit der unanfechtbaren Feststellung eines Vergaberechtsverstoßes im Sinne von § 135 Abs. 1 GWB endet. Denn bereits damit ist entschieden, dass der Auftraggeber den Zuschlag vergaberechtswidrig erteilt hat und der Auftrag infolgedessen nicht abgewickelt werden darf. Ob zu diesem Zeitpunkt noch weitere Nachprüfungsverfahren anhängig sind oder zulässigerweise eingeleitet werden könnten, spielt wegen der Unteilbarkeit des erteilten Zuschlags keine Rolle.

---

52 So zu § 101b GWB 2009: OLG München, Beschl. v. 13.6.2013, Verg 1/13, NZBau 2014, 124.

3. Kenntnis vom Vergaberechtsverstoß

Für den Eintritt der Unwirksamkeit nach § 135 Abs. 1 GWB spielt es keine Rolle, ob der öffentliche Auftraggeber oder sein Vertragspartner – d. h. der Bieter, dem der Zuschlag erteilt worden ist – **Kenntnis von den die Unwirksamkeit des Zuschlags begründenden Umständen** gehabt haben oder nicht. Das Gesetz knüpft nach seinem klaren Wortlaut die schwebende Unwirksamkeit des erteilten Auftrags alleine an die (objektive) Verwirklichung der in § 135 Abs. 1 GWB genannten Tatbestände (Verletzung der Informationsobliegenheit, Missachtung der Wartefrist, Auftragsvergabe ohne europaweite Ausschreibung im Amtsblatt der Europäischen Union). Infolgedessen ist ein erteilter Zuschlag auch dann unwirksam, wenn er in gutem Glauben, aber in Verkennung der tatsächlichen Sach- oder Rechtslage erfolgt ist. 50

IV. Ausnahme von der Unwirksamkeitsfolge

§ 135 Abs. 3 GWB enthält eine **Ausnahme** von dem Grundsatz des **§ 135 Abs. 1 Nr. 2 GWB**. Nach der letztgenannten Vorschrift ist ein Vertrag unwirksam, der vergaberechtswidrig nicht europaweit im Amtsblatt der Europäischen Union ausgeschrieben worden ist. Diese Unwirksamkeitsfolge kann der öffentliche Auftraggeber vermeiden, wenn er (1) gutgläubig von der an sich vorgeschriebenen Bekanntmachung des Beschaffungsvorhabens im Amtsblatt der Europäischen Union abgesehen hat, (2) nunmehr seine Absicht zum Vertragsabschluss im Amtsblatt der Europäischen Union bekannt macht und (3) den Auftrag nicht vor Ablauf von mindestens zehn Kalendertagen, gerechnet ab dem Tag der vorgenannten Bekanntmachung, erteilt. Der deutsche Gesetzgeber hat damit die Regelung in Art. 2d der Richtlinie 2007/66/EG übernommen. 51

1. Gutgläubigkeit des öffentlichen Auftraggebers

Ob der öffentliche Auftraggeber gutgläubig von der vorgeschriebenen europaweiten Ausschreibung abgesehen hat, beurteilt sich nach den konkreten Umständen des Einzelfalles. Die Darlegungs- und Feststellungslast liegt beim Auftraggeber. Er muss **nachvollziehbar** vortragen, dass seine damalige Einschätzung der Vergaberechtslage auf einem Rechtsirrtum beruhte. Der Rechtsirrtum über die Notwendigkeit einer europaweiten Ausschreibung muss dabei **weder unvermeidbar noch schuldlos** gewesen sein. Ausreichend, aber auch erforderlich ist, dass die fehlerhafte rechtliche Beurteilung des öffentlichen Auftraggebers so plausibel und glaubhaft dargelegt wird, dass sie zur Überzeugung der Vergabenachprüfungsinstanzen festgestellt werden kann. In diesem Zusammenhang kann es darauf ankommen, ob die vergaberechtliche Lage einfach gelagert war oder schwierige bzw. umstrittene Rechtsfragen zu beantworten waren. Von Belang kann ferner sein, ob der öffentliche Auftraggeber seine damaligen Erwägungen zur fehlenden Ausschreibungspflicht ordentlich dokumentiert hat oder der Einwand, eine europaweite Bekanntmachung sei entbehrlich gewesen, erstmals im Nachprüfungsverfahren erhoben wird. Für die Überzeugungsbildung kann zudem von Bedeutung sein, ob es sich um einen öffentlichen Auftraggeber mit einer großen Erfahrung und einem fundierten Wissen im Vergaberecht handelt oder ob es um die Fehleinschätzung eines „kleinen" Auftraggebers mit einer nur geringen vergaberechtlichen Praxis geht. In den Blick zu nehmen ist überdies das bisherige vergaberechtliche Verhalten 52 des öffentlichen Auftraggebers; ist der Auftraggeber in der Vergangenheit bereits durch gleiche oder erhebliche andere Vergaberechtsverstöße aufgefallen, dürfte ein gewisses Misstrauen gegen den behaupteten Rechtsirrtum gerechtfertigt sein.[53] Eine tatsächliche Vermutung, dass der öffentliche Auftraggeber nur dann auf eine europaweite Ausschreibung verzichtet, wenn er den Verzicht für zulässig hält, besteht nicht. Erforderlich sind vielmehr konkrete Anhaltspunkte, die die Feststellung der Gutgläubigkeit des Auftraggebers tragen. Abzustellen ist dabei auf den Zeitpunkt, in dem der öffentliche Auftraggeber seine Entscheidung getroffen hatte, den Auftrag ohne vorherige Veröffentlichung einer Bekanntmachung zu vergeben.[54]

2. Inhalt der Bekanntmachung

53 Die Bekanntmachung im Amtsblatt der Europäischen Union muss zunächst die Absicht des öffentlichen Auftraggebers bekunden, den vergaberechtswidrig nicht europaweit ausgeschriebenen Vertrag abschließen zu wollen (§ 135 Abs. 3 Satz 1 Nr. 2 GWB). Sie muss gem. § 135 Abs. 3 Satz 2 GWB darüber hinaus weitere Einzelheiten der beabsichtigten Auftragsvergabe enthalten, nämlich (1) den Namen und die Kontaktdaten des öffentlichen Auftraggebers, (2) eine aussagekräftige und hinreichend genaue Beschreibung des Vertragsgegenstands, (3) die nachvollziehbare (d. h. wahrheitsgemäße und vollständige) Angabe derjenigen Gründe, die dazu geführt haben, dass das Beschaffungsvorhaben nicht europaweit ausgeschrieben worden ist sowie (4) den Namen und die Kontaktdaten des für den Zuschlag vorgesehenen Unternehmens.

3. Wartefrist

54 Der öffentliche Auftraggeber muss vor Erteilung des Zuschlags eine Wartefrist von mindestens zehn Kalendertagen eingehalten haben. Der Lauf der Frist beginnt gem. § 187 Abs. 1 BGB am Tag nach der Veröffentlichung der vorbezeichneten Bekanntmachung und endet gem. § 188 Abs. 1 BGB mit dem Ablauf des letzten Tags der Zehn-Tage-Frist. § 193 BGB findet hier ebenso wenig Anwendung wie bei der Wartefrist des § 134 Abs. 2 GWB.

4. Darlegungs- und Feststellungslast

55 Die Darlegungs- und Feststellungslast für alle tatbestandlichen Voraussetzungen des § 135 Abs. 3 GWB trägt nach allgemeinen Grundsätzen der öffentliche Auftraggeber, der sich im Nachprüfungsverfahren darauf beruft, dass die Unwirksamkeit des Zuschlags ausnahmsweise nicht eingetreten sei.[55]

---

53 Enger *Gnittke/Hattig*, in: Müller-Wrede, Vergaberecht, § 135 Rn. 119, die nicht auf die Gutgläubigkeit des öffentlichen Auftraggebers abstellen wollen, sondern ausschließlich darauf, ob objektiv die Voraussetzungen eines Ausnahmetatbestands vorliegen, die von der Pflicht zur vorherigen Veröffentlichung der Vergabeabsicht in einer EU-weiten Bekanntmachung befreien.

54 OLG Düsseldorf, Beschl. v. 12.7.2017, VII-Verg 13/17.

55 OLG Düsseldorf, Beschl. v. 12.7.2017, VII-Verg 13/17.

Abschnitt 3
Vergabe von öffentlichen Aufträgen in besonderen Bereichen und von Konzessionen

Unterabschnitt 1
Vergabe von öffentlichen Aufträgen durch Sektorenauftraggeber

§ 136 Anwendungsbereich

Dieser Unterabschnitt ist anzuwenden auf die Vergabe von öffentlichen Aufträgen und die Ausrichtung von Wettbewerben durch Sektorenauftraggeber zum Zweck der Ausübung einer Sektorentätigkeit.

Schrifttum: *Müller-Wrede*, GWB Vergaberecht, Kommentar, 2016.

Der Unterabschnitt 1, der mit § 136 eingeleitet wird, gehört zum Abschnitt 3, also den §§ 136 bis 154 GWB, die sich mit der **Vergabe von öffentlichen Aufträgen in besonderen Bereichen** und von Konzessionen befassen. Der Unterabschnitt 1 besteht aus den §§ 136 bis 143 GWB, die sich mit der **Vergabe von öffentlichen Aufträgen von Sektorenauftraggebern** befassen. Die Vorschrift dient der Umsetzung der Richtlinie 2014/25/EU in das deutsche Vergaberecht. 1

Die Vorschrift bestimmt den **sachlichen Anwendungsbereich** des Unterabschnitts 1, der das sogenannte **Sektorenvergaberecht**, d.h. die besonderen Vorschriften für die Vergabe von öffentlichen Aufträgen und die Ausrichtung von Wettbewerben im Bereich der Trinkwasser- oder Energieversorgung sowie des Verkehrs durch Sektorenauftraggeber für die Ausführung von Sektorentätigkeiten enthält. Ergänzend zu den **§§ 136 bis 143 GWB** gelten die Regelungen der **SektVO**. Diese Verordnung trifft gem. § 1 Abs. 1 SektVO nähere Bestimmungen über das einzuhaltende Verfahren bei der den §§ 136ff. GWB unterliegenden Vergabe von Aufträgen und über die den §§ 136ff. GWB unterliegende Ausrichtung von Wettbewerben zum Zwecke von Tätigkeiten auf dem Gebiet der Trinkwasser- oder Energieversorgung oder des Verkehrs (Sektorentätigkeiten) durch Sektorenauftraggeber. 2

Der Unterabschnitt 1 findet gem. § 136 GWB der Vorschrift Anwendung auf die Vergabe öffentlicher Aufträge und die Ausrichtung von Wettbewerben, wenn 3

- ein **Sektorenauftraggeber** als **Auftraggeber** tätig wird und
- die Auftragsvergabe bzw. die Wettbewerbsausrichtung dazu **dient** („Zweck"), eine **Sektorentätigkeit** auszuüben.

Öffentlicher Auftrag (vgl. die Kommentierung zu § 103 GWB) ist jeder öffentliche Auftrag gem. § 103 Abs. 1 bis Abs. 5 GWB, also jeder entgeltliche Vertrag zwischen einerseits einem öffentlichen Auftraggeber oder einem Sektorenauftraggeber und andererseits einem Unternehmen über die Beschaffung von Leistungen, die die Lieferung von Waren, die Aus- 4 führung von Bauleistungen oder die Erbringung von Dienstleistungen zum Gegenstand haben. Daher unterfallen Lieferaufträge i. S. d. § 103 Abs. 2 GWB, Bauaufträge i. S. d. § 103 Abs. 3 GWB und Dienstleistungsaufträge i. S. d. § 103 Abs. 4 GWB sowie auf solche öffentliche Aufträge bezogene Rahmenvereinbarungen gem. § 103 Abs. 5 GWB dem Begriff des öffentlichen Auftrags. Damit können die §§ 136 ff. GWB. Anwendung auf alle diese Arten öffentlicher Aufträge finden. **Wettbewerb** ist jedes Auslobungsverfahren gem. § 103 Abs. 6 GWB. Auch auf die Ausrichtung eines Wettbewerbs können die §§ 136 ff. GWB also Anwendung finden.

5 Da die Vorschrift die **Vergabe** eines öffentlichen Auftrags oder die **Ausrichtung** eines Wettbewerbs betrifft, ist für die Anwendung des Sektorenvergaberechts entscheidend, dass ein Sektorenauftraggeber als **Auftraggeber** handelt, also sich als Nachfrager am Markt Leistungen im eigenen wirtschaftlichen Interesse beschafft. Nicht relevant ist es hingegen, wenn sich ein Sektorenauftraggeber als Auftragnehmer zur Leistungserbringung verpflichtet und entsprechende Angebote am Markt platziert. Wem gegenüber der zu beauftragende Auftragnehmer die Leistungen faktisch erbringt, ist hingegen nicht maßgeblich, sodass auch ein Dritter unmittelbarer faktischer Leistungsempfänger sein kann.[1]

6 **Sektorenauftraggeber** ist jeder Auftraggeber gem. § 100 GWB. Zu den Sektorenauftraggebern gehören gem. § 100 Abs. 1 Nr. 1 GWB zum einen die **öffentlichen Auftraggeber** i. S. d. § 99 Nr. 1 bis Nr. 3 GWB, die eine Sektorentätigkeit gem. § 102 GWB ausüben. Soweit die weiteren Voraussetzungen des § 136 GWB erfüllt sind, dürfen also auch öffentliche Auftraggeber i. S. d. § 99 Nr. 1 bis Nr. 3 GWB die Auftragsvergabe bzw. die Wettbewerbsausrichtung nach den besonderen Maßgaben der §§ 136 ff. GWB durchführen.[2] Zum anderen gehören gem. § 100 Abs. 1 Nr. 2 GWB zu den **Sektorenauftraggebern** weitere natürliche oder juristische Personen des Privatrechts, die eine Sektorentätigkeit gem. § 102 GWB ausüben, wenn die weiteren in § 100 Abs. 1 Nr. 2 lit. a) oder lit. b) i. V. m. Abs. 2 und Abs. 3 GWB genannten Voraussetzungen vorliegen. Entscheidend für den Sektorenauftraggeber-Begriff ist also die Ausübung einer Sektorentätigkeit. **Sektorentätigkeit** sind die in § 102 GWB beschriebenen Tätigkeiten in den Bereichen Wasser (Abs. 1), Elektrizität (Abs. 2), Gas und Wärme (Abs. 3), Verkehrsleistungen (Abs. 4) einschließlich Häfen und Flughäfen (Abs. 5) sowie fossiler Brennstoffe (Abs. 6).

7 Die Vergabe eines öffentlichen Auftrags oder die Ausrichtung eines Wettbewerbes durch einen als Auftraggeber tätigen Sektorenauftraggeber fällt dann unter die §§ 136 ff. GWB, wenn die Auftragsvergabe bzw. die Wettbewerbsausrichtung zum Zwecke der Ausübung einer Sektorentätigkeit erfolgt. Die danach notwendige **Zweckbeziehung** liegt vor, wenn die Auftragsvergabe oder die Wettbewerbsausrichtung der betreffenden Sektorentätigkeit in dem Sinne dient, dass sie für die Sektorentätigkeit förderlich ist. Folglich ist die Zweckbeziehung nicht nur für solche Leistungen zu bejahen, die unmittelbar die Sektorentätigkeit beinhalten, sondern auch für solche Leistungen, die eine auf die Sektorentätigkeit im engeren Sinne bezogene bloße **Hilfstätigkeit** sind. Daher erfolgen z. B. auf einem Flughafengelände und im Zusammenhang mit dem sonstigen Flughafenbetrieb zu erbringende Abschlepp- und Inkassodienstleistungen ebenso für die Flughafen-Sektorentätigkeit[3] wie

---

1 *Röbke*, in: Müller-Wrede, GWB Vergaberecht, § 136 Rn. 6.
2 So schon EuGH, Urt. v. 10.4.2008, C-393/06, VergabeR 2008, 632, Rn. 59 – Stadtwärme Wien.
3 Vgl. OLG Düsseldorf, Beschl. v. 24.3.2010, Verg 58/09, NZBau 2010, 649, Rn. 21 (juris).

die Beschaffung einer Telefonanlage für ein Energieversorgungsunternehmen für dessen Elektrizität-Sektorentätigkeit erfolgt.[4]

Im **Ergebnis** sind sowohl öffentliche (Sektoren-)Auftraggeber i. S. d. § 100 Abs. 1 Nr. 1 i.V.m. § 99 Nr. 1 bis Nr. 3 GWB wie auch reine Sektorenauftraggeber i. S. d. § 100 Abs. 1 Nr. 2 GWB zur Auftragsvergabe und Wettbewerbsausrichtung nach besonderer Maßgabe der §§ 136 ff. GWB verpflichtet, wenn die Auftragsvergabe oder die Wettbewerbsausrichtung einer Sektorentätigkeit dient. Jedoch führen weder öffentliche (Sektoren-)Auftraggeber noch reine Sektorenauftraggeber eine Auftragsvergabe oder eine Wettbewerbsausrichtung nach den §§ 136 ff. GWB durch (bzw. dürfen sie so nicht durchführen), wenn der Auftrag oder der Wettbewerb keinen dienenden Bezug zur Sektorentätigkeit aufweist. Das wird in § 137 Abs. 2 Nr. 1 GWB für die reinen Sektorenauftraggeber noch einmal ausdrücklich normativ wiederholt: Nach dieser Vorschrift sind die §§ 136 ff. GWB nicht anzuwenden auf die Vergabe von öffentlichen Aufträgen und die Ausrichtung von Wettbewerben, die Liefer-, Bau- und Dienstleistungen sowie die Ausrichtung von Wettbewerben durch Sektorenauftraggeber nach § 100 Abs. 1 Nr. 2 GWB zum Gegenstand haben, soweit sie anderen Zwecken dienen als einer Sektorentätigkeit. In diesem Fall sind die vergaberechtlichen Bindungen unterschiedlich: Die öffentlichen Auftraggeber i. S. d. § 100 Abs. 1 Nr. 1 i.V.m. § 99 Nr. 1 bis Nr. 3 GWB und i.V.m. § 102 GWB müssen die Auftragsvergabe bzw. Wettbewerbsausrichtung nach Maßgabe des allgemeinen GWB-Vergaberechts, insbesondere der §§ 115 ff. GWB durchführen. Die reinen Sektorenauftraggeber i. S. d. § 100 Abs. 1 Nr. 2 GWB hingegen sind dann nach dem GWB-Vergaberecht gar nicht gebunden, sondern in ihrem Vergabeverhalten frei. 8

Die **Besonderheit des Sektorenvergaberechts**, für das die Geltungsbereichsausnahmen in den §§ 137 bis 140 GWB speziell geregelt sind, besteht zunächst darin, dass die Sektorenauftraggeber mit Blick auf die anzuwendende Vergabeverfahrensart gem. § 141 GWB die (freie) Wahl zwischen dem offenen Verfahren, dem nicht offenen Verfahren, dem Verhandlungsverfahren mit Teilnahmewettbewerb und dem wettbewerblichen Dialog haben. Weitere Besonderheiten des Sektorenvergaberechts sind in § 142 GWB in Gestalt von zulässigen Abweichungen von § 122 Abs. 1 und Abs. 2, von § 123 und von § 132 Abs. 2 Satz 2 und Satz 3 GWB geregelt. 9

Die **weiteren Einzelheiten des Sektorenvergaberechts** sind in der **SektVO** geregelt, von den allgemeinen Bestimmungen (§§ 2 bis 8 SektVO) und der Kommunikation (§§ 9 bis 12 SektVO) über die Vorschriften zum Vergabeverfahren (§§ 13 bis 57 SektVO), besondere Vorschriften für die Beschaffung energieverbrauchsrelevanter Leistungen und von Straßenfahrzeugen (§§ 58 und 59 SektVO), die Vorschriften über Planungswettbewerbe (§§ 60 bis 63 SektVO) bis hin zu Übergangs- und Schlussbestimmungen (§§ 64 und 65 SektVO). 10

Umfasst ein öffentlicher Auftrag mehrere Tätigkeiten, von denen eine Tätigkeit eine Sektorentätigkeit i. S. d. § 102 GWB ist (ist also mindestens eine andere Tätigkeit keine Sektorentätigkeit), ergeben sich die Regelungen zur Beantwortung der Frage, wie ein solcher **gemischter Auftrag** zu vergeben ist, nach § 112 GWB (vgl. die dortige Kommentierung). Nach dieser Vorschrift darf der Auftraggeber entweder getrennte Aufträge für die Zwecke jeder einzelnen Tätigkeit oder einen Gesamtauftrag vergeben (Abs. 1). Vergibt der Auftraggeber getrennte Aufträge, so wird jeder einzelne Auftrag nach den Vorschriften vergeben, die auf seine Merkmale anzuwenden sind (Abs. 2). Vergibt der Auftraggeber hingegen 11

4 VK Sachsen, Beschl. v. 9.12.2014, 1/SVK/032-14.

einen Gesamtauftrag, unterliegt dieser Auftrag den Bestimmungen, die für die Tätigkeit gelten, für die der Auftrag hauptsächlich bestimmt ist (Abs. 3 Satz 1). Ist der Auftrag sowohl für eine Sektorentätigkeit als auch für eine Tätigkeit bestimmt, die Verteidigungs- oder Sicherheitsaspekte umfasst, ist § 111 Abs. 3 Nr. 1 und Nr. 2 GWB entsprechend anzuwenden (Abs. 3 Satz 2). Die Entscheidung, einen Gesamtauftrag oder getrennte Aufträge zu vergeben, darf nicht zu dem Zweck getroffen werden, die Auftragsvergabe von den Vorschriften dieses Teils auszunehmen (Abs. 4). In Fällen, in denen die Feststellung, für welche Tätigkeit der Auftrag hauptsächlich bestimmt ist, objektiv unmöglich ist, richtet sich die Entscheidung nach § 112 Abs. 5 GWB.

12 Darüber hinaus kann auch die **Vergabe von Konzessionen durch Sektorenauftraggeber** dem GWB-Vergaberecht unterfallen, denn Sektorenauftraggeber können gem. § 101 Abs. 1 Nr. 2 und Nr. 3 GWB auch Konzessionsgeber sein. Insoweit ist der sachliche Anwendungsbereich allerdings nicht in § 136 GWB, sondern in § 148 GWB normiert.

§ 137 Besondere Ausnahmen

(1) Dieser Teil ist nicht anzuwenden auf die Vergabe von öffentlichen Aufträgen durch Sektorenauftraggeber zum Zweck der Ausübung einer Sektorentätigkeit, wenn die Aufträge Folgendes zum Gegenstand haben:

1. **Rechtsdienstleistungen im Sinne des § 116 Absatz 1 Nummer 1,**
2. **Forschungs- und Entwicklungsdienstleistungen im Sinne des § 116 Absatz 1 Nummer 2,**
3. **Ausstrahlungszeit oder Bereitstellung von Sendungen, wenn diese Aufträge an Anbieter von audiovisuellen Mediendiensten oder Hörfunkmediendiensten vergeben werden,**
4. **finanzielle Dienstleistungen im Sinne des § 116 Absatz 1 Nummer 4,**
5. **Kredite und Darlehen im Sinne des § 116 Absatz 1 Nummer 5,**
6. **Dienstleistungen im Sinne des § 116 Absatz 1 Nummer 6, wenn diese Aufträge aufgrund eines ausschließlichen Rechts vergeben werden,**
7. **die Beschaffung von Wasser im Rahmen der Trinkwasserversorgung,**
8. **die Beschaffung von Energie oder von Brennstoffen zur Energieerzeugung im Rahmen der Energieversorgung oder**
9. **die Weiterveräußerung oder Vermietung an Dritte, wenn**
   a) **dem Sektorenauftraggeber kein besonderes oder ausschließliches Recht zum Verkauf oder zur Vermietung des Auftragsgegenstandes zusteht und**
   b) **andere Unternehmen die Möglichkeit haben, den Auftragsgegenstand unter den gleichen Bedingungen wie der betreffende Sektorenauftraggeber zu verkaufen oder zu vermieten.**

(2) Dieser Teil ist ferner nicht anzuwenden auf die Vergabe von öffentlichen Aufträgen und die Ausrichtung von Wettbewerben, die Folgendes zum Gegenstand haben:

1. **Liefer-, Bau- und Dienstleistungen sowie die Ausrichtung von Wettbewerben durch Sektorenauftraggeber nach § 100 Absatz 1 Nummer 2, soweit sie anderen Zwecken dienen als einer Sektorentätigkeit, oder**
2. **die Durchführung von Sektorentätigkeiten außerhalb des Gebietes der Europäischen Union, wenn der Auftrag in einer Weise vergeben wird, die nicht mit der tatsächlichen Nutzung eines Netzes oder einer Anlage innerhalb dieses Gebietes verbunden ist.**

Schrifttum: *Bechtold*, GWB, 7. Aufl. 2013; *Boesen*, Vergaberecht: Kommentar zum 4. Teil des GWB, 2002; *Immenga/Mestmäcker*, Wettbewerbsrecht, GWB, Kommentar zum deutschen Kartellrecht, 5. Aufl. 2014; *Kulartz/Kus/Portz/Prieß*, GWB-Vergaberecht, 4. Aufl. 2016; *Müller-Wrede*, GWB Vergaberecht, Kommentar, 2016; *Reidt/Stickler/Glahs*, Vergaberecht, Kommentar, 3. Aufl. 2011.

Übersicht

I. Überblick

1. Überblick über den Regelungsgehalt

1 Die Vorschrift dient der Umsetzung der in der EU-Sektorenrichtlinie[1] normierten Ausnahmetatbestände. § 137 Abs. 1 GWB nimmt bestimmte öffentliche Aufträge von Sektorenauftraggebern zum Zweck der Ausübung einer Sektorentätigkeit vom 4. Teil des GWB aus. § 137 Abs. 2 GWB normiert Ausnahmen von der Anwendbarkeit des GWB-Vergaberechts für öffentliche Aufträge sowie für die Ausrichtung von Wettbewerben, die (im Unterschied zu Abs. 1) nicht dem Zweck der Ausübung einer Sektorentätigkeit, sondern anderen Zwecken dienen oder die die Durchführung von Sektorentätigkeiten außerhalb des Gebietes der Europäischen Union betreffen. § 137 GWB ist bieterschützende Norm i. S. v. § 97 Abs. 6 GWB und unterliegt der uneingeschränkten Nachprüfung durch die Nachprüfungsinstanzen von Amts wegen.[2]

2. Systematische Stellung der Norm

2 Der Ausnahmetatbestand des § 137 GWB ist Teil des in Unterabschnitt 1, Abschnitt 3, Kapitel 1 des 4. Teils des GWB geregelten Sektorenvergaberechts und wird dort flankiert von den weiteren Ausnahmetatbeständen des § 138 GWB (Auftragsvergabe an verbundene Unternehmen), des § 139 GWB (Vergabe durch oder an Gemeinschaftsunternehmen) und des § 140 GWB. Die allgemeinen Ausnahmetatbestände der §§ 107 bis 109 GWB sind ebenso neben § 137 GWB beachtlich.

3. Anwendung des Ausnahmetatbestands

3 Die in § 137 GWB normierten Ausnahmen vom Anwendungsbereich des 4. Teils sind abschließend und – wie die übrigen Bereichsausnahmen im GWB – eng auszulegen.[3] Darle-

1 Richtlinie 2014/25/EU des Europäischen Parlaments und des Rates vom 26.2.2014 über die Vergabe von Aufträgen durch Auftraggeber im Bereich der Wasser-, Energie- und Verkehrsversorgung sowie der Postdienste und zur Aufhebung der Richtlinie 2004/17/EG.
2 Vgl. *Röbke*, in: Müller-Wrede, GWB Vergaberecht, § 137 Rn. 6.
3 Vgl. *Röwekamp*, in: Kulartz/Kus/Portz/Prieß, GWB-Vergaberecht, § 137 Rn. 1.

gungs- und beweisbelastet für das Vorliegen der die Ausnahmetatbestände des § 137 GWB ausfüllenden Umstände ist der Auftraggeber, der sich auf die jeweilige Ausnahme beruft.

II. Rechtsdienstleistungen (Abs. 1 Nr. 1)

§ 137 Abs. 1 Nr. 1 GWB nimmt bestimmte, ein besonderes Vertrauensverhältnis zwischen Auftraggeber und Auftragnehmer (Mandant) erfordernde, Rechtsdienstleistungen im Sinne von § 116 Abs. 1 Nr. 1 GWB vom Anwendungsbereich des 4. Teils des GWB aus. Die Vorschrift dient der Umsetzung von Art. 21 lit. c) der EU-Sektorenrichtlinie 2014/25/EU. Die im Einzelnen erfassten Rechtsdienstleistungen sind dann gem. § 137 Abs. 1 Nr. 1 GWB ausgenommen, wenn sie Gegenstand eines öffentlichen Auftrags sind, der durch Sektorenauftraggeber im Sinne von § 100 GWB zum Zwecke der Ausübung einer Sektorentätigkeit vergeben wird. 4

Adressaten dieser Ausnahme sind also – nicht, wie in § 116 Abs. 1 GWB, die öffentlichen Auftraggeber, sondern – alle Sektorenauftraggeber i. S. v. § 100 GWB. Voraussetzung ist, dass der Rechtsdienstleistungsauftrag zum Zwecke einer Sektorentätigkeit i. S. d. § 102 GWB vergeben wird. 5

Gegenstand des Ausnahmetatbestands sind Rechtsdienstleistungen i. S. v. § 116 Abs. 1 Nr. 1 GWB. Wie § 116 Abs. 1 Nr. 1 GWB sieht die Vorschrift keine generelle Ausnahme für Rechtsdienstleistungen vor, sondern beschränkt die Ausnahme auf die in § 116 Abs. 1 Nr. 1 lit. a) bis e) GWB genannten Fälle. Im Wesentlichen betrifft dies Rechtsdienstleistungen, die von gerichtlich bestellten Dienstleistern erbracht werden, die die anwaltliche Vertretung von Mandanten in Gerichts- oder Verwaltungsverfahren betreffen, durch Notare erbracht werden müssen oder mit der Ausübung von hoheitlichen Befugnissen verbunden sind.[4] Für die Vergabe von sonstigen Rechtsdienstleistungen, die nicht unter die Ausnahme des § 137 Abs. 1 Nr. 1 GWB fallen (also sämtliche Rechtsberatungsdienstleistungen im außerprozessualen Bereich[5]), kommt gleichwohl – über § 142 GWB – nicht das allgemeine Vergabeverfahren zur Anwendung, sondern als sog. soziale und andere besondere Dienstleistungen das vereinfachte Verfahren im Sinne des § 130 GWB, für das ein höherer Schwellenwert in Höhe von 1.000.000,00 Euro gilt. 6

Zur weiteren Erläuterung wird an dieser Stelle auf die Kommentierung des § 116 Abs. 1 Nr. 1 GWB verwiesen. 7

III. Forschungs-/Entwicklungsdienstleistungen (Abs. 1 Nr. 2)

§ 137 Abs. 1 Nr. 2 GWB enthält eine Ausnahme für öffentliche Aufträge über Forschungs- und Entwicklungsdienstleistungen i. S. v. § 116 Abs. 1 Nr. 2 GWB zum Zwecke der Ausübung einer Sektorentätigkeit durch Sektorenauftraggeber. Die Vorschrift ist angelehnt an § 100 Abs. 4 Nr. 2 GWB a. F., welcher seinerseits auf § 100 Abs. 2 lit. n) GWB a. F. zurückging. Die Vorschrift setzt Art. 32 der Sektorenrichtlinie 2014/25/EU um. Adressaten dieser Ausnahme sind wiederum alle Sektorenauftraggeber i. S. v. § 100 GWB. Voraussetzung ist 8

4 Entwurf BReg BT-Drs. 18/6281, S. 93.
5 *Amelung*, in: Müller-Wiede, GWB, § 130 Rn. 33.

auch hier, dass der Auftrag zum Zwecke einer Sektorentätigkeit i. S. d. § 102 GWB vergeben wird.

9 Von der Ausnahme erfasst sind Aufträge über Forschungs- und Entwicklungsdienstleistungen, es sei denn, es handelt sich um solche Dienstleistungen, die unter die Referenznummern des Common Procurement Vocabulary (CPV) 73000000-2 bis 73120000-9, 73300000-5, 73420000-2 und 73430000-5 fallen und deren Ergebnisse nicht ausschließlich Eigentum des Auftraggebers für seinen Gebrauch bei der Ausübung seiner eigenen Tätigkeit werden (sog. Auftragsforschung) und die Dienstleistung durch den Auftraggeber vollständig vergütet wird.

10 Die Unterstützung der Forschung und Entwicklung soll dazu beitragen, die wissenschaftlichen und technischen Grundlagen der europäischen Industrie zu stärken, wobei die Öffnung der öffentlichen Beschaffungsmärkte an der Erreichung dieses Ziels Anteil hat.[6] Berücksichtigt werden damit die Besonderheiten im Bereich von Forschung und Entwicklung. Die Zielsetzungen und die Mittel, mit denen technologischer Fortschritt gefördert wird, sind im Einzelnen recht unterschiedlich. Die öffentlichen Aufträge, auf die sich diese Ausnahmevorschrift bezieht, sind lediglich eines der Instrumente, mit denen Forschungsvorhaben gefördert werden. Oftmals fehlt den Verträgen in diesem Bereich die Gegenseitigkeit, die mit dem Begriff öffentlicher Auftrag untrennbar verbunden ist. Dies ist zum Beispiel der Fall, wenn Forschungsergebnisse in erster Linie der Forschungsstelle (Unternehmen, Forschungsinstitut oder Universität) selbst zur Verfügung stehen und nicht dem Auftraggeber.[7] Des Weiteren müsste die Behandlung von Forschungstätigkeiten als Dienstleistungsgeschäft eventuell darauf begrenzt werden, dass die fraglichen Aufträge ausdrücklich die Ausarbeitung von festliegenden Ergebnissen für einen bestimmten Abnehmerkreis vorsehen müssen. Die Finanzierung von allgemein bedeutsamer Forschung zum Nutzen der Gesellschaft insgesamt oder eines erheblichen Teils davon, stellt in diesem Sinne wohl keine Auftragsforschung dar.[8] Soweit allerdings Auftraggeber Forschungsaufträge ausschließlich auf eigene Rechnung und für eigenen Nutzen vergeben, besteht keine Veranlassung, sie gem. § 137 Abs. 1 Nr. 2 GWB vom Anwendungsbereich des Vergaberechts auszunehmen.

11 Primärrechtlich sind in Zusammenhang mit § 137 Abs. 1 Nr. 2 GWB auch noch die Art. 179–190 AEUV (ex-Art. 163–173 EGV) zu nennen.[9] Der Begriff „Forschung" ist jedoch weder im AEU-Vertrag noch im Sekundärrecht erschöpfend definiert. Einigkeit dürfte aber darüber bestehen, dass darunter eine auf den planmäßigen und zielgerichteten Gewinn neuer Erkenntnisse gerichtete Tätigkeit zu verstehen ist, ungeachtet dessen, ob es sich um Grundlagenforschung oder um angewandte Forschung handelt.[10]

12 Die Ausnahmebestimmung des § 137 Abs. 1 Nr. 2 GWB setzt einen konkreten Forschungsauftrag voraus. Dieser ist z. B. mit einer „Untersuchung der Rüstungsaltlastver-

---

6 RL 92/50/EWG, 9. Erwägungsgrund, ABl. EG 992 L 209/1, 2.

7 Vgl. auch zur vergaberechtlichen Beurteilung von Universitäten EuGH, Urt. v. 3.10.2000, Rs. C-380/98, Slg. 2000, I-8035 – University of Cambridge.

8 Vgl. Begründung der Kommission, KOM (90) 372 endg., Tz. 27.

9 Vgl. *Hilf*, in: von der Groeben/Schwarze, Kommentar zum EGV, Bd. 3, Art. 163 Rn. 3.

10 Obwohl es keine Definition der Begriffe „Forschung" und „technologische Entwicklung" gibt, sind doch verschiedene Unterbegriffe legal definiert, *Hilf*, in: von der Groeben/Schwarze, Kommentar zum EGV, Bd. 3, Art. 163 Rn. 56 ff.; vgl. überdies *Amelung*, in: Müller-Wrede, GWB, § 137 Rn. 15.

dachtsstandorte“ gegeben. Allerdings waren nach Auffassung des BayObLG die Leistungen von Ingenieurbüros und Labors mit einschlägigen Erfahrungen ausschreibungspflichtig, weil es sich hierbei um Auftragsforschung handelte, bei der sich der Auftraggeber die ausschließlichen Nutzungsrechte einräumen ließ.[11] Auch die vorgesehene Weitergabe von Informationen und Ergebnissen an nachgeordnete Behörden sowie die Öffentlichkeit änderten nach der Auffassung des BayObLG daran nichts, da es entscheidend auf die Verwertungsbefugnis des Auftraggebers ankommt.[12]

Zur weiteren Erläuterung wird an dieser Stelle auf die Kommentierung des § 116 Abs. 1 Nr. 2 GWB verwiesen. **13**

IV. Aufträge über Ausstrahlungszeit oder Bereitstellung von Sendungen (Abs. 1 Nr. 3)

§ 137 Abs. 1 Nr. 3 GWB dient der Umsetzung von Art. 21 lit. i) der Richtlinie 2014/25/EU **14** und ist entsprechend dem Wortlaut der Richtlinie enger gefasst als die komplementäre Ausnahmeregelung des § 116 Abs. 1 Nr. 3 GWB,[13] da keine Aufträge über Erwerb, Entwicklung, Produktion oder Koproduktion von Sendematerial für audiovisuelle Mediendienste oder Hörfunkmediendienste, die von Mediendienstleistern vergeben werden, von § 137 Abs. 1 Nr. 3 GWB erfasst sind. Erfasst von § 137 Abs. 1 Nr. 3 GWB sind nur Aufträge über Ausstrahlungszeit oder Bereitstellung von Sendungen, die an Anbieter von audiovisuellen Mediendiensten oder Hörfunkmediendiensten vergeben werden.[14] Adressaten dieser Ausnahme sind alle Sektorenauftraggeber i. S. v. § 100 GWB. Voraussetzung der Ausnahmebestimmung ist zudem – wie bei allen Ausnahmetatbeständen des Abs. 1 –, dass der Auftrag zum Zwecke einer Sektorentätigkeit i. S. d. § 102 GWB vergeben wird.

Zur weiteren Erläuterung wird an dieser Stelle auf die Kommentierung des § 116 Abs. 1 Nr. 3 GWB verwiesen. **15**

V. Finanzielle Dienstleistungen (Abs. 1 Nr. 4)

§ 137 Abs. 1 Nr. 4 GWB, der eine Ausnahme vom Anwendungsbereich des 4. Teils des **16** GWB für öffentliche Aufträge über finanzielle Dienstleistungen zum Zwecke der Ausübung einer Sektorentätigkeit durch Sektorenauftraggeber normiert, entspricht § 100b Abs. 2 Nr. 1 GWB a. F., welcher wiederum § 100 Abs. 2 lit. m) GWB a. F. entsprach. Die Vorschrift dient der Umsetzung von Art. 21 lit. d) der Sektorenrichtlinie 2014/25/EU. Die komplementäre Bereichsausnahme für öffentliche Aufträge über finanzielle Dienstleistungen durch öffentliche Auftraggeber, auf den § 137 Abs. 1 Nr. 4 GWB verweist, findet sich in § 116 Abs. 1 Nr. 4. GWB. Im Vergleich zur bisherigen Rechtslage neu ist, dass Trans-

---

11 BayObLG, Beschl. v. 27.2.2003, Verg 1/03, BayObLGZ 2003, 38; vgl. auch EUROPA kompakt, 5/2003, 73 f.

12 So auch bereits *Marx*, in: Motzke/Pietzcker/Prieß, VOB, § 100 Rn. 34.

13 § 116 Abs. 1 Nr. 3 GWB hatte – anders als § 137 Abs. 1 Nr. 3 GWB im Sektorenbereich – eine Vorläuferbestimmung im GWB in Form des § 100a Abs. 2 Nr. 1 GWB a. F., vgl. Entwurf BReg, BT-Drs. 18/6281, S. 123.

14 Vgl. Entwurf BReg, BT-Drs. 18/6281, S. 123.

aktionen mit der neu geschaffenen Finanzstabilisierungsfazilität und dem Europäischen Stabilitätsmechanismus ebenfalls von der Anwendung des Vergaberechts ausgenommen sein sollen. Adressaten dieser Ausnahme sind alle Sektorenauftraggeber i.S.v. § 100 GWB. Voraussetzung der Ausnahmebestimmung ist, dass der Auftrag zum Zwecke einer Sektorentätigkeit i.S.d. § 102 GWB vergeben wird.

17 Zur weiteren Erläuterung wird an dieser Stelle auf die Kommentierung des § 116 Abs. 1 Nr. 4 GWB verwiesen.

VI. Kredite und Darlehen (Abs. 1 Nr. 5)

18 § 137 Abs. 1 Nr. 5 GWB dient der Umsetzung von Art. 21 lit. e) der Sektorenrichtlinie 2014/25/EU. Die Ausnahme für öffentliche Aufträge über Kredite und Darlehen zum Zwecke der Ausübung einer Sektorentätigkeit durch Sektorenauftraggeber entspricht der für öffentliche Auftraggeber geltenden Ausnahme des § 116 Abs. 1 Nr. 5 GWB.[15] Adressaten dieser Ausnahme sind alle Sektorenauftraggeber i.S.v. § 100 GWB. Voraussetzung der Ausnahmebestimmung ist auch, dass der Auftrag zum Zwecke einer Sektorentätigkeit i.S.d. § 102 GWB vergeben wird.

19 Zur weiteren Erläuterung wird an dieser Stelle auf die Kommentierung des § 116 Abs. 1 Nr. 5 GWB verwiesen.

VII. Dienstleistungen aufgrund ausschließlicher Rechte (Abs. 1 Nr. 6)

20 Die Norm dient der Umsetzung von Art. 22 der Richtlinie 2014/25/EU. Die Ausnahme für Dienstleistungsaufträge i.S.d. § 116 Abs. 1 Nr. 6 GWB, die durch Sektorenauftraggeber zum Zwecke der Ausübung einer Sektorentätigkeit aufgrund eines ausschließlichen Rechts vergeben werden, entspricht dem bisherigen § 100b Abs. 3 GWB a.F., dessen Vorgängerbestimmung wiederum § 100 Abs. 2 lit. g) GWB a.F. war. § 137 Abs. 1 Nr. 6 GWB befreit Aufträge zwischen Sektorenauftraggebern und öffentlichen Auftraggebern i.S.v. § 99 Nr. 1 bis 3 GWB von der Geltung des Vergaberechts des GWB.[16] Erfasst von § 137 Abs. 1 Nr. 6 GWB sind seinem eindeutigen Wortlaut nach ausschließlich Dienstleistungsaufträge. Liefer- und Bauaufträge fallen nicht unter den Ausnahmetatbestand; in diesen Fällen soll das Vergaberecht des Teils 4 des GWB also Anwendung finden. Sinn und Zweck der Vorschrift ist es zu verhindern, dass Aufträge mehrfach ausgeschrieben werden.[17] Adressaten dieser Ausnahme sind alle Sektorenauftraggeber i.S.v. § 100 GWB. Voraussetzung ist des Weiteren, dass der Auftrag zum Zwecke einer Sektorentätigkeit i.S.d. § 102 GWB vergeben wird. Die Ausnahme setzt zudem voraus, dass es sich bei dem Leistungserbringer um einen öffentlichen Auftraggeber i.S.v. § 99 Nr. 1 bis 3 GWB handelt und er zum anderen ein auf Gesetz oder Verordnung beruhendes ausschließliches Recht zur Erbringung dieser

15 Vgl. Entwurf BReg, BT-Drs. 18/6281, S. 123.
16 Vgl. auch *Röbke*, in: Müller-Wrede, GWB, § 137 Rn. 33.
17 Vgl. *Jaspers*, DB 1998, 2153.

Leistung innehat (Monopol).[18] Erforderlich hierfür ist nach dem eindeutigen Gesetzeswortlaut, dass das ausschließliche Recht auf Gesetz oder Verordnung beruht.[19]

Zur Tatbestandsvoraussetzung des Innehabens eines ausschließlichen Rechts zur Erbringung der Leistung hat der EuGH festgestellt, dass die Rechts- und Verwaltungsvorschriften, aufgrund derer der Einrichtung ein ausschließliches Recht eingeräumt wird, mit dem EG-Vertrag vereinbar sein müssen.[20] Hierzu gehören insbesondere die Wettbewerbsregeln des AEUV.[21] Die Einräumung eines Monopols zur Erledigung des Auftrags muss daher in erster Linie der Erfüllung von im allgemeinen Interesse liegenden Aufgaben dienen. Weiterhin ist es erforderlich, dass die Aufgabe durch das Angebot privater Dienstleistung möglicherweise nicht in dem Maß erfüllt werden kann, wie es aus im Allgemeininteresse liegenden Gründen für erforderlich gehalten wird.[22] Die Aufgabenerfüllung muss so beschaffen sein, dass zwischen den Auftraggebern ein Verhältnis zwischenorganschaftlicher Delegation besteht. Außerdem darf die Aufgabe den Verwaltungsbereich der übertragenden Körperschaft nicht verlassen.[23] Damit sind reine Organisationsprivatisierungen gemeint oder die Übertragung von Aufgaben an Eigenbetriebe. Anerkannt ist im Schrifttum, dass bereits ein „relatives staatliches Monopol" gegenüber dem betreffenden Auftraggeber genügt.[24] **21**

Ein ausschließliches Recht zur Erbringung einer Leistung haben das BayObLG und das OLG Düsseldorf bei der Beauftragung zur Abfallverwertung und -beseitigung nach § 16 Abs. 1 KrW-/AbfG a.F. (heute: § 22 KrWG) übereinstimmend abgelehnt, da sich diese nicht durch Gesetz oder Verordnung vollziehe, sondern regelmäßig durch eine vertragliche Vereinbarung zustande komme.[25] Im Übrigen bestehe die Entsorgungspflicht der öffentlich-rechtlichen Körperschaft gegenüber privaten Haushalten ungeachtet der Beauftragung fort.[26] Das OLG Düsseldorf hat in seiner Entscheidung weiter hervorgehoben, dass auch ein für verbindlich erklärter Abfallwirtschaftsplan i.S.v. § 29 Abs. 1 Satz 4, Abs. 4 KrW-/AbfG a.F., § 18 Abs. 1 Satz 1 AbfG NW als Grundlage eines Leistungserbringungsrechts nicht in Betracht kommt, da er dem Betreiber einer Abfallbeseitigungsanlage kein Recht auf Erbringung der Abfallentsorgungsleistung einräumt.[27] Dies aber ist nach § 137 Abs. 1 Nr. 6 GWB eine Voraussetzung für den Ausschluss der §§ 97 ff. GWB. **22**

Zur weiteren Erläuterung wird an dieser Stelle auf die Kommentierung des § 116 Abs. 1 Nr. 6 GWB verwiesen. **23**

---

18 Zu dem Fehlen dieser Voraussetzung bei Strombezugsverträgen siehe bereits § 100 Rn. 19 ff.

19 Vgl. *Röbke*, in: Müller-Wrede, GWB, § 137 Rn. 36.

20 Vgl. EuGH, Urt. v. 10.11.1998, Rs. C-360/96, Slg. 1998, I-6821, Tz. 45 – BFI Holding/Gemeente Arnhem; *Boesen*, GWB, § 100 Rn. 84; *Dreher*, in: Immenga/Mestmäcker, GWB, § 100 Rn. 52.

21 Vgl. *Otting*, in: Bechtold, GWB, § 100 Rn. 23; *Stickler*, in: Reidt/Stickler/Glahs, Vergaberecht, § 100 Rn. 21.

22 Vgl. EuGH, Urt. v. 10.11.1998, Rs. C-360/96, Slg. 1998, I-6821, Tz. 52 – BFI Holding/Gemeente Arnhem [für Dienstleistungen im Rahmen der Müllabfuhr].

23 Vgl. Schlussanträge des GA La Pergola v. 19.2.1998, Rs. C-360/96, Slg. I-6824, Tz. 38 – BFI Holding/Gemeente Arnhem.

24 Vgl. *Dreher*, in: Immenga/Mestmäcker, GWB, § 100 Rn. 48; *Stickler*, in: Reidt/Stickler/Glahs, Vergaberecht, § 100 Rn. 21; *Boesen*, GWB, § 100 Rn. 78.

25 BayObLG, Beschl. v. 22.1.2002, Verg 18/01, VergabeR 2002, 244, 249, m. Anm. *Wagner*; OLG Düsseldorf, Beschl. v. 12.1.2004, Verg 71/03, NVwZ 2004, 510.

26 BayObLG, Beschl. v. 22.1.2002, Verg 18/01, VergabeR 2002, 244, 249 m. Anm. *Wagner*.

27 OLG Düsseldorf, Beschl. v. 12.1.2004, Verg 71/03, NVwZ 2004, 510.

VIII. Wasser, Energie, Brennstoffe (Abs. 1 Nr. 7 und 8)

24 § 137 Abs. 1 Nr. 7 GWB nimmt die Vergabe öffentlicher Aufträge über die Beschaffung von Wasser im Rahmen der Trinkwasserversorgung durch Sektorenauftraggeber zum Zweck der Ausübung einer Sektorentätigkeit vom Vergaberecht des 4. Teils des GWB aus. Die Vorschrift übernimmt unverändert die Ausnahme des bisherigen § 100b Abs. 2 Nr. 2 GWB a. F., der wiederum § 100 Abs. 2 lit. f) GWB a. F. entsprach. Die Vorschrift dient der Umsetzung von Art. 23 lit. a) der Richtlinie 2014/25/EU.[28] Gegenstand von § 137 Abs. 1 Nr. 8 GWB ist die Beschaffung von Energie oder von Brennstoffen zur Energieerzeugung im Rahmen der Energieversorgung. Die Vorschrift setzt Art. 23 lit. b) der Richtlinie 2014/25/EU um und übernimmt unverändert die Ausnahme des bisherigen § 100b Abs. 2 Nr. 3 GWB a. F., der seinerseits wieder der Vorläuferbestimmung des § 100 Abs. 2 lit. f) GWB a. F., vorliegend dem Bereich der Energieversorgung, entsprach.[29] Die Ausnahmen[30] finden ihre Berechtigung darin, dass Sektorenauftraggeber innerhalb ihrer Sektorenbereiche den Vergaberegeln nicht für Aufträge unterliegen sollen, die die elementare Grundversorgung mit Wasser und Energie zum Gegenstand haben.[31]

25 Adressaten der beiden Ausnahmen sind alle Sektorenauftraggeber i. S. v. § 100 GWB. Die beiden Ausnahmebestimmungen setzen – wie alle Tatbestände des Abs. 1 – voraus, dass der Auftrag zum Zwecke einer Sektorentätigkeit i. S. d. § 102 GWB vergeben wird. Soweit der Auftrag zum Zwecke einer Sektorentätigkeit vergeben werden muss, bestimmen § 137 Abs. 1 Nr. 7 und Nr. 8 GWB, dass es sich um Beschaffungsvorgänge „im Rahmen der Trinkwasserversorgung" bzw. „im Rahmen der Energieversorgung" handeln muss. Angesprochen sind hierdurch die Sektorentätigkeiten im Bereich Wasser gem. § 102 Abs. 1 GWB bzw. die Sektorentätigkeiten in den Bereichen Elektrizität oder Gas und Wärme gem. § 102 Abs. 2 und Abs. 3 GWB.[32] Nicht einbezogen in die Ausnahmen des § 137 Abs. 1 Nr. 7 und Nr. 8 GWB sind Verkehrsdienstleistungen i. S. v. § 102 Abs. 4 GWB.

IX. Weiterveräußerung oder Weitervermietung (Abs. 1 Nr. 9)

26 § 137 Abs. 1 Nr. 9 GWB übernimmt die bisherige Ausnahme des § 100b Abs. 4 Nr. 3 GWB, die ihrerseits auf § 100 Abs. 2 lit. r) GWB a. F. zurückging. Mit § 137 Abs. 1 Nr. 9 GWB wird Art. 18 der RL 2014/25/EG in nationales Recht umgesetzt.[33] Der Ausnahmetatbestand erfasst Vergaben von Sektorenauftraggebern zum Zwecke der Weiterveräußerung oder Weitervermietung an Dritte. Voraussetzungen der Ausnahme sind, dass dem Sektorenauftraggeber kein besonderes oder ausschließliches Recht zum Verkauf oder zur Vermietung des Auftragsgegenstandes zusteht und dass andere Unternehmen die Möglichkeit haben, den Auf-

---

28 Vgl. Entwurf BReg, BT-Drs. 18/6281, S. 123.

29 Vgl. Entwurf BReg, BT-Drs. 18/6281, S. 123.

30 Grundlage für diese Ausnahmen waren ursprünglich Art. 7 bis 9 der Sektorenrichtlinie 93/38/EWG in der Fassung der Richtlinie 98/4/EWG (vgl. auch Art. 26 RL 2004/17/EG).

31 Vgl. auch Erwägungsgrund 24 der Richtlinie 2014/25/EU zum Hintergrund der Ausnahme für den Wassereinkauf.

32 *Röwekamp*, in: Kulartz/Kus/Portz/Prieß, GWB-Vergaberecht, § 137 Rn. 5; *Röbke*, in: Müller-Wrede, GWB Vergaberecht, § 137 Rn. 40.

33 Vgl. Entwurf BReg, BT-Drs. 18/6281, S. 123.

tragsgegenstand unter den gleichen Bedingungen wie der betreffende Sektorenauftraggeber zu verkaufen oder zu vermieten. Der Ausnahmetatbestand ist mithin einschlägig, wenn der vom Sektorenauftraggeber vergebene Auftrag eine Weiterveräußerung oder eine Weitervermietung einer Ware – oder einer Dienstleistung oder einer Bauleistung[34] – bezweckt; es geht also um die Beschaffung von Auftragsgegenständen durch den Sektorenauftraggeber, der die beschafften Auftragsgegenstände weiterveräußern oder weiter vermieten will. Besonderes oder ausschließliches Recht in diesem Sinne sind Rechte i. S. v. § 100 Abs. 2 GWB.[35]

27 Gemäß Art. 18 Abs. 2 Satz 1 EU-Sektorenrichtlinie 2014/25/EU, der keine Umsetzung in nationales Recht erfahren hat und daher unmittelbar gilt, kann die EU-Kommission von den Sektorenauftraggebern Auskunft über alle Kategorien von Waren und Tätigkeiten verlangen, die nach Auffassung der Sektorenauftraggeber unter diese Ausnahmeregelung fallen (Satz 1); die EU-Kommission kann Listen der Kategorien von Waren und Tätigkeiten, die ihres Erachtens unter die Ausnahmeregelung fallen, in regelmäßigen Abständen im Amtsblatt der Europäischen Union zur Information veröffentlichen, wobei sie die Vertraulichkeit der sensiblen geschäftlichen Angaben wahrt, soweit die Auftraggeber dies bei der Übermittlung der Informationen geltend machen (Sätze 2 und 3).

X. Sektorenfremde Aufträge (Abs. 2 Nr. 1)

28 Eine Ausnahme von der Anwendbarkeit des 4. Teils des GWB für die Vergabe öffentlicher Liefer-, Bau- und Dienstleistungsaufträge sowie auch für die Ausrichtung von Wettbewerben zur Erfüllung anderer Zwecke als der Ausübung einer Sektorentätigkeit normiert § 137 Abs. 2 Nr. 1 GWB für Sektorenauftraggeber nach § 100 Abs. 1 Nr. 2 GWB. Die Vorschrift übernimmt die Ausnahme des bisherigen § 100b Abs. 4 Nr. 1 GWB a. F., der seinerseits auf § 100 Abs. 2 lit. i) GWB a. F. zurückgeht.[36] Umgesetzt wurde durch § 137 Abs. 2 Nr. 1 GWB Art. 19 Abs. 1 der EU-Sektorenrichtlinie 2014/25/EU.

29 Die Bereichsausnahme des § 137 Abs. 2 Nr. 1 GWB befreit Sektorenauftraggeber, die keine öffentlichen (Sektoren-)Auftraggeber i. S. v. § 100 Abs. 1 Nr. 1 GWB sind, von der Pflicht zur Anwendung des GWB-Vergaberechts, wenn sie außerhalb des Sektorenbereichs öffentliche Aufträge vergeben oder Wettbewerbe ausrichten. Die Anwendbarkeit des 4. Teils des GWB soll also insgesamt für Sektorenauftraggeber nach § 100 Abs. 1 Nr. 2 GWB auf den Bereich der Sektorentätigkeiten begrenzt werden.[37] Dass Sektorenauftraggeber nicht zur Beachtung des Sektorenvergaberechts der §§ 136 ff. GWB (i. V. m. SektVO) verpflichtet sind, wenn sie öffentliche Aufträge nicht zum Zwecke der Ausübung einer Sektorentätigkeit vergeben (entsprechend die Ausrichtung von Wettbewerben), ergibt sich zwar bereits aus § 136 GWB. § 137 Abs. 2 Nr. 1 GWB stellt jedoch klar, dass für die privatrechtlich organisierten Sektorenauftraggeber i. S. v. § 100 Abs. 1 Nr. 2 GWB in diesen Fällen auch nicht das (allgemeine) Vergaberecht des 4. Teils des GWB zur Anwendung kommt. Öffentliche Sektorenauftraggeber nach § 100 Abs. 1 Nr. 1 GWB sind von der Ausnahme hingegen nicht erfasst. Für sie hat der EuGH festgestellt, dass diese auch bei der Vergabe

34 Anders als unter Geltung des § 100b Abs. 3 GWB a. F., vgl. *Röbke*, in: Müller-Wrede, GWB Vergaberecht, § 137 Rn. 46.

35 *Röbke*, in: Müller-Wrede, GWB Vergaberecht, § 137 Rn. 46.

36 Vgl. Entwurf BReg, BT-Drs. 18/6281, S. 123; BT-Drs. 17/7275, S. 16.

37 *Röwekamp*, in: Kulartz/Kus/Portz/Prieß, GWB-Vergaberecht, § 137 Rn. 9.

öffentlicher Aufträge zu anderen Zwecken als zur Ausübung einer Sektorentätigkeit das (allgemeine) Vergaberecht (des 4. Teils des GWB) zu beachten haben.[38]

30 Diese Privilegierung der privatrechtlich organisierten Sektorenauftraggeber i. S. v. § 100 Abs. 1 Nr. 2 GWB resultiert daraus, dass nur solche Auftragsvergaben dem Vergaberecht des GWB unterfallen sollen, die einen inneren Zusammenhang mit der Sektorentätigkeit aufweisen, indem sie diese erst ermöglichen, erleichtern oder fördern.[39] Besteht ein Zusammenhang der Auftragsvergabe sowohl mit der Sektorentätigkeit als auch zu anderen sektorenfremden Bereichen, sind die Regeln über die Vergabe gemischter öffentlicher Aufträge gem. § 112 GWB anzuwenden.[40]

XI. Sektorenaufträge außerhalb der EU (Abs. 2 Nr. 2)

31 § 137 Abs. 2 Nr. 2 GWB übernimmt die Ausnahme des bisherigen § 100b Abs. 4 Nr. 2 GWB a. F., der seinerseits § 100 Abs. 2 lit. q) GWB a. F. entsprach. Die entsprechende Richtlinienregelung findet sich in Art. 19 Abs. 1 EU-Sektorenrichtlinie 2014/25/EU.[41] Der Ausnahmetatbestand erfasst Vergaben von Sektorenaufträgen außerhalb der EU. Die Ausnahme gilt für alle Sektorenauftraggeber unabhängig davon, ob sie zugleich auch noch öffentlicher Auftraggeber i. S. d. § 99 Nr. 1–3 GWB sind. Eine Gegenausnahme – also die Geltung der §§ 97 ff. GWB – besteht für den Fall, dass sich der Auftrag zwar auf die Durchführung einer Sektorentätigkeit außerhalb der EU bezieht, aber dennoch rein tatsächlich mit der Nutzung eines Netzes oder einer Anlage innerhalb der EU (maßgeblich ist der Standort des Netzes bzw. der Anlage) einhergeht. Ggf. ist § 137 Abs. 2 Nr. 2 GWB unionskonform auszulegen mit Blick auf den Umstand, dass Art. 19 Abs. 1 Alt. 2 SKR nicht von der Nutzung einer Anlage spricht, sondern von der Nutzung eines geografischen Gebietes.

32 Gemäß Art. 19 Abs. 2 EU-Sektorenrichtlinie kann die EU-Kommission von den Auftraggebern Auskunft über alle Tätigkeiten verlangen, die nach Auffassung der Sektorenauftraggeber unter diese Ausnahmeregelung fallen (Satz 1); die EU-Kommission kann zudem Listen der Tätigkeitskategorien, die ihres Erachtens unter die Ausnahmeregelung fallen, in regelmäßigen Abständen im Amtsblatt der Europäischen Union zur Information veröffentlichen, wobei sie die Vertraulichkeit der sensiblen geschäftlichen Angaben wahrt, soweit die Auftraggeber dies bei der Übermittlung der Informationen geltend machen (Sätze 2 und 3).

---

38 Vgl. EuGH, Urt. v. 10.4.2008, Rs. C-393/06, Rn. 58.

39 *Röwekamp*, in: Kulartz/Kus/Portz/Prieß, GWB-Vergaberecht, § 137 Rn. 10.

40 Vgl. *Röwekamp*, in: Kulartz/Kus/Portz/Prieß, GWB-Vergaberecht, § 137 Rn. 11; *Röbke*, in: Müller-Wrede, GWB Vergaberecht, § 137 Rn. 56.

41 Vgl. Entwurf BReg, BT-Drs. 18/6281, S. 123; BT-Drs. 17/7275, S. 16.

§ 138 Besondere Ausnahmen für die Vergabe an verbundene Unternehmen

(1) Dieser Teil ist nicht anzuwenden auf die Vergabe von öffentlichen Aufträgen,

1. die ein Sektorenauftraggeber an ein verbundenes Unternehmen vergibt oder
2. die ein Gemeinschaftsunternehmen, das ausschließlich mehrere Sektorenauftraggeber zur Durchführung einer Sektorentätigkeit gebildet haben, an ein Unternehmen vergibt, das mit einem dieser Sektorenauftraggeber verbunden ist.

(2) Ein verbundenes Unternehmen im Sinne des Absatzes 1 ist

1. ein Unternehmen, dessen Jahresabschluss mit dem Jahresabschluss des Auftraggebers in einem Konzernabschluss eines Mutterunternehmens entsprechend § 271 Absatz 2 des Handelsgesetzbuchs nach den Vorschriften über die Vollkonsolidierung einzubeziehen ist, oder
2. ein Unternehmen, das
   a) mittelbar oder unmittelbar einem beherrschenden Einfluss nach § 100 Absatz 3 des Sektorenauftraggebers unterliegen kann,
   b) einen beherrschenden Einfluss nach § 100 Absatz 3 auf den Sektorenauftraggeber ausüben kann oder
   c) gemeinsam mit dem Auftraggeber aufgrund der Eigentumsverhältnisse, der finanziellen Beteiligung oder der für das Unternehmen geltenden Bestimmungen dem beherrschenden Einfluss nach § 100 Absatz 3 eines anderen Unternehmens unterliegt.

(3) Absatz 1 gilt für Liefer-, Bau- oder Dienstleistungsaufträge, sofern unter Berücksichtigung aller Liefer-, Bau- oder Dienstleistungen, die von dem verbundenen Unternehmen während der letzten drei Jahre in der Europäischen Union erbracht wurden, mindestens 80 Prozent des im jeweiligen Leistungssektor insgesamt erzielten durchschnittlichen Umsatzes dieses Unternehmens aus der Erbringung von Liefer-, Bau- oder Dienstleistungen für den Sektorenauftraggeber oder andere mit ihm verbundene Unternehmen stammen.

(4) Werden gleiche oder gleichartige Liefer-, Bau- oder Dienstleistungen von mehr als einem mit dem Sektorenauftraggeber verbundenen und mit ihm wirtschaftlich zusammengeschlossenen Unternehmen erbracht, so werden die Prozentsätze nach Absatz 3 unter Berücksichtigung des Gesamtumsatzes errechnet, den diese verbundenen Unternehmen mit der Erbringung der jeweiligen Liefer-, Dienst- oder Bauleistung erzielen.

(5) Liegen für die letzten drei Jahre keine Umsatzzahlen vor, genügt es, wenn das Unternehmen etwa durch Prognosen über die Tätigkeitsentwicklung glaubhaft macht, dass die Erreichung des nach Absatz 3 geforderten Umsatzziels wahrscheinlich ist.

Schrifttum: *Kulartz/Kus/Portz/Prieß*, GWB-Vergaberecht, 4. Aufl. 2016; *Müller-Wrede*, GWB Vergaberecht, Kommentar, 2016.

Übersicht

I. Überblick

1 **§ 138 GWB** (Abs. 1) nimmt Auftragsvergaben von Sektorenauftraggebern an **konzernverbundene Unternehmen** vom Vergaberecht des 4. Teils des GWB aus. Diese Regelung des sog. Konzernprivilegs entspricht der bisherigen Regelung des § 100b Abs. 6 und 7 GWB a. F., welcher wiederum bis dahin in § 100 Abs. 2 lit. o) GWB a. F. geregelt war.[1] Die Vorschrift dient der Umsetzung von **Art. 29** EU-Sektorenrichtlinie 2014/25/EU.

2 Der Ausnahmetatbestand des § 138 GWB betrifft in beiden Varianten (Abs. 1 Nr. 1 und Nr. 2) die **Auftragsvergabe an verbundene Unternehmen**, das eine Mal durch einen Sektorenauftraggeber, das andere Mal durch ein gemeinsames Unternehmen. Ähnlich wie die Vergaberechtsfreiheit der öffentlich-öffentlichen Zusammenarbeit gem. § 108 GWB in Form des In-House-Geschäfts (§ 108 Abs. 1 bis Abs. 5 GWB) ist dieser Ausnahmetatbestand dadurch begründet, dass das verbundene Unternehmen seine Tätigkeit im Wesentlichen für den Sektorenauftraggeber ausübt und seine Leistungen nur in untergeordnetem Umfang auf dem Markt anbietet.[2] § 138 GWB ist neben § 108 GWB anwendbar.[3] Insoweit bestimmt § 108 Abs. 8 GWB nun ausdrücklich, dass die Bestimmungen des § 108 Abs. 1 bis Abs. 7 GWB entsprechend auch für Sektorenauftraggeber i. S. v. § 100 Abs. 1 Nr. 1 GWB gelten. Private Sektorenauftraggeber i. S. v. § 100 Abs. 1 Nr. 2 GWB werden hiervon indes nicht erfasst.

3 Im Vergleich zur Vorgängerregelung des § 100b Abs. 6 und 7 GWB a. F. neu ist die in § 138 Abs. 2 GWB aufgenommene (Legal-)**Definition** des verbundenen Unternehmens, die sich nach alter Rechtslage ausschließlich aus dem Unionsrecht ergab (vgl. vormals Art. 23 Abs. 1 RL 2004/17/EG).

II. Ausnahmetatbestand (Abs. 1)

4 Gemäß § 138 Abs. 1 GWB ist der **4. Teil des GWB nicht anzuwenden** auf die Vergabe von öffentlichen Aufträgen, die entweder ein Sektorenauftraggeber an ein verbundenes Unternehmen vergibt (vgl. § 138 Abs. 1 Nr. 1 GWB) oder die ein Gemeinschaftsunternehmen, das ausschließlich mehrere Sektorenauftraggeber zur Durchführung einer Sektorentätigkeit gebildet haben, an ein Unternehmen vergibt, das mit einem dieser Sektorenauftraggeber verbunden ist (vgl. § 138 Abs. 1 Nr. 2 GWB). Das verbundene Unternehmen braucht kein Sektorenauftraggeber zu sein.[4]

1 Vgl. Entwurf BReg, BT-Drs. 18/6281, S. 124 ff.; BT-Drs. 17/7275, S. 16.
2 Vgl. *Röwekamp*, in: Kulartz/Kus/Portz/Prieß, GWB-Vergaberecht, § 138 Rn. 2; vgl. auch Erwägungsgrund 39 der RL 2014/25/EU.
3 Vgl. Entwurf BReg, BT-Drs. 18/6281, S. 124.
4 Vgl. *Röbke*, in: Müller-Wrede, GWB Vergaberecht, § 138 Rn. 13.

In der ersten **Variante** (vgl. § 138 Abs. 1 Nr. 1 GWB) erteilt ein **Sektorenauftraggeber** i. S. v. § 100 GWB einen Auftrag an ein mit ihm verbundenes Unternehmen. 5

In der zweiten **Variante** (vgl. § 138 Abs. 1 Nr. 2 GWB) wird der Auftrag an das mit einem der Sektorenauftraggeber i. S. v. § 100 GWB verbundene Unternehmen von einem sog. **Gemeinschaftsunternehmen** (= Auftraggeber) erteilt, das ausschließlich zwei oder mehr Sektorenauftraggeber zur Durchführung von Sektorentätigkeit(en) gebildet haben. An der Bildung dieses gemeinsamen Unternehmens dürfen nur Sektorenauftraggeber beteiligt sein. Bildung meint eine gesellschaftsrechtliche Beteiligung der Sektorenauftraggeber. Unternehmensgegenstand des gemeinsamen Unternehmens dürfen nur Sektorentätigkeiten sein; andere als Sektorentätigkeiten dürfen von dem Gemeinschaftsunternehmen nicht ausgeübt werden. Der Ausnahmetatbestand ist auch dann einschlägig, wenn das Gemeinschaftsunternehmen andere Sektorentätigkeiten als die von den Sektorenauftraggebern ausgeübten Sektorentätigkeiten ausübt (vgl. Wortlaut: „eine Sektorentätigkeit“). 6

III. Definition des verbundenen Unternehmens (Abs. 2)

Was ein **verbundenes Unternehmen** ist, wird nun **erstmalig** im GWB selbst, nämlich in § 138 Abs. 2 GWB definiert. Während § 138 Abs. 2 Nr. 1 GWB den Begriff des verbundenen Unternehmens anhand der EU-Bilanzrichtlinie 2013/34/EU definiert, betrifft § 138 Abs. 2 Nr. 2 GWB als Auffangtatbestand solche Situationen, in denen zwar kein verbundenes Unternehmen im Sinne der EU-Bilanzrichtlinie vorliegt, für das Sektorenvergaberecht aber dennoch von einem verbundenen Unternehmen ausgegangen wird.[5] Dabei wird jeweils auf den beherrschenden Einfluss abgestellt, dem das verbundene Unternehmen entweder unterliegt oder welchen es selbst ausüben kann. Die Definition des Begriffs beherrschender Einfluss entspricht der des § 100 Abs. 3 GWB.[6] 7

Verbundenes Unternehmen ist danach entweder jedes Unternehmen, dessen Jahresabschluss mit dem Jahresabschluss des Auftraggebers in einem Konzernabschluss eines Mutterunternehmens entsprechend § 271 Abs. 2 des Handelsgesetzbuchs nach den Vorschriften über die Vollkonsolidierung einzubeziehen ist (vgl. § 138 Abs. 2 Nr. 1 GWB), oder ein Unternehmen, das mittelbar oder unmittelbar einem beherrschenden Einfluss nach § 100 Abs. 3 GWB des Sektorenauftraggebers unterliegen kann oder einen beherrschenden Einfluss nach § 100 Abs. 3 GWB auf den Sektorenauftraggeber ausüben kann oder gemeinsam mit dem Auftraggeber aufgrund der Eigentumsverhältnisse, der finanziellen Beteiligung oder der für das Unternehmen geltenden Bestimmungen dem beherrschenden Einfluss nach § 100 Abs. 3 GWB eines anderen Unternehmens unterliegt (vgl. § 138 Abs. 2 Nr. 2 GWB).[7] 8

IV. Umsatzschwellen (Abs. 3 bis Abs. 5)

Für beide Varianten des § 138 Abs. 1 GWB gilt gem. **§ 138 Abs. 3 GWB** die weitere Voraussetzung, dass unter Berücksichtigung aller Liefer-, Bau- oder Dienstleistungen, die 9

5 Vgl. Entwurf BReg, BT-Drs. 18/6281, S. 124.
6 Vgl. Entwurf BReg, BT-Drs. 18/6281, S. 124.
7 Vgl. dazu Art. 29 Abs. 1 und Abs. 2 sowie Erwägungsgrund 41 der EU-Sektorenrichtlinie 2014/25/EU; weiterführend *Röbke*, in: Müller-Wrede, GWB Vergaberecht, § 138 Rn. 19 ff., 23 ff.

von dem verbundenen Unternehmen während der letzten drei Jahre in der Europäischen Union erbracht wurden, mindestens **80%** des im jeweiligen Leistungssektor insgesamt erzielten durchschnittlichen Umsatzes dieses Unternehmens aus der Erbringung von Liefer-, Bau- oder Dienstleistungen **für den Sektorenauftraggeber oder andere mit ihm verbundene Unternehmen** stammen. Bislang war in diesem Zusammenhang unklar, ob sich die Vorgaben des geforderten Mindestumsatzes, den das verbundene Unternehmen für den Auftraggeber erbringen muss, nur auf die jeweilige Tätigkeit selbst (z.B. in der Sparte Energie) oder den Gesamtumsatz des Unternehmens beziehen. Die neue Formulierung stellt nun durch Einfügen des Wortes „insgesamt" klar, dass in diesem Fall der Gesamtumsatz des Unternehmens im jeweiligen Leistungssektor (Liefer-, Bau- oder Dienstleistungen) maßgeblich ist. Eine getrennte Berechnung der 80%-Vorgabe etwa nach unterschiedlichen Tätigkeiten oder Sparten ist somit nicht mehr möglich.[8] Die weitere Vorgabe, dass es nur auf den innerhalb der EU erzielten Umsatz ankommt – und somit ein etwa außerhalb der EU erzielter Umsatz irrelevant und ggf. (wenn außerhalb der EU Umsatz mit Dritten erwirtschaftet wird) unschädlich ist –, ist zwar nicht in Art. 29 Abs. 4 der EU-Sektorenrichtlinie 2014/25/EU vorgesehen, aber wohl dennoch unionskonform, weil ein außerhalb der EU erzielter Umsatz wohl keine Binnenmarktrelevanz hat und somit jenseits der Regelungsintention der SKR liegt.

10 Werden die gleichen oder gleichartigen Lieferungen oder Bau- oder Dienstleistungen von mehr als einem mit dem Sektorenauftraggeber verbundenen und mit ihm wirtschaftlich zusammengeschlossenen Unternehmen erbracht, so wird gem. **§ 138 Abs. 4 GWB** der Umsatzanteil von 80% (§ 138 Abs. 3 GWB) unter Berücksichtigung des **Gesamtumsatzes** errechnet, den diese verbundenen Unternehmen mit der Erbringung der jeweiligen Lieferung oder Leistung erzielen. Es kommt dann also nicht mehr auf den Umsatz des einzelnen verbundenen Unternehmens an, das den Auftrag erhält, sondern auf den **Umsatz aller verbundenen Unternehmen**, die die gleichen/gleichartigen Leistungen gegenüber dem betreffenden Sektorenauftraggeber erbringen – sodass ggf. die Auftragsvergabe an das verbundene Unternehmen gem. § 138 Abs. 1 GWB vergaberechtsfrei erfolgen kann, obwohl das betreffende verbundene Unternehmen allein nicht mindestens 80% seines Umsatzes mit dem mit ihm verbundenen Sektorenauftraggeber erwirtschaftet.[9]

11 Wenn für die **letzten drei Jahre keine Umsatzzahlen** vorliegen, etwa, weil das verbundene Unternehmen noch keine drei Jahre besteht, ist der Ausnahmetatbestand des § 138 Abs. 1, Abs. 3 GWB gem. **§ 138 Abs. 5 GWB** auch dann erfüllt, wenn das Unternehmen etwa durch Prognosen über Tätigkeitsentwicklungen glaubhaft macht, dass die Erreichung des 80%-Umsatzziels nach § 138 Abs. 3 GWB wahrscheinlich ist.

12 Gemäß Art. 31 der Richtlinie 2014/25/EU kann die EU-Kommission von den Sektorenauftraggebern als **Auskunft** verlangen, die Namen der betreffenden Unternehmen oder gemeinsamen Unternehmen, die Art und den Wert der jeweiligen Aufträge und die Angaben mitzuteilen, die nach Auffassung der EU-Kommission erforderlich sind, um zu belegen, dass die Beziehungen zwischen dem Auftraggeber und dem Unternehmen oder gemeinsamen Unternehmen, an das die Aufträge vergeben werden, den Anforderungen des Art. 29 der Richtlinie 2014/25/EU genügen.

---

8 Entwurf BReg, BT-Drs. 18/6281, S. 124.
9 Vgl. *Röbke*, in: Müller-Wrede, GWB Vergaberecht, § 138 Rn. 32 f.

§ 139 Besondere Ausnahme für die Vergabe durch oder an ein Gemeinschaftsunternehmen

(1) Dieser Teil ist nicht anzuwenden auf die Vergabe von öffentlichen Aufträgen,

1. die ein Gemeinschaftsunternehmen, das mehrere Sektorenauftraggeber ausschließlich zur Durchführung von Sektorentätigkeiten gebildet haben, an einen dieser Auftraggeber vergibt oder

2. die ein Sektorenauftraggeber, der einem Gemeinschaftsunternehmen im Sinne der Nummer 1 angehört, an dieses Gemeinschaftsunternehmen vergibt.

(2) Voraussetzung ist, dass

1. das Gemeinschaftsunternehmen im Sinne des Absatzes 1 Nummer 1 gebildet wurde, um die betreffende Sektorentätigkeit während eines Zeitraums von mindestens drei Jahren durchzuführen, und

2. in dem Gründungsakt des Gemeinschaftsunternehmens festgelegt wird, dass die das Gemeinschaftsunternehmen bildenden Sektorenauftraggeber dem Gemeinschaftsunternehmen mindestens während desselben Zeitraums angehören werden.

Schrifttum: *Kulartz/Kus/Portz/Prieß*, GWB-Vergaberecht, 4. Aufl. 2016; *Müller-Wrede*, GWB Vergaberecht, Kommentar, 2016.

§ 139 GWB nimmt **Aufträge zum Zwecke einer Sektorentätigkeit zwischen Gemeinschaftsunternehmen und an ihm beteiligten Sektorenauftraggebern** vom Vergaberecht des 4. Teils des GWB aus. Die Vorschrift entspricht dem bisherigen § 100b Abs. 8 und 9 GWB a.F., welcher wiederum dem alten § 100 Abs. 2 lit. p) GWB a.F. entspricht.[1] § 139 GWB setzt Art. 30 der Richtlinie 2014/25/EU um. 1

Nach **§ 139 Abs. 1 GWB** finden die Vorschriften des Teils 4 des GWB keine Anwendung auf Auftragsvergaben durch ein Gemeinschaftsunternehmen an einen Sektorenauftraggeber, durch den dieses Gemeinschaftsunternehmen (mit-)gebildet[2] wurde. Dasselbe gilt für Aufträge, die ein (mit-)errichtender Auftraggeber an ein Gemeinschaftsunternehmen vergibt. § 139 GWB ist – wie auch die Ausnahme für Vergaben an verbundene Unternehmen nach § 138 GWB – neben den allgemeinen Ausnahmen nach § 108 GWB, die jedoch nur für öffentliche Sektorenauftraggeber i.S.v. § 100 Abs. 1 Nr. 1 GWB gelten (vgl. § 108 Abs. 8 GWB), anwendbar.[3] Unternehmensgegenstand des Gemeinschaftsunternehmens dürfen dem klaren Wortlaut nach (vgl. „ausschließlich zur Durchführung von Sektorentätigkeiten“) nur Sektorentätigkeiten sein; andere als Sektorentätigkeiten dürfen von dem Gemeinschaftsunternehmen nicht ausgeübt werden.[4] 2

Weitere Voraussetzung für beide Varianten des Ausnahmetatbestands ist gem. **§ 139 Abs. 2 GWB**, dass das Gemeinschaftsunternehmen gebildet wurde, um die betreffende 3

1 Vgl. Entwurf BReg, BT-Drs. 18/6281, S. 124; BT-Drs. 17/7275, S. 16f.
2 Zur Bildung eines Gemeinschaftsunternehmens vgl. § 138; vgl. zudem *Röbke*, in: Müller-Wrede, GWB Vergaberecht, § 139 Rn. 9f.
3 Entwurf BReg, BT-Drs. 18/6281, S. 124
4 A.A. *Röbke*, in: Müller-Wrede, GWB Vergaberecht, § 139 Rn. 9f.

Sektorentätigkeit während eines Zeitraumes von mindestens drei Jahren durchzuführen, und im Gründungsakt festgelegt wird, dass die dieses Unternehmen bildenden Sektorenauftraggeber dem Unternehmen zumindest während des gleichen Zeitraumes angehören werden. Damit soll verhindert werden, dass die Bildung des Gemeinschaftsunternehmens ausschließlich zum Zwecke einer singulären, wettbewerbsverzerrenden Vergabe erfolgt.[5]

4 Gemäß Art. 31 der Richtlinie 2014/25/EU kann die EU-Kommission von den Sektorenauftraggebern als **Auskunft** verlangen, die Namen der betreffenden Unternehmen oder gemeinsamen Unternehmen, die Art und den Wert der jeweiligen Aufträge und die Angaben mitzuteilen, die nach Auffassung der EU-Kommission erforderlich sind, um zu belegen, dass die Beziehungen zwischen dem Auftraggeber und dem Unternehmen oder gemeinsamen Unternehmen, an das die Aufträge vergeben werden, den Anforderungen des Art. 30 der Richtlinie 2014/25/EU genügen.

5 Vgl. *Röwekamp*, in: Kulartz/Kus/Portz/Prieß, GWB-Vergaberecht, § 139 Rn. 4.

§ 140 Besondere Ausnahme für unmittelbar dem Wettbewerb ausgesetzte Tätigkeiten

(1) Dieser Teil ist nicht anzuwenden auf öffentliche Aufträge, die zum Zweck der Ausübung einer Sektorentätigkeit vergeben werden, wenn die Sektorentätigkeit unmittelbar dem Wettbewerb auf Märkten ausgesetzt ist, die keiner Zugangsbeschränkung unterliegen. Dasselbe gilt für Wettbewerbe, die im Zusammenhang mit der Sektorentätigkeit ausgerichtet werden.

(2) Für Gutachten und Stellungnahmen, die aufgrund der nach § 113 Satz 2 Nummer 8 erlassenen Rechtsverordnung vorgenommen werden, erhebt das Bundeskartellamt Kosten (Gebühren und Auslagen) zur Deckung des Verwaltungsaufwands. § 80 Absatz 1 Satz 3 und Absatz 2 Satz 1, Satz 2 Nummer 1, Satz 3 und 4, Absatz 5 Satz 1 sowie Absatz 6 Satz 1 Nummer 2, Satz 2 und 3 gilt entsprechend. Hinsichtlich der Möglichkeit zur Beschwerde über die Kostenentscheidung gilt § 63 Absatz 1 und 4 entsprechend.

Schrifttum: *Müller-Wrede*, GWB Vergaberecht, Kommentar, 2016.

Übersicht

I. Überblick

Die Vorschrift setzt Art. 34 Abs. 1 der Richtlinie 2014/25/EU in deutsches Vergaberecht um. Die Norm enthält in Abs. 1 den Ausnahmetatbestand. In Abs. 2 enthält § 140 GWB eine Detailregelung zur Kostenerhebung im Feststellungsverfahren. Die Vorgängervorschrift des Abs. 1 war § 100b Abs. 4 Nr. 4 GWB a. F., die Vorgängervorschrift des Abs. 2 war § 127a Abs. 1 GWB a. F. § 140 GWB wird ergänzt durch § 3 SektVO, der i. V. m. den Art. 34 und 35 der Richtlinie 2014/25/EU das Feststellungsverfahren regelt. 1

Die Vorschrift **bezweckt** mit ihrem Abs. 1 eine Reaktionsmöglichkeit auf eine festgestellte Entwicklung von fortgeschrittenem Wettbewerb in einem bestimmten Bereich einer Sekto- 2 rentätigkeit. Denn die Sektorenauftraggeber i. S. d. § 100 GWB sind deswegen mit Blick auf die sektorentätigkeitsbezogenen Auftragsvergaben in den Anwendungsbereich des GWB-Vergaberechts einbezogen, weil im Bereich der Sektorentätigkeiten grundsätzlich ein fehlender oder zumindest unterentwickelter Wettbewerb vermutet wird und das Vergaberecht funktional den Wettbewerbsmangel ausgleichen soll. Soweit also in den Bereichen der Sektorentätigkeiten ein fortgeschrittener Wettbewerb besteht, entfällt die sachliche Rechtfertigung für die Geltung des Sektorenvergaberechts. Die in Abs. 1 geregelte Ausnahme soll es daher ermöglichen, die Auswirkungen einer aktuellen oder künftigen Liberalisierung in einem der Sektoren oder Teilen davon zu berücksichtigen (vgl. Erwägungsgrund 43 der Richtlinie 2014/25/EU).

II. Ausnahmevoraussetzungen (Abs. 1)

3 Öffentliche Aufträge und Wettbewerbe, die zum Zweck der Ausübung einer Sektorentätigkeit vergeben bzw. durchgeführt werden, sind nach dem in Abs. 1 normierten Ausnahmetatbestand von der Anwendung des Sektorenvergaberechts ausgenommen, wenn die betreffende Sektorentätigkeit, auf die der öffentliche Auftrag bzw. Wettbewerb bezogen sind,

- unmittelbar dem Wettbewerb auf Märkten ausgesetzt ist (vgl. dazu nachstehend Rn. 27) und
- diese wettbewerblichen Märkte keiner Zugangsbeschränkung unterliegen (vgl. dazu nachstehend Rn. 29 f.).

4 Ob und inwieweit im jeweiligen Einzelfall diese beiden kumulativen Tatbestandsvoraussetzungen vorliegen oder nicht, beurteilt die EU-Kommission in dem gem. § 3 SektVO i.V.m. Art. 35 der Richtlinie 2014/25/EU geregelten Feststellungsverfahren (vgl. dazu nachstehend Rn. 5 ff.) nach Maßgabe der in Art. 34 der Richtlinie 2014/25/EU genannten Kriterien (vgl. dazu nachstehend Rn. 25 ff.).

III. Feststellungsverfahren (§ 3 SektVO)

5 Das Feststellungsverfahren, an dessen Ende bei einem erfolgreichen Antrag die Feststellung steht, dass, inwieweit und weswegen die Vorschriften des Teils 4 des GWB sowie der SektVO auf die Auftragsvergabe oder Ausrichtung von Wettbewerben für die Ausübung der betreffenden Sektorentätigkeit keine Anwendung finden, ist in § 3 SektVO geregelt.

1. Antragstellung

6 Sektorenauftraggeber i. S. d. § 100 Abs. 1 GWB können gem. § 3 Abs. 1 Satz 1 SektVO bei der **Europäischen Kommission beantragen** festzustellen, dass die Vorschriften des Teils 4 des GWB (§§ 97 ff. GWB) sowie der SektVO auf die Auftragsvergabe oder Ausrichtung von Wettbewerben für die Ausübung von Sektorentätigkeiten keine Anwendung finden. Eine **Kopie des Antrags** ist gem. § 3 Abs. 1 Satz 4 SektVO dem Bundesministerium für Wirtschaft und Energie zu übermitteln.

Der Antrag kann gem. § 3 Abs. 2 Satz 3 SektVO auch von einem **Verband** der Sektorenauftraggeber gestellt werden.[1] In diesem Fall gelten gem. § 3 Abs. 2 Satz 4 SektVO für den Verband dieselben Regelungen, wie sie auch für Sektorenauftraggeber gelten. 7

Der Antrag kann gem. § 3 Abs. 5 Satz 1 SektVO auch vom **Bundesministerium für Wirtschaft und Energie** gestellt werden. 8

Schließlich ist ein Antrag entbehrlich, wenn die EU-Kommission auf eigene Veranlassung, sprich: amtswegig, für eine der Sektorentätigkeiten in Deutschland ein Feststellungsverfahren einleitet. 9

2. Antragsunterlagen

Dem Antrag nach § 3 Abs. 1 Satz 1 SektVO ist gem. § 3 Abs. 1 Satz 2 SektVO eine **Stellungnahme des Bundeskartellamtes** beizufügen, die zuvor beim Bundeskartellamt zu beantragen ist (vgl. dazu auch nachstehend Rn. 13 ff.). Die Beteiligung des Bundeskartellamts erfolgt, um in der Regel vorhandenes spezialisiertes Fachwissen, Informationen und Kenntnisse des Bundeskartellamts in die Entscheidungsfindung der EU-Kommission einzubinden, weil diese Informationen bei der Bewertung, ob eine Tätigkeit oder Teile davon unmittelbar dem Wettbewerb auf Märkten mit unbeschränktem Zugang ausgesetzt sind, sachdienlich sind (vgl. Erwägungsgrund 48 der Richtlinie 2014/25/EU). 10

Dem Feststellungsantrag an die EU-Kommission sind darüber hinaus gem. § 3 Abs. 1 Satz 3 SektVO alle **sachdienlichen Informationen** beizufügen, insbesondere Gesetze, Verordnungen, Verwaltungsvorschriften oder Vereinbarungen, die darlegen, dass die betreffende Tätigkeit unmittelbar dem Wettbewerb auf Märkten ausgesetzt ist, die keiner Zugangsbeschränkung unterliegen. 11

In dem Fall, dass das **Bundesministerium für Wirtschaft und Energie** den Feststellungsantrag stellt (vgl. dazu vorstehend Rn. 8), teilt gem. § 3 Abs. 5 Satz 2 SektVO das Ministerium der Europäischen Kommission die sachdienlichen Informationen nach § 3 Abs. 1 Satz 3 SektVO mit. 12

3. Stellungnahmeverfahren beim Bundeskartellamt

Den **Antrag** auf Stellungnahme des Bundeskartellamts stellt grundsätzlich der Sektorenauftraggeber, der den Feststellungsantrag bei der EU-Kommission stellt. In dem Fall, dass das Bundesministerium für Wirtschaft und Energie den Feststellungsantrag stellt (vgl. dazu vorstehend Rn. 8), holt gem. § 3 Abs. 5 Satz 3 SektVO das Ministerium zur wettbewerblichen Beurteilung eine Stellungnahme des Bundeskartellamtes ein, die ebenfalls der EU-Kommission übermittelt wird. Das Ministerium holt zudem auch dann die Stellungnahme des Bundeskartellamtes ein und übermittelt diese der EU-Kommission, wenn die EU-Kommission amtswegig ein Feststellungsverfahren einleitet (vgl. dazu vorstehend Rn. 9). 13

---

1 So hat bspw. der Bundesverband der Energie- und Wasserwirtschaft e. V. (BDEW) in den Jahren 2011 und 2016 die Anträge gestellt, die später zu den Entscheidungen 2012/218/EU und (EU) 2016/1674 der EU-Kommission in den Jahren 2012 und 2016 (vgl. dazu nachstehend Rn. 38) führten.

14 Der Antrag auf Stellungnahme des Bundeskartellamts muss gem. § 3 Abs. 2 Satz 1 SektVO die in § 39 Abs. 3 Satz 2 Nr. 1 bis Nr. 4 GWB bezeichneten **Angaben** enthalten. Das sind:

- die Firma oder sonstige Bezeichnung und der Ort der Niederlassung oder der Sitz (§ 39 Abs. 3 Satz 2 Nr. 1 GWB);
- die Art des Geschäftsbetriebes (§ 39 Abs. 3 Satz 2 Nr. 2 GWB);
- die Umsatzerlöse im Inland, in der Europäischen Union und weltweit (§ 39 Abs. 3 Satz 2 Nr. 3 GWB);
- die Marktanteile einschließlich der Grundlagen für ihre Berechnung oder Schätzung, wenn diese im Geltungsbereich dieses GWB oder in einem wesentlichen Teil desselben für die beteiligten Unternehmen zusammen mindestens 20 % erreichen (§ 39 Abs. 3 Satz 2 Nr. 4 GWB).

15 Gem. § 3 Abs. 2 Satz 2 SektVO gilt § 39 Abs. 3 Satz 4 und Satz 5 GWB entsprechend. Nach § 39 Abs. 3 Satz 4 GWB (entsprechend) sind, wenn ein beteiligtes Unternehmen ein verbundenes Unternehmen ist, die Angaben nach § 39 Abs. 3 Satz 2 Nr. 1 und Nr. 2 GWB auch über die verbundenen Unternehmen und die Angaben nach § 39 Abs. 3 Satz 2 Nr. 3 und Nr. 4 GWB über jedes beteiligte Unternehmen und die mit ihm verbundenen Unternehmen insgesamt zu machen sowie die Konzernbeziehungen, Abhängigkeits- und Beteiligungsverhältnisse zwischen den verbundenen Unternehmen mitzuteilen. Nach § 39 Abs. 3 Satz 5 GWB (entsprechend) dürfen in dem Antrag und den Antragsunterlagen keine unrichtigen oder unvollständigen Angaben gemacht oder benutzt werden.

16 Das Bundeskartellamt **soll** die Stellungnahme gem. § 3 Abs. 3 Satz 1 SektVO innerhalb von **vier Monaten nach Antragseingang** abgeben.

17 Für die Erarbeitung der beantragten Stellungnahme hat das Bundeskartellamt gem. § 3 Abs. 3 Satz 2 SektVO die **Ermittlungsbefugnisse** nach den §§ 57 bis 59 GWB. In § 57 GWB sind die Ermittlungen und die Beweiserhebung durch das Bundeskartellamt geregelt, in § 58 GWB die Beschlagnahme und in § 59 GWB das Auskunftsverlangen des Bundeskartellamts.

18 Das Bundeskartellamt holt gem. § 3 Abs. 3 Satz 3 SektVO eine **Stellungnahme der Bundesnetzagentur** ein.

19 Gem. § 3 Abs. 3 Satz 4 SektVO gilt § 50c Abs. 1 GWB über die **Behördenzusammenarbeit** entsprechend. Nach dieser Vorschrift können die Kartellbehörden, die Regulierungsbehörden sowie die zuständigen Behörden im Sinne des § 2 des EG-Verbraucherschutzdurchsetzungsgesetzes unabhängig von der jeweils gewählten Verfahrensart untereinander Informationen einschließlich personenbezogener Daten und Betriebs- und Geschäftsgeheimnisse austauschen, soweit dies zur Erfüllung ihrer jeweiligen Aufgaben erforderlich ist, sowie diese in ihren Verfahren verwerten. Beweisverwertungsverbote bleiben unberührt.

20 Die Stellungnahme des Bundeskartellamtes besitzt gem. § 3 Abs. 4 SektVO **keine Bindungswirkung** für seine Entscheidungen nach den Teilen 1 bis 3 des GWB.

4. Ablauf des Feststellungsverfahrens

Die Einzelheiten des Feststellungsverfahrens bei der EU-Kommission sind in deren **Entscheidung vom 7.1.2005** geregelt,[2] die weiterhin, also auch unter Geltung der Richtlinie 2014/25/EU angewendet werden kann. 21

Ist einem von einem Sektorenauftraggeber gestellten Feststellungsantrag **keine mit Gründen und Belegen versehene Stellungnahme des Bundeskartellamts** beigefügt, in der die Bedingungen für die mögliche Feststellung gründlich geprüft werden, unterrichtet die EU-Kommission gem. Art. 35 Abs. 2 der Richtlinie 2014/25/EU unverzüglich den betreffenden Mitgliedstaat. Dieser betreffende Mitgliedstaat übermittelt der EU-Kommission daraufhin alle sachdienlichen Informationen, insbesondere über Gesetze, Verordnungen, Verwaltungsvorschriften oder Vereinbarungen, die die Einhaltung der Bedingungen nach Art. 34 Abs. 1 der Richtlinie 2014/25/EU betreffen. 22

Nach Stellung des Feststellungsantrags bei der EU-Kommission kann der Antragsteller gem. Art. 35 Abs. 4 Satz 1 der Richtlinie 2014/25/EU mit Zustimmung der EU-Kommission den Antrag in wesentlichen Punkten, insbesondere hinsichtlich der betreffenden Tätigkeiten oder des betreffenden geografischen Gebiets **ändern**. 23

Läuft für eine Sektorentätigkeit in einem Mitgliedstaat **bereits ein Feststellungsverfahren**, so gelten gem. Art. 35 Abs. 5 der Richtlinie 2014/25/EU Anträge betreffend dieselbe Tätigkeit in demselben Mitgliedstaat, die zu einem späteren Zeitpunkt, jedoch vor Ablauf der durch den ersten Antrag eröffneten Frist (vgl. dazu nachstehend Rn. 33) eingehen, nicht als Neuanträge und werden im Rahmen des ersten Antrags bearbeitet. 24

5. Bewertung der EU-Kommission

Auf der Grundlage des gem. § 3 Abs. 1 Satz 1 SektVO eingereichten Antrags kann die EU-Kommission gem. Art. 35 Abs. 3 Unterabs. 1 Satz 1 der Richtlinie 2014/25/EU feststellen, ob eine Sektorentätigkeit unmittelbar dem Wettbewerb ausgesetzt ist. Die Feststellung trifft die EU-Kommission auf der Grundlage der **Kriterien nach Art. 34 der Richtlinie 2014/25/EU**. 25

Diese demnach von der EU-Kommission anzustellende Bewertung erfolgt gem. Art. 34 Abs. 1 Satz 4 der Richtlinie 2014/25/EU unter Berücksichtigung des **Marktes** für die fraglichen Sektorentätigkeiten und des **geografisch abgegrenzten Bezugsmarktes** i. S. d. Art. 34 Abs. 2 Unterabs. 2 der Richtlinie 2014/25/EU. 26

a) Kriterien für unmittelbaren Wettbewerb

Die EU-Kommission entscheidet gem. Art. 34 Abs. 2 Unterabs. 1 der Richtlinie 2014/25/EU die Frage, ob eine Tätigkeit **unmittelbar dem Wettbewerb ausgesetzt** ist, auf der Grundlage von **Kriterien, die mit den Wettbewerbsbestimmungen des AEUV** in Ein- 27

2 Entscheidung der Kommission vom 7.1.2005 über die Durchführungsmodalitäten für das Verfahren nach Art. 30 der Richtlinie 2004/17/EG des Europäischen Parlaments und des Rates zur Koordinierung der Zuschlagserteilung durch Auftraggeber im Bereich der Wasser-, Energie- und Verkehrsversorgung sowie der Postdienste [vgl. aktuell Art. 35 Abs. 6 der Richtlinie 2014/25/EU], bekannt gegeben unter Aktenzeichen K(2004) 5769, ABl. EU Nr. L 7 v. 11.1.2005, S. 7 ff.

klang stehen. Dazu können die Merkmale der betreffenden Waren oder Dienstleistungen, das Vorhandensein alternativer Waren oder Dienstleistungen, die auf der Angebots- oder der Nachfrageseite als austauschbar gelten, die Preise und die tatsächliche oder potenzielle Präsenz von mehr als einem Anbieter der betreffenden Waren oder mehr als einem Erbringer der betreffenden Dienstleistungen gehören.

b) Geografisch abgegrenzter Bezugsmarkt

28 Der **geografisch abgegrenzte Bezugsmarkt**, auf dessen Grundlage die Wettbewerbssituation bewertet wird, umfasst gem. Art. 34 Abs. 2 Unterabs. 2 der Richtlinie 2014/25/EU das Gebiet, in dem die betreffenden Unternehmen an Angebot und Nachfrage der Waren oder Dienstleistungen beteiligt sind, in dem die Wettbewerbsbedingungen ausreichend homogen sind und das von benachbarten Gebieten unterschieden werden kann, da insbesondere die Wettbewerbsbedingungen in jenen Gebieten deutlich andere sind. Bei der Bewertung wird insbesondere der Art und den Merkmalen der betreffenden Waren oder Dienstleistungen, dem Vorhandensein von Eintrittsbarrieren oder Verbraucherpräferenzen, deutlichen Unterschieden bei den Marktanteilen der Unternehmen zwischen dem betreffenden Gebiet und benachbarten Gebieten sowie substanziellen Preisunterschieden Rechnung getragen. Der relevante geografische Markt stimmt demnach nicht notwendigerweise mit dem Hoheitsgebiet des betreffenden Mitgliedstaats überein (vgl. Erwägungsgrund 45 der Richtlinie 2014/25/EU).

c) Unbeschränkter Marktzugang

29 Der **Zugang zu einem Markt gilt** gem. Art. 34 Abs. 3 Unterabs. 1 der Richtlinie 2014/25/EU **als nicht beschränkt**, wenn der Mitgliedstaat die in Anhang III der Richtlinie 2014/25/EU aufgeführten Rechtsvorschriften der EU umgesetzt und angewendet hat. Anhang III der Richtlinie 2014/25/EU enthält das „Verzeichnis der Rechtsakte der Union nach Artikel 34 Absatz 3" und lautet:

„A. Fortleitung oder Abgabe von Gas und Wärme
Richtlinie 2009/73/EG
B. Erzeugung, Fortleitung oder Abgabe von Elektrizität
Richtlinie 2009/72/EG
C. Gewinnung, Fortleitung oder Abgabe von Trinkwasser
[Kein Eintrag]
D. Auftraggeber im Bereich der Eisenbahndienste
Schienengüterverkehr
Richtlinie 2012/34/EU
Grenzüberschreitender Schienenpersonenverkehr
Richtlinie 2012/34/EU
Nationaler Schienenpersonenverkehr
[Kein Eintrag]
E. Auftraggeber im Bereich der städtischen Eisenbahn-, Straßenbahn-, Oberleitungsbus- oder Busdienste
[Kein Eintrag]
F. Auftraggeber im Bereich der Postdienste
Richtlinie 97/67/EG

G Gewinnung von Öl oder Gas
Richtlinie 94/22/EG
H. Aufsuchung und Gewinnung von Kohle und anderen festen Brennstoffen
[Kein Eintrag]
I. Auftraggeber im Bereich der Seehafen- oder Binnenhafen- oder sonstigen Terminaleinrichtungen
[Kein Eintrag]
J. Auftraggeber im Bereich der Flughafendienste
[Kein Eintrag]"

Die Umsetzung und Anwendung dieser vom europäischen Richtliniengeber als geeignet angesehenen Rechtsvorschriften zur Liberalisierung eines bestimmten Sektors oder Teilsektors gelten demnach als hinreichender Anhaltspunkt für das Bestehen eines freien Zugangs zum betreffenden Markt (vgl. Erwägungsgrund 46 der Richtlinie 2014/25/EU). **30**

Kann ein freier Marktzugang nicht auf dieser Grundlage als gegeben angesehen werden, ist gem. Art. 34 Abs. 3 Unterabs. 2 der Richtlinie 2014/25/EU nachzuweisen, dass der freie Marktzugang faktisch und rechtlich gegeben ist. Der Nachweis muss de jure und de facto erfolgen (vgl. Erwägungsgrund 47 der Richtlinie 2014/25/EU). **31**

6. Abschluss des Feststellungsverfahrens

Die EU-Kommission trifft die Feststellung gem. Art. 35 Abs. 3 Unterabs. 1 Satz 1 der Richtlinie 2014/25/EU mit einem sog. **Durchführungsrechtsakt**. Der betreffende Durchführungsrechtsakt wird gem. Art. 35 Abs. 3 Unterabs. 1 Satz 2 der Richtlinie 2014/25/EU nach dem in Art. 105 Abs. 2 der Richtlinie 2014/25/EU genannten Beratungsverfahren angenommen. **32**

a) Fristen

Die EU-Kommission muss den Durchführungsrechtsakt gem. Art. 35 Abs. 3 der Richtlinie 2014/25/EU innerhalb der **Fristen nach Anhang IV** der Richtlinie 2014/25/EU erlassen. Im Falle einer wesentlichen Antragsänderung (vgl. dazu vorstehend Rn. 23) gilt gem. Art. 35 Abs. 4 Satz 2 der Richtlinie 2014/25/EU für die Annahme des Durchführungsrechtsakts eine neue Frist, die gem. Anhang IV Nr. 1 der Richtlinie 2014/25/EU berechnet wird, es sei denn, zwischen der EU-Kommission und dem Antragsteller wird eine kürzere Frist vereinbart. Anhang IV der Richtlinie 2014/25/EU, der die „Fristen für den Erlass der in Artikel 35 genannten Durchführungsrechtsakte" enthält, lautet: **33**

„1. Die in Artikel 35 genannten Durchführungsrechtsakte werden innerhalb der folgenden Fristen erlassen:
   a) innerhalb von 90 Arbeitstagen, wenn der freie Zugang zu einem bestimmten Markt auf der Grundlage von Artikel 34 Absatz 3 Unterabsatz 1 als gegeben angesehen wird;
   b) innerhalb von 130 Arbeitstagen in anderen als den unter Buchstabe a genannten Fällen.

Die Fristen gemäß den Buchstaben a und b werden um 15 Arbeitstage verlängert, wenn dem Antrag keine mit Gründen und Belegen versehene Stellungnahme einer für die betreffende Tätigkeit zuständigen unabhängigen nationalen Behörde beigefügt ist, in der

die Bedingungen für die mögliche Anwendbarkeit von Artikel 34 Absatz 1 auf die betreffende Tätigkeit gemäß Artikel 34 Absätze 2 und 3 gründlich geprüft werden.
Die Fristen beginnen am ersten Arbeitstag nach dem Tag des Eingangs des in Artikel 35 Absatz 1 genannten Antrags bei der Kommission oder, bei Unvollständigkeit der mit dem Antrag übermittelten Informationen, am Arbeitstag nach Eingang der vollständigen Informationen.
Die in Unterabsatz 1 genannten Fristen können von der Kommission mit Zustimmung des antragstellenden Mitgliedstaats oder des antragstellenden Auftraggebers verlängert werden.

2. Die Kommission kann verlangen, dass der betreffende Mitgliedstaat oder der betreffende Auftraggeber oder die unter Nummer 1 genannte unabhängige nationale Behörde oder eine andere zuständige nationale Behörde innerhalb einer angemessenen Frist alle erforderlichen Informationen bereitstellt oder übermittelte Informationen ergänzt oder erläutert. Im Fall verspäteter oder unvollständiger Antworten werden die unter Nummer 1 Unterabsatz 1 genannten Fristen für die Dauer zwischen dem Ende der im Informationsverlangen festgesetzten Frist und dem Eingang der vollständigen und korrekten Informationen unterbrochen.“

b) Feststellung

34 Die Feststellung der EU-Kommission, dass die betreffende Tätigkeit unmittelbar dem Wettbewerb auf Märkten ausgesetzt ist, die keiner Zugangsbeschränkung unterliegen, gilt gem. § 3 Abs. 6 SektVO als getroffen, wenn

- entweder die EU-Kommission dies bestätigt hat, sprich: die Feststellung so wie beantragt oder ggf. auch mit Einschränkungen oder Änderungen getroffen hat;
- oder die EU-Kommission innerhalb der Frist nach Art. 35 i.V.m. Anhang IV der Richtlinie 2014/25/EU keine Feststellung getroffen hat (alternative Voraussetzungen)

und das Bundesministerium für Wirtschaft und Energie entweder die Feststellung der EU-Kommission oder den Ablauf der Frist im Bundesanzeiger bekanntgemacht hat (kumulative Voraussetzung).

35 Weil der relevante geografische Markt nicht notwendigerweise mit dem Hoheitsgebiet des betreffenden Mitgliedstaats übereinstimmt (vgl. dazu vorstehend Rn. 28), kann die EU-Kommission ihre Feststellung, sprich: ihre Entscheidung über die Anwendbarkeit der Ausnahme auf Teile des Hoheitsgebiets des betreffenden Mitgliedstaats beschränken (vgl. Erwägungsgrund 45 der Richtlinie 2014/25/EU).

36 Alle Entscheidungen, die die EU-Kommission vor Inkrafttreten der Richtlinie 2014/25/EU bezüglich der Anwendbarkeit der entsprechenden Bestimmungen in Art. 30 der (Vorgänger-)Richtlinie 2004/17/EG getroffen hat, gelten weiterhin (vgl. Erwägungsgrund 43 der Richtlinie 2014/25/EU).

37 Eine Übersicht, welche **Entscheidungen** die EU-Kommission bislang getroffen hat, bietet die EU-Kommission auf ihrem Internetauftritt.[3]

3 Vgl. https://ec.europa.eu/growth/single-market/public-procurement/rules-implementation/exempt-markets_de.

c) Feststellungen mit Geltung für Deutschland

Mit Blick auf **Deutschland** hat die EU-Kommission bislang zwei Durchführungsrechtsakte in Gestalt entsprechender Entscheidungen getroffen: 38

- Durchführungsbeschluss (EU) 2016/1674 der Kommission vom 15.9.2016 zur **Ausnahme des Elektrizitäts- und Gaseinzelhandels** in Deutschland von der Anwendung der Richtlinie 2014/25/EU (bekannt gegeben unter Aktenzeichen C(2016) 5779), ABl. EU Nr. L 253 v. 17.9.2016, S. 6 ff.: Gem. Art. 1 dieses Beschlusses gilt die Richtlinie 2014/25/EU nicht für Aufträge, die von Auftraggebern vergeben werden und die Ausübung folgender Tätigkeiten ermöglichen sollen:
  a) Stromeinzelhandel mit Kunden, deren Verbrauch durch Leistungsmessung erfasst wird (registrierende Leistungsmessung – RLM), sowie mit Kunden, deren Verbrauch auf der Grundlage eines Standardlastprofils (SLP) abgerechnet wird, mit Ausnahme von SLP-Kunden, die gem. gesetzlichen Standardlieferbedingungen beliefert werden, und dem Heizstrommarkt, im Hoheitsgebiet der Bundesrepublik Deutschland;
  b) Erdgaseinzelhandel mit Kunden, deren Verbrauch durch Leistungsmessung erfasst wird (registrierende Leistungsmessung – RLM), und mit Kunden, deren Verbrauch auf der Grundlage eines Standardlastprofils (SLP) abgerechnet wird, mit Ausnahme von SLP-Kunden, die gem. gesetzlichen Standardlieferbedingungen beliefert werden, im Hoheitsgebiet der Bundesrepublik Deutschland.
- Durchführungsbeschluss vom 24.4.2012 zur **Freistellung der Erzeugung und des Großhandels von Strom aus konventionellen Quellen** in Deutschland von der Anwendung der Richtlinie 2004/17/EG (bekannt gegeben unter Aktenzeichen C(2012) 2426), Entscheidung 2012/218/EU, ABl. EU Nr. L 114 v. 26.4.2012, S. 21 ff.: Gem. Art. 1 dieser Entscheidung gilt die Richtlinie 2004/17/EG nicht für Aufträge, die von Auftraggebern vergeben werden und die Erzeugung und den Erstabsatz von aus konventionellen Quellen erzeugtem Strom in Deutschland ermöglichen sollen. Dabei bedeutet „aus konventionellen Quellen erzeugter Strom“ Strom, der nicht unter das EEG fällt. Ferner bezeichnet der Begriff „erneuerbare Energien“ im Sinne des EEG und zu den darin festgelegten Bedingungen Wasserkraft einschließlich der Wellen-, Gezeiten-, Salzgradienten- und Strömungsenergie, Windenergie, solare Strahlungsenergie, Geothermie, Energie aus Biomasse einschließlich Biogas, Biomethan, Deponiegas und Klärgas sowie aus dem biologisch abbaubaren Anteil von Abfällen aus Haushalten und Industrie. Nicht von dieser Freistellungsentscheidung der EU-Kommission erfasst sind folglich Strom-Erzeugung und -Großhandel unter Geltung des KWKG und Erzeugung/Großhandel mit Wärme.[4]

IV. Kostenerhebung (Abs. 2)

Die der Kostenregelung des Abs. 2 unterfallenden Gutachten und Stellungnahmen sind solche, die aufgrund der nach § 113 Satz 2 Nr. 8 erlassenen Rechtsverordnung, also auf Grundlage von § 3 Abs. 1 Satz 2 und Abs. 2 SektVO im Stellungnahmeverfahren beim Bundeskartellamt (vgl. dazu vorstehend Rn. 13 ff.) vorgenommen werden. Für die Erstellung dieser Gutachten und Stellungnahmen erhebt das Bundeskartellamt nach Abs. 2 39

4 *Sudbrock*, in: Müller-Wrede, GWB, § 140 Rn. 29.

Satz 1 Kosten in Gestalt von Gebühren und Auslagen zur Deckung seines Verwaltungsaufwands.

40 Nach Abs. 2 Satz 2 gilt § 80 Abs. 1 Satz 3 und Abs. 2 Satz 1, Satz 2 Nr. 1, Satz 3 und Satz 4, Abs. 5 Satz 1 sowie Abs. 6 Satz 1 Nr. 2, Satz 2 und Satz 3 GWB entsprechend. Gem. § 80 Abs. 2 Satz 1 GWB bestimmt sich die **Höhe der Gebühren** nach dem personellen und sachlichen Aufwand der Kartellbehörde unter Berücksichtigung der wirtschaftlichen Bedeutung, die der Gegenstand der gebührenpflichtigen Handlung hat. Die Gebührensätze dürfen jedoch 50.000 Euro gem. § 80 Abs. 2 Satz 2 Nr. 1 GWB nicht übersteigen. Ist der personelle oder sachliche Aufwand der Kartellbehörde unter Berücksichtigung des wirtschaftlichen Werts im Einzelfall außergewöhnlich hoch, kann die Gebühr gem. § 80 Abs. 2 Satz 3 GWB bis auf das Doppelte erhöht werden. Aus Gründen der Billigkeit kann die so ermittelte Gebühr gem. § 80 Abs. 2 Satz 4 GWB bis auf ein Zehntel ermäßigt werden. Wird ein Antrag zurückgenommen, bevor darüber entschieden ist, so ist gem. § 80 Abs. 5 Satz 1 GWB die Hälfte der Gebühr zu entrichten.

41 Gem. § 140 Abs. 2 Satz 2 GWB i.V.m. § 80 Abs. 1 Satz 3 GWB werden als **Auslagen** die Kosten der Veröffentlichungen, der öffentlichen Bekanntmachungen und von weiteren Ausfertigungen, Kopien und Auszügen sowie die in entsprechender Anwendung des Justizvergütungs- und -entschädigungsgesetzes zu zahlenden Beträge erhoben.

42 **Kostenschuldner** ist gem. § 140 Abs. 2 Satz 2 GWB i.V.m. § 80 Abs. 6 Satz 1 Nr. 2 GWB der Antragsteller. Kostenschuldner ist gem. § 80 Abs. 6 Satz 2 GWB auch, wer die Zahlung der Kosten durch eine vor der Kartellbehörde abgegebene oder ihr mitgeteilte Erklärung übernommen hat oder wer für die Kostenschuld eines anderen kraft Gesetzes haftet. Mehrere Kostenschuldner haften gem. § 80 Abs. 6 Satz 3 GWB als Gesamtschuldner.

43 Gegen die Kostenentscheidung ist gem. § 140 Abs. 2 Satz 3 GWB i.V.m. § 63 Abs. 1 GWB die **Beschwerde** zulässig. Sie kann auch auf neue Tatsachen und Beweismittel gestützt werden. Über die Beschwerde entscheidet gem. § 63 Abs. 4 GWB das für den Sitz der Kartellbehörde zuständige Oberlandesgericht.

§ 141 Verfahrensarten

(1) Sektorenauftraggebern stehen das offene Verfahren, das nicht offene Verfahren, das Verhandlungsverfahren mit Teilnahmewettbewerb und der wettbewerbliche Dialog nach ihrer Wahl zur Verfügung.

(2) Das Verhandlungsverfahren ohne Teilnahmewettbewerb und die Innovationspartnerschaft stehen nur zur Verfügung, soweit dies aufgrund dieses Gesetzes gestattet ist.

Schrifttum: *Burgi/Dreher*, Beck'scher Vergaberechtskommentar, Band 1, 3. Aufl. 2017; *Kulartz/Kus/Portz/Prieß*, Kommentar zum GWB Vergaberecht, 4. Aufl. 2016; *Kulartz/Kus/Portz*, Kommentar zum GWB Vergaberecht, 3. Aufl. 2014; *Müller-Wrede*, GWB Vergaberecht, Kommentar, 2016; *Willenbruch/Wieddekind*, Vergaberechtskommentar, 3. Aufl. 2014.

Übersicht

I. Allgemeines

1 § 141 GWB ist durch das VergRModG[1] neu in das Gesetz eingefügt worden. Der Aufbau der Norm ist mit § 119 Abs. 2 GWB zu vergleichen. Auch dieser enthält ein unbeschränktes Wahlrecht zwischen dem offenen Verfahren und dem nicht offenen Verfahren und erweitert das Wahlrecht um die anderen Verfahrensarten, sofern deren Verfügbarkeit gesetzlich angeordnet ist. Der Regelungsgehalt des § 141 GWB ist im Vergleich hierzu weiter: Das unbeschränkte Wahlrecht erstreckt sich auch auf das Verhandlungsverfahren mit Teilnahmewettbewerb und den wettbewerblichen Dialog. § 119 GWB findet gem. § 142 GWB ergänzende Anwendung. Eine vergleichbare, wenn auch weitergehende Konstruktion enthalten die §§ 130, 131 GWB.

2 § 141 GWB trägt dem Bedürfnis der Sektorenauftraggeber nach mehr Flexibilität Rechnung. Die Regelung ermöglicht es den Sektorenauftraggebern, wie private Unternehmen bei der Beschaffung von Waren und Dienstleistungen vorzugehen. Damit wird nicht zuletzt auch der Bedeutung technisch komplexer Anlagen für die Gewährleistung der Daseinsvorsorge Rechnung getragen.[2] § 141 Abs. 1 GWB ist die Nachfolgeregelung zu § 101 Abs. 7 Satz 2 GWB a. F. und befindet sich systematisch in dem neu eingefügten Abschnitt 3, der sich mit der „Vergabe von Aufträgen in besonderen Bereichen und von Konzessionen" auseinandersetzt. § 141 Abs. 2 GWB erweitert den Anwendungsbereich des § 141 Abs. 1 GWB und damit das Wahlrecht des Auftraggebers um das Verhandlungsverfahren ohne

1 BT-Drs. 18/6281.
2 *Sudbrock*, in: Müller-Wrede, GWB, § 141 Rn. 9.

Teilnahmewettbewerb und die Innovationspartnerschaft, sofern das Gesetz die Anwendung dieser Verfahren gestattet.[3]

II. Sektorenauftraggeber

3 Das Wahlrecht des § 141 GWB steht grundsätzlich allen Sektorenauftraggebern i. S. d. § 100 GWB offen. § 100 GWB verweist zur Definition der Sektorentätigkeit auf § 102 GWB. Dieser erfasst Auftraggeber, die in den Bereichen Wasser, Elektrizität, Gas und Wärme, Verkehr oder fossile Brennstoffe tätig sind. Der Anwendungsbereich des § 141 GWB wird jedoch weiter durch § 136 GWB eingeschränkt. Danach dürfen die §§ 136–143 GWB nur Anwendung finden, wenn der Sektorenauftraggeber, dessen Klassifizierung nicht mit dem einzelnen Auftrag in Zusammenhang steht, einen Auftrag zum Zwecke der Ausübung seiner Sektorentätigkeit vergeben möchte. In Folge dieser Einschränkung, die im Wortlaut des § 141 GWB keine Erwähnung findet, ist der Wortlaut des § 141 GWB leicht missverständlich.

4 Nach § 1 Abs. 1 SektVO 2016 gilt sie für alle Auftraggeber nach 100 GWB, die „zum Zwecke von Tätigkeiten auf dem Gebiet der Trinkwasser- oder Energieversorgung oder des Verkehrs (Sektorentätigkeiten)“ Aufträge vergeben. Sie gilt damit nur für die Vergabe von Aufträgen in bestimmten Sektorenbereichen des § 102 GWB. Konzessionen werden genauso wie Aufträge aus dem Sicherheits- und Verteidigungsbereich nicht erfasst (§ 1 Abs. 2, 3 SektVO). Darüber hinaus enthält § 3 SektVO 2016 – wie schon die SektVO 2009 – eine Antragsbefugnis des BMWi auf Feststellung einer Freistellung von der Sektorenverordnung für diejenigen Sektorentätigkeiten, die unmittelbar dem Wettbewerb ausgesetzt sind. Neu ist, dass auch einzelne Auftraggeber nach § 3 Abs. 1 SektVO nunmehr ein Antragsrecht haben und daher gleichberechtigt neben dem BMWi stehen. Auftraggeber haben jedoch gem. § 3 Abs. 1 Satz 2 SektVO eine Stellungnahme des BKartA zu ihrem Antrag beizufügen; der Antrag eines Auftraggebers an das BKartA auf Abgabe der Stellungnahme muss die in § 39 Abs. 3 Satz 2 Nr. 1 bis 4 GWB bezeichneten Angaben erhalten (§ 3 Abs. 2 Satz 1 SektVO). Ausgenommen von der Richtlinie und damit auch von der SektVO sind gem. § 3 SektVO und § 140 GWB für Deutschland die Erzeugung von und der Großhandel mit konventionellem Strom,[4] der Strom- und Gaseinzelhandel[5] sowie die Erdöl-, Gas- und Kohleförderung.[6]

III. Unbeschränktes Wahlrecht

5 Dem Sektorenauftraggeber stehen das offene Verfahren, das nicht offene Verfahren, das Verhandlungsverfahren mit Teilnahmewettbewerb und der wettbewerbliche Dialog zur freien Auswahl. Das Wahlrecht wird nicht durch Erwägungen zur Zweckmäßigkeit oder

3 Für eine Einschränkung des Anwendungsbereichs durch Abs. 2: *Jansen*, in: Burgi/Dreher, GWB, § 141 Rn. 3.

4 Durchführungsbeschluss der Kommission v. 24.4.2012, ABl. L 114.

5 Durchführungsbeschluss der Kommission v. 17.9.2016, ABl. L 253.

6 Entscheidung der Europäischen Kommission v. 15.1.2004, ABl. L 16.

Sparsamkeit eingeschränkt.[7] In der Regel werden sie das Verhandlungsverfahren wählen, da es den geringsten Formerfordernissen unterliegt. Das Verhandlungsverfahren ohne Teilnahmewettbewerb und die Innovationspartnerschaft stehen zur Verfügung, sofern dies aufgrund des GWB und durch die gem. § 113 GWB erlassene SektVO (§ 13 Abs. 2 und 3, § 18 SektVO) gestaltet ist. Alle Verfahrensarten sind in § 119 GWB geregelt. Die Folge der Erweiterung ist, dass der Auftraggeber die freie Wahl zwischen den Verfahren des § 141 Abs. 1 GWB und der gesetzlich ausdrücklich eröffneten Verfahrensart hat. Folglich kann der Auftraggeber trotz der zusätzlichen Option auch ein Verfahren nach § 141 Abs. 1 GWB wählen.[8]

Der wettbewerbliche Dialog ist die einzige Verfahrensart, die im Zuge der Vergaberechtsmodernisierung neu in § 141 Abs. 1 GWB eingefügt wurde. Die Vorgängernorm des § 101 Abs. 7 Satz 2 GWB a.F. kannte diese Verfahrensart nicht. Grund dafür ist, dass die SKR 2004/17/EG den wettbewerblichen Dialog als Verfahrensart nicht vorsah, sondern nur dem öffentlichen Auftraggeber gem. VKR 2004/18/EG offenstand. Die Sektorenauftraggeber behalfen sich dergestalt, dass sie das Verhandlungsverfahren mit Teilnahmewettbewerb dem wettbewerblichen Dialog anpassten.[9] Die Einführung des wettbewerblichen Dialogs diente daher wohl eher der Angleichung der Verfahrensvorschriften für öffentliche Auftraggeber und Sektorenauftraggeber.[10] Der wettbewerbliche Dialog ist in § 119 Abs. 6 GWB geregelt und wird durch § 17 SektVO konkretisiert. **6**

Der deutsche Gesetzgeber hat sich dafür entschieden, den wettbewerblichen Dialog in das unbeschränkte Wahlrecht des § 141 Abs. 1 GWB aufzunehmen. Er hat sich damit gegen den Vorschlag des Referentenentwurfes zum VergRModG entschieden, der den wettbewerblichen Dialog auf die gleiche Ebene wie die Innovationspartnerschaft und das Verhandlungsverfahren ohne Teilnahmewettbewerb und damit unter den Vorbehalt ausdrücklicher Gestattung durch eine Rechtsvorschrift stellen wollte.[11] Der deutsche Gesetzgeber folgt diesbezüglich den Bestrebungen des EU-Gesetzgebers, der anders als in Art. 29 Abs. 1 SKR 2004/18/EG in Art. 44 Abs. 3 SRL 2014/25/EU keine besondere Komplexität des auszuschreibenden Auftrags mehr fordert, sondern den Zugang zum wettbewerblichen Dialog nunmehr barrierefrei gewährt.[12] **7**

Hat ein Auftraggeber eine bestimmte Verfahrensart ausgewählt und den Ausschreibungsprozess in dieser Verfahrensart begonnen, so muss er das Verfahren in dem jeweiligen Verfahren fortführen. Die Vermischung von Verfahren ist nicht zulässig. Sofern der Auftraggeber ein Vergabeverfahren frühzeitig beenden möchte, muss er dies in der entsprechenden Form tun und kann ggf. im Anschluss mit einem neuen Vergabeverfahren in einer anderen Verfahrensart fortfahren.[13] **8**

---

7 *Opitz*, in: Kulartz/Kus/Portz/Prieß, GWB, § 141 Rn. 9.

8 *Sudbrock*, in: Müller-Wrede, GWB, § 141 Rn. 14.

9 Amtl. Begr., BT-Drs. 16/10117, S. 20; *Opitz*, in: Kulartz/Kus/Portz/Prieß, GWB, § 141 Rn. 4; a. A. noch *Kulartz*, in: Kulartz/Kus/Portz, GWB, 3. Auflage, § 101 Rn. 67; *Haak/Preißinger*, in: Willenbruch/Wieddekind, Vergaberecht, Los 3, § 101 Rn. 38.

10 *Opitz*, in: Kulartz/Kus/Portz/Prieß, GWB, § 141 Rn. 4.

11 Referentenentwurf des BMWi v. 30.4.2015.

12 *Opitz*, in: Kulartz/Kus/Portz/Prieß, GWB, § 141 Rn. 3.

13 EuGH, Urt. v. 25.4.1996, Rs. C-87/94; *Sudbrock*, in: Müller-Wrede, GWB, § 141 Rn. 10; *Opitz*, in: Kulartz/Kus/Portz/Prieß, GWB, § 141 Rn. 8.

9 Die vor Umsetzung der SRL 2014/25/EU noch in der Gesetzesbegründung anerkannte Einschränkung des Wahlrechts, dass im Einzelfall Empfänger öffentlicher Mittel mit der Gewährung einer Finanzierung, sofern erforderlich, zur Anwendung strengerer Vorgaben verpflichtet werden können (z. B. Deutsche Bahn AG – DB AG bei Infrastrukturprojekten, die vom Bund finanziert werden – Verbändepapier vom 12.12.2008),[14] findet sich in der aktuellen Gesetzesbegründung nicht mehr.

IV. Erweiterung des Anwendungsbereichs

10 Das Verhandlungsverfahren ohne Teilnahmewettbewerb ermöglicht es dem Auftraggeber, mit selbst ausgewählten Teilnehmern über die Leistung und den Preis zu verhandeln, ohne dass der Auftrag bekannt gegeben werden müsste und ohne dass sich Dritte um die Teilnahme an den Verhandlungen bewerben könnten. Infolgedessen wird der Wettbewerb nicht auf den Teilnahmewettbewerb vorgelagert, sondern weitreichend eingeschränkt. Gleichwohl handelt es sich um ein Verfahren mit gewisser Förmlichkeit.

11 Die Aufteilung in das Verhandlungsverfahren mit und ohne Teilnahmewettbewerb existierte bereits nach alter Rechtslage. Zwar enthielt § 101 Abs. 7 Satz 2 GWB a. F. keine Unterscheidung, diese ergab sich jedoch aus § 6 Abs. 2 SektVO 2009 a. F., der wiederum der Umsetzung des Art. 40 Abs. 1 SKR 2004/17/EG diente. Danach konnte das Verhandlungsverfahren ohne Teilnahmewettbewerb nur durchgeführt werden, wenn einer der ausdrücklich in Art. 40 Abs. 3 SKR 2004/17/EG normierten Ausnahmefälle vorlag.[15]

12 Es entspricht der Intention des Gesetzgebers, dass das Verhandlungsverfahren ohne Teilnahmewettbewerb nur restriktiv eingesetzt wird. Denn aufgrund des fehlenden Teilnahmewettbewerbs wird der Auftrag größtenteils dem Wettbewerb entzogen, da meist nur wenige Bieter zur Angebotsabgabe aufgefordert werden.[16] Daher enthält § 13 Abs. 2 SektVO eine gem. Art. 44 Abs. 5 SRL 2014/25/EU abschließende[17] Aufzählung der Fälle,[18] in denen das Verhandlungsverfahren ohne Teilnahmewettbewerb Anwendung finden darf. § 13 Abs. 3 SektVO schränkt den Anwendungsbereich des § 13 Abs. 2 SektVO geringfügig ein. Die Auflistung dient der Umsetzung des Art. 50 SRL 2014/25/EU. Die Fälle decken u. a. die Situationen ab, dass in einem Verfahren nach § 141 Abs. 1 GWB kein befriedigendes Ergebnis mangels geeigneter Angebote erzielt werden konnte, dass die ausgeschriebene Leistung besonders dringend ist und daher ein Vergabeverfahren möglich kurz gehalten werden muss oder dass aufgrund der Eigenart der ausgeschriebenen Leistung nur ein bestimmtes Unternehmen zur Erfüllung in der Lage ist.[19]

13 Die Innovationspartnerschaft ist durch das VergRModG neu in den Kanon der Verfahrensarten aufgenommen worden. Die Norm setzt damit Art. 44 Abs. 3 SRL 2014/25/EU um, der anordnet, dass die Mitgliedstaaten den Auftraggebern Innovationspartnerschaften (Art. 49 SRL 2014/25/EU) als Verfahrensoption zur Verfügung stellen. Die Innovationspartnerschaft wird auch durch Art. 44 Abs. 3 SRL 2014/25/EU von besonderen Anforde-

14 Amtl. Begr., BT-Drs. 16/10117, S. 20, 21.
15 *Opitz*, in: Kulartz/Kus/Portz/Prieß, GWB, § 141 Rn. 5.
16 *Sudbrock*, in: Müller-Wrede, GWB, § 141 Rn. 12.
17 *Sudbrock*, in: Müller-Wrede, GWB, § 141 Rn. 13.
18 Für eine Auflistung siehe *Sudbrock*, in: Müller-Wrede, GWB, § 141 Rn. 13.
19 *Sudbrock*, in: Müller-Wrede, GWB, § 141 Rn. 15.

rungen abhängig gemacht. So enthält Art. 49 SRL 2014/25/EU die Einschränkung, dass die Wahl der Innovationspartnerschaft nur durch einen besonderen Beschaffungsbedarf gerechtfertigt werden kann.

Auch in § 141 GWB hat die Wahl der Innovationspartnerschaft eine entsprechende Einschränkung erfahren und darf nur durch den Sektorenauftraggeber gewählt werden, wenn diese Option ausdrücklich gesetzlich eröffnet ist. Die Innovationspartnerschaft ist in § 18 SektVO geregelt. Eine dem § 13 Abs. 2 SektVO vergleichbare Auflistung der Anwendungsfälle existiert für die Innovationspartnerschaft jedoch nicht. 14

Die Innovationspartnerschaft zeichnet sich durch die langfristige Beziehung zwischen Auftraggeber und Auftragnehmer aus und hat die Entwicklung einer innovativen Leistung sowie deren Erwerb zum Gegenstand (§ 18 SektVO). Erfasst ist jedoch nicht nur die vollständige Neuentwicklung eines Produktes, sondern auch die Weiterentwicklung eines bereits auf dem freien Markt erhältlichen Produktes. 15

§ 142 Sonstige anwendbare Vorschriften

Im Übrigen gelten für die Vergabe von öffentlichen Aufträgen durch Sektorenauftraggeber zum Zweck der Ausübung von Sektorentätigkeiten die §§ 118 und 119, soweit in § 141 nicht abweichend geregelt, die §§ 120 bis 129, 130 in Verbindung mit Anhang XVII der Richtlinie 2014/25/EU sowie die §§ 131 bis 135 mit der Maßgabe entsprechend, dass

1. **Sektorenauftraggeber abweichend von § 122 Absatz 1 und 2 die Unternehmen anhand objektiver Kriterien auswählen, die allen interessierten Unternehmen zugänglich sind,**
2. **Sektorenauftraggeber nach § 100 Absatz 1 Nummer 2 ein Unternehmen nach § 123 ausschließen können, aber nicht ausschließen müssen,**
3. **§ 132 Absatz 2 Satz 2 und 3 nicht anzuwenden ist.**

Übersicht

I. Überblick

1 Die Vorschrift schließt den Unterabschnitt 1 im Abschnitt 3 des 4. Teils des GWB, in dem die Sondervorschriften für die von Sektorenauftraggebern vergebenen bzw. durchgeführten öffentlichen Aufträge und Wettbewerbe enthalten sind, grundsätzlich ab. Nachdem § 136 GWB den Anwendungsbereich des Sektorenvergaberechts, die §§ 137 bis 140 GWB die besonderen Ausnahmen des Sektorenvergaberechts und § 141 GWB die Spezialitäten der im Sektorenvergaberecht zur Verfügung stehenden Vergabeverfahrensarten geregelt haben, **dient** die Vorschrift dazu, das übrige von Sektorenauftraggebern zu beachtende Vergabe-

recht festzulegen. Der Gesetzgeber hat sich dabei am Anfang der Vorschrift einer reinen Verweistechnik im Hinblick auf die allgemeinen Vergabevorschriften bedient und im Übrigen weitere Besonderheiten des Sektorenvergaberechts in den Nummern 1 bis 3 geregelt.

Eine entsprechende Vorschrift im EU-Vergaberecht, insbesondere in der Richtlinie 2014/25/EU, die durch die Vorschrift in deutsches Vergaberecht umgesetzt würde, existiert so nicht. Die Vorschrift setzt vielmehr in Ergänzung zu den §§ 136 bis 141 GWB die weiteren Vorschriften der Richtlinie 2014/25/EU in deutsches Vergaberecht um. Unionsrechtlicher Hintergrund der Regelung ist, dass die Richtlinien 2014/24/EU und 2014/25/EU weitestgehend inhaltsgleiche Regelungen enthalten, sodass – zur Vermeidung von vergleichbaren Doppelungen wie in den Richtlinien 2014/24/EU und 2014/25/EU – der deutsche Gesetzgeber grundsätzlich auf die Vorschriften des Abschnitts 2 des 4. Teils des GWB (§§ 115 ff.) verweisen und Abweichungen, die den allgemeinen Vorschriften als Spezialregelung vorgehen, aufführen konnte.[1] 2

II. Geltungsbereich

Die Vorschrift gilt für die Vergabe von öffentlichen Aufträgen durch Sektorenauftraggeber zum Zweck der Ausübung von Sektorentätigkeiten. Sie wiederholt damit den in § 136 GWB normierten Anwendungsbereich des Sektorenvergaberechts (vgl. die dortige Kommentierung). 3

III. Geltung von § 118 GWB (bestimmten Auftragnehmern vorbehaltene öffentliche Aufträge)

Im Sektorenvergaberecht gilt § 118 GWB über bestimmten Auftragnehmern vorbehaltene öffentliche Aufträge. Nach § 118 Abs. 1 GWB können öffentliche Auftraggeber (hier: Sektorenauftraggeber) das Recht zur Teilnahme an Vergabeverfahren **Werkstätten für Menschen mit Behinderungen** und **Unternehmen** vorbehalten, **deren Hauptzweck die soziale und berufliche Integration von Menschen mit Behinderungen oder von benachteiligten Personen ist**, oder bestimmen, dass öffentliche Aufträge (hier: nur solche öffentlichen Aufträge, die von Sektorenauftraggebern erteilt werden) im Rahmen von **Programmen mit geschützten Beschäftigungsverhältnissen** durchzuführen sind. Voraussetzung ist gem. § 118 Abs. 2 GWB, dass mindestens 30% der in diesen Werkstätten oder Unternehmen Beschäftigten Menschen mit Behinderungen oder benachteiligte Personen sind (vgl. im Übrigen die Kommentierung zu § 118 GWB). 4

IV. Modifizierte Geltung des § 119 GWB über die Vergabeverfahrensarten

§ 119 GWB über die **Verfahrensarten** gilt auch im Sektorenvergaberecht, allerdings mit der Einschränkung der Vorrangigkeit der Besonderheiten, die § 141 GWB insoweit für das Sektorenvergaberecht regelt. 5

---

1 Vgl. BT-Drs. 18/6281 v. 8.10.2015, Anlage 1, S. 125.

6 Gem. **§ 119 Abs. 1 GWB** erfolgt die Vergabe von öffentlichen Aufträgen (hier: nur von solchen öffentlichen Aufträgen, die von Sektorenauftraggebern erteilt werden) im offenen Verfahren, im nicht offenen Verfahren, im Verhandlungsverfahren, im wettbewerblichen Dialog oder in der Innovationspartnerschaft. Somit kennt auch das Sektorenvergaberecht keine Vergabeverfahrensart mehr oder weniger.

7 Die allgemeine Regelung in § 119 Abs. 2 GWB, wonach nur zwischen dem offenen Verfahren und dem nicht offenen Verfahren, das stets einen Teilnahmewettbewerb erfordert, frei gewählt werden kann, die anderen Verfahrensarten aber nur unter den jeweils genannten Voraussetzungen zur Verfügung stehen, wird durch **§ 141 Abs. 1 GWB** dahingehend abgeändert, dass Sektorenauftraggebern das offene Verfahren, das nicht offene Verfahren, das Verhandlungsverfahren mit Teilnahmewettbewerb und der wettbewerbliche Dialog nach ihrer Wahl zur Verfügung stehen; allein das Verhandlungsverfahren ohne Teilnahmewettbewerb und die Innovationspartnerschaft stehen gem. **§ 141 Abs. 2 GWB** nur zur Verfügung, soweit dies aufgrund des GWB ausdrücklich gestattet ist (vgl. insoweit § 13 Abs. 2 und Abs. 3 sowie § 13 Abs. 1 Satz 2 i.V.m. § 18 SektVO) (vgl. im Übrigen die Kommentierung zu § 141 GWB).

8 Die in § 119 Abs. 3 bis Abs. 7 GWB normierten Legaldefinitionen der Vergabeverfahrensarten des offenen Verfahrens, des nicht offenen Verfahrens, des Verhandlungsverfahrens, des wettbewerblichen Dialogs und der Innovationspartnerschaft gelten auch im Sektorenvergaberecht uneingeschränkt (vgl. im Übrigen die Kommentierung zu § 119 GWB). Weitere Einzelheiten zu den Vergabeverfahrensarten im Sektorenvergaberecht regeln die §§ 13 bis 18 SektVO.

V. Geltung von § 120 GWB über besondere Methoden und Instrumente

9 Weiterhin gilt auch § 120 GWB über die **besonderen Methoden und Instrumente in Vergabeverfahren** im Sektorenvergaberecht. Sektorenauftraggeber können sich also in einem Vergabeverfahren eines dynamischen Beschaffungssystems (§ 120 Abs. 1 GWB), einer elektronischen Auktion (§ 120 Abs. 2 GWB), eines elektronischen Katalogs (§ 120 Abs. 3 GWB) oder einer zentralen Beschaffungsstelle (§ 120 Abs. 4 GWB) bedienen. Vgl. im Übrigen die Kommentierung zu § 120 GWB. Weitere Einzelheiten regeln die §§ 19 bis 25 SektVO.

VI. Geltung von § 121 GWB über die Leistungsbeschreibung

10 § 121 GWB über die Leistungsbeschreibung gilt auch im Sektorenvergaberecht. Die Leistungsbeschreibung, die die Funktions- oder Leistungsanforderungen oder eine Beschreibung der zu lösenden Aufgabe sowie die Umstände und Bedingungen der Leistungserbringung enthalten muss und den Vergabeunterlagen beizufügen ist, muss den Auftragsgegenstand so eindeutig und erschöpfend wie möglich beschreiben. Ggf. sind Zugänglichkeitskriterien für Menschen mit Behinderungen oder die Konzeption für alle Nutzer zu berücksichtigen (vgl. im Übrigen die Kommentierung zu § 121 GWB). Weitere Einzelheiten zur Leistungsbeschreibung im Sektorenvergaberecht regeln die §§ 28 bis 32 SektVO.

VII. Modifizierte Geltung der §§ 122 bis 126 GWB über die Eignung und den Ausschluss (Nr. 1 und Nr. 2)

Die Vorschriften der §§ 122 bis 126 GWB über die **Eignung**, an die Sektorenauftraggeber ihre öffentlichen Aufträge vergeben dürfen, und über den **Ausschluss von Unternehmen** gelten grundsätzlich auch im Sektorenvergaberecht. Allerdings gilt gem. **Nr. 1** der Vorschrift **§ 122 Abs. 1 und Abs. 2 GWB** nur mit der **Maßgabe** entsprechend, dass Sektorenauftraggeber die Unternehmen anhand **objektiver Kriterien** auswählen müssen, die **allen interessierten Unternehmen zugänglich** sind. Gem. **Nr. 2** der Vorschrift gilt **§ 123 GWB** nur mit der **Maßgabe** entsprechend, dass Sektorenauftraggeber nach § 100 Abs. 1 Nr. 2 GWB ein Unternehmen nach § 123 GWB ausschließen können, aber nicht müssen. 11

Der Gesetzgeber verwies zur **Begründung** dieser Modifikationen in Nr. 1 und Nr. 2 auf die **unionsrechtliche Rechtslage** nach der Richtlinie 2014/25/EU: Gem. Art. 76 Abs. 1 i.V.m. Art. 78 der Richtlinie 2014/25/EU können Sektorenauftraggeber objektive Kriterien für die Auswahl von Bewerbern und Bietern festlegen. Diese Regelung ist gegenüber dem allgemeinen Vergaberecht (Richtlinie 2014/24/EU und §§ 122 ff. GWB) weniger streng und belässt den Sektorenauftraggebern bezüglich der Festlegung der Kriterien Spielräume. Daher sollten die in § 122 Abs. 1 und Abs. 2 GWB enthaltenen allgemeinen Vorgaben nach dem Willen des Gesetzgebers auch im deutschen GWB-Vergaberecht für die Sektorenauftragsvergabe nicht zur Anwendung kommen. Zudem sind die Regelungen über den zwingenden Ausschluss von Unternehmen nach Art. 57 der Richtlinie 2014/24/EU (= § 123 GWB) gem. Art. 80 Abs. 1 Unterabs. 1 und Unterabs. 2 der Richtlinie 2014/25/EU für reine Sektorenauftraggeber i. S. d. § 100 Abs. 1 Nr. 2 GWB nicht obligatorisch, sondern nur fakultativ anwendbar. Daher war die in § 142 Nr. 2 GWB der Vorschrift enthaltene Einschränkung für die Sektorenauftragsvergabe gegenüber der allgemeinen Regelung des § 123 GWB erforderlich.[2] 12

1. Modifikation von § 122 Abs. 1 und Abs. 2 GWB über Eignungskriterien (Nr. 1)

Gem. § 122 Abs. 1 GWB werden öffentliche Aufträge an fachkundige und leistungsfähige (geeignete) Unternehmen vergeben, die nicht nach den §§ 123 oder 124 GWB ausgeschlossen worden sind. Ein Unternehmen ist gem. § 122 Abs. 2 Satz 1 GWB geeignet, wenn es die durch den öffentlichen Auftraggeber im Einzelnen zur ordnungsgemäßen Ausführung des öffentlichen Auftrags festgelegten Kriterien (Eignungskriterien) erfüllt. Die Eignungskriterien dürfen gem. § 122 Abs. 2 Satz 2 GWB ausschließlich die Befähigung und die Erlaubnis zur Berufsausübung (Nr. 1), die wirtschaftliche und finanzielle Leistungsfähigkeit (Nr. 2) und die technische und berufliche Leistungsfähigkeit (Nr. 3) betreffen. Diese allgemeinen Regelungen werden gem. **§ 142 Nr. 1 GWB** für den Bereich des Sektorenvergaberechts dahingehend abgeändert, dass Sektorenauftraggeber die Unternehmen anhand **objektiver Kriterien** auswählen müssen, die **allen interessierten Unternehmen zugänglich** sind. Sektorenauftraggeber sind daher insbesondere nicht an die in § 122 Abs. 2 Satz 2 GWB genannten Arten der Eignungskriterien gebunden, sondern können auch andere Kriterien zu Eignungskriterien bestimmen. 13

---

2 Vgl. BT-Drs. 18/6281 v. 8.10.2015, Anlage 1, S. 125.

14 Die weiteren Einzelheiten sind in den §§ 45 und 46 SektVO geregelt. Gem. **§ 46 Abs. 1 SektVO** wählt der Sektorenauftraggeber die Unternehmen anhand objektiver Kriterien aus, die allen interessierten Unternehmen zugänglich sein müssen. Diese Regelung entspricht der Maßgabe des § 142 Nr. 1 GWB. Gem. **§ 45 Abs. 1 i.V.m. Abs. 2 SektVO** darf der Sektorenauftraggeber bei einem nicht offenen Verfahren, einem Verhandlungsverfahren, einem wettbewerblichen Dialog oder einer Innovationspartnerschaft bezüglich seiner Entscheidung über die Auswahl der Teilnehmer an Vergabeverfahren keine administrativen, technischen oder finanziellen Anforderungen stellen, die er anderen Unternehmen nicht stellt, sowie bei der Aktualisierung von Kriterien keine Nachweise fordern, die sich mit bereits vorhandenen Nachweisen decken. Gem. **§ 45 Abs. 1 i.V.m. Abs. 3 SektVO** kann der Sektorenauftraggeber in Fällen, in denen er ein angemessenes Gleichgewicht zwischen bestimmten Merkmalen des Vergabeverfahrens und den notwendigen Ressourcen für dessen Durchführung sicherstellen muss, bei nicht offenen Verfahren, Verhandlungsverfahren, wettbewerblichen Dialogen oder Innovationspartnerschaften objektive Kriterien festlegen, die es ermöglichen, die Zahl der Bewerber, die zur Angebotsabgabe oder zur Aufnahme von Verhandlungen aufgefordert werden, zu begrenzen. Die Zahl der ausgewählten Bewerber muss jedoch der Notwendigkeit Rechnung tragen, dass ein angemessener Wettbewerb gewährleistet sein muss.

15 Da § 122 Abs. 3 und Abs. 4 GWB nicht modifiziert wird, gelten diese allgemeinen Regelungen auch im Sektorenvergaberecht. Der Nachweis der Eignung und des Nichtvorliegens von Ausschlussgründen nach den §§ 123 und 124 GWB (vgl. dazu nachstehend Rn. 16ff. und Rn. 19) kann gem. **§ 122 Abs. 3 GWB** ganz oder teilweise durch die Teilnahme an Präqualifizierungssystemen erbracht werden (vgl. dazu auch insbesondere § 48 SektVO). Und Eignungskriterien müssen gem. **§ 122 Abs. 4 Satz 1 GWB** mit dem Auftragsgegenstand in Verbindung und zu diesem in einem angemessenen Verhältnis stehen. Sie sind gem. **§ 122 Abs. 4 Satz 2 GWB** in der Auftragsbekanntmachung, der Vorinformation oder der Aufforderung zur Interessensbestätigung aufzuführen.

2. Modifikation von § 123 GWB über obligatorische Ausschlussgründe für reine Sektorenauftraggeber (Nr. 2)

16 Gem. § 123 Abs. 1 GWB schließen öffentliche Auftraggeber ein Unternehmen zu jedem Zeitpunkt des Vergabeverfahrens von der Teilnahme aus, wenn sie Kenntnis davon haben, dass eine Person, deren Verhalten nach § 123 Abs. 3 GWB dem Unternehmen zuzurechnen ist, rechtskräftig verurteilt oder gegen das Unternehmen eine Geldbuße nach § 30 OWiG rechtskräftig festgesetzt worden ist wegen einer Straftat nach einem der in § 123 Abs. 1 Nr. 1 bis Nr. 10 GWB genannten Straftatbestände. Gem. § 123 Abs. 4 GWB schließen öffentliche Auftraggeber ein Unternehmen zu jedem Zeitpunkt des Vergabeverfahrens von der Teilnahme an einem Vergabeverfahren aus, wenn das Unternehmen nachweislich seinen Verpflichtungen zur Zahlung von Steuern, Abgaben oder Beiträgen zur Sozialversicherung nicht nachgekommen ist. Es handelt sich mithin um obligatorische Ausschlussgründe, bei deren Vorliegen der Auftraggeber grundsätzlich zum Ausschluss des betreffenden Unternehmens vom Vergabeverfahren gezwungen ist (vorbehaltlich der in § 123 Abs. 4 Satz 2 und Abs. 5, § 125 und § 126 GWB geregelten Ausnahmen). Diese allgemeinen Regelungen werden gem. **Nr. 2** für den Bereich des Sektorenvergaberechts dahingehend abgeändert, dass **reine Sektorenauftraggeber i.S.d. § 100 Abs. 1 Nr. 2 GWB** ein Unternehmen nach den in § 123 GWB genannten Ausschlussgründen **ausschließen kön-**

nen, aber **nicht müssen**. Dadurch werden die obligatorischen Ausschlussgründe des § 123 für reine Sektorenauftraggeber i. S. d. § 100 Abs. 1 Nr. 2 GWB zu bloß fakultativen Ausschlussgründen (wie die in § 124 GWB genannten weiteren Ausschlussgründe).

Für **öffentliche Sektorenauftraggeber i. S. d. § 100 Abs. 1 Nr. 1 GWB** hingegen erfolgt gem. § 142 Nr. 2 GWB keine Modifikation des § 123 GWB. Folglich bleibt es für öffentliche Sektorenauftraggeber dabei, dass die in § 123 GWB genannten Ausschlussgründe **obligatorisch** sind. **17**

Vgl. im Übrigen die Kommentierung zu § 123 GWB. Die weiteren Einzelheiten sind in **§ 46 Abs. 2 SektVO** geregelt. Nach dieser Vorschrift können die objektiven und nichtdiskriminierenden Kriterien für die Auswahl der Unternehmen, die eine Qualifizierung im Rahmen eines Qualifizierungssystems beantragen, sowie für die Auswahl der Bewerber und Bieter im offenen Verfahren, im nicht offenen Verfahren, im Verhandlungsverfahren, im wettbewerblichen Dialog oder in einer Innovationspartnerschaft die Anwendung des § 123 GWB beinhalten. Handelt es sich um einen öffentlichen Sektorenauftraggeber nach § 100 Abs. 1 Nr. 1 GWB, müssen diese Kriterien die Anwendung des § 123 GWB beinhalten. Diese Regelungen entsprechen im Ergebnis der Maßgabe gem. § 142 Nr. 2 GWB. **18**

3. Geltung der §§ 124 bis 126 GWB

Die ebenfalls im Bereich des Sektorenvergaberechts geltenden §§ 124 bis 126 werden durch die Vorschrift nicht modifiziert. Das bedeutet: **19**

- Alle Sektorenauftraggeber können die fakultativen Ausschlussgründe des **§ 124 GWB** auch in ihren Vergabeverfahren unverändert zum Anlass für den Ausschluss eines Unternehmens vom Vergabeverfahren verwenden.
- Alle Sektorenauftraggeber dürfen ein Unternehmen wegen eines Ausschlussgrundes nach den §§ 123 und 124 GWB (unabhängig davon, ob der Ausschlussgrund im Vergabeverfahren des betreffenden Sektorenauftraggebers ein obligatorischer oder ein fakultativer ist) gem. **§ 125 GWB** nicht ausschließen, wenn das betreffende Unternehmen ausreichende Maßnahmen der Selbstreinigung nach den dort genannten weiteren Maßgaben durchgeführt hat.
- Alle Sektorenauftraggeber dürfen ein Unternehmen wegen eines Ausschlussgrundes nach den §§ 123 und 124 GWB (unabhängig davon, ob der Ausschlussgrund im Vergabeverfahren des betreffenden Sektorenauftraggebers ein obligatorischer oder ein fakultativer ist) gem. **§ 126 GWB** nicht ausschließen, wenn das betreffende Unternehmen den Ausschlussgrund, hinsichtlich dessen es keine ausreichenden Selbstreinigungsmaßnahmen nach § 125 GWB ergriffen hat, vor mehr als fünf Jahren (Ausschlussgründe nach § 123 GWB) bzw. vor mehr als drei Jahren (Ausschlussgründe nach § 124 GWB) verwirklicht hat.

Vgl. im Übrigen die Kommentierungen zu den §§ 124 bis 126 GWB.

VIII. Geltung der §§ 127 bis 129 GWB über den Zuschlag und die Auftragsausführung

Im Sektorenvergaberecht gilt auch **§ 127 GWB** über den Zuschlag. Nach Abs. 1 dieser Vorschrift ist der Zuschlag auf das wirtschaftlichste Angebot, also das Angebot mit dem **20** besten Preis-Leistungs-Verhältnis zu erteilen. Grundlage dafür ist eine Bewertung der Erfüllung der Zuschlagskriterien, zu denen der Sektorenauftraggeber neben dem Preis oder den Kosten auch qualitative, umweltbezogene oder soziale Aspekte bestimmen kann. Verbindliche Vorschriften zur Preisgestaltung sind bei der Ermittlung des wirtschaftlichsten Angebots gem. § 127 Abs. 2 GWB zu beachten. Gem. § 127 Abs. 3 GWB müssen die Zuschlagskriterien nach weiteren Maßgaben mit dem Auftragsgegenstand in Verbindung stehen. Die Zuschlagskriterien, die gem. § 127 Abs. 5 GWB mit ihrer Gewichtung in der Auftragsbekanntmachung oder den Vergabeunterlagen aufgeführt werden müssen, müssen gem. § 127 Abs. 4 Satz 1 GWB so festgelegt und bestimmt sein, dass die Möglichkeit eines wirksamen Wettbewerbs gewährleistet wird, der Zuschlag nicht willkürlich erteilt werden kann und eine wirksame Überprüfung ihrer Erfüllung möglich ist. Lassen öffentliche Auftraggeber Nebenangebote zu, legen sie gem. § 127 Abs. 4 Satz 2 GWB die Zuschlagskriterien so fest, dass sie sowohl auf Hauptangebote als auch auf Nebenangebote anwendbar sind (vgl. im Übrigen die Kommentierung zu § 127). Weitere Einzelheiten zur Angebotsprüfung anhand der Zuschlagskriterien und zur Zuschlagserteilung im Sektorenvergaberecht regeln die §§ 51 bis 55 SektVO.

21 Im Sektorenvergaberecht gilt auch **§ 128 GWB** über die Auftragsausführung. Nach dieser Vorschrift müssen die Unternehmen bei der Ausführung des öffentlichen Auftrags nach Maßgabe weiterer Detailregelungen alle für sie geltenden rechtlichen Verpflichtungen einhalten (Abs. 1), wobei die Sektorenauftraggeber darüber hinaus besondere Bedingungen für die Ausführung eines Auftrags (Ausführungsbedingungen) festlegen können, sofern diese mit dem Auftragsgegenstand in Verbindung stehen und weitere Maßgaben erfüllt werden (Abs. 2). Ausführungsbedingungen, die der öffentliche Auftraggeber dem beauftragten Unternehmen verbindlich vorzugeben hat (zwingend zu berücksichtigende Ausführungsbedingungen), dürfen gem. **§ 129 GWB** nur aufgrund eines Bundes- oder Landesgesetzes festgelegt werden (vgl. im Übrigen die Kommentierung zu den §§ 128 und 129).

IX. Modifizierte Geltung von § 130 GWB über soziale und andere besondere Dienstleistungen

22 Im Sektorenvergaberecht gilt auch § 130 GWB über die Vergabe von öffentlichen Aufträgen über soziale und andere besondere Dienstleistungen. Nach Abs. 1 dieser Vorschrift stehen Sektorenauftraggebern bei der Vergabe von öffentlichen Aufträgen über soziale und andere besondere Dienstleistungen das offene Verfahren, das nicht offene Verfahren, das Verhandlungsverfahren mit Teilnahmewettbewerb, der wettbewerbliche Dialog und die Innovationspartnerschaft nach ihrer Wahl zur Verfügung. (Nur) ein Verhandlungsverfahren ohne Teilnahmewettbewerb steht zur Verfügung, soweit dies aufgrund des GWB gestattet ist. Nach § 130 Abs. 2 GWB ist abweichend von § 132 Abs. 3 GWB die Änderung eines öffentlichen Auftrags über soziale und andere besondere Dienstleistungen ohne Durchführung eines neuen Vergabeverfahrens zulässig, wenn der Wert der Änderung nicht mehr als 20% des ursprünglichen Auftragswertes beträgt. Die einzige Modifikation von § 130 GWB für den Bereich des Sektorenvergaberechts besteht darin, dass sich die von § 130 GWB erfassten sozialen und anderen besonderen Dienstleistungen nicht aus Anhang XIV der Richtlinie 2014/24/EU ergeben, sondern aus Anhang XVII der Richtlinie 2014/25/EU. Ein inhaltlicher Unterschied folgt daraus derzeit nicht, weil beide Anhänge dieselben

Dienstleistungen anhand ihrer jeweiligen CPV-Nummer auflisten. Die beiden Anhänge könnten sich aber künftig aufgrund entsprechender Änderungen durch den europäischen Richtliniengeber unterschiedlich entwickeln (vgl. im Übrigen die Kommentierung zu § 130).

X. Geltung von § 131 GWB über Personenverkehrsleistungen im Eisenbahnverkehr

Im Sektorenvergaberecht gilt auch § 131 GWB über die Vergabe von öffentlichen Aufträgen über Personenverkehrsleistungen im Eisenbahnverkehr. Diese Vorschrift regelt Besonderheiten hinsichtlich der zur Verfügung stehenden Vergabeverfahrensarten (Abs. 1), eine Besonderheit zu der in § 108 Abs. 1 GWB normierten Inhouse-Beauftragung (Abs. 2) und eine Besonderheit zum Arbeitnehmerübergang bei einem Auftragnehmer-Wechsel (Abs. 3). Vgl. im Übrigen die Kommentierung zu § 131 GWB. **23**

XI. Modifizierte Geltung von § 132 GWB über Auftragsänderungen während der Vertragslaufzeit (Nr. 3)

Im Sektorenvergaberecht gilt auch § 132 GWB über Auftragsänderungen während der Vertragslaufzeit. Nach § 132 Abs. 1 GWB erfordern während der Vertragslaufzeit vorgenommene wesentliche Änderungen eines öffentlichen Auftrags – also Änderungen, die dazu führen, dass sich der öffentliche Auftrag erheblich von dem ursprünglich vergebenen öffentlichen Auftrag unterscheidet und für die in § 132 Abs. 1 Satz 3 Nr. 1 bis Nr. 4 GWB typisierende Regelbeispiele aufgelistet werden – ein neues Vergabeverfahren. **24**

Von den Regelungen in § 132 Abs. 2 GWB gilt jedoch nach der Maßgabe des § 142 Nr. 3 GWB nur der Satz 1. Das bedeutet, dass die Änderung eines öffentlichen Auftrags ohne Durchführung eines neuen Vergabeverfahrens zulässig ist, wenn **25**

1. in den ursprünglichen Vergabeunterlagen klare, genaue und eindeutig formulierte Überprüfungsklauseln oder Optionen vorgesehen sind, die Angaben zu Art, Umfang und Voraussetzungen möglicher Auftragsänderungen enthalten, und sich aufgrund der Änderung der Gesamtcharakter des Auftrags nicht verändert;
2. zusätzliche Liefer-, Bau- oder Dienstleistungen erforderlich geworden sind, die nicht in den ursprünglichen Vergabeunterlagen vorgesehen waren, und ein Wechsel des Auftragnehmers a) aus wirtschaftlichen oder technischen Gründen nicht erfolgen kann und b) mit erheblichen Schwierigkeiten oder beträchtlichen Zusatzkosten für den öffentlichen Auftraggeber verbunden wäre; die in § 132 Abs. 2 Satz 2 und Satz 3 GWB allgemein vorgesehene Beschränkung auf Fälle, in denen die Änderung(en) nicht mehr als 50% des ursprünglichen Auftragswertes ausmacht bzw. ausmachen, gilt im Sektorenvergaberecht aufgrund der Maßgabe nach Nr. 3 nicht;
3. die Änderung aufgrund von Umständen erforderlich geworden ist, die der öffentliche Auftraggeber im Rahmen seiner Sorgfaltspflicht nicht vorhersehen konnte, und sich aufgrund der Änderung der Gesamtcharakter des Auftrags nicht verändert; die in § 132 Abs. 2 Satz 2 und Satz 3 GWB allgemein vorgesehene Beschränkung auf Fälle, in denen die Änderung(en) nicht mehr als 50% des ursprünglichen Auftragswertes aus-

macht bzw. ausmachen, gilt im Sektorenvergaberecht aufgrund der Maßgabe nach Nr. 3 nicht; oder
4. ein neuer Auftragnehmer den bisherigen Auftragnehmer unter den in den Buchst. a) bis c) genannten Voraussetzungen ersetzt.

26 Der deutsche Gesetzgeber begründete die in § 142 Nr. 3 GWB normierte Nichtgeltung des § 132 Abs. 2 Satz 2 und Satz 3 GWB damit, dass Art. 89 Abs. 1 der Richtlinie 2014/25/EU – anders als Art. 72 Abs. 1 der Richtlinie 2014/24/EU – für die Zulässigkeit von Vertragsverlängerungen bzw. -erweiterungen wegen zusätzlicher Dienstleistungen keine Einschränkung auf maximal 50% des ursprünglichen Preises vorgibt.[3]

27 Die weiteren Regelungen des § 132 GWB gelten im Sektorenvergaberecht unverändert:

- Die Änderung eines öffentlichen Auftrags ist ferner gem. § 132 Abs. 3 GWB ohne Durchführung eines neuen Vergabeverfahrens zulässig, wenn sich der Gesamtcharakter des Auftrags nicht ändert und der Wert der Änderung (1.) die jeweiligen Schwellenwerte nach § 106 GWB nicht übersteigt und (2.) bei Liefer- und Dienstleistungsaufträgen nicht mehr als 10% und bei Bauaufträgen nicht mehr als 15% des ursprünglichen Auftragswertes beträgt. Bei mehreren aufeinander folgenden Änderungen ist der Gesamtwert der Änderungen maßgeblich.
- Enthält der Vertrag eine Indexierungsklausel, wird für die Wertberechnung gem. § 132 Abs. 3 GWB der höhere Preis als Referenzwert herangezogen. Da die Regelungen in § 132 Abs. 2 Satz 2 und Satz 3 GWB im Sektorenvergaberecht nicht gelten, gilt insoweit im Ergebnis auch nicht § 132 Abs. 4 GWB, soweit diese Regelung allgemein auch auf § 132 Abs. 2 Satz 2 und Satz 3 GWB bezogen ist.
- Änderungen nach § 132 Abs. 2 Satz 1 Nr. 2 und Nr. 3 GWB sind im Amtsblatt der Europäischen Union bekannt zu machen.

Vgl. im Übrigen die Kommentierung zu § 132.

XII. Geltung von § 133 GWB über die Kündigung öffentlicher Aufträge in besonderen Fällen

28 Im Sektorenvergaberecht gilt auch § 133 GWB über die Kündigung öffentlicher Aufträge in besonderen Fällen. Diese Vorschrift regelt verschiedene Kündigungsrechte des Sektorenauftraggebers während der Vertragslaufzeit des öffentlichen Auftrags (Abs. 1), Einzelheiten hinsichtlich des Vergütungsanspruchs des Auftragnehmers (Abs. 2) und das Verhältnis zu Schadensersatzansprüchen (Abs. 3). Vgl. im Übrigen die Kommentierung zu § 133.

3 Vgl. BT-Drs. 18/6281 v. 8.10.2015, Anlage 1, S. 125. Der Gesetzgeber bezeichnete die Maßgaberegelung der Nr. 3 in dem Sinne zutreffend als „Rückausnahme", als die in § 142 Hs. 1 zunächst angeordnete Geltung des § 132 in § 142 Hs. 2 Nr. 3 mit Blick auf § 132 Abs. 2 Satz 2 und Satz 3 zurückgenommen wird. In der Sache bzw. materiell-rechtlich ist die Maßgaberegelung der Nr. 3 allerdings keine „Rückausnahme", weil durch diese Regelung im Bereich der ausnahmsweise vergaberechtsfreien Änderung von öffentlichen Aufträgen von Sektorenauftraggebern die die Vergaberechtsfreiheit beschränkenden Vorgaben des § 132 Abs. 2 Satz 2 und Satz 3 nicht gelten – materiell-rechtlich wird also der Bereich der vergaberechtsfreien Auftragsänderungen im Bereich von Sektorenauftraggebern erweitert.

XIII. Geltung der §§ 134 und 135 GWB über Informations- und Wartepflichten und die Unwirksamkeit öffentlicher Aufträge

Im Sektorenvergaberecht gilt auch **§ 134 GWB**. Nach dieser Vorschrift müssen die Sektorenauftraggeber grundsätzlich Bieter und Bewerber, deren Angebot bzw. Bewerbung nicht berücksichtigt bzw. abgelehnt werden soll, unverzüglich in Textform über den Namen des Zuschlagsdestinators, über die Gründe der vorgesehenen Nichtberücksichtigung/Ablehnung des Angebots/der Bewerbung und über den frühesten Zeitpunkt des Vertragsschlusses informieren und anschließend mindestens 15 bzw. 10 Kalendertage bis zum Vertragsschluss warten (vgl. im Übrigen die Kommentierung zu § 134). Weitere Einzelheiten hinsichtlich der Unterrichtung von Bietern und Bewerbern im Sektorenvergaberecht regelt § 56 SektVO. 29

Im Sektorenvergaberecht gilt auch **§ 135 GWB**. Nach Abs. 1 dieser Vorschrift ist ein öffentlicher Auftrag nach Maßgabe weiterer Detailregelungen grundsätzlich von Anfang an unwirksam, wenn der öffentliche Auftraggeber entweder gegen § 134 verstoßen hat (Nr. 1) oder den Auftrag ohne vorherige Bekanntmachung vergeben hat, ohne dass dies aufgrund Gesetzes gestattet ist (Nr. 2), und dieser Verstoß in einem Nachprüfungsverfahren festgestellt worden ist (vgl. im Übrigen die Kommentierung zu § 135). 30

§ 143 Regelungen für Auftraggeber nach dem Bundesberggesetz

(1) Sektorenauftraggeber, die nach dem Bundesberggesetz berechtigt sind, Erdöl, Gas, Kohle oder andere feste Brennstoffe aufzusuchen oder zu gewinnen, müssen bei der Vergabe von Liefer-, Bau- oder Dienstleistungsaufträgen oberhalb der Schwellenwerte nach § 106 Absatz 2 Nummer 2 zur Durchführung der Aufsuchung oder Gewinnung von Erdöl, Gas, Kohle oder anderen festen Brennstoffen die Grundsätze der Nichtdiskriminierung und der wettbewerbsorientierten Auftragsvergabe beachten. Insbesondere müssen sie Unternehmen, die ein Interesse an einem solchen Auftrag haben können, ausreichend informieren und bei der Auftragsvergabe objektive Kriterien zugrunde legen. Die Sätze 1 und 2 gelten nicht für die Vergabe von Aufträgen, deren Gegenstand die Beschaffung von Energie oder Brennstoffen zur Energieerzeugung ist.

(2) Die Auftraggeber nach Absatz 1 erteilen der Europäischen Kommission über das Bundesministerium für Wirtschaft und Energie Auskunft über die Vergabe der unter diese Vorschrift fallenden Aufträge nach Maßgabe der Entscheidung 93/327/EWG der Kommission vom 13. Mai 1993 zur Festlegung der Voraussetzungen, unter denen die öffentlichen Auftraggeber, die geographisch abgegrenzte Gebiete zum Zwecke der Suche oder Förderung von Erdöl, Gas, Kohle oder anderen Festbrennstoffen nutzen, der Kommission Auskunft über die von ihnen vergebenen Aufträge zu erteilen haben (ABl. L 129 vom 27.5.1993, S. 25). Sie können über das Verfahren gemäß der Rechtsverordnung nach § 113 Satz 2 Nummer 8 unter den dort geregelten Voraussetzungen eine Befreiung von der Pflicht zur Anwendung dieser Bestimmung erreichen.

Schrifttum: *Boldt/Weller*, BBergG, 2. Aufl. 2016; *Byok/Jaeger*, Kommentar zum Vergaberecht, 2. Aufl. 2005; *Müller-Wrede*, GWB Vergaberecht, Kommentar, 2016.

Übersicht

I. Übersicht

§ 143 GWB schließt das mit dem VergRModG (2016)[1] in Unterabschnitt 1 des neuen Abschnitts 3 des Teils 4 in das GWB eingefügte **Sektorenvergaberecht**[2] ab. Die Vorschrift stellt **Sondervergaberegeln** für Vergaben zur Durchführung 1

- der **Suche** nach Erdöl, Gas, Kohle oder anderen festen Brennstoffen sowie
- der **Gewinnung** von Erdöl, Gas, Kohle oder anderen festen Brennstoffen

durch **Sektorenauftraggeber** auf, die über entsprechende Aufsuchungs- oder Gewinnungsberechtigungen nach dem **Bundesberggesetz** (BBergG)[3] verfügen (sog. BBergG-Auftraggeber).

Im Anwendungsbereich des § 143 GWB sind (lediglich) die vergaberechtlichen **Grundsätze** der Nichtdiskriminierung und der wettbewerbsorientierten Auftragsvergabe zu beachten. Das GWB-(Sektoren-)Vergaberecht der §§ 136 ff. GWB i.V.m. SektVO findet daneben keine Anwendung mehr. 2

Unionsrechtliche Vorgabe für § 143 GWB ist **Art. 33 der EU-Sektorenrichtlinie**,[4] der seinerseits an die allgemeine Definition der Sektorentätigkeiten im Bereich fossiler Brennstoffe des **Art. 14 der EU-Sektorenrichtlinie** anknüpft.[5] 3

Während Art. 14 der EU-Sektorenrichtlinie – und entsprechend dem zur Umsetzung des Art. 14 EU-Sektorenrichtlinie geschaffenen § 102 Abs. 6 GWB – Tätigkeiten zur Nutzung eines geografisch abgegrenzten Gebiets zum Zwecke 4

- der **Exploration** (also der Suche) von Kohle oder anderen festen Brennstoffen sowie
- der **Förderung** (also der Gewinnung) von Öl, Gas, Kohle oder anderen festen Brennstoffen

dem **Anwendungsbereich des Sektorenvergaberechts insgesamt zunächst einmal grundsätzlich unterwirft**, bestimmt Art. 33 der EU-Sektorenrichtlinie für solche Stellen, die in den in den Entscheidungen 2002/205/EG der Kommission[6] und 2004/73/EG der Kommission[7] genannten Bereichen tätig sind, eine **Einschränkung dieser Geltungsbereichsbestimmung** des Art. 14 EU-Sektorenrichtlinie.

---

1 Gesetz zur Modernisierung des Vergaberechts (Vergaberechtsmodernisierungsgesetz-VergRModG) v. 17.2.2016 (BGBl. I, Nr. 8 v. 23.2.2016, S. 203 ff.).

2 Die Ausfüllung der Vorschriften des GWB-Sektorenvergaberechts erfolgt auf untergesetzlicher Ebene durch die Verordnung über die Vergabe von öffentlichen Aufträgen im Bereich des Verkehrs, der Trinkwasserversorgung und der Energieversorgung (Sektorenverordnung – SektVO) v. 12.4.2016, BGBl. I S. 624, 657.

3 Bundesberggesetz (BBergG) v. 13.8.1980, BGBl. I, Nr. 48 v. 20.8.1980, S. 1310 ff., zuletzt geändert durch Art. 15a des Gesetzes vom 31.7.2009, BGBl. I, Nr. 51 v. 6.8.2009, S. 2585, 2619.

4 Richtlinie 2014/25/EU des Europäischen Parlaments und des Rates v. 26.4.2014 über die Vergabe von Aufträgen durch Auftraggeber im Bereich der Wasser-, Energie- und Verkehrsversorgung sowie der Postdienste und zur Aufhebung der Richtlinie 2004/17/EG (ABl. L 94 v. 28.3.2014, S. 243).

5 Art. 14 EU-Sektorenrichtlinie wird wiederum durch § 102 Abs. 6 GWB umgesetzt.

6 Entscheidung 2002/205/EG der Kommission v. 4.3.2002 über einen Antrag Österreichs, das spezielle Regime in Artikel 3 der Richtlinie 93/38/EWG anzuwenden (ABl. L 68 vom 12.3.2002, S. 31).

7 Entscheidung 2004/73/EG der Kommission v. 15.1.2004 über einen Antrag Deutschlands, das spezielle Regime in Artikel 3 der Richtlinie 93/38/EWG anzuwenden (ABl. L 16 vom 23.1.2004, S. 57).

5 Nach Art. 33 EU-Sektorenrichtlinie ist durch die **Bundesrepublik Deutschland** zu gewährleisten, dass diese Stellen, die u. a. in den in der **Entscheidung 2004/73/EG der Kommission genannten Bereichen tätig** sind, (bloß) die Grundsätze der Nichtdiskriminierung und der wettbewerblichen Beschaffung beachten und der Kommission gemäß der Entscheidung 93/327/EWG der Kommission[8] Auskunft über die vergebenen Aufträge erteilen. Der Umsetzung dieses in Art. 33 der EU-Sektorenrichtlinie bestimmten Regelungsauftrags an Deutschland dient § 143 GWB.

6 Deutschland hatte bereits im Jahr 2002 auf Grundlage der Sektorenkoordinierungsrichtlinie aus dem Jahr 1993[9] (SKR 1993) bei der EU-Kommission eine **unionsrechtliche Ausnahmeentscheidung** für die Nutzung geografisch abgegrenzter Gebiete zum Zwecke der Suche nach oder der Förderung von Erdöl, Gas, Kohle und anderen Festbrennstoffen beantragt zu verabschieden.[10] Daraufhin erließ die EU-Kommission 2004 auf der Grundlage der SKR 1993 die **Ausnahmeentscheidung 2004/73/EG**, in deren Art. 1 die EU-Kommission feststellte: „Die Nutzung geografisch abgegrenzter Gebiete zum Zweck der Suche nach oder der Förderung von Erdöl, Gas, Kohle oder anderen Festbrennstoffen in Deutschland gilt ab 15.1.2004 **nicht als Tätigkeit** im Sinne von Artikel 2 Absatz 2 Buchstabe b) Ziffer i) der Richtlinie 93/38/EWG. Die eine solche Tätigkeit ausübenden Auftraggeber gelten in Deutschland nicht als Inhaber besonderer oder ausschließlicher Rechte im Sinne von Artikel 2 Absatz 3 Buchstabe b) der Richtlinie 93/38/EWG.“[11] Die Ausnahmeentscheidung führte also auf der Ebene des Unionsrechts dazu, dass sich die Pflichten nach der SKR für den Sektoren-Bergbau allein und abschließend auf die in Art. 27 SKR 1993/SKR 2004[12] – jetzt **Art. 33** EU-Sektorenrichtlinie – genannten Pflichten (Nichtdiskriminierung, wettbewerbsorientierte Auftragsvergabe, Information über Vergaben) beschränkten.

7 Anders als noch die Vorläufernorm des Art. 14 EU-Sektorenrichtlinie, der Art. 7 lit. a) SKR 2004, erfasst Art. 14 EU-Sektorenrichtlinie **indes nicht mehr** die **Exploration (also die Suche) von Öl und Gas**. Entsprechend sind diese Tätigkeiten auch nicht mehr Bestandteil des Sektorenbereichs „fossile Brennstoffe“ in § 102 Abs. 6 GWB. Dementsprechend bestimmt nun auch Art. 33 Abs. 3 der EU-Sektorenrichtlinie, dass seine Regelungen keine Anwendung finden auf Aufträge, die zum Zweck der Erdöl- oder Gasexplora-

---

8 Entscheidung 93/327/EWG der Kommission v. 13.5.1993 zur Festlegung der Voraussetzungen, unter denen die öffentlichen Auftraggeber, die geografisch abgegrenzte Gebiete zum Zwecke der Suche oder Förderung von Erdöl, Gas, Kohle oder anderen Festbrennstoffen nutzen, der Kommission Auskunft über die von ihnen vergebenen Aufträge zu erteilen haben (ABl. L 129 v. 27.5.1993, S. 25).

9 Richtlinie 93/38/EWG des Rates vom 14.6.1993 zur Koordinierung der Auftragsvergabe durch Auftraggeber im Bereich der Wasser-, Energie- und Verkehrsversorgung sowie im Telekommunikationssektor, ABl. EG Nr. L 199 v. 9.8.1993, S. 84 ff.

10 Vgl. Erwägungsgrund Nr. 3 der Entscheidung 2004/73/EG. Aktuell findet sich die Rechtsgrundlage für entsprechende Anträge der Mitgliedstaaten in Art. 34, 35 der EU-Sektorenrichtlinie.

11 Vgl. Entscheidung der Kommission vom 15.1.2004 über einen Antrag Deutschlands, das spezielle Regime in Artikel 3 der Richtlinie 93/38/EWG anzuwenden (2004/73/EG), ABl. EU Nr. L 16 v. 23.1.2004, S. 57 ff. Vgl. dort die Erwägungsgründe 3 bis 9 zur (langen) Vorgeschichte der Ausnahmeentscheidung.

12 Richtlinie 2004/17/EG des Europäischen Parlaments und des Rates v. 31.3.2004 zur Koordinierung der Zuschlagserteilung durch Auftraggeber im Bereich der Wasser-, Energie- und Verkehrsversorgung sowie der Postdienste (ABl. L 134 v. 30.4.2004, S. 1).

tion vergeben werden.[13] **Lediglich § 143 GWB**, der wie gesehen der Umsetzung von Art. 33 EU-Sektorenrichtlinie dient, vollzieht diese Änderung des EU-Sektorenvergaberechts **nicht** nach. § 143 GWB erfasst nämlich nach wie vor auch die Suche nach Erdöl und Gas. Die Folge dessen ist, dass § 143 GWB zwar – wie auch § 129b GWB a. F. – zu einer **Privilegierung** für die Sektorentätigkeiten im Bereich fossiler Brennstoffe führt, jedoch nun auch eine **Verschärfung für die Suche nach Erdöl oder Gas** mit sich bringt. Denn diese Tätigkeiten unterfallen weder dem europäischen (Art. 14, 33 Abs. 3 EU-Sektorenrichtlinie) noch dem nationalen Sektorenvergaberecht (§§ 102 Abs. 6, 136 GWB).

Inhaltlich entspricht § 143 GWB in Vielem der Vorgängerregelung in § 129b GWB a. F.[14] **8**
Neben klarstellenden Änderungen (insb. „Feste Brennstoffe" anstatt „Festbrennstoffe") sind, da wo es notwendig war, die in der Vorschrift enthaltenen Verweise aktualisiert worden. So verweist § 143 Abs. 1 S. 1 GWB im Hinblick auf die Schwellenwerte, anders als noch § 129b GWB a. F., jetzt nicht mehr (statisch) auf die alte Sektorenkoordinierungsrichtlinie 2004/17/EG[15] (SKR 2004), sondern auf die bundesgesetzliche Regelung zu den Schwellenwerten in § 106 Abs. 2 Nr. 2 GWB. § 106 Abs. 2 Nr. 2 GWB seinerseits enthält eine dynamische Verweisung auf Art. 15 der EU-Sektorenrichtlinie, in dem die Schwellenwerte festgelegt sind. Und § 143 Abs. 2 S. 2 GWB nimmt jetzt die Rechtsverordnungsermächtigung des § 113 S. 2 Nr. 8 GWB, anstatt wie bislang § 127 Nr. 9 GWB a. F., in Bezug. Ein wichtiger Unterschied zu § 129b GWB a. F. besteht im **personalen Anknüpfungspunkt**. Normadressaten des § 143 GWB sind nun die „**Sektorenauftraggeber**", „die nach dem Bundesberggesetz berechtigt sind, Erdöl, Gas, Kohle oder andere feste Brennstoffe aufzusuchen oder zu gewinnen". Die Vorgängerregelung des § 129b GWB a. F. stellte – im Übrigen insoweit gleichlautend – noch nicht auf die nun legaldefinierten „Sektorenauftraggeber", sondern auf die „Auftraggeber" ab.[16] Die erstmalig in das GWB (vgl. § 100 GWB)

---

13 Hierzu führt Erwägungsgrund 25 der EU-Sektorenrichtlinie aus: „Es ist angezeigt, Beschaffungen zum Zwecke der Exploration von Erdöl- und Erdgasvorkommen auszuschließen, da dieser Sektor nach allgemeiner Einschätzung einem so starken Wettbewerbsdruck ausgesetzt ist, dass die durch die einschlägigen Unionsvergabevorschriften bewirkte Beschaffungsdisziplin nicht mehr erforderlich ist. Da die Gewinnung von Erdöl und Erdgas weiterhin in den Anwendungsbereich dieser Richtlinie fällt, könnte es erforderlich sein, zwischen Exploration und Gewinnung zu unterscheiden. Dabei sollte der Begriff „Exploration" die Tätigkeiten umfassen, die durchgeführt werden, um festzustellen, ob Erdöl und Erdgas in einem bestimmten Gebiet vorhanden sind, und wenn dies der Fall ist, ob es gewerblich nutzbar ist, während der Begriff „Gewinnung" die „Erzeugung" von Erdöl und Erdgas abdecken sollte. Gemäß der etablierten Praxis in Fusionsfällen sollte der Begriff „Erzeugung" so verstanden werden, dass er auch die „Entwicklung" umfasst, d. h. die Errichtung einer angemessenen Infrastruktur für die künftige Erzeugung (Ölplattformen, Rohrleitungen, Terminalanlagen usw.)."

14 Vgl. BT-Drs. 18/6281, S. 126; die Vorgängerregelung von § 129b GWB a. F. war der – durch Art. 2 VergModG aufgehobene – § 11 VgV a. F.; vgl. BGBl. I, Nr. 3 v. 18.1.2001, S. 110, 113.

15 Richtlinie 2004/17/EG des Europäischen Parlaments und des Rates v. 31.3.2004 zur Koordinierung der Zuschlagserteilung durch Auftraggeber im Bereich der Wasser-, Energie- und Verkehrsversorgung sowie der Postdienste (ABl. L 134 v. 30.4.2004, S. 1).

16 Merke in diesem Zusammenhang: Das vormals in Art. 8 i.V. m. Anhänge I bis X SKR 2004 enthaltene Verzeichnis der Auftraggeber ist in der neuen EU-Sektorenrichtlinie entfallen. Gemäß Art. 8 SKR 2004 i.V. m. Anhang VII und Anhang VIII zur SKR 2004 (jeweils unter dem Stichwort „Deutschland") zählten zu den Auftraggebern in den Sektoren Aufsuchung und Gewinnung von Öl oder Gas und zu den Auftraggebern in den Sektoren Aufsuchung und Gewinnung von Kohle und anderen festen Brennstoffen jeweils ausdrücklich „Unternehmen im Sinne des Bundesberggesetzes vom 13.8.1980, zuletzt geändert am 9.12.2006".

aufgenommene Legaldefinition des Sektorenauftraggebers ist damit neuer Anknüpfungspunkt der Bestimmung des personalen Anwendungsbereichs von § 143 GWB.

II. Teilweise Befreiung für BBergG-Auftraggeber (Abs. 1)

1. Regelungsgehalte des Abs. 1

9 Nach **Abs. 1 S. 1** müssen **Sektorenauftraggeber**, die nach dem BBergG berechtigt sind, Erdöl, Gas, Kohle oder andere feste Brennstoffe aufzusuchen oder zu gewinnen, bei der Auftragsvergabe oberhalb der Schwellenwerte **zur Durchführung** der Aufsuchung oder Gewinnung von Erdöl, Gas, Kohle oder anderen festen Brennstoffen die **Grundsätze der Nichtdiskriminierung** und **der wettbewerbsorientierten Auftragsvergabe** beachten, wozu nach **Abs. 1 S. 2** insbesondere die ausreichende **Information** interessierter Unternehmen und die Zugrundelegung **objektiver Vergabekriterien** zählen soll. **Abs. 1 S. 3** nimmt von diesen Vorgaben solche Aufträge heraus, deren Gegenstand die Beschaffung von Energie oder Brennstoffen zur Energieerzeugung ist.

2. BBergG-Auftraggeber (Satz 1)

10 **Normadressaten** des § 143 GWB sind gem. Abs. 1 Satz 1 solche **Sektorenauftraggeber**, die **nach dem BBergG** zur Aufsuchung oder Gewinnung von Erdöl, Gas, Kohle oder anderen festen Brennstoffen **berechtigt** sind **(BBergG-Auftraggeber)**.

a) Sektorenauftraggeber

11 Der Begriff des **Sektorenauftraggebers** ist definiert in § 100 Abs. 1 GWB.[17] Zu den Sektorenauftraggebern zählen danach:

- Zum einen **öffentliche Auftraggeber** gem. § 99 Nr. 1 bis 3 GWB, die eine **Sektorentätigkeit** gem. § 102 GWB ausüben (vgl. § 100 Abs. 1 Nr. 1 GWB; „öffentliche Sektorenauftraggeber").
- Zum anderen können zu den Sektorenauftraggebern auch **sonstige** natürliche oder juristische **Personen des privaten Rechts**, die eine **Sektorentätigkeit** gem. § 102 ausüben (vgl. § 100 Abs. 1 Nr. 2 GWB; „private" bzw. „reine" Sektorenauftraggeber), gehören. Diese Personen sind jedoch immer nur dann Sektorenauftraggeber, wenn die ausgeübte Sektorentätigkeit auf der Grundlage von besonderen oder ausschließlichen Rechten[18] ausgeübt wird, die von einer zuständigen Behörde gewährt wurden (vgl. § 100 Abs. 1 Nr. 2 lit. a) GWB), oder öffentliche Auftraggeber gem. § 99 Nr. 1 bis 3 GWB auf diese Personen einzeln oder gemeinsam einen beherrschenden Einfluss[19] ausüben können (vgl. § 100 Abs. 1 Nr. 2 lit. b) GWB).

---

17 § 100 GWB setzt Art. 4 der EU-Sektorenrichtlinie um.

18 Vgl. dazu die Legaldefinitionen des Art. 4 Abs. 3 EU-Sektorenrichtlinie sowie des § 100 Abs. 2 GWB.

19 Vgl. dazu die Legaldefinitionen des „öffentlichen Unternehmens" in Art. 4 Abs. 2 EU-Sektorenrichtlinie sowie des beherrschenden Einflusses" in § 100 Abs. 3 GWB.

Ausgenommen von dem Begriff des Sektorenauftraggebers sind öffentliche Auftraggeber gem. § 99 Nr. 4 GWB (entspricht § 98 Nr. 5 GWB a.F.) sowie – die neu geschaffenen – Konzessionsgeber im Sinne von § 101 GWB.[20] 12

b) Nach dem BBergG berechtigt

Zur Aufsuchung oder Gewinnung berechtigt ist der **Inhaber der bergrechtlichen Berechtigung**, also die Person, die in der Berechtigung als ihr Inhaber angegeben wird. Das Bergrecht kennt **drei verschiedene Arten der Berechtigung**: 13

1. Die **Erlaubnis**, die zur **Aufsuchung** (vgl. dazu Rn. 16) von Bodenschätzen berechtigt (vgl. § 6 Satz 1 und § 7 BBergG).
2. Die **Bewilligung**, die zur **Gewinnung** (vgl. dazu Rn. 17) von Bodenschätzen berechtigt (vgl. § 6 Satz 1 und § 8 BBergG).
3. Das Bergwerkseigentum, das ebenfalls zur Gewinnung von Bodenschätzen berechtigt (vgl. § 6 Satz 1 und § 9 BBergG).

Sektorenauftraggeber i.S.d. Abs. 1 Satz 1 ist immer der **Unternehmer i.S.d. § 4 Abs. 5 BBergG**, also – gemäß der bergrechtlichen Legaldefinition – diejenige natürliche oder juristische Person oder Personenhandelsgesellschaft, die eine Aufsuchungs-, Gewinnungs- oder Aufbereitungstätigkeit (die Wiedernutzbarmachung ist hier irrelevant) auf eigene Rechnung durchführt oder durchführen lässt. Denn es gibt keinen Unternehmer, der nicht auch **(Mit-)Inhaber der bergrechtlichen Berechtigung** wäre. Das liegt daran, dass die bergrechtlichen Berechtigungen zur Aufsuchung oder Gewinnung nur demjenigen erteilt werden, der Bodenschätze (selbst) aufsuchen oder gewinnen will – und damit nur dem Unternehmer i.S.d. § 4 Abs. 5 BBergG: Gem. § 6 Satz 1 BBergG bedarf nur derjenige einer bergrechtlichen Berechtigung zur Aufsuchung oder Gewinnung, der (selbst) bergfreie Bodenschätze (vgl. dazu § 3 Abs. 1 und Abs. 3 BBergG) aufsuchen/gewinnen oder aufsuchen/gewinnen lassen will; dementsprechend wird vor Erteilung einer bergrechtlichen Berechtigung auch die Zuverlässigkeit des Antragstellers als personenbezogene Voraussetzung geprüft (vgl. § 11 Nr. 6, § 12 Abs. 1 Satz 1 und § 13 Nr. 1 BBergG). Eine bergrechtliche Berechtigung ist daher eine an die jeweilige Person des Inhabers gebundene Berechtigung. Grundsätzlich – und das ist in der Praxis wohl ohnehin der Regelfall – wird deswegen der ursprüngliche Inhaber der Berechtigung, der die Berechtigung für sich selbst beantragt hat (vgl. § 10 BBergG), auch der Unternehmer i.S.d. § 4 Abs. 5 BBergG sein, der die jeweilige Aufsuchung/Gewinnung, zu der die entsprechende Berechtigung berechtigt, auf eigene Rechnung durchführt oder durchführen lässt. 14

Im Übrigen ist es zwar möglich, dass der ursprüngliche Inhaber einer bergrechtlichen Berechtigung die Aufsuchung oder Gewinnung nicht selbst bzw. auf eigene Rechnung durchführen oder durchführen lassen möchte und daher einem Dritten (z.B. durch schuldrechtlichen Vertrag) erlaubt, die Berechtigung auszunutzen (**Nutzungsüberlassung**). In einer solchen Nutzungsüberlassung ist jedoch eine Übertragung der Berechtigung auf den Dritten oder eine Beteiligung des Dritten an der Berechtigung zu sehen. Eine solche Übertragung oder Beteiligung ist gem. § 22 Abs. 1 Satz 1 BBergG genehmigungspflichtig.[21] Durch die Erteilung der für die Übertragung/Beteiligung erforderlichen Genehmigung wird der Drit- 15

20 Vgl. *Schröder*, in: Müller-Wrede, GWB Vergaberecht, § 143 Rn. 9.

21 *Kühne*, in: Boldt/Weller, BBergG, § 22 Rn. 10.

te, der Unternehmer ist bzw. sein möchte, zugleich auch selbst (Mit-)Inhaber der bergrechtlichen Berechtigung. Wiederum fällt in einem solchen Fall also die Stellung als Inhaber der Berechtigung mit der Stellung als Unternehmer i. S. d. § 4 Abs. 5 BBergG in Person des Dritten zusammen. Umgekehrt ist der ursprüngliche Berechtigungsinhaber im Falle der Nutzungsüberlassung kein Auftraggeber i. S. d. Abs. 1 Satz 1: Entweder gibt er die Berechtigung vollständig an den Dritten/Unternehmer ab (Übertragung), dann ist er schon kein Berechtigter (mehr) i. S. d. Abs. 1 Satz 1; oder er bleibt gemeinsam mit dem Dritten Mitinhaber der Berechtigung (Beteiligung), dann ist er zwar noch Berechtigter i. S. d. Abs. 1 Satz 1, doch vergibt er dann nicht die Aufträge, weil er die Aufsuchung/Gewinnung nicht ausführt, sodass er kein Auftraggeber i. S. d. Abs. 1 Satz 1 ist.

16 Der Sektorenauftraggeber muss gem. Abs. 1 Satz 1 zur **Aufsuchung oder Gewinnung** berechtigt sein. **Aufsuchung** ist nach der bergrechtlichen Legaldefinition des § 4 Abs. 1 Satz 1 BBergG die mittelbar oder unmittelbar auf die Entdeckung oder Feststellung der Ausdehnung von Bodenschätzen gerichtete Tätigkeit mit Ausnahme der Tätigkeiten im Rahmen der amtlichen geologischen Landesaufnahme (Nr. 1), der Tätigkeiten, die ausschließlich und unmittelbar Lehr- oder Unterrichtszwecken dienen (Nr. 2) und des Sammelns von Mineralien in Form von Handstücken oder kleinen Proben für mineralogische oder geologische Sammlungen (Nr. 3).

17 **Gewinnung** ist nach der bergrechtlichen Legaldefinition des § 4 Abs. 2 BBergG das Lösen oder Freisetzen von Bodenschätzen einschließlich der damit zusammenhängenden vorbereitenden, begleitenden und nachfolgenden Tätigkeiten; ausgenommen ist das Lösen oder Freisetzen von Bodenschätzen in einem Grundstück aus Anlass oder im Zusammenhang mit dessen baulicher oder sonstiger städtebaulicher Nutzung (Nr. 1) und in oder an einem Gewässer als Voraussetzung für dessen Ausbau oder Unterhaltung (Nr. 2).

18 Die Berechtigung muss sich auf die Aufsuchung/Gewinnung von **Erdöl, Gas, Kohle oder anderen Festbrennstoffen** beziehen. Da eine Berechtigung nach dem **BBergG** Voraussetzung für den persönlichen Anwendungsbereich des Abs. 1 Satz 1 ist, muss es sich jedenfalls um einen **Bodenschatz i. S. d. § 3 Abs. 1 BBergG** handeln. Bodenschätze sind nach der genannten bergrechtlichen Legaldefinition mit Ausnahme von Wasser alle **mineralischen Rohstoffe** in festem oder flüssigem Zustand und Gase, die in natürlichen Ablagerungen oder Ansammlungen (Lagerstätten) in oder auf der Erde, auf dem Meeresgrund, im Meeresuntergrund oder im Meerwasser vorkommen. Zudem muss es sich um die Aufsuchung/Gewinnung von Bodenschätzen im Bereich des Festlandsockels der Bundesrepublik Deutschland handeln,[22] weil andernfalls der räumliche Anwendungsbereich des BBergG nach dessen § 2 Abs. 3 Satz 1 nicht eröffnet ist. Im Übrigen ist auch die Mitgewinnungsberechtigung gem. § 8 Abs. 1 Nr. 1 BBergG zu beachten. Erdöl, (Erd-)Gas sowie Kohle zählen gem. § 3 Abs. 3 Satz 1 Hs. 2 und Hs. 3 BBergG zu den sog. **bergfreien** Bodenschätzen (vgl. dazu § 3 Abs. 2 Satz 2 BBergG). Zur Gruppe „Gas" i. S. d. Abs. 1 Satz 1 gehören alle Gase, die ein Bodenschatz sind (also nicht etwa in Anlagen hergestelltes Biogas) und sich als Brennstoff eignen. Zur Gruppe „Kohle" i. S. d. Abs. 1 Satz 1 gehören sowohl Steinkohle als auch Braunkohle. Zur Gruppe „feste Brennstoffe" i. S. d. Abs. 1 Satz 1 gehören nur solche Bodenschätze, die eine feste Konsistenz aufweisen (also insbesondere keine flüssigen Stoffe) und sich als Brennstoff eignen; insbesondere bergrechtliche Berechtigungen zur Aufsuchung/Gewinnung von Erdwärme (Geothermie, vgl. § 3 Abs. 3 Satz 2 Nr. 2 lit. b)

22 Vgl. zum Bereich des Festlandsockels *Keienburg*, in: Boldt/Weller, BBergG, § 2 Rn. 28.

BBergG) fallen also nicht unter Abs. 1 Satz 1, sodass die entsprechenden Auftragsvergaben auch nicht den vergaberechtlichen Bindungen des Abs. 1 Satz 1 unterliegen.

3. Erfasste Aufträge (Satz 1)

Die speziellen Vergaberechtspflichten des Abs. 1 Satz 1 gelten nicht für alle, sondern nur für eine bestimmte Teilmenge der Aufträge, die vom BBergG-Auftraggeber vergeben werden. 19

a) Auftragsarten

Die speziellen Vergaberechtspflichten gelten gem. § 143 Abs. 1 GWB für **Liefer-** (vgl. § 103 Abs. 2 GWB), **Bau-** (vgl. § 103 Abs. 3 GWB) und **Dienstleistungsaufträge** (vgl. § 103 Abs. 4 GWB). Konzessionsvergaben (vgl. § 105 Abs. 1 GWB) sind – da sich die Vorschrift nicht an Konzessionsgeber richtet (vgl. Rn. 12) – von § 143 GWB hingegen nicht erfasst. Für die Vergabe von Konzessionen durch Sektorenauftraggeber im Sinne des § 143 GWB zur Durchführung von Aufsuchungs- oder Gewinnungstätigkeiten, die dann auch Konzessionsgeber nach § 101 Abs. 1 Nr. 2 oder Nr. 3 GWB sind, gilt das Konzessionsvergaberecht der §§ 148 ff. GWB. 20

b) Oberhalb der Schwellenwerte

Die Vergaberechtspflichten des Abs. 1 gelten nach Abs. 1 Satz 1 ferner nur für Vergaben von Liefer-, Bau- und Dienstleistungsaufträgen mit Auftragswerten „**oberhalb**" der in § 106 Abs. 2 Nr. 2 GWB i.V.m. Art. 15 Richtlinie 2014/25/EU jeweils aktuell festgelegten Schwellenwerte. Bei dem Verweis in § 106 Abs. 2 Nr. 2 GWB auf Art. 15 der EU-Sektorenrichtlinie 2014/25/EU handelt es sich um eine dynamische Verweisung, sodass es auf die jeweils gültige Fassung dieser unionsrechtlichen Bestimmung ankommt. Zurzeit betragen die maßgeblichen Schwellenwerte 418.000 Euro bei Liefer- und Dienstleistungsaufträgen, 5.225.000 Euro bei Bauaufträgen und 1.000.000 Euro bei Dienstleistungsaufträgen betreffend soziale und andere besondere Dienstleistungen (vgl. zu diesen Dienstleistungsaufträgen § 130 GWB). Soweit Abs. 1 Satz 1 seinem Wortlaut nach lediglich Aufträge mit Auftragswerten „oberhalb" der Schwellenwerte dem Anwendungsbereich von § 143 unterwirft, so sind damit im Sinne einer gesetzessystematischen und unionskonformen Auslegung gleichsam auch die Aufträge angesprochen, die den jeweiligen Schwellenwert lediglich **erreichen**, ihn jedoch nicht auch überschreiten (vgl. Wortlaut Art. 15 Richtlinie 2014/25/EU sowie § 106 Abs. 1 GWB). 21

c) Zur Durchführung der Aufsuchung/Gewinnung

Die Vergaberechtspflichten des Abs. 1 Satz 1 gelten schließlich nur dann, wenn es sich um Aufträge „zur Durchführung der Aufsuchung oder Gewinnung" handelt. Schon der Wortlaut legt die Annahme nahe, dass es auf eine **Funktionsbeziehung** zwischen der Aufsuchung/Gewinnung einerseits und dem Auftrag andererseits ankommt.[23] Es kommt insoweit maßgeblich auf die **Zweckbestimmung** des Auftrages und die **Beschaffungsintention** des Sektorenauftraggebers an. Insoweit genügt bereits ein **dienender Zusammenhang**. Erfasst 22

23 Vgl. *Schröder*, in: Müller-Wrede, GWB Vergaberecht, § 143 Rn. 12 („Sachzusammenhang").

werden mit der Formulierung „zur Durchführung der Aufsuchung oder Gewinnung" demnach nicht nur Aufträge, deren Leistungsgegenstand sich unmittelbar unter die bergrechtlichen Legaldefinitionen der Aufsuchung gem. § 4 Abs. 1 BBergG oder der Gewinnung gem. § 4 Abs. 2 BBergG subsumieren lässt. Vielmehr werden darüber hinaus auch alle Aufträge erfasst, deren Gegenstand nach den Vorstellungen des BBergG-Auftraggebers dazu dient, die Aufsuchungs- oder Gewinnungstätigkeit **zu ermöglichen** oder in technischer, wirtschaftlicher oder sonstiger Hinsicht **zu erleichtern**, **zu fördern** oder **zu verbessern**. So ist z. B. auch der Auftrag zum Bau eines Verwaltungsgebäudes, in dem der bergbauliche Unternehmer seine mit der Aufsuchungs- oder Gewinnungstätigkeit befassten Mitarbeiter unterbringen möchte, ein Auftrag „zur Durchführung" der Aufsuchung oder Gewinnung, auch dann, wenn das Verwaltungsgebäude zum Teil an Dritte vermietet werden soll.[24]

4. Verbleibende Vergaberechtspflichten (Abs. 1 Satz 1 und Satz 2)

23 BBergG-Auftraggeber müssen bei der Vergabe von Aufträgen, die von § 143 Abs. 1 GWB erfasst werden, den Grundsatz der **Nichtdiskriminierung** und den Grundsatz der **Wettbewerbsorientierung** beachten (Abs. 1 Satz 1), wozu es insbesondere gehört, Unternehmen, die ein Interesse an einem solchen Auftrag haben können, **ausreichend zu informieren** und bei der Auftragsvergabe **objektive Kriterien** zugrunde legen (Abs. 1 Satz 2). Das vergaberechtliche Pflichtenprogramm des Abs. 1 Satz 1 und Satz 2 ist – grundsätzlich (vgl. Rn. 31 ff.) – zwingend.[25] Wie sich dem Wortlaut des Abs. 1 Satz 1 („beachten") und Satz 2 („müssen") ergibt, handelt es sich um echte **justiziable Rechtspflichten**.

24 Über diese **Mindeststandards** hinausgehende vergaberechtliche Verfahrensanforderungen für Auftragsvergaben im Anwendungsbereich des § 143 GWB bestehen hingegen nicht.[26] Es gelten also auch insbesondere nicht die Pflicht zur Mittelstandsförderung nach § 97 Abs. 4 GWB oder die Pflichten zur Vorabinformation nach § 134 GWB. Die Ansicht, zumindest die §§ 134 und 135 GWB müssten aus Gründen effektiven Rechtsschutzes gelten,[27] übersieht, dass Vergaberechtsschutz nach den speziellen unionsrechtlichen Vorgaben der Richtlinie 92/13/EWG[28] in der Fassung der Richtlinie 2007/66/EG[29] (RMLS; die durch §§ 134 und 135 GWB in das deutsche Recht umgesetzt worden ist) für den Bereich des Sektoren-Bergbaus in Deutschland gar nicht erforderlich ist, denn diese Richtlinie ist auf Vergaben von BBergG-Auftraggebern im Bereich des Sektoren-Bergbaus in Deutschland nicht anwendbar, weil solche Vergaben gem. Art. 35, 34 EU-Sektorenrichtlinie i. V. m. der Entscheidung 2004/73/EG schon vom Geltungsbereich der EU-Sektorenrichtlinie (außer Art. 33 EU-Sektorenrichtlinie) ausgenommen sind (vgl. dazu auch Rn. 30).

---

24 Vgl. auch *Willenbruch*, in: Byok/Jaeger, § 9 VgV Rn. 1551.

25 Vgl. auch Erwägungsgrund Nr. 9 Unterabs. 2 der Ausnahmeentscheidung 2004/73/EG zu § 11 VgV a. F.

26 Vgl. *Schröder*, in: Müller-Wrede, GWB Vergaberecht, § 143 Rn. 15 f.

27 Vgl. *Schröder*, in: Müller-Wrede, GWB Vergaberecht, § 143 Rn. 17 mit Verweis auf VK Arnsberg, Beschl. v. 10.1.2008, VK 42/07 sowie m. w. N.

28 Richtlinie 92/13/EWG des Rates v. 25.2.1992 zur Koordinierung der Rechts- und Verwaltungsvorschriften für die Anwendung der Gemeinschaftsvorschriften über die Auftragsvergabe durch Auftraggeber im Bereich der Wasser-, Energie- und Verkehrsversorgung sowie im Telekommunikationssektor (ABl. L 76 v. 23.3.1992, S. 14).

29 Richtlinie 2007/66/EG des Europäischen Parlaments und des Rates v. 11.12.2007.

Der **Grundsatz der Nichtdiskriminierung** entspricht der allgemeinen Vorgabe des § 97 Abs. 2 GWB, wonach die Teilnehmer an einem Vergabeverfahren gleich zu behandeln sind, es sei denn, eine Benachteiligung ist aufgrund des GWB ausdrücklich geboten oder gestattet (vgl. die dortige Kommentierung). **25**

Der **Grundsatz der Wettbewerbsorientierung** entspricht der allgemeinen Vorgabe des § 97 Abs. 1 GWB, wonach Öffentliche Aufträge im Wettbewerb und im Wege transparenter Verfahren vergeben werden (vgl. die dortige Kommentierung). **26**

Die Pflicht zur **ausreichenden Information** besteht gegenüber Unternehmen, die ein Interesse an dem betreffenden Auftrag haben können. Die Informationspflicht bezieht sich insbesondere auf die **Einleitung** eines (nichtförmlichen) Verfahrens über die Vergabe des betreffenden Auftrags. Durch die ausreichende Information sollen am Auftrag interessierte Unternehmen die Gelegenheit bekommen, sich um die Möglichkeit zu bemühen, dem Auftraggeber ein Angebot unterbreiten zu können. Das bedeutet, dass gerade mit Blick auf die Bekanntmachung der Vergabeabsicht vergaberechtliche Informationspflichten bestehen, die der allgemeinen Vorgabe des § 97 Abs. 1 GWB zur Durchführung transparenter Vergabeverfahren entsprechen (vgl. die dortige Kommentierung). Aufgrund der Pflicht zur Beachtung der Grundsätze der Nichtdiskriminierung und der Wettbewerbsorientierung, die sich auf das gesamte Vergabeverfahren des BBergG-Auftraggebers erstreckt, gilt aber auch im übrigen Vergabeverfahren letztlich nichts anderes. **27**

Die Pflicht zur **Anwendung objektiver Vergabekriterien** bei der Vergabeentscheidung geht zwar dem Wortlaut nach über die unionsrechtlichen Vorgaben des Art. 33 Abs. 1 lit. a) EU-Sektorenrichtlinie hinaus, ergibt sich aber ohnehin aus der Pflicht zur Beachtung des Grundsatzes der Nichtdiskriminierung (vgl. dazu Rn. 25). **28**

5. Ausnahme: Energiebeschaffung (Satz 3)

Das vergaberechtliche Pflichtenprogramm des Abs. 1 Satz 1 und Satz 2 gilt gem. **Abs. 1 Satz 3** nicht für Aufträge, deren Gegenstand die Beschaffung von Energie (Wärme, Strom) oder die Beschaffung von Brennstoffen (Erdöl und Erdöl-basierte Brennstoffe, Erdgas, Kohle und andere Festbrennstoffe) **zur Energieerzeugung** ist. Die **gesamte Energiebeschaffung** der BBergG-Auftraggeber **zum Zwecke der Durchführung ihrer Aufsuchungs- oder Gewinnungstätigkeit** wird damit durch Abs. 1 Satz 3 vergaberechtsfrei gestellt. Die Ausnahmevorschrift des Satzes 3 kann sich – wie auch die parallele Ausnahmevorschrift des § 137 Abs. 1 Nr. 8 GWB – auf Art. 23 lit. b) EU-Sektorenrichtlinie stützen und ist damit **unionskonform**. Die Energiebeschaffung eines BBergG-Auftraggebers, der zugleich öffentlicher Auftraggeber ist, wird im Zusammenhang mit dem Sektorenbereich der Energieversorgung durch § 137 Abs. 1 Nr. 8 GWB freigestellt (nicht aber durch Abs. 1 Satz 3, weil es dann an einem Zusammenhang zur Durchführung einer Aufsuchungs- oder Gewinnungstätigkeit fehlt). Von Abs. 1 Satz 3 werden **nicht** erfasst Bauaufträge zur Errichtung von Energieerzeugungs- und -verteilungsanlagen wie Heizungsanlagen (auch wenn sie Erdöl/-derivate, Erd-/Biogas, Stein-/Braunkohle oder andere feste Brennstoffe verfeuern), Geothermie-Anlagen oder Solarenergie- bzw. Photovoltaik-Anlagen einschließlich der jeweiligen Rohrleitungen etc., weil derartige Auftragsgegenstände über die reine Beschaffung von Energie – was allein durch Abs. 1 Satz 3 erfasst wird – deutlich hinausgehen. **29**

6. Rechtsschutz

30 Wenn ein am Auftrag interessiertes Unternehmen geltend macht, dass der BBergG-Auftraggeber seine ihm obliegenden Pflichten gem. Abs. 1 Satz 1 und Satz 2 verletzt hat, besteht Rechtsschutz, weil es sich bei den Vergaberechtspflichten gem. Abs. 1 Satz 1 und Satz 2 um echte Rechtspflichten handelt, die justiziabel sind (vgl. Rn. 23). Es besteht insoweit **Rechtsschutz vor den Vergabekammern gem.** den §§ 155 ff. GWB. Zwar gelten die §§ 101 ff. GWB, insbesondere die Vorschriften über die Informations- und Wartepflichten vor Vertragsschluss (vgl. § 134 GWB) und über die Unwirksamkeit von Verträgen (vgl. § 135 GWB), nicht für Vergaben von BBergG-Auftraggebern (vgl. Rn. 24).[30] Gleichwohl sind im Falle von **BBergG-Auftraggebern**, die von diesen vergebenen Liefer-, Bau- und Dienstleistungsaufträge i. S. d. Abs. 1 auch unter den **Begriff des öffentlichen Auftrags** gem. § 103 Abs. 1 GWB zu subsumieren. Öffentliche Aufträge sind danach nämlich alle entgeltlichen Verträge zwischen öffentlichen Auftraggebern oder **Sektorenauftraggebern** und Unternehmen über die Beschaffung von Leistungen, die die Lieferung von Waren, die Ausführung von Bauleistungen oder die Erbringung von Dienstleistungen zum Gegenstand haben. Das hat zur Folge, dass für die Vergabe dieser Aufträge – bei Erreichen/Überschreiten der Schwellenwerte – der Anwendungsbereich des § 97 Abs. 1 GWB i.V.m. den §§ 155 ff. GWB und somit der Rechtsweg zu den Vergabekammern eröffnet ist. Zwar ist unionsrechtlich ein Rechtsschutz gem. den §§ 155 ff. GWB mit Blick auf Auftragsvergaben von öffentlichen BBergG-Auftraggebern (i. S. d. § 143 Abs. 1 GWB) nicht geboten (vgl. Rn. 24). Das hindert den deutschen Gesetzgeber aber nicht daran, dennoch die von ihm zur Umsetzung der RMLS ergangenen Rechtsschutzvorschriften auch auf Auftragsvergaben von BBergG-Auftraggebern zu erstrecken.

III. Auskunftserteilung (Abs. 2 Satz 1)

31 Die Informationspflichten des Abs. 2 Satz 1 gelten für die **BBergG-Auftraggeber** nach Abs. 1 Satz 1 (vgl. dazu Rn. 10 ff.), soweit sie **Aufträge zur Durchführung der in Abs. 1 Satz 1 genannten Aufsuchungs- und Gewinnungstätigkeiten** (vgl. dazu Rn. 19 ff.) vergeben und diese nicht nach Abs. 1 Satz 3 ausgenommen sind (vgl. dazu Rn. 29). Die Auskunftspflicht der BBergG-Auftraggeber besteht gegenüber dem Bundesministerium für Wirtschaft und Energie, das die Informationen an die EU-Kommission weiterleitet.

32 Die Regelung des Abs. 2 Satz 1 geht zurück auf **Art. 33 Abs. 1 lit. b) EU-Sektorenrichtlinie**, wonach die Bundesrepublik Deutschland unbeschadet des Art. 34 EU-Sektorenrichtlinie durch geeignete Maßnahmen dafür sorgen muss, dass jeder Auftraggeber, der in den Bereichen tätig ist, die in der Entscheidung 2004/73/EG genannt werden, der EU-Kommission Auskunft erteilt unter den Bedingungen, die die EU-Kommission in ihrer Entscheidung 93/327/EWG von 1993 (vgl. dazu Rn. 33) festgelegt hat.

33 Hinsichtlich des Umfangs der Informationspflichten verweist Abs. 2 Satz 1 – entsprechend der unionsrechtlichen Vorgabe gem. Art. 33 Abs. 1 lit. b) EU-Sektorenrichtlinie – auf die

---

30 A. A. vgl. *Schröder*, in: Müller-Wrede, GWB Vergaberecht, § 143 Rn. 17 mit Verweis auf VK Arnsberg, Beschl. v. 10.1.2008, VK 42/07 sowie m. w. N.

Entscheidung 93/327/EWG[31] der EU-Kommission von 1993. Gem. Art. 1 dieser Entscheidung sorgen die Mitgliedstaaten dafür, dass die Auftraggeber der Kommission für jeden von ihnen vergebenen Auftrag mit einem Wert von über 5 Millionen ECU alle im Anhang genannten Auskünfte innerhalb einer Frist von 48 Tagen nach der Vergabe des Auftrags erteilen. Gem. Art. 2 dieser Entscheidung müssen die Auftraggeber bei Aufträgen, deren Wert zwischen 400.000 ECU und 5 Millionen ECU liegt, erstens die in Nr. 1 bis Nr. 9 des Anhangs zu der Entscheidung genannten Angaben für jeden Auftrag mindestens während eines Zeitraums von vier Jahren nach dem Datum der Auftragsvergabe bereithalten (Nr. 1) und zweitens der Kommission diese Auskünfte für jeden im Laufe eines Kalendervierteljahres vergebenen Auftrag entweder direkt auf deren Ersuchen oder spätestens 48 Tage nach Ablauf jedes Vierteljahres mitteilen (Nr. 2). Im Anhang zu dieser Entscheidung sind in Nr. 1 bis Nr. 13 folgende Informationen aufgelistet:

1. Name und Anschrift des Auftraggebers.
2. Art des Auftrags (Liefer- oder Bauauftrag; falls zweckdienlich, Angabe, ob es sich um einen Rahmenvertrag handelt).
3. Genaue Angaben der Art der gelieferten Produkte, Bau- oder Dienstleistungen (z.B. unter Anwendung der CPA-Kennziffern).
4. Angabe darüber, ob und wo (Zeitung/en, Fachzeitschrift/en) auf den zu vergebenden Auftrag hingewiesen wurde. Wie wurde anderenfalls zum Wettbewerb aufgerufen?
5. Anzahl der eingegangenen Angebote.
6. Zeitpunkt der Auftragsvergabe.
7. Name und Anschrift erfolgreicher Auftragnehmer.
8. Wert des Auftrags.
9. Voraussichtliche Dauer des Auftrags.
10. Angabe des Teils des Auftrags, der an Zulieferer vergeben wurde bzw. werden kann (nur bei Überschreiten von 10%).
11. Ursprungsland des Erzeugnisses oder der Dienstleistung.
12. Für die Feststellung des wirtschaftlich günstigsten Angebots zugrunde gelegte Hauptvergabekriterien.
13. Wurde der Auftrag an einen Bieter vergeben, der ein von den ursprünglichen Spezifikationen des Auftraggebers abweichendes Angebot vorlegte?

Die **Wertangaben** von 5 Millionen ECU und 400.000 ECU in Art. 1 und Art. 2 der Entscheidung 93/327/EWG entsprechen nach Art. 2 Abs. 1 Satz 1 VO (EG) 1103/97[32] 1:1 dem Wert in Euro.[33] **34**

31 Entscheidung der Kommission vom 13.5.1993 zur Festlegung der Voraussetzungen, unter denen die öffentlichen Auftraggeber, die geografisch abgegrenzten Gebiete zum Zwecke der Suche oder Förderung von Erdöl, Gas, Kohle oder anderen Festbrennstoffen nutzen, der Kommission Auskunft über die von ihnen vergebenen Aufträge zu erteilen haben (1993/327), ABl. EG Nr. L 129 v. 27.5.1993, S. 25f.

32 Verordnung (EG) Nr. 1103/97 des Rates v. 17.6.1997 über bestimmte Vorschriften im Zusammenhang mit der Einführung des Euro.

33 Vgl. *Schröder*, in: Müller-Wrede, GWB Vergaberecht, § 143 Rn. 20.

IV. Weitergehende Befreiung (Abs. 2 Satz 2)

35 Gemäß Abs. 2 Satz 2 können die Auftraggeber über das Verfahren gemäß der Rechtsverordnung nach § 113 Satz 2 Nr. 8 GWB unter den dort geregelten Voraussetzungen eine **Befreiung** von der Pflicht zur Anwendung „dieser Bestimmung" erreichen.

36 Die Vorschrift ist als Satz 2 in Abs. 2 systematisch verfehlt. Der Gesetzgeber beabsichtigte mit ihr, dass sich die BBergG-Auftraggeber auch **von den (Rest-)Pflichten nach Abs. 1 und Abs. 2 Satz 1 befreien** lassen können.[34] Das kommt im Wortlaut („dieser Bestimmung") nur unzureichend zum Ausdruck und wird durch die Stellung der Regelung in Abs. 2 zusätzlich verschleiert. Daher hätte die Regelung als eigener Abs. 3 in § 143 GWB aufgenommen werden müssen.

37 Mit dem „Verfahren gemäß der Rechtsverordnung nach § 113 Satz 2 Nr. 8" sind die Regelungen in **§ 3 SektVO** gemeint, die grundsätzlich für Sektorenauftraggeber gelten, deren entsprechende Geltung für BBergG-Auftraggeber aber durch **§ 3 Abs. 7 SektVO** angeordnet wird. Durch § 3 SektVO hat der Verordnungsgeber das Ausnahmeverfahren des Art. 35 EU-Sektorenrichtlinie in deutsches Recht umgesetzt.

34 Vgl. insoweit auch *Schröder*, in: Müller-Wrede, GWB Vergaberecht, § 143 Rn. 23.

Unterabschnitt 2
Vergabe von verteidigungs- oder sicherheitsspezifischen öffentlichen Aufträgen

§ 144 Anwendungsbereich

Dieser Unterabschnitt ist anzuwenden auf die Vergabe von verteidigungs- oder sicherheitsspezifischen öffentlichen Aufträgen durch öffentliche Auftraggeber und Sektorenauftraggeber.

Schrifttum: *Kulartz/Kus/Portz/Prieß*, Kommentar zum GWB-Vergaberecht, 4. Aufl. 2016; *Müller-Wrede*, GWB Vergaberecht, Kommentar, 2016.

I. Einführung

Mit Abschnitt 3 Unterabschnitt 2 Vergabe von verteidigungs- oder sicherheitsspezifischen öffentlichen Aufträgen führte das VergRModG eine Reihe von besonderen Vorschriften bei Beschaffungen in besonderen Bereichen ein. 1

Das Kartellvergaberecht in Teil 4 des GWB ist nach der neuen Systematik in 2 Kapitel unterteilt: Vergabeverfahren und Nachprüfungsverfahren. Kapitel 1 Vergabeverfahren gliedert sich in Abschnitt 1: Grundsätze, Definitionen und Anwendungsbereich, Abschnitt 2: Vergabe von öffentlichen Aufträgen durch öffentliche Auftraggeber sowie in Abschnitt 3: Vergabe von öffentlichen Aufträgen in besonderen Bereichen und von Konzessionen. Der Abschnitt 3 umfasst 3 Unterabschnitte: Unterabschnitt 1: Vergabe von öffentlichen Aufträgen durch Sektorenauftraggeber, Unterabschnitt 2: Vergabe von verteidigungs- oder sicherheitsspezifischen öffentlichen Aufträgen sowie Unterabschnitt 3: Vergabe von Konzessionen. § 144 GWB bestimmt den Anwendungsbereich des Unterabschnitts 2 Vergabe von verteidigungs- oder sicherheitsspezifischen öffentlichen Aufträgen. 2

II. Inhalt

§ 144 GWB regelt die besonderen Vorschriften für die Vergabe von **verteidigungs- oder sicherheitsspezifischen öffentlichen Aufträgen i.S.d. § 104 GWB**.[1] Damit werden die wesentlichen Bestimmungen der VertVergRL nunmehr im GWB umgesetzt. 3

Ausweislich der Gesetzesbegründung sollen nach § 144 GWB auf die Vergabe von verteidigungs- oder sicherheitsspezifischen öffentlichen Aufträgen grundsätzlich die **allgemeinen** Vorschriften des Abschnitts 2 Vergabe von öffentlichen Aufträgen durch öffentliche Auftraggeber, Unterabschnitt 2 Vergabeverfahren und Auftragsausführung (§§ 119 bis 135 GWB) Anwendung finden, sofern in den §§ 145 bis 147 GWB **nicht etwas Abweichendes** 4

1 Siehe hierzu die Kommentierung zu § 104.

geregelt ist.[2] Liegt ein verteidigungs- oder sicherheitsspezifischer öffentlicher Auftrag i. S. d. § 104 GWB vor, sind die §§ 97 bis 114 GWB sowie §§ 119 bis 135 und 155 ff. GWB unter Berücksichtigung der Besonderheiten der §§ 145 bis 146 GWB anzuwenden.

5 Die Einzelheiten, entsprechend der VgV bzw. VOB/A für reguläre öffentliche Aufträge, bestimmt für verteidigungs- oder sicherheitsspezifische öffentliche Aufträge die **VSVgV** bzw. der **3. Abschnitt der VOB/A**.

2 Amtl. Begr., BT-Drs. 18/6281, S. 126 zu § 144 GWB-E VergRModG; *Hölzl*, in: Kulartz/Kus/Portz/Prieß, Kommentar zum GWB-Vergaberecht, § 144 GWB Rn. 1; *Sterner*, in: Müller-Wrede, GWB Vergaberecht Kommentar, § 144 GWB Rn. 3.

§ 145 Besondere Ausnahmen für die Vergabe von verteidigungs- oder sicherheitsspezifischen öffentlichen Aufträgen

Dieser Teil ist nicht anzuwenden auf die Vergabe von verteidigungs- oder sicherheitsspezifischen öffentlichen Aufträgen, die

1. **den Zwecken nachrichtendienstlicher Tätigkeiten dienen,**
2. **im Rahmen eines Kooperationsprogramms vergeben werden, das**
   a) **auf Forschung und Entwicklung beruht und**
   b) **mit mindestens einem anderen Mitgliedstaat der Europäischen Union für die Entwicklung eines neuen Produkts und gegebenenfalls die späteren Phasen des gesamten oder eines Teils des Lebenszyklus dieses Produkts durchgeführt wird;**

   beim Abschluss eines solchen Abkommens teilt die Europäische Kommission den Anteil der Forschungs- und Entwicklungsausgaben an den Gesamtkosten des Programms, die Vereinbarung über die Kostenteilung und gegebenenfalls den geplanten Anteil der Beschaffungen je Mitgliedstaat mit,
3. **in einem Staat außerhalb der Europäischen Union vergeben werden; zu diesen Aufträgen gehören auch zivile Beschaffungen im Rahmen des Einsatzes von Streitkräften oder von Polizeien des Bundes oder der Länder außerhalb des Gebiets der Europäischen Union, wenn der Einsatz es erfordert, dass im Einsatzgebiet ansässige Unternehmen beauftragt werden; zivile Beschaffungen sind Beschaffungen nicht-militärischer Produkte und Beschaffungen von Bau- oder Dienstleistungen für logistische Zwecke,**
4. **die Bundesregierung, eine Landesregierung oder eine Gebietskörperschaft an eine andere Regierung oder an eine Gebietskörperschaft eines anderen Staates vergibt und die Folgendes zum Gegenstand haben:**
   a) **die Lieferung von Militärausrüstung im Sinne des § 104 Absatz 2 oder die Lieferung von Ausrüstung, die im Rahmen eines Verschlusssachenauftrags im Sinne des § 104 Absatz 3 vergeben wird,**
   b) **Bau- und Dienstleistungen, die in unmittelbarem Zusammenhang mit dieser Ausrüstung stehen,**
   c) **Bau- und Dienstleistungen speziell für militärische Zwecke oder**
   d) **Bau- und Dienstleistungen, die im Rahmen eines Verschlusssachenauftrags im Sinne des § 104 Absatz 3 vergeben werden,**
5. **Finanzdienstleistungen mit Ausnahme von Versicherungsdienstleistungen zum Gegenstand haben,**
6. **Forschungs- und Entwicklungsdienstleistungen zum Gegenstand haben, es sei denn, die Ergebnisse werden ausschließlich Eigentum des Auftraggebers für seinen Gebrauch bei der Ausübung seiner eigenen Tätigkeit und die Dienstleistung wird vollständig durch den Auftraggeber vergütet, oder**
7. **besonderen Verfahrensregeln unterliegen,**

a) die sich aus einem internationalen Abkommen oder einer internationalen Vereinbarung ergeben, das oder die zwischen einem oder mehreren Mitgliedstaaten der Europäischen Union und einem oder mehreren Staaten, die nicht Vertragsparteien des Übereinkommens über den Europäischen Wirtschaftsraum sind, geschlossen wurde,

b) die sich aus einem internationalen Abkommen oder einer internationalen Vereinbarung im Zusammenhang mit der Stationierung von Truppen ergeben, das oder die Unternehmen eines Mitgliedstaates der Europäischen Union oder eines anderen Staates betrifft, oder

c) die für eine internationale Organisation gelten, wenn diese für ihre Zwecke Beschaffungen tätigt oder wenn ein Mitgliedstaat öffentliche Aufträge nach diesen Regeln vergeben muss.

Schrifttum: *Heiermann/Zeiss/Summa*, juris Praxiskommentar Vergaberecht, 5. Aufl. 2016; *Kulartz/Kus/Portz/Prieß*, Kommentar zum GWB-Vergaberecht, 4. Aufl. 2016; *Leinemann/Kirsch*, VSVgV, Vergabeverordnung Verteidigung und Sicherheit, 2013; *Müller-Wrede*, GWB Vergaberecht, Kommentar, 2016; *Ziekow/Völlink*, Vergaberecht, 3. Aufl. 2018.

Übersicht

I. Allgemeines

1 § 145 GWB übernimmt den Inhalt des bisherigen § 100c Absatz 2 bis 4 GWB a. F. in eine gesonderte Vorschrift zu den besonderen Ausnahmen für verteidigungs- oder sicherheitsspezifische öffentliche Aufträge. Wie nach der bisherigen Konzeption des GWB zu § 100 Absatz 3 bis 6 sowie § 100c GWB a. F. kommt die Vorschrift zu den allgemeinen Ausnahmen des neuen § 107 GWB **neben** § 145 GWB zur Anwendung.

2 Die einzelne Ausnahmen sind, wie bereits auch die Fälle des § 117 GWB **eng auszulegen**.[1] Dies gebietet der Wettbewerbsgrundsatz, als die Annahme einer Ausnahme die Beschaffung dem Kartellvergaberecht entzieht. Eine Auslegungshilfe können die von der Europäischen Kommission veröffentlichten Guidance Notes bieten.[2]

1 OLG Düsseldorf, Beschl. v. 1.8.2012, VII-Verg 10/12.

2 Insbesondere die Teile Field of application und der zum 30.11.2016 geänderte Teil Exclusions. Abrufbar unter http://ec.europa.eu/growth/single-market/public-procurement/rules-implementation/defence_en.

II. Einzelne Ausnahmetatbestände

1. Nachrichtendienstliche Tätigkeit

§ 145 Nr. 1 GWB entspricht dem bisherigen § 100c Abs. 2 Nr. 2 GWB a.F., der Art. 13 lit. b) VertVergRL umsetzt. Die Ausnahmevorschrift nimmt Beschaffungen durch Nachrichtendienste oder Beschaffungen für alle Arten von nachrichtendienstlichen Tätigkeiten vom Vergaberecht aus. Damit werden zum einen Fälle erfasst, in denen andere öffentliche Auftraggeber einen Auftrag an einen Nachrichtendienst vergeben, zum anderen Aufträge, die ein Nachrichtendienst zum Zwecke seiner nachrichtendienstlichen Tätigkeiten vergibt.[3] Entsprechend den Erläuterungen in Erwägungsgrund 27 VertVergRL sind bestimmte Aufträge im Bereich der Verteidigung und Sicherheit so sensibel, dass eine Anwendung des Sondervergaberechts trotz gewisser Spezialität unangebracht wäre. Dies soll für Beschaffungen durch Nachrichtendienste oder Beschaffungen für alle Arten von nachrichtendienstlichen Tätigkeiten, einschließlich Maßnahmen zur Abwehr nachrichtendienstlicher Tätigkeiten, entsprechend der Definition der Mitgliedstaaten gelten. 3

Soweit die nachrichtendienstliche Tätigkeit jeweils nach den nationalen Definitionen zu bestimmen ist, wird es sich in der Bundesrepublik Deutschland um den Bundesnachrichtendienst, den Militärischen Abschirmdienst sowie die Verfassungsschutzbehörden des Bundes und der Länder handeln.[4] Ein Ausnahmefall des § 145 Nr. 1 GWB liegt jedoch ausweislich des Wortlauts der Norm nur dann vor, wenn die Beschaffung den besonderen, d.h. **spezifischen Zwecken** der nachrichtendienstlichen Tätigkeit **dient**.[5] Ein pauschaler Freibrief für sämtliche Beschaffungen von Nachrichtendiensten ist damit nicht vorgesehen. Insoweit ist fraglich, ob eine nachrichtendienstliche oder vergleichbare Tätigkeit es auch rechtfertigt, Beschaffungen **anderer Sicherheitsbehörden** nach § 145 Nr. 1 GWB vom Anwendungsbereich des Kartellvergaberechts auszunehmen. Hierbei ist zu beachten, dass § 145 GWB, anders als die allgemeinen Ausnahmen der §§ 107ff. GWB, ausschließlich für verteidigungs- und sicherheitsspezifische Aufträge i.S.d. § 104 GWB anwendbar ist. Um in den Anwendungsbereich des § 145 GWB überhaupt zu gelangen, muss daher bereits ein verteidigungs- oder sicherheitsspezifischer Auftrag gem. § 104 GWB vorliegen. Da es bei § 104 GWB maßgeblich auf den Zweck und nicht auf die Eigenschaft oder allgemeine Funktion des öffentlichen Auftraggebers ankommt, erscheint es sachgerecht, bei § 145 Nr. 1 GWB nicht nur Nachrichtendienste, sondern auch Polizei, Grenzschutz und andere Sicherheitsbehörden zu berücksichtigen.[6] Auch der o.g. Erwägungsgrund 27 der VertVergRL bezieht sich auf andere, besonders sensible Beschaffungen, die ein äußerst hohes Maß an Vertraulichkeit erfordern, wie beispielsweise bestimmte Beschaffungen, die für den Grenzschutz oder die Bekämpfung des Terrorismus oder der organisierten Kriminalität bestimmt sind, die Verschlüsselung betreffen oder speziell für verdeckte Tätigkeiten oder ebenso sensible Tätigkeiten der Polizei und der Sicherheitskräfte bestimmt sind. Zu nennen sind hier insbesondere das Informations- und Kommunikationstechnikzentrum der Bun- 4

---

3 Vgl. Amtl. Begr., BT-Drs. 17/7275, S. 17 zu § 100c GWB-E VgRÄGVS.

4 *Summa*, in: Heiermann/Zeiss/Summa, juris Praxiskommentar Vergaberecht, § 145 GWB Rn. 8.

5 Vgl. OLG Düsseldorf, Beschl. v. 30.3.2005, VII-Verg 101/04 – BND-Bau; OLG Düsseldorf, Beschl. v. 13.4.2016, VII-Verg 46/15.

6 Vgl. auch die Aufzählung bei *Sterner*, in: Müller-Wrede, GWB Vergaberecht Kommentar, § 145 GWB Rn. 7.

despolizei (IKTZ), das Bundesamt für Sicherheit in der Informationstechnik (BSI) sowie der Feldnachrichtendienst bzw. die Feldnachrichtentruppe (FND).[7]

5 Fraglich ist, ob in Anlehnung an die Ausnahmetatbestände des § 117 Nr. 1 und 3 GWB bei § 145 Nr. 1 GWB der **Verhältnismäßigkeitsgrundsatz** entsprechend zu beachten ist und der öffentliche Auftraggeber sich nur dann auf die Ausnahme berufen kann, wenn **weniger einschneidende Maßnahmen** einen ausreichenden Schutz der nachrichtendienstlichen Tätigkeit nicht gewährleisten. Zunächst ist klarzustellen, dass der Wortlaut des § 145 Nr. 1 GWB eine vergleichbare Einschränkung gerade nicht vorsieht. Weiterhin gilt der § 117 GWB ausweislich des eindeutigen Wortlauts für verteidigungs- bzw. sicherheits**spezifische** Aufträge **nicht**. Sowohl der Wortlaut als auch die Systematik sprechen insoweit gegen die Überprüfung weniger einschneidender Maßnahmen. Hierfür besteht auch kein Bedürfnis. § 145 Nr. 1 GWB betrifft verteidigungs- bzw. sicherheitsspezifische Aufträge, die grundsätzlich wegen der Einstufung als verteidigungs- bzw. sicherheitsspezifisch bereits den besonderen Vergabebestimmungen der VSVgV bzw. VOB/A 3. Abschnitt, unterliegen, die wiederum bestimmte Maßnahmen und Institutionen zum Schutz der besonderen Sicherheitsinteressen vorsehen. Soweit der Auftrag über die Qualifikation als verteidigungs- bzw. sicherheitsspezifisch hinaus zusätzlich **noch sensiblere** Bereiche betrifft, z.B. die Nachrichtendienste, stellt dies eine Rechtfertigung für eine zwingende Ausnahme vom Vergaberecht dar. Eine Abwägung der jeweils betroffenen Interessen, bzw. die Überprüfung nach weniger einschneidenden Maßnahmen erscheint überzogen. Ähnlich dürfte es auch im Hinblick auf die sonstigen Ausnahmetatbestände des § 145 Nr. 1 bis 7 GWB sein.

2. Kooperationen

6 § 145 Nr. 2 entspricht dem bisherigen § 100c Abs. 2 Nr. 3 GWB a.F., der Art. 13 lit. c) VertVergRL umsetzt.

7 Nach dieser Vorschrift werden Kooperationsprogramme der Mitgliedstaaten vom Kartellvergaberecht ausgenommen, die dazu dienen, neue Verteidigungsausrüstung gemeinsam zu entwickeln. Entsprechende Kooperationsprogramme umfassen insbesondere die Entwicklung neuer Technologien und erleichtern die Übernahme der hohen Forschungs- und Entwicklungskosten **komplexer Waffensysteme**. Bereits die Gesetzesbegründung unterscheidet zwischen Programmen, die von internationalen Organisationen verwaltet werden (insb. OCCAR,[8] NATO oder Agenturen der EU wie der Europäischen Verteidigungsagentur EDA), die die Aufträge im Namen der Mitgliedstaaten vergeben und Kooperationen, in welchen Aufträge von einem Mitgliedstaat auch im Namen eines anderen Mitgliedstaats vergeben werden.[9] Es werden auch Kooperationen erfasst, an denen (über mindestens zwei Mitgliedstaaten hinaus) auch Drittstaaten beteiligt sind.[10]

8 Die Kooperation muss eine tatsächliche Kooperation darstellen, d.h., die Kooperationspartner müssen sowohl die (finanziellen) Risiken als auch die Projektsteuerung teilen.[11] Sie muss weiterhin zwingend auf einer Forschung und Entwicklung beruhen und zur Ent-

7 *Homann*, in: Leinemann/Kirch, VSVgV-Kommentar, § 100c GWB Rn. 9.
8 Organisation conjointe de coopération en matière d'armement.
9 Vgl. Amtl. Begr., BT-Drs. 17/7275, S. 17 zu § 100c GWB-E VgRÄGVS.
10 Erwägungsgrund 28 VertVergRL.
11 *Rosenkötter*, VergabeR 2012, 267, 272.

wicklung eines **neuen** Produktes, ggf. ergänzt um die späteren Phasen des Lebenszyklus dieses Produktes durchgeführt werden. Eine **isolierte** Modernisierung, Verbesserung oder Anpassung genügen nach dem Wortlaut der Vorschrift insoweit nicht.[12] Von § 145 Nr. 2 GWB umfasst werden hingegen Kooperationen, die neben der Entwicklung zugleich auch weitere Phasen im Lebenszyklus betreffen.[13] Forschung und Entwicklung umfasst insoweit alle Tätigkeiten, die Grundlagenforschung, angewandte Forschung und experimentelle Entwicklung beinhalten, wobei Letztere die Herstellung von technologischen Demonstrationssystemen einschließen kann.[14]

Die Kooperation wird regelmäßig nicht unter die allgemeine Ausnahme des § 108 GWB für öffentlich-öffentliche Zusammenarbeit fallen, soweit diese lediglich zwischen mehreren **nationalen** öffentlichen Auftraggebern erfolgen wird.[15] 9

Die in § 145 Nr. 2 a.E. GWB vorgesehene Notifizierung der Europäischen Kommission, die beim Abschluss einer Kooperation den Anteil der Forschungs- und Entwicklungsausgaben an den Gesamtkosten des Programms, die Vereinbarung über die Kostenteilung und gegebenenfalls den geplanten Anteil der Beschaffungen je Mitgliedstaat mitteilt, korrespondiert mit der unmittelbar aus Art. 13 lit. c) VertVergRL resultierenden Pflicht der Mitgliedstaaten, gegenüber der Europäischen Kommission den Anteil der Forschungs- und Entwicklungsausgaben an den Gesamtkosten des Programms, die Vereinbarung über die Kostenteilung und gegebenenfalls den geplanten Anteil der Beschaffungen je Mitgliedstaat mitzuteilen.[16] 10

3. Auslandseinsätze

§ 145 Nr. 3 GWB entspricht dem bisherigen § 100c Abs. 3 GWB a.F., der Art. 13 lit. d) VertVergRL umsetzt und den Besonderheiten bestimmter **Auslandseinsätze** Rechnung trägt. Deutsche Streit- und Sicherheitskräfte[17] sollen Beschaffungen außerhalb des Kartellvergaberechts tätigen können, die während Auslandseinsätzen in Drittstaaten erfolgen und der Einsatz es erfordert, dass die im Einsatzgebiet ansässigen Unternehmen beauftragt werden. Diese Ausnahmevorschrift ist maßgeschneidert für Kriseneinsätze außerhalb der Europäischen Union. Bei einem solchen Einsatz von Streitkräften oder Polizeien sollen die im Einsatzgebiet stationierten Auftraggeber die Möglichkeit haben, bei der Vergabe von Aufträgen an im Einsatzgebiet ansässige Marktteilnehmer von der Anwendung des europäischen Vergaberechts abzusehen, wenn der Einsatz dies erfordert. 11

Die Ausnahmeregelung soll auch für zivile Beschaffungen gelten, die in unmittelbarem Zusammenhang mit der Durchführung solcher Einsätze stehen.[18] Zu den verteidigungs- und sicherheitsspezifischen Aufträgen gehören nach dem Wortlaut der Norm daher auch 12

---

12 Vgl. für eine erhebliche Verbesserung oder geringfügige Anpassung *Sterner*, in: Müller-Wrede, GWB Vergaberecht Kommentar, § 145 GWB Rn. 11.

13 *Hölzl*, in: Kulartz/Kus/Portz/Prieß, Kommentar zum GWB-Vergaberecht, § 145 GWB Rn. 13.

14 Erwägungsgrund 13 VertVergRL. Vgl. zur Bedeutung von Forschung und Entwicklung für den militärischen und industriellen Technologieaustausch Erwägungsgrund 55 VertVergRL.

15 Siehe hierzu § 108 Rn. 108–111, vgl. Rn. 108 Fn. 81.

16 *Hölzl*, in: Kulartz/Kus/Portz/Prieß, Kommentar zum GWB-Vergaberecht, § 145 GWB Rn. 15.

17 Erwägungsgrund 29 VertVergRL, siehe auch *Summa*, in: Heiermann/Zeiss/Summa, juris Praxiskommentar Vergaberecht, § 145 GWB Rn. 16.

18 So Erwägungsgrund 29 der VertVergRL.

zivile Beschaffungen im Rahmen des Einsatzes von Streitkräften oder von Polizeien des Bundes oder der Länder außerhalb des Gebiets der Europäischen Union. Zivile Beschaffungen umfassen Beschaffungen **nicht-militärischer Produkte** und Beschaffungen von Bau- oder Dienstleistungen für **logistische Zwecke**.[19] Darunter können daher Dienstleistungen im Bereich Logistik, Lieferung von Lebensmitteln oder der Sicherstellung der Unterbringung fallen,[20] die außerhalb des Einsatzes weder Militärausrüstung noch eine Verschlusssache gem. § 104 GWB darstellen würden, aber eine besondere Behandlung aufgrund des Zusammenhangs mit dem Einsatz und den Erfordernissen des Auslandseinsatzes gerechtfertigt ist.

13 § 145 Nr. 3 GWB stellt keinen generellen Freibrief für Beschaffungen im Rahmen von Auslandseinsätzen dar.[21] Vom Kartellvergaberecht ausgenommen werden lediglich solche Aufträge, bei denen es der Einsatz **erfordert**, dass ein im Einsatzgebiet ansässiges Unternehmen beauftragt wird. Dieses Erfordernis muss von keiner bestimmten militärischen Natur sein, es reichen auch sonstige, z. B. **wirtschaftliche Gründe** aus.[22] Weitere Voraussetzung ist, dass der Auftrag an einen Marktteilnehmer **vor Ort** vergeben wird. Die Ausnahmeregelung greift daher nicht, wenn für die im Einsatz erforderlichen Leistungen ein Unternehmen mit Sitz in der EU beauftragt bzw. ein vor Ort vergebener Auftrag de facto von einem EU-Unternehmen ausgeführt wird.[23]

4. Intergovernmentale Vergabe

14 § 145 Nr. 4 GWB entspricht dem bisherigen § 100c Abs. 2 Nr. 4 GWB a. F., der Art. 13 lit. f) VertVergRL umsetzt. Aufgrund der Besonderheiten des Verteidigungs- und Sicherheitsbereichs werden Beschaffungen von einer Regierung oder einer Gebietskörperschaft durch eine andere Regierung oder Gebietskörperschaft vom Anwendungsbereich des GWB-Vergaberechts ausgenommen.[24]

15 **Sachlich** betrifft der Ausnahmetatbestand verteidigungs- oder sicherheitsspezifische Aufträge i. S. d. § 104 GWB, die die folgenden Leistungen zum Gegenstand haben: die Lieferung von Militärausrüstung i. S. d. § 104 Abs. 2 GWB oder die Lieferung von Ausrüstung, die im Rahmen eines Verschlusssachenauftrags i. S. d. § 104 Abs. 3 GWB vergeben wird; Bau- und Dienstleistungen, die in unmittelbarem Zusammenhang mit dieser Ausrüstung stehen; Bau- und Dienstleistungen speziell für militärische Zwecke; Bau- und Dienstleistungen, die im Rahmen eines Verschlusssachenauftrags i. S. d. § 104 Abs. 3 GWB vergeben werden. Soweit § 145 Nr. 4 GWB die Begrifflichkeiten des § 104 GWB verwendet, kann auf die dortige Kommentierung zu § 104 GWB verwiesen werden.

---

19 Die Definition ziviler Beschaffungen im Sinne dieser Vorschrift folgt aus Art. 1 Nr. 28 VertVergRL.

20 Vgl. Auflistung bei *Summa*, in: Heiermann/Zeiss/Summa, juris Praxiskommentar Vergaberecht, § 145 GWB Rn. 15 und *Hölzl*, in: Kulartz/Kus/Portz/Prieß, Kommentar zum GWB-Vergaberecht, § 145 GWB Rn. 18.

21 *Antweiler*, in: Ziekow/Völlink, Vergaberecht, § 145 GWB Rn. 10.

22 *Summa*, in: Heiermann/Zeiss/Summa, juris Praxiskommentar Vergaberecht, § 145 GWB Rn. 14.

23 *Summa*, in: Heiermann/Zeiss/Summa, juris Praxiskommentar Vergaberecht, § 145 GWB Rn. 16; *Hölzl*, in: Kulartz/Kus/Portz/Prieß, Kommentar zum GWB-Vergaberecht, § 145 GWB Rn. 18.

24 Vgl. Erwägungsgrund 30 VertVergRL. Dies folgt aus Art. 13 lit. f) der RL. Unter diese Ausnahme fällt jede Beschaffung militärischer oder sensibler Ausrüstung.

Der Ausnahmetatbestand gilt z. B. für den Ankauf von gebrauchter militärischer Ausrüstung für die Bundeswehr von Streitkräften anderer Staaten oder für Bau- und Dienstleistungen für die Bundeswehr, wenn die Bundeswehr eigene Einrichtungen im Ausland unterhält oder Einrichtungen von Streitkräften anderer Staaten nutzt.[25] **16**

Der **persönliche** Anwendungsbereich der Ausnahmevorschrift wird durch Art. 1 Nr. 9 VertVergRL festgelegt, wonach eine Regierung als nationale, regionale oder lokale Gebietskörperschaften eines Mitgliedstaats oder eines Drittlands definiert wird. Die Vorschrift ist ausweislich des eindeutigen Wortlauts und des Charakters als Ausnahmeregelung eng auszulegen und umfasst daher lediglich „echte Regierungen". Juristische Personen, auch soweit diese zu einhundert Prozent der öffentlichen Hand gehören, werden nicht umfasst.[26] **17**

5. Finanzleistungen

§ 145 Nr. 5 GWB entspricht der bisherigen Ausnahmeregelung für Finanzdienstleistungen § 100c Abs. 2 Nr. 1 GWB a. F. und dient der Umsetzung von Art. 13 lit. h) VertVergRL, wobei Versicherungsdienstleistungen nicht von der Ausnahmevorschrift umfasst werden. **18**

Die Regelung schränkt den Bereich der Finanzdienstleistungen anders als § 116 Abs. 1 Nr. 4 GWB nicht dahingehend ein, dass ein **Zusammenhang** mit Ausgabe, Verkauf, Ankauf oder Übertragung von Wertpapieren oder anderen Finanzinstrumenten bestehen muss. **19**

Im Übrigen kann vollumfänglich auf die Kommentierung zu § 116 Abs. 1 Nr. 4 Rn. 32–43 verwiesen werden. **20**

6. Forschung und Entwicklung

Die Ausnahme des § 145 Nr. 6 GWB für Forschungs- und Entwicklungsdienstleistungen dient der Umsetzung des Art. 13 lit. j) VertVergRL und entspricht der bisherigen Ausnahme des § 100 Abs. 4 Nr. 2 GWB a. F. Auch hier kann mangels inhaltlicher Abweichungen auf die Kommentierung zu § 116 Abs. 1 Nr. 2 Rn. 18–26 verwiesen werden, als § 145 Nr. 6 GWB und § 116 Abs. 1 Nr. 2 GWB – bis auf die in § 145 Nr. 6 GWB fehlende Beschränkung auf bestimmte CPV-Codes, wie in § 116 Abs. 1 Nr. 2 GWB – deckungsgleich sind. **21**

7. Besondere Verfahrensregeln

§ 145 Nr. 7 GWB entspricht dem bisherigen § 100c Abs. 4 GWB a. F., der Art. 13 lit. h) VertVergRL umsetzt, und ist, mit wenigen Besonderheiten, das verteidigungs- und sicherheitsspezifische Pendant zu der allgemeinen Ausnahmevorschrift des § 109 GWB. Danach sollen Aufträge dem Kartellvergaberecht nicht unterfallen, wenn eine Kollision mit anderen, auf internationalen Vereinbarungen beruhende Verfahrensregeln besteht. Drittstaaten, **22**

---

25 *Homann*, in: Leinemann/Kirch, VSVgV-Kommentar, § 100c GWB Rn. 21; *Hölzl*, in: Kulartz/Kus/Portz/Prieß, Kommentar zum GWB-Vergaberecht, § 145 GWB Rn. 23.

26 *Summa*, in: Heiermann/Zeiss/Summa, juris Praxiskommentar Vergaberecht, § 145 GWB Rn. 16; *Hölzl*, in: Kulartz/Kus/Portz/Prieß, Kommentar zum GWB-Vergaberecht, § 145 GWB Rn. 22 f.

die nicht Mitglieder der EU sind, sollen insoweit nicht mittelbar durch die Anwendung nationalen Vergaberechts zur Anwendung des EU-(Vergabe-)Rechts gezwungen werden.[27]

23 **§ 145 Nr. 7 lit. a) GWB** betrifft die Vergabe nach besonderen Verfahrensregeln, die sich aus einem internationalen Abkommen oder einer internationalen Vereinbarung zwischen einem oder mehreren Mitgliedstaaten der Europäischen Union und einem oder mehreren Drittstaaten ergeben. Anders als die Bestimmung in § 109 Abs. 1 Nr. 1 lit. a) GWB und § 117 Nr. 4 lit. a) GWB enthält § 145 Nr. 7 lit. a) GWB keine Beschränkung in Bezug auf den Auftragsgegenstand. Es wird gerade nicht gefordert, dass die Beschaffung ein von den Parteien der Vereinbarung **gemeinsam zu verwirklichendes oder zu nutzendes Projekt** umfasst.[28] Insoweit ist der Anwendungsbereich des § 145 Nr. 7 lit. a) GWB ersichtlich weiter als die allgemeinen Ausnahmen, greift jedoch ausschließlich bei verteidigungs- und sicherheitsspezifischen Aufträgen i. S. d. § 104 GWB. Im Übrigen sind die Bestimmungen vergleichbar,[29] sodass auf die Kommentierungen in § 109 Rn. 5–9 und § 117 Rn. 24 ff. verwiesen werden kann.

24 Die Regelung zu Abkommen und Vereinbarungen im Zusammenhang mit der Stationierung von Truppen in **§ 145 Nr. 7 lit. b) GWB** ist nahezu wortgleich mit der Bestimmung § 117 Nr. 4 lit. b) GWB, auf die sich Auftraggeber bei nicht verteidigungs- oder sicherheitsspezifischen, aber entsprechende Aspekte umfassenden Vergaben berufen können.[30] Nach Erwägungsgrund 26 der VertVergRL soll diese Ausnahmevorschrift Auftragsvergaben vom europäischen Vergaberecht ausschließen, die nach den Bestimmungen einer Vereinbarung im Zusammenhang mit der Stationierung von Truppen aus einem Mitgliedstaat in einem anderen Mitgliedstaat oder in einem Drittstaat oder der Stationierung von Truppen aus einem Drittstaat in einem Mitgliedstaat vergeben werden. Auf die entsprechende Kommentierung in § 117 Rn. 27 f. wird verwiesen.

25 Die Ausnahmeregelung des **§ 145 Nr. 7 lit. c) GWB** betreffend Verfahrensvorschriften einer **internationalen Organisation** setzt Artikel 12 lit. c) der VertVergRL um. Anders als bei den beiden vorangehenden Ausnahmetatbeständen ist die Regelung zum Teil enger gefasst als die korrespondierende Ausnahmevorschrift in § 117 Nr. 4 lit. c) GWB oder § 109 Abs. 1 Nr. 1 lit. b) GWB. § 145 Nr. 7 lit. c) GWB regelt zwei Fälle: in § 145 Nr. 7 lit. c) Alt. 1 GWB Beschaffungen der internationalen Organisationen, die bestimmten Sonderregeln unterliegen, sowie in § 145 Nr. 7 lit. c) Alt. 2 GWB Beschaffungen der Mitgliedstaaten, die nach diesen besonderen Regeln vergeben müssen. Soweit die Beschaffungen der internationalen Organisationen umfasst werden, ist für § 145 Nr. 7 lit. c) GWB erforderlich, dass eine internationale Organisation den betreffenden Auftrag **für ihre Zwecke** vergibt. Im Umkehrschluss folgt daraus, dass Vergaben, die eine internationale Organisation lediglich für Verwendungszwecke ihrer Mitglieder durchführt, nicht unter § 145 Nr. 7 lit. c) GWB fallen.[31] Der Anwendungsbereich dieser Regelung dürfte ohnehin beschränkt sein, als eine internationale Organisation bereits kein öffentlicher Auftraggeber i. S. d.

---

27 *Sterner*, in: Müller-Wrede, GWB Vergaberecht Kommentar, § 145 GWB Rn. 31, 33.

28 So auch bereits die Vorgängerregelungen der § 100 Abs. 8 Nr. 4 GWB a. F. und § 100c Abs. 4 Nr. 1 GWB a. F. Vgl. Amtl. Begr., BT-Drs. 17/7275, S. 18 zu § 100c GWB-E VgRÄGVS.

29 So auch für den gesamten § 145 Nr. 7 GWB *Hölzl*, in: Kulartz/Kus/Portz/Prieß, Kommentar zum GWB-Vergaberecht, § 145 GWB Rn. 42.

30 Vgl. auch die Amtl. Begr., BT-Drs. 17/7275, S. 18 zu § 100c GWB-E VgRÄGVS.

31 Amtl. Begr., BT-Drs. 17/7275, S. 18 zu § 100c GWB-E VgRÄGVS.

deutschen Vergaberechts nach §§ 98, 99 GWB ist, sodass ihre Beschaffungen unabhängig von § 145 Nr. 7 lit. c) GWB dem Kartellvergaberecht nicht unterliegen wird.[32]

Soweit die 2. Alternative des § 145 Nr. 7 lit. c) GWB greift, ist vollumfänglich auf die Kommentierungen unter § 109 Rn. 10f. und § 117 Rn. 29 zu verweisen. **26**

---

32 So auch *Summa*, in: Heiermann/Zeiss/Summa, juris Praxiskommentar Vergaberecht, § 145 GWB Rn. 45.

§ 146 Verfahrensarten

Bei der Vergabe von verteidigungs- oder sicherheitsspezifischen öffentlichen Aufträgen stehen öffentlichen Auftraggebern und Sektorenauftraggebern das nicht offene Verfahren und das Verhandlungsverfahren mit Teilnahmewettbewerb nach ihrer Wahl zur Verfügung. Das Verhandlungsverfahren ohne Teilnahmewettbewerb und der wettbewerbliche Dialog stehen nur zur Verfügung, soweit dies aufgrund dieses Gesetzes gestattet ist.

Schrifttum: *Burgi/Dreher*, Beck'scher Vergaberechtskommentar, Band 1, 3. Aufl. 2017; *Dippel/Sterner/Zeiss*, Praxiskommentar – Beschaffung im Verteidigungs- und Sicherheitsbereich, 2013; *Kulartz/Kus/Portz/Prieß*, Kommentar zum GWB Vergaberecht, 4. Aufl. 2016; *Müller-Wrede*, GWB Vergaberecht, Kommentar, 2016; *Weyand*, Vergaberecht, 17. Aufl. 2015.

Übersicht

I. Allgemeines

1 § 146 GWB ist durch die Vergaberechtsreform durch das VergRModG[1] neu in das GWB eingefügt worden, wobei anzumerken ist, dass der Bereich verteidigungs- und sicherheitsspezifischer öffentlicher Aufträge von der Vergaberechtsreform nur peripher betroffen war.[2] Durch die Reform wurde § 101 Abs. 7 Satz 3 GWB a. F. nicht nur verschoben. Vielmehr wurde ein vollständiger Unterabschnitt (§§ 144–147 GWB) über die Vergabe von verteidigungs- und sicherheitsspezifischen Aufträgen in das Gesetz aufgenommen. Das Vergabeverfahren für den Bereich der verteidigungs- und sicherheitsspezifischen Aufträge wird durch die Vergabeverordnung Verteidigung und Sicherheit – VSVgV[3] konkretisiert. Die Anwendungsbereiche des Unterabschnitts 2 (§§ 144–147 GWB) gem. § 144 GWB und der VSVgV gem. § 1 VSVgV sind deckungsgleich.[4]

2 Adressaten des § 146 GWB sind öffentliche Auftraggeber und Sektorenauftraggeber. Adressat der Vorgängernorm des § 101 Abs. 7 Satz 3 GWB a. F. war allein der öffentliche Auftraggeber. Die Erweiterung des Adressatenkreises auf den Sektorenauftraggeber erklärt sich durch die Neuordnung des Auftraggeberbegriffs.[5] Denn durch die Vergaberechtsreform ist der öffentliche Auftraggeber aus § 98 GWB a. F. nunmehr in den §§ 98–102 GWB

1 BT-Drs. 18/6281, S. 127.
2 *Soudry*, in: Burgi/Dreher, GWB, § 146 Rn. 7.
3 Verordnungsermächtigung in § 113 Satz 2 Nr. 2 GWB.
4 Vgl. Wortlaut § 1 VSVgV und § 144 GWB.
5 Vgl. Wortlaut und Systematik der §§ 97 ff. GWB.

umfassend geregelt. Der Gesetzgeber hat in § 98 GWB den Oberbegriff des Auftraggebers neu eingeführt. Dieser erfasst neben den öffentlichen Auftraggebern i. S. d. § 99 GWB auch den Sektorenauftraggeber i. S. d. § 100 GWB sowie den Konzessionsauftraggeber i. S. d. § 101 GWB. Zu beachten ist, dass auch Auftraggeber i. S. d. § 100 GWB und § 101 GWB öffentliche Auftraggeber sein können, aber im Rahmen des § 146 GWB unter den spezielleren Begriff des Sektoren- bzw. Konzessionsauftraggebers gefasst werden. Folglich ist ein Konzessionsauftraggeber i. S. d. § 101 Abs. 1 Nr. 1 und Nr. 2 GWB von § 146 GWB nicht erfasst, obwohl er auch unter den Oberbegriff des öffentlichen Auftraggebers fällt. Folglich musste der Sektorenauftraggeber, um den Adressatenkreis des § 146 GWB nicht gegenüber der Vorgängernorm zu verkürzen, ausdrücklich aufgeführt werden. Dies wiederum führt im Ergebnis jedoch nicht zu einer Erweiterung oder Verkürzung des Adressatenkreises gegenüber der Vorgängernorm des § 101 Abs. 7 Satz 3 GWB a. F. Dies entspricht auch der Intention des Gesetzgebers, der die Veränderungen des Wortlautes lediglich der neuen Systematik des Auftraggeberbegriffs zuschreibt.[6]

II. Verteidigungs- und sicherheitsspezifische öffentliche Aufträge

Der Begriff des verteidigungs- und sicherheitsspezifischen Auftrags ist in § 104 GWB definiert. § 104 Abs. 1 GWB führt dabei in vier Fallgruppen umfassend auf, welche Leistungen dem verteidigungs- und sicherheitsspezifischen Bereich zugerechnet werden: (Nr. 1) die Lieferung von Militärausrüstung, einschließlich dazugehöriger Teile, Bauteile oder Bausätze, (Nr. 2) die Lieferung von Ausrüstung, die im Rahmen eines Verschlusssachenauftrags vergeben wird, einschließlich der dazugehörigen Teile, Bauteile oder Bausätze, (Nr. 3) Liefer-, Bau- und Dienstleistungen in unmittelbarem Zusammenhang mit der in den Nr. 1 und 2 genannten Ausrüstung in allen Phasen des Lebenszyklus der Ausrüstung oder (Nr. 4) Bau- und Dienstleistungen speziell für militärische Zwecke oder Bau- und Dienstleistungen, die im Rahmen eines Verschlusssachenauftrags vergeben werden. Die Fallgruppen werden durch § 104 Abs. 2 und Abs. 3 GWB konkretisiert, die die Legaldefinitionen der Militärausrüstung und des Verschlusssachenauftrags enthalten. Der Wortlaut der Norm ist extensiv auszulegen: Die Norm soll möglichst umfassend das Geheimhaltungsinteresse des Staates an den beschafften und zu beschaffenden Mitteln zur Landesverteidigung genügen.[7] 3

Nicht umfasst sind Aufträge i. S. d. § 117 GWB, die Verteidigungs- und Sicherheitsaspekte umfassen, ohne verteidigungs- oder sicherheitsspezifische Aufträge zu sein. Gleiches gilt für Aufträge i. S. d. § 145 GWB. Beide Normen entziehen die aufgeführten Aufträge der Anwendbarkeit des 4. Teils des GWB und damit auch der §§ 144–147 GWB, sind jedoch aufgrund ihres Ausnahmecharakters eng auszulegen.[8] Folge dessen ist, dass diese Aufträge nicht im Rahmen eines Vergabeverfahrens vergeben werden müssen.[9] 4

Gemischte Aufträge sind Aufträge, die teilweise verteidigungs- oder sicherheitsspezifisch sind und daher nach § 117 GWB teilweise dem Anwendungsbereich des Vergabeverfahrens in §§ 97 ff. GWB entzogen sind und teilweise in den Anwendungsbereich der §§ 97 ff. 5

6 BT-Drs. 18/6281, S. 127.

7 Vgl. *von Wietersheim*, in: Burgi/Dreher, GWB, § 104 Rn. 6.

8 *Hölzl*, in: Kulartz/Kus/Portz/Prieß, GWB, § 117 Rn. 1 und § 145 Rn. 2.

9 *Hölzl*, in: Kulartz/Kus/Portz/Prieß, GWB, § 144 Rn. 2.

GWB fallen.[10] Diese Problematik ist in Art. 16 VRL 2014/24/EU aufgegriffen worden. Zum einen kann der Auftraggeber gem. § 111 Abs. 1 Alt. 1 und Abs. 2 GWB den Auftrag teilen und einen Teil gem. §§ 97 ff. GWB ausschreiben, während für den anderen Teil ein Vergabeverfahren nicht durchgeführt wird. Der Auftraggeber kann gem. § 111 Abs. 3 Nr. 1 und Abs. 4 Nr. 2 GWB den Auftrag jedoch auch einheitlich behandeln, sofern dies durch objektive Gründe gerechtfertigt ist und nicht zum Zwecke der Umgehung erfolgt.[11] In der Folge ist der Auftraggeber nicht verpflichtet, ein Vergabeverfahren durchzuführen, kann dies gem. § 111 Abs. 3 Nr. 1 und Abs. 4 Nr. 2 GWB freiwillig jedoch dennoch tun.[12] Alternativ ist eine Ausschreibung auf Grundlage der Richtlinie 2009/81/EG möglich.

III. Unbeschränktes Wahlrecht

6 Dem Auftraggeber stehen bei der Vergabe von verteidigungs- und sicherheitsspezifischen Aufträgen das nicht offene Verfahren (§ 119 Abs. 4 GWB) und das Verhandlungsverfahren mit Teilnahmewettbewerb (§ 119 Abs. 5 GWB) zur freien Wahl. Die Auswahl der zugänglichen Verfahrensarten ist ein Kompromiss zwischen den Interessen des Staates und der Privatwirtschaft. Daher sind die Geheimhaltungsinteressen des Staates in Abwägung zum Interesse der potenziellen Auftragnehmer zu bringen. Denn auf der einen Seite möchte der Staat so viele Informationen wie möglich unter Verschluss halten. Auf der anderen Seite ist die Vergabe dieser Aufträge angesichts des deutschen Sicherheitsetats[13] sehr lukrativ.

IV. Erweiterung des Anwendungsbereichs

7 Alternativ kann der Auftraggeber die sicherheits- und verteidigungsspezifischen Aufträge auch im Wege des Verhandlungsverfahrens ohne Teilnahmewettbewerb (§ 119 Abs. 5 GWB) oder des wettbewerblichen Dialogs (§ 119 Abs. 6 GWB) vergeben. Die Eröffnung des jeweiligen Verfahrens muss allerdings aufgrund des GWB gestattet sein (§ 113 Satz 2 Nr. 2 GWB i.V.m. § 12 oder § 13 VSVgV).

8 Die Anwendbarkeit des Verhandlungsverfahrens ohne Teilnahmewettbewerb (§ 119 Abs. 5 GWB) ist in § 12 VSVgV aufgelistet. Es handelt sich dabei um eine abschließende Auflistung, deren Tatbestände aufgrund ihres Ausnahmecharakters restriktiv auszulegen sind.[14]

9 Der wettbewerbliche Dialog ist seinerseits in § 119 Abs. 6 GWB geregelt. Er darf als Verfahrensart verwendet werden, wenn die Voraussetzungen des § 13 VSVgV vorliegen.[15] Dies ist dann der Fall, wenn der Auftraggeber objektiv nicht in der Lage ist, bei der Vergabe eines besonders komplexen Auftrags (Nr. 1) die technischen Mittel anzugeben, mit denen seine Bedürfnisse und Ziele erfüllt werden können, oder (Nr. 2) die rechtlichen oder finanziellen Bedingungen des Vorhabens anzugeben.

---

10 Erwägungsgrund 11–13 VRL 2014/24/EU, *Hölzl*, in: Kulartz/Kus/Portz/Prieß, GWB, § 117 Rn. 4.
11 Vgl. Erwägungsgrund 13 VRL 2014/24/EU.
12 Art. 16 Abs. 2 Unterabs. 3 lit. a) und b) sowie Abs. 4 VRL 2014/24/EU.
13 Der Etat der Bundeswehr betrug für 2017 37 Mrd. Euro, vgl. https://www.bundesregierung.de/Content/DE/Artikel/2016/09/2016-09-07-etat-bmvg.html.
14 *Sterner*, in: Dippel/Sterner/Zeiss, VSVgV, § 12 Rn. 2.
15 *Dippel*, in: Müller-Wrede, GWB, § 146 Rn. 8.

Die Erweiterung des Anwendungsbereiches ermöglicht es dem Auftraggeber, die Verfahrensarten des § 146 Satz 1 GWB oder die gesetzlich zugelassene Verfahrensart nach § 146 Satz 2 GWB zu verwenden. Einen Vorrang der einzelnen Verfahrensarten gibt es nicht. Sofern die Möglichkeit des Verhandlungsverfahrens ohne Teilnahmewettbewerb oder des wettbewerblichen Dialogs eröffnet ist, verbietet dies dem Auftraggeber daher nicht, stattdessen auch die Verfahrensarten nach § 146 Satz 1 GWB zu nutzen, die ihm stets zur Verfügung stehen. Dies ergibt sich bereits aus dem Vergleich zu § 141 GWB, dessen Vorgängernorm § 101 Abs. 7 Satz 2 GWB a. F. ist.[16] **10**

V. Ausgeschlossene Verfahrensarten

Anders als bei § 141 GWB stehen den öffentlichen Auftraggebern und den Sektorenauftraggebern für die Vergabe verteidigungs- und sicherheitsspezifischer öffentlicher Aufträge nicht alle in § 119 GWB definierten Verfahrensarten zur Verfügung. Das offene Verfahren ist ausgeschlossen, da es sich für den Sicherheits- und Verteidigungsbereich nicht eignet. Denn schon in der Bekanntmachung müsste der Auftraggeber zur Konkretisierung der ausgeschriebenen Leistung zu viele sensible Informationen offenbaren.[17] Dem Geheimhaltungsinteresse des Staates ist damit durch den Gesetzgeber der Vorrang gegenüber dem Interesse der Privatwirtschaft an einem für jedermann offenen Verfahren zur Vergabe verteidigungs- und sicherheitsspezifischer öffentlicher Aufträge eingeräumt worden. Eine Entscheidung, die angesichts der angespannten Sicherheitslage in den westlichen Staaten nicht zu verwundern vermag. **11**

Neben dem offenen Verfahren ist im Bereich der Vergabe verteidigungs- und sicherheitsspezifischer öffentlicher Aufträge auch die Innovationspartnerschaft als Verfahrensart nicht ausdrücklich in den Wortlaut der Norm aufgenommen worden. Vereinzelt sprechen sich Stimmen in der Literatur für eine Anwendung der Innovationspartnerschaft aus.[18] Dies ist unter dem Gesichtspunkt nachvollziehbar, dass, anders als beim offenen Verfahren, keine Preisgabe sensibler Informationen gegenüber einem weiten Publikum notwendig ist. **12**

Gegen die Anwendbarkeit der Innovationspartnerschaft spricht jedoch, dass sie den Wettbewerb extrem einschränkt und viele Bewerber der Möglichkeit beraubt, sich an diesem Verfahren zu beteiligen. Dabei sind Aufträge im Bereich Verteidigung und Sicherheit wegen ihres hohen Ertragspotenzials besonders für Korruption anfällig.[19] Darüber hinaus kann auch nicht damit argumentiert werden, dass es sich um ein redaktionelles Versehen handelt, denn zum einen wurde in § 141 GWB, der Parallelvorschrift für den Sektorenauftraggeber, die Innovationspartnerschaft ausdrücklich aufgenommen. Zudem enthält die VSVgV keine Regelungen zur Innovationspartnerschaft oder dem offenen Verfahren. **13**

Ein weiteres Indiz dafür, dass die Innovationspartnerschaft für verteidigungs- und sicherheitsspezifische öffentliche Aufträge nicht zur Verfügung steht, ist die Gesetzesbegründung des VergRModG.[20] In dieser lässt der Gesetzgeber erkennen, dass es sich bei § 146 **14**

16 *Weyand*, in: Vergaberecht, Nr. 209 Rn. 5.
17 *Hölzl*, in: Kulartz/Kus/Portz/Prieß, GWB, § 146 Rn. 5.
18 Vgl. *Dippel*, in: Müller-Wrede, GWB, § 146 Rn. 9.
19 Vgl. http://www.sueddeutsche.de/politik/ruestungsskandale-panzer-fuer-die-werkstatt-u-boote-fuers-suesswasser-1.1677800.
20 *Dippel*, in: Müller-Wrede, GWB, § 146 Rn. 9.

GWB nur um die Nachfolgeregelung des § 101 Abs. 7 Satz 3 GWB a. F. handeln soll. Trotz dieser Aussage hat er den Wortlaut der Norm ausschließlich um den wettbewerblichen Dialog ergänzt, die Innovationspartnerschaft jedoch nicht aufgenommen.[21]

15 Nicht zuletzt ist die Innovationspartnerschaft ein neues Verfahren, mit dem die Auftraggeber noch keine oder zumindest wenig Erfahrung haben. Es könnte daher durchaus der Absicht des Gesetzgebers entsprechen, die Innovationspartnerschaft in weniger sensiblen Bereichen zu testen, um sie erst in den kommenden Jahren für den Bereich Verteidigung und Sicherheit zugänglich zu machen.

16 Im Ergebnis spricht daher wenig dafür, die Innovationspartnerschaft als Verfahrensart für verteidigungs- und sicherheitsspezifische öffentliche Aufträge zuzulassen, obwohl dies im Einzelfall wohl wünschenswert gewesen wäre.

21 BT-Drs. 18/6281, S. 127.

§ 147 Sonstige anwendbare Vorschriften

Im Übrigen gelten für die Vergabe von verteidigungs- oder sicherheitsspezifischen öffentlichen Aufträgen die §§ 119, 120, 121 Absatz 1 und 3 sowie die §§ 122 bis 135 mit der Maßgabe entsprechend, dass ein Unternehmen gemäß § 124 Absatz 1 auch dann von der Teilnahme an einem Vergabeverfahren ausgeschlossen werden kann, wenn das Unternehmen nicht die erforderliche Vertrauenswürdigkeit aufweist, um Risiken für die nationale Sicherheit auszuschließen. Der Nachweis, dass Risiken für die nationale Sicherheit nicht auszuschließen sind, kann auch mit Hilfe geschützter Datenquellen erfolgen.

Schrifttum: *Bechtold*, Kartellgesetz, Gesetz gegen Wettbewerbsbeschränkungen, 6. Aufl. 2010; *Byok/Jaeger*, Kommentar zum Vergaberecht, 3. Aufl. 2011; *Kulartz/Kus/Portz/Prieß*, Kommentar zum GWB-Vergaberecht, 4. Aufl. 2016; *Leinemann/Kirsch*, VSVgV, Vergabeverordnung Verteidigung und Sicherheit, 2013; *Müller-Wrede*, GWB Vergaberecht, Kommentar, 2016.

Übersicht

I. Allgemeines

Wie es sich aus § 147 GWB und zum Teil bereits aus § 144 GWB ergibt, finden auf die Vergabe von verteidigungs- oder sicherheitsspezifischen öffentlichen Aufträgen grundsätzlich die **allgemeinen** Vorschriften des Abschnitts 2 Vergabe von öffentlichen Aufträgen durch öffentliche Auftraggeber, Unterabschnitt 2 Vergabeverfahren und Auftragsausführung (§§ 119 bis 135 GWB) Anwendung, sofern in den §§ 145 bis 147 GWB **nicht etwas Abweichendes** geregelt ist.[1] Liegt ein verteidigungs- oder sicherheitsspezifischer öffentlicher Auftrag i. S. d. § 104 GWB vor, sind §§ 97 bis 114 GWB sowie §§ 119 bis 135 und 155 ff. GWB unter Berücksichtigung der Besonderheiten der §§ 145 bis 147 GWB anzuwenden. 1

Die Einzelheiten für die Vergabe verteidigungs- oder sicherheitsspezifischer öffentlicher Aufträge bestimmt, entsprechend der VgV bzw. VOB/A für „normale" öffentliche Aufträge, die **VSVgV** – soweit es sich um Liefer- oder Dienstleistungsaufträge handelt (vgl. § 2 Abs. 1 VSVgV) – bzw. der **3. Abschnitt der VOB/A** – soweit es sich um Bauaufträge handelt (vgl. § 2 Abs. 2 VSVgV, § 1 VOB/A-VS). 2

Für bestimmte Regelungen der §§ 119 bis 135 GWB stellt § 147 GWB eine Besonderheit im Hinblick auf die besondere **Vertrauenswürdigkeit** auf. Für die Verfahrensarten des 3

1 Siehe hierzu die Kommentierung in § 144 Rn. 2, 4.

§ 119 GWB bzw. § 146 GWB, für die Nutzung besonderer Methoden und Instrumente in Vergabeverfahren nach § 120 GWB, für die Aufstellung einer Leistungsbeschreibung gem. § 121 Abs. 1 und 3 GWB sowie für die Bestimmung der Eignung- und Zuschlagskriterien und die Anwendung der Ausschlussgründe gem. §§ 122 ff., 127 ff. und 128 ff. GWB und die weiteren Bestimmungen bzgl. der Auftragsänderung und Kündigung von öffentlichen Aufträgen nach §§ 132 ff. GWB, sieht § 147 GWB vor, dass die jeweiligen Vorschriften mit der Maßgabe anzuwenden sind, dass ein Unternehmen (Bewerber, Bieter oder Unterauftragnehmer) gem. § 124 Abs. 1 GWB auch dann von der Teilnahme an einem Vergabeverfahren ausgeschlossen werden kann, wenn das Unternehmen **nicht die erforderliche Vertrauenswürdigkeit aufweist, um Risiken für die nationale Sicherheit** auszuschließen.

4 Hintergrund dieser besonderen Regelung ist ausweislich der Gesetzesbegründung insbesondere der Umstand, dass im Bereich der verteidigungs- oder sicherheitsspezifischen Aufträge die VertVergRL zum Teil keine den im GWB umgesetzten Regelungen der VRL bzw. SRL vergleichbare Vorgaben enthält. Im Interesse der Rechtssicherheit werden daher enumerativ die Regelungen der VRL, z. B. bzgl. der Auftragsänderung und Kündigung in besonderen Fällen, ebenfalls im Verteidigungs- und Sicherheitsbereich für anwendbar erklärt. Auch im Hinblick auf die Ausschlussgründe sind die Bestimmungen des Art. 39 VertVergRL, insbesondere in Art. 39 mit Art. 57 Abs. 1 bis 5 VertVergRL, getroffenen Regelungen nicht deckungsgleich, wenn etwa die Nichtentrichtung von Steuern oder Sozialabgaben in Art. 57 VRL als ein zwingender Ausschlussgrund aufgeführt wird, in Artikel 39 VertVergRL und entsprechend in § 24 Abs. 1 Nr. 6 VSVgV a. F. lediglich als fakultativer Ausschlussgrund formuliert war. Art. 147 GWB soll daher sicherstellen, dass Auftraggeber bei der Vergabe von verteidigungs- oder sicherheitsspezifischen Aufträgen im Hinblick auf die Schwere von Rechtsverstößen und die betroffenen Rechtsgüter rechtlich nicht anders behandelt werden als sonstige öffentliche Auftraggeber. Im Interesse der Rechtssicherheit werden daher auch die Regelungen der §§ 123, 124 GWB zu den zwingenden und fakultativen Ausschlussgründen für verteidigungs- oder sicherheitsspezifische Aufträge vollständig für anwendbar erklärt.[2] Entsprechend übernimmt § 147 GWB den zusätzlichen fakultativen Ausschlussgrund der fehlenden Vertrauenswürdigkeit, der zwar nicht in der VRL, aber bereits in Art. 39 Abs. 2 lit. e) VertVergRL und entsprechend in dem bisherigen § 24 Nr. 5 VSVgV a. F. enthalten war. An die jetzige Fassung des § 147 GWB wurde § 24 VSVgV[3] entsprechend angepasst.

II. Vertrauenswürdigkeit

1. Vertrauenswürdigkeit

5 Bei der Anwendung des Begriffs der Vertrauenswürdigkeit steht dem öffentlichen Auftraggeber ein weiter **Beurteilungsspielraum** zu.[4] Wann Risiken für die nationale Sicherheit

2 Amtl. Begr., BT-Drs. 18/6281, S. 127 zu § 147 GWB-E VergRModG.

3 Vergabeverordnung Verteidigung und Sicherheit v. 12.7.2012, BGBl. I, S. 1509, zuletzt geändert durch Art. 5 der Verordnung v. 12.4.2016, BGBl. I, S. 624.

4 *Büdenbender*, in: Leinemann/Kirch, VSVgV-Kommentar, § 24 VSVgV Rn. 8; *Hölzl*, in: Kulartz/Kus/Portz/Prieß, Kommentar zum GWB-Vergaberecht, § 147 GWB Rn. 5.

bestehen bzw. nicht auszuschließen sind, wird weder im GWB noch in der Gesetzesbegründung oder VertVergRL erläutert. Die Norm dürfte jedoch Risiken jeder Art umfassen, zumal diese auch nicht bereits vorliegen, sondern lediglich „nicht auszuschließen" sein müssen.[5] Zwar ist in § 122 GWB die Zuverlässigkeit als isoliertes Eignungskriterium entfallen, gleichwohl ist im Hinblick auf die Vertrauenswürdigkeit i. S. d. § 147 GWB ähnlich der bisherigen Prüfung der Zuverlässigkeit eine Prognoseentscheidung zu treffen.[6] Vertrauenswürdig ist daher ein Unternehmen, das bisher allen Verpflichtungen im Hinblick auf die Wahrung bestimmter nationaler Sicherheitsinteressen nachgekommen ist und aufgrund der Durchführung früherer Verträge eine **vollumfängliche Beachtung einschließlich Gewährleistung der Sicherheit und Vertraulichkeit schützenswerter Informationen**, erwarten lässt.[7] Die Vertrauenswürdigkeit ist anhand der Umstände des Einzelfalls zu ermitteln. Als wesentlicher Nachweis für mangelnde Vertrauenswürdigkeit wird vor allem früheres Verhalten eines Unternehmens dienen. Es wird hier eine **umfassende Würdigung** aller in Betracht kommenden Umstände unter angemessener Berücksichtigung des Umfangs, der Intensität, des Ausmaßes und des Grades der Vorwerfbarkeit vorzunehmen sein, bei der jedoch die besondere Bedeutung des Sachverhaltes für die nationale Sicherheit die entscheidende Rolle spielt.[8] Insoweit steht dem Auftraggeber auch ein Prognosespielraum zur Verfügung, der von den Vergabenachprüfungsinstanzen nur daraufhin überprüft werden kann, ob der dem Ausschluss zugrunde liegende Sachverhalt vollständig und zutreffend vom öffentlichen Auftraggeber ermittelt und bei der Bewertung berücksichtigt worden ist, allgemeine Bewertungsmaßstäbe eingehalten worden sind und sachwidrige Erwägungen dabei keine Rolle gespielt haben.

2. Nachweis

Soweit der Nachweis, dass Risiken für die nationale Sicherheit nicht auszuschließen sind, 6
auch mit Hilfe geschützter Datenquellen erfolgen kann, sind hier insbesondere Berichte der Geheimdienstbehörden des Bundes und der Länder zu nennen.[9]

3. Schwere Verfehlung

Auch wenn der Gesetzeswortlaut diesbezüglich keine klaren Angaben macht, weist die Ge- 7
setzesbegründung auch auf die besondere Anwendung des fakultativen Ausschlussgrundes gem. § 124 Abs. 1 Nr. 3 GWB hin, wonach ein Unternehmen ausgeschlossen werden kann, wenn es im Rahmen der beruflichen Tätigkeit nachweislich eine schwere Verfehlung begangen hat, durch die die Integrität des Unternehmens infrage gestellt wird. Eine schwere Verfehlung gem. § 124 Abs. 1 Nr. 3 GWB, durch die die Integrität des Unternehmens infrage gestellt wird, liegt bei verteidigungs- oder sicherheitsspezifischen öffentlichen Aufträgen gem. Art. 39 Abs. 2 lit. c) und d) VertVergRL insbesondere dann vor, wenn eine

5 *Dippel*, in: Müller-Wrede, GWB Vergaberecht Kommentar, § 147 GWB Rn. 13.
6 Zur Zuverlässigkeit in § 97 GWB a. F. *Hailbronner* in: Byok/Jaeger, Kommentar zum Vergaberecht, 3. Auflage, § 97 GWB Rn. 98 ff. siehe auch § 97 Rn. 123–129.
7 Vgl. für die Prüfung der Zuverlässigkeit im Rahmen der Eignung *Otting*, in: Bechtold, Kartellgesetz, § 97 GWB Rn. 34.
8 *Dippel*, in: Müller-Wrede, GWB Vergaberecht Kommentar, § 147 GWB Rn. 13.
9 *Büdenbender*, in: Leinemann/Kirch, VSVgV-Kommentar, § 24 VSVgV Rn. 8.

rechtskräftige Verurteilung wegen eines Verstoßes gegen geltende Rechtsvorschriften über die **Ausfuhr von Verteidigungs- und/oder Sicherheitsgütern** erfolgt ist oder wenn im Rahmen eines früheren Auftrags die **Pflicht zur Gewährleistung der Informations- oder Versorgungssicherheit** verletzt wurde.[10]

4. Keine generelle Sperrwirkung gegenüber allgemeinem Vergaberecht

8 § 147 GWB entfaltet keine Sperr- oder Vorrangwirkung gegenüber den übrigen, in der Norm selbst nicht aufgeführten Normen des 4. Teils des GWB. Insbesondere der Abschnitt 1 Grundsätze, Definitionen und Anwendungsbereich, d.h. die Vorschriften der §§ 97 bis 114 GWB, sind aufgrund der fehlenden Verweisung in § 147 GWB für verteidigungs- und sicherheitsspezifische Aufträge uneingeschränkt anwendbar.

10 Amtl. Begr., BT-Drs. 18/6281, S. 127 zu § 147 GWB-E VergRModG.

Unterabschnitt 3
Vergabe von Konzessionen

§ 148 Anwendungsbereich

Dieser Unterabschnitt ist anzuwenden auf die Vergabe von Konzessionen durch Konzessionsgeber.

Die **Regelungssystematik des GWB** sieht einen neuen Abschnitt 3 in Kapitel 1 vor, das insgesamt dem Vergabeverfahren gewidmet ist und nun in seinem Abschnitt 3 die „Vergabe von öffentlichen Aufträgen in besonderen Bereichen und von Konzessionen" regelt. Letzteres übernimmt dann Unterabschnitt 3. Die Eingangsvorschrift des § 148 GWB ordnet für die Vergabe von Konzessionen die Anwendung der Normen des Unterabschnitts 3 des Abschnitts 3 an. 1

Voraussetzung für die Eröffnung des Anwendungsbereichs ist die Vergabe einer Konzession durch einen Konzessionsgeber. Der Begriff des **Konzessionsgebers** ist in § 101 GWB definiert, jener der **Konzession** in § 105 GWB. Zudem muss der für Konzessionen maßgebliche **Schwellenwert** erreicht oder überschritten sein, welcher derzeit 5.225.000,00 Euro beträgt.[1] 2

Hinsichtlich der im Unterabschnitt 3 enthaltenen besonderen Verfahrensvorschriften sind die in den §§ 107–112 GWB normierten **Ausnahmetatbestände** zu beachten, die „allgemein" sowohl für öffentliche Aufträge als auch für Konzessionen gelten. 3

---

1 § 106 Abs. 2 Nr. 4 GWB, Art. 8 und 9 RL 2014/23/EU, Art. 1 VO (EU) 2015/2172.

§ 149 Besondere Ausnahmen

Dieser Teil ist nicht anzuwenden auf die Vergabe von:

1. Konzessionen zu Rechtsdienstleistungen im Sinne des § 116 Absatz 1 Nummer 1,
2. Konzessionen zu Forschungs- und Entwicklungsdienstleistungen im Sinne des § 116 Absatz 1 Nummer 2,
3. Konzessionen zu audiovisuellen Mediendiensten oder Hörfunkmediendiensten im Sinne des § 116 Absatz 1 Nummer 3,
4. Konzessionen zu finanziellen Dienstleistungen im Sinne des § 116 Absatz 1 Nummer 4,
5. Konzessionen zu Krediten und Darlehen im Sinne des § 116 Absatz 1 Nummer 5,
6. Dienstleistungskonzessionen, die an einen Konzessionsgeber nach § 101 Absatz 1 Nummer 1 oder Nummer 2 aufgrund eines auf Gesetz oder Verordnung beruhenden ausschließlichen Rechts vergeben werden,
7. Dienstleistungskonzessionen, die an ein Unternehmen aufgrund eines ausschließlichen Rechts vergeben werden, das diesem im Einklang mit den nationalen und unionsrechtlichen Rechtsvorschriften über den Marktzugang für Tätigkeiten nach § 102 Absatz 2 bis 6 gewährt wurde; ausgenommen hiervon sind Dienstleistungskonzessionen für Tätigkeiten, für die die Unionsvorschriften keine branchenspezifischen Transparenzverpflichtungen vorsehen; Auftraggeber, die einem Unternehmen ein ausschließliches Recht im Sinne dieser Vorschrift gewähren, setzen die Europäische Kommission hierüber binnen eines Monats nach Gewährung dieses Rechts in Kenntnis,
8. Konzessionen, die hauptsächlich dazu dienen, dem Konzessionsgeber im Sinne des § 101 Absatz 1 Nummer 1 die Bereitstellung oder den Betrieb öffentlicher Kommunikationsnetze oder die Bereitstellung eines oder mehrerer elektronischer Kommunikationsdienste für die Öffentlichkeit zu ermöglichen,
9. Konzessionen im Bereich Wasser, die
   a) die Bereitstellung oder das Betreiben fester Netze zur Versorgung der Allgemeinheit im Zusammenhang mit der Gewinnung, dem Transport oder der Verteilung von Trinkwasser oder die Einspeisung von Trinkwasser in diese Netze betreffen oder
   b) mit einer Tätigkeit nach Buchstabe a im Zusammenhang stehen und einen der nachfolgend aufgeführten Gegenstände haben:
      aa) Wasserbau-, Bewässerungs- und Entwässerungsvorhaben, sofern die zur Trinkwasserversorgung bestimmte Wassermenge mehr als 20 Prozent der Gesamtwassermenge ausmacht, die mit den entsprechenden Vorhaben oder Bewässerungs- oder Entwässerungsanlagen zur Verfügung gestellt wird, oder
      bb) Abwasserbeseitigung oder -behandlung,
10. Dienstleistungskonzessionen zu Lotteriedienstleistungen, die unter die Referenznummer des Common Procurement Vocabulary 92351100-7 fallen, und die einem Unternehmen auf der Grundlage eines ausschließlichen Rechts gewährt werden,

11. Konzessionen, die Konzessionsgeber im Sinne des § 101 Absatz 1 Nummer 2 und 3 zur Durchführung ihrer Tätigkeiten in einem nicht der Europäischen Union angehörenden Staat in einer Weise vergeben, die nicht mit der physischen Nutzung eines Netzes oder geografischen Gebiets in der Europäischen Union verbunden ist, oder

12. Konzessionen, die im Bereich der Luftverkehrsdienste auf der Grundlage der Erteilung einer Betriebsgenehmigung im Sinne der Verordnung (EG) Nr. 1008/2008 des Europäischen Parlaments und des Rates vom 24. September 2008 über gemeinsame Vorschriften für die Durchführung von Luftverkehrsdiensten in der Gemeinschaft (ABl. L 293 vom 31.10.2008, S. 3) vergeben werden, oder von Konzessionen, die die Beförderung von Personen im Sinne des § 1 des Personenbeförderungsgesetzes betreffen.

Schrifttum: *Bergmann*, Handlexikon der Europäischen Union, 5. Aufl. 2015; *Byok/Jaeger*, Kommentar zum Vergaberecht, 3. Aufl. 2011; *Calliess/Ruffert*, Das Verfassungsrecht der Europäischen Union mit Europäischer Grundrechtecharta: Kommentar, 5. Aufl. 2016; *Dreher/Motzke*, Beck'scher Vergaberechtskommentar, 2. Aufl. 2013; *Erbs/Kohlhaas*, Strafrechtliche Nebengesetze, Band 4, LuftVG, München, Stand 1.7.2015; *von der Groeben/Schwarze/Hatje*, Europäisches Unionsrecht: Vertrag über die Europäische Union – Vertrag über die Arbeitsweise der Europäischen Union – Charta der Grundrechte der Europäischen Union, Band I, 7. Aufl. 2015; *Heinze/Fehling/Fiedler*, Personenbeförderungsgesetz Kommentar, 2. Aufl. 2014; *Immenga/Mestmäcker*, Wettbewerbsrecht, Band 2 GWB, 5. Aufl. 2014; *Müller-Wrede*, Sektorenverordnung Kommentar, Köln, 2010; *Pünder/Schellenberg*, Vergaberecht Handkommentar, 2. Aufl. 2015; *Schulze/Zuleeg/Kadelbach*, Europarecht Handbuch für die deutsche Rechtspraxis, 3. Aufl. 2015; *Streinz*, Vertrag über die Europäische Union und Vertrag über die Arbeitsweise der Europäischen Union, 2. Aufl. 2012; *Weyand*, Praxiskommentar Vergaberecht, Stand September 2015.

Übersicht

I. Allgemeines[1]

Die Vorschrift setzt verschiedene Regelungen der Richtlinie 2014/23/EU über den Anwendungsausschluss dieses „Teils", gemeint ist Teil 4 des GWB, um.[2] § 149 GWB enthält die **Ausschlusstatbestände** der Art. 10, 11, 12 und 25 RL 2014/23/EU und fasst diese in einer 1

1 An der Kommentierung maßgeblich mitgewirkt hat Herr Rechtsanwalt *Dr. Benjamin Pfannkuch*, Kiel.

2 S. dazu *Wagner/Pfohl*, ZfBR 2014, 745; *Opitz*, NVwZ 2014, 753. Die Ausnahmen vom Anwendungsbereich grundsätzlich kritisch sieht *Braun*, EuZW 2012, 451, 454.

Norm zusammen. Dabei bedient sich der Gesetzgeber hinsichtlich der Tatbestände der Nr. 1–5 einer Verweisung auf die für öffentliche Aufträge geltenden Ausnahmen nach § 116 Abs. 1 GWB. Von besonderer Bedeutung ist der Tatbestand des § 149 Nr. 9 GWB, der bestimmte Konzessionen im Wasserbereich von der Anwendung des Vergaberechts ausnimmt.

2 Die Normierung dieser Ausnahmekonstellationen zieht gleichwohl nicht die völlige Freistellung von jeglichen vergaberechtlichen Anforderungen nach sich.[3] Auf die Vergabe von Konzessionen in den in § 149 GWB aufgeführten Bereichen sind die vom EuGH entwickelten **primärrechtlichen Grundsätze** anzuwenden, wonach die Vergabe von Dienstleistungskonzessionen bei einem grenzüberschreitenden Interesse auch außerhalb des Anwendungsbereichs der Richtlinie 2014/23/EU wettbewerblich, diskriminierungsfrei und transparent erfolgen muss.[4]

II. Die Regelung im Einzelnen

1. § 149 Nr. 1 GWB

3 Die Vorschrift setzt Art. 10 Abs. 8 lit. d) RL 2014/23/EU um. Erfasst sind durch den Verweis auf § 116 Abs. 1 Nr. 1 GWB **Konzessionen zu Rechtsdienstleistungen**, welche die Vertretung eines Mandanten in einem Gerichts- oder Verwaltungsverfahren, einem nationalen oder internationalen Schiedsgerichts- oder Schlichtungsverfahren und die Rechtsberatung durch einen Rechtsanwalt zur Vorbereitung eines wie vor beschriebenen Verfahrens umfassen – wobei es ausreicht, dass konkrete Anhaltspunkte dafür vorliegen und eine hohe Wahrscheinlichkeit besteht, dass die betreffende Angelegenheit Gegenstand eines solchen Verfahrens werden wird. Weiterhin sind ausgenommen von Notaren vorzunehmende Beglaubigungen und Beurkundungen, Tätigkeiten insbesondere von gerichtlich bestellten Betreuern, Vormündern, Pflegern, Verfahrensbeiständen, Sachverständigen und Tätigkeiten, die zumindest teilweise mit der Ausübung von hoheitlichen Befugnissen verbunden sind.

4 Wie aus der Begründung zu der in Bezug genommenen Vorschrift des § 116 Abs. 1 Nr. 1 GWB folgt, ist in § 149 Nr. 1 GWB **keine generelle Ausnahme** für Rechtsdienstleistungen vorgesehen, sondern eine Beschränkung auf die aufgeführten Konstellationen von Rechtsdienstleistungen, die von gerichtlich bestellten Dienstleistern erbracht werden, die die anwaltliche Vertretung von Mandanten in Gerichts- oder Verwaltungsverfahren betreffen, durch Notare erbracht werden müssen oder mit der Ausübung von hoheitlichen Befugnissen verbunden sind.[5] Demgemäß ist eine Anwendung der Norm über die genannten Fälle hinaus nicht möglich.

5 Der Konzessionsgeber, der sich auf den Ausnahmetatbestand berufen will, muss insbesondere die **Prüfung der konkreten Umstände** anhand der unbestimmten Begriffe der „kon-

---

3 *Knauff/Badenhausen*, NZBau 2014, 395, 398.

4 EuGH, Urt. v. 7.12.2000, Rs. C-324/98, EuZW 2001, 90 – Telaustria; Urt. v. 21.7.2005, C-231/03, NVwZ 2005, 1052 – Coname; Urt. v. 13.10.2005, C-458/03, EuZW 2005, 727 – Parking Brixen; Urt. v. 10.9.2009, C-206/08, EuZW 2009, 810 – WAZV Gotha; Urt. v. 10.3.2011, C-274/09, EuZW 2011, 352 – Rettungsdienst Stadler; Urt. v. 14.7.2016, C-458/14, C-67/15 Rn. 64, EuZW 2016, 657 – Promoimpresa; *Knauff/Badenhausen*, NZBau 2014, 395, 398; *Sudbrock*, KommJur 2014, 41, 42.

5 BT-Drs. 18/6281, S. 93.

kreten Anhaltspunkte“ und der „hohen Wahrscheinlichkeit“ für die künftige Austragung eines wie in der Vorschrift bezeichneten Verfahrens dokumentieren. Für die Vergabe von sonstigen Rechtsdienstleistungen, die nicht unter die Ausnahme der §§ 149 Nr. 1, 116 Abs. 1 Nr. 1 GWB fallen, kommt nicht das allgemeine Vergabeverfahren zur Anwendung, sondern das **vereinfachte Verfahren** im Sinne des § 130 GWB, für das ein höherer Schwellenwert in Höhe von 750.000 Euro gilt.[6]

2. § 149 Nr. 2 GWB

Mit dieser Vorschrift wird Art. 25 RL 2014/23/EU umgesetzt.[7] Ziel der für öffentliche Aufträge in Art. 14 RL 2014/24/EU enthaltenen, Art. 25 RL 2014/23/EU entsprechenden unionsrechtlichen Vorgabe, ist die Förderung der Kofinanzierung von Forschungs- und Entwicklungsprogrammen durch die Industrie.[8] Die Ausnahmeregelung verweist auf § 116 Abs. 1 Nr. 2 GWB und nimmt **Konzessionen zu Forschungs- und Entwicklungsdienstleistungen** vom Anwendungsbereich aus. 6

Die Ausnahme gilt hingegen gem. § 149 Nr. 2 i.V.m. § 116 Abs. 1 Nr. 2 Hs. 2 GWB („es sei denn“) nicht, d.h. das Vergaberecht ist im Sinne einer Rückausnahme anzuwenden, sofern es sich um Forschungs- und Entwicklungsdienstleistungen handelt, die unter die **Referenznummern des Common Procurement Vocabulary** 73000000-2 bis 73120000-9 (Forschungs- und Entwicklungsdienste und zugehörige Beratung, Dienstleistungen im Bereich Forschung und experimentelle Entwicklung, Forschungsdienste, Forschungslabordienste, Meeresforschungsdienste, Experimentelle Entwicklung), 73300000-5 (Planung und Ausführung von Forschung und Entwicklung), 73420000-2 (Vordurchführbarkeitsstudie und technologische Demonstration) und 73430000-5 (Test und Bewertung) fallen,[9] die Ergebnisse der Dienstleistungen zudem ausschließlich Eigentum[10] des – ggf. öffentlichen – Auftraggebers für seinen Gebrauch bei der Ausübung seiner eigenen Tätigkeit werden und die Dienstleistung des Weiteren vollständig durch den Auftraggeber vergütet wird. Ein **fiktiver Austausch der Forschungs- und Entwicklungsergebnisse** oder eine rein **symbolische Beteiligung der Industrie (oder sonstiger Dritter)** an der Vergütung des Dienstleisters hindert die Anwendbarkeit des Vergaberechts nicht.[11] Anders hingegen, wenn seitens der Industrie (oder sonstiger Dritter) eine Kofinanzierung erfolgt: In diesem Fall greift die Rückausnahme nicht, d.h. das Vergaberecht ist ausnahmsweise zum Zwecke 7

6 BT-Drs. 18/6281, S. 93.

7 Die unionsrechtliche Vorgabe des Art. 25 RL 2014/23/EU ist im Gegensatz zu der Umsetzungsvorschrift des § 16 Abs. 1 Nr. 2 GWB positiv formuliert, d.h. sie ordnet grundsätzlich die Anwendung der Richtlinie an, sofern die CPV-Nummern betroffen und die weiteren Voraussetzungen erfüllt sind.

8 Erwägungsgrund 35 RL 2014/24/EU.

9 Alle Forschungs- und Entwicklungsdienstleistungen, die unter andere Referenznummern des Common Procurement Vocabulary fallen, sind vom Anwendungsbereich des Vergaberechts ganz ausgenommen, s. dazu BT-Drs. 18/6281, S. 94.

10 Der Begriff ist nicht zivilrechtlich, sondern europarechtskonform in einem übertragenen Sinne zu verstehen als „wem das Ergebnis gehört“, „wem das Nutzungsrecht zusteht“ bzw. „wem die Verwertung (am Markt) zukommt“, *Dreher*, in: Immenga/Mestmäcker, Wettbewerbsrecht, GWB, § 100 Rn. 41 m.w.N.

11 Erwägungsgrund 35 RL 2014/24/EU.

der Förderung dieser Kofinanzierung nicht anzuwenden (s. o. Rn. 6).[12] Auch einfache Nutzungsrechte erfüllen die Voraussetzungen der Rückausnahme nicht und führen damit zur Unanwendbarkeit des Vergaberechts.[13]

8 Die Begriffe **Forschung und Entwicklung** werden in den Vergaberichtlinien nicht definiert. Im Gegensatz zur Richtlinie 2004/18/EG, die in Erwägungsgrund 23 auf die in Art. 179 AEUV (ex-Art. 163 EGV) geregelten Grundlagen der Forschungspolitik verwies, nehmen die neuen Vergaberichtlinien zwar ausdrücklich keinen Bezug auf das Primärrecht. Es besteht indes kein Anlass, nicht auf die im Kontext mit **Art. 179 AEUV** vorhandene Begriffsbestimmung zurückzugreifen. Forschung kennzeichnet dabei – als Bestandteil von Wissenschaft – das methodengeleitete Generieren neuen Wissens, Entwicklung bildet einen Ausschnitt aus der Forschung.[14] Forschung hat jedenfalls zum Ziel, neue Erkenntnisse zu gewinnen, und umfasst deshalb sowohl die Grundlagenforschung als auch die angewandte Forschung.[15]

9 Zur Begriffsbestimmung kann zudem, wie aus Erwägungsgrund 47 RL 2014/24/EU hervorgeht, auf die **Mitteilung der Kommission vom 14.12.2007** „Vorkommerzielle Auftragsvergabe: Innovationsförderung zur Sicherung tragfähiger und hochwertiger öffentlicher Dienste in Europa"[16] zurückgegriffen werden. Mögliche Tätigkeiten sind hiernach beispielsweise die Lösungserkundung und der Lösungsentwurf sowie die Prototypentwicklung bis hin zur begrenzten Neuentwicklung erster Produkte oder Dienstleistungen in Form einer Erprobungsserie, aber nicht kommerzielle Entwicklungstätigkeiten wie Serienfertigung, Absatz zum Nachweis der Marktfähigkeit oder zur Deckung der Forschungs- und Entwicklungskosten, Produktintegration, individuelle oder inkrementelle Anpassungen und Verbesserungen bestehender Produkte oder Prozesse.[17] In den letztgenannten Beispielsfällen ist das Vergaberecht anzuwenden.

3. § 149 Nr. 3 GWB

10 Dieser Ausnahmetatbestand setzt Art. 10 Abs. 8 lit. b) RL 2014/23/EU um. Die Vorschrift verweist auf § 116 Abs. 1 Nr. 3 GWB und betrifft somit **Konzessionen zu audiovisuellen Mediendiensten oder Hörfunkmediendiensten**, wenn diese von Anbietern von audiovisuellen Mediendiensten oder Hörfunkmediendiensten vergeben werden, und Konzessionen betreffend die Ausstrahlungszeit oder die Bereitstellung von Sendungen, wenn diese Aufträge an Anbieter von audiovisuellen Mediendiensten oder Hörfunkmediendiensten vergeben werden. Ziel der Ausnahmevorschrift für die Vergabe öffentlicher Aufträge über bestimmte audiovisuelle und Hörfunkmediendienste durch Anbieter von Mediendiensten ist,

---

12 Vgl. Erwägungsgrund 35 RL 2014/24/EU.

13 A. A. *Schellenberg*, in: Pünder/Schellenberg, Vergaberecht, GWB, § 100 Rn. 30 (zu § 100 GWB a. F.).

14 *Ruffert*, in: Calliess/Ruffert, EUV/AEUV, Art. 179 AEUV Rn. 1, 3 m. w. N.

15 BayObLG, Beschl. v. 27.2.2003, Verg 25/02, NZBau 2003, 634.

16 Mitteilung der Kommission an das Europäische Parlament, den Rat, den Europäischen Wirtschafts- und Sozialausschuss und den Ausschuss der Regionen „Vorkommerzielle Auftragsvergabe: Innovationsförderung zur Sicherung tragfähiger und hochwertiger öffentlicher Dienste in Europa" vom 14.12.2007, KOM(2007) 799.

17 Mitteilung der Kommission vom 14.12.2007, KOM(2007) 799, S. 3.

dass besondere kulturelle und gesellschaftspolitische Erwägungen angemessen berücksichtigt werden können.[18]

Wie auch nach der für die Vergabe öffentlicher Aufträge in diesem Bereich bisher maßgeblichen Vorschrift des § 100a Abs. 2 Nr. 1 GWB a. F. soll der **öffentlich-rechtliche Rundfunk** von unionsrechtlichen Beschränkungen des Vergaberechts in seinem verfassungsrechtlich geschützten Kernbereich freigestellt sein.[19] Die für öffentliche Aufträge in diesem Bereich bisher geltende Vorschrift des § 100a Abs. 2 Nr. 1 GWB a. F. stellte lediglich auf „Programme" und „Sendungen" ab. Die Neuformulierung ist auf die mit der unionsrechtlichen Vorgabe des Art. 10 Abs. 8 lit. b) RL 2014/23/EU bezweckte Anpassung an die technischen Entwicklungen der vergangenen Jahre zurückzuführen.[20] **11**

Für die Bestimmung der nach § 149 Nr. 3 GWB maßgeblichen Begriffe ist auf die Richtlinie 2010/13/EU zurückzugreifen.[21] Nach Art. 1 Abs. 1 lit. a) RL 2010/13/EU ist ein **audiovisueller Mediendienst** eine Dienstleistung im Sinne der Art. 56 und 57 AEUV,[22] für die ein Mediendiensteanbieter die redaktionelle Verantwortung trägt und deren Hauptzweck die Bereitstellung von Sendungen zur Information, Unterhaltung oder Bildung der allgemeinen Öffentlichkeit über elektronische Kommunikationsnetze im Sinne von Art. 2 lit. a) RL 2002/21/EG ist.[23] Solche Mediendienste sind nach Art. 1 Abs. 1 lit. a) RL 2010/13/EU entweder Fernsehprogramme[24] oder audiovisuelle Mediendienste auf Abruf (on demand).[25] **12**

Mediendiensteanbieter ist nach Art. 1 Abs. 1 lit. d) RL 2010/13/EU eine natürliche oder juristische Person, die die redaktionelle Verantwortung für die Auswahl der Inhalte des audiovisuellen Mediendienstes trägt und bestimmt, wie diese gestaltet werden. Unter dem Begriff der **Sendung** ist nach Art. 1 Abs. 1 lit. b) RL 2010/13/EU eine Abfolge von bewegten Bildern mit oder ohne Ton zu verstehen, die Einzelbestandteil eines von einem Medien- **13**

---

18 BT-Drs. 18/6281, S. 94.

19 *Schellenberg*, in: Pünder/Schellenberg, Vergaberecht, § 100a GWB Rn. 1.

20 BT-Drs. 18/6281, S. 94.

21 BT-Drs. 18/6281, S. 94.

22 Erforderlich ist demnach eine nicht nur innerstaatliche, sondern (innerhalb der Union) grenzüberschreitende und entgeltliche Tätigkeit, die nicht von einer anderen Grundfreiheit erfasst wird, s. *Müller-Graf*, in: Streinz, EUV/AEUV, Art. 56 Rn. 15; *Kluth*, in: Calliess/Ruffert, EUV/AEUV, AEUV, Art. 57 Rn. 9 ff. jew. m. w. N. Zu Dienstleistungen im Sinne des Art. 57 AEUV speziell im Bereich von Fernsehsendungen s. EuGH, Urt. v. 30.4.1974, Rs.155/73, GRUR Int 1974, 297 – Telebiella, m. Anm. *Schulze*; *Tiedje*, in: von der Groeben/Schwarze/Hatje, Europäisches Unionsrecht, AEUV, Art. 57 Rn. 24 m. w. N.

23 Darunter fallen Übertragungssysteme und ggf. Vermittlungs- und Leitwegeinrichtungen sowie anderweitige Ressourcen, die die Übertragung von Signalen über Kabel, Funk, optische oder andere elektromagnetische Einrichtungen ermöglichen, einschließlich Satellitennetze, feste (leitungs- und paketvermittelte, einschließlich Internet) und mobile terrestrische Netze, Stromleitungssysteme, soweit sie zur Signalübertragung genutzt werden, Netze für Hör- und Fernsehfunk sowie Kabelfernsehnetze, unabhängig von der Art der übertragenen Informationen.

24 Dies sind nach Art. 1 Abs. 1 lit. e) RL 2010/13/EU lineare audiovisuelle Mediendienste, die von einem Mediendiensteanbieter für den zeitgleichen Empfang von Sendungen auf der Grundlage eines Sendeplans bereitgestellt werden.

25 Dies sind nach Art. 1 Abs. 1 lit. g) RL 2010/13/EU nichtlineare audiovisuelle Mediendienste, die von einem Mediendiensteanbieter für den Empfang zu dem vom Nutzer gewählten Zeitpunkt und auf dessen individuellen Abruf hin aus einem vom Mediendiensteanbieter festgelegten Programmkatalog bereitgestellt werden.

diensteanbieter erstellten Sendeplans oder Katalogs ist und deren Form und Inhalt mit der Form und dem Inhalt von Fernsehprogrammen vergleichbar sind, beispielsweise Spielfilme, Sportberichte, Fernsehkomödien, Dokumentarfilme, Kindersendungen und Originalfernsehspiele. Der Begriff der Sendung, der gleichbedeutend mit jenem des Sendematerials ist, umfasst auch Hörfunksendungen und Hörfunksendematerial.[26]

14 Nicht von der Ausnahme erfasst werden soll dabei die Bereitstellung des für die Produktion, die Koproduktion und die Ausstrahlung dieser Sendungen erforderlichen **technischen Materials**.[27] Da nur die eigentliche Funktion der Rundfunkanstalten, nämlich die Programmgestaltung und -produktion, vom Vergaberecht freigestellt ist,[28] ist ein lediglich mittelbarer Programmbezug nicht ausreichend.[29]

15 Adressaten sind nicht alle öffentlichen Auftraggeber, sondern lediglich die **öffentlich-rechtlichen Rundfunkanstalten**. Das trifft sowohl für in der ARD zusammengeschlossenen Länderanstalten, das ZDF, als auch für die direkt aus dem Bundeshaushalt finanzierten Veranstalter des Deutschlandfunks und der Deutschen Welle zu.[30]

4. § 149 Nr. 4 GWB

16 Mit der Vorschrift wird Art. 10 Abs. 8 lit. e) RL 2014/23/EU umgesetzt. Verwiesen wird für die **Konzessionen zu finanziellen Dienstleistungen** auf den für entsprechende öffentliche Aufträge geltenden Tatbestand des § 116 Abs. 1 Nr. 4 GWB. Bisher waren für öffentliche Aufträge Ausnahmeregelungen in § 100a Abs. 2 Nr. 2 GWB und – für den Sektorenbereich – in § 100b Abs. 2 Nr. 1 GWB enthalten. Im Verhältnis zu diesen Vorgängerregelungen ist in § 149 Nr. 4 GWB hinzugekommen, dass Transaktionen mit der neu geschaffenen Finanzstabilisierungsfazilität und dem Europäischen Stabilitätsmechanismus ebenfalls von der Anwendung des Vergaberechts ausgenommen sein sollen.[31]

17 Nach der mit Art. 10 lit. e) RL 2014/24/EU weitgehend identischen[32] unionsrechtlichen Vorgabe des Art. 10 Abs. 8 lit. e) RL 2014/23/EU ist für die Begriffsbestimmung der **Finanzinstrumente** die RL 2004/39/EG[33] maßgeblich. Wertpapiere – eine Unterart der „Finanzinstrumente"[34] – sind nach **Art. 4 Abs. 1 Nr. 18 lit. a) – b) RL 2004/39/EG** Aktien und andere, Aktien oder Anteilen an Gesellschaften, Personengesellschaften oder anderen Rechtspersönlichkeiten gleichzustellende Wertpapiere sowie Aktienzertifikate; Schuldverschreibungen oder andere verbriefte Schuldtitel, einschließlich Zertifikaten (Hinterle-

26 BT-Drs. 18/6281, S. 94.

27 BT-Drs. 18/6281, S. 94; so auch Erwägungsgrund 43 RL 2014/23/EU.

28 EuGH, Urt. v. 13.12 2007, C-337/06, NZBau 2008, 130 – Rundfunkanstalten.

29 *Dreher*, in: Immenga/Mestmäcker, Wettbewerbsrecht, § 100a GWB Rn. 8.

30 *Schellenberg*, in: Pünder/Schellenberg, Vergaberecht, § 100a GWB Rn. 1.

31 BT-Drs. 18/6281, S. 95.

32 Art. 10 lit. e) RL 2014/24/EU erfasst mit der Europäischen Finanzstabilisierungsfazilität und dem Europäischen Stabilitätsmechanismus durchgeführte „Transaktionen", Art. 10 Abs. 8 lit. e) RL 2014/23/EU verwendet hingegen diesbezüglich den Begriff „Tätigkeiten". Im Anwendungsbereich der Konzessionen ist die Ausnahme demnach weiter gefasst.

33 Richtlinie 2004/39/EG des Europäischen Parlaments und des Rates vom 21.4.2004 über Märkte für Finanzinstrumente, zur Änderung der Richtlinien 85/611/EWG und 93/6/EWG des Rates und der Richtlinie 2000/12/EG des Europäischen Parlaments und des Rates und zur Aufhebung der Richtlinie 93/22/EWG des Rates, ABl. EU L 145/1 vom 30.4.2004.

34 *Dreher*, in: Immenga/Mestmäcker, Wettbewerbsrecht, GWB, § 100a Rn. 17 m. w. N.

gungsscheinen) für solche Wertpapiere und alle sonstigen Wertpapiere, die zum Kauf oder Verkauf solcher Wertpapiere berechtigen oder zu einer Barzahlung führen, die anhand von übertragbaren Wertpapieren, Währungen, Zinssätzen oder -erträgen, Waren oder anderen Indizes oder Messgrößen bestimmt wird.

Für den Begriff der „**anderen Finanzinstrumente**" besteht in den RL 2014/23/EU und 2014/24/EU hingegen keine unionsrechtliche Verweisung. Verwendet wird er in **Art. 4 Abs. 1 Nr. 17 RL 2004/39/EG** sowie dem darin in Bezug genommenen Anhang I Abschnitt C RL 2004/39/EG. Darin sind folgende Instrumente genannt: **18**

- Übertragbare Wertpapiere
- Geldmarktinstrumente (nach Art. 4 Abs. 1 Nr. 19 RL 2004/39/EG die üblicherweise auf dem Geldmarkt gehandelten Gattungen von Instrumenten, wie Schatzanweisungen, Einlagenzertifikate und Commercial Papers, mit Ausnahme von Zahlungsinstrumenten)
- Anteile an Organismen für gemeinsame Anlagen
- Optionen, Terminkontrakte, Swaps, Zinsausgleichsvereinbarungen und alle anderen Derivatkontrakte in Bezug auf Wertpapiere, Währungen, Zinssätze oder -erträge, oder andere Derivat-Instrumente, finanzielle Indizes oder Messgrößen, die effektiv geliefert oder bar abgerechnet werden können
- Optionen, Terminkontrakte, Swaps, Termingeschäfte und alle anderen Derivatkontrakte in Bezug auf Waren, die bar abgerechnet werden müssen oder auf Wunsch einer der Parteien (anders als wegen eines zurechenbaren oder anderen Beendigungsgrunds) bar abgerechnet werden können
- Optionen, Terminkontrakte, Swaps und alle anderen Derivatkontrakte in Bezug auf Waren, die effektiv geliefert werden können, vorausgesetzt, sie werden an einem geregelten Markt und/oder über ein MTF gehandelt
- Optionen, Terminkontrakte, Swaps, Termingeschäfte und alle anderen Derivatkontrakte in Bezug auf Waren, die effektiv geliefert werden können, die sonst nicht in Abschnitt C Nummer 6 genannt sind und nicht kommerziellen Zwecken dienen, die die Merkmale anderer derivativer Finanzinstrumente aufweisen, wobei unter anderem berücksichtigt wird, ob Clearing und Abrechnung über anerkannte Clearingstellen erfolgen oder ob eine Margin-Einschussforderung besteht
- derivative Instrumente für den Transfer von Kreditrisiken
- Finanzielle Differenzgeschäfte
- Optionen, Terminkontrakte, Swaps, Termingeschäfte und alle anderen Derivatkontrakte in Bezug auf Klimavariablen, Frachtsätze, Emissionsberechtigungen, Inflationsraten und andere offizielle Wirtschaftsstatistiken, die bar abgerechnet werden müssen oder auf Wunsch einer der Parteien (anders als wegen eines zurechenbaren oder anderen Beendigungsgrunds) bar abgerechnet werden können, sowie alle anderen Derivatkontrakte in Bezug auf Vermögenswerte, Rechte, Obligationen, Indizes und Messwerte, die sonst nicht im vorliegenden Abschnitt C genannt sind und die die Merkmale anderer derivativer Finanzinstrumente aufweisen, wobei unter anderem berücksichtigt wird, ob sie auf einem geregelten Markt oder einem MTF gehandelt werden, ob Clearing und Abrechnung über anerkannte Clearingstellen erfolgen oder ob eine Margin-Einschussforderung besteht.

Zum Teil wird ein Rückgriff auf die RL 2004/39/EG kritisch gesehen, da mit dem Katalog in Abschnitt C des Anhangs I zur Richtlinie 2004/39/EG der Anwendungsbereich einer **19**

Richtlinie zur **Binnenmarktverwirklichung** eröffnet werde, während § 149 Nr. 4 GWB (§ 100a Abs. 2 Nr. 2 GWB a. F.) als Ausnahmevorschrift den Anwendungsbereich einer Richtlinie zur Binnenmarktverwirklichung begrenze.[35]

20 Verwendet wird der Terminus des Finanzinstruments auch in **Art. 3 Nr. 1 lit. e) RL 2006/49/EG.**[36] Erfasst werden hiernach Verträge, die für eine der beteiligten Seiten einen finanziellen Vermögenswert und für die andere Seite eine finanzielle Verbindlichkeit oder ein Eigenkapitalinstrument schaffen.

21 Die Dienstleistungen müssen „**im Zusammenhang**" mit den genannten Tätigkeiten stehen. Die Dienstleistungen müssen dafür mit dem Finanzierungsgeschäft in einem solchen Zusammenhang stehen, dass sie die Durchführung des Geschäfts selbst beeinflussen können.[37] Fraglich ist, ob angesichts des Charakters des § 149 GWB als Ausnahmevorschrift eine restriktive Auslegung des „Zusammenhangs" geboten ist.[38] Dagegen spricht, dass nach dem Wortlaut der Anwendungsbereich des Ausnahmetatbestandes gerade nicht lediglich auf die konkreten Tätigkeiten beschränkt, sondern ausdrücklich mit ihnen „im Zusammenhang" stehende Dienstleistungen umfasst; bei restriktiver Auslegung erschiene die Formulierung überflüssig.[39] Jedenfalls dann, wenn die Transaktion selbst vergabefrei erfolgen kann, sind aber auch vorbereitende Handlungen erfasst.[40]

22 **Zentralbanken** sind die Deutsche Bundesbank und ihre Hauptverwaltungen, die zwar als öffentliche Auftraggeber – bzw. Konzessionsgeber – einzustufen sind und damit dem Vergaberecht unterfallen.[41] Das gilt jedoch nicht für die aufgrund ihres gesetzlichen Auftrages erfüllten Dienstleistungen, die aus dem 4. und 5. Abschnitt BBankG folgen.[42] Beim Einkauf bspw. von Facility-Management-Leistungen ist das Vergaberecht also anzuwenden.[43] Denn die Beschaffungstätigkeit der Zentralbanken selbst, auch wenn sie im Zusammenhang mit den von ihnen wahrgenommenen Dienstleistungen steht, ist nicht ausgenommen.[44] Dies gilt entsprechend für Konzessionen.

23 Zusätzlich zu den Konzessionen zu finanziellen Dienstleistungen der Zentralbanken sind gemäß der Verweisung auf § 116 Abs. 1 Nr. 4 GWB auch Konzessionen über mit der **Europäischen Finanzstabilisierungsfazilität (EFSF)** und dem **Europäischen Stabilitätsmechanismus (ESM)** durchgeführte Transaktionen vom Ausnahmetatbestand erfasst. Die vor dem Hintergrund der Zuspitzung der Staatsschuldenkrise im Eurogebiet 2010 als privatrechtliche Kapitalgesellschaft von den Euro-Ländern auf der Grundlage von Art. 122 Abs. 2 AEUV gegründete EFSF hatte die Aufgabe, Ländern des Eurogebiets, deren Finan-

35 S. *Dreher*, in: Immenga/Mestmäcker, Wettbewerbsrecht, GWB, § 100a Rn. 29.
36 Richtlinie 2006/49/EG vom 14.6.2006 über die angemessene Eigenkapitalausstattung von Wertpapierfirmen und Kreditinstituten, ABl. EU L 177/201 vom 30.6.2006.
37 VK Stuttgart, Beschl. v. 30.11 2001, 1 VK 40/01, NZBau 2003, 61.
38 So *Schellenberg*, in: Pünder/Schellenberg, Vergaberecht, GWB, § 100a Rn. 15.
39 So *Hailbronner*, in: Byok/Jaeger, GWB, § 100 Rn. 55.
40 *Schellenberg*, in: Pünder/Schellenberg, Vergaberecht, GWB, § 100a Rn. 15.
41 *Hailbronner*, in: Byok/Jaeger, GWB, § 100 Rn. 58.
42 *Hailbronner*, in: Byok/Jaeger, GWB, § 100 Rn. 58.
43 *Schellenberg*, in: Pünder/Schellenberg, Vergaberecht, GWB, § 100a Rn. 8.
44 *Weyand*, Vergaberecht, GWB, § 100a Rn.15.

zierung über die Finanzmärkte erheblich beeinträchtigt war, finanziellen Beistand zu gewähren; mit Errichtung des ESM ist die EFSF Mitte 2013 ausgelaufen.[45]

5. § 149 Nr. 5 GWB

Die Regelung setzt Art. 10 Abs. 8 lit. f) RL 2014/23/EU um und verweist auf § 116 Abs. 1 Nr. 5 GWB. Dadurch sind **Konzessionen über Kredite und Darlehen** vom Anwendungsbereich des Vergaberechts ausgenommen, und zwar unabhängig davon, ob sie mit der Ausgabe von Wertpapieren oder anderen Finanzinstrumenten oder mit anderen diese betreffenden Transaktionen im Zusammenhang stehen oder nicht. Diese Ausnahme ist aufgrund der unionsrechtlichen Vorgabe neu eingefügt worden. 24

Im Gegensatz zu den finanziellen Dienstleistungen im Sinne von § 149 Nr. 4 GWB enthalten weder Art. 10 Abs. 8 lit. f) RL 2014/23/EU noch Art. 10 lit. f) RL 2014/24/EU eine Verweisung auf eine anzuwendende **Begriffsbestimmung**. Nach bisheriger Rechtslage waren im Bereich der öffentlichen Aufträge „Geschäfte, die der Geld- oder Kapitalbeschaffung der Auftraggeber dienen“, nach § 100a Abs. 2 Nr. 2 GWB a.F. vom Anwendungsbereich des Vergaberechts freigestellt. Dabei wurden solche Geschäfte als Beispiel für „andere Finanzinstrumente“ genannt, zu denen wiederum auch die „finanziellen Dienstleistungen“ zählten. Nunmehr werden finanzielle Dienstleistungen (§ 149 Nr. 4 GWB) und Kredite sowie Darlehen (§ 149 Nr. 5 GWB) separat enumeriert. 25

Als **Gründe** für die Ausnahme im Rahmen der Auftragsvergabe werden das besondere Vertrauensverhältnis zwischen den Beteiligten, die Probleme der ständigen Änderung der Verhältnisse an den Kapitalmärkten im Hinblick auf die in einem Vergabeverfahren zu beachtenden Fristen und der Zeitaufwand, der mit der Durchführung eines Vergabeverfahrens verbunden ist, angeführt.[46] Diese Erwägungen sind für die Ausnahme für Konzessionen übertragbar, da sachlich kein Unterschied besteht. Auch bei der Vergabe von Konzessionen sind nach § 27 KonzVgV Fristen zu beachten, die einem u. U. kurzfristig erforderlichen Handeln bei der Kapitalbeschaffung entgegenstünden. 26

6. § 149 Nr. 6 GWB

Die Regelung setzt Art. 10 Abs. 1 Unterabs. 1 RL 2014/23/EU um. Entsprechend dem Ausnahmetatbestand des § 116 Abs. 1 Nr. 6 GWB für öffentliche Aufträge werden Konzessionen ausgenommen, in denen ein bestimmter öffentlicher Auftraggeber oder ein Verbund von öffentlichen Auftraggebern der einzige Anbieter einer bestimmten Dienstleistung sein kann, da er für deren Erbringung ein auf ein Gesetz oder Verordnung beruhendes und mit den Vorschriften des AEUV in Einklang stehendes **ausschließliches Recht** besitzt.[47] 27

---

45 S. *Bischof/Jung*, in: Schulze/Zuleeg/Kadelbach, Europarecht – Handbuch für die deutsche Rechtspraxis, 2. Teil, § 20, Abschn. 2, A. III.3. Rn. 13; *Bergmann*, Handlexikon der Europäischen Union, zu Finanzstabilisierungsfazilität. S. das Gesetz zur Übernahme von Gewährleistungen im Rahmen eines europäischen Stabilisierungsmechanismus (Stabilisierungsmechanismusgesetz – StabMechG) vom 22.5.2010, BGBl. I, S. 627.

46 *Weyand*, Vergaberecht, GWB, § 100a Rn. 13. S. auch *Hailbronner*, in: Byok/Jaeger, GWB, § 100 Rn. 57; *Masing*, in: Dreher/Motzke, Beck'scher Vergaberechtskommentar, GWB, § 100 Rn. 62.

47 BT-Drs. 18/6281, S. 128.

28 Die Vorschrift entspricht der für öffentliche Aufträge bisher geltenden Ausnahme des 100a Abs. 3 GWB a. F., deren **Sinn und Zweck** darin lag, dass Aufträge nicht mehrfach ausgeschrieben werden müssen.[48] Ferner war die Ausnahme damit zu begründen, dass die Ausschreibung eines Auftrags dann nicht sachgerecht wäre, wenn die Leistung nur durch einen Auftragnehmer erbracht werden kann.[49] Diese Erwägungen lassen sich auf Konzessionen mit entsprechendem Inhalt übertragen. Auch hier muss gelten, dass eine Ausschreibungspflicht in diesem Fall nicht sachdienlich wäre.

29 Die Konzession muss an einen **Konzessionsgeber nach § 101 Abs. 1 Nr. 1 oder Nr. 2 GWB** vergeben werden. Durch die in **Nr. 1** geregelte (Weiter-)Verweisungen auf die **öffentlichen Auftraggeber** gem. § 99 Nr. 1–3 GWB sind dies die Gebietskörperschaften sowie deren Sondervermögen (§ 99 Nr. 1 GWB), die funktionellen Auftrag- bzw. hier Konzessionsgeber nach § 99 Nr. 2, d. h. juristische Personen des öffentlichen und des privaten Rechts, die zu dem besonderen Zweck gegründet wurden, im Allgemeininteresse liegende Aufgaben nichtgewerblicher Art zu erfüllen, sofern sie überwiegend von Stellen nach § 99 Nr. 1–3 GWB einzeln oder gemeinsam durch Beteiligung oder auf sonstige Weise finanziert werden (lit. a)), ihre Leitung der Aufsicht durch Stellen nach Nr. 1 oder 3 unterliegt (lit. b)) oder mehr als die Hälfte der Mitglieder eines ihrer zur Geschäftsführung oder zur Aufsicht berufenen Organe durch Stellen nach Nr. 1 oder 3 bestimmt worden sind (lit c)). Nach der Neufassung des § 99 Nr. 2 GWB ist die Auftrag- bzw. Konzessionsgebereigenschaft gem. § 99 Nr. 2 Hs. 2 GWB auch dann gegeben, wenn diese juristische Person einer anderen juristischen Person des öffentlichen oder privaten Rechts einzeln oder gemeinsam mit anderen die überwiegende Finanzierung gewährt, über deren Leitung die Aufsicht ausübt oder die Mehrheit der Mitglieder eines zur Geschäftsführung oder Aufsicht berufenen Organs bestimmt hat. Im Vergleich zur bisherigen Rechtslage ist der Tatbestand um die Ausübung der Aufsicht über die Leitung erweitert worden. Damit wird der **Fall der vermittelten Staatsverbundenheit** erfasst, in dem die Beherrschung nicht durch Gebietskörperschaften nach § 99 Nr. 1 GWB oder deren Verbände nach § 99 Nr. 3 GWB, sondern durch einen öffentlichen Auftrag- bzw. Konzessionsgeber nach § 99 Nr. 2 Hs. 1 GWB erfolgt.[50] Ziel dieser Regelung ist es, diejenigen Einrichtungen zu erfassen, die von einem institutionellen öffentlichen Auftraggeber zwar nicht unmittelbar, wohl aber mittelbar – durch einen funktionellen öffentlichen Auftraggeber – beherrscht werden, um zu verhindern, dass das Vergaberecht durch **Ausgliederungen oder Beteiligungsgesellschaften** umgangen wird.[51]

30 Um einen Konzessionsgeber im Sinne des § 101 Abs. 1 Nr. 2 GWB, der von der Ausnahme ebenfalls erfasst wird, handelt es sich, sofern ein (öffentlicher) Sektorenauftraggeber gem. § 100 Abs. 1 Nr. 1 GWB eine Sektorentätigkeit im Sinne des § 102 Abs. 2–6 GWB ausübt.

31 Die Konzession muss aufgrund eines auf Gesetz oder Verordnung beruhenden **ausschließlichen Rechts** vergeben werden. Die betreffenden „nationalen Rechts- oder veröffentlichten Verwaltungsvorschriften“ müssen ihrerseits mit dem AEUV in Einklang stehen.[52] Die Einräumung eines Monopols zur Erledigung des Auftrags – bzw. der Konzession – muss

48 *Hailbronner*, in: Byok/Jaeger, GWB, § 100 Rn. 45; *Schellenberg*, in: Pünder/Schellenberg, GWB, § 100a Rn. 15.
49 *Schellenberg*, in: Pünder/Schellenberg, GWB, § 100a Rn. 17.
50 BT-Drs. 18/6281, S. 70.
51 *Pünder*, in: Pünder/Schellenberg, Vergaberecht, GWB, § 98 Rn. 58.
52 Erwägungsgrund 32 RL 2014/23/EU.

daher in erster Linie der Erfüllung von im allgemeinen Interesse liegenden Aufgaben dienen.[53] Untergesetzliche Grundlagen wie ordnungsbehördliche Verordnungen, Satzungen, Verwaltungsvorschriften oder privatrechtliche Verträge reichen insofern nicht aus.[54] Das ausschließliche Recht muss dem Leistungserbringer schon vor der Konzessionserteilung zustehen.[55]

7. § 149 Nr. 7 GWB

Die Regelung setzt Art. 10 Abs. 1 Unterabs. 2 RL 2014/23/EU um und erweitert den Ausnahmefall des § 149 Nr. 6 GWB auf die **Dienstleistungskonzession**, die an ein **Unternehmen** aufgrund eines ausschließlichen Rechts zur Ausübung einer **Sektorentätigkeit** im Einklang mit EU- und nationalen Rechtsvorschriften vergeben wird. Der Hintergrund der Ausnahme liegt darin, dass die Anwendung eines wettbewerblichen Verfahrens bei Vorliegen eines solchen Rechts nicht möglich ist.[56] 32

Zur **Ausschließlichkeit des Rechts** ist auf die Ausführungen zu § 149 Nr. 6 GWB zurückzugreifen. Das ausschließliche Recht muss dem Unternehmen nach § 149 Nr. 7 Hs. 1 GWB gemäß den nationalen Rechts- und Verwaltungsvorschriften sowie dem AEUV und den Unionsrechtsakten zur Festlegung gemeinsamer Vorschriften über den Marktzugang für die in § 102 Abs. 2 bis 7 GWB genannten Sektorentätigkeiten gewährt worden sein.[57] Das ausschließliche Recht muss gerade zu dem Zweck gewährt worden sein, die genannten Sektorentätigkeiten durchzuführen (vgl. den Wortlaut „für Tätigkeiten"). Ein solches Recht ist anzunehmen, wenn eine Tätigkeit aufgrund dieses Rechts in einer geografisch abgegrenzten Region nur von einem einzigen Unternehmen ausgeführt werden darf.[58] Ein bestimmtes räumliches oder zeitliches Mindestmaß an Exklusivität ist indes nicht erforderlich.[59] 33

Erfasst sind von der Verweisung auf § 102 Abs. 2–6 GWB die **Sektorentätigkeiten** in den Bereichen Elektrizität, Gas und Wärme, Verkehrsleistungen, Häfen und Flughäfen und fossile Brennstoffe. Da der Bereich Wasser vom Anwendungsbereich der Vorschriften über die Konzessionsvergabe nach § 149 Nr. 9 GWB ausgenommen ist, wird auf die Sektorentätigkeit im Bereich Wasser (§ 102 Abs. 1 GWB) konsequentermaßen nicht verwiesen. 34

Das Vergaberecht ist hingegen nach § 149 Nr. 7 Hs. 2 GWB anzuwenden, soweit für die in Rede stehenden Tätigkeiten **keine speziellen Transparenzverpflichtungen** bestehen. Umgesetzt wird damit Art. 10 Abs. 2 RL 2014/23/EU. Maßgeblich ist nach § 149 Nr. 7 Hs. 2 GWB lediglich, ob das Unionsrecht eine solche Verpflichtung vorsieht. Ist dies nicht der Fall, greift der Ausnahmetatbestand nicht ein. Angesichts des eindeutigen Wortlauts 35

53 *Hailbronner*, in: Byok/Jaeger, GWB, § 100 Rn. 47.

54 OLG Düsseldorf, Beschl. v. 1.8.2012, Verg 105/11, ZfBR 2012, 826; OLG Düsseldorf, Beschl. v. 5.5.2004, VII-Verg 78-03, NZBau 2004, 398; OLG Düsseldorf, Beschl. v. 9.4.2003, VII-Verg 66/02 Rn. 32, bei juris; VK Schleswig-Holstein, Beschl. v. 26.5.2010, VK-SH 1/10, BeckRS 2010, 19640; *Schellenberg*, in: Pünder/Schellenberg, Vergaberecht, GWB, § 100a Rn. 20; a. A. KG, Beschl. v. 29.2.2012, Verg 8/11, BeckRS 2012, 07248. S. auch *Hailbronner*, in: Byok/Jaeger, GWB, § 100 Rn. 48.

55 S. *Kulartz*, NZBau 2001, 173, 177; *Jaeger*, NZBau 2001, 6, 9.

56 Erwägungsgrund 33 RL 2014/23/EU.

57 BT-Drs. 18/6281, S. 128.

58 *Müller-Wrede*, in: Müller-Wrede, SektVO, § 1 Rn. 62.

59 *Schröder*, NZBau 2012, 541, 543.

kann hiervon auch nicht dadurch abgewichen werden, dass der Konzessionsgeber unabhängig vom Bestehen einer unionsrechtlichen Pflicht zur Herstellung von Transparenz eine solche gewährleistet. Die Regelung des § 149 Nr. 7 Hs. 2 GWB weicht von der unionsrechtlichen Vorgabe insoweit ab, als Art. 10 Abs. 2 RL 2014/23/EU bei Fehlen einer branchenspezifischen Transparenzverpflichtung lediglich die Pflicht zur Zuschlagsbekanntmachung nach Art. 32 RL 2014/23/EU anordnet, wohingegen in § 149 Nr. 7 Hs. 2 GWB die Unanwendbarkeit der Ausnahme und damit die Anwendbarkeit des Konzessionsvergabeverfahrens normiert ist. Nach der Richtlinienregelung bleibt die Möglichkeit, auch bei fehlender Transparenzverpflichtung von der Ausnahme Gebrauch zu machen, also erhalten, während der Gesetzgeber sie versagt. Es fragt sich, was den Gesetzgeber dazu bewogen hat. In der Begründung finden sich zu § 149 Nr. 7 Hs. 2 GWB keine einschlägigen Ausführungen. Ob es sich um eine bewusste Verschärfung des Richtliniengehaltes oder ein redaktionelles Versehen handelt, ist unklar. Jedenfalls dürfte eine derartige „überschießende Richtlinienumsetzung“[60] unionsrechtlich zulässig sein.

36 § 149 Nr. 7 Hs. 3 GWB schreibt eine **Pflicht des Konzessionsgebers** vor, die Kommission über die Gewährung des ausschließlichen Rechts im Sinne von § 149 Nr. 7 Hs. 1 GWB in Kenntnis zu setzen. Die Frist beträgt einen Monat nach Gewährung. Für den Fristbeginn ist bei Gewährung in Form eines Verwaltungsaktes auf dessen Bekanntgabe, bei Abschluss eines Vertrags auf das Datum des Abschlusses abzustellen. Vorgaben zu Form und Inhalt der Benachrichtigung sehen weder die RL 2014/23/EU noch das GWB vor. Die Benachrichtigung sollte jedoch jedenfalls die Angaben zu der gewährenden Stelle und dem Empfänger, dem betreffenden Sektorenbereich und zu der Art des Rechts (wie Umfang und Dauer) beinhalten.

8. § 149 Nr. 8 GWB

37 Mit der Vorschrift wird Art. 11 RL 2014/23/EU umgesetzt. Nach wie vor trägt dieser Ausnahmetatbestand für Konzessionen, die **öffentliche Konzessionsgeber** im Zusammenhang von Bereitstellung oder Betrieb öffentlicher **Kommunikationsnetze** oder der Bereitstellung elektronischer **Kommunikationsdienste** für die Öffentlichkeit vergeben, dem Umstand Rechnung, dass infolge der unionsrechtlichen Rechtsvorschriften zur Liberalisierung des Telekommunikationssektors auf den Telekommunikationsmärkten inzwischen wirksamer Wettbewerb herrscht.[61] Die Regelung entspricht im Wesentlichen der bisherigen für öffentliche Aufträge geltenden Ausnahme des § 100a Abs. 4 GWB a.F. Sie gilt nur für Konzessionsgeber nach §§ 101 Abs. 1 Nr. 1 i.V.m. 99 Nr. 1–3 GWB mithin für die institutionellen und funktionellen Konzessionsgeber sowie deren Verbände.

38 Für die **Begriffe** „öffentliches Kommunikationsnetz“ und „elektronischer Kommunikationsdienst“ ist auf die in Art. 11 RL 2014/23/EU in Bezug genommenen Definitionen der **RL 2002/21/EG**[62] abzustellen.[63] **Öffentliche Kommunikationsnetze** sind nach Art. 2

60 S. dazu *Schröder*, in: Streinz, EUV/AEUV, AEUV, Art. 288 Rn. 131 m.w.N.

61 Erwägungsgrund 21 RL 2004/18/EG. S. auch die Begründung zum § 100 Abs. 1 lit. e) GWB i.d.F. 2009, BT-Drs. 16/10117, S. 20. S. auch *Hailbronner*, in: Byok/Jaeger, GWB, § 100 Rn. 51.

62 Richtlinie 2002/21/EG des Europäischen Parlaments und des Rates über einen gemeinsamen Rechtsrahmen für elektronische Kommunikationsnetze und -dienste vom 7.3.2002, ABl. EU L 108/33 108 v. 24.4.2002, S. 33.

63 BT-Drs. 18/6281, S. 128.

lit. d) RL 2002/21/EG elektronische Kommunikationsnetze, die ganz oder überwiegend zur Bereitstellung öffentlich zugänglicher elektronischer Kommunikationsdienste dienen. Exemplarisch sind hier öffentliche Telekommunikationsnetze im Sinne der §§ 3 Nr. 16a, 27 TKG zu nennen.[64] **Elektronische Kommunikationsdienste** sind nach Art. 2 lit. c) RL 2002/21/EG gewöhnlich gegen Entgelt erbrachte Dienste, die ganz oder überwiegend in der Übertragung von Signalen über elektronische Kommunikationsnetze bestehen, einschließlich Telekommunikations- und Übertragungsdienste in Rundfunknetzen.[65] Als Beispiel ist die Bereitstellung eines oder mehrerer elektronischer Kommunikationsdienste im Sinne der §§ 3 Nr. 17a, 24 TKG anzuführen.[66]

9. § 149 Nr. 9 GWB

§ 149 Nr. 9 GWB setzt die Ausnahme des Art. 12 RL 2014/23/EU für **Konzessionen im Wasserbereich** um. Im Gegensatz zu öffentlichen Aufträgen von Sektorenauftraggebern nach § 102 Abs. 1 GWB sind Konzessionen über die genannten Tätigkeiten damit vom Anwendungsbereich des GWB ausgenommen. Der Gesetzgeber sieht durch diese Ausnahme die Möglichkeit gegeben, bei der Vergabe von Konzessionen im Wasserbereich vor allem den **strukturellen Besonderheiten** der **Wasserversorgung auf kommunaler Ebene** in den Mitgliedstaaten Rechnung zu tragen, um die bestmögliche Trinkwasserversorgung, insbesondere in ländlichen Regionen, sicherzustellen.[67] 39

Auch wenn bei der Vergabe von Konzessionen die Vorschriften des GWB und der KonzVgV somit nicht angewendet werden müssen, sind vom Konzessionsgeber die **Grundsätze des Primärrechts** zu beachten, zu denen vor allem die Transparenz, die Gleichbehandlung und die Verhältnismäßigkeit zählen.[68] 40

Die Anwendung des Vergaberechts im Bereich der Wasserversorgung war im Vorfeld der RL 2014/23/EU wegen des grundlegenden Werts des öffentlichen Guts Wasser[69] mit einer intensiven Diskussion verbunden. Im **Richtlinienvorschlag** hatte sich die Kommission aufgrund der nach ihrer Ansicht vorhandenen staatlichen Möglichkeit zur Beeinflussung von Unternehmen und der Abschottung der Märkte für eine Einbeziehung des Bereichs in den Anwendungsbereich der Konzessionsvergabe ausgesprochen.[70] Angesichts einer **Europäischen Bürgerinitiative**[71] namens „right2water“ und der damit verbundenen Debatten wurde die Wasserversorgung schließlich aus dem Anwendungsbereich herausgenom- 41

64 BT-Drs. 18/6281, S. 128.

65 Ausgenommen sind nach der Vorschrift Dienste, die Inhalte über elektronische Kommunikationsnetze und -dienste anbieten oder eine redaktionelle Kontrolle über sie ausüben; hierzu gehören aber nicht die Dienste der Informationsgesellschaft im Sinne von Art. 1 RL 98/34/EG, die nicht ganz oder überwiegend in der Übertragung von Signalen über elektronische Kommunikationsnetze bestehen.

66 BT-Drs. 18/6281, S. 128.

67 BT-Drs. 18/6281, S. 128.

68 S. die Kommentierung zu § 151 GWB. Der Gesetzgeber hielt es offensichtlich für angezeigt, hierauf in der Begründung explizit hinzuweisen, s. BT-Drs. 18/6281, S. 128.

69 Erwägungsgrund 40 RL 2014/23/EU.

70 *Knauff/Badenhausen*, NZBau 2014, 395, 397 m. w. N.

71 S. zur Rechtslage in Deutschland das Gesetz zur Europäischen Bürgerinitiative (EBIG) vom 7.3.2012, BGBl. I, S. 446.

men.[72] Die **Kommission** sieht offensichtlich die Notwendigkeit, die Ausnahme des Wasserbereichs einer genauen Prüfung vorzubehalten. Nach Art. 53 Unterabs. 3 RL 2014/23/EU prüft sie die „wirtschaftlichen Auswirkungen des Ausschlusses auf den Binnenmarkt unter Berücksichtigung der besonderen Strukturen in der Wasserwirtschaft". Das könnte dafür sprechen, dass die Kommission zu einem späteren Zeitpunkt die Anwendung der Vergabevorschriften auch auf den Wasserbereich erneut erwägen wird.

42 Die von § 149 Nr. 9 GWB **ausgenommenen Tätigkeiten** entsprechen jenen der Sektorentätigkeiten im Wasserbereich nach § 102 Abs. 1 GWB für öffentliche Aufträge.[73] Für die Ausnahme nach § 149 Nr. 9 lit. a) GWB müssen die Netze der **Versorgung der Allgemeinheit** dienen, die Versorgung nur eines beschränkten Kreises ist nicht ausreichend. Erfasst sind der Netzbetrieb und die Lieferung von Trinkwasser; damit betrifft die Ausnahme in erster Linie den örtlichen Trinkwasserversorger, grundsätzlich aber auch den Vorversorger.[74] **Feste Netze** sind dabei solche, die – oberhalb oder unterhalb der Erdoberfläche – fest mit dem Erdboden verbunden und nicht nur vorübergehend errichtet sind.[75] Maßgeblich für die Bereitstellung und den Betrieb der Versorgungsnetze ist die tatsächliche Versorgungstätigkeit, nicht ihre Rechtsgrundlage, sodass der Versorger nicht zwangsläufig Eigentum an den Trinkwassernetzen haben muss.[76]

43 Alternativ sind nach § 149 Nr. 9 lit. b) GWB Konzessionen ausgenommen, die mit der Bereitstellung oder dem Betrieb im Sinne von lit. a) im Zusammenhang stehen und zusätzlich entweder **Wasserbau-, Bewässerungs- und Entwässerungsvorhaben** (§ 149 Nr. 9 lit. b) aa) GWB) oder **Abwasserbeseitigung oder -behandlung** (§ 149 Nr. 9 lit. b) bb) GWB) zum Gegenstand haben. Durch das Erfordernis des „Zusammenhangs" ist deutlich, dass eine isolierte Tätigkeit in den genannten Bereichen nicht ausreicht, um den Ausnahmetatbestand zu erfüllen. Wasserbauvorhaben können z.B. der Bau von Stauseen oder Talsperren sein; auch bei Be- und Entwässerungsvorhaben, z.B. bei Trockenlegung großer Flächen zur weitergehenden Nutzung, kann Trinkwasser gewonnen werden.[77] Erforderlich ist bezüglich der Wasserbau-, Bewässerungs- und Entwässerungsvorhaben ferner, dass mittels dieser Vorhaben mehr als 20% der Gesamtwassermenge zur Trinkwasserversorgung zur Verfügung gestellt werden. Diese Menge muss zur Trinkwasserversorgung „bestimmt" sein, was eine vorherige Festlegung gerade dieses Zwecks bedingt.

---

72 S. zum Ganzen *Dierkes/Skrobanek*, ZfW 52 (2013), 183 ff.; *Jacob/Schmidt*, RdE 2016, 116 ff.; *Knauff/Badenhausen*, NZBau 2014, 395, 397 m. w. N.; *Opitz*, NVwZ 2014, 753, 758; *Sudbrock*, KommJur 2014, 41; *Prieß/Marx/Hölzl*, NVwZ 2011, 65 ff.

73 Nicht ausschlaggebend ist die unterschiedliche Formulierung in § 149 Nr. 9 GWB (bzw. Art. 12 RL 2014/23/EU) einerseits und § 102 Abs. 1 Satz 1 Nr. 1 GWB (bzw. Art. 10 Abs. 1 lit. a) RL 2014/25/EU). Während im Anwendungsbereich der Sektorentätigkeiten von „Fortleitung und Abgabe" von Trinkwasser die Rede ist, werden im Ausnahmetatbestand die Begriffe „Transport und Verteilung" verwendet. Dass daran jedoch unterschiedliche Rechtsfolgen geknüpft wären, ist nicht ersichtlich.

74 *Sudbrock*, KommJur 2014, 41, 42.

75 *Dörr*, in: Dreher/Motzke, Beck'scher Vergaberechtskommentar, GWB, § 98 Rn. 129.

76 *Dörr*, in: Dreher/Motzke, Beck'scher Vergaberechtskommentar, GWB, § 98 Rn. 129.

77 *Müller-Wrede*, in: Müller-Wrede, SektVO, § 1 Rn. 90 m. w. N.

10. § 149 Nr. 10 GWB

44 Mit dieser Regelung wird Art. 10 Abs. 9 RL 2014/23/EU umgesetzt. Erfasst sind auf der Grundlage eines ausschließlichen Rechts gewährte **Dienstleistungskonzessionen zu Lotteriedienstleistungen** im Sinne der CPV-Nr. 92351100-7. Der Ausschluss wird damit gerechtfertigt, dass ein ausschließliches Recht an einen Wirtschaftsteilnehmer vergeben wird, wodurch kein wettbewerbliches Verfahren zur Anwendung kommen kann, und dass es den Mitgliedstaaten möglich bleiben muss, aufgrund ihrer Verpflichtungen zum Schutz der öffentlichen und sozialen Ordnung den Bereich Spieltätigkeiten auf nationaler Ebene zu regeln.[78] Letztgenannte Erwägung zeigt die hohe ordnungsrechtliche Bedeutung im Bereich von Lotteriedienstleistungen, die auch der Richtliniengeber erkennt.

45 Zum Begriff der **Lotterie** erfolgt keine Verweisung auf Unionsvorschriften, die diesen definieren. Klar ist, dass Lotterien eine Unterart des – unional nicht harmonisierten[79] – Glücksspiels sind, wie z. B. aus Art. 2 Abs. 2 lit. h) RL 2006/123/EG[80] hervorgeht. Für eine Konkretisierung kann auf die **Rechtsprechung des EuGH** abgestellt werden, wonach Lotterien den Spielern, wenn auch nicht immer einen Gewinn, so doch zumindest eine Gewinnchance verschaffen, einen Gewinn für den Veranstalter erbringen und mit Gewinnerzielungsabsicht betrieben werden.[81] Kasinokonzessionen werden von der Ausnahme hingegen nicht erfasst.[82] Ob die Ausnahme auch für Sportwettkonzessionen gilt, ist unklar.[83]

46 Die Konzession muss auf **Grundlage eines ausschließlichen Rechts** gewährt werden. Für den Begriff dieses Rechts ist, worauf nur in der Begründung hingewiesen wird,[84] die unionsrechtliche Vorgabe des **Art. 10 Abs. 9 RL 2014/23/EU** zu beachten, wonach sich der Begriff „ausschließliches Recht" nicht mit den ausschließlichen Rechten im Sinne von Art. 7 Abs. 2 Richtlinie 2014/23/EU deckt. Dadurch werden solche Rechte von § 149 Nr. 9 GWB nicht erfasst, die in einem Vergabeverfahren mit vorherigem Aufruf zum Wettbewerb nach der RL 2014/23/EU, der RL 2014/24/EU, der RL 2014/25/EU oder der RL 2009/81/EG oder in anderen Rechtsakten nach Anhang III RL 2014/23/EU vergeben werden. Ebenfalls nicht aus § 149 Nr. 10 GWB, sondern aus Art. 10 Abs. 9 RL 2014/23/EU

78 Erwägungsgrund 35 RL 2014/23/EU.

79 *Uwer*, NVwZ 2015, 506, 509, Anm. zu EuGH, Urt. v. 22.1.2015, C-463/13 – Stanley International Betting.

80 Richtlinie 2006/123/EG des Europäischen Parlaments und des Rates v. 12.12.2006 über Dienstleistungen im Binnenmarkt, ABl. EU L 376/36 v. 27.12.2006.

81 EuGH, Urt. v. 24.3.1994, C-275/92, NJW 1994, 2013, 2014 f. – Schindler. Ob die Lotterie von Privaten oder dem Staat durchgeführt wird, ist danach unerheblich. S. dazu *Kruis*, NVwZ 2012, 797, 798. S dazu § 3 Abs. 1 Satz 1 GlüStV: Ein Glücksspiel liegt vor, wenn im Rahmen eines Spiels für den Erwerb einer Gewinnchance ein Entgelt verlangt wird und die Entscheidung über den Gewinn ganz oder überwiegend vom Zufall abhängt. Eine Lotterie ist nach § 3 Abs. 3 Satz 1 GlüStV ein Glücksspiel, bei dem einer Mehrzahl von Personen die Möglichkeit eröffnet wird, nach einem bestimmten Plan gegen ein bestimmtes Entgelt die Chance auf einen Geldgewinn zu erlangen.

82 *Wagner/Pfohl*, ZfBR 2014, 745, 748 m. w. N.; s. zum Verhältnis der Spielbankkonzessionen und Konzessionsvergaberecht *Müller*, NVwZ 2016, 266 ff.

83 Dafür spricht sich *Braun*, NZBau 2016, 266, 267, aus, der aber zugleich darauf hinweist, dass aufgrund der sehr engen CPV-Nr. 92.351100-7 durchaus vertreten werden könnte, dass Sportwetten unter die CPV-Nr. 92.351000-6 (Dienstleistungen von Spiel- und Wetteinrichtung) fielen, mit der Folge, dass Sportwettkonzessionen unter die Zuständigkeit der Vergabekammer fallen würden.

84 BT-Drs. 18/6281, S. 128.

geht die Pflicht der betreffenden Stelle hervor, die Gewährung des ausschließlichen Rechts im Amtsblatt der EU zu veröffentlichen.

11. § 149 Nr. 11 GWB

47 Die Vorschrift setzt Art. 10 Abs. 10 RL 2014/23/EU um und erfasst **Konzessionen von Sektorenauftraggebern** für Tätigkeiten in einem **Staat außerhalb der Union**. Im Bereich der Sektorenaufträge bestand mit § 100b Abs. 4 Nr. 1 GWB a. F. eine entsprechende Regelung.

48 In den persönlichen Anwendungsbereich des Tatbestands fallen nur Konzessionsgeber nach § 101 Abs. 1 Nr. 2 und 3 GWB, mithin die Sektorenauftraggeber im Sinne des § 100 Abs. 1 Nr. 1 und 2 GWB, die Konzessionen zum Zweck ihrer Sektorentätigkeit vergeben. Der Wasserbereich ist davon nicht erfasst, die Vergabe von Konzessionen ist hier bereits nach § 149 Nr. 9 GWB ausgenommen. Erfasst sind ausschließlich Konzessionen, die in einem „Drittland" gem. Art. 10 Abs. 10 RL 2014/23/EU, mithin außerhalb des räumlichen Anwendungsbereichs des AEUV Wirkung haben.[85]

49 Die Konzession muss gerade zum Zweck der Durchführung der Sektorentätigkeit vergeben werden. Erforderlich ist demnach eine **finale Zweckbestimmung**. Zudem darf keine Verbindung zur Union in Gestalt einer physischen Nutzung eines Netzes oder eines geografischen Gebiets in der Union bestehen.

12. § 149 Nr. 12 GWB

50 Die Ausnahme setzt Art. 10 Abs. 3 RL 2014/23/EU um und stellt die Vergabe von **Dienstleistungskonzessionen über bestimmte Verkehrsdienste** von der Anwendung des vierten Teils frei. Es handelt sich zum einen um Konzessionen über **Luftverkehrsdienste**, die aufgrund einer Betriebsgenehmigung nach VO (EG) Nr. 1008/2008/EG vergeben werden. Dies ist nach Art. 2 Nr. 1 VO (EG) Nr. 1008/2008/EG eine Genehmigung, die einem Unternehmen von der zuständigen Genehmigungsbehörde erteilt wird und das Unternehmen je nach den Angaben in der Genehmigung berechtigt, Flugdienste zu erbringen. Die Voraussetzungen für die Erteilung und das Verfahren sind in Art. 3 ff. VO (EG) Nr. 1008/2008/EG geregelt. Eine Betriebsgenehmigung auf Grundlage des § 20 LuftVG ist demgegenüber nicht erfasst, wie aus § 20 Abs. 4 LuftVG hervorgeht.[86]

51 Zum anderen sind Konzessionen über öffentliche **Personenverkehrsdienste** ausgenommen. Hierfür besteht ein besonderes Vergaberegime, das auch beihilferechtliche Bedeutung[87] hat, sodass es nur folgerichtig ist, diese Konzessionen von der Anwendung der Vorschriften des GWB auszunehmen. Maßgeblich für die Bestimmung der Dienste im Sinne des § 149 Nr. 12 GWB ist **§ 1 PBefG**.[88] Erfasst ist davon die entgeltliche oder geschäftsmäßige Beförderung von Personen mit Straßenbahnen, mit Oberleitungsomnibussen (Obussen) und mit Kraftfahrzeugen. Für diese öffentlichen Personenverkehrsdienste im Sinne

85 *Dreher*, in: Immenga/Mestmäcker, Wettbewerbsrecht, GWB, § 100b Rn. 18.
86 S. dazu *Lampe*, in: Erbs/Kohlhaas, Strafrechtliche Nebengesetze, 209. EL Juli 2016, LuftVG, § 20 Rn. 1.
87 S. dazu *Schmitz/Winkelhüsener*, EuZW 2011, 52, 55.
88 BT-Drs. 18/6281, S. 129.

des § 1 PBefG gelten weiterhin die Sonderregelungen für die Vergabe von Konzessionen über Personenbeförderungsleistungen nach § 8b des Personenbeförderungsgesetzes und Art. 5 Abs. 3 VO (EG) Nr. 1370/2007.[89] § 8b PBefG i.V.m. Art. 5 Abs. 3 VO (EG) Nr. 1370/2007 erfasst dabei nur gemeinwirtschaftliche Verkehre in Abgrenzung zu eigenwirtschaftlichen Verkehren[90], für deren Erbringung jeweils ein öffentlicher Dienstleistungsauftrag vergeben werden muss, in dem die Verpflichtungen des beauftragten Verkehrsunternehmens sowie die dafür gezahlten Ausgleichsleistungen geregelt werden müssen.[91] Diesbezügliche Konzessionen sind im Wege eines wettbewerblichen Vergabeverfahrens zu vergeben, das nach Art. 5 Abs. 3 Satz 2 VO (EG) Nr. 1370/2007 allen Betreibern offenstehen, fair sein und den Grundsätzen der Transparenz und Nichtdiskriminierung genügen muss.[92]

Auf Dienstleistungskonzessionen über öffentliche Personenverkehrsleistungen, die hingegen nicht unter das Personenbeförderungsgesetz fallen, also im **Eisenbahnverkehr**, sind die Vorschriften über die Vergabe von Konzessionen nach dem GWB und der KonzVgV anzuwenden.[93] 52

89 BT-Drs. 18/6281, S. 129.

90 „Gemeinwirtschaftlich" wird nach Art. 2 lit. e) VO (EG) Nr. 1370/2007 als festgelegte oder bestimmte Anforderung im Hinblick auf die Sicherstellung von im allgemeinen Interesse liegenden öffentlichen Personenverkehrsdiensten beschrieben, die der Betreiber unter Berücksichtigung seines eigenen wirtschaftlichen Interesses nicht oder nicht im gleichen Umfang oder nicht zu den gleichen Bedingungen ohne Gegenleistung übernommen hätte.

91 *Fehling*, in: Heinze/Fehling/Fiedler, Personenbeförderungsgesetz, § 8b Rn. 1; s. dazu *Wagner-Cardenal/Dierkes*, NZBau 2014, 738; zur Anwendbarkeit der VO (EG) 1370/2007 auf In-house-Geschäfte s. *Lenz/Jürschik*, NZBau 2016, 544, Anm. zu OLG München, Beschl. v. 31.3.2016, Verg 14/15, NZBau 2016, 583.

92 S. zur Abgrenzung öffentlicher Dienstleistungsaufträge von Dienstleistungskonzessionen z.B. *Ziekow*, NVwZ 2009, 865, 868; *Schmitz/Winkelhüsener*, EuZW 2011, 52 f.; *Linke*, EuZW 2014, 766; *Fehling*, in: Heinze/Fehling/Fiedler, Personenbeförderungsgesetz, § 8b Rn. 2. S. zum Verfahren nach Art. 5 Abs. 3 VO (EG) Nr. 1370/2007 i.V.m. § 8b PBefG *Knauff*, NZBau 2011, 655 f.

93 BT-Drs. 18/6281, S. 129. S. zur Vergabe von Eisenbahnverkehrsleistungen *Polster*, NZBau 2010, 662, 669 f.

§ 150 Besondere Ausnahmen für die Vergabe von Konzessionen in den Bereichen Verteidigung und Sicherheit

Dieser Teil ist nicht anzuwenden auf die Vergabe von Konzessionen in den Bereichen Verteidigung und Sicherheit,

1. **bei denen die Anwendung der Vorschriften dieses Teils den Konzessionsgeber verpflichten würde, Auskünfte zu erteilen, deren Preisgabe seines Erachtens den wesentlichen Sicherheitsinteressen der Bundesrepublik Deutschland zuwiderläuft, oder wenn die Vergabe und Durchführung der Konzession als geheim zu erklären sind oder von besonderen Sicherheitsmaßnahmen gemäß den geltenden Rechts- oder Verwaltungsvorschriften begleitet sein müssen, sofern der Konzessionsgeber festgestellt hat, dass die betreffenden wesentlichen Interessen nicht durch weniger einschneidende Maßnahmen gewahrt werden können, wie beispielsweise durch Anforderungen, die auf den Schutz der Vertraulichkeit der Informationen abzielen, die Konzessionsgeber im Rahmen eines Konzessionsvergabeverfahrens zur Verfügung stellen,**
2. **die im Rahmen eines Kooperationsprogramms vergeben werden, das**
   a) **auf Forschung und Entwicklung beruht und**
   b) **mit mindestens einem anderen Mitgliedstaat der Europäischen Union für die Entwicklung eines neuen Produkts und gegebenenfalls die späteren Phasen des gesamten oder eines Teils des Lebenszyklus dieses Produkts durchgeführt wird,**
3. **die die Bundesregierung an eine andere Regierung für in unmittelbarem Zusammenhang mit Militärausrüstung oder sensibler Ausrüstung stehende Bau- und Dienstleistungen oder für Bau- und Dienstleistungen speziell für militärische Zwecke oder für sensible Bau- und Dienstleistungen vergibt,**
4. **die in einem Staat, der nicht Vertragspartei des Übereinkommens über den Europäischen Wirtschaftsraum ist, im Rahmen des Einsatzes von Truppen außerhalb des Gebiets der Europäischen Union vergeben werden, wenn der Einsatz erfordert, dass diese Konzessionen an im Einsatzgebiet ansässige Unternehmen vergeben werden,**
5. **die durch andere Ausnahmevorschriften dieses Teils erfasst werden,**
6. **die nicht bereits gemäß den Nummern 1 bis 5 ausgeschlossen sind, wenn der Schutz wesentlicher Sicherheitsinteressen der Bundesrepublik Deutschland nicht durch weniger einschneidende Maßnahmen garantiert werden kann, wie beispielsweise durch Anforderungen, die auf den Schutz der Vertraulichkeit der Informationen abzielen, die Konzessionsgeber im Rahmen eines Konzessionsvergabeverfahrens zur Verfügung stellen, oder**
7. **die besonderen Verfahrensregeln unterliegen,**
   a) **die sich aus einem internationalen Abkommen oder einer internationalen Vereinbarung ergeben, das oder die zwischen einem oder mehreren Mitgliedstaaten der Europäischen Union und einem oder mehreren Staaten, die nicht Ver-**

tragsparteien des Übereinkommens über den Europäischen Wirtschaftsraum sind, geschlossenen wurde,

b) die sich aus einem internationalen Abkommen oder einer internationalen Vereinbarung im Zusammenhang mit der Stationierung von Truppen ergeben, das oder die Unternehmen eines Mitgliedstaates der Europäischen Union oder eines anderen Staates betrifft, oder

c) die für eine internationale Organisation gelten, wenn diese für ihre Zwecke Beschaffungen tätigt oder wenn ein Mitgliedstaat der Europäischen Union Aufträge nach diesen Regeln vergeben muss.

Schrifttum: *Byok/Jaeger*, Kommentar zum Vergaberecht, 3. Aufl. 2011; *Grabitz/Hilf/Nettesheim*, Das Recht der Europäischen Union, Band I, München, Stand Oktober 2011; *Immenga/Mestmäcker*, Wettbewerbsrecht, Band 2 GWB, 5. Aufl. 2014; *Pünder/Schellenberg*, Vergaberecht Handkommentar, 2. Aufl. 2015.

Übersicht

I. Allgemeines[1]

Die Vorschrift setzt Art. 10 Abs. 5, 6 und 7 RL 2014/23/EU um. Sie umfasst Tatbestände, die im Bereich der öffentlichen Aufträge teilweise in den Regelungen der § 117 GWB und § 145 GWB enthalten sind. Der Gesetzgeber hat jedoch keine eigene Kategorie von „**verteidigungs- oder sicherheitsspezifischen Konzessionen**“ nach der Struktur der §§ 104, 117, 145 GWB im Anwendungsbereich der öffentlichen Aufträge geschaffen. § 104 GWB definiert die verteidigungs- oder sicherheitsspezifischen Aufträge, die nach § 145 GWB in bestimmten Konstellationen ausgenommen sind. § 117 GWB stellt bestimmte Aufträge von der Anwendung des Vergaberechts frei, die zwar Verteidigungs- und Sicherheitsaspekte betreffen, aber keine verteidigungs- oder sicherheitsspezifischen Aufträge im Sinne des § 104 GWB darstellen. Für den Anwendungsbereich der Konzessionen finden sich in § 150 GWB aus beiden Kategorien entsprechende Ausnahmetatbestände. 1

Es ist nur konsequent, entsprechend der **Ausnahme der Vergabe öffentlicher Aufträge** in diesem Bereich auch Konzessionen von der Anwendung des Konzessionsvergaberechts auszunehmen. Denn den sicherheits- und verteidigungsspezifischen Aspekten muss auch dann Rechnung getragen werden, wenn das Vertragsmodell kein öffentlicher Auftrag ist, sondern eine Konzession. Im Bereich der Vergabe öffentlicher Aufträge bestand auch nach 2

1 An der Kommentierung maßgeblich mitgewirkt hat Herr Rechtsanwalt *Dr. Benjamin Pfannkuch*, Kiel.

bisherigem Recht ein Ausnahmetatbestand. § 100 Abs. 6, 7 und 8 GWB a. F. stellte die Vergabe öffentlicher Aufträge in bestimmten sicherheits- und verteidigungsbezogenen Konstellationen frei. Insofern kann auf diese grundsätzlich auch für die neue Rechtslage im Anwendungsbereich der Konzessionsvergabe abgestellt werden.

3 Die Ausnahmevorschrift gilt für Konzessionen in den Bereichen Verteidigung und Sicherheit. Zutreffend weist der Gesetzgeber darauf hin, dass eine Definition des Begriffs der Konzessionen in den Bereichen **Verteidigung und Sicherheit** weder in der Richtlinie 2014/23/EU noch in der für den Bereich Sicherheit und Verteidigung maßgeblichen RL 2009/81/EG[2] gegeben wird.[3] Er weist indes auf die Zusammenschau von Art. 5 Nr. 1 RL 2014/23/EU und Art. 2 lit. c) und d) der RL 2009/81/EG hin, aus der sich ergibt, dass es sich um solche Konzessionen handelt, deren vertragliche Regelung Bau- oder Dienstleistungen umfassen, die im unmittelbaren Zusammenhang mit Militärausrüstung oder Ausrüstung im Rahmen eines Verschlusssachenauftrags stehen bzw. um Bau- und Dienstleistungen speziell für militärische Zwecke oder Bau- und Dienstleistungen, die im Rahmen eines Verschlusssachenauftrags vergeben werden.[4]

II. Die Regelung im Einzelnen

1. § 150 Nr. 1 GWB

4 Die Ausnahme setzt Art. 10 Abs. 6 lit. a) RL 2014/23/EU um. Erforderlich ist nach der **ersten Alternative**, dass die Anwendung des Konzessionsvergaberechts den Konzessionsgeber verpflichten würde, **Auskünfte** zu erteilen, deren Preisgabe seines Erachtens den wesentlichen Sicherheitsinteressen der Bundesrepublik Deutschland zuwiderläuft. Diese Ausnahme war für öffentliche Aufträge bisher in § 100 Abs. 6 Nr. 1 GWB a. F. enthalten. Anstelle des Verbs „widersprechen" wird nun ein „Zuwiderlaufen" vorausgesetzt. Dass damit inhaltlich ein anderer Bedeutungsgehalt verbunden wäre, ist allerdings nicht ersichtlich. Für den Begriff der **wesentlichen Sicherheitsinteressen** verwies die vorgenannte Regelung unmittelbar auf Art. 346 Abs. 1 lit. a) AEUV. Diese primärrechtliche Bestimmung ist auch weiterhin maßgeblich für den Ausnahmetatbestand. Eine nähere Bestimmung findet sich – im Gegensatz zu der bisher für öffentliche Aufträge geltenden Regelung des § 100 Abs. 7 GWB a. F. – nicht. Klar ist zunächst, dass der Begriff der wesentlichen Sicherheitsinteressen enger auszulegen als die allgemeiner gefasste Wendung der öffentlichen Sittlichkeit, Ordnung und Sicherheit, wie sie in Art. 36, 45 und 52 AEUV in Bezug genommen ist.[5] Zu beachten ist hierbei die Rechtsprechung des EuGH, wonach eine klare und sichere Unterscheidung zwischen außenpolitischen und sicherheitspolitischen Erwägungen schwierig ist und die Sicherheit eines Staates immer weniger isoliert betrachtet werden kann, da sie eng mit der Sicherheit der internationalen Gemeinschaft insgesamt und ihrer

---

2 Richtlinie 2009/81 EG des Europäischen Parlaments und des Rates vom 13.7.2009 über die Koordinierung der Verfahren zur Vergabe bestimmter Bau-, Liefer- und Dienstleistungsaufträge in den Bereichen Verteidigung und Sicherheit und zur Änderung der Richtlinien 2004/17/EG und 2004/18/EG, ABl. EU 6 L 216/76 vom 20.8.2009. S. dazu *Horstkotte/Hünemörder*, LKV 2015, 541; *Voll*, NVwZ 2013, 120; *Byok*, NVwZ 2012, 70; *Herrmann/Polster*, NVwZ 2010, 341.

3 BT-Drs. 18/8261, S. 129.

4 BT-Drs. 18/8261, S. 129.

5 *Jaeckel*, in: Grabitz/Hilf/Nettesheim, Das Recht der Europäischen Union, AEUV, Art. 346 Rn. 14.

verschiedenen Teile verknüpft ist.[6] Im Wege einer **Negativabgrenzung** sind jedenfalls Maßnahmen, die rein wirtschaftspolitisch, insbesondere strukturpolitisch motiviert sind, nicht erfasst.[7] Die in § 100 Abs. 7 GWB a. F. genannten **Beispiele** für wesentliche Sicherheitsinteressen können auch exemplarisch für die Konkretisierung im Anwendungsbereich des § 150 Nr. 1 GWB herangezogen werden. Dies sind Betrieb oder Einsatz der Streitkräfte, Umsetzung von Maßnahmen der Terrorismusbekämpfung oder Beschaffung von Informationstechnik oder Telekommunikationsanlagen. Zwar muss ein Bedürfnis anerkannt werden, den Begriff aufgrund der sich dynamisch entwickelnden sicherheitspolitischen Rahmenbedingungen flexibel zu interpretieren. Als Blankoscheck für die Freistellung einer Konzessionsvergabe darf die Regelung allerdings nicht verstanden werden.[8] Es reicht nicht aus, dass ein konventionelles staatliches Interesse zu einem wesentlichen Sicherheitsinteresse gemacht wird.[9] Zudem sind Ausnahmetatbestände grundsätzlich restriktiv auszulegen.

Nach der **zweiten Alternative** müsste die Vergabe oder Durchführung der Konzession als 5
geheim zu erklären sein. Dies bestimmt sich insbesondere nach § 4 des **Sicherheitsüberprüfungsgesetzes** (SÜG).[10] Die Klassifizierung muss nicht den gesamten Inhalt der Konzession erfassen, da dies der SÜG-Systematik widerspräche, die bei der Definition von Verschlusssachen auf einzelne Informationen abstellt.[11]

Nach der **dritten Alternative** greift die Ausnahme im Fall der Erforderlichkeit von **besonderen Sicherheitsmaßnahmen** bei der Begleitung der Vergabe und Durchführung der 6
Konzession. Eine Klassifizierung nach Maßgabe des SÜG ist hierfür nicht notwendig.[12]

---

6 EuGH, Urt. v. 17.10.1995, C-83/94 – Leifer.

7 *Jaeckel*, in: Grabitz/Hilf/Nettesheim, Das Recht der Europäischen Union, AEUV, Art. 346 Rn. 15.

8 *Hailbronner*, in: Byok/Jaeger, GWB, § 100 Rn. 38.

9 *Hailbronner*, in: Byok/Jaeger, GWB, § 100 Rn. 39.

10 Gesetz über die Voraussetzungen und das Verfahren von Sicherheitsüberprüfungen des Bundes (Sicherheitsüberprüfungsgesetz – SÜG) v. 20.4.1994, BGBl. I S. 876. Die entsprechende Erklärung bzw. Klassifizierung bezieht sich auf Verschlusssachen und stuft diese wie folgt ein:
1. STRENG GEHEIM, wenn die Kenntnisnahme durch Unbefugte den Bestand oder lebenswichtige Interessen der Bundesrepublik Deutschland oder eines ihrer Länder gefährden kann,
2. GEHEIM, wenn die Kenntnisnahme durch Unbefugte die Sicherheit der Bundesrepublik Deutschland oder eines ihrer Länder gefährden oder ihren Interessen schweren Schaden zufügen kann,
3. VS-VERTRAULICH, wenn die Kenntnisnahme durch Unbefugte für die Interessen der Bundesrepublik Deutschland oder eines ihrer Länder schädlich sein kann,
4. VS-NUR FÜR DEN DIENSTGEBRAUCH, wenn die Kenntnisnahme durch Unbefugte für die Interessen der Bundesrepublik Deutschland oder eines ihrer Länder nachteilig sein kann.
Zwar können Konzessionen als solche keine Verschlusssachen im Sinne von § 4 Abs. 1 S. 1 SÜG sein, d. h. im öffentlichen Interesse geheimhaltungsbedürftige Tatsachen, Gegenstände oder Erkenntnisse, unabhängig von ihrer Darstellungsform, da zu einer Konzession auch die Vertragsparteien gehören, allerdings können Verschlusssachen im Rahmen der Durchführung von Aufträgen entstehen, s. *Schellenberg*, in: Pünder/Schellenberg, Vergaberecht, GWB § 100 Rn. 62; s. auch *Haak/Koch*, NZBau 2016, 204.

11 *Schellenberg*, in: Pünder/Schellenberg, Vergaberecht, GWB § 100 Rn. 62, zu der bisherigen Ausnahme für öffentliche Aufträge. A. A. *Dreher*, in: Immenga/Mestmäcker, Wettbewerbsrecht, GWB, § 100 Rn. 98, der sich für eine Trennung und entsprechende Beschränkung der Ausnahme ausspricht. Nach *Hailbronner*, in: Byok/Jaeger, GWB, § 100 Rn. 38 darf die Ausnahme nicht in missbräuchlicher Weise ausgelegt werden.

12 *Schellenberg*, in: Pünder/Schellenberg, Vergaberecht, GWB § 100 Rn. 71.

Solche Maßnahmen können sich beispielsweise aus den Vorschriften des Luftsicherheitsgesetzes (LuftSiG[13]) ergeben.[14]

7 Ob die gesetzlich angeordnete Durchführung einer Sicherheitsüberprüfung der mit der Ausführung der ausgeschriebenen Leistung befassten Mitarbeiter des Auftragnehmers dazu führt, die Vergabe zwingend und ohne weitere **Abwägung** zwischen den Sicherheitsinteressen des Antragsgegners und den Interessen der Bieter vom Vergaberecht auszunehmen, war nach bisheriger Rechtslage zu den öffentlichen Aufträgen fraglich.[15] Sowohl dort[16] als auch bei der Konzessionsvergabe dürfte die Frage jedoch an Relevanz verloren haben, da in Anwendung des in § 97 Abs. 1 Satz 2 GWB normierten **Verhältnismäßigkeitsgrundsatzes** der Konzessionsgeber verpflichtet ist zu prüfen, ob die Wahrung der wesentlichen Interessen durch weniger einschneidende Maßnahmen möglich ist. Durch die Bezugnahme auf die wesentlichen Interessen ist damit klargestellt, dass dieser Vorbehalt auch für die Ausnahme nach der ersten Alternative gilt. Solche weniger belastenden Maßnahmen können nach dem Gesetz z. B. in besonderen Anforderungen an den Schutz der Vertraulichkeit liegen. Der Konzessionsgeber muss dies festgestellt haben. Er muss die Prüfung der Verhältnismäßigkeit also vor Vergabe durchgeführt haben, die Berufung auf die Ausnahme bei einer zu späterem Zeitpunkt durchgeführten Prüfung ist nicht ausreichend. Die Prüfung und deren Ergebnis sind sorgfältig zu dokumentieren.

2. § 150 Nr. 2 GWB

8 Die Regelung setzt Art. 10 Abs. 6 lit. b) RL 2014/23/EU um. Ausgenommen von den Vorschriften über die Konzessionsvergabe sind dadurch Konzessionen im Rahmen von **Kooperationsprogrammen** im Sinne des Art. 13 lit. c) RL 2009/81/EG. Ein solches Programm muss auf Forschung und Entwicklung beruhen und von mindestens zwei Mitgliedstaaten für die Entwicklung eines neuen Produkts und gegebenenfalls die späteren Phasen des gesamten oder eines Teils des Lebenszyklus dieses Produkts durchgeführt werden. Eine geringfügige technische Anpassung eines am Markt verfügbaren Produkts genügt dabei nicht.[17] Diese Definition war im Bereich der öffentlichen Aufträge in § 100c Abs. 2 Nr. 3 GWB a. F. enthalten.

9 Die Begriffe der **Forschung und Entwicklung** umfassen nach Erwägungsgrund 13 RL 2009/81/EG Grundlagenforschung, angewandte Forschung und experimentelle Entwicklung. Das Programm muss nach § 150 Nr. 2 lit. a) GWB darauf beruhen. Zusätzlich muss das Programm **mit zumindest einem anderen Mitgliedstaat** durchgeführt werden, § 150 Nr. 2 lit. b) GWB. Dies schließt auch entsprechende Kooperationen mehrerer Mitgliedstaaten mit Drittländern ein.[18]

---

13 Luftsicherheitsgesetz (LuftSiG) vom 11.1.2005, BGBl. I S. 78.

14 VK Bund, Beschl. v. 30.5.2008, VK 1-48/08, ZfBR 2008, 603.

15 Dies verneinend OLG Düsseldorf, Beschl. v. 16.12.2009, Verg 32/09, BeckRS 2010, 12314. A. A. wohl OLG Dresden, Beschl. v. 18.9.2009, WVerg 0003/09, BeckRS 2009, 88331. S. dazu *Schellenberg*, in: Pünder/Schellenberg, Vergaberecht, GWB § 100 Rn. 74.

16 S. § 117 Nr. 3.

17 *Schellenberg*, in: Pünder/Schellenberg, Vergaberecht, GWB § 100c Rn. 6.

18 *Horstkotte/Hünemörder*, LKV 2015, 541, 544.

3. § 150 Nr. 3 GWB

Die Vorschrift setzt Art. 10 Abs. 6 lit. c) RL 2014/23/EU um und nimmt die Vergabe von **Konzessionen bei zwischenstaatlichen Beschaffungsvorgängen** aus. Für die Vergabe öffentlicher Aufträge sah bisher § 100c Abs. 2 Nr. 4 GWB a. F. eine ähnliche Ausnahme vor, die jedoch im Anwendungsbereich weiter gefasst war.[19] 10

Die Konzessionen müssen von der **Bundesregierung** vergeben werden. Unter dieser Formulierung ist das Organ im Sinne des Art. 62 GG zu verstehen. Damit ist erforderlich, dass es sich um eine Vergabeentscheidung der Bundesregierung als Kollegialorgan handelt. An eine **andere Regierung** muss die Konzession vergeben werden. Mangels Differenzierung fallen darunter Regierungen ungeachtet der Mitgliedschaft in der Union oder im EWR. Der Begriff Regierung ist eng und in einem institutionellen Sinn zu verstehen, sodass Aufträge an Unternehmen einer Regierung oder sogar an gemischtwirtschaftliche Unternehmen, an denen eine Regierung beteiligt ist, dem Freistellungstatbestand nicht unterfallen.[20] 11

Die Konzession muss explizit **Militärausrüstung oder sensible Ausrüstung** zum Gegenstand haben. Zur Begriffsbestimmung ist auf die RL 2009/81/EG abzustellen.[21] Unter Militärausrüstung ist nach Art. 1 Nr. 6 RL 2009/81/EG, § 104 Abs. 2 GWB solche Ausrüstung zu verstehen, die eigens zu militärischen Zwecken konzipiert oder für militärische Zwecke angepasst wird und zum Einsatz als Waffen, Munition oder Kriegsmaterial bestimmt ist.[22] Sensibel sind nach Art. 1 Nr. 7 RL 2009/81/EG Ausrüstung, Bauleistungen und Dienstleistungen für Sicherheitszwecke, bei denen Verschlusssachen verwendet werden oder die solche Verschlusssachen erfordern und/oder beinhalten. Für die Bestimmung der Verschlusssachen ist an die für öffentliche Aufträge maßgebliche Vorschrift des § 104 Abs. 3 GWB anzuknüpfen. Die Konzession muss demnach im speziellen Bereich der nicht-militärischen Sicherheit vergeben werden, die ähnliche Merkmale aufweist und ebenso schutzbedürftig ist wie eine solche über die Lieferung von Militärausrüstung oder wie Bau- und Dienstleistungen speziell für militärische Zwecke. Zusätzlich müssen bei ihrer Durchführung entweder Verschlusssachen im Sinne des § 4 SÜG oder von entsprechenden Landesbestimmungen verwendet werden (§ 104 Abs. 3 Nr. 1 GWB) oder sie muss Verschlusssachen im Sinne von Nr. 1 erfordern oder beinhalten (§ 104 Abs. 3 Nr. 2 GWB). 12

Die Konzession muss ferner für **Bau- oder Dienstleistungen** vergeben werden, die in **unmittelbarem Zusammenhang** mit Militärausrüstung oder sensibler Ausrüstung stehen. Angesichts des Ausnahmecharakters der Vorschrift ist insoweit ein strenger Maßstab anzulegen. Das gilt auch für die weitere Zweckbestimmung, wonach die Konzession für Bau- 13

19 Erfasst waren danach auch Aufträge, die von Landesregierungen oder anderen Gebietskörperschaften an andere Regierungen oder Gebietskörperschaften eines anderen Staates vergeben wurden.

20 *Dreher*, in: Immenga/Mestmäcker, Wettbewerbsrecht, GWB, § 100c Rn. 40. S. auch *Schellenberg*, in: Pünder/Schellenberg, Vergaberecht, GWB § 100c Rn. 8. Auch Art. 1 Nr. 9 RL 2009/81/EG nennt ausdrücklich „Gebietskörperschaften".

21 Erwägungsgrund 34 RL 2014/23/EU.

22 Nach Erwägungsgrund 10 RL 2009/81/EG werden die betreffenden Arten von Produkten in der vom Rat in der Entscheidung 255/58 vom 15.4.1958 angenommenen Liste von Waffen, Munition und Kriegsmaterial konkretisiert; diese Auflistung ist jedoch nicht abschließend, wie aus der Formulierung „insbesondere" folgt.

und Dienstleistungen speziell für militärische Zwecke oder sensible Bau- und Dienstleistungen vergeben wird.

4. § 150 Nr. 4 GWB

14 Die Ausnahme dient der Umsetzung von Art. 10 Abs. 6 lit. d) der RL 2014/23/EU. Erfasst ist die Vergabe von **Konzessionen in Drittstaaten im Rahmen von Truppeneinsätzen**. Eine ähnliche Regelung bestand im Bereich der öffentlichen Aufträge bisher mit § 100c Abs. 3 GWB a. F.

15 Der Staat, in dem die Konzession vergeben werden soll, darf **nicht Vertragspartei des Übereinkommens über den Europäischen Wirtschaftsraum** sein. Die Konzession muss im Rahmen des **Einsatzes von Truppen** vergeben werden. In § 100c Abs. 3 GWB a. F. war von „Streitkräften" die Rede. Eine inhaltliche Änderung ist mit der Formulierung nicht verbunden, da Art. 12 lit. d) RL 2009/81/EG schon bisher den Begriff „Truppen" verwendete. Um eine Neuformulierung handelt es sich damit nicht. Polizeikräfte sind davon nicht erfasst.[23] Voraussetzung ist weiter, dass der Einsatz erfordert, dass diese Konzessionen an **im Einsatzgebiet ansässige Unternehmen** vergeben werden. Das Einsatzerfordernis besteht, wenn die Vergabe im Rahmen eines EU-Auftrages an ein Mitgliedstaatsunternehmen aus logistischen oder wirtschaftlichen Gründen nicht zweckmäßig ist.[24]

5. § 150 Nr. 5 GWB

16 Die Regelung setzt Art. 10 Abs. 6 lit. e) RL 2014/23/EU um. Es muss sich um Ausnahmevorschriften „dieses Teils", mithin des **4. Teils des GWB** handeln. Das folgt daraus, dass die unionsrechtliche Vorgabe des Art. 6 lit. e) RL 2014/23/EU Konzessionen ausnimmt, die „gemäß dieser Richtlinie" anderweitig ausgeschlossen sind.

6. § 150 Nr. 6 GWB

17 Mit der Vorschrift wird Art. 10 Abs. 7 RL 2014/23/EU umgesetzt. Die Vorschrift kommt nur **subsidiär** zur Anwendung. Vorrangig ist, das Vorliegen eines Ausnahmetatbestandes nach § 150 Nr. 1–5 GWB zu prüfen. Den subsidiären Charakter verdeutlicht auch die Voraussetzung der Prüfung weniger einschneidender Maßnahmen zum Zweck des Schutzes wesentlicher Sicherheitsinteressen[25] und die Feststellung, dass solche Maßnahmen den Schutz „garantieren". Damit wird zum einen dem Schutzbedürfnis und zum andern dem Verhältnismäßigkeitsgrundsatz des § 97 Abs. 1 Satz 2 GWB Rechnung getragen.

18 Ausdrücklich als Beispiel für solche milderen Maßnahmen nennt der Gesetzgeber bestimmte Anforderungen an den **Schutz der Vertraulichkeit**. Es muss objektiv feststehen, dass diese Maßnahmen den Schutz der Sicherheitsinteressen nicht garantieren. Dies bedarf entsprechend sorgfältiger Dokumentation. Da es sich bei den Anforderungen an die Vertraulichkeit lediglich um ein Beispiel handelt, sollte der Konzessionsgeber sich nicht auf eine diesbezügliche Prüfung beschränken, sondern auch andere Maßnahmen in Betracht

---

23 *Dreher*, in: Immenga/Mestmäcker, Wettbewerbsrecht, GWB, § 100c Rn. 46.

24 *Schellenberg*, in: Pünder/Schellenberg, Vergaberecht, GWB, § 100 Rn. 12.

25 Zum Begriff s. die Ausführungen zu § 150 Nr. 1.

ziehen und der Eignungsprüfung Garantie unterwerfen. Nur wenn nach einer Prüfung feststeht, dass solcherart geeignete Maßnahmen nicht vorhanden sind, darf auf den Ausnahmetatbestand zurückgegriffen werden.

7. § 150 Nr. 7 GWB

Der Tatbestand setzt Art. 10 Abs. 5 RL 2014/23/EU um und nimmt Konzessionen aus, für die **besondere, aus internationalen Abkommen folgende Verfahrensregeln** gelten. Für den Bereich der öffentlichen Aufträge bestand nach bisherigem Recht eine z. T. entsprechende Regelung in § 100c Abs. 4 GWB a. F. **19**

Die Ausnahme des § 150 Nr. 7 lit. a) GWB greift bei Vorliegen besonderer Verfahrensregeln aus einem **zwischen EU-Mitgliedstaaten und Nicht-EWR-Staaten** abgeschlossenen internationalen Abkommen oder einer internationalen Vereinbarung. Sie entspricht im Wortlaut der bisherigen für öffentliche Aufträge maßgeblichen Ausnahme des § 100c Abs. 4 Nr. 1 GWB a. F. Erfasst sind mit letztgenanntem Begriff auch Vereinbarungen im Sinne einer Übereinkunft auf Ministerialebene.[26] Es muss sich um Abkommen bzw. Vereinbarungen zwischen Staaten handeln, sodass **staatliche Unternehmen** außer Betracht bleiben. Nicht ausdrücklich erfasst sind nach dem Wortlaut Übereinkünfte der Union im Sinne des Art. 216 AEUV. Dafür, dass auch diese unter die Ausnahme fallen, spricht die Erwägung, dass § 150 Nr. 7 lit. a) GWB im Gegensatz zu § 117 Nr. 4 GWB für das Abkommen bzw. die Vereinbarung nicht auf dessen bzw. deren Unionsrechtskonformität abstellt. Wenn es also darauf schon nicht ankommt, müssen Übereinkünfte im Sinne des Art. 216 AEUV, die gerade auf unionsrechtlicher Grundlage geschlossen werden, auch und jedenfalls umfasst sein. Das Abkommen bzw. die **Vereinbarung muss bereits bestehen** und Rechtswirkungen entfalten, ein erst noch bevorstehender Abschluss reicht für die Ausnahme nicht aus. **20**

Ferner sind nach § 150 Nr. 7 lit. b) GWB Konzessionen bei Geltung von besonderen Verfahrensregeln freigestellt, die ihre Grundlage in internationalen Abkommen oder Vereinbarungen im Zusammenhang mit der **Stationierung von Truppen** haben, sofern diese Abkommen oder Vereinbarungen Unternehmen eines Mitgliedstaates oder eines anderen Staates betreffen. Dabei wird nicht danach differenziert, ob die Truppen oder die Unternehmen einem Mitgliedstaat, einem EWR-Staat oder einem sonstigen Drittstaat angehören. Die Vorschrift ist identisch mit der bisherigen Ausnahme des § 100c Abs. 4 Nr. 2 GWB a. F. für öffentliche Aufträge. **21**

Nach § 150 Nr. 7 lit. c) GWB sind Konzessionen bei Vorliegen besonderer Verfahrensregeln ausgenommen, die für **internationale Organisationen** gelten. Die Beschaffung muss entweder für eigene Zwecke der internationalen Organisation erfolgen, wobei es nicht ausreicht, dass diese Zwecke lediglich auch erfüllt werden. Alternativ ist erforderlich, dass ein Mitgliedstaat verpflichtet ist, Aufträge nach den für die internationale Organisation geltenden Regeln zu vergeben. **22**

---

26 *Dreher*, in: Immenga/Mestmäcker, Wettbewerbsrecht, GWB, § 100 Rn. 114.

§ 151 Verfahren

Konzessionsgeber geben die Absicht bekannt, eine Konzession zu vergeben. Auf die Veröffentlichung der Konzessionsvergabeabsicht darf nur verzichtet werden, soweit dies aufgrund dieses Gesetzes zulässig ist. Im Übrigen dürfen Konzessionsgeber das Verfahren zur Vergabe von Konzessionen vorbehaltlich der aufgrund dieses Gesetzes erlassenen Verordnung zu den Einzelheiten des Vergabeverfahrens frei ausgestalten.

I. Allgemeines[1]

1 Die Vorschrift regelt die grundsätzlichen Anforderungen an das **Verfahren der Konzessionsvergabe**. Sie findet ihre unionsrechtliche Grundlage in den Art. 3, 30 Abs. 1 und 2, 31, 32 und 33 RL 2014/23/EU. Damit werden die bisher von der Rechtsprechung des EuGH[2] aufgestellten Grundsätze des EU-Primärrechts für die Vergabe von Konzessionen erstmals kodifiziert.

2 § 151 GWB nimmt zwar nur auf die Bekanntmachung der Konzessionsvergabeabsicht und im Übrigen den Grundsatz der freien Verfahrensgestaltung Bezug. Die Vorschrift ist aber in engem **Zusammenhang mit § 152 GWB** zu sehen. Die Bezeichnung „Verfahren" trifft auch für letztgenannte Vorschrift zu, denn auch diese enthält ganz wesentliche Vorgaben für das Vergabeverfahren. § 151 GWB ist daher keinesfalls die allein maßgebliche Bestimmung für die Verfahrensanforderungen. Zu berücksichtigen ist zudem die zentrale Vorschrift des § 97 GWB, der in den Absätzen 1 und 2 die grundlegenden Prinzipien Wettbewerb, Transparenz, Gleichbehandlung und Verhältnismäßigkeit statuiert.[3] Diese Grundsätze sind in jedem Stadium der Konzessionsvergabe zu berücksichtigen. Das gilt umso mehr, als der Konzessionsgeber bei der Gestaltung des Verfahrens über einen äußerst weiten Spielraum verfügt. In der fehlenden Verfahrensregulierung spiegelt sich die Absicht des Normgebers wider, den Rechtsrahmen für die Konzessionsvergabe möglichst einfach und ohne übermäßigen bürokratischen Aufwand zu fassen.[4] Diese Freiheit bedarf einer sorgfältigen Anwendung der tragenden vergaberechtlichen Grundsätze, damit die Ziele der Konzessionsvergabe – Entwicklung des Wettbewerbs, Zuwachs an Effizienz und Innovationen[5] – nicht leerlaufen.

3 Dabei werden auf Gesetzesebene lediglich die Grundsätze der Verfahrensanforderungen hinsichtlich der Bekanntmachung und der Verfahrensausgestaltung normiert. Konkretisiert werden diese in der **KonzVgV**.

---

1 An der Kommentierung maßgeblich mitgewirkt hat Herr Rechtsanwalt *Dr. Benjamin Pfannkuch*, Kiel.

2 S. nur EuGH, Urt. v. 21.7.2005, C-231/03, NVwZ 2005, 1052 – Coname; EuGH, Urt. v. 14.11.2013, C-221/12, EuZW 2014, 69 – Belgacom.

3 Auf § 97 GWB weist auch der Gesetzgeber hin, s. BT-Drs. 18/6281, S. 130. Nach *Siegel*, NVwZ 2016, 1672, 1674, dürfen die Grundsätze des § 97 GWB allerdings nicht allzu weit ausgelegt werden, da anderenfalls der Grundsatz der freien Verfahrensgestaltung relativiert und zugleich eine Annäherung an die allgemeine Vergabe bewirkt würde.

4 *Schröder*, NZBau 2015, 351, 351.

5 S. Erwägungsgründe 3, 4 RL 2014/23/EU.

II. Die Vorschrift im Einzelnen

§ 151 Satz 1 GWB schreibt die grundsätzliche Pflicht des Konzessionsgebers vor, die Absicht der Konzessionsvergabe bekannt zu machen. Wie genau er dabei vorzugehen hat, wird auf untergesetzlicher Ebene in **§ 19 KonzVgV** geregelt. Nach § 19 Abs. 2 KonzVgV ist dafür das Muster nach Anhang XXI der VO (EU) 2015/1986[6] zu verwenden. Für Konzessionen über soziale oder andere besondere Dienstleistungen gilt nach **§ 22 Abs. 1 KonzVgV** eine Pflicht zur Bekanntmachung mittels Vorinformation, für die nach § 22 Abs. 3 KonzVgV das Muster nach Anhang XX VO (EU) 2015/1986 zu verwenden ist. 4

§ 151 Satz 2 GWB gestattet den **Verzicht auf die Veröffentlichung** nur in den aufgrund des GWB zulässigen Fällen. Darunter fallen auch die Ausnahmen der auf Grundlage des § 113 erlassenen KonzVgV. Nach **§ 20 KonzVgV** kann von der Bekanntmachung abgesehen werden, wenn die Bau- oder Dienstleistung nur von einem bestimmten Unternehmen erbracht werden kann, weil 5

- das Ziel der Konzession die Erschaffung oder der Erwerb eines einzigartigen Kunstwerks oder einer einzigartigen künstlerischen Leistung ist (§ 20 Abs. 1 Satz 1 Nr. 1 KonzVgV),
- Wettbewerb aus technischen Gründen nicht entstehen kann (§ 20 Abs. 1 Satz 1 Nr. 2 KonzVgV),
- ein ausschließliches Recht besteht (§ 20 Abs. 1 Satz 1 Nr. 3 KonzVgV) oder
- Rechte des geistigen Eigentums oder andere als die in § 101 Abs. 2 i.V.m. § 100 Abs. 2 Satz 1 GWB definierten ausschließlichen Rechte[7] zu beachten sind (§ 20 Abs. 1 Satz 1 Nr. 4 KonzVgV).

Mit § 151 Satz 3 GWB und der Wiederholung in § 12 Abs. 1 KonzVgV ermöglicht der Gesetzgeber dem Konzessionsgeber in Umsetzung des Art. 30 Abs. 1 RL 2014/23/EU eine grundsätzlich freie Gestaltung des Vergabeverfahrens. Der im gleichen Satz formulierte Vorbehalt greift an sich zu kurz, da der **Grundsatz der freien Gestaltung** nicht nur durch die explizit genannte KonzVgV, sondern selbstverständlich auch durch das GWB selbst eingeschränkt wird. Das wird deutlich an der unmittelbar nachfolgenden Vorschrift des § 152 GWB und auch des § 151 Satz 1 und 2 GWB selbst, die jeweils weitere Anforderungen an das Vergabeverfahren stellen. Schranken der Verfahrensgestaltung ergeben sich zudem aus § 97 GWB.[8] 6

---

6 Durchführungsverordnung (EU) 2015/1986 der Kommission vom 11.11.2015 zur Einführung von Standardformularen für die Veröffentlichung von Vergabebekanntmachungen für öffentliche Aufträge und zur Aufhebung der Durchführungsverordnung (EU) Nr. 842/2011, ABl. L 296 vom 12.11.2015, S. 1.

7 Dies sind solche Rechte, die dazu führen, dass die Ausübung dieser Tätigkeit einem oder mehreren Unternehmen vorbehalten wird und dass die Möglichkeit anderer Unternehmen, diese Tätigkeit auszuüben, erheblich beeinträchtigt wird. Nach § 100 Abs. 2 Satz 2 GWB sind hingegen keine besonderen oder ausschließlichen Rechte solche, die aufgrund eines Vergabeverfahrens im Sinne des GWB oder aufgrund eines sonstigen Verfahrens gewährt wurden, das angemessen bekannt gemacht wurde und auf objektiven Kriterien beruht.

8 *Schröder*, NZBau 2015, 351, 351.

7 Klar ist damit, dass die Verfahrenshierarchie des § 119 GWB für die Konzessionsvergabe nicht zur Anwendung gelangt.[9] Der Konzessionsgeber ist demnach nicht an eine bestimmte Verfahrensart gebunden. Eine „Regelverfahrensart" ist ihm nicht vorgegeben.[10] Unbenommen ist ihm aber ohne Weiteres, das Verfahren nach einer in § 119 GWB aufgeführten **Verfahrensart** durchzuführen oder es an ein solches anzulehnen. Konkretisierend wird in § 12 Abs. 2 Satz 1 KonzVgV die Möglichkeit eines ein- oder mehrstufigen Verfahrens anheimgestellt. Der Konzessionsgeber kann beispielsweise ein mit § 119 Abs. 5 GWB vergleichbares zweistufiges Verhandlungsverfahren mit vorgeschaltetem Teilnahmewettbewerb durchführen.[11] Stets sind dabei aber die Gebote des Wettbewerbs, der Transparenz und Gleichbehandlung sowie der Verhältnismäßigkeit zu wahren. Bei aller vermeintlich gewährten Freiheit bei der Verfahrensgestaltung sollten diese – reichlich abstrakten – Prinzipien sorgfältig gewürdigt werden, da Verstöße gegen die konzessionsvergaberechtlichen Grundsätze nunmehr in einem Nachprüfungsverfahren geltend gemacht werden können. Die Freiheit des Konzessionsgebers erweist sich damit als ambivalentes Verfahrensprinzip der Konzessionsvergabe.

8 Nähere Konkretisierungen des Verfahrens – abgesehen von der Verfahrensart – sind in der KonzVgV geregelt. Hervorzuheben sind hierbei insbesondere das Verbot des § 2 Abs. 2 KonzVGV, die **Schätzung des Vertragswerts** in der Absicht der Umgehung der Vorschriften über die Konzessionsvergabe vorzunehmen.[12] In der Methode zur Schätzung ist der Konzessionsgeber indes weitgehend frei, § 2 Abs. 1 KonzVgV; allein vorgegeben ist insoweit das Erfordernis der Objektivität der Methode. Ferner ist das Konzessionsvergabeverfahren nach § 6 Abs. 1 KonzVgV fortlaufend zu dokumentieren, wobei nach Abs. 2 dieser Vorschrift genaue Inhalte des anzufertigenden **Vergabevermerks** aufgeführt sind. Die **E-Vergabe** ist auch bei der Konzessionsvergabe grundsätzliche Pflicht.[13] Die diesbezüglichen Vorschriften der §§ 7 ff. KonzVgV korrespondieren mit jenen im Bereich der öffentlichen Aufträge nach §§ 9 ff. VgV. Allerdings stellt § 34 KonzVgV es bis zum 18.10.2018 in das Ermessen des Konzessionsgebers, Teilnahmeanträge und Angebote auch auf anderem als elektronischem Weg zu verlangen.[14] Des Weiteren werden in § 15 KonzVgV Anforderungen an die **Leistungsbeschreibung** gestellt, wobei auch hier – im Sinne des § 97 Abs. 3 – gem. § 15 Abs. 2 Satz 1 KonzVgV Aspekte der Qualität und Innovation sowie soziale und umweltbezogene Aspekte berücksichtigt werden können. Weitere Anforderungen an das Vergabeverfahren und die Konzessionsausführung unterfallen – wenngleich sie auch im Kontext des § 151 GWB verortet werden könnten – dem Anwendungsbereich des § 152 GWB sowie der konkretisierenden Regelungen der KonzVgV.

---

9 Das folgt schon aus der Stellung und dem Wortlaut des § 119 GWB, der nur für öffentliche Aufträge gilt; der Gesetzgeber weist klarstellend in der Begründung nochmals darauf hin, s. BT-Drs. 18/6281, S. 130.

10 *Siegel*, NVwZ 2016, 1672, 1675.

11 BT-Drs. 18/6281, S. 130.

12 Dieses Verbot ist nochmals – generalisierend – in § 14 KonzVgV enthalten.

13 Die Anforderungen an die elektronischen Mittel und deren Einsatz ergeben sich aus §§ 8, 9 KonzVgV.

14 Die Mindestfrist für die Teilnahmeanträge beträgt nach § 27 Abs. 3 KonzVgV 30 Tage, jene für die Erstangebote 22 Tage nach Aufforderung zur Abgabe, § 27 Abs. 4 Satz 1 KonzVgV. Bei Verwendung elektronischer Mittel besteht die Möglichkeit zur Verkürzung um 5 Tage, § 27 Abs. 4 Satz 2 KonzVgV.

§ 152 Anforderungen im Konzessionsvergabeverfahren

(1) Zur Leistungsbeschreibung ist § 121 Absatz 1 und 3 entsprechend anzuwenden.

(2) Konzessionen werden an geeignete Unternehmen im Sinne des § 122 vergeben.

(3) Der Zuschlag wird auf der Grundlage objektiver Kriterien erteilt, die sicherstellen, dass die Angebote unter wirksamen Wettbewerbsbedingungen bewertet werden, sodass ein wirtschaftlicher Gesamtvorteil für den Konzessionsgeber ermittelt werden kann. Die Zuschlagskriterien müssen mit dem Konzessionsgegenstand in Verbindung stehen und dürfen dem Konzessionsgeber keine uneingeschränkte Wahlfreiheit einräumen. Sie können qualitative, umweltbezogene oder soziale Belange umfassen. Die Zuschlagskriterien müssen mit einer Beschreibung einhergehen, die eine wirksame Überprüfung der von den Bietern übermittelten Informationen gestatten, damit bewertet werden kann, ob und inwieweit die Angebote die Zuschlagskriterien erfüllen.

(4) Die Vorschriften zur Auftragsausführung nach § 128 und zu den zwingend zu berücksichtigenden Ausführungsbedingungen nach § 129 sind entsprechend anzuwenden.

Schrifttum: *Dreher/Motzke*, Beck'scher Vergaberechtskommentar, 2. Aufl. 2013; *Gabriel/Mertens/Prieß/Stein*, Beck'scher Online-Kommentar Vergaberecht, 1. Edition, Stand 30.9.2016; *Immenga/Mestmäcker*, Wettbewerbsrecht, Band 2 GWB, 5. Aufl. 2014; *Müller-Wrede*, Vergabe- und Vertragsordnung für Leistungen – VOL/A – Kommentar, 3. Aufl. 2010; *Pünder/Schellenberg*, Vergaberecht Handkommentar, 2. Aufl. 2015.

Übersicht

I. Allgemeines[1]

Die Vorschrift dient der Umsetzung der Art. 36, 38, 41 und 42 RL 2014/23/EU und enthält 1 – **neben § 151 GWB** – weitere Anforderungen an das Verfahren der Konzessionsvergabe. Während sich § 151 GWB auf die Bekanntmachung und die Ausgestaltung des Verfahrens beschränkt, regelt § 152 GWB die Vorgaben für die Leistungsbeschreibung, die Eignungs- und Zuschlagskriterien sowie die Ausführungsbedingungen. Dabei bedient sich der Gesetzgeber weitgehend einer Verweisung auf die für die Vergabe öffentlicher Aufträge maßgeblichen Vorschriften. Das gilt hingegen nicht für die Zuschlagskriterien: Maßgeblich ist insoweit nicht das „wirtschaftlichste Angebot" im Sinne der §§ 127 Abs. 1 GWB, 58 VgV, sondern der „wirtschaftliche Gesamtvorteil" für den Konzessionsgeber, § 152 Abs. 3 Satz 1 GWB.

---

1 An der Kommentierung maßgeblich mitgewirkt hat Herr Rechtsanwalt *Dr. Benjamin Pfannkuch*, Kiel.

II. Die Regelung im Einzelnen

1. § 152 Abs. 1 GWB

2 § 152 Abs. 1 GWB ordnet in Umsetzung des Art. 36 RL 2014/23/EU die entsprechende Anwendung des § 121 Abs. 1 und 3 GWB an. Demnach hat der Konzessionsgeber das **Gebot der eindeutigen und erschöpfenden Leistungsbeschreibung** zu beachten, dessen Ziele die Verständlichkeit für alle Unternehmen und die Vergleichbarkeit der Angebote sind.[2] Die Leistungsbeschreibung soll dafür sorgen, dass der Bieter eine klare Kalkulationsgrundlage erhält, dass die Chancengleichheit der Bieter gewahrt wird und dass diese vor einer unangemessenen Überbürdung von Risiken geschützt werden.[3] Diese nun erstmals für die Konzessionsvergabe gesetzlich normierte Anforderung galt auch schon nach bisherigem Recht für die Vergabe öffentlicher Aufträge.[4]

3 Auf untergesetzlicher Ebene werden die Anforderungen an die Leistungsbeschreibung in **§ 15 KonzVgV** konkretisiert. Zu beachten hat der Konzessionsgeber überdies den **Verhältnismäßigkeitsgrundsatz** des § 97 Abs. 1 Satz 2 GWB.[5]

4 Mit der erstmaligen Regelung der Leistungsbeschreibung auf gesetzlicher Ebene einher geht die Gleichstellung der konventionellen bzw. konstruktiven[6] mit der funktionalen Leistungsbeschreibung. Mit einer **konventionellen Leistungsbeschreibung** werden standardisierte Leistungsgegenstände unter Verwendung verkehrsüblicher Bezeichnungen ausgeschrieben.[7] Die Leistungsanforderungen werden nach Teilleistungen so detailliert aufgeschlüsselt, dass eine exakte Berechnung des Angebots möglich ist.[8]

5 Bei einer **funktionalen Leistungsbeschreibung** werden die Anforderungen an die Leistung beschrieben; mit welchen Produkten diese Anforderungen erfüllt werden, bleibt dem Angebot überlassen.[9] Da der Auftraggeber auf diese Weise das auf Bieterseite vorhandene Know-how abschöpfen kann, ist die funktionale Leistungsbeschreibung ein wichtiges vergaberechtliches Instrument zur Innovationsförderung im Sinne des § 97 Abs. 3 GWB.[10] Zwar trägt der Auftragnehmer bei einer funktionalen Leistungsbeschreibung bestimmte Planungs- und/oder Ausführungsrisiken, doch handelt es sich dabei nicht um Wagnisse, sondern um dasjenige, was er gemäß der Leistungsbeschreibung gerade wegen seines überlegenen Know-hows vertragsgemäß anstelle des Auftraggebers in eigener Regie und auf eigene Verantwortung leisten soll.[11]

---

2 S. zu den Anforderungen an die Leistungsbeschreibung *Prieß*, NZBau 2004, 20 ff., 87 ff.

3 *Schellenberg*, in: Pünder/Schellenberg, Vergaberecht, VOB/A, § 7 EG Rn. 6 m. w. N.

4 § 8 EG Abs. 1 VOL/A, § 7 EG Abs. 1 VOB/A.

5 *Krönke*, NVwZ 2016, 568, 570.

6 Zu Zweifeln an dem Sinn einer Differenzierung der Arten der Leistungsbeschreibung auch bezüglich der konventionellen Leistungsbeschreibung und zur Einteilung lediglich nach den Kategorien konstruktiv und funktional s. *Schellenberg*, in: Pünder/Schellenberg, Vergaberecht, VOB/A, § 8 EG, in Fn. 9 zu Rn. 8.

7 *Mager/Lotz*, ZfBR 2015, 758, 761.

8 *Traupel*, in: Müller-Wrede, VOL/A, § 8 EG Rn. 42.

9 *Schellenberg*, in: Pünder/Schellenberg, Vergaberecht, VOL/A, § 8 EG Rn. 52.

10 *Krönke*, NVwZ 2016, 568, 570, unter Bezugnahme auf OLG Düsseldorf, Beschl. v. 12.6.2013, VII-Verg 7/13, NZBau 2013, 788, 789.

11 *Dicks*, NZBau 2014, 731, 732.

Eine **konstruktive Leistungsbeschreibung** enthält Elemente der konventionellen und der funktionalen Leistungsbeschreibung und gibt den Weg zur Zielerreichung nur teilweise, aber eben nicht vollständig vor.[12] 6

Der Gegenstand der Konzession muss wegen des Transparenzgrundsatzes eindeutig und erschöpfend beschrieben werden. Für das Verständnis der Leistungsbeschreibung ist auf den zu ermittelnden **objektiven Empfängerhorizont** eines verständigen und sachkundigen Bieters, der mit Beschaffungsleistungen der vorliegenden Art vertraut ist, abzustellen.[13] Maßgeblich für die Auslegung sind die **§§ 133, 157 BGB.**[14] Es kommt in erster Linie auf den Wortlaut, daneben aber auch auf die konkreten Verhältnisse der Leistung an, wie sie in den Vergabeunterlagen ihren Ausdruck gefunden haben; sofern Zweifel verbleiben, gehen diese zulasten der Vergabestelle.[15] Erschöpfend bedeutet, dass keine Restbereiche verbleiben dürfen, die seitens der Vergabestelle nicht schon klar umrissen sind.[16] 7

In Konkretisierung der gesetzlichen Vorgaben schreibt § 15 Abs. 1 Satz 2 KonzVgV vor, dass die Öffnung des nationalen Beschaffungsmarktes für den Wettbewerb nicht in ungerechtfertigter Weise behindert werden darf. Damit ist das **Gebot der produktneutralen Ausschreibung** aufgerufen, das in § 15 Abs. 3 Satz 1 KonzVgV[17] näher definiert wird.[18] Zurückzuführen ist dies auf Erwägungsgrund 67 RL 2014/23/EU, wonach die Leistungsbeschreibung so abgefasst sein soll, dass der Wettbewerb vor allem nicht dadurch künstlich eingeengt wird, dass die Anforderungen genau den wesentlichen Merkmalen der von dem betreffenden Wirtschaftsteilnehmer üblicherweise angebotenen Lieferungen, Dienstleistungen oder Bauleistungen entsprechen. Vor diesem unionsrechtlichen Hintergrund ist die Forderung nach einer grundsätzlich anzustrebenden Marktöffnung nachvollziehbar. 8

§ 15 Abs. 3 Satz 1 KonzVgV stellt jedoch klar, dass **Ausnahmen** zulässig sind, und zwar dann, wenn ein rechtfertigender, in dem Konzessionsgegenstand selbst liegender Grund vorhanden ist, § 15 Abs. 1 Satz 1 KonzVgV, oder wenn der Konzessionsgegenstand andernfalls nicht hinreichend und allgemein verständlich beschrieben werden kann, § 15 Abs. 3 Satz 2 KonzVgV. Eine produktspezifische Ausschreibung kann gerechtfertigt sein, wenn z. B. die Ersetzung vorhandener Produkte kostenintensiver wäre, langjähriges Knowhow von Mitarbeitern verloren ginge, der aufzubringende Zeit- und Kostenaufwand deutlich größer wäre, Kompatibilitätsprobleme zu befürchten wären, ein erhebliches Risikopotenzial für Fehlfunktionen bestünde oder ein erhöhter Schulungsaufwand vorhandener Mitarbeiter anstünde.[19] 9

---

12 *Traupel*, in: Müller-Wrede, VOL/A, § 8 EG Rn. 45 f.

13 OLG München, Beschl. v. 3.12.2015, Verg 9/15.

14 BGH, Urt. v. 28.2.2002, VII ZR 376/00, NJW 2002, 1954, 1955.

15 OLG München, Beschl. v. 3.12.2015, Verg 9/15; OLG Koblenz, Beschl. v. 5.12.2007, 1 Verg 7/07. S. auch *Schellenberg*, in: Pünder/Schellenberg, Vergaberecht, VOB/A, § 7 EG Rn. 21 ff. m. w. N. zur Rechtsprechung.

16 OLG Saarbrücken, Beschl. v. 29.9.2004, 1 Verg 6/04.

17 Auf gesetzlicher Ebene ist dieser Grundsatz nicht geregelt worden.

18 Für die Leistungsbeschreibung bei der Vergabe öffentlicher Aufträge war dies bislang in § 7 EG Abs. 8 VOL/A bzw. VOB/A geregelt.

19 VK Sachsen, Beschl. v. 30.8.2016, 1-SVK/16/16, unter Bezugnahme auf OLG Düsseldorf, Beschl. v. 13.4.2016, VII-Verg 47/15, NZBau 2016, 656.

10 Ob vor einer produktscharfen Ausschreibung eine Prüfung in Form einer Markterforschung dahin erforderlich ist, ob auch eine produktneutrale Ausschreibung in Betracht kommt, wird in der obergerichtlichen Rechtsprechung nicht einheitlich beurteilt.[20] Auch wenn eine Markterkundung nicht geboten sein sollte, empfiehlt sich zur Erhöhung der Rechtssicherheit dennoch, eine solche in der Regel durchzuführen.

11 § 152 Abs. 1 GWB verweist nicht auf die Pflicht des § 121 Abs. 2 GWB zur Berücksichtigung von Zugänglichkeitskriterien für Menschen mit Behinderungen oder die Konzeption für alle Nutzer im Rahmen der Leistungsbeschreibung. Bei der Vergabe öffentlicher Aufträge hat der Auftraggeber diese **Pflicht des „Designs für alle"** bei der Beschaffung von Leistungen zu beachten, die zur Nutzung durch natürliche Personen vorgesehen sind.[21] Die Konzessionsrichtlinie enthält eine solche Verpflichtung nicht, sondern sieht in Art. 36 Abs. 1 Unterabs. 2 RL 2014/23/EU lediglich vor, dass der Konzessionsgeber derartige Kriterien berücksichtigen kann. Damit ist zugleich klar, dass trotz der fehlenden Verweisung in § 152 Abs. 1 GWB der Konzessionsgeber gleichwohl Kriterien des „Designs für alle" aufnehmen kann. In diesem Fall muss er dann aber auch diesbezüglich das Gebot der erschöpfenden und eindeutigen Beschreibung befolgen.

12 Auf § 121 Abs. 3 GWB hingegen wird in § 151 Abs. 1 GWB verwiesen, sodass der Konzessionsgeber die Leistungsbeschreibung zwingend[22] bereits den Vergabeunterlagen[23] beizufügen hat.

2. § 152 Abs. 2 GWB

13 Die Regelung dient der Umsetzung des Art. 38 RL 2014/23/EU und verweist für die Eignung auf die im Bereich der öffentlichen Aufträge maßgebliche Vorschrift des § 121 GWB. Konzessionen dürfen mithin nur an „fachkundige und leistungsfähige", nach der Legaldefinition des § 122 Abs. 1 Hs. 1 GWB demnach „geeignete" Unternehmen vergeben werden. Die **Eignungskriterien** betreffen nach § 122 Abs. 2 Satz 2 GWB ausschließlich die

---

20 Eine Markterkundung für erforderlich halten OLG Jena, Beschl. v. 26.6.2006, 9 Verg 2/06, NZBau 2006, 735; OLG Celle, Beschl. v. 22.5.2008, 13 Verg 1/08. Für nicht erforderlich halten dies OLG Düsseldorf, Beschl. v. 13.4.2016, VII-Verg 47/15, NZBau 2016, 656; Beschl. v. 27.6.2012, VII-Verg 7/12; OLG Karlsruhe, Beschl. v. 15.11.2013, 15 Verg 5/13, NZBau 2014, 378, 381; OLG Naumburg, Beschl. v. 20.9.2012, 2 Verg 4/12.

21 Damit wird Art. 42 Abs. 1 Unterabs. 4, 5 RL 2014/24/EU umgesetzt.

22 BT-Drs. 18/6281, S. 100.

23 Diese umfassen nach § 16 Satz 1 KonzVgV jede Unterlage, die vom Konzessionsgeber erstellt wird oder auf die er sich bezieht, um Bestandteile der Konzession oder des Verfahrens zu beschreiben oder festzulegen; nach § 16 Satz 2 KonzVgV sind dies insbesondere die Leistungsbeschreibung, der Entwurf der Vertragsbedingungen, Vorlagen für die Einreichung von Unterlagen durch Bewerber oder Bieter sowie Informationen über allgemeingültige Verpflichtungen.

- Befähigung und Erlaubnis zur Berufsausübung,
- wirtschaftliche und finanzielle Leistungsfähigkeit und die
- technische[24] und berufliche Leistungsfähigkeit.[25]

Auf Verordnungsebene werden **weitere Anforderungen** an die Eignungskriterien gestellt, die indes nicht als konkretisierend bezeichnet werden können. Nach **§ 25 Abs. 2 Nr. 1, 2 KonzVgV**, der die unionsrechtliche Vorgabe des Art. 38 Abs. 1 Satz 2 RL 2014/23/EU umsetzt, müssen die Eignungskriterien zum einen nichtdiskriminierend sein und zum anderen dem Zweck dienen, sicherzustellen, dass der Konzessionsnehmer zur Durchführung der Konzession in Anbetracht des Konzessionsgegenstands fähig ist, und den Wettbewerb zu gewährleisten. Offensichtlich soll durch diese verhältnismäßig unbestimmten Formulierungen erreicht werden, die Besonderheit von Konzessionen im Vergleich zu öffentlichen Aufträgen gebührend widerzuspiegeln und bei ihrer Vergabe keinen übermäßigen bürokratischen Aufwand zu verursachen.[26] Die Eignungskriterien dürfen mithin kein bestimmtes Unternehmen bevorzugen, müssen verhältnismäßig sein[27] und mit dem Konzessionsgegenstand in Zusammenhang stehen, § 122 Abs. 4 Satz 1 GWB. **14**

Nicht gesetzlich, sondern nur in § 25 Abs. 3 KonzVgV wird die **Eignungsleihe** geregelt.[28] Demnach dürfen Kapazitäten anderer Unternehmen einbezogen werden, unabhängig davon, welche rechtlichen Beziehungen zwischen den Unternehmen bestehen, § 25 Abs. 3 Satz 1 KonzVgV. Betrifft die Eignungsleihe das Merkmal der finanziellen Leistungsfähigkeit, kann der Konzessionsgeber nach § 25 Abs. 3 Satz 2 KonzVgV[29] verlangen, dass die Unternehmen gemeinschaftlich für die Vertragsdurchführung haften. **15**

Durch die umfassende Verweisung des § 152 Abs. 2 GWB ist auch die Vorgabe des § 122 Abs. 1 Hs. 2 GWB erfasst, wonach **kein Ausschlussgrund nach §§ 123, 124 GWB** vorliegen darf.[30] Zwingende Ausschlussgründe sind in § 123 GWB enthalten, fakultative in **16**

---

24 Anders als Art. 58 Abs. 1 lit. c) RL 2014/24/EU über die Vergabe öffentlicher Aufträge enthält die RL 2014/23/EU das Eignungskriterium der technischen Leistungsfähigkeit nicht ausdrücklich. Das Kriterium war im ursprünglichen Kommissionsvorschlag noch vorgesehen, s. Art. 36 Abs. 1 lit. c) des Vorschlags, KOM(2011) 897 endg., v. 20.12.2011. Ohne nähere Begründung wurde es im Änderungsantrag des Europäischen Parlaments entfernt, s. den Bericht des Ausschusses für Binnenmarkt und Verbraucherschutz über den Kommissionsvorschlag, A7-0030/2013, v. 1.2.2013. Es ist indes kein Grund ersichtlich, weshalb nicht auch bei einer Konzession die technische Leistungsfähigkeit maßgeblich sein soll für die Bestimmung der Eignung des Konzessionsnehmers, in diesem Sinne auch BT-Drs. 18/6281, S. 131.

25 Näher bestimmt werden diese Vorgaben für öffentliche Aufträge in den §§ 44 ff. VgV. Das bisherige Eignungsmerkmal der Zuverlässigkeit und Gesetzestreue ist mit der Neuformulierung der Ausschlussgründe der §§ 123, 124 GWB entfallen (dazu *Brüning*, NZBau 2016, 723 ff.). Begründet wird dies damit, dass über die detaillierten Vorgaben der Ausschlussgründe gem. §§ 123, 124 GWB und auch der Ausführungsbedingungen gem. § 128 GWB sichergestellt werde, dass nur solche Unternehmen den Zuschlag erhalten, die Recht und Gesetz in der Vergangenheit eingehalten haben und bei denen gesetzestreues Verhalten auch in Zukunft zu erwarten ist; an der geltenden Rechtslage ändere sich dadurch nichts, BT-Drs. 18/6281, S. 101.

26 Erwägungsgrund 2 RL 2014/23/EU. In diesem Sinne ist auch der Grundsatz der Gestaltungsfreiheit nach Art. 30 Abs. 1 RL 2014/23/EU zu verstehen.

27 Dies folgt schon aus dem Grundsatz des § 97 Abs. 1 Satz 2 GWB.

28 S. zu den Grenzen der Einschränkbarkeit der Eignungsleihe EuGH, Urt. v. 7.4.2016, C-324/14, NZBau 2016, 373 – Partner.

29 In Umsetzung von Art. 38 Abs. 2 RL 2014/23/EU.

30 Die Vorgaben über die Ausschlussgründe sind in Art. 38 Abs. 4–8 RL 2014/23/EU geregelt.

§ 124 GWB. Zu beachten ist dabei die Besonderheit des § 154 Nr. 2 lit. a) GWB, wonach Konzessionsgeber, die als natürliche oder juristische Person des Privatrechts nach Maßgabe der §§ 101 Abs. 1 Nr. 3 GWB, 100 Abs. 1 Nr. 2 GWB[31] eine Sektorentätigkeit durchführen, in den Fällen des § 123 GWB ein Unternehmen nicht obligatorisch ausschließen müssen; vielmehr ist der Ausschlussgrund für diese Konzessionsgeber ebenfalls ein fakultativer.

17 Durch die ausdrückliche Verweisung in § 154 Nr. 2 GWB gelten auch im Bereich der Konzessionsvergabe die neu eingeführten Grundsätze über die **Selbstreinigung des § 125 GWB**.[32] Ein Ausschluss erfolgt nach § 125 Abs. 1 Satz 1 GWB nicht bei Nachweis des Unternehmens, dass es den verursachten Schaden kompensiert oder sich hierzu verpflichtet hat, dass es aktiv mit den Ermittlungsbehörden und dem Konzessionsgeber kooperiert und dass es konkrete technische, organisatorische und personelle Maßnahmen zur künftigen Vermeidung von Straftaten oder Fehlverhalten ergriffen hat.[33]

3. § 152 Abs. 3 GWB

18 Die Vorschrift setzt Art. 41 Abs. 1 RL 2014/23/EU um und normiert für Konzessionen die maßgeblichen Anforderungen an die Zuschlagserteilung. Die **Zuschlagskriterien** müssen nach § 152 Abs. 3 Satz 1 GWB generell objektiver Art sein, sie müssen mithin nachvollziehbar sein und die Gleichbehandlung der Unternehmen gewährleisten. Für den Zuschlag ist nicht wie im Anwendungsbereich der öffentlichen Aufträge das wirtschaftlichste Angebot im Sinne des § 127 Abs. 1 Satz 1 GWB maßgeblich, vielmehr wird, entsprechend der unionsrechtlichen Vorgabe des Art. 41 Abs. 2 RL 2014/23/EU, auf den „wirtschaftlichen Gesamtvorteil" abgestellt. Die Zuschlagskriterien müssen die Ermittlung dieses Gesamtvorteils sicherstellen.

19 Mit der Einführung des **Begriffs des wirtschaftlichen Gesamtvorteils** für die Konzessionsvergabe wird deutlich, dass der Konzessionsgeber mehr Aspekte in die Wertung einbeziehen soll, als es im Bereich der öffentlichen Aufträge der Fall ist. Bei diesen bestimmt sich das wirtschaftlichste Angebot nach § 127 Abs. 1 Satz 2 GWB nach dem besten Preis-Leistungs-Verhältnis.[34] Die Zuschlagsentscheidung bei der Konzessionsvergabe geht darüber hinaus und ist der Besonderheit des Refinanzierungserfordernisses des Konzessionsnehmers bei Dritten geschuldet. Es kommt daher nicht ausschließlich auf das beste Preis-Leistungs-Verhältnis für den Auftraggeber an; vielmehr ist z. B. auch in die Wertung einzubeziehen, dass Dritte (Nutzer) von den qualitativ hochwertigen oder preislich attraktiven Leistungen des Konzessionsnehmers profitieren. Diese Vorteile Dritter sind vom Konzessionsgeber bei der Ermittlung des wirtschaftlichsten Gesamtvorteils zu berücksichtigen.[35]

---

31 S. dazu die Kommentierung zu § 154 Rn. 6.

32 Für die Konzessionen ist unionsrechtliche Vorgabe Art. 38 Abs. 9 RL 2014/23/EU.

33 S. zur Selbstreinigung nach § 125 GWB ausführlich *Roth*, NZBau 2016, 672 ff.

34 Der Angebotspreis oder die (unter Einbeziehung weiterer Faktoren, wie z. B. dem finanziellen Aufwand für Betrieb und Wartung der Leistung, errechneten) Kosten müssen ins Verhältnis gesetzt werden zur Leistung, die im Rahmen des öffentlichen Auftrages erbracht werden soll, BT-Drs. 18/6281, S. 111.

35 Vgl. *von Hoff*, in: Gabriel/Mertens/Prieß/Stein, Beck'scher Online-Kommentar Vergaberecht, 1. Edition, Stand: 30.9.2016, § 152 Rn. 19.

Rein altruistische Erwägungen muss und darf der Konzessionsgeber dabei indes nicht anstellen. Denn ausdrücklich muss sich der Gesamtvorteil für ihn selbst ergeben.

Entsprechend den Regelungen über die Vergabe öffentlicher Aufträge[36] müssen die Zuschlagskriterien nach § 152 Abs. 3 Satz 2 GWB mit dem Konzessionsgegenstand in Verbindung stehen. Die **Einbeziehung vergabefremder Gesichtspunkte** ist demnach unzulässig. Dies ist insbesondere von Bedeutung im Hinblick auf umweltbezogene und soziale Belange, die nach § 152 Abs. 3 Satz 3 GWB in die Zuschlagskriterien einbezogen werden können.[37] 20

Die in § 152 Abs. 3 Satz 2 GWB enthaltene Voraussetzung, dass die Zuschlagskriterien dem Konzessionsgeber keine uneingeschränkte Wahlfreiheit einräumen dürfen, ist als weitere Einschränkung des im Übrigen die Konzessionsvergabe durchziehenden **Grundsatzes der freien Verfahrensgestaltung** des § 151 Satz 3 GWB zu bewerten. Angesichts des gleichermaßen verfolgten Ziels, die Konzessionsvergabe verstärkt dem Wettbewerb zu öffnen, ist diese Anforderung allerdings nicht dahin zu verstehen, dass der Konzessionsgeber den Wettbewerb ohne sachlichen Grund soll einschränken dürfen. Vielmehr ist mit diesem Merkmal gefordert, dass der Konzessionsgeber Zuschlagskriterien formuliert und bei der Wertung beachtet, die eine objektive Wertung ermöglichen und die Zuschlagsentscheidung nicht in sein subjektives, willkürliches Belieben stellen. Den Wettbewerb hat der Konzessionsgeber in jedem Fall sicherzustellen.[38] 21

Der Konzessionsgeber kann nach § 152 Abs. 3 Satz 3 GWB – entsprechend der Regelung des § 127 Abs. 1 Satz 3 GWB – qualitative,[39] umweltbezogene oder soziale Aspekte als Zuschlagskriterien benennen. Im Gegensatz zum Bereich der öffentlichen Aufträge[40] enthalten weder die RL 2014/23/EU noch § 152 GWB oder § 31 KonzVgV eine beispielhafte Aufzählung solcher Kriterien. Immerhin werden in den Erwägungsgründen zur RL 2014/23/EU Beispiele genannt. So können als **soziale Belange** nach Erwägungsgrund 66 RL 2014/23/EU die Beschäftigung von Langzeitarbeitslosen oder die Umsetzung von Ausbildungsmaßnahmen für Arbeitslose oder Jugendliche im Zuge der Ausführung der Konzession angesehen werden. **Ökologische Belange** sind nach Erwägungsgrund 64 RL 2014/23/EU beispielsweise die Abfallminimierung oder die Ressourceneffizienz. Der Lebenszyklusansatz[41] ist im Gegensatz zu § 127 Abs. 3 Satz 2 GWB für die Konzessionsvergabe zwar nicht ausdrücklich gesetzlich normiert. Erwägungsgrund 64 RL 2014/23/EU macht jedoch deutlich, dass die **Lebenszykluskosten** – auch[42] – bei den Zuschlagskriterien berücksichtigt werden können. Aspekte in diesem Sinne können in jeder Phase des Lebens- 22

---

36 § 127 Abs. 3 Satz 1 GWB.

37 S. dazu *Funk/Tomerius*, KommJur 2016, 1 ff.

38 S. Erwägungsgrund 73 RL 2014/23/EU.

39 Art. 41 Abs. 2 RL 2014/23/EU spricht von „innovationsbezogenen" Kriterien. Innovationen werden in Art. 5 Nr. 13 RL 2014/23/EU beschrieben als die Einführung u. a. neuer oder deutlich verbesserter Dienstleistungen oder Verfahren, einschließlich – aber nicht beschränkt auf – Produktions-, Bau- oder Konstruktionsverfahren, einer neuen Vermarktungsmethode oder eines neuen Organisationsverfahrens in Bezug auf Geschäftspraktiken, Abläufe am Arbeitsplatz oder externe Beziehungen, u. a. mit dem Zweck, zur Meisterung gesellschaftlicher Herausforderungen beizutragen oder die Strategie Europa 2020 zu unterstützen.

40 S. § 58 Abs. 2 VgV.

41 S. dazu *Funk/Tomerius*, KommJur 2016, 1, 5.

42 Berücksichtigung können sie auch bei den Ausführungsbedingungen finden, s. Erwägungsgrund 64 RL 2014/23/EU.

zyklus von der Gewinnung der Rohstoffe für die Ware bis zur Entsorgung des Produkts berücksichtigt werden, einschließlich solcher Faktoren, die mit dem konkreten Prozess der Erzeugung, Bereitstellung der oder Handel mit den betreffenden Bau- oder Dienstleistungen oder einem konkreten Prozess in einer späteren Phase des Lebenszyklus zusammenhängen, auch wenn derartige Faktoren kein materieller Bestandteil der Leistungen sind.[43] Dabei wird vom Konzessionsgeber die Besonderheit der Konzession zu beachten sein, dass die Lebenszykluskosten bzw. deren Prognose in erheblichem Maße vom Verhalten der Nutzer abhängen.

23 Der Konzessionsgeber muss die Zuschlagskriterien nach § 152 Abs. 2 Satz 4 GWB so beschreiben, dass die Angebote der Unternehmen wirksam auf die Erfüllung der Zuschlagskriterien überprüft werden können. Diese Anforderung, die Art. 41 Abs. 2 RL 2014/23/EU umsetzt, ist letztlich eine Ausprägung des an den Konzessionsgeber gerichteten Gebots, **objektive Kriterien** zu formulieren. Es ist daher schon von sich aus selbstverständlich, dass die Kriterien wirksam, mithin nach objektiven Maßstäben überprüft werden können – auch mit Blick auf ein etwaiges Nachprüfungsverfahren.

24 Eine **Gewichtung der Kriterien** ist nicht notwendig, da sie die gewünschte Verfahrensflexibilität grundsätzlich nicht fördert.[44] In geeigneten Fällen kann der Konzessionsgeber aber ohne Weiteres eine Gewichtung angeben; dann ist er aber an diese auch gebunden.[45] In Konkretisierung der Anforderungen an die Zuschlagskriterien schreibt § 31 Abs. 1 KonzVgV vor, dass diese in absteigender **Reihenfolge** anzugeben sind.[46] Die Reihenfolge kann nach § 31 Abs. 2 Satz 1 KonzVgV[47] im Falle einer innovativen Lösung mit außergewöhnlicher, für den Konzessionsgeber unvorhersehbarer Leistungsfähigkeit geändert werden. Es handelt sich dabei um eine Ausnahmeregelung, die eng auszulegen ist.[48] Die Handhabung dieses Tatbestandes dürfte in der Praxis komplex sein, da zum einen eine sorgfältige Dokumentation erforderlich ist und zum anderen die Bestimmung der „Außergewöhnlichkeit“ zuvor festgelegte Maßstäbe erfordert. Beruft sich der Konzessionsgeber auf den Ausnahmetatbestand, muss er nach § 31 Abs. 2 Satz 2 KonzVgV die Bieter zur Gewährleistung der Gleichbehandlung aller tatsächlichen oder potenziellen Bieter[49] über die geänderte Reihenfolge der Zuschlagskriterien unterrichten und unter Wahrung der Mindestfrist nach § 27 Abs. 4 Satz 1 KonzVgV[50] eine neue Aufforderung zur Angebotsabgabe veröffentlichen. Im Falle der zeitgleichen Veröffentlichung der Zuschlagskriterien und der Konzessionsbekanntmachung muss er nach § 31 Abs. 2 Satz 3 KonzVgV eine neue Konzessionsbekanntmachung unter Wahrung der Mindestfrist gem. § 27 Abs. 3 KonzVgV[51] veröffentlichen.

---

43 Erwägungsgrund 64 RL 2014/23/EU.

44 *Schröder*, NZBau 2015, 351, 354.

45 S. dazu EuGH, Urt. v. 12.12.2002, Rs. C-470/99, NZBau 2003, 162; *Opitz*, in: Dreher/Motzke, Beck'scher Vergaberechtskommentar, GWB, § 97 Rn. 26; *Dreher*, in: Immenga/Mestmäcker, Wettbewerbsrecht, GWB, § 97 Rn. 326.

46 Damit wird Art. 41 Abs. 3 Unterabs. 1 RL 2014/23/EU umgesetzt.

47 In Umsetzung von Art. 41 Abs. 3 Unterabs. 2 RL 2014/23/EU.

48 Den Ausnahmecharakter hebt Erwägungsgrund 73 RL 2014/23/EU hervor.

49 Erwägungsgrund 73 RL 2014/23/EU.

50 Mithin 22 Tage ab dem Tag nach der Aufforderung.

51 Mithin 30 Tage ab dem Tag der Übermittlung der Bekanntmachung.

4. § 152 Abs. 4 GWB

Eine ausdrückliche unionsrechtliche Vorgabe zur Regelung der **Konzessionsdurchführung** ist in der RL 2014/23/EU nicht enthalten. Allerdings wird die Möglichkeit von Ausführungsbedingungen für Konzessionen in den Erwägungsgründen 64, 65, 66 vorausgesetzt.[52] 25

Anforderungen an die Konzessionsausführung betreffen den Zeitraum nach Zuschlagsentscheidung. Dementsprechend sind Ausführungsbedingungen keine Eignungs- oder Zuschlagskriterien, sondern stellen Vertragsbedingungen dar, die mit Zuschlag Vertragsbestandteil werden.[53] Ausführungsbedingungen betreffen also nicht das Angebot oder den Leistungsgegenstand, sondern ausschließlich die Phase der Leistungserbringung.[54] Die Bieter müssen sich bei Angebotsabgabe mit den Auftragsausführungsbedingungen einverstanden erklären, um nicht vom Vergabeverfahren ausgeschlossen zu werden.[55] 26

Für die Vergabe öffentlicher Aufträge sind die Vorgaben über die Ausführung nunmehr[56] in **§§ 128, 129 GWB** geregelt.[57] Auf diese Bestimmungen verweist § 152 Abs. 4 GWB. Demnach haben Unternehmen gem. § 128 Abs. 1 GWB – insofern eine Selbstverständlichkeit – bei der Ausführung der Konzession alle für sie geltenden **rechtlichen Verpflichtungen** einzuhalten, insbesondere Steuern, Abgaben und Beiträge zur Sozialversicherung zu entrichten und die arbeitsschutzrechtlichen Regelungen einzuhalten. Zudem ist ausdrücklich die Pflicht der Unternehmen normiert worden, die Mindestarbeitsbedingungen einschließlich des Mindestlohnes zu zahlen, die sich aus dem MiLoG,[58] einem nach dem TVG mit den Wirkungen des AEntG für allgemein verbindlich erklärten Tarifvertrag oder einer nach § 7, § 7a oder § 11 AEntG oder einer nach § 3a AÜG erlassenen Rechtsverordnung für die betreffende Leistung ergeben. § 128 GWB Abs. 1 betrifft demnach all diejenigen Anforderungen, zu deren Beachtung die bietenden Unternehmen schon aufgrund anderer Rechtsvorschriften verpflichtet sind.[59] Die unionsrechtliche Vorgabe des Art. 18 Abs. 2 RL 2014/24/EU ordnet zudem die Beachtung internationaler umwelt-, sozial- und arbeitsrechtlicher Vorschriften an, die in Anhang X der Richtlinie aufgeführt sind.[60] Aufgrund der bereits erfolgten Umsetzung in deutsches Recht ist ein ausdrücklicher Verweis auf diese Abkommen in § 128 GWB nicht geboten.[61] 27

§ 128 Abs. 2 GWB enthält wie bisher § 97 Abs. 4 Satz 2 GWB a. F. eine **Öffnungsklausel für weitere Ausführungsbedingungen**, die über § 128 Abs. 1 GWB hinausgehen. Die Aufzählung der Aspekte in § 128 Abs. 2 Satz 3 GWB – wirtschaftliche, innovationsbezo- 28

---

52 BT-Drs. 18/6281, S. 131.

53 *Fehling*, in: Pünder/Schellenberg, GWB, § 97 Rn. 163.

54 *Latzel*, NZBau 2014, 673, 680.

55 *Dreher*, in: Immenga/Mestmäcker, Wettbewerbsrecht, GWB, § 97 Rn. 260.

56 Nach bisherigem Recht waren diese in § 97 Abs. 4 Satz 2, 3 GWB a. F. geregelt.

57 Damit wird Art. 18 Abs. 2 RL 2014/24/EU umgesetzt.

58 Der Mindestlohn nach MiLoG ist die unterste allgemeine Grenze für die Vergütung von Arbeitnehmern in Deutschland, *Tugendreich*, NZBau 2015, 395. S. zu den das Vergabeverfahren betreffenden Regelungen des MiLoG (wie z. B. Vergabesperre und die Verpflichtung zur Einholung von Auskünften) *Tugendreich*, NZBau 2015, 395, 397.

59 *Burgi*, NZBau 2015, 598, 600.

60 Dies sind insbesondere die ILO-Abkommen über die sog. Kernarbeitsnormen.

61 BT-Drs. 18/6281, S. 113.

gene, umweltbezogene, soziale oder beschäftigungspolitische[62] oder der Schutz der Vertraulichkeit[63] – ist nicht abschließend, was aus der Formulierung „insbesondere" deutlich wird.[64] Voraussetzung ist – entsprechend den Eignungs-[65] und Zuschlagskriterien[66] – nach § 128 Abs. 2 Satz 1 GWB ein Zusammenhang mit dem Konzessionsgegenstand.[67] Die Forderung nach einem Einsatz von Auszubildenden oder Langzeitarbeitslosen bei der Ausführung der konkreten Konzession soll beispielsweise in einem solchen Zusammenhang stehen.[68] Allgemeine Vorgaben für die Unternehmenspolitik oder die Betriebsorganisation mittels Ausführungsbedingungen stehen hingegen nicht im Zusammenhang mit dem Konzessionsgegenstand.[69] Grenzen werden der Ausgestaltung der Ausführungsbedingungen ferner durch den Verhältnismäßigkeitsgrundsatz des § 97 Abs. 1 Satz 2 GWB gesetzt.[70]

29 Der Konzessionsgeber muss die Ausführungsbedingungen gem. § 128 Abs. 2 Satz 2 GWB in der Konzessionsbekanntmachung nach § 19 KonzVgV oder den Vergabeunterlagen nach § 16 KonzVgV angeben. Dies ist schon aufgrund des **Transparenzgebots** im Sinne des § 97 Abs. 1 Satz 1 GWB erforderlich.

30 Durch die Verweisung des § 152 Abs. 4 GWB hat der Konzessionsgeber auch die Regelung des § 129 GWB über **zwingend zu berücksichtigende Ausführungsbedingungen** zu beachten. Während § 128 Abs. 2 GWB dem Konzessionsgeber Optionen eröffnet, schafft § 129 GWB die Grundlage, um ihn zur Statuierung von Ausführungsbedingungen zu verpflichten.[71] Dem Konzessionsgeber ist in diesem Fall kein Ermessen eingeräumt, ob er die Bedingungen über die Konzessionsausführung verlangt. Solche Ausführungsbedingungen, die auf übergeordneten politischen Erwägungen[72] beruhen, müssen aufgrund eines Bundes- oder Landesgesetzes festgelegt werden. Insofern greift die Vorschrift die bisherige Regelung des § 97 Abs. 4 Satz 3 GWB a. F. auf.[73] Nicht ausreichend sind Rechtsverordnungen

62 Soweit diese nicht bereits von § 128 Abs. 1 GWB erfasst sind.

63 In diesem Kontext werden v. a. sog. No-Spy-Erklärungen relevant, aufgrund derer sich die Unternehmen verpflichten sollen, die Vertraulichkeit von Daten im Hinblick auf Sicherheitsbehörden zu gewährleisten. S. dazu *Pfannkuch*, ZfBR 2015, 670.

64 Beispielhaft nennt Erwägungsgrund 98 RL 2014/24/EU Bedingungen zur verstärkten Beteiligung der Frauen am Erwerbsleben, die Vereinbarkeit von Arbeit und Privatleben oder den Umwelt- oder Tierschutz.

65 S. § 122 Abs. 4 Satz 1 GWB.

66 S. § 127 Abs. 3 Satz 1 GWB.

67 S. zu dieser bereits bisher geltenden Forderung *Fehling*, in: Pünder/Schellenberg, Vergaberecht, GWB, § 97 Rn. 162.

68 BT-Drs. 18/6281, S. 114.

69 BT-Drs. 18/6281, S. 114.

70 *Burgi*, NZBau 20015, 597, 600. Über Ausführungsbedingungen können daher die Grenzen der Leistungsbeschreibung und der Eignungskriterien nicht überwunden werden, *Latzel*, NZBau 2014, 763, 680. Insbesondere die Bedingung „Beachtung der ILO-Kernarbeitsnormen" ist am Verhältnismäßigkeitsprinzip zu messen und zwar in dem Maße, in dem sich diese von der eigenen unternehmerischen Sphäre des Bieters auf Vorlieferstufen bezieht, s. *Burgi*, NZBau 2015, 597, 600.

71 *Burgi*, NZBau 2015, 597, 600.

72 BT-Drs. 18/6281, S. 114.

73 Aus dem Wortlaut des § 97 Abs. 4 Satz 3 GWB a. F. „Anforderungen an die Bieter" ging nicht eindeutig hervor, ob nur Eignungskriterien – so *Dreher*, in: Immenga/Mestmäcker, Wettbewerbsrecht, GWB, § 97 Rn. 267 – oder auch Ausführungsbedingungen – so *Opitz*, in: Dreher/Motzke, Beck'scher Vergaberechtskommentar, GWB, § 97 Rn. 67 – erfasst waren. Der Bezug auf Ausführungsbedingungen in § 129 GWB ist demgegenüber klar.

oder Verwaltungsvorschriften.[74] Bedingungen dieser Art können beispielsweise soziale, beschäftigungspolitische oder umweltbezogene Aspekte sein.[75]

Besondere Bedeutung kommt in diesem Zusammenhang den in nahezu sämtlichen Landesvergabegesetzen enthaltenen Bestimmungen über die Zahlung eines vergabespezifischen Mindestentgelts zu. Die Länder machen in ihren Vergabegesetzen die Vergabe von der Zahlung solcher **Mindestentgelte** abhängig. Landesrechtliche Vorgaben in diesem Sinne waren verschiedentlich Gegenstand der Rechtsprechung des EuGH: In seinem grundlegenden Urteil aus dem Jahr 2008 in der Rechtssache „Rüffert"[76] hatte der EuGH die Vorgabe des Niedersächsischen Vergabegesetzes zur Zahlung des Entgelts nach dem Baugewerbe-Tarifvertrag als Verstoß gegen die Arbeitnehmerentsenderichtlinie[77] bewertet, da dieser Tarifvertrag kein für allgemein verbindlich erklärter Tarifvertrag im Sinne des AEntG war. Dessen Bindungswirkung habe sich nur auf einen Teil der maßgeblichen Bautätigkeit erstreckt, da die betreffenden Rechtsvorschriften nur auf die Vergabe öffentlicher Aufträge anwendbar gewesen seien und nicht für die Vergabe privater Aufträge gegolten hätten. Durch das Ziel des Arbeitnehmerschutzes sei dies nicht gerechtfertigt gewesen. In der Vorgabe sei eine mit der primärrechtlichen Dienstleistungsfreiheit unvereinbare zusätzliche wirtschaftliche Belastung zu sehen gewesen, die geeignet gewesen sei, die Erbringung ihrer Dienstleistungen im Aufnahmemitgliedstaat zu unterbinden, zu behindern oder weniger attraktiv zu machen.[78] Nach diesem Judikat war demnach klar, dass Voraussetzung der unionsrechtlichen Zulässigkeit von Mindestlohnvorgaben entweder ein explizit gesetzlich normierter Mindestlohn oder ein für allgemein verbindlich erklärter Tarifvertrag ist.[79] 31

In der Sache „Bundesdruckerei" aus dem Jahr 2014 stellte der EuGH[80] dann fest, dass vergabespezifische Mindestlohnvorgaben – in diesem Fall jene des TVgG NRW – als Beschränkung der Dienstleistungsfreiheit grundsätzlich durch das **Ziel des Arbeitnehmerschutzes** gerechtfertigt sein können. Dies sei jedoch dann nicht der Fall, wenn es keine Anhaltspunkte dafür gebe, dass die auf dem privaten Markt tätigen Arbeitnehmer nicht desselben Lohnschutzes bedürfen wie die im Rahmen öffentlicher Aufträge tätigen Arbeitnehmer. Außerdem beurteilte der EuGH in dem betreffenden Fall, in dem der Auftrag in einem vom Mitgliedstaat des Auftraggebers verschiedenen Mitgliedstaat von einem Nachunternehmer ausgeführt werden sollte und dafür das vergabespezifische Mindestentgelt auch vom Nachunternehmer gezahlt werden sollte, die Vorgabe als unverhältnismäßig, da kein Bezug zu den Lebenshaltungskosten in dem Mitgliedstaat des Nachunternehmers bestanden habe.[81] 32

---

74 *Fehling*, in: Pünder/Schellenberg, Vergaberecht, GWB, § 97 Rn. 166.

75 BT-Drs. 18/6281, S. 114.

76 EuGH, Urt. v. 3.4.2008, C-346/06, NZBau 2008, 332 – Rüffert.

77 Richtlinie 96/71/EG des Europäischen Parlaments und des Rates vom 16. Dezember 1996 über die Entsendung von Arbeitnehmern im Rahmen der Erbringung von Dienstleistungen, ABl. EU L 018 v. 21.1.1997.

78 EuGH, Urt. v. 3.4.2008, C-346/06, NZBau 2008, 332 – Rüffert.

79 *Siegel*, EuZW 2016, 101, 102.

80 EuGH, Urt. v. 18.9.2014, C-549/13, NZBau 2014, 647 – Bundesdruckerei.

81 EuGH, Urt. v. 18.9.2014, C-549/13, NZBau 2014, 647 – Bundesdruckerei; s. dazu *Tugendreich*, NZBau 2015, 395, 399.

33 Den (vorläufigen) Abschluss fand die Behandlung der landesrechtlichen Mindestlohnvorgaben durch den EuGH mit dessen Urteil in der Rechtssache „RegioPost“.[82] Darin stellte der EuGH fest, dass die rheinland-pfälzische vergabespezifische Mindestlohnforderung eine nicht diskriminierende Regelung sei und dass der Mindestlohn im Gegensatz zu der Sache „Rüffert“[83] im Gesetz selbst festgelegt worden sei. Zudem trat der EuGH der Unzulässigkeit eines vergabespezifischen Mindestlohnes aufgrund der **Beschränkung auf öffentliche Aufträge** entgegen. Es könne nicht gefordert werden, dass sich die Maßnahme über den speziellen Bereich des Vergaberechts hinaus erstrecke und allgemein für alle Aufträge einschließlich privater Aufträge gelte; denn die Beschränkung auf öffentliche Aufträge sei die bloße Folge dessen, dass es gerade für den Bereich der öffentlichen Auftragsvergabe spezielle EU-Regelungen, d.h. die damals geltende RL 2004/18/EG, gebe. Die Bestimmung sehe ein Mindestmaß an Schutz grundsätzlich allgemein und branchenunabhängig für die Vergabe aller öffentlichen Aufträge vor.[84]

34 Ausgehend von einer Bemerkung des EuGH in der Rechtssache „RegioPost“ ist auch das Verhältnis der vergabespezifischen Mindestentgelte zum Mindestlohn nach dem **MiLOG** relevant.[85] Der EuGH begründete seine Entscheidung auch damit, dass die landesrechtliche Regelung ein Mindestmaß an sozialem Schutz gewähre, da in dem im Verfahren maßgebenden Zeitraum – vor dem Inkrafttreten des MiLoG zum 1.1.2015 – weder das AEntG noch eine andere nationale Regelung einen niedrigeren Mindestlohn vorgesehen hätten. Daraus könnte geschlossen werden, dass der EuGH den landesvergaberechtlichen Mindestlohn für unionsrechtswidrig gehalten hätte, sofern der Mindestlohn nach MiLoG bereits maßgeblich gewesen wäre. Allerdings wäre dabei zu beachten, dass das MiLoG lediglich eine „unterste Grenze“ schaffen soll, die auch durch landesrechtliche Bestimmungen überschritten werden kann.[86]

82 EuGH, Urt. v. 17.11.2015, C-115/14, EuZW 2016, 104 – RegioPost.

83 EuGH, Urt. v. 3.4.2008, C-346/06, NZBau 2008, 332 – Rüffert.

84 EuGH, Urt. v. 17.11.2015, C-115/14, EuZW 2016, 104 – RegioPost. Kritisch zu der Entscheidung *Schnieders*, NVwZ 2016, 212, 217.

85 Der Mindestlohn nach dem MiLoG selbst dürfte unionsrechtskonform sein. Denn dieses enthält einerseits einen gesetzlich festgelegten Mindestlohn und ist andererseits nicht beschränkt auf die Vergabe gerade öffentlicher Aufträge, *Siegel*, EuZW 2016, 101, 103; *Tugendreich*, NZBau 2015, 395, 397. S. auch *Pfannkuch*, VergabeR 2015, 631.

86 *Siegel*, EuZW 2016, 101, 103; *Tugendreich*, NZBau 2015, 395, 397.

§ 153 Vergabe von Konzessionen über soziale und andere besondere Dienstleistungen

Für das Verfahren zur Vergabe von Konzessionen, die soziale und andere besondere Dienstleistungen im Sinne des Anhangs IV der Richtlinie 2014/23/EU betreffen, sind die §§ 151 und 152 anzuwenden.

I. Allgemeines[1]

1 Die Vorschrift setzt die Regelungen der Art. 19, 31 Abs. 3, 32, 46 und 47 RL 2014/23/EU zu **Konzessionen betreffend soziale und andere besondere Dienstleistungen** um und ordnet insoweit für Art und Ausgestaltung des Verfahrens der Vergabe die Anwendung der §§ 151, 152 GWB an. Konkretisiert werden die Verfahrensanforderungen in § 22 KonzVgV. Mit § 130 GWB besteht für öffentliche Aufträge eine entsprechende Regelung.[2]

2 Die unionsrechtlichen Vorgaben lassen die Freiheit der Mitgliedstaaten zur Ausgestaltung ihrer **Systeme der sozialen Sicherheit** unberührt.[3] Das ist explizit in Art. 4 Abs. 1 Satz 2 RL 2014/23/EU niedergelegt. Von vornherein nicht vom Anwendungsbereich der Vergabevorschriften erfasst sind Konstellationen, in denen eine Zulassung zur Leistungserbringung ohne Auswahlentscheidung erfolgt.[4]

II. Die Vorschrift im Einzelnen

3 Der Begriff der sozialen und anderen besonderen Dienstleistungen wird weder in der RL 2014/23/EU noch in den Vorschriften des GWB oder der KonzVgV definiert. Maßgeblich hierfür ist die **Aufzählung der Dienstleistungen** in Anhang IV RL 2014/23/EU. Dieser enthält eine als abschließend zu verstehende Beschreibung des Dienstleistungsbereichs und jeweils zugehörige CPV-Referenznummern.[5] Zu nennen sind im Wesentlichen Dienstleistungen des Gesundheits- und Sozialwesens und zugehörige Dienstleistungen,[6] Verwal-

---

1 An der Kommentierung maßgeblich mitgewirkt hat Herr Rechtsanwalt *Dr. Benjamin Pfannkuch*, Kiel.

2 Die bisherige Unterscheidung nach prioritären und nicht-prioritären Dienstleistungen nach Anhang II Teil B der RL 2004/18/EG ist entfallen. Zur Abgrenzung der Konzession zum öffentlichen Auftrag im sozialrechtlichen Dreiecksverhältnis s. *Höfer/Nolte*, NZBau 2015, 441, 443.

3 *Höfer/Nolte*, NZBau 2015, 441, 443.

4 *Höfer/Nolte*, NZBau 2015, 441, 443, unter Bezugnahme auf Erwägungsgrund 13 RL 2014/23/EU.

5 Common Procurement Vocabulary. Grundlage ist die VO (EG) Nr. 213/2008 vom 28.11.2007 zur Änderung der Verordnung (EG) Nr. 2195/2002 des Europäischen Parlaments und des Rates über das Gemeinsame Vokabular für öffentliche Aufträge (CPV) und der Vergaberichtlinien des Europäischen Parlaments und des Rates 2004/17/EG und 2004/18/EG im Hinblick auf die Überarbeitung des Vokabulars. Dass die Titel „Beschreibung" und „CPV-Referenznummer" in Anhang IV vertauscht wurden, dürfte einem redaktionellen Versehen geschuldet sein. Anhang IV RL 2014/23/EU entspricht Anhang XIV RL 2014/24/EU (allgemeine Vergaberichtlinie) und Anhang XVII RL 2014/25/EU (Sektorenrichtlinie).

6 Darunter dürften nahezu alle Leistungen fallen, die nach deutschem Sozialrecht als Sozialleistungen gewährt werden, *Höfer/Nolte*, NZBau 2015, 441, 446.

tungsdienstleistungen im Sozial-, Bildungs- und Gesundheitswesen und im Bereich Kultur, Dienstleistungen im Rahmen der gesetzlichen Sozialversicherung,[7] Beihilfen, Unterstützungsleistungen und Zuwendungen, Dienstleistungen im juristischen Bereich, soweit sie nicht nach §§ 149 Nr. 1, 116 Abs. 1 Nr. 1 GWB vom Anwendungsbereich ausgenommen sind, Dienstleistungen für den Strafvollzug oder Dienstleistungen im Bereich öffentliche Sicherheit und Rettungsdienste, soweit sie nicht nach § 107 Abs. 1 Nr. 4 GWB ausgenommen sind.[8]

4 Die Vergabe von Konzessionen über die hier erfassten Dienstleistungen unterliegt nur in beschränkten Umfang den **Verfahrensvorschriften.**[9] § 153 GWB nennt insofern lediglich die Vorschriften der §§ 151 und 152 GWB. Als Grund für dieses vereinfachte Verfahren wird angeführt, dass diesen oftmals personen- oder ortsgebundenen Dienstleistungen nur eingeschränkt eine grenzüberschreitende Dimension zukomme und dass gerade Dienstleistungen im Sozial-, Gesundheits- und Bildungsbereich in einem besonderen Kontext erbracht würden, der sich aufgrund unterschiedlicher kultureller Tradition in den einzelnen Mitgliedstaaten sehr unterscheidet.[10]

5 Konzessionsgeber sind demnach zur **Bekanntgabe der Vergabeabsicht** nach § 151 GWB und zur **Beachtung der Voraussetzungen an die Leistungsbeschreibung, an die Eignungsprüfung, die Zuschlagserteilung und die Konzessionsausführung** nach § 152 GWB sowie zur Anwendung der konkretisierenden Vorschriften der **KonzVgV** verpflichtet. So ist in § 22 Abs. 1 KonzVgV vorgesehen, dass der Konzessionsgeber lediglich mit einer Vorinformation seine Absicht der Vergabe mitteilt, es also keiner Bekanntmachung nach § 19 KonzVgV bedarf. Im Übrigen hat er nach Vergabe einer Konzession (ex post) eine Vergabebekanntmachung nach §§ 22 Abs. 2, 3, 21 Abs. 1 KonzVgV abzusenden und Änderungen einer Konzession im Sinne der §§ 154 Nr. 3, 132 Abs. 5 GWB, nach §§ 22 Abs. 4, 21 Abs. 2 KonzVgV mitzuteilen. Durch die Verweisung auf § 152 GWB, ist klar, dass auch Konzessionen über soziale und besondere Dienstleistungen unter Beachtung der Anforderungen an eine soweit möglich eindeutige und erschöpfende Leistungsbeschreibung, nur an geeignete – und nicht nach §§ 123, 124 GWB ausgeschlossene – Unterneh-

7 Im Bereich der GKV sind hiermit selektivvertragliche Vertragsmodelle nach dem SGB V gemeint, soweit es sich hierbei im konkreten Einzelfall um einen öffentlichen Dienstleistungsauftrag bzw. eine Dienstleistungskonzession handelt, *Hansen*, NZS 2016, 814, 818 f.

8 Letztgenannte Ausnahme gilt nur, soweit sie von gemeinnützigen Organisationen oder Vereinigungen erbracht werden. Das sind insbesondere die nach Bundes- oder Landesrecht als Zivil- und Katastrophenschutzorganisationen anerkannten Hilfsorganisationen, z. B. der Arbeiter-Samariter-Bund, die Deutsche Lebensrettungsgesellschaft, das Deutsche Rote Kreuz, die Johanniter-Unfall-Hilfe und der Malteser-Hilfsdienst, BT-Drs. 18/6281, S. 79. Private Anbieter werden nicht erfasst, s. *Ruthig*, NZBau 2016, 3, 7. Reine Patientenbeförderungen durch den Einsatz von Krankenwagen sind im Gegensatz zu Notfallrettungsdiensten und dem Einsatz von Krankenwagen bestehend aus allgemeinen und fachspezifischen ärztlichen Dienstleistungen nicht vom Anwendungsbereich erfasst, BT-Drs. 18/6281, S. 132. S. zur Vergabe von Rettungsdienstleistungen EuGH, Urt. v. 11.12.2014, C-113/13, NZBau 2015, 377 – Spezzino, und *Prieß*, NZBau 2015, 343. S. zu der Bereichsausnahme des § 107 Abs. 1 Nr. 4 VK Niederrhein, Beschl. v. 19.8.2016, VK D 14/2016; s. dazu auch OLG Schleswig, Beschl. v. 28.8.2015, 1 Verg 1/15, NZBau 2015, 748.

9 Zu den Verfahrenserleichterungen im Bereich der öffentlichen Aufträge s. § 66 VgV. S. dazu *Hansen*, NZS 2016, 814, 819. Zu der Vergabe von Konzessionen über Rettungsdienstleistungen s. *Müller*, NVwZ 2016, 266, 268.

10 BT-Drs. 18/6281, S. 132. So auch Erwägungsgrund 53 RL 2014/23/EU und Erwägungsgrund 114 RL 2014/24/EU.

men vergeben werden dürfen. Die Zuschlagskriterien, die zu einem wirtschaftlichen Gesamtvorteil führen müssen, und die Ausführungsbedingungen müssen nach § 152 Abs. 3, 4 GWB mit dem Konzessionsgegenstand in Zusammenhang stehen.

Die Vergabe von Konzessionen über soziale und andere besondere Dienstleistungen unterliegt der **Nachprüfung** durch die Nachprüfungsinstanzen gem. §§ 155 ff. GWB. Zu berücksichtigen ist dabei jedoch das für Konzessionen dieses Inhalts geltende eingeschränkte Verfahrensreglement. Verstöße gegen Vorschriften, zu deren Anwendung der Konzessionsgeber nach § 153 GWB nicht verpflichtet ist, können demnach nicht erfolgreich geltend gemacht werden. Unterwirft sich der Konzessionsgeber indes freiwillig weiteren vergaberechtlichen Vorschriften, muss er diesbezügliche Verstöße gegen sich gelten lassen.[11] **6**

11 OLG Naumburg, Urt. v. 25.6.2015, 2 U 17/15 Lw.

§ 154 Sonstige anwendbare Vorschriften

Im Übrigen sind für die Vergabe von Konzessionen einschließlich der Konzessionen nach § 153 folgende Vorschriften entsprechend anzuwenden:

1. **§ 118 hinsichtlich vorbehaltener Konzessionen,**
2. **die §§ 123 bis 126 mit der Maßgabe, dass**
   a) **Konzessionsgeber nach § 101 Absatz 1 Nummer 3 ein Unternehmen unter den Voraussetzungen des § 123 ausschließen können, aber nicht ausschließen müssen,**
   b) **Konzessionsgeber im Fall einer Konzession in den Bereichen Verteidigung und Sicherheit ein Unternehmen von der Teilnahme an einem Vergabeverfahren ausschließen können, wenn das Unternehmen nicht die erforderliche Vertrauenswürdigkeit aufweist, um Risiken für die nationale Sicherheit auszuschließen; der Nachweis kann auch mithilfe geschützter Datenquellen erfolgen,**
3. **§ 131 Absatz 2 und 3 und § 132 mit der Maßgabe, dass**
   a) **§ 132 Absatz 2 Satz 2 und 3 für die Vergabe von Konzessionen, die Tätigkeiten nach § 102 Absatz 2 bis 6 betreffen, nicht anzuwenden ist und**
   b) **die Obergrenze des § 132 Absatz 3 Nummer 2 für Bau- und Dienstleistungskonzessionen einheitlich 10 Prozent des Wertes der ursprünglichen Konzession beträgt,**
4. **die §§ 133 bis 135,**
5. **§ 138 hinsichtlich der Vergabe von Konzessionen durch Konzessionsgeber im Sinne des § 101 Absatz 1 Nummer 2 und 3 an verbundene Unternehmen,**
6. **§ 139 hinsichtlich der Vergabe von Konzessionen durch Konzessionsgeber im Sinne des § 101 Absatz 1 Nummer 2 und 3 an ein Gemeinschaftsunternehmen oder durch Gemeinschaftsunternehmen an einen Konzessionsgeber im Sinne des § 101 Absatz 1 Nummer 2 und 3 und**
7. **§ 140 hinsichtlich der Vergabe von Konzessionen durch Konzessionsgeber im Sinne des § 101 Absatz 1 Nummer 2 und 3 für unmittelbar dem Wettbewerb ausgesetzte Tätigkeiten.**

Schrifttum: *Dreher/Motzke*, Beck'scher Vergaberechtskommentar, 2. Aufl. 2013; *Immenga/Mestmäcker*, Wettbewerbsrecht, Band 2 GWB, 5. Aufl. 2014; *Kossens/von der Heyde/Maaß*, SGB IX Kommentar, 4. Aufl. 2015; *Müller-Wrede*, Sektorenverordnung Kommentar, 2010; *Pünder/Schellenberg*, Vergaberecht Handkommentar, 2. Aufl. 2015.

Übersicht

I. Allgemeines[1]

1 Unterabschnitt 3 regelt in §§ 148 bis 153 GWB zwar die „Vergabe von Konzessionen“, enthält aber hierin keine komplett eigenständige Umsetzung der vom Konzessionsgeber zu beachtenden Vorschriften der RL 2014/23/EU. So finden sich in diesem Unterabschnitt z. B. keine Regelungen zu Ausschlussgründen oder wesentlichen Auftragsänderungen. Es liegt jedoch auf der Hand, dass auch insofern Regelungsbedarf besteht. Es wäre indes unzweckmäßig, sämtliche außerhalb des Unterabschnitts enthaltenen Normen nochmals zu wiederholen, wenn die Konzessionsvergabe diesbezüglich keine gegenüber der Auftragsvergabe speziellen Bestimmungen erfordert. Der Gesetzgeber hat daher zur Umsetzung der weiteren Vorgaben der RL 2014/23/EU mit § 154 GWB eine **umfängliche Verweisungsnorm** „auf sonstige anwendbare Vorschriften“ formuliert. Den Besonderheiten, die ggf. aus dem Wesen von Konzessionen teilweise folgen, trägt er durch spezielle Maßgaben Rechnung. Klargestellt ist in der Vorschrift, dass sie auch auf Konzessionen über soziale und andere besondere Dienstleistungen nach § 153 GWB anzuwenden ist. Soweit die jeweils bezeichneten Maßgaben nicht eingreifen, sind die in Bezug genommenen Vorschriften ohne Einschränkung bzw. Erweiterung anzuwenden.

II. Die Regelung im Einzelnen

1. § 154 Nr. 1 GWB

2 Die Vorschrift setzt Art. 24 RL 2014/23/EU um und verweist auf die für öffentliche Aufträge geltende Norm des **§ 118 GWB**. Damit können Konzessionsgeber das Recht zur Teilnahme an Vergabeverfahren zum einen Werkstätten für Menschen mit Behinderungen und zum anderen Unternehmen vorbehalten, deren Hauptzweck die soziale und berufliche Integration von Menschen mit Behinderungen oder von benachteiligten Personen ist. Des Weiteren können sie bestimmen, dass die Konzession im Rahmen von Programmen mit geschützten Beschäftigungsverhältnissen durchzuführen ist. Da es unter normalen Wettbewerbsbedingungen für die genannten Einrichtungen häufig schwierig ist, öffentliche Aufträge zu erhalten, besteht auch im Bereich der Konzessionsvergabe die Möglichkeit, das Vergabeverfahren von vornherein auf diese Institutionen zu beschränken mit der Folge, dass ein Wettbewerb nur noch zwischen Werkstätten für Menschen mit Behinderung und Sozialunternehmen stattfindet und die Teilnahme anderer privatwirtschaftlicher Bewerber oder Bieter ausgeschlossen ist.[2] **Voraussetzung** dafür ist nach § 118 Abs. 2 GWB, dass mindestens 30 % der in diesen Werkstätten oder Unternehmen beschäftigten Menschen mit Behinderungen oder benachteiligte Personen sind.

3 Für öffentliche Aufträge ist zu beachten, dass von § 118 GWB die Regelung des **§ 141 SGB IX** unberührt bleibt, wonach Aufträge der öffentlichen Hand, die von anerkannten

1 An der Kommentierung maßgeblich mitgewirkt hat Herr Rechtsanwalt *Dr. Benjamin Pfannkuch*, Kiel.
2 S. BT-Drs. 18/6281, S. 96.

Werkstätten für behinderte Menschen ausgeführt werden können, bevorzugt diesen Werkstätten angeboten werden.[3] Diese Möglichkeit muss auch für Konzessionsgeber bestehen. Das folgt schon daraus, dass der Gesetzgeber in § 154 Nr. 1 GWB vollumfänglich auf § 118 GWB verweist und damit auch die diesbezüglichen gesetzgeberischen Erwägungen zugrunde legt, die den Hinweis auf § 141 SGB IX enthalten.

4 Anders als Art. 24 Satz 2 RL 2014/23/EU ordnet § 118 GWB nicht explizit den Hinweis auf den **Vorbehalt in der Bekanntmachung** an. Allerdings enthalten die nach der Durchführungsverordnung (EU) Nr. 2015/1986 anzuwendenden Muster ein entsprechend auszufüllendes Feld.[4]

2. § 154 Nr. 2 GWB

5 Mit dieser Vorschrift werden die Regelungen über zwingende und fakultative **Ausschlussgründe**, den **Zeitraum** für den Ausschluss sowie über die **Selbstreinigung** angeordnet. Besondere Maßgaben sind zum einen für Konzessionsgeber im Falle einer Konzession über eine Sektorentätigkeit und zum anderen für Konzessionen im Verteidigungs- oder Sicherheitsbereich vorgesehen. Damit werden die Art. 38 Abs. 4 Unterabs. 1, Abs. 5 und Art. 38 Abs. 7 lit. i) RL 2014/23/EU umgesetzt.

a) § 154 Nr. 2 lit. a) GWB

6 Durch die Vorschrift wird dem Konzessionsgeber im **Sektorenbereich** die Möglichkeit gegeben, ein Unternehmen, das aus einem der in § 123 GWB aufgeführten Gründe an sich zwingend auszuschließen wäre, am Vergabeverfahren weiterhin teilnehmen zu lassen. Erfasst sind vom Wortlaut sämtliche Ausschlussgründe, sodass es keine Einschränkung gibt, von der Ausnahme Gebrauch zu machen. Voraussetzung für das **Absehen vom Ausschluss** ist, dass es sich um einen Konzessionsgeber nach § 101 Abs. 1 Nr. 3 GWB handelt. Das sind Sektorenauftraggeber nach § 100 Abs. 1 Nr. 2 GWB, mithin natürliche oder juristische Personen des privaten Rechts, die eine Sektorentätigkeit auf der Grundlage von behördlich gewährten besonderen oder ausschließlichen Rechten ausüben oder die einem beherrschenden Einfluss durch öffentliche Auftraggeber im Sinne des § 99 Nr. 1 bis 3 GWB unterliegen.

b) § 154 Nr. 2 lit. b) GWB

7 Im Gegensatz zu der potenziellen Erweiterung der Unternehmensanzahl nach § 154 Nr. 2 lit. a) GWB hat der Konzessionsgeber nach § 154 Nr. 2 lit. b) GWB einen weiteren, wenngleich fakultativen Ausschlussgrund in den **Bereichen Verteidigung und Sicherheit** zu beachten. Mit der Regelung wird von der in Art. 38 Abs. 7 lit. i) RL 2014/23/EU enthaltenen Möglichkeit für die nationalen Gesetzgeber Gebrauch gemacht, **weitere Ausschlussgründe** aufzunehmen. Die Vorschrift findet ihre Entsprechung im Bereich der öffentlichen Aufträge in § 147 GWB und § 24 Abs. 1 Satz 1 VsVgV. Bisher war dieser auf Art. 39

3 BT-Drs. 18/6281, S. 96f. Das bezieht sich auch auf die auf Grundlage des § 141 Satz 2 SGB IX erlassenen Verwaltungsvorschriften („Richtlinien für die Berücksichtigung von Werkstätten für Behinderte und Blindenwerkstätten bei der Vergabe öffentlicher Aufträge“ vom 10.5.2001, BAnz. 2001, Nr. 109, S. 11 773). S. dazu *Kossens*, in: Kossens/von der Heide/Maaß, SGB IX, § 141 Rn. 1 ff.

4 S. Anhang XXI Ziff. III.1.5. VO (EU) Nr. 2015/1986.

Abs. 2 lit. e) RL 2009/81/EG zurückzuführende Ausschlussgrund in seinem Wortlaut in § 24 Abs. 1 Nr. 5 VSVgV a. F. enthalten.

Voraussetzung ist, dass es sich um eine Konzession in den Bereichen Sicherheit und Verteidigung im Sinne des **§ 150 GWB** handelt. Darunter fallen solche Konzessionen, deren vertragliche Regelung Bau- oder Dienstleistungen umfassen, die im unmittelbaren Zusammenhang mit Militärausrüstung oder Ausrüstung im Rahmen eines Verschlusssachenauftrags stehen bzw. um Bau- und Dienstleistungen speziell für militärische Zwecke oder Bau- und Dienstleistungen, die im Rahmen eines Verschlusssachenauftrags vergeben werden.[5] 8

Das Unternehmen darf zudem nicht die erforderliche **Vertrauenswürdigkeit** aufweisen, um Risiken für die nationale Sicherheit auszuschließen. Zwar verfügt der Konzessionsgeber bei der Auslegung dieser Begriffe über einen Beurteilungsspielraum, er darf indes nicht „ins Blaue hinein" Risiken unterstellen, sondern muss nachweisbare Belege dafür zur Hand haben, dass Risiken für die nationale Sicherheit nicht auszuschließen sind.[6] 9

3. § 154 Nr. 3 GWB

Durch die Vorschrift sind für Konzessionen zum einen bestimmte Regelungen über die Vergabe von **Personenverkehrsleistungen** nach § 131 Abs. 2, 3 GWB und der VO 1370/2007/EG[7] im Eisenbahnverkehr und diesbezügliche Betreiberwechsel sowie zum anderen die erstmals kodifizierten Vorschriften über wesentliche **Auftragsänderungen** nach § 132 GWB mit bestimmten Maßgaben anzuwenden. 10

a) Anwendung des § 131 Abs. 2, 3 GWB

Die Vorschrift des **§ 131 Abs. 2 GWB** sieht im Anwendungsbereich der Vergabe öffentlicher Aufträge von Personenverkehrsleistungen im Eisenbahnverkehr die Anwendung des Art. 5 Abs. 2 VO (EG) Nr. 1370/2007 anstelle des § 108 Abs. 1 GWB vor; Letzterer regelt für öffentliche Aufträge und Konzessionen generell die Voraussetzungen einer vergaberechtlich zulässigen ausschreibungsfreien Inhouse-Vergabe.[8] Damit trägt der Gesetzgeber der Besonderheit der **Inhouse-Vergabe von Personenverkehrsleistungen** Rechnung, die dem besonderen Vergabereglement der VO (EG) Nr. 1370/2007 unterliegt.[9] Die zuständige örtliche Behörde kann unter den in Art. 5 Abs. 2 VO (EG) Nr. 1370/2007 genannten Voraussetzungen selbst Personenverkehrsleistungen erbringen oder öffentliche Aufträge über diese Leistungen ohne Durchführung eines vorherigen wettbewerblichen Vergabeverfahrens direkt an eine von ihr kontrollierte Einheit vergeben (sog. Direktvergabe im Sinne des Art. 2 lit. h) VO (EG) Nr. 1370/2007). 11

Grundlage für **§ 131 Abs. 3 GWB** ist Art. 4 Abs. 5 Satz 1 VO (EG) Nr. 1370/2007, der die Behörde ermächtigt, den ausgewählten **Betreiber der Personenverkehrsleistung** zu verpflichten, den Arbeitnehmerinnen und Arbeitnehmern, die zuvor zur Erbringung der 12

---

5 BT-Drs. 18/8261, S. 129.

6 *Tomerius*, in: Pünder/Schellenberg, Vergaberecht, VsVgV, § 24 Rn. 6.

7 Verordnung EG Nr. 1370/2007 des Europäischen Parlaments und des Rates vom 23.10.2007 über öffentliche Personenverkehrsdienste auf Schiene und Straße und zur Aufhebung der Verordnungen (EWG) Nr. 1191/69 und (EWG) Nr. 1107/70 des Rates, ABl. EU L 315/1 vom 3.12.2007.

8 S. dazu *Knauff*, EuZW 2014, 486; *Ziekow*, NZBau 2015, 258.

9 S. dazu *Pünder*, EuR 2010, 774.

Dienste beschäftigt waren, die Rechte zu gewähren, auf die sie Anspruch hätten, wenn ein Übergang im Sinne des § 613a BGB erfolgt wäre. Im Falle einer solchen Verpflichtung sind in den Vergabeunterlagen nach Art. 4 Abs. 5 Satz 2 VO (EG) Nr. 1370/2007 die betreffenden Arbeitnehmer aufzuführen und transparente Angaben zu deren arbeitsvertraglichen Rechten und Bedingungen zu machen, unter denen sie als in einem Verhältnis zu den betreffenden Diensten stehend gelten.[10]

b) Anwendung des § 132 GWB

13 Des Weiteren sind im Anwendungsbereich des Konzessionsvergaberechts die Regelungen über die **Auftragsänderungen** des § 132 GWB anzuwenden. Die von der Rechtsprechung des EuGH hierzu entwickelten Grundsätze sind mit der Vergaberechtsreform erstmals kodifiziert worden.[11] Mit der Vorschrift des § 154 Nr. 3 GWB wird Art. 43 RL 2014/23/EU umgesetzt.

14 § 154 Nr. 3 GWB ordnet zunächst die **unbeschränkte Anwendung des § 132 Abs. 1 GWB** an. Damit gilt der Grundsatz, dass wesentliche Änderungen der Konzession einer Neuvergabe bedürfen. Für die Bestimmung der Wesentlichkeit sind die Begriffsbestimmung des § 132 Abs. 1 Satz 2 GWB und die Regelbeispiele des § 132 Abs. 1 Satz 3 GWB heranzuziehen.

15 Die Vorschrift des **§ 132 Abs. 2 GWB** gilt für Konzessionsgeber in modifizierter Form. § 132 Abs. 2 Satz 1 GWB nennt zunächst Fallgruppen, in denen eine Ausschreibung der Änderung nicht erforderlich ist.[12] Die Fallgruppen des § 132 Abs. 2 Satz 1 Nr. 2 GWB (Erforderlichkeit zusätzlicher Leistungen und kein Wechsel des Konzessionsnehmers) und Nr. 3 (Erforderlichkeit aufgrund unvorhersehbarer Umstände) unterliegen nach § 132 Abs. 2 Satz 2 GWB einer **wertmäßigen Begrenzung**. Der aus der Änderung resultierende Wert darf nicht um mehr als 50% des ursprünglichen Konzessionswertes erhöht werden. Für mehrere aufeinanderfolgende Änderungen ist dabei nach § 132 Abs. 2 Satz 3 GWB vorbehaltlich einer Umgehungsabsicht jede Änderung isoliert zu betrachten. Durch § 154 Nr. 3 lit. a) GWB wird in Umsetzung von Art. 43 Abs. 1 Satz 2, 3 RL 2014/23/EU klargestellt, dass die Wertgrenze für Konzessionsgeber im Sektorenbereich, die also eine Tätigkeit im Sinne des § 102 Abs. 2–6 GWB ausüben, nicht gilt. Damit verfügen diese Konzes-

---

10 S. dazu *Bayreuther*, NZBau 2016, 459.

11 S. dazu grundlegend EuGH, Urt. v. 19.6.2008, C-454/06, NZBau 2008, 518 – pressetext. S. bspw. ferner EuGH, Urt. v. 8.5.2014, C-161/13, NZBau 2014, 448 – Idrodinamica; EuGH, Urt. v. 7.9.2016, C-549/14, NZBau 2016, 649 – Finn Frogne; OLG Düsseldorf, Beschl. v. 12.2.2014, VII-Verg 32/13, NZBau 2014, 454; OLG Frankfurt, Beschl. v. 3.5.2016, 11 Verg 12/15, NZBau 2016, 511; OLG Schleswig, Beschl. v. 19.8.2016, 54 Verg 7/16, 54 Verg 8/16. S. auch *Krohn*, NZBau 2008, 619; *Wagner/Jürschik*, VergabeR 2012, 401; *Malmendier/Wild*, VergabeR 2014, 12; *Brüning/Pfannkuch*, VergabeR 2015, 144.

12 S. zu den Fallgruppen *Hausmann/Queisner*, NZBau 2016, 619, 620ff. Die Zulässigkeit der Änderung nach den Fallkonstellationen steht indes unter dem Vorbehalt der „Wesentlichkeit" im Sinne des § 132 Abs. 1 GWB, wie aus der Formulierung „unbeschadet" in § 132 Abs. 2 Satz 1 GWB hervorgeht.

sionsgeber gegenüber öffentlichen Auftraggebern über einen größeren Spielraum bei der Änderung von Konzessionen.[13]

Mit § 154 Nr. 3 lit. b) GWB wird die sog. De-minimis-Regel des **§ 132 Abs. 3 GWB** modifiziert, wonach die ausschreibungsfreie Änderung ungeachtet der Fallgruppen des § 132 Abs. 2 GWB auch zulässig ist, wenn sich zum einen der Gesamtcharakter der Konzession nicht ändert und zum anderen der Wert der Änderung den Schwellenwert nicht übersteigt und zudem im Falle von Dienstleistungskonzessionen nicht mehr als 10 % und bei Baukonzessionen nicht mehr als 15 % des ursprünglichen Wertes beträgt. Diese unterschiedlichen **Wertgrenzen** für den Dienstleistungs- und den Baubereich werden durch § 154 Nr. 3 lit. b) GWB einheitlich auf 10 % des Wertes der ursprünglichen Konzession festgelegt. Dies entspricht der unionsrechtlichen Vorgabe des Art. 43 Abs. 2 RL 2014/23/EU. **16**

4. § 154 Nr. 4 GWB

Durch die Verweisung auf **§§ 133–135 GWB** gelten die Regelungen über die Kündigung, die Informations- und Wartepflicht und die Unwirksamkeit eines öffentlichen Auftrages für den Konzessionsbereich. Damit wird bezüglich der Kündigung Art. 44 RL 2014/23/EU umgesetzt. **17**

a) Anwendung des § 133 GWB

Der Konzessionsgeber verfügt demnach über ein **Kündigungsrecht**, wenn eine wesentliche Änderung der Konzession vorgenommen wurde, die eine Neuvergabe erforderlich gemacht hätte, wenn bei Zuschlagserteilung ein zwingender Ausschlussgrund nach § 123 Abs. 1–4 GWB vorlag[14] oder im Falle einer vom EuGH im Rahmen eines Vertragsverletzungsverfahrens festgestellten schweren Verletzung des Unionsrechts.[15] **18**

---

13 Die Vorschrift ist konsequent, da im Anwendungsbereich der RL 2014/25/EU (Sektorenrichtlinie) Änderungen nach Art. 89 RL 2014/25/EU in den genannten Fallgruppen ebenfalls nicht der Wertbegrenzung von 50 % unterliegen.

14 Um das Kündigungsrecht hierauf stützen zu können, darf der Ausschlussgrund zuvor nicht auf Grundlage des § 154 Nr. 2 lit. a) GWB als fakultativ festgelegt worden sein. Auszuschließen sind Unternehmen hiernach dann, sofern eine Person, deren Verhalten nach Abs. 3 dem Unternehmen zuzurechnen ist, rechtskräftig verurteilt oder gegen das Unternehmen eine Geldbuße nach § 30 des Gesetzes über Ordnungswidrigkeiten rechtskräftig festgesetzt worden ist wegen einer Straftat nach §§ 129, 129a, 129b, 89c, 261 und 263 StGB.

15 Unklar bleibt bei der Regelung des § 133 GWB ganz generell, weshalb dem Auftrag- bzw. Konzessionsgeber ein Recht zur Kündigung zustehen soll, wenn er selbst die wesentliche Änderung oder die schwere Unionsrechtsverletzung zu verantworten hat. Unklar bleibt auch, ob der Auftrag- bzw. Konzessionsgeber angesichts der Rechtsprechung des EuGH, Urt. v. 18.7.2007, C-503/04, nicht sogar eine Pflicht zur Beendigung hat. Insofern stellt sich die Frage der Verantwortlichkeit für den Vergaberechtsverstoß und etwaiges Mitverschulden. S. zur Beendigungspflicht *Jennert/Räuchle*, NZBau 2007, 555, 557; *Hausmann/Queisner*, NZBau 2016, 619, 625. Fehlgeht insoweit die Annahme des Gesetzgebers, dass zwar unmittelbar durch das Vergaberecht der öffentliche Auftraggeber verpflichtet sei, er jedoch das Risiko dafür, dass vergaberechtliche Gesichtspunkte einer weiteren Durchführung des Vertrags entgegenstehen, bei wirtschaftlicher Betrachtung nicht allein trage, BT-Drs. 18/6281, S. 121. Nur der erste Halbsatz dieser Erwägung ist zutreffend. Dementsprechend kann der Auftragnehmer gerade nicht mit den wirtschaftlichen Folgen belastet werden (abgesehen von Fällen kollusiven Zusammenwirkens, s. dazu LG Saarbrücken, Urt. v. 6.11.2014, 3 O 260/11, NZBau 2015, 121 – Galerie der Gegenwart).

19 Aus dem Verweis auf die Vorschrift des § 133 Abs. 2 GWB folgt – scheinbar – ein Anspruch des Konzessionsnehmers auf anteilige Vergütung für die bis zum Zeitpunkt der Kündigung erbrachten Leistungen. Da das Wesensmerkmal der Konzession nach § 105 GWB aber gerade nicht in der Vergütung durch den Konzessionsgeber, sondern in der Refinanzierung der erbrachten Leistungen bei den Vertragspartnern des Konzessionsnehmers liegt, muss der Anwendungsbereich des Vergütungsanspruchs einschränkend bestimmt werden. Eine Vergütung durch den Konzessionsgeber für vom Konzessionsnehmer gegenüber dessen Vertragspartner tatsächlich erbrachte, aber von diesen nicht bezahlte Leistungen muss unter Berücksichtigung der Regelung des § 133 Abs. 2 Satz 2 GWB sowie der Verteilung des Betriebsrisikos bei der Konzessionsvergabe gem. § 105 Abs. 2 GWB ausscheiden. Daher erstreckt sich der Anwendungsbereich der in Bezug genommenen Regelung des § 133 Abs. 2 Satz 1 GWB lediglich auf den Fall des § 105 Abs. 1 Nr. 1 GWB am Ende bzw. Nr. 2 am Ende, wonach die Gegenleistung nicht nur in dem Recht zur Nutzung des Bauwerks bzw. zur Verwertung der Dienstleistungen, sondern zusätzlich in einer Zahlung des Konzessionsgebers besteht. Die vertraglich vereinbarte Zuzahlung kann der Konzessionsnehmer in entsprechender Anwendung des § 133 Abs. 2 Satz 1 GWB anteilig verlangen. Diese Quote kann sich unter den Voraussetzungen des § 133 Abs. 2 Satz 2 GWB noch verringern.

b) Anwendung des § 134 GWB

20 Mit dem Verweis auf § 134 GWB wird der Konzessionsgeber der **Informations- und Wartepflicht** unterworfen, die für öffentliche Aufträge bisher in § 101a GWB a.F. geregelt war. Die in § 12 Abs. 1 KonzVgV vorgesehene Möglichkeit zur freien Ausgestaltung des Vergabeverfahrens ändert hieran nichts. Der Konzessionsgeber hat nach § 134 Abs. 1 Satz 1 GWB die nicht berücksichtigten Bieter und Bewerber über den Namen des erfolgreichen Unternehmens, die Gründe der vorgesehenen Nichtberücksichtigung und den frühesten Zeitpunkt des Vertragsschlusses unverzüglich in Textform zu informieren. Auf eine formale Bieter- oder Bewerbereigenschaft kommt es nicht an; ausreichend ist die Interessenbekundung des Unternehmens.[16] Diese darf indes nicht rein abstrakter Natur sein, sondern muss sich auf einen konkreten Beschaffungsvorgang beziehen.[17]

21 **Ausnahmen** von der Pflicht zur Vorabinformation sind in § 134 Abs. 3 GWB enthalten. Das betrifft zum einen den Fall, dass ein Verhandlungsverfahren ohne Teilnahmewettbewerb wegen besonderer Dringlichkeit gerechtfertigt ist. Zum anderen können öffentliche Auftraggeber bzw. Konzessionsgeber beschließen, von einer Mitteilung abzusehen, wenn die Offenlegung im Bereich von verteidigungs- oder sicherheitsspezifischen Konzessionen den Gesetzesvollzug behindert, dem öffentlichen Interesse, insbesondere Verteidigungs- oder Sicherheitsinteressen, zuwiderläuft, berechtigte geschäftliche Interessen von Unternehmen schädigt oder den lauteren Wettbewerb zwischen ihnen beeinträchtigen könnte.[18]

---

16 OLG Düsseldorf, Beschl. v. 24.2.2005, VII-Verg 88/04, NZBau 2005, 535.

17 OLG Karlsruhe, Beschl. v. 6.2.2007, 17 Verg 7/06, NZBau 2007, 395. S. auch *Dreher*, in: Immenga/Mestmäcker, Wettbewerbsrecht, GWB, § 101a Rn. 13ff.; *Mentzinis*, in: Pünder/Schellenberg, Vergaberecht, GWB, § 101a Rn. 6ff. jew. m.w.N.

18 Letztgenannte Ausnahme findet ihre Grundlage in Art. 35 Abs. 3 RL 2009/81. Im Anwendungsbereich der VSVgV ist zudem die Unterrichtungspflicht des § 36 VSVgV zu beachten.

Zusätzlich zur Informationspflicht des § 134 GWB ist die **Unterrichtungspflicht nach § 30 KonzVgV** zu beachten.[19] § 30 Abs. 1 KonzVgV konkretisiert die vom Konzessionsgeber mitzuteilenden Angaben dahin, dass er die Bieter oder Bewerber über die Entscheidungen hinsichtlich des Zuschlags, einschließlich des Namens des erfolgreichen Bieters, der Gründe für die Ablehnung ihrer Teilnahmeanträge oder Angebote sowie die Gründe für eine Entscheidung, Konzessionen, für die eine Konzessionsbekanntmachung veröffentlicht wurde, nicht zu vergeben oder das Verfahren neu einzuleiten, zu unterrichten hat. Dieser Pflicht muss er unverzüglich, mithin ohne schuldhaftes Zögern im Sinne des § 121 BGB, nachkommen. Nach der Vorschrift des § 30 Abs. 2 KonzVgV, die Art. 40 Abs. 1 Unterabs. 2 RL 2014/23/EU umsetzt, hat der Konzessionsgeber darüber hinaus jeden Bieter, der ein ordnungsgemäßes Angebot eingereicht hat, über die Merkmale und relativen Vorteile des ausgewählten Angebots zu unterrichten. Diese Pflicht besteht jedoch nur auf Anfrage des betroffenen Unternehmens. Die Unterrichtung hat unverzüglich, in jedem Fall aber innerhalb von 15 Tagen, in Textform nach § 126b BGB zu erfolgen. Ähnlich der Regelung im Bereich verteidigungs- oder sicherheitsspezifischen Konzessionen kann von der Unterrichtungspflicht nach § 30 Abs. 3 KonzVgV abgesehen werden, sofern die Offenlegung den Gesetzesvollzug behindern, dem öffentlichen Interesse auf sonstige Weise zuwiderlaufen oder die berechtigten geschäftlichen Interessen von Unternehmen schädigen oder den lauteren Wettbewerb zwischen ihnen beeinträchtigen würde. 22

Der Konzessionsgeber darf aufgrund der **Wartepflicht nach § 134 Abs. 2 GWB** den Vertrag erst 15 Kalendertage nach Absendung der Vorabinformation abschließen, wobei sich diese Frist bei Versand auf elektronischem Weg oder per Fax auf 10 Kalendertage verkürzt. Die Frist beginnt am Tag nach der Absendung der Information durch den Konzessionsgeber. Der Tag des Zugangs beim Bieter und Bewerber ist unerheblich. Die Regelung des § 134 Abs. 2 GWB stimmt mit der bisher maßgeblichen Vorschrift des § 101a Abs. 1 Satz 3–5 GWB a. F. überein, Änderungen bestehen nicht. 23

c) Anwendung des § 135 GWB

Durch die Verweisung auf § 135 GWB gelten die Grundsätze der **anfänglichen Unwirksamkeit** eines öffentlichen Auftrages auch für Konzessionen. Inhaltlich entspricht die Vorschrift des § 135 Abs. 1, 2 GWB weitgehend der bisherigen Regelung des § 101b Abs. 1, 2 GWB a. F. Die Unwirksamkeit liegt bei Verletzung der Warte- und Informationspflicht (§ 135 Abs. 1 Nr. 1 GWB) oder bei einer unzulässigen De-facto-Vergabe (§ 135 Abs. 1 Nr. 2 GWB) vor und bedarf nach § 135 Abs. 2 GWB der Feststellung in einem Nachprüfungsverfahren. Die **Feststellung** unterliegt jedoch der **Präklusion**: Der Nachprüfungsantrag zur Feststellung muss nach § 135 Abs. 2 Satz 1 Alt. 1 GWB entweder innerhalb von 30 Kalendertagen nach der Information der Bieter oder Bewerber durch den Konzessionsgeber über den Abschluss der Konzession, nach § 135 Abs. 2 Satz 1 Alt. 2 GWB spätestens innerhalb von sechs Monaten nach Vertragsschluss[20] oder aber nach § 135 Abs. 2 Satz 2 GWB im Fall der Bekanntgabe der Konzessionsvergabe im Amtsblatt der EU 30 Kalendertage nach Veröffentlichung eingereicht werden; auf die Kenntnis von der Bekanntmachung 24

19 Die Vorschrift des § 30 KonzVgV gilt „unbeschadet" des § 134.

20 Hierbei handelt es sich um eine absolute und objektive Präklusionsfrist, *Mentzinis*, in: Pünder/Schellenberg, Vergaberecht, GWB, § 101b Rn. 23.

oder dem Verstoß kommt es insoweit nicht an.[21] Sinn der Präklusionsfristen ist es, Rechtssicherheit für den abgeschlossenen Vertrag herzustellen, da eine Rückabwicklung bei Dauerschuldverhältnissen bzw. langdauernden Verträgen kaum möglich ist.[22]

25 Neu eingefügt worden ist die Vorschrift des § 135 Abs. 3 GWB, wonach die Unwirksamkeit nicht bei einer **freiwilligen Ex-ante-Bekanntmachung** eintritt. Voraussetzung dafür ist, dass

- der Konzessionsgeber der Ansicht ist, dass die Konzessionsvergabe ohne vorherige Bekanntmachung zulässig ist,
- der Konzessionsgeber eine Bekanntmachung veröffentlicht hat, mit der er die Absicht bekundet, die Konzession zu vergeben,[23] und
- die Konzession nicht vor Ablauf einer Frist von mindestens zehn Tagen ab dem Tag nach Veröffentlichung dieser Bekanntmachung vergeben wurde.[24]

5. § 154 Nr. 5 GWB

26 Mit der Vorschrift wird die Vorgabe des Art. 13 RL 2014/23/EU[25] zum **Konzernprivileg** umgesetzt und stellt unter den in **§ 138 GWB** genannten Voraussetzungen im Sektorenbereich die Vergabe von Konzessionen an mit dem Konzessionsgeber verbundene Unternehmen vom Vergaberecht frei. Der Richtliniengeber beabsichtigt damit, dem Umstand Rechnung zu tragen, dass Konzessionsgeber oftmals in Wirtschaftsgruppen aus mehreren getrennten Unternehmen organisiert sind und dass jedes dieser Unternehmen in dieser Gruppe eine spezielle Aufgabe erfüllt, sodass diejenigen Konzessionen vom Anwendungsbereich des Vergaberechts auszunehmen sind, die an ein verbundenes Unternehmen vergeben werden, das seine Leistungen nicht am Markt anbietet, sondern hauptsächlich für die eigene Unternehmensgruppe erbringt. Gleiches gilt für die Vergabe von Konzessionen an Gemeinschaftsunternehmen zum Zweck der Durchführung von Sektorentätigkeiten.[26] Hintergrund dieser vergaberechtlichen Privilegierung ist die Erwägung, dass sich das Vergaberecht in die Erbringung von Leistungen innerhalb eines Konzerns durch dafür vorgesehene Konzernunternehmen auch bei Beteiligung von öffentlichen Auftraggebern nicht einmi-

---

21 OLG Frankfurt a. M., Beschl. v. 24.9.2013, 11 Verg 12/13, NZBau 2014, 247 – ESO-Stadtservice-GmbH.

22 *Mentzinis*, in: Pünder/Schellenberg, Vergaberecht, GWB, § 101b Rn. 24.

23 Diese Bekanntmachung muss nach § 135 Abs. 3 S. 2 GWB den Namen und die Kontaktdaten des Konzessionsgebers, die Beschreibung des Konzessionsgegenstandes, die Begründung des Konzessionsgebers zur Vergabe ohne vorherige Veröffentlichung einer Bekanntmachung im EU-Amtsblatt und den Namen und die Kontaktdaten des Unternehmens, an das die Konzession vergeben werden soll, enthalten.

24 Die freiwillige Ex-ante-Bekanntmachung ist schon nach geltendem Unionsrecht in Art. 2d IV der Richtlinie 89/665/EWG zur Koordinierung der Rechts- und Verwaltungsvorschriften für die Anwendung der Nachprüfungsverfahren im Rahmen der Vergabe öffentlicher Liefer- und Bauaufträge vom 21.12.1989 (ABl. EU L 395 vom 30.12.1989, S. 33), geändert durch Richtlinie 92/50/EWG des Rates vom 18.6.1992 (ABl. EU L 209 vom 24.7.1992, S. 1) und Richtlinie 2007/66/EG des Europäischen Parlaments und des Rates vom 11.12.2007 (ABl. EU L 335 vom 20.12.2007, S. 31) vorgesehen. Konkretisiert werden die Voraussetzungen für eine Ex-ante-Bekanntmachung durch die Rechtsprechung des EuGH, Urt. v. 11.9.2014, C 19/13 – Fastweb. S. dazu BT-Drs. 18/6281 und *Henzel*, NZBau 2016, 148.

25 Entsprechend Art. 29 RL 2014/25/EU.

26 Erwägungsgrund 38 RL 2014/38/EU.

schen soll, solange es keinen oder nur einen geringen Marktbezug des Leistungserbringers gibt.[27] Die Ausnahme nach § 138 GWB besteht unabhängig von der generellen Ausnahme des § 108 GWB über die Zulässigkeit der Inhouse-Vergabe.[28]

Nach bisheriger Rechtslage war eine inhaltlich weitgehend entsprechende Ausnahme in § 100b Abs. 6 und 7 GWB a. F. enthalten. Die weiteren Tatbestände der bisherigen § 100b Abs. 8 und 9 GWB a. F. sind in § 139 GWB normiert. Im Gegensatz zur bisherigen Regelung des § 100b Abs. 7 Satz 4 GWB a. F., wonach sich der **Begriff des verbundenen Unternehmens** nach §§ 36 Abs. 2 und 3, 17, 18 AktG bestimmte, ist hierfür gem. Art. 13 Abs. 1 RL 2014/23/EU nunmehr auf die Definition des Art. 2 Nr. 9–12 der sog. EU-Bilanzrichtlinie[29] abzustellen. Eine Legaldefinition auf dieser Grundlage enthält § 138 Abs. 2 GWB. 27

Voraussetzung ist die Eigenschaft als **Konzessionsgeber im Sinne des § 101 Abs. 1 Nr. 2 und 3 GWB**; es muss sich mithin um Gebietskörperschaften und deren Sondervermögen, um einen funktionalen Auftraggeber, entsprechende Verbände (§§ 101 Abs. 1 Nr. 2, 100 Abs. 1 Nr. 1 GWB) oder um Konzessionsgeber kraft Einräumung besonderer oder ausschließlicher Rechte (§§ 101 Abs. 1 Nr. 3, 100 Abs. 1 Nr. 2 lit. a) GWB) oder kraft beherrschenden Einflusses (§§ 101 Abs. 1 Nr. 3, 100 Abs. 1 Nr. 2 lit. b) GWB) handeln, die eine Sektorentätigkeit nach § 102 Abs. 2–6 GWB ausüben und die Konzession zwecks Ausübung einer solchen Tätigkeit vergeben. 28

Freigestellt ist nach **§ 138 Abs. 1 Nr. 1 GWB** zum einen die Vergabe einer Konzession eines im Sektorenbereich tätigen Konzessionsgebers an ein verbundenes Unternehmen im vorgenannten Sinn und zum anderen nach **§ 138 Abs. 1 Nr. 2 GWB** die Vergabe einer Konzession durch ein Gemeinschaftsunternehmen, das ausschließlich von im Sektorenbereich tätigen Konzessionsgebern zu dem Zweck der Ausübung einer Sektorentätigkeit gegründet wurde, an ein Unternehmen, das mit einem dieser Konzessionsgeber verbunden ist. Voraussetzung für die Ausnahme ist des Weiteren nach § 138 Abs. 3 GWB, dass **mindestens 80 %** des im jeweiligen Leistungssektor insgesamt erzielten durchschnittlichen Umsatzes des verbundenen Unternehmens für den Konzessionsgeber oder für mit diesem verbundene Unternehmen erbracht werden.[30] Die Formulierung „insgesamt" verdeutlicht, dass der Gesamtumsatz des Unternehmens im jeweiligen Leistungssektor (Liefer-, Bau- oder Dienstleistungen) maßgeblich ist und eine getrennte Berechnung der 80 %-Vorgabe etwa nach unterschiedlichen Tätigkeiten oder Sparten nicht mehr möglich ist.[31] 29

---

27 *Dreher*, in: Immenga/Mestmäcker, Wettbewerbsrecht, GWB, § 101b Rn. 31.

28 Klarstellend BT-Drs. 18/6281, S. 124.

29 Richtlinie 2013/34/EU vom 26.6.2013 über den Jahresabschluss, den konsolidierten Abschluss und damit verbundene Berichte von Unternehmen bestimmter Rechtsformen und zur Änderung der Richtlinie 2006/43/EG des Europäischen Parlaments und des Rates und zur Aufhebung der Richtlinien 78/660/EWG und 83/349/EWG des Rates.

30 S. zu dem 80 %-Kriterium nach der RL 2014/15/EU ausführlich *Drömann*, NZBau 2015, 202, 205 ff.

31 BT-Drs. 18/6281, S. 124. S. zu der nach alter Rechtslage bestehenden Unklarheit OLG Frankfurt, Beschl. v. 30.8.2011, 11 Verg 3/11; *Dreher*, in: Immenga/Mestmäcker, Wettbewerbsrecht, GWB, § 101b Rn. 34 m. w. N. Mit dieser Höchstgrenze bezweckt der Richtliniengeber die Vermeidung von Wettbewerbsverzerrungen zugunsten der Unternehmen oder Gemeinschaftsunternehmen, die mit den Auftraggebern verbunden sind, s. Erwägungsgrund 38 RL 2014/23/EU.

6. § 154 Nr. 6 GWB

30 Die Regelung setzt Art. 14 RL 2014/23/EU um und stellt in Ergänzung zu § 138 GWB die Vergabe von **Konzessionen durch oder an Gemeinschaftsunternehmen im Sektorenbereich** frei. Bisher war diese Ausnahme in § 100b Abs. 8 und 9 GWB a.F. geregelt. Ebenso wie § 138 GWB steht die Ausnahme des § 139 GWB neben § 108 GWB.

31 Freigestellt ist nach **§ 139 Abs. 1 Nr. 1 GWB** die Vergabe einer Konzession, die ein Gemeinschaftsunternehmen, das mehrere im Sektorenbereich tätige Konzessionsgeber ausschließlich zur Durchführung von Sektorentätigkeiten gebildet haben, an einen dieser Konzessionsgeber vergibt, oder nach **§ 139 Abs. 1 Nr. 2 GWB** die Vergabe einer Konzession, die ein Konzessionsgeber, der einem solchen Gemeinschaftsunternehmen angehört, an dieses Gemeinschaftsunternehmen vergibt. Dafür muss nach § 139 Abs. 2 Nr. 1 das Gemeinschaftsunternehmen zu dem Zweck der Durchführung der betreffenden Sektorentätigkeit während eines Zeitraums von mindestens drei Jahren gebildet worden sein. Zudem muss in dem Gründungsakt die Zugehörigkeit der gründenden Konzessionsgeber zu dem Gemeinschaftsunternehmen während desselben Zeitraums festgelegt worden sein. Auf dieses satzungsrechtliche Erfordernis ist bei der Gründung besonders zu achten, da die Privilegierung ansonsten entfällt.

7. § 154 Nr. 7 GWB

32 Mit der Vorschrift wird Art. 16 RL 2014/23/EU umgesetzt. Durch die Verweisung auf **§ 140 GWB** sind Konzessionen vom Vergaberecht ausgenommen, die zum Zweck der Ausübung einer Sektorentätigkeit vergeben werden, wenn die Sektorentätigkeit unmittelbar dem Wettbewerb auf Märkten ausgesetzt ist, die keiner Zugangsbeschränkung unterliegen. Eine solche Feststellung ist von der Kommission zu treffen. Erfolgt auf Grundlage des Verfahrens eine Feststellung der Kommission, unterliegen entsprechende Konzessionen nicht dem Anwendungsbereich des Vergaberechts. Allerdings sind bei Binnenmarktrelevanz die primärrechtlichen Grundsätze zu beachten.[32]

33 Im Bereich der öffentlichen Aufträge bestand bereits bisher mit § 100b Abs. 4 Nr. 4 GWB a.F. und § 3 SektVO a.F. eine entsprechende Ausnahme.[33] Auch mit der bisherigen Ausnahme hatte der Richtliniengeber eine Überprüfungsmöglichkeit für die **Entwicklung des Wettbewerbs in den Sektorenbereichen** geschaffen, die bezweckte, angesichts der erwarteten dynamischen Marktentwicklung in ehemals staatsnahen Sektoren die Auswirkungen einer aktuellen oder künftigen Liberalisierung berücksichtigen zu können.[34] Dieser Zweck, die Folgen gegenwärtiger oder künftiger Öffnungen für den Wettbewerb zu berücksichtigen, soll ebenso beibehalten werden wie die Schaffung von Rechtssicherheit für die betroffenen Einrichtungen.[35]

34 Bezüglich des **Verfahrens** verweist Art. 16 RL 2014/23/EU auf die maßgeblichen Vorschriften der Sektorenrichtlinie der Art. 34, 35 RL 2014/25/EU. Im nationalen Recht ist das einzuhaltende Verfahren wie bisher in § 3 SektVO konkret geregelt.

---

32 *Müller-Wrede*, in: Müller-Wrede, SektVO, § 3 Rn. 32.

33 S. dazu OLG München, Beschl. v. 12.5.2011, Verg 26/10, NZBau 2011, 630; *Rosenkötter/Plantiko*, NZBau 2010, 78.

34 *Seidel*, in: Dreher/Motzke, Beck'scher Vergaberechtskommentar, SektVO, § 3 Rn. 2.

35 Erwägungsgrund 41 RL 2014/23/EU.

Kapitel 2
Nachprüfungsverfahren

Abschnitt 1
Nachprüfungsbehörden

§ 155 Grundsatz

Unbeschadet der Prüfungsmöglichkeiten von Aufsichtsbehörden unterliegt die Vergabe öffentlicher Aufträge und von Konzessionen der Nachprüfung durch die Vergabekammern.

Schrifttum: *Bechtold*, Kartellgesetz, Gesetz gegen Wettbewerbsbeschränkungen, Kommentar, 6. Aufl. 2010; *Irmer*, Sekundärrechtsschutz und Schadensersatz im Vergaberecht, 2004; *Kiser*, In-House-Vergabe und Rechtsschutz bei de-facto Vergaben im deutschen Kartellvergaberecht (Diss.), 2009; *Knöbl*, Rechtsschutz bei der Vergabe von Aufträgen unterhalb der Schwellenwerte (Diss.) 2009; *Kulartz/Kus/Portz/Prieß*, GWB-Vergaberecht, 4. Aufl. 2016; *Leibohm*, Einstweiliger Rechtsschutz im Vergabeverfahren unterhalb der Schwellenwerte in Deutschland und Frankreich (Diss.), 2011; *Mangold*, Primärrechtsschutz im Vergaberecht – Eine Untersuchung des gegenwärtigen Rechtsschutzsystems sowie möglicher Reformansätze (Diss.), 2015; *Motzke/Pietzcker/Prieß*, VOB, 2001; *Noch*, Vergaberecht kompakt, 7. Aufl. 2016; *Noch*, Vergaberecht und subjektiver Rechtsschutz, 1998; *Pfau*, Rechtsschutz bei der Vergabe von Bauleistungen unterhalb der Schwellenwerte, unter besonderer Berücksichtigung der Praxis in Sachsen (Diss.), 2011; *Prieß*, Handbuch des europäischen Vergaberechts, 3. Aufl. 2005; *Schulze/Zuleeg/Kadelbach*, Europarecht, Handbuch für die deutsche Rechtspraxis, 3. Aufl. 2015.

Übersicht

I. Grundzüge des deutschen Rechtsschutzes

1 § 155[1] GWB eröffnet das zweite Kapitel des durch das **Vergaberechtsmodernisierungsgesetz 2016** neu geschaffenen vierten Teils des GWB. Während sich die **§§ 97 bis 154**

1 Paragrafen ohne Gesetzesangabe sind solche der aktuellen Fassung des GWB. Sofern auf Vorschriften des GWB in seinen bisherigen Fassungen Bezug genommen wird, sind diese mit „GWB a. F.“ gekennzeichnet.

GWB (erstes Kapitel) mit dem **Vergabeverfahren** und seinen Grundsätzen beschäftigen, behandeln die **§§ 155 bis 184 GWB** (zweites Kapitel) das **Nachprüfungsverfahren**. Stellte die ganz grundlegende **1998er-Reform** im Wesentlichen eine solche des Vergaberechtsschutzes dar und führten diese Regularien zu einem absoluten Schwerpunkt in den bisherigen Fassungen der vergaberechtlichen Bestimmungen des GWB, so betrifft demgegenüber in der aktuellen Fassung des GWB die Mehrheit der Bestimmungen die materiellen Regelungen des Vergaberechts. Der Rechtsschutz für die EU-weiten Vergaben ist praktisch unverändert geblieben. Der gerichtliche Rechtsschutz wurde durch die 1998er-Reform eröffnet.[2] Im Jahre **2005** erfolgte als Zwischenschritt eine Änderung durch das **ÖPP-Beschleunigungsgesetz**, welches eine verstärkte Investitionsbereitschaft unter Einbeziehung Privater (sog. Öffentlich-Private Partnerschaften – „Public Private Partnerships" (PPP)) hervorrufen sollte. Insbesondere war es das Ziel, den Weg zur Anwendung des Wettbewerblichen Dialoges zu öffnen, der als neues Verfahren in der Vergabekoordinierungsrichtlinie 2004/18/EG eingeführt worden war. Im Jahre **2009** erfolgte die **Novelle zur Modernisierung des Vergaberechts**.[3] Diese enthielt beispielsweise

- eine Stärkung des Losvergabegebotes (sog. Mittelstandsklausel),[4]
- eine Zulassung von Umwelt- und sozialen Kriterien unter gewissen Voraussetzungen,[5]
- eine Regelung zu Grundstücksverkäufen,[6]
- eine stärker ausgeprägte Pflicht von Bietern, die Vergabekammer in Fällen einer vom Auftraggeber ausdrücklich erklärten Nichtabhilfe frühzeitig anrufen zu müssen,[7]
- einige bedeutsame Änderungen bei den Kostenregelungen, die u. a. darin bestehen, dass die Bieter bzw. Auftraggeber sich nicht mehr mit marginaler Kostenfolge in eine Erledigung des Nachprüfungsverfahrens durch Rücknahme[8] bzw. Abhilfe/Aufhebung flüchten können,
- sowie den Umstand, dass gem. § 182 Abs. 4 Satz 5 GWB eine Kostenfestsetzung durch die Vergabekammern dann nicht mehr erfolgt, wenn das Verfahren vor der Vergabekammer endet.[9]

2 Das Nachprüfungsverfahren vor der **Vergabekammer** ist in den §§ 160 ff. GWB geregelt und das Beschwerdeverfahren vor dem **Vergabesenat beim OLG** in den §§ 171 ff. GWB. Der Gesetzgeber hat die Vorschriften der §§ 155 bis 159 GWB vor die Klammer gezogen,

---

2 Siehe Amtl. Begr., BT-Drs. 13/9340, S. 12, unter Punkt 3.

3 Gesetz zur Modernisierung des Vergaberechts, BGBl. I, Nr. 20 v. 23.4.2009, S. 790. Zur Reform des EU-Vergaberechtsschutzes und zum Vergaberechtsmodernisierungsgesetz: *Byok*, NVwZ 2009, 551; *Knauff/Streit*, EuZW 2009, 37; *Roth*, VergabeR 2009, 404.

4 OLG Celle, Beschl. v. 26.4.2010, 13 Verg 4/10.

5 Dazu: *Diemon-Wies/Graiche*, NZBau 2009, 409; *Noch*, VergabeNavigator 04/2009, 30.

6 Siehe: EuGH, Urt. v. 25.3.2010, Rs. C-451/08; OLG Düsseldorf, Beschl. v. 9.6.2010, Verg 9/10.

7 Mit entsprechenden Hinweispflichten auf die Präklusion, nach herrschender Auffassung bereits in der EU-weiten Bekanntmachung: OLG Celle, Beschl. v. 4.3.2010, 13 Verg 1/10, VergabeR 2010, 653; VK Südbayern, Beschl. v. 5.2.2010, Z3-3-3194-1-66-12/09; VK Sachsen, Beschl. v. 11.12.2009, 1/SVK/00054-09. Umfassend zu den Rügeobliegenheiten nach dem Vergabemodernisierungsgesetz: *Jaeger*, NZBau 2009, 558, 562.

8 Vgl. noch zur alten, bis 23.4.2009 geltenden, Rechtslage: BGH, Beschl. v. 24.3.2009, X ZB 29/08, VergabeR 2009, 607; OLG Brandenburg, Beschl. v. 18.5.2010, W Verg 1/08. Zur neuen Rechtslage: OLG Celle, Beschl. v. 29.6.2010, 13 Verg 4/10, unter Verweis auf OLG Brandenburg, Beschl. v. 9.2.2010, Verg W 10/09.

9 OLG Celle, Beschl. v. 8.12.2009, 13 Verg 11/09, VergabeR 2010, 542.

um den Grundsatz des Rechtsschutzes sowie die organisatorischen Aspekte der Vergabekammern zu regeln. Neu ist seit der Fassung des GWB 2016, dass nicht nur die Vergabe öffentlicher Aufträge, sondern auch die Vergabe von Bau- und Dienstleistungskonzessionen, die definitorisch nicht zu den „öffentlichen Aufträgen" zählen, dem Nachprüfungsregime der §§ 155ff., 160ff. und 171ff. GWB unterstellt ist.

1. Obligatorische und fakultative Nachprüfungsorgane

Die **Vergabekammern** bilden im Rechtsschutzsystem die **erste** obligatorische, also zwingende Überprüfungsinstanz. Die Oberlandesgerichte mit den dort gebildeten **Vergabesenaten** stellen die **zweite** obligatorische Überprüfungsinstanz dar.[10] Lediglich in Fällen, in denen ein Oberlandesgericht von der (entscheidungserheblichen) Rechtsmeinung eines anderen abweichen möchte, tritt der Bundesgerichtshof hinzu, der dann entweder eine eigene Endentscheidung treffen oder – nach Entscheidung der vorgelegten Rechtsfrage – im Falle aufklärungsbedürftiger Sachverhalte/Einzelfragen an das vorlegende Oberlandesgericht zurückverweisen kann. Nach neuerer Rechtsprechung des BGH ist unter Anwendung des § 178 S. 2 GWB auch eine Zurückverweisung an die Vergabekammer als Ausgangsinstanz möglich, wenn Tatsachenfragen in erheblichem Maße klärungsbedürftig sind.[11] Dies ist insbesondere unter dem Blickwinkel konsequent, dass dem Rechtsschutz suchenden Bieter keine (Tatsachen-)Instanz genommen wird. 3

Neben diesen **obligatorischen**, also zwingend zu durchlaufenden Nachprüfungsinstanzen gab es bis zur GWB-Novelle des Jahres 2009 auch noch die **fakultativen** Überprüfungsinstanzen in Form der schon von der haushaltsrechtlichen Lösung her bekannten **Vergabeprüfstellen im Sinne des § 103 GWB a.F.** Diese Bestimmung ist komplett entfallen. Vergabeprüfstellen im Sinne des § 103 GWB a.F. existierten in einigen Bundesländern und in einigen Bundesressorts. 4

Nach Abschaffung der Vergabeprüfstellen im Sinne des § 103 GWB a.F. hatten einige Bundesländer selbige als **spezialisierte kommunale Vergabeprüfstellen** weiter beibehalten. In den meisten Bundesländern existieren VOB- und z.T. VOL-Stellen, zumindest für die Auftragsvergaben im **sog. Unterschwellen-Bereich**.[12] VOB-Stellen können auch für private Auftraggeber zuständig sein, soweit diesen im Zuwendungsbescheid die Einhaltung der Vergabebestimmungen auferlegt wurde und die VOB-Stelle als Nachprüfstelle in der Bekanntmachung angegeben ist.[13] Die strenge **Aufteilung im sog. Oberschwellen-Bereich** in fakultative und obligatorische Nachprüfungsinstanzen rührt daher, dass der Gesetzgeber das öffentliche Auftragswesen durch eine weitere zwingende Nachprüfungsin- 5

---

10 Eine temporäre Ausnahme bildete die zeitweilige Zuständigkeit der Landessozialgerichte im Falle von Vergaben nach SGB V. Grundlage war das „Gesetz zur Weiterentwicklung der Organisationsstrukturen in der gesetzlichen Krankenversicherung (GKVOrgWG)" mit seiner damaligen Fassung der Bestimmung des § 69 Abs. 2 SGB.

11 BGH, Beschl. v. 31.1.2017, X ZB 10/16.

12 OLG München, Urt. v. 29.10.2015, 1 U 2090/15, VS 2016, 38 [LS]: „Ein Bieter kann gegen den drohenden Zuschlag vorbeugenden Rechtsschutz unterhalb der Schwellenwerte im Wege der einstweiligen Verfügung begehren. Die in § 21 VOB/A 2012 geregelte Nachprüfung durch eine VOB-Stelle steht dem nicht entgegen, weil sie keinen Suspensiveffekt hat."

13 Siehe „Merkblatt zum Nachprüfungsverfahren bei der Vergabekammer Südbayern", Stand: Dezember 2016.

stanz in Form der Vergabeprüfstellen (VPSt), die zu einer Dreistufigkeit des Rechtsschutzsystems geführt hätte (VPSt, VK, OLG), nicht zu sehr belasten wollte.[14]

6 **Struktur des Rechtsschutzes oberhalb der Schwellenwerte:**

Primärrechtsschutz:

Durch Bieter initiierbare bzw. individuelle Überprüfungsverfahren	Kontrolle durch erweiterte Rechts- und Fachaufsicht
Vergabeprüfstellen i. S. d. § 103 GWB a. F. (abgeschafft)	Vergabeprüfstellen i. S. kommunalaufsichtlicher Funktionen
	Einschreiten von Amts wegen, Bieter kann Kontrollen anregen ohne Anspruch auf Erlass von Maßnahmen
Vergabekammern (obligat.) Oberlandesgerichte (obligat.)	

Sekundärrechtsschutz:

- Schadensersatz mit Erleichterungen aus § 181 GWB

7 **Struktur des Rechtsschutzes unterhalb der Schwellenwerte:**

Primärrechtsschutz:

- Grundsätzlich keiner (nach herrschender Auffassung nur im Falle grober Vergaberechtsverstöße im Wege der Beantragung einer einstweiligen Verfügung vor dem Zivilgericht)
- Gegenvorstellung, Dienst- und Rechtsaufsichtsbeschwerde, VOB-Stelle, VOL-Stelle

Sekundärrechtsschutz:

- Schadensersatz: c.i.c. (§ 311 Abs. 2 BGB)

Der formelle Rechtsschutz unterhalb der EU-Schwellenwerte reduziert sich – abgesehen vom jederzeit einklagbaren Schadensersatz – im Wesentlichen auf die **Beantragung einstweiliger Verfügungen vor dem Zivilgericht**. Die Rechtsprechung dazu ist allerdings nicht einheitlich. Das Bundesverfassungsgericht hatte die Zulässigkeit dieses Primärrechtsschutzes auf solche Fälle begrenzt, in denen der Bieter gegen **krasse Rechtsverstöße**, also etwa gegen gravierende Diskriminierungen (z. B. grundlos produktbezogene Leistungsbeschreibungen) oder gegen eine erkennbare Lückenhaftigkeit des Leistungsverzeichnisses vorgeht. In diesen Fällen sind **zumeist gleichzeitig die grundlegenden Normen des Gleichbehandlungsgebotes** (Art. 3 Abs. 1 GG) und/oder die Bestimmungen des EU-Vertrags über die Marktfreiheiten sowie das europarechtliche Diskriminierungsverbot **verletzt.**[15] Der Gleichbehandlungsgrundsatz des Art. 3 Abs. 1 GG ist andererseits aber auch erst dann verletzt, wenn „die Rechtsanwendung oder das Ver-

14 So die Amtl. Begr., BT-Drs. 13/9340, S. 16 zu § 112.

15 EuGH, Urt. v. 21.2.2008, Rs. C-412/04; BVerfG, Beschl. v. 27.2.2008, 1 BvR 437/08. Zur Bedeutung der allgemeinen Vergabegrundsätze Wettbewerb, Transparenz und Gleichbehandlung: *Burgi*, NZBau 2008, 29.

fahren unter keinem denkbaren Aspekt mehr rechtlich vertretbar sind und sich daher der Schluss aufdrängt, dass sie auf sachfremden und damit willkürlichen Erwägungen beruhen".[16] In der rechtlichen Bewertung dieser Frage, ab **welchem Grad diese Rechtsverletzungen** gravierend genug sind, damit eine einstweilige Verfügung ergehen kann, divergieren die Meinungen erheblich.[17] Fest steht nur, dass kleinere, insbesondere letztlich folgenlos gebliebene, Verfahrensfehler den Erlass einer einstweiligen Verfügung nicht rechtfertigen.[18] Soweit Zivilrechtsschutz gewährt wird, ist des Weiteren strittig, auf **welche Anspruchsgrundlagen** dieser gestützt werden kann; angeführt werden die Bestimmungen des Art. 3 Abs. 1 GG, § 1004 BGB analog i.V. m. § 823 Abs. 2 BGB und dem (primär-europarechtlichen) Gleichbehandlungs- und Transparenzgebot sowie §§ 241 Abs. 2, 311 Abs. 2, 280 Abs. 1 i.V.m. § 249 Abs. 1 Satz 1 BGB, Letztere auch mit dem Inhalt eines Unterlassungsanspruchs.[19] Den Teilnehmern (Bietern) eines Vergabeverfahrens steht danach gegen eine bevorstehende (vergabe-)rechtswidrige Handlung eines öffentlichen Auftraggebers ein **präventiver Unterlassungsanspruch** zu, soweit und solange die Verletzungshandlung oder der pflichtwidrig geschaffene Zustand zum Nachteil eines einzelnen Wettbewerbsteilnehmers andauert (§ 241 Abs. 1 Satz 2, § 280 Abs. 1 BGB). Danach käme bei einer fortbestehenden Vergaberechtsverletzung des Beklagten ein Unterlassungsanspruch spätestens erst ab dem Zeitpunkt in Betracht, von dem an dieser – durch Abgabe eines Angebots – Bieter geworden ist. Diese letztgenannte Argumentation ist letztlich aber in sich nicht ganz schlüssig, weil gerade auch der **potenzielle Bieter**, der sein Angebot erst erstellt und bereits erhebliche, ggf. vergebliche, Aufwendungen macht, geschützt werden muss.[20] Fest steht in diesem Zusammenhang nur, dass der **Schutzbereich der Berufsfreiheit** (Art. 12 Abs. 1 GG) des betreffenden Bieters generell nicht durch die (drohende) rechtswidrige Vergabe eines öffentlichen Auftrags an einen Mitbewerber berührt wird.[21] Ob und inwieweit künftig **ein förmlicher sog. Unterschwellen-Rechtsschutz** eingeführt wird, und in welcher Weise dieser ausgestaltet werden könnte, ist seit Jahren immer wieder in der Diskussion.[22] In **Sachsen-Anhalt und in Thüringen** existiert er, und zwar völlig parallel zu dem Überschwellen-Rechtsschutzsystem vor der Vergabekammer.[23] Der **Ertrag der dortigen Unterschwellen-Rechtsfindung** besteht insbesondere darin, Nachweise und Fundstellen zur Hand zu haben, die be-

---

16 BVerfG, Beschl. v. 7.4.1992, 1 BvR 1772/91, BVerfGE 86, 59, 63.

17 Generell im Sinne eines eher weiten Rechtsschutzverständnisses: OLG Düsseldorf, Urt. v. 13.1.2010, 27 U 1/09, VergabeR 2010, 531; OLG Jena, Urt. v. 8.12.2008, 9 U 431/08, VergabeR 2009, 524; OLG Brandenburg, Beschl. v. 17.12.2007, 13 W 79/07, VergabeR 2008, 294; LG Frankfurt/M, Beschl. v. 28.1.2008, 2-4 O 201/06, NZBau 2008, 599. Offengelassen: OLG Naumburg, Beschl. v. 29.4.2008, 1 W 14/08, OLGR 2008, 957; OLG Brandenburg, Urt. v. 29.5.2008, 12 U 235/07; OLG Dresden, Beschl. v. 25.4.2006, 20 U 467/06, VergabeR 2006, 774.

18 Zum Ablauf des Submissionstermins: LG Frankfurt a. M., Urt. v. 21.12.2016, 2-04 O 179/16.

19 Vgl. dazu: OLG Düsseldorf, Urt. v. 13.1.2010, 27 U 1/09, VergabeR 2010, 531. Ferner: *Franzius*, VergabeNavigator 2/2008, 21; *Knöbl*, Rechtsschutz bei der Vergabe von Aufträgen unterhalb der Schwellenwerte, Diss., 2009, S. 80ff.

20 OLG Schleswig, Urt. v. 9.4.2010, 1 U 27/10.

21 BVerfG, Beschl. v. 23.4.2009, 1 BvR 3424/08, VergabeR 2009, 777.

22 Siehe zur möglichen Streitbeilegung unterhalb der Schwellenwerte den Vorschlag der Schaffung von „Vergabeschlichtungsstellen": *Burgi*, VergabeR 2010, 403. Grundlegend zum Rechtsschutz unterhalb der Schwellenwerte: *Fett*, VergabeR 2007, 298.

23 Einen chronologisch-systematischen Überblick dazu liefert *Noch*, Vergaberecht kompakt, Online-Kapitel C „Entscheidungsübersicht".

legen, welche Rechtsfragen im Vergleich zur Oberschwellen-Entscheidungspraxis anders oder gar gegenteilig zu beurteilen sind.[24] Die Schadensersatz-Rechtsprechung kann dies für sich genommen nicht leisten, zumal sie systembedingt immer mit erheblicher Zeitverzögerung zu den jeweils einschlägigen Rechtsvorschriften ergeht.

2. Überprüfung durch „Aufsichtsbehörden"

8 In § 155 GWB sind zudem noch die „**Aufsichtsbehörden**" genannt.

9 Die Aufsichtsbehörden, also die vorgesetzten Dienststellen, welche die **Rechtsaufsicht und ggf. auch die Fachaufsicht** ausüben, können gemäß der Formulierung in § 155 GWB ihre Tätigkeit „unbeschadet" der Nachprüfung durch die Vergabekammern ausüben. Hiermit wird zum Ausdruck gebracht, dass es sich um eine **zusätzliche Kontrollmöglichkeit handelt**.

10 Diese Kontrolle besteht im Falle von Auftragsvergaben **oberhalb der Schwellenwerte** (europaweite Auftragsvergaben) als zusätzliche, im Rahmen einer erweiterten Rechts- und Fachaufsicht gegebene Möglichkeit, die von dem individuellen Rechtsschutzverfahren vor den Vergabekammern und den Vergabesenaten deutlich zu unterscheiden ist.

11 **Unterhalb der Schwellenwerte** aus den Vergaberichtlinien (nationale Auftragsvergaben) ist dies oftmals die **einzige Möglichkeit**, eine Nachprüfung laufender öffentlicher Auftragsvergaben zu veranlassen, weil diesbezüglich die auf Basis der §§ 155 ff. GWB eingerichteten Rechtsschutzinstrumentarien nicht einschlägig sind. Faktisch läuft dies nicht selten auf die alleinige Möglichkeit hinaus, sekundären Rechtsschutz wahrzunehmen.

12 § 106 Abs. 1 GWB bestimmt, dass der vierte Teil des GWB, also auch die **Nachprüfungsverfahren**, grundsätzlich nur für Auftragsvergaben gelten, welche die in den Vergaberichtlinien festgelegten **Schwellenwerte erreichen**.[25] Dabei wird von den Nachprüfungsinstanzen im Einzelfall geprüft, ob die EU-Schwellenwerte tatsächlich erreicht sind, und zwar unabhängig von der einmal erfolgten Wahl eines nationalen oder europaweiten Verfahrens.[26] Risiken dieser Begrenzung des Rechtsschutzes wurden im Hinblick auf den Gleichbehandlungsgrundsatz des Art. 3 Abs. 1 GG von den Vergabesenaten und auch von Stimmen in der Literatur vereinzelt gesehen.[27] Jedoch muss die Zweiteilung des Primärrechtsschutzes im Vergaberecht als **verfassungsgemäß** angesehen werden. Das OLG Saarbrücken[28] hatte dazu bereits festgestellt, dass der sehr weite Gestaltungsspielraum des nationalen Gesetzgebers gewürdigt werden muss, der mit der Begrenzung des Primärrechtsschut-

24 Siehe bspw. VK Sachsen-Anhalt, Beschl. v. 15.1.2016, 3 VK LSA 77/15, ZfBR 2016, 520. Im Leitsatz heißt es: „Im Unterschwellenbereich dürfen Nebenangebote auch dann gewertet werden, wenn für sie keine Mindestanforderungen genannt sind und der Preis das alleinige Zuschlagskriterium ist."

25 OLG Celle, Beschl. v. 12.7.2007, 13 Verg 6/07; OLG Düsseldorf, Beschl. v. 31.3.2004, VII Verg 74/03; OLG Stuttgart, Beschl. v. 12.8.2002, 2 Verg 9/02, VergabeR 2003, 101; VK Bund, Beschl. v. 23.7.1999, VK 2-18/99; VK Lüneburg, Beschl. v. 12.8.2009, VgK-43/2009; VK Arnsberg, Beschl. v. 4.11.2008, VK 23/08. Zur Zulässigkeit einer Beschwerde bei behaupteter Nichterreichung des Schwellenwertes: OLG Celle, Beschl. v. 17.11.1999, 13 Verg 6/99.

26 OLG Naumburg, Beschl. v. 15.4.2016, 7 Verg 1/16; OLG Stuttgart, Beschl. v. 12.8.2002, 2 Verg 9/02, VergabeR 2003, 101; VK Sachsen-Anhalt, Beschl. v. 27.6.2016, 3 VK LSA 17/16.

27 KG, Beschl. v. 24.8.1999, KartVerg 5/99, BauR 2000, 563. Vgl. *Krist*, VergabeR 2003, 17.

28 OLG Saarbrücken, Beschl. v. 29.4.2003, 5 Verg 4/02, VergabeR 2003, 429.

zes auf Auftragsvergaben oberhalb der Schwellenwerte ein **Ausufern der Zahl der Nachprüfungsangelegenheiten vermeiden** will. Diese Erwägung bildete nach Ansicht des Senats den sachlichen Grund für die Ungleichbehandlung im Hinblick auf die Rechtsschutzmöglichkeiten.[29] Abgesehen davon muss bei irgendwelchen Auftragswerten eine Art Bagatellgrenze gezogen werden, im Falle deren Unterschreitung ein Rechtsschutz nicht mehr im Verhältnis zu dem zu vergebenden Auftragswert steht. Zudem ist auf in anderen Rechtsmaterien vorhandene Schwellenwerte zu verweisen (Beschwerdewerte, Berufungswerte usw.). Im Sozialversicherungsrecht kann auf bestimmte Verdienstgrenzen, z. B. bei der geringfügigen Beschäftigung, aufmerksam gemacht werden, im Steuerrecht gibt es Progressionszonen, Freibeträge und bestimmte Verdienstgrenzen, ab denen Privilegierungstatbestände greifen oder nicht mehr greifen. Diese Aufzählung ließe sich beliebig fortsetzen.

Gegen den Beschluss des OLG Saarbrücken wurde **Verfassungsbeschwerde**[30] eingereicht, **13**
die allerdings aus den genannten rechtlichen Erwägungen heraus auch erfolglos blieb. Das höchste deutsche Gericht stellte fest, dass die Verweisung auf den Sekundärrechtsschutz (Schadensersatz) verfassungskonform ist, auch wenn dieser Rechtsschutz Erschwerungen bei der Durchsetzbarkeit mit sich bringt, und das eigentliche (optimale) prozessuale Ziel des Sich-Einklagen-Könnens in das noch laufende Ausschreibungsverfahren unterhalb der EU-Schwelle nicht erreicht werden kann.

Bei den Überprüfungsverfahren im Rahmen der Rechts- und Fachaufsicht handelt es sich **14**
nicht um ein **individuelles Beschwerdeverfahren**, sondern lediglich um die Möglichkeit des Bieters, behördliche Maßnahmen anzustoßen. Hinsichtlich des Fortgangs des Verfahrens bestehen keine subjektiven Ansprüche. Das Verfahren ist grundsätzlich kostenfrei.[31] Maßnahmen können darüber hinaus auch von der Behörde selbst kraft ihrer Funktion als Stelle, die die Rechts- und ggf. auch Fachaufsicht ausübt, in Gang gesetzt werden.

Eine **Überprüfung** durch die **Aufsichtsbehörden** kann demnach grundsätzlich bei jeder **15**
Auftragsvergabe (sowohl unterhalb als auch oberhalb der Schwellenwerte) erfolgen. Einige Landesvergabegesetze (z. B. in Sachsen[32]) sehen hierfür sogar eigene Regelungen in Anlehnung an die bzw. unter analoger Anwendung der Bestimmungen, die oberhalb der Schwellenwerte gelten, vor. Für Amtshandlungen der Nachprüfungsbehörde werden dann auch Kosten (Gebühren und Auslagen) zur Deckung des Verwaltungsaufwandes erhoben. Subjektive Bieterrechte bei lediglich national bekannt zu machenden Ausschreibungen gibt es freilich auch in diesen Bundesländern nicht.

Eine **Voraussetzung** für die Überprüfbarkeit durch die Aufsichtsbehörden ist allerdings, **16**
dass das betreffende Rechtssubjekt ein **öffentlicher Auftraggeber im klassischen Sinne** ist, es sich also um Gebietskörperschaften (Bund, Länder, Gemeinden) oder um bundes-, landes- oder gemeindeunmittelbare Körperschaften, Anstalten oder Stiftungen des öffentlichen Rechts (juristische Personen des öffentlichen Rechts) handelt, die der staatlichen Aufsicht gänzlich unterliegen.

---

29 Mit ähnlichem Ergebnis auch *Pietzcker*, Die Zweiteilung des Vergaberechts, 2001, S. 105.

30 BVerfG, Beschl. v. 13.6.2006, 1 BvR 1160/03, VergabeR 2006, 871.

31 Hierzu VK Sachsen, Beschl. v. 27.7.1999, 1 VK 5/99.

32 Gesetz über die Vergabe öffentlicher Aufträge im Freistaat Sachsen (Sächsisches Vergabegesetz – SächsVergabeG) v. 14.2.2013.

17 Im Falle von gemischten Rechtssubjekten und insbesondere juristischen Personen des Privatrechts, die **Auftraggeber im funktionellen Sinne** sind (sog. Einrichtungen des öffentlichen und privaten Rechts im Sinne von § 99 Nr. 2 GWB[33]), gibt es eine solche direkte staatliche Rechts- und Fachaufsicht häufig nicht. Teils existiert nur eine staatliche Rechtsaufsicht, nicht jedoch eine Fachaufsicht (z.B. bei Zweckverbänden oder je nach Landesrecht auch bei privaten Stiftungen), teils aber auch aufgrund des durchgehend privaten Rechtscharakters des Unternehmens überhaupt keine Rechts- und/oder Fachaufsicht, sodass auf diejenigen „aufsichtsrechtlichen" Möglichkeiten im weiteren Sinne zurückzugreifen ist, die im Rahmen der privaten Rechtsform zulässig sind (siehe z.B. einer Aktiengesellschaft).[34] Gänzlich aus dieser Aufsicht fallen Sektorenauftraggeber im Sinne von § 100 GWB heraus.

18 Aufsichtsbehördliche Maßnahmen können jederzeit, also auch oberhalb der EU-Schwelle, und damit unabhängig von der Zuständigkeit der Vergabekammern und Vergabesenate, initiiert werden. **Verfahrenstechnisch** sollte der Rechtsuchende stets darauf achten, nicht nur die aufsichtsführende Stelle, sondern auch die Vergabestelle selbst über solche Beschwerden zu informieren. Diese Anforderung kann bereits der Rechtsfindung zur Einschaltung der früheren formalen Institution der Vergabeprüfstelle nach § 103 a.F. entnommen werden[35] – auch wenn diese Rechtsprechung in späterer Zeit modifiziert wurde.[36] Insbesondere ist es möglich, dass bei Vergaben oberhalb der EU-Schwelle eine **Erledigung** durch Abhilfe bzw. Korrektur seitens der aufsichtsführenden Stelle eintritt, wenn zeitgleich ein Nachprüfungsverfahren (z.B. auch durch einen Dritten) eingeleitet wurde.[37]

II. Rechtsschutz bei europaweiten Auftragsvergaben

19 Die relativ undifferenzierte Verwendung der Begriffe „Aufsichtsbehörden" und „Vergabekammern" in § 155 GWB hat zum Hintergrund, dass die Nachprüfungszuständigkeiten je nach **Erreichen bestimmter Auftragssummen** unterschiedlich sind. Dies resultiert aus den in den materiellen Vergaberichtlinien vorgesehenen **Schwellenwerten**.

---

33 Siehe zum öffentlichen Auftraggeberbegriff: *Noch*, Vergaberecht kompakt, S. 55ff., 406ff.; *Kratzenberg*, NZBau 2009, 103.

34 Vgl. betr. Zweckverbände: OLG Düsseldorf, Beschl. v. 21.6.2006, VII-Verg 17/06, VergabeR 2006, 777. Siehe bzgl. Stiftungen: OLG München, Beschl. v. 7.6.2005, Verg 4/05, VergabeR 2005, 620; LG Saarbrücken, Urt. v. 23.7.2015, 4 O 346/11; VK Nordbayern, Beschl. v. 19.10.2015, 21.VK-3194-38/15. Zu einem eingetragenen Verein: VK Baden-Württemberg, Beschl. v. 10.8.2016, 1 VK 29/16.

35 VK Schleswig-Holstein, Beschl. v. 17.12.1999, VK-SH 08/99.

36 VK Schleswig-Holstein, Beschl. v. 19.1.2005, VK-SH 37/04.

37 Vgl. OLG Düsseldorf, Beschl. v. 6.2.2006, VII-Verg 79/05; VS 2006, 24, LS: „Hat die Vergabeprüfstelle dem auf die Einhaltung der Vergabevorschriften gerichteten Prüfungsantrag nach § 103 Abs. 2 GWB stattgegeben, so ist dadurch nach Rechtshängigkeit des Nachprüfungsantrags die tatsächliche Erledigung des vom Antragsteller eingeleiteten Nachprüfungsverfahrens eingetreten. Die Vergabekammer hat nach übereinstimmender Erledigterklärung der Parteien nur noch über die Kosten des erstinstanzlichen Vergabenachprüfungsverfahrens zu entscheiden."

1. Materielle Vergaberichtlinien

Im öffentlichen Auftragswesen muss grundsätzlich zwischen **Vergaben oberhalb und unterhalb der Schwellenwerte** unterschieden werden. Dies führt zu einer „Zweigleisigkeit“ öffentlicher Auftragsvergaben, die oberhalb der EU-Schwelle zudem noch durch ein gestuftes System von Vorschriften (GWB, VgV, VOB/A: „Kaskadenprinzip“) gekennzeichnet sind. Zu trennen sind: 20

- **Nationale Vergabeverfahren** nach den „Basisparagrafen“ der Vergabeordnungen (1. Abschnitt der Vergabe- und Vertragsordnung für Bauleistungen, VOB/A, oder der Vergabe- und Vertragsordnung für Leistungen, VOL/A bzw. der UVgO)
- **Europaweite Vergabeverfahren** nach den EU-Vergaberichtlinien gemäß dem zusätzlichen Abschnitt 2 der VOB/A (VOB/A-EU) respektive der Vergabeverordnung VgV.

Die **nationalen Vergabeverfahren**, die im Wege der öffentlichen Ausschreibung, der beschränkten Ausschreibung und subsidiär der freihändigen Vergabe (Verhandlungsvergabe) durchgeführt werden, sind im Vergleich mit den europaweiten Vergabeverfahren durch **etwas vereinfachte Regularien** gekennzeichnet. Es entfallen insbesondere bestimmte Bekanntmachungs-, Dokumentations- und Hinweispflichten, die bei der europaweiten Auftragsvergabe einen erhöhten Verwaltungsaufwand erforderlich machen. 21

Es gelten jedoch auch bei den nationalen Vergabeverfahren die **europarechtlichen Grundsätze** über die Marktfreiheiten (Art. 28, 49, 56 ff. AEUV[38]) sowie vor allem das **Diskriminierungsverbot** des Art. 18 AEUV. Dementsprechend hatte der EuGH bereits Mitte der 1990er Jahre festgestellt, dass es seit Einführung des Binnenmarkts am 1.1.1993 auch hinsichtlich der nationalen Vergabeverfahren keinen europarechtsfreien Raum mehr gibt.[39] 22

Oberhalb der Schwellenwerte, also im Anwendungsbereich der Richtlinien, greifen verschärfte Regularien, die einen europaweiten Wettbewerb auf dem Beschaffungsmarkt garantieren und die Bevorzugung einheimischer Bieter unterbinden sollen.[40] Zu nennen sind hier insbesondere die Fristen und z. B. die Bekanntmachungspflichten im Supplement des Amtsblattes der EU,[41] die sich als Teil des Programms elektronischer Beschaffungen verstehen. Ebenso sind modifizierte Verfahren anzuwenden (Offenes Verfahren, Nichtoffenes Verfahren, Verhandlungsverfahren, Wettbewerblicher Dialog, Innovationspartnerschaft). 23

Die in den **materiellen Vergaberichtlinien** festgelegten Schwellenwerte bemessen sich nach den geschätzten Auftragswerten ohne Umsatzsteuer. Auf die Höhe der tatsächlichen Angebotspreise kommt es im Normalfall nicht an,[42] es sei denn, die Vergabestelle hat die 24

---

38 Artikel nach dem „Lissaboner Vertrag“. Der Vertragstext wurde am 17.12.2007 veröffentlicht und findet sich im ABlEU 2007 C/306. Zu den für das öffentliche Auftragswesen relevanten Bezügen des EU-Vertragsrechts: *Noch*, in: Schulze/Zuleeg/Kadelbach, Europarecht, Handbuch für die deutsche Rechtspraxis, § 29 Öffentliches Auftragsrecht, Rn. 2, 7, 20 ff.

39 EuGH, Urt. v. 25.4.1996, Rs. C-87/94, Slg. 1996, I-2043 – Wallonische Busse. S. a.: *Gabriel*, VergabeR 2009, 7.

40 Instruktiv zum Zweck der Vergaberichtlinien EuGH, Urt. v. 3.10.2000, Rs. C-380/98, Rn. 16 und 17.

41 Sogenanntes „Amtsblatt S“. Die Homepage dieses Dienstes ist zu finden unter: http://ted.europa.eu/TED.

42 OLG Naumburg, Beschl. v. 16. u. 23.8.2005, 1 Verg 4/05; VK Bund, Beschl. v. 23.7.1999, VK 2-18/99; KG, Beschl. v. 24.8.1999, KartVerg 5/99.

Auftragswerte absichtlich zu niedrig geschätzt und damit das europäische Vergaberecht umgangen. Die für die EU-Schwellenwerte maßgeblichen geschätzten Auftragswerte liegen seit 1.1.2016 im **Baubereich** bei **5.548.000 Euro** und im **Liefer- sowie Dienstleistungsbereich** bei **221.000 Euro**. Eine regelmäßige, alle zwei Jahre stattfindende Anpassung ist in Art. 6 der gemeinsamen Richtlinie 2014/24/EU über die Koordinierung der Verfahren zur Vergabe öffentlicher Bau-, Liefer- und Dienstleistungsaufträge festgeschrieben. Die Anpassungen erfolgen rechtzeitig durch direkt wirksame EU-Verordnung, das heißt, eine Umsetzung in das nationale Recht ist nicht gesondert erforderlich.[43] Sie brauchen daher nicht mehr in der Vergabeverordnung festgelegt zu werden (VgV).[44]

25 **Sonderbereiche**: Im Falle der **Sektorenrichtlinie** 2014/25/EU[45] ist zu unterscheiden: Bei Liefer- und Dienstleistungsaufträgen von Auftraggebern im Sektor der Wasser-, Energie- und Verkehrsversorgung sind es 443.000 Euro und bei Bauaufträgen auch hier wieder 5.548.000 Euro. Für den Sektorenbereich trat im Herbst 2009 erstmalig eine spezielle Vergabeverordnung, genannt **Sektorenverordnung** (SektVO), in Kraft, welche die bisherigen Abschnitte 3 und 4 der Verdingungsordnungen VOL/A und VOB/A ersetzte und die modifizierten Schwellenwerte für diesen Bereich enthielt. Im Rahmen der nunmehr gesondert geregelten Konzessionsvergaben (im Baubereich wie jetzt auch erstmals im Dienstleistungsbereich) gemäß der **Konzessionsrichtlinie** 2014/23/EU[46] orientieren sich die geschätzten Vertragswerte an dem wirtschaftlichen Austauschverhältnis mit Dritten. Im Falle von Dienstleistungskonzessionen z. B. für die städtische Parkraumbewirtschaftung sind die geschätzten Gesamtumsätze mit den Parkierenden für die gesamte Pachtzeit maßgeblich. Sie müssen eine Gesamtsumme von 5.548.000 Euro übersteigen. In der rechtlichen Umsetzung wurde im Zuge der 2016er Reform eine **Konzessionsvergabeverordnung** (KonzVgV) geschaffen.

26 Abweichungen hinsichtlich der Schwellenwerte ergeben sich vor allem aufgrund des Abkommens über Regierungsbeschaffungen (Government Procurement Act – **GPA**[47]**) im Rahmen der plurilateralen Vereinbarungen der WTO** (World Trade Organisation, früher GATT). Die Schwellenwerte dort betragen beispielsweise für den Liefer- und Dienstleistungsbereich 144.000 Euro.

---

43 Delegierte Verordnung (EU) 2017/2365 der Kommission v. 18.12.2017 zur Änderung der Richtlinie 2014/24/EU im Hinblick auf die Schwellenwerte für Auftragsvergabeverfahren, ABl. EU L 337 v. 19.12.2017.

44 „Verordnung zur Anpassung der Verordnung über die Vergabe öffentlicher Aufträge (Vergabeverordnung – VgV) sowie der Verordnung über die Vergabe von Aufträgen im Bereich des Verkehrs, der Trinkwasserversorgung und der Energieversorgung (Sektorenverordnung – SektVO)", BGBl. I, Nr. 30 v. 10.6.2010, S. 724.

45 Richtlinie über die Vergabe von Aufträgen durch Auftraggeber im Bereich der Wasser-, Energie- und Verkehrsversorgung sowie der Postdienste 2014/25/EU des Europäischen Parlaments und des Rates vom 26.2.2014, ABl. EU Nr. L 94, S. 243 v. 28.3.2014.

46 Richtlinie über die Konzessionsvergabe 2014/23/EU des Europäischen Parlaments und des Rates vom 26.2.2014, ABl. EU Nr. L 94, S. 1 v. 28.3.2014.

47 GPA (Government Procurement Agreement), ABl. EG Nr. L 336 v. 23.12.1994, S. 273. Es ist am 1.1.1996 in Kraft getreten und hat den GATT-Kodex Regierungskäufe aus dem Jahre 1980 abgelöst. Dazu auch: *Hilpold*, Die EU im GATT/WTO-System, 2009.

Oberhalb dieser Schwellenwerte, also im Anwendungsbereich der materiellen Vergaberichtlinien, haben die Bieter einen **Anspruch** auf die Einhaltung der Vergabevorschriften.[48] Die **subjektiven Bieterrechte** ergeben sich aus den materiellen Vergaberichtlinien, während die Überwachungsrichtlinien die für die Durchsetzung dieser Rechte notwendigen Verfahrensrechte regeln. 27

2. Überwachungsrichtlinien

Die durch die Schwellenwerte der materiellen Vergaberichtlinien verursachte „**Zweigleisigkeit**“ der öffentlichen Auftragsvergabe setzt sich auf der **Ebene des Rechtsschutzes** fort. 28

a) Allgemeines

Die Überwachungsrichtlinien 89/665/EWG bzw. 92/13/EWG[49] für die Auftragsvergaben nach der klassischen materiellen Vergaberichtlinie (VRL) bzw. die Vergaben im Sektorenbereich (SRL), sowie die Rechtsmittel-Änderungsrichtlinie 2007/66/EG[50] sind entsprechend der Konzeption des europäischen Gesetzgebers ebenfalls **nur für Auftragsvergaben oberhalb der Schwellenwerte einschlägig**. 29

Die Anwendbarkeit der europarechtlichen Vergabe- und Rechtsschutzinstrumentarien ist in **§ 106 Abs. 1 GWB** positivrechtlich geregelt. Dort ist festgelegt, dass die Bestimmungen des Teils 4 des GWB – also die Vergabe- und Nachprüfungsvorschriften der §§ 97 bis 184 GWB – nur für öffentliche Aufträge und Konzessionen gelten, welche die festgelegten Schwellenwerte erreichen oder übersteigen. 30

In der **Vergabeverordnung** (VgV) sind für den Liefer- und Dienstleistungsbereich die abschließenden Verfahrensregelungen für die EU-weiten Vergabeverfahren enthalten. Lediglich im Anwendungsbereich der Bauvergaben wird der 2. Abschnitt der VOB/A 2016 (VOB/A-EU) für anwendbar erklärt. 31

Die Überwachungsrichtlinien sowie ihnen folgend die deutschen Umsetzungsvorschriften zielen darauf ab, den erweiterten **Rechtsschutz** gem. den §§ 155 ff. GWB **nur oberhalb der Schwellenwerte** stattfinden zu lassen. § 155 und § 106 Abs. 1 GWB sind demnach zusammen zu lesen. 32

Der Bundesgesetzgeber hatte bereits im Gesetzgebungsverfahren zur Änderung des Vergaberechts in den Jahren 1997 und 1998 Überlegungen angestellt, den oberhalb der Schwellenwerte nach den Überwachungsrichtlinien einzurichtenden **Rechtsschutz** auch auf Auftragsvergaben unterhalb der Auftragswerte **auszudehnen**. Im Koalitionsvertrag vom Jahre 2009 wurde dies zwar aufgegriffen, jedoch nicht realisiert.[51] 33

48 EuGH, Urt. v. 11.8.1995, Rs. C-433/93, Slg. 1995-I, 2303 = EuZW 1995, 635 – Kommission/Deutschland.

49 Richtlinie 89/665/EWG des Rates v. 21.12.1989, ABl. EG Nr. L 395 v. 30.12.1989, S. 33 (Überwachungsrichtlinie, ÜWR), Anhang II,, Nr. 7; Richtlinie 92/13/EWG des Rates v. 25.2.1992, ABl. EG Nr. L 76 v. 23.3.1992, S. 14 (Sektorenüberwachungsrichtlinie, SÜWR), Anhang II., Nr. 8.

50 ABl. EU Nr. L 335 v. 20.12.2007, S. 31 f. Dazu: *Frenz*, VergabeR 2009, 1; *Schwab/Seidel*, VergabeR 2007, 699.

51 Koalitionsvertrag v. 24.10.2009, S. 9/124: „Die deutsche Wirtschaft braucht ein leistungsfähiges, transparentes, mittelstandsgerechtes und unbürokratisches Vergaberecht. Zur Erleichterung des

34 Die Installierung eines sog. **Unterschwellen-Rechtsschutzes** ist durchaus möglich, weil jeder Mitgliedstaat über die Anforderungen des Europarechts hinausgehen kann. Im Übrigen hätte diese Ausdehnung des Rechtsschutzes den unbestreitbaren Vorteil, die teilweise nicht ganz zu Unrecht beklagte **Zweigleisigkeit** der Auftragsvergaben oberhalb und unterhalb der Schwellenwerte **zu relativieren**. Diese Gedanken wurden jedoch u. a. infolge des Protests einschlägiger Kreise recht rasch wieder fallen gelassen. Nicht zuletzt ist dies auch eine Kostenfrage. Dass die Beschränkung der Rechtsschutzmöglichkeiten auf Vergaben oberhalb der Schwellenwerte mit Art. 3 Abs. 1 GG vereinbar ist und dass es seitens des Europarechts keiner richtlinienkonformen Auslegung des § 106 Abs. 1 GWB im Sinne der Notwendigkeit der Einführung eines Rechtsschutzes unterhalb der Schwelle bedarf, wurde auf eine Verfassungsbeschwerde gegen eine Entscheidung des OLG Saarbrücken[52] hin durch das Bundesverfassungsgericht[53] geklärt.

35 Die **Argumente** gegen den Rechtsschutz waren insbesondere Bedenken im Hinblick auf eine immer weiter fortschreitende **Verrechtlichung** des Vergabewesens. Dass sich diese Erwartung oder Befürchtung in den letzten Jahren bewahrheitet hat, kann angesichts der immer häufigeren Neufassungen der Vergabeordnungen und der Vergabeverordnung sowie der Fülle landesrechtlicher Bestimmungen (Landesvergabegesetze und Durchführungsverordnungen) nicht bestritten werden. So manche Änderung der Vorschriften hat außerdem wieder zu Auslegungsschwierigkeiten und zu divergierenden Auffassungen der Vergabesenate und -kammern geführt.

36 Die Begründung für die trotz der mittlerweile recht stattlichen Verfahrenszahlen noch immer anzutreffende **Skepsis gegenüber den Rechtsschutzinstrumentarien** bei öffentlichen Auftragsvergaben liegt vor allem in dem von noch immer nicht wenigen Bietern verfolgten sog. **Konsensmodell**. Dieses Konsensmodell, das bis zum Zeitpunkt der Einführung der Überwachungsrichtlinien auch vom Bundeswirtschaftsministerium immer unterstützt wurde, hat die **taktische Überlegung** zum Gegenstand, dass ein möglichst einvernehmlicher Ausgleich zwischen Auftraggeber und potenziellem Auftragnehmer einem Streitverfahren grundsätzlich vorzuziehen ist. Dies vor dem Hintergrund, dass es nicht selten dem Interesse des potenziellen Auftragnehmers entspricht, das zukünftige Wohlwollen der Vergabestelle nicht durch die Veranlassung von Rechtsstreitigkeiten zu gefährden. Unter anderem deshalb hat der deutsche Gesetzgeber ein zwingend zu durchlaufendes Rüge-Vorverfahren installiert, in dessen Rahmen er der Vergabestelle die letzte Chance zur Abhilfe gibt. Damit wird eine gewisse Befriedungsfunktion erfüllt, die nicht selten zur Vermeidung streitiger Verfahren führt.

37 Diese **Überlegungen** sind durchaus **nicht von der Hand zu weisen**. Zu bedenken ist stets, dass der öffentliche Auftraggeber sowohl bei der **Eignungsprüfung** als auch bei der **Ange-**

Zugangs zu den Beschaffungsmärkten und zur Stärkung eines offenen und fairen Wettbewerbs um öffentliche Aufträge soll das bestehende Vergaberecht reformiert und weiter gestrafft werden. Ziel ist es, das Verfahren und die Festlegung der Vergaberegeln insgesamt zu vereinfachen und transparenter zu gestalten. Wir stärken die Transparenz im Unterschwellenbereich. Die Erfahrungen aus der Anhebung der Schwellenwerte in der VOB und VOL werden evaluiert und die Ergebnisse bei der Reform des Vergaberechts berücksichtigt. Zur Reform des Vergaberechts wird ein wirksamer Rechtsschutz bei Unterschwellenaufträgen gehören. Ein Gesetzentwurf für das reformierte Vergaberecht wird bis Ende 2010 vorgelegt."

52 OLG Saarbrücken, Beschl. v. 29.4.2003, 5 Verg 4/02, VergabeR 2003, 429.

53 BVerfG, Beschl. v. 13.6.2006, 1 BvR 1160/03, VergabeR 2006, 871.

botswertung immer einen recht weiten **Beurteilungs- und Ermessensspielraum** hat, der nur eingeschränkt justiziabel ist.[54] Das bedeutet, dass **subjektive Elemente** in das Entscheidungsverhalten der Vergabestelle einfließen können, gegen die sich der potenzielle Auftragnehmer nicht wehren kann und die er in einem Nachprüfungsverfahren nicht als vergaberechtswidrig feststellen lassen kann. Schlussfolgerung ist es in Anbetracht dieser **Unwägbarkeiten** für manchen Auftragnehmer daher bisher gewesen, dem Rechtsschutz im öffentlichen Auftragswesen kritisch gegenüberzustehen. Es ist aber darauf hinzuweisen, dass auch Ermessensfehler zumindest eingeschränkt überprüfbar sind. Die Praxis zeigt, dass es eine ganze Anzahl von Fällen gibt, in denen die Vergabestelle ihr Ermessen relativ eindeutig fehlerhaft ausübt (Ermessensüberschreitung, Ermessensunterschreitung, sachfremde Erwägungen etc.) und die daher auch im Rahmen einer Nachprüfung justiziabel sind.[55] Im Einzelfall kann sich das Ermessen sogar im Falle der Eignungsprüfung auf null reduzieren.[56]

Angesichts der **deutlichen Verbesserung des Rechtsschutzes seit 1999** und einer insbe- **38**
sondere in den Anfangsjahren festzustellenden erheblichen Steigerung der Inanspruchnahme durch streitbare Bieter ist es zu beobachten, dass sich diese bisher gehegten Bedenken durch eine Vielzahl von Nachprüfungsverfahren stark relativieren.[57] Denn wenn sich sehr viele Bieter als streitbar erweisen, reduzieren sich die Möglichkeiten der Vergabestelle, einem Bieter nicht das erforderliche neutrale Verhalten entgegenzubringen, sehr stark. Mit anderen Worten: Je mehr Nachprüfungsverfahren bei der öffentlichen Auftragsvergabe zu einem **Normalzustand** werden, wie z. B. im EU-Mitgliedstaat Belgien,[58] desto geringer wird das Risiko für den einzelnen Auftragnehmer, sich mit einem streitbaren Verhalten Nachteile einzuhandeln und gar mit einer Art „Querulantenvermerk“ (Stichwort: „Q“-Akte) bedacht zu werden. Als eine Art Fanal in Richtung auf eine Vergabepraxis, die durch eine höhere Zahl von Nachprüfungsverfahren gekennzeichnet ist, kann noch immer der erste Beschluss des Vergabesenats beim OLG Brandenburg[59] angesehen werden, mit dem die Vergabe betreffend Bau und Betrieb des Großflughafens Berlin für rechtswidrig erklärt wurde. Insbesondere wurden in diesem Beschluss im Hinblick auf die Vergabeprinzipien Transparenz und Nichtdiskriminierung Maßstäbe gesetzt. Speziell wurde der lange geleugnete subjektive Anspruch der Bieter auf eine ordnungsgemäße Dokumentation des Vergabeverfahrens anerkannt.

Das früher hoch gehaltene **Konsensmodell** ist daher weiter in einer **Rückentwicklung** be- **39**
griffen. In zunehmendem Maße gibt es Bieter, welche sich die Rechtsschutzinstrumenta-

---

54 So z. B. OLG Hamm, Urt. v. 12.9.2012, 12 U 50/12; OLG Schleswig, Beschl. v. 20.3.2008, 1 Verg 6/07; OLG Saarbrücken, Beschl. v. 13.11.2002, 5 Verg 1/02, IBR 2003, 42; OLG Düsseldorf, Beschl. v. 4.9.2002, Verg 37/02; OLG Rostock, Beschl. v. 16.5.2001, 17 W 1/01 und 2/01, VergabeR 2001, 315.

55 OLG Karlsruhe, Beschl. v. 31.1.2014, 15 Verg 10/13; OLG Celle, Beschl. v. 10.6.2010, 13 Verg 18/09; OLG Frankfurt/Main, Beschl. v. 24.2.2009, 11 Verg 19/08.

56 OLG Dresden, Beschl. v. 17.10.2006, WVerg 15/06; VK Südbayern, Beschl. v. 29.7.2009, Z3-3-3194-1-27-05/09; VK Lüneburg, Beschl. v. 24.10.2008, VgK-35/2008; VK Baden-Württemberg, Beschl. v. 31.3.2003, 1 VK 13/03.

57 *Stockmann*, ZWeR 2003, 37: „Positive Teilbefunde“ und „zunehmend deutlicher werdende Defizite“.

58 Zum Rechtsschutz in anderen EU-Mitgliedstaaten sehr instruktiv *Prieß*, Handbuch des europäischen Vergaberechts, S. 425 ff.

59 OLG Brandenburg, Beschl. v. 3.8.1999, 6 Verg 1/99 (IVG/PPS), BauR 1999, 1175.

rien zunutze machen und dabei von einer äußerst bieterfreundlichen Entscheidungspraxis profitieren. So kann es durchaus passieren, dass Vergabenachprüfungsanträge ohne vorherige Rüge bei bereits erteiltem Zuschlag angenommen werden.[60] Gleichfalls sind Vergabenachprüfungsverfahren bekannt, in denen eine – zu Recht ganz mehrheitlich abgelehnte – sog. „Rüge ins Blaue hinein" akzeptiert und das Verfahren unter Gewährung von Akteneinsicht durchgeführt wird.[61] Die Verfahren werden dann nach der Devise geführt, möglichst erst einmal durch einen geschickten Vortrag und eine scheinbar konkrete, schlüssig klingende Beanstandung die Akteneinsicht zu erlangen und sodann darauf zu hoffen, dass man schon irgendeinen (weiteren) Fehler finden wird, auch wenn sich die ursprünglich ins Visier genommene Rechtsverletzung nicht als solche verifiziert hat.

b) Organisatorische Anforderungen

40 Gem. Art. 2 Abs. 9 der Überwachungsrichtlinie 89/665/EWG in der 2007er-Fassung gibt es **zwei Möglichkeiten** zur Einrichtung der **Nachprüfungsinstanzen**:

41 Die **erste Lösung** besteht darin, die Zuständigkeit für Nachprüfungen **nationalen Gerichten** zu übertragen. Hiermit wird eine im Sinne der Überwachungsrichtlinien effiziente Rechtsprüfung eröffnet, die dem Zweck des Bieterschutzes ohne Einschränkungen nachkommt.

42 Bei der **zweiten Lösung** kann die Nachprüfungszuständigkeit zunächst Instanzen übertragen werden, die keine Gerichte sind, also zum Beispiel Verwaltungsbehörden. Allerdings müssen in diesem Fall die von den Verwaltungsinstanzen getroffenen Entscheidungen zum Gegenstand einer Klage oder einer Nachprüfung bei einer anderen Instanz gemacht werden können. Diese hierbei erforderliche **zweite Instanz** muss den besonderen, in Art. 2 Abs. 9, Unterabs. 2 der Richtlinie 89/665/EWG in der 2007er-Fassung aufgestellten Erfordernissen entsprechen, um eine angemessene Nachprüfung sicherzustellen.[62] Diese Anforderungen beziehen sich vor allem darauf, dass eine unabhängige Instanz vorliegen muss, die den **Erfordernissen des Art. 267 AEUV (früher 234 EGV)** entspricht. Dies beinhaltet, dass die Bieter in der Lage sein müssen, eine Instanz einzuschalten, die ein Vorabentscheidungsverfahren vor dem EuGH herbeiführen kann.[63]

43 Unter Geltung der **haushaltsrechtlichen Lösung** waren die bei der Rechts- und Fachaufsicht angesiedelten Vergabeprüfstellen unstreitig als Verwaltungsinstanzen anzusehen. Daher mussten die in der zweiten Instanz agierenden **Vergabeüberwachungsausschüsse** als Gerichte im Sinne des Art. 267 AEUV (früher 234 EGV) qualifiziert werden können. Trotz weitverbreiteter Bedenken in der Literatur und auch in den Schlussanträgen des Generalanwaltes Tesauro wurden sie vom EuGH mit Urteil vom 17.9.1997[64] als **vorlageberechtigtes Gericht** im Sinne des vorvormaligen Art. 177 EGV anerkannt. Diese damalige Feststel-

60 VK Südbayern, Beschl. v. 26.11.2015, Z3-3-3194-1-56-11/15.

61 VK Sachsen, Beschl. v. 23.11.2016, 1/SVK/25-16.

62 Zu den Anforderungen siehe EuGH, Urt. v. 4.2.1999, Rs. C-103/97, Slg. 1999-I, 551.

63 Für die damaligen Vergabeüberwachungsausschüsse bejaht: EuGH, Urt. v. 17.9.1997, Rs. C-54/96, Slg. 1997, I-4961 – Dorsch Consult/Bundesbaugesellschaft.

64 Für die Vergabekammern grundsätzlich bejaht: EuGH, Urt v. 17.11.2015, Rs. C-115/14; EuGH, Urt. v. 18.9.2014, Rs. C-549/13.

lung hat **auch Relevanz für die Vorlageberechtigung der heutigen Vergabekammern.**[65] Seinerzeit war mit der im Ergebnis zu bejahenden Frage der Vorlageberechtigung eine der Bedingungen des Art. 2 Abs. 8 der ÜWR erfüllt. Jedoch wurden angesichts der vor dem Jahre 1999 nur recht eingeschränkten Befugnisse (keine ausreichende Verbindlichkeit der Beschlüsse, keine Vollstreckbarkeit, keine Aussetzung des laufenden Vergabeverfahrens etc.) die sonstigen Anforderungen der Art. 1 und Art. 2 Abs. 1 der ÜWR nicht richtig umgesetzt. Folglich war insofern ein **europarechtswidriger Zustand** gegeben.

44 Es kam hinzu, dass die **Anforderungen des deutschen Verfassungsrechts** im Hinblick auf die Gewährleistung effektiven Rechtsschutzes (Art. 19 Abs. 4 GG) als nicht erfüllt gelten konnten.[66] Da die Bieter bereits aus den materiellen Vergaberichtlinien einen Anspruch auf die Einhaltung der Vergabevorschriften haben, müssen diese subjektiven Rechtspositionen auch gerichtlich einklagbar sein. Zudem war die Funktion der Vergabeüberwachungsausschüsse als „quasi-gerichtliche Instanz" nicht mit den Grundsätzen des deutschen Gerichtswesens (Art. 20 Abs. 2, 20 Abs. 3, 92, 101 GG) vereinbar.

45 Diese Mängel sind unter der Geltung der 1999 installierten **kartellrechtlichen Lösung** (sog. „Kartellvergaberecht") abgestellt.

46 Schon in der ersten Instanz sind die **Vergabekammern** mit effektiven Abhilfemöglichkeiten ausgestattet (Suspensiveffekt mit Zustellung des Antrags an den Auftraggeber,[67] Vollstreckung ihrer Entscheidungen nach den Verwaltungsvollstreckungsgesetzen[68]). Damit wird dem Postulat der Überwachungsrichtlinie Rechnung getragen, die wirksame und schnelle Abhilfemöglichkeiten verlangt. Die große Zahl der in den vergangenen 18 Jahren von den Vergabekammern behandelten Fälle, in denen laufende Vergabeverfahren unter dem Schutz des Suspensiveffektes erfolgreich angegriffen und für rechtswidrig erklärt wurden, belegt dies recht eindrucksvoll.

47 In der zweiten Instanz ist mit der Beschwerdemöglichkeit zum **Vergabesenat** beim OLG die erforderliche gerichtliche Überprüfungsmöglichkeit geschaffen worden.[69] Damit wird insbesondere eine Vereinbarkeit mit deutschem Verfassungsrecht hergestellt. Dass schon die Vergabekammern gerichtsähnlich ausgestaltet sind, kann nur als Bemühung des Ge-

---

65 Der EuGH hat die Vorlageberechtigung der deutschen Vergabekammern VK Arnsberg und VK Rheinland-Pfalz anerkannt: EuGH, Urt. v. 18.9.2014, Rs. C-549/13; EuGH, Urt v. 17.11.2015, Rs. C-115/14.

66 So die Amtl. Begr., BT-Drs. 13/9340, S. 12, unter Punkt A. 3. Umfassend zur Europarechts- und Verfassungswidrigkeit der haushaltsrechtlichen Lösung *Noch*, Vergaberecht und subjektiver Rechtsschutz, 1998, S. 90ff.

67 Sehr instruktiv zu den Begleitwirkungen des Zuschlagsverbotes: OLG Düsseldorf, Beschl. v. 16.12.2016, VII-Verg 40/16. Ferner: OLG Düsseldorf, Beschl. v. 8.2.2006, VII-Verg 61/05; BayObLG, Beschl. v. 9.9.2004, Verg 18/04; OLG Dresden, Beschl. v. 4.7.2002, WVerg 11/02, VergabeR 2002, 544.

68 Instruktiv: OLG Düsseldorf, Beschl. v. 2.6.2005, VII-Verg 99/04.

69 Eine „außerordentliche sofortige Beschwerde" zum BGH existiert nicht. Es besteht nur die Möglichkeit einer Divergenzvorlage durch das OLG gem. § 124 Abs. 2 GWB a.F. (nunmehr: § 179 Abs. 2 GWB): BGH, Beschl. v. 16.9.2003, X ZB 12/03. Der BGH entscheidet dann die Rechtsfrage, und das Verfahren endet in aller Regel dort; eine Ausnahme besteht, wenn in dem Vorlageverfahren noch Tatsachenfragen zur Entscheidung anstehen, sodass in diesem Fall gem. § 178 S. 2 GWB auch an die Vergabekammer als „erste Instanz" zurückverwiesen werden kann (BGH, Beschl. v. 31.1.2017, X ZB 10/16).

setzgebers gesehen werden, Qualitätssteigerungen in der Eingangsinstanz herbeizuführen; rechtlich erforderlich ist dies nicht.[70]

c) Transparenz

48 Ein ganz wichtiges Prinzip bei der Vergabe öffentlicher Aufträge ist die **Transparenz**.[71] Dieses den Vergaberichtlinien zugrunde liegende Prinzip hat der Gesetzgeber in der Regelung des § 97 Abs. 1 GWB erstmalig festgeschrieben. Die Transparenz der Vergabeverfahren ist unabdingbare Voraussetzung für effiziente Nachprüfungsverfahren, denn ohne durchschaubare Beschaffungsvorgänge könnte der Bieter gar nicht ermessen, wo im Einzelnen Fehler aufgetreten sind, die es lohnen, das Risiko eines Nachprüfungsverfahrens einzugehen.

49 Zu **unterscheiden** sind im Grundsatz die sogenannte Ex-ante-Transparenz und die Ex-post-Transparenz.

50 **Ex-ante-Transparenz** bedeutet, dass die Ausschreibungen in vorhersehbaren Verfahren ablaufen und der potenzielle Bieter bzw. Interessent die Chance hat, sich ein Bild darüber zu machen, ob es sich für ihn lohnt, an einem Ausschreibungsverfahren teilzunehmen.[72] Dabei spielt insbesondere die Angabe der anzuwendenden Teilnahme- und Zuschlagskriterien eine erhebliche Rolle.[73] Eine Anwendung der Grundsätze der Ex-ante-Transparenz wird teilweise auch von den Schadensersatzgerichten bei den Unterschwellen gefordert.[74]

51 Für die Nachprüfung ist die **Ex-post-Transparenz** von ausschlaggebender Bedeutung.[75] Sie hat zum Ziel, dass das gesamte Vergabeverfahren inklusive der Zuschlagserteilung in der zeitlichen Rückschau nachvollzogen werden kann. Ein wesentliches Element hierfür ist die Dokumentation der Vergabestelle, anhand derer sich die einzelnen Verfahrensschritte des öffentlichen Auftraggebers bis hin zur Entscheidung über den Zuschlag nachvollziehen lassen. Insbesondere muss im Nachhinein aufklärbar sein, ob, und wenn ja, zu welchem Zeitpunkt ein Fehler im Vergabeverfahren aufgetreten ist und ob dieser für die zuungunsten des Beschwerdeführers ausgegangene Vergabeentscheidung ausschlaggebend gewesen ist.[76] Speziell beginnt die Dokumentationspflicht bereits in der Planungsphase der späteren Ausschreibung.[77] Dies wird noch immer allzu häufig übersehen. Zwar mag es sein, dass das Bestimmungsrecht bzgl. der späteren Leistung weitestgehend Sache der ausschreibenden Stelle ist,[78] jedoch muss eine Prüfung auf willkürliche Festlegungen und dadurch ausgelöste Diskriminierungen prinzipiell durchgehend möglich sein. Anderenfalls,

---

70 *Otting*, in: Bechtold, GWB, § 105 Rn. 1.

71 BGH, Urt. v. 20.1.2009, X ZR 113/07, VergabeR 2009, 448.

72 Siehe: EuGH, Urt. v. 25.4.1996, Rs. C-87/94, Slg. 1996, I, 2043; KG, Beschl. v. 3.11.1999, Kart-Verg 3/99; OLG Naumburg, Beschl. v. 31.3.2004, 1 Verg 1/04; VK Bund, 4.9.2007, VK 1-89/07 (Neubau einer Schleuse); VK Westfalen, Beschl. v. 18.3.2015, VK 1-6/15; VK Düsseldorf, 21.1.2009, VK-43/2008-L.

73 EuGH, Urt. v. 12.12.2002, Rs. C-470/99; OLG Düsseldorf, Beschl. v. 23.6.2010, VII-Verg 18/10.

74 OLG Hamm, Urt. v. 12.9.2012, I-12 U 50/12.

75 Dazu grundlegend: OLG Naumburg, Beschl. v. 30.4.2014, 2 Verg 2/14; OLG Brandenburg, Beschl. v. 3.8.1999, 6 Verg 1/99, BauR 1999, 1175. Ferner: VK Südbayern, Beschl. v. 19.1.2009, Z3-3-3194-1-39-11-08.

76 VK Südbayern, Beschl. v. 12.1.2004, Az. 59-11/03.

77 OLG Düsseldorf, Beschl. v. 17.3.2004, VII Verg 1/04, NZBau 2004, 461.

78 OLG Düsseldorf, Beschl. v. 1.8.2012, VII Verg 10/12.

also wenn sich die Ex-post-Transparenz nur auf die reine Durchführung des Vergabeverfahrens beziehen würde, liefen der Zweck der Dokumentation und die daran anknüpfenden subjektiven Bieterrechte ins Leere.[79] Die **aktuelle Fassung der Vergabeverordnung (VgV)** unterscheidet in diesem Zusammenhang einerseits zwischen der **Dokumentation im engeren Sinne** (§ 8 Abs. 1) als einer unbeschränkten Niederlegung sämtlicher Vorgänge speziell auch in der Konzeptionsphase der Ausschreibung (u.a. Markterkundung, interne Abstimmungen in der Person des öffentlichen Auftraggebers) und andererseits dem **Vergabevermerk** als dem dokumentierten Verfahrensablauf mit den wesentlichen Entscheidungen und deren jeweiliger Begründung (§ 8 Abs. 2).

d) Subjektive Rechte

Das **Vorhandensein subjektiver Rechte** ist **zwingende Voraussetzung** für die Wirksamkeit der auf der Grundlage der Überwachungsrichtlinie geschaffenen Nachprüfungsorgane. Nur wo ein subjektiver **Anspruch des Bieters** auf Einhaltung der Vergabevorschriften herrscht, kann ein wirksames individuelles Beschwerdeverfahren ablaufen. Dieses muss entsprechend den Vorgaben der Überwachungsrichtlinie zumindest gerichtsähnlich ausgestaltet sein. 52

Häufig wird übersehen, dass sich diese subjektiven Rechte schon **aus den materiellen Vergaberichtlinien** ergeben. In ihnen sind schließlich auch die detaillierten Vergabevorschriften enthalten, denen die Vergabestelle Beachtung schenken muss. Die **Überwachungsrichtlinien** dienen lediglich dazu, die aus den materiellen Vergaberichtlinien resultierenden subjektiven Rechte mit angemessenen Rechtsschutzinstrumentarien **abzusichern**. Man kann insoweit von „**materiellen subjektiven Rechten**" aus den materiellen Vergaberichtlinien sprechen. Die Verpflichtung der Mitgliedstaaten zur Einrichtung der Nachprüfungsinstanzen stellt die ergänzende prozessrechtliche Komponente zu den „materiellen subjektiven Rechten" dar. Man kann diesbezüglich von „**prozessualen subjektiven Rechten**" sprechen.[80] Damit ist zum Ausdruck gebracht, dass der Bieter vor den Nachprüfungsinstanzen **Prozessrechte** (Anhörungs-, Antrags-, Beweisrechte usw.) ausüben muss, um seine materiellen Rechte aus den Vergaberichtlinien (z.B. Einhaltung des richtigen Vergabeverfahrens, keine diskriminierende Leistungsbeschreibung etc.) wirksam geltend machen zu können. 53

Grundsätzlich folgt die **Nachprüfungsfähigkeit** der Auftragsvergaben dem in den materiellen Vergaberichtlinien gesetzten Rahmen. Nach einhelliger Auffassung waren demnach die **bisher vom materiellen Vergaberecht ausdrücklich ausgenommenen Bereiche** wie z.B. die Vergabe von Dienstleistungskonzessionen gem. den §§ 102ff. GWB a.F. nicht nachprüfbar.[81] Bei Dienstleistungsvergaben gemäß dem früheren Anhang IB (sog. nachrangige Dienstleistungen) galt nur ein äußerst eingeschränktes Vergaberegime (Beachtung der europäischen Spezifikationen und der Bekanntmachungspflichten über vergebene Auf- 54

79 BGH, Beschl. v. 8.2.2011, X ZB 04/10.

80 So *Noch*, Vergaberecht und subjektiver Rechtsschutz, 1998, S. 127ff.

81 EuGH, Urt. v. 13.10.2005, Rs. C-458/03, Slg. 2005, I-8585 – Parking Brixen; EuGH, Urt. v. 7.12.2000, Rs. C-324/98; BayObLG, Beschl. v. 11.12.2001, Verg 15/01, VergabeR 2002, 55; OLG Düsseldorf, Beschl. v. 26.7.2002, Verg 22/02, VergabeR 2002, 607; OLG Stuttgart, Beschl. v. 4.11.2002, 2 Verg 4/02, NZBau 2003, 296; OLG Naumburg, Beschl. v. 4.12.2001, 1 Verg 10/01, VergabeR 2002, 309.

träge sowie die allgemeinen Vergabeprinzipien).[82] Mit der Vergaberechtsmodernisierung 2016 ist aber auch diese Einschränkung entfallen, weil jetzt prinzipiell die Vergabe aller Arten von Dienstleistungen ausnahmslos der EU-weiten Ausschreibungspflicht unterfällt. Es existieren für die bisherigen sogenannten IB-Dienstleistungen lediglich ein höherer EU-Schwellenwert von 750.000 Euro und einige Verfahrenserleichterungen auf der Grundlage des § 130 GWB. Ursache für diese Sonderregelungen ist, dass die ehemaligen IB-Leistungen grundsätzlich Bereiche betreffen wie Gesundheit und Soziales, in denen die Binnenmarktrelevanz eingeschränkter Natur ist und in denen es eines gelockerten Vergaberegimes bedarf.

55 Mit Urteil vom 11.8.1995[83] verdeutlichte der EuGH – wenn auch bezogen auf die Rechtssituation vor der deutschen Umsetzung in Form der „haushaltsrechtlichen Lösung" –, dass nur dann eine rechtswirksame Implementierung der europäischen materiellen Vergaberichtlinien gegeben ist, wenn die Bieter ihre Rechte **vor nationalen Gerichten geltend machen** können. Zwar hat der EuGH den deutschen Rechtsbegriff der „subjektiven Rechte" nicht explizit gebraucht – dieser ist in anderen europäischen Rechtsordnungen in der uns geläufigen Form nicht bekannt –, aber er hat diesen Begriff in der Weise umschrieben, dass nach den Kategorien des deutschen Rechts keine andere Schlussfolgerung übrig blieb als diejenige, dass Nachprüfungsorgane geschaffen werden müssen, die mit hinreichenden Kompetenzen ausgestattet sind, um die subjektiven Rechte der Bieter aus den materiellen Vergaberichtlinien zur optimalen Geltung zu bringen.

56 Hiermit ist auch das grundsätzliche, vom EuGH entwickelte Gebot verbunden, europäische Richtlinien so in nationales Recht umzusetzen, dass sie eine **optimale Geltungswirkung** erzielen können. In einer Vielzahl von Grundsatzurteilen hat der EuGH auf das Erfordernis des **„effet utile"** hingewiesen.[84]

57 Diesen Anforderungen folgend hat der deutsche Gesetzgeber die **subjektiven Rechte** von Bietern im Vergabeverfahren anerkannt und in **§ 97 Abs. 6 GWB** verankert. Die unumgängliche Anerkennung subjektiver Rechte ist ein ganz wesentlicher Beweggrund für die Einführung des Rechtsschutzsystems der §§ 155 ff. GWB in Form eines **Individualbeschwerdeverfahrens** gewesen. Es geht um die Geltendmachung unternehmerischer Interessen auf Basis subjektiver Rechte, die durch ein (behauptetes) Fehlverhalten der Vergabestelle geschädigt wurden und zu einem Schaden zu führen drohen.[85]

58 Demgegenüber **entbehrten** die Verfahren vor den **Vergabeüberwachungsausschüssen der wesentlichen Kennzeichen** für ein Individualbeschwerdeverfahren wie etwa vollständige Antragsrechte. So hatte u. a. der VÜA Bund verschiedentlich betont, dass die „Antragsteller" im Vergabeüberwachungsverfahren keine Antragsteller im engeren Sinne sind,

---

82 OLG Stuttgart, Beschl. v. 7.6.2004, 2 Verg 4/04, VergabeR 2005, 247.

83 EuGH, Urt. v. 11.8.1995, Rs. C-433/93, Slg. 1995-I, 2303 = EuZW 1995, 635 – Kommission/Deutschland.

84 Siehe z. B. EuGH, Urt. v. 28.1.2010, Rs. C-406/08, VergabeR 2010, 451 – Uniplex (UK) Ltd/NHS Business Services Authority; EuGH, Urt. v. 6.5.1980, Rs. 102/79, Slg. 1980, 1473 – Kommission/Belgien; EuGH, Urt. v. 5.4.1979, Rs. 148/78, Slg. 1979, 1629 – Ratti; EuGH, Urt. v. 15.7.1964, Rs. 6/64, Slg. 1964, 1251 – Costa/ENEL. Dazu: *Noch*, Vergaberecht und subjektiver Rechtsschutz, 1998, S. 115 ff.

85 Instruktiv hierzu: EuGH, Urt. v. 19.6.2003, Rs. C-249/01, VergabeR 2003, 541. Siehe ferner auch EuGH, Urt. v. 19.6.2003, Rs. C-410/01, ZfBR 2003, 709.

sondern sie vielmehr „Anregungen" geben, anhand derer der VÜA die Rechtmäßigkeit der Entscheidungen der Vergabeprüfstellen untersucht.[86] Diese gewundenen Formulierungen haben ganz maßgeblich mit dem damaligen Fehlen subjektiver Rechte zu tun.

Seit dem 1.1.1999 jedoch sind **prägende Merkmale** eines Individualbeschwerdeverfahrens **verwirklicht**:[87] So wird gem. dem heutigen § 160 Abs. 1 GWB die Vergabekammer nur auf **Antrag** des Bieters tätig, es gibt Regelungen über die Antragsberechtigung (§ 160 Abs. 2), Präklusion (§ 160 Abs. 3), sofortige Begründungspflichten mit Darlegung der Tatsachen und Beweismittel (§ 161),[88] Verfahrensbeteiligte (§ 162), Akteneinsichtsrecht (§ 165 GWB)[89] usw. Dies gilt erst recht für das gerichtliche Verfahren vor den Vergabesenaten.[90] Dieser Aspekt des individuellen Rechtsschutzes wurde durch die GWB-Reform 2009 („Gesetz zur Modernisierung des Vergaberechts")[91] sogar noch gestärkt.[92] Dieser rechtliche Ansatz setzt sich im Verfahren der Sofortigen Beschwerde fort. Konsequenterweise ist das Verfahrensziel auch im Falle einer Anschlussbeschwerde, die grundsätzlich statthaft ist, auf ein gegenläufiges Ziel – im Vergleich zu denen des Rechtsmittelführers – beschränkt.[93] 59

Die Vergabekammern prüfen subjektive Bieterrechte in einem **individuellen Rechtsschutzverfahren**. Zwar sind sie schon wegen des Untersuchungsgrundsatzes aus § 163 Abs. 1 GWB befugt und ggf. verpflichtet, auch unabhängig von den Anträgen des sich übergangen fühlenden Bieters auf die Rechtmäßigkeit des Verfahrens einzuwirken, was den Charakter des Individualbeschwerdeverfahrens um einiges relativiert.[94] Insgesamt wird man jedoch – trotz einer gewissen Zwitterstellung, die auch der BGH konstatiert hat[95] – im Wesentlichen eine Ausprägung als Individualbeschwerdeverfahren annehmen 60

86 VÜA Bund, Beschl. v. 2.8.1994, 1 VÜ 1/94, WuW/E VergAB, 1.

87 VK Südbayern, Beschl. v. 10.7.2007, Z3-3-3194-1-24-05/07 u. Beschl. v. 16.7.2007, Z3-3-3194-1-25-05/07.

88 VK Baden-Württemberg, Beschl. v. 25.5.2009, 1 VK 25/09; VK Sachsen, Beschl. v. 24.3.2003, 1 VK 18/03; VK Sachsen, Beschl. v. 27.6.2002, 1 VK 57/02.

89 Dazu u. a.: OLG Bremen, Beschl. v. 17.11.2003, Verg 6/2003; OLG Düsseldorf, Beschl. v. 29.12.2001, Verg 22/01; OLG Jena, Beschl. v. 7.11.2001, 6 Verg 4/01; OLG Koblenz, Beschl. v. 22.3.2001, 1 Verg 9/00; OLG Jena, Beschl. v. 26.10.1999, 6 Verg 3/99, mit kritischer Würdigung *Stockmann*, ZWeR 2003, 37, 50. Restriktiv: VK Baden-Württemberg, Beschl. v. 25.5.2009, 1 VK 25/09, unter Verweis auf: VK Nordbayern, Beschl. v. 3.5.2007, 21.VK-3194-19/07; VK Baden-Württemberg, Beschl. v. 17.1.2008, 1 VK 52/07. Zum Sofortvollzug: VK Niedersachsen, Beschl. v. 6.9.2016 – VgK-39/2016.

90 So auch BayOLG, Beschl. v. 21.5.1999, Verg 1/99, BayOLGZ 1999, Nr. 33 = NVwZ 1999, 1142.

91 Gesetz zur Modernisierung des Vergaberechts, BGBl. I, Nr. 20 v. 23.4.2009, S. 790. Zur Reform des EU-Vergaberechtsschutzes und zum Vergaberechtsmodernisierungsgesetz: *Byok*, NVwZ 2009, 551; *Knauff/Streit*, EuZW 2009, 37.

92 OLG München, Beschl. v. 10.12.2009, Verg 18/09: Über den Untersuchungsgrundsatz dürfen die Präklusionsvorschriften nicht umgangen werden. Nur im Fall eines nicht hinnehmbaren Vergaberechtsverstoßes kann ein Einschreiten des Beschwerdegerichts von Amts wegen erwogen werden. Umfassend zu den Rügeobliegenheiten nach dem Vergabemodernisierungsgesetz: *Jaeger*, NZBau 2009, 558, 562.

93 OLG Koblenz, Beschl. v. 16.1.2017, Verg 5/16.

94 *Stockmann*, ZWeR 2003, 37, 49, weist auf den übergeordneten Zweck der Offenhaltung der innereuropäischen Beschaffungsmärkte hin.

95 BGH, Beschl. v. 19.12.2000, X ZB 14/00, VergabeR 2001, 71.

müssen.[96] Dies gilt erst recht im Hinblick auf die GWB-Reform 2009, mit der dem Bieter z. B. im Zusammenhang mit den erweiterten Präklusionstatbeständen (§ 160 Abs. 3 GWB) eine noch aktivere Rolle als bisher schon abverlangt wird.[97] In der Praxis erweist sich dies immer wieder als notwendiges Korrektiv, weil es häufig vorkommt, dass Bieter sich in die Rolle eines objektiven Betrachters begeben und versuchen, im Rügeschreiben alles Mögliche als beanstandenswert herauszustellen, ohne die nach § 160 Abs. 3 GWB erforderliche **subjektive Beschwer** zu prüfen.[98] So kommt es beispielsweise vor, dass eine angeblich zu kurze Angebotsfrist beanstandet wird, ohne dass zum Ausdruck gebracht wird, inwiefern der Betreffende dadurch in seiner Angebotserstellung beeinträchtigt wurde. In anderen Fällen moniert ein Bieter die angeblich fehlerhafte Verfahrenswahl (Verhandlungsverfahren anstatt Offenes Verfahren), ohne darzulegen, inwiefern er dadurch in seinen Zuschlagschancen beeinträchtigt wurde. Der Umstand, dass die fehlerhafte Wahl des Verhandlungsverfahrens die subjektiven Rechte zu beeinträchtigen geeignet ist, muss als unstreitig angesehen werden[99] – der Bieter muss aber dennoch darlegen, inwieweit ihn dies **in seinen Rechten beeinträchtigt**.[100] Bei vielen Rügeschreiben fehlt erfahrungsgemäß eine ausreichende Darlegung, inwieweit der Rügende durch den vermeintlichen Vergaberechtsverstoß beschwert ist. Was schon im Rügeverfahren so ist, gilt umso mehr im Vergabenachprüfungsverfahren.

61 Die **Reichweite der subjektiven Bieterrechte** ist **sehr groß**. Nach einer Entscheidung des EuGH[101] ist ein fortwährender Verstoß gegen den EU-Vertrag (in casu: Dienstleistungsfreiheit, jetzt Art. 56 AEUV) und die Vergaberichtlinie auch dann anzunehmen, wenn ein Auftrag ohne Ausschreibung vergeben wurde und der zivilrechtliche Vertrag nach deutschem Recht weiter Geltung beanspruchen kann (Fallkonstellation aus der Zeit vor Geltung der Nichtigkeitsfolge bei De-facto-Vergaben). Obwohl die Maxime des **„pacta sunt servanda“** nach deutschem Recht grundsätzlich Geltung besitzt, ist der betreffende Mitgliedstaat, dem das Fehlverhalten seiner Gebietskörperschaften (hier: Gemeinde Bockkorn und Stadt Braunschweig) zuzurechnen ist, nach übergeordnetem Europarecht verpflichtet, diesen vertragswidrigen Zustand zu beseitigen. Dies bedeutet, dass die betreffenden langjährigen Verträge (Abwasserableitung bzw. Abfallbeseitigung, jeweils über 30 Jahre) aufzulösen sind und durch reguläre Ausschreibung ein unionsrechtskonformer Zustand wiederherzustellen ist. Durch die langdauernden Verträge wurde nach Ansicht des EuGH insbesondere das Diskriminierungsverbot verletzt, weil die Leistungen dem Ausschreibungswettbewerb entzogen sind und dadurch andere Bieter keine Chance haben, die Leistungen als erfolgreicher Bieter eines vorangegangenen Vergabeverfahrens zu erbringen. Die geschlossenen

---

96 VK Südbayern, Beschl. v. 10.7.2007, Z3-3-3194-1-24-05/07 u. Beschl. v. 16.7.2007, Z3-3-3194-1-25-05/07. Sehr eng im Hinblick auf die Antragsbefugnis: OLG Koblenz, Beschl. v. 10.8.2000, 1 Verg 2/00, BauR 2001, 240; OLG Naumburg, Beschl. v. 13.5.2003, 1 Verg 2/03, VergabeR 2003, 588. Gegen diesbezüglich überspannte Anforderungen allerdings: BVerfG, Beschl. v. 29.7.2004, 2 BvR 2248/03, VergabeR 2004, 597.

97 Vgl. OLG München, Beschl. v. 10.12.2009, Verg 18/09; OLG München, Beschl. v. 9.8.2010, Verg 13/10. Zuvor bereits VK Thüringen, Beschl. v. 18.12.2008, 250.4003.20-5944/2008-030-J.

98 *Noch*, BauRB 2003, 221, 224.

99 BGH, Beschl. v. 10.11.2009, X ZB 8/09, VergabeR 2010, 210.

100 OLG Celle, Beschl. v. 12.5.2010, 13 Verg 3/10.

101 EuGH, Urt. v. 10.4.2003, verb. Rs. C-20/01 und 28/01, Slg. 2003, I-3609 – Kommission/Deutschland – „Braunschweig und Bockhorn“. Siehe auch EuGH, Urt. v. 9.9.2004, Rs. C-125/03, DVBl. 2004, 1472 – Kommission/Deutschland – „Städte Lüdinghausen u. a.“.

Verträge waren mithin aufzulösen. Die Gemeinde Bockhorn erreichte dieses Ziel rechtzeitig, wohingegen die Stadt Braunschweig säumig war, was zu einem erneuten Verfahren vor dem EuGH[102] führte. Die Feststellungsklage der Kommission hatte Erfolg, weil die Bundesrepublik, die für das Handeln aller ihrer Gebietskörperschaften verantwortlich zeichnet und daher vor dem EuGH zu verklagen ist, für die nicht rechtzeitig erfolgte Auflösung des Vertrags einstehen muss. Der deutsche Gesetzgeber hat **erst mit der 2016er Reform** den Widerspruch zwischen (europäischem) Vergaberecht einerseits und (deutschem) Vertragsrecht andererseits aufgelöst, indem er für die Fälle unionsrechtswidriger, vom EuGH als schwerer Vergabeverstoß festgestellter, De-facto-Vergaben den **Kündigungstatbestand** des § 133 Abs. 1 Nr. 3 GWB geschaffen hat.

Rechtsschutz gegen die **drohende Vergabe** eines Auftrags ohne jedes formale Ausschreibungsverfahren ist auf der Grundlage subjektiver Bieterrechte ebenfalls **möglich**. Die Bieterrechte werden nach mittlerweile gefestigter Rechtsprechung in diesen Fällen der sog. **De-facto-Vergaben**[103] in besonderem Maße tangiert. Die Rechtsprechung hat aber auch hier einen Schwenk vollzogen. Hatte es in den ersten Jahren 1999 und 2000 zumeist noch geheißen, dass ein Nachprüfungsverfahren ohne das Vorliegen eines förmlichen Ausschreibungsverfahrens nicht möglich ist,[104] so wandelte sich dies auf breiter Front, beginnend mit zwei Entscheidungen des OLG Düsseldorf aus dem Jahre 2001.[105] Der Vergabesenat lieferte erstmals in dem Beschluss vom Juni 2001 eine ausführliche Begründung und entwickelte die maßgeblichen Kriterien, bei deren Vorliegen **Rechtsschutz gegen eine drohende De-facto-Vergabe** möglich ist. Dies soll dann der Fall sein, wenn die Vergabestelle erkennbare organisatorische Schritte zur Deckung eines Beschaffungsbedarfs vornimmt und dabei die Schwelle bloßer Markterkundung und -beobachtung deutlich überschreitet. Das OLG Düsseldorf hebt hervor, dass es einen **vorbeugenden Rechtsschutz** zwar **grundsätzlich nicht gibt**, jedoch andererseits nicht unbedingt auf irgendwelche vom öffentlichen Auftraggeber bereits eingeleitete Förmlichkeiten – wie z. B. eine Ausschreibung – abgestellt werden kann. Ein sogar besonders schwerwiegender Vergaberechtsverstoß, der mit dem Nachprüfungsantrag angefochten werden kann, besteht gerade darin, dass die Ausschreibung einer Vergabe rechtswidrig unterbleibt. Für die Zwecke des Primärrechtsschutzes ist daher nach Auffassung des Senats ein „materielles Verständnis des Vergabeverfahrens" notwendig. Zahlreiche andere Senate und auch die Kammern haben diese Rechtsprechung übernommen.[106] Die Überwachungsrichtlinie verlangt gleichfalls aus europarechtlicher Sicht eine Nachprüfung in den Fällen der De-facto-Vergaben, wie der EuGH[107] auf ein Vorabentscheidungsverfahren des OLG Naumburg hin befand. Maßgeblich für diese Sichtweise ist letztlich der Grundsatz des „effet utile", also der Grundsatz der optimalen Geltungswirkung des Unionsrechts. Voraussetzung der Geltendmachung von rechtswidrigen De-facto-Vergaben ist freilich auch hier eine individuelle, im Einzelnen plausibel zu machende Beschwer. Weder die Überwachungsrichtlinien noch die Be- **62**

102 EuGH, Urt. v. 18.7.2007, Rs. C-503/04.

103 Dazu u. a.: *Jaeger*, EuZW 2008, 492; *Krohn*, NZBau 2008, 619; *Noch*, NZBau 2002, 86.

104 Siehe etwa: OLG Düsseldorf, Beschl. v. 12.1.2000, Verg 4/99, NZBau 2000, 91.

105 OLG Düsseldorf, Beschl. v. 14.2.2001, Verg 13/00, NZBau 2002, 54; OLG Düsseldorf, Beschl. v. 20.6.2001, Verg 3/01, VergabeR 2001, 329.

106 OLG Celle, Beschl. v. 29.10.2009, 13 Verg 8/09. Andere Auffassung noch: OLG Celle, Beschl. v. 4.5.2001, 13 Verg 5/00, NZBau 2002, 63 mit Anm. *Noch*, NZBau 2002, 86.

107 EuGH, Urt. v. 11.1.2005, Rs. C-26/03, VergabeR 2005, 44 – Stadt Halle. Vgl. OLG Naumburg, Beschl. v. 8.1.2003, 1 Verg 7/02, VergabeR 2003, 196.

stimmung des § 97 Abs. 6 GWB eröffnen dem Unternehmer das Recht, ohne individuelle Beschwer oder gar anonym einen Anspruch gegen den öffentlichen Auftraggeber dahingehend geltend zu machen, dass eine Vergabe ohne zugehöriges Verfahren geschah oder zu geschehen droht, und dass dieses Verhalten rückgängig zu machen bzw. zu unterlassen ist.[108]

63 Die **Rechtsfolge der De-facto-Vergaben** war unter Geltung der früheren Regelung des § 13 VgV a. F. nach herrschender Auffassung die **Nichtigkeit** des abgeschlossen Vertrags. Der BGH hatte die Verfassungsmäßigkeit der in § 13 VgV a. F. ausgesprochenen Nichtigkeitsfolge grundsätzlich bejaht.[109] Diese Rechtsprechung ist weitgehend überholt durch die im Jahre 2009 eingeführte Regelung des § 101b GWB a. F. (heute: § 135 GWB n. F.) Dort sind die Folgen der De-facto-Vergaben nunmehr ausdrücklich geregelt. Danach ist ein Vertrag von Anfang an unwirksam, wenn der öffentliche Auftraggeber den Auftrag ohne vorherige Veröffentlichung einer Bekanntmachung im Amtsblatt der EU vergeben hat, ohne dass dies aufgrund Gesetzes gestattet ist. **Prozessual** kann die rechtswidrig erfolgte De-facto-Vergabe **während sechs Monaten nach Vertragsabschluss**[110] respektive im Falle der Schaltung einer **EU-weiten Bekanntmachung** über die Vergabe im Verhandlungsverfahren ohne Teilnahmewettbewerb **innerhalb von 30 Tagen** nach deren Erscheinen angegriffen werden.[111]

64 Dem europarechtlichen Anspruch der optimalen Geltungswirkung (effet utile) widerspricht es nicht, wenn die mit der Nachprüfung befasste nationale Instanz über einen **Antrag auf vorläufige Maßnahmen nach Maßgabe der Erfolgsaussichten** des Verfahrens in der Hauptsache **entscheidet**, weil mit der Berücksichtigung dessen, in welchem Maße der behauptete Rechtsverstoß wahrscheinlich ist, das durch die Richtlinie gewährleistete Recht auf wirksame und rasche Nachprüfung nicht beeinträchtigt wird.[112] Insoweit kann es hier im Einzelfall Einschränkungen bei der Durchsetzbarkeit der subjektiven Bieterrechte geben.

e) Prinzip: Schadensvermeidung vor Schadensregulierung

65 Der **Primärrechtsschutz** auf der Grundlage der Überwachungsrichtlinien ist im öffentlichen Auftragswesen von ganz zentraler Bedeutung.

66 Dem potenziellen Auftragnehmer geht es in erster Linie darum, einen **Fehler im laufenden Vergabeverfahren** zu beseitigen und zu seinen Gunsten zu korrigieren. Das Interesse ist konkret darauf gerichtet, den Auftrag, den zu bekommen er sich durch den Vergabefehler rechtswidrig gehindert sieht, letzten Endes doch noch zu erhalten. Ganz wesentlich ist, dass der Verstoß gegen das Vergaberecht **vor der Zuschlagserteilung** korrigiert wird, denn mit der Zuschlagserteilung (respektive dem Zugang des Bestätigungsschreibens beim

108 OLG Celle, Beschl. v. 25.8.2005, 13 Verg 8/05.
109 BGH, Beschl. v. 9.2.2004, X ZB 44/03, VergabeR 2004, 201.
110 OLG Frankfurt, Beschl. v. 3.5.2016, 11 Verg 12/15; OLG Schleswig, Beschl. v. 4.11.2014, 1 Verg 1/14; OLG Celle, Beschl. v. 29.10.2009, 13 Verg 8/09.
111 OLG München, Beschl. v. 21.2.2013, Verg 21/12.
112 EuGH, Urt. v. 9.4.2003, Rs. C-424/01, VergabeR 2003, 649.

erfolgreichen Bieter)[113] ist nach deutschem Recht gleichzeitig der **zivilrechtliche Vertragsabschluss** nach den Vorschriften des BGB gegeben.[114] Bis auf die wenigen Ausnahmefälle, in denen z. B. ein nachweisbares, sittenwidriges Fehlverhalten beider Kontrahenten, also sowohl der Vergabestelle als auch eines Bieters vorliegt, ist der Vertragsabschluss durch Anfechtung – vorbehaltlich der Feststellung der Vertragsunwirksamkeit in den Fällen gem. § 135 Abs. 1 i.V.m. Abs. 2 GWB – auch **nicht rückgängig zu machen**.[115]

Zu bedenken ist, dass der zu Unrecht benachteiligte (potenzielle) Bieter schließlich **Investitionen** im Hinblick auf das Vergabeverfahren getätigt hat, die z. B. bei einer funktionellen Leistungsbeschreibung, bei der der potenzielle Auftragnehmer eigene Lösungen entwickeln soll, durchaus fünf- oder sechsstellige Beträge ausmachen können.[116] Noch größere Summen ergeben sich im Hinblick auf den erstrebten unternehmerischen Gewinn, der aus Sicht des Unternehmers Sinn und Zweck seiner Beteiligung an der Ausschreibung ist. **67**

Daher ist **erst in zweiter Linie** sein Interesse darauf gerichtet, **Schadensersatz** für die vergebliche Teilnahme am Ausschreibungsverfahren zu erhalten (sog. **Sekundärrechtsschutz**). **68**

Dieser umfasst nach deutschem Recht auf Basis der culpa in contrahendo (**cic**, § 311 Abs. 2 BGB) in der Regel den Ersatz seiner Aufwendungen für die Angebotserstellung.[117] Mit dem Zeitpunkt der Beteiligung eines Unternehmers an der Ausschreibung ist ein **vorvertragliches Vertrauensverhältnis**[118] gegeben, welches ein allgemeines Rücksichtnahmegebot[119] enthält und im Falle des Fehlverhaltens der Vergabestelle zu Schadensersatzansprüchen berechtigt. Dieses bezieht sich in der Regel nur auf den Ersatz der Aufwendungen, also das **negative Interesse**. **69**

Zum Teil hat die **Rechtsprechung** der Oberlandesgerichte[120] und des **BGH** bestätigt, dass unter **besonderen Voraussetzungen** auch der **entgangene Gewinn**, also das sog. **positive Interesse**, geltend gemacht werden kann. Diese Fälle beziehen sich jedoch insbesondere auf Konstellationen, in denen der benachteiligte Bieter praktisch der Einzige ist, der den **70**

---

113 Ein Telefaxschreiben genügt: OLG Bremen, Beschl. v. 18.8.2003, Verg 6/2003. Unter Umständen reicht auch eine mündliche Zusage: OLG Koblenz, Urt. v. 14.1.2003, 3 U 1685/01, BauRB 2003, 176.

114 Siehe aber EuGH, Urt. v. 28.10.1999, Rs. C-81/98 – Alcatel Austria AG, Ökopunkte –, der von dem Modell einer Zweistufigkeit, also öffentlich-rechtlicher Zuschlag plus abtrennbarer Akt des zivilrechtlichen Vertragsabschlusses, ausgeht.

115 *Marx*, in: Motzke/Pietzcker/Prieß, VOB, vor § 102 Rn. 4: „irreversibel". Instruktiv: VK Bund, Beschl. v. 29.9.2009, VK 3-157/09.

116 Zum Interesse des Bieters an der Amortisation seiner Aufwendungen: OLG Düsseldorf, Beschl. v. 19.6.2013, VII-Verg 4/13; OLG Naumburg, Urt. v. 29.4.2003, 1 U 119/02. Zum Vertrauensschutz des Bieters bzgl. der ordnungsgemäßen Durchführung der Ausschreibung: BGH, Urt. v. 12.6.2001, X ZR 150/99.

117 Durch die Kodifizierung der c.i.c. in § 311 Abs. 2 BGB hat sich rechtlich nichts geändert. Die hergebrachte Rechtsprechung zum Schadensersatz bei öffentlichen Auftragsvergaben kann ohne Weiteres auf heutige Fälle unter Geltung der Neufassung des BGB übertragen werden. So jedenfalls OLG Dresden, Urt. v. 10.2.2004, 20 U 1697/03, BauRB 2004, 205.

118 BGH, Urt. v. 27.11.2007, X ZR 18/07, VergabeR 2008, 219; BGH, Urt. v. 27.6.2007, X ZR 34/04, NZBau 2007, 727; BGH, Urt. v. 3.4.2007, X ZR 19/06, VergabeR 2007, 750.

119 BGH, Urt. v. 5.6.2012, X ZR 161/11.

120 OLG Zweibrücken, Urt. v. 24.1.2008, 6 U 25/08; OLG Schleswig, Urt. v. 12.10.2004, 6 U 91/01, VergabeR 2006, 568.

Zuschlag rechtmäßigerweise hätte erhalten können bzw. im Sinne einer gebundenen Entscheidung hätte erhalten müssen.[121] Ermessensentscheidungen dahingehend, dass eine Vergabestelle den erstplatzierten Bieter ohne Verstöße gegen den Grundsatz der Ermessenslehre als nicht geeignet eingestuft hat, verleihen dem Begehren nach Schadensersatz in aller Regel keinen Erfolg.[122] Zudem muss der Auftrag zu einem späteren Zeitpunkt tatsächlich auch erteilt werden.[123] Zu denken ist ebenso an die Fälle, in denen der öffentliche Auftraggeber ausschreibt, ohne dass die Finanzierung durch entsprechende Haushaltsmittel gesichert ist.[124] In Fällen allerdings, in denen sich eine Kostenschätzung als fehlerhaft erweist und der Auftrag wegen Überschreitung des Haushaltsansatzes mit reduziertem Umfang an einen Konkurrenten erteilt wird, kann nicht automatisch mit einem Ersatz des positiven Interesses gerechnet werden.[125] Im Rahmen der Möglichkeit, Schadensersatz einzuklagen, spielt auch das **Mitverschulden** des Bieters, ggf. nicht oder nicht rechtzeitig den öffentlichen Auftraggeber auf Vergabefehler hingewiesen zu haben, eine Rolle.[126] Ist dem Bieter bekannt, dass die Leistungsbeschreibung fehlerhaft ist und gibt er gleichwohl ein Angebot ab, so steht ihm wegen dieses Fehlers der Ausschreibung u. U. nicht einmal ein Anspruch aus culpa in contrahendo auf Ersatz des Vertrauensschadens zu.[127] Gesetzliche bzw. gerichtliche Vorgaben (z. B. die Aufhebung eines Planfeststellungsbeschlusses über die Trassenführung mit der Folge einer notwendigen Aufhebung der Ausschreibung), die der Auftraggeber zwingend zu beachten hat, führen zu keinem Verschulden der öffentlichen Hand und versetzen daher nicht ohne Weiteres in die Lage, erfolgreich Schadensersatz einzuklagen.[128]

71 Speziell ist auf die durch die Regelung des § 181 GWB **vereinfachte Geltendmachung des Schadensersatzes** bei Auftragsvergaben oberhalb der Schwellenwerte zu verweisen. Danach genügt es, dass ein den Schutz des Bieters betreffender Vergabefehler[129] vorliegt, durch den die „echte Chance“[130] des Bieters, den Auftrag zu erhalten, geschmälert wurde. Eines **Verschuldensnachweises** seitens des Klägers – wie sonst im Falle der c.i.c. erforderlich – **bedarf es nicht**. Es entscheidet der objektive Rechtsverstoß.[131] Trotz dieser Vereinfachungen hinsichtlich Kausalität und Verschulden, die auf Art. 2 Abs. 9 der Sektorenüberwachungsrichtlinie 92/13/EWG zurückgehen, bleibt das **Hauptinteresse** des Bieters auf

---

121 So BGH, Beschl. v. 3.4.2007, X ZR 19/06; BGH, Urt. v. 25.11.1992, VII ZR 170/91, NJW 1993, 520; OLG Düsseldorf, Urt. v. 31.1.2001, U (Kart) 9/00; OLG Düsseldorf, Urt. v. 18.2.1999, 5 U 93/98, BauR 1999, 741.

122 So OLG Hamm, Urt. v. 12.9.2012, 12 U 50/12.

123 BGH, Urt. v. 16.12.2003, X ZR 282/02, BauRB 2004, 170; OLG Schleswig, Urt. v. 18.1.2001, 11 U 139/99, OLGR 2001, 220. Gegenteiliger Auffassung: OLG Düsseldorf, Urt. v. 8.1.2002, 21 U 82/01, VergabeR 2002, 326.

124 BGH, Urt. v. 8.9.1998, VII ZR 48/97, BauR 1998, 1232 = JZ 1999, 253 mit Anm. *Noch* und m. w. N.

125 BGH, Urt. v. 5.11.2002, X ZR 232/00, VergabeR 2003, 163.

126 BGH, Urt. v. 1.8.2006, X ZR 146/03, NZBau 2007, 58 = VergabeR 2007, 194.

127 Zum vergaberechtlichen Schadensersatzanspruch auf das negative Interesse, ggf. auch für mehrere Bieter: OLG Naumburg, Urt. v. 27.11.2014, 2 U 152/13; *Gröning*, GRUR 2009, 266.

128 OLG Dresden, Urt. v. 19.10.2007, 20 U 1047/07. Unter Verweis auf: BVerwG, Beschl. v. 12.4.2005, 9 VR 41.04.

129 So ausdrücklich: BGH, Urt. v. 27.11.2007, X ZR 18/07, VergabeR 2008, 219.

130 Für eine weite, nach Meinung des Verf. etwas zu extensive, Auslegung des Begriffs der „echten Chance“: *Prieß*, Handbuch des europäischen Vergaberechts, S. 415.

131 EuGH, Urt. v. 30.9.2010, Rs. C-314/09; BGH, Urt. v. 9.6.2011, X ZR 143/10.

die **Erlangung des Auftrages** gerichtet. Die Geltendmachung von Schadensersatz kann immer nur die zweite Wahl sein.

Dies hat noch einen **weiteren Grund**: Den Überwachungsrichtlinien ist mit ihrer Forderung nach raschem und effektivem Rechtsschutz (Primärrechtsschutz) in Gestalt schnell wirkender einstweiliger Maßnahmen das **Prinzip „Schadensvermeidung vor Schadensregulierung"** immanent.[132] Der Bieter ist nicht zuletzt aufgrund der besonderen Rechtslage in Deutschland, dass Zuschlagserteilung und zivilrechtlicher Vertragsabschluss in einem Akt zusammenfallen, gefordert, alles zu tun, was die folgenschwere Zuschlagserteilung verhindert.[133] **Einstweiliger Rechtsschutz** kann aufgrund der deutschen Besonderheit, dass der einmal erteilte Zuschlag nicht rückgängig gemacht werden kann und in der Regel auch die Folge eines nicht mehr anfechtbaren zivilrechtlichen Vertragsschlusses zeitigt – vorbehaltlich der Feststellung der Vertragsunwirksamkeit in den Fällen gem. § 135 Abs. 1 i.V.m. Abs. 2 GWB –, **effektiv nur vor Zuschlagserteilung** stattfinden. Dementsprechend sind Anträge an die Vergabekammer, die nach Erteilung des Zuschlags gestellt werden, unzulässig.[134] 72

Die eventuelle Rechtswidrigkeit des Vorgehens der Vergabestelle kann in dem Sonderfall des § 168 Abs. 2 Satz 2 GWB auch nachträglich festgestellt werden, wenn das Vergabeverfahren erst nach Einreichung des Nachprüfungsantrages **durch Zuschlagserteilung beendet** wird. Dies kann der Fall sein, wenn der Bieter die Fristen ausschöpft und der Nachprüfungsantrag erst dann zugestellt wird, wenn der Zuschlag bereits wirksam erteilt werden konnte. Betroffen ist also der Zeitraum zwischen Anhängigkeit und Rechtshängigkeit. Hier besteht weiterhin das Nachprüfungsinteresse, und das Verfahren ist zulässig. 73

Für Fallkonstellationen, in denen die Vergabestelle das **Verfahren durch Aufhebung der Ausschreibung zu beenden** versucht, ist seit dem Urteil des EuGH vom Juni 2002[135] und nachfolgend des BGH vom Februar 2003[136] geklärt, dass eine umfangreiche Nachprüfung der Aufhebungsgründe im Interesse des Rechtsschutzes geboten ist.[137] Insbesondere kann auch die Art der **Ermessensausübung** auf Fehler überprüft werden; speziell sehen die Aufhebungstatbestände der VgV und VOB/A ein Ermessen vor, dessen tatsächliche Ausübung – inklusive der Überprüfung von Alternativen zur Aufhebung – aus der Aktenlage heraus nachgewiesen werden können muss.[138] Der Rechtsschutz kann dabei insbesondere dazu 74

132 OLG Naumburg, Beschl. v. 3.3.2000, 1 Verg 2/99: Strikte Aufspaltung des Primär- und Sekundärrechtsschutzes.

133 Unbestritten ist zwar, dass eine zivilrechtliche Klage des übergangenen Bieters in einem durch Zuschlagserteilung beendeten Vergabeverfahren auf den Ersatz des positiven Interesses grundsätzlich auch dann zulässig ist, wenn der Bieter die ihm eröffnete Möglichkeit der Inanspruchnahme von Primärrechtsschutz nicht genutzt hat. So OLG Naumburg, Beschl. v. 23.12.2014, 2 U 74/14. Dies kann jedoch zu Nachteilen führen.

134 So OLG Düsseldorf, Beschl. v. 13.4.1999, Verg 1/99, BauR 1999, 751; OLG Celle, Beschl. v. 26.4.2001, 13 Verg 4/00; OLG Brandenburg, Beschl. v. 29.1.2002, Verg W 8/01, NZBau 2002, 625.

135 EuGH, Urt. v. 18.6.2002, Rs. C-92/00.

136 BGH, Beschl. v. 18.2.2003, X ZB 43/02, ZfBR 2003, 401. Vgl.: OLG Dresden, Beschl. v. 3.12.2002, WVerg 0015/02, BauR 2003, 435; OLG Hamburg, Beschl. v. 4.11.2002, 1 Verg 3/02, NZBau 2003, 172.

137 OLG Bremen, Beschl. v. 29.1.2016, 2 Verg 3/15; OLG Düsseldorf, Beschl. v. 16.11.2010, VII-Verg 50/10; OLG Düsseldorf, Beschl. v. 19.11.2003, VII Verg 59/03, ZfBR 2004, 202.

138 OLG Celle, Beschl. v. 10.6.2010, 13 Verg 18/09, VS 2010, 44.

führen, dass der Bieter vor der Vergabekammer den Antrag stellen kann, die Vergabestelle anzuweisen, die Aufhebung der Ausschreibung rückgängig zu machen (also: Aufhebung der Aufhebung) und damit das eigentlich beendete Vergabeverfahren wiederzubeleben.[139] Freilich verbleibt der Vergabestelle im Rahmen der in den Vergabeordnungen enthaltenen Aufhebungsgründe ein letzten Endes nicht justiziabler Spielraum zur Anstellung von Zweckmäßigkeitserwägungen. Es kann also sein, dass die Vergabestelle trotz Anordnung der Aufhebung der Aufhebung den Auftrag im Endeffekt doch nicht vergeben kann,[140] weil die Angebote beispielsweise aus wirtschaftlichen Gründen nicht annehmbar sind.[141] Jedenfalls aber besitzt der antragstellende Bieter einen Anspruch auf ermessensfehlerfreie Ausübung einer solchen Aufhebungsentscheidung respektive deren Rückgängigmachung.[142] Schließlich kann die Vergabestelle von sich aus die Aufhebung der Aufhebung betreiben.[143]

75 Teilweise wurde die Notwendigkeit einer **einfachen Feststellungsentscheidung** durch die Vergabekammer damit **begründet**, dass es Konstellationen geben kann, in denen der zivilrechtliche Schadensersatzprozess anderenfalls aussichtslos bleiben könnte oder der Zuschlag so verfrüht erfolgt, dass keine wirkliche Chance zur rechtzeitigen Einleitung von Rechtsschutzmaßnahmen besteht.[144] Hierzu ist jedoch zu bemerken, dass diese Konstellation im Wesentlichen nur vor der Einführung der Nichtigkeitsfolge des § 13 VgV a. F. auftrat. Im Jahre 2001 wurde dem Verlust jeglichen Primärrechtsschutzes infolge Zuschlagserteilung durch die Schaffung der verbindlichen Vorabinformationspflicht gegenüber den unterlegenen Bietern mit zwingender Wartefrist vor Zuschlagserteilung (§ 13 VgV a. F., danach § 101a GWB a. F., heute § 134 GWB) ein Riegel vorgeschoben.

76 **Für die Zulässigkeit** von einfachen Feststellungsanträgen **spricht** zwar die Formulierung in Art. 1 Abs. 3 der Überwachungsrichtlinie, wo es heißt, dass das Nachprüfungsverfahren jedem zur Verfügung stehen muss, der ein **Interesse an einem bestimmten Auftrag „hat oder hatte“**.[145] Auch kann aus dem deutschen Recht die Garantie effektiven Rechtsschutzes gem. Art. 19 Abs. 4 GG herangezogen werden.[146] Andererseits enthält Art. 2 Abs. 6 Überwachungsrichtlinie die Möglichkeit der Mitgliedstaaten, den Rechtsschutz nach Zuschlagserteilung bzw. Vertragsabschluss zu beschränken.

77 Die Vergabesenate und Vergabekammern verhalten sich denn auch überwiegend ablehnend.[147] Lediglich in besonderen Konstellationen wird das **Feststellungsinteresse** bejaht, so etwa, wenn nach Erledigung des Nachprüfungsverfahrens durch Aufhebung des Vergabeverfahrens ein anzuerkennendes Feststellungsinteresse rechtlicher, wirtschaftlicher oder ideeller Art besteht, das die Rechtsposition des Antragstellers – etwa in dem zu erwarten-

---

139 OLG Bremen, Beschl. v. 29.1.2016, 2 Verg 3/15.
140 OLG Dresden, Beschl. v. 10.7.2003, WVerg 0015/02 und 0016/02, VergabeR 2004, 92.
141 OLG Düsseldorf, Beschl. v. 13.12.2006, VIIVerg 54/06, NZBau 2007, 462.
142 VK Westfalen, Beschl. v. 6.5.2015, VK 1-11/15.
143 VK Köln, Beschl. v. 17.10.2003, VK VOB 25/2003.
144 Zu letzterem Fall: OLG Rostock, Beschl. v. 20.3.2000, 17 W (Verg) 5/99, NZBau 2000, 396 = BauR 2000, 1589.
145 Siehe die frühere Formulierung in § 57b Abs. 3 S. 2 HGrG a. F.
146 VK Bund, Beschl. v. 29.4.1999, VK 1-7/99, BauR 1999, 1284.
147 BayObLG, Beschl. v. 19.12.2000, Verg 7/00; KG, Beschl. v. 12.4.2000, KartVerg 9/99, Rn. 21; OLG Naumburg, Beschl. v. 2.6.1999, 10 Verg 1/99, NZBau 2000, 96.

den Schadensersatzprozess – verbessern helfen kann.[148] Grundsätzlich kann dabei vor allem die **Bindung der Schadensersatzgerichte** an die Beschlüsse der Vergabenachprüfungsorgane (§ 179 Abs. 1 GWB) eine maßgebliche Rolle spielen.[149] Aus Bietersicht zu beachten ist dabei zunächst, dass der **Geschäftswert** eines Nachprüfungsverfahrens nicht deswegen herabgesetzt werden kann, weil im Verlaufe des Nachprüfungsverfahrens nicht mehr ein auf Primärrechtsschutz gerichteter Sachantrag, sondern nur noch ein Fortsetzungsfeststellungsantrag verfolgt wird.[150] Des Weiteren ist zu beachten, dass zumindest nach teilweise neuerer Rechtsprechung diese **Bindungswirkung keine umfassende Garantie** dahingehend darstellt, dass sich das Schadensersatzgericht später auch tatsächlich an die Feststellungen der primärrechtlichen Nachprüfungsinstanzen halten wird. So hat es das OLG Koblenz[151] für möglich erachtet, Schadensersatz zuzusprechen, obwohl die GWB-Vergabenachprüfungsinstanzen den Ausschluss des späteren Klägers wegen Nicht-Gleichwertigkeit bestätigt hatten. Hintergrund war, dass erst umfangreiche Beweiserhebungen im 7 Jahre andauernden Zivilprozess vermittels mindestens vierer Gutachten den Gleichwertigkeitsnachweis ergaben – und damit zu dem Befund eines ungerechtfertigten Ausschlusses des betreffenden Bieters und späteren Klägers führten. Hierbei ist zu würdigen, dass das GWB-Vergabenachprüfungsverfahren als Eilverfahren ausgestaltet ist und daher als solches mit einem (erhöhten) Fehlerquotienten leben muss. Beweisaufnahmen zur Tatsachenabklärung sind in diesem Verfahren – insbesondere vor der Vergabekammer – eher unüblich. Dies gilt gleichermaßen für die Entscheidung vertiefter rechtlicher Vorfragen (z.B. zum Sozialrecht oder zu gerechtfertigten Kündigungsgründen eines schlechte Vorleistungen erbracht habenden Bieters[152]).

Die herausragende Bedeutung der ständig drohenden Zuschlagserteilung setzt ein be- 78
stimmtes Verhalten des Bieters voraus, der angehalten ist, alles Erforderliche schon zum **frühestmöglichen Zeitpunkt** zu tun. Dementsprechend ist auch das Nachprüfungssystem vor den Vergabekammern und den Vergabesenaten äußerst stringent und auf eine **maximale Beteiligung des Bieters** zur Behebung von Vergabefehlern ausgerichtet. Sinn und Zweck dieser Konzeption ist es, dass auch der Auftraggeber die Chance bekommen soll, Vergabefehler in Vermeidung etwaiger späterer Schadensersatzansprüche zu korrigieren.[153]

Die umfangreichen, durch die GWB-Reform 2009 teils noch verstärkten **Präklusionsvor- 79
schriften**, wonach der Bieter seiner Rechte verlustig gehen kann, wenn er Fehler im Vergabeverfahren gegenüber dem öffentlichen Auftraggeber nicht sofort (innerhalb von 10 Kalendertagen) rügt oder nach Erhalt eines Nichtabhilfebescheides nicht innerhalb der Frist des § 160 Abs. 3 Nr. 4 GWB (innerhalb von 15 Kalendertagen) die Vergabekammer anruft, bewirken ein Übriges. Hinter dieser relativ ungewöhnlichen Ausgestaltung des Rechtsschutzes steckt auch die Überlegung, dass sich **Ansprüche im Schadensersatzprozess** zumindest **der Höhe nach mindern können**, wenn der Bieter nicht alle Möglichkeiten im

148 VK Bund, Beschl. v. 29.12.2004, VK 2-136/03; VK Südbayern, Beschl. v. 22.5.2015, Z3-3-3194-1-63-12/14; VK Nordbayern, Beschl. v. 27.6.2008, 21.VK-3194-10/08.

149 OLG Düsseldorf, Beschl. v. 14.2.2001, Verg 14/00, NZBau 2003, 60.

150 OLG Naumburg, Beschl. v. 25.8.2011, 2 Verg 4/11.

151 OLG Koblenz, Urt. v. 25.8.2016, 1 U 260/16.

152 VK Nordbayern, Beschl. v. 13.1.2017, 21.VK-3194-38/16.

153 Ständige Rechtsfindung: BGH, Urt. v. 1.8.2006, X ZR 146/03; VK Bund, Beschl. v. 12.12.2002, VK 2-92/02; VK Südbayern, Beschl. v. 10.7.2007, Z3-3-3194-1-24- 05/07.

Rahmen des einstweiligen Rechtsschutzes ausschöpft. Die Berücksichtigung eines etwaigen Mitverschuldens i. S. v. § 254 BGB im Schadensersatzprozess bildet quasi die Fortsetzung der Präklusionsvorschriften im einstweiligen Verfahren.[154]

80 Diese Ausgestaltung ist sachgerecht und entspricht vollauf dem immanenten **Postulat der Überwachungsrichtlinien**, Schaden vermeiden zu helfen. Diese Schadensvermeidungs- oder zumindest -minderungspflicht findet ihren Vorläufer im deutschen Recht in der **verfassungsrechtlichen Rechtsprechung** zur Nassauskiesung, in welcher der früher übliche Grundsatz des **„Dulde und Liquidiere“ aufgehoben** und dem Geschädigten die Pflicht auferlegt wurde, Schaden nicht abzuwarten und später einzuklagen, sondern schon im Vorfeld an dessen Vermeidung mitzuwirken.[155] Gleichwohl ist eine zivilrechtliche Klage des übergangenen Bieters in einem mit Zuschlagserteilung beendeten Vergabeverfahren auf den Ersatz des positiven Interesses grundsätzlich auch dann zulässig, wenn der Bieter die ihm eröffnete Möglichkeit der Inanspruchnahme von Primärrechtsschutz nicht genutzt hat.[156] Dennoch kann dies zu gravierenden Nachteilen führen.

81 Fraglich ist, ob die Überwachungsrichtlinie im Interesse des Schutzes der Bieterrechte verlangt, dass die **Zuschlagserteilung rückgängig gemacht** werden können muss. Wäre dem so, wie der Generalanwalt *Mischo* dies seinerzeit in den Schlussanträgen in der Rechtssache „Alcatel“[157] gefordert hat, so würde nicht nur die österreichische, sondern auch die **deutsche Rechtskonstruktion obsolet**, wonach Zuschlagserteilung und zivilrechtlicher Vertragsabschluss in einem Zeitpunkt zusammenfallen. Für die Annahme, dass die Überwachungsrichtlinie bei der Zuschlagserteilung und dem zivilrechtlichen Vertragsabschluss von zwei getrennten Rechtsakten ausgehen könnte, sprechen die Formulierungen im damaligen Art. 2 Abs. 6 ÜWR 89/665/EWG.[158] Dementsprechend gehen auch die Erwägungen im „Alcatel“-Urteil des EuGH von einer solchen Zweiteilung aus. Dann läge es nahe, die überkommene Zwei-Stufen-Theorie wiederaufleben zu lassen, die Zuschlagserteilung als Verwaltungsakt aufzufassen[159] und den Vergaberechtsschutz den Verwaltungsgerichten zuzuweisen. Daraus würde sich ein ganz anderes Rechtsschutzsystem ergeben als es Ende der 1990er Jahre gewählt wurde. Zudem hatte sich im Jahre 2007 gerade das Bundesverwaltungsgericht dezidiert gegen die Zwei-Stufen-Theorie und damit **gegen** den **Verwaltungsrechtsschutz** im Vergaberecht ausgesprochen.[160]

82 Die denkbare Anforderung, Zuschlagsentscheidung und Vertragsabschluss voneinander zu trennen, würde jedoch in für das Europarecht untypischer und unverhältnismäßiger Weise in das nationale Rechtsgefüge eingreifen. Im deutschen Recht ist eine **andere, europarechtskonforme Lösung** gefunden worden, die den immer noch vorhandenen „Wettlauf“

---

154 BGH, Urt. v. 1.8.2006, X ZR 146/03.

155 BVerfGE 58, 300. Siehe auch: *Bornheim/Stockmann*, BB 1995, 577, 583; *Noch*, Vergaberecht und subjektiver Rechtsschutz, 1998, S. 206; *Irmer*, Sekundärrechtsschutz und Schadensersatz im Vergaberecht, 2004, S. 305.

156 OLG Naumburg, Beschl. v. 23.12.2014, 2 U 74/14.

157 EuGH, Urt. v. 28.10.1999, Rs. C-81/98, NJW 2000, 569 – Ökopunktesystem.

158 Vor allem: „... auf den nach Zuschlagserteilung des Auftrags geschlossenen Vertrag“ und „... nach dem Vertragsschluss im Anschluss an die Zuschlagserteilung“.

159 So grundsätzlich schon immer: *Kopp*, BayVBl. 1980, 609 f.; *ders.*, VwVfG, § 35 Rn. 22 (dort S. 637 Mitte). Ohne nähere Begründung auch VÜA Bayern, Beschl. v. 2.2.1998, VÜA 24/97. Ablehnend: *Hösch*, BayVBl. 1997, 193, 196.

160 BVerwG, Beschl. v. 2.5.2007, 6 B 10.07, VergabeR 2007, 337.

des Bieters gegen die Zuschlagserteilung, der den Rechtsschutz spürbar einschränken kann, beendet.

Die **Vergabeverordnung** (VgV) verpflichtete die Auftraggeber in ihrem **§ 13 a. F.** seit dem 1.2.2001 dazu, die Bieter zwingend über die beabsichtigte Zuschlagserteilung zu informieren, damit sie rechtzeitig Rechtsschutzmaßnahmen erwägen und ggf. auch einleiten können. Auf diese Weise wurde der strukturelle Konflikt zwischen den Anforderungen der Überwachungsrichtlinie an einen effizienten Rechtsschutz vor Vertragsabschluss einerseits und den Gegebenheiten des deutschen Rechts mit dem Zusammenfall von öffentlich-rechtlicher Zuschlagserteilung und zivilrechtlichem Vertragsabschluss andererseits überzeugend gelöst. Während eines Zeitraumes von 14 Kalendertagen nach Absendung dieser sog. **Vorabinformation über die Zuschlagserteilung**[161] durfte der Vertrag nicht geschlossen werden. Wurden diese 14 Tage nicht abgewartet oder unterblieb die Vorabinformation gänzlich, so war der zivilrechtliche Vertrag gem. § 13 Satz 6 VgV Fassung 2003 (bis 15.2.2003: § 13 Satz 4 VgV Fassung 2001) nichtig. Mit Inkrafttreten der GWB-Reform 2009 wurde die Regelung des § 13 VgV a. F. durch die Bestimmung des **§ 101a GWB a. F.** abgelöst, die aufgrund der Vorgaben der Änderungs-Rechtsmittelrichtlinie 2007/66/EG nunmehr eine Vorabinformationspflicht mit einer Wartepflicht von 15 Kalendertagen ab (postalischer) Absendung der Information, und von 10 Kalendertagen im Falle der Absendung bspw. per Telefax, vorsah. Seit der 2016er-Reform ist diese Vorabinformationspflicht numerisch auf die Bestimmung des **§ 134 GWB** vorgerückt. 83

Vorläufer dieser Regelungen ist der sogenannte „Münzplättchen-Beschluss" der VergabeK Bund vom April 1999.[162] Die VergK hatte die oben dargestellten, auf das deutsche Rechtssystem zurückgehenden drohenden Rechtsschutzeinbußen dadurch zu beseitigen versucht, dass die Bieter schon aufgrund der deutschen Vorschriften des Art. 20 Abs. 3 und 19 Abs. 4 GG einen **Anspruch auf vorherige Mitteilung über die beabsichtigte Zuschlagserteilung** haben.[163] Die Vergabestelle sei demnach wie in den Fällen beamtenrechtlicher Konkurrentenklagen gehalten, die Bieter über die anvisierte Zuschlagserteilung zu informieren, damit diese innerhalb einer Frist von mindestens 10 Tagen die Ergreifung von Rechtsschutzmaßnahmen prüfen können. Voraussetzung war jedoch noch, dass diese einen Antrag nach § 27a VOL/A (Mitteilung über die Gründe der Nichtberücksichtigung) gestellt haben.[164] Dies hat sich mit der Regelung des § 13 VgV a. F. bzw. nunmehr des § 134 GWB, die eine unbedingte Vorabinformation vorsehen, erledigt. 84

Speziell ist auf die sich den öffentlichen Auftraggebern stellende Problematik hingewiesen, das richtige Maß für den **Inhalt der Vorabinformation** zu finden. Nicht uneingeschränkt zuzustimmen ist dem im Beschluss des OLG Düsseldorf vom August 2001[165] gefundenen Modus, wonach die Information nicht den Anforderungen an einen schriftlich 85

---

161 Diese „Vorabinformation" wird leider allzu häufig – auch in Entscheidungen der Nachprüfungsorgane – terminologisch mit der unverbindlichen EU-weiten „Vorinformation" über die beabsichtigte spätere verbindliche Bekanntmachung von Ausschreibungen im Amtsblatt der EU verwechselt.

162 VK Bund, Beschl. v. 29.4.1999, VK 1-7/99, BB 1999, 1076 = WuW 1999, 660 = BauR 1999, 1284.

163 Das Informationsproblem für den Bieter zutreffend in den Vordergrund rückend VK Sachsen, Beschl. v. 17.8.1999, 1 VK 3/99.

164 Siehe zu § 27 VOB/A a. F. auch VK Baden-Württemberg, Beschl. v. 18.8.1999, 1 VK 8/99.

165 OLG Düsseldorf, Beschl. v. 6.8.2001, Verg 28/01, VergabeR 2001, 429 = WuW 2001, 1159.

begründeten Verwaltungsakt entsprechen muss, sondern sie vielmehr knapp gehalten werden kann mit Rücksicht auf den sonst bei den Vergabestellen entstehenden erheblichen Verwaltungsaufwand. Dieses Verständnis widerspricht ein wenig dem Sinn und Zweck der Vorabinformation, die als eine Art Vorstufe zum Nachprüfungsverfahren zu begreifen ist. In diesem Stadium kommt es gerade auf eine Informationsdichte an, die den Bieter in die Lage versetzt, sich im Falle der Nichtabhilfe der Vergabestelle schlüssig zu werden, ob er Rechtsschutz ergreifen möchte. Er ist grundsätzlich gehalten, wenn möglich, eine Nachinformation von der Vergabestelle anzufordern.[166] Die Zeit für diese Entscheidung kann jedoch derart knapp sein, dass sie eventuell nicht mehr reicht, um mit der Vergabestelle in einen Dialog zu treten mit dem Ziel, die näheren Gründe für die beabsichtigte anderweitige Zuschlagserteilung zu erfahren. Insbesondere wenn sich der Bieter für die Anrufung der Vergabekammer entscheidet, benötigt er als Verfahrensvoraussetzung die **erfolglose förmliche Rüge**, die **nur ganz ausnahmsweise entfallen** kann. Sie kann bspw. dann entfallen, wenn die Vorabinformation am späten Nachmittag des Gründonnerstags ergeht, sodass dem Bieter in der Woche nach Ostern de facto nur 2–3 Arbeitstage verbleiben, um die Vorabinformation zur Kenntnis zu nehmen, rechtlich zu würdigen, zu prüfen, ob er Nachinformation begehren und gleichzeitig rügen soll, den Nachprüfungsantrag vorzubereiten und diesen so rechtzeitig am Freitag nach Ostern einzureichen, dass die Vergabekammer – nach Vorprüfung – die Übermittlung des Antrags noch rechtzeitig am Freitag veranlassen kann.[167] Die – abgesehen von diesen Ausnahmefällen – erforderliche Rüge soll nach der gefestigten Rechtsprechung hinreichend konkret und substantiiert sein. Wenn jedoch der Bieter die Gründe für die Nichtberücksichtigung seines Angebotes nur schemenhaft erfährt, läuft dies in vielen Fällen auf eine Rüge auf Verdacht hinaus.[168] Gleichfalls kann es zu einem Vergabenachprüfungsverfahren „ins Blaue hinein“ kommen, wenn sich die Vergabestelle weigert, die genauen Gründe zu benennen oder objektiv die Zeit für eine ergänzende (Nach-)Information durch die Vergabestelle wegen des Ablaufs der Frist nicht reicht.

86 Notfalls muss daher das **Recht auf substanzielle Information** aus § 97 Abs. 6 GWB i.V.m. § 134 GWB, die sicherlich nicht absolut erschöpfenden Umfangs sein muss,[169] **„eingeklagt“** werden können,[170] unter Umständen mit der Folge, dass trotz rechtmäßigen Handelns der Vergabestelle diese die Kosten zu tragen hat wegen der inhaltlich nicht ausreichenden Information und der damit verbundenen Provokation des Nachprüfungsverfahrens.[171] Dem Argument des OLG Düsseldorf, es entstünde im Falle einer inhaltsdichteren Vorabinformation ein zu hoher Verwaltungsaufwand, kann damit begegnet werden, dass man abgestuft nach chancenreichen Bietern informiert, also diejenigen mit der „echten Chance“ detaillierter als diejenigen, die auf den unteren Rängen rangieren. Zurückzuwei-

---

166 VK Schleswig-Holstein, Beschl. v. 6.5.2015, VK-SH 4/15.

167 OLG Düsseldorf, Beschl. v. 5.11.2014, VII-Verg 20/14.

168 Vgl. zur Verdachtsrüge: OLG Celle, Beschl. v. 20.12.2010, 13 Verg 15/10; OLG Düsseldorf, Beschl. v. 18.6.2008, Verg 36/07; VK Baden-Württemberg, Beschl. v. 2.12.2004, 1 VK 73/04; VK Brandenburg, Beschl. v. 18.6.2004, VK 22/04. Im Ergebnis eine Verdachtsrüge ablehnend, aber nicht überzeugend: VK Sachsen, Beschl. v. 23.11.2016, 1/SVK/25/16.

169 OLG Dresden, Beschl. v. 7.5.2010, WVerg 006/10.

170 OLG Koblenz, Beschl. v. 25.3.2002, 1 Verg 1/02. *Höß*, VergabeR 2002, 443, 453, plädiert in diesen Konstellationen für eine Herabsetzung der Anforderungen an die Begründung des Nachprüfungsantrages (§ 108 Abs. 2 GWB a.F.).

171 VK Niedersachsen (Hannover), Beschl. v. 18.1.2002, 26045-VgK 9/2001.

sen ist mit dem OLG Koblenz[172] das weitere Argument des OLG Düsseldorf, im Falle zu hoher inhaltlicher Anforderungen an die Vorabinformation drohe gleichfalls die Unwirksamkeit. Es ist zu würdigen, dass es hier um ein formales Vorabinformationsverfahren geht, das speziell im Falle der gänzlichen Nichtdurchführung und im Falle der zu frühzeitigen Zuschlagserteilung mit der Unwirksamkeitsfolge verknüpft ist. Jede Vergabestelle sollte unter dem Gesichtspunkt „Schadensvermeidung vor Schadensregulierung" überdenken, ob es ratsam ist, nur sehr knapp zu informieren. Konkret würde dies bedeuten, dass ein Satz wie „Sie haben nicht das wirtschaftlichste Angebot abgegeben", vermieden wird und stattdessen genauer gesagt wird, dass der Betreffende beispielsweise zwar das preisgünstigste Angebot abgegeben hat, jedoch anhand der zuvor in ihrer Gewichtung festgelegten weiteren Kriterien in der Bewertungsmatrix zurückgefallen ist. Es ist zu konstatieren, dass die Informationspflichten seit dem 2009 eingeführten § 101a GWB a.F. inhaltlicherseits erweitert wurden („Angabe der Gründe der Nichtberücksichtigung" anstatt zuvor „des Grundes"), sie reichen aber auch nach der neuen Rechtslage nicht dergestalt weit, dass eine erschöpfende Aufführung aller Gründe, die zu der Vergabeentscheidung geführt haben, notwendig ist.[173] Eine erschöpfende Mitteilung aller Gründe ist nach hier vertretener Auffassung weder rechtlich erforderlich, noch rein tatsächlich möglich.[174] Restlos „alle" maßgeblichen Gründe können bspw. im Falle einer Vielfalt von maßgebenden Unterkriterien und Einzelbewertungen gar nicht „erschöpfend" genannt werden, weil die Ursachen aus vielen Faktoren und „Gründen" im hier so verstandenen Sinne resultieren. So wäre es, wenn die Mitteilung der Gründe in einem derart „erschöpfenden" Sinne verstanden werden würde, notwendig, auch die schriftlichen Einzelbegründungen von Notenvergaben durch verschiedene Jurymitglieder bekannt zu geben. Diese Kontrollüberlegung zeigt, dass dies praktisch nicht geleistet werden kann und insbesondere auch nicht dem Telos der heutigen Bestimmung des § 134 GWB entspricht. Mit absoluten Begriffen wie „erschöpfend" sollte vorsichtig umgegangen werden.

---

172 OLG Koblenz, Beschl. v. 25.3.2002, 1 Verg 1/02, VergabeR 2002, 384. So auch *Portz*, VergabeR 2002, 211, 216.

173 OLG Dresden, Beschl. v. 7.5.2010, WVerg 006/10, VergabeR 2010, 666; VK Nordbayern, Beschl. v. 18.11.2011, 21.VK-3194-36/11.

174 Vgl. aber *Dreher*, in: Immenga/Mestmäcker, Wettbewerbsrecht, GWB § 101b Rn. 16–20. *Maimann*, in: Kulartz/Kus/Portz/Prieß, GWB-Vergaberecht, § 135 Rn. 10–11, spricht von einem Verstoß, wenn die Information „nicht ausreichend" bzw. „unvollständig" ist, was aber im Gegenschluss nicht mit einer Pflicht zu einer „erschöpfenden" Mitteilung aller Gründe verwechselt werden darf.

§ 156 Vergabekammern

(1) Die Nachprüfung der Vergabe öffentlicher Aufträge und der Vergabe von Konzessionen nehmen die Vergabekammern des Bundes für die dem Bund zuzurechnenden öffentlichen Aufträge und Konzessionen, die Vergabekammern der Länder für die diesen zuzurechnenden öffentlichen Aufträge und Konzessionen wahr.

(2) Rechte aus § 97 Absatz 6 sowie sonstige Ansprüche gegen Auftraggeber, die auf die Vornahme oder das Unterlassen einer Handlung in einem Vergabeverfahren gerichtet sind, können nur vor den Vergabekammern und dem Beschwerdegericht geltend gemacht werden.

(3) Die Zuständigkeit der ordentlichen Gerichte für die Geltendmachung von Schadensersatzansprüchen und die Befugnisse der Kartellbehörden zur Verfolgung von Verstößen insbesondere gegen die §§ 19 und 20 bleiben unberührt.

Schrifttum: *Bechtold*, Kartellgesetz, Gesetz gegen Wettbewerbsbeschränkungen, 6. Aufl. 2010; *Dauses*, Handbuch des EU-Wirtschaftsrechts, Loseblatt-Ausgabe, Stand: 40. Erg.-Lfg., Juni 2016; *Fezer*, Lauterkeitsrecht, Kommentar zum Gesetz gegen den unlauteren Wettbewerb, 2. Aufl. 2010; *Hattig/Maibaum*, Praxiskommentar Kartellvergaberecht, 2. Aufl. 2014; *Heiermann/Zeiss/Summa*, juris Praxiskommentar Vergaberecht, 5. Aufl. 2016; *Hertwig*, Praxis der öffentlichen Auftragsvergabe, 6. Aufl. 2016; *Immenga/Mestmäcker*, Wettbewerbsrecht, Band 2, GWB/Teil 2, Kommentar zum Deutschen Kartellrecht, 5. Aufl. 2014; *Köhler/Bornkamm*, Gesetz gegen den unlauteren Wettbewerb, 35. Aufl. 2017; *Kulartz/Kus/Portz*, Kommentar zum GWB-Vergaberecht, 2. Aufl. 2009; *Kulartz/Kus/Portz/Prieß*, Kommentar zum GWB-Vergaberecht, 4. Aufl. 2016; *Müller-Wrede*, GWB Vergaberecht, Kommentar, 2016, sowie GWB Vergaberecht Kommentar, 2009; *Ohly/Sosnitza*, Gesetz gegen den unlauteren Wettbewerb, Kommentar, 7. Aufl. 2016; *Prieß/Niestedt*, Rechtsschutz im Vergaberecht, 2006; *Ullmann*, juris Praxiskommentar UWG, Gesetz gegen den unlauteren Wettbewerb, 4. Aufl. 2016.

Übersicht

I. Zuständigkeit der Vergabekammern (Abs. 1)

1 Auf die Erläuterungen von *Müller* zu § 159 GWB wird verwiesen.

II. Rechtsweg-Sonderzuweisung (Abs. 2)

§ 156 Abs. 2 GWB begründet für den Primärrechtsschutz in Vergabesachen einen eigenständigen und ausschließlichen Rechtsweg.[1] Sämtliche Ansprüche, ob auf Leistung oder Unterlassung gerichtet, sollen – unabhängig davon, ob sie auf den speziell unternehmensschützenden Vorschriften des Vergaberechts gem. § 97 Abs. 6 GWB begründet sind oder sich aus sonstigen Rechtsgrundlagen ergeben – vor der Vergabekammer und abschließend vor dem Vergabesenat des Oberlandesgerichts verhandelt und entschieden werden. 2

Die Reichweite der ausschließlichen Zuständigkeit nach § 156 Abs. 2 GWB ist problematisch. Es ist materiell-rechtlich und zeitlich danach zu differenzieren, welche Rechte wann gegen einen öffentlichen Auftraggeber geltend gemacht werden. 3

1. Rechte aus § 97 Abs. 6 GWB

Nach dem Wortlaut kann die Einhaltung der Vergabevorschriften, und zwar nur solcher, die bieterschützend (s.a. § 97 Rn. 182) sind, ausschließlich vor den Vergabekammern im Nachprüfungsverfahren gem. §§ 160 ff. GWB geltend gemacht werden. 4

Zu diesen Ansprüchen gehören z.B. das Recht auf Durchführung eines geregelten förmlichen Vergabeverfahrens,[2] das Recht auf Berücksichtigung mittelständischer Interessen,[3] der Anspruch auf Beachtung der Grundsätze von Transparenz, Wettbewerb und Gleichbehandlung[4] oder die Verpflichtung zur Einhaltung der Fristen.[5] 5

2. Sonstige Ansprüche

a) Innerhalb eines Vergabeverfahrens[6]

Neben den bieterschützenden Vorschriften des Vergaberechts bestehen unter Umständen weitere Ansprüche aus anderen Rechtsgrundlagen (z.B. § 1 UWG oder §§ 1, 19 ff. GWB), die auf die Aufhebung des Vergabeverfahrens, Zuschlagserteilung oder Nichterteilung des Zuschlags an einen anderen Bieter gerichtet sein können. Diese Anspruchsgrundlagen haben insofern einen weiteren Anwendungsbereich, als es nicht darauf ankommt, dass unbedingt eine bieterschützende Vergabevorschrift verletzt sein muss.[7] § 156 Abs. 2 GWB bewirkt eine Zuständigkeitskonzentration zugunsten der Vergabenachprüfungsinstanzen, lässt aber eine Anspruchskonkurrenz zwischen kartellvergaberechtlichen, lauterkeits- und wettbewerbsrechtlichen Ansprüchen ausdrücklich zu.[8] Die Vergabenachprüfungsinstanzen 6

1 Vgl. Amtl. Begr., BT-Drs. 13/9340, S. 17.
2 BGH, Beschl. v. 1.2.2005, X ZB 27/04; OLG Brandenburg, Beschl. v. 14.9.2010, Verg W 8/10.
3 2. VK Bund, Beschl. v. 6.10.2009, VK 2-94/08.
4 BGH, Beschl. v. 1.2.2005, X ZB 27/04; OLG Düsseldorf, Beschl. v. 7.7.2004, VII-Verg 15/04.
5 OLG Düsseldorf, Beschl. v. 1.8.2005, VII-Verg 41/05.
6 Zum Begriff des Vergabeverfahrens vgl. Rn. 13.
7 Allerdings können Vergaberechtsverstöße nur dann lauterkeitsrechtlich geahndet werden, wenn die Vergabeentscheidung eine „geschäftliche Handlung“ i. S. d. § 2 Abs. 1 Nr. 1 UWG darstellt (vgl. *Köhler*, in: Köhler/Bornkamm, Gesetz gegen den unlauteren Wettbewerb, § 3a UWG Rn. 2.77).
8 *Byok/Dissmann/Müller-Kabisch*, WuW 2009, 269, 271; *Köhler*, in: Köhler/Bornkamm, Gesetz gegen den unlauteren Wettbewerb, § 3a UWG Rn. 1.41.

sind somit z. B. gehalten, im Nachprüfungsverfahren geltend gemachte Rechtsverstöße gegen Normen außerhalb von § 97 Abs. 6 GWB zumindest **summarisch** zu prüfen und zu entscheiden (s. a. § 160 Rn. 41). Die Rechtsverstöße müssen sich jedoch stets auf Handlungen **im Vergabeverfahren** beziehen. Kartellrechtsverstöße, die aus einer Vorbereitungshandlung des eigentlichen Vergabeverfahrens resultieren, werden nicht umfasst.[9] Soweit keine kartellrechtlichen Verstöße des Auftraggebers im Raum stehen, die **ohne zeitaufwändige Untersuchung** der Vergabekammer festgestellt werden können, verbietet sich nach der vergaberechtlichen Rechtsprechung bereits aus rechtsstaatlichen Erwägungen eine intensive kartellrechtliche Prüfung in einem eher summarischen Vergabenachprüfungsverfahren, das einem besonderen Beschleunigungsgebot unterliegt.[10] Teilweise eine strengere Ansicht zeigte das OLG Düsseldorf im Beschluss v. 29.7.2015, wonach behauptete Verstöße gegen Kartellrecht im Vergabeverfahren und in Nachprüfungsverfahren **grundsätzlich zu überprüfen sind, und zwar im Wege einer Inzidentprüfung** innerhalb einer vergaberechtlichen Anknüpfungsnorm.[11] Auch **patentrechtliche Fragen** können Gegenstand eines Nachprüfungsverfahrens sein.[12]

7 Leistungs- und Unterlassungsansprüche, die auf diese Anspruchsgrundlagen gestützt werden, können nach dem Wortlaut des § 156 Abs. 2 GWB nicht auf dem ordentlichen Rechtsweg durchgesetzt werden. § 156 Abs. 2 GWB verweist die Bieter darauf, diese Ansprüche zunächst bei der Vergabekammer, im zweiten Rechtszug beim Vergabesenat des Oberlandesgerichts geltend zu machen. Damit verkürzt sich der Primärrechtsschutz in Rechtsstreitigkeiten, die auf wettbewerbsrechtlichen Anspruchsgrundlagen beruhen, auf lediglich **eine Gerichtsinstanz** i. S. d. GVG, da die Vergabekammern keine Gerichte i. S. d. GVG sind.[13] Das ist verfassungsrechtlich nur akzeptabel,[14] wenn der unions- und verfassungsrechtlich begründete Rechtsschutz des Bieters nicht entwertet wird. Zwar hat der EuGH die Gerichtsqualität der damaligen Vergabeüberwachungsausschüsse[15] i. S. d. Art. 267 AEUV sowie der heutigen Vergabekammern[16] anerkannt; ebenso bezeichnet der BGH sowie zahlreiche Vergabekammern das Verfahren vor den Vergabekammern als „gerichtsähnlich"[17] (§ 160 Rn. 2). Außerdem entspricht es der ständigen Rechtsprechung des Bun-

---

9 2. VK Bund, Beschl. v. 27.7.2016, VK 2 – 63/16, Rn. 46.

10 2. VK Bund, Beschl. v. 18.2.2016, VK 2 – 137/15, Rn. 162; OLG Düsseldorf, Beschl. v. 27.6.2012, VII-Verg 7/12; Beschl. v. 1.8.2012, VII-Verg 10/12; BGH, Beschl. v. 18.1.2000, KVR 23/98 S. 21 BA.

11 OLG Düsseldorf, Beschl. v. 29.7.2015, VII-Verg 6/15 m.w.N.; vgl. auch OLG Düsseldorf, Beschl. v. 27.6.2012, VII-Verg 7/12; BGH, Beschl. v. 18.6.2012, X ZB 9/11; Beschl. v. 18.1.2000, KVR 23/98.

12 OLG Düsseldorf, Beschl. v. 1.12.2015, VII Verg 20/15.

13 Vgl. BGH, Beschl. v. 29.9.2009, X ZB 1/09; OLG Rostock, Beschl. v. 2.7.2008, 17 Verg 2/08.

14 Vgl. *Byok*, WRP 1999, 402, 403.

15 EuGH, Urt. v. 17.9.1997, Rs. C-54/96, EuZW 1997, 625 – Dorsch Consult; vgl. auch EuGH, Urt. v. 13.12.2012, Rs. C-465/11.

16 EuGH, Urt. v. 18.9.2014, Rs. C-549/13, Rn. 20 ff. – Bundesdruckerei.

17 BGH, Beschl. v. 29.9.2009, X ZB 1/09; so auch OLG Celle, Beschl. v. 23.6.2008, 13 Verg 10/07; OLG München, Beschl. v. 12.6.2008, Verg 13/07. Für die Gerichtsqualität von Vergabekammern 2. VK Bund, Beschl. v. 4.5.2012, VK 2 – 130/11 unter Berufung auf die autonome und funktionale Definition eines „Gerichts" i. S. v. Art. 267 AEUV; VK Arnsberg, Beschl. v. 26.9.2013, VK 18/13; VK Südbayern, 18.6.2012, Z3-3-3194-1-22-05/12. A. A. OLG München, Beschl. v. 18.10.2012, Verg 13/12.

desverfassungsgerichts,[18] wonach weder die Rechtsweggarantie des Art. 19 Abs. 4 GG noch das Rechtsstaatsprinzip es erfordern, dass die jeweilige Verfahrensordnung einen Instanzenzug zur Verfügung stellt. Voraussetzung ist jedoch, dass der Betroffene seine Rechte in vollem Umfang geltend machen kann. Das ist für den Vergaberechtsweg aber durch das unsaubere Verhältnis von § 156 Abs. 2 GWB und § 160 Abs. 2 GWB nicht gewährleistet.

Nach § 160 Abs. 2 GWB setzt die Antragsbefugnis nämlich voraus, dass der Bieter die Verletzung seiner Rechte aus § 97 Abs. 6 GWB geltend macht. Keine Antragsbefugnis besteht somit, sofern sich der Bieter auf andere Ansprüche, wie z. B. auf § 1 UWG oder §§ 1, 19 ff. GWB beruft. Ferner soll nach dem dazu im Widerspruch stehenden Wortlaut des § 156 Abs. 2 GWB die Zuständigkeit für die Entscheidung über diese Ansprüche den Zivilgerichten entzogen und den Vergabekammern ausschließlich zugewiesen sein. Damit würde der Bieter letztlich seine „sonstigen Ansprüche" i. S. v. § 156 Abs. 2 GWB nicht gerichtlich verfolgen können. 8

Dieser redaktionelle Widerspruch (vgl. § 160 Rn. 37) kann gelöst werden, indem entweder § 160 Abs. 2 GWB verfassungskonform erweiternd ausgelegt wird, dass eine Antragsbefugnis auch dann gegeben ist, wenn sich der Unternehmer auf andere Rechte als aus § 97 Abs. 6 GWB beruft[19] oder indem man in verfassungskonformer Auslegung des § 156 Abs. 2 GWB die Ausschließlichkeit der abdrängenden Sonderzuweisung für andere Ansprüche als § 97 Abs. 6 GWB verneint und es insoweit bei der Zuständigkeit der Zivilgerichte belässt.[20] Soweit sich in Anlehnung an OLG Düsseldorf eine vergaberechtliche **Anknüpfungsnorm** findet, die die Überprüfung solcher Rechte ermöglicht,[21] bedarf es einer erweiternden Auslegung des § 160 Abs. 2 GWB nicht mehr. Es bleibt jedoch fraglich, ob eine solche Auslegung wegen der Konzentrationsüberlegungen des Gesetzgebers in Fällen, in denen keine taugliche vergaberechtliche Anknüpfungsnorm existiert, ebenfalls vorzunehmen ist. Hierfür spricht weiterhin die Vorstellung des Gesetzgebers, sämtliche Ansprüche eines Unternehmens gegen einen öffentlichen Auftraggeber, die auf **Handlung oder Unterlassung in einem Vergabeverfahren** gerichtet sind, ausschließlich in dem Vergaberechtsweg zu bündeln. Dass die Rechtspraxis dies unter Berufung auf den Beschleunigungsgrundsatz bzw. mangelnde Ressourcen teilweise anders handhabt, ist mit dem gesetzgeberischen Willen unvereinbar. Falls sich an der Sichtweise der Rechtspraxis nichts än- 9

---

18 Vgl. nur BVerfG, Beschl. v. 29.7.2010, 1 BvR 1634/04, NVwZ 2010, 1482, 1483; BVerfGE 112, 185, 207; 101, 395, 402.

19 So *Kus*, in: Kulartz/Kus/Portz/Prieß, Kommentar zum GWB-Vergaberecht, § 156 GWB Rn. 11 ff., wie schon in der Vorauflage. In diesem Sinne wohl auch die 2. VK Bund (Beschl. v. 15.5.2009, VK 2-21/09), die eine Konzentrationswirkung des § 104 Abs. 2 GWB a. F. zu den Vergabenachprüfungsinstanzen auch in Fällen der Geltendmachung zivilrechtlicher Unterlassungsansprüche (aus UWG) annimmt.

20 Vgl. *Stockmann*, in: Immenga/Mestmäcker, GWB, § 156 GWB Rn. 16; *Otting*, in: Bechtold, Kartellgesetz, § 104 GWB Rn. 4; so auch LSG Nordrhein-Westfalen, Beschl. v. 8.10.2009, L 21 KR 36/09 SFB. Das OLG Düsseldorf hat diese Frage ausdrücklich offengelassen (Beschl. v. 22.5.2002, Verg 6/02, VergabeR 2002, 668, 669 = NZBau 2002, 583).

21 OLG Düsseldorf, Beschl. v. 29.7.2015, VII-Verg 6/15 m.w.N.; vgl. auch OLG Düsseldorf, Beschl. v. 27.6.2012, VII-Verg 7/12; BGH, Beschl. v. 18.1.2000, KVR 23/98; *Diemon-Wies*, in: Müller-Wrede, GWB Vergaberecht Kommentar, § 156 GWB Rn. 19 ff.; *Kus*, in: Kulartz/Kus/Portz/Prieß, Kommentar zum GWB-Vergaberecht, § 156 GWB Rn. 19; *Summa*, in: Heiermann/Zeiss/Summa, juris Praxiskommentar Vergaberecht, § 156 GWB Rn. 22.

dert, muss jedenfalls bei fehlenden vergaberechtlichen Anknüpfungsnormen im Einzelfall erwogen werden, den etwaigen Leistungsanspruch des Unternehmens im Zivilrechtsweg zu verfolgen. Da gegen Mitbewerber die Vergabekammer nach § 156 Abs. 2 GWB nicht angerufen werden kann (Rn. 25 ff.), ist auch in solchen Fällen stets für sog. „Horizontalansprüche" der Zivilrechtsweg einschlägig, denn anderenfalls würde eine mit dem Gebot des effektiven Rechtsschutzes (Art. 19 Abs. 4 GG) nicht vereinbare Rechtsschutzlücke entstehen.[22] Jedenfalls in Fällen, in denen kein Primärrechtsschutz besteht (z. B. bei Unterschwellenvergaben oder im Anwendungsbereich der §§ 107 ff. GWB) ist der ordentliche Rechtsweg eröffnet.[23]

b) Außerhalb eines Vergabeverfahrens[24]

10 Außerhalb eines Vergabeverfahrens kommen zwei zeitliche Abschnitte in Betracht, in denen Ansprüche gegen den öffentlichen Auftraggeber geltend gemacht werden können: vor der Einleitung eines Vergabeverfahrens und nach dessen Abschluss.

aa) Vor Einleitung eines Vergabeverfahrens

11 Ist ein Vergabeverfahren noch nicht eingeleitet, greift die abdrängende Sonderzuweisung des § 156 Abs. 2 GWB nicht ein, denn der Wortlaut beschränkt die Zuständigkeitsregel hinsichtlich der „sonstigen Ansprüche" auf Ansprüche, die auf Vornahme oder Unterlassen einer Handlung „**in**" einem Vergabeverfahren, also einem laufenden Vergabeverfahren, gerichtet sind.[25]

12 Fraglich ist hier zunächst, wann es sich überhaupt um ein laufendes Vergabeverfahren im Sinne dieser Vorschrift handelt, mit der Folge, dass ab dem Zeitpunkt seines Beginns der ordentliche Rechtsweg nicht mehr zulässig ist. Die Bestimmung des **maßgeblichen Zeitpunktes** ist von erheblicher Bedeutung, da die §§ 155 ff. GWB einen vorbeugenden Rechtsschutz grundsätzlich nicht vorsehen.[26] In dem Maße, in dem durch die Definition der Beginn des Vergabeverfahrens nach vorne verlagert wird, erhielte der Antragsteller jedoch quasi vorbeugenden Rechtsschutz. Gleichzeitig würde sich aber die Gefahr der möglichen Konkurrenz von Verfahren vor den Zivilgerichten und den Vergabenachprüfungsinstanzen erhöhen.

13 Die Rechtsprechung versteht den Begriff „in einem Vergabeverfahren" **materiell** (§ 160 Rn. 30), d. h. es kommt nicht auf das Vorliegen eines formalen Aktes, etwa die Veröffentlichung einer Ausschreibung oder einer Aufforderung zum Teilnahmewettbewerb, an. Anderenfalls könnte der besonders schwerwiegende vergaberechtliche Verstoß einer rechtswidrig unterlassenen Ausschreibung nicht mit den Mitteln des vergaberechtlichen Primärrechtsschutzes verfolgt werden. Die Rechtsprechung hat den Beginn des Vergabeverfahrens demgegenüber u. a. nach folgenden Kriterien zu bestimmen versucht: akuter Beschaffungsbedarf, Beschaffungsbeschluss, Ergreifen organisatorischer/planerischer Schritte zur

22 Vgl. BGH, Urt. v. 3.7.2008, I ZR 145/05, BGHZ 177, 150, 153 f.
23 Vgl. 2. VK Bund, Beschl. v. 15.5.2009, VK 2-21/09.
24 Zum Begriff des Vergabeverfahrens vgl. Rn. 13.
25 Vgl. Amtl. Begr., BT-Drs. 13/9340, S. 17.
26 OLG Dresden, Beschl. v. 28.5.2009, WVerg 0003/08; OLG Düsseldorf, Beschl. v. 4.5.2009, VII-Verg 68/08, VergabeR 2009, 905, 910; 3. VK Bund, Beschl. v. 25.2.2010, VK 3-9/10; vgl. aber auch OLG Dresden, Beschl. v. 7.7.2015, Verg 3/15.

Bestimmung des Vergabeverfahrens, der gegenständlichen Leistungsanforderungen und des Verfahrens zur Auswahl der Person bzw. des Personenkreises der Leistenden mit dem konkreten Ziel des Vertragsschlusses oder die Entscheidung, kein Vergabeverfahren durchzuführen.[27] Hiervon abzugrenzen sind bloße Unternehmenskontakte und sonstige Aktivitäten des öffentlichen Auftraggebers, die sich auf eine Markterkundung/ -sondierung oder Marktbeobachtung ohne konkrete Beschaffungsinitiative beschränken.[28]

14 Zeitlich gesehen würde allerdings die **Gründung eines Gemeinschaftsunternehmens** mit dem Ziel, künftig Beschaffungsvorhaben nicht mehr auszuschreiben, sondern durch das Gemeinschaftsunternehmen ausführen zu lassen, immer vor Beginn des Vergabeverfahrens liegen.[29] Auch bei dem materiellen Verständnis des „Beginns des Vergabeverfahrens" der Rechtsprechung würde daher ein Vorgehen gegen den Zusammenschluss in Form eines Gemeinschaftsunternehmens aus § 1 GWB vor den Zivilgerichten unter dem zeitlichen Gesichtspunkt nicht an § 156 Abs. 2 GWB scheitern.

15 Die Frage des Rechtsschutzes außerhalb eines Vergabeverfahrens hat Relevanz bei der Beschaffung durch (kommunale) Gemeinschaftsunternehmen. Hier sind verschiedene Fallkonstellationen denkbar: Erstens, mehrere öffentliche Auftraggeber (oft Gemeinden) bilden eine **Einkaufsgemeinschaft** und bündeln somit ihre Nachfrage nach bestimmten Lieferungen oder Leistungen, indem sie ihren Gesamtbedarf ausschreiben, um über das damit erreichte Nachfragevolumen günstigere Konditionen zu erzielen.[30] Zweitens, ein oder mehrere öffentliche Auftraggeber gründen (zusammen mit einem privaten Fachunternehmen) ein **Gemeinschaftsunternehmen** (auch „**public private partnership**"), um künftig von diesem Gemeinschaftsunternehmen Lieferungen und Leistungen zu beziehen (z.B. Bau und Betrieb einer Autobahn,[31] von Verwaltungsgebäuden[32] bzw. eines Hafens[33] oder die Lieferung von Trinkwasser[34]).

16 Im ersten Fall **(Einkaufsgemeinschaft)** geht es meistens nicht um Fehler im Vergabeverfahren,[35] die auch Ansprüche nach anderen Rechtsvorschriften begründen, sondern um die Zulässigkeit eines Nachfragekartells nach wettbewerbsrechtlichen Gesichtspunkten. Haushaltswirtschaftlich ist ein solches Kartell sinnvoll, denn es ermöglicht den öffentlichen Auftraggebern, Haushaltsmittel bei der Beschaffung zu sparen. Es kommt hier also zu einem Zielkonflikt zwischen Haushaltsrecht und Wettbewerbsrecht. Dieser ist aber nicht

---

27 OLG Düsseldorf, Beschl. v. 29.10.2008, VII-Verg 35/08; Beschl. v. 19.7.2006, VII-Verg 26/06; OLG Brandenburg, Beschl. v. 18.12.2003, Verg W 8/03; OLG Dresden, Beschl. v. 7.7.2015, Verg 3/15; *Byok*, NJW 2001, 2295, 2300.

28 BGH, Beschl. v. 1.2.2005, X ZB 27/04; OLG Schleswig, Beschl. v. 1.4.2010, 1 Verg 5/09; OLG Naumburg, Beschl. v. 8.10.2009, 1 Verg 9/09; OLG München, Beschl. v. 7.6.2005, Verg 4/05; OLG Düsseldorf, Beschl. v. 23.2.2005, VII-Verg 78/04; OLG Dresden, Beschl. v. 7.7.2015, Verg 3/15; s. a. EuGH, Urt. v. 11.1.2005, Rs. C-26/03, Rn. 35 ff., VergabeR 2005, 44, 49 f. – Stadt Halle.

29 OLG Düsseldorf, Beschl. v. 4.5.2009, VII-Verg 68/08, VergabeR 2009, 905, 908; Beschl. v. 22.5.2002, Verg 6/02, VergabeR 2002, 668, 670.

30 Z.B. BGH, Urt. v. 12.11.2002, KZR 11/01, BGHZ 152, 347; OLG Celle, Urt. v. 13.5.1998, 13 U (Kart) 260/97, WuW/E Verg 188 – Feuerwehrbedarfsartikel.

31 EuGH, Urt. v. 28.1.2010, Rs. C-456/08 – National Roads Authority.

32 OLG Schleswig, Beschl. v. 15.3.2010, 1 Verg 5/09.

33 OLG Düsseldorf, Beschl. v. 21.11.2007, VII-Verg 32/07.

34 EuGH, Urt. v. 15.10.2009, Rs. C-196/08, NZBau 2009, 804 – Acoset.

35 Anders OLG Schleswig, Urt. v. 6.7.1999, 6 U Kart 22/99.

auf der Tatbestandsebene von § 1 GWB zu lösen,[36] sondern kann nach der Aufhebung des § 4 Abs. 2 GWB a. F.[37] zum 1.7.2005 systemimmanent über die Legalisierung der Einkaufskooperationen über die Generalklausel des § 2 Abs. 1 GWB[38] bzw. im Rahmen von § 3 Abs. 1 GWB[39] gelöst werden.

17 Im zweiten Fall **(Gemeinschaftsunternehmen mit Privatem)** kommt es zu einer Kooperation nicht auf der Nachfrageseite, sondern der potenzielle öffentliche Auftraggeber oder eines seiner Beteiligungsunternehmen und ein potenzieller Bieter gründen ein Gemeinschaftsunternehmen,[40] welches nun Aufgaben übernimmt, die der öffentliche Auftraggeber früher selbst wahrgenommen hat oder die Parteien verabreden, dass der öffentliche Auftraggeber und der andere zukünftige Mitgesellschafter in der Weise zusammenarbeiten, dass der Auftraggeber seine Kundenbeziehung und der Privatunternehmer sein Know-how einbringt. Damit unterbleibt in Zukunft die Vergabe solcher Aufträge im Rahmen von Vergabeverfahren. Die ausgeschlossenen potenziellen anderen Bieter können in diesen Fällen daran interessiert sein, sowohl gegen das Gemeinschaftsunternehmen als auch gegen den Konkurrenten vorzugehen. Die abdrängende Sonderzuweisung greift hier nicht ein.[41]

bb) Nach Abschluss des Vergabeverfahrens

18 Ist das Vergabeverfahren abgeschlossen, greift auch die abdrängende Sonderzuweisung nicht mehr ein, denn auch insoweit beschränkt der Wortlaut die Zuständigkeitsregel hinsichtlich der „sonstigen Ansprüche“ auf Ansprüche, die auf Vornahme oder Unterlassen einer Handlung **in** einem Vergabeverfahren, also einem noch laufenden Vergabeverfahren, gerichtet sind.

19 Nach Abschluss eines Vergabeverfahrens durch Erteilung des Zuschlags, Aufhebung oder Einstellung sind verschiedene Anträge des Unternehmers denkbar: ein Antrag auf **Feststellung der Rechtswidrigkeit** des Vergabeverfahrens (Zuschlag, Aufhebung), ein vorbeugender Unterlassungsanspruch im Hinblick auf zukünftige Vergabeverfahren[42] oder ein Antrag, es dem Auftraggeber bzw. dem Bieter, der den Zuschlag erhalten hat, zu **untersa-**

---

36 Erwogen von *Schumacher/Schalast*, DZWir 1998, 296, 298.

37 Zur Freistellung kommunaler Einkaufsgemeinschaften nach § 4 Abs. 2 GWB a. F. BGH, Urt. v. 12.11.2002, KZR 11/01, BGHZ 152, 347, 352 ff.; OLG Düsseldorf, Urt. v. 12.5.1998, U (Kart) 11/98, NJWE-WettbR 1998, 236.

38 *Fuchs*, in: Immenga/Mestmäcker, Wettbewerbsrecht, § 2 GWB Rn. 164.

39 *Fuchs*, in: Immenga/Mestmäcker, Wettbewerbsrecht, § 3 GWB Rn. 68. Nach *Hertwig*, Praxis der öffentlichen Auftragsvergabe, Rn. 311, soll sich die Zulässigkeit von Einkaufskooperationen nach Aufhebung des § 4 Abs. 2 GWB a. F. nun nach Maßgabe der „Leitlinien zur Anwendbarkeit von Art. 81 EG-Vertrag auf Vereinbarungen über horizontale Zusammenarbeit“ der EU-Kommission vom 6.1.2001 (ABl. 2001/C 3, S. 2 ff.) richten. Hierbei übersieht er, dass nach der EU-Rechtsprechung Einkaufskooperationen der öffentlichen Hand schon mangels Unternehmenseigenschaft aus dem Anwendungsbereich des Kartellrechts herausfallen (EuGH, Urt. v. 11.7.2006, Rs. C-205/03 P – FENIN/Kommission; EuG, Urt. v. 4.3.2003, Rs. T-319/99).

40 Vgl. z. B. EuGH, Urt. v. 22.12.2010, Rs. C-215/09 – ODL Oulun Työterveys Oy.

41 OLG Düsseldorf, Beschl. v. 22.5.2002, Verg 6/02, NZBau 2002, 583, 584 – Kommunale Einkaufsgemeinschaft; Beschl. v. 15.11.2000, U (Kart) 15/99; vgl. auch 2. VK Bund, Beschl. v. 1.2.2001, VK 2-44/00, VergabeR 2001, 147. Vgl. zu weiteren Kooperationsformen der öffentlichen Hand § 108.

42 *Byok*, WRP 1999, 402, 404; vgl. zum vorbeugenden Rechtsschutz auch *Kling*, NZBau 2003, 23.

gen, den vergaberechtswidrig geschlossenen Vertrag auszuführen bzw. zu erfüllen.[43] Ein Feststellungsantrag ist allerdings nur in Fortsetzung des bereits vor Beendigung des Vergabeverfahrens eingeleiteten Nachprüfungsverfahrens zulässig.[44] Die Frage nach der Pflicht zur Auflösung vergaberechtswidrig geschlossener Verträge stellt sich besonders drängend, wenn der EuGH auf Antrag der Kommission nach Art. 258 Abs. 2 AEUV einen Verstoß gegen das Unionsrecht, also eine Vertragsverletzung, festgestellt hat. Nach Art. 260 Abs. 1 AEUV ist der Mitgliedstaat verpflichtet, die sich aus dem Urteil des Gerichtshofs ergebenden Maßnahmen zu ergreifen. Da der Vertrag bis zu seiner endgültigen Beendigung unionsrechtswidrig bleibt und insofern eine fortlaufende Vertragsverletzung darstellt, ist der verurteilte Mitgliedstaat zur Beendigung des Vertrags verpflichtet.[45] Dabei kommt es aufgrund der primärrechtlichen Verankerung dieser Pflicht nicht darauf an, welche staatliche Gliederung für den vergaberechtswidrigen Vertragsschluss verantwortlich ist. In welcher Form die Vertragsbeendigung geschieht, überlässt das Unionsrecht dem mitgliedstaatlichen Recht. Für das deutsche Recht kam bisher – sofern die einvernehmliche Auflösung des Vertrags scheiterte – eine Berufung auf die Störung der Geschäftsgrundlage (§ 313 Abs. 3 Satz 2 BGB)[46] oder eine außerordentliche Kündigung (§ 314 BGB)[47] in Betracht. Ein Rückgriff auf die §§ 313 ff. BGB ist aufgrund der speziell für den Fall einer schweren Vertragsverletzung vorgesehenen Kündigungsmöglichkeit gem. § 133 Abs. 1 Nr. 3 GWB nicht mehr zwingend erforderlich. Von der Frage der primärrechtlichen Verpflichtung des Mitgliedstaates gegenüber der Union zur Beendigung unionsrechtswidriger Verträge ist die Frage scharf zu trennen, ob ein nicht berücksichtigter Bieter einen Anspruch auf Vertragsaufhebung haben kann. Nach der Rechtsprechung des OLG Düsseldorf besteht ein solcher Anspruch nicht, da es Art. 2 Abs. 7 Unterabs 2 RML den Mitgliedstaaten – ungeachtet der primärrechtlichen Verpflichtung zur Beendigung vergaberechtswidriger Verträge – erlaube, die Wirkungen geschlossener Verträge aufrechtzuerhalten. § 114 Abs. 2 Satz 1 GWB a. F. sehe daher zu Recht vor, dass der Vertrag vergaberechtlich als wirksam anzusehen ist. Ein übergangener Bieter kann sich daher auf das vergaberechtswidrige Zustandekommen des Vertrags mit dem Ziel der Aufhebung bzw. Beendigung des Vertrags nicht berufen.[48]

Soweit nicht auf § 97 Abs. 6 GWB gestützt, ist für Feststellungs- und Unterlassungsanträge **20**
der ordentliche Rechtsweg gegeben, da ein solcher Feststellungsantrag nicht auf die Vornahme oder das Unterlassen einer Handlung und der Unterlassungs- bzw. Verbotsantrag

---

43 Vor Einführung des § 101b GWB a. F. betraf dies in erster Linie De-facto-Vergaben. Diese führen jedoch nach § 135 GWB (§ 101b GWB a. F.) zur nachträglichen Unwirksamkeit des Vertrags von Anfang an, sodass sich dieses Problem insoweit nicht mehr stellt.

44 OLG Brandenburg, Beschl. v. 8.7.2010, Verg W 4/09.

45 EuGH, Urt. v. 18.7.2007, Rs. C-503/04, NZBau 2007, 594, 596; *Seidel/Mertens*, in: Dauses, EU-Wirtschaftsrecht, H. IV. Rn. 55.

46 LG München I, Urt. v. 20.12.2005, 33 O 16465/05, NZBau 2006, 269, 271.

47 Vgl. LG Frankfurt a. M., Beschl. v. 28.1.2008, 2-4 O 201/06, NZBau 2008, 599, 605.

48 OLG Düsseldorf, Beschl. v. 18.6.2008, VII-Verg 23/08; Beschl. v. 23.2.2011, Verg 17/11; auch OLG Schleswig Beschl. v. 28.8.2015, 1 Verg 1/15; OLG Celle, Beschl. v. 13.6.2011, 13 Verg 5/00; OLG Brandenburg, Beschl. v. 6.3.2012, Verg W 15/11; Beschl. v. 8.7.2010, Verg W 4/09; VK Südbayern, Beschl. v. 29.4.2010, Z 3-3-3194-1-03-01/10; *Diemon-Wies*, in: Hattig/Maibaum, Praxiskommentar Kartellvergaberecht, § 104 GWB Rn. 40.

nicht auf eine Handlung im laufenden Vergabeverfahren gerichtet ist,[49] welches mit Erteilung des Zuschlags abgeschlossen ist und somit die abdrängende Sonderzuweisung nicht eingreift.

21 Bei der Stellung eines Feststellungsantrags ist zu beachten, dass § 168 Abs. 2 GWB die Umstellung des Leistungs- bzw. Unterlassungsantrags auf einen Feststellungsantrag zulässt, wenn sich das Vergabeverfahren erledigt (vgl. § 168 Rn. 28 ff.).

22 Für die Frage, ob die abdrängende Sonderzuweisung eingreift, ist festzuhalten, dass ein Antrag vor den Zivilgerichten unzulässig ist, solange der Nachprüfungsantrag noch rechtzeitig und zulässig[50] bei der Vergabekammer gestellt werden kann. Diese **Unzulässigkeit des Feststellungsantrags vor den Zivilgerichten** ergibt sich zwar nicht aus dem Wortlaut des § 156 Abs. 2 GWB, der eine Sonderzuweisung zum Vergaberechtsweg nur für Leistungs- und Unterlassungsansprüche vorsieht. Sie folgt aber implizit aus der Regelung der Antragsumstellung in § 168 Abs. 2 GWB und dem Bestreben des Gesetzgebers, vergaberechtliche Streitigkeiten auf den Vergaberechtsweg zu konzentrieren.

23 Ein Antrag auf gerichtliche Entscheidung, es dem Auftraggeber und/oder dem erfolgreichen Bieter zu **untersagen**, den geschlossenen Vertrag **durchzuführen**, scheint auf den ersten Blick problematisch, da damit die gesetzgeberische Entscheidung, dass ein einmal erteilter Zuschlag nicht mehr aufgehoben wird (§ 168 Abs. 2 Satz 1 GWB), konterkariert werden könnte. Gegen die Zulässigkeit eines zivilgerichtlichen Feststellungsantrags nach Zuschlagserteilung wird daher vorgebracht, dass es in der Sache keinen Unterschied mache, ob ein Zuschlag aufgehoben (s. dazu Rn. 19 a.E.) oder die Durchführung des geschlossenen Vertrags auf Dauer untersagt wird.[51] Diese Ansicht verkennt jedoch, dass die Wirkung des § 168 Abs. 2 Satz 1 GWB nur so weit reichen kann, wie der Antragsteller in einem Nachprüfungsverfahren Gelegenheit gehabt hätte, sein Rechtsschutzbegehren zulässigerweise geltend zu machen. Nur diese Einschränkung rechtfertigt es, den unterlegenen Bieter für diese Ansprüche auf den Sekundärrechtsschutz zu verweisen.[52]

24 Unabhängig davon macht die Anordnung des § 168 Abs. 2 Satz 1 GWB, ein einmal erteilter Zuschlag dürfe nicht aufgehoben werden, jedenfalls nur dann Sinn, wenn überhaupt ein Vergabeverfahren stattgefunden hat. Geht es um die Geltendmachung eines vorbeugenden Unterlassungsanspruchs, also darum, für die Zukunft zu verhindern, dass z.B. Aufträge ohne Ausschreibung freihändig oder im Verhandlungsverfahren ohne Teilnahmewettbewerb vergeben werden, gibt es noch keinen Zuschlag, dessen Wirksamkeit zu beachten wäre. In diesen Fällen steht § 168 Abs. 2 Satz 1 GWB der Zulässigkeit von zivilprozessualem Rechtsschutz von vorneherein nicht entgegen.[53]

---

49 Vgl. OLG Düsseldorf, Urt. v. 15.11.2000, U (Kart) 15/99 unter II 1 b) ee) der Entscheidungsgründe. Diese Entscheidung wurde vom BGH (Urt. v. 3.4.2003, I ZR 1/01, JR 2002, 204) aus rein prozessualen Gründen aufgehoben.

50 *Byok*, WRP 1999, 402, 404; a. A. *Gröning*, ZIP 1999, 52, 56 f.

51 Vgl. *Jennert*, VR 2002, 109, 111.

52 Vgl. Nr. 21 der Stellungnahme des Bundesrats zum VgRÄG (BT-Dr. 13/9340, S. 50): „Wenn der Zuschlag bereits erteilt wurde, ist das Nachprüfungsverfahren nicht statthaft. Es sind nur noch Schadensersatzprozesse möglich."

53 Die Kritik *Jennert*, VR 2002, 109, 111 an OLG Düsseldorf, Urt. v. 15.11.2000, U (Kart) 15/99, geht insofern fehl, da es dort um die Untersagung des Anbietens von Leistungen bzw. der Entgegennahme von zukünftigen Aufträgen ging.

3. Wettbewerbsrechtliche Ansprüche gegen Konkurrenten

§ 156 Abs. 2 GWB erfasst dem Wortlaut nach nur Ansprüche gegen den öffentlichen Auftraggeber, die auf sein Verhalten in einem Vergabeverfahren gerichtet sind. Die ausschließliche Zuständigkeit der Vergabekammern nach § 156 Abs. 2 GWB gilt somit nur im vertikalen Verhältnis für Ansprüche gegen dem Kartellvergaberecht unterworfene öffentliche Auftraggeber, nicht dagegen im horizontalen Verhältnis für Ansprüche gegen Mitbieter (Konkurrenten)[54] (vgl. auch § 161 Rn. 12). Die prozessuale Durchsetzung von Unterlassungs- und Schadensersatzansprüchen des durch einen Vergabeverstoß benachteiligten Bieters gegen Mitbieter bleibt von § 156 Abs. 2 GWB vollkommen unberührt. Dies gilt sowohl für wettbewerbsrechtliche und lauterkeitsrechtliche Ansprüche als auch für Ansprüche auf Schadensersatz oder Unterlassung aus § 823 Abs. 2 BGB bzw. § 1004 BGB.[55] 25

Nach der „Kommunalversicherer"-Entscheidung des BGH[56] steht § 156 Abs. 2 GWB der Geltendmachung lauterkeitsrechtlicher Ansprüche unter dem Gesichtspunkt des Rechtsbruchs (§§ 3, 4 Nr. 11 UWG a.F., jetzt §§ 3, 3a UWG), die gegenüber Mitbewerbern vor den ordentlichen Gerichten geltend gemacht werden können, nicht entgegen. Anders als das Kartellrecht[57] entfaltet das Vergaberecht keine Sperrwirkung gegenüber dem Lauterkeitsrecht; dies gilt für Ansprüche gegen den Auftraggeber und erst recht für Ansprüche gegen Mitbieter, weil diese bereits nicht zu den Rechtsadressaten des Vergaberechts gehören.[58] Ein derartiger Ausschluss wäre auch mit dem aus Art. 19 Abs. 4 GG resultierenden Gebot des effektiven Rechtsschutzes nicht vereinbar, da die Vergabekammer gegen Mitbewerber gem. § 156 Abs. 2 GWB nicht angerufen werden kann und somit eine Rechtsschutzlücke entstehen würde.[59] Nach Auffassung der 2. VK Bund gelten diese Erwägungen allerdings nur für den vom BGH entschiedenen Fall einer De-facto-Vergabe oder wenn aus anderen Gründen die kartellvergaberechtlichen Vorschriften des 4. Teils des GWB keine Anwendung finden (z.B. in den Bereichsausnahmen der §§ 107 ff. GWB oder im Unterschwellenbereich). Im Anwendungsbereich des § 156 Abs. 2 GWB bestünden jedoch keine Lücken im Rechtsschutz, sodass für die Verfolgung von lauterkeitsrechtlichen Ansprüchen außerhalb des Vergaberechtswegs kein Raum sei.[60] Diese Lesart verengt die Entscheidung des BGH allerdings auf die Frage, ob dem Bieter überhaupt Rechtsschutz gegen Lauterkeitsrechtsverstöße im Vergabeverfahren zustehen. Effektiver Rechtsschutz verlangt jedoch, dass der Bieter die ihm nach dem materiellen Lauterkeitsrecht zustehenden Ansprüche auch prozessual gegen jeden Schuldner – und nicht nur gegen einen – durchsetzen kann. 26

Die Konzentrationsregel des § 156 Abs. 2 GWB steht der Geltendmachung von lauterkeitsrechtlichen Ansprüchen gegen den Auftraggeber selbst im Übrigen nicht entgegen, 27

---

54 BGH, Urt. v. 3.7.2008, X ZR 145/05, BGHZ 177, 150, 153 f.; *Köhler*, in: Köhler/Bornkamm, Gesetz gegen den unlauteren Wettbewerb, § 3a UWG Rn. 1.336, 2.77; *Dreher*, in: Immenga/Mestmäcker, Wettbewerbsrecht, vor §§ 97 ff. GWB Rn. 187; *Stockmann*, in: Immenga/Mestmäcker, Wettbewerbsrecht, § 104 GWB Rn. 17.

55 *Stockmann*, in: Immenga/Mestmäcker, Wettbewerbsrecht, § 104 GWB Rn. 25.

56 BGH, Urt. v. 3.7.2008, I ZR 145/05, BGHZ 177, 150, 153 f. – Kommunalversicherer.

57 Hierzu BGH, Urt. v. 7.2.2006, KZR 33/04, BGHZ 166, 154, 159.

58 *Alexander*, LMK 2008, 267427.

59 Vgl. *Dreher*, in: Immenga/Mestmäcker, Wettbewerbsrecht, vor §§ 97 ff. GWB Rn. 187; *Prieß/Niestedt*, Rechtsschutz, S. 151.

60 2. VK Bund, Beschl. v. 15.5.2009, VK 2 21/09.

wenn es sich um eine unzulässige De-facto-Vergabe handelt. Da die Antragsbefugnis des Bieters für das Nachprüfungsverfahren ein Vergabeverfahren voraussetzt, muss in diesen Fällen der Rechtsweg zu den Zivilgerichten offenstehen, wenn dem öffentlichen Auftraggeber wegen der Missachtung der Ausschreibungspflicht auch ein Wettbewerbsverstoß vorgeworfen werden kann.[61] Der Bieter muss in diesem Fall darlegen, dass der öffentliche Auftraggeber das gebotene Vergabeverfahren nicht durchgeführt hat, um den Wettbewerb eines bestimmten Unternehmens zu fördern.[62]

28 Die Frage des Bestehens von lauterkeitsrechtlichem Rechtsschutz des Bieters gegen einen Mitbewerber kann sich sowohl im laufenden Vergabeverfahren als auch nach Erteilung des Zuschlags stellen.

a) Wettbewerbsrechtlicher Rechtsschutz vor Zuschlagserteilung

29 Anspruchsgrundlage kann hier §§ 3 Abs. 1, 3a UWG unter dem Gesichtspunkt des Ausnutzens fremden Rechtsbruchs sein. Die Besonderheit der Fallkonstellation im vergaberechtlichen Kontext besteht darin, dass derjenige, der sich rechtswidrig verhält (der öffentliche Auftraggeber), im Verhältnis zum benachteiligten Unternehmen in keinem Wettbewerbsverhältnis steht und derjenige, der den Wettbewerbsvorsprung erzielt (der konkurrierende Mitbieter), nicht Adressat der Rechtsnorm ist, gegen die verstoßen wird. Nicht geklärt war bislang, ob der Wettbewerber somit überhaupt als Täter unmittelbar einen Rechtsbruch i. S. des § 3a UWG begehen kann. Das OLG Köln hat dies im Hinblick auf § 4 Nr. 11 UWG a. F. in der Vorinstanz der „Kommunalversicherer"-Entscheidung des BGH im Falle der Vergabe von Versicherungsleistungen ohne Ausschreibung an einen Versicherungsverein auf Gegenseitigkeit bejaht.[63] Der BGH hat demgegenüber klargestellt, dass eine täterschaftliche Begehung durch den Mitbewerber nicht in Betracht kommt, da der Mitbewerber in dieser Konstellation nicht Normadressat des § 4 Nr. 11 UWG a. F. (jetzt § 3a UWG) ist. In Betracht kommt jedoch eine Haftung als Teilnehmer wegen Anstiftung oder Beihilfe zum Rechtsbruch des normverpflichteten Auftraggebers.[64]

30 Die §§ 97 ff. GWB sind Marktverhaltensregeln i. S. d. § 3a UWG.[65] Das Gleiche gilt wegen des nun deutlich abgeschwächten, aber weiter geltenden vergaberechtlichen Kaskadenprinzips im Oberschwellenbereich auch für die Vorschriften der Vergabeverordnung (VgV), der Sektorenverordnung (SektVO) und der Vergabeordnung für Bauleistungen (VOB/A). Die Vergabeordnungen wurden bereits unter § 127 Nr. 1 GWB a. F. in den Rang von materiellen Rechtsnormen gehoben.[66]

---

61 *Prieß/Niestedt*, Rechtsschutz, S. 50 ff.

62 Zu den wettbewerbsrechtlichen Ansprüchen gegen den Auftraggeber näher *Byok/Dissmann/Müller-Kabisch*, WuW 2009, 269, 274 f.

63 OLG Köln, Urt. v. 15.7.2005, 6 U 17/05, GRUR 2005, 780 – Versicherungsleistungen.

64 BGH, Urt. v. 3.7.2008, I ZR 145/05, BGHZ 177, 150, 154 – Kommunalversicherer.

65 BGH, Urt. v. 3.7.2008, I ZR 145/05, BGHZ 177, 150, 160 – Kommunalversicherer; OLG Düsseldorf, Beschl. v. 22.10.2008, I-27 U 2/08, VergabeR 2009, 176, 179; *Köhler*, in: Köhler/Bornkamm, Gesetz gegen den unlauteren Wettbewerb, § 3a UWG Rn. 1.336; *Götting*, in: Fezer, Lauterkeitsrecht, § 4 –11 Rn. 162.

66 OLG Düsseldorf, Beschl. v. 22.5.2002, Verg 6/02, VergabeR 2002, 668, 669; a. A. *Ohly*, in: Ohly/Sosnitza, Gesetz gegen den unlauteren Wettbewerb, § 3a UWG Rn. 13, der in Verkennung des Kaskadenprinzips meint, dass die Vergabeordnungen erst durch Vereinbarung im Rahmen privatrechtlicher Verträge rechtliche Außenwirkung entfalten.

Die Inanspruchnahme des öffentlichen Auftraggebers oder eines Mitbewerbers aus §§ 3, 3a UWG setzt voraus, dass der Anwendungsbereich des UWG im Einzelfall eröffnet ist. Da der Auftraggeber bei der Vergabe von Leistungen nicht in einem Wettbewerbsverhältnis zu den Bietern steht, kommt als „geschäftliche Handlung" i.S.d. § 2 Abs. 1 Nr. 1 UWG nur die Förderung von fremdem Wettbewerb durch die Auftragsvergabe unter Umgehung der Vergabebestimmungen in Betracht. In der Regel beschaffen öffentliche Auftraggeber in Wahrnehmung ihrer öffentlichen Aufgaben, sodass diese Nachfrage kein Verhalten im geschäftlichen Verkehr darstellt. Eine Drittförderungsabsicht kann jedoch ausnahmsweise in Betracht kommen, wenn der öffentliche Auftraggeber an dem wirtschaftlichen Erfolg des Unternehmens, dessen Wettbewerb er mit seinem Verhalten fördert, aufgrund besonderer Umstände ein Interesse hat, z.B. aufgrund vertraglicher Beziehungen zu dem Auftragnehmer.[67] Das Streben des Auftraggebers nach einer möglichst günstigen Beschaffung allein reicht dagegen für die Annahme der Wettbewerbsförderungsabsicht nicht aus.[68] **31**

Die Missachtung der kartellvergaberechtlichen Pflicht zur Durchführung eines geregelten Vergabeverfahrens ist regelmäßig auch geeignet, den Wettbewerb zum Nachteil der Wettbewerber i.S.d. §§ 3 Abs. 1, 3a UWG nicht unerheblich zu beeinträchtigen. Die übergangenen Unternehmen werden um die Chance gebracht, sich in einem transparenten und diskriminierungsfreien Verfahren um den Auftrag zu bewerben, sodass sodass ihre wettbewerblichen Interessen beeinträchtigt werden.[69] **32**

Als Teilnehmer haftet der begünstigte Bieter auf Unterlassung, wenn er zumindest mit bedingtem Vorsatz den Wettbewerbsverstoß des Auftraggebers fördert. Den objektiven Tatbestand der Beihilfe erfüllt jede Förderung der Haupttat, etwa bereits – in Form einer psychischen Beihilfe – durch die argumentative Unterstützung des Haupttäters, z.B. durch die Behauptung der Zulässigkeit einer Direktvergabe. In Betracht kommt aber auch ein (pflichtwidriges) Unterlassen der Aufklärung des Auftraggebers.[70] Schwieriger zu belegen ist dagegen die subjektive Tatbestandsseite, da zum Teilnehmervorsatz neben der Kenntnis der objektiven Tatumstände auch das Bewusstsein des Teilnehmers von der Rechtswidrigkeit der Haupttat gehört.[71] Dieses Bewusstsein der Rechtswidrigkeit setzt voraus, dass der Teilnehmer die Rechtswidrigkeit des von ihm unterstützten Verhaltens für möglich hält und sie zumindest billigend in Kauf nimmt. Es reicht aus, dass sich der Teilnehmer einer Kenntnisnahme von der Unlauterkeit des von ihm veranlassten oder geförderten Verhaltens verschließt. In der Praxis kann das Bewusstsein der Rechtswidrigkeit gegebenenfalls durch eine plausibel begründete Abmahnung herbeigeführt werden.[72] **33**

Rechtsfolge der Beteiligung des Mitbieters an der unlauteren Wettbewerbshandlung des Auftraggebers ist seine deliktische Haftung als Teilnehmer gem. § 830 Abs. 2 BGB, d.h. **34**

---

67 BGH, Urt. v. 3.7.2008, I ZR 145/05, BGHZ 177, 150, 161; *Köhler*, in: Köhler/Bornkamm, Gesetz gegen den unlauteren Wettbewerb, § 3a UWG Rn. 1.336.

68 OLG Düsseldorf, Beschl. v. 22.10.2008, I-27 U 2/08, VergabeR 2009, 176, 180; OLG Hamm, Beschl. v. 15.4.1999, 4 W 21/99, NJWE-WettbR 2000, 69.

69 BGH, Urt. v. 3.7.2008, I ZR 145/05, BGHZ 177, 150, 161.

70 *Köhler/Feddersen*, in: Köhler/Bornkamm, Gesetz gegen den unlauteren Wettbewerb, § 8 UWG Rn. 2.17; *Ohly*, in: Ohly/Sosnitza, Gesetz gegen den unlauteren Wettbewerb, § 8 UWG Rn. 119.

71 BGH Urt. v. 11.3.2009, I ZR 114/06, BGHZ 180, 134, 137 f.; Urt. v. 12.7.2007, I ZR 18/04, BGHZ 173, 188, 194.

72 *Köhler/Feddersen*, in: Köhler/Bornkamm, Gesetz gegen den unlauteren Wettbewerb, § 8 UWG Rn. 2.15; *Omsels*, jurisPRWettbR 11/2008, Anm. 2.

der Wettbewerbsverstoß des Auftraggebers wird dem Konkurrenten als Mittäter zugerechnet.[73] Beide haften dem Bieter damit für die Beendigung des Wettbewerbsverstoßes nach Maßgabe der §§ 421 ff. BGB als Gesamtschuldner. Das Abstellen auf die deliktische Teilnehmerhaftung – und nicht die Grundsätze der Störerhaftung – entspricht der jüngeren Rechtsprechung des BGH zum Lauterkeitsrecht.[74]

35 Wettbewerbsrechtliche Ansprüche gegen den Mitbewerber sind wegen der gebotenen einschränkenden Auslegung von § 156 Abs. 2 GWB auf dem ordentlichen Rechtsweg zu verfolgen. Die Vorschrift gilt nur für gegen den öffentlichen Auftraggeber gerichtete Ansprüche, nicht aber für Ansprüche gegen Auftragnehmer.[75] In einem *obiter dictum* hat das OLG Düsseldorf in einer Entscheidung jedoch befunden, dass ein Antrag auf Erlass einer einstweiligen Verfügung während eines laufenden Vergabeverfahrens unzulässig sein dürfte, da dem Antragsteller wegen der Möglichkeit, einstweiligen Rechtsschutz auch gegen den Konkurrenten im Eilverfahren nach § 169 Abs. 3 GWB zu erlangen, das erforderliche Rechtsschutzbedürfnis fehle.[76] Dieser Auffassung kann in ihrer Allgemeinheit nicht zugestimmt werden, denn § 169 Abs. 3 GWB gewährleistet nur einstweiligen Rechtsschutz zur Sicherung vergaberechtlicher Ansprüche und allenfalls noch inhaltsgleicher anderweitiger Ansprüche.[77]

b) Wettbewerbsrechtlicher Rechtsschutz nach Zuschlagserteilung

36 Auch nach Zuschlagserteilung besteht für den Bieter nach § 8 Abs. 1 Satz 1 UWG i.V. m. §§ 3 Abs. 1, 3a UWG die Möglichkeit, von seinem Konkurrenten die Unterlassung der Ausführung des unter Verstoß gegen die Vorschriften des Vergabe- und des Lauterkeitsrechts geschlossenen Vertrages zu verlangen. Allerdings empfiehlt es sich auch hier, den Mitbieter zunächst abzumahnen, um ihn hinsichtlich des Wettbewerbsverstoßes bösgläubig zu stellen. Ein Anspruch auf Rückabwicklung (Kündigung) des Vertrages dürfte dem Bieter allerdings in vielen Fällen nicht zustehen, da der Beseitigungsanspruch nach § 8 Abs. 1 Satz 1 UWG unter dem Verhältnismäßigkeitsvorbehalt steht. Die Beseitigung der Wettbewerbsstörung durch Rückabwicklung des Vertrages wird daher allenfalls dann geschuldet, wenn allein die Rückabwicklung geeignet und erforderlich ist, um den widerrechtlichen Zustand zu beseitigen, und wenn sie darüber hinaus im engeren Sinne verhältnismäßig ist.[78] Soweit primärer Rechtsschutz nicht zu erlangen ist, stehen dem Bieter gegebenenfalls Sekundäransprüche zu. Hierzu zählen die in der Praxis bedeutsamen Ansprüche nach § 9 UWG auf Schadensersatz sowie die allgemeinen zivilrechtlichen Auskunftsansprüche gem. §§ 260, 261 BGB, die der Geltendmachung des Schadensersatzbegehrens im Wege einer Stufenklage vorgeschaltet werden können.[79]

---

73 BGH, Urt. v. 3.7.2008, I ZR 145/05, BGHZ 177, 150, 152 – Kommunalversicherer.

74 *Köhler/Feddersen*, in: Köhler/Bornkamm, Gesetz gegen den unlauteren Wettbewerb, § 8 UWG Rn. 2.15; *Alexander*, LMK 2008, 267427; *Omsels*, jurisPRWettbR 11/2008, Anm. 2.

75 OLG Düsseldorf, Beschl. v. 22.10.2008, I-27 U 2/08.

76 OLG Düsseldorf, Beschl. v. 22.10.2008, I-27 U 2/08, VergabeR 2009, 176, 178 f.

77 Vgl. *Byok/Dissmann/Müller-Kabisch*, WuW 2009, 269, 276.

78 OLG Karlsruhe, Beschl. v. 12.11.2008, 15 Verg 4/08, VergabeR 2009, 200, 207; *Bornkamm*, in: Köhler/Bornkamm, Gesetz gegen den unlauteren Wettbewerb, § 8 UWG Rn. 1.104.

79 Näher *Byok/Dissmann/Müller-Kabisch*, WuW 2009, 269, 279.

III. Zuständigkeit für Schadensersatzansprüche und Befugnisse der Kartellbehörden (Abs. 3)

§ 156 Abs. 3 GWB stellt klar, dass die Zuständigkeit der ordentlichen Gerichte für Schadensersatzklagen unberührt bleibt. Daraus folgt im Umkehrschluss, dass Klagen gegen öffentliche Auftraggeber auf Zuschlagserteilung dort unzulässig sind. Die Zivilgerichte sind sowohl für die Geltendmachung von Schadensersatzansprüchen aus den §§ 180, 181 GWB als auch für weitergehende Schadensersatzansprüche i. S. von § 181 Satz 2 GWB – z. B. Ansprüche aus culpa in contrahendo (§§ 311 Abs. 2, 241 Abs. 2 BGB i. V. m. § 280 Abs. 1 BGB) oder aus Delikt (§ 823 Abs. 1 und 2 BGB, § 826 BGB) – zuständig. Gem. § 179 Abs. 1 GWB sind die Zivilgerichte in einem nachfolgenden Schadensersatzprozess an die bestands- bzw. rechtskräftige Feststellung der Nachprüfungsinstanzen, dass ein Vergaberechtsverstoß bestand, gebunden.[80] 37

Ebenso bleibt die Zuständigkeit der Kartellbehörden unberührt, sodass diese weiterhin zur Abstellung von Zuwiderhandlungen verpflichten (§ 32 GWB) und Bußgelder (§ 81 GWB) verhängen können. Der in § 156 GWB vorgesehene, nicht abschließende Verweis auf die §§ 19, 20 GWB dient der Klarstellung, dass sich an den Befugnissen der Kartellbehörden im Falle eines unzulässigen Verhaltens eines marktstarken öffentlichen Auftraggebers nichts verändert hat.[81] Diese Klarstellungen in § 156 Abs. 3 GWB belegen, dass die Vergabenachprüfungsinstanzen keine Monopolstellung in der Überprüfung vergaberechtlicher Normen haben.[82] 38

---

80 *Diemon-Wies*, in: Hattig/Maibaum, Praxiskommentar Kartellvergaberecht, § 104 GWB Rn. 41.

81 Amtl. Begr., BT-Drs. 16/10117, S. 22.

82 2. VK Bund, Beschl. v. 1.2.2001, VK2-44/00, VergabeR 2001, 147, 152; *Stockmann*, in: Immenga/Mestmäcker, GWB, § 104 GWB Rn. 2, 20 ff.

§ 157 Besetzung, Unabhängigkeit

(1) Die Vergabekammern üben ihre Tätigkeit im Rahmen der Gesetze unabhängig und in eigener Verantwortung aus.

(2) Die Vergabekammern entscheiden in der Besetzung mit einem Vorsitzenden und zwei Beisitzern, von denen einer ein ehrenamtlicher Beisitzer ist. Der Vorsitzende und der hauptamtliche Beisitzer müssen Beamte auf Lebenszeit mit der Befähigung zum höheren Verwaltungsdienst oder vergleichbar fachkundige Angestellte sein. Der Vorsitzende oder der hauptamtliche Beisitzer muss die Befähigung zum Richteramt haben; in der Regel soll dies der Vorsitzende sein. Die Beisitzer sollen über gründliche Kenntnisse des Vergabewesens, die ehrenamtlichen Beisitzer auch über mehrjährige praktische Erfahrungen auf dem Gebiet des Vergabewesens verfügen. Bei der Überprüfung der Vergabe von verteidigungs- oder sicherheitsspezifischen Aufträgen im Sinne des § 104 können die Vergabekammern abweichend von Satz 1 auch in der Besetzung mit einem Vorsitzenden und zwei hauptamtlichen Beisitzern entscheiden.

(3) Die Kammer kann das Verfahren dem Vorsitzenden oder dem hauptamtlichen Beisitzer ohne mündliche Verhandlung durch unanfechtbaren Beschluss zur alleinigen Entscheidung übertragen. Diese Übertragung ist nur möglich, sofern die Sache keine wesentlichen Schwierigkeiten in tatsächlicher oder rechtlicher Hinsicht aufweist und die Entscheidung nicht von grundsätzlicher Bedeutung sein wird.

(4) Die Mitglieder der Kammer werden für eine Amtszeit von fünf Jahren bestellt. Sie entscheiden unabhängig und sind nur dem Gesetz unterworfen.

Schrifttum: *Motzke/Pietzcker/Prieß*, VOB, 2001; *Reidt/Stickler/Glahs*, Vergaberecht, 3. Aufl. 2011.

Übersicht

I. Unabhängigkeit (Abs. 1)

1 § 157 Abs. 1 GWB bestimmt, dass die Vergabekammern ihre Tätigkeit **im Rahmen der Gesetze unabhängig und in eigener Verantwortung** ausüben. Hiermit ist sowohl die sachliche als auch die persönliche Unabhängigkeit gemeint. Sie besitzen damit eine Art Gerichtsförmigkeit, die sie bspw. auch berechtigt, Vorabentscheidungsersuchen an den EuGH zu richten.[1] Sie sind „Gerichte" im Sinne von Art. 267 AEUV. Dieser Status wird nicht grundsätzlich bereits dadurch in Frage gestellt, dass die Vergabekammern bei Behörden wie dem Bundeskartellamt, den Bezirksregierungen bzw. Regierungspräsidien oder den Ministerien angesiedelt sind. Die **Bindung an die Gesetze** ergibt sich bereits aus

1 EuGH, Urt. v. 18.9.2014, Rs. C-549/13.

Art. 20 Abs. 3 GG, weil die Vergabekammern als Teil der Verwaltung konstituiert sind. Damit sind jedoch nicht nur formelle Gesetze, sondern auch materielle Rechtsnormen jedweder Art gemeint, also auch Rechtsverordnungen des Bundes und der Länder. Ebenso zählt das Gewohnheitsrecht dazu. Nicht zu den Gesetzen zählen Verwaltungsvorschriften (also z. B. Erlasse, Rundschreiben). Eine über den Einzelfall hinausgehende Bindung der Vergabekammern an Entscheidungen der Oberlandesgerichte (bzw. Vergabekammern) besteht nicht, und zwar auch dann nicht, wenn es sich um die zuständige Beschwerdeinstanz handelt. Dennoch verhält es sich in der Praxis so, dass die Kammern sich üblicherweise und richtigerweise an die Spruchpraxis des als Beschwerdeinstanz zuständigen Vergabesenats halten. Anderenfalls würde das Ziel verfehlt, eine Erledigung der überwiegenden Zahl der Nachprüfungsverfahren bereits vor der Vergabekammer zu erreichen. Dies hat aber noch einen weiteren, ganz praktischen Hintergrund: Die Vergabekammern haben gemäß ihrer vom Gesetzgeber zugedachten Funktion auch eine Befriedungsfunktion. Die Effektivität der Arbeit einer Vergabekammer richtet sich zumindest auch danach, dass sie in der Statistik ausweisen kann, dass möglichst viele Verfahren durch sie als abschließende „Instanz“ erledigt wurden.

Sachliche Unabhängigkeit bedeutet, dass die Vergabekammern im Rahmen der ihnen zu- 2
gewiesenen Entscheidungsgewalt keiner Weisung unterliegen. Nicht einmal Weisungen allgemeiner Art, wie im Kartellverfahren gem. § 52 GWB möglich, dürfen erlassen werden. Auf Bundesebene bedeutet dies, dass weder der Bundesminister für Wirtschaft noch der Präsident des Bundeskartellamtes, sein Vertreter oder eines der beratenden Gremien des Amtes Einfluss auf die Vergabekammern bei ihrer Nachprüfungstätigkeit nehmen können.[2] Im Gegensatz dazu dürfen den Beschlussabteilungen des Bundeskartellamtes in jedem Falle allgemeine Weisungen,[3] nach weitergehender Auffassung sogar auch Einzelweisungen erteilt werden. Fest steht, dass die Unabhängigkeit der Vergabekammern größer ist als jene der Beschlussabteilungen des Bundeskartellamtes. Eine Angleichung im Sinne einer Stärkung der Unabhängigkeit der Beschlussabteilungen wie im Falle der Vergabekammern wird für wünschenswert erachtet.[4] Die Vergabekammern überprüfen als Individualbeschwerdeinstanz (Tatsachen- und Rechtsinstanz) die Rechtmäßigkeit von Vergabeverfahren auf der Grundlage subjektiver Rechte der Bieter. Ihre sachliche Unabhängigkeit geht so weit, dass ihr grundsätzlich auch die Prüfung von für „geheim“ erklärten „Vergabeakten“ zusteht, weil diese zur Beurteilung der Zulässigkeit des Antrages erforderlich ist.[5,6]

Persönliche Unabhängigkeit bedeutet, dass die diesem Entscheidungsgremium angehö- 3
renden Mitglieder in der Weise unabhängig sind, dass sie nicht fürchten müssen, jederzeit

2 *Stockmann*, ZWeR 2003, 37, 52.

3 *Stockmann*, ZWeR 2003, 37, 53.

4 *Stockmann*, ZWeR 2003, 37, 53.

5 VK Brandenburg, Beschl. v. 22.3.2004, VK 6/04. Vgl. auch OLG Dresden, Beschl. v. 18.9.2009, WVerg 0003/09, VergabeR 2010, 90. Vorausgehend bereits: VK Sachsen, Beschl. v. 12.6.2009, 1/SVK/011-09.

6 Möglichkeiten der Konzentration von Vergabekammern im Interesse der Wahrung von Sicherheitsinteressen im Zusammenhang mit Beschaffungen im Verteidigungs- und Sicherheitsbereich sieht allerdings die bis August 2011 umzusetzende Richtlinie 2009/81/EG vom 13.7.2009 über die Koordinierung der Verfahren zur Vergabe bestimmter Bau-, Liefer- und Dienstleistungsaufträge in den Bereichen Verteidigung und Sicherheit und zur Änderung der Richtlinien 2004/17/EG und 2004/18/EG, ABl. EU Nr. L 216 vom 20.8.2009, S. 76, vor.

abgesetzt werden zu können. § 157 Abs. 1 GWB ist demnach mit § 157 Abs. 4 GWB zusammenzulesen, in dem festgelegt ist, dass die Mitglieder der Kammer auf **fünf Jahre** gewählt sind, unabhängig entscheiden und nur dem Gesetz unterworfen sind. Die Parallele zu den Bestimmungen des Art. 97 Abs. 1 und Abs. 2 GG sowie § 25 DRiG, die die Unabhängigkeit der Richter betreffen, drängt sich auf. Die Mitglieder der Kammer unterliegen nur der allgemeinen Dienstaufsicht. Dennoch können sie im Einzelfall – auf entsprechenden Antrag hin – für befangen erklärt werden. Einem Befangenheitsantrag ist beispielsweise stattzugeben, wenn ein ehrenamtlicher Beisitzer der Vergabekammer eine Funktion bei der Handwerkskammer innehat und eine Firma zu dem Verfahren beigeladen wurde, die in der Handwerksrolle eben dieser Handwerkskammer eingetragen ist.[7] Im Kern gelten für die Prüfung eines Befangenheitsantrags gegen einen hauptamtlichen Beisitzer – oder auch den Vorsitzenden – die gleichen Voraussetzungen wie für die Ablehnung eines Richters.[8] Das OLG Naumburg hat sich klar dahingehend positioniert, dass für die Ablehnung von Mitgliedern der Vergabekammer die Vorschriften des einschlägigen Verwaltungsverfahrensgesetzes unmittelbar anzuwenden sind.[9]

4 Die Formulierungen des § 157 Abs. 1 und Abs. 4 GWB erinnern an die Bestimmung des früheren § 57c Abs. 1 Satz 1 HGrG a.F., der für die Vergabeüberwachungsausschüsse in ähnlicher Weise vorschrieb, dass diese ihre Tätigkeit „unabhängig“ und „in eigener Verantwortung“ ausüben. Die **Betonung der Unabhängigkeit** war hier, weil sie die abschließende, aber nach deutschem Verfassungsrecht nichtgerichtliche Überprüfungsinstanz im Rahmen der haushaltsrechtlichen Lösung bildete, von fundamentaler Bedeutung.[10] Da seit 1.1.1999 die Vergabekammern als Nachfolgeorgane der Vergabeüberwachungsausschüsse die erste Überprüfungsinstanz bilden und im Rahmen der Beschwerde zu den Vergabesenaten eine gerichtliche Überprüfung möglich ist, kommt es – aus dieser Perspektive gesehen – hierauf nicht mehr ganz so entscheidend an. Unbeschadet der Tatsache, dass sie lediglich die erste Instanz bilden, sind sie berechtigt, als „Gerichte“ im Sinne von Art. 267 AEUV Vorabentscheidungsersuchen an den EuGH zu richten.[11]

5 Unbeschadet der Tatsache, dass der Rechtszug vor der Vergabekammer nicht endet, legt der Gesetzgeber auf der Grundlage seiner **Konzeption** und angesichts des erklärten **Ziels**, dass die **Vergabestreitverfahren möglichst schon in der ersten Instanz**, also vor den Vergabekammern, erledigt werden sollen,[12] besonderen Wert auf eine möglichst qualifizierte Entscheidung, die gerichtlichen Anforderungen an die sachliche und persönliche Unabhängigkeit entspricht. Außerdem gilt es zu bedenken, dass bereits die Entscheidungen der Vergabekammern eine **Bindungswirkung** für nachfolgende Schadensersatzprozesse entfalten (§ 179 Abs. 1 GWB). Vor diesem Hintergrund ist zu sehen, dass die Anforderungen an die Vergabekammern sogar über diejenigen für die Beschlussabteilungen beim Bundeskartellamt (§ 51 Abs. 2–4 GWB) hinausgehen.

---

7 VK Münster, Beschl. v. 21.3.2005, VK 7/05.

8 OLG Frankfurt a. M., Beschl. v. 2.3.2007, 11 Verg 15/06.

9 OLG Naumburg, Beschl. v. 31.1.2011, 2 Verg 1/11.

10 Siehe EuGH, Urt. v. 17.9.1997, Rs. C-54/96, Slg. 1997, I-4961 – Dorsch Consult/Bundesbaugesellschaft.

11 EuGH, Urt. v. 18.9.2014, Rs. C-549/13.

12 *Marx*, VgR 1/1997, 37, 38: „Ziel ist es, den Kammern ein so hohes Ansehen zu verschaffen, dass der Weg zum Gericht nur noch in wenigen Ausnahmefällen beschritten wird.“

Fraglich ist, ob die Mitglieder der Vergabekammern das **richterliche Haftungsprivileg** gem. § 839 Abs. 2 BGB (sog. Spruchrichterprivileg) genießen. Einerseits kann man sich auf den Standpunkt stellen, dass die Ausgestaltung des Verfahrens vor der Vergabekammer als weitgehend gerichtsähnliches Überprüfungsverfahren für eine solche Privilegierung spricht.[13] Dagegen spricht, dass das Verfahren vor der Vergabekammer keine Rechtsprechung i. S. d. Art. 92 GG ist, also eindeutig der Exekutive zuzuordnen ist. Die praktische Relevanz dieser Fragestellung kann jedoch letzten Endes dahinstehen, weil der etwaig Geschädigte für die Geltendmachung von Ansprüchen die Rechtsmittelmöglichkeiten – vorliegend zum OLG im Wege der sofortigen Beschwerde nach den §§ 171 ff. GWB – ausschöpfen muss im Hinblick auf § 839 Abs. 3 und § 254 Abs. 2 BGB. 6

II. Besetzung (Abs. 2)

Die Vergabekammern (Bund und Länder) sind gem. § 157 Abs. 2 Satz 1 GWB mit **drei Mitgliedern** besetzt, und zwar dem **Vorsitzenden**, einem **hauptamtlichen** und einem **ehrenamtlichen Beisitzer**. Eine Fehlbesetzung führt nicht zur Nichtigkeit der Entscheidung gem. § 44 Abs. 3 Nr. 3 VwVfG, jedoch handelt es sich um einen Verfahrensfehler, der die Entscheidung formal rechtswidrig macht; wegen § 46 VwVfG führt dies im Rahmen einer sofortigen Beschwerde jedenfalls dann nicht zu einer Änderung der Entscheidung, wenn sie inhaltlich richtig war.[14] 7

Der Begriff der **Ehrenamtlichkeit** ergibt sich aus der bei Gerichten üblichen Funktion von Laienrichtern. Unter dem Merkmal der **Hauptamtlichkeit** dürfte zu verstehen sein, dass diese Kammermitglieder nicht ausschließlich mit Verfahren vor den Vergabekammern befasst sein müssen. Vielmehr können sie innerhalb der Behörde, an die die Vergabekammern organisatorisch angegliedert sind, auch weitere Funktionen wahrnehmen. Angesichts der Verfahrenszahlen ist dies aber häufig nicht mehr möglich.[15] 8

Der Vorsitzende und sein erster, hauptamtlicher Beisitzer, müssen **Beamte auf Lebenszeit** mit der Befähigung zum höheren Verwaltungsdienst sein (s. § 19 Bundesbeamtengesetz und die entsprechenden Vorschriften in den Landesbeamtengesetzen) oder „vergleichbar fachkundige Angestellte". Die Besetzungsregelung **knüpft** damit nahtlos **an die der Vergabeüberwachungsausschüsse an.**[16] 9

Mit dieser Regelung soll gewährleistet werden, dass **kompetente Vergabefachleute** entscheiden, welche die Verwaltungsabläufe bei Vergabeverfahren kennen und beurteilen können. Dies gilt umso mehr im Hinblick darauf, dass die Vergabekammern im Unterschied zu den früheren Vergabeüberwachungsausschüssen nicht mehr nur Rechts-, sondern auch Tatsacheninstanz sind. 10

Eines der Kammermitglieder – dies soll in der Regel der Vorsitzende sein – muss die **Befähigung zum Richteramt** (i. S. v. § 5 Abs. 1 DRiG) haben. Dieses Erfordernis bedeutet zum einen, dass es sich hierbei lediglich um eine Mindestanforderung handelt. Landesrechtliche Vorgaben gehen z. T. darüber hinaus und verlangen, dass der Vorsitzende und auch der 11

13 So *Braun*, ZVgR 2000, 111, 112.
14 *Reidt*, in: Reidt/Sickler/Glahs, Vergaberecht, § 105 Rn. 7.
15 In dieser Richtung *Marx*, in: Motzke/Pietzcker/Prieß, VOB, §§ 105, 106 Rn. 10.
16 Amtl. Begr., BT-Drs. 13/9340, S. 17 zu § 115 a. F.

hauptamtliche Beisitzer die Befähigung zum Richteramt besitzen müssen.[17] Diese Anforderung zeigt zum einen, dass das Überprüfungsverfahren vor den Vergabekammern ein spezielles, qualifiziertes Verwaltungsverfahren ist, das einen gewissen Anspruch auf Gerichtsähnlichkeit erhebt. Es ist kaum mehr zu vergleichen mit einem normalen Verwaltungsverfahren, in dem der Bürger lediglich Anstöße zu einer Überprüfung geben kann. In Vergabestreitsachen geht es demgegenüber um die Verfolgung **subjektiver Rechte** i. S. d. § 97 Abs. 6 GWB in einem **individuellen Beschwerdeverfahren** mit kontradiktorischem Charakter inklusive vollständiger Antragsrechte. Auch der BGH hat den Beibringungsgrundsatz im Vergabenachprüfungsverfahren betont und den in § 163 Abs. 1 Satz 1 GWB normierten Untersuchungsgrundsatz deutlich relativiert.[18] Dies gilt erst recht nach der GWB-Reform des Jahres 2009,[19] durch welche der Charakter des Nachprüfungsverfahrens als individuelles Rechtsschutzverfahren um einiges gestärkt wurde. Deshalb wird zumindest von einem der hauptamtlichen Mitglieder der Vergabekammer die Befähigung zum Richteramt verlangt.

12 Diese bewussten höheren Anforderungen an die Besetzung setzen sich fort in dem Erfordernis, dass **beide Beisitzer**, also auch der zweite, ehrenamtliche Beisitzer, über „**gründliche Kenntnisse des Vergabewesens**" verfügen. Diese Formulierung ist dem früheren § 57c Abs. 2 Satz 6 HGrG a. F. nachgebildet, der dies für die Beisitzer in den Vergabeüberwachungsausschüssen ebenfalls verlangte.

13 Die ehrenamtlichen Beisitzer sollen zudem **mehrjährige praktische Erfahrungen** auf dem Gebiet des Vergabewesens vorweisen können. Häufig handelt es sich bei den ehrenamtlichen Beisitzern um Rechtsanwälte, Beauftragte der Industrie- und Handelskammern, Geschäftsführer der Auftragsberatungsstellen, Assessoren oder auch Professoren, die sich auf dem Gebiet des Vergaberechts hervorgetan haben. Sie bringen damit eine Sichtweise in das Entscheidungsgremium ein, die mehr von der **Rechtsberatungs- bzw. Gutachtertätigkeit** geprägt ist, und ergänzen auf diese Weise die von der Verwaltung gestellten hauptamtlichen Mitglieder der Vergabekammern. Außerdem rekrutieren sich die ehrenamtlichen Beisitzer aus bestimmten Branchen, in denen die öffentlichen Auftragsvergaben eine herausragende Rolle spielen (z. B. Tiefbau), oder sie sind bei der Mitarbeit in den Vergabe- und Vertragsausschüssen hervorgetreten.

14 Mit der gesamten Besetzungsregelung in § 157 Abs. 2 GWB soll sichergestellt werden, dass in den Vergabekammern eine **hohe Sachkompetenz** herrscht, die qualifizierte Entscheidungen ermöglicht und in der Praxis dazu führen soll, dass die Vergabesenate als Beschwerdeinstanz erst gar nicht eingeschaltet werden müssen. Eine **möglichst geringe Inanspruchnahme** der zweiten Überprüfungsinstanz ist denn auch das erklärte Ziel dieser Gesetzgebung.[20] Die Statistiken bestätigen, dass die Rechtsfindung im Vergaberecht ganz überwiegend auf der **erstinstanzlichen Ebene**, also derjenigen der Vergabekammern, stattfindet.[21]

---

17 Siehe bspw. § 2 Abs. 3 der Verordnung über die Einrichtung und Zuständigkeit der Vergabekammern im Nachprüfungsverfahren für die Vergabe öffentlicher Aufträge (Zuständigkeitsverordnung Nachprüfungsverfahren – ZuStVONpV NRW) vom 2.12.2014 (GV. NRW. 2014, S. 872).

18 BGH, Beschl. v. 19.12.2000, X ZB 14/00, VergabeR 2001, 71 = NZBau 2001, 15.

19 Vergaberechtsmodernisierungsgesetz, BGBl. I, Nr. 20 v. 23.4.2009, S. 790.

20 *Marx*, VgR 1/1997, 37, 38.

21 Zu beziehen u. a. über das forum vergabe e. V., Berlin, www.forum-vergabe.de.

Seit der GWB-Fassung des Jahres 2011 existiert die **heutige besondere Besetzungsregelung** des § 157 Abs. 2 Satz 5 GWB. Danach können im Falle der Überprüfung der Vergabe von **verteidigungs- oder sicherheitsspezifischen Aufträgen** im Sinne des § 104 GWB die Vergabekammern abweichend von Satz 1 auch in der Besetzung mit einem Vorsitzenden und zwei hauptamtlichen Beisitzern entscheiden. Die hierfür einschlägige Richtlinie 2009/81/EG über die Verfahren zur Vergabe bestimmter Bau-, Liefer- und Dienstleistungsaufträge in den Bereichen Verteidigung und Sicherheit sieht in ihrem Art. 56 Abs. 10 diese Möglichkeit vor, entweder besondere Spruchkörper oder besondere Besetzungsregelungen in den Spruchkörpern zu implementieren. Ziel ist es, den **besonderen Sicherheitsbedürfnissen** bei dieser Art von Vergaben auch auf der **Ebene der Nachprüfung** Rechnung zu tragen und dabei die erforderlichen sachlichen und persönlichen Aufwendungen für die zu treffenden besonderen Vorkehrungen in Grenzen zu halten.[22] 15

Abseits dieser Sonderregel ist zu der allgemeinen Besetzungsregelung des § 157 Abs. 2 GWB anzufügen, dass es sich insofern um eine **Kompromissregelung** handelt, als es das ursprüngliche Ziel der Bundesregierung gewesen war, dass sowohl der Vorsitzende als auch der hauptamtliche Beisitzer zwingend die Befähigung zum Richteramt besitzen müssen. Dies scheiterte jedoch am Widerstand der Länder, die Kosten- und Personalprobleme geltend machten. Auch die Regelung in § 157 Abs. 2 Satz 4 GWB, in der von den Beisitzern verlangt wird, dass sie über gründliche Kenntnisse des Vergaberechts verfügen sollen, ist Bestandteil dieser Kompromissformel. Relativierend muss jedoch gesagt werden, dass die formale Befähigung zum Richteramt nicht zwingend etwas über die vergaberechtliche Kompetenz des Betreffenden aussagt. 16

Die Besetzungsregelung des § 157 Abs. 2 GWB verlangt nicht, dass alle Personen, welche die Entscheidung der Vergabekammer getroffen haben, verpflichtet sind, den schriftlich abgefassten Beschluss mit zu unterzeichnen. Der BGH[23] sah es auf Vorlage des OLG Jena[24] als nicht erforderlich an, dass zur Wirksamkeit eines Beschlusses auch der an der Entscheidung beteiligte ehrenamtliche Beisitzer seine **eigenhändige Unterschrift** leisten muss. Er verwies auf seine frühere Rechtsprechung,[25] wonach aus dem gesetzlichen Erfordernis, dass eine staatliche Entscheidung in einer bestimmten personalen Besetzung zu erfolgen hat, nicht ohne Weiteres folge, dass alle Personen, welche die Entscheidung getroffen haben, die vollständige, mit Gründen versehene Fassung eigenhändig zu unterzeichnen haben. Die bundesrechtliche Besetzungsregelung des § 157 Abs. 2 GWB verlangt dies also nicht. 17

---

22 Richtlinie 2009/81/EG vom 13.7.2009 über die Koordinierung der Verfahren zur Vergabe bestimmter Bau-, Liefer- und Dienstleistungsaufträge in den Bereichen Verteidigung und Sicherheit und zur Änderung der RL 2004/17/EG und 2004/18/EG, ABl. EU Nr. L 216 vom 20.8.2009, S. 76. Art. 56 Abs. 10: „Die Mitgliedstaaten stellen sicher, dass die für die Nachprüfungsverfahren zuständigen Stellen ein angemessenes Maß an Vertraulichkeit von Verschlusssachen oder anderer Informationen, die in den von den Parteien übermittelten Unterlagen enthalten sind, garantieren und während des gesamten Verfahrens im Einklang mit den Verteidigungs- und/oder Sicherheitsinteressen handeln. Zu diesem Zweck können die Mitgliedstaaten entscheiden, dass eine spezielle Stelle die ausschließliche Zuständigkeit für die Nachprüfung von Aufträgen in den Bereichen Verteidigung und Sicherheit hat."

23 BGH, Beschl. v. 12.6.2001, X ZB 10/01, VergabeR 2001, 286.

24 OLG Jena, Beschl. v. 28.2.2001, 6 Verg 8/00, VergabeR 2001, 159.

25 BGH, Beschl. v. 10.5.1994, X ZB 7/93, NJW-RR 1994, 1406.

18 Aus den **landesrechtlichen Regelungen**, die auf der Grundlage des § 158 Abs. 2 Satz 1 GWB[26] getroffen werden können und die die Organisation der Landes-Vergabekammern betreffen, kann sich jedoch etwas anderes ergeben. Der BGH[27] stellte mit Bezug zu der Thüringischen Landesverordnung[28] und der auf ihr basierenden Geschäftsordnung der Vergabekammer[29] fest, dass auch nach den dort festgelegten Erfordernissen für die Wirksamkeit eines Beschlusses der Vergabekammer die Unterschrift des ehrenamtlichen Beisitzers nicht erforderlich ist.[30]

19 Die Besetzung der Vergabekammer kann durch einen Verfahrensbeteiligten gerügt werden, weil beispielsweise eines der Mitglieder der Kammer als befangen i. S. d. § 21 VwVfG eingestuft werden muss. Analog zu dieser Vorschrift bzw. dem landesrechtlichen Äquivalent (z. B. § 21 VwVfG LSA) sollte der Betreffende seine **Befangenheit** richtigerweise schon von sich aus anzeigen. In einem Fall des OLG Naumburg[31] hatte der hauptamtliche Beisitzer an der Entscheidung der Vergabestelle, das Vergabeverfahren aufzuheben, mitgewirkt, aber danach auch an dem Verfahren vor der Vergabekammer teilgenommen (Vorbefassung). Dies beinhaltet nach Ansicht des Senats einen schweren Verfahrensfehler.

20 Die **Grundsätze des Verwaltungsverfahrensrechts** müssen insoweit Anwendung finden, auch wenn die spezialgesetzlichen Regelungen zum Vergabenachprüfungsverfahren keine Bestimmungen zur Ausschließung von Mitgliedern der Kammer enthalten. Angesichts des nicht nur rechtsstaatlich ausgestalteten, sondern sogar gerichtsähnlichen Vergabenachprüfungsverfahrens liegt nach zutreffender Ansicht des OLG Naumburg die Vorstellung eines fairen Verfahrens zugrunde, bei dem die Nachprüfung von unbeteiligten, also nicht vorbefassten Dritten vorgenommen wird. Wegen der organisatorischen Ansiedlung der Vergabekammer in der Exekutive und infolge der Ähnlichkeit zu einem Verwaltungsverfahren muss danach die Vorschrift des § 21 VwVfG (bzw. § 21 VwVfG LSA) Anwendung finden.[32]

21 Mit der Begründung der Gerichtsförmigkeit des Verfahrens vor der Vergabekammer spricht sich das OLG Düsseldorf darüber hinausgehend dafür aus, dass sogar die **Bestimmungen der Verwaltungsgerichtsordnung (VwGO)** analoge Anwendung finden müssten.[33] Für die Anwendung der Regelungen der VwGO spreche der Status der Mitglieder der Vergabekammer: Ihnen werde durch die Garantie der Unabhängigkeit gem. § 157 Abs. 1 GWB und die fünfjährige Unabsetzbarkeit gem. § 157 Abs. 4 GWB eine richterähnliche Unabhängigkeit eingeräumt. Dieser Stellung werde die Überprüfung eines Ablehnungsgesuchs durch die Vergabekammer (§ 54 Abs. 1 VwGO (analog) in Verbindung mit § 45

---

26 Siehe auch die Kommentierung dort.

27 BGH, Beschl. v. 12.6.2001, X ZB 10/01, VergabeR 2001, 286.

28 Thüringer Verordnung zur Regelung der Einrichtung, Organisation und Besetzung der Vergabekammern vom 10.6.1999 (GVBl. S. 417).

29 Geschäftsordnung der Vergabekammer des Freistaates Thüringen vom 8.10.1999 (Thüringer Staatsanzeiger 1999, S. 2347, 2348).

30 *Reidt*, in: Reidt/Sickler/Glahs, Vergaberecht, § 106 Rn. 15, hält die Bezugnahme des BGH auf den Regelungsbereich der Geschäftsordnung der Vergabekammer, also das reine Innenrecht, im Hinblick auf § 37 Abs. 3 VwVfG für rechtlich unzutreffend.

31 OLG Naumburg, Beschl. v. 3.3.2000, 1 Verg 2/99.

32 OLG Jena, Beschl. v. 22.12.1999, 6 Verg 3/99, BauR 2000, 396 = NZBau 2000, 349. Siehe außerdem: OLG Naumburg, Beschl. v. 31.1.2011, 2 Verg 1/11.

33 OLG Düsseldorf, Beschl. v. 23.1.2006, Verg 96/05, NZBau 2006, 598.

Abs. 1 ZPO) eher gerecht als die Prüfung durch den Behördenleiter. Da durch den **Ausschluss der Beschwerdemöglichkeit gegen den das Ablehnungsgesuch bescheidenden Beschluss** gem. § 146 Abs. 2 VwGO den Beteiligten der Anreiz genommen werde, Ablehnungsgesuche allein zum Zwecke der Hinauszögerung der Hauptsacheentscheidung anzubringen,[34] spreche auch der Gesichtspunkt der Begrenzung der Verfahrensdauer für die analoge Anwendung der Vorschriften der VwGO. Demgegenüber komme eine Heranziehung des § 46 Abs. 2 ZPO, der eine Beschwerdemöglichkeit gegen den das Ablehnungsgesuch für unbegründet erklärenden Beschluss ausdrücklich vorsieht, nicht in Betracht. Für eine Anwendung der Vorschriften der ZPO auf das Verfahren vor der Vergabekammer fehle ein sachlich legitimierender Grund. Diese Auffassung des OLG Düsseldorf ist konsequent. Insbesondere kann eine separate Anfechtbarkeit des Ablehnungsgesuchs nicht zugelassen werden, weil das Ziel eines möglichst stark beschleunigten Vergabenachprüfungsverfahrens konterkariert werden würde. Allerdings ist die Rechtslage zur Frage der Ablehnungsgesuche, und damit der separaten Anfechtbarkeit von Zwischenentscheidungen, nicht ganz so widerspruchslos, wie dies im Interesse der Rechtsklarheit wünschenswert wäre. Im Zusammenhang mit der **Ablehnung eines Sachverständigen im Vergabekammerverfahren** hat das OLG Celle entschieden, dass eine sofortige Beschwerde gem. §§ 110 Abs. 2 Satz 5, 57 Abs. 2 GWB a.F., § 406 Abs. 5 ZPO zulässig ist. Bei der Entscheidung der Vergabekammer, mit der die Ablehnung eines Sachverständigen für unbegründet erklärt worden ist, handelt es sich um einen gesetzlich geregelten Fall einer Zwischenentscheidung, die ausnahmsweise isoliert mit der sofortigen Beschwerde angefochten werden kann. Nach § 57 Abs. 2 Satz 2 GWB ist für die Entscheidung über die Beschwerde das Oberlandesgericht zuständig.[35]

Wird eine Vergabekammer unter Außerachtlassung der ihr obliegenden Pflichten nicht tä- 22
tig, so kommt eine **Untätigkeitsbeschwerde** (entsprechend § 75 VwGO) als **ultima ratio** in Betracht. Eine gesetzliche Regelung besteht, anders als etwa in der VwGO, nicht. Die Bestimmung des § 171 Abs. 1 GWB betrifft nur Entscheidungen der Vergabekammer, nicht aber ein Unterlassen. Für die Zivilprozessordnung wird die Untätigkeitsbeschwerde auch ohne ausdrückliche Regelung für zulässig gehalten.[36] Das OLG Bremen lässt jedoch offen, ob Entsprechendes auch für das Vergabenachprüfungsverfahren angenommen werden kann. Der Bremer Vergabesenat sieht in solch einem Fall letzten Endes die **Dienstaufsichtsbeschwerde** gegen den Vorsitzenden der Vergabekammer als das sachnähere Verfahren an, das vorrangig zu beschreiten ist. Die Dienstaufsicht umfasst gem. § 26 Abs. 2 DRiG die Befugnis, die Richter zu ordnungsgemäßer, unverzögerter Erledigung der Amtsgeschäfte zu ermahnen. Den Mitgliedern der Vergabekammern kommt – auch gemäß der Wertung des OLG Bremen – gem. § 157 Abs. 1, Abs. 4 Satz 2 GWB eine den Richtern vergleichbare Rechtsstellung zu.[37] Im Falle längerer Untätigkeit der Vergabekammer, wie sie in einigen Bundesländern vorkommt, wo die Verfahren vor der Vergabekammer teils ein Dreivierteljahr, in einigen wenigen Fällen auch nahezu 1 Jahr Zeit in Anspruch nehmen

34 Vgl. BT-Drs. 13/3993, S. 22 f.; BT-Drs. 13/5098, S. 24 f.

35 OLG Celle, Beschl. v. 25.5.2010, 13 Verg 7/10.

36 BVerfG, Beschl. v. 11.12.2000, 1 BvR 661/00, NJW 2001, 961; BVerfG, Beschl. v. 17.11.1999, 1 BvR 1708/99, NJW 2000, 797; BVerfG, Beschl. v. 6.5.1997, 1 BvR 711/96, NJW 1997, 2811, 2812; OLG Saarbrücken, Beschl. v. 6.2.1999, 6 WF 4/99, NJW-RR 1999, 1290.

37 OLG Bremen, Beschl. v. 12.3.2007, Verg 3/06, VergabeR 2007, 812.

(VK Rheinland),[38] wird man keine Untätigkeitsbeschwerde anbringen können, soweit die Vergabekammern die 5-wöchige Entscheidungsfrist des § 167 Abs. 1 GWB jeweils verlängern. In anderen Bundesländern (Berlin) ist dies zeitweise in der Art gelöst worden, dass die Kammern bewusst die Verlängerung versäumt haben, sodass der Nachprüfungsantrag als abgelehnt zu gelten hatte. Es war sodann sofortige Beschwerde zum Kammergericht einzulegen.

III. Alleinentscheidung (Abs. 3)

23 § 157 Abs. 3 GWB verleiht der Vergabekammer die **Befugnis**, dem Vorsitzenden oder dem hauptamtlichen Beisitzer die Entscheidung des Nachprüfungsantrages **alleine** zu übertragen. Dies geschieht durch **unanfechtbaren Beschluss**. Die Kammer entscheidet in der vollständigen Besetzung nach Abs. 2, in der sie anderenfalls die Sachentscheidung treffen würde. An dieser Entscheidung müssen sowohl der ehrenamtliche Beisitzer, der sonst (mit-)entschieden hätte, als auch derjenige hauptamtliche Beisitzer teilnehmen, an den die Sache zur Alleinentscheidung übertragen wird, mitwirken. Eine mündliche Verhandlung ist für die Übertragung zur Alleinentscheidung nicht erforderlich.

24 Eine **Rückübertragung** auf die vollständig besetzte Kammer ist denkbar, allerdings unter der **Voraussetzung**, dass der hauptamtliche Beisitzer, der zur Alleinentscheidung berechtigt ist, damit **einverstanden** ist. Ihm kann die Rechtssache nicht gegen seinen Willen entzogen werden, weil dem seine Unabhängigkeit (§ 157 Abs. 1 und Abs. 4 Satz 2 GWB) entgegensteht.

25 Mit dieser Regelung wird eine **Beschleunigung** bewirkt, die in tatsächlich und rechtlich einfach gelagerten Fällen zweckmäßig ist. Die Arbeit der Vergabekammern kann auf diese Weise sinnvoller organisiert werden, weil sie ihre Arbeitskraft entsprechend dem Schweregrad der Fälle gewichten kann. Zu denken ist insbesondere dann an eine Alleinentscheidung durch den Vorsitzenden oder hauptamtlichen Beisitzer, wenn ein Fall relativ eindeutiger Unzulässigkeit oder Unbegründetheit gegeben ist. Die früheren Vergabeüberwachungsausschüsse mussten demgegenüber auch in den einfachsten Fällen jeweils in voller Besetzung entscheiden, was oftmals einen unverhältnismäßigen Aufwand darstellte. Der Gesetzgeber hat hieraus die entsprechende Konsequenz gezogen. Allerdings ist festzustellen, dass die Übertragung zur alleinigen Entscheidung wenig praktische Relevanz entwickelt hat. Insbesondere bietet die Übertragung zur Alleinentscheidung de facto auch in den Fällen beklagenswert langdauernder Verfahren in einigen Bundesländern keinen wirklichen Ausweg. Ein gewisses Maß an Beschleunigung kann aber bewirken, wenn definierte prozessuale Entscheidungen wie diejenigen bzgl. der Beiladung und der Akteneinsicht auf den Vorsitzenden zur Alleinentscheidung übertragen werden. Dies entspricht durchaus auch der Praxis.[39]

---

38 Siehe insbesondere: *Dabringhausen*, VergabeNavigator 5/2016, S. 9; *Poppitz*, Vergabe Spezial 2016, 84.

39 Siehe bspw. VK Südbayern, Beschl. v. 26.11.2015, Z3-3-3194-1-56-11/15: „Sowohl der ehrenamtliche als auch der hauptamtliche Beisitzer übertrugen mit Schreiben vom 25.11.2015 die Entscheidung über Beiladungen und die Gewährung von Akteneinsicht auf den Vorsitzenden der Vergabekammer Südbayern."

26 Um einer (denkbaren) **Ausuferung** der Alleinentscheidung vorzubauen, hat der Gesetzgeber in Satz 2 neben der Bedingung, dass es sich um einen in tatsächlicher und rechtlicher Hinsicht einfachen Fall handeln muss, außerdem verlangt, dass die zu treffende Entscheidung **nicht von grundsätzlicher Bedeutung** sein darf. Mit diesem zusätzlichen Merkmal soll einer **allzu schematischen Betrachtung** vorgebeugt werden. So kann es zum Beispiel sein, dass ein auf den ersten Blick unwichtig erscheinendes Zulässigkeitsproblem von herausragender Bedeutung ist oder die Entscheidung eines **scheinbaren Randproblems** in bestimmten Konstellationen von grundsätzlicher Bedeutung ist.

27 Außerdem können beispielsweise Fragen der Erreichung des Schwellenwertes bei Losen oder Dauerschuldverhältnissen von ganz grundsätzlicher Natur sein, weil hier stets die praktisch sehr relevante Frage nach der Umgehung von Ausschreibungspflichten im Hintergrund steht. Zu denken ist im Bereich der Zulässigkeit auch an die Auslegung der Antragsberechtigung oder an die Rügeanforderungen, die immer wieder für einige Überraschungen gesorgt haben. Aus all diesen Gründen wird die Vergabekammer verpflichtet zu untersuchen, ob das zur Alleinentscheidung vorgesehene Vergabestreitverfahren nicht doch von grundsätzlicher Bedeutung ist.

28 Aus dem zuvor Gesagten ergibt sich, dass eine **pauschale Übertragung** zur alleinigen Entscheidung rechtlich **nicht möglich** ist. Es handelt sich immer um eine Einzelfallentscheidung, die an die genannten Voraussetzungen geknüpft ist und die auf dem vorgeschriebenen Wege herbeizuführen ist.

IV. Amtsdauer (Abs. 4)

29 Die Amtsdauer aller Mitglieder der Kammer ist auf fünf Jahre festgesetzt. Hiermit soll zum einen die notwendige **sachliche Kontinuität** in der Spruchpraxis der Kammer gewährleistet sein.[40] Zum anderen ist die Bestellung auf einen Zeitraum von fünf Jahren auch Bestandteil der für die Tätigkeit erforderlichen **persönlichen Unabhängigkeit** der Kammermitglieder. Insbesondere wird diese durch eine Möglichkeit zur Verlängerung der Dauer von abermals fünf Jahren gestärkt.

30 Im Unterschied hierzu war bei der Besetzung der früheren **Vergabeüberwachungsausschüsse lediglich in Bezug auf die ehrenamtlichen Mitglieder** eine Bestellung von mindestens fünf Jahren vorgesehen (§ 57c Abs. 2 Satz 7 HGrG a. F.). Wie verschiedentlich in der Literatur kritisiert, war trotz der Bezugnahme auf das Deutsche Richtergesetz in § 57c Abs. 2 Satz 5 HGrG a. F. theoretisch eine jederzeitige Absetzung des Vorsitzenden oder des hauptamtlichen Beisitzers mittels eines einfachen Organisationsakts möglich. Trotz des Urteils des EuGH in der Rechtssache „Dorsch Consult“,[41] in dem die Vergabeüberwachungsausschüsse als Gerichte i. S. d. damaligen Art. 177 EGV (heute: Art. 267 AEUV) angesehen wurden, blieben schon aus Gründen nationalen Verfassungsrechts stets Zweifel an der erforderlichen Unabhängigkeit und Kontinuität dieser Entscheidungsgremien. Diese sind nun nicht mehr als gegeben anzusehen. Hinzu kommt, dass ohnehin die Vergabesenate bei den Oberlandesgerichten eingeführt wurden und damit die vom Europarecht geforderte zweite gerichtliche Instanz unbestreitbar auch nach nationalem Verfassungsrecht vorliegt.

40 Siehe Amtl. Begr., BT-Drs. 13/9340, S. 17 zu § 115 GWB a. F.

41 EuGH, Urt. v. 17.9.1997, Rs. C-54/96, Slg. 1997 I-4961 – Dorsch Consult/Bundesbaugesellschaft.

31 Der 1998 geschaffene **Gleichklang** einer **Bestellung** der hauptamtlichen und ehrenamtlichen Mitglieder auf **fünf Jahre** soll über die rein formalen Anforderungen hinaus zur Rechtssicherheit im Vergabewesen beitragen.

32 Die Bestimmung des § 157 Abs. 4 Satz 2 GWB bekräftigt zunächst die in § 157 Abs. 1 GWB vorgeschriebene **institutionelle Unabhängigkeit** der Vergabekammern, indem sie die Merkmale der Unabhängigkeit und der Tatsache der Bindung an Recht und Gesetz auf die **Mitglieder der Kammern** bezieht. Die Bestimmung des § 157 Abs. 4 Satz 2 GWB stellt damit unter impliziter Bezugnahme auf die Regelung des § 157 Abs. 1 GWB nochmals die Unabhängigkeit der Mitglieder der Kammer heraus.[42] Im Übrigen kann auf die dortige Kommentierung verwiesen werden.

42 OLG Bremen, Beschl. v. 12.3.2007, Verg 3/06, VergabeR 2007, 812.

§ 158 Einrichtung, Organisation

(1) Der Bund richtet die erforderliche Anzahl von Vergabekammern beim Bundeskartellamt ein. Einrichtung und Besetzung der Vergabekammern sowie die Geschäftsverteilung bestimmt der Präsident des Bundeskartellamts. Ehrenamtliche Beisitzer und deren Stellvertreter ernennt er auf Vorschlag der Spitzenorganisationen der öffentlich-rechtlichen Kammern. Der Präsident des Bundeskartellamts erlässt nach Genehmigung durch das Bundesministerium für Wirtschaft und Energie eine Geschäftsordnung und veröffentlicht diese im Bundesanzeiger.

(2) Die Einrichtung, Organisation und Besetzung der in diesem Abschnitt genannten Stellen (Nachprüfungsbehörden) der Länder bestimmen die nach Landesrecht zuständigen Stellen, mangels einer solchen Bestimmung die Landesregierung, die die Ermächtigung weiter übertragen kann. Die Länder können gemeinsame Nachprüfungsbehörden einrichten.

Schrifttum: *Noch*, Vergaberecht kompakt, 7. Aufl. Köln 2016; *Noch*, Vergaberecht und subjektiver Rechtsschutz, 1998; *Reidt/Stickler/Glahs*, Vergaberecht, 3. Aufl. 2011.

Übersicht

I. Vergabekammern des Bundes (Abs. 1)

1. Allgemeines

Für die Einrichtung und Organisation der **Vergabekammern des Bundes** ist der **Bundesgesetzgeber zuständig**. Die **Vergabekammern des Bundes** sind gem. § 158 Abs. 1 Satz 1 GWB beim **Bundeskartellamt in Bonn** eingerichtet. 1

Als **Beschwerdeinstanz** ist das **OLG Düsseldorf** zuständig. Für die Organisation und Einrichtung des für die Vergabekammer des Bundes zuständigen Vergabesenates ist das Land Nordrhein-Westfalen zuständig. Das Land Nordrhein-Westfalen hat durch Verordnung die Zuständigkeit des Vergabesenates beim **OLG Düsseldorf** begründet.[1] Damit wird dort 2

1 „Verordnung über die Zusammenfassung der Entscheidungen über die sofortige Beschwerde gegen Entscheidungen der Vergabekammer" v. 15.12.1998, GVBl. NRW 1998, 775; eigentlich wäre das OLG Köln zuständig gewesen, da Bonn in diesem OLG-Bezirk liegt. Siehe für NRW ferner: Verordnung über die Einrichtung und Zuständigkeit der Vergabekammern im Nachprüfungsverfahren für die Vergabe öffentlicher Aufträge (Zuständigkeitsverordnung Nachprüfungsverfahren – ZuStVONpV NRW) vom 2.12.2014 (GV. NRW. 2014, S. 872).

eine Konzentration der Vergabestreitsachen bewirkt, weil der Vergabesenat beim OLG Düsseldorf auch zentral für die Beschwerden gegen Entscheidungen der nordrhein-westfälischen Vergabekammern zuständig ist.

3 Die **Vergabekammern des Bundes** nahmen zu Beginn des Jahres 1999 mit zwei **Kammern** ihre Tätigkeit auf, zeitweise waren es auch **drei Kammern**. Die Geschäftsverteilung zwischen den Kammern erfolgt gem. § 158 Abs. 1 Satz 2 GWB i.V. m. § 2 Abs. 1 der Geschäftsordnung der Vergabekammern des Bundes (GO[2]) durch den Präsidenten des Bundeskartellamts vor Beginn des jeweiligen Geschäftsjahres und kann sich demzufolge je nach Arbeitsanfall ändern.

4 Die **Einrichtung und Besetzung** der Kammern erfolgt gem. § 158 Abs. 1 Satz 2 GWB durch **Organisationsakt** des Präsidenten des Bundeskartellamtes.

5 Die **Ernennung der ehrenamtlichen Beisitzer** der Vergabekammern erfolgt durch den Präsidenten des Bundeskartellamts auf **Vorschlag der Spitzenorganisationen der öffentlich-rechtlichen Kammern** (§ 158 Abs. 1 Satz 3 GWB). Hierzu zählen z.B. der Deutsche Industrie- und Handelskammertag (DIHK), der Deutsche Handwerkskammertag oder die Bundesarchitektenkammer. Er ist an die Vorschläge der Organisationen in der Weise gebunden, dass er nur nominierte Personen ernennen kann. Andererseits hat er aber auch ein Auswahlrecht.

6 Die **Geschäftsordnung** der **Vergabekammern des Bundes** wird vom Präsidenten des Bundeskartellamts erlassen, unterliegt der **grundsätzlichen Genehmigungspflicht des Bundeswirtschaftsministeriums** und ist im Bundesanzeiger zu veröffentlichen (§ 158 Abs. 1 Satz 4 GWB). Damit wird eine ausreichende Rechtssicherheit, Kontrolle und Publizität sichergestellt, die früher im Hinblick auf die Vergabeüberwachungsausschüsse verschiedentlich bemängelt wurde.[3] Für die Geschäftsordnungen der Vergabekammern in den Ländern sind die Länder zuständig. Der Bund besitzt diesbezüglich keine Kompetenz.

2. Geschäftsordnung der Vergabekammern des Bundes

7 Die Geschäftsordnung regelt im Wesentlichen **organisatorische Aspekte** des Verfahrensablaufs, der Geschäftsverteilung unter und in den Vergabekammern. Sie kann grundsätzlich keine eigenen Verfahrensrechte statuieren, Entscheidungsinhalte vorgeben, die sich nicht bereits aus dem Gesetz (GWB, VwVfG, VwGO) ergeben, oder gar eigene subjektive Rechtspositionen verschaffen. Die Geschäftsordnung ist **kein außenwirksames Recht**. Dennoch enthält sie Regelungen, die bei der Durchführung des Nachprüfungsverfahrens von einiger Bedeutung sind.

8 Nachfolgend soll die Geschäftsordnung der Vergabekammern des Bundes[4] in ihren **wichtigsten Grundzügen** dargestellt und erläutert werden, weil diese auch für die später er-

2 Zunächst „Geschäftsordnung der Vergabekammern des Bundes" v. 18.12.1998 in der Fassung vom 21.10.1999, veröffentlicht als Bekanntmachung des Bundeskartellamtes Nr. 111/99 im BAnz. Nr. 205 v. 29.10.1999, S. 18173; „Geschäftsordnung der Vergabekammern des Bundes" vom 20.2.2002, veröffentlicht am 15.5.2002 im BAnz. Nr. 88, S. 10432, 10433, in Kraft getreten am 1.5.2002; ersetzt durch Geschäftsordnung der Vergabekammern des Bundes (GO-VKB) v. 15.7.2005, veröffentlicht am 12.8.2005, BAnz. Nr. 151, S. 12296 ff., in Kraft seit 15.7.2005.

3 Siehe u. a. *Noch*, Vergaberecht und subjektiver Rechtsschutz, 1998, S. 160 ff. m. w. N.

4 Es wird auf Anhang III verwiesen.

gangenen Geschäftsordnungen der Vergabekammern in den Ländern[5] eine **Leitfunktion** ausgeübt hat und auch weiterhin ausübt.

Im Sinne einer Klarstellung wird in einer Art **Präambel** der **Anwendungsbereich** dieser Geschäftsordnung (im Folgenden: GO) von derjenigen des Bundeskartellamtes (GO BKartA) abgegrenzt. Es wird bestimmt, dass Letztere „unberührt" bleibt. Damit ist zum Ausdruck gebracht, dass die Geschäftsordnung für die Vergabekammern nur für die in Vergabestreitsachen laufenden Verfahren gilt und sich im Hinblick auf die sonstigen bei den Beschlussabteilungen des Bundeskartellamts durchgeführten Kartell(-Verfahren) nichts ändert. 9

Der eigentliche Text der Geschäftsordnung gliedert sich in fünf Abschnitte: 10

I. Organisation, Geschäftsjahr, Geschäftsverteilung und Vertretung (§§ 1 bis 3 GO)
II. Verfahren zwischen Antragseingang und mündlicher Verhandlung (§§ 4, 5 GO)
III. Mündliche Verhandlung (§§ 6, 7 GO)
IV. Beschluss (§ 8 GO)
V. Geschäftsgang (§§ 9 bis 12 GO)
VI. Inkrafttreten (§ 13 GO)

a) Organisation

§ 1 Abs. 1 GO regelt in Ausführung des § 157 Abs. 2 GWB die **Besetzung der Kammern** und legt fest, dass diesen der Vorsitzende, mindestens zwei hauptamtliche und mindestens vier ehrenamtliche Beisitzer sowie weitere Mitarbeiter angehören müssen. Die ehrenamtlichen Beisitzer können sich auch auf mehrere Kammern verteilen. Hiermit ist sichergestellt, dass ausreichend Personal zur Verfügung steht. 11

§ 1 Abs. 2 GO enthält die Klausel für die Geschlechtsneutralität der **Funktionsbezeichnungen**. § 1 Abs. 3 GO bestimmt das **Kalenderjahr** (1.1. bis 31.12.) als **Geschäftsjahr**. 12

§ 2 Abs. 1 GO betrifft die **Geschäftsverteilung unter den Kammern**. Diese wird für jedes Geschäftsjahr durch den Präsidenten des Bundeskartellamtes vorgenommen (§ 2 Abs. 1 Satz 1 GO). Damit steht als gesichert fest, welche Kammer je nachdem, ob es sich um ein gerades oder ungerades Aktenzeichen handelt, zuständig sein wird. Dies dient der Risikoabschätzung des Bieters, weil er so wissen kann, wie die betreffende Kammer in bestimmten Fragen entschieden hat und welche Konsequenzen sich daraus für den Erfolg seines Nachprüfungsbegehrens ergeben. Schließlich sind die Nachprüfungsverfahren nicht kostenlos, wie dies früher bei den Vergabeüberwachungsausschüssen der Fall war (vgl. Art. 3 Nr. 2 VgRÄG). 13

Nur **ausnahmsweise** darf die **Geschäftsverteilung** während des Geschäftsjahres **geändert** werden (§ 2 Abs. 1 Satz 2 GO), wenn sich eine nicht hinnehmbare Unter- oder Überlastung einer Kammer herausstellen sollte. Es dürfte sich eine enge Auslegung dieser Ausnahme gebieten. 14

Von Bedeutung ist außerdem die Regelung des § 2 Abs. 1 Satz 3 GO. Ist bereits bei einer Kammer ein **Nachprüfungsantrag anhängig** und stellt ein **weiterer Bieter** einen eigenen 15

5 Siehe z. B.: „Geschäftsordnung der Vergabekammern des Landes Brandenburg" vom 30.6.1999, Amtl. Anzeiger Nr. 32 vom 9.8.1999; „Geschäftsordnung der Vergabekammer Schleswig-Holstein" vom 21.7.1999, Abl. für Schleswig-Holstein Nr. 23/33 vom 16.8.1999.

Antrag, so ist die Kammer zuständig, bei der schon der erste Antrag anhängig ist. Diese Bestimmung dient der Verfahrenskonzentration. In keinem Fall dürfen **Zuständigkeitsprobleme** den Rechtsschutz des Bieters beeinträchtigen.[6] Dies gilt darüber hinaus auch bezogen auf die Frage der **grundsätzlichen örtlichen Zuständigkeit** des gesamten Spruchkörpers. Die Vergabekammer hat den Nachprüfungsantrag im Falle örtlicher Unzuständigkeit von Amts wegen an die **örtlich bzw. sachlich zuständige Vergabekammer zu verweisen**. Sie ist daran auch dann nicht gehindert, wenn sich die Beteiligten rügelos auf die Verhandlung vor der örtlich unzuständigen Kammer eingelassen haben.[7]

16 Die **Geschäftsverteilung innerhalb der Kammern** obliegt gem. § 2 Abs. 2 GO den Vorsitzenden. Diese legen vor Beginn eines jeden Geschäftsjahres fest, wer von den Kammermitgliedern (außer dem Vorsitzenden, der an allen Verfahren mitwirkt, vgl. § 3 Abs. 1 GO) als Berichterstatter fungiert.

17 § 3 GO regelt **Einzelheiten** der Einbindung des Vorsitzenden, der hauptamtlichen und ehrenamtlichen Beisitzer in den Entscheidungsprozess sowie die Vertretung. In den Bestimmungen der § 3 Abs. 2 und 3 GO sind in der Fassung aus dem Jahre 2005 gegenüber derjenigen aus dem Jahre 2002 einige Änderungen vorgenommen worden, welche die Vertretungen zwischen Vorsitzendem und Hauptamtlichem betreffen und die sich u. a. nach dem Dienstalter, hilfsweise nach dem Lebensalter, richten. Eine umfangreiche Regelung zu der Frage der Beschlussfähigkeit einzelner Kammern und der Verfahrensweise, wie und durch wen im Einzelnen die Kammern personell wieder besetzt werden, ist in § 3 Abs. 3 GO getroffen worden.

b) Verfahrensgang

18 In § 4 Abs. 1 Satz 1 GO ist bestimmt, dass die Behandlung eines nicht offensichtlich unzulässigen oder unbegründeten Nachprüfungsantrags (Fälle des § 163 Abs. 2 Satz 1 GWB) von der **Zahlung eines Kostenvorschusses i. H. v. 2.500,– Euro** abhängig ist.[8] Nur in diesem Fall stellt die Vergabekammer der Vergabestelle den Antrag zu und fordert zur sofortigen Übergabe der Vergabeakten auf. Es genügt alternativ allerdings die Übersendung des Zahlungsbeleges per Telefax oder eine entsprechende anwaltliche Versicherung. Insoweit ist die Vorschrift des § 4 Abs. 1 Satz 2 GO, in der dies ausdrücklich zugelassen ist, in der Praxis sehr bedeutsam. Gegenüber der ersten, anderslautenden Fassung der GO vom 18.12.1998 wurde hiermit eine praktische Erleichterung geschaffen. Grundsätzlich bringt demnach der durch den Bieter zu leistende Kostenvorschuss bzw. der entsprechende Nachweis das Verfahren erst in Gang. Im Unterschied dazu verzichten manche Vergabekammern der Länder gänzlich auf die Entrichtung oder auch gar nur auf den Nachweis der Zahlung des Vorschusses.

---

6 In dieser Richtung schon OLG Bremen, Beschl. v. 17.8.2000, Verg 2/2000, für die Anrufung der sachlich und örtlich unzuständigen Vergabekammer (VK Bremen anstatt VK Bund).

7 Sehr instruktiv dazu aus neuerer Zeit, auch bzgl. der Auswirkungen auf die Frage des zuständigen Vergabesenates: OLG Schleswig, Beschl. v. 28.6.2016, 54 Verg 2/16.

8 Zur Mindestgebühr von 2.500,– Euro und den Minderungsgründen nach § 182 Abs. 3 GWB siehe *Noch*, § 182 Rn. 37 ff.

Materiell beruht die Bestimmung des § 4 Abs. 1 Satz 1 GO auf § 182 Abs. 1 GWB, der die Vorschriften des Verwaltungskostengesetzes für anwendbar erklärt.[9] § 16 Abs. 1 Verwaltungskostengesetz sieht vor, dass eine Amtshandlung (hier: Einleitung des Nachprüfungsverfahrens), die auf Antrag vorzunehmen ist, von der Zahlung eines angemessenen Kostenvorschusses abhängig gemacht werden kann. An dieser Regelung wird noch einmal die von der **Kostenpflichtigkeit** ausgehende **Warnfunktion** im Hinblick auf die Einleitung von Nachprüfungsverfahren deutlich. Ist der Antrag von vornherein offensichtlich unzulässig oder unbegründet, so kann eine Schadensersatzpflicht wegen Rechtsmissbrauch gem. § 180 GWB eintreten.[10] Die Zurückweisung eines Nachprüfungsantrags als „offensichtlich unbegründet" durch die Vergabekammer ist jedoch insgesamt eher die große Ausnahme.[11] Dies gilt erst recht für die Schadensersatzpflichtigkeit wegen Rechtsmissbrauchs. 19

§ 4 Abs. 2 GO befasst sich mit dem durch die Streichung des § 103 GWB a. F. erledigten **Verhältnisses** der Nachprüfung zwischen **Vergabeprüfstelle** (i. S. d. § 103 GWB a. F.) und **Vergabekammer**. 20

Bis zu dem Zeitpunkt, zu dem die **Übermittlung des Nachprüfungsantrags an den Auftraggeber** erfolgt, kann dieser rechtswirksam den Zuschlag erteilen. Es genügt die Übermittlung in **Textform gem. § 126b BGB**. Die frühere, insbesondere gegenüber Sektorenauftraggebern bestehende Problematik, dass nach der alten Fassung des GWB eine förmliche Zustellung erforderlich war, hat sich mit der heutigen Zulassung der Textform erledigt. Unbeschadet dieser herabgesetzten Förmlichkeitsanforderung ist der Zeitpunkt der Übermittlung von herausragender Bedeutung. Der **Suspensiveffekt** (§ 169 Abs. 1 GWB),[12] der auf die Aussetzung der Zuschlagserteilung zielt, kann erst zu diesem Zeitpunkt praktisch wirksam werden. Die Vergabestelle muss die ggf. eintretenden wirtschaftlichen Nachteile eines Vergabenachprüfungsverfahrens in Kauf nehmen.[13] Erst recht gilt dies in Bezug auf die daraus resultierenden organisatorischen Risiken, auch betreffend notwendig werdende Interimsvergaben.[14] 21

Eine **parallele Konstellation** ergibt sich in Bezug auf die **Einlegung des Rechtsmittels zum Vergabesenat**: Auch hier kann es in besonderen Konstellationen (Ausschöpfen der Frist für die Einlegung der sofortigen Beschwerde) auf die Information der Vergabestelle maßgeblich ankommen. Gemäß einer frühen Entscheidung des OLG Naumburg,[15] die der Senat später entgegen der weitverbreiteten Kritik hieran bekräftigt[16] hat, soll die Information der Vergabestelle über die Einlegung der sofortigen Beschwerde nach § 172 Abs. 4 GWB zu deren wirksamer Einlegung zwingend erforderlich sein. Gemäß dieser Auffassung würde demnach die **Zustellung im Parteibetrieb** bereits verbindlich sein und ein 22

9 Verwaltungskostengesetz vom 23.6.1970 (BGBl. I, S. 821) in der Fassung vom 14.8.2013 (G. v. 7.8.2013 BGBl. I, S. 3154).

10 Erwägungen dazu finden sich bei: OLG Düsseldorf, Beschl. v. 14.5.2008, VII-Verg 27/08; VK Brandenburg, Beschl. v. 20.12.2005, 1 VK 75/05.

11 OLG Schleswig, Beschl. v. 20.3.2008, 1 Verg 6/07.

12 BayObLG, Beschl. v. 9.9.2004, Verg 18/04.

13 VK Nordbayern, Beschl. v. 1.3.2013, 21.VK-3194-08/13.

14 OLG Karlsruhe, Beschl. v. 27.3.2015, 15 Verg 9/14; OLG Frankfurt a. M., Beschl. v. 30.1.2014, 11 Verg 15/13.

15 OLG Naumburg, Beschl. v. 2.6.1999, 10 Verg 1/99, NZBau 2000, 96.

16 OLG Naumburg, Beschl. v. 16.1.2003, 1 Verg 10/02, VergabeR 2003, 360.

Prozessrechtsverhältnis begründen.[17] Dem wird jedoch zu Recht widersprochen: Auf den Zeitpunkt der Übermittlung der Beschwerdeschrift im Parteibetrieb gem. §§ 172 Abs. 4, 174 GWB kann für den **Eintritt der Rechtshängigkeit** schon deshalb nicht zurückgegriffen werden, weil sich mangels zwingend erforderlicher Dokumentation in den Gerichtsakten weder die Tatsache der Übermittlung noch deren Zeitpunkt in jedem Falle zweifelsfrei und eindeutig für das Gericht feststellen lassen.[18] Da dem Beschwerdegegner aus dem Prozessrechtsverhältnis prozessuale Pflichten entstehen, muss die **Entstehung des Prozessrechtsverhältnisses** an feststehende, regelmäßig zweifelsfrei und unschwer festzustellende Ereignisse geknüpft werden. Die Existenz eines Prozessrechtsverhältnisses zwischen den Parteien darf nicht ungewiss sein.[19] Entsprechend dem für den Zivilprozess geltenden Rechtsgedanken kann die erforderliche Sicherheit, dass die Sache rechtshängig geworden ist, im Regelfall nur durch die vom Prozessgericht aktenkundig veranlasste und durch Zustellungsurkunde oder Empfangsbekenntnis nachgewiesene Zustellung der Klageschrift oder Rechtsmittelschrift an die beklagte Partei oder den Rechtsmittelgegner gewährleistet werden.

23 Entscheidend für die **Wirksamkeit des Zuschlags** ist, dass die Vergabestelle über den Nachprüfungsantrag nicht informiert wurde. Ist die Vergabestelle hingegen über den Nachprüfungsantrag informiert und erteilt sie den Zuschlag trotzdem, so ist dieser rechtsunwirksam und der zivilrechtliche Vertrag ist nichtig, weil er gegen ein gesetzliches Verbot verstößt.[20]

24 § 4 Abs. 3 GO betrifft im Wesentlichen die Information des zuständigen ehrenamtlichen Beisitzers über den zu entscheidenden Antrag. Verankert ist hier zudem seine Anzeigepflicht für den Fall der Vorbefassung. Es sollen in der Kammer nur Personen über den Nachprüfungsantrag entscheiden, die die notwendige Neutralität besitzen.

25 Der Vorsitzende leitet gem. § 5 Abs. 1 GO dem **Berichterstatter** die **Akten** zu und setzt ihm eine **Frist**, innerhalb derer dieser den Antrag in Form eines **schriftlichen Votums** zu prüfen hat.

26 Außerdem prüft die **Kammer**, inwieweit **Beiladungen** (§ 162 GWB) zu dem Verfahren erfolgen müssen. Die Beiladungen können sowohl auf Antrag als auch von Amts wegen erfolgen und sollen die Beteiligung all derer sicherstellen, die durch eine für sie nachteilige Entscheidung der Vergabekammer eine Verletzung eigener Rechte erleiden können. Im Einzelfall kann eine Pflicht zur Beiladung bestehen.[21] Der **Vergabesenat** kann eine im Verfahren vor der Vergabekammer unterbliebene, nach seiner Ansicht im Beschwerdeverfahren jedoch gebotene Beiladung selbst vornehmen. Die Interessen eines Bieters sind schon dann schwerwiegend berührt i. S. v. § 162 GWB, wenn die Entscheidung im Nachprüfungsverfahren unabhängig von den konkreten Erfolgsaussichten abstrakt geeignet ist, die beabsichtigte Zuschlagserteilung auf das Angebot dieses Bieters zu verhindern.[22]

---

17 OLG Jena, Beschl. v. 23.8.2004, 9 Verg 1/04.

18 OLG Brandenburg, Beschl. v. 18.5.2010, W Verg 1/08.

19 BGH, Urt. v. 6.12.2006, XII ZR 190/06. Zuvor bereits: BGHZ 28, 136, 137.

20 Siehe: BT-Drs. 13/9340, S. 20 zu § 125 Abs. 1 GWB a. F.; OLG Naumburg, Beschl. v. 11.10.1999, 10 Verg 1/99.

21 So BayObLG, Beschl. v. 21.5.1999, Verg 1/99, BayObLGZ 1999, Nr. 33.

22 OLG Naumburg, Beschl. v. 9.12.2004, 1 Verg 21/04. Zur Anfechtbarkeit einer Beiladungsentscheidung: OLG Frankfurt a. M., Beschl. v. 28.6.2005, 11 Verg 9/05.

27 Der Vorsitzende oder der Berichterstatter (in den Fällen der Alleinentscheidung nach § 157 Abs. 3 GWB) kann in den Fällen, in denen er das Alleinentscheidungsrecht übertragen bekommen hat, den Verfahrensbeteiligten **Fristen für die Einreichung von Schriftsätzen** auferlegen. Werden diese versäumt, so kann der **Vortrag unberücksichtigt** bleiben. Der Antragsteller ist dann im Interesse einer Verfahrensbeschleunigung mit seinem Vorbringen präkludiert. § 5 Abs. 2 GO der Geschäftsordnung gibt die Regelung des § 167 Abs. 2 Satz 2 GWB wieder.

28 Ausdruck der besonderen Zielsetzung einer **Verfahrensbeschleunigung** ist auch die Regelung des § 5 Abs. 3 GO, welcher bestimmt, dass **Mitteilungen der Kammern**, Schriftsätze, Ladungen und dgl. den Verfahrensbeteiligten **per Telefax** zu übermitteln sind. Auf Seiten der Empfänger ist eine unverzügliche Rückbestätigung durch Telefax, Post oder Kurier sicherzustellen.

c) Mündliche Verhandlung

29 § 6 Abs. 1 GO enthält Ausführungsvorschriften zu dem in § 166 GWB aufgestellten **Grundsatz der mündlichen Verhandlung**. Herauszustellen ist, dass gem. § 6 GO in **nichtöffentlicher Verhandlung** getagt wird. An vergaberechtlichen Nachprüfungsverfahren interessierten Personengruppen wie Vertretern von Vergabestellen oder Unternehmen bleibt demnach ein Mitverfolgen der Verhandlung versagt. Allerdings gilt es hierbei zu bedenken, dass die Verhandlungen vor der Vergabekammer **keine Gerichtsverfahren** sind und somit das **Öffentlichkeitsprinzip** nicht gelten muss.

30 Der Notwendigkeit einer besonderen Beschleunigung (§ 167 GWB) im vergaberechtlichen Nachprüfungsverfahren entspricht es, dass gem. § 166 Abs. 2 GWB auch dann verhandelt und in der Sache entschieden werden kann, wenn die **Beteiligten zur mündlichen Verhandlung nicht erschienen** oder ordnungsgemäß vertreten sind.[23] Dies gilt auch dann, wenn der öffentliche Auftraggeber höchstselbst der mündlichen Verhandlung ferngeblieben ist. Insbesondere kann trotz dieses Umstandes eine Entscheidung ergehen, wenn nicht zu erwarten ist, dass der öffentliche Auftraggeber wesentliche neue Sachverhaltselemente beisteuern kann und wenn daher letztlich nur Rechtsfragen zu beurteilen sind. In den Fällen des Nichterscheinens ist auch im Verfahren vor der Vergabekammer eine Wartefrist von 15 Minuten einzuhalten.[24]

31 Die **Ladungsfrist** zwischen **Eingang** bei den Verfahrensbeteiligten und **Verhandlungstermin** muss gem. § 6 Abs. 2 GO **mindestens drei Tage** betragen. Damit ist eine, verglichen mit anderen Verfahren, äußerst kurzfristige Ladung möglich, die aber auch in aller Regel noch genug Zeit lässt für die jedem Beteiligten zuzubilligende fachliche Vorbereitung und technische Organisation.

32 § 7 GO enthält weitere Ausführungsvorschriften zu § 166 GWB. § 7 Abs. 1 GO überträgt dem Vorsitzenden die **Verhandlungsleitung**, § 7 Abs. 2 GO bestimmt die in die **Nieder-**

---

23 Vgl. VK Südbayern, Beschl. v. 14.8.2015, Z 3-3-3194-1-33-05/15. Dort existiert allerdings eine sehr fragwürdige Rechtspraxis, der zufolge es genügt, wenn eine Ladung per Telefax versandt wurde und diese die Anwaltskanzlei erreicht hat. Praktisch alle anderen Vergabekammern versenden richtigerweise Ladungen in der Weise, dass sie vom bearbeitenden Rechtsanwalt durch Empfangsbekenntnis rückzubestätigen sind. Siehe dazu auch näher *Noch*, Vergaberecht kompakt, Rn. 1267, S. 349.

24 VK Berlin, Beschl. v. 16.11.2005, VK B1-49/05, Beschlussumdruck, S. 12.

schrift über die Verhandlung aufzunehmenden Inhalte und § 7 Abs. 3 GO legt fest, dass den Verfahrensbeteiligten hiervon eine **Abschrift** auszuhändigen ist.

d) Beschluss

33 Die Entscheidungen der Kammer ergehen durch **Beschluss** (§ 8 Abs. 1 Satz 1 GO). Nachfolgend werden in § 8 Abs. 1 Satz 4 GO die **notwendigen Bestandteile** des Beschlusses aufgeführt:

- Bezeichnung der Kammer
- Bezeichnung des Vorsitzenden und der Beisitzer
- Bezeichnung der Verfahrensbeteiligten
- Tag, an dem die mündliche Verhandlung abgeschlossen worden ist
- Beschlussformel
- Gründe
- Kostenentscheidung, soweit diese nicht durch gesonderten Beschluss ergeht
- Rechtsmittelbelehrung
- Unterschriften der Vorsitzenden und des hauptamtlichen Beisitzers. Ist ein Kammermitglied verhindert seine Unterschrift beizufügen, so wird dies mit dem Hinderungsgrund vom Vorsitzenden oder, wenn er verhindert ist, vom hauptamtlichen Beisitzer unter dem Beschluss vermerkt. Der Unterschrift des ehrenamtlichen Beisitzers bedarf es nicht.

34 In dem letztgenannten Punkt wurde bereits die Geschäftsordnung in der Fassung von 2002 im Hinblick auf die Entscheidung des BGH[25] dahingehend präzisiert, dass eine Unterschrift des ehrenamtlichen Beisitzers zur Wirksamkeit des Beschlusses nicht erforderlich ist und somit die Unterschrift des hauptamtlichen Beisitzers genügt. Ebenso wurde die bereits seit längerer Zeit geübte Praxis der Unterschriftsvertretung im Falle der Verhinderung (Krankheit, Urlaub) eingefügt. Die Verfahrensbeteiligten erhalten eine Abschrift der begründeten Entscheidung (§ 8 Abs. 2 GO).

e) Geschäftsgang/Inkrafttreten

35 Die §§ 9 bis 12 GO behandeln den **Geschäftsgang** in der **Geschäftsstelle** bei den Vergabekammern des Bundes.

36 Nach § 9 GO erhält jeder Eingang ein **Geschäftszeichen**. Für die Vergabekammern des Bundes ist die Bezeichnung **VK** (für Vergabekammer) 1 (z.B. 1. Kammer) und dann das eigentliche Aktenzeichen (z.B. **11/09**) eingeführt worden. Das Aktenzeichen im Beispielsfall lautet zusammengesetzt: **VK 1-11/09**. Für die zweite Vergabekammer funktioniert dies entsprechend, sodass es z. B. heißt: VK 2-12/09.

37 Die Erteilung des Geschäftszeichens ist laut **Registraturanweisung** abhängig von dem Nachweis einer **Vorschusszahlung** in Höhe der Mindestgebühr. Diese beträgt 2500,– Euro. Mit dieser Gebührenvorschuss-Pflicht soll dem Bieter nochmals verdeutlicht werden, dass er mit der Anrufung der Vergabekammer ein formelles, unter Umständen für ihn teures, Nachprüfungsverfahren mit entsprechenden Risiken auslöst **(Warnfunktion)**.

25 BGH, Beschl. v. 12.6.2001, X ZB 10/01, VergabeR 2001, 286.

§ 10 GO setzt die **Aufbewahrungsfrist der Akten** auf die Dauer von 30 Jahren fest. Anschließend werden sie dem Bundesarchiv zugeleitet. 38

§ 11 GO normiert eine **Sammlung der Entscheidungen** der Vergabekammern des Bundes 39 bei der **Geschäftsstelle**. Die Recherche der Entscheidungen im pdf-Format ist unter www.bundeskartellamt.de möglich, jedoch gibt es keine Stichwortverzeichnisse und keine elektronische Suchfunktion „quer durch die Entscheidungen". Bereits die Geschäftsordnung in der Fassung 2002 enthielt die zuvor (Fassung 1999) vorgesehene Ausdehnung auf die Sammlung der Beschlüsse der Vergabekammern der Länder nicht mehr. Insoweit haben sich die an dieser Stelle in den Vorauflagen geäußerten Zweifel an der Durchführbarkeit des Informationsaustausches bewahrheitet. Tatsache ist, dass allein aufgrund der Menge der bisher ergangenen Entscheidungen eine solche Sammlung und Archivierung einen sehr großen Aufwand erfordert. Letztlich ist auch der praktische Nutzen solcher „Informationsfriedhöfe" eingeschränkt. Unterschiedliche Formate (Papierversion, diverse elektronische Standards) sowie auch unterschiedliche Praktiken z. B. im Hinblick auf die Anfertigung bzw. Nichtanfertigung von Vorblättern zu den Beschlüssen mit Leitsätzen und Stichworten führen dazu, dass diese Aufgabe höchstens privatwirtschaftlich durch Verlage oder andere Institute erledigt werden kann. Insofern wird auf Besprechungen und Entscheidungsabdrucke in Informationsdiensten und Fachzeitschriften[26] zurückzugreifen sein. In den letzten Jahren sind des Weiteren Internetforen mit Entscheidungsbesprechungen und Archive bzw. Datenbanken aufgebaut worden.[27]

§ 12 GO weist die Einziehung von Gebühren und Auslagen der **Kostenstelle** des Bundes- 40 kartellamts zu.

Die aktuelle Fassung der Geschäftsordnung der Vergabekammern des Bundes ist am 41 15.7.2005 in Kraft getreten (§ 13 GO). Sie hat die Geschäftsordnung in der Fassung des Jahres 2002 ersetzt.

II. Vergabekammern der Länder (Abs. 2)

Die **Organisationshoheit** für die Einrichtung der Vergabekammern auf Landesebene liegt 42 bei den **Ländern**. Sie sind auf Basis des Grundsatzes der Länderexekutive (Art. 83 f. GG) in ihrer Gestaltung weitgehend frei.[28] Der Bundesgesetzgeber muss sich daher in der Regelung des § 158 Abs. 2 GWB darauf beschränken, den Rahmen für die Einrichtung und Besetzung der Vergabekammern der Länder festzulegen.

---

26 Veröffentlichungen von Entscheidungen finden sich teilweise (oft redaktionell stark gekürzt) in folgenden Fachzeitschriften: BauR, BB, MDR, NZBau, VergabeR, WRP, WuW, ZfBR. Besprechungen ohne Textabdruck erfolgen im Behörden Spiegel (BS), Sonderteil Praxis Vergaberecht, in den Zeitschriften wie Immobilien- & Baurecht (IBR), VergabeNavigator (VergabeNavi), VergabeFocus oder in Informationsdiensten wie Vergabe Spezial (VS), Vergabe-News (VN) oder Vergaberechts-Report (VRR).

27 Zu nennen sind u. a.: Vergaberechtliches Informationssystem „Veris" des forum vergabe e. V., www.forum-vergabe.de; www.ibr-online.de; www.vergabe-spezial.de; www.vergabewelt.de; www.vergabeblog.de; www.betrifft-vergabe.de; www.dstgb-vis.de; www.jur-blog.de; www.oeffentliche-auftraege.de; www.vergabebrief.de; www.vergabereport.de; www.vergabetip.de; www.rechtscentrum.de usw.

28 *Stockmann*, ZWeR 2003, 37, 55, mit Verweis auf den § 57c Abs. 9 HGrG a. F.

43 § 158 Abs. 2 Satz 1 GWB spricht von den „in diesem Abschnitt genannten Stellen (Nachprüfungsbehörden)“ und meint damit alle zur Nachprüfung vorgesehenen Organe (**Vergabekammern**). Die **Vergabesenate** sind ohnehin beim OLG angesiedelt, die eo ipso der Organisationsgewalt der Länder unterliegen (s. Art. 92 GG). Die **Vergabekammern** sind zumeist bei den **Landeswirtschaftsministerien** oder den **Bezirksregierungen** (alt.: Regierungspräsidium, Landesdirektion u. Ä.) angesiedelt und unterliegen der Organisationsgewalt der Länder, hier allerdings der administrativen Gewalt.

44 In den Organisationsbereich der Länder fällt es insbesondere, den Vergabekammern **Geschäftsordnungen** zu geben, in denen deren Zuständigkeit näher geregelt ist. Die Regelungen dort müssen sich allerdings in den Grenzen des höherrangigen Rechts (GWB, VwVfG, VwGO) halten. Dies, zumal es sich lediglich um Innenrecht handelt.

45 Die Frage, welche **Unterschriften** erforderlich sind, damit ein rechtswirksamer Beschluss der Vergabekammer vorliegt, kann nach Auffassung des BGH dort geregelt werden. Der BGH hatte die thüringische Regelung, wonach zur Gültigkeit eines Vergabekammer-Beschlusses die Unterschrift des ehrenamtlichen Beisitzers nicht erforderlich ist, für rechtens befunden.[29] Maßstab bildete die entsprechende **Bestimmung in der Geschäftsordnung der Vergabekammer Thüringen**. Diese Bezugnahme des BGH auf den Regelungsbereich der Geschäftsordnung der Vergabekammer, also das reine Innenrecht, hält *Reidt*[30] im Hinblick auf § 37 Abs. 3 VwVfG für rechtlich unzutreffend. Diese Auffassung hat für sich, dass in den Geschäftsordnungen als reinem Verwaltungsinnenrecht keine den allgemeinen gesetzlichen Anforderungen widersprechenden Regelungen getroffen werden dürfen. *Reidt* führt mit guten Gründen aus, dass das thüringische Landesverwaltungsrecht keine Regelung enthält, nach der das allgemeine Verwaltungsverfahrensrecht für das Nachprüfungsverfahren vor der Vergabekammer nicht gilt. Da die Vergabekammern als Beschlüsse schriftliche Verwaltungsakte erlassen, müssen diese gem. § 37 Abs. 3 VwVfG (Land) lediglich die erlassende Behörde erkennen lassen und die Unterschrift oder die Namenswiedergabe des Behördenleiters, seines Vertreters oder seines Beauftragten. So gesehen dürfte eine Geschäftsordnung der Vergabekammern in Thüringen gar nicht die dem § 37 Abs. 3 VwVfG widersprechende Regelung treffen, wonach zur Wirksamkeit des Beschlusses die Unterschrift auch des ehrenamtlichen Beisitzers erforderlich ist.

46 Die bis April 2009 geltende Regelung des § 106 Abs. 2 Satz 2 GWB a. F., wonach bezogen auf die Vergabekammern der Länder vorgegeben wurde, dass als **Mindeststandard** mindestens ein Mitglied der Vergabekammer die **Befähigung zum Richteramt** besitzen muss, und dass darüber hinaus insgesamt die Kammer über „gründliche Kenntnisse des Vergabewesens“ verfügen soll, wurde gestrichen. Das führt in der Wirkung zu höheren Anforderungen an die Besetzung der Vergabekammern. Anders als es früher gemäß der aufgehobenen Regelung des § 106 Abs. 2 Satz 2 GWB a. F. war, muss nun auch in den Vergabekammern der Länder in der Regel der Vorsitzende die Befähigung zum Richteramt besitzen. Es gelten nunmehr die Anforderungen des § 157 Abs. 2 Sätze 2 bis 4 GWB auch für die Vergabekammern der Länder.

47 Die Änderung aus dem Jahre 2009 geht zurück auf einen **alten Streit im Gesetzgebungsverfahren** aus dem Jahre 1998. So sollte es als damalige Kompromissformel, die dann

---

29 BGH, Beschl. v. 12.6.2001, X ZB 10/01, VergabeR 2001, 286. Vorlage des OLG Jena, Beschl. v. 28.2.2001, 6 Verg 8/00, NZBau 2001, 281.

30 *Reidt*, in: Reidt/Stickler/Glahs, Vergaberecht, § 106 Rn. 15.

auch zum Gesetz wurde, ausreichen, wenn nicht unbedingt der Vorsitzende die Befähigung zum Richteramt besitzt, sondern einer der Beisitzer diese Befähigung besitzt. Die damalige Bundesregierung hatte in ihrem Gesetzgebungsentwurf für den Vorsitzenden und auch für die Beisitzer zwingend die formale Qualifikation der Befähigung zum Richteramt vorgesehen, musste dann jedoch in den Verhandlungen im Vermittlungsausschuss diese Position zurücknehmen, weil die Länder eine formale Qualifikation als Rechtsassessor nicht für notwendig (und für zu kostenträchtig) erachteten. Im Falle einiger Vergabekammern der Länder ist es denn in der Tat auch noch heute so, dass deren Vorsitzende keine Volljuristen sind. Dem Gesetzgebungsverfahren des Jahres 2008/2009 mit den nun **gesteigerten Anforderungen** liegt die **Evaluierung des Bundeswirtschaftsministeriums** zugrunde, gemäß der sich einzelne Verbände, und insbesondere mittelständische Unternehmen, über eine nicht ausreichende Qualität der Arbeit einzelner Vergabekammern beschwert hatten. Gegen den Widerstand der Länder, die Eingriffe in die Länderkompetenz beklagten und höhere Belastungen mit Personalkosten befürchteten, wurde diese Regelung durchgesetzt.[31] Im Ergebnis gibt es nunmehr einheitliche Anforderungen an die Besetzung der Vergabekammern in Bund und Ländern.

§ 158 Abs. 2 Satz 2 GWB gibt den **Ländern** die **Möglichkeit**, sich zusammenzuschließen **48**
und **gemeinsame Vergabekammern** zu bilden. Hiervon ist jedoch bislang kein Gebrauch gemacht worden. Entsprechend der starken föderalen Tradition in Deutschland haben die Länder es vorgezogen, jeweils eigene Vergabekammern einzurichten.

31 Stellungnahme des Bundesrates v. 4.7.2008, BR-Drs. 349/08 Nr. 17.

§ 159 Abgrenzung der Zuständigkeit der Vergabekammern

(1) Die Vergabekammer des Bundes ist zuständig für die Nachprüfung der Vergabeverfahren:

1. **des Bundes;**
2. **von öffentlichen Auftraggebern im Sinne des § 99 Nummer 2, von Sektorenauftraggebern im Sinne des § 100 Absatz 1 Nummer 1 in Verbindung mit § 99 Nummer 2 und Konzessionsgebern im Sinne des § 101 Absatz 1 Nummer 1 in Verbindung mit § 99 Nummer 2, sofern der Bund die Beteiligung überwiegend verwaltet oder die sonstige Finanzierung überwiegend gewährt hat oder über die Leitung überwiegend die Aufsicht ausübt oder die Mitglieder des zur Geschäftsführung oder zur Aufsicht berufenen Organs überwiegend bestimmt hat, es sei denn, die an dem Auftraggeber Beteiligten haben sich auf die Zuständigkeit einer anderen Vergabekammer geeinigt;**
3. **von Sektorenauftraggebern im Sinne des § 100 Absatz 1 Nummer 2 und von Konzessionsgebern im Sinne des § 101 Absatz 1 Nummer 3, sofern der Bund auf sie einen beherrschenden Einfluss ausübt; ein beherrschender Einfluss liegt vor, wenn der Bund unmittelbar oder mittelbar die Mehrheit des gezeichneten Kapitals des Auftraggebers besitzt oder über die Mehrheit der mit den Anteilen des Auftraggebers verbundenen Stimmrechte verfügt oder mehr als die Hälfte der Mitglieder des Verwaltungs-, Leitungs- oder Aufsichtsorgans des Auftraggebers bestellen kann;**
4. **von Auftraggebern im Sinne des § 99 Nummer 4, sofern der Bund die Mittel überwiegend bewilligt hat;**
5. **die im Rahmen der Organleihe für den Bund durchgeführt werden;**
6. **in Fällen, in denen sowohl die Vergabekammer des Bundes als auch eine oder mehrere Vergabekammern der Länder zuständig sind.**

(2) Wird das Vergabeverfahren von einem Land im Rahmen der Auftragsverwaltung für den Bund durchgeführt, ist die Vergabekammer dieses Landes zuständig. Ist in entsprechender Anwendung des Absatzes 1 Nummer 2 bis 5 ein Auftraggeber einem Land zuzuordnen, ist die Vergabekammer des jeweiligen Landes zuständig.

(3) In allen anderen Fällen wird die Zuständigkeit der Vergabekammern nach dem Sitz des Auftraggebers bestimmt. Bei länderübergreifenden Beschaffungen benennen die Auftraggeber in der Vergabebekanntmachung nur eine zuständige Vergabekammer.

Schrifttum: *Byok/Jaeger*, Kommentar zum Vergaberecht, 3. Aufl. 2011; *Byok/Jaeger*, Kommentar zum Vergaberecht, 2. Aufl. 2005; *Kulartz/Kus/Portz/Prieß*, Kommentar zum GWB-Vergaberecht, 4. Aufl. 2016; *Kulartz/Kus/Portz*, Kommentar zum GWB-Vergaberecht, 3. Aufl. 2009; *Müller-Wrede*, GWB Vergaberecht Kommentar, 2016; *Reidt/Stickler/Glahs*, Vergaberecht, 3. Aufl. 2011; *Pünder/Schellenberg*, Vergaberecht, 2. Aufl. 2015; *Ziekow/Völlink*, Vergaberecht, 2. Aufl. 2013.

Übersicht

I. Normzweck und Entstehungsgeschichte

Wie die **sachlichen Zuständigkeiten** zwischen den (derzeit zwei) Vergabekammern des Bundes und den Vergabekammern der Länder **abzugrenzen** sind, folgt im Grundsatz bereits aus § 156 Abs. 1 GWB:[1] Die Nachprüfung der Vergabe öffentlicher Aufträge und Konzessionen nehmen die Vergabekammern des Bundes für die dem Bund zuzurechnenden Aufträge und Konzessionen, die Vergabekammern der Länder für die diesen zuzurechnenden Aufträge und Konzessionen wahr. Schwierigkeiten im Hinblick auf die Zurechnung eines Auftrags bzw. einer Konzession können sich bei solchen öffentlichen Auftraggebern ergeben, die von mehreren Ländern oder vom Bund und einem bzw. mehreren Ländern errichtet, kontrolliert oder finanziert werden. Für diese Fälle trifft § 159 GWB Zuständigkeitsregeln, die den Grundsatz des § 156 Abs. 1 GWB bzw. das dort enthaltene Kriterium der Zurechnung **präzisieren und ergänzen**. Als Leitgedanke dient auch hier das **„Zurechnungsprinzip"**, womit letztlich gemeint ist, dass sich die Abgrenzung der sachlichen Zuständigkeiten danach richten soll, ob der jeweilige Auftrag nach sachlichen Gesichtspunkten eher dem Bund oder dem Land zuzurechnen ist. Dabei sind die Auftraggeber auf kommunaler Ebene den Vergabekammern des jeweiligen Bundeslandes zugeordnet. 1

Die Zuständigkeit für die Nachprüfung eines Vergabeverfahrens – Bund oder Land – knüpft nach § 159 Abs. 1 bis 3 GWB im Wesentlichen an den Auftraggeber des streitgegenständlichen Auftrags bzw. an den Geber der zu vergebenden Konzession und damit an die künftige – zivilrechtliche – Vertragsbeziehung an.[2] 2

1 Vgl. auch die dortige Kommentierung.

2 *Ohlerich*, in: Kulartz/Kus/Portz/Prieß, GWB-Vergaberecht, § 159 GWB Rn. 5 m. w. N.

3 Während zuvor die entsprechende Zuständigkeitsregelung in § 18 VgV a. F. geregelt war,[3] verortete der Gesetzgeber im Rahmen des Novellierungsprozesses von 2009 den Rechtsgehalt dieser Vorschrift in § 106a GWB a. F.[4] Sie entspricht im Wesentlichen den Vorgaben in § 18 VgV a. F., wurde aber neu strukturiert und an einigen Stellen deutlicher gefasst. Neu aufgenommen wurde auf Bestreben des Bundesrates[5] die Vorgabe in Abs. 3 Satz 2, wonach bei länderübergreifenden Beschaffungen eine zuständige Vergabekammer bereits in der Bekanntmachung genannt werden soll. Mit dem Gesetz zur Modernisierung des Vergaberechts aus dem Jahre 2016[6] wurden die Regelungen des § 106a GWB a. F. im neu eingefügten § 159 GWB weitgehend übernommen. Dabei erfolgten auch Anpassungen an die inhaltlichen und systematischen Änderungen im GWB, hier vor allem an die neue Auftraggebersystematik der neuen §§ 98 ff. GWB. Dies betrifft die Sektorenauftraggeber und Konzessionsgeber (§ 100 Abs. 1 Nr. 1 i.V.m. § 99 Nr. 2 und § 101 Abs. 1 Nr. 1 i.V.m. § 99 Nr. 2 GWB). Die Auflistung weiterer Auftraggeber in § 159 Nr. 2 und 3 GWB spiegelt die mit der neuen Systematik einhergehende Differenzierung zwischen öffentlichen Auftraggebern, Sektorenauftraggebern und Konzessionsgebern.[7] Die Regelung in § 106a Abs. 1 Nr. 5 GWB a. F. ist entfallen. Denn die Vergabe von Konzessionen ist nun abschließend in der Richtlinie 2014/23/EU geregelt, die (auch) nicht mehr die Auftraggebereigenschaft der Baukonzessionäre normiert.[8] Damit mussten die Baukonzessionäre nicht mehr als Auftraggeber im Sinne des früheren § 98 Nr. 6 GWB qualifiziert werden. Neu eingefügt wurde die Kollisionsregel in Abs. 1 Nr. 6 des § 159 GWB. Sie enthält die wesentliche materielle Änderung.[9] Denn wenn die Einordnung ergibt, dass sowohl die Vergabekammer des Bundes als auch eine oder mehrere Vergabekammern der Länder zuständig sind, wird bestimmt, dass die Bundesvergabekammer vorrangig gegenüber anderen parallelen Zuständigkeiten der Vergabekammern zuständig ist.[10]

II. Zuständigkeiten der Vergabekammer des Bundes (Abs. 1)

4 Die bisherigen Absätze 1 bis 5 des § 18 VgV a. F. wurden im ersten Absatz von § 106a GWB a. F. zusammengeführt, der die Zuständigkeit der Vergabekammern des Bundes nunmehr in sechs Nummern untergliederte. Diese Struktur wird in § 159 Abs. 1 GWB fortgesetzt.

---

3 Aufgehoben durch Art. 2 des am 24.4.2009 in Kraft getretenen Gesetzes zur Modernisierung des Vergaberechts vom 20.4.2009, BGBl. I, S. 790.

4 Art. 1 Nr. 12 des Gesetzes zur Modernisierung des Vergaberechts vom 20.4.2009, BGBl. I, S. 790.

5 BR-Drs. 349/08 (Beschluss), Punkt 18.

6 S. Art. 1 Nr. 2 des am 18.4.2016 in Kraft getretenen Gesetzes zur Modernisierung des Vergaberechts vom 17.2.2016, BGBl. I, S. 203.

7 Vgl. Gesetzesbegründung zu § 159, BT-Drs. 18/6281, S. 134.

8 Und nicht mehr Regelungsinhalt der neuen Richtlinie 2014/24/EU, vgl. Begründung des Gesetzentwurfs der Bundesregierung zu § 99 GWB, BT-Drs. 18/6281, S. 69 f.

9 So auch *Ohlerich*, in: Kulartz/Kus/Portz/Prieß, GWB-Vergaberecht, § 159 GWB Rn. 2.

10 *Ohlerich*, in: Kulartz/Kus/Portz/Prieß, GWB-Vergaberecht, § 159 GWB Rn. 9.

1. Vergabeverfahren des Bundes (Abs. 1 Nr. 1)

Die Vergabekammern des Bundes sind zunächst für die Nachprüfung der Vergabeverfahren des Bundes zuständig. Dies bedeutet, dass immer dann, wenn die Gebietskörperschaft „Bund" den jeweiligen Auftrag unmittelbar vergibt, die Zuständigkeit einer der zwei Vergabekammern des Bundes gegeben ist. Erfasst von Abs. 1 Nr. 1 sind nur **unmittelbare Bundeseinrichtungen** wie die Bundesministerien, der Bundestag und der Bundesrat. Selbstständige juristische Personen (des öffentlichen oder des Privatrechts) unterfallen nicht diesem Tatbestand, sondern ggf. Abs. 1 Nr. 2 der Vorschrift. Auch wenn für die Zuweisung zur Vergabekammer des Bundes die Unterscheidung zwischen mehreren Nummern der Vorschrift im Einzelfall dahinstehen könnte, ermöglicht die bessere Strukturierung und klarere Fassung der Neuregelung im GWB eine rechtssichere Zuordnung, mithin genaue Angaben in der Vergabebekanntmachung und den Vergabeunterlagen.[11] 5

2. Vergabeverfahren von Auftraggebern im Sinne des § 99 Nr. 2 GWB, Sektorenauftraggebern im Sinne des § 100 Abs. 1 Nr. 1 GWB und Konzessionsgebern im Sinne des § 101 Abs. 1 Nr. 1 (Abs. 1 Nr. 2)

Für die Zurechnung bei Auftragsvergaben durch öffentliche Auftraggeber i. S. d. § 99 Nr. 2 GWB,[12] Sektorenauftraggeber i. S. d. § 100 Abs. 1 Nr. 1 GWB und Konzessionsgeber i. S. d. § 101 Abs. 1 Nr. 1 GWB gilt nach § 159 Abs. 1 Nr. 2 GWB Folgendes: Die Vergabekammer des Bundes ist zuständige Nachprüfungsinstanz, sofern der Bund die Beteiligung überwiegend verwaltet oder die sonstige Finanzierung überwiegend gewährt hat oder der Bund über die Leitung überwiegend die Aufsicht ausübt oder die Mitglieder des Geschäftsführungs- oder Aufsichtsorgans überwiegend bestimmt hat. Von dieser Regel kann aber abgewichen werden, wenn die am Auftraggeber Beteiligten sich anderweitig auf die Zuständigkeit einer Vergabekammer eines Landes geeinigt haben. 6

Die Aufzählung weiterer, in § 106a GWB a. F. nicht genannter Auftraggeber geht auf die **neue Systematik** im Sinne der §§ 98 ff. GWB zurück und der damit einhergehenden Differenzierung zwischen öffentlichen Auftraggebern, Sektorenauftraggebern und Konzessionsgebern;[13] die frühere Fassung bezog nur die öffentlichen Auftraggeber im Sinne des § 98 Nr. 2 GWB a. F. ein. Alle nun genannten Auftrag- und Konzessionsgeber knüpfen an § 99 Nr. 2 GWB an.[14] 7

§ 99 Nr. 2 GWB stellt als entscheidendes Abgrenzungskriterium auf die **überwiegende** Beteiligungsverwaltung, Beaufsichtigung und Bestimmung der Geschäftsführungs- und Aufsichtsorganmitglieder des Bundes ab. Die Zuständigkeit richtet sich also nach der **Do-** 8

---

11 So auch *Reidt*, in: Reidt/Stickler/Glahs, Vergaberecht, § 106a Rn. 11, u. *Portz*, in: Kulartz/Kus/Portz, GWB, 3. Aufl. 2009, § 106a Rn. 6.

12 Vgl. hierzu die Kommentierung zu § 99 Nr. 2.

13 S. Gesetzesbegründung zu § 159 GWB, BT-Drs. 16/6281, S. 134.

14 *Ohlerich*, in: Kulartz/Kus/Portz/Prieß, GWB-Vergaberecht, § 159 Rn. 11 will über die in § 159 Abs. 1 Nr. 2 GWB ausdrücklich genannten Konzessionsgeber nach § 101 Abs. 1 Nr. 1 GWB hinaus auch Konzessionsgeber nach § 101 Abs. 1 Nr. 2 GWB in die Regelung miteinbeziehen. Diese griffen ebenfalls über Verweis auf § 100 Abs. 1 Nr. 1 GWB auf § 99 Nr. 2 GWB zurück. Die Nichtaufnahme dieser Regelung sei ein redaktionelles Versehen. Die planwidrige Lücke müsse durch entsprechende Anwendung des § 101 Abs. 1 Nr. 1 GWB geschlossen werden

minanz des Bundes. So sind die Vergabekammern des Bundes z. B. dann zuständig, wenn ein Auftraggeber zu 90 % vom Bund und zu 10 % von den Ländern finanziert wird.[15] Hinsichtlich der Kriterien, die nach § 159 Abs. 1 Nr. 2 GWB für die Zurechnung von öffentlichen Aufträgen zum Bund oder zu den Ländern maßgeblich sein sollen, wird **keine Rangfolge** bestimmt.[16] Vielmehr nennt der Wortlaut die überwiegende Finanzierung und Beaufsichtigung **gleichgewichtig** nebeneinander.[17] Das führt zu Schwierigkeiten, wenn mehrere Auftraggeber beteiligt sind, z. B. wenn ein öffentlicher Auftraggeber zwar überwiegend vom Land verwaltet oder finanziert wird, der Bund aber gleichwohl die Mehrheit der Mitglieder der Geschäftsführungs- oder Aufsichtsorgane benennt oder umgekehrt. Mit der **Neuregelung der Nr. 6**[18] in Abs. 1 des § 159 GWB ist nun die bisher kontrovers gesehene Frage[19] entschieden: Ergeben sich nach den verschiedenen Beherrschungskriterien für ein und denselben Auftraggeber unterschiedliche Zuständigkeiten der Kammern (so nach § 159 Abs. 2 Satz 2 i.V.m. Abs. 1 Nr. 2 GWB) und ist nach einem Kriterium auch die Vergabekammer des Bundes zuständig, ist die **Bundesvergabekammer zuständig**. Mit dieser Festlegung und der damit bewirkten klaren Zuordnung erhält die Vergabekammer des Bundes Vorrang, was der mit der Neuregelung intendierten[20] Beschleunigung dient. Damit werden die in der Vergangenheit nach früherem Recht zu beurteilenden Fälle[21] der gesetzlichen Krankenkassen nunmehr eindeutig der Bundesvergabekammer zuzuordnen sein. Sie werden überwiegend vom Bund finanziert, unterliegen aber der Aufsicht des Landes (Landesversicherungsamt).[22]

9 Der zweite Halbsatz von § 159 Abs. 1 Nr. 2 GWB gibt den an dem Auftraggeber Beteiligten die Möglichkeit, von der gesetzlich normierten Zuständigkeit abzuweichen, wenn diese

---

15 Vgl. VK Bund, Beschl. v. 17.4.2000, VK 1-5/00, NZBau 2000, 580, 581.

16 Nunmehr auch OLG Düsseldorf, Beschl. v. 19.12.2007, VII-Verg 51/07, Umdruck, S. 23: keine Schwerpunktbildung.

17 Ebenso OLG Düsseldorf, Beschl. v. 19.12.2007, VII-Verg 51/07, NZBau 2008, 194, 200; *Reidt*, in: Reidt/Sticker/Glahs, Vergaberecht, § 106a Rn. 11, nunmehr auch *Ohlerich*, in: Kulartz/Kus/Portz/Prieß, GWB-Vergaberecht, § 159 Rn. 12 m. w. N. in Fn. 20. Vgl. auch *Diemon-Wies*, in: Müller-Wrede, GWB Vergaberecht, § 159 Rn. 25.

18 S. dazu eingehend nachfolgend Rn. 14.

19 OLG Düsseldorf, Beschl. v. 19.12.2007, VII-Verg 51/07, NZBau 2008, 194, 200 einerseits und *H.-M. Müller*, in: Byok/Jaeger, 3. Aufl. (Vorauflage), § 106a Rn. 6 andererseits. Während das OLG Düsseldorf mit beachtlichen Gründen – unter Rückgriff auf allgemeine verwaltungsrechtliche Grundsätze bzw. analoge Anwendungen verschiedener Regelungen (z. B. § 35 ZPO: Antragsteller hat Wahlrecht, s. auch OLG Koblenz, NZBau 2002, 699) –, eine überzeugende Zuordnung zu begründen versuchte, wurde in der Vorauflage des *Byok/Jaeger* im Interesse einer klaren Rechtslage die Zuständigkeit der Bundesvergabekammer angenommen, zugleich darauf hingewiesen, dass allein der Gesetzgeber Klarheit schaffen könne. Das ist mit dem neuen § 159 Abs. 1 Nr. 6 GWB erfolgt. S. näher zur Rspr. des OLG Düsseldorf und damit zur entsprechenden Anwendung des § 35 ZPO bzw. des Wahlrechts auch *Diemon-Wies*, in: Müller-Wrede, GWB Vergaberecht, § 159 Rn. 25.

20 Gesetzesbegründung zu § 159 GWB, BT-Drs. 16/6281, S. 134.

21 S. OLG Düsseldorf, Beschl. v. 1.8.2012, VII-Verg. 15/12; VK Bund, Beschl. v. 21.12.2009, VK 1-212/09.

22 Vgl. OLG Düsseldorf, Beschl. v. 1.8.2012, VII -Verg. 15/12; *Diemon-Wies*, in: Müller-Wrede, GWB Vergaberecht, § 159 Rn. 25; *Ohlerich*, in: Kulartz/Kus/Portz/Prieß, GWB-Vergaberecht, § 159 Rn. 12 u. 19.

sich auf eine andere Zuständigkeit einigen.[23] Eine solche **Abweichungsübereinkunft** muss aber, um gegenüber den Rechtssuchenden Außenwirkung zu entfalten, in der Vergabebekanntmachung mitgeteilt werden. Der Begriff des Beteiligten umfasst die Parteien, die den öffentlichen Auftraggeber nach § 99 Nr. 2 GWB bilden. Gleiches gilt jetzt auch für Sektorenauftraggeber und Konzessionsgeber.[24] Insoweit hat der Gesetzgeber im Zuge der Novellierung die missverständliche Formulierung bereits in § 18 Abs. 1 VgV a. F. geändert und klargestellt, dass er die „Beteiligten" nicht mit den „Verfahrensbeteiligten" im Sinne von § 109 GWB a. F. bzw. im jetzigen § 162 GWB gleichgesetzt wissen will.[25]

Nicht ausreichend ist, dass der öffentliche Auftraggeber ohne Rücksprache mit den an ihm beteiligten Stellen eine Vergabekammer in der Bekanntmachung angibt.[26] § 159 Abs. 1 Nr. 2 Hs. 2 GWB fordert ausdrücklich eine Einigung der Beteiligten, mithin einen Konsens. **Stillschweigende oder konkludente** Einigungen genügen **nicht**.[27] Es dürfte aber ausreichen, wenn sich die Beteiligten bereits im Vorfeld von Ausschreibungen abstrakt verständigen, um sich nicht vor jeder Ausschreibung auf ein Neues mit der Zuständigkeitsproblematik auseinander setzen zu müssen.[28] Keine Zuständigkeit kann zugunsten solcher Vergabekammern begründet werden, zu denen keine Verbindung über einen der Beteiligten besteht.[29] 10

3. Vergabeverfahren von Sektorenauftraggebern im Sinne des § 100 Abs. 1 Nr. 2 GWB und Konzessionsgebern im Sinne des § 101 Abs. 1 Nr. 3 GWB (Abs. 1 Nr. 3)

Gem. § 159 Abs. 1 Nr. 3 GWB sind Aufträge von **Sektorenauftraggebern und Konzessionsgebern** dem Bund zuzurechnen, wenn der Bund auf sie einen beherrschenden Einfluss ausübt. Erfasst werden Sektorenauftraggeber, die nicht schon die Merkmale eines „klassischen" Auftraggebers nach § 99 Abs. 2 GWB erfüllen; dies sind Sektorenauftraggeber nach § 100 Abs. 1 Nr. 1 GWB. Sie unterfallen damit der in § 159 Abs. 1 Nr. 2 GWB geregelten Zuständigkeitsregelung. Ein beherrschender Einfluss liegt nach der anschließenden Definition vor, wenn der Bund unmittelbar oder mittelbar[30] die Mehrheit des gezeichneten Kapitals des Auftraggebers besitzt oder über die Mehrheit der mit den Anteilen des Auf- 11

---

23 Vgl. auch die der Entscheidung des OLG Brandenburg, Beschl. v. 3.8.1999, 6 Verg 1/99, NZBau 2000, 39, 41 zugrunde liegende Konstellation. Aus Gründen der Rechtssicherheit, die an sich nur durch eindeutige gesetzliche Regelungen gewährleistet werden könne, hält *Diemon-Wies*, in: Müller-Wrede, GWB Vergaberecht, § 159 Rn. 14 die Abweichungsvereinbarung grundsätzlich für problematisch.

24 *Diemon-Wies*, in: Müller-Wrede, GWB Vergaberecht, § 159 Rn. 14.

25 Zu den daraus resultierenden Problemen vgl. die Ausführungen in der 2. Aufl. des *Byok/Jaeger* unter Rn. 1721a. Wie hier auch *Ohlerich*, in: Kulartz/Kus/Portz/Prieß, GWB-Vergaberecht, § 159 Rn. 13 m. w. N. in Fn. 22.

26 Ebenso *Ohlerich*, in: Kulartz/Kus/Portz/Prieß, GWB-Vergaberecht, § 159 Rn. 13 m. w. N. in Fn. 26; *Portz*, in: Kulartz/Kus/Portz, GWB, 3. Aufl. 2009, § 106a Rn. 11.

27 Zustimmend *Ohlerich*, in: Kulartz/Kus/Portz/Prieß, GWB-Vergaberecht § 159 Rn. 13 m. w. N in Fn. 24. A. A. *Reidt*, in: Reidt/Stickler/Glahs, Vergaberecht, § 106a Rn. 14.

28 *Reidt*, in: Reidt/Stickler/Glahs, Vergaberecht, § 106a Rn. 14; ablehnend *Portz*, in: Kulartz/Kus/Portz, GWB, 3. Aufl. 2009, § 106a Rn. 12.

29 Ähnlich *Diemon-Wies*, in: Müller-Wrede, GWB Vergaberecht, § 159 Rn. 14.

30 Erfasst werden auch „Auftraggeberketten", die sich durch Ausgliederungen oder Beteiligungsgesellschaften bilden, die weiterhin vom Bund beherrscht werden, mithin auch die Sektorenauftrag-

traggebers verbundenen Stimmrechte verfügt oder mehr als die Hälfte der Mitglieder des Verwaltungs-, Leitungs- oder Aufsichtsorgans des Auftraggebers bestellen kann. Auch hier ist die Tendenz erkennbar, im Zweifel die Zuständigkeit der Vergabekammer des Bundes zu begründen. Eine Abweichung durch Einigung der an dem Sektorenauftraggeber Beteiligten ist anders als bei § 159 Abs. 1 Nr. 2 GWB nicht vorgesehen. Daher ist eine abweichende Vereinbarung hier nicht zulässig.[31]

4. Vergabeverfahren von Auftraggebern im Sinne des § 99 Nr. 4 GWB (Abs. 1 Nr. 4)

12 Für Aufträge von **staatlich subventionierten Auftraggebern** im Sinne des § 99 Nr. 4 GWB[32] sind nach § 159 Abs. 1 Nr. 4 GWB die Vergabekammern des Bundes zuständig, wenn der Bund die Mittel (zumindest) überwiegend bewilligt hat. Entscheidend ist, dass der Bund mehr als 50 % der Fördermittel gewährt hat.[33] Entsprechend zum Grundgedanken des § 99 Nr. 4 GWB leitet sich die Zuständigkeit der Vergabekammer des Bundes damit nicht aus der Beherrschung des Auftraggebers ab, sondern primär aus der Finanzierung (-sbeherrschung) des konkreten Beschaffungsprojektes.

5. Vergabeverfahren in Fällen der Organleihe für den Bund (Abs. 1 Nr. 5)

13 Im Falle der **Organleihe** für den Bund[34] bleibt es bei der Zuständigkeit der Vergabekammer des Bundes,[35] obwohl nach außen jemand anderes – in der Regel ein Bundesland – handelt. Denn in diesen Fällen wird das Organ des entliehenen Hoheitsträgers für den entleihenden Bund tätig und tritt nach außen als Organ des Bundes auf, sodass alle Handlungen dem Bund zugerechnet werden.[36]

---

geber, bei denen der Bund nicht direkt, sondern z. B. nur durch Muttergesellschaften beteiligt ist, zutreffend *Diemon-Wies*, in: Müller-Wrede, GWB Vergaberecht, § 159 Rn. 17.

31 Ebenso *Ohlerich*, in: Kulartz/Kus/Portz/Prieß, GWB-Vergaberecht, § 159 Rn. 13 m. w. N. in Fn. 30; *Brauer*, in: Ziekow/Völlink, Vergaberecht, § 106a Rn. 5; a. A. *Kratzenberg*, NZBau 2001, 119, 122 zu § 18 VgV a. F.

32 Vgl. hierzu die Kommentierung.

33 Vgl. die Überlegungen zum Begriff „überwiegend" in vergaberechtlichem Zusammenhang bei EuGH, Urt. v. 3.10.2000, C-380/98, Slg. 2000, I-8035, Rn. 27 ff., Rn. 30 – University of Cambridge: „(….) die übliche Bedeutung des Begriffes ‚überwiegend' (….;) (ist) in der Alltagssprache stets, zu mehr als der Hälfte' (….), ohne dass die Dominanz oder die Präponderanz eines Teils gegenüber einem anderen erforderlich wäre."

34 Für Vergabeverfahren, die im Rahmen der Organleihe für ein Bundesland durchgeführt werden, ist die jeweilige Vergabekammer des Landes nach § 159 Abs. 2 GWB zuständig.

35 Vgl. dazu VK Bund, Beschl. v. 21.10.1999, VK 2-26/99, NZBau 2000, 108.

36 Beispiel: Vergabeverfahren im Bereich der Hochbaumaßnahmen des Bundes. Diese werden in der Regel von den Finanzbauverwaltungen der Länder im Wege der Organleihe durchgeführt, vgl. auch *Brauer*, in: Ziekow/Völlink, Vergaberecht, § 106a Rn. 8; *Ohlerich*, in: Kulartz/Kus/Portz/Prieß, GWB-Vergaberecht, § 159 Rn. 18.

6. Vergabeverfahren, für die (an sich) sowohl die Vergabekammer des Bundes als auch eine oder mehrere Vergabekammern der Länder zuständig sind (Abs. 1 Nr. 6)

Durch die Neuregelung[37] in Abs. 1 Nr. 6 GWB wird für die Vergabeverfahren, für die nach Maßgabe der Regelungen in § 159 GWB an sich sowohl eine Zuständigkeit der Vergabekammer des Bundes als auch die eines oder mehrerer Länder gegeben ist, allein die Zuständigkeit der Bundesvergabekammer vorgegeben. Ihr Anwendungsbereich erfasst damit die Fälle, in denen ein und derselbe Auftraggeber nach den verschiedenen in § 159 GWB geregelten Kriterien zum einen dem Bund, zum anderen einem oder mehreren Ländern zuzuordnen ist. Es handelt sich um eine **Kollisions- bzw. Vorrangregelung** zugunsten der Vergabekammer des Bundes, die sich aufgrund bisher kontrovers beurteilter Fälle[38] aus Gründen der Rechtsklarheit als notwendig erwiesen hat und der Verfahrenskonzentration und -beschleunigung dient.[39] Die Verfahrenskonzentration auf der Ebene der Kammern, die sich bei den Beschwerdeinstanzen fortsetzt, beugt der Gefahr divergierender Entscheidungen vor, die sonst evtl. erst im Wege der Divergenzvorlage gem. § 179 Abs. 2 GWB vom Bundesgerichtshof zu einer einheitlichen Entscheidung geführt hätte.[40] Diese Vorrangregelung gilt **nicht**, wenn **nur mehrere Länderkammern** zuständig sind.[41] Dann besteht zwischen den Länderkammern keine Rangfolge oder Gewichtung im Sinne einer Schwerpunktbildung. Bei den so beschriebenen parallelen Zuständigkeiten muss dem Antragsteller ein **Wahlrecht analog § 35 ZPO** zugestanden werden, das er mit Einreichen des Nachprüfungsantrags bei der von ihm gewählten Nachprüfungsinstanz ausübt, sofern von der Möglichkeit in § 159 Abs. 3 Satz 2 GWB kein Gebrauch gemacht wurde.[42] **14**

III. Zuständigkeiten der Vergabekammer eines Landes (Abs. 2)

1. Bundesauftragsverwaltung (Abs. 2 Satz 1)

§ 159 Abs. 2 GWB übernimmt wie bereits § 106a Abs. 2 GWB a. F. die alten Regelungen in den Absätzen 6 und 7 von § 18 VgV a. F., die Aufträge im Rahmen der **Bundesauftragsverwaltung** (Art. 85 GG) zum Gegenstand haben. Bei diesen ist gem. § 159 Abs. 2 Satz 1 GWB die Vergabekammer des jeweiligen Landes zuständig, welches das Vergabeverfahren für den Bund durchführt. Hintergrund der Regelung ist die grundsätzliche Zuordnung der Bundesauftragsverwaltung zu den Angelegenheiten der Länder. Die Bundesauftragsverwaltung nach Art. 85 GG ist somit eine spezielle Form der Landesverwaltung, nicht der **15**

---

37 Eingefügt durch Art. 1 Nr. 2 des Gesetzes zur Modernisierung des Vergaberechts vom 17.2.2016, BGBl. I, S. 203.

38 S. dazu eingehend oben Rn. 8 mit Fn. 21.

39 Zu Letzterem s. Gesetzesbegründung zu § 159 GWB, BT-Drs. 18/6281, S. 134.

40 *Ohlerich*, in: Kulartz/Kus/Portz/Prieß, GWB-Vergaberecht, § 159 Rn. 20.

41 *Diemon-Wies*, in: Müller-Wrede, GWB Vergaberecht, § 159 Rn. 22; *Ohlerich*, in: Kulartz/Kus/Portz/Prieß, GWB-Vergaberecht, § 159 Rn. 19 u. 29. Praktisch relevant wird dies in den Fällen, in denen das Vergabeverfahren von mehreren Auftraggebern betrieben wird, vgl. hierzu OLG Koblenz, Beschl. v. 5.9.2002, 1 Verg 2/02.

42 So *Ohlerich*, in: Kulartz/Kus/Portz/Prieß, GWB-Vergaberecht, § 159 Rn. 29 unter Hinweis auf OLG Düsseldorf, Beschl. v. 18.12.2013, VII-Verg 24/13 und Beschl. v. 5.9.2007, VII-Verg 51/17.

Bundesverwaltung;[43] die Länder üben Landesstaatsgewalt aus, ihre Behörden handeln als Landesorgane, wenngleich die Eigenständigkeit des Landes bei der Auftragsverwaltung deutlich begrenzt ist. Anders als im Rahmen der oben beschriebenen Organleihe ist das jeweilige Land selbst Auftraggeber, welches bei Nachprüfungsverfahren die Rolle des Antragsgegners einnimmt.[44] So folgt z. B. bei Auftragsvergaben im Fernstraßenbau aus der gegenuber Abs. 1 **spezielleren** Regelung in Abs. 2, dass die Vergabekammer des betreffenden Landes auch dann zuständig ist, wenn das Fernstraßenvorhaben überwiegend vom Bund finanziert wird.[45]

2. Zuordnung zu einem Land (Abs. 2 Satz 2)

16 Ist in entsprechender Anwendung des Absatzes 1 Nr. 2 bis 5 ein Auftraggeber einem Land zuzuordnen, ist gem. § 159 Abs. 2 Satz 2 GWB die Vergabekammer des jeweiligen Landes zuständig. Durch § 159 GWB erfolgt also nicht nur eine Abgrenzung bzw. Zuordnung zur Vergabekammer des Bundes, sondern durch Abs. 2 Satz 2 der Vorschrift auch zu den Vergabekammern eines einzelnen Bundeslandes.[46] Es fehlt aber eine – Abs. 1 Nr. 1 entsprechende? – Regelung für die **Länder und Kommunen** als weiterer Gebietskörperschaft. Zuständig kann aber auch hier nur die Vergabekammer des jeweiligen Landes sein, denen die Kommune bzw. kommunale Gebietskörperschaft zuzuordnen ist.[47]

17 Durch den Verweis auf § 159 Abs. 1 Nr. 5 GWB wird auch der Fall einer Organleihe für ein Land geregelt. Sind an einem Auftraggeber Gebietskörperschaften aus mehreren Ländern beteiligt, was insbesondere bei länderübergreifenden kommunalen Zweckverbänden oder bei Sektorenauftraggebern in Betracht kommt, ist entscheidend, ob die Gebietskörperschaften eines Landes in entsprechender Anwendung des Absatzes 1 überwiegenden Einfluss etc. auf den Auftraggeber ausüben.

---

43 Vgl. BVerfG, Urt. v. 22.5.1990, 2 BvG 1/88, BVerfGE 81, 310, 331 – Kalkar II; BVerwG, Urt. v. 30.11.1995, 7 C 56/93, BVerwGE 100, 56, 58.

44 Vgl. beispielhaft den Beschl. der VK Düsseldorf v. 2.5.2006, VK 177/2006 – B, bzgl. Arbeiten an Bundesautobahnen (bestätigt durch OLG Düsseldorf, Beschl. v. 5.7.2006, VII-Verg 25/06).

45 Allgemeine Meinung, s. etwa *Ohlerich*, in: Kulartz/Kus/Portz/Prieß, GWB-Vergaberecht, § 159 Rn. 21 m. w. N.; *Reidt*, in: Reidt/Stickler/Glahs, Vergaberecht, § 106a Rn. 21. Nunmehr hat sich auch der BGH, Beschl. v. 20.3.2014, XB 18/13, NZBau 2014, 310, 312 der bereits in der Vorauflage vertretenen Meinung angeschlossen und führt aus: „Die Vergabe von Bau- und Instandsetzungsarbeiten an einer Bundesautobahn … ist ein Gegenstand der Auftragsverwaltung nach Art. 85 ff. GG. Dies ist eine Form der Landesverwaltung, bei der die Länder Landesstaatsgewalt ausüben und ihre Behörden als Landesorgane handeln, wobei dieses Handeln und die Verantwortlichkeit nach außen, im Verhältnis zu Dritten, stets Landesangelegenheit bleibt (vgl. BVerfGE 81, 310 = NVwZ 1990, 955 [957] = NJW 1990, 3007 Ls.). Als öffentlicher Auftraggeber und Ag. im vergaberechtlichen Nachprüfungsverfahren ist dementsprechend das jeweils betroffene Land anzusehen und nicht die Bundesrepublik Deutschland (vgl. BVerwG, NVwZ-RR 2004, 84; OLG Celle, BeckRS 2011, 14905 = VergabeR 2011, 783; *H.-M. Müller*, in: Byok/Jaeger, Vergaberecht, 3. Aufl. (Voraufl.), § 106a GWB Rn. 13). Dementsprechend fällt die Vergabenachprüfung in diesen Fällen auch in die Zuständigkeit der Vergabekammern der Länder (§ 106a II 1 GWB).“

46 *Landsberg*, in: Pünder/Schellenberg, Vergaberecht, § 106a Rn. 9.

47 Zu den im Schrifttum dazu vertretenen Begründungen s. eingehend *Ohlerich*, in: Kulartz/Kus/Portz/Prieß, GWB-Vergaberecht, § 159 Rn. 23 mit entsprechenden Nachweisen in Fn. 49 u. 48.

IV. Auffangzuständigkeit (Abs. 3 Satz 1)

18 Nur wenn die Abgrenzung der Zuständigkeiten nach § 159 Abs. 1 und 2 GWB zu keinem eindeutigen Ergebnis führt, greift die allgemeine **Auffangregel** in § 159 Abs. 3 GWB ein: Die zuständige Vergabekammer wird dann nach dem **Sitz des Auftraggebers** bestimmt. Das kann nur die Zuständigkeit einer Vergabekammer eines **Landes** begründen.[48] Die Vorschrift erfasst überwiegend Fälle, in denen die beschaffende Stelle paritätisch besetzt ist, sodass keiner der Beteiligten einen beherrschenden Einfluss etc. auszuüben vermag. Schwierigkeiten, den Sitz des Auftraggebers zu bestimmen, können dann auftreten, wenn der Auftraggeber Tochtergesellschaften oder Niederlassungen hat und – wie in Nordrhein-Westfalen – **mehrere** Vergabekammern eingerichtet wurden.[49]

V. Bekanntmachungsobliegenheit bei länderübergreifenden Beschaffungen (Abs. 3 Satz 2)

19 Bei **länderübergreifenden Beschaffungen – Aufträge, an denen mehrere Auftraggeber aus mehreren Ländern zusammenwirken** – sollen sich die Auftraggeber bereits im Vorfeld auf eine zuständige Vergabekammer einigen und diese in der Vergabebekanntmachung[50] benennen. Diese Vorgabe war im ursprünglichen Gesetzentwurf der Bundesregierung zur Neuregelung in § 106a GWB a. F. noch nicht enthalten,[51] sondern kam auf Initiative des Bundesrats[52] in das GWB[53] und wurde wortgleich in § 159 Abs. 3 Satz 2 GWB übernommen. Dieser bemängelte, dass bis dahin im Bereich des Schienenpersonennahverkehrs[54] oder bei Leistungen von mehreren Auftraggebern aus verschiedenen Ländern in der Bekanntmachung häufig die Vergabekammern aller beteiligten Länder genannt wür-

48 Im Ergebnis ebenso *Ohlerich*, in: Kulartz/Kus/Portz/Prieß, GWB-Vergaberecht, § 159 Rn. 25 und *Diemon-Wies*, in: Müller-Wrede, GWB Vergaberecht, § 159 Rn. 34 jeweils mit unterschiedlichen Gründen: Sitz des Auftraggebers kann nur ein Land sein, Rückschluss aus § 159 Abs. 1 Nr. 6.

49 *Diemon-Wies*, in: Müller-Wrede, GWB Vergaberecht, § 159 Rn. 35. *Diemon-Wies* will die zuständige Kammer nach dem Sitz etwa der Niederlassung bestimmen, die den Vertrag tatsächlich mit dem Auftragnehmer abschließt.

50 Auf die durch eine unreflektierte Übernahme aus der frühere Regelung entstandene terminologische Ungenauigkeit des Begriffs, der im Sinne einer Auftragsbekanntmachung verstanden werden müsse, weist *Diemon-Wies*, in: Müller-Wrede, GWB Vergaberecht, § 159 Rn. 40 hin.

51 BT-Drs. 16/10117, S. 8.

52 BR-Drs. 349/08 (Beschluss), Punkt 18.

53 Gesetz zur Modernisierung des Vergaberechts vom 20.4.2009, in Kraft getreten am 24.4.2009, BGBl. I 2009, S. 790.

54 Voraussetzung für die Benennung der zuständigen Vergabekammer ist die Vergaberechtspflichtigkeit der Vergabe, vgl. *Reidt*, in: Reidt/Stickler/Glahs, Vergaberecht, § 106a Rn. 24. Entgegen der von *Reidt*, in: Reidt/Stickler/Glahs, Vergaberecht, § 106a Rn. 24 unter Hinweis auf Art. 5 Abs. 6 der VO (EG) 1370/2007 bei SPNV-Vergaben von Verkehrsleistungen abgelehnten zwingenden Beachtung des Kartellvergaberechts hat der BGH in der Entscheidung vom 8.2.2011, X ZB 4/10 (auf Vorlagebeschluss des OLG Düsseldorf v. 21.7.2010, VII-Verg 19/10) eine Ausschreibungspflicht angenommen. Der BGH hat dabei dem GWB als dem jüngerem Gesetz gegenüber § 15 Abs. 2 AEG Anwendungsvorrang zugesprochen und „klassische" SPNV-Verträge mit Zuzahlungen der öffentlichen Hand nicht als Dienstleistungskonzessionen, sondern als Dienstleistungsaufträge qualifiziert, die der grundsätzlichen Ausschreibungspflicht unterlägen. S. dazu die Entscheidungsanmerkung von *Polster*, NZBau 2011, 209. Vgl. ferner bereits *Polster*, NZBau 2010, 662; *Rechten/*

den. Der ergänzende zweite Satz solle die hieraus resultierenden Zuständigkeitsprobleme lösen.

20 Welche Rechtsfolgen eintreten, wenn die Auftraggeber dieser **Obliegenheit nicht nachkommen**, ist aufgrund des Wortlauts nicht eindeutig zu bestimmen.[55] Da die Vorschrift ihrem Sinn und Zweck nach lediglich Zuständigkeitsprobleme beseitigen und es damit den betroffenen Unternehmen erleichtern sollte, Recht zu suchen und zu finden, streitet wenig für die Annahme, dass das Vergabeverfahren hierdurch infiziert würde. Ist eine Bestimmung nach den allgemeinen Grundsätzen der §§ 156 und 159 GWB aber nicht möglich, kann der Antragsteller **frei entscheiden**, bei welcher Vergabekammer er seinen Nachprüfungsantrag stellt. Dies gilt nicht nur, wenn sich die Auftraggeber **nicht auf eine Vergabekammer einigen konnten**, sondern auch, soweit eine entsprechende Bekanntmachung im Falle einer unzulässigen **De-facto-Vergabe** insgesamt **unterblieb**.[56] Die damit verbundene Gefahr divergierender Entscheidungen, wenn mehrere Antragsteller unterschiedliche Vergabekammern anrufen, ist hinzunehmen, da es die Auftraggeber selbst in der Hand haben, diese gerade für sie ungünstige Situation durch eine Angabe in der Vergabebekanntmachung abzuwenden.

VI. Festlegung der Zuständigkeit durch Bekanntmachung

21 Nach diesen Regeln als unzuständig anzusehende Vergabekammern werden nicht dadurch zuständig, dass sie in der Auftragsbekanntmachung (i. S. d. § 37 VgV) fälschlicherweise bzw. fehlerhaft als zuständig benannt sind. Insoweit befreit die Bekanntmachung nicht von der vorgelagerten Pflicht der Vergabekammern, die eigene Zuständigkeit zu prüfen. Stellt eine Vergabekammer bei dieser Prüfung fest, dass eine andere Vergabekammer zuständig ist, kann sie mit grundsätzlich bindender Wirkung[57] an diese **verweisen**.[58]

22 Vergabestellen können somit über die gesetzlich eröffnete Möglichkeit hinaus nicht von sich aus – quasi freiwillig – den Weg zu den Vergabekammern eröffnen. Eine derartige Selbstbindung mag für die materiellen Vergabevorschriften zutreffend angenommen werden; insoweit können die Behörden **sich selbst** strengere Verfahrensvorschriften auferlegen. Sie vermögen aber nicht Dritte – namentlich die Vergabekammern – durch einen entsprechenden Hinweis zur Überprüfung zu ermächtigen bzw. zu verpflichten.

Röbke, NZBau 2010, 680; *Schröder/Saxinger*, VergabeR 2011, 553. Zur Thematik allgemein s. auch *Diemon-Wies*, in: Müller-Wrede, GWB Vergaberecht, § 159 Rn. 40.

55 Zutreffend *Braun*, NZBau 2009, 297, 298: „Die Regelung wird daher das Zuständigkeitsproblem nur begrenzt lösen."

56 So auch *Braun*, NZBau 2009, 297, 298: Wahlrecht analog § 35 ZPO.

57 Hierzu *Ohlerich*, in: Kulartz/Kus/Portz/Prieß, GWB-Vergaberecht, § 159 Rn. 30 auch zu den Grenzen der Bindungswirkung sowie zu weiteren mit einer Verweisung aufgeworfenen Fragenkreisen; OLG Jena, Beschl. v. 16.7.2007, 9 Verg 4/07.

58 VK Bund, Beschl. v. 8.6.2006, VK 2-114/05, VergabeR 2007, 100, 106 f., auch *Diemon-Wies*, in: Müller-Wrede, GWB Vergaberecht, § 159 Rn. 44.

Abschnitt 2
Verfahren vor der Vergabekammer

§ 160 Einleitung, Antrag

(1) Die Vergabekammer leitet ein Nachprüfungsverfahren nur auf Antrag ein.

(2) Antragsbefugt ist jedes Unternehmen, das ein Interesse an dem öffentlichen Auftrag oder der Konzession hat und eine Verletzung in seinen Rechten nach § 97 Absatz 6 durch Nichtbeachtung von Vergabevorschriften geltend macht. Dabei ist darzulegen, dass dem Unternehmen durch die behauptete Verletzung der Vergabevorschriften ein Schaden entstanden ist oder zu entstehen droht.

(3) Der Antrag ist unzulässig, soweit

1. **der Antragsteller den geltend gemachten Verstoß gegen Vergabevorschriften vor Einreichen des Nachprüfungsantrags erkannt und gegenüber dem Auftraggeber nicht innerhalb einer Frist von zehn Kalendertagen gerügt hat; der Ablauf der Frist nach § 134 Absatz 2 bleibt unberührt,**
2. **Verstöße gegen Vergabevorschriften, die aufgrund der Bekanntmachung erkennbar sind, nicht spätestens bis zum Ablauf der in der Bekanntmachung benannten Frist zur Bewerbung oder zur Angebotsabgabe gegenüber dem Auftraggeber gerügt werden,**
3. **Verstöße gegen Vergabevorschriften, die erst in den Vergabeunterlagen erkennbar sind, nicht spätestens bis zum Ablauf der Frist zur Bewerbung oder zur Angebotsabgabe gegenüber dem Auftraggeber gerügt werden,**
4. **mehr als 15 Kalendertage nach Eingang der Mitteilung des Auftraggebers, einer Rüge nicht abhelfen zu wollen, vergangen sind.**

Satz 1 gilt nicht bei einem Antrag auf Feststellung der Unwirksamkeit des Vertrags nach § 135 Absatz 1 Nummer 2. § 134 Absatz 1 Satz 2 bleibt unberührt.

Schrifttum: *Baumbach/Lauterbach/Albers/Hartmann*, Zivilprozessordnung, Kommentar, 76. Aufl. 2018; *Bechtold*, Kartellgesetz: GWB, Kommentar, 6. Aufl. 2010; *Boesen*, Vergaberecht, Kommentar zum 4. Teil des GWB, 2002; *Burgi/Dreher*, Beck'scher Vergaberechtskommentar, 3. Aufl. 2017; *Byok/Jaeger*, Kommentar zum Vergaberecht, 3. Aufl. 2011; *Daub/Eberstein*, Kommentar zur VOL/A, 5. Aufl. 2000; *Erdl*, Der neue Vergaberechtsschutz, 1999; *Gabriel/Mertens/Prieß/Stein*, Beck'scher Online-Kommentar Vergaberecht, 3. Edition, Stand: 31.10.2016; *Hattig/Maibaum*, Praxiskommentar Kartellvergaberecht: Der 4. Teil des GWB und VgV, 2. Aufl. 2014; *Heiermann/Zeiss/Summa*, juris PraxisKommentar Vergaberecht, 5. Aufl. 2016; *Immenga/Mestmäcker*, Wettbewerbsrecht, Band 2, GWB/Teil 2, Kommentar zum Deutschen Kartellrecht, 5. Aufl. 2014; *Kopp/Ramsauer*, Verwaltungsverfahrensgesetz: VwVfG, Kommentar, 18. Aufl. 2017; *Kopp/Schenke*, Verwaltungsgerichtsordnung, Kommentar, 23. Aufl. 2017; *Kulartz/Kus/Portz/Prieß*, Kommentar zum GWB-Vergaberecht, 4. Aufl. 2016; *Kulartz/Kus/Portz*, Kommentar zum GWB-Vergaberecht, 3. Aufl. 2014 u. 2. Aufl. 2009; *Leinemann*, Das neue Vergaberecht, 2. Aufl. 2010; *Motzke/Pietzcker/Prieß*, Beck'scher VOB-Kommentar, Verdingungsordnung für Bauleistungen Teil A, 2001; *Müller-Wrede*, GWB Vergaberecht, Kommentar, 2016; *Müller-Wrede*, GWB Vergaberecht, Kommentar, 2009; *Niebuhr/Kulartz/Kus/Portz*, Kommentar zum Vergaberecht, 2000; *Palandt*, Bürgerliches Gesetzbuch, Kommentar, 77. Aufl. 2018; *Pünder/Schellenberg*, Vergaberecht, 2. Aufl. 2015; *Redeker/von Oertzen*, Verwaltungsgerichtsordnung: VwGO, Kommentar, 16. Aufl. 2014; *Reidt/Stickler/Glahs*, Vergaberecht, Kommentar, 4. Aufl. 2018 u. 3. Aufl. 2011; *Ziekow/Völlink*, Vergaberecht, 3. Aufl. 2018; *Zöller*, Zivilprozessordnung, Kommentar, 32. Aufl. 2018.

Übersicht

I. Allgemeines

Als Abschnitt 2 des Kapitels 2 („Nachprüfungsverfahren") ist das Verfahren vor der Vergabekammer geregelt (§§ 160 bis 170 GWB). Dort finden sich die Vorschriften über Verfahrenseinleitung, -durchführung und -beendigung. Eine Sonderstellung nimmt § 169 GWB ein, der vorläufige Eingriffe in das Vergabeverfahren und die damit zusammenhängenden Rechtsbehelfe regelt. 1

Die Vergabekammer ist kein Gericht im Sinne des Art. 92 GG.[1] Sie ist aber als gerichtsähnliche Instanz anzusehen.[2] Das **Nachprüfungsverfahren** ist daher auch **justizförmig** bzw. gerichtsähnlich ausgestaltet.[3] Als Teil der Verwaltung ist die **Vergabekammer** eine Behörde, wenngleich ihr die richterähnliche – nicht richtergleiche – Rechtsstellung ihrer Mitglieder einen besonderen Status innerhalb der Behördenstruktur verleiht.[4] Der EuGH qualifiziert die Vergabekammer als **Gericht i.S.d. Art. 267 AEUV** und damit als vorlageberechtigt nach dieser Vorschrift.[5] Die Vergabekammer übt ihre Tätigkeit gem. § 157 GWB unabhängig, weisungsfrei und in eigener Verantwortung aus. Die Verfahren vor den Vergabekammern münden in ein urteilsvertretendes Erkenntnis, sodass die für gerichtliche Urteile geltenden **Prozessordnungen** durchaus auch auf das Nachprüfungsverfahren **anwendbar** sind.[6] Hier – wie auch bei dem Beschwerdegericht – unterliegt das Verfahren dem Beschleunigungs- und Konzentrationsgrundsatz.[7] Dieser findet seine besondere Ausprägung in der Ausschließlichkeit des Vergaberechtswegs (§ 156 Rn. 2 ff.), den strengen Formvorschriften für den Nachprüfungsantrag (§ 161 Rn. 1 ff.) und der Verpflichtung der Vergabekammer, binnen kurzer Frist über den Nachprüfungsantrag zu entscheiden (§ 167 Rn. 1). 2

Die in §§ 160 bis 170 GWB enthaltenen Verfahrensvorschriften betreffen nur die Grundzüge des erstinstanzlichen Nachprüfungsverfahrens. Für den Fall von **Regelungslücken** im Gesetz ist im Wege der **unionskonformen Auslegung**[8] auf die Maßgaben der **Richtli-** 3

---

1 OLG Naumburg, Beschl. v. 31.1.2011, 2 Verg 1/11. S. a. § 161 Rn. 3.

2 OLG München, Beschl. v. 8.11.2010, Verg 20/10, VergabeR 2011, 228, 229; OLG Dresden, Beschl. v. 22.2.2010, WVerg 0001/10; OLG Düsseldorf, Beschl. v. 5.9.2001, Verg 18/01; Beschl. v. 22.1.2001, Verg 24/00, VergabeR 2001, 154, 155; Amtl. Begr., BT-Drs. 13/9340, S. 20 unter Ziff. III. VgRÄG.

3 Vgl. BGH, Beschl. v. 29.9.2009, X ZB 1/09, NJW 2010, 76, 77; OLG München, Beschl. v. 16.11.2006, Verg 14/06; OLG Koblenz, Beschl. v. 27.10.2005, 1 Verg 3/05; BayObLG, Beschl. v. 16.2.2005, Verg 28/04, NZBau 2005, 415, 416 = VergabeR 406, 407; OLG Düsseldorf, Beschl. v. 5.9.2001, Verg 18/01; Beschl. v. 22.1.2001, Verg 24/00, VergabeR 2001, 154, 155; *Schnorbus*, BauR 1999, 77, 84.

4 OLG Naumburg, Beschl. v. 31.1.2011, 2 Verg 1/11. S. a. *Eiermann*, NZBau 2016, 13, 16 f.

5 EuGH, Urt. v. 27.10.2016, Rs. C-292/15, Rn. 28 f., VergabeR 2017, 152, 156 – Hörmann Reisen (nach Vorabentscheidungsersuchen der VK Südbayern); Urt. v. 18.9.2014, C-549/13, Rn. 20–23, VergabeR 2015, 28, 31 – Bundesdruckerei (nach Vorabentscheidungsersuchen der VK Arnsberg). Zur Rechtslage vor dieser Entscheidung s. *Shirvani*, ZfBR 2014, 31 ff. A. A. zuvor OLG München, Beschl. v. 18.10.2012, Verg 13/12, NZBau 2013, 189, 190.

6 OLG Düsseldorf, Beschl. v. 5.9.2001, Verg 18/01.

7 *Byok*, DZWir 1997, 138, 141; OLG Düsseldorf, Beschl. v. 11.3.2002, Verg 43/01, VergabeR 2002, 404, 407.

8 EuGH, Urt. v. 24.9.1998, Rs. C-111/97, NVwZ 1999, 172 – EvoBus Austria GmbH; Urt. v. 17.9.1997, Rs. C-54/96, NJW 1997, 3365 = EuZW 1997, 625 – Dorsch Consult; Urt. v. 13.11.1990, Rs. C-106/89, Slg. I 1990, 4135, 4159 – Marleasing; Urt. v. 10.4.1984, Rs. C-14/83, NJW 1984, 2021 – von Colson ./. Kamann; Urt. v. 10.4.1984, Rs. C-79/83, Slg. I 1984, 1921, 1942

nien VRL, SRL und KVR sowie der RML und RMLS zurückzugreifen. Bei weiteren Lücken kommt auch eine Bezugnahme auf die Vorschriften der **ZPO** und der **VwGO** in Betracht (s. a. § 168 Rn. 48),[9] wobei der 4. Teil des GWB als Spezialmaterie grundsätzlich einen eigenständigen Regelungsgehalt besitzt. Die Wiedereinsetzung in den vorigen Stand in einem Nachprüfungsverfahren richtet sich bspw. nach den Vorschriften der ZPO.[10] Sowohl im Vergabe- als auch im Nachprüfungsverfahren ist ferner § 242 **BGB** (Treu und Glauben) anwendbar.[11] Die Vorschriften über das Nachprüfungsverfahren werden außerdem nach allgemeiner Rechtssystematik durch das **VwVfG** ergänzt, und zwar durch die allgemeinen Vorschriften über das Verwaltungsverfahren (§§ 9 ff. VwVfG) ebenso wie die Vorschriften über das förmliche Verwaltungsverfahren (§§ 63 ff. VwVfG). Zwar ist die Anwendung der §§ 63 ff. VwVfG nicht durch Rechtsvorschrift angeordnet. Wegen der Förmlichkeit des Nachprüfungsverfahrens ist aber eine analoge Heranziehung möglich.[12] Da das Nachprüfungsverfahren ein Verwaltungsverfahren darstellt (vgl. §§ 168 Abs. 3 Satz 1, 170 GWB), findet grundsätzlich das jeweils geltende VwVfG Anwendung, jedoch nur insoweit, als das Bundesrecht nichts Anderes regelt, wobei sich derartige abweichende Regelungen auch aus dem Sachzusammenhang ergeben können.[13]

4 Laut der Gesetzesbegründung entspricht § 160 GWB im Wesentlichen dem bisherigen § 107 GWB a. F.[14] Die Vorschrift des § 160 Abs. 1 GWB sieht vor, dass ein Vergabenachprüfungsverfahren nur auf **Antrag** eingeleitet werden kann (Rn. 5 ff.). In Abs. 2 werden die Voraussetzungen der **Antragsbefugnis** Rechtsschutz suchender Unternehmen normiert (Rn. 10 ff.). Abs. 3 regelt mit drei **Rügetatbeständen** in Satz 1 Nr. 1 bis Nr. 3 (Rn. 63 ff.) sowie einer **Antragsfrist** in Satz 1 Nr. 4 (Rn. 129 ff.), unter welchen Umständen ein Nachprüfungsantrag als unzulässig angesehen wird. Gem. Abs. 3 Satz 2 kann bei den sogenannten De-facto-Vergaben nach § 135 Abs. 1 Nr. 2 GWB sofort ein Nachprüfungsantrag bei

– Harz ./. Tradax; OLG Brandenburg, Beschl. v. 3.8.1999, 6 Verg 1/99, BB 1999, 1940 = WuW/E Verg 231; s. a. *Ukrow*, NJW 1994, 2469, 2470.

9 Vgl. Amtl. Begr., BT-Drs. 13/9340, S. 18 zu § 118 GWB-E, S. 19 zu § 122 GWB-E VgRÄG; Amtl. Begr., BT-Drs. 16/10117, S. 23 zu § 114 GWB-E VergModG; BGH, Beschl. v. 25.10.2005, X ZB 15/05, NZBau 2006, 392; Beschl. v. 9.2.2004, X ZB 44/03, BGHZ 158, 43 = VergabeR 2004, 201, 208; Beschl. v. 19.12.2000, X ZB 14/00, BGHZ 146, 202 = NJW 2001, 1492; OLG Dresden, Beschl. v. 26.6.2012, Verg 3/12; OLG Naumburg, Beschl. v. 22.4.2010, 1 Verg 11/09, ZIP 2010, 1620 L; OLG Düsseldorf, Beschl. v. 17.3.2009, VII-Verg 1/09; Beschl. v. 30.4.2008, VII-Verg 23/08, VergabeR 2008, 835, 839; Beschl. v. 8.5.2002, Verg 8-15/01; Beschl. v. 20.7.2000, Verg 2/99, NZBau 2001, 165, 166; Beschl. v. 11.3.2002, Verg 43/01, VergabeR 2002, 404, 406 f. = NZBau 2003, 55, 56 f.; OLG Brandenburg, Beschl. v. 16.5.2008, Verg W 11/06 m. w. N.

10 OLG Düsseldorf, Beschl. v. 11.11.2009, VII-Verg 23/09; Beschl. v. 5.9.2001, Verg 18/01; OLG Frankfurt a. M., Beschl. v. 16.2.2009, 11 Verg 17/08; VK Sachsen, Beschl. v. 5.3.2002, VK 09/02, wendet hingegen den wortgleichen § 32 VwVfG an.

11 OLG Celle, Beschl. v. 29.10.2009, 13 Verg 8/09, NZBau 2010, 194; Beschl. v. 2.10.2008, 13 Verg 4/08, VergabeR 2009, 77, 80; OLG Brandenburg, Beschl. v. 15.9.2009, Verg W 13/08, ZfBR 2010, 207; OLG Düsseldorf, Beschl. v. 28.5.2003, Verg 8/03, VergabeR 2003, 461, 462, u. Verg 9/03; Beschl. v. 8.5.2002, Verg 8-15/01; Beschl. v. 29.12.2001, Verg 22/01, VergabeR 2002, 267, 271; VK Magdeburg, Beschl. v. 4.10.2002, VK 07/02 MD.

12 Vgl. *Ramsauer/Wysk*, in: Kopp/Ramsauer, VwVfG, § 63 Rn. 4a.

13 Vgl. OLG Düsseldorf, Beschl. v. 12.5.2011, Verg 32/11; OLG Naumburg, Beschl. v. 31.1.2011, 2 Verg 1/11.

14 Amtl. Begr., BT-Drs. 18/6281, S. 134 zu § 160 GWB-E VergRModG.

der Vergabekammer gestellt werden, da eine Rügeverpflichtung der Unternehmen in diesen Fällen nicht sachgerecht ist.[15]

II. Verfahrenseinleitung

Das Nachprüfungsverfahren wird gem. **Abs. 1 nur auf Antrag** eingeleitet.[16] Der Gesetzge- 5
ber hat damit die Offizialmaxime alten Rechts[17] aufgegeben und sich ausschließlich für den **Verfügungsgrundsatz** entschieden. Mit dem Eingang des Nachprüfungsantrags bei der Vergabekammer wird das Nachprüfungsverfahren **rechtshängig**,[18] und die Entscheidungsfrist des § 167 Abs. 1 Satz 1 GWB beginnt zu laufen. Ein die Einleitung des Nachprüfungsverfahrens dokumentierender Schritt der Vergabekammer ist nicht erforderlich.[19] Ohne Antrag findet kein Nachprüfungsverfahren statt. Anonyme Beanstandungen reichen nicht aus.[20] Der Antrag muss zum Zeitpunkt der Entscheidung der Vergabekammer noch fortbestehen.

Der Antrag kann bis zur Entscheidung der Vergabekammer **jederzeit zurückgenommen** 6
werden.[21] Dadurch wird das Verfahren beendet. Die Vergabekammer beschließt dann die Einstellung des Nachprüfungsverfahrens und entscheidet über die Kosten.[22] Nach Antragsrücknahme gelten hinsichtlich der Kosten für Amtshandlungen der Vergabekammer (Gebühren und Auslagen) die Vorschriften des § 182 Abs. 1 GWB i.V.m. dem VwKostG,[23] § 182 Abs. 2, Abs. 3 Satz 4 bis 6 GWB, hinsichtlich der Erstattung notwendiger Aufwendungen § 182 Abs. 4 Satz 3 GWB (s. § 182 Rn. 4, 70). Eine Rücknahme des Antrags kommt bspw. auf einen verfahrensleitenden Hinweis der Vergabekammer in Betracht, um die Ablehnung des Antrags und damit verbundene höhere Verfahrenskosten oder ein Schadensersatzrisiko (§ 180 GWB) zu vermeiden. Für die Antragsrücknahme ist eine **Zustim-**

15 Amtl. Begr., BT-Drs. 16/10117, S. 22 zu § 107 Abs. 3 GWB-E VergModG.

16 Vgl. *Ramsauer*, in: Kopp/Ramsauer, VwVfG, § 22 Rn. 27 ff.

17 Vgl. § 57b Abs. 3 HGrG a. F.

18 BGH, Beschl. v. 9.2.2004, X ZB 44/03, VergabeR 2004, 201, 204; OLG Düsseldorf, Beschl. v. 14.5.2008, Verg 11/08; vgl. auch *Ramsauer*, in: Kopp/Ramsauer, VwVfG, § 22 Rn. 19, 30, 32. Eine Unterscheidung zwischen **An- und Rechtshängigkeit** wird nicht vorgenommen (im Gegensatz zum Zivil(prozess)recht, s. §§ 261 Abs. 1, 253 Abs. 1 ZPO und *Greger*, in: Zöller, ZPO, § 253 ZPO Rn. 4). Eine förmliche Zustellung des Antrags an den Auftraggeber ist zur Verfahrenseinleitung nicht notwendig und i. Ü. seit dem VergModG 2009 nicht mehr erforderlich. Die Information des Auftraggebers in Textform über den Nachprüfungsantrag gem. § 169 Abs. 1 GWB ist hingegen von Bedeutung für den Eintritt des Zuschlagsverbots. Vgl. § 163 Rn. 15 ff., § 169 Rn. 2 ff.

19 BGH, Beschl. v. 9.2.2004, X ZB 44/03, VergabeR 2004, 201, 204.

20 OLG Celle, Beschl. v. 25.8.2005, 13 Verg 8/05.

21 Zur **Rücknahme** der **Entscheidung** der Vergabekammer s. § 168 Rn. 39, zur Rücknahme des **Nachprüfungsantrags nach Beschlusserlass** s. § 168 Rn. 40.

22 VK Thüringen, Beschl. v. 26.1.2009, 250-4004.20-7106/2008-034-J; VK Hessen, Beschl. v. 31.10.2002, 69d VK 47/2002; VK Sachsen, Beschl. v. 23.12.2002, 1/SVK/109-02; Beschl. v. 21.3.2002, 1/SVK/011-02; VK Schleswig-Holstein, Beschl. v. 12.7.1999 und 27.7.1999, VÜ-SH 2/99, 4/99.

23 Verwaltungskostengesetz des Bundes v. 23.6.1970 (BGBl. I, S. 821) i.d.F. v. 14.8.2013. Das VwKostG ist seit dem 15.8.2013 außer Kraft, da es durch das Bundesgebührengesetz v. 7.8.2013 (BGBl. I, S. 3154) abgelöst wurde.

mung der übrigen Beteiligten **nicht erforderlich.**[24] Der Nachprüfungsantrag steht zur freien Disposition des Antragstellers. Eine Rücknahme des Nachprüfungsantrags ist auch in der Beschwerdeinstanz sowie im Anschluss an eine Vorlage an den BGH möglich;[25] einer Einwilligung des Antragsgegners bedarf es in diesem Falle nach richtiger Ansicht nicht.[26] Die an die Stelle der Sachentscheidung tretende Kostenentscheidung trifft bei Rücknahme in der Beschwerdeinstanz grds. der Vergabesenat, bei Rücknahme im Anschluss an eine Vorlage an den BGH Letzterer.[27] Auch ist die (teilweise) Rücknahme des Nachprüfungsantrags und **erneute Stellung** desselben Antrags („**Rücknahme der Rücknahme**") grds. möglich und wird nur durch § 242 BGB beschränkt.[28]

7 Eine **Aussetzung** des Nachprüfungsverfahrens[29] analog § 94 VwGO, § 148 ZPO ist grds. unzulässig, da die Vergabekammer dadurch das Beschleunigungsgebot verletzen würde (vgl. § 163 Rn. 10);[30] etwas anderes kann aber dann gelten, wenn die Aussetzung des Verfahrens darauf beruht, dass mit dem Aussetzungsbeschluss ein Vorabentscheidungsersuchen nach Art. 267 AEUV an den EuGH ergeht.[31]

8 Der Nachprüfungsantrag kann sowohl in Bezug auf die Leistung (Lose) als auch bezüglich des Antragsgegners **erweitert** werden,[32] wenn die sonstigen Voraussetzungen (nachfolgend Rn. 10) vorliegen. Grundsätzlich bestehen zudem in verfahrensrechtlicher Hinsicht keine Bedenken dagegen, dass mehrere Antragsteller innerhalb eines Nachprüfungsverfahrens mehrere Nachprüfungsbegehren verfolgen: Wenn auf im Wesentlichen gleichartigem tatsächlichem und rechtlichem Grunde beruhende Ansprüche den Gegenstand des Rechtsstreits bilden, ist gem. § 64 VwGO i.V. m. § 60 ZPO eine **subjektive Klagehäufung** zuläs-

---

24 Vgl. BGH, Beschl. v. 24.3.2009, X ZB 29/08, NZBau 2009, 466, 467; Beschl. v. 25.10.2005, X ZB 15/05, NZBau 2006, 392; OLG Düsseldorf, Beschl. v. 9.11.2009, Verg 35/09; OLG Frankfurt a.M., Beschl. v. 10.4.2008, 11 Verg 10/07, VergabeR 2009, 104; OLG Naumburg, Beschl. v. 17.8.2007, 1 Verg 5/07, VergabeR 2008, 291, 292; *Dicks*, ZfBR 2010, 339, 346; a. A. OLG Koblenz, Beschl. v. 15.8.2006, 1 Verg 7/06, u. Beschl. v. 8.6.2006, 1 Verg 4 u. 5/06, wonach die Einwilligung des Antragsgegners erforderlich ist, nicht hingegen eine Einwilligung des Beigeladenen.

25 S. hierzu BGH, Beschl. v. 24.3.2009, X ZB 29/08, NZBau 2009, 466, 467; Beschl. v. 25.10.2005, X ZB 15/05, NZBau 2006, 392.

26 S. BGH, Beschl. v. 24.3.2009, X ZB 29/08, NZBau 2009, 466, 467; OLG München, Beschl. v. 30.3.2017, Verg 10/16, VergabeR 2017, 680; ferner (mit ausführlicher Begründung) OLG Naumburg, Beschl. v. 17.8.2007, 1 Verg 5/07, VergabeR 2008, 291, 292 f.; a. A. OLG Koblenz, Beschl. v. 15.8.2006, 1 Verg 7/06; Beschl. v. 8.6.2006, 1 Verg 4/06 u. 1 Verg 5/06; BayObLG, Beschl. v. 11.5.2004, Verg 3/04, VergabeR 2004, 666. Eine Einwilligung der Beigeladenen ist hingegen unstreitig nicht notwendig.

27 Vgl. BGH, Beschl. v. 24.3.2009, X ZB 29/08, NZBau 2009, 466; Beschl. v. 25.10.2005, X ZB 15/05, NZBau 2006, 392.

28 OLG Düsseldorf, Beschl. v. 29.12.2001, Verg 22/01, VergabeR 2002, 267, 271 f.; s.a. OLG Dresden, Beschl. v. 23.12.2008, WVerg 0008/08; OLG Düsseldorf, Beschl. v. 15.5.2002, Verg 19/02.

29 Ausführlich hierzu *Kadenbach*, in: Müller-Wrede, GWB, § 168 Rn. 8 ff.; *Summa*, in: jurisPK-Vergaberecht, § 168 GWB Rn. 48 ff.

30 OLG München, Beschl. v. 18.10.2012, Verg 13/12, NZBau 2013, 189; OLG Düsseldorf, Beschl. v. 11.3.2002, Verg 43/01, VergabeR 2002, 404, 406 f.

31 OLG München, Beschl. v. 18.10.2012, Verg 13/12, NZBau 2013, 189; *Shirvani*, ZfBR 2014, 31, 33 f.

32 OLG Düsseldorf, Beschl. v. 26.7.2002, Verg 28/02, unvollständig abgedruckt in VergabeR 2003, 87; Beschl. v. 5.9.2001, Verg 18/01; a. A. bzgl. Antragsgegnererweiterung *Gabriel/Mertens*, in: BeckOK Vergaberecht, § 160 Rn. 31 m. w. N.

sig.[33] Gegen den späteren Eintritt eines Antragstellers – nachträgliche **Parteierweiterung** – bestehen ebenfalls keine Bedenken, sofern sich der Nachprüfungsantrag gegen dieselbe (Unter-)Vergabe richtet.[34]

Alternativ zu einem Nachprüfungsantrag bestehen nach Zuschlagserteilung, Aufhebung oder sonstiger Erledigung neben der Möglichkeit, Schadensersatz vom Auftraggeber zu verlangen, unter bestimmten Voraussetzungen auch **Feststellungsansprüche** aus § 97 Abs. 6 GWB, §§ 19, 20 GWB oder § 823 Abs. 2 BGB i.V.m. § 256 ZPO, die bei den ordentlichen Gerichten verfolgt werden können.[35] **9**

III. Sachentscheidungsvoraussetzungen

Die im Verwaltungsverfahren allgemein geltenden Sachentscheidungsvoraussetzungen **10**
werden im Hinblick auf die **Antragsbefugnis** (Abs. 2) konkretisiert. Weitere Zulässigkeitsbestimmungen finden sich in § 161 GWB (Form, Inhalt), in §§ 98–101 GWB (**personeller Anwendungsbereich**) sowie in den §§ 102–105, 106, 107–109, 116f., 137–140, 145, 149f. GWB (**sachlicher Anwendungsbereich**). Die Vergabekammer muss das Vorliegen der Sachentscheidungsvoraussetzungen grundsätzlich in jedem Verfahrensabschnitt von Amts wegen prüfen.[36] Wird bspw. einem Antragsteller der Zuschlag wirksam erteilt, verliert sein Nachprüfungsantrag die Zulässigkeit[37] (Rn. 19f., § 168 Rn. 23). In diesem Falle muss er seinen Antrag auf einen Feststellungsantrag umstellen, sofern er ein Interesse an der Feststellung hat (§ 168 Rn. 26ff.). Ein bei der falschen Vergabekammer gestellter und daher unzulässiger Nachprüfungsantrag wird unter Aufrechterhaltung seiner Rechtswirkungen durch Beschluss an die zuständige Vergabekammer **verwiesen** (analog § 17a Abs. 2 GVG und § 83 VwGO).[38] Detaillierte Ausführungen dazu in der Entscheidung sind aber nur dann veranlasst, wenn die Unzulässigkeit des Antrags geltend gemacht wird.[39] Fragen der Zulässigkeit des Nachprüfungsantrags haben einen prozessualen Vorrang vor den im Rahmen der Begründetheit zu entscheidenden Rechtsfragen, sie dürfen daher – im Gegensatz zu den bei der Begründetheit auftretenden Fragen logischen Vorrangs – nicht dahingestellt bleiben, weil sich dies auf die Reichweite der Bestandskraft und Rechtskraft der Entscheidung auswirkt.[40]

---

33 OLG Düsseldorf, Beschl. v. 30.4.2008, Verg 23/08, NZBau 2008, 461 f.

34 OLG Düsseldorf, Beschl. v. 30.4.2008, Verg 23/08, NZBau 2008, 461, 462; a.A. bzgl. Antragstellererweiterung *Gabriel/Mertens*, in: BeckOK Vergaberecht, § 160 Rn. 31 m.w.N.

35 *Byok*, WRP 1999, 402, 404.

36 VK Rheinland-Pfalz, Beschl. v. 5.8.2002, VK 20/02.

37 OLG Düsseldorf, Beschl. v. 13.6.2001, Verg 2/01.

38 Vgl. OLG Dresden, Beschl. v. 26.6.2012, Verg 3/12, VergabeR 2013, 517f.; OLG Jena, Beschl. v. 16.7.2007, 9 Verg 4/07, VergabeR 2008, 269, 270; OLG Düsseldorf, Beschl. v. 18.1.2005, Verg 104/04; OLG Bremen, Beschl. v. 17.8.2000, Verg 2/00; VK Bund, Beschl. v. 25.5.2012, VK 3-54/12; VK Baden-Württemberg, Beschl. v. 20.1.2009, 1 VK 67/08; VK Sachsen, Beschl. v. 19.12.2008, 1/SVK/061-08; VK Münster, Beschl. v. 5.12.2002, VK 20/02; s.a. KG, Beschl. v. 24.10.2001, KartVerg 10/01, VergabeR 2002, 100, 101.

39 Vgl. VK Sachsen-Anhalt, Beschl. v. 23.9.2002, VK Hal 22/02; Beschl. v. 9.8.1999, VK Hal 17/99; Beschl. v. 22.7.1999, VK Hal 08/99.

40 OLG Düsseldorf, Beschl. v. 21.10.2015, VII-Verg 28/14, ZfBR 2016, 83, 85: „Lehnt die Vergabekammer den Nachprüfungsantrag aus prozessualen Gründen ab, kann ein entsprechender Antrag – jedenfalls im Prinzip und sofern der Auftrag noch nicht erteilt worden ist – ein weiteres Mal ange-

11 **Antragsbefugt** ist gem. **Abs. 2 Satz 1** jedes Unternehmen, das erstens ein **Interesse** an dem öffentlichen Auftrag oder der Konzession hat und zweitens eine **Verletzung** in seinen **Rechten** nach § 97 Abs. 6 GWB durch Nichtbeachtung von Vergabevorschriften geltend macht bzw. schlüssig darlegt.[41] Erforderlich ist nach **Abs. 2 Satz 2** drittens die Darlegung eines eingetretenen oder drohenden **Schadens**. Diese drei Merkmale müssen in Bezug auf **jeden einzelnen Vergaberechtsverstoß** gesondert dargelegt bzw. erfüllt sein.[42] Die Merkmale dienen der Umsetzung der entsprechenden Vorgaben in Art. 1 Abs. 3 RML.[43] Was insoweit dem Bieter an Substantiierung abverlangt wird, lässt sich nicht generell sagen, sondern hängt von den Umständen des Einzelfalls ab, u.a. inwieweit die Vorabinformation nach § 134 GWB den Bieter zum Vortrag in Stande gesetzt hat. Ggf. ist der Antragsteller verpflichtet, sich im zumutbaren Rahmen die notwendigen Informationen zu beschaffen, um zunächst einmal zu prüfen, ob überhaupt ein Vergaberechtsverstoß vorliegt, um dann einen konkreten Verfahrensfehler aufzuzeigen.[44] Folglich kann die Antragsbefugnis bei „Anträgen **ins Blaue hinein**" (vgl. § 161 Rn. 8, 14 und § 163 Rn. 6) verneint werden.[45] Abs. 2 dient dem **Ausschluss** einer allgemeinen Rechtmäßigkeitskontrolle bzw. von **Popularklagen** im Vergaberecht.[46] Ein Nachprüfungsantrag ist unzulässig, wenn der Vortrag des Antragstellers auf bloßen Vermutungen beruht, die nicht Entscheidungsgrundlage sein können und für die keine zuverlässigen Anhaltspunkte bestehen.[47] Die Anforderungen an die Antragsbefugnis dürfen allerdings nicht überspannt werden.[48] Die Antragsbefugnis erfüllt die Funktion eines **groben Filters**, dem lediglich die Aufgabe zukommt, eindeutige Fälle, in denen eine Auftragsvergabe an den Antragsteller von vornherein aussichtslos ist, auszusondern.[49] Die Vorschrift des Abs. 2 gilt auch für Feststellungsverfahren gem. § 135 GWB.[50]

---

bracht werden, dies mit einem in der Sache offenen Ergebnis, zumal die Sache auch zu einer anderen Spruchkammer, insbesondere zu einer anderen Vergabekammer des Bundes, gelangen kann. Hat die Vergabekammer den Nachprüfungsantrag unter Offenlassen von Zulässigkeitsanforderungen jedoch als unbegründet abgelehnt, ist ein erneuter Antrag deswegen, und zwar mit einem weiterreichenden Ergebnis, in der Sache von vorneherein erfolglos."

41 S. a. BGH, Beschl. v. 31.1.2017, X ZB 10/16, NZBau 2017, 230, 231.

42 *Jaeger*, NZBau 2001, 289, 292. S. a. OLG München, Beschl. v. 13.3.2017, Verg 15/16, VergabeR 2017, 469, 476.

43 S. Amtl. Begr., BT-Drs. 13/9340, S. 17 zu § 117 GWB-E VgRÄG. S. a. EuGH, Urt. v. 5.4.2017, Rs. C-391/15, Rn. 36, VergabeR 2017, 595, 601 – Maria Internacional de Marbella; Urt. v. 21.12.2016, Rs. C-355/15, Rn. 28, NZBau 2017, 171, 172 = VergabeR 2017, 159, 164 – Technische Gebäudebetreuung und Caverion Österreich; Urt. v. 5.4.2016, Rs. C-689/13, Rn. 23, NZBau 2016, 378, 380 – PFE; Urt. v. 4.7.2013, Rs. C-100/12, Rn. 25, NZBau 2013, 589, 590 – Fastweb.

44 OLG Düsseldorf, Beschl. v. 30.7.2003, Verg 41/03.

45 BGH, Beschl. v. 26.9.2006, X ZB 14/06, VergabeR 2007, 59, 65 f.; Urt. v. 25.4.1995, VI ZR 178/94, NJW 1995, 2111, 2112; OLG Celle, Beschl. v. 13.1.2011, 13 Verg 15/10, VergabeR 2011, 531, 534; OLG Karlsruhe, Beschl. v. 16.6.2010, 15 Verg 4/10; OLG München, Beschl. v. 7.8.2007, Verg 8/07; OLG Düsseldorf, Beschl. v. 30.7.2003, Verg 41/03; VK Mecklenburg-Vorpommern, Beschl. v. 28.2.2012, 2 VK 08/11.

46 OLG Frankfurt a.M., Beschl. v. 26.1.2017, 11 Verg 1/17. S.a. OLG Hamburg, Beschl. v. 1.11.2017, 1 Verg 2/17.

47 OLG Düsseldorf, Beschl. v. 13.8.2014, Verg 15/14, ZfBR 2014, 814.

48 BVerfG, Beschl. v. 29.7.2004, 2 BvR 2248/03, VergabeR 2004, 597, 599 = NZBau 2004, 564, 566 = WuW/E Verg 983; BGH, Beschl. v. 1.2.2005, X ZB 27/04, VergabeR 2005, 328, 330.

49 OLG Düsseldorf, Beschl. v. 12.7.2017, VII-Verg 13/17, NZBau 2017, 679, 680; Beschl. v. 17.2.2016, VII-Verg 37/14 m.w.N.; Beschl. v. 29.4.2015, VII-Verg 35/14, VergabeR 2015, 678, 682 = NZBau 2015, 440, 442 m.w.N.; Beschl. v. 25.6.2014, VII-Verg 47/13; Beschl. v. 7.8.2013,

1. Bewerber- und Bietergemeinschaften

Bewerber- und Bietergemeinschaften[51] werden als Unternehmen i. S. v. Abs. 2 angesehen.[52] 12
Nach richtiger Ansicht sind Einzelmitglieder einer Bewerber- oder Bietergemeinschaft im Grundsatz nicht antragsbefugt i. S. d. Abs. 2, vielmehr ist **nur** die **Bewerber- oder Bietergemeinschaft** als Unternehmen anzusehen, welches ein Interesse an dem Auftrag oder der Konzession haben und damit nach Abs. 2 antragsbefugt sein kann.[53] Eine nationale Regelung, nach der nur die **Gesamtheit der Mitglieder** einer Gelegenheitsgesellschaft ohne Rechtspersönlichkeit, die sich als solche an einem Vergabeverfahren beteiligt, die Vergabeentscheidung nachprüfen lassen kann, nicht aber lediglich eines ihrer Mitglieder als Einzelner, steht nach der Rechtsprechung des **EuGH** hierbei nicht im Widerspruch zu Art. 1 ÜWR[54] (s. Art. 1 RML).

Allerdings steht nach der Rechtsprechung des **EuGH** eine nationale Regelung, nach der 13
nur eines der Mitglieder einer Gelegenheitsgesellschaft ohne Rechtspersönlichkeit, die sich als solche an einem Vergabeverfahren beteiligt, die Vergabeentscheidung **allein** gerichtlich nachprüfen lassen kann, ebenso wenig im Widerspruch zu Art. 1 ÜWR[55] (s. Art. 1 RML). In dem Urteil „Espace Trianon und Sofibail" hat der EuGH lediglich ein Minimum für den in dieser Richtlinie im Rahmen einer Ausschreibung garantierten Zugang zu Nachprüfungsverfahren festgelegt, aber keinesfalls ausgeschlossen, dass andere Mitgliedstaaten in ihren nationalen Rechtsordnungen einen leichteren Zugang zu den Nachprüfungsverfahren gewähren, indem sie den Begriff der Klagebefugnis weiter fassen als die durch die Richtlinie in einem Mindestumfang garantierte Klagebefugnis.[56] Mangels einer spezifischen Vorschrift sei es Sache der nationalen Rechtsordnung eines jeden Mitgliedstaats, insbesondere festzulegen, ob und unter welchen Bedingungen die Klagebefugnis für Unter-

---

VII-Verg 15/13 m. w. N.; KG, Beschl. v. 21.11.2014, Verg 22/13, VergabeR 2015, 204, 205; OLG Karlsruhe, Beschl. v. 15.11.2013, 15 Verg 5/13, NZBau 2014, 378; OLG München, Beschl. v. 11.4.2013, Verg 3/13, VergabeR 2013, 807, 810; VK Sachsen, Beschl. v. 12.5.2016, 1/SVK/002-16 m. w. N. S. a. OLG Koblenz, Beschl. v. 14.3.2018, Verg 4/17.

50 OLG Brandenburg, Beschl. v. 14.9.2010, Verg W 8/10.

51 Zu Bewerber- und Bietergemeinschaften s. a. § 43 Abs. 2 VgV (vgl. § 6 EG Abs. 2 VOL/A a. F.), § 6 EU Abs. 3 Nr. 2 VOB/A.

52 Vgl. BayObLG, Beschl. v. 21.5.1999, Verg 1/99, WuW/E Verg 239; VK Saarland, Beschl. v. 27.1.2009, 2 VK 01/2008.

53 Vgl. OLG Frankfurt a. M., Beschl. v. 2.10.2013, 11 Verg 10/13; OLG Düsseldorf, Beschl. v. 27.11.2013, VII-Verg 20/13, NZBau 2014, 121, 122; Beschl. v. 18.11.2009, Verg 19/09; Beschl. v. 29.10.2008, Verg 35/08; Beschl. v. 30.3.2005, VII-Verg 101/04; Beschl. v. 20.12.2004, Verg 101/04; VK Bund, Beschl. v. 29.4.2009, VK 3-76/09; *Byok*, NJW 2006, 2076, 2081; *Hofmann*, in: Müller-Wrede, GWB, § 160 Rn. 16; *Möllenkamp*, in: Kulartz/Kus/Portz/Prieß, GWB, § 160 Rn. 33; *Dreher*, in: Immenga/Mestmäcker, GWB, § 107 Rn. 11; *Kirch*, in: Hattig/Maibaum, PK Kartellvergaberecht, § 107 GWB Rn. 25; *Otting*, in: Bechtold, GWB, § 107 Rn. 4; a. A. *Reidt*, in: Reidt/Stickler/Glahs, Vergaberecht, § 160 Rn. 34; *Erdl*, Der neue Vergaberechtsschutz, Rn. 507.

54 EuGH, Urt. v. 8.9.2005, Rs. C-129/04, Rn. 29, VergabeR 2005, 748, 751 – Espace Trianon und Sofibail.

55 EuGH, Urt. v. 4.10.2007, Rs. C-492/06, Rn. 31, VergabeR 2008, 208, 211 – Consorzio Elisoccorso San Raffaele.

56 EuGH, Urt. v. 4.10.2007, Rs. C-492/06, Rn. 26 f., VergabeR 2008, 208, 211 – Consorzio Elisoccorso San Raffaele.

nehmen, die an einer als Bieter auftretenden Gesellschaft beteiligt sind, in Nachprüfungsverfahren erweitert werden kann.[57]

14 Im deutschen Vergaberecht entspricht es der überwiegenden Ansicht, dass analog dem im Prozessrecht anerkannten Institut der gewillkürten Prozessstandschaft auch im Rüge- und Vergabenachprüfungsverfahren der Antragsteller befugt ist, eine Verletzung fremder Bewerber- oder Bieterrechte im eigenen Namen geltend zu machen, sofern er dazu von dem Berechtigten ermächtigt worden ist und ein eigenes schutzwürdiges Interesse an der Durchführung des Rüge- und Nachprüfungsverfahrens im eigenen Namen hat.[58] Ein einzelnes Mitglied der Bewerber- oder Bietergemeinschaft darf also unter den vorgenannten Bedingungen die Verletzung der Rechte der Bewerber- oder Bietergemeinschaft im Rahmen einer sogenannten **Verfahrensstandschaft** geltend machen und einen Nachprüfungsantrag in Verfahrensstandschaft für die Gemeinschaft stellen.[59] Vereinen sich bei einem Mitglied der Bewerber- oder Bietergemeinschaft die Geschäftsführungs- und Vertretungsmacht, ist davon auch eine Prozessführung bzw. die Befugnis, einen Nachprüfungsantrag im Namen der Gemeinschaft anzubringen, umfasst; der Umstand, dass in einem derartigen Fall das weitere Mitglied der Bewerber- oder Bietergemeinschaft der Prozessführung widerspricht, hat nach außen hin keine Rechtswirkung.[60]

15 Nach der Entscheidungspraxis des **OLG Hamburg** sind ferner einzelne Mitglieder einer Bietergemeinschaft antragsbefugt, wenn andere Mitglieder sich aus übergeordneten Gründen nicht an dem Nachprüfungsverfahren beteiligen und der Nachprüfungsantrag sich auf den Erhalt des Auftrags an die Bietergemeinschaft richtet.[61]

16 Hingegen ist die Einzelantragsbefugnis dann zu verneinen, wenn die **Bewerber- oder Bietergemeinschaft** durch Austritt einzelner Mitglieder inzwischen **nicht mehr besteht**.[62] Handelt es sich jedoch bei dem verbleibenden Mitglied der Bewerber- oder Bietergemein-

---

57 EuGH, Urt. v. 4.10.2007, Rs. C-492/06, Rn. 28, VergabeR 2008, 208, 211 – Consorzio Elisoccorso San Raffaele.

58 S. nur OLG München, Beschl. v. 14.1.2015, Verg 15/14, NZBau 2015, 575, 576; OLG Düsseldorf, Beschl. v. 27.11.2013, VII-Verg 20/13, NZBau 2014, 121, 122 m.w.N.; OLG Frankfurt a.M., Beschl. v. 2.10.2013, 11 Verg 10/13; OLG Dresden, Beschl. v. 23.7.2013, Verg 4/13, VergabeR 2014, 81, 83.

59 Vgl. OLG Düsseldorf, Beschl. v. 27.11.2013, VII-Verg 20/13, NZBau 2014, 121, 122; Beschl. v. 18.11.2009, Verg 19/09; Beschl. v. 29.10.2008, Verg 35/08; Beschl. v. 18.6.2008, Verg 23/08; Beschl. v. 30.3.2005, VII-Verg 101/04; offengelassen im Beschl. v. 20.12.2004, Verg 101/04; OLG Frankfurt a.M., Beschl. v. 23.1.2007, 11 Verg 11/06; VK Bund, Beschl. v. 29.4.2009, VK 3-76/09; s.a. OLG Hamburg, Beschl. v. 10.10.2003, 1 Verg 2/03, ZfBR 2004, 296, 297; s. ferner VK Nordbayern, Beschl. v. 5.6.2003, 320, VK-3194-16/03; *Byok*, NJW 2006, 2076, 2081; *Hofmann*, in: Müller-Wrede, GWB, § 160 Rn. 16; *Möllenkamp*, in: Kulartz/Kus/Portz/Prieß, GWB, § 160 Rn. 33; *Dreher*, in: Immenga/Mestmäcker, GWB, § 107 Rn. 11; *Otting*, in: Bechtold, GWB, § 107 Rn. 4; *Kirch*, in: Hattig/Maibaum, PK Kartellvergaberecht, § 107 GWB Rn. 26; noch weiter gehend VK Münster, Beschl. v. 28.5.2004, VK 10/04: Fortsetzung des Nachprüfungsverfahrens nach Antragstellung durch einen einzelnen Bieter und erst danach erfolgtem Zusammenschluss mit anderen zu einer Bietergemeinschaft; a.A. *Gabriel*, VergabeR 2008, 211, 212.

60 Vgl. OLG Düsseldorf, Beschl. v. 27.11.2013, VII-Verg 20/13, NZBau 2014, 121, 122 (zur Bietergemeinschaft).

61 OLG Hamburg, Beschl. v. 10.10.2003, 1 Verg 2/03, ZfBR 2004, 296, 297; ablehnend *Dreher*, in: Immenga/Mestmäcker, GWB, § 107 Rn. 11 Fn. 27.

62 Vgl. OLG Hamburg, Beschl. v. 2.10.2002, 1 Verg 1/00, NZBau 2003, 223 f. (dort Angebotsabgabe nach Änderung der Bietergemeinschaft).

schaft um den Gesamtrechtsnachfolger einer beendeten Gesellschaft bürgerlichen Rechts, ist die Antragsbefugnis nach Abs. 2 zu bejahen, einer Übertragung des Rechts zur Prozessführung durch das einzig weitere, ausgeschiedene Mitglied bedarf es in diesem Fall nicht.[63] **Änderungen** in der **Zusammensetzung** der Bewerber- oder Bietergemeinschaft[64] können durch Ein- und Austritte einzelner Gesellschafter sowie bspw. durch die Insolvenz eines Mitglieds[65] erfolgen.

2. Interesse an dem Auftrag oder der Konzession

Das Interesse an dem Auftrag oder der Konzession[66] gem. Abs. 2 Satz 1 ist als objektives Kriterium zu verstehen[67] und zum Schutz von Newcomern **weit auszulegen**.[68] Es haben alle (potenziellen) Teilnehmer des Vergabeverfahrens. Es bedarf keiner weiteren Darlegung, wenn der Antragsteller Bieter in dem eingeleiteten Vergabeverfahren ist und damit bereits der Umstand der Angebotsabgabe regelmäßig das erforderliche Interesse belegt[69] (s. aber Rn. 18). Das Interesse liegt in der Regel vor, wenn der Bieter vor Stellung des Nachprüfungsantrags an dem Vergabeverfahren **teilgenommen** und einen Vergaberechtsverstoß ordnungsgemäß gerügt hat,[70] sofern ihn eine Rügeobliegenheit trifft, bzw. wenn er das wirtschaftliche Risiko eines Nachprüfungsverfahrens eingegangen ist[71]. Ausreichend ist auch die erklärte Beteiligung eines Bewerbers an einem Teilnahmewettbewerb.[72] Bei der Beurteilung wird nicht nach den Funktionen der Unternehmen im Marktgeschehen, 17

63 Vgl. OLG Düsseldorf, Beschl. v. 24.5.2005, VII-Verg 28/05, NZBau 2005, 710, 711 f. (dort Angebotsabgabe vor Beendigung der Bietergemeinschaft).

64 S. hierzu OLG Düsseldorf, Beschl. v. 26.1.2005, VII-Verg 45/04, NZBau 2005, 354 f. (dort wurde die Veräußerung eines Teilbetriebs eines Mitglieds der Bietergemeinschaft nicht als Änderung angesehen). Vgl. auch *Byok*, NJW 2006, 2076, 2078.

65 Die **Insolvenz** stellt einen fakultativen **Ausschlussgrund** nach § 124 Abs. 1 Nr. 2 GWB dar, s. hierzu § 124 Rn. 9 ff. S. zum **Bieterwechsel** bei Insolvenz eines Mitglieds einer Bietergemeinschaft EuGH, Urt. v. 24.5.2016, Rs. C-396/14, VergabeR 2016, 590 ff. – Højgaard und Züblin, mit Anm. *Horstkotte/Hünemörder*, VergabeR 2016, 595 ff. Bislang ist die nationale Rspr. uneinig, ob die Insolvenz eines Mitglieds zu einem zwingenden Ausschluss des Angebots führt: Dafür OLG Hamburg, Beschl. v. 31.3.2014, 1 Verg 4/13, NZBau 2014, 659, 663; OLG Düsseldorf, Beschl. v. 24.5.2005, VII-Verg 28/05, NZBau 2005, 710, 711 f.; dagegen OLG Celle, Beschl. v. 5.9.2007, 13 Verg 9/07, ZfBR 2007, 830, 832 ff. Ausführlich zu gesellschaftsrechtlichen Änderungen der Zusammensetzung von Bietergemeinschaften, insb. zum insolvenzbedingten Ausscheiden eines Mitglieds *Lux*, NZBau 2012, 680 ff.

66 „oder der Konzession" wurde durch das VergRModG 2016 ergänzt.

67 Amtl. Begr., BT-Drs. 13/9340, S. 17 zu § 117 GWB-E VgRÄG (bzgl. des Gesetzeswortlauts a. F. „Interesse an dem Auftrag").

68 Vgl. BVerfG, Beschl. v. 29.7.2004, 2 BvR 2248/03, VergabeR 2004, 597, 599 = NZBau 2004, 564, 565.

69 BGH, Beschl. v. 10.11.2009, X ZB 8/09, VergabeR 2010, 210, 212 = NZBau 2010, 124, 126; Beschl. v. 26.9.2006, X ZB 14/06, VergabeR 2007, 59, 61; BVerfG, Beschl. v. 29.7.2004, 2 BvR 2248/03, VergabeR 2004, 597 = NZBau 2004, 564. S. a. OLG Düsseldorf, Beschl. v. 21.10.2015, VII-Verg 28/14, ZfBR 2016, 83, 84, 89; OLG München, Beschl. v. 12.10.2012, Verg 16/12.

70 BVerfG, Beschl. v. 29.7.2004, 2 BvR 2248/03, VergabeR 2004, 597, 599 = NZBau 2004, 564, 565; OLG Saarbrücken, Beschl. v. 7.5.2008, 1 Verg 5/07.

71 OLG Karlsruhe, Beschl. v. 15.11.2013, 15 Verg 5/13, NZBau 2014, 378, 379 m. w. N. S. a. OLG Düsseldorf, Beschl. v. 20.6.2001, Verg 3/01, NZBau 2001, 696, 702 = VergabeR 2001, 329.

72 Vgl. VK Sachsen, Beschl. v. 10.10.2008, 1/SVK/051-08.

z. B. Hersteller und Händler, unterschieden.[73] Die wohl überwiegende Ansicht fordert Identität zwischen dem Teilnehmer des Vergabeverfahrens und dem Antragsteller des Nachprüfungsverfahrens[74] – es sprechen jedoch gute Gründe dafür, die Antragsbefugnis auf bspw. Vorlieferanten und Subunternehmer auszudehnen (s. Rn. 39). Sofern rechtswidrig kein Vergabeverfahren durchgeführt wurde (**De-facto-Vergabe**), besteht ein Interesse bei jedem Unternehmen, das an dem Vergabeverfahren teilgenommen hätte[75] (s. Rn. 32 ff.). Weiter, etwa um alle als Auftragnehmer potenziell in Betracht kommenden Unternehmen, kann der Kreis der Interessenten in diesem Fall schon aus praktischen Gründen aber nicht gezogen werden. Das Interesse darf **nicht entfallen**.[76] Ein die Antragsbefugnis ausschließendes Interesse am Auftrag kann dem Antragsteller dann abgesprochen werden, wenn der Auftraggeber für den Fall der Vergabe der Leistungen im Wettbewerb unter keinen Umständen verpflichtet sein könnte, die Leistungen losweise so zu vergeben, dass sich der Antragsteller um ein **Teillos** bewerben könnte.[77]

a) Absehen von der Abgabe eines Teilnahmeantrags oder Angebots

18 Das Interesse an dem Auftrag oder der Konzession fehlt grds., wenn der Antragsteller ohne hinreichenden Grund von der Abgabe eines Teilnahmeantrags oder eines Angebots abgesehen hat. Denn in solchen Fällen begibt er sich selbst von vornherein jeder Aussicht, den ausgeschriebenen Auftrag bzw. die Konzession zu erhalten.[78] Indes kann ein Unternehmer, der von einer **Angebotsabgabe** absieht, sehr wohl in Ausnahmefällen antragsbefugt sein. Der EuGH hat hierzu entschieden, dass von einem angeblich durch diskriminierende Klauseln in den Ausschreibungsunterlagen geschädigten Unternehmen als Voraussetzung dafür, mit einem Nachprüfungsverfahren gegen solche Spezifikationen vorzugehen, nicht verlangt werden kann, im Rahmen des betreffenden Vergabeverfahrens ein Angebot zu legen, obwohl es aufgrund der genannten Spezifikationen keine Aussicht auf Erteilung des Zuschlags hat.[79] In der obergerichtlichen nationalen Rechtsprechung wird zum Teil die Ansicht vertreten, dass bei einem Verzicht auf die Abgabe eines Angebots eine Antragsbefugnis nur dann gegeben sei, wenn der Unternehmer gerade durch den gerügten Vergaberechtsverstoß an der **Abgabe** oder sogar schon an der **Erstellung** eines Angebots **gehindert** worden sei,[80] und wenn der Unternehmer – sofern der geltend gemachte Vergabefehler

---

73 VK Bund, Beschl. v. 15.9.1999, VK 1–19/99.

74 Vgl. VK Hessen, Beschl. v. 11.8.1999, VK 1/99.

75 Vgl. hierzu OLG Celle, Beschl. v. 30.10.2014, 13 Verg 8/14, VergabeR 2015, 244, 246 f.; OLG Düsseldorf, Beschl. v. 25.1.2005, Verg 93/04, VergabeR 2005, 343, 344.

76 Zu der umstrittenen Frage, ob das Interesse und damit die Antragsbefugnis bei Ablauf der **Bindefrist** des **Angebots** entfällt, wenn der Antragsteller einer **Fristverlängerung nicht zustimmt**, s. die Darstellung des Streitstandes bei *Gabriel/Mertens*, in: BeckOK Vergaberecht, § 160 Rn. 54 ff. m. w. N.

77 BGH, Beschl. v. 8.2.2011, X ZB 4/10, VergabeR 2011, 452, 462 = NZBau 2011, 175, 182.

78 Vgl. OLG Düsseldorf, Beschl. v. 9.7.2003, Verg 26/03.

79 EuGH, Urt. v. 12.2.2004, Rs. C-230/02, NZBau 2004, 221, 222 – Grossmann Air Service.

80 Vgl. OLG Düsseldorf, Beschl. v. 31.5.2017, VII-Verg 36/16, VergabeR 2017, 618, 620; Beschl. v. 17.1.2013, VII-Verg 35/12, NZBau 2013, 329; Beschl. v. 29.2.2012, Verg 75/11; Beschl. v. 14.1.2009, VII-Verg 59/08, VergabeR 2009, 619, 621 m. w. N.; Beschl. v. 25.1.2005, VII-Verg 93/04, VergabeR 2005, 343, 344; OLG Saarbrücken, Beschl. v. 7.5.2008 – 1 Verg 5/07; OLG München, Beschl. v. 2.8.2007, Verg 7/07, ZfBR 2007, 732, 733 = VergabeR 2007, 799, 800 m. w. N. BayObLG, Beschl. v. 4.2.2003, Verg 31/02, VergabeR 2003, 345.

nicht bereits einer Angebotskalkulation entgegen gestanden habe – darüber hinaus **darlege**, welches Angebot er in einem fehlerfrei durchgeführten Vergabeverfahren abgeben hätte.[81] Dagegen wird vertreten, dass die Antragsbefugnis nicht nur in denjenigen Fällen besteht, in denen der gerügte Vergabefehler die Abgabe eines Angebots gehindert hat. Einzubeziehen seien vielmehr auch alle diejenigen Fallgestaltungen, in denen der antragstellenden Partei zwar an sich eine Angebotsabgabe **möglich** gewesen wäre, sich aber bei verständiger Betrachtung die Ausarbeitung eines Angebots angesichts der reklamierten – und als zutreffend zu unterstellenden – Beanstandungen des Vergabeverfahrens als ein **nutzloser Aufwand** darstellen würde.[82] Dem liegt die Erwägung zugrunde, dass es weder gerechtfertigt noch zumutbar ist, von dem Antragsteller zur Darlegung seiner Antragsbefugnis die Erstellung und Einreichung eines Angebots zu verlangen, dessen Grundlagen in den Ausschreibungsbedingungen er im Vergabenachprüfungsverfahren als rechtswidrig bekämpft, sodass bei einem Erfolg des Nachprüfungsbegehrens die zur Angebotserstellung aufgewendete Zeit und Mühe als unnötig vertan erscheinen muss.[83] Die Antragsbefugnis besteht darüber hinaus, wenn und soweit die antragstellende Partei bei einer Rechtmäßigkeit der von ihr angegriffenen Vergabebedingung von der Abgabe eines Angebots absehen würde.[84] In Betracht kommen hier Fälle, in denen sich der Nachprüfungsantrag gegen eine Vergabebedingung richtet, die der Antragsteller nicht erfüllt. Auch dann hat die antragstellende Partei ein berechtigtes Interesse daran, die Rechtmäßigkeit der – von ihr nicht einzuhaltenden – Vergabebedingung zur Überprüfung zu stellen, ohne zuvor ein Angebot abgeben zu müssen, das bei einem Misserfolg des Nachprüfungsbegehrens keinerlei Aussicht auf den Zuschlag haben würde und bei dem sich folglich der mit der Angebotsabgabe verbundene Aufwand ebenfalls als nutzlos vertan erweisen würde.[85] Die Antragsbefugnis beschränkt sich auch nach dieser Meinung allerdings in sämtlichen Fällen auf die Geltendmachung derjenigen Vergaberechtsfehler, welche die antragstellende Partei tatsächlich von der Erarbeitung und Abgabe eines Angebots abgehalten haben. Nur solche Rechtsverstöße, die **ursächlich** für die Nichtabgabe eines Angebots gewesen sind, können nämlich im Sinne von Abs. 2 Satz 2 die Zuschlagschancen des Antragstellers beeinträchtigt haben.[86] Des Weiteren wird vertreten, dass der Antragsteller im Falle eines gewichtigen Vergaberechtsverstoßes sein Interesse an dem Auftrag (oder der Konzession) nicht durch die Abgabe eines Angebots dokumentieren müsse, sondern dass es ausreiche, wenn das **Interesse** durch eine vorprozessuale **Rüge** und den anschließenden **Nachprüfungsantrag dokumentiert** wer-

---

81 OLG Saarbrücken, Beschl. v. 7.5.2008, 1 Verg 5/07; OLG Rostock, Beschl. v. 24.9.2001, 17 W 11/01, VergabeR 2002, 193, 194; OLG Koblenz, Beschl. v. 25.5.2000, 1 Verg 1/00, NZBau 2000, 445, 446; Beschl. v. 10.8.2000, Verg 2/00. Vgl. die Darstellung im Beschl. des OLG Düsseldorf v. 9.7.2003, Verg 26/03.

82 OLG Düsseldorf, Beschl. v. 14.1.2009, VII-Verg 59/08, VergabeR 2009, 619, 621; Beschl. v. 9.7.2003, Verg 26/03; Beschl. v. 28.2.2002, Verg 40/01; Beschl. v. 18.10.2000, Verg 3/00, NZBau 2001, 155, 157; KG, Beschl. v. 5.1.2000, KartVerg 11/99, BauR 2000, 1579, 1580; VK Bund, Beschl. v. 24.1.2008, VK 3-151/07; VK Sachsen, Beschl. v. 7.2.2003, VK 7/03. S. a. OLG München, Beschl. v. 13.3.2017, Verg 15/16, VergabeR 2017, 469, 475 f.

83 OLG Düsseldorf, Beschl. v. 29.2.2012, Verg 75/11; Beschl. v. 9.7.2003, Verg 26/03.

84 OLG Düsseldorf, Beschl. v. 9.7.2003, Verg 26/03.

85 OLG Düsseldorf, Beschl. v. 9.7.2003, Verg 26/03.

86 OLG Düsseldorf, Beschl. v. 9.7.2003, Verg 26/03 mit Verweis auf BayObLG, Beschl. v. 20.8.2001, Verg 11/01, VergabeR 2002, 77.

de.[87] Insofern stehe auch ein **nicht fristgerecht** eingereichtes **Angebot** der Antragsbefugnis nicht entgegen.[88] Die obigen Erwägungen werden auch auf das **Absehen** von der Fertigung und Abgabe eines **Teilnahmeantrags** übertragen.[89]

b) Wirksame Erteilung des Zuschlags

19 Nach herrschender Auffassung,[90] die sich auf den Wortlaut von Abs. 2 („Interesse (…) hat", nicht „gehabt hat") und die Prozesswirtschaftlichkeit stützt, ist ein **Nachprüfungsantrag** ferner **unzulässig**, sobald das Vergabeverfahren durch wirksame Erteilung des Zuschlags an einen Bieter abgeschlossen ist (vgl. § 168 Rn. 23 ff.). Denn das in §§ 97 ff. GWB geregelte Vergabeverfahren soll sicherstellen, dass Aufträge öffentlicher Auftraggeber nur in einem förmlichen, transparenten Verfahren an einen Bieter erteilt werden. Während des Vergabeverfahrens haben die sich hieran beteiligenden Unternehmen deshalb Anspruch darauf, dass der öffentliche Auftraggeber die Bestimmungen über das Vergabeverfahren einhält (§ 97 Abs. 6 GWB). Entsprechendes gilt für die Vergabe einer Konzession durch Konzessionsgeber an Konzessionäre nach den diesbezüglichen Regelungen. Dieser Anspruch kann während des Vergabeverfahrens vor den Vergabekammern und -senaten verfolgt werden, deren Aufgabe es gem. § 168 Abs. 1 GWB ist, auf die Rechtmäßigkeit des Vergabeverfahrens einzuwirken und insbesondere die geeigneten Maßnahmen zu treffen, um eine bei der Nachprüfung festgestellte Rechtsverletzung zu beseitigen und die Schädigung der betroffenen Interessen zu verhindern (vgl. § 168 Rn. 3 ff.).[91]

20 Das förmliche Vergabeverfahren ist beendet, wenn im Wege des Zugangs des Zuschlags des öffentlichen Auftraggebers einem Bieter der Auftrag wirksam erteilt ist[92] bzw. wenn

---

87 Vgl. OLG München, Beschl. v. 13.3.2017, Verg 15/16, VergabeR 2017, 469, 475; OLG Düsseldorf, Beschl. v. 25.6.2014, VII-Verg 47/13; Beschl. v. 11.12.2013, VII-Verg 22/13; Beschl. v. 17.1.2013, VII-Verg 35/12, NZBau 2013, 329 m. w. N.; Beschl. v. 29.2.2012, Verg 75/11 m. w. N.; Beschl. v. 11.11.2011, VII-Verg 92/11, NZBau 2011, 255; VK Südbayern, Beschl. v. 13.3.2017, Z3-3-3194-1-04-02/17.

88 Vgl. OLG Düsseldorf, Beschl. v. 11.11.2011, VII-Verg 92/11, NZBau 2011, 255; VK Bund, Beschl. v. 17.4.2014, VK 1-22/14.

89 In diesem Sinne OLG Naumburg, Beschl. v. 30.4.2014, 2 Verg 2/14, VergabeR 2014, 808, 813 f.; OLG Düsseldorf, Beschl. v. 1.8.2005, Verg 41/05; Beschl. v. 8.9.2004, VII-Verg 38/04, NZBau 2004, 688, 689; a. A. *Antweiler*, VergabeR 2004, 702, 703 f.

90 BGH, Beschl. v. 9.2.2004, X ZB 44/03, VergabeR 2004, 201, 203; Beschl. v. 19.12.2000, X ZB 14/00, NZBau 2001, 151, 152 = VergabeR 2001, 71, 73; OLG Naumburg, Beschl. v. 21.6.2010, 1 Verg 12/09; Beschl. v. 16.10.2007, 1 Verg 6/07; OLG Celle, Beschl. v. 4.3.2010, 13 Verg 1/10; OLG Koblenz, Beschl. v. 4.2.2009, 1 Verg 4/08, VergabeR 2009, 682, 684; OLG Düsseldorf, Beschl. v. 24.9.2002, Verg 48/02, NZBau 2003, 349, 350; Beschl. v. 13.6.2001, Verg 2/01, VergabeR 2001, 415, 417; Beschl. v. 13.4.1999, Verg 1/99, BB 1999, 1078, 1080 = WuW/E Verg 223; BayObLG, Beschl. v. 7.10.1999, Verg 3/99, NZBau 2000, 92, 93; s. a. Amtl. Begr., BT-Drs. 13/9340, S. 17 zu § 117 GWB-E, S. 19 zu § 124 GWB-E, S. 50 zu Nr. 21 (§ 117 GWB-E) VgRÄG; VK Südbayern, Beschl. v. 20.5.1999, 120.3.-3194.1 – 05-04/99; VK Lüneburg, Beschl. v. 28.5.1999, 203 – VgK-2/1999; Beschl. v. 28.9.1999, 203 – VgK-10/1999; VK Baden-Württemberg, Beschl. v. 18.8.1999, 1 VK 8/99; VK Sachsen-Anhalt, Beschl. v. 25.8.1999, VK Hal 1/99; VK Hessen, Beschl. v. 15.9.1999, VK 3/99; VK Sachsen, Beschl. v. 17.8.1999, 1/SVK/3-99; VK Magdeburg, Beschl. v. 11.8.1999, 33-32571/07 VK 34, 99 MD; *Gröning*, ZIP 1999, 52, 56.

91 BGH, Beschl. v. 19.12.2000, X ZB 14/00, NZBau 2001, 151, 152 = VergabeR 2001, 71, 73.

92 BGH, Beschl. v. 9.2.2004, X ZB 44/03, VergabeR 2004, 201, 205; Beschl. v. 19.12.2000, X ZB 14/00, NZBau 2001, 151, 152 = VergabeR 2001, 71, 73.

die Konzession wirksam vergeben wurde. Kann das infolge eines behaupteten Vergaberechtsverstoßes bestehende Interesse eines Bieters allein noch auf **Schadensersatz** gerichtet sein, weil das Vergabeverfahren durch wirksame Auftragsvergabe beendet ist, steht nur noch der Weg zu den **Zivilgerichten** offen, die für eine Schadensersatzklage des betroffenen Bieters gegenüber dem öffentlichen Auftraggeber zuständig sind.[93]

Die Wirksamkeit der Zuschlagserteilung ist u. a. an **§ 135 GWB** (vgl. § 168 Rn. 25, § 135 Rn. 46 ff.) sowie an **§§ 134, 138 BGB** zu messen. Ein Rechtsgeschäft ist **sittenwidrig** i. S. d. § 138 BGB, wenn es gegen das Anstandsgefühl aller billig und gerecht Denkenden verstößt.[94] Sowohl aus dem Inhalt des Rechtsgeschäfts als auch aus seinem Gesamtcharakter kann sich die Sittenwidrigkeit ergeben.[95] Bewusstsein der Sittenwidrigkeit und Schädigungsabsicht sind nicht erforderlich. Es reicht aus, wenn der Handelnde die Tatsachen kennt, aus denen sich die Sittenwidrigkeit ergibt. Der Kenntnis steht die bewusste oder grob fahrlässige Unkenntnis gleich.[96] Ein grob fahrlässiges Sich-Verschließen vor den Umständen setzt ein Handeln voraus, bei dem die erforderliche Sorgfalt nach den Gesamtumständen in ungewöhnlich großem Maße verletzt worden ist und bei dem dasjenige unbeachtet geblieben ist, was im gegebenen Falle jedem hätte einleuchten müssen.[97] 21

Bei einem sittenwidrigen Verhalten gegenüber der Allgemeinheit oder Dritten ist § 138 BGB nur anwendbar, wenn alle Beteiligten subjektiv sittenwidrig handeln. Hierfür ist nicht nur ein sittenwidriger Beweggrund des einen Teils erforderlich, sondern auch Billigung, Förderung, Ausnutzung der sittenwidrigen Absicht des anderen.[98] Insbesondere ist ein bewusstes Zusammenwirken zum Nachteil eines Dritten ein typischer Fall des § 138 BGB.[99] Gerade in den Fällen, in denen eine Vergabestelle und der obsiegende Bieter zum Nachteil des Wettbewerbers kollusiv zusammenwirken und der Auftraggeber sowie der Unternehmer wussten oder sich der Erkenntnis grob fahrlässig verschlossen, dass der Auftrag vergaberechtsfehlerhaft zustande gekommen ist, besteht stets die Möglichkeit für den benachteiligten Wettbewerber, sich auf die **Nichtigkeit** des öffentlichen Auftrags zu berufen und einen **Nachprüfungsantrag** zu stellen.[100] 22

93 BGH, Beschl. v. 19.12.2000, X ZB 14/00, NZBau 2001, 151, 152 = VergabeR 2001, 71, 73; OLG Celle, Beschl. v. 10.3.2016, 13 Verg 5/15, NZBau 2016, 386 f.; vgl. § 168 Rn. 23.

94 BGH, Urt. v. 9.7.1953, IV ZR 242/52, NJW 1953, 1665.

95 *Ellenberger*, in: Palandt, BGB, § 138 BGB Rn. 7 f. m. w. N.

96 BGH, Urt. v. 7.1.1993, IX ZR 199/91, NJW 1993, 1587, 1588; Urt. v. 10.10.1997, V ZR 74–96, NJW-RR 1998, 590, 591.

97 BGH, Urt. v. 17.10.1991, IX ZR 255/90, NJW 1992, 310 m. w. N.

98 *Ellenberger*, in: Palandt, BGB, § 138 BGB Rn. 40 m. w. N.

99 BGH, Urt. v. 18.3.1996, II ZR 10/95, NJW-RR 1996, 869.

100 Vgl. OLG Düsseldorf, Beschl. v. 18.6.2008, VII-Verg 23/08, ZfBR 2009, 197, 201 u. Beschl. v. 30.4.2008, Verg VII-23/08, NZBau 2008, 461, 465; Beschl. v. 14.4.2005, VII-Verg 93/04, NZBau 2005, 532, 534 f. = VergabeR 2005, 513, 518; Beschl. v. 25.1.2005, VII-Verg 93/04, NZBau 2005, 484 f. = VergabeR 2005, 343, 346 f.; Beschl. v. 3.12.2003, Verg 37/03, NZBau 2004, 113, 116; Beschl. v. 12.1.2000, Verg 4/99, NZBau 2000, 391, 394 f.; OLG Celle, Beschl. v. 25.8.2005, 13 Verg 8/05; OLG Schleswig, Urt. v. 6.7.1999, 6 U Kart 22/99, NZBau 2000, 100, 101.

c) Aufhebung der Ausschreibung

23 Längst ist geklärt, dass ein **Nachprüfungsantrag nach Aufhebung** einer Ausschreibung vor An- bzw. Rechtshängigkeit (s. Rn. 5) des Antrags **zulässig** ist.[101] Voraussetzung für die Zulässigkeit eines Nachprüfungsantrags bezüglich einer Aufhebungsentscheidung ist das Vorliegen der sonstigen allgemeinen Zulässigkeitsvoraussetzungen.[102] Die Zulässigkeit eines Nachprüfungsantrags wurde unzutreffend von der ehemals h. M. verneint,[103] die sich darauf berief, auch nach (rechtswidriger) Aufhebung könne kein Interesse mehr am Auftrag bestehen. Dabei wurde aber übersehen, dass auch die Regelungen in § 26 VOL/A a. F., § 26 VOB/A a. F. (§ 63 VgV,[104] § 17 EU VOB/A) justiziabel sein müssen. Dies hat der BGH sodann mit den folgenden Argumenten bestätigt:[105] Die genannten Vorschriften haben bieterschützende Wirkung und die Aufhebung der Ausschreibung ist nur in begrenzten Ausnahmefällen[106] vergaberechtlich zulässig. Auch noch nach einer Aufhebung eines Vergabeverfahrens ein Nachprüfungsverfahren beantragen zu können, steht insbesondere nicht im Widerspruch zu § 168 Abs. 2 Satz 2 GWB. Diese Vorschrift ordnet nicht an, dass die Aufhebung der Ausschreibung das begonnene Vergabeverfahren endgültig beendet. Eine solche Regel wäre auch sachfremd. Denn die Aufhebung der Ausschreibung kann ohne Zustimmung Dritter rückgängig gemacht werden, indem die Vergabestelle das Verfahren wieder aufnimmt und fortführt. Dementsprechend gehört auch eine hierauf gerichtete Anordnung zu den Maßnahmen, welche die Vergabekammer nach § 168 Abs. 1 GWB treffen kann. Durch diese Möglichkeiten unterscheidet sich die Aufhebung der Ausschreibung von der Erteilung des Zuschlags innerhalb geltender Bindefrist. Der Zuschlag beinhaltet die Annahme des Angebots des ausgewählten Bieters und kann nicht mehr einseitig rückgängig gemacht werden. Deshalb ordnet § 168 Abs. 2 Satz 1 GWB auch nur hinsichtlich eines bereits erteilten Zuschlags an, dass seine Aufhebung nicht zu den Maßnahmen gehört, die der Vergabekammer im Rahmen des Nachprüfungsverfahrens zu Gebote stehen[107] (vgl. § 168 Rn. 21 ff.).

24 § 168 Abs. 2 Satz 2 GWB kann auch nicht entnommen werden, dass eine Aufhebung der Ausschreibung zwingend zur Erledigung eines zum Zeitpunkt dieser Maßnahme bereits **anhängigen Nachprüfungsverfahrens** führt.[108] Wenn ein Nachprüfungsverfahren bereits anhängig ist, wird in ihm regelmäßig um ein Verfahren des Auftraggebers gestritten werden, zu dem es vor der Aufhebung der Ausschreibung gekommen ist. Wird die Aufhebung

---

101 S. nur BGH, Beschl. v. 20.3.2014, X ZB 18/13, NZBau 2014, 310 = VergabeR 2014, 538; Beschl. v. 18.2.2003, X ZB 43/02, NZBau 2003, 293 = VergabeR 2003, 313; OLG Celle, Beschl. v. 10.3.2016, 13 Verg 5/15, NZBau 2016, 385, 386; OLG Karlsruhe, Beschl. v. 4.12.2013, 15 Verg 9/13; OLG Düsseldorf, Beschl. v. 23.3.2005, VII-Verg 76/04; Beschl. v. 8.3.2005, VII-Verg 40/04; VK Südbayern, Beschl. v. 16.9.2015, Z3-3-3194-1-27-04/15; VK Baden-Württemberg, Beschl. v. 25.10.2016, 1 VK 45/16.

102 VK Schleswig-Holstein, Beschl. v. 4.2.2008, VK-SH 28/07, unvollständig abgedruckt in ZfBR 2008, 422.

103 OLG Düsseldorf, Beschl. v. 15.3.2000, Verg 4/00, NZBau 2000, 306, u. VK Hessen, Beschl. v. 21.9.1999, VK 8/99; a. A. noch VK Bund, Beschl. v. 26.1.2000, VK 1-31/99, s. a. *Byok*, WuW 2000, 718 u. *Burbulla*, ZfBR 2009, 134 m. w. N.

104 Vgl. § 20 EG VOL/A a. F.

105 BGH, Beschl. v. 18.2.2003, X ZB 43/02, NZBau 2003, 293 ff. = VergabeR 2003, 313, 314 ff.

106 Vgl. BGH, Urt. v. 12.6.2001, X ZR 150/99, NJW 2001, 3698, 3701 = VergabeR 2001, 293, 298.

107 BGH, Beschl. v. 18.2.2003, X ZB 43/02, NZBau 2003, 293, 294 = VergabeR 2003, 313, 315.

108 BGH, Beschl. v. 18.2.2003, X ZB 43/02, NZBau 2003, 293, 294 = VergabeR 2003, 313, 315.

der Ausschreibung dann nicht ihrerseits in Zweifel gezogen, besteht nach dieser Entscheidung der Vergabestelle im Hinblick auf das beanstandete Verfahren allerdings nur noch Interesse an der Feststellung, ob insoweit eine Rechtsverletzung vorgelegen hat.[109] Will der Antragsteller hingegen auch die Aufhebung der Ausschreibung nicht hinnehmen, wird er nicht den nach § 168 Abs. 2 Satz 2 GWB nötigen Antrag stellen, sondern geltend machen, das anhängige Nachprüfungsverfahren habe sich nicht erledigt, weil nunmehr auch wegen der Aufhebung der Ausschreibung eine Verletzung von Rechten durch Nichtbeachtung von Vergabevorschriften geltend gemacht werde.[110] Eine solche **Erweiterung der Rügen** begegnet keinen rechtlichen Bedenken.[111] Angesichts des Wortlauts des § 168 Abs. 2 Satz 2 GWB lässt sich dem 4. Teil des GWB nicht entnehmen, dass eine solche Reaktion auf veränderte Umstände im Rahmen eines bereits anhängigen Nachprüfungsverfahrens unzulässig ist.[112]

Der BGH hat sich damit der Rechtsprechung des **EuGH** angeschlossen.[113] In der Rs. „Hospital Ingenieure“ hatte der EuGH entschieden, dass die Entscheidung des öffentlichen Auftraggebers, eine Ausschreibung zu widerrufen (d. h. aufzuheben), einem Nachprüfungsverfahren zugänglich sein muss; Art. 1 Abs. 1 ÜWR[114] verlange, dass eine solche Entscheidung in einem Nachprüfungsverfahren überprüft und aufgehoben werden kann.[115] Diese Entscheidung wurde in der Rs. „Koppensteiner“ bestätigt und dahingehend präzisiert, dass das zuständige nationale Gericht verpflichtet ist, die nationalen Vorschriften unangewendet zu lassen, die es daran hindern, die Verpflichtung aus Art. 1 Abs. 1 und Art. 2 Abs. 1 lit. b) ÜWR[116] zu beachten.[117] **25**

Bei allem ist zu berücksichtigen, dass ein öffentlicher Auftraggeber seine Vergabe **grundsätzlich nicht** mit einem **Zuschlag** an einen geeigneten Bieter beenden muss (vgl. zu den Ausnahmen § 168 Rn. 13). Aus dem Umstand der Ausschreibung kann nicht abgeleitet werden, dass eine Vergabestelle, die nach den maßgeblichen Vergabevorschriften keinen Grund zur Aufhebung des Ausschreibungsverfahrens hat, gezwungen werden kann und darf, einen der Ausschreibung entsprechenden Auftrag an einen geeigneten Bieter zu erteilen.[118] Auch der **EuGH** sieht vorbehaltlich der Beachtung der Grundsätze der Transparenz und der Gleichbehandlung keine Verpflichtung des Auftraggebers, ein eingeleitetes Vergabeverfahren abzuschließen und den fraglichen Auftrag zu vergeben, auch nicht an einen einzigen verbliebenen Bieter.[119] Es liegt damit nicht in der Kompetenz der Vergabekammer, im Rahmen des § 168 Abs. 1 GWB zur Beseitigung einer Rechtsverletzung eine Maß- **26**

109 BGH, Beschl. v. 18.2.2003, X ZB 43/02, NZBau 2003, 293, 294 = VergabeR 2003, 313, 315.

110 BGH, Beschl. v. 18.2.2003, X ZB 43/02, NZBau 2003, 293, 294 = VergabeR 2003, 313, 315 f.

111 BGH, Beschl. v. 18.2.2003, X ZB 43/02, NZBau 2003, 293, 294 = VergabeR 2003, 313, 316.

112 Vgl. BGH, Beschl. v. 18.2.2003, X ZB 43/02, NZBau 2003, 293, 294 = VergabeR 2003, 313, 315 f.

113 Kritisch hierzu *Müller-Wrede*, VergabeR 2003, 318 ff.

114 Vgl. Art. 1 RML.

115 Vgl. EuGH, Urt. v. 18.6.2002, Rs. C-92/00, Rn. 37, 55, VergabeR 2002, 361, 365, 367 – Hospital Ingenieure.

116 Vgl. Art. 1 Abs. 1 Unterabs. 3 und Art. 2 Abs. 1 lit. b) RML.

117 EuGH, Urt. v. 2.6.2005, Rs. C-15/04, VergabeR 2005, 472, 475 f. – Koppensteiner.

118 Vgl. BGH, Beschl. v. 18.2.2003, X ZB 43/02, NZBau 2003, 293, 294 = VergabeR 2003, 313, 316 m. w. N.

119 EuGH, Urt. v. 11.12.2014, Rs. C-440/13, Rn. 31 f., 35–37, VergabeR 2015, 416, 420 f. m. w. N. – Croce Amica One Italia SrL.

nahme zu treffen, die für einen öffentlichen Auftraggeber, der trotz Einleitung eines Vergabeverfahrens einen Auftrag nicht mehr erteilen will, einen rechtlichen oder tatsächlichen Zwang bedeutete, sich doch vertraglich zu binden.[120] Besteht der Vergabewille des Auftraggebers hingegen fort, kann die Vergabekammer **ausnahmsweise** anordnen, die durch den Auftraggeber erfolgte Aufhebung der Ausschreibung wieder rückgängig zu machen und mit dem Vergabeverfahren fortzufahren (**Aufhebung der Aufhebung**) (ausführlich hierzu § 168 Rn. 9).

27 Begehrt der Antragsteller die Aufhebung einer Aufhebungsentscheidung und hat der Auftraggeber seinen Vergabewillen tatsächlich aufgegeben, droht dem Antragsteller nach teilweise vertretener Ansicht durch die Aufhebung kein Schaden, da er selbst für den Fall einer vergaberechtswidrigen Aufhebung keinen Anspruch auf Erteilung des Auftrags hätte; der Antrag sei mangels Antragsbefugnis unzulässig.[121] Richtig ist aber, dass bei rechtswirksamer Aufhebung der Ausschreibung der Nachprüfungsantrag **unbegründet** ist.[122]

28 Eine Aufhebung wird erst wirksam und kann nachträglich angegriffen werden, wenn die Aufhebungsentscheidung dem betreffenden Bieter bekannt gegeben wurde.[123]

d) Vorbeugender Rechtsschutz

29 Nicht geregelt ist, ob ein Nachprüfungsantrag schon **vor Beginn** eines **Vergabeverfahrens** gestellt werden kann (vorbeugender Rechtsschutz). Betroffen sind Fälle, in denen ein bestimmter Beschaffungsbedarf eines Auftraggebers feststeht und schon im Vorfeld zu einem Vergabeverfahren die Nichtbeachtung von Vergabevorschriften (z. B. allgemeine Vergabegrundsätze) oder gar die Vergabe eines Auftrags (oder einer Konzession) ohne Durchführung eines nach dem 4. Teil des GWB vorgeschriebenen Vergabeverfahrens droht. Dazu gehört auch die Konstellation, dass ein konkretes Vergabeverfahren von einem Bewerber/Bieter in mehreren Punkten beanstandet wird (Abs. 3) und der Auftraggeber das laufende Verfahren unter (nur) teilweiser Anerkennung der geltend gemachten Verstöße aufgehoben hat (vgl. § 63 VgV, § 17 EU VOB/A[124]). Mit einem solchen Verhalten ist eine teilweise Zurückweisung der Bewerber-/Bieteransprüche verbunden. Es kann daher u. U. als Entscheidung[125] der Vergabestelle in Bezug auf die Wiederholung des Vergabeverfahrens anzusehen sein. Die **Rechtsprechung** der Senate **verneint** vorbeugenden Vergaberechtsschutz.[126]

---

120 BGH, Beschl. v. 18.2.2003, X ZB 43/02, NZBau 2003, 293, 294 = VergabeR 2003, 313, 316.

121 VK Schleswig-Holstein, Beschl. v. 4.2.2008, VK-SH 28/07, unvollständig abgedruckt in ZfBR 2008, 422.

122 Vgl. OLG Schleswig, Beschl. v. 9.3.2010, 1 Verg 4/09; OLG Düsseldorf, Beschl. v. 22.7.2005, VII-Verg 37/05.

123 OLG Düsseldorf, Beschl. v. 28.2.2002, Verg 37/01, VergabeR 2002, 378, 379; Beschl. v. 15.3.2000, Verg 4/00, NZBau 2000, 306, 309.

124 S. a. § 20 EG VOL/A a. F., § 17 VOL/A, § 17 VOB/A.

125 Art. 1 Abs. 1 Unterabs. 3 RML u. RMLS (ebenso bereits Art. 1 Abs. 1 ÜWR u. SÜWR). S. hingegen Erwägungsgrund 5 ÜWR: „Beschlüsse".

126 OLG Koblenz, Beschl. v. 15.8.2014, 1 Verg 7/14, VergabeR 2014, 829, 830; OLG Düsseldorf, Beschl. v. 29.10.2008, VII-Verg 35/08 m. w. N.; Beschl. v. 16.6.2008, VII-Verg 13/08 m. w. N.; Beschl. v. 8.5.2002, Verg 8-15/01; Beschl. v. 11.3.2002, Verg 43/01, NZBau 2003, 55, 57 = VergabeR 2002, 404, 409; Beschl. v. 20.6.2001, Verg 3/01, NZBau 2001, 696, 698 = VergabeR 2001, 329, 330; OLG Naumburg, Beschl. v. 2.3.2006, 1 Verg 1/06, VergabeR 2006, 406, 408; OLG Frankfurt a. M., Beschl. v. 25.9.2000, 11 Verg 2/99; VK Sachsen, Beschl. v. 7.2.2003, VK 07/03.

Die Zulässigkeit eines Nachprüfungsantrags setzt voraus, dass er sich auf ein konkretes Vergabeverfahren bezieht, welches im Zeitpunkt des Eingangs des Nachprüfungsantrags bei der Vergabekammer oder spätestens im Zeitpunkt der mündlichen Verhandlung bereits begonnen hat (s. Rn. 30f.) und noch nicht abgeschlossen ist.[127] Ein Bewerber/Bieter ist unter diesen Umständen ggf. auf vorbeugenden Rechtsschutz im Zivilrechtsweg verwiesen.

e) Beginn des Vergabeverfahrens

Nicht eindeutig lässt sich der Beginn eines Vergabeverfahrens festmachen. Für den **Begriff** eines der Nachprüfung zugänglichen und bereits begonnenen „**Vergabeverfahrens**" ist nicht allein entscheidend, ob der öffentliche Auftraggeber – zum Beispiel durch eine Ausschreibung, einen Aufruf zum Wettbewerb oder dergleichen – aufgrund bestimmter Förmlichkeiten äußerlich erkennbar ein Verfahren zur Vergabe öffentlicher Aufträge eingeleitet hat.[128] Es ist hierauf schon deswegen nicht unbedingt abzustellen, weil darin, dass der öffentliche Auftraggeber die für ein Vergabeverfahren vorgeschriebenen Förmlichkeiten unterlassen hat, ein besonders schwerwiegender Verstoß gegen Vergabevorschriften liegen kann, der nach dem Zweck des Vergaberechts nicht aufgrund eines rein formellen Begriffsverständnisses einer Nachprüfung entzogen sein darf (vgl. hierzu auch Rn. 32ff.).[129] Der Begriff des „Vergabeverfahrens" ist deswegen einheitlich **materiell** zu verstehen.[130] Hiernach befindet sich der öffentliche Auftraggeber in einem Vergabeverfahren und ein solches Verfahren ist eingeleitet worden, wenn der öffentliche Auftraggeber zur Deckung eines fälligen oder demnächst fälligen Bedarfs an Waren, Bau- oder Dienstleistungen entschlossen ist und mit organisatorischen und/oder planenden Maßnahmen begonnen hat zu regeln, auf welche Weise (insbesondere in welcher Vergabeart) und mit welchen gegenständlichen Leistungsanforderungen das Beschaffungsvorhaben eingeleitet und durchgeführt und wie die Person oder der Personenkreis des oder der Leistenden ermittelt und mit dem Endziel des Abschlusses eines entgeltlichen und verbindlichen Vertrags ausgewählt werden soll.[131] **30**

---

127 OLG Düsseldorf, Beschl. v. 16.6.2008, VII-Verg 13/08; Beschl. v. 8.5.2002, Verg 8-15/01; Beschl. v. 20.6.2001, Verg 3/01, NZBau 2001, 696, 698 = VergabeR 2001, 329, 330; BayObLG, Beschl. v. 22.1.2002, Verg 18/01, NZBau 2002, 397, 398; OLG Frankfurt a.M., Beschl. v. 25.9.2000, 11 Verg 2/99.

128 OLG Düsseldorf, Beschl. v. 8.5.2002, Verg 8-15/01. S. a. OLG Koblenz, Beschl. v. 15.8.2014, 1 Verg 7/14, VergabeR 2014, 829, 830.

129 OLG Düsseldorf, Beschl. v. 8.5.2002, Verg 8-15/01.

130 EuGH, Urt. v. 11.1.2005, Rs. C-26/03, Rn. 41, VergabeR 2005, 44, 50 – Stadt Halle; BGH, Beschl. v. 1.2.2005, X ZB 27/04, VergabeR 2005, 328, 329f.; OLG Düsseldorf, Beschl. v. 31.5.2017, VII-Verg 36/16, VergabeR 2017, 618, 619f.; Beschl. v. 17.7.2013, Verg 10/13; Beschl. v. 1.8.2012, VII-Verg 10/12, VergabeR 2012, 846, 848f. (ausführliche Darstellung); Beschl. v. 20.6.2001, Verg 3/01, NZBau 2001, 696, 698 = VergabeR 2001, 329, 330; OLG Naumburg, Beschl. v. 17.3.2017, 7 Verg 8/16, VergabeR 2017, 627, 635; Beschl. v. 16.12.2016, 7 Verg 6/16, VergabeR 2017, 489, 494 (anders noch s. u. a. A.); OLG München, Beschl. v. 19.7.2012, Verg 8/12, NZBau 2012, 658, 660f.; **a. A.** OLG Naumburg, Beschl. v. 8.10.2009, VergabeR 2010, 219, 221ff.; Vorlagebeschl. v. 8.1.2003, 1 Verg 7/02, VergabeR 2003, 196, 199ff.: auch **formelles Verständnis**, d.h. Beginn eines förmlichen Vergabeverfahrens mit Bekanntmachung durch Absendung derselben an das Veröffentlichungsorgan; s. hierzu Rn. 31.

131 OLG Düsseldorf, Beschl. v. 2.11.2016, VII-Verg 23/16; Beschl. v. 22.5.2002, Verg 6/02, NZBau 2002, 583, 584 = VergabeR 2002, 668, 670; Beschl. v. 8.5.2002, Verg 8-15/01; Beschl. v. 11.3.2002, Verg 43/01, NZBau 2003, 55, 57 = VergabeR 2002, 404, 409; Beschl. v. 20.6.2001, Verg 3/01, NZBau 2001, 696, 698f. = VergabeR 2001, 329, 330f.; OLG München, Beschl. v.

Das für die Zulässigkeit eines Nachprüfungsantrags vorausgesetzte „materiell schon begonnene Vergabeverfahren" erfordert also zunächst einen **internen Beschaffungsentschluss** des öffentlichen Auftraggebers und darüber hinaus eine **externe Umsetzung jener Entscheidung**, die darin bestehen muss, dass der Auftraggeber in einer Weise, die geeignet ist, nach außen wahrgenommen zu werden, bestimmte Maßnahmen ergreift, um das leistende Unternehmen mit dem Ziel eines Vertragsschlusses zu ermitteln und auszuwählen.[132] Eine Vergabetätigkeit des öffentlichen Auftraggebers in diesem Sinn ist abzugrenzen gegen eine dem Vergaberechtsregime nicht unterliegende bloße Ausforschung oder Erkundung des Markts durch den öffentlichen Auftraggeber und einen lediglich zu diesem Zweck aufgenommenen Kontakt[133] oder gegen eine bloße Absichtsbekundung.[134]

31 Wenn hingegen der Regelfall der Auftragsvergabe in einem gesetzeskonform eingeleiteten förmlichen Vergabeverfahren zu beurteilen ist, beginnt das Vergabeverfahren dann (**förmlicher** Verfahrensbegriff), wenn die Vergabestelle nach außen erkennbar den ersten Schritt zur Durchführung desjenigen Verfahrens in die Wege leitet, welches zu einem konkreten Vertragsabschluss führen soll – bei europaweiten Vergaben ist dies zum Beispiel die Absendung der Vergabebekanntmachung an das EU-Amtsblatt.[135]

f) De-facto-Vergabe

32 In den Fällen, in denen die Ausschreibung einer Vergabe rechtswidrig unterblieben ist, war trotz der Tatsache, dass kein förmliches Vergabeverfahren stattgefunden hat (**De-facto-Vergabe**), bereits gemäß der oben dargestellten Rechtsprechung und zutreffenden Ansicht u.a. des OLG Düsseldorf (Rn. 30) ein Nachprüfungsantrag aufgrund des **materiellen Verständnisses** des Vergabeverfahrens statthaft.[136]

19.7.2012, Verg 8/12, NZBau 2012, 658, 661; BayObLG, Beschl. v. 22.1.2002, Verg 18/01, NZBau 2002, 397, 398; Thüringer OLG, Beschl. v. 22.11.2000, 6 Verg 8/00, VergabeR 2001, 52, 54.

132 OLG Düsseldorf, Beschl. v. 31.5.2017, VII-Verg 36/16, VergabeR 2017, 618, 620 ff.; Beschl. v. 2.11.2016, VII-Verg 23/16; Beschl. v. 17.12.2014, VII-Verg 26/14; Beschl. v. 17.7.2013, VII-Verg 10/13; Beschl. v. 1.8.2012, VII-Verg 10/12, VergabeR 2012, 846, 848; Beschl. v. 29.10.2008, VII-Verg 35/08 m.w.N.; OLG Naumburg, Beschl. v. 17.3.2017, 7 Verg 8/16, VergabeR 2017, 627, 635; Beschl. v. 16.12.2016, 7 Verg 6/16, VergabeR 2017, 489, 494; OLG Celle, Beschl. v. 30.10.2014, 13 Verg 8/14, VergabeR 2015, 244, 247; OLG München, Beschl. v. 19.7.2012, Verg 8/12, NZBau 2012, 658, 661; Beschl. v. 12.11.2010, Verg 21/10, VergabeR 2011, 212, 214.

133 OLG Celle, Beschl. v. 30.10.2014, 13 Verg 8/14, VergabeR 2015, 244, 247; OLG München, Beschl. v. 19.7.2012, Verg 8/12, NZBau 2012, 658, 661; OLG Schleswig, Beschl. v. 1.4.2010, 1 Verg 5/09; OLG Düsseldorf, Beschl. v. 8.5.2002, Verg 8-15/01; s.a. EuGH, Urt. v. 11.1.2005, Rs. C-26/03, Rn. 35, VergabeR 2005, 44, 49 – Stadt Halle, u. BGH, Beschl. v. 1.2.2005, X ZB 27/04, VergabeR 2005, 328, 330 sowie Rn. 33 f.

134 OLG Koblenz, Beschl. v. 15.8.2014, 1 Verg 7/14, VergabeR 2014, 829, 830.

135 OLG Naumburg, Beschl. v. 16.12.2016, 7 Verg 6/16, VergabeR 2017, 489, 494; Beschl. v. 8.10.2009, VergabeR 2010, 219, 221; OLG München, Beschl. v. 19.7.2012, Verg 8/12, NZBau 2012, 658, 660; Beschl. v. 12.11.2010, Verg 21/10, VergabeR 2011, 212, 214; OLG Koblenz, Beschl. v. 5.9.2002, 1 Verg 2/02, NZBau 2002, 699, 700 = VergabeR 2002, 617, 621.

136 OLG Düsseldorf, Beschl. v. 2.11.2016, VII-Verg 23/16; Beschl. v. 8.5.2002, Verg 8-15/01; Beschl. v. 20.6.2001, Verg 3/01, NZBau 2001, 696, 698 = VergabeR 2001, 329, 330; BayObLG, Beschl. v. 22.1.2002, Verg 18/01, NZBau 2002, 397, 398. S. a. für den Fall einer vergaberechtlich relevanten **Vertragsänderung** (nach alter Rechtslage) OLG Schleswig, Beschl. v. 28.8.2015, 1

33 In diesem Sinne entschied auch der **EuGH** in der Rs. „Stadt Halle“: Der Beschluss des öffentlichen Auftraggebers, kein Vergabeverfahren einzuleiten, stellt die erste Entscheidung dar, die gerichtlich überprüfbar ist.[137] Jede Maßnahme eines öffentlichen Auftraggebers, die im Zusammenhang mit einem öffentlichen Auftrag getroffen wird und die Rechtswirkungen entfalten kann, ist unabhängig davon, ob sie außerhalb eines förmlichen Vergabeverfahrens oder im Rahmen eines solchen Verfahrens getroffen wurde, nachprüfbar.[138] Nicht nachprüfbar sind hingegen Handlungen, die eine bloße Vorstudie des Markts darstellen oder die rein vorbereitend sind und sich im Rahmen der internen Überlegungen des öffentlichen Auftraggebers im Hinblick auf die Vergabe eines öffentlichen Auftrags abspielen.[139] Die Nachprüfungsmöglichkeit steht jedoch jedem, der ein Interesse an dem fraglichen Auftrag hat oder hatte und dem durch einen behaupteten Rechtsverstoß ein Schaden entstanden ist bzw. zu entstehen droht, von dem Zeitpunkt an zur Verfügung, zu dem der Wille des öffentlichen Auftraggebers geäußert wird, diese Willensäußerung über das vorgenannte Stadium hinausgeht und Rechtswirkungen entfalten kann.[140] Die Aufnahme konkreter Vertragsverhandlungen mit einem Interessenten stellt eine solche Willensäußerung dar,[141] ebenso die Kontaktaufnahme seitens des Auftraggebers mit dem ausgewählten Unternehmen zwecks Abschlusses des Vertrags – nicht hingegen die interne Festlegung des Beschaffungsbedarfs oder die Information des Bundestags über eine intern getroffene Beschaffungsentscheidung.[142] Die Mitgliedstaaten dürfen daher die Nachprüfungsmöglichkeit nicht davon abhängig machen, dass das Vergabeverfahren formal ein bestimmtes Stadium erreicht hat.[143]

34 Der **BGH** hat sich dieser Rechtsprechung angeschlossen und festgestellt, dass ein Nachprüfungsantrag auch dann zulässig ist, wenn mit ihm nicht die Art und Weise der Einleitung oder Durchführung eines geregelten Vergabeverfahrens gerügt, sondern gerade beanstandet wird, dass ein geregeltes Vergabeverfahren bislang nicht stattgefunden hat.[144] Unter Berücksichtigung des Grundsatzes unionskonformer Auslegung des nationalen Rechts genügt es, wenn es sich um ein Verfahren handelt, an dem (i) ein Auftraggeber i. S. d. § 98 GWB a. F. (vgl. §§ 98–101 GWB n. F.) und (ii) mindestens ein außenstehender Dritter (Unternehmen) beteiligt ist und (iii) welches eingeleitet wurde, um einen entgeltlichen Vertrag

---

Verg 1/15, VergabeR 2015, 768; Beschl. v. 4.11.2014, 1 Verg 1/14, VergabeR 2015, 228; OLG Düsseldorf, Beschl. v. 12.2.2014, VII-Verg 32/13, VergabeR 2014, 557; OLG Celle, Beschl. v. 29.10.2009 – 13 Verg 8/09, NZBau 2010, 194, 195 f. m. w. N., insbes. Bezugnahme auf EuGH, Urt. v. 19.6.2008, Rs. C-454/06, Rn. 34 ff., VergabeR 2008, 758, 763 – pressetext Nachrichtenagentur. Seit dem VergRModG 2016 sind Auftragsänderungen während der Vertragslaufzeit gesetzlich in **§ 132 GWB** normiert.

137 EuGH, Urt. v. 11.1.2005, Rs. C-26/03, Rn. 33, VergabeR 2005, 44, 49 – Stadt Halle.

138 EuGH, Urt. v. 11.1.2005, Rs. C-26/03, Rn. 34, VergabeR 2005, 44, 49 – Stadt Halle.

139 EuGH, Urt. v. 11.1.2005, Rs. C-26/03, Rn. 35, VergabeR 2005, 44, 49 – Stadt Halle. Bzgl. einer Entscheidung des öffentlichen Auftraggebers, die außerhalb des Rahmens **seiner internen Überlegungen** liegt (Zulassung des Angebots eines Bieters) s. EuGH, Urt. v. 5.4.2017, Rs. C-391/15, Rn. 29, VergabeR 2017, 595, 600 – Maria Internacional de Marbella.

140 EuGH, Urt. v. 11.1.2005, Rs. C-26/03, Rn. 39, 41, VergabeR 2005, 44, 50 – Stadt Halle; OLG Düsseldorf, Beschl. v. 31.5.2017, VII-Verg 36/16, VergabeR 2017, 618, 620.

141 EuGH, Urt. v. 11.1.2005, Rs. C-26/03, Rn. 39, VergabeR 2005, 44, 50 – Stadt Halle.

142 OLG Düsseldorf, Beschl. v. 31.5.2017, VII-Verg 36/16, VergabeR 2017, 618, 620, 621 f.

143 EuGH, Urt. v. 5.4.2017, Rs. C-391/15, Rn. 31, VergabeR 2017, 595, 600 – Maria Internacional de Marbella; Urt. v. 11.1.2005, Rs. C-26/03, Rn. 41, VergabeR 2005, 44, 50 – Stadt Halle.

144 BGH, Beschl. v. 1.2.2005, X ZB 27/04, VergabeR 2005, 328, 329.

i.S.d. § 99 GWB a.F. (vgl. §§ 102–105 GWB n.F.) abzuschließen, der (iv) nicht gem. § 100 Abs. 2 GWB a.F. (vgl. §§ 107–109, 116f., 137–140, 145, 149f. GWB n.F.) von den Regelungen des 4. Teils des GWB ausgenommen ist und (v) dessen Auftragswert den gem. § 100 Abs. 1 GWB a.F. (vgl. § 106 GWB n.F.) festgelegten Schwellenwert erreicht oder übersteigt.[145] Das Urteil des EuGH in der Rs. „Stadt Halle" zitierend schließt der BGH hingegen die Nachprüfbarkeit von bloßen Vorstudien des Markts oder rein vorbereitenden Handlungen des öffentlichen Auftraggebers aus.[146] Bei einer De-facto-Vergabe reicht es also insoweit aus, dass der Antragsteller darlegt, durch den behaupteten Verstoß gegen Vorschriften des Vergaberechts an der Abgabe eines Angebots und der Erlangung des Auftrags gehindert gewesen zu sein.[147] Da der Auftraggeber seinerseits jegliche Förmlichkeiten eines Vergabeverfahrens unterlassen hat, können **keine hohen formalen Anforderungen** an das **Interessemoment** des Abs. 2 Satz 1 gestellt werden.[148]

35 Im Rahmen des **VergModG 2009** wurde erstmalig gesetzlich in § 101b Abs. 1 Nr. 2 GWB a.F. (vgl. § 135 Abs. 1 Nr. 2 GWB n.F.) geregelt, dass eine De-facto-Vergabe im Rahmen eines Nachprüfungsverfahrens angegriffen werden kann. Gemäß dem damals ebenfalls neu eingeführten Ausschluss der Rügepräklusion in Abs. 3 Satz 2 besteht hierbei keine vorherige Rügeobliegenheit für den Antragsteller.[149] Die Antragsbefugnis des Abs. 2 gilt auch für Feststellungsverfahren nach § 135 GWB.[150]

3. Verletzung in eigenen Rechten

36 Erforderlich ist gem. **Abs. 2 Satz 1** außerdem, dass der Antragsteller eine Verletzung eigener Rechte aus § 97 Abs. 6 GWB (vgl. dazu § 97 Rn. 182ff.) geltend macht. Der Zusatz „durch Nichtbeachtung von Vergabevorschriften" hat keine eigenständige Bedeutung. Eine Verletzung von eigenen Rechten durch Nichtbeachtung von Vergabevorschriften ist allerdings ausgeschlossen, wenn behauptet wird, die Anwendung der Bestimmungen über das Vergabeverfahren sei unzulässig; eine Überprüfung des Vergabeverfahrens unter dem Gesichtspunkt, die Bestimmungen über das Vergabeverfahren seien überhaupt nicht anwendbar gewesen, ist im Nachprüfungsverfahren nicht vorgesehen.[151] Auch nicht europäischen Unternehmen steht ein subjektives Recht auf Einhaltung der Bestimmungen des Vergabeverfahrens nach § 97 Abs. 6 GWB zu.[152]

---

145 Vgl. BGH, Beschl. v. 1.2.2005, X ZB 27/04, VergabeR 2005, 328, 330.

146 Vgl. BGH, Beschl. v. 1.2.2005, X ZB 27/04, VergabeR 2005, 328, 330.

147 OLG Naumburg, Beschl. v. 17.3.2017, 7 Verg 8/16, VergabeR 2017, 627, 636; OLG Celle, Beschl. v. 30.10.2014, 13 Verg 8/14, VergabeR 2015, 244, 246f. m.w.N.; OLG Karlsruhe, Beschl. v. 15.11.2013, 15 Verg 5/13, NZBau 2014, 378, 379 m.w.N.

148 OLG Düsseldorf, Beschl. v. 20.6.2001, Verg 3/01, NZBau 2001, 696, 702 = VergabeR 2001, 329.

149 Dies galt bereits vor dem VergModG 2009, vgl. nur OLG Brandenburg, Beschl. v. 22.4.2010, Verg W 5/10; OLG Celle, Beschl. v. 29.10.2009, 13 Verg 8/09, NZBau 2010, 194, 199; OLG Düsseldorf, Beschl. v. 6.2.2008, VII-Verg 37/07, VergabeR 208, 229, 238 m.w.N.; s.a. OLG Düsseldorf, Beschl. v. 2.11.2016, VII-Verg 23/16; OLG Hamburg, Beschl. v. 14.12.2010, 1 Verg 5/10, VergabeR 2011, 614, 617, 621.

150 OLG Brandenburg, Beschl. v. 14.9.2010, Verg W 8/10.

151 BayObLG, Beschl. v. 12.12.2001, Verg 19/01.

152 Ausführlich OLG Düsseldorf, Beschl. v. 31.5.2017, VII-Verg 36/16, VergabeR 2017, 618, 620f.: „Eine Einschränkung dahin gehend, dass sich allein die Unternehmen auf eine Einhaltung der Bestimmungen des Vergabeverfahrens berufen und Schutz vor Willkür des öffentlichen Auftraggebers mit der Möglichkeit der Nachprüfung vor nationalen Gerichten beanspruchen können, die

a) Sonstige Ansprüche

Problematisch ist, dass nach dem Wortlaut der Norm die Antragsbefugnis nur dann besteht, wenn eine „Verletzung in seinen Rechten nach **§ 97 Absatz 6“ GWB** geltend gemacht wird, während auf die in § 156 Abs. 2 GWB genannten **sonstigen Ansprüche**, die auf die Vornahme oder das Unterlassen einer Handlung in einem Vergabeverfahren gerichtet sind, kein Bezug genommen wird.[153] Es besteht also ein redaktioneller **Widerspruch** zwischen dem Gesetzeswortlaut in Abs. 2 Satz 1 und demjenigen in § 156 Abs. 2 GWB. Daraus folgt die Frage, ob der Versuch des Gesetzgebers, einen ausschließlichen Vergaberechtsweg zu schaffen,[154] an der insoweit fehlenden Antragsbefugnis gem. Abs. 2 Satz 1 scheitert. Diese Frage wird inbesondere bedeutsam, wenn ein Nachprüfungsantrag auf andere Rechtsgrundlagen als § 97 Abs. 6 GWB gestützt wird (z. B. BGB, UWG, GG) (s. hierzu ausführlich Rn. 41 und § 156 Rn. 6 ff.). 37

b) Darlegung

Die behauptete Beschwer darf zwar einerseits nicht in einer bloßen Formalbehauptung bestehen. Andererseits dürfen die Anforderungen oder die Darlegungslast aber auch **nicht überspannt** werden. Ausreichend ist, dass nach dem Vortrag des Antragstellers eine Verletzung seiner Rechte möglich erscheint. Eine über die **Schlüssigkeit** hinausgehende Darlegung ist nicht erforderlich.[155] Der Begriff der „Schlüssigkeit“ ist allerdings nicht im Sinne der zivilprozessualen Relationstechnik dahin zu verstehen, dass vorausgesetzt wäre, dass – die Richtigkeit des Tatsachenvortrags des Antragstellers unterstellt – die begehrte Rechtsfolge abschließend feststehen müsste; vielmehr muss der Tatsachenvortrag nur „**geeignet** sein“, seine Richtigkeit unterstellt, einen Vergabeverstoß darzutun.[156] Aus Gründen des effektiven Rechtsschutzes fehlt die Antragsbefugnis nur einem Unternehmen, bei dem offensichtlich eine Rechtsbeeinträchtigung nicht vorliegt.[157] Das tatsächliche Vorliegen einer Rechtsverletzung ist vielmehr eine Frage der Begründetheit. 38

---

ihren Sitz in Europa haben, ergibt sich weder aus den vergaberechtlichen Vorschriften selbst noch aus dem Beschaffungsabkommen „Agreement on Government Procurement“ (GPA). Auf eine Mitgliedschaft in der Welthandelsorganisation (WTO) samt dem Status als Unterzeichner des GPA kommt es nicht an. Das Europäische Vergaberecht kennt (bisher) keine geographischen Einschränkungen für die Beteiligung an Vergabeverfahren. Der Zugang zu Vergabeverfahren für Unternehmen aus Drittstaaten wird als gegeben angesehen.“

153 S. a. die Formulierung in § 168 Abs. 1 GWB: „in seinen Rechten“.

154 *Byok*, WRP 1999, 402, 403; s. a. *Otting*, in: Bechtold, GWB, § 104 Rn. 4.

155 BGH, Beschl. v. 31.1.2017, X ZB 10/16, Rn. 12, 17 f., NZBau 2017, 230, 231; Beschl. v. 26.9.2006, X ZB 14/06, VergabeR 2007, 59, 62; Beschl. v. 1.2.2005, X ZB 27/04, VergabeR 2005, 328, 330; Beschl. v. 18.5.2004, X ZB 7/04, VergabeR 2004, 473, 475; OLG Düsseldorf, Beschl. v. 17.2.2016, VII-Verg 37/14; OLG Karlsruhe, Beschl. v. 16.6.2010, 15 Verg 4/10 m. w. N.; s. a. BVerfG, Beschl. v. 29.7.2004, 2 BvR 2248/03, VergabeR 2004, 597, 599 zur Darlegung des Schadens i. S. d. Abs. 2 Satz 2.

156 OLG Celle, Beschl. v. 10.3.2016, 13 Verg 5/15, NZBau 2016, 386, 387.

157 BGH, Beschl. v. 10.11.2009, X ZB 8/09, VergabeR 2010, 210, 213 = NZBau 2010, 124, 126; Beschl. v. 26.9.2006, X ZB 14/06, VergabeR 2007, 59, 62 = NZBau 2006, 800, 801; Beschl. v. 1.2.2005, X ZB 27/04, VergabeR 2005, 328, 331; BVerfG, Beschl. v. 29.7.2004, 2 BvR 2248/03, VergabeR 2004, 597, 599 f. = NZBau 2004, 564, 566; OLG Düsseldorf, Beschl. v. 12.7.2017, VII-Verg 13/17, NZBau 2017, 679, 680; Beschl. v. 17.2.2016, VII-Verg 37/14; OLG Frankfurt a. M., Beschl. v. 12.7.2016, 11 Verg 9/15; OLG Celle, Beschl. v. 10.3.2016, 13 Verg 5/15, NZBau 2016, 386, 387 m. w. N.; s. a. Rn. 46 ff., 50.

c) Eigenes Interesse

39 Das Merkmal der Verletzung in eigenen Rechten ist weit auszulegen.[158] Auch § 42 Abs. 2 VwGO verwendet das Erfordernis eigener Betroffenheit. Es soll **Popularklagen** verhindern.[159] Die im Vergabewesen immer wieder diskutierte und nach altem Recht teilweise praktizierte[160] Verbandsklage ist damit zwar ausgeschlossen. Verbände und Interessenvertretungen der Wirtschaft haben danach keine Antragsbefugnis.[161] Andererseits spricht die gesetzliche Formulierung nicht dagegen, dass der Kreis derjenigen, denen eigene Rechte aus § 97 Abs. 6 GWB zustehen, jedenfalls auch auf **Vorlieferanten** und **Subunternehmer** auszudehnen ist.[162] § 97 Abs. 6 GWB bezieht sich nämlich auf die „Unternehmen", wozu nicht nur die „Teilnehmer an einem Vergabeverfahren" (§ 97 Abs. 2 GWB), sondern auch Dritte gehören können. Für dieses Verständnis sprechen auch die RML und RMLS,[163] nach denen das Nachprüfungsverfahren jedermann (unter weiteren Voraussetzungen) zur Verfügung steht. In der Literatur wird die Antragsbefugnis von Vorlieferanten bzw. Zulieferern oder Sub-/Nachunternehmern teilweise bejaht.[164] In der Rechtsprechung[165] wird freilich die Auffassung vertreten, dass Vorlieferanten und Subunternehmer ebenso wie z. B. Planer/Projektentwickler, Berater und potenzielle Mieter keine eigenen Rechte an einer Einhaltung der Vergabevorschriften besitzen, lediglich ein mittelbares Auftragsinteresse haben und daher **nicht antragsbefugt** sind. Allenfalls komme in Betracht, dass – ähnlich wie bei der Bietergemeinschaft ein Mitglied (Rn. 14) – der Subunternehmer in Prozessstandschaft für den Bieter auftrete.[166]

---

158 Vgl. OLG Brandenburg, Beschl. v. 3.8.1999, 6 Verg 1/99, BB 1999, 1940 = WuW/E Verg 231.

159 *Redeker/von Oertzen*, VwGO, § 42 Rn. 44.

160 VÜA Rheinland-Pfalz, Beschl. v. 30.3.1999, VÜ 6/98; dagegen VÜA Nordrhein-Westfalen, Beschl. v. 4.11.1998, 132-84-47-3/98.

161 VK Hessen, Beschl. v. 26.4.2006, 69d-VK-15/2006; VK Magdeburg, Beschl. v. 16.8.1999, Verg 7/99.

162 Zur Stellung von Zulieferern oder Subunternehmern nach alter Rechtslage vgl. VÜA Bayern, Beschl. v. 18.7.1997, VÜA 6/97, WuW/E Verg 101.

163 Vgl. Art. 1 Abs. 3 RML u. RMLS (ebenso bereits Art. 1 Abs. 3 ÜWR u. SÜWR).

164 *Dreher*, in: Immenga/Mestmäcker, GWB, § 107 Rn. 18 m. w. N.; *Marx*, in: Motzke/Pietzcker/Prieß, VOB, §§ 107, 108 GWB Rn. 23; *Portz*, in: Niebuhr/Kulartz/Kus/Portz, Vergaberecht, § 107 Rn. 16; a. A. *Summa*, in: jurisPK-Vergaberecht, § 160 GWB Rn. 59 f.; *Gabriel/Mertens*, in: BeckOK Vergaberecht, § 160 Rn. 184; *Hofmann*, in: Müller-Wrede, GWB, § 160 Rn. 17; *Möllenkamp*, in: Kulartz/Kus/Portz/Prieß, GWB, § 160 Rn. 48; *Kirch*, in: Hattig/Maibaum, PK Kartellvergaberecht, § 107 GWB Rn. 28; *Reidt*, in: Reidt/Stickler/Glahs, Vergaberecht, § 160 Rn. 24 m. w. N.; *Otting*, in: Bechtold, GWB, § 107 Rn. 4; *Boesen*, GWB, § 107 Rn. 40; *Zdzieblo*, in: Daub/Eberstein, VOL/A, § 10 Rn. 29.

165 BVerfG, Beschl. v. 23.4.2009, 1 BvR 3424/08, VergabeR 2009, 777, 779 m. w. N.; OLG Düsseldorf, Beschl. v. 5.11.2014, VII-Verg 20/14, VergabeR 2015, 473, 474 f. m. w. N.; Beschl. v. 18.6.2008, VII-Verg 23/08, ZfBR 2009, 197, 198; Beschl. v. 14.5.2008, VII-Verg 27/08, VergabeR 2008, 661, 663; Beschl. v. 6.9.2006, VII-Verg 40/06; Beschl. v. 26.6.2002, Verg 32/02; Beschl. v. 13.11.2000, Verg 25/00; OLG Rostock, Vorlagebeschl. v. 5.2.2003, 17 Verg 14/02, NZBau 2003, 457; Beschl. v. 22.2.2000, 17 W 1/00, NZBau 2000, 447, 448; VK Bund, Beschl. v. 12.6.2002, VK 2-32/02, ZfBR 2002, 734.

166 OLG Düsseldorf, Beschl. v. 18.6.2008, Verg 23/08, ZfBR 2009, 197, 198.

d) Bestimmungen über das Vergabeverfahren

Erforderlich ist in sachlicher Hinsicht ferner, dass das Merkmal des § 97 Abs. 6 GWB erfüllt ist. Die in § 97 Abs. 6 GWB verankerten **subjektiven Bieterrechte** sind weit auszulegen.[167] Es stellt daher eher die Ausnahme dar, dass die Einhaltung von Bestimmungen über das Vergabeverfahren nicht beansprucht werden kann.[168] Hingegen kann die angebliche Missachtung von Normen, die lediglich Ordnungsfunktion haben oder lediglich den Interessen der Allgemeinheit dienen, nicht zu einer Überprüfung des Vergabeverfahrens führen.[169] Bestimmungen über das Vergabeverfahren (vgl. auch § 97 Rn. 195 ff.) sind die vergaberechtlichen Grundsätze gem. **§§ 97 ff. GWB**, insbesondere die das Vergabeverfahren betreffenden Gebote des **Wettbewerbs**, der **Transparenz** und **Dokumentationspflicht**, der **Gleichbehandlung** (§ 97 Abs. 1 und 2 GWB),[170] sowie bestimmte **ungeschriebene Vergaberegeln** (wie das Gebot der Fairness in Vergabeverfahren).[171] Auch die Vorschriften der Vergabeverordnung (**VgV**),[172] Sektorenverordnung (**SektVO**), Konzessionsvergabeverordnung (**KonzVgV**) sowie der Vergabeverordnung Verteidigung und Sicherheit (**VSVgV**) enthalten bieterschützende Bestimmungen über das Vergabeverfahren. Solche finden sich ferner in der Vergabe- und Vertragsordnung für Bauleistungen Teil A (**VOB/A**)[173] Abschnitt 2 (VOB/A-EU),[174] die durch Verweisung in der VgV (vgl. § 2 VgV) und deren Ermächtigungsgrundlage in § 113 GWB Rechtssatzqualität erlangt haben.[175] Zudem sind die Regelungen in den **Landesvergabegesetzen**,[176] den **Mittelstandsförderungsgesetzen** und den **Erlassen** der Ministerien[177] zu berücksichtigen. 40

Das **Verbot wettbewerbsbeschränkender Vereinbarungen** (§ 1 GWB) wird hingegen nicht als Bestimmung über das Vergabeverfahren angesehen.[178] Hierbei handelt es sich nach Ansicht des OLG Düsseldorf vielmehr um eine selbstständige Verbotsnorm mate- 41

---

167 *Byok*, NJW 1998, 2774, 2777; *Noch*, ZfBR 1997, 221, 222.

168 OLG Düsseldorf, Beschl. v. 15.6.2000, Verg 6/00, NZBau 2000, 440, 442.

169 OLG Karlsruhe, Beschl. v. 22.7.2011, 15 Verg 8/11.

170 OLG Düsseldorf, Beschl. v. 22.5.2002, Verg 6/02, NZBau 2002, 583, 584 = VergabeR 2002, 668, 669 f.

171 OLG Düsseldorf, Beschl. v. 22.5.2002, Verg 6/02, NZBau 2002, 583, 584 = VergabeR 2002, 668, 669 f.; VK Münster, Beschl. v. 8.6.2012, VK 6/12, NZBau 2012, 521, 525.

172 Bspw. § 60 Abs. 1 u. 2 VgV, s. BGH, Beschl. v. 31.1.2017, X ZB 10/16, Rn. 20, NZBau 2017, 230, 231. S. a. Rn. 44 f.

173 Die **VOL/A** Abschnitt 2 (VOL/A-EG) sowie die **VOF** sind seit dem 18.4.2016 entfallen.

174 Bspw. § 16d EU Abs. 1 VOB/A, s. BGH, Beschl. v. 31.1.2017, X ZB 10/16, Rn. 20, NZBau 2017, 230, 231 (s. a. Rn. 44 f.). Antragsbefugnis hingegen bzgl. § 5 EU Abs. 1 VOB/A verneint: KG, Beschl. v. 7.8.2015, Verg 1/15, VergabeR 2016, 111, 114.

175 Vgl. OLG Düsseldorf, Beschl. v. 22.5.2002, Verg 6/02, NZBau 2002, 583, 584 = VergabeR 2002, 668, 669 f.; VK Münster, Beschl. v. 8.6.2012, VK 6/12, NZBau 2012, 521, 525.

176 Bspw. das am 30.3.2018 in Kraft getretene Tariftreue- und Vergabegesetz Nordrhein-Westfalen – **TVgG NRW** v. 22.3.2018 (GV. NRW. 2018, Nr. 8 v. 29.3.2018, S. 172).

177 Z. B. in NRW Runderlass zur Verhütung und Bekämpfung von **Korruption** in der öffentlichen Verwaltung v. 20.8.2014 (MBl. NRW. Ausgabe 2014 Nr. 25 v. 5.9.2014, S. 486) sowie Runderlass zur Berücksichtigung von **Werkstätten für behinderte Menschen** und von **Inklusionsbetrieben** bei der Vergabe öffentlicher Aufträge v. 29.12.2017 (MBl. NRW. Ausgabe 2018 Nr. 2 v. 16.1.2018).

178 Vgl. VK Bund, Beschl. v. 27.7.2016, VK 2-63/16; Beschl. v. 1.2.2011, VK 3-135/10; Beschl. v. 16.3.2009, VK 3-37/09; LSG Nordrhein-Westfalen, Beschl. v. 8.10.2009, L 21 KR 36/09 SFB; Beschl. v. 30.1.2009, L 21 KR 1/08 SFB.

riell-rechtlichen Inhalts, nicht aber um eine Bestimmung, die in irgendeiner Weise ein Verfahren, seine nähere Ausgestaltung oder die Rechtsstellung der am Verfahren Beteiligten regelt.[179] Seine frühere Rechtsprechung, wonach deren Verletzung in einem Abwehrprozess vor den Kartellgerichten zu rügen und ggf. festzustellen sei, weil die nicht fachgerichtlich ausgebildeten Vergabekammern mit einer dahingehenden rechtlichen Überprüfung überfordert wären,[180] hat das OLG Düsseldorf nunmehr dahingehend geändert, dass behauptete Verstöße gegen Kartellrecht in Vergabe- und Nachprüfungsverfahren grds. zu überprüfen sind, und zwar im Wege einer **Inzidentprüfung** innerhalb einer **vergaberechtlichen Anknüpfungsnorm**[181] (s. ausführlich § 156 Rn. 6ff.). Diese Änderung ist zu begrüßen, weil **andere außervergaberechtliche Normen** durchaus von den Nachprüfungsinstanzen im Vergaberechtsweg kontrolliert werden[182] – sie geht jedoch in Anbetracht dessen, dass eine vergaberechtliche Anknüpfungsnorm vorausgesetzt wird, nicht weit genug: Der klare Wortlaut des § 156 Abs. 2 GWB und der entsprechende gesetzgeberische Wille sprechen vielmehr für eine erweiternde Auslegung des Abs. 2 (s. hierzu § 156 Rn. 9).

42 Auch der Vorwurf, Wettbewerber hätten in der Vergangenheit nicht notifizierte und damit formell unionsrechtswidrige **Beihilfen** erhalten, betrifft nach Ansicht der Rechtsprechung keine Bestimmungen über das Vergabeverfahren, sondern vom Vergabeverfahren losge-

---

179 OLG Düsseldorf, Beschl. v. 22.5.2002, Verg 6/02, NZBau 2002, 583, 584 = VergabeR 2002, 668, 670.

180 OLG Düsseldorf, Beschl. v. 22.5.2002, Verg 6/02, NZBau 2002, 583, 584 = VergabeR 2002, 668, 670.

181 Vgl. OLG Düsseldorf, Beschl. v. 29.7.2015, VII-Verg 6/15 m. w. N.; in diese Richtung deutend bereits im Beschl. v. 27.6.2012, VII-Verg 7/12: „Im Ergebnis könnte freilich einiges dafür sprechen, kartellrechtliche Verstöße des Auftraggebers, die ohne zeitaufwändige Untersuchung einwandfrei festzustellen sind, in einem Vergabenachprüfungsverfahren zu berücksichtigen." So auch OLG Saarbrücken, Beschl. v. 27.6.2016, 1 Verg 2/16.

182 *Byok*, NJW 2010, 817, 821.
So z. B. bzgl. **§ 107 GO NW** s. OLG Düsseldorf, Beschl. v. 13.8.2008, VII-Verg 42/07 m. w. N. u. VK Münster, Beschl. v. 9.10.2009, VK 19/09 sowie bzgl. der Parallelvorschrift **§ 136 Abs. 1 Satz 2 Nr. 3 NKomVG** s. VK Bund, Beschl. v. 23.3.2015, VK 1-14/15 m. w. N.
Bzgl. einer **Patentrechtsverletzung** s. OLG Düsseldorf, Beschl. v. 1.12.2015, VII-Verg 20/15 m. w. N.; Beschl. v. 21.2.2005, Verg 91/04.
Bzgl. **entsorgungsrechtlicher Vorschriften und Grundsätze** streitig: BGH, Beschl. v. 18.6.2012, X ZB 9/11, VergabeR 2012, 839, 841, u. OLG Düsseldorf, Beschl. v. 1.8.2012, VII-Verg 105/11, VergabeR 2013, 71, 73, zählen diese nicht unmittelbar zu Bestimmungen über das Vergabeverfahren, prüfen sie jedoch inzident im Rahmen vergaberechtlicher Anknüpfungs- oder Brückennormen im Sinne vorgelagerter Rechtsfragen; a. A. ausführlich OLG Karlsruhe, Beschl. v. 1.4.2011, 15 Verg 1/11: Bestimmungen aus dem Bereich der Abfallwirtschaft seien nicht als Regelungen i. S. d. §§ 97 Abs. 6, 160 Abs. 2 GWB (vgl. §§ 97 Abs. 7, 107 Abs. 2 GWB a. F.) anzusehen, daher läge mangels Rechtsverletzung keine Antragsbefugnis vor.
Lt. VK Münster, Beschl. v. 8.6.2012, VK 6/12, NZBau 2012, 521, 525 f. können grds. auch Verstöße gegen das **EnWG**, **§ 3 KAV** und **§§ 19 und 20 GWB** vor einer Vergabekammer zur Überprüfung gestellt werden; s. a. VK Münster, Beschl. v. 27.10.2015, VK 1-28/15.
Im Bereich von **Verkehrsleistungen** sind lt. OLG Rostock (Beschl. v 4.7.2012, 17 Verg 3/12) Art. 5 Abs. 2 lit. e) u. Art. 4 Abs. 7 Satz 1 **VO (EG) Nr. 1370/2007** v. 23.10.2007 als vergaberechtliche, die Antragsbefugnis begründende Vorschriften anzusehen, Art. 7 Abs. 2 VO (EG) Nr. 1370/2007 sowie § 8 Abs. 4 Satz 1 **PBefG** hingegen nicht.
Datenschutzrechtliche Normen gehören hingegen nicht zu den Bestimmungen des Vergabeverfahrens i. S. d. § 97 Abs. 6 GWB, s. OLG München, Beschl. v. 13.3.2017, Verg 15/16, VergabeR 2017, 469, 476.

löste, formell und materiell-rechtlich selbstständige Fragen; für sie sei daher eine Antragsbefugnis nicht gegeben.[183] Dies ist pragmatisch, will aber mit Rücksicht auf den vergaberechtlichen Wettbewerbsgrundsatz (§ 97 Abs. 1 GWB, s. a. § 2 EU Abs. 1 Satz 1 VOB/A) sicher nicht einleuchten und ist dogmatisch falsch. Die Beihilfenkontrolle nimmt über § 60 Abs. 4 VgV, § 16d EU Abs. 1 Nr. 3 VOB/A, § 54 Abs. 4 SektVO, § 33 Abs. 3 VSVgV[184] Einfluss in die Vergabenachprüfung.

e) Unterkostenangebote

Bislang war umstritten, ob Unterkostenangebote (auch Unterangebote, Niedrigpreisangebote oder Angebote unter Einstandspreis genannt; vgl. § 16d EU Abs. 1 Nr. 1 VOB/A, § 60 Abs. 3 VgV, § 54 Abs. 3 SektVO, § 33 Abs. 1 Satz 2 VSVgV[185]) eine Verletzung in eigenen Bieterrechten begründen können. Nach bisher überwiegender Meinung in der Rechtsprechung[186] kam den vorgenannten Vergabevorschriften **grundsätzlich keine bieterschützende Wirkung** im Sinne von § 97 Abs. 6 GWB dergestalt zu, dass sich ein Mitbieter im Nachprüfungsverfahren auf deren Verletzung berufen könnte.[187] Vielmehr dienten die Re- 43

183 OLG Düsseldorf, Beschl. v. 26.7.2002, Verg 22/02, NZBau 2002, 634, 637.

184 Vgl. § 19 EG Abs. 7 VOL/A a.F., § 16 EG Abs. 6 Nr. 8 VOB/A a.F., § 27 Abs. 3 SektVO a.F., § 33 Abs. 3 VSVgV a.F.

185 Vgl. § 16 EG Abs. 6 Nr. 1 VOB/A a.F., § 19 EG Abs. 6 Satz 2 VOL/A a.F.; § 27 Abs. 2 SektVO a.F.; § 33 Abs. 1 Satz 2 VSVgV a.F. Vgl. a. § 25 Nr. 3 Abs. 1 VOB/A a.F., § 25 Nr. 2 Abs. 3 VOL/A a.F.

186 OLG Koblenz, Beschl. v. 18.9.2013, 1 Verg 6/13, VergabeR 2014, 77, 79; Beschl. v. 15.10.2009, 1 Verg 9/09, VergabeR 2010, 696, 697; Beschl. v. 26.10.2005, 1 Verg 4/05, VergabeR 2006, 392, 401 f.; OLG Düsseldorf, Beschl. v. 31.10.2012, VII-Verg 17/12, VergabeR 2013, 243, 248 (offenlassend, ob seine st. Rspr. im Hinblick auf das Urteil des EuGH v. 29.3.2012 (Rs. C-599/10, VergabeR 2012, 584 ff.) aufgegeben werden muss); Beschl. v. 29.9.2008, VII-Verg 50/08; Beschl. v. 22.8.2007, VII-Verg 27/07; Beschl. v. 28.9.2006, VII-Verg 49/06; Beschl. v. 17.6.2002, Verg 18/02, VergabeR 2002, 471, 475; Beschl. v. 19.12.2000, Verg 28/00, VergabeR 2001, 128 f. = WuW/E Verg 427 f. (s. aber Beschl. v. 28.9.2016, VII-Verg 9/16, Rn. 27, u. Beschl. v. 8.6.2016, Verg 57/15, ZfBR 2017, 88); OLG Naumburg, Beschl. v. 2.4.2009, 1 Verg 10/08; VK Bund, Beschl. v. 23.11.2009, VK 3-199/09; Beschl. v. 16.9.2008, VK 2-97/08; Beschl. v. 16.6.2008, VK 3-65/08; VK Münster, Beschl. v. 27.10.2015, VK 1-28/15; VK Schleswig-Holstein, Beschl. v. 13.7.2015, VK-SH 6/15, ZfBR 2016, 395, 397.

187 **A.A.**, d.h. **grundsätzlich bieterschützend**: OLG Celle, Beschl. v. 18.12.2003, 13 Verg 22/03, VergabeR 2004, 397, 405 u. Beschl. v. 30.4.1999, 13 Verg 1/99, NZBau 2000, 105 sowie OLG Saarbrücken, Beschl. v. 29.10.2003, 1 Verg 2/03, NZBau 2004, 117, 118; **zweifelnd**: OLG Rostock, Beschl. v. 10.5.2000, 17 W 3/00, NZBau 2001, 286, 288; **offenlassend**: OLG Düsseldorf, Beschl. v. 28.9.2016, VII-Verg 9/16, Rn. 27; Beschl. v. 8.6.2016, Verg 57/15, ZfBR 2017, 88; **offengelassen**, aber Drittschutz bei wettbewerbsbeschränkendem oder unlauterem Bieterverhalten bejahend: OLG München, Beschl. v. 21.5.2010, VergabeR 2010, 993, 1008; Beschl. v. 11.5.2007, Verg 04/07, VergabeR 2007, 536, 538 f. (mit kritischer Bewertung der beiden Kriterien des OLG Düsseldorf, aber pro bieterschützender Funktion); bereits offengelassen von BayObLG, Beschl. v. 3.7.2002, Verg 13/02, NZBau 2003, 105, 107 unter ausdrücklicher Aufgabe seiner bisherigen, den Drittschutz ablehnenden Rspr. (Beschl. v. 12.9.2000, Verg 4/00, VergabeR 2001, 65, 69); ferner offengelassen von OLG Dresden, Beschl. v. 7.5.2010, WVerg 06/10, VergabeR 2010, 666, 668 unter Bezugnahme auf die zwei Kriterien des OLG Düsseldorf; ebenfalls offengelassen, mit ausführlicher Darstellung des Streitstandes, von OLG Jena, Beschl. v. 5.6.2009, 9 Verg 5/09, VergabeR 2009, 809, 811 unter ausdrücklicher Aufgabe seiner bisherigen Rspr. (Beschl. v. 22.12.1999, 6 Verg 3/99, NZBau 2000, 349, 352), wonach § 25 Nr. 2 Abs. 3 VOL/A a.F. stets drittschützend sei; auch offengelassen von OLG Bremen, Beschl. v. 24.5.2006, Verg 1/06.

gelungen in erster Linie dem Schutz des Auftraggebers vor einer qualitativ schlechten Leistung aufgrund von wirtschaftlichen Schwierigkeiten des Auftragnehmers oder vor finanziellen Nachforderungen aus den gleichen Gründen.[188] Nach einer vermittelnden Ansicht konnte eine Verletzung in eigenen Rechten **ausnahmsweise** dann vorliegen, wenn solche Angebote in gezielter Marktverdrängungsabsicht abgegeben wurden oder zumindest die Gefahr begründeten, dass ein oder mehrere bestimmte Mitbewerber vom **Markt** ganz – nicht nur bei der einzelnen Auftragsvergabe – **verdrängt** werden.[189] Ein weiterer Fall, in dem ausnahmsweise eine bieterschützende Wirkung der vorgenannten Vorschriften zu bejahen war, lag bei Unterkostenangeboten vor, bei deren Ausführung der Bieter voraussichtlich in solch große wirtschaftliche Schwierigkeiten geriet, dass er die **Auftragsdurchführung abbrechen** musste und andere Bieter – z. B. infolge anderweitiger Dispositionen – nicht mehr in der Lage waren, den Auftrag weiter auszuführen.[190] Allerdings war dieser von der vermittelnden Ansicht aufgestellte Prüfungsmaßstab insbesondere wegen Darlegungs- und Beweisproblemen **wenig praxistauglich**.

44 Der **BGH** hat nun dieser vorherrschenden Rechtsprechung zu Recht eine Absage erteilt und entschieden, dass sich **grundsätzlich auch** die **anderen Teilnehmer** am Vergabever-

---

188 OLG Karlsruhe, Beschl. v. 6.8.2014, 15 Verg 7/14, VergabeR 2014, 822, 823, 826; Beschl. v. 22.7.2011, 15 Verg 8/11; OLG Brandenburg, Beschl. v. 14.1.2013, Verg 12/12, VergabeR 2013, 937, 940; Beschl. v. 16.2.2012, Verg W 1/12, VergabeR 2012, 866, 875; OLG Düsseldorf, Beschl. v. 2.11.2011, VII-Verg 22/11; Beschl. v. 29.9.2008, VII-Verg 50/08; Beschl. v. 22.8.2007, VII-Verg 27/07; Beschl. v. 28.9.2006, VII-Verg 49/06; Beschl. v. 17.6.2002, Verg 18/02, VergabeR 2002, 471, 475; Beschl. v. 19.12.2000, Verg 28/00, VergabeR 2001, 128 = WuW/E Verg 427 f.; OLG Koblenz, Beschl. v. 26.10.2005, 1 Verg 4/05, VergabeR 2006, 392, 401; OLG Naumburg, Beschl. v. 22.11.2004, 1 U 56/04; BayObLG, Beschl. v. 2.8.2004, Verg 16/04, VergabeR 2004, 743, 745; VK Bund, Beschl. v. 23.11.2009, VK 3-199/09; Beschl. v. 16.9.2008, VK 2-97/08; in diesem Punkt zustimmend: OLG Jena, Beschl. v. 5.6.2009, 9 Verg 5/09, VergabeR 2009, 809, 811; OLG Celle, Beschl. v. 18.12.2003, 13 Verg 22/03, VergabeR 2004, 397, 405; BayObLG, Beschl. v. 12.9.2000, Verg 4/00, VergabeR 2001, 65, 69 m. w. N.; OLG Rostock, Beschl. v. 10.5.2000, 17 W 3/00, NZBau 2001, 286, 288.

189 OLG Brandenburg, Beschl. v. 14.1.2013, Verg 12/12, VergabeR 2013, 937, 940; Beschl. v. 16.2.2012, Verg W 1/12, VergabeR 2012, 866, 875; OLG Düsseldorf, Beschl. v. 31.10.2012, VII-Verg 17/12, VergabeR 2013, 243, 248; Beschl. v. 2.11.2011, VII-Verg 22/11; Beschl. v. 9.5.2011, VII-Verg 45/11, VergabeR 2011, 884, 885; Beschl. v. 29.9.2008, VII-Verg 50/08; Beschl. v. 22.8.2007, VII-Verg 27/07; Beschl. v. 28.9.2006, VII-Verg 49/06; Beschl. v. 17.6.2002, Verg 18/02, VergabeR 2002, 471, 475; Beschl. v. 19.12.2000, Verg 28/00, VergabeR 2001, 128 = WuW/E Verg 427 f.; OLG Koblenz, Beschl. v. 15.10.2009, 1 Verg 9/09, VergabeR 2010, 696, 697; Beschl. v. 26.10.2005, 1 Verg 4/05, VergabeR 2006, 392, 401 f.; VK Schleswig-Holstein, Beschl. v. 13.7.2015, VK-SH 6/15, ZfBR 2016, 395, 397; vgl. auch OLG Karlsruhe, Beschl. v. 22.7.2011, 15 Verg 8/11 (in diesem Sinne, aber dann i. E. offenlassend); VK Bund, Beschl. v. 23.11.2009, VK 3-199/09; Beschl. v. 16.9.2008, VK 2-97/08; Beschl. v. 16.6.2008, VK 3-65/08.

190 OLG Brandenburg, Beschl. v. 14.1.2013, Verg 12/12, VergabeR 2013, 937, 940; Beschl. v. 16.2.2012, Verg W 1/12, VergabeR 2012, 866, 875; OLG Düsseldorf, Beschl. v. 31.10.2012, VII-Verg 17/12, VergabeR 2013, 243, 248; Beschl. v. 9.5.2011, VII-Verg 45/11, VergabeR 2011, 884, 885; Beschl. v. 29.9.2008, VII-Verg 50/08; Beschl. v. 22.8.2007, VII-Verg 27/07; Beschl. v. 28.9.2006, VII-Verg 49/06; Beschl. v. 17.6.2002, Verg 18/02, VergabeR 2002, 471, 475; Beschl. v. 19.12.2000, Verg 28/00, VergabeR 2001, 128 f. = WuW/E Verg 427 f.; OLG Koblenz, Beschl. v. 15.10.2009, 1 Verg 9/09, VergabeR 2010, 696, 697 f.; Beschl. v. 26.10.2005 – 1 Verg 4/05, VergabeR 2006, 392, 401 f.; vgl. auch VK Bund, Beschl. v. 16.9.2008, VK 2-97/08; Beschl. v. 16.6.2008, VK 3-65/08. **A. A.** VK Schleswig-Holstein, Beschl. v. 13.7.2015, VK-SH 6/15, ZfBR 2016, 395, 397 f.

fahren auf die Beachtung der Vorgaben in § 60 Abs. 3 VgV sowie § 16d Abs. 1 und § 16d EU Abs. 1 VOB/A 2016 sowie § 16 Abs. 6 VOL/A 2009 berufen können.[191] Soll ein nach den Vorgaben der Vergabeverordnung oder der Vergabe- und Vertragsordnung für Bauleistungen an sich wegen seines zu niedrigen Preises auszuschließendes Angebot den Zuschlag erhalten, geht es in der Sache um eine Auftragserteilung unter Verstoß gegen den **Wettbewerbsgrundsatz** (§ 97 Abs. 1 GWB) konkretisierende Regelungen.[192] Dies betrifft in vergleichbarer Weise unmittelbar die Position der übrigen Bewerber im Wettbewerb wie etwa die Bejahung der zunächst zweifelhaft erscheinenden Eignung.[193] Der **Anspruch** ist im Falle möglicherweise unangemessen niedriger Angebotspreise darauf gerichtet, dass der Auftraggeber die vorgesehene[194] **Prüfung** bzw. **Aufklärung**[195] **vornimmt**.[196] Kann der Auftraggeber die geringe Höhe des angebotenen Preises oder der angebotenen Kosten mit der Prüfung nicht zufriedenstellend aufklären, darf er den Zuschlag auf dieses Angebot ablehnen (§ 60 Abs. 3 VgV). Der BGH führt aus, dass diese Berechtigung des Auftraggebers dem Anliegen des Vergabewettbewerbs Rechnung trägt, die **wirtschaftlichste Beschaffung** zu realisieren. Unangemessen niedrige Angebotspreise bergen insoweit gesteigerte, sich in vielfältiger Weise verwirklichende **Risiken**: Bspw. die nicht einwandfreie Ausführung von Bauleistungen einschließlich eines Ausfalls bei der Gewährleistung oder die nicht einwandfreie Lieferung bzw. Erbringung der nachgefragten Dienstleistung und damit eine i. E. unwirtschaftliche Beschaffung,[197] ferner die in der Rechtsprechung der Vergabesenate angeführte Möglichkeit, dass der Auftragnehmer infolge der zu geringen Vergütung in wirtschaftliche Schwierigkeiten gerät und den Auftrag deshalb nicht vollständig ausführen kann.[198] Der Schutz der öffentlichen Interessen setze aber nicht erst bei derart gravierenden Gefährdungen ein, so der BGH, und ergänzt: Öffentliche Interessen sind in schützenswerter Weise auch dadurch gefährdet, dass der betreffende Anbieter in Anbetracht des zu niedrigen Preises versuchen könnte, sich des Auftrags so unaufwändig wie möglich und insoweit auch nicht vertragsgerecht zu entledigen, durch möglichst viele Nachträge Kompensation zu erhalten oder die Ressourcen seines Unternehmens auf besser bezahlte Aufträge zu verlagern, sobald sich die Möglichkeit dazu bietet.[199] Dies gilt ungeachtet dessen, dass es einem Bieter grundsätzlich unbenommen ist, zu einem Preis zu bieten, der ihm lediglich einen Deckungsbeitrag zu seinen Fixkosten verspricht (Unterkostenangebote).[200]

---

191 BGH, Beschl. v. 31.1.2017, X ZB 10/16, Rn. 23, NZBau 2017, 230, 232.

192 BGH, Beschl. v. 31.1.2017, X ZB 10/16, Rn. 23, NZBau 2017, 230, 232.

193 BGH, Beschl. v. 31.1.2017, X ZB 10/16, Rn. 23, NZBau 2017, 230, 232 m. w. N.

194 Lt. BGH gem. § 16d Abs. 1 und § 16d EU Abs. 1 VOB/A, § 60 VgV oder § 16 Abs. 6 VOL/A 2009. S. konkret § 16d EU Abs. 1 Nr. 2 VOB/A, § 60 Abs. 1 u. 2 VgV, ferner § 54 Abs. 1 u. 2 SektVO, § 33 Abs. 1 Satz 1 VSVgV. Vgl. a. § 16 EG Abs. 6 Nr. 2 VOB/A a. F., § 19 EG Abs. 6 Satz 1 VOL/A a. F.

195 Geschützt wird auch „das Interesse des betreffenden Anbieters am Auftrag insofern, als er, dem Grundsatz des rechtlichen Gehörs vergleichbar, verlangen kann, dass sein Angebot nicht ohne den Versuch der vorherigen Aufklärung der aufgekommenen Fragen und Ausräumung entstandener Bedenken aus der Wertung genommen wird" (BGH, Beschl. v. 31.1.2017, X ZB 10/16, Rn. 22, NZBau 2017, 230, 231 f. unter Verweis auf EuGH, Urt. v. 29.3.2012, Rs. C-599/10, VergabeR 2012, 584 ff. – SAG ELV).

196 Vgl. BGH, Beschl. v. 31.1.2017, X ZB 10/16, Rn. 25, 20, NZBau 2017, 230, 231 f.

197 Vgl. BGH, Beschl. v. 31.1.2017, X ZB 10/16, Rn. 28, 29, 21, NZBau 2017, 230, 231 f.

198 BGH, Beschl. v. 31.1.2017, X ZB 10/16, Rn. 29, NZBau 2017, 230, 232.

199 BGH, Beschl. v. 31.1.2017, X ZB 10/16, Rn. 29, NZBau 2017, 230, 232.

45 In Bezug auf die **Darlegung einer Rechtsverletzung** stellt der BGH klar, dass der Antragsteller bei Einreichung seines Nachprüfungsantrags dazu, ob der ungewöhnlich niedrige Preis zur **Marktverdrängung** von Konkurrenten verlangt wird oder ob die Gefahr besteht, dass der **Auftrag** in Folge dieser Preisbildung **nicht** ordnungsgemäß **ausgeführt** werden kann, regelmäßig schon deshalb nichts Konkretes vortragen kann, weil dies Einblicke in die Sphäre jenes Unternehmens voraussetzt, über die er üblicherweise nicht verfügen wird und für die er schon in Anbetracht des engen Fristenrahmens für vergaberechtliche Beanstandungen (s. § 160 Abs. 3 GWB) auch kaum rechtzeitig hinreichende Indizien zusammentragen kann.[201] Deshalb **überspannt** es die **Anforderungen** an den Zugang zum vergaberechtlichen Nachprüfungsverfahren, hierzu substanziierten Vortrag zu verlangen. Das Gleiche gilt in Bezug auf den Gesichtspunkt der Gefahr der Verdrängung seines Unternehmens vom Markt.[202] Zur Schlüssigkeit gehört es, **genügt** insoweit aber auch, dass die **Unangemessenheit des Preises indizierende Umstände** dargelegt werden – i. d. R. die Höhe des beanstandeten Preises und der Abstand zum eigenen bzw. zum nächstgünstigen Angebot.[203] Weitergehende Anforderungen an die Darlegung einer Rechtsverletzung können in Fällen der vorliegenden Art für den Zugang zum Nachprüfungsverfahren nicht gestellt werden.[204] Die künftige Entscheidungspraxis wird sich nun an diesen Vorgaben ausrichten müssen, auch in parallel gelagerten Fallkonstellationen im Anwendungsbereich der SektVO oder VSVgV.

4. Schaden

46 Vorausgesetzt ist als drittes Tatbestandsmerkmal für die Antragsbefugnis, dass dem Unternehmen infolge des beanstandeten Vergabeverstoßes ein Schaden **entstanden ist oder zu entstehen droht**. Dieser Zusatz ist erst gegen Ende des Gesetzgebungsverfahrens auf Beschlussempfehlung des Wirtschaftsausschusses aufgenommen worden.[205] Ziel der Voraussetzung des **Abs. 2 Satz 2** ist es, zu verhindern, dass ein Bieter, der auch bei ordnungsgemäß durchgeführtem Vergabeverfahren keinerlei Aussicht auf Berücksichtigung seines Angebots und auf Erteilung des Zuschlags gehabt hätte, ein Nachprüfungsverfahren einleiten kann.[206] Die Regelung des Abs. 2 Satz 2 verstößt nicht gegen Unionsrecht. Der EuGH hat hierzu entschieden, dass Mitgliedstaaten nicht verpflichtet sind, das Nachprüfungsverfahren jedem zur Verfügung zu stellen, der einen bestimmten öffentlichen Auftrag erhalten will, sondern dass sie durchaus zusätzlich verlangen können, dass der betreffenden Person durch den behaupteten Rechtsverstoß ein Schaden entstanden ist bzw. zu entstehen droht.[207]

---

200 BGH, Beschl. v. 31.1.2017, X ZB 10/16, Rn. 29, NZBau 2017, 230, 232. S. a. OLG Düsseldorf, Beschl. v. 8.6.2016, Verg 57/15, ZfBR 2017, 88 f.

201 BGH, Beschl. v. 31.1.2017, X ZB 10/16, Rn. 18, NZBau 2017, 230, 231.

202 BGH, Beschl. v. 31.1.2017, X ZB 10/16, Rn. 18, NZBau 2017, 230, 231.

203 Vgl. ausführlicher hierzu BGH, Beschl. v. 31.1.2017, X ZB 10/16, Rn. 13 ff., NZBau 2017, 230, 231.

204 BGH, Beschl. v. 31.1.2017, X ZB 10/16, Rn. 17, NZBau 2017, 230, 231.

205 BT-Drs. 13/10328, S. 10 zu § 117 GWB-E VgRÄG; s. a. BT-Drs. 13/9340, S. 6 f., 40 u. 50 zu § 117 GWB-E VgRÄG.

206 BT-Drs. 13/9340, S. 40 zu § 117 GWB-E VgRÄG.

207 EuGH, Urt. v. 19.6.2003, Rs. C-249/01, Rn. 18 f., VergabeR 2003, 541, 544 = NZBau 2003, 509, 510 – Hackermüller.

a) Begriff und Darlegung

47 Für den **Schadensbegriff** sind grundsätzlich die **§§ 249 ff. BGB** heranzuziehen. Der Vermögensschaden besteht in der Differenz zwischen zwei Güterlagen, nämlich der tatsächlich durch den Rechtsverstoß geschaffenen (drohenden) und der unter Ausschaltung dieses Ereignisses gedachten.[208] Bei diesem Begriffsverständnis muss aber Rücksicht auf Sinn und Zweck des Vergaberechts genommen werden. Das Schadenserfordernis ist eine besondere Ausprägung des **Rechtsschutzbedürfnisses**.[209] Der in Abs. 2 Satz 2 verwendete Begriff des Schadens muss unter dem Gesichtspunkt des Primärrechtsschutzes betrachtet und ausgelegt werden.[210] Es kommt damit entscheidend darauf an, dass das Angebot eines Antragstellers bei ordnungsgemäß durchgeführtem Vergabeverfahren zumindest eine Aussicht auf Berücksichtigung gehabt hätte.[211] Hingegen ist **nicht** erforderlich, dass der Antragsteller im Sinne einer darzulegenden Kausalität **nachweisen** kann, dass er bei korrekter Anwendung der Vergabevorschriften den **Auftrag erhalten hätte**, oder dass er im Einzelnen darstellen muss, inwieweit sein Angebot bei einem fehlerfreien Verfahren im Vergleich zu dem Angebot eines anderen Bieters ausreichende Chancen auf den Zuschlag gehabt hätte.[212] Der Schaden besteht darin, dass durch den behaupteten Vergaberechtsverstoß die Aussichten des Antragstellers auf den Zuschlag zumindest verschlechtert worden sein können; entscheidend ist daher die Eignung der gerügten Verstöße, eine solche Chancenbeeinträchtigung begründen zu können.[213]

48 Zur Darlegung der Antragsbefugnis ist somit ein Sachvortrag erforderlich, aus dem sich schlüssig und nachvollziehbar ergibt, dass die einzelnen gerügten Verstöße gegen die Vergabevorschriften **geeignet** sind, die **Aussichten** des Antragstellers auf eine Berücksichtigung seines Angebots oder die Erteilung des Zuschlags zu **beeinträchtigen** oder dass die Chancen seines Angebots oder die Chance auf einen Zuschlag zumindest **verschlechtert** worden sein könnten.[214] Dies ist etwa der Fall, wenn der Antragsteller geltend macht, durch

---

208 *Grüneberg*, in: Palandt, BGB, Vorb v § 249 BGB Rn. 10.

209 Vgl. OLG Düsseldorf, Beschl. 8.5.2002, Verg 4/02.

210 BVerfG, Beschl. v. 29.7.2004, 2 BvR 2248/03, WuW/E Verg 983 = VergabeR 2004, 597, 599 = NZBau 2004, 564, 565.

211 VK Bund, Beschl. v. 5.3.2003, VK 2-04/03.

212 BVerfG, Beschl. v. 29.7.2004, 2 BvR 2248/03, WuW/E Verg 983 = VergabeR 2004, 597, 599 f. = NZBau 2004, 564, 566; s. a. OLG Düsseldorf, Beschl. v. 13.4.1999, Verg 1/99, NZBau 2000, 45, 48.

213 BVerfG, Beschl. v. 29.7.2004, 2 BvR 2248/03, WuW/E Verg 983 = VergabeR 2004, 597, 599 = NZBau 2004, 564, 565 f.

214 BGH, Beschl. v. 10.11.2009, X ZB 8/09, VergabeR 2010, 210, 213 = NZBau 2010, 124, 126; Beschl. v. 26.9.2006, X ZB 14/06, VergabeR 2007, 59, 64 = NZBau 2006, 800, 803; Beschl. v. 1.2.2005, X ZB 27/04, VergabeR 2005, 328, 331; OLG München, Beschl. v. 13.3.2017, Verg 15/16, VergabeR 2017, 469, 476; OLG Frankfurt a. M., Beschl. v. 26.1.2017, 11 Verg 1/17; Beschl. v. 16.5.2000, 11 Verg 1/99, NZBau 2001, 101, 104; OLG Brandenburg, Beschl. v. 6.12.2016, 6 Verg 4/16, VergabeR 2017, 609, 612; Beschl. v. 14.9.2010, Verg W 8/10; OLG Jena, Beschl. v. 24.2.2016, 2 Verg 1/16; OLG Saarbrücken, Beschl. v. 7.5.2008, 1 Verg 5/07, ZfBR 2008, 733; OLG Düsseldorf, Beschl. v. 21.11.2007, VII-Verg 32/07, VergabeR 2008, 252, 255; Beschl. v. 16.2.2006, VII-Verg 6/06 m. w. N.; Beschl. v. 8.5.2002, Verg 4/02 m. w. N.; Beschl. v. 19.3.2001, Verg 7/01, VergabeR 2001, 221, 222; Beschl. v. 5.3.2001, Verg 2/01; Beschl. v. 18.10.2000, Verg 3/00, NZBau 2001, 155, 157; Beschl. v. 5.7.2000, Verg 5/99, NZBau 2001, 106, 111; BayObLG, Beschl. v. 12.4.2000, Verg 1/00, WuW 1999, 1037 = NZBau 2000, 481, 485; Beschl. v. 23.11.2000, Verg 12/00; OLG Koblenz, Beschl. v. 10.8.2000, 1 Verg 2/00, NZBau 2000, 534,

einen Vergabefehler schon an der Teilnahme an einem Vergabeverfahren gehindert zu sein oder kein wirtschaftliches Angebot abgeben zu können. Hat der Antragsteller ein Angebot abgegeben, können Darlegungen reichen, dass er ohne den Vergaberechtsverstoß ein anderes, wirtschaftlicheres Angebot abgegeben hätte.[215] **Darzulegen** ist also nur die **Möglichkeit** eines solchen Schadenseintritts. **Alles andere** ist eine Frage der **Begründetheit**. Den Voraussetzungen des Abs. 2 Satz 2 ist daher bereits dann Genüge getan, wenn mit dem Antrag schlüssig vorgetragen wird, dass dem Antragsteller infolge der behaupteten Rechtsverletzung ein Schaden entstanden ist oder zu entstehen droht; **nicht erforderlich** ist, dass bereits festgestellt werden kann, dass der behauptete Verstoß gegen vergaberechtliche Vorschriften tatsächlich vorliegt und den behaupteten Schaden ausgelöst hat oder auszulösen droht, der **Nachprüfungsantrag** also in der Sache **begründet** ist.[216] Für die Zulässigkeit des Nachprüfungsantrags ist daher erforderlich, aber auch ausreichend, dass der Antragsteller schlüssig behauptet, dass und welche vergaberechtlichen Vorschriften im Verlauf des Vergabeverfahrens verletzt worden sein sollen und dass er ohne die Rechtsverletzung eine Chance auf Erteilung des Zuschlags hätte, sodass der behauptete eingetretene oder drohende Schaden auf die Verletzung vergaberechtlicher Vorschriften zurückzuführen ist.[217]

49 Zwar wird kein Nachweis dahingehend gefordert, dass der Antragsteller bei korrekter Anwendung der Vergabevorschriften den Auftrag erhalten hätte, allerdings reicht auch nicht irgendein möglicher Schaden aus: Nach dem Normzweck ist eine gerade durch den gerügten Vergaberechtsverstoß verursachte Minderung der Chancen auf den Zuschlag erforderlich.[218] Nach dem Wortlaut des Abs. 2 Satz 2 muss ein (drohender) Schaden dargelegt werden, für den die behauptete Verletzung von Vergabevorschriften **kausal** ist.[219]

50 Da an die **Darlegung** des Schadens i. S. d. Abs. 2 Satz 2 **keine sehr hohen Anforderungen** gestellt werden dürfen, reicht es aus, dass ein Schadenseintritt nicht offensichtlich ausgeschlossen ist.[220] Nicht antragsbefugt ist also nur ein Unternehmen, bei dem **offensichtlich keine Rechtsbeeinträchtigung** vorliegt.[221] Der Darlegungspflicht entspricht ein Antragsteller dann nicht, wenn sich seine Position im Wettbewerb durch die gerügten Verstöße in

---

537; Beschl. v. 25.5.2000, Verg 1/00, NZBau 2000, 445, 446; VK Bund, Beschl. v. 5.3.2003, VK 2-04/03 m. w. N.

215 OLG Frankfurt a. M., Beschl. v. 26.1.2017, 11 Verg 1/17.

216 BGH, Beschl. v. 18.5.2004, X ZB 7/04, VergabeR 2004, 473, 475 f.

217 BGH, Beschl. v. 18.5.2004, X ZB 7/04, VergabeR 2004, 473, 476.

218 OLG Saarbrücken, Beschl. v. 25.7.2007, 1 Verg 1/07, NZBau 2007, 807, 808.

219 BGH, Beschl. v. 10.11.2009, X ZB 8/09, VergabeR 2010, 210, 213 = NZBau 2010, 124, 126; Beschl. v. 26.9.2006, X ZB 14/06, VergabeR 2007, 59, 64 = NZBau 2006, 800, 803.

220 BGH, Beschl. v. 1.2.2005, X ZB 27/04, VergabeR 2005, 328, 330; BVerfG, Beschl. v. 29.7.2004, 2 BvR 2248/03, VergabeR 2004, 597, 599 = NZBau 2004, 564, 566; OLG Düsseldorf, Beschl. v. 12.7.2017, VII-Verg 13/17, NZBau 2017, 679, 680; Beschl. v. 1.10.2012, VII-Verg 34/12; OLG Saarbrücken, Beschl. v. 18.5.2016, 1 Verg 1/16; OLG Karlsruhe, Beschl. v. 15.11.2013, 15 Verg 5/13, NZBau 2014, 378, 379.

221 BVerfG, Beschl. v. 29.7.2004, 2 BvR 2248/03, VergabeR 2004, 597, 599 f. = NZBau 2004, 564, 566; BGH, Beschl. v. 10.11.2009, X ZB 8/09, VergabeR 2010, 210, 213 = NZBau 2010, 124, 126; Beschl. v. 26.9.2006, X ZB 14/06, VergabeR 2007, 59, 62 = NZBau 2006, 800, 801; Beschl. v. 1.2.2005, X ZB 27/04, VergabeR 2005, 328, 331; OLG Düsseldorf, Beschl. v. 12.7.2017, VII-Verg 13/17, NZBau 2017, 679, 680; Beschl. v. 17.2.2016, VII-Verg 37/14.

keiner denkbaren Weise verschlechtert haben könnte und deshalb die Entstehung eines Nachteils von vornherein als ausgeschlossen erscheint.[222]

Eine Beeinträchtigung der Aussichten auf Erteilung des Auftrags liegt **nicht nur** dann vor, wenn dies für den Zuschlag in dem eingeleiteten und **zur Nachprüfung gestellten Vergabeverfahren** zutrifft, da die tatsächliche Erteilung des Auftrags die Vermögenslage von Bietern beeinflusst und nicht der Umstand, in welchem Vergabeverfahren sie erfolgt.[223] Es ist daher ausreichend, wenn es nach dem Vortrag des Antragstellers möglich erscheint, dass er ohne den behaupteten Vergaberechtsverstoß den Bedarf, dessentwegen die Ausschreibung erfolgt ist, gegen Entgelt befriedigen kann. Das ist regelmäßig auch der Fall, wenn das eingeleitete Vergabeverfahren nicht ohne Weiteres durch Zuschlag beendet werden darf und zur Bedarfsdeckung eine **Neuausschreibung** in Betracht kommt.[224] **Unerheblich** ist hierbei die Tatsache, dass im Voraus nicht abzusehen ist, ob die darin liegende Chance eine **realistische Aussicht** darstellt, den Auftrag zu erhalten und sich eine solche Chance keinesfalls zwangsläufig für den betreffenden Bieter auftun muss.[225] 51

b) Beispiele

Als Schaden ist bspw. angesehen worden der **Ausschluss eines Bewerbers** von der Angebotsabgabe bei beschränkter Ausschreibung nach öffentlichem Teilnahmewettbewerb,[226] die **(drohende) Zuschlagserteilung** an einen Mitbieter,[227] die **unmissverständliche Mitteilung** des Auftraggebers an den Antragsteller, dass dieser nach vorläufiger, noch nicht abgeschlossener Wertung der Angebote auf **keinen** Fall den **Zuschlag** erhalten könne,[228] oder die Berücksichtigung von **Angebotsänderungen** nach unzulässigen Nachverhandlungen,[229] **nicht aber** die Verschiebung der Eröffnungsverhandlung um eine halbe Stunde und das Fehlen von schriftlichen Begründungen in den Vergabeakten[230] oder die fehlende Angabe der zuständigen Vergabekammer in den Ausschreibungsunterlagen, wenn die Vergabekammer hinterher das Nachprüfungsverfahren durchführt[231]. Auf eine Verletzung der **Dokumentationspflicht**, die grundsätzlich bieterschützend ist, kann sich ein Bieter nur in- 52

222 VK Bund, Beschl. v. 30.3.2000, VK 2-2/00.

223 BGH, Beschl. v. 10.11.2009, X ZB 8/09, VergabeR 2010, 210, 213 = NZBau 2010, 124, 126; Beschl. v. 26.9.2006, X ZB 14/06, VergabeR 2007, 59, 64 = NZBau 2006, 800, 803.

224 BGH, Beschl. v. 10.11.2009, X ZB 8/09, VergabeR 2010, 210, 213 = NZBau 2010, 124, 126; Beschl. v. 26.9.2006, X ZB 14/06, VergabeR 2007, 59, 64 = NZBau 2006, 800, 803; OLG Rostock, Beschl. v. 6.11.2015, 17 Verg 2/15; OLG Brandenburg, Beschl. v. 20.9.2011, Verg W 11/11, VergabeR 2012, 110, 114; OLG Celle, Beschl. v. 17.7.2009, 13 Verg 3/09, NZBau 2010, 68.

225 BGH, Beschl. v. 10.11.2009, X ZB 8/09, VergabeR 2010, 210, 213 = NZBau 2010, 124, 126; Beschl. v. 26.9.2006, X ZB 14/06, VergabeR 2007, 59, 64 = NZBau 2006, 800, 803; VK Bund, Beschl. v. 22.2.2008, VK 1-4/08, ZfBR 2008, 412, 415.

226 OLG Düsseldorf, Beschl. v. 13.4.1999, Verg 1/99, BB 1999, 1078 = WuW/E Verg 223 = NZBau 2000, 45, 48.

227 VÜA Baden-Württemberg, Beschl. v. 8.4.1999, 1 VÜ 5/99.

228 OLG München, Beschl. v. 19.12.2007, Verg 12/07.

229 Vgl. VKBund, Beschl. v. 9.9.1999, VK 2-24/99, NZBau 2000, 110, 112.

230 VK Bund, Beschl. v. 19.7.1999, VK 2-14/99.

231 VK Schleswig-Holstein, Beschl. v. 17.9.2008, VK-SH 10/08; VK Bund, Beschl. v. 18.11.1999, VK 1-25/99.

soweit stützen, wie sich die Versäumnisse des Auftraggebers auf seine Rechtsstellung und die Auftragschancen im Vergabeverfahren negativ ausgewirkt haben können.[232]

53 Auch die **Wahl der falschen Verfahrensart** kann einen Schaden darstellen: Bejaht wurde dies für die unzutreffende Wahl des Verhandlungsverfahrens[233] – an dem sich der Antragsteller durch die Abgabe eines Gebots beteiligt hatte – anstelle des gebotenen offenen Verfahrens.[234] Zweifelhaft ist hingegen das Vorliegen eines Schadens in der umgekehrten Konstellation der unzutreffenden Wahl des offenen Verfahrens statt des gebotenen Verhandlungsverfahrens.[235] Bei Vergaben im Rahmen der SektVO hingegen steht dem Auftraggeber gem. § 13 Abs. 1 Satz 1 SektVO nach seiner Wahl u. a. auch das Verhandlungsverfahren mit Teilnahmewettbewerb zur Verfügung, sodass allein die Wahl dieses Verfahrens nicht als fehlerhaft angesehen werden kann.[236] Die Wahl des nicht offenen Verfahrens (mit Teilnahmewettbewerb) anstelle des offenen Verfahrens kann nach neuer Rechtslage[237] keine falsche Wahl der Verfahrensart darstellen, weil § 119 Abs. 2 Satz 1 GWB, § 14 Abs. 2 Satz 1 VgV dem Auftraggeber insofern ein Wahlrecht einräumt.

54 **Streitig** ist weiterhin, ob allein das **Unterbleiben einer unionsweiten Ausschreibung** einen drohenden Schaden darstellt.[238] Dem Antragsteller droht ein Schaden, wenn **kein förmliches Vergabeverfahren** durchgeführt wird und ihm daher die Chance genommen

---

232 OLG Karlsruhe, Beschl. v. 25.7.2014, 15 Verg 4/14; OLG München, Beschl. v. 2.11.2012, Verg 26/12 m. w. N. u. Beschl. v. 9.8.2010, Verg 13/10: die Dokumentation sei kein Selbstzweck; OLG Düsseldorf, Beschl. v. 10.8.2011, VII-Verg 36/11, NZBau 2011, 765, 768 m. w. N.

233 S. a. bzgl. eines Verhandlungsverfahrens ohne Teilnahmewettbewerb OLG Frankfurt a. M., Beschl. v. 26.1.2017, 11 Verg 1/17 (i. E. im konkreten Fall verneinend); OLG Celle, Beschl. v. 24.9.2014, 13 Verg 9/14, NZBau 2014, 784, 785.

234 BGH, Beschl. v. 10.11.2009, X ZB 8/09, VergabeR 2010, 210, 213 f. = NZBau 2010, 124, 126 f.; OLG Brandenburg, Beschl. v. 27.3.2012, Verg W 13/11, VergabeR 2012, 648, 651; Beschl. v. 20.9.2011, Verg W 11/11, VergabeR 2012, 110, 114; OLG Düsseldorf, Beschl. v. 3.3.2010, VII-Verg 46/09. S. a. OLG München, Beschl. v. 11.4.2013, Verg 3/03, VergabeR 2013, 807, 812.

235 OLG Brandenburg, Beschl. v. 27.3.2012, Verg W 13/11, VergabeR 2012, 648, 651 (i. E. offenlassend).

236 S. zu § 101 Abs. 7 Satz 2 GWB a. F. VK Bund, Beschl. v. 27.5.2014, VK 2-31/14.

237 S. zur früheren Rechtslage OLG Düsseldorf, Beschl. v. 29.2.2012, VII-Verg 75/11.

238 **Ablehnend**: OLG Frankfurt a. M., Beschl. v. 16.6.2015, 11 Verg 3/15, VergabeR 2015, 800, 805; Beschl. v. 23.3.2011, 11 Verg 2/11; ausführlich OLG Saarbrücken, Beschl. v. 29.1.2014, 1 Verg 3/13, VergabeR 2014, 484, 488 ff.; OLG Düsseldorf, Beschl. v. 21.3.2012, VII-Verg 92/11, NZBau 2012, 515, 516; Beschl. v. 11.2.2009, VII-Verg 69/08; Beschl. v. 16.2.2006, VII-Verg 06/06; OLG Karlsruhe, Beschl. v. 16.12.2009, 15 Verg 5/09, VergabeR 2010, 685, 690; OLG Koblenz, Beschl. v. 4.2.2009, 1 Verg 4/08, ZfBR 2009, 292, 293, 294 f.; Beschl. v. 8.12.2008, 1 Verg 4/08; VK Brandenburg, Beschl. v. 3.4.2009, VK 8/09; VK Baden-Württemberg, Beschl. v. 30.6.1999, 1 VÜ 12/99; hingegen wohl im Grundsatz, aber mit Einschränkungen bejahend: OLG Düsseldorf, Beschl. v. 18.10.2006, Verg 35/06, VergabeR 2007, 200, 203; **bejahend**: OLG München, Beschl. v. 2.2.2016, Verg 15/15, ZfBR 2016, 705, 708 f.; OLG Rostock, Beschl. v. 6.11.2015, 17 Verg 2/15; KG, Beschl. v. 17.10.2002, 2 KartVerg 13/02, VergabeR 2003, 50, 53; VK Arnsberg, Beschl. v. 4.11.2008, VK 23/08; VK Rheinland-Pfalz, Beschl. v. 7.5.2007, VK 10/07; VK Lüneburg, Beschl. v. 10.10.2006, VgK-23/2006; VK Düsseldorf, Beschl. v. 27.4.2006, VK-12/2006-L. **Offenlassend**: BGH, Beschl. v. 10.11.2009, X ZB 8/09, VergabeR 2010, 210, 214 = NZBau 2010, 124, 127.

wird, sich mit einem Angebot zu beteiligen und den Auftrag zu erhalten.[239] Durch eine **De-facto-Vergabe** wird dem Antragsteller die Möglichkeit zur Beteiligung am Verfahren genommen; darin ist stets eine Verschlechterung der Zuschlagschancen zu sehen.[240]

c) Zwingender Ausschluss eines Angebots

Ist das Angebot des Antragstellers in einem laufenden Vergabeverfahren zwingend von der weiteren Wertung auszuschließen,[241] **berührt** dies **nicht** seine **Antragsbefugnis** und damit die Zulässigkeit des eingeleiteten Nachprüfungsverfahrens. Der **EuGH** hat insoweit in der Rs. „**Hackermüller**" entschieden, dass es gegen Art. 1 Abs. 3 ÜWR[242] verstößt, wenn einem Bieter der Zugang zu einem Nachprüfungsverfahren, um die Rechtmäßigkeit der Entscheidung des Auftraggebers, sein Angebot nicht als das beste Angebot zu bewerten, zu bestreiten, mit der Begründung verwehrt wird, dass sein Angebot bereits aus anderen Gründen vom Auftraggeber auszuscheiden gewesen wäre und ihm daher durch die von ihm behauptete Rechtswidrigkeit kein Schaden entstanden sei bzw. zu entstehen drohe.[243] Im Rahmen des dem Bieter zur Verfügung stehenden Nachprüfungsverfahrens muss es diesem ermöglicht werden, die Stichhaltigkeit des Ausschlussgrundes anzuzweifeln, auf dessen Grundlage die Nachprüfungsinstanz zu beschließen beabsichtigt, dass ihm durch die Entscheidung, deren Rechtswidrigkeit er behauptet, kein Schaden entstanden ist bzw. zu entstehen droht.[244] Zur aktuellen Fortentwicklung der EuGH-Rechtsprechung s. Rn. 59ff. 55

Der **BGH** hat sich dieser Entscheidung angeschlossen und entschieden, dass einem Bieter, der auf die Ausschreibung hin ein Angebot abgegeben und damit sein Interesse an dem Auftrag bekundet hat, und im Nachprüfungsverfahren die Rechtmäßigkeit der Entscheidung des Auftraggebers, sein Angebot nicht als das beste Angebot zu bewerten, zur Überprüfung stellt, der **Zugang zum Nachprüfungsverfahren nicht** mit der Begründung **verwehrt** werden kann, sein Angebot sei aus anderen als mit dem Nachprüfungsantrag zur Überprüfung gestellten Gründen auszuscheiden gewesen, sodass ihm wegen der von ihm behaupteten Rechtswidrigkeit kein Schaden erwachsen sei oder drohe.[245] Es ist deshalb keine die Zulässigkeit des Nachprüfungsantrags beeinflussende Frage, ob das Angebot des Antragstellers ohnehin von der Wertung in dem eingeleiteten Vergabeverfahren hätte aus- 56

---

239 OLG Düsseldorf, Beschl. v. 2.11.2016, VII-Verg 23/16; Beschl. v. 20.6.2001, Verg 3/01, NZBau 2001, 696, 702 = VergabeR 2001, 329; s. a. OLG Karlsruhe, Beschl. v. 15.11.2013, 15 Verg 5/13, NZBau 2014, 378, 379 m. w. N.

240 Vgl. OLG Naumburg, Beschl. v. 17.3.2017, 7 Verg 8/16, VergabeR 2017, 627, 636; OLG Celle, Beschl. v. 30.10.2014, 13 Verg 8/14, VergabeR 2015, 244, 246 f. m. w. N.

241 Der Ausschluss eines u. a. Teilnahmeantrags oder Angebots kommt bspw. gem. § 57 VgV in Betracht, zudem sieht § 16 EU VOB/A Gründe vor, Angebote auszuschließen (s. a. § 16 EG Abs. 1 VOB/A a. F., § 19 EG Abs. 3 u. 4 VOL/A a. F.).

242 S. Art. 1 Abs. 3 RML.

243 EuGH, Urt. v. 19.6.2003, Rs. C-249/01, Rn. 29, VergabeR 2003, 541, 545 = NZBau 2003, 509, 511 – Hackermüller.

244 EuGH, Urt. v. 19.6.2003, Rs. C-249/01, Rn. 29, VergabeR 2003, 541, 545 = NZBau 2003, 509, 511 – Hackermüller.

245 BGH, Beschl. v. 26.9.2006, X ZB 14/06, VergabeR 2007, 59, 64 = NZBau 2006, 800, 803; Beschl. v. 18.5.2004, X ZB 7/04, VergabeR 2004, 473, 476.

geschlossen werden können oder müssen,[246] sondern eine die Begründetheit betreffende Frage (s. Rn. 57 a. E.).

57 Die überwiegende Zahl der Vergabekammern und -senate entscheidet heute im Sinne der vorgenannten Rechtsprechung.[247] Nach einer zuvor lange Zeit vertretenen Ansicht der Nachprüfungsinstanzen fehlte in einem solchen Fall der Bewerbung des Bieters um den betreffenden Auftrag von vornherein die Aussicht auf Erfolg. Nach dieser Rechtsansicht konnte der Bieter nicht darlegen, dass ihm durch die von ihm behauptete Verletzung von Vergabevorschriften ein Schaden entstanden sei oder zu entstehen drohe. Ein solcher Antragsteller hatte folglich in einem laufenden Vergabeverfahren keinerlei Chance auf den Zuschlag. Ihm fehlte damit von vornherein die Antragsbefugnis,[248] sodass sein Nachprüfungsantrag nach § 160 Abs. 2 GWB (§ 107 Abs. 2 GWB a. F.) unzulässig war.[249] Diese Ansicht, welche zum Teil auch nach Erlass der Entscheidungen des EuGH sowie des BGH weiterhin[250] oder mit Ausnahmen bei beanstandeter Verletzung des Gleichbehandlungsgebots vertreten wurde,[251] lässt sich allerdings in Anbetracht der oben dargelegten und nachfolgenden Rechtsprechung des EuGH sowie des BGH nicht mehr aufrechterhalten. Ob die Voraussetzungen für einen Ausschluss des Angebots tatsächlich vorliegen, ist eine **Frage der Begründetheit**.[252]

---

246 BGH, Beschl. v. 26.9.2006, X ZB 14/06, VergabeR 2007, 59, 64 = NZBau 2006, 800, 803 m. w. N.

247 KG, Beschl. v. 21.11.2014, Verg 22/13, VergabeR 2015, 204; OLG Düsseldorf, Beschl. v. 29.2.2012, VII-Verg 75/11; Beschl. v. 27.7.2006, Verg 23/06; OLG Brandenburg, Beschl. v. 16.2.2012, Verg W 1/12; OLG Celle, Beschl. v. 2.10.2008, 13 Verg 4/08, VergabeR 2009, 77, 78 f. = NZBau 2009, 58, 59; OLG Karlsruhe, Beschl. v. 6.2.2007, 17 Verg 5/06, VergabeR 2007, 388, 390 f.; OLG Jena, Beschl. v. 11.1.2007, 9 Verg 9/06, VergabeR 2007, 207, 211; Beschl. v. 2.1.2006, 9 Verg 10/05, VergabeR 2006, 522, 523; Beschl. v. 20.6.2005, 9 Verg 3/05, VergabeR 2005, 492, 494 = ZfBR 2005, 706, 707; OLG Frankfurt a. M., Beschl. v. 19.12.2006, 11 Verg 7/06, VergabeR 2007, 376, 378; OLG Koblenz, Beschl. v. 20.10.2004, 1 Verg 4/04, VergabeR 2005, 112, 113 f.; Beschl. v. 7.7.2004, 1 Verg 1 u. 2/04, NZBau 2004, 571, 572; s. a. OLG Düsseldorf, Beschl. v. 7.3.2006, VII-Verg 98/05, VergabeR 2006, 811, 812 f. u. Beschl. v. 27.4.2005, Verg 23/05, VergabeR 2005, 483, 485 f.: „jedenfalls unbegründet"; offengelassen von OLG Naumburg, Beschl. v. 26.10.2005, 1 Verg 12/05, VergabeR 2006, 209, 210 f., u. VK Düsseldorf, Beschl. v. 19.4.2007, VK-10/2007-B.

248 Vgl. nur Thüringer OLG, Beschl. v. 30.5.2002, 6 Verg 3/02, VergabeR 2002, 488, 490; Beschl. v. 5.12.2001, 6 Verg 4/01, VergabeR 2002, 256, 258; BayObLG, Beschl. v. 18.9.2001, Verg 10/01, VergabeR 2002, 182, 183 f.

249 Damals st. Rspr., vgl. OLG Düsseldorf, Beschl. v. 30.7.2003, Verg 32/03, VergabeR 2003, 687, 688; Beschl. v. 19.3.2001, Verg 7/01, VergabeR 2001, 221, 222; s. a. BGH, Beschl. v. 18.2.2003, X ZB 43/02, VergabeR 2003, 313, 318.

250 OLG Naumburg, Beschl. v. 8.9.2005, 1 Verg 10/05; BayObLG, Beschl. v. 22.6.2004, Verg 13/04, VergabeR 2004, 654, 655; VK Lüneburg, Beschl. v. 4.6.2007, VgK-22/2007; pro Unzulässigkeit des Nachprüfungsantrags mit dem Hinweis, dass, wenn man diese rechtliche Konsequenz nicht ziehen wolle, der Nachprüfungsantrag „jedenfalls unbegründet" sei: OLG Düsseldorf, Beschl. v. 15.12.2004, Verg 47/04, VergabeR 2005, 195, 198; Beschl. v. 22.10.2004, VII-Verg 73/04; VK Düsseldorf, Beschl. v. 21.4.2006, VK-16/2006-L.

251 OLG Frankfurt a. M., Beschl. v. 13.12.2011, 11 Verg 8/11; Beschl. v. 23.12.2005, 11 Verg 13/05, VergabeR 2006, 212, 218; Beschl. v. 21.4.2005, 11 Verg 01/05, VergabeR 2005, 487, 488 f.; OLG Düsseldorf, Beschl. v. 15.12.2004, Verg 47/04, VergabeR 2005, 195, 198.

252 Vgl. BGH, Beschl. v. 26.9.2006, X ZB 14/06, VergabeR 2007, 59, 64 = NZBau 2006, 800, 803; OLG München, Beschl. v. 6.12.2012, Verg 25/12; OLG Düsseldorf, Beschl. v. 29.2.2012, VII-

Der Nachprüfungsantrag kann also in Ermangelung einer Verletzung in eigenen Rechten nach § 97 Abs. 6 GWB unbegründet sein, wenn das Angebot des Antragstellers zwingend auszuschließen ist. Jedoch kann selbst dann, wenn das Angebot des Antragstellers zu Recht zwingend ausgeschlossen wurde oder auszuschließen wäre, der Nachprüfungsantrag u. U. erfolgreich auf eine **Verletzung des Gleichbehandlungsgrundsatzes** gem. § 97 Abs. 2 GWB gestützt werden. Voraussetzung hierfür ist, dass die Angebote aller weiteren Bieter aufgrund desselben beanstandeten Mangels oder aufgrund von unterschiedlichen, aber **gleichwertigen Mängeln** zwingend ausgeschlossen werden müssen.[253] Eine Gleichartigkeit des Ausschlussgrundes (Mangelidentität) ist nicht erforderlich.[254] Einschränkungen danach, wie das eigene Angebot beschaffen ist oder ob der betroffene Bieter seinerseits Bestimmungen über das Vergabeverfahren eingehalten hat, sind gesetzlich nicht vorgesehen.[255] Liegt allerdings ein vergabekonformes und damit wertungsfähiges Angebot eines Drittbieters vor, kann der zwingend auszuschließende Antragsteller den Ausschluss eines anderen Bieters, der ebenfalls kein ausschreibungskonformes Angebot abgegeben hat, nicht beanspruchen.[256] **58**

Der **EuGH** hat seine Rechtsprechung aus dem Jahre 2003 (Rn. 55) nachfolgend präzisiert: In der Rs. „**Fastweb**" hatten nur **zwei Bieter** ein Angebot abgegeben und der Auftraggeber einem der Bieter den Zuschlag erteilt. Im Rahmen der seitens des unterlegenen Bieters eingeleiteten Nachprüfung stellte die Nachprüfungsinstanz fest, dass **keines** der beiden eingereichten **Angebote** alle festgelegten **Anforderungen erfüllte**.[257] Diese Konstellation unterschied sich von der dem Urteil „Hackermüller" zugrunde liegenden also insbesondere dadurch, dass festgestellt worden war, dass das ausgewählte Angebot bei der Überprüfung der Angebote zu Unrecht nicht ausgeschlossen worden war.[258] Der EuGH hat hierzu entschieden, dass, wenn die Ordnungsgemäßheit des Angebots jedes Bieters im Rahmen **desselben Verfahrens** und **aus gleichartigen Gründen** in Frage gestellt wird, sich **jeder** dieser beiden **Bieter** auf ein **berechtigtes Interesse** am **Ausschluss des Angebots der jeweils anderen** berufen kann, was wiederum zu der Feststellung führen kann, dass es dem öffent- **59**

Verg 75/11; OLG Celle, Beschl. v. 2.10.2008, 13 Verg 4/08, VergabeR 2009, 77, 79 = NZBau 2009, 58, 59.

253 BGH, Beschl. v. 26.9.2006, X ZB 14/06, insb. Rn. 27 u. 52, VergabeR 2007, 59, 63 ff. = NZBau 2006, 800, 802 ff. mit Anm. *Erdl*, VergabeR 2007, 70 ff.; OLG Frankfurt a. M., Beschl. v. 11.6.2013, 11 Verg 3/13, ZfBR 2013, 815, 817; Beschl. v. 13.12.2011, 11 Verg 8/11; Beschl. v. 19.12.2006, 11 Verg 7/06, VergabeR 2007, 376, 379; OLG Celle, Beschl. v. 2.10.2008, 13 Verg 4/08, VergabeR 2009, 77, 81 = NZBau 2009, 58, 61; OLG Karlsruhe, Beschl. v. 6.2.2007, 17 Verg 5/06, VergabeR 2007, 388, 391 f.

254 OLG Frankfurt a. M., Beschl. v. 13.12.2011, 11 Verg 8/11; OLG Karlsruhe, Beschl. v. 6.2.2007, 17 Verg 5/06, VergabeR 2007, 388, 392.

255 BGH, Beschl. v. 26.9.2006, X ZB 14/06, VergabeR 2007, 59, 67 = NZBau 2006, 800, 805; OLG Celle, Beschl. v. 2.10.2008, 13 Verg 4/08, VergabeR 2009, 77, 81 = NZBau 2009, 58, 61.

256 OLG Jena, Beschl. v. 11.1.2007, 9 Verg 9/06, VergabeR 2007, 207, 211.

257 EuGH, Urt. v. 4.7.2013, Rs. C-100/12, NZBau 2013, 589 – Fastweb. Auch in dem vom BGH im Beschl. v. 26.9.2006 entschiedenen Fall erfüllte keines der Angebote die Ausschreibungsbedingungen (Az. X ZB 14/06, insb. Rn. 27 f., 44, 47, 55, VergabeR 2007, 59, 63, 66, 68 = NZBau 2006, 800, 802, 804, 806).

258 Vgl. EuGH, Urt. v. 4.7.2013, Rs. C-100/12, Rn. 31 f., NZBau 2013, 589, 591 – Fastweb.

lichen Auftraggeber unmöglich ist, ein ordnungsgemäßes Angebot auszuwählen[259].[260] Der EuGH hat damit auch die Antragsbefugnis des unterlegenen Bieters, dessen Angebot zu Recht auszuschließen war, bekräftigt: Der Nachprüfungsantrag des unterlegenen Bieters darf nicht aufgrund des Ausschlussgrundes für unzulässig erklärt werden, ohne dass darüber entschieden wird, ob das Angebot des erfolgreichen Bieters und dasjenige des Nachprüfungsantragstellers den vorgeschriebenen Anforderungen entsprechen.[261]

60 Diese Rechtsprechungslinie wurde in der Rs. „**PFE**" **bestätigt**[262] und zudem **auch** für den Fall für **anwendbar** erklärt, dass **mehr als zwei** Unternehmen an dem Vergabeverfahren **teilgenommen**, aber **nur zwei** Bieter eine **Nachprüfung** angestrengt haben, und diese beiden Bieter sowie **alle** anderen teilnehmenden Unternehmen von der Vergabestelle (nach Abschluss der ersten Nachprüfungsinstanz) **ausgeschlossen** wurden.[263] Zum einen hat jede der Streitparteien ein äquivalentes berechtigtes Interesse am Ausschluss des Angebots der anderen Wettbewerber. Zum anderen ist es nicht ausgeschlossen, dass eine der Regelwidrigkeiten, die dem Ausschluss des Angebots sowohl des Zuschlagsempfängers als auch des Bieters, der die Vergabeentscheidung des öffentlichen Auftraggebers anficht, zugrunde lagen, auch die anderen im Rahmen der Ausschreibung abgegebenen Angebote erfasst; dann könnte der Auftraggeber gezwungen sein, ein neues Verfahren einzuleiten.[264] Die **Zahl** der **Teilnehmer** am **Vergabeverfahren** ist ebenso wie die Zahl der Teilnehmer, die eine **Nachprüfung** eingeleitet haben, und die **Unterschiedlichkeit** der von ihnen geltend gemachten **Gründe** für die Anwendung des sich aus dem Urteil „Fastweb" ergebenden Rechtsgrundsatzes **unerheblich**.[265]

61 Anders als in den beiden vorgenannten Verfahren (Rn. 59 f.) lag hingegen der Sachverhalt in der Rs. „**Technische Gebäudebetreuung und Caverion Österreich**": Dort hatten zwei Bieter, darunter eine Bietergemeinschaft, Angebote eingereicht. Die Bietergemeinschaft wurde vom Vergabeverfahren ausgeschlossen, der hiergegen eingebrachte Antrag zurückgewiesen. Nach Zuschlagserteilung an den anderen Bieter und begonnener Leistungsausführung reichte die Bietergemeinschaft einen Nachprüfungsantrag gegen die Zuschlagsentscheidung ein und berief sich erstmalig auf die Rechtswidrigkeit des Angebots des Zuschlagsempfängers. Im Gegensatz hierzu hatten die Antragsteller in den Rs. „Fastweb" und „PFE" die Ordnungsgemäßheit des anderen Angebots noch vor Abschluss der ersten Nachprüfungsinstanz geltend gemacht. Der EuGH hat hierzu festgestellt, dass der den Urteilen „Fastweb" und „PFE" zu entnehmende Rechtsprechungsgrundsatz nicht auf die jetzige Verfahrens- und Sachlage anwendbar ist.[266] Die RML, wie sich aus ihrem Art. 1 Abs. 3 und Art. 2a ergibt, **gewährleistet** die Existenz wirksamer **Nachprüfungsverfahren** gegen rechtswidrige Entscheidungen im Rahmen eines Vergabeverfahrens, indem jedem

---

259 S. zur **Aufhebung** von **Vergabeverfahren**, wenn **kein Angebot** eingegangen ist, welches den **Bedingungen entspricht**, § 63 Abs. 1 Nr. 1 VgV, § 17 EU Abs. 1 Nr. 1 VOB/A u. a. § 20 EG Abs. 1 Nr. 1 VOL/A a. F.

260 Vgl. EuGH, Urt. v. 4.7.2013, Rs. C-100/12, Rn. 33, NZBau 2013, 589, 591 – Fastweb.

261 Vgl. EuGH, Urt. v. 4.7.2013, Rs. C-100/12, Rn. 34, NZBau 2013, 589, 591 – Fastweb.

262 EuGH, Urt. v. 5.4.2016, Rs. C-689/13, Rn. 24–27, NZBau 2016, 378, 380 – PFE.

263 Vgl. EuGH, Urt. v. 5.4.2016, Rs. C-689/13, Rn. 22, 28–30, NZBau 2016, 378, 379 f. – PFE.

264 EuGH, Urt. v. 5.4.2016, Rs. C-689/13, Rn. 28, NZBau 2016, 378, 380 – PFE.

265 Vgl. EuGH, Urt. v. 5.4.2016, Rs. C-689/13, Rn. 29, NZBau 2016, 378, 380 – PFE.

266 EuGH, Urt. v. 21.12.2016, Rs. C-355/15, Rn. 30–33, NZBau 2017, 171, 172 = VergabeR 2017, 159, 164 – Technische Gebäudebetreuung und Caverion Österreich.

ausgeschlossenen Bieter die Möglichkeit eröffnet wird, nicht nur die **Ausschlussentscheidung** anzufechten, sondern auch, **solange** über diese Anfechtung noch **nicht entschieden** wurde, **spätere Entscheidungen**, durch die ihm im Fall der Nichtigerklärung seines Ausschlusses ein Schaden entstehen würde.[267] Unter diesen Umständen kann Art. 1 Abs. 3 RML und Art. 2a RML nicht dahin ausgelegt werden, dass er bei einem Bieter, der wie die Bietergemeinschaft als ein **endgültig ausgeschlossener Bieter** i. S. v. Art. 2a Abs. 2 Unterabs. 2 RML[268] anzusehen ist, der **Versagung** des **Zugangs zum Nachprüfungsverfahren** gegen die Zuschlagsentscheidung entgegensteht.[269] Einem Bieter, der durch eine rechtskräftig gewordene Entscheidung des öffentlichen Auftraggebers von einem Vergabeverfahren ausgeschlossen wurde, kann also in einem Fall, in dem nur er und der Zuschlagsempfänger Angebote abgegeben haben und der ausgeschlossene Bieter vorbringt, dass auch das Angebot des Zuschlagsempfängers hätte ausgeschlossen werden müssen, der Zugang zu einer Nachprüfung der Zuschlagsentscheidung und des Vertragsschlusses verwehrt werden.[270] Im Rahmen der Problematik des zwingenden Ausschlusses eines Angebots wird also für das Vorliegen der **Antragsbefugnis vorausgesetzt**, dass dieser **Ausschluss noch nicht endgültig** ist – dies bedeutet, dass der Ausschluss noch einem Nachprüfungsverfahren zugänglich sein muss oder noch nicht rechtskräftig als rechtmäßig anerkannt sein darf.

d) Schlechte Platzierung eines Angebots

Wenn einem Antragsteller die Antragsbefugnis trotz seines zwingend auszuschließenden Angebots nicht abzusprechen ist (Rn. 55ff.), stellt sich die Frage, ob dies erst recht für einen Antragsteller gilt, dessen Angebot mit Rücksicht auf die konkreten Vergabekriterien schlecht platziert ist. In der Rechtsprechung wird dazu teilweise die Ansicht vertreten, dass einem Bieter, dessen Angebot auf einem wirtschaftlich aussichtslosen Rang liegt, mangels Darlegung eines drohenden Schadens die Antragsbefugnis fehlt.[271] Teilweise wird zur Bejahung der Antragsbefugnis gefordert, dass der Antragsteller aufzeigt, dass er ohne die behaupteten Rechtsverstöße eine echte Chance gehabt hätte, den Zuschlag zu erhalten;[272] es bedürfe substanziierter Ausführungen, weshalb nicht nur die für den Zuschlag vorgesehenen, sondern auch die anderen vor dem Antragsteller platzierten Bieter auszuschließen 62

267 Vgl. EuGH, Urt. v. 21.12.2016, Rs. C-355/15, Rn. 34, NZBau 2017, 171, 172 = VergabeR 2017, 159, 164 – Technische Gebäudebetreuung u. a.

268 Art. 2a Abs. 2 Unterabs. 2 RML: „Bieter gelten als betroffen, wenn sie **noch nicht endgültig ausgeschlossen** wurden. Ein Ausschluss ist endgültig, wenn er den betroffenen Bietern mitgeteilt wurde und entweder von einer unabhängigen Nachprüfungsstelle als **rechtmäßig anerkannt** wurde oder **keinem Nachprüfungsverfahren mehr unterzogen** werden kann."

269 EuGH, Urt. v. 21.12.2016, Rs. C-355/15, Rn. 35, NZBau 2017, 171, 172 = VergabeR 2017, 159, 164 f. – Technische Gebäudebetreuung u. a.

270 EuGH, Urt. v. 21.12.2016, Rs. C-355/15, Rn. 36, NZBau 2017, 171, 172 = VergabeR 2017, 159, 165 – Technische Gebäudebetreuung u. a.

271 Vgl. OLG Saarbrücken, Beschl. v. 27.6.2016, 1 Verg 2/16; OLG Brandenburg, Beschl. v. 9.2.2010, Verg W 10/09; Beschl. v. 12.1.2010, Verg W 5/09; vgl. auch Beschl. v. 28.11.2002, Verg W 8/02, VergabeR 2003, 242, 244; OLG Düsseldorf, Beschl. v. 14.5.2001, Verg 19/01; VK Arnsberg, Beschl. v. 3.12.2009, VK 30/09; VK Saarland, Beschl. v. 10.8.2009, 3 VK 03/2008 m. w. N.; VK Baden-Württemberg, Beschl. v. 5.1.2009, 1 VK 63/08; VK Bund, Beschl. v. 18.8.2005, VK 1-80/05; vgl. auch OLG Dresden, Beschl. v. 29.5.2001, WVerg 3/01, VergabeR 2001, 311, 312; VK Nordbayern, Beschl. v. 23.1.2003, VK-3194- 47/02.

272 Vgl. VK Sachsen, Beschl. v. 8.4.2002, 1/SVK/022/02.

seien.[273] Die Antragsbefugnis eines Bieters sei nur dann trotz einer aussichtslosen Position in der Wertungsreihenfolge zu bejahen, wenn diese Position durch die unterstellten Vergaberechtsverstöße des Antragsgegners hervorgerufen worden sei.[274] Vor dem Hintergrund der oben dargelegten Rechtsprechung des BVerfG[275] sowie des BGH[276] (Rn. 47 ff.) ist allerdings die Auffassung vorzugswürdig, nach der auch eine schlechte Platzierung des Angebots der Antragsbefugnis nicht entgegensteht.[277]

IV. Rüge

1. Entstehungsgeschichte des Abs. 3

63 Die Vorschrift des § 160 Abs. 3 GWB (§ 107 Abs. 3 GWB a. F.) hatte bereits zum Zeitpunkt ihres Entstehens Anlass zu Diskussionen gegeben. Die Novellierungen im Rahmen des VergModG 2009 sowie die nachfolgende Rechtsprechung des EuGH im Jahr 2010 hatten diese Kontroversen nicht ausgeglichen, sondern neu entfacht. Im Rahmen des VergRModG 2016 wurde Abs. 3 wesentlich modifiziert. Zwar dürfte die Vorschrift des Abs. 3 Satz 1 Nr. 1 nun als unionskonform anzusehen sein, allerdings bieten die Details des Abs. 3 weiterhin Zündstoff für divergierende Rechtsstandpunkte aller Couleur.

a) Einführung durch das VgRÄG

64 Die Notwendigkeit einer Rüge als Voraussetzung eines Nachprüfungsverfahrens entstammt **Art. 1 Abs. 3 ÜWR**.[278] Die zunächst in Abs. 3 a. F. allein enthaltene Verwirkung des Antragsrechts wurde im Laufe des Gesetzgebungsverfahrens zum VgRÄG erheblich zulasten der Antragsteller verändert.[279] Noch im damaligen DiskE, RefE und RegE war die Rügeobliegenheit auf erkannte Fehler beschränkt und wurde erst in der Beschlussempfeh-

---

273 Vgl. OLG Saarbrücken, Beschl. v. 27.6.2016, 1 Verg 2/16; OLG Celle, Beschl. v. 2.12.2010, 13 Verg 12/10; OLG Saarbrücken, Beschl. v. 6.4.2005, 1 Verg 1/05; VK Brandenburg, Beschl. v. 15.6.2010, VK 29/10; VK Schleswig-Holstein, Beschl. v. 7.7.2009, VK-SH 05/09; Beschl. v. 17.9.2008, VK-SH 10/08; Beschl. v. 5.7.2007, VK-SH 13/07; ausführlich Beschl. v. 31.1.2006, VK-SH 33/05 m. w. N.; wohl auch VK Südbayern, Beschl. v. 10.6.2005, 20-04/05.

274 VK Brandenburg, Beschl. v. 15.6.2010, VK 29/10; VK Sachsen, Beschl. v. 14.4.2008, 1/SVK/013-08; VK Schleswig-Holstein, Beschl. v. 17.9.2008, VK-SH 10/08; Beschl. v. 5.7.2007, VK-SH 13/07; Beschl. v. 31.1.2006, VK-SH 33/05 m. w. N.; vgl. OLG Düsseldorf, Beschl. v. 9.6.2004, VII-Verg 20/04.

275 BVerfG, Beschl. v. 29.7.2004, 2 BvR 2248/03, VergabeR 2004, 597, 599 = NZBau 2004, 564, 566.

276 BGH, Beschl. v. 10.11.2009, X ZB 8/09, VergabeR 2010, 210, 213 = NZBau 2010, 124, 126; Beschl. v. 26.9.2006, X ZB 14/06, VergabeR 2007, 59, 64 = NZBau 2006, 800, 803.

277 Vgl. OLG Jena, Beschl. v. 24.2.2016, 2 Verg 1/16; OLG München, Beschl. v. 12.11.2012, Verg 23/12, VergabeR 2013, 508, 510; OLG Düsseldorf, Beschl. v. 1.10.2012, VII-Verg 34/12; VK Bund, Beschl. v. 23.11.2009, VK 3-199/09; Beschl. v. 26.5.2009, VK 2-30/09; Beschl. v. 6.4.2009, VK 3-49/09; Beschl. v. 10.4.2008, VK 2-37/08; Beschl. v. 8.1.2008, VK 3-148/07 (selbst bei uneinholbarem Vorsprung der Beigeladenen); Beschl. v. 23.5.2002, VK 2-18/02; VK Baden-Württemberg, Beschl. v. 28.5.2009, 1 VK 21/09; VK Sachsen, Beschl. v. 14.4.2008, 1/SVK/013-08; wohl auch VK Lüneburg, Beschl. v. 10.6.2010, VgK-17/2010. S. aber OLG Düsseldorf, Beschl. v. 8.3.2017, VII-Verg 39/16, VergabeR 2017, 381, 387, 389.

278 Vgl. danach Art. 1 Abs. 4 RML.

279 *Byok*, NJW 1998, 2774, 2778.

lung des Wirtschaftsausschusses[280] auf erkennbare Vergabeverstöße ausgedehnt. Zweifelhaft war es bereits damals und ist es weiterhin, ob diese Ausdehnung mit dem Unionsrecht in Einklang steht[281] (Rn. 87 ff.). Der Gesetzgeber sieht in der Vorschrift des Abs. 3 Satz 1 a. F. VgRÄG, der teilweise dem heutigen Abs. 3 Satz 1 Nr. 1 entspricht, eine **Präklusionsregel** unter dem Gesichtspunkt von **Treu und Glauben**, wodurch effektiver Bieterrechtsschutz und Auftraggeberinteresse in ein ausgewogenes Verhältnis gesetzt werden sollen.[282] Ein Anbieter soll Vergabefehler nicht auf Vorrat sammeln.[283] Die Vorschrift schützt das öffentliche Interesse an einem **raschen Abschluss des Vergabeverfahrens**. Bewerber oder Bieter sollen Verfahrensverstöße im Vergabeverfahren in einer Weise mitteilen, die der Vergabestelle eine Korrektur im frühestmöglichen Stadium erlaubt. Dementsprechend soll auch die Vergabekammer erst gar nicht mit Mängeln des Vergabeverfahrens befasst werden, die im Fall einer rechtzeitigen Rüge möglicherweise schon durch die Vergabestelle hätten korrigiert werden können.[284] Bewerber bzw. Bieter sollen stets zunächst mit der Vergabestelle gemeinsam eine Problemlösung suchen und erst im Falle des Scheiterns dieser Bemühungen erwägen, ob sie konfrontativ im Rahmen eines Nachprüfungsverfahrens gegen den vermeintlichen Vergabeverstoß vorgehen.[285]

b) Erweiterung durch das VergModG 2009

Der in Abs. 3 **Satz 1** a. F. VgRÄG enthaltene Rügetatbestand fand sich nahezu unverändert **65**
in Abs. 3 **Satz 1 Nr. 1** a. F. VergModG, derjenige des Abs. 3 **Satz 2** a. F. VgRÄG in Abs. 3 **Satz 1 Nr. 2** a. F. VergModG wieder. **Neu** durch das VergModG 2009 hinzugefügt wurden ein weiterer Rügetatbestand in Abs. 3 **Satz 1 Nr. 3** a. F. VergModG, der sich auf aus den Vergabeunterlagen erkennbare Vergabeverstöße bezog (Rn. 97 ff.), sowie eine Frist zur Einreichung des Nachprüfungsantrags in Abs. 3 **Satz 1 Nr. 4** a. F. VergModG, welche als Rechtsbehelfsfrist ein Novum für das deutsche Vergaberecht darstellte (Rn. 129 ff.). Des Weiteren wurde in Abs. 3 **Satz 2** a. F. VergModG erstmalig gesetzlich normiert, dass keine Rügeobliegenheit bei einem Antrag gem. § 101b Abs. 1 Nr. 2 GWB a. F. (§ 135 Abs. 1 Nr. 2 GWB) besteht (Rn. 116), und in Abs. 3 **Satz 3** a. F. VergModG geregelt, dass die Vorschrift des § 101a Abs. 1 Satz 2 GWB a. F. (§ 134 Abs. 1 Satz 2 GWB) unberührt bleibt (Rn. 124 f.). Aufgrund zweier Entscheidungen des EuGH vom 28.1.2010 stellte sich der vergaberechtlichen Rechtsprechung sowie dem Schrifttum in Deutschland die Frage nach der Unionskonformität der Vorschrift des Abs. 3 Satz 1 Nr. 1 a. F. (Rn. 81 ff., 84).

---

280 BT-Drs. 13/10328, S. 11, 27 zu § 117 GWB-E VgRÄG; s. a. BT-Drs. 13/9340, S. 7, 17, 40, 50 zu § 117 GWB-E VgRÄG.

281 Vgl. *Jaeger*, NZBau 2009, 558; *Schwarze*, EuZW 2000, 133, 139.

282 Vgl. Amtl. Begr., BT-Drs. 13/9340, S. 17 zu § 117 GWB-E VgRÄG.

283 Vgl. OLG Brandenburg, Beschl. v. 10.1.2012, Verg W 18/11.

284 Vgl. OLG München, Beschl. v. 17.9.2007, Verg 10/07; BayObLG, Beschl. v. 12.12.2001, Verg 19/01; Beschl. v. 21.5.1999, Verg 1/99-66, BayObLGZ 1999, 127, 138 f.; Beschl. v. 20.8.2001, Verg 9/01, BayObLGZ 2001, 221, 224 f. = VergabeR 2001, 438, 439; OLG Brandenburg, Beschl. v. 11.5.2000, Verg 1/00227, NZBau 2001, 226, 227; VK Düsseldorf, Beschl. v. 7.1.2015, VK-5/2014; VK Sachsen, Beschl. v. 26.6.2009, 1/SVK/024-09; VK Hessen, Beschl. v. 18.2.2009, 69 d-VK-67/2008; VK Brandenburg, Beschl. v. 27.3.2008, VK 5/08; Amtl. Begr., BT-Drs. 13/9340, S. 17 zu § 117 GWB-E VgRÄG.

285 OLG Rostock, Beschl. v. 6.3.2009, 17 Verg 1/09, VergabeR 2009, 660, 667 f.

c) Neufassung durch das VergRModG 2016

66 Als wesentliche Änderung wurde in Abs. 3 Satz 1 Nr. 1 der Begriff „unverzüglich“ durch eine Frist von zehn Kalendertagen ersetzt, um der Rechtsprechung des EuGH aus 2010 Rechnung zu tragen und die bis dahin bestehende Rechtsunsicherheit zu beseitigen (Rn. 84 f.); zudem wurde gesetzgeberisch klargestellt, dass der Vergabeverstoß vor Einreichen des Nachprüfungsantrags erkannt worden sein muss (Rn. 78) und dass der Ablauf der Frist des § 134 Abs. 2 GWB unberührt bleibt (Rn. 80). In Abs. 3 Satz 1 Nr. 3 wurde die Bezugnahme auf die Bekanntmachung gestrichen (Rn. 103).

2. Rechtsnatur und Rechtsfolge

67 Die Regelung in Abs. 3 hinsichtlich der Rüge ist als **Obliegenheit**, nicht als Verpflichtung zu verstehen.[286] Diese Rügeobliegenheit ist eine **Zugangsvoraussetzung** zum Nachprüfungsverfahren,[287] ihre Verletzung führt daher zum Verlust des Nachprüfungsanspruchs.[288] Die **Rügepräklusion** hat allerdings nicht nur die verfahrensrechtliche Konsequenz, dass ein auf diesen Vergaberechtsverstoß gestützter **Nachprüfungsantrag (insoweit) unzulässig** wäre, sondern die verfahrensrechtliche Unanfechtbarkeit hat vielmehr auch zur Folge, dass ein **Vergaberechtsfehler** im Verhältnis zu einem Bieter, der seiner Rügeobliegenheit nicht nachgekommen ist, als **vergaberechtskonform fingiert** wird.[289] Durch die Verwendung des Merkmals „soweit“ soll aber eine Begrenzung der Präklusion erreicht werden.[290] Grundsätzlich muss jeder einzelne geltend gemachte Vergaberechtsverstoß vor Stellung des Nachprüfungsantrags gerügt werden (s. aber Rn. 115 ff.).[291] Die Erfüllung der Rügeobliegenheit ist von den Nachprüfungsinstanzen für jede im Nachprüfungsverfahren erhobene Rüge einzeln zu prüfen, sodass letztlich die Beurteilung der Zulässigkeit eines Nachprüfungsantrags stets eine geteilte, aus mehreren Einzelentscheidungen zusammengesetzte Entscheidung darstellt.[292] Diese Prüfung erfolgt hierbei von Amts wegen.[293]

68 Zahlreiche Nachprüfungsanträge **scheitern** wegen Verstoßes gegen die Rügeobliegenheit des Abs. 3. Die Vergabekammern sind dabei strenger als die Vergabesenate. Insgesamt ist

---

286 OLG Saarbrücken, Beschl. v. 9.11.2005, 1 Verg 4/05, VergabeR 2006, 223, 225; OLG Düsseldorf, Beschl. v. 13.4.1999, Verg 1/99, BB 1999, 1078 = WuW/E Verg 223 = NZBau 2000, 45, 46 f.

287 OLG Saarbrücken, Beschl. v. 27.6.2016, 1 Verg 2/16; OLG Düsseldorf, Beschl. v. 21.10.2015, VII-Verg 28/14, ZfBR 2016, 83, 85; Beschl. v. 27.7.2006, Verg 23/06, VergabeR 2007, 229, 231; Beschl. v. 5.12.2001, Verg 32/01.

288 Vgl. OLG München, Beschl. v. 5.4.2012, Verg 3/12; OLG Saarbrücken, Beschl. v. 9.11.2005, 1 Verg 4/05, VergabeR 2006, 223, 225 f.

289 OLG Koblenz, Beschl. v. 7.11.2007, 1 Verg 6/07, VergabeR 2008, 264, 267; VK Schleswig-Holstein, Beschl. v. 25.4.2008, VK-SH 04/08.

290 Amtl. Begr., BT-Drs. 13/9340, S. 50 zu § 117 GWB-E VgRÄG.

291 OLG Düsseldorf, Beschl. v. 23.1.2008, Verg 36/07; VK Südbayern, Beschl. v. 18.3.2015, Z3-3-3194-1-62-12/14, ZfBR 2015, 606, 608; *Jaeger*, NZBau 2001, 289, 293.

292 OLG Düsseldorf, Beschl. v. 21.10.2015, VII-Verg 28/14, ZfBR 2016, 83, 84; Beschl. v. 23.1.2008, Verg 36/07; OLG Rostock, Beschl. v. 6.3.2009, 17 Verg 1/09, VergabeR 2009, 660, 668; OLG Naumburg, Beschl. v. 5.12.2008, 1 Verg 9/08, VergabeR 2009, 486, 489; s. a. OLG Celle, Beschl. v. 13.7.2008, 13 Verg 3/08; VK Südbayern, Beschl. v. 18.3.2015, Z3-3-3194-1-62-12/14, ZfBR 2015, 606, 608; VK Bund, Beschl. v. 25.3.2014, VK 1-16/14.

293 OLG Saarbrücken, Beschl. v. 27.6.2016, 1 Verg 2/16; OLG Celle, Beschl. v. 2.9.2004, 13 Verg 11/04, unvollständig abgedruckt in NZBau 2005, 52.

die Rügeobliegenheit mit Rücksicht auf den effektiven Bieterrechtsschutz **eng** und zurückhaltend **auszulegen** und anzuwenden.[294] Jedenfalls nähert sich die hinsichtlich der Rügeobliegenheit weiterhin unübersichtliche Praxis dem Befund der Rechtszersplitterung an.[295]

3. Verhältnis der einzelnen Rügetatbestände zueinander

Der Reformgesetzgeber hat 2016 den in Abs. 3 Satz 1 Nr. 1 ursprünglich enthaltenen unbestimmten Rechtsbegriff „unverzüglich" durch eine konkrete Frist von zehn Kalendertagen ersetzt (Rn. 66, 79). Seitdem die Frist des Abs. 3 Satz 1 Nr. 1 als unionskonform anzusehen ist (Rn. 73), ist der Rügetatbestand des Abs. 3 Satz 1 **Nr. 1 neben** den Tatbeständen des Abs. 3 Satz 1 **Nr. 2** und **Nr. 3 anwendbar**.[296] Dies bedeutet, dass ein Bieter oder Bewerber, der **erkennbare** Vergaberechtsverstöße tatsächlich i. S. d. Abs. 3 Satz 1 Nr. 1 **positiv erkannt** hat (Rn. 74 ff.), **nicht** dazu berechtigt ist, bis zum **späteren Ablauf der Frist** zur Bewerbung oder zur Angebotsabgabe **abzuwarten**; vielmehr muss der Bieter oder Bewerber, wenn er den Vergabeverstoß aus der Bekanntmachung (Nr. 2, Rn. 86 ff.) oder aus den Vergabeunterlagen (Nr. 3, Rn. 97 ff.) positiv erkennt, innerhalb der **Frist der Nr. 1** rügen.[297] 69

Erlangt ein Bieter oder Bewerber hingegen bzgl. bislang nur **erkennbarer** Vergaberechtsverstöße tatsächlich **positive Kenntnis** i. S. d. Abs. 3 Satz 1 Nr. 1 **kurz vor Ablauf** der Frist des Abs. 3 Satz 1 **Nr. 2** oder **Nr. 3**, muss weiterhin letztere Frist (d. h. die Frist des Abs. 3 Satz 1 Nr. 2 oder Nr. 3) gelten – anderenfalls würde eine positive Kenntniserlangung zur Verlängerung der Rügefrist über die Frist zur Bewerbung oder zur Angebotsabgabe hinaus um die verbleibenden Tage der Frist des Abs. 3 Satz 1 Nr. 1 führen; der Rügende hätte es somit in der Hand, unter Behauptung positiver Kenntniserlangung die Rügefrist zu verlängern. Entsprechend der Wertung zur positiven Kenntniserlangung vor Ablauf der Frist des Abs. 3 Satz 1 Nr. 2 oder Nr. 3 (s. o. Rn. 69) ist daher die **zeitlich früher ablaufende Frist maßgeblich**. 70

Sollte ein Bieter oder Bewerber allerdings bislang **nicht erkennbare** Vergaberechtsverstöße tatsächlich **positiv** i. S. d. Abs. 3 Satz 1 Nr. 1 erkennen, kurz bevor die Frist des Abs. 3 71

294 *Byok*, NJW 1998, 2774, 2778; VÜA Hessen, Beschl. v. 16.3.1999, VÜA 2/99. So ebenfalls OLG Düsseldorf, Beschl. v. 21.10.2015, VII-Verg 28/14, ZfBR 2016, 83, 84 m. w. N.; VK Düsseldorf, Beschl. v. 7.1.2015, VK-5/2014.

295 Vgl. *Dicks*, ZfBR 2010, 235, 242.

296 Anders nach richtiger Ansicht noch vor dem Inkrafttreten des VergRModG 2016: Mangels Anwendbarkeit des unionsrechtswidrigen Abs. 3 Satz 1 Nr. 1 a. F. konnte ein Bieter, der einen aus der Bekanntmachung oder den Vergabeunterlagen erkennbaren Vergaberechtsverstoß positiv erkannte, die Rüge bis zum Ablauf der Frist zur Bewerbung oder zur Angebotsabgabe erheben, s. *Byok*, in: Byok/Jaeger, 3. Aufl. 2011, § 107 GWB Rn. 87 u. 95. Nach a. A. musste der Bieter bei positiver Kenntnis den Verstoß „unverzüglich" i. S. d. Abs. 3 Satz 1 Nr. 1 a. F. rügen und durfte nicht bis zum Ablauf der Angebots- oder Bewerbungsfrist warten, s. OLG Karlsruhe, Beschl. v. 25.7.2014, 15 Verg 5/14; *Wiese*, in: Kulartz/Kus/Portz, 3. Aufl. 2014, GWB, § 107 Rn. 86, 116, 124; *Hattig*, in: Hattig/Maibaum, PK Kartellvergaberecht, § 107 GWB Rn. 98, 126, 144; *Reidt*, in: Reidt/Stickler/Glahs, Vergaberecht, 3. Aufl. 2011, § 107 Rn. 59, 47; *Otting*, in: Bechtold, GWB, § 107 Rn. 14; vgl. OLG Naumburg, Beschl. v. 30.4.2014, 2 Verg 2/14, VergabeR 2014, 808, 814; BayOblG, Beschl. v. 12.4.2000, Verg 1/00, NZBau 2000, 481, 483.

297 Ebenso *Summa*, in: jurisPK-Vergaberecht, § 160 GWB Rn. 283; *Hofmann*, in: Müller-Wrede, GWB, § 160 Rn. 37; *Wiese*, in: Kulartz/Kus/Portz/Prieß, GWB, § 160 Rn. 138, 162, 170.

Satz 1 Nr. 2 oder Nr. 3 abläuft, gilt es die **Frist der Nr. 1** zu beachten: Vor positiver Kenntniserlangung traf den Bieter oder Bewerber mangels Erkennbarkeit keine Rügeobliegenheit. Die spätere Erkenntnis kann nicht dazu führen, dass der Rügende unter Beschneidung seines Rechtsschutzes nun die bislang nicht einschlägige Frist des Abs. 3 Satz 1 Nr. 2 oder Nr. 3 beachten müsste.

4. Abs. 3 Satz 1 Nr. 1

a) Allgemeines

72 Der Antragsteller muss den geltend gemachten Vergaberechtsverstoß **vor Einreichen** des Nachprüfungsantrags (Rn. 78) positiv **erkannt** haben (Rn. 74 ff.) und innerhalb einer Frist von **zehn Kalendertagen** (Rn. 79) gegenüber dem Auftraggeber rügen (Abs. 3 Satz 1 Nr. 1).

b) Unionskonformität

73 Nach der Neufassung durch das VergRModG 2016 ist Abs. 3 Satz 1 Nr. 1 als unionskonform anzusehen. Das VergRModG lässt grds. die Rügeobliegenheit gem. Abs. 3 Satz 1 Nr. 1 bestehen, konkretisiert aber mit einer Dauer von zehn Kalendertagen die Frist, innerhalb derer der Antragsteller nach Erkennen den im Nachprüfungsverfahren geltend gemachten Verstoß im Vergabeverfahren gerügt haben muss.[298] Diese Änderung soll der Rechtsprechung des EuGH in den Rs. „Uniplex“[299] und „Kommission ./. Irland“[300] (Rn. 83) Rechnung tragen, der zufolge eine Bestimmung, nach der ein Verfahren unverzüglich eingeleitet werden muss, als nicht mit Art. 1 Abs. 1 ÜWR in der Fassung der RML vereinbar angesehen werden kann[301] – die Länge einer Ausschlussfrist ist für den Betroffenen nicht vorhersehbar, wenn sie in das Ermessen des zuständigen Gerichts gestellt wird[302].[303] Die neue Fassung des Abs. 3 Satz 1 Nr. 1 soll nach dem Willen des Gesetzgebers die bisher bestehende Rechtsunsicherheit (Rn. 84 f.) beseitigen.[304] Dies ist dem Gesetzgeber auch gelungen: Die nun gesetzlich normierte Rügefrist von zehn Kalendertagen ist hinreichend klar, bestimmt und im Übrigen zur Gewährung eines effektiven Rechtsschutzes angemessen. Insbesondere bietet der Begriff „Kalendertage“, der auch in Abs. 3 Satz 1 Nr. 4 verwendet wird, keinen Anlass für Definitionsfragen, wie sie bspw. im Zusammenhang mit den Begriffen „Tage“ oder „Werktage“ (s. § 169 Rn. 65) bestehen. Zudem soll die neue Fristbestimmung von zehn Kalendertagen der Stillhalte- und Überlegungsfrist nach Art. 2a Abs. 2 RML sowie der dies umsetzenden Vorschrift des § 134 GWB Rechnung tragen – durch die Streichung des Erfordernisses der „Unverzüglichkeit“ soll die Schutzfunktion der Stillhaltefrist des § 134 GWB gestärkt und diese nicht mehr in ihrer praktischen Wirk-

---

298 Vgl. Amtl. Begr., BT-Drs. 18/6281, S. 134 zu § 160 GWB-E VergRModG.
299 EuGH, Urt. v. 28.1.2010, Rs. C-406/08, VergabeR 2010, 451 ff. – Uniplex.
300 EuGH, Urt. v. 28.1.2010, Rs. C-456/08, VergabeR 2010, 457 ff. – Kommission ./. Irland.
301 EuGH, Urt. v. 28.1.2010, Rs. C-406/08, Rn. 43, VergabeR 2010, 451, 456 – Uniplex.
302 EuGH, Urt. v. 28.1.2010, Rs. C-456/08, Rn. 75, VergabeR 2010, 457, 464 – Kommission ./. Irland.
303 Amtl. Begr., BT-Drs. 18/6281, S. 134 f. zu § 160 GWB-E VergRModG.
304 Amtl. Begr., BT-Drs. 18/6281, S. 135 zu § 160 GWB-E VergRModG.

samkeit beeinträchtigt werden.[305] Der Gesetzgeber beabsichtigte, durch die Neufassung die Zulässigkeitsanforderungen des Abs. 3 Satz 1 Nr. 1 und die Informations- und Wartepflicht gem. § 134 Abs. 1 und 2 GWB besser aufeinander abzustimmen.[306] Auch dieser Ansatz des Gesetzgebers ist zu begrüßen.

c) Erkannte Vergaberechtsverstöße

Vorausgesetzt ist gem. Abs. 3 Satz 1 Nr. 1 **positive Kenntnis** von einem Verstoß gegen Vergabevorschriften, wofür der **Antragsgegner darlegungs-** und **beweispflichtig** ist[307] (Rn. 126f.). Den Nachteil der Nichterweislichkeit hat der Auftraggeber zu tragen.[308] Vermutungen, Unterstellungen und Spekulationen der Vergabestelle über die positive Kenntnis des Antragstellers sind daher nicht ausreichend.[309] Maßgeblich sind allein konkrete und überprüfbare Tatsachenfeststellungen.[310] Kenntnis ist ein subjektiver, innerer Vorgang, der sich erst durch Akten- oder Gesprächsnotizen oder durch sonstige Indizien, die zwanglos den Schluss auf das Erkannthaben zulassen, nach außen objektiviert und damit als Beleg für die Feststellung, ob und wann der Verstoß positiv erkannt wurde, dienen kann, sofern ein Antragsteller nicht selbst einräumt, den Verstoß zu einem eventuell früheren Zeitpunkt erkannt zu haben.[311] 74

Kenntnis in diesem Sinn setzt einmal die positive Kenntnis der einen Vergabefehler (tatsächlicher oder vermeintlicher Art) ausmachenden **Tatsachenumstände**, außerdem aber auch die zumindest laienhafte **rechtliche Wertung** des Antragstellers voraus, dass die bekannten Tatsachen den Schluss auf eine Verletzung vergaberechtlicher Bestimmungen rechtfertigen.[312] Nicht erforderlich ist Kenntnis von einem völlig zweifelsfreien und in jeder Beziehung sicher nachweisbaren Vergabefehler. Ausreichend ist vielmehr das Wissen um einen Sachverhalt, der den Schluss auf die Verletzung vergaberechtlicher Bestimmungen erlaubt und der es bei vernünftiger Betrachtung gerechtfertigt erscheinen lässt, das 75

---

305 Amtl. Begr., BT-Drs. 18/6281, S. 135 zu § 160 GWB-E VergRModG.

306 Amtl. Begr., BT-Drs. 18/6281, S. 135 zu § 160 GWB-E VergRModG.

307 OLG München, Beschl. v. 20.3.2014, Verg 17/13, VergabeR 2014, 700, 709; OLG Karlsruhe, Beschl. v. 21.12.2012, 15 Verg 10/12, NZBau 2013, 528, 529; OLG Jena, Beschl. v. 22.8.2011, 9 Verg 2/11, NZBau 2011, 771, 772; OLG Düsseldorf, Beschl. v. 29.12.2001, Verg 22/01, VergabeR 2002, 267, 270; OLG Frankfurt a. M., Beschl. v. 16.5.2000, 11 Verg 1/99, NZBau 2001, 101, 105.

308 OLG Düsseldorf, Beschl. v. 30.5.2001, Verg 23/00.

309 Vgl. VK Köln, Beschl. v. 30.3.2007, VK VOL 4/2007.

310 Vgl. OLG Düsseldorf, Beschl. v. 5.12.2001, Verg 32/01.

311 OLG Jena, Beschl. v. 22.8.2011, 9 Verg 2/11, NZBau 2011, 771, 772 m.w.N.; VK Nordbayern, Beschl. v. 8.2.2017, 21.Vk-3194-44/16.

312 BGH, Beschl. v. 26.9.2006, X ZB 14/06, VergabeR 2007, 59, 65 = VergabeR 2010, 815, 821; OLG Rostock, Beschl. v. 6.11.2015, 17 Verg 2/15; KG, Beschl. v. 21.11.2014, Verg 22/13, VergabeR 2015, 204, 205; OLG Karlsruhe, Beschl. v. 21.12.2012, 15 Verg 10/12, NZBau 2013, 528, 529; Beschl. v. 6.4.2011, 15 Verg 3/11, VergabeR 2011, 722, 726; Beschl. v. 6.2.2007, 17 Verg 7/06; OLG Brandenburg, Beschl. v. 28.8.2012, Verg W 19/11; OLG Düsseldorf, Beschl. v. 25.4.2012, Verg 100/11, ZfBR 2012, 608; Beschl. v. 10.9.2009, VII-Verg 12/09, VergabeR 2010, 83, 88; Beschl. v. 4.5.2009, VII-Verg 68/08, VergabeR 2009, 905, 910; Beschl. v. 16.2.2005, Verg 74/04, VergabeR 2005, 364, 367; Beschl. v. 5.12.2001, Verg 32/01; OLG Dresden, Beschl. v. 23.1.2009, WVerg 11/08.

Vergabeverfahren als fehlerhaft zu beanstanden.[313] Zu verlangen ist also mindestens ein Zustand, in dem ein beanstandetes Vergabeverhalten auch in rechtlicher Hinsicht als problematisch eingestuft wird[314] bzw. der Sachverhalt für einen Antragsteller in tatsächlicher und rechtlicher Hinsicht hinreichend geklärt ist und die unternehmerische Entscheidung über einen Angriff ermöglicht.[315] Bei **Zweifeln an der Rechtslage** ist positive Kenntnis ausgeschlossen, **Vermutungen** reichen nicht aus.[316] Dem Anbieter ist nicht zuzumuten, in jedem Verfahrensstadium das Verhältnis zur Vergabestelle durch Verdachtsrügen zu belasten.[317] Anders als bei Abs. 3 Satz 1 Nr. 2 und Nr. 3 reicht bloße Erkennbarkeit nicht aus.[318] Die **Verärgerung** eines Bieters über von dem Auftraggeber aufgestellte Voraussetzungen bzw. darüber, diese nicht erfüllen zu können, lässt keinen Schluss darauf zu, eine etwaige Vergaberechtswidrigkeit erkannt zu haben; man kann sich nämlich auch über rechtmäßiges Verhalten und rechtmäßige Zustände verärgert zeigen, weil sie den eigenen Interessen widersprechen.[319]

76 Grundsätzlich kann den Bietern eine einschlägige Rechtskenntnis des Vergabeverfahrens abverlangt werden.[320] Allerdings besteht eine rechtliche Verpflichtung des Antragstellers, sich die – über einen etwa bestehenden Verdacht hinaus – zur Erhebung der Rüge erforderlichen Tatsachenkenntnisse durch eigenes Tun zu verschaffen und/oder bislang ungewisse rechtliche Bedenken durch Einholen anwaltlichen Rechtsrats zu erhärten, grundsätzlich nicht.[321] Eine Ausnahme hiervon kann nur in dem Fall anerkannt werden, in welchem der

313 OLG Saarbrücken, Beschl. v. 27.6.2016, 1 Verg 2/16; Beschl. v. 26.9.2000, 5 Verg 1/00; OLG Brandenburg, Beschl. v. 18.9.2008, Verg W 13/08; OLG Koblenz, Beschl. v. 3.4.2008, 1 Verg 1/08; OLG Celle, Beschl. v. 5.7.2007, 13 Verg 8/07; OLG Karlsruhe, Beschl. v. 6.2.2007, 17 Verg 7/06 m. w. N.; OLG Düsseldorf, Beschl. v. 27.7.2006, VII-Verg 23/06; Beschl. v. 19.7.2006, VII-Verg 27/06; Beschl. v. 2.8.2002, Verg 25/02; Beschl. v. 22.8.2000, Verg 9/00; OLG Jena, Beschl. v. 16.1.2002, 6 Verg 7/01; VK Lüneburg, Beschl. v. 17.6.2010, VgK-28/2010; Beschl. v. 16.4.2010, VgK-10/2010; VK Saarland, Beschl. v. 13.3.2010, 1 VK 01/2010; VK Hessen, Beschl. v. 21.1.2003, 69d VK 62/02.

314 OLG Karlsruhe, Beschl. v. 6.2.2007, 17 Verg 7/06; VK Bund, Beschl. v. 28.4.2003, VK 1-19/03.

315 So auch VK Düsseldorf, Beschl. v. 11.8.2006, VK-30/2006-L.

316 Vgl. OLG Saarbrücken, Beschl. v. 27.6.2016, 1 Verg 2/16; Beschl. v. 23.11.2005, 1 Verg 3/05; OLG Frankfurt a. M., Beschl. v. 5.10.2010, 11 Verg 7/10; Beschl. v. 15.7.2008, 11 Verg 04/08, ZfBR 2009, 86, 89; OLG Jena, Beschl. v. 30.3.2009, 9 Verg 12/08; OLG Celle, Beschl. v. 5.7.2007, 13 Verg 8/07; OLG Karlsruhe, Beschl. v. 6.2.2007, 17 Verg 7/06.

317 OLG Düsseldorf, Beschl. v. 25.4.2012, Verg 100/11, ZfBR 2012, 608; Beschl. v. 30.4.2003, Verg 61/02, VergabeR 2004, 371, 375; Beschl. v. 12.3.2003, Verg 49/02; Beschl. v. 9.1.2003, Verg 57/02; Beschl. v. 26.7.2002, Verg 28/02, VergabeR 2003, 87, 88; Beschl. v. 30.4.2002, Verg 3/02, VergabeR 2002, 528, 530; Beschl. v. 29.12.2001, Verg 22/01, VergabeR 2002, 267, 270; Beschl. v. 18.7.2001, Verg 16/01, VergabeR 2001, 419, 420; Beschl. v. 4.7.2001, Verg 20/01; OLG Saarbrücken, Beschl. v. 24.11.1999, 5 Verg 1/99; BayObLG, Beschl. v. 21.5.1999, Verg 1/99-66, WuW/E Verg 239; VK Münster, Beschl. v. 9.10.2009, VK 19/09; Beschl. v. 12.5.2009, VK 5/09; VK Mecklenburg-Vorpommern, Beschl. v. 25.1.2008, 2 VK 5/07; VK Düsseldorf, Beschl. v. 11.8.2006, VK-30/2006-L.

318 BGH, Beschl. v. 26.9.2006, X ZB 14/06, VergabeR 2007, 59, 65 = VergabeR 2010, 815, 821; OLG Rostock, Beschl. v. 6.11.2015, 17 Verg 2/15; OLG Düsseldorf, Beschl. v. 10.9.2009, VII-Verg 12/09, VergabeR 2010, 83, 88; Beschl. v. 4.5.2009, VII-Verg 68/08, VergabeR 2009, 905, 910 m. w. N.

319 Vgl. OLG Karlsruhe, Beschl. v. 6.4.2011, 15 Verg 3/11, VergabeR 2011, 722, 726.

320 *Willenbruch*, NVwZ 1999, 1062, 1065 f.

321 OLG Brandenburg, Beschl. v. 28.8.2012, Verg W 19/11; OLG Dresden, Beschl. v. 23.4.2009, WVerg 11/08; OLG Jena, Beschl. v. 30.3.2009, 9 Verg 12/08; OLG Düsseldorf, Beschl. v.

Kenntnisstand des Antragstellers in tatsächlicher oder rechtlicher Hinsicht einen solchen Grad erreicht hat (z. B. durch Verfahrenshinweise der Vergabestelle oder durch die Beantwortung von Bieterfragen), dass ein weiteres **Verharren in Unkenntnis** als ein **mutwilliges Sich-Verschließen** vor der Erkenntnis eines Vergaberechtsverstoßes gewertet werden muss.[322] Daher schadet auch nicht die grob fahrlässige Unkenntnis von einem Vergabefehler.[323] Bei erstmaliger Teilnahme an einem Vergabeverfahren, sonstiger Unerfahrenheit des (ausländischen) Anbieters oder schwieriger Sach- und Rechtslage kann positive Kenntnis von einem Verstoß gegen Vergabevorschriften daher **in der Regel** erst durch **anwaltliche Beratung** zustande kommen.[324] Werden beim Durcharbeiten des Leistungsverzeichnisses Ungenauigkeiten festgestellt, muss noch nicht unbedingt positive Kenntnis vorliegen, denn Kenntnis von Ungenauigkeiten oder Widersprüchen in den Vergabeunterlagen ist noch nicht mit positiver Kenntnis eines Vergaberechtsverstoßes gleichzusetzen. Daher muss auch nicht ohne fachanwaltliche Beratung ein rügender Hinweis nach Abs. 3 Satz 1 Nr. 1 an die Vergabestelle gegeben werden[325] (zur Rügeobliegenheit gem. Abs. 3 Satz 1 Nr. 3 s. Rn. 97 ff.). Zur Abklärung, ob eine Rüge – und damit nachfolgend ein Nachprüfungsantrag – eingereicht werden soll, darf der Rat eines Anwalts eingeholt werden: Dies ist in Anbetracht der nicht leicht zu durchschauenden rechtlichen Fragen und der nicht unerheblichen finanziellen Folgen, welche sich an die Durchführung eines Nachprüfungsverfahrens knüpfen, auch berechtigt.[326]

Bei einem Unternehmen kommt es darauf an, ob dieses bereits erhebliche Erfahrungen mit öffentlichen Aufträgen hat und daher gewisse Rechtskenntnisse vorausgesetzt werden kön- **77**

27.7.2006, VII-Verg 23/06; Beschl. v. 16.2.2005, Verg 74/04, VergabeR 2005, 364, 367; Beschl. v. 5.12.2001, Verg 32/01; Beschl. v. 18.7.2001, Verg 16/01; VK Bund, Beschl. v. 26.3.2003, VK 2-06/03.

322 Vgl. BGH, Beschl. v. 26.9.2006, X ZB 14/06, VergabeR 2007, 59, 65 = VergabeR 2010, 815, 821; OLG Saarbrücken, Beschl. v. 27.6.2016, 1 Verg 2/16; OLG Brandenburg, Beschl. v. 28.8.2012, Verg W 19/11; OLG Jena, Beschl. v. 22.8.2011, 9 Verg 2/11, NZBau 2011, 771, 772; Beschl. v. 30.3.2009, 9 Verg 12/08; OLG Düsseldorf, Beschl. v. 9.1.2013, VII-Verg 33/12, VergabeR 2013, 599, 600; Beschl. v. 10.9.2009, VII-Verg 12/09, VergabeR 2010, 83, 88 f.; Beschl. v. 4.5.2009, VII-Verg 68/08, VergabeR 2009, 905, 910; Beschl. v. 16.2.2005, Verg 74/04, VergabeR 2005, 364, 367, 369; Beschl. v. 5.12.2001, Verg 32/01; Beschl. v. 18.7.2001, Verg 16/01; OLG Dresden, Beschl. v. 23.4.2009, WVerg 11/08; OLG München, Beschl. v. 16.4.2009, Verg 3/09, VergabeR 2009, 830, 832; OLG Frankfurt a. M., Beschl. v. 15.7.2008, 11 Verg 04/08, ZfBR 2009, 86, 89; VK Münster, Beschl. v. 12.5.2009, VK 5/09; VK Sachsen, Beschl. v. 25.6.2008, 1/SVK/029-08; VK Bund, Beschl. v. 26.3.2003, VK 2-06/03.

323 OLG Jena, Beschl. v. 30.3.2009, 9 Verg 12/08; OLG Frankfurt a. M., Beschl. v. 15.7.2008, 11 Verg 04/08; OLG Düsseldorf, Beschl. v. 27.7.2006, VII-Verg 23/06; Beschl. v. 19.7.2006, Verg 27/06; Beschl. v. 16.2.2005, Verg 74/04, VergabeR 2005, 364, 367; Beschl. v. 13.6.2001, Verg 2/01, VergabeR 2001, 415, 416; OLG Naumburg, Beschl. v. 18.7.2006, 1 Verg 4/06; OLG Saarbrücken, Beschl. v. 26.9.2000, 5 Verg 1/00; VK Münster, Beschl. v. 12.5.2009, VK 5/09.

324 Vgl. OLG Frankfurt a. M., Beschl. v. 15.7.2008, 11 Verg 04/08; OLG Bremen, Beschl. v. 3.4.2007, Verg 2/07; VK Lüneburg, Beschl. v. 2.3.1999, 203-VgK-1/1999; VK Bund, Beschl. v. 19.7.1999, VK 2-14/99; VK Hessen, Beschl. v. 25.7.2003, 69d-VK-31/03; Beschl. v. 11.8.1999, VK 1/99. S. a. KG, Beschl. v. 21.11.2014, Verg 22/13, VergabeR 2015, 204, 206.

325 A. A. VK Bund, Beschl. v. 20.4.2000, VK 2-6/00.

326 OLG München, Beschl. v. 3.11.2011, Verg 14/11, VergabeR 2012, 218, 222. S. a. KG, Beschl. v. 21.11.2014, Verg 22/13, VergabeR 2015, 204, 206. A. A. wohl OLG Saarbrücken, Beschl. v. 27.6.2016, 1 Verg 2/16.

nen, die bei einem unerfahrenen Unternehmen nicht vorhanden sind.[327] Auch bei **Großunternehmen** kann jedoch bei schwieriger Rechtslage die Kenntnis der rechtlichen Relevanz der Tatsachen, die einen Verstoß gegen das Vergabeverfahren bedeuten könnten, fehlen.[328] Bei Großunternehmen mit eigener Rechtsabteilung wird zwar in der Regel „der hausinterne Sachverstand" zum Erkennen von Vergaberechtsverstößen genügen; fachkundige Mitarbeiter von Unternehmen, die sich regelmäßig an Ausschreibungen beteiligen, werden anwaltliche Hilfe also vor allem beim Erkennen außergewöhnlicher Verstöße benötigen.[329] Entscheidend bleiben allerdings die Umstände des **Einzelfalls** und die **individuellen Erkenntnismöglichkeiten**. Positive Kenntnis i. S. d. Abs. 3 Satz 1 Nr. 1 kann einem Antragsteller von Seiten der Nachprüfungsinstanzen daher nicht ohne Weiteres aufgrund der Unternehmensgröße bzw. deshalb unterstellt werden, weil es sich um eine aus großen Unternehmen mit eigenen Rechtsabteilungen und Erfahrungen in Vergabeverfahren bestehende Bietergemeinschaft handelt.[330] Dieser Gesichtspunkt trägt nicht die Schlussfolgerung, dass etwaige Verstöße gegen Vergabevorschriften zwangsläufig sofort von den Rechtsabteilungen erkannt worden sind und gerügt werden müssen.[331] Erst die Durchsicht der Vergabeunterlagen durch einen **fachkundigen Mitarbeiter** verschafft Kenntnis i. S. d. Abs. 3 Satz 1 Nr. 1, nicht hingegen die Durchsicht von Vergabeunterlagen lediglich durch eine Bürokraft in formaler Hinsicht auf Vollständigkeit der Formulare und Eindeutigkeit der Bewerbungsbedingungen.[332] Bei einer juristischen Person reicht die eine Rügepflicht auslösende Kenntnis des Mitarbeiters aus, der bspw. tatsächlich an maßgeblicher Stelle in die Angebotserstellung eingebunden und **unabhängig** vom Bestehen **einer allgemeinen Vertretungsberechtigung** jedenfalls im konkreten Vergabeverfahren befugt ist, für den Bieter gegenüber der Vergabestelle **verbindliche Erklärungen** abzugeben.[333] Von der Kenntniserlangung zu unterscheiden ist die Berechtigung zur Erklärung einer Rüge (Rn. 105).

d) Erkennen des geltend gemachten Verstoßes vor Einreichen des Nachprüfungsantrags

78 Nach der Umformulierung durch das VergRModG muss der Antragsteller den „**geltend gemachten**" Verstoß gegen Vergabevorschriften erkannt haben und fristgerecht (Rn. 79) rügen. Abs. 3 Satz 1 Nr. 1 a. F. sprach noch von dem „gerügten" Vergaberechtsverstoß, der unverzüglich gerügt werden musste. Die jetzige Fassung ist sprachlich präziser, muss doch der geltend gemachte Verstoß grds. nur einmal gerügt werden. Der Vergaberechtsverstoß muss sodann vor Einreichen des Nachprüfungsantrags erkannt worden sein. Nach Einreichen des Nachprüfungsantrags erkannte Vergaberechtsverstöße unterliegen dagegen kei-

---

327 VK Südbayern, Beschl. v. 14.12.2004, 70-10/04; vgl. aber OLG Düsseldorf, Beschl. v. 16.2.2005, Verg 74/04, VergabeR 2005, 364, 368 f.

328 OLG Bremen, Beschl. v. 3.4.2007, Verg 2/07.

329 OLG Frankfurt a. M., Beschl. v. 15.7.2008, 11 Verg 04/08, ZfBR 2009, 86, 89; *Summa*, in: jurisPK-Vergaberecht, § 160 GWB Rn. 242.

330 Vgl. OLG Frankfurt a. M., Beschl. v. 15.7.2008, 11 Verg 04/08, ZfBR 2009, 86, 89; s. a. OLG Düsseldorf, Beschl. v. 16.2.2005, Verg 74/04, VergabeR 2005, 364, 368 f.

331 OLG Frankfurt a. M., Beschl. v. 15.7.2008, 11 Verg 04/08, ZfBR 2009, 86, 89.

332 OLG Rostock, Beschl. v. 6.3.2009, 17 Verg 1/09, VergabeR 2009, 660, 669; OLG Naumburg, Beschl. v. 5.12.2008, 1 Verg 9/08, VergabeR 2009, 486, 490 f.

333 OLG Koblenz, Beschl. v. 6.9.2006, 1 Verg 6/06; VK Baden-Württemberg, Beschl. v. 20.5.2009, 1 VK 18/09; *Summa*, in: jurisPK-Vergaberecht, § 160 GWB Rn. 245 ff.; ausführlich *Dicks*, in: Ziekow/Völlink, Vergaberecht, § 160 Rn. 42 m. w. N.

ner Rügeobliegenheit, wie der Gesetzgeber nun durch den Einschub „**vor Einreichen des Nachprüfungsantrags**" klargestellt hat.[334] Dies entsprach der bereits vor der Reform 2016 herrschenden Ansicht in der Rechtsprechung (Rn. 121).

e) Rügefrist

Die Rügefrist des Abs. 3 Satz 1 Nr. 1 1. Hs. **beginnt** mit Abschluss des Erkenntnisprozesses,[335] d.h. mit positiver Kenntnis eines Vergaberechtsverstoßes (Rn. 74ff.). Für die Fristberechnung wird der Tag der Erkenntnis nicht mitgerechnet, was sich aus § 187 Abs. 1 BGB (vgl. auch § 31 Abs. 2 VwVfG und Art. 3 Abs. 1 Satz 2 der VO (EWG, Euratom) Nr. 1182/71 vom 3.6.1971) ergibt, der entweder entsprechend oder über §§ 175 Abs. 2, 73 Nr. 2 GWB, § 222 Abs. 1 ZPO Anwendung findet. Fristbeginn ist folglich am **Tag nach positiver Kenntniserlangung**. Nach dem Gesetzeswortlaut ist der Nachprüfungsantrag unzulässig, soweit der Antragsteller den Verstoß nicht innerhalb einer Frist von **zehn Kalendertagen** gerügt hat. Der Begriff des Kalendertages umfasst nach vergaberechtlicher Definition alle Tage des Kalenders, und zwar unabhängig davon, ob es sich um einen Werktag oder Feiertage, Sonnabende und Sonntage handelt.[336] Die Rechtsbehelfsfrist endet entsprechend § 188 Abs. 1 BGB mit Ablauf des letzten Tages der Frist, also mit **Ablauf des 10. Kalendertages um 24:00 Uhr**, mit einer Rüge am 11. Kalendertag wäre der Antragsteller präkludiert. Fällt der letzte Tag der Frist auf einen Samstag, einen Sonntag oder einen staatlich anerkannten allgemeinen Feiertag,[337] tritt entsprechend § 193 BGB[338] (vgl. auch § 222 Abs. 2 ZPO, § 31 Abs. 3 Satz 1 VwVfG und Art. 3 Abs. 4 der VO (EWG, Euratom) Nr. 1182/71) an die Stelle dieses Tages der nächste Werktag; die Auslegungsregeln der vorgenannten Vorschriften gelten nämlich für Fristen, innerhalb derer eine bestimmte Handlung oder Willenserklärung vorgenommen werden kann oder muss.[339] **79**

Durch das VergRModG wurde der Zusatz in Abs. 3 Satz 1 Nr. 1 2. Hs. aufgenommen, der klarstellt, dass der Ablauf der sogenannten **Warte-** bzw. **Stillhaltefrist** nach § 134 Abs. 2 GWB **unberührt** bleibt. Dies bedeutet, dass der Nachprüfungsantragsteller bei positiver Kenntnis die Frist von zehn Kalendertagen des Abs. 3 Satz 1 Nr. 1 1. Hs. dann nicht ausschöpfen darf, wenn die Wartefrist des § 134 Abs. 2 GWB zuvor abläuft.[340] Wie bei der Antragsfrist des Abs. 3 Satz 1 Nr. 4 (Rn. 129ff., 147) wird also die Rügefrist des Abs. 3 Satz 1 Nr. 1 1. Hs. durch die Frist des § 134 GWB **durchbrochen**, indem der Zuschlag nach Ablauf der Wartefrist bereits vor Ende der Rügefrist erfolgen kann. **80**

---

334 Vgl. Amtl. Begr., BT-Drs. 18/6281, S. 135 zu § 160 GWB-E VergRModG.

335 *Summa*, in: jurisPK-Vergaberecht, § 160 GWB Rn. 222.

336 OLG Düsseldorf, Beschl. v. 14.5.2008, VII-Verg 11/08. S. a. Art. 3 Abs. 3 der VO (EWG, Euratom) Nr. 1182/71 v. 3.6.1971.

337 Der 24.12. und der 31.12. sind keine gesetzlichen Feiertage und fallen nicht unter die Vorschrift des § 193 BGB, vgl. *Ellenberger*, in: Palandt, BGB, § 193 BGB Rn. 6.

338 So auch *Kühnen*, § 135 Rn. 32; *Summa*, in: jurisPK-Vergaberecht, § 160 GWB Rn. 257; *Hofmann*, in: Müller-Wrede, GWB, § 160 Rn. 66.

339 Instruktiv zur unmittelbaren oder entsprechenden Anwendung des § 193 BGB OLG Düsseldorf, Beschl. v. 14.5.2008, VII-Verg 11/08 (dort bzgl. § 13 VgV a.F. nicht anwendbar, weil diese Vorschrift einen Termin festlegt, ab dem eine Wartefrist ablaufen soll, § 193 BGB aber nicht gilt, wenn mit dem Ablauf des letzten Tages der Frist eine bestimmte Rechtswirkung eintritt).

340 Ausführlich hierzu *Hofmann*, in: Müller-Wrede, GWB, § 160 Rn. 65.

f) Annex: Die „unverzügliche" Rüge gem. Abs. 3 Satz 1 Nr. 1 a.F.[341]

81 Nach Abs. 3 Satz 1 Nr. 1 a.F. musste die Rüge unverzüglich erfolgen. Mangels einer Definition im GWB wurde die in **§ 121 Abs. 1 Satz 1 BGB** enthaltene Legaldefinition für den wortgleichen Begriff („ohne schuldhaftes Zögern") zur Auslegung auf das öffentliche Recht erstreckt.[342] Demzufolge hatte ein Unternehmen bereits im Vergabeverfahren erkannte Verstöße gegen Vergabevorschriften unter Berücksichtigung der für **Prüfung** und **Begründung** der Rüge notwendigen Zeit sowie einer angemessenen **Überlegungsfrist** sobald gegenüber dem Auftraggeber zu rügen, als es ihm nach den Umständen möglich und zumutbar war.[343] „Unverzüglich" war nicht gleichbedeutend mit „sofort". Es galt eine grds., maximale **Obergrenze** von **2 Wochen**,[344] die sich erheblich **verkürzen** konnte[345] und nach den Umständen des jeweiligen Einzelfalls (u.a. Schwierigkeit und Komplexität der vergaberechtlichen Fragen, Zeitaufwand, Einholung von Rechtsrat) bestimmte.[346] Es wurde z.T. auf Werk- und z.T. auf Kalendertage abgestellt.[347] Die nationale **Entscheidungspraxis** zu der Fristlänge war völlig **uneinheitlich**[348] und reichte von einer Angemessenheit von grds. 1–3 bis hin zu 8 Tagen, in seltenen Ausnahmefällen von 2 Wochen.[349]

82 Vor diesem Hintergrund hatte der **Bundesrat** bereits im Rahmen des Gesetzgebungsverfahrens zum **VergModG 2009** den Vorschlag unterbreitet, „unverzüglich" durch „**innerhalb einer Woche**" zu ersetzen.[350] Dieser Konkretisierungsversuch **scheiterte an** der **Bundesregierung**, die damals noch an dem unbestimmten Rechtsbegriff „unverzüglich" festhielt und meinte, eine strikte zahlenmäßige Konkretisierung dieses Begriffs sei nicht sachgerecht und trage dem Ziel einer weiteren Beschleunigung des Vergabeverfahrens nur unzureichend Rechnung; was „ohne schuldhaftes Zögern" für den jeweiligen Sachverhalt bedeute, lasse sich nur aufgrund der näheren Umstände des Einzelfalls beurteilen.[351]

---

341 Ausführliche Darstellung und Bewertung der alten Rechtslage s. *Byok*, in: Byok/Jaeger, GWB, 3. Aufl. 2011, § 107 GWB Rn. 60–72.

342 OLG Düsseldorf, Beschl. v. 13.4.1999, Verg 1/99, BB 1999, 1078 = WuW/E Verg 223 = NZBau 2000, 45, 47.

343 OLG Düsseldorf, Beschl. v. 13.4.1999, Verg 1/99, BB 1999, 1078 = WuW/E Verg 223 = NZBau 2000, 45, 47.

344 Vgl. OLG Dresden, Beschl. v. 7.5.2010, WVerg 06/10, VergabeR 2010, 666, 668; OLG Düsseldorf, Beschl. v. 13.4.1999, Verg 1/99, BB 1999, 1078 = WuW/E Verg 223 = NZBau 2000, 45, 47 m.w.N.; Beschl. v. 5.12.2001, Verg 32/01; BayObLG, Beschl. v. 12.4.2000, Verg 1/00, NZBau 2000, 481, 483; OLG Frankfurt a.M., Beschl. v. 16.5.2000, 11 Verg 1/99, NZBau 2001, 101, 103; Thüringisches OLG, Beschl. v. 5.7.2000, 6 Verg 3/00, NZBau 2000, 539, 540; KG, Beschl. v. 24.8.1999, Kart Verg 5/99, NZBau 2000, 258, 259.

345 Vgl. OLG Celle, Beschl. v. 10.1.2008, 13 Verg 11/07; Beschl. v. 8.3.2007, 13 Verg 2/07, VergabeR 2007, 401, 402.

346 OLG München, Beschl. v. 17.9.2007, Verg 10/07; OLG Düsseldorf, Beschl. v. 22.8.2000, Verg 9/00.

347 Vgl. nur VK Lüneburg, Beschl. v. 8.6.2007, VgK-24/2007 (Kalendertage) und VK Mecklenburg-Vorpommern, Beschl. v. 25.1.2008, 2 VK 5/07 (Werktage).

348 *Krohn*, NZBau 2010, 186, 187 sprach von einem „Flickenteppich der Judikatur".

349 Siehe ausführliche Nachweise zur Rspr. in *Byok*, in: Byok/Jaeger, GWB, 3. Aufl. 2011, § 107 GWB Rn. 61.

350 BT-Drs. 16/10117, S. 34 zu § 107 Abs. 3 Satz 1 Nr. 1 GWB-E VergModG.

351 BT-Drs. 16/10117, S. 42 zu § 107 Abs. 3 Satz 1 Nr. 1 GWB-E VergModG.

Der **EuGH** brachte sodann Bewegung in diese unklare Rechtssituation: So erinnerte er in den Rs. „**Uniplex**“ und „**Kommission ./. Irland**“ zunächst daran, dass es den **Mitgliedstaaten freisteht**, zur Erreichung des mit Art. 1 Abs. 1 ÜWR[352] verfolgten Ziels einer zügigen Überprüfung der Entscheidungen der Vergabebehörden **Fristen** für die Verfahrenseinleitung bzw. Rechtsbehelfsfristen **vorzuschreiben**, mit denen sie die Wirtschaftsteilnehmer zwingen, Vorbereitungsmaßnahmen oder Zwischenentscheidungen, die in einem Verfahren zur Vergabe eines öffentlichen Auftrags ergangen sind, innerhalb einer kurzen Frist anzufechten.[353] Dieses Ziel muss im nationalen Recht unter Beachtung der Erfordernisse der **Rechtssicherheit** verwirklicht werden. Zu diesem Zweck müssen die Mitgliedstaaten eine **Fristenregelung** schaffen, die **hinreichend genau, klar**, **vorhersehbar**, **bestimmt** und **überschaubar** ist, damit der Einzelne seine Rechte und Pflichten kennen kann.[354] Die ÜWR[355] steht einer nationalen Regelung nicht entgegen, nach der die Nachprüfung binnen einer bestimmten Frist beantragt werden muss, wobei sämtliche Mängel des Vergabeverfahrens, auf die der Antrag gestützt wird, innerhalb dieser Ausschlussfrist gerügt werden müssen, sodass bei Versäumnis dieser Frist im weiteren Verlauf des Verfahrens weder die betreffende Entscheidung angefochten, noch ein solcher Mangel geltend gemacht werden kann, sofern die fragliche Frist **angemessen** ist.[356] Zudem dürfen die nationalen Ausschlussfristen einschließlich der Art und Weise ihrer Anwendung nicht als solche die Ausübung der den Betroffenen unionsrechtlich verliehenen Rechte unmöglich machen oder übermäßig erschweren.[357] Eine nationale Bestimmung wie die streitgegenständliche englische bzw. irische, nach der die Einleitung eines Verfahrens nur zulässig ist, wenn das Verfahren „**unverzüglich**, spätestens jedoch innerhalb von drei Monaten“ bzw. „so früh wie möglich und jedenfalls innerhalb von drei Monaten“ eingeleitet wird, enthält jedoch eine **Unsicherheit**, da nicht ausgeschlossen werden kann, dass die nationalen Gerichte auf der Grundlage einer solchen Bestimmung einen Nachprüfungsantrag bereits vor Ablauf der Dreimonatsfrist wegen Fristversäumnis zurückweisen können, wenn sie der Ansicht sind, dass der Antrag nicht „unverzüglich“ bzw. „so früh wie möglich“ im Sinne dieser Bestimmung gestellt wurde.[358] Die **Länge** einer Ausschlussfrist ist für den Betroffenen **nicht vorhersehbar**, wenn sie in das **Ermessen** des zuständigen Gerichts gestellt wird.[359] Es stellt daher nach Ansicht des EuGH einen **Verstoß** gegen Art. 1 Abs. 1 ÜWR[360] dar, wenn auf der Grundlage einer solchen nationalen Bestimmung ein nationales Gericht einen Nach- **83**

---

352 S. Art. 1 Abs. 1 Unterabs. 3 RML.

353 EuGH, Urt. v. 28.1.2010, Rs. C-406/08, Rn. 38, VergabeR 2010, 451, 456 m. w. N. – Uniplex; Urt. v. 28.1.2010, Rs. C-456/08, Rn. 60, VergabeR 2010, 457, 462 f. m. w. N. – Kommission ./. Irland. S. a. EuGH, Urt. v. 12.3.2015, Rs. C-538/13, Rn. 51, VergabeR 2015, 546, 553 f. – eVigilo.

354 EuGH, Urt. v. 28.1.2010, Rs. C-406/08, Rn. 39, VergabeR 2010, 451, 456 m. w. N. – Uniplex; Urt. v. 28.1.2010, Rs. C-456/08, Rn. 61, VergabeR 2010, 457, 463 m. w. N. – Kommission ./. Irland.

355 Heute RML.

356 EuGH, Urt. v. 28.1.2010, Rs. C-456/08, Rn. 51, VergabeR 2010, 457, 462 m. w. N. – Kommission ./. Irland; s. a. EuGH, Urt. v. 12.3.2015, Rs. C-538/13, Rn. 51, VergabeR 2015, 546, 553 f. – eVigilo.

357 EuGH, Urt. v. 28.1.2010, Rs. C-406/08, Rn. 40, VergabeR 2010, 451, 456 – Uniplex; Urt. v. 28.1.2010, Rs. C-456/08, Rn. 53, VergabeR 2010, 457, 462 m. w. N. – Kommission ./. Irland.

358 EuGH, Urt. v. 28.1.2010, Rs. C-406/08, Rn. 41, VergabeR 2010, 451, 456 – Uniplex; Urt. v. 28.1.2010, Rs. C-456/08, Rn. 74, VergabeR 2010, 457, 464 – Kommission ./. Irland.

359 EuGH, Urt. v. 28.1.2010, Rs. C-406/08, Rn. 42, VergabeR 2010, 451, 456 – Uniplex; Urt. v. 28.1.2010, Rs. C-456/08, Rn. 75, VergabeR 2010, 457, 464 – Kommission ./. Irland.

360 S. Art. 1 Abs. 1 Unterabs. 3 RML.

prüfungsantrag in Anwendung des nach Ermessen beurteilten Kriteriums der Unverzüglichkeit der Verfahrenseinleitung wegen Fristversäumnis zurückweisen kann bzw. wenn eine nationale Bestimmung zu einer Ungewissheit darüber führt, welche Frist bei der Antragstellung gilt.[361] Ist eine Auslegung der innerstaatlichen Bestimmungen über eine solche Ausschlussfrist im Einklang mit dem Ziel der ÜWR[362] nicht möglich, steht die Rechtsfolge fest: Das nationale Gericht muss diese nationale Bestimmung unangewendet lassen, damit das Unionsrecht in vollem Umfang Anwendung findet und die Rechte, die es dem Einzelnen verleiht, geschützt werden.[363]

84 Diese **Rechtsprechung** des EuGH und die in ihr enthaltenen Grundsätze ließen sich nach zutreffender Ansicht auf die deutsche Obliegenheit zur unverzüglichen Rüge gem. Abs. 3 Satz 1 Nr. 1 a. F. **übertragen.**[364] Dementsprechend war die Regelung des **Abs. 3 Satz 1 Nr. 1 a. F.** als **unionsrechtswidrig** anzusehen und in der Konsequenz aufgrund des Anwendungsvorrangs des Unionsrechts von den Nachprüfungsinstanzen **nicht mehr anzuwenden.**[365] Raum für eine unionskonforme Auslegung des Abs. 3 Satz 1 Nr. 1 a. F. bestand nicht.[366] Es war also unerheblich, ob ein Antragsteller den jeweiligen Vergaberechtsverstoß unverzüglich gerügt hatte: Eine Verletzung der Rügeobliegenheit des Abs. 3 Satz 1 Nr. 1 a. F. stand der Zulässigkeit des Nachprüfungsantrags nicht mehr entgegen. Allerdings ließen viele Vergabekammern und -senate eine Entscheidung zu der Frage der Unionskonformität der Vorschrift **offen**,[367] andere hingegen vertraten gar die Ansicht, dass die Entschei-

---

361 EuGH, Urt. v. 28.1.2010, Rs. C-406/08, Rn. 43, VergabeR 2010, 451, 456 – Uniplex; Urt. v. 28.1.2010, Rs. C-456/08, Rn. 81, 83, VergabeR 2010, 457, 464 f. – Kommission ./. Irland.

362 Heute RML.

363 EuGH, Urt. v. 28.1.2010, Rs. C-406/08, Rn. 45 ff., 49 f., VergabeR 2010, 451, 457 – Uniplex.

364 Ausführliche Erörterung und Stellungnahme *Byok*, in: Byok/Jaeger, GWB, 3. Aufl. 2011, § 107 GWB Rn. 65–69.

365 So auch **OLG Koblenz**, Beschl. v. 16.9.2013, 1 Verg 5/13, VergabeR 2014, 28, 28 f. (noch offengelassen im Beschl. v. 26.5.2010, 1 Verg 2/10); **VK Südbayern**, Beschl. v. 18.3.2015, Z3-3-3194-1-62-12/14, ZfBR 2015, 606, 607; Beschl. v. 11.8.2014, Z3-3-3194-1-29-06/14, ZfBR 2014, 806, 807; **VK Arnsberg**, Beschl. v. 25.8.2010, VK 15/10; **VK Rheinland-Pfalz**, Beschl. v. 20.4.2010, VK 2-7/10 m. w. N.; **VK Hamburg**, Beschl. v. 7.4.2010, VK BSU 2/10 u. 3/10; *Reidt*, in: Reidt/Stickler/Glahs, Vergaberecht, 3. Aufl. 2011, § 107 Rn. 49 f.; *Hofmann*, VergabeR 2011, 492, 493; *Krohn*, NZBau 2010, 186 ff.; *Hübner*, VergabeR 2010, 414 ff.; **in diese Richtung ebenfalls: OLG Düsseldorf**, Beschl. v. 13.4.2016, VII-Verg 52/15; **OLG Koblenz**, Beschl. v. 26.5.2010, 1 Verg 2/10; **OLG Celle**, Beschl. v. 26.4.2010, 13 Verg 4/10, VergabeR 2010, 661, 662 f. (offenlassend in den Beschlüssen v. 30.9.2010, 13 Verg 10/10, VergabeR 2011, 103, 106 u. v. 11.2.2010, 13 Verg 16/09, VergabeR 2010, 669, 671); **VK Saarland**, Beschl. v. 8.3.2010, 1 VK 03/2010.

366 Vgl. VK Hamburg, Beschl. v. 7.4.2010, VK BSU 2/10 u. 3/10; *Hübner*, VergabeR 2010, 414, 419.

367 **OLG Brandenburg**, Beschl. v. 6.12.2016, 6 Verg 4/16, VergabeR 2017, 609, 616 (s. aber noch Beschl. v. 10.1.2012, Verg W 18/11); **OLG Saarbrücken**, Beschl. v. 27.6.2016, 1 Verg 2/16; **OLG Düsseldorf**, Beschl. v. 21.10.2015, VII-Verg 28/14, ZfBR 2016, 83, 84; Beschl. v. 29.4.2015, VII-Verg 35/14, VergabeR 2015, 678, 682; Beschl. v. 22.1.2014, VII-Verg 26/13, NZBau 2014, 371, 373; Beschl. v. 7.8.2013, VII-Verg 15/13; Beschl. v. 9.6.2010, VII-Verg 5/10 (s. aber Beschl. v. 13.4.2016, VII-Verg 52/15); **OLG Karlsruhe**, Beschl. v. 5.11.2014, 15 Verg 6/14, VergabeR 2015, 201, 219 (Vereinbarkeit mit Unionsrecht zweifelhaft); Beschl. v. 25.7.2014, 15 Verg 5/14; Beschl. v. 21.12.2012, 15 Verg 10/12, VergabeR 2013, 622, 630 = NZBau 2013, 528, 529; **OLG Dresden**, Beschl. v. 25.2.2014, Verg 9/13 (a. A. noch im Beschl. v. 7.5.2010, WVerg 06/10); **OLG München**, Beschl. v. 19.12.2013, Verg 12/13, VergabeR 2014, 466, 470; Beschl. v. 3.11.2011, Verg 14/11, VergabeR 2012, 218, 222; **OLG Naumburg**, Beschl. v.

dungen des EuGH einer **Anwendung** des Abs. 3 Satz 1 Nr. 1 a. F. nicht entgegenstünden.[368] Die **Rechtsunsicherheit** setzte sich also fort, sodass ein betroffener Bieter weiterhin gut beraten war, eine Rüge zu erheben.

Damit war der **Gesetzgeber** gefragt, die vorhandene Vorschrift durch eine unionskonforme zu ersetzen. Als Option kam in Betracht, gemäß der Initiative des Bundesrats von 2008 (Rn. 82) eine Rügefrist von einer Woche gesetzlich festzulegen.[369] Auch wurde vorgeschlagen, dass der öffentliche Auftraggeber den Begriff „unverzüglich" in seiner Vergabebekanntmachung bzw. in den Vergabeunterlagen konkretisiert und einen verbindlichen Zeitraum angibt, in welchem der Bieter einen erkannten Vergaberechtsverstoß rügen muss.[370] Der RefE zum VergRModG sah zunächst gar keine Fristbestimmung vor: Im Grundsatz bleibe die Rügeobliegenheit im Vergabeverfahren gem. Abs. 3 Satz 1 Nr. 1 zwar bestehen, es entfalle jedoch das Erfordernis, dass der Antragsteller den Verstoß unverzüglich gerügt haben müsse; der Antragsteller müsse Verstöße, die er vor Einreichen des Nachprüfungsantrags im Vergabeverfahren erkannt habe, auch vor Einreichen des Nachprüfungsantrags gerügt haben.[371] Erst mit dem RegE wurde die nun geltende Frist von zehn Kalendertagen mit der Begründung eingeführt, dass damit die **Frist konkretisiert** werde, innerhalb derer der Antragsteller nach Erkennen den im Nachprüfungsverfahren geltend gemachten Verstoß im Vergabeverfahren gerügt haben musste (Rn. 73).[372] **85**

29.10.2013, 2 Verg 3/13; **OLG Celle**, Beschl. v. 30.9.2010, 13 Verg 10/10, VergabeR 2011, 103, 106; Beschl. v. 11.2.2010, 13 Verg 16/09, VergabeR 2010, 669, 671; **OLG Frankfurt a. M.**, Beschl. v. 9.7.2010, 11 Verg 5/10; **OLG Schleswig**, Beschl. v. 2.7.2010, 1 Verg 1/10; **VK Sachsen-Anhalt**, Beschl. v. 16.5.2011, 1 VK LSA 04/11; **VK Baden-Württemberg**, Beschl. v. 2.2.2010, 1 VK 75/09; *Otting*, in: Bechtold, GWB, § 107 Rn. 17 f.; *Fürmann*, VergabeR 2010, 420, 424.

368 **OLG Hamburg**, Beschl. v. 2.10.2012, 1 Verg 2/12 u. 1 Verg 3/12; **OLG Brandenburg**, Beschl. v. 10.1.2012, Verg W 18/11 (s. nun aber Beschl. v. 6.12.2016, 6 Verg 4/16, VergabeR 2017, 609, 616); **OLG Rostock**, Beschl. v. 20.10.2010, 17 Verg 5/10, VergabeR 2011, 485, 490 f.; **OLG Dresden**, Beschl. v. 7.5.2010, WVerg 06/10, VergabeR 2010, 666, 667 f. = NZBau 2010, 526, 527 = ZfBR 2010, 600, 601 (i. E. aber keine abschließende Stellungnahme u. offenlassend im Beschl. v. 25.2.2014, Verg 9/13); **VK Schleswig-Holstein**, Beschl. v. 12.7.2016, VK-SH 09/16; **VK Mecklenburg-Vorpommern**, Beschl. v. 28.2.2012, 2 VK 08/11 m. w. N.; **VK Nordbayern**, Beschl. v. 8.6.2011, 21 VK-3194-14/11 (noch offengelassen im Beschl. v. 10.2.2010, 21 VK-3194-01/10); **VK Baden-Württemberg**, Beschl. v. 21.10.2010, 1 VK 50/10 m. w. N. (noch offengelassen im Beschl. v. 2.2.2010, 1 VK 75/09); **VK Lüneburg**, Beschl. v. 17.6.2010, VgK-28/2010; Beschl. v. 16.4.2010, VgK-10/2010; **VK Bund**, Beschl. v. 5.3.2010, VK 1-16/10; *Hattig*, in: Hattig/Maibaum, PK Kartellvergaberecht, § 107 GWB Rn. 70 ff., 107 ff.; *Pooth*, VergabeR 2011, 358, 362 f.; *Jasper/Neven-Daroussis*, Behörden Spiegel 3/2010, S. 20.

369 *Krohn*, NZBau 2010, 186, 188, schlug eine 2-Wochenfrist zzgl. einer Verlängerungsmöglichkeit vor.

370 *Hattig*, in: Hattig/Maibaum, PK Kartellvergaberecht, § 107 GWB Rn. 78, 110 f.: i. d. R. eine Arbeitswoche (5 Werktage), max. 14 Kalendertage angemessen; *Reidt*, in: Reidt/Stickler/Glahs, Vergaberecht, 3. Aufl. 2011, § 107 Rn. 50, 54: 3–5 Werktage angemessen.

371 Vgl. Referentenentwurf zum VergRModG v. 30.4.2015, S. 50, 156: „(3) Der Antrag ist unzulässig, soweit 1. der Antragsteller den geltend gemachten Verstoß gegen Vergabevorschriften vor Einreichen des Nachprüfungsantrags erkannt und gegenüber dem Auftraggeber nicht gerügt hat."

372 S. Gesetzesentwurf der Bundesregierung v. 14.8.2015, BR-Drs. 367/15, S. 46, 162.

5. Abs. 3 Satz 1 Nr. 2

a) Allgemeines

86 Bei der Rügeobliegenheit des Abs. 3 Satz 1 Nr. 2 ist die **Erkennbarkeit** von Vergaberechtsverstößen[373] aufgrund der Bekanntmachung, wie z. B. Wahl der Vergabeart, Vergabeordnung oder Fristenbemessung, maßgeblich. Die Erkennbarkeit besteht (wie bei Abs. 3 Satz 1 Nr. 1) aus zwei Komponenten insofern, als die Frage der Erkennbarkeit auf die einen Rechtsverstoß begründenden **Tatsachen** einerseits und deren (zumindest laienhafte) **rechtliche Bewertung** als Vergaberechtsverstoß andererseits zu beziehen ist.[374] Anders als bei Abs. 3 Satz 1 Nr. 1 kommt es nicht darauf an, ob der Antragsteller den Vergaberechtsverstoß tatsächlich erkannt hat.[375] Für das Merkmal der Erkennbarkeit ist ein hohes Maß an Sicherheit für sein Vorliegen zu fordern. Der Gesetzgeber hält eine Präklusion der Rüge mit Ablauf der in Abs. 3 Satz 1 Nr. 2 gesetzten Frist für zumutbar, weil sich der Bewerber/Bieter auf jeden Fall bis zum Ablauf der in der Bekanntmachung genannten Bewerbungs- bzw. Angebotsfrist mit der Bekanntmachung auseinandersetzen müsse.[376] Faktisch ist der Bieter zum Erhalt seines Zugangs zum Primärrechtsschutz verpflichtet, die Bekanntmachung vor Ablauf der Frist des Abs. 3 Satz 1 Nr. 2 auf das Vorliegen von Vergabefehlern zu untersuchen.[377] Zum Maßstab für die Erkennbarkeit (s. Rn. 92 f.). I. R. d. VergRModG 2016 wurde in Abs. 3 Satz 1 Nr. 2 lediglich die Reihenfolge der Fristen ausgetauscht,[378] um dem üblichen zeitlichen Ablauf eines Vergabeverfahrens auch sprachlich Rechnung zu tragen.

b) Unionskonformität

87 Die Vorschriften des Abs. 3 Satz 1 Nr. 2 und Nr. 3 sind als unionskonform anzusehen,[379] berücksichtigt man die nachfolgend dargestellten Entscheidungen des EuGH: So hat der

---

373 Beipiele aus der Rspr. bei *Summa*, in: jurisPK-Vergaberecht, § 160 GWB Rn. 284, *Hofmann*, in: Müller-Wrede, GWB, § 160 Rn. 73; *Wiese*, in: Kulartz/Kus/Portz/Prieß, GWB, § 160 Rn. 158 u. *Hattig*, in: Hattig/Maibaum, PK Kartellvergaberecht, § 107 GWB Rn. 121.

374 OLG Naumburg, Beschl. v. 16.12.2016, 7 Verg 6/16, VergabeR 2017, 489, 496; OLG Karlsruhe, Beschl. v. 5.11.2014, 15 Verg 6/14, VergabeR 2015, 210, 218; Beschl. v. 21.12.2012, 15 Verg 10/12, VergabeR 2013, 622, 631; OLG Düsseldorf, Beschl. v. 22.1.2014, VII-Verg 26/13, NZBau 2013, 371, 372; Beschl. v. 12.10.2011, Verg 46/11; Beschl. v. 3.8.2011, VII-Verg 16/11, VergabeR 2012, 227, 229; OLG Frankfurt a. M., Beschl. v. 11.6.2013, 11 Verg 3/13.

375 Vgl. BGH, Beschl. v. 26.9.2006, X ZB 14/06, VergabeR 2007, 59, 65 = VergabeR 2010, 815, 821; OLG Düsseldorf, Beschl. v. 10.9.2009, VII-Verg 12/09, VergabeR 2010, 83, 88; Beschl. v. 4.5.2009, VII-Verg 68/08, VergabeR 2009, 905, 910; OLG Stuttgart, Beschl. v. 11.7.2000, 2 Verg 5/00.

376 BT-Drs. 13/9340, S. 40 u. S. 50 zu § 117 Abs. 3 GWB-E VgRÄG.

377 Vgl. OLG Naumburg, Beschl. v. 5.12.2008, 1 Verg 9/08, VergabeR 2009, 486, 489; s. a. *Jaeger*, NZBau, 2009, 558, 559.

378 Vgl. Abs. 3 Satz 1 Nr. 2 a. F.: „... bis Ablauf der in der Bekanntmachung benannten Frist zur Angebotsabgabe oder zur Bewerbung...".

379 Im Ergebnis ebenso OLG Celle, Beschl. v. 11.6.2015, 13 Verg 4/15, VergabeR 2015, 689, 694; OLG Karlsruhe, Beschl. v. 5.11.2014, 15 Verg 6/14, VergabeR 2015, 210, 218 (zu Nr. 3 a. F.); Beschl. v. 21.12.2012, 15 Verg 10/12, VergabeR 2013, 622, 631 = NZBau 2013, 528, 530 (bzgl. Nr. 2 u. Nr. 3 a. F., dort noch offenlassend, aber i. E. bejahend); OLG München, Beschl. v. 4.4.2008, Verg 4/08, VergabeR 2008, 665, 668; OLG Bremen, Beschl. v. 18.5.2006, Verg 3/05, VergabeR 2006, 502, 507; VK Bund, Beschl. v. 22.12.2009, VK 2-204/09 (zu Nr. 3); *Hofmann*, in: Müller-Wrede, GWB, § 160 Rn. 68; *Wiese*, in: Kulartz/Kus/Portz/Prieß, GWB, § 160

EuGH in der Rs. „Lämmerzahl" erklärt, dass die nationale Ausschlussregelung des **§ 107 Abs. 3 Satz 2 GWB a. F.** VgRÄG, dem späteren § 107 Abs. 3 Satz 1 Nr. 2 GWB a. F. VergModG bzw. dem heutigen § 160 Abs. 3 Satz 1 Nr. 2 GWB, **grundsätzlich** als **mit dem Unionsrecht in Einklang stehend** angesehen werden kann, wobei in dem dort entschiedenen Fall ihre Anwendung auf einen Bieter unter Umständen wie denen des Ausgangsverfahrens nicht dem sich aus der ÜWR[380] ergebenden Effektivitätsgebot genugte.[381] Trotz der Formulierung als „Selbst wenn"-Satz hat der EuGH die grundsätzliche Vereinbarkeit des Abs. 3 Satz 1 Nr. 2 mit dem Unionsrecht bejaht.[382]

Richtig ist zwar, dass eine Unterrichtung des öffentlichen Auftraggebers über den behaupteten Vergaberechtsverstoß im Sinne von Art. 1 Abs. 4 RML nicht möglich ist, wenn der potenzielle Antragsteller diesen noch gar nicht erkannt hat, und dass der Bieter einen Verstoß erst einmal erkannt haben muss, bevor er ihn „behaupten" kann.[383] Allerdings besagt der Wortlaut des Art. 1 Abs. 4 RML, dass die Mitgliedstaaten verlangen können, dass der zukünftige Antragsteller den Auftraggeber über den behaupteten Verstoß und die beabsichtigte Nachprüfung unterrichtet, sofern die Stillhaltefrist nach Art. 2a Abs. 2 RML oder andere Fristen für die Beantragung einer Nachprüfung nach Art. 2c derselben Richtlinie hiervon unberührt bleiben. Der Text kann also zum einen auch dergestalt ausgelegt werden, dass es dem Richtliniengeber insbesondere darauf ankam, festzulegen, dass die ggf. von den Mitgliedstaaten vorgesehenen Regelungen zu der einem Nachprüfungsverfahren vorgelagerten Unterrichtung die vorgenannten Fristen nicht berühren dürfen. Zudem erscheint es zu weitgehend, aus einem wörtlichen Verständnis der in Art. 1 Abs. 4 RML verwendeten Formulierung zu schlussfolgern, die Unterrichtungspflicht setze eine solche „Behauptung" (und damit die Kenntnis vom Verstoß) voraus; nähme man dies an, so wäre die Unterrichtung sinnlos, da der Bieter den Auftraggeber von einem Verstoß, den er ihm gegenüber bereits behauptet hat, nicht mehr unterrichten muss.[384] Mit dem „behaupteten" Verstoß dürfte somit derjenige Verstoß gemeint sein, auf den der Bieter einen Nachprüfungsantrag zu stützen gedenkt und den er im Zeitpunkt einer solchen Planung erkannt hat, sodass Art. 1 Abs. 4 RML dergestalt auszulegen ist, dass eine Regelung zulässig ist, wonach der Bieter den Auftraggeber von Verstößen, auf die ein Nachprüfungsverfahren gestützt werden soll, zuvor unterrichtet haben muss.[385] Da Art. 1 Abs. 4 RML keine verbindlichen Vorgaben dazu macht, bis wann die Unterrichtung erfolgen muss (etwa bis zum Ende der Angebotsfrist) und woran die Obliegenheit geknüpft werden darf (positive Kenntnis oder bloße Er- 88

Rn. 135; *Hattig*, in: Hattig/Maibaum, PK Kartellvergaberecht, § 107 GWB Rn. 70; *Reidt*, in: Reidt/Stickler/Glahs, Vergaberecht, § 160 Rn. 45; *Otting*, VergabeR 2008, 68; a. A. *Jaeger*, NZBau 2009, 558, 560, nach dem Abs. 3 Satz 1 Nr. 2 und Nr. 3 (a. F.) nicht mit Art. 1 Abs. 4 RML vereinbar und daher von den Nachprüfungsinstanzen sowie dem öffentlichen Auftraggeber unangewendet zu lassen seien; zumindest aber bestünden so erhebliche Zweifel an der Vereinbarkeit dieser beiden Vorschriften mit dem Unionsrecht, dass ein Gericht sie nicht ohne vorheriges Vorabentscheidungsersuchen an den EuGH anwenden sollte. A. A. ebenfalls *Dreher*, in: Immenga/Mestmäcker, GWB, § 107 Rn. 92 u. 96.

380 Heute RML.

381 EuGH, Urt. v. 11.10.2007, Rs. C-241/06, Rn. 56, VergabeR 2008, 61, 67 – Lämmerzahl.

382 A. A. *Jaeger*, NZBau, 2009, 558, 560.

383 *Jaeger*, NZBau, 2009, 558, 560.

384 VK Bund, Beschl. v. 22.12.2009, VK 2-204/09 zu Abs. 3 Satz 1 Nr. 3 a. F.

385 VK Bund, Beschl. v. 22.12.2009, VK 2-204/09 zu Abs. 3 Satz 1 Nr. 3 a. F.

kennbarkeit des Verstoßes), spricht der Wortlaut dieser Regelung nicht gegen die unionsrechtliche Zulässigkeit von Abs. 3 Satz 1 Nr. 2 und Nr. 3.[386]

89 In den Rs. „Uniplex“ sowie „eVigilo“ hat der EuGH ferner entschieden, dass das in Art. 1 Abs. 1 ÜWR[387] gesetzte Ziel der Sicherstellung von Nachprüfungsmöglichkeiten nur dann erreicht werden kann, wenn die Fristen, die für die Einleitung der Nachprüfung vorgeschrieben sind, erst ab dem Zeitpunkt zu laufen beginnen, zu dem der Antragsteller von dem geltend gemachten Verstoß **Kenntnis erlangt hat oder hätte erlangen müssen**.[388] In der Entscheidung „Uniplex“ handelte es sich zwar um eine englische Regelung bezüglich einer Frist zur Einleitung eines Nachprüfungsverfahrens, wohingegen Abs. 3 Satz 1 Nr. 2 und Nr. 3 sich auf die Frist für die dem Nachprüfungsverfahren vorgelagerte Rügeobliegenheit beziehen. Allerdings besteht nach Ansicht des EuGH hinsichtlich der entscheidenden Grundsätze kein Unterschied zwischen diesen beiden Fristen, da er beide als Ausschlussregelung bzw. -frist betrachtet. Aus diesem Grund kann die Entscheidung in der Rs. „Uniplex“ wertend für die Frage der Unionskonformität des Abs. 3 Satz 1 Nr. 2 und Nr. 3 herangezogen werden. Wenn der EuGH also den Fristbeginn für die Einleitung eines Nachprüfungsverfahrens nicht nur an die Kenntnis des Vergaberechtsverstoßes, sondern sogar an das Kennenmüssen anknüpft, kann das Anknüpfen an die **Erkennbarkeit** eines Vergaberechtsverstoßes für den Beginn der Rügeobliegenheit des Abs. 3 Satz 1 Nr. 2 und Nr. 3 – trotz der hiermit für den Bieter verbundenen Nachteile – nicht als unionsrechtswidrig betrachtet werden.

90 Die Frist des Abs. 3 Satz 1 Nr. 2 und Nr. 3 ist hinreichend **bestimmt** und in ihrer **Länge** nicht in das freie Ermessen der Nachprüfungsinstanz gestellt:[389] Der Vergaberechtsverstoß muss spätestens bis zum Ablauf der in der Bekanntmachung benannten Frist zur Bewerbung oder zur Angebotsabgabe gerügt werden. Abs. 3 Satz 1 Nr. 2 und Nr. 3 räumen dem Gericht also **kein Ermessen** ein. Die im Rahmen der Subsumtion der Präklusionsvorschriften vorzunehmende Beurteilung der Nachprüfungsinstanz, ob der gerügte Vergaberechtsverstoß erkennbar war, stellt sich weder als Ermessensausübung dar noch kommt sie einer solchen gleich: Kommt nämlich die Vergabekammer oder der -senat aufgrund seiner Subsumtion zu dem Ergebnis, dass der gerügte Vergaberechtsverstoß für den Bieter bzw. Bewerber erkennbar war, so folgt hieraus zwingend die Rügepräklusion.[390] Die Tatbestände des Abs. 3 Satz 1 Nr. 2 und Nr. 3 bleiben von der Rechtsprechung des EuGH, welche die Frage der Unionskonformität des Abs. 3 Satz 1 Nr. 1 a. F. aufgeworfen hatte (Rn. 83), damit unberührt.[391]

386 Vgl. VK Bund, Beschl. v. 22.12.2009, VK 2-204/09 zu Abs. 3 Satz 1 Nr. 3 a. F.

387 Heute RML.

388 EuGH, Urt. v. 12.3.2015, Rs. C-538/13, Rn. 52, VergabeR 2015, 546, 553 f. – eVigilo; Urt. v. 28.1.2010, Rs. C-406/08, Rn. 32 f., 35, 47, VergabeR 2010, 451, 455 f. – Uniplex.

389 So auch OLG Karlsruhe, Beschl. v. 5.11.2014, 15 Verg 6/14, VergabeR 2015, 210, 218 (zu Nr. 3 a. F.).

390 Vgl. OLG Karlsruhe, Beschl. v. 5.11.2014, 15 Verg 6/14, VergabeR 2015, 210, 218 (zu Nr. 3 a. F.).

391 OLG Schleswig, Beschl. v. 2.7.2010, 1 Verg 1/10; VK Saarland, Beschl. v. 8.3.2010, 1 VK 03/2010.

c) Bekanntmachung

Die von Abs. 3 Satz 1 Nr. 2 erfassten Vergaberechtsverstöße müssen in einem wörtlich zu verstehenden Sinne aus der **Bekanntmachung** und aus deren Inhalt selbst hervorgehen.[392] Maßgeblicher Anknüpfungspunkt ist der bekannt gemachte Inhalt der Ausschreibung.[393] Die Erkennbarkeit einer Gefahrenlage, dass der Auftraggeber aufgrund der Bekanntmachung im weiteren Verlauf des Vergabeverfahrens Rechtsverstöße begehen könnte, ist hingegen nicht ausreichend.[394] Unter Bekanntmachung ist nicht nur die bei unionsweiten Ausschreibungen übliche Publikationsform, sondern jede Bekanntgabe einer öffentlichen Ausschreibung in Tageszeitungen, in einem amtlichen Veröffentlichungsblatt oder auf Internetportalen[395] sowie auf www.bund.de zu verstehen (vgl. §§ 37–40 VgV, §§ 12 EU, 12a EU VOB/A[396]). **91**

d) Maßstab für die Erkennbarkeit

In der Literatur umstritten und in der Rechtsprechung teilweise widersprüchlich entschieden wird weiterhin, ob für die Frage der Erkennbarkeit ein **objektiver** (des durchschnittlichen Antragstellers[397]) oder ein **subjektiver Maßstab** (des konkreten Antragstel- **92**

---

392 OLG Düsseldorf, Beschl. v. 12.3.2003, Verg 49/02 m. w. N.; vgl. auch Beschl. v. 30.8.2001, Verg 32/01.

393 BGH, Beschl. v. 26.9.2006, X ZB 14/06, VergabeR 2007, 59, 64 = VergabeR 2010, 815, 82; OLG Düsseldorf, Beschl. v. 28.4.2008, VII-Verg 1/08.

394 OLG Düsseldorf, Beschl. v. 15.6.2000, Verg 6/00, NZBau 2000, 440, 441.

395 Vgl. OLG Karlsruhe, Beschl. v. 16.12.2009, 15 Verg 5/09, VergabeR 2010, 685, 690; KG, Beschl. v. 17.10.2002, 2 KartVerg 13/02, VergabeR 2003, 50 f. S. a. BT-Drs. 13/9340, S. 40 zu § 117 Abs. 3 GWB-E VgRÄG.

396 Vgl. § 15 EG VOL/A a. F.

397 OLG Frankfurt a. M., Beschl. v. 9.5.2017, 11 Verg 5/17, VergabeR 2017, 656, 661; Beschl. v. 11.4.2017, 11 Verg 4/17, VergabeR 2017, 666, 671; Beschl. v. 23.6.2016, 11 Verg 4/16; Beschl. v. 11.6.2013, 11 Verg 3/13; OLG München, Beschl. v. 21.4.2017, Verg 1/17, VergabeR 2017, 645, 650; Beschl. v. 13.3.2017, Verg 15/16, VergabeR 2017, 469, 476 (s. aber noch Beschl. v. 2.2.2016, Verg 15/15); OLG Düsseldorf, Beschl. v. 8.3.2017, VII-Verg 39/16, VergabeR 2017, 381, 384, 389; Beschl. v. 1.6.2016, VII-Verg 6/16; Beschl. v. 21.10.2015, VII-Verg 28/14, ZfBR 2016, 83, 85; Beschl. v. 29.4.2015, VII-Verg 35/14, VergabeR 2015, 678, 682 f.; Beschl. v. 12.3.2003, Verg 49/02 (offenlassend im Beschl. v. 19.6.2013, VII-Verg 8/13, VergabeR 2014, 46, 48 sowie im Beschl. v. 3.8.2011, VII-Verg 16/11, VergabeR 2012, 227, 229); OLG Naumburg, Beschl. v. 16.12.2016, 7 Verg 6/16, VergabeR 2017, 489, 496 f. (i. E. aber offenlassend); OLG Jena, Beschl. v. 24.2.2016, 2 Verg 1/16; Beschl. v. 16.9.2013, 9 Verg 3/13, VergabeR 2014, 38, 40; OLG Celle, Beschl. v. 16.6.2011, 13 Verg 3/11, VergabeR 2012, 237, 240; OLG Koblenz, Beschl. v. 7.11.2007, 1 Verg 6/07, VergabeR 2008, 264, 267 Fn. 2; OLG Stuttgart, Beschl. v. 11.7.2000, 2 Verg 5/00, NZBau 2001, 462, 463; BayObLG, Beschl. v. 23.11.2000, Verg 12/00; VK Schleswig-Holstein, Beschl. v. 22.1.2010, VK-SH 26/09; VK Hessen, Beschl. v. 13.5.2009, 69d VK 10/2009; VK Sachsen, Beschl. v. 25.1.2008, 1/SVK/088-07; VK Arnsberg, Beschl. v. 18.1.2008, VK 01/08; VK Düsseldorf, Beschl. v. 2.3.2007, VK-05/2007-L; VK Mecklenburg-Vorpommern, Beschl. v. 11.1.2007, 2 VK 11/06 m. w. N.; VK Bund, Beschl. v. 31.7.2006, VK 2-65/06; Beschl. v. 29.3.2006, VK 2-11/06; Beschl. v. 14.12.2004, VK 2-208/04; *Summa*, in: jurisPK-Vergaberecht, § 160 GWB Rn. 267 ff.; *Wiese*, in: Kulartz/Kus/Portz/Prieß, GWB, § 160 Rn. 157, 169; *Reidt*, in: Reidt/Stickler/Glahs, Vergaberecht, § 160 Rn. 58; *Jaeger*, NZBau 2009, 558, 561; *Kühnen*, NZBau 2004, 427, 431; *Maier*, VergabeR 2004, 176, 177 unter Hinweis auf ein subjektives Element; wohl auch BGH, Beschl. v. 26.9.2006, X ZB 14/06, VergabeR 2007, 59, 64 = VergabeR 2010, 815, 821: „Beachtung der gebotenen Sorgfalt". OLG Karlsruhe, Beschl. v.

lers[398]) anzulegen ist. Der Wortlaut von Abs. 3 Satz 1 Nr. 2 und Nr. 3 nimmt, anders als Abs. 3 Satz 1 Nr. 1, keinen Bezug auf den Antragsteller, sodass daraus ein objektiver Maßstab gefolgert werden kann. Nach dem Urteil des **EuGH** in der Rs. „**eVigilo**"[399] wird der erstgenannten Ansicht der Vorzug einzuräumen sein:[400] So hat der EuGH entschieden, dass das vorlegende Gericht zu prüfen hat, ob der betroffene Bieter die in Rede stehenden Zuschlagskriterien tatsächlich nicht nachvollziehen konnte oder ob er sie hätte nachvollziehen können müssen, wenn man den Maßstab eines **durchschnittlich fachkundigen Bieters**, der die **übliche Sorgfalt** anwendet, anlegt. Im Rahmen dieser Prüfung ist die Tatsache zu berücksichtigen, dass der betreffende Bieter und die übrigen Bieter in der Lage waren, Angebote zu unterbreiten und der betreffende Bieter den öffentlichen Auftraggeber vor Unterbreitung seines Angebots nicht um Klarstellung ersucht hat. Wenn sich aus dieser Prüfung ergibt, dass die Ausschreibungsbedingungen tatsächlich für den Bieter nicht nachvollziehbar waren und er daran gehindert war, innerhalb der im nationalen Recht vorgesehenen Frist eine Nachprüfung zu beantragen, kann er bis zum Ablauf der für die Entscheidung über die Zuschlagserteilung vorgesehenen Frist ein Nachprüfungsverfahren anstrengen.[401]

93 In der nationalen Rechtsprechung wird für die Erkennbarkeit nach **objektiven Kriterien** gefordert, dass ein sorgfältig handelndes und prüfendes Unternehmen, das mit den wichtigsten Regeln der öffentlichen Auftragsvergabe vertraut ist, den Vergabeverstoß erkennen kann, **ohne besonderen Rechtsrat einzuholen** zu müssen.[402] Eine Rügepräklusion kommt daher nach zutreffender Auffassung nur bei auf **allgemeiner Überzeugung der Vergabepraxis** beruhenden und **ins Auge fallenden Rechtsverstößen** in Betracht.[403] Der Verstoß

21.12.2012, 15 Verg 10/12, NZBau 2013, 528, 530 = VergabeR 2013, 622, 631; Beschl. v. 20.7.2011, 15 Verg 6/11: objektiver, allerdings an den durchschnittlichen Erkenntnismöglichkeiten der angesprochenen Branche bzw. des angesprochenen Bieterkreises orientierter Maßstab.

398 In diese Richtung OLG München, Beschl. v. 2.2.2016, Verg 15/15, ZfBR 2016, 705, 707 (noch offengelassen im Beschl. v. 29.7.2010, Verg 9/10, VergabeR 2011, 130, 133 f.; s. aber Beschl. v. 13.3.2017, Verg 15/16, VergabeR 2017, 469, 476: durchschnittlicher Bieter); OLG Düsseldorf, Beschl. v. 9.4.2014, Verg 36/14, ZfBR 2015, 512, 514; Beschl. v. 2.5.2007, VII-Verg 1/07, NZBau 2007, 600, 601; Beschl. v. 18.10.2006, Verg 35/06, VergabeR 2007, 200, 203 f.; Beschl. v. 13.11.2000, Verg 18/00; OLG Frankfurt a. M., Beschl. v. 15.7.2008, 11 Verg 04/08, ZfBR 2009, 86, 88; OLG Stuttgart, Beschl. v. 24.3.2000, 2 Verg 2/99, NZBau 2000, 301, 303; VK Bund, Beschl. v. 8.1.2010, VK 3-229/09; VK Sachsen-Anhalt, Beschl. v. 27.4.2016, 2 VK LSA 44/15; *Dreher*, in: Immenga/Mestmäcker, GWB, § 107 Rn. 88 f.; *Hattig*, in: Hattig/Maibaum, PK Kartellvergaberecht, § 107 GWB Rn. 117 f.; *Otting*, in: Bechtold, GWB, § 107 Rn. 21; offenlassend: OLG Celle, Beschl. v. 11.2.2010, 13 Verg 16/09, VergabeR 2010, 669, 672; OLG Naumburg, Beschl. v. 8.10.2009, 1 Verg 9/09, VergabeR 2010, 219, 224, alle zu Abs. 3 Satz 1 Nr. 3 a. F.

399 EuGH, Urt. v. 12.3.2015, Rs. C-538/13, VergabeR 2015, 546 – eVigilo.

400 Vgl. OLG Düsseldorf, Beschl. v. 21.10.2015, VII-Verg 28/14, ZfBR 2016, 83, 85. So ebenfalls *Summa*, in: jurisPK-Vergaberecht, § 160 GWB Rn. 267 ff.: Maßstab sei der „**europäische Durchschnittsbieter**"; *Hofmann*, in: Müller-Wrede, GWB, § 160 Rn. 70; *Wiese*, in: Kulartz/Kus/Portz/Prieß, GWB, § 160 Rn. 157; *Eiermann*, NZBau 2016, 13 ff., 76 ff., 78. Die in der 3. Aufl. 2011 unter Rn. 83 vertretene Ansicht wird insofern nicht aufrechterhalten.

401 EuGH, Urt. v. 12.3.2015, Rs. C-538/13, Rn. 54–58, VergabeR 2015, 546, 553 f. – eVigilo.

402 OLG Düsseldorf, Beschl. v. 8.3.2017, VII-Verg 39/16, VergabeR 2017, 381, 384; OLG Karlsruhe, Beschl. v. 5.11.2014, 15 Verg 6/14, VergabeR 2015, 210, 218; Beschl. v. 21.12.2012, 15 Verg 10/12, NZBau 2013, 528, 530 = VergabeR 2013, 622, 631; Beschl. v. 20.7.2011, 15 Verg 6/11.

403 OLG München, Beschl. v. 13.3.2017, Verg 15/16, VergabeR 2017, 469, 476; OLG Karlsruhe, Beschl. v. 5.11.2014, 15 Verg 6/14, VergabeR 2015, 210, 218; Beschl. v. 21.12.2012, 15 Verg 10/

muss so offensichtlich sein, dass er einem durchschnittlich erfahrenen Bieter bzw. Bewerber bei der Vorbereitung seines Angebots bzw. seiner Bewerbung auffallen muss.[404] Ein Vergaberechtsverstoß, der sich durch bloßes **Lesen der einschlägigen Normen** und einen **Vergleich** mit dem Text der Vergabeunterlagen ohne Weiteres feststellen lässt, ist für jeden erkennbar, der über die intellektuellen Fähigkeiten verfügt, die notwendig sind, um ein Angebot zu erstellen oder gar ein Unternehmen zu leiten.[405] Eine umfassende Kenntnis der dem Verfahren zugrunde liegenden Vergabeordnung ist von den Teilnehmern eines Vergabeverfahrens aber nicht zu erwarten; insbesondere muss ein Bieter bzw. Bewerber keine Literaturstimmen oder vergaberechtliche Rechtsprechung[406] zu den Vergabeordnungen und dem Gesetz gegen Wettbewerbsbeschränkungen kennen, die Vergabeunterlagen gewissermaßen routinemäßig auf etwaige Rechtsverstöße überprüfen[407] oder sie durch Einholung externen Rechtsrats auf das Vorliegen von Vergabefehlern prüfen lassen.[408] Er muss weder Nachforschungen noch Prüfungen anstellen, um sich in tatsächlicher oder rechtlicher Hinsicht Kenntnis von einem Rechtsverstoß zu verschaffen.[409] Teile der Rechtsprechung gehen allerdings weiter, indem sie von einem Bieter bzw. Bewerber zwar keine umfassende und genaue Kenntnis der **vergaberechtlichen Literatur und Rechtsprechung** erwarten, jedoch jedenfalls dann von einer entsprechenden Erkennbarkeit ausgehen, wenn die angesprochene vergaberechtliche Problematik **seit langer Zeit** Gegenstand vergaberechtlicher Rechtsprechung und breit – über die juristischen Fachkreise hinaus – geführter öffentlicher Diskussionen und Hinweise ist,[410] wenn sich die Rechtsprechung also über einen längeren Zeitraum in Bieterkreisen herumgesprochen hat und sozusagen zum Allgemeinwissen gehört.[411] Hingegen kann von dem Bieter oder Bewerber nicht abverlangt wer-

---

12, NZBau 2013, 528, 530 = VergabeR 2013, 622, 631; OLG Düsseldorf, Beschl. v. 22.1.2014, VII-Verg 26/13, NZBau 2013, 371, 372; Beschl. v. 3.8.2011, VII-Verg 16/11, VergabeR 2012, 227, 229; Beschl. v. 3.8.2011, VII-Verg 30/11, VergabeR 2011, 868, 870; VK Nordbayern, Beschl. v. 28.11.2016, 21.VK-3194-35/16; s. a. VK Südbayern, Beschl. v. 18.3.2015, Z3-3-3194-1-62-12/14, ZfBR 2015, 606, 607. A. A. *Hofmann*, in: Müller-Wrede, GWB, § 160 Rn. 72, der die Begrenzung für zu weitgehend hält.

404 OLG München, Beschl. v. 21.4.2017, Verg 1/17, VergabeR 2017, 645, 650; Beschl. v. 13.3.2017, Verg 15/16, VergabeR 2017, 469, 476; OLG Naumburg, Beschl. v. 16.12.2016, 7 Verg 6/16, VergabeR 2017, 489, 496; OLG Karlsruhe, Beschl. v. 5.11.2014, 15 Verg 6/14, VergabeR 2015, 210, 218; OLG Düsseldorf, Beschl. v. 22.1.2014, VII-Verg 26/13, NZBau 2013, 371, 372; Beschl. v. 3.8.2011, VII-Verg 16/11, VergabeR 2012, 227, 229.

405 OLG Naumburg, Beschl. v. 16.12.2016, 7 Verg 6/16, VergabeR 2017, 489, 497; OLG Jena, Beschl. v. 24.2.2016, 2 Verg 1/16; Beschl. v. 16.9.2013, 9 Verg 3/13, VergabeR 2014, 38, 40; OLG Celle, Beschl. v. 16.6.2011, 13 Verg 3/11, VergabeR 2012, 237, 240; OLG Koblenz, Beschl. v. 7.11.2007, 1 Verg 6/07, VergabeR 2008, 264, 267.

406 S. hierzu OLG Frankfurt a. M., Beschl. v. 9.5.2017, 11 Verg 5/17, VergabeR 2017, 656, 661; Beschl. v. 11.4.2017, 11 Verg 4/17, VergabeR 2017, 666, 671.

407 S. a. Rn. 98.

408 OLG Jena, Beschl. v. 16.9.2013, 9 Verg 3/13, VergabeR 2014, 38, 40; OLG Karlsruhe, Beschl. v. 21.12.2012, 15 Verg 10/12, NZBau 2013, 528, 530 = VergabeR 2013, 622, 631 m. w. N.; s. a. OLG Düsseldorf, Beschl. v. 3.8.2011, VII-Verg 30/11, VergabeR 2011, 868, 870.

409 OLG Karlsruhe, Beschl. v. 21.12.2012, 15 Verg 10/12, NZBau 2013, 528, 530 = VergabeR 2013, 622, 631 m. w. N.

410 OLG Karlsruhe, Beschl. v. 5.11.2014, 15 Verg 6/14, VergabeR 2015, 2010, 218 f.

411 VK Sachsen, Beschl. v. 10.4.2014, 1/SVK/007-14.

den, die neueste Rechtsprechung zu kennen.[412] Fraglich ist allerdings, ob selbst eine jahrelange und wiederholte intensive Thematisierung komplexer Rechtsfragen in Rechtsprechung, Literatur und Bieterkreisen dazu führt, diese als erkennbar anzusehen, wie das Beispiel des Verbots der Vermischung von Eignungs- und Zuschlagskriterien[413] zeigt. Ggf. sind die **Umstände** durch die Kammer **aufzuklären**, § 163 GWB.

e) Rügefrist

94 Die in Abs. 3 Satz 1 Nr. 2 genannten Rügefristen sind die gesetzlich vorgeschriebenen Mindestfristen für die Angebotsabgabe bzw. für Teilnahmeanträge, nicht jedoch die von der Vergabestelle ggf. abweichend davon gesetzten **kürzeren** Fristen.[414] **Verlängert** der Auftraggeber die Angebots- oder Bewerbungsfrist aus von ihm zu vertretenden Gründen, ist nach richtiger Ansicht die innerhalb dieser verlängerten Frist erhobene Rüge rechtzeitig, alles andere wäre mit dem Grundsatz von Treu und Glauben nicht zu vereinbaren.[415] Nach bisheriger Rechtslage war anerkannt, dass eine Rüge **nicht** spätestens bis zum Ablauf der **Frist**, innerhalb derer die **Vergabeunterlagen anzufordern** waren, erhoben werden musste, da Abs. 3 Satz 1 Nr. 2 nicht erweiternd dahingehend verstanden werden konnte, dass der Angebotsfrist die für die Anforderung von Vergabeunterlagen vorgesehene Frist gleichstand – der mit einer solchen Auslegung verbundenen Einschränkung der Rechtsschutzmöglichkeiten stand der eindeutige Wortlaut der Norm entgegen.[416] Nach neuer Rechtslage dürfte eine derartige Frist zur Anforderung von Vergabeunterlagen obsolet werden, sodass erst Recht allein die Bewerbungs- bzw. Angebotsabgabefrist gilt: § 41 Abs. 1 VgV[417] bzw. § 41 Abs. 1

---

412 VK Sachsen, Beschl. v. 10.4.2014, 1/SVK/007-14 bzgl. einer BGH-Entscheidung, die ca. 3 Wochen vor Rügeausspruch ergangen u. erst wenige Tage zuvor veröffentlicht worden war.

413 **Erkennbarkeit verneint** durch OLG München, Beschl. v. 13.3.2017, Verg 15/16, VergabeR 2017, 469, 476 f. (anders noch im Beschl. v. 25.7.2013, Verg 7/13); OLG Düsseldorf, Beschl. v. 29.4.2015, Verg 35/14, VergabeR 2015, 678, 682 f.; Beschl. v. 3.8.2011, VII-Verg 16/11, VergabeR 2012, 227, 229 m. w. N.; VK Bund, Beschl. v. 17.3.2014, VK 1-12/14 m. w. N. **Erkennbarkeit bejaht** durch OLG Karlsruhe, Beschl. v. 5.11.2014, 15 Verg 6/14, VergabeR 2015, 2010, 218 f.; OLG München, Beschl. v. 25.7.2013, Verg 7/13, VergabeR 2014, 52, 56 m. w. N.; VK Baden-Württemberg, Beschl. v. 22.12.2016, 1 VK 50/16. Trotz der Aufweichung der strikten Trennung von Eignungs- und Zuschlagskriterien durch § 58 Abs. 2 VgV n. F. hat der Auftraggeber nach Festlegung der Kriterien deren spätere Vermischung zu unterlassen, sodass die Entwicklung der Rechtsprechung zu diesem Thema mit Spannung zu erwarten bleibt.

414 Vgl. OLG Düsseldorf, Beschl. v. 17.2.2010, VII-Verg 42/09; BayObIG, Beschl. v. 12.4.2000, Verg 1/00, NZBau 2000, 481, 483.

415 So ebenfalls OLG Düsseldorf, Beschl. v. 29.4.2009, VII-Verg 76/08; Beschl. v. 8.12.2009, VII-Verg 52/09 zu Abs. 3 Satz 1 Nr. 3 a. F.; VK Düsseldorf, Beschl. v. 14.6.2011, VK-16/2011-B; *Hofmann*, in: Müller-Wrede, GWB, § 160 Rn. 78; *Dicks*, in: Ziekow/Völlink, Vergaberecht, § 160 Rn. 51; *Hattig*, in: Hattig/Maibaum, PK Kartellvergaberecht, § 107 GWB Rn. 125; *Jaeger*, NZBau 2001, 289, 296; differenzierend *Summa*, in: jurisPK-Vergaberecht, § 160 GWB Rn. 280 f.; a. A. KG, Beschl. v. 11.7.2000, KartVerg 7/00, BauR 2000, 1620, 1622; VK Baden-Württemberg, Beschl. v. 14.10.2011, 1 VK 51/11 u. 1 VK 53/11; VK Hessen, Beschl. v. 17.8.2009, 69d VK-25/2009 zu Abs. 3 Satz 1 Nr. 3 a. F.; *Wiese*, in: Kulartz/Kus/Portz/Prieß, GWB, § 160 Rn. 163; *Gabriel/Mertens*, in: BeckOK Vergaberecht, § 160 Rn. 171 f.; *Reidt*, in: Reidt/Stickler/Glahs, Vergaberecht, § 160 Rn. 59, 61.

416 OLG Düsseldorf, Beschl. v. 17.2.2010, VII-Verg 42/09.

417 In Umsetzung von Art. 53 Abs. 1 Unterabs. 1 VRL, s. Amtl. Begr., BT-Drs. 18/7318, S. 180 sowie BR-Drs. 87/16, S. 195, jeweils zu § 41 VgV-E – zu Absatz 1.

SektVO[418] (vgl. auch § 17 Abs. 1 KonzVgV[419]) sehen vor, dass der Auftraggeber in einer **Auftragsbekanntmachung** oder in einer Aufforderung zur Interessensbestätigung eine elektronische Adresse angeben muss, unter der die **Vergabeunterlagen** unentgeltlich, uneingeschränkt, vollständig und **direkt abgerufen** werden können. Die Vergabeunterlagen müssen u. a. direkt vom Tag der Veröffentlichung einer Bekanntmachung an von jedem Interessenten[420] mithilfe elektronischer Mittel unter einer Internetadresse abgerufen werden können.[421] Ausnahmen werden in § 41 Abs. 2 VgV, § 41 Abs. 3 SektVO (s. a. § 17 Abs. 2 KonzVgV) berücksichtigt.

Abs. 3 Satz 1 Nr. 2 gilt nur für **Verstöße**, die **vor Ablauf der Ausschlussfrist festgestellt** 95
werden können, also nicht für solche, die in Phasen des Vergabeverfahrens erfolgen, welche dem in Abs. 3 Satz 1 Nr. 2 festgelegten Endzeitpunkt zeitlich nachfolgen.[422] Solche Verstöße, so etwa die unrichtige Schätzung des Auftragswerts oder die Wahl des falschen Vergabeverfahrens, können nicht in Vorgängen liegen, zu denen es überhaupt erst in späteren Stadien des Vergabeverfahrens kommen kann.[423] Dies bedeutet, dass der Antragsteller bei Nichtbeachtung der Rügeobliegenheit im Fall einer erkennbar unzutreffenden Wahl des Vergabeverfahrens nur hinsichtlich dieses Vergabefehlers präkludiert ist, nicht hingegen auch mit allen weiteren Beanstandungen, die mit der Verfahrenswahl bestimmungsgemäß zusammenhängen.[424] Die zum Teil vertretene weitergehende Interpretation[425] ist in Anbetracht der dargelegten Entscheidung des EuGH in der Rs. „Lämmerzahl" nicht mehr zu halten.

Ein **Hinweis**[426] auf die Präklusion gem. Abs. 3 Satz 1 Nr. 2 in der Bekanntmachung ist 96
zwar nicht zwingend, aber im Hinblick auf die Rechtsfolgen einer Versäumnis der Rügefrist ratsam und in der Praxis durchaus üblich.[427]

6. Abs. 3 Satz 1 Nr. 3

a) Allgemeines

Die durch das VergModG 2009 eingeführte und durch das VergRModG 2016 modifizierte 97
Präklusionsregelung des Abs. 3 Satz 1 Nr. 3 verpflichtet die Bieter und Bewerber, **aus den**

418 In Umsetzung von Art. 73 Abs. 1 Unterabs. 1 SRL, s. Amtl. Begr., BT-Drs. 18/7318, S. 234 sowie BR-Drs. 87/16, S. 259, jeweils zu § 41 SektVO-E – zu Absatz 1.

419 In Umsetzung von Art. 34 Abs. 1 KVR, s. Amtl. Begr., BT-Drs. 18/7318, S. 260 sowie BR-Drs. 87/16, S. 289, jeweils zu § 17 KonzVgV-E.

420 Kritisch hierzu *Horn/Hofmann*, in: Burgi/Dreher, Vergaberecht, § 160 GWB Rn. 55.

421 Amtl. Begr., BT-Drs. 18/7318, S. 180 u. S. 234 sowie BR-Drs. 87/16, S. 195 u. S. 259, jeweils zu § 41 VgV-E bzw. § 41 SektVO-E – zu Absatz 1.

422 EuGH, Urt. v. 11.10.2007, Rs. C-241/06, Rn. 58, 64, VergabeR 2008, 61, 67 f. – Lämmerzahl.

423 EuGH, Urt. v. 11.10.2007, Rs. C-241/06, Rn. 58, VergabeR 2008, 61, 67 – Lämmerzahl.

424 OLG Düsseldorf, Beschl. v. 18.10.2006, Verg 35/06, VergabeR 2007, 200, 204.

425 OLG Bremen, Beschl. v. 18.5.2006, Verg 3/05, VergabeR 2006, 502, 507; Beschl. v. 7.11.2005, Verg 3/05; KG, Beschl. v. 17.10.2002, 2 KartVerg 13/02, VergabeR 2003, 50, 51.

426 Vgl. Standardformulare 2, 5, 17, 24 bzw. Anhänge II, V, XIV, XXI der Durchführungsverordnung (EU) 2015/1986 v. 11.11.2015 u. Rn. 139.

427 Vgl. aber OLG München, Beschl. v. 4.4.2008, Verg 4/08, VergabeR 2008, 665, 667, welches einen solchen Hinweis für nicht erforderlich und in der Praxis unüblich ansieht.

Vergabeunterlagen erkennbare Vergaberechtsverstöße[428] spätestens bis zum Ablauf der **Frist zur Bewerbung oder zur Angebotsabgabe** gegenüber dem Auftraggeber zu rügen.

98 Bis zu der Novellierung durch das VergModG 2009 war die Rügeobliegenheit des Abs. 3 Satz 2 a.F. VgRÄG weder unmittelbar noch in einer erweiternden Auslegung auf aus den Vergabeunterlagen erkennbare Verstöße anzuwenden.[429] Der Gesetzgeber von 2009 begründete die Erweiterung damit, dass der Auftraggeber hierdurch eher die Gelegenheit erhalte, etwaige Verfahrensfehler auch in Fällen von aus der Leistungsbeschreibung erkennbaren Verstößen zu beheben und so im Interesse aller Beteiligten unnötige Nachprüfungsverfahren zu vermeiden.[430] Der ursprüngliche Gesetzesentwurf sah sogar vor, dass diese Verstöße unverzüglich nach Erhalt, spätestens aber bis zum Ablauf der Angebotsfrist zu rügen seien; nach entsprechender Kritik seitens des Bundesrats wurde die bis zum VergRModG 2016 gültige Fassung beschlossen.[431] Die Bieter sollen **nicht** zu **präventiven Rügen** gezwungen werden, um ihre Rechtspositionen zu wahren;[432] zudem hätte eine Verpflichtung zur unverzüglichen Rüge der vorhergehenden Rechtsprechung widersprochen, nach der die Bieter gerade **keine Obliegenheit** oder gar Pflicht trifft, die Vergabeunterlagen **sofort nach Erhalt auf Fehler durchzusehen**.[433]

99 Die Begründung des VergModG 2009 überzeugt nicht: Erlangt der Bieter keine positive Kenntnis von dem Vergaberechtsverstoß – die bloße Erkennbarkeit reicht aus –, wird er keine Rüge aussprechen und der Auftraggeber folglich keine Gelegenheit erhalten, den vermeintlichen Verstoß zu beseitigen. Bei Kenntniserlangung nach Fristablauf wäre der Bieter präkludiert. Es drängt sich daher der Verdacht auf, dass es dem Gesetzgeber mehr um die Präklusionswirkung als um die Beseitigung von Verfahrensfehlern gegangen ist.[434] Der wahre Grund für die Einführung des Abs. 3 Satz 1 Nr. 3 in 2009 dürfte darin gelegen haben, ein Korrektiv zu der Beweislastregel des Abs. 3 Satz 1 Nr. 1 zu schaffen: Für den Auftraggeber war (und ist weiterhin) der Nachweis der Kenntniserlangung durch den Bieter in der Regel schwer zu erbringen (vgl. Rn. 126f.).[435] Tatsächlich wurden – durch Bezugnahme auf das Kriterium der Erkennbarkeit – die Prüfungspflichten der Bieter durch

---

428 Beipiele aus der Rspr. bei *Summa*, in: jurisPK-Vergaberecht, § 160 GWB Rn. 286; *Hattig*, in: Hattig/Maibaum, PK Kartellvergaberecht, § 107 GWB Rn. 146.

429 Vgl. OLG Düsseldorf, Beschl. v. 18.10.2006, Verg 35/06, VergabeR 2007, 200, 203.

430 Amtl. Begr. BT-Drs. 16/10117, S. 22 zu § 107 Abs. 3 GWB-E VergModG.

431 Vgl. BT-Drs. 16/10117, S. 8, 22, 34, 42 zu § 107 Abs. 3 GWB-E VergModG.

432 A. a. OLG Celle, Beschl. v. 16.6.2011, 13 Verg 3/11, VergabeR 2012, 238, 241; *Summa*, in: jurisPK-Vergaberecht, § 160 GWB Rn. 288f.; *Wiese*, in: Kulartz/Kus/Portz/Prieß, GWB, § 160 Rn. 165; *Dreher*, in: Immenga/Mestmäcker, GWB, § 107 Rn. 101.

433 BT-Drs. 16/10117, S. 34 zu § 107 Abs. 3 GWB-E VergModG; s. a. Rn. 93 u. OLG Jena, Beschl. v. 16.9.2013, 9 Verg 3/13, VergabeR 2014, 38, 40; OLG Karlsruhe, Beschl. v. 21.12.2012, 15 Verg 10/12, NZBau 2013, 528, 530 = VergabeR 2013, 622, 631 m.w.N.; OLG Düsseldorf, Beschl. v. 3.8.2011, VII-Verg 30/11, VergabeR 2011, 868, 870; OLG Dresden, Beschl. v. 23.4.2009, WVerg 11/08, ZfBR 2009, 610, 612; OLG Naumburg, Beschl. v. 5.12.2008, 1 Verg 9/08, VergabeR 2009, 486; BayObLG, Beschl. v. 15.9.2004, Verg 26/03, VergabeR 2005, 130, 132f.; *Dreher*, in: Immenga/Mestmäcker, GWB, § 107 Rn. 103; vgl. aber OLG Jena, Beschl. v. 31.8.2009, 9 Verg 6/09 u. OLG München, Beschl. v. 16.4.2009, Verg 3/09, NZBau 2009, 467 zu Abs. 3 Satz 1 a.F. A.A. *Summa*, in: jurisPK-Vergaberecht, § 160 GWB Rn. 288ff., wonach der Gesetzgeber mit Abs. 3 Satz 1 Nr. 3 faktisch die „Verdachtsrüge" für ein breites Spektrum von Vergabeverstößen für zumutbar erklärt habe.

434 *Jaeger*, NZBau 2009, 558, 559.

435 *Jaeger*, NZBau 2009, 558, 559f.

Abs. 3 Satz 1 Nr. 3 erhöht und damit die Bieterobliegenheiten verschärft, und dies vor dem Hintergrund, dass die Rechtsprechung den Maßstab für eine Erkennbarkeit in der Vergangenheit nicht selten großzügig interpretiert hat.[436]

b) Unionskonformität

Die Vorschrift des Abs. 3 Satz 1 Nr. 3 ist unionskonform (vgl. Ausführungen und Nachweise unter Rn. 87 ff.). **100**

c) Vergabeunterlagen

Zu den Vergabeunterlagen gehören sämtliche Unterlagen, die von Auftraggebern erstellt werden oder auf die sie sich beziehen, um Teile des Vergabeverfahrens zu definieren.[437] Die Vergabeunterlagen umfassen gem. § 29 Abs. 1 Satz 1 VgV alle Angaben, die erforderlich sind, um dem Bewerber oder Bieter eine Entscheidung zur Teilnahme am Vergabeverfahren zu ermöglichen.[438] Sie bestehen gem. § 29 Abs. 1 Satz 2 VgV,[439] § 8 EU Abs. 1 VOB/A i. d. R. aus dem **Anschreiben** (Aufforderung zur Abgabe von Teilnahmeanträgen oder Angeboten oder Begleitschreiben für die Abgabe der angeforderten Unterlagen), den **Bewerbungs- bzw. Teilnahmebedingungen** (§ 8 EU Abs. 2 VOB/A) und den Vertragsunterlagen, zu denen die **Leistungsbeschreibung** (§§ 31, 32 VgV,[440] §§ 7 EU–7c EU VOB/A) und die **Vertragsbedingungen** (§ 29 Abs. 2 VgV,[441] § 8a EU VOB/A) gehören. **101**

d) Maßstab für die Erkennbarkeit

Auch bei Abs. 3 Satz 1 Nr. 3 ist nach der neuen Rechtsprechung des EuGH ein **objektiver** Maßstab, nämlich der eines die übliche Sorgfalt anwendenden durchschnittlich fachkundigen Bieters anzuwenden (Rn. 92 f.). Auch hier ist sich die Rechtsprechung selten einig, welcher Vergaberechtsverstoß als erkennbar oder nicht anzusehen ist, wie bspw. der Verstoß gegen das Gebot produktneutraler Ausschreibung[442] (vgl. § 7 EU Abs. 2 Satz 1 VOB/A, § 31 Abs. 6 Satz 1 VgV[443]) verdeutlicht. **102**

e) Rügefrist

Im Rahmen des VergRModG 2016 wurden in Abs. 3 Satz 1 Nr. 3 die bis dahin enthaltenen Wörter „in der Bekanntmachung benannten" gestrichen. Nach dem Willen des Gesetzgebers werden damit Vergabeverfahren mit vorgeschaltetem Teilnahmewettbewerb **auch** **103**

---

436 *Byok*, NVwZ 2009, 551, 554. A. A. *Horn/Hofmann*, in: Burgi/Dreher, Vergaberecht, § 160 GWB Rn. 56.

437 Amtl. Begr., BT-Drs. 18/7318, S. 180 sowie BR-Drs. 87/16, S. 259, jeweils zu § 41 VgV-E – zu Absatz 1.

438 S. a. BR-Drs. 87/16, S. 259.

439 Vgl. § 9 EG VOL/A a. F.

440 Vgl. § 8 EG VOL/A a. F.

441 Vgl. § 11 EG VOL/A a. F.

442 **Erkennbarkeit verneint** durch OLG Düsseldorf, Beschl. v. 9.1.2013, VII-Verg 33/12, VergabeR 2013, 599, 600 m. w. N.; **Erkennbarkeit bejaht** durch OLG München, Beschl. v. 10.12.2009, Verg 18/09.

443 Vgl. § 8 EG Abs. 7 Satz 1 VOL/A a. F.

in der **Angebotsphase** in den Anwendungsbereich der Vorschrift **einbezogen.**[444] Die Angebotsfrist wird in Verhandlungsverfahren und nicht offenen Verfahren mit Teilnahmewettbewerb regelmäßig nicht in der Bekanntmachung benannt[445] – mit Streichung des Bezugs auf die Bekanntmachung soll gewährleistet werden, dass auch in Vergabeverfahren mit vorgeschaltetem Teilnahmewettbewerb eine **Rügeobliegenheit** der ausgewählten Teilnehmer in Bezug auf in den Vergabeunterlagen erkennbare Vergabeverstöße **bis** zum **Ablauf der Angebotsfrist** besteht.[446] Auch vor der Reform entsprach es einer vorzugswürdigen Ansicht in der Rechtsprechung, dass, sofern die Bekanntmachung keine Frist zur Angebotsabgabe, sondern nur eine Frist zur Bewerbung enthält, und die **Frist** zur Angebotsabgabe erst **in den Vergabeunterlagen** (z. B. in der Aufforderung zur Angebotsabgabe) benannt wird, Letztere maßgeblich ist.[447] **Unterbleibt** ausnahmsweise eine **Vergabebekanntmachung**, wurde Abs. 3 Satz 1 Nr. 3 a. F. von der Rechtsprechung bereits dergestalt **analog** angewendet, dass den beiden gesetzlich genannten Ausschlussfristen diejenigen Fristen gleichstehen, die als Ausschlussfrist für die Einreichung der indikativen Angebote oder der fehlenden Unterlagen in den Vergabeunterlagen benannt worden sind.[448]

104 Die Anwendbarkeit des Abs. 3 Satz 1 Nr. 3 setzt keine vorherige **Rechtsbehelfsbelehrung** voraus, da keine Rechtsmitteleinlegungsfrist bestimmt wird[449] (vgl. aber bzgl. Abs. 3 Satz 1 Nr. 4 Rn. 139 ff.). Auch hier spricht jedoch nichts dagegen, auf die Präklusion gem. Abs. 3 Satz 1 Nr. 3 hinzuweisen (Rn. 96). Im Übrigen gelten die Ausführungen unter Rn. 94 f. entsprechend.

7. Anforderungen an die Rüge

a) Erklärender

105 Rügende Person muss nach dem Wortlaut des Abs. 3 Satz 1 Nr. 1 „der **Antragsteller**" selbst (s. Rn. 11) sein; sofern die Rüge durch eine andere Person als **Vertreter** ausgesprochen wird (bspw. durch einen Rechtsanwalt[450]), muss erkennbar sein, dass die Rüge im Namen des Antragstellers erfolgen soll[451] bzw. wer der vertretene Verfahrensbeteiligte

---

444 Amtl. Begr., BT-Drs. 18/6281, S. 135 zu § 160 GWB-E VergRModG.

445 S. bspw. OLG Düsseldorf, Beschl. v. 21.10.2015, VII-Verg 28/14, ZfBR 2016, 83, 84.

446 Amtl. Begr., BT-Drs. 18/6281, S. 135 zu § 160 GWB-E VergRModG. S. hierzu auch *Amelung*, VergabeR 2017, 294, 298.

447 So VK Schleswig-Holstein, Beschl. v. 22.1.2010, VK-SH 26/09 (freihändige Vergabe mit vorgeschaltetem Teilnahmewettbewerb); offenlassend OLG Frankfurt a. M., Beschl. v. 23.6.2016, 11 Verg 4/16; a. A. OLG Düsseldorf, Beschl. v. 21.10.2015, VII-Verg 28/14, ZfBR 2016, 83, 84 (Verhandlungsverfahren nach vorherigem Teilnahmewettbewerb).

448 Bzgl. Verhandlungsverfahren ohne vorherigen Teilnahmewettbewerb: OLG Celle, Beschl. v. 24.9.2014, 13 Verg 9/14, VergabeR 2015, 60, 63; OLG Brandenburg, Beschl. v. 20.9.2011, Verg W 11/11, VergabeR 2012, 110, 115 u. OLG Naumburg, Beschl. v. 18.8.2011, 2 Verg 3/11, VergabeR 2012, 93, 99. S. a. VK Sachsen-Anhalt, Beschl. v. 27.4.2016, 2 VK LSA 44/15; VK Südbayern, Beschl. v. 13.10.2014, Z3-3-3194-1-37-08/14. Offenlassend OLG Frankfurt a. M., Beschl. v. 23.6.2016, 11 Verg 4/16.

449 Vgl. OLG Koblenz, Beschl. v. 10.6.2010, 1 Verg 3/10, VergabeR 2011, 219, 222 zu Anhang VII Teil A „Bekanntmachung" Nr. 24 VKR; s. Anhang V Teil C Nr. 25 VRL.

450 Vgl. OLG München, Beschl. v. 20.3.2014, Verg 17/13, VergabeR 2014, 700, 709.

451 Vgl. VK Sachsen, Beschl. v. 4.9.2014, 1/SVK/026-14.

ist.[452] Auf Abs. 3 ist die Vorschrift des § 174 Satz 1 BGB (Vollmacht) weder unmittelbar noch entsprechend anwendbar.[453] Die Rüge hat nämlich keinen rechtsgeschäftlichen, sondern nur einen verfahrensrechtlichen Charakter,[454] da sie die Zugangsvoraussetzung zu dem Nachprüfungsverfahren schafft.[455] **Praktische Richtlinie** für eine richtige und sichere Rüge sind die **vier W's** (wer, wann, was, mit wem). Ein einzelnes Mitglied einer **Bietergemeinschaft** kann analog dem im Prozessrecht anerkannten Institut der gewillkürten Prozessstandschaft unter Beachtung der dortigen Voraussetzungen eine Rüge aussprechen, anderenfalls muss die Rüge von sämtlichen Mitgliedern geltend gemacht werden (s. o. Rn. 12 ff.).[456]

b) Adressat

Die Rüge muss grds. an den **Auftraggeber** gerichtet sein, wie sich aus dem Wortlaut des Abs. 3 Satz 1 Nr. 1, Nr. 2 und Nr. 3 („gegenüber dem Auftraggeber") ergibt. Ausnahmsweise kann die Rüge gegenüber **Bevollmächtigten** (z. B. Projektsteuerern) erfolgen, sofern diese (z. B. in den Ausschreibungsunterlagen) eindeutig als zur Entgegennahme von Rügen bevollmächtigt angegeben bzw. erkennbar sind.[457] **106**

c) Form

Für die Rüge gilt **keine** Formvorschrift, sie kann daher auch mündlich, telefonisch, per E-Mail oder in sonstiger Form erfolgen.[458] **107**

---

452 Vgl. OLG Dresden, Beschl. v. 11.9.2003, WVerg 0007/03; OLG Brandenburg, Beschl. v. 28.11.2001, Verg W 8/02. S. a. OLG Celle, Beschl. v. 25.8.2005, 13 Verg 8/05 bzgl. anonymen Beanstandungen.

453 OLG Düsseldorf, Beschl. v. 5.12.2001, Verg 32/01; VK Baden-Württemberg, Beschl. v. 21.12.2004, 1 VK 83/04; VK Bund, Beschl. v. 13.8.2001, VK 1, 25/01, VergabeR 2002, 296, 297. S. a. VK Sachsen-Anhalt, Beschl. v. 16.5.2011, 1 VK LSA 04/11.

454 OLG Düsseldorf, Beschl. v. 5.12.2001, Verg 32/01; OLG Brandenburg, Beschl. v. 28.11.2001, Verg W 8/02; VK Sachsen, Beschl. v. 10.6.2008, 1/SVK/026-08 m. w. N.; VK Münster, Beschl. v. 19.9.2006, VK 12/06; VK Baden-Württemberg, Beschl. v. 21.12.2004, 1 VK 83/04; a. A. OLG München, Beschl. v. 26.6.2007, Verg 6/07, VergabeR 2007, 684, 687: Rüge als empfangsbedürftige Willenserklärung. Offengelassen von OLG Jena, Beschl. v. 31.8.2009, 9 Verg 6/09.

455 OLG Düsseldorf, Beschl. v. 27.7.2006, Verg 23/06, VergabeR 2007, 229, 231; Beschl. v. 22.8.2000, Verg 9/00; BayObLG, Beschl. v. 20.8.2001, Verg 9/01, VergabeR 2001, 438, 441.

456 OLG München, Beschl. v. 14.1.2015, Verg 15/14, NZBau 2015, 575, 576; OLG Dresden, Beschl. v. 23.7.2013, Verg 4/13, VergabeR 2014, 81, 83; VK Sachsen, Beschl. v. 4.9.2014, 1/SVK/026-14.

457 Vgl. OLG Düsseldorf, Beschl. v. 8.10.2003, Verg 49/03; VK Sachsen, Beschl. v. 1.4.2010, 1/SVK/007-10.

458 OLG Celle, Beschl. v. 30.9.2010, 13 Verg 10/10, VergabeR 2011, 103, 105 (telefonisch, mündlich); OLG München, Beschl. v. 10.12.2009, Verg 16/09, VergabeR 2010, 246, 253 (telefonisch); OLG Jena, Beschl. v. 31.8.2009, 9 Verg 6/09 m. w. N.; OLG Düsseldorf, Beschl. v. 6.3.2008, Verg 53/08 m. w. N. (telefonisch); Beschl. v. 29.3.2006, VII-Verg 77/05, VergabeR 2006, 509, 512 (telefonisch); VK Bund, Beschl. v. 5.11.2012, VK 3-120/12 (E-Mail); Beschl. v. 19.7.2005, VK 3-58/05 (sms); Beschl. v. 3.11.1999, VK 1-27/99 (mündlich); VK Brandenburg, Beschl. v. 27.5.2011, VK 13/11; VK Baden-Württemberg, Beschl. v. 16.8.2010, 1 VK 39/10 (mündlich); VK Hessen, Beschl. v. 21.1.2003, 96d VK-62/02 (E-Mail u. mündlich); VK Sachsen-Anhalt, Beschl. v. 6.3.2000, VK-OFD LSA 01/00.

d) Gegenstand und Inhalt

108 Zu rügen sind die **Vergabeentscheidungen** des Auftraggebers, allenfalls noch bestimmte **Zwischenentscheidungen** (d. h. Entscheidungen des Auftraggebers, die geeignet sind, mit Blick auf die Auftragschancen Rechtswirkungen zu entfalten), hingegen nicht lediglich vorbereitende Handlungen (bspw. die Versendung der Vergabeunterlagen).[459] Zu vorsorglichen oder „Vorratsrügen" zur Verhinderung künftiger Vergaberechtsverstöße ist der Antragsteller nach dem Gesetz nicht gehalten,[460] Vorratsrügen ohne aktuellen Bezugspunkt auf Seiten der Vergabestelle sind i. Ü. unzulässig. Allgemeine Hinweise auf mögliche zukünftige Vergabeverstöße oder vergaberechtswidrige Handlungen können damit noch keine Rüge darstellen.[461] Die Rüge muss klar und deutlich sein,[462] sodass der Auftraggeber in die Lage versetzt wird, den beanstandeten Fehler zu erkennen und zu korrigieren (Warnfunktion).[463] Dabei ist zum Ausdruck zu bringen, **welcher Sachverhalt** konkret zugrunde gelegt und woraus im Einzelnen ein **konkreter Vergaberechtsverstoß** abgeleitet wird.[464] In der Rüge müssen die beanstandeten Verstöße gegen die Regeln des Vergaberechts spezifisch benannt werden, der bloß pauschale Hinweis, das Vergabeverfahren sei fehlerhaft, genügt nicht.[465] Es müssen **begründete Verdachtsumstände** benannt werden, willkürliche, ins Blaue hinein aufgestellte Behauptungen reichen nicht aus.[466] In Fällen unverschuldeten Informationsdefizits muss es aber genügen, dass ein Bieter konkrete Tatsachen vorträgt, die den hinreichenden Verdacht eines Vergabeverstoßes begründen.[467] Des Weiteren muss die Rüge für den Auftraggeber als **Aufforderung** zu verstehen sein, den beanstandeten Verstoß zu **beseitigen**.[468] Eine Begründung, insbesondere eine umfassende rechtliche

---

459 OLG Düsseldorf, Beschl. v. 31.5.2017, VII-Verg 36/16, VergabeR 2017, 618, 621; Beschl. v. 13.4.2016, VII-Verg 52/15; Beschl. v. 7.11.2012, VII-Verg 11/12, VergabeR 2013, 251, 252 = NZBau 2013, 187. Streitig bzgl. Inhalten einer **Vorinformation**, s. hierzu *Horn/Hofmann*, in: Burgi/Dreher, Vergaberecht, § 160 GWB Rn. 52.

460 OLG Düsseldorf, Beschl. v. 7.11.2012, VII-Verg 11/12, VergabeR 2013, 251, 252 = NZBau 2013, 187.

461 OLG Naumburg, Beschl. v. 29.10.2013, 2 Verg 3/13; OLG München, Beschl. v. 15.3.2012, Verg 2/12, VergabeR 2012, 740, 743.

462 Vgl. Art. 1 Abs. 4 RML u. bereits Art. 1 Abs. 3 ÜWR: Unterrichtung über den behaupteten Verstoß und die beabsichtigte Nachprüfung. Negativbeispiel bei VK Thüringen, Beschl. v. 12.10.2017, 250-4002-7955/2017-E-014-GTH.

463 Vgl. OLG München, Beschl. v. 20.3.2014, Verg 17/13, VergabeR 2014, 700, 709.

464 Vgl. OLG München, Beschl. v. 21.4.2017, Verg 1/17, VergabeR 2017, 645, 649; Beschl. v. 2.8.2007, Verg 7/07, VergabeR 2007, 799, 800; OLG Frankfurt a. M., Beschl. v. 5.3.2002, 11 Verg 2/01, VergabeR 2002, 394, 395; VK Baden-Württemberg, Beschl. v. 18.10.2005, 1 VK 62/05.

465 OLG Celle, Beschl. v. 13.1.2011, 13 Verg 15/10, VergabeR 2011, 531, 534; OLG Düsseldorf, Beschl. v. 23.1.2008, VII-Verg 36/07; Beschl. v. 9.4.2003, Verg 66/02; Beschl. v. 18.7.2001, Verg 16/01, VergabeR 2001, 419, 421; OLG München, Beschl. v. 7.8.2007, Verg 8/07, VergabeR 2007, 802, 805; KG, Beschl. v. 22.8.2001, KartVerg 3/01, VergabeR 2001, 392, 394; BayObLG, Beschl. v. 12.12.2001, Verg 19/01; OLG Dresden, Beschl. v. 17.8.2001, WVerg 5/01, VK Baden-Württemberg, Beschl. v. 18.10.2005, 1 VK 62/05.

466 OLG Düsseldorf, Beschl. v. 8.3.2017, VII-Verg 39/16, VergabeR 2017, 381, 389 f. m. w. N.

467 Vgl. OLG Düsseldorf, Beschl. v. 7.12.2011, VII-Verg 81/11, VergabeR 2012, 664, 666; OLG Karlsruhe, Beschl. v. 20.3.2009, 15 Verg 2/09 m. w. N.

468 OLG München, Beschl. v. 21.4.2017, Verg 1/17, VergabeR 2017, 645, 649; Beschl. v. 10.12.2009, Verg 16/09, VergabeR 2010, 246, 253; OLG Frankfurt a. M., Beschl. v. 5.10.2010, 11 Verg 7/10; Beschl. v. 2.3.2007, 11 Verg 15/06; OLG Celle, Beschl. v. 30.9.2010, 13 Verg 10/10, VergabeR 2011, 103, 105; OLG Jena, Beschl. v. 31.8.2009, 9 Verg 6/09; Beschl. v. 22.11.2000, 6

Würdigung der möglichen Rechtsverstöße ist für eine ordnungsgemäße Rüge aber nicht erforderlich.[469] Mit Blick auf die Eilbedürftigkeit des Handelns in dieser Phase des Verfahrens sind keine allzu hohen Anforderungen an die rechtliche Bewertung des gerügten Lebenssachverhalts zu stellen.[470] Die Verwendung des Wortes „Rüge" ist nicht nötig.[471] Auch die ausdrückliche **Androhung**, es werde ggf. ein **Nachprüfungsantrag** gestellt, ist nach richtiger Auffassung **nicht** erforderlich,[472] die entsprechende Forderung der gegenteiligen Ansicht lässt sich weder auf den Gesetzeswortlaut noch auf die Gesetzesbegründung stützen. Es ist ausreichend, wenn die Vergabestelle die Erklärung des Antragstellers unter Berücksichtigung aller Umstände als Beanstandung verstehen muss.[473] Ein Rügeschreiben ist gem. § 133 BGB nach dem **objektiven Empfängerhorizont** auszulegen, also danach, wie eine verständige und fachkundige Vergabestelle nach der allgemeinen Verkehrssitte den Wortlaut verstehen konnte und durfte.[474] Jede Äußerung, die nach dem objektiven Empfängerhorizont als Aufrechterhaltung der vorher erhobenen konkreten Beanstandungen und als Bekräftigung des ultimativen Charakters des Hinweises auf vermeintliche Vergaberechtsverstöße erscheinen musste, genügt für eine ordnungsgemäße Rüge.[475] Selbst ein auf den gleichen Streitgegenstand bezogener Antrag auf Erlass einer einstweiligen Verfügung im Zivilrechtsweg, von dem die Vergabestelle Kenntnis erlangt, ist als Rüge ausreichend.[476] Entscheidend ist, dass der Auftraggeber die Aussage als ernst gemeinte und verbindliche Rüge qualifizieren kann.[477] Fristverlängerungsanträge in Bezug auf Angebotsfristen oder

---

Verg 8/00, VergabeR 2001, 52, 53; KG, Beschl. v. 20.8.2009, 2 Verg 4/09; VK Düsseldorf, Beschl. v. 7.1.2015, VK-5/2014.

469 OLG München, Beschl. v. 20.3.2014, Verg 17/13, VergabeR 2014, 700, 709; Beschl. v. 10.12.2009, Verg 16/09, VergabeR 2010, 246, 253; KG, Beschl. v. 20.8.2009, 2 Verg 4/09; OLG Frankfurt a. M., Beschl. v. 2.3.2007, 11 Verg 15/06; VK Düsseldorf, Beschl. v. 21.9.1999, VK 12/99, L.

470 OLG München, Beschl. v. 20.3.2014, Verg 17/13, VergabeR 2014, 700, 709; Beschl. v. 5.11.2009, Verg 15/09, VergabeR 2010, 677, 682; VK Düsseldorf, Beschl. v. 21.9.1999, VK 12/99, L.

471 OLG München, Beschl. v. 21.4.2017, Verg 1/17, VergabeR 2017, 645, 649; Beschl. v. 5.11.2009, Verg 15/09, VergabeR 2010, 677, 682; OLG Düsseldorf, Beschl. v. 7.12.2011, VII-Verg 81/11, VergabeR 2012, 664, 666; OLG Jena, Beschl. v. 31.8.2009, 9 Verg 6/09; OLG Frankfurt a. M., Beschl. v. 2.3.2007, 11 Verg 15/06; VK Münster, Beschl. v. 30.4.2009, VK 4/09; Beschl. v. 16.2.2005, VK 36/04, ZfBR 2005, 514, 516; VK Rheinland-Pfalz, Beschl. v. 21.1.2003, VK 62/02; VK Bund, Beschl. v. 26.8.1999, VK 2-22/99.

472 OLG München, Beschl. v. 10.12.2009, Verg 16/09, VergabeR 2010, 246, 253; Beschl. v. 5.11.2009, Verg 15/09, VergabeR 2010, 677, 682; KG, Beschl. v. 22.8.2001, KartVerg 3/01, VergabeR 2001, 392, 394; OLG Düsseldorf, Beschl. v. 18.7.2001, Verg 16/01, VergabeR 2001, 419, 421; OLG Brandenburg, Beschl. v. 11.5.2000, Verg 1/00227, NZBau 2001, 226, 228; VK Sachsen, Beschl. v. 10.4.2002, 1/SVK/023-02 u. 1/SVK/023-02 G; **a. A.** OLG Brandenburg, Beschl. v. 17.2.2005, VergW 11/04, VergabeR 2005, 660, 663; VK Brandenburg, Beschl. v. 16.12.2004, VK 70/04; VK Lüneburg, Beschl. v. 17.10.2003, 203-VgK-23/2003; VK Rheinland-Pfalz, Beschl. v. 25.4.2003, VK 5/03; VK Bund, Beschl. v. 21.10.1999, VK2-26/99, NZBau 2000, 108, 109.

473 Vgl. OLG Frankfurt a. M., Beschl. v. 2.3.2007, 11 Verg 15/06; VK Münster, Beschl. v. 16.2.2005, VK 36/04, ZfBR 2005, 514, 516; VK Bund, Beschl. v. 26.7.1999, VK 1-15/99.

474 OLG München, Beschl. v. 15.3.2012, Verg 2/12, VergabeR 2012, 740, 744.

475 OLG Naumburg, Beschl. v. 29.10.2013, 2 Verg 3/13.

476 OLG Düsseldorf, Beschl. v. 30.4.2003, Verg 67/02, VergabeR 2003, 435, 445; VK Bund, Beschl. v. 12.12.2002, VK 1-83/02.

477 OLG Frankfurt a. M., Beschl. v. 2.3.2007, 11 Verg 15/06.

eine Pauschalkritik am Vergabeverfahren sind freilich nicht als Rügen anzusehen.[478] Enthält ein Schreiben mehrere Beanstandungen, deren Behebung zu einander ausschließenden Ergebnissen führen würde, ist eine derartige Rüge in sich widersprüchlich und somit für die Beseitigung von Vergaberechtsverstößen ungeeignet.[479]

109 Eine anfängliche, rechtzeitige Rüge kann im Laufe des Nachprüfungs- und Beschwerdeverfahrens weiter begründet[480] bzw. **konkreter ausgeformt** werden, wenn ein Sachzusammenhang zwischen Rüge und nachträglicher Präzisierung besteht. Bspw. ist es ausreichend, dass ursprünglich die Bestimmtheit der Leistungsbeschreibung bemängelt wird, um später das Fehlen eines Gesamtverfahrenskonzepts zu beanstanden.[481] **Nicht** möglich ist hingegen, eine ursprünglich fehlerhafte Rüge im Laufe des Nachprüfungsverfahrens **nachzubessern**.[482]

e) Eingang oder Zugang der Rüge

110 Hinsichtlich des evtl. Erfordernisses eines Zugangs der Rüge ist in Anbetracht der Reform durch das VergRModG 2016 zu **differenzieren**:

111 Eine Rüge nach Abs. 3 Satz 1 **Nr. 1** ist innerhalb der Frist von zehn Kalendertagen zu erheben; die **Rechtsbehelfsfrist endet** entsprechend § 188 Abs. 1 BGB mit Ablauf des letzten Tages der Frist, also mit **Ablauf des 10. Kalendertages um 24:00 Uhr** (Rn. 79). Es wäre verfehlt, im Rahmen dieser nun eingeführten konkreten Frist der Nr. 1 einen Zugang im Sinne der bisherigen Rechtsprechung[483] zu fordern, wonach ein nach allgemeinem Geschäftsschluss in den Briefkasten eingeworfener Brief als erst am nächsten Geschäftstag zugegangen gilt[484] (s. aber Rn. 113). Der Rügende ist berechtigt, die Rechtsbehelfsfrist **voll auszuschöpfen**. Zwangsläufig wird jedoch jeder Eingang der Rüge in den späten Nachmittags- bis Abend- und Nachtstunden außerhalb der üblichen Geschäftszeiten des Auftraggebers bzw. nach dessen Dienstschluss liegen, sodass der Auftraggeber unter normalen Verhältnissen keine Möglichkeit hat, vom Inhalt der Erklärung Kenntnis zu nehmen. I. Ü. ist für den Rügenden nur schwerlich zu bestimmen, wann der Auftraggeber im individuellen Fall[485] noch eine realistische Möglichkeit der Kenntnisnahme hat. Ein Zugang i. S. d. Rechtsprechung wird also regelmäßig erst nach Mitternacht bzw. am Tag nach Fristablauf zu bejahen sein mit dem Ergebnis, dass die Rüge nach dieser Ansicht verfristet wäre, obwohl sie fristgerecht innerhalb der nun gesetzlich normierten Frist von zehn Kalendertagen

---

478 Vgl. VK Schleswig-Holstein, Beschl. v. 12.7.2007, VK-SH 11/07; VÜA Nordrhein-Westfalen, Beschl. v. 14.4.1999, 132-84-47-4/99; VK Bund, Beschl. v. 20.4.2000, VK 2-6/00; Beschl. v. 21.10.1999, VK 2-26/99, NZBau 2000, 108, 109.

479 OLG Brandenburg, Beschl. v. 16.3.2010, VergW 6/10.

480 OLG Celle, Beschl. v. 12.5.2005, 13 Verg 6/05, ZfBR 2005, 611.

481 OLG Düsseldorf, Beschl. v. 5.10.2000, Verg 14/00.

482 Vgl. OLG Koblenz, Beschl. v. 10.8.2000, 1 Verg 2/00, NZBau 2000, 534, 537.

483 S. nur OLG Düsseldorf, Beschl. v. 7.12.2011, VII-Verg 81/11, VergabeR 2012, 664, 666.

484 Vgl. OLG Düsseldorf, Beschl. v. 7.12.2011, VII-Verg 81/11, VergabeR 2012, 664, 666, wonach die Rüge eine geschäftsähnliche Handlung ist, sodass § 130 BGB entsprechend anzuwenden ist; s. a. VK Bund, Beschl. v. 5.11.2012, VK 3-120/12; offenlassend OLG Jena, Beschl. v. 31.8.2009, 9 Verg 6/09; s. ferner *Ellenberger*, in: Palandt, BGB, § 130 BGB Rn. 6 m. w. N.

485 Bspw. bei Fristablauf an einem Freitag: Liegt der konkrete Geschäfts- bzw. Dienstschluss um 12 Uhr, 14 Uhr oder 16 Uhr? S. a. zum Eingang der Rüge an einem Freitag um 16:36 Uhr oder 17:36 Uhr VK Sachsen, Beschl. v. 10.4.2012, 1/SVK/005-12 zu Abs. 3 Satz 1 Nr. 1 a. F.

eingegangen ist. Dies kann erkennbar nicht gewollt sein. Zur Gewährleistung effektiven Rechtsschutzes kann es daher nicht darauf ankommen, ob der Auftraggeber eine Rüge tatsächlich noch zur Kenntnis nehmen kann, die bspw. kurz vor Mitternacht des Tages des Fristablaufs in seinem Nachtbriefkasten, sofern vorhanden, eingeht. Folglich muss eine Rüge gem. Nr. 1 dem Auftraggeber zwar „zugehen“ – wobei der Rügende die **Beweislast** des „Zugangs“ trägt[486] –, jedoch nur im Sinne eines körperlichen **Eingangs bis** zum o. g. **Fristablauf**.[487]

Bei einer Rüge nach Abs. 3 Satz 1 **Nr. 2** und **Nr. 3** ist auf den dortigen Fristablauf abzustellen, auch hier muss es auf den körperlichen **Eingang bis** zum **Fristablauf** ankommen. **112**

Bedeutung hat die Frage der Notwendigkeit eines **Zugangs** der Rüge allerdings für die Fälle der sogenannten „**versteckten Rüge**“. Da die Rügeobliegenheit dem Auftraggeber ermöglichen soll, Vergaberechtsfehler im frühestmöglichen Stadium zu korrigieren, ist der Zugang der Rüge zwangsläufige Voraussetzung,[488] damit der Auftraggeber in die Lage versetzt wird, die Korrekturmöglichkeit wahrzunehmen. Zugegangen ist eine Rüge dann, wenn sie so in den Machtbereich des Empfängers bzw. Auftraggebers gelangt ist, dass dieser unter normalen Verhältnissen die Möglichkeit hat, vom Inhalt der Erklärung Kenntnis zu nehmen;[489] vollendet ist der Zugang dann, wenn die Kenntnisnahme durch den Empfänger bzw. Auftraggeber möglich und nach der Verkehrsanschauung zu erwarten ist.[490] Die **Beweislast** des Zugangs trägt der Absender.[491] Ist die Rüge jedoch als **Bestandteil des Angebots** in diesem versteckt (bspw. im Leistungsverzeichnis) oder im **Angebotsschreiben** enthalten, ist sie erst bei Prüfung des Angebots, d. h. u. U. mehrere Tage nach der Submission, zugegangen, nicht bereits bei dessen Öffnung.[492] Da die Öffnung erst nach Ablauf der Angebotsfrist erfolgt, kann der Auftraggeber gerade nicht bis zum Ablauf der Angebotsfrist Kenntnis von der Rüge nehmen, sodass eine Rüge nach Abs. 3 Satz 1 Nr. 2 oder Nr. 3 verspätet wäre.[493] **113**

---

486 Vgl. VK Bund, Beschl. v. 5.11.2012, VK 3-120/12; VK Brandenburg, Beschl. v. 27.5.2011, VK 13/11.

487 In diesem Sinne auch OLG München, Beschl. v. 19.12.2013, Verg 12/13 sowie *Hofmann*, in: Müller-Wrede, GWB, § 160 Rn. 53 u. 66, unklar allerdings bzgl. Rn. 101. A. A. bzw. widersprüchlich *Summa*, in: jurisPK-Vergaberecht, § 160 GWB Rn. 169 ff., 252 einerseits u. Rn. 253 ff. andererseits. Unklar ebenfalls *Wiese*, in: Kulartz/Kus/Portz/Prieß, GWB, § 160 Rn. 153, wonach die Rüge bis zum Ablauf von zehn Kalendertagen beim Auftraggeber so eingegangen sein muss, dass sie ihm zur Kenntnis gelangen kann. A. A. (pro Zugang) *Dicks*, in: Ziekow/Völlink, Vergaberecht, § 160 Rn. 46, 47b.

488 Vgl. OLG Jena, Beschl. v. 31.8.2009, 9 Verg 6/09; in diesem Sinne auch OLG Düsseldorf, Beschl. v. 7.12.2011, VII-Verg 81/11, VergabeR 2012, 664, 666.

489 OLG Düsseldorf, Beschl. v. 7.12.2011, VII-Verg 81/11, VergabeR 2012, 664, 666.

490 OLG Jena, Beschl. v. 31.8.2009, 9 Verg 6/09 m. w. N.

491 VK Bund, Beschl. v. 5.11.2012, VK 3-120/12; VK Brandenburg, Beschl. v. 27.5.2011, VK 13/11.

492 Vgl. OLG Jena, Beschl. v. 31.8.2009, 9 Verg 6/09; a. A. VK Berlin, Beschl. v. 15.8.2011, VK B 2-22/11.

493 Vgl. OLG Düsseldorf, Beschl. v. 7.12.2011, VII-Verg 81/11, VergabeR 2012, 664, 666 f.; OLG Jena, Beschl. v. 31.8.2009, 9 Verg 6/09.

8. Keine Wartefrist zwischen Rüge und Nachprüfungsantrag

114 Die Rüge ist grundsätzlich vor dem Nachprüfungsantrag zu erklären.[494] Die **Reaktionsfrist** für den Auftraggeber muss nach den Gesamtumständen angemessen sein.[495] Bei zu kurzer Frist trägt der Antragsteller u. U. das Kostenrisiko.[496] Allerdings besteht **keine zwingende Wartefrist** zwischen Erklärung der Rüge und Einreichung des Nachprüfungsantrags, ein Antragsteller kann daher zugleich mit der Einreichung bzw. Absendung (richtig wäre: mit dem Eingang bzw. ausnw. Zugang) des Rügeschreibens die Vergabekammer anrufen[497] (zur Antragsfrist des Abs. 3 Satz 1 Nr. 4 s. Rn. 129 ff.).

9. Ausnahmen von der Rügeobliegenheit

115 Die Rügeobliegenheit kann in **gesetzlich** vorgesehenen oder **richterrechtlich** anerkannten Ausnahmefällen entfallen.

a) De-facto-Vergabe

116 Seit dem VergModG 2009 ist gesetzlich in **Abs. 3 Satz 2** geregelt, dass bei **De-facto-Vergaben** gem. § 101b Abs. 1 Nr. 2 GWB a. F. bzw. **§ 135 Abs. 1 Nr. 2 GWB** n. F. sofort, d. h. **ohne vorherige Rügeobliegenheit**, ein Nachprüfungsantrag auf Feststellung der Unwirksamkeit des Vertrags gestellt werden kann. Ausweislich der Gesetzesbegründung ist es nicht sachgerecht, den Unternehmen in diesen Fällen eine Rügeverpflichtung aufzuerlegen.[498] Der Reformgesetzgeber von 2009 hat damit die zuvor herrschende Meinung in Rechtsprechung und Literatur, nach der die Rügeobliegenheit im Falle einer De-facto-Vergabe nicht galt,[499] kodifiziert. Bislang wurde nach überwiegender Ansicht § 101b Abs. 1 Nr. 2 GWB a. F. analog angewendet, wenn statt der gebotenen europaweiten Ausschreibung

---

494 OLG München, Beschl. v. 7.8.2007, Verg 8/07, VergabeR 2007, 802, 804; st. Rspr. des OLG Düsseldorf, s. a. Art. 1 Abs. 4 RML u. bereits Art. 1 Abs. 3 ÜWR.

495 Vgl. *Baumbach/Lauterbach/Albers/Hartmann*, ZPO, § 93 Rn. 75.

496 Vgl. OLG Düsseldorf, Beschl. v. 11.5.2011, Verg 10/11; VK Bund, Beschl. v. 19.7.1999, VK 2-14/99.

497 Vgl. OLG Düsseldorf, Beschl. v. 17.7.2013, Verg 10/13; Beschl. v. 11.5.2011, Verg 10/11; Beschl. v. 9.4.2003, Verg 69/02; Beschl. v. 9.1.2003, Verg 57/02; Beschl. v. 18.7.2001, Verg 16/01, VergabeR 2001, 419, 421; Beschl. v. 13.9.2001, Verg 4/01; OLG Karlsruhe, Beschl. v. 21.12.2012, 15 Verg 10/12, NZBau 2013, 528, 532 = VergabeR 2013, 622, 633; OLG Frankfurt a. M., Beschl. v. 5.10.2010, 11 Verg 7/10, ZfBR 2011, 394, 397; Beschl. v. 6.3.2006, 11 Verg 11/05 u. 12/05; Beschl. v. 16.5.2000, 11 Verg 1/99, NZBau 2001, 101, 103 f.; OLG Naumburg, Beschl. v. 25.10.2005, 1 Verg 5/05; OLG Dresden, Beschl. v. 17.8.2001, WVerg 5/01; VK Münster, Beschl. v. 30.4.2009, VK 4/09; VK Schleswig-Holstein, Beschl. v. 28.1.2008, VK-SH 27/07 m. w. N.; VK Mecklenburg-Vorpommern, Beschl. v. 25.1.2008, 2 VK 5/07; s. a. OLG München, Beschl. v. 7.8.2007, Verg 8/07, VergabeR 2007, 802, 804 f.; a. A. VK Sachsen, Beschl. v. 27.5.2004, 1/SVK/041-04; VK Sachsen-Anhalt, Beschl. v. 2.10.2002, 33-32571/07 VK MD 10/02; *Reidt*, in: Reidt/Stickler/Glahs, Vergaberecht, § 160 Rn. 77.

498 Amtl. Begr., BT-Drs. 16/10117, S. 22 zu § 107 Abs. 3 GWB-E VergModG.

499 Vgl. lediglich OLG Brandenburg, Beschl. v. 15.9.2009, VergW 13/08; OLG Düsseldorf, Beschl. v. 6.2.2008, VII-Verg 37/07, VergabeR 2008, 229, 238 mit Begründung und zahlreichen Nachweisen zum damaligen Meinungsstand. S. a. OLG Düsseldorf, Beschl. v. 2.11.2016, VII-Verg 23/16.

nur eine nationale Ausschreibung erfolgt war[500] – auch die Befürworter einer analogen Anwendung vertraten jedoch z. T. die Ansicht, dass der Nachprüfungsantragsteller in diesem Falle nicht von seinen Rügeobliegenheiten entbunden war.[501] Die Vorschrift des § 135 Abs. 1 Nr. 2 GWB in der Fassung des VergRModG 2016 ist nun anders als ihre Vorgängerin[502] formuliert und stellt für die Unwirksamkeit eines Auftrags **nicht mehr** auf die **fehlende Beteiligung** anderer Unternehmen am Vergabeverfahren, **sondern** auf die **fehlende vorherige Veröffentlichung** einer Bekanntmachung im Amtsblatt der EU ohne gesetzliche Gestattung ab.[503] Diese Neufassung dient zum einen der Umsetzung der Vorgaben des Art. 2d Abs. 1 lit. a) RML bzw. RMLS und entspricht zum anderen der erweiternden Auslegung des § 101b Abs. 1 Nr. 2 GWB a. F. durch die Rechtsprechung, namentlich des OLG Düsseldorf[504].[505] Damit ist gesetzlich klargestellt, dass eine De-facto-Vergabe vorliegt, wenn ein Auftrag vergeben wird, ohne dass vorher eine Bekanntmachung im Amtsblatt der EU veröffentlicht wird und ohne dass dies gesetzlich gestattet ist. Folglich besteht gem. Abs. 3 Satz 2 **keine Rügeobliegenheit**, wenn es an der gebotenen vorherigen **Veröffentlichung** einer **Bekanntmachung**[506] **im Amtsblatt der EU fehlt**.[507] Der Reformgesetzgeber hat damit zwar die o. g., bislang analoge Anwendung nun in § 135 Abs. 1 Nr. 2 GWB gesetzlich normiert – durch den weiterhin bestehenden Verweis auf diese Vorschrift in Abs. 3 Satz 2 entfällt jedoch die Rügeobliegenheit in diesen Fällen einer De-facto-Vergabe, sodass der rechtliche Schluss ein anderer ist als der des – in der Amtlichen Begründung zitierten – OLG Düsseldorf.

b) Keine Ausnahme bei Verstößen gegen die Informations- und Wartepflicht

Teilweise wird die Ansicht vertreten, dass Abs. 3 über die in Abs. 3 Satz 2 genannte Ein- 117
schränkung hinaus auch auf **Verstöße** gegen die Informations- und Wartepflicht gem. **§ 134 Abs. 1, Abs. 2 GWB** nicht angewendet werden darf.[508] Das OLG Düsseldorf hat zu-

---

500 Vgl. zum Streitstand OLG Saarbrücken, Beschl. v. 29.1.2014, 1 Verg 3/13, VergabeR 2014, 484, 485 f., dort zugunsten einer analogen Anwendung.

501 Mit dem Argument eines **vorvertraglichen Vertrauensverhältnisses**, wenn sich der **Bieter in Kenntnis** der Erforderlichkeit eines ordnungsgemäßen Vergabeverfahrens an einer De-facto-Vergabe **beteiligt** hat, ohne den Auftraggeber auf diesen Rechtsverstoß hinzuweisen: vgl. OLG Rostock, Beschl. v. 6.11.2015, 17 Verg 2/15; Beschl. v. 20.11.2013, 17 Verg 7/13; OLG Düsseldorf, Beschl. v. 11.1.2012, Verg 67/11. Offenlassend OLG München, Beschl. v. 19.7.2012, Verg 8/12; VK Südbayern, Beschl. v. 12.8.2016, Z3-3-3194-1-27-07-16. S. a. *Gabriel/Mertens*, in: BeckOK Vergaberecht, § 160 Rn. 209.

502 Vgl. § 101b Abs. 1 Nr. 2 GWB a. F.: „einen öffentlichen Auftrag unmittelbar an ein Unternehmen erteilt, ohne andere Unternehmen am Vergabeverfahren zu beteiligen und ohne dass dies aufgrund Gesetzes gestattet ist".

503 Vgl. Amtl. Begr., BT-Drs. 18/6281, S. 122 zu § 135 GWB-E VergRModG.

504 Beschl. v. 11.1.2012, Verg 67/11.

505 Amtl. Begr., BT-Drs. 18/6281, S. 122 zu § 135 GWB-E VergRModG.

506 Das OLG Düsseldorf hat in seinem Beschl. v. 12.7.2017 (VII-Verg 13/17, NZBau 2017, 679, 680 f.) entschieden, dass eine **freiwillige Ex-ante-Transparentbekanntmachung** gem. § 135 Abs. 3 GWB bei richtlinienkonformem Verständnis **nicht** als **Bekanntmachung i. S. d. § 135 Abs. 1 Nr. 2 GWB** anzusehen ist mit der Folge, dass im Rahmen eines Antrags auf Feststellung der Unwirksamkeit des Vertrags nach § 135 Abs. 1 Nr. 2 GWB aufgrund § 160 Abs. 3 Satz 2 GWB keine Rügeobliegenheit besteht.

507 S. VK Nordbayern, Beschl. v. 13.1.2017, 21.VK-3194-38/16.

508 *Waldner*, VergabeR 2011, 113; a. A. OLG Naumburg, Beschl. v. 29.10.2009, 1 Verg 5/09.

dem entschieden, dass sich ein Auftraggeber nicht mit Erfolg auf eine Verletzung der Rügeobliegenheit berufen kann, wenn er durch die Wahl des Zeitpunkts der Versendung der Bieterinformation die **Wartefrist** des § 134 Abs. 2 GWB **faktisch stark** verkürzt und damit die Überprüfungsfrist für den Antragsteller reduziert hat.[509] Diesen Ansichten ist nicht zuzustimmen:[510] Zum einen ist dem klaren Wortlaut des Abs. 3 Satz 2 sowie der Gesetzesbegrundung zu entnehmen, dass sich der Gesetzgeber bewusst dafur entschieden hat, gesetzlich lediglich eine Ausnahme von der Rügeobliegenheit für den Fall einer De-facto-Vergabe festzulegen. In Abs. 3 Satz 2 wird ausschließlich auf § 135 Abs. 1 **Nr. 2** GWB und nicht auf § 135 Abs. 1 **Nr. 1** GWB verwiesen. Auch Art. 1 Abs. 4 RML (vgl. Rn. 88) spricht nicht für eine solche erweiternde Auslegung des Abs. 3 Satz 2. Die Stillhaltefrist des Art. 2a Abs. 2 RML, die durch § 101a GWB a. F. (§ 134 GWB n. F.) umgesetzt wurde, wird bei Befürwortung der Rügeobliegenheit nicht aufgeweicht, verkürzt oder gar ganz außer Kraft gesetzt. Macht der Auftraggeber bspw. fehlerhafte Angaben zum Zuschlagszeitpunkt, weil er die Wartefrist fälschlicherweise zu kurz berechnet, oder wählt er bewusst einen Versendungszeitpunkt vor Feiertagen, wird die Wartefrist durch das Tätigwerden des Auftraggebers unterlaufen, nicht jedoch durch die den Bieter treffende grundsätzliche Rügeobliegenheit. Das Vorsehen einer Rügeobliegenheit an sich lässt die Stillhaltefrist und auch die Frist des Art. 2c RML, wie von Art. 1 Abs. 4 RML gefordert, unberührt. Ebenso wird durch die Rügefrist des Abs. 3 Satz 1 Nr. 1 1. Hs. der Ablauf der Wartefrist des § 134 Abs. 2 GWB nicht berührt, wie nun in Abs. 3 Satz 1 Nr. 1 2. Hs. klargestellt ist (Rn. 80). Ggf. kommt aber eine (enge) Ausnahme wegen drohender Zuschlagserteilung (Rn. 119) in Betracht.

118 Es stellt sich die Frage, in welchem **Verhältnis** die Rügeobliegenheit des **Abs. 3 zu § 135 Abs. 2 GWB** steht, ob es sich bei letzterer Vorschrift also um eine Abs. 3 verdrängende Sonderregelung handelt oder ob beide Vorschriften nebeneinander anzuwenden sind.[511] Richtigerweise **schließen sich** beide Vorschriften **nicht aus**.[512] Dies bedeutet, dass die Unwirksamkeit eines Vertrags im Rahmen eines Nachprüfungsverfahrens gem. § 135 GWB nur dann festgestellt werden kann, wenn der Nachprüfungsantrag zulässig und begründet ist,[513] also insbesondere die Sachentscheidungsvoraussetzungen vorliegen und die grundsätzliche Rügeobliegenheit beachtet wird. Bei einer De-facto-Vergabe (vgl. § 135 Abs. 1 Nr. 2 GWB) gilt Abs. 3 Satz 1 gem. Abs. 3 Satz 2 ohnehin nicht, d. h. es besteht weder eine Rügeobliegenheit noch ist die Frist des Satz 1 Nr. 4 zu beachten (Rn. 116, 134); hier entsteht gar keine vermeintliche Kollision mit § 135 Abs. 2 GWB. Bei einem Verstoß gegen § 134 GWB (vgl. § 135 Abs. 1 Nr. 1 GWB) müssen positiv erkannte bzw. aus Vergabebekanntmachung oder -unterlagen erkennbare Verstöße gegen § 134 GWB nach Abs. 3 Satz 1 Nr. 1 innerhalb einer Frist von zehn Kalendertagen bzw. nach Abs. 3 Satz 1 Nr. 2

509 OLG Düsseldorf, Beschl. v. 5.11.2014, VII-Verg 20/14, VergabeR 2015, 473, 474 f.: Im dortigen Fall faktische Verkürzung von 10 auf 3 Tage. S. zur faktischen Verkürzung der Wartefrist auch OLG Düsseldorf, Beschl. v. 5.10.2016, VII-Verg 24/16, NZBau 2017, 119, 119 f. und § 169 Rn. 19.

510 So ebenfalls *Hofmann*, in: Müller-Wrede, GWB, § 160 Rn. 85, 88 u. *Gabriel/Mertens*, in: Beck-OK Vergaberecht, § 160 Rn. 210.

511 Offenlassend: OLG München, Beschl. v. 13.8.2010, Verg 10/10, VergabeR 2011, 111, 112.

512 So auch OLG Rostock, Beschl. v. 6.11.2015, 17 Verg 2/15; *Maimann*, in: Kulartz/Kus/Portz/Prieß, GWB, § 135 Rn. 32.

513 So auch *König*, in: Kulartz/Kus/Portz, GWB, 2. Aufl. 2009, § 101b Rn. 3, S. 537; *Glahs*, in: Reidt/Stickler/Glahs, Vergaberecht, § 135 Rn. 20.

oder Nr. 3 bis zum Ablauf der Frist zur Bewerbung oder zur Angebotsabgabe gerügt werden, nach Ablauf dieser Fristen gelten Abs. 3 Satz 1 Nr. 1 bzw. Nr. 2 oder Nr. 3 nicht (Rn. 95, 103). Bestand eine Rügeobliegenheit und wurde ordnungsgemäß gerügt, ist zu prüfen, ob die Voraussetzungen des § 135 Abs. 2 GWB beachtet wurden. Wurde eine bestehende Rügeobliegenheit hingegen verletzt, ist der Antragsteller also auch bei einem Verstoß gegen § 134 GWB präkludiert.[514] Art. 1 Abs. 4 RML spricht nicht hiergegen, da diese Vorschrift die in § 101b Abs. 2 GWB a.F. (§ 135 Abs. 2 GWB n.F.) umgesetzten Fristen des Art. 2f Abs. 1 RML hinsichtlich einer Nachprüfung gem. Art. 2d Abs. 1 RML nicht erwähnt.

c) Drohende Zuschlagserteilung

Problematisch sind ferner Fälle, in denen das Vergabeverfahren nach **Ablauf der Wartefrist** des § 134 GWB zuschlagsreif ist. Dann könnte sich eine vor dem Nachprüfungsantrag zu erklärende Rüge als Warnung an den Auftraggeber auswirken und ihn zu einer sofortigen Zuschlagserteilung veranlassen. Damit wäre der effektive **Rechtsschutz** des Anbieters **hinfällig**, denn der automatische Suspensiveffekt setzt erst mit der Information des Auftraggebers in Textform über den Nachprüfungsantrag ein (§ 169 Rn. 2). In derartigen Fällen kann die unionskonforme Auslegung von Abs. 3 (vgl. Rn. 3) dazu führen, dass der Nachprüfungsantrag bei der Vergabekammer ohne eine gegenüber dem Auftraggeber erklärte Rüge gestellt werden kann.[515] 119

d) Entbehrlichkeit aus anderen Gründen

Denkbar ist auch, dass die Rügeobliegenheit aus anderen Gründen gänzlich entfällt. Dazu kann auf die im **Wettbewerbsrecht** entwickelten Grundsätze zur **Entbehrlichkeit** einer **Abmahnung** zurückgegriffen werden.[516] Das ist bspw. dann der Fall, wenn die Erfolglosigkeit der Rüge von vornherein feststeht oder sie sonst angesichts der Gesamtumstände unzumutbar ist.[517] Eine Entbehrlichkeit der Rügeobliegenheit ist denkbar, wenn das Festhalten an ihr eine mit Treu und Glauben nicht zu vereinbarende **überflüssige Förmelei** darstellen würde. Dies ist dann der Fall, wenn der Auftraggeber von vornherein eindeutig zu erkennen gegeben hat, dass er unumstößlich an seiner Entscheidung festhalten wird, er also **unter keinen Umständen**, auch nicht auf die Rüge eines Bieters hin, gewillt ist, einen vorliegen- 120

---

514 Vgl. OLG Rostock, Beschl. v. 20.10.2010, 17 Verg 5/10; OLG Naumburg, Beschl. v. 29.10.2009, 1 Verg 5/09.

515 OLG Karlsruhe, Beschl. v. 21.12.2012, 15 Verg 10/12, NZBau 2013, 528, 532 = VergabeR 2013, 622, 633; OLG Stuttgart, Beschl. v. 12.5.2000, 2 Verg 1/00, NZBau 2000, 542, 543; OLG Rostock, Beschl. v. 10.5.2000, 17 W 3/00; VK Rheinland-Pfalz, Beschl. v. 14.6.2005, VK 16/05; s.a. VK Düsseldorf, Beschl. v. 7.1.2015, VK-5/2014 (i. E. dort verneinend); offenlassend OLG Saarbrücken, Beschl. v. 27.6.2016, 1 Verg 2/16; a.A. OLG Frankfurt a.M., Beschl. v. 6.6.2013, 11 Verg 8/13; VK Sachsen-Anhalt, Beschl. v. 29.10.2002, 33-32571/07 VK MD 12/02; offengelassen: OLG Düsseldorf, Beschl. v. 28.8.2001, Verg 27/01.

516 Vgl. *Baumbach/Lauterbach/Albers/Hartmann*, ZPO, § 93 Rn. 69 ff.; s.a. *Grüneberg*, in: Palandt, BGB, § 286 BGB Rn. 22 ff. (Schuldnermahnung), und *Schenke*, in: Kopp/Schenke, VwGO, § 68 Rn. 16 ff. (Vorverfahren).

517 Vgl. OLG Düsseldorf, Beschl. v. 29.4.2009, VII-Verg 76/08; Urt. v. 2.9.1999, 2 U 30/99, 2 W 3/99; s. aber OLG Brandenburg, Beschl. v. 15.9.2009, VergW 13/08, wonach die Rüge auch dann nicht entbehrlich ist, wenn sie nach der st. Rspr. der Vergabesenate voraussichtlich fruchtlos geblieben wäre.

den Vergaberechtsverstoß **abzustellen**.[518] Allerdings lässt sich die Entbehrlichkeit einer Rüge **nicht** aus einem Verhalten der Vergabestelle in dem Nachprüfungsverfahren, in dem sie ihr **Vergabeverfahren als ordnungsgemäß verteidigt**, herleiten. Eine Abwehr des Nachprüfungsantrags rechtfertigt regelmäßig nämlich nicht den Schluss, eine vor dem Nachprüfungsverfahren unverzüglich ausgesprochene Rüge sei mit Sicherheit zwecklos gewesen, d. h. die Vergabestelle sei unter keinen Umständen bereit gewesen, der Beanstandung nachzugehen und ihr ggf. abzuhelfen.[519]

e) Kenntniserlangung im Laufe des Nachprüfungsverfahrens

121 Die Rügeobliegenheit besteht nur bis zum Zeitpunkt der Einleitung des Nachprüfungsverfahrens.[520] Dies wurde durch das VergRModG nun explizit in Abs. 3 Satz 1 Nr. 1 durch den Einschub „vor Einreichen des Nachprüfungsantrags" gesetzlich determiniert.[521] Auch vor der Reform entsprach es der herrschenden Ansicht in der Rechtsprechung, dass der Antragsteller, der erst im Laufe eines Nachprüfungsverfahrens von einem (weiteren) Verstoß gegen Vergabevorschriften positive Kenntnis erlangt – und sei es dadurch, dass sich bei ihm erst in diesem Verfahren die hierzu erforderliche rechtliche Wertung vollzieht –, **keiner Obliegenheit** zu einer (nach damaligem Recht) unverzüglichen Rüge dieses Vergaberechtsfehlers unterliegt.[522] In diesem Verfahrensstadium verfehlte eine Aufrechterhaltung

518 OLG Düsseldorf, Beschl. v. 31.5.2017, VII-Verg 36/16, VergabeR 2017, 618, 621; Beschl. v. 13.4.2016, VII-Verg 52/15; Beschl. v. 11.1.2012, Verg 67/11; Beschl. v. 16.2.2005, Verg 74/04, VergabeR 2005, 364, 368 (noch offengelassen im Beschl. v. 22.8.2000, Verg 9/00); OLG Saarbrücken, Beschl. v. 27.6.2016, 1 Verg 2/16; Beschl. v. 29.5.2002, 5 Verg 1/01, VergabeR 2002, 493, 496 m. w. N.; OLG Frankfurt a. M., Beschl. v. 2.12.2014, 11 Verg 7/14, NZBau 2015, 448, 449; OLG Karlsruhe, Beschl. v. 6.2.2007, 17 Verg 7/06 m. w. N.; OLG Dresden, Beschl. v. 22.10.2005, WVerg 5/05, VergabeR 2005, 249, 250 f.; OLG Koblenz, Beschl. v. 18.9.2003, 1 Verg 4/03, VergabeR 2003, 709, 714; OLG Stuttgart, Beschl. v. 11.7.2000, 2 Verg 5/00, NZBau 2001, 462, 463. S. a. VK Düsseldorf, Beschl. v. 7.1.2015, VK-5/2014 (i. E. dort verneinend). A. A. *Horn/Hofmann*, in: Burgi/Dreher, Vergaberecht, § 160 GWB Rn. 63.

519 OLG Dresden, Beschl. v. 22.10.2005, WVerg 5/05, VergabeR 2005, 249, 251; OLG Koblenz, Beschl. v. 18.9.2003, 1 Verg 4/03, VergabeR 2003, 709, 714; OLG Düsseldorf, Beschl. v. 22.8.2000, Verg 9/00.

520 Vgl. OLG Schleswig, Beschl. v. 20.3.2008, 1 Verg 6/07, unvollständig abgedruckt in NZBau 2008, 472; OLG Düsseldorf, Beschl. v. 9.4.2003, Verg 66/02; OLG Celle, Beschl. v. 30.4.1999, 13 Verg 1/99, NZBau 2000, 105.

521 Vgl. Amtl. Begr., BT-Drs. 18/6281, S. 135 zu § 160 GWB-E VergRModG.

522 BGH, Beschl. v. 26.9.2006, X ZB 14/06, VergabeR 2007, 59, 65; OLG München, Beschl. v. 21.4.2017, Verg 1/17, VergabeR 2017, 645, 650; Beschl. v. 15.3.2012, Verg 2/12, VergabeR 2012, 740, 745; Beschl. v. 2.8.2007, Verg 7/07, VergabeR 2007, 799, 801; BayObLG, Beschl. v. 20.8.2001, Verg 9/01, VergabeR 2001, 438, 441 f. = NZBau 2002, 348, 350; OLG Frankfurt a. M., Beschl. v. 2.12.2014, 11 Verg 7/14, NZBau 2015, 448, 450; Beschl. v. 13.12.2011, 11 Verg 8/11; Beschl. v. 5.10.2010, 11 Verg 7/10; Beschl. v. 8.12.2009, 11 Verg 6/09; Beschl. v. 10.4.2001, 11 Verg 1/01, NZBau 2002, 161, 167; OLG Karlsruhe, Beschl. v. 25.7.2014, 15 Verg 5/14; Beschl. v. 20.3.2009, 15 Verg 2/09; Beschl. v. 6.2.2007, 17 Verg 7/06; OLG Düsseldorf, Beschl. v. 17.7.2013, VII-Verg 10/13; Beschl. v. 10.9.2009, VII-Verg 12/09, VergabeR 2010, 83, 89; Beschl. v. 9.2.2009, VII-Verg 66/08, VergabeR 2009, 956, 958; Beschl. v. 19.7.2006, VII-Verg 27/06; Beschl. v. 23.2.2005, VII-Verg 92/04; Beschl. v. 16.2.2005, Verg 74/04, VergabeR 2005, 364, 367; Beschl. v. 19.9.2002, Verg 41/02; Beschl. 2.8.2002, Verg 25/02; Beschl. v. 13.6.2001, Verg 2/01, VergabeR 2001, 415, 416; Beschl. v. 14.3.2001, Verg 19/00; Beschl. v. 5.7.2000, Verg 5/99, NZBau 2001, 106, 111; KG, Beschl. v. 18.3.2010, 2 Verg 12/09, VergabeR 2011, 138, 140; Beschl. v. 13.3.2008, 2 Verg 18/07, VergabeR 2008, 853, 857; OLG Celle, Beschl. v. 11.2.2010,

der Rügeobliegenheit auch den ihr zukommenden Sinn, der Vergabestelle zu einem frühestmöglichen Zeitpunkt eine Korrektur von Verfahrensverstößen zu ermöglichen.[523] Dann kann das Ziel der Rüge, ein Nachprüfungsverfahren zu vermeiden, nämlich nicht mehr erreicht werden.[524] Der Antragsteller kann neu aufkommende Rügepunkte auch unmittelbar in der Beschwerdeinstanz einführen.[525] Er kann bekannt gewordene weitere mögliche Vergaberechtsverstöße **selbst** dann unmittelbar zum Gegenstand eines Nachprüfungsverfahrens machen, wenn dieses ohne die Geltendmachung des noch nachträglich erkannten Mangels **zunächst unzulässig** war.[526] Die zuvor teilweise vertretene Ansicht, die Zulässigkeit **„nachgeschobener" Rügen** setze voraus, dass der betreffende Vergaberechtsverstoß in entsprechender Anwendung des Abs. 3 Satz 1 a.F. bzw. Abs. 3 Satz 1 Nr. 1 a.F. VergModG unverzüglich vor der Vergabekammer bzw. dem Vergabesenat geltend gemacht wird[527] bzw. dass eine Rüge des erst im Vergabenachprüfungsverfahren bekannt gewordenen Vergaberechtsverstoßes i.Ü. zulässig, insbesondere nicht gem. Abs. 3 präkludiert sein darf,[528] ist abzulehnen: Bereits vor der Reform 2016 mangelte es an einer diesbezüglichen Rechtsgrundlage, zudem war der Begriff der „Unverzüglichkeit" rechtsunsicher (Rn. 81 ff., 84). Durch den gesetzlichen Einschub i.R.d. VergRModG ist nun klargestellt, dass nach Einreichen des Nachprüfungsantrags erkannte Vergaberechtsverstöße keiner Rügeobliegenheit unterliegen. Es reicht aus, im Nachprüfungsverfahren erkannte Verstöße so **rechtzeitig** geltend zu machen, dass **keine Verzögerung** des Verfahrens eintritt. Die Geltendmachung der erkannten Verstöße unterliegt nur der in §§ 175 Abs. 2, 167 Abs. 2 Satz 1 GWB normierten Verfahrensförderungspflicht und einer danach in Betracht kommenden Präklusion (s.a. § 167 Rn. 7),[529] auch die Antragsfrist des Abs. 3 Satz 1 Nr. 4 gilt nicht (vgl. Rn. 133).

---

13 Verg 16/09, VergabeR 2010, 669, 671; Beschl. v. 10.1.2008, 13 Verg 11/07; Beschl. v. 23.2.2001, 13 Verg 3/01, VergabeR 2001, 252, 254; OLG Naumburg, Beschl. v. 5.12.2008, 1 Verg 9/08, VergabeR 2009, 486, 490; Beschl. v. 25.1.2005, 1 Verg 22/04, VergabeR 2005, 667, 669; VK Südbayern, Beschl. v. 14.2.2017, Z3-3-3194-1-54-12/16; Beschl. v. 18.3.2015, Z3-3-3194-62-12/14, ZfBR 2015, 606, 608; VK Bund, Beschl. v. 10.11.2014, VK 1-88/14 m.w.N.; VK Baden-Württemberg, Beschl. v. 21.10.2010, 1 VK 50/10.

523 OLG Düsseldorf, Beschl. 2.8.2002, Verg 25/02.

524 BGH, Beschl. v. 26.9.2006, X ZB 14/06, VergabeR 2007, 59, 65; VK Bund, Beschl. v. 15.9.1999, VK 1-19/99; s.a. *Willenbruch*, NVwZ 1999, 1062, 1065.

525 2. VK Bund, Beschl. v. 11.7.2017, VK 2-62/17.

526 OLG Frankfurt a.M., Beschl. v. 5.10.2010, 11 Verg 7/10; Beschl. v. 8.12.2009, 11 Verg 6/09; Beschl. v. 21.4.2005, 11 Verg 1/05, VergabeR 2005, 487, 488; OLG Brandenburg, Beschl. v. 6.10.2006, VergW 6/06, VergabeR 2007, 529, 533; OLG Koblenz, Beschl. v. 26.10.2005, 1 Verg 4/05, VergabeR 2006, 392, 397; OLG Celle, Beschl. v. 12.5.2005, 13 Verg 5/05; Beschl. v. 23.2.2001, 13 Verg 3/01, VergabeR 2001, 252, 254; so auch *Summa*, in: jurisPK-Vergaberecht, § 160 GWB Rn. 176.

527 OLG Brandenburg, Beschl. v. 10.1.2012, Verg W 18/11 m.w.N.; OLG Celle, Beschl. v. 10.1.2008, 13 Verg 11/07; Beschl. v. 8.3.2007, 13 Verg 2/07, VergabeR 2007, 401, 402; Beschl. v. 23.2.2001, 13 Verg 3/01, VergabeR 2001, 252, 254; offengelassen im Beschl. v. 12.5.2005, 13 Verg 5/05; OLG München, Beschl. v. 2.8.2007, Verg 7/07, VergabeR 2007, 799, 801; OLG Naumburg, Beschl. v. 25.1.2005, 1 Verg 22/04, VergabeR 2005, 667, 669; OLG Frankfurt a.M., Beschl. v. 11.5.2004, 11 Verg 8/04, VergabeR 2004, 754, 758.

528 OLG Düsseldorf, Beschl. v. 13.4.2011, Verg 58/10, ZfBR 2011, 508, 512.

529 So auch OLG Frankfurt a.M., Beschl. v. 2.12.2014, 11 Verg 7/14, NZBau 2015, 448, 450; Beschl. v. 13.12.2011, 11 Verg 8/11 (anders noch Beschl. v. 11.5.2004, 11 Verg 8/04, VergabeR 2004, 754, 758); OLG Düsseldorf, Beschl. v. 22.12.2010, VII-Verg 40/10, VergabeR 2011, 622, 627 m.w.N.; Beschl. v. 9.2.2009, VII-Verg 66/08, VergabeR 2009, 956, 958 m.w.N.; vgl. Beschl. v.

f) Bereits gerügte Vergaberechtsverstöße

122 Auch wenn sich ein bereits **gerügter Verstoß** in weiteren Entscheidungen der Vergabestelle **fortsetzt**, kann eine nochmalige Rüge vor der Einleitung des Nachprüfungsverfahrens nicht verlangt werden.[530] Es ist zwar nicht erforderlich, ein- und denselben Fehler in einem Vergabeverfahren mehrfach zu rügen, allerdings muss dann erneut eine Rüge erhoben werden, wenn der Auftraggeber ein anderes Vergabeverfahren durchführt oder im bisherigen Verfahren einzelne Verfahrensabschnitte wiederholt und hierbei den bereits gerügten Vergaberechtsverstoß **wiederholt**.[531] Bei einer **Teilabhilfe** ist eine Bekräftigung der Aufrechterhaltung der Rüge in der Regel nicht erforderlich.[532]

g) Ergänzung der rechtlichen Wertung

123 Schließlich liegt kein Verstoß gegen die Rügeobliegenheit vor, wenn im Nachprüfungsverfahren lediglich die rechtliche Wertung ergänzt, aber keine neuen Lebenssachverhalte eingeführt werden.[533]

10. Die Regelung des Abs. 3 Satz 3

124 In dem durch das VergModG 2009 eingeführten Abs. 3 Satz 3 ist normiert, dass die Vorschrift des § 134 Abs. 1 Satz 2 GWB unberührt bleibt. Mit dieser Vorschrift wird klargestellt, dass die **Informationspflichten** des Auftraggebers gem. § 134 Abs. 1 Satz 2 GWB unberührt bleiben, der Auftraggeber also diesen Verpflichtungen **nachkommen** muss, **unabhängig** davon, ob für die dort bezeichneten Bewerber eine **Rügeobliegenheit** besteht und diese erfüllt wurde[534] oder ob die Rüge womöglich entbehrlich ist. Die Entbehrlichkeit der Rüge im Falle einer De-facto-Vergabe (vgl. Abs. 3 Satz 2) hat demnach nicht zur Folge, dass hierdurch der Auftraggeber von seinen Informationspflichten nach § 134 Abs. 1 Satz 2 GWB befreit wird.[535] Für diese Auslegung sprechen die Gesetzessystematik und der Regelungszusammenhang zwischen den drei Sätzen des Abs. 3. Wenn **Satz 1** Nr. 1–3 verschiedene Rügeobliegenheiten normiert, **Satz 2** hingegen vorsieht, dass die Rügeobliegenheit im Falle einer De-facto-Vergabe nicht gilt, also sofort ein Antrag gem. § 135 Abs. 1 Nr. 2 GWB gestellt werden kann, **Satz 3** wiederum regelt, dass die Informationspflichten des Auftraggebers gem. § 134 Abs. 1 Satz 2 GWB (hiervon aber) unberührt bleiben, so kann dies nur bedeuten, dass der Auftraggeber unabhängig von der Frage, ob den Bewerber nun eine Rügeobliegenheit trifft oder nicht, ob er eine Rüge erhebt oder nicht, eine Information i. S. d. § 134 Abs. 1 Satz 1 GWB erteilen muss.

19.11.2003, Verg 22/03, VergabeR 2004, 248, 250; offengelassen von KG, Beschl. v. 18.3.2010, 2 Verg 12/09, VergabeR 2011, 138, 140.

530 BayObLG, Beschl. v. 12.4.2000, Verg 1/00, NZBau 2000, 481, 485.

531 Vgl. OLG Koblenz, Beschl. v. 18.9.2003, 1 Verg 4/03, VergabeR 2003, 709, 712 f.; VK Mecklenburg-Vorpommern, Beschl. v. 28.2.2012, 2 VK 08/11. Einschränkend *Hofmann*, in: Müller-Wrede, GWB, § 160 Rn. 45.

532 OLG Naumburg, Beschl. v. 5.12.2008, 1 Verg 9/08, VergabeR 2009, 486, 491.

533 VK Düsseldorf, Beschl. v. 21.9.1999, VK 12/99-L.

534 So auch *Jaeger*, NZBau 2009, 558, 562.

535 So ebenfalls *Reidt*, in: Reidt/Stickler/Glahs, Vergaberecht, § 160 Rn. 67.

125 Die Vorschrift des Abs. 3 Satz 3 hat in der Literatur allerdings auch andere Interpretationen erfahren. Zum Teil wurde die Meinung vertreten, Abs. 3 Satz 3 besage, dass die Rügeverpflichtung nicht für Bewerber entfalle, die von dem Auftraggeber noch keine Information über die Ablehnung ihrer Bewerbung erhalten hätten, obwohl die Mitteilung der Zuschlagsentscheidung an die betroffenen Bieter ergangen sei.[536] Diese Auslegung entfernt sich nach hiesigem Verständnis zu weit vom Gesetzeswortlaut. Eine andere Auffassung löste sich ganz vom Gesetzeswortlaut und hielt den Verweis in Abs. 3 Satz 3 für ein Redaktionsversehen des Gesetzgebers: Dieser habe eigentlich auf § 134 Abs. 2 Satz 1 und 2 GWB (§ 101a Abs. 1 Satz 3 und 4 GWB a. F.) verweisen und damit klarstellen wollen, dass der Rüge keine aufschiebende Wirkung zukommt, welche die Erteilung des Zuschlags über die in § 134 Abs. 2 GWB angeordnete Stillhaltefrist suspendieren könnte.[537] Wenngleich der Inhalt dieser Aussage an sich zutreffend ist,[538] lässt er sich nicht aus Abs. 3 Satz 3 herleiten. Für ein Redaktionsversehen sind keine Anhaltspunkte ersichtlich[539] – dies gilt umso mehr, als im Rahmen des VergRModG 2016 der Verweis in Abs. 3 Satz 3 (bis auf die notwendige redaktionelle Anpassung) nicht korrigiert, dafür aber in Abs. 3 Satz 1 Nr. 1 ein Verweis auf § 134 Abs. 2 GWB aufgenommen wurde.

11. Darlegungs- und Beweislast

126 Der **Antragsteller** ist für die Erfüllung der **Rügeobliegenheit** (sofern bestehend, vgl. Rn. 115 ff.) darlegungs- (§ 161 Abs. 2 GWB) und beweispflichtig (§ 161 Rn. 16). Nach dem Wortlaut des § 161 Abs. 2 1. Hs. a. E. GWB ist darzulegen, „**dass** die Rüge gegenüber dem Auftraggeber **erfolgt** ist". Es obliegt also dem Antragsteller, darzulegen, **ob** er gerügt, wie sich der Auftraggeber dazu ggf. vorprozessual gestellt hat und inwieweit dies die eigenen Bedenken nicht ausräumt.[540] Der Antragsteller trägt hingegen **nicht** die Darlegungs- und Beweislast dafür, **wann** er den Vergaberechtsverstoß erkannt und dass er diesen **rechtzeitig** gerügt hat.[541] Rechtzeitig bedeutet hierbei innerhalb der Frist von zehn Kalendertagen gem. Abs. 3 Satz 1 Nr. 1 bzw. bis zum Ablauf der Bewerbungs- oder Angebotsabgabefrist gem. Abs. 3 Satz 1 Nr. 2 und Nr. 3. Die Zulässigkeit eines Nachprüfungsantrags ist

---

536 *Ruhland*, in: Müller-Wrede, GWB, 2009, § 107 Rn. 27.

537 *Hattig*, in: Hattig/Maibaum, PK Kartellvergaberecht, § 107 GWB Rn. 182 f.

538 Vgl. *Byok*, NJW 2010, 817, 821 u. Rn. 147.

539 So nun auch *Hofmann*, in: Müller-Wrede, GWB, § 160 Rn. 38.

540 BGH, Beschl. v. 31.1.2017, X ZB 10/16, Rn. 16, NZBau 2017, 230, 231.

541 Vgl. BGH, Beschl. v. 1.2.2005, X ZB 27/04, VergabeR 2005, 328, 331 = VergabeR 2010, 799, 802; VK Mecklenburg-Vorpommern, Beschl. v. 25.1.2008, 2 VK 5/07; wie hier ebenso *Wiese*, in: Kulartz/Kus/Portz/Prieß, GWB, § 160 Rn. 201; *Möllenkamp*, in: Kulartz/Kus/Portz/Prieß, GWB, § 161 Rn. 38 f.; *Kühnen*, NZBau 2004, 427, 429; *Maier*, VergabeR 2004, 176, 179 ff.; großzügiger: OLG Dresden, Beschl. v. 27.1.2009, WVerg 10/08, wonach das Defizit einer nicht im Antrag angesprochenen Rüge behebbar sei; VK Sachsen, Beschl. v. 14.5.2003, 1/SVK/039-03, wonach es ausreicht, wenn dem Antragsschreiben, in dem nicht ausdrücklich auf die Rüge verwiesen wird, das Rügeschreiben als Anlage beigefügt ist; s. a. VK Sachsen, Beschl. v. 31.1.2007, 1/SVK/124-06, NZBau 2007, 672; **a. A.** (auch die Unverzüglichkeit der Rüge (gem. Abs. 3 Satz 1 Nr. 1 a. F.) ist vom Antragsteller darzulegen): OLG Koblenz, Beschl. v. 6.6.2006, 1 Verg 6/06; Beschl. v. 10.8.2000, 1 Verg 2/00, NZBau 2000, 534, 536 f.; st. Rspr. der VK Baden-Württemberg, vgl. nur Beschl. v. 6.4.2010, 1 VK 19/10, v. 1.4.2010, 1 VK 13/10, v. 25.5.2009, 1 VK 25/09, v. 18.6.2003, 1 VK 25/03; *Hofmann*, in: Müller-Wrede, GWB, § 160 Rn. 101; einschränkender *Behrens*, in: Müller-Wrede, GWB, § 161 Rn. 63; *Hattig*, in: Hattig/Maibaum, PK Kartellvergaberecht, § 107 GWB Rn. 185.

nicht von einer entsprechenden Darlegung durch den Antragsteller abhängig und verlangt von diesem auch nicht, einen etwaigen Verdacht auszuräumen, verspätet gerügt zu haben; lediglich im Rahmen der Mitwirkungs- und Wahrheitspflicht, die jede Partei eines förmlichen Streitverfahrens trifft, hat der Antragsteller sich hierzu zu äußern.[542] Die Unzulässigkeit eines ansonsten zulässigen Nachprüfungsantrags kann deshalb nur angenommen werden, wenn dem Antragsteller nachgewiesen ist, dass er den behaupteten Vergaberechtsverstoß erkannt und diesen gleichwohl nicht rechtzeitig gerügt hat.[543] Es obliegt also dem öffentlichen **Auftraggeber**, darzulegen oder die Gegendarstellung des Antragstellers auszuräumen, ob und wann Letzterer **Kenntnis** von einem Vergaberechtsverstoß erlangt hat und dass der Antragsteller die für das Entstehen der Rügeobliegenheit maßgeblichen Kenntnisse so frühzeitig erworben hat, dass seine später ausgesprochene Rüge **nicht** mehr als **rechtzeitig** gewertet werden kann.[544] Ggf. kommt dem Auftraggeber hierbei eine Beweiserleichterung zugute.[545] Die Tatsache, dass es sich um Umstände aus der Sphäre des Antragstellers handelt, steht dieser Verteilung der Darlegungs- und Beweislast nicht entgegen, hat jedoch zur Folge, dass der Antragsteller auf den – nach Lage der Dinge ernsthaft in Betracht kommenden – Vorwurf des Auftraggebers, den Vergabefehler zu einem bestimmten (früheren) Zeitpunkt erkannt zu haben, substanziiert erwidern und angeben muss, wann er stattdessen erstmals Kenntnis von dem Vergabeverstoß erlangt haben will.[546] Diesen Sachvortrag hat wiederum der Auftraggeber zu widerlegen.[547] **Entsprechendes** gilt für die Vorschriften des Abs. 3 Satz 1 Nr. 2 und Nr. 3 und die Frage der **Erkennbarkeit**.

127 In der Regel wird die Rüge per Telefax übermittelt. Die durch einen im **Sendebericht** enthaltenen „o.k.“-Vermerk unterlegte ordnungsgemäße **Absendung** eines **Telefaxschreibens** begründet auch nach der jüngsten Rechtsprechung des BGH über ein bloßes Indiz hinaus weder den vollen Beweis noch den Anscheinsbeweis für dessen tatsächlichen **Zugang** bei dem Empfänger.[548] Der „o.k.“-Vermerk gibt dem Absender keine Gewissheit über den Zugang der Sendung, weil er nur das Zustandekommen der Verbindung, aber nicht die erfolgreiche Übermittlung belegt.[549] Allerdings rechtfertigt die hohe Zuverlässigkeit bei der Übermittlung von Telefaxnachrichten es, demjenigen, der sich auf einen verspäteten

---

542 BGH, Beschl. v. 1.2.2005, X ZB 27/04, VergabeR 2005, 328, 331 = VergabeR 2010, 799, 802; s. a. OLG München, Beschl. v. 20.3.2014, Verg 17/13, VergabeR 2014, 700, 709; kritisch hierzu *Summa*, in: jurisPK-Vergaberecht, § 161 GWB Rn. 50; zu weit gehend OLG Koblenz, Beschl. v. 5.6.2003, 1 Verg 2/03, VergabeR 2003, 719, 720 f.

543 Vgl. BGH, Beschl. v. 1.2.2005, X ZB 27/04, VergabeR 2005, 328, 331 = VergabeR 2010, 799, 802 (zu Abs. 3 Satz 1 Nr. 1 a. F. „nicht unverzüglich gerügt hat“); OLG Brandenburg, Beschl. v. 28.8.2012, Verg W 19/11; OLG Karlsruhe, Beschl. v. 6.4.2011, 15 Verg 3/11, VergabeR 2011, 722, 726.

544 Vgl. OLG München, Beschl. v. 20.3.2014, Verg 17/13, VergabeR 2014, 700, 709 f.; OLG Karlsruhe, Beschl. v. 21.12.2012, 15 Verg 10/12, NZBau 2013, 528, 529; OLG Naumburg, Beschl. v. 18.7.2006, 1 Verg 4/06; OLG Düsseldorf, Beschl. v. 29.12.2001, Verg 22/01, VergabeR 2002, 267, 270 m. w. N.; Beschl. v. 18.7.2001, Verg 16/01, VergabeR 2001, 419, 421; *Kühnen*, NZBau 2004, 427, 429; *Maier*, VergabeR 2004, 176, 179 ff.

545 Vgl. OLG Naumburg, Beschl. v. 18.7.2006, 1 Verg 4/06.

546 *Kühnen*, NZBau 2004, 427, 429; VK Mecklenburg-Vorpommern, Beschl. v. 25.1.2008, 2 VK 5/07.

547 *Kühnen*, NZBau 2004, 427, 429; VK Mecklenburg-Vorpommern, Beschl. v. 25.1.2008, 2 VK 5/07.

548 BGH, Beschl. v. 14.5.2013, III ZR 289/13; Beschl. v. 21.7.2011, IX ZR 148/10 m. w. N.

549 BGH, Beschl. v. 14.5.2013, III ZR 289/13; Beschl. v. 21.7.2011, IX ZR 148/10 m. w. N.

oder gänzlich fehlenden Zugang eines ordnungsgemäß abgesandten Schreibens beruft, höhere Anforderungen hinsichtlich des Bestreitens des Zugangs aufzuerlegen.[550] Zur Frage, ob der Eingang einer Rüge ausreicht oder aber ein Zugang erfolgen muss s. o. Rn. 110 ff.

12. Rügerücknahme

Die Möglichkeit einer Rügerücknahme ist nicht ausdrücklich gesetzlich geregelt. Nach der Rechtsprechung steht es einem **Bieter** frei, durch seine Erklärung gegenüber dem Auftraggeber deutlich zu machen, dass er an zuvor geltend gemachten Beanstandungen eines Vergabeverstoßes nicht festhalte.[551] Selbst wenn dogmatische Erwägungen einer Behandlung dieses Bieterverhaltens entsprechend den Vorschriften über Verfahrenserklärungen (etwa § 269 ZPO) entgegenstünden, ändert dies nichts daran, dass die **ausdrücklich** nicht aufrechterhaltene Rüge schon deshalb für das weitere Vergabeverfahren unbeachtlich wird, weil der Auftraggeber keine Veranlassung hat, sein weiteres Vergabeverhalten darauf einzustellen.[552] Die nachfolgende Frage, ob der Bieter mit dem Inhalt dieser wirkungslos gewordenen Rüge endgültig präkludiert ist oder ob er auf darin erhobene Beanstandungen noch einmal zurückgreifen kann[553] – vorbehaltlich einer möglichen Verwirkung (Rn. 149) –, wird erst dann relevant, wenn es dem Bieter gelingt, die neuerliche Rüge innerhalb der Rügefristen des Abs. 3 Satz 1 zu erheben.[554] Auch der **Nachprüfungsantragsteller** kann im Laufe des Nachprüfungsverfahrens deutlich machen, nicht mehr an seinen Rügen festzuhalten, und hierdurch in zulässiger Weise seine Rügen zurücknehmen.[555] Als Rügerücknahme auszulegen ist es auch, wenn die Rüge **konkludent** dadurch fallen gelassen wird, dass sie bspw. nach Zurückweisung durch die Vergabekammer im anschließenden Beschwerdeverfahren nicht mehr aufgegriffen wird.[556] **128**

V. Antragsfrist gem. Abs. 3 Satz 1 Nr. 4

1. Allgemeines

Mit Abs. 3 Satz 1 Nr. 4 wurde durch das VergModG 2009 eine neue und für das deutsche Vergaberecht neuartige Antragsfrist eingeführt: Ein Nachprüfungsantrag ist unzulässig, soweit „mehr als 15 Kalendertage nach Eingang der Mitteilung des Auftraggebers, einer Rüge nicht abhelfen zu wollen, vergangen sind". Stellt ein Bieter innerhalb dieser Ausschlussfrist keinen Nachprüfungsantrag, kann die Rüge in einem späteren Nachprüfungsverfahren nicht mehr erfolgreich geltend gemacht werden. Bei dieser Frist handelt es sich um eine **echte Rechtsbehelfsfrist** (Rn. 139). Ausweislich der Gesetzesbegründung soll **129**

---

550 OLG Jena, Beschl. v. 9.9.2002, 6 Verg 4/02, VergabeR 2002, 631, 633; VK Bund, Beschl. v. 3.4.2006, VK 2-14/06; Beschl. v. 12.2.2003, VK 1-3/03.
551 OLG Dresden, Beschl. v. 25.2.2014, Verg 9/13.
552 OLG Dresden, Beschl. v. 25.2.2014, Verg 9/13.
553 In diesem Sinne wohl OLG Karlsruhe, Beschl. v. 25.7.2014, 15 Verg 5/14 (i. E. aber präkludiert gem. Abs. 3 Satz 1).
554 Offengelassen von OLG Dresden, Beschl. v. 25.2.2014, Verg 9/13.
555 Vgl. OLG Karlsruhe, Beschl. v. 25.7.2014, 15 Verg 5/14.
556 Vgl. OLG Düsseldorf, Beschl. v. 8.3.2017, VII-Verg 39/16, VergabeR 2017, 381, 388 f.

mit der Frist frühzeitig Klarheit über die Rechtmäßigkeit des Vergabeverfahrens geschaffen werden.[557]

130 Die Antragsfrist ist dem ausdrücklichen Wunsch des Gesetzgebers nach Eindämmung der Prozessflut im Vergaberecht nicht dienlich und kann allenfalls mit dessen Bestreben nach Rechtsfrieden erklärt werden. Im Gegenteil verleitet der insbesondere durch Abs. 3 Satz 1 Nr. 4 aufgebaute Zeitdruck die Unternehmen aus Furcht um den Verlust der von ihnen zuvor geltend gemachten Rügen zur Einleitung eines Nachprüfungsverfahrens, und dies zu einem Zeitpunkt, zu dem sie ihre Chancen auf Erhalt des Zuschlags kaum verlässlich abschätzen können.[558] Richten die Bieter nämlich – auch im Hinblick auf die durch das VergModG 2009 verschärften Rügeobliegenheiten des Abs. 3 Satz 1 Nr. 1–3 – kurz hintereinander mehrere (ggf. Aufklärungsfragen i.V. m.) Rügen an die Vergabestelle, müssen die hierauf ergangenen Nichtabhilfe-Mitteilungen Stück für Stück mit Nachprüfungsanträgen erwidert werden, um keine Rechte zu verlieren.[559] Die in 2009 eingeführte Regelung führt daher entgegen dem gesetzgeberischen Willen zu einem **Anstieg** der Zahl der Nachprüfungsverfahren und damit zu einer **Verzögerung** der Vergabeverfahren[560] sowie zu einer Zersplitterung an sich einheitlicher Sachverhalte. Das OLG München bezeichnet die aufgrund des Abs. 3 Satz 1 Nr. 4 eingeleiteten mehrschichtigen, übereinander gelagerten Nachprüfungsverfahren als **„atypische Nachprüfungsverfahren“** (s. u. Rn. 148).[561]

131 Die Vorschrift des Abs. 3 Satz 1 Nr. 4 ist als **unionskonform** anzusehen. Gem. Art. 2f Abs. 2 RML werden die Fristen für die Beantragung einer Nachprüfung vorbehaltlich Art. 2c derselben Richtlinie durch das einzelstaatliche Recht geregelt, und Art. 2c RML sieht als Mindestfristen für die Beantragung einer Nachprüfung 10 bzw. 15 Kalendertage vor. Der EuGH hat zudem festgestellt, dass die ÜWR[562] einer nationalen Regelung nicht entgegensteht, nach der die Nachprüfung einer Entscheidung des öffentlichen Auftraggebers binnen einer bestimmten, angemessenen Frist beantragt werden muss.[563] Die Regelung dieser Fristen ist Sache der internen Rechtsordnung der einzelnen Mitgliedstaaten.[564]

2. Anwendungsbereich

132 Nach dem Wortlaut der Norm setzt Abs. 3 Satz 1 Nr. 4 eine bereits erhobene Rüge sowie eine hierauf ergangene Nichtabhilfe-Mitteilung voraus. Die Antragsfrist ist daher nicht nur auf Abs. 3 Satz 1 Nr. 1, sondern auch auf die Fälle des **Abs. 3 Satz 1 Nr. 2** und **Nr. 3** anzu-

---

557 Amtl. Begr., BT-Drs. 16/10117, S. 22 zu § 107 Abs. 3 GWB-E VergModG.

558 So bereits *Byok*, NVwZ 2009, 551, 555. S. a. OLG München, Beschl. v. 22.11.2012, Verg 24/12, VergabeR 2013, 654, 658. A. A. *Dirksen*, VergabeR 2013, 410, 414.

559 Vgl. *Jaeger*, NZBau 2009, 558, 561; s.a. *Stoye/von Münchhausen*, VergabeR 2008, 871, 873 u. OLG München, Beschl. v. 22.11.2012, Verg 24/12, VergabeR 2013, 654, 658.

560 S. a. OLG München, Beschl. v. 22.11.2012, Verg 24/12, VergabeR 2013, 654, 658.

561 OLG München, Beschl. v. 22.11.2012, Verg 24/12, VergabeR 2013, 654, 658; s.a. Beschl. v. 21.4.2017, Verg 2/17, VergabeR 2017, 525, 531 f.

562 S. nun RML.

563 EuGH, Urt. v. 11.10.2007, Rs. C-241/06, Rn. 50, VergabeR 2008, 61, 66 – Lämmerzahl; Urt. v. 27.2.2003, Rs. C-327/00, Rn. 50, VergabeR 2003, 305, 310 – Santex; Urt. v. 12.12.2002, Rs. C-470/99, Rn. 79, VergabeR 2003, 141, 151 – Universale-Bau AG.

564 EuGH, Urt. v. 28.1.2010, Rs. C-406/08, Rn. 26, VergabeR 2010, 451, 455 – Uniplex.

wenden.[565] Allerdings ist die Einreichung eines Nachprüfungsantrags vor Eingang einer Nichtabhilfe-Entscheidung nicht untersagt.[566]

Die Rechtsbehelfsfrist **gilt nicht** in den Fällen, in denen eine **Rüge** entbehrlich ist (vgl. Rn. 115 ff.) und folglich gar **nicht erfolgt** oder aber, quasi **überobligatorisch**, erhoben wird und der Auftraggeber hierauf **nicht reagiert**. Wird allerdings trotz Entbehrlichkeit der Rüge eine solche erhoben und durch den Auftraggeber mit einer Nichtabhilfe-Mitteilung beantwortet, muss die Frist des Abs. 3 Satz 1 Nr. 4 beachtet werden.[567] Der Bieter hat nämlich durch seine Rüge zu verstehen gegeben, dass er eine Beseitigung des beanstandeten vermeintlichen Vergaberechtsverstoßes wünscht, hierdurch einen gewissen Vertrauenstatbestand geschaffen, und kann nun nach Zugang der ablehnenden Mitteilung des Auftraggebers nicht unter Berufung auf die eigentliche Entbehrlichkeit der Rüge mit der Einleitung eines Nachprüfungsverfahrens abwarten. Erlangt der Antragsteller also im Laufe des Nachprüfungsverfahrens Kenntnis von einem weiteren Vergaberechtsverstoß und macht diesen nicht sofort zum Gegenstand dieses Nachprüfungsverfahrens, sondern rügt ihn zunächst und erhält hierauf von dem Auftraggeber eine Nichtabhilfe-Mitteilung, muss der Verstoß binnen 15 Kalendertagen im laufenden Nachprüfungsverfahren geltend gemacht werden.[568] Ohnehin ist der Antragsteller gehalten, im Nachprüfungsverfahren erkannte Verstöße so rechtzeitig geltend zu machen, dass keine Verzögerung des Verfahrens eintritt (Rn. 121). **133**

Bei **De-facto-Vergaben** und entsprechenden Anträgen gem. § 135 Abs. 1 Nr. 2 GWB (Rn. 116) besteht gem. **Abs. 3 Satz 2** weder eine Rügeobliegenheit nach Satz 1 Nr. 1–3 noch gilt die Frist des Satz 1 Nr. 4, Letzteres unabhängig davon, ob dennoch eine Rüge erfolgt[569] und der Auftraggeber daraufhin mitteilt, der Rüge nicht abhelfen zu wollen. Vielmehr sind bei Anträgen gem. § 135 Abs. 1 Nr. 2 GWB die Fristen des § 135 Abs. 2 GWB und die Voraussetzungen des § 135 Abs. 3 GWB zu beachten. **134**

Erfolgt **keine Reaktion des Auftraggebers** auf die Rüge, ergeht also keine Nichtabhilfe-Mitteilung, beginnt die Antragsfrist nicht zu laufen (s. u. Rn. 143). Der von einer Mitteilung nach Abs. 3 Satz 1 Nr. 4 absehende Auftraggeber kann sich gegenüber dem Bieter in diesem Fall nicht auf eine Verwirkung des Anspruchs auf Nachprüfung berufen.[570] Hingegen sind die (schriftliche) **Wiederholung** der Beanstandungen und der Umstand, dass der Auftraggeber darauf nicht antwortet, für den Lauf der Frist des Abs. 3 Satz 1 Nr. 4 nicht relevant, da es der Bieter sonst in der Hand hätte, mit lediglich wiederholendem Vorbringen **135**

---

565 So auch OLG Celle, Beschl. v. 11.6.2015, 13 Verg 4/15, VergabeR 2015, 689, 694.

566 OLG Düsseldorf, Beschl. v. 17.2.2016, VII-Verg 37/14.

567 A. A. OLG Düsseldorf, Beschl. v. 31.5.2017, VII-Verg 36/16, VergabeR 2017, 618, 621 f. u. Beschl. v. 7.11.2012, VII-Verg 11/12, VergabeR 2013, 251, 252 = NZBau 2013, 187, wonach in den Fällen, in denen der Auftraggeber eine vorsorgliche, nach dem Gesetz **nicht erforderliche Rüge negativ bescheidet**, die Frist des Abs. 3 Satz 1 Nr. 4 aufgrund des Gebots zur restriktiven Auslegung von Präklusionsvorschriften nicht in Lauf gesetzt wird; ebenso *Hofmann*, in: Müller-Wrede, GWB, § 160 Rn. 92; *Nowak*, in: Pünder/Schellenberg, Vergaberecht, § 107 Rn. 78; *Dreher*, in: Immenga/Mestmäcker, GWB, § 107 Rn. 112; *Dicks*, in: Ziekow/Völlink, Vergaberecht, § 160 Rn. 55.

568 Nicht ganz eindeutig *Reidt*, in: Reidt/Stickler/Glahs, Vergaberecht, § 160 Rn. 82 einerseits und Rn. 80 andererseits.

569 Ausführlich hierzu OLG Naumburg, Beschl. v. 17.3.2017, 7 Verg 8/16, VergabeR 2017, 627, 638.

570 *Reidt*, in: Reidt/Stickler/Glahs, Vergaberecht, § 160 Rn. 81, 92. S. a. VK Südbayern, Beschl. v. 12.8.2016, Z3-3-3194-1-27-07-16.

den Gesetzeszweck dieser Fristvorschrift zu umgehen.[571] Äußert sich nicht der Auftraggeber, sondern z. B. der Projektsteuerer zu der Rüge des Bieters, greift Abs. 3 Satz 1 Nr. 4 ebenfalls nicht ein.[572]

136 Zum Teil wird die Ansicht vertreten, die Rechtsbehelfsfrist des Abs. 3 Satz 1 Nr. 4 gelte nicht nur für das Unternehmen, das die betreffende Rüge erhoben habe, sondern auch für die anderen, an dem Vergabeverfahren beteiligten Unternehmen, sofern diesen sowohl der Inhalt der Rüge als auch die Nichtabhilfe-Mitteilung des Auftraggebers zur Kenntnis gebracht wird.[573] Diese Auffassung ist abzulehnen:[574] Die Rechtsfolgen einer Fristversäumung sind gravierend und sollten daher **nur** das **Unternehmen** zu treffen vermögen, welches die entsprechende **Rüge** erhoben hat. Zudem würde als Konsequenz dieser Ansicht die Zahl der Nachprüfungsverfahren noch signifikanter ansteigen, da, wenn nicht alle, so doch viele der an dem Verfahren beteiligten Unternehmen einen Nachprüfungsantrag zur Wahrung ihrer Rechte stellen würden. Das Vergabeverfahren würde hierdurch noch deutlicher verlangsamt.

137 Bei einem auf mehrere Vergaberechtsverstöße gestützten Nachprüfungsantrag ist für **jeden einzelnen** Verstoß zu prüfen, ob – die Anwendbarkeit des Abs. 3 Satz 1 Nr. 4 vorausgesetzt – die Antragsfrist gewahrt wurde.[575]

3. Nichtabhilfe-Mitteilung

138 Die Mitteilung des Auftraggebers, einer Rüge nicht abhelfen zu wollen, unterliegt keinen besonderen **Form**vorschriften, sie kann daher mündlich,[576] schriftlich oder elektronisch erfolgen. Die Nichtabhilfe muss als Handlung gegenüber dem betroffenen Bieter vorgenommen werden, eine Wissenszurechnung einer Nichtabhilfe-Erklärung gegenüber Dritten findet nicht statt.[577] In der Praxis wird die Mitteilung i. d. R. vorab per Telefax und sodann per Einschreiben-Rückschein an den Bieter versandt. **Darlegungs-** und **beweisbelastet** für den **Zugang** (Rn. 143) der Nichtabhilfe-Mitteilung ist der Auftraggeber.[578] Hinsichtlich des **Inhalts** der Mitteilung werden lediglich hohe Anforderungen an die Eindeutigkeit der Nichtabhilfe-Erklärung gestellt; aus der Mitteilung muss sich eindeutig die Zurückweisung der Rüge ergeben.[579] Eine angeordnete Zurückversetzung des Vergabeverfahrens in den Stand

---

571 Vgl. VK Brandenburg, Beschl. v. 14.3.2014, VK 2/14.

572 OLG München, Beschl. v. 29.9.2009, Verg 12/09, VergabeR 2010, 238, 241.

573 *Wiese*, in: Kulartz/Kus/Portz/Prieß, GWB, § 160 Rn. 195; *Reidt*, in: Reidt/Stickler/Glahs, Vergaberecht, § 160 Rn. 89.

574 Ebenso *Dreher*, in: Immenga/Mestmäcker, GWB, § 107 Rn. 113; *Dicks*, in: Ziekow/Völlink, Vergaberecht, § 160 Rn. 56.

575 Vgl. OLG Karlsruhe, Beschl. v. 8.1.2010, 15 Verg 1/10; s. a. OLG Celle, Beschl. v. 11.6.2015, 13 Verg 4/15, VergabeR 2015, 689, 694 f.; vgl. auch Rn. 67.

576 S. bspw. OLG Brandenburg, Beschl. v. 13.9.2011, Verg W 10/11.

577 Vgl. VK Sachsen, Beschl. v. 13.12.2013, 1 SVK/038-13.

578 So auch OLG Celle, Beschl. v. 8.9.2011, 13 Verg 4/11.

579 OLG München, Beschl. v. 21.4.2017, Verg 2/17, VergabeR 2017, 525, 531; Beschl. v. 15.3.2012, Verg 2/12, VergabeR 2012, 740, 743 f.; OLG Düsseldorf, Beschl. v. 19.6.2013, VII-Verg 8/13, VergabeR 2014, 46, 47; KG, Beschl. v. 17.5.2013, Verg 2/13, VergabeR 2013, 813, 814 f.; OLG Celle, Beschl. v. 4.3.2010, 13 Verg 1/10, VergabeR 2010, 653, 657, offengelassen bzgl. der Schlussformulierung „Für Rückfragen stehen wir Ihnen gerne zur Verfügung.“.

vor Angebotsabgabe stellt keine unmissverständliche Nichtabhilfe dar.[580] Eine über die unmissverständliche Erklärung, der Rüge werde nicht abgeholfen, hinausgehende Begründung ist gesetzlich nicht gefordert, jedoch zur Vermeidung der Einleitung eines Nachprüfungsverfahrens empfehlenswert.

4. Rechtsbehelfsbelehrung

Bei der Frist des Abs. 3 Satz 1 Nr. 4 handelt es sich um eine echte Rechtsbehelfsfrist.[581] **139**
Das GWB sieht keine gesetzliche Verpflichtung des Auftraggebers vor, den Bieter über diese Frist zu belehren. Allerdings enthält § 113 GWB eine Verordnungsermächtigung, auf deren Grundlage die VergRModVO und in dieser u. a. die VgV, die SektVO, die KonzVgV sowie Änderungen in der VSVgV erlassen wurden. Gem. **§ 37 Abs. 2 VgV**[582] wird die **Auftragsbekanntmachung** nach dem **Muster** gem. Anhang II[583] der Durchführungsverordnung (EU) 2015/1986 der Kommission vom 11.11.2015 erstellt. **§ 35 Abs. 2 SektVO**[584] verweist auf das Muster in Anhang V[585], **§ 19 Abs. 2 KonzVgV**[586] auf das Muster in Anhang XXI[587] und **§ 18 Abs. 2 VSVgV** auf das Muster in Anhang XIV[588] der VO (EU) 2015/1986. Den vorgenannten Mustern ist gemein, dass sie jeweils unter **Abschnitt VI.4) Rechtsbehelfsverfahren/Nachprüfungsverfahren** folgende Angaben enthalten: Kontaktdaten der zuständigen Stelle für Rechtsbehelfs-/Nachprüfungs- sowie für Schlichtungsverfahren, genaue **Angaben zu** den **Fristen** für die Einlegung von Rechtsbehelfen, und Kontaktdaten der Stelle, die Auskünfte über die Einlegung von Rechtsbehelfen erteilt. Bei der Vergabe von Bauaufträgen erfolgt die Auftragsbekanntmachung über § 2 Satz 2 VgV nach **§ 12 EU Abs. 3 Nr. 2 VOB/A**[589] mit den von der Europäischen Kommission festgelegten **Standardformularen** und enthält die Informationen nach **Anhang V Teil C VRL**, der wiederum ebenfalls u. a. die Angabe zu den Fristen für Nachprüfungsverfahren fordert. Bereits vor der Reform durch das VergRModG musste die Auftragsbekanntmachung gem. Anhang VII Teil A „Bekanntmachung" Nr. 24 **VKR** bzw. Anhang XIII Teil A Nr. 20, Teil

---

580 OLG Dresden, Beschl. v. 17.1.2014, Verg 7/13.

581 OLG München, Beschl. v. 21.4.2017, Verg 2/17, VergabeR 2017, 525, 531; OLG Brandenburg, Beschl. v. 13.9.2011, Verg W 10/11, VergabeR 2012, 242, 247 f.; OLG Celle, Beschl. v. 12.5.2010, 13 Verg 3/10; Beschl. v. 4.3.2010, 13 Verg 1/10, VergabeR 2010, 653, 657; OLG Düsseldorf, Beschl. v. 14.4.2010, Verg 60/09, VergabeR 2011, 78, 81; Beschl. v. 9.12.2009, VII-Verg 37/09; VK Südbayern, Beschl. v. 5.2.2010, Z3-3-3194-1-66-12/09; VK Sachsen, Beschl. v. 11.12.2009, 1/SVK/054/09; VK Bund, Beschl. v. 30.10.2009, VK 2-180/09; *Jaeger*, NZBau 2009, 558, 562; kritisch, aber i. E. ebenso *Dirksen*, VergabeR 2013, 410, 412; a. A. VK Baden-Württemberg, Beschl. v. 26.3.2010, 1 VK 11/10 mit ausführlicher Begründung.

582 Vgl. Anhang V Teil C Nr. 25 **VRL**; s. a. Anhang V Teil B II. Nr. 13, Teil D Nr. 16, Teil G Nr. 10 VRL; s. ferner § 15 EG Abs. 1 VOL/A a. F. und § 9 Abs. 1 VOF a. F. unter Verweis auf Anhang II (Standardformular 2: Bekanntmachung) der VO (EG) Nr. 1564/2005.

583 Standardformular 2: „Auftragsbekanntmachung".

584 Vgl. Anhang XI Teil A Nr. 21, Teil B Nr. 19, Teil C Nr. 19 **SRL**; s. a. Anhang VI Teil A Nr. 20, Anhang XII Nr. 13, Anhang X Nr. 9, Anhang XVI Nr. 11, Anhang XIX Nr. 14, Anhang XX Nr. 10 SRL.

585 Standardformular 5: „Auftragsbekanntmachung – Versorgungssektoren".

586 Vgl. Anhang V Nr. 11 **KVR**; s. a. Anhang VII Nr. 13, Anhang XI Nr. 10 KVR.

587 Standardformular 24: „Konzessionsbekanntmachung".

588 Standardformular 17: „Auftragsbekanntmachung – Verteidigung und Sicherheit".

589 § 37 Abs. 2 VgV (Abschnitt 2, Unterabschnitt 4 der VgV) ist wegen § 2 Satz 1 VgV nicht anzuwenden, jedoch gilt gem. § 2 Satz 2 VgV die VOB/A Abschnitt 2.

B Nr. 18, Teil C Nr. 19 **SKR** u.a. genaue Hinweise auf die Fristen für die Einlegung von Rechtsbehelfen bzw. ggf. Name, Anschrift, Telefon- und Telefaxnummer und E-Mail-Adresse der Stelle, bei der diese Informationen erhältlich sind, enthalten. Den Vorschriften dieser Anhänge wurde Rechtsnormqualität zugesprochen, sie wurden – mangels Umsetzung in nationales deutsches Recht – in Vergabeverfahren oberhalb der Schwellenwerte entweder unmittelbar angewandt[590] oder im Wege richtlinienkonformer Auslegung in die Fristbestimmung des Abs. 3 Satz 1 Nr. 4 hineingelesen.[591]

140 Dies bedeutet, dass jede unionsweite **Auftragsbekanntmachung** konkrete **Hinweise** auf die zu wahrende **Frist des Abs. 3 Satz 1 Nr. 4** bzw. den **Dienst**, der entsprechende **Auskünfte** erteilen kann, enthalten muss.[592] **Fehlt** ein solcher Hinweis bzw. eine solche Belehrung in der Bekanntmachung, kann der Nachprüfungsantragsteller **nicht** gem. Abs. 3 Satz 1 Nr. 4 **präkludiert** sein.[593] Entsprechend § 58 Abs. 1 VwGO i.V. m. § 79 VwVfG beginnt die Frist in Ermangelung einer Rechtsbehelfsbelehrung nicht zu laufen.[594] Allenfalls kommt eine Verwirkung (Rn. 149) in Betracht. Teilweise wird darüber hinaus gefordert, dass der Auftraggeber auch in der Nichtabhilfe-Mitteilung auf die Ausschlusswirkung des Abs. 3 Satz 1 Nr. 4 hinweist und darüber belehrt, dass 15 Kalendertage nach Eingang der Mitteilung kein Rechtsmittel mehr möglich ist.[595] Dem OLG Düsseldorf erscheint ein Hinweis in der Rügezurückweisung dann nicht geboten, wenn bereits in der Bekanntmachung, möglicherweise in transparenter Weise auch in den Vergabeunterlagen, ein allgemeiner

---

590 So *Jaeger*, NZBau 2009, 558, 562, u. *Dicks*, ZfBR 2010, 235, 242 sowie ZfBR 2010, 339, 341, zu Anhang VII Teil A „Bekanntmachung" Nr. 24 VKR.

591 Beide Möglichkeiten erwähnend OLG Düsseldorf, Beschl. v. 9.12.2009, VII-Verg 37/09.

592 OLG Celle, Beschl. v. 11.6.2015, 13 Verg 4/15, VergabeR 2015, 689, 694; Beschl. v. 12.5.2010, 13 Verg 3/10; Beschl. v. 4.3.2010, 13 Verg 1/10, VergabeR 2010, 653, 657 f.; OLG Düsseldorf, Beschl. v. 12.6.2013, VII-Verg 7/13, VergabeR 2013, 910, 912; Beschl. v. 14.4.2010, Verg 60/09, VergabeR 2011, 78, 81; Beschl. v. 9.12.2009 – VII-Verg 37/09; OLG Brandenburg, Beschl. v. 13.9.2011, Verg W 10/11, VergabeR 2012, 242, 247 f.; OLG München, Beschl. v. 12.5.2011, Verg 26/10, VergabeR 2011, 762, 770; VK Südbayern, Beschl. v. 12.8.2016, Z3-3-3194-1-27-07-16; Beschl. v. 13.10.2014, Z3-3-3194-1-37-08/14; Beschl. v. 5.2.2010, Z3-3-3194-1-66-12/09; VK Mecklenburg-Vorpommern, Beschl. v. 28.2.2012, 2 VK 08/11; VK Sachsen, Beschl. v. 11.12.2009, 1/SVK/054/09; VK Bund, Beschl. v. 30.10.2009, VK 2-180/09; *Jaeger*, NZBau 2009, 558, 562; *Dicks*, ZfBR 2010, 235, 242 u. ZfBR 2010, 339, 341; s.a. VK Nordbayern, Beschl. v. 12.3.2014, 21.VK-3194-02/14; **a.A.** VK Baden-Württemberg, Beschl. v. 8.6.2010, 1 VK 23/10 u. Beschl. v. 26.3.2010, 1 VK 11/10. Das OLG Karlsruhe geht in seinem viel zitierten Beschl. v. 8.10.2010, 15 Verg 1/10 nicht auf etwaige Hinweispflichten ein.

593 OLG Düsseldorf, Beschl. v. 12.6.2013, VII-Verg 7/13, VergabeR 2013, 910, 912; Beschl. v. 14.4.2010, Verg 60/09, VergabeR 2011, 78, 81; Beschl. v. 9.12.2009, VII-Verg 37/09; OLG Brandenburg, Beschl. v. 13.9.2011, Verg W 10/11, VergabeR 2012, 242, 247 f.; OLG München, Beschl. v. 12.5.2011, Verg 26/10, VergabeR 2011, 762, 770; OLG Celle, Beschl. v. 12.5.2010, 13 Verg 3/10; Beschl. v. 4.3.2010, 13 Verg 1/10, VergabeR 2010, 653, 657 f.; VK Südbayern, Beschl. v. 18.3.2015, Z3-3-3194-1-62-12/14, ZfBR 2015, 606, 609; VK Brandenburg, Beschl. v. 16.8.2013, VK 12/13; Beschl. v. 27.5.2011, VK 13/11; VK Mecklenburg-Vorpommern, Beschl. v. 28.2.2012, 2 VK 08/11; VK Sachsen, Beschl. v. 11.12.2009, 1/SVK/054/09; VK Bund, Beschl. v. 30.10.2009, VK 2-180/09; *Jaeger*, NZBau 2009, 558, 562; *Dicks*, ZfBR 2010, 235, 242; a. A. VK Baden-Württemberg, Beschl. v. 26.3.2010, 1 VK 11/10.

594 Vgl. VK Sachsen, Beschl. v. 11.12.2009, 1/SVK/054/09.

595 *Hattig*, in: Hattig/Maibaum, PK Kartellvergaberecht, § 107 GWB Rn. 151; *Leinemann*, Das neue Vergaberecht, S. 313; wohl auch VK Südbayern, Beschl. v. 5.2.2010, Z3-3-3194-1-66-12/09; a. A. *Dirksen*, VergabeR 2013, 410, 413 ff. mit ausführlicher Begründung; *Reidt*, in: Reidt/Stickler/Glahs, Vergaberecht, § 160 Rn. 88 a. E.

Hinweis erfolgt ist.[596] Enthält ein Rügezurückweisungsschreiben einen irreführenden Hinweis auf die Frist des Abs. 3 Satz 1 Nr. 4, wird diese Frist nicht in Gang gesetzt.[597]

141 Hinsichtlich eines fehlenden Hinweises im vorgenannten Sinne besteht keine Rügeobliegenheit, da Abs. 3 Satz 1 Nr. 4 **keine bieterschützende Wirkung** hat.[598]

142 Die Nachprüfungsinstanzen können nicht als **Rechtsauskunftsstellen** im Sinne der Rn. 139f. angegeben werden, weil diese in den Nachprüfungsverfahren die Sachurteilsvoraussetzungen überprüfen sollen und daher nicht gleichzeitig diejenigen Stellen sein können, die für die Einhaltung dieser Sachurteilsvoraussetzungen Sorge tragen bzw. Auskünfte zu deren Einhaltung erteilen; neben der Frage eines Verstoßes gegen das Rechtsberatungsgesetz würde sich die Nachprüfungsinstanz zudem dem Vorwurf der Befangenheit ausgesetzt sehen.[599]

5. Fristberechnung

143 Nach dem Gesetzeswortlaut beginnt die Frist des Abs. 3 Satz 1 Nr. 4 mit „Eingang" der Nichtabhilfe-Mitteilung zu laufen. Richtig ist jedoch, auf den – womöglich zu einem späteren Zeitpunkt vorliegenden – **Zugang** dieser Mitteilung bei dem Bieter abzustellen.[600] Die Antragsfrist schränkt den Primärrechtsschutz des Bieters in zeitlicher Hinsicht ein, eine Versäumung dieser Frist führt zu einem Verlust der zuvor geltend gemachten Rüge. Vor dem Hintergrund dieser einschneidenden Rechtsfolge muss sich zur Wahrung der Effektivität des Rechtsschutzes der Fristbeginn nach dem Zugang[601] und nicht nach dem Eingang der Nichtabhilfe-Erklärung bestimmen. Wenngleich die Nichtabhilfe-Erklärung – ebenso wie die Rüge (Rn. 105) – keinen rechtsgeschäftlichen, sondern einen verfahrensrechtlichen Charakter haben dürfte, ist hierzu der Rechtsgedanke des § 130 BGB heranzuziehen. Zwar sieht § 134 Abs. 2 Satz 3 GWB[602] vor, dass die Wartefrist des § 134 Abs. 2 Satz 1 und 2 GWB am Tag nach der Absendung der Information gem. § 134 Abs. 1 Satz 1 und 2 GWB durch den Auftraggeber beginnt und es auf den Zugang dieser Information bei dem betroffenen Bieter und Bewerber nicht ankommt.[603] Allerdings handelt es sich bei der Wartefrist des § 134 GWB – im Gegensatz zu der des Abs. 3 Satz 1 Nr. 4 – nicht um eine Rechtsbehelfsfrist,[604] sodass eine vergleichende Betrachtung ausscheidet.

144 Bei der überwiegend durchgeführten Übermittlung der Nichtabhilfe-Erklärung (vorab) per Telefax ist der **Zugang vollendet**, sobald mit der Kenntnisnahme zu rechnen ist; im ge-

596 OLG Düsseldorf, Beschl. v. 7.3.2012, VII-Verg 91/11.
597 OLG Düsseldorf, Beschl. v. 7.3.2012, VII-Verg 91/11.
598 OLG Celle, Beschl. v. 12.5.2010, 13 Verg 3/10.
599 VK Bund, Beschl. v. 30.10.2009, VK 2-180/09; a. A. VK Rheinland-Pfalz, Beschl. v. 3.9.2010, VK 2-28/10.
600 Ebenso OLG Karlsruhe, Beschl. v. 8.1.2010, 15 Verg 1/10; VK Bund, Beschl. v. 30.1.2015, VK 2-115/14; *Hofmann*, in: Müller-Wrede, GWB, § 160 Rn. 92; ausführlich *Hattig*, in: Hattig/Maibaum, PK Kartellvergaberecht, § 107 GWB Rn. 155 ff.; *Reidt*, in: Reidt/Stickler/Glahs, Vergaberecht, § 160 Rn. 83; *Jaeger*, NZBau 2009, 558, 561.
601 Zum Zugang unter Ab- und Anwesenden s. *Ellenberger*, in: Palandt, BGB, § 130 Rn. 5 ff.
602 Vgl. § 13 Satz 3 und 4 VgV a. F.
603 Vgl. § 134 Rn. 37; a. A. *Glahs*, in: Reidt/Stickler/Glahs, Vergaberecht, § 134 Rn. 43 f.
604 OLG Düsseldorf, Beschl. v. 14.5.2008, VII-Verg 11/08 (ausführlich zu § 13 VgV a. F.).

schäftlichen Betrieb also während der Geschäftszeit mit dem Eingang, sonst mit dem nächsten Beginn der Geschäftszeit.[605]

145 Die Frist beginnt bereits dann zu laufen, wenn die Mitteilung, einer Rüge nicht abhelfen zu wollen, dem Bieter zugeht, nicht erst zu dem Zeitpunkt, zu dem sich der angebliche Vergaberechtsverstoß des Auftraggebers (z.B. durch ein Absageschreiben gem. § 134 GWB) manifestiert.[606]

146 Für die Fristberechnung wird der Tag des Zugangs nicht mitgerechnet, was aus § 187 Abs. 1 BGB[607] (vgl. auch § 31 Abs. 2 VwVfG und Art. 3 Abs. 1 Satz 2 der VO (EWG, Euratom) Nr. 1182/71 vom 3.6.1971) resultiert, der entweder entsprechend oder über §§ 175 Abs. 2, 73 Nr. 2 GWB, § 222 Abs. 1 ZPO Anwendung findet. **Fristbeginn** ist folglich am **Tag nach** dem **Zugang** der Nichtabhilfe-Mitteilung bei dem Bieter. Die **Fristdauer** ist gesetzlich mit **15 Kalendertagen** (zum Begriff s.o. Rn. 79) – also Werktage, Samstage, Sonn- und Feiertage[608] – festgelegt. Die Rechtsbehelfsfrist **endet** entsprechend § 188 Abs. 1 BGB mit Ablauf des letzten Tages der Frist, also mit **Ablauf des 15. Kalendertages**.[609] Nach dem Gesetzeswortlaut ist der Nachprüfungsantrag unzulässig, soweit „mehr als 15 Kalendertage nach Eingang [. . .] vergangen sind“. Der Nachprüfungsantrag muss daher am 15. Kalendertag gestellt werden, bei Einlegung am 16. Kalendertag ist er verfristet. Eine Rechtsbehelfsfrist beginnt am Anfang der ersten Stunde des ersten Tages und endet mit Ablauf der letzten Stunde des letzten Tages der Frist (vgl. auch Art. 3 Abs. 2 lit. b) der VO (EWG, Euratom) Nr. 1182/71). Geht die Nichtabhilfe-Mitteilung dem Bieter bspw. am Di., 8.12. zu, beginnt die Frist am Mi., 9.12. um 00:00 Uhr zu laufen und endet am Mi., 23.12. um 24:00 Uhr, sodass der Nachprüfungsantrag fristwahrend am 23.12. bis 24:00 Uhr eingereicht werden muss.[610] Fällt der letzte Tag der Frist auf einen Samstag, einen Sonntag oder einen staatlich anerkannten allgemeinen Feiertag,[611] tritt entsprechend § 193 BGB[612] (vgl. auch § 222 Abs. 2 ZPO, § 31 Abs. 3 Satz 1 VwVfG[613] und Art. 3 Abs. 4 der VO (EWG, Euratom) Nr. 1182/71) an die Stelle dieses Tages der nächste Werktag; die

---

605 Vgl. *Ellenberger*, in: Palandt, BGB, § 130 Rn. 7 mit Beispielen. S. a. VK Bund, Beschl. v. 30.1.2015, VK 2-115/14.

606 OLG Karlsruhe, Beschl. v. 8.1.2010, 15 Verg 1/10.

607 So auch VK Sachsen, Beschl. v. 19.4.2012, 1/SVK/009-12; VK Bund, Beschl. v. 8.7.2011, VK 1-75/11, ZfBR 2012, 288, 292.

608 Vgl. OLG Düsseldorf, Beschl. v. 14.5.2008, VII-Verg 11/08; s.a. Art. 3 Abs. 3 der VO (EWG, Euratom) Nr. 1182/71 des Rates v. 3.6.1971.

609 So auch *Wiese*, in: Kulartz/Kus/Portz/Prieß, GWB, § 160 Rn. 197; *Hattig*, in: Hattig/Maibaum, PK Kartellvergaberecht, § 107 GWB Rn. 157; *Reidt*, in: Reidt/Stickler/Glahs, Vergaberecht, § 160 Rn. 83.

610 Nicht nachvollziehbar daher die Angabe (bedauerlicherweise ohne weitere Begründung) des OLG Karlsruhe, Beschl. v. 8.1.2010, 15 Verg 1/10, wonach in eben dieser Datumskonstellation die Frist des Abs. 3 Satz 1 Nr. 4 nicht am 23.12. abgelaufen sein dürfte; fraglich ebenfalls *Dicks*, ZfBR 2010, 339, 341, der ausführt, der Nachprüfungsantrag hätte in diesem Beispiel am Do., 24.12. angebracht werden müssen; zutreffend hingegen VK Baden-Württemberg, Beschl. v. 4.1.2010, 1 VK 74/09. S. a. VK Sachsen, Beschl. v. 19.4.2012, 1/SVK/009-12: Mitteilung Ag. am 12.3., Beginn Fristenlauf am 13.3., Stellung Nachprüfungsantrag am 27.3. noch rechtzeitig.

611 Der 24.12. und der 31.12. sind keine gesetzlichen Feiertage und fallen nicht unter die Vorschrift des § 193 BGB, vgl. *Ellenberger*, in: Palandt, BGB, § 193 Rn. 6.

612 S. VK Bund, Beschl. v. 30.1.2015, VK 2-115/14; Beschl. v. 4.3.2014, VK 2-7/14, ZfBR 2014, 601, 603.

613 S. VK Bund, Beschl. v. 8.7.2011, VK 1-75/11, ZfBR 2012, 288, 292.

Auslegungsregeln der vorgenannten Vorschriften gelten nämlich für Fristen, innerhalb derer eine bestimmte Handlung oder Willenserklärung vorgenommen werden kann oder muss.[614]

Zu beachten ist, dass die Antragsfrist des Abs. 3 Satz 1 Nr. 4 **durch** die Frist des **§ 134 GWB durchbrochen** wird, indem der Zuschlag nach Ablauf der Wartefrist bereits vor Ende der Antragsfrist erfolgen kann.[615] **147**

6. Zulässigkeit und Begründetheit bei atypischen Nachprüfungsverfahren

Die zur Vermeidung von Nachteilen beim Primärrechtsschutz notwendige Stellung eines Nachprüfungsantrags führt dazu, dass **mehrschichtige, übereinander gelagerte Nachprüfungsverfahren** zulasten des Gebots einer möglichst zügigen Auftragsvergabe drohen.[616] Es handelt sich insoweit um ein **atypisches Nachprüfungsverfahren**, da im Hinblick auf Abs. 3 Satz 1 Nr. 4 der Nachprüfungsantrag gestellt werden muss, bevor der Bieter weiß, ob sich der gerügte Verstoß überhaupt zu seinem Nachteil auswirkt oder auswirken kann.[617] Daraus ergeben sich für die Zulässigkeits- und Begründetheitsprüfung dieses atypischen Nachprüfungsantrags folgende Konsequenzen: Der Antrag ist nur dann **zulässig**, wenn nach einer entsprechenden **Rüge** eine **Nichtabhilfe-Mitteilung** (s.o. Rn. 138) erfolgt ist – streitgegenständlich sind also nur diejenigen Rügen, die Gegenstand der Mitteilungen gewesen sind.[618] Dies folgt daraus, dass die Vergabestelle nicht zu einer Abhilfemitteilung verpflichtet ist und es ihrer Entscheidung obliegt, ob und ggf. zu welchem Zeitpunkt sie vor der Zuschlagsentscheidung die Rügen zurückweist und damit ggf. Verzögerungen durch das atypische Nachprüfungsverfahren in Kauf nimmt.[619] Der Antrag ist jedenfalls dann **unbegründet**, wenn der gerügte Verstoß nicht oder nicht mehr zu einer Verminderung der Zuschlagschancen des Bieters führen kann, sofern also **feststeht**, dass sich die gerügte Vorgehensweise **nicht** oder **nicht mehr** zum **Nachteil** des Bieters auswirken kann.[620] Bei nach Abs. 3 Satz 1 Nr. 4 gestellten Nachprüfungsanträgen kommt es hingegen für die Zulässigkeit und Begründetheit nicht darauf an, dass im **Zeitpunkt** der **Einreichung des Antrags** noch nicht beurteilt werden kann, ob und inwieweit sich die behaupteten Vergaberechtsverstöße auf die letztendliche Vergabeentscheidung, insbesondere zulasten der Antragsteller, auswirken würden.[621] Die Absicht des Gesetzgebers, durch Bestimmung einer Antragsfrist einen Antragsteller möglichst frühzeitig zur Anbringung eines Nachprüfungsantrags anzuhalten, schließt aus, die Zulässigkeit und genauso die Begründetheit eines solchen Antrags davon abhängig zu machen, dass der Antragsteller durch den behaupteten Rechtsverstoß eine (praktisch nicht ausschließbare) Beeinträchtigung seiner **148**

614 Instruktiv zur unmittelbaren oder entsprechenden Anwendung des § 193 BGB OLG Düsseldorf, Beschl. v. 14.5.2008, VII-Verg 11/08 (dort bzgl. § 13 VgV a.F. nicht anwendbar, weil diese Vorschrift einen Termin festlegt, ab dem eine Wartefrist ablaufen soll, § 193 BGB aber nicht gilt, wenn mit dem Ablauf des letzten Tages der Frist eine bestimmte Rechtswirkung eintritt). S. a. ausführlich VK Bund, Beschl. v. 30.1.2015, VK 2-115/14.

615 *Byok*, NJW 2010, 817, 821.

616 OLG München, Beschl. v. 22.11.2012, Verg 24/12, VergabeR 2013, 654, 658 m.w.N.

617 OLG München, Beschl. v. 22.11.2012, Verg 24/12, VergabeR 2013, 654, 658.

618 OLG München, Beschl. v. 22.11.2012, Verg 24/12, VergabeR 2013, 654, 658.

619 OLG München, Beschl. v. 22.11.2012, Verg 24/12, VergabeR 2013, 654, 658.

620 Vgl. OLG München, Beschl. v. 22.11.2012, Verg 24/12, VergabeR 2013, 654, 658.

621 OLG Düsseldorf, Beschl. v. 10.8.2011, VII-Verg 36/11, VergabeR 2012, 85, 86f. m.w.N.

Auftragschancen erfährt.[622] Insoweit **genügt** – wenn der Wille des Gesetzgebers nicht konterkariert werden soll – ebenso wie bei der Antragsbefugnis eine **abstrakt mögliche Schädigung der Auftragschancen** des Antragstellers.[623] Der Umstand, dass die streng einzuhaltenden Fristen im Einzelfall zu dieser Mehrschichtigkeit von Nachprüfungsverfahren führen können und es ggf. zum Lauf sich überschneidender Fristen nach § 134 Abs. 2 GWB und nach Abs. 3 Nr. 4 kommen kann, wird zwar als – insbesondere aus Sicht der Praxis – fragwürdig angesehen, jedoch als gesetzgeberische Entscheidung, die eine klare Fristenregelung und eine schnelle Rechtssicherheit bezweckt, hingenommen; die Beteiligten hätten sich hierauf einzustellen.[624]

VI. Verwirkung

149 Das Nachprüfungsrecht kann unter den allgemeinen Grundsätzen von Treu und Glauben verwirken, wenn der Berechtigte es längere Zeit nicht geltend gemacht hat (**Zeitmoment**) und der Verpflichtete sich nach dem gesamten Verhalten des Berechtigten darauf einrichten durfte und auch eingerichtet hat, dass dieser das Recht auch in Zukunft nicht geltend machen werde (**Umstandsmoment**).[625] Die von der zivilrechtlichen Rechtsprechung aufgestellten Grundsätze gelten auch im Vergaberecht.[626] Der gegenteiligen Ansicht, wonach seit der Einführung des § 160 Abs. 3 Satz 1 Nr. 4 GWB eine Verwirkung des Nachprüfungsantrags nicht mehr in Betracht kommt[627] bzw. für eine Anwendung des § 242 BGB kein Bedürfnis mehr besteht,[628] ist entgegenzuhalten, dass ein solches Bedürfnis sehr wohl für den Fall fortbesteht, dass – wie nicht selten – auf die Antragsfrist nicht hingewiesen worden ist (Rn. 140). Seit der Möglichkeit, das Recht geltend zu machen, muss längere Zeit verstrichen sein, wobei sich die erforderliche Dauer des Zeitablaufs nach den Umständen des Einzelfalls richtet: Zu berücksichtigen sind vor allem die Art und Bedeutung des Anspruchs, die Intensität des vom Berechtigten geschaffenen Vertrauenstatbestandes und das Ausmaß der Schutzbedürftigkeit des Verpflichteten.[629] Ein Verhalten des Berechtigten, das einem konkludenten Verzicht nahekommt, mindert die erforderliche Zeitdauer.[630] Während des für die Verwirkung erforderlichen Zeitraumes darf der Berechtigte nichts zur Durchsetzung seines Rechts getan haben.[631] Die Verwirkung ist ein Fall der unzulässigen Rechtsausübung wegen widersprüchlichen Verhaltens, wobei der Verstoß gegen Treu und

622 OLG Düsseldorf, Beschl. v. 10.8.2011, VII-Verg 36/11, VergabeR 2012, 85, 86 f.

623 OLG Düsseldorf, Beschl. v. 10.8.2011, VII-Verg 36/11, VergabeR 2012, 85, 86 f.

624 OLG München, Beschl. v. 21.4.2017, Verg 2/17, VergabeR 2017, 525, 531 f. m. w. N.

625 OLG Brandenburg, Beschl. v. 15.9.2009, Verg W 13/08; OLG Düsseldorf, Beschl. v. 30.4.2008, Verg 23/08, NZBau 2008, 461, 464; OLG Dresden, Beschl. v. 11.9.2003, WVerg 7/03; VK Brandenburg, Beschl. v. 16.8.2013, VK 12/13; *Grüneberg*, in: Palandt, BGB, § 242 Rn. 87; *Hofmann*, in: Müller-Wrede, GWB, § 160 Rn. 95 ff.; *Dicks*, in: Ziekow/Völlink, Vergaberecht, § 160 Rn. 61 f.

626 OLG Brandenburg, Beschl. v. 15.9.2009, Verg W 13/08; OLG Karlsruhe, Beschl. v. 13.6.2008, 15 Verg 3/08 m. w. N.; VK Sachsen, Beschl. v. 13.12.2013, 1 SVK/038-13.

627 *Wiese*, in: Kulartz/Kus/Portz/Prieß, GWB, § 160 Rn. 200.

628 *Summa*, in: jurisPK-Vergaberecht, § 160 GWB Rn. 22.

629 VK Brandenburg, Beschl. v. 16.8.2013, VK 12/13.

630 *Grüneberg*, in: Palandt, BGB, § 242 Rn. 93.

631 *Grüneberg*, in: Palandt, BGB, § 242 Rn. 94.

Glauben in der illoyalen Verspätung der Rechtsausübung liegt.[632] Das Verhalten des Berechtigten ist dabei nach **objektiven Gesichtspunkten** zu werten, auf seine Willensrichtung kommt es nicht an.[633]

632 OLG Brandenburg, Beschl. v. 15.9.2009, Verg W 13/08; VK Brandenburg, Beschl. v. 16.8.2013, VK 12/13.

633 OLG Brandenburg, Beschl. v. 15.9.2009, Verg W 13/08; VK Brandenburg, Beschl. v. 16.8.2013, VK 12/13.

§ 161 Form, Inhalt

(1) Der Antrag ist schriftlich bei der Vergabekammer einzureichen und unverzüglich zu begründen. Er soll ein bestimmtes Begehren enthalten. Ein Antragsteller ohne Wohnsitz oder gewöhnlichen Aufenthalt, Sitz oder Geschäftsleitung im Geltungsbereich dieses Gesetzes hat einen Empfangsbevollmächtigten im Geltungsbereich dieses Gesetzes zu benennen.

(2) Die Begründung muss die Bezeichnung des Antragsgegners, eine Beschreibung der behaupteten Rechtsverletzung mit Sachverhaltsdarstellung und die Bezeichnung der verfügbaren Beweismittel enthalten sowie darlegen, dass die Rüge gegenüber dem Auftraggeber erfolgt ist; sie soll, soweit bekannt, die sonstigen Beteiligten benennen.

Schrifttum: *Burgi/Dreher*, Beck'scher Vergaberechtskommentar, 3. Aufl. 2017; *Heiermann/Zeiss/Summa*, juris PraxisKommentar Vergaberecht, 5. Aufl. 2016; *Immenga/Mestmäcker*, Wettbewerbsrecht, Band 2. GWB/Teil 2, Kommentar zum Deutschen Kartellrecht, 5. Aufl. 2014; *Kopp/Ramsauer*, Verwaltungsverfahrensgesetz: VwVfG, Kommentar, 18. Aufl. 2017; *Kulartz/Kus/Portz/Prieß*, Kommentar zum GWB-Vergaberecht, 4. Aufl. 2016; *Müller-Wrede*, GWB Vergaberecht, Kommentar, 2016; *Palandt*, Bürgerliches Gesetzbuch, Kommentar, 77. Aufl. 2018; *Pünder/Schellenberg*, Vergaberecht, 2. Aufl. 2015.

Übersicht

I. Allgemeines

1 § 161 GWB regelt Form und Inhalt des Nachprüfungsantrags. Die Vorschrift entspricht dem bisherigen § 108 GWB a. F. („Form"), lediglich in der Überschrift wurde der Begriff „Inhalt" ergänzt, um klarzustellen, dass § 161 GWB nicht nur Vorgaben zur Form, sondern auch zum Inhalt regelt.[1] Es handelt sich dabei um **Sachentscheidungsvoraussetzungen**. Ein nicht ordnungsgemäßer Antrag ist unzulässig, sofern die **zwingenden Merkmale** des § 161 GWB nicht erfüllt sind. Ein Verstoß gegen die **Sollvorschriften** der Norm (Begehren, Benennung der sonstigen Beteiligten) führt hingegen nicht zur Unzulässigkeit.[2] Die vergleichsweise strengen Anforderungen des § 161 GWB dienen vor allem der Beschleuni-

1 Amtl. Begr., BT-Drs. 18/6281, S. 135 zu § 161 GWB-E VergRModG.

2 Amtl. Begr. zum RegE, BT-Drs. 13/9340, S. 18 zu § 118 GWB-E VgRÄG; vgl. OLG Düsseldorf, Beschl. v. 13.4.1999, Verg 1/99, BB 1999, 1078 = WuW/E Verg 223.

gung des Nachprüfungsverfahrens.[3] An die Formerfordernisse des § 161 GWB dürfen aber keine übersteigerten Maßstäbe angelegt werden.[4] Insbesondere können die Anforderungen nicht größer sein als diejenigen nach § 172 GWB an die sofortige Beschwerde.[5] Der Eingang der Antragsschrift bei der Vergabekammer begründet die Rechtshängigkeit des Nachprüfungsverfahrens.[6]

II. Einzelheiten

1. Antrag

a) Form

Der Nachprüfungsantrag ist gem. **Abs. 1 Satz 1 schriftlich** zu stellen. Das Formerfordernis entspricht insoweit der Regelung in § 64 VwVfG und weicht vom allgemeinen Verwaltungsverfahren (§ 10 VwVfG) ab. Nicht zugelassen ist – anders als in § 64 VwVfG – aber eine Antragstellung zur Niederschrift der Vergabekammer oder eine fernmündliche Antragstellung. Für die Schriftlichkeit wird vorausgesetzt, dass der Nachprüfungsantrag in einem **Schreiben** formuliert und vom Antragsteller bzw. dessen Vertreter[7] grundsätzlich handschriftlich unterzeichnet[8] bei der Vergabekammer eingeht. Ausreichend ist aber auch die Antragstellung durch **Telegramm**, **Fernschreiben**, **Telefax**[9] oder **Computerfax**.[10] In diesen Fällen schadet eine **fehlende Unterschrift** nicht, sofern ausreichend gewährleistet ist, dass aus dem Schriftstück der Inhalt der Erklärung, die abgegeben werden soll, und die Person, von der sie ausgeht, hinreichend zuverlässig entnommen werden können und sofern feststeht, dass es sich bei dem Schriftstück nicht nur um einen Entwurf handelt, sondern dass es mit Wissen und Willen des Berechtigten dem Gericht zugeleitet worden ist.[11] 2

Ferner ist eine Übermittlung per **E-Mail** nach § 3a VwVfG grundsätzlich zulässig, soweit die Vergabekammer hierfür einen Zugang eröffnet hat.[12] Erforderlich ist in diesem Fall gem. 3

---

3 Amtl. Begr. zum RegE, BT-Drs. 13/9340, S. 18 zu § 118 GWB-E VgRÄG; OLG München, Beschl. v. 7.8.2007, Verg 8/07.

4 OLG Saarbrücken, Beschl. v. 18.5.2016, 1 Verg 1/16; OLG Jena, Beschl. v. 24.2.2016, 2 Verg 1/18; OLG Düsseldorf, Beschl. v. 13.4.2011, Verg 58/10, ZfBR 2011, 508, 511; Beschl. v. 5.5.2008, Verg 5/08; Beschl. v. 23.1.2008, Verg 36/07; OLG München, Beschl. v. 29.9.2009, Verg 12/09; Beschl. v. 7.8.2007, Verg 8/07, ZfBR 2007, 718f.; Beschl. v. 28.6.2007, Verg 7/07; VK Baden-Württemberg, Beschl. v. 22.12.2016, 1 VK 50/16.

5 VK Halle, Beschl. v. 22.4.2002, VK 05/02.

6 BGH, Beschl. v. 9.2.2004, X ZB 44/03, Rn. 22; s. ausführlich § 160 Rn. 5.

7 Vgl. OLG Düsseldorf, Beschl. v. 13.4.1999, Verg 1/99, BB 1999, 1078 = WuW/E Verg 223.

8 Siehe zur Unterschrift VK Bund, Beschl. v. 6.2.2014, VK 1-125/13.

9 S. BGH, Beschl. v. 9.2.2004, X ZB 44/03, Rn. 22.

10 Vgl. *Ramsauer/Wysk*, in: Kopp/Ramsauer, VwVfG, § 64 Rn. 10.

11 Vgl. OLG München, Beschl. v. 11.9.2003, 2 Ws 880/03, NJW 2003, 3429, 3420 m. w. N.; *Summa*, in: jurisPK-Vergaberecht, § 161 GWB Rn. 9ff.; a. A. *Dreher*, in: Immenga/Mestmäcker, GWB, § 108 Rn. 4; *Nowak*, in: Pünder/Schellenberg, Vergaberecht, § 108 Rn. 5; OLG Dresden, Beschl. v. 16.10.2001, WVerg 0007/01, VergabeR 2002, 142, 143f., wonach ohne Unterschrift kein zulässiges Nachprüfungsverfahren in Gang gesetzt, die Unterschrift aber mit Wirkung für die Zukunft bis zur Entscheidung der VK nachgeholt werden kann.

12 So ebenfalls *Horn/Hofmann*, in: Burgi/Dreher, Vergaberecht, § 161 GWB Rn. 6; *Möllenkamp*, in: Kulartz/Kus/Portz/Prieß, GWB, § 161 Rn. 11f.; *Summa*, in: jurisPK-Vergaberecht, § 161 GWB

§ 3a Abs. 2 Satz 1 und 2 VwVfG, dass das elektronische Dokument mit einer qualifizierten elektronischen Signatur[13] versehen wird. Bspw. weist das Bundeskartellamt für die Vergabekammern des Bundes darauf hin, dass ein Nachprüfungsantrag alternativ per E-Mail mit qualifizierter elektronischer Signatur an die E-Mail-Adresse vk@bundeskartellamt.bund.de gerichtet werden kann.[14] Gem. § 2 Abs. 1 EGovG[15] ist jede Behörde verpflichtet, auch einen Zugang für die Übermittlung elektronischer Dokumente, auch soweit sie mit einer qualifizierten elektronischen Signatur versehen sind, zu eröffnen. Das EGovG gilt nach seinem § 1 Abs. 1 und 2 für die öffentlich-rechtliche Verwaltungstätigkeit der Behörden des Bundes sowie u. a. für Behörden der Länder, wenn sie Bundesrecht ausführen. Aus § 1 Abs. 3 EGovG folgt im Umkehrschluss, dass das Gesetz nicht für die rechtsprechende Tätigkeit der Gerichte gilt.[16] Daher stellt sich die Frage, ob die Vergabekammern, die einerseits bei Behörden angesiedelt sind (§ 157 Rn. 1), andererseits aber seitens des EuGH als Gericht i. S. d. Art. 267 AEUV angesehen werden,[17] eine allgemeine Pflicht zur Eröffnung des Zugangs für elektronisch übermittelte Dokumente trifft, unabhängig davon, ob die technischen Möglichkeiten hierfür zur Verfügung stehen oder nicht. Allerdings betont der EuGH in der Rs. „Bundesdruckerei", dass die im Rahmen der Prüfung der Zulässigkeit eines Vorabentscheidungsersuchens zu klärende Frage, ob es sich bei der vorlegenden Einrichtung um ein „Gericht" i. S. d. Art. 267 AEUV handelt, rein unionsrechtlich sei.[18] Nach nationaler Bewertung sind die Vergabekammern jedoch keine „Gerichte" i. S. d. Art. 92 GG (§ 160 Rn. 2).[19] Unter einem Gericht versteht man nicht nur eine unabhängige, sondern vor allem auch eine von den Verwaltungsbehörden getrennte Institution (vgl. Art. 20 Abs. 2 GG) – die Vergabekammern werden hingegen nach § 158 GWB bei der Exekutive eingerichtet, von ihr organisiert und besetzt.[20] Für die Behördeneigenschaft der Vergabekammern ist es auch unerheblich, ob einer Vergabekammer Gerichtsqualität i. S. von Art. 267 AEUV zukommt oder nicht.[21] Insofern spricht mehr dafür, jedenfalls für die Vergabekammern des

---

Rn. 16; *Dreher*, in: Immenga/Mestmäcker, GWB, § 108 Rn. 3; zweifelnd *Nowak*, in: Pünder/Schellenberg, Vergaberecht, § 108 GWB Rn. 6.

13 Vgl. Begriffsbestimmung in Art. 3 Nr. 12 der Verordnung (EU) Nr. 910/2014 des Europäischen Parlaments und des Rates vom 23.7.2014 über elektronische Identifizierung und Vertrauensdienste für elektronische Transaktionen im Binnenmarkt und zur Aufhebung der Richtlinie 1999/93/EG (eIDAS-Verordnung). S. zur Definition auch die frühere Vorschrift des § 2 Nr. 3 SigG (Signaturgesetz vom 16.5.2001 (BGBl. 2001, S. 876), mit Wirkung vom 29.7.2017 außer Kraft getreten aufgrund des eIDAS-Durchführungsgesetzes vom 18.7.2017 (BGBl. 2017, S. 2745)).

14 S. „Checkliste Stand Juli 2016" der Vergabekammern des Bundes mit weiteren Informationen zur qualifizierten elektronischen Signatur, zu finden unter www.bundeskartellamt.de.

15 Gesetz zur Förderung der elektronischen Verwaltung (E-Government-Gesetz – EGovG) v. 25.7.2013 (BGBl. 2013, S. 2749), zuletzt geändert durch Art. 1 des Gesetzes vom 5.7.2017 (BGBl. 2017, S. 2206).

16 *Ramsauer*, in: Kopp/Ramsauer, VwVfG, § 3a Rn. 8a.

17 EuGH, Urt. v. 27.10.2016, Rs. C-292/15, Rn. 28 f., VergabeR 2017, 152, 156 – Hörmann Reisen (nach Vorabentscheidungsersuchen der VK Südbayern); Urt. v. 18.9.2014, C-549/13, Rn. 20–23, VergabeR 2015, 28, 31 – Bundesdruckerei (nach Vorabentscheidungsersuchen der VK Arnsberg).

18 EuGH, Urt. v. 18.9.2014, C-549/13, Rn. 21, VergabeR 2015, 28, 31.

19 OLG Naumburg, Beschl. v. 31.1.2011, 2 Verg 1/11 m. w. N.

20 Vgl. OLG Naumburg, Beschl. v. 31.1.2011, 2 Verg 1/11.

21 Vgl. OLG Naumburg, Beschl. v. 31.1.2011, 2 Verg 1/11 m. w. N.

Bundes eine Pflicht zur Eröffnung eines Zugangs für die Übermittlung elektronischer Dokumente anzunehmen.[22]

b) Begehren

Der **Antrag** soll gem. **Abs. 1 Satz 2** ein bestimmtes **Begehren** enthalten. Dieser Begriff ist untechnisch zu verstehen. Es handelt sich nicht um einen Antrag gem. § 253 Abs. 2 ZPO, obwohl dieser Begriff auch in § 168 Abs. 1 Satz 2 GWB verwendet wird. Das dürfte jedoch eine redaktionelle Ungenauigkeit sein. Aus dem Begehren muss sich lediglich ergeben, worin das Ziel des Antragstellers liegt. Daneben bestehende **Ungenauigkeiten, Pauschalierungen** oder **Unvollständigkeiten**[23] des Antrags bleiben für seine Zulässigkeit **folgenlos**.[24] Verlangt wird in der Regel die Beseitigung von Vergaberechtsverstößen[25] oder die Feststellung der Rechtswidrigkeit im Fall des § 168 Abs. 2 Satz 2 GWB. Unzulässig ist es, zusätzlich zu der Durchführung eines rechtmäßigen Vergabeverfahrens (Leistung) auch zu verlangen, die Rechtswidrigkeit des Vergabeverfahrens festzustellen – sofern kein Fall des § 168 Abs. 2 Satz 2 GWB vorliegt[26] – oder allein die Feststellung zu begehren, der Antragsteller habe ohne Rechtsverstöße eine echte Chance auf Zuschlagserteilung gehabt[27] (vgl. § 181 GWB). Es kann auch nichts beantragt werden, was die Kammer im Rahmen ihres Ermessensspielraums (vgl. § 168 Rn. 5) nicht zusprechen darf. Fehler bei der Formulierung des Begehrens (z. B. kein tenorierungsfähiger Inhalt[28]) bleiben im Übrigen folgenlos, denn es handelt sich nicht um ein zwingendes Sachentscheidungsmerkmal. Außerdem ist die Vergabekammer ohnehin nicht an Begehren bzw. Anträge gebunden und kann unabhängig davon auf die Rechtmäßigkeit des Vergabeverfahrens einwirken, § 168 Abs. 1 Satz 2 GWB (§ 168 Rn. 17 ff.). 4

Der Antrag kann ggf. im Laufe des Nachprüfungsverfahrens weiter präzisiert werden. Nicht erforderlich, aber als Hilfsantrag zulässig ist es, für den Fall der Verfahrenserledigung schon vorsorglich einen Fortsetzungsfeststellungsantrag (§ 168 Abs. 2 Satz 2 GWB) zu stellen. Dieser kann nachgeholt und sogar noch im Beschwerdeverfahren vorgebracht werden[29] (§ 168 Rn. 29). 5

c) Benennung eines Empfangsbevollmächtigten

Zwingender[30] Bestandteil des Antrags ist gem. **Abs. 1 Satz 3** die Angabe eines inländischen **Empfangsbevollmächtigten**, wenn der Antragsteller im Inland nicht erreichbar ist. 6

---

22 Vgl. hierzu auch *Behrens*, in: Müller-Wrede, GWB, § 161 Rn. 11.

23 S. VK Bund, Beschl. v. 15.12.2011, VK 3-155/11, wonach das Fehlen einzelner Seiten unschädlich ist, sofern die Begründung unverzüglich nachgeholt wird.

24 So auch OLG Düsseldorf, Beschl. v. 18.7.2001, Verg 16/01, VergabeR 2001, 419, 420.

25 Vgl. Art. 2 Abs. 1 RML.

26 Vgl. OLG Celle, Beschl. v. 30.4.1999, 13 Verg 1/99, NZBau 2000, 105, 106.

27 BayObLG, Beschl. v. 21.5.1999, Verg 1/99, WuW/E Verg 239.

28 VK Bund, Beschl. v. 23.12.2005, VK 1-155/05.

29 OLG Düsseldorf, Beschl. v. 28.2.2002, Verg 37/01, VergabeR 2002, 378, 379 f. (der Beschluss datiert richtigerweise vom 28.2.2002); zur Feststellung im Beschwerdeverfahren § 178 Rn. 14.

30 A. A. OLG Düsseldorf, Beschl. v. 14.9.2016, VII-Verg 7/16: Der Nachprüfungsantrag sei nicht unzulässig, weil entgegen Abs. 1 Satz 3 im Antrag selbst kein Empfangsbevollmächtigter im Geltungsbereich des GWB angegeben worden sei. Da Ausschlussvorschriften im Grundsatz restriktiv anzuwenden seien, führe die unterbliebene Benennung eines Empfangsbevollmächtigten in ent-

Dadurch sollen Verzögerungen in der Kommunikation (Auslandszustellung etc.) vermieden werden.[31]

2. Begründung

a) Allgemeines

7 Die Begründung muss nicht mit dem Antrag verbunden sein. Sie kann unverzüglich nach Antragstellung **nachgeholt** werden. Der Begriff „unverzüglich" des Abs. 1 Satz 1 ist i. S. v. § 121 BGB, also „ohne schuldhaftes Zögern"[32] zu verstehen, wenngleich die zu dieser Vorschrift von der Rechtsprechung entwickelte grundsätzliche Obergrenze von zwei Wochen[33] für das vergaberechtliche Nachprüfungsverfahren viel zu lang ist. In der Praxis erfolgt die Begründung in der Regel zeitgleich mit Einreichung des Antrags. Sollte dies ausnahmsweise nicht der Fall sein, muss die Begründung binnen kürzester Frist[34] nachgereicht werden. Da die Begründung eine **Sachentscheidungsvoraussetzung** bildet, ist der Nachprüfungsantrag bis zum Eingang der Begründung unzulässig. Das kann Folgen für die Übermittlung des Nachprüfungsantrags (§ 163 Abs. 2 GWB) haben.

8 Unverzichtbare **Kernelemente**[35] **der Begründung gem. Abs. 2 Hs. 1** sind die Bezeichnung des Antragsgegners (Rn. 9 ff.), eine Beschreibung der behaupteten Rechtsverletzungen mit Sachverhaltsdarstellung (Rn. 14), die Bezeichnung der verfügbaren Beweismittel (Rn. 15) sowie eine Darlegung über die Erfüllung der Rügeobliegenheit gem. § 160 Abs. 3 GWB, sofern diese besteht (Rn. 16, vgl. § 160 Rn. 115 ff.). Trotz der niedrigen Anforderungen ist eine willkürliche, aufs Geradewohl oder ins Blaue hinein aufgestellte Behauptung unzulässig und unbeachtlich (vgl. § 160 Rn. 11, § 163 Rn. 6).[36] Wenn der Nachprüfungsantrag weder eine konkrete Rechtsverletzung benennt noch eine verständliche Sachverhaltsschilderung enthält, ist er unzulässig.[37] Der Nachprüfungsantrag muss in zumindest laienhafter Darstellung die Indizien oder tatsächlichen Anhaltspunkte aufzeigen, die den Antragsteller zu dem Schluss bewogen haben, die Vergabestelle habe sich rechtswidrig

---

sprechender Anwendung von § 15 VwVfG, § 184 Abs. 1 Satz 2, Abs. 2 Satz 1 ZPO i.V.m. § 173 VwGO lediglich dazu, dass Schriftstücke durch Aufgabe zur Post an die Auslandsanschrift zugestellt werden könnten und der Zugang fingiert werde. Die nach dem Wortlaut der Norm vorgesehene Bestellung eines Empfangsbevollmächtigten gebiete keine andere rechtliche Behandlung als bei einer gerichtlichen Anordnung, einen Empfangs- oder Zustellungsbevollmächtigten zu benennen (so § 184 ZPO).

31 Vgl. Amtl. Begr. zum RegE, BT-Drs. 13/9340, S. 18 zu § 118 GWB-E VgRÄG.

32 Vgl. VK Südbayern, Beschl. v. 24.11.2015, Z3-3-3194-1-51-09/15.

33 *Ellenberger*, in: Palandt, BGB, § 121 BGB Rn. 3.

34 Vgl. *Behrens*, in: Müller-Wrede, GWB, § 161 Rn. 25: max. 10 Tage; *Summa*, in: jurisPK-Vergaberecht, § 161 GWB Rn. 64: Höchstfrist von 4 Werktagen; *Nowak*, in: Pünder/Schellenberg, Vergaberecht, § 108 Rn. 15: 2–4 Tage; *Dreher*, in: Immenga/Mestmäcker, GWB, § 108 Rn. 15 m. w. N.: 3–4 Tage.

35 S. a. „Checkliste" von *Eiermann*, NZBau 2016, 13, 15 f.

36 BGH, Beschl. v. 26.9.2006, X ZB 14/06, VergabeR 2007, 59, 65 f.; Urt. v. 25.4.1995, VI ZR 178/94, NJW 1995, 2111, 2112; s. a. KG, Beschl. v. 29.2.2012, Verg 8/11.

37 OLG Koblenz, Beschl. v. 10.8.2000, 1 Verg 2/00, NZBau 2000, 534, 536; Beschl. v. 22.3.2001, 1 Verg 9/00, VergabeR 2001, 407, 408.

verhalten.[38] Ausreichend ist es, wenn in einem Nachprüfungsantrag auf einen vorangegangenen, inzwischen zurückgenommenen Antrag Bezug genommen wird. Dies ist zur Vermeidung unnötigen Schreibaufwands zulässig.[39] Der bloße, nicht weiter substanziierte Vorwurf, in dem Vergabeverfahren hätten „HOAI-Unterschreitungen" stattgefunden, ist unzureichend. Insbesondere darf sich ein Antragsteller, anstatt seinen Vorwurf mit Tatsachenvortrag näher zu begründen, **nicht** mit einem Hinweis auf die **Amtsermittlungspflicht** der Vergabekammer **begnügen**.[40] Erforderlich ist daher die nähere Konkretisierung des Antrags durch harte Fakten, sofern das von einem sach- und fachkundigen Unternehmen erwartet werden kann.[41]

b) Antragsgegner

Antragsgegner ist der **Auftraggeber** (§ 98 GWB). Das gilt auch für die Fälle, in denen das Vergabeverfahren nicht von dem Auftraggeber, sondern von einer **beauftragten Stelle** durchgeführt wird.[42] Maßgeblich ist allein, in welchem Namen und für welche Rechnung der Vertrag geschlossen wird und wer Schuldner der Vergütung des Anbieters ist.[43] Zwar kann sich der Auftraggeber bei der Durchführung eines Vergabeverfahrens der Hilfe eines Dritten bedienen mit der Konsequenz, dass er sich dessen Vergaberechtsverstöße zurechnen lassen muss. Das ändert aber nichts an der Tatsache, dass die vergaberechtlichen Bestimmungen ausschließlich den Auftraggeber verpflichten und dass nur ihm gegenüber ein Vergabenachprüfungsverfahren durchgeführt werden kann.[44] Der Antragsgegner muss nicht als juristische Person benannt werden, wenn die Zuordnung des Auftraggebers als 9

38 OLG Brandenburg, Beschl. v. 16.2.2012, Verg W 1/12; OLG Celle, Beschl. v. 13.1.2011, 13 Verg 15/10, VergabeR 2011, 531, 534; OLG Frankfurt a. M., Beschl. v. 4.6.2010, 11 Verg 4/10; KG, Beschl. v. 13.3.2008, 2 Verg 18/07; OLG Düsseldorf, Beschl. v. 13.4.2011, Verg 58/10, ZfBR 2011, 508, 511; Beschl. v. 23.1.2008, Verg 36/07; OLG München, Beschl. v. 7.8.2007, Verg 8/07, ZfBR 2007, 718, 719; OLG Dresden, Beschl. v. 6.6.2002, WVerg 0004/02.

39 OLG Düsseldorf, Beschl. v. 15.5.2002, Verg 19/02.

40 Vgl. VK Detmold, Beschl. v. 6.8.2013, VK.2-07/13.

41 OLG Düsseldorf, Beschl. v. 16.5.2001, Verg 24/01; vgl. auch BGH, Beschl. v. 19.12.2000, X ZB 14/00, NZBau 2001, 151, 154 = NJW 2001, 1492, 1494 = ZfBR 2001, 258, 261.

42 OLG Düsseldorf, Beschl. v. 3.6.2009, VII-Verg 7/09; Beschl. v. 26.7.2002, Verg 28/02, VergabeR 2003, 87; BayObLG, Beschl. v. 1.7.2003, Verg 03/03; a. A. OLG Naumburg, Beschl. v. 23.2.2012, 2 Verg 15/11, VergabeR 2012, 732, 735 u. Beschl. v. 16.10.2007, 1 Verg 6/07.

43 OLG Frankfurt a. M., Beschl. v. 2.12.2014, 11 Verg 7/14, NZBau 2015, 448, 449; OLG München, Beschl. v. 20.3.2014, Verg 17/13, NZBau 2014, 456, 458 m. w. N.; Beschl. v. 31.5.2012, Verg 4/12; BayObLG, Beschl. v. 1.7.2003, Verg 03/03; OLG Celle, Beschl. v. 5.9.2002, 13 Verg 9/02, VergabeR 2003, 91, 92; VÜA Brandenburg, Beschl. v. 9.5.1996, 1 VÜA 3/96; s. a. OLG Naumburg, Beschl. v. 6.12.2012, 2 Verg 5/12, VergabeR 2013, 438, 447 m. w. N.; a. A. OLG Naumburg, Beschl. v. 16.10.2007, 1 Verg 6/07.

44 OLG Düsseldorf, Beschl. v. 3.6.2009, Verg 7/09; Beschl. v. 26.7.2002, Verg 28/02, VergabeR 2003, 87; BayObLG, Beschl. v. 1.7.2003, Verg 03/03; s. a. OLG München, Beschl. v. 31.5.2012, Verg 4/12; vgl. § 162 Rn. 2: wie hier ebenfalls *Summa*, in: jurisPK-Vergaberecht, § 161 GWB Rn. 30 f.: a. A. OLG Naumburg, Beschl. v. 23.2.2012, 2 Verg 15/11, VergabeR 2012, 732, 735, wonach die **Vergabestelle** als Ag. im Nachprüfungsverfahren beteiligt werden kann, wenn mehrere Personen gemeinsam als öffentliche Auftraggeber beschaffen, eine zentrale Vergabestelle als Generalvertreter im Vergabeverfahren einsetzen und diese statt ihrer selbst im Nachprüfungsverfahren als Verfahrensbeteiligte auftreten lassen; ferner OLG Naumburg, Beschl. v. 16.10.2007, 1 Verg 6/07, wonach Ag. i. d. R. die als Vergabestelle nach außen in Erscheinung getretene Einrichtung und nicht der tatsächliche öffentliche Auftraggeber ist, soweit der Nachprüfungsantrag keine ent-

Behörde unklar ist. Es reicht aus, den Auftraggeber als Antragsgegner zu bezeichnen, wenn damit irgendeine **Individualisierbarkeit** verbunden ist.[45] Ist ein Nachprüfungsantrag gegen einen falschen Antragsgegner gerichtet, ist dies unschädlich, wenn sich aus dem Nachprüfungsantrag nach **Auslegung** eindeutig ergibt, gegen wen sich der Antrag in Wahrheit richtet.[46] Der Antragsgegner ist **amtswegig zu ermitteln**.[47] Unklare oder widersprüchliche Angaben zum Auftraggeber im Ausschreibungsverfahren gehen zu dessen Lasten.[48]

10 Bei falscher Bezeichnung des Antragsgegners dürfen die Vergabekammer oder der Senat von Amts wegen eine **Rubrumsberichtigung**[49] vornehmen, wenn entweder eine offensichtliche versehentliche Falschbezeichnung vorliegt oder im Wege einer ergänzenden Auslegung des Nachprüfungsantrags und dessen Begründung klar zu erkennen ist, wer als wahrer Adressat gemeint ist.[50] Einer Rubrumsberichtigung steht hingegen ein ausdrücklich erklärter abweichender Wille des Antragstellers im Rahmen seiner Dispositionsbefugnis entgegen.[51]

11 Bei der Vergabe von Bau- bzw. Instandsetzungsarbeiten an einer **Bundesautobahn** ist als öffentlicher Auftraggeber und Antragsgegner das jeweils betroffene Land anzusehen, nicht die Bundesrepublik Deutschland.[52] Besteht „der Auftraggeber" aus mehreren Auftraggebern, so sind alle Auftraggeber im Nachprüfungsantrag anzugeben, um deren unverzügliche Beteiligung am Nachprüfungsverfahren zu gewährleisten (**Antragsgegnermehrheit**).[53]

---

gegenstehenden Anhaltspunkte enthält; s. a. OLG Naumburg, Beschl. v. 6.12.2012, 2 Verg 5/12, VergabeR 2013, 438, 449. Anders ebenfalls *Behrens*, in: Müller-Wrede, GWB, § 161 Rn. 41, 43.

45 Vgl. OLG Celle, Beschl. v. 24.9.2014, 13 Verg 9/14, NZBau 2014, 784.

46 OLG Frankfurt a. M., Beschl. v. 2.12.2014, 11 Verg 7/14, NZBau 2015, 448, 449; OLG Celle, Beschl. v. 24.9.2014, 13 Verg 9/14, NZBau 2014, 784; OLG Rostock, Beschl. v. 9.10.2013, 17 Verg 6/13, VergabeR 2014, 442, 447; OLG Dresden, Beschl. v. 2.8.2011, Verg 4/11, NZBau 2011, 775, 776; VK Bund, Beschl. v. 6.7.2006, VK 3-54/06.

47 VK Hessen, Beschl. v. 12.8.2014, 69d VK-11/2014.

48 OLG München, Beschl. v. 20.3.2014, Verg 17/13, NZBau 2014, 456, 458 m. w. N. S. a. OLG Celle, Beschl. v. 24.9.2014, 13 Verg 9/14, ZfBR 2015, 199.

49 Ausführlich hierzu OLG Jena, Beschl. v. 26.9.2013, 9 Verg 4/13; VK Münster, Beschl. v. 26.1.2016, VK 1-44/15.

50 OLG Frankfurt a. M., Beschl. v. 2.12.2014, 11 Verg 7/14, NZBau 2015, 448, 449; OLG Celle, Beschl. v. 24.9.2014, 13 Verg 9/14, NZBau 2014, 784 (Auftraggeber in den Ausschreibungsunterlagen nicht ausdrücklich bezeichnet); Beschl. v. 8.11.2012, 13 Verg 7/12, VergabeR 2013, 455, 457 f.; OLG Naumburg, Beschl. v. 6.12.2012, 2 Verg 5/12, VergabeR 2013, 438, 449 f.; OLG Brandenburg, Beschl. v. 17.5.2011, Verg W 16/10; OLG München, Beschl. v. 25.3.2011, Verg 4/11, VergabeR 2011, 606, 608 (Vertretung des Auftraggebers in den Ausschreibungsunterlagen unzutreffend angegeben); VK Münster, Beschl. v. 26.1.2016, VK 1-44/15.

51 OLG Naumburg, Beschl. v. 6.12.2012, 2 Verg 5/12, VergabeR 2013, 438, 450; VK Sachsen-Anhalt, Beschl. v. 11.5.2012, 1 VK LSA 38/11; OLG Jena, Beschl. v. 26.9.2013, 9 Verg 4/13: Keine Berichtigung, wenn die Ast. zwar rechtsirrig, aber ihrem Willen entsprechend den Nachprüfungsantrag gegen die falsche Ag. gerichtet hat; in diesem Fall nur **Klageänderung** in Form eines Parteiwechsels bzw. **subjektive Antragserweiterung** bzw. -änderung möglich. Zur Abgrenzung zwischen Rubrumsberichtigung und Parteiwechsel durch „Klageerweiterung" s. VK Münster, Beschl. v. 26.1.2016, VK 1-44/15; s. a. § 160 Rn. 8.

52 BGH, Beschl. v. 20.3.2014, X ZB 18/13, ZfBR 2014, 607, 609 m. w. N.; OLG München, Beschl. v. 9.4.2015, Verg 1/15, NZBau 2015, 446.

53 OLG Naumburg, Beschl. v. 6.12.2012, 2 Verg 5/12, VergabeR 2013, 438, 448 f.

Nur der Auftraggeber kann Gegner des Nachprüfungsantrags sein und nur ihm gegenüber kann ein Vergabenachprüfungsverfahren durchgeführt werden.[54] Selbst wenn es wegen der Begriffswahl („Antragsgegner") möglich erscheint, dass dazu nicht nur der Auftraggeber, sondern auch ein **Konkurrent** (Bewerber, Anbieter) gehören kann, und daher nicht ausgeschlossen erscheint, dass sich das Verfahren auch gegen ihn als Antragsgegner richtet (s. a. § 54 Abs. 2 GWB und § 13 Abs. 1 VwVfG), nimmt ein Konkurrent in der Regel die Stellung eines Verfahrensbeteiligten (§ 162 GWB) ein. Allerdings können andere Verfahrensbeteiligte durchaus Adressaten einer Entscheidung der Vergabekammer gem. § 168 Abs. 1, 3 GWB sein[55] (vgl. § 169 Rn. 50). 12

Die Bezeichnung des Antragsgegners gehört zu den sog. **Muss-Angaben**, deren endgültige Verletzung zur Unzulässigkeit des Nachprüfungsantrags führt.[56] Ein **Wechsel** des Antragsgegners bzw. eine **Erweiterung** auf mehrere Antragsgegner entfaltet erst ab dem Zeitpunkt der Vornahme Wirksamkeit und wirkt nicht zurück, was zur Folge hat, dass die Wahrung einer Ausschlussfrist durch Einreichung eines Nachprüfungsantrags nur Wirkungen gegenüber demjenigen entfaltet, der nach dem Inhalt des Antrags Antragsgegner ist.[57] 13

c) Rechtsverletzung und Sachverhalt

Erforderlich ist ferner, die behauptete Rechtsverletzung zu beschreiben und eine Sachverhaltsdarstellung abzugeben. Die Anforderungen an diese Merkmale sind **nicht** zu **überspannen**.[58] Gemeint ist die Abgabe einer **bestimmten Begründung** für das verfolgte Begehren, nicht aber etwa im Sinne einer im Anwaltsprozess üblichen Kombination von Sachverhalt und rechtlicher Würdigung. Für die Vergabekammer muss nur – ggf. nach laienhafter Darstellung durch den Antragsteller – ansatzweise erkennbar sein, auf welchen Sachverhalt sich eine Entscheidung gem. § 168 GWB beziehen soll. Anspruchsvollere Darstellungen sind vom Antragsteller nicht zu erwarten, weil kein Anwaltszwang herrscht und die Vergabekammer den Sachverhalt von Amts wegen erforscht (§ 163 Abs. 1 GWB).[59] Zu beachten ist auch, dass die Sachverhaltsdarstellung an ihre **Grenzen** stößt, wenn es um Vergaberechtsverstöße geht, die sich – wie die Angebotswertung – in der Sphäre der Vergabestelle abspielen. In diesem Fall darf der Bieter, der in die vergaberechtlichen Vorgänge keinen Einblick hat, im Vergabenachprüfungsverfahren behaupten, was er auf der Grundlage seines oft beschränkten Informationsstandes redlicher Weise für wahrscheinlich und möglich halten darf.[60] Zur Not muss die Vergabekammer in diesem Rahmen eine **Klar-** oder **Richtigstellung anregen**, einen **Hinweis** geben oder eine **Auflage** zur 14

---

54 OLG Düsseldorf, Beschl. v. 3.6.2009, VII-Verg 7/09 m. w. N.; s. o. Rn. 9.

55 Vgl. OLG Düsseldorf, Beschl. v. 22.10.2008, I-27 U 2/08, VergabeR 2009, 176, 178; Beschl. v. 30.4.2008, VII-Verg 23/08, VergabeR 2008, 835, 838.

56 OLG Naumburg, Beschl. v. 6.12.2012, 2 Verg 5/12, VergabeR 2013, 438, 448 f., 453 mit ausführlicher Begründung; a. A. OLG Jena, Beschl. v. 26.9.2013, 9 Verg 4/13 u. VK Südbayern, Beschl. v. 9.10.2013, Z3-3-3194-1-27-08/13, wonach die Frage des richtigen Ag. materiell-rechtlicher Art und im Rahmen der Begründetheitsprüfung zu klären ist: bei Fehlen der Passivlegitimation sei der Nachprüfungsantrag unbegründet.

57 OLG Jena, Beschl. v. 26.9.2013, 9 Verg 4/13; OLG Naumburg, Beschl. v. 6.12.2012, 2 Verg 5/12, VergabeR 2013, 438, 451; vgl. BayObLG, Beschl. v. 1.7.2003, Verg 3/03.

58 S. a. OLG Jena, Beschl. v. 24.2.2016, 2 Verg 1/16.

59 S. a. OLG Saarbrücken, Beschl. v. 18.5.2016, 1 Verg 1/16.

60 OLG Brandenburg, Beschl. v. 29.5.2012, Verg W 5/12, ZfBG 2012, 615, 616; OLG Düsseldorf, Beschl. v. 13.4.2011, Verg 58/10, ZfBR 2011, 508, 511 m. w. N.

Nachbesserung erteilen bzw. Gelegenheit zur kurzfristigen **Abhilfe** einräumen.[61] Die damit verbundene Pflicht zur Mitwirkung folgt aus § 167 Abs. 2 GWB.

d) Beweismittel

15 Der Antragsteller muss die für ihn verfügbaren, d.h. bekannten **Beweismittel** benennen. Der Begriff des Beweismittels ist identisch mit dem in § 26 VwVfG verwendeten Begriff. Danach werden dieselben Beweismittel wie im gerichtlichen Verfahren zugelassen. Darüber hinaus gilt der Grundsatz des Freibeweises. Anders als ein Gericht ist die Vergabekammer nicht an einen abschließenden Katalog von Beweismitteln gebunden.[62] Zulässig sind daher auch die praktisch bedeutsamen **eidesstattlichen Versicherungen**. Die Beweismittel (Urkunden) sind nicht mit dem Antrag vorzulegen, obwohl sich das aus Gründen der Verfahrensökonomie empfiehlt.[63] Neben den von dem Antragsteller benannten Beweismitteln bedient sich die Vergabekammer im Rahmen des Untersuchungsgrundsatzes aller anderen Beweismittel, die sie nach pflichtgemäßem Ermessen zur Ermittlung des Sachverhalts für erforderlich hält (§ 26 Abs. 1 VwVfG).

e) Rüge

16 In der Begründung muss schließlich auch eine Angabe über die erfolgte **Rüge** gegenüber dem Auftraggeber (§ 160 Abs. 3 GWB) oder ggf. über den **Wegfall** der Rügeobliegenheit[64] (§ 160 Rn. 115 ff.) enthalten sein. Obwohl nach dem Gesetz eine „Darlegung" ausreicht, sollte zur Sicherheit auch das entsprechende Beweismittel (Rügeschreiben) benannt und beigefügt werden. Das wird von einigen Vergabekammern zur Überprüfung der materiellen Erfüllung der Rügeobliegenheit verlangt.[65] Zur Darlegungs- und Beweislast hinsichtlich der Erfüllung der Rügeobliegenheit s. ausführlich § 160 Rn. 126 f.).

f) Sonstige Beteiligte

17 Die Begründung soll die **sonstigen Beteiligten** benennen (**Abs. 2 Hs. 2**). Gemeint sind die anderen Bewerber bzw. Anbieter. Das dient dazu, so schnell wie möglich die Beiladung gem. § 162 GWB zu ermöglichen und die Interessen der anderen Beteiligten schon früh einzubeziehen.[66] Auch an die Benennung der Beteiligten dürfen keine zu hohen Anforderungen gestellt werden. Es ist für einen Antragsteller regelmäßig schwierig oder unmöglich, die anderen Beteiligten überhaupt zu identifizieren. Mit der Benennung ist im Übrigen allenfalls die personelle Bezeichnung, nicht aber die Angabe von Wohn-/Geschäftssitz gemeint.

---

61 Ausführlich OLG Jena, Beschl. v. 23.1.2003, 6 Verg 11/02, NZBau 2003, 639, 640; VÜA Nordrhein-Westfalen, Beschl. v. 4.2.1999, 424-84-41-30/99; VÜA Hessen, Beschl. v. 21.5.1999, VÜA 7/99; s. a. *Ramsauer*, in: Kopp/Ramsauer, VwVfG, § 22 Rn. 62, 64, 67.

62 *Ramsauer*, in: Kopp/Ramsauer, VwVfG, § 26 Rn. 9.

63 Siehe hierzu VK Lüneburg, Beschl. v. 1.2.2016, VgK-51/2015, wonach ein Beweismittel erst dann benannt ist, wenn eine Urkunde vorgelegt oder der Zeuge namentlich mit ladungsfähiger Anschrift benannt wird.

64 Vgl. VK Baden-Württemberg, Beschl. v. 6.4.2010, 1 VK 19/10; Beschl. v. 1.4.2010, 1 VK 13/10; Beschl. v. 25.5.2009, 1 VK 25/09.

65 VK Hessen, Beschl. v. 11.8.1999, VK 1/99; a. A. VK Düsseldorf, Beschl. v. 24.8.1999, VK-11/99 – B.

66 Amtl. Begr. zum RegE, BT-Drs. 13/9340, S. 18 zu § 118 GWB-E VgRÄG.

§ 162 Verfahrensbeteiligte, Beiladung

Verfahrensbeteiligte sind der Antragsteller, der Auftraggeber und die Unternehmen, deren Interessen durch die Entscheidung schwerwiegend berührt werden und die deswegen von der Vergabekammer beigeladen worden sind. Die Entscheidung über die Beiladung ist unanfechtbar.

Schrifttum: *Burgi/Dreher*, Beck'scher Vergaberechtskommentar, 3. Aufl. 2017; *Dreher/Motzke*, Beck'scher Vergaberechtskommentar, 2. Aufl. 2013; *Heiermann/Zeiss/Summa*, juris PraxisKommentar Vergaberecht, 5. Aufl. 2016, Stand 10.1.2017; *Immenga/Mestmäcker*, Wettbewerbsrecht, Band 2. GWB/Teil 2, Kommentar zum Deutschen Kartellrecht, 5. Aufl. 2014; *Kopp/Ramsauer*, Verwaltungsverfahrensgesetz: VwVfG, Kommentar, 18. Aufl. 2017; *Kulartz/Kus/Portz/Prieß*, Kommentar zum GWB-Vergaberecht, 4. Aufl. 2016; *Motzke/Pietzcker/Prieß*, Beck'scher VOB-Kommentar, Verdingungsordnung für Bauleistungen Teil A, 2001; *Müller-Wrede*, GWB Vergaberecht, Kommentar, 2016; *Reidt/Stickler/Glahs*, Vergaberecht, Kommentar, 4. Aufl. 2018; *Willenbruch/Bischoff*, Vergaberecht KompaktKommentar, 2008; *Ziekow/Völlink*, Vergaberecht, 3. Aufl. 2018.

Übersicht

I. Allgemeines

§ 162 GWB entspricht dem bisherigen § 109 GWB a. F.[1] Mit der Vorschrift wird die Verfahrensbeteiligung geregelt, die verfassungsrechtlich abgesichert ist.[2] 1

1. Verfahrensbeteiligte, Mehrheit von Beteiligten

Selbstverständlich ist, dass der **Antragsteller** und der **Auftraggeber** verfahrensbeteiligt sind (sog. „geborene" Verfahrensbeteiligte[3]). Der Auftraggeber ist als Hauptbeteiligter des Nachprüfungsverfahrens zwingend am Verfahren zu beteiligen.[4] Besteht „der Auftraggeber" aus mehreren juristischen Personen, die materiell-rechtlich untrennbar berechtigt und verpflichtet werden, so ist nur die Gemeinschaft als eine einzige Person notwendiger Hauptbeteiligter des Nachprüfungsverfahrens (**Auftraggebergemeinschaft**).[5] Die Grund- 2

1 Amtl. Begr., BT-Drs. 18/6281, S. 135 zu § 162 GWB-E VergRModG.

2 Vgl. *Ramsauer*, in: Kopp/Ramsauer, VwVfG, § 13 Rn. 3.

3 *Summa*, in: jurisPK-Vergaberecht, § 162 GWB Rn. 1.

4 OLG Naumburg, Beschl. v. 6.12.2012, 2 Verg 5/12, VergabeR 2013, 438, 446.

5 OLG Naumburg, Beschl. v. 6.12.2012, 2 Verg 5/12, VergabeR 2013, 438, 446 f.: z. T. als Verband, Konsortium, Zusammenschluss nach öffentlichem Recht (durch Kooperations- oder Verwaltungsvereinbarung) o. nach privatem Recht (i. S. einer gesellschaftsrechtlichen Verbindung) beschrieben; auch nach Unionsrecht als „ein öffentlicher Auftraggeber" behandelt.

sätze des Prozessrechts über die sog. notwendige Streitgenossenschaft nach § 64 VwGO bzw. nach § 62 ZPO sind auch im vergaberechtlichen Nachprüfungsverfahren vor der Vergabekammer entsprechend anwendbar.[6] Die Verwendung der Einzahl bei der Bezeichnung von bestimmten Verfahrensbeteiligten in den prozessualen Vorschriften des 4. Teils des GWB schließt deren Anwendung auf eine **Mehrzahl** von Antragstellern, Auftraggebern bzw. Beigeladenen nicht aus.[7] Eine **Vergabestelle** hingegen ist als „Dritter" nicht am Nachprüfungsverfahren beteiligt.[8]

2. Wirkung der Beiladung

3 Weitere Verfahrensbeteiligte können durch Beiladung bestimmt werden (sog. „gekorene" Verfahrensbeteiligte[9]). Wie im Verwaltungsverfahrens- und Kartellverwaltungsverfahrensrecht muss zwischen einfacher[10] und notwendiger[11] Beiladung unterschieden werden.[12] Durch die Beiladung werden zusätzliche Unternehmen (vgl. § 97 Abs. 6 GWB) in das Nachprüfungsverfahren einbezogen, um ihnen einerseits die Wahrung ihrer Rechte und Interessen zu ermöglichen und andererseits die **Bindungswirkung** der Entscheidung der Vergabekammer auf sie zu **erstrecken**.[13] Durch die Beiladung erhält der Beigeladene – in abhängiger Stellung von dem Antragsteller – die Rechtsstellung eines Verfahrensbeteiligten, verfügt also über **eigene Verfahrensrechte**, d.h. über alle Angriffs- und Verteidigungsrechte wie der Antragsteller (z.B. Einsichtnahme in die Vergabeakten und Abgabe rechtlicher Stellungnahmen).[14] Der **Streitstoff** wird allerdings begrenzt durch den Nachprüfungsantrag des Antragstellers, über dessen Grenzen der Beigeladene nicht hinausgehen darf, da dies bei einer materiellen Betrachtung auf die Stellung eines eigenen Nachprüfungsantrags im Rahmen der Beiladung hinausliefe.[15] Nach dem **gesetzlichen Leitbild** besteht zwischen Antragsteller und Beigeladenem ein natürlicher Interessengegensatz mit der Folge, dass der Beigeladene **i.d.R.** eine **Rechtsverteidigung gegen** den **Antragsteller** betreibt.[16] Üblicherweise ist ein beigeladenes Unternehmen am Erhalt seines Zuschlags interessiert und stellt sich daher auf die Seite des Auftraggebers – allerdings existiert kein Rechtssatz dahin, dass dies zwingend erforderlich wäre, und kein Verbot dahin, das Anliegen des Antragstellers zu unterstützen, sodass der Beigeladene nach zutreffender Ansicht

---

6 OLG Naumburg, Beschl. v. 6.12.2012, 2 Verg 5/12, VergabeR 2013, 438, 447 m.w.N. S.a. OLG München, Beschl. v. 21.5.2010, Verg 02/10, ZfBR 2010, 606, 612: keine notwendige Streitgenossenschaft bei Beigeladenen in einem Nachprüfungsverfahren über mehrere **Lose**.

7 OLG Naumburg, Beschl. v. 6.12.2012, 2 Verg 5/12, VergabeR 2013, 438, 446f.

8 2. VK Bund, Beschl. v. 28.5.2014, VK 2-35/14, ZfBR 2014, 614, 616 m.w.N.; s. § 161 Rn. 9; A.A. OLG Naumburg, Beschl. v. 6.12.2012, 2 Verg 5/12, VergabeR 2013, 438, 449; Beschl. v. 23.2.2012, 2 Verg 15/11, VergabeR 2012, 732, 735; Beschl. v. 16.10.2007, 1 Verg 6/07; *Behrens*, in: Müller-Wrede, GWB, § 161 Rn. 41, 43.

9 *Summa*, in: jurisPK-Vergaberecht, § 162 GWB Rn. 1.

10 Vgl. *Ramsauer*, in: Kopp/Ramsauer, VwVfG, § 13 Rn. 34ff.

11 Vgl. *Ramsauer*, in: Kopp/Ramsauer, VwVfG, § 13 Rn. 39ff.

12 A.A. *Gaus*, in: Müller-Wrede, GWB, § 162 Rn. 34.

13 *Ramsauer*, in: Kopp/Ramsauer, VwVfG, § 13 Rn. 27; VK Münster, Beschl. v. 13.3.2012, VK 2/12; vgl. auch VK Sachsen-Anhalt, Beschl. v. 8.9.1999, VK Hal 17/99.

14 Amtl. Begr., BT-Drs. 13/9340, S. 18 zu § 119 GWB-E VgRÄG; VK Münster, Beschl. v. 13.3.2012, VK 2/12.

15 VK Bund, Beschl. v. 1.2.2011, VK 3-126/10.

16 VK Bund, Beschl. v. 1.2.2011, VK 3-126/10.

grds. **frei** ist, sich in der Sache einzulassen, wie er dies für richtig hält.[17] Ein Unternehmen kann nicht auf die Stellung als Beigeladener **verzichten**, weil die Beiladung nicht anfechtbar ist und die damit eintretende Bindungswirkung von der Vergabekammer aufgrund des Beschleunigungsgrundsatzes in einem Nachprüfungsverfahren gerade gewollt ist.[18]

3. Entscheidung über die Beiladung, Anfechtbarkeit, Aufhebung

Nach dem Wortlaut steht die Beiladung, die sowohl auf Antrag als auch von Amts wegen erfolgen kann, im Ermessen der **Vergabekammer** (vgl. § 54 Abs. 2 Nr. 3 GWB und § 13 Abs. 2 VwVfG).[19] Die **Entscheidung über die Beiladung** erfolgt durch einen verfahrensrechtlichen Verwaltungsakt,[20] der gem. **Satz 2 nicht gesondert anfechtbar** ist. Der Ausschluss der Anfechtbarkeit betrifft nicht lediglich **positive** Entscheidungen über die Beiladung, sondern auch solche, in denen ein Beiladungsgesuch **abgelehnt** wird.[21] Damit soll der Verfahrensbeschleunigung Rechnung getragen werden.[22] Ein anderes Verständnis des Satzes 2 ist auch nicht im Hinblick auf die Rechtsschutzgarantie des Art. 19 Abs. 4 GG geboten, da die unterlassene Beiladung gerade nicht dazu führt, dass das gesamte Nachprüfungsverfahren an dem nicht beigeladenen Unternehmen vorbei geht.[23] Denn zum einen dürfte in ergänzender Auslegung des § 171 Abs. 1 Satz 2 GWB auch demjenigen – ausnahmsweise – die Möglichkeit einer **sofortigen Beschwerde** gegen die Entscheidung der Vergabekammer **in der Hauptsache** einzuräumen sein, dessen Interessen durch diese Entscheidung schwerwiegend berührt werden und dessen Antrag auf Beiladung von der Verga- 4

---

17 VK Bund, Beschl. v. 1.2.2011, VK 3-126/10: Verstoß gegen das gesetzliche Leitbild bei **Rechtsverfolgung gegenüber** dem **Auftraggeber**, der im Rahmen der Kostenentscheidung berücksichtigt werde. S. auch OLG Düsseldorf, Beschl. v. 2.5.2011, Verg 18/11 m. w. N.: I. d. R. **unterstütze** der Beigeladene den **Auftraggeber**, allerdings sei dies **nicht zwingend**. Die Beiladung solle es dem betreffenden Unternehmen ermöglichen, seine Auffassung zum Vergabeverfahren vorzutragen. Er habe damit nicht zwangsweise die Wahl lediglich zwischen einer Teilnahme am Nachprüfungsverfahren und Unterstützung der Vergabestelle einerseits und Absehen von einer derartigen Teilnahme andererseits. Auch ein Dritter, dem der Streit verkündet werde, brauche nicht dem Streitverkünder beizutreten, sondern könne – an sich **„rollenwidrig“** – mit den entsprechenden Kostenfolgen des § 101 ZPO dem Gegner des Streitverkünders beitreten. **A. A.** KG, Beschl. v. 10.10.2016, Verg 16/15 m. w. N., wonach keine Beiladung erfolge bzw. eine beschlossene Beiladung aufzuheben sei, wenn der Beigeladene ein mit dem **Antragsteller gleichgerichtetes Interesse** verfolgt. Kritisch auch *Reidt*, in: Reidt/Stickler/Glahs, Vergaberecht, § 162 Rn. 13, wonach Unternehmen, die ein gleiches Interesse wie der Antragsteller verfolgen, i. d. R. nicht zwingend beizuladen seien.

18 VK Münster, Beschl. v. 13.3.2012, VK 2/12. So ebenfalls *Reidt*, in: Reidt/Stickler/Glahs, Vergaberecht, § 162 Rn. 33.

19 VK Schleswig-Holstein, Beschl. v. 20.4.2010, VK-SH 03/10; BayObLG, Beschl. v. 21.5.1999, Verg 1/99, WuW/E Verg 239; a. A. *Dittmann*, in: Kulartz/Kus/Portz/Prieß, GWB, § 162 Rn. 21, wonach die Beiladung gem. § 162 GWB stets eine notwendige u. damit zwingend sei.

20 OLG Schleswig, Beschl. v. 13.2.2001, 6 Verg 1/2001, VergabeR 2001, 214, 216; *Ramsauer*, in: Kopp/Ramsauer, VwVfG, § 13 Rn. 28.

21 Ausführlich OLG Karlsruhe, Beschl. v. 25.11.2008, 15 Verg 13/08; OLG Frankfurt a. M., Beschl. v. 28.6.2005, 11 Verg 9/05, VergabeR 2006, 144; ebenso *Horn/Hofmann*, in: Burgi/Dreher, Vergaberecht, § 162 GWB Rn. 27; *Herlemann/Thiele*, in: Dreher/Motzke, Vergaberecht, § 109 GWB Rn. 10; a. A. noch *Gröning*, in: Motzke/Pietzcker/Prieß, VOB, § 109 GWB Rn. 50.

22 Amtl. Begr., BT-Drs. 13/9340, S. 18 zu § 119 GWB-E VgRÄG.

23 OLG Karlsruhe, Beschl. v. 25.11.2008, 15 Verg 13/08.

bekammer zu Unrecht zurückgewiesen worden ist.[24] Und zum anderen ist der im Verfahren vor der Vergabekammer zu Unrecht nicht Beigeladene jedenfalls im **Beschwerdeverfahren** analog § 162 GWB **beizuladen** (Rn. 5, s. a. Rn. 6).[25] In der Praxis dürfte sich die Überlegung, sofortige Beschwerde in der Hauptsache einzulegen, für den zu Unrecht nicht Beigeladenen erst dann stellen, wenn kein anderer Beteiligter sofortige Beschwerde eingelegt hat. Ist Letzteres allerdings der Fall, wird ein zu Unrecht nicht Beigeladener, auch aus Kostengründen, in der Regel keine eigene sofortige Beschwerde einlegen, sondern im Rahmen der bereits von einer anderen Partei eingelegten sofortigen Beschwerde beantragen, im Beschwerdeverfahren beigeladen zu werden.

5 Unter den tatbestandlichen Voraussetzungen des § 162 GWB kann nämlich auch das **Beschwerdegericht** ein Unternehmen zum Beschwerdeverfahren **(erstmals) beiladen**, und zwar nicht nur in den Fällen, in denen die Vergabekammer die rechtlich gebotene Beiladung unterlassen hatte, sondern auch in den Fällen, in denen die Beiladung zu Unrecht ausdrücklich abgelehnt wurde.[26] Dies begründet sich damit, dass die Entscheidung der Vergabekammer über die Beiladung, wie oben dargelegt, gem. Satz 2 unanfechtbar ist. Das nicht beigeladene Unternehmen kann seine Rechte grundsätzlich nicht im Beschwerdewege geltend machen, denn nach dem Wortlaut des § 171 Abs. 1 Satz 2 GWB wäre es nicht beschwerdebefugt (zur Ausnahme s. o. Rn. 4). Eine im Vergabekammerverfahren fehlerhaft unterbliebene Beiladung könnte deshalb zu dem Ergebnis führen, dass das gesamte Nachprüfungsverfahren an einem Unternehmen vorbei geht, obschon dessen Interessen durch die Entscheidung schwerwiegend berührt werden. Ein solches Ergebnis ist nicht nur nach allgemeinem Rechtsempfinden unerträglich, sondern widerspricht auch den mit der Neufassung des Vergaberechts verfolgten Absichten des Gesetzgebers, effektiven Rechtsschutz auf Einhaltung der vergaberechtlichen Bestimmungen zu gewährleisten. Vor diesem Hintergrund und zur Verwirklichung des Anspruchs auf rechtliches Gehör aus Art. 19 Abs. 4 GG[27] ist es geboten, in entsprechender Anwendung der §§ 174, 162 GWB dem Beschwerdegericht die Befugnis zuzuerkennen, im Beschwerdeverfahren die bis dahin unterbliebene bzw. von der Vergabekammer abgelehnte Beiladung von Unternehmen nachzuholen.[28] Eine eigene Beiladungsentscheidung des Beschwerdegerichts „zwischen den Instanzen", d. h. noch vor Abschluss des Nachprüfungsverfahrens vor der Vergabekammer, ist allerdings unzulässig.[29]

---

24 Vgl. OLG Karlsruhe, Beschl. v. 25.11.2008, 15 Verg 13/08 unter Verweis auf eine kartellrechtliche Entscheidung des BGH, Beschl. v. 7.11.2006, KVR 37/05, NJW 2007, 607, 608: Dem Beiladungspetenten, der zwar die subjektiven Voraussetzungen der Beiladung erfüllt, dessen Antrag aber aus Gründen der Verfahrensökonomie abgelehnt worden ist, steht in ergänzender Auslegung des § 63 Abs. 2 GWB (a. F., vgl. § 63 Abs. 2 Satz 1 GWB n. F.) gegen die Hauptsacheentscheidung – wenn er durch sie unmittelbar und individuell betroffen ist – ein Beschwerderecht zu; s. a. VK Bund, Beschl. v. 13.8.2010, VK 3-84/10; a. A. *Dittmann*, in: Kulartz/Kus/Portz/Prieß, GWB, § 162 Rn. 29 Fn. 26; *Tahal*, in: Willenbruch/Bischoff, Vergaberecht, § 109 GWB Rn. 24 m. w. N.

25 KG, Beschl. v. 18.10.2012, Verg 8/11 m. w. N.; OLG Karlsruhe, Beschl. v. 25.11.2008, 15 Verg 13/08; VK Bund, Beschl. v. 13.8.2010, VK 3-84/10.

26 OLG Düsseldorf, Beschl. v. 22.11.2017, VII-Verg 40/17 m. w. N.; Beschl. v. 13.2.2007, VII-Verg 2/07, VergabeR 2007, 406, 407 m. w. N.; Beschl. v. 26.6.2002, Verg 24/02, VergabeR 2002, 671, 672; Beschl. v. 13.11.2000, Verg 14/02, VergabeR 2001, 59 = WuW/E Verg 402; OLG Naumburg, Beschl. v. 9.12.2004, 1 Verg 21/04; OLG Rostock, Beschl. v. 20.9.2000, 17 W 12/00.

27 Vgl. KG, Beschl. v. 18.10.2012, Verg 8/11.

28 S. a. *Byok/Goodarzi*, WuW 2004, 1024, 1026.

29 OLG Frankfurt a. M., Beschl. v. 28.6.2005, 11 Verg 9/05, VergabeR 2006, 144.

Eine analoge Anwendung des § 44a Satz 2 VwGO, d. h. eine **selbstständige Anfechtbarkeit** (vgl. § 165 Rn. 22) der Entscheidung über die Beiladung, kommt in Anbetracht der ausdrücklichen Regelung in Satz 2 hingegen grundsätzlich nicht in Betracht.[30] Aufgrund dieser gesetzlichen Vorschrift stellt sich die Frage, ob der Beiladungsbeschluss rechtmäßig, vertretbar oder nur „einfach rechtswidrig" ist, nicht.[31] Im Einzelfall ist jedoch zu prüfen, ob nicht ausnahmsweise ein Beiladungsbeschluss als nichtig wegen „greifbarer Gesetzwidrigkeit" angefochten werden kann (vgl. auch § 163 Rn. 33 f.).[32] 6

Die **Entscheidung** der Vergabekammer ist zwar unanfechtbar, kann aber von der Vergabekammer selbst geändert oder **aufgehoben** bzw. **widerrufen** werden.[33] Da es sich bei der Entscheidung über die Beiladung um einen verfahrensrechtlichen Verwaltungsakt handelt (Rn. 4), kommt als Rechtsgrundlage für seine Aufhebung die Vorschrift des § 49 Abs. 2 VwVfG in Betracht. Entfallen die Voraussetzungen einer Beiladung gem. § 162 GWB, wird diese aufgehoben.[34] Stellt die Vergabekammer beispielsweise nachträglich fest, dass der Antragsteller eines Nachprüfungsverfahrens lediglich beabsichtigt, die Zuschlagserteilung an einen der Beigeladenen zu verhindern, die Zuschlagserteilung an weitere beigeladene Bieter und das Vergabeverfahren als solches hingegen nicht angefochten werden sollen, erfasst das Nachprüfungsverfahren nicht die Zuschlagsentscheidung zugunsten der weiteren Beigeladenen. Da deren Interessen also durch die Entscheidung nicht schwerwiegend berührt werden und es somit an der Voraussetzung des Satzes 1 fehlt, kann die Vergabekammer ihre Beiladung wieder aufheben.[35] Die Entscheidung, den Beiladungsbeschluss aufzuheben, ist **unanfechtbar**; der Ausschluss der Anfechtbarkeit gem. Satz 2 betrifft nämlich nicht nur positive und negative Entscheidungen über die Beiladung (Rn. 4), sondern auch aufhebende.[36] Eine aufgehobene Beiladung führt indes nicht dazu, dass ein Bieter, dessen Rechte durch die Entscheidung der Vergabekammer schwerwiegend beeinträchtigt würden, im Nachprüfungsverfahren schutzlos gestellt ist: Auch in diesem Fall wird – **ausnahmsweise** – die Möglichkeit einer sofortigen Beschwerde gegen die Hauptsacheentscheidung der Vergabekammer **analog § 171 Abs. 1 Satz 2 GWB** oder eine Beiladung im zweitinstanzlichen Beschwerdeverfahren **analog § 162 GWB** als statthaft angesehen (s. a. Rn. 4).[37] 7

4. Zeitpunkt

Die Beiladung kann **in jeder Phase** des Nachprüfungsverfahrens, auch noch nach Gestattung der Zuschlagserteilung gem. § 169 GWB, erfolgen. Grds. (zur Ausnahme s. Rn. 5) 8

30 Vgl. OLG Karlsruhe, Beschl. v. 25.11.2008, 15 Verg 13/08.

31 OLG Dresden, Beschl. v. 13.7.2000, WVerg 0003/00.

32 Offen gelassen von OLG Frankfurt a. M., Beschl. v. 28.6.2005, 11 Verg 9/05, VergabeR 2006, 144, und OLG Dresden, Beschl. v. 13.7.2000, WVerg 0003/00.

33 Vgl. *Dittmann*, in: Kulartz/Kus/Portz/Prieß, GWB, § 162 Rn. 22; *Gaus*, in: Müller-Wrede, GWB, § 162 Rn. 48 ff.; *Tahal*, in: Willenbruch/Bischoff, Vergaberecht, § 109 GWB Rn. 20.

34 S. KG, Beschl. v. 10.10.2016, Verg 16/15 – i. E. jedoch unzutreffend damit begründet, dass der Beigeladene ein mit dem Antragsteller gleichgerichtetes Interesse verfolgte (Rn. 3). A. A., d. h. dem KG folgend *Summa*, in: jurisPK-Vergaberecht, § 162 GWB Rn. 8.1.

35 Vgl. VK Bund, Beschl. v. 13.8.2010, VK 3-84/10.

36 Vgl. VK Bund, Beschl. v. 13.8.2010, VK 3-84/10. Ebenso wohl auch *Gaus*, in: Müller-Wrede, GWB, § 162 Rn. 56; a. A. *Horn/Hofmann*, in: Burgi/Dreher, Vergaberecht, § 162 GWB Rn. 27.

37 VK Bund, Beschl. v. 13.8.2010, VK 3-84/10.

sollte die Beiladung jedoch möglichst zeitnah bzw. so rechtzeitig erfolgen, dass eine realistische Möglichkeit besteht, innerhalb eines ausreichenden Zeitrahmens (vgl. § 167 Abs. 1 GWB) gem. § 165 Abs. 1 GWB Akteneinsicht zu nehmen und gem. § 166 Abs. 1 Satz 2 GWB eine Stellungnahme abzugeben[38] (s. Rn. 3).[39]

II. Beiladungsformen

1. Einfache Beiladung

9 Voraussetzung für die einfache Beiladung ist eine **schwerwiegende Berührung** von Interessen des beizuladenden Unternehmens. Diese schwerwiegende Berührung ist mehr als die einfache Berührung i. S. v. § 13 Abs. 2 Satz 1 VwVfG oder die erhebliche Berührung i. S. v. § 54 Abs. 2 Nr. 3 GWB. Mit dem Begriff der „schwerwiegenden" Interessenberührung hat der Gesetzgeber ein qualitatives Tatbestandselement normiert.[40] Es ist verwirklicht, wenn durch den Gegenstand des Nachprüfungsverfahrens (oder durch die Entscheidung der Vergabekammer) unter Berücksichtigung der Stellung des betreffenden Unternehmens im Vergabeverfahren dessen **rechtliche** oder **wirtschaftliche Belange** in **besonderer Weise betroffen** sind.[41] Ob diese Voraussetzung erfüllt ist, ist stets eine Frage des Einzelfalls.[42]

10 Schwerwiegend berührt durch die Entscheidung der Vergabekammer können ggf. alle Interessenten oder Teilnehmer des Vergabeverfahrens sein. Der **Kreis** der schwerwiegend berührten Unternehmen ist je nach den Umständen des **Einzelfalls** und dem **Stand des Vergabeverfahrens** zu beurteilen. Gegen Ende des Vergabeverfahrens dürfte der Kreis immer enger zu ziehen sein. Eine schwerwiegende Interessenberührung liegt vor, wenn sich die Position des Beizuladenden im Vergabeverfahren durch den Ausgang des Verfahrens verändern kann und damit seine **Aussichten sinken**, den Auftrag zu erhalten.[43] Dabei genügt es, dass die **Entscheidung im Nachprüfungsverfahren** – ohne Berücksichtigung der Erfolgsaussichten im Einzelfall – **abstrakt geeignet**[44] ist, die beabsichtigte Zuschlagsentscheidung auf das Angebot eines betroffenen Unternehmens zu verhindern.[45]

11 In jedem Fall schwerwiegend berührt werden daher die Unternehmen, deren Angebote nach der internen Bewertung durch den Auftraggeber **vor** dem **Angebot** des das Nachprüfungsverfahren betreibenden **Antragstellers rangieren** oder bereits für die **Zuschlagsentscheidung ausgewählt** wurden.[46] Nach dem Willen des Gesetzgebers werden in der Praxis

38 OLG Schleswig, Beschl. v. 15.4.2014, 1 Verg 4/13, VergabeR 2014, 717, 722: Ein Zeitraum von zwei Wochen zwischen Beiladung und Vortrag zum Nachprüfungsantrag sei ausreichend.

39 Ausführlich zum Zeitpunkt der Beiladung sowie einem üblichen Zeitplan eines Nachprüfungsverfahrens vor einer Vergabekammer *Gaus*, in: Müller-Wrede, GWB, § 162 Rn. 38 ff.

40 OLG Düsseldorf, Beschl. v. 26.6.2002, Verg 24/02, VergabeR 2002, 671, 673.

41 OLG Düsseldorf, Beschl. v. 26.6.2002, Verg 24/02, VergabeR 2002, 671, 673; KG, Beschl. v. 10.10.2016, Verg 16/15: Verletzung von Rechten oder negatives Betroffensein von zumindest wirtschaftlichen Belangen des Beizuladenden.

42 OLG Düsseldorf, Beschl. v. 26.6.2002, Verg 24/02, VergabeR 2002, 671, 673.

43 OLG Düsseldorf, Beschl. v. 22.11.2017, VII-Verg 40/17.

44 A. A. *Gaus*, in: Müller-Wrede, GWB, § 162 Rn. 24.

45 OLG Düsseldorf, Beschl. v. 22.11.2017, VII-Verg 40/17.

46 OLG Düsseldorf, Beschl. v. 22.11.2017, VII-Verg 40/17.

z. B. die Unternehmen beizuladen sein, deren Angebote in die **engere Wahl** kommen, insbesondere dann, wenn ihre Angebote nach einer bereits vorliegenden Wertung des Auftraggebers dem Angebot des Antragstellers vorgehen.[47]

Eine schwerwiegende Interessenberührung setzt indessen **nicht** voraus, dass die **Zuschlagsentscheidung** bereits **getroffen** ist.[48] Eine solche Sichtweise hätte zur Folge, dass entgegen dem klaren Gesetzeswortlaut auch derjenige Mitbieter nicht beigeladen würde, dem der Zuschlag aufgrund des bisherigen Vergabeverfahrens zu erteilen wäre und dessen Interessen deshalb in jedem Fall schwerwiegend berührt sind.[49] Dieses Ergebnis ist nicht nur mit dem in § 162 Satz 1 GWB konkretisierten Grundsatz effektiven Rechtsschutzes unvereinbar, sondern widerspricht auch dem Willen des historischen Gesetzgebers: In der Amtlichen Begründung zum RegE des VgRÄG findet sich als Voraussetzung einer Beiladung nicht, dass sich die Auswahl bereits auf einen Zuschlagsprätendenten reduziert haben muss.[50] 12

Ist das Vergabeverfahren noch nicht so weit fortgeschritten, dass konkrete Aussagen über die Zuschlagschancen getroffen werden können, ist der Kreis der für eine schwerwiegende Interessenberührung in Betracht kommenden Bieter u. U. weiter zu ziehen.[51] So können bei einem **Verhandlungsverfahren mit vorgeschaltetem Teilnahmewettbewerb** durch die Entscheidung über den Nachprüfungsantrag solche Bewerber in ihren wirtschaftlichen Interessen schwerwiegend berührt sein, die der öffentliche Auftraggeber **ausgewählt** und **zur Abgabe eines Angebots aufgefordert** hat.[52] 13

Geht es um eine Neuvornahme der Angebotswertung nach Maßgabe bestimmter Kriterien, sind die Interessen all derjenigen Bieter „schwerwiegend" berührt, die schon nach der bisherigen Wertung der Angebote zum engeren Kreis der Kandidaten für den Zuschlag zählen oder die aufgrund der festgelegten Wertungskriterien erstmals oder nicht mehr für einen Zuschlag in Betracht kommen.[53] Steht die Aufhebung des Vergabeverfahrens in Rede, sind diejenigen Unternehmen „schwerwiegend" in ihren Interessen berührt, die bereits bislang zum engeren Kreis der Bieter gehörten, sowie ferner die Firmen, die im Fall einer Neuausschreibung jetzt neu oder nicht mehr zum Kreis der aussichtsreichen Bieter zählen würden.[54] 14

Eine Beiladung kommt nicht in Betracht, wenn ein Bewerber/Bieter schon vor Beginn des Nachprüfungsverfahrens aus dem Vergabeverfahren ausgeschlossen bzw. ausgeschieden ist.[55] Dann sind keine Interessen dieses Bieters berührt, weil er keine Aussichten auf Zuschlagserteilung besitzt. Der betreffende Bieter muss dann seine Rechte ggf. in einem eigenen Nachprüfungsverfahren verfolgen. 15

---

47 Amtl. Begr., BT-Drs. 13/9340, S. 18 zu § 119 GWB-E VgRÄG.

48 OLG Düsseldorf, Beschl. v. 22.11.2017, VII-Verg 40/17; a. A. *Dittmann*, in: Kulartz/Kus/Portz/Prieß, GWB, § 162 Rn. 12.

49 OLG Düsseldorf, Beschl. v. 22.11.2017, VII-Verg 40/17 m. w. N.

50 Vgl. OLG Düsseldorf, Beschl. v. 22.11.2017, VII-Verg 40/17.

51 OLG Düsseldorf, Beschl. v. 22.11.2017, VII-Verg 40/17; so ebenfalls *Dicks*, in: Ziekow/Völlink, Vergaberecht, § 162 Rn. 4. A. A. *Dittmann*, in: Kulartz/Kus/Portz/Prieß, GWB, § 162 Rn. 12. Kritisch auch *Gaus*, in: Müller-Wrede, GWB, § 162 Rn. 31.

52 OLG Düsseldorf, Beschl. v. 22.11.2017, VII-Verg 40/17; so ebenfalls *Dicks*, in: Ziekow/Völlink, Vergaberecht, § 162 Rn. 4. A. A. *Dittmann*, in: Kulartz/Kus/Portz/Prieß, GWB, § 162 Rn. 12.

53 OLG Düsseldorf, Beschl. v. 26.6.2002, Verg 24/02, VergabeR 2002, 671, 673.

54 OLG Düsseldorf, Beschl. v. 26.6.2002, Verg 24/02, VergabeR 2002, 671, 673.

55 So ebenfalls *Reidt*, in: Reidt/Stickler/Glahs, Vergaberecht, § 162 Rn. 10.

16 Im Fall eines nicht offenen Verfahrens, eines Verhandlungsverfahrens oder gar einer De-facto-Vergabe hat die Beiladungsentscheidung anhand der konkreten Umstände des Einzelfalls zu erfolgen. Die Vergabekammer wird bei ihrer Ermessensentscheidung insbesondere die Grundsätze der Beschleunigung und der Verfahrenskonzentration zu beachten haben.[56] So spricht vieles für die Beiladung jedenfalls der Unternehmen, die ansonsten mit großer Wahrscheinlichkeit selbst Nachprüfungsverfahren anstrengen würden.[57]

17 Einer Beiladung steht nicht entgegen, dass der **Nachprüfungsantrag** des Antragstellers **ggf. unzulässig und unbegründet** ist, da es Gegenstand des Nachprüfungsverfahrens ist, Letzteres zu klären.[58] Die Rechtsfindung in diesem Verfahren soll ein Bieter, dessen Zuschlagschancen durch die mögliche Entscheidung bei rein abstrakter Betrachtung sinken, regelmäßig begleiten dürfen: Jede andere Sichtweise begründete die Gefahr, dass seine möglicherweise berechtigten Argumente im Rechtsfindungsprozess kein Gehör finden; zugleich würde dadurch eine Entscheidung, die erst am Ende eines Nachprüfungsverfahrens stehen kann und soll, unzulässiger Weise in eine Beiladungsentscheidung verlagert.[59]

2. Notwendige Beiladung

18 Wenn die Entscheidung der Vergabekammer hingegen **rechtsgestaltende Wirkung** für ein anderes Unternehmen haben kann, besteht entsprechend § 13 Abs. 2 Satz 2 VwVfG ein **Anspruch** auf Beiladung (notwendige Beiladung).[60] Es handelt sich beispielsweise um das Unternehmen, dem nach Mitteilung des Auftraggebers gem. § 134 GWB der Zuschlag erteilt werden soll, oder um die Unternehmen, die von der Aufhebung des Vergabeverfahrens betroffen sind.[61] Ein **Bestbieter** muss allerdings nicht beigeladen werden, *(von der Vergabekammer)* wenn die Entscheidung über die Auftragsvergabe erst zu einem Zeitpunkt getroffen wird, in dem das Nachprüfungsverfahren vor der Vergabekammer bereits durch Beschluss derselben beendet war, bzw. *(von dem Vergabesenat)* wenn der Auftraggeber das weitere Vorgehen von der Entscheidung des Vergabesenats abhängig macht, dementsprechend kein Schreiben mit den notwendigen Angaben gem. § 134 GWB an die Bieter versendet und der Auftraggeber bis zum Abschluss des Vergabeverfahrens die Identität des erstplatzierten Bestbieters nicht offenbaren will.[62] Das durch einen Vergabefehler begünstigte Unternehmen genießt keine schützenswerte Rechtsposition.[63]

19 **Sonstige Dritte** können – über den Wortlaut der §§ 162, 174 GWB hinaus – beigeladen werden, wenn ihre Interessen durch die Entscheidung schwerwiegend berührt werden.[64]

---

56 *Freund*, NZBau 2005, 266, 267.

57 *Freund*, NZBau 2005, 266, 267 m. w. N.

58 OLG Düsseldorf, Beschl. v. 22.11.2017, VII-Verg 40/17. A. A. wohl *Gaus*, in: Müller-Wrede, GWB, § 162 Rn. 21 und 26.

59 OLG Düsseldorf, Beschl. v. 22.11.2017, VII-Verg 40/17.

60 BayObLG, Beschl. v. 21.5.1999, Verg 1/99, WuW/E Verg 239 m. w. N.; vgl. hierzu auch *Dreher*, in: Immenga/Mestmäcker, GWB, § 109 Rn. 14 f.

61 OLG Düsseldorf, Beschl. v. 26.6.2002, Verg 24/02, VergabeR 2002, 671, 673.

62 Vgl. OLG München, Beschl. v. 30.4.2014, Verg 2/14, NZBau 2014, 718, 719.

63 BayObLG, Beschl. v. 21.5.1999, Verg 1/99, WuW/E Verg 239.

64 OLG Düsseldorf, Beschl. v. 13.2.2007, VII-Verg 2/07, VergabeR 2007, 406, 407: In diesem Fall hatte die Beschwerdeentscheidung für die beigeladene Gemeinde sogar rechtsgestaltende Wirkung; s. a. *Dittmann*, in: Kulartz/Kus/Portz/Prieß, GWB, § 162 Rn. 6.

§ 163 Untersuchungsgrundsatz

(1) Die Vergabekammer erforscht den Sachverhalt von Amts wegen. Sie kann sich dabei auf das beschränken, was von den Beteiligten vorgebracht wird oder ihr sonst bekannt sein muss. Zu einer umfassenden Rechtmäßigkeitskontrolle ist die Vergabekammer nicht verpflichtet. Sie achtet bei ihrer gesamten Tätigkeit darauf, dass der Ablauf des Vergabeverfahrens nicht unangemessen beeinträchtigt wird.

(2) Die Vergabekammer prüft den Antrag darauf, ob er offensichtlich unzulässig oder unbegründet ist. Dabei berücksichtigt die Vergabekammer auch einen vorsorglich hinterlegten Schriftsatz (Schutzschrift) des Auftraggebers. Sofern der Antrag nicht offensichtlich unzulässig oder unbegründet ist, übermittelt die Vergabekammer dem Auftraggeber eine Kopie des Antrags und fordert bei ihm die Akten an, die das Vergabeverfahren dokumentieren (Vergabeakten). Der Auftraggeber hat die Vergabeakten der Kammer sofort zur Verfügung zu stellen. Die §§ 57 bis 59 Absatz 1 bis 5 sowie § 61 gelten entsprechend.

Schrifttum: *Burgi/Dreher*, Beck'scher Vergaberechtskommentar, 3. Aufl. 2017; *Byok/Jaeger*, Kommentar zum Vergaberecht, 2. Aufl. 2005; *Engelhardt/App/Schlatmann*, Verwaltungs-Vollstreckungsgesetz, Verwaltungszustellungsgesetz, Kommentar, 11. Aufl. 2017; *Gabriel/Mertens/Prieß/Stein*, Beck'scher Online-Kommentar Vergaberecht, 5. Edition, Stand: 15.4.2017; *Heiermann/Zeiss/Summa*, juris PraxisKommentar Vergaberecht, 5. Aufl. 2016; *Hoeren/Sieber/Holznagel*, Handbuch Multimedia-Recht, Loseblatt-Ausgabe, Stand: 45. Ergänzungslieferung, Juli 2017; *Kopp/Ramsauer*, Verwaltungsverfahrensgesetz: VwVfG, Kommentar, 18. Aufl. 2017; *Kulartz/Kus/Portz*, Kommentar zum GWB-Vergaberecht, 2. Aufl. 2009; *Kulartz/Kus/Portz/Prieß*, Kommentar zum GWB-Vergaberecht, 4. Aufl. 2016; *Müller-Wrede*, GWB Vergaberecht, Kommentar, 2016; *Müller-Wrede*, GWB Vergaberecht, Kommentar, 2009; *Krüger/Rauscher*, Münchener Kommentar zur Zivilprozessordnung, Band 1, 5. Aufl. 2016; *Reidt/Stickler/Glahs*, Vergaberecht, Kommentar, 4. Aufl. 2018; *Ziekow/Völlink*, Vergaberecht, 3. Aufl. 2018; *Zöller*, Zivilprozessordnung, Kommentar, 32. Aufl. 2018.

Übersicht

I. Amtsermittlung

1. Allgemeines

1 § 163 GWB entspricht dem bisherigen § 110 GWB a. F.[1] Die Vorschrift legt den **Amtsermittlungsgrundsatz** für das Verfahren bei der Vergabekammer fest. Dies entspricht den in Kartellverwaltungsverfahren (§§ 57 Abs. 1, 70 Abs. 1 GWB) geltenden Maßgaben. Abs. 1 Satz 1 ist wortgleich mit § 70 Abs. 1 GWB. Der Ermittlungsrahmen ist nicht durch die von den Beteiligten gestellten Anträge begrenzt, denn gem. § 168 Abs. 1 Satz 2 GWB ist die Vergabekammer nicht an die Anträge gebunden und wirkt auch unabhängig davon auf die Rechtmäßigkeit des Vergabeverfahrens hin (vgl. § 168 Rn. 17 ff.). Abs. 1 Satz 1 ist zur Ausfüllung des Untersuchungsgrundsatzes auch in der **Beschwerdeinstanz** heranzuziehen.[2]

2. Erforschung des Sachverhalts

2 Die in **Abs. 1 Satz 1** normierte Verpflichtung zur Erforschung des Sachverhalts von Amts wegen besteht allerdings nicht in unbegrenztem Umfang. Nach dem Willen des Gesetzgebers bedeutet diese Pflicht vielmehr, dass die Vergabekammer alle Tatsachen aufzuklären hat, die für ihre Entscheidung **objektiv erforderlich** sind. Die Vergabekammer bestimmt dabei nach pflichtgemäßem **Ermessen** die Art und den Umfang der Ermittlungen und hat alle ihr zur Verfügung stehenden, rechtlich zulässigen Möglichkeiten einer **Aufklärung** des relevanten Sachverhalts auszuschöpfen, dies unter Beachtung der von § 167 Abs. 1 Satz 1 GWB vorgegebenen Frist.[3] Da im Vergabenachprüfungsverfahren ein eingeschränkter Untersuchungsgrundsatz[4] gilt und der Streitgegenstand **nicht** der vollständigen **Dispositionsmaxime** unterliegt, ist für ein **Anerkenntnis** im zivilprozessualen Sinn (und damit für dessen zivilprozessuale Folgen gem. §§ 93, 307 ZPO) kein Raum.[5]

3. Reichweite und Einschränkungen

3 Die Reichweite des Amtsermittlungsgrundsatzes wird ferner durch die im Rahmen des VergModG 2009 neu eingefügten Sätze 2 und 3 des Abs. 1 konkretisiert. **Abs. 1 Satz 2** stellt klar, dass die Vergabekammer sich bei ihren **Ermittlungen** auf das **beschränken** kann, was von den Beteiligten **vorgebracht** wird oder ihr sonst **bekannt** sein muss.[6] Nach der Gesetzesbegründung darf sich die Vergabekammer auf die Vergabeakten oder auf sonstige Umstände beschränken, die dem sorgfältig ermittelnden Beamten zur Kenntnis ge-

---

1 Amtl. Begr., BT-Drs. 18/6281, S. 135 zu § 163 GWB-E VergRModG.

2 OLG Düsseldorf, Beschl. v. 12.6.2013, VII-Verg 7/13, VergabeR 2013, 910, 915 = NZBau 2013, 788, 791.

3 Amtl. Begr., BT-Drs. 16/10117, S. 22 zu § 110 GWB-E VergModG.

4 S. a. VK Lüneburg, Beschl. v. 14.11.2016, VgK-44/2016.

5 OLG Frankfurt a. M., Beschl. v. 4.8.2015, 11 Verg 4/15, NZBau 2015, 794, 795: Die Möglichkeit eines Anerkenntnisses ist weder in den Bestimmungen über das GWB-Nachprüfungsverfahren vorgesehen, noch ist insoweit eine Regelungslücke erkennbar, die durch einen Rückgriff auf die einschlägigen Bestimmungen der ZPO geschlossen werden müsste.

6 Z. B. die Kenntnisnahme von der Aufforderung zur Verhandlung, s. OLG Düsseldorf, Beschl. v. 12.6.2013, VII-Verg 7/13, VergabeR 2013, 910, 914 f. = NZBau 2013, 788, 791; s. a. OLG München, Beschl. v. 22.1.2016, Verg 13/15; OLG Düsseldorf, Beschl. v. 25.6.2014, VII-Verg 38/13.

langt wären. Zu solchen sonstigen Umständen zählen zum Beispiel Indizien wie **Pressemeldungen** darüber, dass der öffentliche Auftraggeber mit dem obsiegenden Bieter Nachverhandlungen geführt hat, ohne dass diese zum Bestandteil der Vergabeakte wurden.[7] Die Vergabekammer trifft also keine Verpflichtung, über den Vortrag der Beteiligten oder die Umstände, die ihr bekannt sein müssten, hinausgehende Nachforschungen hinsichtlich des Sachverhalts anzustellen. Abs. 1 normiert **keine allgemeine Prüfungspflicht** dahingehend, das gesamte Vergabeverfahren zu überprüfen.[8] Weist der Antragsgegner allerdings in seinen Schriftsätzen und in seinem Vergabevermerk ausdrücklich auf relevante Unterlagen hin, ist die Vergabekammer im Interesse einer umfassenden Aufklärung des Sachverhalts gehalten, diese **beizuziehen**.[9] Solche Unterlagen sind als Bestandteil der Vergabeakte (s. Rn. 38) zu betrachten, wozu Unterlagen und Schriftverkehr, die in irgendeinem Bezug zum Verfahren stehen und geeignet sind, dieses zu dokumentieren, zählen.[10]

Trotz des öffentlichen Interesses an der Rechtmäßigkeit des Vergabeverfahrens[11] findet keine allgemeine Rechtmäßigkeitskontrolle durch die Vergabekammer statt.[12] Dies hat der Reformgesetzgeber 2009 klargestellt, indem der in **Abs. 1** neu einfügte **Satz 3** bestimmt, dass die Vergabekammer zu einer **umfassenden Rechtmäßigkeitskontrolle** zwar berechtigt, aber **nicht verpflichtet** ist. Die Amtsermittlung darf sich insbesondere **grundsätzlich** nur auf vom Antragsteller **geltend gemachte Verstöße** erstrecken.[13] Eine solche Beschränkung der Ermittlungen auf die geltend gemachten Vergaberechtsverstöße gewährleistet die gesetzgeberisch gewollte Steigerung der Effizienz des Nachprüfungsverfahrens. 4

Die Rechtsprechung hat jedoch **Ausnahmen** von diesem Grundsatz anerkannt: Stellt die Vergabekammer bei der Vorbereitung der mündlichen Verhandlung bzw. der Vergabesenat im Rahmen seiner Überprüfung einen **nicht beanstandeten Verstoß** fest, gebietet es der Untersuchungsgrundsatz ausnahmsweise, diesen Rechtsverstoß nicht unberücksichtigt zu lassen.[14] Als Voraussetzung hierfür wird teilweise gefordert, dass der nicht gerügte Verstoß **nicht präkludiert** ist.[15] Mit einem Eingreifen der Vergabekammer von Amts wegen könne 5

---

7 Amtl. Begr., BT-Drs. 16/10117, S. 22 zu § 110 GWB-E VergModG.

8 OLG München, Beschl. v. 10.12.2009, Verg 16/09, VergabeR 2010, 246, 259.

9 Vgl. VK Sachsen, Beschl. v. 15.7.2012, 2 VK LSA 11/10.

10 VK Sachsen, Beschl. v. 15.7.2012, 2 VK LSA 11/10.

11 Amtl. Begr., BT-Drs. 13/9340, S. 18 zu § 120 GWB-E VgRÄG.

12 OLG Koblenz, Beschl. v. 4.2.2009, 1 Verg 4/08, VergabeR 2009, 682, 685; OLG Düsseldorf, Beschl. v. 12.3.2003, Verg 49/02; vgl. auch Amtl. Begr., BT-Drs. 13/9340, S. 36 zu § 106 GWB-E, S. 40 zu § 120 GWB-E VgRÄG.

13 Vgl. OLG Celle, Beschl. v. 12.1.2012, 13 Verg 8/11, VergabeR 2012, 514, 520; Beschl. v. 17.11.2011, 13 Verg 6/11; Beschl. v. 11.2.2010, 13 Verg 16/09, VergabeR 2010, 669, 674 f.; OLG München, Beschl. v. 9.8.2010, Verg 13/10; Beschl. v. 10.12.2009, Verg 16/09, VergabeR 2010, 246, 259; s. a. BayObLG, Beschl. v. 21.5.1999, Verg 1/99, WuW/E Verg 239; a. A. OLG Naumburg, Beschl. v. 23.7.2001, 1 Verg 3/01; Beschl. v. 15.3.2001 – 1 Verg 11/00, NZBau 2001, 579, 580.

14 OLG Düsseldorf, Beschl. v. 12.6.2013, VII-Verg 7/13, VergabeR 2013, 910, 914 = NZBau 2013, 788, 791; Beschl. v. 5.5.2008, Verg 5/08, VergabeR 2008, 956, 959. S. a. KG, Beschl. v. 15.4.2004, 2 Verg 22/03, VergabeR 2004, 762, 767.

15 OLG Celle, Beschl. v. 11.2.2010, 13 Verg 16/09, VergabeR 2010, 669, 674 f.; s. a. § 178 Rn. 4; ferner OLG Naumburg, Beschl. v. 18.8.2011, 2 Verg 3/11, VergabeR 2012, 93, 100 (i. E. aber offen lassend).

anderenfalls die Rügepflicht unterlaufen werden.[16] Zudem wird zutreffend vertreten, dass sich die Amtsermittlung ausnahmsweise über die Anträge hinaus bzw. auch ohne ausdrückliche Rüge auf andere **offenkundige** und **schwerwiegende** Vergabeverstöße richten kann,[17] dies teilweise selbst für den Fall, dass bereits **Präklusion** eingetreten ist,[18] zum Teil hingegen **eingeschränkt** durch die Forderung, dass ein Aufgreifen von nicht gerügten Vergabeverstößen im Rahmen des Amtsermittlungsgrundsatzes der Vergabekammer nur möglich ist, wenn überhaupt ein aus anderen Gründen zulässiger **Nachprüfungsantrag** vorliegt bzw. wenn der Nachprüfungsantrag mit Ausnahme dieses nicht gerügten Umstandes zumindest **teilweise zulässig** ist[19] (s. a. Rn. 8 u. § 168 Rn. 18). Erkennt die Vergabekammer aufgrund einer zulässigen Anwendung des Untersuchungsgrundsatzes gem. Abs. 1 Satz 1 weitere, von den Verfahrensbeteiligten **nicht erkannte Vergaberechtsverstöße**, auf die bis zum Schluss der mündlichen Verhandlung nicht hingewiesen worden ist, hat sie die **mündliche Verhandlung wiederzueröffnen**, §§ 156 Abs. 2 Nr. 1, 139 ZPO, §§ 73 Nr. 2, 175 Abs. 2 GWB.[20]

6 Eine Überprüfung dahin, ob und ggf. worin weitere und von dem Antragsteller für möglich erachtete und befürchtete Fehler der Vergabestelle vorliegen, ist ohne einen entsprechenden Sachvortrag des Antragstellers daher aufgrund des Untersuchungsgrundsatzes grds. nicht vorzunehmen (Rn. 3 ff.). Der Untersuchungsgrundsatz wird – wie in Kartellbeschwerdeverfahren – ergänzt und eingeschränkt durch die **Mitwirkungspflichten der Beteiligten**, insbesondere auch durch die Mitwirkungspflicht des Antragstellers (vgl. §§ 70 Abs. 3 Satz 1, 167 Abs. 2 Satz 1, 175 Abs. 2 GWB, vgl. § 167 Rn. 7). Die Pflicht der Betei-

16 OLG München, Beschl. v. 9.8.2010, Verg 13/10.

17 OLG München, Beschl. v. 10.8.2017, Verg 3/17; Beschl. v. 22.1.2016, Verg 13/15; Beschl. v. 9.8.2010, Verg 13/10; Beschl. v. 10.12.2009, Verg 16/09, VergabeR 2010, 246, 259; OLG Düsseldorf, Beschl. v. 20.7.2015, VII-Verg 37/15, NZBau 2015, 709, 710; OLG Celle, Beschl. v. 12.1.2012, 13 Verg 8/11, VergabeR 2012, 514, 520 m. w. N.; Beschl. v. 17.11.2011, 13 Verg 6/11; OLG Frankfurt a. M., Beschl. v. 24.7.2012, 11 Verg 6/12, NZBau 2012, 726, 728; Beschl. v. 5.5.2008, 11 Verg 1/08; VK Lüneburg, Beschl. v. 21.1.2009, VgK-51/08. So ebenfalls *Queisner*, in: BeckOK Vergaberecht, § 163 Rn. 17; *Horn/Hofmann*, in: Burgi/Dreher, Vergaberecht, § 163 GWB Rn. 9; *Summa*, in: jurisPK-Vergaberecht, § 163 GWB Rn. 14, 17; *Gaus*, in: Müller-Wrede, GWB, § 163 Rn. 20 f. Vgl. auch KG, Beschl. v. 15.4.2004, 2 Verg 22/03, VergabeR 2004, 762. Siehe hierzu ferner die Gegenäußerung der Bundesregierung, Amtl. Begr., BT-Drs. 13/9340, S. 50 zu § 120 GWB-E VgRÄG: „Wenn weitere schwere Mängel erkennbar sind, die aber nicht gerügt wurden, sollte die Möglichkeit bestehen, daß die Vergabekammer auch darauf eingeht, um zu verhindern, daß die Vergabe durch weitere Anträge verzögert wird. Dies dient der Beschleunigung des Nachprüfungsverfahrens."

18 OLG München, Beschl. v. 10.8.2017, Verg 3/17 m. w. N.: „wenn ein so schwerwiegender Fehler vorliegt, dass eine tragfähige Zuschlagsentscheidung bei einer Fortsetzung des Verfahrens praktisch nicht möglich ist, etwa weil nur willkürliche oder sachfremde Zuschlagskriterien verbleiben oder das vorgegebene Wertungssystem so unbrauchbar ist, dass es jede beliebige Zuschlagsentscheidung ermöglicht"; Beschl. v. 22.1.2016, Verg 13/15; Beschl. v. 10.12.2009, Verg 16/09, VergabeR 2010, 246, 259; vgl. KG, Beschl. v. 4.4.2002, KartVerg 5/02, VergabeR 2002, 235 = ZfBR 2002, 511, 512 f. So ebenfalls *Thiele*, in: Kulartz/Kus/Portz/Prieß, GWB, § 168 Rn. 25 ff.; wohl auch *Summa*, in: jurisPK-Vergaberecht, § 163 GWB Rn. 14. Hiergegen erhebliche Bedenken äußernd, aber i. E. offen lassend OLG Naumburg, Beschl. v. 18.8.2011, 2 Verg 3/11, VergabeR 2012, 93, 100.

19 OLG Schleswig, Beschl. v. 15.4.2011, 1 Verg 10/10, VergabeR 2011, 586, 589; VK Lüneburg, Beschl. v. 21.1.2009, VgK-51/08 m. w. N.; *Gaus*, in: Müller-Wrede, GWB, § 163 Rn. 21.

20 OLG Düsseldorf, Beschl. v. 16.12.2015, VII-Verg 24/15 u. VII-Verg 25/15, NZBau 2016, 232, 233.

ligten zur Verfahrensförderung und die Verpflichtung der Nachprüfungsinstanzen, den relevanten Sachverhalt von Amts wegen zu ermitteln, stehen in einer **Wechselwirkung**: Kommt ein Verfahrensbeteiligter seiner Förderungspflicht nicht nach, reduziert sich zu seinen Lasten die Aufklärungspflicht der Kontrollinstanzen.[21] Darüber hinaus hat die Vergabekammer – gemäß der kartellrechtlichen und auf das Vergaberecht zu übertragenden Rechtslage – den Sachverhalt, wie oben dargelegt und seit 2009 gesetzlich normiert, aufgrund eigener Ermittlungen nur insoweit aufzuklären, als der Vortrag der Beteiligten reicht oder sich entscheidungserhebliche Tatsachen aufdrängen.[22] Hingegen zwingt der **Untersuchungsgrundsatz nicht** dazu, **allen denkbaren Möglichkeiten** von Vergaberechtsverstößen von Amts wegen nachzugehen.[23] Der Vergabekammer obliegt eine Aufklärungs- und Ermittlungspflicht nur insoweit, als das Vorbringen der Beteiligten oder der Sachverhalt als solcher bei sorgfältiger Überlegung der Gestaltungsmöglichkeit dazu Veranlassung gibt.[24] Pauschale Behauptungen eines Antragstellers „**ins Blaue hinein**" (vgl. § 160 Rn. 11, § 161 Rn. 8) oder reine **Mutmaßungen** geben zu amtswegigen Ermittlungen keinen Anlass.[25]

Trotz des Untersuchungsgrundsatzes ist ein Nachprüfungsverfahren nicht darauf ausgerichtet, seitens des Antragstellers behaupteten Verstößen von Beigeladenen nachzugehen und diese ggf. zu beweisen oder zu widerlegen[26] (bzgl. Rechtsverstöße gegen Normen außerhalb von § 97 Abs. 6 GWB s. aber § 156 Rn. 6 ff., § 160 Rn. 37, 40 ff.). 7

Die Amtsermittlungspflicht setzt grundsätzlich einen **zulässig** gestellten **Antrag** voraus und dient nicht dazu, Vergabeverstöße erst zu recherchieren.[27] Zudem müssen diejenigen Vergaberechtsverstöße, welche die Vergabekammer zum Anlass nimmt, unabhängig von den Anträgen des Antragstellers, mithin amtswegig, die Rechtmäßigkeit des Vergabeverfahrens sicherzustellen, zugleich den **Antragsteller betreffen** und ihn in seinen **Rechten verletzen**.[28] Der Untersuchungsgrundsatz findet seine **Grenzen** in dem vom Antragsteller vorgegebenen **Rechtsschutzziel**.[29] Der **Antrag** und das **Vorbringen** des Antragstellers bil- 8

---

21 VK Sachsen, Beschl. v. 8.7.2014, 1/SVK/020-14.

22 Vgl. zu allem OLG Düsseldorf, Beschl. v. 29.12.2001, Verg 22/01.

23 BGH, Beschl. v. 19.12.2000, X ZB 14/00, BGHZ 146, 202 = NJW 2001, 1492, 1494; VK Sachsen, Beschl. v. 8.7.2014, 1/SVK/020-14.

24 BGH, Beschl. v. 27.2.1969, KVR 5/68, WuW/E BGH 990, 993 = NJW 1969, 1027, 1029; OLG Düsseldorf, Beschl. v. 29.12.2001, Verg 22/01.

25 Vgl. BGH, Beschl. v. 26.9.2006, X ZB 14/06, VergabeR 2007, 59, 65 f.; Urt. v. 25.4.1995, VI ZR 178/94, NJW 1995, 2111, 2112; KG, Beschl. v. 29.2.2012, Verg 8/11; OLG Karlsruhe, Beschl. v. 16.6.2010, 15 Verg 4/10; OLG München, Beschl. v. 7.8.2007, Verg 8/07; OLG Düsseldorf, Beschl. v. 30.7.2003, Verg 41/03; Beschl. v. 13.9.2001, Verg 4/01; Beschl. v. 16.5.2001, Verg 24/01; Beschl. v. 20.12.2000, Verg 20/00;VK Berlin, Beschl. v. 15.7.2009, VK-B1-16/09.

26 VK Münster, Beschl. v. 14.1.2010, VK 24/09.

27 OLG Celle, Beschl. v. 13.1.2011, 13 Verg 15/10, VergabeR 2011, 531, 534; OLG München, Beschl. v. 7.8.2007, Verg 8/07; Beschl. v. 2.8.2007, Verg 7/07; Beschl. v. 28.6.2007, Verg 7/07; 2. VK Bund, Beschl. v. 1.12.2016, VK 2-113/16. Zu den Ausnahmen bei nicht beanstandeten oder nicht gerügten Verstößen s. o. Rn. 5.

28 OLG Karlsruhe, Beschl. v. 24.7.2007, 17 Verg 6/07; OLG Düsseldorf, Beschl. v. 15.6.2005, Verg 5/05, VergabeR 2005, 670, 671; VK Sachsen, Beschl. v. 9.12.2014, 1/SVK/038-14.

29 OLG München, Beschl. v. 9.8.2010, Verg 13/10; Beschl. v. 10.12.2009, Verg 16/09, VergabeR 2010, 246, 259. Vgl. auch KG, Beschl. v. 18.12.2014, Verg 21/13, wonach sich auch die nach § 168 Abs. 1 GWB anzuordnenden Maßnahmen i. R. d. Rechtsschutzziels zu bewegen haben, § 168 Rn. 18.

den somit den Rahmen der Sachverhaltserforschung und der Rechtmäßigkeitskontrolle, zu der die Vergabekammer befugt ist.[30] Die Vergabekammer überschreitet daher ihre Befugnisse, wenn sie die Vergabeakten nach möglichen Auffälligkeiten durchforstet und losgelöst von jeglichem Vorbringen der Verfahrensbeteiligten und trotz der Feststellung, dass der Antragsteller den Zuschlag aus Rechtsgründen nicht erhalten kann, in Bezug auf die Abwicklung des Vergabeverfahrens Anordnungen trifft.[31] Die Vergabekammer darf sich nicht als allgemeine Kontrollinstanz verstehen, die unabhängig von der Verletzung subjektiver Rechte des Antragstellers abstrakt für die Aufrechterhaltung oder Wiederherstellung der objektiven Rechtmäßigkeit des Vergabeverfahrens sorgt.[32] Die Vergabekammer ist nicht befugt, sich zum Wahrer der Interessen am Nachprüfungsverfahren nicht beteiligter Dritter zu bestellen[33] (vgl. § 168 Rn. 18).[34]

4. Keine unangemessene Beeinträchtigung des Ablaufs des Vergabeverfahrens

9 Weiter beschränkt wird die Amtsermittlung der Vergabekammer durch **Abs. 1 Satz 4**, der durch das VergModG 2009 ebenfalls modifiziert wurde: Die Verpflichtung der Vergabekammer, (selbst) den Ablauf des Vergabeverfahrens nicht unangemessen zu beeinträchtigen, ist ausgeweitet worden zu der allgemeinen Verpflichtung, dass der Ablauf (von allen Beteiligten) nicht unangemessen beeinträchtigt werden darf. Diese Verpflichtung korrespondiert mit dem in § 167 GWB geregelten **Beschleunigungsgrundsatz**, der nicht nur der Vergabekammer, sondern auch den Beteiligten entsprechende Pflichten auferlegt (zu den Mitwirkungspflichten der Beteiligten § 167 Rn. 7). Satz 4 bindet die Vergabekammer an den **Verhältnismäßigkeitsgrundsatz** und verpflichtet sie insbesondere zu einem einfachen und zweckmäßigen Vorgehen (vgl. auch § 10 Satz 2 VwVfG). Hierzu gehört auch, im Fall von mehreren Nachprüfungsanträgen gegen ein und dasselbe Vergabeverfahren eine vollständige oder teilweisen **Verbindung** zu gleichzeitiger Verhandlung und Entscheidung anzuordnen (§ 147 ZPO).[35]

10 Da eine unangemessene Beeinträchtigung des Vergabeverfahrens durch die Tätigkeit der Vergabekammer zu vermeiden ist, darf die Vergabekammer ein Nachprüfungsverfahren grds. auch nicht analog § 94 VwGO, § 148 ZPO **aussetzen**. Sie muss über die für ihre Endentscheidung relevanten Vorfragen – inzident im Rahmen ihres Verfahrens als Vorstufe zu ihrer Vergabenachprüfungsentscheidung – selbst entscheiden, auch wenn die Vorfrage der

---

30 OLG München, Beschl. v. 9.8.2010, Verg 13/10; Beschl. v. 10.12.2009, Verg 16/09, VergabeR 2010, 246, 259. A. A. wohl *Ohlerich*, in: Kulartz/Kus/Portz/Prieß, GWB, § 163 Rn. 23 Fn. 61.

31 OLG München, Beschl. v. 9.8.2010, Verg 13/10; Beschl. v. 10.12.2009, Verg 16/09, VergabeR 2010, 246, 259.

32 OLG München, Beschl. v. 9.8.2010, Verg 13/10; Beschl. v. 10.12.2009, Verg 16/09, VergabeR 2010, 246, 259.

33 OLG Düsseldorf, Beschl. v. 16.3.2005, VII-Verg 5/05; s. a. OLG München, Beschl. v. 10.12.2009, Verg 16/09, VergabeR 2010, 246, 259.

34 Beispiel einer unstatthaften allgemeinen Rechtmäßigkeitskontrolle durch die Vergabekammer im Rahmen der Untersuchungspflicht wegen fehlender Rechtsverletzung des Antragstellers u. der Beigeladenen in OLG Düsseldorf, Beschl. v. 16.12.2015, VII-Verg 24/15 u. VII-Verg 25/15, NZBau 2016, 232, 233.

35 Vgl. BayObLG, Beschl. v. 13.4.2004, Verg 05/04; OLG Düsseldorf, Beschl. v. 12.3.2003, Verg 49/02.

Gegenstand eines anderen gleichzeitigen Verfahrens ist, in dem über die Vorfrage verbindlich entschieden werden wird. Dass auf diese Weise zwei Institutionen nebeneinander mit derselben Frage befasst sind, ist auch deshalb hinzunehmen, weil die über die Vorfrage inzident zu treffende Entscheidung der Vergabekammer an der Bestandskraft und an der Bindungswirkung (§ 179 Abs. 1 GWB) ihrer Endentscheidung nicht teilhat. Eine rechtswidrige Verfahrensaussetzung ist keine unanfechtbare Zwischenentscheidung, sondern kann mit der sofortigen Beschwerde nach § 171 Abs. 1 GWB angegriffen werden.[36] Ausnahmsweise kommt eine Aussetzung jedoch dann in Betracht, wenn die Vergabekammer oder das Beschwerdegericht dem EuGH eine Frage zur Auslegung des Unionsrechts zur **Vorabentscheidung** gem. Art. 267 AEUV vorlegt. Die nationalen Gerichte haben ein unbeschränktes, in jedem geeigneten Moment wahrnehmbares Recht zur Vorlage an den EuGH, wenn eine bei ihnen anhängige Rechtssache Fragen nach der Auslegung oder der Gültigkeit der unionsrechtlichen Bestimmungen aufwirft und sie eine Entscheidung darüber zur Entscheidung des ihnen unterbreiteten Rechtsstreits für erforderlich halten.[37] Die Vergabekammern werden als Gericht i. S. d. Unionsrechts qualifiziert und sind damit nach Art. 267 AEUV vorlageberechtigt.[38] Zur **Divergenzvorlage** gem. § 179 Abs. 2 GWB s. § 179 Rn. 7 ff.

5. Darlegungs- und Beweislast

In der Praxis hat der Untersuchungsgrundsatz keine überragende Bedeutung und wird 11
schon aus Zeitgründen regelmäßig nicht ausgeschöpft. Nachprüfungsverfahren werden überwiegend von dem Parteivorbringen beherrscht. Mit der im Ermessen der Vergabekammern liegenden Eingrenzungsmöglichkeit des Untersuchungsgrundsatzes hat die Legislative letztendlich die durch Zeitdruck geprägte vergaberechtliche Realität gesetzlich fixiert.[39] Die **Vernachlässigung des Untersuchungsgrundsatzes** zieht Forderungen nach einer Beweislastumkehr nach sich,[40] die allerdings nicht zu rechtfertigen sind. Mit dem Untersuchungsgrundsatz des Abs. 1 ist die Annahme einer prozessualen **Darlegungs- und Beweislast** im vergaberechtlichen Nachprüfungsverfahren grds. nicht zu vereinbaren; jedoch kommt die materielle Beweislast dann zum Tragen, wenn die Aufklärungsbemühungen der Vergabekammer mit keiner zureichenden Gewissheit zu tragfähigen Festlegungen gelangen.[41] Auch wenn nach § 163 Abs. 1 GWB, § 175 Abs. 2 GWB i.V.m. § 70 Abs. 1 GWB im Nachprüfungsverfahren und im Verfahren der sofortigen Beschwerde der Untersuchungsgrundsatz gilt, gehen verbleibende erhebliche Zweifel zulasten des Auftrag-

---

36 OLG Düsseldorf, Beschl. v. 11.3.2002, Verg 43/01, VergabeR 2002, 404, 406 f.; s. a. Beschl. v. 28.12.2007, VII-Verg 40/07, VergabeR 2008, 281, 283.

37 EuGH, Urt. v. 6.11.2014, Rs. C-42/13, NZBau 2015, 38, 40 m. w. N.

38 EuGH, Urt. v. 18.9.2014, Rs. C-549/13, NZBau 2014, 647, 648 – Bundesdruckerei; vgl. auch Urt. v. 13.12.2012, Rs. C-465/11, NZBau 2013, 116, 118; OLG Naumburg, Beschl. v. 25.2.2015, 2 Verg 2/14 m. w. N.

39 *Byok*, NVwZ 2009, 551, 555.

40 *Griem*, WRP 1999, 1126, 1129 u. WuW 1999, 1182, 1190.

41 VK Bund, Beschl. v. 3.2.2014, VK 2-1/14, ZfBR 2014, 399, 400; Beschl. v. 5.11.2012, VK 3-120/12.

nehmers.[42] Im Übrigen ist im Fall der Verletzung der Sachverhaltsermittlungs- und Aufklärungspflicht die Einlegung einer **sofortigen Beschwerde** in Erwägung zu ziehen.[43]

II. Verfahren

12 Für die Aufklärung des Sachverhalts im Rahmen der Amtsermittlung sind gem. **Abs. 2 Satz 5** die **§§ 57 bis 59 Abs. 1–5 GWB** entsprechend anwendbar. Das betrifft die Durchführung von **Ermittlungen**, die **Beweiserhebung**, **Beschlagnahmen** und **Auskunftsverlangen**, sogar **Durchsuchungen**.[44] Die Vergabekammer erhält damit alle Befugnisse, um ihre Aufgabe wirkungsvoll und zügig zu erfüllen. Bei der Ausgestaltung des Auskunfts- und Prüfungsrechts gem. § 59 GWB hat die Vergabekammer einen weiten, nur auf die Einhaltung seiner Grenzen kontrollierbaren Ermessensspielraum, in den das Beschwerdegericht nicht in der Weise eingreifen kann, dass es der Vergabekammer die Durchführung bestimmter Ermittlungen vorgibt oder untersagt.[45] Zur Annahme der Erforderlichkeit eines Auskunftsverlangens genügt es, wenn ein vertretbares Ermittlungskonzept vorliegt.[46]

13 Die Vergabekammer ergreift diese Maßnahmen in der Regel auf der Grundlage eines förmlichen **Beschlusses**. Aus Gründen der Verhältnismäßigkeit kann davon aber abgesehen werden, wenn die Vergabekammer auf anderem Wege zum beabsichtigten Ergebnis kommt. Eine Beschlagnahme ist z. B. nicht erforderlich, wenn der Adressat **freiwillig kooperiert**.

14 Abs. 2 Satz 5 ist durch das Gesetz zur Novellierung des Verwaltungszustellungsrechts[47] insofern erweitert worden, als die entsprechende Anwendung des **§ 61 GWB** normiert worden ist. Damit wurde die bereits früher geltende Ansicht, wonach für Abs. 2 die gleichen Regeln wie für § 168 Abs. 3 Satz 3 GWB[48] Anwendung finden,[49] gesetzlich festgelegt. Nach § 61 GWB sind **Verfügungen** zu **begründen**, mit einer **Rechtsmittelbelehrung** zu versehen und nach den Vorschriften des Verwaltungszustellungsgesetzes (VwZG) **zuzustellen**; zudem betrifft diese Norm den **Verfahrensabschluss**. § 61 GWB ist nicht nur von Bedeutung für zum Zwecke der Beweiserhebung ergehende Verfügungen,[50] sondern insbesondere für die Übermittlung einer Kopie des Nachprüfungsantrags (Rn. 15 ff.). Mit der entsprechenden Anwendung des § 61 GWB wird sichergestellt, dass die beschleunigten

---

42 OLG Celle, Beschl. v. 17.12.2014, 13 Verg 3/13, VergabeR 2015, 180, 184 = NZBau 2015, 178, 180.

43 Vgl. KG, Beschl. v. 10.10.2001, KartVerg 7/01.

44 Ausführlich hierzu *Ohlerich*, in: Kulartz/Kus/Portz/Prieß, GWB, § 163 Rn. 27–33 u. *Summa*, in: jurisPK-Vergaberecht, § 163 GWB Rn. 26–28.

45 OLG Düsseldorf, Beschl. v. 16.2.2012, VII-Verg 2/12.

46 OLG Düsseldorf, Beschl. v. 16.2.2012, VII-Verg 2/12.

47 Vom 12.8.2005, BGBl. 2005, S. 2354.

48 § 114 Abs. 3 Satz 3 GWB a. F. erklärte in der Fassung vor dem VergModG 2009 lediglich § 61 GWB für entsprechend anwendbar, die entsprechende Anwendung der Vorschrift des § 86a Satz 2 GWB wurde durch das VergModG 2009 ergänzt.

49 Vgl. Schleswig-Holsteinisches OLG, Beschl. v. 1.6.1999, 6 Verg 1/99, NZBau 2000, 96, 97.

50 Vgl. *Ohlerich*, in: Kulartz/Kus/Portz/Prieß, GWB, § 163 Rn. 31.

Zustellungsmöglichkeiten auch für die Übermittlung der Kopie des Nachprüfungsantrags durch die Vergabekammern gelten.[51]

III. Übermittlung einer Kopie des Nachprüfungsantrags

Nach Eingang des Nachprüfungsantrags bei der Vergabekammer übermittelt diese dem Auftraggeber eine Kopie des Antrags. **Abs. 2** hat durch das VergModG 2009 eine einschneidende Veränderung erfahren: Anstelle der zuvor notwendigen Zustellung des Nachprüfungsantrags genügt seitdem nach **Satz 3** die bloße **Übermittlung einer Kopie**, die Anforderungen sind also – zumindest in der Theorie – reduziert worden. Dies sollte verfahrensrechtliche Komplikationen (Zustellung) und Verzögerungen beseitigen. 15

1. Übermittlungsarten

Es stellt sich allerdings die Frage, welchen Anforderungen eine solche Übermittlung entsprechen muss. Dieselbe Frage existierte bislang im Hinblick auf die Anforderungen an eine Zustellung. Der Begriff der Übermittlung ist nicht definiert. Fest steht zunächst, dass nach dem heutigen gesetzlichen Wortlaut keine Verpflichtung besteht, den Nachprüfungsantrag förmlich zuzustellen. Dies schließt allerdings nicht die Befugnis der Vergabekammer aus, dennoch, in einem „überobligatorischen" Sinne, eine **förmliche Zustellung** des Antrags vorzunehmen. Für die Übermittlung gelten[52] gem. **Abs. 2 Satz 5** i.V.m. **§ 61 GWB** die Vorschriften der Verwaltungszustellungsgesetze von Bund und Ländern. Die Einzelheiten ergeben sich aus den jeweiligen Landesvorschriften.[53] Da nach Abs. 2 Satz 5 die Vorschrift des § 61 GWB nur entsprechend gilt, ist der Begriff der Zustellung an dieser Stelle **untechnisch** zu verstehen. Für die Übermittlung gelten daher die Vorschriften des **VwZG entsprechend**. Nachfolgend werden zunächst die verschiedenen Zustellungs- bzw. Übermittlungsmöglichkeiten nach dem VwZG dargestellt. 16

Förmlich zugestellt wird durch die **Post**, einen nach § 17 De-Mail-G[54] **akkreditierten Diensteanbieter** oder die **Behörde** (§ 2 Abs. 2 Satz 1 VwZG), bspw. mit **Zustellungsurkunde** gem. § 3 VwZG oder mittels **Einschreiben** gem. § 4 VwZG. Solche Übermittlungsformen stellen aus Gründen der Dringlichkeit, nämlich die schnellstmögliche Auslösung des Zuschlagsverbots (§ 169 Abs. 1 GWB), keine befriedigende Methode dar. Das Zuschlagsverbot entfaltet zwar seine Wirkung gem. § 169 Abs. 1 GWB bereits mit der Information des Auftraggebers in Textform über den Nachprüfungsantrag. In der **Praxis** fallen diese **Information** und die **Übermittlung** einer Kopie des Antrags nach Abs. 2 Satz 3 je- 17

51 Vgl. BR-Drs. 86/05, S. 11, 33 zu § 110 GWB-E als Folgeänderung des Gesetzes zur Novellierung des Verwaltungszustellungsrechts (s. BGBl. 2005, S. 2354, 2358), in dem allerdings noch von der „Zustellung des Nachprüfungsantrages" die Rede ist. A. A. wohl *Ohlerich*, in: Kulartz/Kus/Portz/Prieß, GWB, § 163 Rn. 57 Fn. 144.

52 A. A. wohl *Ohlerich*, in: Kulartz/Kus/Portz/Prieß, GWB, § 163 Rn. 57 Fn. 144.

53 VK Schleswig-Holstein, Beschl. v. 23.3.1999, VÜ SH 1/99.

54 Gesetz zur Regelung von De-Mail-Diensten und zur Änderung weiterer Vorschriften v. 28.4.2011 (BGBl. 2011, S. 666), zuletzt geändert durch Art. 3 des eIDAS-Durchführungsgesetzes vom 18.7.2017 (BGBl. 2017, S. 2745).

doch regelmäßig **zusammen.**[55] Jedenfalls wird die Information nach § 169 Abs. 1 GWB erst nach der Prüfung der offensichtlichen Unzulässigkeit oder Unbegründetheit gem. Abs. 2 Satz 1 und 2 erteilt (§ 169 Rn. 9 ff., 13). Eine förmliche Zustellung mit Zustellungsurkunde oder mittels Einschreiben bleibt in der Praxis auch die Ausnahme. Nach **§ 5 Abs. 4 VwZG**, auf den über Abs. 2 Satz 5 in § 61 Abs. 1 Satz 2 GWB ausdrücklich verwiesen wird, ist nämlich u. a. an Behörden, Körperschaften und Anstalten des öffentlichen Rechts sowie an Rechtsanwälte eine Übermittlung auch **auf andere Weise** (z. B. per **Telefax**), auch **elektronisch**, **gegen Empfangsbekenntnis** möglich. In der bisherigen Praxis bevorzugte eine Vielzahl von Vergabekammern bereits (damals) die Zustellung des Antrags per Telefax. Diese Praxis wird heute überwiegend beibehalten und die Nachprüfungsanträge werden per Telefax gegen Empfangsbekenntnis übermittelt.[56]

18 Vor dem VergModG 2009 wurde kontrovers diskutiert, ob eine Zustellung per Telefax auch dann zulässig ist, wenn es sich bei dem Antragsgegner um eine juristische Person des Privatrechts (vgl. §§ 99 Nr. 2–4, 100 Abs. 1 u. 101 Abs. 1 GWB) handelt. In diesem Fall war nach richtiger Ansicht eine Zustellung per Telefax grundsätzlich ausgeschlossen und nur unter den erschwerten Voraussetzungen des § 8 VwZG (§ 9 VwZG a. F.) möglich. Im Ganzen führte das damals gesetzlich geforderte Zustellungserfordernis des Nachprüfungsantrags zu erhöhten Anforderungen an die Zeitplanung des Antragstellers und barg gerade gegen Ende oder nach Ablauf der Wartefrist, die heute in § 134 GWB geregelt ist, unkalkulierbare Risiken für die Auslösung des Zuschlagsverbots des § 169 Abs. 1 GWB. Diesen Risiken wurde durch die Novellierung des § 169 Abs. 1 GWB im Jahre 2009 und durch die Praxis vieler Vergabekammern entgegen getreten (vgl. § 169 Rn. 5 ff.). Da Abs. 2 Satz 3 lediglich eine Übermittlung einer Kopie des Antrags verlangt, ist nun, **unabhängig von der Rechtsform des Auftraggebers**, die **Übermittlung** einer Kopie des Antrags **per Telefax zulässig**. Dies ergibt sich auch aus § 61 Abs. 1 Satz 2 GWB, wonach § 5 Abs. 4 VwZG (Rn. 17) auf Auftraggeber im Sinne von § 98 GWB entsprechend anzuwenden ist. Die Gleichstellung der Unternehmen mit den in § 5 Abs. 4 ZVG genannten Berufsgruppen und Institutionen erscheint aus Sicht des Gesetzgebers sachgerecht, weil bei diesen gleichermaßen die Rücksendung des Empfangsbekenntnisses erwartet werden könne; für (öffentliche) Auftraggeber enthalte § 98 GWB (a. F., vgl. §§ 98–101 GWB n. F.) eine Legaldefinition, der Rechnung zu tragen sei.[57] Die Übermittlung einer bloßen Benachrichtigung über den Eingang des Nachprüfungsantrags (ohne Beifügung einer Kopie desselben) per Telefax reicht für eine Information gem. § 169 Abs. 1 GWB aus, für eine Übermittlung i. S. d. Abs. 2 Satz 3 hingegen nicht.[58]

19 Gem. **§ 5 Abs. 5 VwZG** kann ein **elektronisches Dokument** elektronisch zugestellt werden, soweit der Empfänger hierfür einen Zugang eröffnet; es ist elektronisch zuzustellen, wenn aufgrund einer Rechtsvorschrift ein Verfahren auf Verlangen des Empfängers in elektronischer Form abgewickelt wird. Für die Übermittlung ist das Dokument mit einer

---

55 So verfährt bspw. die VK Düsseldorf, die weiterhin den Nachprüfungsantrag per Telefax unter Beifügung einer Übermittlungsverfügung sowie eines vom Auftraggeber zurückzusendenden Empfangsbekenntnisses übermittelt. S. a. *Eiermann*, NZBau 2016, 13, 16.

56 Vgl. *Eiermann*, NZBau 2016, 13, 16.

57 BR-Drs. 86/05, S. 11, 32 zu § 61 GWB-E als Folgeänderung des Gesetzes zur Novellierung des Verwaltungszustellungsrechts (s. BGBl. 2005, S. 2354, 2358).

58 Vgl. Schleswig-Holsteinisches OLG, Beschl. v. 1.6.1999, 6 Verg 1/99, NZBau 2000, 96, 97.

qualifizierten elektronischen Signatur[59] zu versehen und gegen unbefugte Kenntnisnahme Dritter zu schützen.[60] Da nach heutiger Rechtslage der **Nachprüfungsantrag** auch per **E-Mail** gem. § 3a VwVfG **eingereicht** werden kann, soweit die Vergabekammer hierfür einen Zugang eröffnet hat (vgl. § 161 Rn. 3), besteht also die Möglichkeit, dass der Antrag elektronisch an den Auftraggeber **weitergeleitet** bzw. übermittelt wird, soweit auch er einen Zugang eröffnet hat oder das Vergabeverfahren in elektronischer Form abgewickelt wird – der **Grundsatz der e-Vergabe** wurde durch das VergRModG 2016 nun gesetzlich in § 97 Abs. 5 GWB verankert (s. § 97 Rn. 177 ff.).

Bei der **elektronischen Zustellung** ist gem. **§ 5 Abs. 6 VwZG** die Übermittlung mit dem Hinweis „Zustellung gegen **Empfangsbekenntnis**" einzuleiten. Die Übermittlung muss die absendende Behörde, den Namen und die Anschrift des Zustellungsadressaten sowie den Namen des Bediensteten erkennen lassen, der das Dokument zur Übermittlung aufgegeben hat.[61] Nach **§ 5a Abs. 1 VwZG** kann eine elektronische Zustellung gegen **Abholbestätigung** über De-Mail-Dienste erfolgen; bei dieser Übermittlung tritt an die Stelle des Empfangsbekenntnisses die Abholbestätigung. 20

Gem. **§ 5 Abs. 7 Satz 1 VwZG** genügt zum **Nachweis** der Übermittlung nach § 5 Abs. 4 und 5 VwZG das mit Datum und Unterschrift versehene **Empfangsbekenntnis**, das an die Behörde durch die Post oder elektronisch **zurückzusenden** ist.[62] Auch eine Rücksendung des Empfangsbekenntnisses per Telefax reicht aus.[63] § 5 Abs. 7 Satz 2 bis 6 VwZG enthält weitere Bestimmungen zur Übermittlung, insbesondere zur Zustellungsfiktion im Hinblick auf elektronische Dokumente. Eine Zustellung gem. § 5 Abs. 4 VwZG ist grundsätzlich erst an dem Tag bewirkt, an dem der Empfänger durch seine datierte Unterschrift auf dem Empfangsbekenntnis urkundlich bestätigt, vom Zugang des Schriftstücks Kenntnis erlangt und es empfangsbereit entgegengenommen zu haben – nicht dagegen bereits an jenem Tag, der dem (in der Regel von einem Mitarbeiter der Behörde, der Anstalt oder Körperschaft des öffentlichen Rechts oder ihres Rechtsanwalts durch Datumstempel vermerkten) tatsächlichen Eingang des zuzustellenden Schriftstücks bei der Behörde, Körperschaft oder Anstalt oder in der Kanzlei des Rechtsanwalts entspricht.[64] Zum Nachweis der elektronischen Zustellung gem. **§ 5a VwZG** genügt nach dessen Abs. 3 die **Abholbestätigung**, für die §§ 371 Abs. 1 Satz 2, 371a Abs. 3 ZPO gelten. § 5a Abs. 4 VwZG enthält ebenfalls weitere Bestimmungen zur Zustellungsfiktion im Hinblick auf elektronische Dokumente. 21

59 Vgl. Begriffsbestimmung in Art. 3 Nr. 12 der Verordnung (EU) Nr. 910/2014 des Europäischen Parlaments und des Rates vom 23.7.2014 über elektronische Identifizierung und Vertrauensdienste für elektronische Transaktionen im Binnenmarkt und zur Aufhebung der Richtlinie 1999/93/EG (eIDAS-Verordnung). S. zur Definition auch die frühere Vorschrift des § 2 Nr. 3 SigG (Signaturgesetz vom 16.5.2001 (BGBl. 2001, S. 876), mit Wirkung vom 29.7.2017 außer Kraft getreten aufgrund des eIDAS-Durchführungsgesetzes vom 18.7.2017 (BGBl. 2017, S. 2745)).

60 Vgl. auch § 174 Abs. 3 ZPO.

61 Vgl. auch § 174 Abs. 2 Satz 2 ZPO.

62 Vgl. auch § 174 Abs. 4 ZPO.

63 Vgl. *Schlatmann*, in: Engelhardt/App/Schlatmann, VwVG und VwZG, § 5 VwZG Rn. 25; vgl. auch § 174 Abs. 4 Satz 2 ZPO.

64 Vgl. OLG Düsseldorf, Beschl. v. 2.8.2002, Verg 25/02; BVerwG, Beschl. v. 21.12.1979, 4 ER 500/79, NJW 1980, 2427, beide zu § 5 Abs. 2 VwZG a.F.; vgl. hierzu auch OLG Celle, Beschl. v. 17.7.2009, 13 Verg 3/09; OLG Jena, Beschl. v. 29.8.2008, 9 Verg 5/08; OLG Karlsruhe, Beschl. v. 13.6.2008, 15 Verg 3/08 zu § 5 Abs. 4 VwZG.

22 Es stellt sich nun die Frage, ob eine Übermittlung i. S. d. Abs. 2 Satz 3 die oben dargelegten **Anforderungen** erfüllen muss. Wäre dies der Fall, hätte die Novellierung durch das VergModG 2009 – mit Ausnahme der gesetzlichen Normierung der entsprechenden Anwendung des § 61 GWB (Rn. 14) – zu keiner tatsächlichen Vereinfachung des bisherigen Verfahrensablaufs beigetragen. Trotz der nur entsprechenden Anwendung des § 61 GWB und des VwZG wäre dann nämlich unter Berücksichtigung des Wortlauts der relevanten Zustellungsvorschriften des VwZG weiterhin insbesondere die Rücksendung eines Empfangsbekenntnisses notwendig. Problematisch daran ist aber, dass der Vollzug eines Empfangsbekenntnisses von dem Willen des Empfängers abhängt, also einen gewissen Unsicherheitsfaktor beinhaltet. Bei der Zustellung (d. h. auch Übermittlung) durch Empfangsbekenntnis ist nämlich auf die Äußerung des Willens des Zustellungsempfängers, das Schriftstück als zugestellt anzunehmen, abzustellen, mithin jedenfalls i. d. R. auf das Datum, mit dem der Empfänger das Empfangsbekenntnis versehen hat.[65] Sinn und Zweck der Gesetzesänderung in 2009 war es jedoch, klarzustellen, dass gerade keine förmliche Zustellung des Nachprüfungsantrags mehr notwendig ist. Anderenfalls hätte der Reformgesetzgeber den Verweis auf die entsprechende Anwendung des § 61 GWB aufnehmen, es aber bei der ursprünglichen Formulierung in § 110 Abs. 2 GWB a. F. „... stellt ... den Antrag ... dem Auftraggeber zu ...“ belassen können. Aus diesem Grunde muss es für das Vorliegen einer Übermittlung gem. Abs. 2 Satz 3 – unabhängig von einem Übermittlungserfolg[66] – **ausreichen**, die Kopie des Nachprüfungsantrags z. B. per Telefax zu **übermitteln**, ohne dass es auf die Rücksendung eines beigefügten Empfangsbekenntnisses ankommt.

23 Davon losgelöst zu betrachten ist die Problematik eines **Nachweises** der Übermittlung für den Fall, dass der Auftraggeber den Erhalt der Kopie des Nachprüfungsantrags bestreitet. Der Auftraggeber kann nur bei Erhalt eines vollständigen Nachprüfungsantrags prüfen und entscheiden, ob und inwieweit er sich hiergegen verteidigen oder ob er ggf. abhelfen will.[67] Stellt die Übermittlung der Antragskopie zudem gleichzeitig die Information i. S. d. § 169 Abs. 1 GWB dar (vgl. Rn. 17), ist der Nachweis der Übermittlung von großer Bedeutung für die Klärung der Frage, wann das Zuschlagsverbot eingetreten ist, ob also ein erteilter Zuschlag wirksam und ein eingereichter Nachprüfungsantrag ggf. unzulässig ist. Nach dem Willen des Gesetzgebers muss der Nachweis des Zugangs der Information an den Auftraggeber gem. § 169 Abs. 1 GWB sichergestellt sein.[68] Zum Zwecke der Beweisführung muss daher der tatsächliche **Zeitpunkt der Übermittlung** der Nachprüfungsantragskopie **dokumentiert** werden, was in der Praxis überwiegend durch die Aufforderung zur Rücksendung des mit Datum und Unterschrift versehenen **Empfangsbekenntnisses** geschieht. Diese als sicherer Nachweis dienende Rücksendung von Empfangsbekenntnissen ist aber aufgrund der notwendigen Mitwirkung des Empfängers mit Unsicherheiten behaftet (s. o. Rn. 22). Der sogenannte **„o.k.“-Vermerk** im **Sendebericht** des Absenders eines Telefaxschreibens begründet hingegen über ein bloßes **Indiz** hinaus weder den vollen Beweis noch den Anscheinsbeweis dafür, dass das Telefaxschreiben auch tatsächlich zugegangen ist; der „o.k.“-Vermerk belegt nur das Zustandekommen der Verbindung, nicht aber die erfolg-

65 OLG Düsseldorf, Beschl. v. 7.8.2013, VII-Verg 14/13 m. w. N. S. a. OLG Hamm, Urt. v. 12.1.2010, 4 U 193/09, NJW 2010, 3380, 3381 f.; *Schultzky*, in: Zöller, ZPO, § 174 ZPO Rn. 10, 7.

66 So wohl auch *Gaus*, in: Müller-Wrede, GWB, § 163 Rn. 42; a. A. *Schneevogl*, in: Müller-Wrede, GWB, 2009, § 110 Rn. 12 ff., 18.

67 Vgl. Schleswig-Holsteinisches OLG, Beschl. v. 1.6.1999, 6 Verg 1/99, NZBau 2000, 96, 97.

68 BT-Drs. 16/11428, S. 33 zu § 115 GWB-E VergModG.

reiche Übermittlung der Signale an das Empfangsgerät.[69] Allerdings rechtfertigt die hohe Zuverlässigkeit bei der Übermittlung von Telefaxnachrichten es, demjenigen, der sich auf einen verspäteten oder gänzlich fehlenden Zugang eines ordnungsgemäß abgesandten Schreibens beruft, höhere Anforderungen hinsichtlich des Bestreitens des Zugangs aufzuerlegen.[70] Der Empfänger kann sich nicht auf ein bloßes Bestreiten des Zugangs beschränken; er muss sich im Rahmen seiner **sekundären Darlegungslast** vielmehr näher dazu äußern, welches Gerät er an der fraglichen Gegenstelle betreibt, ob die Verbindung im Speicher enthalten ist, ob und in welcher Weise er ein Empfangsjournal führt und dieses ggf. vorlegen usw.; die Beweiskraft des im „o.k."-Vermerk liegenden Indizes ist sodann unter Berücksichtigung dieses Vorbringens zu würdigen.[71] Bei E-Mails kann eine **Eingangs- oder Lesebestätigung** einen Anscheinsbeweis für den Zugang der E-Mail begründen; einen vollen Beweis für die Kenntnisnahme kann aber selbst die automatische Lesebestätigung nicht erbringen, da sie als automatisches Softwareprodukt fehleranfällig ist.[72] Es bleibt damit festzustellen, dass der seit dem VergModG 2009 geltende Gesetzeswortlaut zwar in der Theorie, nicht jedoch in der Praxis die bisherige Problematik hinsichtlich des Nachweises des Zeitpunkts der Übermittlung beseitigt hat (vgl. auch § 169 Rn. 7 f.).

2. Frist

Die Übermittlung bzw. die Information hat unverzüglich zu erfolgen, um den automatischen Suspensiveffekt gem. § 169 Abs. 1 GWB zugunsten des Bieters auszulösen. Wie oben (Rn. 17) dargelegt, wird das Zuschlagsverbot zwar gem. § 169 Abs. 1 GWB mit der Information des Auftraggebers in Textform über den Nachprüfungsantrag herbeigeführt. In der Praxis fallen diese Information und die Übermittlung einer Kopie des Antrags nach Abs. 2 Satz 3 jedoch regelmäßig zusammen. Die **Vergabekammer** darf die **Übermittlung** bzw. **Information nicht** verfahrenswidrig **verzögern**. Sie darf also allenfalls wenige Tage warten. In Eilfällen muss die Kammer sogar binnen Stunden entscheiden. Bei einem Verstoß kann die sofortige Beschwerde erhoben werden.[73] Die Anordnung der Vergabekammer, den Nachprüfungsantrag zu übermitteln, ist eine nicht selbstständig anfechtbare Zwischenentscheidung, ebenso die Entschließung der Vergabekammer, den Nachprüfungsan- **24**

---

69 BGH, Urt. v. 19.2.2014, IV ZR 163/13, NJW-RR 2014, 683, 685 m. w. N., insb. zur Kritik an der st. Rspr. des BGH im Hinblick auf die technischen Weiterentwicklungen auf dem Gebiet der Telekommunikation; Beschl. v. 8.10.2013, VIII ZB 13/13, NJW-RR 2014, 179 m. w. N.; Urt. v. 7.12.1994, VIII ZR 153/93, NJW 1995, 665, 666 f. m. w. N.; *Greger*, in: Zöller, ZPO, Vor § 284 ZPO Rn. 31. Instruktiv zur **Form- und Fristwahrung durch Telefax** im Zivilprozess *Toussaint*, NJW 2015, 3207, 3209. Zum **„o.k."-Vermerk im Sendeprotokoll** i. R. eines Wiedereinsetzungsantrags BGH, Beschl. v. 1.3.2016, VIII ZB 57/15, NJW 2016, 2042.

70 OLG Thüringen, Beschl. v. 9.9.2002, 6 Verg 4/02, VergabeR 2002, 631, 633; VK Bund, Beschl. v. 3.4.2006, VK 2-14/06; Beschl. v. 12.2.2003, VK 1-3/03; s. a. OLG München, Urt. v. 2.7.2008, 7 U 2451/08; AG Coburg, Urt. v. 25.10.2007, 15 C 932/07.

71 BGH, Urt. v. 19.2.2014, IV ZR 163/13, NJW-RR 2014, 683, 685 m. w. N. Zur sekundären Darlegungslast, u. a. bzgl. des Zugangs eines Telefaxes bei „o.k."-Vermerk, *Greger*, in: Zöller, ZPO, Vor § 284 ZPO Rn. 34, 34a, 34c.

72 *Kitz*, in: Hoeren/Sieber/Holznagel, Multimedia-Recht, Teil 13.1 Rn. 120 mit einer **Definition** der Begriffe der Eingangs- sowie der Lesebestätigung. S. a. BGH, Beschl. v. 17.7.2013, I ZR 64/13, NJW 2014, 556, 557.

73 Vgl. *Becker-Eberhard*, in: MüKo ZPO, § 271 ZPO Rn. 19; offen gelassen von OLG Dresden, Beschl. v. 4.7.2002, WVerg 0011/02, VergabeR 2002, 544, 545.

trag nicht zu übermitteln – jedenfalls dann, wenn die Vergabekammer die Sachentscheidung nicht verfahrenswidrig verzögert (s. ausführlich Rn. 33 f.). In der Praxis zeigt sich, dass die Vergabekammern die Nachprüfungsanträge häufig noch am selben Tag, spätestens am Folgetag prüfen und übermitteln.[74] Auch das **Beschwerdegericht** hat die Kompetenz, den in erster Instanz eingereichten Nachprüfungsantrag nachträglich zuzustellen.[75]

3. Absehen von Übermittlung

25 Von der Übermittlung ist abzusehen, wenn der **Nachprüfungsantrag offensichtlich unzulässig** oder **offensichtlich unbegründet** ist. Der Gesetzestext enthält zwar nicht die Formulierung „offensichtlich unbegründet", sondern nur „unbegründet". Diese Ungenauigkeit ist aber teleologisch mit dem hier gewählten Verständnis zu lösen, denn anderenfalls wäre der effektive Bieterrechtsschutz unangemessen eingeschränkt. Für den Begriff der **Offensichtlichkeit** kommt es darauf an, dass die Unzulässigkeit oder Unbegründetheit ohne weitere gründliche Prüfung des Antrags auffällt oder direkt **„ins Auge springt"**.[76] Ein Fall der offensichtlichen Unzulässigkeit ist gegeben, wenn erkennbar die Zulässigkeitsvoraussetzungen für den Antrag nicht gegeben sind, das heißt, wenn die Mängel für einen unvoreingenommenen, mit den Umständen vertrauten Beobachter ohne Weiteres ersichtlich sind.[77] In tatsächlicher Hinsicht bedeutet Offensichtlichkeit, dass die Unzulässigkeit des Nachprüfungsantrags nach Lage der Akten ohne weitere Tatsachenaufklärung feststellbar sein muss.[78] Offensichtlich unzulässig ist damit ein Antrag, wenn **keine Zweifel am Sachvortrag** des Antragstellers vorliegen, **keine weitere Sachverhaltsermittlung** erforderlich und **die rechtliche Einordnung** anhand der eingereichten Unterlagen und der einschlägigen höchstrichterlichen Rechtsprechung **möglich** ist.[79] Offensichtlich erfolglos ist ein Nachprüfungsantrag also nicht erst dann, wenn nicht der geringste (theoretische) Zweifel an seiner Zulässigkeit oder Begründetheit bestehen kann. Es ist auch nicht erforderlich, dass eine zur Beurteilung der Erfolgsaussichten relevante Rechtsfrage in Rechtsprechung und Literatur einhellig beantwortet wird.[80] Ausreichend ist vielmehr, dass die Vergabekammer schon bei einer **summarischen Prüfung** des Nachprüfungsantrags auf der Grundlage bisher ergangener Judikate die **Erfolglosigkeit** des Rechtsschutzbegehrens **sicher verneinen** kann.[81] Das betrifft das ersichtliche, z. B.[82] unstreitige Fehlen von Sachentscheidungsvo-

---

74 Vgl. *Dieckmann*, VergabeR 2005, 10, 14; s. a. Stellungnahme des Bundesrats, BT-Drs. 16/10117, S. 34 zu § 110 GWB-E VergModG.

75 Vgl. OLG Frankfurt a. M., Beschl. v. 4.3.2015, 11 Verg 2/14; OLG Düsseldorf, Beschl. v. 30.8.2001, Verg 32/01. Vgl. Rn. 32.

76 OLG Stuttgart, Beschl. v. 4.11.2002, 2 Verg 4/02, NZBau 2003, 296; VK Baden-Württemberg, Beschl. v. 4.1.2010, 1 VK 74/09.

77 OLG Jena, Beschl. v. 22.7.2015, 2 Verg 2/15, NZBau 2015, 796, 797; OLG Frankfurt a. M., Beschl. v. 2.10.2013, 11 Verg 10/13 m. w. N.

78 OLG Jena, Beschl. v. 22.7.2015, 2 Verg 2/15, NZBau 2015, 796, 797; VK Hessen, Beschl. v. 12.2.2014, 69d VK-55/2013; Beschl. v. 28.1.2014, 69d VK-01/2014.

79 OLG Jena, Beschl. v. 22.7.2015, 2 Verg 2/15, NZBau 2015, 796, 797.

80 S. a. VK Berlin, Beschl. v. 16.8.2016, VK-B1-23/16.

81 Vgl. OLG Düsseldorf, Beschl. v. 26.6.2002, Verg 32/02; OLG Koblenz, Beschl. v. 22.3.2001, 1 Verg 9/00, VergabeR 2001, 407.

82 Weitere Beispiele aus der Rechtsprechung für offensichtliche Unzulässigkeit bei *Summa*, in: jurisPK-Vergaberecht, § 163 GWB Rn. 42 ff.

raussetzungen (§ 161 Abs. 2 GWB, vgl. § 161 Rn. 1, 7ff., 16),[83] der Antragsbefugnis[84] oder einer ordnungsgemäßen und notwendigen Rüge[85] ebenso wie – nach h. A., die nicht geteilt wird (vgl. § 156 Rn. 6ff., § 160 Rn. 37, 40ff.) – Ansprüche, die nicht mit den Bestimmungen über das Vergabeverfahren zusammenhängen.[86] Offensichtlich unzulässig ist der Antrag ferner, wenn das Vergabeverfahren gem. §§ 97ff. GWB nicht anwendbar ist bzw., im Falle seiner Anwendbarkeit, wenn die Verletzung von eigenen Bieterrechten gem. §§ 160 Abs. 2 Satz 1, 97 Abs. 6 GWB fehlt oder nicht dargelegt ist, dass dem Antragsteller durch die behauptete Verletzung der Vergabevorschriften ein Schaden entstanden ist oder zu entstehen droht.[87] Die Zurückweisung eines Nachprüfungsantrags als „offensichtlich unbegründet" durch die Vergabekammer kommt nicht in Betracht, wenn die „Offensichtlichkeit" aus Sachverhaltselementen entnommen worden ist, zu denen im Nachprüfungsverfahren keine Akteneinsicht gewährt worden ist.[88]

Die Vergabekammer ist gehalten, im Rahmen ihrer Amtsermittlungspflicht auf den formalen Fehler hinzuweisen und Gelegenheit zur kurzfristigen Abhilfe einzuräumen,[89] also durch **Rück- und Nachfragen** bei dem **Antragsteller**[90] offensichtliche Fehler oder Mängel des Nachprüfungsantrags auszuräumen und ihn damit übermittlungsreif zu machen. Entsprechende **Ermittlungen** gegenüber der **Vergabestelle** sind dagegen wegen der damit verbundenen Warnung, die den erst mit der Information in Textform einsetzenden automatischen Suspensiveffekt (§ 169 Abs. 1 GWB) zunichtemachen könnte, **nicht zulässig**. Insbesondere darf die Vergabekammer einen Nachprüfungsantrag, gegen dessen Zulässigkeit Bedenken bestehen, nicht etwa der Vergabestelle zur Stellungnahme zusenden. In diesem Fall ist nämlich keine Offensichtlichkeit mehr gegeben, und es muss übermittelt werden.[91] **26**

Die **Eingangsüberprüfung** steht **nicht** im **Ermessen** der Vergabekammer, sodass ein Nachprüfungsantrag, der aus formalen oder inhaltlichen Gründen so, wie er vorliegt, keine Aussicht auf Erfolg hat, **nicht** zugestellt bzw. **übermittelt werden darf**.[92] Eine nur **teilweise Übermittlung** des Nachprüfungsantrags in dem Umfang, der nicht für offensichtlich **27**

---

83 Vgl. ausführlich OLG Koblenz, Beschl. v. 10.8.2000, 1 Verg 2/00, NZBau 2000, 534, 536.

84 OLG Frankfurt a.M., Beschl. v. 2.10.2013, 11 Verg 10/13: Antragstellung durch einzelnes Mitglied einer Bietergemeinschaft.

85 Vgl. VK Brandenburg, Beschl. v. 13.12.2006, 1 VK 53/06; VK Bund, Beschl. v. 10.4.2003, VK 2-24/03; VK Rheinland-Pfalz, Beschl. v. 22.2.2002, VK 4/02.

86 Vgl. VK Bund, Beschl. v. 29.4.1999, VK 1-7/99, BB 1999, 1076 = WuW/E Verg 218.

87 OLG Stuttgart, Beschl. v. 4.11.2002, 2 Verg 4/02, NZBau 2003, 296.

88 OLG Schleswig, Beschl. v. 20.3.2008, 1 Verg 6/07, unvollständig abgedruckt in NZBau 2008, 472.

89 Vgl. OLG Frankfurt a.M., Beschl. v. 5.3.2014, 11 Verg 2/14; Beschl. v. 2.10.2013, 11 Verg 10/13 m.w.N.; OLG Jena, Beschl. v. 26.9.2013, 9 Verg 4/13; Beschl. v. 23.1.2003, 6 Verg 11/02, NZBau 2003, 639, 640.

90 VÜA Nordrhein-Westfalen, Beschl. v. 4.2.1999, 424-84-41-30/99.

91 Fehlerhafte Praxis bspw.: VK Sachsen, Beschl. v. 29.11.2002, 1/SVK/108-02 und Beschl. v. 19.11.2002, 1/SVK/100-02. S. a. OLG Frankfurt a.M., Beschl. v. 4.3.2015, 11 Verg 2/14 u. Beschl. v. 5.3.2014, 11 Verg 2/14: Dort setzte die Vergabekammer die Antragsgegnerin, welche zuvor eine Schutzschrift bei ihr hinterlegt hatte, über den Eingang des Nachprüfungsantrags in Kenntnis, woraufhin die Antragsgegnerin ihre Schutzschrift ergänzte. Vgl. Rn. 29.

92 Vgl. OLG Frankfurt a.M., Beschl. v. 2.10.2013, 11 Verg 10/13 m.w.N. Anders OLG Düsseldorf, Beschl. v. 17.2.2016, VII-Verg 37/14, wonach die Vergabekammer bei offensichtlicher Unzulässigkeit u. Entscheidung nach Aktenlage zu der Übermittlung des Nachprüfungsantrags „nicht verpflichtet" gewesen sei.

unzulässig betrachtet wird,[93] ist abzulehnen: Ein solches Vorgehen wäre nicht prozessökonomisch. Auch sehen die Zustellungsvorschriften keine teilweise Übermittlung bzw. Zustellung einheitlicher Dokumente vor, zudem wäre in einem solchen Falle der Zeitpunkt sowie Umfang des Eintritts des Suspensiveffekts i. S. d. § 169 Abs. 1 GWB unklar, da in der Praxis i. d. R. die Übermittlung gem. Abs. 2 Satz 3 und die Information in Textform gem. § 169 Abs. 1 GWB zusammenfallen (Rn. 17, § 169 Rn. 5).

4. Schutzschrift

28 Bei der Beurteilung der „offensichtlichen" Unzulässigkeit oder Unbegründetheit und damit bei der Entscheidung über die Übermittlung des Antrags berücksichtigt die Vergabekammer auch eine vorsorglich hinterlegte **Schutzschrift**[94] des Auftraggebers. Diese bereits in der Praxis des Vergaberechts vereinzelt genutzte Möglichkeit wurde durch das VergModG 2009 durch Einfügen des **Abs. 2 Satz 2** geregelt. Die hinterlegte Schutzschrift soll die Vergabekammer vorsorglich vor Anhängigkeit[95] des Verfahrens über die tatsächlichen und rechtlichen Aspekte für eine Widerlegung des Antrags in Kenntnis setzen, indem der Auftraggeber seine Argumente für die offensichtliche Unzulässigkeit oder Unbegründetheit des Antrags darlegt.[96] Der Auftraggeber bezweckt hiermit, die Übermittlung des Nachprüfungsantrags und damit den Eintritt des automatischen Suspensiveffekts gem. § 169 Abs. 1 GWB zu verhindern,[97] sofern die Übermittlung mit der Information im Sinne letztgenannter Vorschrift zusammenfällt (Rn. 17, § 169 Rn. 5). Auch ein **Beigeladener** ist berechtigt – über den Wortlaut der Norm hinaus –, eine Schutzschrift zu hinterlegen.[98]

29 Bei der Berücksichtigung der Schutzschrift ist aber zurückhaltend vorzugehen, weil diese wegen ihres Präventionscharakters oft nur pauschale Ausführungen enthält oder die Stoßrichtung des Nachprüfungsantrags anders ausfällt, als von der Schutzschrift erwartet. In der Praxis führt die Hinterlegung einer Schutzschrift **nur selten** dazu, dass die Vergabekammer den Nachprüfungsantrag nicht übermittelt.[99] Verbleiben der Vergabekammer näm-

---

93 So aber VK Baden-Württemberg, Beschl. v. 2.12.2004, 1 VK 74/04 jedenfalls dann, wenn der Antrag aus zwei in sich abgeschlossenen Abschnitten besteht. Ebenso *Ohlerich*, in: Kulartz/Kus/Portz/Prieß, GWB, § 163 Rn. 46 für den Fall, dass das Zuschlagsverbot auch nur isoliert in Bezug auf einzelne Beschaffungsteile ausgelöst werden kann. *Dicks*, in: Ziekow/Völlink, Vergaberecht, § 163 Rn. 13a m. w. N. wiederum hält die teilweise Übermittlung für denkbar, aber in der Praxis ungebräuchlich.

94 Siehe zur Schutzschrift auch OLG Thüringen, Beschl. v. 6.11.2002, 6 Verg 8/02, VergabeR 2003, 108 f. = WuW/E Verg 764 = NZBau 2003, 176; *Stoye/von Münchhausen*, VergabeR 2008, 871, 874, 878; *Erdmann*, VergabeR 2008, 908, 916 f.; *Erdl*, VergabeR 2001, 270.

95 Zu diesem Begriff bzw. der fehlenden Abgrenzung zur Rechtshängigkeit s. § 160 Rn. 5.

96 Amtl. Begr., BT-Drs. 16/10117, S. 22 zu § 110 GWB-E VergModG.

97 Vgl. Amtl. Begr., BT-Drs. 16/10117, S. 22 zu § 110 GWB-E VergModG, in der fälschlich noch von der „Zustellung" des Antrags die Rede ist. Beispielsfall, in dem die Vergabekammer eine Schutzschrift berücksichtigt u. den Nachprüfungsantrag nicht übermittelt („zugestellt") hat: OLG Karlsruhe, Beschl. v. 8.1.2010, 15 Verg 1/10.

98 *Queisner*, in: BeckOK Vergaberecht, § 163 Rn. 28; *Ohlerich*, in: Kulartz/Kus/Portz/Prieß, GWB, § 163 Rn. 47; *Summa*, in: jurisPK-Vergaberecht, § 163 GWB Rn. 38; *Dicks*, in: Ziekow/Völlink, Vergaberecht, § 163 Rn. 15.

99 Beispiel für eine zunächst „erfolgreiche" Hinterlegung einer Schutzschrift: OLG Frankfurt a. M., Beschl. v. 4.3.2015, 11 Verg 2/14: Nachdem die Antragsgegnerin bei der Vergabekammer eine Schutzschrift hinterlegt und diese – nach Kenntniserlangung über den Eingang des Nachprü-

lich **Zweifel** an der offensichtlichen Unzulässigkeit oder Unbegründetheit des Antrags, wird sie diesen in der Regel zur Gewährleistung eines effektiven **Primärrechtsschutzes** an den Auftraggeber übermitteln und damit das Vergabeverfahren aussetzen.[100] Im Schrifttum wird bereits bezweifelt, ob Offensichtlichkeit vorliegt, wenn erst die Darlegungen in der Schutzschrift die Vergabekammer von der Unzulässigkeit oder Unbegründetheit des Antrags, welche sich eigentlich aus dem Antrag selbst ergeben sollte, überzeugen.[101] Vielmehr weise die Schutzschrift den Charakter einer vorweggenommenen Antragserwiderung bzw. eines normalen Schriftsatzes auf, zu der/dem dem Antragsteller unter dem Gesichtspunkt der Gewährung rechtlichen Gehörs nach abschriftlicher Übersendung Gelegenheit zur Stellungnahme einzuräumen sei.[102] Der Vortrag in der Schutzschrift werde zudem durch den Nachprüfungsantrag streitig gestellt, sodass eine abschließende Entscheidung regelmäßig erst nach Prüfung der Akte und etwaiger erforderlicher Beweisführung möglich sei.[103] Die Schutzschrift stellt hingegen dann ein **adäquates Mittel** des Auftraggebers dar, den Eintritt des automatischen Suspensiveffekts gem. § 169 Abs. 1 GWB zu verhindern, wenn **keinerlei Zweifel** an der Erfolglosigkeit des Nachprüfungsantrags verbleiben, wie bspw. bei wirksamer Erteilung des Zuschlags vor der Information des Auftraggebers über den Nachprüfungsantrag. In solchen Fällen wäre es zu begrüßen, wenn die Vergabekammern eine hinterlegte Schutzschrift im Rahmen ihrer summarischen Prüfung **stärker berücksichtigen** würden, als bislang geschehen.[104]

5. Kostenvorschuss

Voraussetzung für die Übermittlung kann außerdem die Zahlung eines angemessenen Vorschusses für die begehrte Amtshandlung sein (§ 182 Abs. 1 GWB i.V. m. § 16 VwKostG des Bundes[105]).[106] Ein derartiges Erfordernis ist aber mit Blick auf den effektiven Rechtsschutz des Anbieters kritisch zu beurteilen und **widerspricht** dem **Eilcharakter** des Nachprüfungsverfahrens. In Eilfällen wird es daher ausreichen müssen, wenn ohne Einzahlung des Kostenvorschusses übermittelt und nur die weitere Fortsetzung des Nachprüfungsver- 30

fungsantrags – ergänzt hatte, wies die Vergabekammer den Nachprüfungsantrag ohne vorherige Übermittlung an die Antragsgegnerin mit Beschluss als teilweise offensichtlich unzulässig und i. Ü. offensichtlich unbegründet zurück. Allerdings hob der Vergabesenat auf die hiergegen eingelegte sofortige Beschwerde der Antragstellerin hin diesen Beschluss auf und übermittelte förmlich den Nachprüfungsantrag.

100 Vgl. auch Stellungnahme des Bundesrats, BT-Drs. 16/10117, S. 34 zu § 110 GWB-E VergModG.

101 *Maier*, in: Kulartz/Kus/Portz, GWB, 2. Aufl. 2009, § 110 Rn. 33.

102 *Queisner*, in: BeckOK Vergaberecht, § 163 Rn. 29; *Summa*, in: jurisPK-Vergaberecht, § 163 GWB Rn. 39; *Ohlerich*, in: Kulartz/Kus/Portz/Prieß, GWB, § 163 Rn. 49; *Dicks*, in: Ziekow/Völlink, Vergaberecht, § 163 Rn. 16; *Maier*, in: Kulartz/Kus/Portz, GWB, 2. Aufl. 2009, § 110 Rn. 33. Beispiel für eine Übersendung der Schutzschrift an den Antragsteller zur Stellungnahme in OLG Frankfurt a. M., Beschl. v. 5.3.2014, 11 Verg 2/14.

103 *Schneevogl*, in: Müller-Wrede, GWB, 2009, § 110 Rn. 10.

104 S. a. *Byok*, NVwZ 2009, 551, 555.

105 Das am 15.8.2013 außer Kraft getretene VwKostG v. 23.6.1970 (BGBl. I, S. 821) ist gem. § 182 Abs. 1 GWB in der am 14.8.2013 geltenden Fassung anzuwenden. Vgl. die Nachfolgeregelung in § 15 Bundesgebührengesetz – BGebG (BGBl. 2013, S. 3154).

106 Vgl. § 4 Abs. 1 GO VK Bund (Anhang III. 1). Zur Zulässigkeit einer **sofortigen Beschwerde** gegen den Beschluss der Vergabekammer, die **Übermittlung** des Nachprüfungsantrags von der Einzahlung eines bestimmten **Kostenvorschusses abhängig** zu machen, s. OLG Düsseldorf, Beschl. v. 18.2.2010, VII-Verg 18/10 u. § 171 Rn. 10.

fahrens von der Zahlung abhängig gemacht wird. Die Geschäftsordnungen der Vergabekammern[107] lassen daher als Zahlungsnachweis die Übersendung des Zahlungsbelegs oder eine anwaltliche Versicherung über die Kostenübernahme zu (vgl. § 158 Rn. 18f.).[108]

6. Rechtsmittel

31 Rechtsmittel gegen Entscheidungen der Vergabekammer im Rahmen von § 163 GWB über die Übermittlung des Nachprüfungsantrags sind nur sehr eingeschränkt gegeben (vgl. hierzu auch § 171 Rn. 2, 6f.).

32 Alle **Endentscheidungen** der Vergabekammer **unterliegen der sofortigen Beschwerde** gem. § 171 Abs. 1 GWB. Mit Endentscheidung ist die „Entscheidung der Vergabekammer" (Wortlaut des § 168 Abs. 3 Satz 1 GWB und des § 171 Abs. 1 GWB) gemeint, deren Rechtsnatur als Verwaltungsakt § 168 Abs. 3 Satz 1 GWB besonders heraushebt sowie klarstellt und mit der die Vergabekammer die erste Instanz des Nachprüfungsverfahrens abschließt. Eine die erste Instanz in diesem Sinne abschließende Entscheidung ist auch die **Zurückweisung** des Nachprüfungsantrags **als offensichtlich unzulässig oder offensichtlich unbegründet** gem. Abs. 2 Satz 1; auch diese Entscheidungsart unterliegt daher der sofortigen Beschwerde gem. § 171 Abs. 1 GWB.[109] Teilt der Vergabesenat die Ansicht der Vergabekammer nicht, mag das Zuschlagsverbot entsprechend § 169 Abs. 1 GWB durch Nachholung der Übermittlung des Nachprüfungsantrags durch das Beschwerdegericht – erstmalig – hergestellt werden.[110]

33 Demzufolge sind, abgesehen von dem Sonderfall der Kostenentscheidung, für deren Anfechtbarkeit es eine gesetzliche Spezialvorschrift gibt (§ 182 Abs. 1 Satz 2 GWB i.V. m. § 22 VwKostG des Bundes,[111] s. § 171 Rn. 11), alle anderen „Entscheidungen" der Vergabekammer, die keine Endentscheidung i. S. d. § 168 GWB, sondern sogen. **Zwischenentscheidungen** sind, **nicht** mit der **sofortigen Beschwerde** gem. § 171 Abs. 1 GWB anfechtbar. Das hat der Gesetzgeber für folgende Arten von Zwischenentscheidungen, für die sich die Unstatthaftigkeit der (isolierten) Beschwerde möglicherweise nicht von selbst verstanden hätte, ausdrücklich hervorgehoben:[112] für die Übertragung des Verfahrens an den Vorsitzenden oder den hauptamtlichen Beisitzer zur alleinigen Entscheidung gem. § 157 Abs. 3 Satz 1 GWB (§ 157 Rn. 23 ff.), für die Entscheidung über die Beiladung gem. § 162 Satz 2 GWB (§ 162 Rn. 4, 6), für die Versagung der Akteneinsicht gem. § 165 Abs. 4 GWB (§ 165 Rn. 21), für die Eilentscheidungen der Vergabekammer gem. § 169 Abs. 2 Satz 8 GWB (§ 169 Rn. 27, § 171 Rn. 6) und für vorläufige Maßnahmen der Vergabekammer gem. § 169 Abs. 3 Satz 3 GWB (§ 169 Rn. 56).

34 Unter die Zwischenentscheidungen, die nicht selbstständig anfechtbar sind, fällt auch die **Anordnung** der Vergabekammer gem. Abs. 2 Satz 3, den Nachprüfungsantrag **zu über-**

107 Vgl. § 4 Abs. 1 GO VK Bund (Anhang III. 1).
108 S. a. *Eiermann*, NZBau 2016, 13, 16.
109 OLG Düsseldorf, Beschl. v. 17.2.2016, VII-Verg 37/14; Beschl. v. 18.1.2000, Verg 2/00, NZBau 2000, 596; Beschl. v. 13.4.1999, Verg 1/99, BB 1999, 1078 = BauR 1999, 751 = NJW 2000, 145 = WuW/E Verg 223.
110 OLG Dresden, Beschl. v. 4.7.2002, WVerg 11/02, VergabeR 2002, 544, 545. Vgl. Rn. 24.
111 Das am 15.8.2013 außer Kraft getretene VwKostG v. 23.6.1970 ist gem. § 182 Abs. 1 GWB in der am 14.8.2013 geltenden Fassung anzuwenden.
112 OLG Düsseldorf, Beschl. v. 18.1.2000, Verg 2/00, NZBau 2000, 596.

mitteln,[113] ebenso die Entschließung der Vergabekammer, den Nachprüfungsantrag **nicht zu übermitteln**[114] – jedenfalls dann, wenn die Vergabekammer die Sachentscheidung nicht verfahrenswidrig verzögert (Rn. 24).[115] Gleichwohl ist mit Rücksicht auf das Rechtsstaatsprinzip stets im Einzelfall zu prüfen, ob **Zwischenentscheidungen** nicht **doch isoliert angefochten** werden können (vgl. auch § 162 Rn. 6).[116] Nicht selbstständig anfechtbar ist auch die Entscheidung der Vergabekammer in einem Ablehnungsverfahren wegen des Besorgnisses der **Befangenheit** von Mitgliedern derselben[117] (vgl. zu Befangenheitsanträgen § 157 Rn. 3, 19). Bzgl. weiterer unanfechtbarer Zwischenentscheidungen siehe § 171 Rn. 6f.

Auch die von der Vergabekammer in einer Verfügung angenommene „offensichtliche" Erfolglosigkeit des Nachprüfungsantrags kann nicht isoliert angegriffen werden. Es besteht kein rechtlich schützenswertes Interesse der antragstellenden Partei, dass in der Beschwerdeinstanz ausschließlich die Frage der „offensichtlichen" Unzulässigkeit oder Unbegründetheit des Rechtsschutzbegehrens überprüft wird. Ein derart eingeschränkter Prüfungsgegenstand hätte zur Folge, dass das Beschwerdegericht auch dann die Fortsetzung des Vergabenachprüfungsverfahrens anordnen müsste, wenn die Vergabekammer zwar gegen Abs. 2 Satz 1 verstoßen und zu Unrecht den Nachprüfungsantrag als „offensichtlich" unzulässig oder unbegründet beurteilt hat, sich der Nachprüfungsantrag aber bei Anlegung des üblichen Prüfungsmaßstabs als erfolglos erweist. Eine solche Verfahrensweise wäre prozessunwirtschaftlich und würde zu einer unnötigen Verlängerung eines im Ergebnis aussichtslosen Rechtsschutzbegehrens führen. Dies widerspräche überdies dem Beschleunigungsgrundsatz des § 167 GWB.[118] **35**

---

113 Vgl. OLG Düsseldorf, Beschl. v. 18.1.2000, Verg 2/00, NZBau 2000, 596. S. a. OLG Düsseldorf, Beschl. v. 28.12.2007, Verg 40/07.

114 Siehe aber VK Schleswig-Holstein, Beschl. v. 14.4.2011, VJ-SH 06/11, die tenorierte, der Nachprüfungsantrag werde nicht zugestellt, und in den Gründen darauf hinwies, dass gegen diesen Beschluss über die endgültige Nichtzustellung die sofortige Beschwerde möglich sei, weil es sich nicht um eine unselbstständige Zwischenentscheidung, sondern um einen die erste Instanz verfahrensbeendenden Beschluss handele; sowie dies bestätigend OLG Schleswig, Beschl. v. 7.10.2011, 1 Verg 1/11.

115 Vgl. OLG Hamburg, Beschl. v. 10.10.2008, 1 Verg 5/08; KG Berlin, Beschl. v. 31.3.2007, 2 Verg 6/07, VergabeR 2007, 551, 552 m. w. N.; Beschl. v. 15.4.2004, 2 Verg 6/04; kritisch hierzu *Grams*, VergabeR 2007, 552f. S. a. OLG Düsseldorf, Beschl. v. 28.12.2007, Verg 40/07; ferner OLG Dresden, Beschl. v. 4.7.2002, WVerg 0011/02, VergabeR 2002, 544, 545f., welches eine sofortige Beschwerde für unstatthaft hielt, solange keine Entscheidung der Vergabekammer ergangen sei, es jedoch offen ließ, ob dies anders zu beurteilen wäre, wenn der Vergabekammer vorgeworfen werden müsste, sie habe die Zustellung (heute: Übermittlung) des Nachprüfungsantrags in verfahrensfehlerhafter Weise verzögert; kritisch zu dieser offen gelassenen Frage *Gröning*, VergabeR 2002, 435, 437f. u. *Jaeger*, § 171 Rn. 7 Fn. 10. *Summa*, in: jurisPK-Vergaberecht, § 163 GWB Rn. 41 hält eine „Untätigkeitsbeschwerde" gegen eine nicht erfolgte Zustellung für nicht statthaft.

116 Vgl. *Byok/Goodarzi*, WuW 2004, 1024.

117 OLG Naumburg, Beschl. v. 31.1.2011, 2 Verg 1/11: Die Entscheidung der Vergabekammer in der Hauptsache hingegen unterliegt der gerichtlichen Nachprüfung gem. § 116 GWB a.F. (§ 171 GWB n.F.); im Rahmen des Beschwerdeverfahrens kann u. a. die fehlerhafte Besetzung der Vergabekammer geltend gemacht werden; außerhalb des Beschwerdeverfahrens ist der Vergabesenat des Oberlandesgerichts allerdings nicht für Entscheidungen über eine in Betracht kommende Besorgnis der Befangenheit von Vergabekammermitgliedern zuständig.

118 OLG Düsseldorf, Beschl. v. 26.6.2002, Verg 32/02.

IV. Beteiligung der Vergabeprüfstelle

36 Die in der Fassung bis 2009 in § 110 Abs. 2 Satz 2 GWB a. F. enthaltene ursprüngliche Regelung, wonach die Vergabekammer der Vergabeprüfstelle eine Kopie des Antrags übermittelte, sofern eine solche Vergabeprüfstelle eingerichtet war, ist im Rahmen des VergModG 2009 als Folge der Aufhebung der damaligen Vorschrift des § 103 GWB a. F. **gestrichen** worden. Da die Nachprüfung durch Vergabeprüfstellen kaum eine Rolle spielte, war der Bedarf für eine bundeseinheitliche Regelung der Einrichtung und des Verfahrens von Vergabeprüfstellen entfallen.[119] Gleichwohl **bleibt** die **Prüfungsmöglichkeit** durch Vergabeprüfstellen in den Bundesländern, auch ohne ausdrückliche Erwähnung im GWB, **bestehen**.[120] Auch nach der Gesetzesnovellierung von 2009 haben einige Bundesländer spezialisierte kommunale Vergabeprüfstellen beibehalten (vgl. hierzu § 155 Rn. 4–6).

37 Mit der Übermittlung einer Kopie des Nachprüfungsantrags nach § 110 Abs. 2 Satz 2 GWB a. F. sollte eine parallele Prüfung zur Beschleunigung des Nachprüfungsverfahrens ermöglicht werden.[121] Die Vergabeprüfstelle war nämlich gem. § 103 Abs. 2 GWB a. F. auch von Amts wegen für die Überprüfung von Vergabeverfahren zuständig. Das betraf aber nur einen begrenzten Kreis von Auftraggebern, und zwar die klassischen öffentlichen Auftraggeber gem. § 98 Nr. 1–3 GWB a. F. (heute § 99 Nr. 1–3 GWB n. F.). Die Absicht des Gesetzgebers, eine doppelte Überprüfung auszulösen, war unglücklich und **kaum praktikabel**. Sie widersprach dem im Verwaltungsverfahren analog anwendbaren[122] § 17 GVG. Eine doppelte Überprüfung konnte den Bieterschutz aushöhlen, denn das Verfahren bei der Vergabeprüfstelle war nur rudimentär ausgestaltet. Zudem bestand die Gefahr widersprüchlicher Entscheidungen, die sich noch steigerte, wenn ergänzend zu allem eine rechts- und fachaufsichtliche Überprüfung stattfand. Selbst wenn also die Vergabeprüfstelle ein Verfahren durchführte und entschied, war das Verfahren bei der Vergabekammer keinesfalls erledigt.[123] Das ergab sich schon daraus, dass das Verfahren bei der Vergabeprüfstelle und dort verfügbare Rechtsmittel (§ 103 Abs. 3 GWB a. F.) nicht unionskonform waren.[124]

V. Aktenanforderung

38 Die Vergabekammer fordert gem. **Abs. 2 Satz 3** die Vergabeakten bei dem Auftraggeber an. Bei den **Vergabeakten** handelt es sich um die Akten, die das Vergabeverfahren dokumentieren[125] und die bis zum Zeitpunkt der Aktenanforderung entstanden sind. Hierzu zählen Unterlagen und Schriftverkehr, die in irgendeinem Bezug zum Verfahren stehen und geeignet sind, dieses zu dokumentieren[126] (s. a. Rn. 3 und 42). Es sind u. a. alle Schriftstü-

119 Amtl. Begr., BT-Drs. 16/10117, S. 23 u. 41 zu § 103 GWB-E VergModG.

120 Amtl. Begr., BT-Drs. 16/10117, S. 23 u. 41 f. zu § 103 GWB-E VergModG, u. Kritik des Bundesrats, S. 33 zu § 103 GWB-E VergModG.

121 Amtl. Begr., BT-Drs. 13/9340, S. 18 zu § 120 GWB-E VgRÄG.

122 Vgl. *Ramsauer*, in: Kopp/Ramsauer, VwVfG, § 22 Rn. 20, 32.

123 Dagegen Amtl. Begr., BT-Drs. 13/9340, S. 18 zu § 120 GWB-E VgRÄG.

124 Vgl. zur alten Rechtslage *Noch*, in: Byok/Jaeger, Vergaberecht, 2. Aufl. 2005, § 102 Rn. 715, § 103 Rn. 785 ff., § 106 Rn. 909–916 sowie Amtl. Begr., BT-Drs. 13/9340, S. 16 zu §§ 112, 113 GWB-E, S. 18 zu § 120 GWB-E VgRÄG.

125 **Dokumentation**, **Vergabevermerk** und **Aufbewahrungspflichten** sind in § 8 VgV, § 20 EU VOB/A, § 8 SektVO, § 43 VSVgV, § 6 KonzVgV geregelt.

126 VK Sachsen, Beschl. v. 15.7.2012, 2 VK LSA 11/10 m. w. N.

cke, aus denen sich eine Befassung von für die Auftraggeberseite tätigen Personen, Stellen oder Gremien mit der Auftragsvergabe ergibt. Der Begriff ist **weit** zu verstehen, um zu verhindern, dass der Auftraggeber durch organisatorische Maßnahmen die für die Vergabeentscheidung maßgeblichen Unterlagen der Nachprüfung entzieht[127] (zum ebenfalls weit auszulegenden Begriff der „Akten“ i. S. d. § 165 GWB s. § 165 Rn. 4). Auch der Begriff „**Vergabeverfahren**“ ist **weit** zu verstehen, also nicht im förmlichen, sondern im materiellen Sinne (siehe hierzu § 160 Rn. 30). Sollten bestimmte Unterlagen des Auftraggebers von dem weiten Verfahrensbegriff nicht erfasst sein und eine Herausgabe nach § 163 GWB daher ausscheiden, kann die Vergabekammer sie aber gem. Abs. 2 Satz 5 über **§§ 58, 59 GWB** beanspruchen.

Die **Anforderung** geschieht aus praktischen Gründen **zusammen** mit der Übermittlung des Nachprüfungsantrags. Möglich ist aber auch, dass die Anforderung **zeitlich nach** der Übermittlung erfolgt,[128] wenn nur so eine Beeinträchtigung des Ablaufs des Vergabeverfahrens (Abs. 1 Satz 4) vermieden werden kann. In diesem Fall ist die Aktenanforderung so schnell wie möglich vorzunehmen, um dem Beschleunigungsgrundsatz des § 167 GWB gerecht zu werden. Für die Aktenanforderung gilt **keine Formvorschrift**. Sie kann auch telefonisch erfolgen. Es ist aber sicherzustellen, dass die Aktenanforderung beweisbar ist. Für Aktenbestandteile, die nach dem Zeitpunkt der Aktenanforderung entstanden sind, besteht keine automatische Weiterleitungs- oder Herausgabepflicht der Vergabestelle.[129] Ggf. kann die Vergabekammer aber im Laufe des Nachprüfungsverfahrens die nach Einleitung des Nachprüfungsverfahrens entstandenen Aktenbestandteile nachfordern. 39

Sobald die Aktenanforderung bei dem Auftraggeber eingegangen ist, hat er gem. **Abs. 2 Satz 4** die Vergabeakten der Vergabekammer sofort und vollständig zur Verfügung zu stellen. Er ist auch für die Bereitstellung solcher Vergabeakten verantwortlich, die sich nicht in seinem Besitz, sondern bei Dritten befinden. Die Vergabeakte ist im **Original** vorzulegen.[130] „**Sofort**“ bedeutet schneller als „unverzüglich“.[131] Nach dem Willen des Gesetzgebers muss die Zurverfügungstellung **schnellstmöglich** erfolgen, wobei sich der Auftraggeber nicht auf entschuldbare Verzögerungen bei der Aktenvorlage berufen können soll, da anderenfalls die Fünf-Wochen-Frist des § 167 Abs. 1 GWB in vielen Fällen nicht eingehalten werden könne.[132] Allerdings wird dem Auftraggeber ein angemessener Zeitrahmen einzuräumen sein, innerhalb dessen er bspw. gem. § 165 Abs. 3 GWB Geheimnisse kenntlich machen sowie Kopien der Originalakten fertigen kann.[133] Die Zurverfügungstellung muss nach dem Wortlaut des Gesetzes nicht durch Übersendung oder Übergabe am Ort der Ver- 40

127 VÜA Brandenburg, Beschl. v. 18.5.1999, 1 VÜA 1/99.

128 A. A. wohl *Queisner*, in: BeckOK Vergaberecht, § 163 Rn. 31.

129 A. A. *Reidt*, in: Reidt/Stickler/Glahs, Vergaberecht,§ 163 Rn. 43.

130 VK Mecklenburg-Vorpommern, Beschl. v. 5.9.2013, 2 VK 12/13; VK Lüneburg, Beschl. v. 12.12.2011, VgK-52/11; VK Brandenburg, Beschl. v. 18.7.2001, 1 VK 55/01.

131 OLG Düsseldorf, Beschl. v. 13.4.1999, Verg 1/99, BB 1999, 1078 = WuW/E Verg 223 = NZBau 2000, 45, 47 = BauR 1999, 751 = NJW 2000, 145, 147; vgl. § 160 Rn. 81; so ebenfalls *Horn/Hofmann*, in: Burgi/Dreher, Vergaberecht, § 163 GWB Rn. 22; *Queisner*, in: BeckOK Vergaberecht, § 163 Rn. 32; *Gaus*, in: Müller-Wrede, GWB, § 163 Rn. 46; *Dicks*, in: Ziekow/Völlink, Vergaberecht, § 163 Rn. 14; a. A. *Summa*, in: jurisPK-Vergaberecht, § 163 GWB Rn. 54; *Schneevogl*, in: Müller-Wrede, GWB, 2009, § 110 Rn. 26.

132 Vgl. Amtl. Begr., BT-Drs. 13/9340, S. 18 zu § 120 GWB-E VgRÄG.

133 So ebenfalls *Horn/Hofmann*, in: Burgi/Dreher, Vergaberecht, § 163 GWB Rn. 22; *Dicks*, in: Ziekow/Völlink, Vergaberecht, § 163 Rn. 14.

gabekammer erfolgen.[134] Das folgt schon aus der Abgrenzung zu dem anderen in Abs. 2 Satz 3 genannten Begriff der „Übermittlung". **Zurverfügungstellung** bedeutet lediglich **Bereitstellung**, d. h. die Möglichkeit für die Vergabekammer, die Akten in ihren Besitz zu nehmen. Eine solche Bereitstellung kann auch am Ort des Auftraggebers erfolgen. Die Vergabekammer muss die Vergabeakten dann dort abholen (lassen). In der **Praxis setzen** die Vergabekammern den Auftraggebern jedoch üblicher Weise konkrete **Fristen**, binnen derer diese die Vergabeakten an die Kammer zu **übersenden** haben und die – je nach Spruchpraxis – zwischen drei und zehn Tagen betragen können.

41 Es ist gängige Praxis und begegnet keinen rechtlichen Bedenken, wenn die von der Vergabestelle der Vergabekammer zur Verfügung gestellten Vergabeakten **nach Abschluss** des Verfahrens vor der Vergabekammer an die Vergabestelle **zurückgegeben** werden; im Falle einer Rechtsmitteleinlegung fordert das Beschwerdegericht die Akten ggf. erneut an.[135]

42 Nach *Dicks* genügt bei **elektronisch geführten Vergabeakten** die Vorlage auf einem oder mehreren Datenträger(n) oder das Einrichten eines Zugangs auf einer Internetplattform, die alle Vorgänge des Vergabeverfahrens für die Nachprüfungsstelle lesbar und ggf. ausdruckbar macht.[136] Die Vergabeakte sei der Vergabekammer (und genauso dem Beschwerdegericht) nicht zusätzlich in Papierform vorzulegen, wenn in der elektronischen Akte sämtliche das Vergabeverfahren betreffenden Vorgänge lückenlos dokumentiert seien.[137] Dieser Ansicht ist zuzustimmen, allerdings unter der Voraussetzung, dass tatsächlich nur eine originale, absolut lückenlose elektronische Vergabeakte geführt wird. Dies bedeutet insbesondere, dass bspw. auch die Teilnahmeanträge und Angebote allein in elektronischer Form gefordert waren und in dieser Form der Vergabestelle in der elektronischen Akte vorliegen – sobald diese von Bewerbern/Bietern in Papierform der Vergabestelle übersandt werden, existiert faktisch keine lückenlose elektronische Vergabeakte mehr. Auch die Tatsache, dass der Begriff der Vergabeakte i. S. d. Abs. 2 Satz 3 weit zu verstehen ist (s. Rn. 38), reduziert die Garantie einer vollständigen elektronischen Vergabeakte. Nach heute verbreiteter Praxis unterhält die Vergabestelle überwiegend eine Vergabeakte in Papierform und bedient sich zusätzlich elektronischer Mittel bzw. Vergabeplattformen, über die bspw. die Vergabeunterlagen abgerufen,[138] Bieterfragen gestellt und beantwortet oder Vermerke elektronisch hinterlegt werden können. In diesem Falle existiert jedoch regelmäßig neben der (unvollständigen) „elektronischen Vergabeakte" eine weitere Vergabeakte in Papierform, sodass mangels lückenloser elektronischer Vergabeakte weiterhin (nur) die vollständige Original-Papier-Vergabeakte nach Abs. 2 Satz 4 zur Verfügung zu stellen ist. Mit fortschreitender Entwicklung des **elektronischen Rechtsverkehrs** im Allgemeinen[139] sowie der **eVergabe** im Besonderen wächst allerdings die Wahrscheinlichkeit, dass die Vergabestelle eines Tages nur noch über eine vollständige, originale elektronische Vergabeakte verfügt, die sie dann der Vergabekammer über adäquate Datenträger oder Internetplattformen nach Abs. 2 Satz 4 zur Verfügung stellen könnte.

---

134 A. A. *Reidt*, in: Reidt/Stickler/Glahs, Vergaberecht,§ 163 Rn. 47.

135 BayObLG, Beschl. v. 19.12.2000, Verg 10/00.

136 *Dicks*, in: Ziekow/Völlink, Vergaberecht, § 163 Rn. 14a.

137 *Dicks*, in: Ziekow/Völlink, Vergaberecht, § 163 Rn. 14a.

138 Vgl. § 41 Abs. 1 VgV, § 41 Abs. 1 SektVO, § 17 Abs. 1 KonzVgV, s. a. § 160 Rn. 94.

139 Bspw. ist seit dem 1.1.2018 der elektronische Rechtsverkehr in der Justiz des Landes NRW flächendeckend eröffnet (www.justiz.nrw.de/JM/schwerpunkte/erv/index.php) (Stichwort „**eJustice**").

§ 164 Aufbewahrung vertraulicher Unterlagen

(1) Die Vergabekammer stellt die Vertraulichkeit von Verschlusssachen und anderen vertraulichen Informationen sicher, die in den von den Parteien übermittelten Unterlagen enthalten sind.

(2) Die Mitglieder der Vergabekammern sind zur Geheimhaltung verpflichtet; die Entscheidungsgründe dürfen Art und Inhalt der geheim gehaltenen Urkunden, Akten, elektronischen Dokumente und Auskünfte nicht erkennen lassen.

Schrifttum: *Burgi/Dreher*, Beck'scher Vergaberechtskommentar, 3. Aufl. 2017; *Hattig/Maibaum*, Praxiskommentar Kartellvergaberecht: Der 4. Teil des GWB und VgV, 2. Aufl. 2014; *Heiermann/Zeiss/Summa*, juris PraxisKommentar Vergaberecht, 5. Aufl. 2016; *Immenga/Mestmäcker*, Wettbewerbsrecht, Band 2. GWB/Teil 2, Kommentar zum Deutschen Kartellrecht, 5. Aufl. 2014; *Kulartz/Kus/Portz/Prieß*, Kommentar zum GWB-Vergaberecht, 4. Aufl. 2016; *Müller-Wrede*, GWB Vergaberecht, Kommentar, 2016; *Pünder/Schellenberg*, Vergaberecht, 2. Aufl. 2015; *Reidt/Stickler/Glahs*, Vergaberecht, Kommentar, 4. Aufl. 2018; *Ziekow/Völlink*, Vergaberecht, 3. Aufl. 2018.

Übersicht

I. Allgemeines

§ 164 GWB entspricht dem bisherigen § 110a GWB a. F.[1] Die Vorschrift ist durch das VgRÄGVS hinter § 163 GWB (§ 110 GWB a. F.) eingeführt worden.[2] Nachdem insbesondere der Erlass der VertVergRL die Verteidigungs- und Sicherheitsmärkte zwischen den Mitgliedstaaten geöffnet hatte, ist das Kartellvergaberecht – nach entsprechender Umsetzung dieser Richtlinie in nationales Recht durch das VgRÄGVS – nunmehr grundsätzlich auch bei verteidigungs- und sicherheitsrelevanten Aufträgen anzuwenden (s. § 104 Rn. 1 ff.). Solche sicherheitssensiblen Aufträge können seitdem Gegenstand eines Nachprüfungsverfahrens sein, was eine Regelung zur **Gewährleistung der Informationssicherheit**[3] notwendig werden ließ. Zielsetzung des § 164 GWB ist es also, die Vertraulichkeit von Verschlusssachen während eines Nachprüfungsverfahrens sicherzustellen.[4] 1

Das Verhältnis zwischen der Geheimhaltungspflicht der Vergabekammern nach § 164 GWB und dem Recht der Verfahrensbeteiligten auf **Akteneinsicht** gem. § 165 GWB hat der Gesetzgeber nicht geregelt. Richtigerweise vermag § 164 GWB das Akteneinsichtsrecht weder auszuschließen noch eine Grundlage für dessen vollständige Verweigerung zu 2

1 Amtl. Begr., BT-Drs. 18/6281, S. 135 zu § 164 GWB-E VergRModG.
2 BGBl. 2011, S. 2570; in Kraft getreten am 14.12.2011.
3 S. *Byok*, NVwZ 2012, 70, 74.
4 Amtl. Begr., BT-Drs. 17/7275, S. 18 zu § 110a GWB-E VgRÄGVS.

bilden.[5] Allerdings ist die Vergabekammer gem. § 165 Abs. 2 GWB befugt, die Akteneinsicht – nach sorgfältiger Abwägung – zu versagen, soweit dies aus wichtigen Gründen, insbesondere des Geheimschutzes, geboten ist (s. § 165 Rn. 7, 16).

3 In der **Beschwerdeinstanz** ist § 164 GWB entsprechend anzuwenden.[6]

II. Vertraulichkeit

4 **Abs. 1** entspricht nach dem gesetzgeberischen Willen Art. 56 Abs. 10 VertVergRL,[7] wobei tatsächlich Art. 56 Abs. 10 Unterabs. 1 VertVergRL umgesetzt wurde, nicht hingegen die Unterabsätze 2 und 3.[8] Die VertVergRL enthält zudem in ihrem Art. 6 die Verpflichtung der Auftraggeber zur Wahrung der Vertraulichkeit sowie in ihrem Erwägungsgrund 43 und in ihren Art. 7, 22 und 42 Abs. 1 lit. j) Regelungen zum Schutz von Verschlusssachen. Diese Regelungen wurden z. T. in den §§ 6, 7 VSVgV umgesetzt.[9] Abs. 1 spricht von „Verschlusssachen und anderen vertraulichen Informationen" – als Oberbegriff sind also vertrauliche Informationen zu verstehen.

1. Verschlusssachen

5 Der Begriff der „**Verschlusssachen**" (VS, s. ausführlich § 104 Rn. 7, 18 ff., 22 ff.) ist in Art. 1 Nr. 8 VertVergRL definiert als „Informationen bzw. Material, denen (dem) unabhängig von Form, Beschaffenheit oder Art der Übermittlung ein Geheimhaltungsgrad zugewiesen ist oder für die (das) eine Schutzbedürftigkeit anerkannt wurde und die (das) im Interesse der nationalen Sicherheit und nach den in dem betreffenden Mitgliedstaat geltenden Rechts- und Verwaltungsvorschriften gegen Missbrauch, Zerstörung, Entfernung, Bekanntgabe, Verlust oder Zugriff durch Unbefugte oder jede andere Art der Preisgabe an Unbefugte geschützt werden müssen (muss)". Für die Bestimmung einer Verschlusssache sind im nationalen Recht § 4 SÜG[10] bzw. die entsprechenden landesgesetzlichen Regelungen[11] heranzuziehen. § 4 Abs. 1 SÜG erläutert VS als „im öffentlichen Interesse geheimhaltungsbedürftige Tatsachen, Gegenstände oder Erkenntnisse, unabhängig von ihrer Darstellungsform", die „entsprechend ihrer Schutzbedürftigkeit von einer amtlichen Stelle oder auf deren Veranlassung eingestuft" werden. Gemäß ihrer Geheimhaltungsbedürftigkeit werden die VS als „STRENG GEHEIM", „GEHEIM", „VS-VERTRAULICH" oder „VS-NUR FÜR DEN DIENSTGEBRAUCH" eingestuft, § 4 Abs. 2 SÜG.[12] § 2 Abs. 1 und

5 *Byok*, NVwZ 2012, 70, 75. So auch *Hofmann*, in: Müller-Wrede, GWB, § 164 Rn. 16 f.; a. A. wohl *Dreher*, in: Immenga/Mestmäcker, GWB, § 110a Rn. 12, § 111 Rn. 38.

6 Siehe ausführlich *Dicks*, in: Ziekow/Völlink, Vergaberecht, § 164 GWB Rn. 3. So auch *Wittschurky*, in: Burgi/Dreher, Vergaberecht, § 164 GWB Rn. 6; *Summa*, in: jurisPK-Vergaberecht, § 164 GWB Rn. 3.

7 Amtl. Begr., BT-Drs. 17/7275, S. 18 zu § 110a GWB-E VgRÄGVS.

8 *Dicks*, in: Ziekow/Völlink, Vergaberecht, § 164 GWB Rn. 1.

9 Vgl. BR-Drs. 321/12, S. 4, 38 ff. zu §§ 6, 7 VSVgV-E.

10 Gesetz über die Voraussetzungen und das Verfahren von Sicherheitsüberprüfungen des Bundes (Sicherheitsüberprüfungsgesetz – SÜG) v. 20.4.1994, BGBl. 1994, I S. 867.

11 Aufzählung der Sicherheitsüberprüfungsgesetze der Länder in § 104 Rn. 24.

12 S. auch wortgleich z. B. § 5 Abs. 1 und 2 Sicherheitsüberprüfungsgesetz Nordrhein-Westfalen – SÜG NW v. 7.3.1995.

2 VSA Bund[13] nennt unter Verweis auf § 4 Abs. 1 SÜG als Darstellungsformen „z.B. Schriftstücke, Zeichnungen, Karten, Fotokopien, Lichtbildmaterial, elektronische Dateien und Datenträger, elektrische Signale, Geräte, technische Einrichtungen oder das gesprochene Wort“ und präzisiert, dass auch im Zusammenhang mit einer VS anfallendes Zwischenmaterial wie „z.B. Dateien, Vorentwürfe, Stenogramme, Tonträger, Folien oder Fehldrucke“ als VS gilt. § 104 Abs. 3 GWB (s. § 99 Abs. 9 GWB a.F.) beschreibt den Verschlusssachenauftrag (s. § 104 Rn. 18ff.).

2. Andere vertrauliche Informationen

Unter „**anderen vertraulichen Informationen**“ sind Dokumente einzuordnen, die zwar nicht mittels eines konstitutiven behördlichen Akts als VS eingestuft, in ihrem Vertraulichkeitsgehalt jedoch vergleichbar sind.[14] Die Nachprüfungsstelle muss diese anderen Informationen selbstständig und eigenverantwortlich auf ihre Vertraulichkeit hin überprüfen.[15] Auch die anderen vertraulichen Informationen sind von ihrer Form, Beschaffenheit etc. unabhängig, wie ein Blick auf die Aufzählung in Abs. 2 Hs. 2 zeigt. 6

Die VS oder andere vertrauliche Informationen müssen nach dem Wortlaut des Abs. 1 „in den von den Parteien[16] **übermittelten Unterlagen** enthalten“ sein. 7

3. Sicherstellung der Vertraulichkeit

Die Vergabekammer ist gem. Abs. 1 verpflichtet, die Vertraulichkeit der vertraulichen Informationen sicherzustellen. Sie ist damit zwingend gehalten, die einschlägigen Verwaltungsvorschriften zu berücksichtigen, namentlich die VS-Anweisungen[17] zum Schutz von VS.[18] 8

In **persönlicher Hinsicht** bedeutet dies, dass vertrauliche Informationen nur **von sicherheitsüberprüften Personen** (s. ausführlich § 104 Rn. 25ff.) bearbeitet werden dürfen.[19] Die Mitglieder der **Vergabekammern**, d.h. der Vorsitzende und die haupt- und ehrenamtlichen Beisitzer, müssen sich einer Sicherheitsüberprüfung nach den Sicherheitsüberprüfungsgesetzen des Bundes (SÜG)[20] und der Länder[21] unterziehen, weil es sich bei diesem 9

13 Allgemeine Verwaltungsvorschrift des Bundesministeriums des Innern zum materiellen und organisatorischen Schutz von Verschlusssachen (VS-Anweisung – VSA) v. 31.3.2006 in der Fassung vom 26.4.2010.

14 *Schellenberg*, in: Pünder/Schellenberg, Vergaberecht, § 110a GWB Rn. 4 m.w.N.; *Dicks*, in: Ziekow/Völlink, Vergaberecht, § 164 GWB Rn. 4.

15 *Dicks*, in: Ziekow/Völlink, Vergaberecht, § 164 GWB Rn. 4.

16 Die zutreffende Bezeichnung wäre „Verfahrensbeteiligte“ gem. § 162 GWB, vgl. *Dicks*, in: Ziekow/Völlink, Vergaberecht, § 164 GWB Rn. 3.

17 Für die **Vergabekammer des Bundes** gilt die Allgemeine Verwaltungsvorschrift des Bundesministeriums des Innern zum materiellen und organisatorischen Schutz von Verschlusssachen (VS-Anweisung – VSA). Für die **Vergabekammern der Länder** gelten die entsprechenden VSA der Länder, s. Aufzählung in § 104 Rn. 27 Fn. 71.

18 *Byok*, NVwZ 2012, 70, 74.

19 Vgl. Amtl. Begr., BT-Drs. 17/7275, S. 18 zu § 105 GWB-E VgRÄGVS.

20 Vgl. §§ 1, 2, 7ff. SÜG.

21 Vgl. z.B. §§ 2, 3, 8ff. SÜG NW. S.a. § 104 Rn. 24.

Personenkreis nicht um Richter[22] handelt. Gleiches gilt für anderes, nicht richterliches Personal der Vergabekammern,[23] sofern es bestimmungsgemäß mit den vertraulichen Informationen in Berührung kommen kann. Da ehrenamtliche, sicherheitsüberprüfte Beisitzer nicht immer kurzfristig vor Ort zur Verfügung stehen, kann die Vergabekammer gem. § 157 Abs. 2 Satz 5 GWB bei der Überprüfung der Vergabe von verteidigungs- oder sicherheitsspezifischen Aufträgen auch ausnahmsweise in der Besetzung mit einem Vorsitzenden und zwei hauptamtlichen Beisitzern entscheiden (§ 157 Rn. 15).[24] Hinsichtlich des **Oberlandesgerichts** als Beschwerdeinstanz ist zu differenzieren: Für die Mitglieder des Vergabesenats als Richter gilt das SÜG nicht, § 2 Abs. 3 Nr. 2 SÜG,[25] wohl aber für nicht richterliches Personal wie z. B. Rechtspfleger, Geschäftsstellenbeamte, Justizangestellte und Wachtmeister.[26] Die Frage, ob sich die **Parteien** in einem Nachprüfungsverfahren über verteidigungs- oder sicherheitsrelevante Vergaben nur sicherheitsüberprüfter **Verfahrensbevollmächtigter** bedienen dürfen bzw. sich selbst Sicherheitsüberprüfungen unterziehen müssen, wird vom Gesetzgeber, auch in den Gesetzesmaterialien, nicht beantwortet.[27] Eine solche Pflicht würde die grundgesetzlich geschützten Rechte der Verfahrensbeteiligten auf freie Anwaltswahl und effektiven Rechtsschutz jedoch unzulässig beschränken.[28] Auch verpflichtet § 164 GWB lediglich die Vergabekammern (sowie in entsprechender Anwendung die Oberlandesgerichte) zur Sicherstellung der Vertraulichkeit, nicht hingegen organisatorisch außerhalb der Nachprüfungsinstanzen angesiedelte Verfahrensbevollmächtigte.

10 In **sachlicher Hinsicht** wird die Vertraulichkeit dadurch sichergestellt, dass **Akten** und sonstige Informationsträger im Geschäftsbereich der Vergabekammern und Oberlandesgerichte so gelagert und transportiert werden, dass nur sicherheitsüberprüfte Personen mit ihnen in Berührung kommen und sich Kenntnis von ihrem Inhalt verschaffen können.[29] Eine reguläre **Aufbewahrung** der Akten in der Registratur der Geschäftsstelle scheidet daher aus.[30] Als VS-VERTRAULICH oder höher eingestufte VS (s. o. Rn. 5) sind grds. in

---

22 Für diese gilt das SÜG nicht, § 2 Abs. 3 Nr. 2 SÜG; s. auch z. B. § 3 Abs. 3 Nr. 2 SÜG NW.

23 S. a. *Wittschurky*, in: Burgi/Dreher, Vergaberecht, § 164 GWB Rn. 15; *Summa*, in: jurisPK-Vergaberecht, § 164 GWB Rn. 7; *Behrens*, in: Hattig/Maibaum, PK Kartellvergaberecht, § 110a GWB Rn. 6. Vgl. bzgl. nicht richterlichem Personal der Beschwerdegerichte *Dicks*, in: Ziekow/Völlink, Vergaberecht, § 164 GWB Rn. 3. A. A. *Dreher*, in: Immenga/Mestmäcker, GWB, § 110a Rn. 18, wonach die Sicherstellung des Geheimschutzes für Personal der Geschäftsstelle der Vergabekammer selbst obliege.

24 Amtl. Begr., BT-Drs. 17/7275, S. 18 zu § 105 GWB-E VgRÄGVS.

25 S. auch z. B. § 3 Abs. 3 Nr. 2 SÜG NW.

26 *Dicks*, in: Ziekow/Völlink, Vergaberecht, § 164 GWB Rn. 3; s. a. *Wittschurky*, in: Burgi/Dreher, Vergaberecht, § 164 GWB Rn. 15; *Summa*, in: jurisPK-Vergaberecht, § 164 GWB Rn. 7.

27 *Byok*, NVwZ 2012, 70, 75.

28 *Byok*, NVwZ 2012, 70, 75. A. A. *Reidt*, in: Reidt/Stickler/Glahs, Vergaberecht,§ 164 Rn. 6; *Wittschurky*, in: Burgi/Dreher, Vergaberecht, § 164 GWB Rn. 16; *Thiele*, in: Kulartz/Kus/Portz/Prieß, GWB, § 164 Rn. 5, wonach Rechtsanwälte nur nach vorheriger Sicherheitsüberprüfung Akteneinsicht in VS nehmen dürfen; *Summa*, in: jurisPK-Vergaberecht, § 164 GWB Rn. 12 ff., 27 (nach Abwägung), und *Dreher*, in: Immenga/Mestmäcker, GWB, § 110a Rn. 19 f., § 111 Rn. 40, fordern sogar eine Sicherheitsüberprüfung für **Angestellte** der Verfahrensbevollmächtigten. Wohl auch *Behrens*, in: Hattig/Maibaum, PK Kartellvergaberecht, § 110a GWB Rn. 7. Offen lassend *Hofmann*, in: Müller-Wrede, GWB, § 164 Rn. 18.

29 *Dicks*, in: Ziekow/Völlink, Vergaberecht, § 164 GWB Rn. 5.

30 Vgl. *Dicks*, in: Ziekow/Völlink, Vergaberecht, § 164 GWB Rn. 5.

speziellen VS-Registraturen aufzubewahren und bei Nichtgebrauch grds. in bewachten, sog. VS-Verwahrgelassen einzuschließen.[31] Als VS-NUR FÜR DEN DIENSTGEBRAUCH eingestufte VS sind bei Nichtgebrauch grds. in verschlossenen Räumen oder Behältern (Schränke, Schreibtische u. Ä.) aufzubewahren.[32] Letzteres gilt auch für die nicht als VS einzuordnenden anderen vertraulichen Informationen. Hinsichtlich der VS sehen die VS-Anweisungen des Bundes und der Länder detaillierte Anforderungen an deren Entgegennahme, Aufbewahrung, Bewachung, Verwaltung, Weitergabe, Versand, Mitnahme sowie an räumliche und IT-technische Sicherungsmaßnahmen vor.

III. Geheimhaltungsverpflichtung

Abs. 2 übernimmt eine Regelung zur Geheimhaltung aus § 99 Abs. 2 Satz 10 VwGO.[33] 11
Der Gesetzgeber bezweckte hierdurch die ausdrückliche Klarstellung, dass auch in der Entscheidung der Vergabekammer keine Informationen über Verschlusssachen veröffentlicht werden dürfen.[34]

Abs. 2 Hs. 1 enthält die **Verpflichtung** der Mitglieder der Vergabekammern **zur Geheim-** 12
haltung; dieselbe Verpflichtung trifft die Mitglieder der Vergabesenate in entsprechender Anwendung. Die Geheimhaltung bezieht sich auf alle den Mitgliedern der Nachprüfungsinstanzen zur Kenntnis gelangten vertraulichen Informationen, insbesondere die in Abs. 2 Hs. 2 genannten geheim gehaltenen Urkunden, Akten, elektronischen Dokumente und Auskünfte.

Abs. 2 Hs. 2 präzisiert, dass auch die **Entscheidungsgründe** Art und Inhalt der geheim 13
gehaltenen Urkunden, Akten, elektronischen Dokumente und Auskünfte nicht erkennen lassen dürfen. Die Geheimhaltungsverpflichtung bezieht sich nicht nur auf die rechtlichen Gründe, sondern auch auf den vorangestellten **Sachverhalt**[35] eines Beschlusses der Vergabekammer oder des Beschwerdegerichts – anderenfalls liefe die Regelung leer, da auch und gerade der Sachverhalt tatsächliche Informationen enthält, bei denen die Sicherstellung der Vertraulichkeit gefährdet wäre.

Die Regelung in Abs. 2 Hs. 2 kollidiert mit der Verpflichtung der Vergabekammer gem. 14
§ 167 Abs. 1 Satz 1 GWB (s. auch Art. 2 Abs. 9 Satz 1 RML und Art. 56 Abs. 9 Satz 1 VertVergRL), ihre Entscheidung schriftlich zu begründen. Das **Spannungsfeld** zwischen der Geheimhaltungspflicht einerseits und der Notwendigkeit einer vollständigen, aussagekräftigen, rechtsmittelfähigen Begründung andererseits ist derart aufzulösen, dass die Entscheidungsgründe den Gegenstand der geheimhaltungsbedürftigen Umstände so bekanntzugeben haben, dass die Verfahrensbeteiligten das Geheimhaltungsbedürfnis nachvollziehen können; nicht ausreichend ist eine bloße Wiederholung des Entscheidungsergebnisses

---

31 Vgl. § 17 VSA Bund.

32 Vgl. § 19 VSA Bund.

33 Amtl. Begr., BT-Drs. 17/7275, S. 18 zu § 110a GWB-E VgRÄGVS. Mit Ausnahme des Spruchkörpers stimmt Abs. 2 mit § 99 Abs. 2 Satz 10 VwGO wortgleich überein.

34 Amtl. Begr., BT-Drs. 17/7275, S. 18 zu § 110a GWB-E VgRÄGVS.

35 So auch *Summa*, in: jurisPK-Vergaberecht, § 164 GWB Rn. 30. *Dreher*, in: Immenga/Mestmäcker, GWB, § 110a Rn. 14 spricht hier von einer teleologischen Extension in Bezug auf die „Gründe I." bzw. den „Tatbestand" der jeweiligen Entscheidung. So ebenfalls *Wittschurky*, in: Burgi/Dreher, Vergaberecht, § 164 GWB Rn. 25.

oder die Feststellung, geheim gehaltene Akten berücksichtigt und verwertet zu haben.[36] In der Praxis werden sich i. d. R. klassifizierte Informationen so vermitteln lassen, dass deren klassifizierter Inhalt nicht in den Entscheidungsgründen bekannt gegeben wird, insbesondere technische Daten, Namen und Orte.[37] Der skizzierte Konflikt wurde bereits vor Erlass der VertVergRL bedacht und daher den Mitgliedstaaten in Art. 56 Abs. 10 Unterabs. 4 VertVergRL auferlegt, die Vertraulichkeit von Verschlusssachen mit der Einhaltung der Verteidigungsrechte in Einklang zu bringen sowie das Recht auf ein faires Verfahren zu gewährleisten.

36 *Dicks*, in: Ziekow/Völlink, Vergaberecht, § 164 GWB Rn. 6.
37 *Schellenberg*, in: Pünder/Schellenberg, Vergaberecht, § 110a GWB Rn. 7.

§ 165 Akteneinsicht

(1) Die Beteiligten können die Akten bei der Vergabekammer einsehen und sich durch die Geschäftsstelle auf ihre Kosten Ausfertigungen, Auszüge oder Abschriften erteilen lassen.

(2) Die Vergabekammer hat die Einsicht in die Unterlagen zu versagen, soweit dies aus wichtigen Gründen, insbesondere des Geheimschutzes oder zur Wahrung von Betriebs- oder Geschäftsgeheimnissen, geboten ist.

(3) Jeder Beteiligte hat mit Übersendung seiner Akten oder Stellungnahmen auf die in Absatz 2 genannten Geheimnisse hinzuweisen und diese in den Unterlagen entsprechend kenntlich zu machen. Erfolgt dies nicht, kann die Vergabekammer von seiner Zustimmung auf Einsicht ausgehen.

(4) Die Versagung der Akteneinsicht kann nur im Zusammenhang mit der sofortigen Beschwerde in der Hauptsache angegriffen werden.

Schrifttum: *Bechtold*, Kartellgesetz: GWB, Kommentar, 6. Aufl. 2010; *Burgi/Dreher*, Beck'scher Vergaberechtskommentar, 3. Aufl. 2017; *Byok/Jaeger*, Kommentar zum Vergaberecht, 2. Aufl. 2005; *Dreher/Motzke*, Beck'scher Vergaberechtskommentar, 2. Aufl. 2013; *Heiermann/Zeiss/Summa*, juris PraxisKommentar Vergaberecht, 5. Aufl. 2016; *Immenga/Mestmäcker*, Wettbewerbsrecht, Band 2. GWB/Teil 2, Kommentar zum Deutschen Kartellrecht, 5. Aufl. 2014; *Kopp/Ramsauer*, Verwaltungsverfahrensgesetz: VwVfG, Kommentar, 18. Aufl. 2017; *Kulartz/Kus/Portz/Prieß*, Kommentar zum GWB-Vergaberecht, 4. Aufl. 2016; *Motzke/Pietzcker/Prieß*, Beck'scher VOB-Kommentar, Verdingungsordnung für Bauleistungen Teil A, 2001; *Müller-Wrede*, GWB Vergaberecht, Kommentar, 2016; *Reidt/Stickler/Glahs*, Vergaberecht, Kommentar, 4. Aufl. 2018; *Willenbruch/Bischoff*, Vergaberecht KompaktKommentar, 2008; *Ziekow/Völlink*, Vergaberecht, 3. Aufl. 2018.

Übersicht

I. Allgemeines

1 § 165 GWB entspricht dem bisherigen § 111 GWB a. F.[1] Im Rahmen des Nachprüfungsverfahrens vor der Vergabekammer haben die Beteiligten ein Recht auf Akteneinsicht. Es besitzt zentrale Bedeutung für einen effektiven Bieterrechtsschutz. Ziel ist die **Verbesserung**

1 Amtl. Begr., BT-Drs. 18/6281, S. 135 zu § 165 GWB-E VergRModG.

der Transparenz des Vergabeverfahrens.[2] Das Akteneinsichtsrecht besteht nicht uneingeschränkt, sondern muss vielmehr durch die Vergabekammer aus wichtigen Gründen, insbesondere des Geheimschutzes oder zur Wahrung von Betriebs- oder Geschäftsgeheimnissen[3] auf Seiten der Beteiligten versagt werden. In der Praxis ist das Recht auf Akteneinsicht nach anfänglicher Uferlosigkeit auf ein inzwischen äußerst restriktives, vernünftiges Maß gebracht worden. Gegenüber allgemeinen Akteneinsichtsrechten nach dem Informationsfreiheitsgesetz des Bundes (IFG Bund) oder aus landesrechtlichen Informationszugangsgesetzen stellt § 165 GWB eine vorrangige Sonderregelung dar.[4]

2 Erstmalig hatte sich der **EuGH** in seiner Entscheidung „**Varec**" zum Akteneinsichtsrecht im Rahmen vergaberechtlicher Nachprüfungsverfahren geäußert. Art. 1 Abs. 1 ÜWR in Verbindung mit Art. 15 Abs. 2 LKR sei dahin auszulegen, dass die Nachprüfungsinstanz im Sinne dieses Art. 1 Abs. 1 die Vertraulichkeit und das Recht auf Wahrung der Geschäftsgeheimnisse im Hinblick auf den Inhalt der ihr von den Verfahrensbeteiligten, u. a. vom öffentlichen Auftraggeber, übergebenen Unterlagen gewährleisten muss, wobei sie Kenntnis von solchen Angaben haben und diese berücksichtigen darf. Es sei Sache dieser Instanz, zu entscheiden, inwieweit und nach welchen Modalitäten die Vertraulichkeit und die Geheimhaltung dieser Angaben im Hinblick auf die Erfordernisse eines wirksamen Rechtsschutzes und der Wahrung der Verteidigungsrechte der am Rechtsstreit Beteiligten und – im Fall einer Klage oder eines Rechtsbehelfs bei einer Stelle, die ein Gericht im Sinne von Art. 234 EGV (s. Art. 267 AEUV) ist – zu gewährleisten sind, damit in dem Rechtsstreit insgesamt das Recht auf ein faires Verfahren beachtet wird.[5] Der **BGH** hat in einer Entscheidung aus 2017[6] einige grundlegende Positionen zur Akteneinsicht bezogen, u. a. zu dem Verfahren und der Abwägung bzgl. deren Gewährung oder (teilweiser) Versagung, zur Rechtsmittelfähigkeit der Entscheidungen und zur Berücksichtigung von Umständen, deren Offenlegung aufgrund vorrangigen Geheimhaltungsinteresses abgelehnt wurde (s. u.).

---

2 Amtl. Begr., BT-Drs. 13/9340, S. 18 zu § 121 GWB-E VgRÄG.

3 Die ursprünglich ebenfalls enthaltenen **Fabrikationsgeheimnisse** (s. § 121 Abs. 2 GWB in der Fassung des VgRÄG v. 26.8.1998, BGBl. 1998, S. 2512, 2515) sind durch das Siebte Gesetz zur Änderung des GWB v. 7.7.2005 (BGBl. 2005, S. 1954, 1968 zu § 111 Abs. 2 GWB a. F.) mit der Begründung gestrichen worden, dass es sich bei diesen um Betriebsgeheimnisse handelt (vgl. Amtl. Begr., BT-Drs. 15/3640, S. 16, 19, 65, 70). S. a. Bekanntmachung der Neufassung des GWB v. 15.7.2005, BGBl. 2005, S. 2114, 2115, 2143 zu § 111 Abs. 2 GWB a. F. Siehe ferner BGH, Beschl. v. 31.1.2017, X ZB 10/16, Rn. 40, NZBau 2017, 230, 233 = VergabeR 2017, 364, 368.

4 *Dreher*, in: Immenga/Mestmäcker, GWB, § 111 Rn. 9; s. a. *Glahs*, NZBau 2014, 75 ff., 79 f. zu Akteneinsichts- u. Informationsfreiheitsansprüchen im Vergabe- u. Nachprüfungsverfahren, insbesondere zu dem z. T. umstrittenen Verhältnis der Informationsfreiheitsgesetze u. der vergaberechtlichen Vorschriften; *Losch*, VergabeR 2008, 739 zu Akteneinsichtsrechten im Vergabeverfahren aufgrund zivil- u. öffentlich-rechtlicher Anspruchsgrundlagen. Differenzierend u. ausführlich *Reidt*, in: Reidt/Stickler/Glahs, Vergaberecht, § 165 Rn. 6 ff.

5 EuGH, Urt. v. 14.2.2008, Rs. C-450/06, VergabeR 2008, 487 – Varec.

6 BGH, Beschl. v. 31.1.2017, X ZB 10/16, Rn. 37 ff., NZBau 2017, 230, 233 = VergabeR 2017, 364, 368 ff.

II. Einzelheiten

Nach dem gesetzlichen Aufbau beinhaltet Abs. 1 einen Regelanspruch zur Akteneinsicht, Abs. 2 einen Ausnahmetatbestand.[7] **Abs. 1** bestimmt, dass die Beteiligten die Akten bei der Vergabekammer einsehen sowie sich auf eigene Kosten Ausfertigungen, Auszüge oder Abschriften erteilen lassen können. Die Formulierung entspricht weitgehend dem § 72 Abs. 1 GWB, der sich auf die Akteneinsicht beim Beschwerdegericht im kartellrechtlichen Verwaltungsverfahren bezieht. 3

1. Akten

Der Begriff „**Akten**" ist unscharf. Er ist als umfassender, untechnischer Oberbegriff zu verstehen. Dazu gehören die Vergabeakten (§ 163 Rn. 38), die von den Beteiligten stammenden Akten oder Stellungnahmen (§ 166 Abs. 1 GWB), die Verfahrensakte der Vergabekammer[8] und beigezogene Akten anderer Behörden oder Gerichte. Wegen des fehlenden Hinweises auf § 299 Abs. 4 ZPO[9] (vgl. dagegen § 175 Abs. 2 GWB i.V.m. § 72 Abs. 1 Satz 2 GWB[10]) sind auch Entwürfe, Vorbereitungsarbeiten sowie Abstimmungspapiere er- 4

---

7 S. a. OLG Jena, Beschl. v. 8.10.2015, 2 Verg 4/15. Hingegen ist *Kus*, in: Kulartz/Kus/Portz/Prieß, GWB, § 165 Rn. 14 ff., 3, 13 und *Hölzl/Hoff*, VergabeR 2008, 492 ff. nicht zuzustimmen, dass die Entscheidung des EuGH das in Deutschland anerkannte Regel-Ausnahme-Prinzip bestätigt. Der Entscheidung ist nicht zu entnehmen, dass der EuGH im Regelfall von einem Recht auf Akteneinsicht ausgeht, welches nur zum Schutz kollidierender Rechtsgüter einzuschränken sei. Der Aufbau der Entscheidung „Varec" legt vielmehr ein umgekehrtes Regel-Ausnahme-Verhältnis nahe. So betont der EuGH im Gegenteil zunächst die Verpflichtung der Nachprüfungsinstanz zur Wahrung der Vertraulichkeit der von den Lieferanten gemachten Angaben zum Schutz des lauteren Wettbewerbs und der legitimen Interessen der Wirtschaftsteilnehmer. Hauptziel der Unionsvorschriften über das öffentliche Auftragswesen sei der freie Dienstleistungsverkehr und die Öffnung für einen unverfälschten Wettbewerb in allen Mitgliedstaaten. Um dieses Ziel zu erreichen, dürften die öffentlichen Auftraggeber keine das Vergabeverfahren betreffenden Informationen preisgeben, deren Inhalt dazu verwendet werden könnte, den Wettbewerb zu verfälschen. Auch das Vertrauensverhältnis zwischen den öffentlichen Auftraggebern und den an diesen Verfahren teilnehmenden Wirtschaftsteilnehmern sei zu beachten. Erst dann wirft der EuGH die Frage auf, ob diese Auslegung mit dem Grundsatz des fairen Verfahrens gem. Art. 6 EMRK, welcher das Recht auf Kenntnis der Beweismittel und der bei Gericht eingereichten Erklärungen umfasst, vereinbar sei. Allerdings könne es wiederum erforderlich sein, den Parteien bestimmte Informationen vorzuenthalten, so zum Schutz des Rechts auf Achtung des Privatlebens, der beruflichen und geschäftlichen Tätigkeiten, zum Schutz von Geschäftsgeheimnissen und zur Wahrung eines lauteren Wettbewerbs. Das Ausgangsverfahren betreffe, so der EuGH, den Anspruch auf Schutz vertraulicher Informationen.

8 OLG Düsseldorf, Beschl. v. 16.2.2012, VII-Verg 2/12.

9 Durch das Gesetz zur Anpassung der Formvorschriften des Privatrechts und anderer Vorschriften an den modernen Rechtsgeschäftsverkehr vom 13.7.2001 ist der frühere § 299 Abs. 3 ZPO zu § 299 Abs. 4 ZPO geworden (BGBl. 2001, S. 1542, 1543). *Ramm*, VergabeR 2007, 739 ist zuzustimmen, dass es sich bei dem in § 72 Abs. 1 Satz 2 GWB weiterhin enthaltenen Verweis auf § 299 Abs. 3 ZPO um ein Redaktionsversehen des Gesetzgebers im Rahmen der Neubekanntmachung des GWB vom 15.7.2005 handeln dürfte.

10 Der BGH zieht in seinem Beschl. v. 31.1.2017 (X ZB 10/16, Rn. 43 ff., NZBau 2017, 230, 233 = VergabeR 2017, 364, 368 f. m. w. N.) zwar § 72 GWB, insbesondere § 72 Abs. 2 Satz 4 GWB sinngemäß für das Zwischenverfahren nach § 165 **Abs. 2** GWB heran (Rn. 8). Für den globalen Begriff der Akten in § 165 **Abs. 1** GWB ist jedoch nach hier vertretener Auffassung keine entsprechende Anwendung des § 72 Abs. 1 Satz 2 GWB anzunehmen. So differenziert der BGH selbst deutlich

fasst.[11] Dieses Verständnis entspricht dem Aktenbegriff des allgemeinen Verwaltungsverfahrensrechts, denn auch gem. § 29 VwVfG ist der Begriff „Akten“ umfassend zu verstehen. Dort gehören dazu alle das konkrete Verfahren betreffenden Unterlagen wie Schriftsätze, Gutachten, Aktenvermerke, Fotos, Karten etc.[12] Die weite Auslegung ist mit Blick auf die Transparenz im Vergabeverfahren und die Effektivität des Rechtsschutzes geboten.[13] Das Einsichtsrecht bezieht sich abstrakt also auf alle im Zusammenhang mit dem konkreten Nachprüfungsverfahren bei der Vergabekammer vorhandenen Unterlagen.[14] Die praktische Frage lautet aber immer, wie aus Sicht eines Akteneinsicht nehmenden Unternehmens die Vollständigkeit einer Vergabeakte im genannten Sinne festgestellt werden kann. In der Praxis werden nämlich häufig Teile der vorgenannten Unterlagen von einer zur Übergabe an die Vergabekammer vorbereiteten Vergabeakte abgetrennt (sog. „Nebenakten“).

2. Begünstigte und Einsichtsort

5 Das Recht zur Akteneinsicht steht den **Beteiligten** (vgl. § 162 Rn. 2) zu. Dritte, die (noch) nicht beigeladen sind, haben kein Akteneinsichtsrecht.[15] Das Recht wird durch Einsichtnahme bei der Vergabekammer wahrgenommen. Ein Anspruch auf Aushändigung oder Versendung zum häuslichen Studium besteht nicht und ist wegen der knappen Entscheidungsfristen auch nicht zweckmäßig.[16] Allerdings kann sich der Einsichtspetent auf seine Kosten Ausfertigungen, Auszüge oder Abschriften erteilen lassen. Letzteres wird auch dann möglich sein, wenn zuvor keine Akteneinsicht am Ort der Vergabekammer stattgefunden hat. In der Regel übersenden die Vergabekammern nicht ortsansässigen Beteiligten derartige Kopien[17] und verzichten auf die Verpflichtung zur Einsichtnahme vor Ort (s. aber Rn. 16).

---

zwischen einzelnen, sinngemäß anzuwendenden Sätzen, und wendet in dieser Entscheidung bspw. § 71 Abs. 1 Satz 3 GWB entsprechend an, § 71 Abs. 1 Satz 2 und 4 GWB hingegen nicht.

11 A. A. *Reidt*, in: Reidt/Stickler/Glahs, Vergaberecht, § 165 Rn. 4; *Vavra*, in: Burgi/Dreher, Vergaberecht, § 165 GWB Rn. 6; *Behrens*, in: Müller-Wrede, GWB, § 165 Rn. 6; *Kus*, in: Kulartz/Kus/Portz/Prieß, GWB, § 165 Rn. 38; *Dreher*, in: Immenga/Mestmäcker, GWB, § 111 Rn. 13; *Otting*, in: Bechtold, GWB, § 111 Rn. 1; *Ramm*, VergabeR 2007, 739 u. *Düsterdiek*, NZBau 2004, 605, 606, die Entwürfe von Entscheidungen und andere vorbereitende Schriftstücke der Vergabekammer, z. B. Voten u. Stellungnahmen, entsprechend dem nur subsidiär geltenden § 29 Abs. 1 Satz 2 VwVfG von dem Akteneinsichtsrecht ausnehmen.

12 Vgl. *Ramsauer*, in: Kopp/Ramsauer, VwVfG, § 29 Rn. 12a.

13 VÜA Brandenburg, Beschl. v. 18.5.1999, 1 VÜA 1/99; vgl. auch *Düsterdiek*, NZBau 2004, 605, 606.

14 Vgl. auch *Kus*, in: Kulartz/Kus/Portz/Prieß, GWB, § 165 Rn. 38; *Düsterdiek*, NZBau 2004, 605, 606.

15 *Kus*, in: Kulartz/Kus/Portz/Prieß, GWB, § 165 Rn. 37; *Schmidt*, in: Immenga/Mestmäcker, GWB, § 72 Rn. 3; a. A. *Nolte*, DÖV 1999, 363.

16 So auch *Summa*, in: jurisPK-Vergaberecht, § 165 GWB Rn. 5; *Dreher*, in: Immenga/Mestmäcker, GWB, § 111 Rn. 8; *Reidt*, in: Reidt/Stickler/Glahs, Vergaberecht, § 165 Rn. 10; a. A. *Kus*, in: Kulartz/Kus/Portz/Prieß, GWB, § 165 Rn. 40, der unter Verneinung eines Anspruchs eine Gestattung durch die Vergabekammer für zulässig hält.

17 Vgl. OLG Düsseldorf, Beschl. v. 7.8.2013, VII-Verg 48/12.

3. Reichweite

Das Akteneinsichtsrecht der am Nachprüfungsverfahren Beteiligten steht in unmittelbarem Zusammenhang mit der Gewährung effektiven Rechtsschutzes.[18] Aus der Sicherung effektiven Rechtsschutzes folgt, dass ein Recht auf Akteneinsicht nur so weit gegeben werden kann, wie es zur Durchsetzung der subjektiven Rechte des betreffenden Verfahrensbeteiligten erforderlich ist.[19] Abs. 1 ist dahin auszulegen, dass der Anspruch auf Akteneinsicht von vornherein auf diejenigen Aktenbestandteile beschränkt ist, deren Inhalt ggf. dem entscheidungserheblichen Sachverhalt zuzuordnen ist; d.h. die Beschränkung des Verfahrensstreitstoffes wirkt sich unmittelbar auf den Umfang des prozessualen Akteneinsichtsrechts aus.[20] Der Antrag muss i. Ü. hinreichend bestimmt sein und die Bestandteile, in die Einsicht begehrt wird, benennen.[21] Ein Anspruch auf Akteneinsicht „ins Blaue hinein" besteht nicht, eine willkürliche, aufs Geradewohl oder spekulativ aufgestellte Behauptung reicht nicht aus, um ein damit begründetes Akteneinsichtsgesuch zu rechtfertigen.[22] Ferner folgt aus der Sicherung effektiven Rechtsschutzes, dass dem Antragsteller bei einem **unzulässigen Nachprüfungsantrag** kein Akteneinsichtsrecht oder ein solches nur in dem Umfang zusteht, in dem die Vergabeakten zur Beantwortung der Zulässigkeitsfrage eingesehen werden müssen.[23] Der Antrag auf Gewährung von Akteneinsicht muss mit dem Nachprüfungsantrag korrespondieren.[24] Ist der Nachprüfungsantrag wegen der Inanspruchnahme des falschen Antragsgegners **offensichtlich unbegründet**, dann ist es auch das Ak- 6

18 *Gröning*, NZBau 2000, 366; vgl. bereits Amtl. Begr., BT-Drs. 13/9340, S. 18 zu § 121 GWB-E VgRÄG; s. auch OLG München, Beschl. v. 8.11.2010, Verg 20/10, VergabeR 2011, 228, 229.

19 Ganz h. A. in Rspr. u. Lit., vgl. nur KG, Beschl. v. 7.8.2015, Verg 1/15, VergabeR 2016, 111, 117; OLG Jena, Beschl. v. 13.10.2015, 2 Verg 6/15; OLG Brandenburg, Beschl. v. 30.1.2014, Verg W 2/14, NZBau 2014, 525, 528; Beschl. v. 21.6.2011, Verg W 9/11; OLG Celle, Beschl. v. 24.9.2014, 13 Verg 9/14, NZBau 2014, 784, 789; Beschl. v. 19.8.2009, 13 Verg 4/09; *Kus*, in: Kulartz/Kus/Portz/Prieß, GWB, § 165 Rn. 25 m. w. N.; a. A. *Glahs*, NZBau 2014, 75, 79 f.; *Dreher*, in: Immenga/Mestmäcker, GWB, § 111 Rn. 16 ff.; ablehnend *Reidt*, in: Reidt/Stickler/Glahs, Vergaberecht, § 165 Rn. 17 ff.

20 Ausführlich OLG Naumburg, Beschl. v. 1.6.2011, 2 Verg 3/11, VergabeR 2012, 250, 251. S. a. 1. VK Bund, Beschl. v. 14.3.2017, VK 1-15/17 u. OLG Düsseldorf, Beschl. v. 29.6.2017, VII-Verg 7/17, NZBau 2017, 619, 620.

21 OLG Düsseldorf, Beschl. v. 15.8.2011, VII-Verg 71/11: Ein Antrag auf Akteneinsicht in die Vergabeakten, „soweit diese für die Beurteilung der Sach- und Rechtslage bedeutsam sein können", sei zu unbestimmt.

22 Vgl. OLG Frankfurt a. M., Beschl. v. 26.9.2017, 11 Verg 11/17; Beschl. v. 24.8.2017, 11 Verg 12/17; OLG Düsseldorf, Beschl. v. 29.6.2017, VII-Verg 7/17, NZBau 2017, 619, 621. S. hierzu auch OLG Frankfurt a. M., Urt. v. 3.11.2017, 11 U 51/17 (Kart) bzgl. eines Konzessionsvergabeverfahrens für den Betrieb eines Energieversorgungsnetzes.

23 *Dreher*, in: Immenga/Mestmäcker, GWB, § 111 Rn. 22; *Tahal*, in: Willenbruch/Bischoff, Vergaberecht, § 111 GWB Rn. 5; *Düsterdiek*, NZBau 2004, 605, 606; *Gröning*, NZBau 2000, 366; OLG Naumburg, Beschl. v. 15.4.2016, 7 Verg 1/16; Beschl. v. 15.7.2008, 1 Verg 5/08; OLG Frankfurt a. M., Beschl. v. 12.12.2014, 11 Verg 8/14, NZBau 2015, 514, 517; KG, Beschl. v. 13.9.2012, Verg 4/12; Beschl. v. 29.2.2012, Verg 8/11; OLG Celle, Beschl. v. 19.8.2009, 13 Verg 4/09; OLG Dresden, Beschl. v. 12.9.2005, WVerg 0005/05; VK Berlin, Beschl. v. 16.8.2016, VK-B1-23/16; VK Baden-Württemberg, Beschl. v. 10.9.2009, 1 VK 49/09; a. A. *Glahs*, NZBau 2014, 75, 79 f.; OLG München, Beschl. v. 8.11.2010, Verg 20/10, VergabeR 2011, 228, 229 f.

24 OLG Düsseldorf, Beschl. v. 16.2.2012, VII-Verg 2/12.

teneinsichtsgesuch.[25] Akteneinsicht ist nicht zu dem Zweck zu gewähren, dem Antragsteller Aufklärung über etwaige weitere, ihm bislang jedoch unbekannte Verstöße gegen Vergabevorschriften zu verschaffen.[26]

4. Versagung der Akteneinsicht

a) Allgemeines

7 Gem. **Abs. 2** hat die Vergabekammer die Einsicht in die Unterlagen zu versagen, soweit dies aus wichtigen Gründen geboten ist. Auf der Rechtsfolgenseite besteht kein Ermessensspielraum.[27] Zu den wichtigen Gründen gehören insbesondere der **Geheimschutz** (auf Seiten des Auftraggebers) und die Wahrung von **Betriebs- oder Geschäftsgeheimnissen** (auf Seiten der Anbieter).[28] Anerkannt ist, dass der öffentliche Auftraggeber zudem Träger von Betriebs- oder Geschäftsgeheimnissen sein kann.[29] Die Vorschrift schützt die berechtigten Interessen der Beteiligten und soll Rechtsmissbrauch verhindern.[30] Sie knüpft an § 72 Abs. 2 Satz 2 GWB an, der für das kartellrechtliche Beschwerdeverfahren eine dem § 165 Abs. 2 GWB nahezu wortgleiche Regelung enthält.

b) Zwischenverfahren

8 Beantragt der Antragsteller im Nachprüfungsverfahren Akteneinsicht in ggf. schützenswerte Unterlagen, hat die Vergabekammer gem. Abs. 2 zunächst in einem **Zwischenverfahren** über deren **Offenlegung oder Geheimhaltung** zu entscheiden und hierbei sinngemäß **§ 72 GWB** heranzuziehen.[31] An dem Verfahren sind bei z. B. die Preisermittlung eines Angebots betreffenden Geschäftsgeheimnissen grds. nur der jeweilige Bieter und das die Einsicht begehrende Unternehmen, i. d. R. also der Antragsteller im Nachprüfungsverfahren oder ggf. ein beigeladenes Unternehmen, beteiligt; der Auftraggeber kann nur dann ein **Beteiligter** sein, wenn eigene Geheimschutzbereiche berührt sind.[32] Aus in der Natur der Sache liegenden Gründen handelt es sich bei dem Zwischenverfahren um die Gewährung von Akteneinsicht in Geschäfts- oder Betriebsgeheimnisse um ein sog. **In-camera-Verfahren**. Für den Streit um die Geheimhaltung von Aktenbestandteilen dürfen die Informa-

---

25 OLG Düsseldorf, Beschl. v. 16.2.2012, VII-Verg 2/12. S. a. VK Berlin, Beschl. v. 16.8.2016, VK-B1-23/16, wonach bei einem offensichtlich unbegründeten Nachprüfungsantrag jedenfalls in eindeutig gelagerten Ausnahmefällen die Akteneinsicht versagt werden kann.

26 OLG Düsseldorf, Beschl. v. 2.8.2010, Verg 32/10.

27 S. a. *Reidt*, in: Reidt/Stickler/Glahs, Vergaberecht, § 165 Rn. 23, 25.

28 Vgl. Amtl. Begr., BT-Drs. 13/9340, S. 18 zu § 121 GWB-E VgRÄG, in der die Erfordernisse des Geheimschutzes im Zusammenhang mit den Interessen des Auftraggebers genannt werden; so auch *Reidt*, in: Reidt/Stickler/Glahs, Vergaberecht, § 165 Rn. 23; *Otting*, in: Bechtold, GWB, § 111 Rn. 5.

29 OLG Düsseldorf, Beschl. v. 28.12.2007, Verg 40/07, VergabeR 2008, 281, 285; BGH, Urt. v. 10.5.1995, 1 StR 764/94, NJW 1995, 2301.

30 Amtl. Begr., BT-Drs. 13/9340, S. 18 zu § 121 GWB-E VgRÄG.

31 Vgl. BGH, Beschl. v. 31.1.2017, X ZB 10/16, Rn. 43 ff., NZBau 2017, 230, 233 = VergabeR 2017, 364, 368 f. m. w. N. S. hierzu auch Rn. 4.

32 Vgl. BGH, Beschl. v. 31.1.2017, X ZB 10/16, Rn. 44, NZBau 2017, 230, 233 = VergabeR 2017, 364, 368 f.

tionen, um deren Geheimhaltung es geht, dem außenstehenden Beteiligten nicht zugänglich gemacht werden.[33]

c) Abwägung

Unter welchen Voraussetzungen die Akteneinsicht zu versagen ist, das **Spannungsverhältnis** zwischen Geheimhaltungs- und Offenlegungsinteressen also zugunsten des Geheimschutzes aufgelöst wird, wurde bislang mangels eindeutiger Regelung in § 165 GWB in Rechtsprechung und Literatur sehr unterschiedlich beurteilt.[34] Zu der die Tatbestandsseite betreffenden Frage, ob die Versagung der Akteneinsicht geboten ist, besitzt die Vergabekammer einen Beurteilungsspielraum.[35] Der Konflikt um die Akteneinsicht betrifft bei allen Beteiligten widerstreitende **Schutzgüter von Verfassungsrang**.[36] Es ist zwischen den schutzwürdigen Geheimhaltungsinteressen, die ihre Grundlage in Art. 12 Abs. 1 GG und Art. 14 Abs. 1 GG finden, und den Belangen eines wirksamen Nachprüfungsverfahrens, namentlich dem Anspruch auf rechtliches Gehör (Art. 103 Abs. 1 GG[37]), dem Rechtsstaatsprinzip (Art. 20 Abs. 3 GG) und dem Grundrecht auf effektiven Rechtsschutz (Art. 19 Abs. 4 GG) sorgfältig abzuwägen.[38] Auch der EuGH führt aus, dass das Informationszugangsrecht gegen das Recht anderer Wirtschaftsteilnehmer auf Schutz ihrer vertraulichen Angaben und Geschäftsgeheimnisse abzuwägen ist.[39] Bei der **Abwägung** setzen sich diejenigen Belange durch, die das konkurrierende Interesse überwiegen.[40] Keinem der widerstreitenden Interessen kommt dabei ein prinzipieller Vorrang zu.[41] Der Abwägungs- 9

33 BGH, Beschl. v. 31.1.2017, X ZB 10/16, Rn. 45, NZBau 2017, 230, 233 = VergabeR 2017, 364, 369.

34 Vgl. zum Meinungsstand ausführlich *Kus*, in: Kulartz/Kus/Portz/Prieß, GWB, § 165 Rn. 3, 20 ff., 50 ff.

35 *Byok/Goodarzi*, VergabeR 2002, 83, 84; a. A. OLG Düsseldorf, Beschl. v. 28.12.2007, Verg 40/07, VergabeR 2008, 281, 286.

36 BGH, Beschl. v. 31.1.2017, X ZB 10/16, Rn. 58, NZBau 2017, 230, 234 = VergabeR 2017, 364, 370.

37 A. A. *Dreher*, in: Immenga/Mestmäcker, GWB, § 111 Rn. 26, der den Anspruch auf das Rechtsstaatsprinzip des Art. 20 Abs. 3 GG stützt. Das OLG München verweist in seinem Beschl. v. 8.11.2010, Verg 20/10, VergabeR 2011, 228, 229 sowohl auf Art. 103 Abs. 1 GG als auch auf Art. 20 Abs. 3 GG.

38 OLG Brandenburg, Beschl. v. 30.1.2014, Verg W 2/14, NZBau 2014, 525, 528; OLG Düsseldorf, Beschl. v. 12.1.2009, Verg 67/08; Beschl. v. 28.12.2007, Verg 40/07, VergabeR 2008, 281, 286; OLG Jena, Beschl. v. 5.6.2009, 9 Verg 5/09, VergabeR 2009, 809, 814; Beschl. v. 6.12.2006, 9 Verg 8/06; OLG Naumburg, Beschl. v. 15.7.2008, 1 Verg 5/08 u. Beschl. v. 11.10.1999, 10 Verg 1/99; vgl. auch bzgl. § 99 VwGO BVerfG, Beschl. v. 14.3.2006, 1 BvR 2087/03 u. 1 BvR 2111/03, WM 2006, 880, 883 f.; ebenfalls bzgl. § 99 VwGO BVerwG, Beschl. v. 12.10.2009, 20 F 1/09; *Düsterdiek*, NZBau 2004, 605, 607; *Gröning*, NZBau 2000, 366, 368.

39 EuGH, Urt. v. 14.2.2008, Rs. C-450/06, Rn. 51, VergabeR 2008, 487, 492 – Varec.

40 OLG Düsseldorf, Beschl. v. 28.12.2007, Verg 40/07, VergabeR 2008, 281, 286.

41 OLG München, Beschl. v. 28.4.2016, Verg 3/16, NZBau 2016, 591, 592; OLG Düsseldorf, Beschl. v. 28.12.2007, Verg 40/07, VergabeR 2008, 281, 286; wohl ebenso *Düsterdiek*, NZBau 2004, 605, 608; vgl. auch bzgl. § 99 VwGO BVerfG, Beschl. v. 14.3.2006, 1 BvR 2087/03 u. 1 BvR 2111/03, WM 2006, 880, 885: kein grds. Zurücktreten des Geheimnisschutzes; vgl. ferner bzgl. des mit § 72 Abs. 2 Satz 4 GWB fast wortgleichen § 84 Abs. 2 Satz 4 EnWG *Kafka/König*, IR 2010, 74, 78; a. A. OLG Jena, Beschl. v. 8.10.2015, 2 Verg 4/15, VK Lüneburg, Beschl. v. 6.9.2016, VgK-39/2016, u. *Kus*, in: Kulartz/Kus/Portz/Prieß, GWB, § 165 Rn. 64: grds. Vorrang der Akteneinsicht;

maßstab ergibt sich aus **§ 72 Abs. 2 Satz 4 GWB**,[42] wie nun auch durch den BGH[43] klargestellt wurde.

10 Für die **Prüfung**, ob die Einsicht in bestimmte Unterlagen nach Abs. 2 zu versagen ist, hat der BGH folgende Grundsätze aufgestellt: Akteneinsicht in unternehmensbezogene Geheimnisse kommt nur dann und insoweit in Betracht, als deren Kenntnis entscheidungserheblich ist und andere Möglichkeiten der Sachaufklärung nicht bestehen (vgl. § 72 Abs. 2 Satz 4 GWB).[44] Auch wenn bestimmte Informationen und Daten ihrer Qualität nach als Geschäfts- oder Betriebsgeheimnisse anzuerkennen sind, folgt daraus nicht, dass sie unter allen Umständen von der Akteneinsicht eines anderen Beteiligten ausgeschlossen wären. Die ergibt sich bereits aus der entsprechenden Anwendung von § 72 Abs. 2 Satz 4 GWB. Übertragen auf die Vergabenachprüfung folgt daraus, dass sich der **Geheimhaltungsvorrang** vielmehr als **Ergebnis** einer **Abwägung** mit den entgegenstehenden **Offenlegungsinteressen** ergeben muss.[45] Bei dieser Abwägung sind **zugunsten** des **Inhabers unternehmensbezogener Geheimnisse** die mit einiger Wahrscheinlichkeit zu erwartenden Nachteile zu berücksichtigen, die er im zukünftigen Wettbewerb durch die Offenlegung der fraglichen Informationen erleiden könnte. Er hat deshalb im Streit um die Akteneinsicht plausibel – wenn auch ohne inhaltliche Preisgabe seiner Geheimnisse – aufzuzeigen, inwieweit die Kenntnis des Gegners von den fraglichen Informationen seine Stellung im zukünftigen Wettbewerb außerhalb des konkreten Nachprüfungsverfahrens beeinträchtigen könnte.[46] **Zugunsten** des **Akteneinsicht begehrenden Beteiligten** ist zu berücksichtigen, dass es ihm regelmäßig erst die Kenntnis dieser Informationen ermöglicht, durch detailliertes und von der eigenen Sachkunde getragenes Vorbringen zum richtigen Ausgang des Nachprüfungsverfahrens und damit mittelbar auch zu einer vergaberechtskonformen Zuschlagserteilung beizutragen.[47]

Ramm, VergabeR 2007, 739, 741 u. *Summa*, in: jurisPK-Vergaberecht, § 165 GWB Rn. 52: im Zweifel Vorrang der Akteneinsicht.

42 Ebenso OLG München, Beschl. v. 28.4.2016, Verg 3/16, NZBau 2016, 591, 592; OLG Naumburg, Beschl. v. 1.6.2011, 2 Verg 3/11; OLG Düsseldorf, Beschl. v. 28.12.2007, Verg 40/07, VergabeR 2008, 281, 286; *Gröning*, NZBau 2000, 366, 368; vgl. nun auch BGH, Beschl. v. 31.1.2017, X ZB 10/16, Rn. 44, NZBau 2017, 230, 233 = VergabeR 2017, 364, 368 f.; a. A. *Vavra*, in: Burgi/Dreher, Vergaberecht, § 165 GWB Rn. 4; *Dreher*, in: Immenga/Mestmäcker, GWB, § 111 Rn. 1, 29; a. A. ebenfalls *Kus*, in: Kulartz/Kus/Portz/Prieß, GWB, § 165 Rn. 64 u. *Summa*, in: jurisPK-Vergaberecht, § 165 GWB Rn. 8, die § 165 GWB als abschließenden Sondertatbestand verstehen.

43 Beschl. v. 31.1.2017, X ZB 10/16, Rn. 44, 47 ff., VergabeR 2017, 364, 368 ff.

44 BGH, Beschl. v. 31.1.2017, X ZB 10/16, Rn. 47, NZBau 2017, 230, 233 f. = VergabeR 2017, 364, 369.

45 BGH, Beschl. v. 31.1.2017, X ZB 10/16, Rn. 48, NZBau 2017, 230, 234 = VergabeR 2017, 364, 369.

46 BGH, Beschl. v. 31.1.2017, X ZB 10/16, Rn. 49 m. w. N., NZBau 2017, 230, 234 = VergabeR 2017, 364, 369.

47 BGH, Beschl. v. 31.1.2017, X ZB 10/16, Rn. 50, NZBau 2017, 230, 234 = VergabeR 2017, 364, 369.

d) Einzelfälle

Grundsätzlich ist Einsicht in den Vergabevermerk zu gewähren,[48] Einsicht in die **Angebote** 11
von Mitbietern hingegen zu versagen[49]. Die Kalkulationsgrundlagen,[50] die angebotenen Preise und in Relation hierzu auch die Gegenstände der angebotenen Leistungen zählen bei sachgerechter Würdigung der beteiligten Interessen zu den Geschäftsgeheimnissen der Bieter.[51] Es scheidet auch eine Einsichtnahme in die – z. B. nach Punkten gem. den UfAB VI (= Unterlage für Ausschreibung und Bewertung von IT-Leistungen, Version VI 1.0, des Bundesministeriums des Innern) vorgenommenen – **Angebotsauswertungen** (Punkteauswertungen) der Vergabestelle aus, wenn die diesen zugrunde liegenden Abwägungen und Wertungen der Vergabestelle nur in Verbindung mit den Angebotsunterlagen überprüfbar sind.[52] Kein Einsichtsrecht besteht bzgl. einer verschriftlichten **Wertungsentscheidung** des Auftraggebers, wenn diese in weiten Teilen die von den Bietern vorgelegten Konzepte paraphrasiert und diese zustimmend kommentiert – eine Offenlegung der Bewertung würde zugleich die Konzepte der Bieter erkennbar werden lassen, was einen empfindlichen Eingriff in die Berufsausübung und das (geistige) Eigentum der Betroffenen darstellen würde.[53] Die Einsicht in die **Kostenschätzung** des öffentlichen Auftraggebers ist grundsätzlich zulässig.[54] Noch nicht bekannt gegebene Vorstellungen über den Inhalt städtebaulicher Verträge müssen als reines Internum nicht offengelegt werden, anders hingegen, wenn **Entwürfe** nach außen gelangt sind.[55]

e) Teilweise Gewährung bzw. Versagung

Die Versagung der Akteneinsicht betrifft im Übrigen nur solche (Teil-)Unterlagen, auf die 12
der geltend gemachte wichtige Grund tatsächlich zutrifft („soweit").[56] Zwar wird die Offenlegung von Geschäfts- oder Betriebsgeheimnissen i. d. R. nur entweder angeordnet oder

---

48 OLG München, Beschl. v. 9.8.2012, Verg 10/12, VergabeR 2013, 114, 121.

49 OLG München, Beschl. v. 9.8.2012, Verg 10/12, VergabeR 2013, 114, 121; Beschl. v. 8.11.2010, Verg 20/10, VergabeR 2011, 228, 229; OLG Düsseldorf, Beschl. v. 29.12.2001, Verg 22/01, VergabeR 2002, 267, 273; a. A. bzw. einschränkend *Glahs*, NZBau 2014, 75, 79 f.; OLG Jena, Beschl. v. 26.10.1999, 6 Verg 3/99, NZBau 2000, 354.

50 Vgl. OLG München, Beschl. v. 9.8.2012, Verg 10/12, VergabeR 2013, 114, 121; VG Berlin, Urt. v. 16.2.2016, 2 K 246.13.

51 So auch VK Sachsen, Beschl. v. 7.3.2014, 1/SVK/048-13.

52 OLG Düsseldorf, Beschl. v. 29.12.2001, Verg 22/01, VergabeR 2002, 267, 273 zu den Punkteauswertungen gemäß den UfAB II; 2. VK Bund, Beschl. v. 4.9.2002, VK 2-58/02.

53 OLG Düsseldorf, Beschl. v. 29.6.2017, VII-Verg 7/17, NZBau 2017, 619, 622 bzgl. der **Ausschreibung juristischer Beratungsleistungen**: „Die Arbeits- und Organisationskonzepte lassen grundsätzliche Arbeits- und Organisationsstrukturen und dahinter stehende Ideen erkennen, die nicht nur für die ausgeschrieben[en] Beratungsleistungen relevant, das heißt singulär sind, sondern die Arbeitsweise der Kanzleien als solche und ihre Positionierung am Markt betreffen. Bei der Offenlegung der Bewertungen wären die diesbezüglich derzeit noch bestehenden Geheimnisse für immer verloren, womit die Gefahr dauerhafter Nachteile im Wettbewerb einherginge." S. hierzu auch OLG Frankfurt a. M., Urt. v. 3.11.2017, 11 U 51/17 (Kart) bzgl. eines Konzessionsvergabeverfahrens für den Betrieb eines Energieversorgungsnetzes.

54 OLG Düsseldorf, Beschl. v. 28.12.2007, Verg 40/07, VergabeR 2008, 281, 284.

55 OLG Düsseldorf, Beschl. v. 12.1.2009, Verg 67/08.

56 Vgl. *Ramsauer*, in: Kopp/Ramsauer, VwVfG, § 29 Rn. 24.

verneint werden können, sodass eine vermittelnde Lösung nicht zielführend wäre.[57] Allerdings prüft die Vergabekammer regelmäßig, auch wenn das Geheimhaltungsinteresse überwiegt, ob und inwieweit die übrigen Verfahrensbeteiligten über die von der Akteneinsicht auszunehmenden Inhalte ohne Preisgabe des Geheimnisses zumindest in **allgemeiner** oder **anonymisierter** Form unterrichtet werden können.[58] Im Rahmen der Abwägung ist zu berücksichtigen, ob ein effektiver Rechtsschutz des Akteneinsicht Begehrenden durch andere, das Geheimhaltungsinteresse des Betroffenen ganz oder **zumindest teilweise** wahrende Art und Weise gewährleistet werden kann.[59] Praktisch kann eine teilweise Versagung der Akteneinsicht durch Einsichtsgewährung in bestimmte Aktenteile oder -blätter oder durch Schwärzung schutzbedürftiger Passagen umgesetzt werden.[60] Solche Schwärzungen verletzen nicht den Anspruch auf Transparenz, ein faires Gerichtsverfahren und effektiven Rechtsschutz.[61]

f) Entscheidung „in camera"

13 Der bisherige Meinungsstreit, ob die Vergabekammer berechtigt ist, „**in camera**" zu entscheiden, also trotz gänzlicher oder teilweiser Versagung der Akteneinsicht den gesamten Akteninhalt zur Kenntnis zu nehmen und für ihre Entscheidung zu verwerten, wurde nun durch den **BGH**[62] zugunsten der dies bejahenden und zutreffenden Ansicht[63] entschieden. Die Vergabekammer **darf** bei der **Sachentscheidung Umstände berücksichtigen**, deren **Offenlegung** sie mit Rücksicht auf ein Geheimhaltungsinteresse **abgelehnt** hat, das nach Abwägung aller Umstände das Interesse der Beteiligten auf rechtliches Gehör auch unter Beachtung des Rechts auf effektiven Rechtsschutz überwiegt.[64] Die dies bereits zuvor befürwortende Ansicht argumentierte unter Verweis auf die Rechtsprechung des BVerfG[65] zu § 99 VwGO, die Vergabekammer könne anderenfalls keine sachgerechte, den rechtsstaatlichen Grundsätzen entsprechende Entscheidung treffen, sodass ihre Prüfungspflicht leer liefe. Der dem Rechtsschutz des Einzelnen dienende Anspruch auf rechtliches Gehör müs-

---

57 Vgl. BGH, Beschl. v. 31.1.2017, X ZB 10/16, Rn. 54, NZBau 2017, 230, 234 = VergabeR 2017, 364, 369 f.

58 BGH, Beschl. v. 31.1.2017, X ZB 10/16, Rn. 55, NZBau 2017, 230, 234 = VergabeR 2017, 364, 370.

59 OLG Naumburg, Beschl. v. 1.6.2011, 2 Verg 3/11, VergabeR 2012, 250, 251.

60 *Tahal*, in: Willenbruch/Bischoff, Vergaberecht, § 111 GWB Rn. 8; *Dreher*, in: Immenga/Mestmäcker, GWB, § 111 Rn. 32; *Ramm*, VergabeR 2007, 739, 741; s. a. KG, Beschl. v. 28.11.2017, Verg 5/17; OLG München, Beschl. v. 28.4.2016, Verg 3/16, NZBau 2016, 591, 592 f.; Beschl. v. 25.9.2014, Verg 9/14, VergabeR 2015, 93, 98 f.; Beschl. v. 8.11.2010, Verg 20/10, VergabeR 2011, 228, 229; OLG Naumburg, Beschl. v. 1.6.2011, 2 Verg 3/11, VergabeR 2012, 250, 251; 2. VK Bund, Beschl. v. 13.2.2018, VK 2-5/18.

61 OLG Brandenburg, Beschl. v. 12.1.2010, Verg W 5/09.

62 Beschl. v. 31.1.2017, X ZB 10/16, Rn. 56 ff., VergabeR 2017, 364, 370 f.

63 Ebenso *Summa*, in: jurisPK-Vergaberecht, § 165 GWB Rn. 53 ff.; *Hofmann*, in: Müller-Wrede, GWB, § 164 Rn. 15; *Horn*, in: Müller-Wrede, GWB, 2009, § 111 Rn. 5; *Reidt*, in: Reidt/Stickler/Glahs, Vergaberecht, § 165 Rn. 30; *Gröning*, in: Motzke/Pietzcker/Prieß, VOB/A, § 111 GWB Rn. 34 ff.; *Hölzl/Hoff*, VergabeR 2008, 492, 495; *Gröning*, NZBau 2000, 366, 369.

64 BGH, Beschl. v. 31.1.2017, X ZB 10/16, Rn. 56 ff., NZBau 2017, 230, 234 = VergabeR 2017, 364, 370 f. S. hierzu auch OLG Frankfurt a. M., Urt. v. 3.11.2017, 11 U 51/17 (Kart) bzgl. eines Konzessionsvergabeverfahrens für den Betrieb eines Energieversorgungsnetzes.

65 Grundlegend BVerfG, Beschl. v. 27.10.1999, 1 BvR 385/90, NJW 2000, 1175; Beschl. v. 14.3.2006, 1 BvR 2087/03 u. 1 BvR 2111/03, WM 2006, 880, 884, 886.

se zurücktreten, wenn durch den Verzicht hierauf der Rechtsschutz ausnahmsweise verbessert würde. Allerdings müsse das „in camera"-Verfahren die ultima ratio sein. Auch der **EuGH** stellte in seiner Entscheidung „Varec" fest, dass die Nachprüfungsinstanz über sämtliche Informationen verfügen können muss, die erforderlich sind, um in voller Kenntnis der Umstände entscheiden zu können, also auch über vertrauliche Informationen und Geschäftsgeheimnisse.[66] Die Gegenauffassung lehnt ein solches Verfahren mit der Begründung ab, es würde den Anspruch auf rechtliches Gehör gem. Art. 103 Abs. 1 GG abschneiden, zumindest aber sehr stark einschränken, und sei im Hinblick auf § 72 Abs. 2 Satz 3 GWB ausgeschlossen.[67]

Der BGH hingegen stellt zwar fest, dass der 4. Teil des GWB nicht ausdrücklich regelt, auf **14** welcher Tatsachengrundlage die Entscheidung der Vergabekammer oder des Vergabesenats ergeht, wenn dem Geheimnisschutz Vorrang eingeräumt wird, ob mithin die fraglichen Daten bei der Entscheidung unberücksichtigt bleiben müssen oder verwertet werden dürfen.[68] Zum verfassungskonformen Ausgleich zwischen den widerstreitenden Rechtsgütern (Rn. 9) ist jedoch **§ 71 Abs. 1 Satz 3 GWB sinngemäß** anzuwenden (vgl. § 175 Abs. 2 GWB).[69] Diese Regelung beruht auf dem gesetzlichen Grundgedanken, dass es aus Gründen der Verhältnismäßigkeit im Interesse eines Beteiligten sachgerecht sein kann, den Grundsatz des rechtlichen Gehörs im Konflikt mit anderen Rechtsgütern von Verfassungsrang in der Weise modifiziert zurücktreten zu lassen, dass ihm bestimmte schutzwürdige Informationen vorenthalten werden können, das Gericht sie aber gleichwohl verwerten darf, was sich zu seinen Gunsten auswirken kann.[70] Würden etwa dem Antragsteller im Nachprüfungsverfahren die Einsicht in unternehmensbezogene Geheimnisse eines Mitbewerbers vorenthalten und der Grundsatz des rechtlichen Gehörs i. S. der Regelungen in § 71 Abs. 1 Satz 2 GWB oder § 108 Abs. 2 VwGO in der Weise angewendet, dass die Vergabekammer oder der Vergabesenat die geheimen Tatsachen, die dem Antragsteller vorenthalten wurden, bei der Entscheidung nicht berücksichtigen darf, erginge insoweit in jedem Fall eine Beweislastentscheidung zum Nachteil des Antragstellers bzw. ohne angemesse-

---

66 EuGH, Urt. v. 14.2.2008, Rs. C-450/06, Rn. 51, VergabeR 2008, 487, 492 – Varec.

67 OLG Düsseldorf, Beschl. v. 28.12.2007, Verg 40/07, VergabeR 2008, 281, 287 f.: § 72 Abs. 2 Satz 3 GWB ist eine entsprechend anzuwendende Sonderregelung; OLG Naumburg, Beschl. v. 1.6.2011, 2 Verg 3/11, VergabeR 2012, 250, 251; Beschl. v. 11.10.1999, 10 Verg 1/99; *Dicks*, in: Ziekow/Völlink, Vergaberecht, § 165 GWB Rn. 10; *Behrens*, in: Müller-Wrede, GWB, § 165 Rn. 45; *Kus*, in: Kulartz/Kus/Portz/Prieß, GWB, § 165 Rn. 33, 53, 57 f., 67; *Vavra*, in: Burgi/Dreher, Vergaberecht, § 165 GWB Rn. 35; *Vavra*, in: Dreher/Motzke, Vergaberecht, § 111 GWB Rn. 36 f.; *Dreher*, in: Immenga/Mestmäcker, GWB, § 111 Rn. 31: in § 72 Abs. 2 Satz 3 GWB beispielhaft kodifizierter Grundsatz. Zulässigkeit offengelassen von OLG München, Beschl. v. 11.5.2007, Verg 04/07, VergabeR 2007, 536, 539. Unklar ist, ob das OLG Düsseldorf an seiner Ansicht festhält: In seinem Beschl. v. 12.1.2009, Verg 67/08 nahm es auf die in seinem Beschl. v. 28.12.2007 entwickelten Maßstäbe Bezug, verwies jedoch ebenfalls auf die Maßstäbe des EuGH im Urt. v. 14.2.2008 und führte aus, dass es in die fraglichen Aktenbestandteile Einsicht genommen habe.

68 BGH, Beschl. v. 31.1.2017, X ZB 10/16, Rn. 57, NZBau 2017, 230, 234 = VergabeR 2017, 364, 370.

69 BGH, Beschl. v. 31.1.2017, X ZB 10/16, Rn. 57, 59, NZBau 2017, 230, 234 = VergabeR 2017, 364, 370.

70 BGH, Beschl. v. 31.1.2017, X ZB 10/16, Rn. 60, NZBau 2017, 230, 234 f. = VergabeR 2017, 364, 370.

nen Ausgleich zwischen den kollidierenden grundrechtlich geschützten Positionen.[71] Dürfen die Vergabekammer und der Vergabesenat die fraglichen Geheimnisse dagegen berücksichtigen, kann eine Entscheidung zugunsten des Antragstellers ergehen, wenn dies der Sachlage entspricht. Unvermeidbare „Nachteile" entstehen für ihn bei dieser Handhabung nur in den Fällen, in denen die Nachprüfungsinstanzen zu einer für ihn negativen Entscheidung gelangen, auf die er wegen der vorenthaltenen Akteneinsicht keinen Einfluss nehmen konnte.[72] § 71 Abs. 1 Satz 3 GWB ist **auch** gegenüber einem **notwendig Beigeladenen** oder dem Antragsteller des Nachprüfungsverfahrens sinngemäß anzuwenden; § 71 Abs. 1 Satz 4 GWB gilt daher in diesem Falle nicht entsprechend.[73]

g) Geschäfts- oder Betriebsgeheimnisse

15 Allgemein sind **Geschäfts- oder Betriebsgeheimnisse** alle auf ein Unternehmen bezogenen Tatsachen, Umstände und Vorgänge, die nicht offenkundig, sondern nur einem begrenzten Personenkreis zugänglich sind und an deren Nichtverbreitung der Rechtsträger ein berechtigtes Interesse hat.[74] Im Einzelnen beziehen sich Geschäftsgeheimnisse auf Erkenntnisse aus dem kommerziellen Bereich und Betriebsgeheimnisse auf Erkenntnisse aus dem betrieblichen und technischen Bereich.[75] Die Eigenschaft als Geheimnis ergibt sich daraus, dass die Erkenntnisse nicht offenkundig sein dürfen und nach dem bekundeten oder erkennbaren Willen des Inhabers geheim gehalten werden sollen. Ferner müsste die Offenbarung konkrete nachteilige Folgen für die Wettbewerbsfähigkeit des Betroffenen haben.[76] Es obliegt der Nachprüfungsstelle, zu beurteilen, ob ein schützenswertes Geschäfts- oder Betriebsgeheimnis vorliegt oder nicht, welches der begehrten Akteneinsicht unter Abwägung der Belange der Verfahrensbeteiligten entgegensteht.[77] Die Einzelheiten sind aber von dem betroffenen Beteiligten nachvollziehbar und substanziiert darzulegen, zu begründen und glaubhaft zu machen.[78] Die tatbestandlichen

---

71 Vgl. BGH, Beschl. v. 31.1.2017, X ZB 10/16, Rn. 58, 60, NZBau 2017, 230, 234f. = VergabeR 2017, 364, 370.

72 BGH, Beschl. v. 31.1.2017, X ZB 10/16, Rn. 60, NZBau 2017, 230, 234f. = VergabeR 2017, 364, 370.

73 BGH, Beschl. v. 31.1.2017, X ZB 10/16, Rn. 61 ff., NZBau 2017, 230, 235 = VergabeR 2017, 364, 370 f. mit ausführlicher Begründung.

74 Vgl. auch § 90 HGB, § 17 UWG, § 85 GmbHG, § 404 AktG, § 315 UmwG, § 203 StGB; zur Definition vgl. BVerfG, Beschl. v. 14.3.2006, 1 BvR 2087/03, NVwZ 2006, 1041, 1042; BGH, Beschl. v. 31.1.2017, X ZB 10/16, Rn. 39, NZBau 2017, 230, 233 = VergabeR 2017, 364, 368 m. w. N.; Urt. v. 10.5.1995, 1 StR 764/94, NJW 1995, 2301.

75 Zur Definition vgl. OLG Düsseldorf, Beschl. v. 28.12.2007, Verg 40/07, VergabeR 2008, 281, 285. S. a. VK Lüneburg, Beschl. v. 6.9.2016, VgK-39/2016.

76 KG, WuW/E OLG 3908, 3911.

77 OLG Frankfurt a. M., Beschl. v. 12.12.2014, 11 Verg 8/14, NZBau 2015, 514, 517; OLG Celle, Beschl. v. 24.9.2014, 13 Verg 9/14, NZBau 2014, 784, 789; OLG Brandenburg, Beschl. v. 30.1.2014, Verg W 2/14, NZBau 2014, 525, 528; OLG Düsseldorf, Beschl. v. 5.3.2008, VII-Verg 12/08.

78 OLG München, Beschl. v. 28.4.2016, Verg 3/16, NZBau 2016, 591, 592; OLG Frankfurt a. M., Beschl. v. 12.12.2014, 11 Verg 8/14, NZBau 2015, 514, 517; OLG Celle, Beschl. v. 24.9.2014, 13 Verg 9/14, NZBau 2014, 784, 789; Beschl. v. 10.9.2001, 13 Verg 12/01, VergabeR 2002, 82, 83; OLG Jena, Beschl. v. 16.12.2002, 6 Verg 10/02, VergabeR 2003, 248; VG Köln, Beschl. v. 18.3.1999, 1 L 476/99 m. w. N.

Voraussetzungen müssen für alle Informationen, für die Geheimnisschutz beansprucht wird, erfüllt sein.[79]

h) Geheimschutz

Der Begriff „**Geheimschutz**" sichert die Interessen des Auftraggebers. Gemeint ist der Schutz von Geheimnissen des Auftraggebers, die sich aus Gesichtspunkten i. S. d. § 29 Abs. 2 VwVfG – Beeinträchtigung der Aufgabenerfüllung, Nachteile für Bund und Länder, Geheimhaltung aufgrund Gesetzes oder des Wesens des Vorgangs – ergeben können.[80] Der Begriff „Geheimschutz" gilt auch für – nun dem Kartellvergaberecht unterliegende – **verteidigungs- oder sicherheitsspezifische öffentliche Aufträge** gem. § 104 GWB.[81] Er bezieht sich jedoch nicht auf Vergaben i. S. d. § 117 GWB, welche Verteidigungs- oder Sicherheitsaspekte umfassen, ohne verteidigungs- oder sicherheitsspezifische Aufträge zu sein, auf Vergaben verteidigungs- oder sicherheitsspezifischer öffentlicher Aufträge nach § 145 GWB oder auf Vergaben von Konzessionen in den Bereichen Sicherheit und Verteidigung gem. § 150 GWB – bei diesen drei besonderen Ausnahmevorschriften ist der 4. Teil des GWB nämlich nicht anzuwenden (vgl. hierzu auch § 169 Rn. 58 ff.). Liegen der Vergabekammer **Verschlusssachen** und/oder andere vertrauliche Informationen vor, deren Vertraulichkeit gem. § 164 Abs. 1 GWB sichergestellt werden muss, kommt – nach sorgfältiger Abwägung – eine Versagung der Akteneinsicht in Betracht (s. § 164 Rn. 2). Ein Versand von Kopien ist jedenfalls ausgeschlossen (s. o. Rn. 5).[82] Als milderes Mittel ist denkbar, Akteneinsicht in den Räumlichkeiten der Vergabekammer zu gewähren; die Anfertigung von Kopien vor Ort sollte entweder versagt oder aber präzise dokumentiert werden, welche konkreten Unterlagen in welcher Anzahl an welche Person in Kopie herausgegeben werden.[83] 16

5. Kennzeichnung von Geheimnissen

Die Beteiligten (§ 162 Rn. 2) können der Akteneinsicht zustimmen. Dies geschieht durch ausdrückliche Erklärung oder konkludentes Handeln. Dazu enthält **Abs. 3** eine Fiktion, wonach die Vergabekammer von der **Zustimmung zur Akteneinsicht** ausgehen kann – nicht muss –, wenn die Beteiligten mit der Übersendung ihrer Akten oder Stellungnahmen keinen Hinweis auf die in Abs. 2 genannten Gründe geben und eine Kenntlichmachung von Betriebs- oder Geschäftsgeheimnissen unterlassen. Mit Übersendung ist die Aushändigung von Unterlagen innerhalb eines Nachprüfungsverfahrens an die Vergabekammer ge- 17

---

79 BGH, Beschl. v. 31.1.2017, X ZB 10/16, Rn. 41, NZBau 2017, 230, 233 = VergabeR 2017, 364, 368.

80 Vgl. auch *Otting*, in: Bechtold, GWB, § 111 Rn. 5; *Reidt*, in: Reidt/Stickler/Glahs, Vergaberecht, § 165 Rn. 36; *Summa*, in: jurisPK-Vergaberecht, § 165 GWB Rn. 25.

81 Vgl. OLG Düsseldorf, Beschl. v. 8.6.2011, VII-Verg 49/11, NZBau 2011, 501, 503 zur Gestaltung des Nachprüfungsverfahrens bzgl. Aufträgen im Bereich Verteidigung und Sicherheit nach Ablauf der Umsetzungsfrist der VertVergRL: Es ist „den Sicherheitsbelangen des Staates (...) rechtlich und praktisch Rechnung zu tragen. Dabei kommt eine Beschränkung der Akteneinsicht nach § 111 II GWB (gegebenenfalls i. V. mit § 120 II GWB) wegen „Geheimschutzes" in Betracht (s. auch § 120 II GWB i.V. mit § 72 II 2 GWB: „wichtige Gründe")". Kritisch hierzu *Freitag*, NZBau 2011, 504, 505.

82 *Dreher*, in: Immenga/Mestmäcker, GWB, § 111 Rn. 39.

83 *Dreher*, in: Immenga/Mestmäcker, GWB, § 111 Rn. 39.

meint. Die fingierte Zustimmung eines Beteiligten liegt dagegen nicht schon dann vor, wenn er bei Angebotsabgabe keine Kennzeichnung vorgenommen hat und sein Angebot als Teil der Vergabeakte[84] später zur Vergabekammer gelangt. Daran ändern auch die von den Vergabestellen in den Vergabeunterlagen aufgenommenen Hinweise bzw. Aufforderungen zur Kennzeichnung nichts.

18 Nur wenn **Hinweis und Kenntlichmachung kumulativ** vorgenommen werden, ist die Zustimmungsfiktion ausgeschlossen. An die „Kenntlichmachung" dürfen aus Gründen der Praktikabilität **keine überhöhten Anforderungen** gestellt werden. Bei umfangreichen Unterlagen, die insgesamt ein Geheimnis darstellen, muss nicht jedes einzelne Blatt entsprechend markiert sein.[85] Entgegen dem Wortlaut von Abs. 3 kann von den betroffenen Beteiligten durchaus, ggf. zu einem späteren Zeitpunkt, zusätzlich zu Hinweis und Kenntlichmachung eine nachvollziehbare Begründung oder Darlegung verlangt werden.[86] Selbst wenn die Beteiligten eine Kenntlichmachung unterlassen, muss die Vergabekammer nicht von der Zustimmungsfiktion Gebrauch machen, sondern hat aufgrund ihrer Obhutspflicht gem. Abs. 2 aus eigener Initiative zu prüfen, ob ein Versagungsgrund besteht, und bei begründeten Anhaltspunkten einen solchen anzunehmen.[87]

19 Bei einer ausdrücklichen Zustimmung der Beteiligten hingegen kann die Vergabekammer das nach Abs. 1 bestehende Akteneinsichtsrecht nicht mehr gem. Abs. 2 versagen. Etwas anderes gilt, wenn die Geheimhaltung nicht ausschließlich im Interesse der Beteiligten liegt, sondern zugleich ein **öffentliches Interesse** an ihr besteht.[88] Das kann beispielsweise bei verteidigungs- oder sicherheitsspezifischen öffentlichen Aufträgen gem. § 104 GWB der Fall sein.

6. Entscheidung und Rechtsmittel

a) Zwischenentscheidung

20 Umstritten ist, ob die Vergabekammer über den Anspruch auf Akteneinsicht durch Verwaltungsakt oder schlicht hoheitliches Handeln entscheidet.[89] Bei der Entscheidung über die Versagung oder die Gewährung von Akteneinsicht handelt es sich um eine Zwischenent-

---

84 Vgl. Amtl. Begr., BT-Drs. 13/9340, S. 50 zu § 121 GWB-E VgRÄG.

85 A. A. OLG Celle, Beschl. v. 10.9.2001, 13 Verg 12/01, VergabeR 2002, 82.

86 OLG Celle, Beschl. v. 10.9.2001, 13 Verg 12/01, VergabeR 2002, 82, 83; OLG Jena, Beschl. v. 12.12.2001, 6 Verg 5/01, VergabeR 2002, 305; OLG Düsseldorf, Beschl. v. 5.3.2008, VII-Verg 12/08; *Kus*, in: Kulartz/Kus/Portz/Prieß, GWB, § 165 Rn. 70; *Tahal*, in: Willenbruch/Bischoff, Vergaberecht, § 111 GWB Rn. 7; *Düsterdiek*, NZBau 2004, 605, 607; *Gröning*, NZBau 2000, 366, 369.

87 *Kus*, in: Kulartz/Kus/Portz/Prieß, GWB, § 165 Rn. 68 f.; *Otting*, in: Bechtold, GWB, § 111 Rn. 6; OLG Naumburg, Beschl. v. 11.10.1999, 10 Verg 1/99: Kenntlichmachung durch Vergabestelle; OLG Thüringen, Beschl. v. 26.10.1999, 6 Verg 3/99: maßgeblich ist obj. Betrachtungsweise durch Vergabekammer; vgl. auch Amtl. Begr., BT-Drs. 13/9340, S. 19, 50 zu § 121 GWB-E VgRÄG.

88 *Ramsauer*, in: Kopp/Ramsauer, VwVfG, § 29 Rn. 39.

89 Vgl. *Ramsauer*, in: Kopp/Ramsauer, VwVfG, § 29 Rn. 26 m. w. N.: nach h. M. Verwaltungsakt; dagegen VG Köln, Beschl. v. 18.3.1999, 1 L 476/99 m. w. N., u. OVG Münster, Beschl. v. 12.5.1999, 13 B 632/99, MMR 1999, 553; VGH München, Urt. v. 5.9.1989, 25 B 88.01631, NVwZ 1990, 775, 776: schlicht hoheitliches Handeln.

scheidung.[90] Für eine eigenständige Anfechtung der Akteneinsichtsentscheidung besteht jedenfalls regelmäßig kein Bedürfnis.

b) Versagung der Akteneinsicht

Die Versagung der Akteneinsicht kann gem. **Abs. 4 nur im Zusammenhang mit der sofortigen Beschwerde in der Hauptsache** angegriffen werden.[91] Wie schon zuvor bei den Vergabeüberwachungsausschüssen sollen auch bei den Vergabekammern deren Verfahrenshandlungen grundsätzlich nur gleichzeitig mit dem gegen die Sachentscheidung zulässigen Rechtsbehelf gerügt werden (§ 163 Rn. 33). Dadurch soll eine Zersplitterung bzw. Verzögerung der Verfahren vermieden werden.[92] Die Regelung in Abs. 4 entspricht dem allgemeinen verwaltungsrechtlichen Grundsatz (§ 44a Satz 1 VwGO), dass behördliche Verfahrenshandlungen grundsätzlich nicht isoliert anfechtbar sind.[93] Sollte die Vergabekammer die Akteneinsicht beschränken, muss sie zwar keinen gesonderten Beschluss darüber fassen (arg. aus § 165 Abs. 4 GWB); dennoch sollte ihr Instanz beendender Beschluss aber erkennen lassen, dass sie in der gebotenen Weise vorgegangen ist und vom Betroffenen geltend gemachte Geheimhaltungsinteressen gegen das Offenlegungsinteresse des Antragstellers abgewogen hat.[94] Zwar darf die schriftliche Begründung dafür, warum Akteneinsicht wegen überwiegender Geheimhaltungsinteressen verweigert wird, nicht selbst Quelle entsprechend konkreter Informationen sein; i.d.R. wird aber eine abstrakte Erläuterung der vorgenommenen Prüfung und der dabei angesetzten Parameter ohne Aufdeckung des Geschäftsgeheimnisses möglich sein.[95] 21

c) Gewährung der Akteneinsicht

Etwas anderes gilt, wenn die Vergabekammer dem Antrag auf Akteneinsicht stattgibt. In diesem Fall könnte die Gewährung der Akteneinsicht für die Beteiligten durch die Bekanntgabe von Geheimnissen zu einem endgültigen Rechtsverlust führen. § 44a VwGO und der darin enthaltene Rechtsgedanke darf dann einer **eigenständigen Anfechtbarkeit** der Entscheidung über die Akteneinsicht nicht entgegenstehen (vgl. auch § 169 Rn. 56). Die Vorschrift ist mit Blick auf die umfassende Rechtsweggarantie des Art. 19 Abs. 4 GG verfassungskonform so auszulegen, dass den selbstständig anfechtbaren vollstreckbaren Verfahrenshandlungen im Sinne des § 44a Satz 2 VwGO solche Verfahrenshandlungen 22

90 Dies sind behördliche o. gerichtliche Verfahrenshandlungen, die keine Endentscheidungen darstellen, sondern diese nur vorbereiten sollen; vgl. OLG Düsseldorf, Beschl. v. 28.12.2007, Verg 40/07, VergabeR 2008, 281, 282. S. a. BGH, Beschl. v. 31.1.2017, X ZB 10/16, NZBau 2017, 230, 233 ff. = VergabeR 2017, 364, 368 ff.: Beschluss im Zwischenverfahren bei Gewährung der Akteneinsicht (Rn. 43 ff., 51), kein gesonderter Beschluss bei Beschränkung oder Versagung der Akteneinsicht (Rn. 67).

91 S. a. BGH, Beschl. v. 31.1.2017, X ZB 10/16, Rn. 53, NZBau 2017, 230, 234 = VergabeR 2017, 364, 369.

92 OLG Jena, Beschl. v. 13.10.2015, 2 Verg 6/15; VÜA Bund, Beschl. v. 2.5.1996, 1 VÜ 10/96; Amtl. Begr., BT-Drs. 13/9340, S. 19 zu § 121 GWB-E VgRÄG.

93 S. a. *Byok/Goodarzi*, WuW 2004, 1024, 1026.

94 BGH, Beschl. v. 31.1.2017, X ZB 10/16, Rn. 67, NZBau 2017, 230, 235 = VergabeR 2017, 364, 371.

95 BGH, Beschl. v. 31.1.2017, X ZB 10/16, Rn. 68, NZBau 2017, 230, 236 = VergabeR 2017, 364, 371.

gleichzusetzen sind, bei denen ein Rechtsbehelf zusammen mit der Anfechtung der Hauptsacheentscheidung zu spät käme und dadurch ein Recht des Betroffenen vereitelt oder wesentlich erschwert würde.[96] In diesem Fall kann der Beteiligte gegen die Gewährung der Akteneinsicht **sofortige Beschwerde** (§ 171 Abs. 1 GWB) einlegen.[97] Diese Ansicht wurde nun durch den BGH bestätigt.[98] Eine Beschwerde gegen eine Akteneinsicht bewilligende Zwischenentscheidung ist nur ausnahmsweise und auf die Voraussetzungen des Abs. 2 begrenzt zulässig; für die Zulassung sonstiger Anträge besteht mangels gesetzlicher Regelungen weder ein Grund noch ein Bedürfnis.[99] Die Beschwerdefähigkeit setzt nicht voraus, dass die Vergabekammer die Akteneinsicht schriftlich verfügt oder beschlossen hat, auch eine Beschwerde gegen eine faktische Gewährung von Akteneinsicht ist zulässig.[100] Sollte Primärrechtsschutz eines Beteiligten gegen die Gestattung der Akteneinsicht zu spät kommen, so kann dagegen eine sofortige Beschwerde eingelegt und ein (Fortsetzungs-)Feststellungsantrag gestellt werden.[101] Dies setzt ein Feststellungsinteresse voraus,[102] z. B. Wiederholungsgefahr oder die Geltendmachung von Amtshaftungsansprüchen. Eine Beschwerde ist nicht bereits deshalb begründet, weil Akteneinsicht gewährt wurde, ohne zuvor entgegenstehende Anträge förmlich beschieden zu haben.[103] Nicht möglich ist dagegen eine Anfechtungs- oder Unterlassungsklage bei dem Verwaltungsgericht. Zwar ist die Anfechtung einer Entscheidung der Vergabekammer über die Gewährung von Akteneinsicht nicht von der Ausschließlichkeit des Vergaberechtswegs (§ 156 Abs. 2 GWB) erfasst. Der Gesetzgeber hat außerdem für die Anfechtung von Verwaltungsakten der Aufsichtsbehörden durch die Vergabestellen den Verwaltungsrechtsweg offengelassen und eine Rechts-

---

96 BVerwG, Beschl. v. 21.3.1997, 11 VR 2/97, NVwZ-RR 1997, 663; BVerfG, Beschl. v. 14.10.1987, 1 BvR 1244/87, NJW 1988, 403, s. a. *Byok/Goodarzi*, WuW 2004, 1024, 1026.

97 So ebenfalls OLG Düsseldorf, Beschl. v. 5.3.2008, VII-Verg 12/08; Beschl. v. 28.12.2007, Verg 40/07, VergabeR 2008, 281, 282 ff. (Grundsatzentscheidung); hierzu Anm. *Noch*, VergabeR 2008, 288 ff.; OLG München, Beschl. v. 28.4.2016, Verg 3/16, NZBau 2016, 591, 592; OLG Frankfurt a. M., Beschl. v. 12.12.2014, 11 Verg 8/14, NZBau 2015, 514, 516 mit Darstellung des Streitstandes, jedoch einschränkend auf den schlüssig dargelegten Einwand, dass u. warum die Akteneinsicht zu versagen ist; s. a. OLG Jena, Beschl. v. 13.10.2015, 2 Verg 6/15; Beschl. v. 8.10.2015, 2 Verg 4/15; *Vavra*, in: Burgi/Dreher, Vergaberecht, § 165 GWB Rn. 39; *Summa*, in: jurisPK-Vergaberecht, § 165 GWB Rn. 69 f.; *Kus*, in: Kulartz/Kus/Portz/Prieß, GWB, § 165 Rn. 74; nun auch, aber einschränkend *Ulbrich*, in: Kulartz/Kus/Portz/Prieß, GWB, § 171 Rn. 36; vgl. § 171 Rn. 9; a. A. OLG Hamburg, Beschl. v. 2.12.2004, 1 Verg 2/04; *Otting*, in: Bechtold, GWB, § 111 Rn. 8.

98 BGH, Beschl. v. 31.1.2017, X ZB 10/16, Rn. 52, NZBau 2017, 230, 234 = VergabeR 2017, 364, 369.

99 OLG Frankfurt a. M., Beschl. v. 12.12.2014, 11 Verg 8/14, NZBau 2015, 514, 517: dort Antrag auf Feststellung, dass die Vergabekammer nur nach einem förmlichen, rechtsmittelfähigen, der Betroffenen vorab zu übermittelnden Beschluss eine weitergehende Akteneinsicht gewähren darf.

100 OLG Frankfurt a. M., Beschl. v. 12.12.2014, 11 Verg 8/14, NZBau 2015, 514, 516.

101 So auch OLG Düsseldorf, Beschl. v. 5.3.2008, VII-Verg 12/08; zweifelnd bis ablehnend OLG Frankfurt a. M., Beschl. v. 12.12.2014, 11 Verg 8/14, NZBau 2015, 514, 516 f.

102 Vgl. OLG Düsseldorf, Beschl. v. 22.1.2001, Verg 24/00, in dem die Frage der Zulässigkeit eines Feststellungsantrags noch offengelassen wurde, unvollständig abgedruckt in VergabeR 2001, 154.

103 OLG Frankfurt a. M., Beschl. v. 12.12.2014, 11 Verg 8/14, NZBau 2015, 514, 516 f.: dort Anträge der Beigeladenen.

wegspaltung in Kauf genommen.[104] Im Interesse von Beschleunigung und Konzentration des Nachprüfungsverfahrens muss der Verwaltungsrechtsweg gegen Verfahrenshandlungen der Vergabekammer aber versperrt sein. § 44a Satz 2 2. Alt. VwGO normiert die selbstständige Anfechtbarkeit von behördlichen Verfahrenshandlungen, die gegen einen Nichtbeteiligten ergehen. Beschwerdeberechtigt sind jedoch lediglich die am Verfahren vor der Vergabekammer Beteiligten i. S. d. §§ 171 Abs. 1 Satz 2, 162 Satz 1 GWB. (Noch) nicht beigeladenen Dritten steht daher weder ein Akteneinsichtsrecht (Rn. 5) noch eine Beschwerdebefugnis zu.[105]

Um ausreichenden Rechtsschutz der Betroffenen nicht zu entwerten, muss die Vergabekammer die **Gestattung der Akteneinsicht** mit einer **Wartefrist** verbinden (arg. § 169 Abs. 2 GWB).[106] In der Praxis unterrichtet bspw. die VK Düsseldorf den Antragsgegner darüber, dass sie beabsichtige, dem Antragsteller nach Ablauf einer bestimmten Wartefrist von i. d. R. 2–4 Werktagen Akteneinsicht zu gewähren, und bittet um Mitteilung bis zum Ablauf dieser Frist, ob Rechtsschutz hiergegen in Anspruch genommen werden soll. Nach Ansicht des BGH darf die Akteneinsicht nicht vor **Eintritt der Bestandskraft** des die Offenlegung anordnenden Beschlusses gewährt werden.[107] Zudem dürfen aus dem Beschluss der Vergabekammer die geschützten Informationen selbst nicht in einer Weise hervorgehen, bei der der Geheimnischarakter verloren geht.[108] **23**

Die unberechtigte Gewährung von Akteneinsicht durch die Vergabekammer kann schließlich aber auch **Schadensersatz- oder Entschädigungsansprüche** nach sich ziehen. Schon aus diesem Grund wird die Vergabekammer darauf achten, Akten entgegen dem Willen der Beteiligten nur nach sorgfältiger Abwägung zur Einsicht freizugeben. **24**

---

104 Amtl. Begr., BT-Drs. 13/9340, S. 16 zu § 113 GWB-E, S. 38, 49 zu § 112 GWB-E VgRÄG; *Noch*, in: Byok/Jaeger, Vergaberecht, 2. Aufl. 2005, § 103 GWB Rn. 812. Durch das VergModG 2009 ist § 103 GWB a. F. zwar aufgehoben worden, gleichwohl bleibt die grds. Prüfungsmöglichkeit durch Vergabeprüfstellen bestehen, Amtl. Begr., BT-Drs. 16/10117, S. 22, 33, 41 f. zu § 103 GWB-E VergModG.

105 Vgl. zum Meinungsstreit bzgl. der Beschwerdeberechtigung nicht Beigeladener § 171 Rn. 30 f., sowie *Stockmann*, in: Immenga/Mestmäcker, GWB, § 116 Rn. 16 ff.

106 So auch OLG Frankfurt a. M., Beschl. v. 12.12.2014, 11 Verg 8/14, NZBau 2015, 514, 517; nun ebenfalls OLG Düsseldorf, Beschl. v. 5.3.2008, VII-Verg 12/08; anders noch Beschl. v. 22.1.2001, Verg 24/00; s. auch *Summa*, in: jurisPK-Vergaberecht, § 165 GWB Rn. 74 u. *Ramm*, VergabeR 2007, 739, 743: Wartefrist von 3–5 (Werk-)Tagen.

107 BGH, Beschl. v. 31.1.2017, X ZB 10/16, Rn. 52, NZBau 2017, 230, 234 = VergabeR 2017, 364, 369.

108 BGH, Beschl. v. 31.1.2017, X ZB 10/16, Rn. 52, NZBau 2017, 230, 234 = VergabeR 2017, 364, 369.

§ 166 Mündliche Verhandlung

(1) Die Vergabekammer entscheidet aufgrund einer mündlichen Verhandlung, die sich auf einen Termin beschränken soll. Alle Beteiligten haben Gelegenheit zur Stellungnahme. Mit Zustimmung der Beteiligten oder bei Unzulässigkeit oder bei offensichtlicher Unbegründetheit des Antrags kann nach Lage der Akten entschieden werden.

(2) Auch wenn die Beteiligten in dem Verhandlungstermin nicht erschienen oder nicht ordnungsgemäß vertreten sind, kann in der Sache verhandelt und entschieden werden.

Schrifttum: *Bechtold*, Kartellgesetz: GWB, Kommentar, 6. Aufl. 2010; *Burgi/Dreher*, Beck'scher Vergaberechtskommentar, 3. Aufl. 2017; *Heiermann/Zeiss/Summa*, juris PraxisKommentar Vergaberecht, 5. Aufl. 2016; *Immenga/Mestmäcker*, Wettbewerbsrecht, Band 2. GWB/Teil 2, Kommentar zum Deutschen Kartellrecht, 5. Aufl. 2014; *Kopp/Ramsauer*, Verwaltungsverfahrensgesetz: VwVfG, Kommentar, 18. Aufl. 2017; *Kulartz/Kus/Portz/Prieß*, Kommentar zum GWB-Vergaberecht, 4. Aufl. 2016; *Müller-Wrede*, GWB Vergaberecht, Kommentar, 2016; *Reidt/Stickler/Glahs*, Vergaberecht, Kommentar, 4. Aufl. 2018; *Willenbruch/Bischoff*, Vergaberecht KompaktKommentar, 2008; *Ziekow/Völlink*, Vergaberecht, 3. Aufl. 2018.

Übersicht

I. Mündliche Verhandlung

1. Durchführung einer mündlichen Verhandlung

1 § 166 GWB entspricht dem bisherigen § 112 GWB a. F.[1] Eine Entscheidung durch die Vergabekammer setzt grundsätzlich voraus, dass eine mündliche Verhandlung durchgeführt wurde. Sie dient insbesondere der Erörterung der entscheidungserheblichen Tatsachen und der Beweisaufnahme. Im Regelfall soll gem. **Abs. 1 Satz 1** nur **ein einziger Verhandlungstermin** stattfinden, um dem **Beschleunigungsziel** des Verfahrens gerecht zu werden. Ausnahmsweise kann sich die mündliche Verhandlung auf mehrere Termine erstrecken. Das betrifft sachlich und rechtlich schwierige Fälle, kann sich aber auch aus terminlichen Gründen, z. B. bei der Beweisaufnahme (ausländische Zeugen), ergeben.

1 Amtl. Begr., BT-Drs. 18/6281, S. 135 zu § 166 GWB-E VergRModG.

Der Ablauf und Inhalt der mündlichen Verhandlung ist im Gesetz nicht geregelt. Angesichts der Regelungslücke ist nach richtiger Ansicht auf die allgemeinen Grundsätze des **Verwaltungsverfahrensrechts** zurückzugreifen (§§ 67, 68 VwVfG).[2] Weitere Einzelheiten ergeben sich aus der **Geschäftsordnung** (§ 158 Rn. 7 ff.). Nach dem Wortlaut des Gesetzes ist die mündliche Verhandlung **nicht öffentlich**. Das folgt insbesondere auch aus § 68 Abs. 1 Satz 1 VwVfG. Der Gesetzgeber war offenbar der Auffassung, dass die für die Öffentlichkeit sprechenden Gesichtspunkte eines Gerichtsverfahrens nicht auf das Nachprüfungsverfahren bei der Vergabekammer übertragbar sind.[3] Diese Beurteilung ist im Hinblick auf die Bedeutung des Nachprüfungsverfahrens und seine justizförmige Ausgestaltung **verfehlt**.[4] Der Gesetzgeber hat in vergleichbaren Fällen daher auch eine öffentliche mündliche Verhandlung angeordnet (§ 56 Abs. 3 GWB, § 135 Abs. 3 TKG). Für die Öffentlichkeit der mündlichen Verhandlung spricht auch, dass in dem Vergaberechtsweg Ansprüche verfolgt werden können, die ohne die Regelung in § 156 Abs. 2 GWB im Gerichtsverfahren entschieden werden würden (s. hierzu § 156 Rn. 6 ff.).[5] 2

Zum notwendigen Inhalt eines **Verhandlungsprotokolls** zählen nur Tatsachen und Verfahrensergebnisse sowie bei berechtigtem Interesse auch Erklärungen und Aussagen der Verfahrensbeteiligten, nicht hingegen die von der Vergabekammer in der mündlichen Verhandlung geäußerten vorläufigen Rechtsauffassungen, vor allem dann nicht, wenn diese nicht entscheidungserheblich sind.[6] Der Inhalt des Protokolls ergibt sich aus § 68 Abs. 4 VwVfG.[7] 3

2. Entscheidung nach Aktenlage

Die mündliche Verhandlung ist unter bestimmten Voraussetzungen entbehrlich. In den drei Fallgruppen des **Abs. 1 Satz 3** kann die Vergabekammer **nach Lage der Akten entscheiden**. Das insoweit bestehende Ermessen der Vergabekammer muss fehlerfrei ausgeübt werden. 4

---

2 Vgl. Amtl. Begr., BT-Drs. 13/9340, S. 18 zu § 120 GWB-E VgRÄG; *Ohlerich*, in: Kulartz/Kus/Portz/Prieß, GWB, § 166 Rn. 2 u. *Horn*, in: Müller-Wrede, GWB, § 166 Rn. 6 ff. ziehen zudem die VwGO heran; anders *Reidt*, in: Reidt/Stickler/Glahs, Vergaberecht, § 166 Rn. 7, der primär die §§ 10, 88 ff. VwVfG für anwendbar hält.

3 Vgl. *Ramsauer/Wysk*, in: Kopp/Ramsauer, VwVfG, § 68 Rn. 3.

4 A. A. *Horn*, in: Müller-Wrede, GWB, § 166 Rn. 8, *Ohlerich*, in: Kulartz/Kus/Portz/Prieß, GWB, § 166 Rn. 9 u. *Dreher*, in: Immenga/Mestmäcker, GWB, § 112 Rn. 6 unter Verweis auf die in § 6 Abs. 1 Satz 1 GO VK Bund (Anhang III. 1.) normierte Nichtöffentlichkeit. *Gröning*, in: Burgi/Dreher, Vergaberecht, § 166 GWB Rn. 11 beanstandet die Regelung in der GO VK Bund zwar nicht, hält den Ausschluss der Öffentlichkeit in Vergabestreitigkeiten jedoch ebenfalls für unglücklich.

5 Vgl. *Byok*, WRP 1999, 402.

6 VK Bund, Beschl. v. 12.12.2014, VK 1-98/14.

7 A. A. VK Bund, Beschl. v. 12.12.2014, VK 1-98/14: Heranziehung des § 7 Abs. 2 GO VK Bund (Anhang III. 1) bzw. § 105 VwGO i.V.m. § 160 ZPO. A. A. auch *Reidt*, in: Reidt/Stickler/Glahs, Vergaberecht, § 166 Rn. 10, der für die Protokollierung der Sitzung auf § 93 VwVfG verweist.

a) Zustimmung der Beteiligten

5 Erforderlich ist in der ersten Variante, dass die **Beteiligten** (§ 162 Rn. 2) **zugestimmt** haben (vgl. § 67 Abs. 2 VwVfG, § 101 Abs. 2 VwGO, § 128 Abs. 2 ZPO[8]). Sofern nur ein Beteiligter auf die Durchführung besteht, kommt ein Verzicht auf die mündliche Verhandlung nicht in Betracht. Für die Form der Zustimmung enthält das Gesetz keine ausdrückliche Regelung. Gem. § 10 VwVfG ist aber von grundsätzlicher Formfreiheit[9] der Zustimmungserklärungen auszugehen. Dafür spricht auch, dass die Verfahrensvorschriften an anderen Stellen ausdrücklich Schriftform anordnen (§§ 161 Abs. 1 Satz 1, 167 Abs. 1 Satz 4 GWB). Eine aufgrund eines Hinweises der Vergabekammer abgegebene schriftsätzliche Erklärung der Beteiligten nach Schluss der mündlichen Verhandlung ersetzt keine Zustimmung zum schriftlichen Verfahren (s.u. Rn. 10).[10] Uneinigkeit herrscht zu der Frage, ob eine erklärte Zustimmung **widerrufen** werden kann.[11]

6 Die Vergabekammer kann sodann von einer mündlichen Verhandlung absehen, wenn der Nachprüfungsantrag unzulässig oder offensichtlich unbegründet ist, nach der freien Überzeugung der Vergabekammer **eindeutig** zurückgewiesen werden muss und sich durch eine **mündliche Verhandlung keine andere Bewertung** ergeben könnte.[12]

b) Unzulässigkeit des Antrags

7 Die Unzulässigkeit des Antrags (zweite Variante) ergibt sich u.a. aus § 160 Abs. 3 GWB, nämlich einem Verstoß gegen die Rügeobliegenheiten, sofern bestehend, aus einer Verletzung der Formerfordernisse des § 161 Abs. 2 Hs. 1 GWB und dem Nichtvorliegen der sonstigen Sachentscheidungsvoraussetzungen (§ 160 Rn. 10ff.), z.B. der sachlichen Unzuständigkeit der Vergabekammer,[13] oder aufgrund Verwirkung.[14] Die hier genannte Unzulässigkeit führt anders als bei § 163 Abs. 2 GWB („offensichtlich“) zu weiterreichenden Befugnissen der Vergabekammer, über einen Nachprüfungsantrag schnell und ohne großen Verfahrensaufwand zu entscheiden. Es reicht aus, dass die Vergabekammer bei vernünftiger Abwägung und Wertung des Parteivortrags bzw. Akteninhalts die Unzulässigkeit vertreten kann. Der offensichtlichen Unzulässigkeit bedarf es nicht; die Vergabekammer kann daher auch dann nach Aktenlage entscheiden, wenn sie den Antrag zuvor übermittelt hat

---

8 Die Amtl. Begr., BT-Drs. 13/9340, S. 19 zu § 122 GWB-E VgRÄG verweist auf § 128 Abs. 2 ZPO; kritisch hierzu *Dreher*, in: Immenga/Mestmäcker, GWB, § 112 Rn. 9 mit Verweis auf § 69 Abs. 1 Hs. 2 GWB.

9 Wie hier *Horn*, in: Müller-Wrede, GWB, § 166 Rn. 24; *Frister*, in: Ziekow/Völlink, Vergaberecht, § 166 GWB Rn. 9; *Reidt*, in: Reidt/Stickler/Glahs, Vergaberecht, § 166 Rn. 14; *Dreher*, in: Immenga/Mestmäcker, GWB, § 112 Rn. 9; *Otting*, in: Bechtold, GWB, § 112 Rn. 4; a.A. *Ohlerich*, in: Kulartz/Kus/Portz/Prieß, GWB, § 166 Rn. 19 u. *Gause*, in: Willenbruch/Bischoff, Vergaberecht, § 112 GWB Rn. 6, die eine schriftliche Erklärung befürworten.

10 OLG Düsseldorf, Beschl. v. 16.12.2015, VII-Verg 24/15 u. VII-Verg 25/15, NZBau 2016, 232, 233.

11 Vgl. zum Streitstand VK Thüringen, Beschl. v. 12.7.2017, 250-4003-5533/2017-E-016-EF sowie *Frister*, in: Ziekow/Völlink, Vergaberecht, § 166 GWB Rn. 9, beide verneinend.

12 Amtl. Begr., BT-Drs. 13/9340, S. 19 zu § 122 GWB-E VgRÄG; vgl. VK Sachsen-Anhalt, Beschl. v. 2.3.2016, 2 VK LSA 41/15; Beschl. v. 21.12.2015, 2 VK LSA 33/15; VK Südbayern, Beschl. v. 14.8.2015, Z3-3-3194-1-33-05/15.

13 VK Brandenburg, Beschl. v. 10.2.2003, VK 80/02.

14 VK Brandenburg, Beschl. v. 16.8.2013, VK 12/13.

und später nach vertiefter Prüfung der Sach- und Rechtslage, u. U. nach weiteren Ermittlungen, zur Überzeugung von der Unzulässigkeit gelangt.[15] Eine teleologische Reduktion dieser Vorschrift ist nicht geboten: Die Möglichkeit des Verzichts auf eine mündliche Verhandlung dient der Beschleunigung des Verfahrens.[16] Die nicht nur im Interesse des jeweiligen Auftraggebers und ggf. des Beigeladenen, sondern auch im Allgemeininteresse stehende Verfahrensbeschleunigung darf gegen das Interesse des Antragstellers an einem wirksamen Rechtsschutz abgewogen und auch als vorrangig bewertet werden.[17] Dem stehen auch die Grundsätze des Art. 6 EMRK und des Art. 103 GG nicht entgegen, denn die Gewährung rechtlichen Gehörs kann auch in einem schriftlichen Verfahren angemessen sichergestellt sein.[18] Werden mehrere Rügen erhoben, muss die Vergabekammer aufgliedern, ggf. aufklären, welche einzelnen Rügen erhoben werden, und die Zulässigkeit für jede dieser Rügen gesondert prüfen.[19] Gegen die Zurückweisung des Nachprüfungsantrags als offensichtlich unzulässig ohne mündliche Verhandlung ist die sofortige Beschwerde statthaft.[20]

c) Offensichtliche Unbegründetheit des Antrags

8 Hingegen darf die Vergabekammer bei der Begründetheitsprüfung nur dann auf die mündliche Verhandlung verzichten, wenn der **Antrag offensichtlich unbegründet** ist (dritte Variante). Erforderlich dafür ist, dass sich ohne Weiteres oder jedenfalls unschwer aus den gesamten Umständen seine Unbegründetheit ergeben muss. **Die Sache muss eindeutig sein**.[21] Da es im Fall der offensichtlichen Unbegründetheit schon nicht zur Übermittlung des Nachprüfungsantrags gekommen ist (§ 163 Abs. 2 GWB), folgt die Unbegründetheit in der Regel aus dem Nachprüfungsantrag selbst und weiterem Vortrag, ggf. aus einer etwa hinterlegten Schutzschrift des Auftraggebers (vgl. § 163 Rn. 28 f.). In einer solchen Situation kann die Vergabekammer nach Lage der Akten über die Zurückweisung des Antrags, und zwar auch ohne Kenntnis des Auftraggebers von dem Nachprüfungsverfahren, entscheiden. Ergibt sich die offensichtliche Unbegründetheit hingegen erst nach erfolgter Übermittlung des Antrags an den Auftraggeber aufgrund einer vertieften Prüfung der Sach- und Rechtslage anhand der übersandten Vergabeakten, z. B. durch Einsicht in das Angebot des Antragstellers, sowie durch Einsicht in streitrelevante Unterlagen wie die Beteiligtenschriftsätze, ist es der Vergabekammer nicht verwehrt, nach Aktenlage zu entscheiden.[22] Der Antrag ist offensichtlich unbegründet, wenn der maßgebliche Sachverhalt aus Sicht der Vergabekammer hinreichend aufgeklärt ist, die mündliche Verhandlung daher insofern keinen besonderen Erkenntnisgewinn verspricht und der Antrag unter keinem

---

15 So ebenfalls BayObLG, Beschl. v. 20.8.2001, Verg 11/01, VergabeR 2002, 77, 80; OLG Koblenz, Beschl. v. 22.3.2001, Verg 9/00, VergabeR 2001, 407, 407 f.; VK Schleswig-Holstein, Beschl. v. 23.8.2012, VK-SH 21/12; s. a. OLG Brandenburg, Beschl. v. 5.10.2004, Verg W 12/04.

16 Vgl. OLG Naumburg, Beschl. v. 6.12.2012, 2 Verg 5/12, VergabeR 2013, 438, 445.

17 OLG Naumburg, Beschl. v. 6.12.2012, 2 Verg 5/12, VergabeR 2013, 438, 445.

18 OLG Naumburg, Beschl. v. 6.12.2012, 2 Verg 5/12, VergabeR 2013, 438, 445.

19 OLG Celle, Beschl. v. 31.7.2008, 13 Verg 3/08.

20 OLG Düsseldorf, Beschl. v. 17.2.2016, VII-Verg 37/14; OLG Karlsruhe, Beschl. v. 8.1.2010, 15 Verg 1/10.

21 Amtl. Begr., BT-Drs. 13/9340, S. 19 zu § 122 GWB-E VgRÄG.

22 Vgl. VK Hessen, Beschl. v. 25.6.2013, 69d-VK-13/2013; VK Brandenburg, Beschl. v. 9.2.2009, VK 4/09; VK Schleswig-Holstein, Beschl. v. 13.12.2004, VK-SH 33/04; VK Bund, Beschl. v. 18.11.2004, VK 2-169/04.

rechtlichen Gesichtspunkt Aussicht auf Erfolg hat.[23] Ebenfalls ist eine eindeutige Rechtslage in Bezug auf den entscheidungserheblichen Sachverhalt erforderlich.[24] Wenn die Vergabekammer **Zweifel** an der Unbegründetheit hat, liegt keine Offensichtlichkeit mehr vor. Dann muss, zum Schutz des Antragstellers, eine mündliche Verhandlung stattfinden. Eine Zurückweisung des Nachprüfungsantrags ohne mündliche Verhandlung als offensichtlich unbegründet sollte die **Ausnahme** bleiben.[25]

d) Kein verfahrensrechtlicher Anspruch auf mündliche Verhandlung

9 Selbst wenn die Vergabekammer fehlerhaft ohne mündliche Verhandlung entscheidet, steht dem Antragsteller kein eigenständiger verfahrensrechtlicher Anspruch auf eine Verhandlung vor der Vergabekammer zu, den er durch eine Entscheidung des Senats durchsetzen könnte: Der verfahrensrechtliche „Anspruch" auf eine mündliche Verhandlung ist lediglich ein Ausdruck des Anspruchs des Antragstellers auf rechtliches Gehör, der durch die mündliche Verhandlung vor dem Senat erfüllt wird.[26]

3. Wiedereröffnung der mündlichen Verhandlung

10 Die mündliche Verhandlung ist wiederzueröffnen (§§ 139, 156 Abs. 2 Nr. 1 ZPO, §§ 73 Nr. 2, 175 Abs. 2 GWB), wenn die Vergabekammer aufgrund einer zulässigen Anwendung des Untersuchungsgrundsatzes (§ 163 Abs. 1 Satz 1 GWB) weitere, von den Verfahrensbeteiligten nicht erkannte Vergaberechtsverstöße, welche im Nachprüfungsverfahren und in der mündlichen Verhandlung weder in tatsächlicher noch in rechtlicher Hinsicht zur Sprache gebracht wurden, erkennt, und auf diese erst nach Schluss der mündlichen Verhandlung hinweist.[27] Die mündliche Verhandlung ist auch dann wiederzueröffnen, wenn die Vergabekammer den Verfahrensbeteiligten nach Schluss der mündlichen Verhandlung die Möglichkeit gegeben hat, schriftsätzlich zu dem erteilten Hinweis Stellung zu nehmen, und die Beteiligten hiervon Gebrauch gemacht haben.[28] Die Tatsache, dass sich die Verfahrensbeteiligten auf einen außerhalb der mündlichen Verhandlung angebrachten Hinweis der Vergabekammer schriftsätzlich erklärt haben, ersetzt als solche nicht die Zustimmung zum schriftlichen Verfahren gem. § 166 Abs. 1 Satz 2 GWB.[29]

---

23 S. a. VK Lüneburg, Beschl. v. 14.11.2016, VgK-44/2016; VK Berlin, Beschl. v. 16.8.2016, VK-B1-23/16.

24 VK Schleswig-Holstein, Beschl. v. 17.3.2006, VK-SH 02/06.

25 OLG Schleswig, Beschl. v. 20.3.2008, 1 Verg 6/07; VK Brandenburg, Beschl. v. 27.9.2012, VK 30/12.

26 Vgl. OLG Brandenburg, Beschl. v. 30.4.2013, Verg W 3/13; Beschl. v. 12.1.2010, Verg W 5/09: Ein etwaiger Verstoß gegen das Gebot der Gewährung rechtlichen Gehörs ist jedenfalls durch die mündliche Verhandlung des Senats behoben.

27 Vgl. OLG Düsseldorf, Beschl. v. 16.12.2015, VII-Verg 24/15 u. VII-Verg 25/15, NZBau 2016, 232, 233. Ein Zurückverweisen der Sache an die Vergabekammer hielt das OLG in dem zu entscheidenden Fall für nicht veranlasst, weil der Vortrag der Verfahrensbeteiligten im Beschwerderechtszug zu berücksichtigen und keiner der Gründe des § 538 Abs. 2 ZPO gegeben gewesen sei (§§ 73 Nr. 2, 175 Abs. 2 GWB).

28 Vgl. OLG Düsseldorf, Beschl. v. 16.12.2015, VII-Verg 24/15 u. VII-Verg 25/15, NZBau 2016, 232, 233.

29 Vgl. OLG Düsseldorf, Beschl. v. 16.12.2015, VII-Verg 24/15 u. VII-Verg 25/15, NZBau 2016, 232, 233.

II. Rechtliches Gehör

Den am Nachprüfungsverfahren Beteiligten (§ 162 Rn. 2) steht rechtliches Gehör im Sinne des Art. 103 Abs. 1 GG zu.[30] Dazu gehört alles, was aus Sicht der Beteiligten für die Entscheidung der Vergabekammer erheblich ist. Das rechtliche Gehör ist nicht auf die Beteiligten begrenzt, in deren Rechte eingegriffen werden soll. Das Recht aus Art. 103 Abs. 1 GG gewährleistet, dass die Verfahrensbeteiligten Gelegenheit erhalten, sich vor der Entscheidung nicht nur zum **Sachverhalt**, welcher der Entscheidung zugrunde gelegt werden soll, zu äußern, sondern auch die für die angestrebte Entscheidung sachdienlichen **Anträge** anbringen zu können.[31] Als Konkretisierung dieses verfassungsrechtlichen Grundsatzes ist allen Beteiligten vor einer Entscheidung der Vergabekammer gem. **Abs. 1 Satz 2 Gelegenheit zur Stellungnahme** zu geben. Das muss grundsätzlich in der **mündlichen** Verhandlung geschehen. Dort kann ggf. auf zuvor eingereichte schriftliche Stellungnahmen Bezug genommen werden. Wenn es nicht zu einer mündlichen Verhandlung kommt (s. o. Rn. 4 ff.), kann die Stellungnahme auch (fern-)mündlich eingeholt bzw. abgegeben werden, was insbesondere bei Zeitdruck oder einer großen Zahl von Beigeladenen zweckmäßig ist („Rundrufverfahren"). Der Anspruch auf rechtliches Gehör ist bei einer Entscheidung der Vergabekammer nach Aktenlage gem. Abs. 1 Satz 3 **schriftlich** zu gewähren.[32] Die Vergabekammer kann den Beteiligten gem. § 167 Abs. 2 Satz 2 GWB (kurze) **Fristen** für die Stellungnahme setzen. Das folgt aus dem Beschleunigungsgrundsatz des Nachprüfungsverfahrens. In diesem Fall sollte darüber ein Vermerk für die Verfahrensakte gefertigt werden. Die Regelung über das rechtliche Gehör ist abschließend, sodass die Vergabekammer keinen Gebrauch von den Ausnahmetatbeständen des § 28 Abs. 2, 3 VwVfG machen darf. Das würde auch der gerichtsähnlichen Ausgestaltung des Verfahrens (§ 160 Rn. 2) widersprechen. 11

III. Fernbleiben im Termin

Die Vergabekammer darf gem. **Abs. 2** auch dann verhandeln und entscheiden, wenn die Beteiligten (§ 162 Rn. 2) trotz ordnungsgemäßer **Ladung**[33] – unter Berücksichtigung einer angemessenen Ladungsfrist von mindestens drei Tagen nach Eingang bei den Beteiligten,[34] höchstens einer Woche[35] – an der mündlichen Verhandlung nicht teilnehmen oder keine ordnungsgemäße Vertretung besteht.[36] Damit werden **Verzögerungen** des Verfahrens **ausgeschlossen**. Die Beteiligten können sich dann nicht mehr auf eine Verletzung ihres rechtlichen Gehörs berufen. 12

30 OLG Koblenz, Beschl. v. 22.3.2001, Verg 9/00, VergabeR 2001, 407, 408.
31 OLG Düsseldorf, Beschl. v. 2.3.2005, Verg 70/04.
32 OLG Düsseldorf, Beschl. v. 21.12.2005, Verg 69/05. S. a. 1. VK Bund, Beschl. v. 20.4.2017, VK1-33/17.
33 Hierzu ausführlich VK Südbayern, Beschl. v. 14.8.2015, Z3-3-3194-1-33-05/15.
34 Entsprechend § 6 Abs. 2 GO VK Bund (Anhang III. 1.).
35 *Summa*, in: jurisPK-Vergaberecht, § 166 GWB Rn. 14.
36 S. bspw. VK Münster, Beschl. v. 26.1.2016, VK 1 44/15.

IV. Vertretung

13 Für die ordnungsgemäße Vertretung gelten die allgemeinen Verwaltungsverfahrensgrundsätze (§§ 12 ff. VwVfG), wonach grundsätzlich zwischen gesetzlicher Vertretung und gewillkürter Bevollmächtigung zu unterscheiden ist. Die Vertretungsverhältnisse **sind von Amts wegen** zu prüfen, der Vertreter ist für die Ordnungsgemäßheit beweispflichtig.

14 Anders als im Verfahren bei dem Beschwerdegericht besteht in den Verfahren vor der Vergabekammer **kein Anwaltszwang** (vgl. § 175 Rn. 2 f.).

§ 167 Beschleunigung

(1) Die Vergabekammer trifft und begründet ihre Entscheidung schriftlich innerhalb einer Frist von fünf Wochen ab Eingang des Antrags. Bei besonderen tatsächlichen oder rechtlichen Schwierigkeiten kann der Vorsitzende im Ausnahmefall die Frist durch Mitteilung an die Beteiligten um den erforderlichen Zeitraum verlängern. Dieser Zeitraum soll nicht länger als zwei Wochen dauern. Er begründet diese Verfügung schriftlich.

(2) Die Beteiligten haben an der Aufklärung des Sachverhalts mitzuwirken, wie es einem auf Förderung und raschen Abschluss des Verfahrens bedachten Vorgehen entspricht. Den Beteiligten können Fristen gesetzt werden, nach deren Ablauf weiterer Vortrag unbeachtet bleiben kann.

Schrifttum: *Baumbach/Lauterbach/Albers/Hartmann*, Zivilprozessordnung, Kommentar, 76. Aufl. 2018; *Bechtold*, Kartellgesetz: GWB, Kommentar, 6. Aufl. 2010; *Boesen*, Vergaberecht, Kommentar zum 4. Teil des GWB, 2002; *Hattig/Maibaum*, Praxiskommentar Kartellvergaberecht: Der 4. Teil des GWB und VgV, 2. Aufl. 2014; *Heiermann/Zeiss/Summa*, juris PraxisKommentar Vergaberecht, 5. Aufl. 2016; *Immenga/Mestmäcker*, Wettbewerbsrecht, Band 2. GWB/Teil 2, Kommentar zum Deutschen Kartellrecht, 5. Aufl. 2014; *Kopp/Ramsauer*, Verwaltungsverfahrensgesetz: VwVfG, Kommentar, 18. Aufl. 2017; *Kopp*, Verwaltungsverfahrensgesetz: VwVfG, Kommentar, 6. Aufl. 1996; *Kulartz/Kus/Portz*, Kommentar zum GWB-Vergaberecht, 2. Aufl. 2009; *Kulartz/Kus/Portz/Prieß*, Kommentar zum GWB-Vergaberecht, 4. Aufl. 2016; *Müller-Wrede*, GWB Vergaberecht, Kommentar, 2016; *Reidt/Stickler/Glahs*, Vergaberecht, Kommentar, 4. Aufl. 2018; *Willenbruch/Bischoff*, Vergaberecht KompaktKommentar, 2008.

Übersicht

I. Entscheidungsdauer

1. Fristen

1 § 167 GWB entspricht dem bisherigen § 113 GWB a. F.[1] Die Vorschrift konkretisiert den Beschleunigungsgrundsatz, der dem gesamten Nachprüfungsverfahren zugrunde liegt. Im **Regelfall** ist danach gem. **Abs. 1 Satz 1** jede vergaberechtliche Auseinandersetzung binnen 5 Wochen nach Eingang des Nachprüfungsantrags zu entscheiden. Die **5-Wochen-Frist** beginnt mit der Einreichung des Antrags durch den Antragsteller; eine – gem. § 17a Abs. 2 Satz 1 GVG ohnehin nicht zulässige[2] – Verweisung der Sache von einem Gericht an

1 Amtl. Begr., BT-Drs. 18/6281, S. 135 zu § 167 GWB-E VergRModG.
2 Siehe ausführlich OVG Bautzen, Beschl. v. 9.2.2016, 5 B 315/15 m. w. N.

die Vergabekammer reicht nicht.[3] Geschieht der Eingang vorab durch Telefax und anschließende postalische Übermittlung des Schriftsatzes, ist der Zeitpunkt des Faxeinganges maßgeblich.[4] Nicht erforderlich ist die Vollständigkeit, Zulässigkeit oder Begründetheit (arg. § 24 Abs. 3 VwVfG) des Antrags. Daher beginnt die 5-Wochen-Frist auch dann zu laufen, wenn die Antragsbegründung fehlt und nicht unverzüglich gem. § 161 Abs. 1 Satz 1 GWB nachgereicht wird.[5] Für die Fristberechnung gelten § 31 VwVfG i.V.m. §§ 187–193 BGB.[6] In der Praxis der Vergabekammern wird die Frist häufig verlängert. Die in Abs. 1 geregelte Verfahrensbeschleunigung stellt einen Maßstab des Gesetzgebers dar, der für alle zeitrelevanten Verfahrensfragen, die bei der Auslegung von Verfahrensvorschriften eine Rolle spielen, bestimmend ist.[7] Eine **Aussetzung** des Nachprüfungsverfahrens widerspricht dem in Abs. 1 normierten Beschleunigungsgrundsatz diametral.[8] Diesem Grundsatz läuft es zuwider, einen monate- oder gar jahrelangen (Bau-)Zivilprozess abzuwarten bzw. ihn selbst inzident durchzuführen.[9]

2. Vollständigkeit der Entscheidung

2 Bei dem in Abs. 1 verwendeten Begriff der „Entscheidung" handelt es sich um einen Verwaltungsakt (§ 168 Abs. 3 Satz 1 GWB). Die dazugehörige Formulierung „trifft und begründet" bedeutet, dass **alle Elemente** für das Zustandekommen **des Verwaltungsakts** (§§ 35 ff. VwVfG) **innerhalb der 5-Wochen-Frist** erfüllt werden müssen. Die Rechtsprechung und Teile der Literatur sind der Ansicht, dass es zur Wahrung der Frist genügt, dass die Vergabekammer die Entscheidung innerhalb der Frist ordnungsgemäß getroffen und sie vollständig schriftlich abgesetzt hat, eine Zustellung dieser Entscheidung an die Beteiligten innerhalb der Frist hingegen sei nicht erforderlich.[10] Der Erlass

---

3 OLG Düsseldorf, Beschl. v. 11.3.2002, Verg 43/01, VergabeR 2002, 404, 408.

4 OLG Frankfurt a. M., Beschl. v. 24.9.2013, 11 Verg 12/13, ZfBR 2014, 283, 284.

5 So auch *Horn*, in: Müller-Wrede, GWB, § 167 Rn. 7; *Summa*, in: jurisPK-Vergaberecht, § 167 GWB Rn. 7 ff.; *Dreher*, in: Immenga/Mestmäcker, GWB, § 113 Rn. 8; *Otting*, in: Bechtold, GWB, § 113 Rn. 2; a. A. *Boesen*, GWB, § 113 Rn. 10 u. *Gause*, in: Willenbruch/Bischoff, Vergaberecht, § 113 GWB Rn. 2: Fristbeginn erst mit Eingang der Begründung.

6 Vgl. OLG Dresden, Beschl. v. 17.6.2005, WVerg 8/05.

7 VK Brandenburg, Beschl. v. 16.8.2013, VK 12/13 m. w. N.

8 OLG München, Beschl. v. 18.10.2012, Verg 13/12, NZBau 2013, 189; 2. VK Bund, Beschl. v. 15.11.2017, VK 2-116/17 bzgl. einer Aussetzung des Nachprüfungsverfahrens, damit der Nachprüfungsantrag „in die Zulässigkeit hineinwachsen" kann.

9 OLG Celle, Beschl. v. 9.1.2017, 13 Verg 9/16, ZfBR 2017, 407, 408, sowie vgl. zuvor VK Lüneburg, Beschl. v. 14.11.2016, VgK-44/2016, zur Frage der Prüfung der Berechtigung einer vorzeitigen Vertragsbeendigung gem. § 124 Abs. 1 Nr. 7 GWB, uneinig bzgl. des Prüfungsumfangs. S. hierzu auch VK Thüringen, Beschl. v. 12.7.2017, 250-4003-5533/2017-E-016-EF und § 124 Rn. 78.

10 OLG Düsseldorf, Beschl. v. 8.5.2002, Verg 8-15/01; noch offen gelassen im Beschl. v. 22.1.2001, Verg 24/00, VergabeR 2001, 154, 156; OLG Frankfurt a. M., Beschl. v. 25.9.2000, 11 Verg 2/99; das OLG Naumburg, Beschl. v. 13.10.2006, 1 Verg 6/06, VergabeR 2007, 125, 127, u. Beschl. v. 13.10.2006, 1 Verg 7/06 erachtet auch die Bekanntgabe an die Beteiligten innerhalb der Frist für nicht erforderlich; vgl. auch OLG Saarbrücken, Beschl. v. 29.4.2003, 5 Verg 4/02, VergabeR 2003, 429, 430; § 171 Rn. 16 f.; *Ohlerich* in: Kulartz/Kus/Portz/Prieß, GWB, § 167 Rn. 21, 25; anders noch *Maier*, in: Kulartz/Kus/Portz, GWB, 2. Aufl. 2009, § 113 Rn. 2; wie hier auch *Horn*, in: Müller-Wrede, GWB, § 167 Rn. 9; *Summa*, in: jurisPK-Vergaberecht, § 167 GWB Rn. 19 ff.; *Dreher*, in: Immenga/Mestmäcker, GWB, § 113 Rn. 10; *Gause*, in: Willenbruch/Bischoff, Vergaberecht, § 113 GWB Rn. 3; *Otting*, in: Bechtold, GWB, § 113 Rn. 3.

der Entscheidung der Vergabekammer innerhalb der 5-Wochen-Frist sei von Amts wegen zu dokumentieren.[11] Diese Dokumentation sei zum Zweck einer Nachprüfung dadurch zu objektivieren, dass entweder der vollständig unterschriebene Beschluss innerhalb der 5-Wochen-Frist in der Akte niedergelegt werde, der Kammervorsitzende (und im Fall seiner Verhinderung ein Beisitzer) den Tag der Niederlegung in der Akte vermerke und die Akte auf den Weg zur Geschäftsstelle der Vergabekammer gebracht werde,[12] oder dass der von allen Mitgliedern der Vergabekammer unterschriebene Beschluss innerhalb der Frist auf der Geschäftsstelle der Vergabekammer eingehe und der Eingang dort entsprechend vermerkt werde.[13] Die Dokumentation sei nur dann entbehrlich, wenn der Beschluss den Beteiligten innerhalb der 5-Wochen-Frist ordnungsgemäß zugestellt werde.[14] Nach *Reidt* bedarf es der Zustellung der Entscheidung.[15] Richtig ist es, zwar eine Zustellung des Beschlusses innerhalb der Entscheidungsfrist nicht zu verlangen, aber die **Bekanntgabe** des Verwaltungsakts **per Telefax** an die Verfahrensbeteiligten zu fordern.[16] Ohne die Bekanntgabe läge nämlich keine Entscheidung, sondern nur ein Entwurf[17] bzw. ein Internum[18] vor. Wenn die Vergabekammer nicht fristgerecht entscheidet (sei es durch Versäumnis, sei es durch explizite schriftliche Mitteilung, die ablaufende Entscheidungsfrist nicht zu verlängern[19]), gilt der Nachprüfungsantrag als abgelehnt (§ 171 Abs. 2 GWB, s. ausführlich § 171 Rn. 13 ff.). In der Praxis kommt es immer wieder vor, dass Vergabekammern die Entscheidungsfrist versäumen. Daher muss der Antragsteller vorsorglich eine **Fristenkontrolle** einrichten und nachhalten. Die Frist des Abs. 1 verstreicht auch dann – und eröffnet damit den Weg zu den Gerichten –, wenn die Vergabekammer aus dem Grunde weder entscheidet noch die Frist verlängert, dass sie ihre Amtstätigkeit mangels (ausreichender) personeller Besetzung der zuständigen Beschlussabteilung durch die Landesregierung auf absehbare Zeit eingestellt hat und gleichwohl weiterhin geschäftsplanmäßig Nachprüfungsverfahren zugewiesen erhält (was den Grundsätzen ordnungsgemäßer, rechtsstaatlicher Verwaltung widerspricht).[20]

3. Bekanntgabe

3 Die Form der Bekanntgabe ist in § 167 GWB nicht geregelt. Aus dem Schriftformerfordernis folgt aber,[21] dass die Entscheidung der Vergabekammer den Verfahrensbeteiligten

---

11 OLG Düsseldorf, Beschl. v. 22.1.2001, Verg 24/00, VergabeR 2001, 154, 156.

12 I. E. so auch OLG Saarbrücken, Beschl. v. 29.4.2003, 5 Verg 4/02, VergabeR 2003, 429, 430.

13 OLG Düsseldorf, Beschl. v. 22.1.2001, Verg 24/00, VergabeR 2001, 154, 156; i. E. so auch OLG Naumburg, Beschl. v. 13.10.2006, 1 Verg 6/06 u. 1 Verg 7/06.

14 OLG Düsseldorf, Beschl. v. 22.1.2001, Verg 24/00, VergabeR 2001, 154, 156.

15 In: Reidt/Stickler/Glahs, Vergaberecht, § 167 Rn. 5.

16 OLG Frankfurt a.M., Beschl. v. 25.9.2000, Verg 2/99; vgl. auch *Horn*, in: Müller-Wrede, GWB, § 167 Rn. 9 u. *Gause*, in: Willenbruch/Bischoff, Vergaberecht, § 113 GWB Rn. 3.

17 Vgl. *Baumbach/Lauterbach/Albers/Hartmann*, ZPO, Übers § 300 ZPO Rn. 12.

18 Vgl. *Ramsauer*, in: Kopp/Ramsauer, VwVfG, § 43 Rn. 4.

19 Vgl. KG, Beschl. v. 7.8.2015, Verg 1/15, VergabeR 2016, 111, 113 f.; Beschl. v. 18.12.2014, Verg 21/13, ZfBR 2015, 604; Beschl. v. 20.2.2014, Verg 10/13; Beschl. v. 17.10.2013, Verg 9/13, ZfBR 2014, 516.

20 KG, Beschl. v. 27.1.2015, Verg 9/14; Beschl. v. 21.11.2014, Verg 22/13; Beschl. v. 24.10.2013, Verg 11/13.

21 Vgl. *Ramsauer*, in: Kopp/Ramsauer, VwVfG, § 41 Rn. 6; s. a. *Kopp*, VwVfG, 6. Aufl. 1996, § 41 Rn. 25.

grundsätzlich durch **Zustellung** bekanntzugeben ist (§ 69 Abs. 2 VwVfG). Das ist ausdrücklich durch § 168 Abs. 3 GWB i.V. m. § 61 GWB angeordnet. Für die Zustellung gelten die Verwaltungszustellungsgesetze des Bundes und der Länder. Die rechtsförmliche Zustellung kann außerhalb der fünfwöchigen Entscheidungsfrist erfolgen, wenn innerhalb der Frist wenigstens eine Bekanntgabe des Beschlusses an die Beteiligten per Telefax erfolgt ist (s. o. Rn. 2).

4. Fristverlängerung

4 Gem. **Abs. 1 Satz 2** besteht die Möglichkeit, im **Ausnahmefall** die **Entscheidungsfrist** der Vergabekammer um den erforderlichen Zeitraum, ggf. mehrfach,[22] zu **verlängern**. Voraussetzung dafür ist, dass besondere tatsächliche oder rechtliche Schwierigkeiten[23] bestehen, wozu auch die Belastung der Vergabekammer mit mehreren anhängigen Nachprüfungsverfahren oder Erkrankungen, Urlaubsabwesenheiten oder Terminkollisionen der Mitglieder der Vergabekammer oder der Verfahrensbevollmächtigten gehören.[24] Damit soll der Vergabekammer in u. U. komplexen Vergabeverfahren eine gründliche und sorgfältige Überprüfung ermöglicht werden, um trotz des Beschleunigungsgrundsatzes zu tragfähigen Entscheidungen zu kommen. Satz 2 ist daher nicht als selten anwendbare Ausnahmeregel[25] zu verstehen. Der insoweit bestehende Spielraum der Vergabekammer wird schon dadurch geleitet, dass die Entscheidung der Vergabekammer **Bindungswirkung** hat (§ 179 GWB) und daher **belastbar sein muss**.[26] Die Dauer der Fristverlängerung richtet sich nach den Erfordernissen des Einzelfalls. Gegeneinander abzuwägen sind der Zweck der Fristverlängerung und der Beschleunigungsgrundsatz. Um Letzterem zu genügen, soll gemäß dem durch das VergModG 2009 neu eingefügten **Abs. 1 Satz 3** die 5-Wochen-Frist um **nicht mehr als 2 Wochen** verlängert werden.[27] Die Fristverlängerung erfolgt – zwingend innerhalb der Entscheidungsfrist[28] – gem. Abs. 1 Satz 2 und 4 durch schriftlich begründete Verfügung des Vorsitzenden der Vergabekammer, die den Beteiligten mitzuteilen ist. Zum Teil wird die Ansicht vertreten, dass es unerheblich sei, wenn die Verlängerungsmitteilung

---

22 OLG Düsseldorf, Beschl. v. 7.3.2012, VII-Verg 82/11; a. A. *Horn*, in: Müller-Wrede, GWB, § 167 Rn. 14 m. w. N.

23 Vgl. *Gröning*, ZIP 1999, 52, 58.

24 Ausführlich hierzu OLG Düsseldorf, Beschl. v. 5.9.2016, VII-Verg 19/16; s. a. OLG Brandenburg, Beschl. v. 30.11.2004, Verg W 10/04, VergabeR 2005, 230, 231; VK Sachsen, Beschl. v. 13.6.2002, 1/SVK/042-02; VK Südbayern, Beschl. v. 19.1.2001, 27-12/00; wie hier *Gause*, in: Willenbruch/Bischoff, Vergaberecht, § 113 GWB Rn. 5; *Otting*, in: Bechtold, GWB, § 113 Rn. 4; a. A. *Horn*, in: Müller-Wrede, GWB, § 167 Rn. 11; differenzierend: *Summa*, in: jurisPK-Vergaberecht, § 167 GWB Rn. 40 ff.; *Ohlerich*, in: Kulartz/Kus/Portz/Prieß, GWB, § 167 Rn. 12 f.; *Reidt*, in: Reidt/Stickler/Glahs, Vergaberecht, § 167 Rn. 10; *Dreher*, in: Immenga/Mestmäcker, GWB, § 113 Rn. 11.

25 Amtl. Begr., BT-Drs. 13/9340, S. 19 zu § 123 GWB-E VgRÄG.

26 Vgl. *Tilmann*, WuW 1999, 342, 350.

27 Amtl. Begr., BT-Drs. 16/10117, S. 23 zu § 113 GWB-E VergModG.

28 OLG Frankfurt a. M., Beschl. v. 24.9.2013, 11 Verg 12/13, ZfBR 2014, 283, 284: keine wirksame Verlängerung, wenn die Entscheidung zur Verlängerung der Entscheidungsfrist auf das Datum des letzten Tages der Frist rückdatiert, aber tatsächlich erst (einen Tag) nach Fristablauf in Reinschrift angefertigt und von dem Vorsitzenden der Vergabekammer unterzeichnet wird – die gesetzliche Ablehnungsfiktion des § 171 Abs. 2 GWB kann nicht rückwirkend durch eine Entscheidung des Vorsitzenden aufgehoben werden.

innerhalb der Zeit nicht sämtlichen Verfahrensbeteiligten zugestellt worden oder auch nur zugegangen sei; die Entscheidungsfrist werde dadurch rechtzeitig verlängert, dass der Vergabekammervorsitzende die Verlängerungsverfügung innerhalb der Frist unterzeichnet und diese in den Geschäftsgang der Vergabekammer gelangt.[29] Allerdings ist richtigerweise auch für die Verlängerungsverfügung eine rechtzeitige Bekanntgabe z. B. per Telefax zu fordern.[30] Nur so ist eine sachgerechte Disposition der Beteiligten (z. B. § 171 Abs. 2 GWB i.V. m. § 167 Abs. 1 GWB) möglich. Die Begründung muss die wesentlichen Einzelheiten der tatsächlichen oder rechtlichen Schwierigkeiten nachvollziehbar darstellen. Es mag sich bei der Verlängerungsverfügung um einen Verwaltungsakt handeln (§ 35 VwVfG).[31] Dieser dürfte aber wegen der Sonderregelung in § 169 Abs. 2 Satz 1 GWB für den Antragsgegner **nicht gesondert anfechtbar**[32] sein. Aus Sicht des Antragstellers besteht wegen der Regelung in § 169 Abs. 1 GWB grundsätzlich schon kein Rechtsschutzbedürfnis, gegen eine Fristverlängerung vorzugehen.

Nicht entscheidend ist für die Wirksamkeit der Fristverlängerung, ob die Fristverlängerungsverfügungen den Voraussetzungen des Abs. 1 Satz 2 genügen.[33] Eine inhaltliche Überprüfung der materiellen Richtigkeit der Verfügung findet daher nicht statt.[34] Dies folgt aus § 171 Abs. 2 GWB, der seinem Wortlaut nach die Fiktionswirkung allein mit der formalen Bedingung einer Fristüberschreitung, nicht jedoch mit der materiellen Unrichtigkeit einer Verlängerungsbegründung verbindet. Alles andere als ein Abstellen auf das rein formale Kriterium wäre auch mit dem Sinn und Zweck der Vorschrift und allgemein anerkannten Rechtsgrundsätzen unvereinbar. Ziel der Vorschrift ist es, einer Verzögerung des gerichtlichen Rechtsschutzes durch Untätigkeit oder Langsamkeit der Vergabekammer vorzubeugen und damit die Beschleunigung des Nachprüfungsverfahrens (§ 167 GWB) 5

29 OLG Frankfurt a. M., Beschl. v. 24.9.2013, 11 Verg 12/13, ZfBR 2014, 283, 284; OLG Düsseldorf, Beschl. v. 7.8.2013, VII-Verg 14/13, NZBau 2014, 57, 59 f.; Beschl. v. 9.6.2010, VII-Verg 9/10, VergabeR 2010, 971, 973; OLG Hamburg, Beschl. v. 9.7.2010, 1 Verg 1/10; KG, Beschl. v. 6.11.2003, 2 Verg 12/03, VergabeR 2004, 253, 254; § 171 Rn. 15 ff., 18; *Ohlerich*, in: Kulartz/Kus/Portz/Prieß, GWB, § 167 Rn. 16 f.; *Summa*, in: jurisPK-Vergaberecht, § 167 GWB Rn. 47; *Dreher*, in: Immenga/Mestmäcker, GWB, § 113 Rn. 10; *Pöhlker*, in: Hattig/Maibaum, PK Kartellvergaberecht, § 113 GWB Rn. 30.

30 *Horn*, in: Müller-Wrede, GWB, § 167 Rn. 12; *Reidt*, in: Reidt/Stickler/Glahs, Vergaberecht, § 167 Rn. 13 u. *Maier*, in: Kulartz/Kus/Portz, GWB, 2. Aufl. 2009, § 113 Rn. 17 ff. fordern den Zugang der Mitteilung.

31 So auch *Maier*, in: Kulartz/Kus/Portz, GWB, 2. Aufl. 2009, § 113 Rn. 15; a. A. *Horn*, in: Müller-Wrede, GWB, § 167 Rn. 12 (empfangsbedürftige Willlenserklärung); *Ohlerich*, in: Kulartz/Kus/Portz/Prieß, GWB, § 167 Rn. 18 (unselbstständige Zwischenentscheidung); *Reidt*, in: Reidt/Stickler/Glahs, Vergaberecht, § 167 Rn. 19 (bloße Verfahrenshandlung ohne Regelungswirkung).

32 I. E. so auch OLG Naumburg, Beschl. v. 13.8.2007, 1 Verg 8/07; KG, Beschl. v. 19.4.2012, Verg 7/11; § 171 Rn. 18; *Ohlerich*, in: Kulartz/Kus/Portz/Prieß, GWB, § 167 Rn. 18; *Summa*, in: jurisPK-Vergaberecht, § 167 GWB Rn. 49; *Reidt*, in: Reidt/Stickler/Glahs, Vergaberecht, § 167 Rn. 20; *Dreher*, in: Immenga/Mestmäcker, GWB, § 113 Rn. 14; *Otting*, in: Bechtold, GWB, § 113 Rn. 5; offen gelassen vom OLG Koblenz, Beschl. v. 31.8.2001, 1 Verg 3/01.

33 KG, Beschl. v. 19.4.2012, Verg 7/11; OLG Düsseldorf, Beschl. v. 7.3.2012, VII-Verg 82/11; Beschl. v. 2.1.2012, VII-Verg 70/11, NZBau 2012, 318, 319; ausführlich OLG Koblenz, Beschl. v. 31.8.2001, 1 Verg 3/01.

34 KG, Beschl. v. 19.4.2012, Verg 7/11; OLG Düsseldorf, Beschl. v. 7.3.2012, VII-Verg 82/11; Beschl. v. 2.1.2012, VII-Verg 70/11, NZBau 2012, 318, 319; OLG Naumburg, Beschl. v. 13.8.2007, 1 Verg 8/07; OLG Brandenburg, Beschl. v. 9.9.2004, Verg W 9/04, VergabeR 2005, 99, 101; Beschl. v. 30.11.2004, Verg W 10/04, VergabeR 2005, 230, 233.

durchzusetzen.[35] Hinge der Eintritt der Fiktionswirkung vom materiellen Gehalt der Verlängerungsbegründung und damit von rechtlichen Wertungsfragen ab, müsste der Antragsteller bei Verlängerungsverfügungen in Zweifelsfällen nach Ablauf der Regelfrist von 5 Wochen stets sofortige Beschwerde einlegen, um einen möglichen Rechtsverlust durch Eintritt der Ablehnungsfiktion zu vermeiden. Das Nachprüfungsverfahren müsste dann zunächst ruhen und könnte erst wieder aufgenommen werden, wenn das Gericht die Fristverlängerungsgründe als rechtmäßig anerkannt hat. Damit würde die Ablehnungsfiktion eher zu einer Verzögerung statt zu der vom Gesetzgeber beabsichtigten Beschleunigung des Nachprüfungsverfahrens führen. Bei einer Fristverlängerung ohne einen gesetzlich anerkannten Grund bleiben die Interessen der Verfahrensbeteiligten auch ohne Eingreifen der gesetzlichen Ablehnungsfiktion gewahrt. Die Verfahrensbeteiligten sind bei einer etwaigen überlangen Dauer des Verfahrens vor der Vergabekammer nicht rechtsschutzlos gestellt, sondern können in geeigneten Fällen mit einer Untätigkeitsbeschwerde dagegen vorgehen.[36] Während der Antragsteller durch das fortbestehende Zuschlagsverbot gem. § 169 Abs. 1 GWB geschützt ist, kann der Auftraggeber zur Beschleunigung des Vergabeverfahrens Antrag auf Gestattung des Zuschlags nach § 169 Abs. 2 Satz 1 GWB stellen.[37] Auch bleibt es dem Auftraggeber unbenommen, sich an die zuständige Aufsichtsbehörde zu wenden, wenn er meint, der Vorsitzende habe mit der Verlängerungsverfügung eine unangemessene, unbegründete und nicht vertretbare Verzögerung des Verfahrens herbeigeführt.[38] Dies ist nur in Ausnahmefällen anders, wenn der Auftraggeber während der Dauer des Zuschlagsverbots den streitigen Auftrag interimistisch vergeben hat, um seine Aufgaben zu erfüllen. Dann ist ein ausgesprochen strenger Maßstab an die Verlängerungsverfügung der Vergabekammer anzulegen.

II. Unterschrift der Entscheidung

6 Die Entscheidung der Vergabekammer muss **eigenhändig unterschrieben** sein. Mangels bundesgesetzlicher Regelung ergeben sich die weiteren Anforderungen, insbesondere zur Person der Unterschriftsleistenden, aus dem jeweils einschlägigen Landesrecht.[39] In den Geschäftsordnungen der Vergabekammern (vgl. z.B. § 8 Abs. 1 Satz 4 9. Spiegelstrich GO VK Bund, Anhang III. 1.) ist überwiegend geregelt, dass die Entscheidung der Vergabekammer von dem Vorsitzenden und dem hauptamtlichen Beisitzer, nicht jedoch von dem ehrenamtlichen Beisitzer unterschrieben werden muss.[40] Die Wirksamkeit der Vergabekammerentscheidung hängt zumindest von der Unterschrift ihres Vorsitzenden ab, da nur diese Sichtweise auch für die Abgrenzung zu bloßen Entwürfen ein ausreichendes Maß an

---

35 Vgl. Amtl. Begr., BT-Drs. 13/9340, S. 20 zu § 126 GWB-E VgRÄG.

36 OLG Düsseldorf, Beschl. v. 7.3.2012, VII-Verg 82/11 m. w. N. S. zu einer solchen Untätigkeitsbeschwerde OLG Düsseldorf, Beschl. v. 5.9.2016, VII-Verg 19/16.

37 Zu Vorstehendem OLG Koblenz, Beschl. v. 31.8.2001, 1 Verg 3/01.

38 OLG Naumburg, Beschl. v. 13.8.2007, 1 Verg 8/07.

39 BGH, Beschl. v. 12.6.2001, X ZB 10/01, NZBau 2001, 517, 518 = VergabeR 2001, 286, 289.

40 Vgl. hierzu BGH, Beschl. v. 12.6.2001, X ZB 10/01, VergabeR 2001, 286, 288 f. zur Divergenzvorlage des OLG Jena, Beschl. v. 28.2.2001, 6 Verg 8/00, VergabeR 2001, 159; nachfolgend OLG Jena, Beschl. v. 18.5.2009, 9 Verg 4/09; s. auch OLG Düsseldorf, Beschl. v. 12.3.2003, Verg 49/02; Beschl. v. 5.10.2001, Verg 18/01, VergabeR 2002, 89, 91 f.

Rechtssicherheit bietet.[41] Es müssen die **Mitglieder** der Vergabekammer unterschreiben, die an der **mündlichen Verhandlung** und an der **Entscheidungsfindung mitgewirkt** haben. Dies gilt auch für die Ersetzung von Unterschriften[42] (vgl. auch § 168 Rn. 38). Sind diese Formalien nicht erfüllt, ist die Entscheidung unwirksam. Nach Ablauf der Entscheidungsfrist gilt der Nachprüfungsantrag dann als zurückgewiesen (§ 171 Abs. 2 GWB).

III. Mitwirkungspflichten

Abs. 2 Satz 1 verpflichtet die Beteiligten, an der **Aufklärung** des Sachverhalts mitzuwir- 7
ken. Die Vorschrift ist nach dem Wortlaut weiterreichender als § 26 Abs. 2 VwVfG, der bspw. nur eine nicht erzwingbare Mitwirkungslast enthält.[43] Möglich dürfte daher sein (ggf. i.V.m. § 65 VwVfG), das persönliche Erscheinen der Beteiligten im Termin anzuordnen und deren Aussage zu erzwingen. Gleiches gilt gem. § 65 VwVfG auch für (andere) Zeugen und Sachverständige. **Maßstab** für die Erfüllung der Mitwirkungspflicht ist die **Förderung** und **rasche Beendigung** des **Verfahrens**. Dieser Grundsatz ist aus dem Zivilprozessverhältnis bekannt[44] und ausdrücklich in § 282 ZPO geregelt. Ziel ist die Beschleunigung des Verfahrens. Dazu kann die Vergabekammer[45] den Parteien auch **Fristen** setzen, **Abs. 2 Satz 2**. Die Nichteinhaltung solcher Fristen kann, muss aber nicht, zur **Unbeachtlichkeit** des nach Fristablauf eingehenden **Parteivortrags** führen.[46] Die Pflicht der Beteiligten zur Verfahrensförderung und die Verpflichtung der Nachprüfungsinstanzen, den relevanten Sachverhalt von Amts wegen zu ermitteln, stehen in einer Wechselwirkung.[47] Durch eine Verletzung der Verfahrensförderungspflicht wird der gem. § 163 Abs. 1 GWB bestehende Untersuchungsgrundsatz eingeschränkt (vgl. § 163 Rn. 6).[48] Wenn die Partei bspw. konkrete fristgebundene Sachverhaltsfragen der Vergabekammer nicht rechtzeitig beantwortet, ist die Vergabekammer nicht mehr von sich aus verpflichtet, den Sachverhalt weiter zu ermitteln. Sie kann aus der Verspätung oder dem vollständigen Fehlen von Parteivortrag daher auch für die Partei nachteilige Rückschlüsse ziehen.[49] Insbesondere ist der Vortrag, zu dem der Gegner rechtzeitig vor der mündlichen Verhandlung nicht mehr ver-

---

41 Vgl. BayObLG, Beschl. v. 6.2.2004, Verg 24/03.

42 OLG Düsseldorf, Beschl. v. 12.3.2003, Verg 49/02; Beschl. v. 5.10.2001, Verg 18/01, VergabeR 2002, 89, 90 f.; Beschl. v. 22.1.2001, Verg 24/00, VergabeR 2001, 154, 155 f.

43 *Ramsauer*, in: Kopp/Ramsauer, VwVfG, § 26 Rn. 40.

44 Vgl. *Baumbach/Lauterbach/Albers/Hartmann*, ZPO, Grdz § 128 Rn. 12.

45 Vgl. Amtl. Begr., BT-Drs. 13/9340, S. 19 zu § 123 Abs. 2 GWB-E VgRÄG : „einer durch die Kammer gesetzten Frist"; wie hier *Horn*, in: Müller-Wrede, GWB, § 167 Rn. 24; *Dreher*, in: Immenga/Mestmäcker, GWB, § 113 Rn. 23; *Gause*, in: Willenbruch/Bischoff, Vergaberecht, § 113 GWB Rn. 9; a. A. *Ohlerich*, in: Kulartz/Kus/Portz/Prieß, GWB, § 167 Rn. 36 f.: der Vorsitzende o. der hauptamtliche Beisitzer als Berichterstatter; *Otting*, in: Bechtold, GWB, § 113 Rn. 8 u. *Summa*, in: jurisPK-Vergaberecht, § 167 GWB Rn. 61: der Vorsitzende.

46 Vgl. VK Saarland, Beschl. v. 24.2.2014, 3 VK 02/2013.

47 VK Sachsen, Beschl. v. 8.7.2014, 1/SVK/020-14.

48 Vgl. BGH, Beschl. v. 19.12.2000, X ZB 14/00, BGHZ 146, 202 = VergabeR 2001, 71, 75, 77; OLG Düsseldorf, Beschl. v. 23.2.2005, VII-Verg 92/04; Beschl. v. 19.11.2003, Verg 22/03, VergabeR 2004, 248, 250; VK Sachsen, Beschl. v. 8.7.2014, 1/SVK/020-14; a. A. *Dreher*, in: Immenga/Mestmäcker, GWB, § 113 Rn. 18.

49 Vgl. *Ramsauer*, in: Kopp/Ramsauer, VwVfG, § 26 Rn. 44. S. a. VK Südbayern, Beschl. v. 27.1.2017, Z3-3-3194-1-48-11/16; VK Münster, Beschl. v. 26.1.2016, VK 1-44/15.

antwortlich Stellung nehmen kann, unbeachtlich.[50] Erst im Nachprüfungsverfahren erkannte Vergaberechtsverstöße müssen so rechtzeitig vorgetragen werden, dass sie nicht zu einer Verzögerung des Nachprüfungsverfahrens führen, anderenfalls ist der verspätete Vortrag wegen Präklusion bei der Entscheidung nicht mehr zu berücksichtigen[51] (s.a. § 160 Rn. 121). Unterlässt eine Partei des Nachprüfungsverfahrens die zuvor angekündigte Benennung von Zeugen für von ihr behauptete Tatsachen, besteht kein Anlass für die Vergabekammer, die Tatsachen weiter aufzuklären oder Fristen für die Benennung der Zeugen zu setzen.[52] Dagegen darf sich nach den im Schadensersatzrecht entwickelten Grundsätzen eine Gegenpartei, der Aufklärung zuzumuten ist, nicht auf ein bloßes Bestreiten bzw. Vortragen der anspruchsausschließenden Tatsachen zurückziehen, wenn der Antragsteller außerhalb des maßgeblichen Geschehensablaufs steht und deshalb den rechtserheblichen Sachverhalt von sich aus nicht ermitteln und geeignet vortragen kann.[53] Vortrag, der nicht präkludiert ist, muss von der Vergabekammer zur Kenntnis genommen und in Erwägung gezogen werden. Anderenfalls liegt ein Verstoß gegen das rechtliche Gehör und damit eine Anfechtbarkeit der Entscheidung der Vergabekammer vor.[54]

---

50 OLG Frankfurt a.M., Beschl. v. 10.10.2016, 11 Verg 13/16; Beschl. v. 13.12.2011, 11 Verg 8/11; Beschl. v. 7.8.2007, 11 Verg 3 u. 4/07, VergabeR 2007, 776, 784 f.; Beschl. v. 26.3.2004, 11 Verg 2/04, Umdruck S. 10 f.; OLG Düsseldorf, Beschl. v. 1.12.2015, VII-Verg 20/15; Beschl. v. 28.6.2006, VII-Verg 18/06; Beschl. v. 19.11.2003, Verg 22/03, VergabeR 2004, 248, 249 f.

51 OLG Frankfurt a.M., Beschl. v. 2.12.2014, 11 Verg 7/14, NZBau 2015, 448, 450; Beschl. v. 13.12.2011, 11 Verg 8/11; Beschl. v. 11.5.2004, 11 Verg 8/04, 9/04, 10/04, ZfBR 2004, 610, 611; OLG Brandenburg, Beschl. v. 10.1.2012, Verg W 18/11; OLG Düsseldorf, Beschl. v. 19.11.2003, Verg 22/03, VergabeR 2004, 248, 249 f.; str., a.A. OLG Celle, Beschl. v. 21.1.2016, 13 Verg 8/15, ZfBR 2016, 386, 388 m.w.N. zum Streitstand; s.a. OLG Düsseldorf, Beschl. v. 7.8.2013, VII-Verg 15/13; § 172 Rn. 18.

52 Vgl. BGH, Beschl. v. 19.12.2000, X ZB 14/00, BGHZ 146, 202 = VergabeR 2001, 71, 77.

53 BGH, Beschl. v. 19.12.2000, X ZB 14/00, BGHZ 146, 202 = VergabeR 2001, 71, 75.

54 OLG Koblenz, Beschl. v. 22.3.2001, Verg 9/00, VergabeR 2001, 407, 408.

§ 168 Entscheidung der Vergabekammer

(1) Die Vergabekammer entscheidet, ob der Antragsteller in seinen Rechten verletzt ist und trifft die geeigneten Maßnahmen, um eine Rechtsverletzung zu beseitigen und eine Schädigung der betroffenen Interessen zu verhindern. Sie ist an die Anträge nicht gebunden und kann auch unabhängig davon auf die Rechtmäßigkeit des Vergabeverfahrens einwirken.

(2) Ein wirksam erteilter Zuschlag kann nicht aufgehoben werden. Hat sich das Nachprüfungsverfahren durch Erteilung des Zuschlags, durch Aufhebung oder durch Einstellung des Vergabeverfahrens oder in sonstiger Weise erledigt, stellt die Vergabekammer auf Antrag eines Beteiligten fest, ob eine Rechtsverletzung vorgelegen hat. § 167 Absatz 1 gilt in diesem Fall nicht.

(3) Die Entscheidung der Vergabekammer ergeht durch Verwaltungsakt. Die Vollstreckung richtet sich, auch gegen einen Hoheitsträger, nach den Verwaltungsvollstreckungsgesetzen des Bundes und der Länder. Die §§ 61 und 86a Satz 2 gelten entsprechend.

Schrifttum: *Baumbach/Lauterbach/Albers/Hartmann*, Zivilprozessordnung, Kommentar, 76. Aufl. 2018; *Bechtold*, Kartellgesetz: GWB, Kommentar, 6. Aufl. 2010; *Burgi/Dreher*, Beck'scher Vergaberechtskommentar, 3. Aufl. 2017; *Gabriel/Mertens/Prieß/Stein*, Beck'scher Online-Kommentar Vergaberecht, 5. Edition, Stand: 31.1.2017; *Heiermann/Zeiss/Summa*, juris PraxisKommentar Vergaberecht, 5. Aufl. 2016; *Ingenstau/Korbion/Leupertz/v. Wietersheim*, VOB Teile A und B, Kommentar, 20. Aufl. 2017; *Immenga/Mestmäcker*, Wettbewerbsrecht, Band 2. GWB/Teil 2, Kommentar zum Deutschen Kartellrecht, 5. Aufl. 2014; *Kopp/Ramsauer*, Verwaltungsverfahrensgesetz: VwVfG, Kommentar, 18. Aufl. 2017; *Kulartz/Kus/Portz/Prieß*, Kommentar zum GWB-Vergaberecht, 4. Aufl. 2016; *Müller-Wrede*, GWB Vergaberecht, Kommentar, 2016; *Müller-Wrede*, Vergabe- und Vertragsordnung für Leistungen – VOL/A, Kommentar, 4. Aufl. 2014; *Palandt*, Bürgerliches Gesetzbuch, Kommentar, 77. Aufl. 2018; *Pünder/Schellenberg*, Vergaberecht, 2. Aufl. 2015; *Reidt/Stickler/Glahs*, Vergaberecht, Kommentar, 4. Aufl. 2018; *Sadler*, Verwaltungs-Vollstreckungsgesetz, Verwaltungszustellungsgesetz, Kommentar, 5. Aufl. 2002; *Willenbruch/Bischoff*, Vergaberecht KompaktKommentar, 2008; *Ziekow/Völlink*, Vergaberecht, 3. Aufl. 2018.

Übersicht

I. Maßnahmen der Vergabekammer

1. Allgemeines

1 § 168 GWB entspricht dem bisherigen § 114 GWB a. F.[1] **Abs. 1** ist Ermächtigungsgrundlage für den von der Vergabekammer zu erlassenden Verwaltungsakt (Abs. 3). Die Norm dürfte trotz ihrer wenig präzisen Formulierung den strengen verfassungsrechtlichen Maßstäben für die Bestimmtheit von Eingriffsbefugnissen der Verwaltung entsprechen. Das hängt mit den Besonderheiten des Vergabeverfahrens zusammen.

2 **Abs. 1 Satz 1 Hs. 1** („entscheidet, ob ... in seinen Rechten verletzt") hat **keine eigene Bedeutung**. Keinesfalls stellt diese Formulierung eine Rechtsgrundlage für eine feststellende Tenorierung dar. Sie wiederholt nur, was bereits von § 160 Abs. 2 GWB für die Antragsbefugnis gefordert wird, nämlich die Verletzung von eigenen Rechten als Voraussetzung für den Erlass des begehrten Verwaltungsakts (vgl. § 113 Abs. 1 VwGO). Dies ergibt sich auch aus einem Vergleich mit dem anderslautenden Wortlaut von § 178 Satz 3 GWB (§ 178 Rn. 12).

3 Maßgeblich für den Inhalt des Verwaltungsakts ist **Abs. 1 Satz 1 Hs. 2.** Danach können die Vergabekammer sowie das Beschwerdegericht[2] die **geeigneten Maßnahmen** ergreifen, um eine Rechtsverletzung zu beseitigen und eine Schädigung der betroffenen Interessen zu verhindern. Das entspricht nahezu dem Wortlaut von Art. 2 Abs. 1 lit. a) Hs. 1 RML,[3] der sich allerdings vorrangig auf vorläufige Maßnahmen (Aussetzung des Verfahrens) richtet. Die Vorschrift soll der Vergabekammer eine weitreichende Entscheidungskompetenz einräumen, um eine **flexible Reaktion** zu ermöglichen.[4] Vor diesem Hintergrund und mit Blick auf den effektiven Rechtsschutz des Bieters bzw. Bewerbers muss Satz 1 Hs. 2 weit ausgelegt werden, findet seine Schranken aber im **Verhältnismäßigkeitsgrundsatz.**[5] Die Vergabekammer unterliegt bei ihrer Entscheidung nach Abs. 1 Satz 1, welche Maßnahmen sie trifft, um die festgestellte Rechtsverletzung zu beseitigen und eine Schädigung der betroffenen Bieterinteressen zu verhindern, dem Grundsatz der Verhältnismäßigkeit. Sie darf nur diejenigen Maßnahmen treffen, die geeignet und erforderlich sind, um den konstatierten Vergaberechtsverstoß zu beseitigen. Kommen mehrere Möglichkeiten in Betracht, den

1 Amtl. Begr., BT-Drs. 18/6281, S. 135 zu § 168 GWB-E VergRModG.
2 Vgl. OLG Saarbrücken, Beschl. v. 15.10.2014, 1 Verg 1/14; OLG Düsseldorf, Beschl. v. 25.6.2014, VII-Verg 38/13.
3 S. auch Art. 2 Abs. 1 lit. a) Hs. 1 ÜWR.
4 Amtl. Begr., BT-Drs. 13/9340, S. 19 zu § 124 GWB-E VgRÄG.
5 S. a. VK Sachsen, Beschl. v. 30.8.2017, 1/SVK/015-17.

Rechtsverstoß zu eliminieren, muss die Vergabekammer diejenige auswählen, welche die Interessen der Beteiligten möglichst wenig beeinträchtigt.[6]

Abs. 1 ermächtigt die Vergabekammer nicht nur zu einer Endentscheidung. Die Norm gestattet auch **Teilentscheidungen**[7] und **Zwischenverfügungen.** 4

2. Beurteilungs- und Ermessensspielraum der Vergabestelle[8]

Es ist **nicht Aufgabe** der Vergabekammern und -senate, den tatsächlichen oder vermeintlichen **Bedarf** einer Vergabestelle zu ermitteln oder zu überprüfen. Es gehört ebenso wenig zu ihren Aufgaben, darüber zu befinden, ob **Ausschreibungsmodalitäten** zweckmäßig sind, oder gar darüber zu spekulieren, ob eine andere inhaltliche Gestaltung der Vergabeunterlagen zu erheblichen **Kosteneinsparungen** führen könnte.[9] Insoweit besteht kein Anspruch der Bieter darauf, dass die Vergabestelle die unternehmerische **Kreativität** eines Bieters nutzt.[10] Die im jeweiligen Fall vorgenommene Bestimmung des Beschaffungsgegenstands ist von den Vergabenachprüfungsinstanzen im Ausgangspunkt nicht zu kontrollieren.[11] Im Rahmen eines Nachprüfungsverfahrens geht es um die Ausübung einer Rechtmäßigkeitskontrolle und **keiner Zweckmäßigkeitskontrolle**.[12] Die Vergabekammer hat einen grundsätzlich nicht kontrollierbaren **Beurteilungs- und Ermessensspielraum** der Vergabestelle anzuerkennen. Die Überprüfung von Entscheidungen und Maßnahmen der Vergabestelle hat sich demnach nur darauf zu erstrecken, ob die Verfahrensregeln eingehalten wurden, ein zutreffend ermittelter Sachverhalt zugrunde gelegt wurde, gültige oder vorher festgelegte Bewertungsmaßstäbe angewandt und sachfremde Erwägungen unterlassen wurden.[13] Ein Eingreifen der Nachprüfungsinstanzen ist nur dann angezeigt, wenn die Entscheidung des Auftraggebers keine hinreichende Tatsachengrundlage hat oder sich au- 5

6 OLG Schleswig, Beschl. v. 15.4.2011, 1 Verg 10/10, VergabeR 2011, 586, 589; OLG Celle, Beschl. v. 10.1.2008, 13 Verg 11/07; OLG Düsseldorf, Beschl. v. 30.4.2003, Verg 64/02; Beschl. v. 15.11.2000, Verg 15/00, WuW/E Verg 413; OLG Rostock, Beschl. v. 1.9.1999, 17 W(Verg) 1/99, ZVgR 2000, 18, 22; s. a. 2. VK Bund, Beschl. v. 30.5.2016, VK 2-31/16; VK Sachsen, Beschl. v. 18.9.2015, 1/SVK/030-15; *Thiele*, in: Kulartz/Kus/Portz/Prieß, GWB, § 168 Rn. 14; *Gröning*, ZIP 1999, 52, 56.

7 Vgl. *Ramsauer*, in: Kopp/Ramsauer, VwVfG, § 9 Rn. 15 ff.

8 Zur Überprüfung der Beschaffungsautonomie durch Nachprüfungsinstanzen s. *Rung*, VergabeR 2017, 440 ff.

9 OLG Koblenz, Beschl. v. 5.9.2002, 1 Verg 2/02, VergabeR 2002, 617, 626 f.

10 OLG Koblenz, Beschl. v. 5.9.2002, 1 Verg 2/02, VergabeR 2002, 617, 628.

11 OLG Düsseldorf, Beschl. v. 12.2.2014, VII-Verg 29/13 m. w. N.

12 Vgl. EuGH, Urt. v. 11.12.2014, Rs. C-440/13, Rn. 44, 46, VergabeR 2015, 416, 422 – Croce Amica One Italia SrL: Der EuGH schließt jedoch nicht aus, dass der nationale Gesetzgeber die zuständigen nationalen Gerichte zur Durchführung einer Zweckmäßigkeitskontrolle ermächtigen kann.

13 Vgl. BGH, Urt. v. 6.2.2002, X ZR 185/99, VergabeR 2002, 369, 372; a. A. noch BGH, Urt. v. 17.2.1999, X ZR 101/97 (KG), NJW 2000, 137, 139 f.; OLG Frankfurt a. M., Beschl. v. 9.8.2007, 11 Verg 6/07, ZfBR 2009, 83, 86; Beschl. v. 30.3.2004, 11 Verg 4/04; OLG Düsseldorf, Beschl. v. 22.1.2007, VII-Verg 46/06; Beschl. v. 4.9.2002, Verg 37/02; Beschl. v. 18.7.2001, Verg 16/01 m. w. N., VergabeR 2001, 419, 423; OLG Naumburg, Urt. v. 26.10.2004, 1 U 30/04, VergabeR 2005, 261, 266; OLG Hamburg, Beschl. v. 7.8.2002, 1 Verg 2/02; Beschl. v. 21.1.2000, 1 Verg 2/99; OLG Rostock, Beschl. v. 16.5.2001, 17 W 1/01 u. 17 W 2/01, VergabeR 2001, 315, 318; OLG Stuttgart, Beschl. v. 12.4.2000, 2 Verg 3/00; s. a. Amtl. Begr., BT-Drs. 13/9340, S. 14 zu § 106 GWB-E VgRÄG.

ßerhalb des ihm im Einzelfall zustehenden Beurteilungsspielraums bewegt.[14] Ausgeschlossen ist die Heranziehung von Umständen durch die Vergabestelle, die nicht auf ihrer gesicherten, eigenen Erkenntnis beruhen.[15] Grundsätzlich sind die Nachprüfungsinstanzen nicht dazu ermächtigt, die Ermessensentscheidung des Auftraggebers durch eine eigene Wertung zu ersetzen;[16] dies ist nur in absoluten Ausnahmefällen, z. B. bei einer Ermessensreduzierung auf null, erlaubt.[17]

3. Unzulässigkeit oder Unbegründetheit des Antrags

6 Bei **Unzulässigkeit** wird der Nachprüfungsantrag **verworfen**, im Fall der **Unbegründetheit** wird er **zurückgewiesen**.[18]

4. Einzelne Maßnahmen (Beispiele)

7 Die Vergabekammer kann bezüglich der geltend gemachten Vergaberechtsverstöße **alles unternehmen**, was **für die Rechtmäßigkeit** des Vergabeverfahrens erforderlich ist. Sie kann insbesondere die Vergabestelle verpflichten, rechtswidrige Maßnahmen oder Entscheidungen aufzuheben oder rechtmäßige Maßnahmen oder Entscheidungen zu treffen.[19] Zulässig ist die Anordnung, das Vergabeverfahren zurückzustufen und bestimmte Abschnitte[20] oder das gesamte[21] Vergabeverfahren (bei Aufrechterhaltung des Verfahrens an sich) zu wiederholen, insbesondere eine **Wiederholung** der Angebotswertung und -prüfung – ggf. unter **Beachtung** der Rechtsauffassung der Nachprüfungsinstanz, des Angebots

14 OLG Koblenz, Beschl. v. 19.1.2015, Verg 6/14, VergabeR 2015, 452, 455.
15 BGH, Urt. v. 26.10.1999, X ZR 30/98, NZBau 2000, 35, 37 = NJW 2000, 661, 662.
16 Vgl. OLG Koblenz, Beschl. v. 25.2.2015, 1 Verg 5/14.
17 OLG Düsseldorf, Beschl. v. 22.1.2007, VII-Verg 46/06; Beschl. v. 14.10.2005, Verg 40/05.
18 *Otting*, in: Bechtold, GWB, § 114 Rn. 5 spricht von „Antragsablehnung" bei unbegründetem Antrag.
19 Vgl. den Wortlaut des ehemaligen § 57b Abs. 4 HGrG.
20 OLG Brandenburg, Beschl. v. 3.8.1999, 6 Verg 1/99, BB 1999, 1940, 1944 = WuW/E Verg 231: Wiederholung der Vergabeentscheidung unter Ausschluss der Mitwirkung bestimmter Personen; VK Bund, Beschl. v. 22.3.1999, VK 1-5/99: Wiederholung der Probeprägung u. der techn. Begutachtung.
21 OLG Düsseldorf, Beschl. v. 16.12.2015, VII-Verg 25/15, NZBau 2016, 232, 233, u. Beschl. v. 28.1.2015, VII-Verg 31/14, VergabeR 2015, 669, 675: Zurückversetzung in den Stand vor Übersendung der Vergabeunterlagen; OLG München, Beschl. v. 20.3.2014, Verg 17/13, VergabeR 2014, 700, 713: Zurückversetzung in das Stadium vor Angebotsabgabe; OLG Frankfurt a. M., Beschl. v. 28.5.2013, 11 Verg 6/13, VergabeR 2013, 879, 886 f., u. OLG Naumburg, Beschl. v. 31.3.2008, 1 Verg 1/08: Wiederholung ab Versendung der Vergabeunterlagen; OLG Naumburg, Beschl. v. 7.3.2008, 1 Verg 1/08: Wiederholung ab Abschluss des Teilnahmewettbewerbs, u. U. sogar Neuzustellung der Vergabeunterlagen; VK Sachsen-Anhalt, Beschl. v. 16.4.2014, 2 VK LSA 25/13: Wiederholung ab Erstellung der Vergabeunterlagen; VK Bund, Beschl. v. 15.9.1999, VK 1-19/99: Wiederholung beginnend mit der Bekanntmachung; a. A. KG, Beschl. v. 5.1.2000, KartVerg 11/99: Eine Anordnung der VK, das Vergabeverfahren zu wiederholen, ist nicht wörtlich, sondern lediglich als Verbot zu verstehen, den Auftrag aufgrund des bisherigen Vergabeverfahrens zu erteilen. Es liegt bei der Vergabestelle zu entscheiden, wie sie bei Feststellung der Rechtsfehlerhaftigkeit des Vergabeverfahrens weiter verfährt.

des Beschwerdeführers oder aller Nebenangebote – vorzunehmen.[22] Dokumentationsmängel können im Ergebnis grundsätzlich dazu führen, dass das Vergabeverfahren ab dem Zeitpunkt, in dem die Dokumentation unzureichend ist, fehlerbehaftet und in diesem Umfang zu wiederholen ist.[23] Allerdings darf bei Dokumentationsmängeln nicht generell und unabhängig von deren Gewicht und Stellenwert eine Wiederholung der betroffenen Abschnitte des Vergabeverfahrens angeordnet werden, sondern nur in den Fällen, in denen zu besorgen ist, dass auch die Berücksichtigung einer nachgeschobenen Dokumentation lediglich im Nachprüfungsverfahren nicht ausreichen könnte, um eine wettbewerbskonforme Auftragserteilung sicherzustellen.[24] Zulässig ist ferner, dem Auftraggeber bestimmte Verhaltenspflichten für den weiteren Verlauf des Vergabeverfahrens aufzuerlegen,[25] z. B. bestimmte **Angebote auszuschließen** bzw. unberücksichtigt zu lassen,[26] umgekehrt den Ausschluss eines Angebots wieder rückgängig zu machen und das Angebot wieder in die Angebotswertung **aufzunehmen**,[27] oder bspw. dem Auftraggeber zu **untersagen**, den **Zuschlag** – ggf. nur bezüglich eines Bieters – zu erteilen.[28] Dem Auftraggeber kann auch untersagt werden, die Leistung **ohne förmliches Vergabeverfahren** zu vergeben.[29] Auch die Anordnung, das Vergabeverfahren **aufzuheben**, kann eine geeignete Maßnahme darstellen.[30]

---

22 Vgl. OLG Karlsruhe, Beschl. v. 16.11.2016, 15 Verg 5/16, VergabeR 2017, 165, 172; KG, Beschl. v. 7.8.2015, Verg 1/15, VergabeR 2016, 111, 117; OLG Celle, Beschl. v. 11.2.2010, 13 Verg 16/09; OLG Düsseldorf, Beschl. v. 22.1.2007, VII-Verg 46/06; Beschl. v. 30.4.2003, Verg 64/02; OLG Naumburg, Beschl. v. 13.10.2006, 1 Verg 6/06, VergabeR 2007, 125; OLG Rostock, Beschl. v. 8.3.2006, 17 Verg 16/05; OLG Schleswig, Beschl. v. 30.6.2005, 6 Verg 5/05.

23 OLG Celle, Beschl. v. 11.2.2010, 13 Verg 16/09, VergabeR 2010, 669, 673; OLG Frankfurt a. M., Beschl. v. 9.8.2007, 11 Verg 6/07, ZfBR 2009, 83, 84 f., u. Beschl. v. 28.11.2006, 11 Verg 4/06, NZBau 2007, 804, 806: Wiederholung ab dem Zeitpunkt der Präsentation; OLG Düsseldorf, Beschl. v. 17.3.2004, VII-Verg 1/04, VergabeR 2004, 513, 514; vgl. Rn. 8.

24 BGH, Beschl. v. 8.2.2011, X ZB 4/10, VergabeR 2011, 452, 464 f. nach Divergenzvorlage des OLG Düsseldorf, Beschl. v. 21.7.2010, VII-Verg 19/10, NZBau 2010, 582; auf diese BGH-Entscheidung verweisend OLG Koblenz, Beschl. v. 16.2.2011, 1 Verg 2/10, VergabeR 2011, 631, 635.

25 OLG Düsseldorf, Beschl. v. 15.11.2000, Verg 15/00, WuW/E Verg 413: Anordnung, bei der Angebotswertung bestimmte Aspekte unberücksichtigt zu lassen; OLG Düsseldorf, Beschl. v. 22.1.2007, VII-Verg 46/06: Einsetzen einer neuen Prüfgruppe u. Unterrichtung der Bieter gem. § 13 VgV a. F. (vgl. § 101a GWB a. F., § 134 GWB n. F.); VK Bund, Beschl. v. 29.4.1999, VK 1-7/99, BB 1999, 1076: Information der ASt. aufgrund Art. 19 Abs. 4, 20 Abs. 3 GG: derartige Anordnungen hinsichtlich Informationspflichten sind nach heutiger Rechtslage aufgrund §§ 134 f. GWB nicht mehr erforderlich.

26 Vgl. OLG Karlsruhe, Beschl. v. 24.7.2007, 17 Verg 6/07; OLG Düsseldorf, Beschl. v. 13.7.2005, VII-Verg 19/05; VK Lüneburg, Beschl. v. 20.4.2017, VgK-04/2017; VK Düsseldorf, Beschl. v. 21.9.1999, VK-12/99-L; VK Hessen, Beschl. v. 10.3.1999, VÜA 2/99.

27 VK Bund, Beschl. v. 28.2.2017, VK 1-5/17.

28 BGH, Beschl. v. 10.11.2009, X ZB 8/09, ZfBR 2010, 298, 303; Beschl. v. 26.9.2006, X ZB 14/06, VergabeR 2007, 59, 68; OLG Koblenz, Beschl. v. 29.11.2012, 1 Verg 6/12; Beschl. v. 4.7.2007, 1 Verg 3/07; OLG Düsseldorf, Beschl. v. 7.11.2012, VII-Verg 12/12; OLG Naumburg, Beschl. v. 31.3.2008, 1 Verg 1/08; OLG Frankfurt a. M., Beschl. v. 7.8.2007, 11 Verg 3/07 u. 4/07, VergabeR 2007, 776, 785; OLG Rostock, Beschl. v. 8.3.2006, 17 Verg 16/05; VK Lüneburg, Beschl. v. 20.4.2017, VgK-04/2017; VK Sachsen-Anhalt, Beschl. v. 10.9.2015, 2 VK LSA 06/15; VK Münster, Beschl. v. 25.2.2015, VK 23/14; s. a. Rn. 14.

29 OLG Koblenz, Beschl. v. 3.12.2014, Verg 8/14.

30 OLG Frankfurt a. M., Beschl. v. 3.7.2013, 11 Verg 11/13; OLG Schleswig, Beschl. v. 15.4.2011, 1 Verg 10/10, VergabeR 2011, 586, 589; Beschl. v. 30.6.2005, 6 Verg 5/05; OLG Naumburg, Beschl. v. 13.10.2006, 1 Verg 12/06 m. w. N.; OLG Düsseldorf, Beschl. v. 15.11.2000, Verg 15/00, WuW/E

5. Aufhebung der Ausschreibung

8 Unter Berücksichtigung des Verhältnismäßigkeitsgrundsatzes (Rn. 3) kommt eine Verpflichtung des Auftraggebers, die **Ausschreibung aufzuheben**, im Allgemeinen nur dann in Betracht, wenn dies **unabweislich** ist und **keine milderen Maßnahmen** zur Verfügung stehen, um den festgestellten Vergabefehler zu beseitigen,[31] wenn also allein die Aufhebung geeignet ist, die drohende oder bereits eingetretene Rechtsverletzung zu beseitigen.[32] Dies ist regelmäßig dann nicht der Fall, wenn lediglich die Angebotswertung fehlerhaft durchgeführt worden ist.[33] Die Ausschreibung ist jedoch aufzuheben, wenn eine vergaberechtskonforme Wertung der vorliegenden Angebote und ein entsprechender Zuschlag auf der Grundlage der vorliegenden Ausschreibung nicht möglich ist und die Fortführung des Verfahrens unter Anordnung einer neuen Wertung ebenfalls zu vergaberechtswidrigen Ergebnissen führen würde.[34] Der Bieter hat grundsätzlich keinen Anspruch auf Aufhebung der Ausschreibung,[35] da diese im Ermessen der Vergabestelle liegt. Eine Anordnung der Aufhebung der Ausschreibung durch die Nachprüfungsinstanzen kommt also nur ausnahmsweise, als „**ultima ratio**", dann in Betracht, wenn das bisherige Verfahren mit derart gravierenden Mängeln behaftet ist, dass diese im Rahmen einer chancengleichen und wettbewerbsgerechten Eignungs- und Angebotsprüfung nicht mehr heilbar sind.[36] Dies kann etwa der Fall sein bei unklaren Leistungsbeschreibungen, Preisermittlungsgrundlagen oder Zuschlagskriterien, auf die von vornherein kein sachgerechtes Angebot abgegeben werden kann,[37] oder wenn sich ein festgelegtes Zuschlagskriterium als vergaberechtswidrig erweist.[38] Auch Dokumentationsmängel können unter Umständen zur vollständigen Aufhebung der Ausschreibung führen, wenn das Vergabeverfahren durch diese von Anfang an fehlerbehaftet ist.[39] Wird bspw. nach Unterlassung einer europaweiten Ausschreibung ein Auftrag vergeben, kann dem Antragsgegner aufgegeben werden, das Vergabeverfahren aufzuheben und bei fortbestehender Beschaffungsabsicht ein transparentes Vergabeverfah-

---

Verg 413; VK Sachsen-Anhalt, Beschl. v. 16.5.2011, 1 VK LSA 04/11; s. ausführlich Rn. 8. A. A. *Antweiler*, in: Burgi/Dreher, Vergaberecht, § 168 GWB Rn. 39.

31 OLG Schleswig, Beschl. v. 15.4.2011, 1 Verg 10/10, VergabeR 2011, 586, 589; OLG Düsseldorf, Beschl. v. 30.4.2003, Verg 64/02; Beschl. v. 15.11.2000, Verg 15/00, WuW/E Verg 413.

32 OLG Naumburg, Beschl. v. 13.10.2006, 1 Verg 12/06 m. w. N., dort wurde für den Fall einer vergaberechtlich unzulässigen **Doppelausschreibung** die Alternative einer ständigen Verlängerung der Angebotsfrist bzw. eine Aussetzung des Vergabeverfahrens auf unbestimmte Zeit für unzumutbar gehalten. Zur Doppelausschreibung s. a. § 169 Rn. 54. S. a. VK Sachsen-Anhalt, Beschl. v. 16.5.2011, 1 VK LSA 04/11: fehlende Zuschlagsfähigkeit sämtlicher abgegebener Angebote.

33 OLG Düsseldorf, Beschl. v. 30.4.2003, Verg 64/02.

34 OLG Celle, Beschl. v. 8.4.2004, 13 Verg 6/04.

35 BGH, Beschl. v. 10.11.2009, X ZB 8/09, ZfBR 2010, 298, 303; OLG Brandenburg, Beschl. v. 3.11.2011, Verg W 4/11 m. w. N.

36 OLG München, Beschl. v. 22.1.2016, Verg 13/15; OLG Saarbrücken, Beschl v. 15.10.2014, 1 Verg 1/14; OLG Schleswig, Beschl. v. 15.4.2011, 1 Verg 10/10, VergabeR 2011, 586, 589; Beschl. v. 30.6.2005, 6 Verg 5/05; OLG Koblenz, Beschl. v. 8.12.2008, 1 Verg 4/08; Beschl. v. 4.7.2007, 1 Verg 3/07, VergabeR 2007, 666, 673. S. a. BGH, Beschl. v. 26.9.2006, X ZB 14/06, VergabeR 2007, 59, 68; OLG Rostock, Beschl. v. 6.11.2015, 17 Verg 2/15.

37 OLG Schleswig, Beschl. v. 30.6.2005, 6 Verg 5/05.

38 EuGH, Urt. v. 4.12.2003, Rs. C-448/01, VergabeR 2004, 36, 46 f. – Wienstrom.

39 Vgl. OLG Düsseldorf, Beschl. v. 17.3.2004, VII-Verg 1/04, VergabeR 2004, 513, 515; vgl. aber Rn. 7 und insbes. den Beschluss des BGH v. 8.2.2011, X ZB 4/10, VergabeR 2011, 452, 464 f.

ren im Sinne der §§ 97 ff. GWB durchzuführen.[40] Die Anordnung, das Vergabeverfahren neu durchzuführen, ist allerdings unter den Vorbehalt einer fortbestehenden Beschaffungsabsicht zu stellen (Rn. 9 ff.).[41] Bei der Wahl einer falschen Art des Vergabeverfahrens kommt nach Ansicht des BGH hingegen eine Aufhebung der Ausschreibung bzw. eine Verpflichtung zu derselben nicht in Betracht.[42] Nur in Ausnahmefällen sind die Nachprüfungsinstanzen befugt, die Aufhebung mit unmittelbarer Wirkung selbst anzuordnen.[43]

6. Aufhebung der Aufhebung

9 In Ausnahmefällen kann die Vergabekammer anordnen, die durch den Auftraggeber erfolgte Aufhebung der Ausschreibung wieder rückgängig zu machen und mit dem Vergabeverfahren fortzufahren (**Aufhebung der Aufhebung**),[44] vorausgesetzt, der Auftraggeber möchte den Auftrag weiterhin erteilen (**fortbestehende Beschaffungsabsicht**, Rn. 8). Hat der Auftraggeber hingegen keinen Vergabewillen mehr,[45] möchte er also von der Auftragsvergabe endgültig und ernsthaft Abstand nehmen, ist eine solche Anordnung nicht möglich,[46] da es nicht in der Kompetenz der Vergabekammer liegt, Maßnahmen nach Abs. 1 zu treffen, die für den Auftraggeber einen rechtlichen oder tatsächlichen Zwang bedeuten, sich vertraglich zu binden.[47] Der Grundsatz der **Privatautonomie** beinhaltet als eine Ausprägung die Vertragsfreiheit, wonach **kein Kontrahierungszwang** besteht; die bloße Tatsache, dass der Auftraggeber einmal ein Vergabeverfahren begonnen hat, verpflichtet ihn

40 VK Sachsen-Anhalt, Beschl. v. 21.8.2014, 1 VK LSA 12/14. S.a. OLG Karlsruhe, Beschl. v. 16.11.2016, 15 Verg 5/16, VergabeR 2017, 165, 172; OLG Rostock, Beschl. v. 6.11.2015, 17 Verg 2/15: In diesem Fall hat der Senat das Vergabeverfahren aufgehoben u. den Antragsgegner verpflichtet, bei fortbestehender Beschaffungsabsicht ein europaweites Vergabeverfahren durchzuführen.

41 OLG Frankfurt a. M., Beschl. v. 3.7.2013, 11 Verg 11/13.

42 BGH, Beschl. v. 10.11.2009, X ZB 8/09, ZfBR 2010, 298, 303: Der BGH räumt jedoch ein, dass unter den dortigen Umständen eine Korrektur des Vergabefehlers kaum ohne Aufhebung möglich sei; a. A. OLG Schleswig, Beschl. v. 30.6.2005, 6 Verg 5/05.

43 S. Rn. 14. S. a. OLG Frankfurt a. M., Beschl. v. 16.6.2015, 11 Verg 3/15, VergabeR 2015, 800, 805.

44 S. hierzu *Jürschik*, VergabeR 2013, 663 ff.; BGH, Beschl. v. 18.2.2003, X ZB 43/02, VergabeR 2003, 313, 315 ff. = NZBau 2003, 293; vgl. EuGH, Urt. v. 11.12.2014, Rs. C-440/13, Rn. 34, 39, VergabeR 2015, 416, 421 f. m. w. N. – Croce Amica One Italia SrL; Urt. v. 2.6.2005, Rs. C-15/04, VergabeR 2005, 472 – Koppensteiner; Urt. v. 18.6.2002, Rs. C-92/00, Rn. 37, 55, VergabeR 2002, 361, 365, 367 – Hospital Ingenieure; OLG Karlsruhe, Beschl. v. 4.12.2013, 15 Verg 9/13; OLG München, Beschl. v. 4.4.2013, Verg 4/13, NZBau 2013, 524, 526; Beschl. v. 6.12.2012, Verg 25/12, VergabeR 2013, 492, 497; Beschl. v. 31.10.2012, Verg 19/12, VergabeR 2013, 487, 492; OLG Schleswig, Beschl. v. 9.3.2010, 1 Verg 4/09; OLG Düsseldorf, Beschl. v. 20.12.2006, VII-Verg 109/04; OLG Naumburg, Beschl. v. 25.9.2006, 1 Verg 8/06; s. auch OLG München, Beschl. v. 23.12.2010, Verg 21/10, VergabeR 2011, 525, 527 ff.: dort wurde lediglich die Rechtswidrigkeit der Aufhebung festgestellt, jedoch keine Anweisung zur Fortführung des aufgehobenen Ausschreibungsverfahrens ausgesprochen.

45 Ausführlich zur Aufgabe des Vergabewillens VK Schleswig-Holstein, Beschl. v. 4.2.2008, VK-SH 28/07, unvollständig abgedruckt in ZfBR 2008, 422. S. a. OLG Frankfurt a. M., Beschl. v. 3.7.2013, 11 Verg 11/13.

46 So auch OLG Karlsruhe, Beschl. v. 4.12.2013, 15 Verg 9/13. Kritisch hierzu *Müller-Wrede*, VergabeR 2003, 318 ff.; zu den prozessualen Folgen s. u. Rn. 26 ff.

47 BGH, Beschl. v. 18.2.2003, X ZB 43/02, VergabeR 2003, 313, 316 = NZBau 2003, 293; OLG Celle, Beschl. v. 15.7.2010, 13 Verg 9/10; OLG Schleswig, Beschl. v. 9.3.2010, 1 Verg 4/09; 2. VK Bund, Beschl. v. 4.3.2014, VK 2-7/14.

weder zivil- noch vergaberechtlich dazu, einem der Bieter und mithin den Auftrag überhaupt zu erteilen[48] (s. a. § 63 Abs. 1 Satz 2 VgV). Auch der **EuGH** sieht vorbehaltlich der Beachtung der Grundsätze der Transparenz und der Gleichbehandlung keine Verpflichtung des Auftraggebers, ein eingeleitetes Vergabeverfahren abzuschließen und den fraglichen Auftrag zu vergeben, auch nicht an einen einzigen verbliebenen Bieter.[49] Die Rückgängigmachung der Aufhebung bildet einen schwerwiegenden Eingriff in die Privatautonomie und in die Vertragsfreiheit des Auftraggebers. Er kann deshalb nicht verpflichtet werden, ein Vergabeverfahren abzuschließen und ein bestimmtes Angebot anzunehmen, wenn er die Aufhebung des Verfahrens auf vernünftige, sachliche Gründe stützen kann, z.B. bei Wegfall des Beschaffungsbedarfs oder wenn Haushaltsmittel nicht mehr sinnvoll eingesetzt werden können.[50] Die Aufhebung der Aufhebung kommt bspw. nicht in Betracht, wenn das Vergabeverfahren nur zum Schein fortgeführt und auf dieses ohne sachlichen Grund verzichtet wird, der Beschaffungsbedarf jedoch durch wirksame Auftragserteilung in einem zweiten Vergabeverfahren befriedigt wurde und eine weitere Auftragserteilung nicht beabsichtigt ist.[51]

10 Der Antragsteller kann im Falle einer nicht unter die einschlägigen Tatbestände fallenden Aufhebung grds. – ggf. hilfsweise – beantragen **festzustellen**, dass die **Aufhebung** des Vergabeverfahrens **rechtswidrig** war und ihn in seinen Rechten verletzt hat, **Abs. 2 Satz 2 analog, § 178 Satz 3, 4 GWB analog** (s. Rn. 26 ff.).[52] Ein **Schadensersatzanspruch** beschränkt sich in solchen Fällen allerdings regelmäßig auf die Erstattung des **negativen Interesses**.[53] Weitergehende Ansprüche, wie ein Schadensersatzanspruch auf Erstattung des **positiven Interesses** oder – zur Vermeidung eines entsprechenden Schadenseintritts – ein Anspruch auf **Weiterführung des Vergabeverfahrens**, können unter besonderen Voraussetzungen in Betracht kommen, etwa dann, wenn der öffentliche Auftraggeber die Möglichkeit, ein Vergabeverfahren aufzuheben, in rechtlich zu missbilligender Weise dazu einsetzt, durch die Aufhebung die formalen Voraussetzungen dafür zu schaffen, den Auftrag

---

48 2. VK Bund, Beschl. v. 4.3.2014, VK 2-7/14 m. w. N. S. a. VK Münster, Beschl. v. 21.9.2016, VK 1-30/16.

49 EuGH, Urt. v. 11.12.2014, Rs. C-440/13, Rn. 31 f., 35–37, VergabeR 2015, 416, 420 f. m. w. N. – Croce Amica One Italia SrL.

50 Vgl. BGH, Beschl. v. 20.3.2014, X ZB 18/13, NZBau 2014, 310, 312 f. = VergabeR 2014, 538, 541; OLG Frankfurt a. M., Beschl. v. 4.8.2015, 11 Verg 4/15, NZBau 2015, 794, 796; OLG Düsseldorf, Beschl. v. 12.1.2015, VII-Verg 29/14 m. w. N.; Beschl. v. 8.6.2011, VII-Verg 55/10; Beschl. v. 22.7.2005, VII-Verg 37/05. S. a. EuGH, Urt. v. 11.12.2014, Rs. C-440/13, Rn. 35, VergabeR 2015, 416, 421 – Croce Amica One Italia SrL.

51 OLG Naumburg, Beschl. v. 25.9.2006, 1 Verg 8/06.

52 Vgl. BGH, Beschl. v. 20.3.2014, X ZB 18/13, NZBau 2014, 310, 313 = VergabeR 2014, 538, 541: Hingegen habe eine von den Vergabe- und Vertragsordnungen gedeckte und somit **rechtmäßige Aufhebung** zur Folge, dass die Aufhebung keine Schadensersatzansprüche wegen eines fehlerhaften Vergabeverfahrens begründe. S. a. OLG Celle, Beschl. v. 10.3.2016, 13 Verg 5/15, NZBau 2016, 385; OLG Frankfurt a. M., Beschl. v. 4.8.2015, 11 Verg 4/15, NZBau 2015, 794, 795; OLG Düsseldorf, Beschl. v. 23.3.2005, VII-Verg 76/04; Beschl. v. 8.3.2005, Verg 40/04; VK Baden-Württemberg, Beschl. v. 25.10.2016, 1 VK 45/16; VK Sachsen, Beschl. v. 19.6.2015, 1/SVK/009-15 mit Darstellung des Streitstandes bzgl. eines **eigenständigen**, auf die Feststellung der Rechtswidrigkeit einer Aufhebung gerichteten **Feststellungsantrags**.

53 VK Münster, Beschl. v. 21.9.2016, VK 1-30/16.

außerhalb des eingeleiteten Vergabeverfahrens an einen bestimmten Bieter oder unter anderen Voraussetzungen bzw. in einem anderen Bieterkreis vergeben zu können.[54]

Die Anordnung der **Fortsetzung der Ausschreibung** mit dem **Ziel einer Zuschlagserteilung** kommt also dann in Betracht, wenn die Aufhebung **irrtümlich** erfolgt ist oder eine Maßnahme der **Diskriminierung** einzelner Bieter darstellt oder nur zum **Schein**, d.h. bei eigentlich fortbestehendem Vergabewillen, durchgeführt wird.[55] Eine Scheinaufhebung liegt vor, wenn der Auftraggeber unter Missbrauch seiner Gestaltungsmöglichkeiten nur den Schein einer Aufhebung gesetzt hat, mit dessen Hilfe er dem ihm genehmen Bieter den Auftrag erteilen will, obwohl dieser nicht das wirtschaftlichste Angebot abgegeben hat.[56] Besteht also in den vorgenannten Ausnahmefällen ein **Kontrahierungszwang**,[57] kann er in den Nachprüfungsinstanzen geltend gemacht werden.[58] Der Antragsteller kann trotz – wie auch erst nach – der Aufhebung des Vergabeverfahrens (vgl. den Wortlaut des Abs. 2 Satz 2; vgl. Rn. 26ff.) in zulässiger Weise die Vergabekammer anrufen und geltend machen, durch die Nichtbeachtung der die Aufhebung der Ausschreibung betreffenden Vergabevorschriften in seinen subjektiven Rechten verletzt zu sein (ausführlich § 160 Rn. 23ff.); eine Aufhebung führt also nicht zwingend zur Erledigung eines anhängigen Nachprüfungsverfahrens.[59] 11

Aufgrund des oben (Rn. 9) dargelegten grundsätzlichen Verbots eines Kontrahierungszwangs kann der Auftraggeber auch nicht dazu verpflichtet werden, eine **Neuausschreibung** durchzuführen.[60] Die durch die Vergabekammer ausgesprochene Verpflichtung des Auftraggebers, umgehend eine Neuausschreibung durchzuführen, sodass die streitgegenständlichen Leistungen ab von der Vergabekammer determinierter Frist erfolgen, widerspricht nicht nur der Bestimmungsfreiheit des Auftraggebers, sondern stellt auch eine gravierende Kompetenzüberschreitung der Vergabekammer dar; aufgrund der Anordnung 12

---

54 BGH, Beschl. v. 20.3.2014, X ZB 18/13, NZBau 2014, 310, 313 = VergabeR 2014, 538, 541: „unter manipulativen Umständen"; VK Sachsen, Beschl. v. 19.5.2015, 1/SVK/009-15.

55 Vgl. OLG Düsseldorf, Beschl. v. 12.1.2015, VII-Verg 29/14 m.w.N.; Beschl. v. 8.6.2011, VII-Verg 55/10; Beschl. v. 10.11.2010, VII-Verg 28/10, VergabeR 2011, 519, 523 m.w.N.; Beschl. v. 16.2.2005, VII-Verg 72/04; Beschl. v. 15.3.2000, Verg 4/00, NZBau 2000, 306, 308; OLG Naumburg, Beschl. v. 23.12.2014, 2 Verg 5/14; Beschl. v. 13.10.2006, 1 Verg 7/06; Beschl. v. 13.10.2006, 1 Verg 6/06, VergabeR 2007, 125, 128; OLG Karlsruhe, Urt. v. 4.12.2013, 15 Verg 9/13; OLG Schleswig, Beschl. v. 9.3.2010, 1 Verg 4/09; OLG München, Beschl. v. 12.7.2005, Verg 8/05, VergabeR 2005, 802, 805ff.; VK Baden-Württemberg, Beschl. v. 25.10.2016, 1 VK 45/16; VK Südbayern, Beschl. v. 16.9.2015, Z3-3-3194-1-27-04/15.

56 OLG Karlsruhe, Beschl. v. 4.12.2013, 15 Verg 9/13; OLG München, Beschl. v. 12.7.2005, Verg 8/05, VergabeR 2005, 802, 805; s.a. *Burbulla*, ZfBR 2009, 134, 138 m.w.N., auch zur Abgrenzung zwischen einer bloßen Scheinaufhebung u. der Aufgabe des Vergabewillens, wenn eine erneute Vergabe im Anschluss an die Aufhebung stattfinden soll.

57 S. hierzu *Jürschik*, VergabeR 2013, 663, 668.

58 Vgl. OLG Schleswig, Beschl. v. 9.3.2010, 1 Verg 4/09.

59 BGH, Beschl. v. 18.2.2003, X ZB 43/02, VergabeR 2003, 313, 315 = NZBau 2003, 293; OLG Celle, Beschl. v. 10.3.2016, 13 Verg 5/15; OLG Karlsruhe, Urt. v. 4.12.2013, 15 Verg 9/13; OLG Naumburg, Beschl. v. 13.10.2006, 1 Verg 7/06; Beschl. v. 13.10.2006, 1 Verg 6/06, VergabeR 2007, 125, 128; VK Baden-Württemberg, Beschl. v. 25.10.2016, 1 VK 45/16; für den Fall der Erledigung des Nachprüfungsverfahrens durch die Aufhebung s. Rn. 26ff.

60 Vgl. BGH, Beschl. v. 26.9.2006, X ZB 14/06, VergabeR 2007, 59, 69; Beschl. v. 5.11.2002, X ZR 232/00, NZBau 2003, 168, 169; OLG Celle, Beschl. v. 22.5.2003, 13 Verg 9/03, VergabeR 2003, 455, 456; *Dreher*, in: Immenga/Mestmäcker, GWB, § 114 Rn. 22.

einer im Gesetz nicht vorgesehenen, gesetzlosen Maßnahme leidet die entsprechende Entscheidung der Vergabekammer an einem **besonders schwerwiegenden, offenkundigen Fehler** und ist damit **nichtig**.[61]

7. Zuschlagserteilung

13 Ausgeschlossen ist grundsätzlich die **Anweisung** der Vergabestelle, einem bestimmten Bieter den **Zuschlag** zu **erteilen** (s. a. § 63 Abs. 1 Satz 2 VgV). Eine solche Anweisung kommt nur in Ausnahmefällen, in denen unter Beachtung aller Wertungs- und Beurteilungsspielräume die Erteilung des Zuschlags an einen oder mehrere bestimmte Bieter die einzige rechtmäßige Entscheidung ist, in Betracht.[62] Scheidet in einem solchen Fall eine Aufhebung des Vergabeverfahrens durch den Auftraggeber aus und verbleibt lediglich die Möglichkeit der Zuschlagserteilung, wird der Auftraggeber von Seiten der Vergabekammer oder des Beschwerdegerichts unmittelbar angewiesen, den Zuschlag auf ein bestimmtes Angebot[63] oder z. B. auf eines der beiden in der engeren Wahl befindlichen Angebote[64] zu erteilen. Wäre hingegen eine Aufhebung der Ausschreibung ggf. noch zulässig, liegt es im Ermessen des Auftraggebers, ob er den Auftrag erteilt oder von der Auftragsvergabe Abstand nimmt. In einer solchen Konstellation kann jedoch für den Fall, dass der Auftrag erteilt werden soll, das Ermessen des Auftraggebers dahingehend auf null reduziert sein, dass der Zuschlag auf ein bestimmtes Angebot erteilt werden muss.[65] Der Tenor enthält in diesem Fall eine Verpflichtung zur Zuschlagserteilung auf ein bestimmtes Angebot nur „für den Fall, dass" der Auftraggeber den Auftrag vergibt.[66]

14 Ist **keines** der **Angebote wertbar** bzw. fähig, den Zuschlag zu erhalten, sind die Vergabekammer oder das Beschwerdegericht nach richtiger Ansicht nicht dazu ermächtigt, die Ermessensentscheidung des Auftraggebers durch eine eigene Wertung und eine entsprechende Anordnung zu ersetzen. Das **Verbot**, den Zuschlag zu erteilen, stellt in diesem Fall eine

---

61 OLG Düsseldorf, Beschl. v. 10.3.2014, VII-Verg 11/14, VergabeR 2014, 621, 622 f. Kritisch ist daher die Ansicht des OLG Schleswig (Beschl. v. 7.10.2011, 1 Verg 1/11) zu würdigen, wonach bei sicherem Beschaffungsbedarf und fortbestehender Vergabeabsicht auch eine Anordnung gem. Abs. 1 Satz 1 in Betracht kommen soll, innerhalb einer bestimmten Frist ein Vergabeverfahren einzuleiten. A. A. *Kadenbach*, in: Müller-Wrede, GWB, § 168 Rn. 30.

62 KG, Beschl. v. 7.8.2015, Verg 1/15, VergabeR 2016, 111, 117; Beschl. v. 20.2.2014, Verg 10/13, VergabeR 2014, 566, 571; OLG Frankfurt a. M., Beschl. v. 14.5.2013, 11 Verg 4/13, VergabeR 2013, 943, 944; OLG München, Beschl. v. 31.10.2012, Verg 19/12, VergabeR 2013, 487, 492; Beschl. v. 15.3.2012, Verg 2/12, NZBau 2012, 460, 464; OLG Schleswig, Beschl. v. 9.3.2010, 1 Verg 4/09; OLG Naumburg, Beschl. v. 13.10.2006, 1 Verg 7/06; Beschl. v. 13.10.2006, 1 Verg 6/06, VergabeR 2007, 125, 136; OLG Düsseldorf, Beschl. v. 13.7.2005, VII-Verg 19/05; Beschl. v. 27.4.2005, VII-Verg 10/05; Beschl v. 10.5.2000, Verg 5/00, NZBau 2000, 540, 542; BayObLG, Beschl. v. 5.11.2002, Verg 22/02, VergabeR 2003, 186, 192 f. = NZBau 2003, 342, 345 f.; *Eiermann*, NZBau 2016, 13, 17; § 178 Rn. 7.

63 OLG Naumburg, Beschl. v. 13.10.2006, 1 Verg 7/06; OLG Düsseldorf, Beschl. v. 27.4.2005, VII-Verg 10/05.

64 OLG Naumburg, Beschl. v. 13.10.2006, 1 Verg 6/06, VergabeR 2007, 125.

65 OLG Celle, Beschl. v. 10.1.2008, 13 Verg 11/07.

66 OLG Celle, Beschl. v. 10.1.2008, 13 Verg 11/07.

geeignete Maßnahme dar.[67] Nur wenn der Auftraggeber in diesem Fall vorbehaltlos zu erkennen gegeben hat, dass er das **Vergabeverfahren** aufheben will, kann die Vergabekammer oder das Beschwerdegericht die **Aufhebung** ausnahmsweise mit unmittelbarer Wirkung selbst **anordnen**.[68]

8. Vorbeugender Rechtsschutz, Schadensersatz, Rückabwicklung

15 Ausgeschlossen ist ferner die Gewährung **vorbeugenden Rechtsschutzes** sowie die Zuerkennung von **Schadensersatz** (§ 156 Abs. 3 GWB). Jedwede vorbeugende, nicht in einem Vergabeverfahren ergehende und auf ein künftiges Beschaffungsverhalten des Auftraggebers gerichtete Entscheidung ist der Vergabekammer (sowie dem Beschwerdegericht) untersagt.[69] Droht wegen einer Rechtsverletzung **kein Schaden**, sind die Vergabenachprüfungsinstanzen nicht berechtigt, in das Vergabeverfahren einzugreifen.[70] Die Vergabekammer kann auch nicht anordnen, einen bereits erfüllten (nichtigen) Vertrag über Leistungen **rückabzuwickeln**.[71]

9. Feststellung der Unwirksamkeit eines Vertrags

16 Uneinigkeit herrscht bezüglich der Frage, ob ein auf Feststellung der Nichtigkeit oder der Unwirksamkeit der Zuschlagserteilung bzw. des Vertragsschlusses gerichteter Antrag statthaft ist.[72] Jedenfalls in den Fällen und unter den Voraussetzungen des § 135 GWB ist die Vergabekammer befugt, **festzustellen**, dass ein **Vertrag von Anfang an unwirksam** ist (vgl. Rn. 25, s. a. die Kommentierung zu § 135).[73]

---

67 BGH, Beschl. v. 26.9.2006, X ZB 14/06, VergabeR 2007, 59, 68; OLG Naumburg, Beschl. v. 31.3.2008, 1 Verg 1/08; OLG Frankfurt a. M., Beschl. v. 7.8.2007, 11 Verg 3/07 u. 4/07, VergabeR 2007, 776, 785; OLG Koblenz, Beschl. v. 4.7.2007, 1 Verg 3/07; s. a. Rn. 7 m. w. N.

68 OLG Düsseldorf, Beschl. v. 14.10.2005, Verg 40/05; a. A. *Otting*, in: Bechtold, GWB, § 114 Rn. 5; s. a. Rn. 8.

69 OLG Düsseldorf, Beschl. v. 10.3.2014, VII-Verg 11/14, VergabeR 2014, 621, 623. Zum Beginn des Vergabeverfahrens s. § 160 Rn. 30 f.

70 OLG Düsseldorf, Beschl. v. 28.1.2015, VII-Verg 31/14, NZBau 2015, 503, 505; Beschl. v. 15.6.2010, VII-Verg 10/10, VergabeR 2011, 84, 86.

71 OLG Karlsruhe, Beschl. v. 12.11.2008, 15 Verg 4/08, VergabeR 2009, 200, 207; KG, Beschl. v. 24.10.2001, KartVerg 10/01, VergabeR 2002, 100, 103.

72 Dies bejahend OLG Karlsruhe, Beschl. v. 12.11.2008, 15 Verg 4/08, VergabeR 2009, 200, 207; OLG Düsseldorf, Beschl. v. 16.6.2008, VII-Verg 13/08; Beschl. v. 6.2.2008, VII-Verg 37/07, VergabeR 2008, 229, 238; verneinend Saarländisches OLG, Beschl. v. 29.1.2014, 1 Verg 3/13, VergabeR 2014, 484, 485; OLG Celle, Beschl. v. 8.12.2005, 13 Verg 2/05, NZBau 2006, 197, 198; OLG Naumburg, Beschl. v. 11.10.1999, 10 Verg 1/99; *Summa*, in: jurisPK-Vergaberecht, § 168 GWB Rn. 102 f.

73 Vgl. OLG Naumburg, Beschl. v. 27.2.2014, 2 Verg 5/13, VergabeR 2014, 612, 615; OLG Karlsruhe, Beschl. v. 9.10.2012, 15 Verg 12/11; OLG Brandenburg, Beschl. v. 14.9.2010, Verg W 8/10; VK Lüneburg, Beschl. v. 6.2.2018, VgK-42/2017; VK Sachsen-Anhalt, Beschl. v. 21.8.2014, 1 VK LSA 12/14; VK Hamburg, Beschl. v. 25.6.2014, VgK FB 3/14; VK Arnsberg, Beschl. v. 16.12.2009, VK 36/09.

10. Keine Bindung an die Anträge

17 Die Anträge sind lediglich Anregungen.[74] Da die Vergabekammer gem. **Abs. 1 Satz 2 nicht an die Anträge gebunden** ist (vgl. dagegen § 308 ZPO) und auch unabhängig davon auf die Rechtmäßigkeit des Vergabeverfahrens hinwirkt, kann sie auch Maßnahmen ergreifen, die nicht beantragt sind, wenn also der Antragsteller keinen konkreten Antrag gestellt oder die Anordnung anderer Maßnahmen beantragt hat.[75] Dadurch können u. U. weitere Nachprüfungsverfahren verhindert werden.

18 Dieser Entscheidungsspielraum unterliegt aber **Einschränkungen**: Der **Nachprüfungsantrag** muss **zulässig** sein, insbesondere muss also die Antragsbefugnis vorliegen und darf eine bestehende **Rügeobliegenheit** (vgl. aber § 160 Rn. 115 ff.) grundsätzlich nicht verletzt worden sein. Zudem darf die Vergabekammer die Ermächtigungsnorm des Abs. 1 Satz 2 nicht dazu heranziehen, ungeachtet einer Rechtsverletzung des Antragstellers auf die Rechtmäßigkeit des Vergabeverfahrens einzuwirken.[76] Es darf also **nicht** zu einer **allgemeinen Rechtmäßigkeitskontrolle** kommen[77] (vgl. auch § 163 Abs. 1 Satz 3 GWB). Vielmehr müssen diejenigen Vergaberechtsverstöße, welche die Vergabekammer zum Anlass nimmt, unabhängig von den Anträgen des Antragstellers, mithin amtswegig, die Rechtmäßigkeit des Vergabeverfahrens sicherzustellen, zugleich den **Antragsteller betreffen** und ihn in seinen **Rechten verletzen**.[78] Die Vergabekammer ist nicht befugt, sich zum Wahrer der Interessen am Nachprüfungsverfahren nicht beteiligter Dritter zu bestellen[79] (vgl. § 163 Rn. 8). Auch hat sich die Vergabenachprüfungsinstanz im Rahmen der von ihr anzuordnenden Maßnahmen im Rahmen des von dem Antragsteller verfolgten Rechtsschutzzieles zu bewegen.[80] Diejenigen Vergabefehler, die nicht zulässigerweise zum Gegenstand eines Nachprüfungsverfahrens gemacht werden können, sind einer Sachentscheidung durch die Vergabekammer entzogen. Sie können dementsprechend auch nicht Anlass für Anordnungen der Vergabekammer nach Abs. 1 Satz 2 sein.[81] So sind Vergabe-

---

74 Vgl. OLG Saarbrücken, Beschl. v. 24.11.1999, 5 Verg 1/99; zustimmend OLG Frankfurt a. M., Beschl. v. 16.5.2000, 11 Verg 1/99 NZBau 2001, 101, 106 = BauR 2000, 1595; s. zur Auslegung auch OLG Düsseldorf, Beschl. v. 30.5.2001, Verg 23/00.

75 Vgl. OLG Jena, Beschl. v. 24.2.2016, 2 Verg 1/16; OLG Düsseldorf, Beschl. v. 16.12.2015, VII-Verg 25/15, NZBau 2016, 232, 233; Beschl. v. 15.6.2005, Verg 5/05, VergabeR 2005, 670, 672; OLG Frankfurt a. M., Beschl. v. 3.7.2013, 11 Verg 11/13; OLG Naumburg, Beschl. v. 18.8.2011, 2 Verg 3/11, VergabeR 2012, 93, 107.

76 OLG Rostock, Beschl. v. 16.1.2008, 17 Verg 3/07; Beschl. v. 5.7.2006, 17 Verg 7/06, ZfBR 2007, 387, 388; Beschl. v. 8.3.2006, 17 Verg 16/05; OLG Karlsruhe, Beschl. v. 24.7.2007, 17 Verg 6/07; OLG Düsseldorf, Beschl. v. 15.6.2005, Verg 5/05, VergabeR 2005, 670, 671.

77 OLG Düsseldorf, Beschl. v. 16.12.2015, VII-Verg 25/15, NZBau 2016, 232, 233; Beschl. v. 12.3.2003, Verg 49/02; OLG Frankfurt a. M., Beschl. v. 16.6.2015, 11 Verg 3/15, VergabeR 2015, 800, 805; OLG Celle, Beschl. v. 17.11.2011, 13 Verg 6/11; OLG Koblenz, Beschl. v. 4.2.2009, 1 Verg 4/08, VergabeR 2009, 682, 685; vgl. auch Amtl. Begr., BT-Drs. 13/9340, S. 36 zu § 106 GWB-E, S. 40 zu § 120 GWB-E VgRÄG.

78 OLG Karlsruhe, Beschl. v. 24.7.2007, 17 Verg 6/07; OLG Düsseldorf, Beschl. v. 15.6.2005, Verg 5/05, VergabeR 2005, 670, 671; VK Sachsen, Beschl. v. 9.12.2014, 1/SVK/038-14.

79 OLG Düsseldorf, Beschl. v. 16.12.2015, VII-Verg 25/15, NZBau 2016, 232, 233; Beschl. v. 16.3.2005, VII-Verg 5/05; OLG München, Beschl. v. 10.12.2009, Verg 16/09, VergabeR 2010, 246, 259.

80 KG, Beschl. v. 18.12.2014, Verg 21/13; OLG Frankfurt a. M., Beschl. v. 3.7.2013, 11 Verg 11/13.

81 Vgl. OLG Düsseldorf, Beschl. v. 8.6.2011, VII-Verg 49/11, VergabeR 2011, 843, 847; Beschl. v. 9.4.2003, Verg 66/02; Beschl. v. 12.3.2003, Verg 49/02; Beschl. v. 26.7.2002, Verg 22/02, Verga-

rechtsverstöße, die bei bestehender Rügeobliegenheit nicht ordnungsgemäß gerügt wurden, grundsätzlich einer Nachprüfung entzogen. In der Rechtsprechung sind allerdings **Ausnahmen** anerkannt, bei denen der Amtsermittlungsgrundsatz des § 163 Abs. 1 GWB auch die Berücksichtigung nicht beanstandeter oder nicht gerügter Verstöße zulässt (s. hierzu ausführlich § 163 Rn. 4 f.).

Ferner legitimiert Abs. 1 Satz 2 die Vergabekammer nicht, die **Grenzen der Auslegung** zu überschreiten und sich über den eindeutig geäußerten Willen der Beteiligten hinwegzusetzen.[82] Schließlich muss die Vergabekammer die zwischen den beteiligten Parteien bestehende **Bindungswirkung** eines abgeschlossenen **Vergleichs** beachten.[83] 19

Umgekehrt kann die Vergabekammer in ihrer Entscheidung auch hinter den Anträgen zurückbleiben. 20

II. Wirkungen der Zuschlagserteilung

Das **Vergabeverfahren** wird durch wirksame Erteilung des Zuschlags[84] **abgeschlossen**. Ein Zuschlag ist jedoch nur dann wirksam erteilt und entfaltet eine verfahrensbeendende Wirkung, wenn ein wirksamer Vertragsschluss erfolgt ist.[85] Für die Wirksamkeit des Zuschlags spielt es grds. keine Rolle, ob das vorausgegangene Verfahren vergaberechtskonform war oder nicht, d. h. selbst grobe Vergaberechtsverstöße stehen einem wirksamen Vertragsschluss grds. nicht entgegen.[86] 21

Bei dem Zuschlag handelt es sich um die empfangsbedürftige **Willenserklärung** der Vergabestelle, mit der das Angebot eines Anbieters rechtzeitig und ohne Abänderungen angenommen wird, also um die Annahmeerklärung im allgemeinen bürgerlichen Vertragsrecht gem. §§ 145 ff. BGB.[87] Auch in § 18 Abs. 2 VOL/A (s. a. § 21 EG Abs. 2 VOL/A a. F.[88]) wird der Begriff „Zuschlag" als **Annahme** eines Angebots definiert. Die Zuschlagsertei- 22

beR 2002, 607, 609 f.; Beschl. v. 22.8.2000, Verg 9/00; OLG Naumburg, Beschl. v. 18.8.2011, 2 Verg 3/11, VergabeR 2012, 93, 100; anders noch Beschl. v. 23.7.2001, 1 Verg 3/01; Beschl. v. 15.3.2001, 1 Verg 11/00, NZBau 2001, 579, 580; zu den **Ausnahmen** s. § 163 Rn. 4 f., ferner *Thiele*, in: Kulartz/Kus/Portz/Prieß, GWB, § 168 Rn. 21 ff.; *Kadenbach*, in: Müller-Wrede, GWB, § 168 Rn. 36.

82 OLG Naumburg, Beschl. v. 6.12.2012, 2 Verg 5/12.

83 OLG Frankfurt a. M., Beschl. v. 16.10.2012, 11 Verg 9/11, VergabeR 2013, 138, 145. Zum **Vergleich** im Nachprüfungsverfahren s. *Dreher/Glöckle*, NZBau 2015, 459 ff., 529 ff. u. *Conrad*, ZfBR 2014, 658 ff.

84 S. zu **Zuschlag** u. **Zuschlagskriterien** § 127 GWB, § 58 VgV, § 52 SektVO, § 31 KonzVgV, § 18 VOB/A, § 18 EU VOB/A, § 18 VS Abs. 2 VOB/A, § 18 VOL/A, § 21 EG VOL/A a. F.

85 OLG Naumburg, Beschl. v. 16.10.2007, 1 Verg 6/07; vgl. BGH, Beschl. v. 9.2.2004, X ZB 44/03, VergabeR 2004, 201, 205; Beschl. v. 19.12.2000, X ZB 14/00, NZBau 2001, 151, 152 = VergabeR 2001, 71, 73.

86 OLG Saarbrücken, Beschl. v. 29.1.2014, 1 Verg 3/13, VergabeR 2014, 484, 485; *Summa*, in: jurisPK-Vergaberecht, § 168 GWB Rn. 98.

87 Vgl. OLG Frankfurt a. M., Beschl. v. 24.9.2013, 11 Verg 12/13, NZBau 2014, 247, 249; OLG Jena, Beschl. v. 30.10.2006, 9 Verg 4/06, VergabeR 2007, 118, 120; BVerwG, Beschl. v. 2.5.2007, BVerwG 6 B 10.07, VergabeR 2007, 337, 340; BayObLG, Beschl. v. 9.9.2004, Verg 18/04, VergabeR 2005, 126, 127.

88 Der 2. Abschnitt der VOL/A (VOL/A-EG) ist seit dem 18.4.2016 entfallen.

lung kann grundsätzlich auch **mündlich** erfolgen,[89] soweit nicht nach zwingenden gesetzlichen Vorschriften die **Schriftform** vorgeschrieben ist[90] oder sofern die Beteiligten nicht vereinbart haben, einen schriftlichen Vertrag abschließen zu wollen.[91] Wenn diese Willenserklärung den Anforderungen der §§ 145 ff. BGB entspricht, ist ein wirksamer und verbindlicher **Vertrag** zustande gekommen. Der Zuschlag ist hingegen noch nicht erteilt, wenn bezüglich des Angebots von der Vergabestelle Erweiterungen, Einschränkungen oder Änderungen vorgenommen werden oder wenn die Zuschlags- und Bindefrist bereits abgelaufen ist. In diesen Fällen des **modifizierten oder verspäteten „Zuschlags"**[92] handelt es sich bei der Erklärung der Vergabestelle um ein neues Angebot (§ 150 BGB) und somit nicht um einen verfahrensbeendenden Zuschlag, da die verfahrensrechtliche Zuschlagswirkung und die materielle Wirkung des Zuschlags als Vertragsschluss eine Einheit bilden.[93] Dieses neue Angebot der Vergabestelle bedarf der erneuten Annahme von Seiten des Bieters.[94] Ob die Annahmeerklärung gegenüber dem Antragenden Änderungen enthält, ist durch Auslegung gem. §§ 133, 157 BGB zu ermitteln.[95]

23 Nach einem wirksamen Vertragsschluss ist das Vergabeverfahren beendet und ein **Nachprüfungsantrag** damit **unzulässig**.[96] Vergabeverstöße können ab diesem Zeitpunkt lediglich vor den Zivilgerichten im Rahmen von Schadensersatzklagen gerügt werden (vgl. § 160 Rn. 19 f.).[97] Die Vorschrift des **Abs. 2 Satz 1** dient der **Abgrenzung der Kompetenz** der zur Gewährung des Primärrechtsschutzes berufenen Vergabekammern und der ihnen im Instanzenzug nachgeordneten Gerichte einerseits und der für die Entscheidung über

---

89 Die den Zuschlag betreffenden Vorschriften der **§ 127 GWB**, **§ 58 VgV**, **§ 18 EU VOB/A**, **§ 52 SektVO**, **§ 31 KonzVgV** enthalten kein Schriftformerfordernis.

90 Ausführlich *Reichling/von Wietersheim*, in: Ingenstau/Korbion/Leupertz/v. Wietersheim, VOB, § 18 EU VOB/A Rn. 6, § 18 VOB/A Rn. 32 ff. Siehe hingegen **§ 34 Abs. 1 Satz 1 VSVgV**: Schriftform oder elektronisch mindestens mittels einer fortgeschrittenen elektronischen Signatur oder mindestens mittels eines fortgeschrittenen elektronischen Siegels. S. a. § 18 Abs. 2, 3 VOL/A, § 21 EG Abs. 2, 3 VOL/A a. F.: Zuschlagserteilung in Schriftform, elektronischer Form oder mittels Telekopie.

91 Ausführlich OLG Düsseldorf, Beschl. v. 7.3.2013, VII-Verg 14/13, NZBau 2014, 57, 59 bzgl. eines Bauvertrags: „Ist eine Beurkundung des beabsichtigten Vertrags vereinbart worden, ist nach § 154 Abs. 2 BGB im Zweifel der Vertrag nicht geschlossen, bis die Beurkundung erfolgt ist. Dem Begriff der Beurkundung unterfällt auch die hier vereinbarte Schriftform i. S. des § 126 BGB."

92 Ausführlich zu verzögerter, verspäteter oder abgeänderter Zuschlagserklärung *Reichling/von Wietersheim*, in: Ingenstau/Korbion/Leupertz/v. Wietersheim, VOB, § 18 VOB/A Rn. 15 ff., 21 ff.

93 OLG Naumburg, Beschl. v. 16.10.2007, 1 Verg 6/07.

94 Vgl. OLG Jena, Beschl. v. 30.10.2006, 9 Verg 4/06, VergabeR 2007, 118, 120; s. a. § 18 Abs. 2 VOB/A, § 18 EU Abs. 2 VOB/A u. § 18 VS Abs. 2 VOB/A.

95 *Ellenberger*, in: Palandt, BGB, § 150 BGB Rn. 2; ausführlich zur Frage einer modifizierten Annahme bei **Änderungswünschen** VK Brandenburg, Beschl. v. 19.7.2012, VK 20/12 m. w. N., nachfolgend OLG Brandenburg, Beschl. v. 4.12.2012, Verg W 7/12; hierzu BGH, Urt. v. 6.9.2012, VII ZR 193/10, VergabeR 2013, 212, 214 ff.

96 Vgl. 2. VK Bund, Beschl. v. 4.12.2017, VK 2-134/17; Beschl. v. 27.7.2016, VK 2-63/16; Beschl. v. 21.1.2015, VK 2-113/14. Nicht gefolgt werden kann daher der Ansicht des OLG Karlsruhe (Beschl. v. 10.12.2007, 17 Verg 12/07), das die Antragsbefugnis verneinte, obwohl es sich bei der Zuschlagserteilung um ein verändertes Angebot gehandelt hatte und der Vertrag daher nicht zustande gekommen war.

97 BGH, Beschl. v. 19.12.2000, X ZB 14/00, NZBau 2001, 151, 152 = VergabeR 2001, 71, 73; OLG Celle, Beschl. v. 10.3.2016, 13 Verg 5/15, NZBau 2016, 386 f.

Schadensersatzklagen zuständigen Gerichte andererseits.[98] Eine Abs. 2 Satz 1 entsprechende Regelung existiert außerhalb des förmlichen Vergaberechts im Hinblick auf den Abschluss öffentlich-rechtlicher Verträge nicht.[99]

Nach Vertragsschluss kommt ein Eingriff in das Vergabeverfahren grundsätzlich nicht mehr in Betracht. Die Vergabekammer kann einen wirksam geschlossenen **Vertrag nicht aufheben**,[100] d.h. rückgängig machen oder die Durchführung des Vertrags untersagen. Dies entspricht dem Grundsatz **pacta sunt servanda** und steht in Einklang mit den unionsrechtlichen Vorgaben.[101] Anders ist dies im Falle eines Verstoßes gegen **Unionsrecht** zu beurteilen.[102] Auch im Fall der **Nichtigkeit** des geschlossenen Vertrags (§§ 134, 138 BGB) könnte in das Vergabeverfahren noch eingegriffen werden.[103] 24

Zudem kann der öffentliche Auftrag unter den Voraussetzungen des § 135 GWB **von Anfang an unwirksam** sein (vgl. Kommentierung zu § 135). Gem. Abs. 2 Satz 1 kann ein wirksam erteilter Zuschlag nicht aufgehoben werden. Durch das VergModG 2009 ist der Begriff „bereits" durch „wirksam" ersetzt worden. Nach der Gesetzesbegründung sollte durch diese Einfügung die Rechtsfolge der Unwirksamkeit nach § 135 GWB auf den Zuschlag erstreckt werden.[104] Dies verwundert insofern, als man meinen könnte, dass die Unwirksamkeit des Auftrags notwendigerweise auch die Unwirksamkeit des Zuschlags als Annahme sowie der Angebote beinhaltet, sodass diese Begründung wenig sinnvoll wäre. Allerdings besteht bei einem Verstoß gegen die Pflichten des § 134 GWB kein Grund dafür, auch die Angebote der Bieter unwirksam werden zu lassen. Die Vergabekammer kann vielmehr gem. § 135 Abs. 1 Nr. 1 GWB den Verstoß gegen § 134 GWB feststellen und ggf. darüber hinaus Anordnungen zum weiteren Fortgang des Vergabeverfahrens[105] treffen. Der Auftraggeber könnte z.B. die Bieterinformationen nachholen und den Auftrag unter Beachtung der Wartefrist und unter der Voraussetzung, dass die Bindefristen nicht abgelaufen sind, erneut erteilen (vgl. § 135 Rn. 48). Die Gesetzesbegründung ist also durchaus sinnvoll, da sie klarstellt, dass bei einem Verstoß gegen die Pflichten des § 134 GWB lediglich der Zuschlag, nicht aber die Angebote unwirksam werden. Stellt die Vergabekammer hingegen einen Verstoß nach § 135 Abs. 1 Nr. 2 GWB fest, ist der gesamte öffentliche Auftrag von Anfang an unwirksam. In diesen Fällen (vgl. § 135 Rn. 15 ff.) kann keine Zurückversetzung des Vergabeverfahrens stattfinden. Der Auftraggeber muss, sofern er den Auftrag weiterhin erteilen möchte, den Auftrag „neu" ausschreiben bzw. dieses Mal ein ordentliches Vergabeverfahren durchführen und die gebotene unionsweite Bekanntmachung beachten. 25

---

98 BGH, Beschl. v. 9.2.2004, X ZB 44/03, VergabeR 2004, 201, 205; OLG Karlsruhe, Beschl. v. 17.4.2008, 8 U 228/06, VergabeR 2009, 108, 113.

99 OVG Lüneburg, Beschl. v. 12.11.2012, 13 ME 231/12.

100 Amtl. Begr., BT-Drs. 13/9340, S. 19 zu § 124 GWB-E VgRÄG.

101 Vgl. Art. 2 Abs. 7 RML und Art. 2 Abs. 6 ÜWR. So auch VK Rheinland-Pfalz, Beschl. v. 4.7.2012, VK 1-13/12.

102 Vgl. *Byok*, WuW 1997, 197, 202 m.w.N.; s. ausführlich § 156 Rn. 19.

103 Vgl. OLG Brandenburg, Urt. v. 16.12.2015, 4 U 77/14, NZBau 2016, 184, 186 ff.; s.a. 2. VK Bund, Beschl. v. 4.12.2017, VK 2-134/17, OLG Düsseldorf, Beschl. v. 30.4.2008, Verg 23/08, NZBau 2008, 461, 465 u. OLG Hamburg, Beschl. v. 25.1.2007, 1 Verg 5/06 (dort verneinend), u. § 160 Rn. 21 f., § 169 Rn. 15. Ausführlich *Antweiler*, in: Burgi/Dreher, Vergaberecht, § 168 GWB Rn. 53 ff.

104 Amtl. Begr., BT-Drs. 16/10117, S. 23 zu § 114 GWB-E VergModG.

105 VK Arnsberg, Beschl. v. 16.12.2009, VK 36/09.

III. Erledigung

1. Allgemeines

26 Nach Erledigung des Nachprüfungsverfahrens kann die Vergabekammer gem. **Abs. 2 Satz 2** nur noch auf Antrag eines Beteiligten (§ 162 Rn. 2) die Rechtswidrigkeit der Entscheidung des Antragsgegners im Vergabeverfahren feststellen (Rn. 33).[106] Die Erledigung der Hauptsache tritt **kraft Gesetzes** ein. Es bedarf also für den Eintritt der Erledigung der Hauptsache – auch in der prozessualen Behandlung – **keiner** ausdrücklichen **Erklärung** der Beteiligten.[107] Für die Frage der Erledigung kommt es nicht darauf an, ob der ursprüngliche Nachprüfungsantrag zulässig und begründet war, vielmehr reicht es aus, dass der auf Vornahme oder Unterlassung gerichtete Antrag des Antragstellers gegenstandslos geworden ist.[108]

2. Erledigendes Ereignis

27 Die Erledigung betrifft insbesondere Fälle, in denen nach Eingang des Nachprüfungsantrags bei der Vergabekammer und vor der Information des Auftraggebers in Textform über diesen der Zuschlag erteilt wird (§ 169 Abs. 1 GWB) oder dem Auftraggeber die Zuschlagserteilung gestattet wurde (§ 169 Abs. 2 GWB). Das gilt auch dann, wenn die Zuschlagserteilung mit einer aufschiebenden Bedingung (§ 158 Abs. 1 BGB) verbunden ist,[109] wobei eine solche Vorgehensweise nach hiesiger Ansicht als unzulässig angesehen wird (vgl. § 169 Rn. 16). Das erledigende Ereignis kann sich aus dem Verlauf des Vergabeverfahrens ergeben: **Erteilung des Zuschlags**[110] (auch zugunsten des Antragstellers des Nachprüfungsverfahrens)[111], **Aufhebung**[112] bei entfallenem Vergabewillen des Auftraggebers – die Aufhebung der Ausschreibung führt nicht zwingend zur Erledigung –,[113] Auf-

---

106 OLG Naumburg, Beschl. v. 27.2.2014, 2 Verg 5/13, VergabeR 2014, 612, 615.

107 OLG Düsseldorf, Beschl. v. 24.9.2014, VII-Verg 19/14, VergabeR 2015, 597, 598; Beschl. v. 29.1.2014, VII-Verg 28/13; Beschl. v. 20.12.2006, VII-Verg 109/04; Beschl. v. 30.5.2001, Verg 23/00; OLG Frankfurt a.M., Beschl. v. 4.3.2015, 11 Verg 10/14; Beschl. v. 16.5.2000, 11 Verg 1/99, NZBau 2001, 101, 102 = BauR 2000, 1595, 1596; OLG Naumburg, Beschl. v. 21.6.2010, 1 Verg 12/09.

108 OLG Jena, Beschl. v. 23.12.2011, 9 Verg 3/11, NZBau 2012, 386 f.; OLG Düsseldorf, Beschl. v. 12.5.2011, Verg 32/11; Beschl. v. 8.6.2011, VII-Verg 2/11; Beschlüsse v. 11.5.2011, VII-Verg 10/11, VII-Verg 8/11 u. VII-Verg 1/11. Anders hingegen bzgl. der Statthaftigkeit eines Feststellungsantrags, Rn. 31, s. hierzu auch *Steck*, in: Ziekow/Völlink, Vergaberecht, § 168 GWB Rn. 38.

109 VK Münster, Beschl. v. 3.8.1999, VK 1/99.

110 Vgl. nur 2. VK Bund, Beschl. v. 4.12.2017, VK 2-134/17; OLG Naumburg, Beschl. v. 16.12.2016, 7 Verg 6/16, VergabeR 2017, 489, 494; OLG Düsseldorf, Beschl. v. 24.9.2014, VII-Verg 19/14; Beschl. v. 19.10.2005, Verg 38/05; Beschl. v. 13.6.2001, Verg 2/01, VergabeR 2001, 415, 417; OLG Frankfurt a.M., Beschl. v. 6.3.2013, 11 Verg 7/12; OLG Koblenz, Beschl. v. 4.2.2009, 1 Verg 4/08, VergabeR 2009, 682.

111 OLG Düsseldorf, Beschlüsse v. 11.5.2011, VII-Verg 10/11 u. VII-Verg 8/11.

112 OLG Frankfurt a.M., Beschl. v. 4.3.2015, 11 Verg 10/14.

113 Vgl. BGH, Beschl. v. 18.2.2003, X ZB 43/02, VergabeR 2003, 313, 315 ff. = NZBau 2003, 293; OLG Naumburg, Beschl. v. 25.9.2006, 1 Verg 8/06; OLG Düsseldorf, Beschl. v. 22.7.2005, VII-Verg 37/05; Beschl. v. 25.3.2002, Verg 5/02; VK Südbayern, Beschl. v. 29.6.2015, Z3-3-3194-1-22-03/15; vgl. Rn. 8 ff. zur Aufhebung bei fortbestehendem Vergabewillen und zu der Möglichkeit der Aufhebung der Aufhebung durch die Vergabekammer.

hebung, wenn der Antragsteller nur die Rechtmäßigkeit, nicht aber die Wirksamkeit der Aufhebungsentscheidung angreift,[114] **Einstellung** des Verhandlungsverfahrens (vgl. § 57 SektVO, s.a. § 37 VSVgV),[115] Verzicht auf Auftragsvergabe,[116] endgültige Aufgabe der Beschaffungsabsicht[117]. Möglich ist auch eine Erledigung „**in sonstiger Weise**". Dazu gehört bspw. der Fall, dass der Antragsteller seinen **Antrag zurücknimmt**[118] oder Antragsteller und Antragsgegner das Verfahren übereinstimmend für in der Hauptsache **erledigt erklären.**[119] Der Auffangtatbestand der Erledigung in sonstiger Weise ist ferner dann gegeben, wenn der Auftraggeber vor Beendigung des Nachprüfungsverfahrens die Entscheidung der Vergabekammer umsetzt und den gerügten Verstoß beseitigt, den Antragsteller also **klaglos gestellt** hat,[120] oder sofern die verfahrensgegenständlichen **Leistungen** bereits **ausgeführt** wurden[121]. Eine Erledigung des Nachprüfungsverfahrens tritt hingegen **nicht** durch **Ablauf** der **Zuschlags- und Bindefrist** ein.[122] **Unklar** ist, welche Wirkung ein vor den Nachprüfungsinstanzen geschlossener **Vergleich** zeitigt.[123]

3. Feststellungsantrag

a) Antragsumstellung

Erforderlich ist, dass der Antragsteller seinen bisherigen **Leistungsantrag** nach Beendigung oder sonstiger Erledigung des Vergabeverfahrens während des Nachprüfungsverfahrens auf einen Feststellungsantrag **umstellt**. Anderenfalls muss sein Nachprüfungsantrag als unzulässig verworfen werden.[124] **28**

---

114 OLG Düsseldorf, Beschl. v. 11.5.2011, VII-Verg 10/11; VK Südbayern, Beschl. v. 29.6.2015, Z3-3-3194-1-22-03/15.

115 Wie hier *Dreher*, in: Immenga/Mestmäcker, GWB, § 114 Rn. 44; *Czauderna*, VergabeR 2011, 421 m.w.N.; s.a. *Summa*, in: jurisPK-Vergaberecht, § 168 GWB Rn. 117f.; anders *Antweiler*, in: Burgi/Dreher, Vergaberecht, § 168 GWB Rn. 60 m.w.N.

116 Das OLG Düsseldorf (Beschl. v. 16.2.2005, VII-Verg 72/04) sieht in dem Verzicht auf die Ausschreibung bzw. in der wirksamen Abstandnahme vom Vergabeverfahren eine Erledigung „in sonstiger Weise".

117 OLG Naumburg, Beschl. v. 26.7.2012, 2 Verg 2/12.

118 Vgl. OLG Frankfurt a.M., Beschl. v. 15.7.2015, 11 Verg 1/15, VergabeR 2015, 841, 842; Beschl. v. 16.10.2012, 11 Verg 9/11, VergabeR 2013, 138, 145 (Antragsrücknahme vor dem Hintergrund eines **Vergleichs**, s.a. Rn. 19); OLG Naumburg, Beschl. v. 9.7.2014, 2 Verg 3/14; OLG Brandenburg, Beschl. v. 18.5.2010, Verg W 1/08. A.A. *Antweiler*, in: Burgi/Dreher, Vergaberecht, § 168 GWB Rn. 62; VK Thüringen, Beschl. v. 17.10.2017, 250-4003-6233-2017-E-012-SM.

119 Vgl. OLG Düsseldorf, Beschl. v. 20.12.2006, VII-Verg 109/04; VK Münster, Beschl. v. 8.9.2016, VK 1-27/16; VK Bund, Beschlüsse v. 17.11.2014, VK 2-79/14 u. VK 2-77/14; a.A. *Dreher*, in: Immenga/Mestmäcker, GWB, § 114 Rn. 43.

120 OLG Celle, Beschl. v. 30.10.2014, 13 Verg 8/14, NZBau 2014, 780, 782; OLG Düsseldorf, Beschl. v. 18.2.2013, VII-Verg 39/12; Beschl. v. 20.12.2006, VII-Verg 109/04; OLG München, Beschl. v. 19.7.2012, Verg 8/12; OLG Naumburg, Beschl. v. 21.6.2010, 1 Verg 12/09 m.w.N.; VK Thüringen, Beschl. v. 26.3.2015, 250-4003-1758/2015-E-005-IK.

121 OLG Brandenburg, Beschl. v. 29.1.2013, Verg W 9/12.

122 OLG Dresden, Beschl. v. 14.4.2000, WVerg 0001/00; OLG Jena, Beschl. v. 13.10.1999, 6 Verg 1/99, NZBau 2001, 39, 40; a.A. OLG Naumburg, Beschl. v. 3.3.2000, 1 Verg 2/99.

123 S. *Reidt*, in: Reidt/Stickler/Glahs, Vergaberecht, § 168 Rn. 49; *Dreher/Glöckle*, NZBau 2015, 459ff., 529ff.; *Conrad*, ZfBR 2014, 658ff. S.a. Rn. 19.

124 OLG Düsseldorf, Beschl. v. 25.3.2002, Verg 5/02; VK Hessen, Beschl. v. 2.7.2012, 69d VK-23/2012; so auch *Summa*, in: jurisPK-Vergaberecht, § 168 GWB Rn. 109; a.A. *Dreher*, in: Immen-

b) Form und Zeitpunkt

29 Für den Feststellungsantrag besteht **kein Formerfordernis**.[125] Er kann schon (als **Hilfsantrag**) vor Eintritt des erledigenden Ereignisses gestellt werden.[126] Geschieht dies nicht, kann der Antrag nach Eintritt der Erledigung nachgeholt und sogar erstmals im Beschwerdeverfahren gestellt werden.[127]

c) Feststellungsinteresse

30 Für den Antrag gelten im Übrigen die „normalen" Sachentscheidungsvoraussetzungen, hier insbesondere als ungeschriebenes Tatbestandsmerkmal das sogenannte **Feststellungsinteresse**.[128] Hierfür genügt die nicht auszuschließende Möglichkeit eines Schadensersatzanspruchs des Bieters gegen die Vergabestelle für den Fall der Feststellung eines konkreten Vergaberechtsverstoßes[129] oder jedes nach Lage des Falls anzuerkennende Interesse rechtlicher, wirtschaftlicher oder ideeller Art, wobei die beantragte Feststellung geeignet sein muss, die Rechtsposition des Antragstellers in einem der genannten Bereiche zu verbessern und eine Beeinträchtigung seiner Rechte auszugleichen oder wenigsten zu mildern.[130] Auch die konkrete **Wiederholungsgefahr** kann ein Feststellungsinteresse begründen,[131]

---

ga/Mestmäcker, GWB, § 114 Rn. 48: Ablehnung als unbegründet; anders *Czauderna*, VergabeR 2011, 421: Abweisung als unbegründet oder (bereits) als unzulässig.

125 So ebenfalls *Reidt*, in: Reidt/Stickler/Glahs, Vergaberecht, § 168 Rn. 58 u. *Nowak*, in: Pünder/Schellenberg, Vergaberecht, § 114 GWB Rn. 35; a. A. *Thiele*, in: Kulartz/Kus/Portz/Prieß, GWB, § 168 Rn. 98, der Schriftform gem. § 161 GWB fordert.

126 Vgl. OLG Düsseldorf, Beschl. v. 9.11.2011, VII-Verg 35/11, NZBau 2012, 252.

127 OLG Düsseldorf, Beschl. v. 28.2.2002, Verg 37/01, VergabeR 2002, 378, 379 f. (der Beschluss datiert richtigerweise vom 28.2.2002); zur Feststellung im Beschwerdeverfahren § 178 Rn. 14.

128 OLG Düsseldorf, Beschl. v. 24.9.2014, VII-Verg 19/14, VergabeR 2015, 597, 598; Beschl. v. 2.5.2012, VII-Verg 104/11; Beschl. v. 8.6.2011, VII-Verg 2/11; Beschl. v. 11.5.2011, VII-Verg 8/11; Beschl. v. 4.5.2009, Verg 68/08; Beschl. v. 2.3.2005, Verg 70/04; anders Beschl. v. 19.11.2003, VII-Verg 59/03; OLG Celle, Beschl. v. 30.10.2014, 13 Verg 8/14; Beschl. v. 8.12.2005, 13 Verg 2/05, NZBau 2006, 197, 198; OLG Karlsruhe, Beschl. v. 7.5.2014, 15 Verg 4/13; OLG Frankfurt a. M., Beschl. v. 6.3.2013, 11 Verg 7/12; Beschl. v. 6.2.2002, 11 Verg 3/02, VergabeR 2003, 349, 351; OLG München, Beschl. v. 19.7.2012, Verg 8/12; OLG Jena, Beschl. v. 23.12.2011, 9 Verg 3/11; Beschl. v. 30.3.2009, 9 Verg 12/08; OLG Koblenz, Beschl. v. 4.2.2009, 1 Verg 4/08, VergabeR 2009, 682, 684; vgl. *Baumbach/Lauterbach/Albers/Hartmann*, ZPO, § 256 Rn. 21 ff.; so wie hier auch *Thiele*, in: Kulartz/Kus/Portz/Prieß, GWB, § 168 Rn. 84 ff.; *Kadenbach*, in: Müller-Wrede, GWB, § 168 Rn. 49; *Summa*, in: jurisPK-Vergaberecht, § 168 GWB Rn. 138; anders *Dreher*, in: Immenga/Mestmäcker, GWB, § 114 Rn. 55: Feststellungsinteresse ist nicht Antragsvoraussetzung, aber i. S. d. allgemeinen Rechtsschutzbedürfnisses zu verstehen; a. A. *Otting*, in: Bechtold, GWB, § 114 Rn. 9.

129 OLG Naumburg, Beschl. v. 23.7.2001, 1 Verg 2/01, OLGR 2002, 73.

130 Vgl. nur OLG Frankfurt a. M., Beschl. v. 24.1.2017, 11 Verg 1/16, VergabeR 2017, 407, 411; OLG Naumburg, Beschl. v. 16.12.2016, 7 Verg 6/16, VergabeR 2017, 489, 494 f.; OLG Düsseldorf, Beschl. v. 24.9.2014, VII-Verg 19/14; Beschl. v. 8.6.2011, VII-Verg 2/11; Beschl. v. 11.5.2011, VII-Verg 8/11; Beschl. v. 4.5.2009, Verg 68/08; Beschl. v. 2.3.2005, Verg 70/04; Beschl. v. 14.2.2001, Verg 14/00, NZBau 2003, 60 (nur LS) = WuW/E Verg 459.

131 OLG Frankfurt a. M., Beschl. v. 24.1.2017, 11 Verg 1/16, VergabeR 2017, 407, 412 (dort verneinend); OLG Celle, Beschl. v. 30.10.2014, 13 Verg 8/14; OLG Düsseldorf, Beschl. v. 29.1.2014, VII-Verg 28/13; Beschl. v. 19.6.2013, VII-Verg 55/12, VergabeR 2014, 158, 159; Beschl. v. 4.5.2009, Verg 68/08; Beschl. v. 2.3.2005, Verg 70/04; OLG Brandenburg, Beschl. v. 29.1.2013, Verg W 9/12; OLG München, Beschl. v. 19.7.2012, Verg 8/12; OLG Koblenz, Beschl. v.

ebenso ein **Rehabilitierungsinteresse** bei diskriminierenden Vergabeverstößen.[132] Die Feststellungsentscheidung hat vor allem für Zwecke des § 179 Abs. 1 GWB Bedeutung, weshalb wegen der aus dieser Vorschrift folgenden Bindungswirkung bei einer gerichtlichen Geltendmachung von **Schadensersatzansprüchen**[133] ein Feststellungsinteresse zu bejahen ist.[134] Es fehlt an der nicht auszuschließenden Möglichkeit eines Schadensersatzanspruchs gegen die Vergabestelle, wenn der Antragsteller in dem dem Vergabenachprüfungsverfahren zugrunde liegenden Verfahren mangels Abgabe eines zuschlagsfähigen Angebots seinerseits zu Recht ausgeschlossen wurde. In der Regel genügt es, wenn der Antragsteller vorträgt, er beabsichtige, Schadensersatzansprüche gegen den Auftraggeber geltend zu machen.[135] Eine konkrete und verbindliche Festlegung ist insoweit nicht erforderlich, zumindest aber die Darlegung, sich die Verfolgung eines entsprechenden Schadensersatzbegehrens offen halten zu wollen.[136] Allerdings ist ein Feststellungsinteresse zu verneinen, wenn eine entsprechende Klage aussichtslos wäre.[137] Ein Feststellungsantrag nach Abs. 2 Satz 2 ist auch nicht lediglich zur Klärung abstrakter Rechtsfragen wie der zivilrechtlichen Wirksamkeit eines Vertrags zuzulassen.[138]

d) Zulässigkeit und Begründetheit des Nachprüfungsantrags

Ein Feststellungsantrag ist unzulässig, wenn schon der verfahrenseinleitende Nachprü- 31
fungsantrag nicht **zulässig** gewesen ist.[139] Entscheidend ist deshalb, ob der Nachprüfungs-

---

4.2.2009, 1 Verg 4/08, VergabeR 2009, 682, 684; OLG Frankfurt a.M., Beschl. v. 6.2.2002, 11 Verg 3/02, VergabeR 2003, 349, 351 f.; VK Südbayern, Beschl. v. 5.12.2017, Z3-3-3194-1-47-08/17; Beschl. v. 29.6.2017, Z3-3-3194-1-13-04/17; VK Bund, Beschl. v. 2.7.2012, VK 3-66/12; zu den Voraussetzungen einer Wiederholungsgefahr (dort verneinend): VK Sachsen, Beschl. v. 27.6.2014, 1/SVK/020-13.

132 OLG Celle, Beschl. v. 30.10.2014, 13 Verg 8/14; OLG München, Beschl. v. 19.7.2012, Verg 8/12; VK Bund, Beschl. v. 21.5.2008, VK 2-40/08; Beschl. v. 14.2.2007, VK 2-158/06; VK Brandenburg, Beschl. v. 9.9.2005, 1 VK 33/05.

133 Zu Schadensersatzansprüchen im Falle einer **rechtswidrigen Aufhebung** des Vergabeverfahrens s.o. Rn. 10 u. BGH, Beschl. v. 20.3.2014, X ZB 18/13, NZBau 2014, 310, 313 = VergabeR 2014, 538, 541.

134 Vgl. OLG Naumburg, Beschl. v. 16.12.2016, 7 Verg 6/16, VergabeR 2017, 489, 495; OLG Celle, Beschl. v. 10.3.2016, 13 Verg 5/15; OLG Düsseldorf, Beschl. v. 24.9.2014, VII-Verg 19/14; Beschl. v. 2.10.2008, VII-Verg 25/08, VergabeR 2008, 933, 937; Beschl. v. 2.3.2005, Verg 70/04; Beschl. v. 14.2.2001, Verg 14/00, NZBau 2003, 60 (nur LS) = WuW/E Verg 459; vgl. auch Amtl. Begr., BT-Drs. 13/9340, S. 19 zu § 124 GWB-E VgRÄG.

135 OLG Naumburg, Beschl. v. 16.12.2016, 7 Verg 6/16, VergabeR 2017, 489, 495 m. w. N.

136 OLG Jena, Beschl. v. 23.12.2011, 9 Verg 3/11; OLG Düsseldorf, Beschl. v. 8.6.2011, VII-Verg 2/11; VK Sachsen, Beschl. v. 19.6.2015, 1/SVK/009-15.

137 Vgl. OLG Düsseldorf, Beschl. v. 30.4.2014, VII-Verg 35/13 m.w.N.; OLG Frankfurt a.M., Beschl. v. 6.3.2013, 11 Verg 7/12; OLG Jena, Beschl. v. 30.3.2009, 9 Verg 12/08; OLG Koblenz, Beschl. v. 4.2.2009, 1 Verg 4/08, VergabeR 2009, 682, 684; OLG Celle, Beschl. v. 8.12.2005, 13 Verg 2/05, NZBau 2006, 197, 198.

138 OLG Düsseldorf, Beschl. v. 4.5.2009, Verg 68/08.

139 Vgl. OLG Frankfurt a.M., Beschl. v. 24.1.2017, 11 Verg 1/16, VergabeR 2017, 407, 409 ff. (dort i. E. offen lassend); Beschl. v. 6.3.2013, 11 Verg 7/12; OLG Naumburg, Beschl. v. 16.12.2016, 7 Verg 6/16, VergabeR 2017, 489, 495 m.w.N.; OLG Celle, Beschl. v. 10.3.2016, 13 Verg 5/15; OLG Karlsruhe, Beschl. v. 7.5.2014, 15 Verg 4/13; OLG Brandenburg, Beschl. v. 8.7.2010, Verg W 4/09, ZfBR 2011, 383, 385 m. w. N.; OLG Koblenz, Beschl. v. 4.2.2009, 1 Verg 4/08, VergabeR 2009, 682, 685; Beschl. v. 6.9.2006, 1 Verg 6/06; so ebenfalls *Prell*, in: BeckOK Vergaberecht,

antrag ohne das erledigende Ereignis zulässig und begründet gewesen wäre.[140] Voraussetzung für die Feststellung der Rechtsverletzung ist, dass der Antragsteller mit seinem ursprünglich gestellten Nachprüfungsantrag **Erfolg** gehabt hätte. Denn die Rechtswidrigkeitsfeststellung stellt die Fortsetzung des Primärrechtsschutzes dar. Hätte der Nachprüfungsantrag abgelehnt bzw. die sofortige Beschwerde als unbegründet zurückgewiesen werden müssen, kann der Antragsteller nicht in seinen Rechten verletzt worden sein; der Feststellungsantrag ist in diesem Fall unbegründet.[141]

e) Antragsteller

32 Außer für den **Antragsteller** des Nachprüfungsverfahrens bietet sich der Feststellungsantrag z. B. für den **Auftraggeber** oder ein anderes – im Sinne des § 162 GWB beteiligtes – Unternehmen an, wenn der Nachprüfungsantrag zurückgenommen wurde. Dann kann auf Seiten des Auftraggebers[142] ein Interesse an Klarstellung oder auf Seiten eines anderen Unternehmens ein Interesse an der „Fortsetzungsfeststellungswirkung" (§ 179 Abs. 1 GWB) bestehen. Als Beteiligte sind auch die **Beigeladenen** berechtigt, einen Feststellungsantrag zu stellen.[143]

4. Entscheidungstenor und Bindungswirkung

33 Hat eine Rechtsverletzung vorgelegen, lautet der Entscheidungstenor positiv auf **Feststellung**, dass der Antragsteller durch den Antragsgegner in seinen **Rechten verletzt** worden ist. Nur diese Feststellung ist zu treffen, und zwar mit der Angabe, durch welches **inkriminierte Verhalten** des Auftraggebers der Antragsteller in seinen Rechten verletzt wurde; eine bloße Angabe der verletzten Vorschriften genügt dafür nicht.[144] Hat hingegen keine Rechtsverletzung vorgelegen, ist der Feststellungsantrag unbegründet und wird **zurückgewiesen**.[145] Ist der Antrag bereits unzulässig, wird er **verworfen**.[146] Der Tenor kann auch negativ (**keine Rechtsverletzung**) gefasst sein, und zwar in Fällen, in denen der Auftraggeber aus Gründen der Klarstellung einen Feststellungsantrag stellt (Rn. 32).[147] Hingegen ist die positive Feststellung der Rechtmäßigkeit der Entscheidung des Antragsgegners vom

---

§ 168 Rn. 55; *Thiele*, in: Kulartz/Kus/Portz/Prieß, GWB, § 168 Rn. 83; *Nowak*, in: Pünder/Schellenberg, Vergaberecht, § 114 GWB Rn. 27 u. 36; a. A. *Antweiler*, in: Burgi/Dreher, Vergaberecht, § 168 GWB Rn. 63. Die Frage der Statthaftigkeit des Feststellungsantrags ist zu trennen von der Frage des Eintritts der Erledigung, Rn. 26.

140 VK Münster, Beschl. v. 8.9.2016, VK 1-27/16.

141 Vgl. OLG Düsseldorf, Beschl. v. 19.10.2005, Verg 38/05; BayObLG, Beschl. v. 17.11.2004, Verg 16/04. A. A. OLG Brandenburg, Beschl. v. 12.1.2010, Verg W 5/09: Der Antrag ist unstatthaft.

142 So ebenfalls *Summa*, in: jurisPK-Vergaberecht, § 168 GWB Rn. 153; *Antweiler*, in: Burgi/Dreher, Vergaberecht, § 168 GWB Rn. 70.

143 VK Bund, Beschl. v. 17.11.2014, VK 2-77/14. So ebenfalls *Nowak*, in: Pünder/Schellenberg, Vergaberecht, § 114 GWB Rn. 34 m. w. N.

144 OLG Rostock, Beschl. v. 16.5.2001, 17 W 1/01 u. 17 W 2/01, VergabeR 2001, 315, 319.

145 Vgl. OLG Düsseldorf, Beschl. v. 23.3.2005, Verg 77/04; das BayObLG (Beschl. v. 17.11.2004, Verg 16/04) spricht von Abweisung.

146 Vgl. OLG Koblenz, Beschl. v. 4.2.2009, 1 Verg 4/08, VergabeR 2009, 682; VK Bund, Beschl. v. 21.5.2008, VK 2-40/08.

147 So ebenfalls *Nowak*, in: Pünder/Schellenberg, Vergaberecht, § 114 GWB Rn. 34 m. w. N.

Gesetz nicht vorgesehen,[148] ebenso wenig die Feststellung der Rechtswidrigkeit einer Ausschreibung.[149]

Bei einem Streit der Beteiligten, ob die Erledigung der Hauptsache eingetreten ist, muss die Vergabekammer die **Erledigung** zumindest dann **feststellen**, wenn das von einem Beteiligten beantragt wird.[150] Unter diesen Umständen beschließt die Vergabekammer, ob sich das Nachprüfungsverfahren durch Zuschlagserteilung (Rn. 21) oder anderweitig erledigt hat.[151] Ein derartiger Beschluss ist auch erforderlich, um gegenüber den Beteiligten klarzustellen, dass die Frist des § 167 Abs. 1 GWB nicht gilt.[152] 34

Die **Bindungswirkung** einer Entscheidung nach Abs. 2 Satz 2 umfasst neben dem Tenor auch die tragenden Entscheidungsgründe und die tatsächlichen Feststellungen zum behaupteten Verstoß sowie die rechtliche Würdigung zu der Frage, ob ein Vergabeverstoß vorliegt.[153] 35

5. Grds. Wegfall der Entscheidungsfrist des § 167 Abs. 1 GWB

Nach Erledigung des Nachprüfungsverfahrens und Umstellung auf einen Feststellungsantrag besteht gem. **Abs. 2 Satz 3** keine Verpflichtung der Vergabekammer mehr, binnen der 5-Wochen-Frist des § 167 Abs. 1 Satz 1 GWB (§ 167 Rn. 1) zu entscheiden.[154] Das erlaubt eine gründliche und sorgfältige Aufklärung der Sache. Bei Zweifeln oder Streit, ob Erledigung eingetreten ist, muss die Vergabekammer aber binnen der 5-Wochen-Frist (teil-)entscheiden (§ 167 Rn. 1 ff.), um im Falle einer sofortigen Beschwerde und einer entgegengesetzten Entscheidung des Beschwerdegerichts nicht die Fiktion der Antragsablehnung gem. § 171 Abs. 2 GWB auszulösen.[155] Bleibt die Vergabekammer über einen langen Zeitraum untätig, kommt zunächst eine **Dienstaufsichtsbeschwerde** gegen die Mitglieder der Vergabekammer in Betracht, und, wenn diese nicht in angemessener Zeit zum Fortgang des Verfahrens geführt hat, als ultima ratio die Einlegung einer **Untätigkeitsbeschwerde**.[156] 36

148 OLG Naumburg, Beschl. v. 27.2.2014, 2 Verg 5/13, VergabeR 2014, 612, 614 ff.

149 Vgl. OLG Düsseldorf, Beschl. v. 14.9.2016, VII-Verg 13/16.

150 OLG Jena, Beschl. v. 9.9.2002, 6 Verg 4/02, VergabeR 2002, 631, 632 f. = ZfBR 2003, 75, 76; OLG Düsseldorf, Beschl. v. 30.5.2001, Verg 23/00; KG, Beschl. v. 19.4.2000, KartVerg 06/00, NZBau 2001, 161, 163.

151 Vgl. OLG Koblenz, Beschl. v. 4.2.2009, 1 Verg 4/08, VergabeR 2009, 682; s. a. OLG Schleswig, Beschl. v. 1.6.1999, 6 Verg 1/99, NZBau 2000, 96.

152 Vgl. VK Rheinland-Pfalz, Beschl. v. 12.5.2005, VK 17/05; VK Münster, Beschl. v. 3.8.1999, VK 1/99.

153 OLG Naumburg, Beschl. v. 27.2.2014, 2 Verg 5/13, VergabeR 2014, 612, 616 m. w. N.

154 Siehe hierzu auch OLG Düsseldorf, Beschl. v. 9.11.2011, VII-Verg 35/11, NZBau 2012, 252 f.

155 S. a. *Summa*, in: jurisPK-Vergaberecht, § 168 GWB Rn. 154 f., 129 ff.; *Dreher*, in: Immenga/Mestmäcker, GWB, § 114 Rn. 58.

156 OLG Bremen, Beschl. v. 12.3.2007, Verg 3/06. So ebenfalls *Summa*, in: jurisPK-Vergaberecht, § 168 GWB Rn. 155.

IV. Entscheidungsform

37 Gem. **Abs. 3 Satz 1** ergeht die Entscheidung der Vergabekammer als vollstreckbarer, der Auslegung zugänglicher[157] **Verwaltungsakt**[158]. Damit soll die unionsrechtlich geforderte Durchsetzbarkeit der Entscheidung sichergestellt werden.[159] Form, Inhalt und Bekanntgabe des Verwaltungsakts werden durch den in Abs. 3 Satz 3 enthaltenen Verweis auf **§ 61 GWB** präzisiert, wonach die Entscheidung der Vergabekammer zu begründen, mit einer Rechtsmittelbelehrung zu versehen und den Beteiligten zuzustellen ist. Für die Zustellung gelten die Vorschriften des **VwZG**.

38 Gem. §§ 166 Abs. 1 Satz 1, 157 Abs. 2 GWB entscheidet die Vergabekammer in der Besetzung mit einem Vorsitzenden, einem hauptamtlichen und einem ehrenamtlichen Beisitzer über einen Nachprüfungsantrag regelmäßig aufgrund einer mündlichen Verhandlung. Nach § 167 Abs. 1 Satz 1 GWB hat die Vergabekammer ihre Entscheidung – gerechnet vom Eingang des Nachprüfungsantrags an – innerhalb einer Frist von fünf Wochen zu treffen und schriftlich zu begründen. Die in schriftlicher Form abgesetzte Entscheidung ist nach den Geschäftsordnungen der Vergabekammern regelmäßig von den (beiden) hauptamtlichen Mitgliedern der Vergabekammer zu unterschreiben (§ 167 Rn. 6). Eine **Paraphierung** stellt als rein innerbehördlicher Akt im Rechtssinn keine Unterschriftsleistung dar.[160] Es versteht sich von selbst, dass diese **Unterschriften** rechtswirksam nur von denjenigen hauptamtlichen Mitgliedern der Vergabekammer geleistet werden können, die **an der mündlichen Verhandlung teilgenommen** und an der **Entscheidungsfindung mitgewirkt** haben (§ 166 Abs. 1 Satz 1 GWB). Nur diese sind rechtlich dazu in der Lage, die Übereinstimmung der schriftlich abgefassten Entscheidung mit der aufgrund der mündlichen Verhandlung beratenen und ermittelten Entscheidung zu verbürgen. Ist ein hauptamtliches Mitglied der Vergabekammer durch Ortsabwesenheit verhindert, der Urschrift der Entscheidung seine Unterschrift beizufügen, so ist dies in entsprechender Anwendung von § 315 Abs. 1 Satz 2 ZPO (auf den im Übrigen auch § 173 VwGO verweist) unter Angabe des Verhinderungsgrundes von dem Vorsitzenden der Vergabekammer, der an der mündlichen Verhandlung, auf die die Entscheidung gefasst worden ist, teilgenommen hat, und bei dessen Verhinderung vom hauptamtlichen Beisitzer der Vergabekammer, welcher an jener mündlichen Verhandlung teilgenommen hat, unter der Entscheidung zu vermerken.[161]

39 Die **Entscheidung** der Vergabekammer kann **weder** von Amts wegen noch auf Antrag eines Beteiligten von der Vergabekammer selbst **aufgehoben**, **zurückgenommen** oder **ge-**

---

157 OLG Schleswig, Beschl. v. 15.4.2014, 1 Verg 4/13, VergabeR 2014, 717, 721.

158 Vgl. OLG Düsseldorf, Beschl. v. 10.3.2014, VII-Verg 11/14, VergabeR 2014, 621, 622. Kritisch VK Südbayern, Beschl. v. 11.3.2015, Z3-3-3194-1-65-12/14: „Die dogmatisch unrichtige Einordnung der Entscheidungen der Vergabekammern als Verwaltungsakte durch den deutschen Gesetzgeber kann weder dazu führen, dass die Nachprüfung eines im Kern dem Privatrecht zugehörigen Vergabeverfahrens zu einer verwaltungsrechtlichen Entscheidung wird, noch dass der effektive Rechtsschutz von Bietern im Nachprüfungsverfahren erschwert wird."

159 Amtl. Begr., BT-Drs. 13/9340, S. 19 zu § 124 GWB-E VgRÄG.

160 Vgl. BGH, Beschl. v. 26.10.1971, X ZB 15/71, BGHZ 57, 160, 165 = NJW 1972, 50, 51; Urt. v. 13.3.1980, VII ZR 147/79, BGHZ 76, 236, 241 = NJW 1980, 1167, 1168; OLG Düsseldorf, Beschl. v. 12.3.2003, Verg 49/02.

161 OLG Düsseldorf, Beschl. v. 12.3.2003, Verg 49/02; Beschl. v. 5.10.2001, Verg 18/01, VergabeR 2002, 89, 90f.; Beschl. v. 22.1.2001, Verg 24/00, VergabeR 2001, 154, 155f.; BGH, Beschl. v. 12.6.2001, X ZB 10/01, NZBau 2001, 517, 518 = VergabeR 2001, 286, 288f.

ändert werden; die Rücknahme eines wirksam gewordenen Beschlusses gem. § 48 VwVfG ist rechtswidrig.[162] Insoweit gilt der Rechtsgedanke des § 318 ZPO auch für die Entscheidungen der Vergabekammer im Nachprüfungsverfahren. Eine Abänderung kann nur im Beschwerdewege nach § 171 GWB erreicht werden; anderes mag allenfalls für Beschlüsse gelten, mit denen die Vergabekammer ihre Kosten (Gebühren und Auslagen) festsetzt; insoweit handelt die Vergabekammer als klassischer Hoheitsträger.[163]

Dieser Grundsatz erfährt eine (scheinbare) Ausnahme in Fallgestaltungen, bei denen auch ein Urteil von dem betreffenden Gericht trotz des § 318 ZPO unbeachtet bleiben kann, nämlich dann, wenn die – bereits ergangene – **Entscheidung** kraft Gesetzes **gegenstandslos**/wirkungslos geworden ist und dies nur deklaratorisch ausgesprochen wird.[164] Dies ist zum einen der Fall, wenn der **Nachprüfungsantrag** noch vor der Vergabekammer, aber **nach Beschlusserlass, zurückgenommen** wird: Da es sich beim Nachprüfungsverfahren um ein Antragsverfahren handelt (§ 160 Abs. 1 GWB, s. § 160 Rn. 5 f.), wird der Verwaltungsakt mit der Antragsrücknahme gegenstandslos (s. a. § 269 Abs. 3 Satz 1 ZPO).[165] Zum anderen ist dies der Fall bei einer **Erledigung** des Nachprüfungsverfahrens, wenn entsprechende **übereinstimmende Erklärungen** der Verfahrensbeteiligten vorliegen und der Antragsteller keinen Feststellungsantrag stellt.[166] **40**

V. Vollstreckung

Die Vollstreckung[167] des Verwaltungsakts (Ersatzvornahme, Zwangsgeld, unmittelbarer Zwang) richtet sich nach dem Gesetzeswortlaut nach den Verwaltungsvollstreckungsgesetzen von Bund und Ländern,[168] wobei **Abs. 3 Satz 2** die Vergabestellen, bei denen es sich um Hoheitsträger handelt, ausdrücklich als Vollstreckungsschuldner benennt (vgl. § 17 VwVG). Eine Vollstreckung kommt für **feststellende Verwaltungsakte** nicht in Betracht. **41**

1. Rechtsnatur und Zuständigkeit

Das Vollstreckungsverfahren ist **kein neues Nachprüfungsverfahren** i. S. d. §§ 160 ff. GWB, sondern es findet in jenem Nachprüfungsverfahren statt, in welchem die zu vollstreckende Entscheidung der Vergabekammer ergangen ist. Grundlage der Vollstreckung ist die Entscheidung der Vergabekammer, ggf. die Beschwerdeentscheidung, die prozessual in die Funktion der Entscheidung der Vergabekammer ein- und an deren Stelle tritt.[169] **Zuständig** für die Vollstreckung von Entscheidungen der Vergabekammer und Beschwer- **42**

---

162 OLG Düsseldorf, Beschl. v. 12.5.2011, Verg 32/11. Zur Rücknahme des Nachprüfungsantrags s. § 160 Rn. 6.
163 OLG Düsseldorf, Beschl. v. 12.5.2011, Verg 32/11.
164 OLG Düsseldorf, Beschl. v. 12.5.2011, Verg 32/11.
165 Vgl. OLG Düsseldorf, Beschl. v. 12.5.2011, Verg 32/11 m. w. N.
166 Vgl. OLG Düsseldorf, Beschl. v. 12.5.2011, Verg 32/11.
167 S. *Byok*, NJW 2003, 2642 ff.
168 Vgl. auch BGH, Beschl. v. 29.6.2010, X ZB 15/08, ZfBR 2010, 719, 721. Anders hingegen bei Beschlüssen der Oberlandesgerichte, die über die Instrumentarien der ZPO (§§ 704 ff., 888 ZPO) vollstreckt werden, s. Amtl. Begr., BT-Drs. 16/10117, S. 23 zu § 114 GWB-E VergModG.
169 OLG Düsseldorf, Beschl. v. 9.10.2002, VII-Verg 44/01; Beschl. v. 29.12.2000, Verg 31/00, VergabeR 2001, 62, 63.

deentscheidungen (Vergabesenate) ist nur die **Vergabekammer**,[170] und zwar ungeachtet des Übergangs des Hauptsacheverfahrens in den Beschwerderechtszug.[171] Gleichwohl gehen einige Vergabesenate dazu über, die Festsetzung eines Zwangsgelds (s. Rn. 53 ff.) selbst anzudrohen.[172] Die Vergabekammer hat damit auch gerichtliche Entscheidungen durchzusetzen, etwa wenn das zuständige Oberlandesgericht nach § 178 Satz 2 1. Alt. GWB selbst in der Sache entscheidet. Die ebenfalls in § 178 Satz 2 2. Alt. GWB geregelte Zurückverweisung der Sache vom Oberlandesgericht an die Vergabekammer ist in der Praxis die seltene Ausnahme. Dies hängt insbesondere mit dem Beschleunigungsgebot (§ 167 GWB) zusammen.[173]

2. Titel und Vollstreckungsschutz

43 Eine Vollstreckung findet nicht nur aus **rechtskräftigen Entscheidungen** der Vergabekammern statt.[174] Gem. § 6 Abs. 1 VwVG[175] kann ein Verwaltungsakt, also auch die Entscheidung der Vergabekammer gem. Abs. 3, mit den Zwangsmitteln des § 9 VwVG auch dann durchgesetzt werden, wenn dem Rechtsmittel keine aufschiebende Wirkung beigelegt ist. Das **Rechtsmittel** der sofortigen Beschwerde gegen Entscheidungen der Vergabekammern hat im Fall der Stattgabe des Nachprüfungsantrags **keine aufschiebende Wirkung**.[176] Denn nach **§ 173 Abs. 3 GWB** muss die geplante Zuschlagserteilung durch die Vergabestelle selbst bei einer von ihr eingelegten sofortigen Beschwerde so lange unterbleiben, bis das Beschwerdegericht die Entscheidung der Vergabekammer in den Verfahren nach §§ 176, 178 GWB aufhebt.[177] Der durch § 173 Abs. 3 GWB festgelegten Dauer des Zuschlagsverbots entspricht aus Gründen eines effektiven Primärrechtsschutzes in prozessualer Hinsicht die Verneinung der aufschiebenden Wirkung der sofortigen Beschwerde der Vergabestelle gegen die dem Nachprüfungsantrag stattgebende Entscheidung der Vergabekammer.[178] § 173 Abs. 3 GWB stellt insofern eine an Stelle der grundsätzlichen Regelung des § 173 Abs. 1 Satz 1 GWB anzuwendende Sonderbestimmung dar. Dem in § 173 Abs. 3 GWB geregelten Fall der Stattgabe des Nachprüfungsantrags durch Untersagung

---

170 OLG Düsseldorf, Beschl. v. 28.1.2002, Verg 23/01; so auch *Thiele*, in: Kulartz/Kus/Portz/Prieß, GWB, § 168 Rn. 119, 121, 142, 149; *Reidt*, in: Reidt/Stickler/Glahs, Vergaberecht, § 168 Rn. 84; *Otting*, in: Bechtold, GWB, § 114 Rn. 10; *Gause*, in: Willenbruch/Bischoff, Vergaberecht, § 114 Rn. 15; *Bischoff*, VergabeR 2009, 433 m. w. N.

171 KG, Beschl. v. 24.10.2001, KartVerg 10/01, WuW/E Verg 547 = VergabeR 2002, 100, 101; s. a. § 7 Abs. 1 VwVG.

172 OLG Naumburg, Beschl. v. 13.10.2006, 1 Verg 6/06, VergabeR 2007, 125, 136; Beschl. v. 17.3.2005, 1 Verg 3/05, VergabeR 2005, 635, 639; OLG Düsseldorf, Beschl. v. 29.12.2000, Verg 31/00, VergabeR 2001, 62, 64.

173 Siehe hierzu auch § 178 Rn. 6.

174 So wie hier *Summa*, in: jurisPK-Vergaberecht, § 168 GWB Rn. 77. A. A. *Antweiler*, in: Burgi/Dreher, Vergaberecht, § 168 GWB Rn. 79 u. *Kadenbach*, in: Müller-Wrede, GWB, § 168 Rn. 61, die die Bestandskraft bzw. Unanfechtbarkeit des Beschlusses voraussetzen. Vgl. OLG Düsseldorf, Beschl. v. 10.3.2014, VII-Verg 11/14, VergabeR 2014, 621, 622 mit Verweis auf § 55 Abs. 1 VwVG NRW.

175 S. a. § 55 Abs. 1 VwVG NRW.

176 OLG Düsseldorf, Beschl. v. 8.11.2004, VII-Verg 75/04.

177 OLG Düsseldorf, Beschl. v. 9.10.2002, VII-Verg 44/01; Beschl. v. 29.12.2000, Verg 31/00, VergabeR 2001, 62, 63.

178 OLG Düsseldorf, Beschl. v. 9.10.2002, VII-Verg 44/01.

des Zuschlags sind diejenigen Fälle gleichzusetzen, in denen dem Nachprüfungsantrag durch andere Maßnahmen als durch die Zuschlagsuntersagung stattgegeben wird[179] (vgl. § 173 Rn. 34 m. w. N.).

44 Gegen **Entscheidungen** der Vergabekammer **im Vollstreckungsverfahren** ist die **sofortige Beschwerde** nach § 171 Abs. 1 GWB statthaft.[180] Zudem sind gegen die Vollstreckung von Vergabekammerentscheidungen, gerade im Fall eines noch laufenden Beschwerdeverfahrens, **Schutzanträge** möglich. Richtet sich die Vollstreckung nämlich nach landesrechtlichen Verwaltungsvollstreckungsgesetzen (Rn. 41), gilt es dort ggf. enthaltene Regelungen hinsichtlich fehlender aufschiebender Wirkung zu beachten. § 112 JustG NRW[181] bestimmt bspw., dass Rechtsbehelfe, die sich gegen Maßnahmen der Vollstreckungs- und Vollzugsbehörden des Landes Nordrhein-Westfalen in der Verwaltungsvollstreckung richten, keine aufschiebende Wirkung haben. Die Vorschrift ordnet allerdings zugleich die **analoge** Geltung u. a. des **§ 80 Abs. 5 VwGO** an. Das bedeutet, dass gegen derartige Zwangsvollstreckungsmaßnahmen um vorläufigen gerichtlichen Rechtsschutz bei dem Oberlandesgericht nachgesucht werden kann mit dem Antrag, die **aufschiebende Wirkung** einer **Beschwerde gegen** die **Vollstreckungsmaßnahme anzuordnen**.[182] Der – ggf. nach Landesrecht – analog § 80 Abs. 5 VwGO statthafte Eilantrag ist auf das Vollstreckungsverfahren beschränkt. Da im Nachprüfungsverfahren die sofortige Beschwerde gem. § 173 Abs. 3 VwGO keine aufschiebende Wirkung hat, kommt also eine Anordnung der aufschiebenden Wirkung hinsichtlich der Beschwerde gegen die Entscheidung der Vergabekammer nicht in Betracht.[183]

3. Voraussetzungen

45 Höchst umstritten und bisher nicht obergerichtlich einheitlich entschieden ist, ob für die Vollstreckung zusätzliche Voraussetzungen, die außerhalb der Verwaltungsvollstreckungsgesetze von Bund und Ländern geregelt sind (z. B. der 4. Teil des GWB), Anwendung finden.[184] Dies betrifft insbesondere die Notwendigkeit der allgemeinen und besonderen **Sachentscheidungsvoraussetzungen** eines Nachprüfungsverfahrens (Antrag, Antragsbefugnis, § 160 GWB) sowie die **Verfahrensregeln** des Nachprüfungsverfahrens (mündliche Verhandlung, Fristen, §§ 166, 167 GWB).

---

179 Vgl. KG Berlin, Beschl. v. 24.10.2001, KartVerg 10/01, VergabeR 2002, 100, 102; a. A. *Bischoff*, VergabeR 2009, 433, 436.

180 OLG Düsseldorf, Beschl. v. 10.3.2014, VII-Verg 11/14, VergabeR 2014, 621, 622 m. w. N.

181 Gesetz über die Justiz im Land Nordrhein-Westfalen v. 26.1.2010. Vgl. die Vorgängernorm § 8 AG VwGO NW a. F. – das AG VwGO NW wurde zum 1.1.2011 gem. Art. 2 Nr. 28, Art. 4 Gesetz zur Modernisierung und Bereinigung von Justizgesetzen im Land NRW v. 26.1.2010 aufgehoben (GV. NRW. 2010 Nr. 3 v. 8.2.2010, S. 29 ff.). S. a. OLG Düsseldorf, Beschl. v. 10.3.2014, VII-Verg 11/14, VergabeR 2014, 621, 622.

182 OLG Düsseldorf, Beschl. v. 8.11.2004, VII-Verg 75/04; Beschl. v. 25.7.2002, Verg 33/02, VergabeR 2003, 105: ein Antrag auf „Verlängerung" der aufschiebenden Wirkung lässt sich zwanglos als das sachlich gebotene Petitum auf Anordnung des Suspensiveffekts der Beschwerde auslegen; vgl. auch OLG Naumburg, Beschl. v. 17.3.2005, 1 Verg 3/05, VergabeR 2005, 635, 637 zum VwVG LSA u. SOG LSA; kritisch hierzu *Bischoff*, VergabeR 2009, 433, 438.

183 OLG Düsseldorf, Beschl. v. 8.11.2004, VII-Verg 75/04.

184 Die Geschäftsordnungen der Vergabekammern enthalten keine weiteren Regeln über die Vollstreckung, vgl. nur GO VK Bund (Anhang III. 1).

46 Nach Meinung des **OLG Düsseldorf** unterliegt im Vollstreckungsverfahren bspw. keiner Überprüfung, ob der Antragsteller des Vollstreckungsverfahrens (in der Regel der obsiegende Bieter) im Sinne des § 160 Abs. 2 GWB (noch) antragsbefugt ist. Der Senat will auch die Verfahrensvorschriften, z.B. die Entscheidungsfrist des § 167 Abs. 1 Satz 1 GWB, als besondere Regeln des Nachprüfungsverfahrens nicht auf andere Verfahren, die wie das Vollstreckungsverfahren aus einem Nachprüfungsverfahren lediglich hervorgehen, übertragen.[185] Dem hat sich die **VK Münster** angeschlossen.[186] Die Kammer vertritt insbesondere die Auffassung, es komme wegen des Grundsatzes der Selbstvollstreckung (vgl. § 56 Abs. 1 VwVG NRW[187]) nicht auf das Rechtsschutzinteresse des durch die Grundentscheidung Begünstigten (des obsiegenden Bieters) an. Im Vollstreckungsverfahren gebe es als Beteiligte nur die Behörde und den Vollstreckungsschuldner, und das Vollstreckungsverfahren diene vorrangig der Durchsetzung eines öffentlich-rechtlichen Anspruchs im Interesse des Staates. Dies alles folge auch aus einer Abgrenzung zu den Vollstreckungsvorschriften der ZPO, die im Gegensatz zu den Verwaltungsvollstreckungsgesetzen als Zweiparteienverfahren ausgestaltet seien. Das Schicksal des Vollstreckungsverfahrens richte sich danach allein nach den Regeln der Verwaltungsvollstreckungsgesetze.[188] In der nachfolgenden Entscheidung hat das **OLG Düsseldorf** offen gelassen, ob die Tatsache, dass der Antragsteller jegliches Interesse an dem zwangsweise durchzusetzenden Vergabeverfahren verliert, ein schutzwürdiges Interesse an der Vollstreckung mithin nicht mehr besteht, dazu führt, dass das Vollstreckungsverfahren eingestellt werden muss[189] (s.u. Rn. 50). In einer neueren Entscheidung hat das OLG Düsseldorf ein Rechtsschutzbedürfnis für einen Vollstreckungsantrag anerkannt, obwohl der Antragsteller sich nicht an einer Ausschreibung des Antragsgegners beteiligt hatte.[190]

47 **Richtig** ist jedoch, dass auch in einem Vollstreckungsverfahren, mit dem ein für den Nachprüfungsantragsteller begünstigender Verwaltungsakt (Abs. 3 Satz 1) gegen eine Vergabestelle durchgesetzt werden soll, die allgemeinen **verwaltungs**- sowie die besonderen **nachprüfungsverfahrensrechtlichen Sachentscheidungsvoraussetzungen erfüllt sein müssen.**[191] Anderenfalls ist ein etwaiger Vollstreckungsantrag als unzulässig zurückzuweisen oder ein ohne Antrag von der Kammer eingeleitetes und betriebenes Vollstreckungsverfahren rechtswidrig und daher einzustellen, ggf. auf Anordnung des Rechtsmittelgerichts. Dies begründet sich insbesondere mit systematischen wie auch praktischen Erwägungen.

48 a) Ausschlaggebend ist zunächst, dass das Vollstreckungsverfahren in dem Nachprüfungsverfahren, welches mit dem zu vollstreckenden Verwaltungsakt geendet hat, stattfindet[192] oder jedenfalls aus jenem Nachprüfungsverfahren hervorgeht.[193] Damit ist ein **untrennbarer inhaltlicher Zusammenhang zwischen Nachprüfungs- und Vollstreckungsverfahren** hergestellt, der das Schicksal des Vollstreckungsverfahrens eng an das Nachprüfungs-

---

185 OLG Düsseldorf, Beschl. v. 9.10.2002, VII-Verg 44/01; so auch *Dreher*, in: Immenga/Mestmäcker, GWB, § 114 Rn. 76.

186 VK Münster, Beschl. v. 28.3.2003, VK 1/01-8/01 Vs, bestandskräftig.

187 Vgl. § 7 Abs. 1 VwVG.

188 VK Münster, Beschl. v. 28.3.2003, VK 1/01-8/01 Vs, bestandskräftig.

189 OLG Düsseldorf, Beschl. v. 27.10.2003, Verg 23/03.

190 OLG Düsseldorf, Beschl. v. 10.3.2014, VII-Verg 11/14, VergabeR 2014, 621, 622.

191 Enger *Bischoff*, VergabeR 2009, 433, 434 f.

192 OLG Düsseldorf, Beschl. v. 29.12.2000, Verg 31/00, VergabeR 2001, 62, 63.

193 OLG Düsseldorf, Beschl. v. 9.10.2002, VII-Verg 44/01.

verfahren knüpft. Insbesondere ist das Nachprüfungsverfahren, anders als das klassische, auf Erlass von belastenden Verwaltungsakten gerichtete allgemeine Verwaltungsverfahren, auf die Durchsetzung von subjektiven Bieterrechten (§ 97 Abs. 6 GWB) und nicht auf Hoheitseingriffe zur Wirtschaftslenkung eingestellt. Das Nachprüfungsverfahren ist daher auch gerichtsähnlich ausgestaltet, und es endet zwar mit einem Verwaltungsakt, der aber urteilsvertretende Erkenntnisse beinhaltet[194] bzw. als urteilsvertretende Entscheidung anzusehen ist.[195] Die Tatsache, dass das Nachprüfungsverfahren mit einem Verwaltungsakt schließt, erklärt sich nur damit, dass eine andere Entscheidungsform (Urteil) wegen des Rechtscharakters der Vergabekammer als Behörde nicht möglich ist.[196] Die Nachprüfungsbehörden wenden daher in einem Nachprüfungsverfahren bei Lücken in den §§ 160ff. GWB insbesondere auch die Vorschriften der ZPO[197] und der VwGO[198] ergänzend an (§ 160 Rn. 3). Zwar liegt für die Vollstreckung des Verwaltungsakts der Vergabekammer durch den Verweis in Abs. 3 keine echte Lücke vor, die zu füllen wäre.[199] Gleichwohl dient die Vollstreckbarkeit von Entscheidungen der Vergabekammern insbesondere ihrer unionsrechtlich gebotenen Durchsetzbarkeit,[200] worin aber wiederum nichts anderes als das Interesse des effektiven Bieterrechtsschutzes, nicht aber staatliche Belange zum Ausdruck kommen. Die **Vollstreckung** von Entscheidungen der Vergabekammern **dient allein dem Schutz des Bieterinteresses** am Auftrag.[201] Die strikte Anwendung von Grundsätzen des Verwaltungsvollstreckungsrechts, die vorrangig der Durchsetzung hoheitlicher Ansprüche dienen, ist daher systematisch völlig unpassend. Dies folgt mindestens auch aus den Wertungen der VwGO und der ZPO, die für die Vollstreckung von Entscheidungen in einem kontradiktorischen Verfahren einen Antrag erfordern,[202] sodass die Zwangsvollstreckung grundsätzlich in die Disposition des Gläubigers gestellt wird.[203] Schließlich kann sich die VK Münster auch nicht auf den Grundsatz der Selbstvollstreckung berufen, denn dabei handelt es sich um eine bloße Zuständigkeitsregelung, die keinerlei Aussage zu der Entbehrlichkeit eines Vollstreckungsantrags trifft.

---

194 OLG Düsseldorf, Beschl. v. 5.9.2001, Verg 18/01.

195 OLG Düsseldorf, Beschl. v. 22.1.2001, Verg 24/00, VergabeR 2001, 154.

196 Amtl. Begr., BT-Drs. 13/9340, S. 19 zu § 124 GWB-E VgRÄG.

197 BGH, Beschl. v. 25.10.2005, X ZB 15/05, NZBau 2006, 392; Beschl. v. 9.2.2004, X ZB 44/03, BGHZ 158, 43 = VergabeR 2004, 201, 208; Beschl. v. 19.12.2000, X ZB 14/00, BGHZ 146, 202 = NJW 2001, 1492; OLG Naumburg, Beschl. v. 22.4.2010, 1 Verg 11/09; OLG Düsseldorf, Beschl. v. 11.11.2009, VII-Verg 23/09; Beschl. v. 30.4.2008, VII-Verg 23/08, VergabeR 2008, 835, 839; Beschl. v. 8.5.2002, Verg 8-15/01; Beschl. v. 5.9.2001, Verg 18/01; OLG Frankfurt a.M., Beschl. v. 16.2.2009, 11 Verg 17/08; vgl. auch Amtl. Begr., BT-Drs. 16/10117, S. 23 zu § 114 GWB-E VergModG.

198 OLG Düsseldorf, Beschl. v. 17.3.2009, VII-Verg 1/09; Beschl. v. 11.3.2002, Verg 43/01, VergabeR 2002, 404, 406f. = NZBau 2003, 55, 56f.; Beschl. v. 20.7.2000, Verg 2/99, NZBau 2001, 165, 166; OLG Brandenburg, Beschl. v. 16.5.2008, Verg W 11/06 m. w. N.

199 Vgl. auch BGH, Beschl. v. 29.6.2010, X ZB 15/08, ZfBR 2010, 719, 721: die Bestimmungen der § 167 Abs. 1 VwGO i.V.m. § 890 Abs. 2 ZPO gelten nicht für die aus einem Verwaltungsakt betriebene Zwangsvollstreckung, für die allein das Verwaltungsvollstreckungsgesetz des Bundes bzw. die jeweils entsprechende Regelung auf Landesebene maßgeblich ist.

200 Amtl. Begr., BT-Drs. 13/9340, S. 19 zu § 124 GWB-E VgRÄG.

201 OLG Naumburg, Beschl. v. 27.4.2005, 1 Verg 3/05, NZBau 2005, 485; KG, Beschl. v. 24.10.2001, KartVerg 10/01, WuW/E VergR 547 = VergabeR 2002, 100, 101.

202 Richtig daher: VK Magdeburg, Beschl. v. 3.2.2003, VK 05/02, bestandskräftig.

203 Vgl. *Baumbach/Lauterbach/Albers/Hartmann*, ZPO, Grundz § 704 Rn. 38 zu „Parteiherrschaft".

49 b) Ergänzend treten **praktische Erwägungen** hinzu. Müssten in einem Vollstreckungsverfahren die allgemeinen und besonderen Sachentscheidungsvoraussetzungen des Nachprüfungsverfahrens (Antragsbefugnis, insbesondere Interesse am Auftrag) ausgeblendet werden, würde die Vollstreckung von Entscheidungen der Vergabekammern ggf. in einer allgemeinen Rechtmäßigkeitskontrolle der Auftragsvergabe münden. Auch dies ist ersichtlich weder vom Gesetzgeber noch nach der Entscheidungspraxis gewollt[204] und kann auch administrativ von der Vergabekammer überhaupt nicht geleistet werden. Zudem wäre eine ohne Antrag des Vollstreckungsgläubigers mögliche Vollstreckung durch die Vergabekammer z.B. bei einer nach der Grundentscheidung erfolgenden Einigung der Streitparteien, d.h. zwischen Antragsteller und Auftraggeber, widersinnig und realitätsfern.

50 Dies alles ist vom Gesetzgeber bei dem Hinweis in Abs. 3 nicht hinreichend bedacht worden[205] und **muss** in der Entscheidungspraxis entsprechend **korrigiert werden**. Im Ergebnis richtig, aber widersprüchlich zu den Ausführungen an anderer Stelle desselben Beschlusses ist daher die Sichtweise des OLG Düsseldorf[206], wonach einem Bieter, der sich aus sachlichen oder persönlichen Gründen als zur Ausführung öffentlicher Aufträge ungeeignet erwiesen hat, kein prozessual schutzwürdiges Interesse (mehr) daran zukommt, die in einem Nachprüfungsverfahren ausgesprochene Verpflichtung des öffentlichen Auftraggebers, Aufträge in einem mit den Vorschriften des Vergaberechts im Einklang stehenden Verfahren zu vergeben, im Vollstreckungsweg durchzusetzen, wenn der diesbezügliche Vollstreckungsantrag gerade auch diesem ungeeigneten Bieter den Zugang zum Vergabeverfahren gewährleisten soll (s. a. Rn. 46). Bei verständiger Würdigung dieser Beurteilung ist nicht nur ein inzwischen ungeeignet gewordener Bieter unbefugt, einen Vollstreckungsantrag zu stellen. Unstatthaft ist vielmehr auch die Vollstreckung von Entscheidungen der Vergabekammer, wenn die sonstigen allgemeinen bzw. besonderen Sachentscheidungsvoraussetzungen des Nachprüfungsantrags nicht (mehr) vorliegen.

51 Insbesondere ist daher also zu fordern, dass die **Vollstreckung** der Entscheidungen der Nachprüfungsinstanzen **nur auf Antrag eingeleitet** werden kann.[207] Ganz richtig führt insofern das OLG Naumburg aus, dass es an einer formellen Voraussetzung für die Fortführung des Vollstreckungsverfahrens fehlt, wenn kein zulässiger Antrag vorliegt oder der Antrag auf Anordnung von Vollstreckungsmaßnahmen zurückgenommen wird. In diesem Fall ist das Vollstreckungsverfahren einzustellen; hinsichtlich bereits getroffener Zwangsvollstreckungsanordnungen sollte deklaratorisch deren Wirkungslosigkeit ausgesprochen werden.[208]

---

204 Vgl. Amtl. Begr., BT-Drs. 13/9340, S. 36 zu § 106 GWB-E VgRÄG; OLG Düsseldorf, Beschl. v. 12.3.2003, Verg 49/02; st. Rspr.

205 VK Magdeburg, Beschl. v. 3.2.2003, VK 05/02, bestandskräftig.

206 OLG Düsseldorf, Beschl. v. 9.10.2002, VII-Verg 44/01.

207 So wie hier OLG Naumburg, Beschl. v. 27.4.2005, 1 Verg 3/05, NZBau 2005, 485; VK Magdeburg, Beschl. v. 3.2.2003, VK 05/02; *Summa*, in: jurisPK-Vergaberecht, § 168 GWB Rn. 73; *Kadenbach*, in: Müller-Wrede, GWB, § 168 Rn. 62; *Thiele*, in: Kulartz/Kus/Portz/Prieß, GWB, § 168 Rn. 139f.; *Prell*, in: BeckOK Vergaberecht, § 168 Rn. 65; *Gause*, in: Willenbruch/Bischoff, Vergaberecht, § 114 GWB Rn. 15; *Bischoff*, VergabeR 2009, 433, 434; **a.A.** OLG Naumburg, Beschl. v. 17.3.2005, 1 Verg 3/05, VergabeR 2005, 635, 639; VK Münster, Beschl. v. 28.3.2003, VK 1/01-8/01 Vs; *Reidt*, in: Reidt/Stickler/Glahs, Vergaberecht, § 168 Rn. 87; *Dreher*, in: Immenga/Mestmäcker, GWB, § 114 Rn. 76.

208 OLG Naumburg, Beschl. v. 27.4.2005, 1 Verg 3/05, NZBau 2005, 485.

4. Vollstreckungsinhalt

In einem Vollstreckungsverfahren sind sowohl die vollstreckbaren Pflichten des Vollstreckungsschuldners als auch Vollstreckungs- und Vollstreckungsschutzanträge ggf. durch **Auslegung** zu verstehen. Hierbei sind einerseits der effektive Bieterrechtsschutz und andererseits das vergaberechtliche Umgehungsverbot bestimmend. Insbesondere sind dem Auftraggeber alle diejenigen Maßnahmen untersagt, die zwar von der titulierten Verpflichtung nicht unmittelbar erfasst sind, aber bei verständiger Würdigung noch zum Schutzzweck gehören. Die Gerichte stellen insoweit das **Gebot der Bestimmtheit** eines Vollstreckungstitels zurück.[209] 52

5. Vollstreckungsmittel

Mittel der Vollstreckung sind bei der Erzwingung von Handlungen des Auftraggebers (Wiederholung der Eignungsprüfung oder Angebotswertung, Verbot der Auftragsvergabe ohne vorherige Durchführung eines förmlichen Vergabeverfahrens) allein die Ersatzvornahme, die Festsetzung eines Zwangsgeldes und die Anwendung unmittelbaren Zwangs (vgl. §§ 10–12 VwVG). Andere Ziele, z. B. eine öffentliche **Bieterunterrichtung** oder die **Feststellung** von Rechtsverletzungen, können in einem Vollstreckungsverfahren nicht verfolgt werden.[210] Regelmäßig kommt gegen öffentliche Auftraggeber als Vollstreckungsschuldner allein das **Zwangsgeld** in Betracht (vgl. § 11 VwVG). Es ist nach § 13 Abs. 1 VwVG zunächst schriftlich anzudrohen,[211] dann festzusetzen und schließlich anzuwenden. Der **Androhung** des Zwangsmittels kommt in der Vollstreckung von Entscheidungen der Vergabekammern besondere Bedeutung zu, weil ein Rechtsmittel gegen die einem Nachprüfungsantrag stattgebende Entscheidung der Vergabekammer keine aufschiebende Wirkung hat (s. Rn. 43). Nach der Soll-Regel des § 13 Abs. 2 Satz 2 VwVG[212] ist in einem solchen Fall die Androhung **mit dem Verwaltungsakt**, d. h. der Entscheidung über den Nachprüfungsantrag, **zu verbinden**. Dies geschieht in der Praxis nie, bleibt aber sanktionslos. 53

In **Abs. 3 Satz 3** wurde durch das VergModG 2009 ein Verweis auf **§ 86a Satz 2 GWB** eingefügt, wonach die Höhe des **Zwangsgeldes mindestens 1.000,– Euro** und **höchstens 10 Millionen Euro** beträgt.[213] Durch diese Ergänzung hat der Gesetzgeber dem Vollstreckungsmittel des Zwangsgeldes mehr Durchsetzungskraft verliehen[214] – eine dringende Notwendigkeit, privilegierte doch die alte Gesetzeslage nicht nur dem Bund zuzurechnen- 54

---

209 Vgl. OLG Düsseldorf, Beschl. v. 9.10.2002, VII-Verg 44/01; Beschl. v. 25.7.2002, Verg 33/02, VergabeR 2003, 105 ff.; Beschl. v. 29.12.2000, Verg 31/00, VergabeR 2001, 62, 63.

210 OLG Düsseldorf, Beschl. v. 29.4.2003, Verg 53/02.

211 OLG Naumburg, Beschl. v. 13.10.2006, 1 Verg 6/06, VergabeR 2007, 125, 136; OLG Düsseldorf, Beschl. v. 29.12.2000, Verg 31/00, VergabeR 2001, 62, 64.

212 Vgl. z. B. auch § 63 Abs. 2 Satz 2 VwVG NRW.

213 Bspw. hat die VK Arnsberg in einem Verfahren ein Zwangsgeld i. H. v. monatlich (!) 850.000,– Euro angedroht (Beschl. v. 6.2.2014, VK 22/13//15/12V) – das OLG Düsseldorf hat die Zwangsgeldandrohung wegen Nichtigkeit der zugrunde liegenden Vergabekammerentscheidung aufgehoben, vgl. Beschl. v. 10.3.2014, VII-Verg 11/14, VergabeR 2014, 621.

214 Vgl. auch *Byok*, NVwZ 2009, 551, 555.

de Auftraggeber gegenüber anderen Auftraggebern ohne jeden Grund,[215] sondern auch Auftraggeber im Rahmen einer Vollstreckung von Vergabekammerentscheidungen gegenüber Auftraggebern im Rahmen der Vollstreckung von Beschlüssen der Oberlandesgerichte.[216] Zudem erschien es damals manchem Auftraggeber wegen der geringen Maximalhöhe des Zwangsgeldes nach dem VwVG des Bundes bei ökonomischer Analyse der Rechtslage durchaus vertretbar, mit geringfügigem wirtschaftlichen Risiko ein vergaberechtswidriges Ziel doch zu erreichen (Zuschlagserteilung und Vertragserfüllung).[217]

55 Das Vollstreckungsmittel des Zwangsgeldes ist ein Beugemittel und **keine repressive Maßnahme** zur Ahndung eines vorausgegangenen Ordnungsverstoßes. Das folgt u. a. aus § 60 Abs. 3 VwVG NRW, wonach die Beitreibung eines festgesetzten Zwangsgeldes unterbleibt, sobald der Vollstreckungsschuldner die gebotene Handlung ausführt. Voraussetzung für die Zwangsgeldfestsetzung ist dementsprechend, dass der Schuldner zur Vornahme der von ihm geschuldeten Handlung noch veranlasst werden kann. Hat er im Zeitpunkt der Entscheidung über den Zwangsgeldantrag dem zu vollstreckenden Gebot bereits Folge geleistet, darf das Beugemittel des Zwangsgeldes nicht mehr verhängt werden.[218]

6. Zwangsvollstreckung gegen Antrag auf einstweilige Anordnung

56 In der Verfolgung des Begehrens, einstweilige Anordnungen mit dem Ziel zu erwirken, im Vergabeverfahren vor dem rechtskräftigen Abschluss des Nachprüfungsverfahrens den Zuschlag zu erteilen, kann ebenso wenig ein die Einleitung der Verwaltungsvollstreckung rechtfertigender Tatbestand gesehen werden, wie etwa in dem vergleichbaren Fall, dass ein öffentlicher Auftraggeber, dem die Auftragserteilung durch die Vergabekammer untersagt worden ist und der gegen diese Entscheidung sofortige Beschwerde zum Oberlandesgericht eingelegt hat, einen Antrag auf Vorabentscheidung über den Zuschlag nach § 176 GWB stellt.[219] Macht eine Seite von der in der einschlägigen Prozessordnung vorgesehenen Möglichkeit Gebrauch, beim angerufenen Gericht der Hauptsache einstweilige Anordnungen in Bezug auf den Streitgegenstand zu erwirken, kann dies von einem anderen Beteiligten grundsätzlich nicht in der Weise bekämpft werden, dass dem Antragsteller das Han-

215 Bei Vollstreckungen von Vergabekammerentscheidungen nach dem VwVG des Bundes beträgt das Zwangsgeld gem. § 11 Abs. 3 VwVG bis zu 25.000,– Euro (nach der bis zum 28.11.2014 geltenden Rechtslage nur höchstens 1.022,60 Euro bzw. 2.000,– DM, vgl. 6. Gesetz zur Änderung des VwVG v. 25.11.2014, BGBl. 2014, S. 1770 f.), bei Vollstreckungen nach dem VwVG des Landes Nordrhein-Westfalen bspw. hingegen mindestens 10,– Euro und höchstens 100.000,– Euro, § 60 Abs. 1 VwVG NRW.

216 Beschlüsse der Oberlandesgerichte können nämlich über die Instrumentarien der ZPO (§§ 704 ff., 888 ZPO) vollstreckt und zur Vollstreckung unvertretbarer Handlungen mehrfach Zwangshaft und Zwangsgelder bis 25.000,– Euro angeordnet werden, s. Amtl. Begr., BT-Drs. 16/10117, S. 23 zu § 114 GWB-E VergModG.

217 Vgl. Amtl. Begr., BT-Drs. 16/10117, S. 23 zu § 114 GWB-E VergModG: „Die Praxis der Vergabekammern hat gezeigt, dass vereinzelt öffentliche Auftraggeber die Anordnungen der Vergabekammern schlicht ignorieren." S. a. zur alten Rechtslage *Sadler*, VwVG, § 11 VwVG Rn. 24: „Der Bundesgesetzgeber macht sich aus der Sicht der Rechtsbrecher schlichtweg lächerlich."

218 OLG Düsseldorf, Beschl. v. 29.4.2003, Verg 53/02. S. a. OLG Düsseldorf, Beschl. v. 10.3.2014, VII-Verg 11/14, VergabeR 2014, 621, 623: Zum Zeitpunkt der Zwangsgeldandrohung hatte der Ag. die Anordnung der Vergabekammer erfüllt, sodass diese im Rechtssinn für die Vollstreckung verbraucht war.

219 BGH, Beschl. v. 29.6.2010, X ZB 15/08, ZfBR 2010, 719, 720.

deln, dessen gerichtliche Gestattung mittels des Eilantrags herbeigeführt werden soll, durch Vollstreckungsmaßnahmen aus dem angefochtenen Verwaltungsakt untersagt wird, der zudem zur Überprüfung durch das Gericht der Hauptsache steht. Vielmehr ist das Eilverfahren selbst die richtige Plattform, auf der andere Beteiligte ihren Standpunkt und ihre Interessen in Bezug auf die begehrte einstweilige Anordnung zur Geltung zu bringen haben.[220]

7. Parteien des Vollstreckungsverfahrens

Wird die Vollstreckung durch den Antragsteller des Nachprüfungsverfahrens beantragt **57**
oder von Amts wegen[221] eingeleitet, so ist der Auftraggeber als „Antragsgegner“ anzusehen. Setzt sich der Auftraggeber gegen die Vollstreckung zur Wehr (Aufhebung von Vollstreckungsbeschlüssen), ist der Antragsteller der Vollstreckungsmaßnahmen als „Verfahrensgegner“ einzustufen. Die jeweils unterliegende Partei trägt die Kostenhaftung aus § 182 Abs. 4 Satz 1 GWB.[222]

---

220 BGH, Beschl. v. 29.6.2010, X ZB 15/08, ZfBR 2010, 719, 720.
221 Zur hiesigen Kritik s. o. Rn. 45 ff., 51.
222 OLG Düsseldorf, Beschl. v. 27.10.2003, Verg 23/03.

§ 169 Aussetzung des Vergabeverfahrens

(1) Informiert die Vergabekammer den Auftraggeber in Textform über den Antrag auf Nachprüfung, darf dieser vor einer Entscheidung der Vergabekammer und dem Ablauf der Beschwerdefrist nach § 172 Absatz 1 den Zuschlag nicht erteilen.

(2) Die Vergabekammer kann dem Auftraggeber auf seinen Antrag oder auf Antrag des Unternehmens, das nach § 134 vom Auftraggeber als das Unternehmen benannt ist, das den Zuschlag erhalten soll, gestatten, den Zuschlag nach Ablauf von zwei Wochen seit Bekanntgabe dieser Entscheidung zu erteilen, wenn unter Berücksichtigung aller möglicherweise geschädigten Interessen sowie des Interesses der Allgemeinheit an einem raschen Abschluss des Vergabeverfahrens die nachteiligen Folgen einer Verzögerung der Vergabe bis zum Abschluss der Nachprüfung die damit verbundenen Vorteile überwiegen. Bei der Abwägung ist das Interesse der Allgemeinheit an einer wirtschaftlichen Erfüllung der Aufgaben des Auftraggebers zu berücksichtigen; bei verteidigungs- oder sicherheitsspezifischen Aufträgen im Sinne von § 104 sind zusätzlich besondere Verteidigungs- und Sicherheitsinteressen zu berücksichtigen. Die Vergabekammer berücksichtigt dabei auch die allgemeinen Aussichten des Antragstellers im Vergabeverfahren, den Auftrag oder die Konzession zu erhalten. Die Erfolgsaussichten des Nachprüfungsantrags müssen nicht in jedem Fall Gegenstand der Abwägung sein. Das Beschwerdegericht kann auf Antrag das Verbot des Zuschlags nach Absatz 1 wiederherstellen; § 168 Absatz 2 Satz 1 bleibt unberührt. Wenn die Vergabekammer den Zuschlag nicht gestattet, kann das Beschwerdegericht auf Antrag des Auftraggebers unter den Voraussetzungen der Sätze 1 bis 4 den sofortigen Zuschlag gestatten. Für das Verfahren vor dem Beschwerdegericht gilt § 176 Absatz 2 Satz 1 und 2 und Absatz 3 entsprechend. Eine sofortige Beschwerde nach § 171 Absatz 1 ist gegen Entscheidungen der Vergabekammer nach diesem Absatz nicht zulässig.

(3) Sind Rechte des Antragstellers aus § 97 Absatz 6 im Vergabeverfahren auf andere Weise als durch den drohenden Zuschlag gefährdet, kann die Kammer auf besonderen Antrag mit weiteren vorläufigen Maßnahmen in das Vergabeverfahren eingreifen. Sie legt dabei den Beurteilungsmaßstab des Absatzes 2 Satz 1 zugrunde. Diese Entscheidung ist nicht selbständig anfechtbar. Die Vergabekammer kann die von ihr getroffenen weiteren vorläufigen Maßnahmen nach den Verwaltungsvollstreckungsgesetzen des Bundes und der Länder durchsetzen; die Maßnahmen sind sofort vollziehbar. § 86a Satz 2 gilt entsprechend.

(4) Macht der Auftraggeber das Vorliegen der Voraussetzungen nach § 117 Nummer 1 bis 3 oder § 150 Nummer 1 oder 6 geltend, entfällt das Verbot des Zuschlags nach Absatz 1 fünf Werktage nach Zustellung eines entsprechenden Schriftsatzes an den Antragsteller; die Zustellung ist durch die Vergabekammer unverzüglich nach Eingang des Schriftsatzes vorzunehmen. Auf Antrag kann das Beschwerdegericht das Verbot des Zuschlags wiederherstellen. § 176 Absatz 1 Satz 1, Absatz 2 Satz 1 sowie Absatz 3 und 4 ist entsprechend anzuwenden.

Schrifttum: *Bechtold*, Kartellgesetz: GWB, Kommentar, 6. Aufl. 2010 u. 5. Aufl. 2008; *Burgi/Dreher*, Beck'scher Vergaberechtskommentar, 3. Aufl. 2017; *Byok/Jaeger*, Kommentar zum Vergaberecht, 3. Aufl. 2011; *Dreher/Motzke*, Beck'scher Vergaberechtskommentar, 2. Aufl. 2013; *Erdl*, Der neue Vergaberechtsschutz, 1999; *Gabriel/Mertens/Prieß/Stein*, Beck'scher Online-Kommentar Vergaberecht, 5. Edition, Stand: 31.10.2017; *Gsell/Krüger/Lorenz/Reymann*, beck-online.Großkommentar zum Zivilrecht, BGB, Stand: 1.11.2017; *Heiermann/Zeiss/Summa*, juris PraxisKommentar Vergaberecht, 5. Aufl. 2016; *Immenga/Mestmäcker*, Wettbewerbsrecht, Band 2. GWB/Teil 2, Kommentar zum Deutschen Kartellrecht, 5. Aufl. 2014; *Jauernig*, Bürgerliches Gesetzbuch, Kommentar, 16. Aufl. 2015; *Kopp/Schenke*, Verwaltungsgerichtsordnung: VwGO, Kommentar, 23. Aufl. 2017; *Kulartz/Kus/Portz*, Kommentar zum GWB-Vergaberecht, 2. Aufl. 2009; *Kulartz/Kus/Portz/Prieß*, Kommentar zum GWB-Vergaberecht, 4. Aufl. 2016; *Langen/Bunte*, Kartellrecht, Kommentar, Bd. 1, 12. Aufl. 2014; *Loewenheim/Meessen/Riesenkampff*, Kartellrecht, Kommentar, 2. Aufl. 2009; *Messerschmidt/Voit*, Privates Baurecht, 2. Aufl. 2012; *Müller-Wrede*, GWB Vergaberecht, Kommentar, 2016; *Müller-Wrede*, GWB Vergaberecht, Kommentar, 2009; *Palandt*, Bürgerliches Gesetzbuch, Kommentar, 77. Aufl. 2018; *Preussner/Kandel/Jansen*, Beck'scher Online-Kommentar VOB/B, 29. Edition, Stand: 31.10.2017; *Prieß*, Handbuch des europäischen Vergaberechts, 3. Aufl. 2005; *Pünder/Schellenberg*, Vergaberecht, 2. Aufl. 2015; *Reidt/Stickler/Glahs*, Vergaberecht, Kommentar, 4. Aufl. 2018 u. 3. Aufl. 2011; *Säcker/Rixecker/Oetker/Limperg*, Münchener Kommentar zum Bürgerlichen Gesetzbuch, Band 1: Allgemeiner Teil, 7. Aufl. 2015; *Willenbruch/Bischoff*, Vergaberecht KompaktKommentar, 2008; *Ziekow/Völlink*, Vergaberecht, 3. Aufl. 2018.

Übersicht

I. Allgemeines

1 § 169 GWB entspricht weitestgehend dem bisherigen § 115 GWB a. F.; in Abs. 4 wurden die entsprechenden neuen Ausnahmevorschriften der RL 2014/23/EU, 2014/24/EU und 2014/25/EUR übernommen.[1] § 169 GWB ist zuvor bereits durch das VergModG 2009 umfassend modifiziert und ergänzt worden.[2] Wesentliche Zielsetzung des Gesetzgebers war die Vereinfachung sowie die Beschleunigung des Nachprüfungsverfahrens.[3] Unter den Voraussetzungen des Abs. 1 tritt ein Zuschlagsverbot ein, welches gem. Abs. 4 kurzfristig wieder entfallen kann. Nach Abs. 2 ist auf Antrag eine Vorabgestattung des Zuschlags nach Durchführung einer Interessenabwägung möglich. Abs. 3 enthält Regelungen hinsichtlich der (effektiven) Vollstreckung weiterer vorläufiger Maßnahmen der Vergabekammer.

II. Zuschlagsverbot

1. Allgemeines

a) Historie

2 Gem. **Abs. 1** darf der Auftraggeber in dem Zeitraum zwischen der in Textform erfolgenden **Information** durch die Vergabekammer **über den Nachprüfungsantrag** und der Entscheidung der Vergabekammer sowie dem Ablauf der Beschwerdefrist (§ 172 Abs. 1 GWB) den Zuschlag (§ 168 Rn. 21 f.) nicht erteilen. Hierdurch soll verhindert werden, dass der Auftraggeber kurzerhand vollendete Tatsachen schafft und damit den Nachprüfungsanspruch entwertet.[4] Das Zuschlagsverbot setzt mit dem Zeitpunkt der Information über den Nachprüfungsantrag ohne Weiteres ein.[5] Eine Zustellung des Nachprüfungsantrags selbst an den Auftraggeber ist seit dem VergModG 2009 zur Erzielung der Wirkung des Abs. 1 nicht mehr erforderlich. Nach der noch vor dem VgRÄG geltenden Rechtslage musste über die Aussetzung des Vergabeverfahrens im Falle eines Nachprüfungsantrags stets in einem selbstständigen Zwischenverfahren entschieden werden, sodass die mit dem VgRÄG eingeführte Formulierung des Abs. 1 a. F. bereits eine wesentliche Verbesserung

---

1 Amtl. Begr., BT-Drs. 18/6281, S. 135 zu § 169 GWB-E VergRModG.

2 Sehr ausführlich zur Entstehungsgeschichte des § 169 GWB *Kus*, in: Kulartz/Kus/Portz/Prieß, GWB, § 169 Rn. 1 ff., 4 ff.

3 Amtl. Begr., BT-Drs. 16/10117, S. 23 f. zu § 115 GWB-E VergModG.

4 Vgl. Amtl. Begr., BT-Drs. 13/9340, S. 20 zu § 125 GWB-E VgRÄG.

5 Mindestens missverständlich daher die Formulierungen im Beschluss der 2. VK Bund v. 4.3.2014, VK 2-7/14, wonach das bei der erkennenden Vergabekammer anhängig gemachte Parallelverfahren das Zuschlagsverbot gem. Abs. 1 ausgelöst habe.

des Bieterschutzes bedeutet hatte.[6] Allerdings resultierten aus der Anknüpfung des Zuschlagsverbots an die Zustellung des Antrags verschiedene Problemfelder.[7] Die Umformulierung des Abs. 1 im Rahmen des VergModG 2009 sollte nach dem Willen des Gesetzgebers zu einer weiteren **Vereinfachung des Nachprüfungsverfahrens** führen.[8]

b) Hinweis

Ein am Ende der Vergabekammerentscheidung formularmäßig erteilter **Hinweis** auf das Zuschlagsverbot unter Wiedergabe des Gesetzeswortlauts des Abs. 1 ist rein **deklaratorischer** Natur: Weder kann ein Auftraggeber bei einem irrtümlich unterlassenen Hinweis der Vergabekammer entgegen Abs. 1 wirksam einen Zuschlag erteilen, noch begründet ein fehlerhafter Hinweis auf Abs. 1 ein nach dem Gesetz nicht bestehendes Zuschlagshindernis – eine fehlerhafte Belehrung über § 169 GWB be- oder entlastet den Auftraggeber somit nicht.[9] 3

c) Interimsvergaben

Ist hinsichtlich eines „Hauptauftrags" ein Nachprüfungsverfahren eingeleitet worden und ein Zuschlagsverbot nach Abs. 1 eingetreten und deckt der Auftraggeber daraufhin seinen vorübergehenden Bedarf durch gesonderte zusätzliche Aufträge bzw. nachfolgende sog. **Interimsvergaben**, die gegenüber dem vorangegangenen Vergabeverfahren einen anderen Gegenstand haben, so steht das bestehende Zuschlagsverbot der Wirksamkeit der Interimsbeauftragung nicht entgegen.[10] 4

2. Voraussetzungen des Zuschlagsverbots

a) Übermittlung einer Nachprüfungsantragskopie nicht erforderlich

Nun stellt sich die Frage, ob nach der Gesetzesnovellierung 2009 das **Zuschlagsverbot** bereits durch die alleinige Information in Textform über den Nachprüfungsantrag herbeigeführt werden soll, also **nicht** mehr von der **Übermittlung** einer Kopie des Nachprüfungsantrags gem. § 163 Abs. 2 Satz 3 GWB **abhängt**.[11] Dies würde **voraussetzen**, dass es sich 5

6 Vgl. *von Meibom/Byok*, EuZW 1995, 629, 632. S. a. Amtl. Begr., BT-Drs. 13/9340, S. 20 zu § 125 GWB-E VgRÄG.

7 Vgl. hierzu *Dieckmann*, VergabeR 2005, 10, 14 ff., der als Lösung ein vorläufiges Zuschlagsverbot ab Eingang des Antrags bei der Vergabekammer befürwortete.

8 Amtl. Begr., BT-Drs. 16/10117, S. 23 zu dem ursprünglichen Änderungsvorschlag des § 115 Abs. 1 GWB-E VergModG („Nach Eingang der Kopie eines Antrags auf Nachprüfung durch die Vergabekammer beim Auftraggeber…").

9 OLG München, Beschl. v. 24.1.2012, Verg 16/11, VergabeR 2012, 525, 529: Der Senat sah daher kein berechtigtes Interesse des Ag. an der Anfechtung des Hinweises u. hält i. Ü. grds. einen Verzicht der VK auf den Hinweis nach Rücknahme des Nachprüfungsantrags für nicht ratsam.

10 Vgl. OLG Koblenz, Beschl. v. 24.3.2015, Verg 1/15, NZBau 2015, 386 = VergabeR 2015, 620, 621; OLG Brandenburg, Beschl. v. 6.3.2012, Verg W 16/11. S. a. Rn. 36, 50. Ausführlich zu **Interimsaufträgen** *Kus*, in: Kulartz/Kus/Portz/Prieß, GWB, § 169 Rn. 114 ff.

11 Ebenso *Welker*, in: BeckOK Vergaberecht, § 169 Rn. 16; *Kadenbach*, in: Müller-Wrede, GWB, § 169 Rn. 2, 7 ff.; *Kus*, in: Kulartz/Kus/Portz/Prieß, GWB, § 169 Rn. 20 ff., 28; anders aber *Ohlerich*, in: Kulartz/Kus/Portz/Prieß, GWB, § 163 Rn. 36, 53, 55 ff.; *Schneevogl*, in: Müller-Wrede, GWB, 2009, § 110 Rn. 12 ff., 18 f.; missverständlich *Gaus*, in: Müller-Wrede, § 163 Rn. 34 ff., 42.

bei der Information i. S. d. Abs. 1 und der Übermittlung nach § 163 Abs. 2 Satz 3 GWB um **unterschiedliche Handlungen** handelt. Eine vergleichende Betrachtung der **anders lautenden Formulierungen** in Abs. 1 und § 163 Abs. 2 Satz 3 GWB lässt eine solche Auslegung zu. Aufgrund des Wortlauts des Abs. 1 ist eine Information „über" den Antrag auf Nachprüfung, d. h. eine Information über die Tatsache, dass ein Nachprüfungsantrag eingegangen ist, ohne gleichzeitige Übermittlung einer Kopie des Antrags, ausreichend. Gem. § 163 Abs. 2 Satz 3 GWB wird hingegen eine Kopie des Antrags übermittelt. In beiden Fällen hat der Gesetzgeber den früher verwendeten Begriff der Zustellung (vgl. §§ 110 Abs. 2 Satz 1, 115 Abs. 1 GWB in der Fassung vor dem VergModG 2009) herausgenommen und durch die Begriffe der Übermittlung und der Information ersetzt. Hätte der Gesetzgeber die Herbeiführung des Suspensiveffekts an die Übermittlung einer Kopie des Antrags anknüpfen wollen, hätte er in Abs. 1 dieselbe Formulierung wie in § 163 Abs. 2 Satz 3 GWB gewählt. Dafür spricht auch das **Gesetzgebungsverfahren** zum VergModG 2009, in welchem die in der ursprünglichen Fassung des § 115 Abs. 1 GWB-E noch enthaltene Formulierung „Nach Eingang der Kopie eines Antrags auf Nachprüfung durch die Vergabekammer beim Auftraggeber darf dieser [...] den Zuschlag nicht erteilen"[12] zugunsten der heutigen Formulierung fallen gelassen wurde.[13] Es wurde also ausdrücklich davon Abstand genommen, das Zuschlagsverbot von dem Eingang einer Kopie des Antrags abhängig zu machen, und vielmehr geregelt, dass eine einfache Information in Textform über den Antrag ausreicht. Auch in Anbetracht des in Abs. 1 – im Gegensatz zu § 163 Abs. 2 Satz 5 GWB – fehlenden Verweises auf § 61 GWB und damit auf die Vorschriften des Verwaltungszustellungsgesetzes ist zwischen den Begriffen der Information und der Übermittlung zu differenzieren. Die Information nach Abs. 1 ist somit von der Übermittlung der Antragskopie nach § 163 Abs. 2 Satz 3 GWB verschieden, das Zuschlagsverbot wird allein durch diese Information ausgelöst. **In der Praxis** erfolgen jedoch **i. d. R.** Information und Übermittlung einer Antragskopie durch **eine Handlung**.[14]

b) Information in Textform

6 Die Information nach Abs. 1 muss der **Textform** des **§ 126b BGB** entsprechen, sodass z. B. eine E-Mail oder ein Computerfax der Vergabekammer an den Auftraggeber ausreicht.[15] Eine bloße **Benachrichtigung** über den Eingang des **Nachprüfungsantrags** (**ohne** Beifügung einer **Kopie** desselben) per Telefax genügt für eine Information gem. Abs. 1,[16] für eine Übermittlung i. S. d. § 163 Abs. 2 Satz 3 GWB hingegen nicht.[17] Einer

---

12 BT-Drs. 16/10117, S. 9 zu § 115 GWB-E VergModG.

13 Vgl. BT-Drs. 16/11428, S. 14 zu § 115 GWB-E VergModG und 197. Sitzung des Deutschen Bundestags am 19.12.2008, Zusatzpunkt 8 lit. a).

14 So verfährt bspw. die VK Düsseldorf, die weiterhin den Nachprüfungsantrag per Telefax unter Beifügung einer Übermittlungsverfügung sowie eines vom Auftraggeber zurückzusendenden Empfangsbekenntnisses übermittelt. S. a. *Eiermann*, NZBau 2016, 13, 16.

15 Vgl. *Ellenberger*, in: Palandt, BGB, § 126b BGB Rn. 3. S. a. OLG Karlsruhe, Beschl v. 7.5.2014, 15 Verg 4/13: Der Nachprüfungsantrag wurde zunächst per E-Mail u. sodann per Fax an den Auftraggeber übermittelt; OLG Düsseldorf, Beschl. v. 27.3.2013, VII-Verg 53/12.

16 Das OLG Karlsruhe lässt in seinem Beschluss v. 7.5.2014, 15 Verg 4/13, offen, ob eine Information i. S. d. Abs. 1 schon darin zu sehen ist, dass der **Verfahrensbevollmächtigte des Ag.** vom Eingang des Nachprüfungsantrags nachrichtlich per Telefax Kenntnis erhalten hatte.

17 Vgl. Schleswig-Holsteinisches OLG, Beschl. v. 1.6.1999, 6 Verg 1/99, NZBau 2000, 96, 97.

förmlichen Zustellung bedarf es nicht mehr.[18] Der Eingang des Nachprüfungsantrags bei der Vergabekammer[19] oder eine formlose Information des Auftraggebers durch einen Bieter bzw. den Antragsteller des Nachprüfungsverfahrens reichen hingegen nicht aus: Das Zuschlagsverbot des Abs. 1 wird nur durch eine Information des Auftraggebers **durch** die **Vergabekammer** ausgelöst.[20] Für den **Zugang** der Information ist auf den Eingang beim Auftraggeber (als Institution), nicht auf die Kenntnisnahme durch den einzelnen zuständigen Mitarbeiter bzw. Sachbearbeiter abzustellen.[21]

c) Nachweis der Information

Die sich anschließende Frage lautet jedoch, wie der **Nachweis** dieser Information geführt werden kann. In Anbetracht der Tatsache, dass durch die Information der Suspensiveffekt herbeigeführt wird, ist ein solcher Nachweis von großer Bedeutung bei einem Streit um die Frage des konkreten Zeitpunkts der Information (und damit um die Wirksamkeit eines evtl. erteilten Zuschlags sowie um die Zulässigkeit eines evtl. eingeleiteten Nachprüfungsverfahrens). Nach dem Willen des Gesetzgebers muss der Nachweis des Zugangs der Information an den Auftraggeber sichergestellt sein.[22] In der **Praxis** wird überwiegend dem per Telefax übermittelten Nachprüfungsantrag zu diesem Zwecke ein von dem Auftraggeber zurückzusendendes **Empfangsbekenntnis** beigefügt. Problematisch hieran ist allerdings, dass der Vollzug eines Empfangsbekenntnisses von dem Willen des Empfängers abhängt und daher mit Unsicherheiten behaftet ist. Der „o.k."-Vermerk auf einem Fax-Versendungsprotokoll vermag jedoch ebenso wenig wie eine Eingangs- oder Lesebestätigung bezüglich einer E-Mail einen vollen Beweis für den Zugang der Information zu begründen (vgl. hierzu § 163 Rn. 22f. m.w.N.). 7

Im Ergebnis ist damit durch die Gesetzesnovellierung 2009 zwar in der Theorie, nicht hingegen in der Praxis eine Vereinfachung eingetreten. Zwar bedarf es keiner förmlichen Zustellung mehr, um das Zuschlagsverbot auszulösen. Bei der im Streitfalle notwendigen Dokumentation des Zeitpunkts des Eintritts des Suspensiveffekts treten jedoch dieselben Probleme und Fragestellungen wie nach der früheren Gesetzeslage auf (s.a. § 163 Rn. 23). 8

d) Zeitpunkt der Prüfung gem. § 163 Abs. 2 Satz 1 und 2 GWB

Schließlich resultiert aus den unterschiedlichen Begrifflichkeiten der Information in Abs. 1 sowie der Übermittlung in § 163 Abs. 2 Satz 2 GWB (Rn. 5) die Frage, **wann** die Vergabekammer die **Prüfung** der offensichtlichen Unzulässigkeit oder Unbegründetheit nach **§ 163 Abs. 2 Satz 1 und 2 GWB** durchzuführen hat. 9

aa) Die verschiedenen Formulierungen könnten dafür sprechen, dass zunächst eine **Information** in Textform erfolgt, die Vergabekammer sodann die **Prüfung** vornimmt und erst anschließend die Kopie des Nachprüfungsantrags **übermittelt**. Dies käme dem Primärrechtsschutz des Antragstellers zugute und entspräche den Vorgaben der RML, in welcher 10

---

18 BT-Drs. 16/11428, S. 33 zu § 115 GWB-E VergModG.

19 Vgl. VK Rheinland-Pfalz, Beschl. v. 4.7.2012, VK 1-13/12.

20 OLG Frankfurt a.M., Beschl. v. 6.3.2013, 11 Verg 7/12.

21 OLG Düsseldorf, Beschl. v. 27.3.2013, VII-Verg 53/12; VK Brandenburg, Beschl. v. 6.8.2013, VK 11/13.

22 BT-Drs. 16/11428, S. 33 zu § 115 GWB-E VergModG.

die Einführung einer Mindest-Stillhaltefrist gefordert wurde, während der der Abschluss des Vertrags ausgesetzt wird und die eine wirksame Nachprüfung zwischen der Zuschlagsentscheidung und dem Vertragsabschluss ermöglicht. Ziel des europäischen Gesetzgebers war es, einen wirksamen Rechtsschutz des noch nicht ausgeschlossenen Bieters zu gewährleisten und eine rasche Vertragsunterzeichnung mit der Wirkung einer Unumkehrbarkeit der Zuschlagsentscheidung zu unterbinden.[23] Diese Vorgaben werden in der Vorschrift des **§ 134 Abs. 2 GWB** berücksichtigt, die das **Zuschlagsverbot faktisch vorverlagert**. Zur Gewährleistung **effektiven Rechtsschutzes** muss sich das Zuschlagsverbot gem. Abs. 1 an den Ablauf der Wartefrist des § 134 Abs. 2 GWB möglichst zeitnah, bestenfalls unmittelbar anschließen (s. u. Rn. 18 f.). Dies würde ein Argument dafür liefern, dass die Vergabekammer den Auftraggeber sofort nach Eingang des Nachprüfungsantrags informieren muss und erst danach mit der Prüfung gem. § 163 Abs. 2 Satz 1 und 2 GWB beginnen dürfte. Würde die Information nach Abs. 1 nämlich erst nach der Prüfung erfolgen, könnte eingewandt werden, dass sie dann der Übermittlung zeitlich nur unwesentlich vorausginge, der Antragsteller gegenüber der früheren Sach- und Rechtslage keinen zeitlichen Gewinn hätte und die Neuregelung des VergModG 2009 leer liefe. Dies würde erst recht gelten, wenn Information und Übermittlung – wie in der Praxis vieler Vergabekammern – durch eine Handlung erfolgten, also zeitlich zusammenfielen.

11 bb) **Gegen** eine solche Auslegung sprechen allerdings verschiedene Argumente. So diente die Änderung der Formulierungen in Abs. 1 sowie in § 163 Abs. 2 Satz 3 GWB der **Klarstellung**, dass **keine förmliche Zustellung** des Nachprüfungsantrags mehr **erforderlich** ist, und sollte **nicht** einen Willen des Gesetzgebers aufzeigen, einen völlig **neuen Ablauf**, gar eine **Splittung** des Nachprüfungsverfahrens – erst Information, dann summarische Prüfung, dann Übermittlung – zu etablieren. Eine solche Teilung des Verfahrens würde einen **zusätzlichen bürokratischen Aufwand** erfordern, der im Gegensatz zu dem Beschleunigungsgrundsatz des § 167 GWB stünde. Würde die Information noch vor der Prüfung der offensichtlichen Unzulässigkeit oder Unbegründetheit erfolgen und damit das Zuschlagsverbot auslösen, wäre zudem § 163 Abs. 2 Satz 2 GWB **sinnentleert**. Der Gesetzgeber hat dort nun ausdrücklich die Möglichkeit für den Auftraggeber geregelt, vorsorglich eine Schutzschrift zu hinterlegen, welche die Vergabekammer bei ihrer summarischen Prüfung zu berücksichtigen hat (vgl. § 163 Rn. 28 f.). Sinn und Zweck der Hinterlegung einer solchen Schutzschrift ist nach dem Willen des Gesetzgebers die Verhinderung des Eintritts des automatischen Suspensiveffekts nach Abs. 1.[24] Nach der gegenteiligen Auffassung würde eine Schutzschrift nie ihren Sinn erfüllen können, weil das Zuschlagsverbot unabhängig von jeglicher summarischen Prüfung greifen würde.

12 Dies führt auch zu dem gewichtigsten Argument gegen die erste Auslegungsmöglichkeit (Rn. 10): Eine Information nach Abs. 1 vor der Prüfung des § 163 Abs. 2 Satz 1 und 2 GWB hätte zur Folge, dass ein **Antragsteller** das Zuschlagsverbot auch bei ganz evident unzulässigen oder unbegründeten Nachprüfungsanträgen herbeiführen könnte, es also in der Hand hätte, mit jedem noch so **aussichtslosen Antrag** das **Vergabeverfahren** auszusetzen und zu **verzögern**. Nach dieser Auslegung hätte der Antragsteller gar einen Anspruch gegen die Vergabekammer darauf, dass Letztere den Auftraggeber sofort über den Antrag informiert und noch vor der summarischen Prüfung den Suspensiveffekt bewirkt.

23 Erwägungsgrund 4 RML.

24 Amtl. Begr., BT-Drs. 16/10117, S. 22 f. zu § 110 GWB-E VergModG.

Würde die Vergabekammer sodann nach erfolgter Information im Rahmen ihrer summarischen Prüfung zu dem Ergebnis gelangen, dass der Nachprüfungsantrag offensichtlich unzulässig oder unbegründet ist, **fehlte** ihr die verfahrensrechtliche **Handhabe**, das **Zuschlagsverbot kurzfristig wieder aufzuheben**. Die Vergabekammer könnte zwar den Nachprüfungsantrag zurückweisen; gegen diese Entscheidung stünde dem Antragsteller aber wiederum die sofortige Beschwerde zur Verfügung (§ 163 Rn. 32), welche das Zuschlagsverbot prolongiert (Rn. 20). Da Anträge auf Vorabgestattung des Zuschlags gem. Abs. 2 und § 176 GWB nur in Ausnahmefällen positiv beschieden werden, hätte auch der Auftraggeber wenige Möglichkeiten, den Suspensiveffekt zu beenden. Solche weitreichenden Konsequenzen kann der Gesetzgeber erkennbar nicht gewollt haben, ebensowenig eine so bedeutende Ausweitung der Rechte des Antragstellers.

Dementsprechend ist trotz der in Abs. 1 und § 163 Abs. 2 Satz 3 GWB verwendeten verschiedenen Begrifflichkeiten davon auszugehen, dass die Vergabekammer die das Zuschlagsverbot des Abs. 1 auslösende **Information** des Auftraggebers in Textform über den Antrag erst **nach** der **Prüfung der offensichtlichen Unzulässigkeit oder Unbegründetheit** erteilen darf.[25] **13**

cc) In der **Praxis** fallen Information und Übermittlung einer Kopie des **Antrags regelmäßig zusammen** (§ 163 Rn. 17). Der Antragsteller ist bei einer solchen Auslegung auch in den Fällen, in denen er den Nachprüfungsantrag kurz vor Ablauf der Wartefrist des § 134 Abs. 2 GWB stellt (s. u. Rn. 18 f.), nicht rechtlos gestellt: Bei drohendem Zuschlag **schützen** die Vergabekammern die **Rechte des Antragstellers** in der Regel dadurch, dass sie ausnahmsweise sofort eine Kopie des Nachprüfungsantrags übermitteln, hierdurch also die Information im Sinne des Abs. 1 erteilen und erst danach die summarische Prüfung durchführen.[26] Steht der Zuschlag hingegen nicht unmittelbar bevor, besteht keine Veranlassung, das Vergabeverfahren frühzeitig auszusetzen; in diesem Fall verbleibt ausreichend Zeit, den Antrag summarisch zu prüfen und ihn erst danach zu übermitteln. **14**

3. Wirkung des Zuschlagsverbots

Erteilt der Auftraggeber den **Zuschlag** unter Verstoß gegen die Regelung in Abs. 1, ist seine Willenserklärung gem. **§ 134 BGB nichtig**,[27] obwohl das nicht ausdrücklich im Gesetz **15**

---

25 So ebenfalls *Reidt*, in: Reidt/Stickler/Glahs, Vergaberecht, § 163 Rn. 17, 35, § 169 Rn. 8; wie hier offenbar auch *Kadenbach*, in: Müller-Wrede, GWB, § 169 Rn. 13; *Summa*, in: jurisPK-Vergaberecht, § 169 GWB Rn. 21; *Ohlerich*, in: Kulartz/Kus/Portz/Prieß, GWB, § 163 Rn. 36, 53, 55 ff.; a. A. *Kus*, in: Kulartz/Kus/Portz/Prieß, GWB, § 169 Rn. 28 einerseits, Rn. 45 andererseits; *Welker*, in: BeckOK Vergaberecht, § 169 Rn. 22; *Rosenkötter*, in: Müller-Wrede, GWB, 2009, § 115 Rn. 3; missverständlich *Gaus*, in: Müller-Wrede, GWB, § 163 Rn. 34 ff., 42 sowie *Eiermann*, NZBau 2016, 13, 16.

26 Vgl. hierzu auch Stellungnahme des Bundesrats, BT-Drs. 16/10117, S. 34 zu § 110 Abs. 2 Satz 2 GWB-E VergModG.

27 Amtl. Begr., BT-Drs. 13/9340, S. 20 zu § 125 GWB-E VgRÄG; OLG Düsseldorf, Beschl. v. 17.2.2016, VII-Verg 37/14; OLG Frankfurt a. M., Beschl. v. 6.3.2013, 11 Verg 7/12; *Gröning*, ZIP 1999, 52, 56; *Boesen*, EuZW 1998, 551, 558. Instruktiv (dort keine Nichtigkeit): 2. VK Bund, Beschl. v. 21.1.2015, VK 2-113/14.

angeordnet wird.[28] Die Rechtsfolge der Nichtigkeit bedarf keiner nach rechtzeitigem Antrag ausgesprochenen Feststellung der Vergabekammer (wie bei § 135 GWB) und tritt unabhängig davon ein, ob der Auftraggeber von einem gesetzlichen Zuschlagsverbot ausgeht oder nicht.[29]

16 Möglich ist auch **nicht**,[30] dass der Auftraggeber zur Wahrung seiner Interessen, bspw. wegen des drohenden Ablaufs von Angebotsbindefristen, den Zuschlag unter einer **aufschiebenden Bedingung** (§ 158 Abs. 1 BGB) erteilt.[31] Er darf also keine Willenserklärungen in Bezug auf den Vertragsabschluss abgeben, die irgendwelche Bindungswirkungen auslösen.[32] Das Zuschlagsverbot wirkt sich nicht unmittelbar auf **(Angebots-)Bindefristen** und **Zuschlagsfristen** aus – bei drohendem Ablauf dieser Fristen im laufenden Nachprüfungsverfahren handelt der Auftraggeber daher mit den Bietern i. d. R. eine Fristverlängerung aus.[33]

17 Nach dem Wortlaut der Norm greift das Zuschlagsverbot unabhängig von der Zulässigkeit oder Begründetheit des Nachprüfungsantrags ein. Danach müsste selbst ein offensichtlich unzulässiger oder unbegründeter Antrag, der entgegen § 163 Abs. 2 GWB übermittelt bzw. über den in Textform informiert wurde, den Suspensiveffekt auslösen.[34] Das kann mit Blick auf die Wirkung des Suspensiveffekts, nämlich eine Unterbrechung des Vergabeverfahrens, **unbillig** sein. In besonderen Ausnahmefällen muss ein Auftraggeber dann den Zuschlag erteilen können, ohne die Nichtigkeitsfolge zu riskieren. Die Möglichkeit dazu ergibt sich aus § 242 BGB,[35] und zwar insbesondere dann, wenn ein Antrag nach § 169 Abs. 2 Satz 1 GWB auf Gestattung des Zuschlags nicht unmittelbar weiterhilft.

4. Wartefrist des § 134 Abs. 2 GWB

18 Ein **Zuschlagsverbot** besteht für den öffentlichen Auftraggeber **der Sache nach** bereits während der Wartefrist nach der Information gem. § 134 Abs. 1 GWB und endet mit Ablauf der in § 134 Abs. 2 GWB genannten Frist (§ 134 Rn. 30 ff.), während das Zuschlagsverbot gem. Abs. 1 erst mit einer Information des Auftraggebers über den Nachprüfungs-

---

28 BGH, Urt. v. 30.4.1992, III ZR 151/91, NJW 1992, 2021, 2022, zu der Formulierung „darf nicht"; s. a. *Ellenberger*, in: Palandt, BGB, Überbl. v. § 104 BGB Rn. 29.

29 Vgl. OLG Düsseldorf, Beschl. v. 27.3.2013, VII-Verg 53/12; OLG München, Beschl. v. 19.1.2010, Verg 1/10.

30 Vgl. VK Münster, Beschl. v. 3.8.1999, VK 1/99. Wie hier *Antweiler*, in: Burgi/Dreher, Vergaberecht, § 169 GWB Rn. 17.

31 So aber *Welker*, in: BeckOK Vergaberecht, § 169 Rn. 25; *Reidt*, in: Reidt/Stickler/Glahs, Vergaberecht, § 169 Rn. 14; *Otting*, in: Bechtold, GWB, 6. Aufl. 2010, § 115 Rn. 3; vgl. § 168 Rn. 27.

32 So auch OLG Frankfurt a. M., Beschl. v. 20.2.2003, Verg 1/02, VergabeR 2003, 724, 725.

33 Die Einzelheiten dieser **Bindefristverlängerung** sind streitig, vgl. *Kus*, in: Kulartz/Kus/Portz/Prieß, GWB, § 169 Rn. 52; *Antweiler*, in: Burgi/Dreher, Vergaberecht, § 169 GWB Rn. 27 f.; *Kadenbach*, in: Müller-Wrede, GWB, § 169 Rn. 16; *Reidt*, in: Reidt/Stickler/Glahs, Vergaberecht, § 169 Rn. 30; *Gabriel/Mertens*, in: BeckOK Vergaberecht, § 160 Rn. 54 ff. m. w. N.; *Welker*, in: BeckOK Vergaberecht, § 169 Rn. 26; *Dreher*, in: Immenga/Mestmäcker, GWB, § 115 Rn. 33. S. zu **Bindefristen** ferner Rn. 36, 39, § 160 Rn. 17 u. § 168 Rn. 27.

34 Vgl. *Otting*, in: Bechtold, GWB, 5. Aufl. 2008, § 115 Rn. 1.

35 Vgl. *Ellenberger*, in: Palandt, BGB, Überbl. v. § 104 BGB Rn. 27.

antrag durch die Vergabekammer beginnt.[36] Es ist also durchaus möglich, dass in dem Zeitraum zwischen dem Eingang des Nachprüfungsantrags bei der Vergabekammer und der Information des Auftraggebers gem. Abs. 1 der Zuschlag wirksam erteilt wird – dieses Ergebnis lässt sich nur vermeiden, indem der **Nachprüfungsantrag** noch **während** der **Wartefrist** des § 134 Abs. 2 GWB so **rechtzeitig gestellt** wird, dass eine Information durch die Vergabekammer noch vor dem Ende dieser Stillhaltefrist möglich ist.[37]

Nach Ansicht des OLG Düsseldorf[38] soll im Falle einer **faktischen** und von der Vergabestelle in Kenntnis der Umstände vorgenommenen **Verkürzung** der Wartefrist und zugleich der dem Antragsteller zur Verfügung stehenden Überprüfungsfrist die **Wartefrist** des § 134 Abs. 2 GWB **nicht in Gang gesetzt** werden, sodass nach rechtshängig gewordenem und dem Auftraggeber bekannt gegebenem Nachprüfungsantrag kein Zuschlag ohne Verstoß gegen das gesetzliche Zuschlagsverbot des Abs. 1 ergehen kann (vgl. § 134 Rn. 38).[39] Dieser Ansicht ist nicht zuzustimmen: Die Frage, wann eine „faktische und von der Vergabestelle in Kenntnis der Umstände vorgenommene Verkürzung der Wartefrist" vorliegt, wäre für jeden Einzelfall gesondert zu prüfen und zu entscheiden – dies würde zu einer unvorhersehbaren, ggf. divergierenden Kasuistik führen, die im Widerspruch zu den Geboten der Rechtssicherheit und -klarheit stünde. 19

5. Dauer und Ende des Zuschlagsverbots

Das Zuschlagsverbot **dauert** gem. Abs. 1 bis zum **Ablauf** der zweiwöchigen **Beschwerdefrist** nach § 172 Abs. 1 GWB gegen die Entscheidung der Vergabekammer an. Wird **sofortige Beschwerde** eingelegt, so setzt sich das Zuschlagsverbot bei einer ablehnenden Entscheidung der Vergabekammer gem. **§ 173 Abs. 1 GWB** oder bei einer stattgebenden Entscheidung gem. **§ 173 Abs. 3 GWB** grundsätzlich auch in der Beschwerdeinstanz fort (vgl. § 173 Rn. 1, 7 u. 33 f.). Nicht erforderlich für die **Fortgeltung des Zuschlagsverbots** ist die Kenntnis der Vergabestelle von der sofortigen Beschwerde, § 172 Abs. 4 GWB stellt insofern lediglich eine Ordnungsvorschrift dar.[40] Der **Antragsteller** ist damit grundsätzlich **lückenlos geschützt**. 20

Das Zuschlagsverbot **endet** im Falle einer **Rücknahme** des Nachprüfungsantrags[41] (§ 160 Rn. 6) oder mit Abgabe **übereinstimmender Erledigungserklärungen** (§ 168 Rn. 27).[42] 21

---

36 Vgl. OLG Frankfurt a. M. a. M., Beschl. v. 6.3.2013, 11 Verg 7/12.

37 Vgl. OLG Frankfurt a. M. a. M., Beschl. v. 6.3.2013, 11 Verg 7/12.

38 OLG Düsseldorf, Beschl. v. 5.10.2016, VII-Verg 24/16, NZBau 2017, 119, 119 f.

39 Siehe zur **faktischen Verkürzung der Wartefrist** im Zusammenhang mit der **Rügeobliegenheit** § 160 Rn. 117 und OLG Düsseldorf, Beschl. v. 5.11.2014, VII-Verg 20/14, VergabeR 2015, 473, 474 f.

40 S. a. § 172 Rn. 21; OLG Düsseldorf, Beschl. v. 17.2.2016, VII-Verg 37/14 m. w. N.; OLG Dresden, Beschl. v. 17.6.2005, WVerg 8/05, VergabeR 2005, 812, 813; OLG Frankfurt a. M., Beschl. v. 20.2.2003, Verg 1/02, VergabeR 2003, 724, 725; ausführlich *Kus*, in: Kulartz/Kus/Portz/Prieß, GWB, § 169 Rn. 37 ff.; *Vavra*, in: Dreher/Motzke, Vergaberecht, § 117 GWB Rn. 20; *Stockmann*, in: Immenga/Mestmäcker, GWB, § 118 Rn. 6; **a. A.** OLG Naumburg, Beschl. v. 2.6.1999, 10 Verg 1/99, NZBau 2000, 96, bestätigt mit Beschl. v. 16.1.2003, 1 Verg 10/02, VergabeR 2003, 360.

41 OLG Dresden, Beschl. v. 14.3.2005, WVerg 3/05, VergabeR 2005, 546, 547.

42 Vgl. *Antweiler*, in: Burgi/Dreher, Vergaberecht, § 169 GWB Rn. 24 m. w. N.; *Summa*, in: jurisPK-Vergaberecht, § 169 GWB Rn. 21; *Dreher/Glöckle*, NZBau 2015, 459, 462 m. w. N.; *Conrad*, ZfBR 2014, 658, 660 m. w. N.

Ferner endet das Zuschlagsverbot grundsätzlich mit **Bestandskraft** der Vergabekammerentscheidung im Falle eines erklärten **Rechtsmittelverzichts** sowie mit **Ablauf** der **Beschwerdefrist**, wenn **keine** sofortige **Beschwerde** gegen die Vergabekammerentscheidung **eingelegt** wird (s. aber Rn. 22).

22 Im Falle einer dem Nachprüfungsantrag **stattgebenden** Entscheidung **perpetuiert** sich jedoch das Zuschlagsverbot mit Eintritt der Bestandskraft der Entscheidung (§ 173 Rn. 33). Ordnet die Vergabekammer die Verpflichtung des Auftraggebers an, die **Ausschreibung aufzuheben** (§ 168 Rn. 7f.), beinhaltet dies zudem ein endgültiges, **dauerhaftes** Zuschlagsverbot im laufenden Vergabeverfahren.[43] Das Zuschlagsverbot **endet** hingegen wiederum, wenn die Vergabestelle den nach § 168 Abs. 1 Satz 1 GWB angeordneten Maßnahmen nachkommt: Die **Erfüllung** der **angeordneten Maßnahmen** bringt das im angefochtenen Vergabekammerbeschluss enthaltene Zuschlagsverbot zum Erlöschen.[44]

23 Bei einer den Nachprüfungsantrag (endgültig) **ablehnenden** Entscheidung folgt der **Wegfall** des Zuschlagsverbots aus Abs. 1 i.V.m. § 172 Abs. 1 GWB bzw. aus § 173 Abs. 3 GWB i.V.m. § 176 GWB oder § 178 GWB.

III. Die Eilverfahren gem. § 169 Abs. 2 GWB

1. Bedeutung der Norm

24 § 169 Abs. 2 GWB knüpft an den Suspensiveffekt des zugestellten oder dem Auftraggeber durch Information bekannt gegebenen Nachprüfungsantrags, das Zuschlagsverbot des § 169 Abs. 1 GWB, an. Gegenüber diesem Investitionshindernis, das je nach Lage des Falls die Vergabe des Auftrags aufgrund des eingeleiteten konkreten Vergabeverfahrens erheblich verzögern oder sogar überhaupt gefährden kann, erlaubt § 169 Abs. 2 Satz 1 GWB dem Auftraggeber[45] die Gegenwehr, durch einen Antrag an die Vergabekammer die vorzeitige Gestattung des Zuschlags, also vor Ablauf der grundsätzlichen Verbotsdauer gem. § 169 Abs. 1 GWB, zu erreichen. In der Begründung ihres Entwurfs des **VgRÄG** umschrieb die Bundesregierung die durch § 115 Abs. 2 Satz 1 GWB a. F. (s. jetzt § 169 Abs. 2 Satz 1 GWB) erfasste Verfahrenslage mit den Worten, die Vergabekammer könne den Zuschlag (auf Antrag des Auftraggebers) gestatten, wenn das Interesse am Abschluss des Vertrags so stark sei, dass nicht bis zur Entscheidung (in spätestens fünf Wochen) gewartet werden könne.[46] Dem entspricht eine in der Rspr. geäußerte Auffassung, die den Zweck der Norm darin sah, dass sie die rasche Beseitigung von Not- und Problemlagen kurzfristig ermöglichen sollte.[47] In zutreffender Erkenntnis der Tatsache, dass dem Antragsteller infolge einer vorzeitigen Zuschlagsgestattung durch die Vergabekammer „der Rechtsverlust droht", erachtete es die Bundesregierung zugleich als notwendig, dass der Antragsteller ge-

---

43 OLG Naumburg, Beschl. v. 5.5.2011, 2 Verg 3/11, VergabeR 2012, 253.

44 OLG Düsseldorf, Beschl. v. 29.11.2005, Verg 82/05, VergabeR 2006, 424, 425 m. w. N. Vgl. § 173 Rn. 34.

45 Durch das Vergaberechtsmodernisierungsgesetz v. 20.4.2009 (BGBl. I 2009, S. 790) ist diese Möglichkeit auch dem nach (jetzt) § 134 GWB vom Auftraggeber benannten Unternehmen eröffnet worden, das den Zuschlag erhalten soll; s. unten Rn. 25 bis 27.

46 BT-Drs. 13/9340, S. 20.

47 BayObLG, Beschl. v. 23.1.2003, Verg 2/03, VergabeR 2003, 368, 370.

gen eine Zuschlagsgestattung das Gericht anrufen könne. Andererseits könne dann auch dem Auftraggeber der Zugang zum Gericht nicht verwehrt werden, wenn sich die Vergabekammer gegen den vorzeitigen Zuschlag entscheide.[48]

Rund zehn Jahre nach Verabschiedung des VgRÄG resümierte die Bundesregierung anlässlich ihres Entwurfs des **Vergaberechtsmodernisierungsgesetzes (VergModG) 2009**, die bisherige Praxis der Vergabekammern zeige, dass Anträge auf Vorabgestattung des Zuschlags kaum gestellt würden, nämlich (pro Jahrgang etwas unterschiedlich) nur in 1 bis 4% der Nachprüfungsverfahren; der Anteil der stattgegebenen Anträge betrage (pro Jahrgang ebenfalls etwas unterschiedlich) 0,3 bis 2%. Als einer der Gründe dafür wurde die umfangreiche Prüfung der Erfolgsaussichten des Nachprüfungsverfahrens im Rahmen der Interessenabwägung angeführt.[49] Die Bundesregierung schlug deshalb Änderungen des § 115 Abs. 2 GWB a.F. vor, die diese Situation „zugunsten der im öffentlichen Interesse liegenden Auftragsvergabe verbessern sollen“.[50] Ihre Gesetzesinitiative führte zu einer **erheblichen textlichen Umgestaltung** des § 115 Abs. 2 GWB a. F. Durch § 115 Abs. 2 Satz 1 GWB i. d. F. des VergModG 2009 wurde einem weiteren Beteiligten am Vergabeverfahren – dem vom Auftraggeber für den Zuschlag ausersehenen und in der Information nach (jetzt) § 134 GWB benannten Unternehmen – die Befugnis verliehen, bei der Vergabekammer die Vorabgestattung des Zuschlags zu beantragen.[51] Vor allem aber sind die jetzigen Sätze 2 bis 4 des § 169 Abs. 2 GWB in die damals als § 115 Abs. 2 GWB nummerierte Norm eingefügt worden, mit denen einige der Faktoren für die nach Satz 1 des Abs. 2 gebotene Interessenabwägung näher bestimmt werden sollen. Mit ihrem für eine auftraggeberfreundlichere Anwendung des (jetzigen) § 169 Abs. 2 GWB wohl bedeutsamsten Vorschlag drang die Bundesregierung allerdings nicht durch. Anstatt der jetzigen Fassung des § 169 Abs. 2 Satz 2 Hs. 1 GWB hatte die Bundesregierung folgenden Text vorgeschlagen: „Ein überwiegendes Interesse der Allgemeinheit liegt vor, wenn die wirtschaftliche Erfüllung der Aufgaben des Auftraggebers gefährdet ist.“[52] Mit einer solchen Norm wäre das Ergebnis der Interessenabwägung unter der in ihrem „wenn“-Satz enthaltenen Voraussetzung im Vorhinein festgelegt worden, ohne dass es (insbes.) auf die Erfolgsaussichten des Nachprüfungsantrags noch angekommen wäre. Mit der sehr erheblichen Abmilderung dieses Vorschlags in dem (jetzigen) § 169 Abs. 2 Satz 2 Hs. 1 GWB hat sich der Sache nach der Bundesrat mit dem Hinweis durchgesetzt, der Vorschlag der Bundesregierung sei europarechtswidrig.[53] Danach ist die Frage berechtigt, ob sich die Rechtslage in Bezug auf die Vorabgestattung des Zuschlags durch den § 115 Abs. 2 Satz 1 bis 4 GWB i. d. F. des VergModG 2009 (der im Wesentlichen dem jetzigen § 169 Abs. 2 Satz 1 bis 4 GWB ent- 25

48 BT-Drs. 13/9340, S. 20.

49 Außerdem wurde dafür ein Grund aus der Sphäre des Auftraggebers – eine verspätete Vorlage der Vergabeakten durch ihn – angeführt; BT-Drs. 16/10117, Begr. zu Art. 1 Nr. 17 lit. b) (§ 115 Abs. 2 GWB) des Entwurfs.

50 BT-Drs. 16/10117, Begr. zu Art. 1 Nr. 17 lit. b) (§ 115 Abs. 2 GWB) des Entwurfs. Die dort vorgesehene Änderung des § 115 Abs. 2 GWB a. F. dürfte auch zu den Vorschlägen der Bundesregierung gehören, mit denen sie seinerzeit „Investitionshemmnisse abbauen“ und im Rechtsschutz „noch mehr Effizienz und Beschleunigung des Nachprüfungsverfahrens“ herbeiführen wollte; vgl. BT-Drs. 16/10117, Allg. Teil der Entwurfsbegr., 3. und 4. Abschnitt.

51 In der Entwurfsbegründung, BT-Drs. 16/10117, zu Art. 1 Nr. 17 lit. b) sublit. aa), heißt es zu dieser zusätzlichen Einräumung eines Antragsrechts lediglich, das könne „hilfreich“ sein.

52 BT-Drs. 16/10117, S. 10.

53 BT-Drs. 16/10117, Stellungnahme des BRats zu Art. 1 Nr. 17 lit. b) sublit. bb).

spricht, s. Rn. 26) gegenüber dem vorherigen § 115 Abs. 2 Satz 1 GWB wirklich erheblich oder doch nur unwesentlich geändert hat.[54]

26 Zeitlich nach dem VergModG 2009 wurde durch das **Gesetz zur Änderung des Vergaberechts für die Bereiche Verteidigung und Sicherheit** vom 7.12.2011[55] noch der jetzige Hs. 2 des Abs. 2 Satz 2 in die Vorschrift über die Eilverfahren eingefügt. Danach sind bei verteidigungs- oder sicherheitsspezifischen Aufträgen i. S. d. (jetzigen) § 104 GWB außer dem Interesse der Allgemeinheit an einer wirtschaftlichen Erfüllung der Aufgaben des Auftraggebers „zusätzlich" besondere Verteidigungs- und Sicherheitsinteressen bei der Interessenabwägung zu berücksichtigen. In der so vervollständigten Fassung wurde der bisherige § 115 Abs. 2 GWB durch das **VergRModG 2016** ohne weitere inhaltliche Änderungen als § 169 Abs. 2 GWB in den umstrukturierten Teil 4 des GWB überführt.

2. Überblick

27 Die **Vergabekammer** ist **nicht befugt**, den einmal gem. § 169 Abs. 1 GWB erzeugten Suspensiveffekt **von Amts wegen** wieder aufzuheben, selbst wenn sie inzwischen aufgrund des Vortrags der Verfahrensbeteiligten, der Vergabeakten oder ihrer eigenen Untersuchungen zu dem Ergebnis gekommen sein sollte, der Nachprüfungsantrag sei erfolglos oder sogar offensichtlich erfolglos. Für eine Vorabgestattung des Zuschlags bedarf sie eines **Antrags** entweder des Auftraggebers oder des Unternehmens, das der Auftraggeber für den von ihm beabsichtigten Zuschlag gem. § 134 GWB benannt hat (Satz 1 des § 169 Abs. 2 GWB). Eine derartige Eilentscheidung der Vergabekammer ist von einer **Interessenabwägung** abhängig, deren Komponenten im Grundsatz in Satz 1 umschrieben werden; dabei scheint Satz 1 nach seinem Wortlaut das Entscheidungsergebnis von einer bloßen Folgenabwägung der jeweiligen Vor- und Nachteile der Fortdauer des Zuschlagsverbots (bis zu dem in § 169 Abs. 1 GWB genannten Zeitpunkt) einerseits und eines raschen, vorab gestatteten Zuschlags andererseits abhängig zu machen.[56] Von den in Satz 1 des § 169 Abs. 2 GWB beschriebenen Komponenten werden in den Sätzen 2 bis 4 drei Teilaspekte besonders herausgestellt (wobei für den Sondertyp des verteidigungs- oder sicherheitsspezifischen öffentlichen Auftrags ausdrücklich ein weiterer Aspekt hinzukommt): In den Sätzen 2 und 3 gibt das Gesetz der Vergabekammer für alle Auftragsarten auf, zwei Interessen oder Aspekte auf jeden Fall „zu berücksichtigen", zum einen das Interesse der Allgemeinheit an einer wirtschaftlichen Erfüllung der Aufgaben des Auftraggebers (Satz 2 Hs. 1) und zum zweiten die allgemeinen Aussichten des Antragstellers im Vergabeverfahren, den Auftrag zu erhalten (Satz 3). Für verteidigungs- oder sicherheitsspezifische Aufträge weist Satz 2 Hs. 2 die Vergabekammer an, zusätzlich zum Interesse der Allgemeinheit an der Wirtschaftlichkeit der Aufgabenerfüllung seitens des Auftraggebers „besondere" Verteidigungs- und Sicherheitsinteressen zu berücksichtigen. Satz 4 des § 169 Abs. 2 GWB nimmt sich sodann der Erfolgsaussichten des Nachprüfungsantrags an, beschränkt sich aber in seinem Wortlaut auf die negative Regelung, sie müssten „nicht in jedem Falle" Gegenstand

54 Vgl. *Wiedemann*, VergabeR 2009, 302, 316 (bei Fn. 68).

55 BGBl. I 2011, S. 790; dieses Gesetz setzte die RL 2009/81/EG des Europäischen Parlaments und des Rates v. 13.7.2009 über die Koordinierung der Verfahren zur Vergabe bestimmter Bau-, Liefer- und Dienstleistungsaufträge in den Bereichen Verteidigung und Sicherheit (ABl. Nr. L 216 v. 20.8.2009, S. 76) in deutsches Recht um.

56 Vgl. auch *Dreher*, in: Immenga/Mestmäcker, GWB, § 115 Rn. 52.

der Abwägung sein. Gegen eine von der Vergabekammer ausgesprochene Gestattung des Zuschlags kann das **Beschwerdegericht** (das nach § 171 Abs. 3 und 4 GWB zu bestimmen ist) mit dem Ziel angerufen werden, den Status quo, also das Zuschlagsverbot des § 169 Abs. 1 GWB, wiederherzustellen (§ 169 Abs. 2 Satz 5 GWB). Andererseits kann auch der Auftraggeber das Beschwerdegericht anrufen, um die vorzeitige Gestattung des Zuschlags – nach Versagung durch die Vergabekammer – beim Gericht zu erreichen (§ 169 Abs. 2 Satz 6 GWB). Die Anträge nach den Sätzen 5 und 6 des § 169 Abs. 2 GWB gelten nicht als sofortige Beschwerde i.S.d. § 171 GWB (vgl. § 169 Abs. 2 Satz 8 GWB), sondern leiten ein (für § 169 Abs. 2 GWB) **spezielles Beschwerdeverfahren** ein. Das bedeutet, dass alle **Frist- und Formvorschriften für die sofortige Beschwerde** (§ 172 GWB) **nicht anwendbar** sind. Für das spezielle Beschwerdeverfahren nach § 169 Abs. 2 GWB sind aus den §§ 171 ff. GWB nur die Vorschriften des Eilverfahrens gem. § 176 GWB, die dort in Abs. 2 Satz 1 und 2 sowie in Abs. 3 enthalten sind, für entsprechend anwendbar erklärt worden (§ 169 Abs. 2 Satz 7 GWB). Die entsprechende Anwendbarkeit des Abs. 3 des (jetzigen) § 176 GWB ist erst durch das VergModG 2009 angeordnet worden. Das bedeutet, dass für das spezielle Beschwerdeverfahren (§ 169 Abs. 2 Satz 5–8 GWB) gem. § 176 Abs. 3 Satz 4 GWB nunmehr die Verfahrensregeln des § 175 GWB (entsprechend) gelten. Folglich herrscht hier seit der Gesetzesänderung des Jahres 2009 **Anwaltszwang**[57] und für juristische Personen des öffentlichen Rechts, die keinen Rechtsanwalt mit ihrer Vertretung beauftragen wollen, die Notwendigkeit, sich durch Beamte oder Angestellte mit Befähigung zum Richteramt vertreten zu lassen (§ 175 Abs. 1 GWB).

3. Antrag auf vorzeitige Gestattung des Zuschlags (§ 169 Abs. 2 Satz 1 bis 4 GWB)

a) Antragsbefugnis

Nach dem Normzweck des § 169 Abs. 2 GWB (s. oben Rn. 24) erscheint es folgerichtig, **28**
nur dem Auftraggeber die Antragsbefugnis einzuräumen, wie es auch der Gesetzgeber des VgRÄG für richtig gehalten hat. Auf Vorschlag der Bundesregierung[58] hat das VergModG 2009 die Antragsbefugnis in Abänderung des § 115 Abs. 2 Satz 1 GWB a.F. auf das Unternehmen erstreckt, das vom Auftraggeber gem. (jetzt) § 134 GWB als für den Zuschlag ausgewähltes Unternehmen förmlich benannt worden ist (im Folgenden: **designierter Auftragnehmer**). Der Bundesrat hatte sich sehr deutlich (aber erfolglos) gegen die zusätzliche Antragsbefugnis mit folgenden Argumenten ausgesprochen: Der erfolgreiche Antrag auf vorzeitige Zuschlagserteilung müsse nach wie vor durch ein überwiegendes öffentliches Interesse gerechtfertigt sein, das aber nicht auch das wirtschaftliche Interesse des designierten Auftragsnehmers umfasse, möglichst schnell und vor Abschluss des Nachprüfungsverfahrens den Zuschlag zu erhalten. Hinzu komme, dass sich ein vermeintlicher Zeitgewinn durch Anträge an das Beschwerdegericht zur Abwehr solcher Eilanträge letztlich in einen Zeitverlust verwandeln könnte. Es bestehe kein wie auch immer geartetes Rechtsschutzinteresse des designierten Auftragnehmers an einer Einräumung des Rechts auf Erteilung des vorzeitigen Zuschlags.[59] Die Kritik des Bundesrats ist berechtigt. Ein ver-

57 Zweifelnd: *Kus*, in: Kulartz/Kus/Portz/Prieß, GWB, § 169 Rn. 96. Wie hier: *Dreher*, in: Immenga/Mestmäcker, GWB, § 115 Rn. 77 (jedoch mit beachtlicher Kritik an diesem gesetzlichen Zwang in der Verfahrenssituation des § 169 Abs. 2 Satz 5–8 GWB)

58 S. oben Rn. 25, Fn. 51.

nünftiger Sinn, dem designierten Auftragnehmer die Antragsbefugnis einzuräumen, ist nicht erkennbar. Denn die für die Entscheidung erforderliche Interessenabwägung und das Gewicht der Abwägungsfaktoren werden nicht dadurch beeinflusst, dass der designierte Auftragnehmer anstatt des Auftraggebers den Eilantrag stellt.[60] Hinzu kommt, dass ihm i.d.R. die für einen erfolgversprechenden Antrag erforderlichen Detail-Informationen über die Interessen der Allgemeinheit an einem raschen Abschluss des Vergabeverfahrens sowie an einer wirtschaftlichen Erfüllung der Aufgaben des Auftraggebers, ferner über die Zuschlagschancen des Antragstellers im Allgemeinen und die Erfolgsaussichten des Nachprüfungsantrags im Besonderen fehlen werden. Andererseits verbleiben die Risiken (insbes. Schadensersatzrisiken), die mit der Ausnutzung einer Gestattung der vorzeitigen Zuschlagserteilung für den Fall verbunden sind, dass der Nachprüfungsantrag im Hauptverfahren Erfolg hat, einzig und allein beim Auftraggeber, auch wenn der designierte Auftragnehmer die Gestattung erwirkt hat. Schließlich ist der Auftraggeber in keiner Weise verpflichtet, von einer so erwirkten Gestattung der vorzeitigen Zuschlagserteilung Gebrauch zu machen; die Entscheidung hierüber liegt in seinem nicht überprüfbaren Ermessen.[61] Die vorstehenden Kritikpunkte könnten eine Vergabekammer motivieren, in einem Fall, in dem nur der designierte Auftragnehmer den Antrag nach § 169 Abs. 2 Satz 1 GWB gestellt hat, nicht aber der Auftraggeber, der sich dem Antrag auch nicht angeschlossen oder ihn wenigstens befürwortet hat, den Antrag schon deshalb abzulehnen. Ob sich die Antragsbefugnis des designierten Auftragnehmers dennoch bewähren wird, kann nur die Zukunft zeigen.[62] Im Zeitpunkt der Ausübung der Antragsbefugnis braucht er **noch nicht zum Hauptverfahren beigeladen** worden zu sein; denn § 169 Abs. 2 Satz 1 GWB sieht als einzige Voraussetzung die Benennung als designierter Auftragnehmer in der Form des § 134 Abs. 1 Satz 1 GWB vor.[63] Da der designierte Auftragnehmer mit der Antragstellung Beteiligter des Nebenverfahrens nach § 169 Abs. 2 GWB wird, versteht es sich aber von selbst, dass die Vergabekammer ihn nunmehr (spätestens) auch zum Hauptverfahren gem. § 162 Satz 1 GWB beiladen muss.

b) Form und Frist des Antrags

29 Wie sich aus einem Gegenschluss aus §§ 169 Abs. 2 Satz 7, 176 Abs. 2 Satz 1 GWB ergibt, muss der Antrag nicht unbedingt schriftlich gestellt werden.[64] Da er aber die Grundlage für eine eingehende Prüfung der Vergabekammer darstellt, die zudem den anderen Beteiligten

59 Vgl. die Stellungnahme des BRats zum Entwurf des VergModG 2009, BT-Drs. 16/10117, Nr. 22 (zu Art. 1 Nr. 17 des Entwurfs zu § 115 Abs. 2 Satz 1 GWB).

60 Insoweit ebenso *Kühnen*, NZBau 2009, 357.

61 Zum Vorstehenden ebenso: *Wiedemann*, VergabeR 2009, 302, 312; im Erg. ebenso: *Stoye/von Münchhausen*, VergabeR 2008, 871, 875 f.; *Schweda*, in: Langen/Bunte, Kartellrecht, § 115 GWB Rn. 11; a. A. *Kus*, in: Kulartz/Kus/Portz/Prieß, GWB, § 169 Rn. 59 Fn. 99. Auch *Kühnen*, NZBau 2009, 357, hält die Kritik des BRats nicht für gerechtfertigt.

62 Entscheidungsmaterial, das hierzu brauchbare Erkenntnisse liefert, ist – soweit ersichtlich – noch nicht veröffentlicht worden.

63 *Kus*, in: Kulartz/Kus/Portz/Prieß, GWB, § 169 Rn. 59; *Stoye/von Münchhausen*, VergabeR 2008, 871, 875.

64 Ebenso: *Dreher*, in: Immenga/Mestmäcker, GWB, § 115 Rn. 65; *Reidt*, in: Reidt/Stickler/Glahs, Vergaberecht, § 169 Rn. 43; *Opitz*, NZBau 2005, 213, 214; a. A. *Storr*, in: Loewenheim/Meessen/Riesenkampff, Kartellrecht, § 115 GWB Rn. 13 (auf § 108 [jetzt § 161] GWB ist abzustellen); a. A. auch *Schweda*, in: Langen/Bunte, Kartellrecht, § 115 GWB Rn. 14: Schriftformerfordernis

rechtliches Gehör gewähren muss, und da er möglicherweise noch vom Beschwerdegericht überprüft werden muss, ist es von der Sache her praktisch erforderlich, den Antrag schriftlich einzureichen. Die Zulässigkeit des Antrags hängt nicht davon ab, dass die zur Begründung vorgetragenen Tatsachen sowie der Grund für die Eilbedürftigkeit glaubhaft gemacht werden;[65] § 176 Abs. 2 Satz 2 GWB ist in § 169 Abs. 2 Satz 7 GWB nur für den weiteren Antrag zum Beschwerdegericht, aber noch nicht für den Antrag zur Vergabekammer für anwendbar erklärt worden. Der Antrag ist an keine Frist gebunden.[66] Je später der Antrag – ohne triftige Gründe hierfür – gestellt wird, desto fragwürdiger ist aber die Dringlichkeit der Vorabgestattung des Zuschlags.[67] Der Antrag kann jedoch keinesfalls mehr nach der Endentscheidung der Vergabekammer (in der Hauptsache) gestellt werden, weil dann die Sonderregeln des § 173 GWB (einerseits Abs. 1, andererseits Abs. 3) eingreifen.[68] Da die Vergabekammer diese Sonderregeln nicht aushebeln kann und darf, ist es auch unzulässig, dass sie über einen schon vorher gem. § 169 Abs. 2 Satz 1 GWB gestellten Antrag erst gleichzeitig mit der Endentscheidung (oder gar erst danach[69]) befindet.[70]

c) Die für die Abwägung in Betracht kommenden Interessen und Aspekte

Die vorzeitige Gestattung des Zuschlags kann nach der **Grundnorm** des § 169 Abs. 2 **Satz** 30
1 GWB zuerkannt werden, „wenn unter Berücksichtigung aller möglicherweise geschädigten Interessen sowie des Interesses der Allgemeinheit an einem raschen Abschluss des Vergabeverfahrens die nachteiligen Folgen einer Verzögerung der Vergabe bis zum Abschluss der Nachprüfung die damit verbundenen Vorteile überwiegen". Danach sind bei der „Abwägung" (s. ausdrücklich Satz 2 und 4) in **persönlicher Hinsicht** nicht nur die Interessen des Antragstellers und des öffentlichen Auftraggebers, sondern auch der übrigen am Vergabeverfahren Beteiligten, selbst wenn sie noch nicht beigeladen worden sind, aber eine Schädigung ihrer Belange je nach Entscheidungsalternative möglich ist, sowie die (evtl. vielfältigen) Interessen der Allgemeinheit am Ausgang des Vergabe- und des Nachprüfungsverfahrens in Betracht zu ziehen. Je nach den Umständen des Einzelfalls sind auch die Interessen solcher Unternehmen einzubeziehen, die zwar (noch) nicht förmlich am Vergabeverfahren beteiligt sind, aber zu den Interessenten am Auftrag gehören und i. S. d. § 160 Abs. 2 GWB antragsberechtigt sind.[71] In **sachlicher Hinsicht** sind folgende Interessen bei der Abwägung zu bedenken: (1) Das jeweilige Interesse des Antragstellers, der übrigen am Vergabeverfahren Beteiligten und der etwaigen sonstigen Interessenten (s. vorstehend), ihre Chancen auf die Auftragsvergabe zu wahren oder gar zu verbessern, wobei

---

analog § 108 [jetzt § 161] Abs. 1 Satz 1 GWB (eine Gesetzeslücke besteht jedoch gar nicht, s. oben im Text).

65 A. A. wohl *Storr*, in: Loewenheim/Meessen/Riesenkampff, Kartellrecht, § 115 GWB Rn. 13.

66 Ebenso: *Opitz*, NZBau 2005, 213, 214.

67 Vgl. *Dreher*, in: Immenga/Mestmäcker, GWB, § 115 Rn. 65; *Kus*, in: Kulartz/Kus/Portz/Prieß, GWB, § 169 Rn. 61; *Herrmann*, in: Ziekow/Völlink, Vergaberecht, § 169 GWB Rn. 29.

68 Im Ergebnis ebenso: KG, Beschl. v. 9.11.1999, KartVerg 12/99; OLG Naumburg, Beschl. v. 15.12.2000, 1 Verg 11/00, NZBau 2001, 642 f. – Für diese Abgrenzung kommt es auf den Erlass der VergK-Entscheidung selbst an, nicht aber erst auf deren Zustellung.

69 Vgl. BayObLG, Beschl. v. 16.7.2004, Verg 16/04, VergabeR 2005, 141, 142.

70 A. A. *Dreher*, in: Immenga/Mestmäcker, GWB, § 115 Rn. 51 (laufende Eilverfahren erledigen sich erst mit Anhängigkeit der sofortigen Beschwerde [§ 171 GWB] oder mit Ablauf der Beschwerdefrist).

71 Vgl. *Dreher*, in: Immenga/Mestmäcker, GWB, § 115 Rn. 53; *Kühnen*, NZBau 2009, 357.

dies in der Person des Antragstellers zugleich als Interesse an der Gewährung effektiven (Primär-)Rechtsschutzes zu charakterisieren ist. Bei diesen Interessen ist auch das Gewicht der wirtschaftlichen Auswirkungen der zu prüfenden Entscheidungsvariante im betreffenden Unternehmen mitzubedenken.[72] (2) Das Interesse des Auftraggebers, die beabsichtigte Beschaffungsmaßnahme – oft auch mit Blick auf deren volkswirtschaftliche Bedeutung, zwecks Vermeidung von Kostensteigerungen und/oder des Verlustes von fristgebundenen Subventionen[73] – zügig durchführen, also das Vergabeverfahren baldmöglichst fortsetzen und beenden sowie das von ihm evtl. schon als wirtschaftlich günstigsten Bieter ausgewählte Unternehmen beauftragen zu können. (3) Das Interesse der Allgemeinheit daran, dass ihr die beabsichtigte Beschaffung oder Investition bald zugutekommt[74] und deshalb das Vergabeverfahren rasch abgeschlossen werden kann (Satz 1 des § 169 Abs. 2 GWB), ferner dass der Auftraggeber seine Aufgaben in wirtschaftlicher Weise erfüllt (**Satz 2 Hs. 1**), aber auch daran, dass das Vergabeverfahren nach den geltenden Vorschriften in der rechtlich gebotenen Weise durchgeführt und Vergaberechtsfehler vermieden oder behoben werden,[75] und dass unter diesen Bedingungen einschließlich der Beachtung des Wettbewerbsprinzips der Zuschlag an den wirtschaftlich günstigsten Bieter erteilt wird.[76] Zur Erfüllung der Aufgaben des Auftraggebers in wirtschaftlicher Weise gehört selbstverständlich auch, dass er sich nicht durch einen vermeidbaren Vergaberechtsfehler einem erheblichen Schadensersatzrisiko aussetzt. Bei verteidigungs- oder sicherheitsspezifischen Aufträgen (§ 104 GWB) kommen als Interessen der Allgemeinheit, die gem. § 169 Abs. 2 **Satz 2 Hs. 2** GWB zusätzlich zu berücksichtigen sind, etwaige besondere Verteidigungs- und Sicherheitsinteressen hinzu, wobei das Gesetz keine Hinweise dazu enthält, unter welchen Voraussetzungen Verteidigungs- oder Sicherheitsinteressen, deren Wahrung oder Förderung allen Aufträgen i. S. d. § 104 GWB zugrunde liegen muss, als „besondere" zu qualifizieren sind. Es ist die Aufgabe des Auftraggebers oder des designierten Auftragnehmers (§ 134 Abs. 1 Satz 1 GWB), in der Begründung seines Antrags nach § 169 Abs. 2 Satz 1 GWB die die Dringlichkeit erzeugende Besonderheit der mit dem zu vergebenden Auftrag verbundenen Verteidigungs- oder Sicherheitsinteressen einleuchtend darzulegen. Ohne eine solche Darlegung haben die unter § 104 GWB fallenden Vergabeverfahren keinen Sonderstatus bei der Interessenabwägung gem. § 169 Abs. 2 GWB.[77] Generell gilt, dass die Interessen der Allgemeinheit den Abwägungsprozess grds. nur dann zu beeinflussen

72 Vgl. BayObLG, Beschl. v. 2.8.2004, Verg 16/04, VergabeR 2004, 743, 744 (Entsch. zur entspr. Vorschrift des [jetzt] § 173 Abs. 2 Satz 1 GWB betr. einen nicht sehr hohen wirtschaftlichen Schaden des Ast. nach Versagung des Eilrechtsschutzes). Vgl. auch *Kus*, in: Kulartz/Kus/Portz/Prieß, GWB, § 169 Rn. 72.

73 Vgl. *Erdmann*, VergabeR 2008, 908, 911 ff.; *Kus*, in: Kulartz/Kus/Portz/Prieß, GWB, § 169 Rn. 73; *Herrmann*, in: Ziekow/Völlink, Vergaberecht, § 169 GWB Rn. 20, 27. – Da § 169 Abs. 2 Satz 2 GWB jetzt ausdrücklich das Interesse der Allgemeinheit an einer wirtschaftlichen Erfüllung der Aufgaben des Auftraggebers als „zu berücksichtigen" vorgibt, kann nicht (mehr) bezweifelt werden, dass auch das gleichgerichtete Interesse des Auftraggebers selbst an der Schonung oder sparsamen Verwendung von Haushaltsmitteln einzubeziehen ist. Damit ist noch nichts über das Gewicht dieses Interesses im Abwägungsprozess gesagt.

74 Vgl. *Erdmann*, VergabeR 2008, 908, 913 m. w. N.

75 Vgl. Thüringer OLG, Beschl. v. 14.11.2001, 6 Verg 6/01, VergabeR 2002, 165, 167, m. w. N.

76 Vgl. *Schweda*, in: Langen/Bunte, Kartellrecht, § 115 GWB Rn. 21; *Herrmann*, in: Ziekow/Völlink, Vergaberecht, § 169 GWB Rn. 28.

77 Vgl. *Schweda*, in: Langen/Bunte, Kartellrecht, § 115 GWB Rn. 20; *Kus*, in: Kulartz/Kus/Portz/Prieß, GWB, § 169 Rn. 78.

vermögen, wenn sie nicht lediglich abstrakt, sondern einzelfallbezogen konkretisiert werden können und im Sachvortrag des Auftraggebers und/oder des (den Antrag stellenden) designierten Auftragnehmers auch konkretisiert werden.[78]

Die im ursprünglichen Satz 1 des § 115 Abs. 2 GWB a. F. (vor der Einfügung des Satzes 4 **31**
durch das VergModG 2009 und damit vor der Gesetzesfassung wie im jetzigen § 169 Abs. 2 GWB) vorgegebenen Entscheidungskriterien unterschieden sich in einem Punkt von den gesetzlichen Vorgaben in den §§ 118 Abs. 2 und 121 Abs. 1 GWB a. F., wo es ebenfalls um eine baldige Beendigung des Zuschlagsverbots ging: Dort war und ist (in den entsprechenden Nachfolgevorschriften der §§ 173 Abs. 2, 176 Abs. 1 GWB n. F.) dem Gericht jeweils aufgegeben, die Erfolgsaussichten der Beschwerde zu berücksichtigen. Eine entsprechende Formulierung, die dahin hätte lauten können, die Erfolgsaussichten des Nachprüfungsantrags seien zu berücksichtigen, fehlte in § 115 Abs. 2 GWB a. F. (vor dem VergModG 2009). Daraus wurde z. T. gefolgert, dass die **Erfolgsaussichten des Nachprüfungsantrags** für die Interessenabwägung im Rahmen des § 115 Abs. 2 Satz 1 GWB (a. F.) keine Rolle spielen könnten.[79] Das war jedoch – schon vor der Einfügung des Satzes 4 in § 115 Abs. 2 GWB a. F. (jetzt § 169 Abs. 2 Satz 4 GWB) – eine unrichtige Gesetzesauslegung.[80] Das Gesetz hat in Satz 1 der Norm – seit dem Inkrafttreten des GWB-Vergaberechts unverändert – gerade angeordnet, dass „alle möglicherweise geschädigten Interessen" berücksichtigt werden müssen. Dass dazu auch (wenn nicht gar vornehmlich) die durch § 97 Abs. 6 GWB geschützten Interessen desjenigen Bieters gehören, der den Nachprüfungsantrag gestellt und damit das Zuschlagsverbot gem. § 169 Abs. 1 GWB bewirkt hat, das nunmehr der Auftraggeber (oder der designierte Auftragnehmer i. S. d. § 134 GWB) wiederum zu Fall bringen will, und dass die Erfolgsaussichten des Nachprüfungsantrags das **Gewicht der Interessen des Antragstellers mitbestimmen**, versteht sich von selbst, ohne dass dies im Gesetz besonders ausgedrückt werden müsste. Dass die (jetzigen) §§ 173 Abs. 2, 176 Abs. 1 GWB die Erfolgsaussichten der Beschwerde als ein (wichtiges) Entscheidungskriterium besonders betonen (und immer schon betonten), hängt damit zusammen, dass schon eine (auch) für die Frage der Gestattung des Zuschlags relevante, nach der gesetzlichen Intention sorgfältig erarbeitete Sachentscheidung (der Vergabekammer) vorliegt. Die Vergabekammer hatte also immer schon durchaus eine Prüfung auch der Erfolgsaussichten des Nachprüfungsantrags vorzunehmen, freilich wegen des enormen Zeitdrucks, unter dem das gesamte Vergabekammerverfahren steht (§ 167 Abs. 1 GWB), eine nur summarische Prüfung.[81]

---

78 Vgl. *Kus*, in: Kulartz/Kus/Portz/Prieß, GWB, § 169 Rn. 75.

79 KG, Beschl. v. 9.11.1999, KartVerg 12/99; 2. VergK des Bundes, Beschl. v. 30.6.1999, VK 2–14/99; *Gröning*, VergabeR 2003, 290, 292 ff.; in der Tendenz ebenso: BayObLG, Beschl. v. 23.1.2003, Verg 2/03, VergabeR 2003, 368, 370 f.; s. weitere Nachw. i. d. Voraufl., § 115 GWB Rn. 17 Fn. 53.

80 Ebenso: *Otting*, in: Bechtold, GWB, § 115 Rn. 7 a. E.; s. weitere Nachw. i. d. Voraufl., § 115 GWB Rn. 17 Fn. 54.

81 Zustimmend: *Erdmann*, VergabeR 2008, 908, 910. Im Ergebnis annähernd ebenso: Thüringer OLG, Beschl. v. 14.11.2001, 6 Verg 6/01, VergabeR 2002, 165, 166: Die Erfolgsaussichten des Nachprüfungsantrags seien insoweit einzubeziehen, als der zu beurteilende Sachverhalt offen zu Tage liege und bei der vorzunehmenden summarischen Prüfung unschwer berücksichtigt werden könne. Ähnlich OLG Dresden, Beschl. v. 14.6.2001, WVerg 4/01, VergabeR 2001, 342, 343. Das OLG Celle, Beschl. v. 21.3.2001, 13 Verg 4/01, VergabeR 2001, 338, 340, v. 17.1.2003, 13 Verg 2/03, VergabeR 2003, 367, 368, und v. 19.8.2003, 13 Verg 20/03, WuW/E Verg 910, 911, prüfte die Erfolgsaussicht des Nachprüfungsantrags nur unter dem (wohl zu) verengten Aspekt, ob ein *Feh-*

32 Durch den in den bisherigen § 115 Abs. 2 GWB (jetzt § 169 Abs. 2 GWB) eingefügten **Satz 4** hat der Gesetzgeber nun auch ausdrücklich anerkannt, dass die **Erfolgsaussichten des Nachprüfungsantrags grds. zu den die Abwägung mit beeinflussenden Faktoren gehören.**[82] Diese Anerkennung ist jedoch verknüpft mit einer schwer verständlichen Weisung des Gesetzgebers an die Vergabekammer, dass die Erfolgsaussichten „nicht in jedem Falle Gegenstand der Abwägung sein müssen“. Die Urheberin (Bundesregierung) versteht diesen Gesetzestext so, dass die Vergabekammer die Erfolgsaussichten des Nachprüfungsverfahrens berücksichtigen könne, dazu allerdings nicht verpflichtet sei und deshalb auf der Grundlage der Abwägung der beteiligten Interessen die Voraberteilung des Zuschlags gestatten dürfe. Denn es seien Konstellationen denkbar, in denen die summarische Prüfung der Erfolgsaussichten die Erteilung des Vorabzuschlags ungebührlich verzögern würde und damit dem überwiegenden Interesse der Allgemeinheit an einem raschen Abschluss des Vergabeverfahrens nicht ausreichend Rechnung getragen würde.[83] Diese Argumentation darf sicher nicht so verstanden werden, dass der Gesetzgeber (bzw. die Bundesregierung) dem Interesse der Allgemeinheit an einem raschen Abschluss des Vergabeverfahrens per se ein besonders großes Gewicht („überwiegendes“ Interesse) beimisst; vielmehr kann es hierfür nur auf den konkreten Einzelfall und dessen besondere Umstände ankommen. Wie aber dann ein „Überwiegen“ des vorgenannten Interesses der Allgemeinheit über das Interesse des Antragstellers am Auftrag und am Primärrechtsschutz festgestellt werden kann und soll, ohne dass die Erfolgsaussichten des Nachprüfungsantrags in die Prüfung einbezogen werden, ergibt sich aus der Begründung des Gesetzentwurfs nicht.[84] Ein Ausweg aus diesem Dilemma kann nur darin bestehen, dass die Vergabekammer, falls ihr ausnahmsweise nicht einmal eine seriöse summarische Prüfung der Erfolgsaussichten des Nachprüfungsantrags (s. dazu unten Rn. 34) in der angesichts der konkreten Dringlichkeit des Eilantrags verbleibenden knappen Zeit möglich ist, von einem wahrscheinlichen Erfolg des Nachprüfungsantrags ausgeht und mit einer dementsprechenden Gewichtung die Interessen des Antragstellers den Interessen des Auftraggebers sowie denjenigen der Allgemeinheit (und etwaigen weiteren zu berücksichtigenden Interessen, s. Rn. 30) bei der Ab-

---

len der Erfolgsaussicht die Gestattung der vorzeitigen Zuschlagserteilung rechtfertige; das komme nur in solchen Fällen in Betracht, in denen sich die Unzulässigkeit oder Unbegründetheit des Nachprüfungsantrags sofort erschließe, der Nachprüfungsantrag also offensichtlich unzulässig oder offensichtlich unbegründet sei. Zur Rechtslage nach § 115 Abs. 2 Satz 1 GWB a. F. (vor dem VergModG 2009) s. weitere Nachw. i. d. Voraufl., § 115 GWB Rn. 17 Fn. 55.

82 Im Erg. ebenso: OLG Frankfurt a. M., Beschl. v. 26.1.2017, 11 Verg 1/17, NZBau 2017, 309, 310 Rn. 35; *Kühnen*, NZBau 2009, 357, 359; *Stoye/von Münchhausen*, VergabeR 2008, 871, 876 („Klarstellung, dass die VergK – zumindest regelmäßig – die Erfolgsaussichten des Nachprüfungsantrags bei der Interessenabwägung zu berücksichtigen hat“); *Dreher*, in: Immenga/Mestmäcker, GWB, § 115 Rn. 60; *Schweda*, in: Langen/Bunte, Kartellrecht, § 115 Rn. 24; wohl auch *Kus*, in: Kulartz/Kus/Portz/Prieß, GWB, § 169 Rn. 68 (s. aber auch Rn. 67); zumindest teilweise a. A.: *Herrmann*, in: Ziekow/Völlink, Vergaberecht, § 169 GWB Rn. 28.

83 BT-Drs. 16/10117, Begr. zu Art. 1 Nr. 17 lit. b) sublit. bb) (§ 115 Abs. 2 GWB) des Entwurfs des VergModG 2009.

84 Die Bundesregierung setzt sogar dem oben wiedergegebenen Teil ihrer Entwurfsbegr. folgenden dazu im Widerspruch stehenden Satz hinzu: „Dabei ist die prozessuale Durchsetzung des subjektiv-öffentlichen Rechts auf Einhaltung der Vergabevorschriften durch die Möglichkeit der Beschwerde zum OLG sichergestellt“ (BT-Drs. 16/10117, zu Art. 1 Nr. 17 lit. b) sublit. bb)). Für das Beschwerdegericht gelten aber die gleichen Entscheidungskriterien wie für die VergK, und umgekehrt (arg. [jetzt] § 169 Abs. 2 Satz 6 GWB).

wägung gegenüberstellt.[85] In einem derartigen Fall wird eine vorzeitige Gestattung des Zuschlags nur dann zuerkannt werden dürfen, wenn zwingende Gründe oder zumindest sehr gewichtige Gründe eines Allgemeininteresses und damit auch des Auftraggeberinteresses, insbesondere aufgrund einer Notlage oder wegen der Dringlichkeit einer Beschaffungsmaßnahme für den Bereich der Daseinsvorsorge, die nach der vorstehenden Methode zu gewichtenden Interessen des Antragstellers deutlich überwiegen.[86] Nach alledem kann § 169 Abs. 2 Satz 4 GWB **nicht** dahin ausgelegt werden, dass es im **Ermessen der Vergabekammer** steht, ob sie die Erfolgsaussichten des Nachprüfungsantrags prüft und in die Abwägung einbezieht oder nicht. Eine Ermessenseinräumung, an die man in Anbetracht der oben wiedergegebenen Begründungserwägung der Bundesregierung denken könnte, ist ersichtlich nicht Inhalt des Gesetzes geworden.[87]

Das in Rn. 32 vertretene Auslegungsergebnis zu § 169 Abs. 2 Satz 4 GWB wird bestätigt **33**
durch einen am Gebot der **richtlinienkonformen Auslegung** orientierten Blick auf die EU-Vergaberechtsmittelrichtlinie (RML)[88] und deren Auslegung durch den EuGH. Zwar schreibt der dem § 169 Abs. 2 Satz 1 bis 4 GWB entsprechende Art. 2 Abs. 5 RML nicht vor, dass die Erfolgsaussichten in der Hauptsache zu den Entscheidungskriterien gehören, die die angerufene Nachprüfungsinstanz beim Erlass vorläufiger Maßnahmen berücksichtigen muss oder kann; die RML untersagt eine solche Berücksichtigung aber auch nicht und überlässt die Regelung insoweit den Mitgliedstaaten.[89] Hierzu betont der EuGH jedoch, dass die Mitgliedstaaten nach dem in ständiger Rspr. angewandten **Äquivalenzgrundsatz** die anwendbaren nationalen Vorschriften nicht weniger günstig ausgestalten dürfen als die Vorschriften für entsprechende innerstaatliche Nachprüfungsverfahren[90] und Eilverfahren (wie sachgerecht zu ergänzen ist). Im innerdeutschen Verwaltungsprozessrecht, das man zum Vergleich heranziehen kann und muss, ist aber die Erfolgsaussicht des geltend gemachten zu sichernden Anspruchs der bedeutsamste Abwägungsfaktor für den einstweiligen Rechtsschutz gem. **§ 123 VwGO**,[91] insoweit ohne Ermessensbefugnis des Verwaltungsgerichts.[92] Daher **dürfen** auch die **Erfolgsaussichten des Nachprüfungsan-**

---

85 Dadurch werden die konkreten Erfolgsaussichten des Nachprüfungsantrags, deren Prüfung das Verfahren „ungebührlich verzögern" würde, außen vor gelassen (wie es § 169 Abs. 2 Satz 4 GWB vorsieht bzw. erlaubt) und das dadurch entstehende Vakuum im Abwägungsprozess, das wegen des Gebots des effektiven Primärrechtsschutzes nicht einseitig zulasten des Ast. bestehen bleiben kann, durch einen abstrakten bzw. generalisierten Wert aufgefüllt. Im Erg. ebenso: *Dreher*, in: Immenga/Mestmäcker, GWB, § 115 Rn. 60 a. E.

86 Im Erg. zumindest ähnlich: *Kühnen*, NZBau 2009, 357, 359; *Schweda*, in: Langen/Bunte, Kartellrecht, § 115 GWB Rn. 24.

87 Ebenso: *Dreher*, in: Immenga/Mestmäcker, GWB, § 115 Rn. 60; wohl ebenso: *Kühnen*, NZBau 2009, 357, 359 Fn. 14.

88 Rechtsmittelrichtlinie für das Öffentliche Auftragswesen vom 21.12.1989, RL 89/665/EWG, geändert durch RL 2007/66/EG vom 15.11.2007.

89 EuGH, Urt. v. 9.4.2003, Rs. C-424/01, Rn. 29 f., VergabeR 2003, 649, 653.

90 EuGH, Urt. v. 9.4.2003, Rs. C-424/01, Rn. 31 m. w. N., VergabeR 2003, 649, 653.

91 Zu Recht hervorgehoben vom BRat (mit weiterem Hinweis auf die entsprechende Parallelregelung in § 935 ZPO) in seiner abl. Stellungnahme zum (jetzigen) § 169 Abs. 2 Satz 4 GWB, BT-Drs. 16/10117, Nr. 23. Die meist ausschlaggebende Bedeutung der Erfolgsaussicht setzt selbstverständlich die Zulässigkeit und Dringlichkeit des Antrags auf einstweilige Anordnung nach § 123 VwGO voraus. Diese beiden Aspekte sind jedoch bezogen auf die Sicherung des Primärrechtsschutzes für den Ast. im Rahmen des § 169 GWB i. d. R. unproblematisch.

92 Vgl. *Schenke*, in: Kopp/Schenke, VwGO, § 123 Rn. 23 a. E.

trags (mit den in Rn. 32 und 34 dargestellten Modifizierungen) im Rahmen des Eilrechtsschutzes nach § 169 Abs. 2 GWB **nicht unberücksichtigt bleiben**.

34 Zur **summarischen Prüfung**[93] **der Erfolgsaussichten** des Nachprüfungsantrags gehören sicher die Zulässigkeitsvoraussetzungen des § 160 Abs. 2 und 3 GWB, die nach der Antragserwiderung des Auftraggebers möglicherweise anders zu beurteilen sind als bei der Erstprüfung vor der Mitteilung des Nachprüfungsantrags an den Auftraggeber (vgl. § 163 Abs. 2 Satz 1 und 3 GWB). Dazu gehören aber auch die Voraussetzungen der Begründetheit des Nachprüfungsantrags, wenn und soweit das in der gebotenen Kürze dieses Eilverfahrens möglich ist (s. oben Rn. 32 bei Fn. 85). Das erfordert, dass die Vergabekammer allen Beteiligten in diesem summarischen Verfahren mit sehr kurzen Fristen rechtliches Gehör nicht nur zum Antrag des Auftraggebers, sondern (einstweilen vorab) auch zum Nachprüfungsantrag gewährt. Da § 169 Abs. 2 Satz 7 den § 176 Abs. 2 Satz 2 GWB (mit dem Beweismaß der Glaubhaftmachung) für entsprechend anwendbar erklärt und diese für das Verfahren vor dem Beschwerdegericht geltende Regelung derjenigen für die Vergabekammer in den Beweisanforderungen entsprechen muss, kann und muss sich die Vergabekammer mit einer **Glaubhaftmachung** der entscheidungsrelevanten streitigen Tatsachenbehauptungen begnügen.[94] Konkrete Feststellungen im eigentlichen Sinne können von der Vergabekammer im Eilverfahren also nicht verlangt werden.[95] Das gilt auch für die Tatsachen, die nicht für Zulässigkeit und Begründetheit des Nachprüfungsantrags, sondern nur für die Interessenabwägung im Übrigen von Bedeutung sind. Zwar erklärt § 169 Abs. 2 Satz 7 GWB (so die Rechtslage seit dem VergModG 2009) für das Verfahren vor dem Beschwerdegericht auch Abs. 3 des § 176 GWB und – dem Wortlaut nach – über dessen Satz 4 die §§ 175, 70 Abs. 1 GWB (Untersuchungsmaxime) für entsprechend anwendbar. Ausweislich der Begründung des Gesetzentwurfs bezweckt die Ergänzung dieser Verweisung auf § 176 Abs. 3 GWB jedoch, dass damit eine Entscheidung des Beschwerdegerichts (§ 169 Abs. 2 Satz 5 und 6 GWB) innerhalb von fünf Wochen erreicht wird; die Untersuchungsmaxime wird nicht erwähnt.[96] Danach ist die Verweisung in § 169 Abs. 2 Satz 7 auf § 176 Abs. 3 GWB für Vergabekammern auf jeden Fall unerheblich. Somit verbleibt es bei der „Beweisanforderung" der Glaubhaftmachung.[97]

35 Die Bedeutung der Erfolgsaussichten des Nachprüfungsantrags für die Abwägung kann bei bestimmten, wahrscheinlich nicht sehr häufigen Fallgestaltungen durch **Satz 3** des § 169 Abs. 2 GWB relativiert werden. Nach dieser durch das VergModG 2009 (in den bisherigen § 115 Abs. 2 GWB) eingefügten Neuregelung hat die Vergabekammer bei der Ab-

---

93 S. oben Rn. 31 a. E. und Fn. 81; so ausdrücklich auch BT-Drs. 16/10117, zu Art. 1 Nr. 17 lit. b) sublit. bb), 3. Absatz; vgl. auch BayObLG, Beschl. v. 23.1.2003, Verg 2/03, VergabeR 2003, 368, 370; OLG Düsseldorf, Beschl. v. 9.5.2011, VII-Verg 45/11, VergabeR 2011, 884, 885; OLG Frankfurt a. M., Beschl. v. 26.1.2017, 11 Verg 1/17, NZBau 2017, 309, 310.

94 Ebenso: *Gröning*, ZIP 1999, 52, 58; a. A. *Schweda*, in: Langen/Bunte, Kartellrecht, § 115 Rn. 24: „Amtsermittlungsgrundsatz ([jetzt] § 163 Abs. 1 Satz 1 GWB) gilt auch im Verfahren über den Eilantrag." A. A. wohl auch *Dreher*, in: Immenga/Mestmäcker, GWB, § 115 Rn. 64: „§§ 107 bis 114 [jetzt §§ 160 bis 168] GWB gelten grds. auch hier."

95 Im Erg. ebenso die oben in Fn. 81 und 93 zitierten OLG-Entscheidungen.

96 BT-Drs. 16/10117, zu Art. 1 Nr. 17 lit. b) dd).

97 Vgl. OLG Düsseldorf, Beschl. v. 9.5.2011, VII-Verg 45/11, Vergaberecht 2011, 884, 885, und OLG Frankfurt a. M., Beschl. v. 26.1.2017, 11 Verg 1/17, NZBau 2017, 309, 310: Beide Gerichte lassen für die Eilbedürftigkeit der Zuschlagserteilung gem. (jetzt) §§ 169 Abs. 2 Satz 7, 176 Abs. 2 Satz 2 GWB die Glaubhaftmachung genügen.

wägung auch die **„allgemeinen Aussichten“** des Antragstellers **auf den Erhalt des Auftrags** im Vergabeverfahren zu berücksichtigen. Mit den allgemeinen Aussichten sind gerade nicht die Erfolgsaussichten des Nachprüfungsantrags gemeint, sondern die Aussichten auf die Auftragserteilung für den Fall, dass der Antragsteller mit seinem Nachprüfungsantrag obsiegt und der Auftraggeber den oder die beanstandeten Vergaberechtsverstöße behebt. In der Begründung des Gesetzentwurfs werden diese „Erfolgsaussichten im Vergabeverfahren“ ein wichtiges „Indiz“ für die Entscheidungsfindung nach Satz 1 des § 115 Abs. 2 GWB a. F. (jetzt § 169 Abs. 2 GWB) genannt; es gehe zum Beispiel um die Platzierung und die (ergänze: daraus abzuleitende) Chance des unterlegenen Bieters, den Zuschlag zu erhalten.[98] Abstrakt betrachtet, handelt es sich hier um eine sinnvolle Neuregelung. Denn je geringer die – vom etwaigen Erfolg des Nachprüfungsantrags losgelösten – Aussichten des Antragstellers sind, den Auftrag zu erhalten, desto förderungswürdiger und gewichtiger erscheinen die Interessen des Auftraggebers und der Allgemeinheit, die Realisierung der Beschaffungsmaßnahme von der Investitionsbremse des Nachprüfungsantrags zu entkoppeln und mit dem Zuschlag nicht bis zur Nachprüfungsentscheidung warten zu müssen, sondern ihn freizugeben.[99] Die vom Gesetzgeber ausweislich der vorgenannten Begründungserwägung gemeinten allgemeinen Aussichten lassen sich indessen nicht immer von den Erfolgsaussichten des Nachprüfungsantrags trennen. So kann eine schlechte oder nachrangige Platzierung des Angebots des Antragstellers im Bieterranking je nach der Art seiner Rüge dazu führen, dass seine Antragsbefugnis gem. § 160 Abs. 2 Satz 2 GWB verneint wird[100] und sein Nachprüfungsantrag deshalb schon keine Aussicht auf Erfolg hat. Andererseits ist eine im Ausgangspunkt schlechte Platzierung des Antragstellers – auch für die Anwendung des § 169 Abs. 2 Satz 3 GWB – bedeutungslos, wenn er z. B. die Wertung des eigenen Angebots als fehlerhaft rügt oder die Vergabeunterlagen als unvollständig oder sonst vergaberechtswidrig mit der Konsequenz beanstandet, dass der Auftraggeber bei einem Erfolg des Nachprüfungsantrags die Angebotswertung oder sogar weitere Stadien des Vergabeverfahrens wiederholen muss, sodass die sich dann ergebende Platzierung völlig offen und eine Vorhersage über die „allgemeinen Aussichten“ auf den Zuschlag unmöglich ist.[101] Das Abwägungskriterium des Satzes 3 des § 169 Abs. 2 GWB scheidet dann aus.[102] Im Ergebnis das Gleiche gilt z. B. dann, wenn der Antragsteller bislang gar kein Angebot abgegeben hat, aber glaubhaft darlegt, dass ihn die von ihm gerügten Vergabebedingungen an der Angebotsabgabe gehindert haben, dass ihm die Angebotsabgabe deshalb auch nicht zumutbar war und dass er ohne die Vergaberechtsfehler ein wettbewerbsfähiges Angebot abgegeben hätte.[103] Die Zukunft muss zeigen, ob dem § 169 Abs. 2 Satz 3 GWB eine nennenswerte eigene Bedeutung für die Interessenabwägung zukommt.

---

98 BT-Drs. 16/10117, zu Art. 1 Nr. 17 lit. b) sublit. bb). Diese Argumentation wird aufgegriffen von *Kus*, in: Kulartz/Kus/Portz/Prieß, GWB, § 169 Rn. 66, und von *Schweda*, in: Langen/Bunte, Kartellrecht, § 115 GWB Rn. 23.

99 *Kühnen*, NZBau 2009, 357, 359; vgl. auch *Dreher*, in: Immenga/Mestmäcker, GWB, § 115 Rn. 59.

100 Vgl. OLG Brandenburg, Beschl. v. 28.11.2002, VergW 8/02, VergabeR 2003, 242, 244; OLG Koblenz, Beschl. v. 15.3.2001, 1 Verg 1/01, VergabeR 2001, 445, 449; OLG München, Beschl. v. 21.5.2010, Verg 02/10, VergabeR 2010, 992, 1000.

101 Vgl. z. B. den Fall OLG Karlsruhe, Beschl. v. 29.4.2016, 15 Verg 1/16, VergabeR 2016, 647, 654.

102 Ebenso: *Kühnen*, NZBau 2009, 357, 359.

103 VergK Berlin, Beschl. v. 27.4.2010, VK B 2 3/10 E II, forum vergabe, Monatsinfo 07/2010, S. 185.

d) Die Interessenabwägung

36 Bei der Interessenabwägung sind den Interessen des Antragstellers an dem von ihm begehrten Primärrechtsschutz einschließlich der Wahrung der Chance, selbst den Zuschlag zu erhalten, und seinen damit verbundenen wirtschaftlichen Interessen (s. im Einzelnen Rn. 31 bis 35) die Gegeninteressen des Auftraggebers und der Allgemeinheit, das Investitionsvorhaben überhaupt, möglichst auch rasch und unter wirtschaftlich (ggf.) aktuell günstigen Bedingungen durchzuführen sowie das Investitionsprodukt der bestimmungsgemäßen Nutzung zuzuführen (s. Rn. 30), und schließlich das Interesse der anderen, vor allem der aussichtsreichsten Bieter an baldiger Klarheit, wer den Zuschlag erhält, einschließlich ihrer wirtschaftlichen Belange (s. Rn. 30) gegenüberzustellen. Dass das in § 169 Abs. 2 Satz 1 und 2 GWB besonders herausgestellte Interesse der Allgemeinheit an der Fortführung des Vergabeverfahrens keinen automatischen, völligen Gleichlauf mit demjenigen des Auftraggebers aufweist und z. B. auch darin besteht, dass das Vergabeverfahren rechtsstaatlich und vorschriftsgemäß durchgeführt wird (s. Rn. 30), ist mit zu berücksichtigen. Bei der Abwägung kann es auch eine Rolle spielen, wie lange der Antragsteller mit der Stellung des Nachprüfungsantrags zugewartet hat. Andererseits führt es i. d. R. zur Abwertung des Gewichts der Auftraggeberinteressen, wenn der **Auftraggeber** die von ihm geltend gemachte **Dringlichkeit** durch unüberlegte oder verspätete Planung oder unzureichende Organisation seines Beschaffungswesens **wesentlich (mit-)verursacht** hat,[104] auch wenn der Mitverursachungsanteil des Auftraggebers lediglich darin besteht, dass er es bei der Planung seines Beschaffungsvorhabens unterlassen hat, den durchschnittlichen Zeitbedarf für etwaige Nachprüfungsanträge einzukalkulieren.[105] Für die Interessenabwägung ist bei der **Würdigung des Verzögerungsaspekts** („die nachteiligen Folgen einer Verzögerung") nur der Zeitraum bis zum voraussichtlichen Zeitpunkt der Vergabekammerentscheidung zuzüglich zwei Wochen ab deren Zustellung (vgl. § 169 Abs. 1 GWB) relevant. Dabei ist die Möglichkeit einer Verlängerung des Vergabekammerverfahrens über fünf Wochen hinaus (§ 167 Abs. 1 Satz 2 GWB) einzurechnen, wenn es für eine solche Prognose konkrete Anhaltspunkte gibt; der vorsorgliche „Verlängerungszuschlag" darf aber i. d. R. nicht mehr als zwei Wochen betragen (vgl. § 167 Abs. 1 Satz 3 GWB). Dieser überschaubare, nicht sehr lange Zeitraum wird das Interesse des Auftraggebers, der Allgemeinheit und anderer Bieter an einer vorzeitigen Gestattung des Zuschlags oft relativieren. Der drohende Ablauf der ursprünglichen Bindefrist ist hierbei zumeist bedeutungslos, weil es in der Praxis nahezu ausnahmslos zu einer einverständlichen Verlängerung der Bindefrist kommt.[106] Die Möglichkeit, dass sich die Zu-

---

104 Vgl. OLG Celle, Beschl. v. 17.1.2003, 13 Verg 2/03, VergabeR 2003, 367, 368; *Opitz*, NZBau 2005, 213 m. w. N.; *Dreher*, in: Immenga/Mestmäcker, GWB, § 115 Rn. 55 m. w. N.; *Kus*, in: Kulartz/Kus/Portz/Prieß, GWB, § 169 Rn. 87; vgl. auch *Wiedemann*, VergabeR 2009, 302, 316, der hier vor einem Manipulationspotenzial der öffentlichen Hand warnt.

105 Vgl. BayObLG, Beschl. v. 23.1.2003, Verg 2/03, VergabeR 2003, 368, 370; OLG Celle, Beschl. v. 21.3.2001, 13 Verg 4/01, VergabeR 2001, 338, 340; VergK Berlin, Beschl. v. 27.4.2010, VK B 2 3/10 E II, forum vergabe, Monatsinfo 07/2010, S. 185 f.; *Kus*, in: Kulartz/Kus/Portz/Prieß, GWB, § 169 Rn. 87 m. w. N.

106 Vgl. 2. VergK des Bundes, Beschl. v. 30.6.1999, VK 2-14/99; *Kus*, in: Kulartz/Kus/Portz/Prieß, GWB, § 169 Rn. 74; im Erg. ebenso: *Dreher*, in: Immenga/Mestmäcker, GWB, § 115 Rn. 55; vgl. auch OLG Celle, Beschl. v. 21.3.2001, 13 Verg 4/01, VergabeR 2001, 338, 339 f., das eine Verweigerung des Primärrechtsschutzes durch Vorabgestattung des Zuschlags wegen der angedrohten Ablehnung der Bindefristverlängerung durch einen anderen Bieter als einen Verstoß gegen das Gebot eines fairen Vergabe- bzw. Nachprüfungsverfahrens bezeichnet.

schlagserteilung aufgrund einer Beschwerdeeinlegung nochmals verzögern kann, ist wegen der Anschlussregelung in § 173 Abs. 1 Satz 3 und Abs. 2 und in § 176 GWB beim Verzögerungsaspekt im Verfahren nach § 169 Abs. 2 GWB (noch) nicht zu berücksichtigen.[107] Wenn dem Auftraggeber eine **Interimsbeauftragung** tatsächlich sowie rechtlich möglich und zumutbar ist, um die geltend gemachte Notlage oder Dringlichkeit für eine Überbrückungszeit abzuwenden, ist dies in die Interessenabwägung einzubeziehen und wird tendenziell zur Ablehnung des Antrags nach § 169 Abs. 2 Satz 1 GWB führen.[108]

In der Literatur wird vereinzelt die Ansicht vertreten, dass die zu berücksichtigenden Interessen (insbes. diejenigen der Hauptbeteiligten) im Rahmen der Interessenabwägung prinzipiell gleichrangig seien.[109] Es wird sogar für bestimmte Aufgabenbereiche öffentlicher Auftraggeber vereinzelt die Meinung geäußert, dass dort den Interessen der Allgemeinheit an einer raschen Freigabe des Zuschlags grds. der Vorrang vor dem Interesse eines Antragstellers an der Fortdauer des Zuschlagsverbots bis zum Ende des (erstinstanzlichen) Nachprüfungsverfahrens gebührt, so für viele Bereiche der Sicherung der Daseinsvorsorge einschließlich des hygienischen Sektors und der Rettungsdienstleistungen[110] sowie für den dem § 104 GWB zuzurechnenden Bereich bei Vorhandensein besonderer Verteidigungs- und Sicherheitsinteressen i. S. d. § 169 Abs. 2 Satz 2 Hs. 2 GWB.[111] Beides wird jedoch dem Auslegungsbefund zu § 169 Abs. 1 und 2 GWB nicht gerecht. Im Ausgangspunkt (selbstverständlich vorbehaltlich der konkreten Einzelfallumstände und der daraus resultierenden Gewichtung der unterschiedlichen Interessen[112]) normiert § 169 Abs. 1 und 2 GWB ein **Regel-Ausnahme-Verhältnis**[113] zugunsten des Primärrechtsschutzes des Antragstellers einschließlich Suspensiveffekt bis zur Endentscheidung der Vergabekammer[114] gegenüber einer Vorabgestattung des Zuschlags und damit einen **prinzipiellen Vorrang der Rechtsschutzinteressen des Antragstellers**.[115] Das folgt schon aus dem automatischen Eintritt des Suspensiveffekts als Rechtsfolge der Information der Vergabekammer über den Nachprüfungsantrag an den öffentlichen Auftraggeber (§ 169 Abs. 1 GWB) und aus dem Wortlaut des § 169 Abs. 2 Satz 1 GWB, wonach die die Vorabgestattung des Zuschlags rechtfertigenden Interessen die gegenläufigen Interessen des Antragstellers im 37

107 So zutreffend 2. VergK des Bundes, Beschl. v. 30.6.1999, VK 2-14/99; a. A. *Gröning*, VergabeR 2003, 290, 291, ohne Abgrenzung zum Funktionsbereich der (jetzt) §§ 173, 176 GWB.

108 Vgl. BayObLG, Beschl. v. 23.1.2003, Verg 2/03, VergabeR 2003, 368, 370; OLG Düsseldorf, Beschl. v. 20.7.2015, VII-Verg 37/15, NZBau 2015, 709, 711 (aufgrund des Gebots der Verhältnismäßigkeit obliegt es öffentlichen Auftraggebern vor einem Antrag nach § 169 Abs. 2 Satz 1 GWB, zunächst eine Interimsvergabe als das mildere Mittel zu prüfen und durchzuführen).

109 *Erdmann*, VergabeR 2008, 908, 910, 911, 915, 917.

110 *Herrmann*, in: Ziekow/Völlink, Vergaberecht, § 169 GWB Rn. 26 m. w. N.

111 *Herrmann*, in: Ziekow/Völlink, Vergaberecht, § 169 GWB Rn. 27.

112 Diese Betonung der für die Interessenabwägung maßgeblichen konkreten Umstände des Einzelfalls gilt gerade auch für die vorstehend angesprochenen „besonderen Verteidigungs- und Sicherheitsinteressen".

113 Ebenso: OLG Frankfurt a. M., Beschl. v. 26.1.2017, 11 Verg 1/17, NZBau 2017, 309, 310 Rn. 36; *Dreher*, in: Immenga/Mestmäcker, GWB, § 115 Rn. 9, 55; *Kus*, in: Kulartz/Kus/Portz/Prieß, GWB, § 169 Rn. 57 (s. auch Rn. 88); *Prieß*, Hdb. des europ. Vergaberechts, S. 386; *Opitz*, NZBau 2005, 213; vgl. auch *Kühnen*, NZBau 2009, 357, 359.

114 Zuzüglich der zweiwöchigen Beschwerdefrist, §§ 169 Abs. 1, 172 Abs. 1 GWB.

115 Ebenso: *Storr*, in: Loewenheim/Meessen/Riesenkampff, Kartellrecht, § 115 GWB Rn. 16; *Wiedemann*, VergabeR 2009, 302, 316; im Erg. ebenso: *Schweda*, in: Langen/Bunte, Kartellrecht, § 115 GWB Rn. 24.

Streitfall „überwiegen" müssen. An diesem Regel-Ausnahme-Verhältnis hat auch die Umgestaltung der Norm durch das VergModG 2009 prinzipiell nichts geändert. Die erstmalige Hervorhebung der wirtschaftlichen Interessen und damit der Haushaltsbelange des Auftraggebers, die (jetzt) § 169 Abs. 2 Satz 2 Hs. 1 GWB in einer Art volkswirtschaftlicher Gesamtbetrachtung (auch) der Allgemeinheit zuordnet und die „zu berücksichtigen" sind, bedeutet nicht etwa, dass diesen Interessen nunmehr prinzipiell großes Gewicht, ein Gleichrang oder gar ein Vorrang vor den Rechtsschutzinteressen des Antragstellers zukommt.[116]

38 Das Ergebnis der Interessenabwägung wird immer von den konkreten Umständen des Einzelfalls abhängen, sodass sich weitere allgemeine Regeln (als in Rn. 36 und 37 dargestellt) nicht aufstellen lassen. Folgende **Orientierungslinien** erscheinen aber sachgerecht: Ergibt sich bei der summarischen Prüfung eine hohe Wahrscheinlichkeit für den Misserfolg des Nachprüfungsantrags und ist außerdem der Grund für die Eilbedürftigkeit der Zuschlagsgestattung glaubhaft gemacht (s. oben Rn. 34 i.V.m. §§ 169 Abs. 2 Satz 7, 176 Abs. 2 Satz 2 GWB), so sollte dem Antrag des Auftraggebers stattgegeben werden.[117] Kann dagegen (noch) keine hohe Wahrscheinlichkeit des Misserfolgs des Nachprüfungsantrags angenommen werden, so müssen das Interesse des Auftraggebers und/oder dasjenige der Allgemeinheit an einer sofortigen Zuschlagserteilung von besonders starkem Gewicht sein, damit dem Antrag des Auftraggebers (oder des designierten Auftragnehmers) stattgegeben werden kann.[118] Dieses Gewicht muss umso stärker sein, je höher die Wahrscheinlichkeit des Erfolgs des Nachprüfungsantrags zu bewerten ist. Die geringe Wahrscheinlichkeit oder gar der Mangel an Erfolgsaussicht des Nachprüfungsantrags rechtfertigt für sich allein die Vorabgestattung des Zuschlags noch nicht; hinzukommen muss ein unzweifelhaftes oder glaubhaft gemachtes besonderes Beschleunigungsinteresse am Abschluss des Vergabeverfahrens auf Seiten des Auftraggebers und/oder der Allgemeinheit.[119] **Im Zweifel sollte** zugunsten des Antragstellers entschieden, also die vorzeitige **Gestattung des Zuschlags abgelehnt werden**.[120] Diese Orientierungslinien gelten auch im Falle des § 169 Abs. 2 Satz 2

---

116 Vgl. auch oben Rn. 25; *Dreher*, in: Immenga/Mestmäcker, GWB, § 115 Rn. 4 (s. auch Rn. 57); *Kus*, in: Kulartz/Kus/Portz/Prieß, GWB, § 169 Rn. 77; *Schweda*, in: Langen/Bunte, Kartellrecht, § 115 Rn. 19; *Kühnen*, NZBau 2009, 357, 358; *Wiedemann*, VergabeR 2009, 302, 316 bei Fn. 68.

117 Vgl. OLG Düsseldorf, Beschl. v. 9.5.2011, VII-Verg 45/11, VergabeR 2011, 884, 885, und v. 27.5.2013, VII-Verg 9/13, VergabeR 2014, 206, 207 und 209; OLG Frankfurt a.M., Beschl. v. 26.1.2017, 11 Verg 1/17, NZBau 2017, 309, 310.

118 S. auch oben Rn. 32 bei Fn. 86. – Im Ergebnis ebenso: 2. VergK des Bundes, Beschl. v. 30.6.1999, VK 2–14/99 (die hierzu erwägt: Der zu vergebende Auftrag müsse so streng fristgebunden erscheinen, dass eine Überschreitung der vorgesehenen Zuschlagsfrist seine Durchführung – vergleichbar mit einem Fixgeschäft – unmöglich oder hinfällig machen würde. Oder die drohende Verzögerung müsse geeignet sein, die Funktionsfähigkeit und Aufgabenerfüllung des Auftraggebers spürbar zu beeinträchtigen.). Im Erg. so auch VergK Berlin, Beschl. v. 27.4.2010, VK B 2 3/10 E II, forum vergabe, Monatsinfo 07/2010, S. 185; *Kus*, in: Kulartz/Kus/Portz/Prieß, GWB, § 169 Rn. 85, 88; *Schweda*, in: Langen/Bunte, Kartellrecht, § 115 GWB Rn. 24, 25 a.E.; *Kühnen*, NZBau 2009, 357, 358 f.

119 Vgl. OLG Frankfurt a.M., Beschl. v. 26.1.2017, 11 Verg 1/17, NZBau 2017, 309, 310; OLG München, Beschl. v. 9.9.2010, Verg 16/10, NZBau 2010, 720 (LS).

120 Noch pointierter die Rspr. zu § 115 Abs. 2 GWB a.F.: Vorabgestattung des Zuschlags nur in besonderen Ausnahmefällen. So: BayObLG, Beschl. v. 23.1.2003, Verg 2/03, VergabeR 2003, 368, 370; OLG Celle, Beschl. v. 21.3.2001, 13 Verg 4/01, VergabeR 2001, 338, 339, und v. 17.1.2003, 13 Verg 2/03, VergabeR 2003, 367 f.; OLG Dresden, Beschl. v. 14.6.2001, WVerg 4/01, VergabeR 2001, 342, 344; Thüringer OLG, Beschl. v. 14.11.2001, 6 Verg 6/01, VergabeR 2002, 165, 166.

Hs. 2 GWB,[121] wobei aber zu berücksichtigen ist, dass glaubhaft gemachte besondere Verteidigungs- oder Sicherheitsinteressen das Gewicht des Interesses an einem raschen Abschluss des Vergabeverfahrens immerhin verstärken.

Beispiele für die (durchweg zuungunsten des öffentlichen Auftraggebers ausfallende) Interessenabwägung aus der **Rechtsprechung**: Trotz des öffentlichen Interesses an der möglichst baldigen Inbetriebnahme einer Klinik sowie eines Forschungszentrums einer medizinischen Hochschule, deren jeweiliger Neubau Gegenstand des Vergabeverfahrens war, ist es nicht gerechtfertigt, den durch eine rund einjährige Dauer des Vergabeverfahrens (von der Ausschreibung des Verhandlungsverfahrens bis zum Nachprüfungsantrag) eingetretenen Zeitverlust auf Kosten des Rechtsschutzes durch eine Vorabgestattung des Zuschlags (teilweise) zu kompensieren.[122] Das gilt sogar dann, wenn der öffentliche Auftraggeber damit rechnen muss, dass der nach mehrmonatigen Verhandlungen nebst mehreren Bindefristverlängerungen für den Zuschlag ausersehene Bieter einer infolge des (unverkürzten) Nachprüfungsverfahrens notwendig werdenden erneuten Bindefristverlängerung – anders als der Antragsteller – nicht mehr zustimmen wird; dem Antragsteller aus diesem Grund den vollen Primärrechtsschutz zu verweigern, widerspräche dem Gebot eines fairen Vergabe- und Nachprüfungsverfahrens.[123] Wenn der öffentliche Auftraggeber die Zeitnot, in die ihn das Zuschlagsverbot (§ 169 Abs. 1 GWB) bringt, dadurch selbst herbeigeführt hat, dass er den Zeitplan für ein auszuschreibendes Bauvorhaben von vornherein extrem knapp bemessen und bei dieser Planung die Durchführung eines Nachprüfungsverfahrens überhaupt nicht einkalkuliert hat, kann er seinen Antrag auf Vorabgestattung des Zuschlags nicht mit Erfolg darauf stützen, dass das zu erstellende Bauwerk bei einem Abwarten des Nachprüfungsverfahrens nicht fristgerecht fertig gestellt werden könne, weshalb er mit erheblichen finanziellen Einbußen zu rechnen habe.[124] Macht der öffentliche Auftraggeber geltend, ihm stehe für den erwarteten Fall des Unterliegens des Antragstellers gegen diesen gem. § 180 GWB ein Anspruch auf Ersatz des durch den Nachprüfungsantrag verursachten Verzögerungsschadens zu, relativiert sich der dem Auftraggeber durch das Nachprüfungsverfahren entstehende Nachteil auf eine vorübergehende Liquiditätseinbuße und das Risiko einer späteren Insolvenz des Antragstellers; solche Belastungen reichen i. d. R. nicht aus, um eine Vorabgestattung des Zuschlags ausnahmsweise zu rechtfertigen.[125] Die bloße Tatsache, dass der Schaden, der dem Antragsteller infolge des einem anderen Bieter erteilten Zuschlags droht, geringer ist als der beim Auftraggeber entstehende, durch den Zeitraum des Nachprüfungsverfahrens bedingte Verzögerungsschaden, ist noch kein zureichender Grund für eine Vorabgestattung des Zuschlags; denn solche Verzögerungsschäden als Folge der Zuschlagssperre des § 169 Abs. 1 GWB hat der Gesetzgeber bewusst in Kauf 39

121 Im Erg. ebenso: *Dreher*, in: Immenga/Mestmäcker, GWB, § 115 Rn. 58; wohl auch *Kus*, in: Kulartz/Kus/Portz/Prieß, GWB, § 169 Rn. 78; a. A. *Herrmann*, in: Ziekow/Völlink, Vergaberecht, § 169 GWB Rn. 27 (nachgewiesene besondere Verteidigungs- und Sicherheitsinteressen rechtfertigen i. d. R. eine Freigabe des Zuschlags).

122 OLG Celle, Beschl. v. 21.3.2001, 13 Verg 4/01, VergabeR 2001, 338, 340.

123 OLG Celle, Beschl. v. 21.3.2001, 13 Verg 4/01, VergabeR 2001, 338, 339 f.

124 OLG Celle, Beschl. v. 17.1.2003, 13 Verg 2/03, VergabeR 2003, 367, 368. Im Erg. ebenso: BayObLG, Beschl. v. 23.1.2003, Verg 2/03, VergabeR 2003, 368, 370: Bei der Zeitplanung „hat der Auftraggeber ein Nachprüfungsverfahren einzukalkulieren". So auch OLG Celle, Beschl. v. 19.8.2003, 13 Verg 20/03, WuW/E Verg 910, 911.

125 OLG Dresden, Beschl. v. 14.6.2001, WVerg 4/01, VergabeR 2001, 342, 344.

genommen und nur durch Erstattungsregeln wie § 180 GWB zu kompensieren gesucht.[126] Auch die Tatsache allein, dass wegen der verfahrensbedingten Verzögerung einer dem öffentlichen Auftraggeber obliegenden Betriebsaufnahme (z. B. im Schienenpersonennahverkehr) Vertragsstrafen zu seinen Lasten fällig werden, reicht als Grund für die Vorabgestattung des Zuschlags nicht aus.[127] Für sich allein (!) können geldwerte Verzögerungsschäden eine vorzeitige Gestattung des Zuschlags allenfalls dann rechtfertigen, wenn sie eine „ganz außergewöhnliche wirtschaftliche Belastung" der Auftraggeberseite darstellen würden.[128] Das Interesse an einem raschen Abschluss des Vergabeverfahrens durch eine Vorabgestattung des Zuschlags kann i. d. R. nur dann und insoweit im Rahmen des § 169 Abs. 2 GWB mit dem allgemeinen Interesse verbunden sein (und dann das Interesse des Antragstellers an Primärrechtsschutz überwiegen), als es bei einer summarischen Prüfung keine durchgreifenden Anhaltspunkte für erhebliche Vergaberechtsverstöße des öffentlichen Auftraggebers gibt, weil ein Allgemeininteresse nicht nur an einer Verfahrensbeschleunigung, sondern auch an der Einhaltung des Vergaberechts besteht.[129] Das gilt auch im Falle eines Beschaffungsvorhabens für die Polizei: Ist es als Ergebnis der summarischen Prüfung überwiegend wahrscheinlich, dass der Vergabestelle Vergaberechtsverstöße zur Last fallen, so kommt eine Vorabgestattung des Zuschlags allenfalls in Betracht, wenn sich die Sicherheitslage in dem betreffenden Bundesland oder in der Bundesrepublik Deutschland derart gravierend zugespitzt hat, dass eine sofortige flächendeckende Verwendung des zu beschaffenden Produkts für die Polizei unabweisbar ist.[130] Es ist nicht anzunehmen, dass diese zu § 115 Abs. 2 GWB a. F. (vor dem VergModG 2009) ergangenen Entscheidungen bei Anwendung des § 169 Abs. 2 GWB anders ausgefallen wären. Zur Gesetzeslage nach dem VergModG 2009 (jetzt § 169 Abs. 2 GWB): Absprachen des Auftraggebers mit Drittunternehmen, in denen einzelne Bauprojekte terminlich aufeinander abgestimmt worden sind, um einen reibungslosen Bauablauf zu gewährleisten, können die beantragte Vorabgestattung des Zuschlags nicht rechtfertigen; denn es handelt sich nicht um naturgegebene Hindernisse, sondern um für den Auftraggeber steuerbare Modalitäten, die nicht geeignet sind, die Rechtsschutzmöglichkeiten eines privaten Bieters zu verkürzen.[131] Wenn der Antragsteller mit seinem Angebot für den ausgeschriebenen öffentlichen Auftrag der Erneuerung einer (zuvor wegen Schadstoffbelastung beseitigten) Hörsaalbestuhlung in einem Universitätsgebäude wegen einer Abweichung von der Leistungsbeschreibung ausgeschlossen werden muss und sein geltend gemachter Anspruch auf eine zweite Chance, nach der von ihm als notwendig erachteten Aufhebung und Neuausschreibung des Vergabeverfahrens (weil das Angebot des einzigen verbliebenen Bieters ebenfalls auszuschließen sei) ein neues fehlerfreies Angebot einreichen zu können, nach summarischer Prüfung als unbegründet beurteilt werden muss, fällt (bei einer im Mai zu treffenden Entscheidung) die Eilbedürftigkeit des Auftrags, die in dem relativ kurzen Zeitabstand zum nachfolgenden Wintersemester und dem dann (aus bestimmten Gründen unstreitig) zu erwartenden

---

126 OLG Dresden, Beschl. v. 14.6.2001, WVerg 4/01, VergabeR 2001, 342, 345.

127 OLG Celle, Beschl. v. 17.1.2003, 13 Verg 2/03, VergabeR 2003, 367, 368.

128 OLG Dresden, Beschl. v. 14.6.2001, WVerg 4/01, VergabeR 2001, 342, 345; das OLG Dresden erläutert nicht näher, unter welchen Voraussetzungen oder Relationen es eine „ganz außergewöhnliche wirtschaftliche Belastung" feststellen würde.

129 Thüringer OLG, Beschl. v. 14.11.2001, 6 Verg 6/01, VergabeR 2002, 165, 166 f.

130 Thüringer OLG, Beschl. v. 14.11.2001, 6 Verg 6/01, VergabeR 2002, 165, 167.

131 VergK Berlin, Beschl. v. 27.4.2010, VK B 2 3/10 E II, forum vergabe, Monatsinfo 07/2010, S. 185 f.

deutlichen Anstieg an Studienanfängern ihre Ursache hat, entscheidend zugunsten einer Vorabgestattung des Zuschlags ins Gewicht.[132]

e) Die Entscheidung der Vergabekammer

Eine **mündliche Verhandlung**, die § 166 Abs. 1 Satz 1 GWB der Vergabekammer nur für die Entscheidung in der Hauptsache zur Pflicht macht (§ 169 Abs. 2 verweist nicht auf § 166 GWB), ist **nicht erforderlich**.[133] Selbstverständlich ist allen Verfahrensbeteiligten und auch denjenigen Unternehmen, die die Beiladungsvoraussetzungen gem. § 162 Satz 1 GWB erfüllen, aber noch nicht beigeladen worden sind,[134] **rechtliches Gehör** zu gewähren. Wenn die Interessenabwägung zugunsten des öffentlichen Auftraggebers und/oder des Interesses der Allgemeinheit (und/oder evtl. eines anderen Beteiligten) an einer raschen Erteilung des Zuschlags ausfällt, ist die Vergabekammer bei zutreffender Auslegung des § 169 Abs. 2 GWB nach dessen Sinn und Zweck verpflichtet, dem Antrag auf Vorabgestattung des Zuschlags stattzugeben. Die Vergabekammer hat insoweit auf der Rechtsfolgenseite **kein Ermessen**;[135] das Wort „kann" in § 169 Abs. 2 Satz 1 GWB drückt bei der gebotenen teleologischen Auslegung (nur) die Befugnis der Vergabekammer aus. Nur dann, wenn die Vergabekammer es für gerechtfertigt hält, dem Auftraggeber den vorzeitigen Zuschlag bedingungs- und vorbehaltlos zu gestatten, kann sie dem Antrag stattgeben. Außer der im Gesetz (§ 169 Abs. 2 Satz 1 GWB) vorgesehenen Verzögerung von zwei Wochen für das Wirksamwerden der **Gestattung** darf diese **nicht mit weiteren Einschränkungen** versehen werden; für solche Einschränkungen, etwa für mit der Zuschlagsgestattung verbundene „Maßgaben, die einerseits dem für den Auftraggeber maßgeblichen zeitlichen Aspekt, andererseits aber auch der Möglichkeit Rechnung tragen, schnell und unproblematisch korrigierbare Vergabefehler zu beseitigen",[136] bietet § 169 Abs. 2 GWB keine Grundlage. Wenn die Vergabekammer es nicht verantworten kann, die Zuschlagsgestattung ohne Bedingungen oder Auflagen auszusprechen, muss sie sie ablehnen;[137] ein anderes Ergebnis lässt sich mit dem Ausnahmecharakter der Vorabgestattung, ihren besonders hohen Anforderungen und der zeitlich eng begrenzten Kompetenz der Vergabekammer (s. Rn. 29) nicht vereinbaren. Die **Vergabekammer entscheidet** durch Verwaltungsakt (§ 168 Abs. 3 Satz 1 GWB) **in voller Besetzung** (§ 157 Abs. 2 GWB). Mit Blick auf die gebotene Interessenabwägung dürfte sich das Nachprüfungsverfahren, in dem ein Antrag nach § 169 Abs. 2 Satz 1 GWB gestellt worden ist, nicht für eine Übertragung auf ein hauptamtliches 40

---

132 OLG Düsseldorf, Beschl. v. 27.5.2013, VII-Verg 9/13, VergabeR 2014, 206, 207 und 209.

133 Ebenso: VergK Berlin, Beschl. v. 18.3.2010, VK B 2-3/10 E, forum vergabe, Monatsinfo 07/2010, S. 192 f.; Storr, in: Loewenheim/Meessen/Riesenkampff, Kartellrecht, § 115 GWB Rn. 14; *Dreher*, in: Immenga/Mestmäcker, GWB, § 115 Rn. 66 (wegen der Bedeutung der Entscheidung aber als fragwürdig bezeichnet); a. A. *Schweda*, in: Langen/Bunte, Kartellrecht, § 115 GWB Rn. 14.

134 *Dreher*, in: Immenga/Mestmäcker, GWB, § 115 Rn. 66.

135 A. A. *Dreher*, in: Immenga/Mestmäcker, GWB, § 115 Rn. 52 (mit einer nur am Wortlaut orientierten Auslegung); BayObLG, Beschl. v. 23.1.2003, Verg 2/03, VergabeR 2003, 368, 370 (ohne Begr. und ohne Entscheidungsrelevanz).

136 So *Reidt*, in: Reidt/Stickler/Glahs, Vergaberecht, 3. Aufl. 2011, § 115 Rn. 42; vgl. auch *Storr*, in: Loewenheim/Meessen/Riesenkampff, Kartellrecht, § 115 GWB Rn. 20 (VergK „kann den Zuschlag von der Einhaltung bestimmter Voraussetzungen abhängig machen").

137 Ebenso: *Dreher*, in: Immenga/Mestmäcker, GWB, § 115 Rn. 63.

Mitglied der Vergabekammer eignen (s. die erste Voraussetzung des § 157 Abs. 3 Satz 2 GWB).

41 Wenn die Vergabekammer dem Antrag des Auftraggebers oder des designierten Auftragnehmers stattgibt, tritt die **Aufhebung des Zuschlagsverbots** des § 169 Abs. 1 GWB im Interesse des Antragstellers an einer Verteidigung seiner Primärrechtsschutzchancen (vgl. § 169 Abs. 2 Satz 5 GWB) erst **nach Ablauf von zwei Wochen seit Bekanntgabe** „dieser" stattgebenden Entscheidung ein. Die Entscheidung ist – nicht zuletzt wegen § 169 Abs. 2 Satz 5 GWB – zu begründen, mit einer Rechtsbehelfsbelehrung zu versehen[138] und allen Verfahrensbeteiligten sowie ggf. noch beizuladenden Unternehmen, denen rechtliches Gehör zu gewähren war (s. Rn. 40), bekanntzugeben.[139] Dabei muss möglichst eine gleichzeitige Bekanntgabe erreicht werden. Bei divergierenden Zeitpunkten kommt es für das Wirksamwerden der Zuschlagsgestattung, eines begünstigenden Verwaltungsakts, also für den Lauf der Zwei-Wochen-Frist, auf die Bekanntgabe an den Auftraggeber an, zumal er nur dieses Faktum sicher kennt und es ihm nicht zumutbar ist, die Bekanntgabedaten bei den anderen Beteiligten zu ermitteln.[140]

42 Der einstweiligen Entscheidung der Vergabekammer nach § 169 Abs. 2 Satz 1 GWB ist **keine Kostenentscheidung** beizufügen. Vielmehr ist über die Kosten gem. § 182 GWB einheitlich im Rahmen der Entscheidung über die Hauptsache zu befinden.[141]

43 Hat die Vergabekammer im Zeitpunkt ihrer Endentscheidung zur Hauptsache noch nicht über einen zuvor gestellten Eilantrag nach § 169 Abs. 2 Satz 1 GWB entschieden, so **erledigt** sich dieser (s. auch Rn. 29 a. E.).[142] Eine gleichzeitige oder nachträgliche positive Entscheidung der Vergabekammer über den Eilantrag wäre unzulässig, weil es einer so späten Eilentscheidung an der notwendigen Voraussetzung für eine Vorabgestattung des Zuschlags mangelte, dass damit eine Verzögerung der Zuschlagserteilung bis zum Abschluss des Nachprüfungsverfahrens vor der Vergabekammer vermieden werden soll. Eine solche Entscheidung müsste – auf Antrag des Antragstellers (oder eines ggf. beschwerten Beigeladenen) gem. § 169 Abs. 2 Satz 5 GWB – vom Beschwerdegericht aufgehoben werden.[143] Nach der Endentscheidung der Vergabekammer kommt eine Vorabgestattung des Zu-

138 *Reidt*, in: Reidt/Stickler/Glahs, Vergaberecht, § 169 Rn. 59.

139 Eine förmliche Zustellung der Vorabgestattung ist laut der speziellen ausdrücklichen Vorschrift des § 169 Abs. 2 Satz 1 GWB („Bekanntgabe"; möglich z. B. in der mündlichen Verhandlung der VergK) nicht notwendig; anders als für die Hauptentscheidung, für die der Gesetzgeber in § 168 Abs. 3 Satz 3 GWB eine Verweisung auf § 61 GWB für erforderlich hält, hat er diese in § 169 Abs. 2 GWB unterlassen. Ebenso: *Otting*, in: Bechtold, GWB, § 115 Rn. 8; *Dreher*, in: Immenga/Mestmäcker, GWB, § 115 Rn. 68; a. A. *Reidt*, in: Reidt/Stickler/Glahs, Vergaberecht, § 169 Rn. 59.

140 Im Erg. ebenso: *Herrmann*, in: Ziekow/Völlink, Vergaberecht, § 169 GWB Rn. 31. *Otting*, in: Bechtold, GWB, § 115 Rn. 8, und *Storr*, in: Loewenheim/Meessen/Riesenkampff, Kartellrecht, § 115 GWB Rn. 20, halten nur die Bekanntgabe an den Antragsteller (des Haupt-Nachprüfungsverfahrens) für maßgeblich.

141 OLG München, Beschl. v. 28.2.2011, Verg 23/10, VergabeR 2011, 642, 643 f. m. w. N.; 2. VergK des Bundes, Beschl. v. 30.6.1999, VK 2 – 14/99.

142 BayObLG, Beschl. v. 16.7.2004, Verg 16/04, VergabeR 2005, 141, 142; a. A. *Dreher*, in: Immenga/Mestmäcker, GWB, § 115 Rn. 51 (laufende Eilverfahren erledigen sich erst mit Anhängigkeit der sofortigen Beschwerde [§ 171 GWB] oder mit Ablauf der Beschwerdefrist).

143 BayObLG, Beschl. v. 16.7.2004, Verg 16/04, VergabeR 2005, 141, 142.

schlags nur in einem Verfahren nach § 176 GWB – nach Einlegung einer sofortigen Beschwerde gegen die Endentscheidung – in Betracht.

4. Antrag an das Beschwerdegericht, das Zuschlagsverbot wiederherzustellen (§ 169 Abs. 2 Satz 5 GWB)

§ 169 Abs. 2 Satz 5 GWB ermöglicht die Überprüfung der für den Auftraggeber (und/oder den designierten Auftragnehmer) positiven Entscheidung nach § 169 Abs. 2 Satz 1 GWB. Das Gesetz sagt nicht ausdrücklich, wer hierfür antragsberechtigt ist, anders als im umgekehrten Fall des § 169 Abs. 2 Satz 6 GWB (dort: „Auftraggeber"). Die **Antragsberechtigung** ist daher weit zu verstehen: Außer dem Antragsteller des Nachprüfungsantrags sind alle (schon) Beigeladenen antragsberechtigt,[144] die eine Beschwer durch die Aufhebung des Zuschlagsverbots dartun können.[145] Der Antrag muss **schriftlich** gestellt und **gleichzeitig begründet** werden; die zur Begründung vorzutragenden Tatsachen, sofern sie streitig sind und es nach der Antragsbegründung überhaupt auf Tatsachenwürdigung und nicht nur auf Rechtsfragen ankommt, sind **glaubhaft zu machen** (§§ 169 Abs. 2 Satz 7, 176 Abs. 2 Satz 1 und 2 GWB). Werden diese Erfordernisse nicht erfüllt, ist der Antrag unzulässig. Der Antrag nebst Begründung ist unmittelbar an das **Beschwerdegericht zu richten**. Ein irrtümlich bei der Vergabekammer eingereichter Antrag darf von dieser aber nicht als unzulässig verworfen, sondern muss an das Beschwerdegericht weitergeleitet werden. Es gilt § 175 Abs. 1 GWB; folglich herrscht **Anwaltszwang** (s. oben Rn. 27). 44

Das Beschwerdegericht kann einen Zuschlag, der erlaubterweise nach Ablauf der Zwei-Wochen-Frist des § 169 Abs. 2 Satz 1 GWB erteilt worden ist, nicht wieder aufheben (§§ 169 Abs. 2 Satz 5, 168 Abs. 2 Satz 1 GWB). Daher muss das Beschwerdegericht, wenn es innerhalb dieser Zwei-Wochen-Frist nicht mehr entscheiden kann oder wenn es gar erst nach Ablauf der Zwei-Wochen-Frist, aber noch vor Zuschlagserteilung angerufen wird (was zulässig ist), mit Blick auf das Gebot effektiven Rechtsschutzes in Analogie zu § 64 Abs. 2 GWB, zu § 149 Abs. 1 Satz 2 i.V.m. § 146 Abs. 4 VwGO und zu § 570 Abs. 3 ZPO – auf Antrag oder von Amts wegen – **anordnen, dass die Zuschlagsgestattung einstweilen** – bis zur Entscheidung über den Antrag nach § 169 Abs. 2 Satz 5 GWB – **nicht in Kraft tritt**.[146] Davon sollte nur dann abgesehen werden, wenn der Antrag offensichtlich erfolglos ist (was dann auch die sofortige Zurückweisung ermöglicht). Im Übrigen gelten für die Entscheidung des Beschwerdegerichts – nach Gewährung rechtlichen Gehörs für alle Beteiligten – die **gleichen Entscheidungskriterien** wie gem. § 169 Abs. 2 Satz 1 bis 4 45

---

144 *Tilmann*, WuW 1999, 343 f.; *Kus*, in: Kulartz/Kus/Portz/Prieß, GWB, § 169 Rn. 98; *Schweda*, in: Langen/Bunte, Kartellrecht, § 115 GWB Rn. 26; *Herrmann*, in: Ziekow/Völlink, Vergaberecht, § 169 GWB Rn. 33 a. E.

145 Vgl. hierzu § 171 Rn. 32, 34. Ebenso: *Reidt*, in: Reidt/Stickler/Glahs, Vergaberecht, § 169 Rn. 64; *Dreher*, in: Immenga/Mestmäcker, GWB, § 115 Rn. 74, der die Antragsbefugnis sogar auf jeden noch nicht beigeladenen Bieter oder Vergabeinteressenten, dessen Interesse durch eine Gestattung der Zuschlagserteilung schwerwiegend berührt wird, erstreckt. Das ist jedoch abzulehnen, weil auf das Verfahren einwirkende Antragsrechte nur Verfahrensbeteiligte (i. S. d. § 162 GWB) haben können.

146 Ebenso: *Dreher*, in: Immenga/Mestmäcker, GWB, § 115 Rn. 71; *Kus*, in: Kulartz/Kus/Portz/Prieß, GWB, § 169 Rn. 101; *Reidt*, in: Reidt/Stickler/Glahs, Vergaberecht, § 169 Rn. 65; *Herrmann*, in: Ziekow/Völlink, Vergaberecht, § 169 GWB Rn. 38; *Gröning*, ZIP 1999, 181, 184.

GWB (s. oben Rn. 30 bis 39).[147] Das Beschwerdegericht prüft diese Kriterien selbstständig und nimmt eine eigene Interessenabwägung vor, ohne in seinem Prüfungsumfang durch die Vergabekammerentscheidung beeinflusst oder gar festgelegt zu sein.[148] Im Verfahren vor dem Beschwerdegericht galt bis April 2009 (wegen des starken Zeitdrucks plausibel) nicht die **Untersuchungsmaxime**, weil § 115 Abs. 2 Satz 4 GWB a.F. (vor dem Verg ModG 2009) nicht auf § 121 Abs. 3 Satz 4 GWB a.F. Bezug nahm, sodass die §§ 120, 70 Abs. 1 GWB a.F. hier nicht anwendbar waren.[149] Das ist durch das VergModG 2009 geändert worden, indem (jetzt) § 169 Abs. 2 Satz 7 auch § 176 Abs. 3 GWB für entsprechend anwendbar erklärt, dessen Satz 4 wiederum die Anwendbarkeit der §§ 175 Abs. 2, 70 Abs. 1 GWB begründet. Wegen des sehr beengten Zeitrahmens ist es gut vertretbar, die Pflicht des Beschwerdegerichts darauf zu beschränken, den Untersuchungsgrundsatz nur in der modifizierten Form des § 163 Abs. 1 GWB befolgen zu müssen. Eine **mündliche Verhandlung** ist gem. den §§ 169 Abs. 2 Satz 7, 176 Abs. 3 Satz 2 GWB **nicht erforderlich**.

46 Durch § 169 Abs. 2 Satz 7 GWB mit seiner Verweisung auf § 176 Abs. 3 Satz 1 GWB ist nunmehr auch geklärt, **innerhalb welcher Zeit** das **OLG entscheiden muss**: unverzüglich, längstens innerhalb von fünf Wochen nach Eingang des Antrags,[150] wobei die Entscheidung innerhalb dieser Frist auch schriftlich begründet und von den mitwirkenden Richtern unterschrieben (aber noch nicht zugestellt) worden sein muss. Eine Verlängerung der Entscheidungsfrist unter den Voraussetzungen des § 176 Abs. 3 Satz 1 Hs. 2 GWB ist möglich. Eine vorschriftswidrige Überschreitung der Frist zieht jedoch keine dem § 171 Abs. 2 Hs. 2 GWB vergleichbare Sanktion nach sich. Wegen der unterschiedlichen Auswirkungen auf die Zuschlagssperre des § 169 Abs. 1 GWB in zeitlicher Hinsicht (vgl. auch § 173 Abs. 1 Satz 1 und 2 GWB) kann und muss das Beschwerdegericht über den Antrag auch dann noch entscheiden, falls die Vergabekammer inzwischen den Nachprüfungsantrag durch eine Endentscheidung abgelehnt hat, diese Entscheidung aber noch nicht unanfechtbar geworden ist. Anders verhält es sich, falls die Vergabekammer dem Nachprüfungsantrag durch Endentscheidung ganz oder teilweise stattgibt, bevor der Auftraggeber von der Vorabgestattung des Zuschlags Gebrauch gemacht hat: Die endgültige Entscheidung setzt sich durch und lässt die zu ihr im Widerspruch stehende Vorabgestattung des Zuschlags als nur vorläufige Entscheidung gegenstandslos (unwirksam) werden;[151] das folgt zwingend aus den §§ 173 Abs. 3, 176 GWB, die den Auftraggeber darauf verweisen, mit oder nach der Einlegung der sofortigen Beschwerde erneut einen Antrag auf Vorabge-

---

147 OLG Düsseldorf, Beschl. v. 9.5.2011, VII-Verg 45/11, VergabeR 2011, 884, 885; OLG Frankfurt a.M., Beschl. v. 26.1.2017, 11 Verg 1/17, NZBau 2017, 309, 310 Rn. 35.

148 Vgl. *Otting*, in: Bechtold, GWB, § 115 Rn. 9; *Dreher*, in: Immenga/Mestmäcker, GWB, § 115 Rn. 70.

149 Ebenso *Dreher*, in: Immenga/Mestmäcker, GWB, § 115 Rn. 45; a.A. *Tilmann*, WuW 1999, 342, 345.

150 Ebenso: *Kus*, in: Kulartz/Kus/Portz/Prieß, GWB, § 169 Rn. 92; a.A. *Schweda*, in: Langen/Bunte, Kartellrecht, § 115 GWB Rn. 28: aufgrund des § 169 Abs. 2 Satz 5 Hs. 2 i.V.m. § 168 Abs. 2 Satz 1 GWB müsse das Beschwerdegericht innerhalb der Zweiwochenfrist aus § 169 Abs. 2 Satz 1 GWB entscheiden (das trifft wegen der Möglichkeit einer Zwischenentscheidung – s. oben Rn. 45 – nicht zu, die aber von *Schweda* nicht diskutiert wird, auch nicht in Rn. 27 a.a.O.).

151 Im Erg. ebenso: *Reidt*, in: Reidt/Stickler/Glahs, Vergaberecht, § 169 Rn. 43, 72, 78; a.A. *Dreher*, in: Immenga/Mestmäcker, GWB, § 115 Rn. 51, der die Erledigungswirkung erst mit Anhängigkeit der sofortigen Beschwerde im Hauptsacheverfahren oder mit Ablauf der Beschwerdefrist eintreten lässt.

stattung des Zuschlags (gem. § 176 GWB beim Beschwerdegericht) zu stellen. Das zuvor eingeleitete, vom Beschwerdegericht aber – bei dieser Fallkonstellation – noch nicht entschiedene Rechtsbehelfsverfahren des § 169 Abs. 2 Satz 5 GWB erledigt sich durch die für den Antragsteller positive Vergabekammerentscheidung „in der Hauptsache".

Im Hinblick auf die vor dem Beschwerdegericht entstehenden besonderen Kosten muss das **47** Beschwerdegericht in diesem Antragsverfahren eine **Kostenentscheidung** treffen,[152] und zwar gem. § 78 GWB i.V.m. den §§ 169 Abs. 2 Satz 7, 176 Abs. 3 Satz 4, 175 Abs. 2 GWB.[153]

5. Antrag an das Beschwerdegericht, den sofortigen Zuschlag zu gestatten (§ 169 Abs. 2 Satz 6 GWB)

§ 169 Abs. 2 Satz 6 GWB ermöglicht die Überprüfung der für den Auftraggeber negativen **48** Entscheidung nach § 169 Abs. 2 Satz 1 GWB. **Antragsberechtigt** ist nach dem eindeutigen Wortlaut der Norm nur der Auftraggeber, nicht etwa auch ein Beigeladener, dem – wie etwa dem designierten Auftragnehmer[154] – die vorzeitige Gestattung des Zuschlags günstig wäre. Der designierte Auftragnehmer ist nicht einmal dann antragsberechtigt, wenn er den Antrag nach § 169 Abs. 2 Satz 1 GWB in erster Instanz gestellt hatte. Andererseits ist der Auftraggeber auch dann antragsberechtigt, wenn er zuvor bei der Vergabekammer keinen Antrag gestellt, sondern nur der designierte Auftragnehmer die Vorabgestattung des Zuschlags beantragt hatte. Für den **Antrag** gelten die Ausführungen zu § 169 Abs. 2 Satz 5 GWB (s. oben Rn. 44), für die Entscheidung des Beschwerdegerichts – nach Gewährung rechtlichen Gehörs für alle Beteiligten – gelten die **gleichen Entscheidungskriterien** wie gem. § 169 Abs. 2 Satz 1 bis 4 GWB (s. oben Rn. 30 bis 39).[155] Wenn das Beschwerdegericht dem Antrag des Auftraggebers stattgibt, kann es den „sofortigen" Zuschlag, also ohne die zweiwöchige Wartefrist des § 169 Abs. 2 Satz 1 GWB, gestatten. Das Beschwerdegericht kann jedoch über den Antrag nicht mehr entscheiden, sobald die Vergabekammer eine Endentscheidung erlassen hat, die dem Nachprüfungsantrag ganz oder teilweise stattgibt. Das folgt aus den §§ 173 Abs. 3, 176 GWB, aufgrund deren der Auftraggeber sein Begehren, den Zuschlag sofort erteilen zu können, mit der Einlegung der sofortigen Beschwerde gegen die Endentscheidung nebst Antrag gem. § 176 GWB weiter verfolgen muss (vgl. oben Rn. 46). Im Übrigen wird hinsichtlich der Verfahrensregeln und der Kostenentscheidung auf Rn. 45 f. und 47 Bezug genommen.

---

152 Ebenso: BayObLG, Beschl. v. 23.12.1999, Verg 9/99; KG, Beschl. v. 9.11.1999, KartVerg 12/99; *Gröning*, ZIP 1999, 181, 186.

153 Ebenso: OLG Düsseldorf, Beschl. v. 27.5.2013, VII-Verg 9/13, VergabeR 2014, 206, 209.

154 A. A. *Schweda*, in: Langen/Bunte, Kartellrecht, § 115 GWB Rn. 26, der die Nichterwähnung des Bestbieters (i. S. d. [jetzt] § 134 GWB) für einen redaktionellen Fehler des (jetzt) § 169 Abs. 2 Satz 6 GWB hält. Für einen redaktionellen Fehler (und für die Befugnis des Gesetzesanwenders zur eigenen Korrektur dieses Fehlers) spricht aber eher weniger als für die bewusste Beschränkung seitens des Gesetzgebers in Anbetracht dessen, dass die Antragsberechtigung des Bestbieters schon für die erste Instanz fragwürdig ist; s. oben Rn. 28 m. w. N.

155 Ebenso: *Dreher*, in: Immenga/Mestmäcker, GWB, § 115 Rn. 70, 72; *Kus*, in: Kulartz/Kus/Portz/Prieß, GWB, § 169 Rn. 103 m. w. N., *Schweda*, in: Langen/Bunte, Kartellrecht, § 115 GWB Rn. 29 m. w. N.

IV. Weitere vorläufige Maßnahmen

1. Allgemeines

49 Im Gegensatz zu § 168 GWB, der in erster Linie die Endentscheidung der Vergabekammer betrifft, regelt § 169 GWB vorläufige Maßnahmen in Bezug auf das Vergabeverfahren. Dazu gehört einerseits der automatische Suspensiveffekt gem. Abs. 1, mit dem vollendete Tatsachen in Bezug auf die Beendigung des Vergabeverfahrens verhindert werden. Daneben können die **Vergabekammer** gem. **Abs. 3 Satz 1** sowie der **Vergabesenat** in entsprechender Anwendung des Abs. 3[156] mit weiteren vorläufigen Maßnahmen in das Vergabeverfahren eingreifen, wenn die Rechte des Antragstellers (§ 97 Abs. 6 GWB) auf andere Weise als durch den drohenden Zuschlag gefährdet sind. Es dürfte sich bei Abs. 3 um eine einstweilige Anordnung sui generis handeln, für die eine Analogie zu § 935 ZPO nicht erforderlich ist.[157] Allerdings entstehen auch dann die Probleme, die sich aus § 168 Abs. 3 GWB (§ 168 Rn. 41 ff.) im Rahmen der Vollstreckung ergeben.

2. Zulässige vorläufige Maßnahmen

50 Durch das automatische Zuschlagsverbot des Abs. 1 ist der Auftraggeber nicht gehindert, das Vergabeverfahren bis zur Entscheidungsreife fortzusetzen und bspw. die ergänzende Wertung eines Angebots nachzuholen oder die Prüfung und Wertung der Angebote abzuschließen.[158] Abs. 3 erlaubt deswegen notfalls eine **vollständige Suspension** des Vergabeverfahrens.[159] So kann einer Vergabestelle bspw. untersagt werden, überhaupt irgendwelche weiteren Verhandlungen mit den Bietern zu führen, wenn dadurch rechtswidrige Marktpreiskenntnisse erlangt würden.[160] Möglich ist es,[161] über Abs. 3 **einstweilige Verfügungen gegenüber** der **Vergabestelle** und/oder **anderen Verfahrensbeteiligten**, z. B. dem erfolgreichen Bieter oder dem (unwirksam) von der Vergabestelle Beauftragten[162] zu erlassen,

---

156 *Byok*, NJW 2009, 644, 648; *Byok/Goodarzi*, WuW 2004, 1024, 1026 f.; st. Rspr. des OLG Düsseldorf, vgl. nur Beschl. v. 16.11.2016, VII-Verg 40/16, NZBau 2017, 308 f.; Beschl. v. 7.12.2011, VII-Verg 79/11 (innerhalb der Kostenentscheidung); Beschl. v. 20.10.2008, VII-Verg 46/08, VergabeR 2009, 173, 174; Beschl. v. 14.5.2008, VII-Verg 27/08, VergabeR 2008, 661, 663 f.; Beschl. v. 30.4.2008, VII-Verg 23/08, VergabeR 2008, 835, 838; OLG Brandenburg, Beschl. v. 10.1.2013, Verg W 8/12; Beschl. v. 13.3.2008, Verg W 4/08; Beschl. v. 6.10.2006, Verg W 6/06, NZBau 2007, 329, 332; s. a. OLG Naumburg, Beschl. v. 9.8.2006, 1 Verg 11/06, ZfBR 2006, 817, 818; Beschl. v. 31.7.2006, 1 Verg 6/06, ZfBR 2006, 811, 812; OLG Celle, Beschl. v. 15.7.2004, 13 Verg 11/04.

157 So aber *Leinemann*, VergabeR 2001, 64, Anm. zu OLG Düsseldorf, Beschl v. 29.12.2000, Verg 31/00.

158 BayObLG, Beschl. v. 20.9.2004, Verg 21/04, VergabeR 2005, 121, 123; VK Bund, Beschl. v. 27.8.1999, VK 1-19/99, Z.

159 Amtl. Begr., BT-Drs. 13/9340, S. 20 zu § 125 GWB-E VgRÄG: Antrag auf Festlegung, der Ag. müsse das Verfahren vollkommen ruhen lassen.

160 VÜA Baden-Württemberg, Beschl. v. 15.3.1999, 1 VÜ 5/99.

161 *Leinemann*, VergabeR 2001, 64, Anm. zu OLG Düsseldorf, Beschl v. 29.12.2000, Verg 31/00.

162 So auch OLG Düsseldorf, Beschl. v. 22.10.2008, I-27 U 2/08, VergabeR 2009, 176, 178; Beschl. v. 30.4.2008, VII-Verg 23/08, VergabeR 2008, 835, 838; s. a. *Byok*, NJW 2009, 644, 648; wie hier ebenso *Welker*, in: BeckOK Vergaberecht, § 169 Rn. 72. A. A. KG Berlin, Beschl. v. 24.5.2007, 2 Verg 10/07: nur gegenüber der Vergabestelle, insofern lautete folgerichtig dort die **Untersagung** dahingehend, an einer Erbringung von Leistungen des streitgegenständlichen Verfahrens durch

etwa wenn die Vergabestelle trotz laufenden Zuschlagsverbots die Leistung gleichwohl ausführen lässt und damit den angegriffenen, vergaberechtswidrig zustande gekommenen Vertrag praktiziert.[163] Dem **Auftraggeber** kann also aufgegeben werden, es zu **unterlassen**, **Leistungen** von den unwirksam beauftragten Beigeladenen **abzurufen**, und **sicherzustellen**, dass bis zur Entscheidung über die sofortige Beschwerde des Antragstellers **keine** weiteren Leistungen durch die Beigeladenen **ausgeführt** werden.[164] Dem (unwirksam) von der Vergabestelle **Beauftragten** kann z. B. **untersagt** werden, weitere Bauarbeiten **durchzuführen**.[165] Dem Auftraggeber kann des Weiteren **untersagt** werden, die **Vertragslaufzeit** bisheriger Verträge bis zum Abschluss des neuen Vergabeverfahrens zu **verlängern**.[166] Beabsichtigt ein Auftraggeber aus dringenden Gründen **übergangsweise** eine befristete freihändige Vergabe, kann ihm **untersagt** werden, den Auftrag **länger als nur kurzfristig freihändig zu vergeben**.[167] Sogenannte **Interimsvergaben** sind allerdings grundsätzlich zulässig, stellen gegenüber einer vorzeitigen Zuschlagserteilung das mildere Mittel dar und sind daher von Auftraggebern als solches zu prüfen und durchzuführen.[168]

Der hinter der Regelung stehende Gedanke, dass eklatante Rechtsverstöße einer Vergabestelle verhindert werden müssen, ist richtig. Unterlassungsansprüche gegen (öffentliche) Auftraggeber in einem Vergabeverfahren können nach § 156 Abs. 2 GWB nur (erstinstanzlich) bei den Vergabekammern verfolgt werden. Gerade in einem **Nachprüfungsverfahren**, in dem noch keine vollstreckbare Endentscheidung der Kammer ergangen ist, bleibt dem Antragsteller bei verbotswidrigem Verhalten der Vergabestelle zur Sicherung seiner Rechte nichts anderes, als eine einstweilige Anordnung nach §§ 169 Abs. 3, 156 Abs. 2 GWB zu beantragen. Die Voraussetzungen für die Notwendigkeit der Anordnung weiterer vorläufiger Maßnahmen gem. Abs. 3 können zudem ebenso während des **Beschwerdeverfahrens** vorliegen bzw. erst im Laufe des Beschwerdeverfahrens entstehen.[169] Die angeordneten Maßnahmen müssen **verhältnismäßig** sein.[170] **51**

Statthaft ist es, zur Gewährleistung effektiven Rechtsschutzes gem. Abs. 3 Satz 1 analog den Erlass sogenannter **Zwischenverfügungen** (Zwischenregelungen, Hängebeschlüsse) zu beantragen.[171] Die Anordnung ergeht in einem solchen Fall vorläufig bis zur endgültigen Entscheidung über den Eilantrag nach Abs. 3 Satz 1.[172] **52**

---

die Beigeladene **mitzuwirken** und/oder von Planungsleistungen der Beigeladenen **Gebrauch zu machen**. Einschränkend *Kus*, in: Kulartz/Kus/Portz/Prieß, GWB, § 169 Rn. 113.

163 Vgl. OLG Düsseldorf, Beschl. v. 7.12.2011, VII-Verg 79/11 (innerhalb der Kostenentscheidung).

164 OLG Brandenburg, Beschl. v. 10.1.2013, Verg W 8/12. S. a. VK Sachsen, Beschl. v. 12.5.2016, 1/SVK/002-16.

165 OLG Düsseldorf, Beschl. v. 30.4.2008, VII-Verg 23/08, VergabeR 2008, 835, 837.

166 Vgl. OLG Düsseldorf, Beschl. v. 11.1.2012, VII-Verg 58/11 bzgl. der Fortsetzung eines alten Rabattvertrags für einen Zeitraum, für den ein neuer Rabattvertrag gelten sollte, dessen Geltung jedoch durch die Einleitung von Nachprüfungsverfahren verhindert worden war.

167 OLG Celle, Beschl. v. 29.8.2003, 13 Verg 15/03.

168 OLG Düsseldorf, Beschl. v. 20.7.2015, VII-Verg 37/15, NZBau 2015, 709, 711. S. a. OLG Düsseldorf, Beschl. v. 24.1.2014, VII-Verg 3/14. Ausführlich zu **Interimsaufträgen** *Kus*, in: Kulartz/Kus/Portz/Prieß, GWB, § 169 Rn. 114 ff.

169 OLG Naumburg, Beschl. v. 31.7.2006, 1 Verg 6/06, ZfBR 2006, 811, 812.

170 Vgl. OLG Naumburg, Beschl. v. 9.8.2006, 1 Verg 11/06, ZfBR 2006, 817.

171 OLG Düsseldorf, Beschl. v. 30.4.2008, VII-Verg 23/08, VergabeR 2008, 835, 839. S. a. zum selbstständigen Zwischenverfahren 2. VK Bund, Beschl. v. 12.12.2000, VK 2-38/00.

172 OLG Naumburg, Beschl. v. 9.8.2006, 1 Verg 11/06, ZfBR 2006, 817: dort wurde die Ag. angewiesen, den Schlusstermin für den Eingang der Angebote zu verlängern.

3. Unzulässige vorläufige Maßnahmen

53 Anordnungen gemäß oder entsprechend Abs. 3 sollen der Sicherung einer noch ergehenden Entscheidung der Vergabekammer bzw. des Vergabesenats nach § 168 GWB bzw. § 178 GWB dienen, sie können mithin **nicht weiter** reichen als die hiernach mögliche **endgültige** Entscheidung.[173] Eine **vorbeugende** Unterlassungsanordnung, welche lediglich zukünftige Vergabeverfahren betreffen würde, ist daher **unzulässig**.[174] **Feststellungen** können ebenfalls keine vorläufige Maßnahme i. S. d. Abs. 3 Satz 1 darstellen.[175] Abs. 3 bietet zudem (anders als § 80a VwGO) **keine Rechtsgrundlage** für eine Anordnung des **Antragsgegners gegenüber** dem **Beigeladenen** (etwa auf einen Baustopp), sodass der Antragsgegner daher auf bürgerlich-rechtliche Anspruchsgrundlagen (bei Nichtigkeit des Kaufvertrags etwa aus § 812 BGB, bei Nichtigkeit auch der Auflassung aus §§ 985, 1004 BGB) angewiesen wäre.[176]

4. Voraussetzungen

54 Erforderlich ist gem. Abs. 3 Satz 1 ein besonderer **Antrag** seitens des Antragstellers, für den kein Formzwang besteht. Der Antrag kann nur im laufenden Nachprüfungsverfahren bzw. so lange gestellt werden, wie der Nachprüfungsantrag noch **anhängig** ist,[177] also nicht nur bis zum Schluss der mündlichen Verhandlung, sondern bis zur Verkündung der Endentscheidung durch den Vergabesenat.[178] Aufgrund des Grundsatzes der **Akzessorietät** zwischen Vergabe- und Nachprüfungsverfahren fehlt das **Rechtsschutzbedürfnis**, wenn sich der Antrag auf einen Eingriff in ein (anderes) Vergabeverfahren richtet, welches nicht Gegenstand des konkreten Nachprüfungsverfahrens ist.[179] Im Fall einer Doppelausschreibung, also der zweifachen Ausschreibung desselben Auftrags,[180] besteht auch kein Rechtsschutzbedürfnis gem. Abs. 3 analog mit der Begründung, es handele sich bei beiden Vergabeverfahren materiell um einen einheitlichen Beschaffungsvorgang; effektiver Rechtsschutz ist

---

173 OLG Düsseldorf, Beschl. v. 20.10.2008, VII-Verg 46/08, VergabeR 2009, 173, 174.

174 Vgl. OLG Düsseldorf, Beschl. v. 20.10.2008, VII-Verg 46/08, VergabeR 2009, 173, 174: dort hatte die Ast. beantragt, der Ag. zu untersagen, ein neues Vergabeverfahren einzuleiten.

175 VK Südbayern, Beschl. v. 29.12.2016, Z3-3-3194-1-47-11/16.

176 OLG Düsseldorf, Beschl. v. 14.5.2008, VII-Verg 27/08, VergabeR 2008, 661, 664.

177 VK Südbayern, Beschl. v. 29.12.2016, Z3-3-3194-1-47-11/16; vgl. 2. VK Bund, Beschl. v. 12.12.2000, VK 2-38/00: Dort hatte die Vergabekammer einen Beschluss erlassen, gegen den (noch) keine sofortige Beschwerde eingelegt worden war; die Ast. hatte erneut die Vergabekammer u. a. mit einem Antrag nach Abs. 3 angerufen.

178 OLG Brandenburg, Beschl. v. 10.1.2013, Verg W 8/12: In dem zu entscheidenden Fall befand der Senat, dass die Ast. keine Veranlassung hatte, einen Antrag nach Abs. 3 im Termin zu stellen, weil der Senat im Termin dem Ag. seine Rechtsauffassung zur bestehenden Erfolgsaussicht der sofortigen Beschwerde zur Kenntnis gebracht hatte u. die Ast. nicht damit rechnen musste, dass der Ag., eine staatliche Behörde u. anwaltlich vertreten, sich vor Vorliegen der schriftlichen Entscheidungsgründe der Rechtsauffassung des Senats nicht beugen u. vorher in rechtswidriger Weise vollendete Tatsachen schaffen würde.

179 OLG Naumburg, Beschl. v. 31.7.2006, 1 Verg 6/06, ZfBR 2006, 811, 812: dort hatten die Ast. beantragt, der Ag. vorläufig zu untersagen, das zweite Vergabeverfahren fortzuführen.

180 Vgl. OLG Naumburg, Beschl. v. 17.5.2006, 1 Verg 3/06, VergabeR 2006, 814, 816; s. a. § 168 Rn. 8.

daher nur durch die Anstrengung eines eigenen Nachprüfungsverfahrens gegen die zweite Ausschreibung zu erlangen.[181]

5. Beurteilungsmaßstab

Für die **Entscheidung** wird nach **Abs. 3 Satz 2** (sinngemäß) der in **Abs. 2 Satz 1** enthaltene **Beurteilungsmaßstab** (Rn. 30 ff.) zugrunde gelegt.[182] Durch das VergModG 2009 wurde Abs. 2 um die Sätze 2 bis 4 erweitert, ohne jedoch einen Verweis auf diese Sätze in Abs. 3 aufzunehmen. Da diese Unterlassung ein gesetzgeberisches Redaktionsversehen darstellen dürfte, gelten für die vorzunehmende Interessenabwägung auch die in Abs. 2 **Satz 2 bis 4** genannten Aspekte.[183] **55**

6. Rechtsmittel

Die Entscheidung ist gem. **Abs. 3 Satz 3 nicht selbstständig anfechtbar** (vgl. § 163 Rn. 33). Etwas anderes gilt dann, wenn die Voraussetzungen für eine selbstständige **Anfechtbarkeit** gem. § 44a VwGO (§ 165 Rn. 22) vorliegen. Unter Berücksichtigung der Rechtsschutzgarantie des Art. 19 Abs. 4 GG sollte Abs. 3 entgegen seinem Wortlaut verfassungskonform so ausgelegt werden, dass eine zurückweisende Entscheidung der Vergabekammer nach Abs. 3 unabhängig von einem Rechtsmittel in der Hauptsache vor dem Vergabesenat überprüft werden kann. Es kann mit guten Gründen vertreten werden, dass im Falle der Ablehnung der Anordnung vorläufiger Maßnahmen § 169 Abs. 2 Satz 5, 6 GWB analog anzuwenden ist und ein erneuter Antrag auf Vornahme der begehrten Maßnahme bei dem Vergabesenat gestellt werden kann.[184] **56**

7. Vollstreckung

Die **Sätze 4 und 5** des Abs. 3 sind durch das VergModG 2009 eingefügt worden und sollen klarstellen, dass Maßnahmen nach Abs. 3 Satz 1 mit den Mitteln der **Verwaltungsvollstreckung** durchgesetzt werden können.[185] Die **Vergabekammer** kann die von ihr getroffenen weiteren vorläufigen Maßnahmen nach den Verwaltungsvollstreckungsgesetzen des Bundes und der Länder durchsetzen; diese Maßnahmen sind sofort vollziehbar. Durch die **57**

---

181 Vgl. OLG Naumburg, Beschl. v. 31.7.2006, 1 Verg 6/06, ZfBR 2006, 811, 812.

182 Vgl. OLG Düsseldorf, Beschl. v. 16.11.2016, VII-Verg 40/16, NZBau 2017, 308, 309; VK Südbayern, Beschl. v. 29.12.2016, Z3-3-3194-1-47-11/16. Beispiel für eine solche **Interessenabwägung**: OLG Brandenburg, Beschl. v. 10.1.2013, Verg W 8/12.

183 Vgl. zu § 115 Abs. 3 GWB a. F. *Byok/Goodarzi*, WuW 2004, 1024, 1025; VK Lüneburg, Beschl. v. 21.8.2006, VgK-18/2006; Beschl. v. 29.4.2005, VgK-19/2005; VK Sachsen, Beschl. v. 22.8.2001, 1/SVK/79-01; Beschl. v 23.5.2001, 1/SVK/34-01; wie hier ebenso *Kus*, in: Kulartz/Kus/Portz/Prieß, GWB, § 169 GWB Rn. 111; a. A. *Kadenbach*, in: Müller-Wrede, GWB, § 169 Rn. 63; *Nowak*, in: Pünder/Schellenberg, Vergaberecht, § 115 GWB Rn. 65.

184 Mit ausführlicher Begründung *Byok/Goodarzi*, WuW 2004, 1024, 1025 ff.; kritisch auch *Erdl*, Der neue Vergaberechtsschutz, Rn. 556, die jedoch für die Beantragung einstweiliger Verfügungen gem. § 935 ZPO bei den Zivilgerichten plädiert; a. A. (keine selbstständige Anfechtbarkeit) OLG Frankfurt a. M., Beschl. v. 22.7.2008, 11 Verg 07/08; *Kus*, in: Kulartz/Kus/Portz/Prieß, GWB, § 169 Rn. 120; *Kadenbach*, in: Müller-Wrede, GWB, § 169 Rn. 64; *Otting*, in: Bechtold, GWB, 6. Aufl. 2010, § 115 Rn. 15

185 Amtl. Begr., BT-Drs. 16/10117, S. 24 zu § 115 GWB-E VergModG.

entsprechende Anwendung des § 86a Satz 2 GWB gilt der dortige **Zwangsgeldrahmen** von mindestens 1.000,– Euro und höchstens 10 Millionen Euro.[186] Der Gesetzgeber hat auch hier eine Korrektur der zuvor unzureichenden Rechtslage vorgenommen und dem Zwangsinstrumentarium mehr Wirkung verliehen.[187] Anordnungen der **Vergabesenate** hingegen, die entsprechend Abs. 3 erst im Beschwerdeverfahren erlassen werden (Rn. 49 ff.), sind nach den Vorschriften der **ZPO** zu vollstrecken.[188] Zulässig ist bspw. die Androhung von Ordnungsgeld für jeden Fall der Zuwiderhandlung, ersatzweise für den Fall, dass dieses nicht beigetrieben werden kann, Ordnungshaft, oder Ordnungshaft, zu vollziehen an dem gesetzlichen Vertreter des Auftraggebers.[189] **Zuständig** für die Vollstreckung ist die Vergabekammer unabhängig davon, ob sie oder der Vergabesenat die weitere vorläufige Maßnahme erlassen hat (vgl. § 168 Rn. 42).

V. Aufträge gem. §§ 117 Nr. 1 bis 3, 150 Nr. 1 oder 6 GWB

1. Allgemeines

58 **Abs. 4** ist durch das VergModG 2009 eingefügt worden. Bereits vor seinem Inkrafttreten wurde starke Kritik seitens der Literatur laut, die nach dem Inkrafttreten durch manche Oberlandesgerichte noch verstärkt wurde (s. u. Rn. 61 ff.). Der Gesetzgeber hat Abs. 4 im Jahr 2011 im Rahmen des VgRÄGVS modifiziert: Zum einen wurde eine redaktionelle Folgeänderung von § 100 Abs. 2 lit. d) GWB a. F. auf § 100 Abs. 8 Nr. 1 bis 3 GWB a. F. nach der Neustrukturierung dieser Bereichsausnahmen vorgenommen, zum anderen wurde die Frist des Satz 1 von 2 Kalendertagen auf 5 Werktage verlängert, um die bestehende Kritik zu entkräften.[190] Dies ist dem Gesetzgeber jedoch nicht gelungen. Zudem ist der Fristenlauf durch die Umformulierung unklarer geworden (Rn. 65). Durch das VergRModG 2016 wurden in Abs. 4 die entsprechenden neuen Ausnahmevorschriften der RL 2014/23/EU, 2014/24/EU und 2014/25/EUR übernommen.[191]

59 Nach **Satz 1** dieser Vorschrift **entfällt** das in Abs. 1 normierte **Zuschlagsverbot** 5 Werktage[192] (zu dem Begriff s. Rn. 60, 65) nach Zustellung eines Schriftsatzes, in welchem der

186 Zum Vergleich: § 11 Abs. 3 VwVG Bund sieht ein Zwangsgeld von nur bis zu 25.000,– Euro vor, nach § 60 Abs. 1 VwVG NRW kann das Zwangsgeld auf mindestens 10,– Euro u. höchstens 100.000,– Euro festgesetzt werden.

187 Vgl. Amtl. Begr., BT-Drs. 16/10117, S. 24 zu § 115 GWB-E u. S. 23 zu § 114 GWB-E VergModG; s. a. § 168 Rn. 54.

188 OLG Düsseldorf, Beschl. v. 30.4.2008, VII-Verg 23/08, VergabeR 2008, 835, 839; Amtl. Begr., BT-Drs. 16/10117, S. 23 zu § 114 GWB-E VergModG.

189 Vgl. OLG Brandenburg, Beschl. v. 10.1.2013, Verg W 8/12. S. a. § 888 Abs. 1 Satz 1 ZPO u. Amtl. Begr., BT-Drs. 16/10117, S. 23 zu § 114 GWB-E VergModG.

190 S. BT-Drs. 17/7275, S. 10, 18, 21 f., 23 zu § 115 GWB-E VgRÄGVS; BGBl. 2011, S. 2570, 2574.

191 Amtl. Begr., BT-Drs. 18/6281, S. 135 zu § 169 GWB-E VergRModG.

192 Ursprünglich sah § 115 Abs. 4 Satz 1 GWB in der Fassung des VergModG 2009 eine Frist von nur 2 Kalendertagen vor. Seit Inkrafttreten des VgRÄGVS am 14.12.2011 gilt die Frist von 5 Werktagen. **Übergangsregelung** gem. **§ 131 Abs. 3 GWB a. F.**: „Vergabeverfahren, die vor dem 14. Dezember 2011 begonnen haben, sind nach den für sie bisher geltenden Vorschriften zu beenden; dies gilt auch für Nachprüfungsverfahren, die sich an diese Vergabeverfahren anschließen, und für am 14. Dezember 2011 anhängige Nachprüfungsverfahren." Nach der Gesetzesbegrün-

Auftraggeber das Vorliegen der Voraussetzungen der § 117 Nr. 1 bis 3 GWB oder § 150 Nr. 1 oder 6 GWB[193] geltend macht, an den Antragsteller des Nachprüfungsantrags. Die Zustellung ist durch die Vergabekammer unverzüglich nach Eingang des Schriftsatzes vorzunehmen. Das Beschwerdegericht kann auf Antrag das **Zuschlagsverbot wiederherstellen** (**Satz 2**), wobei die Vorschrift des § 176 Abs. 1 Satz 1, Abs. 2 Satz 1, Abs. 3 und Abs. 4 entsprechend anzuwenden ist (**Satz 3**). Die Regelung soll **unangemessene Zeitverzögerungen** zulasten der wesentlichen Sicherheitsinteressen des Staates, die durch den automatischen Suspensiveffekt nach Abs. 1 hervorgerufen werden können, dadurch **verhindern**, dass diese Automatik zugunsten eines sofortigen Antragsrechts auf Wiederherstellung des Zuschlagsverbots vor dem Beschwerdegericht entfällt.[194]

2. Entfallen des Zuschlagsverbots bei Vorliegen der Voraussetzungen der § 117 Nr. 1 bis 3 GWB oder § 150 Nr. 1 oder 6 GWB

a) Voraussetzungen

Die Vorschriften der § 117 Nr. 1 bis 3 GWB oder § 150 Nr. 1 oder 6 GWB[195] sehen vor, 60
dass bestimmte, die staatlichen Geheimhaltungs- und Sicherheitsinteressen berührende Aufträge von der Anwendung des GWB-Vergaberechts ausgenommen sind. Es **genügt** für Abs. 4 Satz 1, dass der Auftraggeber die Voraussetzungen einer dieser beiden Vorschriften **geltend macht** und einen entsprechenden **Schriftsatz** an die Vergabekammer übermittelt. Nach dem Wortlaut und der Begründung der Norm ist weder eine Schlüssigkeitsprüfung noch eine Entscheidung durch die Vergabekammer erforderlich, vielmehr ist auch eine unsubstanziierte Behauptung des Vorliegens einer dieser Sachbereichsausnahmen ausreichend, um das Zuschlagsverbot entfallen zu lassen.[196] Dass in dem zugrunde liegenden Sachverhalt **streitig** ist, ob tatsächlich eine **Ausnahme** gem. § 117 Nr. 1 bis 3 GWB oder § 150 Nr. 1 oder 6 GWB gegeben ist,[197] liegt auf der Hand: Läge eine dieser Ausnahmen unstreitig vor, hätte der Antragsteller, auch im Hinblick auf § 180 GWB, kein entsprechendes Nachprüfungsverfahren angestrengt. Die bloße **Zustellung** des Schriftsatzes an den Nachprüfungsantragsteller lässt das Zuschlagsverbot sodann **5 Werktage** später entfallen. „Werktag" bedeutet Montag bis Freitag ohne Feiertage, § 193 BGB ist grds. nicht anwendbar (Rn. 65 f.).

---

dung gilt ein Vergabeverfahren i. S. d. § 131 Abs. 3 GWB a. F. bereits als begonnen, wenn bislang nur eine Aufforderung zur Beteiligung an einem Teilnahmewettbewerb oder eine Aufforderung zu Verhandlungen ohne vorherigen Teilnahmewettbewerb ergangen ist (BT-Drs. 17/7275, S. 19 zu § 131 Abs. 9 GWB-E VgRÄGVS). Vgl. BT-Drs. 17/7275, S. 11, 19 zu § 131 Abs. 9 GWB-E VgRÄGVS u. BGBl. 2011, S. 2570, 2574, ferner BT-Drs. 17/9852, S. 15, 35 zu § 131 Abs. 3 GWB-E 8. GWB-ÄndG u. BGBl. 2013, S. 1738, 1747: Der durch das VgRÄGVS eingeführte Abs. 9 des § 131 GWB a. F. wurde durch das 8. GWB-Änderungsgesetz v. 26.6.2013 zu dessen Abs. 3.

193 Die Ausnahmen gem. § 117 Nr. 4 u. 5 GWB, § 145 GWB u. § 150 Nr. 2 bis 5 u. 7 GWB sind von Abs. 4 nicht erfasst.

194 Amtl. Begr., BT-Drs. 16/10117, S. 24 zu § 115 GWB-E VergModG.

195 Vgl. § 117 Rn. 6 ff., 13 ff., 16 ff., § 150 Rn. 4 ff., 17 f.

196 Vgl. *Stoye/von Münchhausen*, VergabeR 2008, 871, 877.

197 Vgl. Amtl. Begr., BT-Drs. 16/10117, S. 24 zu § 115 GWB-E VergModG.

b) Kritik

61 In der Literatur wurde hinsichtlich § 115 Abs. 4 GWB i.d.F. des VergModG 2009 argumentiert, diese Vorschrift sei nicht erforderlich, weil der Auftraggeber unter Hinweis auf die Ausnahme des § 100 Abs. 2 lit. d) GWB a.F. einen **Antrag nach Abs. 2 Satz 1** auf Gestattung des Zuschlags stellen könne, sodass der Bestand des gesetzlichen Zuschlagsverbots zumindest von einer Entscheidung der Vergabekammer abhänge.[198] Allenfalls könnte eine Verfahrensweise gem. Abs. 2 Satz 1 von einer Regelung einer speziellen Entscheidungsfrist begleitet werden.[199] Hiergegen ist einzuwenden, dass ein Vorgehen nach Abs. 2 Satz 1 mit einer erheblichen zeitlichen Verzögerung für den Auftraggeber verbunden wäre, weil bei positiver Entscheidung seitens der Vergabekammer der Zuschlag erst nach Ablauf von 2 Wochen seit Bekanntgabe der Entscheidung erteilt werden darf. Eben diese unangemessene Zeitverzögerung zulasten der wesentlichen Sicherheitsinteressen des Staates sollte nach dem Willen des Gesetzgebers durch die Einführung des Abs. 4 verhindert werden.

c) Unionsrechtswidrigkeit des Abs. 4

62 Von größerer Bedeutung ist hingegen die Tatsache, dass die Wartefrist für den Auftraggeber 5 Werktage – im Gegensatz zu den 2 Wochen des Abs. 2 Satz 1 – beträgt. Aufgrund der Kürze dieser Zeitspanne wird der effektive **Primärrechtsschutz praktisch unmöglich** gemacht oder jedenfalls **übermäßig erschwert**[200] – hieran **ändert** auch die nur unwesentliche **Verlängerung der Frist** von 2 Kalendertagen auf 5 Werktagen **nichts**. Die Regelung steht überdies im Widerspruch zu Art. 2 Abs. 3 RML sowie zu Art. 56 Abs. 3 VertVergRL, nach denen die Mitgliedstaaten dafür zu sorgen haben, dass der öffentliche Auftraggeber den Vertragsschluss nicht vornehmen kann, bevor die Nachprüfungsstelle eine Entscheidung über einen Antrag auf vorläufige Maßnahmen oder eine Entscheidung in der Hauptsache getroffen hat. Gem. Abs. 4 Satz 1 entfällt das Zuschlagsverbot jedoch schlichtweg 5 Werktage nach Zustellung des entsprechenden Schriftsatzes an den Nachprüfungsantragsteller, unabhängig von einer Entscheidung der Vergabekammer über den Nachprüfungsantrag oder des Beschwerdegerichts über einen Antrag gem. Abs. 4 Satz 2 (Rn. 68 ff.). Entgegen den Vorgaben der vorgenannten Richtlinien ermöglicht Abs. 4 Satz 1 dem Auftraggeber also auch nach der geringfügigen Modifizierung durch das VgRÄGVS eine vorzeitige Zuschlagserteilung. Abs. 4 ist damit in der derzeit bestehenden Formulierung weiterhin als **unionsrechtswidrig** anzusehen und von den Nachprüfungsinstanzen – unter Berücksichtigung der Rechtsprechung des EuGH[201] – **unangewendet** zu lassen.[202] Hier ist der Gesetzgeber zu einer richtlinienkonformen Anpassung des Abs. 4 aufgerufen.[203]

---

198 Vgl. *Stoye/von Münchhausen*, VergabeR 2008, 871, 878. S. zu der heutigen Regelung auch *Summa*, in: jurisPK-Vergaberecht, § 169 GWB Rn. 105.

199 *Wiedemann*, VergabeR 2009, 302, 313.

200 So auch *Kus*, in: Kulartz/Kus/Portz/Prieß, GWB, § 169 Rn. 123, 125. Bzgl. Abs. 4 a. F. s. a. *Stoye/von Münchhausen*, VergabeR 2008, 871, 877 f.; *Wiedemann*, VergabeR 2009, 302, 313; vgl. auch *Herrmann/Polster*, NVwZ 2010, 341, 345; *Reidt*, in: Reidt/Stickler/Glahs, Vergaberecht, § 169 Rn. 6, 90.

201 S. nur EuGH, Urt. v. 11.10.2007, Rs. C-241/06, Rn. 63, VergabeR 2008, 61, 67 f. – Lämmerzahl.

202 Vgl. *Byok*, NVwZ 2012, 70, 75. Kritisch ebenfalls *Kadenbach*, in: Müller-Wrede, GWB, § 169 Rn. 71; *Kus*, in: Kulartz/Kus/Portz/Prieß, GWB, § 169 Rn. 123, 125; *Welker*, in: BeckOK Vergaberecht, § 169 Rn. 9 ff., 80; *Herrmann*, in: Ziekow/Völlink, Vergaberecht, § 169 GWB Rn. 46 f.; *Nowak*, in: Pünder/Schellenberg, Vergaberecht, § 115 GWB Rn. 18; *Dreher*, in: Immenga/

Das **OLG Koblenz** hatte (noch zu Abs. 4 i. d. F. des VergModG 2009) ebenfalls ausgeführt, dass vieles dafür spricht, dass die Vorschrift des Abs. 4 Satz 1 wegen Unvereinbarkeit mit den Rechtsmittelrichtlinien aufgrund der Missachtung des Gebots eines wirksamen Rechtsschutzes unionsrechtswidrig sei, in dem zu entscheidenden Fall allerdings keine abschließende Entscheidung getroffen.[204] Das **OLG Düsseldorf** hatte (ebenfalls bzgl. Abs. 4 a. F.) zwar offen gelassen, ob die von Seiten des OLG Koblenz geäußerten Bedenken zutreffen oder nicht, jedoch im Rahmen eines vorsorglichen Hinweises die Ansicht geäußert, dass Abs. 4 nur noch dann anwendbar sei, wenn sich der Auftraggeber auf eine Ausnahme nach Art. 13 lit. a) oder b) VertVergRL beriefe; außerhalb des objektiven Anwendungsbereichs von Art. 13 VertVergRL sei Abs. 4 zumindest in Teilbereichen im Hinblick auf Art. 56 Abs. 3 VertVergRL nicht mit dieser Richtlinie vereinbar.[205] **63**

d) Versuch einer unionskonformen Auslegung

Da bislang weiterhin eine gerichtliche, geschweige denn eine höchstrichterliche Entscheidung zur Unionskonformität bzw. zur Anwendbarkeit des Abs. 4 fehlt, folgen nun weitere Ausführungen zu dieser Regelung. Zumindest sollte, sofern die Vorschrift des Abs. 4 von den Nachprüfungsinstanzen trotz der begründeten Bedenken angewendet wird, die **Anwendung** dergestalt erfolgen, dass der angemessene **Primärrechtsschutz** des Nachprüfungsantragstellers **sichergestellt** wird. Im Sinne einer unionskonformen Auslegung des Abs. 4 wären bspw. folgende Maßnahmen zu fordern: unionskonforme Auslegung des Begriffs „Werktag" zugunsten des Antragstellers, hilfsweise Zustellung des Schriftsatzes gem. Satz 1 nicht zur Unzeit sowie analoge Anwendung des § 193 BGB (Rn. 66), Hinweis auf die Rechtsschutzmöglichkeiten des Satzes 2 (Rn. 67), sofortige Entscheidung des Beschwerdegerichts über einen Antrag nach Satz 2, im Zweifel zugunsten des Antragstellers auf Wiederherstellung des Zuschlagsverbots (Rn. 76 ff., 74), anderenfalls Erlass einer Zwischenverfügung (Rn. 75 ff.). Schließlich sind die Vorschriften der § 117 Nr. 1 bis 3 GWB oder § 150 Nr. 1 oder 6 GWB eng auszulegen und der Verhältnismäßigkeitsgrundsatz zu beachten (Rn. 71 ff.). **64**

Auch die jetzt geltende Wartefrist von **5 Werktagen** ist für eine Anrufung des Beschwerdegerichts gem. Abs. 4 Satz 2 sowie dessen entsprechende Entscheidung **zu knapp** bemessen.[206] Zudem ist **nicht eindeutig** geregelt, ob der Begriff „**Werktag**" den Samstag beinhaltet oder nicht: Im deutschen Recht wird der Samstag – abhängig von der rechtlichen **65**

Mestmäcker, GWB, § 115 Rn. 95, wonach die Zuschlagssperre nach richtlinienkonformer Auslegung des Abs. 4 Satz 1 erst dann entfallen soll, wenn die Vergabekammer den Schriftsatz zugestellt und dazu eine eigene Entscheidung getroffen hat. *Summa*, in: jurisPK-Vergaberecht, § 169 GWB Rn. 99, 103, 111 hält die Regelung in Abs. 4 für rechtsstaatlich bedenklich. **Zu § 115 Abs. 4 GWB a. F.** mit Geltung der Frist von **2 Kalendertagen**: *Byok*, NJW 2011, 975, 979; *Antweiler*, in: Dreher/Motzke, Vergaberecht, § 115 GWB Rn. 50; *Wiedemann*, VergabeR 2009, 302, 313; *Stoye/von Münchhausen*, VergabeR 2008, 871, 877 f. **A. A.** *Antweiler*, in: Burgi/Dreher, Vergaberecht, § 169 GWB Rn. 11, der seit der Verlängerung der Frist von 2 Kalendertagen auf 5 Werktage keine Bedenken mehr gegen die Vereinbarkeit des Abs. 4 mit Unionsrecht hegt; wie *Antweiler* wohl auch *Reidt*, in: Reidt/Stickler/Glahs, Vergaberecht, § 169 Rn. 6, 90.

203 *Byok*, NVwZ 2012, 70, 75.

204 OLG Koblenz, Beschl. v. 15.9.2010, 1 Verg 7/10, NZBau 2010, 778, 779.

205 OLG Düsseldorf, Beschl. v. 8.6.2011, VII-Verg 49/11, VergabeR 2011, 843, 844 ff. = NZBau 2011, 501, 502 ff. mit Anm. *Freitag*, NZBau 2011, 505.

206 So auch *Herrmann*, in: Ziekow/Völlink, Vergaberecht, § 169 GWB Rn. 47 Fn. 90.

Materie[207] – zum Teil als Werktag angesehen,[208] zum Teil hingegen nicht[209]. Im Vergaberecht hat das OLG Düsseldorf den Begriff „Kalendertag" als „alle Tage des Kalenders und zwar unabhängig davon, ob es sich um einen Werktag oder Feiertage, Sonnabende und Sonntage handelt" definiert,[210] was den Umkehrschluss zulässt, dass der Begriff „Werktag" eben nicht den Samstag erfassen soll. Betrachtet man das europäische Recht, gilt dort der Samstag nicht als Arbeitstag,[211] wobei der Begriff „Werktag" als Synonym des Begriffs „Arbeitstag" auszulegen ist und damit Samstage ausschließt.[212] Zwar hat der EuGH in seiner Entscheidung[213] Unionsrecht ausgelegt und sich nicht mit der Frage befasst, welche Bedeutung der Begriff „Werktag" in Abs. 4 Satz 1 hat.[214] Allerdings sollte im Sinne einer **unionskonformen Auslegung** des Abs. 4 und unter Berücksichtigung der vorgenannten Rechtsprechung des OLG Düsseldorf der **Samstag** zum Schutze des Antragstellers **nicht** als Werktag mitgezählt werden. Wird wiederum der Samstag nicht als Werktag in die fünftägige Frist des Abs. 4 Satz 1 einbezogen, kann der letzte Fristtag nicht auf einen Samstag fallen, sodass § 193 BGB nicht zur Anwendung gelangen kann.

66 Sollte allerdings entgegen der hier (Rn. 65) vertretenen Ansicht der Samstag als Werktag in die Fristberechnung mit einfließen, so muss – um sowohl dem gesetzgeberischen Willen sowie der Wahrung der staatlichen Geheimhaltungs- und Sicherheitsinteressen als auch dem Grundsatz effektiven Rechtsschutzes zu genügen – von den Vergabekammern gefordert werden, dass diese den Schriftsatz des Auftraggebers nach Abs. 4 Satz 1 zwar unverzüglich, jedoch **nicht zur Unzeit zustellen.**[215] Geht der Schriftsatz also z. B. am Freitagnachmittag bei der Vergabekammer ein, sollte er nicht am selben Tage vor Dienstschluss,[216]

---

207 Vgl. *Häublein*, NZM 2010, 651 ff.; *Ellenberger*, in: Palandt, BGB, § 193 BGB Rn. 4; *Grothe*, in: MüKo BGB, § 193 BGB Rn. 2 m. w. N.; *Fervers*, in: BeckOGK BGB, § 193 BGB Rn. 69 f.

208 S. bspw. *Kus*, in: Kulartz/Kus/Portz/Prieß, GWB, § 169 Rn. 125.
S. zu **§ 11 Abs. 3 VOB/B** BGH, Urt. v. 25.9.1978, VII ZR 263/77, NJW 1978, 2594; *Voit*, in: Messerschmidt/Voit, Privates Baurecht, § 11 VOB/B Rn. 7; *Oberhauser*, in: BeckOK VOB, § 11 Abs. 3 VOB/B Einleitung.
S. zu **§ 573c Abs. 1 Satz 1 BGB** BGH, Urt. v. 27.4.2005, VIII ZR 206/04, NJW 2005, 2154, 2155 mit sehr ausführlicher Begründung; LG Aachen, Beschl. v. 22.10.2003, 6 T 67/03; *Mansel*, in: Jauernig, BGB, § 193 BGB Rn. 1.
S. zur **StVO** (Zusatzschild „werktags") OLG Düsseldorf, Beschl. v. 5.12.1990, 2 Ss (OWi) 332/90-83/90 II.
S. bspw. auch **§ 3 Abs. 2 BUrlG**.

209 S. zu **§ 556b Abs. 1 BGB** BGH, Urteile v. 13.7.2010, VIII ZR 291, 09, NJW 2010, 2882 f. sowie VIII ZR 129/09, NJW 2010, 2879, 2880 ff. mit ebenfalls sehr ausführlicher Begründung. Kritisch zu der divergierenden Begriffsbildung des BGH im Mietrecht *Häublein*, NZM 2010, 651 ff., i. E. befürwortend, den Samstag nicht als Werktag anzusehen.

210 OLG Düsseldorf, Beschl. v. 14.5.2008, Verg 11/08.

211 **Art. 2 Abs. 2 VO (EWG, Euratom) Nr. 1182/71 v. 3.6.1971**: Arbeitstage sind alle Tage außer Feiertage, Sonntage und Sonnabende.

212 EuGH, Urt. v. 7.7.1988, Rs. C-55/87.

213 Urt. v. 7.7.1988, Rs. C-55/87.

214 Vgl. die ähnlich gelagerte Kritik vom OLG Düsseldorf, Beschl. v. 5.12.1990, 2 Ss (OWi) 332/90-83/90 II.

215 Anders *Reidt*, in: Reidt/Stickler/Glahs, Vergaberecht, § 169 Rn. 85, der sich für eine unverzügliche Zustellung ohne Einschränkung ausspricht.

216 So das Beispiel von *Stoye/von Münchhausen*, VergabeR 2008, 871, 877 zur Rechtslage des Abs. 4 vor der Modifizierung durch das VgRÄGVS, welche die unliebsame Folge hatte, dass der Zuschlag nach Ablauf der damaligen Frist von nur 2 Kalendertagen am Montagmorgen erteilt

sondern erst am Montagmorgen dem Nachprüfungsantragsteller zugestellt werden, damit diesem eine realistische Chance verbleibt, einen Antrag nach Abs. 4 Satz 2 zu stellen.[217] Im Falle einer Betrachtung des Samstages als Werktag sollten zudem **§ 193 BGB** bzw. die Auslegungsregeln der § 31 Abs. 3 VwVfG, § 222 Abs. 2 ZPO und Art. 3 Abs. 4 der VO (EWG, Euratom) Nr. 1182/71 zugunsten des Antragstellers – ggf. **entsprechende** – **Anwendung** finden.[218] In Anbetracht der bestehenden Auslegungsunsicherheiten wäre der Gesetzgeber besser beraten gewesen, bei der Umformulierung des Abs. 4 den unstreitigen Begriff des „Kalendertages“[219] (Montag bis Sonntag) beizubehalten und lediglich die Fristdauer zu erhöhen.

Aus Gründen der Verfahrensfairness sollte der Nachprüfungsantragsteller zudem auf die Rechtsschutzmöglichkeiten des **Abs. 4 Satz 2 hingewiesen** werden.[220] Das OLG Koblenz lässt offen, ob Abs. 4 eine (versteckte) Rechtsmittelfrist enthält, die nach allgemeinen rechtsstaatlichen Grundsätzen nur nach einer Rechtsmittelbelehrung zum Tragen kommen könnte.[221] **67**

3. Antrag auf Wiederherstellung des Zuschlagsverbots

a) Antrag

Der Nachprüfungsantragsteller wiederum sollte, sofern bezüglich des Auftrags erkennbar ist, dass staatliche Geheimhaltungs- und Sicherheitsinteressen geltend gemacht werden könnten, den Antrag auf Wiederherstellung des Zuschlagsverbots gem. **Satz 2** bereits **zeitgleich** mit dem Nachprüfungsantrag hilfsweise bzw. **vorsorglich** stellen. Hier sieht Abs. 4 insofern eine Erleichterung – im Gegensatz zum Beschwerdeverfahren gem. Abs. 2 – vor, als der Antrag gem. Abs. 4 Satz 3 i.V.m. dem entsprechend anwendbaren § 176 Abs. 2 Satz 1 GWB zwar **schriftlich** zu stellen und zu **begründen**[222] ist, aber die zur Antragsbegründung vorzutragenden Tatsachen oder der Grund für die Eilbedürftigkeit **nicht glaubhaft** gemacht werden müssen, wie der fehlende Verweis auf § 176 Abs. 2 Satz 2 GWB bei systematisch sachgerechtem Verständnis zeigt. Das OLG Koblenz hält den Gesetzeswortlaut des Abs. 4 Satz 2 für missverständlich und sieht das Ziel eines Antrags nicht darin, das Zuschlagsverbot wiederherzustellen, sondern darin, den Wegfall des Zuschlagsverbots zu **68**

---

werden konnte, bevor das Beschwerdegericht die Chance hatte, das Zuschlagsverbot wieder herzustellen.

217 S. a. Stellungnahme des Bundesrats, BT-Drs. 17/7275, S. 22 zu § 115 Abs. 4 GWB-E VgRÄGVS: „Zudem entspricht die (...) Frist von zwei Kalendertagen nicht rechtsstaatlichen Grundsätzen an einen effektiven Rechtsschutz und läuft an einem Wochenende faktisch leer.“

218 Entgegen OLG Düsseldorf, Beschl. v. 14.5.2008, Verg 11/08 zu § 13 VgV i. d. F. vor dem VergModG 2009 (s. § 101a GWB a. F., § 134 GWB n. F.).

219 Wie bspw. in § 134 Abs. 2 GWB, § 135 Abs. 2 u. 3 GWB, § 160 Abs. 3 Satz 1 Nr. 4 GWB verwendet und in § 160 Abs. 3 Satz 1 Nr. 1 GWB durch das VergRModG 2016 neu eingeführt.

220 So auch *Reidt*, in: Reidt/Stickler/Glahs, Vergaberecht, § 169 Rn. 85; *Dreher*, in: Immenga/Mestmäcker, GWB, § 115 Rn. 94.

221 OLG Koblenz, Beschl. v. 15.9.2010, 1 Verg 7/10, NZBau 2010, 778, 779; ablehnend *Reidt*, in: Reidt/Stickler/Glahs, Vergaberecht, § 169 Rn. 85: mangels Entscheidung keine Rechtsmittelbelehrung notwendig.

222 Kritisch hierzu *Summa*, in: jurisPK-Vergaberecht, § 169 GWB Rn. 110.

verhindern.[223] Das OLG Düsseldorf hingegen spricht – konform zu dem Gesetzeswortlaut – von der Wiederherstellung des Zuschlagsverbots.[224]

b) Antragsberechtigung

69 Der Wortlaut des Gesetzes sowie die Begründung schweigen sich über die Antragsberechtigung aus. Entsprechend Abs. 2 Satz 5 sind als antragsberechtigt nicht nur der **Nachprüfungsantragsteller**, sondern auch die bereits **Beigeladenen** anzusehen,[225] sofern sie eine Beschwer durch das Entfallen des Zuschlagsverbots darlegen können.[226] Praktisch werden die Beigeladenen allerdings selten fristgerecht einen solchen Antrag stellen können, da sie i. d. R. keine, zumindest keine rechtzeitige Kenntnis von dem Schriftsatz des Auftraggebers erlangen werden. Im Gegensatz zu Abs. 2 (vgl. Rn. 41) existiert keine Entscheidung der Vergabekammer, die allen Verfahrensbeteiligten bekanntzugeben ist. Zur Gewährleistung effektiven Rechtsschutzes könnte deshalb von den Vergabekammern gefordert werden, die Beigeladenen über den Schriftsatz des Auftraggebers in Textform gem. § 126b BGB zu informieren, wobei es für das Wirksamwerden des Entfallens des Zuschlagsverbots auf die Zustellung an den Nachprüfungsantragsteller ankäme.

c) Entscheidung

70 Das Beschwerdegericht trifft hinsichtlich des Antrags auf Wiederherstellung des Zuschlagsverbots eine **Ermessensentscheidung** („kann"). Es muss eine **Interessenabwägung** gem. Abs. 4 Satz 3 i.V.m. dem entsprechend anwendbaren § 176 Abs. 1 Satz 1 GWB vornehmen und hierbei alle möglicherweise geschädigten Interessen, mangels entsprechenden Verweises hingegen nicht die in § 176 Abs. 1 Satz 2 und 3 GWB genannten Aspekte, berücksichtigen. Das OLG Koblenz rät zur **Zurückhaltung** bei der entsprechenden Anwendung des § 176 Abs. 1 Satz 1 GWB, hierfür sei nur dann Raum, wenn im Verfahren nach Abs. 4 Satz 2 offen bleibe, ob der 4. Teil des GWB (un-)anwendbar sei.[227] Dem Antrag gem. Abs. 4 Satz 2 könne nur dann möglicherweise der Erfolg versagt werden, wenn die

---

223 OLG Koblenz, Beschl. v. 15.9.2010, 1 Verg 7/10, NZBau 2010, 778, 779, dementsprechend lautete der Tenor des Beschlusses dort: „Das [...] ausgelöste Zuschlagsverbot entfällt nicht." So ebenfalls *Summa*, in: jurisPK-Vergaberecht, § 169 GWB Rn. 107.

224 Vgl. OLG Düsseldorf, Beschl. v. 8.6.2011, VII-Verg 49/11, NZBau 2011, 501, 502; Beschl. v. 22.7.2010, VII-Verg 34/10; Beschl. v. 12.7.2010, Verg 27/10.

225 So ebenfalls *Welker*, in: BeckOK Vergaberecht, § 169 Rn. 81; a. A. *Reidt*, in: Reidt/Stickler/Glahs, Vergaberecht, § 169 GWB Rn. 89.

226 **Ebenso** zu § 169 Abs. 2 Satz 5 GWB (§ 115 Abs. 2 Satz 5 bzw. Satz 2 GWB a. F.) Rn. 44; *Kadenbach*, in: Müller-Wrede, GWB, § 169 Rn. 43; *Kus*, in: Kulartz/Kus/Portz/Prieß, GWB, § 169 Rn. 98; *Reidt*, in: Reidt/Stickler/Glahs, Vergaberecht, § 169 Rn. 64; *Gause*, in: Willenbruch/Bischoff, Vergaberecht, § 115 GWB Rn. 5; **weiter** (auch die noch nicht Beigeladenen): *Dreher*, in: Immenga/Mestmäcker, GWB, § 115 Rn. 74; *Rosenkötter*, in: Müller-Wrede, GWB, 2009, § 115 Rn. 10; *Erdl*, Der neue Vergaberechtsschutz, Rn. 550; **enger** (i. d. R. nur der Antragsteller): *Otting*, in: Bechtold, GWB, 6. Aufl. 2010, § 115 Rn. 11.

227 OLG Koblenz, Beschl. v. 15.9.2010, 1 Verg 7/10, NZBau 2010, 778, 779: Bei Anwendbarkeit des 4. Teils des GWB sei § 115 Abs. 2 GWB (a. F., § 169 Abs. 2 GWB n. F.) vorrangig, und bei Unanwendbarkeit wegen des Vorliegens der Voraussetzungen des § 100 Abs. 2 lit. d) GWB (a. F., siehe nun § 117 Nr. 1 bis 3 GWB oder § 150 Nr. 1 oder 6 GWB) gelte das Zuschlagsverbot des § 115 Abs. 1 GWB (a. F., § 169 Abs. 1 GWB n. F.) von vornherein nicht, sodass es keiner Interessenabwägung bedürfe.

Unanwendbarkeit eher wahrscheinlich, der Nachprüfungsantrag also wahrscheinlich unzulässig sei und der Auftrag aus objektiven Gründen sofort vergeben werden müsse.[228] Der Antrag auf Wiederherstellung des Zuschlagsverbots ist unbegründet, wenn einer der Ausnahmefälle der § 117 Nr. 1 bis 3 GWB oder § 150 Nr. 1 oder 6 GWB vorliegt.[229]

Die Vorschriften der **§ 117 Nr. 1 bis 3 GWB oder § 150 Nr. 1 oder 6 GWB** sind überdies **eng auszulegen**.[230] Bei der Anwendung dieser Vorschriften ist zudem nach dem ausdrücklichen Willen des Gesetzgebers der **Grundsatz der Verhältnismäßigkeit** zu beachten: Da der **Schutz wesentlicher Sicherheitsinteressen** als **Ausnahmetatbestand** vorgesehen ist, ist das Vergaberecht nur dann nicht anzuwenden, wenn der Schutz wesentlicher Sicherheitsinteressen nicht durch weniger einschneidende Maßnahmen als die Ausnahme vom Vergaberecht gewährleistet werden kann – bspw. Anforderungen, die auf den Schutz der Vertraulichkeit solcher Informationen abzielen, die der öffentliche Auftraggeber im Rahmen eines Vergabeverfahrens zur Verfügung stellt.[231] § 117 Nr. 3 GWB und § 150 Nr. 1 GWB normieren einen Ausnahmetatbestand, wenn die Ausführung des Auftrags bzw. der Konzession nach den Rechts- und Verwaltungsvorschriften besondere Sicherheitsmaßnahmen erfordern. 71

Hinsichtlich des § 100 Abs. 2 lit. d) sublit. bb) GWB a. F. war noch **umstritten**, ob eine Abwägung zwischen den Sicherheitsinteressen des Auftraggebers und den Interessen des Bieters an der Durchführung eines förmlichen und mit subjektivem Rechtsschutz ausgestatteten Vergabeverfahrens vorzunehmen ist. Die damals wohl überwiegende Meinung lehnte die Erforderlichkeit einer solchen Abwägung ab.[232] **Vorzugswürdig** war allerdings bereits damals die Auffassung, nach der auch § 100 Abs. 2 lit. d) sublit. bb) GWB a. F. eine **Abwägung** erforderte.[233] Der Bieterschutz wird durch eine Nichtanwendung der Bestimmungen 72

228 OLG Koblenz, Beschl. v. 15.9.2010, 1 Verg 7/10, NZBau 2010, 778, 779.

229 Vgl. zu § 100 Abs. 2 lit. d) GWB a. F. OLG Düsseldorf, Beschl. v. 22.7.2010, VII-Verg 34/10 u. Beschl. v. 12.7.2010, Verg 27/10.

230 Vgl. zu § 100 Abs. 2 lit. d) GWB a. F. OLG Koblenz, Beschl. v. 15.9.2010, 1 Verg 7/10, NZBau 2010, 778, 779 u. OLG Düsseldorf, Beschl. v. 30.3.2005, VII-Verg 101/04.

231 Vgl. Amtl. Begr., BT-Drs. 18/6281, S. 95 f. zu § 117 GWB-E VergRModG u. S. 129 zu § 150 GWB-E VergRModG.

232 *Noch*, VergabeR 2010, 93, 94 f.; *Herrmann/Polster*, NVwZ 2010, 341, 342 f.; *Ziekow*, VergabeR 2007, 711, 717 f. m. w. N.; *Diehr*, in: Reidt/Stickler/Glahs, Vergaberecht, 3. Aufl. 2011, § 100 Rn. 42 f.; *Sterner*, in: Müller-Wrede, GWB, 2009 § 110 Rn. 17, 20; VK Bund, s. nur Beschl. v. 30.5.2008, VK 1-48/08; Beschl. v. 12.12.2006, VK 1-136/06; Beschl. v. 3.2.2006, VK 1-01/06; in dem viel zitierten Beschluss des OLG Dresden v. 18.9.2009, WVerg 0003/09, VergabeR 2010, 90 wird zwar keine ausdrückliche Aussage hierzu getroffen, allerdings auch keine Abwägung vorgenommen.

233 S. hierzu *Byok*, in: Byok/Jaeger, Vergaberecht, 3. Aufl. 2011, § 115 GWB Rn. 51 f. mit ausführlicher Darstellung des Streitstandes nebst Begründung. Ebenso OLG Koblenz, Beschl. v. 15.9.2010, 1 Verg 7/10, NZBau 2010, 778, 779; OLG Celle, Beschl. v. 3.12.2009, 13 Verg 14/09, VergabeR 2010, 230, 232 f.; OLG Düsseldorf, Beschl. v. 10.9.2009, VII-Verg 12/09, VergabeR 2010, 83, 87. Das OLG Düsseldorf folgte in diesem Beschluss seiner bisherigen Linie und wies darauf hin, dass auch in dem von der Gegenseite als abweichend zitierten Beschl. v. 30.3.2005, VII-Verg 101/04 nicht nur im Rahmen der 3. Variante, sondern ausdrücklich auch im Hinblick auf die 2. Variante des § 100 Abs. 2 lit. d) GWB (a. F.) eine Verhältnismäßigkeitsprüfung für erforderlich gehalten und durchgeführt wurde. In seinem Beschl. v. 12.7.2010, Verg 27/10, in welchem ein Ausnahmefall nach § 100 Abs. 2 lit. d) sublit. cc) GWB (a. F.) bejaht wurde, verwies das OLG Düsseldorf hinsichtlich der Geltung des Abwägungs- und Verhältnismäßigkeitsgebots explizit auf seinen Beschl. v. 10.9.2009, VII-Verg 12/09. Dass eine schriftliche Darlegung des

des Vergaberechts entscheidend verkürzt, sodass der Grundsatz der Verhältnismäßigkeit staatlichen Handelns eine solche Abwägung selbst dann gebot, wenn bei der Ausführung eines Auftrags die Beachtung bestimmter Sicherheitsmaßnahmen durch Rechts- oder Verwaltungsvorschriften angeordnet war.[234] Auch bei der 2. Variante des § 100 Abs. 2 lit. d) GWB a. F. war der Ausschluss des Vergaberechtsrechtsregimes nur dann verhältnismäßig, wenn gerade durch die Anwendung der vergaberechtlichen Bestimmungen eine tatsächliche und hinreichend schwere Gefährdung staatlicher Sicherheitsinteressen von beachtlichem Grad und Gewicht drohte.[235] Nur eine solche Auslegung durfte als unionskonform anzusehen gewesen sein.[236] Im Rahmen des VergRModG 2016 wurde der **Verhältnismäßigkeitsgrundsatz** nicht nur in **§ 97 Abs. 1 Satz 2 GWB** explizit und **klarstellend aufgenommen,**[237] sondern auch in § 117 Nr. 1 und Nr. 3 GWB sowie in § 150 Nr. 1 und 6 GWB klarstellend aufgegriffen[238]. Damit hat sich der Gesetzgeber zugunsten der Notwendigkeit einer **Abwägung** positioniert.

73 Diese Klarstellung ist auch wegen der unionsrechtlichen Bedenken gegen Abs. 4 (Rn. 62) angezeigt. Nur bei Abwägung der Sicherheitsinteressen des Auftraggebers gegen die Interessen des Bieters ist gewährleistet, dass das Vergaberechtsregime nur im Ausnahmefall unanwendbar bleibt und die Bieterinteressen geschützt werden. Und nur wenn § 117 Nr. 1 bis 3 GWB und § 150 Nr. 1 oder 6 GWB tatsächlich als Ausnahmevorschriften behandelt werden, ist sichergestellt, dass ein Antrag nach Abs. 4 Satz 2 zum Erfolg führen kann und die Verkürzung des Primärrechtsschutzes durch Abs. 4 Satz 1 – die Unionskonformität sowie die Anwendbarkeit des Abs. 4 einmal unterstellt – so weit wie möglich eingeschränkt wird.

d) Entscheidungsfrist

74 Gem. Abs. 4 Satz 3 i.V.m. dem entsprechend anwendbaren § 176 Abs. 3 Satz 1 GWB ist die Entscheidung unverzüglich, längstens innerhalb von **5 Wochen** nach Eingang des Antrags zu treffen und zudem zu begründen. Die Entscheidungsfrist kann durch den Vorsitzenden im Ausnahmefall sogar um den erforderlichen Zeitraum **verlängert** werden. Der **Verweis** auf § 176 Abs. 3 GWB macht jedoch vor dem Hintergrund, dass nach Abs. 4 Satz 1 das Zuschlagsverbot bereits 5 Werktage nach Zustellung des Schriftsatzes entfällt und der Auftraggeber also lange vor einer Entscheidung des Beschwerdegerichts den Zuschlag erteilen könnte, **wenig Sinn.**[239] Im Ergebnis müsste das Beschwerdegericht binnen

---

Abwägungsvorgangs in dem Beschl. v. 12.7.2010, Verg 27/10 fehlte, lässt sich ggf. mit der Tatsache erklären, dass es sich dort um eine eilig zu treffende Entscheidung gem. Abs. 4 Satz 2 handelte.

234 Vgl. OLG Düsseldorf, Beschl. v. 10.9.2009, VII-Verg 12/09, VergabeR 2010, 83, 87.

235 OLG Koblenz, Beschl. v. 15.9.2010, 1 Verg 7/10, NZBau 2010, 778, 779; OLG Celle, Beschl. v. 3.12.2009, 13 Verg 14/09, VergabeR 2010, 230, 232 f.; OLG Düsseldorf, Beschl. v. 10.9.2009, VII-Verg 12/09, VergabeR 2010, 83, 87 unter Bezugnahme auf das Urteil des EuGH v. 8.4.2008, Rs. C-337/05, VergabeR 2008, 769 – Kommission ./. Italien.

236 So auch OLG Celle, Beschl. v. 3.12.2009, 13 Verg 14/09, VergabeR 2010, 230, 232.

237 Amtl. Begr., BT-Drs. 18/6281, S. 67 f. zu § 97 Abs. 1 GWB-E VergRModG. Vgl. § 97 Rn. 70 ff.

238 Vgl. Amtl. Begr., BT-Drs. 18/6281, S. 95 f. zu § 117 GWB-E VergRModG u. S. 129 zu § 150 GWB-E VergRModG. Vgl. § 117 Rn. 11 f., 15, 21 f., § 150 Rn. 7, 17 f.

239 Das OLG Koblenz, Beschl. v. 15.9.2010, 1 Verg 7/10, NZBau 2010, 778, 779 spricht hier von einer „unverständlichen Verweisung".

weniger als 5 Werktagen,[240] womöglich binnen weniger Stunden eine Entscheidung treffen und diese auch begründen, um den Primärrechtsschutz des Antragstellers nicht leer laufen zu lassen. Dies ist unter rein praktischen Gesichtspunkten problematisch. Eine ernsthafte Prüfung binnen 5 Werktagen ist weder dem Antragsteller noch dem Beschwerdegericht möglich.[241] Wegen der Kürze der dem Vergabesenat zur Verfügung stehenden Zeit ist in der Regel nur eine **oberflächliche Prüfung** möglich, in deren Mittelpunkt die Frage stehen muss, ob gewichtige Gründe dafür sprechen, dass tatsächlich einer der in § 117 Nr. 1 bis 3 GWB oder § 150 Nr. 1 oder 6 GWB normierten Ausnahmetatbestände einschlägig ist; im Verneinensfalle muss dem Antrag nach Abs. 4 Satz 2 entsprochen werden.[242]

e) Zwischenverfügung

Eine Auslegung dahingehend, dass der Antrag gem. Abs. 4 Satz 2 ausnahmsweise, im Gegensatz zu dem des Abs. 2 Satz 5,[243] aufschiebende Wirkung entfaltet, wofür der fehlende Verweis auf § 168 Abs. 2 Satz 1 GWB spräche, ist abzulehnen. Sachgerechter erscheint es, zur **Lösung des Konflikts** auf die etablierte Rechtsprechung zu Abs. 2 Satz 5 zurückzugreifen: Nach dieser haben die Beschwerdegerichte die Unzulänglichkeit des Gesetzes ggf. durch ein zweistufiges Vorgehen abzumildern und durch Erlass einer Zwischenverfügung (Zwischenregelung, Hängebeschluss) das **Zuschlagsverbot** zunächst für eine Zwischenfrist bis zur endgültigen Entscheidung **einstweilen wiederherzustellen**[244] bzw. einstweilen zu verlängern oder auch anzuordnen, dass die Zuschlagsgestattung einstweilen nicht in Kraft tritt.[245] Durch eine solche Zwischenverfügung wird das Beschwerdegericht in die Lage versetzt, eine sachgerechte Entscheidung zu treffen, welche in Anbetracht der Dringlichkeit allerdings möglichst zeitnah erfolgen sollte. Der Antragsteller sollte seinen Antrag gem. Abs. 4 Satz 2 um den **Antrag** auf Erlass einer solchen Zwischenverfügung ergänzen. **75**

f) Anforderungen an das Beschwerdegericht

Einzige Alternative zu dem Erlass einer Zwischenverfügung sollte für das Beschwerdegericht sein, den Antrag **sofort** durch kurzfristige summarische Prüfung binnen der Frist von **76**

---

240 Vgl. OLG Koblenz, Beschl. v. 15.9.2010, 1 Verg 7/10, NZBau 2010, 778, 779 zu § 115 Abs. 4 GWB a. F.

241 So auch bzgl. der ursprünglichen Frist von 2 Kalendertagen in § 115 Abs. 4 GWB a. F. die Stellungnahme des Bundesrats, BT-Drs. 16/10117, S. 36 zu § 115 GWB-E VergModG, der für eine Streichung des Abs. 4 plädierte. Vgl. auch OLG Düsseldorf, Beschl. v. 8.6.2011, VII-Verg 49/11, VergabeR 2011, 843, 846 = NZBau 2011, 501, 503 f. zu § 115 Abs. 4 GWB a. F.

242 Vgl. OLG Koblenz, Beschl. v. 15.9.2010, 1 Verg 7/10, NZBau 2010, 778, 779 zu § 115 Abs. 4 GWB a. F.

243 Vgl. zu § 169 Abs. 2 Satz 5 GWB (§ 115 Abs. 2 Satz 5 bzw. Satz 2 GWB a. F.) *Kus*, in: Kulartz/Kus/Portz/Prieß, GWB, § 169 Rn. 97 ff.; *Summa*, in: jurisPK-Vergaberecht, § 169 GWB Rn. 69; *Reidt*, in: Reidt/Stickler/Glahs, Vergaberecht, § 169 Rn. 65; *Dreher*, in: Immenga/Mestmäcker, GWB, § 115 Rn. 71; *Opitz*, NZBau 2005, 213, 214.

244 Vgl. OLG Düsseldorf, Beschl. v. 7.6.2010, Verg 26/10.

245 Zu § 169 Abs. 2 Satz 5 GWB (§ 115 Abs. 2 Satz 5 bzw. 2 GWB a. F.) Rn. 45; *Kadenbach*, in: Müller-Wrede, GWB, § 169 Rn. 45; *Kus*, in: Kulartz/Kus/Portz/Prieß, GWB, § 169 Rn. 101; *Reidt*, in: Reidt/Stickler/Glahs, Vergaberecht, § 169 Rn. 65; *Dreher*, in: Immenga/Mestmäcker, GWB, § 115 Rn. 71; *Gröning*, VergabeR 2003, 290, 292 Fn. 8; vgl. auch oben Rn. 52 u. OLG Düsseldorf, Beschl. v. 30.4.2008, VII-Verg 23/08, VergabeR 2008, 835, 839 zu § 115 Abs. 3 GWB a. F. (§ 169 Abs. 3 GWB n. F.) m. w. N. zur Rspr.

5 Werktagen zu **entscheiden**, und zwar **im Zweifel** zugunsten des Antragstellers auf **Wiederherstellung des Zuschlagsverbots**.

77 Die Notwendigkeit einer Zwischenverfügung oder einer sofortigen Entscheidung ergibt sich auch aus der Tatsache, dass der Primärrechtsschutz des Abs. 4 auf **eine Ebene** beschränkt ist. Die Vergabekammer führt keine Interessenabwägung durch und trifft keine Entscheidung, das Zuschlagsverbot entfällt lediglich durch Zustellung des Schriftsatzes. Eine Interessenabwägung erfolgt erst durch das Beschwerdegericht, gegen dessen Entscheidung **kein Rechtsmittel** zulässig ist, Abs. 4 Satz 3 i.V.m. dem entsprechend anwendbaren § 176 Abs. 4 GWB. Anders hingegen bei Abs. 2, bei dem der Antrag auf Gestattung der Zuschlagserteilung zunächst durch die Vergabekammer nach einer Interessenabwägung gem. Satz 1 bis 4 entschieden wird und bei dem sich gegen die positive oder negative Entscheidung der Vergabekammer ein Beschwerdeverfahren vor dem Beschwerdegericht nach Satz 5 bis 8 anschließen kann. Aufgrund der Reduzierung der Rechtsschutzmöglichkeit des Abs. 4 auf eine Ebene sollte dieser **Rechtsschutz** seinen Namen auch wert sein und durch die Beschwerdegerichte durch sofortige Entscheidungen oder Zwischenverfügungen **garantiert** werden.

78 Das vom Gesetzgeber beabsichtigte Entfallen des Zuschlagsverbots nach 5 Werktagen in Fällen des Abs. 4 Satz 1 würde durch ein solches Verfahren nicht praktisch ausgehöhlt. So kann der Antragsteller entscheiden, nach Prüfung des Schriftsatzes des Auftraggebers keinen Antrag nach Abs. 4 Satz 2 zu stellen, in Anbetracht der drohenden Zuschlagserteilung ein wahrscheinlich seltener Fall. Ferner kommt in Fällen der Fristversäumnis die vom Gesetzgeber gewollte Möglichkeit der kurzfristigen Zuschlagserteilung zum Tragen. Das in der kurzen Frist von 5 Werktagen liegende Risiko einer Fristversäumnis muss der Antragsteller aufgrund der klaren gesetzgeberischen Wertung tragen. Schließlich verbleibt dem Beschwerdegericht die Möglichkeit einer sofortigen Entscheidung binnen der Frist von 5 Werktagen.

g) Feststellungsantrag

79 Die Versuchung für den Auftraggeber erscheint groß, schriftsätzlich lapidar auf § 117 Nr. 1 bis 3 GWB oder § 150 Nr. 1 oder 6 GWB zu verweisen, um, auf den Ablauf der Frist von 5 Werktagen vor einer Antragstellung oder richterlichen Entscheidung hoffend, das Zuschlagsverbot entfallen zu lassen, den Zuschlag zu erteilen und damit vollendete Tatsachen zu schaffen. In einem solchen Fall muss der Nachprüfungsantragsteller wegen der **Erledigung** des anhängigen Nachprüfungsverfahrens seinen Antrag gem. **§ 168 Abs. 2 Satz 2 GWB** auf Feststellung des Vorliegens einer Rechtsverletzung umstellen (§ 168 Rn. 26ff.). Zu erwägen wäre zudem, in entsprechender Anwendung des § 168 Abs. 2 Satz 2 GWB den **Antrag** auf Feststellung der Unwirksamkeit des Auftrags gem. **§ 135 Abs. 1 Nr. 2 GWB umzustellen**, sofern die Voraussetzungen hierfür vorliegen. Ein solcher Antrag könnte als Hilfsantrag zum ursprünglichen Nachprüfungsantrag an die Vergabekammer übermittelt werden, zeitgleich mit der Einreichung des Antrags auf Wiederherstellung des Zuschlagsverbots gem. Abs. 4 Satz 2 an das Beschwerdegericht. In Anbetracht der Rechtsfolge der anfänglichen Unwirksamkeit des Auftrags gem. § 135 Abs. 1 Nr. 2 GWB (vgl. § 135 Rn. 46ff.) wird der Auftraggeber sicherlich nur in begründeten Fällen von der Möglichkeit einer kurzfristigen Zuschlagserteilung nach Abs. 4 Satz 1 Gebrauch machen.

§ 170 Ausschluss von abweichendem Landesrecht

Soweit dieser Unterabschnitt Regelungen zum Verwaltungsverfahren enthält, darf hiervon durch Landesrecht nicht abgewichen werden.

Schrifttum: *Burgi/Dreher*, Beck'scher Vergaberechtskommentar, 3. Aufl. 2017; *Dreher/Motzke*, Beck'scher Vergaberechtskommentar, 2. Aufl. 2013; *Epping/Hillgruber*, Beck'scher Online-Kommentar Grundgesetz, 35. Edition, Stand: 15.11.2017; *Gabriel/Mertens/Prieß/Stein*, Beck'scher Online-Kommentar Vergaberecht, 5. Edition, Stand: 31.10.2017; *Heiermann/Zeiss/Summa*, juris Praxis-Kommentar Vergaberecht, 5. Aufl. 2016; *Immenga/Mestmäcker*, Wettbewerbsrecht, Band 2. GWB/ Teil 2, Kommentar zum Deutschen Kartellrecht, 5. Aufl. 2014; *Müller-Wrede*, GWB Vergaberecht, Kommentar, 2016; *Palandt*, Bürgerliches Gesetzbuch, Kommentar, 77. Aufl. 2018; *Pünder/Schellenberg*, Vergaberecht, 2. Aufl. 2015; *Reidt/Stickler/Glahs*, Vergaberecht, Kommentar, 4. Aufl. 2018 u. 3. Aufl. 2011; *Schmidt-Bleibtreu/Hofmann/Henneke*, Grundgesetz, Kommentar, 13. Aufl. 2014.

Übersicht

I. Entstehungsgeschichte

1 Die Regelung des § 170 GWB entspricht dem bisherigen § 115a GWB a. F.[1] Zur Bestimmung des Anwendungsbereichs dieser Vorschrift (s. u. Rn. 4) ist die Kenntnis ihrer gesetzgeberischen Historie unerlässlich: § 115a GWB a. F. wurde durch das Gesetz zur Modernisierung des Vergaberechts vom 20.4.2009 (VergModG) hinter § 115 GWB a. F. am Ende des **damaligen Unterabschnitts II.** (Verfahren vor der Vergabekammer, §§ 107–115a GWB a. F.) des damaligen zweiten Abschnitts (Nachprüfungsverfahren, §§ 102–124 GWB a. F.) des 4. Teils des GWB (Vergabe öffentlicher Aufträge, §§ 97–129b GWB a. F.) eingeführt.[2] § 170 GWB befindet sich nunmehr hinter § 169 GWB am Ende des **heutigen Abschnitts 2** (Verfahren vor der Vergabekammer, §§ 160–170 GWB) des Kapitels 2[3] (Nachprüfungsverfahren, §§ 155–184 GWB) des 4. Teils des GWB (Vergabe von öffentlichen Aufträgen und Konzessionen, §§ 97–184 GWB).

2 Der ursprüngliche Gesetzesentwurf der Bundesregierung zum VergModG hatte die Einführung eines neuen § 132 GWB-E am Ende des 6. Teils des GWB (Übergangs- und Schlussbestimmungen, § 131 GWB a. F.) mit folgendem Titel und Wortlaut vorgesehen: „§ 132 – Ausschluss von abweichendem Landesrecht – Abweichungen von den in den §§ 107 bis 115 enthaltenen Vorschriften des Verwaltungsverfahrens durch Landesrecht

1 Amtl. Begr., BT-Drs. 18/6281, S. 135 zu § 170 GWB-E VergRModG.
2 BGBl. 2009, S. 790, 795.
3 Im neuen Kapitel 2 gemäß VergRModG 2016 wurden auch die „sonstigen Regelungen" des bisherigen dritten Abschnitts (§§ 125–129b GWB a. F.) integriert, vgl. Amtl. Begr., BT-Drs. 18/6281, S. 67 – zu Nummer 2 – zu Teil 4 (am Ende).

sind ausgeschlossen."[4] Der Bundesrat kritisierte damals, die bisherige Formulierung und der Regelungsstandort in § 132 GWB-E ließen den – **nicht zutreffenden** – **Schluss** zu, dass in den anderen Fällen, in denen das GWB Regeln zum Verwaltungsverfahren enthalte, die Länder durch eigene Landesregelungen davon abweichen dürften. Dies sei jedoch **nicht gewollt**.[5] Die Regelung müsse daher in den zweiten Teilabschnitt des zweiten Abschnitts überführt werden. Der nunmehr vorgeschlagene Wortlaut bringe das Gewollte klarer zum Ausdruck.[6] Der alternative Vorschlag des Bundesrats entsprach der sodann Gesetz gewordenen Regelung des § 115a GWB a.F.[7] Die Bundesregierung stimmte der Stellungnahme des Bundesrats zu, die betreffende Vorschrift aus Gründen der Klarstellung zu Beginn des damaligen Unterabschnitts II. im damaligen zweiten Abschnitt zu platzieren.[8] Der Bundestag nahm den Gesetzesentwurf in der modifizierten Fassung an,[9] der Bundesrat stimmte dem vom Bundestag verabschiedeten Gesetz sodann gem. Art. 84 Abs. 1 Satz 5 und 6 GG zu.[10]

3 Mit der Einführung des § 115a GWB a.F. hat der Bundesgesetzgeber von der Möglichkeit des Art. 84 Abs. 1 Satz 5 GG Gebrauch gemacht, eine **bundeseinheitliche Regelung des Verwaltungsverfahrens** zu treffen, indem Abweichungen von den §§ 107 bis 115 GWB a.F. (nunmehr §§ 160 bis 169 GWB) (s. aber Rn. 2, 4ff.) durch Landesrecht ausgeschlossen werden.[11] Nach Art. 84 Abs. 1 Satz 5 GG kann der Bund in Ausnahmefällen wegen eines besonderen Bedürfnisses nach bundeseinheitlicher Regelung das Verwaltungsverfahren ohne Abweichungsmöglichkeit für die Länder regeln. Der Erlass abweichungsfesten Verfahrensrechts ist dreifach konditioniert: Erstens ist ein Ausschluss des Abweichungsrechts nur in Ausnahmefällen statthaft, zweitens ist ein besonderes Bedürfnis nach bundeseinheitlicher Regelung notwendig, und drittens wird die Zustimmung des Bundesrats vorausgesetzt.[12] Den Gesetzgeber treffen hinsichtlich der Unverzichtbarkeit einer bundeseinheitlichen Regelung gesteigerte Begründungspflichten,[13] denen er wie folgt nachgekommen ist: Ein besonderes Bedürfnis für eine bundeseinheitliche Regelung besteht, weil Unternehmen sich länderübergreifend bei öffentlichen Auftraggebern auf Landes- und kommunaler Ebene bewerben.[14] Das Erfordernis, sich auf eine Vielzahl unterschiedlicher landesrechtlicher Regelungen des Nachprüfungsverfahrens einzustellen, stellt eine erhebliche wirtschaftliche Belastung, insbesondere für kleine und mittelständische Unternehmen, dar und würde die Wahrnehmung des Rechtsschutzes faktisch behindern.[15] Denkbar

---

4 BR-Drs. 349/08, S. 15 und BT-Drs. 16/10117, S. 11 zu § 132 GWB-E VergModG.

5 Stellungnahme des Bundesrats, BT-Drs. 16/10117, S. 36 zu § 115a GWB-E VergModG. Kritisch zu den Bedenken des Bundesrats hingegen *Antweiler*, in: Dreher/Motzke, Vergaberecht, § 115a GWB Rn. 3.

6 Stellungnahme des Bundesrats, BT-Drs. 16/10117, S. 36 zu § 115a GWB-E VergModG.

7 Vgl. Stellungnahme des Bundesrats, BT-Drs. 16/10117, S. 36 zu § 115a GWB-E VergModG.

8 Gegenäußerung der Bundesregierung, BT-Drs. 16/10117, S. 43 zu § 115a GWB-E VergModG; bei der Formulierung „zu Beginn" dürfte es sich um ein Versehen handeln, da die Vorschrift als § 115a GWB a.F. tatsächlich am Ende des damaligen Unterabschnitts II. eingeführt wurde.

9 Vgl. BR-Drs. 35/09, S. 6f. zu § 115a GWB-E VergModG.

10 Vgl. BR-Drs. 35/09 (Beschluss), S. 1 zu § 115a GWB-E VergModG.

11 Amtl. Begr., BT-Drs. 16/10117, S. 26 zu § 132 GWB-E VergModG.

12 *Suerbaum*, in: Epping/Hillgruber, BeckOK GG, Art. 84 Rn. 41 ff.

13 *Henneke*, in: Schmidt-Bleibtreu/Hofmann/Henneke, GG, Art. 84 Rn. 11.

14 Amtl. Begr., BT-Drs. 16/10117, S. 26 zu § 132 GWB-E VergModG.

15 Amtl. Begr., BT-Drs. 16/10117, S. 26 zu § 132 GWB-E VergModG.

wären unterschiedliche Ausgestaltungen in 16 Ländern und beim Bund. Abweichungen der Länder bei den Nachprüfungsverfahren würden für die Rechtsunterworfenen daher ein hohes Maß an Rechtsunsicherheit bedeuten.[16] Durch die Einführung des § 115a GWB a. F. sollten und sollen weiterhin im Interesse der Rechtssicherheit und des Grundsatzes effektiven Rechtsschutzes – **einheitliche Regelungen** in den Bundesländern und im Bund hinsichtlich der Nachprüfungsverfahren **gewährleistet** werden.

II. Anwendungsbereich

Der Gesetzgeber hatte beabsichtigt, mit der Umformulierung des Gesetzeswortlauts und der Verlegung des Standorts der Vorschrift klarzustellen, dass **in allen Fällen**, in denen das **GWB** Regelungen zum Verwaltungsverfahren enthält, die **Länder nicht durch eigene Landesregelungen** davon **abweichen dürfen** (Rn. 2). Das gesetzgeberisch Gewollte wurde allerdings trotz des schließlich Gesetz gewordenen, weiterhin aktuellen Wortlauts der Vorschrift nicht hinreichend deutlich. Auch die Formulierung „Soweit dieser Unterabschnitt Regelungen zum Verwaltungsverfahren enthält, darf hiervon durch Landesrecht nicht abgewichen werden.“ ließ sich dahingehend auslegen, dass, soweit andere Unterabschnitte des GWB als „dieser Unterabschnitt“ Regelungen zum Verwaltungsverfahren enthalten, hiervon sehr wohl durch Landesrecht abgewichen werden kann. Hieran änderte auch die gewählte Platzierung der Regelung nichts. Die gewollte Klarstellung war und ist missglückt. Dies gilt umso mehr, als im Rahmen des VergRModG 2016 übersehen wurde, den Begriff „Unterabschnitt“ nach der Neugliederung in Kapitel und Abschnitte[17] durch den zutreffenden Begriff „Abschnitt“ zu ersetzen – offenbar ein gesetzgeberisches Versehen. Der unverändert gebliebene Wortlaut des § 170 GWB vertieft jedenfalls die Unklarheiten hinsichtlich des Anwendungsbereichs der Vorschrift. 4

Erst die oben dargelegte Entstehungsgeschichte (Rn. 2) lässt den **gesetzgeberischen Willen** erkennen, Abweichungen von **allen im GWB enthaltenen Regelungen zum Verwaltungsverfahren** durch Landesrecht auszuschließen. Bei der Auslegung eines Gesetzes ist die Entstehungsgeschichte vor allem für die Ermittlung des Gesetzeszwecks von Bedeutung. Eine ausdrückliche Stellungnahme in den Gesetzesmaterialien ist zwar nicht bindend; allerdings verdeutlicht sie den Gesetzeszweck und wird daher in der Regel zu befolgen sein.[18] Zudem verdeutlicht allein die dargestellte Historie der Vorschrift, gepaart mit deren systematischer Stellung am Ende des Abschnitts 2 des Kapitels 2, deren Anwendungsbereich, der sich **ausschließlich** auf das **Nachprüfungsverfahren vor der Vergabekammer** gem. §§ 160 bis 169 GWB bezieht. § 170 GWB betrifft demnach nur Oberschwellenvergaben. Gem. § 170 GWB haben die Bundesländer also in allen Fällen, in denen das GWB[19] Regelungen zum Verwaltungsverfahren in Form des Nachprüfungsverfah- 5

---

16 Amtl. Begr., BT-Drs. 16/10117, S. 26 zu § 132 GWB-E VergModG.

17 S. Amtl. Begr., BT-Drs. 18/6281, S. 67 – zu Nummer 2 – zu Teil 4.

18 *Grüneberg*, in: Palandt, BGB, Einleitung Rn. 45.

19 In diesem Sinne wohl auch *Summa*, in: jurisPK-Vergaberecht, § 170 GWB Rn. 2. **A. A.**, nach der **nur Abweichungen von** den Verfahrensvorgaben des Abschnitts 2 bzw. der **§§ 160–169 GWB** (bzw. §§ 107–115 GWB a. F.) durch Landesrecht **ausgeschlossen** seien: *Reidt*, in: Reidt/Stickler/Glahs, Vergaberecht, 4. Aufl. 2018, § 170 Rn. 4; *Welker*, in: BeckOK Vergaberecht, § 170 Rn. 7 f.; *Jularic*, in: Müller-Wrede, GWB, § 170 Rn. 5; *Antweiler*, in: Burgi/Dreher, Vergaberecht, § 170 GWB Rn. 3, 7; *ders.*, in: Dreher/Motzke, Vergaberecht, § 115a GWB Rn. 4; so auch *Bungenberg*,

rens vor den Vergabekammern gem. Abschnitt 2 enthält, keine Möglichkeit, durch Landesrecht abweichende Regelungen zu treffen.

6 Umstritten ist, ob § 170 GWB damit den – von den Bundesländern immer häufiger erlassenen – **Landesvergabegesetzen** (z.B. Landesvergabe-, Mittelstands- oder Tariftreuegesetze) entgegensteht: Nach einer Ansicht hindert § 170 GWB die landesrechtliche Einführung eines eigenen Vergabenachprüfungsverfahrens als Verwaltungsverfahren vor Landesbehörden oder -einrichtungen; als Beispiel wird die landesrechtliche Prüfbehörde gem. § 15 TVgG NRW (a.F.[20]) genannt.[21] Dem wird entgegengehalten, dass § 15 TVgG NRW (a.F.) nicht mit § 170 GWB kollidiere, weil diese Vorschrift keine Nachprüfung des Vergabeverfahrens, sondern die Prüfung der Einhaltung bestimmter Vorgaben (bspw. Mindestlöhne) vorsehe, und dass die Bundesländer neben den Vergabekammern Vergabeprüfstellen einrichten dürften, wie dies vormals in § 103 GWB a.F. vorgesehen gewesen sei.[22]

7 Zur Rechtsnatur der **Vergabekammer** und des **Verfahrens** vor dieser vgl. § 160 Rn. 2 und § 168 Rn. 37ff., zur subsidiären Anwendbarkeit anderer Rechtsnormen im Falle von **Regelungslücken** vgl. § 160 Rn. 3.

---

in: Pünder/Schellenberg, Vergaberecht, § 115a GWB Rn. 3, wonach außerhalb dieses (Unter-)Abschnitts stehende Regelungen zum Verwaltungsverfahren unberührt blieben, sodass die Länder neben den Vergabekammern Vergabeprüfstellen einrichten dürften, wie vormals in § 103 GWB a.F. vorgesehen gewesen sei.

20 § 15 TVgG NRW in der Fassung des Gesetzes v. 10.1.2012 (GV. NRW, S. 17). S.a. die Nachfolgeregelung in § 14 TVgG NRW in der Fassung des Gesetzes v. 31.12.2017 (GV. NRW. 2017, Nr. 8 v. 17.2.2017, S. 273), welches zum 30.3.2018 außer Kraft getreten ist. Das am 30.3.2018 in Kraft getretene, neu gefasste TVgG NRW in der Fassung des Gesetzes v. 22.3.2018 (GV. NRW. 2018, Nr. 8 v. 29.3.2018, S. 172) sieht keine Prüfbehörde mehr vor (vgl. S. 3 des Gesetzesentwurfs, Landtag NRW, Drs. 17/1046 v. 26.10.2017). Vgl. Anhang III.3. zu Nordrhein-Westfalen.

21 *Antweiler*, in: Burgi/Dreher, Vergaberecht, § 170 GWB Rn. 7; *Dreher*, in: Immenga/Mestmäcker, GWB, § 115a Rn. 10f.; *Dreher*, NZBau 2014, 1, 2.

22 *Jularic*, in: Müller-Wrede, GWB, § 170 Rn. 8; *Bungenberg*, in: Pünder/Schellenberg, Vergaberecht, § 115a GWB Rn. 3f. unter Verweis auf *Reidt*, in: Reidt/Stickler/Glahs, Vergaberecht, 3. Aufl. 2011, § 115a Rn. 4. *Summa*, in: jurisPK-Vergaberecht, § 170 GWB Rn. 6f. verneint eine Kollision von § 15 TVgG-NRW (a.F.) mit § 170 GWB, hält jedoch eine Prüfung der Vereinbarkeit von Landestariftreuegesetzen u. Ä. auf ihre Vereinbarkeit mit § 170 GWB für notwendig.

Abschnitt 3
Sofortige Beschwerde

§ 171 Zulässigkeit, Zuständigkeit

(1) Gegen Entscheidungen der Vergabekammer ist die sofortige Beschwerde zulässig. Sie steht den am Verfahren vor der Vergabekammer Beteiligten zu.

(2) Die sofortige Beschwerde ist auch zulässig, wenn die Vergabekammer über einen Antrag auf Nachprüfung nicht innerhalb der Frist des § 167 Absatz 1 entschieden hat; in diesem Fall gilt der Antrag als abgelehnt.

(3) Über die sofortige Beschwerde entscheidet ausschließlich das für den Sitz der Vergabekammer zuständige Oberlandesgericht. Bei den Oberlandesgerichten wird ein Vergabesenat gebildet.

(4) Rechtssachen nach den Absätzen 1 und 2 können von den Landesregierungen durch Rechtsverordnung anderen Oberlandesgerichten oder dem Obersten Landesgericht zugewiesen werden. Die Landesregierungen können die Ermächtigung auf die Landesjustizverwaltungen übertragen.

Schrifttum: *Bechtold*, Kartellgesetz, GWB, 6. Aufl. 2010; *Immenga/Mestmäcker*, Wettbewerbsrecht, Bd. 2: GWB/Teil 2 (Vergaberecht), Kommentar zum Deutschen Kartellrecht, 5. Aufl. 2014; *Kulartz/Kus/Portz/Prieß*, Kommentar zum GWB-Vergaberecht, 4. Aufl. 2016; *Langen/Bunte*, Kartellrecht, Kommentar, Bd. 1, 12. Aufl. 2014; *Loewenheim/Meessen/Riesenkampff*, Kartellrecht, Kommentar, 2. Aufl. 2009; *Prieß*, Handbuch des europäischen Vergaberechts, 3. Aufl. 2005; *Reidt/Stickler/Glahs*, Vergaberecht, Kommentar, 4. Aufl. 2018; *Ziekow/Völlink*, Vergaberecht, Kommentar, 2. Aufl. 2013.

Übersicht

I. Bedeutung der Norm

1 § 171 GWB ist die **Grundnorm** für den **Zugang** zur **zweiten, gerichtlichen Stufe** des **Vergabenachprüfungsverfahrens**. Sie regelt die Statthaftigkeit des (Haupt-)Rechtsmittels nach Abschluss der ersten Instanz des Nachprüfungsverfahrens vor der Vergabekammer. In **Anlehnung an das Kartellverwaltungsverfahren** (§ 63 Abs. 1 Satz 1 GWB) wird dieses Hauptrechtsmittel als Beschwerde bezeichnet. Das Attribut „sofortig" zielt auf die Bindung an eine knappe Frist (§ 172 Abs. 1 GWB), deren Kürze der sofortigen Beschwerde der ZPO (dort §§ 567 Abs. 1, 569 Abs. 1 ZPO) entspricht und die zugleich den Eilcharakter des Vergaberechtsschutzes auch an dieser Stelle kenntlich macht. Unberührt von § 171 GWB bleiben die in § 169 Abs. 2 GWB geregelten Eil- und Zwischenverfahren, in denen das Beschwerdegericht während der noch andauernden ersten Stufe des Nachprüfungsverfahrens (vor der Vergabekammer) angerufen werden kann; das ist in § 169 Abs. 2 Satz 8 GWB klargestellt. § 171 GWB bestimmt ferner abschließend den Kreis der (potenziellen) Beschwerdeführer (Abs. 1 Satz 2). Schließlich regelt § 171 GWB die funktionelle und örtliche Zuständigkeit der Gerichtsinstanz (Oberlandesgericht), ordnet gerichtsorganisatorisch (für die Oberlandesgerichte) die Bildung eines besonderen Spruchkörpers für Vergabesachen (Vergabesenat) an und ermächtigt die jeweilige Landesregierung, die Zuständigkeit für die Vergabebeschwerdesachen durch Rechtsverordnung einem anderen OLG als demjenigen OLG, in dessen räumlichem Bezirk die Vergabekammer ihren Sitz hat, oder dem Obersten Landesgericht (ehemals nur in Bayern errichtet, dessen Landtag das dortige BayObLG aber mit Wirkung zum 1.7.2006 aufgelöst hat) zuzuweisen. Der jetzige § 171 GWB entspricht dem bisherigen § 116 GWB. Das am 18.4.2016 in Kraft getretene VergRModG 2016, das den Teil 4 des GWB auch strukturell erheblich geändert hat, hat den bisherigen § 116 ohne inhaltliche Änderung als § 171 in das GWB eingeordnet.

II. Statthaftigkeit der sofortigen Beschwerde (Abs. 1 und 2)

1. Beschwerde gegen Entscheidungen der Vergabekammer (Abs. 1 Satz 1)

a) Endentscheidungen

2 Alle **Endentscheidungen** der Vergabekammer unterliegen der (sofortigen) Beschwerde, d.h. alle Entscheidungen, mit denen die Vergabekammer die erste Instanz des Nachprüfungsverfahrens abschließt[1] (§ 168 Abs. 1 Satz 1, Abs. 2 Satz 2, Abs. 3 Satz 1 GWB, auch im Falle der Zurückweisung des Antrags als offensichtlich unzulässig oder offensichtlich unbegründet gem. § 163 Abs. 2 Satz 1 GWB)[2] oder abschließen will.

1 So ausdrücklich als Definition der anfechtbaren Endentscheidung: OLG Düsseldorf, Beschl. v. 23.1.2006, VII-Verg 96/05, NZBau 2006, 598.

2 Vgl. OLG Düsseldorf, Beschl. v. 13.4.1999, Verg 1/99, BB 1999, 1078 = NZBau 2000, 45. Allerdings kann die (sofortige) Beschwerde nicht auf die von der VergK getroffene Annahme der „Offensichtlichkeit" der Unzulässigkeit oder Unbegründetheit des Nachprüfungsantrags beschränkt werden (um jedenfalls über eine Zurückverweisung der Sache an die VergK die Zustellung des Nachprüfungsantrags mit der Rechtsfolge des § 169 Abs. 1 GWB zu erreichen), vielmehr kann nur die Zurückweisung des Nachprüfungsantrags als solche mit der Beschwerde angefochten werden, die eben auch dann erfolglos bleibt, wenn der Nachprüfungsantrag nicht offensichtlich, aber doch „schlicht" unzulässig oder unbegründet ist; vgl. OLG Düsseldorf, Beschl. v. 26.6.2002, Verg 32/02

3 Mit der letztgenannten Variante („abschließen will“) ist Folgendes gemeint: Hat die Vergabekammer (z. B. versehentlich) erst nach Ablauf der Frist des § 167 Abs. 1 GWB entschieden, so gilt zwar der Nachprüfungsantrag schon mit dem Fristablauf als abgelehnt (§ 171 Abs. 2 Halbs. 2 GWB, **fingierte Antragsablehnung**, s. unten Rn. 13 bis 24), die dennoch tatsächlich getroffene Entscheidung der Vergabekammer, ein Verwaltungsakt (§ 168 Abs. 3 Satz 1 GWB), ist aber deshalb nicht etwa nichtig,[3] sondern nur anfechtbar und kann mangels Anfechtung in Bestandskraft erwachsen. Der durch den Verwaltungsakt beschwerte Beteiligte muss daher auch in diesem Fall Beschwerde einlegen können. Das ist vor allem für den Auftraggeber bedeutsam, wenn die (verspätete) Entscheidung dem Nachprüfungsantrag ganz oder teilweise stattgibt oder unabhängig vom Nachprüfungsantrag Maßnahmen mit dem Ziel vorsieht, auf die Rechtmäßigkeit des Vergabeverfahrens einzuwirken (§ 168 Abs. 1 Satz 2 GWB). Dem Auftraggeber muss es in diesem Fall möglich bleiben, mit der Beschwerde – unter gleichzeitiger Aufhebung des erlassenen Verwaltungsakts – eine gerichtliche Feststellung zu erwirken, dass das Nachprüfungsverfahren durch Antragsablehnung gem. § 171 Abs. 2 Hs. 2 GWB beendet worden ist (wenn nicht der Antragsteller seinerseits erfolgreiche Beschwerde gem. § 171 Abs. 2 Hs. 1 GWB eingelegt hat). Denn es steht nicht in der Macht der Vergabekammer, die mit Ablauf der Frist des § 167 Abs. 1 GWB von Gesetzes wegen eingetretene Antragsablehnung durch eine hiervon abweichende Entscheidung nach Fristablauf zu korrigieren.[4]

4 Zu einer Kollision zwischen gesetzlich fingierter Antragsablehnung (§ 171 Abs. 2 Hs. 2 GWB) und dennoch nachfolgender Entscheidung der Vergabekammer kann es z. B. auch dann kommen, wenn die Vergabekammer irrig annimmt, das Nachprüfungsverfahren habe sich durch (wirksame) Erteilung des Zuschlags oder in sonstiger Weise erledigt, und wenn sie dann nach Ablauf der Frist des § 167 Abs. 1 GWB, an die sie sich nicht mehr gebunden glaubt (§ 168 Abs. 2 Satz 3 GWB), eine Feststellung i. S. d. § 168 Abs. 2 Satz 2 GWB trifft. Zu dieser Feststellung ist sie in einem solchen Fall aber schon deshalb nicht mehr berechtigt, weil das (erstinstanzliche) Nachprüfungsverfahren bereits vorher von Gesetzes wegen durch Antragsablehnung wegen Zeitablaufs (§ 171 Abs. 2 Hs. 2 GWB) beendet worden und die notwendige Voraussetzung für eine Feststellungsentscheidung – die Erledigung des Nachprüfungsverfahrens i. S. d. § 168 Abs. 2 Satz 2 GWB – nicht gegeben war. Obwohl es sich also um einen Fall des § 171 Abs. 2 GWB handelt, eröffnet § 171 Abs. 1 GWB dem durch die Feststellungsentscheidung beschwerten Beteiligten die Möglichkeit der Beschwerde, damit er die ersatzlose Aufhebung der Feststellung erreichen kann.

(wo diese Rechtsfrage zwar nicht abschließend entschieden, aber doch eine eindeutige Tendenz für eine Beantwortung i. S. d. vorstehenden Textes mitgeteilt worden ist).

3 Insoweit ebenso: KG, Beschl. v. 7.11.2001, KartVerg 8/01, VergabeR 2002, 95, 96 f.; OLG Rostock, Beschl. v. 17.10.2001, 17 W 18/90, VergabeR 2002, 85, 86; OLG Dresden, Beschl. v. 17.6.2005, WVerg 8/05, VergabeR 2005, 812, 814; *Ulbrich*, in: Kulartz/Kus/Portz/Prieß, GWB, § 171 Rn. 50–53; *Dicks*, in: Ziekow/Völlink, Vergaberecht, § 116 GWB Rn. 3; *Gröning*, VergabeR 2001, 108, 110; a. A. *Otting*, in: Bechtold, GWB (6. Aufl.), § 113 Rn. 6 (Nichtigkeit gem. § 44 Abs. 1 VwVfG); *Dreher*, in: Immenga/Mestmäcker, GWB, § 113 Rn. 15; *Frister*, in: Ziekow/Völlink, Vergaberecht, § 113 GWB Rn. 10.

4 Vgl. des Näheren unten, § 171 Rn. 20 ff.

b) Teilentscheidungen

5 Auch gegen einen **Teil der Vergabekammerentscheidung** zur Hauptsache ist die (sofortige) Beschwerde statthaft, sofern sich die Beschwerde gegen einen selbstständigen und quantitativ abgegrenzten Teil des Vergabekammerausspruchs zur Hauptsache richtet.[5]

c) Zwischenentscheidungen

6 Ob gegen die anderen Entscheidungen der Vergabekammer, die keine Endentscheidungen i. S. d. § 168 GWB, keine Entscheidungen zu Kostenfragen (s. unten Rn. 11) oder zu Vollstreckungsanträgen (s. unten Rn. 12) sind, also gegen **Zwischenentscheidungen** die (isolierte) sofortige Beschwerde statthaft ist, ist teilweise umstritten und insoweit in der Rechtsprechung noch nicht abschließend geklärt.[6] Für folgende Arten von Zwischenentscheidungen regelt das Gesetz ausdrücklich, dass sie nicht gem. § 171 GWB (isoliert) anfechtbar sind: die Entscheidung über die Beiladung (§ 162 Satz 2 GWB),[7] die Versagung der Akteneinsicht (§ 165 Abs. 4 GWB),[8] die Eilentscheidungen gem. § 169 Abs. 2 GWB (vgl. dort Satz 8; der in Satz 5 und 6 vorgesehene Antrag zum Beschwerdegericht ist ein andersartiger Rechtsbehelf, vgl. § 169 Rn. 27, 44–48), die vorläufigen Maßnahmen gem. § 169 Abs. 3 GWB, die Übertragung des Verfahrens an den Vorsitzenden oder den hauptamtlichen Beisitzer der Vergabekammer zur alleinigen Entscheidung (§ 157 Abs. 3 Satz 1 GWB).

7 Für **folgende Zwischenentscheidungen** kann es inzwischen als **geklärt** angesehen werden, dass sie – über die gesetzlich geregelten Fälle hinaus – **unanfechtbar** sind: die Entschließung der Vergabekammer gem. § 163 Abs. 2 Satz 1 GWB, den Nachprüfungsantrag nicht ohne vorherige Mitteilung i. S. d. § 169 Abs. 1 GWB als offensichtlich unzulässig oder offensichtlich unbegründet zurückzuweisen, sondern den Auftraggeber über den Nachprüfungsantrag in Textform zu informieren;[9] die dem Antragsteller zugegangene Mitteilung der Vergabekammer, sie informiere den Auftraggeber nicht über den Nachprüfungsantrag (weil sie den Antrag für offensichtlich erfolglos halte und daher beabsichtige, ihn – ohne Mitteilung i. S. d. § 169 Abs. 1 GWB – gem. § 163 Abs. 2 Satz 1 GWB zurück-

---

5 OLG Düsseldorf, Beschl. v. 26.11.2003, Verg 53/03, VergabeR 2004, 322, 323: Die VergK hatte den Ag. verpflichtet, die Auswertung des streitbefangenen Vergabeverfahrens nachvollziehbar zu dokumentieren sowie die Angebotswertung unter Ausschluss des Angebots des Beigeladenen weiterzuführen. Der Beigeladene beschränkte seine Beschwerde – zulässigerweise – auf den zu seinen Lasten verfügten Angebotsausschluss.

6 Das OLG Düsseldorf hat in einer frühen Entscheidung, Beschl. v. 18.1.2000, Verg 2/00, NZBau 2000, 596, bei der Beurteilung einer sofortigen Beschwerde gegen die Entschließung der VergK gem. § 163 Abs. 2 Satz 1, den Nachprüfungsantrag zuzustellen (unzulässige Beschwerde), in einem darüber hinausgehenden obiter dictum ausgeführt, alle Zwischenentscheidungen seien nicht mit der sofortigen Beschwerde gem. § 116 Abs. 1 GWB a. F. anfechtbar.

7 Der Ausschluss der Anfechtbarkeit gilt nicht nur für die Beiladung anordnende, sondern auch für die Beiladung ablehnende VergK-Entscheidungen; vgl. OLG Frankfurt, Beschl. v. 28.6.2005, 11 Verg 9/05, VergabeR 2006, 144 m. w. N.

8 Thüringer OLG, Beschl. v. 13.10.2015, 2 Verg 6/15, forum vergabe, Monatsinfo 02/2016, S. 71: Die Beschwerde ist auch dann unzulässig, wenn die VergK ihrer Zwischenentscheidung eine Rechtsbehelfsbelehrung über das Rechtsmittel der sofortigen Beschwerde beigefügt hat.

9 OLG Düsseldorf, Beschl. v. 18.1.2000, Verg 2/00, NZBau 2000, 596.

zuweisen);[10] im Falle der Ablehnung eines Vergabekammermitglieds wegen Befangenheit: die Entscheidung der Vergabekammer (ohne das betroffene Mitglied) über das Ablehnungsgesuch.[11] Als verfahrensleitende Handlung ist auch die vom Vorsitzenden der Vergabekammer gem. § 167 Abs. 1 Satz 2 und 3 GWB verfügte Verlängerung der Entscheidungsfrist in der Regel nicht anfechtbar, selbst wenn die hierfür gegebene Begründung nicht schlüssig ist.[12] Ferner sollte nicht ernsthaft bezweifelt werden, dass die auf § 163 Abs. 2 Satz 3 GWB gestützte Aufforderung der Vergabekammer an den Auftraggeber, die das Vergabeverfahren dokumentierenden Akten („Vergabeakten") vorzulegen, nicht isoliert mit sofortiger Beschwerde angegriffen werden kann.[13] Denn es handelt sich um eine einer Beweisanordnung von der Art her zumindest sehr nahekommende verfahrensleitende Maßnahme; Beweisanordnungen und sonstige verfahrensleitende Maßnahmen der Vergabekammer oder ihres Vorsitzenden (z.B. gem. § 167 Abs. 2 Satz 2 GWB; s. aber auch Rn. 8) unterliegen der (sofortigen) Beschwerde unbestritten nicht. Das Gegenteil (Statthaftigkeit der sofortigen Beschwerde) kann nicht aus § 163 Abs. 2 Satz 5 i.V.m. § 59 Abs. 1 Nr. 1 GWB sowie der Statthaftigkeit der Beschwerde (§ 63 GWB) gegen kartellbehördliche Auskunftsverlangen im originären Anwendungsbereich des § 59 GWB hergeleitet werden. Denn die Verpflichtung des Auftraggebers, die Vergabeakten der Vergabekammer „zur Verfügung zu stellen", beruht nicht auf den §§ 163 Abs. 2 Satz 5, 59 GWB (die der Vergabekammer weitere Befugnisse geben), sondern ist in § 163 Abs. 2 Satz 3 und 4 GWB

---

10 OLG Dresden, Beschl. v. 4.7.2002, WVerg 11/02, VergabeR 2002, 544, und KG, Beschl. v. 31.3.2007, 2 Verg 6/07, VergabeR 2007, 551, 552 (mit abl. Anm. von *Grams*, S. 552 f.): Die sofortige Beschwerde (gegen die Nichtzustellung des Nachprüfungsantrags) mit dem Ziel, das Zuschlagsverbot des § 169 Abs. 1 GWB herbeizuführen, sei „grundsätzlich" unstatthaft, solange eine den Nachprüfungsantrag ablehnende Entscheidung der VergK noch nicht ergangen sei. Das OLG Dresden ließ es offen, ob eine (sofortige) Beschwerde zulässig wäre, wenn der VergK „vorgeworfen" werden müsste, sie habe die Zustellung (jetzt: Übermittlung einer Kopie) des Nachprüfungsantrags in verfahrensfehlerhafter Weise verzögert (S. 545). Das KG scheint die Zulässigkeit der Beschwerde zu bejahen, wenn die VergK die Ablehnungsentscheidung „sachwidrig verzögert". Diese Frage ist indessen m. E. mit Blick auf die spezielle gesetzliche Regelung der „Untätigkeitsbeschwerde" in § 171 Abs. 2 GWB zu verneinen, sofern die Voraussetzungen dieser Vorschrift (noch) nicht erfüllt sind; so wohl auch *Gröning*, VergabeR 2002, 435 ff.; *Dicks*, in: Ziekow/Völlink, Vergaberecht, § 116 GWB Rn. 7; differenzierend *Ulbrich*, in: Kulartz/Kus/Portz/Prieß, GWB, § 171 Rn. 29 f. S. auch noch unten Rn. 10.

11 OLG Düsseldorf, Beschl. v. 23.1.2006, VII-Verg 96/05, NZBau 2006, 598, gestützt auf den Beschleunigungsgrundsatz und eine Analogie zu den §§ 54 Abs. 1, 146 Abs. 2 VwGO; Thüringer OLG, Beschl. v. 22.12.1999, 6 Verg 3/99, NZBau 2000, 349, 350 f., gestützt (u. a.) auf die analoge Anwendung des § 44a VwGO, wonach die Verfahrensbeteiligten eine solche Entscheidung nur zusammen mit der in der Hauptsache ergehenden Entscheidung angreifen können.

12 Ebenso: OLG Naumburg, Beschl. v. 13.8.2007, 1 Verg 8/07, VergabeR 2008, 290; *Otting*, in: Bechtold, GWB, § 113 Rn. 5; *Dreher*, in: Immenga/Mestmäcker, GWB, § 113 Rn. 14; *Schweda*, in: Langen/Bunte, Kartellrecht, § 116 GWB Rn. 3; *Ulbrich*, in: Kulartz/Kus/Portz/Prieß, GWB, § 171 Rn. 34; vgl. auch OLG Koblenz, Beschl. v. 31.8.2001, 1 Verg 3/01, NZBau 2001, 641 f. In Fällen einer extrem langfristigen Verlängerung, die einer Aussetzung des Nachprüfungsverfahrens gleichkommt, muss jedoch aus den nachfolgend im Text unter Rn. 8 genannten Gründen die sofortige Beschwerde zugelassen werden.

13 Das muss auch dann gelten, wenn der Ag. geltend macht, er sei kein Auftraggeber i. S. d. §§ 98 ff. GWB; denn die Klärung dieser Frage obliegt dem Hauptverfahren. – Auch das Gegenteil, die Ablehnung der Beiziehung von Vergabeakten oder sonstigen Unterlagen/Urkunden, ist nicht isoliert anfechtbar; vgl. *Braun*, NZBau 2009, 535, 536, in Anm. zu VG Köln, Beschl. v. 6.4.2009, 4 K 6606/08, NZBau 2009, 535.

spezialgesetzlich geregelt. Der Beschluss der zunächst angerufenen Vergabekammer, mit dem das Nachprüfungsverfahren an eine andere Vergabekammer verwiesen wird (z. B. von einer VergK eines Landes an die VergK des Bundes), ist – auch im Beschleunigungsinteresse (vgl. auch § 281 Abs. 2 Satz 2 und 4 ZPO) – unter der Voraussetzung nicht anfechtbar, dass die verweisende Vergabekammer zuvor allen Verfahrensbeteiligten rechtliches Gehör gewährt hat und die Verweisung nicht jeglichen Grundes entbehrt, also nicht willkürlich ist.[14] Es versteht sich von selbst, dass diejenigen Zwischen- und Nebenentscheidungen, gegen die nach den vorstehenden Ausführungen die sofortige Beschwerde nicht statthaft ist, nicht deshalb zulässigerweise mit der sofortigen Beschwerde angefochten werden können, weil die Vergabekammer in ihrer Rechtsmittelbelehrung irrigerweise die sofortige Beschwerde als zulässig bezeichnet hat.[15]

8 Statthaft ist dagegen die sofortige Beschwerde gegen eine von der Vergabekammer analog den §§ 94 VwGO, 148 ZPO beschlossene **Aussetzung des Nachprüfungsverfahrens**, die mit dem Gebot der Beschleunigung des Nachprüfungsverfahrens (vgl. insb. § 167 Abs. 1 GWB) nicht zu vereinbaren ist, folglich eine Ablehnung vergaberechtlichen Rechtsschutzes und damit eine Ablehnung des Nachprüfungsantrags auf Zeit darstellt.[16] Von diesem Rechtssatz muss freilich eine Ausnahme dann gemacht werden, wenn die Aussetzung des Nachprüfungsverfahrens nur eine Konsequenz eines Vorabentscheidungsersuchens ist, das die Vergabekammer gem. Art. 267 AEUV an den EuGH zur Klärung einer entscheidungserheblichen Rechtsfrage betreffend die Auslegung einer unionsrechtlichen Norm richtet. Denn da das (der Entscheidung über den Nachprüfungsantrag aktiv dienende) Vorabentscheidungsersuchen nicht selbständig anfechtbar ist, kann auch die zwingend damit verbundene Verfahrensaussetzung nicht angefochten werden.[17] Statthaft ist die sofortige Beschwerde selbstverständlich, wenn die „Zwischenentscheidung" der Vergabekammer in der Bedeutung oder in den Auswirkungen – hinsichtlich des Primärrechtsschutzes – eine Endentscheidung darstellt, wie z. B. die **Feststellung** im Entscheidungsausspruch, dass sich das **Nachprüfungsverfahren** durch wirksame Zuschlagserteilung an einen bestimmten Bieter **erledigt** habe.[18]

9 Von den vorstehend behandelten Typen von Zwischenentscheidungen abgesehen, herrscht Unsicherheit, ob überhaupt und unter welchen Voraussetzungen Zwischenentscheidungen

---

14 OLG Düsseldorf, Beschl. v. 18.1.2005, Verg 104/04; OLG Dresden, Beschl. v. 26.6.2012, Verg 3/12, VergabeR 2013, 517 f.

15 Vgl. OLG Düsseldorf, Beschl. v. 23.1.2006, VII-Verg 96/05, NZBau 2006, 598, 599; s. auch oben Fn. 8.

16 OLG Düsseldorf, Beschl. v. 11.3.2002, Verg 43/01, NZBau 2003, 55, 57 = VergabeR 2002, 404, 406 f., mit zustimmender Anm. *Reuber*, S. 414. Gemäß der Begründung des OLG Düsseldorf handelt es sich hier nur um eine scheinbare Zwischenentscheidung. In seiner zustimmenden Erläuterung bezeichnet *Dicks*, in: Ziekow/Völlink, Vergaberecht, § 116 GWB Rn. 6, die Verfahrensaussetzung als anfechtbare „selbständige Zwischenentscheidung". Dem OLG Düsseldorf zustimmend: OLG München, Beschl. v. 18.10.2012, Verg 13/12, NZBau 2013, 189.

17 OLG München, Beschl. v. 18.10.2012, Verg 13/12, NZBau 2013, 189 f.

18 So lagen folgende Fälle des Thüringer OLG: Beschl. v. 9.9.2002, 6 Verg 4/02, VergabeR 2002, 631, 632 f., mit zustimmender Anm. *Kus*, S. 634 f., und Beschl. v. 16.7.2003, 6 Verg 3/03, VergabeR 2003, 600, 602. Das Thüringer OLG sieht die genannten Feststellungsentscheidungen der VergK als „Zwischenentscheidungen" an, was nur formal nach dem äußeren Verfahrensablauf zutrifft. Unter dem Aspekt des Rechtsschutzes sind es Endentscheidungen, nämlich für den Primärrechtsschutz zulasten des Antragstellers.

mit der sofortigen Beschwerde anfechtbar sind.[19] Bedeutsam ist hier vor allem die Streitfrage, ob die Anordnung der **Gewährung von Einsicht in die Vergabeakten und eingereichte Unterlagen** gegen den Willen des (hinsichtlich der etwaigen Geheimhaltung) Berechtigten isoliert angefochten werden kann. Die Frage kann nicht etwa mit einem schlichten Umkehrschluss aus § 165 Abs. 4 GWB bejaht werden. Vielmehr sprechen durchaus vertretbare Gründe dafür, dass die Anordnung der Gewährung der Akteneinsicht zugunsten des Beschleunigungsgebots und zwecks Eindämmung von Investitionsblockaden nicht selbstständig angefochten werden kann, sondern vom jeweils (hinsichtlich etwaiger Geschäftsgeheimnisse oder vertraulicher Unterlagen) Berechtigten hingenommen werden muss.[20] Andererseits ist dem OLG Düsseldorf, das dem Rechtsschutz für den von der Akteneinsicht Betroffenen gegenüber dem Beschleunigungsgebot den Vorrang einräumt,[21] zuzugeben, dass die von der Vergabekammer (ohne die Möglichkeit einer gerichtlichen Überprüfung) gewährte Akteneinsicht, die einschließlich der dabei eventuell geschehenen Verletzung von Geheimhaltungsrechten später nicht mehr rückgängig gemacht werden kann, mit dem in Art. 19 Abs. 4 GG garantierten Grundrecht auf eine wirksame gerichtliche Kontrolle belastender Verwaltungsentscheidungen (hier: der Vergabekammer als Verwaltungsbehörde, s. § 168 Abs. 3 Satz 1 GWB) kollidiert. Inzwischen hat der EuGH dem Recht der an einem Vergabe- und/oder Nachprüfungsverfahren Beteiligten auf Schutz ihrer vertraulichen Angaben und ihrer Geschäftsgeheimnisse einen hohen Stellenwert eingeräumt: In bestimmten Fällen könne es zur Wahrung der Grundrechte eines Dritten (u. a. aus Art. 8 EMRK) oder zum Schutz wichtiger Interessen der Allgemeinheit erforderlich sein, den anderen Verfahrensbeteiligten bestimmte Informationen vorzuenthalten. Daher müsse die Nachprüfungsinstanz das generelle Recht auf Zugang zu den eingereichten Informationen gegen das Recht anderer Beteiligter auf Schutz ihrer vertraulichen Angaben und ihrer Geschäftsgeheimnisse abwägen und dabei sicherstellen, dass in dem Rechtsstreit insgesamt das Recht auf ein faires Verfahren beachtet werde. Angesichts des außerordentlich schweren Schadens, der entstehen könne, wenn bestimmte Informationen zu Unrecht an einen Wettbewerber weitergeleitet würden, müsse die Nachprüfungsinstanz dem betroffenen Beteiligten die Möglichkeit geben, sich auf die Vertraulichkeit oder das Geschäftsgeheimnis zu berufen, bevor sie diese Informationen an andere Verfahrensbeteiligte weitergebe.[22] Für das deutsche Nachprüfungssystem erscheint es geboten, diese „Möglichkeit" dem betroffenen Beteiligten in Form der sofortigen Beschwerde gegen die Anordnung der Ver-

---

19 Vgl. *Stockmann*, in: Immenga/Mestmäcker, GWB, § 116 Rn. 9: Die Anfechtbarkeit von Zwischen- und Nebenentscheidungen müsse differenzierend betrachtet werden; eine *Abwägung* der *im konkreten Fall* auf dem Spiel stehenden *Interessen* der von der Zwischenentscheidung betroffenen Verfahrensbeteiligten unter Berücksichtigung des Beschleunigungsgrundsatzes und des Interesses an einem funktionsfähigen Wettbewerb dürfte am ehesten zu befriedigenden Ergebnissen führen (Hervorhebung durch Kursivdruck hinzugefügt). Gegen den Grundsatz, Zwischenentscheidungen seien unanfechtbar, auch *Ulbrich*, in: Kulartz/Kus/Portz/Prieß, GWB, § 171 Rn. 24, 26 ff.; *Dicks*, in: Ziekow/Völlink, Vergaberecht, § 116 GWB Rn. 6; *Prieß*, Handbuch des europ. Vergaberechts, S. 396 f. Für einen solchen Grundsatz seinerzeit: OLG Düsseldorf, Beschl. v. 18.1.2000, Verg 2/00, NZBau 2000, 596; OLG Düsseldorf, Beschl. v. 23.1.2006, VII-Verg 96/05, NZBau 2006, 598, 599; *Storr*, in: Loewenheim/Meessen/Riesenkampff, Kartellrecht, § 116 GWB Rn. 5.

20 Vgl. die eingehende Begründung dieses Ergebnisses in der 2. Auflage unter Rn. 1115. Ebenso: *Storr*, in: Loewenheim/Meessen/Riesenkampff, Kartellrecht, § 116 GWB Rn. 5; a. A. *Stockmann*, in: Immenga/Mestmäcker, GWB, § 116 Rn. 10; *Ramm*, VergabeR 2007, 739, 743.

21 OLG Düsseldorf, Beschl. v. 28.12.2007, VII-Verg 40/07, VergabeR 2008, 281, 282.

22 EuGH, Urt. v. 14.2.2008, Rs. C-450/06, NZBau 2008, 403, 406, Rn. 47, 48, 51, 52, 54.

gabekammer einzuräumen, anderen Beteiligten Einsicht in die Vergabeakten oder eingereichte Unterlagen zu gewähren.[23] Dem OLG Düsseldorf ist daher zuzustimmen, dass die von der Vergabekammer verfügte Erteilung der Gelegenheit zur Einsicht in die Vergabeakten (und sonstige eingereichte Unterlagen) vom hierdurch in seinen Rechten Betroffenen – vor der tatsächlichen Einsichtnahme – selbständig mit der sofortigen Beschwerde nach § 171 Abs. 1 GWB angefochten werden kann, sofern durch die vollzogene Einsichtnahme Rechte des Betroffenen in einer durch die Hauptsacheentscheidung nicht wieder gutzumachenden Weise beeinträchtigt werden können.[24]

10 Das OLG Düsseldorf vertritt in Fortentwicklung seiner Rspr. zur Akteneinsicht (s. vorstehend Rn. 9) nunmehr die Ansicht, mangels besonderer Vorschriften im GWB seien Zwischenentscheidungen der Vergabekammer in Analogie zu § 44a Satz 1 VwGO im Allgemeinen nicht anfechtbar. Das gelte (nur) nicht für (Zwischen-)Entscheidungen, durch die ein Verfahrensbeteiligter irreparabel in seinen Rechten verletzt zu werden drohe. Daher erachtet das OLG Düsseldorf einen Beschluss der Vergabekammer, mit dem sie die **Übermittlung des Nachprüfungsantrags** an den Auftraggeber (vgl. §§ 163 Abs. 2 Satz 3, 169 Abs. 1 GWB) **von** der Einzahlung eines bestimmten **Kostenvorschusses abhängig** macht, als durch sofortige Beschwerde isoliert anfechtbar, weil die Vergabekammer damit eine Sachentscheidung ohne die auferlegte Einzahlung ablehnt.[25] Dem ist aus dem unter Rn. 8 genannten Gesichtspunkt (Ablehnung des Nachprüfungsantrags auf Zeit) zuzustimmen;[26] ob die Vergabekammer den Kostenvorschuss zu Recht verlangt oder nicht, ist eine Frage der Begründetheit der Beschwerde.

d) Kostenentscheidungen

11 Außer den Endentscheidungen der Vergabekammer in der Sache (s. o. Rn. 2 bis 5) unterliegt auch die **Kostenentscheidung** einschließlich der Festsetzung der Gebühren und Auslagen – für sich allein – der Beschwerde. Das folgt aus § 182 Abs. 1 Satz 2 GWB, der das VwKostG[27] für anwendbar erklärt. Gem. § 22 VwKostG kann die Kostenentscheidung zu-

---

23 Der EuGH betont in Rn. 52 seines in der vorstehenden Fn. zitierten Urteils, dass der von ihm geforderte Rechtsschutz von einem Gericht i. S. d. Art. 234 EG (jetzt Art. 267 AEUV) sichergestellt werden müsse.

24 OLG Düsseldorf, Beschl. v. 28.12.2007, VII-Verg 40/07, VergabeR 2008, 281, 283, mit zust. Anm. *Noch*, S. 288 f.; zust. auch: BGH, Beschl. v. 31.1.2017, X ZB 10/16, NZBau 2017, 230, 234 Rn. 52; OLG Frankfurt, Beschl. v. 12.12.2014, 11 Verg 8/14, NZBau 2015, 514, 516; OLG München, Beschl. v. 28.4.2016, Verg 3/16, NZBau 2016, 591, 592; Thüringer OLG, Beschl. v. 8.10.2015, 2 Verg 4/15, forum vergabe, Monatsinfo 02/2016, S. 71; *Losch*, VergabeR 2008, 739, 749; *Dreher*, in: Immenga/Mestmäcker, GWB, § 111 Rn. 46 i. V. m. Rn. 45; *Stockmann*, in: Immenga/Mestmäcker, GWB, § 116 Rn. 10; *Ulbrich*, in: Kulartz/Kus/Portz/Prieß, GWB, § 171 Rn. 36; *Schweda*, in: Langen/Bunte, Kartellrecht, § 111 GWB Rn. 2 und § 116 Rn. 4; *Dicks*, in: Ziekow/Völlink, Vergaberecht, § 116 GWB Rn. 4.

25 OLG Düsseldorf, Beschl. v. 18.2.2010, VII-Verg 8/10; auch die sofortige Beschwerde, die sich nur gegen die Höhe des Kostenvorschusses wendet, ist statthaft.

26 Ebenso: *Ulbrich*, in: Kulartz/Kus/Portz/Prieß, GWB, § 171 Rn. 31.

27 Verwaltungskostengesetz; vgl. das VwKostG des Bundes vom 23.6.1970, BGBl. I 1970, S. 821, mit Änderungen in BGBl. I 1976, S. 3341; 1994, S. 2325 u. 2911; 2004, S. 718; S. 2008, 1793. Dieses VwKostG ist zwar durch Art. 5 Abs. 1 Satz 2 des Gesetzes zur Strukturreform des Gebührenrechts des Bundes mit Wirkung v. 15.8.2013 aufgehoben worden; § 182 Abs. 1 Satz 2 GWB erklärt es aber in seiner am 14.8.2013 noch geltenden Fassung für weiter anwendbar. Die Länder haben entsprechende Gesetze erlassen; für das Land Nordrhein-Westfalen vgl. Gebührengesetz für

sammen mit der Sachentscheidung oder selbstständig angefochten werden. Da sich das VwKostG selbst einer Regelung der Art des selbstständigen Rechtsbehelfs gegen die Kostenentscheidung enthält (vgl. § 22 VwKostG), muss diejenige gesetzliche Vorschrift maßgeblich sein, die den Rechtsbehelf gegen die dazugehörige Sachentscheidung bestimmt. Dafür spricht auch, dass dem so bestimmten Rechtsmittelgericht die volle Überprüfung der Kostenentscheidung auch bei einem Rechtsbehelf gegen die Sachentscheidung obliegt; denn dieser erstreckt sich gemäß ausdrücklicher gesetzlicher Anordnung (§ 22 Abs. 1 Hs. 2 VwKostG) auf die Kostenentscheidung. Da die §§ 171 ff. GWB gegen Entscheidungen der Vergabekammer keinen anderen Rechtsbehelf als die sofortige Beschwerde zulassen, ist diese fristgebundene Beschwerde auch das (allein) statthafte Rechtsmittel gegen folgende Kostenentscheidungen: die Kostengrundentscheidung als Teil der Gesamtentscheidung der Vergabekammer in der Hauptsache,[28] die isolierte Kostenentscheidung nach Rücknahme des Nachprüfungsantrags[29] oder nach übereinstimmender Erledigungserklärung der Beteiligten,[30] die Festsetzung der für die Tätigkeit der Vergabekammer zu zahlenden Gebühren und Auslagen der Höhe nach.[31] Demgemäß war auch der Kostenfestsetzungsbescheid, mit dem die Vergabekammer die einem Beteiligten zu erstattenden Kosten der Höhe nach früher – bis zum 24.4.2009 (Inkrafttreten des VergModG 2009)[32] – festsetzte, mit der sofortigen Beschwerde anfechtbar.[33] Gem. § 128 Abs. 4 Satz 5 GWB i. d. F. des VergModG 2009 und so auch gem. § 182 Abs. 4 Satz 5 GWB n. F. ist die Kompetenz der Vergabekammer für die Festsetzung der unter den Beteiligten zu erstattenden Kosten weggefallen, sodass die Verfahrensbeteiligten zur Geltendmachung ihrer Kostenerstattungsansprüche die Zivilgerichte anrufen müssen.[34] Auch gegen einen Teil der Kostenentscheidung

---

das Land NRW i. d. F. der Bekanntmachung v. 23.8.1999 (GV.NRW. S. 524), geändert durch Gesetz v. 12.5.2009 (GV.NRW. S. 296). Der obige Text beschränkt sich auf das bisherige VwKostG des Bundes.

28 OLG Düsseldorf, Beschl. v. 23.12.2014, VII-Verg 37/13, NZBau 2015, 392 m. w. N.; OLG Frankfurt, Beschl. v. 16.5.2000, 11 Verg 1/99, NZBau 2001, 101, 102 (Beschwerde – nur – gegen die Kostenentscheidung nach Erledigung der Hauptsache zwischen den Instanzen); OLG München, Beschl. v. 24.1.2012, Verg 16/11, VergabeR 2012, 525, 527; OLG Naumburg, Beschl. v. 28.9.2001, 1 Verg 9/01, VergabeR 2002, 200, 201; OLG Rostock, Beschl. v. 16.5.2001, 17 W 1/01 u. 2/01, NZBau 2002, 170, 172; OLG Stuttgart, Beschl. v. 19.7.2000, 2 Verg 4/00, NZBau 2000, 543 (die isolierte Anfechtbarkeit wird mit Art. 19 Abs. 4 GG begründet); Thüringer OLG, Beschl. v. 4.4.2003, 6 Verg 4/03, VergabeR 2003, 475; OLG Dresden, Beschl. v. 14.2.2003, WVerg 11/01, WuW/E Verg 914, 915 (die zunächst gegen die gesamte VergK-Entscheidung eingelegte sofortige Beschwerde bleibt zulässig, wenn sie später auf die Kostenentscheidung beschränkt wird).

29 BayObLG, Beschl. v. 29.9.1999, Verg 5/99, NZBau 2000, 99; OLG Düsseldorf, Beschl. v. 9.8.2001, Verg 1/01, VergabeR 2002, 197; OLG Rostock, Beschl. v. 25.10.2000, 17 W 3/99.

30 KG, Beschl. v. 8.2.2000, KartVerg 7/99; vgl. auch BGH, Beschl. v. 9.12.2003, X ZB 14/03, NZBau 2004, 285.

31 BGH, Beschl. v. 25.10.2011, X ZB 5/10, NZBau 2012, 186, 187; OLG Düsseldorf, Beschl. v. 4.6.2003, Verg 46/02, und v. 6.10.2003, Verg 33/03.

32 Genauer: Kostenfestsetzungsbefugnis der VergK noch für alle Vergabeverfahren, die vor dem 24.4.2009 begonnen hatten, einschließlich der sich an diese anschließenden Nachprüfungsverfahren (vgl. § 131 Abs. 8 GWB a. F.).

33 Vgl. u. a. OLG Düsseldorf, Beschl. v. 3.7.2003, Verg 22/00; OLG München, Beschl. v. 27.8.2009, Verg 4/09, VergabeR 2010, 294 f.; . – Gegen Kostenfestsetzungsbeschlüsse des Rechtspflegers des OLG (Vergabesenats) ist nicht die sofortige Beschwerde gem. § 171 GWB, sondern die befristete Erinnerung gem. § 11 Abs. 2 Satz 1 RPflG statthaft; BayObLG, Beschl. v. 1.12.1999, Verg 2/99, NZBau 2000, 397; OLG Dresden, Beschl. v. 3.9.2001, WVerg 6/00, VergabeR 2002, 205, 206.

34 OLG Celle, Beschl. v. 8.12.2009, 13 Verg 11/09, VergabeR 2010, 542.

der Vergabekammer ist die sofortige Beschwerde statthaft,[35] so gegen den Ausspruch in der Kostengrundentscheidung, mit dem der (unterliegende) Antragsteller (auch) zur Erstattung der einem Beigeladenen entstandenen Aufwendungen verpflichtet wird, ferner gegen den zur Kostengrundentscheidung gehörenden Ausspruch der Vergabekammer, mit dem die Hinzuziehung eines (anwaltlichen) Bevollmächtigten gem. § 182 Abs. 4 Satz 4 GWB i.V.m. § 80 Abs. 2 VwVfG für notwendig oder nicht notwendig erklärt wird.[36] **Unterlässt** dagegen die **VergK** in der Endentscheidung über den Nachprüfungsantrag, **über** die **Kostentragung** und/oder über die **Auslagenerstattung** ganz oder teilweise **zu entscheiden**, ist eine hiergegen gerichtete Beschwerde gem. § 171 GWB nicht statthaft. Ein solches Unterlassen ist keine „Entscheidung“ i.S.d. § 171 Abs. 1 Satz 1 GWB; auch § 171 Abs. 2 GWB ist nicht, auch nicht analog anwendbar, weil über den Nachprüfungsantrag i.S.d. Gesetzes (§§ 171 Abs. 2, 160 GWB) entschieden worden ist. Über Kostentragung und Auslagenerstattung gem. § 182 GWB hat die VergK von Amts wegen zu entscheiden; hat sie dies in der Hauptsacheentscheidung – gleichgültig, ob versehentlich oder nicht – ganz oder teilweise unterlassen, kann und muss sie die unterlassene(n) Nebenentscheidung(en) – unbefristet – nachholen.[37] **Streitwertfestsetzungen** der Vergabekammer als isolierte, die Berechnung der Anwaltsgebühren vorbereitende Wertfestsetzungsakte (Verwaltungsakte, zu denen die Vergabekammer rechtlich nicht befugt ist) unterliegen ebenfalls der sofortigen Beschwerde (die zur ersatzlosen Aufhebung der Streitwertfestsetzung durch das Beschwerdegericht führt).[38]

e) Entscheidungen im Vollstreckungsverfahren

12 Die sofortige Beschwerde ist auch das zutreffende, einzig zulässige Rechtsmittel gegen Entscheidungen der Vergabekammer im **Vollstreckungsverfahren**. Das ergibt sich aus § 168 Abs. 3 Satz 2 GWB, der insoweit auf § 18 Abs. 1 VwVG des Bundes und die dementsprechenden Vorschriften der Verwaltungsvollstreckungsgesetze der Länder verweist; diese Vorschriften verweisen auf § 171 Abs. 1 GWB wieder zurück.[39]

---

35 OLG Naumburg, Beschl. v. 21.3.2013, 2 Verg 1/13, VergabeR 2013, 816, 817.

36 OLG Düsseldorf, Beschl. v. 23.12.2014, VII-Verg 37/13, NZBau 2015, 392; OLG Düsseldorf, Beschl. v. 20.7.2000, Verg 1/00, NZBau 2000, 486; OLG München, Beschl. v. 24.1.2012, Verg 16/11, VergabeR 2012, 525, 527; OLG Naumburg, Beschl. v. 21.3.2013, 2 Verg 1/13, VergabeR 2013, 816, 817.

37 KG, Beschl. v. 10.8.2011, Verg 5/11, VergabeR 2012, 254, 255 (das gilt auch für eine beantragte, aber zunächst unterlassene Entscheidung über die Notwendigkeit der Hinzuziehung eines anwaltlichen Prozessbevollmächtigten).

38 OLG Düsseldorf, Beschl. v. 3.7.2003, Verg 29/00; Beschl. v. 9.9.2003, Verg 23/02; vgl. auch OLG Koblenz, Beschl. v. 8.2.2001, 1 Verg 5/00, VergabeR 2001, 123, 126 f.; Thüringer OLG, Beschl. v. 13.9.2001, 6 Verg 1/01, VergabeR 2002, 202, 203.

39 OLG Düsseldorf, Beschl. v. 29.12.2000, Verg 31/00, NZBau 2001, 582 = VergabeR 2001, 62; KG, Beschl. v. 24.10.2001, KartVerg 10/01, VergabeR 2002, 100, 101: jeweils Beschwerde gegen die Ablehnung einer Zwangsvollstreckungsmaßnahme durch die VergK; OLG Düsseldorf, Beschl. v. 10.3.2014, VII-Verg 11/14, VergabeR 2014, 621, 622 m.w.N., und Beschl. v. 9.10.2002, Verg 44/01: jeweils Beschwerde gegen Androhung eines Zwangsgelds (vgl. auch *Bischoff*, VergabeR 2009, 433, 438; S. 439 auch zur Statthaftigkeit der sofortigen Beschwerde nach § 171 GWB gegen die Festsetzung eines Zwangsgelds).

2. Beschwerde bei Säumigkeit der Vergabekammer (Abs. 2)

a) Inhalt und Zweck des § 171 Abs. 2 GWB

Um dem Beschleunigungsgebot des § 167 Abs. 1 GWB Nachdruck zu verleihen,[40] sieht § 171 Abs. 2 GWB (teilweise in Anlehnung an die sog. Verpflichtungs- oder Untätigkeitsbeschwerde des Kartellverwaltungsverfahrensrechts, § 63 Abs. 3 GWB) Folgendes vor: Versäumt die Vergabekammer die – evtl. verlängerte – Frist des § 167 Abs. 1 GWB für die ihr obliegende (End-)Entscheidung, so gilt der Nachprüfungsantrag mit Ablauf der (evtl. verlängerten) Frist als abgelehnt. Gegen diese gesetzlich **unwiderlegbar fingierte Antragsablehnung** (vgl. schon oben II. 1. a), Rn. 3, 4) findet die sofortige Beschwerde statt. 13

b) Voraussetzungen der Wahrung der Frist des § 167 Abs. 1 GWB

Für die Zulässigkeit der Beschwerde gem. § 171 Abs. 2 GWB ist zu klären, welche **Handlungen der Vergabekammer** innerhalb der (evtl. verlängerten) Frist des § 167 Abs. 1 GWB **vollendet** sein müssen, **damit die Frist i. S. d. § 171 Abs. 2 GWB gewahrt** ist, oder – mit anderen Worten – welches Defizit zur fingierten Antragsablehnung führt. 14

Hinsichtlich der **Entscheidungstätigkeit** der Vergabekammer selbst normiert die Fristvorschrift des § 167 Abs. 1 Satz 1 GWB, auf die § 171 Abs. 2 GWB verweist, ausdrücklich, dass die Vergabekammer ihre Entscheidung innerhalb der Frist schriftlich zu treffen und zu begründen hat. Daraus folgert die Rechtsprechung als zwingende Voraussetzung für die Wahrung der Entscheidungsfrist, dass die **vollständige Entscheidung** mit Ausspruch (Beschlusstenor) und gesamter Begründung vor Fristablauf **schriftlich abgefasst** und von denjenigen Mitgliedern der Vergabekammer, die die Entscheidung nach den für die Unterzeichnungspflicht maßgeblichen Vorschriften unterzeichnen müssen, **unterschrieben worden ist**.[41] Dabei versteht es sich von selbst, dass es im Falle der Verhinderung eines zur Unterschrift verpflichteten Mitglieds der Vergabekammer im maßgeblichen Zeitpunkt zur Einhaltung der Entscheidungsfrist ausreicht, dass der Vorsitzende (und im Fall seiner Verhinderung ein Beisitzer) statt der Unterschrift eines Beisitzers (oder des Vorsitzenden) auf der Urschrift der Vergabekammerentscheidung vor Fristablauf einen sog. Verhinderungsvermerk anbringt und diesen seinerseits unterschreibt.[42] Die davon zu trennende, selbst- 15

---

40 Vgl. zu diesem Gesetzeszweck: OLG Düsseldorf, Beschl. v. 20.6.2001, Verg 3/01, NZBau 2001, 696, 698 = VergabeR 2001, 329 f., und Beschl. v. 11.3.2002, Verg 43/01, NZBau 2003, 55, 57 = VergabeR 2002, 404, 407.

41 BayObLG, Beschl. v. 30.3.2001, Verg 3/01, VergabeR 2001, 256 f.; OLG Düsseldorf, Beschl. v. 22.1.2001, Verg 24/00, VergabeR 2001, 154, 155 f.; Beschl. v. 5.9.2001, Verg 18/01, VergabeR 2002, 89, 90 ff.; OLG Naumburg, Beschl. v. 13.10.2006, 1 Verg 6/06, VergabeR 2007, 125, 127; OLG Saarbrücken, Beschl. v. 29.4.2003, 5 Verg 4/02, VergabeR 2003, 429, 430. – Das Thüringer OLG, das wegen Divergenz zum erstgenannten Beschluss des OLG Düsseldorf zur Frage der Notwendigkeit der Unterschrift auch des ehrenamtlichen Beisitzers mit Beschl. v. 28.2.2001 (6 Verg 8/00) den BGH gem. § 124 Abs. 2 GWB a. F. (= § 179 Abs. 2 GWB n. F.) angerufen hat, weicht hinsichtlich des davon unabhängigen, oben im Text mitgeteilten Rechtssatzes nicht vom OLG Düsseldorf ab (vgl. NZBau 2001, 281, 283 = VergabeR 2001, 159, 161, jeweils unter 2. c).

42 OLG Düsseldorf, Beschl. v. 22.1.2001, Verg 24/00, VergabeR 2001, 154, 156. – Im Falle einer Verhinderung kann der Verhinderungsvermerk wirksam nur von einem hauptamtlichen Mitglied der VergK unterzeichnet werden, das auch an der (ggf. letzten) mündlichen Verhandlung und der Entscheidungsfindung der VergK teilgenommen hat (OLG Düsseldorf, Beschl. v. 5.9.2001, Verg 18/01, VergabeR 2002, 89, 91 f.).

ständig zu beantwortende Frage, welche Mitglieder der Vergabekammer (alle? nur die hauptamtlichen Mitglieder? nur der Vorsitzende?) die Entscheidung als Voraussetzung für ihre Wirksamkeit und die Fristwahrung unterzeichnen müssen, ist nicht aufgrund der §§ 167 Abs. 1 Satz 1, 171 Abs. 2 GWB zu beurteilen, sondern ist dem für die jeweilige Vergabekammer maßgeblichen Organisationsrecht[43] zuzuordnen.[44]

16 Die zweite wichtige Frage besteht darin, ob innerhalb der Frist des § 167 Abs. 1 GWB auch die Zustellung oder zumindest die Bekanntgabe der Entscheidung der Vergabekammer durchgeführt worden sein muss. § 167 Abs. 1 Satz 1 GWB spricht nur davon, dass die Vergabekammer innerhalb der Frist ihre Entscheidung schriftlich treffen und begründen muss. § 171 Abs. 2 GWB stellt keine weitergehenden Anforderungen („ ... entschieden hat"). Was zur „Entscheidung" gehört, muss durch Auslegung der §§ 167, 168, 171 GWB autonom ermittelt werden.[45] Die §§ 167 Abs. 1 Satz 1, 168 Abs. 3 Satz 1 GWB einerseits und die §§ 168 Abs. 3 Satz 3, 61 GWB andererseits können dahin gedeutet werden, dass das Gesetz die Entscheidung der Vergabekammer, einer gerichtsähnlichen Instanz (vgl. § 157 Abs. 1 und 4 Satz 2 GWB), und die Zustellung dieser Entscheidung als zwei getrennte Vorgänge, also die Zustellung nicht als einen Bestandteil der „Entscheidung" ansieht. Eine solche Auslegung liegt auch im Interesse der Vermeidung einer weiteren Verschärfung des enormen Zeitdrucks, unter dem die Vergabekammer die Nachprüfung durchführen muss (§ 167 Abs. 1 GWB). Danach reicht es aus, wenn die vollständige Entscheidung innerhalb der Frist schriftlich getroffen und begründet worden ist (s. o. Rn. 15). Die **Zustellung** der **Entscheidung innerhalb der Frist des § 167 Abs. 1 GWB** ist also **nicht erforderlich**.[46] Aus den vorstehenden Gründen kann auch die bloße Bekanntgabe der Entscheidung an die Verfahrensbeteiligten (z.B. per Fax) für die Wahrung der Frist des § 171

---

43 Für die Vergabekammern des Bundes: § 158 Abs. 1 GWB i.V.m. der vom Präsidenten des Bundeskartellamts erlassenen Geschäftsordnung; für die Vergabekammern der Länder: § 158 Abs. 2 GWB i.V.m. dem jeweiligen Landesrecht, das die Kompetenz für die Regelung des Unterschriftserfordernisses i.d.R. dem Organ überträgt, das die Geschäftsordnung für die Vergabekammer(n) zu erlassen hat.

44 So der BGH, Beschl. v. 12.6.2001, X ZB 10/01, NZBau 2001, 517, 518 = VergabeR 2001, 286, 289, auf die Divergenzvorlage des Thüringer OLG v. 28.2.2001 (s.o. Fn. 41); so daraufhin auch OLG Düsseldorf, Beschl. v. 5.9.2001, Verg 18/01, VergabeR 2002, 89, 92 f.

45 Zustimmend: OLG Naumburg, Beschl. v. 13.10.2006, 1 Verg 6/06, VergabeR 2007, 125, 127. Diese Frage darf also nicht unter Heranziehung der Vorschriften eines anderen Gesetzes, hier insbes. des § 69 Abs. 2 VwVfG, gelöst werden. Im unmittelbaren Anwendungsbereich des § 69 Abs. 2 VwVfG ist es allg. Ansicht, dass der ein förmliches Verfahren abschließende Verwaltungsakt im Rechtssinne erst mit seiner Zustellung erlassen ist (*Kopp/Ramsauer*, VwVfG, § 69 VwVfG Rn. 10 m.w.N.). Das VwVfG gilt aber im Rahmen der §§ 160 ff. GWB nur subsidiär (vgl. auch OLG Düsseldorf, Beschl. v. 13.4.1999, Verg 1/99, BB 1999, 1078, 1080 = NZBau 2000, 45, 48), soweit seine Vorschriften zu den Besonderheiten des Vergabenachprüfungsverfahrens passen.

46 Ebenso: OLG Düsseldorf, Beschl. v. 8.5.2002, Verg 8 – 15/01 (Umdruck S. 15); OLG Naumburg, Beschl. v. 13.10.2006, 1 Verg 6/06, VergabeR 2007, 125, 127; *Dreher*, in: Immenga/Mestmäcker, GWB, § 113 Rn. 10; *Stockmann*, in: Immenga/Mestmäcker, GWB, § 116 Rn. 12; *Otting*, in: Bechtold, GWB, § 113 Rn. 3; *Ulbrich*, in: Kulartz/Kus/Portz/Prieß, GWB, § 171 Rn. 46; *Schweda*, in: Langen/Bunte, Kartellrecht, § 113 GWB Rn. 3; *Dicks*, in: Ziekow/Völlink, Vergaberecht, § 116 GWB Rn. 17; a.A. *Reidt*, in: Reidt/Stickler/Glahs, Vergaberecht, § 167 GWB Rn. 5; *Stickler*, ebenda, § 171 GWB Rn. 16.

Abs. 2 GWB nicht gefordert werden.[47] Im Interesse der Objektivierbarkeit, da eine förmliche Verkündung der Vergabekammerentscheidungen im Gesetz nicht vorgesehen ist (und auch nicht praktiziert wird), ist jedoch die Tatsache des fristgerechten Erlasses der Entscheidung, also der Niederlegung der vollständig schriftlich abgefassten und ordnungsgemäß unterschriebenen Entscheidung in der Akte, von Amts wegen durch einen in die Akte aufzunehmenden Vermerk des Vergabekammer-Vorsitzenden, eines Beisitzers oder der Geschäftsstelle der Vergabekammer (falls die vollständige, unterschriebene Entscheidung dort vor Fristablauf eingeht) zu dokumentieren.[48] Zusätzlich oder anstelle eines solchen Vermerks bedarf es für die Fristeinhaltung jedoch keiner (vor Fristablauf getroffenen) ausdrücklichen Verfügung seitens eines VergK-Mitglieds, die VergK-Entscheidung zuzustellen.[49] Denn die Zustellung braucht nicht gesondert verfügt zu werden, sie ist gesetzlich vorgeschrieben (§§ 168 Abs. 3 Satz 3, 61 Abs. 1 Satz 1 GWB) und selbstverständliche Aufgabe der Geschäftsstelle. Einer Dokumentation der Fristwahrung bedarf es ohnehin dann nicht, wenn die Entscheidung noch vor Fristablauf den Beteiligten ordnungsgemäß zugestellt wird.[50]

Dass es nicht sachgerecht ist, auch die Zustellung der Entscheidung innerhalb der Frist des § 167 Abs. 1 GWB zu verlangen, zeigen überdies folgende Erwägungen: Die Vergabekammer selbst beherrscht – abgesehen von der Einleitung – den Ablauf und die Geschwindigkeit der Zustellung nicht. Es ist durchaus möglich, dass die Zustellung bei den einzelnen Beteiligten an unterschiedlichen Tagen, also bei einem Beteiligten innerhalb, bei anderen nach Ablauf der Frist des § 167 Abs. 1 GWB erfolgt. Da die Zustellung an alle Beteiligten obligatorisch ist, wäre unsicher, auf welche Zustellung abzustellen ist, wenn man die erfolgreiche Zustellung zur Wahrung der Frist des § 167 Abs. 1 GWB fordern würde. Das wäre besonders misslich im Falle einer dem Nachprüfungsantrag stattgebenden Entscheidung, die dem Auftraggeber noch innerhalb, dem Antragsteller aber erst nach Ablauf der Frist zugestellt wird. Gilt dann der Nachprüfungsantrag gegenüber dem Antragsteller selbst als abgelehnt? Dies alles zeigt, dass allein ein einheitlicher Zeitpunkt sachgerecht ist, der nach der hier vertretenen Ansicht auf den Tag der Dokumentation, dass die vollständige schriftliche und vorschriftsgemäß unterschriebene Entscheidung zu den Akten gelangt ist, anzusetzen ist. 17

---

47 Ebenso: *Ohlerich*, in: Kulartz/Kus/Portz/Prieß, GWB, § 167 Rn. 25; *Ulbrich*, ebenda, GWB, § 171 Rn. 46; *Dicks*, in: Ziekow/Völlink, Vergaberecht, § 116 GWB Rn. 17; a. A. *Byok* (hier), § 167 Rn. 2.

48 OLG Düsseldorf, Beschl. v. 22.1 2001, Verg 24/00, VergabeR 2001, 154, 156, wo außer dem Aktenvermerk eines der Kammermitglieder verlangt wird, dass die Akte mit der Entscheidung vor Fristablauf auch auf den Weg zur Geschäftsstelle der VergK gebracht wird. OLG Naumburg, Beschl. v. 13.10.2006, 1 Verg 6/06, VergabeR 2007, 125, 127, fordert, dass die vollständige Entscheidung vor Fristablauf zur Geschäftsstelle gelangt ist. Zustimmend zur Notwendigkeit der Dokumentation: *Gröning*, VergabeR 2001, 108, 111; *Stockmann*, in: Immenga/Mestmäcker, GWB, § 116 Rn. 12. Das OLG Saarbrücken, Beschl. v. 29.4.2003, 5 Verg 4/02, VergabeR 2003, 429, 430, verlangt keinen Aktenvermerk, sondern nur, dass die unterschriebene Entscheidung vor Fristablauf „auf den Weg zur für die weitere Bearbeitung zuständigen Dienststelle gebracht wird". Ebenso: *Dicks*, in: Ziekow/Völlink, Vergaberecht, § 116 GWB Rn. 17.

49 A. A. *Ulbrich*, in: Kulartz/Kus/Portz/Prieß, GWB, § 171 Rn. 47. *Ulbrich* hält es außerdem für einen Fall der Fristversäumung i. S. d. §§ 167 Abs. 1, 171 Abs. 2 GWB, wenn die rechtzeitig getroffene Zustellungsverfügung danach von der Geschäftsstelle der VergK nicht abgearbeitet worden ist; unklar bleibt aber, ab wann dann die Beschwerdefrist gem. § 171 Abs. 2 GWB läuft.

50 OLG Düsseldorf, Beschl. v. 22.1.2001 – Verg 24/00, VergabeR 2001, 154, 156.

18 Aus den gleichen Gründen, wie sie unter Rn. 16 und 17 dargestellt sind, ist es für die Einhaltung der Entscheidungsfrist des § 167 Abs. 1 GWB ebenfalls **nicht erforderlich**, dass die etwaige **Verfügung**, mit der der Vorsitzende zuvor die **Frist verlängert** hat (§ 167 Abs. 1 Satz 2 GWB), noch **innerhalb der laufenden Frist allen Verfahrensbeteiligten bekannt gemacht** wird. Es genügt, wenn der Vorsitzende die Verfügung über die Fristverlängerung vor Ablauf der bisherigen Frist unterzeichnet und in den Geschäftsverkehr der Vergabekammer gibt,[51] was zu dokumentieren ist (wie oben Rn. 16).[52] Wenn die Verfügung rechtzeitig (im vorstehenden Sinne) vom Vorsitzenden (bei dessen Verhinderung von seinem Stellvertreter) getroffen worden ist, bewirkt sie auf jeden Fall die verfügte Verlängerung der Entscheidungsfrist i. S. d. §§ 167 Abs. 1 Satz 2, 171 Abs. 2 GWB. Über die Rechtzeitigkeit der formgerechten, vom zuständigen Vergabekammermitglied getroffenen Verfügung hinaus findet **keine weitere Überprüfung der Verlängerungsverfügung** durch das Beschwerdegericht in Bezug auf § 171 Abs. 2 Hs. 1 GWB statt. Das gilt auch dann, wenn die Verlängerungsverfügung unzureichend begründet worden ist,[53] und sogar dann, wenn die der Verfügung real gegebene Begründung im Gesetz gar nicht vorgesehen, also gesetzwidrig ist.[54]

c) Rechtsfolgen der Versäumung der Entscheidungsfrist

19 Eine bemerkenswerte Divergenz von Meinungen besteht bislang zu der Frage, welche Rechtsfolgen die Versäumung der Entscheidungsfrist des § 167 Abs. 1 GWB nach sich zieht. Einheitlich wird noch der Fall beurteilt, dass die Vergabekammer weder vor noch nach Fristablauf überhaupt eine (End-)Entscheidung erlässt.[55] Dann wird das Vergabekammerverfahren gem. § 171 Abs. 2 Hs. 2 GWB von Gesetzes wegen durch die (so genannte fiktive) Ablehnung des Nachprüfungsantrags beendet. Der infolge dieser Regelung in erster Instanz unterlegene Antragsteller kann die von Gesetzes wegen eingetretene Ablehnung seines Nachprüfungsantrags gem. § 171 Abs. 2 Hs. 1 GWB mit sofortiger Beschwerde anfechten. Lässt er jedoch die hierfür normierte Beschwerdefrist (vgl. dazu § 172 Rn. 10) verstreichen, so wird die Ablehnung rechtskräftig.[56]

---

51 OLG Düsseldorf, Beschl. v. 7.8.2013, VII-Verg 14/13; KG, Beschl. v. 6.11.2003, 2 Verg 12/03, VergabeR 2004, 253, 254; *Otting*, in: Bechtold, GWB, § 113 Rn. 5; *Dreher*, in: Immenga/Mestmäcker, GWB, § 113 Rn. 13; *Stockmann*, in: Immenga/Mestmäcker, GWB, § 116 Rn. 14; *Ulbrich*, in: Kulartz/Kus/Portz/Prieß, GWB, § 171 Rn. 56 (der aber zusätzlich – wie für die Fristwahrung durch die VergK-Entscheidung, s. oben Fn. 49 – das „Vorliegen einer abgearbeiteten Bekanntgabeverfügung" für erforderlich hält); a. A. (Zugang des gesamten Verfügungsinhalts bei den Verfahrensbeteiligten): *Reidt*, in: Reidt/Stickler/Glahs, Vergaberecht, § 167 GWB Rn. 13; *Stickler*, ebenda, § 171 GWB Rn. 17.

52 Ebenso: OLG Frankfurt, Beschl. v. 24.9.2013, 11 Verg 12/13, NZBau 2014, 247 (LS 4).

53 OLG Brandenburg, Beschl. v. 9.9.2004, Verg W 9/04, NZBau 2005, 236; OLG Düsseldorf, Beschl. v. 2.1.2012, VII-Verg 70/11, NZBau 2012, 318, 319.

54 OLG Brandenburg, Beschl. v. 30.11.2004, Verg W 10/04, NZBau 2005, 238; KG, Beschl. v. 19.4.2012, Verg 7/11, VergabeR 2012, 783, 786.

55 Beispielsfall: OLG Düsseldorf, Beschl. v. 20.6.2001, Verg 3/01, NZBau 2001, 696 = VergabeR 2001, 329.

56 Ebenso: OLG Dresden, Beschl. v. 17.6.2005, WVerg 8/05, VergabeR 2005, 812, 814; *Otting*, in: Bechtold, GWB, § 113 Rn. 6; *Stickler*, in: Reidt/Stickler/Glahs, Vergaberecht, § 171 GWB Rn. 14; *Braun*, NZBau 2003, 134, 135; *Stockmann*, in: Immenga/Mestmäcker, GWB, § 116 Rn. 12. Im Hinblick auf die nachfolgend in Fn. 61 zitierte Entscheidung ist zweifelhaft, ob das KG hierzu nicht doch anderer Ansicht ist.

Die Meinungsverschiedenheiten betreffen die Frage, welche rechtliche Bedeutung eine **nach abgelaufener Entscheidungsfrist** noch **erlassene** (End-)**Entscheidung der Vergabekammer** hat, und – damit zusammenhängend – ob und unter welchen Voraussetzungen die Vergabekammer eine wegen Fristablaufs von Gesetzes wegen eingetretene Antragsablehnung noch durch eine eigene ausdrückliche Entscheidung ersetzen und sogar korrigieren kann. 20

Das **OLG Düsseldorf** und das **OLG München** verneinen eine solche Befugnis der Vergabekammer, weil anderenfalls die zwingende gesetzliche Anordnung in § 171 Abs. 2 GWB unterlaufen werden würde. Die Vorschrift lasse nach dem Ablauf der Entscheidungsfrist eine Heilung des Mangels, der zur gesetzlichen Rechtsfolge der Ablehnung des Nachprüfungsantrags geführt habe, sowie eine Abwendung dieser gesetzlichen Rechtsfolge nicht mehr zu.[57] Da die Vergabekammer über einen Streitgegenstand nicht mehrere Entscheidungen treffen dürfe, sei mit ihrer gem. § 171 Abs. 2 H. 2 GWB fingierten Ablehnungsentscheidung das vor ihr anhängige Verfahren abgeschlossen, sodass ihre nachfolgende (ausdrückliche) Entscheidung rechtswidrig sei.[58] Das hat zum einen die Konsequenz, dass eine nachgeholte Entscheidung, mit der die Vergabekammer den Nachprüfungsantrag (ganz oder teilweise) zurückweist, die schon vorher von Gesetzes wegen eingetretene Antragsablehnung nicht ersetzt; vielmehr muss der Antragsteller, wenn er das Nachprüfungsverfahren gewinnen will, gegen die maßgebliche erste (sog. fiktive) Antragsablehnung innerhalb der für diese geltenden Beschwerdefrist (vgl. dazu § 172 Rn. 10) sofortige Beschwerde einlegen. Hat die Vergabekammer dagegen mit der nachgeholten Entscheidung dem Nachprüfungsantrag (ganz oder teilweise) stattgegeben, so ersetzt und korrigiert diese Entscheidung – nach der Rechtsprechung des OLG Düsseldorf – die vorangegangene gesetzlich fingierte Antragsablehnung nicht; diese bleibt vielmehr bestehen. Dennoch ist der Antragsgegner (sowie auch ein Beigeladener, der vor der Vergabekammer seine gegen den Nachprüfungsantrag gerichteten Interessen geltend gemacht hat) durch die nachgeholte Entscheidung beschwert, weil diese den Rechtsschein einer wirksamen Entscheidung der Vergabekammer erzeugt. Auf die sofortige Beschwerde des Antragsgegners (und/oder des Beigeladenen) muss die nachgeholte Entscheidung der Vergabekammer wegen ihres Widerspruchs zur maßgeblichen gesetzlich fingierten Antragsablehnung ersatzlos aufgehoben werden. Für den Antragsteller ergibt sich hier kein Unterschied zur erstgenannten Fallkonstellation: Er muss – nach der Ansicht des OLG Düsseldorf – auf jeden Fall gegen die gem. § 171 Abs. 2 GWB eingetretene Antragsablehnung mit der sofortigen Beschwerde vorgehen.[59] 21

Dagegen vertritt das **OLG Rostock** – in einem Fall, in dem die Vergabekammer nach Fristablauf den Nachprüfungsantrag durch spätere Entscheidung zurückgewiesen hat – die Ansicht, diese Entscheidung sei zulässig, also auf die (zulässige) sofortige Beschwerde des 22

57 OLG Düsseldorf, Beschl. v. 12.3.2003, Verg 49/02, unter Bezugnahme auf seine früheren, oben in Fn. 41 zitierten Beschlüsse. Ebenso: *Gottschalk*, VergabeR 2002, 87, 88 f.

58 OLG München, Beschl. v. 4.4.2008, Verg 4/08, NZBau 2008, 542, 543 = VergabeR 2008, 665, 667.

59 OLG Düsseldorf, Beschl. v. 22.1.2001, Verg 24/00, VergabeR 2001, 154, 157 li. Sp. u. 158 li. Sp.; Beschl. v. 5.9.2001, Verg 18/01, VergabeR 2002, 89, 90 li. Sp. u. 93; Beschl. v. 12.3.2003, Verg 49/02, Umdruck S. 7 bis 13; zustimmend: BayObLG, Beschl. v. 30.3.2001, Verg 3/01, VergabeR 2001, 256, 257; ebenso: OLG Celle, Beschl. v. 20.4.2001, 13 Verg 7/01, WuW/E Verg 475 ff.; vgl. auch OLG Dresden, Beschl. v. 17.6.2005, WVerg 8/05, VergabeR 2005, 812, 814 f.

Antragstellers (der die vorangegangene gesetzlich fingierte Antragsablehung nicht angefochten hatte) sachlich zu überprüfen; denn die Entscheidungsfrist bezwecke nicht, eine Ausschlussfrist für eine Entscheidung der Vergabekammer zu statuieren, und könne daher nicht so ausgelegt werden, dass sie eine Art gesetzliches Verbot einer späteren Entscheidung der Vergabekammer begründen solle.[60] Auf der gleichen Linie liegt – in einem Fall, in dem die Vergabekammer nach (vom KG angenommenen) Fristablauf dem Nachprüfungsantrag durch spätere Entscheidung stattgegeben hat – eine Entscheidung des **Kammergerichts**, das die „verspätete" Entscheidung der Vergabekammer auch bei dieser Fallkonstellation für zulässig und dann maßgeblich hält, mit folgender Argumentation: Die verspätete Entscheidung der Vergabekammer sei nicht einem nichtigen Verwaltungsakt mit der Folge gleichzusetzen, dass der Nachprüfungsantrag wegen Überschreitung der Entscheidungsfrist als abgelehnt gelte; mit der Ablehnungsfiktion des § 171 Abs. 2 GWB habe der Gesetzgeber nur für die Antragstellerseite die Möglichkeit schaffen wollen, sich beschleunigt gegen eine etwaige Untätigkeit der Vergabekammer effektiv zur Wehr zu setzen.[61] Damit negiert das Kammergericht – zumindest für den Fall einer nachfolgenden Entscheidung der Vergabekammer – die vom OLG Düsseldorf (und später auch vom OLG München) gezogene Konsequenz, dass der fruchtlose Ablauf der Entscheidungsfrist (§ 167 Abs. 1 GWB) die Beendigung des Vergabekammerverfahrens mit einer gesetzlich angeordneten Ablehnung des Nachprüfungsantrags zur Folge hat.

23 Im **Schrifttum** wird z. T. (dem OLG Düsseldorf zustimmend oder entsprechend) die Ansicht vertreten, die Ablehnungsfiktion des § 171 Abs. 2 GWB trete auch dann ein, wenn die Vergabekammer nach Fristablauf (§ 167 Abs. 1 GWB) eine Hauptsacheentscheidung treffe;[62] diese sei aufgrund der schon vorher eingetretenen Ablehnungsfiktion gegenstandslos,[63] könne jedoch zwecks Ausräumung des mit ihr verbundenen Rechtsscheins einer Hauptsacheentscheidung gesondert mit der sofortigen Beschwerde angefochten werden.[64] Eine hierzu modifizierende Ansicht gesteht im Falle einer verspäteten Entscheidung, mit der die Vergabekammer dem Nachprüfungsantrag ganz oder teilweise stattgibt, dem hierdurch beschwerten

60 OLG Rostock, Beschl. v. 17.10.2001, 17 W 18/90, VergabeR 2002, 85, 86, m. abl. Anm. *Gottschalk*, S. 87 ff.

61 KG, Beschl. v. 7.11.2001, KartVerg 8/01, VergabeR 2002, 95, 96 f.; das KG hat die gegen die verspätete VergK-Entscheidung eingelegte sofortige Beschwerde der Ag. hinsichtlich der von der VergK beanstandeten Vergaberechtsverstöße sachlich überprüft, sich der Auffassung der VergK angeschlossen und die Beschwerde der Ag. (trotz des § 116 Abs. 2 GWB a. F. = § 171 Abs. 2 GWB n. F.) zurückgewiesen.

62 *Dreher*, in: Immenga/Mestmäcker, GWB, § 113 Rn. 15; *Ulbrich*, in: Kulartz/Kus/Portz/Prieß, GWB, § 171 Rn. 50; *Kus*, in: Niebuhr/Kulartz u. a., Vergaberecht, § 113 GWB Rn. 10; *Otting*, in: Bechtold, GWB, § 113 Rn. 6; *Stickler*, in: Reidt/Stickler/Glahs, Vergaberecht, § 171 GWB Rn. 14; *Storr*, in: Loewenheim/Meessen/Riesenkampff, Kartellrecht, § 116 GWB Rn. 8; *Hölzl*, VergabeR 2005, 815, 818; im Erg. auch *Gottschalk*, VergabeR 2002, 87, 88 f.

63 *Stickler*, in: Reidt/Stickler/Glahs, Vergaberecht, § 171 GWB Rn. 14; *Schweda*, in: Langen/Bunte, Kartellrecht, § 116 GWB Rn. 6; *Dreher*, in: Immenga/Mestmäcker, GWB, § 113 Rn. 15, und *Otting*, in: Bechtold, GWB, § 113 Rn. 6 (beide: eine „nichtige Entscheidung"); *Ohlerich*, in: Kulartz/Kus/Portz/Prieß, GWB, § 167 Rn. 26 („unwirksame Entscheidung"). A. A.: *Ulbrich*, in: Kulartz/Kus/Portz/Prieß, GWB, § 171 Rn. 51 (die nachfolgende, ganz oder teilweise stattgebende VergK-Entscheidung sei zwar rechtswidrig, aber nicht nichtig, sondern wirksam).

64 *Otting*, in: Bechtold, GWB, § 113 Rn. 6; *Ohlerich*, in: Kulartz/Kus/Portz/Prieß, GWB, § 167 Rn. 26; *Ulbrich*, ebenda, GWB, § 171 Rn. 54. *Stickler*, in: Reidt/Stickler/Glahs, Vergaberecht, § 171 GWB Rn. 14; *Schweda*, in: Langen/Bunte, Kartellrecht, § 116 GWB Rn. 6.

Antragsgegner sowie dem beschwerten Beigeladenen nicht nur das Recht zur (zulässigen) Beschwerde zu, sondern hält die Anfechtung per Beschwerde (§ 171 Abs. 1 GWB) auch für notwendig, um zu vermeiden, dass die zwar rechtswidrige, aber nicht nichtige Vergabekammerentscheidung endgültige Wirksamkeit erlangt.[65] Dagegen räumen andere Autoren der Vergabekammer auch noch nach Fristablauf die Kompetenz ein, konstitutiv in der Hauptsache zu entscheiden: Lehne sie den Nachprüfungsantrag nachträglich ab, handele es sich der Sache nach um eine Bestätigung der z. Zt. des Fristablaufs fingierten Antragsablehnung; auch gegen die tatsächliche Vergabekammer-Entscheidung könne sofortige Beschwerde eingelegt werden, die das Beschwerdegericht zur Prüfung der Hauptsache selbst (nicht nur der Fristüberschreitung) verpflichte, weil der Antragsteller durch die Verspätung keine Nachteile erleiden solle.[66] Gebe aber die Vergabekammer nach Fristablauf dem Nachprüfungsantrag ganz oder teilweise statt, so sei darin letztlich eine Aufhebung der durch § 171 Abs. 2 GWB fingierten Ablehnung durch die Vergabekammer selbst zu sehen; es gebe keinen Grund, der Vergabekammer nicht die Befugnis zuzugestehen, die fingierte Ablehnungsentscheidung selbst zu korrigieren.[67]

Stellungnahme: Der vorstehend wiedergegebenen Rechtsprechung des OLG Düsseldorf und des OLG München ist uneingeschränkt der Vorzug zu geben. Die entgegenstehenden Ansichten sind mit der geltenden Gesetzeslage nicht zu vereinbaren. Nach dem klaren, unzweideutigen Wortlaut des § 171 Abs. 2 Hs. 2 GWB ordnet das Gesetz als strikte Rechtsfolge des entscheidungslosen Ablaufs der (nicht rechtzeitig verlängerten) Entscheidungsfrist an, dass der Nachprüfungsantrag abgelehnt ist („gilt"). Zugleich hat das Gesetz ebenso klar geregelt, wer die Kompetenz hat, diese gesetzliche Antragsablehnung aufzuheben, zu ändern (in ein dem Nachprüfungsantrag Stattgeben) oder auch – aufgrund einer Sachprüfung – zu bestätigen: Das ist das Beschwerdegericht, wie sich aus den §§ 171 Abs. 2 Hs. 1, 172 Abs. 1 (2. Alt.) GWB ergibt. Diese gesetzliche Kompetenzzuweisung bedeutet zugleich die gesetzliche Aberkennung einer fortdauernden Entscheidungskompetenz der Vergabekammer nach Ablauf der Entscheidungsfrist; andernfalls hätte das Gesetz um der Rechtsklarheit und Rechtssicherheit willen ausdrücklich bestimmen müssen, dass (und wie lange) auch die Vergabekammer weiterhin zuständig bleibe. Daher geht das Argument der Gegenansicht fehl, es gebe keinen Grund, der Vergabekammer nicht die Befugnis zur Korrektur der gesetzlich fingierten Antragsablehnung zuzugestehen. Der Gesetzgeber hat der Vergabekammer diese Korrekturbefugnis nicht eingeräumt, genauso wenig wie im Falle der rechtzeitigen Hauptsacheentscheidung der Vergabekammer (s. dazu noch unten Rn. 37). Dass die gegebene Entscheidungszuständigkeit des Beschwerdegerichts erst durch eine Rechtsmitteleinlegung aktiviert werden muss, ist in einem Instanzenzug normal. Wenn diese klare gesetzliche Regelung strikt – also ohne der Vergabekammer selbst die Möglichkeit der Heilung ihrer eigenen Fristversäumnis an die Hand zu geben – durchgeführt wird, erzeugt dies (psychologisch für die Vergabekammer) auch den größtmögli- 24

65 *Ulbrich*, in: Kulartz/Kus/Portz/Prieß, GWB, § 171 Rn. 51–54.

66 So – mit der Einschränkung, dass die Ablehnungsfiktion noch nicht wegen Ablaufs der Beschwerdefrist in Rechtskraft erwachsen ist – *Stockmann*, in: Immenga/Mestmäcker, GWB, § 116 Rn. 13 und § 117 Rn. 8; *Braun* NZBau 2003, 134, 136.

67 So jedenfalls im Erg., aber nur für den Fall, dass die Frist für die sofortige Beschwerde gegen die Ablehnungsfiktion noch nicht abgelaufen ist: *Stockmann*, in: Immenga/Mestmäcker, GWB, § 116 Rn. 13 und § 117 Rn. 8; uneingeschränkt ablehnend für diesen Fall *Braun*, NZBau 2003, 134, 136: Die Interessenlage des Ag. dürfte durch eine verspätete stattgebende Entscheidung der VergK, die die Ablehnungsfiktion verdrängen könnte, nicht verschlechtert werden.

chen Nachdruck für das Beschleunigungsgebot des § 167 Abs. 1 GWB, wie es dem Normzweck des § 171 Abs. 2 GWB entspricht. Die Gegenansicht, insbesondere diejenige des Kammergerichts (s. o. Rn. 22), läuft darauf hinaus, dass § 171 Abs. 2 GWB eine bloße Untätigkeitsbeschwerde normiert habe. Der Hs. 2 des § 171 Abs. 2 GWB schließt aber eine solche Gesetzesauslegung aus. Dass der mit dem Ablauf der Entscheidungsfrist eintretende Wegfall der Entscheidungskompetenz der Vergabekammer jedoch nicht zur Folge hat, dass der dennoch nachträglich zugunsten des Antragstellers erlassenen Vergabekammerentscheidung – einem Verwaltungsakt (§ 168 Abs. 3 Satz 1 GWB) – jegliche rechtliche Wirksamkeit fehlt, dass sie vielmehr nicht nichtig, sondern „nur" anfechtbar (weil rechtswidrig) ist, ist oben in Rn. 3 schon dargestellt worden. Um das endgültige Wirksamwerden einer solchen Entscheidung zu verhindern, obliegt es daher dem Antragsgegner oder einem evtl. beschwerten Beigeladenen, vom Beschwerderecht Gebrauch zu machen, wobei das Beschwerdegericht der Beschwerde bereits dann ohne weitere Sachprüfung stattgeben muss, wenn die Vergabekammer ihre Entscheidungsfrist i. S. d. § 171 Abs. 2 GWB versäumt hatte.[68]

d) Untätigkeitsbeschwerde außerhalb des Anwendungsbereichs des § 171 Abs. 2 GWB

25 § 171 Abs. 2 GWB ist nicht anwendbar auf Verfahren der Vergabekammer, für die die Entscheidungsfrist des § 167 Abs. 1 GWB nicht gilt, also (z. B.) nicht auf das Verfahren über einen Feststellungsantrag nach Erledigung des Nachprüfungsverfahrens (§ 168 Abs. 2 Satz 2 und 3 GWB), nicht auf das Vollstreckungsverfahren[69] und nicht auf Verfahren, die nur noch der Regelung der Kostentragung und/oder Auslagenerstattung gem. § 182 GWB, also nicht (mehr) einer Entscheidung über den „Antrag auf Nachprüfung" (s. § 171 Abs. 2 Hs. 1 GWB) dienen.[70]

26 Infolge der Unanwendbarkeit des § 171 Abs. 2 GWB auf die in Rn. 25 genannten Verfahren stellt sich die Frage, ob nach längerer Zeitdauer, in der die Vergabekammer in solchen Verfahren keine Entscheidung erlassen hat, eine – **im GWB** freilich **nicht vorgesehene** – **Untätigkeitsbeschwerde** (zum Beschwerdegericht) zulässig ist. In der Rspr. des BVerfG ist für bürgerlich-rechtliche Streitigkeiten anerkannt, dass sich aus Art. 2 Abs. 1 GG i. V. m. dem Rechtsstaatsprinzip (Art. 20 Abs. 3 GG) die Gewährleistung eines wirkungsvollen Rechtsschutzes im materiellen Sinne ableiten lässt und das Rechtsstaatsprinzip im Interesse der Rechtssicherheit von den Gerichten fordert, strittige Rechtsverhältnisse in angemessener Zeit zu klären.[71] Eine der Konkretisierungen dieses Anspruchs auf Gewährung effektiven Rechtsschutzes besteht darin, dass das dem säumigen Gericht übergeordnete Rechtsmittelgericht mit einer (in der ZPO ausdrücklich nicht vorgesehenen) Untätigkeitsbeschwerde angerufen werden kann, das nach den Umständen des Einzelfalls zu prüfen und zu beurteilen hat, ob die Verfahrensdauer in der Vorinstanz in einem die Rechtsgewährung verhindernden Ausmaß unangemessen lang war, und – bejahendenfalls – sodann die

68 Ebenso: *Dicks*, in: Ziekow/Völlink, Vergaberecht, § 116 GWB Rn. 3, 13 und 19.

69 OLG Düsseldorf, Beschl. v. 9.10.2002, Verg 44/01 (Umdruck S. 6 f.).

70 Vgl. auch OLG Düsseldorf, Beschl. v. 3.7.2003, Verg 29/00 (Umdruck S. 21); OLG Dresden, Beschl. v. 14.3.2005, WVerg 3/05, VergabeR 2005, 546.

71 BVerfG, Beschl. v. 6.5.1997, 1 BvR 711/96, NJW 1997, 2811, 2812; BVerfG, Beschl. v. 17.11.1999, 1 BvR 1708/99, NJW 2000, 797.

rechtsstaatlich konkret gebotenen Konsequenzen zu ziehen hat (strikte Verfahrensanweisung an die Vorinstanz oder Erlass einer eigenen Sachentscheidung zur Vermeidung weiterer Verzögerungen).[72] Diese sich aus den Art. 2 Abs. 1, 20 Abs. 3 GG ergebenden Grundsätze sind auf das Verhältnis zwischen Vergabekammer und Beschwerdesenat zu übertragen,[73] weil der Anspruch auf Gewährung effektiven Rechtsschutzes – wie sich von selbst versteht – nicht nur in bürgerlich-rechtlichen Streitigkeiten, sondern auch in Nachprüfungsverfahren besteht. Das Risiko für den Beschwerdeführer einer Untätigkeitsbeschwerde liegt darin, dass es keine allgemeingültigen Grundsätze oder Richtwerte gibt, ab wann eine Verfahrensdauer als überlang und unangemessen zu beanstanden ist, sondern dass dies von einer Bewertung des Verfahrensgegenstands, der Umstände des Einzelfalls und der streitbefangenen Interessen der Verfahrensbeteiligten abhängt.[74] Das OLG Bremen vertritt (in der – soweit ersichtlich – bisher einzigen zu diesem Problem veröffentlichten OLG-Entscheidung) die Ansicht, eine Untätigkeitsbeschwerde sei allenfalls dann statthaft, wenn vor ihrer Einlegung sämtliche Möglichkeiten, die Vergabekammer zu einer Entscheidung bzw. der Fortsetzung des Verfahrens zu bewegen, insbesondere durch Erhebung einer Dienstaufsichtsbeschwerde, ausgeschöpft worden seien.[75] Dem kann in dieser Allgemeinheit nicht zugestimmt werden. Auch nach der (vorgenannten) Rspr. des BVerfG zu bürgerlich-rechtlichen Streitigkeiten ist die vorherige Erhebung einer Dienstaufsichtsbeschwerde gegen die Mitglieder des säumigen Gerichts keine prozessuale Voraussetzung für die aus den Art. 2 Abs. 1, 20 Abs. 3 GG abzuleitende Zulässigkeit der Untätigkeitsbeschwerde gegen eine unangemessen lange Verfahrensdauer.[76] Zuzugeben ist dem OLG Bremen freilich, dass die (anzuratende) Erhebung einer Dienstaufsichtsbeschwerde die (vorerwähnten) Risiken einer Untätigkeitsbeschwerde herabmindert.

3. Anschlussbeschwerde

27 Die – ohnehin lückenhafte – Regelung der §§ 171 ff. GWB sieht eine (unselbstständige) Anschlussbeschwerde nicht vor. In Rechtsanalogie zu allgemeinen Verfahrensgrundsätzen über die Berufungen in Verfahren von einander gegenüberstehenden Streitparteien (vgl. § 127 VwGO und § 524 ZPO) wird aber auch im Nachprüfungsverfahren gegenüber der sofortigen Beschwerde, einem berufungsähnlichen Rechtsmittel, die unselbstständige Anschlussbeschwerde – einem praktischen Bedürfnis entsprechend – allgemein als **zulässig** erachtet.[77] Erforderlich ist nur, dass sich Beschwerde und Anschlussbeschwerde gegen die-

---

72 Vgl. BVerfG, Beschl. v. 11.12.2000, 1 BvR 661/00, NJW 2001, 961 f.

73 Offengelassen von OLG Bremen, Beschl. v. 12.3.2007, Verg 3/06, VergabeR 2007, 812.

74 Vgl. BVerfG, Beschl. v. 11.12.2000, 1 BvR 661/00, NJW 2001, 961 m. w. N.

75 OLG Bremen, Beschl. v. 12.3.2007, Verg 3/06, VergabeR 2007, 812; zustimmend: *Storr*, in: Loewenheim/Meessen/Riesenkampff, Kartellrecht, § 116 GWB Rn. 8; krit.: *Hunger*, in: Kulartz/Kus/Portz, GWB, § 116 Rn. 43.

76 Ebenso: *Ulbrich*, in: Kulartz/Kus/Portz/Prieß, GWB, § 171 Rn. 12; vgl. auch *Dicks*, in: Ziekow/Völlink, Vergaberecht, § 116 GWB Rn. 3.

77 OLG Celle, Beschl. v. 5.9.2007, 13 Verg 9/07, NZBau 2007, 663; OLG Dresden, Beschl. v. 4.7.2008, WVerg 3/08, NZBau 2008, 594, 599; OLG Düsseldorf, Beschl. v. 8.5.2002, Verg 8 – 15/01 (Umdruck S. 14); OLG Frankfurt, Beschl. v. 8.4.2014, 11 Verg 1/14, NZBau 2015, 51, 56; OLG München, Beschl. v. 21.5.2010, Verg 2/10, VergabeR 2010, 992, 998; OLG Naumburg, Beschl. v. 26.2.2004, 1 Verg 17/03, VergabeR 2004, 387, 390; OLG Rostock, Beschl. v. 18.10.2000, 17 W 12/00; Thüringer OLG, Beschl. v. 5.12.2001, 6 Verg 4/01, VergabeR 2002, 256, 257.

selbe Entscheidung richten[78] und mit der Beschwerde und der Anschlussbeschwerde gegenläufige Rechtsschutzziele in dem schon in erster Instanz vor der Vergabekammer anhängig gemachten Streitverhältnis verfolgt werden.[79] Daher können sich ohne Weiteres – ohne Rücksicht auf die Rollenverteilung in zweiter Instanz – Antragsteller und Antragsgegner mit Beschwerde und unselbstständiger Anschlussbeschwerde gegenüberstehen. Wenn der Beigeladene und der Antragsteller im Nachprüfungsverfahren – wie es regelmäßig der Fall ist – als Interessengegner gegenüberstehen, kann sich der Antragsteller auch der sofortigen Beschwerde des Beigeladenen mit der unselbstständigen Anschlussbeschwerde, die gegen den Antragsgegner zu richten ist, anschließen.[80] Umgekehrt kann sich in einem solchen Fall auch der Beigeladene der sofortigen Beschwerde des Antragstellers anschließen.[81] Dagegen kann sich der Beigeladene (als Interessengegner des Antragstellers) zulässigerweise nicht der sofortigen Beschwerde des Auftraggebers anschließen, um etwa ein weitergehendes Rechtsmittelergebnis als dieser zu erreichen; ebenso kann sich der öffentliche Auftraggeber nicht der gegen den Antragsteller gerichteten sofortigen Beschwerde des Beigeladenen anschließen.[82] Ferner fehlt es dann an der Zulässigkeitsvoraussetzung der „gegenläufigen Rechtsschutzziele" (s. oben), wenn die gegen den Antragsteller gerichtete sofortige Beschwerde (z. B.) von nur einem Beigeladenen erhoben worden ist, die Anschlussbeschwerde des Antragstellers sich aber nur gegen einen anderen Beigelade-

78 OLG Frankfurt, Beschl. v. 8.4.2014, 11 Verg 1/14, NZBau 2015, 51, 56; vgl. insbes. OLG Düsseldorf, Beschl. v. 5.9.2001, Verg 18/01, VergabeR 2002, 89, 93: Die gem. § 116 Abs. 2 GWB a. F. (= § 171 Abs. 2 GWB n. F.) fingierte Antragsablehnung und die nachträgliche Entscheidung der VergK, die dem Nachprüfungsantrag stattgibt (vgl. § 171 Rn. 20 ff.), sind zwei verschiedene Entscheidungen, sodass der Ast. in dem vom Ag. gegen die letztgenannte Entscheidung der VergK eingeleiteten Beschwerdeverfahren nicht die gesetzlich fingierte Antragsablehnung mit unselbstständiger Anschlussbeschwerde anfechten kann. Vgl. ferner OLG München, Beschl. v. 21.5.2010, Verg 2/10, VergabeR 2010, 992, 998 f., wonach sich Beschwerde und Anschlussbeschwerde bei einer aus mehreren abtrennbaren Teilen bestehenden VergK-Entscheidung auch gegen dieselbe Teilentscheidung – bei einer aus mehreren Losen bestehenden Ausschreibung also gegen die dasselbe Los betreffende Teilentscheidung – richten müssen.

79 Vgl. OLG Celle, Beschl. v. 5.9.2007, 13 Verg 9/07, NZBau 2007, 663; OLG Frankfurt, Beschl. v. 8.4.2014, 11 Verg 1/14, NZBau 2015, 51, 56; Thüringer OLG, Beschl. v. 5.12.2001, 6 Verg 4/01, VergabeR 2002, 256, 257 f.

80 Vgl. Thüringer OLG, Beschl. v. 5.12.2001, 6 Verg 4/01, VergabeR 2002, 256, 257 f.: Sofortige Beschwerde des Beigeladenen mit dem Ziel der Aufhebung der VergK-Entscheidung, mit der dem Ag. aufgegeben worden ist, die Prüfung und Wertung der Eignung des Ast. sowie von Nebenangeboten des Ast. und des Beigeladenen erneut vorzunehmen; unselbständige Anschlussbeschwerde des Ast. mit dem Ziel, Nebenangebote des Beigeladenen völlig auszuschließen. Zwar bestehen die streitgegenständlichen Ansprüche auf Einhaltung vergaberechtlicher Bestimmungen nur gegen den öffentlichen Auftraggeber. Für die Zulässigkeit der unselbstständigen Anschlussbeschwerde kommt es jedoch nicht auf den materiellrechtlichen Anspruch, sondern auf das prozessuale Rechtsschutzziel an, das hier auf Seiten des Ast. gegenüber demjenigen des Beigeladenen entgegengesetzt ist. Im Erg. ebenso: OLG München, Beschl. v. 21.5.2010, Verg 2/10, VergabeR 2010, 992, 998.

81 Vgl. BayObLG, Beschl. v. 5.11.2002, Verg 22/02, NZBau 2003, 342, 346, und OLG Celle, Beschl. v. 5.9.2007, 13 Verg 9/07, NZBau 2007, 663: Sofortige Beschwerde des Ast. mit dem (ihm von der VergK versagten) Ziel auf Ausschluss des Beigeladenen und Erhalt des Zuschlags; unselbstständige Anschlussbeschwerde des Beigeladenen mit (vor der VergK ebenfalls nicht erreichten) Ziel auf Ausschluss des Ast.

82 OLG Frankfurt, Beschl. v. 8.2.2005, 11 Verg 24/04, VergabeR 2005, 384, 386.

nen richtet.[83] Unter den vorstehenden Zulässigkeitsvoraussetzungen ist auch eine bedingte Anschlussbeschwerde des Beschwerdegegners – für den Fall, dass dessen Hauptantrag auf Zurückweisung der sofortigen (Haupt-)Beschwerde nicht entsprochen wird – zulässig.[84] Die Anschlussbeschwerde setzt keine Beschwer (des Anschlussbeschwerdeführers) durch die Entscheidung der Vergabekammer voraus, weil die Anschlussbeschwerde nicht als ein Rechtsmittel i. e. S. aufgefasst wird.[85] Eines Rechtsschutzbedürfnisses bedarf die Anschlussbeschwerde für ihre Zulässigkeit allerdings doch.[86]

Die die Statthaftigkeit der unselbstständigen Anschlussbeschwerde rechtfertigende Rechtsanalogie zu den Vorschriften der VwGO und der ZPO gebietet die Konsequenz, dass auch deren Regelung, wonach die Anschlussberufung nur innerhalb einer eng bemessenen **Frist** eingelegt werden kann, analog übertragen werden muss. Die Dauer der Anschließungsfrist im Vergabebeschwerdeverfahren (§ 171 GWB) konnte rechtssicher bestimmt werden, solange im Verwaltungs- und im Zivilprozess eine einheitliche Fristenregelung für die (unselbstständige) Anschlussberufung bis zum Ablauf eines Monats nach der Zustellung der Berufungsbegründungschrift galt (§ 127 Abs. 2 Satz 2 VwGO, § 524 Abs. 2 Satz 2 ZPO a. F.). Die Analogie zu diesen Vorschriften bedeutete, dass die Anschlussbeschwerde binnen der für das Beschwerdeverfahren gem. § 117 Abs. 1 GWB a. F. (= § 172 Abs. 1 GWB n. F.) eigentümlichen Frist von zwei Wochen nach (amtlicher) Zustellung der Beschwerdebegründung eingelegt und begründet werden musste.[87] Seitdem § 524 Abs. 2 Satz 2 ZPO (im Jahre 2004) dahin geändert worden ist, dass die Anschlussberufung bis zum Ablauf der dem Berufungsbeklagten gesetzten Frist zur Berufungserwiderung zulässig ist, gibt es in VwGO und ZPO keine einheitliche Fristenregelung für die Anschließung mehr; einheitlich ist nur noch, dass die Möglichkeit der Anschließung überhaupt befristet ist. In der Frage, welche spezielle Fristenregelung im Wege der Analogie für die Anschlussbeschwerde im Verfahren nach §§ 171 ff. GWB gelten soll, sollte der sinnvolleren, zweckmäßigeren Regelung der Vorzug gegeben werden. Das ist diejenige des § 524 Abs. 2 Satz 2 ZPO n. F. Denn während der Berufungserwiderungsfrist muss sich der Berufungsbeklagte ohnehin mit dem angefochtenen Urteil und den Rechtsmittelaussichten befassen. Daher **28**

---

83 OLG München, Beschl. v. 21.5.2010, Verg 2/10, VergabeR 2010, 992, 998 f.; vgl. auch zu einer insoweit vergleichbaren Situation OLG Koblenz, Beschl. v. 16.1.2017, Verg 5/16, VergabeR 2017, 415, 418: Gegenstand der vom Ag. gegen den Ast. erhobenen Beschwerde war der Anspruch des Ag., dass der Ast. – entgegen der VergK-Entscheidung – auch die Anwaltskosten des Ag. zu tragen habe. Gegenstand der (unzulässigen) Anschlussbeschwerde des Ast. war dessen Begehren, dass er – entgegen der VergK-Entscheidung – dem Beigeladenen keine Auslagen zu erstatten habe.

84 OLG Frankfurt, Beschl. v. 19.12.2006, 11 Verg 7/06, VergabeR 2007, 376, 381; OLG München, Beschl. v. 9.8.2012, Verg 10/12, VergabeR 2013, 114, 120.

85 OLG Düsseldorf, Beschl. v. 16.11.2011, VII-Verg 60/11, VergabeR 2012, 505, 508; OLG Frankfurt, Beschl. v. 28.2.2006, 11 Verg 16/05, VergabeR 2006, 382, 389 (jeweils unter Hinweis auf BGH, NJW 1980, 702); *Stockmann*, in: Immenga/Mestmäcker, GWB, § 116 Rn. 15; a. A. wohl OLG Naumburg, Beschl. v. 4.9.2008, 1 Verg 4/08, VergabeR 2009, 210, 213.

86 Vgl. OLG Karlsruhe, Beschl. v. 16.11.2016, 15 Verg 5/16, VergabeR 2017, 165, 186.

87 BayObLG, Beschlüsse v. 5.11.2002, Verg 22/02, NZBau 2003, 342, 346, und v. 23.3.2004, Verg 3/04, VergabeR 2004 530, 532; OLG Düsseldorf, Beschl. v. 6.10.2004, VII-Verg 56/04, VergabeR 2005, 188/193; OLG Naumburg, Beschl. v. 26.2.2004, 1 Verg 17/03, VergabeR 2004, 387, 390; Thüringer OLG, Beschl. v. 20.6.2005, 9 Verg 3/05, NZBau 2005, 476, 477; so (jedenfalls im Erg.) auch heute noch: *Otting*, in: Bechtold, GWB, § 116 Rn. 3; *Stockmann*, in: Immenga/Mestmäcker, GWB, § 116 Rn. 15; *Schweda*, in: Langen/Bunte, Kartellrecht, § 116 GWB Rn. 11; *Storr*, in: Loewenheim/Meessen/Riesenkampff, Kartellrecht, § 116 GWB Rn. 9.

liegt die Analogie zu § 524 Abs. 2 Satz 2 ZPO n. F. näher als zu § 127 Abs. 2 Satz 2 VwGO. Demzufolge ist die Anschlussbeschwerde bis zum Ablauf der dem Beschwerdegegner gesetzten Beschwerdeerwiderungsfrist[88] in Form eines Schriftsatzes beim Beschwerdegericht einzulegen und zugleich zu begründen (§ 524 Abs. 1 Satz 2, Abs. 3 ZPO analog; die Gleichzeitigkeit der Begründung ist auch nach § 127 Abs. 3 Satz 1 VwGO obligatorisch); wird die Beschwerdeerwiderungsfrist vom Vorsitzenden des Beschwerdegerichts verlängert, so verlängert sich ohne weiteres auch die Anschließungsfrist.[89] Wird dem Beschwerdegegner keine Beschwerdeerwiderungsfrist gesetzt, kann er die Anschlussbeschwerdeschrift bis zum Schluss der mündlichen Verhandlung einreichen. Die unselbstständige Anschlussbeschwerde wird **unwirksam**, wenn die sofortige Beschwerde (zulässigerweise) zurückgenommen oder als unzulässig verworfen wird (§ 127 Abs. 5 VwGO, § 524 Abs. 4 ZPO analog), nicht aber dann, wenn die sofortige Beschwerde als unbegründet zurückgewiesen wird.[90]

III. Beschwerdeberechtigung

1. Beschwerdebefugnis

29 Gem. § 171 Abs. 1 Satz 2 GWB steht das **Beschwerderecht** – unter der selbstverständlichen Voraussetzung einer durch die Entscheidung der Vergabekammer verursachten Beschwer (für die selbständige sofortige Beschwerde; s. unten Rn. 32 bis 34) – allen „am Verfahren vor der Vergabekammer Beteiligten“ zu. Dazu gehören der Antragsteller des Nachprüfungsantrags, der als Auftraggeber in Anspruch genommene Antragsgegner und alle Unternehmen, die die Vergabekammer gem. § 162 GWB beigeladen hat. Wenn sich mehrere Bieter als Bietergemeinschaft an einem Vergabeverfahren beteiligt haben und geltend machen, dass der Auftraggeber unter Verletzung der Rechte der Bietergemeinschaft Bestimmungen über das Vergabeverfahren nicht eingehalten hat (§ 97 Abs. 6 GWB), steht

---

88 So auch OLG Dresden, Beschl. v. 4.7.2008, WVerg 3/08, NZBau 2008, 594, 599 = VergabeR 2008, 809, 817 f.; OLG Naumburg, Beschl. v. 4.9.2008, 1 Verg 4/08, VergabeR 2009, 210, 213; OLG Düsseldorf, Beschl. v. 19.11.2014, VII-Verg 30/14, VergabeR 2015, 198, 200 (mit zusätzlichem, gut vertretbarem Begründungshinweis auf § 120 Abs. 2 GWB a. F. [= § 175 Abs. 2 GWB n. F.] i.V. m. § 73 Nr. 2 GWB); so jetzt auch BGH, Beschl. v. 4.4.2017, X ZB 3/17, NZBau 2017, 366, 368 Rn. 18; a. A. OLG Schleswig, Beschl. v. 15.4.2011, 1 Verg 10/10, VergabeR 2011, 586, 589: „in Anlehnung an § 524 Abs. 2 Satz 2 ZPO bzw. § 127 Abs. 2 Satz 2 VwGO“ Einlegungsfrist von zwei Wochen nach Zustellung der Beschwerdebegründung; so im Erg. auch *Stockmann*, in: Immenga/Mestmäcker, GWB, § 116 Rn. 15; *Ulbrich*, in: Kulartz/Kus/Portz/Prieß, GWB, § 171 Rn. 79, mit der Begründung, dass die Anordnung einer Beschwerdeerwiderungsfrist nicht obligatorisch sei und eine – mangels dieser Fristsetzung – spät eingelegte Anschlussbeschwerde das Beschleunigungsgebot beeinträchtigen könne (diese Gründe rechtfertigen aber nicht, bzgl. der Einlegungsfrist von der ZPO-Lösung ohne Weiteres auf die VwGO-Lösung überzuwechseln).

89 Vgl. für § 524 Abs. 2 Satz 2 ZPO n. F.: *Heßler*, in: Zöller, ZPO, § 524 Rn. 10.

90 A. A. anscheinend (aber etwas unklar) *Dicks*, in: Ziekow/Völlink, Vergaberecht, § 116 GWB, Rn. 9 mit Bezugnahme auf § 524 Abs. 4 ZPO. Gem. § 524 Abs. 4 ZPO verliert die zivilprozessuale Anschließung ihre Wirkung insoweit aber nur dann, wenn die Berufung durch Beschluss gem. § 522 Abs. 2 ZPO als unbegründet zurückgewiesen wird, nicht aber dann, wenn dies durch Urteil geschieht. Zu § 522 Abs. 2 ZPO gibt es aber keine funktional entsprechende Entscheidungsvariante im Recht der sofortigen Beschwerde gem. den §§ 171 ff. GWB.

das Beschwerderecht der Bietergemeinschaft als solcher zu, ohne dass Anforderungen an ihre Rechtsform gestellt werden können.[91]

Fraglich und umstritten ist, ob beschwerdeberechtigt auch diejenigen **Unternehmen** sind, „deren Interessen durch die Entscheidung (der Vergabekammer) schwerwiegend berührt werden" (§ 162 Satz 1 GWB), die aber von der Vergabekammer versehentlich oder rechtsirrtümlich **nicht beigeladen** worden sind.[92] Die **Beschwerdebefugnis** muss nach der klaren Entscheidung des Gesetzgebers **verneint** werden.[93] § 171 Abs. 1 Satz 2 GWB ist abschließend formuliert und abschließend gemeint.[94] Die Voraussetzung der Stellung als „Beteiligter", von der die Beschwerdeberechtigung abhängt, ist nicht gleichbedeutend mit dem materiell Beizuladenden. Das ergibt sich aus § 162 Satz 1 GWB. Dort umschließt die Definition des „Verfahrensbeteiligten", soweit sie sich auf Unternehmen mit schwerwiegender Interessenberührung bezieht, das Merkmal, dass das betroffene Unternehmen von der Vergabekammer auch tatsächlich beigeladen worden ist. Die vorliegende Frage nach der Beschwerdebefugnis darf nicht vermengt werden mit der anderen Frage, ob das Beschwerdegericht die Befugnis hat, ein Unternehmen, das von der Vergabekammer nicht beigeladen worden war, erstmals zu dem – durch die sofortige Beschwerde eines (anderen) Verfahrensbeteiligten (§ 162 Satz 1 GWB) schon eingeleiteten – Beschwerdeverfahren (vornehmlich zum Zwecke der Gewährung rechtlichen Gehörs) beizuladen.[95] Auch wenn man diese Frage bejaht,[96] folgt daraus nicht etwa die zwingende Konsequenz, dass dann das Beschwerdegericht auch befugt sein muss, ein von der Vergabekammer nicht beigeladenes Unternehmen für ein noch nicht begonnenes Beschwerdeverfahren, also „zwischen den Instanzen", (unter den materiellen Voraussetzungen des § 162 Satz 1 GWB) zu dem Zweck beizuladen, dass dieses Unternehmen gegen die es materiell beschwerende Vergabekammerentscheidung sofortige Beschwerde einlegen kann. Eine solche Verfahrensweise, wenn man sie zulässt, läuft auf eine (den Gerichten unterhalb des BVerfG nicht zustehende) Korrektur der §§ 162 Satz 2, 171 Abs. 1 Satz 2 GWB hinaus oder stellt – mit an- 30

---

91 Vgl. EuGH, Urt. v. 23.1.2003, Rs. C-57/01, NZBau 2003, 219, 223. – Das gilt selbstverständlich auch schon für die Befugnis, als Bietergemeinschaft den verfahrenseinleitenden Nachprüfungsantrag zu stellen.

92 Bejahend: *Stickler*, in: Reidt/Stickler/Glahs, Vergaberecht, § 171 GWB Rn. 23; *Stockmann*, in: Immenga/Mestmäcker, GWB, § 116 Rn. 20f.; *Storr*, in: Loewenheim/Meessen/Riesenkampff, Kartellrecht, § 116 GWB Rn. 12 (mit unzutreffender Bezugnahme auf OLG Düsseldorf, Beschl. v. 26.6.2002, Verg 24/02, NZBau 2002, 639); *Ulbrich*, in: Kulartz/Kus/Portz/Prieß, GWB, § 171 Rn. 60; *Dreher*, NVwZ 1997, 343, 347; *Wilke*, NZBau 2005, 326, 328; *Schweda*, in: Langen/Bunte, Kartellrecht, § 116 GWB Rn. 9 (aber nur für den Ausnahmefall, dass es sich um eine unterlassene notwendige Beiladung handelt); *Prieß*, Hdb. des europ. Vergaberechts, S. 398f. (nur für den Fall, dass der unterlegene öffentliche Auftraggeber keine sofortige Beschwerde einlegt); vgl. auch die ausführliche Erörterung des Problems von *Dicks*, in: Ziekow/Völlink, Vergaberecht, § 116 GWB Rn. 14f.

93 Ebenso: *Otting*, in: Bechtold, GWB, § 116 Rn. 3 u. 4; *Röwekamp*, in: Kulartz/Kus/Portz/Prieß, GWB, § 174 Rn. 3 Fn. 2; *Gröning*, ZIP 1999, 181; *Tilmann*, WuW 1999, 342, 346; *Schweda*, in: Langen/Bunte, Kartellrecht, § 116 GWB Rn. 9 (Beschwerdebefugnis aber bejaht, wenn „es sich ausnahmsweise um einen notwendig Beizuladenden handelt").

94 Vgl. BT-Drs. 13/9340, S. 20.

95 S. dazu § 174 Rn. 3f.

96 So auch im vorliegenden Kommentar, s. § 174 Rn. 3 (m. w. N.).

deren Worten – eine Umgehung dieser Vorschriften dar, der nicht zugestimmt werden kann.[97]

31 Dieses Ergebnis der Auslegung des § 171 Abs. 1 Satz 2 GWB mag man bedauern.[98] Es vermeidet aber **Konsequenzen**, die mit der Eilbedürftigkeit der Vergabeverfahren nicht zu vereinbaren wären, und ist deshalb auch von der Sache her gerechtfertigt. Würde man die trotz schwerwiegender Interessenberührung nicht beigeladenen Unternehmen für beschwerdeberechtigt halten, so könnte die Entscheidung der Vergabekammer in einem solchen Fall, in dem dem betroffenen Unternehmen die Entscheidung auch nicht mit der gem. §§ 168 Abs. 3 Satz 3, 61 Abs. 1 Satz 1 GWB notwendigen Rechtsmittelbelehrung zugestellt worden ist, ein Jahr lang nicht in Bestandskraft erwachsen, weil die Beschwerdefrist analog § 58 VwGO, §§ 79, 32 Abs. 3 VwVfG dann ein Jahr beträgt.[99] Das würde auch die Zeitdauer des gesetzlichen Zuschlagsverbots gem. § 169 Abs. 1 GWB entsprechend verlängern. Ein Zuschlag, der während der Geltung des Verbots des § 169 Abs. 1 GWB erteilt wird, ist richtiger Ansicht nach[100] wegen Verstoßes gegen § 134 BGB nichtig, ohne dass es auf Kenntnis oder gar Verschulden des Auftraggebers ankommt. Insbesondere diese Nichtigkeitsfolge, die, wenn sie entdeckt wird, für die am Vergabeverfahren Beteiligten zu verheerenden Konsequenzen führen kann, lässt es unerträglich und nicht sachgerecht erscheinen, dem nicht beigeladenen Unternehmen eine Beschwerdeberechtigung zuzugestehen. Dazu ist noch zu berücksichtigen: Wird der Nachprüfungsantrag von der Vergabekammer zurückgewiesen, kann die Versagung der Beschwerdebefugnis des nicht beigeladenen Unternehmens ohne Weiteres mit der Erwägung hingenommen werden, dass sich für das Unternehmen, das selbst von einem Nachprüfungsantrag abgesehen hat, in der Ausgangslage nichts geändert hat. Wird dagegen dem Nachprüfungsantrag ganz oder teilweise stattgegeben und dadurch erst eine Beschwer des nicht beigeladenen Unternehmens verursacht, so kann dieses Unternehmen seinerseits, da es an die nur inter partes wirkende Entscheidung der Vergabekammer nicht gebunden ist, gegen das die Entscheidung umsetzende Vergabeverhalten des Auftraggebers einen eigenen Nachprüfungsantrag bei der Vergabekammer

97 Ebenso: OLG Frankfurt, Beschl. v. 28.6.2005, 11 Verg 9/05, VergabeR 2006, 144; *Otting*, in: Bechtold, GWB, § 116 Rn. 4. Dagegen hält das OLG Düsseldorf, Beschl. v. 9.6.2010, VII-Verg 14/10, die Beiladung eines von der VergK nicht beigeladenen Unternehmens zur Erlangung der Beschwerdebefugnis für zulässig, ohne dass zuvor schon ein anderer Verfahrensbeteiligter das Beschwerdeverfahren eingeleitet hatte (Umdruck S. 7 u. 8).

98 Vgl. *Dreher*, NVwZ 1997, 343, 347.

99 Um dieser Konsequenz zu entgehen, vertritt *Stickler*, in: Reidt/Stickler/Glahs, Vergaberecht, § 171 GWB Rn. 23, die Ansicht, dass nicht beigeladene Unternehmen, denen die Entscheidung der VergK nicht zugestellt wird, die durch diese Entscheidung aber materiell beschwert werden, in analoger Anwendung des (jetzigen) § 172 Abs. 1 GWB die sofortige Beschwerde innerhalb von zwei Wochen ab dem Zeitpunkt der letzten Zustellung der Entscheidung der VergK an einen der Beteiligten einlegen müssen. Die durch die Unkenntnis vom Erlass der VergK-Entscheidung entstehenden Schwierigkeiten seien durch Gewährung einer Wiedereinsetzung in den vorigen Stand zu lösen. Einem solchen Analogieschluss zu § 172 Abs. 1 GWB kann jedoch nicht zugestimmt werden, weil die Zustellung einer Entscheidung an den Rechtsmittelführer (1. Alt.) selbst eine Essentiale für das In-Gang-Setzen einer Notfrist darstellt und die (für sich schon problematische) Regelung der 2. Alt. des § 172 Abs. 1 GWB eine krasse Ausnahme darstellt. *Stockmann*, in: Immenga/Mestmäcker, GWB, § 116 Rn. 21, meint, die oben im Text dargestellten Konsequenzen seien bei der Abwägung mit der sonst (seines Erachtens) eintretenden „einschneidenden Verkürzung des Primärrechtsschutzes" des zu Unrecht nicht Beigeladenen bei der geringen einschlägigen Fallfrequenz hinzunehmen.

100 Vgl. BT-Drs. 13/9340, S. 20; *Byok* (hier), § 169 Rn. 15 m. w. N.

anbringen (eine endgültige Verkürzung des Primärrechtsschutzes tritt also gar nicht ein). Insbesondere wegen dieser Konsequenz sollte die Vergabekammer die Frage der Beiladung gem. § 162 GWB sorgfältig prüfen und die Beiladungen nicht zu engherzig praktizieren. Abschließend sei bemerkt, dass ein Beschwerdegericht, das trotz der vorstehenden Argumente nur die Bejahung eines eigenen Beschwerderechts des zu Unrecht nicht Beigeladenen (evtl. auf dem Umweg über die Beiladung „zwischen den Instanzen" zwecks Erwerbs des Beschwerderechts) mit Blick auf das aus den Art. 2 Abs. 2, 20 Abs. 3 GG abzuleitende Gebot des effektiven Rechtsschutzes für verfassungsmäßig hält, eine Korrektur der entgegenstehenden eindeutigen[101] gesetzlichen Regelung der §§ 171 Abs. 1 Satz 2, 162 GWB nicht aus eigener Kraft bewirken kann, sondern hierzu gem. Art. 100 Abs. 1 GG die Entscheidung des BVerfG einholen muss.

2. Beschwer

Die für die Zulässigkeit der Beschwerde erforderliche[102] Beschwer ist beim Antragsteller 32
und beim Auftraggeber i. d. R. leicht durch einen Vergleich zwischen den vor der Vergabekammer gestellten Anträgen (mangels formeller Antragstellung gleichbedeutend: per Auslegung zu ermittelndes Rechtsschutzziel des Beteiligten) und ihrer Entscheidung festzustellen. Wenn und soweit die Entscheidung hinter dem gestellten Antrag zurückbleibt oder – mit anderen Worten – vom Antrag zum Nachteil desjenigen abweicht, der ihn gestellt hatte, ist der so Benachteiligte (formell und materiell[103]) beschwert. Deckt sich dagegen die Entscheidung mit dem gestellten Antrag, so ist dem betreffenden Beteiligten die Beschwerde mangels Beschwer verwehrt, selbst dann, wenn der gestellte Antrag die ihm materiell im Vergabeverfahren zustehenden Rechte nur unzureichend verfolgt hat.[104] Die erforderliche Beschwer fehlt auch dann, wenn der Entscheidungsausspruch der Vergabekammer dem gestellten Antrag entspricht, aber auf andere als auf die von dem Beteiligten geltend gemachten Gründe gestützt wird.[105] Daher ist eine Beschwer des Auftraggebers zu verneinen, wenn der Nachprüfungsantrag als unzulässig anstatt als unbegründet oder umgekehrt als unbegründet anstatt als unzulässig zurückgewiesen worden ist;[106] eine Ausnahme hiervon ist auch dann nicht gerechtfertigt, wenn der Auftraggeber ausdrücklich eine Zurückweisung als unzulässig beantragt hatte.[107] Auf Seiten des Antragstellers kann eine für die Zulässigkeit seiner Beschwerde ausreichende materielle Beschwer auch dann vorhanden sein, wenn die Vergabekammer (bei sehr formaler Betrachtungsweise) seinem

101 Vgl. oben Rn. 30 bei Fn. 94.

102 Allg. Meinung; vgl. z.B. OLG München, Beschl. v. 10.12.2009, Verg 16/09, VergabeR 2010, 246, 258.

103 Die Notwendigkeit (auch) einer materiellen Beschwer ergibt sich aus allgemeinen Verfahrensgrundsätzen, weil ohne sie ein Rechtsschutzbedürfnis nicht ersichtlich ist. Beim Ast. und beim Ag. folgt aus der formellen aber in aller Regel auch die materielle Beschwer (ebenso: Thüringer OLG, Beschl. v. 22.7.2015, 2 Verg 2/15, VergabeR 2015, 783, 787; *Stockmann*, in: Immenga/Mestmäcker, GWB, § 116 Rn. 22).

104 Zustimmend: OLG Frankfurt, Beschl. v. 28.2.2006, 11 Verg 16/05, VergabeR 2006, 382, 389 (die mangels Beschwer unzulässige selbständige Beschwerde kann aber als unselbstständige, eine Beschwer nicht voraussetzende Anschlussbeschwerde aufrecht erhalten werden, wenn deren Voraussetzungen – s. oben Rn. 27 f. – erfüllt sind).

105 *Stockmann*, in: Immenga/Mestmäcker, GWB, § 116 Rn. 22.

106 Ebenso: OLG München, Beschl. v. 9.4.2015, Verg 1/15, NZBau 2015, 446, 448.

107 Ebenso: *Dicks*, in: Ziekow/Völlink, Vergaberecht, § 116 GWB Rn. 11.

Nachprüfungsantrag zwar stattgegeben hat, aber mit ihrer Entscheidung über diesen Antrag hinausgegangen ist und dadurch dem Antragsteller eine anderweitige Rechtsverletzung zugefügt hat. Das trifft z. B. auf den Fall zu, in dem der Antragsteller beantragt hat, den Auftraggeber zu verpflichten, die Angebote unter Berücksichtigung der Rechtsauffassung der Vergabekammer erneut zu werten, die Vergabekammer aber den Auftraggeber verpflichtet hat, das Vergabeverfahren in den Stand vor Versand der Vergabeunterlagen zurückzuversetzen (was im weiteren Verlauf des Vergabeverfahrens sicher auch zu einer neuen Angebotswertung führen musste). Die materielle Beschwer des Antragstellers in einem solchen Fall besteht in dem Verlust der mit seinem bisherigen Angebot erreichten Wettbewerbsposition infolge der sich aus der Vergabekammerentscheidung ergebenden Notwendigkeit einer neuen Angebotsrunde.[108] Alles Vorstehende gilt auch für diejenigen **Beigeladenen, die** vor der Vergabekammer eigene **Anträge gestellt haben**.[109] Wenn und solange die materielle Beschwer eines Beigeladenen, der vor der Vergabekammer dem Nachprüfungsantrag des Antragstellers beigetreten war und dessen Antrag zusammen mit dem Nachprüfungsantrag von der Vergabekammer zurückgewiesen worden ist, fortdauert, ist seine **Beschwerde** gegen die Zurückweisung seines eigenen Antrags **auch** dann **zulässig, wenn** er dieselbe **beanstandete Maßnahme des Auftraggebers** auch **mit** einem **eigenen Nachprüfungsantrag** in einem parallelen Nachprüfungsverfahren **angefochten** hat, über das noch nicht entschieden worden ist. Denn die Vergabekammer ist kein Gericht i. S. d. deutschen Verfahrensrechts (s. §§ 158 Abs. 2, 168 Abs. 3 Satz 1 GWB); mangels eines (vor der Vergabekammer stattfindenden) Gerichtsverfahrens im prozessualen Sinne kann folglich auch keine anderweitige, eine Sperrwirkung auslösende Rechtshängigkeit einer Nachprüfungsrüge im prozessualen Sinne bestehen.[110]

33 Problematisch kann die Feststellung der Beschwer beim Antragsteller (falls dem Nachprüfungsantrag formal stattgegeben wird) oder beim Beigeladenen und beim Auftraggeber (falls der Nachprüfungsantrag zurückgewiesen wird) dann sein, wenn die Vergabekammer – nicht im Tenor, sondern in den Entscheidungsgründen – mit weiteren Ausführungen ihrer Entscheidung dem Auftraggeber Hinweise oder Anweisungen für die Fortführung des Vergabeverfahrens erteilt, die den Interessen des Antragstellers oder des Beigeladenen und/oder des Auftraggebers erheblich zuwiderlaufen.[111] Wenn man annimmt, dass solche Hinweise oder Anweisungen (sog. **Segelanweisungen**) bestandskräftig und damit für den Auftraggeber rechtlich verbindlich werden, sofern sie unangefochten bleiben,[112] fällt die Antwort leicht: Dann müssen Segelanweisungen von dem durch sie beeinträchtigten Verfah-

---

108 OLG Schleswig, Beschl. v. 30.4.2015, 1 Verg 7/14, VergabeR 2016, 97, 99 f.

109 Ebenso: *Stickler*, in: Reidt/Stickler/Glahs, Vergaberecht, § 171 GWB Rn. 24; *Stockmann*, in: Immenga/Mestmäcker, GWB, § 116 Rn. 23; *Gröning*, ZIP 1999, 181, 182.

110 OLG München, Beschl. v. 28.8.2012, Verg 11/12, VergabeR 2013, 152, 153.

111 Vgl. den Fall des OLG München, Beschl. v. 10.12.2009, Verg 16/09, VergabeR 2010, 246, 249: Die VergK verwarf den Nachprüfungsantrag des Ast. als unzulässig. In ihren Entscheidungsgründen gab sie dem Ag. einen ausführlichen Hinweis, wonach das Angebot des Beigeladenen, dem der Ag. den Zuschlag – ausweislich seiner Vorabinformation (§ 101a Abs. 1 Satz 1 GWB a. F., jetzt: § 134 Abs. 1 Satz 1 GWB) – erteilen wollte, ebenfalls zwingend auszuschließen sei [Hinweis zulasten des Ag. und des Beigeladenen]. – Weiteres Beispiel: Die VergK gibt dem Nachprüfungsantrag des Ast., den der Ag. mangels Eignung ausgeschlossen hatte, statt, bejaht die Eignung und ordnet die erneute Wertung aller Angebote an, gibt dazu aber in den Entscheidungsgründen den Hinweis, dass ein (preislich günstiges) Nebenangebot des Ast. wegen Nichterfüllung bestimmter Anforderungen auszuschließen sei [Hinweis zulasten des Ast.].

112 So *Ulbrich*, in: Kulartz/Kus/Portz/Prieß, GWB, § 171 Rn. 71.

rensbeteiligten mit sofortiger Beschwerde angefochten werden können. Es fehlt aber bisher an einer grundsätzlichen Klärung, ob und ggf. unter welchen Voraussetzungen nicht angefochtene Segelanweisungen rechtlich verbindlich werden können.[113] Zudem kann auch die konkrete Formulierung des Hinweises durch die Vergabekammer Zweifel aufwerfen, ob diese den Auftraggeber hiermit hat verbindlich festlegen wollen. Da es dem betroffenen Verfahrensbeteiligten bei der jetzigen noch nicht hinreichend geklärten Rechtslage i. d. R. nicht möglich ist, sicher zu erkennen, ob eine ihn belastende Segelanweisung der Bestandskraft fähig ist oder nicht, ist folgende Beurteilung vorzugswürdig: Wenn – insbesondere nach der Art der Formulierung des Hinweises oder der Anweisung durch die Vergabekammer – ernsthaft damit gerechnet werden muss, dass sich der öffentliche Auftraggeber an die (nicht angefochtene) Segelanweisung gebunden ansieht, ist die vom betroffenen Verfahrensbeteiligten gegen die Segelanweisung eingelegte sofortige Beschwerde zulässig; dafür spricht auch der Beschleunigungsgrundsatz im Vergaberecht.[114] Die Betroffenheit, also die materielle Beschwer des Verfahrensbeteiligten muss darin bestehen, dass seine Chancen auf Erhalt des Zuschlags durch die Befolgung der Segelanweisung in erheblicher Weise beeinträchtigt werden würden. Entsprechendes gilt für den Auftraggeber, der sich an die (nicht angefochtene) Segelanweisung für gebunden hält und im Falle ihrer Befolgung in seinen Chancen beeinträchtigt wird, dem von ihm zuvor ausgewählten Bestbieter (= i. d. R. Beigeladenen) den Zuschlag zu erteilen; auch für ihn muss die sofortige Beschwerde gegen eine derartige Segelanweisung zulässig sein.

Schwierig kann auch die Feststellung der **Beschwer** bei einem **Beigeladenen** sein, der **keinen formellen Antrag** vor der Vergabekammer **gestellt hat**. Unter dieser Voraussetzung ist eine formelle Beschwer des Beigeladenen für seine Beschwerdeberechtigung nicht erforderlich; vielmehr reicht seine materielle Beschwer aus, die aber auch erforderlich ist.[115] Art, Inhalt und „Richtung" seiner Interessen, deren Schutz die Beiladung gem. § 162 GWB bezweckt, sind dann anhand seines Vorbringens vor der Vergabekammer, an das er für die Feststellung der Beschwer gebunden bleibt,[116] zu ermitteln. Sodann ist durch einen Vergleich mit der Entscheidung der Vergabekammer festzustellen, ob die Entscheidung ihn in seiner Interessenlage nachteilig berührt, ob also seine Chancen auf Erhalt des Zuschlags durch die Entscheidung in rechtlich erheblicher Weise verschlechtert worden sind;[117] nur 34

113 Mit diesem Satz sind selbstverständlich nicht gemeint klare Anweisungen der VergK des Inhalts, (z. B.) eine Neuwertung der Angebote „unter Beachtung der nachfolgenden Ausführungen der VergK" vorzunehmen. Solche Anweisungen werden ohne Anfechtung bestandskräftig.

114 OLG München, Beschl. v. 10.12.2009, Verg 16/09, VergabeR 2010, 246, 258 f., mit zustimmender Anm. *Völlink/Wachendorf*, VergabeR 2010, 263.

115 OLG Dresden, Beschl. v. 5.1 2001, WVerg 11 u. 12/00, NZBau 2001, 459; OLG Düsseldorf, Beschl. v. 9.1.2013, VII-Verg 26/12, NZBau 2013, 120, 121; OLG München, Beschl. v. 10.12.2009, Verg 16/09, VergabeR 2010, 246, 258; OLG Naumburg, Beschl. v. 2.8.2012, 2 Verg 3/12, VergabeR 2013, 123, 126; Thüringer OLG, Beschl. v. 16.7.2003, 6 Verg 3/03, VergabeR 2003, 600, 602, und Beschl. v. 7.10.2003, 6 Verg 6/03, VergabeR 2004, 106, 108.

116 *Otting*, in: Bechtold, GWB, § 116 Rn. 5; *Stockmann*, in: Immenga/Mestmäcker, GWB, § 116 Rn. 23; *Gröning*, ZIP 1999, 181, 182.

117 Vgl. OLG Düsseldorf, Beschl. v. 9.1.2013, VII-Verg 26/12, NZBau 2013, 120, 121 (materielle Beschwer des Beigeladenen, weil seine bisherige Stellung als Zuschlagsprätendent durch die VergK-Entscheidung verloren zu gehen droht); ebenso: OLG Schleswig, Beschl. v. 15.4.2014, 1 Verg 4/13, VergabeR 2014, 717, 720; vgl. auch OLG München, Beschl. v. 10.12.2009, Verg 16/09, VergabeR 2010, 246, 258; OLG Naumburg, Beschl. v. 2.8.2012, 2 Verg 3/12, VergabeR 2013, 123, 126.

dann ist er beschwert.[118] Hat sich der Beigeladene im Verfahren vor der Vergabekammer überhaupt nicht geäußert, ist seine Interessenlage, die die Vergabekammer bei der Beiladung immerhin als (potenziell) schwerwiegend berührt angesehen hat, nach Aktenlage in objektiv wertender Betrachtung zu ermitteln und sodann durch Vergleich mit der Entscheidung festzustellen, ob diese mit Nachteilen für die so ermittelte Interessenlage des Beigeladenen verbunden ist.[119] Dem Beigeladenen, der sich vor der Vergabekammer nicht geäußert hat, die Beschwerdebefugnis völlig abzuerkennen,[120] ist dagegen weder nach dem Wortlaut des § 171 Abs. 1 Satz 2 GWB noch nach dem Sinn der Beiladung[121] zu rechtfertigen, die Verfahrensbeteiligung derjenigen Unternehmen sicherzustellen, die durch eine für sie nachteilige Entscheidung der Vergabekammer eine Verletzung ihrer eigenen Rechte (§ 97 Abs. 6 GWB) erleiden und – bei Nichtbeteiligung – ein weiteres Nachprüfungsverfahren hätten beantragen können.[122] Wenn die (materielle) Beschwer des Beigeladenen nach den vorstehenden Grundsätzen zu bejahen ist, kann er sich zur Begründung seines Beschwerdeantrags auf alle Vergaberechtsverstöße stützen, mit deren Geltendmachung er selbst nicht ausgeschlossen ist (vgl. dazu insbes. § 160 Abs. 2 u. 3 GWB).[123]

3. Rechtsschutzbedürfnis

35 Wie in allen Verfahrensordnungen besteht auch für das Rechtsmittel der sofortigen Beschwerde nach § 171 GWB das ungeschriebene Zulässigkeitserfordernis des Rechtsschutzbedürfnisses.[124] In der Rechtspraxis handelt es sich hier allerdings um einen mehr theoretischen Aspekt. Das Rechtsschutzbedürfnis für die Beschwerde ergibt sich grds. und in aller Regel schon daraus, dass sich der Beschwerdeführer mit ihr gegen eine ihn formell und/oder zumindest materiell (s. Rn. 32–34) beschwerende Entscheidung wendet.[125] Wenn diese Voraussetzung erfüllt ist, kann es daher nur ganz ausnahmsweise fehlen.[126] Es kann z. B. nicht schon deshalb verneint werden, weil der Antragsteller es unterlassen hat, gem. § 173 Abs. 1 Satz 3 GWB die Verlängerung der aufschiebenden Wirkung seiner sofortigen Beschwerde zu beantragen, deshalb das Zuschlagsverbot (§ 169 Abs. 1 GWB) nach zwei Wochen nach Ablauf der Beschwerdefrist erloschen ist (vgl. § 173 Abs. 1 Satz 2 GWB) und

---

118 Vgl. OLG Dresden, Beschl. v. 14.4.2000, WVerg 1/00, BauR 2000, 1591; im Erg. ebenso: *Stockmann*, in: Immenga/Mestmäcker, GWB, § 116 Rn. 23.

119 Ebenso: OLG Naumburg, Beschl. v. 2.8.2012, 2 Verg 3/12, VergabeR 2013, 123, 126.

120 So *Stockmann*, in: Immenga/Mestmäcker, GWB, § 116 Rn. 23.

121 Vgl. BT-Drs. 13/9340, S. 18.

122 Im Erg. ebenso: OLG Dresden, Beschl. v. 14.4.2000, WVerg 1/00, BauR 2000, 1591; *Ulbrich*, in: Kulartz/Kus/Portz/Prieß, GWB, § 171 Rn. 66; wohl auch *Otting*, in: Bechtold, GWB, § 116 Rn. 5.

123 OLG Dresden, Beschl. v. 5.1.2001 – WVerg 11 u. 12/00, NZBau 2001, 459 = VergabeR 2001, 41, 42.

124 *Stockmann*, in: Immenga/Mestmäcker, GWB, § 116 Rn. 25; *Storr*, in: Loewenheim/Meessen/Riesenkampff, Kartellrecht, § 116 GWB Rn. 13.

125 KG, Beschl. v. 13.3.2008, 2 Verg 18/07, NZBau 2008, 466, 467.

126 *Stockmann*, in: Immenga/Mestmäcker, GWB, § 116 Rn. 25, nennt als Möglichkeit fehlenden Rechtsschutzbedürfnisses den Fall, dass der Ast. nur Einzelaspekte des Vergabeverfahrens angreifen will. Es hängt dann aber von den konkreten Einzelfallumständen ab, ob das Rechtsschutzbedürfnis nicht auch dann bejaht werden muss. Die Frage dürfte oft mit dem auch in 2. Instanz von Amts wegen zu prüfenden Erfordernis der Antragsbefugnis (§ 160 Abs. 2 GWB) verquickt sein.

der Auftraggeber den Zuschlag dann auch vor der Beschwerdeentscheidung erteilt hat.[127] Die Beschwerde behält dennoch (zumindest teilweise) ihren Sinn, weil der Antragsteller dann auf den Fortsetzungsfeststellungsantrag gemäß den §§ 178 Satz 4, 168 Abs. 2 Satz 2 GWB übergehen kann. Auch die sofortige Beschwerde eines Antragstellers, der sich gegen den Ausschluss seines (angeblich technisch unzureichenden) Angebots nach den ursprünglich vorgeschriebenen Leistungsmerkmalen wehrt, der aber aufgrund eines erfolgreichen Nachprüfungsverfahrens eines anderen Bieters in dem dann ab der Versendung der fehlerbereinigten Angebotsunterlagen wiederholten Vergabeverfahren – wie alle Bieter – die Chance erhalten hat, sein Angebot zu überarbeiten und neu einzureichen, verliert dadurch nicht ihr Rechtsschutzbedürfnis, weil ihr Rechtsschutzziel – die Berücksichtigung des ursprünglichen, nicht überarbeiteten Angebots des Antragstellers bei der Angebotswertung – prozessual noch erreicht werden kann.[128]

IV. Zurücknahme der sofortigen Beschwerde

Für die Zurücknahme der sofortigen Beschwerde findet sich in den Vorschriften der **36**
§§ 171 ff. GWB keine spezielle Regelung und in den §§ 175 Abs. 2, 73 Nr. 2 GWB auch keine ausdrückliche Verweisung. Gerade unter dem Aspekt der Beschleunigung des Nachprüfungsverfahrens spricht nichts für die Annahme, der Gesetzgeber habe die Beschwerderücknahme als eine Möglichkeit der wirksamen Beendigung des Beschwerde- und damit auch des Nachprüfungsverfahrens ausschließen wollen. Es handelt sich vielmehr um eine unbeabsichtigte Gesetzeslücke. Diese Lücke muss sachgerecht in Analogie zu vergleichbaren Rechtsregeln geschlossen werden. Hierzu bietet sich vor allem an, auf die Rechtslage im Kartellverwaltungsverfahren zurückzugreifen, dem der Instanzenzug und die Art des Hauptrechtsmittels – zudem ebenfalls im GWB – nachgebildet worden sind, oder aber – wegen der Qualifizierung der Vergabekammerentscheidung als Verwaltungsakt (§ 168 Abs. 3 Satz 1 GWB) – die entsprechenden Vorschriften der VwGO wegen ihrer Sachnähe[129] anzuwenden. Beide methodischen Alternativen führen zu demselben Ergebnis, dass die Zurücknahme der sofortigen Beschwerde möglich ist, ohne Zustimmung des Beschwerdegegners aber nur bis zur Stellung der Anträge in der mündlichen Verhandlung vor dem Beschwerdegericht wirksam erklärt werden kann und danach in ihrer Wirksamkeit von der Zustimmung des Beschwerdegegners abhängt: Für das Kartellverwaltungsverfahren wird im Schrifttum (das sich mit diesem Thema befasst) übereinstimmend die Ansicht vertreten, dass § 92 Abs. 1 VwGO analog anzuwenden sei. Gem. § 92 Abs. 1 Satz 2 VwGO setzt die Zurücknahme der verwaltungsgerichtlichen Klage zu ihrer Wirksamkeit erst nach Stellung der Anträge in der mündlichen Verhandlung die Einwilligung des Beklagten voraus. Diese Rechtsregel wird auf das Kartellverwaltungsverfahren übertragen: Der Beschwerdeführer kann seine – noch nicht rechtskräftig verbeschiedene – Beschwerde jederzeit zurücknehmen, jedoch dann, wenn in der mündlichen Verhandlung die Anträge

127 KG, Beschl. v. 13.3.2008, 2 Verg 18/07, NZBau 2008, 466, 467.

128 Vgl. OLG München, Beschl. v. 28.7.2008, Verg 10/08, VergabeR 2008, 965, 967, mit zust. Anm. *Goede*, S. 969 f.

129 Vgl. hier § 175 GWB Rn. 18.

gestellt worden sind, wirksam nur mit Einwilligung der gegnerischen Kartellbehörde.[130] Es versteht sich von selbst, dass man zum selben Ergebnis gelangt, wenn man für die Schließung der Lücke der §§ 171 ff. GWB, die die erste gerichtliche Instanz (im engeren Sinn) des Nachprüfungsverfahrens betreffen, die geeignete, entsprechende Vorschrift der VwGO oben § 92 Abs. 1 VwGO – sogleich heranzieht.[131]

V. Zuständigkeit des OLG (Abs. 3 und 4)

1. Ausschließliche und abschließende gerichtliche Zuständigkeit des Beschwerdegerichts (OLG)

37 Gem. § 171 Abs. 3 GWB ist für die Beschwerdeentscheidung **ausschließlich das OLG zuständig**. Das OLG entscheidet über sofortige Beschwerden gegen Entscheidungen der Vergabekammern **abschließend,**[132] **vorbehaltlich** der Sonderregelung des **§ 179 Abs. 2 GWB** im Falle der Divergenz. Hinzuweisen ist freilich auf die gemäß den §§ 175 Abs. 2, 71a GWB zulässige **Anhörungsrüge** bei Verletzung des Anspruchs auf rechtliches Gehör durch die (End-)Entscheidung des Beschwerdegerichts. Die (ggf. der Zulassung bedürftige) **Rechtsbeschwerde** zum BGH ist vom Gesetzgeber mit Blick auf den Beschleunigungsgrundsatz bewusst nicht vorgesehen und daher **unstatthaft**; das ergibt sich (u. a.) klar aus § 175 Abs. 2 GWB, der die §§ 74–76 GWB gerade nicht für entsprechend anwendbar erklärt. Auch aus § 179 Abs. 2 GWB kann nicht das Gegenteil (Möglichkeit der Rechtsmittelanrufung des BGH gegen eine OLG-Entscheidung) hergeleitet werden; eine solche Schlussfolgerung würde gegen das verfassungsrechtliche (rechtsstaatliche) Gebot der Rechtsmittelklarheit verstoßen.[133] Die Kompetenz für die Nachprüfung der Vergabe-

130 OLG Düsseldorf, Beschl. v. 19.9.2001, Kart 22/01 (V), WuW/E DE-R 759, 760 f.; *Karsten Schmidt*, in: Immenga/Mestmäcker, GWB, § 63 Rn. 44; *Lembach*, in: Langen/Bunte, Kartellrecht, § 66 GWB Rn. 15.

131 Vgl. zum Vorstehenden: OLG Düsseldorf, Beschl. v. 28.8.2001, Verg 27/01, WuW/E Verg 563, 564; i.E. ebenso: OLG Schleswig, Beschl. v. 13.2.2001, 6 Verg 1/2001, VergabeR 2001, 214, 215; LSG Baden-Württemberg, Beschl. v. 23.1.2009, L 11 WB 5971/08, VergabeR 2009, 452, 453 f.; *Stockmann*, in: Immenga/Mestmäcker, GWB, § 116 Rn. 27; *Amelung/Dörn*, VergabeR 2008, 84 Fn. 51. Auf dieser Linie auch BGH, Beschl. v. 4.4.2017, X ZB 3/17, NZBau 2017, 366, 368 Rn. 19–21 (im Verfahren vor dem BGH als Beschwerdegericht nach § 179 Abs. 2 GWB kann die Beschwerde nach Beginn der mdl. Verhandlung in entsprechender Anwendung des § 565 Satz 2 ZPO nur mit Einwilligung des Gegners zurückgenommen werden). A. A. *Dicks*, in: Ziekow/Völlink, Vergaberecht, § 116 Rn. 4, der die Zulässigkeit der Beschwerderücknahme (bis zur Verkündung der Beschwerdeentscheidung) aus einer Analogie zu § 516 Abs. 1 und 2 ZPO herleitet und eine Zustimmung der übrigen Verfahrensbeteiligten in keinem Verfahrensstadium für notwendig hält. Ebenso: *Wiese*, in: Kulartz/Kus/Portz/Prieß, GWB, § 175 Rn. 49.

132 BGH, Beschl. v. 16.9.2003, X ZB 12/03, NZBau 2003, 687 = VergabeR 2004, 62.

133 BGH, Beschl. v. 16.9.2003, X ZB 12/03, NZBau 2003, 687 = VergabeR 2004, 62, 63. A. A. *Giedinghagen/Schoop*, VergabeR 2007, 32-35, die aus § 120 Abs. 2 a. F. (jetzt: § 175 Abs. 2) i. V. m. § 71 Abs. 1 Satz 2 u. Abs. 6 GWB folgern, dass es sich hier um eine durch Heranziehung der §§ 74 ff. GWB zu schließende Gesetzeslücke handele. Das kann nicht überzeugen, weil das Fehlen einer gesetzlichen Regelung der Rechtsbeschwerde keine unbeabsichtigte, systemwidrige Gesetzeslücke darstellt (s. oben im Text).

streitigkeiten ist in den §§ 155–179 GWB auch insofern abschließend geregelt,[134] als ausschließlich die Beschwerdegerichte befähigt sind, instanzbeendende Verwaltungsakte der Vergabekammern (§ 168 GWB; zu § 171 Abs. 2 GWB s. oben Rn. 21–24) aufzuheben oder abzuändern; die Vergabekammer selbst kann ihre streitentscheidende, instanzbeendende Entscheidung – wie sich aus einer systematischen Auslegung der §§ 155–179 GWB, auch aus den engen Fristenregelungen, dem Beschleunigungsgrundsatz und aus dem rechtsstaatlichen Grundsatz der Rechtssicherheit ergibt – weder ändern noch aufheben.[135] Zuständig für die Beschwerdeentscheidung ist – entsprechend der Vorschrift des § 63 Abs. 4 GWB für das Kartellverwaltungsverfahren – dasjenige OLG, in dessen Bezirk die Vergabekammer ihren Sitz hat. Dabei wird der räumliche Umfang dieses „Bezirks in Vergabeverfahrenssachen" durch die jeweilige Rechtsverordnung mitbestimmt, die die Landesregierungen oder die von ihnen ermächtigten Landesjustizverwaltungen zwecks Konzentration der OLG-Zuständigkeit gem. § 171 Abs. 4 GWB erlassen können. Das hat für die **Bundes-Vergabekammern**, die beim Bundeskartellamt gem. § 158 Abs. 1 GWB eingerichtet worden sind, die Konsequenz, dass nach dem rechtlichen Vollzug der Verlegung des Sitzes des Bundeskartellamts von Berlin nach Bonn zum 1.10.1999[136] das **OLG Düsseldorf** für die Beschwerden ausschließlich zuständig ist.[137]

2. Zuständigkeit des Vergabesenats (beim OLG)

Gerichtsorganisatorisch muss(te) bei jedem OLG, dem die Zuständigkeit für Vergabebe- 38
schwerdesachen zugewiesen wird (vgl. § 171 Abs. 3 Satz 1 und Abs. 4 GWB), (mindestens) ein besonderer „**Vergabesenat**" gebildet werden (§ 171 Abs. 3 Satz 2 GWB), um die Spezialisierung auf das (neue) Rechtsgebiet der GWB-Vergabesachen und die Zügigkeit der Entscheidungen zu fördern[138] sowie die Einheitlichkeit der Rechtsprechung zu gewährleisten. Es versteht sich von selbst, dass die Mitglieder dieses Senats in Personalunion auch einen weiteren Senat mit anderen Rechtsprechungsaufgaben bilden können, solange sie im Vergabesenat nicht ausgelastet sind. In der Begründung der Bundesregierung zum Entwurf des VgRÄG ist die Personalunion mit dem Kartellsenat empfohlen worden.[139] Das ist mit Blick auf den Standort des „GWB-Vergaberechts", seinen Inhalt und seine Ausgestaltung zweifelsohne sachgerecht. Sofern der Kartellsenat personell keine freien Kapazitäten hat, kommt aber wegen des für das Vergaberecht grundlegenden Wettbewerbsprinzips auch eine Personalunion mit einem für Wettbewerbssachen zuständigen Zivilsenat in Betracht. Die **Zuständigkeit des Vergabesenats** (und damit zugleich die Zuständigkeit desjenigen OLG, das nach der Regelung i. S. d. § 171 Abs. 4 GWB für Beschwerdesachen nach den §§ 171 ff. GWB zuständig ist) knüpft an rein **formelle Umstände** an, nämlich daran, dass

---

134 Vgl. dazu auch BGH, Beschl. v. 15.7.2008, X ZB 17/08, NZBau 2008, 662 f. = VergabeR 2008, 787, 789.

135 A. A. *Wilke*, NZBau 2005, 326, 329, unter Bezugnahme auf die §§ 48, 49 VwVfG (die aber aus den oben im Text genannten Gründen durch die Spezialregelung des GWB verdrängt werden).

136 Vgl. Bekanntmachung des Bundesministeriums für Wirtschaft und Technologie v. 10.9.1999, BGBl. I 1999, S. 1917, aufgrund der §§ 3 Abs. 2 und 7 Abs. 4 des Berlin-Bonn-Gesetzes vom 26.4.1994, BGBl. I 1994, S. 918.

137 Vgl. Verordnung über die Zusammenfassung der Entscheidungen über die sofortige Beschwerde gegen Entscheidungen der Vergabekammern v. 15.12.1998, GVBl. NRW 1998, S. 775.

138 Vgl. BT-Drs. 13/9340, S. 20.

139 BT-Drs. 13/9340, S. 20 f.

über ein Rechtsmittel gegen eine Entscheidung einer Vergabekammer zu befinden ist, die ihren Sitz im Bezirk dieses OLG (unter dem Aspekt der Vergabeverfahrenssachen, § 171 Abs. 4 GWB) hat. Das gilt auch dann, wenn die Vergabekammer zu Unrecht ihre örtliche Zuständigkeit angenommen hat.[140] Materiellrechtliche Gesichtspunkte, wie z. B. die Frage, ob das zu überprüfende Verfahren eine Vergabeentscheidung i. S. von § 97 GWB betrifft, sind für die Bestimmung des zuständigen Rechtsmittelgerichts unerheblich.[141] Das gilt auch dann, wenn die Vergabekammer unter Überschreitung ihres Zuständigkeits- und Aufgabenbereichs – sachlich – entschieden haben sollte (z. B. entgegen § 106 Abs. 1 GWB im sog. Unterschwellenbereich).[142] Wird die Zuständigkeit des Vergabesenats sowie des OLG, zu dem er gehört, von einem Verfahrensbeteiligten zu Unrecht gerügt, kann der Vergabesenat seine Zuständigkeit entsprechend § 17a Abs. 3 GVG vorab durch Beschluss aussprechen.[143]

3. Konzentrationsermächtigung des § 171 Abs. 4 GWB

39 Von der Ermächtigung des § 171 Abs. 4 GWB haben alle Länder Gebrauch gemacht, die mehrere Oberlandesgerichte haben. Zuständig für Beschwerdesachen nach den §§ 171 ff. GWB nebst den Rechtssachen nach § 169 Abs. 2 GWB – bezogen auf den Sitz der entscheidenden Vergabekammer in einem der nachfolgend genannten Länder – sind (zzt.): OLG Karlsruhe (früher OLG Stuttgart) für Baden-Württemberg; OLG München (früher das inzwischen aufgelöste BayObLG) für Bayern; KG für Berlin; OLG Brandenburg für Brandenburg; OLG Bremen für Bremen; OLG Hamburg für Hamburg; OLG Frankfurt für Hessen; OLG Rostock für Mecklenburg-Vorpommern; OLG Celle für Niedersachsen; OLG Düsseldorf für Nordrhein-Westfalen; OLG Koblenz für Rheinland-Pfalz; OLG Saarbrücken für das Saarland; OLG Dresden für Sachsen; OLG Naumburg für Sachsen-Anhalt; OLG Schleswig für Schleswig-Holstein; Thüringer OLG in Jena für Thüringen.

4. Frühere Sonderzuständigkeit der Landessozialgerichte

40 Durch das Gesetz zur Weiterentwicklung der Organisationsstrukturen in der gesetzlichen Krankenversicherung (GKV-OrgWG) vom 15.12.2008[144] wurden „für Streitigkeiten über Entscheidungen von Vergabekammern, die Rechtsbeziehungen nach § 69 des Fünften Buches Sozialgesetzbuch betreffen“ – nachdem hierzu ein positiver Kompetenzkonflikt zwischen den Gerichten der ordentlichen Gerichtsbarkeit (Vergabesenate) und der Sozialgerichtsbarkeit entstanden war[145] – in § 116 Abs. 3 Satz 1 GWB a. F. ein zweiter Halbsatz

---

140 Vgl. OLG Schleswig, Beschl. v. 28.6.2016, 54 Verg 2/16, VergabeR 2017, 68, 70 f. (gem. § 55 Abs. 2 GWB analog kann eine Beschwerde i. d. R. nicht auf die Unzuständigkeit der VergK gestützt werden; das OLG Schleswig hält es für möglich, dass der Zuständigkeitsmangel ausnahmsweise „rechtlich unhaltbar“ sei, dann könne der Vergabesenat die Sache analog § 281 ZPO an den Vergabesenat des der eigentlich zuständigen VergK übergeordneten OLG verweisen).

141 OLG Brandenburg, Beschl. v. 7.8.2008, Verg W 12/08, VergabeR 2008, 804, 805.

142 OLG Düsseldorf, Beschl. v. 16.4.2008, VII-Verg 57/07, VergabeR 2008, 686, 689; OLG Düsseldorf, Beschl. v. 19.12.2007, VII-Verg 51/07, NZBau 2008, 194, 195.

143 OLG Düsseldorf, Beschl. v. 19.12.2007, VII-Verg 51/07, NZBau 2008, 194, 195.

144 BGBl. I 2008, S. 2426.

145 Vgl. einerseits BGH, Beschl. v. 15.7.2008, X ZB 17/08, NZBau 2008, 662 f. (m. w. N.), und andererseits BSG, Beschl. v. 22.4.2008, B1 SF 1/08 R, NZBau 2008, 527 ff. (m. w. N.).

und in das SGG die §§ 29 Abs. 5 und 142a eingefügt. Danach blieb zwar für die erste Instanz solcher Streitigkeiten weiterhin die (jeweilige nach den §§ 106, 106a GWB a. F. berufene) Vergabekammer zuständig. Über Rechtsmittel gegen Vergabekammerentscheidungen in den vorbezeichneten Streitigkeiten hatte jedoch ausschließlich das für den Sitz der betroffenden Vergabekammer zuständige Landessozialgericht (§ 116 Abs. 3 Satz 1 Hs. 2 GWB, § 29 Abs. 5 Satz 1 SGG, jeweils i. d. F. vom 15.12.2008) zu entscheiden. Die Eigenschaft der gesetzlichen Krankenkassen als öffentlicher Auftraggeber ist inzwischen durch das „Oymanns"-Urteil des EuGH geklärt.[146]

Diese Sonderzuständigkeit der Landessozialgerichte blieb jedoch nur bis zum 31.12.2010 **41**
bestehen. Aufgrund des am 1.1.2011 in Kraft getretenen „Gesetzes zur Neuordnung des Arzneimittelmarktes in der gesetzlichen Krankenversicherung (Arzneimittelmarktneuordnungsgesetz – AMNOG)"[147] ist die Sonderzuständigkeit der Landessozialgerichte wieder abgeschafft (Streichung der §§ 116 Abs. 3 Satz 1 Hs. 2 GWB a. F., 29 Abs. 5 SGG) und die Zuständigkeit für Rechtsmittel gegen Vergabekammerentscheidungen – auch bzgl. der Rechtsbeziehungen nach § 69 SGB V – einheitlich den Oberlandesgerichten (Vergabesenaten) zugewiesen worden. Das AMNOG bezweckt hiermit, eine Rechtswegspaltung in Vergabesachen zu vermeiden und die Einheit der Rechtsordnung zu wahren.[148]

---

146 EuGH, Urt. v. 11.6.2009, Rs. C-300/07, NZBau 2009, 520.

147 BGBl. I 2010, S. 2262; auch die Ende Dezember 2010 bei den Landessozialgerichten anhängigen unerledigten Vergabebeschwerdesachen sind zum 1.1.2011 auf die Oberlandesgerichte übertragen worden (§ 207 SGG).

148 BR-Drs. 484/10, S. 52. Zum AMNOG: *Otting*, „Das Vergaberecht als Ordnungsrahmen in der Gesundheitswirtschaft zwischen GWB und SGB V", NZBau 2010, 734.

§ 172 Frist, Form, Inhalt

(1) Die sofortige Beschwerde ist binnen einer Notfrist von zwei Wochen, die mit der Zustellung der Entscheidung, im Fall des § 171 Abs. 2 mit dem Ablauf der Frist beginnt, schriftlich bei dem Beschwerdegericht einzulegen.

(2) Die sofortige Beschwerde ist zugleich mit ihrer Einlegung zu begründen. Die Beschwerdebegründung muss enthalten:

1. die Erklärung, inwieweit die Entscheidung der Vergabekammer angefochten und eine abweichende Entscheidung beantragt wird,

2. die Angabe der Tatsachen und Beweismittel, auf die sich die Beschwerde stützt.

(3) Die Beschwerdeschrift muss durch einen Rechtsanwalt unterzeichnet sein. Dies gilt nicht für Beschwerden von juristischen Personen des öffentlichen Rechts.

(4) Mit der Einlegung der Beschwerde sind die anderen Beteiligten des Verfahrens vor der Vergabekammer vom Beschwerdeführer durch Übermittlung einer Ausfertigung der Beschwerdeschrift zu unterrichten.

Schrifttum: *Bechtold*, Kartellgesetz, GWB, 6. Aufl. 2010; *Immenga/Mestmäcker*, Wettbewerbsrecht, Bd. 2: GWB / Teil 2 (Vergaberecht), Kommentar zum Deutschen Kartellrecht, 5. Aufl. 2014; *Korbion*, Vergaberechtsänderungsgesetz, Kommentar, 1999; *Kulartz/Kus/Portz/Prieß*, Kommentar zum GWB-Vergaberecht, 4. Auflage, Köln 2016; *Kulartz/Kus/Portz*, Kommentar zum GWB-Vergaberecht, 3. Aufl. 2013; *Langen/Bunte*, Kartellrecht, Kommentar, Bd. 1, 12. Aufl. 2014; *Loewenheim/Meessen/Riesenkampff*, Kartellrecht, Kommentar, 2. Aufl. 2009; *Motzke/Pietzcker/Prieß*, Beck'scher VOB-Kommentar, Verdingungsordnung für Bauleistungen Teil A, 1. Aufl. 2001; *Reidt/Stickler/Glahs*, Vergaberecht, Kommentar, 4. Aufl. 2018; *Thomas/Putzo*, Zivilprozessordnung, Kommentar, 35. Aufl. 2014; *Ziekow/Völlink*, Vergaberecht, Kommentar, 2. Aufl. 2013.

Übersicht

I. Bedeutung der Norm

1 § 172 GWB regelt abschließend die Frist, die Förmlichkeiten und die inhaltlichen Anforderungen, die bei der Abfassung der sofortigen Beschwerde nebst Begründung zu beachten

sind, damit das Rechtsmittel zulässig ist. Abs. 4 des § 172 GWB ist allerdings nur als eine Sollvorschrift auszulegen, die für die Zulässigkeit der sofortigen Beschwerde keine Bedeutung hat (s. unten Rn. 20). § 172 GWB entspricht – ohne inhaltliche Änderungen – dem bis zum 17.4.2016 geltenden § 117 GWB. Das VergRModG 2016 hat nur die Überschrift der Norm vervollständigt, indem es das Wort „Inhalt" hinzugefügt hat. Damit soll auch in der Überschrift klargestellt werden, dass § 172 GWB – wie schon vorher § 117 GWB a. F. – nicht nur Vorgaben zur Frist und Form, sondern auch zum Inhalt der sofortigen Beschwerde und ihrer Begründung regelt.

II. Form der sofortigen Beschwerde

1. Schriftform der Beschwerde und der gleichzeitigen Begründung

Die Beschwerde ist **schriftlich** einzulegen (Abs. 1). Für die Schriftform einschließlich der Art der notwendigen Unterschrift (s. unten Rn. 3) gelten die allgemeinen Regeln für Rechtsmittelschriften;[1] Telegramm, Telefax und Computerfax reichen aus.[2] Die Beschwerdeschrift braucht nicht ausdrücklich als „sofortige Beschwerde" bezeichnet zu werden; es reicht aus, wenn der beim Beschwerdegericht eingereichte Schriftsatz unzweideutig als Rechtsmittel gegen die betreffende Vergabekammerentscheidung auszulegen ist.[3] 2

Die **Unterschrift** unter der Beschwerde muss von einem **Rechtsanwalt** geleistet sein (Abs. 3 Satz 1). Die frühere Voraussetzung, dass der Rechtsanwalt bei einem deutschen Gericht zugelassen sein musste (§ 117 Abs. 3 Satz 1 GWB a. F.), ist durch das Gesetz zur Stärkung der Selbstverwaltung der Rechtsanwaltschaft vom 26.3.2007[4] gestrichen worden. Eine **Ausnahme** vom Anwaltszwang gilt nur für Beschwerden von **juristischen Personen des öffentlichen Rechts**: Hier reicht die Unterschrift derjenigen Person(en) aus, die nach der Vertretungsregelung der juristischen Person zu ihrer Vertretung für gerichtliche Erklärungen dieser Art berufen ist (sind).[5] Die in § 175 Abs. 1 Satz 2 GWB verlangte Befähigung zum Richteramt gilt nicht als zwingende Voraussetzung, die diejenige Person erfüllen muss, die die Beschwerdeschrift für die juristische Person (des öffentlichen Rechts) unterzeichnet.[6] § 175 Abs. 1 GWB gilt nicht für die Beschwerdeschrift, sondern nur für das weitere Verfahren vor dem Beschwerdegericht, insbes. für die mündliche Verhandlung. Bezö- 3

1 Auf die Kommentierungen zu diesen Vorschriften, z. B. zu § 66 Abs. 1 Satz 1 GWB und zu § 519 Abs. 1 ZPO, wird Bezug genommen.

2 Vgl. Fn. 1; vgl. insbes. *Stockmann*, in: Immenga/Mestmäcker, GWB, § 117 Rn. 10; *Dicks*, in: Ziekow/Völlink, Vergaberecht, § 117 GWB Rn. 8 m. w. N.

3 Vgl. BGH, Beschl. v. 8.2.2011, X ZB 4/10, NZBau 2011, 175, 176 = VergabeR 2011, 452, 454 (instruktives Beispiel dafür, dass zeitlich nach der vom Beigeladenen eingelegten Beschwerde auch der Ag. selbst Beschwerde unbedingt einlegen wollte, wie sich „aus den gesamten Umständen" per Auslegung ergab); OLG Saarbrücken, Beschl. v. 21.4.2004, 1 Verg 1/04, VergabeR 2004, 731, 732.

4 BGBl. I 2007, S. 358.

5 Ebenso: *Gröning*, in: Motzke/Pietzcker/Prieß, VOB/A, § 117 GWB Rn. 16.

6 Streitig; wie hier: *Gröning*, in: Motzke/Pietzcker/Prieß, VOB/A § 117 GWB Rn. 16; a. A. die h. M.: *Otting*, in: Bechtold, GWB, § 117 Rn. 5 und § 120 GWB Rn. 3; *Ulbrich*, in: Kulartz/Kus/Portz/Prieß, GWB, § 172 Rn. 40; *Stickler*, in: Reidt/Stickler/Glahs, Vergaberecht, § 172 GWB Rn. 23; *Stockmann*, in: Immenga/Mestmäcker, GWB, § 172 Rn. 19, und § 120 Rn. 4; *Storr*, in: Loewenheim/Meessen/Riesenkampff, Kartellrecht, § 117 GWB Rn. 13; *Dicks*, in: Ziekow/Völlink, Vergaberecht, § 117 GWB Rn. 16; *Tilmann*, WuW 1999, 342, 346.

ge sich § 175 Abs. 1 GWB auch auf die Beschwerdeschrift, dann wäre § 172 Abs. 3 GWB überflüssig.[7] Im Übrigen kann das Beschwerdegericht der Unterschrift auch nicht ansehen, ob sie von einer Person mit Befähigung zum Richteramt geleistet worden ist. Ferner passt es nicht zum Eilcharakter des gesamten Nachprüfungsverfahrens, wenn das Beschwerdegericht zwecks Überprüfung der Zulässigkeit der Beschwerde zunächst Nachforschungen darüber anstellen muss, ob der (oder die) Unterzeichner die Befähigung zum Richteramt hat (oder haben). Vor allem aber spricht gegen die Erstreckung dieser Anforderung auf Beschwerden juristischer Personen des öffentlichen Rechts das Gebot der Rechtsklarheit, das in besonderem Maße für Zulässigkeitsbarrieren bei Rechtsmitteln gilt. § 172 GWB qualifiziert die Anforderungen an die Person des Unterzeichners der Beschwerdeschrift zutreffend als eine Frage der Form. Die Formerfordernisse für die Beschwerdeschrift müssen bei systematischer Auslegung der §§ 171 ff. GWB als in § 172 GWB vollständig geregelt angesehen werden. Wenn daher der Gesetzgeber auch bei juristischen Personen des öffentlichen Rechts an die Eigenschaften der die Beschwerdeschrift unterzeichnenden Person besondere Anforderungen (wie die Befähigung zum Richteramt) hätte stellen wollen, so hätte er sich in § 172 Abs. 3 GWB nicht damit begnügen dürfen, nur zu sagen, dass eine Unterzeichnung durch einen Rechtsanwalt nicht notwendig sei, sondern hätte das andere Erfordernis (Person mit Befähigung zum Richteramt) positiv zum Ausdruck bringen müssen, um Irreführungen zu vermeiden. Die Gegenansicht (also die h. M.) muss daher konsequenterweise an die Rechtsmittelbelehrung der zuzustellenden Vergabekammerentscheidung, damit sie die Beschwerdefrist in Gang setzen kann (s. unten Rn. 7), die Anforderung stellen, dass auch der Hinweis aufgenommen wird, die (etwaige) Beschwerdeschrift des Antraggegners (sofern er – wie sehr oft – eine juristische Person des öffentlichen Rechts ist) müsse durch einen Rechtsanwalt oder einen (sonstigen) Volljuristen unterzeichnet werden.

4 Zur notwendigen Form einer zulässigen Beschwerde gehört auch, dass sie „**zugleich** mit ihrer Einlegung **zu begründen**" ist (Abs. 2 Satz 1; zum notwendigen Inhalt der Begründung s. unten Rn. 11 ff.). Das geschieht zweckmäßigerweise in demselben Schriftsatz; nach dem Gesetz kommt es allerdings nicht auf die Urkundeneinheit von Beschwerde und Begründung, sondern auf die Gleichzeitigkeit an. Ist die Beschwerdebegründung zu einem späteren Zeitpunkt als die bloße Beschwerde, aber noch innerhalb der Frist des § 172 Abs. 1 GWB eingereicht worden, so ist zwar die zuerst eingelegte Beschwerde unzulässig, aber die nachfolgende Beschwerdebegründung ist zugleich als (wirksame und zulässige) Wiederholung der Beschwerdeeinlegung zu behandeln. Einer Verwerfung der zuerst eingelegten Beschwerde bedarf es dann nicht mehr; die doppelte Beschwerdeeinlegung kann als einheitliches Rechtsmittel behandelt werden.[8] Die Erfordernisse der Schriftlichkeit und der Unterschrift gelten gleichermaßen – wie für die Beschwerde – auch für die Beschwerdebegründung.

7 Wegen des Erfordernisses der Unterzeichnung, das in § 175 GWB nicht zum Ausdruck kommt, bedürfte es des § 172 Abs. 3 GWB nicht, weil es sich schon aus dem Schriftformgebot ergibt, dies gilt selbstverständlich auch für Beschwerden juristischer Personen des öffentlichen Rechts, trotz des einleitenden „Dies gilt nicht…" in Satz 2 des § 172 Abs. 3 GWB.

8 Ebenso: *Otting*, in: Bechtold, GWB, § 117 Rn. 4; im Erg. ebenso: *Ulbrich*, in: Kulartz/Kus/Portz/Prieß, GWB, § 172 Rn. 24; *Stockmann*, in: Immenga/Mestmäcker, GWB, § 117 Rn. 12; vgl. auch OLG Koblenz, Beschl. v. 5.4.2006, 1 Verg 1/06, NZBau 2006, 600.

2. Einlegung der Beschwerde nur beim Beschwerdegericht

Die schriftliche Beschwerde nebst Begründung kann wirksam nur beim Beschwerdegericht, also bei dem nach § 171 Abs. 3 und 4 GWB zuständigen OLG eingelegt werden. Am besten befolgt der Beschwerdeführer insoweit die Rechtsmittelbelehrung der Vergabekammer; ist diese Belehrung insoweit unzutreffend, so ist die Einlegung der Beschwerde bei dem von der Vergabekammer bezeichneten Gericht nach dem Meistbegünstigungsgrundsatz[9] auf jeden Fall zulässig. Wird die Beschwerde nebst Begründung irrigerweise bei der Vergabekammer eingelegt, so wird der Zulässigkeitsmangel nur dann geheilt, wenn die Beschwerde nebst Begründung von der Vergabekammer weitergeleitet wird und noch innerhalb der Frist des § 172 Abs. 1 GWB beim Beschwerdegericht eintrifft.[10] 5

III. Frist der sofortigen Beschwerde

1. Frist der Beschwerde nach § 171 Abs. 1 GWB

Die Frist zur Einlegung der Beschwerde gegen eine erlassene Entscheidung der Vergabekammer (§ 171 Abs. 1 Satz 1 GWB) ist eine – **nicht verlängerbare** – „**Notfrist**"[11] von zwei Wochen. Auch für die gleichzeitig einzureichende Beschwerdebegründung kann diese Frist nicht verlängert werden. Die Frist **beginnt mit** der (ordnungsgemäßen) **Zustellung der Entscheidung** der Vergabekammer an den (späteren) Beschwerdeführer. Die Beschwerdefrist wird nicht schon dadurch in Lauf gesetzt, dass die Vergabekammer eine Beschlussabschrift – wie es in der Praxis oft gehandhabt wird – „vorab per Telefax" übersendet, wenn der Empfänger dies so verstehen darf und kann, dass die Übermittlung per Telefax nur der Information und nicht dem Zweck der Zustellung dient.[12] Der Empfänger (der zu dem in § 5 Abs. 4 VwZG benannten Adressatenkreis – u. a. Rechtsanwälte – gehören muss) kann dies u. a. daran erkennen, ob dem Übersendungsfax das für die Zustellung nach § 5 Abs. 4 VwZG erforderliche, vom Empfänger zu unterschreibende Empfangsbekenntnis beigefügt ist oder nicht. Denn wenn die Vergabekammer die Übermittlung ihres Beschlusses per **Telefax zum Zwecke der Zustellung** wählt, muss sie das für die förmliche Zustellung erforderliche Empfangsbekenntnis vorsehen (vgl. § 5 Abs. 7 Satz 1 VwZG).[13] Der Lauf der Beschwerdefrist beginnt dann nicht schon mit dem Zugang der Beschlusskopie nebst vorbereitetem Empfangsbekenntnis beim Empfänger, sondern erst mit der (die förmliche Zustellung vollendenden) Unterzeichnung des Empfangsbekenntnisses durch den Empfänger.[14] Wenn die Vergabekammer der als erstes per Fax bewirkten Übermittlung ihrer Entscheidung schon ein vorbereitetes Empfangsbekenntnis beigefügt hatte und so- 6

---

9 Vgl. hierzu *Reichold*, in: Thomas/Putzo, ZPO, Vorbem. § 511 Rn. 6–10 m. w. N. aus der BGH-Rspr.

10 Ebenso: *Otting*, in: Bechtold, GWB, § 117 Rn. 3; *Stockmann*, in: Immenga/Mestmäcker, GWB, § 117 Rn. 9; *Dicks*, in: Ziekow/Völlink, Vergaberecht, § 117 GWB Rn. 7.

11 Der Begriff ist ausweislich der Gesetzesbegründung der Bundesregierung aus der ZPO (§ 223 a. F., jetzt § 224 Abs. 1) entnommen (BT-Drs. 13/9340, S. 21) und bezeichnet eine unbedingt geltende gesetzliche Frist.

12 BGH, Beschl. v. 10.11.2009, X ZB 8/09, NZBau 2010, 124, 125 = VergabeR 2010, 210, 212.

13 Vgl. BGH, Beschl. v. 10.11.2009, X ZB 8/09, NZBau 2010, 124, 125 = VergabeR 2010, 210, 212; *Greb*, VergabeR 2010, 217, 218.

14 OLG Karlsruhe, Beschl. v. 13.6.2008, 15 Verg 3/08, VergabeR 2008, 826, 828 m. w. N.

dann dem nochmals per Post verschickten Exemplar ihrer Entscheidung erneut ein vorbereitetes Empfangsbekenntnis beifügt, ist nur die zeitlich letzte Zustellungsmaßnahme wirksam. Denn entweder kann und darf der Empfänger dieses Verhalten der Vergabekammer so verstehen, dass sie die förmliche Zustellung erst mit der Zusendung per Post bewirken wollte, oder man muss das Verhalten der Vergabekammer als unklar und widersprüchlich bewerten, was sich nicht zum Nachteil des potenziellen Beschwerdeführers auswirken darf, für den vielmehr das Meistbegünstigungsprinzip gilt.[15] **Mängel der Zustellung** werden entweder gem. § 189 ZPO (dessen Geltung hier nach den §§ 172 Abs. 1 Satz 1, 175 Abs. 2, 73 Nr. 2 GWB von einem Teil der Rspr. und Literatur[16] angenommen wird) oder gemäß dem mit § 189 ZPO inhaltlich identischen § 8 VwZG (dessen Anwendbarkeit sich aus den §§ 168 Abs. 3 Satz 3, 61 Abs. 1 Satz 1 GWB ergibt)[17] dann und ab dem Zeitpunkt **geheilt**, in dem die – mit Zustellungswillen[18] auf den Weg gebrachte – Ausfertigung oder Abschrift der Vergabekammerentscheidung der Person, an die die Zustellung dem Gesetz gemäß gerichtet war oder gerichtet werden konnte, tatsächlich zugegangen ist. § 189 ZPO sowie § 8 VwZG gelten auch für Notfristen und sind strikte Normen, machen also die Heilung von Zustellungsmängeln nicht von einer Ermessensausübung des Gerichts abhängig, setzen aber den Nachweis des tatsächlichen Zugangs des mit Zustellungswillen der Vergabekammer auf den Weg gebrachten Schriftstücks an die für die Zustellungswirkung maßgebliche Person (s. insbes. §§ 170, 171, 172 Abs. 1 ZPO) voraus.[19] Dass diese Person in anderer Weise vom Inhalt der Vergabekammerentscheidung Kenntnis erhalten hat, ist unerheblich.[20] Ist das (im vorstehenden Sinne) zuzustellende Schriftstück der maßgeblichen Person nicht zugegangen oder lässt sich der tatsächliche Zugang nicht nachweisen, führt dies zur endgültigen Unwirksamkeit der Zustellung; die Zustellung muss, um die Notfrist in Lauf zu setzen, erneut vorgenommen werden.[21] Für die **Fristberechnung** führen die §§ 175 Abs. 2, 73 Nr. 2 GWB, 222 ZPO[22] zur Anwendung der §§ 187 bis 193 BGB.

7 Da die (End-)Entscheidung der Vergabekammer eine Rechtsmittelbelehrung enthalten muss (§§ 168 Abs. 3 Satz 3, 61 Abs. 1 Satz 1 GWB), wird die zweiwöchige Notfrist nur durch eine mit korrekter Rechtsmittelbelehrung versehene (und ordnungsgemäß oder ge-

---

15 Vgl. OLG Rostock, Beschl. v. 25.9.2013, 17 Verg 3/13, VergabeR 2014, 209, 215 f.

16 *Stockmann*, in: Immenga/Mestmäcker, GWB, § 117 Rn. 4; *Storr*, in: Loewenheim/Meessen/Riesenkampff, Kartellrecht, § 117 GWB Rn. 2.

17 *Ulbrich*, in: Kulartz/Kus/Portz/Prieß, GWB, § 172 Rn. 9 f.; *Dicks*, in: Ziekow/Völlink, Vergaberecht, § 117 GWB Rn. 3.

18 Vgl. *Hüßtege*, in: Thomas/Putzo, ZPO, § 189 Rn. 7 m. w. N.; für § 8 VwZG: *Ulbrich*, in: Kulartz/Kus/Portz/Prieß, GWB, § 172 Rn. 10; *Dicks*, in: Ziekow/Völlink, Vergaberecht, § 117 GWB Rn. 3.

19 Vgl. *Hüßtege*, in: Thomas/Putzo, ZPO, § 189 Rn. 1, 8 und 9 m. w. N.; *Dicks*, in: Ziekow/Völlink, Vergaberecht, § 117 GWB Rn. 3.

20 Ebenso: *Stockmann*, in: Immenga/Mestmäcker, GWB, § 117 Rn. 4; vgl. auch *Hüßtege*, in: Thomas/Putzo, ZPO, § 189 Rn. 8 f.

21 *Stickler*, in Reidt/Stickler/Glahs, Vergaberecht, § 172 GWB Rn. 4, wendet hier im Falle der fehlerhaften (nicht geheilten) Zustellung für den Beginn der Beschwerdefrist § 172 Abs. 1 H. 2 i.V.m. § 167 Abs. 1 GWB an. Das ist unrichtig, weil § 172 Abs. 1 i.V.m. den §§ 175 Abs. 2, 73 Nr. 2 GWB für die Behandlung und Beurteilung von Notfristen auf die ZPO, insbes. auf § 189, verweist, wenn man nicht ohnehin der Anwendbarkeit des (mit § 189 ZPO inhaltsgleichen) § 8 VwZG (s. oben im Text) den Vorzug gibt.

22 *Otting*, in: Bechtold, GWB, § 117 Rn. 2; *Ulbrich*, in: Kulartz/Kus/Portz/Prieß, GWB, § 172 Rn. 4; *Dicks*, in: Ziekow/Völlink, Vergaberecht, § 117 GWB Rn. 2.

mäß § 189 ZPO bzw. § 8 VwZG – s. oben Rn. 6 – fiktiv zugestellte) Entscheidung in Gang gesetzt. In der Rechtsmittelbelehrung ist auf alle Voraussetzungen für die Einlegung eines zulässigen Rechtsmittels hinzuweisen (vgl. § 61 Abs. 1 Satz 1 GWB: „Belehrung über das zulässige Rechtsmittel“), einschließlich des Anwaltszwangs.[23] Bei **Mängeln der Rechtsmittelbelehrung** – also Fehlen, Unvollständigkeit oder Unrichtigkeit der Rechtsmittelbelehrung – beginnt die Notfrist nicht,[24] sondern eine Beschwerdefrist von einem Jahr (ab Zustellung) analog zu § 79 VwVfG i.V.m. § 58 VwGO.[25] Das ist auch bei der Anwendung des § 169 Abs. 1 und des § 173 Abs. 1 Satz 2 GWB zu beachten. Die Jahresfrist kann dadurch abgekürzt werden, dass nachträglich eine vollständige, ordnungsgemäße Rechtsmittelbelehrung zugestellt wird; mit dieser Zustellung wird dann die zweiwöchige Notfrist des § 172 Abs. 1 GWB in Lauf gesetzt[26] (worauf in der nachgeholten Rechtsmittelbelehrung zusätzlich hinzuweisen ist). Ausnahmsweise kann auch vor Ablauf der Jahresfrist eine Verwirkung der Beschwerdebefugnis in Betracht kommen, wenn die grundsätzlichen Voraussetzungen für den Verwirkungstatbestand erfüllt sind.[27]

Die mit korrekter Rechtsmittelbelehrung versehene Entscheidung der Vergabekammer muss jedem Verfahrensbeteiligten (§ 162 GWB) ordnungsgemäß zugestellt werden. **Für jeden Verfahrensbeteiligten** läuft ab der bei ihm bewirkten Zustellung **gesondert** die **Zwei-Wochen-Frist** oder – bei Mängeln der Rechtsmittelbelehrung – die in Rn. 7 genannte Jahresfrist. Eine nicht in der Beschwerdefrist eingelegte Beschwerde oder zwar eingelegte, aber nicht begründete Beschwerde (s. § 172 Abs. 2 Satz 1 GWB) kann nur als unselbstständige Anschlussbeschwerde behandelt werden.[28] Zu deren Zulässigkeitsvorausset- 8

---

23 OLG Celle, Beschl. v. 31.5.2007 – 13 Verg 1/07, VergabeR 2007, 692, 693. Sofern man mit der h. M. die Einhaltung der für die Zulässigkeit notwendigen Form der Beschwerdeschrift einer (nicht anwaltlich vertretenen) juristischen Person des öffentlichen Rechts von der Unterzeichnung durch einen Volljuristen abhängig macht (s. oben Rn. 3), muss auch auf diese Zulässigkeitsvoraussetzung in der Rechtsmittelbelehrung hingewiesen werden.

24 Insoweit ebenso: OLG Celle, Beschl. v. 31.5.2007, 13 Verg 1/07, VergabeR 2007, 692, 693 f.

25 Vgl. für das Kartellverwaltungsverfahren, auf dessen Regelung die §§ 168 Abs. 3 Satz 3, 61 Abs. 1 Satz 1 GWB verweisen: *Bach*, in: Immenga/Mestmäcker, GWB, § 61 Rn. 17 m.w.N.; *Schneider*, in: Langen/Bunte Kartellrecht, § 61 GWB Rn. 12. Auch hier hält *Stickler* (in: Reidt/Stickler/Glahs, Vergaberecht, § 172 GWB Rn. 5) § 172 Abs. 1 Hs. 2 i.V.m. § 167 Abs. 1 GWB für anwendbar. Das ist abzulehnen, weil die Vorschriften diesen Fall nach Wortlaut und Zweck nicht erfassen. Für die Analogie zu § 58 VwGO auch *Ulbrich*, in: Kulartz/Kus/Portz/Prieß, GWB, § 172 Rn. 14–17 (mit ausführlicher Begründung); *Stockmann*, in: Immenga/Mestmäcker, GWB, § 117 Rn. 3; *Schweda*, in: Langen/Bunte, Kartellrecht, § 117 GWB Rn. 1; *Dicks*, in: Ziekow/Völlink, Vergaberecht, § 117 GWB Rn. 4. A. A. *Storr*, in: Loewenheim/Meessen/Riesenkampff, Kartellrecht, § 117 GWB Rn. 4, ferner *Haug*, VergabeR 2007, 694, und *Wilke*, NZBau 2005, 326, 328: Lauf der Beschwerdefrist wird durch fehlende oder mangelhafte Rechtsmittelbelehrung nicht beeinflusst, unter den Voraussetzungen der §§ 175 Abs. 2, 73 Nr. 2 GWB, 233 ff. ZPO kann aber gegen eine Versäumung der Beschwerdefrist Wiedereinsetzung in den vorigen Stand gewährt werden. Diese Lösung wird jedoch dem normativen Gehalt des § 61 Abs. 1 Satz 1 GWB, auf den § 168 Abs. 3 Satz 3 GWB verweist, nicht gerecht und übergeht, dass die erste „Säumnis“ in der Ursachenkette (Mangel der Rechtsmittelbelehrung) bei der VergK, nicht beim Beschwerdeführer liegt.

26 Vgl. OLG Celle, Beschl. v. 31.5.2007, 13 Verg 1/07, VergabeR 2007, 692, 694; *Ulbrich*, in: Kulartz/Kus/Portz/Prieß, GWB, § 172 Rn. 17.

27 Vgl. *Ulbrich*, in: Kulartz/Kus/Portz/Prieß, GWB, § 172 Rn. 17 m. w. N.

28 OLG Naumburg, Beschl. v. 30.4.2007, 1 Verg 1/07, NZBau 2008, 73, 75.

zungen sowie zur Frist für die Einlegung und Begründung der **Anschlussbeschwerde** s. aber oben § 171 Rn. 27f.

9 Gegen die Versäumung der Beschwerdefrist kann gemäß den in den §§ 175 Abs. 2, 73 Nr. 2 GWB für anwendbar erklärten Vorschriften der ZPO (§§ 233 bis 238) **Wiedereinsetzung in den vorigen Stand** beantragt werden. Wenn die Wiedereinsetzung gewährt wird, so wird die zunächst verspätete Einlegung (und/oder Begründung) der sofortigen Beschwerde ab dem Zeitpunkt der Nachholung dieser Prozesshandlung als rechtzeitig fingiert. Darin allein liegt die Rechtswirkung der erteilten Wiedereinsetzung; die Beschwerdefrist selbst wird nicht verlängert.[29] Das bedeutet für § 169 Abs. 1 GWB, dass das Zuschlagsverbot mit dem Ablauf der gesetzlichen Beschwerdefrist nach § 172 Abs. 1 GWB, wenn die Vergabekammer den Nachprüfungsantrag abgelehnt hatte, (zunächst) beendet worden ist. Ein Zuschlag, den der Auftraggeber in dem Zeitraum zwischen dieser Beendigung des Zuschlagsverbots und dem Zeitpunkt der Nachholung der Beschwerdeeinlegung erteilt, verstößt nicht gegen § 169 Abs. 1 GWB, löst daher nicht die Rechtsfolge der Nichtigkeit (§ 134 BGB) aus und ist wirksam. Aufgrund der ausdrücklichen gesetzlichen Anordnung des § 168 Abs. 2 Satz 1 GWB bleibt der Zuschlag auch nach der Wiedereinsetzung in den vorigen Stand und nach erfolgreicher Beschwerde des Antragstellers wirksam und kann nicht aufgehoben werden;[30] in einem solchen Fall muss der Antragsteller seine Beschwerde auf den Fortsetzungsfeststellungsantrag (§§ 178 Satz 4, 168 Abs. 2 Satz 2 GWB) beschränken. Hat der Auftraggeber dagegen jenen Zeitraum nicht für eine Zuschlagserteilung genutzt, hat die (nachgeholte) sofortige Beschwerde des Antragstellers die in § 173 Abs. 1 Satz 1 GWB vorgesehene aufschiebende Wirkung in Bezug auf das Zuschlagsverbot, das für die Zeitdauer des § 173 Abs. 1 Satz 2 GWB erneut besteht (also „wiederauflebt") und gem. § 173 Abs. 1 Satz 3 GWB auch verlängert werden kann.

2. Frist der Beschwerde nach § 171 Abs. 2 GWB

10 Wenn die **Vergabekammer** die (evtl. verlängerte) **Entscheidungsfrist** des § 167 Abs. 1 GWB **versäumt**,[31] **beginnt** die **Notfrist** gem. § 172 Abs. 1 Alt. 2 GWB schon mit dem **Ablauf dieser Frist**. Dem betroffenen Antragsteller, der sich für die etwaige Untätigkeitsbeschwerde (§ 171 Abs. 2 GWB) genug Vorbereitungszeit bewahren will, ist anzuraten, selbst den Beginn und Lauf der Frist des § 167 Abs. 1 GWB unter Kontrolle zu halten und sich schon am Tage nach dem Ablauf der Entscheidungsfrist bei der Vergabekammer verlässlich zu erkundigen, ob sie die Frist eingehalten hat oder nicht. Denn die – nicht mehr zur Fristwahrung gehörende[32] – Zustellung einer (möglicherweise doch rechtzeitig) erlassenen und begründeten Entscheidung benötigt nun einmal zusätzliche Zeit; der Antragsteller sollte sich nicht so lange der Unsicherheit aussetzen, ob die Vergabekammer entschieden hat oder nicht. Das alles gilt auch für denjenigen Beigeladenen, der nach seiner Interes-

29 Vgl. BGHZ 8, 284, 285; *Hüßtege*, in: Thomas/Putzo, ZPO, § 233 Rn. 1.

30 Im Erg. ebenso: *Stockmann*, in: Immenga/Mestmäcker, GWB, § 117 Rn. 6; wohl auch *Storr*, in: Loewenheim/Meessen/Riesenkampff, Kartellrecht, § 117 GWB Rn. 3 a.E.; a.A. (Nichtigkeit auch desjenigen Zuschlags, der in der Zwischenzeit zwischen Ablauf der Beschwerdefrist und Bewilligung der Wiedereinsetzung erteilt worden ist): *Ulbrich*, in: Kulartz/Kus/Portz/Prieß, GWB, § 172 Rn. 6 u. § 173 Rn. 20.

31 Vgl. § 171 Rn. 3f., 13ff.

32 Vgl. § 171 Rn. 16f.

senlage[33] durch die Ablehnung des Nachprüfungsantrags beschwert ist. – Unter dem Aspekt der Gleichbehandlung ist die Entscheidung des Gesetzgebers nicht unbedenklich, dass im Falle der Untätigkeit der Vergabekammer mit der Folge, dass der Antragsteller (und ein evtl. mitbetroffener Beigeladener) weder eine Entscheidung noch eine Rechtsmittelbelehrung erhält, die knappe Notfrist läuft, deren Beginn vom Antragsteller (und vom sonstigen potenziellen Beschwerdeführer) auch noch selbst erkundet werden muss, während eine erlassene und zugestellte Entscheidung der Vergabekammer mit fehlender oder mangelhafter Rechtsmittelbelehrung die Notfrist nicht in Gang setzt.[34] Zwar kann auch im Falle des § 171 Abs. 2 GWB gegen die Versäumung der Beschwerdefrist Wiedereinsetzung in den vorigen Stand beantragt werden.[35] Den vorgenannten Bedenken wird dabei aber mit Blick auf § 233 ZPO (schon leichte Fahrlässigkeit verhindert die Wiedereinsetzung) i. d. R. nicht Rechnung getragen werden können.[36] Vereinzelt wird im Schrifttum vorgeschlagen, für den Fall, dass nach Eintritt der Ablehnungsfiktion und vor Ablauf der Beschwerdefrist des § 172 Abs. 1 Alt. 2 GWB die Vergabekammer doch noch eine schriftliche Entscheidung erlässt,[37] die Beschwerdefrist ab der Zustellung dieser Entscheidung – auch gegenüber der gem. § 171 Abs. 2 GWB fingierten Antragsablehnung – erneut beginnen zu lassen.[38] Im Ergebnis kann man eine derartige Lösung rechtlich – mit Blick auf die eindeutige Regelung in § 172 Abs. 1 Alt. 2 GWB – jedoch nur über eine (tendenziell großzügige) Anwendung der §§ 233 ff. ZPO erreichen.

33 Vgl. § 171 Rn. 32, 34.

34 Vgl. oben Rn. 7.

35 Vgl. oben Rn. 9; OLG Düsseldorf, Beschl. v. 5.9.2001, Verg 18/01, VergabeR 2002, 89, 94, spricht sich für eine nicht zu kleinliche Handhabung der Vorschriften über die Wiedereinsetzung in den vorigen Stand aus.

36 *Hunger*, in: Kulartz/Kus/Portz, GWB, 3. Aufl., § 117 Rn. 9–27, sieht in der strikten Anwendung des § 117 Abs. 1 Alt. 2 GWB a. F. (= § 172 Abs. 1 Alt. 2 GWB n. F.) – wie die wohl h. M. in Rspr. und Literatur sie akzeptiert – einen Verstoß gegen Art. 19 Abs. 4 i.V. m. Art. 20 Abs. 3 GG. Auch OLG Rostock, Beschl. v. 17.10.2001, 17 W 18/90, VergabeR 2002, 85, 86, äußert hierzu „erhebliche rechtsstaatliche Bedenken". *Hunger* (a. a. O., Rn. 27 f.) schlägt daher, da die Ablehnungsfiktion des § 171 Abs. 2 GWB nicht mit einer konkreten Rechtsmittelbelehrung versehen ist und sein kann, die analoge Anwendung des § 58 Abs. 2 VwGO (Beschwerdefrist von einem Jahr statt zwei Wochen) vor, es sei denn, dass die VergK dem Ast. während des VergK-Verfahrens vor Ablauf der Frist des § 167 Abs. 1 GWB eine vorsorgliche Rechtsmittelbelehrung für den Fall einer Ablehnungsfiktion hat zukommen lassen. Die analoge Anwendung des § 58 Abs. 2 VwGO scheitert indessen daran, dass hier ausweislich des § 172 Abs. 1 Alt. 2 GWB keine unbeabsichtigte planwidrige Gesetzeslücke vorliegt. – Dagegen hält OLG Düsseldorf, Beschl. v. 5.9.2001, Verg 18/01, VergabeR 2002, 89, 94, die Rechtsmittelfrist des (jetzigen) § 172 Abs. 1 Alt. 2 GWB für verfassungsgemäß und wirksam; ebenso, ohne die bestehenden Bedenken zu verkennen: *Ulbrich*, in: Kulartz/Kus/Portz/Prieß, GWB, 4. Aufl., § 172 Rn. 21; *Dicks*, in: Ziekow/Völlink, Vergaberecht, § 117 GWB Rn. 5 f.

37 Vgl. hierzu § 171 Rn. 20–24.

38 *Stockmann*, in: Immenga/Mestmäcker, GWB, § 117 Rn. 8. Dieser Lösungsbehelf wird sich allerdings dann kaum zugunsten des Ast. bewähren, wenn die verspätete schriftliche VergK-Entscheidung dem Nachprüfungsantrag stattgibt.

IV. Notwendiger Inhalt der Beschwerdebegründung

11 In der Begründung der Bundesregierung zum Entwurf des VgRÄG hatte es geheißen, der Streitstoff solle so weit wie möglich und in einer Weise aufbereitet sein, die eine rasche Entscheidung ermögliche.[39] Dieser Sollenssatz war aber von vornherein im vorgesehenen Gesetzestext selbst nicht enthalten. Der in Satz 2 des § 172 Abs. 2 GWB **vorgeschriebene Mindestinhalt**[40] der Beschwerdebegründung deckt sich mit den Anforderungen an die Beschwerdebegründung im Kartellverwaltungsverfahren (§ 66 Abs. 4 GWB). Aufgrund der Anwendungspraxis zu dieser Vorschrift kann daher auch § 172 Abs. 2 Satz 2 GWB ausgelegt werden.

1. Erklärung, inwieweit die Vergabekammerentscheidung angefochten wird

12 Die nach § 172 Abs. 2 Satz 2 Nr. 1 GWB notwendige Erklärung, inwieweit die Vergabekammerentscheidung angefochten wird, setzt zunächst zwingend voraus, dass innerhalb der Beschwerdefrist der **Beschwerdeführer benannt** und der **Beschwerdegegner** zumindest **erkennbar** gemacht wird. Unterlässt es der Beschwerdeführer, hierüber dem Beschwerdegericht vor Ablauf der Beschwerdefrist hinreichende Klarheit zu verschaffen, ist die Beschwerde unheilbar unzulässig; der Zulässigkeitsmangel kann durch spätere Angaben oder durch die Erkenntnisse, die die ggf. später übersandte Entscheidung der Vergabekammer und deren Akten ermöglichen, nicht mehr geheilt werden.[41] Davon zu unterscheiden ist freilich die bloße Falschbezeichnung des Antrags- (und Beschwerde-)gegners in der Beschwerdeschrift des Antragstellers, z. B. die (nicht seltene) Angabe der tatsächlich handelnden, rechtlich unselbständigen Vergabestelle anstatt des Namens des öffentlichen Auftraggebers; eine solche Falschbezeichnung ist unschädlich, weil das Beschwerdegericht aufgrund der (fristgerechten) Angaben des Beschwerdeführers den wahren Beschwerdegegner (im Rechtssinne) eindeutig ermitteln kann. Das reicht für das Erfordernis, den Beschwerdegegner in der Beschwerdeschrift mit „hinreichender Klarheit" anzugeben, aus.[42] Auch dann, wenn in der Beschwerdeschrift als Beschwerdegegner eine Bundes- oder Landesbehörde genannt wird, aus der Beschwerdebegründung oder aus der (innerhalb der Beschwerdefrist) mit eingereichten Vergabekammerentscheidung sich aber deutlich genug ergibt, dass die betreffende Behörde in dem Vergabeverfahren nur für eine andere juristische Person i. S. d. § 99 Nr. 2 GWB, die Auftraggeberin im Rechtssinne, gehandelt hat (z.B. als Vergabestelle), ist die erforderliche „Erkennbarkeit" des wahren Beschwerdegegners gewährleistet; das Beschwerdegericht hat dann das Passivrubrum der Beschwerdeschrift von Amts wegen zu berichtigen.[43]

13 Das Gebot der Nr. 1 des § 172 Abs. 2 Satz 2 GWB **bedeutet nicht**, dass der Beschwerdeführer einen **Antrag mit tenorierungsfähigem Inhalt** ausformulieren und stellen muss. Es reicht vielmehr aus, wenn sich das Beschwerdebegehren – und zwar auch seinem Um-

---

39 BT-Drs. 13/9340, S. 21.

40 So wörtlich BT-Drs. 13/9340, S. 21. § 172 Abs. 2 GWB bestimmt abschließend, was eine Beschwerdebegründung enthalten „muss"; OLG Düsseldorf, Beschl. v. 28.1.2004, Verg 35/03 (Umdruck S. 4).

41 OLG Düsseldorf, Beschl. v. 4.6.2003, Verg 2/02.

42 Vgl. OLG Düsseldorf, Beschl. v. 25.2.2004, Verg 77/03 (Umdruck S. 3).

43 OLG Düsseldorf, Beschl. v. 5.10.2016, VII-Verg 24/16, NZBau 2017, 119.

fang nach – hinreichend bestimmt aus der (übrigen) Beschwerdebegründung ergibt.[44] Auf dieses Erfordernis kann jedoch nicht auch noch verzichtet werden. Wenn es in der Beschwerdebegründung an Angaben über die Reichweite der Anfechtung der Vergabekammerentscheidung fehlt, kann nur dann angenommen werden, dass die Entscheidung insgesamt angefochten werden solle (womit der Muss-Vorschrift des § 172 Abs. 2 Satz 2 Nr. 1 GWB dann doch genügt ist), wenn sich das Begehren in diesem Umfang aus der – verständig auszulegenden – Beschwerdebegründung ergibt.[45] Die Funktion des Zulässigkeitserfordernisses der Nr. 1 („Erklärung, inwieweit . . . angefochten und eine abweichende Entscheidung beantragt wird") besteht darin, das Rechtsschutzbegehren des Beschwerdeführers hinsichtlich seines Ziels sowie seiner Grenzen abzustecken und für Beschwerdegericht sowie Beschwerdegegner erkennbar zu machen.[46] Nur innerhalb dieser erkennbar gemachten Grenzen kann ein Beschwerdeantrag i. e. S. noch nach Ablauf der Beschwerdefrist ausformuliert oder in der Formulierung geändert werden.[47]

Es versteht sich von selbst, dass die exakte **Formulierung eines Beschwerdeantrags** immer **empfehlenswert** ist. Allgemeine Regeln hierfür lassen sich nicht aufstellen, der Antrag muss auf den Einzelfall und eben auf das Beschwerdeziel abgestimmt werden. War schon vor der Vergabekammer ein sachgerechter Sachantrag gestellt worden, so kann darauf Bezug genommen werden, soweit der Sachantrag abgelehnt worden ist und weiterverfolgt werden soll.[48] Ohnehin muss der Beschwerdeführer mit seinem Beschwerdeantrag (oder -begehren, s. o. Rn. 13) zumindest teilweise die Beschwer zum erstinstanzlichen Streitgegenstand aufgreifen, die die Entscheidung der Vergabekammer ihm zugefügt hat. Ein hiervon sich lösendes, insgesamt neues Begehren führt zur Unzulässigkeit der Beschwerde.[49] Im Rahmen der Beschwer könnten z. B. auf Seiten des Antragstellers folgende konkrete Antragsformulierungen der zweckentsprechenden Rechtsverfolgung (aus seiner Sicht) dienen: **14**

- den Auftraggeber zu verpflichten, das laufende Vergabeverfahren nicht fortzusetzen, ohne dass bestimmt bezeichnete Vergaberechtsverstöße beseitigt werden;
- den Auftraggeber zu verpflichten, das Angebot des Beschwerdeführers unter Vermeidung bestimmt bezeichneter Vergaberechtsverstöße neu zu werten;

44 OLG Düsseldorf, Beschl. v. 13.4.1999, Verg 1/99, BB 1999, 1078, 1079 = NZBau 2000, 45, 46. Ebenso: OLG Dresden, Beschl. v. 12.10.2010, WVerg 9/10, VergabeR 2011, 504, 505; KG, Beschl. v. 28.9.2009, 2 Verg 8/09, VergabeR 2010, 289 f.; Thüringer OLG, Beschl. v. 22.12.1999, 6 Verg 3/99, NZBau 2000, 349; *Stockmann*, in: Immenga/Mestmäcker, GWB, § 117 Rn. 11; *Noch*, BB 1999, 1081, 1082. Instruktives Beispiel: OLG Düsseldorf, Beschl. v. 22.1.2014, VII-Verg 26/13, NZBau 2014, 371.

45 Ebenso: *Stockmann*, in: Immenga/Mestmäcker, GWB, § 117 Rn. 13.

46 Vgl. zur notwendigen Erkennbarkeit des Rechtsschutzziels: OLG Düsseldorf, Beschl. v. 11.12.2013, VII-Verg 22/13, VergabeR 2014, 401, 403

47 *Wilke*, NZBau 2005, 326, 328; so wohl auch *Dicks*, in: Ziekow/Völlink, Vergaberecht, § 117 GWB Rn. 12 i. V. m. Rn. 10.

48 Vgl. OLG Düsseldorf, Beschl. v. 13.4.1999, Verg 1/99, BB 1999, 1078, 1079 = NZBau 2000, 45, 46; *Stockmann*, in: Immenga/Mestmäcker, GWB, § 117 Rn. 11. Vgl. auch OLG Naumburg, Beschl. v. 4.12.2001, 1 Verg 10/01, NZBau 2002, 235 = VergabeR 2002, 309, 310, in einem Sonderfall, in dem die vor der VergK gestellten Sachanträge in sich widersprüchlich waren.

49 Ebenso: *Dicks*, in: Ziekow/Völlink, Vergaberecht, § 117 GWB Rn. 10.

- den Auftraggeber zu verpflichten, im laufenden Vergabeverfahren den Zuschlag nicht auf vorliegende Angebote bestimmt bezeichneter Bieter (Beigeladener) zu erteilen;[50]
- den Auftraggeber zu verpflichten, im laufenden Vergabeverfahren den Zuschlag nicht auf ein Nebenangebot eines bestimmten Bieters (Beigeladenen) zu erteilen, soweit das Nebenangebot eine bestimmte Leistung vorsieht;[51]
- den Auftraggeber zu verpflichten, es zu unterlassen, von den Bietern bei ihren Angeboten, damit sie berücksichtigt werden können, eine Tariftreueerklärung zu verlangen;[52]
- den Auftraggeber anzuweisen, das laufende Vergabeverfahren unter Gleichbehandlung des Beschwerdeführers und eines bestimmt bezeichneten Beigeladenen fortzusetzen, und zwar ausgehend von einem (d. h. zurückgreifend auf einen) bestimmt bezeichneten (in der Vergangenheit liegenden) Stand des Vergabeverfahrens;[53]
- den Auftraggeber zu verpflichten, den Beschwerdeführer zum nicht offenen Verfahren/zum Verhandlungsverfahren zuzulassen und ihn zur Angebotsabgabe aufzufordern;
- den Auftraggeber zu verpflichten, die von diesem bekannt gegebene Aufhebung des Vergabeverfahrens rückgängig zu machen und dieses unter Beteiligung des Beschwerdeführers fortzusetzen.

15 Die Beispiele zeigen, dass der Kunst sachgerechter, das Beschwerdebegehren kennzeichnender Formulierungen keine Grenzen gesetzt sind.

16 Das – wie auch immer (durch ausformulierten Antrag oder durch die Beschwerdebegründung) – klar genug zum Ausdruck kommende Beschwerdebegehren bestimmt den Rahmen, innerhalb dessen das OLG entscheiden und den es nicht überschreiten darf. Anders als die Vergabekammer (§ 168 Abs. 1 Satz 2 GWB) ist das Beschwerdegericht an den ihm unterbreiteten, i. S. d. geltend gemachten Rechtsschutzziels auszulegenden Beschwerdeantrag bzw. an das Beschwerdebegehren bei Fehlen einer Antragsformulierung gebunden. Das muss aus dem Zweck des § 172 Abs. 2 Satz 2 Nr. 1 GWB (s. oben Rn. 13) sowie aus § 178 Satz 4 GWB, der nur Abs. 2, nicht aber Abs. 1 des § 168 GWB für entsprechend anwendbar erklärt, geschlossen werden.[54] Hier wirkt es sich aus, dass die Aufgabe eines Ge-

50 Vgl. OLG Celle, Beschl. v. 30.4.1999, 13 Verg 1/99, BauR 2000, 405 = NZBau 2000, 105.

51 Vgl. OLG Celle, Beschl. v. 30.4.1999, 13 Verg 1/99, BauR 2000, 405 = NZBau 2000, 105.

52 Vgl. BayObLG, Beschl. v. 21.5.1999, Verg 1/99, BB 1999, 1893 = NZBau 2000, 49.

53 Vgl. OLG Brandenburg, Beschl. v. 3.8.1999, 6 Verg 1/99, BB 1999, 1940 = NZBau 2000, 39 – Flughafen Berlin-Schönefeld.

54 Ebenso: *Stockmann*, in: Immenga/Mestmäcker, GWB, § 117 Rn. 14; *Storr*, in: Loewenheim/Meessen/Riesenkampff, Kartellrecht, § 117 GWB Rn. 10; *Wilke*, NZBau 2005, 326, 328. A. A. OLG Celle, Beschl. v. 8.11.2001, 13 Verg 9/01, NZBau 2002, 400, 402: „Der Gesetzgeber hat sowohl der VergK als auch dem Vergabesenat gemäß §§ 123, 114 Abs. 1 Satz 1 GWB [a. F.] die Verpflichtung zugewiesen, geeignete Maßnahmen zu treffen, um eine Rechtsverletzung zu beseitigen. Dabei ist auch der Vergabesenat (§§ 123, 114 Abs. 1 Satz 2 GWB [a. F.]) an die Anträge nicht gebunden und kann auch unabhängig davon auf die Rechtmäßigkeit des Vergabeverfahrens einwirken." Dieses wörtliche Zitat zeigt, dass die Ansicht des OLG Celle sehr zweifelhaft ist: Als Rechtsgrundlage beruft es sich auf § 114 Abs. 1 Satz 2 GWB a. F. (= § 168 Abs. 1 Satz 2 GWB n. F.), auf den § 123 GWB a. F. (= § 178 GWB n. F.) ausdrücklich und unzweideutig gerade nicht verweist, sodass ein Umkehrschluss sich aufdrängt. – Im Erg. ebenso wie OLG Celle: OLG Düsseldorf, Beschl. v. 13.6.2007, VII-Verg 2/07, NZBau 2007, 530, 536; *Dicks*, in: Ziekow/Völlink, Vergaberecht, § 117 GWB Rn. 11; *Gröning*, in: Motzke/Pietzcker/Prieß, VOB/A, § 117 GWB Rn. 9 („entsprechende" Geltung des § 114 Abs. 1 Satz 2 GWB [a. F.] für das Beschwerdegericht). Gegen eine unbewusste, planwidrige und die Analogie rechtfertigende Gesetzeslücke an dieser Stelle spricht aber gerade die Muss-Vorschrift des § 172 Abs. 2 Satz 2 Nr. 1 GWB: Man vermisst ein einleuchtendes Argu-

richts i.d.R. darauf beschränkt ist, Rechtsschutzbegehren zu überprüfen, während einer Verwaltungsbehörde (wie hier der Vergabekammer) darüber hinaus oft auch Aufsichtsfunktionen vom Gesetzgeber zugewiesen werden. Es versteht sich von selbst, dass sich die **Bindung des Beschwerdegerichts** an die Anträge bzw. das Begehren (s. oben) des Beschwerdeführers **nur auf das Rechtsschutzbegehren, nicht auf** dessen **einzelne Elemente** bezieht.[55]

2. Notwendiger Inhalt der Beschwerdebegründung

An die in Nr. 2 des § 172 Abs. 2 Satz 2 GWB geforderte **Angabe der Tatsachen und Beweismittel** dürfen (für die Prüfung der Zulässigkeit der Beschwerde) keine hohen Anforderungen gestellt werden.[56] Es darf insbes. nicht eine für das Beschwerdeziel schlüssige zusammenhängende Darstellung von Tatsachen und Beweismitteln verlangt werden.[57] Wenn der Beschwerdeführer die Tatsachenermittlung der Vergabekammer – im Bereich streitiger Tatsachen – oder aber die Sachverhaltswürdigung der Vergabekammer wegen Außerachtlassung oder unzutreffender Auffassung bestimmter Tatsachen beanstandet, muss er die in den beanstandeten Punkten relevanten Tatsachen und/oder Beweismittel herausstellen, die aus seiner Sicht (ohne Erfordernis einer objektiven Schlüssigkeit) das Beschwerdebegehren rechtfertigen.[58] Unter diesem Aspekt muss also der Beschwerdeführer mindestens *eine* Tatsache und/oder *ein* Beweismittel herausstellen, wobei im Falle einer solchen Verknappung der Beschwerdebegründung die Verständlichkeit des Beschwerdebegehrens noch gewährleistet sein muss.[59] Wenn die Beschwerdebegründung demgegenüber überhaupt keine Tatsachen oder Beweismittel zu dem erkennbaren Zweck, dass darauf die Beschwerde gestützt wird, anführt, sondern sich mit pauschalen Bezugnahmen (insbes.) auf die der Vergabekammer eingereichten Schriftsätze begnügt, ist die Beschwerde unzulässig[60] Davon gibt es eine **Ausnahme**: Wenn der Beschwerdeführer nicht die Tatsachenermittlung und -würdigung, sondern nur die rechtliche Beurteilung der Vergabekammer beanstandet, reicht es (gemäß einer teleologischen Reduktion des § 172 Abs. 2 Satz 2 Nr. 2 GWB) aus, wenn der Beschwerdeführer mit **Rechtsausführungen**, die sonst für die Zulässigkeit der Beschwer- 17

---

ment dafür, weshalb der Gesetzgeber vom Beschwerdeführer zwingend die Erklärung fordert, inwieweit dieser eine von der VergK abweichende Entscheidung beantragt, wenn das Beschwerdegericht an den (freilich auszulegenden) Antrag doch nicht gebunden sein soll.

55 Vgl. OLG Düsseldorf, Beschl. v. 4.3.2009, Verg 67/08, VergabeR 2009, 799, 801. Z.B. ist das Beschwerdegericht nicht gehindert, auf die sofortige Beschwerde des Ast. gegen die Ablehnung des Nachprüfungsantrags als unbegründet diesen als unzulässig zu verwerfen, weil der Ag. entgegen der Ansicht der VergK kein öffentlicher Auftraggeber ist.

56 Vgl. OLG Düsseldorf, Beschl. v. 11.12.2013, VII-Verg 22/13, VergabeR 2014, 401, 403 (z.B. genügt es, wenn die vorgetragenen Tatsachen erkennen lassen, dass der Ast. das Leistungsverzeichnis der umstrittenen Ausschreibung für vergaberechtswidrig hält).

57 Vgl. OLG Naumburg, Beschl. v. 2.8.2012, 2 Verg 3/12, VergabeR 2013, 123, 126.

58 Vgl. OLG Frankfurt, Beschl. v. 26.6.2012, 11 Verg 12/11, VergabeR 2012, 884, 889 (die Angabe von Tatsachen und Beweismitteln ist für die Zulässigkeit der Beschwerde nur erforderlich, soweit die Beschwerde auf sie gestützt wird).

59 Es sei nochmals betont, dass es bei diesen Erläuterungen nur um die Prüfung der Zulässigkeit der Beschwerde geht.

60 Vgl. OLG Koblenz, Beschl. v. 15.3.2001, 1 Verg 1/01, VergabeR 2001, 445, 446; *Dicks*, in: Ziekow/Völlink, Vergaberecht, § 117 GWB Rn. 13.

de nicht erforderlich sind, herausstellt, worin er den oder die Fehler in der Rechtsanwendung sieht.[61]

18 Der Beschwerdeführer ist nicht gehindert, die Beschwerde – auch ausschließlich – auf **neuen Tatsachenvortrag** zu stützen, der noch nicht Gegenstand des Verfahrens vor der Vergabekammer war.[62] Das Gleiche gilt für neue Beweismittel. Denn weder § 172 Abs. 2 GWB noch einer anderen Vorschrift des Gesetzes ist ein Ausschluss neuen Vorbringens zu entnehmen; jedenfalls liegt die Analogie zu § 63 Abs. 1 Satz 2 GWB, wenn es ihrer überhaupt bedarf, näher als das Gegenteil. Dieser Gedanke muss sogar noch erweitert werden: Das innerhalb der Beschwerdefrist zu erfüllende Erfordernis der Nr. 2 des § 172 Abs. 2 Satz 2 GWB hindert den Beschwerdeführer nicht, **nach Fristablauf** noch **weiteren Tatsachenvortrag** und weitere Beweismittel einzuführen.[63] Das alles ergibt sich zwingend auch aus dem Untersuchungsgrundsatz (§§ 175 Abs. 2, 70 Abs. 1 und 3 GWB). Soweit es zur Rechtfertigung des zulässigerweise (unter dem Aspekt der Beschwer[64] und des § 172 Abs. 1 und 2 GWB) geltend gemachten Beschwerdebegehrens geeignet ist, können mit neuem Tatsachenvortrag in der Beschwerdebegründung sowie mit weiterem Tatsachenvortrag nach Fristablauf auch neue Beanstandungen von Vergaberechtsverstößen in das laufende Nachprüfungsverfahren eingebracht („nachgeschoben") werden, es sei denn, dass der Beschwerdeführer mit diesen Beanstandungen gem. § 160 Abs. 3 GWB ausgeschlossen ist.[65] Unter dieser Voraussetzung (keine Präklusion gem. § 160 Abs. 3 GWB) ist es grds. auch unerheblich, ob der Antragsteller die Vergaberechtsverstöße, die er im Beschwerdeverfahren erstmals zur Rechtfertigung seines Beschwerdebegehrens beanstandet, erst nach der

---

61 Ebenso: KG, Beschl. v. 28.9.2009, 2 Verg 8/09, VergabeR 2010, 289, 290, m. zustimmender Anm. *Goede*, S. 292; LSG Nordrhein-Westfalen, Beschl. v. 10.9.2009, L 21 KR 53/09 SFB, NZBau 2010, 458, 459; *Otting*, in: Bechtold, GWB, § 117 Rn. 4; *Gröning*, in: Motzke/Pietzcker/Prieß, VOB/A, § 117 GWB Rn. 13; *Stockmann*, in: Immenga/Mestmäcker, GWB, § 117 Rn. 14; *Dicks*, in: Ziekow/Völlink, Vergaberecht, § 117 GWB Rn. 13. A. A. (unzulässig, wenn die Beschwerdebegründung in einem solchen Fall jeglicher Tatsachendarstellung entbehrt): OLG Koblenz, Beschl. v. 15.3.2001, 1 Verg 1/01, VergabeR 2001, 445, 446; OLG Koblenz, Beschl. v. 13.2.2006, 1 Verg 1/06, NZBau 2006, 667, bestätigt durch Beschl. v. 5.4.2006, NZBau 2006, 600; *Storr*, in: Loewenheim/Meessen/Riesenkampff, Kartellrecht, § 117 GWB Rn. 9.

62 Vgl. BayObLG, Beschl. v. 28.5.2003, Verg 6/03, VergabeR 2003, 675, 679 f.; OLG Frankfurt, Beschl. v. 11.5.2004, 11 Verg 8/04, NZBau 2004, 567, 568; Thüringer OLG, Beschl. v. 13.10.1999, 6 Verg 1/99, BauR 2000, 388; *Stockmann*, in: Immenga/Mestmäcker, GWB, § 117 Rn. 16; vgl. auch *Ulbrich*, in: Kulartz/Kus/Portz/Prieß, GWB, § 172 Rn. 30–34; a. A. *Byok*, NJW 1998, 2774, 2778. Das BayObLG (a. a. O.) weist darauf hin, dass neue Rügen nur zu überprüfen sind, soweit ihnen die Verspätungsregeln der (jetzt) § 160 Abs. 3, § 167 Abs. 2 Satz 2 GWB nicht entgegenstehen oder soweit sie Verfahrensverstöße der VergK selbst betreffen (vgl. auch OLG Frankfurt a. a. O.). Das ist richtig, aber eine Frage der Begründetheit der Beschwerde, nicht der Zulässigkeit gem. § 172 Abs. 2 Satz 2 Nr. 2 GWB.

63 Ebenso: BayObLG, Beschl. v. 28.5.2003, Verg 6/03, VergabeR 2003, 675, 679 f.; *Stickler*, in: Reidt/Stickler/Glahs, Vergaberecht, § 172 GWB Rn. 18; *Stockmann*, in: Immenga/Mestmäcker, GWB, § 117 Rn. 16; *Dicks*, in: Ziekow/Völlink, Vergaberecht, § 117 GWB Rn. 14; zumindest im Erg. ebenso: OLG Brandenburg, Beschl. v. 20.8.2002, Verg W 6/02, NZBau 2002, 694, 695 re. Sp.= VergabeR 2003, 222, 224 re. Sp.; *Gröning*, in: Motzke/Pietzcker/Prieß, VOB/A, § 117 GWB Rn. 14.

64 Vgl. § 171 Rn. 32 ff.

65 Grds. ebenso: OLG Frankfurt, Beschl. v. 11.5.2004, 11 Verg 8/04, NZBau 2004, 567, 568; a. A. (Unzulässigkeit neuer Beanstandungen nach Ablauf der Beschwerdefrist): OLG Karlsruhe, Beschl. v. 6.2.2007, 17 Verg 7/06, VergabeR 2007, 365, 368.

Vergabekammerentscheidung oder schon während des Verfahrens vor der Vergabekammer erkannt hat.[66] Vom „Nachschieben" weiterer Tatsachen und Beweismittel zu unterscheiden ist eine **Erweiterung des Beschwerdeantrags** nach Fristablauf. Sie ist zulässig in dem Rahmen, in dem gegen die Entscheidung der Vergabekammer innerhalb der Beschwerdefrist die sofortige Beschwerde zulässig (einschließlich der gem. § 172 Abs. 2 Satz 2 Nr. 1 GWB erforderlichen, evtl. durch Auslegung zu ermittelnden Erklärung, inwieweit die Vergabekammerentscheidung angefochten wird) eingelegt worden ist. Wenn der Beschwerdeführer einen abtrennbaren Gegenstand der Vergabekammerentscheidung (z. B. das Vergabeverfahren des Auftraggebers bezüglich eines Loses von mehreren umstrittenen Losen) vor Ablauf der Beschwerdefrist nicht oder nicht in einer gem. § 172 Abs. 2 GWB zureichenden Weise angegriffen hat, kann er den Beschwerdeantrag danach nicht auf jenen Gegenstand erstrecken.[67]

§ 172 Abs. 2 Satz 2 Nr. 2 GWB bezweckt und bedeutet nicht, dass das Beschwerdegericht **19**
seine Prüfung – bei einer zulässigen Beschwerde – ohne weiteres auf die in der Beschwerdebegründung angegebenen (oder noch nachträglich vorgebrachten) Tatsachen und Beweismittel beschränken darf und muss; aus dem Untersuchungsgrundsatz folgt vielmehr das Gegenteil.[68] Entsprechendes gilt für die Prüfung der – nicht gem. § 160 Abs. 3 GWB ausgeschlossenen – Vergaberechtsverstöße, es sei denn, dass der Antragsteller den Vorwurf eines bestimmten Rechtsverstoßes unzweideutig entfallen lässt.[69] Andererseits muss der Beschwerdeführer (und müssen die übrigen Beteiligten) bedenken, dass das Beschwerdegericht im Hinblick auf die Mitwirkungs- und Förderungspflicht der Beteiligten (§§ 175 Abs. 2, 167 Abs. 2 Satz 1 GWB) und kraft eines gewissen Beurteilungsspielraums, in welchem Ausmaß es den Sachverhalt für die Fallentscheidung von Amts wegen erforschen muss, denjenigen Tatsachen oder Beweismitteln, die in der Beschwerdeinstanz nicht mehr zur Sprache kommen oder nicht mehr in Zweifel gezogen werden, möglicherweise nicht mehr prüfend nachgeht.[70]

---

66 In dieser zweiten Alternative a. A. OLG Frankfurt, Beschl. v. 11.5.2004, 11 Verg 8/04, NZBau 2004, 567, 568: Berufung auf solche Vergaberechtsverstöße erst im Beschwerdeverfahren ist ausgeschlossen (ohne weitere Begr.). Diese Gegenansicht kann nicht auf § 160 Abs. 3 Satz 1 Nr. 1 GWB gestützt werden, der auf erst während des VergK-Verfahrens erkannte Vergaberechtsverstöße nicht anwendbar ist (BGH, Beschl. v. 26.9.2006, X ZB 14/06, NZBau 2006, 800, 803).

67 *Gröning*, in: Motzke/Pietzcker/Prieß, VOB/A, § 117 GWB Rn. 14. Vgl. auch OLG Brandenburg, Beschl. v. 5.1.2006, Verg W 12/05, VergabeR 2006, 554, 560: Der Beschwerdeführer muss, wenn er eine Mehrheit von aberkannten Ansprüchen weiterverfolgen will (z. B. Hauptantrag, den Zuschlag nicht dem Beigeladenen zu erteilen; Hilfsantrag auf Teilaufhebung des Vergabeverfahrens), für jeden dieser Ansprüche fristgerecht eine Begründung einreichen.

68 Vgl. *Stockmann*, in: Immenga/Mestmäcker, GWB, § 117 Rn. 14 f.; *Storr*, in: Loewenheim/Meessen/Riesenkampff, Kartellrecht, § 117 GWB Rn. 10 a. E.

69 Ebenso: OLG Düsseldorf, Beschl. v. 23.6.2010, VII-Verg 18/10 (Umdruck S. 8). A. A. BayObLG, Beschl. v. 21.5.1999, Verg 1/99, BB 1999, 1893 = NZBau 2000, 49, 50, und Thüringer OLG, Beschl. v. 13.10.1999, 6 Verg 1/99, BauR 2000, 388: die Prüfung des Beschwerdegerichts beschränke sich auf die ausdrücklich gerügten Rechtsverstöße; ferner *Stickler*, in: Reidt/Stickler/Glahs, Vergaberecht, § 172 GWB Rn. 15. Dagegen auch – wie oben im Text – *Ulbrich*, in: Kulartz/Kus/Portz/Prieß, § 172 GWB Rn. 35–37, und *Stockmann*, in: Immenga/Mestmäcker, GWB, § 117 Rn. 14 f.

70 Vgl. für das rechtsähnliche Kartellverwaltungsverfahren: *Karsten Schmidt*, in: Immenga/Mestmäcker, GWB, § 70 Rn. 7.

V. Unterrichtungspflicht (Abs. 4)

20 Gem. § 172 Abs. 4 GWB hat der Beschwerdeführer mit der Beschwerdeeinlegung die anderen Beteiligten durch Übersendung einer Ausfertigung der Beschwerdeschrift „zu unterrichten". Obwohl die Bestimmung in den § 172 GWB mit seiner Überschrift „Frist, Form, Inhalt" aufgenommen worden und als sog. Muss-Vorschrift ausgebildet ist, führt ein **Verstoß gegen diese Pflicht nicht** zur **Unzulässigkeit der Beschwerde**.[71] Die ausschlaggebenden Argumente für diese Gesetzesauslegung sind folgende: Der Gesetzeswortlaut unterscheidet die Handlungsebenen der Beschwerdeeinlegung mit dem Beschwerdegericht als Adressaten und der Unterrichtung mit den anderen Verfahrensbeteiligten als Adressaten; somit spricht schon der Wortlaut des § 172 Abs. 4 GWB dagegen, die Unterrichtung noch zu den Zulässigkeitsvoraussetzungen für die Beschwerdeeinlegung zu rechnen. Ferner muss das Beschwerdegericht die Beschwerdeschrift auf jeden Fall, auch wenn der Beschwerdeführer seine Pflicht aus § 172 Abs. 4 GWB genau erfüllt, den anderen Verfahrensbeteiligten gem. den §§ 175 Abs. 2, 73 Nr. 2 GWB, §§ 166 Abs. 2, 521 Abs. 1 ZPO von Amts wegen zustellen.[72] Von daher gäbe es gar keinen Sinn, die Verletzung der Pflicht aus § 172 Abs. 4 GWB mit der Sanktion der Unzulässigkeit der Beschwerde zu ahnden. Eine so harte Sanktion steht auch nicht im Einklang mit dem **Zweck der Norm**, die „der Beschleunigung und der Konzentration des Streitstoffes auf ein Verfahren" dienen und mit der „darauf hingewirkt werden soll, dass alle Verfahrensbeteiligten frühzeitig ihre Interessen vertreten und sich zur Sach- und Rechtslage äußern".[73] Schließlich würde die Ansicht, die (auch zeitlich genaue) Erfüllung der Pflicht aus § 172 Abs. 4 GWB sei ein Zulässigkeitserfordernis, zu der unhaltbaren, dem Beschleunigungsgebot zuwiderlaufenden Konsequenz führen, dass das Beschwerdegericht bei einem Streit über die Pflichterfüllung hierüber als erstes Beweis erheben müsste.[74]

21 **Verfehlt** ist in diesem Zusammenhang die **Ansicht**, die **Unterlassung der** dem Beschwerdeführer zwingend obliegenden **Unterrichtung** des Auftraggebers **führe zu einer Einschränkung der aufschiebenden Wirkung** (§ 173 Abs. 1 Satz 1 GWB) der rechtzeitig eingelegten sofortigen Beschwerde dergestalt, dass der Zuschlag, den der Auftraggeber in dem Zeitraum zwischen dem Ende der Beschwerdefrist und der Zustellung der Beschwerdeschrift (oder der Unterrichtung von der Beschwerdeeinlegung) durch das Beschwerdegericht – also ohne positive Kenntnis von der Beschwerdeeinlegung – erteile, nicht gemäß

---

71 OLG Düsseldorf, Beschl. v. 13.4.1999, Verg 1/99, BB 1999, 1078, 1079 = NZBau 2000, 45, 46; Beschl. v. 5.7.2012, VII-Verg 13/12, VergabeR 2013, 256; ebenso: OLG Frankfurt, Beschl. v. 20.2.2003, 11 Verg 1 /02, VergabeR 2003, 724, 725; OLG Naumburg, Beschl. v. 2.8.2012, 2 Verg 3/12, VergabeR 2013, 123, 126; *Otting*, in: Bechtold, GWB, § 117 Rn. 6; *Stickler*, in: Reidt/Stickler/Glahs, Vergaberecht, § 172 GWB Rn. 26; *Stockmann*, in: Immenga/Mestmäcker, GWB, § 117 Rn. 22; *Dicks*, in: Ziekow/Völlink, Vergaberecht, § 117 GWB Rn. 17; *Dreher*, NZBau 2000, 280 f.; *Noch*, BB 1999, 1081, 1082; *Tilmann*, WuW 1999, 342, 347.

72 Ebenso: OLG Frankfurt, Beschl. v. 8.4.2014, 11 Verg 1/14, VergabeR 2014, 682, 693; *Stickler*, in: Reidt/Stickler/Glahs, Vergaberecht, § 172 GWB Rn. 25; *Stockmann*, in: Immenga/Mestmäcker, GWB § 117 Rn. 20; *Storr*, in: Loewenheim/Meessen/Riesenkampff, Kartellrecht, § 117 GWB Rn. 14; *Noch*, BB 1999, 1081, 1082; *Tilmann*, WuW 1999, 342, 347; a. A. *Otting*, in: Bechtold, GWB, § 117 Rn. 6.

73 BT-Drs. 13/9340, S. 21.

74 Wegen der weiteren Argumentation wird auf den Beschluss des OLG Düsseldorf v. 13.4.1999, Verg 1/99, Bezug genommen, insoweit vollständig abgedruckt u. a. in NZBau 2000, 45, 46.

den §§ 169 Abs. 1, 173 Abs. 1 Satz 1 GWB, 134 BGB nichtig, sondern wirksam sei.[75] Für die Wirkung des Zuschlagsverbots des § 169 Abs. 1 GWB, das nach rechtzeitig eingelegter Beschwerde gemäß § 173 Abs. 1 Satz 2 GWB um zwei Wochen (nach Ablauf der Beschwerdefrist) verlängert wird, kommt es nur auf die objektive Rechtslage, nicht aber auf irgendeine Kenntnis des Auftraggebers an.[76] Die oben referierte Ansicht kann nicht mit der Erwägung gerechtfertigt werden, § 172 Abs. 4 GWB normiere eine weitere Voraussetzung für die zeitliche Verlängerung (§ 173 Abs. 1 Satz 1 GWB) des gesetzlichen Zuschlagsverbots (§ 169 Abs. 1 GWB).[77] Denn damit wird dem § 172 Abs. 4 GWB ein Gesetzeszweck unterlegt (d. h. hinzugefügt), den diese Ordnungsvorschrift[78] nach dem Willen des Gesetzgebers[79] gar nicht hat.

Es wird noch erwogen, dass der Beschwerdeführer, der schuldhaft seine Unterrichtungspflicht aus § 172 Abs. 4 GWB verletze, den **Schaden** zu tragen habe, der **infolge der Pflichtverletzung als Verzögerung des Vergabeverfahrens** entstehe.[80] Das ist – auch mit Blick auf die Pflicht des Beschwerdegerichts, die Beschwerdeschrift von Amts wegen zuzustellen[81] – abzulehnen:[82] Nach dem Normzweck dient § 172 Abs. 4 GWB der Förderung der Wahrnehmung der je eigenen Interessen der anderen Verfahrensbeteiligten im gerichtlichen Verfahren, aber nicht unmittelbar den (außergerichtlichen) Interessen des Auftraggebers und der aussichtsreichsten Bieter am Vergabeverfahren. Diese Funktion erfüllen § 173 Abs. 1 Satz 2 GWB mit seiner zeitlichen Begrenzung der aufschiebenden Wirkung der Beschwerde sowie die Möglichkeit für den Auftraggeber, gemäß § 176 GWB einen Antrag auf vorzeitige Gestattung des Zuschlags zu stellen. 22

75 So OLG Naumburg, Beschl. v. 2.6.1999, 10 Verg 1/99, NZBau 2000, 96. – Im Ergebnis ist diese Entscheidung wohl deshalb zutreffend, weil – wie den knappen Beschlussgründen entnommen werden kann – der Nachprüfungsantrag von der VergK gar nicht zugestellt worden war, also erst gar keinen Suspensiveffekt gem. § 115 Abs. 1 GWB a. F. bewirkt hatte. Das OLG Naumburg hat seine Rspr. bestätigt und gegen Kritik verteidigt im Beschl. v. 16.1.2003, 1 Verg 10/02, VergabeR 2003, 360, 362–364, m. abl. Anm. *Stickler*, S. 366.

76 Wie hier: OLG Dresden, Beschl. v. 17.6.2005, WVerg 8/05, VergabeR 2005, 812, 813, mit zustimmender Anm. *Hölzl*, S. 815, 816 ff.; OLG Frankfurt, Beschl. v. 20.2.2003, 11 Verg 1 /02, NZBau 2004, 173; *Otting*, in: Bechtold, GWB, § 117 Rn. 6; *Stickler*, in: Reidt/Stickler/Glahs, Vergaberecht, § 172 GWB Rn. 26; *Stockmann*, in: Immenga/Mestmäcker, GWB, § 117 Rn. 21; *Storr*, in: Loewenheim/Meessen/Riesenkampff, Kartellrecht, § 117 GWB Rn. 15; *Dicks*, in: Ziekow/Völlink, Vergaberecht, § 117 GWB Rn. 17.

77 So aber OLG Naumburg, Beschl. v. 16.1.2003, 1 Verg 10/02, VergabeR 2003, 360, 363 f.

78 Vgl. OLG Dresden, Beschl. v. 17.6.2005, WVerg 8/05, VergabeR 2005, 812, 813; *Dreher*, NZBau 2000, 280 f., m. w. N.

79 Zum Normzweck des § 172 Abs. 4 GWB s. oben Rn. 20.

80 *Korbion*, VgRÄG, 1999, § 117 GWB Rn. 11.

81 Vgl. oben Rn. 20.

82 Ebenso: *Stockmann*, in: Immenga/Mestmäcker, GWB, § 117 Rn. 22.

§ 173 Wirkung

(1) Die sofortige Beschwerde hat aufschiebende Wirkung gegenüber der Entscheidung der Vergabekammer. Die aufschiebende Wirkung entfällt zwei Wochen nach Ablauf der Beschwerdefrist. Hat die Vergabekammer den Antrag auf Nachprüfung abgelehnt, so kann das Beschwerdegericht auf Antrag des Beschwerdeführers die aufschiebende Wirkung bis zur Entscheidung über die Beschwerde verlängern.

(2) Das Gericht lehnt den Antrag nach Absatz 1 Satz 3 ab, wenn unter Berücksichtigung aller möglicherweise geschädigten Interessen die nachteiligen Folgen einer Verzögerung der Vergabe bis zur Entscheidung über die Beschwerde die damit verbundenen Vorteile überwiegen. Bei der Abwägung ist das Interesse der Allgemeinheit an einer wirtschaftlichen Erfüllung der Aufgaben des Auftraggebers zu berücksichtigen; bei verteidigungs- oder sicherheitsspezifischen Aufträgen im Sinne des § 104 sind zusätzlich besondere Verteidigungs- und Sicherheitsinteressen zu berücksichtigen. Das Gericht berücksichtigt bei seiner Entscheidung auch die Erfolgsaussichten der Beschwerde, die allgemeinen Aussichten des Antragstellers im Vergabeverfahren, den öffentlichen Auftrag oder die Konzession zu erhalten, und das Interesse der Allgemeinheit an einem raschen Abschluss des Vergabeverfahrens.

(3) Hat die Vergabekammer dem Antrag auf Nachprüfung durch Untersagung des Zuschlags stattgegeben, so unterbleibt dieser, solange nicht das Beschwerdegericht die Entscheidung der Vergabekammer nach § 176 oder § 178 aufhebt.

Schrifttum: *Bechtold*, Kartellgesetz, GWB, 6. Aufl. 2010; *Immenga/Mestmäcker*, Wettbewerbsrecht, Bd. 2: GWB / Teil 2 (Vergaberecht), Kommentar zum Deutschen Kartellrecht, 5. Aufl. 2014; *Kulartz/Kus/Portz/Prieß*, Kommentar zum GWB-Vergaberecht, 4. Aufl. 2016; *Kulartz/Kus/Portz*, Kommentar zum GWB-Vergaberecht, 3. Aufl. 2013; *Langen/Bunte*, Kartellrecht, Kommentar, Bd. 1, 12. Aufl. 2014; *Loewenheim/Meessen/Riesenkampff*, Kartellrecht, Kommentar, 2. Aufl. 2009; *Motzke/Pietzcker/Prieß*, Beck'scher VOB-Kommentar, Verdingungsordnung für Bauleistungen Teil A, 1. Aufl. 2001; *Prieß*, Handbuch des europäischen Vergaberechts, 3. Aufl. 2005; *Reidt/Stickler/Glahs*, Vergaberecht, Kommentar, 4. Aufl. 2018; *Ziekow/Völlink*, Vergaberecht, Kommentar, 2. Aufl. 2013.

Übersicht

I. Bedeutung der Norm

§ 173 GWB enthält eine vorläufige Regelung der Rechtsverhältnisse im (noch laufenden) Vergabeverfahren für die Zeit von der Beschwerdeeinlegung bis zu einer Entscheidung des Beschwerdegerichts. Dabei sind **zwei Fallkonstellationen** zu unterscheiden: **Absatz 3** betrifft den Fall, dass die Vergabekammer dem Nachprüfungsantrag – und zwar durch Untersagung des Zuschlags – stattgegeben hat. Dieses Zuschlagsverbot, das zuvor schon infolge der von der Vergabekammer veranlassten Information des Auftraggebers über den Nachprüfungsantrag eingetreten war (§ 169 Abs. 1 GWB), bleibt trotz der Beschwerde des durch die Untersagung beschwerten Beteiligten (insbes. des Auftraggebers) bestehen, solange nicht das Beschwerdegericht die Untersagung nach § 176 GWB oder nach § 178 GWB aufhebt. Die **Absätze 1 und 2** betreffen alle übrigen Fallkonstellationen, insbes. den Fall der erstinstanzlichen Ablehnung des Nachprüfungsantrags, dessen Mitteilung an den Auftraggeber den Suspensiveffekt des Zuschlagsverbots bewirkt hatte (§ 169 Abs. 1 GWB). Im Gesetzgebungsverfahren zum VgRÄG gab es Meinungsverschiedenheiten über die angemessene Regelung der Fortdauer des Suspensiveffekts während des Beschwerdeverfahrens. Die Bundesregierung schlug vor, die sofortige Beschwerde mit einem zeitlich uneingeschränkten Suspensiveffekt zu versehen, den der Auftraggeber vor dem Ende des Beschwerdeverfahrens nur durch eine von ihm beantragte Vorabentscheidung gem. § 121 GWB a. F. (jetzt: § 176 GWB) aufheben lassen konnte. Mit dieser damals als „adäquat“ bezeichneten Regelung wollte die Bundesregierung **sicherstellen**, dass der **Auftraggeber vor einer Entscheidung des Beschwerdegerichts keine Entscheidung treffen könne, die** vollendete Tatsachen schüfe und **den gerichtlichen Rechtsschutz zu spät kommen ließe**.[1] Ohne diesen Normzweck im Kern in Frage zu stellen, wollte der Bundesrat demgegenüber den Interessen des Auftraggebers und der Allgemeinheit an einer frühzeitigen Gestattung des Zuschlags durch einander ergänzende Änderungsvorschläge zu den (heutigen) §§ 169 Abs. 2, 173 GWB doch mehr Geltung verschaffen.[2] Die heutige Fassung des § 173 Abs. 1 GWB geht auf die (damalige zum VgRÄG erfolgte) Beschlussfassung des (federführenden) BT-Ausschusses für Wirtschaft zurück. Bezogen auf den Kompromiss zwischen den divergierenden Interessen der am Vergabeverfahren Beteiligten hieß es in der kurzen Begründung: Der im Entwurf der Bundesregierung enthaltene **automatische Suspensiveffekt der sofortigen Beschwerde** werde als für den Auftraggeber zu belastend empfunden und zugunsten einer Regelung ersetzt, die beschleunigend wirke und dennoch einen effektiven Rechtsschutz für die Unternehmen gewähre.[3] Diese **Kompromissregelung** besteht aus einer infolge der Beschwerde eintretenden automatischen Verlängerung[4] des in § 169 Abs. 1 GWB vorgeschriebenen Zuschlagsverbots um zwei Wochen nach Ablauf der Beschwerdefrist (§ 173 Abs. 1 Satz 1 und 2 GWB) und aus einem ebenso **automa-** 1

1 BT-Drs. 13/9340, S. 8 und S. 21.

2 Wegen der Einzelheiten vgl. BT-Drs. 13/9340, S. 41 f.

3 Vgl. BT-Drs. 13/10328, S. 14 f., 26, 29, 31.

4 Vgl. OLG Düsseldorf, Beschl. v. 5.7.2006, VII-Verg 21/06, VergabeR 2006, 929, 930; OLG Frankfurt, Beschl. v. 6.8.2015, 11 Verg 7+8/15, NZBau 2015, 793, 794; *Otting*, in: Bechtold, GWB, § 118 Rn. 2; a. A. OLG Naumburg, Beschl. v. 2.6.1999, 10 Verg 1/99, NZBau 2000, 96, und Beschl. v. 16.1.2003, 1 Verg 10/02, VergabeR 2003, 360, 362–364: Der Suspensiveffekt trete erst ab dem Zeitpunkt ein, zu dem die Beschwerdeeinlegung der Vergabestelle durch § 117 Abs. 4 GWB a. F. (jetzt: § 172 Abs. 4 GWB) oder sonstwie bekannt werde. Das ist schon nach dem Wortlaut des § 173 Abs. 1 Satz 1 GWB unhaltbar; vgl. im Übrigen § 172 Rn. 21.

tischen Ende des Zuschlagsverbots nach Ablauf dieser Verlängerung (§ 173 Abs. 1 Satz 2 GWB), **es sei denn**, dass der Suspensiveffekt durch gerichtliche Entscheidung – aber nur auf Antrag des Beschwerdeführers – **weiter verlängert** wird (§ 173 Abs. 1 Satz 3 und Abs. 2 GWB).

2 Rund zehn Jahre nach Verabschiedung des VgRÄG resümierte die Bundesregierung zum rechtsähnlichen Eilverfahren nach § 115 Abs. 2 GWB a. F. (jetzt § 169 Abs. 2 GWB) anlässlich ihres Entwurfs des **Vergaberechtsmodernisierungsgesetzes 2009**, die bisherige Praxis zeige, dass Anträge auf Vorabgestattung des Zuschlags (nach § 115 Abs. 2 GWB a. F.) kaum gestellt würden und den gestellten Anträgen noch seltener stattgegeben würde. Die Bundesregierung schlug deshalb Änderungen des § 115 Abs. 2 GWB a. F. vor, die diese Situation „zugunsten der im öffentlichen Interesse liegenden Auftragsvergabe verbessern sollen". Ihre Gesetzesinitiative führte zu einer textlichen Umgestaltung des (jetzigen) § 169 Abs. 2 GWB, deren Umfang allerdings erheblich hinter ihrem Gesetzesvorschlag zurückblieb (zu den Einzelheiten s. § 169 Rn. 25). Obwohl die bisherige Praxis zu § 118 Abs. 1 Satz 3 und Abs. 2 GWB a. F. im Ergebnis ein ganz anderes Erscheinungsbild hatte als diejenige zu § 115 Abs. 2 GWB a. F.,[5] schlug die Bundesregierung zu (jetzt) § 173 Abs. 2 GWB im Wesentlichen die gleichen Änderungen wie zu (jetzt) § 169 Abs. 2 GWB vor. In ihrer Entwurfsbegründung hieß es hierzu lapidar, mit der vorgeschlagenen Änderung würden die Kriterien für die Entscheidung des Beschwerdegerichts über die Fortsetzung der aufschiebenden Wirkung der Beschwerde an die Kriterien für die Entscheidung über die Gestattung der Zuschlagserteilung nach (jetzt) § 169 Abs. 2 GWB „angepasst".[6] Die Gesetzesinitiative führte auch hier zu einer **erheblichen textlichen Umgestaltung des** (jetzigen) **§ 173 Abs. 2 GWB**: Die Vorschrift über die Interessenabwägung, die die Eilentscheidung nach dem gesetzlichen Entscheidungsmodell schon bisher bestimmt hatte, ist mit ihren grundsätzlichen Komponenten von Satz 2 des § 173 Abs. 2 GWB an den Anfang (Satz 1) dieser Norm vorgezogen worden. Darin mag man eine **stärkere Akzentuierung der Interessenabwägung insgesamt** gegenüber einer möglichen Auslegung des § 118 Abs. 2 GWB a. F. sehen, wonach gerade den Erfolgsaussichten der Beschwerde eine hohe Bedeutung für das Entscheidungsergebnis zuzumessen gewesen sei.[7] Vor allem sind in den jetzigen Sätzen 2 und 3 des § 173 Abs. 2 GWB – außer den bisher schon zu berücksichtigenden Erfolgsaussichten der Beschwerde und Interessen der Allgemeinheit an einem raschen Abschluss des Vergabeverfahrens – zwei weitere Faktoren für die notwendige Interessenabwägung zum Ausdruck gebracht worden: das Interesse der Allgemeinheit an einer wirtschaftlichen Erfüllung der Aufgaben des Auftraggebers (Satz 2 Hs. 1) und die

---

5 Laut der Statistik des BMWi über die Beschwerdeverfahren nach §§ 116 ff. GWB a. F. bis 2005 waren nur in etwa 12–16 % der Beschwerdeverfahren Anträge auf Verlängerung der aufschiebenden Wirkung und damit des Zuschlagsverbots gegen den öffentlichen Auftraggeber erfolgreich (vgl. *Wiedemann*, VergabeR 2009, 302, 314, der darauf hinweist, dass sich diese relativ geringe Erfolgsquote jedenfalls beim OLG Naumburg auch über 2005 hinaus fortgesetzt hat).

6 BT-Drs. 16/10117, Begr. zu Art. 1 Nr. 18 Buchst. b (§ 118 Abs. 2 GWB) des Entwurfs. Die dort vorgesehene Änderung des § 118 Abs. 2 GWB a. F. dürfte auch zu den Vorschlägen der Bundesregierung gehören, mit denen sie „Straffungen im Rechtsschutz" mit dem Ergebnis von „noch mehr Effizienz und Beschleunigung des Nachprüfungsverfahrens" herbeiführen wollte; vgl. BT-Drs. 16/10117, S. 1 („Lösung" des Problems) und Allg. Teil der Entwurfsbegr., 4. Abschnitt.

7 Vgl. *Otting*, in: Bechtold, GWB, § 118 Rn. 1, der meint, in § 118 Abs. 2 GWB in der n. F. des VergModG 2009 sei der Entscheidungsmaßstab für den Eilbeschluss stärker von den Erfolgsaussichten des Verfahrens entkoppelt worden.

„allgemeinen Aussichten" des Antragstellers im Vergabeverfahren, den Auftrag zu erhalten (Satz 3 Faktor 2). Dem vorstehend genannten allgemeinen Interesse an einer wirtschaftlichen Aufgabenerfüllung auf Auftraggeberseite sind später – durch das **Gesetz zur Änderung des Vergaberechts für die Bereiche Verteidigung und Sicherheit** vom 7.12.2011[8] – für die verteidigungs- oder sicherheitsspezifischen öffentlichen Aufträge (§ 104 GWB) noch die besonderen Verteidigungs- und Sicherheitsinteressen als „zusätzlich zu berücksichtigen" an die Seite gestellt worden (Satz 2 Hs. 2 des jetzigen § 173 Abs. 2 GWB). Mit ihrem für eine auftraggeberfreundlichere Anwendung des (jetzigen) § 173 Abs. 2 GWB wohl bedeutsamsten Vorschlag drang die Bundesregierung allerdings im VergModG 2009 nicht durch. Anstatt der jetzigen Fassung des § 173 Abs. 2 Satz 2 Hs. 1 GWB hatte die Bundesregierung folgenden Text vorgeschlagen: „Ein überwiegendes Interesse der Allgemeinheit liegt vor, wenn die wirtschaftliche Erfüllung der Aufgaben des Auftraggebers gefährdet ist."[9] Mit einer solchen Norm wäre das Ergebnis der Interessenabwägung unter der im „wenn"-Satz enthaltenen Voraussetzung im Vorhinein festgelegt worden, ohne dass es (insbes.) auf die Erfolgsaussichten der Beschwerde noch angekommen wäre. Mit der sehr erheblichen Abmilderung dieses Vorschlags in den jetzigen § 173 Abs. 2 Satz 2 Hs. 1 GWB hat sich der Sache nach der Bundesrat mit dem Hinweis durchgesetzt, der Vorschlag der Bundesregierung sei europarechtswidrig und verfehle auch die vom BVerfG geforderte Gewährleistung eines effektiven Rechtsschutzes.[10] Danach ist die Frage berechtigt, ob sich die Rechtslage in Bezug auf den Eilrechtsschutz im Beschwerdeverfahren durch den mit dem VergModG 2009 neu gefassten § 118 Abs. 2 GWB (jetzt § 173 Abs. 2 GWB) gegenüber der bisherigen Norm wirklich erheblich oder doch nur unwesentlich geändert hat.[11] Das **Vergaberechtsmodernisierungsgesetz 2016** führt den bisherigen § 118 GWB inhaltlich unverändert als § 173 GWB fort.

II. Die aufschiebende Wirkung der sofortigen Beschwerde (§ 173 Abs. 1 Satz 1 und 2 GWB)

Die **Regelung des § 173 Abs. 1 GWB** muss in engem **Zusammenhang mit § 169 Abs. 1 GWB** gesehen werden. Nach dieser Vorschrift dauert das für den Primärrechtsschutz i. d. R. notwendige Zuschlagsverbot, das durch die von der Vergabekammer veranlasste Information des Auftraggebers über den Nachprüfungsantrag bewirkt worden ist, während des erstinstanzlichen Nachprüfungsverfahrens (vorbehaltlich von Entscheidungen gem. § 169 Abs. 2 Satz 1 und 6 GWB) bis zur Vergabekammerentscheidung und bis zum Ablauf der sich anschließenden Beschwerdefrist an. Für den Fall, dass die Vergabekammer den Nachprüfungsantrag zurückweist, der Antragsteller dagegen aber sofortige Beschwerde einlegt, stellt die Regelung des § 173 GWB einen Kompromiss dar zwischen dem Interesse des Antragstellers an der Aufrechterhaltung des (effektiven) Primärrechtsschutzes und dem Interesse des öffentlichen Auftraggebers daran, seine Entscheidungsfreiheit für das 3

8 BGBl. I 2011, S. 2570.

9 BT-Drs. 16/10117, S. 11 (der oben zitierte Text sollte den abschließenden Satz 3 des Abs. 2 der Vorschrift bilden).

10 BT-Drs. 16/10117, Stellungnahme des BRats zu Art. 1 Nr. 18 Buchst. b. Vgl. auch die – wohl auf derselben Linie liegende – Beschlussempfehlung nebst Bericht des (federführenden) BT-Ausschusses für Wirtschaft und Technologie, BT-Drs. 16/11428, S. 51 (zu § 118 Abs. 2 GWB).

11 Vgl. *Wiedemann*, VergabeR 2009, 302, 316 (bei Fn. 68).

Investitionsvorhaben wiederzugewinnen (s. oben Rn.1): Infolge der (fristgerechten) Einlegung der sofortigen Beschwerde **verlängert sich das Zuschlagsverbot** automatisch um zwei weitere Wochen nach Ablauf der Beschwerdefrist; das ist die wesentliche Rechtsfolge der „aufschiebenden Wirkung" der sofortigen Beschwerde (§ 173 Abs. 1 Satz 1 GWB) gegenüber der den Primärrechtsschutz beendenden, antragsablehnenden Vergabekammerentscheidung.[12] Ein vom Auftraggeber während dieser Zeit dennoch erteilter Auftrag, der den Gegenstand des streitbefangenen Vergabeverfahrens betrifft, ist nichtig (§ 134 BGB). Nach Ablauf jener weiteren zwei Wochen endet gem. § 173 Abs. 1 Satz 2 GWB das – gesetzlich – verlängerte Zuschlagsverbot von selbst, es sei denn, dass es nunmehr auf Grund einer zusätzlichen Initiative (Antrag) des Beschwerdeführers durch gerichtliche Entscheidung weiter verlängert wird (s. unten III.). Für Beginn und Ablauf der in § 173 Abs. 1 Satz 2 GWB bestimmten Frist kommt es auf das Ende der gerade gegenüber dem Beschwerdeführer geltenden Beschwerdefrist an (s. auch Rn. 4).

4 Aufschiebende Wirkung gem. § 173 Abs. 1 Satz 1 GWB hat nur die nach § 172 Abs. 1 GWB **fristgerechte Beschwerde**. Für den Lauf der hiernach essenziell bedeutsamen Beschwerdefrist kommt es bei Mängeln der Zustellung der Vergabekammerentscheidung darauf an, ob überhaupt und ggf. ab wann der konkrete Mangel geheilt worden ist (s. oben § 172 Rn. 6). Ist danach die eingelegte Beschwerde noch rechtzeitig, dauert die aufschiebende Wirkung während des gesamten Fristenlaufs zuzüglich von zwei Wochen (§ 173 Abs. 1 Satz 2 GWB). Bei Mängeln der der Vergabekammerentscheidung beigegebenen Rechtsmittelbelehrung sind auch hinsichtlich der Dauer der aufschiebenden Wirkung der Beschwerde die Konsequenzen aus der (auch in diesem Kommentar befürworteten) analogen Anwendung des § 58 VwGO zu ziehen[13] (zu den Einzelheiten s. oben § 172 Rn. 7). Wird dem Antragsteller gegen die Versäumung der Beschwerdefrist **Wiedereinsetzung in den vorigen Stand** gewährt, so hat die kraft der Wiedereinsetzung als rechtzeitig fingierte sofortige Beschwerde erst ab ihrer Einlegung die in § 173 Abs. 1 Satz 1 GWB vorgesehene aufschiebende Wirkung; eine Rückwirkung über den Einlegungszeitpunkt hinaus bis zum Ablauf der regulären Beschwerdefrist findet nicht statt.[14]

5 Im Übrigen (über die oben Rn. 4 behandelten Fallgestaltungen hinaus) **hängt** die **aufschiebende Wirkung** gem. § 173 Abs. 1 Satz 1 und 2 GWB **nicht davon ab, ob die sofortige Beschwerde zulässig und begründet** ist, sodass auch der offensichtlich unzulässigen oder

---

12 S. oben Rn. 1 und Fn. 4 sowie § 172 Rn. 21; vgl. ferner OLG Düsseldorf, Beschl. v. 13.11.2000, Verg 25/00; OLG Naumburg, Beschl. v. 7.1.2014, 2 Verg 1/14, VergabeR 2014, 491, 493.

13 Ebenso: *Ulbrich*, in: Kulartz/Kus/Portz/Prieß, GWB, § 173 Rn. 16f.; *Losch*, in: Ziekow/Völlink, Vergaberecht, § 118 GWB Rn. 15.

14 Str.; zu den Einzelheiten s. oben § 172 Rn. 9. A. A. als im obigen Text: Ulbrich, in: Kulartz/Kus/Portz/Prieß, GWB, 4. Aufl., § 173 Rn. 19f. Abweichend hiervon wiederum meint *Hunger*, in: Kulartz/Kus/Portz, GWB, 3. Aufl., § 118 Rn. 25f., erst die (positive) Entscheidung des Beschwerdegerichts über die Gewährung der Wiedereinsetzung setze das Zuschlagsverbot mit der Rechtsfolge des § 134 BGB wieder in Kraft; ein nach Ablauf der regulären Beschwerdefrist und vor dieser Entscheidung erteilter Zuschlag sei und bleibe wirksam. Das ist mit Blick auf (jetzt) § 173 Abs. 1 Satz 1 GWB nicht überzeugend. Der von *Hunger* (a. a. O. § 118 Fn. 30) zitierte Beschl. des BayObLG v. 10.9.2004, Verg 19/04, VergabeR 2005, 143, betrifft eine andere Fallgestaltung und belegt *Hungers* Meinung nicht.

offensichtlich unbegründeten Beschwerde eine aufschiebende Wirkung zukommt.[15] Von diesem Grundsatz wird man wegen der vom Gesetz (§ 172 Abs. 2 Satz 1 GWB) geforderten Gleichzeitigkeit der Einlegung und Begründung der sofortigen Beschwerde dann eine **Ausnahme** machen müssen, wenn eine eingelegte Beschwerde nicht einmal den geringsten Ansatz einer Begründung enthält, wenn es also nicht nur darum geht, ob der Beschwerde hinzugefügte Ausführungen die Zulässigkeitsvoraussetzungen des § 172 Abs. 2 Satz 2 GWB (s. oben § 172 Rn. 11–18) erfüllen oder nicht. Eine weitere Ausnahme gilt dann, wenn die Einlegung der sofortigen Beschwerde wegen des Fehlens der Unterzeichnung der Beschwerdeschrift durch einen Rechtsanwalt (§ 172 Abs. 3 Satz 1 GWB) als Prozesshandlung unwirksam ist.[16] Für den Eintritt der Rechtsfolge des § 173 Abs. 1 Satz 1 GWB ist es jedoch unerheblich, ob eine etwaige **Teilanfechtung** der Vergabekammerentscheidung zulässig oder unzulässig ist;[17] die aufschiebende Wirkung ergreift auf jeden Fall die gesamte Entscheidung,[18] es sei denn, dass es sich – in Bezug auf das Zuschlagsverbot – um einen teilbaren Verfahrensgegenstand handelt und die eingelegte Beschwerde erklärtermaßen nur einen quantitativ abgegrenzten Teil des Verfahrensgegenstands (z. B. ein Los von einer aus mehreren Losen bestehenden Gesamtvergabe) erfasst, worauf sich dann auch die aufschiebende Wirkung beschränkt.[19] Daher erstreckt sich die aufschiebende Wirkung einer – zulässig (s. oben § 171 Rn. 11) – nur gegen den Kostenausspruch der Vergabekammer eingelegten sofortigen Beschwerde nicht auf die Vergaberkammerentscheidung zur Hauptsache.[20]

Die durch Satz 1 und 2 des § 173 Abs. 1 GWB eintretende Verlängerung des Zuschlagsverbots um zwei Wochen über den in § 169 Abs. 1 GWB genannten Endzeitpunkt hinaus kann nur anknüpfen an eine sofortige Beschwerde des Antragstellers oder eines anderen beschwerdeberechtigten Bieters. Legt dagegen nur der **Auftraggeber sofortige Beschwerde** gegen eine Vergabekammerentscheidung (die keine Untersagung des Zuschlags enthält, s. sonst § 173 Abs. 3 GWB) ein, führt dies nicht gem. § 173 Abs. 1 Satz 1 und 2 GWB zur Verlängerung des Zuschlagsverbots.[21] Zur aufschiebenden Wirkung einer sofortigen Beschwerde des Auftraggebers im Übrigen s. unten Rn. 15. **6**

15 *Ulbrich*, in: Kulartz/Kus/Portz/Prieß, GWB, § 173 Rn. 13; *Losch*, in: Ziekow/Völlink, Vergaberecht, § 118 GWB § 118 Rn. 7; teilw. a. A. *Storr*, in: Loewenheim/Meessen/Riesenkampff, Kartellrecht, § 118 GWB Rn. 3.

16 Zu beiden genannten Ausnahmen ebenso: *Stockmann*, in: Immenga/Mestmäcker, GWB, § 118 Rn. 5.

17 Diese Frage ist erst bei der Entscheidung über einen Antrag gem. § 173 Abs. 1 Satz 3 GWB mit Blick auf die zu prüfenden Erfolgsaussichten der Beschwerde relevant.

18 *Ulbrich*, in: Kulartz/Kus/Portz/Prieß, GWB, § 173 Rn. 10.

19 Ebenso: *Stockmann*, in: Immenga/Mestmäcker, GWB, § 118 Rn. 7; *Storr*, in: Loewenheim/Meessen/Riesenkampff, Kartellrecht, § 118 GWB Rn. 5; *Ulbrich*, in: Kulartz/Kus/Portz/Prieß, GWB, § 173 Rn. 11; a. A. *Otting*, in: Bechtold, GWB, § 118 Rn. 2 (aufschiebende Wirkung insgesamt).

20 Vgl. *Ulbrich*, in: Kulartz/Kus/Portz/Prieß, GWB, § 173 Rn. 11.

21 OLG Düsseldorf, Beschl. v. 13.11.2000, Verg 25/00.

III. Antrag auf Verlängerung der aufschiebenden Wirkung der sofortigen Beschwerde (§ 173 Abs. 1 Satz 3 und Abs. 2 GWB)

1. Anwendungsbereich und allgemeine Zulässigkeitsvoraussetzungen

7 Da nach Ablauf der durch § 173 Abs. 1 Satz 2 GWB bestimmten Frist das – gesetzlich – verlängerte Zuschlagsverbot von selbst endet (s. oben Rn. 1, 3), ist der **Zweck** der weiteren Verlängerungsmöglichkeit gem. § 173 Abs. 1 Satz 3 und Abs. 2 GWB in der **Aufrechterhaltung des Zuschlagsverbots** (im Interesse eines effektiven Rechtsschutzes für den Antragsteller und Beschwerdeführer) zu sehen.[22]

8 Aus diesem Normzweck folgt, dass der **Verlängerungsantrag unzulässig** ist, **wenn** es (noch) kein Zuschlagsverbot gibt, das gem. § 173 Abs. 1 Satz 3 GWB verlängert werden könnte, weil die Vergabekammer den **Nachprüfungsantrag** dem Auftraggeber gar **nicht mitgeteilt** (in der dem § 169 Abs. 1 GWB genügenden Form), sondern den Antrag in dem Verfahrensstadium des § 163 Abs. 2 Satz 1 GWB zurückgewiesen hat.[23] In einem solchen Fall kann die Verwerfung des Verlängerungsantrags nur dadurch vermieden werden, dass das Beschwerdegericht die Mitteilung (früher: Zustellung) des Nachprüfungsantrags an den Auftraggeber nachholt. Obwohl diese Mitteilung nur für das erstinstanzliche Nachprüfungsverfahren in den §§ 169 Abs. 1, 163 Abs. 2 Satz 3 GWB normiert und der Zuständigkeit der Vergabekammer zugeordnet ist, hat auch das Beschwerdegericht die Kompetenz zu der das Zuschlagsverbot auslösenden Mitteilung des Nachprüfungsantrags (§ 169 Abs. 1 GWB) in Konsequenz des vorrangigen Grundsatzes des effektiven Rechtsschutzes, weil es sonst dem Antragsteller einen in der Sache gebotenen einstweiligen Rechtsschutz gem. § 173 Abs. 1 Satz 3 GWB gar nicht gewähren könnte.[24] Die nachzuholende Mitteilung des Nachprüfungsantrags braucht – neben dem (erforderlichen) Antrag gem. § 173 Abs. 1 Satz 3 GWB – nicht besonders beantragt zu werden; vielmehr hat das Beschwerdegericht sie aufgrund des Gebots effektiven Rechtsschutzes von Amts wegen zu veranlassen, sofern die bisher unterbliebene Mitteilung nach der Prüfung im Übrigen (gem. § 173 Abs. 2 GWB) der einzige Hinderungsgrund ist, dem Verlängerungsantrag – eventuell auch nur vorläufig[25] – stattzugeben.[26] Bei der hier behandelten Fallkonstellation ist es für den

---

22 OLG Düsseldorf, Beschl. v. 13.11.2000, Verg 25/00; KG, Beschl. v. 10.12.2002, KartVerg 16/02, VergabeR 2003, 180, 181; OLG Koblenz, Beschl. v. 25.3.2002, 1 Verg 1 /02, VergabeR 2002, 384, 385.

23 BayObLG, Beschl. v. 9.9.2004, Verg 18/04, VergabeR 2005, 126, 127; KG, Beschl. v. 26.10.1999, KartVerg 8/99, NZBau 2000, 262, 263; OLG Koblenz, Beschl. v. 25.3.2002, 1 Verg 1/02, NZBau 2002, 526, 527 = VergabeR 2002, 384, 385 f.

24 BayObLG, Beschl. v. 9.9.2004, Verg 18/04, VergabeR 2005, 126, 127; OLG Düsseldorf, Beschl. v. 30.8.2001, Verg 32/01; KG, Beschl. v. 10.12.2002, KartVerg 16/02, VergabeR 2003, 180, 181; OLG Koblenz, Beschl. v. 25.3.2002, 1 Verg 1/02, VergabeR 2002, 384, 385 f.

25 Vgl. OLG Düsseldorf, Beschl. v. 30.8.2001, Verg 32/01, und unten im Text Rn. 28.

26 Es versteht sich von selbst, dass es als Grund für die vom Beschwerdegericht nachzuholende Mitteilung des Nachprüfungsantrags nicht ausreicht, dass es die engen Voraussetzungen des § 163 Abs. 2 Satz 1 GWB, unter denen die VergK die Zustellung unterlassen kann (und muss), nicht als erfüllt ansieht, sondern dass es nunmehr im Beschwerdeverfahren auf die Voraussetzungen des § 173 Abs. 1 Satz 3 und Abs. 2 GWB für den Erfolg des Verlängerungsantrags ankommt (vgl. KG, Beschl. v. 10.12.2002, KartVerg 16/02, VergabeR 2003, 180, 181).

Antragsteller, der Primärrechtsschutz erreichen will, sogar besonders eilig, gegen die ohne Mitteilung des Nachprüfungsantrags erfolgte Antragsablehnung sofortige Beschwerde und den Antrag gem. § 173 Abs. 1 Satz 3 GWB einzulegen, weil die sofortige Beschwerde allein mangels vorheriger Erwirkung des Zuschlagsverbots (§ 169 Abs. 1 GWB) die ihr gem. § 173 Abs. 1 Satz 1 GWB zugedachte „aufschiebende Wirkung" (s. oben Rn. 1, 3) gar nicht hat.

Der Verlängerungsantrag ist gemäß dem Normzweck des § 173 Abs. 1 GWB (s. oben Rn. 1, 3 und 7) auch dann unzulässig, wenn der Auftraggeber den **Zuschlag** inzwischen **rechtswirksam erteilt** hat.[27] Ist die Wirksamkeit eines faktisch schon erteilten Zuschlags aber ein im Beschwerdeverfahren zu klärender Streitpunkt, so ist der Verlängerungsantrag zulässig;[28] die (Un-)Wirksamkeit des Zuschlags, die in derartigen Fällen immer eine wesentliche Vorfrage für die (weitere) Begründetheit der Beschwerde darstellt, ist dann in das Prüfungsprogramm hinsichtlich der Erfolgsaussichten der Beschwerde (§ 173 Abs. 2 Satz 3 GWB) einzubeziehen. Hat der Auftraggeber das **Vergabeverfahren** vor der Entscheidung über den Verlängerungsantrag rechtswirksam **aufgehoben**, bedarf es jedenfalls dann, wenn der Beschwerdeführer keine Bedenken gegen die Aufhebung geltend macht, ebenfalls keiner gerichtlichen Verlängerung des Zuschlagsverbots mehr, sodass auch dann der Antrag unzulässig ist (oder wird).[29] Der Verlängerungsantrag ist dagegen zulässig, wenn sich der Antragsteller mit der sofortigen Beschwerde gerade gegen die vom Auftraggeber bekannt gegebene Aufhebung des Vergabeverfahrens wendet, weil dann der Zuschlag, sofern die Beschwerde Erfolg hat und die Aufhebung rückgängig zu machen ist, durchaus noch in der bisher beabsichtigten Form und Ausgestaltung erteilt werden kann.[30] Mit Blick auf einen möglichen Sinneswandel des Auftraggebers kann hier durchaus ein Rechtsschutzinteresse des Beschwerdeführers daran anerkannt werden, dass der Auftraggeber bis zur (etwaigen positiven) Beschwerdeentscheidung, die möglicherweise noch weitere Anordnungen für das fortzuführende Vergabeverfahren enthalten wird, an der Zuschlagserteilung nach den ursprünglichen Ausschreibungsbestimmungen gehindert wird. Mit Recht wird auch die Zulässigkeit des Verlängerungsantrags eines Antragstellers bejaht, der sich mit seiner sofortigen Beschwerde gegen eine **von der Vergabekammer angeordnete Aufhebung des Vergabeverfahrens** als zu weit gehende (seine Zuschlagschancen beeinträchtigende) Maßnahme wendet (da die Vergabekammer den Nachprüfungsantrag nicht abgelehnt hat: keine direkte, sondern analoge Anwendung des § 173 Abs. 1 Satz 3 GWB).[31] 9

---

27 OLG Düsseldorf, Beschl. v. 6.8.2001, Verg 28/01, VergabeR 2001, 429, 430; OLG Koblenz, Beschl. v. 25.3.2002, 1 Verg 1 /02, NZBau 2002, 526, 527 = VergabeR 2002, 384, 386; vgl. auch KG, Beschl. v. 17.10.2002, 2 KartVerg 13/02, VergabeR 2003, 50.

28 Thüringer OLG, Beschl. v. 14.2.2005, 9 Verg 1/05, VergabeR 2005, 521, 522 f. Das OLG Düsseldorf, Beschl. v. 6.8.2001, Verg 28/01, VergabeR 2001, 429, 430, hat in einem solchen Fall, in dem der Angriff des Ast. gegen die Wirksamkeit des erteilten Zuschlags nach Ansicht des OLG klar zurückzuweisen war, den nach (jetzt) § 173 Abs. 1 Satz 3 GWB gestellten Antrag als unzulässig bezeichnet (worauf *Noelle* in seiner Anm. zum Beschl. des Thüringer OLG, VergabeR 2005, 525, hinweist). Im Erg. kann sich die dogmatische Frage, ob es sich hier um eine Prüfung zur Zulässigkeit oder zur Begründetheit des Eilantrags handelt, allenfalls dann auswirken, wenn die (Un-) Wirksamkeit des Zuschlags im Eilverfahren noch nicht eindeutig und klar festgestellt werden kann. Dann ist die Ansicht des Thüringer OLG vorzugswürdig.

29 OLG Düsseldorf, Beschl. v. 6.8.2001, Verg 28/01, VergabeR 2001, 429.

30 In der Tendenz wohl ebenso: *Opitz*, NZBau 2005, 213, 214; a. A. OLG Frankfurt, Beschl. v. 28.6.2005, 11 Verg 21/04, VergabeR 2006, 131, 136.

31 OLG München, Beschl. v. 24.5.2006, Verg 12/06, VergabeR 2006, 948 f.

10 Nach einer verbreiteten Ansicht ist das Rechtsschutzbedürfnis für einen Antrag nach § 173 Abs. 1 Satz 3 GWB zu verneinen (mit der Folge der Verwerfung des Antrags als unzulässig), wenn sich das **Vergabeverfahren** z. Zt. der Entscheidung **in** einem **Stadium** befindet, **in dem es** nicht oder zumindest **auf absehbare Zeit nicht zu einem Zuschlag kommen kann**, weil dann das Zuschlagsverbot seinen Sinn verlöre.[32] Gemeint sind z. B. solche Fallgestaltungen, in denen der Auftraggeber bis zum Entscheidungszeitpunkt noch keine Vorabinformation gem. § 134 Abs. 1 GWB versandt hat, oder in denen die Vergabekammer dem Auftraggeber aufgegeben hat, vor der künftigen Zuschlagserteilung bestimmte Teile des Vergabeverfahrens nachzuholen oder vergaberechtsgemäß zu wiederholen, was zusätzlich eine (ggf. erneute) Vorabinformation gem. § 134 Abs. 1 GWB erforderlich macht.[33] Der Ansicht muss jedoch widersprochen werden. Es kann i. d. R. nicht ausgeschlossen werden, dass die bis zur ordnungsgemäßen Zuschlagserteilung fehlenden Teilakte des Vergabeverfahrens noch während des laufenden Beschwerdeverfahrens erarbeitet werden. Dieser zeitliche Aspekt ist für den Beschwerdeführer und für das Beschwerdegericht i. d. R. auch nicht verlässlich überschaubar und schon gar nicht beherrschbar. Ein schutzwürdiges Interesse des Beschwerdeführers an einer einstweiligen Anordnung i. S. v. § 173 Abs. 1 Satz 3 GWB zeitnah zur Beschwerdeeinlegung lässt sich daher nicht verneinen.[34] Das gilt erst recht dann, wenn man der am Wortlaut des § 173 Abs. 1 Satz 3 GWB orientierten (auch hier vertretenen, s. unten Rn. 16) Meinung folgt, dass der Verlängerungsantrag zulässigerweise nur bis zum Ablauf der in § 173 Abs. 1 Satz 2 GWB bestimmten kurzen Frist gestellt werden kann, sodass in einem späteren Zeitpunkt des Beschwerdeverfahrens, wenn dann doch eine baldige Zuschlagserteilung droht, dem Beschwerdeführer kein Eilrechtsschutz mehr zur Verfügung steht. Selbst in den Fällen, in denen die Zuschlagsphase des Vergabeverfahrens während des Beschwerdeverfahrens nicht mehr erreicht wird, kann es – bei generalisierender Betrachtung – nicht als prozessunökonomisch angesehen werden, wenn sich das Beschwerdegericht mit der Sache schon im vorgezogenen Eilverfahren befasst: Wenn es den Verlängerungsantrag ablehnt, wird die sofortige Beschwerde – nach den Erfahrungen in der Praxis seit 1999 – in der Mehrzahl der Fälle zurückgenommen.[35] Gibt das Beschwerdegericht dem Verlängerungsantrag statt, was i. d. R. auf einer Beurteilung der Erfolgsaussichten der Beschwerde basiert, führt dies in der überwiegenden Zahl der Verfahren entweder dazu, dass der Auftraggeber die ihm mit (ggf. fundierter Begründung) vorgehaltenen Vergaberechtsfehler schon behebt, oder zumindest dazu, dass sich der Streitstoff im weiteren Beschwerdeverfahren auf die vom Beschwerdegericht als erfolgver-

---

32 OLG München, Beschl. v. 5.11.2007, Verg 12/07; zustimmend: OLG Celle, Beschl. v. 26.4.2010, 13 Verg 4/10, VergabeR 2010, 661, 662 m. w. N.; im Erg. ebenso OLG Düsseldorf, Beschl. v. 20.10.2008, VII-Verg 46/08, VergabeR 2009, 173, 174; *Storr*, in: Loewenheim/Meessen/Riesenkampff, Kartellrecht, § 118 GWB Rn. 12.

33 In der letztgenannten Fallgestaltung richtet sich die sofortige Beschwerde des Ast. dann dagegen, dass die VergK mit ihren Anweisungen an den Ag. dem Nachprüfungsantrag nicht voll stattgegeben, also z. B. nicht den beantragten Ausschluss des Beigeladenen aus dem Vergabeverfahren angeordnet hat.

34 Ebenso: OLG Naumburg, Beschl. v. 7.3.2008, 1 Verg 1/08, VergabeR 2008, 710, 712 f., mit im Erg. zustimmender Anm. von *Reidt*, S. 715 f.; OLG Naumburg, Beschl. v. 3.4.2012, 2 Verg 3/12, VergabeR 2013, 279, 282; *Stockmann*, in: Immenga/Mestmäcker, GWB, § 118 Rn. 15; *Losch*, in: Ziekow/Völlink, Vergaberecht, § 118 GWB Rn. 24; *Hunger*, in: Kulartz/Kus/Portz, GWB, 3. Aufl., § 118 Rn. 34; differenzierend: *Ulbrich*, in: Kulartz/Kus/Portz/Prieß, GWB, 4. Aufl., § 173 Rn. 30, 31 u. 33.

35 Vgl. auch *Wiedemann*, VergabeR 2009, 302, 315.

sprechend herausgestellten Rügen konzentriert.[36] Folglich hat die sachliche Prüfung des Verlängerungsantrags in den meisten Fällen eine verfahrensbeschleunigende Wirkung,[37] was bei der Beurteilung des Rechtsschutzbedürfnisses nicht unbeachtet bleiben darf. Eine **Ausnahme** vom vorstehend dargelegten Rechtsschutzbedürfnis für einen Antrag nach § 173 Abs. 1 Satz 3 GWB sollte allerdings für den Fall gemacht werden, dass der Auftraggeber dem Beschwerdeführer (i.d.R. Antragsteller) verbindlich zugesichert hat, bis zu einem fest benannten Termin, der deutlich nach dem großzügig geschätzten voraussichtlichen Ende des Beschwerdeverfahrens liegt, keinen Zuschlag zu erteilen[38] (s. auch unten Rn. 16).

Die Zulässigkeit des Verlängerungsantrags hängt nicht davon ab, dass die Anwendbarkeit **11**
der §§ 97ff. GWB auf den zu vergebenden Auftrag – im Hinblick etwa auf die dem § 99 GWB entsprechenden Eigenschaften des öffentlichen Auftraggebers, auf die Art des Auftrags (§ 103 GWB) und auf die Erreichung des Schwellenwerts (§ 106 GWB) – schon sicher festgestellt werden kann. Ist der Nachprüfungsantrag mit der Rechtsfolge des § 169 Abs. 1 GWB zugestellt worden, so hindern **Zweifel an der Anwendbarkeit der §§ 97ff. GWB** die Zulässigkeit des Verlängerungsantrags des vor der Vergabekammer unterlegenen Antragstellers nicht.[39] Solche Zweifel sind im Rahmen der Begründetheit des Antrags (vgl. § 173 Abs. 2 Satz 3 GWB) zu prüfen.

Im Verfahren über eine sofortige Beschwerde nur gegen die **Kostenentscheidung** der Vergabekammer gem. § 182 GWB (s. dazu § 171 Rn. 11) ist § 173 Abs. 1 Satz 3 GWB nicht **12**
anwendbar, weil solche Beschwerden mit der Dauer des Zuschlagsverbots (s. oben Rn. 7) nichts zu tun haben.[40] Aus dem gleichen Grund richtet sich auch der Antrag, die aufschiebende Wirkung der sofortigen Beschwerde gegen eine **Vollstreckungsmaßnahme** der Vergabekammer zu verlängern oder anzuordnen, nicht nach § 173 Abs. 1 Satz 3 GWB; er ist als Antrag auf Anordnung des Suspensiveffekts in analoger Anwendung des § 80 Abs. 5 VwGO zulässig.[41] Im Übrigen ist der **einstweilige Rechtsschutz** im Beschwerdeverfahren in den §§ 173, 176 GWB **abschließend geregelt**; daneben ist ein Antrag nach § 940 ZPO auf Erlass einer einstweiligen Regelung nicht statthaft.[42]

---

36 Vgl. *Wiedemann*, VergabeR 2009, 302, 314 und 315.

37 Zutreffend *Wiedemann*, VergabeR 2009, 302, 315.

38 Vgl. OLG Frankfurt, Beschl. v. 6.8.2015, 11 Verg 7+8/15, NZBau 2015, 793, 794.

39 OLG Naumburg, Beschl. v. 19.10.2000, 1 Verg 9/00, VergabeR 2001, 134, 135 f., m.w.N.

40 OLG Rostock, Beschl. v. 17.5.2000, 17 W 7/00, NZBau 2001, 464.

41 OLG Düsseldorf, Beschl. v. 25.7.2002, Verg 33/02, VergabeR 2003, 105. Die Analogie zu § 80 Abs. 5 VwGO ergab sich in diesem Fall einer von einer VergK des Landes NRW getroffenen Vollstreckungsmaßnahme aus § 114 Abs. 3 Satz 2 GWB a.F. (jetzt § 168 Abs. 3 Satz 2) GWB i.V.m. § 8 AGVwGO NW. Im Erg. ebenso OLG Naumburg, Beschl. v. 17.3.2005, 1 Verg 3/05, VergabeR 2005, 635, 637 (analoge Anwendung des § 80 Abs. 5–8 VwGO aufgrund der vom OLG zitierten Landesvorschriften). Zur Problematik s. auch *Bischoff*, VergabeR 2009, 433, 438.

42 BayObLG, Beschl. v. 18.9.2001, Verg 10/01, NZBau 2002, 581, 583 = VergabeR 2002, 182, 185: Bei dem auf § 940 ZPO gestützten Antrag des Ast. handelte es sich um das Begehren, dem Ag. die durch vorherigen Beschluss gem. § 121 (jetzt § 176) GWB gestattete Erteilung des Zuschlags an den Beigeladenen bis zur Beschwerdeentscheidung zu untersagen. § 940 ZPO – so zutr. das BayObLG – gehört nicht zu den ZPO-Vorschriften, auf die in den §§ 175 Abs. 2, 73 Nr. 2 GWB verwiesen wird.

2. Antragsberechtigung

13 Antragsberechtigt ist jeder „Beschwerdeführer“, der gegen die (völlige oder teilweise, s. auch oben Rn. 10) Zurückweisung des Nachprüfungsantrags eine sofortige Beschwerde – im Falle eines Beigeladenen also mit eigener durch die *Ablehnung* des Nachprüfungsantrags (s. aber unten Rn. 14) hervorgerufener Beschwer[43] – eingelegt hat oder gleichzeitig einlegt.

14 Teilweise hält die Rechtsprechung den Antrag eines **Beigeladenen**, die aufschiebende Wirkung seiner sofortigen Beschwerde zu verlängern, in **analoger Anwendung** des § 173 Abs. 1 Satz 3 GWB auch dann für zulässig, wenn die Beschwer des Beigeladenen nicht aus einer Ablehnung des Nachprüfungsantrags, sondern daraus resultiert, dass (und soweit) die Vergabekammer *dem Nachprüfungsantrag stattgegeben* hat. Die Analogie wird damit gerechtfertigt, dass der Beigeladene im konkreten Fall durch die zugunsten des Antragstellers erlassene Vergabekammerentscheidung formell und materiell beschwert sei,[44] dass er deshalb beschwerdebefugt sei und ohne die von ihm beantragte Verlängerung des Suspensiveffekts (§ 169 Abs. 1 GWB) die Möglichkeit bestünde, dass der Auftraggeber durch Zuschlagserteilung zulasten des Beigeladenen vollendete Tatsachen schaffe.[45] Gegen diese Analogie bestehen Bedenken: Die Verlängerung der aufschiebenden Wirkung der Beschwerde soll die durch die Zustellung des Nachprüfungsantrags bewirkte Absicherung des Primärrechtsschutzes für das Beschwerdeverfahren fortsetzen (s. oben Rn. 7). Der Beigeladene hat aber gar keinen Nachprüfungsantrag gestellt. Andererseits hat der Antragsteller mit seinem Nachprüfungsantrag die Zuschlagssperre des § 169 Abs. 1 GWB nur in seinem Interesse[46] erwirkt, die nun zu seinem Nachteil aufgrund der gegenläufigen Interessen des Beigeladenen aufrechterhalten werden soll. Die hier erörterte Analogie dreht also die Rechtsschutzlage zulasten des Antragstellers um und lässt sich allenfalls mit dem Beschleunigungsgrundsatz sowie dem Prinzip der Prozessökonomie (Vermeidung doppelter Verfahren) rechtfertigen: Würde man die Analogie zu § 173 Abs. 1 Satz 3 GWB hier ablehnen und es damit zulassen, dass der Auftraggeber das Vergabeverfahren gemäß den An-

---

43 Vgl. § 171 Rn. 32, 34; insoweit ebenso: *Stockmann*, in: Immenga/Mestmäcker, GWB, § 118 Rn. 11.

44 Beispiel: Die VergK verpflichtet den Auftraggeber, die Angebotswertung in einer Weise zu wiederholen, die dem Ast. alle Zuschlagschancen belässt, aber praktisch zum Ausschluss des Beigeladenen (= Beschwerdeführers) führt, weil er (z. B.) nicht über die vom Auftraggeber vorgegebene, nur vom Beigeladenen angegriffene Zertifizierung verfügt oder weil die VergK den Ausschluss des Nebenangebots, auf das der Beigeladene den Zuschlag erhofft, wegen des Fehlens der Gleichwertigkeit anordnet (vgl. die in Fn. 45 zit. OLG-Entscheidungen).

45 Thüringer OLG, Beschl. v. 30.10.2001, 6 Verg 3/01, VergabeR 2002, 104, 105; OLG Koblenz, Beschl. v. 29.8.2003, 1 Verg 7/03, VergabeR 2003, 699, 700; OLG Naumburg, Beschl. v. 5.2.2007, 1 Verg 1/07, VergabeR 2007, 554, 555 f.; OLG Naumburg, Beschl. v. 13.10.2008, 1 Verg 10/08, NZBau 2008, 788, 789; OLG Naumburg, Beschl. v. 3.4.2012, 2 Verg 3/12, VergabeR 2013, 279, 281; a. A. OLG Düsseldorf, Beschl. v. 12.7.2004, VII-Verg 39/04, NZBau 2004, 520 = VergabeR 2004, 663 f., m. zustimm. Anm. *Noch*: Ablehnung eines Rechtsschutzinteresses des Beigeladenen, weil dieser bis zum Ende des Beschwerdeverfahrens schon wegen des aus § 173 Abs. 3 GWB folgenden absoluten Verbots eines Zuschlags ausreichend geschützt sei (bezüglich der Dauer des Verbots sehr zweifelhaft, vgl. unten Rn. 34); ebenso: OLG Düsseldorf, Beschl. v. 9.3.2007, VII-Verg 5/07, VergabeR 2007, 662; OLG Celle, Beschl. v. 10.4.2007, 13 Verg 5/07, NZBau 2007, 671 = VergabeR 2007, 554.

46 Vgl. auch § 160 Abs. 2 Satz 1 GWB: Die Antragsbefugnis resultiert daraus, dass der Ast. eine Verletzung in „seinen Rechten“ nach § 97 Abs. 6 GWB geltend macht.

ordnungen der dem Nachprüfungsantrag stattgebenden Vergabekammerentscheidung fortsetzt, müsste dieser nach der Erfüllung der Anordnungen (z.B. einer erneuten Angebotswertung) die dann beabsichtigte Vergabeentscheidung allen Bietern einschließlich des (im Vorverfahren) Beigeladenen gem. § 134 Abs. 1 GWB mitteilen. Wenn diese Vergabeentscheidung zulasten des Beigeladenen auf dem von ihm schon zuvor beanstandeten (wirklichen oder vermeintlichen) Vergaberechtsfehler beruht, konnte er dagegen einen eigenen Nachprüfungsantrag bei der Vergabekammer stellen und nun seinerseits die Zuschlagssperre des § 169 Abs. 1 GWB erwirken, die ihm, sofern sein Antrag nicht offensichtlich unzulässig oder unbegründet ist (§ 163 Abs. 2 Satz 1 GWB), jedenfalls jetzt, wenn die Beschwerdeentscheidung im Vorverfahren noch nicht ergangen ist und damit noch keine Rechtsklarheit geschaffen ist, im Interesse eines effektiven Rechtsschutzes nicht mehr vorenthalten werden kann. Unter diesen Aspekten wird man es als sachgerecht und auch als im wohlverstandenen Interesse des Antragstellers liegend erachten können, dass dem Beigeladenen sogleich im ursprünglichen Beschwerdeverfahren mit einer Fortsetzung der (von ihm nicht erwirkten) Zuschlagssperre vollgültiger Primärrechtsschutz gewährt wird.[47]

Aus dem Normzweck des § 173 Abs. 1 GWB (s. oben Rn. 1, 3 und 7) folgt ferner, dass das **Interesse des Auftraggebers an einstweiligem Rechtsschutz** durch § 173 Abs. 1 Satz 3 GWB **nicht geschützt** wird; er kann keine Verlängerung der aufschiebenden Wirkung seiner sofortigen Beschwerde nach dieser Vorschrift, die (in ihrem unmittelbaren Anwendungsbereich, s. oben Rn. 13) nur dem Schutz des vor der Vergabekammer unterlegenen Bieters dient, beantragen.[48] Auch eine analoge Anwendung der Vorschrift zu seinen Gunsten kommt nicht in Betracht,[49] weil § 176 GWB den einstweiligen Rechtsschutz für den Auftraggeber während des Beschwerdeverfahrens abschließend regelt. Man kann zwar dem Satz 1 des § 173 Abs. 1 GWB auch eine Bedeutung für den vor der Vergabekammer unterlegenen Auftraggeber zuordnen, zwar nicht bezüglich einer (endgültigen oder bis zu einer Behebung von Vergabefehlern geltenden) Untersagung des Zuschlags (wegen der darauf anwendbaren Sondervorschrift des § 173 Abs. 3 GWB), wohl aber bezüglich einer von der Vergabekammer ausgesprochenen Verpflichtung, bestimmte angeordnete Maßnahmen (z.B. erneute Eignungsprüfung oder Angebotswertung) zwecks Herstellung der Rechtmäßigkeit des Vergabeverfahrens durchzuführen. Für eine solche Verpflichtung kann man die Ansicht vertreten, dass ihr Wirksamwerden durch eine sofortige Beschwerde des Auftraggebers gem. § 173 Abs. 1 Satz 1 GWB aufgeschoben wird, diese aufschiebende Wirkung jedoch zwei Wochen nach Ablauf der Beschwerdefrist gem. § 173 Abs. 1 Satz 2 GWB entfällt, mit der Folge, dass der Auftraggeber dann verpflichtet ist, den Anordnungen der Vergabekammer nachzukommen.[50] Auch dieser Wegfall der aufschiebenden Wirkung 15

---

47 Im Erg. ebenso: Opitz, NZBau 2005, 213, 214; *Prieß*, Hdb. des europ. Vergaberechts, S. 406; *Schweda*, in: Langen/Bunte, Kartellrecht, § 118 Rn. 8; differenzierend: *Ulbrich*, in: Kulartz/Kus/Portz/Prieß, GWB, § 173 Rn. 35–47; a.A. *Otting*, in: Bechtold, GWB, § 118 Rn. 5; *Stockmann*, in: Immenga/Mestmäcker, GWB, § 118 Rn. 11; *Losch*, in: Ziekow/Völlink, Vergaberecht, § 118 GWB Rn. 34–35b. Unklar *Storr*, in: Loewenheim/Meessen/Riesenkampff, Kartellrecht, § 118 GWB, einerseits Rn. 9 a.E., andererseits Rn. 12.

48 Ebenso: OLG Naumburg, Beschl. v. 7.1.2014, 2 Verg 1/14, VergabeR 2014, 491, 493.

49 OLG Stuttgart, Beschl. v. 28.6.2001, 2 Verg 2/01, VergabeR 2001, 451 f.

50 So BayObLG, Beschl. v. 1.10.2001, Verg 6/01, VergabeR 2002, 63, 67, m.w.N. Diese Verpflichtung zum Tätigwerden (gemäß den Anordnungen der VergK) ist – isoliert betrachtet – m.E. mehr theoretischer Natur, weil der Auftraggeber Herr des Vergabeverfahrens bleibt und es auch ruhen lassen kann, jedenfalls von den Bietern nicht zur Fortsetzung des Vergabeverfahrens gezwungen

der Beschwerde kann aber keinesfalls durch einen Antrag des Auftraggebers gem. § 173 Abs. 1 Satz 3 GWB aufgehalten werden. Vielmehr ist der Auftraggeber, der an einer Fortsetzung des Vergabeverfahrens ohne Erfüllung der von der Vergabekammer auferlegten, meist zu weiteren Kosten und/oder Verzögerungen führenden Anordnungen interessiert ist, auch insoweit auf einen Antrag gem. § 176 Abs. 1 Satz 1 GWB, den von ihm beabsichtigten Fortgang des Vergabeverfahrens zu gestatten, angewiesen.[51] Dementsprechend ist auch der auf § 173 Abs. 1 Satz 3 GWB gestützte Antrag eines – vom Auftraggeber für die Auftragserteilung ausersehenen – **Beigeladenen** unzulässig, der nicht die Verlängerung des Zuschlagsverbots (s. dazu oben Rn. 13, 14), sondern entgegen der Vergabekammerentscheidung die Fortsetzung des Vergabeverfahrens oder die einstweilige Außerkraftsetzung des Verbots, den schon erteilten, laut der Vergabekammerentscheidung aber vergaberechtswidrigen und nichtigen Auftrag auszuführen, erreichen will.[52] Seit dem Vergaberechtsmodernisierungsgesetz 2009 hat dieser Beigeladene eine eigene Antragsbefugnis nach (jetzt) § 176 Abs. 1 Satz 1 GWB, sofern der Auftraggeber ihn förmlich gem. § 134 Abs. 1 GWB als designierten Auftragnehmer benannt hat.

3. Frist und Form des Antrags

16 Die gesetzliche Regelung ist lückenhaft.[53] Eine ausdrückliche **Frist** für den Verlängerungsantrag ist im Gesetz nicht bestimmt. Daher kann für die Zulässigkeit des Antrags auch nicht verlangt werden, dass er etwa gleichzeitig mit der Beschwerdeeinlegung gestellt wird. Da der Antrag nach dem Gesetz aber ein „Verlängern" (§ 173 Abs. 1 Satz 3 GWB am Ende) der aufschiebenden Wirkung herbeiführen soll, das Gesetz also das Beschwerdegericht nur dazu befähigt und ihm nicht auch die Kompetenz verleiht, die aufschiebende Wirkung der Beschwerde „wiederherzustellen" (vgl. dazu § 65 Abs. 3 Satz 1 GWB), muss daraus gefolgert werden, dass der Antrag spätestens vor dem regulären Ablauf der aufschiebenden Wirkung der Beschwerde, also vor Ablauf von zwei Wochen nach dem Ende der Beschwerdefrist (§ 173 Abs. 1 Satz 2 GWB) beim Beschwerdegericht eingehen muss.[54] Ein später eingereichter Verlängerungsantrag ist auch dann unzulässig, wenn der öffentli-

---

werden kann. Die Hauptbedeutung der Verpflichtung liegt darin, dass ohne ihre Erfüllung der Zuschlag nicht erteilt werden darf.

51 BayObLG, Beschl. v. 1.10.2001, Verg 6/01, VergabeR 2002, 63, 67.

52 OLG Düsseldorf, Beschl. v. 13.1.2003, Verg 67/02.

53 *Otting*, in: Bechtold, GWB, § 118 Rn. 2, hält § 118 GWB a. F. (= § 173 GWB n. F.) gesetzgebungstechnisch für verunglückt.

54 OLG Düsseldorf, Beschl. v. 6.11.2000, Verg 20/00, VergabeR 2001, 162 ff. = WuW/E Verg 399, 400 f.; OLG Frankfurt, Beschl. v. 28.6.2005, 11 Verg 21/04, VergabeR 2006, 131, 136; OLG Naumburg, Beschl. v. 16.1.2003, 1 Verg 10/02, VergabeR 2003, 360, 363 f.; OLG Naumburg, Beschl. v. 7.3.2008, 1 Verg 1/08, VergabeR 2008, 710, 713; OLG Schleswig, Beschl. v. 8.5.2007, 1 Verg 2/07. Ebenso: *Opitz*, NZBau 2005, 213, 214; *Prieß*, Hdb. des europ. Vergaberechts, S. 406; *Tilmann*, WuW 1999, 342, 347; *Losch*, in: Ziekow/Völlink, VergabeR § 118 GWB Rn. 20; a. A. KG, Beschl. v. 4.12.2015, Verg 8/15, NZBau 2016, 317, 320 (obiter dictum); *Otting*, in: Bechtold, GWB, § 118 Rn. 6; *Gröning*, in: Motzke/Pietzker/Prieß, VOB/A, § 118 GWB Rn. 31; *Ulbrich*, in: Kulartz/Kus/Portz/Prieß, GWB, § 173 Rn. 52; *Stockmann*, in: Immenga/Mestmäcker, GWB, § 118 Rn. 14; *Schweda*, in: Langen/Bunte, Kartellrecht, § 118 GWB Rn. 9; *Storr*, in: Loewenheim/Meessen/Riesenkampff, Kartellrecht, § 118 GWB Rn. 10; *Stickler*, in: Reidt/Stickler/Glahs, Vergaberecht, § 173 GWB Rn. 16: Antragstellung auch nach Fristablauf möglich, „aus Gründen des Bieterschutzes" (m. E. zu einseitig).

che Auftraggeber den Zuschlag für den streitbefangenen Auftrag bis dahin noch nicht erteilt hat. Dieses Auslegungsergebnis steht nicht im Widerspruch zu Sinn und Zweck des durch die Norm geförderten Primärrechtsschutzes, sondern entspricht durchaus einer zweckangemessenen Abwägung der Interessen des Antragstellers (Primärrechtsschutz) und des Auftraggebers (Beschleunigung des Nachprüfungsverfahrens, Wiedererlangung der Sicherheit für die Planung und Durchführung der Investitionen im Vergabeverfahren).[55] Effektiver Rechtsschutz bedeutet nicht, dass dem Rechtsschutzbedürftigen ein großes Zeitbudget gewährt werden muss; die eingeräumte Zeit darf vom Verfahrenszweck her nur nicht unangemessen knapp sein und darf nicht zu einer unzumutbaren Verkürzung der Rechtsschutzmöglichkeiten führen. Das ist hier bei einer Orientierung an der Fristbestimmung des § 173 Abs. 1 Satz 2 GWB, die immerhin zwei Wochen mehr Zeit gewährt als für die sofortige Beschwerde selbst, aber auch nicht der Fall. Wer sich also gegen die Ablehnung des Nachprüfungsantrags durch die Vergabekammer wehrt, sollte sich schon bei der Beschwerdeeinlegung überlegen, ob es nicht ratsam und geboten ist, alsbald auch den Antrag auf Verlängerung der aufschiebenden Wirkung der Beschwerde zu stellen. Es gibt allerdings **Ausnahmesituationen**, in denen dem Beschwerdegericht im Interesse des effektiven Rechtsschutzes für den Antragsteller noch nach Ablauf der in § 173 Abs. 1 Satz 2 GWB genannten Frist – in Rechtsanalogie zu den §§ 173 Abs. 1 Satz 3 und Abs. 2, 169 Abs. 2 Satz 5 GWB – die Kompetenz eingeräumt werden muss, das Zuschlagsverbot wiederherzustellen. Beispiel: In einem Beschwerdeverfahren bestand zunächst kein Rechtsschutzbedürfnis für einen – erhebliche Kosten und Gebühren auslösenden – Antrag nach § 173 Abs. 1 Satz 3 GWB, weil der Auftraggeber vor dem Zuschlag die Beschwerdeentscheidung abwarten wollte und daher ausdrücklich erklärte, er werde vorerst keinen Zuschlag erteilen, dann aber nach einer unvorhergesehenen längeren Dauer des Beschwerdeverfahrens diese Erklärung zurückzog und eine baldige Zuschlagserteilung ankündigte. Eine Ausnahme von der durch § 173 Abs. 1 Satz 2 und 3 GWB normierten zeitlichen Begrenzung kann aber nur dann in Betracht kommen, wenn der Beschwerdeführer während der regulären Antragsfrist objektiv gehindert war, einen zulässigen Verlängerungsantrag zu stellen.[56]

Der Antrag auf Verlängerung der aufschiebenden Wirkung der Beschwerde muss **aus- 17
drücklich** gestellt werden; er gilt nicht schon als mit der Beschwerdeeinlegung automatisch mitgestellt.[57] Gem. § 175 Abs. 1 GWB gilt **Anwaltszwang**. Das Gesetz schreibt jedoch eine **besondere Begründung für diesen Antrag nicht** vor, nicht einmal die Schriftform,[58] anders als im Falle des Eilantrags nach § 176 GWB (s. dort Abs. 2 Satz 1). Für das wichtige Entscheidungskriterium der „Erfolgsaussichten der Beschwerde" (§ 173 Abs. 2

---

55 OLG Düsseldorf, Beschl. v. 6.11.2000, Verg 20/00, VergabeR 2001, 162 ff. = WuW/E Verg 399, 400 f.; a. A. *Stockmann*, in: Immenga/Mestmäcker, GWB, § 118 Rn. 14.

56 OLG Düsseldorf, Beschl. v. 6.11.2000, Verg 20/00, VergabeR 2001, 162, 164 f. = WuW/E Verg 399, 400 f.; vgl. ferner OLG Frankfurt, Beschl. v. 6.8.2015, 11 Verg 7+8/15, NZBau 2015, 793, 794; s. auch oben Rn. 10 a. E.

57 OLG Düsseldorf, Beschl. v. 6.11.2000, Verg 20/00, VergabeR 2001, 162.

58 Ebenso: *Ulbrich*, in: Kulartz/Kus/Portz/Prieß, GWB, § 173 Rn. 49; *Stockmann*, in: Immenga/Mestmäcker, GWB, § 118 Rn. 12; *Storr*, in: Loewenheim/Meessen/Riesenkampff, Kartellrecht, § 118 GWB Rn. 11; a. A. *Stickler*, in: Reidt/Stickler/Glahs, Vergaberecht, § 173 GWB Rn. 15 (Analogie zu [jetzt] § 176 Abs. 2 Satz 1 GWB); a. A. auch *Gröning*, in: Motzke/Pietzcker/Prieß, VOB/A, § 118 GWB Rn. 18 und 19 (analog [jetzt] § 176 GWB Schriftform und Begründungspflicht) und *Schweda*, in: Langen/Bunte, Kartellrecht, § 118 GWB Rn. 13 (Begründungspflicht).

Satz 3 GWB) kann der Beschwerdeführer auf seine obligatorische Beschwerdebegründung Bezug nehmen. Es empfiehlt sich aber für den Beschwerdeführer dringend, in einer besonderen Antragsbegründung auf die abzuwägenden Interessen und die Interessenabwägung selbst (§ 173 Abs. 2 Satz 1 GWB) einzugehen, sein – ggf. vorrangiges – Interesse an einem Aufschub des Zuschlags darzulegen und möglichst glaubhaft zu machen. Das ist jedoch kein Zulässigkeitserfordernis für den Antrag (anders als gem. § 176 Abs. 2 Satz 2 GWB).

4. Beweismaß

18 Soweit es für die Entscheidung über den gem. § 173 Abs. 1 Satz 3 GWB gestellten Antrag auf die Würdigung von Tatsachen ankommt und diese streitig sind, schweigt das Gesetz dazu, welches Beweismaß das Gericht anlegen soll oder muss. In dem rechtsähnlichen Verfahren nach § 176 GWB schreibt das Gesetz dem (antragstellenden) Auftraggeber vor, er müsse die vorzutragenden Tatsachen zur Antragsbegründung und zur Eilbedürftigkeit glaubhaft machen (§ 176 Abs. 2 Satz 2 GWB), und erlegt dem Gericht die Pflicht auf, den Sachverhalt von Amts wegen zu erforschen (§§ 176 Abs. 3 Satz 4, 175, 70 Abs. 1 GWB). § 173 GWB enthält solche Vorschriften nicht. Die Geltung des Untersuchungsgrundsatzes ist in einem Eilverfahren vor den ordentlichen Gerichten eher ungewöhnlich. Für das Verfahren nach § 176 GWB lässt sich die größere Strenge im Beweismaß, die den §§ 176 Abs. 3 Satz 4, 175, 70 Abs. 1 GWB zu entnehmen ist, mit Blick auf die weitreichenden Folgen der Eilentscheidung rechtfertigen: Entweder wird der (sofortige) Zuschlag gestattet, was i.d.R. zum vorzeitigen Ende des Primärrechtsschutzes führt. Oder der Gestattungsantrag wird abgelehnt, was zur vorzeitigen, baldigen Beendigung des Vergabeverfahrens führt, wenn nicht der Auftraggeber rasch die in § 177 GWB vorgesehene Abhilfe schafft. Wegen dieser Besonderheiten des Verfahrens nach § 176 GWB ist es nicht sachgerecht, § 176 Abs. 3 Satz 4 i.V.m. § 70 Abs. 1 GWB analog auch auf das Verfahren nach § 173 Abs. 1 Satz 3 GWB anzuwenden[59] Vielmehr sollte man sich auf das für Eilverfahren in der ordentlichen Gerichtsbarkeit übliche Beweismaß der **Glaubhaftmachung** beschränken.[60] Dies gilt auch für die Tatsachen, die nicht für die Erfolgsaussichten der sofortigen Beschwerde, sondern nur für die Interessenabwägung im Übrigen von Bedeutung sind.[61] Nur das Beweismaß der Glaubhaftmachung passt auch zu der einhelligen Auffassung, dass für die Beurteilung (insbes.) der Erfolgsaussichten der Beschwerde als Grundlage lediglich

---

59 Im Erg. ebenso: BayObLG, Beschlüsse v. 10.11.1999, Verg 8/99, NZBau 2000, 94, 95, und v. 21.12.2000, Verg 13/00, VergabeR 2001, 131, 132: „Im Hinblick auf die Aufgabe eines vorläufigen Rechtsschutzes und die Notwendigkeit einer raschen Entscheidung kommt regelmäßig nur eine summarische Prüfung der Sachlage in Betracht, die sich beschränken muss auf vorliegende oder binnen kürzester Zeit verfügbare Beweismittel." Vgl. ferner Thüringer OLG, Beschl. v. 26.10.1999, 6 Verg 3/99, NZBau 2000, 354, 355, und Beschl. v. 8.6.2000, 6 Verg 2/00, NZBau 2001, 163, 164f.; OLG München, Beschl. v. 14.1.2015, Verg 15/14, NZBau 2015, 575, 576 („summarische Prüfung der Sach- und Rechtslage").

60 Ebenso: *Gröning*, in: Motzke/Pietzcker/Prieß, VOB/A, § 118 GWB Rn. 43; a.A., d.h. für Geltung des Untersuchungsgrundsatzes: *Hunger*, in: Kulartz/Kus/Portz, GWB, 3. Aufl., § 118 Rn. 69; so wohl auch *Storr*, in: Loewenheim/Meessen/Riesenkampff, Kartellrecht, § 118 GWB, Rn. 11 a.E.; vgl. auch *Stockmann*, in: Immenga/Mestmäcker, GWB, § 118 Rn. 16 („Untersuchungsgrundsatz … mit erheblichen Abstrichen").

61 Vgl. auch OLG Schleswig, Beschl. v. 19.8.2016, 54 Verg 8/16, VergabeR 2017, 63, 65.

eine **summarische Prüfung** von Rechts wegen geboten ist[62] (wenn auch die Gerichtsentscheidungen in der realen Praxis oft eine sehr fundierte Prüfung der Tatsachen- und Rechtslage erkennen lassen).

5. Die Interessenabwägung als Entscheidungsgrundlage

Die Eilentscheidung über den Antrag nach § 173 Abs. 1 Satz 3 GWB ist gem. Abs. 2 des § 173 GWB von einer Interessenabwägung abhängig, die nach dem Wortlaut des Kopfsatzes (Satz 1) das Entscheidungsergebnis bestimmt. Durch das Vergaberechtsmodernisierungsgesetz 2009[63] ist § 118 Abs. 2 GWB a. F. im Text erheblich umgestaltet worden (s. oben Rn. 2). Fraglich ist, ob sich daraus auch erhebliche Änderungen in der praktischen Anwendung dieser Vorschrift, jetzt § 173 Abs. 2 GWB, ergeben. 19

a) Überblick über die Anwendungspraxis zu § 118 Abs. 2 GWB a. F. (vor dem VergModG 2009)

In der vor dem VergModG 2009 geltenden Fassung stand am Anfang des § 118 Abs. 2 GWB die Anordnung, das Beschwerdegericht habe bei seiner Entscheidung die Erfolgsaussichten der sofortigen Beschwerde zu „berücksichtigen" (Satz 1). Gegenüber dieser eher vagen Formulierung begann Satz 2 der Vorschrift mit der klaren Anweisung an das Beschwerdegericht: „Es lehnt den Antrag ab", wenn die Interessenabwägung gemäß den nachfolgend in Satz 2 genannten Kriterien zuungunsten der Bewertung der Verzögerungsfolgen, die mit der Verlängerung des Zuschlagsverbots verbunden sind, ausfällt. Aus diesem Normtext hätte man (schon damals) schließen können, dass der Schwerpunkt der Entscheidungstätigkeit in der Interessenabwägung gem. Satz 2 (a. F.) lag. Die Rechtspraxis bot indessen ein anderes Bild: In den Entscheidungen über die nach § 118 Abs. 1 Satz 3 GWB a. F. gestellten Anträge stand die Prüfung der Erfolgsaussichten der Beschwerde ganz im Vordergrund. In keiner der bekannt gewordenen Entscheidungen der Vergabesenate wurde die Prüfung der Erfolgsaussicht etwa ganz unterlassen und nur eine Interessenabwägung gem. § 118 Abs. 2 Satz 2 GWB a. F. durchgeführt. Es verhielt sich sogar umgekehrt: Wenn der Beschwerde im Entscheidungszeitpunkt (insoweit nur mit relativ geringen graduellen, z. T. lediglich sprachlichen Unterschieden) keine,[64] mit 20

---

62 OLG Brandenburg, Beschl. v. 16.1.2012, Verg W 19/11, VergabeR 2012, 459, 460; OLG Celle, Beschl. v. 14.1.2014, 13 Verg 11/13, VergabeR 2014, 592, 593; OLG Dresden, Beschl. v. 7.5.2010, WVerg 6/10, VergabeR 2010, 666, 667; OLG Düsseldorf, Beschl. v. 25.1.2005, Verg 93/04, VergabeR 2005, 343, 344; OLG Düsseldorf, Beschl. v. 17.2.2014, VII-Verg 2/14, VergabeR 2014, 560, 562; OLG Frankfurt, Beschl. v. 16.2.2015, 11 Verg 11/14, VergabeR 2015, 611, 615; OLG München, Beschl. v. 29.10.2013, Verg 11/13, VergabeR 2014, 436, 439; OLG Naumburg, Beschl. v. 15.7.2008 – 1 Verg 5/08, VergabeR 2008, 821, 822; OLG Schleswig, Beschl. v. 11.8.2006 – 1 Verg 1/06, VergabeR 2006, 940; *Kühnen*, NZBau 2009, 357, 360.

63 Gesetz zur Modernisierung des Vergaberechts vom 20.4.2009 (VergModG 2009), BGBl. I 2009, S. 790.

64 OLG Brandenburg, Beschl. v. 8.5.2006, Verg W 2/06, VergabeR 2007, 248, 250; OLG Dresden, Beschl. v. 11.9.2006, WVerg 13/06, VergabeR 2007, 549; OLG Düsseldorf, Beschlüsse v. 19.12.2000, Verg 28/00, VergabeR 2001, 128, v. 5.3.2001, Verg 2/01, VergabeR 2001, 234, v. 19.3.2001, Verg 7/01, VergabeR 2001, 221, v. 6.12.2004, VII-Verg 79/04, VergabeR 2005, 212 (s. aber auch Fn. 67); KG, Beschl. v. 15.11.2000, KartVerg 16/00; OLG München, Beschl. v. 23.6.2009, Verg 8/09, VergabeR 2009, 942, 944 (s. aber auch Fn. 65); OLG Naumburg, Beschl. v.

hoher Wahrscheinlichkeit keine,[65] aller Wahrscheinlichkeit nach keine[66] oder keine hinreichende[67] Erfolgsaussicht zugemessen wurde, wurde der Verlängerungsantrag von fast allen Vergabesenaten abgelehnt, ohne dass noch eine Interessenabwägung veranstaltet wurde.[68] Andererseits betonte die Mehrzahl der Vergabesenate in zutreffender Auslegung des § 118 Abs. 2 Satz 1 GWB a.F., dass der Erfolg des Verlängerungsantrags nach dem Wortlaut der Norm („berücksichtigt") und in Anbetracht der irreparablen Folgen der Freigabe der Zuschlagserteilung (§ 114 Abs. 2 Satz 1 GWB a.F., jetzt § 168 Abs. 2 Satz 1 GWB) nicht von dem positiven Prüfungsergebnis abhängig sei, dass die Beschwerde ihrerseits voraussichtlich Erfolg haben werde;[69] vielmehr reiche es aus, wenn die Beschwerde nicht von vornherein ohne Aussicht auf Erfolg sei[70] oder „mögliche" Erfolgsaussichten[71] oder „hinreichende" Erfolgsaussichten habe[72] oder der Ausgang des Beschwerdeverfahrens in der Hauptsache offen sei.[73] Für die Entscheidung über den Verlängerungsantrag kam es dann auf die Interessenabwägung gem. § 118 Abs. 2 Satz 2 GWB a.F. an. Dabei setzte auch dann, wenn der Ausgang des Beschwerdeverfahrens als völlig offen erschien, die Ablehnung des Verlängerungsantrags voraus, dass von den gegeneinander abzuwägenden Interessen bei wertender Betrachtung diejenigen Interessen, die für einen raschen Abschluss des Vergabeverfahrens sprachen, die Gegeninteressen

---

15.7.2008, 1 Verg 5/08, VergabeR 2008, 821, 822 (s. aber auch Fn. 67); OLG Stuttgart, Beschlüsse v. 11.7.2000, 2 Verg 5/00, NZBau 2001, 462, v. 12.8.2002, 2 Verg 9/02, VergabeR 2003, 101, 102; vgl. auch Thüringer OLG, Beschlüsse v. 26.10.1999, 6 Verg 3/99, NZBau 2000, 354, 355, v. 8.6.2000, 6 Verg 2/00, NZBau 2001, 163, 164, v. 22.11.2000, 6 Verg 8/00, VergabeR 2001, 52, 53: „offenkundig/offensichtlich unzulässige oder unbegründete Beschwerde" (s. aber auch Fn. 65).

65 BayObLG, Beschl. v. 29.10.2004, Verg 22/04, VergabeR 2005, 74, 75 (s. aber auch Fn. 66, 67); OLG München, Beschl. v. 27.1.2006, Verg 1/06, VergabeR 2006, 537, 540; Thüringer OLG, Beschlüsse v. 30.5.2002, 6 Verg 3/02, NZBau 2003, 638, v. 24.2.2003, 6 Verg 1/03, VergabeR 2003, 339, 340.

66 BayObLG, Beschl. v. 27.4.2001, Verg 5/01, VergabeR 2002, 61; OLG Hamburg, Beschl. v. 12.12.2000, 1 Verg 1/00, NZBau 2001, 460, 461; OLG Koblenz, Beschlüsse v. 10.4.2003, 1 Verg 1/03, VergabeR 2003, 448, 450, v. 15.5.2003, 1 Verg 3/03, VergabeR 2003, 567, 569, v. 29.8.2003, 1 Verg 7/03, VergabeR 2003, 699, 700.

67 BayObLG, Beschlüsse v. 21.12.2000, Verg 13/00, VergabeR 2001, 131, 132; OLG Düsseldorf, Beschl. v. 9.3.2007, VII-Verg 5/07, VergabeR 2007, 662. Eine Ausnahme bildet das OLG Stuttgart, Beschl. v. 12.4.2000, 2 Verg 3/00, das der Beurteilung, die Beschwerde habe „keine hinreichende Erfolgsaussicht", in einer Entscheidung noch eine Interessenabwägung gem. § 118 Abs. 2 Satz 2 GWB a. F. anschließt, die aber im konkreten Fall auch zuungunsten des Beschwerdeführers ausgeht.

68 Das KG hat sogar in einer (vereinzelt gebliebenen, bedenklichen) Entscheidung (Beschl. v. 4.7.2002, KartVerg 8/02, VergabeR 2003, 84, 85) einen Verlängerungsantrag ohne Interessenabwägung zurückgewiesen, weil die Beschwerde „keine überwiegende Erfolgsaussicht" hatte.

69 OLG Hamburg, Beschl. v. 12.12.2000, 1 Verg 1/00, NZBau 2001, 460, 461; ferner die in Fn. 70–73 zitierten Entscheidungen.

70 BayObLG, Beschl. v. 14.2.2000, Verg 2/00, NZBau 2000, 261, 262; OLG Koblenz, Beschl. v. 16.12.1999, 1 Verg 1/99; OLG Naumburg, Beschl. v. 8.11.2000, 1 Verg 10/00; OLG Rostock, Beschl. v. 5.2.2003, 17 Verg 14/02, VergabeR 2003, 321, 326; Thüringer OLG, Beschlüsse v. 26.10.1999, 6 Verg 3/99, NZBau 2000, 354, 355, und v. 8.6.2000, 6 Verg 2/00, NZBau 2001, 163, 164; OLG Düsseldorf, Beschl. v. 25.1.2005, Verg 93/04, VergabeR 2005, 343, 345 („zumindest gewisse Erfolgsaussicht").

71 OLG Naumburg, Beschl. v. 7.3.2008, 1 Verg 1/08, VergabeR 2008, 710, 714.

72 OLG Frankfurt, Beschl. v. 21.4.2005, 11 Verg 1/05, VergabeR 2005, 487, 488.

73 OLG Frankfurt, Beschl. v. 23.12.2005, 11 Verg 13/05, VergabeR 2006, 212, 216.

überwogen (gemäß dem Wortlaut des § 118 Abs. 2 Satz 2 GWB a.F.).[74] Im Zweifel galt also bei der Anwendung des § 118 Abs. 2 Satz 2 GWB i.d.F. vor dem VergModG 2009, dass zugunsten der Effektivität des Primärrechtsschutzes das Zuschlagsverbot aufrechterhalten werden sollte, dem Verlängerungsantrag also stattgegeben wurde.[75]

b) Die für die Abwägung in Betracht kommenden Interessen und Aspekte gem. § 173 Abs. 2 GWB

Seit der durch das VergModG 2009 bewirkten Umgestaltung des § 118 Abs. 2 GWB a.F., 21
die das VergRModG 2016 im jetzigen § 173 Abs. 2 GWB unverändert beibehalten hat, stehen sich bei der Interessenabwägung der Art nach dieselben Interessen der Beteiligten und der Allgemeinheit gegenüber wie bei den Verfahren nach § 169 Abs. 2 GWB (vgl. oben § 169 Rn. 30–35). Bei der „Abwägung" (s. ausdrücklich Satz 2 des § 173 Abs. 2 GWB) sind also in **persönlicher Hinsicht** nicht nur die Interessen des Beschwerdeführers und des Auftraggebers, sondern auch die Interessen der übrigen am Vergabeverfahren Beteiligten sowie der i.S.d. § 160 Abs. 2 GWB antragsberechtigten Interessenten am Auftrag, selbst wenn sie noch nicht beigeladen worden sind,[76] aber eine Schädigung ihrer Belange möglich ist, und die (evtl. vielfältigen) Interessen der Allgemeinheit am Ausgang des Vergabe- und des Beschwerdeverfahrens in Betracht zu ziehen. In **sachlicher Hinsicht** sind folgende Interessen (Satz 1: „alle" möglicherweise geschädigten Interessen) für die Abwägung bedeutsam: (1) Das jeweilige Interesse des Beschwerdeführers, der übrigen am Vergabeverfahren Beteiligten und der etwaigen sonstigen Interessenten (s. vorstehend), ihre Chancen auf die Auftragsvergabe zu wahren oder gar zu verbessern, wobei dies in der Person des Beschwerdeführers zugleich als Interesse an der Gewährung effektiven (Primär-)Rechtsschutzes zu charakterisieren ist. Bei diesen Interessen ist auch das Gewicht der wirtschaftlichen Auswirkungen der zu prüfenden Entscheidungsvariante im betreffenden Unternehmen mitzubedenken.[77] (2) Das Interesse des Auftraggebers, die beabsichtigte Beschaffungsmaßnahme – oft auch mit Blick auf deren volkswirtschaftliche Bedeutung, zwecks Vermeidung von Kostensteigerungen und/oder des Verlustes von fristgebundenen Subventionen[78] – zügig realisieren, also das Vergabeverfahren baldmöglichst fortsetzen und been-

74 So bei einem nur als „möglich scheinenden" Beschwerdeerfolg: BayObLG, Beschl v. 10.11.1999, Verg 8/99, NZBau 2000, 94, 95; BayObLG, Beschl. v. 14.2.2000, Verg 2/00, NZBau 2000, 261, 262; OLG Naumburg, Beschl. v. 7.3.2008, 1 Verg 1/08, VergabeR 2008, 710, 714; OLG Rostock, Beschl. v. 5.2.2003, 17 Verg 14/02, VergabeR 2003, 321, 326 f.; ebenso bei einer „nicht offenkundig erfolglosen" Beschwerde: Thüringer OLG, Beschl. v. 26.10.1999, 6 Verg 3/99, BauR 2000, 95; OLG Naumburg, Beschl. v. 13.10.2008, 1 Verg 10/08, NZBau 2008, 788, 789 f. und 794; ebenso bei „offenen" Erfolgsaussichten: OLG Düsseldorf, Beschl. v. 19.3.2008, VII-Verg 13/08, VergabeR 2009, 193, 199, und OLG Frankfurt, Beschl. v. 23.12.2005, 11 Verg 13/05, VergabeR 2006, 212, 216.

75 Vgl. OLG Frankfurt, Beschl. v. 23.12.2005, 11 Verg 13/05, VergabeR 2006, 212, 216; OLG Naumburg, Beschl. v. 5.2.2007, 1 Verg 1/07, VergabeR 2007, 554, 556; OLG Naumburg, Beschl. v. 7.3.2008, 1 Verg 1/08, VergabeR 2008, 710, 714; Thüringer OLG, Beschl. v. 22.11.2000, 6 Verg 8/00, VergabeR 2001, 52, 53.

76 Das Beschwerdegericht kann die Beiladung unter den sachlichen Voraussetzungen des § 162 Satz 1 GWB nachholen (s. § 174 Rn. 3 f.).

77 Vgl. BayObLG, Beschl. v. 2.8.2004, Verg 16/04, VergabeR 2004, 743, 744 (betr. einen nicht sehr hohen wirtschaftlichen Schaden des Ast. nach Zurückweisung des Verlängerungsantrags).

78 Vgl. *Erdmann*, VergabeR 2008, 908, 911 ff. – Da § 173 Abs. 2 Satz 2 GWB jetzt ausdrücklich das Interesse der Allgemeinheit an einer wirtschaftlichen Erfüllung der Aufgaben des Auftraggebers

den sowie das von ihm evtl. schon als wirtschaftlich günstigsten Bieter ausgewählte Unternehmen beauftragen zu können. (3) Das Interesse der Allgemeinheit daran, dass ihr die beabsichtigte Beschaffung oder Investition bald zugutekommt[79] und deshalb das Vergabeverfahren rasch abgeschlossen werden kann (§ 173 Abs. 2 Satz 3 Faktor 3 GWB), ferner dass der Auftraggeber seine Aufgaben in wirtschaftlicher Weise erfüllt (§ 173 Abs. 2 Satz 2 Hs. 1 GWB) einschließlich der Vermeidung erheblicher Schadensersatzrisiken infolge von ihm zur Last fallenden Vergaberechtsfehlern, aber auch daran, dass das Vergabeverfahren nach den geltenden Vorschriften in der rechtlich gebotenen Weise durchgeführt und Vergaberechtsfehler vermieden oder behoben werden.[80] Hierbei haben für den Abwägungsprozess nur ganz allgemeine oder abstrakte Belange der Allgemeinheit keine Bedeutung; die etwaigen Nachteile eines verlängerten Zuschlagsverbots für die Interessen der Allgemeinheit oder die Gemeinwohlbelange müssen vielmehr real bestehen und von dem/den Gegner(n) des Verlängerungsantrags konkret dargelegt werden.[81]

22 Gem. § 173 Abs. 2 Satz 3 Faktor 1 GWB hat das Beschwerdegericht bei seiner Abwägungsentscheidung – zumindest nach dem Wortlaut im Vergleich zu § 118 Abs. 2 GWB i. d. F. vor dem VergModG 2009 (s. oben Rn. 20) unverändert – die **Erfolgsaussichten der Beschwerde** zu „berücksichtigen". Abweichend von § 169 Abs. 2 Satz 4 GWB (s. oben § 169 Rn. 32) handelt es sich hier um einen unbedingten Normbefehl. Das dem Begriff „die Erfolgsaussichten" vorangestellte Wort „auch" kann und darf nicht als Herabstufung der Bedeutung dieses Kriteriums (und dann ja auch der beiden nachfolgenden Kriterien) aufgefasst werden, sondern hat allein eine sprachliche Funktion, weil schon im vorhergehenden Satz 2 ein Element für die Interessenabwägung normiert wird. Vielmehr ist die Bedeutung der Erfolgsaussichten der Beschwerde unverändert hoch, weil sie das **Gewicht der Interessen des Beschwerdeführers** (s. oben Rn. 21) – wie sich von selbst versteht – **maßgeblich mitbestimmen**. Daher ist es nach wie vor (s. oben Rn. 20) als eine dem Normzweck entsprechende Auslegung des § 173 Abs. 2 GWB anzusehen, dass ein **Verlängerungsantrag** (§ 173 Abs. 1 Satz 3 GWB) **zurückzuweisen** ist, **wenn** die sofortige **Beschwerde** im Entscheidungszeitpunkt nach der Prüfung, die den oben (Rn. 18) dargestellten Regeln genügt, **keine Aussicht auf Erfolg hat**, ohne dass es dann noch einer weiteren Interessenabwägung bedarf.[82] Denn dann ist dem Grundsatz des (dem Antragsteller/

---

als „zu berücksichtigen" anordnet, muss konsequenterweise auch das gleichgerichtete Interesse des Auftraggebers selbst an der Schonung oder sparsamen Verwendung von Haushaltsmitteln einbezogen werden. Damit ist noch nichts über das Gewicht dieses Interesses im Abwägungsprozess gesagt.

79 Vgl. *Erdmann*, VergabeR 2008, 908, 913 m. w. N.

80 Vgl. OLG Schleswig, Beschl. v. 30.5.2012, 1 Verg 2/12, VergabeR 2012, 900, 902; Thüringer OLG, Beschl. v. 14.11.2001, 6 Verg 6/01, VergabeR 2002, 165, 167 m. w. N. (Entsch. zur entspr. Vorschrift des [jetzigen] § 169 Abs. 2 Satz 1 GWB). In diesem allgemeinen Interesse an der Durchsetzung des Vergaberechts liegt grds. auch die Effektivität des individuellen Rechtsschutzes; vgl. OLG Naumburg, Beschl. v. 8.10.2009, 1 Verg 9/09, VergabeR 2010, 219, 221, und OLG Schleswig a. a. O. (beide zu § 118 GWB i. d. F. des VergModG 2009).

81 Vgl. OLG Frankfurt, Beschl. v. 23.12.2005, 11 Verg 13/05, VergabeR 2006, 212, 217; *Opitz*, NZBau 2005, 213, 215.

82 Im Erg. ebenso: OLG Celle, Beschl. v. 26.4.2010, 13 Verg 4/10, NZBau 2010, 715; OLG Celle, Beschl. v. 12.4.2016, 13 Verg 1/16, VergabeR 2016, 502, 504; OLG Düsseldorf, Beschl. v. 20.1.2010, VII-Verg 1/10, forum vergabe, Monatsinfo 08+09/2010, S. 241; OLG Naumburg, Beschl. v. 8.10.2009, 1 Verg 9/09, VergabeR 2010, 219, 220 f. (das OLG stellt hier lediglich als Resümee fest, dass „in dieser Konstellation" die Interessen der Allgemeinheit und des Ag. an

Beschwerdeführer zu gewährenden) effektiven Rechtsschutzes durch eine intensive Prüfung der Vergabekammer und eine weitere summarische Prüfung des Beschwerdegerichts hinreichend Rechnung getragen worden, sodass eine weitere Aufrechterhaltung der Zuschlagssperre zulasten des Auftraggebers und des eventuell schon ausgewählten künftigen Auftragnehmers generell nicht mehr angemessen ist (ohne die Notwendigkeit noch einer konkreten Bewertung der gegenüberstehenden Interessen). Eine **Interessenabwägung** gem. § 173 Abs. 2 Satz 1 GWB ist erst **erforderlich, wenn** ein **Erfolg der sofortigen Beschwerde** aufgrund der anzustellenden summarischen Prüfung **zumindest möglich** erscheint.[83]

Die Bedeutung der Aussichten der Beschwerde auf einen (zumindest möglichen) Erfolg für die Abwägung kann bei bestimmten, wahrscheinlich nicht sehr häufigen Fallgestaltungen durch § 173 Abs. 2 Satz 3 Faktor 2 GWB relativiert werden. Nach dieser durch das VergModG 2009 eingefügten Ergänzung der Abwägungsaspekte hat das Beschwerdegericht auch die „**allgemeinen Aussichten**" des Antragstellers **auf den Erhalt des Auftrags** im Vergabeverfahren zu berücksichtigen. Mit den allgemeinen Aussichten sind gerade nicht die Erfolgsaussichten des Nachprüfungsantrags und/oder der Beschwerde gemeint, sondern die Aussichten auf die Auftragserteilung für den Fall, dass der Antragsteller und/oder Beschwerdeführer mit seiner Beschwerde obsiegt und der Auftraggeber den oder die beanstandeten Vergaberechtsverstöße behebt. Der Gesetzgeber hat diesen neuen, abstrakt betrachtet sinnvollen Abwägungsaspekt aus (jetzt) § 169 Abs. 2 Satz 3 GWB nach hier übertragen („Anpassung" der Entscheidungskriterien des § 173 Abs. 2 an diejenigen des § 169 Abs. 2 GWB, s. oben Rn. 2). Nach der Begründung des Gesetzentwurfs (zu § 115 Abs. 2 GWB i. d. F. des VergModG 2009, jetzt § 169 Abs. 2 GWB) geht es wohl hauptsächlich um Fallgestaltungen, in denen die auf der vorprozessualen Angebotswertung beruhende Platzierung der konkurrierenden Bieterangebote für den Enderfolg im Vergabeverfahren (zumindest bezüglich eines Teils der Bieterangebote) noch bedeutsam ist oder sein kann.[84] Nach seinem Zweck muss diesem Abwägungsaspekt[85] – über den Wortlaut des § 173 Abs. 2 Satz 3 Faktor 2 GWB hinaus – auch dann Geltung zuerkannt werden, wenn nicht der Antragsteller, sondern ein Beigeladener als vor der Vergabekammer unterlegener Bieter sofortige Beschwerde gegen die Vergabekammerentscheidung eingelegt sowie den Antrag nach § 173 Abs. 1 Satz 3 GWB (analog, s. oben Rn. 14) gestellt hat und es nunmehr um seine Chancen im Vergabeverfahren geht. Oft lassen sich aber die hier gemeinten „allgemeinen" Aussichten, den Auftrag im Vergabeverfahren zu erhalten, nicht von den Erfolgsaussichten der sofortigen Beschwerde trennen (insbes. mit Blick auf § 160 Abs. 2 Satz 2 GWB), was dann dazu führt, dass der in § 173 Abs. 2 Satz 3 Faktor 2 GWB genannte 23

einem raschen Abschluss des Vergabeverfahrens gegenüber dem möglicherweise geschädigten Erwerbsinteresse des Ast. überwiegen; das ist keine Interessenabwägung i. S. d. § 173 Abs. 2 GWB); ebenso wie OLG Naumburg (nur m. a. W.): OLG Dresden, Beschl. v. 7.5.2010, WVerg 6/10, VergabeR 2010, 666, 667 und 669, und OLG München, Beschl. v. 14.1.2015, Verg 15/14, NZBau 2015, 575, 576; wie hier auch *Ulbrich*, in: Kulartz/Kus/Portz/Prieß, GWB, § 173 Rn. 59 m. w. N.

83 Vgl. OLG Düsseldorf, Beschlüsse v. 23.3.2010, VII-Verg 61/09, VergabeR 2010, 1012, 1014, und v. 17.2.2014, VII-Verg 2/14, VergabeR 2014, 560, 562; OLG Frankfurt, Beschl. v. 4.6.2010, 11 Verg 4/10, forum vergabe, Monatsinfo 11/2010, S. 318; a. A. wohl OLG Celle, Beschl. v. 8.7.2016, 13 Verg 2/16, NZBau 2016, 783 (Interessenabwägung schon dann unnötig, wenn Beschwerde keine „hinreichenden" Erfolgsaussichten hat).

84 Vgl. BT-Drs. 16/10117, zu Art. 1 Nr. 17 Buchst. b bb.

85 S. auch oben § 169 Rn. 35 bei Fn. 99.

Aspekt als selbstständiges Abwägungskriterium ausscheidet.[86] Das ist für die entsprechende Rechtslage zu § 169 Abs. 2 GWB dargestellt worden (oben § 169 Rn. 35), worauf Bezug genommen wird.

c) Die Abwägung der Interessen

24 Bei der Abwägung sind den Interessen des Beschwerdeführers an dem von ihm begehrten Primärrechtsschutz einschließlich der Wahrung der Chance, selbst den Zuschlag zu erhalten, und seiner damit verbundenen wirtschaftlichen Interessen (s. im Einzelnen Rn. 21–23) die Gegeninteressen des Auftraggebers und der Allgemeinheit, das Investitionsvorhaben überhaupt, möglichst auch rasch und unter wirtschaftlich (ggf.) aktuell günstigen Bedingungen durchzuführen sowie das Investitionsprodukt der bestimmungsgemäßen Nutzung zuzuführen (s. Rn. 21), und schließlich das Interesse der anderen, vor allem der aussichtsreichsten Bieter an baldiger Klarheit, wer den Zuschlag erhält, einschließlich ihrer wirtschaftlichen Belange (s. Rn. 21) gegenüberzustellen. Dass das in § 173 Abs. 2 Satz 2 und 3 Faktor 3 GWB besonders herausgestellte Interesse der Allgemeinheit an der Fortführung des Vergabeverfahrens keinen automatischen, völligen Gleichlauf mit demjenigen des Auftraggebers aufweist und z. B. auch darin besteht, dass das Vergabeverfahren rechtsstaatlich und vorschriftsgemäß durchgeführt wird (s. Rn. 21), ist mit zu berücksichtigen. Bei der Würdigung des **Verzögerungsaspekts** (s. insbes. § 173 Abs. 2 Satz 3 Faktor 3 GWB) ergeben sich gegenüber der Abwägungssituation im Verfahren nach § 169 Abs. 2 GWB (s. oben § 169 Rn. 36) insofern Unterschiede, als zu berücksichtigen ist, dass das den Zuschlag blockierende Nachprüfungsverfahren nun schon erheblich länger dauert als im Zeitpunkt der Entscheidung(en) gem. § 169 Abs. 2 GWB und dass das Hauptverfahren über die sofortige Beschwerde anders als das erstinstanzliche Verfahren vor der Vergabekammer von Gesetzes wegen nicht an eine enge Frist gebunden ist. Die durch das VergModG 2009 bewirkte Voranstellung des Gebots der Interessenabwägung von Satz 2 a. F. in Satz 1 n. F. des bisherigen § 118 Abs. 2 GWB (= jetzt § 173 Abs. 2 GWB) bedeutet nicht, dass das Beschwerdegericht für seine Entscheidung nach § 173 Abs. 1 Satz 3 GWB zunächst ohne Berücksichtigung der Erfolgsaussichten der Beschwerde eine Abwägung zwischen den nachteiligen Folgen einer Verzögerung der Vergabe und den mit der Verzögerung bis zur Beschwerdeentscheidung verbundenen Vorteilen vorzunehmen hat.[87] Einem solchen Gesetzesverständnis könnte schon deshalb nicht zugestimmt werden, weil schon § 173 Abs. 2 Satz 1 GWB als Grundregel der Interessenabwägung gebietet, dabei „alle" möglicherweise geschädigten Interessen zu berücksichtigen, wozu selbstverständlich auch die Interessen des Beschwerdeführers gehören (s. auch Rn. 21), deren Gewicht maßgeblich durch den Grad der Erfolgsaussichten seiner Beschwerde mitbestimmt werden (s. Rn. 22). Außerdem gebietet § 173 Abs. 2 Satz 3 GWB dem Beschwerdegericht, „bei" seiner Entscheidung (nach § 173 Abs. 1 Satz 3 GWB) – also von vornherein – u. a. auch die Erfolgsaussichten der Beschwerde zu berücksichtigen. Demzufolge sind die **Erfolgsaussichten der Beschwerde** ein **notwendiger Bestandteil der Interessenabwägung** (es sei denn, dass sie gegen Null tendieren, s. Rn. 22).[88]

---

86 Vgl. auch *Ulbrich*, in: Kulartz/Kus/Portz/Prieß, GWB, § 173 Rn. 69.

87 So aber *Otting*, in: Bechtold, GWB, § 118 Rn. 7.

88 Ebenso: OLG Düsseldorf, Beschl. v. 17.2.2014, VII-Verg 2/14, VergabeR 2014, 560, 561 f.; *Stockmann*, in: Immenga/Mestmäcker, GWB, § 118 Rn. 17.

In der Literatur wird zum Teil die Ansicht vertreten, dass die zu berücksichtigenden Interessen (insbes. diejenigen der Hauptbeteiligten) im Rahmen der Interessenabwägung prinzipiell gleichrangig seien.[89] Das wird jedoch dem Auslegungsbefund zu § 173 Abs. 2 GWB nicht gerecht. Satz 1 dieser Vorschrift, die Grundregel der Interessenabwägung, normiert nach wie vor (wie § 118 Abs. 2 Satz 2 GWB i. d. F. vor dem VergModG 2009), dass die „nachteiligen Folgen einer Verzögerung der Vergabe" (bis zur Beschwerdeentscheidung) und damit die dadurch „geschädigten" Interessen der an der Aufhebung der Zuschlagssperre sowie am raschen Abschluss des Vergabeverfahrens interessierten Beteiligten die Rechtsschutzinteressen des Beschwerdeführers, für die jene Verzögerung der Vergabe (§ 169 Abs. 1 GWB) „mit Vorteilen verbunden" ist, „überwiegen" müssen, damit die Ablehnung des nach § 173 Abs. 1 Satz 3 GWB gestellten Antrags gerechtfertigt ist. Daraus folgt, dass die **Rechtsschutzinteressen des Beschwerdeführers im Prinzip** – d. h. vorbehaltlich der konkreten Einzelfallumstände und der daraus resultierenden Gewichtung der unterschiedlichen Interessen – den **Vorrang** haben vor den Gegeninteressen des Auftraggebers, der mit dem Beschwerdeführer konkurrierenden Bieter und der Allgemeinheit, soweit deren Interessen (unter welchen Aspekten auch immer) auf einen raschen Abschluss des Vergabeverfahrens abzielen.[90] Diese prinzipielle Vorrangposition wird, woran in diesem Zusammenhang zu erinnern ist (s. Rn. 21 bei Fn. 80), dadurch gestärkt, dass eines der vielfältigen Interessen der Allgemeinheit an den Vergabeverfahren auch die Effektivität des individuellen Rechtsschutzes zum Inhalt hat.[91] An dieser Vorrangposition hat auch die Umgestaltung des § 118 Abs. 2 GWB a. F. durch das VergModG 2009 prinzipiell nichts geändert. Die erstmalige **Hervorhebung der wirtschaftlichen Interessen** und damit der Haushaltsbelange **des Auftraggebers**, die nunmehr § 173 Abs. 2 Satz 2 GWB in einer Art volkswirtschaftlicher Gesamtbetrachtung (auch) der Allgemeinheit zuordnet und die „zu berücksichtigen" sind, bedeutet nicht etwa, dass diesen Interessen nunmehr prinzipiell großes Gewicht, ein Gleichrang oder gar ein Vorrang vor den Rechtsschutzinteressen des Beschwerdeführers zukommt.[92] Die gegenteilige Auffassung wäre mit dem Gebot der rechtsschutzkonformen, gerade einen effektiven Primärrechtsschutz gewährleistenden Auslegung, das das BVerfG auch für die vergaberechtlichen Nachprüfungsverfahren aus Art. 19 Abs. 4 GG abgeleitet hat,[93] nicht zu vereinbaren. Die Hervorhebung der wirtschaftlichen 25

89 *Erdmann*, VergabeR 2008, 908, 910, 911, 915, 917; so wohl auch *Losch*, in: Ziekow/Völlink, Vergaberecht, § 118 GWB Rn. 37 (s. aber auch Rn. 39); noch weiter zulasten der Interessen des Beschwerdeführers geht *Hunger*, in: Kulartz/Kus/Portz, GWB, 3. Aufl., § 118 Rn. 62: Jedenfalls nach der Gesetzesänderung (v. 20.4.2009) müsse das Interesse der Allgemeinheit an einem raschen Abschluss des Verfahrens gegen die Interessen des Ast. an einem möglichst effektiven Rechtsschutz vorgehen.

90 Ebenso: KG, Beschl. v. 24.10.2013, Verg 11/13, NZBau 2013, 792, 795; KG, Beschl. v. 21.11.2014, Verg 22/13, VergabeR 2015, 204, 208; OLG Celle, Beschl. v. 8.7.2016, 13 Verg 2/16, NZBau 2016, 783; *Wiedemann*, VergabeR 2009, 302, 316; im Erg. ebenso auch *Stockmann*, in: Immenga/Mestmäcker, GWB, § 118 Rn. 24; *Ulbrich*, in: Kulartz/Kus/Portz/Prieß, GWB, § 173 Rn. 62 f.; *Schweda*, in: Langen/Bunte, Kartellrecht, § 118 GWB Rn. 15.

91 Vgl. OLG Naumburg, Beschl. v. 8.10.2009, 1 Verg 9/09, VergabeR 2010, 219, 221; OLG Schleswig, Beschl. v. 30.5.2012, 1 Verg 2/12, VergabeR 2012, 900, 902; vgl. auch *Stockmann*, in: Immenga/Mestmäcker, GWB, § 118 Rn. 17.

92 Ebenso: *Kühnen*, NZBau 2009, 357 ff. unter IV. i.V. m. II. 3. a); *Wiedemann*, VergabeR 2009, 302, 316 bei Fn. 67 u. 68.

93 BVerfG, Beschl. v. 29.7.2004, 2 BvR 2248/03, NZBau 2004, 564 = VergabeR 2004, 597, 598 f. (II. 1.).

Interessen des Auftraggebers und der Allgemeinheit in § 173 Abs. 2 Satz 2 GWB soll jedoch das Bewusstsein der Beschwerdegerichte dafür schärfen, dass auch diese Interessen (eigentlich immer schon) zu den infolge einer verlängerten Zuschlagssperre „möglicherweise geschädigten Interessen" gehören und daher bei der Abwägung „zu berücksichtigen" sind. Die vorstehenden Ausführungen gelten prinzipiell auch für die **besonderen Verteidigungs- und Sicherheitsinteressen**, deren „zusätzliche" Berücksichtigung § 173 Abs. 2 Satz 2 Hs. 2 GWB anordnet, wenn das Vergabeverfahren, das Gegenstand der Beschwerde und damit des Eilantrags ist, einen verteidigungs- oder sicherheitsspezifischen öffentlichen Auftrag (§ 104 GWB) betrifft. Auch hier ist dem Gesetz nicht zu entnehmen, dass derartigen Interessen per se ein gleich großes oder gar größeres Gewicht als den auf (bestehenden) Erfolgsaussichten der Beschwerde basierenden Rechtsschutzinteressen des Beschwerdeführers zukommt.[94] Freilich können solche Interessen, wenn sie unter verteidigungs- oder sicherheitsspezifischen Aspekten sogar als „besondere" Verteidigungs- oder Sicherheitsinteressen der Allgemeinheit und des öffentlichen Auftraggebers einzustufen und deshalb zusätzlich (!) zu berücksichtigen sind, das Abwägungsergebnis bei öffentlichen Aufträgen i. S. d. § 104 GWB tendenziell eher zuungunsten der Interessen des Beschwerdeführers beeinflussen, als es die Interessen der Allgemeinheit und/oder des Auftraggebers bei allen anderen Auftragsarten prinzipiell vermögen.[95]

26 Das Ergebnis der Interessenabwägung wird immer von den konkreten Umständen des Einzelfalls abhängen, sodass sich weitere allgemeine Regeln (als in Rn. 22, 24 und 25 dargestellt) nicht aufstellen lassen. Folgende, vom Verfahren nach § 169 Abs. 2 GWB (s. oben § 169 Rn. 38) etwas abweichende **Orientierungslinien** erscheinen aber sachgerecht:

- Beurteilt das Beschwerdegericht die Erfolgsaussichten der Beschwerde negativ (keine oder wahrscheinlich keine Aussicht auf Erfolg), sollte es den Antrag i. d. R. ablehnen.[96]
- Eine Ausnahme hiervon gilt für den Fall, dass das Beschwerdegericht selbst zwar die Beschwerde für unbegründet hält, eine solche Entscheidung aber wegen der Notwendigkeit einer Divergenzvorlage nach § 179 Abs. 2 GWB nicht wird treffen können; dieser Fall ist wie der Fall eines völlig offenen Ausgangs des Beschwerdeverfahrens zu behandeln (s. unten, im Zweifel Verlängerung der Zuschlagssperre).[97] Im Ergebnis das Gleiche gilt im Fall einer notwendigen Vorlage gem. Art. 267 AEUV an den EuGH nebst notwendiger Aussetzung des Beschwerdeverfahrens.[98]
- Ergibt sich dagegen eine überwiegende Wahrscheinlichkeit für den Erfolg der Beschwerde, müssen die gegenläufigen Interessen der übrigen Beteiligten, insbes. des Auftraggebers, und/oder der Allgemeinheit an einer baldigen Zuschlagserteilung vor Beendigung des Beschwerdeverfahrens von besonders starkem Gewicht sein, damit die

94 So wohl auch *Schweda*, in: Langen/Bunte, Kartellrecht, § 118 GWB Rn. 16.

95 Im Erg. ebenso: *Ulbrich*, in: Kulartz/Kus/Portz/Prieß, GWB, § 173 Rn. 68.

96 Vgl. oben den Text zu Rn. 22 und die in Fn. 64–67 und 82 zitierten Entscheidungen.

97 Vgl. Thüringer OLG, Beschl. v. 30.5.2002, 6 Verg 3/02, NZBau 2003, 638 = VergabeR 2002, 488, 489; OLG Frankfurt, Beschl. v. 23.12.2005, 11 Verg 13/05, VergabeR 2006, 212, 216; so wohl auch OLG Brandenburg, Beschlüsse v. 27.11.2008, Verg W 15/08, NZBau 2009, 337, 341, und v. 7.12.2010, Verg W 16/10, NZBau 2011, 126; *Ulbrich*, in: Kulartz/Kus/Portz/Prieß, GWB, 4. Aufl., § 173 Rn. 64; a. A. *Hunger*, in: Kulartz/Kus/Portz, GWB, 3. Aufl., § 118 Rn. 62 (Zurückweisung des Verlängerungsantrags).

98 OLG Düsseldorf, Beschl. v. 19.3.2008, VII-Verg 13/08, VergabeR 2009, 193, 199.

Ablehnung des Antrags in Betracht gezogen werden kann;[99] dabei werden auch die Art und das Gewicht des gerügten Vergaberegelverstoßes im Hinblick auf die Gestaltung des Vergabeverfahrens und die allgemeinen Aussichten des Beschwerdeführers, den Zuschlag zu erhalten (s. § 173 Abs. 2 Satz 3 Faktor 2 GWB und oben Rn. 23), bedeutsam sein.

So kann bei einem als wahrscheinlich oder sogar sicher diagnostizierten Vergaberechtsverstoß weniger gravierender Art[100] die Interessenabwägung zulasten des Beschwerdeführers ausfallen, wenn es um die Freigabe des Zuschlags für einen dringlichen Vertrag geht, der eine große und aktuelle Bedeutung für die Sicherheits-, Gesundheits- oder Versorgungsinteressen der Bevölkerung hat oder der bei einem Abschluss erst nach dem Ende des Beschwerdeverfahrens sehr wahrscheinlich mit unverhältnismäßig hohen finanziellen Einbußen des Auftraggebers verbunden wäre, sofern dieser die Dringlichkeit nicht selbst durch unzweckmäßige Vergabevorbereitung (mit-)verursacht hat und auch Interimslösungen nicht in Betracht kommen.[101]

- Erscheint der Ausgang des Beschwerdeverfahrens als völlig offen, dann setzt die Ablehnung des Verlängerungsantrags voraus, dass von den gegeneinander abzuwägenden Interessen bei wertender Betrachtung diejenigen Interessen, die für einen raschen Abschluss des Vergabeverfahrens sprechen, die Gegeninteressen überwiegen (vgl. § 173 Abs. 2 Satz 1 GWB).[102]
- **Im Zweifel** gilt also auch hier, dass zugunsten der Effektivität des Primärrechtsschutzes das Zuschlagsverbot aufrechterhalten, **dem Verlängerungsantrag** also **stattgegeben werden sollte**.[103]

---

99 Im Ergebnis ebenso zu § 118 Abs. 2 GWB i. d. F. vor dem VergModG 2009: KG, Beschl. v. 18.8.1999, KartVerg 4/99, BauR 2000, 561; OLG Düsseldorf, Beschlüsse v. 20.11.2001, Verg 40/01, und v. 9.1.2003, Verg 57/02; *Storr*, in: Loewenheim/Meessen/Riesenkampff, Kartellrecht, § 118 GWB Rn. 17. Vgl. auch zu § 173 Abs. 2 GWB n. F.: *Ulbrich*, in: Kulartz/Kus/Portz/Prieß, GWB, § 173 Rn. 60.

100 Z. B. Wahl des Verhandlungsverfahrens durch den öffentlichen Auftraggeber, obwohl die engen Voraussetzungen hierfür nicht erfüllt waren, sofern der Beschwerdeführer zur Angebotsabgabe im Verhandlungsverfahren zugelassen war; zur Zulässigkeit des Nachprüfungsverfahrens in diesem Fall vgl. BGH, Beschl. v. 10.11.2009, X ZB 8/09, NZBau 2010, 124.

101 Zust.: *Stockmann*, in: Immenga/Mestmäcker, GWB, § 118 Rn. 23; OLG Celle, Beschl. v. 8.7.2016, 13 Verg 2/16, NZBau 2016, 783; vgl. auch *Erdmann*, VergabeR 2008, 908, 914; *Hunger*, in: Kulartz/Kus/Portz, GWB, 3. Aufl., § 118 Rn. 62.

102 Vgl. OLG Brandenburg, Beschl. v. 16.1.2012, Verg W 19/11, NZBau 2012, 326, 327; OLG Schleswig, Beschl. v. 30.5.2012, 1 Verg 2/12, VergabeR 2012, 900, 902 und 906; OLG Schleswig, Beschl. v. 19.8.2016, 54 Verg 8/16, VergabeR 2017, 63, 65.; vgl. auch *Ulbrich*, in: Kulartz/Kus/Portz/Prieß, GWB, 4. Aufl., § 173 Rn. 62 f.; *Stockmann*, in: Immenga/Mestmäcker, GWB, § 118 Rn. 24; *Schweda*, in: Langen/Bunte, Kartellrecht, § 118 GWB Rn. 15. A. A. zu § 118 Abs. 2 GWB i. d. F. des VergModG 2009 (= § 173 Abs. 2 GWB): *Hunger*, in: Kulartz/Kus/Portz, GWB, 3. Aufl., § 118 Rn. 54 (Verlängerung der Zuschlagssperre nur dann, wenn das Obsiegen des Beschwerdeführers wahrscheinlicher ist als sein Unterliegen *und* es bei der Interessenabwägung keine Aspekte gibt, die eine Verzögerung des Vergabeverfahrens überwiegend nachteilig erscheinen lassen).

103 Im Erg. ebenso: KG, Beschlüsse v. 24.10.2013, Verg 11/13, NZBau 2013, 792, 795, und v. 21.11.2014, Verg 22/13, VergabeR 2015, 204, 208; *Schweda*, in: Langen/Bunte, Kartellrecht, § 118 GWB Rn. 15; *Ulbrich*, in: Kulartz/Kus/Portz/Prieß, GWB, 4. Aufl., § 173 Rn. 62 (a. E.). A. A. zu § 118 Abs. 2 GWB i. d. F. des VergModG 2009 (= § 173 Abs. 2 GWB): *Hunger*, in: Kulartz/Kus/Portz, GWB, 3. Aufl., § 118 Rn. 54, 60, 62.

– Dabei kann (und muss) das OLG die Verlängerung der aufschiebenden Wirkung der Beschwerde, also die Fortdauer des Zuschlagsverbots, im **Umfang** und **Ausmaß begrenzen**, sofern ein Beschwerdeerfolg nur bezüglich eines Teils des bisher blockierten Auftragsvolumens (z. B. bei einer Vergabe in mehreren Losen) in Betracht kommen kann.[104]

27 **Beispiele** für die bei der Interessenabwägung relevanten Erwägungen der **Rechtsprechung**:[105] Wenn es nicht offenkundig ist, dass die Beschwerde keine Erfolgsaussicht hat, bedarf es schwerwiegender Gründe des allgemeinen Wohls, um den Weg zu einem Zuschlag vor Abschluss des Beschwerdeverfahrens zu öffnen. Hinsichtlich der streitbefangenen Vergabe von Bauleistungen für einen Talsperrenbau, für den konkret ein Beschleunigungsbedürfnis aus öffentlichem Interesse besteht, können solche schwerwiegenden Gründe dennoch erst dann angenommen werden, wenn der öffentliche Auftraggeber glaubhaft macht, dass die real zu erwartende Verzögerung der Zuschlagserteilung (nach der Prognose im Streitfall: wenige Wochen) die Trinkwasserversorgung in dem betreffenden Bundesland „gefährden" würde oder wegen der Verzögerung in mengenmäßiger oder qualitativer Hinsicht „ein Wasserversorgungsnotstand drohte".[106] Eine durch die Verlängerung des Zuschlagsverbots eintretende weitere Verzögerung des Vergabeverfahrens ist für den Auftraggeber und die Allgemeinheit umso eher zumutbar, desto zügiger das Beschwerdegericht das Beschwerdeverfahren – mit baldigem Verhandlungstermin – gestaltet.[107] Die Notwendigkeit allein, dass der öffentliche Auftraggeber zwecks Durchführung schon terminierter Vorhaben das hierfür benötigte Gerät, dessen Lieferung sich durch die Verlängerung des Zuschlagsverbots weiter verzögern wird, auf dem internationalen Markt „zu erheblichen Kosten" anmieten muss, rechtfertigt bei „nicht auszuschließender Erfolgsaussicht" der Beschwerde nicht die Ablehnung der Verlängerung, solange die Höhe der Mehrkosten des Auftraggebers zum fortdauernden Interesse des Antragstellers an einem Zuschlag nicht „im Missverhältnis steht".[108] Bei der Vergabe von Bauarbeiten in erheblicher Größenordnung ist im Rahmen der Interessenabwägung gegenüber den durch die Verlängerung des Zuschlagsverbots eintretenden Folgen eines verzögerten Baubeginns auch zu berücksichtigen, dass die Allgemeinheit ein erhebliches Interesse daran hat, dass solche Vergabeverfahren ordnungsgemäß entsprechend dem Vergaberecht durchgeführt werden.[109] Das Interesse des öffentlichen Auftraggebers am raschen Abschluss eines Vergabeverfahrens über den Auftrag, Akustikplatten in einen im Umbau befindlichen historischen Zuschauersaal einzubauen, um diesen Saal zum festgelegten Zeitpunkt wiedereröffnen zu können, ist gegenüber der aussichtsreichen Beschwerde eines Bieters nicht hinreichend dringlich, weil die bisherige Zeitplanung des Auftraggebers zur Wiedereröffnung unsicher war, was unabhängig vom streitigen Vergabeverfahren Zweifel an der Bestandsfähigkeit der Zeitplanung

104 Vgl. OLG Düsseldorf, Beschlüsse v. 22.2.2000, Verg 5/00, und. v. 18.5.2000, Verg 6/00.

105 Die Entscheidungen sind überwiegend noch gem. § 118 Abs. 2 GWB a. F. vor dem VergModG 2009 ergangen. Es ist nicht anzunehmen, dass sie bei Anwendung des § 173 Abs. 2 GWB anders ausgefallen wären.

106 Thüringer OLG, Beschl. v. 26.10.1999, 6 Verg 3/99, NZBau 2000, 354, 355.

107 Vgl. Thüringer OLG, Beschl. v. 8.6.2000, 6 Verg 2/00, NZBau 2001, 163, 165; OLG Stuttgart, Beschl. v. 15.9.2003, 2 Verg 8/03, VergabeR 2004, 384, 386; OLG Düsseldorf, Beschlüsse v. 18.5.2000, Verg 6/00, und v. 9.1.2003, Verg 57/02.

108 OLG Rostock, Beschl. v. 5.2.2003, 17 Verg 14/02, VergabeR 2003, 321, 327 (bei dem Vergabegegenstand handelt es sich um ein zu lieferndes neues eisrandfähiges Forschungsschiff).

109 Thüringer OLG, Beschl. v. 30.5.2002, 6 Verg 3/02, VergabeR 2002, 488, 491 (Neubau eines Klinik-Bettenhauses).

überhaupt hervorruft, und weil die baldige Wiedereröffnung des Zuschauersaales nur für bestimmte Bevölkerungsgruppen von erheblichem Interesse ist, aber keine dringende Bedeutung für die Allgemeinheit im Ganzen hat.[110] Dass es sich bei der vom Zuschlagsstopp betroffenen Vergabe eines Managementvertrags über die öffentliche Straßenbeleuchtung um eine unverzichtbare und unaufschiebbare Angelegenheit der Daseinsvorsorge handelt und der von der Vergabestelle geschlossene Interimsvertrag in seinem Leistungsumfang hinter demjenigen des zu vergebenden Vertrags zurückbleibt und außerdem in Kürze endet, rechtfertigt nicht die Annahme eines schützenswerten Interesses des Auftraggebers an der sofortigen Zuschlagserteilung, weil dieser den nach Inhalt und Geltungsdauer unzureichenden Interimsvertrag, den er in Kenntnis der sich verzögernden Vergabe so abgeschlossen hat, selbst zu verantworten hat.[111] Gegenüber den als sehr gering einzuschätzenden Erfolgsaussichten der Beschwerde eines Bieters überwiegt das öffentliche Interesse am Fortgang der Arbeiten an dem Gesamtprojekt, einer stationären Hochwasserschutzanlage, weil eine weitere Verzögerung der umstrittenen Auftragsvergabe (nur) eines Loses faktisch einen Baustopp des Projekts mit nachteiligen finanziellen Auswirkungen zulasten des öffentlichen Auftraggebers und damit der Allgemeinheit zur Folge hätte.[112]

6. Zeitrahmen für die Entscheidung

In § 173 Abs. 1 und 2 GWB ist nicht ausdrücklich geregelt, in welchem **Zeitrahmen** das Beschwerdegericht über den Antrag gem. § 173 Abs. 1 Satz 3 GWB zu entscheiden hat. 28
Den Sätzen 2 und 3 des § 173 Abs. 1 GWB kann, gerade bei einer Auslegung nach dem systematischen Zusammenhang, nicht entnommen werden, das Gericht müsse innerhalb der in Satz 2 genannten zwei Wochen nach Ablauf der Beschwerdefrist entscheiden.[113] Das ist auch faktisch dann nicht möglich, wenn der Beschwerdeführer diese zwei Wochen schon für die Stellung des Antrags ausschöpfen darf (s. oben Rn. 16) und auch ausgeschöpft hat. Hinzu kommt, dass das Gericht im Hinblick auf die Bedeutung der Entscheidung und auf das durch § 173 Abs. 2 GWB vorgeschriebene Prüfungsprogramm dem Auftraggeber und den (etwaigen) übrigen Beteiligten rechtliches Gehör gewähren muss. Länger als fünf Wochen ab Antragseingang (analog § 176 Abs. 3 Satz 1 GWB) wird es aber nicht mit seiner Entscheidung zuwarten dürfen, eher weniger als fünf Wochen, weil der Untersuchungsgrundsatz hier – anders als nach den §§ 176 Abs. 3 Satz 4, 175, 70 Abs. 1 GWB – nicht gilt (s. oben Rn. 18). Da dem **Antrag** nach § 173 Abs. 1 Satz 3 GWB selbst **keine aufschiebende Wirkung** zukommt,[114] entfällt diese – ohne gerichtliche Entscheidung (s. unten) – auf jeden Fall zwei Wochen nach Ablauf der Beschwerdefrist (§ 173 Abs. 1 Satz 2 GWB) endgültig (s. auch oben Rn. 16). Nach fruchtlosem Verstreichen der Zwei-Wochen-Frist des § 173 Abs. 1 Satz 2 GWB kann das Beschwerdegericht daher die aufschiebende Wirkung der Beschwerde nicht mehr „verlängern",[115] also auch einem vor-

110 KG, Beschl. v. 27.1.2015, Verg 9/14, VergabeR 2015, 708, 711.

111 KG, Beschl. v. 31.8.2009, 2 Verg 6/09, VergabeR 2010, 112, 118f., mit zust. Anm. *Gulich*, S. 119f.

112 OLG Koblenz, Beschl. v. 4.10.2010, 1 Verg 8/10, VergabeR 2011, 224, 226.

113 Ebenso: *Otting*, in: Bechtold, GWB, § 118 Rn. 6, 8; *Opitz*, NZBau 2005, 213, 215.

114 OLG Düsseldorf, Beschl. v. 6.8.2001, Verg 28/01, VergabeR 2001, 429, 430; a. A. – ohne Begründung – *Schweda*, in: Langen/Bunte, Kartellrecht, § 118 GWB Rn. 9.

115 Ebenso: OLG Frankfurt, Beschl. v. 28.6.2005, 11 Verg 21/04, VergabeR 2006, 131, 136; *Prieß*, Hdb. des europ. Vergaberechts, S. 406

her eingegangenen Verlängerungsantrag nicht mehr stattgeben.[116] Der Zuschlag wäre dann dem Auftraggeber erlaubt, was den gem. § 173 Abs. 1 Satz 3 GWB gestellten Antrag sinnlos machen würde.[117] Dagegen muss das Beschwerdegericht geeignete Vorsorge treffen. Es muss im Interesse effektiven Rechtsschutzes, sofern der Verlängerungsantrag nicht offensichtlich unberechtigt ist, möglichst noch **vor dem regulären Wegfall der aufschiebenden Wirkung** der Beschwerde diese Wirkung – auf Antrag oder von Amts wegen – gem. § 570 Abs. 3 ZPO analog **durch eine vorläufige**, nur für die Dauer des Antragsverfahrens geltende **Entscheidung verlängern**.[118] Diese Möglichkeit bedeutet indessen nicht, dass das Gericht bei einem – ohne jeden einleuchtenden Grund – unverständlich späten Eingang des Antrags nach § 173 Abs. 1 Satz 3 GWB (z. B. am letzten Tag der Frist des § 173 Abs. 1 Satz 2 GWB) verpflichtet ist, sofort – ohne rechtliches Gehör für den Auftraggeber und die übrigen Beteiligten – eine solche vorläufige Entscheidung zugunsten des Antragstellers zu erlassen. Das Beschwerdegericht darf vielmehr auf Grund der ihm bekannten Umstände des Einzelfalls nach pflichtgemäßem Ermessen abwägen, ob es angemessen ist, einseitig die Interessen des Antragstellers zu bevorzugen und ohne rechtliches Gehör der anderen Verfahrensbeteiligten vorläufig die Zuschlagssperre zu verlängern, oder ob es sachgerechter ist, auf das vorgängige rechtliche Gehör nicht zu verzichten und den Antragsteller die Folgen seines eigenen säumigen Prozessverhaltens tragen zu lassen.[119]

7. Entscheidung des Beschwerdegerichts

29 Analog § 176 Abs. 3 Satz 2 GWB kann das Beschwerdegericht seine Entscheidung nach § 173 Abs. 1 Satz 3 GWB **ohne mündliche Verhandlung** erlassen; in der Praxis wird i. d. R. von einer mündlichen Verhandlung abgesehen. Zuständig ist das Beschwerdegericht in voller Besetzung, wie sich aus dem Wortlaut des § 173 Abs. 1 Satz 3 GWB ergibt; das gilt auch für die vorläufige Verlängerung (s. Rn. 28) der aufschiebenden Wirkung (vgl. auch § 570 Abs. 3 ZPO analog). Die abschließende Entscheidung ist nicht zuletzt wegen ihrer großen Bedeutung für das weitere Beschwerdeverfahren und für das künftige Verhalten der Beteiligten (evtl. Rücknahme der Beschwerde nach Ablehnung des Verlängerungsantrags oder beschleunigte Korrekturen im Vergabeverfahren seitens des Auftraggebers bei Stattgabe des Antrags) **zu begründen**. Die vorläufige Verlängerung der aufschiebenden Wirkung braucht nicht begründet zu werden, außer der deutlichen Angabe, dass es sich

---

116 A. A. – jedoch ohne sachliche Begründung – OLG Stuttgart, Beschl. v. 11.7.2000, 2 Verg 5/00, NZBau 2001, 462, 463; *Otting*, in: Bechtold, GWB, § 118 Rn. 6; a. A. ferner *Gröning*, in: Motzke/Pietzcker/Prieß, VOB/A, § 118 GWB Rn. 30.– In der oben Rn. 16 (a. E.) dargestellten Ausnahmesituation kann das Beschwerdegericht jedoch die aufschiebende Wirkung der Beschwerde wiederherstellen.

117 Vgl. oben Rn. 7 und 9; KG, Beschl. v. 26.10.1999, KartVerg 8/99, NZBau 2000, 262.

118 Ebenso: OLG Düsseldorf, Beschlüsse v. 19.10.1999, Verg 2/99; und v. 26.4.2000, Verg 6/00; KG, Beschl. v. 6.7.1999, KartVerg 4/99, NZBau 2000, 95; *Gröning*, ZIP 1999, 181, 183; *Tilmann*, WuW 1999, 342, 347; *Prieß*, Hdb. des europ. Vergaberechts, S. 409 f. (aber nur auf zusätzlichen Antrag des Beschwerdeführers).

119 Vgl. BayObLG, Beschl. v. 4.2.2002, Verg 1 /02, VergabeR 2002, 305, 306, m. abl. Anm. *Sura*, S. 307 f.; OLG Düsseldorf, Beschl. v. 6.8.2001, Verg 28/01, VergabeR 2001, 429, 430, m. abl. Anm. *Abel*, S. 431, 432 f.; dem BayObLG zustimmend: *Prieß*, Hdb. des europ. Vergaberechts, S. 408; *Opitz*, NZBau 2005, 213, 215; a. A. (vorläufige Verlängerung des Suspensiveffekts dann geboten): *Hunger*, in: Kulartz/Kus/Portz, GWB, 3. Aufl., § 118 Rn. 48–50; *Storr*, in: Loewenheim/Meessen/Riesenkampff, Kartellrecht, § 118 GWB Rn. 10.

nur um eine vorläufige, fristwahrende Maßnahme handelt. Die vorläufige und auch die abschließende Entscheidung nach § 173 Abs. 1 Satz 3 GWB bedarf zu ihrer Wirksamkeit **keiner förmlichen Zustellung**. Die die Zustellung anordnenden Vorschriften der §§ 175 Abs. 2, 71 Abs. 6 GWB gelten nur für die abschließende Beschwerdeentscheidung. Analog anzuwenden sind § 329 Abs. 2 Satz 1 ZPO und §§ 173 Satz 1, 122 Abs. 1 VwGO, die wiederum zur Anwendung des § 329 ZPO führen.[120] Danach ist sowohl die vorläufige als auch die abschließende Entscheidung nach § 118 Abs. 1 Satz 3 GWB allen Beteiligten formlos mitzuteilen, damit sie **Wirksamkeit** erlangt. Dass hierfür keine Zustellung erforderlich ist, entspricht i. Ü. der neuen Regelung in § 169 Abs. 1 GWB. Für den Auftraggeber bedeutet das, dass ihm gegenüber die Verlängerung der Zuschlagssperre über die in § 173 Abs. 1 Satz 2 GWB bestimmte Frist hinaus im Falle einer bewilligenden Entscheidung erst in dem Zeitpunkt wirksam wird, in dem ihm (bzw. seinem etwaigen Verfahrensbevollmächtigten) die Entscheidung formlos mitgeteilt wird (Zugang einer Entscheidungsabschrift, auch per Fax, oder telefonische Bekanntgabe durch die Geschäftsstelle an einen für die Entgegennahme derartiger Mitteilungen intern zuständigen Mitarbeiter des Auftraggebers bzw. an den Verfahrensbevollmächtigten reicht aus).[121]

Zur Gewährleistung wirksamen Rechtsschutzes ist das Beschwerdegericht auch befugt, **einstweilige Anordnungen analog § 169 Abs. 3 GWB** gegen den Auftraggeber und/oder gegen das Drittunternehmen zu erlassen, das vom Auftraggeber durch den im streitbefangenen Vergabeverfahren geschlossenen Vertrag beauftragt worden ist, dessen Wirksamkeit aber im Nachprüfungsverfahren und auch noch mit der sofortigen Beschwerde bezweifelt und bekämpft wird.[122] Dabei geht es um Maßnahmen, die **über die Zuschlagssperre** (§§ 169 Abs. 1, 173 Abs. 1 GWB) **hinaus** im konkreten Fall für einen effektiven Rechtsschutz notwendig sind. Mit einer einstweiligen Anordnung kann dem Auftraggeber und dem Drittunternehmen z. B untersagt werden, den in seiner Wirksamkeit zweifelhaften Vertrag weiter durchzuführen, also seitens des Drittunternehmens weiter zu erfüllen, wodurch Wert und wirtschaftliche Attraktivität des im Streit befindlichen Auftragsvolumens erheblich vermindert werden würde. 30

Ein Beschluss auf Verlängerung der aufschiebenden Wirkung (und damit der Zuschlagssperre) tritt, ohne dass es eines besonderen gerichtlichen Ausspruchs bedarf, durch den Erlass der abschließenden Beschwerdeentscheidung außer Kraft.[123] Der gleiche Effekt tritt 31

---

120 Im Erg. ebenso: *Stockmann*, in: Immenga/Mestmäcker, GWB, § 118 Rn. 26..

121 Zum Teil a. A. und differenzierend: *Hunger*, in: Kulartz/Kus/Portz, GWB, 3. Aufl., § 118 Rn. 39 ff.; a. A. auch *Ulbrich*, in: Kulartz/Kus/Portz/Prieß, GWB, 4. Aufl., § 173 Rn. 76 (die Verlängerungswirkung der gem. § 173 Abs. 1 Satz 3 GWB getroffenen Entscheidung, sofern sie vor Ablauf der Frist des § 173 Abs. 1 Satz 2 GWB erlassen worden sei, trete unmittelbar mit ihrem Erlass ein, unabhängig davon, ob oder wann sie dem Auftraggeber zugehe, und ob er von ihr Kenntnis erhalte; denn insoweit gelte nichts anderes als bei der Entstehung des Zuschlagsverbots gem. § 169 Abs. 1 oder der aufschiebenden Wirkung gem. § 173 Abs. 1 Satz 1 GWB [diese Parallelen zu den §§ 169 Abs. 1, 173 Abs. 1 Satz 1 GWB sind jedoch nicht recht verständlich]).

122 OLG Düsseldorf, Beschlüsse v. 30.4.2008, VII-Verg 23/08, NZBau 2008, 461, 462 = VergabeR 2008, 835, 838, v. 14.5.2008, VII-Verg 27/08, VergabeR 2008, 661, 663 f., und v. 16.11.2016, VII-Verg 40/16, NZBau 2017, 308 f.; OLG Brandenburg, Beschl. v. 6.10.2006, Verg W 6/06, NZBau 2007, 329, 332.

123 Vgl. *Opitz*, NZBau 2005, 213, 214 m. w. N. – Falls der Beschwerde ganz oder teilweise stattgegeben wird, gelten nur noch die Anordnungen der Beschwerdeentscheidung, also ggf. das in ihr enthaltene Zuschlagsverbot.

automatisch infolge der (wirksamen) Rücknahme der Beschwerde (s. § 171 Rn. 36) ein. Diese Rechtsfolge hat das Beschwerdegericht auf Antrag des Auftraggebers durch Beschluss festzustellen (analog § 269 Abs. 4 ZPO).

8. Keine Kostenentscheidung

32 Die Entscheidung über den Antrag gem. § 173 Abs. 1 Satz 3 GWB hat noch nicht über die durch den Antrag entstandenen (Mehr-)Kosten zu befinden. Die Kosten des Verfahrens nach § 173 Abs. 1 Satz 3 GWB, eines Zwischenverfahrens, sind Kosten des Beschwerdeverfahrens. Über sie wird einheitlich im Rahmen der Entscheidung über die Hauptsache befunden.[124] Das bedeutet nicht, dass derjenige Beteiligte, dem die Kosten des Hauptverfahrens auferlegt werden, zwingend auch die Kosten des Eilverfahrens tragen muss, mag auch eine solche Parallelität der Kostenentscheidung(en) in der Praxis die Regel sein[125] (seit dem VergModG 2009 ist gem. [jetzt] § 175 Abs. 2 GWB ohnehin die für die Kostentragung flexiblere Vorschrift des § 78 GWB anwendbar). Der im Hauptverfahren obsiegende Beteiligte hat jedenfalls dann die Kosten des von ihm angestrengten Eilverfahrens zu tragen, wenn sein Eilantrag aus Gründen erfolglos war (z. B. wegen Unzulässigkeit oder Rücknahme des Antrags), die dem später unterliegenden anderen Beteiligten nicht zuzurechnen sind.[126]

IV. Fortdauer des Zuschlagsverbots (§ 173 Abs. 3 GWB)

33 Der direkte Anwendungsbereich des § 173 Abs. 3 GWB betrifft an sich den Fall, dass gegen die Entscheidung der Vergabekammer, die dem Nachprüfungsantrag durch Untersagung des Zuschlags stattgegeben hat, Beschwerde eingelegt worden ist. Hier ordnet § 173 Abs. 3 GWB – als Sonderregel gegenüber § 173 Abs. 1 Satz 1 und 2 GWB[127] – an, dass der Zuschlag „unterbleibt", also – mit der Folge des § 134 BGB im Falle des Verstoßes[128] – ver-

124 OLG Düsseldorf, Beschl. v. 16.9.2003, Verg 52/03, VergabeR 2003, 690, 693 (st. Rspr. des OLG Düsseldorf); OLG München, Beschl. v. 23.6.2009, Verg 8/09, VergabeR 2009, 942, 947; Thüringer OLG, Beschl. v. 30.5.2002, 6 Verg 3/02, NZBau 2003, 638, 639; *Ulbrich*, in: Kulartz/Kus/Portz/Prieß, GWB, § 173 Rn. 74; *Storr*, in: Loewenheim/Meessen/Riesenkampff, Kartellrecht, § 118 GWB Rn. 20; *Losch*, in: Ziekow/Völlink, Vergaberecht, § 118 GWB Rn. 51; a. A. OLG Hamburg, Beschlüsse v. 4.11.1999, 1 Verg 1/99, und v. 12.12.2000, 1 Verg 1/00, NZBau 2001, 460, 462 (Analogie zu § 80 VwGO); KG, Beschlüsse v. 18.8.1999, KartVerg 4/99, BauR 2000, 561, und v. 26.10.1999, KartVerg 8/99, NZBau 2000, 262, 263 (entsprechende Anwendung des § 128 Abs. 3 Satz 1 GWB a.F. = § 182 Abs. 3 Satz 1 GWB n.F.); OLG Naumburg, Beschl. v. 15.12.2000, 1 Verg 11/00, NZBau 2001, 642, 643 (Arg.: „eigenständiges Verfahren"); OLG Stuttgart, Beschl. v. 11.7.2000, 2 Verg 5/00, NZBau 2001, 462, 464 (jedoch nur bei Ablehnung des Verlängerungsantrags); ebenso wie OLG Stuttgart *Gröning*, in: Motzke/Pietzcker/Prieß, VOB/A, § 118 GWB Rn. 53, und *Stickler*, in: Reidt/Stickler/Glahs, Vergaberecht, § 173 GWB Rn. 28.

125 Vgl. OLG Celle, Beschl. v. 7.6.2007, 13 Verg 5/07, VergabeR 2007, 650, 657 f.

126 OLG Celle, Beschl. v. 7.6.2007, 13 Verg 5/07, VergabeR 2007, 650, 657 f.

127 Die sofortige Beschwerde des Auftraggebers gegen die dem Nachprüfungsantrag stattgebende VergK-Entscheidung entfaltet keine aufschiebende Wirkung bezüglich der Untersagung des Zuschlags, vgl. oben Rn. 15; BayObLG, Beschl. v. 1.10.2001, Verg 6/01, VergabeR 2002, 63, 67; OLG Düsseldorf, Beschlüsse v. 29.12.2000, Verg 31/00, NZBau 2001, 582, 583 = VergabeR 2001, 62, 63, v. 9.10.2002, Verg 44/01 (Umdruck S. 9 f.) und v. 16.4.2008, VII-Verg 57/07, VergabeR 2008, 686, 690; KG, Beschl. v. 24.10.2001, KartVerg 10/01, VergabeR 2002, 100, 102.

boten bleibt, bis das Beschwerdegericht die Vergabekammerentscheidung nach § 176 oder § 178 GWB aufhebt. Daraus kann selbstverständlich nicht geschlossen werden, dass dem Auftraggeber, sofern gegen die Vergabekammerentscheidung keine Beschwerde eingelegt wird, die Möglichkeit eröffnet werde, den Zuschlag nach Ablauf der Beschwerdefrist (vgl. § 169 Abs. 1 GWB) zu erteilen, ohne zugleich gegen ein gesetzliches Verbot zu verstoßen, und dass hier eine Gesetzeslücke vorliege.[129] Wenn keine Beschwerde eingelegt wird, erwächst der gestaltende Verwaltungsakt der Vergabekammer, der den Zuschlag untersagt hat, in Bestandskraft und perpetuiert damit das gesetzliche Verbot (§ 169 Abs. 1 GWB) des Zuschlags.[130]

Der ausdrücklichen Untersagung des Zuschlags durch die Vergabekammerentscheidung **34**
sind – aus Gründen des effektiven Rechtsschutzes – diejenigen Fälle gleichzusetzen, in denen die Vergabekammer gem. § 168 Abs. 1 Satz 1 GWB andere Maßnahmen zur Beseitigung von Rechtsverletzungen anordnet (z. B. erneute Vornahme der Eignungsprüfung oder der Angebotswertung). Bis der Auftraggeber die ihm auferlegten Maßnahmen getroffen hat, besteht gem. § 173 Abs. 3 GWB ein Zuschlagsverbot,[131] als Fortsetzung – ohne jede Unterbrechung – des Zuschlagsverbots des § 169 Abs. 1 GWB. Auch auf dieses fortgesetzte Zuschlagsverbot ist, solange es gilt, § 134 BGB anwendbar.[132] Wenn die Vergabekammer die Aufhebung des Vergabeverfahrens anordnet, besteht aus den vorgenannten Gründen gem. § 173 Abs. 3 GWB ein Zuschlagsverbot für das ursprüngliche, aufzuhebende Vergabeverfahren; dieses Zuschlagsverbot erstreckt sich aber nicht auf ein (ggf. noch während des Beschwerdeverfahrens begonnenes) neues Vergabeverfahren, das der öffentliche Auftraggeber nach der von ihm erklärten Aufhebung des ursprünglichen Vergabeverfahrens eingeleitet hat und in dem er sich z. B. anschickt, den Auftrag freihändig zu vergeben.[133]

---

128 Ebenso: BayObLG, Beschl. v. 1.10.2001, Verg 6/01, VergabeR 2002, 63, 67; OLG Düsseldorf, Beschl. v. 9.10.2002, Verg 44/01 (Umdruck S. 10).

129 So zunächst *Boesen*, EuZW 1998, 551, 558.

130 Ebenso: *Stockmann*, in: Immenga/Mestmäcker, GWB, § 118 Rn. 27; *Ulbrich*, in: Kulartz/Kus/Portz/Prieß, GWB, § 173 Rn. 80.

131 BayObLG, Beschl. v. 1.10.2001, Verg 6/01, VergabeR 2002, 63, 67; OLG Düsseldorf, Beschl. v. 29.11.2005, VII-Verg 82/05, VergabeR 2006, 424, 425; KG, Beschl. v. 24.10.2001, KartVerg 10/01, VergabeR 2002, 100, 102; vgl. auch OLG Naumburg, Beschl. v. 7.3.2008, 1 Verg 1/08, VergabeR 2008, 710, 712. Nach Erfüllung aller durch die VergK auferlegter Maßnahmen sind die Bieter im fortgesetzten Vergabeverfahren vor einem überraschenden Zuschlag zwar nicht mehr durch § 173 Abs. 3 GWB, aber durch § 134 GWB geschützt. Vgl. zum Problembereich auch oben Rn. 10.

132 BayObLG, Beschl. v. 1.10.2001, Verg 6/01, VergabeR 2002, 63, 67.

133 Vgl. OLG München, Beschl. v. 24.5.2006, Verg 12/06, VergabeR 2006, 948 f. Vgl. auch oben Rn. 9 a. E.

§ 174 Beteiligte am Beschwerdeverfahren

An dem Verfahren vor dem Beschwerdegericht beteiligt sind die an dem Verfahren vor der Vergabekammer Beteiligten.

Schrifttum: *Bechtold*, Kartellgesetz, GWB, 6. Aufl. 2010; *Boesen*, Vergaberecht, Kommentar zum 4. Teil des GWB, 2000; *Immenga/Mestmäcker*, Wettbewerbsrecht, Bd. 2 GWB / Teil 1, und Bd. 2: GWB/ Teil 2 (Vergaberecht), Kommentar zum Deutschen Kartellrecht, 5. Aufl. 2014; *Kulartz/Kus/Portz/ Prieß*, Kommentar zum GWB-Vergaberecht, 4. Aufl. 2016; *Langen/Bunte*, Kartellrecht, Kommentar, Bd. 1, 12. Aufl. 2014; *Ziekow/Völlink*, Vergaberecht, Kommentar, 2. Aufl. 2013.

Übersicht

I. Zweck der Norm

1 Da die Gründe für die Beteiligung im Beschwerdeverfahren die gleichen sind wie im Verfahren vor der Vergabekammer (s. die Kommentierung zu § 162 GWB), behalten die Beteiligten des Vergabekammerverfahrens ihre prozessuale Stellung automatisch im Beschwerdeverfahren. Es bedarf daher keiner Wiederholung der schon von der Vergabekammer ausgesprochenen Beiladung.[1] Das trägt zur Konzentration und Vereinfachung des Beschwerdeverfahrens und damit auch zu seiner Beschleunigung bei.[2]

II. Kreis der Beteiligten im Beschwerdeverfahren

2 Nach § 174 i.V.m. § 162 GWB sind außer dem Antragsteller und dem Auftraggeber alle **Unternehmen**, die die **Vergabekammer beigeladen hat**, „Beteiligte" des Beschwerdeverfahrens, selbst wenn sie sich trotz der Beiladung am Verfahren vor der Vergabekammer nicht beteiligt haben.[3] Auch diesen Beteiligten muss das Beschwerdegericht alle Schriftsätze, Terminnachrichten, sonstige Verfügungen und Entscheidungen zukommen lassen oder – soweit es gesetzlich vorgesehen ist – zustellen.

3 Nach dem Wortlaut des § 174 GWB ist es für das Beschwerdegericht nicht vorgesehen, **bisher nicht beigeladene Unternehmen** noch beizuladen, deren Interessen durch die Ent-

1 So die Zweckbestimmung des bisherigen § 119 GWB (jetzt seit dem VergRModG 2016 – ohne inhaltliche Änderung – § 174 GWB) in der Begründung des Gesetzentwurfs der Bundesregierung zum VgRÄG, BT-Drs. 13/9340, S. 21.

2 Zutreffend *Stockmann*, in: Immenga/Mestmäcker, GWB, § 119 Rn. 1.

3 Ebenso u. a.: *Stockmann*, in: Immenga/Mestmäcker, GWB, § 119 Rn. 2. Das wird seit 2000 – soweit ersichtlich – in Rspr. und Lit. nicht (mehr) bestritten.

scheidungen im Nachprüfungsverfahren schwerwiegend berührt werden (§ 162 GWB), die aber von der Vergabekammer – versehentlich oder rechtsirrtümlich – nicht beigeladen worden sind.[4] § 174 GWB untersagt eine solche zweitinstanzliche Beiladung aber nicht ausdrücklich.[5] Die Vorschrift ist ersichtlich dem § 67 Abs. 1 Nr. 3 GWB nachgebildet. Im Kartellverwaltungsverfahren hält die h.M. zu § 67 Abs. 1 Nr. 3 GWB das Beschwerdegericht nicht für befugt, selbst den Kreis der Beteiligten durch eine Beiladung zu erweitern.[6] Die überwiegende Meinung nimmt jedoch weiter an, dass die Kartellbehörde Personen und Personenvereinigungen, die materiell die Voraussetzungen des § 67 Abs. 1 Nr. 3 GWB erfüllen, noch nach ihrer verfahrensabschließenden Verfügung und sogar nach Einlegung der Beschwerde gegen die Verfügung, also der Sache nach zum Beschwerdeverfahren beiladen kann.[7] Zumindest dieser Ansicht müsste auch die Auslegung der §§ 162, 174 GWB folgen, um den Unternehmen, deren Interessen durch die Entscheidung schwerwiegend berührt werden, jedenfalls noch für das Beschwerdeverfahren ein Anhörungsrecht und eine Mitgestaltungsmöglichkeit zu gewähren und damit Doppelverfahren möglichst zu vermeiden. Das Beschwerdegericht könnte dann eine solche nachträgliche Beiladung auch durch Anregungen in die Wege leiten. Im Hinblick auf das umständliche Verfahren (die Akten müssten i.d.R. der Vergabekammer für die Prüfung der nachträglichen Beiladung zurückgegeben werden, dies während eines Beschwerdeverfahrens mit erhöhtem Beschleunigungsgebot) ist es jedoch vorzuziehen, **für das Beschwerdeverfahren** – ohne unnötige Umwege – doch dem Beschwerdegericht unmittelbar die **Befugnis zur Beiladung** in erweiternder Auslegung des § 174 GWB zuzuerkennen.[8] Der gesetzgeberische Zweck der Norm (s. oben Rn. 1) steht einer solchen Befugnis nicht entgegen. So verfährt denn auch die Rechtsprechung der OLG-Vergabesenate[9] und (bis zum 31.12.2010) der Landessozialgerichte[10] (s. dazu oben § 171 Rn. 40f.). Konsequent ist es dann auch, dem Beschwerdegericht die Befugnis, ein Unternehmen unter den tatbestandlichen Voraussetzungen des § 162 GWB

4 Die erstmalige Beiladung durch das Beschwerdegericht wird abgelehnt von *Stockmann*, in: Immenga/Mestmäcker, GWB, § 119 Rn. 3, und *Boesen*, GWB, § 119 Rn. 5f., die stattdessen dem zu Unrecht von der VergK nicht Beigeladenen, um dessen Rechtsschutzinteressen zu wahren, analog zu § 116 GWB a.F. (jetzt § 171 GWB) eine eigene Beschwerdebefugnis einräumen. S. dagegen jedoch oben § 171 Rn. 30f.

5 Ebenso: *Röwekamp*, in: Kulartz/Kus/Portz/Prieß, GWB, § 174 Rn. 2; *Frister*, in: Ziekow/Völlink, Vergaberecht, § 119 GWB Rn. 3.

6 *Karsten Schmidt*, in: Immenga/Mestmäcker, GWB, § 67 Rn. 4 m.w.N.; *Lembach*, in: Langen/Bunte, Kartellrecht, § 67 GWB Rn. 8 m. w. N.

7 *Karsten Schmidt*, in: Immenga/Mestmäcker, GWB, § 67 Rn. 4, und *Bach*, ebenda, § 54 Rn. 48, je m.w.N.; *Lembach*, in: Langen/Bunte, Kartellrecht, § 67 GWB Rn. 9f. m.w.N.

8 Im Erg. ebenso die h.M. in der Lit., vgl. u.a. *Otting*, in: Bechtold, GWB, § 119 Rn. 1; *Röwekamp*, in: Kulartz/Kus/Portz/Prieß, GWB, § 174 Rn. 2–6 m.w.N.; *Schweda*, in: Langen/Bunte, Kartellrecht, § 119 GWB Rn. 2, § 109 GWB Rn. 8 und § 116 GWB Rn. 9; *Frister*, in: Ziekow/Völlink, Vergaberecht, § 119 GWB Rn. 3–5; *Freund*, NZBau 2005, 266; *Lausen*, VergabeR 2002, 117, 119f. A. A. *Boesen* und *Stockmann* (s. oben Fn. 4).

9 OLG Düsseldorf, Beschl. v. 13.11.2000, Verg 14/00, WuW/E Verg 402 = VergabeR 2001, 59, m. zustimm. Anm. *Mantler*, S. 61; OLG Düsseldorf, Beschl. v. 26.6.2002, Verg 24/02, NZBau 2002, 639 = VergabeR 2002, 671, m. zustimm. Anm. *Gulich*, S. 673; OLG Rostock, Beschl. v. 20.9.2000, 17 W 12/00. Das ist in der OLG-Rspr. inzwischen so selbstverständlich, dass es gar nicht mehr (außer dem Zitat der §§ 119, 109 GWB a.F., jetzt §§ 174, 162 GWB) begründet wird; vgl. OLG Schleswig, Beschl. v. 19.8.2016, 54 Verg 8/16, VergabeR 2017, 63, 67.

10 Vgl. LSG Baden-Württemberg, Beschl. v. 23.1.2009, L 11 WB 5971/08), VergabeR 2009, 452, 455.

erstmals zum Beschwerdeverfahren beizuladen, nicht nur in dem Fall einzuräumen, in dem die Vergabekammer die Beiladung, aus welchen Gründen auch immer, schlicht unterlassen hat, sondern auch dann, wenn sie die Beiladung im ersten Rechtszug ausdrücklich (durch Beschluss) abgelehnt hat.[11] Die Vorschrift des § 162 Satz 2 GWB, nach der die Vergabekammerentscheidung über die Beiladung unanfechtbar ist, schließt eine solche Befugnis des Beschwerdegerichts nicht aus, weil die Entscheidung für das Verfahren vor der Vergabekammer selbst unangetastet bleibt.

4 **Konsequenzen**: Demnach kommt die erstmalige **Beiladung eines Unternehmens** durch das Beschwerdegericht in Betracht, wenn das Unternehmen zu Unrecht nicht am Verfahren vor der Vergabekammer beteiligt worden ist, wenn ein mit dem Antragsteller konkurrierender Bieter durch die Vergabekammerentscheidung erstmals beschwert worden ist, oder wenn die ernsthafte Möglichkeit besteht, dass ein solcher Bieter durch die Beschwerdeentscheidung erstmals beschwert werden wird.[12] Hat die Vergabekammer den Auftraggeber zur Aufhebung des Vergabeverfahrens verpflichtet oder kommt eine Beschwerdeentscheidung mit diesem Inhalt ernstlich in Betracht, so sind (zumindest) alle diejenigen Unternehmen – wegen schwerwiegender Berührung ihrer Interessen – zum Beschwerdeverfahren beizuladen, deren Angebote nach der bisherigen Angebotswertung der Vergabestelle in die engere Wahl gekommen waren, oder – sofern noch keine Angebotswertung i. e. S. stattgefunden hatte – deren Angebote noch nicht vorab ausgeschlossen worden sind und auch nicht wegen offensichtlicher Mängel hätten vorab ausgeschlossen werden können.[13] Das gilt auch im Falle der (ernstlich in Betracht kommenden) Aufhebung einer Ausschreibung von Arzneimittel-Rabattverträgen nach § 130a Abs. 8 SGB V,[14] weil die wirtschaftliche Position eines Bieters, dem der Zuschlag für einen Rabattvertrag (im nicht aufgehobenen Vergabeverfahren) erteilt wird, faktisch erheblich besser ist als die wirtschaftliche Position ohne Zustandekommen eines Rabattvertrages, obwohl die Arzneimittellieferanten auch dann ihre (nachgefragten) Arzneimittel auf Kosten der gesetzlichen Krankenkassen abgeben können.[15] Das Beschwerdegericht hat in den vorgenannten Fällen auch von Amts wegen zu prüfen, ob und ggf. welche Unternehmen beizuladen sind.

5 Nach Ansicht des OLG Düsseldorf kann das Beschwerdegericht nicht nur konkurrierende Bieter, deren Zuschlagschancen sich bei einem Erfolg des Nachprüfungsantrags in erheblicher Weise vermindern, sondern auch **sonstige Dritte beiladen**, deren Interessen durch die (in Betracht kommende) Entscheidung schwerwiegend berührt werden, entgegen dem Wortlaut der §§ 162, 174 GWB sogar dann, wenn dem betreffenden Dritten im Zusammenhang mit der im Beschwerdeverfahren anhängigen Streitsache nicht die Eigenschaft eines „Unternehmens" zukommt (z. B. Beiladung einer Kommune, die am Abschluss eines städ-

11 OLG Düsseldorf, Beschl. v. 26.6.2002, Verg 24/02, NZBau 2002, 639 = VergabeR 2002, 671, m. zustimm. Anm. *Gulich*, S. 673.

12 Insoweit zutreffend: LSG Baden-Württemberg, Beschl. v. 23.1.2009, L 11 WB 5971/08, VergabeR 2009, 452, 455. Ein Beispiel für die dritte Variante: OLG Schleswig, Beschl. v. 19.8.2016, 54 Verg 8/16, VergabeR 2017, 63, 67 (nachdem der Ast. gegen die VergK-Entscheidung, die den Ausschluss seines Angebots als rechtmäßig erachtet hatte, sofortige Beschwerde erhoben hatte, lud das OLG den einzigen weiteren Bieter zum Beschwerdeverfahren bei, weil dessen – bisher hohe – Zuschlagschancen im Falle eines Beschwerdeerfolgs verringert werden würden).

13 Vgl. OLG Düsseldorf, Beschl. v. 26.6.2002, Verg 24/02, NZBau 2002, 639 = VergabeR 2002, 671.

14 A. A. LSG Baden-Württemberg, Beschl. v. 23.1.2009, L 11 WB 5971/08, VergabeR 2009, 452, 455 f.

15 So zutreffend *Gabriel*, VergabeR 2009, 465 f., in krit. Anm. zu LSG Baden-Württemberg (Fn. 14).

tebaulichen Vertrags mit dem Erwerber eines Grundstücks interessiert ist, das eine andere öffentliche Stelle veräußert).[16] Es ist indessen zweifelhaft, ob es geboten sein kann, im Wege einer Überschreitung des durch § 162 GWB gezogenen (Beiladungs-)Rahmens öffentlichen Stellen ohne Unternehmensstatus (z. B. Kommunen), die kein vergaberechtliches, sondern nur ein öffentlich-rechtliches Interesse an einer Vergabeangelegenheit[17] haben, durch eine Beiladung alle Antrags- und Verteidigungsrechte eines Verfahrensbeteiligten (s. unten Rn. 6) einzuräumen. Es dürfte in einem solchen Fall ausreichen, dass das Beschwerdegericht von der betreffenden öffentlichen Stelle amtliche Auskünfte einholen kann, um beurteilen zu können, ob und ggf. welche Relevanz deren öffentlich-rechtliche Interessen für die Entscheidung der Vergabestreitigkeit haben.

III. Verfahrensrechtliche Stellung des Beigeladenen im Beschwerdeverfahren

Der Beigeladene, auch der erstmals vom Beschwerdegericht zum Verfahren Beigeladene, 6
hat die gleiche Rechtsstellung wie Antragsteller und Antragsgegner, in und außerhalb der mündlichen Verhandlung. Er kann also wie diese zur Sache und zur Rechtslage vortragen, auch neuen Tatsachenvortrag in das Verfahren einbringen, Akteneinsicht nehmen (§§ 175 Abs. 2, 165 Abs. 1 GWB), Beweisanträge stellen sowie alle sonstigen Angriffs- und Verteidigungsmittel geltend machen, also auch Sachanträge stellen,[18] dies alles durchaus zur Wahrnehmung von Antragsteller oder Antragsgegner unabhängiger, vielmehr eigener das Vergabeverfahren betreffender Interessen.[19] Dem Beigeladenen fehlt allerdings die Befugnis zur Disposition über das Nachprüfungsverfahren und das (ggf. nicht von ihm selbst eingeleitete) Beschwerdeverfahren. Er muss es hinnehmen, wenn der Antragsteller und/oder der Antragsgegner das Nachprüfungsverfahren insgesamt oder nur das (vom Beigeladenen nicht eingeleitete) Beschwerdeverfahren durch Antrags- bzw. Beschwerderücknahme oder durch übereinstimmende Erledigungserklärung beenden.[20] Das Beschwerdegericht muss

---

16 OLG Düsseldorf, Beschl. v. 13.2.2007, VII-Verg 2/07, VergabeR 2007, 406 – Fliegerhorst Ahlhorn. Dem OLG zustimmend: *Schweda*, in: Langen/Bunte, Kartellrecht, § 109 GWB Rn. 1; *Frister*, in: Ziekow/Völlink, Vergaberecht, § 119 GWB Rn. 7; *Röwekamp*, in: Kulartz/Kus/Portz/Prieß, GWB, § 174 Rn. 6 (das gilt aber nicht für von Bietern vorgesehene Nachunternehmer und Zulieferer); a. A. wohl *Dreher*, in: Immenga/Mestmäcker, GWB, § 109 Rn. 6 (mit Blick auf die kommentarlose Erwähnung des vorgenannten Beschl. des OLG Düsseldorf in Rn. 12 allerdings unklar).

17 Wenn es sich nicht um ein Vergabeverfahren i. S. d. §§ 97 ff. GWB, sondern um eine anderweitige Vertragsangelegenheit handelt (wie wohl in dem Fall der Fn. 16; vgl. EuGH, Urt. v. 25.3.2010, Rs. C-451/08, NZBau 2010, 321), ist der Nachprüfungsantrag unzulässig, sodass Interessen eines Dritten (z. B. einer Kommune) ohnehin nicht in rechtlich relevanter Weise durch die Beschwerdeentscheidung, mit der der Nachprüfungsantrag verworfen werden muss, berührt werden können.

18 Vgl. auch OLG Frankfurt, Beschl. v. 20.12.2000, 11 Verg 1/00, VergabeR 2001, 243, 246; *Freund*, NZBau 2005, 266, 267 f. Von diesem Grundsatz unberührt bleiben selbstverständlich die besonderen Voraussetzungen, die das Gesetz für bestimmte Eilanträge (§§ 173 Abs. 1 Satz 3, 176 Abs. 1 Satz 1 GWB) aufstellt; diese Voraussetzungen muss der betreffende Beigeladene in eigener Person erfüllen, wenn er einen solchen Eilantrag stellt.

19 Grds. ebenso *Lausen*, VergabeR 2002, 117, 122.

20 Ebenso: *Stockmann*, in: Immenga/Mestmäcker, GWB, § 119 Rn. 4; *Frister*, in: Ziekow/Völlink, Vergaberecht, § 119 Rn. 8.

ihm alle prozessleitenden Verfügungen, Zwischen- und Endentscheidungen[21] – in der gleichen Form wie den Hauptbeteiligten – zustellen bzw. übermitteln. Die (rechtskräftige) Beschwerdeentscheidung entfaltet Bindungswirkung für und gegen den Beigeladenen auf Grund seines Status als Verfahrensbeteiligter.[22] Dies gilt auch für die Bindungswirkung gemäß § 179 Abs. 1 GWB.[23]

21 Zur Verwertung von Aktenbestandteilen, in die – anders als den Hauptbeteiligten – dem Beigeladenen keine Einsicht gewährt worden ist, s. unten § 175 Rn. 11 f.

22 Allg. Meinung; vgl. u. a. *Lausen*, VergabeR 2002, 117, 122; *Frister*, in: Ziekow/Völlink, Vergaberecht, § 119 GWB Rn. 8 m. w. N.

23 S. unten § 179 Rn. 4 und Fn. 12 m. w. N.

§ 175 Verfahrensvorschriften

(1) Vor dem Beschwerdegericht müssen sich die Beteiligten durch einen Rechtsanwalt als Bevollmächtigten vertreten lassen. Juristische Personen des öffentlichen Rechts können sich durch Beamte oder Angestellte mit Befähigung zum Richteramt vertreten lassen.

(2) Die §§ 69, 70 Absatz 1 bis 3, § 71 Absatz 1 und 6, §§ 71a, 72, 73 mit Ausnahme der Verweisung auf § 227 Absatz 3 der Zivilprozessordnung, die §§ 78, 165 und 167 Abs. 2 Satz 1 sind entsprechend anzuwenden.

Schrifttum: *Bechtold*, Kartellgesetz, GWB, 6. Aufl. 2010; *Immenga/Mestmäcker*, Wettbewerbsrecht, Bd. 2: GWB / Teil 1 und GWB / Teil 2 (Vergaberecht), Kommentar zum Deutschen Kartellrecht, 5. Aufl. 2014; *Kulartz/Kus/Portz/Prieß*, Kommentar zum GWB-Vergaberecht, 4. Aufl. 2016; *Loewenheim/Meessen/Riesenkampff*, Kartellrecht, Kommentar, 2. Aufl. 2009; *Langen/Bunte*, Kartellrecht, Kommentar, Bd. 1, 12. Aufl. 2014; *Motzke/Pietzcker/Prieß*, Beck'scher VOB-Kommentar, Verdingungsordnung für Bauleistungen Teil A, 1. Aufl. 2001; *Ziekow/Völlink*, Vergaberecht, Kommentar, 2. Aufl. 2013.

Übersicht

I. Zweck der Norm

1 § 175 GWB enthält einen Teil der für das Beschwerdeverfahren geltenden Verfahrensvorschriften und verdeutlicht die Verwandtschaft zum Kartellverwaltungsbeschwerdeverfahren. Die Norm ist eine **Konsequenz** der gesetzgeberischen Entscheidung für das **GWB als Standort** der für die Umsetzung der EU-Vergaberichtlinien geschaffenen neuen Gesetzesvorschriften. Bei dieser Standortentscheidung hat die Begründung der Bundesregierung zum Gesetzentwurf des VgRÄG einen Vorzug darin gesehen, dass auf erprobte Begriffe und Verfahrensregelungen des Kartellrechts unmittelbar Bezug genommen werden kann.[1] Das gesetzliche **Ziel** der weitreichenden Verweisungsnorm des § 175 Abs. 2 GWB kann durchaus darin gesehen werden, das Beschwerdeverfahren in Vergabesachen möglichst ähnlich dem Beschwerdeverfahren in allgemeinen Kartellsachen auszugestalten.[2] § 175

1 BT-Drs. 13/9340, S. 13.

2 *Stockmann*, in: Immenga/Mestmäcker, GWB, § 120 Rn. 1; *Frister*, in: Ziekow/Völlink, Vergaberecht, § 120 GWB Rn. 1.

GWB entspricht, ohne dass das VergRModG 2016 die Norm inhaltlich geändert hat, dem bisherigen § 120 GWB.

II. Anwaltszwang/Vertretung vor dem Beschwerdegericht (Abs. 1)

2 § 175 Abs. 1 Satz 1 GWB ist dem § 68 Satz 1 GWB nachgebildet. Alle Beteiligten außer den juristischen Personen des öffentlichen Rechts, also auch privatrechtlich organisierte öffentliche Auftraggeber müssen sich vor dem Beschwerdegericht durch einen Rechtsanwalt vertreten lassen. Die frühere Voraussetzung, dass der Rechtsanwalt bei einem deutschen Gericht zugelassen sein musste (§ 120 Abs. 1 Satz 1 GWB i. d. F. des VgRÄG), ist durch das Gesetz zur Stärkung der Selbstverwaltung der Rechtsanwaltschaft vom 26.3.2007[3] gestrichen worden. Rechtsanwälte aus anderen EU-Mitgliedstaaten sind nach dem Gesetz über die Tätigkeit europäischer Rechtsanwälte in Deutschland vom 9.3.2000 (EuRAG)[4] vertretungsbefugt, wenn sie die Voraussetzungen dieses Gesetzes erfüllen und daher auf ihren Antrag von einer deutschen Rechtsanwaltskammer zur Rechtsanwaltschaft zugelassen worden sind (vgl. §§ 4, 6 und 12 BRAO). Nicht vertretungsbefugt sind dagegen Syndikusanwälte, weil sie nach § 46 Abs. 1 BRAO vor Gerichten nicht in ihrer Eigenschaft als Rechtsanwälte tätig werden dürfen. Dies erstreckt sich nach § 46 Abs. 3 BRAO auch auf diejenigen Rechtsanwälte, die mit dem betreffenden Syndikusanwalt in Sozietät oder in sonstiger Weise zur gemeinschaftlichen Berufsausübung verbunden sind oder gewesen sind. Der Anwaltszwang erfasst (wie auch nach anderen Verfahrensordnungen) alle Prozesshandlungen schriftlicher und mündlicher Art, auch diejenigen in den Eilverfahren gem. § 173 und § 176 GWB, was in dem (lückenhaften) Gesetz für das zweitgenannte Eilverfahren durch § 176 Abs. 3 Satz 4 i. V. m. § 175 Abs. 1 GWB besonders angeordnet wird. Da das Verfahren über den Antrag nach § 173 Abs. 1 Satz 3 GWB ebenfalls ein solches „vor dem Beschwerdegericht" ist, ist auch hier die Geltung des § 175 Abs. 1 GWB unzweifelhaft. Nach den §§ 175 Abs. 2, 73 Nr. 2 GWB gelten für Einzelfragen, auch zur Prozessvollmacht, die §§ 78 bis 90 ZPO über Prozessbevollmächtigte und Beistände entsprechend. So kann der Verfahrensbeteiligte selbst tatsächliche Erklärungen seines anwaltlichen Bevollmächtigten nach Maßgabe des § 85 Abs. 1 Satz 2 ZPO widerrufen oder berichtigen. Schon deshalb ist es geboten, dass der Vorsitzende des Beschwerdegerichts gem. § 137 Abs. 4 ZPO (analog), auf den der (ohnehin unvollständige) § 73 Nr. 2 GWB nicht ausdrücklich verweist, in der mündlichen Verhandlung neben dem anwaltlichen Bevollmächtigten auch dem Verfahrensbeteiligten selbst auf Antrag das Wort gestattet.

3 Eine **Ausnahme** vom Anwaltszwang gilt für **juristische Personen des öffentlichen Rechts**. Diese können – statt eines Rechtsanwalts – (nicht notwendig bei ihnen selbst angestellte) Beamte oder Angestellte mit Befähigung zum Richteramt als Vertreter auswählen (§ 175 Abs. 1 Satz 2 GWB). Nach der hier vertretenen Auffassung[5] ist für die Unterzeichnung der sofortigen Beschwerde nebst Begründung § 172 Abs. 3 GWB eine den § 175 Abs. 1 GWB verdrängende Spezialvorschrift.

---

3 BGBl. I 2007, S. 358.

4 BGBl. I 2000, S. 182, zuletzt geändert durch Art. 2 des vorgenannten Gesetzes v. 26.3.2007.

5 § 172 Rn. 3 m. w. N. zum Streitstand; ebenso: *Gröning*, in: Motzke/Pietzcker/Prieß, VOB/A, § 120 GWB Rn. 1.

III. Weitere Verfahrensvorschriften (Abs. 2)

1. Notwendigkeit der mündlichen Verhandlung

Das Beschwerdegericht darf über die Beschwerde nur aufgrund mündlicher Verhandlung entscheiden. Einen Vortrag neuer Tatsachen, der dem Beschwerdegericht erst nach dem Schluss der mündlichen Verhandlung zugeht, darf es bei seiner Entscheidung nicht mehr berücksichtigen[6] (es sei denn, es eröffnet die mündliche Verhandlung wieder). Nur mit Einwilligung aller Beteiligten, einschließlich der (schon) beigeladenen Unternehmen,[7] kann das Beschwerdegericht von mündlicher Verhandlung absehen (§ 69 Abs. 1 GWB). Wenn das Beschwerdegericht schon aufgrund der Beschwerdebegründung erkennt, dass die Beschwerde keinen Erfolg haben kann, reicht der Verzicht (nur) des Beschwerdeführers auf die mündliche Verhandlung dafür aus, dass das Beschwerdegericht die Beschwerde – zwecks Verfahrensbeschleunigung und Vermeidung unnötiger Verfahrenskosten – ohne mündliche Verhandlung durch eine Sachentscheidung zurückweisen kann.[8] § 69 Abs. 2 GWB ordnet an, dass das Beschwerdegericht für Verhandlung und Entscheidung nicht darauf angewiesen ist, dass die ordnungsgemäß geladenen[9] Beteiligten zur mündlichen Verhandlung auch erscheinen oder vorschriftsgemäß (§ 175 Abs. 1 GWB) vertreten sind. Trotz des Worts „verhandelt" in § 69 Abs. 2 GWB kann das Beschwerdegericht sogar dann aufgrund des ordnungsgemäß anberaumten Termins in der Sache entscheiden, wenn kein Verfahrensbeteiligter erschienen oder vorschriftsgemäß vertreten war.[10] Aufgrund des vorrangigen Gebots der Gewährung rechtlichen Gehörs muss das Beschwerdegericht jedoch die mündliche Verhandlung vertagen oder wieder eröffnen, wenn ein Verfahrensbeteiligter glaubhaft – spätestens bis zum Erlass der Beschwerdeentscheidung – geltend macht, er sei ohne sein Verschulden am Erscheinen oder an seiner vorschriftsgemäßen Vertretung im Verhandlungstermin verhindert gewesen.[11] Ohnehin liegt es im pflichtgemäßen Ermessen (§ 69 Abs. 2 GWB: „kann") des Beschwerdegerichts, ob es mit Blick auf Bedeutung, Dringlichkeit, Spruchreife oder andere relevante Aspekte der Sache beim Fehlen von Verfahrensbeteiligten in der Sache „verhandelt" und entscheidet oder doch neuen (nahen) Termin anberaumt. Die §§ 175 Abs. 2, 69 Abs. 2 GWB rechtfertigen es auch, dass das Be- 4

6 OLG München, Beschl. v. 15.11.2007, Verg 10/07, VergabeR 2008, 114, 118; vgl. auch OLG Frankfurt, Beschl. v. 7.8.2007, 11 Verg 3 und 4/07, VergabeR 2007, 776, 784 f. (das OLG Frankfurt stützte hier die Nichtberücksichtigung des neuen Sachvortrags auf §§ 120 Abs. 2, 113 Abs. 2 Satz 1 GWB a. F. [= §§ 175 Abs. 2, 167 Abs. 2 Satz 1 GWB n. F.]).

7 Vgl. § 174 Rn. 2 bis 5.

8 OLG Düsseldorf, Beschl. v. 26.6.2002, Verg 32/02.

9 Vgl. §§ 175 Abs. 2, 73 Nr. 2 GWB, §§ 214 ff. ZPO. Da die §§ 214 ff. ZPO anwendbar sind, entspricht die in § 69 Abs. 2 GWB herausgestellte „Rechtzeitigkeit" der Benachrichtigung der Ladungsfrist von einer Woche gem. § 217 ZPO. Ebenso: *Wiese*, in: Kulartz/Kus/Portz/Prieß, GWB, § 175 Rn. 13; *Frister*, in: Ziekow/Völlink, Vergaberecht, § 120 GWB Rn. 6 Fn. 15. A. A. *Storr*, in: Loewenheim/Meessen/Riesenkampff, Kartellrecht, § 120 GWB Rn. 7 (konkrete Umstände des Einzelfalls maßgebend), und *Stockmann*, in: Immenga/Mestmäcker, GWB, § 120 Rn. 7 und Fn. 31: Keine absoluten Maßstäbe für die „Rechtzeitigkeit", abhängig von der Komplexität des Falls, Frist des § 217 ZPO allenfalls ein Anhaltspunkt. Diese flexible Auslegung dient indessen nicht der notwendigen Rechtssicherheit und -klarheit.

10 *Stockmann*, in: Immenga/Mestmäcker, GWB, § 120 Rn. 7; *Wiese*, in: Kulartz/Kus/Portz/Prieß, GWB, § 175 Rn. 13.

11 Vgl. *Wiese*, in: Kulartz/Kus/Portz/Prieß, GWB, § 175 Rn. 14.

schwerdegericht in der Sache entscheidet, wenn die Beteiligten in der (ordnungsgemäß anberaumten) mündlichen Verhandlung erscheinen, aber es – ohne triftige Gründe – ablehnen, ihre schriftsätzlich angekündigten Anträge zu stellen; die Entscheidungsreife in einem solchen Fall ist jedenfalls dann gegeben, wenn sich Gegenstand und Ziel des Beschwerdebegehrens aus den Schriftsätzen des Beschwerdeführers hinreichend klar ergeben[12] (und die Beschwerdeentscheidung keine weitere Sachaufklärung erfordert).

5 § 175 GWB („Vor dem *Beschwerdegericht*") einschließlich seines Abs. 2 gilt auch für das **Verfahren vor dem BGH**, nachdem das OLG ihm die Sache als Divergenzvorlage gem. § 179 Abs. 2 GWB – zur Entscheidung in der Hauptsache[13] – vorgelegt hat. Denn aufgrund der auf ihn übergegangenen Sachentscheidungskompetenz (vgl. § 179 Abs. 2 Satz 2 GWB) ist der BGH nunmehr das „Beschwerdegericht". Folglich muss der BGH die §§ 175 Abs. 2, 69 Abs. 1 GWB beachten, darf also über die Beschwerde – selbstverständlich abgesehen von den in Rn. 6 dargestellten Fällen – nur aufgrund von ihm selbst abgehaltener mündlicher Verhandlung (mangels eines Verzichts der Beteiligten hierauf) entscheiden.[14] Vertretbar ist das Absehen von einer mündlichen Verhandlung (ohne Einverständnis der Beteiligten gem. § 69 Abs. 1 Hs. 2 GWB) nur dann, wenn sich der BGH nach § 179 Abs. 2 Satz 3 GWB entschließt, sich auf die Entscheidung der Divergenzfrage zu beschränken und dem vorlegenden OLG-Vergabesenat die Entscheidung in der Hauptsache zu übertragen.

6 **Vom Erfordernis der mündlichen Verhandlung** sind folgende Entscheidungen des OLG (und ggf. des BGH) **ausgenommen**: Wenn die Beschwerde nicht in der gebotenen Form oder Frist eingelegt oder begründet worden ist, wenn die Begründung nicht die Mindestanforderungen des § 172 Abs. 2 Satz 2 GWB erfüllt oder wenn die Beschwerde aus sonstigen Gründen unzulässig ist, verwirft das Beschwerdegericht die Beschwerde ohne Sachprüfung; in Analogie zu § 125 Abs. 2 VwGO und § 522 Abs. 1 Satz 1 bis 3 ZPO bedarf es hierzu keiner vorherigen mündlichen Verhandlung.[15] Da die §§ 175 Abs. 2, 69 Abs. 1 GWB ausdrücklich nur vorschreiben, „über die Beschwerde" aufgrund mündlicher Verhandlung zu entscheiden, womit die Sachentscheidung in der Hauptsache gemeint ist,[16] gilt dieses Gebot nicht für eine Nebenentscheidung wie die Kostenentscheidung nach Beschwerde-

---

12 OLG Brandenburg, Beschl. v. 15.3.2011, Verg W 5/11, VergabeR 2011, 750, 752.

13 Vgl. BGH, Beschl. v. 19.12.2000, X ZB 14/00, NZBau 2001, 151, 152 = VergabeR 2001, 71, 72; s. auch § 179 Rn. 12.

14 A.A. der BGH selbst, Beschl. v. 19.12.2000, X ZB 14/00, NZBau 2001, 151, 155, mit der nicht überzeugenden Begründung, für das Verfahren vor dem BGH fehle eine dem § 120 Abs. 2 GWB a.F. (jetzt § 175 Abs. 2 GWB) entsprechende Verweisung auf § 69 GWB. Weshalb er die direkte Anwendbarkeit des (jetzt) § 175 Abs. 2 GWB nicht anerkennt, obwohl er sich (a.a.O.) selbst als „Beschwerdegericht" bezeichnet, führt der BGH nicht aus. Im späteren Beschl. v. 18.5.2004 (X ZB 7/04, VergabeR 2004, 473, 478) erläutert der BGH das Unterlassen der mündlichen Verhandlung mit den Worten: „Eine mündliche Verhandlung hat der Senat nicht für erforderlich gehalten." Dass dies zur Rechtfertigung gegenüber den §§ 175 Abs. 2, 69 Abs. 1 GWB nicht ausreicht, ist evident.

15 OLG Düsseldorf, Beschl. v. 18.1.2000, Verg 2/00, NZBau 2000, 596, 597; OLG München, Beschl. v. 4.5.2012, Verg 5/12, VergabeR 2012, 807, 808; zustimmend *Stockmann*, in: Immenga/Mestmäcker, GWB, § 120 Rn. 6; *Frister*, in: Ziekow/Völlink, Vergaberecht, § 120 GWB Rn. 5.

16 Vgl. *Bechtold*, in: Bechtold, GWB, § 69 Rn. 2 m.w.N.; *Stockmann*, in: Immenga/Mestmäcker, GWB, § 120 Rn. 6.

rücknahme oder nach Erledigung der Sache, selbst wenn sie isoliert zu treffen ist.[17] Aus dem gleichen Grund können die Entscheidungen über die (isoliert statthafte) sofortige Beschwerde gegen die in der Vergabekammerentscheidung enthaltene Kostengrundentscheidung[18] oder einen Teil der Kostengrundentscheidung,[19] über die sofortige Beschwerde gegen eine isolierte Kostengrundentscheidung[20] oder eine Kostenfestsetzungsentscheidung (§§ 182 Abs. 1 bis 3 GWB, 14 Abs. 1 VwKostG) der Vergabekammer[21] sowie über die sofortige Beschwerde gegen eine Vollstreckungsentscheidung der Vergabekammer[22] ohne mündliche Verhandlung getroffen werden. Das Gleiche gilt für die Entscheidung über die (statthafte) sofortige Beschwerde gegen eine Zwischenentscheidung, mit der die Vergabekammer einem Beteiligten in einem nach § 165 Abs. 2 und 3 GWB streitigen Zwischenverfahren die beantragte Akteneinsicht gewährt.[23] Ferner besteht im Eilverfahren nach § 176 GWB (vgl. dort Abs. 3 Satz 2) kein Zwang zur mündlichen Verhandlung. Das Gleiche muss dann auch für das Verfahren über den Antrag gem. § 173 Abs. 1 Satz 3 GWB gelten, auch wenn das (ohnehin lückenhafte) Gesetz hier schweigt.

2. Untersuchungsgrundsatz

§ 175 Abs. 2 GWB enthält außerdem die wichtige Verweisung auf den Untersuchungsgrundsatz (§ 70 Abs. 1 GWB), der wie im Kartellverwaltungsbeschwerdeverfahren ergänzt und zugleich eingeschränkt wird zum einen durch die **Mitwirkungspflicht der Beteiligten**, die sogar in zwei Vorschriften verankert ist (§ 70 Abs. 3 Satz 1 und § 167 Abs. 2 Satz 1 GWB, auf den § 175 Abs. 2 GWB zusätzlich verweist), und zum anderen durch die Sanktion bei Verletzung dieser Pflicht, dass dann das Beschwerdegericht ohne Berücksichtigung der nicht beigebrachten Beweismittel entscheiden kann (§ 70 Abs. 3 GWB).[24] Gem. § 172 Abs. 2 Satz 2 Nr. 2 GWB ist vor allem der Beschwerdeführer zwecks Beschleunigung des zweitinstanzlichen Nachprüfungsverfahrens verpflichtet, schon innerhalb der Beschwerdefrist die Tatsachen und Beweismittel anzugeben, mit denen er das Beschwerdegericht veranlassen will, durch weitere Ermittlungen zu einer anderen Beurteilung als die 7

17 OLG Düsseldorf, Beschl. v. 20.7.2000, Verg 2/99, NZBau 2001, 165, 166; *Frister*, in: Ziekow/Völlink, Vergaberecht, § 120 GWB Rn. 5
18 Thüringer OLG, Beschl. v. 4.4.2003, 6 Verg 4/03, VergabeR 2003, 475, 476; OLG Düsseldorf, Beschl. v. 3.1.2011, VII-Verg 42/10, VergabeR 2011, 648; OLG Dresden, Beschl. v. 14.2.2003, WVerg 11/01, WuW/E Verg 914, 915 (mündliche Verhandlung auch dann nicht notwendig, wenn sich die zunächst umfassende sofortige Beschwerde erst nach Teilrücknahme nur noch gegen die Kostenentscheidung richtet).
19 OLG Stuttgart, Beschl. v. 19.7.2000, 2 Verg 4/00, NZBau 2000, 543, 544; OLG Düsseldorf, Beschlüsse v. 26.9.2003, Verg 31/01, und v. 3.1.2011, VII-Verg 42/10, VergabeR 2011, 648 (jeweils Entscheidung über die Notwendigkeit der Hinzuziehung eines Bevollmächtigten gem. [jetzt] § 182 Abs. 4 Satz 4 GWB i.V.m. § 80 Abs. 3 Satz 2 VwVfG).
20 BayObLG, Beschl. v. 29.9.1999, Verg 5/99, NZBau 2000, 99 (Kostenentscheidung der VergK nach Antragsrücknahme).
21 OLG München, Beschl. v. 10.9.2012, Verg 17/12, VergabeR 2013, 831 f.
22 KG, Beschl. v. 24.10.2001, KartVerg 10/01, VergabeR 2002, 100, 101.
23 OLG Frankfurt, Beschl. v. 12.12.2014, 11 Verg 8/14, NZBau 2015, 514, 516 m.w.N.
24 Vgl. BGH, Beschl. v. 19.12.2000, X ZB 14/00, NZBau 2001, 151, 154 li. Sp. und 155 li. Sp. = VergabeR 2001, 71, 75 und 76 f.

Vergabekammer zu gelangen.[25] Entgegen einer vereinzelt gebliebenen Ansicht[26] hindert die im Nachprüfungsverfahren stets zu befolgende Beschleunigung nicht, ein zeitaufwendiges **Sachverständigengutachten** einzuholen, das zur Aufklärung einer entscheidungserheblichen Tatsache notwendig ist.[27] Das Beschwerdegericht ist aber nicht verpflichtet, Hindernisse bezüglich der Aufklärung des tatsächlichen Geschehens, die dem Beschwerdeführer infolge des Unterlassens der – ihm rechtzeitig (§ 172 Abs. 2 Satz 2 Nr. 2 GWB) möglichen – Angabe von Beweismitteln (z.B. Zeugen, Vorlage von Urkunden) anzulasten sind, durch eigene Ermittlungen auszuräumen.[28] Das Mittel der **Beschlagnahme** (insbes. von Unterlagen, z.B. in dem vom Auftraggeber beherrschten Bereich) steht dem Beschwerdegericht rechtlich ohnehin **nicht zur Verfügung**, weil § 175 Abs. 2 GWB als Verweisungsnorm den § 58 GWB nicht einbezieht.[29] Die Rspr. sieht auch kein Bedürfnis für eine Beschlagnahmebefugnis, weil das **Beschwerdegericht den Verfahrensbeteiligten**, auch dem öffentlichen Auftraggeber, gem. den §§ 175 Abs. 2, 70 Abs. 3 Satz 1 GWB **aufgeben kann**, in ihren Händen befindliche Urkunden und andere **Beweismittel vorzulegen**;[30] wird diese Aufforderung nicht befolgt, kann das Beschwerdegericht nach Lage der Sache „ohne Berücksichtigung der nicht beigebrachten Beweismittel" entscheiden (§ 70 Abs. 3 Satz 2 i.V.m. § 175 Abs. 2 GWB), wobei die negativen Konsequenzen der Unterlassung den betreffenden säumigen Verfahrensbeteiligten treffen müssen.[31] Umso wichtiger ist es, dass der auf den Beweis seines Vorbringens angewiesene Verfahrensbeteiligte rechtzeitig (s. § 172 Abs. 2 Satz 2 Nr. 2, § 175 Abs. 2 i.V.m. § 167 Abs. 2 Satz 1 und § 70 Abs. 3 Satz 1 GWB) – soweit ihm möglich – die notwendig erscheinenden Beweismittel benennt.

8 Was **nachträglichen** (zwischen Ablauf der Beschwerdefrist und mündlicher Verhandlung angebrachten) **Sachvortrag** anbelangt, sehen die §§ 175 Abs. 2, 70 Abs. 3 GWB die Möglichkeit, solchen Sachvortrag unberücksichtigt zu lassen („nach Lage der Sache zu entscheiden"), ausdrücklich zwar nur für den Fall vor, dass das Beschwerdegericht dem Beteiligten für seinen Sachvortrag eine angemessene Frist gesetzt hat und diese Frist fruchtlos verstrichen ist. Diese Vorschriften bedeuten jedoch nicht, dass eine Verletzung der allgemeinen Verfahrensförderungspflicht der §§ 175 Abs. 2, 167 Abs. 2 Satz 1 GWB sanktionslos bleiben muss. Wenn das vorherige Vorbringen der Beteiligten dem Beschwerdegericht keinen hinreichenden Anlass zu weiteren amtswegigen Ermittlungen bot und ein Beteiligter unter Missachtung seiner Verfahrensförderungspflicht dann erst so spät ergänzend zur

---

25 Vgl. BGH, Beschl. v. 19.12.2000, X ZB 14/00, NZBau 2001, 151, 154 und 155 = VergabeR 2001, 71, 75 und 77; OLG Frankfurt, Beschl. v. 2.12.2014, 11 Verg 7/14, NZBau 2015, 448, 450 Rn. 50 m.w.N. (hier mit den §§ 120 Abs. 2, 113 Abs. 2 Satz 1 [jetzt §§ 175 Abs. 2, 167 Abs. 2 Satz 1] GWB begründet). Vgl. auch OLG Düsseldorf, Beschl. v. 20.12.2000, Verg 20/00 (kein Anlass zu amtswegigen Ermittlungen zu der – vom Auftraggeber bejahten – Eignung des für den Zuschlag ausersehenen Bieters, wenn der Beschwerdeführer, der die Eignung verneint, hierzu nur pauschale, nicht konkretisierte Rügen ohne konkrete Anhaltspunkte für deren Berechtigung erhebt).

26 OLG Celle, Beschl. v. 23.3.2000, 13 Verg 1/00.

27 Vgl. *Jaeger*, NZBau 2001, 366, 372f.; ebenso: *Stockmann*, in: Immenga/Mestmäcker, GWB, § 120 Rn. 10.

28 Vgl. BGH, Beschl. v. 19.12.2000, X ZB 14/00, NZBau 2001,151, 155 li.Sp. = VergabeR 2001,71, 77.

29 OLG Düsseldorf, Beschl. v. 10.8.2011, VII-Verg 37/11, NZBau 2011, 698, mit zust. Anm. *Braun* (ebenda).

30 OLG Düsseldorf, Beschl. v. 10.8.2011, VII-Verg 37/11, NZBau 2011, 698.

31 *Braun*, NZBau 2011, 698, 699, der betont, dass diese Sanktion ggf. auch gegenüber dem Auftraggeber gelte.

Sache vorträgt, dass den anderen Verfahrensbeteiligten bis zum Schluss der nachfolgenden mündlichen Verhandlung die ihnen gem. Art. 103 Abs. 1 GG zu ermöglichende Stellungnahme unter zumutbaren Bedingungen nicht mehr möglich ist, muss der späte Sachvortrag bei der Entscheidungsfindung unberücksichtigt bleiben; er kann aufgrund des vergaberechtlichen Beschleunigungsgrundsatzes auch nicht zu einer Vertagung der mündlichen Verhandlung führen und – weil der zu späte Sachvortrag nicht zum Nachteil der anderen Verfahrensbeteiligten verwertet werden darf – erst recht auch nicht die Amtsermittlungspflicht des Beschwerdegerichts auslösen.[32] Unter den vorstehenden Voraussetzungen bleibt erst recht weiterer Sachvortrag nach der mündlichen Verhandlung bei der Entscheidungsfindung außer Betracht und auch für die Amtsermittlungspflicht ohne Belang, was ebenfalls als Sanktion aus den §§ 175 Abs. 2, 167 Abs. 2 Satz 1 GWB zu folgern ist.[33]

Auch soweit den Beteiligten keine Versäumnisse bei der Erfüllung ihrer Mitwirkungspflichten zur Last fallen, hat das Beschwerdegericht den **Sachverhalt aufgrund eigener Ermittlungen** nur **insofern aufzuklären, als** der **Vortrag der Beteiligten reicht** oder **sich entscheidungserhebliche Tatsachen aufdrängen**. Dabei muss das Beschwerdegericht in Konsequenz des Untersuchungsgrundsatzes auch solche Beanstandungen eines Beteiligten, die dieser in erster Instanz substantiiert, vor der Vergabekammer aber erfolglos erhoben hat, von Amts wegen in die Prüfung des Streitfalls einbeziehen, selbst wenn sich der Beteiligte (z. B. als Beschwerdegegner) auf diese Beanstandungen in der Beschwerdeinstanz nicht erneut förmlich beruft.[34] Der **Untersuchungsgrundsatz zwingt** aber **nicht** dazu, **allen nur denkbaren Möglichkeiten** (von Vergaberechtsverstößen) von Amts wegen **nachzugehen**. Vielmehr obliegt dem Beschwerdegericht eine Aufklärungs- und Ermittlungspflicht nur insoweit, als der Vortrag der Beteiligten oder der Sachverhalt als solcher[35] bei sorgfältiger Überlegung dazu Anlass gibt.[36] In einem solchen Fall hat das Beschwerdegericht auch einen vom Antragsteller (oder von einem Beigeladenen) **nicht gerügten Vergaberechtsverstoß**, dessen Berücksichtigung auch nicht gem. § 160 Abs. 3 GWB ausgeschlossen ist, **von Amts wegen aufzugreifen**, den Sachverhalt (soweit noch er- 9

---

32 OLG Düsseldorf, Beschl. v. 19.11.2003, Verg 22/03, VergabeR 2004, 248, 250, m. krit. Anm. *Reidt*, S. 252 f.; dem OLG Düsseldorf zustimmend: *Stockmann*, in: Immenga/Mestmäcker, GWB, § 120 Rn. 12; vgl. auch OLG Frankfurt, Beschl. v. 2.12.2014, 11 Verg 7/14, NZBau 2015, 448, 450 Rn. 50.

33 OLG Frankfurt, Beschl. v. 7.8.2007, 11 Verg 3 und 4/07, VergabeR 2007, 776, 784 f.; s. auch oben Rn. 4 bei Fn. 6.

34 OLG Düsseldorf, Beschl. v. 18 7.2001, Verg 16/01, VergabeR 2001, 419, 426 f.

35 Z. B. kann schon der tatbestandliche Teil der VergK-Entscheidung einen hinreichenden naheliegenden Verdacht auf einen (bisher nicht gerügten und erkannten) Vergaberechtsverstoß begründen, der dann von Amts wegen zu prüfen ist. So im Fall des OLG Düsseldorf, Beschl. v. 28.4.2008, VII-Verg 1/08, VergabeR 2008, 948, 951. Zustimmend: *Stockmann*, in: Immenga/Mestmäcker, GWB, § 120 Rn. 10.

36 BGH, Beschl. v. 12.6.2001, X ZB 10/01, VergabeR 2001, 286, 290 f.; OLG Düsseldorf, Beschlüsse v. 18.7.2001, Verg 16/01, VergabeR 2001, 419, 423 f., und v. 29.12.2001, Verg 22/01, NZBau 2002, 578, 580 = VergabeR 2002, 267, 273 f., m. w. N. (danach hat das OLG die Überprüfung einer Angebotswertung nach einem Punktwertesystem dahin, ob und ggf. worin vom Ast. *für möglich* erachtete einzelne Fehlbewertungen des Ag. vorliegen, nicht selbst ohne einen entsprechenden konkreten Sachvortrag des Ast. vorzunehmen). Ebenso: KG, Beschlüsse v. 12.4.2000, KartVerg 9/99, und v. 7.6.2000, KartVerg 3/00, NZBau 2000, 531, 534; vgl. *Jaeger*, NZBau 2001, 366, 372. Vgl. auch OLG Düsseldorf, Beschl. v. 20.12.2000, Verg 20/00 (s. oben Fn. 25). Vgl. ferner *Gröning*, in: Motzke/Pietzcker/Prieß, VOB/A, § 120 GWB Rn. 9: Vergabesenat ist nicht verpflichtet, in den Vergabeakten systematisch nach Verstößen zu forschen.

forderlich) zu ermitteln und die sich daraus objektiv ergebenden vergaberechtlichen Folgerungen zu ziehen.[37] Das gilt erst recht dann, wenn das Beschwerdegericht einen (für das zu beurteilende Rechtsschutzbegehren relevanten) Vergaberechtsverstoß bei der Vorbereitung der mündlichen Verhandlung selbst festgestellt hat; der Untersuchungsgrundsatz (aber auch das rechtsethische Selbstverständnis des Gerichts) verbietet es, in einem solchen Fall die Augen vor dem erkannten Vergaberechtsverstoß zu verschließen, sondern gebietet, den Rechtsverstoß bei der Entscheidungsfindung zu berücksichtigen.[38]

10 Die in modernen Verfahrensordnungen übliche **Hinweis- und Erörterungspflicht des Vorsitzenden** besteht auch im Vergabebeschwerdeverfahren (§§ 175 Abs. 2, 70 Abs. 2 GWB). Für die Hinweispflicht gilt dies auch in denjenigen Eilverfahren, in denen – wie i. d. R. – keine mündliche Verhandlung durchgeführt wird.[39]

3. Grundsätze für die Beschwerdeentscheidung (§ 71 Abs. 1 GWB)

11 Die Verweisung des § 175 Abs. 2 auf § 71 Abs. 1 GWB bringt grundsätzliche Einzelregelungen für die Beschwerdeentscheidung. Sie ist in Form eines Beschlusses zu erlassen. Es gilt der **Grundsatz der freien Beweiswürdigung** (Satz 1), freilich i.V.m. den Anforderungen, die sich aus der – modifizierten – Amtsermittlungspflicht ergeben (§ 70 Abs. 1 und 3 GWB). Die Vorschrift des § 71 Abs. 1 Satz 2 GWB, wonach die Beschwerdeentscheidung nur auf Tatsachen und Beweismittel gestützt werden darf, zu denen sich alle Beteiligten äußern konnten, ist eine Ausformung der Pflicht des Gerichts zu rechtlichem Gehör. Von diesem Grundsatz kann nur gegenüber Beigeladenen, nach der ausdrücklichen Anordnung des **§ 71 Abs. 1 Satz 3 GWB** jedoch nicht gegenüber dem Antragsteller des Nachprüfungsantrags und dem Auftraggeber, bezüglich derjenigen **Aktenbestandteile** eine **Ausnahme** gemacht werden, in die ihnen **zur Wahrung von Betriebs- oder Geschäftsge-**

---

37 Vgl. OLG Düsseldorf, Beschl. v. 28.4.2008, VII-Verg 1/08, VergabeR 2008, 948, 951; OLG Düsseldorf, Beschl. v. 5.5.2008, Verg 5/08, NZBau 2009, 269, 271 = VergabeR 2008, 956, 959; OLG Düsseldorf, Beschl. v. 23.6.2010, VII-Verg 18/10 (Umdruck S. 7 f.); OLG Frankfurt, Beschl. v. 24.7.2012, 11 Verg 6/12, NZBau 2012, 726, 728. Im Erg. ebenso: *Stockmann*, in: Immenga/Mestmäcker, GWB, § 120 Rn. 10. A. A. *Wiese*, in: Kulartz/Kus/Portz/Prieß, GWB, § 175 Rn. 21–23, mit der Begründung, nach dem (gem. den §§ 171 ff. GWB geltenden) Dispositionsgrundsatz bestimme der Beschwerdeführer durch sein Beschwerdevorbringen, welche Vergaberechtsverstöße zu untersuchen seien; daher erfordere der Untersuchungsgrundsatz nicht, dass sich das OLG mit Vergaberechtsverstößen befasse, die im Beschwerdeverfahren nicht (mehr) geltend gemacht werden, nur das amtswegige Aufgreifen schwerwiegender Verstöße könne ausnahmsweise zulässig sein (dem ist entgegenzuhalten, dass die Dispositionsmaxime nur das Rechtsschutzbegehren bestimmt [auf Seiten des Ast. z. B.: Neubewertung seines Angebots, Ausschluss des Erstbieters aus dem Vergabeverfahren, Rückversetzung des Vergabeverfahrens ins Stadium vor Angebotsabgabe wegen zu erneuernder Vergabeunterlagen, Rücknahme der Aufhebung des Vergabeverfahrens] und das Beschwerdegericht die Begründetheit dieses Begehrens aufgrund der in Betracht kommenden [nicht präkludierten] Vergaberechtsverstöße, die geltend gemacht wurden und die außerdem nach den §§ 175 Abs. 2, 70 Abs. 1 GWB [gemäß Auslegung im obigen Text] zu untersuchen sind, zu prüfen und zu beurteilen hat [vgl. hierzu auch *Stockmann*, in: Immenga/Mestmäcker, GWB, § 120 Rn. 9 f.]).

38 OLG Düsseldorf, Beschl. v. 12.6.2013, VII-Verg 7/13, NZBau 2013, 788, 791; vgl. auch OLG Düsseldorf, Beschl. v. 20.7.2015, VII-Verg 37/15, NZBau 2015, 709, 710 Rn. 8.

39 *Stockmann*, in: Immenga/Mestmäcker, GWB, § 120 Rn. 11.

heimnissen oder aus sonstigen wichtigen Gründen keine Einsicht gewährt worden ist.[40] Diese Ausnahme gilt wiederum nicht für solche Beigeladene, die an dem streitigen Rechtsverhältnis derart beteiligt sind, dass die Entscheidung auch ihnen gegenüber nur einheitlich ergehen kann (§ 71 Abs. 1 Satz 4 GWB, sog. notwendige Beigeladene). Das ist dann der Fall, wenn die beabsichtigte Entscheidung in eine Rechtsposition des Beigeladenen eingreifen wird,[41] indem z.B. der Beigeladene mangels Eignung oder sein Angebot wegen Mängeln aus dem Vergabeverfahren ausgeschlossen werden soll, oder der Auftraggeber verpflichtet werden soll, dem Antragsteller den Zuschlag zu erteilen oder jedenfalls dem Beigeladenen als designiertem Auftragnehmer (i.S.d. § 134 Abs. 1 Satz 1 GWB) den Zuschlag nicht (oder nicht ohne vorherige Behebung eines bestimmten Vergaberechtsverstoßes) zu erteilen oder das Vergabeverfahren aufzuheben.[42] Die in den Sätzen 3 und 4 des § 71 Abs. 1 (i.V.m. § 175 Abs. 2) GWB ausdrücklich vorgesehene gesetzliche Regelung hätte zur Folge, dass Antragsteller, Auftraggeber und notwendige Beigeladene, die zur Verfolgung ihrer Rechtsschutzinteressen auf die Einsicht gerade in diejenigen Aktenbestandteile (Unterlagen, Angebote, Stellungnahmen usw.) angewiesen wären, die ihnen vom Beschwerdegericht wegen des insoweit als vorrangig eingestuften Schutzes von Betriebs- oder Geschäftsgeheimnissen oder anderer wichtiger Gründe vorenthalten werden (s. §§ 175 Abs. 2, 72 Abs. 2 Satz 4 GWB), aufgrund einer daraus resultierenden Beweislastentscheidung mit ihrem Rechtsschutzanspruch erfolglos blieben.

Ein demgegenüber zur Abhilfe geeignetes sog. **In-camera-Verfahren** wurde in der Verga- **12**
berechtsprechung bisher mit Blick auf die §§ 175 Abs. 2, 72 Abs. 2 Satz 3 GWB abgelehnt.[43] Dies hat nunmehr der BGH durch seine rechtsfortbildenden Entscheidung vom 31.1.2017[44] mit überzeugender Begründung geändert: Ausgangspunkt ist, dass der Konflikt um die Akteneinsicht bei allen Beteiligten im Widerstreit stehende Schutzgüter von Verfassungsrang betrifft, die Berufsausübung und das Eigentumsrecht (Art. 12 Abs. 1, Art. 14 Abs. 1 GG) bei der begehrten Offenlegung von Betriebs- oder Geschäftsgeheimnissen und der Anspruch auf rechtliches Gehör (Art. 103 Abs. 1 GG) bei dem Interesse des jeweiligen Kontrahenten an der Kenntnis der mutmaßlich relevanten Daten und Informationen. Wenn nun das Beschwerdegericht den Geheimnisschutz – bei seiner Abwägung im Einzelfall – als vorrangig gegenüber der Kenntnisnahme seitens des Kontrahenten erachtet, muss es auch aus Gründen der Verhältnismäßigkeit einen verfassungskonformen Ausgleich zwischen den genannten einander widerstreitenden Rechtsgütern geben. Die Lö-

40 Vgl. zu den Einzelheiten: *K. Schmidt*, in: Immenga/Mestmäcker, GWB, § 71 Rn. 3f.; *Lembach*, in: Langen/Bunte, Kartellrecht, § 71 GWB Rn. 10 bis 21.

41 Vgl. auch *Stockmann*, in: Immenga/Mestmäcker, GWB, § 120 Rn. 13 (§ 71 Abs. 1 Satz 4 GWB anwendbar, wenn die Entscheidung den Beigeladenen rechtlich auf dieselbe Weise berührt wie eine der beiden Parteien); ferner *Wiese*, in: Kulartz/Kus/Portz/Prieß, GWB, § 175 Rn. 33 (§ 71 Abs. 1 Satz 4 GWB anwendbar, wenn der Verfahrensausgang für den Beigeladenen rechtsgestaltende Wirkung hat).

42 *Wiese*, in: Kulartz/Kus/Portz/Prieß, GWB, § 175 Rn. 33, rechnet zum Anwendungsfall der „notwendigen Beiladung" generell den „häufigen Fall, dass durch die Beschwerdeentscheidung die rechtliche Chance des Beigeladenen auf den Zuschlag beeinträchtigt werden kann". Das würde wohl alle Fälle einer Beiladung im Vergabebeschwerdeverfahren umfassen. Vgl. auch *Stockmann*, in: Immenga/Mestmäcker, GWB, § 120, einerseits Rn. 13, andererseits Rn. 20.

43 Vgl. OLG Düsseldorf, Beschl. v. 28.12.2007, VII-Verg 40/07, VergabeR 2008, 281, 287f.; weitere Nachweise bei *Delcuvé*, VergabeR 2017, 372, 376 Fn. 47.

44 BGH, Beschl. v. 31.1.2017, X ZB 10/16, NZBau 2017, 230, 234f. Rn. 56ff. = VergabeR 2017, 364, 370f., mit Anm. *Delcuvé*, VergabeR 2017, 372ff.

sung zur Verwirklichung dieses gebotenen Ausgleichs sieht der BGH in der sinngemäßen Anwendung des § 71 Abs. 1 Satz 3 GWB für alle Verfahrensbeteiligten, also auch zugunsten des Antragstellers und des notwendigen Beigeladenen (sowie – falls ausnahmsweise erforderlich – auch zugunsten des Auftraggebers). Die sinngemäße Anwendung des § 71 Abs. 1 Satz 3 GWB bedeutet (mit den Worten des BGH), dass das Beschwerdegericht – wie schon die Vergabekammer in der ersten Instanz – „bei der Sachentscheidung Umstände berücksichtigen darf, deren Offenlegung es mit Rücksicht auf ein Geheimhaltungsinteresse abgelehnt hat, das nach Abwägung aller Umstände das Interesse der Beteiligten auf rechtliches Gehör auch unter Beachtung des Rechts auf effektiven Rechtsschutz überwiegt".[45] Dabei darf die Formulierung „berücksichtigen darf" nicht als die Einräumung eines Ermessens, sondern muss als Zuweisung einer Befugnis zum In-camera-Verfahren verstanden werden, von der das Beschwerdegericht (wie schon die Vergabekammer in der Vorinstanz) in den betreffenden Fällen aus den vorgenannten verfassungsrechtlichen Gründen Gebrauch machen muss. In der Begründung der Beschwerdeentscheidung darf die aufgrund des In-camera-Verfahrens gestattete „Berücksichtigung" der wegen Geheimnisschutz nicht offengelegten Umstände und Informationen selbstverständlich nicht ihrerseits die zu schützenden Geheimnisse beeinträchtigen; als Ausweg aus dem Dilemma sind abstrakte Erläuterungen der vorgenommenen Prüfung und Entscheidungsfindung zulässig.[46]

4. Recht auf Akteneinsicht

13 Im Zusammenhang mit den vorstehenden Grundsätzen (§ 71 Abs. 1 Satz 2 bis 4 GWB) sind § 165 GWB und vor allem § 72 GWB (auf beide Vorschriften verweist § 175 Abs. 2 GWB) zu beachten, die das Recht auf Akteneinsicht, die Einschränkbarkeit dieses Rechts und die Befugnisse des Beschwerdegerichts, die Offenlegung von Tatsachen oder Beweismitteln entgegen dem Geheimhaltungsverlangen der von der Offenlegung Betroffenen anzuordnen,[47] materiell regeln. Ein Verfahrensbeteiligter, dem die Vergabekammer die Einsicht in bestimmte Aktenteile – isoliert nicht anfechtbar (§ 165 Abs. 4 GWB) – versagt hat, kann im Rahmen eines aus anderen Beschwerdegründen eingeleiteten Beschwerdeverfahrens beim Beschwerdegericht weitergehende Akteneinsicht beantragen (§ 175 Abs. 2 i.V.m. §§ 72, 165 GWB).[48] § 72 Abs. 2 Satz 4 GWB ist bei der in § 175 Abs. 2 GWB angeordneten entsprechenden Anwendung dahin auszulegen, dass sich der Umfang des Akteneinsichtsrechts im Einzelfall aus einer **Abwägung** des jeweiligen konkreten Geheimhaltungsinteresses der konkurrierenden Bieter oder des öffentlichen Auftraggebers einerseits und des Rechtsschutzinteresses des die Akteneinsicht beantragenden Verfahrensbeteiligten andererseits ergibt, wobei die Grundsätze des Transparenzgebots im Vergabeverfahren und des Grundrechts der Verfahrensbeteiligten auf rechtliches Gehör (Art. 103 Abs. 1 GG) mit zu berücksichtigen sind.[49] Auch wenn man die vorrangige Gesetzesgrundlage für die gebo-

45 S. zum Vorstehenden: BGH, Beschl. v. 31.1.2017, X ZB 10/16, NZBau 2017, 230, 234 f. Rn. 56, 58–61, 64 = VergabeR 2017, 364, 370 f.

46 Vgl. BGH, Beschl. v. 31.1.2017, X ZB 10/16, NZBau 2017, 230, 236 Rn. 68 = VergabeR 2017, 364, 371.

47 Vgl. zu den Einzelheiten: *K. Schmidt*, in: Immenga/Mestmäcker, GWB, § 72, Rn. 2, 4 bis 12; *Lembach*, in: Langen/Bunte, Kartellrecht, § 72 GWB Rn. 2 bis 18 u. 21 bis 24.

48 OLG Düsseldorf, Beschl. v. 4.3.2009, VII-Verg 67/08, NZBau 2009, 334, 337.

49 Vgl. OLG Düsseldorf, Beschl. v. 28.12.2007, VII-Verg 40/07, VergabeR 2008, 281, 286; Thüringer OLG, Beschlüsse v. 12.12.2001, 6 Verg 5/01, NZBau 2002, 294 = VergabeR 2002, 305, v.

tene Abwägung der entgegengesetzten Interessen nicht in § 72 Abs. 2 Satz 4 GWB, sondern in § 165 Abs. 2 und 3 (jeweils i. V. m. § 175 Abs. 2) GWB sehen sollte,[50] würde sich an der vorbezeichneten Abwägungsmethode und damit am Abwägungsergebnis im Einzelfall nichts ändern (jedenfalls nicht im Hinblick auf die normative Grundlage der Abwägung). Bei der Interessenabwägung in Anwendung der Vorschriften des § 72 Abs. 2 Satz 2 und 4 (oder § 165 Abs. 2 und 3) i.V.m. § 175 Abs. 2 GWB ist den Verfahrensbeteiligten eine Einsicht in die in den Vergabeakten enthaltenen Angebote von Mitbietern, insbesondere mit Blick auf die Kalkulationsgrundlagen und die angebotenen Preise, zwecks Wahrung von Geschäftsgeheimnissen der betreffenden Mitbieter i. d. R. zu versagen.[51] Im Übrigen kommt keinem der gegenüberstehenden, abzuwägenden Interessen ein prinzipieller Vorrang zu; bei der Abwägung setzen sich dasjenige oder diejenigen Interessen durch, die an konkreter Bedeutung und konkretem Gewicht – unter Berücksichtigung aller Umstände des Einzelfalls – das entgegenstehende Interesse überwiegen.[52] Die vorstehenden Abwägungsgrundsätze stehen mit den unionsrechtlichen Prinzipien in der Auslegung der EU-Rechtsmittelrichtlinie (89/665/EWG) zum effektiven Rechtsschutz einerseits, zum Schutz der Vertraulichkeit und des Rechts auf Wahrung der Geschäftsgeheimnisse in den zum Vergabe- und Nachprüfungsverfahren eingereichten Erklärungen und Informationen andererseits und schließlich zur Gewährleistung eines insgesamt fairen Verfahrens im Einklang.[53] Hierzu wird auch auf die rechtlich zulässige Möglichkeit eines In-camera-Verfahrens verwiesen (s. oben Rn. 12).

5. Begründung, Rechtsmittelbelehrung und Zustellung der Beschwerdeentscheidung

Dass die Beschwerdeentscheidung zu begründen und allen Beteiligten von Amts wegen zuzustellen ist (§§ 175 Abs. 2, 71 Abs. 6 GWB), ist eigentlich selbstverständlich. Die Zustellung richtet sich gem. den §§ 175 Abs. 2, 73 Nr. 2 GWB nach den §§ 166ff. ZPO. Unklar 14

16.12.2002, 6 Verg 10/02, VergabeR 2003, 248, und vom 5.6.2009, 9 Verg 5/09, VergabeR 2009, 809, 814; vgl. auch OLG Celle, Beschl. v. 10.9.2001, 13 Verg 12/01, VergabeR 2002, 82, 83, mit. krit. Anm. *Byok/Goodarzi*, S. 83 ff. Vgl. zur Problematik auch *Gröning*, NZBau 2000, 366 ff.; *Kus*, VergabeR 2003, 129 ff.; *Losch*, VergabeR 2008, 739 ff., und *Ramm*, VergabeR 2007, 739 ff.

50 Von mehreren Stimmen in der Lit. wird ein erheblicher Unterschied zwischen § 165 und § 72 GWB gesehen und insofern dem § 165 GWB der Vorrang zuerkannt, während dem § 72 GWB nur mit seinen ergänzenden Regelungen, soweit sie nicht in einem Widerspruch zu § 165 GWB stehen, Bedeutung beigemessen wird: *Wiese*, in: Kulartz/Kus/Portz/Prieß, GWB, § 175 Rn. 25–29; *Frister*, in: Ziekow/Völlink, Vergaberecht, § 120 GWB Rn. 14–16; teilweise a. A. *Schweda*, in: Langen/Bunte, Kartellrecht, § 120 GWB Rn. 11 (danach ist § 165 Abs. 2 GWB „im Lichte von § 72 Abs. 2 Satz 4 GWB auszulegen“). Vgl. zu diesem Streit auch *Stockmann*, in: Immenga/Mestmäcker, GWB, § 120 Rn. 14 m. w. N., wonach der Streit aufgrund der ausgewogenen Rspr. kaum noch praktische Bedeutung habe (was *Wiese* mit seinen Rspr.-Nachweisen a. a. O., Rn. 30 Fn. 59, bestätigt).

51 Vgl. OLG Düsseldorf, Beschl. v. 29.12.2001, Verg 22/01, NZBau 2002, 578, 579 = VergabeR 2002, 267, 273; vgl. auch OLG Naumburg, Beschl. v. 13.10.2008, 1 Verg 10/08, NZBau 2008, 788, 794 m. w. N. (ein verfahrensbeteiligter Bieter hat insbes. keinen Anspruch auf Einsicht in das Angebot eines anderen Verfahrensbeteiligten, um nach etwaigen formellen Mängeln dieses Angebots zu suchen). Im Erg. ebenso, eher noch strenger gegen ein Akteneinsichtsrecht: *Stockmann*, in: Immenga/Mestmäcker, GWB, § 120 Rn. 18.

52 OLG Düsseldorf, Beschl. v. 28.12.2007, VII-Verg 40/07, VergabeR 2008, 281, 286 (zugleich eine instruktive Einzelfallentscheidung zur Interessenabwägung, S. 286–288).

53 Vgl. EuGH, Urt. v. 14.2.2008, Rs. C-450/06, NZBau 2008, 403, insbes. Rn. 51 u. 52 – Varec.

ist dagegen die Verweisung auf § 71 Abs. 6 GWB, soweit dort eine Rechtsmittelbelehrung zum notwendigen Inhalt der Beschwerdeentscheidung erhoben wird. Die Beschwerdeentscheidungen des OLG-Vergabesenats sind nicht anfechtbar.[54] Das ergibt sich zum einen daraus, dass § 175 Abs. 2 GWB auf die §§ 74 ff. GWB (Zulässigkeit der Rechtsbeschwerde oder der Nichtzulassungsbeschwerde) gerade nicht verweist, und zum zweiten aus § 179 Abs. 2 GWB: Der BGH wird mit Nachprüfungsverfahren nur befasst, wenn das OLG ihm die Sache zwecks Vermeidung von Rechtsprechungsdivergenzen vorlegt; dann aber entscheidet der BGH – und nicht zuvor das OLG im Instanzenzug wie bei der Zulassung von Rechtsmitteln – in der Sache selbst. Wenn das Beschwerdegericht in seiner Entscheidung dem Buchstaben des Gesetzes (§§ 175 Abs. 2, 71 Abs. 6 GWB) Genüge tun will, weist es auf die Unanfechtbarkeit der Beschwerdeentscheidung hin.[55]

6. Anhörungsrüge (§ 71a GWB)

15 Da § 175 Abs. 2 GWB, wie zuvor schon § 120 Abs. 2 GWB a. F. in seiner durch Art. 20 Nr. 3 des Anhörungsrügengesetzes vom 9.12.2004[56] geänderten Fassung, auf § 71a GWB verweist, kann ein Verfahrensbeteiligter, der durch die Beschwerdeentscheidung beschwert wird, beim Beschwerdegericht – unter Beachtung der Einzelregelungen des § 71a GWB – die Rüge erheben, sein Anspruch auf rechtliches Gehör sei vom Beschwerdegericht in einer für die Beschwerdeentscheidung erheblichen Weise verletzt worden. Über die Rüge befindet das Beschwerdegericht selbst, das den anderen Verfahrensbeteiligten, soweit erforderlich, zuvor rechtliches Gehör zu gewähren hat (§ 71a Abs. 3 GWB). Ist die Anhörungsrüge unzulässig oder unbegründet, weist das Beschwerdegericht sie durch besonderen, unanfechtbaren Beschluss zurück (§ 71a Abs. 4 GWB). Ist die Rüge dagegen zulässig und begründet, hilft ihr das Beschwerdegericht in der Weise ab, dass es das Beschwerdeverfahren fortsetzt, soweit dies aufgrund der Rüge geboten ist (§ 71a Abs. 5 GWB). Wenn die Anhörungsrüge zwar zulässig ist, aber das Beschwerdegericht den gesamten Tatsachenvortrag einschließlich der Beweisanregungen des rügenden Verfahrensbeteiligten vollständig zur Kenntnis genommen und in seine Entscheidungsfindung einbezogen hatte, so ist die Anhörungsrüge unbegründet; eine erneute sachliche, inhaltliche Kontrolle der getroffenen Beschwerdeentscheidung ist im Verfahren der Anhörungsrüge nicht (mehr) vorzunehmen.[57] Zu beachten ist, dass die Anhörungsrüge nur gegen die Endentscheidung des Beschwerdegerichts stattfindet,[58] gem. § 71a Abs. 1 Satz 2 GWB nicht aber gegen eine der Endentscheidung vorausgehende Entscheidung wie diejenige über einen Antrag nach

54 BGH, Beschl. v. 16.9.2003, X ZB 12/03, NZBau 2003, 687 = VergabeR 2004, 62: „Die Vergabesenate der Oberlandesgerichte entscheiden abschließend." S. auch oben § 171 Rn. 37.

55 Vgl. OLG Düsseldorf, Beschl. v. 13.4.1999, Verg 1/99, BauR 1999, 751, 759 = WuW/E Verg 223, 230, insoweit in BB 1999, 1078 ff. nicht abgedruckt.

56 BGBl. I 2004, S. 3220, 3229; diese Gesetzesänderung hatte das BMWi bei der ihm obliegenden Neubekanntmachung des GWB v. 20.7.2005 (BGBl. I 2005, S. 2114) übersehen (vgl. BVerfG, Beschl. v. 26.2.2008, 1 BvR 2327/07, NZBau 2008, 456, 457).

57 OLG Naumburg, Beschl. v. 30.8.2012, 2 Verg 3/12, VergabeR 2013, 135, 136, mit Anm. *Herrmann*, VergabeR 2013, 133, 135.

58 Auch dann, wenn die Endentscheidung infolge einer Beschwerderücknahme nur aus einer Kostenentscheidung besteht, ist die Anhörungsrüge statthaft: OLG Naumburg, Beschl. v. 23.12.2014, 2 Verg 14/11, NZBau 2015, 518.

§ 173 Abs. 1 Satz 3 oder nach § 176 GWB.[59] Die Anhörungsrüge ist ein schlichter, thematisch begrenzter Rechtsbehelf, aber kein Rechtsmittel[60] i. S. d. §§ 175 Abs. 2, 71 Abs. 6 GWB. Über sie braucht daher in der etwaigen Rechtsmittelbelehrung (s. Rn. 14) der Beschwerdeentscheidung nicht belehrt zu werden. Über die Thematik der Anhörungsrüge (Wahrung des – nicht zu eng auszulegenden – Anspruchs auf rechtliches Gehör) hinaus ist eine **Gegenvorstellung** gegen die Endentscheidung des Beschwerdegerichts wegen anderer Rechtsfehler **nicht statthaft.**[61] Vielmehr ist das Beschwerdegericht insoweit an seine eigene Entscheidung im Interesse der Rechtssicherheit (und der Planungssicherheit für die Verfahrensbeteiligten) gebunden (vgl. auch § 318 ZPO und für die VwGO: § 173 Satz 1 VwGO i.V.m. § 318 ZPO).

7. Entscheidung über die Kosten des Beschwerdeverfahrens

Das VgRÄG sah bei der Normierung der §§ 116ff. GWB a.F. (= § 171ff. GWB n.F.) keine 16
spezielle Vorschrift dafür vor, wer die Kosten des Beschwerdeverfahrens zu tragen hat. Die Rspr. behalf sich mit einer entsprechenden Anwendung der §§ 91ff. ZPO oder des § 128 Abs. 3 und 4 GWB a.F. sowie des § 162 Abs. 3 VwGO hinsichtlich der außergerichtlichen Kosten der Beigeladenen.[62] Die Gesetzeslücke ist sodann durch das VergModG 2009[63] geschlossen worden. Dessen Art. 1 Nr. 20 hat in § 120 Abs. 2 GWB a.F. (jetzt § 175 Abs. GWB) die Anordnung der **entsprechenden Anwendung des § 78 GWB** für das Beschwerdeverfahren eingefügt. Damit hat der Gesetzgeber nicht nur die Zweifel daran, in welchen Vorschriften die sachgerechte Rechtsgrundlage für die Kostenentscheidung (betreffend Gerichtskosten und notwendige Aufwendungen der Verfahrensbeteiligten) zu sehen ist,[64] sondern auch die früheren Zweifel beseitigt, ob das Beschwerdegericht – abgesehen vom jetzigen Anwendungsbereich der §§ 175 Abs. 2, 78 Satz 2 GWB – befugt ist, über die Kostentragung oder die Kostenverteilung aufgrund einer Abwägung nach Billigkeit zu entscheiden (s. § 78 Satz 1 GWB), was insbes. hinsichtlich der außergerichtlichen Kosten der Beigeladenen sehr bedeutsam ist. So gilt die Billigkeitsregelung des § 78 Satz 1 GWB auch für die Entscheidung über sämtliche Kosten des Beschwerdeverfahrens im Falle der

---

59 Vgl. auch OLG Düsseldorf, Beschl. v. 4.3.2009, VII-Verg 67/08, NZBau 2009, 334, 337, zur Unzulässigkeit einer Anhörungsrüge gegen die Versagung von Akteneinsicht durch das Beschwerdegericht.

60 Vgl. *K. Schmidt*, in: Immenga/Mestmäcker, GWB, § 71a Rn. 9 (es fehlt der Devolutiveffekt).

61 A.A. *Wilke*, NZBau 2005, 380, 384.

62 Vgl. 2. Aufl., § 123 Rn. 1240f., und Anhang zu §§ 128, 129 GWB Rn. 1458–1463, je m.w.N.

63 Gesetz zur Modernisierung des Vergaberechts v. 20.4.2009, BGBl. I 2009, S. 790.

64 Soweit das OLG München, Beschl. v. 29.9.2009, Verg 12/09, VergabeR 2010, 238, 245, meint, § 78 Satz 2 GWB umfasse bei unbegründetem Rechtsmittel nicht die außergerichtlichen Kosten der Hauptbeteiligten und § 78 GWB regele bei begründetem Rechtsmittel nicht die Tragung der Gerichtskosten, sodass insoweit die §§ 91, 92 ZPO anzuwenden seien, kann ihm nicht zugestimmt werden. Auch hier sind § 78 GWB und die dazu von der Rspr. entwickelten Regeln anzuwenden; wie hier (alleinige Anwendung der §§ 175 Abs. 2, 78 GWB): BGH, Beschl. v. 8.2.2011, X ZB 4/10, VergabeR 2011, 452, 465f. Rn. 79; BGH, Beschl. v. 23.1.2013, X ZB 8/11, NZBau 2013, 389, 390; OLG Brandenburg, Beschl. v. 14.9.2010, Verg W 8/10, VergabeR 2011, 114, 122; OLG Celle, Beschl. v. 9.2.2011, 13 Verg 17/10, VergabeR 2011, 646; OLG Düsseldorf, Beschl. v. 2.3.2011, VII-Verg 48/10, VergabeR 2011, 471, 483; OLG Naumburg, Beschl. v. 23.12.2014, 2 Verg 14/11, NZBau 2015, 518. Vgl. auch *Stockmann*, in: Immenga/Mestmäcker, GWB, § 78 Rn. 4–15 m.w.N.; *Frister*, in: Ziekow/Völlink, Vergaberecht, § 120 GWB Rn. 17–26 m.w.N.

Beschwerderücknahme,[65] der Rücknahme des Nachprüfungsantrags während des Beschwerdeverfahrens[66] und der Erledigung der Hauptsache während des Beschwerdeverfahrens.[67]

8. Schließung verbleibender Lücken

17 § 175 Abs. 2 GWB enthält schließlich über § 73 GWB die Verweisung auf wesentliche Teile des Verfahrensrechts des **GVG und** der **ZPO**, deren im Einzelnen bezeichnete Vorschriften – insbes. zum Beweisverfahren[68] – aber nur gelten, soweit sie sich mit den Besonderheiten des Beschwerdeverfahrens gem. den §§ 171 ff. GWB in Einklang bringen lassen (§ 73 GWB: „... soweit nichts anderes bestimmt ist"). So ist § 227 Abs. 3 ZPO, der eine Terminierung vom 1.7. bis 31.8. gegen den Willen der Verfahrensbeteiligten praktisch verhindert, aus der Normenverweisung herausgenommen, weil diese Regelung dem Beschleunigungsgebot (vgl. §§ 175 Abs. 2, 167 Abs. 2 Satz 1 GWB) zuwiderlaufen würde. Weitere Vorschriften der ZPO über die in § 73 GWB aufgezählten hinaus können nicht ohne Weiteres (analog) angewendet werden. So scheidet z. B. eine analoge Anwendung der ZPO-Vorschriften über die Entscheidungskompetenz eines **Einzelrichters** anstatt des dreiköpfigen Senats (§§ 526 Abs. 1, 527 Abs. 4 ZPO) aus;[69] das ergibt sich aus § 171 Abs. 3 Satz 2 („Vergabesenat") und § 178 Satz 1 und 2 GWB („Gericht") i.V.m. § 122 Abs. 1 GVG sowie aus dem Umstand, dass die §§ 171 bis 179 GWB einschließlich der durch § 73 Nr. 2 GWB in Bezug genommenen Vorschriften der ZPO nicht einmal andeutungsweise die Möglichkeit erkennen lassen, die Entscheidungskompetenz auf einen Einzelrichter des Vergabesenats zu übertragen. Aus den gleichen Gründen bestehen auch erhebliche Bedenken dagegen, dem Vergabesenat analog § 527 Abs. 1 und 2 ZPO die Befugnis zuzugestehen,[70] die Beschwerdesache einem seiner Mitglieder als Einzelrichter zur Vorbereitung der Beschwerdeentscheidung zuzuweisen. Auch wenn die Vorschriften des GVG über die **Rechtswegverweisung** in § 73 Nr. 1 (i.V.m. § 175 Abs. 2) GWB nicht in Bezug genommen worden sind, bestehen jedoch keine Bedenken dagegen, dass der OLG-Vergabesenat eine Rechtsstreitigkeit, derentwegen die Vergabekammer und gegen deren Entscheidung (zulässigerweise) der Vergabesenat mit sofortiger Beschwerde angerufen worden ist, gem. § 17a Abs. 2 GVG an das sachlich und örtlich zuständige erstinstanzliche Gericht eines anderen Rechtswegs verweist, wenn die Sache kein (nachprüfbares) Vergabeverfahren i. S. d. §§ 97 ff. GWB, sondern (z. B.) eine verwaltungsgerichtliche oder eine bürgerliche Rechtsstreitigkeit darstellt.[71]

---

65 OLG Naumburg, Beschl. v. 23.12.2014, 2 Verg 14/11, NZBau 2015, 518.

66 OLG Frankfurt, Beschl. v. 15.7.2015, 11 Verg 1/15, forum vergabe, Monatsinfo 10/2015, S. 361.

67 BGH, Beschl. v. 23.1.2013, X ZB 8/11, NZBau 2013, 389, 390.

68 Nach OLG Celle, Beschl. v. 23.3.2000, 13 Verg 1/00, verbietet sich die Einholung eines Sachverständigengutachtens aufgrund der dem Nachprüfungsverfahren innewohnenden Beschleunigung. Das ist in dieser Allgemeinheit, auch mit Blick auf die §§ 70 Abs. 1, 175 Abs. 2 GWB, unhaltbar; s. oben Rn. 7 m. w. N.

69 A. A. *Wilke*, NZBau 2005, 380, 381, für § 527 Abs. 4 ZPO und für § 526 Abs. 1 Nr. 1 ZPO i.V.m. § 105 Abs. 3 GWB a. F. (jetzt § 157 Abs. 3 GWB); wie hier *Stockmann*, in: Immenga/Mestmäcker, GWB, § 120 Rn. 25.

70 So *Wilke*, NZBau 2005, 380, 381; a. A. *Stockmann*, in: Immenga/Mestmäcker, GWB, § 120 Rn. 25.

71 Vgl. BGH, Beschl. v. 23.1.2012, X ZB 5/11, NZBau 2012, 248, 251 Rn. 23 f.; OLG Frankfurt, Beschl. v. 8.5.2012, 11 Verg 2/12, VergabeR 2012, 916, 921 (bzgl. einer Unterschwellenvergabe); KG, Beschl. v. 21.11.2002, KartVerg 7/02, NZBau 2004, 345 (bzgl. eines auf § 20 Abs. 1 od. 2

Im Übrigen bietet sich für eine Schließung der zahlreichen Lücken der §§ 171 ff. GWB eher die Analogie zu den Vorschriften der VwGO an, weil das Vergabenachprüfungsverfahren dem Kartellverwaltungsverfahren nachgebildet worden ist.[72] Das **Problem der Lückenschließung** muss jedoch für jede einzelne verfahrensrechtliche Frage geprüft und je nach der Art des Verfahrensproblems und nach der Eignung der Lösungsmodelle anderer Verfahrensordnungen gelöst werden.[73] 18

§ 73 GWB verweist nicht auf die Rechtsmittelvorschriften der ZPO. Dennoch ist aus den (jetzt) §§ 175 Abs. 2, 73 GWB i. V. m. § 577a ZPO a. F./§ 567 Abs. 3 ZPO n. F. die Zulässigkeit einer unselbstständigen **Anschlussbeschwerde** abgeleitet worden.[74] Dem ist zwar nicht in der Normenableitung, wohl aber nach allgemeinen prozessrechtlichen Grundsätzen im Ergebnis zuzustimmen.[75] Für die **Zurücknahme der sofortigen Beschwerde** ist – entsprechend der allgemeinen Meinung für das Kartellverwaltungsbeschwerdeverfahren – der analogen Anwendung des § 92 Abs. 1 VwGO der Vorzug zu geben.[76] 19

GWB gestützten „Nachprüfungsantrags", der sich – ohne Bezug zu einem konkreten Vergabeverfahren – gegen eine den Ast. betreffende Auftragssperre seitens des öffentlichen Auftraggebers richtete).

72 OLG Düsseldorf, Beschlüsse v. 13.4.1999, Verg 1/99, BB 1999, 1078, 1080 = NZBau 2000, 45, 48, v. 15.6.2000, Verg 6/00, NZBau 2000, 440, 444, v. 20.7.2000, Verg 2/99, NZBau 2001, 164, 165, v. 5.2.2001, Verg 26/00, und v. 23.1.2006, VII-Verg 96/05, NZBau 2006, 598, 599; Thüringer OLG, Beschl. v. 28.2.2001, 6 Verg 8/00, NZBau 2001, 281, 283 = VergabeR 2001, 159, 161. So auch für das Kartellbeschwerdeverfahren: *K. Schmidt*, in: Immenga/Mestmäcker, GWB, § 73 Rn. 1. Vgl. ferner *Stockmann*, in: Immenga/Mestmäcker, GWB, § 120 Rn. 5 u. 25, der empfiehlt, in erster Linie auf die Vorschriften über das Beschwerdeverfahren in Kartellverwaltungssachen – vorrangig vor der VwGO – zurückzugreifen. Indessen weist das GWB auch hier, abgesehen von den in § 175 Abs. 2 GWB für entsprechend anwendbar erklärten Normen, erhebliche Lücken auf. Demgegenüber spricht sich *Wiese*, in: Kulartz/Kus/Portz/Prieß, GWB, § 175 Rn. 41, dafür aus, in erster Linie die ZPO-Bestimmungen entsprechend anzuwenden, weil es sich bei dem vergaberechtlichen Beschwerdeverfahren um ein streitiges Verfahren vor einem ordentlichen Gericht handele.

73 Vgl. z. B. § 171 Rn. 28 zu der Frage, welche Frist für die Einlegung der Anschlussbeschwerde gilt.

74 OLG Dresden, Beschl. v. 10.1.2000, WVerg 1/99, BauR 2000, 1582.

75 Vgl. die Erläuterungen hier in Rn. 27 f. zu § 171 GWB.

76 S. oben § 171 Rn. 36 m. w. N.

§ 176 Vorabentscheidung über den Zuschlag

(1) Auf Antrag des Auftraggebers oder auf Antrag des Unternehmens, das nach § 134 vom Auftraggeber als das Unternehmen benannt ist, das den Zuschlag erhalten soll, kann das Gericht den weiteren Fortgang des Vergabeverfahrens und den Zuschlag gestatten, wenn unter Berücksichtigung aller möglicherweise geschädigten Interessen die nachteiligen Folgen einer Verzögerung der Vergabe bis zur Entscheidung über die Beschwerde die damit verbundenen Vorteile überwiegen. Bei der Abwägung ist das Interesse der Allgemeinheit an einer wirtschaftlichen Erfüllung der Aufgaben des Auftraggebers zu berücksichtigen; bei verteidigungs- oder sicherheitsspezifischen Aufträgen im Sinne des § 104 sind zusätzlich besondere Verteidigungs- und Sicherheitsinteressen zu berücksichtigen. Das Gericht berücksichtigt bei seiner Entscheidung auch die Erfolgsaussichten der sofortigen Beschwerde, die allgemeinen Aussichten des Antragstellers im Vergabeverfahren, den öffentlichen Auftrag oder die Konzession zu erhalten, und das Interesse der Allgemeinheit an einem raschen Abschluss des Vergabeverfahrens.

(2) Der Antrag ist schriftlich zu stellen und gleichzeitig zu begründen. Die zur Begründung des Antrags vorzutragenden Tatsachen sowie der Grund für die Eilbedürftigkeit sind glaubhaft zu machen. Bis zur Entscheidung über den Antrag kann das Verfahren über die Beschwerde ausgesetzt werden.

(3) Die Entscheidung ist unverzüglich, längstens innerhalb von fünf Wochen nach Eingang des Antrags zu treffen und zu begründen; bei besonderen tatsächlichen oder rechtlichen Schwierigkeiten kann der Vorsitzende im Ausnahmefall die Frist durch begründete Mitteilung an die Beteiligten um den erforderlichen Zeitraum verlängern. Die Entscheidung kann ohne mündliche Verhandlung ergehen. Ihre Begründung erläutert Rechtmäßigkeit oder Rechtswidrigkeit des Vergabeverfahrens. § 175 ist anzuwenden.

(4) Gegen eine Entscheidung nach dieser Vorschrift ist ein Rechtsmittel nicht zulässig.

Schrifttum: *Bechtold*, Kartellgesetz, GWB, 6. Aufl. 2010; *Immenga/Mestmäcker*, Wettbewerbsrecht, Bd. 2: GWB / Teil 2 (Vergaberecht), Kommentar zum Deutschen Kartellrecht, 5. Aufl. 2014; *Kulartz/Kus/Portz*, Kommentar zum GWB-Vergaberecht, 3. Aufl. 2013; *Kulartz/Kus/Portz/Prieß*, Kommentar zum GWB-Vergaberecht, 4. Aufl. 2016; *Langen/Bunte*, Kartellrecht, Bd. 1, 12. Aufl. 2014; *Loewenheim/Meessen/Riesenkampff*, Kartellrecht, Kommentar, 2. Aufl. 2009; *Motzke/Pietzcker/Prieß*, Beck'scher VOB-Kommentar, Verdingungsordnung Bauleistungen Teil A, 1. Aufl. 2001; *Reidt/Stickler/Glahs*, Vergaberecht, Kommentar, 4. Aufl. 2018; *Ziekow/Völlink*, Vergaberecht, Kommentar, 2. Aufl. 2013.

Übersicht

I. Bedeutung der Norm

Nach Ansicht des Gesetzgebers[1] – verlautbart im Gesetzgebungsverfahren zum **VgRÄG** – darf die Gewährung eines gerichtlichen Rechtsschutzes für die Bieter „auf keinen Fall zu einer unerträglichen Verzögerung der Vergabeverfahren führen“. Daher hat er, da die Dauer des Hauptverfahrens vor dem Beschwerdegericht – anders als das Verfahren vor der Vergabekammer (§ 167 Abs. 1 GWB) – nicht an eine Verfahrensfrist gebunden ist, ein als **Eilverfahren** ausgestaltetes Zwischenverfahren geschaffen, das den **Zweck** hat, eine unverhältnismäßige und unzuträgliche Investitionsbehinderung und Verzögerung des Vergabeverfahrens zu vermeiden. In diesem Eilverfahren kann – ursprünglich nach dem VgRÄG auf Antrag nur des Auftraggebers (s. auch Rn. 2) – innerhalb einer dem § 167 Abs. 1 GWB entsprechenden kurzen Frist entschieden werden, ob der Zuschlag schon vor der Hauptentscheidung erteilt werden darf oder nicht. Der Gesetzgeber des VgRÄG[2] sah dieses Zwischenverfahren als vergleichbar mit den Verfahren über eine einstweilige Verfügung (§ 940 ZPO), über eine einstweilige Anordnung i. S. d. § 123 VwGO und über die Wiederherstellung der aufschiebenden Wirkung von Widerspruch und Anfechtungsklage (§ 80 Abs. 5 VwGO) an. 1

Rund zehn Jahre nach Verabschiedung des VgRÄG resümierte die Bundesregierung zum rechtsähnlichen Eilverfahren nach § 169 Abs. 2 GWB (damals § 115 Abs. 2 GWB a. F.) anlässlich ihres Entwurfs des **VergModG 2009**, die bisherige Praxis zeige, dass Anträge auf Vorabgestattung des Zuschlags (nach § 115 Abs. 2 GWB a. F.) kaum gestellt würden und den gestellten Anträgen noch seltener stattgegeben würde. Die Bundesregierung schlug deshalb Änderungen des § 115 Abs. 2 GWB a. F. vor, die diese Situation „zugunsten der im öffentlichen Interesse liegenden Auftragsvergabe verbessern sollen“. Ihre Gesetzesinitiative führte zu einer textlichen Umgestaltung des § 115 Abs. 2 GWB a. F. (jetzt § 169 Abs. 2 GWB), deren Umfang allerdings erheblich hinter ihrem Gesetzesvorschlag zurückblieb (zu den Einzelheiten s. § 169 Rn. 25). Auch im Beschwerdeverfahren sind bisher Anträge auf Vorabgestattung des Zuschlags eher selten gestellt worden. Obwohl dies hauptsächlich in den strukturellen Besonderheiten des Verfahrens nach den §§ 121, 122 GWB a. F. (jetzt §§ 176, 177 GWB) seinen Grund hat,[3] schlug die Bundesregierung zu § 121 Abs. 1 GWB 2

1 Genauer: Ansicht der Bundesregierung zur Begründung des Gesetzentwurfs zum VgRÄG, BT-Drs. 13/9340, S. 21.

2 BT-Drs. 13/9340, S. 21.

3 Die typische Ausgangssituation für einen Antrag nach § 176 GWB besteht darin, dass der Auftraggeber vor der VergK, die die Sache nach dem Amtsermittlungsgrundsatz zu behandeln und entscheiden hat, ganz oder teilweise unterlegen ist, was in deutlich weniger als der Hälfte der Nachprüfungsverfahren vorkommt. Ferner muss der Auftraggeber, um nicht die schneidende Rechtsfolge des § 177 GWB zu sehr zu riskieren, von einer hohen Wahrscheinlichkeit des Erfolgs seiner sofortigen

a. F. die gleichen Änderungen wie zu § 115 Abs. 2 GWB a. F. vor. In ihrer Entwurfsbegründung hieß es hierzu formal und kurz, es gebe keinen sachlichen Grund, die Kriterien für die Vorabgestattung des Zuschlags im Verfahren vor dem Beschwerdegericht abweichend von den Kriterien der Entscheidung der Vergabekammer über die Vorabgestattung nach § 115 Abs. 2 GWB a. F. zu regeln.[4] Die Gesetzesinitiative führte auch hier zu einer **erheblichen textlichen Umgestaltung des § 121 Abs. 1 GWB a. F.** (jetzt § 176 Abs. 1 GWB): Durch Abs. 1 Satz 1 wurde (wie im Vergabekammerverfahren) einem weiteren Beteiligten am Vergabeverfahren – dem vom Auftraggeber für den Zuschlag ausersehenen und in der Information nach (jetzt) § 134 GWB benannten Unternehmen – die Befugnis verliehen, beim Beschwerdegericht die Vorabgestattung des Zuschlags zu beantragen.[5] Vor allem aber wurde die Vorschrift über die Interessenabwägung, die die Eilentscheidung nach dem gesetzlichen Entscheidungsmodell schon bisher mitbestimmt hat, mit ihren grundsätzlichen Komponenten von Satz 2 des Abs. 1 an den Anfang (Satz 1) der Norm vorgezogen. Darin mag man eine **stärkere Akzentuierung der Interessenabwägung insgesamt** gegenüber der vorherigen, ganz überwiegend vertretenen Auslegung des § 121 Abs. 1 GWB a. F. sehen, wonach gerade den Erfolgsaussichten der Beschwerde die primäre Bedeutung für das Entscheidungsergebnis zuzumessen sei.[6] Ferner sind in den jetzigen Sätzen 2 und 3 des Abs. 1 – außer den bisher schon zu berücksichtigenden Erfolgsaussichten der Beschwerde und Interessen der Allgemeinheit an einem raschen Abschluss des Vergabeverfahrens – zwei weitere Faktoren für die Interessenabwägung zum Ausdruck gebracht worden: das Interesse der Allgemeinheit an einer wirtschaftlichen Erfüllung der Aufgaben des Auftraggebers (Satz 2) und die „allgemeinen Aussichten" des Antragstellers[7] im Vergabeverfahren, den Auftrag zu erhalten (Satz 3 Faktor 2). Dem vorstehend genannten allgemeinen Interesse an einer wirtschaftlichen Aufgabenerfüllung auf Auftraggeberseite sind später – durch das **Gesetz zur Änderung des Vergaberechts für die Bereiche Verteidigung und Sicherheit** vom 7.12.2011[8] – für die verteidigungs- oder sicherheitsspezifischen öffentlichen Aufträge (jetzt § 104 GWB) noch die besonderen Verteidigungs- und Sicherheitsinteressen als „zusätzlich zu berücksichtigen" an die Seite gestellt worden (Satz 2 Hs. 2 des [jetzigen] § 176 Abs. 1 GWB). Mit ihrem für eine auftraggeberfreundlichere Anwendung der Norm wohl bedeutsamsten Vorschlag drang die Bundesregierung im VergModG 2009 allerdings nicht durch. Anstatt der Gesetz gewordenen Fassung des § 121 Abs. 1 Satz 2 GWB (i. d. F. des VergModG 2009, jetzt § 176 Abs. 1 Satz 2 Hs. 1 GWB) hatte die Bundesregierung folgen-

---

Beschwerde bzw. (je nach Fallkonstellation) des endgültigen Misserfolgs des Nachprüfungsantrags überzeugt sein (vgl. *Wiedemann*, VergabeR 2009, 302, 313 f.).

4 BT-Drs. 16/10117, Begr. zu Art. 1 Nr. 20 des Entwurfs. Die dort vorgesehene Änderung des § 121 Abs. 1 GWB a. F. (jetzt § 176 Abs. 1 GWB) dürfte auch zu den Vorschlägen der Bundesregierung gehören, mit denen sie „Straffungen im Rechtsschutz" mit dem Ergebnis von „noch mehr Effizienz und Beschleunigung des Nachprüfungsverfahrens" herbeiführen wollte; vgl. BT-Drs. 16/10117, S. 1 („Lösung" des Problems) und Allg. Teil der Entwurfsbegr., 4. Abschnitt.

5 In der Entwurfsbegründung, BT-Drs. 16/10117, zu Art. 1 Nr. 20, heißt es hierzu, das zusätzliche Antragsrecht solle „auch im Beschwerdeverfahren der Verfahrensbeschleunigung dienen".

6 Vgl. *Otting*, in: Bechtold, GWB, § 121 Rn. 1, der meint, in § 121 Abs. 1 GWB i. d. F. des VergModG 2009 sei der Entscheidungsmaßstab für den Eilbeschluss stärker von den Erfolgsaussichten des Verfahrens entkoppelt worden; a. A. *Stockmann*, in: Immenga/Mestmäcker, GWB, § 121 Rn. 13; *Hänisch*, in: Kulartz/Kus/Portz/Prieß, GWB, § 176 Rn. 27.

7 Gemeint ist nicht das antragstellende Unternehmen nach Satz 1, sondern der erstinstanzliche Ast. nach § 160 GWB.

8 BGBl. I 2011, S. 2570.

den Text vorgeschlagen: „Ein überwiegendes Interesse der Allgemeinheit liegt vor, wenn die wirtschaftliche Erfüllung der Aufgaben des Auftraggebers gefährdet ist."[9] Mit einer solchen Norm wäre das Ergebnis der Interessenabwägung unter der im „wenn"-Satz enthaltenen Voraussetzung im Vorhinein festgelegt worden, ohne dass es (insbes.) auf die Erfolgsaussichten der Beschwerde noch angekommen wäre. Mit der sehr erheblichen Abmilderung dieses Vorschlags in den § 121 Abs. 1 Satz 2 GWB (i. d. F. des VergModG 2009, jetzt § 176 Abs. 1 Satz 2 Hs. 1 GWB) hat sich der Sache nach der Bundesrat mit dem Hinweis durchgesetzt, der Vorschlag der Bundesregierung sei europarechtswidrig und wegen der Vorrangeinräumung für die rein wirtschaftliche Erfüllung der Aufgaben des Auftraggebers vor dem Justizgewährungsanspruch des vor der Vergabekammer obsiegenden Bieters auch verfassungswidrig.[10] Danach ist die Frage berechtigt, ob sich die Rechtslage in Bezug auf die Vorabgestattung des Zuschlags im Beschwerdeverfahren durch den § 121 Abs. 1 GWB in der geänderten Fassung des VergModG 2009 (jetzt § 176 Abs. 1 GWB) gegenüber der vorherigen Norm wirklich erheblich oder doch nur unwesentlich geändert hat.[11] Das **VergRModG 2016** führt nunmehr den bisherigen § 121 GWB inhaltlich unverändert als § 176 GWB fort.

II. Der Antrag auf Vorabentscheidung

1. Anwendungsbereich

3 Das Vorabentscheidungsverfahren hat seine praktische **Relevanz hauptsächlich in** den **Fällen**, in denen die **Vergabekammer** den **Zuschlag untersagt** hat (vgl. § 173 Abs. 3 GWB).[12] Denn wenn die Vergabekammer den Nachprüfungsantrag abgelehnt hat, sollte der Auftraggeber, um nicht das aus § 177 GWB folgende Risiko einzugehen, nicht selbst einen Eilantrag gem. § 176 GWB stellen, sondern den Wegfall der aufschiebenden Wirkung der gegnerischen Beschwerde (§ 173 Abs. 1 Satz 2 GWB) und die Entschließung des Beschwerdeführers, ob dieser den Antrag gem. § 173 Abs. 1 Satz 3 GWB stellt, abwarten.[13] Ein gegen einen solchen Antrag gerichteter Antrag des Auftraggebers auf Zurückweisung

9 BT-Drs. 16/10117, S. 11.

10 BT-Drs. 16/10117, Stellungnahme des BRats zu Art. 1 Nr. 20 (§ 121 Abs. 1 Satz 3 GWB-E) mit Zitat des Beschl. des BVerfG v. 29.7.2004, 2 BvR 2248/03, NZBau 2004, 564. Vgl. auch die – wohl auf derselben Linie liegende – Beschlussempfehlung nebst Bericht des (federführenden) BT-Ausschusses für Wirtschaft und Technologie, BT-Drs. 16/11428, S. 51 (zu § 121 Abs. 1 GWB).

11 Vgl. *Wiedemann*, VergabeR 2009, 302, 316 (bei Fn. 67 und 68); *Stockmann*, in: Immenga/Mestmäcker, GWB, § 121 Rn. 6, 13.

12 OLG Naumburg, Beschl. v. 29.9.1999, 10 Verg 3/99, hält einen gem. § 176 GWB gestellten Antrag des vor der VergK obsiegenden Auftraggebers sogar für unzulässig. Dem kann man für die Zeitspanne des § 173 Abs. 1 Satz 2 GWB nicht zustimmen (was aber wegen des für ein Verfahren nach § 176 GWB unrealistisch kurzen Zeitraums nur theoretischer Natur ist), wohl aber für die Zeit danach, vorbehaltlich einer bewilligenden Entscheidung gem. § 173 Abs. 1 Satz 3 GWB (vgl. im Text Rn. 4).

13 Das OLG Naumburg, Beschl. v. 15.12.2000, 1 Verg 11/00, NZBau 2001, 642, hält in einem solchen Fall einen Antrag nach (jetzt) § 176 Abs. 1 GWB sogar für nicht statthaft, wenn (und weil) mit ihm eine Verkürzung der gesetzlich angeordneten Regelfrist für die Erteilung des Zuschlags (jetzt §§ 169 Abs. 1, 173 Abs. 1 Satz 2 GWB) begehrt wird. Kritisch dazu: *Jaeger*, NZBau 2001, 366, 370. Im Gegensatz zum OLG Naumburg hält *Gröning*, in: Motzke/Pietzcker/Prieß, VOB/A, § 121 GWB Rn. 6, einen Antrag des – in erster Instanz siegreichen – Auftraggebers nach § 176

löst beim Misserfolg nicht die Rechtsfolge des § 177 GWB aus. Den Vorabentscheidungsantrag nach § 176 GWB wird der Auftraggeber daher in erster Linie nach oder zusammen mit einer selbst eingelegten Beschwerde oder einer Beschwerde, die ein „auf Seiten des Auftraggebers stehender" Beigeladener eingelegt hat, stellen. Entsprechendes gilt für das nach § 176 Abs. 1 Satz 1 GWB antragsberechtigte Unternehmen (dessen Antrag aber nicht mit dem Risiko der Rechtsfolge aus § 177 GWB verbunden ist). Der ausdrücklichen Untersagung des Zuschlags gleichzusetzen sind Entscheidungen, in denen die **Vergabekammer** gem. § 168 Abs. 1 Satz 1 GWB **andere Maßnahmen zur Beseitigung von Rechtsverletzungen anordnet** (z. B. erneute Vornahme der Angebotswertung); bis zur Erledigung solcher Anordnungen durch den Auftraggeber besteht das Zuschlagsverbot fort (s. § 173 Rn. 34). Bis zu diesem Zeitpunkt ist daher auch der Anwendungsbereich des § 176 GWB eröffnet.[14] Dagegen bedarf der Auftraggeber in einem solchen Fall keiner Vorabgestattung des Zuschlags mehr, wenn er – noch während des Beschwerdeverfahrens – alle Anordnungen der Vergabekammerentscheidung zum Vergabeverfahren restlos erfüllt hat, weil damit das Zuschlagsverbot (§ 173 Abs. 3 GWB) erlischt; ein dennoch gem. § 176 GWB gestellter Antrag müsste mangels Rechtsschutzbedürfnisses verworfen werden.[15] Da auch die Entscheidung der **Vergabekammer**, die **den Auftraggeber zur Aufhebung des Vergabeverfahrens verpflichtet**, ein Zuschlagsverbot (für das aufzuhebende Vergabeverfahren) enthält (s. § 173 Rn. 34), ist für den Fall, dass sofortige Beschwerde gegen die Entscheidung eingelegt wird und der Auftraggeber das ursprüngliche Vergabeverfahren bis zum Zuschlag weiterverfolgen will, ein Antrag nach § 176 GWB statthaft.

4 Ein **Vorabentscheidungsantrag** nach § 176 GWB ist auch dann statthaft, **wenn** das Beschwerdegericht die **aufschiebende Wirkung der Beschwerde des Antragstellers** gem. § 173 Abs. 1 Satz 3 GWB (evtl. auch nur vorläufig) **verlängert** hat. Denn nach einer solchen Verlängerung können – insbesondere bei längerdauernden Beschwerdeverfahren – neue tatsächliche Umstände oder rechtliche Gesichtspunkte hervortreten, die eine weitere Verzögerung des Vergabeverfahrens als unangemessen erscheinen lassen.[16]

5 In den Anwendungsbereich des § 176 GWB (genauer: für eine analoge Anwendung) fällt es auch, wenn der Auftraggeber formell nicht die Vorabgestattung des Zuschlags beantragt, sondern in der Annahme, dass er den Zuschlag vor der Mitteilung des Nachprüfungsantrags an ihn (§ 169 Abs. 1 GWB) schon (endgültig) wirksam erteilt habe, eine darüber vorab zu treffende **Feststellung oder** die **Gestattung** beantragt, die weitere **Durchführung des vermeintlich bereits wirksam vergebenen Auftrags** veranlassen zu dürfen, woran sich der Auftraggeber durch die gegenteilige Auffassung der Vergabekammer in der dem Nachprüfungsantrag stattgebenden Entscheidung (z. B. gestützt auf § 135 GWB) gehindert sieht.[17] Ein solcher Antrag analog § 176 GWB kann allerdings nur dann begründet sein,

---

GWB nur in den ersten vier Wochen (bis zum Ende der Frist des § 173 Abs. 1 Satz 2 GWB) nach Zustellung der VergK-Entscheidung für zulässig.

14 Vgl. *Opitz*, NZBau 2005, 213, 215; *Stockmann*, in: Immenga/Mestmäcker, GWB, § 121 Rn. 8.

15 Vgl. OLG Düsseldorf, Beschl. v. 29.11.2005, VII-Verg 82/05, VergabeR 2006, 424, 425; *Hänisch*, in: Kulartz/Kus/Portz/Prieß, GWB, § 176 Rn. 5, 12.

16 Vgl. *Hänisch*, in: Kulartz/Kus/Portz/Prieß, GWB, § 176 Rn. 7; *Schweda*, in: Langen/Bunte, Kartellrecht, § 121 GWB Rn. 4; *Opitz*, NZBau 2005, 213, 215.

17 Vgl. OLG Dresden, Beschl. v. 11.7.2000, WVerg 5/00, BauR 2000, 1640 Nr. 10 (L); *Storr*, in: Loewenheim/Meessen/Riesenkampff, Kartellrecht, § 121 GWB Rn. 4; *Herrmann*, in: Ziekow/Völlink, Vergaberecht, § 121 GWB Rn. 5 (jedoch mit Ausnahme des Beschwerdeverfahrens gegen eine VergK-Entscheidung gem. § 135 Abs. 2 GWB, in dem § 176 GWB nicht analog anwendbar

wenn das Beschwerdegericht schon im Vorabentscheidungsverfahren die feste Überzeugung erlangt, dass der zu vergebende Auftrag bereits (endgültig) rechtswirksam erteilt worden ist, also (z.B.) die Rechtsfolge der Nichtigkeit gem. den §§ 169 Abs. 1 GWB, 134 BGB oder die Rechtsfolge der Unwirksamkeit gem. § 135 Abs. 1 und 2 GWB nicht eingetreten ist und auch nicht (mehr) eintreten kann. Denn über die von Gesetzes wegen eintretende Rechtsfolge der Nichtigkeit oder Unwirksamkeit eines Vertrags gemäß den genannten Vorschriften kann das Beschwerdegericht nicht mit einer Interessenabwägung gem. § 176 Abs. 1 GWB „disponieren".[18]

2. Antragsbefugnis

6 Nach dem Normzweck des § 176 Abs. 1 GWB (s. Rn. 1) ist es folgerichtig, dass vor allem der **Auftraggeber** antragsberechtigt ist und der Gesetzgeber des VgRÄG ihm allein die Antragsbefugnis eingeräumt hatte. Der Auftraggeber kann die Antragsbefugnis erst ausüben nach oder zugleich **mit der Beschwerdeeinlegung**, wie sich unzweifelhaft aus § 176 Abs. 1 Satz 3 Faktor 1 GWB („Berücksichtigung der Erfolgsaussichten der sofortigen Beschwerde") und aus Abs. 2 Satz 3 des § 176 GWB ergibt, also nicht schon nach Erlass der Vergabekammerentscheidung, die ein Zuschlagsverbot enthält.[19] Nicht erforderlich ist es, dass der Auftraggeber selbst die sofortige Beschwerde eingelegt hat; der Antrag ist insbesondere auch nach Einlegung der sofortigen Beschwerde eines Beigeladenen, auch eines nicht gem. § 134 Abs. 1 Satz 1 GWB für die beabsichtigte Auftragserteilung benannten Beigeladenen zulässig, der eine dem Nachprüfungsantrag stattgebende Vergabekammerentscheidung bekämpft.[20]

7 Auf Vorschlag der Bundesregierung[21] hat das VergModG 2009 die Antragsbefugnis in Abänderung des § 121 Abs. 1 Satz 1 GWB a.F. auf das Unternehmen erstreckt, das vom Auftraggeber gem. (jetzt) § 134 GWB als für den Zuschlag ausgewähltes Unternehmen förmlich benannt worden ist (im Folgenden: **designierter Auftragnehmer**). Der Bundesrat hatte sich sehr deutlich (aber erfolglos) gegen die zusätzliche Antragsbefugnis – u.a. auch gegen das Argument, sie diene der Verfahrensbeschleunigung[22] – ausgesprochen.[23] Die Kritik des Bundesrats ist berechtigt; ein vernünftiger Sinn, dem designierten Auftragnehmer die Antragsbefugnis einzuräumen, ist nicht erkennbar.[24] Zu betonen ist, dass die für die Ge-

---

sei); zweifelnd: *Hänisch*, in: Kulartz/Kus/Portz/Prieß, GWB, § 176 Rn. 8 (die Analogie jedenfalls abl. bei Feststellungsentscheidungen gem. § 135 Abs. 2 GWB); a.A. (als OLG Dresden): OLG Frankfurt, Beschl. v. 10.7.2007, 11 Verg 5/07, VergabeR 2008, 275, 277; im Erg. a.A. auch OLG Naumburg, Beschl. v. 7.1.2014, 2 Verg 1/14, VergabeR 2014, 491, 493 f.

18 Mit dieser Einschränkung wird einem Teil der Bedenken des OLG Frankfurt, Beschl. v. 10.7.2007, 11 Verg 5/07, VergabeR 2008, 275, 277, Rechnung getragen.

19 Ebenso *Hänisch*, in: Kulartz/Kus/Portz/Prieß, GWB, § 176 Rn. 4; *Schweda*, in: Langen/Bunte, Kartellrecht, § 121 GWB Rn. 2.

20 Vgl. BayObLG, Beschl. v. 13.8.2001, Verg 10/01, NZBau 2001, 643 f. = VergabeR 2001, 402, 403; OLG Düsseldorf, Beschl. v. 11.9.2000, Verg 7/00, WuW/E Verg 381; OLG Frankfurt, Beschl. v. 6.6.2013, 11 Verg 8/13, VergabeR 2014, 62, 69; *Jaeger*, NZBau 2001, 366, 371.

21 S. oben Fn. 5.

22 S. oben Fn. 5.

23 Auf die Wiedergabe der vom BRat einheitlich zu § 115 Abs. 2 Satz 1 und zu § 121 Abs. 1 Satz 1 GWB a.F. abgegebenen Stellungnahme – oben § 169 Rn. 28 – wird Bezug genommen.

24 Zur Rechtfertigung dieser Kritik s. oben § 169 Rn. 28 m.w.N.

richtsentscheidung erforderliche Interessenabwägung und das Gewicht der Abwägungsfaktoren nicht dadurch beeinflusst werden, dass der designierte Auftragnehmer anstatt des Auftraggebers den Eilantrag stellt.[25] Positiv zu vermerken ist, dass der Gesetzgeber den vom Auftraggeber und den vom designierten Auftragnehmer gestellten Eilantrag insofern unterschiedlich behandelt, als der Misserfolg des vom designierten Auftragnehmer gestellten Antrags nicht auch die (einschneidende) Rechtsfolge des § 177 GWB auslöst, wie dessen unveränderter Wortlaut zeigt. Wie beim Auftraggeber (s. Rn. 6), so ist auch für die Zulässigkeit des Antrags des designierten Auftragnehmers nicht erforderlich, dass dieser selbst der Beschwerdeführer ist; er kann insbesondere eine vom Auftraggeber eingelegte sofortige Beschwerde zum Anlass nehmen, den Eilantrag zu stellen. Im Zeitpunkt der Antragstellung braucht er auch **noch nicht zum Hauptverfahren beigeladen** worden zu sein;[26] denn § 176 Abs. 1 Satz 1 GWB sieht als einzige Voraussetzung die Benennung als designierter Auftragnehmer in der Form des § 134 Abs. 1 Satz 1 GWB vor. Da er mit der Antragstellung Beteiligter des Zwischenverfahrens nach § 176 GWB wird, versteht es sich aber von selbst, dass das Beschwerdegericht ihn nunmehr (spätestens) auch zum Hauptverfahren gem. den §§ 174, 162 Satz 1 GWB beiladen muss (s. § 174 Rn. 3 f.).

8 Ein Beigeladener, der (noch) nicht in der Form des § 134 Abs. 1 Satz 1 GWB als ausgewählter Auftragnehmer benannt worden ist, ist nicht berechtigt, den Antrag nach § 176 GWB zu stellen, auch wenn er das Beschwerdeverfahren eingeleitet hat und mit seiner sofortigen Beschwerde, die sich gegen eine dem Nachprüfungsantrag des Antragstellers stattgebende Vergabekammerentscheidung richtet, die beabsichtigte Vergabeentscheidung des Auftraggebers zum Erfolg führen will.

3. Weitere Zulässigkeitsvoraussetzungen des Antrags

9 Der erst ab der Beschwerdeeinlegung (s. Rn. 6) zulässige Antrag unterliegt i. Ü. **keiner Frist**.[27] Je später der Antrag gestellt wird, desto fragwürdiger kann aber im Einzelfall seine Dringlichkeit anzusehen sein. Zur zwingend vorgeschriebenen **Form** des Antrags gehört es, dass er schriftlich gestellt und auch – gleichzeitig – begründet wird (§ 176 Abs. 2 Satz 1 GWB). Dazu gehört auch die **Darlegung des Eilbedürfnisses**.[28] Aufgrund ausdrücklicher Anordnung in § 176 Abs. 3 Satz 4 ist § 175 GWB anwendbar. Daher muss sich der Auftraggeber oder der designierte Auftragnehmer schon bei der Stellung des Antrags gem. § 176 GWB durch einen Rechtsanwalt (s. § 175 Rn. 2) vertreten lassen, es sei denn, es handelt sich um eine juristische Person des öffentlichen Rechts; bei ihr reicht eine Vertretung durch Beamte oder Angestellte mit Befähigung zum Richteramt aus (ist hier aber auch erforderlich). Eine weitere Zulässigkeitsvoraussetzung[29] besteht darin, dass die zur Begrün-

25 Insoweit ebenso *Kühnen*, NZBau 2009, 357 i.V. m. 360.

26 *Stoye/von Münchhausen*, VergabeR 2008, 871, 875; *Hänisch*, in: Kulartz/Kus/Portz/Prieß, GWB, § 176 Rn. 10.

27 So auch OLG Frankfurt, Beschl. v. 6.6.2013, 11 Verg 8/13, VergabeR 2014, 62, 69.

28 Vgl. OLG Bremen, Beschl. v. 4.9.2003, Verg 5/2003, NZBau 2004, 119 = VergabeR 2003, 695; *Stockmann*, in: Immenga/Mestmäcker, GWB, § 121 Rn. 9.

29 Vgl. OLG Bremen, Beschl. v. 4.9.2003, Verg 5/2003, NZBau 2004, 119 = VergabeR 2003, 695; *Hänisch*, in: Kulartz/Kus/Portz/Prieß, GWB, § 176 Rn. 20; a. A. *Stickler*, in: Reidt/Stickler/Glahs, Vergaberecht, § 176 GWB Rn. 8: Begründetheitsvoraussetzung.

dung des Antrags „vorzutragenden" Tatsachen sowie der Grund für die Eilbedürftigkeit[30] **glaubhaft zu machen** sind (§ 176 Abs. 2 Satz 2 GWB). Dieses Zulässigkeitserfordernis gilt selbstverständlich nicht, wenn und soweit die Beteiligten in diesem Zwischenverfahren nur um Rechtsfragen streiten oder über die relevanten Tatsachen kein Streit unter den Beteiligten herrscht.[31] Deshalb wird der Beteiligte, der den Antrag gem. § 176 GWB stellt (s. Rn. 6, 7), zunächst die Antragserwiderung abwarten dürfen, um zu ermessen, ob und bei welchem Streit tatsächliche Glaubhaftmachungsmittel vorgelegt werden müssen. Das gilt auch für die Glaubhaftmachung des Grundes für die Eilbedürftigkeit des Antrags.[32] Ergibt sich aufgrund der Antragserwiderung die Notwendigkeit zur Glaubhaftmachung und erfüllt der Auftraggeber oder der designierte Auftragnehmer das Erfordernis des § 176 Abs. 2 Satz 2 GWB trotz einer mit Fristsetzung verbundenen Aufforderung des Beschwerdesenats (§§ 176 Abs. 3 Satz 4, 175 Abs. 2, 70 Abs. 3 GWB) oder seines Vorsitzenden (§ 70 Abs. 2 GWB) nicht, ist der Antrag dann aber als unzulässig zurückzuweisen.

Es wird erwogen, den Antrag von einem weiteren, nicht geschriebenen Zulässigkeitsmerk- 10
mal abhängig zu machen, dass nämlich nicht schon in erster Instanz vor der Vergabekammer ein besonderes (erfolgloses) Verfahren auf Vorabgestattung des Zuschlags nach § 169 Abs. 2 GWB stattgefunden habe.[33] Dem kann nicht zugestimmt werden. Allein schon wegen des weiteren Zeitablaufs und der damit möglicherweise gestiegenen Eilbedürftigkeit, sodann auch wegen der von der Vergabekammer durchgeführten und von ihr als vollständig angesehenen Sachverhaltsaufklärung muss der Antrag nach § 176 GWB auch dann als zulässig erachtet werden, wenn der Auftraggeber oder der designierte Auftragnehmer in einem erstinstanzlichen Zwischenverfahren nach § 169 Abs. 2 GWB unterlegen war.[34]

III. Das Verfahren vor dem Beschwerdegericht und die Kriterien seiner Entscheidung

1. Sachverhaltsermittlung und Beweismaß

Auch wenn eine mündliche Verhandlung für die Entscheidung nicht notwendig ist (§ 176 11
Abs. 3 Satz 2 GWB), ist aus dem Gesamtzusammenhang des § 176 GWB zu folgern, dass das OLG den übrigen Verfahrensbeteiligten **unbedingt vorheriges rechtliches Gehör** zu gewähren hat, was in dem vom Gesetzgeber zum Vergleich herangezogenen Verfahren nach § 940 ZPO (s. oben Rn. 1) nicht so selbstverständlich ist. Die Folgen der Eilentscheidung sind weitreichend; das ist im Falle der Gestattung des Zuschlags den §§ 178 Satz 4, 168 Abs. 2 Satz 1 GWB, im Falle der Ablehnung der vom Auftraggeber beantragten Gestattung des Zuschlags dem § 177 GWB zu entnehmen. Daher muss auch angenommen

30 Ebenso OLG Bremen, Beschl. v. 4.9.2003, Verg 5/2003, VergabeR 2003, 695 (Darlegung und Glaubhaftmachung des Eilbedürfnisses gehören zur Zulässigkeit); *Hänisch*, in: Kulartz/Kus/Portz/Prieß, GWB, § 176 Rn. 20.

31 Differenzierend *Stockmann*, in: Immenga/Mestmäcker, GWB, § 121 Rn. 12.

32 Ebenso *Hänisch*, in: Kulartz/Kus/Portz/Prieß, GWB, § 176 Rn. 20.

33 *Braun*, BB 1999, 1069, 1072; ebenso *Tilmann*, WuW 1999, 342, 346, für den Fall, dass nunmehr keine neuen Tatsachen vorgetragen werden.

34 Im Ergebnis ebenso *Hänisch*, in: Kulartz/Kus/Portz/Prieß, GWB, § 176 Rn. 14; *Stockmann*, in: Immenga/Mestmäcker, GWB, § 121 Rn. 11; *Storr*, in: Loewenheim/Meessen/Riesenkampff, Kartellrecht, § 121 GWB Rn. 4; *Herrmann*, in: Ziekow/Völlink, Vergaberecht, § 121 GWB Rn. 7.

werden, dass sich das Beschwerdegericht trotz der in § 176 Abs. 2 Satz 2 GWB angesprochenen Glaubhaftmachung nicht mit einer bloßen Glaubhaftmachung der entscheidungserheblichen Tatsachen begnügen soll, sondern die **Sachlage, soweit** dies in der knappen Zeit (§176 Abs. 3 Satz 1 GWB) **möglich** ist, **umfassend aufklären** soll,[35] also auch durch die Erhebung von Beweisen,[36] sofern die tatsächlichen Feststellungen der Vergabekammer für den Zweck des Zwischenverfahrens nicht ausreichen. Die Pflicht zu einer Aufklärung, die so umfassend sein soll, wie sie die knappe Zeit überhaupt nur ermöglicht, ergibt sich auch aus der Verweisung auf § 70 Abs. 1 GWB (Amtsermittlungsgrundsatz) und § 71 Abs. 1 GWB, die in den §§ 176 Abs. 3 Satz 4, 175 Abs. 2 GWB enthalten ist. Für das Beschwerdegericht sollte es das Ziel des Zwischenverfahrens sein, eine möglichst verlässliche Prognose des Ergebnisses des Beschwerdeverfahrens in der Hauptsache zu gewinnen.[37] Das bedeutet jedoch nicht, dass das Beschwerdegericht den Zuschlag nur dann vorab gestatten darf, wenn es vom Erfolg der sofortigen Beschwerde (des Auftraggebers oder eines auf seiner Seite stehenden Beigeladenen) und/oder vom Überwiegen der für den raschen Abschluss des Vergabeverfahrens sprechenden Interessen – hinsichtlich der jeweils relevanten Tatsachen – in einem dem Strengbeweis entsprechenden Maß überzeugt ist. Vielmehr steht es in seinem Entscheidungsermessen, ob es sich mit Blick auf das Gewicht der bei der jeweiligen Entscheidungsalternative eintretenden Interessenschädigung und auf das Gebot besonderer Beschleunigung in diesem Eilverfahren mit einem geringeren Gewissheitsgrad begnügt, der jedoch nicht unter das Niveau der **überwiegenden Wahrscheinlichkeit** der die Entscheidungsgrundlage bildenden Tatsachen absinken darf.[38] Dieser flexible Entscheidungsmaßstab beruht auf einer Zusammenschau des § 176 Abs. 2 Satz 2 GWB (Gebot der Glaubhaftmachung) und der §§ 176 Abs. 3 Satz 4, 175 Abs. 2, 70 Abs. 1 GWB (Untersuchungsgrundsatz). Verfehlt ist es demgegenüber aber, es zur allgemeinen Regel zu erheben, dass die Erfolgsaussichten der Beschwerde nur einer summarischen Prüfung unterzogen werden.[39]

2. Die Interessenabwägung (§ 176 Abs. 1 GWB) als Entscheidungsgrundlage

12 Die Eilentscheidung über den Antrag auf Vorabgestattung des Zuschlags ist nach Abs. 1 des § 176 GWB von einer Interessenabwägung abhängig, die nach dem Wortlaut des Kopfsatzes (Satz 1) das Entscheidungsergebnis bestimmt. Durch das VergModG 2009[40] ist die Norm (jetzt § 176 Abs. 1 GWB) im Text erheblich umgestaltet worden (s. oben Rn. 2). Fraglich ist, ob sich daraus auch erhebliche Änderungen in der praktischen Anwendung des § 176 GWB ergeben.

---

35 So ausdrücklich die Gesetzesbegründung der Bundesregierung zum VgRÄG, BT-Drs. 13/9340, S. 21. Ebenso *Stockmann*, in: Immenga/Mestmäcker, GWB, § 121 Rn. 12 a. E.

36 Vgl. *Stockmann*, in: Immenga/Mestmäcker, GWB, § 121 Rn. 29.

37 Vgl. BT-Drs. 13/9340, S. 21.

38 Ebenso *Stockmann*, in: Immenga/Mestmäcker, GWB, § 121 Rn. 12; vgl. auch (im Erg. zumindest ähnlich): *Hänisch*, in: Kulartz/Kus/Portz/Prieß, GWB, § 176 Rn. 22; *Storr*, in: Loewenheim/Meessen/Riesenkampff, Kartellrecht, § 121 GWB Rn. 8.

39 So aber: *Opitz*, NZBau 2005, 213, 215. In diesem Punkt unterscheidet sich die Anwendung des § 176 von derjenigen der §§ 169 Abs. 2, 173 Abs. 2 GWB; vgl. oben § 169 Rn. 31 a. E., 34 und § 173 Rn. 18.

40 BGBl. I 2009, S. 790.

a) Überblick über die Anwendungspraxis zu § 121 Abs. 1 GWB a. F. (vor dem VergModG 2009)

Für einen Antrag gem. § 121 GWB in der vor dem VergModG 2009 geltenden Fassung war **13**
das **primäre Entscheidungskriterium** die **Erfolgsaussicht der Beschwerde**. Das ergab sich aus der Reihenfolge von Satz 1 und Satz 2 des § 121 Abs. 1 GWB a. F. sowie aus dem sechsten Wort des Satzes 2 des § 121 Abs. 1 GWB a. F.: „auch".[41] Das bedeutete, dass dem Antrag gem. § 121 GWB a. F. i. d. R. jedenfalls dann stattgegeben wurde, wenn die sofortige Beschwerde des Auftraggebers dem Vergabesenat begründet erschien oder zumindest eine hohe Wahrscheinlichkeit für den Erfolg der Beschwerde bestand[42] und wenn ferner der Grund für die Eilbedürftigkeit feststand oder glaubhaft gemacht worden war.[43] Auf eine Interessenabwägung gem. Satz 2 des § 121 Abs. 1 GWB (der Ursprungsfassung) kam es in einem solchen Fall gar nicht mehr an.[44] Hatte dagegen der Auftraggeber nach der im Verfahren gem. § 121 GWB a. F. erzielten vorläufigen Beurteilung des Vergabesenats Rechte des Bewerbers, der die Nachprüfung beantragt hatte, verletzt, wurde der Eilantrag in aller Regel zurückgewiesen.[45] Gänzlich ausgeschlossen, so wurde damals erwogen, sei es aber auch dann nicht, den vorzeitigen Zuschlag gem. § 121 GWB a. F. – aufgrund einer Interessenabwägung – zu gestatten.[46] Dies werde etwa dann möglich sein, wenn es ausgeschlossen erscheine, dass jener Bewerber, auch wenn der Vergaberechtsverstoß behoben werde, in die engere Wahl für die Auftragsvergabe kommen werde.[47] In *außergewöhnlichen Fällen*, so wurde in der Gesetzesbegründung zum VgRÄG argumentiert,[48] werde der vorzeitige Zuschlag selbst dann gestattet werden können, wenn der Auftraggeber nach der Einschätzung des Gerichts Rechte des Bewerbers verletzt habe (und es noch nicht beurteilt werden könne, ob der Bewerber evtl. keine oder kaum Chancen für die Auftragsvergabe

41 Während Satz 1 des § 121 Abs. 1 GWB der Ursprungsfassung dem Beschwerdegericht nur die Berücksichtigung der Erfolgsaussichten der sofortigen Beschwerde aufgab, lautete der damalige Satz 2 folgendermaßen: „Das Gericht kann den Zuschlag auch gestatten, wenn unter Berücksichtigung aller möglicherweise geschädigten Interessen sowie des Interesses der Allgemeinheit an einem raschen Abschluss des Vergabeverfahrens die nachteiligen Folgen der Verzögerung der Vergabe bis zur Entscheidung über die Beschwerde die damit verbundenen Vorteile überwiegen."

42 Vgl. BayObLG, Beschlüsse v. 13.8.2001, Verg 10/01, NZBau 2001, 643, 644 = VergabeR 2001, 401, 404, und v. 23.3.2004, Verg 3/04, VergabeR 2004, 530, 532 (das BayObLG ließ insoweit sogar eine „überwiegende" Wahrscheinlichkeit des Beschwerdeerfolgs ausreichen; so auch OLG Bremen, Beschl. v. 20.7.2000, Verg 1/2000, u. OLG Celle, Beschl. v. 14.3.2000, 13 Verg 2/00 (vgl. zu beiden OLG-Beschlüssen *Jaeger*, NZBau 2001, 366, 371); OLG Düsseldorf, Beschl. v. 20.11.2001, Verg 33/01; vgl. auch Voraufl. § 121 Rn. 13 Fn. 38 m. w. N. aus der Lit.

43 Vgl. OLG Celle, Beschl. v. 14.3.2000, 13 Verg 2/00; OLG Düsseldorf, Beschl. v. 21.8.2002, Verg 39/02 (je wahrscheinlicher der Erfolg der Beschwerde des Auftraggebers ist, desto geringere Anforderungen sind an die Eilbedürftigkeit zu stellen).

44 BayObLG, OLG Bremen und OLG Düsseldorf (s. oben Fn. 42); im Erg. ebenso OLG Celle (s. oben Fn. 42 und 43); vgl. auch Voraufl. § 121 Rn. 13 Fn. 40 m. w. N. aus der Lit.

45 Vgl. OLG Düsseldorf, Beschl. v. 20.3.2003, Verg 8/03; OLG Frankfurt, Beschl. v. 10.7.2007, 11 Verg 5/07, VergabeR 2008, 275, 277 ff.; KG, Beschl. v. 6.2.2003, 2 Verg 1/03, VergabeR 2003, 355; OLG Rostock, Beschl. v. 6.3.2009, 17 Verg 1/09, VergabeR 2009, 660, 667, 669.

46 Vgl. *Gröning*, ZIP 1999, 181, 184. Das OLG Düsseldorf, Beschl. v. 20.3.2003, Verg 8/03, erwog hierzu: In einem solchen Fall könne nur „ausnahmsweise" eine Interessenabwägung die Vorabgestattung des Zuschlags rechtfertigen. (Entscheidungen dieser Art sind seinerzeit nicht ergangen, jedenfalls nicht veröffentlicht worden.)

47 Vgl. BT-Drs. 13/9340, S. 22.

48 BT-Drs. 13/9340, S. 22.

habe), die Gründe für eine schnelle Vergabe aber besonders schwer wögen. Dem konnte damals – mit Blick auf das Gebot der Effektivität des Rechtsschutzes – nur mit der Einschränkung zugestimmt werden, dass in einem solchen Fall gerade ein Interesse der Allgemeinheit am raschen Abschluss des Vergabeverfahrens bestehen musste und der Vergaberegelverstoß – bei isoliert wertender Betrachtung – nicht besonders schwer wog.[49] Den **Hauptanwendungsbereich für** die **Interessenabwägung** gem. § 121 Abs. 1 Satz 2 GWB der Ursprungsfassung sah man in denjenigen Fällen, in denen die Prognose des Ergebnisses des Hauptsacheverfahrens in der für die Entscheidungsfindung zur Verfügung stehenden knappen Zeit (§ 121 Abs. 3 Satz 1 GWB a.F.) ungewiss blieb.[50] Hierzu erachtete man es als eine Frage des konkreten Einzelfalls, wie die konkurrierenden Interessen jeweils zu gewichten seien und wie die Bedeutung des gerügten Vergaberegelverstoßes für die Chancen des Bieters, der den Nachprüfungsantrag gestellt hatte, zu beurteilen sei. Dabei war der Grad der Aussichten für Erfolg oder Misserfolg der Beschwerde in die Abwägung mit einzubeziehen.[51] Daraus folgerte man, dass **im Zweifel zugunsten der Effektivität des Primärrechtsschutzes** das Zuschlagsverbot aufrechtzuerhalten, der Eilantrag des Auftraggebers also zurückzuweisen sei.[52]

b) Die für die Abwägung in Betracht kommenden Interessen und Aspekte gem. § 176 Abs. 1 GWB (entspr. § 121 Abs. 1 GWB i.d.F. des VergModG 2009)

14 Bei der „Abwägung" (s. ausdrücklich Satz 2 des § 176 Abs. 1 GWB) stehen sich der Art nach dieselben Interessen der Beteiligten und der Allgemeinheit gegenüber wie bei den Verfahren nach § 169 Abs. 2 GWB (vgl. oben § 169 Rn. 30–35) und nach § 173 Abs. 1 Satz 3 und Abs. 2 GWB (vgl. oben § 173 Rn. 21–23).[53] Da auch der Wortlaut des § 176 Abs. 1 und des § 173 Abs. 2 GWB in den Normbestandteilen, die die abzuwägenden Interessen und die Abwägung selbst betreffen, völlig identisch ist, kann hier auf die Erläuterung unter Rn. 21 bis 23 zu § 173 GWB Bezug genommen werden. Zu betonen ist lediglich nochmals, dass das zu berücksichtigende Interesse der Allgemeinheit nicht nur auf den raschen Abschluss des Vergabeverfahrens, sondern auch darauf gerichtet ist, dass das Vergabeverfahren rechtsstaatlich ohne Verstoß gegen Vergaberechtsvorschriften und ohne Verletzung der Rechte von Bewerbern oder Bietern durchgeführt, vielmehr effektiver Rechts-

---

49 Vgl. Voraufl. § 121 Rn. 13 Fn. 45 m.w.N. aus der Lit. *Storr*, in: Loewenheim/Meessen/Riesenkampff, Kartellrecht, § 121 GWB Rn. 10, lehnte diese Argumentation der Gesetzesbegründung wegen der verfassungsrechtlichen Anforderungen der Art. 3 Abs. 1, 12 Abs. 1 und 19 Abs. 4 GG prinzipiell ab. (Auch hierzu sind OLG-Entscheidungen seinerzeit nicht ergangen, jedenfalls nicht veröffentlicht worden.)

50 Vgl. OLG Düsseldorf, Beschl. v. 21.8.2002, Verg 39/02 (obiter dictum). Hierunter fiel auch die Verfahrenslage, in die das Beschwerdeverfahren infolge einer Aussetzung nebst Anrufung des EuGH gem. (jetzt) Art. 267 AEUV geriet: OLG Düsseldorf, Beschl. v. 11.9.2000, Verg 7/00, WuW/E Verg 381; vgl. dazu *Jaeger*, NZBau 2001, 366, 371.

51 Vgl. Voraufl. § 121 Rn. 13 Fn. 47 m.w.N. aus der Lit.

52 Vgl. Voraufl. § 121 Rn. 13 Fn. 48 m.w.N. aus der Lit.; a.A. *Gröning*, in: Motzke/Pietzcker/Prieß, VOB/A, § 121 GWB, Rn. 28 u. 29. – Zu einer Einzelfallentscheidung mit einem gegenteiligen Abwägungsergebnis zugunsten des Auftraggebers vgl. OLG Düsseldorf, Beschl. v. 11.9.2000, Verg 7/00, WuW/E Verg 381 (vgl. dazu *Jaeger*, NZBau 2001, 366, 371).

53 Ebenso *Stockmann*, in: Immenga/Mestmäcker, GWB, § 121 Rn. 14; *Hänisch*, in: Kulartz/Kus/Portz/Prieß, GWB, § 176 Rn. 26.

schutz für alle in Betracht kommenden Verfahrensbeteiligten erreicht wird,[54] ferner dass die Erfolgsaussichten im Hauptsacheverfahren – nach Grad und Gewicht – auf jeden Fall zu berücksichtigen sind[55] und dass sie das Gewicht der Interessen des jeweiligen Verfahrensbeteiligten (also der Interessen des Antragstellers des verfahrenseinleitenden Nachprüfungsantrags und derjenigen des Beschwerdeführers) maßgeblich mitbestimmen.[56]

c) Die Abwägung der Interessen

Bezogen auf die typische Ausgangssituation zu § 176 GWB, in der der Auftraggeber oder ein „auf seiner Seite stehender" Beigeladener sofortige Beschwerde gegen eine mit einem Zuschlagsverbot versehene Vergabekammerentscheidung eingelegt hat,[57] lässt sich die Aufgabe des Beschwerdegerichts folgendermaßen skizzieren: Bei der Abwägung sind die Interessen des Auftraggebers und der Allgemeinheit, das Investitionsvorhaben überhaupt, möglichst auch rasch und unter wirtschaftlich (ggf.) aktuell günstigen Bedingungen durchzuführen sowie das Investitionsprodukt der bestimmungsgemäßen Nutzung zuzuführen (s. Rn. 14 i.V.m. § 173 Rn. 21), und auch das Interesse der anderen, vor allem der aussichtsreichen Bieter samt des etwaigen Beschwerdeführers an baldiger Klarheit, wer den Zuschlag erhält, einschließlich ihrer wirtschaftlichen Belange (s. Rn. 14 i.V.m. § 173 Rn. 21) den Gegeninteressen des Antragstellers (des Hauptverfahrens) an der Aufrechterhaltung des von ihm begehrten Primärrechtsschutzes einschließlich der Wahrung der Chance, selbst den Zuschlag zu erhalten, und seiner damit verbundenen wirtschaftlichen Interessen (s. Rn. 14 i.V.m. § 173 Rn. 21 bis 23) gegenüberzustellen. Dass das in § 176 Abs. 1 Satz 2 und 3 Faktor 3 GWB besonders herausgestellte Interesse der Allgemeinheit an der Fortführung des Vergabeverfahrens keinen automatischen, völligen Gleichlauf mit demjenigen des Auftraggebers aufweist und z.B. auch darin besteht, dass das Vergabeverfahren rechtsstaatlich und vorschriftsgemäß durchgeführt wird (s. Rn. 14), ist mit zu berücksichtigen. Die durch das VergModG 2009 bewirkte Voranstellung des Gebots der Interessenabwägung von Satz 2 a.F. in Satz 1 n.F. des bisherigen § 121 Abs. 1 GWB und damit des jetzigen § 176 Abs. 1 GWB bedeutet nicht, dass das Beschwerdegericht eine Vorabgestattung des Zuschlags nach § 176 GWB ohne Beurteilung und Bewertung der Erfolgsaussichten der Beschwerde allein schon aufgrund einer Abwägung zwischen den nachteiligen Folgen der Verzögerung der Vergabe und den mit der Verzögerung bis zur Beschwerdeentscheidung verbundenen Vorteilen erteilen kann, falls es – bei einer so eingeschränkten Abwä- 15

---

54 Vgl. auch *Stockmann*, in: Immenga/Mestmäcker, GWB, § 121 Rn. 16; *Hänisch*, in: Kulartz/Kus/Portz/Prieß, GWB, § 176 Rn. 30.

55 Vgl. auch *Kühnen*, NZBau 2009, 357, 360; *Stockmann*, in: Immenga/Mestmäcker, GWB, § 121 Rn. 13; *Hänisch*, in: Kulartz/Kus/Portz/Prieß, GWB, § 176 Rn. 27; *Schweda*, in: Langen/Bunte, Kartellrecht, § 121 GWB Rn. 6; *Herrmann*, in: Ziekow/Völlink, Vergaberecht, § 121 GWB Rn. 14; wohl auch *Otting*, in: Bechtold, GWB, § 121 Rn. 4.

56 Im Erg. wohl ebenso *Otting*, in: Bechtold, GWB, § 121 Rn. 4 a.E.; *Hänisch*, in: Kulartz/Kus/Portz/Prieß, GWB, § 176 Rn. 27; *Schweda*, in: Langen/Bunte, Kartellrecht, § 121 GWB Rn. 6 („Wechselbeziehung"); *Herrmann*, in: Ziekow/Völlink, Vergaberecht, § 121 GWB Rn. 14 („Wechselbeziehung").

57 S. oben Rn. 3; für die übrigen in Rn. 3 bis 5 dargestellten Fallkonstellationen, die zum Anwendungsbereich des § 176 GWB gehören, gelten die nachfolgenden Erläuterungen in Rn. 15 bis 17 jeweils entsprechend.

gung – den nachteiligen Folgen ein überwiegendes Gewicht beimisst.[58] Denn bereits § 176 Abs. 1 Satz 1 GWB gebietet als Grundregel der Interessenabwägung, dabei „alle" möglicherweise geschädigten Interessen zu berücksichtigen, wozu selbstverständlich auch die Interessen des Antragstellers (des Hauptverfahrens) gehören, deren Gewicht maßgeblich (mit umgekehrtem Vorzeichen) durch den Grad der Erfolgsaussichten der gegnerischen Beschwerde mitbestimmt werden (s. Rn. 14). Demzufolge sind die **Erfolgsaussichten der Beschwerde** von vornherein[59] ein **notwendiger Bestandteil der Interessenabwägung** (es sei denn, dass die Erfolgsaussichten der vom Auftraggeber (oder von einem auf dessen Seite stehenden Beigeladenen) eingelegten Beschwerde gegen 100 % tendieren, s. Rn. 18 [1. Spiegelstrich]). Im Hinblick darauf, dass ein vorab gestatteter Zuschlag den Primärrechtsschutz des Antragstellers endgültig zunichte macht und materiellrechtlich letztendlich nur dann gerechtfertigt ist, wenn die sofortige Beschwerde des Auftraggebers (oder eines auf dessen Seite stehenden Beigeladenen) gegen die Vergabekammerentscheidung im Hauptverfahren durchdringt, oder wenn bei „umgekehrter" Fallkostellation (s. oben Rn. 4) der Nachprüfungsantrag des Bewerbers/Bieters trotz seiner sofortigen Beschwerde gegen die ablehnende Vergabekammerentscheidung erfolglos bleibt, muss dem Kriterium der Erfolgsaussichten der Beschwerde i. d. R. sogar – nach wie vor (s. Rn. 13) – eine **vorrangige Bedeutung für die Entscheidung** nach § 176 GWB zugemessen werden.[60]

16 In der Literatur wird zum Teil die Ansicht vertreten, dass die zu berücksichtigenden Interessen (insbes. diejenigen des Auftraggebers und des Antragstellers des Hauptverfahrens) im Rahmen der Interessenabwägung prinzipiell gleichrangig seien.[61] Das wird jedoch dem Auslegungsbefund zu § 176 Abs. 1 GWB nicht gerecht. Satz 1 dieser Vorschrift, die Grundregel der Interessenabwägung, normiert nach wie vor (wie § 121 Abs. 1 Satz 2 GWB der Ursprungsfassung), dass die „nachteiligen Folgen einer Verzögerung der Vergabe" (bis zur Beschwerdeentscheidung) und damit die dadurch „geschädigten" Interessen der an der Aufhebung des Zuschlagsverbots sowie am raschen Abschluss des Vergabeverfahrens interessierten Beteiligten die Rechtsschutzinteressen des Antragstellers (des Hauptverfahrens), für die jene Verzögerung der Vergabe (§§ 169 Abs. 1, 173 Abs. 3 GWB) „mit Vorteilen verbunden" ist, „überwiegen" müssen, damit die Vorabgestattung des Zuschlags gerechtfertigt ist. Daraus folgt, dass die **Rechtsschutzinteressen des Antragstellers** (des Hauptverfahrens) **im Prinzip** – d. h. vorbehaltlich der konkreten Einzelfallumstände und der daraus resultierenden Gewichtung der unterschiedlichen Interessen – den **Vorrang** haben vor den Gegeninteressen des Auftraggebers, der mit dem Antragsteller konkurrierenden Bieter und der Allgemeinheit, soweit deren Interessen (unter welchen As-

---

58 So aber *Otting*, in: Bechtold, GWB, § 121 Rn. 4, mit dem Nachsatz, die Erfolgsaussichten der Beschwerde seien „lediglich" bei der Entscheidung zu berücksichtigen (wobei unklar bleibt, welche Funktion eine solche „Berücksichtigung" noch hat).

59 Das ergibt sich auch aus § 176 Abs. 1 Satz 3 GWB, der dem Beschwerdegericht vorschreibt, „bei" seiner Entscheidung auch die Erfolgsaussichten der Beschwerde zu berücksichtigen.

60 Ebenso *Hänisch*, in: Kulartz/Kus/Portz/Prieß, GWB, § 176 Rn. 27; *Schweda*, in: Langen/Bunte, Kartellrecht, § 121 GWB Rn. 6; zumindest im Erg. ebenso *Stockmann*, in: Immenga/Mestmäcker, GWB, § 121 Rn. 13 i. V. m. Rn. 21. Tendenziell a. A. *Otting*, in: Bechtold, GWB, § 121 Rn. 1 (in § 121 Abs. 1 GWB n. F. [entspr. § 176 Abs. 1 GWB] sei der „Entscheidungsmaßstab stärker von den Erfolgsaussichten des Verfahrens entkoppelt" worden).

61 *Erdmann*, VergabeR 2008, 908, 910, 911, 915, 917.

pekten auch immer) auf einen raschen Abschluss des Vergabeverfahrens abzielen.[62] An dieser Vorrangposition hat auch die Umgestaltung der Norm durch das VergModG 2009 prinzipiell nichts geändert. Die **Hervorhebung der wirtschaftlichen Interessen** und damit der Haushaltsbelange **des Auftraggebers**, die § 176 Abs. 1 Satz 2 GWB in einer Art volkswirtschaftlicher Gesamtbetrachtung (auch) der Allgemeinheit zuordnet und die „zu berücksichtigen" sind, bedeutet nicht etwa, dass diesen Interessen nunmehr prinzipiell großes Gewicht, ein Gleichrang oder gar ein Vorrang vor den Rechtsschutzinteressen des Antragstellers zukommt.[63] Die gegenteilige Auffassung wäre mit dem Gebot der rechtsschutzkonformen, gerade einen effektiven Primärrechtsschutz gewährleistenden Auslegung, das das BVerfG auch für die vergaberechtlichen Nachprüfungsverfahren aus Art. 19 Abs. 4 GG abgeleitet hat,[64] nicht zu vereinbaren. Die Hervorhebung der wirtschaftlichen Interessen des öffentlichen Auftraggebers und der Allgemeinheit in § 176 Abs. 1 Satz 2 GWB soll jedoch das Bewusstsein der Beschwerdegerichte dafür schärfen, dass auch diese Interessen (eigentlich immer schon) zu den infolge eines verfahrensbedingten Zuschlagsverbots (§§ 169 Abs. 1, 173 Abs. 3 GWB) „möglicherweise geschädigten Interessen" gehören und daher bei der Abwägung „zu berücksichtigen" sind.

Die vorstehenden Ausführungen (Rn. 15 und 16) gelten prinzipiell auch für die **besonderen Verteidigungs- und Sicherheitsinteressen**, deren „zusätzliche" Berücksichtigung § 176 Abs. 1 Satz 2 Hs. 2 GWB anordnet, wenn das Vergabeverfahren, das Gegenstand des Beschwerdeverfahrens und damit des Eilantrags ist, einen verteidigungs- oder sicherheitsspezifischen öffentlichen Auftrag (§ 104 GWB) betrifft. Auch hier ist dem Gesetz nicht zu entnehmen, dass derartigen Interessen per se ein gleich großes oder gar größeres Gewicht als den auf (bestehenden) Erfolgsaussichten des Nachprüfungsantrags basierenden Rechtsschutzinteressen des Antragstellers (im Hauptverfahren – gleichgültig, wer Beschwerde eingelegt hat, s. oben Rn. 3 und 4) zukommt. Freilich können solche Interessen, wenn sie unter verteidigungs- oder sicherheitsspezifischen Aspekten sogar als „besondere" Verteidigungs- oder Sicherheitsinteressen der Allgemeinheit und des öffentlichen Auftraggebers einzustufen und deshalb zusätzlich (!) zu berücksichtigen sind, das Abwägungsergebnis bei öffentlichen Aufträgen i. S. d. § 104 GWB tendenziell eher zuungunsten der Interessen des Antragstellers (des Hauptverfahrens) beeinflussen,[65] als es die Interessen der Allgemeinheit und/oder des Auftraggebers bei allen anderen Auftragsarten prinzipiell vermögen. 17

Das Ergebnis der Interessenabwägung wird immer von den konkreten Umständen des Einzelfalls abhängen, sodass sich weitere allgemeine Regeln (als in Rn. 14 bis 17 dargestellt) nicht aufstellen lassen. Folgende **Orientierungslinien** erscheinen aber sachgerecht: 18

– Wenn das Beschwerdegericht die – gegen das von der Vergabekammer ausgesprochene Zuschlagsverbot (s. dazu Rn. 3) gerichtete – sofortige Beschwerde (des Auftraggebers oder eines „auf seiner Seite stehenden" Beigeladenen) aufgrund der gem. § 176 GWB

62 Ebenso *Wiedemann*, VergabeR 2009, 302, 316; zumindest im Erg. ebenso *Stockmann*, in: Immenga/Mestmäcker, GWB, § 121 Rn. 13 i.V.m. Rn. 21.

63 Ebenso *Kühnen*, NZBau 2009, 357 ff. unter V. i.V.m. II. 3. a); *Wiedemann*, VergabeR 2009, 302, 316 bei Fn. 67 u. 68; *Stockmann*, in: Immenga/Mestmäcker, GWB, § 121 Rn. 21.

64 BVerfG, Beschl. v. 29.7.2004, 2 BvR 2248/03, NZBau 2004, 564 = VergabeR 2004, 597, 598 f. (II. 1.).

65 Vgl. auch *Hänisch*, in: Kulartz/Kus/Portz/Prieß, GWB, § 176 Rn. 32, der diesen besonderen Interessen in Krisenfällen bei der Abwägung sogar entscheidendes Gewicht zuordnet.

gebotenen Prüfung (s. Rn. 11) für begründet oder mit hoher Wahrscheinlichkeit für begründet hält (und wenn für den Zuschlag auch die Eilbedürftigkeit feststeht oder glaubhaft gemacht worden ist), ist der Zuschlag gem. § 176 GWB – wie auch nach der bisherigen Anwendungspraxis zu § 121 GWB a.F. (s. Rn. 13) – zu gestatten, ohne dass es noch auf eine weitere Interessenabwägung ankommt.[66]

- Auch in solchen Fällen vermag aber der Mangel an Erfolgsaussicht des Nachprüfungsantrags die Vorabgestattung des Zuschlags für sich allein nicht zu rechtfertigen. Vielmehr muss ein besonderes konkretes Beschleunigungsinteresse des Auftraggebers (und/oder der Allgemeinheit) hinzukommen.[67] Bei der Bewertung der feststehenden oder zumindest glaubhaft gemachten Eilbedürftigkeit sind allerdings an deren Gewicht geringere Anforderungen zu stellen, wenn die Erfolglosigkeit des Nachprüfungsantrags sicher erscheint oder hoch wahrscheinlich ist.[68]
- Wenn dagegen das Beschwerdegericht im Verfahren nach § 176 GWB zu dem Ergebnis kommt, dass es zumindest wahrscheinlich ist, dass der Auftraggeber Rechte des – die Nachprüfung beantragenden – Bewerbers/Bieters verletzt hat und deshalb das von der Vergabekammer ausgesprochene Zuschlagsverbot nicht aufgehoben werden wird, wird die Interessenabwägung es wegen des prinzipiellen Vorrangs des dem verletzten Bewerber/Bieter zu gewährleistenden Primärrechtsschutzes (s. Rn. 16) i.d.R. nicht abwenden können, dass der Eilantrag zurückgewiesen wird.[69]
- Davon ist der Fall auszunehmen, dass das Beschwerdegericht mit hoher Wahrscheinlichkeit voraussehen kann, dass der Antragsteller (des Hauptverfahrens) auch bei einer Behebung des gerügten Vergaberechtsfehlers durch den Auftraggeber keine realistische Chance im Vergabeverfahren hat, den Auftrag zu erhalten (s. dazu auch § 169 Rn. 35 und § 173 Rn. 23); dann sollte dem Eilantrag stattgegeben werden.
- Eine weitere Ausnahme – also eine Vorabgestattung des Zuschlags – ist dann gerechtfertigt, wenn einerseits das Beschwerdegericht als wahrscheinlich oder sogar sicher einen Vergaberechtsverstoß weniger gravierender Art[70] feststellt, andererseits aber im Rahmen der Interessenabwägung zumindest eine hohe Wahrscheinlichkeit dafür besteht, dass der dringliche Vertrag, der mit dem vorab zu gestattenden Zuschlag ge-

---

66 Ebenso OLG Celle, Beschl. v. 3.6.2010, 13 Verg 6/10, VergabeR 2010, 1014, 1017, 1021; OLG Frankfurt, Beschl. v. 6.6.2013, 11 Verg 8/13, VergabeR 2014, 62, 74; *Stockmann*, in: Immenga/Mestmäcker, GWB, § 121 Rn. 19; *Schweda*, in: Langen/Bunte, Kartellrecht, § 121 GWB Rn. 6; *Herrmann*, in: Ziekow/Völlink, Vergaberecht, § 121 GWB Rn. 14; vgl. auch *Hänisch*, in: Kulartz/Kus/Portz/Prieß, GWB, § 176, Rn. 28 und Fn. 60 (der grds. zustimmt, aber auch hier nach dem Gesetzeswortlaut eine Interessenabwägung für unverzichtbar hält, die freilich in solchen Fällen „nur ausnahmsweise" zum Nachteil des Auftraggebers ausfallen kann).

67 Ebenso OLG Frankfurt, Beschl. v. 5.3.2014, 1 Verg 1/14, VergabeR 2014, 734, 738; *Hänisch*, in: Kulartz/Kus/Portz/Prieß, GWB, § 176 Rn. 28.

68 Vgl. *Schweda*, in: Langen/Bunte, Kartellrecht, § 121 GWB Rn. 6 m.w.N. – z.B. hat die Gefährdung zugesagter öffentlicher Fördermittel, wenn der Zuschlag nicht alsbald erteilt werden kann, in dem vom OLG Frankfurt, Beschl. v. 6.6.2013, 11 Verg 8/13, VergabeR 2014, 62, 74, entschiedenen Fall als Dringlichkeitsgrund ausgereicht, den darzulegen (und glaubhaft zu machen) aber auch notwendig war, obwohl das OLG den Nachprüfungsantrag (entgegen der VergK) als unbegründet erachtete.

69 Vgl. auch *Herrmann*, in: Ziekow/Völlink, Vergaberecht, § 121 GWB Rn. 14 (der dann sogar eine Interessenabwägung für entbehrlich hält; eine Interessenabwägung hier von vornherein ganz zu unterlassen, entspricht allerdings nun doch nicht dem § 176 Abs. 1 GWB).

70 Vgl. das zu § 173 Rn. 26 Fn. 100 zitierte Beispiel.

schlossen werden soll, eine große und aktuelle Bedeutung für die Sicherheits-, Gesundheits- oder Versorgungsinteressen der Bevölkerung hat oder bei einem Abschluss erst nach dem Ende des Beschwerdeverfahrens mit unverhältnismäßig hohen finanziellen Einbußen des Auftraggebers verbunden wäre,[71] sofern dieser die Dringlichkeit nicht selbst durch unzweckmäßige Vergabevorbereitung (mit-)verursacht hat[72] und auch Interimslösungen nicht in Betracht kommen.[73]

- Die vorgenannten Ausnahmegründe versagen jedoch im Rahmen der Interessenabwägung gegenüber einem vom Beschwerdegericht als (überwiegend) wahrscheinlich oder sogar sicher erkannten Vergaberechtsverstoß des Auftraggebers gravierender Art; dass der Eilantrag dann zurückgewiesen werden sollte, ist eine Konsequenz des prinzipiellen Vorrangs des dem Antragsteller (des Hauptverfahrens) gebührenden Primärrechtsschutzes (s. Rn. 16).[74]
- Erscheint der Ausgang des Beschwerdeverfahrens als völlig offen, dann setzt die Vorabgestattung des Zuschlags voraus, dass von den gegeneinander umfassend abzuwägenden Interessen bei wertender Betrachtung diejenigen Interessen, die für den antragsgemäß raschen Abschluss des Vergabeverfahrens sprechen, die Gegeninteressen (insbes. des Antragstellers des Hauptverfahrens) deutlich[75] überwiegen (vgl. § 176 Abs. 1 Satz 1 GWB).
- Lässt dagegen die Interessenabwägung ein solches Wertungsergebnis nicht zu, ist der Eilantrag zurückzuweisen.[76]
- **Im Zweifel** gilt daher nach wie vor (s. Rn. 13 a. E.) auch hier,[77] dass das Zuschlagsverbot **zugunsten** der **Effektivität des Primärrechtsschutzes** aufrechterhalten, der Vorabentscheidungsantrag also zurückgewiesen werden sollte.[78]

3. Zeitrahmen für die Entscheidung

Das Beschwerdegericht hat seine Entscheidung gem. § 176 Abs. 3 Satz 1 GWB „unverzüglich", längstens (!) innerhalb von fünf Wochen nach Eingang des Antrags zu treffen und in 19

71 Vgl. auch *Erdmann*, VergabeR 2008, 908, 914; *Hänisch*, in: Kulartz/Kus/Portz/Prieß, GWB, § 176 Rn. 28, 31; *Herrmann*, in: Ziekow/Völlink, Vergaberecht, § 121 GWB Rn. 14; a. A. wohl *Stockmann*, in: Immenga/Mestmäcker, GWB, § 121 Rn. 19 i.V.m. Fn. 50.

72 Ebenso *Hänisch*, in: Kulartz/Kus/Portz/Prieß, GWB, § 176, Rn. 31 bei Fn. 70; vgl. auch OLG Frankfurt, Beschl. v. 5.3.2014, 1 Verg 1/14, VergabeR 2014, 734, 739. Vgl. allg. zur (Mit-)Verursachung der im späteren Beschwerdeverfahren bestehenden Dringlichkeit seitens des Auftraggebers auch KG, Beschl. v. 26.9.2014, Verg 5/14, VergabeR 2015, 470, 471.

73 Vgl. auch *Hänisch*, in: Kulartz/Kus/Portz/Prieß, GWB, § 176 Rn. 34; *Schweda*, in: Langen/Bunte, Kartellrecht, § 121 GWB Rn. 7.

74 Vgl. auch *Stockmann*, in: Immenga/Mestmäcker, GWB, § 121 Rn. 19 i.V.m. Fn. 50; *Hänisch*, in: Kulartz/Kus/Portz/Prieß, GWB, § 176 Rn. 28 bei Fn. 62.

75 Dieser Zusatz bezweckt, dass dann die Interessenabwägung mit einer klaren, rational begründbaren Höherbewertung der für den raschen Zuschlag sprechenden Interessen enden muss.

76 Ebenso *Hänisch*, in: Kulartz/Kus/Portz/Prieß, GWB, § 176 Rn. 34; *Stockmann*, in: Immenga/Mestmäcker, GWB, § 121 Rn. 21.

77 Wie schon zu § 169 Abs. 2 und zu § 173 Abs. 1 Satz 3 GWB, s. oben § 169 Rn. 38 und § 173 Rn. 26.

78 Vgl. auch OLG Frankfurt, Beschl. v. 5.3.2014, 1 Verg 1/14, VergabeR 2014, 734, 738 (Vorabgestattung des Zuschlags kommt nur in Ausnahmefällen in Betracht).

diesem Zeitrahmen auch zu begründen.[79] Auch wenn eine mündliche Verhandlung gem. § 176 Abs. 3 Satz 2 GWB nicht obligatorisch ist (der Sache nach wird sie oft unverzichtbar sein[80]), ist die **Zeitspanne für die Entscheidungsfindung** im Hinblick auf das zu bewältigende Programm (rechtliches Gehör für alle Beteiligten; Amtsermittlung zumindest in eingeschränktem Ausmaß, s. Rn. 11) **äußerst knapp**,[81] zumal vom Beschwerdegericht trotz des Eilverfahrens eine „sorgfältige Prüfung" erwartet wird..[82] Nur im Ausnahmefall, und zwar auch nur bei besonderen tatsächlichen oder rechtlichen Schwierigkeiten, darf der Vorsitzende die Entscheidungsfrist verlängern. Der Ausnahmefall darf nicht, auch nicht wegen der Geltung des Amtsermittlungsprinzips (§§ 176 Abs. 3 Satz 4, 175 Abs. 2, 70 Abs. 1 GWB) praktisch zum Regelfall werden. Gerade deshalb muss sich das Beschwerdegericht im Regelfall mit einem **Ausmaß der Amtsermittlung** begnügen, das in dem Regelzeitrahmen von fünf Wochen zu leisten ist und dem Charakter dieses Zwischenverfahrens als eines Eilverfahrens entspricht, sodass das Beschwerdegericht bei zeitbedingten Defiziten der Sachaufklärung seine Prüfung am geringeren Beweismaß der Glaubhaftmachung der entscheidungsrelevanten Tatsachen ausrichten muss (s. auch Rn. 11). Eine Überschreitung der Frist ist – anders als die Nichteinhaltung der Entscheidungsfrist des § 167 Abs. 1 GWB (vgl. § 171 Abs. 2 GWB) – nicht mit Sanktionen verknüpft. Das Beschwerdegericht kann daher noch nach Fristablauf seine Entscheidung nach § 176 GWB treffen. Wenn allerdings innerhalb der Fünf-Wochen-Frist die Beschwerdeentscheidung in der Hauptsache ergeht, wird der (zuvor noch nicht verbeschiedene) Antrag nach § 176 GWB gegenstandslos; auch die Rechtsfolge des § 177 GWB tritt dann nicht ein, selbst wenn der Auftraggeber mit seiner Beschwerde unterliegt.[83] Wenn über die Beschwerde erst nach Ablauf der Fünf-Wochen-Frist entschieden wird, ohne dass in diesem längeren Zeitraum – aus welchen Gründen auch immer – über den Antrag nach § 176 GWB entschieden worden war, gilt selbstverständlich das Gleiche, nämlich dass dieser Antrag ohne Auswirkungen i. S. d. § 177 GWB gegenstandslos wird.[84]

IV. Die Entscheidung des Beschwerdegerichts

1. Inhalt der Entscheidung

20 Im Vordergrund der zu treffenden Entscheidung steht, ob das Gericht den (sofortigen) Zuschlag gestattet oder nicht (und damit den Vorabentscheidungsantrag zurückweist). Denn der in § 176 Abs. 1 GWB außerdem erwähnte „weitere Fortgang des Vergabeverfahrens" (mit Ausnahme des Zuschlags) ist dem Auftraggeber infolge des Nachprüfungsverfahrens

79 Die Zustellung der Entscheidung braucht nicht auch noch in der Fünf-Wochen-Frist durchgeführt zu werden. Ebenso *Hänisch*, in: Kulartz/Kus/Portz/Prieß, GWB, § 176 Rn. 25; a. A. *Stockmann*, in: Immenga/Mestmäcker, GWB, Rn. 27.

80 Vgl. *Stockmann*, in: Immenga/Mestmäcker, GWB, § 121 Rn. 31; *Hänisch*, in: Kulartz/Kus/Portz/Prieß, GWB, § 176 Rn. 23.

81 Ebenso *Boesen*, EuZW 1998, 551, 557; *Stockmann*, in: Immenga/Mestmäcker, GWB, § 121 Rn. 3 a. E., 26.

82 Vgl. BT-Drs. 13/9340, S. 16, linke Sp.

83 OLG Düsseldorf, Beschl. v. 14.3.2001, Verg 30/00, VergabeR 2001, 226, 232, m. Anm. *Leinemann*, S. 232, 233 f.

84 Vgl. *Hänisch*, in: Kulartz/Kus/Portz/Prieß, GWB, § 176 Rn. 24 m. w. N.

– genau genommen – gar nicht untersagt.[85] Mit der (uneingeschränkten) Vorabgestattung des Zuschlags hebt das Gericht zugleich die entgegenstehende Entscheidung der Vergabekammer auf (schon im Eilverfahren [!], vgl. § 173 Abs. 3 GWB).[86]

Der Antrag und die Entscheidung gem. § 176 GWB lassen sich im Vergleich zum Beschwerdegegenstand in geeigneten Fällen **dem Ausmaß nach beschränken**. Das ist auch ein aus dem Grundsatz der **Verhältnismäßigkeit** abzuleitendes Gebot, weil die Vorabgestattung des Zuschlags, von der der Auftraggeber Gebrauch macht, den Primärrechtsschutz irreversibel beendet. Daher ist z. B. bei jedem Dienstleistungsvertrag, den der öffentliche Auftraggeber für mehrere Jahre vergeben will, aufgrund eines Antrags nach § 176 GWB (den das Beschwerdegericht „dem Grunde nach" für berechtigt hält) auch zu prüfen, ob den überwiegenden Interessen der Auftraggeberseite nicht schon durch eine Vorabgestattung des Zuschlags für eine begrenzte Zeiteinheit (z. B. für ein Jahr) entsprochen werden kann.[87] 21

Wenn der Auftraggeber oder der designierte Auftragnehmer seinen Vorabgestattungsantrag – z. B. wegen Wegfalls der Dringlichkeit der Zuschlagserteilung – für erledigt erklärt und der Antragsteller (des Hauptverfahrens) sich dem nicht anschließt, ist die einseitig bleibende Erledigungserklärung als Antrag auszulegen, die **Erledigung des Vorabentscheidungsantrags festzustellen**. Das Beschwerdegericht hat die Feststellung der Erledigung auszusprechen, wenn der ursprüngliche Vorabentscheidungsantrag zunächst zulässig und begründet war, danach aber durch ein erledigendes Ereignis gegenstandslos geworden ist. Andernfalls hat es den Feststellungsantrag zurückzuweisen.[88] Die Zurückweisung eines solchen Feststellungsantrags erfüllt nicht die Voraussetzung für den Eintritt der Rechtsfolgen gem. § 177 GWB. 22

2. Begründung der Entscheidung

Dass die Entscheidung begründet werden muss, versteht sich in Anbetracht ihrer großen Bedeutung für das weitere Beschwerdeverfahren und für das künftige Verhalten der Beteiligten (je nach Entscheidungsinhalt evtl. Rücknahme der Beschwerde oder des Nachprüfungsantrags oder Abänderung in Feststellungsantrag nach §§ 178 Satz 4, 168 Abs. 2 Satz 2 GWB) eigentlich von selbst, ist aber auch nach den §§ 176 Abs. 3 Satz 4, 175 Abs. 2, 71 Abs. 6 GWB ausdrücklich vorgeschrieben. § 176 Abs. 3 Satz 3 GWB erlegt dem Beschwerdegericht (überdies) die Pflicht auf, in der Begründung der Eilentscheidung **„Rechtmäßigkeit oder Rechtswidrigkeit des Vergabeverfahrens"** zu **„erläutern"**. Diese ungewöhnliche gesetzliche Anweisung an das Gericht, bestimmte Elemente in eine Entscheidungsbegründung aufzunehmen, ist im **Zusammenhang mit der Rechtsfolge des § 177 GWB** im Falle einer Verfahrensniederlage des Auftraggebers zu sehen: Laut der Gesetzesbegründung der Bundesregierung zum VgRÄG wird erwartet, dass der schon vor der Vergabekammer und jetzt erneut vor dem Beschwerdegericht unterlegene Auftraggeber 23

85 Zutreffend *Otting*, in: Bechtold, GWB, § 121 Rn. 3; zustimmend *Hänisch*, in: Kulartz/Kus/Portz/Prieß, GWB, § 176 Rn. 35.

86 Ebenso *Stockmann*, in: Immenga/Mestmäcker, GWB, § 121 Rn. 22.

87 Vgl. OLG Düsseldorf, Beschl. v. 11 9.2000, Verg 7/00, WuW/E Verg 381, und dazu *Jaeger*, NZBau 2001, 366, 371.

88 Zum Vorstehenden s. OLG Saarbrücken, Beschl. v. 20.9.2006, 1 Verg 3/06, VergabeR 2007, 110, 116; *Stockmann*, in: Immenga/Mestmäcker, GWB, § 121 Rn. 22.

(als Antragsteller i. S. d. § 176 Abs. 1 Satz 1 GWB) die gerichtliche „Feststellung eines unkorrekten Verhaltens" gegen sich gelten lassen werde und den ihm vom Gericht „vorgehaltenen Fehler" unverzüglich korrigieren, das Vergabeverfahren auf dieser neuen Grundlage fortsetzen oder gar beenden werde.[89] Deshalb müsse das Gericht den vom Auftraggeber gemachten, nach einer Prüfung durch zwei Instanzen feststehenden Fehler in seiner Entscheidung erläutern.[90]

24 Mit Blick auf diesen Zweckgedanken ist die Vorschrift des § 176 Abs. 3 Satz 3 GWB viel zu weit gefasst. Wenn das Gericht einen für den Auftraggeber erfolgreichen Ausgang des Beschwerdeverfahrens deshalb prognostiziert, weil es die Antragsbefugnis i. S. d. § 160 Abs. 2 GWB oder die Zulässigkeit des Nachprüfungsantrags nach § 160 Abs. 3 GWB – im Gegensatz zur Vergabekammer – verneint und demzufolge den Zuschlag gestattet, ist die Vorschrift auf jeden Fall mittels **teleologischer Reduktion** zu modifizieren: Vom Beschwerdegericht können dann nicht „Erläuterungen" zu Rechtmäßigkeit oder Rechtswidrigkeit des Vergabeverfahrens (im Übrigen), sondern nur zu den entscheidungserheblichen Aspekten des § 160 Abs. 2 oder Abs. 3 GWB erwartet werden. Im Ergebnis das Gleiche gilt für den Fall, dass das Beschwerdegericht den Vorabentscheidungsantrag selbst für unzulässig hält;[91] es muss dann nur diese Unzulässigkeit begründen.

25 Besonders **problematisch** ist die dem Beschwerdegericht auferlegte **Erläuterungspflicht** dann, wenn es trotz sorgfältiger Prüfung (s. oben Rn. 11) keine Klarheit über die gerügten Vergaberegelverstöße und die Erfolgsaussichten der Beschwerde hat gewinnen können und daher die Entscheidungsfindung aus der Interessenabwägung gem. § 176 Abs. 1 GWB resultiert. Das Gericht wird dann in der ihm gesetzlich aufgegebenen „Erläuterung", deren Wortsinn durchaus ernst zu nehmen ist, nur mitteilen und je nach Fallkonstellation mehr oder weniger ausführen, dass Feststellungen (s. oben Rn. 23) zur Rechtmäßigkeit oder Rechtswidrigkeit des Vergabeverfahrens mit hinreichender Verlässlichkeit (noch) nicht möglich sind, sodass die Abwägung aller zu berücksichtigenden Interessen den Ausschlag gibt.[92] Keinesfalls ist es gerechtfertigt, das Eilverfahren etwa gem. § 176 Abs. 3 Satz 1 Hs. 2 GWB nur deshalb zu verlängern, um die Erläuterung von Rechtmäßigkeit oder Rechtswidrigkeit des Vergabeverfahrens oder von „Maßnahmen zur Herstellung der Rechtmäßigkeit des Verfahrens" (vgl. § 177 GWB) zu optimieren.

3. Keine Kostenentscheidung

26 Einer Kostenentscheidung bedarf die Entscheidung nach § 176 Abs. 3 GWB nach allgemeinen Regeln nicht,[93] weil es sich um ein Zwischenverfahren im Rahmen eines Verfah-

89 BT-Drs. 13/9340, S. 22.

90 BT-Drs. 13/9340, S. 16, linke Sp.

91 Ebenso *Stockmann*, in: Immenga/Mestmäcker, GWB, § 121 Rn. 23; *Hänisch*, in: Kulartz/Kus/Portz/Prieß, GWB, § 176 Rn. 38.

92 Ebenso *Röwekamp*, in: Kulartz/Kus/Portz, GWB, 3. Aufl., § 121 Rn. 32; *Stockmann*, in: Immenga/Mestmäcker, GWB, § 121 Rn. 23 (konkrete Begründung nur, soweit sie entscheidungsrelevant ist; i. Ü. Bekanntgabe der Erkenntnislage zur Rechtmäßigkeit bzw. Rechtswidrigkeit des Vergabeverfahrens); *Stickler*, in: Reidt/Stickler/Glahs, Vergaberecht, § 176 GWB Rn. 30.

93 BayObLG, Beschl. v. 13.8.2001, Verg 10/01, VergabeR 2001, 402, 405; OLG Düsseldorf, Beschlüsse v. 20.11.2001, Verg 33/01, und v. 18.10.2010,VII-Verg 39/10, VergabeR 2011, 604, 605; OLG Frankfurt, Beschlüsse v. 6.6.2013, 11 Verg 8/13, VergabeR 2014, 62, 74, und v. 5.3.2014, 1 Verg 1/14, VergabeR 2014, 734, 739; *Hänisch*, in: Kulartz/Kus/Portz/Prieß, GWB, § 176 Rn. 37;

rens derselben Instanz handelt. Die durch das Eilverfahren entstandenen Kosten müssen jedoch bei der Kostenbeurteilung in der Endentscheidung berücksichtigt werden.[94] Wenn der Auftraggeber seinen Eilantrag – z. B. aufgrund eines rechtlichen Hinweises des Beschwerdegerichts – zurücknimmt, auch um die Rechtsfolgen des § 177 GWB zu vermeiden, entspricht es in aller Regel der Billigkeit (s. §§ 176 Abs. 3 Satz 4, 175 Abs. 2, 78 Satz 1 GWB), in der Endentscheidung dem Auftraggeber die Kosten des Zwischenverfahrens einschließlich der Erstattung der notwendigen Aufwendungen zugunsten des Antragstellers (des Hauptverfahrens) aufzuerlegen, auch wenn dieser dann im Hauptverfahren keinen Erfolg hat (wegen Zurückweisung des Nachprüfungsantrags durch das Beschwerdegericht oder Antragsrücknahme seitens des Antragstellers).[95] Entsprechendes gilt, wenn der designierte Auftragnehmer (§ 134 Abs. 1 Satz 1 GWB) den Eilantrag gestellt hat und ihn wieder zurücknimmt.

Storr, in: Loewenheim/Meessen/Riesenkampff, Kartellrecht, § 121 GWB Rn. 14; a. A. KG, Beschl. v. 26.9.2014, Verg 5/14, VergabeR 2015, 471, 472 (zur Begründung nur: „Die Kostenentscheidung beruht auf § 91 ZPO“); OLG Naumburg, Beschl. v. 15.12.2000, 1 Verg 11/00, NZBau 2001, 642, 643; *Gröning*, in: Motzke/Pietzcker/Prieß, VOB/A, § 121 GWB Rn. 51; *Gröning*, ZIP 1999, 181, 185 f.

94 Wenn der Ast. (des Hauptverfahrens) infolge der Vorabgestattung des Zuschlags gem. § 176 GWB seinen Nachprüfungsantrag in zweiter Instanz zurücknimmt, hat das Beschwerdegericht nach Billigkeit zu entscheiden, welcher Verfahrensbeteiligte die Verfahrenskosten zu tragen hat sowie ob und welcher Verfahrensbeteiligte anderen Beteiligten notwendige Aufwendungen ganz oder teilweise zu erstatten hat. Das ergibt sich für die VergK-Instanz aus § 182 Abs. 3 Satz 5 und Abs. 4 Satz 3 GWB und für die Beschwerdeinstanz einschließlich des Zwischenverfahrens (§ 176 GWB) aus den §§ 175 Abs. 2, 78 Satz 1 GWB. Nach der früheren Rechtslage (vor dem VergModG 2009) hatte der Ast. in einem solchen Fall – unbedingt – alle Verfahrenskosten einschließlich derjenigen des Verfahrens nach § 121 GWB a. F. zu tragen; vgl. OLG Düsseldorf, Beschl. v. 19.2.2002, Verg 33/01, VergabeR 2003, 111, 112.

95 Vgl. *Hänisch*, in: Kulartz/Kus/Portz/Prieß, GWB, § 176 Rn. 37 m. w. N.

§ 177 Ende des Vergabeverfahrens nach Entscheidung des Beschwerdegerichts

Ist der Auftraggeber mit einem Antrag nach § 176 vor dem Beschwerdegericht unterlegen, gilt das Vergabeverfahren nach Ablauf von zehn Tagen nach Zustellung der Entscheidung als beendet, wenn der Auftraggeber nicht die Maßnahmen zur Herstellung der Rechtmäßigkeit des Verfahrens ergreift, die sich aus der Entscheidung ergeben; das Verfahren darf nicht fortgeführt werden.

Schrifttum: *Bechtold*, Kartellgesetz, GWB, 6. Aufl. 2010; *Immenga/Mestmäcker*, Wettbewerbsrecht, Bd. 2: GWB / Teil 2 (Vergaberecht), Kommentar zum Deutschen Kartellrecht, 5. Aufl. 2014; *Kulartz/Kus/Portz*, Kommentar zum GWB-Vergaberecht, 3. Aufl. 2013; *Kulartz/Kus/Portz/Prieß*, Kommentar zum GWB-Vergaberecht, 4. Aufl. 2016; *Loewenheim/Meessen/Riesenkampff*, Kartellrecht, Kommentar, 2. Aufl. 2009; *Motzke/Pietzcker/Prieß*, Beck'scher VOB-Kommentar, Verdingungsordnung für Bauleistungen Teil A, 1. Aufl. 2001; *Ziekow/Völlink*, Vergaberecht, Kommentar, 2. Aufl. 2013.

Übersicht

I. Zweck der Norm

1 Als **Konsequenz** eines **vom Auftraggeber erfolglos angestrengten Eilverfahrens nach § 176 GWB** erwartet der Gesetzgeber,[1] dass der Auftraggeber den ihm vom Beschwerdegericht vorgehaltenen Fehler unverzüglich korrigieren und das Vergabeverfahren auf dieser neuen Grundlage fortsetzen oder gar beenden werde. § 177 soll den Auftraggeber zu einem solchen Verhalten sogar anhalten.[2] Die Vorschrift soll „der **Beschleunigung** und der **Klarheit für das laufende Vergabeverfahren**" dienen.[3] Dazu wird in der Begründung des Ge-

---

1 Ausweislich der Begründung der Bundesregierung zum Entwurf des VgRÄG, BT-Drs. 13/ 9340, S. 22; vgl. auch § 176 Rn. 23.

2 BT-Drs. 13/9340, S. 22 und S. 16 linke Sp.

3 BT-Drs. 13/9340, S. 16 linke Sp.

setzentwurfs (zum VgRÄG) erwogen: Wenn der Auftraggeber in einer „angemessenen Frist von zehn Tagen“ das Vergabeverfahren nicht nach den Hinweisen des Gerichts korrigiere, werde das Vergabeverfahren per gesetzlicher Anordnung beendet. Wenn also der Auftraggeber an der Beschaffung festhalten wolle, sei er gezwungen, entweder der Auffassung des Gerichts zu folgen oder das Vergabeverfahren neu zu beginnen.[4]

§ 177 GWB (= § 122 GWB in der ursprünglichen Fassung des VgRÄG) ist weder durch das VergModG 2009 noch durch das VergRModG 2016 inhaltlich geändert worden, also nicht etwa der (durch das VergModG 2009 geänderten) Regelung des (jetzigen) § 176 Abs. 1 Satz 1 GWB insofern angepasst worden, dass die normierten Rechtsfolgen nunmehr auch nach einem erfolglosen Antrag, den der gem. § 134 GWB designierte Auftragnehmer aufgrund des § 176 GWB gestellt hat, eintreten. Ein **Unterliegen des designierten Auftragnehmers** im Verfahren **gem. § 176 GWB** führt **nicht** zur **Anwendbarkeit des § 177 GWB**, nötigt also den Auftraggeber nicht zu raschem Handeln und beendet nicht das laufende Vergabeverfahren, wenn er zehn Tage lang nach der Zustellung der ablehnenden Entscheidung untätig bleibt. Das gilt auch dann, wenn der Auftraggeber als Verfahrensbeteiligter dem antragstellenden designierten Auftragnehmer mit Vortrag und rechtlicher Argumentation zur Seite steht, ohne auch seinerseits einen formellen Antrag nach § 176 GWB zu stellen. Da der Auftraggeber mit einer solchen Verfahrensbeteiligung nicht die (Mit-) Verantwortung für die Antragstellung nach § 176 GWB übernimmt, entspricht die Beschränkung des Anwendungsbereichs des § 177 GWB mit seinen gravierenden Rechtsfolgen dem Normzweck (Rn. 1) und ist auch sachgerecht.[5] 2

II. Voraussetzungen der Beendigung des Vergabeverfahrens

Die Voraussetzungen, von denen der Eintritt der in § 177 GWB normierten Rechtsfolge – die gesetzlich angeordnete Beendigung des Vergabeverfahrens – abhängt, müssen in Anbetracht der Problematik der Vorschrift getrennt nach mehreren unterschiedlichen Fallkonstellationen dargestellt werden. 3

1. Zurückweisung des Eilantrags aufgrund des Fehlens der Erfolgsaussichten der Beschwerde auf Auftraggeberseite

Relativ unproblematisch sind die Fälle, in denen das Beschwerdegericht den Eilantrag aufgrund des Fehlens der Erfolgsaussichten der Beschwerde des Auftraggebers oder eines „auf seiner Seite stehenden“ Beigeladenen (gegen die eine Zuschlagsuntersagung enthaltende Vergabekammerentscheidung, s. oben § 176 Rn. 3) zurückgewiesen und dementsprechend **zur Begründung** die **Rechtswidrigkeit des Vergabeverfahrens „erläutert“ hat** (§ 176 Abs. 3 Satz 3 GWB).[6] Aus dieser Erläuterung muss der Auftraggeber die erfor- 4

---

4 BT-Drs. 13/9340, S. 16.

5 Ebenso *Hänisch*, in: Kulartz/Kus/Portz/Prieß, GWB, § 177 Rn. 3; *Stockmann*, in: Immenga/Mestmäcker, GWB, § 122 Rn. 3 Fn. 13 und Rn. 4.

6 Die nachfolgenden Ausführungen gelten entsprechend (mit umgekehrtem Vorzeichen) auch für den (selteneren) Fall, dass der Auftraggeber die durch eine sofortige Beschwerde des Ast. (des Hauptverfahrens) eingetretene zweitinstanzliche Verlängerung des Nachprüfungsverfahrens zum Anlass nimmt, einen Eilantrag gem. § 176 GWB zu stellen (s. oben § 176 Rn. 4). Es kommt dann auf die Aussichten des Auftraggebers an, den Nachprüfungsantrag und die Beschwerde des Ast. abzuwehren. In der nachfolgenden Darstellung wird das nicht mehr zusätzlich hervorgehoben werden.

derlichen Maßnahmen zur Herstellung der Rechtmäßigkeit des laufenden Vergabeverfahrens herleiten und binnen zehn Tagen nach Zustellung der Gerichtsentscheidung (an ihn, den Auftraggeber) – in äußerlich erkennbarer und/oder belegbarer Weise – auch ergreifen. Das bedeutet, dass er innerhalb der Frist **alle Maßnahmen treffen**, also in die Wege leiten muss, die seinerseits **zur Beseitigung der vom Gericht bezeichneten Vergaberechtsverstöße erforderlich** sind (der angestrebte Erfolg, die Herstellung der Rechtmäßigkeit des Vergabeverfahrens, braucht freilich innerhalb der Frist noch nicht komplett eingetreten zu sein).[7] Für die Rechtsfolge des § 177 GWB geht es nach dem insoweit klaren Wortlaut der Norm nur um die Beanstandungen, die laut der Gerichtsentscheidung der Rechtmäßigkeit des bisherigen Vergabeverfahrens entgegenstehen. Begeht der Auftraggeber mit seinen Maßnahmen weitere Vergaberechtsverstöße, die dazu führen, dass die ganz konkreten Beanstandungen des Gerichts nicht als behoben erachtet werden können, so erweisen sich die vom Auftraggeber ergriffenen Maßnahmen als ungeeignet, sodass die Rechtsfolge der Beendigung des Vergabeverfahrens gem. § 177 GWB nach Ablauf der Zehn-Tage-Frist eintritt.[8] Einen Streit hierüber unter den Verfahrensbeteiligten hat das Beschwerdegericht in dem noch anhängigen Beschwerdeverfahren (zur Hauptsache) zu entscheiden.[9] Wenn der Auftraggeber dagegen mit seinen Maßnahmen die konkret vom Gericht beanstandeten Vergaberechtsverstöße beseitigt, zugleich aber anderweitige neue Vergaberechtsverstöße (die mit den bisherigen nicht in einem untrennbaren Zusammenhang stehen) begeht, so tritt die Rechtsfolge des § 177 GWB nicht ein,[10] vielmehr haben die von dem neuen Fehler betroffenen Bieter diesen nach Kenntniserlangung zur Wahrung ihrer Rechte gem. § 160 Abs. 3 Satz 1 Nr. 1 GWB zu rügen und können ihn zum Gegenstand eines neuen Nachprüfungsverfahrens machen.[11] Lässt der Auftraggeber die zehn Tage **ohne** die (im vorstehend dargelegten Sinne) **erforderlichen Maßnahmen** verstreichen, **endet** das **laufende Vergabeverfahren** von Gesetzes wegen. Dadurch **erledigen sich** sowohl das **Nachprüfungsverfahren**[12] als auch das **Beschwerdeverfahren** in der Hauptsache; für das Beschwerdeverfahren gilt dies allerdings dann nicht, wenn der Antragsteller (des Hauptverfahrens) und/oder der Auftraggeber einen **Feststellungsantrag** gem. § 178 Satz 3 und 4 i.V.m. § 168 Abs. 2 Satz 2 GWB stellen.[13] Auch der Auftraggeber, obwohl er im Zwischenverfahren unterlegen

---

7 Ebenso *Stockmann*, in: Immenga/Mestmäcker, GWB, § 122 Rn. 7 (durch die vor Fristablauf ergriffenen Maßnahmen müsse schon „der Korrekturerfolg gesichert" sein). Nach *Hänisch*, in: Kulartz/Kus/Portz/Prieß, GWB, § 177 Rn. 8, *Storr*, in: Loewenheim/Meessen/Riesenkampff, Kartellrecht, § 122 GWB Rn. 4, und *Herrmann*, in: Ziekow/Völlink, Vergaberecht, § 122 GWB Rn. 4, reicht die Einleitung der erforderlichen Maßnahmen bis zum Fristende aus; dagegen zu Recht *Stockmann*, a. a. O.

8 Insoweit ebenso *Stockmann*, in: Immenga/Mestmäcker, GWB, § 122 Rn. 8; *Hänisch*, in: Kulartz/Kus/Portz/Prieß, GWB, § 177 Rn. 9.

9 *Stockmann*, in: Immenga/Mestmäcker, GWB, § 122 Rn. 9; *Hänisch*, in: Kulartz/Kus/Portz/Prieß, GWB, § 177 Rn. 9.

10 Im Erg. wohl ebenso *Hänisch*, in: Kulartz/Kus/Portz/Prieß, GWB, § 177 Rn. 9; insoweit a. A. *Stockmann*, in: Immenga/Mestmäcker, GWB, § 122 Rn. 8 (das Vergabeverfahren ende auch dann gem. § 177 GWB nach Fristablauf).

11 Vgl. *Hänisch*, in: Kulartz/Kus/Portz/Prieß, GWB, § 177 Rn. 9.

12 S. § 168 Abs. 2 Satz 2 GWB; vgl. *Hänisch*, in: Kulartz/Kus/Portz/Prieß, GWB, § 177 Rn. 13; *Herrmann*, in: Ziekow/Völlink, Vergaberecht, § 122 GWB Rn. 7.

13 Vgl. *Otting*, in: Bechtold, GWB, § 122 Rn. 2; *Marx*, in: Motzke/Pietzcker/Prieß, VOB/A, § 122 GWB Rn. 7; *Stockmann*, in: Immenga/Mestmäcker, GWB, § 122 Rn. 6; *Hänisch*, in: Kulartz/Kus/Portz/Prieß, GWB, § 177 Rn. 13; *Herrmann*, in: Ziekow/Völlink, Vergaberecht, § 122 GWB Rn. 7.

ist und nicht die sich aus der Zwischenentscheidung ergebenden Maßnahmen „zur Herstellung der Rechtmäßigkeit" des Vergabeverfahrens ergriffen hat (§ 177 GWB), hat das Recht, die Feststellung zu beantragen, dass er den Antragsteller gar nicht in dessen Rechten verletzt hat[14] (weil das Vergabeverfahren doch rechtmäßig war).

2. Zurückweisung des Eilantrags aufgrund wahrscheinlicher Erfolglosigkeit der Beschwerde auf Auftraggeberseite

Die vorstehenden Ausführungen (Rn. 4) gelten entsprechend, wenn das Beschwerdegericht 5
in seiner ablehnenden Entscheidung zwar nicht eindeutig die Erfolglosigkeit der Beschwerde vorausgesagt und „erläutert" hat, aber den **Eilantrag** deshalb **zurückgewiesen** hat, **weil** es die **Beschwerde im Hinblick auf** die mit dem Nachprüfungsantrag geltend gemachten und die von der Vergabekammer **beanstandeten Vergaberechtsverstöße** für sehr wahrscheinlich erfolglos oder gar nur für **wahrscheinlich erfolglos** hält[15] und dieses zulasten des Eilantrags bestehende Manko (s. § 176 Rn. 15) nicht durch stark überwiegende für eine rasche Zuschlagserteilung sprechende Interessen als überwunden erachtet (s. § 176 Rn. 18, 3., 5. und 6. Spiegelstrich). Der Auftraggeber muss dann, um die Beendigung des Vergabeverfahrens gem. § 177 GWB abzuwenden, binnen zehn Tagen nach Zustellung der Gerichtsentscheidung alle Maßnahmen durchführen, die seinerseits zur Behebung derjenigen Vergaberechtsfehler erforderlich sind, die in der Entscheidungsbegründung als (mindestens) wahrscheinlich begangene Vergaberechtsverstöße dargestellt worden sind.

3. Zurückweisung des Eilantrags ohne klare Stellungnahme und ohne Wahrscheinlichkeitsprognose zur Beschwerde auf Auftraggeberseite

a) Zurückweisung des Eilantrags wegen Unzulässigkeit oder wegen mangelnder Dringlichkeit

Auch in diesen Fällen scheint die erste Voraussetzung für die Beendigung des Vergabever- 6
fahrens gemäß den einleitenden Worten des § 177 GWB erfüllt zu sein, dass nämlich der „Auftraggeber mit einem Antrag nach § 176 vor dem Beschwerdegericht unterlegen ist". Nach dem **Normzweck** (Rn. 1) ist es jedoch eine sachgerechte Auslegung des § 177 GWB, seinen **Anwendungsbereich** jedenfalls dahin **einzuschränken**, dass nach § 176 GWB getroffene Zwischenentscheidungen, die den **Eilantrag** – etwa wegen Nichterfüllung der Voraussetzungen des § 176 Abs. 2 Satz 1 und 2 GWB – eindeutig **als unzulässig verwerfen** oder **wegen** des **Fehlens der Eilbedürftigkeit** (oder wegen nicht hinreichend dargelegter oder glaubhaft gemachter Eilbedürftigkeit) **zurückweisen**, nicht unter die Vorschrift fallen, also nicht die in § 177 GWB normierten Rechtsfolgen auslösen.[16] Solche für den Auf-

---

14 Vgl. *Stockmann*, in: Immenga/Mestmäcker, GWB, § 122 Rn. 2 und 6; *Hänisch*, in: Kulartz/Kus/Portz/Prieß, GWB, § 177 Rn. 13; *Herrmann*, in: Ziekow/Völlink, Vergaberecht, § 122 GWB Rn. 7.

15 So im Erg. wohl auch *Hänisch*, in: Kulartz/Kus/Portz/Prieß, GWB, § 177 Rn. 5 (die Antragszurückweisung muss i. S. einer die Entscheidung tragenden Begründung auf Ausführungen zur Rechtmäßigkeit des Vergabeverfahrens beruhen, mögen diese auch als vorläufiges oder Ergebnis einer summarischen Prüfung bezeichnet sein).

16 Allg. Ansicht: *Stockmann*, in: Immenga/Mestmäcker, GWB, § 122 Rn. 4; *Hänisch*, in: Kulartz/Kus/Portz/Prieß, GWB, § 177 Rn. 6; *Herrmann*, in: Ziekow/Völlink, Vergaberecht, § 122 GWB Rn. 3; *Tilmann*, WuW 1999, 342, 348.

traggeber negative Zwischenentscheidungen werden (bei korrekter Praktizierung der Vorschriften) ganz unabhängig von den im Hauptverfahren erhobenen Beanstandungen zur geltend gemachten Rechtswidrigkeit des Vergabeverfahrens getroffen, sodass sie auch keinen Schluss darauf zulassen, zu welchem Ergebnis das Beschwerdegericht in seiner Endentscheidung gelangen wird und ob es nicht doch vergaberechtlich erlaubt oder sogar geboten ist, das bisherige Vergabeverfahren fortzusetzen. Solche Verfahrensgestaltungen hat der Gesetzgeber bei seinen Normzwecküberlegungen (s. oben Rn. 1) ersichtlich nicht bedacht. Das Beschwerdegericht sollte sich in Zwischenentscheidungen der hier behandelten Art allerdings auch jeglicher Stellungnahme zu den geltend gemachten Vergaberechtsverstößen enthalten, weil sie für das Entscheidungsergebnis unnötig ist und überdies Irritationen bei den Verfahrensbeteiligten (zur Frage, ob § 177 GWB nun doch anwendbar sei) hervorrufen würde.

b) Zurückweisung des Eilantrags nur aufgrund der Interessenabwägung bei noch völlig offenem Ausgang des Beschwerdeverfahrens

7 **Problematisch** sind jedoch die **Fälle**, in denen das **Beschwerdegericht** die vom Antragsteller des Nachprüfungsantrags **erhobenen Rügen der Rechtswidrigkeit** des Vergabeverfahrens **offengelassen** hat, also auch keine vorläufige Beurteilung zu den wahrscheinlichen Aussichten des Nachprüfungsantrags oder der Beschwerde des Auftraggebers (s. oben Rn. 5) in die Beschlussbegründung aufgenommen hat, sondern den Eilantrag wegen des Ergebnisses der Interessenabwägung nach § 176 Abs. 1 Satz 1 i.V.m. Satz 2 und 3 GWB zurückgewiesen hat (vgl. oben § 176 Rn. 18, 7. und 8. Spiegelstrich). Nach der hier vertretenen Ansicht[17] braucht das Gericht in solchen Fällen auch keine Maßnahmen zur Herstellung (!) der Rechtmäßigkeit des Vergabeverfahrens – in den Entscheidungsgründen – aufzuführen, weil es eben nicht mit der für derartige Hinweise (oder „Erläuterungen" i.S.d. § 176 Abs. 3 Satz 3 GWB) erforderlichen Sicherheit festgestellt hat, dass im bisherigen Vergabeverfahren rechtswidrig gegen Vergaberegeln verstoßen worden ist. Im Schrifttum wird zur Anwendung des § 177 GWB argumentiert, die Vorschrift setze voraus, dass die Entscheidung nach § 176 GWB die Maßnahmen kennzeichne, die zur Herstellung der Rechtmäßigkeit des Verfahrens ergriffen werden müssten.[18] Wenn das Gericht den Antrag auf Vorabentscheidung allein aufgrund einer Interessenabwägung ablehne, finde § 177 GWB keine Anwendung.[19]

8 Gegen die weitere, auch die vorstehend (Rn. 7) gekennzeichneten Fälle erfassende **Ausnahme von der Anwendung des § 177 GWB** spricht an sich der klare Wortlaut des Geset-

---

17 Vgl. § 176 Rn. 25; a. A. *Marx*, in: Motzke/Pietzcker/Prieß, VOB/A, § 122 GWB Rn. 4: Das OLG habe die Rechtmäßigkeit oder Rechtswidrigkeit des Verhaltens des Auftraggebers auch dann zu erläutern, wenn es zur Begründung der Entscheidung nicht nötig erscheine.

18 *Tilmann*, WuW 1999, 342, 348 f.; im Ergebnis ebenso *Herrmann*, in: Ziekow/Völlink, Vergaberecht, § 122 GWB Rn. 3, und *Hänisch*, in: Kulartz/Kus/Portz/Prieß, GWB, § 177 Rn. 5, 8 (die zu ergreifenden Maßnahmen sind der Beschlussformel zu entnehmen oder anhand der tragenden Entscheidungsgründe in Bezug auf die Rechtmäßigkeit des Vergabeverfahrens zu bestimmen). So wohl auch *Stockmann*, in: Immenga/Mestmäcker, GWB, § 122 Rn. 4 (die Vorschrift ist nur anwendbar bei einer Zurückweisung des Eilantrags durch eine Sachentscheidung, die sich „zu den Erfolgsaussichten" und damit „zur Rechtmäßigkeit" des Vergabeverfahrens „äußert").

19 *Hänisch*, in: Kulartz/Kus/Portz/Prieß, GWB, § 177 Rn. 6 m. w. N.; *Storr*, in: Loewenheim/Meessen/Riesenkampff, Kartellrecht, § 122 GWB Rn. 2.

zes, der jeden Fall umfasst, in dem der Auftraggeber „mit seinem Antrag nach § 176 GWB unterlegen ist". Zu bedenken ist auch die drohende Rechtsunsicherheit, wenn man den Eintritt der Rechtsfolge des § 177 GWB von der Analyse nicht etwa des Entscheidungstenors, sondern der Entscheidungsgründe abhängig macht, ob nämlich das Gericht im Rahmen seiner Ausführungen zur ausschlaggebenden Interessenabwägung auch Erläuterungen zur Herstellung der Rechtmäßigkeit des Vergabeverfahrens hat geben wollen oder nicht,[20] zumal das Gericht, wenn es bei seiner Prüfung entsprechend der Vorschrift des § 176 Abs. 1 Satz 1 und 3 GWB vorgeht, die Erfolgsaussichten der Beschwerde auf jeden Fall in seine Beurteilung einbeziehen („berücksichtigen") muss.[21] Andererseits kann man berücksichtigen, dass das Gewicht der vorgenannten Bedenken dadurch herabgemindert ist, dass der etwaige Streit zwischen den Verfahrensbeteiligten darüber, ob durch die konkret getroffene Zwischenentscheidung (§ 176 GWB) die Zehn-Tagesfrist gem. § 177 GWB in Lauf gesetzt und das Vergabeverfahren sodann nach Fristablauf – ohne dass der Auftraggeber irgendwelche Maßnahmen ergriffen hatte – beendet worden ist, von demselben Beschwerdegericht mit einer Auslegung seiner eigenen Zwischenentscheidung in dem (zumindest) insoweit noch anhängigen Beschwerdeverfahren zu entscheiden ist. Diese Entscheidungszuständigkeit des Beschwerdegerichts wird bisher nur diskutiert (und bejaht) für den Streit darüber, ob nach einer zweifelsfrei unter den § 177 GWB fallenden Zwischenentscheidung das Vergabeverfahren durch die vom Auftraggeber ergriffenen Maßnahmen mit Blick auf deren Beschaffenheit und Zeitpunkt (Fristwahrung?) geheilt worden ist.[22] Es versteht sich von selbst, dass dann das Beschwerdegericht auch für die Entscheidung zuständig ist, ob es sich bei der eigenen Zwischenentscheidung überhaupt um eine solche handelt, die die Rechtsfolgen gem. § 177 GWB auslöst. Vor allem aber spricht für die Rechtfertigung der hier erörterten Ausnahme von der Anwendung des § 177 GWB, dass diese Vorschrift ohnehin mit dem EU-Richtlinienrecht kollidiert (s. unten Rn. 11), demnach in ihrer Wirksamkeit mindestens zweifelhaft und überdies rechtspolitisch verfehlt ist. Daher ist die Einschränkung des Anwendungsbereichs des § 177 GWB jedenfalls wünschenswert,[23] zumal sie bei der hier erörterten Fallgruppe sonst nicht befriedigend lösbare Probleme bei der praktischen Handhabung der Vorschrift vermeidet. Demzufolge ist § 177 GWB – letztlich mit der Methode der teleologischen Reduktion – dahin auszulegen, dass die Vorschrift nicht anwendbar ist auf Zwischenentscheidungen, die den Eilantrag des Auftraggebers zurückweisen und in der Begründung die Erfolgsaussichten der sofortigen Beschwerde ganz offenlassen oder als völlig offen darstellen, ohne eine Wahrscheinlichkeitsprognose (s. oben Rn. 5) zu geben, vielmehr die Zurückweisung nur auf die Interessenabwägung (§ 176 Abs. 1 GWB) stützen.[24]

Um den skizzierten (möglichen) Unsicherheiten oder Irritationen im Hinblick auf § 177 9
GWB zu entgehen, ist zu empfehlen, dass das Beschwerdegericht dem Auftraggeber die **Rücknahme des Eilantrags anrät**, sofern es in der Kürze der Zeit keine hinreichend sicheren Erkenntnisse zur Rechtmäßigkeit oder Rechtswidrigkeit des Vergabeverfahrens hat

---

20 Das betrifft auch die Abgrenzung zu der oben in Rn. 5 behandelten Fallgruppe.

21 Vgl. § 176 Rn. 14 und 15.

22 *Stockmann*, in: Immenga/Mestmäcker, GWB, § 122 Rn. 9; *Hänisch*, in: Kulartz/Kus/Portz/Prieß, GWB, § 177 Rn. 9; *Herrmann*, in: Ziekow/Völlink, Vergaberecht, § 122 GWB Rn. 4.

23 Zutreffend (zumindest im Erg. ebenso): *Stockmann*, in: Immenga/Mestmäcker, GWB, § 122 Rn. 4.

24 Insoweit wird die in den Vorauflagen vertretene gegenteilige Ansicht (3. Aufl., § 122 Rn. 6) aufgegeben.

gewinnen können und aus anderen Gründen (Interessenabwägung) den Eilantrag abzulehnen beabsichtigt. Im Ergebnis gilt diese Empfehlung auch für die in Rn. 5 behandelte Fallgruppe.

III. Kritik an der Vorschrift des § 177 GWB

10 Wegen der zu Rn. 7 und 8 behandelten Anwendungszweifel kann die Vorschrift nur als missglückt bezeichnet werden. Sie ist im Übrigen auch rechtspolitisch verfehlt.[25] Zulasten des Auftraggebers ist es fragwürdig, ihm aufgrund einer Eilentscheidung den Weg zu einer nach voller Sachprüfung zu erwirkenden Beschwerdeentscheidung, ob das Vergabeverfahren in der vom Auftraggeber geplanten Weise nicht doch fortgesetzt werden kann, zu versperren.[26] Dem Auftraggeber bleibt nur die Möglichkeit eines Feststellungsantrags gem. § 178 Satz 3 und 4 GWB. Das Gesetz bejaht also ein Feststellungsinteresse des Auftraggebers dahin, dass geprüft wird, ob er das Unternehmen, das die Nachprüfung beantragt hat, in seinen Rechten verletzt hat oder nicht (wenn das letztendlich verneint wird, hätte das Vergabeverfahren aus der Sicht ex post doch fortgeführt werden können). Fragwürdig ist § 177 GWB aber auch gegenüber den übrigen Beteiligten, nicht zuletzt gegenüber dem Antragsteller des Nachprüfungsantrags. Denn die Vorschrift bewirkt die Vorwegnahme der Hauptsache durch die Eilentscheidung in einer sehr einseitigen Weise, indem nämlich das Vergabeverfahren, falls der Auftraggeber keine Rettungsmaßnahmen (vgl. § 177 GWB) ergreift (vielleicht auch gar nicht ergreifen kann), endgültig abgebrochen wird, obwohl der Antragsteller sowie evtl. weitere Bieter gerade ein Interesse an der Fortsetzung des – freilich rechtmäßig durchzuführenden – Vergabeverfahrens hatten. Dadurch wird der Zweck des Nachprüfungsantrags, Primärrechtsschutz zu erlangen, in sein Gegenteil verkehrt. Denn auch dem Antragsteller des Nachprüfungsantrags bleibt in einem solchen Fall nur noch der Feststellungsantrag gem. § 178 Satz 4 i.V.m. § 168 Abs. 2 Satz 2 GWB zur Vorbereitung eines (meist risikobehafteten) Schadensersatzprozesses.

11 Aus den zuletzt aufgeführten Gründen muss man ferner zu dem Ergebnis gelangen, dass § 177 GWB eine (zumindest teilweise) **unrichtige Umsetzung der EU-Rechtsmittelrichtlinie** (Richtlinie 89/665/EWG i. d. F. der Richtlinie 2007/66/EG) darstellt. Mit der Beendigung des Vergabeverfahrens als Rechtsfolge des § 177 GWB, die der öffentliche Auftraggeber selbst durch bloße Untätigkeit, durch das zu späte Ergreifen von Maßnahmen oder durch das Ergreifen ungeeigneter Maßnahmen (s. oben Rn. 4) herbeiführen kann, werden auch alle Chancen der Bieter vernichtet, die diese sich im laufenden Vergabeverfahren erarbeitet hatten. Auch wenn man die Rechtsfolge des § 177 GWB nur in denjenigen Fällen eintreten lässt, in denen die Vorabgestattung des Zuschlags vom Beschwerdegericht wegen des Fehlens der Erfolgsaussichten der sofortigen Beschwerde abgelehnt worden ist, bedeutet das nicht, dass das Vergabeverfahren in diesen Fällen auch bei einer Durchführung des Beschwerdeverfahrens (ohne Antrag nach § 176 GWB) immer mit einer

25 Ebenso *Niebuhr/Eschenbruch*, Jahrbuch BauR 1998, 195, 228 f.; kritisch auch *Stockmann*, in: Immenga/Mestmäcker, GWB, § 122 Rn. 2–4. Bemerkenswert ist, dass es bisher – soweit ersichtlich – keine veröffentlichten Gerichtsentscheidungen zu § 122 GWB a. F./§ 177 GWB n. F. gibt; so auch *Hänisch*, in: Kulartz/Kus/Portz/Prieß, GWB, § 177 Rn. 4 i.V.m. Fn. 5.

26 Zutreffend *Tilmann*, WuW 1999, 342, 349, der zu Recht ausführt, dass die Begründung der Bundesregierung zu dieser Vorschrift, BT-Drs. 13/9340, S. 16, nicht überzeugt.

Aufhebung geendet hätte. Denn das Beschwerdegericht hätte die Entscheidung, den Auftraggeber zur Aufhebung des Vergabeverfahrens zwecks Beseitigung der durch den Vergaberechtsverstoß entstandenen Rechtsverletzung zu verpflichten, nur als ultima ratio erlassen dürfen[27] und hätte im Übrigen nach dem Grundsatz der Verhältnismäßigkeit[28] prüfen müssen, ob nicht eine mildere Maßnahme – etwa die Verpflichtung des Auftraggebers, das im Übrigen bestehen bleibende Vergabeverfahren ab einem bestimmten Stadium (z. B. der Angebotswertung) erneut und fehlerfrei durchzuführen – nach der Art des festgestellten Vergaberechtsverstoßes ausgereicht hätte, die Rechtsverletzung zu beheben. In allen Fällen, in denen mildere Maßnahmen geeignet sind, die geschehene Rechtsverletzung zu beseitigen, und mit ihnen eine Aufhebung des Vergabeverfahrens vermieden werden kann, führt die überschießende Rechtsfolgenanordnung des § 177 GWB dazu, dass das Beschwerdegericht die ihm bei einer richtigen Umsetzung des Art. 2 Abs. 1 lit. a) der EU-Rechtsmittelrichtlinie zu verleihende Befugnis, nur die nach dem Vergaberechtsverstoß erforderliche Entscheidung zu treffen und im Übrigen „weitere Schädigungen der betroffenen Interessen zu verhindern" (hier: die Vernichtung aller Bieterchancen im laufenden Vergabeverfahren zu verhindern), nicht ausüben kann. Das ist eine fehlerhafte Umsetzung der Rechtsmittelrichtlinie, die dazu führt, dass die Gerichte, aber auch die Vergabekammern und die öffentlichen Auftraggeber als unmittelbar oder mittelbar staatliche Institutionen insoweit die in § 177 GWB angeordnete Rechtsfolge der Beendigung des Vergabeverfahrens nicht anwenden bzw. beachten dürfen.[29]

---

27 Vgl. OLG Düsseldorf, Beschlüsse v. 15.11.2000, Verg 15/00, WuW/E Verg 413, und v. 30.4.2003, Verg 64/02, WuW/E Verg 789.

28 Zur Allgemeingültigkeit des Verhältnismäßigkeitsgrundsatzes im EU-Vergaberecht vgl. – außer den Beschlüssen des OLG Düsseldorf (s. oben Fn. 27) – auch EuGH, Urt. v. 14.6.2007, Rs. C-6/05, NZBau 2007, 597, 600 Rn. 62, und nunmehr seit dem VergRModG 2016: § 97 Abs. 1 GWB.

29 Vgl. EuGH, Urt. v. 11.10.2007 – Rs. C-241/06, NZBau 2007, 798, 801 Rn. 63 m. w. N.

§ 178 Beschwerdeentscheidung

Hält das Gericht die Beschwerde für begründet, so hebt es die Entscheidung der Vergabekammer auf. In diesem Fall entscheidet das Gericht in der Sache selbst oder spricht die Verpflichtung der Vergabekammer aus, unter Berücksichtigung der Rechtsauffassung des Gerichts über die Sache erneut zu entscheiden. Auf Antrag stellt es fest, ob das Unternehmen, das die Nachprüfung beantragt hat, durch den Auftraggeber in seinen Rechten verletzt ist. § 168 Absatz 2 gilt entsprechend.

Schrifttum: *Bechtold*, Kartellgesetz, GWB, 6. Aufl. 2010; *Immenga/Mestmäcker*, Wettbewerbsrecht, Bd. 2: GWB / Teil 2 (Vergaberecht), Kommentar zum Deutschen Kartellrecht, 5. Aufl. 2014; *Kulartz/Kus/Portz/Prieß*, Kommentar zum GWB-Vergaberecht, 4. Aufl. 2016; *Loewenheim/Meessen/Riesenkampff*, Kartellrecht, Kommentar, 2. Aufl. 2009; *Motzke/Pietzcker/Prieß*, Beck'scher VOB-Kommentar, Verdingungsordnung für Bauleistungen Teil A, 1. Aufl. 2001; *Prieß*, Handbuch des europäischen Vergaberechts, 3. Aufl. 2005; *Reidt/Stickler/Glahs*, Vergaberecht, Kommentar, 4. Aufl. 2018; *Ziekow/Völlink*, Vergaberecht, Kommentar, 2. Aufl. 2013.

Übersicht

I. Bedeutung der Norm

1 § 178 GWB enthält – unvollständig – einige Regeln zur Beschwerdeentscheidung im Hauptverfahren. Der Wortlaut der Vorschrift ist identisch mit der Ursprungsfassung (§ 123 GWB a. F.) des VgRÄG. Auch das VergRModG 2016 hat die Vorschrift inhaltlich nicht abgeändert.

II. Umfang der Prüfung des Beschwerdegerichts

2 Wenn die Beschwerde nebst Begründung alle Zulässigkeitsvoraussetzungen erfüllt, überprüft das Beschwerdegericht – im Rahmen des Beschwerdebegehrens, also des vom Beschwerdeführer vorgegebenen **Rechtsschutzbegehrens** – die Sach- und Rechtslage von Amts wegen in vollem Umfang (§§ 175 Abs. 2, 70 Abs. 1 bis 3, 71 Abs. 1 GWB).

3 Anders als die Vergabekammer (§ 168 Abs. 1 Satz 2 GWB) ist das Beschwerdegericht an den Beschwerdeantrag, verfahrensrechtlich präziser: **an das Beschwerdebegehren** (s. § 172 Rn. 13) i. S. d. Rechtsschutzbegehrens **gebunden**; das ergibt sich aus dem Zweck des § 172 Abs. 2 Satz 2 Nr. 1 GWB (s. § 172 Rn. 13) und aus § 178 Satz 4 GWB, der nur

Abs. 2, nicht aber Abs. 1 des § 168 GWB für entsprechend anwendbar erklärt.[1] Infolge dieser Bindung kann das Beschwerdegericht, wenn es eine andere Sachentscheidung für objektiv richtig hält, die aber dem Beschwerdebegehren und den Anträgen der Beteiligten nicht entspricht, auch nicht die Sache an die Vergabekammer zurückverweisen und diese verpflichten, aufgrund der Rechtsauffassung des Beschwerdegerichts über die Sache erneut zu entscheiden; § 178 Satz 2 Hs. 2 GWB gibt für eine solche Verfahrensweise keine Grundlage.[2] Von dieser Streitfrage zu trennen ist die selbstverständliche Pflicht des Beschwerdegerichts, einen ausformulierten Beschwerdeantrag gemäß dem mit der sofortigen Beschwerde (zulässigerweise) geltend gemachten Rechtsschutzbegehren (s. § 172 Rn. 13) auszulegen. **Im Rahmen dieses Rechtsschutzbegehrens** hat das Beschwerdegericht im Falle der Verletzung des Antragstellers (oder eines beschwerdeführenden Beigeladenen) in seinen Rechten – im Grundsatz wie die Vergabekammer gem. Satz 1 des § 168 Abs. 1 GWB und ohne Bindung an den ausdrücklichen Wortlaut des Beschwerdeantrags – **die geeigneten Maßnahmen zu treffen, um die Rechtsverletzung zu beseitigen** und eine Schädigung der betroffenen Interessen zu verhindern.[3] Von dem häufig in OLG-Entscheidungen zu lesenden Satz, dass „dem Beschwerdegericht, wenn es in der Sache selbst entscheidet, die gleichen Befugnisse zustehen wie der Vergabekammer",[4] weicht die hier vertretene Auslegung des § 178 GWB in der Sache nicht ab, solange das Beschwerdegericht mit seiner Entscheidung nicht die vom Beschwerdebegehren (notfalls durch Auslegung zu ermittelnden) gezogenen Grenzen überschreitet. Der vorstehend zitierte Satz dient auch i. d. R. nur der rechtfertigenden Begründung, dass das Beschwerdegericht in dem betreffenden Verfahren vom ausdrücklichen Beschwerdeantrag abweicht, während es über das Rechtsschutzbegehren gerade nicht (i. S. d. § 168 Abs. 1 Satz 1 Hs. 2 GWB) hinausgeht.[5] Ferner versteht es sich von selbst, dass die Bindung an das Beschwerdebegehren und das Verschlechterungsverbot das Beschwerdegericht – im Falle einer Erfolglosigkeit der sofortigen Beschwerde – nicht daran hindern, den Nachprüfungsantrag nur hinsichtlich einzelner Elemente (aber nicht im Ergebnis) anders zu beurteilen als die Vergabekammer.[6]

---

1 Vgl. § 172 Rn. 16; *Stockmann*, in: Immenga/Mestmäcker, GWB, § 123 Rn. 4, 5, 11; *Möllenkamp*, in: Kulartz/Kus/Portz/Prieß, GWB, § 178 Rn. 9, 10; *Storr*, in: Loewenheim/Meessen/Riesenkampff, Kartellrecht, § 123 GWB Rn. 4; *Brauer*, in: Ziekow/Völlink, Vergaberecht, § 123 GWB Rn. 4 i.V.m. Rn. 3; *Prieß*, Hdb. des europ. Vergaberechts, S. 403; *Tilmann*, WuW 1999, 342, 347; *Wilke*, NZBau 2005, 326, 328 (s. aber auch S. 381); a. A. OLG Celle, Beschl. v. 8.11.2001, 13 Verg 9/01, NZBau 2002, 400, 402 = VergabeR 2002, 154, 157; OLG Düsseldorf, Beschl. v. 13.6.2007, VII-Verg 2/07, NZBau 2007, 530, 536 = VergabeR 2007, 634, 643 f.; BayObLG, Beschl. v. 5.11.2002, Verg 22/02, NZBau 2003, 342, 345 = VergabeR 2003, 186, 192 (obiter dictum); OLG Saarbrücken, Beschl. v. 21.4.2004, 1 Verg 1/04, VergabeR 2004, 731, 733 (obiter dictum); *Gröning*, in: Motzke/Pietzcker/Prieß, VOB/A, § 123 GWB Rn. 12; *Stickler*, in: Reidt/Stickler/Glahs, Vergaberecht, § 178 GWB Rn. 7.

2 Ebenso *Stockmann*, in: Immenga/Mestmäcker, GWB, § 123 Rn. 6; a. A. *Stickler*, in: Reidt/Stickler/Glahs, Vergaberecht, § 178 GWB Rn. 7 u. 8.

3 S. unten Rn. 5; vgl. auch KG, Beschl. v. 28.9.2009, 2 Verg 8/09, VergabeR 2010, 289, 290; OLG Düsseldorf, Beschl. v. 15.6.2010, VII-Verg 10/10 (Umdruck S. 8); im Erg. ebenso (aber mit unnötigem Zitat des Satzes 2 des § 114 Abs. 1 GWB a. F. analog) schon OLG Düsseldorf, Beschl. v. 5.5.2008, VII-Verg 5/08, NZBau 2009, 269, 271 = VergabeR 2008, 956, 959.

4 Z. B. OLG Saarbrücken, Beschl. v. 15.10.2014, 1 Verg 1/14, NZBau 2015, 45, 50 Rn. 53; OLG Düsseldorf, Beschl. v. 1.8.2012, VII-Verg 15/12, NZBau 2012, 791; OLG Schleswig, Beschl. v. 30.4.2015, 1 Verg 7/14, VergabeR 2016, 97, 103.

5 So z. B. in allen drei in der vorstehenden Fn. 4 zitierten OLG-Entscheidungen.

6 S. § 172 Rn. 16 a. E., m. w. N.

4 Im Rahmen des Beschwerdebegehrens ist das **Beschwerdegericht bei** seiner **amtswegigen Prüfung** – als volle Tatsacheninstanz – **an den Vortrag in der Beschwerdebegründung** und an den von der Vergabekammer (evtl. selektiv) behandelten Streitstoff **nicht gebunden** (s. auch § 172 Rn. 18f.).[7] Das hat u.a. auch folgende **Konsequenzen**: Das Beschwerdegericht muss selbst dann die Antragsbefugnis (§ 160 Abs. 2 GWB) des Unternehmens, das das Nachprüfungsverfahren eingeleitet hat, und die Zulässigkeit des Antrags i.S.d. § 160 Abs. 3 GWB überprüfen, wenn die Vergabekammer hierzu keine Bedenken hatte, sondern den Antrag z.B. deshalb zurückgewiesen hat, weil der Auftraggeber ihrer Ansicht nach (objektiv) nicht gegen Vergaberegeln verstoßen hat. Die Vergabekammer kann die – für das gesamte Nachprüfungsverfahren außerordentlich wichtige – Antragsbefugnis (§ 160 Abs. 2 GWB) und das Fehlen von Zulässigkeitshindernissen gem. § 160 Abs. 3 GWB nicht verbindlich für das Beschwerdegericht feststellen und damit die Nachprüfung nicht verbindlich auf die Prüfung der von ihr nur als relevant erachteten Streitpunkte zur geltend gemachten Verletzung von Vergaberegeln festlegen. Im Rahmen der Bindung an das Beschwerdebegehren (s. oben Rn. 3) und der Aufgabe, Individualrechtsschutz zu gewähren (vgl. §§ 97 Abs. 6, 156 Abs. 2, 160 Abs. 2 Satz 1 GWB), ist das Beschwerdegericht eine von dem jeweiligen Inhalt der Vergabekammerentscheidung unabhängige Nachprüfungsinstanz. Demgegenüber kann ein Rechtssatz des Inhalts, dem Beschwerdeverfahren liege das Nachprüfungsverfahren in der Form zugrunde, die es durch die Entscheidung der Vergabekammer gefunden habe, und hiervon ausgehend sei die Überprüfung durch das Beschwerdegericht auf diejenigen (behaupteten) Rechtsverletzungen beschränkt, hinsichtlich derer die Entscheidung der Vergabekammer mit der Beschwerde angefochten worden sei,[8] nicht anerkannt werden;[9] es gibt ihn nicht. Vielmehr hat das Beschwerdegericht (im Rahmen des Beschwerdebegehrens) dem **Untersuchungsgrundsatz** zufolge, der gem. den §§ 175 Abs. 2, 70, 71 Abs. 1 GWB gerade auch für das Beschwerdegericht gilt, die Sach- und Rechtslage von Amts wegen in vollem Umfang – einschließlich der erst nach der Ver-

7 Ebenso *Brauer*, in: Ziekow/Völlink, Vergaberecht, § 123 GWB Rn. 4.

8 So die frühere Rspr. des BayObLG, Beschlüsse v. 21.5.1999, Verg 1/99, NZBau 2000, 49, 50, v. 12.9 2000, Verg 4/00, VergabeR 2001, 65, 70, und v. 20.8.2001, Verg 9/01, VergabeR 2001, 438, 442; ebenso OLG Schleswig, Beschl. v. 13.2.2001, 6 Verg 1/2001, VergabeR 2001, 214, 215; OLG Frankfurt, Beschl. v. 8.2.2005, 11 Verg 24/04, VergabeR 2005, 384, 387 (m. krit. Anm. *Gulich*, S. 389f. und 391); im Erg. ebenso OLG Naumburg, Beschl. v. 6.12.2012, 2 Verg 5/12, VergabeR 2013, 438, 444; ebenso früher Thüringer OLG, Beschl. v. 22.12.1999, 6 Verg 3/99, NZBau 2000, 349, 350, mit der Ergänzung, dass neue, vor der Vergabekammer nicht erhobene Rügen im Beschwerdeverfahren (nur) geltend gemacht werden könnten, soweit ihnen die Verspätungsregeln der §§ 107 Abs. 3, 113 Abs. 2 Satz 3 GWB a.F. (jetzt: §§ 160 Abs. 3, 167 Abs. 2 Satz 3 GWB) nicht entgegenstünden oder die Verfahrensfehler der Vergabekammer selbst beträfen. Dem Thüringer OLG hat sich das BayObLG, Beschl. v. 28.5.2003, Verg 6/03, VergabeR 2003, 675, 679f., später angeschlossen und (nur) insoweit seine frühere entgegenstehende Rspr. aufgegeben. – Allerdings besteht auch nach Ansicht des OLG Frankfurt, Beschl. v. 11.5.2004, 11 Verg 8/04, NZBau 2004, 567, 568, keine Beschränkung des Prüfungsumfangs des Beschwerdegerichts für solche Vergaberechtsverstöße, die der Beschwerdeführer erst nach Abschluss des Vergabekammerverfahrens – etwa durch die Gewährung erweiterter Akteneinsicht oder aus Presseberichten – erkennt und dann im Beschwerdeverfahren beanstandet.

9 Ebenso nunmehr Thüringer OLG, Beschl. v. 30.10.2006, 9 Verg 4/06, NZBau 2007, 195, 198 = VergabeR 2007, 118, 123. So auch *Stockmann*, in: Immenga/Mestmäcker, GWB, § 123 Rn. 4; *Brauer*, in: Ziekow/Völlink, Vergaberecht, § 123 GWB Rn. 4.

gabekammerentscheidung eingetretenen Umstände[10] – zu prüfen, wobei zur Rechtslage allerdings auch der Ausschluss der Geltendmachung von Vergaberechtsverstößen gem. § 160 Abs. 2 und 3 GWB gehört.[11] So kann sich auch der **Beschwerdegegner** erneut auf denjenigen Teil seines erstinstanzlichen Vorbringens berufen, mit dem er bei der Vergabekammer keinen Erfolg hatte; er kann also in der Rolle als Auftraggeber alle gegen den Antragsteller gerichteten Ausschlussgründe und in der Rolle als Antragsteller alle (nicht gem. § 160 Abs. 2 und 3 GWB ausgeschlossenen) Rügen von Vergaberechtsverstößen geltend machen, auch wenn die Vergabekammer die jeweiligen Beanstandungen ausdrücklich zurückgewiesen hat.[12] Selbst wenn sich der Beschwerdegegner nicht erneut förmlich auf seine in erster Instanz erfolglos erhobenen Beanstandungen beruft, muss das Beschwerdegericht gemäß dem Untersuchungsgrundsatz derartige Beanstandungen von Amts wegen in die Prüfung des Streitfalls – in dem Rahmen, in dem dieser dem Beschwerdegericht durch die sofortige Beschwerde (einschließlich einer etwaigen Anschlussbeschwerde) angefallen ist – einbeziehen.[13] Im Übrigen obliegt dem Beschwerdegericht eine Aufklärungs- und Ermittlungspflicht nur insoweit, als der Vortrag der Beteiligten oder der Sachverhalt als solcher bei sorgfältiger Überlegung dazu Anlass gibt.[14] Auf der Grundlage der so umgrenzten Ermittlungspflicht hat das Beschwerdegericht auch einen vom Antragsteller (oder von einem Beigeladenen) **nicht gerügten Vergaberechtsverstoß**, dessen Berücksichtigung auch nicht gem. § 160 Abs. 3 GWB ausgeschlossen ist, von Amts wegen aufzugreifen, den Sachverhalt (soweit noch erforderlich) zu ermitteln und die sich daraus objektiv ergebenden vergaberechtlichen Folgerungen zu ziehen.[15] Aus den vorstehenden Gründen ergibt sich ferner, dass das Beschwerdegericht diejenigen vom Antragsteller nicht erkannten und nicht gerügten (und auch nicht gem. § 160 Abs. 3 GWB präkludierten) Vergaberechtsverstöße, die es gelegentlich der Überprüfung des Vergabeverfahrens nach den (anderweitigen) Beschwerderügen nun einmal festgestellt hat, in die Entscheidung über das Beschwerdebegehren einzubeziehen hat.[16] Dem entspricht es auf der anderen Seite, dass das Beschwerdegericht von ihm erkannte **zwingende Ausschlussgründe** zulasten des Antragstellers (oder eines Beigeladenen), die vom öffentlichen Auftraggeber im Vergabeverfahren

---

10 Thüringer OLG, Beschl. v. 30.10.2006, 9 Verg 4/06, NZBau 2007, 195, 198 = VergabeR 2007, 118, 123 (hier: zum nachträglichen Ablauf der Bindefrist).

11 Vgl. auch § 172 Rn. 18 f. und § 175 Rn. 7 ff. Ebenso *Stockmann*, in: Immenga/Mestmäcker, GWB, § 123 Rn. 4; a. A. OLG Celle, Beschl. v. 8.7.2016, 13 Verg 2/16, NZBau 2016, 783, 787 Rn. 46 f. (Beschränkung der Amtsermittlungspflicht und damit des Prüfungsumfangs des Beschwerdegerichts auf die Vergaberechtsverstöße, auf die sich der Beschwerdeführer im Beschwerdeverfahren beruft, selbst wenn er einen weiteren – mit der Beschwerde nicht mehr erwähnten – Vergaberechtsverstoß vor der VergK noch (dort erfolglos) gerügt hatte).

12 BayObLG, Beschl. v. 28.12.1999, Verg 7/99, NZBau 2000, 211, 213; OLG Düsseldorf, Beschlüsse v. 12.1.2000, Verg 3/99, NZBau 2000, 155, 157, und v. 18.7.2001, Verg 16/01, VergabeR 2001, 419, 426.

13 OLG Düsseldorf, Beschl. v. 18.7.2001, Verg 16/01, VergabeR 2001, 419, 426 f.

14 S. oben § 175 Rn. 9 m. w. N.

15 Vgl. z. B. OLG Frankfurt, Beschl. v. 24.7.2012, 11 Verg 6/12, NZBau 2012, 726, 728. S. auch oben § 175 Rn. 9 a. E., m. w. N. (ebenso *Wilke*, NZBau 2005, 380, 381), wobei nochmals zu betonen ist, dass diese Überprüfung nur in den Grenzen stattfinden kann, in denen der Streitgegenstand dem Beschwerdegericht durch die sofortige Beschwerde und eine etwaige Anschlussbeschwerde angefallen ist.

16 OLG Düsseldorf, Beschl. v. 5.5.2008, VII-Verg 5/08, NZBau 2009, 269, 271 = VergabeR 2008, 956, 959; Entsprechendes gilt für „nebenher" ermittelte Angebotsausschlussgründe: OLG Düsseldorf, Beschl. v. 9.6.2010, VII-Verg 5/10 (Umdruck S. 7).

nicht entdeckt oder nicht geltend gemacht worden waren, ebenfalls bei der Entscheidungsfindung zu beachten hat.[17]

III. Entscheidung über die Beschwerde

5 Das Beschwerdegericht trifft die Beschwerdeentscheidung durch Beschluss (§§ 175 Abs. 2, 71 Abs. 1 Satz 1 GWB). In § 178 Satz 1 und 2 GWB ist nur der Fall behandelt, dass das Beschwerdegericht die Beschwerde für begründet hält. Es versteht sich von selbst, dass es auch eine Beschwerdeentscheidung zu treffen hat, wenn es die Beschwerde als **unzulässig** oder **unbegründet** erachtet. Eine solche Beschwerde wird zurückgewiesen (oder bei Unzulässigkeit verworfen). Damit wird die Entscheidung der Vergabekammer bestandskräftig. Ist die Beschwerde dagegen **begründet**, hebt das Beschwerdegericht die Entscheidung der Vergabekammer (insoweit) auf und entscheidet in der Sache selbst. Die **Befugnis** gem. § 178 Satz 2 GWB, in der **(Haupt-)Sache selbst zu entscheiden**, gilt auch dann, wenn die Vergabekammer mit der angefochtenen Entscheidung gar keine Sachentscheidung getroffen hatte, sondern (z. B.) den Nachprüfungsantrag als unzulässig verworfen oder das Nachprüfungsverfahren analog den §§ 94 VwGO, 148 ZPO ausgesetzt hatte,[18] oder in der Entscheidungsfrist des § 167 Abs. 1 GWB gar keine Entscheidung getroffen und dadurch die Rechtsfolge aus § 171 Abs. 2 GWB ausgelöst hatte.[19] Wenn die Beschwerde zulässig ist und das Beschwerdegericht von der Möglichkeit des § 178 Satz 2 Alt. 2 GWB (s. Rn. 6) keinen Gebrauch macht, muss es aufgrund eigener Sachprüfung entscheiden. Davon kann der Antragsgegner das Beschwerdegericht nicht mit einem zu Protokoll gegebenen „Anerkenntnis" (des Nachprüfungsbegehrens) entbinden. Denn § 307 ZPO ist im Vergabenachprüfungsverfahren nicht, auch nicht analog anwendbar, weil hier der (wenn auch etwas eingeschränkte) Untersuchungsgrundsatz gilt (s. Rn. 4) und der Beschwerdegegenstand, also der Streitgegenstand des Beschwerdeverfahrens (s. Rn. 3), nicht der (vollständigen) Dispositionsmaxime unterliegt.[20] Ein nach Erörterung der Sach- und Rechtslage vom Antragsgegner in mündlicher Verhandlung erklärtes „Anerkenntnis" darf das Beschwerdegericht bei seiner Überzeugungsbildung aber in der Weise berücksichtigen, dass der Antragsgegner insbesondere den Ausführungen des Gerichts zum entscheidungserheblichen Sachverhalt, aber auch denjenigen zur rechtlichen Beurteilung zustimmt.[21]

6 Das Beschwerdegericht kann auch die **Vergabekammer verpflichten, unter Beachtung seiner Rechtsauffassung über die Sache erneut zu entscheiden**. § 178 Satz 2 GWB gibt keine Kriterien dafür an, wann das Beschwerdegericht von der Möglichkeit der Zurückverweisung, die in seinem pflichtgemäßen Ermessen steht, Gebrauch machen soll. Wenn die Sache entscheidungsreif ist, hat das Beschwerdegericht auf jeden Fall selbst zu entscheiden; das Gleiche (Ermessensschrumpfung auf null) sollte auch dann gelten, wenn zur Vorbereitung der Sachentscheidung nur noch eine wenig aufwendige Sachverhaltsaufklärung

17 Vgl. OLG Düsseldorf, Beschl. v. 18.10.2006, VII-Verg 30/06, NZBau 2007, 254, 257 (unter Berufung auf die dort zitierte BGH-Rspr.); OLG Düsseldorf, Beschl. v. 9.6.2010, VII-Verg 5/10 (Umdruck S. 7); a. A. OLG Rostock, Beschl. v. 8.3.2006, 17 Verg 16/05, VergabeR 2006, 374, 376 (ohne Auseinandersetzung mit jener BGH-Rspr.).

18 OLG Düsseldorf, Beschl. v. 11.3.2002, Verg 43/01, NZBau 2003, 55 = VergabeR 2002, 404, 409.

19 *Stockmann*, in: Immenga/Mestmäcker, GWB, § 123 Rn. 8 i.V.m. Rn. 7.

20 OLG Frankfurt, Beschl. v. 4.8.2015, 11 Verg 4/15, NZBau 2015, 794, 795.

21 Vgl. OLG Frankfurt, Beschl. v. 4.8.2015, 11 Verg 4/15, NZBau 2015, 794, 795.

und dementsprechend begrenzte Beweiserhebungen erforderlich sind.[22] In Analogie zu § 538 Abs. 2 Satz 1 Nr. 3 ZPO kommt für eine Zurückverweisung am ehesten der Fall in Betracht, dass die Vergabekammer den Nachprüfungsantrag fehlsamerweise als „offensichtlich unzulässig" (§ 163 Abs. 2 GWB) zurückgewiesen hat (und der Sachverhalt noch erheblicher Aufklärung bedarf).[23] Im Übrigen sollte das Beschwerdegericht wegen der prinzipiellen Eilbedürftigkeit von Vergabeverfahren und wegen der mit einer Zurückverweisung verbundenen Verzögerung i. d. R. in der Sache selbst entscheiden.[24] Es ist auf keinen Fall ermessensfehlerhaft, wenn das Beschwerdegericht von einer Zurückverweisung absieht und in der Sache selbst entscheidet, auch wenn die Vergabekammer (z. B.) das rechtliche Gehör eines Verfahrensbeteiligten (= Beschwerdeführers) in erheblicher Weise verkürzt hatte und dieser deshalb die Zurückverweisung beantragt hat.[25] Im Beschlusstenor und/oder in der Beschlussbegründung hat das Beschwerdegericht seine rechtliche Beurteilung und seine Rechtsansichten, die für die Aufhebung der Vergabekammerentscheidung nebst der Zurückverweisung an die Vergabekammer ursächlich und maßgeblich sind, konkret, deutlich und unmissverständlich darzustellen. Auf diese rechtliche Beurteilung nebst den damit zusammenhängenden Rechtsansichten des Beschwerdegerichts beschränkt sich die **Bindung der Vergabekammer**; an Tatsachenfeststellungen, die das Beschwerdegericht seiner rechtlichen Beurteilung zugrunde gelegt hat, oder an eigene frühere Tatsachenfeststellungen ist die Vergabekammer nicht gebunden.[26]

Mit der eigenen Sachentscheidung des Beschwerdegerichts i. S. d. § 178 Satz 2 GWB ist **7**
nicht die **Zuschlagsentscheidung** gemeint. Vielmehr eröffnet die Vorschrift dem Beschwerdegericht, das die Sache nicht an die Vergabekammer zurückverweist, die Möglichkeit, an Stelle der Vergabekammer „in der Sache selbst" zu entscheiden, also – im Rahmen des Beschwerdebegehrens (s. oben Rn. 3) – zu entscheiden, ob der Antragsteller in seinen Rechten verletzt ist, und die geeigneten Maßnahmen zu treffen, um eine Rechtsverletzung zu beseitigen und eine Schädigung der betroffenen Interessen zu verhindern (§ 168 Abs. 1 Satz 1 GWB).[27] Dem Auftraggeber stehen in den einzelnen Prüfungsstadien des Vergabe-

22 Vgl. OLG Celle, Beschl. v. 3.12.2009, 13 Verg 14/09, VergabeR 2010, 230, 235; *Stockmann*, in: Immenga/Mestmäcker, GWB, § 123 Rn. 9; vgl. auch OLG Brandenburg, Beschl. v. 20.3.2007, Verg W 12/06, VergabeR 2007, 786, 788 f.

23 Vgl. Thüringer OLG, Beschl. v. 23.1.2003, 6 Verg 11/02, WuW/E Verg 820, 821, 823; OLG Naumburg, Beschl. v. 23.4.2009, 1 Verg 7/08, VergabeR 2009, 793, 796 f.; *Möllenkamp*, in: Kulartz/Kus/Portz/Prieß, GWB, § 178 Rn. 18; *Brauer*, in: Ziekow/Völlink, Vergaberecht, § 123 GWB Rn. 7; vgl. auch *Stockmann*, in: Immenga/Mestmäcker, GWB, § 123 Rn. 9. Anders als gem. § 538 Abs. 2 Satz 1 Nr. 3 ZPO bedarf es für eine Zurückverweisung gem. § 178 Satz 2 Alt. 2 GWB keines darauf bezogenen Antrags eines Verfahrensbeteiligten.

24 Ebenso *Otting*, in: Bechtold, GWB, § 123 Rn. 4; *Möllenkamp*, in: Kulartz/Kus/Portz/Prieß, GWB, § 178 Rn. 17; im Erg. ebenso *Brauer*, Vergaberecht, § 123 GWB Rn. 7; a. A. (gegen eine solche Regel, stattdessen Abwägung im Einzelfall) *Stockmann*, in: Immenga/Mestmäcker, GWB, § 123 Rn. 9. Beispiel für eine Zurückverweisung, weil „die eigentliche Sache noch nicht aufgeklärt worden" war: OLG Celle, Beschl. v. 3.12.2009, 13 Verg 14/09, VergabeR 2010, 230, 235. Weiteres Beispiel in einem Fall, in dem der BGH gem. § 179 Abs. 2 Satz 2 GWB das Beschwerdegericht war: BGH, Beschl. v. 31.1.2017, X ZB 10/16, NZBau 2017, 230, 233 Rn. 34–36.

25 OLG Düsseldorf, Beschl. v. 8.6.2011, VII-Verg 55/10, NZBau 2011, 699.

26 *Stockmann*, in: Immenga/Mestmäcker, GWB, § 123 Rn. 12; *Möllenkamp*, in: Kulartz/Kus/Portz/Prieß, GWB, § 178 Rn. 20.

27 S. oben Rn. 3 bei Fn. 3 m. w. N. Vgl. ferner BayObLG, Beschl. v. 5.11.2002, Verg 22/02, NZBau 2003, 342, 345 = VergabeR 2003, 186, 192.

verfahrens mannigfache Wertungs-, Beurteilungs- und Ermessensspielräume zu. Daher sind die Vergabekammer und damit auch das Beschwerdegericht in aller Regel gehindert, sich an die Stelle des Auftraggebers zu setzen und diesen anzuweisen, dem Antragsteller den Zuschlag zu erteilen. Nur in seltenen Ausnahmefällen, in denen unzweifelhaft feststeht, dass die Erteilung des Zuschlags an den Antragsteller unter Beachtung aller Wertungs-, Beurteilungs- und Ermessensspielräume die einzige rechtmäßige Maßnahme ist und der öffentliche Auftraggeber an dem Beschaffungsprojekt festhält, ohne eine Neuauflage des Vergabeverfahrens anzustreben, kann die direkte Anweisung an den Auftraggeber in Betracht kommen, dem Antragsteller den Zuschlag zu erteilen.[28] Sonst muss dem Auftraggeber die erneute Prüfung und Wertung der Angebote – unter Beachtung der Rechtsauffassung des Beschwerdegerichts – vorbehalten werden.

8 Wenn das Beschwerdegericht einen Vergaberechtsverstoß, der den Antragsteller zu schädigen droht (§ 160 Abs. 2 Satz 2 GWB), also seine Zuschlagschancen beeinträchtigt, festgestellt hat, kommt in erster Linie als Entscheidung in Betracht, dem Auftraggeber zu untersagen, auf der Grundlage des bisherigen Vergabeverfahrens (überhaupt) den Zuschlag zu erteilen. Vor dem Ausspruch weiterer Anweisungen oder Verpflichtungen des Auftraggebers, die die rechtmäßige Fortführung des Vergabe- oder Beschaffungsverfahrens bezwecken, hat das Beschwerdegericht immer zu prüfen, ob es damit nicht unzulässigerweise in die **Entscheidungsfreiheit des Auftraggebers**[29] eingreift. Wenn dem Auftraggeber (mindestens) zwei Möglichkeiten zu Gebote stehen, wie er das Beschaffungsverfahren mit rechtmäßigen Mitteln fortsetzt (z.B. transparente und diskriminierungsfreie Änderung einer rechtswidrigen Vergabebedingung zugunsten aller Bieter im aufrecht erhaltenen Vergabeverfahren oder Aufhebung dieses Vergabeverfahrens),[30] oder wenn – wie es grds. geboten ist – dem Auftraggeber die Entscheidung darüber freigehalten werden muss, ob er das vergaberechtliche Beschaffungsverfahren am Markt überhaupt fortsetzt oder andere verwaltungsinterne Lösungen verfolgt,[31] sind dem Beschwerdegericht – über die Untersagung des Zuschlags aufgrund des bisherigen Vergabeverfahrens hinaus – weitere, den Auftraggeber in seiner Entscheidungsfreiheit beschränkende Anordnungen versagt. Würde jedoch der Auftraggeber mit einer Aufhebung des Vergabeverfahrens zwar den bisherigen Vergaberechtsverstoß beheben, aber dadurch eine anderweitige nicht gerechtfertigte Verletzung von Bieterrechten begehen, kann das Beschwerdegericht ihn sogleich verpflichten, die (ggf.) einzig verbleibende Maßnahme zu ergreifen, um das Vergabeverfahren auf recht-

---

28 BayObLG, Beschl. v. 5.11.2002, Verg 22/02, NZBau 2003, 342, 345 f. = VergabeR 2003, 186, 192 f.; OLG Düsseldorf, Beschl. v. 10.5.2000, Verg 5/00, NZBau 2000, 540, 542; OLG Frankfurt, Beschl. v. 20.12.2000, 11 Verg 1/00, VergabeR 2001, 243, 249; KG, Beschl. v. 7.8.2015, Verg 1/15, NZBau 2015, 790, 793 Rn. 48; OLG München, Beschl. v. 29.7.2010, Verg 9/10, VergabeR 2011, 130, 136; OLG Schleswig, Beschl. v. 30.4.2015, 1 Verg 7/14, VergabeR 2016, 97, 103; *Möllenkamp*, in: Kulartz/Kus/Portz/Prieß, GWB, § 178 Rn. 27 m. w. N.; *Storr*, in: Loewenheim/Meessen/Riesenkampff, Kartellrecht, § 123 GWB Rn. 4; vgl. dazu das Diskussionsforum in VergabeR 2003, 373 f. und 477 f. – *Gröning*, in: Motzke/Pietzcker/Prieß, VOB/A, § 123 GWB Rn. 8, vertritt die Ansicht, dass das Beschwerdegericht selbst nie die Verpflichtung aussprechen kann, der Auftraggeber habe den Zuschlag dem Antragsteller oder einem sonstigen bestimmten Bieter zu erteilen; ebenso *Stockmann*, in: Immenga/Mestmäcker, GWB, § 123 Rn. 10.

29 Vgl. BGH, Beschl. v. 26.9.2006, X ZB 14/06, Rn. 55 f., NZBau 2006, 800, 806 = VergabeR 2007, 59, 68 f.; OLG Düsseldorf, Beschl. v. 23.2.2005, Verg 85/04, VergabeR 2005, 508, 512.

30 Vgl. BGH, Beschl. v. 26.9.2006, X ZB 14/06, Rn. 55 f. i.V.m. Rn. 23, NZBau 2006, 800 = VergabeR 2007, 59.

31 Vgl. OLG Düsseldorf, Beschl. v. 23.2.2005, Verg 85/04, VergabeR 2005, 508, 512.

mäßigem Wege fortzusetzen.[32] In den Bereich der dem Auftraggeber vorbehaltenen Handlungsfreiheit fällt auch die nur ihm zustehende Befugnis, die Eignungsprüfung der sich für das konkrete Vergabeverfahren interessierenden Bewerber/Bieter (ggf. erneut) durchzuführen, wenn dieser Punkt im Beschwerdeverfahren erfolgreich angegriffen worden ist; das Beschwerdegericht kann die erforderliche Eignungsprüfung nicht selbst im Beschwerdeverfahren – etwa mit einer Beweisaufnahme – durchführen oder (frei von den gerügten bisherigen Fehlern) erneuern.[33] Auch im Falle eines für den Antragsteller erfolgreichen Feststellungsverfahrens gem. § 135 Abs. 1 Nr. 2 und Abs. 2 GWB (insbes. gegenüber einer rechtswidrigen Direktvergabe) kann und muss allein der Auftraggeber – bei Aufrechterhaltung seines Beschaffungsvorhabens – entscheiden, in welcher Weise er das hierfür erforderliche Vergabeverfahren gestalten und durchführen wird. Das Beschwerdegericht ist – über die Feststellung der Unwirksamkeit der bisherigen Auftragsvergabe (§ 135 Abs. 1 Nr. 2 und Abs. 2 GWB) hinaus – nicht befugt, dem Auftraggeber hierfür irgendwelche Vorgaben zu machen oder, soweit das im öffentlichen Interesse der Sache nach wünschenswert oder gar notwendig erschiene, bestimmte Interimsmaßnahmen anzuordnen.[34]

Die grds. dem Auftraggeber zustehende Entscheidungsfreiheit und der Grundsatz der Verhältnismäßigkeit müssen insbes. berücksichtigt werden, ehe das Beschwerdegericht den Auftraggeber **zur Aufhebung des Vergabeverfahrens verpflichtet**. Eine solche Beschwerdeentscheidung ist nach allgemeiner Ansicht nur als **ultima ratio** zulässig und kommt lediglich dann in Betracht, wenn eine Korrektur des festgestellten Vergaberechtsfehlers im laufenden Vergabeverfahren mit dessen anschließender Fortsetzung in vergaberechtlich einwandfreier Weise erkennbar nicht möglich ist.[35] Falls aber eine Korrektur des Vergaberechtsfehlers mit anschließender (in jeder Hinsicht) transparenter, diskriminierungsfreier und dem Wettbewerbsgrundsatz genügender Fortsetzung des Vergabeverfahrens möglich erscheint, ist es dem Auftraggeber zu überlassen, in eigener Verantwortung zu klären und zu bestimmen, ob eine solche Möglichkeit wirklich besteht und ggf. ergriffen **9**

32 Vgl. auch OLG Koblenz, Beschl. v. 26.10.2005, 1 Verg 4/05, VergabeR 2006, 392, 397 f.

33 Vgl. OLG Koblenz, Beschl. v. 25.2.2015, Verg 5/14, NZBau 2015, 519, 520.

34 Vgl. OLG Hamburg, Beschl. v. 14.12.2010, 1 Verg 5/10, NZBau 2011, 185, 188 f.

35 Vgl. OLG Koblenz, Beschl. v. 4.7.2007, 1 Verg 3/07, VergabeR 2007, 666, 673; OLG Saarbrücken, Beschl. v. 15.10.2014, 1 Verg 1/14, NZBau 2015, 45, 50 f. Rn. 54 u. 56; *Willenbruch*, VergabeR 2005, 544, 546; *Möllenkamp*, in: Kulartz/Kus/Portz/Prieß, GWB, § 178 Rn. 26. Eine solche Ausnahme, dass die bloße Fehlerkorrektur im laufenden Vergabeverfahren für ein vergaberechtskonformes Ergebnis nicht ausreicht, haben angenommen: OLG Celle, Beschl. v. 2.9.2004, 13 Verg 11/04, NZBau 2005, 52, 53 (bei der Notwendigkeit einer grundlegenden Änderung der Vergabeunterlagen); OLG Düsseldorf, Beschl. v. 17.3.2004, VII-Verg 1/04, NZBau 2004, 461, 463 (beim Fehlen jeglicher Dokumentation der Erwägungen des Auftraggebers zur – im konkreten Fall gebotenen – Losaufteilung); KG, Beschl. v. 18.3.2010, 2 Verg 12/09, VergabeR 2011, 138, 141 (s. den dortigen LS 4); Thüringer OLG, Beschl. v. 26.6.2006, 9 Verg 2/06, NZBau 2006, 735 = VergabeR 2007, 220, 224 (bei der Verletzung des Gebots zur verfahrensneutralen Ausschreibung, vgl. § 7 Abs. 8 VOB/A 2009, jetzt § 7 Abs. 2 VOB/A-EU 2016). – Der BGH scheint sogar in dem im obigen Text definierten Ausnahmefall eine Beschwerdeentscheidung, die den Auftraggeber ausdrücklich zur Aufhebung des umstrittenen Vergabeverfahrens verpflichtet, für rechtlich ausgeschlossen zu halten, weil der (damals geltende) § 26 VOL/A 2006 (s. jetzt § 63 VgV) nicht zur Aufhebung „verpflichtet“: BGH, Beschl. v. 10.11.2009, X ZB 8/09, NZBau 2010, 124, 128 f. Rn. 56.

werden soll; das Beschwerdegericht darf dann den Auftraggeber nicht zur Aufhebung des Vergabeverfahrens verpflichten.[36]

10 Die Entscheidungsfreiheit des öffentlichen Auftraggebers muss bei der Beschwerdeentscheidung ferner dann berücksichtigt werden, wenn sich der **Nachprüfungsantrag gegen eine** vom Auftraggeber ausgesprochene **Aufhebung des Vergabeverfahrens** richtet, die – wie das Beschwerdegericht feststellt – durch die betroffenden, bei der Aufhebung nicht beachteten Vergaberechtsvorschriften nicht gedeckt war und daher die Bieter in ihren Rechten nach § 97 Abs. 6 GWB verletzt hat. In einem solchen Fall kann das Beschwerdegericht (wie auch die Vergabekammer) den Auftraggeber trotz der Vergaberechtswidrigkeit der Aufhebung nicht ohne Weiteres zur Fortführung des Vergabeverfahrens verpflichten. Denn aus dem Umstand, dass der Auftraggeber einmal die Ausschreibung vorgenommen hat, ist für ihn noch keine Rechtspflicht abzuleiten, einen der Ausschreibung genau oder im Wesentlichen entsprechenden Auftrag an den geeigneten Bestbieter zu erteilen. Er kann rechtlich nicht gezwungen werden, es zu unterlassen, von der zuvor beabsichtigten Beschaffungsmaßnahme ganz Abstand zu nehmen oder sie unter wesentlich geänderten Vergabebedingungen und/oder technischen Spezifikationen durchzuführen.[37] Nur dann, wenn das Beschwerdegericht feststellen kann, dass der Auftraggeber trotz der (nicht gerechtfertigten) Aufhebung des Vergabeverfahrens unverändert oder mit lediglich unwesentlich[38] geänderten Vergabebedingungen oder Leistungsanforderungen an der zuvor ausgeschriebenen Beschaffungsmaßnahme festhält, kann das Beschwerdegericht ihn verpflichten, die Aufhebung rückgängig zu machen, das Vergabeverfahren fortzusetzen[39] und zu diesem Zweck das Vergabeverfahren in den Stand vor jener Aufhebung zurückzuversetzen.[40] Vergaberechtlich entsteht durch eine solche Entscheidung keine Verpflichtung des Auftraggebers, das fortzusetzende Vergabeverfahren mit einem Zuschlag abzuschließen.[41] Kann die Feststellung, dass der Auftraggeber das konkrete Beschaffungsvorhaben trotz Aufhebung des bisherigen Vergabeverfahrens aufrecht erhält, nicht hinreichend sicher getroffen werden, verbleibt dem Beschwerdegericht nur die Möglichkeit, gem. § 178 Satz 3 und 4 GWB festzustellen, dass der Auftraggeber durch die (rechtswidrige) Aufhebung des Vergabeverfahrens Rechte der antragstellenden Bieter oder Bewerber, die durch die die Aufhe-

36 Vgl. BGH, Beschl. v. 26.9.2006, X ZB 14/06, Rn. 55 f., NZBau 2006, 800, 806 = VergabeR 2007, 59, 68 f.; OLG Koblenz, Beschl. v. 4.7.2007, 1 Verg 3/07, VergabeR 2007, 666, 673.

37 Vgl. BGH, Beschl. v. 18.2.2003, X ZB 43/02, VergabeR 2003, 313, 316 m. w. N.; BGH, Urt. v. 5.11.2002, X ZR 232/00, VergabeR 2010, 781, 783; BGH, Urt. v. 16.12.2003, X ZR 282/02, VergabeR 2010, 785, 787 f. (es bleibt aber die etwaige Verpflichtung des Auftraggebers, Ersatz des Vertrauensschadens leisten zu müssen).

38 „Unwesentlich" in diesem Zusammenhang sind solche Änderungen, die in transparenter und diskriminierungsfreier Weise noch im laufenden Vergabeverfahren vorgenommen werden können (vgl. zu dieser Argumentation auch BGH, Beschl. v. 26.9.2006, X ZB 14/06, NZBau 2006, 800, 806 = VergabeR 2007, 59, 69).

39 Vgl. OLG Düsseldorf, Beschl. v. 3.1.2005, Verg 72/04, NZBau 2005, 415; OLG Karlsruhe, Beschl. v. 27.9.2013, 15 Verg 3/13, VergabeR 2014, 237, 239 f.; OLG München, Beschl. v. 6.6.2012, Verg 25/12, VergabeR 2013, 492, 494 u. 497; OLG Naumburg, Beschl. v. 13.10.2006, 1 Verg 6/06, VergabeR 2007, 125, 135.

40 OLG München, Beschlüsse v. 31.10.2012, Verg 19/12, VergabeR 2013, 487, 491 f., v. 6.6.2012, Verg 25/12, VergabeR 2013, 492, 497, und v. 4.4.2013, Verg 4/13, NZBau 2013, 524, 526 f.

41 Vgl. OLG München, Beschlüsse v. 31.10.2012, Verg 19/12, VergabeR 2013, 487, 492, v. 6.12.2012, Verg 25/12, VergabeR 2013, 492, 497, und v. 4.4.2013, Verg 4/13, NZBau 2013, 524, 527.

bung regelnden Vergaberechtsvorschriften geschützt werden, verletzt hat.[42] Auch dann, wenn der antragstellende Bieter die vom Auftraggeber ausgesprochene Aufhebung des Vergabeverfahrens von vornherein hinnimmt, ist er im Rechtsschutz vor dem Beschwerdegericht (wie vor der Vergabekammer) darauf beschränkt, gem. § 178 Satz 3 und 4 GWB (vor der Vergabekammer gem. § 168 Abs. 2 Satz 2 GWB) die Feststellung einer ihn betreffenden Rechtsverletzung zu beantragen. Das Beschwerdegericht kann nicht gegen den Auftraggeber eine Anordnung des Inhalts treffen, die im aufgehobenen Vergabeverfahren oder durch die Aufhebung selbst begangenen Vergaberechtsverstöße in künftigen Vergabeverfahren zu unterlassen; vorbeugende Unterlassungsanträge und vorbeugende Entscheidungen, die auf künftiges Auftraggeberverhalten in Beschaffungsverfahren gerichtet sind, sind im Vergabenachprüfungsverfahren nicht zulässig.[43]

Besteht die Beschwerdeentscheidung in einer Bestätigung der von der Vergabekammer ausgesprochenen **Zuschlagsuntersagung**, so erwächst der gestaltende Verwaltungsakt der Vergabekammer in Bestandskraft und perpetuiert damit das gesetzliche Verbot (§ 169 Abs. 1 GWB) des Zuschlags (s. oben § 173 Rn. 33). Ein danach unter Missachtung des Verbots erteilter Zuschlag ist gem. § 134 BGB nichtig. Im Ergebnis das Gleiche gilt dann, wenn auf die Beschwerde hin erstmals das Beschwerdegericht die Zuschlagsuntersagung ausspricht. Diese Entscheidung hat – auch hinsichtlich der Rechtsfolgen – die gleiche Kraft und Auswirkung wie ein inhaltsgleicher Ausspruch der Vergabekammer. Denn das Beschwerdegericht entscheidet „in der Sache selbst" (§ 178 Satz 2 GWB) an Stelle der Vergabekammer (s. oben Rn. 7). Folglich führt schon die Zuschlagsuntersagung durch das Beschwerdegericht wie diejenige durch die Vergabekammer zur dauerhaften Aufrechterhaltung des gesetzlichen Zuschlagsverbots (§ 169 Abs. 1 GWB). Des Umwegs über eine Vollstreckung[44] bedarf es für die Durchsetzung der gerichtlichen Zuschlagsuntersagung nicht. 11

IV. Feststellung der Rechtsverletzung

Zur Vorbereitung eines Schadensersatzprozesses ist die Möglichkeit der Feststellung (§ 178 Satz 3 GWB), ob das Unternehmen, das die Nachprüfung beantragt hat, durch den Auftraggeber in seinen Rechten verletzt worden ist, oder – aus der Sicht des Auftraggebers – ob eine solche Rechtsverletzung gerade nicht vorgekommen ist, von herausragender Bedeutung (vgl. § 179 Abs. 1 GWB). **Unklar** ist die **Verweisung in Satz 4 des § 178** auf § 168 Abs. 2 GWB in folgender Hinsicht. Die Verweisung kann bedeuten, dass der Feststellungsantrag – wie vor der Vergabekammer – nur zulässig ist, wenn sich das Nachprüfungsverfahren durch Erteilung des Zuschlags oder in sonstiger Weise bereits erledigt hat.[45] Richtig erscheint jedoch die Gegenansicht, die den **Feststellungsantrag nach § 178 Satz 3 GWB** – gewisser- 12

---

42 Vgl. BGH, Beschl. v. 18.2.2003, X ZB 43/02, VergabeR 2003, 313, 316; OLG Celle, Beschl. v. 10.3.2016, 13 Verg 5/15, NZBau 2016, 385, 386 f.

43 OLG Düsseldorf, Beschl. v. 20.10.2008, VII-Verg 46/08, VergabeR 2009, 173, 174 m. w. N.; OLG Düsseldorf, Beschl. v. 10.3.2014, VII-Verg 11/14, NZBau 2014, 524 (LS).

44 So aber *Stickler*, in: Reidt/Stickler/Glahs, Vergaberecht, § 178 GWB Rn. 22.

45 So OLG Celle, Beschlüsse v. 21.4.1999, 13 Verg 1/99, NZBau 2000, 105, 106, und v. 30.10.2014, 13 Verg 8/14, NZBau 2014, 780, 782; OLG Dresden, Beschl. v. 14.4.2000, WVerg 1/00; *Gröning*, in: Motzke/Pietzcker/Prieß, VOB/A, § 123 GWB Rn. 30; *Möllenkamp*, in: Kulartz/Kus/Portz/Prieß, GWB, § 178 Rn. 41; *Storr*, in: Loewenheim/Meessen/Riesenkampff, Kartellrecht, § 123 GWB Rn. 8; *Brauer*, in: Ziekow/Völlink, Vergaberecht, § 123 GWB Rn. 13; *Wilke*, NZBau 2005, 380, 383; *Stickler*, in: Reidt/Stickler/Glahs, Vergaberecht, § 178 GWB Rn. 13.

maßen als Zwischenfeststellungsantrag[46] – **auch ohne Erledigung des Nachprüfungsverfahrens** zulässt.[47] Denn sonst wäre Satz 3 des § 178 GWB überflüssig; die Verweisung in Satz 4 auf § 168 Abs. 2 GWB würde ausreichen. Für die eigenständige Bedeutung des Satzes 3 neben Satz 4 des § 178 GWB spricht auch, dass § 178 Satz 3 GWB ausdrücklich nur die Feststellung zulässt, ob gerade der Antragsteller des Nachprüfungsverfahrens durch den Auftraggeber in seinen Rechten verletzt worden ist oder nicht, während § 168 Abs. 2 Satz 2 GWB jedem „Beteiligten" – also auch den Beigeladenen[48] – ermöglicht, feststellen zu lassen, ob seine Rechte im Vergabeverfahren verletzt worden sind. Die Verweisung gem. § 178 Satz 4 GWB hat demzufolge neben Satz 3 nur ergänzende, keine einschränkende Bedeutung.

13 Freilich muss gerade bei einem Antrag nach § 178 Satz 3 GWB das **Feststellungsinteresse**, das ohnehin in jedem Fall[49] eine Zulässigkeitsvoraussetzung für den Feststellungsantrag darstellt,[50] besonders dargelegt werden.[51] Dem Erfordernis des Feststellungsinteresses genügt jedes nach vernünftigen Erwägungen und nach Lage des Falls anzuerkennende Interesse rechtlicher, wirtschaftlicher oder ideeller Art, wobei die beantragte Feststellung geeignet sein muss, die Rechtsposition des antragstellenden Beteiligten in einem der genannten Bereiche zu verbessern und eine Beeinträchtigung seiner Rechte auszugleichen oder wenigstens zu mildern.[52] Das Feststellungsinteresse resultiert i. d. R. aus der Bindungswirkung der getroffenen Feststellung für einen späteren Schadensersatzprozess (§ 179 Abs. 1

---

46 Zustimmend OLG Düsseldorf, Beschl. v. 4.5.2009, VII-Verg 68/08, VergabeR 2009, 905, 919; *Stockmann*, in: Immenga/Mestmäcker, GWB, § 123 Rn. 15.

47 Ebenso OLG Düsseldorf, Beschlüsse v. 28.2.2002, Verg 40/01, NZBau 2003, 173, 175, und v. 4.5.2009, VII-Verg 68/08, VergabeR 2009, 905, 919; *Otting*, in: Bechtold, GWB, § 123 Rn. 5; *Tilmann*, WuW 1999, 342, 343 u. 348; im Erg. ebenso, allerdings ohne Begründung hierzu: BGH, Beschl. v. 10.11.2009, X ZB 8/09, NZBau 2010, 124, 128 Rn. 55 (ohne dass sich das Nachprüfungsverfahren im Streitfall erledigt hatte, „ist auszusprechen, dass die Ag. auf der Grundlage des bisherigen, fehlerhaften Vergabeverfahrens keinen Zuschlag erteilen darf *und* dass die Ast. durch die Gestaltung des Vergabeverfahrens als Verhandlungsverfahren verletzt wurde"); vgl. auch BT-Drs. 13/9340, S. 22: Das Gericht stellt auf Antrag „auch" fest, wenn ein Unternehmen in seinen Rechten verletzt ist.

48 Vgl. hier § 168 Rn. 26, 32; *Dreher*, in: Immenga/Mestmäcker, GWB, § 114 Rn. 51; *Heuvels*, in: Loewenheim/Meessen/Riesenkampff, Kartellrecht, § 114 GWB Rn. 20. Voraussetzung ist aber in jedem Fall ein Feststellungsinteresse des Beteiligten, der den Feststellungsantrag stellt.

49 Also auch bei einem Antrag – z. B. eines Beigeladenen – gem. den §§ 178 Satz 4, 168 Abs. 2 Satz 2 GWB nach Erledigung des Nachprüfungsverfahrens.

50 OLG Celle, Beschl. v. 30.10.2014, 13 Verg 8/14, NZBau 2014, 780, 782; OLG Düsseldorf, Beschlüsse v. 14.2.2001, Verg 14/00, WuW/E Verg 459, und v. 28.2.2002, Verg 37/01, VergabeR 2002, 378, 379 (jeweils Feststellungsantrag nach Aufhebung der Ausschreibung); OLG Düsseldorf, OLG Düsseldorf, Beschl. v. 24.9.2014, VII-Verg 19/14, VergabeR 2015, 597, 598; OLG Frankfurt, Beschl. v. 24.1.2017, 11 Verg 1/16, VergabeR 2017, 725, 407, 411; OLG Koblenz, Beschl. v. 4.2.2009, 1 Verg 4/08, VergabeR 2009, 682, 684; OLG Schleswig, Beschl. v. 25.1.2013, 1 Verg 6/12, NZBau 2013, 395, 396; *Gröning*, in: Motzke/Pietzcker/Prieß, VOB/A, § 123 GWB Rn. 37 u. 43; *Brauer*, in: Ziekow/Völlink, Vergaberecht, § 123 GWB Rn. 14; a. A. (besonderes Feststellungsinteresse nicht erforderlich) *Otting*, in: Bechtold, GWB, § 123 Rn. 5.

51 Vgl. OLG Düsseldorf, Beschlüsse v. 18.10.2000, Verg 3/00, NZBau 2001, 155, 161 = VergabeR 2001, 45, 51, und v. 4.5.2009, VII-Verg 68/08, VergabeR 2009, 905, 919; vgl. auch OLG Thüringen, Beschl. v. 22.12.1999, 6 Verg 3/99, BauR 2000, 396 ff.; *Stockmann*, in: Immenga/Mestmäcker, GWB, § 123 Rn. 16.

52 OLG Düsseldorf, Beschlüsse v. 4.5.2009, VII-Verg 68/08, VergabeR 2009, 905, 919 f., und v. 24.9.2014, VII-Verg 19/14, VergabeR 2015, 597, 598, jeweils m. w. N.; OLG Frankfurt, Beschl. v.

GWB).[53] Zur grds. notwendigen Darlegung des Feststellungsinteresses genügt hier i.d.R. die nicht auszuschließende Möglichkeit eines Schadensersatzanspruchs des betreffenden Bieters gegen den Auftraggeber für den Fall der Feststellung eines konkreten Vergaberechtsverstoßes.[54] Die Rspr. der Vergabesenate verneint ein Feststellungsinteresse ausnahmsweise dann, wenn ein Bieter den Feststellungsantrag stellt, dessen angekündigte Schadensersatzklage nach seinen Darlegungen und dem unstreitigen Sachverhalt evident aussichtslos erscheint, etwa weil ein durchgreifender Ausschlussgrund bestand.[55] Von einer solchen Evidenz abgesehen ist es aber nicht die Aufgabe des Beschwerdegerichts, bei der Beurteilung des Feststellungsinteresses eine schadensersatzrechtliche Prüfung anzustellen; diese bleibt vielmehr dem Zivilgericht im Schadensersatzprozess selbst vorbehalten.[56] Ein Feststellungsinteresse kann aber auch ohne den Zweck der Vorbereitung einer Schadensersatzklage z.B. dann anerkannt werden, wenn es dem Antragsteller nur darum geht, mittels der beantragten Feststellung einer drohenden, hinreichend konkreten Wiederholungsgefahr von Seiten des Auftraggebers zu begegnen.[57] Auch ein Rehabilitationsinteresse wird als evtl. geeignetes Feststellungsinteresse des Antragstellers (des Nachprüfungsantrags) genannt.[58]

24.1.2017, 11 Verg 1/16, VergabeR 2017, 407, 411 m.w.N.; zustimmend *Storr*, in: Loewenheim/Meessen/Riesenkampff, Kartellrecht, § 123 GWB Rn. 10.

53 Vgl. OLG Düsseldorf, Beschlüsse v. 4.5.2009, VII-Verg 68/08, VergabeR 2009, 905, 920, und v. 24.9.2014, VII-Verg 19/14, VergabeR 2015, 597, 598 („insbesondere", d.h. hauptsächliche Variante des Feststellungsinteresses).

54 OLG Celle, Beschlüsse v. 8.12.2005, 13 Verg 2/05, NZBau 2006, 197, 198, und v. 30.10.2014, 13 Verg 8/14, NZBau 2014, 780, 782 (der geltend gemachte Schaden kann auch aus Anwaltskosten oder unnützen Aufwendungen bestehen); OLG Frankfurt, Beschlüsse v. 6.2.2003, 11 Verg 3/02, NZBau 2004, 174, und v. 24.1.2017, 11 Verg 1/16, VergabeR 2017, 407, 411.

55 OLG Celle, Beschl. v. 8.12.2005, 13 Verg 2/05, NZBau 2006, 197, 198 f.; OLG Düsseldorf, Beschl. v. 30.4.2014, VII-Verg 35/13, VergabeR 2014, 677, 681; OLG Koblenz, Beschl. v. 4.2.2009, 1 Verg 4/08, VergabeR 2009, 682, 684. Diese Entscheidungen stehen im Einklang mit den strengen, eindeutigen Anforderungen, die der BGH an einen erfolgreichen Schadensersatzanspruch stellt; vgl. z.B. Urt. v. 16.4.2002, X ZR 67/00, VergabeR 2010, 777; Urt. v. 27.11.2007 – X ZR 18/07, VergabeR 2010, 836.

56 Vgl. OLG Düsseldorf, Beschl. v. 2.10.2008, VII-Verg 25/08, NZBau 2008, 727, 729; OLG Naumburg, Beschl. v. 2.3.2006, 1 Verg 1/06, VergabeR 2006, 406, 409; im Erg. ebenso OLG München, Beschl. v. 19.7.2012, Verg 8/12, VergabeR 2012, 856, 861.

57 OLG Celle, Beschl. v. 30.10.2014, 13 Verg 8/14, NZBau 2014, 780, 782 (die abstrakte Gefahr einer Wiederholung in einem anderen, zukünftigen Verfahren genügt nicht); OLG Düsseldorf, Beschlüsse v. 22.5.2002, Verg 6/02, VergabeR 2002, 668, 669, und v. 4.5.2009, VII-Verg 68/08, VergabeR 2009, 905, 920; OLG Koblenz, Beschl. v. 4.2.2009, 1 Verg 4/08, VergabeR 2009, 682, 684; OLG München, Beschl. v. 19.7.2012, Verg 8/12, VergabeR 2012, 856, 861; offen gelassen und kritisch: OLG Naumburg, Beschl. v. 2.3.2006, 1 Verg 1/06, VergabeR 2006, 406, 408 (der dort eher ablehnend geäußerten Meinung, eine bloß auf Wiederholungsgefahr gestützte Feststellung der Rechtsverletzung komme ihrer Wirkung nach einem – im Nachprüfungsverfahren in der Tat unzulässigen – vorbeugenden Rechtsschutz gleich, ist nicht zuzustimmen).

58 OLG München, Beschl. v. 19.7.2012, Verg 8/12, VergabeR 2012, 856, 861 m.w.N.; OLG Celle, Beschl. v. 30.10.2014, 13 Verg 8/14, NZBau 2014, 780, 782 (sehr einschränkend: für ein ausreichendes Rehabilitationsinteresse bedürfe es einer durch den Vergaberechtsverstoß verursachten schwerwiegenden Verletzung grundlegender Rechte des Ast. mit Wirkung nach außen, also z.B. einer Herabsetzung des Ansehens des Ast. in der Öffentlichkeit); zustimmend *Möllenkamp*, in: Kulartz/Kus/Portz/Prieß, GWB, § 178 Rn. 47.

14 Das Beschwerdegericht trifft die Feststellung i.S.d. § 178 Satz 3 oder des § 178 Satz 4 i.V.m. § 168 Abs. 2 Satz 2 GWB nur auf Antrag des an der Feststellung interessierten Verfahrensbeteiligten. Der **Feststellungsantrag** kann zulässigerweise auch noch (erstmals) im Beschwerdeverfahren gestellt werden, selbst wenn sich das Nachprüfungsverfahren in der Hauptsache schon während des ersten Rechtszugs erledigt hat.[59] Er kann auch als **Hilfsantrag** gestellt werden (z.B. für den Fall, dass der Hauptantrag auf Nachprüfung i.S.v. Primärrechtsschutz wegen des nach der Antragseinreichung wirksam erteilten Zuschlags erfolglos bleibt).[60] **Unzulässig** ist der Feststellungsantrag, wenn der Nachprüfungsantrag seinerseits, z.B. mangels Antragsbefugnis (§ 160 Abs. 2 GWB), wegen Nichterfüllung der Rügeobliegenheit (§ 160 Abs. 3 Satz 1 GWB) oder wegen vorheriger Beendigung des Vergabeverfahrens durch wirksamen Zuschlag, nicht zulässig war.[61] Den Feststellungsantrag gem. § 178 Satz 3 GWB, der nur zum Gegenstand haben kann, ob der Antragsteller durch den Auftraggeber in seinen Rechten verletzt worden ist oder nicht, können sowohl der Antragsteller als auch der Antragsgegner, nicht aber ein Beigeladener stellen; diesem fehlt das Feststellungsinteresse für einen solchen Antrag.[62] Der Beigeladene kann nur gem. § 178 Satz 4 i.V.m. § 168 Abs. 2 Satz 2 GWB – nach Erledigung des Nachprüfungsverfahrens – die Feststellung beantragen, dass er im Vergabeverfahren in eigenen Rechten verletzt worden ist (s. oben Rn. 12). Für die **Antragsformulierung** gilt generell, dass im Feststellungsantrag selbst die (vermeintlich) rechtsverletzenden Handlungen des Auftraggebers nicht konkret benannt zu werden brauchen; es genügt, ist aber auch erforderlich, dass diese in der Antragsbegründung aufgeführt sind.[63] Da § 178 Satz 3 sowie Satz 4 i.V.m. § 168 Abs. 2 Satz 2 GWB nur die Feststellung etwaiger vom Auftraggeber verursachter Rechtsverletzungen betrifft, ist ein Antrag des Auftraggebers auf **Feststellung der Rechtmäßigkeit der** von ihm vorgenommenen (umstrittenen) **Aufhebung** eines bestimmten Vergabeverfahrens nicht durch die vorgenannten Vorschriften gedeckt, also **nicht statthaft**.[64] Aus dem gleichen Grund sind die Sätze 3 und 4 des § 178 (i.V.m. § 168 Abs. 2 Satz 2) GWB auch keine Rechtsgrundlage für einen Antrag des Auftraggebers auf **Feststellung einer Schadensersatzpflicht des Antragstellers** wegen des diesem vorgeworfenen Missbrauchs des Nachprüfungsantrags- oder Beschwerderechts (§ 180 GWB). Ein solcher Feststel-

59 OLG Düsseldorf, Beschl. v. 28.2.2002, Verg 37/01, VergabeR 2002, 378, 379f. – Nach OLG Düsseldorf, Beschl. v. 19.11.2003, Verg 59/03 (Umdruck S. 12), ist die Stellung eines ausdrücklichen Feststellungsantrags nicht erforderlich, wenn das Feststellungsbegehren „zweifelsfrei erkennbar" ist. Ebenso *Stockmann*, in: Immenga/Mestmäcker, GWB, § 123 Rn. 13.

60 OLG Düsseldorf, Beschl. v. 7.7.2004, VII-Verg 15/04, VergabeR 2004, 657, 659.

61 OLG Frankfurt, Beschlüsse v. 5.8.2003, 11 Verg 1/02, VergabeR 2003, 725, 726f., und v. 5.8.2003, 11 Verg 2/02, NZBau 2003, 633; OLG Düsseldorf, Beschlüsse v. 21.6.2006, VII-Verg 17/06, NZBau 2006, 662, 666, und v. 30.4.2014, VII-Verg 35/13, VergabeR 2014, 677, 678. Vgl. auch Thüringer OLG, Beschl. v. 11.12.2009, 9 Verg 2/08, VergabeR 2010, 705, 708: Unzulässiger Antrag auf Feststellung einer Rechtsverletzung, wenn es sich in dem Verfahren um die Vergabe einer Dienstleistungskonzession handelte, für die die §§ 97ff. GWB a.F. seinerzeit nicht galten. Der Rspr. zustimmend *Stockmann*, in: Immenga/Mestmäcker, GWB, § 123 Rn. 18; a.A. *Möllenkamp*, in: Kulartz/Kus/Portz/Prieß, GWB, § 178 Rn. 33 (dessen Gegenargumente aber nur überzeugen könnten, wenn man auch die ursprüngliche Begründetheit des Nachprüfungsantrags als Voraussetzung für die Zulässigkeit des Feststellungsantrags ansähe).

62 Vgl. *Gröning*, in: Motzke/Pietzcker/Prieß, VOB/A, § 123 GWB Rn. 22, 25, 28; *Stockmann*, in: Immenga/Mestmäcker, GWB, § 123 Rn. 14.

63 BayObLG, Beschl. v. 15.9.2004 – Verg 26/03, VergabeR 2005, 130, 132.

64 OLG Naumburg, Beschl. v. 27.2.2014, 2 Verg 5/13, VergabeR 2014, 612, 615f.

lungsantrag ist im Vergabenachprüfungsverfahren einschließlich des Beschwerdeverfahrens **unstatthaft**;[65] er kann zulässigerweise nur vor den Zivilgerichten gestellt werden.

Damit die **Feststellungsentscheidung** ihren Zweck für einen späteren Schadensersatzprozess erfüllen kann, muss das Beschwerdegericht **konkret feststellen**, durch welche **Maßnahmen** der Auftraggeber das Unternehmen in welchen Rechten verletzt oder – als negative Feststellung – gerade nicht verletzt hat.[66] Wenn der Feststellungsantrag des Antragstellers wegen *eines* Vergaberechtsfehlers für begründet erklärt, also eine dementsprechende Feststellung getroffen wird, bedarf es nicht einer zusätzlichen Entscheidung darüber, ob die Rechte des Antragstellers überdies durch die weiterhin gerügten Vergaberechtsfehler auch verletzt worden sind. Das wäre nur dann anders, wenn durch einen der mit den zusätzlichen Rügen beanstandeten Vergaberechtsverstöße ein separater Schaden entstanden wäre, oder wenn sich das Feststellungsinteresse aus der vom Antragsteller befürchteten Wiederholungsgefahr ergäbe. Das muss jedoch der Antragsteller dartun.[67] 15

Die Feststellungsbefugnis gem. § 178 Satz 3 und 4 GWB gestattet dem Beschwerdegericht im Grundsatz **nur die Feststellung von Rechtsverletzungen**, dagegen nicht die Feststellung der Unwirksamkeit von Verträgen, z.B. des im Verfahren umstrittenen, vom Auftraggeber zwar schon vergebenen, aber evtl. nicht wirksam geschlossenen Vertrags.[68] Hiervon ausgenommen ist die – zulässige – Zwischenfeststellung der Unwirksamkeit eines solchen Vertragsschlusses (insbes. gem. § 135 Abs. 1 und 2 GWB), wenn die Wirksamkeit oder Unwirksamkeit des Vertrags eine vorgreifliche Rechtsfrage für die weitere Beurteilung des Nachprüfungsantrags darstellt.[69] Im Übrigen ist aber der Gebrauch des Feststellungsantrags nach § 178 Satz 3 oder nach § 178 Satz 4 i.V.m. § 168 Abs. 2 Satz 2 GWB zur Klärung abstrakter Rechtsfragen nicht zuzulassen.[70] Auch die Feststellung, dass der Auftraggeber zur Rückabwicklung eines (z.B. gem. § 135 Abs. 1 GWB) unwirksamen Vertrags verpflichtet ist, ist nach § 178 Satz 3 oder § 178 Satz 4 i.V.m. § 168 Abs. 2 Satz 2 GWB nicht zulässig, ebenso wie die direkte Anordnung der Rückabwicklung des unwirksamen Vertrags nach § 178 Satz 2 GWB (und auch für die Vergabekammer nach § 168 Abs. 1 GWB) nicht möglich ist; die Rechtsfolge der Rückabwicklung vergaberechtlich unwirksa- 16

---

65 OLG Naumburg, Beschl. v. 14.3.2014, 2 Verg 1/14, VergabeR 2014, 787, 790.

66 Ebenso OLG Rostock, Beschl. v. 16.5.2001, 17 W 1/01 u. 2/01, NZBau 2002, 170, 172 = VergabeR 2001, 315, 319. Vgl. z.B. OLG Bremen, Beschl. v. 26.6.2009, Verg 3/2005, VergabeR 2009, 948, 951 (unter D.); OLG Düsseldorf, Beschl. v. 10.6.2015, VII-Verg 39/14, NZBau 2015, 572, 573 li. Sp.

67 OLG Düsseldorf, Beschl. v. 28.2.2002, Verg 37/01, VergabeR 2002, 378, 380.

68 Vgl. OLG Celle, Beschl. v. 8.12.2005, 13 Verg 2/05, NZBau 2006, 197, 198; OLG Düsseldorf, Beschl. v. 4.5.2009, VII-Verg 68/08, VergabeR 2009, 905, 920; *Wilke*, NZBau 2005, 380, 381; im Erg. a. A. (ohne weitere Begr.) OLG Frankfurt, Beschl. v. 7.9.2004, 11 Verg 11/04, VergabeR 2005, 80, 88; OLG Karlsruhe, Beschl. v. 12.11.2008, 15 Verg 4/08, NZBau 2009, 403, 408.

69 OLG Düsseldorf, Beschlüsse v. 6.2.2008, VII-Verg 37/07, NZBau 2008, 271, 277, und v. 4.5.2009, VII-Verg 68/08, VergabeR 2009, 905, 920. – Haben die ohne geregeltes Vergabeverfahren begonnenen Vertragsverhandlungen, die i.S.d. § 135 Abs. 1 Nr. 2 GWB vergaberechtswidrig sind und deshalb von einem Interessenten mit einem Nachprüfungsantrag (mit dem Ziel der Untersagung) gerügt werden, noch nicht zu einem Vertragsschluss geführt, ist eine zusätzlich beantragte förmliche Feststellung, dass diese Vertragsverhandlungen gegen Vergaberecht verstoßen, nach § 178 Satz 3 oder 4 GWB nicht vorgesehen, also nicht statthaft, es bedarf ihrer auch nicht; vgl. OLG Schleswig, Beschl. v. 15.3.2013, 1 Verg 4/12, VergabeR 2013, 577, 581.

70 So ausdrücklich OLG Düsseldorf, Beschl. v. 4.5.2009, VII-Verg 68/08, VergabeR 2009, 905, 920.

mer Verträge ist nur zivilrechtlicher Natur, § 97 Abs. 6 GWB gewährt den konkurrierenden Bietern keinen Anspruch auf Rückabwicklung solcher Verträge.[71]

17 In der Rspr. einiger Vergabesenate wird die Ansicht vertreten, das Begehren auf **Feststellung**, dass das **Vergabeverfahren durch Zuschlagserteilung an den Antragsteller beendet** sei, sei kein taugliches vergaberechtliches Verfahrensziel, und zwar auch nicht insoweit, als der Antragsteller damit das Ergebnis anstrebe, der ausgeschriebene Auftrag dürfe wegen der früheren Zuschlagserteilung nicht anderweitig (erneut) vergeben werden. Dieses Verfahrensziel müsse als Verletzung des früheren wirksamen Vertrags zivilprozessual verfolgt werden.[72] Es handelt sich hier jedoch nicht um ein spezielles prozessrechtliches Problem zu § 178 GWB, sondern (auch) um ein materiell-rechtliches Problem des Inhalts, ob die **rechtswidrige Wiederaufnahme eines Vergabeverfahrens** nur eine zivilrechtlich zu qualifizierende Verletzung des zuvor mit dem Antragsteller geschlossenen Vertrags oder auch die Verletzung einer vergaberechtlichen Pflicht des öffentlichen Auftraggebers i. S. d. § 97 Abs. 6 GWB darstellt, woraus die Zulässigkeit des Primärrechtsschutzes gem. den §§ 160 ff. GWB resultieren würde. Das *OLG Düsseldorf* löst diesen Konflikt überzeugend i. S. d. letztgenannten Alternative, indem es argumentiert: Durch den (wirksamen) Zuschlag entsteht neben der zivilrechtlichen auch eine vergaberechtliche Bindung, wie sich aus (jetzt) § 168 Abs. 2 Satz 1 GWB ergibt, der die Bindungswirkung des erteilten Zuschlags anordnet. Das Interesse des Antragstellers (vgl. § 160 Abs. 2 Satz 1 GWB) richtet sich darauf, den faktischen Verlust des im ersten Vergabeverfahren erhaltenen Zuschlags und des damit erhaltenen Auftrags durch den Nachprüfungsantrag abzuwenden. Aufgrund dieses Antrags ist daher dem Beschwerdegericht (ebenso in erster Instanz der Vergabekammer) eine Klarstellung oder Feststellung der Rechtslage dahin möglich, dass der Auftraggeber durch den (ersten) Zuschlag gebunden und daran gehindert ist, das Vergabeverfahren wieder aufzunehmen bzw. ein neues Vergabeverfahren über denselben, schon vergebenen Auftragsgegenstand durchzuführen.[73]

V. Anderweitige Beendigung des Beschwerdeverfahrens; Verfahrensaussetzung

18 Wird der Nachprüfungsantrag im Beschwerdeverfahren zurückgenommen,[74] trifft das Beschwerdegericht – von Amts wegen – eine Kostenentscheidung[75] und spricht für den Fall, dass die Vergabekammer in erster Instanz dem Nachprüfungsantrag stattgegeben hatte, aus, dass die Entscheidung der Vergabekammer infolge der **Antragsrücknahme** wir-

71 OLG Karlsruhe, Beschl. v. 12.11.2008, 15 Verg 4/08, NZBau 2009, 403, 408 m. w. N.

72 OLG Dresden, Beschl. v. 11.4.2005, WVerg 5/05, VergabeR 2005, 646, 648; im Erg. ebenso OLG Brandenburg, Beschl. v. 5.10.2004, VergW 12/04, VergabeR 2005, 138 ff.

73 OLG Düsseldorf, Beschl. v. 5.4.2006, Verg 8/06, VergabeR 2006, 944, 946 f., mit abl. Anm. *Gulich*, S. 947 f.

74 Nach Ansicht des BGH, Beschl. v. 24.3.2009, X ZB 29/08, NZBau 2009, 466, 467 = VergabeR 2009, 607, 608, kann der Ast. seinen Nachprüfungsantrag auch dann noch ohne Zustimmung des Ag. und der Beigeladenen zurücknehmen, wenn vor der VergK und vor dem Beschwerdegericht mündlich verhandelt worden ist, solange die formelle Bestandskraft der letztmöglichen Sachentscheidung noch nicht eingetreten ist.

75 Vgl. dazu § 182 Abs. 3 Satz 5 und Abs. 4 Satz 3 GWB für die Kosten der VergK-Instanz und §§ 175 Abs. 2, 78 Satz 1 für die Kosten der Beschwerdeinstanz (s. oben § 175 Rn. 16 m. w. N.).

kungslos geworden ist (analog § 269 Abs. 3 Satz 1 und Abs. 4 ZPO und der entsprechenden Rechtslage im Verwaltungsgerichtsprozess[76]).[77] Auch nach der **Rücknahme der** sofortigen **Beschwerde**[78] hat das Beschwerdegericht von Amts wegen eine Kostenentscheidung – gem. §§ 175 Abs. 2, 78 Satz 1 GWB[79] – zu treffen. Wenn Antragsteller und Antragsgegner den Nachprüfungsantrag, über den sie insoweit ohne Zustimmung der Beigeladenen disponieren können, **übereinstimmend für in der Hauptsache erledigt erklärt** haben, hat das Beschwerdegericht ebenfalls nur noch über die Kosten des Nachprüfungsverfahrens in beiden Instanzen – aufgrund des bisherigen Sach- und Streitstands unter Berücksichtigung billigen Ermessens – zu entscheiden.[80]

Die Möglichkeiten, das Beschwerdeverfahren und damit das Nachprüfungsverfahren durch **Vergleich** zu beenden, sind für die Verfahrensbeteiligten wegen des Wettbewerbs- und Gleichbehandlungsgrundsatzes (§ 97 Abs. 1 und 2 GWB) und wegen der übrigen weitgehend zwingenden Vergaberechtsvorschriften sehr eingeschränkt.[81] Ein Vergleich ist nur statthaft, soweit den Beteiligten die Dispositionsfreiheit über den Vergleichsgegenstand zusteht; über die Vergleichsparteien hinaus dürfen daher durch den Vergleich keine Interessen von am Vergleich nicht beteiligten Dritten berührt werden.[82] Daher kommt ein Vergleich in erster Linie in Gestalt der Rücknahme des Nachprüfungsantrags, der Rücknahme der sofortigen Beschwerde oder der übereinstimmenden Erklärung der Hauptsache als erledigt, jeweils i.V.m. einem finanziellen Entgegenkommen der anderen Seite (insbes. bei den Verfahrenskosten)[83] oder i.V.m. der Aufhebung (ggf.) einer von dem beteiligten Auftraggeber gegen den Antragsteller vorher ausgesprochenen generellen Auftragssperre in Betracht. 19

Sofern das bei der Vergabekammer eingeleitete Nachprüfungsverfahren kein (nachprüfbares) Vergabeverfahren i. S. d. §§ 97 ff. GWB betrifft (z.B. ein Streit über eine Auftragsvergabe, die den maßgeblichen Schwellenwert gem. § 106 GWB nicht erreicht), sondern eine anderweitige Rechtsstreitigkeit darstellt, hat das Beschwerdegericht – nach Anhörung aller 20

---

76 Vgl. auch (im Erg. ebenso mit einer Analogie zu § 22 VwVfG) *Brauer*, in: Ziekow/Völlink, Vergaberecht, § 123 GWB Rn. 9.

77 OLG Düsseldorf, Beschlüsse v. 27.12.2002, Verg 7/00, und v. 29.4.2003, Verg 47/02, NZBau 2004, 64 (LS).

78 Zur Wirksamkeit s. § 171 Rn. 36.

79 Zur Anwendbarkeit des Satzes 1 und nicht des Satzes 2 des § 78 GWB s. oben § 175 Rn. 16 m.w.N.

80 Vgl. dazu für die Kosten der ersten Instanz § 182 Abs. 3 Satz 5 und 6 sowie Abs. 4 Satz 3 GWB und für die Kosten der zweiten Instanz §§ 175 Abs. 2, 78 Satz 1 GWB. Vgl. auch OLG Düsseldorf, Beschl. v. 13.8.2007, VII-Verg 16/07, NZBau 2007, 733, 734. Infolge der schon durch das VergModG 2009 geänderten Kostenregeln (§§ 128 Abs. 3 Satz 5, 120 Abs. 2, 78 Satz 1 GWB i.d.F. des VergModG 2009, die den zuvor genannten jetzt geltenden Vorschriften entsprechen) ist die zur Kostentragung ergangene Entscheidung des BGH, Beschl. v. 9.12.2003, X ZB 14/03, NZBau 2004, 285, obsolet. Vgl. auch BGH, Beschlüsse v. 29.6.2010, X ZB 15/08 (entsprechende Anwendung von § 91a ZPO), und v. 23.1.2013, X ZB 8/11, NZBau 2013, 389, 390 (§ 78 Satz 1 i. V. m. [jetzt] § 175 Abs. 2 GWB).

81 Vgl. dazu grundlegend *Dreher/Glöckle*, NZBau 2015, 459 ff. und 529 ff.

82 Ebenso OLG Frankfurt, Beschl. v. 16.10.2012, 11 Verg 9/11, VergabeR 2013, 138, 145; *Dreher/Glöckle*, NZBau 2015, 529, 531, 532, 536 (V. 6.).

83 Vgl. z.B. den in dem Vergabenachprüfungsverfahren „Flughafen Berlin-Brandenburg" vor dem OLG Brandenburg (Verg 3/00) am 10.11.2000 abgeschlossenen Vergleich, abgedruckt in WuW 2001, 527 Fn. 1.

Verfahrensbeteiligten – gem. § 17a Abs. 2 GVG analog den Rechtsweg zu den Nachprüfungsinstanzen für unzulässig zu erklären und die **Rechtswegverweisung** an das zuständige Gericht des zulässigen Rechtswegs auszusprechen.[84] Zu den nach § 178 GWB möglichen Entscheidungen gehört es aber auch, dass das Beschwerdegericht den Rechtsweg zu den Vergabenachprüfungsinstanzen – bei einem Streit der Verfahrensbeteiligten hierüber – für zulässig erklärt und dazu die Rechtsbeschwerde gem. § 17a Abs. 4 Satz 5 GVG zulässt.[85]

21 Eine **Aussetzung des Beschwerdeverfahrens**, etwa wegen präjudizieller Rechtsverhältnisse, deren Bestehen oder Nichtbestehen rechtsverbindlich nur in anderen Verfahren festgestellt werden kann (vgl. § 94 VwGO und § 148 ZPO), kommt wegen des Beschleunigungsprinzips und der i. d. R. feststellbaren Unzumutbarkeit einer Aussetzung für die Verfahrensbeteiligten, insbes. für den öffentlichen Auftraggeber, **grds. nicht** in Betracht. Das Beschwerdegericht hat vielmehr die für seine Entscheidung relevanten Vorfragen – inzidenter im Rahmen des Beschwerdeverfahrens, als Vorstufe zur Beschwerdeentscheidung – selbst zu beurteilen und zu entscheiden. Dass auf diese Weise zwei Institutionen neben- oder nacheinander mit derselben Frage befasst sind oder sein können (das Beschwerdegericht allerdings nur als Vorfrage), ist wegen des Gebots der Beschleunigung hinzunehmen, zumal die Beurteilung der Vorfrage durch das Beschwerdegericht an der Rechtskraft und der Bindungswirkung (§ 179 Abs. 1 GWB) der Beschwerdeentscheidung nicht teilhat.[86] Von dem (ungeschriebenen) Verbot der Aussetzung gibt es **zwei Ausnahmen** aufgrund höherrangigen Rechts. Wenn das Beschwerdegericht eine entscheidungserhebliche Gesetzesvorschrift für grundgesetzwidrig oder, sofern die Vorschrift Teil eines Landesvergabegesetzes ist, für unvereinbar mit einem Bundesgesetz hält, hat es das Beschwerdeverfahren gem. **Art. 100 Abs. 1 GG** auszusetzen und die Entscheidung des **BVerfG** einzuholen. Häufiger wird es vorkommen, dass ein Beschwerdegericht als entscheidungserhebliche Vorfrage eine Frage zur Auslegung einer Vorschrift des EU-Rechts – des Primärrechts oder (insbes.) der EU-Vergaberechtsrichtlinien – beurteilen muss, weil entweder die unmittelbar anzuwendende nationale Vorschrift unionskonform (insbes. richtlinienkonform) auszulegen ist oder ausnahmsweise die betreffende Vorschrift des EU-Rechts unmittelbar anzuwenden ist.[87] Wenn die Antwort auf eine solche Frage zur Auslegung des EU-Rechts dem Beschwerdegericht nicht klar ist, ist es als letztinstanzlich entscheidendes Gericht gem. **Art. 267 AEUV** verpflichtet, die Frage dem **EuGH** zur Vorabentscheidung vorzulegen und bis dahin das Beschwerdeverfahren auszusetzen.[88] Während der Aussetzungszeit ist der öffentliche Auftraggeber, um die Erfüllung von wichtigen Daseinsvorsorge-Aufgaben nicht zu gefährden, berechtigt, unter Beachtung des Grundsatzes der Verhältnismäßigkeit alle vorläufigen Maßnahmen – also auch Vergabemaßnahmen – zu treffen, die notwendig

---

84 Vgl. § 175 Rn. 17 a. E., m. w. N.; ferner OLG Frankfurt, Beschl. v. 8.5.2012, 11 Verg 2/12, VergabeR 2012, 916, 921 m. w. N.

85 BGH, Beschl. v. 18.6.2012, X ZB 9/11, NZBau 2012, 586 = VergabeR 2012, 839.

86 Vgl. auch zur aus dem Beschleunigungsgrundsatz resultierenden Unzulässigkeit einer auf §§ 94 VwGO, 148 ZPO (analog) gestützten Aussetzung des VergK-Verfahrens: OLG Düsseldorf, Beschl. v. 11.3.2002, Verg 43/01, NZBau 2003, 55, 57 = VergabeR 2002, 404, 406 f. Die dortigen Argumente gelten im Kern auch für das Beschwerdeverfahren; zustimmend *Stockmann*, in: Immenga/Mestmäcker, GWB, § 123 Rn. 21.

87 Vgl. z. B. EuGH, Urt. v. 11.10.2007, Rs. C-241/06, NZBau 2007, 798, 801 Rn. 63.

88 Das OLG Düsseldorf, Beschl. v. 21.7.2006, VII-Verg 13/06, NZBau 2006, 731, 732, stützt die Pflicht zur Aussetzung auf § 148 ZPO (analog).

sind, damit die reibungslose Erfüllung jener Aufgaben gewährleistet ist.[89] Soweit nach Art. 267 AEUV eine Vorlagepflicht besteht, ist der EuGH gesetzlicher Richter i.S.d. Art. 101 Abs. 1 Satz 2 GG.[90] Unterlässt das Beschwerdegericht die nach Art. 267 AEUV gebotene Vorlage einer Auslegungsfrage an den EuGH, kann ein davon betroffener Verfahrensbeteiligter zwar nicht immer, aber unter folgenden (alternativen) Voraussetzungen erfolgreich Verfassungsbeschwerde gegen die Beschwerdeentscheidung beim BVerfG einlegen: (1) bei grundsätzlicher Verkennung der Vorlagepflicht (das Gericht erwägt die Vorlage der entscheidungserheblichen unionsrechtlichen Frage überhaupt nicht, obwohl ihm deren richtige Beantwortung selbst zweifelhaft ist); (2) bei bewusstem Abweichen von der Rspr. des EuGH ohne Bereitschaft zur (ggf. neuerlichen) Vorlage; (3) bei einer Überschreitung des dem Gericht zustehenden Beurteilungsrahmens in den Fällen, in denen der EuGH zu einer entscheidungserheblichen unionsrechtlichen Frage noch gar keine Rspr. entwickelt oder die Frage noch nicht erschöpfend beantwortet hat oder eine Fortentwicklung seiner Rspr. nicht nur als entfernte Möglichkeit erscheint.[91]

VI. Kostenentscheidung

Das Beschwerdegericht hat am Ende des Beschwerdeverfahrens, ohne dass es eines Antrags eines Beteiligten bedarf, von Amts wegen über die Tragung der Kosten zu entscheiden, es sei denn, dass das Verfahren ausnahmsweise durch einen Vergleich beendet worden ist (s. oben Rn. 19) und dieser auch eine vollständige Kostenregelung (einschließlich der den Beigeladenen entstandenen notwendigen Aufwendungen) enthält. Die Kostenentscheidung ist i.d.R. ein Bestandteil der Beschwerde-Endentscheidung (zur Kostenentscheidung bei anderweitiger Beendigung des Verfahrens s. oben Rn. 18). Das GWB i.d.F. des VgRÄG enthielt keine spezielle Vorschrift, wer die Kosten des Beschwerdeverfahrens der §§ 116ff. GWB a. F. zu tragen hatte, insbes. ob eine Kostenentscheidung zugunsten des Siegers und zulasten des unterlegenen Beteiligten zu treffen war. Die Vorschrift für das Kartellverwaltungsbeschwerdeverfahren (§ 78 GWB) war in § 120 Abs. 2 GWB a. F. gerade nicht für anwendbar erklärt worden.[92] Die Rspr. behalf sich mit einer entsprechenden Anwendung der §§ 91ff. ZPO (zuletzt h.M. unter Anführung des BGH) oder des § 128 Abs. 3 und 4 GWB a.F. sowie des § 162 Abs. 3 VwGO hinsichtlich der außergerichtlichen Kosten der Beigeladenen. Die Gesetzeslücke wurde nach zehn Jahren durch das VergModG 2009 geschlossen, das durch Ergänzung des § 120 Abs. 2 GWB a.F. (jetzt § 175 Abs. 2 GWB) die **entsprechende Anwendung des § 78 GWB** für das Beschwerdeverfahren normierte. Das VergRModG 2016 hat daran inhaltlich nichts geändert. Damit ist das 22

89 Vgl. EuGH, Urt. v. 14.6.2007, Rs. C-6/05, NZBau 2007, 597, zur Verpflichtung des öffentlichen Auftraggebers, das Vergabeverfahren selbst bis zum Abschluss eines vergaberelevanten Schutzverfahrens (hier in Bezug auf zu beschaffende Medizinprodukte) auszusetzen. Die dortigen Rechtssätze des EuGH lassen sich auch auf den Fall der Aussetzung des Vergabenachprüfungsverfahrens gem. Art. 267 AEUV übertragen.

90 BVerfG, Beschl. v. 6.12.2006, 1 BvR 2085/03, NZBau 2007, 117 = VergabeR 2007, 322; BVerfG, Beschl. v. 21.5.2008, 2 BvR 893/08, NZBau 2008, 725, 726 m.w.N.

91 BVerfG, Beschl. v. 6.12.2006, 1 BvR 2085/03, NZBau 2007, 117 = VergabeR 2007, 322; BVerfG, Beschl. v. 21.5.2008, 2 BvR 893/08, NZBau 2008, 725, 726.

92 Daher lehnte (u.a.) der BGH, Beschl. v. 19.12.2000, X ZB 14/00, NZBau 2001, 151, 155, seinerzeit zu Recht die (analoge) Anwendung des § 78 GWB für das Beschwerdeverfahren der §§ 116ff. GWB a.F. ab.

Beschwerdegericht – abgesehen von der Fallgruppe, dass ein Beteiligter Kosten durch ein erfolgloses (unzulässiges oder unbegründetes) Rechtsmittel veranlasst hat (§§ 175 Abs. 2, 78 Satz 2 Alt. 1 GWB) – grds. befugt, über die Kostentragung oder die Kostenverteilung aufgrund einer Abwägung nach Billigkeit zu entscheiden (s. § 78 Satz 1 GWB, bedeutsam insbes. hinsichtlich der außergerichtlichen Kosten der Beigeladenen) und auch zulasten eines Beteiligten zu berücksichtigen, dass dieser ggf. Kosten durch grobes Verschulden veranlasst hat (s. § 78 Satz 2 Alt. 2 GWB).[93] Auf die reichhaltige Anwendungspraxis zu § 78 GWB im Kartellbeschwerdeverfahren kann zwecks Findung einer sachgerechten Kostenregelung zurückgegriffen werden,[94] wobei die Besonderheiten des Vergabenachprüfungsverfahrens zu Modifikationen führen werden.

93 Z. B. der Fall einer grob unsorgfältigen Schätzung des Auftragswerts durch den öffentlichen Auftraggeber vor Einleitung des Vergabeverfahrens mit einem (unrichtig) geschätzten Betrag oberhalb des Schwellenwerts i. S. d. § 106 GWB, was den Ast. veranlasste, den Nachprüfungsantrag zu stellen, der sich später als unzulässig herausstellte, nachdem die sorgfältige Nachholung der Schätzung einen Unterschwellenbetrag ergab.

94 Vgl. die Nachweise zu § 175 Rn. 16.

§ 179 Bindungswirkung und Vorlagepflicht

(1) Wird wegen eines Verstoßes gegen Vergabevorschriften Schadensersatz begehrt und hat ein Verfahren vor der Vergabekammer stattgefunden, ist das ordentliche Gericht an die bestandskräftige Entscheidung der Vergabekammer und die Entscheidung des Oberlandesgerichts sowie gegebenenfalls des nach Absatz 2 angerufenen Bundesgerichtshofs über die Beschwerde gebunden.

(2) Will ein Oberlandesgericht von einer Entscheidung eines anderen Oberlandesgerichts oder des Bundesgerichtshofs abweichen, so legt es die Sache dem Bundesgerichtshof vor. Der Bundesgerichtshof entscheidet anstelle des Oberlandesgerichts. Der Bundesgerichtshof kann sich auf die Entscheidung der Divergenzfrage beschränken und dem Beschwerdegericht die Entscheidung in der Hauptsache übertragen, wenn dies nach dem Sach- und Streitstand des Beschwerdeverfahrens angezeigt scheint. Die Vorlagepflicht gilt nicht im Verfahren nach § 173 Absatz 1 Satz 3 und nach § 176.

Schrifttum: *Bechtold*, Kartellgesetz, GWB, 6. Aufl. 2010; *Immenga/Mestmäcker*, Wettbewerbsrecht, Bd. 2: GWB / Teil 2 (Vergaberecht), Kommentar zum Deutschen Kartellrecht, 5. Aufl. 2014; *Kulartz/Kus/Portz/Prieß*, Kommentar zum GWB-Vergaberecht, 4. Aufl. 2016; *Langen/Bunte*, Kartellrecht, Kommentar, Bd. 1, 12. Aufl. 2014; *Loewenheim/Meessen/Riesenkampff*, Kartellrecht, Kommentar, 2. Aufl. 2009; *Reidt/Stickler/Glahs*, Vergaberecht, Kommentar, 4. Aufl. 2018; *Ziekow/Völlink*, Vergaberecht, Kommentar, 2. Aufl. 2013.

Übersicht

I. Zweck der Norm

1 Die Bindungswirkung gem. Abs. 1 soll eine nochmalige gerichtliche Prüfung derselben Sach- und Rechtsfragen, über die in Bezug auf einen gerügten Verstoß gegen Vergabevorschriften schon im Vergaberechtszug entschieden worden ist, im Schadensersatzprozess vor dem ordentlichen Gericht vermeiden.[1] Die Vorlagepflicht gem. § 179 Abs. 2 GWB soll der Rechtseinheit in Vergabesachen dienen.[2] Das VergRModG 2016 hat die bisher als § 124 GWB bezeichnete Norm inhaltlich unverändert als § 179 GWB in Teil 4 des GWB eingegliedert.

1 BT-Drs. 13/9340, S. 22.

2 BT-Drs. 13/9340, S. 22; BGH, Beschl. v. 23.9.2008, X ZB 19/07, NZBau 2008, 782, 783 = VergabeR 2009, 39, 40.

II. Bindungswirkung (Abs. 1)

2 Die Bindung des später mit einer Schadensersatzklage befassten ordentlichen Gerichts betrifft **nur** die – bestandskräftige – **Entscheidung** der Vergabenachprüfungsinstanzen (Vergabekammer, OLG oder BGH) **über den gerügten Verstoß gegen Vergabevorschriften**, also nur die darauf bezogene rechtliche Beurteilung (Tenor und tragende Entscheidungsgründe) **einschließlich der dazugehörigen Tatsachenfeststellungen**[3] sowie die Frage, ob gerade das **antragstellende Unternehmen** durch den festgestellten Vergaberegelverstoß **in seinen Rechten verletzt** worden ist.[4] Dagegen erfasst die Bindungswirkung nicht die Fragen, ob den Auftraggeber ein Verschulden am festgestellten Vergaberegelverstoß trifft[5] und ob dem Unternehmen aus der Rechtsverletzung ein ersatzfähiger Schaden (z. B. i. S. d. § 181 Satz 1 GWB) entstanden ist.[6] Diese Fragen müssen vom ordentlichen Gericht autonom entschieden werden. Die Bindungswirkung kommt nicht nur Feststellungsentscheidungen gemäß den §§ 168 Abs. 2 Satz 2, 178 Satz 3 und 4 GWB zu, sondern auch den eigentlichen (zur Hauptsache ergehenden) Sachentscheidungen der Vergabekammer über den Nachprüfungsantrag und des OLG über die Beschwerde, soweit diese Entscheidungen bezüglich eines gerügten Verstoßes gegen Vergaberegeln der Bestandskraft fähig sind, wie z. B. eine Entscheidung zum beantragten Verbot einer ganz bestimmten Zuschlagserteilung.[7] Für die Bindungswirkung kommt es darauf an, dass die in der Begründung der Vergabekammer- oder der Beschwerdeentscheidung enthaltene Feststellung eines Vergaberechtsverstoßes (nebst den zugrunde liegenden Tatsachenfeststellungen) zu den tragenden Gründen der im Entscheidungstenor ausgesprochenen Rechtsfolge gehört.[8] Bindungswirkung gemäß § 179 Abs. 1 GWB entfalten – entsprechend dem Normzweck der Vorschrift (s. oben Rn. 1) – auch diejenigen Entscheidungen der Vergabenachprüfungsinstanzen, die (als Sachentscheidung) die **Beanstandung eines vermeintlichen Vergaberechtsverstoßes als unbegründet beurteilen** und deshalb den Nachprüfungsantrag ganz oder hinsichtlich des betreffenden Teilanspruchs zurückweisen.[9]

---

3 Ebenso OLG Düsseldorf, Urt. v. 15.12.2008, I-27 U 1/07, VergabeR 2009, 501, 505; OLG Naumburg, Beschl. v. 27.2.2014, 2 Verg 5/13, VergabeR 2014, 612, 616; *Stockmann*, in: Immenga/Mestmäcker, GWB, § 124 Rn. 7; *Hänisch*, in: Kulartz/Kus/Portz/Prieß, GWB, § 179 Rn. 7; *Dicks*, in: Ziekow/Völlink, Vergaberecht, § 124 GWB Rn. 3.

4 BGH, Beschl. v. 19.12.2000, X ZB 14/00, NZBau 2001, 151, 153 = VergabeR 2001, 71, 73; OLG Düsseldorf, Urt. v. 15.12.2008, I-27 U 1/07, VergabeR 2009, 501, 505.

5 Bei der Begründungserwägung des OLG Naumburg, Urt. v. 23.4.2007, 1 U 47/06, VergabeR 2007, 758, 760, im Schadensersatzprozess entfalte die Feststellung des „schuldhaften" Vergaberechtsverstoßes durch den Vergabesenat für das Prozessgericht Bindungswirkung (§ 124 Abs. 1 GWB [a. F.]), dürfte es sich um ein sprachliches Versehen handeln.

6 Ebenso BayObLG, Beschl. v. 21.5.1999, Verg 1/99, BayObLGZ 1999 Nr. 33 = BB 1999, 1893 = NZBau 2000, 49, 53.

7 Ebenso *Otting*, in: Bechtold, GWB, § 124 Rn. 2.

8 Ebenso OLG Düsseldorf, Urt. v. 15.12.2008, I-27 U 1/07, VergabeR 2009, 501, 505; *Stockmann*, in: Immenga/Mestmäcker, GWB, § 124 Rn. 7; *Hänisch*, in: Kulartz/Kus/Portz/Prieß, GWB, § 179 Rn. 7; *Bungenberg*, in: Loewenheim/Meessen/Riesenkampff, Kartellrecht, § 124 GWB Rn. 7.

9 *Otting*, in: Bechtold, GWB, § 124 Rn. 2 und 3; *Stockmann*, in: Immenga/Mestmäcker, GWB, § 124 Rn. 8; *Hänisch*, in: Kulartz/Kus/Portz/Prieß, GWB, § 179 Rn. 8; *Bungenberg*, in: Loewenheim/Meessen/Riesenkampff, Kartellrecht, § 124 GWB Rn. 7; *Dicks*, in: Ziekow/Völlink, Vergaberecht, § 124 GWB, Rn. 4.

Vereinzelt wird § 179 Abs. 1 GWB als verfassungswidrig erachtet, soweit die Vorschrift Vergabekammerentscheidungen betrifft.[10] Dem kann nicht zugestimmt werden, weil es jedem durch eine Vergabekammerentscheidung beschwerten Verfahrensbeteiligten freisteht, mit der sofortigen Beschwerde ein Gericht (OLG) anzurufen, womit dem Rechtsstaatsprinzip und dem Justizgewährungsanspruch zureichend Genüge getan ist.[11] 3

Es versteht sich von selbst, dass sich die Bindungswirkung **nur** auf diejenigen **Parteien** erstreckt, **die** auch **am Vergabenachprüfungsverfahren** – einschließlich der Beigeladenen[12] – **beteiligt waren**.[13] In Bezug auf die **Beigeladenen**, die als potenzielle Schadensersatzkläger sowohl nach dem Wortlaut des § 179 Abs. 1 GWB als auch nach dem Normzweck durchaus von der Bindungswirkung mit umfasst werden, ist nur die Besonderheit zu beachten, dass für sie zwar auch die Bindung an das Entscheidungsergebnis eintritt, dass nämlich der Auftraggeber den vom Antragsteller gerügten Vergaberechtsverstoß begangen oder – bei gegenteiligem Ergebnis – eben gerade nicht begangen hat. Die Nachprüfungsentscheidung, sofern sie einen Vergaberechtsverstoß feststellt, entfaltet für die Beigeladenen jedoch keine Bindungswirkung auch dazu, dass gerade (auch) sie dadurch in ihren Rechten verletzt worden sind; denn diese Feststellung ist nur auf den das Nachprüfungsverfahren einleitenden Antragsteller bezogen.[14] Hinsichtlich der Beigeladenen (als Schadensersatzkläger) muss das Zivilgericht diese zusätzliche Prüfung – bindungsfrei – vornehmen. Die Bindungswirkung kommt ferner **nur** einer **Sachentscheidung** der Vergabekammer, des Vergabesenats oder ggf. des BGH (§ 179 Abs. 2 GWB) zu (s. schon oben Rn. 2). Keinerlei Bindungswirkung für das Zivilgericht entfaltet daher eine Entscheidung, die den Nachprüfungsantrag gem. § 160 Abs. 3 GWB als unzulässig zurückweist[15] und dann konsequenterweise zum gerügten Vergaberegelverstoß keine Feststellungen trifft. Ob den Bieter wegen Verletzung seiner Rügeobliegenheit ein Mitverschulden (§ 254 BGB) an der Entstehung des Schadens trifft, muss das Zivilgericht autonom entscheiden.[16] Gleichermaßen 4

---

10 *Dreher*, NZBau 2001, 244, 246, m. w. N.: Verstoß gegen das Rechtsstaatsprinzip mit dem Justizgewährungsanspruch. Bedenken auch bei *Bungenberg*, in: Loewenheim/Meessen/Riesenkampff, Kartellrecht, § 124 GWB Rn. 3, zumindest dann, wenn im Schadensersatzprozess sogar der BGH als Revisionsinstanz an eine Entscheidung der VergK gebunden bleibe; kritisch auch *Stockmann*, in: Immenga/Mestmäcker, GWB, § 124 Rn. 4. A. A. ersichtlich der BGH selbst (s. oben Fn. 4) sowie ausdrücklich OLG Düsseldorf, Urt. v. 30.1.2003, 5 U 13/02, NZBau 2003, 459, 461 = VergabeR 2003, 704, 707, jeweils allerdings ohne Problemdiskussion.

11 Ebenso *Hänisch*, in: Kulartz/Kus/Portz/Prieß, GWB, § 179 Rn. 1; *Stickler*, in: Reidt/Stickler/Glahs, Vergaberecht, § 179 GWB Rn. 8; *Dicks*, in: Ziekow/Völlink, Vergaberecht, § 124 GWB Rn. 6 Fn. 13.

12 Vgl. *Stockmann*, in: Immenga/Mestmäcker, GWB, § 124 Rn. 7; *Hänisch*, in: Kulartz/Kus/Portz/Prieß, GWB, § 179 Rn. 6; *Stickler*, in: Reidt/Stickler/Glahs, Vergaberecht, § 179 GWB Rn. 5; *Lausen*, VergabeR 2002, 117, 125 f.; *Bungenberg*, in: Loewenheim/Meessen/Riesenkampff, Kartellrecht, § 124 GWB Rn. 8 (allerdings mit der Beschränkung auf diejenigen Beigeladenen, die „sich aktiv im Zuge des Nachprüfungsverfahrens beteiligt haben", was mit dem Normzweck des § 124 Abs. 1 GWB kaum zu vereinbaren ist); a. A. *Gröning*, in: Motzke/Pietzcker/Prieß, VOB/A, § 124 GWB Rn. 6; *Dicks*, in: Ziekow/Völlink, Vergaberecht, § 124 GWB Rn. 8.

13 Vgl. OLG Dresden, Urt. v. 10.2.2004 – 20 U 169/03, VergabeR 2004, 500, 502.

14 *Hänisch*, in: Kulartz/Kus/Portz/Prieß, GWB, § 179 Rn. 6.

15 Ebenso *Stockmann*, in: Immenga/Mestmäcker, GWB, § 124 Rn. 6; *Bungenberg*, in: Loewenheim/Meessen/Riesenkampff, Kartellrecht, § 124 GWB Rn. 7; *Hänisch*, in: Kulartz/Kus/Portz/Prieß, GWB, § 179 Rn. 5; *Stickler*, in: Reidt/Stickler/Glahs, Vergaberecht, § 179 GWB Rn. 6.

16 Generell gegen die Berechtigung des Mitverschuldenseinwands: OLG Dresden, Urt. v. 10.2.2004, 20 U 169/03, VergabeR 2004, 500, 504, mit abl. Anm. *Voppel*, S. 505, 506 f. (überwiegendes Mit-

fehlt die Bindungswirkung einer Entscheidung, die den Nachprüfungsantrag mangels Antragsbefugnis (§ 160 Abs. 2 GWB) als unzulässig verwirft.[17] Wenn allerdings die Vergabekammer oder der Vergabesenat es offen lässt, ob der Nachprüfungsantrag schon am Fehlen der Antragsbefugnis oder an der Nichterfüllung der Rügeobliegenheit scheitert, und den Nachprüfungsantrag als unbegründet zurückweist, weil dem Auftraggeber kein Vergaberechtsverstoß vorzuwerfen sei, handelt es sich um eine Sachentscheidung i. S. d. § 179 Abs. 1 GWB, die eine Bindungswirkung (zugunsten des Auftraggebers) entfaltet.[18] Ferner stellt auch die Ablehnungsfiktion nach § 171 Abs. 2 GWB keine (Sach-)Entscheidung der Vergabekammer dar, sodass von ihr keine Bindungswirkung gem. § 179 Abs. 1 GWB ausgeht.[19] Schließlich sind auch die Eilentscheidungen, die die Vergabekammer oder das Beschwerdegericht gem. § 169 Abs. 2 oder Abs. 4 Satz 2, § 173 Abs. 1 Satz 3 und Abs. 2 oder § 176 GWB trifft, keine Entscheidungen i. S. d. § 179 Abs. 1 GWB, weil sie nicht die Funktion haben, rechtsverbindlich und vor allem bestandskräftig festzustellen, ob das gerügte Verhalten des Auftraggebers einen Vergaberechtsverstoß darstellt oder nicht;[20] dass § 179 Abs. 1 GWB auf diese Eilentscheidungen nicht anwendbar ist, gilt daher auch dann, wenn sie im Streitfall zur Rücknahme des Nachprüfungsantrags oder der sofortigen Beschwerde führen.

5 Unter „**bestandskräftigen**" Entscheidungen versteht das Gesetz Endentscheidungen der Vergabekammern, die wegen Verstreichens der zweiwöchigen Beschwerdefrist (§ 172 Abs. 1 GWB) – ohne Einlegung einer sofortigen Beschwerde – nicht mehr zulässig mit einem Rechtsmittel angefochten werden können (formelle Bestandskraft), und Endentscheidungen der Vergabesenate sowie des BGH, sobald sie verkündet oder – mangels einer förmlichen Verkündung – allen Verfahrensbeteiligten zugestellt sind, weil gegen sie kein Rechtsmittel statthaft ist und sie daher sofort formell rechtskräftig werden.[21] Sofern die **Bindungswirkung** einer Nachprüfungsentscheidung gem. § 179 Abs. 1 GWB eintritt und soweit sie sachlich und personell reicht, sind die von ihr erfassten Verfahrensbeteiligten (Antragsteller, gegnerischer Auftraggeber und ggf. die Beigeladenen, s. oben Rn. 4) im nachfolgenden Schadensersatzprozess mit neuem Vorbringen zum bindend entschiedenen Themenkomplex „Vergaberechtsverstoß" (s. oben Rn. 2) ausgeschlossen.[22] Das **gilt für alle Schadensersatzprozesse**, in denen die Frage, ob der Auftraggeber in dem betreffenden Vergabeverfahren einen Vergaberechtsverstoß (und welchen Vergaberechtsverstoß) begangen hat, entscheidungserheblich ist, also auch dann, wenn der Antragsteller (des Nachprüfungsverfahrens) oder ein Beigeladener die im konkreten Fall maßgebliche An-

---

verschulden, das i. d. R. zum Anspruchsverlust führe). Wie OLG Dresden wohl auch *Dicks*, in: Ziekow/Völlink, Vergaberecht, § 107 GWB Rn. 36, und *Goede*, VergabeR 2015, 825, 827 i.V.m. Fn. 10. Für eine grundsätzliche Berechtigung des Mitverschuldensvorwurfs jedoch OLG Naumburg, Urt. v. 23.12.2014, 2 U 74/14, VergabeR 2015, 497.

17 *Stockmann*, in: Immenga/Mestmäcker, GWB, § 124 Rn. 6; *Hänisch*, in: Kulartz/Kus/Portz/Prieß, GWB, § 179 Rn. 5.

18 *Dicks*, in: Ziekow/Völlink, Vergaberecht, § 124 GWB Rn. 4.

19 *Stockmann*, in: Immenga/Mestmäcker, GWB, § 124 Rn. 6; *Hänisch*, in: Kulartz/Kus/Portz/Prieß, GWB, § 179 Rn. 5.

20 Ebenso *Stockmann*, in: Immenga/Mestmäcker, GWB, § 124 Rn. 6; *Hänisch*, in: Kulartz/Kus/Portz/Prieß, GWB, § 179 Rn. 5.

21 *Dicks*, in: Ziekow/Völlink, Vergaberecht, § 124 GWB Rn. 6; *Stockmann*, in: Immenga/Mestmäcker, GWB, § 124 Rn. 6.

22 OLG Naumburg, Urt. v. 23.4.2007, 1 U 47/06, VergabeR 2007, 758, 760.

spruchsgrundlage nicht (nur) in § 181 GWB und §§ 280 Abs. 1, 241 Abs. 2, 311 Abs. 2 und 3 BGB,[23] sondern in den §§ 33a Abs. 1, 33 Abs. 1, 19, 20 GWB und/oder Art. 102 AEUV sieht[24] oder der Auftraggeber gegen den Antragsteller einen Schadensersatzanspruch gem. § 180 GWB geltend macht (in Analogie zu § 179 Abs. 1 GWB gemäß dem Normzweck).[25] Im letztgenannten Fall ist zu beachten, dass der Nachprüfungsentscheidung, die bindend festgestellt hat, dass der Auftraggeber im Streitfall keinen Vergaberechtsverstoß begangen hat, freilich keine Bindungswirkung für die Frage zukommt, ob der Antragsteller sein Nachprüfungsantrags- oder Beschwerderecht missbraucht hat; diese Prüfung obliegt allein dem Zivilgericht.[26]

Eine erfolgversprechende Schadensersatzklage ist im Übrigen **nicht** davon abhängig, dass der Bewerber/Bieter zuvor – vergeblich – versucht haben muss, mit einem Nachprüfungsantrag Primärrechtsschutz zu erlangen; eine **Obliegenheit zum Nachprüfungsverfahren** als Voraussetzung für den Sekundärrechtsschutz ist dem Gesetz weder ausdrücklich noch im Wege der Auslegung nach dem Normzweck zu entnehmen.[27] Es wird allerdings erwogen, dass demjenigen Bieter, der es unterlassen hat, trotz Kenntnis vom Verstoß des Auftraggebers gegen eine bieterschützende Vergabevorschrift durch rechtzeitig möglichen Nachprüfungsantrag seine Chance auf Erhalt des Zuschlags zu wahren, der **Vorwurf des Mitverschuldens** i. S. d. § 254 BGB gemacht werden kann oder gar muss.[28] Nachdem der EuGH entschieden hat, dass für eine erfolgreiche Schadensersatzklage im nationalen Recht keine vorherige fristgebundene Feststellung des Vergaberechtsverstoßes verlangt werden darf, weil eine solche Voraussetzung mit der Rechtsmittelrichtlinie (RL 89/665/EWG) – insbesondere mit dem Grundsatz der Effektivität – nicht vereinbar ist,[29] wird der Vorwurf des Mitverschuldens eher als unberechtigt einzustufen sein. Die Beurteilung eines solchen Vorwurfs obliegt jedenfalls allein dem angerufenen Zivilgericht. Wenn es keine Nachprüfungsentscheidung i. S. d. § 179 Abs. 1 GWB über einen im Schadensersatzprozess geltend gemachten Vergaberechtsverstoß gibt, ist das Zivilgericht befugt und (primär) verpflichtet, seinerseits (auch) diese Voraussetzung des Schadensersatzanspruchs zu prüfen und mit den Mitteln des Zivilprozesses (ohne Amtsermittlungspflicht nach §§ 163 Abs. 1 Satz 1, 175 Abs. 2, 70 Abs. 1 GWB) die erforderlichen Feststellungen zu treffen.[30] 6

---

23 Vgl. *Dicks*, in: Ziekow/Völlink, Vergaberecht, § 124 Rn. 8; *Stockmann*, in: Immenga/Mestmäcker, GWB, § 124 Rn. 5.

24 *Stockmann*, in: Immenga/Mestmäcker, GWB, § 124 Rn. 5, und *Hänisch*, in: Kulartz/Kus/Portz/Prieß, GWB, § 179 Rn. 3, jeweils m. w. N. zum Streitstand.

25 *Stockmann*, in: Immenga/Mestmäcker, GWB, § 124 Rn. 6 m. w. N.; *Hänisch*, in: Kulartz/Kus/Portz/Prieß, GWB, § 179 Rn. 3; str.; a. A. *Dicks*, in: Ziekow/Völlink, Vergaberecht, § 124 GWB Rn. 8.

26 *Stockmann*, in: Immenga/Mestmäcker, GWB, § 124 Rn. 7.

27 OLG Dresden, Urt. v. 10.2.2004, 20 U 169/03, VergabeR 2004, 500, 504, mit abl. Anm. *Voppel*, S. 505, 506 f.; *Otting*, in: Bechtold, GWB, § 124 Rn. 2; *Stockmann*, in: Immenga/Mestmäcker, GWB, § 124 Rn. 3; *Hänisch*, in: Kulartz/Kus/Portz/Prieß, GWB, § 179 Rn. 2; *Dicks*, in: Ziekow/Völlink, Vergaberecht, § 124 GWB Rn. 2.

28 OLG Naumburg, Urt. v. 23.12.2014, 2 U 74/14, VergabeR 2015, 497 (tendiert zur grds. Berechtigung des Vorwurfs aus § 254 BGB); weniger dezidiert („kann"): *Hänisch*, in: Kulartz/Kus/Portz/Prieß, § 179 Rn. 2.

29 EuGH, Urt. v. 26.11.2015, Rs. C-166/14, NZBau 2016, 182, 184 – MedEval.

30 Vgl. auch OLG Naumburg, Urt. v. 26.10.2004, 1 U 30/04, VergabeR 2005, 261, 263: Keine Bindung des Zivilgerichts an eine vom benachteiligten Bewerber/Bieter zuvor eingeholte Entschei-

III. Vorlagepflicht (Abs. 2)

7 Die Rechtseinheit in Vergabesachen wird nicht in einem dreistufigen Instanzenzug von der Vergabekammer über das OLG bis zum BGH hergestellt. Vielmehr muss das OLG, das entschlossen ist, in einer entscheidungsrelevanten Rechtsfrage von einer Entscheidung eines anderen OLG oder des BGH abzuweichen, sich einer Sachentscheidung enthalten und die Sache dem BGH vorlegen. Eine derartige „**Abweichung**" – so wurde in der früheren OLG-Rspr. vielfach definiert – bestehe dann, wenn das OLG beabsichtige, eine (entscheidungserhebliche) Rechtsfrage bei einem im Wesentlichen gleichen oder vergleichbar gelagerten Sachverhalt anders als zuvor der BGH oder ein anderes OLG zu beurteilen.[31] Der BGH verwendet zur Definition der Divergenz seit geraumer Zeit folgende Formel: Die Voraussetzungen für eine Divergenzvorlage (jetzt § 179 Abs. 2 GWB) sind erfüllt, wenn das vorlegende OLG als tragende Begründung seiner Entscheidung einen Rechtssatz zugrunde legen will, der mit einem die Entscheidung eines anderen OLG (oder des BGH) tragenden Rechtssatz nicht übereinstimmt.[32] Bei dieser Definition tritt in den Hintergrund, dass es sich – wie früher wohl überwiegend angenommen wurde[33] – bei der Divergenz um einen (im Vergleich zur früheren Entscheidung) im Wesentlichen gleichen oder vergleichbar gelagerten Sachverhalt handeln müsse. Es ist auch zweifelhaft, ob der BGH diesen Aspekt noch zusätzlich zu seiner (vorgenannten) definitorischen Formel als Voraussetzung für die Zulässigkeit einer Divergenzvorlage berücksichtigen will; das ist in Anbetracht der nachfolgend analysierten Divergenzentscheidung aus dem Jahr 2009 eher zu verneinen: In dem Beschluss „Endoskopiesysteme" ging es um eine Rechtsfrage zum Schadensbegriff i. S. d. § 107 Abs. 2 Satz 2 GWB a. F. (jetzt § 160 Abs. 2 Satz 2 GWB), wobei sich die Sachverhalte der schon vorliegenden OLG-Entscheidung und des vom abweichenden OLG zu beurteilenden Falls nicht unerheblich unterschieden. In dem schon entschiedenen Fall, in dem sich der Antragsteller am Vergabeverfahren mit einem nicht wertbaren Angebot beteiligt hatte, bestand der gerügte Vergaberechtsverstoß darin, dass der öffentliche Auftraggeber eine nur nationale anstatt der gebotenen europaweiten Ausschreibung vorgenommen hatte.[34] In dem Divergenzfall, in dem der Antragsteller an dem europaweit ausgeschriebenen Vergabeverfahren, einem Verhandlungsverfahren, mit einem wertbaren Angebot teilgenommen hatte, das aber vom Auftraggeber am Ende nicht als das wirtschaftlich günstigste bewertet worden war,

---

dung der Vergabeprüfstelle (§ 103 GWB a. F.) oder der Aufsichtsbehörde des öffentlichen Auftraggebers.

31 OLG Dresden, Beschl. v. 4.7.2008, WVerg 3/08, VergabeR 2008, 809, 815; OLG Düsseldorf, Beschl. v. 23.1.2006, VII-Verg 96/05, NZBau 2006, 598, 599; KG, Beschl. v. 15.4.2002, KartVerg 3/02, VergabeR 2002, 398, 401; s. auch noch OLG Düsseldorf, Beschl. v. 17.12.2014, VII-Verg 22/14, NZBau 2015, 176 Rn. 21; OLG Saarbrücken, Beschl. v. 20.4.2016, 1 Verg 1/16, VergabeR 2016, 639, 647 (Divergenz i. S. d. § 179 Abs. 2 GWB setzt „namentlich einen im Wesentlichen gleichen oder vergleichbaren Sachverhalt" voraus); vgl. auch Thüringer OLG, Beschl. v. 16.7.2003, 6 Verg 3/03, VergabeR 2003, 600, 604.

32 BGH, Beschl. v. 31.1.2017, X ZB 10/16, NZBau 2017, 230 Rn. 6; BGH, Beschl. v. 29.9.2009, X ZB 1/09, NZBau 2010, 129; BGH, Beschl. v. 1.12.2008, X ZB 31/08, NZBau 2009, 201, 202; BGH, Beschl. v. 26.9.2006, X ZB 14/06, NZBau 2006, 800, 801; BGH v. 18.5.2004, X ZB 7/04, VergabeR 2004, 473, 475; so nunmehr auch u. a. OLG Celle, Beschl. v. 13.10.2016, 13 Verg 6/16, NZBau 2017, 51, 56; OLG Düsseldorf, Beschl. v. 2.12.2009, VII-Verg 39/09, NZBau 2010, 393, 396.

33 Vgl. die Nachw. in Fn. 31.

34 OLG Koblenz, Beschl. v. 4.2.2009, 1 Verg 4/08, VergabeR 2009, 682.

wurde als entscheidungserheblicher Vergaberechtsverstoß gerügt, dass der Auftraggeber zu Unrecht (ohne die obligatorischen Voraussetzungen) das Verhandlungsverfahren gewählt habe.[35] Da aber der BGH analysierte, dass die beiden Oberlandesgerichte in der Beurteilung der Antragsbefugnis gem. § 107 Abs. 2 Satz 2 GWB a. F. beim jeweils unterschiedlichen Sachverhalt deshalb zu unterschiedlichen Ergebnissen kamen, weil sie ihrer Beurteilung als tragende Begründung je einen divergierenden, miteinander nicht zu vereinbarenden Rechtssatz zugrunde legten, hat er die Divergenzvorlage als zulässig erachtet.[36] Da dem BGH gerade zu § 179 Abs. 2 GWB die Auslegungshoheit zukommt, sollte für den Begriff der „Abweichung" allein seine definitorische Formel – ohne das zusätzliche Kriterium des im Wesentlichen gleichen oder vergleichbaren Sachverhalts – angewandt werden.[37] Allerdings müssen die die Zulässigkeit der Vorlage begründenden divergierenden Rechtssätze aus der tragenden Begründung der schon erlassenen Entscheidung und aus derjenigen der beabsichtigten Entscheidung präzise herausgearbeitet werden, um zu analysieren, ob sie wirklich divergieren, also nicht miteinander zu vereinbaren sind. Denn unterschiedliche Sachverhalte können zu Modifikationen der auf sie anzuwendenden Rechtssätze führen, ohne dass es zu einer Divergenz i. S. d. § 179 Abs. 2 GWB kommt.[38] Auch nach der Rspr. des BGH reicht es aber für die Zulässigkeit einer Divergenzvorlage nicht aus, dass das vorlegende OLG nur in einem Rechtssatz seiner tragenden Begründung von einem Rechtssatz, der einer schon erlassenen OLG- oder BGH-Entscheidung zugrunde liegt, abweichen will, ohne dass sich diese Abweichung auch im Ergebnis der vom vorlegenden OLG beabsichtigten Entscheidung auswirkt. Vielmehr muss die Divergenz in den zu den tragenden Gründen gehörenden Rechtssätzen aus der vom vorlegenden OLG dargelegten Sicht auch zu einer Abweichung im Entscheidungsergebnis führen, also entscheidungsrelevant sein.[39]

Ferner wird die Ansicht vertreten, dass die Vorlagepflicht gem. § 179 Abs. 2 GWB nur **8**
dann ausgelöst wird, wenn diejenige Entscheidung, von der abgewichen werden soll, in einem Vergabenachprüfungsverfahren (§§ 171 ff. GWB) ergangen ist.[40] Dem wird man in dieser Allgemeinheit nicht zustimmen können, jedenfalls nicht für die Abweichungen von der Beantwortung vergaberechtlicher Rechtsfragen durch den BGH oder ein anderes OLG in Schadensersatzprozessen.[41] Früher sah die wohl überwiegende Meinung es als dem

35 OLG Celle, Beschl. v. 17.7.2009, 13 Verg 3/09, NZBau 2010, 68.

36 BGH, Beschl. v. 10.11.2009, X ZB 8/09, NZBau 2010, 124, 125 = VergabeR 2010, 210, 211 f.

37 Vgl. auch *Hänisch*, in: Kulartz/Kus/Portz/Prieß, GWB, § 179 Rn. 15; *Dicks*, in: Ziekow/Völlink, Vergaberecht, § 124 GWB Rn. 13; *Stockmann*, in: Immenga/Mestmäcker, GWB, § 124 Rn. 11; a. A. *Bungenberg*, in: Loewenheim/Meessen/Riesenkampff, Kartellrecht, § 124 GWB Rn. 13.

38 Instruktive Beispiele: OLG Düsseldorf, Beschl. v. 2.12.2009, VII-Verg 39/09, NZBau 2010, 393, 396; OLG Düsseldorf, Beschl. v. 25.6.2008, VII-Verg 22/08, VergabeR 2009, 87, 89.

39 Ebenso *Hänisch*, in: Kulartz/Kus/Portz/Prieß, GWB, § 179 Rn. 14; *Stockmann*, in: Immenga/Mestmäcker, GWB, § 124 Rn. 12; *Bungenberg*, in: Loewenheim/Meessen/Riesenkampff, Kartellrecht, § 124 GWB Rn. 13; a. A. OLG Rostock, Beschl. v. 2.7.2008, 17 Verg 4/07, VergabeR 2008, 793, 795 (Divergenzvorlage kommt auch bei identischen Ergebnissen in Betracht, wenn die jeweiligen „tragenden Gründe" voneinander abweichen).

40 OLG Hamburg, Beschl. v. 4.11.2002. 1 Verg 3/02, VergabeR 2003, 40, 44, bezogen auf eine BGH-Entscheidung in einem vergaberechtlichen Schadensersatzprozess. So auch *Stickler*, in: Reidt/Stickler/Glahs, Vergaberecht, § 179 GWB Rn. 11; *Schweda*, in: Langen/Bunte, Kartellrecht, § 124 GWB, Rn. 3.

41 So auch KG, Beschl. v. 10.12.2002, KartVerg 16/02, VergabeR 2003, 180, 183; *Hänisch*, in: Kulartz/Kus/Portz/Prieß, GWB, § 124 Rn. 11; *Stockmann*, in: Immenga/Mestmäcker, GWB, § 124 Rn. 11; *Dicks*, in: Ziekow/Völlink, Vergaberecht, § 124 GWB Rn. 11.

Normzweck des § 179 Abs. 2 GWB entsprechend an, dass sich die Vorlagepflicht auf Fälle von Entscheidungsdivergenzen in genuin vergaberechtlichen Fragen beschränke und sich nicht auf Abweichungen in der Beurteilung von kostenrechtlichen Fragen zu Normen des GKG und sonstiger gebührenrechtlicher Bestimmungen erstrecke.[42] Der BGH nimmt sich jedoch auch dieser Rechtsprechungsaufgabe im Interesse der bundeseinheitlichen Beurteilung von vergaberechtsbezogenen Gebührenfragen an und bejaht die Vorlagepflicht, wenn die **Kosten- oder Gebührenregelung** im konkreten Beschwerdeverfahren die Hauptsache darstellt[43] und die beabsichtigte Entscheidung des vorlegenden OLG von einer schon ergangenen OLG- oder BGH-Entscheidung abweichen (s. oben Rn. 7) würde.[44] Wegen der Auslegungshoheit des BGH zu § 179 Abs. 2 GWB ist dem zu folgen. Der BGH wendet demnach § 179 Abs. 2 GWB auch auf Entscheidungen bei Divergenzen in vergaberechtsbezogenen Gebührenfragen und Fragen der Streitwertfestsetzung[45] sowie – in konsequenter Fortentwicklung – auf Erinnerungen gegen Kostenfestsetzungsbeschlüsse des Rechtspflegers beim OLG (hier analog) an.[46] Es bleibt jedoch dabei, dass der Anwendungsbereich des § 179 Abs. 2 GWB dahin eingeschränkt ist, dass die Vorlagepflicht nur für eine (beabsichtigte) Entscheidungsdivergenz hinsichtlich der **Hauptsache des betreffenden Beschwerdeverfahrens** besteht (s. auch § 179 Abs. 2 Satz 3 GWB: „Entscheidung in der Hauptsache") und sich nicht auf Nebenbestimmungen der Beschwerdeentscheidung (wie z.B. die Kostenentscheidung oder die Streitwertfestsetzung neben der Sachentscheidung zur Hauptsache) erstreckt.[47]

9 Gem. § 179 Abs. 2 Satz 4 GWB gilt die **Vorlagepflicht nicht in** den Zwischenverfahren (**Eilverfahren**) nach § 173 Abs. 1 Satz 3 und § 176 GWB, wenn das OLG mit seiner Eilentscheidung in einer prozessualen oder einer sonstigen (insbes. nach den §§ 173 Abs. 2 Satz 3, 176 Abs. 1 Satz 3 GWB zu prüfenden) vergaberechtlichen Rechtsfrage von einer Entscheidung eines anderen OLG oder des BGH – sei es einer Eilentscheidung oder sei es einer Hauptsacheentscheidung – abzuweichen beabsichtigt. Damit wird bezweckt, dass in

42 BayObLG, Beschlüsse v. 19.2.2003, Verg 32/02, VergabeR 2003, 371, 372, und v. 9.10.2003, Verg 8/03, VergabeR 2004, 121, 122; vgl. auch *Otting/Olgemöller*, VergabeR 2009, 41.

43 Im nachfolgend zitierten BGH-Fall handelte es sich um eine sofortige Beschwerde gegen eine damals noch mögliche im Kostenfestsetzungsverfahren ergangene VergK-Entscheidung. Zur damaligen Zulässigkeit dieser sofortigen Beschwerde nach § 116 GWB a. F. s. Vorauflage § 116 Rn. 11.

44 BGH, Beschl. v. 23.9.2008, X ZB 19/07, NZBau 2008, 782, 783 = VergabeR 2009, 39, 40. Konsequenterweise hält sich das OLG Düsseldorf, Beschl. v. 12.7.2010, VII-Verg 17/10, zur Divergenzvorlage auch bei einer (nach § 171 GWB zulässigen) sofortigen Beschwerde gegen einen Gebührenfestsetzungsbeschluss der VergK – trotz der zahlreichen Besonderheiten dieses Verfahrens gegenüber sonstigen Beschwerdeverfahren nach §§ 171 ff. GWB – für verpflichtet.

45 BGH, Beschl. v. 18.3.2014, X ZB 12/13, NZBau 2014, 452 f. Rn. 3.

46 BGH, Beschl. v. 29.9.2009, X ZB 1/09, NZBau 2010, 129 = VergabeR 2010, 66, 67.

47 Vgl. BayObLG, Beschlüsse v. 19.2.2003, Verg 32/02, VergabeR 2003, 371, 372, und v. 9.10.2003, Verg 8/03, VergabeR 2004, 121, 122; OLG Dresden, Beschl. v. 5.4.2001, WVerg 8/00, WuW/E Verg 497, 499; OLG Düsseldorf, Beschlüsse v. 30.12.2002, Verg 42/01, WuW/E Verg 828, 832, v. 3.7.2003, Verg 22/00, und v. 3.7.2003, Verg 29/00; OLG Naumburg, Beschl. v. 23.6.2003, 1 Verg 12/02, VergabeR 2003, 608, 609. Vgl. auch BGH, Beschl. v. 21.10.2003, X ZB 10/03, VergabeR 2004, 255, 256. „Hauptsache" des Beschwerdeverfahrens kann auch ein Kostenstreit zu § 128 GWB (a.F.), z.B. nach Erledigung der Hauptsache in 1. Instanz, sein; vgl. BGH, Beschl. v. 9.12.2003, X ZB 14/03, NZBau 2004, 285 = VergabeR 2004, 414. Dazu kritisch: *Stockmann*, in: Immenga/Mestmäcker, GWB, § 124 Rn. 10 (wegen etwaiger erheblicher wettbewerblicher Bedeutung könnte sich die Divergenzvorlage auch auf die Kostenentscheidung zur Hauptsache beziehen); a. A. (als im obigen Text) wohl *Schweda*, in: Langen/Bunte, Kartellrecht, § 124 GWB Rn. 3.

solchen Zwischenverfahren, die von einem besonderen Eilbedürfnis geprägt sind, verhältnismäßig rasch eine abschließende Entscheidung erwirkt werden kann und auch das Hauptsacheverfahren nicht noch weiteren Aufschub wegen einer Anrufung des BGH im Zwischenstreit erleiden muss. Daher wendet die Rspr. § 179 Abs. 2 Satz 4 GWB (analog) auch in Verfahren über die sofortige Beschwerde gegen eine Zwischenentscheidung der Vergabekammer[48] an, z. B. bei einer Beschwerde gegen eine Vergabekammerentscheidung über die Gewährung von Akteneinsicht, und verneint in diesen Verfahren eine Vorlagepflicht bei Entscheidungsdivergenzen.[49] Insbes. als Konsequenz aus § 179 Abs. 2 Satz 4 GWB wurde bisher überwiegend die Schlussfolgerung gezogen, dass diejenige **Entscheidung, von der** das **OLG abzuweichen beabsichtigt**, ebenfalls zur Hauptsache erlassen worden sein muss, dass also von **Eilentscheidungen nach § 173 Abs. 1 Satz 3 oder § 176 GWB** in Rechtsfragen ohne Vorlagepflicht abgewichen werden konnte.[50] Diese Ansicht hatte gute Gründe für sich. Denn über diejenigen vergaberechtlichen Rechtsfragen, die für die Hauptsacheentscheidung des „abweichenden" OLG relevant sind, war in einer früheren Eilentscheidung eines anderen OLG nicht „entschieden" worden; vielmehr hatte dort – verfahrensrechtlich, was als maßgeblich erachtet werden konnte – nur eine vorläufige Prüfung und Beurteilung der Sach- und Rechtslage stattgefunden, und zwar im Rahmen der Abwägung aller in Betracht kommenden Interessen und Folgen einer positiven oder negativen Entscheidung gem. § 173 Abs. 2 oder § 176 Abs. 1 GWB. Der BGH hat jedoch auch zu dieser Frage die Möglichkeiten, ihn per Divergenzvorlage anzurufen und an der vergaberechtlichen Rspr. zu beteiligen, jüngst erweitert und erklärt die Voraussetzungen für eine Divergenzvorlage für erfüllt, wenn ein Vergabesenat von der Ansicht eines anderen Vergabesenats abweichen will, die dieser zuvor (nur) in einem Eilverfahren nach § 173 Abs. 1 Satz 3 oder § 176 GWB gefasst hatte. Mit dem Ziel einer bundeseinheitlichen Rspr. in Vergabesachen vor Augen gibt der BGH zu bedenken, dass die Vergabesenate mitunter bereits in Eilverfahren, sofern der Sachverhalt feststeht, die rechtlichen Streitfragen erschöpfend beantworten, von denen der endgültige Ausgang des Beschwerdeverfahrens abhängt, und es sodann ggf. nicht mehr zu einer Entscheidung in der Hauptsache kommt. Daher würde es dem Gewicht der in den Eilverfahren ergehenden Entscheidungen nicht gerecht, wenn sie generell bei der Prüfung auf eine bestehende Divergenz unberücksichtigt blieben.[51] Erneut gilt, dass dem BGH wegen seiner Auslegungshoheit zu § 179 Abs. 2 GWB zu folgen ist,[52] zumal die rechtstatsächlichen Beobachtungen des BGH zutreffen.

Wenn die Beantwortung der entscheidungserheblichen Rechtsfrage, deretwegen die Pflicht zur Divergenzvorlage zu prüfen ist, maßgebend von der Auslegung einer Vorschrift des EU-Rechts – etwa wegen des Gebots der unionskonformen Auslegung der betreffenden na- **10**

48 Zur Zulässigkeit derartiger sofortiger Beschwerden s. § 171 Rn. 6 bis 10.

49 Vgl. OLG Düsseldorf, Beschl. v. 28.12.2007, VII-Verg 40/07, VergabeR 2008, 281, 283 f. m. w. N.; zustimmend *Hänisch*, in: Kulartz/Kus/Portz/Prieß, GWB, § 124 Rn. 13; im Erg. ebenso *Ramm*, VergabeR 2007, 739, 743; a. A. *Stockmann*, in: Immenga/Mestmäcker, GWB, § 124 Rn. 10.

50 OLG Celle, Beschl. v. 1.7.2004, 13 Verg 8/04; OLG Naumburg, Beschl. v. 17.5.2006, 1 Verg 3/06, VergabeR 2006, 814, 817; OLG Schleswig, Beschl. v. 8.9.2006, 1 Verg 6/06; Thüringer OLG, Beschl. v. 30.10.2006, 9 Verg 4/06, NZBau 2007, 195, 198, m. w. N.; zu weiteren Nachw. vgl. Vorauf1., § 124 Rn. 9 Fn. 40; a. A. OLG Düsseldorf seit seinem Beschl. v. 16.4.2008, VII-Verg 57/07, VergabeR 2008, 686, 692.

51 BGH, Beschl. v. 31.1.2017, X ZB 10/16, NZBau 2017, 230 Rn. 8.

52 Die abweichende Ansicht der Vorauflage in Rn. 9 zu § 124 GWB a. F. wird hiermit aufgegeben. Wie der BGH bereits *Dicks*, in: Ziekow/Völlink, Vergaberecht, § 124 GWB Rn. 12.

tionalen Vergaberechtsvorschrift – bestimmt wird und der EuGH zeitlich nach der BGH- oder OLG-Entscheidung, von der das erkennende OLG abweichen will, die maßgebende Auslegungsfrage in einem Urteil so geklärt hat, dass die Rechtslage zu jener für das OLG entscheidungserheblichen Rechtsfrage eindeutig klar ist, bedarf es (in teleologischer Reduktion des § 179 Abs. 2 GWB) keiner Vorlage zum BGH mehr. Denn in einem solchen Fall würde der Divergenzvorlage die Eignung zur Klärung der Rechtslage fehlen.[53] Ein derartiges Vorgehen kann dem OLG aber nur bei strenger Prüfung und unzweideutiger Sicherheit erlaubt sein, dass die im OLG-Verfahren unmittelbar entscheidungserhebliche **Rechtsfrage** wirklich **durch** das **EuGH-Urteil klar beantwortet** ist.[54] Im Zweifel sollte die Sache dem BGH vorgelegt werden. Die vorstehenden Ausführungen (i. S. der Entbehrlichkeit einer Divergenzvorlage) gelten entsprechend, wenn die vergaberechtliche Rechtsfrage, zu der die Divergenz besteht, nach der früheren OLG-Entscheidung durch eine BGH-Entscheidung eindeutig geklärt worden ist, von der das seine Vorlagepflicht nunmehr prüfende OLG bei seiner beabsichtigten Entscheidung nicht abweichen will.[55]

11 Die vorstehenden Erläuterungen (Rn. 7 bis 10) zur Vorlagepflicht gelten im Ergebnis entsprechend, wenn ein OLG mit seiner beabsichtigten Entscheidung **von einer Entscheidung** eines Landessozialgerichts oder des Bundessozialgerichts (vgl. dazu oben § 171 Rn. 40 f.) oder eines **Obergerichts** oder eines obersten **Bundesgerichts** einer **anderen Gerichtsbarkeit abweichen** will, sofern die Abweichung eine vergaberechtlich relevante Rechtsfrage betrifft, die in jener früheren Entscheidung entscheidungserheblich war. Eine solche Divergenz wird zwar nur (noch) selten vorkommen; dennoch ist hier die analoge Anwendung des § 179 Abs. 2 GWB zur Erreichung des Normzwecks, der Rechtseinheit im Vergaberecht, geboten..[56] Die Vorlage ist entsprechend § 179 Abs. 2 GWB an den BGH zu richten. Von einer früheren Entscheidung eines LSG oder eines Obergerichts einer anderen Gerichtsbarkeit kann der BGH ohne Weiteres abweichen; will er dagegen von einer Entscheidung des BSG oder eines anderen obersten Bundesgerichts in einer vergaberechtlichen Rechtsfrage abweichen, muss er den Gemeinsamen Senat der obersten Gerichtshöfe des Bundes anrufen.[57]

12 Die **Vorlage** gem. § 179 Abs. 2 GWB **bedarf** eines **begründeten Beschlusses**, in dem das OLG die (nach seiner Beurteilung bestehende) Entscheidungserheblichkeit[58] der streitigen

53 OLG Bremen, Beschl. v. 13.3.2008, Verg 5/07, VergabeR 2008, 558, 562; OLG Düsseldorf, Beschlüsse v. 6.2.2008, VII-Verg 37/07, NZBau 2008, 271, 275, v. 21.10.2015, VII-Verg 28/14, VergabeR 2016, 74, 85, und v. 8.3.2017, VII-Verg 39/16, NZBau 2017, 296, 302 Rn. 60; *Bungenberg*, in: Loewenheim/Meessen/Riesenkampff, Kartellrecht, § 124 GWB Rn. 16; differenzierend *Hänisch*, in: Kulartz/Kus/Portz/Prieß, GWB, § 179 Rn. 17 m. w. N.

54 Ebenso *Otting*, in: Bechtold, GWB, § 124 Rn. 9.

55 *Dicks*, in: Ziekow/Völlink, Vergaberecht, § 124 GWB, Rn. 13.

56 Zutreffend *Dicks*, in: Ziekow/Völlink, Vergaberecht, § 124 GWB Rn. 12; vgl. auch OLG Düsseldorf, Beschl. v. 16.4.2008, VII-Verg 57/07, VergabeR 2008, 686, 691 f.; OLG Rostock, Beschl. v. 2.7.2008, 17 Verg 4/07, VergabeR 2008, 793, 794 f.; vgl. ferner BGH, Beschl. v. 15.7.2008, X ZB 17/08, VergabeR 2008, 787. Die teilweise abweichende Ansicht der Vorauflage in Rn. 11 zu § 124 GWB a. F. wird hiermit aufgegeben.

57 Vgl. Art. 95 Abs. 3 GG und § 2 Abs. 1 des Gesetzes zur Wahrung der Einheitlichkeit der Rechtsprechung der obersten Gerichtshöfe des Bundes.

58 Wenn sich die abweichende Beantwortung einer vergaberechtlichen Rechtsfrage auf das Entscheidungsergebnis nicht auswirkt, ist § 179 Abs. 2 GWB nicht anwendbar: BayObLG, Beschl. v. 15.7.2002, Verg 15/02, VergabeR 2002, 534, 538; OLG Düsseldorf, Beschl. v. 29.12.2001, Verg 22/01, NZBau 2002, 578, 581; Thüringer OLG, Beschlüsse v. 13.10.1999, 6 Verg 1/99, NZBau

Rechtsfrage und die (beabsichtigte) Abweichung von der Rechtsprechung eines anderen OLG oder des BGH darlegen muss. Hierzu muss das vorlegende Gericht zuvor allen Verfahrensbeteiligten **rechtliches Gehör** gewähren, im Rahmen einer mündlichen Verhandlung oder in sonstiger geeigneter Weise.[59] Im Falle der Zulässigkeit der Vorlage (bei Beachtung der vorgenannten Voraussetzungen), die der BGH autonom prüft,[60] hat der BGH gem. § 179 Abs. 2 Satz 2 GWB **in der Sache selbst**, wie sonst das OLG, also **als Tatsachen- und Rechtsinstanz zu entscheiden**, mit allen sich aus § 178 GWB ergebenden Befugnissen.[61] Nach **Satz 3**, der durch das VergModG 2009 in die Norm eingefügt worden ist, kann sich der BGH auf die Entscheidung der Divergenzfrage beschränken und dem vorlegenden OLG die Entscheidung in der (Haupt-)Sache selbst (rück-)übertragen, „wenn dies nach dem Sach- und Streitstand des Beschwerdeverfahrens angezeigt erscheint". Diese Entscheidungsalternative soll den BGH entlasten. Die Verfahrensweise steht im pflichtgemäßen, durch den „Wenn"-Satz gebundenen Ermessen des BGH. Wenn die Sache nach der Auffassung des BGH entscheidungsreif ist, muss er sie auch entscheiden; eine Zurückverweisung an das OLG i.V.m. der bloßen Entscheidung der Divergenzfrage kommt dann schon mit Blick auf das vergaberechtliche Beschleunigungsgebot nicht in Betracht. Im Übrigen kommt es darauf an, wie aufwendig die nach Auffassung des BGH noch erforderliche Sachaufklärung prognostiziert wird. Bei voraussichtlich nur geringem Aufwand sollte der BGH von der Zurückverweisung im wohlverstandenen Interesse der Verfahrensbeteiligten (Verfahrensbeschleunigung) absehen. Wenn sich der BGH auf die Entscheidung der Divergenzfrage beschränkt, ist die Ansicht vertretbar, dass er abweichend von den §§ 175 Abs. 2, 69 Abs. 1 GWB von einer mündlichen Verhandlung – auch ohne Einverständnis der Beteiligten – absieht.[62] Im Übrigen gilt für das **Verfahren vor dem BGH** § 175 GWB nebst seinen Verweisungen. Hinsichtlich des Anwaltszwangs verdrängt § 175 Abs. 1 GWB andere prozessuale Vorschriften (z. B. § 78 Abs. 1 und 2 ZPO); die Beteiligten brauchen sich nicht durch einen speziell beim BGH zugelassenen Rechtsanwalt vertreten zu lassen.[63]

2001, 39, 42, und v. 29.4.2003, 6 Verg 2/03, VergabeR 2003, 472, 473; s. auch oben Fn. 39. Zu den Anforderungen an eine Entscheidungsdivergenz vgl. auch BGH, Beschl. v. 18.2.2003, X ZB 43/02, NZBau 2003, 293 = VergabeR 2003, 313, 314, und OLG Koblenz, Beschl. v. 18.9.2003, 1 Verg 4/03, VergabeR 2003, 709, 714 re. Sp. u. 715 re. Sp.

59 BGH, Beschl. v. 24.2.2003, X ZB 12/02, NZBau 2003, 337 = VergabeR 2003, 426.

60 Bei der Zulässigkeitsprüfung untersucht der BGH allerdings nicht, ob die Divergenzfrage für die (nach seiner Beurteilung zutreffende) Sachentscheidung entscheidungserheblich ist, weil diese Prüfung der Beurteilung der Sache selbst vorbehalten ist; vgl. *Otting*, in: Bechtold, GWB, § 124 Rn. 8; *Stockmann*, in: Immenga/Mestmäcker, GWB, § 124 Rn. 13 a. E.; *Hänisch*, in: Kulartz/Kus/Portz/Prieß, GWB, § 179 Rn. 19. Hält der BGH die Vorlage für unzulässig, versteht es sich von selbst, dass er die Sache (durch eine Senatsentscheidung) an das vorlegende OLG „unerledigt" zurückgibt; vgl. BGH, Beschl. v. 18.2.2003, X ZB 43/02, NZBau 2003, 293 = VergabeR 2003, 313.

61 Vgl. BGH, Beschl. v. 19.12.2000, X ZB 14/00, NZBau 2001, 151, 152 = VergabeR 2001, 71, 72 (allerdings für den Fall tatrichterlichen Aufklärungsbedarfs schon damals offen gelassen, ob der BGH sich auf die Beantwortung der entscheidungserheblichen Rechtsfragen beschränken und i. Ü. die Sache an das OLG zurückverweisen darf).

62 Vgl. § 175 Rn. 5.

63 Vgl. *Hänisch*, in: Kulartz/Kus/Portz/Prieß, GWB, § 179 Rn. 22.

§ 180 Schadensersatz bei Rechtsmissbrauch

(1) Erweist sich der Antrag nach § 160 oder die sofortige Beschwerde nach § 171 als von Anfang an ungerechtfertigt, ist der Antragsteller oder der Beschwerdeführer verpflichtet, dem Gegner und den Beteiligten den Schaden zu ersetzen, der ihnen durch den Missbrauch des Antrags- oder Beschwerderechts entstanden ist.

(2) Ein Missbrauch des Antrags- oder Beschwerderechts ist es insbesondere,

1. die Aussetzung oder die weitere Aussetzung des Vergabeverfahrens durch vorsätzlich oder grob fahrlässig vorgetragene falsche Angaben zu erwirken;

2. die Überprüfung mit dem Ziel zu beantragen, das Vergabeverfahren zu behindern oder Konkurrenten zu schädigen;

3. einen Antrag in der Absicht zu stellen, ihn später gegen Geld oder andere Vorteile zurückzunehmen.

(3) Erweisen sich die von der Vergabekammer entsprechend einem besonderen Antrag nach § 169 Absatz 3 getroffenen vorläufigen Maßnahmen als von Anfang an ungerechtfertigt, hat der Antragsteller dem Auftraggeber den aus der Vollziehung der angeordneten Maßnahme entstandenen Schaden zu ersetzen.

Schrifttum: *Bechtold*, GWB, 7. Aufl. 2013; *Heiermann/Riedl/Rusam*, Handkommentar zur VOB, 13. Aufl. 2013; *Hertwig*, Praxis der öffentlichen Auftragsvergabe, 6. Aufl. 2016; *Immenga/Mestmäcker*, Wettbewerbsrecht, GWB, Kommentar zum deutschen Kartellrecht, 5. Aufl. 2014; *Korbion*, Vergaberechtsänderungsgesetz, 1999; *Kulartz/Kus/Portz/Prieß*, GWB-Vergaberecht, 4. Aufl. 2016; *Langen/Bunte*, Kartellrecht, 11. Aufl. 2010; *Motzke/Pietzcker/Prieß*, Beck'scher VOB-Kommentar, Verdingungsordnung für Bauleistungen Teil A mit Gesetz gegen Wettbewerbsbeschränkungen 4. Teil: Vergabe öffentlicher Aufträge, München, 2001; *Müller-Wrede*, GWB Vergaberecht, Kommentar, 2016; *Noch*, Vergaberecht, 7. Aufl. 2016; *Prieß/Niestedt*, Rechtsschutz im Vergaberecht, 2006; *Reidt/Stickler/Glahs*, Vergaberecht, Kommentar, 3. Aufl. 2011; *Zöller*, ZPO, 31. Aufl. 2016.

Übersicht

I. Überblick

Die Vorschrift, die inhaltlich vollauf ihrer Vorgängerreglung in § 125 GWB a. F. entspricht, sieht in **Abs. 1** einen **Schadensersatzanspruch** wegen des Missbrauchs des Rechts zur Stellung eines Nachprüfungsantrags gem. den §§ 160 ff. GWB oder des Rechts zur Einlegung einer Beschwerde gegen die Entscheidung einer Vergabekammer gem. den §§ 171 ff. GWB vor. **Abs. 2** nennt (drei) typisierende **Beispielsfälle**, in denen von einem Missbrauch des Antrags- oder Beschwerderechts auszugehen ist. **Abs. 3** sieht einen **Schadensersatzanspruch** vor, wenn vorläufige Maßnahmen, die die Vergabekammer entsprechend einem Antrag des Antragstellers nach § 169 Abs. 3 GWB trifft, ungerechtfertigt sind. Der Schadensersatzanspruch nach **Abs. 1** ist **verschuldensabhängig**,[1] der Schadensersatzanspruch nach **Abs. 3 verschuldensunabhängig**. 1

Die Vorschrift ist eine **spezielle Ausprägung der sittenwidrigen Schädigung** nach § 826 BGB und § 823 Abs. 2 BGB i.V.m. § 263 StGB (Prozessbetrug).[2] Als Schadensersatznorm ist die Vorschrift nicht Teil des sog. primären Rechtsschutzes, weil sie nicht eine Einwirkung auf die Zuschlagsentscheidung intendiert. Sie ist vielmehr **Teil des sog. Sekundärrechtsschutzes**, wobei die Besonderheit – v. a. im Vergleich zu § 181 GWB – darin besteht, dass sich der Schadensersatzanspruch gerade auch **gegen** den die Nachprüfung beantragenden Bieter richtet. 2

Die Vorschrift ist bereits im Zuge des **VgRÄG von 1998** in das GWB-Vergaberecht eingeführt[3] und seitdem nicht geändert worden. Auch im Zuge der **Vergaberechtsnovelle 2016** erfuhr die Vorschrift keinerlei inhaltliche Änderungen.[4] 3

Die **Bundesregierung**[5] begründete die Vorschrift seinerzeit damit, dass das vielfach hohe wirtschaftliche Interesse der konkurrierenden Bieter an dem Auftrag die Gefahr des Missbrauchs der vergaberechtlichen Rechtsschutzmöglichkeiten in sich berge. Der Gefahr willkürlicher Beschwerden und Anträge wollte die Bundesregierung – neben dem allgemeinen Kostenrisiko (vgl. dazu § 182 GWB) – durch die besondere, in § 180 GWB ausdrücklich normierte Schadensersatzpflicht entgegenwirken, indem Unternehmen bei Missbrauch der vergaberechtlichen Rechtsschutzmöglichkeiten mit hohen Schadensersatzforderungen rechnen müssten. 4

Der **Bundesrat**[6] schätzte die abschreckende Wirkung des Schadensersatzanspruchs aufgrund seiner Beschränkung auf Missbrauchsfälle als gering ein, weil die Missbrauchsvoraussetzungen so sehr an subjektive Merkmale geknüpft seien, dass ein Nachweis in der Praxis kaum je gelingen werde, außer wenn eine vorsätzliche Straftat nachgewiesen werde. Der Bundesrat prognostizierte daher, dass die Vorschrift praktisch kaum Bedeutung erlangen und nicht zu einer Verhinderung von ungerechtfertigten Anträgen und sofortigen Be- 5

---

1 Vgl. *Verfürth*, in: Kulartz/Kus/Portz/Prieß, GWB-Vergaberecht, § 180 Rn. 19, 25; *Gnittke/Hattig*, in: Müller-Wrede, GWB Vergaberecht, § 180 Rn. 25; noch zum alten Recht: *Gröning*, in: Motzke/Pietzcker/Prieß, VOB, § 125 Rn. 7.

2 BT-Drs. 13/9340, S. 22; kritisch *Gröning*, ZIP 1998, 370, 373, und *ders.*, in: Motzke/Pietzcker/Prieß, VOB, § 125 Rn. 3.

3 BGBl. I, Nr. 59 v. 2.9.1998, S. 2512, 2517 (§ 134 GWB-E).

4 Vgl. Entwurf BReg BT-Drs. 18/6281, S. 136.

5 BR-Drs. 646/97, Anlage, S. 48.

6 BR-Drs. 646/97 (Beschluss), S. 21.

schwerden beitragen werde. Daher regte er für das weitere Gesetzgebungsverfahren eine Überprüfung an, ob die Tatbestandsvoraussetzung der Missbräuchlichkeit nicht auch bei Abs. 1 und Abs. 2 aufgegeben werden könnten. Der Bundestag nahm jedoch keine derartigen Änderungen mehr vor, lediglich in Abs. 3 wurde der Wortlaut von „auf einen besonderen Antrag" geändert in „entsprechend einem besonderen Antrag".[7]

6 Bereits in dem damaligen Gesetzgebungsverfahren sind also die Antipoden, zwischen denen der in der Vorschrift normierte Schadensersatzanspruch eine ausgewogene Balance herzustellen hat, deutlich beschrieben worden: Zum einen das verfassungsrechtlich durch Art. 19 Abs. 4 GG geschützte Recht unterlegener Bieter auf effektiven Rechtsschutz, zum anderen das Interesse des öffentlichen Auftraggebers an einer schnellen ungehinderten Auftragsvergabe und das mit der Auftragserteilung verfolgte Interesse der Allgemeinheit. Es war richtig – und verfassungsrechtlich wohl auch zwingend –, mit Blick auf das Nachprüfungs- und das Beschwerdeverfahren von der Anforderung der Missbräuchlichkeit nicht abzurücken.[8] Der Vorschrift liegt eine **ausgewogene Interessenabwägung** zugrunde. Denn eine von der Schadensersatzgefahr ausgehende Wirkung darf keine derart abschreckende Wirkung haben, dass im Vergabeverfahren unterlegene Bieter nur in Ausnahmefällen von der Möglichkeit eines Nachprüfungsantrages Gebrauch machen, zumal ohnehin schon in vielen Fällen die zur Verfügung stehenden Informationen zulasten der Bieter asymmetrisch verteilt und/oder strittige, ungeklärte Rechtsfragen streitentscheidend sind. Dabei ist auch zu bedenken, dass das Nachprüfungsverfahren ein Hauptsacheverfahren ist, in dem in zwei Regel-Instanzen auf Grundlage eines vollen Erkenntnisverfahrens (vgl. § 163 und § 175 Abs. 2 i.V.m. § 70 Abs. 1 GWB) eine in tatsächlicher wie rechtlicher Hinsicht vollwertige Hauptsacheentscheidung getroffen wird. Es sind also – anders als in auf gesonderten Antrag eingeleiteten Eilverfahren – keine Entscheidungen zulasten des öffentlichen Auftraggebers zu befürchten, die auf Grundlage einer nur unvollständigen – zudem regelmäßig vom Antragsteller wesentlich beeinflussten – Sachverhaltsermittlung und einer nur vorläufigen Einschätzung der Rechtslage ergehen (daher die andersartige Regelung in Abs. 3). Die Interessen des öffentlichen Auftraggebers und der Allgemeinheit an der Auftragsvergabe werden durch die Rügeobliegenheiten (§ 160 Abs. 3 GWB), den Beschleunigungsgrundsatz (vgl. § 167 GWB) und die Möglichkeiten des Eilrechtsschutzes (§ 169 Abs. 2, § 173 Abs. 2 und § 176 GWB) geschützt. Etwaige normative oder anwendungsbedingte Unzulänglichkeiten in diesen Bereichen würden es nicht rechtfertigen, dem Bieter in jedem Fall eines im Ergebnis nicht erfolgreichen Nachprüfungsverfahrens den Ersatz des Verzögerungsschadens und ggf. weiterer Schäden aufzuerlegen.

7 Freilich sollte der Bundesrat Recht behalten: Die Schadensersatzansprüche der Vorschrift, insbesondere des Abs. 1 und Abs. 2, besitzen **kaum praktische Relevanz**.[9] V. a. die Hürde des Missbrauchs ist unweigerlich so hoch, dass die Missbräuchlichkeit der Antragstellung oder Beschwerdeeinlegung in aller Regel nicht einmal in Betracht kommt.

8 Die Vorschrift ist **unionsrechtskonform**. Wenngleich die EG-Rechtsmittel-Koordinierungsrichtlinie[10] (RML) sich zu vornehmlich gegen den Bieter/Antragsteller gerichteten

7 BT-Drs. 13/10328, S. 17; BR-Drs. 372/98, Anlage, S. 7.

8 So auch *Glahs*, in: Reidt/Stickler/Glahs, Vergaberecht, § 125 Rn. 8.

9 Ebenso *Gnittke/Hattig*, in: Müller-Wrede, GWB Vergaberecht, § 180 Rn. 6; *Verfürth*, in: Kulartz/Kus/Portz/Prieß, GWB-Vergaberecht, § 180 Rn. 5.

10 Richtlinie 89/665/EWG des Rates vom 21.12.1989 zur Koordinierung der Rechts- und Verwaltungsvorschriften für die Anwendung der Nachprüfungsverfahren im Rahmen der Vergabe öffent-

Schadensersatzansprüchen nicht äußert, weil sie der Sicherstellung effektiven Vergaberechtsschutzes zugunsten der Bieter dient (vgl. Art. 1 Abs. 1 Satz 3 RML), findet doch auch der unionsrechtlich gewährleistete Bieterrechtsschutz seine Grenzen in den im Einzelfall konfligierenden Interessen und dem Interesse der Allgemeinheit (vgl. Art. 2 Abs. 5 Satz 1 RML). An einer missbräuchlichen Ausnutzung der in Umsetzung der RML im mitgliedstaatlichen Recht normierten Nachprüfungsmöglichkeiten besteht auch aus unionsrechtlicher Sicht keinerlei schutzwürdiges Interesse.

II. Schadensersatz wegen Missbrauchs des Antrags- oder Beschwerderechts (Abs. 1 und Abs. 2)

Nach Abs. 1 ist ein Antragsteller oder ein Beschwerdeführer, wenn sich sein Antrag nach § 160 GWB oder seine Beschwerde nach § 171 GWB als von Anfang an ungerechtfertigt erweist, verpflichtet, dem Gegner und den Beteiligten den Schaden zu ersetzen, der ihnen durch den Missbrauch des Antrags- oder Beschwerderechts entstanden ist. 9

Die Norm ist – schon nach ihrer Konzeptionierung durch den Gesetzgeber[11] – eine Vorschrift des Deliktsrechts, mit der Folge, dass die §§ 823 ff. BGB ergänzend anwendbar sind,[12] also insbesondere § 827 (Ausschluss/Minderung der Verantwortlichkeit), § 830 (Mittäter, Beteiligte), § 839 (Haftung bei Amtspflichtverletzung) und § 840 BGB (Haftung mehrerer). Ebenso finden die §§ 249 ff. BGB Anwendung,[13] also insbesondere § 254 BGB (Mitverschulden). 10

1. Ungerechtfertigter Antrag, ungerechtfertigte Beschwerde

Eingangsvoraussetzung für einen Schadensersatzanspruch ist, dass ein **Nachprüfungsantrag nach § 160 GWB** gestellt oder eine **sofortige Beschwerde nach § 171 GWB** gegen einen Beschluss der Vergabekammer (entweder gem. § 168 Abs. 1 und Abs. 3 GWB tatsächlich erlassen oder gem. § 171 Abs. 2 GWB fingiert) eingelegt wird. Trotz des Wortlauts („Antrag nach § 160") kann auch ein **Fortsetzungsfeststellungsantrag** gem. § 168 Abs. 2 Satz 2 GWB den Schadensersatzanspruch des Abs. 1 nach sich ziehen, weil es sich insoweit bloß um die Fortsetzung des ursprünglichen Antrags gem. § 160 GWB handelt.[14] Angesichts des insoweit eindeutigen Wortlauts („Antrag nach § 160") und angesichts der Tatsache, dass der Auftraggeber in der I. Instanz nicht der zum Schadensersatz verpflichtete Anspruchsschuldner sein kann (vgl. Rn. 30), scheiden hingegen Anträge des Auftraggebers auf vorzeitige Zuschlagsgestattung gem. § 169 Abs. 2 Satz 1 und Satz 6 GWB als Anknüpfungspunkt des Schadensersatzanspruchs des Abs. 1 aus. Ein **Antrag des Auftraggebers** auf vorzeitige Zuschlagsgestattung **gem. § 176 GWB** kommt zumindest dann in Betracht, wenn der Auftraggeber zugleich der Beschwerdeführer ist, denn dann stellt der 11

licher Liefer- und Bauaufträge, ABl. EG Nr. L 395 v. 30.12.1989, S. 33 ff., zuletzt geändert durch Art. 1 der Richtlinie vom 11.12.2007, ABl. EU Nr. L 335 v. 20.12.2007, S. 31.

11 BR-Drs. 646/97, Anlage, S. 48.

12 *Otting*, in: Bechtold, GWB, § 125 Rn. 4.

13 *Kullack*, in: Heiermann/Riedl/Rusam, VOB, § 125 GWB Rn. 3.

14 Es ist jedoch kaum denkbar, dass es durch einen Fortsetzungsfeststellungsantrag zu einem Schaden kommt.

auf § 176 GWB gestützte Antrag des Auftraggebers, der in der II. Instanz als Beschwerdeführer der zum Schadensersatz verpflichtete Anspruchsschuldner sein kann (vgl. Rn. 31), eine bloße Ergänzung seines Beschwerderechts gem. § 171 GWB dar.

12 Der Antrag bzw. die Beschwerde muss **von Anfang an** ungerechtfertigt sein. Bereits im **Zeitpunkt der Antragstellung oder der Beschwerdeeinlegung** muss also der Antrag oder die Beschwerde ungerechtfertigt sein. Tritt der Mangel der Rechtfertigung erst im Nachhinein ein, z. B. wenn ein Antrag oder eine Beschwerde erst nachträglich wegen Erledigung der Angelegenheit unzulässig und/oder unbegründet wird (vgl. § 168 Abs. 2 Satz 2 GWB), scheidet der Schadensersatzanspruch des Abs. 1 aus. Umgekehrt entfällt ein Schadensersatzanspruch nicht allein deshalb, weil sich ein/e – ggf. von Anfang ungerechtfertigte/r und missbräuchlich gestellte/r – Antrag oder Beschwerde nachträglich erledigt und nur noch ein Fortsetzungsfeststellungsverfahren läuft.[15] Wann die Erkenntnis erlangt wird, dass der Antrag oder die Beschwerde von Anfang an ungerechtfertigt ist/war, spielt für das Tatbestandsmerkmal „von Anfang an" keine Rolle,[16] weil es ausschließlich auf die objektiv festzustellende mangelnde Rechtfertigung des Antrags oder der Beschwerde ankommt und nicht auf die subjektive Sicht einer beteiligten Person. Die subjektive Erkenntnislage beteiligter Personen kann aber bei der Wertung eines Verhaltens als missbräuchlich relevant sein.

13 Es genügt, dass der Antrag oder die Beschwerde **objektiv unbegründet oder unzulässig** gewesen ist, um ihn/sie als ungerechtfertigt i. S. d. Abs. 1 zu qualifizieren.[17] Soweit vertreten wird, dass das Rechtsmittel nur dann i. S. d. Abs. 1 ungerechtfertigt sei, wenn es von Anfang an ohne jede Erfolgsaussicht[18] oder offensichtlich unbegründet oder unzulässig war,[19] ist dem nicht zu folgen. Für eine derart weitgehende Auslegung gibt schon der Wortlaut nichts her, weil sich der Begriff „ungerechtfertigt" nur schwerlich in diesem Sinne verstehen lässt. Naheliegender ist, dass „ungerechtfertigt" als ein (Ober-)Begriff gewählt wurde, der sowohl die Unzulässigkeit als auch die Unbegründetheit eines Antrags und einer Beschwerde erfasst. Zudem wird das Tatbestandsmerkmal „ungerechtfertigt" in Abs. 1 (anders als in Abs. 3) durch das weitere Tatbestandsmerkmal der Missbräuchlichkeit ergänzt, in dem alle wertenden Umstände – zu denen auch die Offensichtlichkeit der Unzulässigkeit oder Unbegründetheit von Antrag oder Beschwerde gehört – berücksichtigt werden können. So kommt es auch zu einer Parallelität mit dem Verständnis des Tatbestandsmerkmals „ungerechtfertigt" in § 945 ZPO,[20] an den sich der Gesetzgeber zumindest mit Blick auf den Schadensersatzanspruch des Abs. 3, in dem sich ebenfalls der identische Begriff „ungerechtfertigt" findet, ausdrücklich anlehnte.[21]

15 *Schweda*, in: Langen/Bunte, Kartellrecht, § 125 GWB Rn. 2.

16 *Stockmann*, in: Immenga/Mestmäcker, GWB, § 125 Rn. 5.

17 *Stockmann*, in: Immenga/Mestmäcker, GWB, § 125 Rn. 16; *Verfürht*, in: Kulartz/Kus/Portz/Prieß, GWB-Vergaberecht, § 180 Rn. 10f.; *Glahs*, in: Reidt/Stickler/Glahs, Vergaberecht, § 125 Rn. 7; *Kullack*, in: Heiermann/Riedl/Rusam, VOB, § 125 GWB Rn. 5. *Gröning*, in: Motzke/Pietzcker/Prieß, VOB, § 125 GWB Rn. 8, hingegen stellt – ohne Begründung – allein darauf ab, ob der Antrag oder die Beschwerde „unbegründet" war.

18 *Korbion*, VgRÄG, § 125 Rn. 2.

19 *Noch*, Vergaberecht, S. 386; *Korbion*, VgRÄG, § 125 Rn. 2.

20 Vgl. dazu *Vollkommer*, in: Zöller, ZPO, § 945 Rn. 8.

21 BR-Drs. 646/97, Anlage, S. 48.

2. Missbrauch

14 Weitere Voraussetzung für das Bestehen eines Schadensersatzanspruchs gem. Abs. 1 ist es, dass **zusätzliche Umstände** den Antrag oder die Beschwerde als missbräuchlich erscheinen lassen. Diese Voraussetzung ist im Vergleich zum Tatbestandsmerkmal „ungerechtfertigt" wichtiger, weil sie den Schadensersatzanspruch wesentlich einschränkt. Umso unverständlicher ist es, dass der Gesetzeswortlaut sie im letzten Relativsatz des Abs. 1 versteckt. Die vom Bundesrat[22] zur Klarstellung des Gewollten vorgeschlagene Wortlautänderung („Erweist sich der Antrag [. . .] oder die Beschwerde [. . .] als von Anfang an ungerechtfertigt und liegt ein Missbrauch des Antrags- oder Beschwerderechts vor, [. . .]") hätte den Vorzug verdient gehabt.

15 Ein Missbrauch i. S. d. Abs. 1 ist das **rücksichtslose Ausnutzen einer formellen Rechtsposition.**[23] Der Gesetzgeber verstand den Missbrauch in Abs. 1 als spezielle Ausprägung einer **sittenwidrigen Schädigung** nach § 826 BGB und eines Prozessbetruges nach § 823 Abs. 2 BGB i.V.m. § 263 StGB.[24] Daher setzt die Annahme einer Missbräuchlichkeit von Antragstellung oder Beschwerdeeinlegung stets voraus, dass der betreffenden Person ein **Verschulden** angelastet werden kann.[25] **Vorsatz** ist hingegen, wie Abs. 2 Nr. 1 und das darin enthaltene Tatbestandsmerkmal der groben Fahrlässigkeit eindeutig zeigen, **keine zwingende Voraussetzung**.

16 Zur Bestimmung, wann ein solcher Missbrauch vorliegt, bedient sich das Gesetz einer Regelbeispiel-Technik, indem es in Abs. 2 bestimmte Fälle aufführt, die „insbesondere" als Missbrauch anzusehen sind. Die in der nicht abschließenden Aufzählung des **Abs. 2** genannten typisierenden Beispielsfälle können somit bei Anwendung des Abs. 1 als **Auslegungshilfe** herangezogen werden. Auch in Abs. 2 nicht explizit genannte Fälle können einen Missbrauch darstellen, wenn sie den in Abs. 2 genannten Beispielsfällen bei wertender Betrachtung vergleichbar sind.

17 Anders als der Mangel der Rechtfertigung von Antrag oder Beschwerde muss die Missbräuchlichkeit von Antrag oder Beschwerde **nicht von Anfang an** vorliegen. Auch erst im Laufe des Nachprüfungs- oder Beschwerdeverfahrens auftretende Umstände können eine von Anfang an ungerechtfertigte, aber nicht von Anfang an missbräuchliche Antragstellung oder Beschwerdeeinlegung erst **nachträglich missbräuchlich** machen.[26]

18 Bei der Prüfung, ob ein Missbrauch vorliegt, ist zu berücksichtigen, dass – anders als bei § 945 ZPO, der ja ebenfalls auf die von Anfang an ungerechtfertigte Maßnahme abstellt – der Antragsteller oder Beschwerdeführer seine Haftung nicht steuern kann. Die Möglichkeit, die Vollziehung der Maßnahme zu unterlassen (wie bei § 945 ZPO) und damit seine Haftung zu vermeiden, hat er nicht. Die drohende Haftung könnte daher von der Einlegung eines Rechtsmittels abschrecken. Vor dem Hintergrund, dass mit der Norm das lediglich

---

22 BR-Drs. 646/97 (Beschluss), S. 20 f.

23 VK Rheinland-Pfalz, Beschl. v. 26.4.2013, VK 1-34/12, juris, Rn. 64; BayObLG, Beschl. v. 20.12.1999, Verg 8/99, BauR 2000, 557, 561 – Tragwerksplanung.

24 BR-Drs. 646/97, Anlage, S. 48.

25 *Verfürht*, in: Kulartz/Kus/Portz/Prieß, GWB-Vergaberecht, § 180 Rn. 17 ff.; *Kullack*, in: Heiermann/Riedl/Rusam, VOB, § 125 GWB Rn. 4; *Glahs*, in: Reidt/Stickler/Glahs, Vergaberecht, § 125 Rn. 7; *Gröning*, in: Motzke/Pietzcker/Prieß, VOB, § 125 GWB Rn. 7.

26 *Stockmann*, in: Immenga/Mestmäcker, GWB, § 125 Rn. 5; *Kullack*, in: Heiermann/Riedl/Rusam, VOB, § 125 GWB Rn. 5.

willkürliche Ergreifen von Rechtsmitteln entmutigt werden soll, sollte daher die Schwelle des Missbrauchs hoch angesetzt werden.[27]

3. Regelbeispiele für Missbrauch (Abs. 2)

19 Abs. 2 zählt typisierende Regelbeispiele auf. Der Katalog des Abs. 2 ist **nicht abschließend** („insbesondere").[28] In Abs. 2 sind die typischen Missbrauchstatbestände bezeichnet.[29] Wichtig zu beachten ist, dass Abs. 2 ausschließlich die Missbräuchlichkeit i. S. d. Abs. 1 konkretisiert, den in Abs. 1 normierten Schadensersatzanspruch aber nicht abändert, v. a. nicht erweitert.[30]

20 **Nr. 1 (Falsche Tatsachen):** Nach Abs. 2 Nr. 1 stellt es einen Missbrauch des Antrags- oder Beschwerderechts dar, die (weitere) Aussetzung des Vergabeverfahrens durch vorsätzlich oder grob fahrlässig vorgetragene falsche Angaben zu erwirken. Eine **Aussetzung** des Vergabeverfahrens i. S. d. Abs. 2 Nr. 1 erfolgt durch:

– das Zuschlagserteilungsverbot gem. § 169 Abs. 1 i.V.m. § 172 Abs. 1 und § 173 Abs. 3 GWB, das durch die Information des Auftraggebers durch die Vergabekammer von der Stellung eines Nachprüfungsantrags durch den Antragsteller ausgelöst wird und bis zwei Wochen nach Zustellung der Vergabekammerentscheidung oder bis zu einer Aufhebung der Vergabekammerentscheidung gem. § 176 oder § 178 GWB andauert (beachte zudem § 169 Abs. 4 GWB);
– die aufschiebende Wirkung gem. § 173 Abs. 1 Satz 1 und Satz 2 GWB, die durch die Einlegung einer Beschwerde gegenüber der angefochtenen Vergabekammerentscheidung ausgelöst wird und zunächst bis zwei Wochen nach Ablauf der Beschwerdefrist andauert;
– die Verlängerung der aufschiebenden Wirkung durch das Beschwerdegericht gem. § 173 Abs. 1 Satz 3 GWB auf einen entsprechenden Antrag des Antragstellers und Beschwerdeführers hin; oder durch
– die Wiederherstellung des Zuschlagserteilungsverbots durch das Beschwerdegericht gem. § 169 Abs. 2 Satz 5 GWB auf einen entsprechenden Antrag des Antragstellers hin.

21 Diese Aussetzung muss der Antragsteller durch den vorsätzlichen oder grob fahrlässigen Vortrag falscher Tatsachen **kausal verursachen**. Die vorgetragenen Tatsachenbehauptungen müssen **objektiv unzutreffend** sein. Der Antragsteller oder Beschwerdeführer muss die Falschheit der Tatsachenbehauptungen entweder **positiv kennen** (vorsätzlich) oder ihm muss die Falschheit der Tatsachenbehauptungen **grob fahrlässig unbekannt** sein. Grobe Fahrlässigkeit meint dabei eine besonders grobe Verletzung der im Verkehr erforderlichen Sorgfalt.[31]

22 **Nr. 2 (Behinderungs- oder Schädigungsabsicht):** Nach Abs. 2 Nr. 2 stellt es einen Missbrauch des Antrags- oder Beschwerderechts dar, die Überprüfung mit dem Ziel der Behinderung des Vergabeverfahrens oder der Schädigung von Konkurrenten zu beantragen. Die-

27 *Stockmann*, in: Immenga/Mestmäcker, GWB, § 125 Rn. 6.
28 *Hertwig*, Praxis der öffentlichen Auftragsvergabe, Rn. 406.
29 BR-Drs. 646/97, Anlage, S. 48.
30 *Stockmann*, in: Immenga/Mestmäcker, GWB, § 125 Rn. 8.
31 *Stockmann*, in: Immenga/Mestmäcker, GWB, § 125 Rn. 7.

ses Regelbeispiel richtet sich, wie der Wortlaut zeigt („Behinderung“, „Konkurrenten“), vornehmlich an den **Antragsteller** i. S. d. § 160 GWB. Da der Wortlaut aber von „**Überprüfung**“ spricht, kann Abs. 2 Nr. 2 nicht nur auf Nachprüfungsanträge des Antragstellers nach § 160 GWB (Überprüfung des Vergabeverfahrens), sondern auch auf Beschwerden nach § 171 GWB sowohl des Antragstellers als auch des Auftraggebers sowie eines Beigeladenen (Überprüfung der Vergabekammerentscheidung) Anwendung finden. Die Behinderung oder Schädigung muss **absichtlich** erfolgen, und diese Absicht muss zudem – wenn gleichzeitig auch die Durchsetzung von Rechten gem. § 97 Abs. 1 und Abs. 6 GWB intendiert ist – **deutlich überwiegen**.[32] Hierin liegt auch die wesentliche Voraussetzung dieses Missbrauch-Regelbeispiels, weil eine Vergabeverfahrensbehinderung (i. S. d. vorläufigen Aussetzung) und eine Konkurrentenschädigung (i. S. d. Verhinderung des Zuschlags an den Konkurrenten) automatisch Ziel eines jeden Nachprüfungsantrags und einer jeden Beschwerde des Antragstellers ist. Es genügt die Absicht, die Behinderung oder Schädigung muss also nicht eingetreten sein, um die Beantragung der Überprüfung missbräuchlich zu machen; ohne tatsächlich eingetretene Behinderung/Schädigung wird freilich in aller Regel kein Schaden entstehen können.

Nr. 3 (Vorteilerlangungsabsicht): Nach Abs. 2 Nr. 3 stellt es einen Missbrauch dar, einen 23
Antrag in der Absicht zu stellen, ihn später gegen Geld oder andere Vorteile zurückzunehmen. Mit **Antrag** i. S. d. Abs. 2 können, weil es sich bei Abs. 2 um eine Konkretisierung der Missbräuchlichkeit i. S. d. Abs. 1 handelt, nur die Anträge gemeint sein, die auch ein Antrag i. S. d. Abs. 1 sind (s. o. Rn. 11). Daher ist in Abs. 2 sowohl der Antragsteller nach § 160 GWB als auch der öffentliche Auftraggeber, der Beschwerdeführer ist und einen Antrag nach § 176 GWB stellt, sowie unter denselben Voraussetzungen der nach § 134 Abs. 1 Satz 1 GWB als Zuschlagsempfänger benannte Beigeladene angesprochen.[33] Für die Erweiterung auf solche Anträge des Auftraggebers spricht auch der Wortlaut von Abs. 2 Nr. 3 („einen Antrag [. . .] zu stellen“ statt „Antrag nach § 160“). Soweit es um nicht von Abs. 2 Nr. 3 erfasste Anträge geht, richtet sich deren Missbräuchlichkeit nach den allgemeinen Grundsätzen des Abs. 1. Neben der Zahlung von Geld kann auch jeder andere **Vorteil**, den der Antragsteller zu erlangen beabsichtigt, etwa ein Versprechen des Auftraggebers über künftige Auftragserteilungen, den Antrag missbräuchlich machen. Missbräuchlichkeit liegt vor, wenn der Vorteil schon **im Zeitpunkt der Antragstellung** beabsichtigt war.[34] Wird geltend gemacht, dass die Absicht erst später entstand, richtet sich die Missbräuchlichkeit nach Abs. 1; bei dieser Beurteilung ist v. a. mit Blick auf die (zulässige) Möglichkeit der Parteien des Nachprüfungsverfahrens, sich auch unter gegenseitigem Versprechen von verschiedensten Leistungen gütlich zu einigen und das Nachprüfungsverfahren durch Antrags- oder Beschwerderücknahme zu beenden, Vorsicht angezeigt: Dann ist die zu fordernde Kausalität[35] zwischen der Stellung bzw. Aufrechterhaltung des Antrags einerseits und der missbräuchlichen Absicht der Vorteilserlangung gegen Antragsrücknahme andererseits besonders genau zu prüfen.[36] Ist aber die Antragstellung von vornherein

32 *Kullack*, in: Heiermann/Riedl/Rusam, VOB, § 125 GWB Rn. 9.

33 A. A. *Stockmann*, in: Immenga/Mestmäcker, GWB, § 125 Rn. 9, wonach nur der Antrag nach § 107 GWB a. F. gemeint sei. Zu weit gehend *Gröning*, in: Motzke/Pietzcker/Prieß, VOB, § 125 GWB Rn. 18, und *Verführt*, in: Kulartz/Kus/Portz/Prieß, GWB-Vergaberecht, § 180 Rn. 32.

34 *Kullack*, in: Heiermann/Riedl/Rusam, VOB, § 125 GWB Rn. 10; *Otting*, in: Bechtold, GWB, § 125 Rn. 3.

35 *Prieß/Niestedt*, Rechtsschutz, S. 179.

36 Vgl. 1. VK Sachsen, Beschl. v. 21.3.2002, 1/SVK/011-02, zitiert nach ibr-online.

ohne jede Aussicht auf Erfolg gewesen (etwa weil der Antragsteller gar nicht Bieter des Vergabeverfahrens war), ist die nachweisliche Vorteilserlangungsabsicht umso eher zu bejahen (z. B. Bereitschaft zur Antragsrücknahme unter der Bedingung, dass der Antragsgegner die Möglichkeit einer bestimmten gewerblichen Betätigung eröffnet oder einen bestimmten Geldbetrag zahlt).[37] Wie schon bei Abs. 2 Nr. 2 genügt auch bei Abs. 2 Nr. 3 die **Absicht** der Vorteilserlangung.

24 Die Missbrauchstatbestände der Nr. 2 und Nr. 3 lassen sich – wenn überhaupt – nur äußerst selten beweisen und laufen daher praktisch leer.[38]

4. Schaden

25 Der Schadensersatzanspruch des Abs. 1 und Abs. 2 entsteht, wenn die von Anfang an ungerechtfertigte, missbräuchliche Antragstellung oder Beschwerdeeinlegung adäquat-kausal einen Schaden verursacht. In aller Regel wird der Schaden dadurch entstehen, dass das Vergabeverfahren, sprich: die Zuschlagserteilung, durch das Nachprüfungsverfahren und/oder die Beschwerdeeinlegung verzögert wird und diese Verzögerung wirtschaftliche Nachteile für den Auftraggeber und/oder einen weiteren Beteiligten, insbesondere den für den Zuschlag ausersehenen Bieter, nach sich zieht. Regelmäßig werden der Auftraggeber und ggf. der Zuschlagsdestinator also einen ihnen entstandenen **Verzögerungsschaden** ersetzt verlangen. Beispielhaft können unvermeidbare Mehrkosten bei der Herstellung, zusätzliche Finanzierungskosten oder auch verspätete Nutzungsmöglichkeiten genannt werden.[39] Ist der Antragsteller, also der Rechtsschutz im Nachprüfungsverfahren nachsuchende Bieter, das Opfer einer missbräuchlichen Beschwerdeeinlegung des Auftraggebers oder des beigeladenen Konkurrenten, wird es sich ebenfalls in aller Regel um die Geltendmachung eines Verzögerungsschadens handeln.

5. Anspruchsinhaber/Gläubiger

26 Als anspruchsberechtigten Gläubiger nennt Abs. 1 zum einen den jeweiligen **Gegner** des Antrags oder der Beschwerde.

27 Im Falle eines missbräuchlichen Nachprüfungsantrags gem. § 160 GWB, also in der **I. Instanz**, kann der Gegner **nur der Auftraggeber** sein, weil der Auftraggeber keinen Antrag nach § 160 GWB stellen kann.

28 Im Falle einer missbräuchlichen Beschwerde hingegen, also in der **II. Instanz**, kann der Gegner **sowohl der Auftraggeber als auch der Antragsteller** sein, weil der Beschwerdeführer je nach Ausgang des Nachprüfungsverfahrens vor der Vergabekammer sowohl der Antragsteller als auch der Auftraggeber und auch ein Beigeladener sein kann, sodass die jeweils andere gegnerische Partei der Gegner der Beschwerde ist. Abs. 1 ermöglicht damit also auch einen Schadensersatzanspruch eines Antragstellers, der sich gegen den Auftraggeber oder einen Beigeladenen wendet, weil einer von ihnen oder beide gegen eine ihm/ihnen nachteilige Vergabekammerentscheidung in missbräuchlicher Weise Beschwerde einlegt/einlegen. Ist der Gläubiger des Schadensersatzanspruchs eine Bietergemeinschaft,

---

37 OLG Düsseldorf, Beschl. v. 14.5.2008, Verg 27/08, VergabeR 2008, 661, 663 – Sportarena.
38 *Glahs*, in: Reidt/Stickler/Glahs, Vergaberecht, § 125 Rn. 11.
39 *Kullack*, in: Heiermann/Riedl/Rusam, VOB, § 125 GWB Rn. 6.

ist zu berücksichtigen, dass nach der Rechtsprechung des EuGH[40] das Unionsrecht, insbesondere das Recht auf effektiven Rechtsschutz, fordert, dass auch ein einzelnes Mitglied einer Bietergemeinschaft individuell Ersatz des Schadens verlangen kann, den es aufgrund einer rechtswidrigen Vergabeentscheidung des Auftraggebers (oder sogar einer anderen Stelle, wenn sich deren Entscheidung auf das Vergabeverfahren ausgewirkt hat) erlitten zu haben behauptet.

Zum anderen nennt Abs. 1 als anspruchsberechtigte Gläubiger die sonstigen **Beteiligten**. 29
Das sind v. a. die gem. § 162 Satz 1 GWB (ggf. i.V.m. § 174 GWB) zum Nachprüfungs- und Beschwerdeverfahren **Beigeladenen**, also regelmäßig der für den Zuschlag vorgesehene Bieter. Da es nicht einleuchten würde, dem für den Zuschlag vorgesehenen Bieter den Schadensersatzanspruch zu versagen, wenn er von der Vergabekammer oder dem Beschwerdegericht fehlerhaft nicht beigeladen worden ist, sind zu den Beteiligten i. S. d. Abs. 1 alle diejenigen zu zählen, die gem. den §§ 162, 174 GWB zum Nachprüfungsverfahren hätten beigeladen werden müssen. Auch unabhängig von den Möglichkeiten zur Beiladung gem. den §§ 162, 174 GWB alle im weitesten Sinne „Beteiligten" als mögliche Anspruchsgläubiger anzusehen,[41] scheidet jedoch aus, weil sich das vollkommen vom Beteiligtenbegriff entfernt, der im Zusammenhang der §§ 97 ff. GWB nur vom Ausgangspunkt der §§ 162, 174 GWB her ausgelegt werden kann.

6. Anspruchsverpflichteter/Schuldner

Ersatzpflichtiger ist, wer das Rechtsmittel eingelegt hat. Im Falle des Nachprüfungsantrags 30
gem. § 160 GWB, also in der **I. Instanz**, ist dies immer der **Antragsteller**, der um Rechtsschutz nachsuchende Bieter, weil nur dieser einen Antrag nach § 160 GWB stellen kann.

Im Falle der sofortigen Beschwerde gem. § 171 GWB, also in der **II. Instanz**, kann hinge- 31
gen sowohl der **Antragsteller** wie auch der öffentliche **Auftraggeber**[42] der zum Schadensersatz verpflichtete Schuldner sein, je nachdem, wer die Beschwerde eingelegt hat. Ersatzpflichtig können aber auch **Beigeladene** sein, die eine sofortige Beschwerde rechtsmissbräuchlich eingelegt haben.

7. Verjährung

Der Schadensersatzanspruch des Abs. 1 und Abs. 2 unterliegt gem. § 194 Abs. 1 BGB der 32
Verjährung, deren Frist gem. § 195 BGB drei Jahre beträgt und die gem. § 199 Abs. 1 BGB mit dem Schluss des Jahres beginnt, in dem der Anspruch entstanden ist und der Gläubiger von den den Anspruch begründenden Umständen und der Person Kenntnis erlangt oder ohne grobe Fahrlässigkeit erlangen müsste. Gem. § 199 Abs. 3 Satz 1 Nr. 1 BGB verjährt der Schadensersatzanspruch ohne Rücksicht auf die Kenntnis oder grob fahrlässige Unkenntnis in zehn Jahren von ihrer Entstehung an und gem. § 199 Abs. 3 Satz 1 Nr. 2 BGB ohne Rücksicht auf seine Entstehung und die Kenntnis oder grob fahrlässige Unkenntnis in 30 Jahren von dem den Schaden auslösenden Ereignis an. Vgl. aber auch § 852 BGB.

40 EuGH, Urt. v. 6.5.2010, Rs. C-149/08 u. a., NZBau 2010, 506, 508 ff., Rn. 65 ff., 80 – Thessaloniki.

41 So *Kullack*, in: Heiermann/Riedl/Rusam, VOB, § 125 GWB Rn. 3; *Stockmann*, in: Immenga/Mestmäcker, GWB, § 125 Rn. 4.

42 *Otting*, in: Bechtold, GWB, § 125 Rn. 2.

8. Rechtsweg

33 Der Schadensersatzanspruch gem. Abs. 1 und 2 ist vor den **ordentlichen Gerichten** geltend zu machen (vgl. § 156 Abs. 3 GWB).[43]

III. Schadensersatz wegen ungerechtfertigter vorläufiger Maßnahmen (Abs. 3)

34 Gem. Abs. 3 muss der Antragsteller, wenn sich die von der Vergabekammer entsprechend einem besonderen Antrag nach § 169 Abs. 3 GWB getroffenen vorläufigen Maßnahmen als von Anfang an ungerechtfertigt erweisen, dem Auftraggeber den aus der Vollziehung der angeordneten Maßnahme entstandenen Schaden ersetzen. Der Schadensersatzanspruch des Abs. 3 ist in § 180 GWB, der mit „Schadensersatz bei Rechtsmissbrauch" überschrieben ist, **systematisch deplatziert**, denn Abs. 3 setzt keine Missbräuchlichkeit der Beantragung von Maßnahmen nach § 169 Abs. 3 GWB voraus und betrifft daher nicht nur Missbrauchsfälle, sondern alle Fälle – auch und gerade solche jenseits der Missbräuchlichkeit –, in denen vorläufig eine Maßnahme getroffen wird, die sich im Nachhinein als **objektiv** nicht gerechtfertigt herausstellt.

35 Im Unterschied zu Abs. 1 setzt der § 945 ZPO nachgebildete[44] Schadensersatzanspruch des Abs. 3 kein Verschulden und erst recht keine Missbräuchlichkeit voraus. Der Schadensersatzanspruch des Abs. 3 führt vielmehr zu einer **verschuldensunabhängigen Haftung**[45] des Antragstellers nach § 169 Abs. 3 GWB für alle Schäden, die dem Auftraggeber wegen ungerechtfertigter vorläufiger Maßnahmen entstehen, die die Vergabekammer antragsgem. nach § 169 Abs. 3 GWB trifft. Weil der Antragsteller hier mit besonderem Antrag über das automatische Zuschlagsverbot hinaus vorläufig in das Vergabeverfahren bremsend eingreift und soweit sich im Hauptverfahren über den Nachprüfungsantrag herausstellt, dass der zusätzliche Stopp einzelner Maßnahmen nicht gerechtfertigt war, erschien dem Gesetzgeber die strenge verschuldensunabhängige Haftung in diesem Fall angemessen.[46]

1. Vorläufige Maßnahmen gem. § 169 Abs. 3 GWB

36 Der Schadensersatzanspruch nach Abs. 3 kann nur dann eingreifen, wenn die Vergabekammer eine vorläufige Entscheidung gem. § 169 Abs. 3 GWB getroffen hat. Damit sind also diejenigen Vergabenachprüfungsverfahren angesprochen, in denen die Vergabekammer auf Grundlage von § 169 Abs. 3 GWB weitere, also über das Zuschlagserteilungsverbot des § 169 Abs. 1 GWB hinausgehende, vorläufige Maßnahmen ausspricht. Als eine solche **vorläufige Maßnahme** kommt etwa in Betracht, dass dem Auftraggeber eine Fortsetzung

43 *Otting*, in: Bechtold, GWB, § 125 Rn. 4; *Glahs*, in: Reidt/Stickler/Glahs, Vergaberecht, § 125 Rn. 3.

44 BR-Drs. 646/97, Anlage, S. 48.

45 *Stockmann*, in: Immenga/Mestmäcker, GWB, § 125 Rn. 16; *Verfürht*, in: Kulartz/Kus/Portz/Prieß, GWB-Vergaberecht, § 180 Rn. 39; *Schweda*, in: Langen/Bunte, Kartellrecht, § 125 GWB Rn. 10; *Kullack*, in: Heiermann/Riedl/Rusam, VOB, § 125 GWB Rn. 10; *Glahs*, in: Reidt/Stickler/Glahs, Vergaberecht, § 125 Rn. 15.

46 BR-Drs. 646/97, Anlage, S. 48.

des Vergabeverfahrens (weitere Angebotswertung, Angebotsaufklärung, Verhandlungen im Verhandlungsverfahren) oder eine trotz des Zuschlagserteilungsverbots erfolgende Leistungserbringung durch einen anderen Bieter bzw. sonst einen Dritten untersagt wird.

2. Entsprechend einem besonderen Antrag

Der Schadensersatzanspruch nach Abs. 3 setzt weiter einen **Antrag** des Antragstellers **nach § 169 Abs. 3 GWB** voraus. Das ist insofern selbstverständlich, als der Erlass weiterer vorläufiger Maßnahmen durch die Vergabekammer gem. § 169 Abs. 3 GWB ohnehin einen Antrag des Antragstellers (also des die Nachprüfung des Vergabeverfahrens gem. § 160 GWB beantragenden Bieters) voraussetzt. **37**

Eine wesentliche Beschränkung erfährt der Schadensersatzanspruch des Abs. 3 erst durch das Wort „**entsprechend**". Der Gesetzentwurf der Bundesregierung sah in Abs. 3 zunächst die Formulierung „auf einen besonderen Antrag" vor.[47] Der Bundesrat bat in seiner Stellungnahme um Prüfung, ob der Wortlaut abgeändert werden könne in die Formulierung „entsprechend einem besonderen Antrag", weil er eine verschuldensunabhängige Haftung des Antragstellers nur in dem Fall als gerechtfertigt ansah, dass die Eilentscheidung der Vergabekammer im vollen Umfang dem (Eil-)Antrag des Antragstellers entspricht.[48] Der Bundestag kam dieser Anregung nach und änderte den Wortlaut in die Gesetz gewordene Fassung ab.[49] Denn gem. § 168 Abs. 1 Satz 2 GWB ist die Vergabekammer nicht an die Anträge gebunden, sie kann also auch über gestellte Anträge hinausgehende Maßnahmen gem. § 169 Abs. 3 GWB treffen. In einem solchen Fall fehlt es am erforderlichen Zusammenhang zu einem Verhalten (Eilantrag nach § 169 Abs. 3 GWB) des Antragstellers, sodass eine Haftung für Schäden, die durch (gewissermaßen trotzdem) von der Vergabekammer angeordnete Maßnahmen entstehen, nicht gerechtfertigt wäre. Der Schadensersatzanspruch setzt also voraus, dass die jeweils betrachtete Maßnahme, die die Vergabekammer gestützt auf § 169 Abs. 3 GWB erlassen hat, auch gerade **vom Antrag umfasst** war, den der Antragsteller gem. § 169 Abs. 3 GWB gestellt hat. Es ist hingegen nicht erforderlich, dass die Vergabekammer einem vom Antragsteller nach § 169 Abs. 3 GWB gestellten Antrag in vollem Umfang entsprochen hat.[50] Auch wenn die Vergabekammer teilweise oder überwiegend den Antrag des Antragstellers nach § 169 Abs. 3 GWB ablehnt, genügt es, wenn gerade diejenige von der Vergabekammer getroffene vorläufige Maßnahme im Antrag des Antragstellers nach § 169 Abs. 3 GWB enthalten war, deren Vollzug den Schaden verursacht hat, den der Auftraggeber ersetzt verlangt. **38**

3. Von Anfang an ungerechtfertigt

Das Tatbestandsmerkmal „von Anfang an ungerechtfertigt" ist in Abs. 3 ebenso wie in Abs. 1 (s. o. Rn. 11 ff.) zu verstehen. **39**

---

47 BR-Drs. 646/97, Anlage, S. 11.

48 BR-Drs. 646/97, S. 22.

49 BT-Drs. 13/19328, S. 17; BR-Drs. 372/98, Anlage, S. 7.

50 In diesem Sinne ist die für die Änderung gegebene Begründung des Gesetzgebers zu verstehen, dass eine verschuldensunabhängige Haftung nur eingreifen solle, wenn die Eilmaßnahme dem Antrag entspreche (vgl. BR-Drs. 646/97, S. 22, und BT-Drs. 13/19328, S. 17).

4. Vollziehung

40 Die Vollziehung von vorläufigen Maßnahmen nach § 169 Abs. 3 GWB ist nunmehr in § 169 Abs. 3 Satz 4 und Satz 5 GWB weitergehend geregelt worden und richtet sich maßgeblich nach dem jeweiligen Verwaltungsvollstreckungsgesetz des Bundeslandes, dessen Vergabekammer entschieden hat. Von den Vergabekammern getroffene vorläufige Maßnahmen können v. a. durch die Festsetzung eines Zwangsgeldes vollzogen werden. Eine Vollziehung ist es aber auch, wenn der Auftraggeber „freiwillig", ohne dass es zu einer besonderen Vollziehungsmaßnahme kommt, die von der Vergabekammer getroffene Maßnahme beachtet, denn es wäre nicht erklärlich, dem rechtstreuen Auftraggeber in einem derartigen Fall den Schadensersatzanspruch zu verweigern, obwohl der Antrag des Antragstellers nach § 169 Abs. 3 GWB die den Auftraggeber treffende und verpflichtende Maßnahme der Vergabekammer ausgelöst hat.

5. Schaden

41 Durch die Vollziehung der von der Vergabekammer auf Antrag des Antragstellers angeordneten Maßnahme muss dem öffentlichen Auftraggeber ein Schaden entstanden sein. Zwischen der Maßnahmenvollziehung und dem geltend gemachten Schaden muss eine entsprechende Kausalbeziehung bestehen. Nach Abs. 3 sind also solche Schäden zu ersetzen, die durch die bloße Antragstellung nach § 160 GWB (insoweit gelten Abs. 1 und Abs. 2) noch nicht entstanden sind, sondern erst durch weitergehende Eilmaßnahmen nach § 169 Abs. 3 GWB. Bei Abs. 1 und Abs. 2 geht es v. a. um den Verzögerungsschaden, der schon durch die bloße Antragstellung nach § 160 GWB und das daran gem. § 169 Abs. 1 GWB anschließende Zuschlagserteilungsverbot verursacht wird. Bei Abs. 3 geht es v. a. um den darüber hinausgehenden **zusätzlichen Verzögerungsschaden**, der durch eine zusätzliche Verzögerung aufgrund der vorläufigen Maßnahmen nach § 169 Abs. 3 GWB verursacht wird. Zu einem zusätzlichen Verzögerungsschaden kann es gerade in den Fällen kommen, in denen die Vergabekammer dem öffentlichen Auftraggeber gestützt auf § 169 Abs. 3 GWB untersagt, das Vergabeverfahren fortzuführen (s. o. Rn. 36).

6. Anspruchsinhaber/Gläubiger

42 Inhaber/Gläubiger des Schadensersatzanspruchs nach Abs. 3 kann nur der **Auftraggeber** sein. Der Antragsteller des Nachprüfungsantrags nach § 160 GWB scheidet als Gläubiger zwangsläufig aus, weil nur er selbst einen Antrag nach § 169 Abs. 3 GWB stellen kann und weil sich die gem. § 169 Abs. 3 GWB angeordneten weiteren Maßnahmen nur gegen den öffentlichen Auftraggeber wenden können. Dem Antragsteller kann also durch Maßnahmen gem. § 169 Abs. 3 GWB kein Schaden entstehen. Unverständlich ist hingegen, warum im Unterschied zu Abs. 1 nicht auch die weiteren Beteiligten, insbesondere der ggf. bereits für den Zuschlag auserkorene Bieter, Schadensersatz verlangen können. Denn ein zusätzlicher Verzögerungsschaden, der durch die Vollziehung vorläufiger Maßnahmen nach § 169 Abs. 3 GWB ausgelöst wird, kann nicht nur beim Auftraggeber entstehen, sondern auch bei dem für die Auftragserteilung vorgesehenen Unternehmen, das regelmäßig zum Nachprüfungsverfahren gem. § 162 Satz 1 GWB beigeladen wird.

7. Anspruchsverpflichteter/Schuldner

Der anspruchsverpflichtete Schuldner des Schadensersatzanspruchs nach Abs. 3 ist der **Antragsteller gem. § 169 Abs. 3 GWB**, also der Antragsteller des Nachprüfungsantrags nach § 160 GWB und somit derjenige Bieter, der das Nachprüfungsverfahren wegen geltend gemachter Vergaberechtsverstöße einleitet. 43

8. Verjährung

Die Verjährung des Schadensersatzanspruchs gem. Abs. 3 richtet sich ebenso wie der gem. Abs. 1 nach den §§ 194 ff. BGB (s. o., Rn. 32). 44

9. Rechtsweg

Der Schadensersatzanspruch gem. Abs. 3 ist vor den **ordentlichen Gerichten** geltend zu machen (vgl. § 156 Abs. 3 GWB). 45

IV. Verhältnis zu anderen Ansprüchen

Die Vorschrift ist nicht in dem Sinne abschließend, dass sie andere Schadensersatzansprüche ausschließt. Insbesondere schließt sie nicht einen Anspruch des den Zuschlag erhaltenden Bieters gegenüber dem Auftraggeber auf Ersatz des wegen einer Verzögerung des Vergabeverfahrens entstandenen Schadens aus.[51] 46

V. Verhältnis zum Primärrechtsschutz

Ist ein Nachprüfungsantrag oder eine Beschwerde rechtsmissbräuchlich i. S. d. Abs. 1, hat dies zur Folge, dass der Primärrechtsschutz zu versagen ist, also auch wegen der Missbräuchlichkeit der Antrag abgelehnt bzw. die Beschwerde zurückgewiesen werden muss.[52] Es ist im Übrigen durchaus denkbar, dass auch dann, wenn ein Antrag oder eine Beschwerde nicht von Anfang an ungerechtfertigt war – sodass ein Schadensersatzanspruch nach Abs. 1 und Abs. 2 ausscheidet –, der Antragsteller oder Beschwerdeführer dennoch ein missbräuchliches Verhalten an den Tag legt. Auch wenn eine Schadensersatzpflicht ausscheidet, ist in solchen (Ausnahme-)Fällen der Primärrechtsschutz wegen Rechtsmissbräuchlichkeit zu versagen.[53] Für die Kostenentscheidung im Hauptsacheverfahren hat die Missbräuchlichkeit von Antrag oder Beschwerde hingegen regelmäßig keine Bedeutung.[54] 47

51 LG Berlin, Urt. v. 15.11.2006, 23 O 148/06, IBR 2007, 301 – Autobahnanbindung Berlin-Schönefeld.
52 OLG Düsseldorf, Beschl. v. 14.5.2008, Verg 27/08, VergabeR 2008, 661, 663 – Sportarena.
53 Vgl. BayObLG, Beschl. v. 20.12.1999, Verg 8/99, BauR 2000, 557, 561 – Tragwerksplanung.
54 OLG Düsseldorf, Beschl. v. 19.2.2002, Verg 33/01, VergabeR 2003, 111, 113.

§ 181 Anspruch auf Ersatz des Vertrauensschadens

Hat der Auftraggeber gegen eine den Schutz von Unternehmen bezweckende Vorschrift verstoßen und hätte das Unternehmen ohne diesen Verstoß bei der Wertung der Angebote eine echte Chance gehabt, den Zuschlag zu erhalten, die aber durch den Rechtsverstoß beeinträchtigt wurde, so kann das Unternehmen Schadensersatz für die Kosten der Vorbereitung des Angebots oder der Teilnahme an einem Vergabeverfahren verlangen. Weiterreichende Ansprüche auf Schadensersatz bleiben unberührt.

Schrifttum: *Bechtold*, GWB, 7. Aufl. 2013; *Byok/Jaeger*, Kommentar zum Vergaberecht, 2. Aufl. 2005; *Heiermann/Riedl/Rusam*, Handkommentar zur VOB, 13. Aufl. 2013; *Immenga/Mestmäcker*, Wettbewerbsrecht, GWB, Kommentar zum deutschen Kartellrecht, 5. Aufl. 2014; *Ipsen*, Öffentliches Auftragswesen im Umbruch, 1997; *Korbion*, Vergaberechtsänderungsgesetz, 1999; *Kulartz/Kus/Portz/Prieß*, GWB-Vergaberecht, 4. Aufl. 2016; *Langen/Bunte*, Kartellrecht, 11. Aufl. 2010; *Müller-Wrede*, GWB Vergaberecht, Kommentar, 2016; *Noch*, Vergaberecht, 7. Aufl. 2016; *Palandt*, BGB, 76. Aufl. 2017.

Übersicht

I. Überblick

1 Im Vergaberecht unterteilt sich der Rechtsschutz in den sog. primären Rechtsschutz und den sog. sekundären Rechtsschutz. Primärer Rechtsschutz zielt auf die Vermeidung von Rechtsverstößen im Vergabeverfahren vor einer endgültig wirksamen Auftragserteilung ab

und wird den Bietern durch subjektive Rechte auf Einhaltung der Vergabevorschriften und die dazugehörigen Rechtsmittel gewährleistet. Sekundärer Rechtsschutz wird durch Ansprüche der Bieter auf Schadensersatz gewährleistet, die auch noch nach erfolgter Auftragserteilung geltend gemacht und durchgesetzt werden können. Die Vorschrift, die im Zuge der Vergaberechtsnovelle 2016 verglichen mit der Vorgängerregelung des § 126 GWB a.F. inhaltlich unverändert blieb,[1] ist demnach Teil des **sekundären Rechtsschutzes**.

Es handelt sich bei Satz 1 der Vorschrift um eine eigenständige **Anspruchsgrundlage** und nicht lediglich um eine Erleichterung des Kausalitätsnachweises im Rahmen eines ohnehin bestehenden Schadensersatzanspruchs.[2] Das ist schon dem Wortlaut nach unzweifelhaft und wird durch die Intentionen des Gesetzgebers bestätigt (vgl. Rn. 5 f.). Nach **Satz 1** ist das sog. **negative Interesse** oder der sog. Vertrauensschaden zu ersetzen. Der Anspruchsinhaber muss also ggf. so gestellt werden, wie sich seine wirtschaftliche/finanzielle Lage dargestellt hätte, wenn er an dem Vergabeverfahren gar nicht erst teilgenommen hätte. Folgerichtig nennt Satz 1 die Kosten der Angebotsvorbereitung und die sonstigen Kosten der Teilnahme am Vergabeverfahren als mögliche Schadensersatzpositionen. Durch die in **Satz 2** ausdrücklich klargestellte Öffnung des vergaberechtlichen Schadensersatzsystems auch für weiterreichende Schadensersatzansprüche kann der jeweilige Anspruchsinhaber ggf. auch anderweitige Schadensersatzansprüche geltend machen, die auf das sog. **positive Interesse** oder das Erfüllungsinteresse gerichtet sind. Der Anspruchsinhaber muss also ggf. so gestellt werden, wie sich seine wirtschaftliche/finanzielle Lage dargestellt hätte, wenn er den Zuschlag erhalten hätte. Insoweit geht es um den dem Anspruchsinhaber entgangenen Gewinn. 2

Die Vorschrift ist bereits im Zuge des **VgRÄG von 1998** in das GWB-Vergaberecht eingeführt[3] und seitdem nicht geändert worden. Auch im Zuge der **Vergaberechtsnovelle 2016** erfuhr die Vorschrift keinerlei inhaltliche Änderungen.[4] 3

Die **Bundesregierung** hatte zunächst folgenden Wortlaut der Vorschrift vorgeschlagen: „Wird Schadensersatz für die Kosten der Vorbereitung eines Angebots oder die Teilnahme an einem Vergabeverfahren verlangt, so braucht das Schadensersatz fordernde Unternehmen lediglich nachzuweisen, dass eine seinen Schutz bezweckende Vergabevorschrift verletzt worden ist und dass es ohne diesen Rechtsverstoß bei der Wertung der Angebote in die engere Wahl gekommen wäre."[5] Damit intendierte die Bundesregierung[6] die Umsetzung von Art. 2 Abs. 7 der EG-Sektoren-Rechtsmittelrichtlinie[7] (RMLS), wonach derjeni- 4

---

1 Vgl. Entwurf BReg BT-Drs. 18/6281, S. 136.

2 OLG Koblenz, Beschl. v. 15.1.2007, 12 U 1016/05, vgl. IBR 2007, 272 (red. Ls.); *Gnittke/Hatting*, in: Müller-Wrede, GWB Vergaberecht, § 181 Rn. 5; zum VgRÄG schon *Jebens*, DB 1999, 1741, 1742; *Schnorbus*, BauR 1999, 77, 92.

3 BGBl. I, Nr. 59 v. 2.9.1998, S. 2512, 2517 (§ 135 GWB).

4 Vgl. Entwurf BReg BT-Drs. 18/6281, S. 136.

5 BR-Drs. 646/97, Anlage, S. 11.

6 BR-Drs. 646/97, Anlage, S. 48 f.

7 Richtlinie 92/13/EWG des Rates vom 25.2.1992 zur Koordinierung der Rechts- und Verwaltungsvorschriften für die Anwendung der Gemeinschaftsvorschriften über die Auftragsvergabe durch Auftraggeber im Bereich der Wasser-, Energie- und Verkehrsentsorgung sowie im Telekommunikationssektor, ABl. EG Nr. L 76 v. 23.3.1992, S. 14 ff., zuletzt geändert durch Art. 2 der Richtlinie vom 11.12.2007, ABl. EU Nr. L 335 v. 20.12.2007, S. 31, 41.

ge, der Schadensersatz für die Kosten der Angebotsvorbereitung oder für die Kosten der Teilnahme am Vergabeverfahren verlangt, lediglich nachzuweisen hat, dass ein Vergaberechtsverstoß vorliegt und dass er eine echte Chance auf den Zuschlag gehabt hätte, die aber durch den Rechtsverstoß beeinträchtigt wurde. Anstelle der Beeinträchtigung einer echten Zuschlagschance durch den Rechtsverstoß sprach die Bundesregierung davon, dass der Bieter ohne den Vergaberechtsverstoß in die engere Wahl hätte kommen müssen.

5 Da aber die Bundesregierung mit ihrem Formulierungsvorschlag in der Tat dem Wortlaut nach scheinbar lediglich eine Beweislastregel normiert hatte, in der Sache aber ein Schadensersatzanspruch zu normieren war, schlug der **Bundesrat**[8] für Satz 1 folgende Umformulierung vor: „Hat der Auftraggeber gegen eine den Schutz von Unternehmen bezweckende Vorschrift verstoßen und wäre das Unternehmen ohne diesen Verstoß bei der Wertung der Angebote in die engere Wahl gekommen, so kann das Unternehmen Schadensersatz für die Kosten der Vorbereitung des Angebots oder der Teilnahme an einem Vergabeverfahren verlangen." Zugleich regte der Bundesrat an, erstens anstatt der „engeren Wahl" darauf abzustellen, dass der Bieter eine echte Zuschlagschance gehabt hätte, die aber durch den Rechtsverstoß beeinträchtigt wurde, und zweitens den Anwendungsbereich ausdrücklich auf den Bereich der Trinkwasser-, Energie- und Verkehrsversorgung sowie des Telekommunikationssektors zu begrenzen (beides sollte im Sinne einer 1:1-Umsetzung der Beschränkung auf die Regelung des Art. 2 Abs. 7 RMLS dienen). Zusätzlich schlug der Bundesrat die Ergänzung von Satz 2 vor mit der Begründung, es müsse dem möglichen Missverständnis vorgebeugt werden, durch die Vorschrift sollten weitere Schadensersatzansprüche, v. a. solche, die auf das positive Erfüllungsinteresse gerichtet sind, ausgeschlossen werden.

6 Die Bundesregierung stimmte in ihrer Gegenäußerung den Vorschlägen des Bundesrates zur Umformulierung von Satz 1, zum Abstellen auf die echte Zuschlagschance und zur Ergänzung von Satz 2 zu und lehnte lediglich die Begrenzung des Anwendungsbereichs auf den Sektorenbereich ab.[9] Der **Bundestag-Wirtschaftsausschuss** schloss sich dem an und schlug den Gesetz gewordenen Wortlaut vor, um das Gewollte schärfer zu formulieren und Missverständnisse auszuschließen.[10]

7 Die Vorschrift ist **unionsrechtskonform**. Art. 2 Abs. 1 lit. c) der EG-Rechtsmittel-Richtlinie[11] (RML) und Art. 2 Abs. 1 Satz 2 lit. d) RMLS verlangen, dass die Mitgliedstaaten für die gegen Vergaberechtsverstöße des Auftraggebers eröffneten Nachprüfungsverfahren die erforderlichen Befugnisse vorsehen, damit den durch den Vergaberechtsverstoß Geschädigten Schadensersatz zugesprochen werden kann. Satz 2 der Vorschrift stellt sicher, dass den Bietern ausreichende Möglichkeiten zur Verfügung stehen, um bei Vergaberechtsverstößen ggf. Schadensersatz vom Auftraggeber verlangen zu können. Von der in Art. 2 Abs. 6 RML und Art. 2 Abs. 1 Satz 3 RMLS eingeräumten Möglichkeit, die Durchsetzung von Schadensersatzansprüchen von der vorherigen Aufhebung rechtswidriger Entschei-

8 BR-Drs. 646/97, S. 22 f., unter Hinweis auf BGH, Urt. v. 25.11.1992, VIII ZR 170/91, NJW 1993, 520, 521 (zum Anspruch des Bieters auf Einhaltung der VOL/A).

9 BT-Drs. 13/9340, S. 51.

10 BT-Drs. 13/10328, S. 17 und 30.

11 Richtlinie 89/665/EWG des Rates vom 21.12.1989 zur Koordinierung der Rechts- und Verwaltungsvorschriften für die Anwendung der Nachprüfungsverfahren im Rahmen der Vergabe öffentlicher Liefer- und Bauaufträge, ABl. EG, Nr. L 395 v. 30.12.1989, S. 33 ff., zuletzt geändert durch Art. 1 der Richtlinie vom 11.12.2007, ABl. EU, Nr. L 335 v. 20.12.2007, S. 31.

dungen des Auftraggebers durch die Vergabenachprüfungsinstanzen abhängig zu machen, hat der deutsche Gesetzgeber keinen Gebrauch gemacht (allenfalls § 135 Abs. 1 GWB lässt sich dahingehend verstehen). Im Übrigen ist der Wortlaut der Vorschrift im Wesentlichen Art. 2 Abs. 7 RMLS entnommen, wonach ein Bieter, der Schadensersatz für die Kosten der Vorbereitung eines Angebots oder für die Kosten der Teilnahme an einem Auftragsvergabeverfahren verlangt, nur nachweisen muss, dass ein Vergaberechtsverstoß vorliegt und dass er eine echte Zuschlagschance gehabt hätte, die aber durch den Vergaberechtsverstoß beeinträchtigt wurde.

Die **Intention** von Satz 1 wird im Allgemeinen damit beschrieben, dass es um eine Erleichterung des Kausalitätsnachweises gehe.[12] Tatsächlich werden nicht die Anforderungen an den Kausalitätsnachweis herabgesetzt, sondern Satz 1 stellt insofern eine (ziemlich geringfügige) Erleichterung der Durchsetzbarkeit eines Schadensersatzanspruchs des Bieters gegen den Auftraggeber dar, als der Bieter nicht den Nachweis zu führen hat, er hätte den Zuschlag erhalten (müssen), sondern lediglich nachweisen muss, dass seine echte Zuschlagschance beeinträchtigt worden ist. Das ist eine **Erleichterung einer materiellen Tatbestandsvoraussetzung** des Schadensersatzanspruchs, nicht des Kausalitätsnachweises. 8

II. Ersatz des Vertrauensschadens (Satz 1)

1. Anwendungsbereich

Gem. § 106 Abs. 1 GWB gelten die Vorschriften des vierten Teils des GWB, also die §§ 97 ff. GWB, und damit **auch Satz 1** für die Vergabe von öffentlichen Aufträgen und Konzessionen sowie die Ausrichtung von Wettbewerben, deren geschätzter Wert die jeweils festgelegten Schwellenwerte erreicht[13] oder überschreitet, und keine Ausnahmen vom Anwendungsbereich des GWB-Vergaberechts vorliegen.[14] Diese Anwendungsvoraussetzungen von Satz 1 sind im Nachhinein im Schadensersatzprozess objektiv zu klären. 9

Es ist für die Anwendung von Satz 1 irrelevant, wenn der Auftraggeber trotz Erreichen der Schwellenwerte kein gemeinschaftsweites Vergabeverfahren, sondern lediglich eine nationale Ausschreibung durchgeführt hat. Auch bei **vergaberechtswidrigem Unterlassen** eines wegen des Erreichens der Schwellenwerte gebotenen gemeinschaftsweiten Vergabeverfahrens ist Satz 1 **anwendbar**.[15] Dementsprechend ist Satz 1 auch im Falle einer echten De-facto-Vergabe anwendbar[16] – wenngleich dann regelmäßig die Tatbestandsvoraussetzungen von Satz 1 nicht erfüllt sein werden[17] (vgl. auch Rn. 44 zum Anspruch aus culpa in contrahendo). 10

---

12 *Otting*, in: Bechtold, GWB, § 126 Rn. 1.

13 OLG Stuttgart, Urt. v. 30.4.2007, 5 U 4/06, BauR 2008, 567 (red. Ls.), zitiert nach juris, juris-Rn. 20.

14 Vgl. BGH, Urt. v. 27.11.2007, X ZR 18/07, VergabeR 2008, 219, 220 – Hochwasserschutzanlage.

15 Vgl. BGH, Urt. v. 27.11.2007, X ZR 18/07, VergabeR 2008, 219, 220 f. – Hochwasserschutzanlage.

16 A. A. KG, Urt. v. 27.11.2003, 2 U 174/02, VergabeR 2004, 490 f. – Büromöbel.

17 Vgl. auch *Hartung*, VergabeR 2007, 421, 422; *Schweda*, in: Langen/Bunte, Kartellrecht, § 126 Rn. 3.

11 Es steht der Anwendung von Satz 1 auch nicht entgegen, wenn ein Vergabeverfahren infolge eines beanstandeten Vergaberechtsverstoßes aufgehoben wird und der Auftraggeber deshalb schon nicht in die Wertungsphase eintritt.[18]

12 Erreicht ein öffentlicher Auftrag nicht den maßgeblichen Schwellenwert, ist Satz 1 nicht anwendbar. Für eine solche **Unterschwellenvergabe** bleiben nur sonstige Schadensersatzansprüche i. S. d. Satz 2 (vgl. dazu unten Rn. 38 ff.).[19]

13 Die vorherige **Anrufung der Vergabenachprüfungsinstanzen** ist keine Voraussetzung für die Geltendmachung eines Schadensersatzanspruchs oder die Einleitung eines Schadensersatzprozesses.[20]

2. Auftraggeber als Schuldner, Unternehmen als Gläubiger

14 Der jeweilige **Auftraggeber** i. S. d. § 98 GWB ist der **Schuldner** des Anspruchs nach Satz 1. Dazu zählen öffentliche Auftraggeber i. S. v. § 99 GWB, Sektorenauftraggeber i. S. d. § 100 GWB und Konzessionsgeber i. S. v. § 101 GWB. Bereits die Vorgängerregelung des § 181 GWB, der § 126 GWB a. F. adressierte den „Auftraggeber" (und nicht etwa den „öffentlichen Auftraggeber") als Anspruchsverpflichteten. Im Gegensatz zur damaligen Rechtslage erhält der Auftraggeberbegriff in § 181 GWB nun jedoch durch die Legaldefinition des § 98 GWB eine (um den Konzessionsgeber) erweiterte und erstmalig gesetzlich abschließend fixierte Fasson.

15 **Gläubiger** des Anspruchs nach Satz 1 kann jedes **Unternehmen** sein, das in irgendeiner Art und Weise am Vergabeverfahren teilgenommen hat. Unternehmen ist also der **Bieter**, Bewerber etc. Ist der Gläubiger des Schadensersatzanspruchs eine Bietergemeinschaft, ist zu berücksichtigen, dass nach der Rechtsprechung des EuGH[21] das Unionsrecht, insbesondere das Recht auf effektiven Rechtsschutz, fordert, dass auch ein einzelnes Mitglied einer Bietergemeinschaft individuell Ersatz des Schadens verlangen kann, den es aufgrund einer rechtswidrigen Vergabeentscheidung des Auftraggebers (oder sogar einer anderen Stelle, wenn sich deren Entscheidung auf das Vergabeverfahren ausgewirkt hat) erlitten zu haben behauptet.

3. Verstoß gegen bieterschützende Vorschrift

16 Die bieterschützenden Rechtspflichten des Auftraggebers ergeben sich aus dem **4. Teil des GWB** und über § 113 GWB auch aus den zur Konkretisierung des GWB erlassenen Rechtsverordnungen, insbesondere also aus der VgV für Liefer- und Dienstleistungsaufträ-

---

18 Vgl. BGH, Urt. v. 27.11.2007, X ZR 18/07, VergabeR 2008, 219, 221 – Hochwasserschutzanlage.

19 *Verfürht*, in: Kulartz/Kus/Portz/Prieß, GWB-Vergaberecht, § 181 Rn. 3.

20 OLG Düsseldorf, Urt. v. 15.12.2008, 27 U 1/07, VergabeR 2009, 501, 511 – Operationszentrum, zu einem Schadensersatzanspruch wegen culpa in contrahendo; OLG Dresden, Urt. v. 10.2.2004, 20 U 1697/03, IBR 2004, 219 (insoweit dort nicht abgedruckt), hier zitiert nach ibr-online, unter II.3.e), zu § 126 Satz 1 GWB a. F. (jetzt § 181 GWB); ebenso *Jaeger*, NZBau 2001, 289, 293; *Noch*, Vergaberecht, Rn. 149.

21 EuGH, Urt. v. 6.5.2010, Rs. C-149/08 u. a., NZBau 2010, 506, 508 ff., Rn. 65 ff., 80 – Thessaloniki.

ge und über § 2 VgV auch aus der VOB/A für Bauaufträge.[22] Auch die **Vergaberichtlinien** des Unionsrechts sind bieterschützend.[23] **Bieterschützend** sind diejenigen Vorschriften dieser Regelwerke, die – zumindest neben anderen Regelungszwecken – auch dem Gebot der Fairness, der Transparenz und der Gleichbehandlung dienen und nicht allein haushaltsrechtliche, ordnungsrechtliche[24] oder gesamtwirtschaftliche Intentionen verfolgen.[25] Relevante Schwierigkeiten, ob eine Vorschrift bieterschützend ist oder nicht, bestehen jedenfalls inzwischen nicht mehr, weil auch die reichhaltige Kasuistik zu § 160 Abs. 2 GWB i.V.m. den untergesetzlichen Vergabevorschriften die Frage nach dem bieterschützenden Charakter einer Vorschrift beantwortet.

Liegt im Einzelfall eine bestandskräftige Entscheidung einer Vergabekammer oder eine rechtskräftige Entscheidung eines Vergabesenats oder des angerufenen BGH vor, in der ein Vergaberechtsverstoß des Auftraggebers festgestellt worden ist, so ist diese Feststellung gem. **§ 179 Abs. 1 GWB** für die im Schadensersatzprozess zu treffende Entscheidung **bindend**.[26] **17**

4. Echte Zuschlagschance bei der Wertung

Den vom Auftraggeber begangenen Vergaberechtsverstoß gegen eine bieterschützende Vorschrift hinweggedacht, hätte der Bieter bei der Wertung eine echte Chance haben müssen. **18**

Wie die Entstehungsgeschichte von Satz 1 zeigt (vgl. Rn. 4ff.), ist der aus Art. 2 Abs. 7 RMLS abgeleitete Begriff der **echten Chance** enger zu verstehen als die sog. engere Wahl.[27] Es sind also strengere Anforderungen zu stellen, als dass das Angebot des den Schadensersatzanspruch nach Satz 1 geltend machenden Bieters nur in die engere Wahl hätte kommen müssen.[28] Weil das Wort „echt" zum Ausdruck bringt, dass das Angebot besonders qualifizierte Aussichten auf Zuschlagserteilung hätte haben müssen, reicht es auch nicht aus, dass das Angebot zu einer nahe zusammenliegenden Spitzengruppe gehört hätte – was ohnehin nicht sonderlich trennscharf und in Vergabeverfahren mit nur wenigen Angeboten auch unanwendbar wäre. Voraussetzung ist vielmehr, dass das Angebot unter Berücksichtigung des dem öffentlichen Auftraggeber zustehenden Wertungsspielraums **den Zuschlag hätte erhalten können**.[29] Damit ist die in Satz 1 mit der echten Chance genannte **19**

---

22 Bspw. Vorschriften über die Aufhebung der Ausschreibung (§ 17 VOB/A-EU), vgl. OLG Sachsen-Anhalt, Urt. v. 27.11.2014, 2 U 152/13, VergabeR 2015, 489 ff.

23 BGH, Urt. v. 27.11.2007, X ZR 18/07, VergabeR 2008, 219, 220 – Hochwasserschutzanlage.

24 Vgl. *Schweda*, in: Langen/Bunte, Kartellrecht, § 126 Rn. 9, der reine Ordnungsvorschriften zu Recht ausschließt. Ebenso: *Verfürht*, in: Kulartz/Kus/Portz/Prieß, GWB-Vergaberecht, § 181 Rn. 12.

25 OLG Koblenz, Urt. v. 15.1.2007, 12 U 1016/05, IBR 2007, 272 (red. Ls.), zitiert nach juris, juris-Rn. 17.

26 OLG Naumburg, Urt. v. 26.1.2004, 1 U 30/04, VergabeR 2005, 261, 263 – Gebäudeleittechnik, zu einem Schadensersatzanspruch aus culpa in contrahendo.

27 Vgl. zum Begriff der engeren Wahl § 16 Abs. 6 Nr. 3 Satz 1 VOB/A 2009.

28 OLG Koblenz, Beschl. v. 4.2.2009, 1 Verg 4/08, VergabeR 2009, 682, 684 f. – Ortskanalisation.

29 Vgl. BGH, Urt. v. 27.11.2007, X ZR 18/07, VergabeR 2008, 219, 222 – Hochwasserschutzanlage. Früher wurde vertreten, dass mit der echten Zuschlagschance eine eng beieinander liegende Spitzengruppe (*Hucko*, VergabeR 1998, 15, 16; *Ax*, ZVgR 2000, 153, 155) oder die engere Wahl (*Höfler*, ZfBR 2000, 148, 153; *Korbion*, VgRÄG, § 126 Rn. 3) oder alle Angebote gemeint seien, die

Anspruchsvoraussetzung – ein wenig – weniger streng als der Nachweis, dass der Bieter den Zuschlag erhalten hätte.[30] Die Absenkung der Anspruchsvoraussetzungen für Schadensersatz in Satz 1 fällt damit aber auch denkbar gering aus.[31]

20 Ob das Angebot des den Schadensersatz begehrenden Bieters den Zuschlag hätte erhalten können, ist eine **Einzelfall-Entscheidung**, die in fehlerfreier Anwendung der vom Auftraggeber festgelegten Wertungskriterien und ggf. ihrer Gewichtung getroffen werden muss. Ist der **Preis** alleiniges Wertungskriterium, liegt es nicht im Wertungsspielraum des Auftraggebers, den Zuschlag anstatt auf das preislich günstigste wertbare Angebot auf ein wertbares Angebot mit einem ungünstigeren Angebotspreis zu erteilen, denn dann hätte allein das preislich günstigste wertbare Angebot den Zuschlag erhalten dürfen – sodass allein das preislich günstigste wertbare Angebot eine echte Zuschlagschance gehabt hätte.[32] Je mehr Wertungskriterien aber im Einzelfall anzuwenden sind und je mehr Wertungsspielraum die anzuwendenden Wertungskriterien dem Auftraggeber geben, desto schwieriger wird sich die Frage nach der echten Chance beantworten lassen.

21 An einer echten Chance **fehlt** es, wenn die Leistungsbeschreibung fehlerhaft war und deshalb die abgegebenen **Angebote nicht vergleichbar** sind, sodass es an einer tragfähigen Grundlage für die Beurteilung der echten Chance fehlt. In einer solchen Konstellation stellt die fehlerhafte Leistungsbeschreibung eine solche Grundlage nicht dar, weil auf die daraufhin ergangenen Angebote von vornherein der Zuschlag nicht erteilt werden darf.[33] In einem solchen Fall bleiben noch weiterreichende Ansprüche i. S. d. Satz 2 zu prüfen (vgl. Rn. 38 ff.). Fehlt es sogar an einer Festlegung von Wertungskriterien oder deren Gewichtung, lässt sich die Frage nach der echten Chance mangels Vergleichbarkeit der Angebote ebenfalls nicht beantworten, sodass kein Bieter eine echte Chance seines Angebotes nachweisen kann.[34] An einer echten Zuschlagschance fehlt es auch, wenn aufgrund seiner eigenen Fehlerhaftigkeit das Angebot des Schadensersatz begehrenden Bieters selbst hätte **ausgeschlossen** werden müssen.[35] In diesem Fall scheidet auch ein auf culpa in contrahendo gestützter Schadensersatzanspruch als weiterreichender Schadensersatzanspruch nach Satz 2 zumindest grundsätzlich aus (vgl. Rn. 66). Hat ein Bieter erst gar **kein Angebot abgegeben**, fehlt es in aller Regel ebenfalls an einer echten Chance.

22 Wie schon der konjunktivisch formulierte Wortlaut von Satz 1 („hätte gehabt") vorgibt, ist derjenige **Handlungsverlauf hypothetisch zu ermitteln**, der sich **ohne den festgestellten Vergaberechtsverstoß** zugetragen hätte. Wenn z. B. der Auftraggeber vergaberechtswidrig

---

alle formalen Anforderungen der Ausschreibung erfüllen (*Prieß*, in: Ipsen, Öffentliches Auftragswesen im Umbruch, S. 81, 91).

30 Vgl. BGH, Urt. v. 1.8.2006, X ZR 146/03, NZBau 2007, 58.

31 Kritisch daher *Kraus*, VergabeR 2008, 226 f., zum Urteil des BGH v. 27.11.2007 (Hochwasserschutzanlage, vgl. Fn. 29), der bezweifelt, ob die enge Auslegung der „echten Chance" i. S. d. Satzes 1 mit Art. 2 Abs. 7 RMLS vereinbar ist, und daher bei einer Vergabe im Sektorenbereich die Vorlage dieser Rechtsfrage an den EuGH fordert.

32 Vgl. BGH, Urt. v. 27.11.2007, X ZR 18/07, VergabeR 2008, 219, 223 – Hochwasserschutzanlage.

33 BGH, Urt. v. 1.8.2006, X ZR 146/03, NZBau 2007, 58.

34 A. A. *Verfürht*, in: Kulartz/Kus/Portz/Prieß, GWB-Vergaberecht, § 181 Rn. 18.

35 OLG Sachsen-Anhalt, Urt. v. 27.11.2014, 2 U 152/13, VergabeR 2015, 489 ff., juris, Rn. 32 ff.; OLG Koblenz, Beschl. v. 4.2.2009, 1 Verg 4/08, VergabeR 2009, 682, 685 – Ortskanalisation; *Verführt*, in: Kulartz/Kus/Portz/Prieß, GWB-Vergaberecht, § 181 Rn. 15. Vgl. auch Rn. 66 f. zur entsprechenden BGH-Rspr., die zu Schadensersatzansprüchen wegen culpa in contrahendo ergangen ist.

nur national, nicht aber unionsweit ausgeschrieben hat, so muss die Durchführung eines unionsweiten Vergabeverfahrens unterstellt und geprüft werden, ob das vom Schadensersatz begehrenden Bieter abgegebene Angebot bei ordnungsgemäßer Wertung eine echte Chance gehabt hätte.[36] Diese hypothetische Betrachtungsweise verstößt nicht gegen die schadensersatzrechtlichen Grundsätze der Schadenszurechnung, wonach zur Feststellung des Ursachenzusammenhangs nur die pflichtwidrige Handlung hinweggedacht, nicht aber hypothetische Handlungen des Schädigers oder des Geschädigten hinzugedacht werden dürfen, die den Erfolg bei ansonsten gegebener Kausalität des schadenstiftenden Verhaltens entfallen ließen. Die gem. Satz 1 anzustellende hypothetische Betrachtungsweise muss vielmehr bei Hinwegdenken des vergaberechtswidrigen Verhaltens des Auftraggebers feststellen, betrachten und bewerten, wie sich der Auftraggeber ohne Begehung des Vergaberechtsverstoßes entsprechend der **Lebenswirklichkeit** verhalten hätte. So kann z. B. angenommen werden, dass ein Auftraggeber, der einen Beschaffungsbedarf durch eine Auftragsvergabe zu decken beabsichtigt, jedoch wegen der irrigen Annahme der Unterschreitung der Schwellenwerte nur national ausschreibt, ein unionsweites Vergabeverfahren durchgeführt hätte, wenn ihm seine vergaberechtliche Pflicht zur Durchführung eines unionsweiten Vergabeverfahrens bewusst gewesen wäre.[37]

Nach allgemeinen Grundsätzen ist es der den Schadensersatz begehrende **Bieter**, der zur Durchsetzung des von ihm geltend gemachten Schadensersatzanspruchs **darlegen und beweisen** muss, dass er eine echte Chance gehabt hätte, also die Zuschlagserteilung auf sein Angebot innerhalb des Wertungsspielraums des Auftraggebers gelegen hätte.[38] Das wird einem Bieter in aller Regel nicht gelingen können, wenn er – ggf. gerade wegen des geltend gemachten Rechtsverstoßes des Auftraggebers – schon gar **kein Angebot abgegeben** hat.[39] In diesem Fall bleiben aber noch weiterreichende Ansprüche i. S. d. Satz 2 zu prüfen (vgl. dazu Rn. 38 ff.). 23

Nach den Grundsätzen über die sog. **sekundäre Darlegungslast** trifft aber den **Auftraggeber** die Pflicht, die zugrunde gelegten Wertungskriterien und ggf. deren Gewichtung vorzutragen (sofern das nicht ohnehin aus der Bekanntmachung oder den weiteren Vergabeunterlagen bekannt ist) und ggf. substanziiert darzulegen, dass und warum er den Zuschlag auf das Angebot des Schadensersatz begehrenden Bieters nicht wertungsfehlerfrei hätte erteilen können.[40] Dem Auftraggeber ist es – obwohl er ggf. den beanstandeten Pflichtenverstoß begangen hat – nicht verwehrt, sich auf die objektiv richtige Angebotswertung zu berufen und anhand dieser darzulegen, dass der den Schadensersatz begehrende Bieter den Zuschlag auch bei objektiv richtiger Angebotswertung nicht erhalten hätte.[41] 24

Aufgrund der dem Auftraggeber so eröffneten Möglichkeit, im Schadensersatzprozess zur objektiv richtigen Angebotswertung vortragen zu können, kann – erstens – der Auftraggeber **in der Regel nicht mehrfach**, also von mehreren Bietern gleichzeitig, auf Schadenser- 25

36 Vgl. BGH, Urt. v. 27.11.2007, X ZR 18/07, VergabeR 2008, 219, 221 – Hochwasserschutzanlage.
37 Vgl. BGH, Urt. v. 27.11.2007, X ZR 18/07, VergabeR 2008, 219, 221 – Hochwasserschutzanlage.
38 Vgl. BGH, Urt. v. 27.11.2007, X ZR 18/07, VergabeR 2008, 219, 225 – Hochwasserschutzanlage; OLG Sachsen-Anhalt, Urt. v. 23.12.2014, 2 U 74/14, VergabeR 2015, 497, juris, Rn. 30.
39 *Verfürht*, in: Kulartz/Kus/Portz/Prieß, GWB-Vergaberecht, § 181 Rn. 19.
40 Vgl. BGH, Urt. v. 27.11.2007, X ZR 18/07, VergabeR 2008, 219, 225 f. – Hochwasserschutzanlage.
41 BGH, Urt. v. 1.8.2006, X ZR 115/04, NZBau 2006, 797, 798 und 800.

satz in Anspruch genommen werden;[42] das wird – wenn überhaupt – nur in sehr seltenen Ausnahmekonstellationen in Betracht kommen.[43] Zweitens kann ein Bieter, der bei insgesamt vergaberechtmäßigem Ablauf des Vergabeverfahrens den Zuschlag nicht hätte erhalten dürfen, mangels echter Chance keinen Schadensersatz nach Satz 1 verlangen.[44]

5. Beeinträchtigung = Kausalität des Rechtsverstoßes

26 Der Rechtsverstoß muss die echte Zuschlagschance beeinträchtigt haben. Damit ist nichts anderes gemeint, als dass dem Bieter die echte Zuschlagschance gerade aufgrund des Rechtsverstoßes genommen worden sein muss – sprich: dass der Rechtsverstoß **kausal** war für die Nichtrealisierung der echten Zuschlagschance.[45] Damit ist also die sog. **haftungsbegründende Kausalität** gemeint. Alle weiterreichenden Interpretationen[46] des Begriffs der Beeinträchtigung führen in der Sache nicht weiter oder gar zu praktisch nicht mehr justiziablen Anforderungen und übersehen, dass sachlich nichts anderes als ein Kausalitätsnachweis verlangt wird.

27 Damit gewährt Satz 1 **keine Erleichterungen hinsichtlich des Kausalitätsnachweises**. Die entscheidende Erleichterung der Anspruchsvoraussetzungen ist darin zu sehen, dass Satz 1 nicht den Nachweis verlangt, dass der Zuschlag einzig und allein auf das Angebot des Schadensersatz begehrenden Bieters hätte erteilt werden müssen, sondern eine echte Zuschlagschance genügt. Die Kausalität zwischen Rechtsverstoß und Vereitelung der echten Zuschlagschance ist aber unvermindert Anspruchsvoraussetzung.

28 Die **Darlegungs- und Beweislast** für das Vorliegen der Beeinträchtigung (i. S. d. Kausalität des Vergaberechtsverstoßes für die Nichtrealisierung der echten Zuschlagschance) trägt der nach Satz 1 Schadensersatz begehrende Bieter.

29 Der Rechtsverstoß ist dann **nicht** kausal für das Entfallen der echten Zuschlagschance, wenn der Auftraggeber bei rechtmäßigem Vorgehen das Vergabeverfahren **rechtmäßig hätte aufheben können**.[47] Nach dem Grundsatz des sog. **rechtmäßigen Alternativverhaltens**, der auch beim Schadensersatzanspruch nach Satz 1 Anwendung findet,[48] ist eine Pflichtverletzung dann nicht kausal für einen Schaden, wenn der Schaden auch bei rechtmäßigem, also pflichtgemäßem Handeln des Anspruchsgegners entstanden wäre. Dabei kommt es nicht darauf an, ob der Auftraggeber im Laufe des Vergabeverfahrens tatsächlich eine Aufhebungsentscheidung getroffen hat und ob diese sich bei rechtlicher Überprüfung

---

42 A. A. *Verführt*, in: Kulartz/Kus/Portz/Prieß, GWB-Vergaberecht, § 181 Rn. 18.

43 Weil bzw. soweit dies ausnahmsweise der Fall sein kann bzw. ist, spricht *Stockmann*, in: Immenga/Mestmäcker, GWB, § 126 Rn. 2, von einer „Sanktion eigener Art" und einer „Strafe", die durch Satz 1 gegenüber dem öffentlichen Auftraggeber ausgesprochen werde, weil der öffentliche Auftraggeber in solchen (Ausnahme-)Fällen Leistungen auch gegenüber solchen Bietern erbringen muss, die den Zuschlag nicht erhalten hätten.

44 *Verführt*, in: Kulartz/Kus/Portz/Prieß, GWB-Vergaberecht, § 181 Rn. 15.

45 *Kullack*, in: Heiermann/Riedl/Rusam, VOB, § 126 Rn. 4; so wohl auch *Stockmann*, in: Immenga/Mestmäcker, GWB, § 126 Rn. 12.

46 *Verführt*, in: Kulartz/Kus/Portz/Prieß, GWB-Vergaberecht, § 181 Rn. 23: Verschlechterung der Zuschlagschance; *Jebens*, DB 1999, 1741, 1742: nicht ganz fernliegende Ergebnisrelevanz und entscheidungspsychologische Veränderung des Gleichgewichts zwischen den Bietern.

47 BGH, Urt. v. 26.10.1999, X ZR 30/98, NZBau 2000, 35, 37, zu einem Schadensersatzanspruch aus culpa in contrahendo.

48 BGH, Urt. v. 27.11.2007, X ZR 18/07, VergabeR 2008, 219, 221 – Hochwasserschutzanlage.

als rechtmäßig erweist, sondern es genügt, dass sich der Auftraggeber auf Gründe hätte berufen können, die ihn zur Aufhebung des Vergabeverfahrens berechtigt hätten.[49] Dem Auftraggeber ist der Einwand rechtmäßigen Alternativverhaltens jedoch dann abgeschnitten, wenn er sich über die Aufhebungsmöglichkeit im Klaren war, aber bewusst keinen Gebrauch von ihr gemacht hat (vgl. dazu Rn. 69 m. w. N.). **Darlegungs- und beweisbelastet** für den Einwand des rechtmäßigen Alternativverhaltens ist der Auftraggeber, insbesondere wenn sich die den Einwand stützenden Tatsachen aus dem Vergabevermerk einschließlich des über den Termin der Angebotsöffnung geführten Protokolls ergeben müssten, die entsprechenden Unterlagen aber keinen hinreichenden Aufschluss geben.[50]

6. Keine Verschuldensabhängigkeit

Ein Verschulden des Auftraggebers ist **keine Anspruchsvoraussetzung**.[51] Schon der Wortlaut nennt keine derartige Anspruchsvoraussetzung. Bei Betrachtung der Entstehungsgeschichte ist nicht erkennbar, dass der Gesetzgeber, beginnend mit der entwurfsweisen Formulierung von Satz 1 als bloße Beweislastregelung, zu irgendeinem Zeitpunkt eine verschuldensabhängige Regelung beabsichtigte. Daraus folgt, dass der Auftraggeber auch dann schadensersatzpflichtig sein kann, wenn ihm hinsichtlich des Vergaberechtsverstoßes noch nicht einmal Fahrlässigkeit vorgeworfen werden kann.[52] Der Schadensersatzanspruch nach Satz 1 darf auch nicht verschuldensabhängig sein, weil eine Verschuldensabhängigkeit nach der Rechtsprechung des EuGH[53] unionsrechtswidrig wäre, der aus dem mit der RML verfolgten Effektivitätsgrundsatz (vgl. Erwägungsgrund 3 und Art. 1 Abs. 1 Unterabs. 3 RML, die eine wirksame und rasche Nachprüfung fordern) ableitet, dass sogar eine vom Auftraggeber zu widerlegende Verschuldensvermutung schon unionsrechtswidrig ist. **30**

7. Mitverschulden

Der Umstand, dass der Schadensersatzanspruch nach Satz 1 verschuldensunabhängig ausgestaltet ist (vgl. Rn. 30), hindert nicht daran,[54] dem Bieter ggf. ein anspruchsminderndes Mitverschulden gem. **§ 254 BGB** zur Last zu legen. Daher ist es – auch mit Blick auf den **31**

---

49 Vgl. BGH, Urt. v. 12.6.2001, X ZR 150/99, NZBau 2001, 637, 640 – U-Bahn-Waggons, zu einem Schadensersatzanspruch aus culpa in contrahendo (vgl. Rn. 69) und mit dem zutreffenden Hinweis, dass nicht etwa jeder vom Auftraggeber im Laufe eines Vergabeverfahrens begangene Fehler zur Aufhebung berechtigt, weil es andernfalls der Auftraggeber nach Belieben in der Hand hätte, sich durch eigene Fehler den vergaberechtlichen Bindungen zu entziehen.

50 BGH, Urt. v. 26.10.1999, X ZR 30/98, NZBau 2000, 35, 38, zu einem Schadensersatzanspruch aus culpa in contrahendo.

51 Vgl. BGH, Urt. v. 27.11.2007, X ZR 18/07, VergabeR 2008, 219, 222 – Hochwasserschutzanlage. Allgemeine Meinung; zunächst anderer Ansicht: *Gronstedt*, in: Byok/Jaeger, § 126 Rn. 1301 f.; *Jebens*, DB 1999, 1741, 1743; *Korbion*, VgRÄG, § 126 Rn. 2.

52 *Kullack*, in: Heiermann/Riedl/Rusam, VOB, § 126 Rn. 3.

53 EuGH, Urt. v. 30.9.2010, Rs. C-314/09, IBR 2010, 641 (Ls.) – Strabag, hier zitiert nach juris, juris-Rn. 30 bis 45. Die in IBR 2010, 641 zu findende Anmerkung von *Meyer-Hofmann*, die auf die Verschuldensunabhängigkeit des Schadensersatzanspruchs nach § 126 Satz 1 GWB a. F. (jetzt § 181 GWB) hinweist, ist insofern zu kurz gegriffen, als jenseits des Anwendungsbereichs von § 126 Satz 1 GWB a. F. bzw. § 181 GWB n. F. vor allem ein Schadensersatzanspruch nach den Grundsätzen der culpa in contrahendo verschuldensabhängig ist. Vgl. auch Rn. 55.

54 *Grüneberg*, in: Palandt, BGB, § 254 Rn. 2.

Schadensersatzanspruch nach Satz 1 – eine Obliegenheit des Schadensersatz begehrenden Bieters, von ihm erkannte Vergaberechtsverstöße nach Maßgabe von § 160 Abs. 3 GWB zu **rügen** und dem Auftraggeber so die Möglichkeit zu geben, den gerügten Vergaberechtsverstoß zu beheben.[55] Das ist dem Bieter jedenfalls zumutbar und ist eine geeignete Maßnahme, einen drohenden Schaden tatsächlich zu vermeiden oder zu vermindern. Daher kommt es auf den Umstand, dass § 160 Abs. 3 GWB keine materiellrechtliche Vorschrift ist, nicht an.[56] Ein Mitverschulden wird das Unterlassen einer Rüge durch den Schadensersatz begehrenden Bieter nur dann nicht darstellen, wenn andere Bieter den identischen Vergaberechtsverstoß gerügt haben und der Auftraggeber auf diese Rügen nicht reagierte.[57] Eine Missachtung der Rügeobliegenheit des Bieters kann – je nach Einzelfall – zu einer angemessenen Anspruchsminderung bis hin zu einem vollständigen Entfallen des Schadensersatzanspruchs nach Satz 1 führen.[58] Die Berücksichtigung eines Mitverschuldens des Bieters wegen unterlassener Rüge ist – auch mit Blick auf die Rechtsprechung des EuGH zur Notwendigkeit der Verschuldensunabhängigkeit von Schadensersatzansprüchen von Bietern (s. Rn. 30) – unionsrechtskonform: Art. 2 Abs. 6 RML eröffnet den Mitgliedstaaten die Möglichkeit, die Durchsetzbarkeit von Bieter-Schadensersatzansprüchen wegen rechtswidriger Entscheidungen des Auftraggebers davon abhängig zu machen, dass die Entscheidung zuvor von einer dazu berufenen Nachprüfungsinstanz aufgehoben worden ist. In diesem von der RML selbst ermöglichten Fall setzt ein Bieter-Schadensersatzanspruch also nicht nur eine Rüge, sondern sogar einen Nachprüfungsantrag voraus. Demgegenüber stellt ein mögliches Mitverschulden wegen unterlassener Rüge gleich in zweierlei Hinsicht eine weniger scharfe Anforderung dar: Zum einen muss nur gerügt und nicht auch ein Nachprüfungsantrag gestellt werden; zum anderen ist ein Schadensersatzanspruch nicht abhängig von der vorherigen Erhebung einer Rüge, sondern es kann nur das Unterlassen eine Rüge anspruchsmindernd berücksichtigt werden. Die Erforderlichkeit einer vorherigen Rüge ist in Art. 1 Abs. 4 RML unionsrechtlich vorgesehen.

32 Dass der Bieter über eine Rüge hinaus **kein Rechtsmittel** gegen die beabsichtigte Vergabeentscheidung des Auftraggebers einlegt, kann in der Regel aber **nicht** als Mitverschulden des Bieters qualifiziert werden. Abgesehen davon, dass der Auftraggeber bereits durch eine Rüge ausreichend Gelegenheit zur Korrektur hat, würde dies zu einer „Pflicht zur Nachprüfung“ führen, die sich dem Gesetz nicht entnehmen lässt. Das ergibt sich auch daraus, dass die Bindungswirkung des § 179 Abs. 1 GWB ansonsten praktisch nur noch bei positiven Fortsetzungsfeststellungsentscheidungen der Nachprüfungsorgane entstehen würde, weil ein Bieter, der mit Erfolg die Fortsetzung eines Vergabeverfahrens in seinem Rechtssinne gegen die Vergabestelle durchgesetzt hat, keinen Schaden haben könnte und gegenüber einem unterlegenen Bieter kein Fehlverhalten der Vergabestelle würde festgestellt werden können.[59]

---

55 Vgl. OLG Sachsen-Anhalt, Urt. v. 23.12.2014, 2 U 74/14, VergabeR 2015, 497, juris, Rn. 33.

56 So *Stockmann*, in: Immenga/Mestmäcker, GWB, § 126 Rn. 16, der deswegen die Möglichkeit eines Mitverschuldens gemäß § 254 BGB in Gestalt der Unterlassung einer Rüge verneint.

57 *Verführt*, in: Kulartz/Kus/Portz/Prieß, GWB-Vergaberecht, § 181 Rn. 35.

58 Vgl. *Grüneberg*, in: Palandt, BGB, § 254 Rn. 64.

59 OLG Dresden, Urt. v. 10.2.2004, 20 U 1697/03, IBR 2004, 219 (insoweit dort nicht abgedruckt), hier zitiert nach ibr-online, unter II.3.e); *Stockmann*, in: Immenga/Mestmäcker, GWB, § 126 Rn. 12.

8. Umfang des Schadensersatzes

Gem. der von Satz 1 angeordneten Rechtsfolge kann der Bieter die Kosten der Vorbereitung des Angebots oder die Kosten der Teilnahme an einem Vergabeverfahren verlangen.[60] Da der Wortlaut von Satz 1 nicht „entweder oder" formuliert und da der Bieter nach Sinn und Zweck der Anspruchsgrundlage seinen vollen Vertrauensschaden ersetzt verlangen können soll, ist das „oder" adjunktiv (i. S. v. „sowohl als auch") und nicht etwa disjunktiv (i. S. v. „entweder oder") zu verstehen: Die Kosten der Angebotsvorbereitung sind demnach ebenso eine eigenständig ersatzfähige Schadensposition wie weitere Kosten[61] der Teilnahme am Vergabeverfahren. Im Ergebnis ist das „oder" also besser als „und" zu verstehen. Der Sache nach sind die **Kosten der Teilnahme am Vergabeverfahren** der Oberbegriff, unterhalb dessen die Angebotskosten einen bestimmten Ausschnitt dieser Kosten meinen. Die konkrete Höhe des zu ersetzenden Schadens ist anhand der sog. Differenzmethode zu bestimmen, bei der ein Vergleich der infolge des haftungsbegründenden Ereignisses eingetretenen Vermögenslage des Bieters mit derjenigen Vermögenslage durchgeführt wird, die sich ohne das schädigende Ereignis beim Bieter eingestellt hätte.[62] 33

Ersatzfähig sind die **Personalkosten** und die **Sach-/Materialkosten**,[63] die der Bieter im konkreten Einzelfall für seine konkrete Teilnahme am Vergabeverfahren aufgewendet hat, z. B. Kosten für die Angebotskalkulation, für planerische und ähnliche Vorleistungen der Angebotslegung, für Ortsbesichtigungen, für die Teilnahme an Aufklärungsgesprächen oder Verhandlungen mit dem Auftraggeber, für Verhandlungen mit Nachunternehmern, für die Beschaffung von Nachweisen etc. **Nicht** ersatzfähig sind hingegen die nicht **auftragsbezogenen Gemeinkosten** des Geschäftsbetriebes des geschädigten Bieters,[64] denn diese Kosten wären dem Bieter ja auch ohne die Pflichtverletzung des Auftraggebers entstanden und sind somit nicht ersatzfähige Sowieso-Kosten. **Mehrwertsteuer** kann auf die Schadenspositionen nicht verlangt werden, weil der geschädigte Bieter auf seine Schadensersatzforderung auch keine Mehrwertsteuer zu zahlen hat.[65] Auch **Personalkosten** sind nur **eingeschränkt** ersatzfähig, weil die vergeblich aufgewendete Arbeitszeit von beim Bieter angestellten Mitarbeitern regelmäßig Sowieso-Kosten sind, die bei Anwendung der Differenzmethode (vgl. Rn. 33) nicht als Schaden feststellbar sind, weil die Mitarbeiter in der Regel auch ohne Teilnahme an dem fehlerhaften Vergabeverfahren voll hätten bezahlt werden müssen. Ein Vermögensschaden entsteht dem Bieter allerdings dann, wenn er seine Mitarbeiter alternativ für einen anderen Zweck hätte einsetzen können und dadurch Gewin- 34

---

60 Vgl. dazu OLG Sachsen-Anhalt, Urt. v. 1.8.2013, 2 U 151/12 (Hs), 2 U 151/12, VergabeR 2014, 85 ff., juris, Rn. 48 ff.

61 *Stockmann*, in: Immenga/Mestmäcker, GWB, § 126 Rn. 11, weist zu Recht darauf hin, dass aus der Ersatzfähigkeit der sonstigen, nicht angebotsbezogenen Kosten folgt, dass die Abgabe eines Angebotes keine Anspruchsvoraussetzung nach Satz 1 ist.

62 KG, Urt. v. 14.8.2003, 27 U 264/02, NZBau 2004, 167, 168 f.

63 OLG Dresden, Urt. v. 22.1.2008, 20 U 821/07, zitiert nach juris, juris-Rn. 23, zu einem Anspruch aus culpa in contrahendo.

64 OLG Dresden, Urt. v. 22.1.2008, 20 U 821/07, zitiert nach juris, juris-Rn. 23, zu einem Anspruch aus culpa in contrahendo; a. A. *Otting*, in: Bechtold, GWB, § 126 Rn. 4.

65 OLG Dresden, Urt. v. 22.1.2008, 20 U 821/07, zitiert nach juris, juris-Rn. 25, zu einem Anspruch aus culpa in contrahendo.

ne erzielt worden wären, die ihm aufgrund des Mitarbeitereinsatzes für das fehlerhafte Vergabeverfahren entgangen sind.[66]

35 Gem. **§ 287 ZPO** kann der nach Satz 1 zu ersetzende Schaden auch **geschätzt** werden.[67]

9. Verjährung

36 Der Schadensersatzanspruch nach Satz 1 unterliegt gem. § 194 Abs. 1 BGB der Verjährung, deren Frist gem. § 195 BGB drei Jahre beträgt und die gem. § 199 Abs. 1 BGB mit dem Schluss des Jahres beginnt, in dem der Anspruch entstanden ist und der Gläubiger von den den Anspruch begründenden Umständen und der Person des Schuldners Kenntnis erlangt oder ohne grobe Fahrlässigkeit erlangen müsste. Gem. § 199 Abs. 3 Satz 1 Nr. 1 BGB verjährt der Schadensersatzanspruch nach Satz 1 ohne Rücksicht auf die Kenntnis oder grob fahrlässige Unkenntnis in zehn Jahren von seiner Entstehung an und gem. § 199 Abs. 3 Satz 1 Nr. 2 BGB ohne Rücksicht auf seine Entstehung und die Kenntnis oder grob fahrlässige Unkenntnis in 30 Jahren von dem den Schaden auslösenden Ereignis an. Bei älteren Ansprüchen nach Satz 1, die vor dem 1.1.2002 entstanden sind, ist die Überleitungsvorschrift des Art. 229 § 6 EGBGB zu beachten.[68]

10. Rechtsweg

37 Schadensersatzansprüche nach Satz 1 sind vor den ordentlichen Gerichten geltend zu machen. Gem. § 87 GWB ist ausschließlich das Landgericht zuständig, je nach Landesrecht ist gem. § 89 Abs. 1 GWB ggf. eine Rechtsverordnung über die Konzentration von Kartellsachen bei einem bestimmten Gericht zu berücksichtigen.[69]

III. Weiterreichende Schadensersatzansprüche (Satz 2)

38 Satz 2 stellt – rein deklaratorisch – klar, dass der im Vergabeverfahren benachteiligte Bieter **nicht auf das negative Interesse beschränkt** ist. Zugleich ist Satz 1 auch für den Ersatz des Vertrauensschadens **nicht abschließend**, sodass auch in den Fallkonstellationen, in denen ein Bieter den Ersatz des Vertrauensschadens begehrt, neben Satz 1 auch noch andere Anspruchsgrundlagen angewendet werden können und ggf. abgeprüft werden müssen.[70]

---

66 KG, Urt. v. 14.8.2003, 27 U 264/02, NZBau 2004, 167, 169, zu einem Anspruch aus culpa in contrahendo.

67 OLG Naumburg, Urt. v. 26.1.2004, 1 U 30/04, VergabeR 2005, 261, 267 – Gebäudeleittechnik, zu einem Schadensersatzanspruch aus culpa in contrahendo.

68 Soweit bei Altansprüchen der Meinungsstreit, der zur Verjährungsfrage unter Geltung des bis zum 31.12.2001 geltenden Verjährungsrechts der §§ 194 ff. BGB a. F. geführt wurde, relevant sein sollte, vgl. die Kommentierung in der 2. Auflage 2005 von *Gronstedt*, in: Byok/Jaeger, Vergaberecht, § 126 Rn. 1310.

69 VK Mecklenburg-Vorpommern, Beschl. v. 15.1.2013, 2 VK 07/12, juris, Rn. 43; LG Bonn, Beschl. v. 24.6.2004, 1 O 112/04, VergabeR 2004, 665 f.

70 Vgl. BGH, Urt. v. 27.11.2007, X ZR 18/07, VergabeR 2008, 219, 223 – Hochwasserschutzanlage; BGH, Urt. v. 1.8.2006, X ZR 146/03, NZBau 2007, 58 f.

Neben Satz 1 kommen sowohl Schadensersatzansprüche eines Bieters gegen den Auftraggeber als auch Schadensersatzansprüche des Auftraggebers gegen einen Bieter in Betracht. Ebenso kommen neben Satz 1 anderweitige, nicht auf Schadensersatz gerichtete Ansprüche des Bieters in Betracht, v. a. ein auf culpa in contrahendo gestützter Anspruch auf Unterlassung pflichtwidriger Handlungen des Auftraggebers.[71] **39**

Sind bei der in Rede stehenden Auftragsvergabe die §§ 97 ff. GWB nicht einschlägig (insbesondere bei Unterschwellen-Vergaben), sind mangels Anwendbarkeit von Satz 1 von vornherein und ohnehin ausschließlich sonstige Anspruchsgrundlagen maßgeblich. **40**

1. Schadensersatz wegen vorvertraglicher Pflichtverletzung

Gem. § 311 Abs. 2 BGB entsteht ein **Schuldverhältnis** mit Pflichten nach § 241 Abs. 2 BGB auch schon durch die Aufnahme von **Vertragsverhandlungen**. Gem. § 241 Abs. 2 BGB kann ein Schuldverhältnis nach seinem Inhalt jeden Teil zur Rücksicht auf die Rechte, Rechtsgüter und Interessen des anderen Teils verpflichten. Verletzt ein Schuldner eine Pflicht aus einem (auch vorvertraglichen) Schuldverhältnis, so kann der Gläubiger gem. § 281 Abs. 1 BGB Ersatz des hierdurch entstandenen Schadens verlangen, außer wenn der Schuldner die Pflichtverletzung nicht zu vertreten hat. Verletzt der Schuldner eine Pflicht nach § 241 Abs. 2 BGB (Rücksichtnahmepflicht), kann der Gläubiger unter den Voraussetzungen des § 280 Abs. 1 BGB Schadensersatz statt der Leistung verlangen, wenn dem Gläubiger die Leistung durch den Schuldner nicht mehr zuzumuten ist. § 281 Abs. 1 i.V.m. § 311 Abs. 2 BGB normiert also einen Schadensersatzanspruch wegen schuldhafter Pflichtverletzung bei Vertragsanbahnung (sog. „**culpa in contrahendo**" oder auch kurz „c.i.c."). **41**

Führt ein Auftraggeber – sei er ein Auftraggeber i. S. d. § 98 GWB oder sei er ein im Gegensatz dazu privater Auftraggeber – ein Vergabeverfahren durch, für das nach Gesetz oder nach Erklärung des Auftraggebers bestimmte vergaberechtliche Regelungen gelten, entsteht zwischen dem Auftraggeber und den an dem Vergabeverfahren teilnehmenden Bietern ein vorvertragliches Vertrauensverhältnis, nach dessen Inhalt es v. a. **Pflicht des Auftraggebers** ist, das Vergabeverfahren gem. den vergaberechtlichen Regelungen durchzuführen,[72] insbesondere unter Berücksichtigung der Grundsätze der Gleichbehandlung,[73] **42**

---

71 OLG Brandenburg, Beschl. v. 29.5.2008, 12 U 235/07, NZBau 2008, 735, 736; *Zirkel*, VergabeR 2006, 321, 323.

72 St. Rspr.: BGH, Urt. v. 26.1.2010, X ZR 86/08, NZBau 2010, 387, 388 – Bieterinformation 3; BGH, Urt. v. 11.3.2008, X ZR 134/05, NZBau 2008, 459, 460 – Sohlgleite; BGH, Urt. v. 18.9.2007, X ZR 89/04, NZBau 2008, 137 – Altenheim; BGH, Urt. v. 27.6.2007, X ZR 34/04, NZBau 2007, 727, 728; BGH, Urt. v. 3.4.2007, X ZR 19/06, NZBau 2007, 523, 524; BGH, Urt. v. 1.8.2006, X ZR 146/03, NZBau 2007, 58, 59; BGH, Urt. v. 21.2.2006, X ZR 39/03, NZBau 2006, 456, 457; BGH, Urt. v. 3.6.2004, X ZR 30/03, NZBau 2004, 517; BGH, Urt. v. 16.12.2003, X ZR 282/02, NZBau 2004, 283; BGH, Urt. v. 5.11.2002, X ZR 232/00, NZBau 2003, 168; BGH, Urt. v. 12.6.2001, X ZR 150/99, NZBau 2001, 637, 638 – U-Bahn-Waggons; BGH, Urt. v. 8.9.1998, X ZR 99/96, NJW 1998, 3640 f.; BGH, Urt. v. 8.9.1998, X ZR 48/97, NJW 1998, 3636 f.; BGH, Urt. v. 14.11.1991, VIII ZR 32/90, ZfBR 1992, 67, 68; OLG Düsseldorf, Urt. v. 15.12.1988, 12 U 15/88, BauR 1989, 195, 196.

73 BGH, Urt. v. 26.10.1999, X ZR 30/98, NZBau 2000, 35, 36; OLG München, Urt. v. 17.1.2007, 7 U 2759/06, DB 2007, 1136, zitiert nach juris, juris-Rn. 45, zu einem Fall, in dem der Auftraggeber

der Transparenz und der Rücksichtnahme.[74] Der Bieter kann hingegen nicht erwarten, dass sich der Auftraggeber darüber hinaus Bindungen unterwirft, für die es an einer rechtlichen Grundlage fehlt[75] oder hinsichtlich derer er keine Erklärung der Anwendbarkeit im Vergabeverfahren abgibt. Andererseits kann der Auftraggeber nicht erwarten, dass bloße verwaltungsinterne Regelungen zum Inhalt des vorvertraglichen Schuldverhältnisses werden, ohne dass es – worauf sich der Bieter einstellen könnte – einen gesetzlichen Anwendungsbefehl oder eine Erklärung des Auftraggebers über die Geltung im Vergabeverfahren gibt.[76] Das vorvertragliche Vertrauensverhältnis schließt die **Verpflichtung beider Parteien** ein, mit Blick auf die Auftragsvergabe auf solche Risiken hinzuweisen, die in der eigenen Sphäre entstanden sind und die die Vermögensinteressen der jeweils anderen Partei beeinträchtigen können. Der potenziell gefährdete Verhandlungspartner muss über solche Risiken aufgeklärt werden, damit er seine weiteren Dispositionen (Tätigung weiterer Aufwendungen im Vergabeverfahren) in Kenntnis aller erheblichen Umstände treffen kann.[77] Beide Parteien sind verpflichtet, die jeweils andere Partei über solche Umstände aufzuklären, die den Vertragszweck vereiteln können und daher für den Entschluss der anderen Partei von wesentlicher Bedeutung sind, soweit die andere Partei eine Aufklärung nach der Verkehrsauffassung erwarten darf.[78] Weiterhin ist es **Pflicht des Bieters**, sich an einem von ihm im Vergabeverfahren abgegebenen verbindlichen Angebot festhalten zu lassen; er darf auch vor Annahme seines Angebots durch den Auftraggeber (Zuschlagserteilung) nicht ohne ausreichende Rechtfertigung erklären, er sei nach Annahme seines Angebots nicht bereit, die Leistung vertragsgemäß zu erbringen.[79]

43 Das vorvertragliche Schuldverhältnis kommt, was die Pflichten des Auftraggebers angeht, spätestens mit der Anforderung der Ausschreibungsunterlagen durch den Bieter **zustande**.[80] Den Bieter treffende Pflichten entstehen, sobald er am Vergabeverfahren aktiv teilnimmt, jedenfalls und spätestens mit Abgabe eines Angebots. Das vorvertragliche Schuld-

---

wesentliche Änderungen von Grundstückskaufbedingungen nicht allen Bietern bekannt gegeben hat.

74 Vgl. BGH, Urt. v. 22.2.2008, V ZR 56/07, VergabeR 2008, 649, 650 – Bieterverfahren.

75 BGH, Urt. v. 12.6.2001, X ZR 150/99, NZBau 2001, 637, 638 – U-Bahn-Waggons.

76 BGH, Urt. v. 8.9.1998, X ZR 48/97, NJW 1998, 3636, 3638, wonach der Auftraggeber sich nicht auf Regelungen im Vergabehandbuch des Bundes berufen kann, weil es sich dabei um bloß verwaltungsintern Geltung beanspruchende Regelungen handelt, deren Anwendbarkeit im Vergabeverfahren weder gesetzlich angeordnet noch im entschiedenen Einzelfall vom Auftraggeber zuvor erklärt worden war.

77 BGH, Urt. v. 27.6.2007, X ZR 34/04, NZBau 2007, 727, 729, wonach z. B. der Auftraggeber verpflichtet ist, den Bieter von einer erhobenen Rüge und einer möglichen Einleitung eines Nachprüfungsverfahrens gemäß der §§ 97 ff. zu unterrichten, bevor der Bieter weitere Angebotsaufwendungen tätigt (Zeitpunkt der Entstehung der Unterrichtungspflicht: Zeitpunkt des Eingangs des Rügeschreibens).

78 OLG Stuttgart, Urt. v. 16.6.2005, 13 U 226/04, BauR 2007, 420.

79 BGH, Urt. v. 24.11.2005, VII ZR 87/04, NZBau 2006, 390.

80 BGH, Urt. v. 7.6.2005, X ZR 19/02, NZBau 2005, 709 – Treppenanlage; BGH, Urt. v. 26.10.1999, X ZR 30/98, NZBau 2000, 35, 36; BGH, Urt. v. 8.9.1998, X ZR 48/97, NJW 1998, 3636. Kritisch dazu *Grams*, VergabeR 2008, 130, 131, unter Hinweis auf BGH, Urt. v. 3.4.2007, X ZR 19/06, NZBau 2007, 523, 524 (dem sich allerdings nichts Gegenteiliges entnehmen lässt).

verhältnis besteht auch dann zwischen dem Auftraggeber und dem Bieter, wenn der Auftraggeber einen Dritten in die Durchführung des Vergabeverfahrens einbezieht.[81]

Im Falle einer sog. **echten De-facto-Vergabe** – also in dem Fall, dass der Auftraggeber ohne Einbeziehung anderer Marktteilnehmer den Auftrag unmittelbar an einen bestimmten Bieter/Auftragnehmer vergibt –, kommt ein vorvertragliches Schuldverhältnis zu den nicht beteiligten Marktteilnehmern mangels eines entsprechenden Vertrauensverhältnisses nicht zustande.[82] Nur zu dem Bieter, der den Auftrag unmittelbar erhält, kommt ab Aufnahme der Vertragsverhandlungen ein vorvertragliches Schuldverhältnis zustande. **44**

Für die Entstehung des vorvertraglichen Schuldverhältnisses kommt es, wie gesagt, nicht darauf an, ob der ausschreibende **Auftraggeber** ein Auftraggeber i. S. d. § 98 GWB und der ausgeschriebene **Auftrag** oder die ausgeschriebene **Konzession** oder der ausgerichtete **Wettbewerb** die Schwellenwerte erreicht, sodass das Vergaberecht der §§ 97 ff. GWB aufgrund gesetzlicher Anordnung (§ 106 GWB) gilt; oder ob der Auftrag den Schwellenwert nicht erreicht (Unterschwellenvergabe), sodass das Vergaberecht ggf. lediglich wegen haushaltsrechtlicher Bindungen vom Auftraggeber angewendet wird; oder ob der Auftrag aus anderen Gründen kein öffentlicher Auftrag ist, sodass das Vergaberecht jedenfalls nicht aufgrund gesetzlicher Anordnung Anwendung findet;[83] oder ob der Auftraggeber gar kein Auftraggeber i. S. d. § 98 GWB ist, sondern das Vergaberecht – oder sonst die Regelungen, die zur Anwendung kommen sollen – ggf. nur wegen subventionsrechtlicher Bindungen oder gar aus freien Stücken für anwendbar erklärt. In all diesen Fällen entsteht zwischen dem Auftraggeber und den Bietern ein vorvertragliches Schuldverhältnis. Denn auch ein gänzlich privater Auftraggeber, der in Ansehung des von ihm durchgeführten Vergabeverfahrens keinerlei rechtlichen Pflichten zur Anwendung vergaberechtlicher Bestimmungen unterliegt, ist einem Bieter ggf. zum Schadensersatz verpflichtet, wenn er (der private Auftraggeber) gegen die Regelungen verstößt, denen er sich bei seiner Ausschreibung selbst unterstellt hat.[84] Will ein privater Auftraggeber nur bestimmte Teile des von ihm für anwendbar erklärten Vergaberechts gegen sich gelten lassen, so muss er dies zum Ausdruck bringen.[85] **45**

Voraussetzungen für einen Schadensersatzanspruch des Bieters gegen den Auftraggeber wegen culpa in contrahendo sind die Feststellungen, dass der Auftraggeber erstens gegen eine ihm im Vergabeverfahren gegenüber den Bietern obliegende **Pflicht objektiv verstoßen** hat, zweitens dem Auftraggeber mit Blick auf den Pflichtenverstoß ein **Verschulden** angelastet werden kann und dass drittens dem auf die Rechtmäßigkeit/Fehlerfreiheit des Vergabeverfahrens **vertrauenden** Bieter durch den Pflichtenverstoß des Auftraggebers **kausal** ein **Schaden** entstanden ist. Dieselben Anspruchsvoraussetzungen müssen erfüllt **46**

---

81 OLG Dresden, Urt. v. 27.1.2006, 20 U 1873/05, VergabeR 2006, 578, 579 f. – Fußgängerüberführung.

82 KG, Urt. v. 27.11.2003, 2 U 174/02, VergabeR 2004, 490 – Büromöbel; *Otting*, in: Bechtold, GWB, § 126 Rn. 6.

83 Vgl. BGH, Urt. v. 22.2.2008, V ZR 56/07, VergabeR 2008, 649, 650 – Bieterverfahren; OLG München, Urt. v. 17.1.2007, 7 U 2759/06, DB 2007, 1136, zitiert nach juris, juris-Rn. 41 f., zu einem Bieterverfahren, das eine Gebietskörperschaft über den Verkauf eines Grundstücks durchführte.

84 BGH, Urt. v. 20.1.2009, X ZR 113/07, NZBau 2009, 262, 263 – Altenheim mit Begegnungsstätte G.; BGH, Urt. v. 15.4.2008, X ZR 129/06, NZBau 2008, 505 f. – Sporthallenbau; BGH, Urt. v. 21.2.2006, X ZR 39/03, NZBau 2006, 456, 457.

85 BGH, Urt. v. 21.2.2006, X ZR 39/03, NZBau 2006, 456, 457.

sein, damit dem Auftraggeber ein auf culpa in contrahendo gestützter Schadensersatzanspruch gegen einen Bieter zustehen kann. Im Allgemeinen ist ein auf culpa in contrahendo gestützter Schadensersatzanspruch auf Ersatz des sog. **negativen Interesses**, also auf Ersatz der durch die Teilnahme am Vergabeverfahren entstandenen Aufwendungen beschränkt, kann in besonderen Fällen aber auch den Ersatz des sog. **positiven Interesses**, insbesondere den durch Nichterteilung des Auftrages entgangenen Gewinn erfassen.[86]

47 Ein Anspruch wegen culpa in contrahendo kann wegen eines **Konkurrenzverhältnisses** mit vorrangigen Ansprüchen **ausgeschlossen** sein. Z.B. scheidet ein auf culpa in contrahendo gestützter Schadensersatzanspruch des Auftraggebers gegen den Bieter aus, wenn sich eine unzutreffende – und im Vergabeverfahren pflichtwidrig abgegebene – Erklärung des Bieters/Unternehmers auf die Eigenschaft/Beschaffenheit des herzustellenden Werkes bezieht (vgl. § 633 Abs. 1 BGB a.F./§ 633 Abs. 2 Satz 1 BGB n.F.), weil den spezielleren Regelungen des **Gewährleistungsrechts** grundsätzlich der Vorrang zukommt. Das gilt auch dann, wenn sich die schuldhafte Pflichtverletzung auf zusicherungsfähige Eigenschaften bezieht, die im Einzelfall tatsächlich nicht zugesichert worden sind. Der Vorrang des Gewährleistungsrechts entfällt jedoch (sodass der auf culpa in contrahendo gestützte Schadensersatzanspruch anwendbar bleibt), wenn die im Vergabeverfahren vom Bieter/Unternehmer abgegebene Erklärung eine **arglistige Täuschung** darstellt oder wenn der Bieter/Unternehmer auf eine (auch formularmäßige) Frage des Auftraggebers eine fahrlässig unrichtige Auskunft erteilt.[87] Denn Ansprüche aus culpa in contrahendo können nicht nur bei fehlgeschlagenen Vertragsabschlüssen bestehen, sondern auch bei wirksamen, aber inhaltlich nachteiligen Verträgen bestehen, wenn der Vertrag durch eine pflichtwidrige Einwirkung des Bieters auf die Willensbildung des Auftraggebers (z.B. pflichtwidriges Verschweigen von für die Preisbildung relevanten Umständen wie Preisabsprachen etc.) zustande gekommen ist; dann wird ein Schadensersatzanspruch wegen culpa in contrahendo weder durch vertragliche noch durch deliktische Ansprüche ausgeschlossen.[88]

a) Pflichtverletzung

48 Als Pflichtverletzung des **Auftraggebers** gegenüber den Bietern wird regelmäßig ein Verstoß des Auftraggebers gegen Vergaberecht zu prüfen sein. Dabei muss es sich um eine vergaberechtliche Vorschrift mit bieterschützendem Charakter handeln[89] – was freilich in aller Regel der Fall ist. So stellt es z.B. eine Pflichtverletzung des Auftraggebers dar, wenn die Finanzierung der Auftragsdurchführung nicht gesichert ist, der Auftraggeber darauf aber nicht hinweist,[90] oder wenn der Auftraggeber das Vergabeverfahren aufhebt, ohne dass dies gerechtfertigt ist,[91] oder wenn der Auftraggeber im Leistungsverzeichnis eine nur unvollständige Beschreibung der Leistung vornimmt und falsche oder unvollständige An-

---

86 BGH, Urt. v. 8.9.1998, X ZR 48/97, NJW 1998, 3636, 3637.

87 OLG Stuttgart, Urt. v. 9.2.2010, 10 U 76/09, NJW-Spezial 2010, 334 (red. Ls. und Kurzwiedergabe), hier zitiert nach juris, juris-Rn. 100 ff.

88 OLG Frankfurt, Urt. v. 7.11.2006, 11 U 53/03, VergabeR 2007, 422, 424 – Submissionsabsprache.

89 OLG Düsseldorf, Urt. v. 15.12.2008, 27 U 1/07, VergabeR 2009, 501, 504 – Operationszentrum.

90 BGH, Urt. v. 8.9.1998, X ZR 48/97, NJW 1998, 3636, 3637. Ebenso BGH, Urt. v. 10.9.2009, VII ZR 152/08, NZBau 2009, 771, 775 – Verschobener Zuschlag II, zu einem auf culpa in contrahendo gestützten Anspruch auf Vertragsanpassung oder Mehrvergütung wegen verzögerter Vergabe (vgl. auch Rn. 78).

91 BGH, Urt. v. 8.9.1998, X ZR 48/97, NJW 1998, 3636, 3637.

gaben über ihm bekannte kalkulationserhebliche Angaben macht,[92] oder wenn der Auftraggeber erkannt hat, dass der Bieter zu seinen Lasten von einem unrichtigen Verständnis des Leistungsverzeichnisses ausgeht, gleichwohl aber den Zuschlag auf das Angebot des Bieters erteilt.[93] Wirkt sich der vom Auftraggeber begangene Fehler **zugunsten des Schadensersatz begehrenden Bieters** aus (z. B. weil der Auftraggeber fehlerhaft zu wenigen Unternehmen die Möglichkeit zur Teilnahme am Vergabeverfahren eröffnet), kann der Fehler für den Bieter keinen Nachteil geschaffen haben, sodass ein Schadensersatzanspruch ausscheidet.[94] Ist vor der Entscheidung des Schadensersatzprozesses eine Pflichtverletzung des Auftraggebers in einem Vergabenachprüfungsverfahren festgestellt worden, entfaltet diese Feststellung gem. **§ 179 Abs. 1 GWB** Bindungswirkung für den Schadensersatzprozess.[95] In Fällen der **verzögerten Vergabe**[96] ist das Vorliegen einer Pflichtverletzung des Auftraggebers gerade im Verhältnis zum Schadensersatz begehrenden Bieter und späteren Auftragnehmer kritisch zu prüfen: Eine Vergabeverzögerung tritt häufig auch ohne irgendeine Pflichtverletzung des Auftraggebers ein. Darüber hinaus ist es zumindest zweifelhaft, ob die fehlerhafte Anwendung von Vergaberecht zulasten eines konkurrierenden Bieters – der deswegen ein die Verzögerung auslösendes Nachprüfungsverfahren einleitet, jedoch letzten Endes nicht den Zuschlag erhält – auch eine Pflichtverletzung gegenüber dem Bieter darstellt, der den Zuschlag erhält. Eine Pflichtverletzung lässt sich dann unproblematisch feststellen, wenn es ausschließlich gegenüber dem später den Zuschlag erhaltenden Bieter zu einer die Verzögerung auslösenden Vergaberechtsverletzung gekommen ist.

Als eine Pflichtverletzung des **Bieters** gegenüber dem Auftraggeber ist es z. B. zu werten, **49**
wenn sich der Bieter gegenüber dem Auftraggeber weigert, im Falle der Zuschlagserteilung auf ein verbindliches Angebot des Bieters die dann vertragsgemäß geschuldete Leistung zu erbringen.[97] Ebenso verstößt der Bieter gegen seine vorvertraglichen Pflichten gegenüber dem Auftraggeber, wenn er eine unzulässige Änderung an den Ausschreibungsunterlagen vornimmt, ohne diese hinreichend deutlich zu machen oder die Änderung als Nebenangebot oder Änderungsvorschlag zu kennzeichnen.[98] Eine Pflichtverletzung des Bieters ist es ferner, wenn er wahrheitswidrig erklärt, im Vorfeld des Vertragsschlusses keine Preisabsprachen oder sonstige wettbewerbswidrige Abreden getroffen zu haben.[99] Auch ist es eine Pflichtverletzung des Bieters, wenn er den Auftraggeber nicht darüber informiert, dass er einer an der Planung des Auftragsgegenstandes maßgeblich beteiligten Person für den Fall der Zuschlagserteilung eine Provision versprochen hat.[100]

---

92 OLG Naumburg, Urt. v. 15.12.2005, 1 U 5/05, VergabeR 2006, 278, 283 – Altmunition.

93 OLG Frankfurt, Urt. v. 22.3.2006, 4 U 94/05, BauR 2007, 124, 126.

94 BGH, Urt. v. 27.6.2007, X ZR 34/04, NZBau 2007, 727, 729.

95 OLG Naumburg, Urt. v. 23.4.2007, 1 U 47/06, VergabeR 2007, 758, 760 – Dämmarbeiten, das die Bindungswirkung ggf. auch auf das Verschulden des Auftraggebers erstreckt; OLG Düsseldorf, Urt. v. 25.1.2006, 2 U (Kart) 1/05, NZBau 2006, 464, 465 – Lufttransporte.

96 In diesen Fällen ist ein Schadensersatzanspruch wegen culpa in contrahendo jedenfalls nicht von Rechts wegen ausgeschlossen: BGH, Urt. v. 22.7.2010, VII ZR 129/09 – Verschobener Zuschlag VI, hier zitiert nach juris, juris-Rn. 47.

97 BGH, Urt. v. 24.11.2005, VII ZR 87/04, NZBau 2006, 390.

98 OLG Stuttgart, Urt. v. 9.2.2010, 10 U 76/09, NJW-Spezial 2010, 334 (red. Ls. und Kurzwiedergabe), hier zitiert nach juris, juris-Rn. 64 f.

99 OLG Frankfurt, Urt. v. 7.11.2006, 11 U 53/03, VergabeR 2007, 422, 424 – Submissionsabsprache.

100 OLG Stuttgart, Urt. v. 16.6.2005, 13 U 226/04, BauR 2007, 420.

b) Vertrauenstatbestand

50 Ein Vertrauenstatbestand ist **nicht (mehr) Anspruchsvoraussetzung**.

51 Nach der **früheren Rechtsprechung** war es weitere Anspruchsvoraussetzung für einen Bieteranspruch, dass der Bieter auf die Rechtmäßigkeit des Vergabeverfahrens vertraut, in diesem Vertrauen ein Angebot abgibt und die dafür erforderlichen Aufwendungen tätigt. Fehlte es am danach erforderlichen Vertrauenstatbestand, etwa weil dem Bieter die Fehlerhaftigkeit der Ausschreibung bekannt war, war ein Schadensersatzanspruch ausgeschlossen.[101] Denn bei einer solchen Kenntnis vom Vergabefehler konnte der Bieter nach der früheren Rechtsprechung nicht mehr berechtigterweise darauf vertrauen, dass der mit der Erstellung des Angebots und der Teilnahme am Vergabeverfahren verbundene Aufwand nicht nutzlos sein wird.

52 Zudem schied ein Schadensersatzanspruch nach der früheren Rechtsprechung auch dann aus, wenn der Bieter zwar tatsächlich auf die Rechtmäßigkeit/Fehlerfreiheit des Vergabeverfahrens vertraut hatte, er aber in seinem Vertrauen nicht schutzwürdig war. Das war dann der Fall, wenn der Bieter den Verstoß bei der ihm im jeweiligen Fall zumutbaren Prüfung hätte erkennen müssen.[102] An der Schutzwürdigkeit des Vertrauens des Bieters auf die Rechtmäßigkeit/Fehlerlosigkeit des Vergabeverfahrens mangelte es zudem dann, wenn sich dem Bieter die ernsthafte Gefahr eines Regelverstoßes des Auftraggebers aufdrängen musste, ohne dass der Regelverstoß schon sicher erschien.[103] Ein Bieter durfte sich z. B. nicht ohne eigene Prüfung auf nach seinem vorauszusetzenden Fachwissen erkennbar unvollständige Leistungsverzeichnisse einlassen.[104] Das Fehlen der Schutzwürdigkeit des Vertrauens ließ den Schadensersatzanspruch gänzlich entfallen; es genügte nicht, das Fehlen der Schutzwürdigkeit bloß bei einer Verschuldensabwägung nach § 254 BGB wegen Mitverschuldens des Bieters zu berücksichtigen.[105]

53 Während diese Rechtsprechung zunächst für den Bereich der Unterschwellenvergaben Zustimmung fand, wurde sie für den Bereich der Oberschwellenvergaben kritisch gesehen.[106] Unter Hinweis auf die zivilrechtliche Gesetzeslage im einschlägigen Schadensersatzrecht gem. den §§ 241 Abs. 2, 311 Abs. 2 Nr. 1 und 280 Abs. 1 Satz 1 BGB wurde dann gänzlich für einen Verzicht auf das Erfordernis des Vertrauenstatbestands plädiert.[107] Daher war damit zu rechnen, dass der BGH auf den Vertrauenstatbestand als Tatbestandsvoraussetzung

---

101 BGH, Urt. v. 27.6.2007, X ZR 34/04, NZBau 2007, 727, 729; BGH, Urt. v. 1.8.2006, X ZR 146/03, NZBau 2007, 58, 59.

102 BGH, Urt. v. 27.6.2007, X ZR 34/04, NZBau 2007, 727, 729; BGH, Urt. v. 1.8.2006, X ZR 115/04, NZBau 2006, 797, 799; BGH, Urt. v. 3.6.2004, X ZR 30/03, NZBau 2004, 517, 519; BGH, Urt. v. 12.6.2001, X ZR 150/99, NZBau 2001, 637, 640 – U-Bahn-Waggons.

103 BGH, Urt. v. 3.6.2004, X ZR 30/03, NZBau 2004, 517, 519, für den Fall, dass der Auftraggeber unklare Wertungskriterien bekannt macht, der fachkundige Bieter aber gerade wegen dieser Unklarheit auch mit der Möglichkeit der Anwendung eines für ihn nicht günstigen Wertungskriteriums durch den Auftraggeber rechnen muss, sodass sich der Bieter nicht einfach auf die für ihn günstige Auslegungsvariante der bekannt gemachten Wertungskriterien verlassen darf.

104 OLG Stuttgart, Urt. v. 30.4.2007, 5 U 4/06, BauR 2008, 567 (red. Ls.), zitiert nach juris, juris-Rn. 27.

105 BGH, Urt. v. 11.11.1993, VII ZR 47/93, NJW 1994, 850, 851.

106 *Gröning*, VergabeR 2009, 839, 841 ff.

107 *Gröning*, VergabeR 2010, 762 ff.

für einen Schadensersatzanspruch gem. den §§ 241 Abs. 2, 311 Abs. 2 Nr. 1 und 280 Abs. 1 Satz 1 BGB wegen Vergaberechtsverstößen verzichten würde.

Das geschah dann im Jahr 2011, als der **BGH** entschied,[108] an dem tatbestandlichen Erfordernis eines zusätzlichen Vertrauenselements für Schadensersatzansprüche, die auf ein vergaberechtliches Fehlverhalten des öffentlichen Auftraggebers vor Vertragsschluss gestützt sind, **nicht festzuhalten**. Zur Begründung führte der BGH aus, dass der aus § 280 Abs. 1 i.V.m. § 241 Abs. 2 und § 311 Abs. 2 Nr. 1 BGB hergeleitete Schadensersatzanspruch nach dem Wortlaut der gesetzlichen Regelung an die Verletzung einer aus dem Schuldverhältnis herrührenden Rücksichtnahmepflicht der Beteiligten anknüpfe. Dafür, dass dem Gläubiger nur dann Schadensersatz zustehen soll, wenn er bei Verletzung einer solchen Rücksichtnahmepflicht zusätzlich gewährtes Vertrauen in Anspruch genommen hat, sei der gesetzlichen Regelung nichts zu entnehmen. Für das Recht der öffentlichen Auftragsvergabe bestehe auch kein Bedürfnis dafür, das Vertrauen des Bieters etwa als ungeschriebenes Tatbestandsmerkmal weiter zu fordern. Denn das Vergaberecht sei durch die Besonderheit gekennzeichnet, dass der Ablauf der Vertragsverhandlungen und die dem Auftraggeber dabei auferlegten Verhaltenspflichten eingehend geregelt seien. An den Anspruch der Bieter auf Einhaltung der Bestimmungen über das Vergabeverfahren (vgl. § 97 Abs. 7 GWB a.F., § 97 Abs. 6 GWB n.F.) knüpften die Rücksichtnahmepflichten aus § 241 Abs. 2 BGB an. Der Inanspruchnahme besonderen Vertrauens als eines Tatbestands, an dessen Erfüllung die Haftung wegen Verschuldens bei Vertragsanbahnung überhaupt erst festgemacht werden könnte, bedürfe es deshalb nicht.[109] **54**

c) Rügeobliegenheit

Ein Schadensersatzanspruch des Bieters wegen culpa in contrahendo ist **nicht** davon **abhängig**, dass der Bieter – wenn es sich denn um eine Oberschwellenvergabe handelt – eine Rüge nach § 160 Abs. 3 GWB anbringt oder gar einen Nachprüfungsantrag stellt[110] oder – insbesondere bei Unterschwellenvergaben – sonst eine Rüge gegenüber dem Auftraggeber erhebt. Hat der Bieter jedoch in Kenntnis des Pflichtenverstoßes des Auftraggebers Aufwendungen getätigt, ist sein Vertrauen in die Rechtmäßigkeit des Vergabeverfahrens **nicht schutzwürdig** (vgl. Rn. 51 f.). Zudem kommt im Falle des Unterlassens einer zumutbaren Rüge regelmäßig ein anspruchminderndes **Mitverschulden** des Schadensersatz begehrenden Bieters in Betracht (vgl. Rn. 60 und 31 f.). Daher besteht auch im Falle von Vergabeverfahren, die nicht der Anwendung der §§ 97 ff. GWB unterfallen, eine gewissermaßen faktische **Rügeobliegenheit** des Bieters. **55**

Rügt der Bieter und teilt der Auftraggeber dem Bieter mit, dass er der Rüge abhilft, darf der Bieter in schutzwürdiger Weise auf die vom Auftraggeber angekündigte Abhilfe vertrauen und in diesem Vertrauen weitere Aufwendungen tätigen. Teilt der Auftraggeber dem Bieter hingegen mit, der Rüge nicht abhelfen zu wollen, darf der Bieter nicht mehr auf eine Abhilfe des Auftraggebers zur Herstellung vergaberechtmäßiger Zustände vertrauen; tätigt er dennoch weitere Aufwendungen, erfolgen diese nicht auf Grundlage schutzwürdigen Vertrauens, sodass ein Schadensersatzanspruch wegen culpa in contrahendo ausscheidet. Der Bieter wird dann Hauptsacherechtsschutz ersuchen müssen und sei es durch Beantra- **56**

108 BGH, Urt. v. 9.6.2011, X ZR 143/10, NZBau 2011, 498 – Rettungsdienstleistungen II.
109 BGH, Urt. v. 9.6.2011, X ZR 143/10, NZBau 2011, 498, 500 – Rettungsdienstleistungen II.
110 OLG Düsseldorf, Urt. v. 15.12.2008, 27 U 1/07, VergabeR 2009, 501, 511 – Operationszentrum.

gung einer einstweiligen Anordnung gem. den §§ 935 ff. ZPO bei einer Unterschwellenvergabe.[111] Antwortet der Auftraggeber auf eine Rüge des Bieters nicht, darf er nicht „blind" auf eine Abhilfe vertrauen, sondern er muss zumindest eine Beantwortung seiner Rüge vom Auftraggeber verlangen.[112]

d) Verschulden

57 Der Schadensersatzanspruch aus culpa in contrahendo ist – jedenfalls nach der bisherigen deutschen Vergaberechtsprechung (zur Änderung der Rechtslage durch die jüngste EuGH-Rechtsprechung vgl. Rn. 60a ff.) – **verschuldensabhängig**, d. h., dem Schuldner muss hinsichtlich des von ihm begangenen Pflichtenverstoßes ein Verschulden vorzuwerfen sein: Er muss den Pflichtenverstoß vorsätzlich, grob fahrlässig oder zumindest einfach fahrlässig begangen haben (vgl. § 276 BGB), damit er für den daraus entstandenen Schaden ersatzpflichtig ist.

58 Ein Verschulden kann dem Auftraggeber **nicht** zur Last gelegt werden, wenn er mit Blick auf die von ihm im Vergabeverfahren fehlerhaft getroffene Entscheidung zuvor einen **Rechtsgutachter**, bei dessen Auswahl den Auftraggeber kein Auswahlverschulden trifft (z. B. erkennbare Sachkunde des Rechtsgutachters), mit der Erstattung eines ergebnisoffenen Rechtsgutachtens beauftragt hat und der Auftraggeber der vom Rechtsgutachter ausgesprochenen (fehlerhaften) Empfehlung folgt.[113] Sind jedoch die Ausführungen des Dritten/Gutachters nicht überzeugend und war das für den Auftraggeber erkennbar, so kann sich der Auftraggeber zur Verteidigung gegen den Verschuldensvorwurf nicht auf die Stellungnahme des Dritten/Gutachters berufen.[114]

59 Darüber hinaus kann sich der Auftraggeber gem. der **Kollegialgerichtsregel** vom Verschuldensvorwurf **entlasten**. Danach verhält sich die öffentliche Hand nicht vorwerfbar rechtswidrig, wenn ein mit mehreren Rechtskundigen besetztes Kollegialgericht unrichtigerweise die Rechtmäßigkeit des Verhaltens der öffentlichen Hand bejaht. Das gilt auch für eine Kollegialgerichtsentscheidung im Eilverfahren mit einer grundsätzlich/regelmäßig bloß summarischen Prüfung, wenn im gerichtlichen Verfahren tatsächlich eine eingehende Prüfung stattgefunden hat.[115]

---

111 Vgl. dazu OLG Düsseldorf, Urt. v. 13.1.2010, 27 U 1/09, NZBau 2010, 328, 329 ff. – Mehrzweckgebäude.

112 A. A. *Verfürht*, in: Kulartz/Kus/Portz/Prieß, GWB-Vergaberecht, § 181 Rn. 66.

113 BGH, Urt. v. 20.1.2009, X ZR 113/07, NZBau 2009, 262, 264 – Altenheim mit Begegnungsstätte G., der nicht die Auseinandersetzung des Rechtsgutachters mit allen vertretenen Meinungen fordert, sondern es bei einer in der Rechtsprechung nicht abschließend geklärten Rechtsfrage genügen lässt, dass die vom Rechtsgutachter ausgesprochene Empfehlung auf Grundlage der einschlägigen Rechtsprechung vertretbar ist. Maßgeblich ist insoweit die Überlegung gewesen, dass – bei nicht prognostizierbarer Beurteilung einer Rechtsfrage durch die Rechtsprechung – dem Auftraggeber, egal wie er sich entscheidet, ein Rechtsstreit entweder mit dem einen oder mit dem anderen Bieter droht. Grundsätzlich zustimmend, kritisch jedoch zur Frage, wann von einer ungeklärten oder nicht prognostizierbaren Rechtslage auszugehen ist: *Waldner*, VergabeR 2009, 452, 453.

114 OLG Zweibrücken, Urt. v. 24.1.2008, 6 U 25/06, ZfBR 2009, 202, 204.

115 OLG Dresden, Beschl. v. 19.10.2007, 20 U 1047/07, IBR 2007, 709 (red. Ls. und Kurzwiedergabe), zitiert nach juris, juris-Rn. 3 f., zu der Fallkonstellation, dass der Auftraggeber, nachdem das BVerwG in einer verwaltungsgerichtlichen Eilentscheidung die sofortige Vollziehbarkeit des angefochtenen Planfeststellungsbeschlusses für das Projekt bestätigt hatte, in der anschließenden Hauptsacheentscheidung aber – in Abänderung seiner in der Eilentscheidung vertretenen Rechts-

Der Auftraggeber haftet, wenn er in die Durchführung des Vergabeverfahrens einen Dritten einschaltet, nach dem Gedanken des **§ 278 BGB** auch für das schuldhafte Handeln des Dritten wie für ein eigenes Verschulden.[116] So haftet der Auftraggeber gem. § 278 BGB insbesondere für die Fehlerhaftigkeit einer Kostenschätzung, die ein vor Einleitung des Vergabeverfahrens vom Auftraggeber beauftragter Dritte (z. B. ein Architekt) erstellt hat.[117] **60**

Geht es um eine schuldhafte **Pflichtverletzung des Bieters** dadurch, dass er in seinem Angebot von den Ausschreibungsunterlagen abgewichen ist, ohne dies hinreichend deutlich zu machen oder als Nebenangebot oder Änderungsvorschlag zu kennzeichnen (vgl. Rn. 49), dann stellt es regelmäßig kein den Schadensersatzanspruch des Auftraggebers minderndes Mitverschulden gem. § 254 BGB des Auftraggebers dar, dass der Auftraggeber bei seiner formalen Prüfung die Änderung der Ausschreibungsunterlagen durch den Bieter nicht bemerkt, aber dennoch auf sein Angebot den Zuschlag erteilt hat.[118] **61**

Hinsichtlich eines gem. **§ 254 BGB** zu berücksichtigenden **Mitverschuldens** des Schadensersatz begehrenden Bieters kann auf die entsprechenden Ausführungen zu Satz 1 verwiesen werden (vgl. Rn. 31 f.). **62**

Soweit es um die Vergabe eines öffentlichen Auftrags, einer Konzession oder der Ausrichtung eines Wettbewerbs durch einen Auftraggeber i. S. d. § 98 GWB geht, die nicht ausnahmsweise vergaberechtsfrei ist und die die Schwellenwerte erreicht, – also in dem Bereich, für den das unionsrechtliche Vergaberecht gem. RML maßgeblich ist –, ist das **Verschulden als Tatbestandsvoraussetzung** für einen Bieter-Schadensersatzanspruch zumindest **teilweise nicht (mehr) zu halten**. **63**

Der **EuGH** hat entschieden,[119] dass ein von einem Bieter geltend gemachter Schadensersatzanspruch keinesfalls am mangelnden Verschulden des Auftraggebers scheitern dürfe. Das folgert der EuGH aus dem mit der RML verfolgten Effektivitätsgrundsatz. Diesen entnimmt das Gericht sowohl dem 3. Erwägungsgrund als auch Art. 1 Abs. 1 Unterabs. 3 RML: Beide Male fordert das Unionsrecht eine wirksame und rasche Nachprüfung von Vergabeverfahren auf „Verstöße" gegen Vergaberecht. Zudem gibt Art. 2 Abs. 1 lit. c) RML vor, dass die Vergabenachprüfungsinstanzen die erforderlichen Befugnisse haben müssen, damit einem durch einen „Rechtsverstoß" Geschädigten Schadensersatz zuerkannt werden kann. Dem Wortlaut dieser Bestimmungen sei nicht zu entnehmen, dass der zum Schadensersatz verpflichtende Verstoß gerade ein verschuldeter sein müsse oder auch nur dürfe. Weil die RML zudem den Mitgliedstaaten erlaube, Ausschlussfristen für Nach- **64**

auffassung – den angefochtenen Planfeststellungsbeschluss in weiten Teilen aufhob, sodass der Auftraggeber auch das zwischenzeitlich über die für die Projektrealisierung erforderlichen Leistungen eingeleitete Vergabeverfahren aufheben musste.

116 BGH, Urt. v. 15.4.2008, X ZR 129/06, NZBau 2008, 505, 506 – Sporthallenbau; OLG Stuttgart, Urt. v. 30.4.2007, 5 U 4/06, BauR 2008, 567 (red. Ls.), zitiert nach juris, juris-Rn. 29; OLG München, Urt. v. 17.1.2007, 7 U 2759/06, DB 2007, 1136, zitiert nach juris, juris-Rn. 49.

117 BGH, Urt. v. 8.9.1998, X ZR 99/96, NJW 1998, 3640, 3641 f., zu der Fallkonstellation, in der aufgrund der Fehlerhaftigkeit der Kostenschätzung eine wegen fehlender Finanzierung erklärte Aufhebung des Vergabeverfahrens nicht gemäß § 26 VOB/A a. F. gerechtfertigt war.

118 OLG Stuttgart, 9.2.2010, 10 U 76/09, NJW-Spezial 2010, 334 (red. Ls. und Kurzwiedergabe), hier zitiert nach juris, juris-Rn. 88 ff.

119 EuGH, Urt. v. 30.9.2010, Rs. C-314/09, IBR 2010, 641 (Ls.) – Strabag, hier zitiert nach juris, juris-Rn. 30 bis 45, v. a. 39, 41 und 45.

prüfungsanträge vorzusehen und die Befugnisse der Nachprüfungsinstanzen nach Zuschlagserteilung auf die Zuerkennung von Schadensersatz zu beschränken (was jeweils den Primärrechtsschutz einschränkt), könne Schadensersatz nur dann eine mit dem Effektivitätsgrundsatz vereinbarte Alternative darstellen, wenn ein Schadensersatzanspruch des Bieters verschuldensunabhängig sei. Der Effektivitätsgrundsatz sei dabei so weitgehend zu verstehen, dass sogar schon eine bloße Verschuldensvermutung, die der Auftraggeber im Einzelfall erst widerlegen muss, unionsrechtswidrig ist.

65 Wichtig zu beachten ist, dass der EuGH diese unionsrechtliche Maßgabe mit Blick auf die RML festgelegt hat; diese unionsrechtliche Maßgabe gilt also für den gesamten **Bereich der öffentlichen Auftragsvergabe gem. den §§ 97 ff. GWB.**[120] Soweit also die RML vorgibt, dass Bietern die Möglichkeit von Schadensersatz eröffnet sein muss, ist jedwede **verschuldensabhängige Beschränkung von Schadensersatzansprüchen** durch mitgliedstaatliche Gesetzgebung **unionsrechtswidrig**. Daher greift der Hinweis, dass der Schadensersatzanspruch nach Satz 1 verschuldensunabhängig sei (vgl. dazu Rn. 30), zu kurz, um daraus die Unionsrechtskonformität des deutschen Schadensersatzrechts im Bereich des Kartellvergaberechts abzuleiten.[121] Denn der Schadensersatzanspruch gem. Satz 1 erfasst als Schadenspositionen nur das negative Interesse in Gestalt der Aufwendungen für die Teilnahme am Vergabeverfahren (vgl. dazu Rn. 33 ff.), also nicht das **positive Interesse**, v. a. nicht den entgangenen Gewinn. Art. 2 Abs. 1 lit. c) RML verlangt aber, dass den Geschädigten „Schadensersatz zuerkannt werden kann". Die Vorschrift klammert also den entgangenen Gewinn nicht aus.[122] § 181 Abs. 1 GWB ist insofern eine unzureichende Umsetzung des Unionsrechts. Daher dient im deutschen Recht auch der Schadensersatzanspruch wegen vorvertraglicher Pflichtverletzung der unionsrechtskonformen Umsetzung der RML. Die Forderung des EuGH nach einer verschuldensunabhängigen Schadensersatzmöglichkeit erstreckt sich also auch auf den Schadensersatzanspruch wegen vorvertraglicher Pflichtverletzung, soweit es um den entgangenen Gewinn des Bieters geht, der bei fehlerfreier Durchführung des Vergabeverfahrens den Zuschlag hätte erhalten müssen.

66 Hingegen besteht wohl kein Anpassungsbedarf, soweit es um Schadensersatzansprüche von **Bietern ohne Zuschlagschance** geht. Zwar verlangt Art. 2 Abs. 1 lit. c) RML, dass „denjenigen, die durch den Verstoß geschädigt worden sind", Schadensersatz zuerkannt werden kann. Dem Wortlaut nach erfasst also die Pflicht der Mitgliedstaaten, Schadensersatzmöglichkeiten zur eröffnen, auch Bieter ohne Zuschlagschance. Allerdings befasst sich Art. 2 Abs. 1 RML mit den Befugnissen „für die in Art. 1 [RML] genannten Nachprüfungsverfahren". Das Recht zur Nachprüfung muss nach Art. 1 Abs. 3 RML jedoch nur für Bieter eröffnet werden, die ein Interesse am Auftrag haben und denen durch den behaupteten Vergaberechtsverstoß ein Schaden entstanden ist bzw. zu entstehen droht. Die Umsetzung dieser RML-Vorgabe in § 160 Abs. 2 GWB führt dazu, dass Bieter, die keine Aussicht auf die Erteilung des Zuschlags (z.B.: Ausschlussgrund im eigenen Angebot) oder

---

120 Da in den Erwägungsgründen 3 und 6 bis 10 sowie in Art. 1 Abs. 1 lit. a) bis c) RMLS ebenso (wie in Erwägungsgrund 3 und Art. 1 Abs. 1 Unterabs. 3 RML) der Effektivitätsgrundsatz unionsrechtlich verankert ist, wird die EuGH-Rechtsprechung wohl auch auf die Sektorenbereiche übertragbar sein.

121 So aber *Meyer-Hofmann*, IBR 2010, 641.

122 Etwas vorsichtiger GA *Villalón*, Schlussanträge v. 14.9.2010, C-568/08 – Provinz Drenthe, zitiert nach juris, juris-Rn. 106 bis 112, der in juris-Rn. 89 ff. zudem zutreffend darauf hinweist, dass die Geltung von Art. 2 Abs. 7 RMLS auf den Sektorenbereich begrenzt ist.

wenigstens auf eine zweite Zuschlagschance haben (z. B.: zwingender Ausschluss aller Angebote), nicht antragsbefugt sind. Das legt die Annahme nahe, dass Bieter, die nicht nachprüfungsbefugt sind, auch nicht zu „denjenigen, die durch den Verstoß geschädigt worden sind“ (Art. 2 Abs. 1 lit. c) RML), gehören. Auch der EuGH hat seine Forderung nach der Verschuldensunabhängigkeit maßgeblich darauf gestützt, dass der Schadensersatz eine effektive Alternative zur Nachprüfung sein müsse. Gibt aber die RML schon nicht vor, dass Bieter ohne Zuschlagschance nachprüfungsbefugt sein müssen, dann müssen für diese Bieter im mitgliedstaatlichen Recht auch keine effektiven Alternativen zur Nachprüfung in Gestalt von Schadensersatzansprüchen geschaffen werden.

Der Schadensersatzanspruch wegen vorvertraglicher Pflichtverletzung ist also mit Blick auf Art. 2 Abs. 1 lit. c) RML **unionsrechtskonform auszulegen und anzuwenden**. Künftig muss im Anwendungsbereich der §§ 97 ff. GWB auf das Verschuldenserfordernis verzichtet werden, soweit ein Bieter das positive Interesse (v. a. entgangenen Gewinn) geltend macht. In diesem Umfang muss also eine verschuldensunabhängige Schadensersatzhaftung des Auftraggebers bestehen. Das gilt aber wohl nicht für auf Ersatz des negativen Interesses gerichtete Schadensersatzansprüche von Bietern, die gar nicht nachprüfungsberechtigt waren; insoweit kann es wohl bei der verschuldensabhängigen Haftung des Auftraggebers bleiben. Kurz: Die Schadensersatzhaftung des Auftraggebers für von ihm begangene Vergaberechtsverstöße ist im Bereich der Oberschwellenvergaben zum einen Teil verschuldensunabhängig (§ 181 Satz 1 GWB sowie Ersatz des positiven Interesses), zum anderen Teil verschuldensabhängig (alle Fälle, in denen der Schadensersatz begehrende Bieter nicht antragsbefugt i. S. d. § 160 Abs. 2 GWB ist). 67

Jenseits des Kartellvergaberechts (kein Auftraggeber i. S v. § 98 GWB, kein öffentlicher Auftrag, Unterschreiten der Schwellenwerte oder das Vorliegen einer Ausnahme vom Anwendungsbereich des GWB) kann hingegen weiterhin ein Verschulden des Auftraggebers als Anspruchsvoraussetzung verlangt werden, weil insoweit die unionsrechtlichen Vorgaben des Art. 2 Abs. 1 lit. c) RML nicht maßgeblich sind. Es bleibt also bei einer nur verschuldensabhängigen Schadensersatzhaftung des Auftraggebers. Dadurch kommt es nun also auch im Bereich des Schadensersatzrechts bzw. des sekundären Rechtsschutzes zu einer (weiteren) Differenzierung insbesondere zwischen Oberschwellenvergaben (verschuldensunabhängige Haftung des Auftraggebers) und Unterschwellenvergaben (verschuldensabhängige Haftung des Auftraggebers); diese Differenzierung war und ist schon mit Blick auf den Primärrechtsschutz Gegenstand intensiver Diskussionen.[123] 68

e) Kausalität der Pflichtverletzung für einen Schaden beim Bieter

In aller Regel kommt ein Anspruch aus culpa in contrahendo nur für den Bieter in Betracht, der ohne die geltend gemachte Pflichtverletzung richtigerweise den **Zuschlag hätte erhal-** 69

123 Vgl. BVerfG, Beschl. v. 13.6.2006, 1 BvR 1160/03, NZBau 2006, 791 ff. – Vergaberecht. Vgl. zuletzt auch das Diskussionspapier des Bundesministeriums für Wirtschaft und Technologie „Rechtsschutz unterhalb der EU-Schwellenwerte“ und dazu das Schreiben der Bundesvereinigung der kommunalen Spitzenverbände v. 14.7.2010, die Stellungnahme des Deutschen Anwaltverein v. 30.8.2010 sowie die Stellungnahme der Bundesrechtsanwaltskammer von September 2010.

ten müssen[124] – was ein (etwas) strengerer Maßstab ist als die „echte Chance" i. S. d. Satz 1 (vgl. Rn. 19) –, eine bloße Chance auf den Zuschlag genügt nicht.[125] Das gilt auch dann, wenn der den Schadensersatz geltend machende Bieter den Zuschlag im beanstandeten Vergabeverfahren tatsächlich erhalten hat.[126] Dabei ist im Falle der Nichtberücksichtigung von Änderungsvorschlägen oder **Nebenangeboten** des Schadensersatz begehrenden Bieters auch zu prüfen, ob der Änderungsvorschlag oder das Nebenangebot als dem geforderten Angebot mindestens gleichwertig hätte anerkannt[127] und darauf der Zuschlag hätte erteilt werden müssen. Bei einer **losweisen Vergabe** kommt es ggf. darauf an, ob der Bieter bei rechtmäßigem Vorgehen den Zuschlag bzgl. eines oder mehrerer Lose hätte erhalten müssen, für die er ein Angebot abgegeben hat.[128]

70 Die Frage, ob das Angebot des Schadensersatz begehrenden Bieters den Zuschlag hätte erhalten müssen, ist anhand der vom Auftraggeber bekannt gemachten oder sonst dokumentierten **Wertungskriterien** zu beantworten; erst nachträglich (v. a. nach Angebotsabgabe) eingeführte, geänderte Kriterien, anhand derer der Auftraggeber die Angebote werten will, müssen außer Betracht bleiben, alle zuvor festgelegten Wertungskriterien müssen hingegen zur Anwendung kommen.[129] Ebenso sind vom Auftraggeber ausgeschriebene Eventualpositionen in die Angebotswertung einzubeziehen, wenn er nicht auf die Unbeachtlichkeit für die Angebotswertung hinweist.[130]

71 Wird das **positive Interesse** geltend gemacht, ist es zusätzliche Anspruchs- und Kausalitätsvoraussetzung, dass der ausgeschriebene **Auftrag auch tatsächlich vergeben** worden ist.[131] Zudem ist genau zu prüfen, ob der Verlust des vom Schadensersatz begehrenden Bieter kalkulierten Gewinns gerade durch den vom Auftraggeber begangenen Pflichtenverstoß **kausal** verursacht worden ist. Das ist z. B. nicht der Fall, wenn der Auftraggeber den Schadensersatz begehrenden Bieter pflichtwidrig nicht rechtzeitig darauf hingewiesen hat, dass die Finanzierung der Auftragsdurchführung nicht gesichert ist, und den Auftrag wegen unzureichender Finanzierung nicht erteilt, nachdem der Bieter im Vergabeverfahren Aufwendungen getätigt hat.[132]

---

124 BGH, Urt. v. 26.1.2010, X ZR 86/08, NZBau 2010, 387, 388 – Bieterinformation 3; BGH, Urt. v. 27.11.2007, X ZR 18/07, VergabeR 2008, 219, 223 – Hochwasserschutzanlage; BGH, Urt. v. 27.6.2007, X ZR 34/04, NZBau 2007, 727, 729 f.; BGH, Urt. v. 3.4.2007, X ZR 19/06, NZBau 2007, 523, 524; BGH, Urt. v. 12.6.2001, X ZR 150/99, NZBau 2001, 637, 638 – U-Bahn-Waggons.

125 OLG Brandenburg, Urt. v. 10.1.2007, 4 U 81/06, VergabeR 2007, 408, 415 – Trinkwasserversorgung.

126 BGH, Urt. v. 26.1.2010, X ZR 86/08, NZBau 2010, 387, 388 – Bieterinformation 3.

127 BGH, Urt. v. 16.4.2002, X ZR 67/00, NZBau 2002, 517, 518.

128 OLG Zweibrücken, Urt. v. 24.1.2008, 6 U 25/06, ZfBR 2009, 202 ff.

129 OLG Saarland, Urt. v. 24.6.2008, 4 U 478/07, NZBau 2009, 265, 267 – Ortsdurchfahrt W.

130 OLG Saarland, Urt. v. 24.6.2008, 4 U 478/07, NZBau 2009, 265, 267 f. – Ortsdurchfahrt W.

131 BGH, Urt. v. 20.1.2009, X ZR 113/07, NZBau 2009, 262, 263 – Altenheim mit Begegnungsstätte G.; BGH, Urt. v. 1.8.2006, X ZR 115/04, NZBau 2006, 797, 798; BGH, Urt. v. 21.2.2006, X ZR 39/03, NZBau 2006, 456, 457; BGH, Urt. v. 26.10.1999, X ZR 30/98, NZBau 2000, 35, 37.

132 BGH, Urt. v. 8.9.1998, X ZR 48/97, NJW 1998, 3636, 3637, mit dem Hinweis, dass der Bieter bei rechtzeitiger Unterrichtung durch den Auftraggeber voraussichtlich am Vergabeverfahren gar nicht teilgenommen hätte, sodass schon deswegen eine Auftragserteilung mit entsprechender Gewinnaussicht nicht in Betracht gekommen wäre.

Diese strengen Anforderungen an die Kausalität liegen darin begründet, dass das Vergabeverfahren seinem Wesen nach ein Wettbewerbsverfahren ist, bei dem sich die Angebotsaufwendungen der Bieter nur beim Gewinner amortisieren können, während sie bei allen anderen Bietern regelmäßig kompensationslos verloren sind. Ein etwaiger Vergaberechtsverstoß ist also bei denjenigen Bietern, die lediglich ein nachrangiges oder ein schon gar nicht zuschlagsfähiges Angebot abgegeben haben, nicht kausal für die Vergeblichkeit der von ihnen getätigten Angebotsaufwendungen.[133] In diesen Fällen liegt der Grund dafür, dass sie die Aufwendungen vergeblich tätigten, darin, dass ihr Angebot auszuschließen war oder in der Wertung nicht als das wirtschaftlichste qualifiziert werden konnte. **72**

Die **Darlegungs- und Beweislast** für den Kausalitätsnachweis trifft den Schadensersatz begehrenden **Bieter**.[134] So muss der Schadensersatz begehrende Bieter z.B. darlegen und beweisen, welchen Preis er angeboten hätte, wenn der Auftraggeber eine vergaberechtswidrig nicht mitgeteilte Information, die für die Bieter kalkulationserheblich war, mitgeteilt hätte, und dass der Auftraggeber auf das anders kalkulierte Angebot des Bieters den Zuschlag hätte erteilen müssen.[135] Dem Auftraggeber ist es – obwohl er ggf. den beanstandeten Pflichtenverstoß begangen hat – demgegenüber nicht verwehrt, sich auf die objektiv richtige Angebotsbewertung zu berufen und anhand dieser darzulegen, dass der den Schadensersatz begehrende Bieter den Zuschlag auch bei objektiv richtiger Angebotsbewertung nicht erhalten hätte.[136] Derartige Einwände sollten freilich vom Auftraggeber selbst stammen. Die Gerichte hingegen sollten der Versuchung widerstehen, sich selbst auf „ungefragte Fehlersuche" zu begeben und Gründe, warum dem Schadensersatz begehrenden Bieter der Zuschlag ohnehin nicht hätte erteilt werden dürfen, „eigenmächtig" in den Prozess einzuführen, ohne dass der Auftraggeber diese Gründe bisher auch nur entdeckt, geschweige denn im Prozess als Einwand geltend gemacht hätte.[137] **73**

Mit Blick auf die künftige BGH-Rechtsprechung muss man sich darauf einstellen, dass der BGH bei nächster Gelegenheit erwägen wird, dem Auftraggeber, der im Vergabeverfahren insoweit keine Einwände gegenüber dem in die engere Wahl gekommenen Bieter/Angebot erhoben hat, im nachfolgenden Schadensersatzprozess den Einwand abzuschneiden, der Schadensersatz begehrende Bieter sei gar nicht geeignet gewesen und/oder habe ein preislich unangemessen hohes/niedriges Angebot abgegeben, wenn die dafür zugrunde liegenden Umstände schon im vorangegangenen Vergabeverfahren vorlagen und nicht erst nachträglich eingetreten sind. Der Auftraggeber, der im Vergabeverfahren keine Einwände gegen das Angebot oder den Bieter erhob, könnte sich dann also ggf. nur noch auf nachträglich eingetretene Umstände berufen – was vor allem für die Eignung relevant ist (vgl. insoweit auch § 16b Abs. 2 VOB/A und § 16b EU Abs. 3 VOB/A), denn die Unangemessenheit von Preisen kann dem Auftraggeber wohl schlechterdings nicht verborgen geblieben sein.[138] Dieses „Abschneiden von Einwänden" zulasten des Auftraggebers ist freilich nicht frei von Zweifeln: In Fällen, in denen der Auftraggeber an den Schadensersatz begehrenden Bieter eine Vorabinformation gem. § 134 Abs. 1 GWB übersandt hat, trägt der Auf- **74**

---

133 Vgl. BGH, Urt. v. 27.11.2007, X ZR 18/07, VergabeR 2008, 219, 223 – Hochwasserschutzanlage.

134 OLG Brandenburg, Urt. v. 11.10.2007, 12 U 72/07, zitiert nach juris, juris-Rn. 10.

135 BGH, Urt. v. 26.1.2010, X ZR 86/08, NZBau 2010, 387, 388 – Bieterinformation 3.

136 BGH, Urt. v. 1.8.2006, X ZR 115/04, NZBau 2006, 797, 798 und 800.

137 *Gröning*, VergabeR 2010, 762, 766; so auch schon *Franßen/Pottschmidt*, NZBau 2004, 587 ff., zum Primärrechtsschutz.

138 *Gröning*, VergabeR 2010, 762, 766.

traggeber, wenn er in der Vorabinformation entgegen der Vorgabe des § 134 Abs. 1 Satz 1 GWB nicht alle Gründe für die vorgesehene Nichtberücksichtigung mitteilt, gem. § 135 Abs. 1 Nr. 1 GWB bereits das Risiko, dass ein nach Zuschlagsentscheidung geschlossener Vertrag mit einem anderen Bieter nichtig ist.[139] Eine überzeugende Begründung dafür, ihm zusätzlich auch noch das Risiko aufzubürden, in einem nachfolgenden Schadensersatzprozess mit bislang nicht erhobenen Einwänden gegenüber der Eignung oder gegenüber der Angemessenheit der Preise präkludiert zu sein, ist nicht recht erkennbar. Gerade die Existenz der Vorschriften des § 16b Abs. 2 VOB/A und des § 16b EU Abs. 3 VOB/A zeigt doch eher, dass der Gesetz- und Verordnungsgeber diese Problemstellung erkannt und einer wohl abschließend zu verstehenden Regelung zugeführt hat, die auf den Bereich der Eignungsprüfung im Rahmen von Beschränkten Ausschreibungen/Nichtoffenen Verfahren und Freihändigen Vergaben/Verhandlungsverfahren beschränkt ist. Regelungsanlass der Vorschriften des § 16b Abs. 2 VOB/A und des § 16b EU Abs. 3 VOB/A ist zudem offenkundig, dass der Auftraggeber durch die nach außen gerichtete Aufforderung zur Angebotsabgabe zu erkennen gibt, dass er den Bieter für geeignet hält (vgl. § 6b Abs. 4 VOB/A und § 6b EU Abs. 2 Nr. 3 VOB/A), und somit ein entsprechendes Vertrauen beim Bieter schafft. Eine derartige vertrauenerweckende Erklärung gibt es bei Öffentlichen Ausschreibungen/Offenen Verfahren nicht. Nur im unmittelbaren Anwendungsbereich des § 16b Abs. 2 VOB/A und des § 16b EU Abs. 3 VOB/A kann daher eine Präklusion von Einwänden erfolgen: Wenn der Auftraggeber die Nichteignung eines Bieters gem. § 16b Abs. 2 VOB/A bzw. gem. § 16b EU Abs. 3 VOB/A noch nicht einmal mehr im Vergabeverfahren geltend machen kann – also trotz vielleicht mangelnder Eignung den Zuschlag dennoch auf das Angebot des betreffenden Bieters hätte erteilen müssen –, dann kann im Schadensersatzprozess bei der Frage, ob der Auftraggeber den Zuschlag auf das Angebot des Schadensersatz begehrenden Bieters hätte verweigern können, nichts anderes gelten. Die hier diskutierte Präklusion von möglichen Einwänden des Auftraggebers gegen die Eignung des Bieters oder die Angemessenheit der von ihm angebotenen Preise geht jedenfalls über die Frage nach der Verteilung der bloßen Darlegungs- und Beweislast weit hinaus: Der Sache nach handelt es sich bei der Präklusion von Einwänden um eine Änderung der materiell-rechtlichen Voraussetzungen für den gem. § 280 Abs. 1 Satz 1 BGB gesetzlich geforderten Kausalitätsnachweis; zu einer solchen Änderung der materiell-rechtlichen Anspruchsvoraussetzungen wäre aber ausschließlich der Gesetzgeber berufen.

75 An der Anspruchsvoraussetzung, dass der Bieter ohne den Pflichtenverstoß des Auftraggebers den Zuschlag erhalten hätte, fehlt es, wenn das Angebot des Schadensersatz begehrenden Bieters zwingend von der Wertung der Angebote **auszuschließen** war.[140] Das gilt auch dann, wenn alle anderen Angebote aller anderen Bieter ebenfalls zwingend auszuschließen waren, denn das kann allenfalls zu einer Aufhebung der Ausschreibung führen, nicht aber zu einer Bezuschlagung des Angebotes des Schadensersatz begehrenden Bieters.[141] Das Vorliegen eines im Angebot des Schadensersatz begehrenden Bieters verwirklichten Ausschlussgrundes ist im Schadensersatzprozess unabhängig davon zu beachten,

---

139 Kritisch zur Unwirksamkeit in diesen Fällen: *Franßen*, NWVBl. 2009, 41, 47.

140 OLG Düsseldorf, Beschl. v. 30.4.2014, VII-Verg 35/13, juris, Rn. 40; BGH, Urt. v. 18.9.2007, X ZR 89/04, NZBau 2008, 137, 138 – Altenheim; BGH, Urt. v. 3.4.2007, X ZR 19/06, NZBau 2007, 523, 524; BGH, Urt. v. 1.8.2006, X ZR 115/04, NZBau 2006, 797, 798; BGH, Urt. v. 7.6.2005, X ZR 19/02, NZBau 2005, 709, 710 – Treppenanlage.

141 Vgl. OLG Schleswig, Urt. v. 25.9.2009, 1 U 42/08, SchlHA 2010, 106.

ob sich der Auftraggeber bei einem bereits im Vergabeverfahren gegenüber dem Bieter ausgesprochenen Angebotsausschluss oder in einem Bieter-Informationsschreiben auf den tatsächlich verwirklichten Ausschlussgrund berufen hat oder nicht,[142] und unabhängig davon, ob sich der Auftraggeber im Schadensersatzprozess auf das Vorliegen des Ausschlussgrundes beruft oder nicht.[143]

An der Anspruchsvoraussetzung, dass der Bieter ohne den Pflichtenverstoß des Auftraggebers den Zuschlag erhalten hätte, fehlt es darüber hinaus auch dann, wenn der Auftraggeber bei Erkennen seines Fehlers den **Zuschlag nicht hätte erteilen dürfen**, sondern entweder das Vergabeverfahren hätte aufheben müssen oder die ausgeschriebene Leistung diskriminierungsfrei hätte ändern und den Bietern anschließend die Möglichkeit zur erneuten Angebotsabgabe auf Grundlage der geänderten Leistung hätte eröffnen müssen – denn in beiden Fällen ist ungewiss, ob dem Schadensersatz begehrenden Bieter der Zuschlag hätte erteilt werden müssen.[144] **76**

Hat der Auftraggeber das **Vergabeverfahren aufgehoben**, setzt ein auf culpa in contrahendo gestützter Schadensersatzanspruch voraus, dass die Aufhebung durch den Auftraggeber nicht gerechtfertigt war[145] (vgl. dazu z.B. § 63 VgV) und dass auf das Angebot des Schadensersatz begehrenden Bieters bei Fortsetzung des Vergabeverfahrens der Zuschlag hätte erteilt werden müssen[146] (vgl. zu den weitergehenden Voraussetzungen eines Anspruchs auf Ersatz des positiven Interesses Rn. 81 ff.). Denn jeder Bieter muss von vornherein mit der Möglichkeit rechnen, dass sich die in den jeweils einschlägigen vergaberechtlichen Bestimmungen normierten Tatbestände verwirklichen, bei deren Vorliegen eine Auftragsvergabe wegen Aufhebung des Vergabeverfahrens unterbleibt. Der Bieter darf hingegen darauf vertrauen, dass der Auftraggeber nicht leichtfertig ausschreibt und das Vergabeverfahren nicht aus anderen als den in den normierten Tatbeständen genannten Gründen aufhebt.[147] Das gilt jedenfalls dann, wenn der Auftraggeber den Schadensersatz begehrenden Bieter nicht vor oder bei Zustandekommen des Schuldverhältnisses, spätestens aber vor Tätigung von Aufwendungen durch den Bieter, auf die Besonderheiten hingewiesen hat, derentwegen das Vergabeverfahren aufgehoben werden könnte; denn der Bieter darf darauf vertrauen, dass das Vergabeverfahren nicht wegen eines dem Auftraggeber bekannten, dem Bieter aber verschwiegenen Grundes aufgehoben wird.[148] Die Schadensersatzmöglichkeit wegen culpa in contrahendo besteht regelmäßig auch dann, wenn der Auftraggeber in einem Vergabenachprüfungsverfahren von einer Nachprüfungsinstanz zur Aufhebung des Vergabeverfahrens verpflichtet worden ist. Obwohl den unmittelbaren Anlass für die Aufhebung in diesem Fall nicht der Auftraggeber, sondern die Nachprüfungsinstanz gesetzt hat, kommt ein Schadensersatzanspruch zumindest dann in Betracht, wenn der Auftraggeber die von der Nachprüfungsinstanz ausgesprochene Verpflichtung zur Aufhebung **77**

142 BGH, Urt. v. 16.4.2002, X ZR 67/00, NZBau 2002, 517, 518; BGH, Urt. v. 8.9.1998, X ZR 85/97, NJW 1998, 3634; OLG Schleswig, Urt. v. 25.9.2009, 1 U 42/08, SchlHA 2010, 106.

143 BGH, Urt. v. 7.6.2005, X ZR 19/02, NZBau 2005, 709, 710 – Treppenanlage.

144 BGH, Urt. v. 1.8.2006, X ZR 115/04, NZBau 2006, 797, 799, ohne allerdings die Möglichkeit des Bieters zu erörtern, den entsprechenden Nachweis zu führen.

145 BGH, Urt. v. 8.9.1998, X ZR 99/96, NJW 1998, 3640, 3641; BGH, Urt. v. 8.9.1998, X ZR 48/97, NJW 1998, 3636, 3637.

146 BGH, Urt. v. 21.2.2006, X ZR 39/03, NZBau 2006, 456, 457.

147 BGH, Urt. v. 8.9.1998, X ZR 99/96, NJW 1998, 3640, 3641; BGH, Urt. v. 8.9.1998, X ZR 48/97, NJW 1998, 3636, 3637.

148 BGH, Urt. v. 8.9.1998, X ZR 48/97, NJW 1998, 3636, 3637 f.

des Vergabeverfahrens verursacht hat. Denn ein Auftraggeber, der selbst den Grund für die Aufhebung des Vergabeverfahrens gesetzt hat, muss schadensersatzrechtlich ebenso behandelt werden wie der Auftraggeber, der ohne ausreichenden Grund das Vergabeverfahren aufhebt.[149] Dem Auftraggeber ist im Falle der Aufhebung seiner Ausschreibung der Einwand rechtmäßigen Alternativverhaltens, wonach der Schadensersatz begehrende Bieter auch bei fehlerfreier Wiederholung des aufgehobenen Vergabeverfahrens den Zuschlag sowieso nicht hätte erhalten können, abgeschnitten; das hat seinen Grund in der Eigenverantwortlichkeit des Auftraggebers für ein von ihm eingeleitetes Vergabeverfahren, das gem. § 241 Abs. 2 i.V.m. § 311 Abs. 2 Nr. 1 BGB mit vertraglichen Rücksichtnahmepflichten gegenüber allen teilnehmenden Bietern einhergeht.[150]

78 Der Einwand einer bloß möglichen Aufhebung des Vergabeverfahrens führt grundsätzlich nicht zum Fortfall der Kausalität, wenn der Auftraggeber von der **Aufhebungsmöglichkeit** tatsächlich keinen Gebrauch gemacht hat/hätte.[151] Die Kausalität des Rechtsverstoßes für den Schaden entfällt aber dann, wenn der Auftraggeber bei rechtmäßigem Vorgehen das Vergabeverfahren rechtmäßig hätte aufheben können[152] und von der Aufhebungsmöglichkeit Gebrauch gemacht hätte.[153] Nach dem Grundsatz des sog. **rechtmäßigen Alternativverhaltens** ist eine Pflichtverletzung dann nicht kausal für einen Schaden, wenn der Schaden auch bei rechtmäßigem, also pflichtengemäßem Handeln des Schädigers entstanden wäre. Dabei kommt es nicht darauf an, ob der Auftraggeber im Laufe des Vergabeverfahrens tatsächlich eine Aufhebungsentscheidung getroffen hat und ob diese sich bei rechtlicher Überprüfung als rechtmäßig erweist, sondern es genügt, dass sich der Auftraggeber auf Gründe hätte berufen können, die ihn zur Aufhebung des Vergabeverfahrens berechtigt hätten.[154] Voraussetzung dafür, dass der Schadensersatzanspruch entfällt, ist freilich die Feststellung, dass nach Aufhebung des Vergabeverfahrens und erneuter Ausschreibung der Auftrag nicht dem Schadensersatz begehrenden Bieter hätte erteilt werden müssen, sondern einem anderen Bieter hätte erteilt werden können.[155] **Darlegungs- und beweisbelastet** für den Einwand des rechtmäßigen Alternativverhaltens ist der Auftraggeber,[156] insbesondere wenn sich die den Einwand stützenden Tatsachen aus dem Vergabevermerk einschließlich des über den Termin der Angebotsöffnung geführten Protokolls ergeben müssten, die entsprechenden Unterlagen aber keinen hinreichenden Aufschluss geben.[157]

149 OLG Düsseldorf, Urt. v. 30.1.2003, 5 U 13/02, NZBau 2003, 459, 461 – Schlosssanierung.

150 *Gröning*, VergabeR 2010, 762, 768.

151 OLG Düsseldorf, Urt. v. 15.12.2008, 27 U 1/07, VergabeR 2009, 501, 511 f. – Operationszentrum; *Kraus*, VergabeR 2008, 512, 513 f., der darauf hinweist, dass dem Auftraggeber der Einwand rechtmäßigen Alternativverhaltens z. B. dann abgeschnitten ist, wenn er sich über die Aufhebungsmöglichkeit im Klaren war, aber bewusst keinen Gebrauch davon gemacht hat.

152 BGH, Urt. v. 26.10.1999, X ZR 30/98, NZBau 2000, 35, 37.

153 OLG Koblenz, Urt. v. 26.9.2003, 10 U 893/02, VersR 2004, 872.

154 Vgl. BGH, Urt. v. 12.6.2001, X ZR 150/99, NZBau 2001, 637, 640 – U-Bahn-Waggons, und mit dem zutreffenden Hinweis, dass nicht etwa jeder vom Auftraggeber im Laufe eines Vergabeverfahrens begangene Fehler zur Aufhebung berechtigt, weil es andernfalls der Auftraggeber nach Belieben in der Hand hätte, sich durch eigene Fehler den vergaberechtlichen Bindungen zu entziehen.

155 BGH, Urt. v. 26.10.1999, X ZR 30/98, NZBau 2000, 35, 37.

156 OLG Düsseldorf, Urt. v. 15.12.2008, 27 U 1/07, VergabeR 2009, 501, 511 f. – Operationszentrum.

157 BGH, Urt. v. 26.10.1999, X ZR 30/98, NZBau 2000, 35, 38.

Die kausale Verursachung des Vermögensverlustes eines **nachrangigen Bieters** in Gestalt der Angebotsaufwendungen kommt daher **nur ausnahmsweise** in Betracht. Den Ausnahme-Fallkonstellationen ist gemeinsam, dass es bei ihnen nicht um eine Pflichtverletzung des Auftraggebers im Zuge der Bieterauswahl geht, sondern dem Auftraggeber eine andersartige Pflichtverletzung vorgeworfen wird, die sich in der Regel zu einem deutlich früheren Zeitpunkt ereignet hat, sodass der Bezugspunkt für die Kausalitäts- und Schadensprüfung dementsprechend ein anderer ist als die Bieterauswahl.[158] Folgende Ausnahme-Fallkonstellationen sind denkbar: **79**

In einer möglichen Ausnahme-Fallkonstellation hat der Auftraggeber dem Schadensersatz begehrenden Bieter **nicht rechtzeitig bestimmte Informationen** zukommen lassen, etwa entgegen einer ihn treffenden Unterrichtungspflicht dem Bieter nicht vor weiterem Tätigen von Angebotsaufwendungen mitgeteilt, dass bereits eine Rüge gegen das Vergabeverfahren erhoben worden ist[159] – sodass der Bieter nicht die Möglichkeit hatte, unter Abwägung des aufgrund der Rüge entstandenen Nachprüfungsrisikos über seine weiteren Investitionen in die Angebotsabgabe zu entscheiden und ggf. auch nicht weiter im Vergabeverfahren tätig zu werden. War jedoch dem Bieter bereits auf Grundlage der ihm tatsächlich zur Verfügung stehenden Informationen das Nachprüfungsrisiko bewusst, hätte der vom Auftraggeber pflichtwidrig unterlassene Hinweis auf die das Nachprüfungsrisiko dokumentierenden Tatsachen (z. B. erhobene Rüge) den Bieter ggf. dennoch nicht von weiteren Investitionen in das Vergabeverfahren abgehalten – sodass der Pflichtenverstoß des Auftraggebers nicht kausal für den vom Bieter geltend gemachten Vertrauensschaden ist und kein Schadensersatzanspruch besteht.[160] **80**

In einer anderen möglichen Ausnahme-Fallkonstellation hätte der Schadensersatz begehrende Bieter ohne Vertrauen auf die Rechtmäßigkeit des Vergabeverfahrens entweder **gar kein Angebot abgegeben**[161] oder nur unter anderen Voraussetzungen. Dann wären die Angebotsaufwendungen ohne den Vertrauenstatbestand unabhängig vom Ausgang des Vergabewettbewerbs nicht entstanden – sodass es nicht darauf ankommt, ob/dass der betreffende Bieter den Zuschlag erhalten oder zumindest eine echte Zuschlagschance gehabt hätte.[162] In diesen Fällen ist der Schaden, den der Bieter ersetzt verlangen kann, jedenfalls auf den Vertrauensschaden begrenzt,[163] weil der Bieter dann gerade vorträgt, er hätte ohne die Pflichtverletzung des Auftraggebers gar keinen Vertrag mit dem Auftraggeber abgeschlossen; der Ersatz des positiven, des Erfüllungsinteresses ist dann ausgeschlossen. Um Ersatz des Vertrauensschadens verlangen zu können, muss allerdings festzustellen sein, dass sich der Bieter in Kenntnis des Vergaberechtsverstoßes (z. B. bei Einleitung des Vergabeverfahrens) nicht am Vergabeverfahren beteiligt hätte. Das versteht sich nicht von selbst, denn nach **Lebenserfahrung** und **wirtschaftlicher Vernunft** ist kaum zu erwarten, dass ein Bieter von einer Angebotsabgabe ganz Abstand nimmt, wenn er erkennt, dass „unionsweit“ **81**

158 *Kraus*, VergabeR 2008, 226, 227.
159 BGH, Urt. v. 27.6.2007, X ZR 34/04, NZBau 2007, 727, 729.
160 Vgl. BGH, Urt. v. 27.6.2007, X ZR 34/04, NZBau 2007, 727, 730.
161 OLG Brandenburg, Urt. v. 10.1.2007, 4 U 81/06, VergabeR 2007, 408, 415 – Trinkwasserversorgung.
162 Vgl. BGH, Urt. v. 27.11.2007, X ZR 18/07, VergabeR 2008, 219, 223 f. – Hochwasserschutzanlage.
163 BGH, Urt. v. 26.1.2010, X ZR 86/08, NZBau 2010, 387, 388 – Bieterinformation 3.

statt bloß „national" hätte ausgeschrieben werden müssen.[164] Hätte er aber auch in Kenntnis des Vergaberechtsverstoßes am Vergabeverfahren teilgenommen, würde er nicht mehr auf die Rechtmäßigkeit des Vergabeverfahrens vertraut haben, sodass er bei einem durch den Vergaberechtsverstoß verursachten Unterbleiben des Zuschlags den geltend gemachten Schaden jedenfalls nicht im Vertrauen auf die Rechtmäßigkeit des Vergabeverfahrens erleiden würde.[165]

82 In einer weiteren möglichen Ausnahme-Fallkonstellation hätte der Schadensersatz begehrende Bieter bei Erkennen des Vergaberechtsverstoßes die **Ausschreibung im Nachprüfungsverfahren angegriffen**.[166] In dieser Konstellation hätte sich der Bieter mit der Abgabe eines Angebots am Vergabeverfahren beteiligt (also die entsprechenden Aufwendungen getätigt), wodurch er sich die Möglichkeit einer Nachprüfung eröffnet hätte (vgl. insbesondere die Nachprüfungsvoraussetzungen des § 160 Abs. 2 GWB), von der er nach Erkennen des Vergaberechtsfehlers auch Gebrauch gemacht hätte.

83 In all diesen Ausnahme-Fallkonstellationen ist es der den Schadensersatz begehrende Bieter, der die **Darlegungs- und Beweislast** trägt, der also vortragen und nachweisen muss, dass er ohne die beanstandete Pflichtverletzung des Auftraggebers die Aufwendungen, für die er Ersatz begehrt, nicht getätigt hätte.[167] In dem Fall, dass die Pflichtverletzung des Auftraggebers in einem **Unterlassen** besteht – also z. B. bei Unterlassen eines Hinweises an den Schadensersatz begehrenden Bieter, dass ein anderer Bieter eine Rüge erhoben hat –, steht dem Schadensersatz begehrenden Bieter aber zumindest insofern eine **Beweiserleichterung** zur Seite, als im Sinne einer an typische Geschehensabläufe anknüpfenden Wertung angenommen werden kann – solange nicht im Einzelfall konkrete Anhaltspunkte für ein abweichendes Verhalten des Geschädigten erkennbar sind –, dass er rational bzw. aufklärungsrichtig auf den Erhalt der unterlassenen Information reagiert hätte.[168]

f) Ersatz des Vertrauensschadens (negatives Interesse)

84 Auch wenn schon **Satz 1** auf den Ersatz des Vertrauensschadens gerichtet ist, kann der Ersatz des Vertrauensschadens **parallel** dazu auch auf Grundlage der Grundsätze der **culpa in contrahendo** verlangt werden, weil Satz 1 auch mit Blick auf den Vertrauensschadens-

---

164 Vgl. BGH, Urt. v. 27.11.2007, X ZR 18/07, VergabeR 2008, 219, 224 – Hochwasserschutzanlage, mit der Überlegung, dass es eine naheliegende hypothetische Reaktionsmöglichkeit des Bieters sei, auf mögliche Vorteile des erkannten Vergaberechtsverstoßes zu setzen, indem er sich die Abwesenheit ausländischer Konkurrenz verspricht oder auf eine spätere Rüge spekuliert, falls sich sein Angebot nicht durchsetzen kann.

165 Vgl. zu einer solchen Fallkonstellation OLG Koblenz, Beschl. v. 4.2.2009, 1 Verg 4/08, VergabeR 2009, 682, 684 – Ortskanalisation, wonach dem Bieter im dortigen Einzelfall mit an Sicherheit grenzender Wahrscheinlichkeit die fehlerhafte Wahl der Vergabeverfahrensart (nationale Öffentliche Ausschreibung statt EU-weites Offenes Verfahren) solange völlig gleichgültig war, wie er die Chance auf Zuschlagserteilung sah.

166 Vgl. BGH, Urt. v. 27.11.2007, X ZR 18/07, VergabeR 2008, 219, 224.

167 BGH, Urt. v. 27.6.2007, X ZR 34/04, NZBau 2007, 727, 730.

168 OLG Dresden, Urt. v. 10.1.2008, 20 U 1697/03, IBR 2009, 231 (red. Ls. + Kurzwiedergabe), zitiert nach juris, juris-Rn. 7, mit der Beurteilung im Einzelfall, dass dem geschädigten Bieter bei pflichtgemäßer Informierung durch den Auftraggeber nicht mehrere annähernd gleichwertige Handlungsoptionen zur Verfügung gestanden hätten, sondern nur eine einzige vernünftige sinnvolle Reaktion (Verzicht auf die weitere Teilnahme am Vergabeverfahren) überhaupt in Betracht kam.

ersatz nicht abschließend ist (vgl. Rn. 38). Der gegen den Auftraggeber gerichtete Schadensersatzanspruch des Bieters wegen culpa in contrahendo ist grundsätzlich auf Ersatz des negativen Interesses, also auf die Erstattung der nutzlosen Aufwendungen für die Erstellung des Angebotes gerichtet.[169] Wird ein Bieter zu Unrecht **ausgeschlossen** und setzt er sich dagegen unter Inanspruchnahme gerichtlicher Hilfe erfolgreich zur Wehr, sind die dem Bieter entstandenen erforderlichen Anwaltskosten ersatzfähig.[170]

Wenn der vom Auftraggeber begangene Vergaberechtsverstoß schon die **Einleitung des Vergabeverfahrens** als solche betrifft – also z. B. dazu führt, dass der Auftraggeber fälschlicherweise nur national anstatt unionsweit ausschreibt –, kann ein in seinem Vertrauen auf die Rechtmäßigkeit der Vergabeverfahrenseinleitung enttäuschter Bieter Schadensersatz wegen nutzlos aufgewendeter Angebotskosten ggf. auch dann verlangen, wenn er nicht das wirtschaftlichste Angebot abgegeben hat und auch keine echte Zuschlagschance i. S. d. Satz 1 gehabt hat. Denn (auch) die sich an einem fehlerhaft eingeleiteten Vergabeverfahren beteiligten Bieter können erwarten, dass auf die Beachtung der einschlägigen vergaberechtlichen Pflichten bereits im Vorfeld bzw. bei Einleitung des Verfahrens geachtet wird. Dass somit Ersatz des Vertrauensschadens verlangt werden kann, auch wenn die Tatbestandsvoraussetzungen von Satz 1 nicht erfüllt sind, führt im Ergebnis dennoch nicht zu einer wesentlichen Verbesserung der Anspruchssituation der Bieter. Denn aufgrund der Notwendigkeit einer Kausalbeziehung zwischen dem Vergaberechtsverstoß und dem eingetretenen Schaden kommt ein Anspruch wegen culpa in contrahendo trotzdem in aller Regel nur für den Bieter in Betracht, der ohne den geltend gemachten Vergaberechtsverstoß den Zuschlag erhalten hätte (vgl. Rn. 61), weil der Vergaberechtsverstoß andernfalls regelmäßig nicht kausal für den vom Bieter geltend gemachten Vertrauensschaden ist (vgl. auch Rn. 70 ff. zu den Ausnahme-Fallkonstellationen). **85**

Wird ein **Vergabeverfahren aufgehoben**, so setzt ein auf das negative Interesse abzielender Schadensersatzanspruch voraus, dass die Aufhebung nicht durch einen in den einschlägigen vergaberechtlichen Bestimmungen normierten Aufhebungsgrund gerechtfertigt ist[171] (vgl. etwa § 63 VgV, § 17 VOB/A, § 17 EU VOB/A und § 17 VOL/A). **86**

Besteht im Einzelfall ein Schadensersatzanspruch des Bieters gegen den Auftraggeber, ist das negative Interesse zu ersetzen, d. h., der geschädigte Bieter ist so zu stellen, wie er ohne die Pflichtverletzung des Auftraggebers stünde. **Ersatzfähig** sind die Personalkosten und die Sach-/Materialkosten,[172] die der Bieter im konkreten Einzelfall für seine konkrete Teilnahme am Vergabeverfahren aufgewendet hat, z. B. Kosten für die Angebotskalkulation, für planerische und ähnliche Vorleistungen der Angebotslegung, für Ortsbesichtigungen, für die Teilnahme an Aufklärungsgesprächen oder Verhandlungen mit dem Auftraggeber, für Verhandlungen mit Nachunternehmern, für die Beschaffung von Nachweisen etc. **Nicht** ersatzfähig sind hingegen die nicht auftragsbezogenen Gemeinkosten des Geschäftsbetriebes des geschädigten Bieters,[173] denn diese Kosten wären dem Bieter ja auch ohne die Pflichtverletzung des Auftraggebers entstanden und sind somit nicht ersatzfähige Sowie- **87**

---

169 BGH, Urt. v. 3.6.2004, X ZR 30/03, NZBau 2004, 517.

170 LG Leipzig, Urt. v. 1.8.2005, 01 HK O 7069/04, VergabeR 2006, 288, 290.

171 BGH, Urt. v. 16.12.2003, X ZR 282/02, NZBau 2004, 283; BGH, Urt. v. 8.9.1998, X ZR 99/96, NJW 1998, 3640, 3641.

172 OLG Dresden, Urt. v. 22.1.2008, 20 U 821/07, zitiert nach juris, juris-Rn. 23.

173 OLG Dresden, Urt. v. 22.1.2008, 20 U 821/07, zitiert nach juris, juris-Rn. 23 f.; a. A. *Otting*, in: Bechtold, GWB, § 126 Rn. 4.

so-Kosten. Auch Mehrwertsteuer kann auf die Schadenspositionen nicht verlangt werden, weil der geschädigte Bieter auf seine Schadensersatzforderung auch keine Mehrwertsteuer zu zahlen hat.[174] Schließlich kann in Fällen der **verzögerten Vergabe** als Teil des ersatzfähigen negativen Interesses (Vertrauensschaden) eine **Vertragsanpassung** oder eine **Mehrvergütung**, die mit im Zeitraum der Verzögerung eingetretenen Änderungen kalkulationserheblicher Umstände (v. a. Erhöhung von Einkaufspreisen) begründet wird, **nicht** begehrt werden; das ist mit dem unionsrechtlichen Vergaberecht vereinbar.[175] Das gilt auch dann, wenn der Bieter auf die Bitte des Auftraggebers um eine Bindefristverlängerung hin erklärt, er wolle durch die Bindefristverlängerung keine Nachteile erleiden und behalte sich Schadensersatzansprüche vor.[176] Es kann in Fällen der verzögerten Vergabe aber ein Mehrvergütungsanspruch entsprechend den Grundsätzen des § 2 Abs. 5 VOB/B bestehen, wenn sich aufgrund der Vergabeverzögerung auch die zuvor ausgeschriebenen Ausführungsfristen verändern und deswegen eine durch ergänzende Vertragsauslegung auszufüllende vertragliche Regelungslücke entsteht.[177] Daher hat ein auf culpa in contrahendo gestützter Schadensersatzanspruch in Fällen einer verzögerten Vergabe wohl nur geringe praktische Bedeutung (vgl. zu den Zweifelsfragen bzgl. der tatbestandlichen Voraussetzungen Rn. 48).

88 Wird hingegen durch einen **Pflichtenverstoß des Bieters** (z.B. Weigerung des Bieters, im Falle der Zuschlagserteilung auf sein verbindlich abgegebenes Angebot die dann vertraglich geschuldete Leistung zu erbringen) der Auftraggeber veranlasst, das Angebot nicht anzunehmen, ist der Auftraggeber berechtigt, vom Bieter den Ersatz des Schadens zu verlangen, der ihm durch diese Pflichtverletzung des Bieters also dadurch entstanden ist, dass der Vertrag mit dem Bieter nicht zustande kam, sondern er einen anderen Bieter beauftragen musste.[178]

g) Ersatz des Erfüllungsinteresses (positives Interesse)

89 Ein auf culpa in contrahendo des Auftraggebers gestützter Anspruch auf Ersatz des Erfüllungsinteresses (positives Interesse) setzt immer[179] voraus, dass der den Schadensersatz begehrende Bieter bei in jeder Hinsicht ordnungsgemäßem Vergabeverfahren den **Auftrag hätte erhalten müssen**[180] (vgl. Rn. 61). Diese Anspruchsvoraussetzung ist die Konsequenz

---

174 OLG Dresden, Urt. v. 22.1.2008, 20 U 821/07, zitiert nach juris, juris-Rn. 25.

175 BGH, Urt. v. 10.9.2009, VII ZR 152/08, NZBau 2009, 771, 775 – Verschobener Zuschlag II.

176 BGH, Urt. v. 10.9.2009, VII ZR 82/08, NZBau 2009, 777, 780 – Verschobener Zuschlag III.

177 BGH, Urt. v. 22.7.2010, VII ZR 213/08 – Verschobener Zuschlag V, hier zitiert nach juris, juris-Rn. 12 ff.; BGH, Urt. v. 26.11.2009, VII ZR 131/08, NZBau 2010, 102, 103 – Verschobener Zuschlag IV; BGH, Urt. v. 10.9.2009, VII ZR 152/08, NZBau 2009, 771, 772 f. – Verschobener Zuschlag II; BGH, Urt. v. 11.5.2009, VII ZR 11/08, NZBau 2009, 370, 371 ff. – Verschobener Zuschlag I.

178 BGH, Urt. v. 24.11.2005, VII ZR 87/04, NZBau 2006, 390.

179 Darin unterscheidet sich der Schadensersatzanspruch auf das Erfüllungsinteresse vom Vertrauensschadensersatzanspruch, bei dem es in bestimmten Ausnahme-Fallkonstellationen nicht zu den Anspruchsvoraussetzungen gehört, dass ohne den Vergaberechtsverstoß der Zuschlag auf das Angebot des Bieters hätte erteilt werden müssen, vgl. Rn. 70 ff.

180 BGH, Urt. v. 26.1.2010, X ZR 86/08, NZBau 2010, 387, 388 – Bieterinformation 3; BGH, Urt. v. 18.9.2007, X ZR 89/04, NZBau 2008, 137, 138 – Altenheim; BGH, Urt. v. 1.8.2006, X ZR 115/04, NZBau 2006, 797, 798; BGH, Urt. v. 16.4.2002, X ZR 67/00, NZBau 2002, 517; BGH, Urt. v. 14.10.1993, VII ZR 96/92, NJW-RR 1994, 284; BGH, Urt. v. 25.11.1992, VIII ZR 170/91, BGHZ

aus der notwendigen Kausalbeziehung zwischen Vergaberechtsverstoß und geltend gemachtem Schaden. Dem Auftraggeber ist es – obwohl er ggf. den beanstandeten Pflichtenverstoß begangen hat – nicht verwehrt, sich auf die objektiv richtige Angebotswertung zu berufen und anhand dieser darzulegen, dass der den Schadensersatz begehrende Bieter den Zuschlag auch bei objektiv richtiger Angebotswertung nicht erhalten hätte.[181] Der Bieter ist mit dem Nachweis **darlegungs- und beweisbelastet**, dass er das zu bezuschlagende wirtschaftlichste Angebot abgegeben hat.[182]

Wird das positive Interesse geltend gemacht, ist es zusätzliche Anspruchs- und Kausalitätsvoraussetzung, dass der identische ausgeschriebene Auftrag auch **tatsächlich vergeben** worden ist.[183] Insbesondere wenn ohne Vorliegen ausreichender Gründe (vgl. § 63 VgV, § 17 VOB/A, § 17 EU VOB/A und § 17 VOL/A) das **Vergabeverfahren aufgehoben** worden ist, setzt der auf Ersatz auch des entgangenen Gewinns gerichtete Schadensersatzanspruch aus culpa in contrahendo nicht nur – wie der auf Ersatz des negativen Interesses gerichtete Schadensersatzanspruch – voraus, dass dem Bieter bei Fortsetzung des Vergabeverfahrens der Zuschlag hätte erteilt werden müssen, weil er das annehmbarste Angebot abgegeben hat, sondern zusätzlich auch noch, dass der identische zunächst ausgeschriebene Auftrag später tatsächlich erteilt worden ist.[184] 90

Ob ein nach Aufhebung des ursprünglichen Vergabeverfahrens später tatsächlich – regelmäßig an einen Dritten – erteilter Auftrag mit dem im aufgehobenen Vergabeverfahren ausgeschriebenen Auftrag **identisch** ist, muss durch eine **wirtschaftliche Betrachtungsweise** entschieden werden.[185] Zur Feststellung der Identität des Auftrags im aufgehobenen Vergabeverfahren mit einem später tatsächlich erteilten Auftrag ist der Inhalt des zunächst ausgeschriebenen mit dem Inhalt des später tatsächlich erteilten Auftrages in tatsächlicher Hinsicht zu vergleichen. Der Inhaltsvergleich zielt auf die Feststellung ab, ob der tatsächlich vergebene Auftrag im Vergleich zu dem zunächst ausgeschriebenen Auftrag wesentliche Änderungen bzw. erhebliche Unterschiede aufweist (keine Identität) oder nicht (Identität),[186] wobei **Änderungen**, die allein durch die spätere Auftragsausführung veranlasst sind, unberücksichtigt bleiben müssen.[187] Preisunterschiede sind als Kriterium zur Bestim- 91

120, 281; OLG Düsseldorf, Urt. v. 26.11.1985, 23 U 66/85, BauR 1986, 107; OLG Nürnberg, Urt. v. 15.1.1997, 4 U 2299/96, NJW-RR 1997, 854; OLG Celle, Urt. v. 9.5.1996, 14 U 21/95, NJW-RR 1997, 662.

181 BGH, Urt. v. 1.8.2006, X ZR 115/04, NZBau 2006, 797, 798 und 800.

182 OLG Stuttgart, Urt. v. 30.4.2007, 5 U 4/06, BauR 2008, 567 (red. Ls.), zitiert nach juris, juris-Rn. 30.

183 BGH, Urt. v. 20.1.2009, X ZR 113/07, NZBau 2009, 262, 263 – Altenheim mit Begegnungsstätte G.; BGH, Urt. v. 1.8.2006, X ZR 115/04, NZBau 2006, 797, 798; BGH, Urt. v. 21.2.2006, X ZR 39/03, NZBau 2006, 456, 457; BGH, Urt. v. 5.11.2002, X ZR 232/00, NZBau 2003, 168, 169; BGH, Urt. v. 26.10.1999, X ZR 30/98, NZBau 2000, 35, 37; BGH, Urt. v. 8.9.1998, X ZR 48/97, NJW 1998, 3636, 3638.

184 BGH, Urt. v. 21.2.2006, X ZR 39/03, NZBau 2006, 456, 457; BGH, Urt. v. 16.12.2003, X ZR 282/02, NZBau 2004, 283 f.; BGH, Urt. v. 5.11.2002, X ZR 232/00, NZBau 2003, 168, 169; BGH, Urt. v. 8.9.1998, X ZR 99/96, NJW 1998, 3640, 3643 f.

185 BGH, Urt. v. 21.2.2006, X ZR 39/03, NZBau 2006, 456, 457; BGH, Urt. v. 16.12.2003, X ZR 282/02, NZBau 2004, 283, 284; BGH, Urt. v. 5.11.2002, X ZR 232/00, NZBau 2003, 168, 169; BGH, Urt. v. 8.9.1998, X ZR 99/96, NJW 1998, 3640, 3644.

186 BGH, Urt. v. 5.11.2002, X ZR 232/00, NZBau 2003, 168, 169.

187 BGH, Urt. v. 21.2.2006, X ZR 39/03, NZBau 2006, 456, 457, wonach es die Identität der beiden Aufträge unberührt lässt, wenn der später tatsächlich erteilte Auftrag aufgrund des späteren Leis-

mung der Identität ungeeignet, weil Preisänderungen ihren Grund auch in kalkulatorischen Erwägungen haben können, die die Auftragsidentität nicht berühren.[188]

92 Der Inhalt des zunächst ausgeschriebenen Auftrages ist unter Einschluss der vom Auftraggeber im aufgehobenen Vergabeverfahren eröffneten Möglichkeiten zur Abgabe von **Nebenangeboten** festzustellen. War es also möglich, den Leistungsinhalt des später tatsächlich erteilten Auftrages auch zum Gegenstand eines Nebenangebotes im aufgehobenen Vergabeverfahren zu machen, ist die Identität beider Aufträge zu bejahen.[189]

93 Regelmäßig liegen **keine identischen Aufträge** vor, wenn die Vergabe des späteren Auftrages auf eine andere, eigenständige haushaltsrechtliche Grundlage gestützt ist.[190]

94 **Irrelevant** ist für die Feststellung der Auftragsidentität hingegen ein Vergleich des Leistungsbezugs durch den Auftraggeber **vor Beginn der aufgehobenen Ausschreibung** mit dem Leistungsbezug des Auftraggebers auf Grundlage des später erteilten Auftrages. So ist es z. B. irrelevant, wenn einerseits der Auftraggeber ein von ihm betriebenes Krankenhaus vor Beginn einer später aufgehobenen Ausschreibung durch einen Dritten mit Elektrizität und Wärme versorgen lässt und die Versorgung des Krankenhauses mit Kälte selbst sicherstellt und andererseits der Auftraggeber nach der Aufhebung des zwischenzeitlich eingeleiteten Vergabeverfahrens eben diese Art des Leistungsbezugs (Elektrizität und Wärme durch den Dritten, Kälte in Eigenleistung) durch entsprechende Auftragserteilung fortsetzt, nachdem er im zunächst eingeleiteten, dann aber aufgehobenen Vergabeverfahren vergeblich versucht hatte, Elektrizität, Wärme und Kälte über ein Blockheizkraftwerk zu beziehen, das einer der am aufgehobenen Vergabeverfahren teilnehmenden Bieter hätte errichten und betreiben sollen.[191] Mit dem Leistungsbezug des Auftraggebers vor Beginn des aufgehobenen Vergabeverfahrens ist die falsche Vergleichsbasis gewählt; es kommt allein auf den Inhalt des Auftrages des aufgehobenen Vergabeverfahrens an.

95 Der **Grund**, die Identität des später tatsächlich erteilten Auftrages mit dem ausgeschriebenen Auftrag bei Geltendmachung des positiven Interesses zur Anspruchsvoraussetzung zu machen, liegt darin, dass ein Bieter auch dann, wenn keiner der vergaberechtlich normierten Aufhebungsgründe vorliegt, keinen Kontrahierungsanspruch gegenüber dem Auftrag-

---

tungszeitraums eine Wintersicherung vorsieht, die vom zunächst ausgeschriebenen Auftrag nicht mit umfasst war, weil der für den zunächst ausgeschriebenen Auftrag vorgesehene Leistungszeitraum außerhalb der Winterzeit lag.

188 OLG Dresden, Urt. v. 27.1.2006, 20 U 1873/05, VergabeR 2006, 578, 580 – Fußgängerüberführung.

189 BGH, Urt. v. 16.12.2003, X ZR 282/02, NZBau 2004, 283, 284.

190 BGH, Urt. v. 8.9.1998, X ZR 99/96, NJW 1998, 3640, 3644, für den Fall, dass das frühere Vergabeverfahren wegen objektiv fehlender Finanzierung aufgehoben wird und vor Beginn des späteren Vergabeverfahrens eine vielleicht erneute, jedenfalls aber eigenständige Bereitstellung der erforderlichen finanziellen Mittel auf Grundlage einer vielleicht erneuten, jedenfalls aber eigenständigen Entscheidung des Haushaltsgesetzgebers (o. Ä.) erfolgt. Dann unterbricht die eigenständige Bereitstellung/Entscheidung den erforderlichen Zusammenhang zwischen dem früheren und dem späteren Vergabeverfahren, auch wenn beide Male ein nach Inhalt gleiches oder zumindest vergleichbares (i. S. v. ähnliches) Vorhaben vergeben werden sollte/soll. Anders (Identität) hingegen verhält es sich, wenn Haushaltsmittel bloß auf den Haushalt des folgenden Jahres übertragen werden und die beiden Aufträge inhaltlich übereinstimmen.

191 BGH, Urt. v. 16.12.2003, X ZR 282/02, NZBau 2004, 283, 284.

geber hat.[192] Mit der Nichterteilung des Auftrages muss ein Bieter demnach immer rechnen, unabhängig davon, ob Aufhebungsgründe vorliegen oder nicht. Zwar ist das Vertrauen des Bieters darauf, die Ausschreibung werde nur bei Vorliegen entsprechender Aufhebungsgründe aufgehoben, geschützt; insoweit kann ein Pflichtenverstoß des Auftraggebers aber nur das negative Interesse des Bieters als kausalen Schaden verursachen. Bei einer Aufhebung des Vergabeverfahrens kann also nur der Auftraggeber selbst dokumentieren, dass er trotz Aufhebung des Vergabeverfahrens in Wahrheit den ausgeschriebenen Auftrag dennoch vergeben will, indem er nach Aufhebung einen identischen Auftrag vergibt. Durch die Erteilung des identischen Auftrages, der bereits Gegenstand der aufgehobenen Vergabe war, erweist es sich als berechtigt, auf die Durchführung des ausgeschriebenen Auftrages einschließlich der Realisierung von Gewinn vertraut zu haben.[193] In Fällen der **Scheinaufhebung** besteht sogar ausnahmsweise ein Anspruch des Bieters gegenüber dem Auftraggeber auf Vertragsabschluss, zumindest aber auf Fortsetzung des nur zum Schein aufgehobenen Vergabeverfahrens.[194] Steht dann zusätzlich fest, dass der Schadensersatz begehrende Bieter bei Fortsetzung des aufgehobenen Vergabeverfahrens den Zuschlag hätte erhalten müssen (s. o.), ist der Pflichtenverstoß des Auftraggebers kausal geworden für den Schaden des Bieters in Gestalt des positiven Interesses.

Wird nach Aufhebung des zunächst eingeleiteten Vergabeverfahrens ein mit dem ursprünglich ausgeschriebenen Auftrag **nicht identischer Auftrag** vergeben, kann ein Anspruch des Bieters auf Ersatz des positiven Interesses, v. a. des entgangenen Gewinns, nur noch dann **ausnahmsweise** bestehen, wenn der übergangene, den Schadensersatz begehrende Bieter auf Besonderheiten verweisen kann, die den Auftraggeber hätten veranlassen müssen, dem Bieter auch den geänderten Auftrag zu erteilen.[195] **96**

Ist der den Schadensersatz geltend machende Bieter auch der **Auftragnehmer**, auf dessen Angebot der Auftraggeber den Zuschlag tatsächlich bereits erteilt hat, kann gleichwohl ein Schadensersatzanspruch auf das Erfüllungsinteresse bestehen, etwa weil der Bieter/Auftragnehmer geltend macht, er hätte ohne die Pflichtverletzung des Auftraggebers mit diesem ein höheres Entgelt vereinbaren können. Ein wegen einer culpa in contrahendo des Auftraggebers ersatzfähiger Schaden liegt aber nur dann vor, wenn und soweit der geltend gemachte Schaden nicht schon durch anderweitige vertragliche Vereinbarungen zwischen dem Auftraggeber und dem Bieter/Auftragnehmer (z. B. Vereinbarungen über eine Preisanpassung) ausgeglichen ist.[196] **97**

---

192 Vgl. BGH, Urt. v. 16.12.2003, X ZR 282/02, NZBau 2004, 283, 284; BGH, Beschl. v. 18.2.2003, X ZB 43/02, NZBau 2003, 293, 294 – Rohbauarbeiten; BGH, Urt. v. 5.11.2002, X ZR 232/00, NZBau 2003, 168, 169; BGH, Urt. v. 8.9.1998, X ZR 99/96, NJW 1998, 3640, 3643 f.; BGH, Urt. v. 8.9.1998, X ZR 48/97, NJW 1998, 3636, 3638 ff.

193 BGH, Urt. v. 5.11.2002, X ZR 232/00, NZBau 2003, 168, 169.

194 OLG Schleswig, Beschl. v. 9.3.2010, 1 Verg 4/09, zitiert nach juris, juris-Rn. 27 f.; OLG Naumburg, Beschl. v. 17.5.2006, 1 Verg 3/06, VergabeR 2006, 814, 817 – Getreidespeicher; OLG München, Beschl. v. 12.7.2005, Verg 8/05, VergabeR 2005, 802, 804 ff. – Endgeräte; OLG Düsseldorf, Beschl. v. 23.3.2005, Verg 76/04, zitiert nach juris, juris-Rn. 20; OLG Düsseldorf, Beschl. v. 16.2.2005, Verg 72/04, zitiert nach juris, juris-Rn. 22; OLG Düsseldorf, Beschl. v. 19.11.2003, Verg 59/03, ZfBR 2004, 202, 203 f.; OLG Düsseldorf, Beschl. v. 15.3.2000, Verg 4/00, NVwZ-RR 2001, 25, 27.

195 BGH, Urt. v. 5.11.2002, X ZR 232/00, NZBau 2003, 168, 169, ohne allerdings zu konkretisieren, was solche Besonderheiten sein könnten.

196 BGH, Urt. v. 26.1.2010, X ZR 86/08, NZBau 2010, 387, 388 – Bieterinformation 3.

98 Besteht ein Anspruch des Bieters auf Ersatz des positiven Interesses, ist, was den **Umfang des Schadensersatzes** angeht, der **entgangene Gewinn** zu ersetzen. Das bedeutet – im Unterschied zu einem auf das negative Interesse gerichteten Schadensersatzanspruch –, dass auch ein Deckungsbeitrag ersatzfähig ist, der bei durchgeführtem Auftrag auf die **Gemeinkosten** des geschädigten Bieters hätte erwirtschaftet werden können.[197] Hat ein Bieter im Vergabeverfahren ein ausgefülltes EFB-Preisblatt abgegeben, können die dort gemachten Angaben zum Deckungsbeitrag zu den allgemeinen Geschäftskosten und zum Gewinn für die Bestimmung der Schadenshöhe herangezogen werden.[198] Neben dem entgangenen Gewinn kann nicht zusätzlich auch noch der Aufwand für die Teilnahme am Vergabeverfahren ersetzt verlangt werden, weil der Schaden des Bieters mit dem entgangenen Gewinn vollständig abgegolten ist. Hätte der Bieter den Auftrag erhalten, hätte er auch den Teilnahmeaufwand tätigen müssen (Sowieso-Kosten), der zudem in die Angebotspreise mit einkalkuliert worden ist, sodass er mit dem Ersatz des entgangenen Gewinns mit abgedeckt ist. Eine Kumulation von positivem Interesse und negativem Interesse scheidet daher aus.[199] Im Übrigen sind auch ersparte Aufwendungen (z. B. kalkulatorische Kosten wegen auftragsbezogener Wagnisse) und anderweitige Erwerbsmöglichkeiten bei der Berechnung des Schadensersatzes zu berücksichtigen.[200]

99 Begehrt der **Auftraggeber** vom Bieter, mit dem der Vertrag zustande gekommen ist, Schadensersatz wegen eines bei Vertragsschluss begangenen Betruges, kann der Auftraggeber den Ersatz der Differenz zwischen dem mit dem Bieter vereinbarten Preis und dem Preis, der im Wettbewerb erzielbar gewesen wäre, verlangen, wenn der Bieter durch Preisabsprachen o. Ä. die Bildung eines Wettbewerbs verhindert hat.[201] Hat der Bieter dem Auftraggeber pflichtwidrig verschwiegen, dass er einer bei der Planung des Auftragsgegenstandes maßgeblich mitwirkenden Person eine Provision für den Fall der Zuschlagserteilung versprochen hat, kann der Auftraggeber, wenn er an dem mit dem Bieter zustande gekommenen Vertrag festhält, vom Bieter Schadensersatz in Höhe der Provision verlangen, weil davon auszugehen ist, dass der Auftraggeber bei Kenntnis von den verheimlichten Umständen (hier: Provisionszahlung) nur einen in Höhe der Provisionszahlung geringeren Betrag für die Leistungserbringung aufgewendet hätte.[202]

h) Verjährung

100 Der Schadensersatzanspruch wegen culpa in contrahendo unterliegt gem. § 194 Abs. 1 BGB der Verjährung, deren Frist gem. § 195 BGB drei Jahre beträgt und die gem. § 199 Abs. 1 BGB mit dem Schluss des Jahres beginnt, in dem der Anspruch entstanden ist und der Gläubiger von den den Anspruch begründenden Umständen und der Person des Schuldners Kenntnis erlangt oder ohne grobe Fahrlässigkeit erlangen müsste. Gem. § 199 Abs. 3 Satz 1 Nr. 1 BGB verjährt der Schadensersatzanspruch wegen culpa in contrahendo ohne Rücksicht auf die Kenntnis oder grob fahrlässige Unkenntnis in zehn Jahren von sei-

---

197 OLG Dresden, Urt. v. 22.1.2008, 20 U 821/07, zitiert nach juris, juris-Rn. 24.

198 OLG Dresden, Urt. v. 27.1.2006, 20 U 1873/05, VergabeR 2006, 578, 581 – Fußgängerüberführung.

199 OLG Düsseldorf, Urt. v. 8.1.2002, 21 U 82/01, VergabeR 2002, 326, 328 – Treppenanlage.

200 *Kullack*, in: Heiermann/Riedl/Rusam, VOB, § 126 Rn. 10, m. w. N.

201 OLG Frankfurt, Urt. v. 7.11.2006, 11 U 53/03, VergabeR 2007, 422, 425 – Submissionsabsprache.

202 OLG Stuttgart, Urt. v. 16.6.2005, 13 U 226/04, BauR 2007, 420 f.

ner Entstehung an und gem. § 199 Abs. 3 Satz 1 Nr. 2 BGB ohne Rücksicht auf seine Entstehung und auf die Kenntnis oder grob fahrlässige Unkenntnis in 30 Jahren von dem den Schaden auslösenden Ereignis an. Bei älteren Ansprüchen wegen culpa in contrahendo, die vor dem 1.1.2002 entstanden sind, ist die Überleitungsvorschrift des Art. 229 § 6 EGBGB zu beachten.[203]

i) Rechtsweg

Für Ansprüche aus culpa in contrahendo ist gem. § 13 GVG der Rechtsweg zu den ordentlichen Gerichten eröffnet, wenn es sich um die Vergabe eines Auftrages unterhalb der Schwellenwerte handelt.[204] **101**

2. Schadensersatz wegen Anfechtung

Ficht ein Bieter das von ihm abgegebene Angebot gem. § 119 ff. BGB wirksam an, sodass der Auftraggeber den Zuschlag nicht mehr auf dieses Angebot erteilen kann, sondern einen anderen Bieter beauftragen muss, kann der Auftraggeber vom Bieter gem. **§ 122 Abs. 1 BGB** Ersatz des Schadens verlangen,[205] den der Auftraggeber dadurch erleidet, dass er auf die Gültigkeit des vom Bieter abgegebenen Angebots vertraut hat, jedoch nicht über den Betrag des Interesses hinaus, das er an der Gültigkeit des Angebots hatte. Dabei ist aber ggf. auch zu prüfen, ob der Auftraggeber den Grund der Anfechtbarkeit des Angebots durch den Bieter kannte oder zumindest – z. B. wegen der Missverständlichkeit seiner Vergabeunterlagen – hätte kennen müssen, sodass der Schadensersatzanspruch des Auftraggebers gem. § 122 Abs. 2 BGB entfällt.[206] **102**

3. Deliktsrechtliche Ansprüche

Da die deliktischen Anspruchsgrundlagen der § 823 ff. BGB nicht von den vergaberechtlichen Voraussetzungen der § 97 ff. GWB abhängig sind, kommt es für das Bestehen von deliktischen Schadensersatzansprüchen nicht auf das Vorliegen eines öffentlichen Auftrages, einer Konzession oder der Ausrichtung eines Wettbewerbs, eines Auftraggebers i. S. d. § 98 GWB oder das Erreichen der Schwellenwerte an. **103**

a) Schadensersatzanspruch gem. § 823 Abs. 2 BGB i.V.m. Vergaberecht

Gem. § 823 Abs. 2 BGB ist derjenige, der gegen ein den Schutz des anderen bezweckendes Gesetz verstößt, dem anderen zum Ersatz des hieraus entstehenden Schadens verpflichtet. Insbesondere bei den vergaberechtlichen („Grund"-)Pflichten gem. **§ 127 Abs. 1 Satz 1 und § 97 Abs. 6 GWB** handelt es sich um Schutzgesetze i. S. d. § 823 Abs. 2 BGB.[207] Das **104**

---

203 Vgl. zu weiteren Einzelheiten OLG Stuttgart, Urt. v. 9.2.2010, 10 U 76/09, NJW-Spezial 2010, 334 (red. Ls. und Kurzwiedergabe), hier zitiert nach juris, juris-Rn. 99.

204 LG Düsseldorf, Urt. v. 29.10.2008, 14c O 264/08, IBR 2009, 287 (red. Ls. + Kurzwiedergabe), dort insoweit nicht abgedruckt, hier zitiert nach juris, juris-Rn. 19 f.

205 BGH, Urt. v. 24.11.2005, VII ZR 87/04, NZBau 2006, 390, 391 f.

206 Vgl. BGH, Urt. v. 24.11.2005, VII ZR 87/04, NZBau 2006, 390, 391 f.

207 KG, Urt. v. 27.11.2003, 2 U 174/02, VergabeR 2004, 490, 491 f – Büromöbel, mit ausführlicher Begründung.

gilt im Übrigen auch für alle weiteren bieterschützenden vergaberechtlichen Bestimmungen des GWB, der auf Grundlage des GWB erlassenen Rechtsverordnungen und auch der VOB/A, wenn und soweit sie über die §§ 97 ff. BGB i.V.m. der VgV anwendbar ist (vgl. § 2 VgV), weil sie dann Gesetzescharakter hat. Bei Aufträgen, die den §§ 97 ff. GWB nicht unterfallen (v. a. **Unterschwellenvergaben**), scheidet ein Anspruch nach § 823 Abs. 2 BGB i.V.m. Vergaberecht hingegen aus, weil die dann im Einzelfall anwendbaren Vergabevorschriften keinen Gesetzescharakter haben, den § 823 Abs. 2 BGB voraussetzt („Gesetz“).[208]

105 § 823 Abs. 2 BGB kann – theoretisch – da **Bedeutung** erlangen, wo Vergaberechtsverstöße vor der Durchführung des eigentlichen Vergabeverfahrens begangen worden sind, wenn und soweit deswegen Schadensersatzansprüche nach § 181 Satz 1 GWB oder aus culpa in contrahendo ausscheiden, z. B. weil ein Vergabeverfahren überhaupt nicht durchgeführt worden ist.[209] Ein auf § 823 Abs. 2 BGB gestützter und auf den Ersatz des positiven Interesses gerichteter Schadensersatzanspruch kann in Fällen der sog. echten De-facto-Vergabe (zum Begriff vgl. Rn. 44) jedoch in aller Regel nicht bestehen, weil in solchen Fällen der Nachweis, dass der Zuschlag auf das Angebot des Schadensersatz begehrenden Bieters hätte erteilt werden müssen, und damit der Nachweis einer kausalen Schadensverursachung wohl unmöglich ist;[210] dieser Nachweis ist auch bei einem völligen Unterlassen eines Vergabeverfahrens nicht verzichtbar.[211]

b) Schadensersatzanspruch gem. § 823 Abs. 1 BGB

106 Gem. § 823 Abs. 1 BGB ist derjenige, der vorsätzlich oder fahrlässig das Leben, den Körper, die Gesundheit, die Freiheit, das Eigentum oder ein sonstiges Recht eines anderen widerrechtlich verletzt, dem anderen zum Ersatz des daraus entstehenden Schadens verpflichtet. Weil § 823 Abs. 1 BGB somit nur absolute Rechtsgüter schützt und nicht das Vermögen (auch nicht das von Bietern), **scheidet** ein auf § 823 Abs. 1 BGB gestützter Schadensersatzanspruch wegen eines in einem Vergabeverfahren begangenen Vergaberechtsverstoßes des Auftraggebers **aus**.[212]

107 Wenngleich das sog. Recht des Bieters am eingerichteten und ausgeübten Gewerbebetrieb ein sonstiges Recht i. S. d. § 823 Abs. 1 BGB ist,[213] führt auch das in aller Regel nicht zu einem Schadensersatzanspruch eines Bieters, weil sich ein Eingriff des Auftraggebers in dieses Recht auf den Gewerbebetrieb als solchen, also als Ganzes, richten muss. Diese Voraussetzung ist durch einen Vergabeverstoß in einem einzelnen Vergabeverfahren in aller Regel nicht erfüllt. Etwas anderes kann allenfalls bei einer von einem Auftraggeber zulasten eines bestimmten Bieters generell ausgesprochenen **Vergabesperre** gelten.[214]

---

208 OLG Düsseldorf, Urt. v. 29.7.1998, U (Kart) 24/98, BauR 1999, 241, 246.

209 KG, Urt. v. 27.11.2003, 2 U 174/02, VergabeR 2004, 490, 491 f. – Büromöbel.

210 *Otting*, in: Bechtold, GWB, § 126 Rn. 6.

211 KG, Urt. v. 27.11.2003, 2 U 174/02, VergabeR 2004, 490, 492 f. – Büromöbel, mit ausführlicher Begründung.

212 OLG Düsseldorf, Urt. v. 30.1.2003, 5 U 13/02, NZBau 2003, 459, 461 – Schlosssanierung.

213 *Sprau*, in: Palandt, BGB, § 823 Rn. 126 ff.

214 Vgl. *Verfürht*, in: Kulartz/Kus/Portz/Prieß, GWB-Vergaberecht, § 181 Rn. 91 m. w. N.

c) Schadensersatzanspruch gem. § 826 BGB

Gem. § 826 BGB ist, wer in einer gegen die guten Sitten verstoßenden Weise einem anderen vorsätzlich Schaden zufügt, dem anderen zum Ersatz des Schadens verpflichtet. Ein Schadensersatzanspruch des Auftraggebers gegen den Bieter gem. § 826 BGB besteht, wenn der Bieter eine Schmiergeldabrede mit einem Dritten trifft und den Auftraggeber darüber nicht vor Vertragsabschluss aufklärt, sodass der Auftraggeber einen in Höhe der Schmiergeldzahlung überhöhten Preis zahlt.[215] **108**

4. Wettbewerbsrechtliche Ansprüche

Ansprüche des Bieters nach § 3 Abs. 1 i.V.m. § 9 Abs. 1 UWG bestehen **in der Regel nicht**.[216] Derartige Ansprüche setzen eine geschäftliche Handlung des Auftraggebers i.S.d. § 2 Nr. 1 UWG voraus, die ein Verhalten zugunsten des eigenen oder eines fremden Unternehmens erfordert. Dafür genügt eine beabsichtigte bloß einseitige Benachteiligung des Bieters durch den Auftraggeber in Form der Nichtberücksichtigung im Vergabeverfahren nicht.[217] Darüber hinaus muss die geschäftliche Handlung des Auftraggebers unlauter (vgl. § 4 UWG) sein. **109**

5. Kartellrechtliche Ansprüche

Kartellrechtliche Unterlassungs- oder Schadensersatzansprüche des Bieters gem. § 19 Abs. 1 und § 20 Abs. 1 i.V.m. § 33 GWB gegen den Auftraggeber bestehen **in der Regel nicht**. Voraussetzung ist eine marktbeherrschende Stellung des Auftraggebers i.S.d. § 18 GWB auf dem jeweils sachlich, räumlich und zeitlich relevanten Markt bzw. eine relative Marktmacht i.S.d. § 20 Abs. 1, für deren Vorliegen den Bieter als Anspruchsteller die uneingeschränkte Darlegungs- und Beweislast trifft.[218] Zudem muss der Auftraggeber die marktbeherrschende Stellung missbräuchlich ausnutzen (vgl. § 19 Abs. 1 bis Abs. 3 GWB) oder den Bieter un-/mittelbar unbillig behindern (vgl. § 20 Abs. 3 und Abs. 4). **110**

6. Amtshaftungsansprüche

Ansprüche des Bieters gegen den Auftraggeber scheiden aus, weil ein Auftraggeber bei der Vergabe öffentlicher Aufträge nicht hoheitlich handelt.[219] Gegen Auftraggeber, die nicht unter § 98 GWB fallen, kommen Amtshaftungsansprüche von vornherein nicht in Betracht, weil Private keinen Amtspflichten unterliegen. **111**

---

215 OLG Stuttgart, Urt. v. 16.6.2005, 13 U 226/04, BauR 2007, 420, 421.

216 Vgl. zu den einzelnen Konstellationen, in denen wettbewerbsrechtliche Ansprüche bestehen können: *Byok/Dissmann/Müller-Kabisch*, WuW 2009, 269 ff., m. w. N.

217 OLG Düsseldorf, Urt. v. 29.7.1998, U (Kart) 24/98, BauR 1999, 241, 248, mit der Begründung, es könne – zumindest pro Ausschreibung – sowieso nur ein Anbieter beim Zuschlag zum Zuge kommen.

218 OLG Düsseldorf, Urt. v. 29.7.1998, U (Kart) 24/98, BauR 1999, 241, 242 ff., in einem Einzelfall, in dem sich die Schwierigkeiten des Bieters mit der geforderten Darlegung exemplarisch zeigen.

219 OLG Zweibrücken, Urt. v. 24.1.2008, 6 U 25/06, ZfBR 2009, 202, 203.

7. Urheberrechtliche Ansprüche

112 Verletzt der Auftraggeber schuldhaft ein dem Bieter zustehendes Urheberrecht (vgl. z. B. die Vertraulichkeitspflicht gem. § 54 VgV, § 14 Abs. 9 VOB/A, § 14 EU Abs. 8 VOB/A sowie § 14 Abs. 3 VOL/A), kann der Bieter gem. **§ 97 Abs. 1 und Abs. 2 UrhG** Schadensersatz einschließlich Herausgabe des vom Auftraggeber etwa erzielten Gewinns verlangen.[220] Sind aber im konkreten Einzelfall keine urheberrechtlich geschützten Verhältnisse feststellbar, besteht (auch) im Rahmen eines bestehenden Schadensersatzanspruchs wegen culpa in contrahendo kein Anspruch auf Herausgabe des Gewinns, auch wenn § 97 Abs. 1 UrhG – dessen Tatbestandsvoraussetzung mangels urheberrechtlich geschützter Verhältnisse ja nicht vorliegt – diese Rechtsfolge anordnet.[221]

8. Zivilprozessualer Schadensersatzanspruch gem. § 945 ZPO

113 Erwirkt ein Bieter bei einer Unterschwellenvergabe eine einstweilige Verfügung gegen den Auftraggeber, den Zuschlag an einen Konkurrenten zu unterlassen o. Ä., besteht für den im einstweiligen Verfügungsverfahren erfolgreichen Bieter das Risiko, dass in einem anschließenden Rechtsmittel- oder Hauptsacheverfahren die einstweilige Verfügung wieder aufgehoben wird und er dem Auftraggeber einen diesem ggf. wegen der zunächst unterlassenen Auftragsvergabe entstandenen Schaden ersetzen muss. Anspruchsgrundlage ist insoweit § 945 ZPO. Nach dieser Vorschrift ist die Partei, die die Anordnung einer einstweiligen Verfügung erwirkt hat, dem Gegner zum Ersatz des aus der Vollziehung der einstweiligen Verfügung entstandenen Schadens verpflichtet, wenn sich die Anordnung der einstweiligen Verfügung als von Anfang ungerechtfertigt erweist oder wenn die einstweilige Verfügung nach § 926 Abs. 2 oder § 942 Abs. 3 ZPO aufgehoben wird. Dieser Schadensersatzanspruch steht nur dem prozessualen „Gegner" des vorläufig erfolgreichen Bieters zu, also dem Auftraggeber, nicht hingegen dem konkurrierenden Bieter. Ersatzfähig ist nur der Schaden, der dem Auftraggeber aus einer „Vollziehung" der einstweiligen Verfügung gem. §§ 928 ff. ZPO entsteht – sodass bei freiwilliger Beachtung der einstweiligen Verfügung durch den Auftraggeber ohne Vollziehung gem. §§ 928 ff. ZPO ein etwaiger Schaden nicht ersatzfähig ist.[222]

---

220 Vgl. *Zirkel*, VergabeR 2006, 321, 323 f., m. w. N., der darauf hinweist, dass es bei technischen Ausschreibungen in der Regel an der für einen Anspruch gemäß § 97 UrhG erforderlichen persönlichen geistigen Schöpfung fehlt, weil sich die Angebotsunterlagen regelmäßig an den Vergabeunterlagen des Auftraggebers orientieren.

221 OLG München, Urt. v. 4.8.2005, 8 U 1540/05, VergabeR 2006, 423 – Mittelspannungsschaltanlage.

222 *Krist/Kerkmann*, VergabeR 2008, 297, 298 m. w. N.

§ 182 Kosten des Verfahrens vor der Vergabekammer

(1) Für Amtshandlungen der Vergabekammern werden Kosten (Gebühren und Auslagen) zur Deckung des Verwaltungsaufwandes erhoben. Das Verwaltungskostengesetz vom 23. Juni 1970 (BGBl. I S. 821) in der am 14. August 2013 geltenden Fassung ist anzuwenden.

(2) Die Gebühr beträgt mindestens 2 500 Euro; dieser Betrag kann aus Gründen der Billigkeit bis auf ein Zehntel ermäßigt werden. Die Gebühr soll den Betrag von 50 000 Euro nicht überschreiten; sie kann im Einzelfall, wenn der Aufwand oder die wirtschaftliche Bedeutung außergewöhnlich hoch ist, bis zu einem Betrag von 100 000 Euro erhöht werden.

(3) Soweit ein Beteiligter im Verfahren unterliegt, hat er die Kosten zu tragen. Mehrere Kostenschuldner haften als Gesamtschuldner. Kosten, die durch Verschulden eines Beteiligten entstanden sind, können diesem auferlegt werden. Hat sich der Antrag vor Entscheidung der Vergabekammer durch Rücknahme oder anderweitig erledigt, ist die Hälfte der Gebühr zu entrichten. Die Entscheidung, wer die Kosten zu tragen hat, erfolgt nach billigem Ermessen. Aus Gründen der Billigkeit kann von der Erhebung von Gebühren ganz oder teilweise abgesehen werden.

(4) Soweit ein Beteiligter im Nachprüfungsverfahren unterliegt, hat er die zur zweckentsprechenden Rechtsverfolgung oder Rechtsverteidigung notwendigen Aufwendungen des Antragsgegners zu tragen. Die Aufwendungen der Beigeladenen sind nur erstattungsfähig, soweit sie die Vergabekammer aus Billigkeit der unterlegenen Partei auferlegt. Hat sich der Antrag durch Rücknahme oder anderweitig erledigt, erfolgt die Entscheidung, wer die zur zweckentsprechenden Rechtsverfolgung oder Rechtsverteidigung notwendigen Aufwendungen anderer Beteiligter zu tragen hat, nach billigem Ermessen; in Bezug auf die Erstattung der Aufwendungen der Beigeladenen gilt im Übrigen Satz 2 entsprechend. § 80 Absatz 1, 2 und 3 Satz 2 des Verwaltungsverfahrensgesetzes und die entsprechenden Vorschriften der Verwaltungsverfahrensgesetze der Länder gelten entsprechend. Ein gesondertes Kostenfestsetzungsverfahren findet nicht statt.

Schrifttum: *Hattig/Maibaum*, Praxiskommentar Kartellvergaberecht, 2. Aufl. 2014; *Immenga/Mestmäcker*, Wettbewerbsrecht, Band 2: GWB, Teil 2: Vergaberecht, 5. Aufl. 2014; *Ingenstau/Korbion*, VOB, 15. Aufl. 2004 (letztmalige Kommentierung inklusive dem GWB); *Kopp/Ramsauer*, VwVfG, 17. Aufl. 2016; *Kulartz/Kus/Portz/Prieß*, Kommentar zum GWB-Vergaberecht, 4. Aufl. 2016; *Motzke/Pietzcker/Prieß*, VOB, 2001; *Noch*, Vergaberecht kompakt, 7. Aufl. 2016; *Reidt/Stickler/Glahs*, Vergaberecht, 3. Aufl. 2011; *Schlabach*, Verwaltungskostenrecht, Vorschriftensammlung und Kommentar zum Verwaltungskostengesetz des Bundes sowie zum Landesgebührengesetz Baden-Württemberg, Loseblatt.

Übersicht

I. Allgemeines

1. Historie der Vorschrift

1 Die heutige Bestimmung des § 182 GWB (§ 128 GWB a. F.) existiert im Grundsatz seit dem am 1.1.1999 in Kraft gesetzten Vergaberechtsänderungsgesetz vom 26.8.1998. Durch Art. 7 Nr. 5 des 9. Euro-Einführungsgesetzes wurden die DM-Angaben des Gebührenrahmens in Abs. 2 durch Euro-Angaben im Verhältnis 2:1 ersetzt. Das Kostenrechtsmodernisierungsgesetz (KostRMoG) vom 5.5.2004 hat zu Änderungen im Bereich sowohl der Gerichtskosten als auch der Anwaltskosten geführt und betrifft damit auch für das Nachprüfungsverfahren relevantes Kostenrecht. Dis **Struktur der Vorschrift** ist wie folgt:

- Grundsatz der Kostenpflichtigkeit (Abs. 1),
- Regelungen über der Höhe der Gebühr für die Tätigkeit der Vergabekammer, die in der Regel mindestens 2.500 Euro betragen muss (Abs. 2),
- Bestimmungen zur Kostengrundentscheidung betreffend die Gebühr für die Tätigkeit der Vergabekammer (Abs. 3),
- Regularien betreffend die Kosten der (obsiegenden) Partei bzgl. der Erstattung der Aufwendungen zur zweckentsprechenden Verfolgung ihrer Rechte, sprich Rechtsanwaltsgebühren und sonstige Auslagen (Abs. 4).

2 § 182 GWB erfuhr durch das Gesetz zur Modernisierung des Vergaberechts vom 20.4.2009 zahlreiche Änderungen.[1] In Abs. 2 wurde die Höchstgebühr von zuvor 25.000 Euro auf 50.000 Euro bzw., in Ausnahmefällen, 100.000 Euro heraufgesetzt. Ursache dafür war, dass bisher keine Deckung der durch das Nachprüfungsverfahren verursachten Kosten erzielt werden konnte;[2] das galt speziell für Fälle von besonderer wirtschaftlicher Bedeu-

1 In Kraft seit dem 24.4.2009, verkündet im BGBl. I 2009, S. 790.
2 BR-Drs. 349/08, S. 47.

tung. Die von der Bundesregierung in ihrem Gesetzesentwurf zunächst vorgesehene Erhöhung auch der Mindestgebühr auf 5.000 Euro scheiterte an dem Widerstand sowohl des Bundestages als auch des Bundesrates, weil eine unangemessene Belastung und damit prohibitive Wirkung für kleine und mittlere Unternehmen befürchtet wurde.[3] Der zuvor dem Abs. 2 vorangestellte Satz: „Die Höhe der Gebühren bestimmt sich nach dem personellen und sachlichen Aufwand der Vergabekammer unter Berücksichtigung der wirtschaftlichen Bedeutung des Gegenstandes des Nachprüfungsverfahrens" wurde ersatzlos gestrichen.

Die Änderungen in Abs. 3 der Vorschrift dienten der Anpassung an die Rechtsprechung.[4] 3
Kosten, die durch das **Verschulden eines Beteiligten** entstanden sind – etwa durch mangelnde oder fehlerhafte Information seitens des Auftraggebers – können diesem unabhängig vom Ausgang des Nachprüfungsverfahrens auferlegt werden.[5] Darüber hinaus wurde den Vergabekammern in Bezug auf die Frage, welche Partei die Kosten zu tragen hat, die Möglichkeit einer Entscheidung nach billigem Ermessen eröffnet. Der auf Initiative des Bundesrates eingefügte Satz 5 soll dem – bisher hoch umstrittenen – Fall Rechnung tragen, dass der Auftraggeber nach Einleitung des Nachprüfungsverfahrens dem Begehren des Antragstellers eine **Abhilfe** zuteil werden lässt und das Verfahren durch eine beiderseitige Erklärung der Parteien beendet wird.[6] In diesem Fall ist unter Berücksichtigung des bisherigen Streitstandes eine Entscheidung nach Billigkeitsgesichtspunkten möglich und angezeigt.[7]

Die ehemals umstrittene Frage nach der gebührenpflichtigen Partei im Falle der **Rücknahme** des Nachprüfungsantrags wurde durch das GWB 2009 eindeutig zulasten des Antragstellers beantwortet.[8] § 128 Abs. 3 Satz 4 a.F. bestimmte, dass dieser **grundsätzlich eine auf die Hälfte reduzierte Gebühr der Vergabekammer** zu tragen hatte. Die aktuelle Vorschrift des § 182 Abs. 3 Satz 4 sieht demgegenüber gar keine Zuweisung der Kostentragungspflicht mehr vor. Sie bestimmt lediglich, dass die **Hälfte der Gebühr zu entrichten ist**, was lediglich eine Aussage zur Gebührenbemessung darstellt, die sich im Falle der Rücknahme oder anderweitigen Erledigung halbiert („Hat sich der Antrag vor Entscheidung der Vergabekammer durch Rücknahme oder anderweitig erledigt, **ist** die Hälfte der Gebühr zu entrichten."). Nach richtiger Auslegung – anhand des systematischen Zusammenhanges und des erklärten gesetzgeberischen Willens,[9] Ungerechtigkeiten bei der Frage der Kostentragungspflicht im Falle der Rücknahme oder anderweitigen Erledigung zu beseitigen –, eröffnet die Regelung des § 182 Abs. 3 Satz 5 jetzt insgesamt einen **Spielraum** 4

3 BT-Drs. 16/11428, S. 34.
4 BR-Drs. 349/08, S. 47.
5 BR-Drs. 349/08, S. 48; vgl. hierzu beispielhaft VK Nordbayern, Beschl. v. 23.7.2009, 21.VK-3194-25/09, zu einem Fall, in dem die VSt durch die Angabe der – vermeintlich – zuständigen Vergabekammer den ASt zur tatsächlich unzulässigen Antragstellung veranlasst hat; über § 128 Abs. 3 Satz 3 GWB a.F. (jetzt § 182 Abs. 3 Satz 3 GWB) sind nunmehr auch die ehemals unter dem Stichwort des Verursacherprinzips behandelten Fälle der verweigerten Akteneinsicht (vgl. OLG Rostock, Beschl. v. 25.10.1999, 17 WVerg 2/99) zu lösen.
6 BR-Drs. 349/1/08, S. 37.
7 Vgl. *Brauer*, NZBau 2009, 297, 300.
8 OLG München, Beschl. v. 8.3.2016, Verg 1/16.
9 Regierungsbegründung (BT-Drs. 18/6281) zu § 182 Abs. 3 Satz 4 GWB n.F.: „Dabei kann es Konstellationen geben, in denen der Antragsteller in einem materiellen Sinne obsiegt hat und es daher unbillig ist, ihm die Kosten aufzuerlegen, etwa wenn der Auftraggeber nach Einleitung des Nachprüfungsverfahrens dem Begehren des Antragstellers abhilft und das Verfahren durch eine beiderseitige Erledigungserklärung beendet wird."

für eine Ermessensausübung, und zwar nicht nur hinsichtlich der Erstattung der notwendigen Aufwendungen zur Rechtsverfolgung (also i.W. Rechtsanwaltskosten, diese sind für diese Konstellation in § 182 Abs. 4 Satz 3 GWB geregelt), sondern auch hinsichtlich der Gebühren der Vergabekammer. Damit wird den **völlig unterschiedlichen Situationen** Rechnung getragen, die zu einer Rücknahme führen können. Dahinterstehen kann bspw. eine **Abhilfemaßnahme** des Auftraggebers, welche den antragstellenden Bieter „klaglos" stellt. Denkbar sind auch Fälle, in denen hinsichtlich des Vergabeverfahrens infolge überlanger Dauer der Nachprüfung[10] eine **Erledigung durch Zeitablauf** eintritt. Beispielsweise in diesen Fällen ist der antragstellende Bieter gerade nicht Schuld an der Situation. Er wäre sogar doppelt bestraft, wenn er infolge staatlichen Organisationsverschuldens nicht nur des Auftrags verlustig geht, sondern obendrein auch noch die Aufwendungen der Verfahrensbeteiligten zu tragen hätte. In gewissen Fällen kann eine Berücksichtigung des voraussichtlichen Ausgangs des Verfahrens in Betracht kommen,[11] was jedoch nicht immer mit der erforderlichen Gewissheit möglich sein wird. Solche inzidenten Sachentscheidungen sind aus verschiedenen Gründen heraus nicht unproblematisch. Infolge der Abschaffung der früheren Unwägbarkeiten und Ungerechtigkeiten hinsichtlich der Kostentragung im Falle der Rücknahme des Nachprüfungsantrages aus besonderen Umständen heraus wird man mutmaßlich nicht mehr so häufig als Alternative auf einen **Vergleich** unter den Parteien zurückgreifen müssen.[12]

5 Im Übrigen sind die Aufwendungen der Beigeladenen nur erstattungsfähig, soweit sie die Vergabekammer aus Billigkeit der unterlegenen Partei auferlegt. Diese Regelung entspricht wiederum der ganz einhelligen Entscheidungspraxis der Gerichte, die sich bisher zum Teil mit einer analogen Anwendung des § 162 Abs. 3 VwGO behalfen.

2. Grundzüge der Vorschrift

6 § 182 GWB regelt die **Kosten für Amtshandlungen der Vergabekammern des Bundes und der Länder**, insbesondere also die Kosten des Nachprüfungsverfahrens.[13] Ein Vorschlag des Bundesrates,[14] der auf einen Antrag des Freistaates Bayern zurückging[15] und die Regelung der Kosten der Vergabekammern der Länder diesen zuweisen wollte, konnte sich nicht durchsetzen; die Bundesregierung stimmte dem nicht zu und verwies darauf, dass aus fachlichen Gesichtspunkten eine **bundeseinheitliche Regelung** für die Kosten der Vergabekammern geboten sei.[16] Landesrecht ist mithin für die Erhebung von Kosten durch die Vergabekammern der Länder – jedenfalls grundsätzlich – nicht zu berücksichtigen.

---

10 *Dabringhausen*, VergabeNavigator 5/2016, S. 9; *Poppitz*, Vergabe Spezial 2016, 84.

11 OLG München, Beschl. v. 2.9.2015, Verg 6/15; OLG Frankfurt, Beschl. v. 15.7.2015, 11 Verg 1/15. Siehe hierzu auch: *Thiele*, in: Kulartz/Kus/Portz/Prieß, GWB, § 182 Rn. 21.

12 Vgl. noch VK Rheinland (SPK Düsseldorf), Beschl. v. 22.9.2015, VK-D-12/2015-L.

13 Nach Ansicht des OLG Naumburg, Beschl. v. 27.4.2005, 1 Verg 3/05 (im Vollstreckungsverfahren ist die für die Tätigkeit der Vergabekammer festzusetzende Gebühr regelmäßig ausgehend von der Mindestgebühr nach § 128 GWB a. F. zu bestimmen), des OLG Düsseldorf, Beschl. v. 27.10.2003, Verg 23/03, und der VK Rheinland-Pfalz, Beschl. v. 6.2.2003, VK 6/02, bezieht sich die Regelung nicht ausschließlich auf das Nachprüfungsverfahren, sondern ihrem Wortlaut gemäß allgemein auf Amtshandlungen der Vergabekammern, u. a. auch auf Vollstreckungsmaßnahmen.

14 BR-Drs. 646/97, dort Nr. 39.

15 BR-Drs. 646/5/97.

16 BT-Drs. 13/9340, Anlage 3, dort zu Nr. 39.

Ergänzend zu den Regelungen des § 182 GWB findet das Verwaltungskostengesetz Anwendung. Gemeint ist hier das **Verwaltungskostengesetz des Bundes**. Es gilt auch für die Verfahren der Vergabekammern der Länder. Die gegenteilige Rechtsprechung[17] verkennt, dass das Kartellvergaberecht der **konkurrierenden Gesetzgebung** gem. Art. 74 Abs. 1 Nr. 11 GG unterfällt.[18] Die Regelungen zum Nachprüfungsverfahren einschließlich der kostenrechtlichen Bestimmungen des § 182 GWB bilden einen integralen (Annex-)Bestandteil des Kartell-Vergaberechts und fallen damit ebenfalls unter Art. 74 Abs. 1 Nr. 11 GG. Folglich können landesrechtliche Regelungen nur greifen, soweit das Bundesgesetz Raum dafür lässt. Diesen Raum lässt § 182 GWB in Bezug auf die Regelungen zur Kostenerstattung im Sinne von § 80 VwVfG aber grundsätzlich nicht – wie vor allem die Gesetzesmaterialien eindeutig belegen – im Hinblick auf den Regelungsbereich des VerwKostG. Das gilt nach der im Jahre 2009 aufgenommenen Neuregelung des § 115a GWB a. F. (heute: § 170 GWB) umso mehr; diese Regelung unterstreicht noch einmal sehr deutlich das besondere Interesse an der Rechtseinheitlichkeit des Verfahrens vor den Vergabekammern des Bundes und der Länder.[19] Allerdings kann es auch im Regelungsbereich des VerwKostG ausnahmsweise zu einer **subsidiären Anwendung der VerwKostG der Länder** kommen, z.B. wenn die bundesrechtliche Regelung erkennbar nur Sachverhalte auf Bundesebene aufgreifen will, ohne korrespondierende Sachverhalte auf Landesebene ausschließen zu wollen. Das betrifft etwa die **Regelungen zur persönlichen Gebührenfreiheit**; hier sind die entsprechenden landesrechtlichen Regelungen zu beachten.[20] Insofern ist der obergerichtlichen Rechtsprechung zu dieser Frage im Ergebnis zuzustimmen. 7

Im Rahmen des Aufwendungsersatzes gilt hingegen für Nachprüfungsverfahren vor den Vergabekammern des Bundes § 80 BVwVfG – für Nachprüfungsverfahren vor den Vergabekammern der Länder gelten ausschließlich die entsprechenden Landesvorschriften. Da es sich hier nicht um eine strikte Parallelgesetzgebung handelt, können sich daraus im Einzelfall Unterschiede ergeben;[21] durch die Neuregelung des § 128 GWB a. F. (jetzt § 182 GWB) im Rahmen des Gesetzes zur Modernisierung des Vergaberechts vom 20.4.2009 dürften entsprechende Sachverhalte aber nur selten vorkommen. 8

17 Z.B. VK Schleswig-Holstein, Beschl. v. 11.6.2010, VK-SH 10/10 mit Verweis auf OLG Naumburg, Beschl. v. 17.9.2002, 1 Verg 08/02, welches argumentiert, das Nachprüfungsverfahren sei seinem Charakter nach ein Verwaltungsverfahren, weshalb im Kompetenzbereich der Länder die Landesverwaltungskostengesetze gelten. § 128 Abs. 1 GWB a. F. (jetzt § 182 Abs. 1 GWB) könne sich aus kompetenzrechtlichen Gründen nur auf das Bundesverwaltungskostengesetz beziehen; ebenso OLG Schleswig, Beschl. v. 5.1.2007, 1 (6) Verg 11/05; OLG Jena, Beschl. v. 4.4.2003, 6 Verg 4/03.

18 So ausdrücklich BVerfG, Beschl. v. 11.7.2006, 1 BvL 4/00, dort Rn. 58.

19 Der heutige § 170 GWB (§ 115a GWB a. F.) bezieht sich auf Art. 84 Abs. 1 Satz 5 GG: „In Ausnahmefällen kann der Bund wegen eines *besonderen Bedürfnisses nach bundeseinheitlicher Regelung* das Verwaltungsverfahren ohne Abweichungsmöglichkeit für die Länder regeln." (Hervorhebung vom Verf.).

20 Zur Frage der Gebührenfreiheit (bayerischer) Universitäten: OLG München, Beschl. v. 30.11.2015, Verg 7/15.

21 Dies galt nach alter Rechtslage insbesondere für den Aufwendungsersatzanspruch des Antragsgegners und der Beigeladenen im Falle der Rücknahme und der anderweitigen Erledigung, nachdem der BGH entschieden hatte, dass ein solcher nicht aus § 128 Abs. 4 GWB a. F. folgt und eine entsprechende Anwendung der § 91a Abs. 1 ZPO, § 161 Abs. 2 VwGO nicht in Betracht kam, BGH, Beschl. v. 24.3.2009, X ZB 29/08.

9 Sinn und Zweck der Kostenerhebung nach § 182 GWB ist die **Deckung des Verwaltungsaufwandes**; § 182 Abs. 1 GWB schreibt dies ausdrücklich fest. In der Gesetzesbegründung zum Vergaberechtsänderungsgesetz vom 26.8.1998 hieß es dazu:[22]

> *„Die Kostenregelung orientiert sich am verwaltungsrechtlichen Kostendeckungsprinzip und zwingt jeden potentiellen Antragsteller zur Kalkulation des Risikos der Inanspruchnahme der Nachprüfung, ohne abschreckende Wirkung zu entfalten.“*

10 § 128 Abs. 2 Satz 1 GWB a. F. griff diesen Gedanken auf, indem er die Kosten an die wirtschaftliche Bedeutung des Gegenstandes des Nachprüfungsverfahrens ankoppelte. Dass der Gesetzgeber durch Streichung des Satzes von dieser Systematik abrücken wollte, ist nicht ersichtlich. Die Regelung dürfte vielmehr als überflüssig empfunden worden sein, weil sie keine Besonderheiten für das Nachprüfungsverfahren enthielt.[23] Dies gilt auch angesichts der Tatsache, dass der in § 128 Abs. 2 Satz 1 GWB a. F. enthaltene kostenrechtliche Grundsatz im § 80 Abs. 2 Satz 1 GWB nicht gestrichen wurde – materiell liegt hierin kein Unterschied. Die abweichende gesetzliche Formulierung trotz Geltung identischer kostenrechtlicher Grundsätze ist dadurch gerechtfertigt, dass § 80 GWB – anders als § 128 GWB a. F. bzw. § 182 GWB n. F. seit jeher – keine Mindestgebühr festlegt. Im Übrigen ist anzumerken, dass § 182 Abs. 2 Satz 2 Hs. 2 GWB weiterhin ausdrücklich auf beide Aspekte, nämlich auf die „wirtschaftliche Bedeutung“ und auf den „Aufwand“, Bezug nimmt.

11 In diesen **beiden Aspekten, wirtschaftliche Bedeutung** einerseits und **Deckung des Verwaltungsaufwandes** andererseits, spiegeln sich die beiden allgemeinen Grundsätze des Kostenrechts wider. Zunächst einmal gilt das **Äquivalenzprinzip**,[24] wonach ein angemessenes Verhältnis zwischen einer Gebühr und dem Wert der besonderen Leistung für den Empfänger bestehen muss. Die Gebühr ist Äquivalent für die Amtshandlung. Nur der Nutzen, den diese Handlung beim Empfänger stiftet, ist durch die Gebühr abzugelten;[25] so allein vermag das Kostenrecht zu garantieren, dass eine Gebühr keine abschreckende Wirkung zeitigt. Daneben greift das **Kostendeckungsprinzip**.[26] Demzufolge darf auch eine nach dem Äquivalenzprinzip an sich angemessene Gebühr die Aufwendungen der öffentlichen Hand nicht übersteigen. Denn die Gebühr soll kein Mittel zur Gewinnerzielung für den Staat sein. An diesen Grundzügen des Kostenrechts für das Nachprüfungsverfahren hat sich durch die Streichung des § 128 Abs. 2 Satz 1 GWB a. F. nichts geändert.

---

22 BT-Drs. 13/9340, Anlage 1, dort zu § 137.

23 *Schröder*, in: Müller-Wrede, GWB, § 182 Rn. 4, weist in diesem Zusammenhang zu Recht auf die Regelung in § 3 Satz 1 VwKostG hin.

24 *Schlabach*, Verwaltungskostenrecht, § 3 VwKostG Rn. 6 f.; vgl. auch BVerwG, Urt. v. 24.3.1961, VII C 109/60, NJW 1961, 2128, 2130, das sich grundlegend mit beiden Gebührenprinzipien und ihrer Abgrenzung befasst; vgl. auch BVerfG, Beschl. v. 31.10.1996, 1 BvR 1074/93, NJW 1997, 311 f.

25 Entsprechend OLG Hamburg, Beschl. v. 3.11.2008, 1 Verg 3/08; bedenklich VG Magdeburg, Beschl. v. 1.6.1995, 6 A 860/94, das im Rahmen des Äquivalenzprinzips prüft, ob die Leistung der Behörde im Verhältnis zum Nutzen des Gebührenschuldners steht. Eine solche, gleichsam synallagmatische Beziehung zwischen Leistung der Behörde und Nutzen des Gebührenschuldners ist dem Gebührenrecht fremd. Nicht Leistung und Nutzen, sondern Gebühr und Nutzen müssen sich entsprechen. Die Leistung der Behörde ist erst in einem zweiten Schritt als Korrektiv im Rahmen des Kostendeckungsprinzips zu berücksichtigen.

26 *Schlabach*, Verwaltungskostenrecht, § 3 VwKostG Rn. 17 f.; BVerwG, Urt. v. 4.12.1959, VII C 36/58, NJW 1960, 1074, 1075.

Das Nachprüfungsverfahren beginnt gem. § 22 Satz 2 Nr. 1 VwVfG mit dem Zugang des Nachprüfungsantrags bei der Vergabekammer.[27] 12

Das Gesetz unterscheidet Kosten in Gebühren und Auslagen; das entspricht der Definition des § 1 Abs. 1 VwKostG. Für die Bemessung der Gebühren enthält § 182 Abs. 2 GWB Regelungen. Im Hinblick auf die Auslagen finden allein die allgemeinen Vorschriften des VwKostG Anwendung. 13

II. Höhe der Gebühren (Abs. 2)

1. Allgemeines

Nach allgemeinen kostenrechtlichen Grundsätzen (§ 3 VwKostG) sind Gebühren nach dem personellen und sachlichen Aufwand (Kostendeckungsprinzip) unter Berücksichtigung der wirtschaftlichen Bedeutung (Äquivalenzprinzip) zu bemessen.[28] 14

Im Gegensatz zu § 80 GWB, dem der Gesetzgeber die Bestimmung des § 182 GWB nachgebildet hat,[29] legt § 182 GWB für die Gebühren nicht nur eine **Obergrenze**, sondern auch einen **Mindestbetrag** fest. 15

Ausgangspunkt für die **Bemessung** der **Gebühren** betreffend die Tätigkeit der Vergabekammer ist die **wirtschaftliche Bedeutung** des Gegenstandes der gebührenpflichtigen Handlung.[30] Erst danach sind der **personelle und sachliche Aufwand der Vergabekammer** zu berücksichtigen.[31] Dem kommt dabei jedoch nur Korrektivfunktion zu, und zwar nicht dergestalt, dass sich in jedem Einzelfall Gebührenhöhe und Verwaltungsaufwand ent- 16

27 OLG Düsseldorf, Beschl. v. 13.4.1999, Verg 1/99 m. w. N. Gemäß § 11 Abs. 1 VwKostG entsteht in diesem Zeitpunkt grundsätzlich auch die Gebührenschuld. Fraglich ist, ob für das Nachprüfungsverfahren eine speziellere Regelung getroffen wurde, da gemäß § 182 Abs. 1 Satz 1 GWB Kosten „für Amtshandlungen der Vergabekammern" erhoben werden (so *Glahs*, in: Reidt/Stickler/Glahs, Vergaberecht, § 128 Rn. 6). Da § 182 Abs. 3 Satz 6 GWB ermöglicht, von der Gebühr bei Verfahrensbesonderheiten ganz abzusehen, erscheint jedenfalls auch der Antrag als Auslöser der Gebührenschuld nicht unbillig. Die Entscheidung kann jedoch im Ergebnis dahinstehen, weil jedes durch einen Antrag eingeleitete Verfahren zumindest durch Einstellung, also durch eine Amtshandlung, wieder beendet werden muss, sodass spätestens damit die Gebührenschuld entsteht.

28 So auch *Thiele*, in: Kulartz/Kus/Portz/Prieß, GWB, § 182 Rn. 5.

29 Vgl. BT-Drs. 13/9340, Anlage 1, dort zu § 137.

30 Ebenso VK Lüneburg, Beschl. v. 17.8.2009, VgK-36/2009; zur Geltung der allgemeinen gebührenrechtlichen Grundsätze vgl. BayObLG, Beschl. v. 6.6.2002, Verg 12/02 9/Str. Ausführlich begründet in KG, Beschl. v. 5.11.1974, Kart 31/74, WuW/E OLG 1545, 1546 zur vergleichbaren Rechtslage im Kartellverwaltungsverfahren. Den Grundsätzen des Kartellverwaltungsverfahrens teils ausdrücklich entsprechend stellen ebenfalls vorrangig auf die wirtschaftliche Bedeutung des Verfahrens ab: OLG Hamburg, Beschl. v. 3.11.2008, 1 Verg 3/08; OLG Düsseldorf, Beschl. v. 7.1.2004, VII-Verg 55/02; ausführlich Beschl. v. 9.2.2006, VII-Verg 80/05; OLG Brandenburg, Beschl. v. 7.5.2008, Verg W 2/08; BayObLG, Beschl. v. 20.1.2004, Verg 21/03; VK Sachsen, Beschl. v. 10.9.2009, 1/SVK/035-09; VK Baden-Württemberg, Beschl. v. 10.9.2009, 1 VK 49/09; VK Schleswig-Holstein, Beschl. v. 26.5.2009, VK SH 04/09; VK Sachsen, Beschl. v. 12.6.2009, 1/SVK/011-09.

31 Ebenso *Vavra*, in: Hattig/Maibaum, PK Kartellvergaberecht, § 128 GWB Rn. 4. Ähnlich das *Bundeskartellamt*, „Informationsblatt zum Rechtsschutz bei der Vergabe öffentlicher Aufträge (§§ 97 ff. GWB in der Fassung der Bekanntmachung vom 17. Februar 2016), Stand Juli 2016", S. 7.

sprechen müssten. Gegen das Kostendeckungsprinzip wird vielmehr erst dann verstoßen, wenn die Gesamtheit der Gebühren für besondere Leistungen bestimmter Art die Gesamtheit der Aufwendungen für diese besonderen Leistungen übersteigt.[32] Das Kostendeckungsprinzip beinhaltet also der Sache nach nur ein Kostenüberdeckungsverbot.[33] Das belegt auch die Regelung in § 3 Satz 2 VwKostG; danach sind die Gebührensätze so zu bemessen, dass das geschätzte Gebührenaufkommen den auf die Amtshandlung entfallenden durchschnittlichen Personal- und Sachaufwand für den betreffenden Verwaltungszweig nicht übersteigt.

17 Die Kostenerhebung ist nach diesen Grundsätzen, unter Beachtung des Gleichheitsgebotes,[34] im gesetzlich definierten Gebührenrahmen vorzunehmen. Es verbieten sich starre Bemessungsgrundsätze.[35] Den Vergabekammern kommt bei der Gebührenfestsetzung ein **Ermessensspielraum** zu, den sie nach den üblichen Regeln einzelfallbezogen in erkennbarer Weise ausüben müssen.[36] Darüber hinaus ist die Ermessensüberprüfung nur in dem üblichen Umfang der Kontrolle durch die Vergabesenate zugänglich.[37]

2. Wirtschaftliche Bedeutung des Gegenstandes des Nachprüfungsverfahrens

18 Die wirtschaftliche Bedeutung des Gegenstandes des Nachprüfungsverfahrens ist aus der Sicht der am Verfahren Beteiligten zu bestimmen. Der für den Einzelnen für die kostenpflichtige Amtshandlung entstehende Vorteil ist jedoch individuell verschieden und kaum messbar. Die wirtschaftliche Bedeutung bestimmt sich daher objektiv allein nach allgemeinen, **typisierenden Gesichtspunkten**.[38] Damit ist also regelmäßig eine einheitliche Gebühr für alle am Verfahren Beteiligten festzusetzen.

19 Auf die spezielle Bedeutung gerade für die Parteien des jeweiligen Nachprüfungsverfahrens hat die Gebühr nicht abzustellen.[39] Denn bei diesem Vorgehen würde ansonsten der identische Sachverhalt zu ungleichen Gebühren führen, wobei die Gebühren tendenziell umso höher wären, je kleiner die beteiligten Vergabestellen und Unternehmen sind. Im Ergebnis würde das eine weitgehend unvorhersehbare und damit untragbare Gebührenbemessung bedeuten.

---

32 BVerwG, Urt. v. 24.3.1961, VII C 109/60, NJW 1961, 2128, 2130; OLG Düsseldorf, Beschl. v. 9.2.2006, VII-Verg 80/05.

33 So ausdrücklich *Schlabach*, Verwaltungskostenrecht, § 3 VwKostG Rn. 17.

34 Vgl. KG, Beschl. v. 11.3.1994, Kart. 21/93, WuW/E OLG 5287, 5288. Ebenso *Glahs*, in: Reidt/Stickler/Glahs, Vergaberecht, § 128 Rn. 9, mit Hinweis auf die Selbstbindung der Verwaltung gemäß Art. 3 Abs. 1 GG.

35 KG, Beschl. v. 29.3.1988, Kart. 31/87, WuW/E OLG 4143, 4146.

36 OLG Hamburg, Beschl. v. 3.11.2008, 1 Verg 3/08.

37 OLG Hamburg, Beschl. v. 31.1.2007, 1 Verg 1/07 m.w.N.; OLG Schleswig, Beschl. v. 5.1.2007, Verg 11/05; OLG München, Beschl. v. 15.11.2007, Verg 10/07; OLG Brandenburg, Beschl. v. 7.5.2008, Verg W 2/08; OLG Naumburg, Beschl. v. 25.9.2003, 1 Verg 11/03.

38 Ebenso *Gröning*, in: Motzke/Pietzcker/Prieß, VOB/A, § 128 Rn. 5, der eingehend erläutert, warum weder die subjektive Sicht des Antragstellers noch diejenige der Vergabestelle entscheidend sein kann. Diese subjektiven Kriterien seien vielmehr im Rahmen der Billigkeit nach § 128 Abs. 3 Satz 4 GWB a.F. (jetzt § 182 Abs. 3 Satz 6 GWB) zu berücksichtigen.

39 A.A. *Schlabach*, Verwaltungskostenrecht, § 9 VwKostG Rn. 16.

20 Entgegen einer teilweise in der Literatur vertretenen Auffassung sollte bei der Festlegung der Gebühr keine Rolle spielen, ob es sich um Standardvergabefälle handelt, die immer wieder zu Beanstandungen führen[40] bzw. ob ein besonderes Interesse der Fachkreise an einer über den Einzelfall hinausgehenden Entscheidung besteht.[41] Denn auch wenn subjektive Gesichtspunkte bei der Festsetzung der Gebühr außer Acht zu lassen sind, so ist diese objektiv dennoch allein aus der Sicht der am Verfahren Beteiligten zu bestimmen. Gegenteilige Anhaltspunkte ergeben sich weder aus dem Wortlaut noch aus dem Sinn und Zweck der Norm. Im Ergebnis ist auch fraglich, ob auf die „Daumenregel" des Kartellverwaltungsverfahrens, dass bei einer durchschnittlichen Bedeutung des Verfahrensgegenstands grundsätzlich eine mittlere Gebühr angemessen ist, zurückgegriffen werden sollte, weil dies aufgrund der Hemmschwellenwirkung zu einer Einschränkung des Bieterrechtsschutzes führen kann.[42] Das OLG Düsseldorf stellt fest, dass bei der Festsetzung der Gebühr des Weiteren der **Stand des Vergabeverfahrens nicht zu berücksichtigen** ist.[43]

21 Sinnvoll ist es, die wirtschaftliche Bedeutung des Nachprüfungsverfahrens am **Auftragswert** zu orientieren, und zwar dem sog. „**Bruttoauftragswert**".[44] Dieser Maßstab ist sachlich naheliegend, in den meisten Fällen objektiv bestimmbar, daher für die Beteiligten kalkulierbar, und er entspricht der **gesetzlichen Wertung in § 50 Abs. 2 GKG**. Nicht ganz so eindeutig verhält es sich in solchen **Spezialfällen**, in denen bspw. **Loslimitierungen** verfügt sind (Begrenzung der Bewerbung auf 5 von 21 Losen, sog. „Bewerbungslimitierung"), und in denen der Bieter versucht zu erstreiten, dass das mildere, weniger in den Wettbewerb einschneidende Mittel einer sog. „Zuschlagslimitierung" eingesetzt wird, sodass er auf alle Lose anbieten darf, aber in den Zuschlagsmöglichkeiten auf die z. B. 5 umsatzstärksten Lose begrenzt ist. Richtigerweise ist auch diesbezüglich nur auf das der Begehr entsprechende, wirtschaftliche Interesse abzustellen, welches sich auf 5 Lose einschränkt.[45] Den Maßstab für den Auftragswert bilden daher korrekterweise nicht die 21 Lose. Sähe man dies anders, so entstünden unkalkulierbare Rechtsschutz-Risiken.[46] In ähnlicher Weise gilt dies in Bezug auf das **Erstreiten einer Losaufteilung**. So ist es eindeutig ermessensfehlerhaft, wenn die Vergabekammer bei der Bedeutung der Sache auf den Bruttoauftragswert abstellt, der Antragsteller jedoch am Gesamtauftrag gar kein Interesse hat, sondern ledig-

---

40 So *Niebuhr*, in: Niebuhr/Kulartz u. a., Vergaberecht, § 128 Rn. 4, der als Beispiel die Vergabe an einen Generalunternehmer an Stelle einer Fachlosvergabe anführt; wird so seit der Nachfolgekommentierung von *Brauer*, in: Kulartz/Kus/Portz, GWB, § 128 nicht mehr vertreten.

41 So noch *Müller-Wrede*, in: Ingenstau/Korbion, VOB, § 128 Rn. 4.

42 So auch *Glahs*, in: Reidt/Stickler/Glahs, Vergaberecht, § 128 Rn. 10, die die bislang zurückhaltende Festsetzung eher am unteren Ende der Bandbreite begrüßt; allerdings hat *Stockmann*, in: Immenga/Mestmäcker, GWB, § 128, sehr gut nachvollziehbare Gründe für die Gegenposition vorgetragen. Im Ergebnis wird dieser Streit aber kaum praktische Bedeutung erlangen, solange die Vergabekammern die Gebühren nach auftragswertbezogenen Tabellen oder Berechnungsformeln festlegen.

43 OLG Düsseldorf, Beschl. v. 7.1.2004, VII-Verg 55/02 (Verfahren befand sich noch im Stadium des sog. Teilnahmewettbewerbs, was einer Erhebung der vollen Gebühr nicht entgegenstand).

44 So ausdrücklich *Bundeskartellamt*, „Informationsblatt zum Rechtsschutz bei der Vergabe öffentlicher Aufträge (§§ 97 ff. GWB in der Fassung der Bekanntmachung vom 17. Februar 2016), Stand Juli 2016", S. 7.

45 So – im Ergebnis – nach mehreren Gegenvorstellungen das OLG Düsseldorf, Beschl. v. 7.8.2013, VII-Verg 28/12. Gegenteilig zuvor: OLG Düsseldorf, Beschl. v. 14.11.2012 und v. 14.2.2013, VII-Verg 28/12.

46 Dazu: *Noch*, VergabeNavigator 3/2013, S. 21 ff.

lich die unterbliebene Losaufteilung als Vergabeverstoß geltend macht.[47] Maßgeblich ist der Teilwert des Gesamtauftragswertes, für den der Bieter eine alternative, separate Ausschreibung (z. B. in Losen) begehrt.[48] **Sonderfälle** eines ggf. anzunehmenden reduzierten (Teil-)Auftragswerts können auch dann gegeben sein, wenn der Bieter im Rahmen des Angriffs einer De-facto-Vergabe nur die **spätere Ausschreibung einer Teilleistung** anstrebt.[49]

22 Aus Gründen der „Berechenbarkeit" im doppelten Wortsinne hat sich in der Praxis der Rückgriff auf die für die Vergabekammern des Bundes entwickelte **Gebührentabelle** bewährt.[50] Das **Bundeskartellamt** hat 1999 die Ausschreibungssummen der beim VÜA Bund in den Jahren 1996 bis 1998 vorgelegenen Fälle ausgewertet.[51] Die Untersuchung ergab, dass unabhängig von der Art der Ausschreibung die Auftragswerte erhebliche Größendifferenzen aufwiesen und sich nicht in bestimmte Raster einordnen ließen. Vor diesem Hintergrund hat das Bundeskartellamt für die Gebührenermittlung allein vom Auftragswert abhängige Basisgebühren als Richtwerte in Form einer Gebührentabelle für die Vergabekammern des Bundes festgelegt. Sie ist zwischenzeitlich mehrfach überarbeitet worden. Der Tabelle, die seit Kurzem auch vom Bundeskartellamt selbst veröffentlicht wird, kommt (lediglich) „Richtschnur-Charakter" zu.[52]

23 **Gebührentabelle der Vergabekammern des Bundes (Stand Dezember 2016)**[53]

Auftragswert (in Euro)	**Basisgebühr (in Euro)**
bis inkl. 80.000	2.500
200.000	2.575
400.000	2.725
600.000	2.850
800.000	3.000
1.000.000	3.125
2.000.000	3.800
3.000.000	4.475
4.000.000	5.175
5.000.000	5.850
6.000.000	6.525

47 OLG Jena, Beschl. v. 22.8.2016, 2 Verg 7/16.
48 BGH, Beschl. v. 19.7.2011, X ZB 4/10; OLG Koblenz, Beschl. v. 31.5.2012, 1 Verg 2/11.
49 OLG Naumburg, Beschl. v. 10.6.2013, 2 Verg 5/12.
50 Diese Praxis befürwortend OLG Hamburg, Beschl. v. 31.1.2007, 1 Verg 1/07 m. w. N.; OLG Brandenburg, Beschl. v. 7.5.2008, Verg W 2/08; OLG Koblenz, Beschl. v. 16.2.2006, 1 Verg 2/06.
51 BKartA, Vermerk v. 9.2.1999, E/G 1-10/96 (nicht veröffentlicht).
52 OLG Frankfurt a. M., Beschl. v. 4.6.2008, 11 Verg 08/07.
53 Veröffentlicht auf S. 8 im „Informationsblatt zum Rechtsschutz bei der Vergabe öffentlicher Aufträge (§§ 97 ff. GWB in der Fassung der Bekanntmachung vom 17. Februar 2016)" des Bundeskartellamts, abrufbar unter http://www.bundeskartellamt.de/DE/Vergaberecht/Materialien/Materia lien_node.html.

Auftragswert (in Euro)	**Basisgebühr (in Euro)**
7.000.000	7.200
8.000.000	7.875
9.000.000	8.575
10.000.000	9.250
11.000.000	9.925
12.000.000	10.600
13.000.000	11.275
14.000.000	11.975
15.000.000	12.650
16.000.000	13.325
17.000.000	14.000
18.000.000	14.675
19.000.000	15.375
20.000.000	16.050
22.000.000	17.400
24.000.000	18.775
26.000.000	20.125
28.000.000	21.475
30.000.000	22.850
32.000.000	24.200
34.000.000	25.575
36.000.000	26.925
38.000.000	28.275
40.000.000	29.650
50.000.000	36.450
60.000.000	43.250
70.000.000 und mehr	50.000

Unter „Auftragswert" – so stellt das Bundeskartellamt im Erläuterungstext vor der Tabelle klar – ist der „Wert des zur Vergabe vorgesehenen Auftrages" (sog. **„Bruttoauftragswert", also inklusive Umsatzsteuer**) zu verstehen. Genau das ist derjenige Wert, den § 50 Abs. 2 GKG als „Bruttoauftragssumme" bezeichnet. Dieser Wert ist immer ein **Schätz-** 24

wert. Es gelten die Ausführungen zum Streitwert im Rahmen des Beschwerdeverfahrens. Zu beachten ist speziell: Diese andersgeartete Regelung, welche auf die Auftragswerte inklusive Umsatzsteuer abstellt, hat absolut nichts mit der zu Beginn eines Vergabeverfahrens vorzunehmenden Schätzung des Auftragswerts gem. § 3 Abs. 1 Satz 1 VgV zu tun; dort gilt der Auftragswert rein netto, also „ohne Umsatzsteuer".

25 Sinnvollerweise stellt das Bundeskartellamt auf einen einheitlichen Auftragswert und nicht bspw. auf die jeweiligen Schwellenwerte für die unterschiedlichen Auftragsarten bzw. Auftraggeber ab; denn die Divergenzen bei den Schwellenwerten beruhen auf Erwägungen, die für die Gebührenermittlung keine Relevanz haben. So wäre es z. B. nicht zu rechtfertigen, bei ansonsten völlig identischen Sachverhalten allein deshalb zu unterschiedlichen Gebühren zu gelangen, weil der Sachverhalt im einen Fall einen klassischen Auftraggeber und im anderen Fall einen Sektorenauftraggeber betrifft.

26 Bei der Anwendung der Gebührentabelle muss die „exakte" Basisgebühr für Zwischenauftragswerte nicht zwingend durch **Interpolation** ermittelt werden;[54] zulässig dürfte auch sein, die Werte stufenweise festzusetzen (also bspw. bei Auftragswerten über 80.000 Euro bis zu 200.000 Euro einschließlich einheitlich immer 2.575 Euro), um eine einfache und klare Handhabung sicherzustellen.[55] Voraussetzung dafür ist, dass die einzelnen Gebührenstufen nicht zu hoch sind; im Fall der Gebührentabelle für die Vergabekammern des Bundes ist diese Voraussetzung erfüllt, sodass hier sowohl eine stufenweise als auch eine interpolierende Ermittlung der Basisgebühr bei Zwischenwerten rechtskonform erscheint.

27 Die Gebührentabelle ist auch im Falle des **§ 168 Abs. 2 Satz 2 GWB** Ausgangspunkt der Beurteilung; von dem sich danach ergebenden Basiswert ist ggf. ein Abschlag vorzunehmen, der ein evtl. geringerwertiges Feststellungsinteresse berücksichtigt.[56]

28 Im Sinne der vom Gesetzgeber gewollten einheitlichen Gebührenpraxis der Vergabekammern ist zu begrüßen, dass ihre Mehrheit sich bei der Kostenfestsetzung an der vom Bundeskartellamt entwickelten Gebührentabelle orientiert. Einige Vergabekammern verfahren nach anderen Regeln. Zur Bemessung ihrer Gebühren wendet z. B. die VK Schleswig-Holstein eine Gebührenstaffel an, wonach die Mindestgebühr bei Auftragswerten bis zu 80.000 Euro anfällt, die Höchstgebühr ab Auftragswerten von 140 Mio. Euro entsteht und bei der für die dazwischen liegenden Auftragswerte die jeweilige Gebühr durch lineare Interpolation (Gebühr = 2.500 Euro + [50.000 Euro – 2.500 Euro] / [140 Mio. Euro – 80.000 Euro] × [Auftragsvolumen – 80.000 Euro]) ermittelt wird.[57] Das Beispiel zeigt, dass damit in Deutschland erhebliche Kostenunterschiede bestehen. Bei einem Auftragswert von 70

54 So aber OLG Düsseldorf, Beschl. v. 20.4.2004, VII-Verg 9/04; Beschl. v. 12.5.2004, VII-Verg 25/04; VK Brandenburg, Beschl. v. 8.5.2000, 1 VK 45/99; VK Lüneburg, Beschl. v. 14.1.2003, 203-VgK-22/2001; VK Schleswig-Holstein, Beschl. v. 14.9.2005, VK-SH 21/05.

55 Ebenso OLG Dresden, Beschl. v. 15.4.2002, WVerg 0010/10.

56 Vgl. VK Sachsen, Beschl. v. 11.1.2000, 1/SVK/13-99, welche die knapp über der Mindestgebühr angesetzte Gebühr gemäß § 128 Abs. 2 Satz 1 Hs. 2 GWB a. F. um die Hälfte ermäßigt.

57 VK Schleswig-Holstein, Beschl. v. 23.10.2009, VK-SH 14/09 (statt vieler danach); hier ist hervorzuheben, dass die Kammer noch bis August 2009 die Höchstgrenze – wie auf Bundesebene – bei 70.000.000 Euro ansetzte, VK Schleswig-Holstein, Beschl. v. 20.8.2009, VK-SH 12/09 (statt vieler davor).

Mio. Euro beträgt die Basisgebühr nach der Gebührentabelle der Vergabekammern des Bundes 50.000 Euro; in Kiel 29.631,22 Euro.[58]

3. Personeller und sachlicher Aufwand der Vergabekammer

Die Basisgebühr, die sich an der wirtschaftlichen Bedeutung des Nachprüfungsgegenstandes orientiert – sinnvollerweise anhand der obigen Gebührentabelle der Vergabekammern des Bundes –, legt einen durchschnittlichen sachlichen und personellen Aufwand der Vergabekammer zugrunde. Hier können sich im Einzelfall aber erhebliche Abweichungen ergeben. So kann der Aufwand der Vergabekammer beispielsweise durch umfangreiche Beweiserhebungen oder beratende Hilfestellung seitens des Vorsitzenden[59] weit überdurchschnittlich, oder bei einer **Vielzahl von Einzelverfahren**, die dasselbe Projekt betreffen, weit unterdurchschnittlich sein.[60] Dementsprechend ist die Basisgebühr dann nach oben oder unten anzupassen.[61] 29

Die Vergabekammer ist nicht gehalten, den exakten personellen und sachlichen Aufwand zu erfassen, den ein bestimmtes Nachprüfungsverfahren verursacht;[62] sie ist aber auch nicht daran gehindert, dies zu tun.[63] Geht eine Vergabekammer allerdings regelmäßig dazu über, zumindest den personellen Aufwand exakt für jedes Nachprüfungsverfahren zu erfassen, dann dürfte sich daraus vor dieser Vergabekammer gestützt auf das Gleichbehandlungsgebot ein Anspruch der Verfahrensbeteiligten auf ein solches Vorgehen ergeben. 30

Der **personelle Aufwand** ist relativ einfach durch Zeitermittlung festzustellen. Die Bewertung der jeweiligen Arbeitszeit für den Vorsitzenden, die Beisitzer und die sonstigen Mitarbeiter der Behörde, in der die Vergabekammer angesiedelt ist, richtet sich nach deren Personalkosten.[64] Es reicht eine überschlägige Bestimmung. Benennt die Vergabekammer konkret den Arbeitsaufwand anhand der angefallenen Arbeitsstunden, so ergibt sich hieraus keine Verpflichtung, diesen auch zu belegen; der richterlichen Überprüfung unterliegt 31

---

58 Interessant ist in diesem Zusammenhang, dass das OLG Schleswig, Beschl. v. 1.4.2010, 1 Verg 5/09, in dem dort entschiedenen Fall ausdrücklich bemerkt: „Die Gebührenhöhe entspricht – in etwa – dem Betrag, den die Vergabekammern des Bundes für einen vergleichbaren Auftragswert annehmen.“

59 OLG Hamburg, Beschl. v. 31.1.2007, 1 Verg 1/07.

60 Unterdurchschnittlich kann der personelle Aufwand der VK etwa auch deshalb sein, weil die Verfahrensbeteiligten auf die Durchführung einer mündlichen Verhandlung verzichtet haben oder eine Beiladung entbehrlich ist, vgl. VK Schleswig-Holstein, Beschl. v. 26.5.2009, VK SH 04/09; VK Nordbayern, Beschl. v. 21.8.2007, VK-3194-36/07; Beschl. v. 9.7.2009, 21.VK-3194-15/09; ebenso *Stockmann*, in: Immenga/Mestmäcker, GWB, § 128 Rn. 10.

61 Grundsätzlich OLG Düsseldorf, Beschl. v. 12.5.2004, VII-Verg 25/04 m.w.N.; OLG Hamburg, Beschl. v. 3.11.2008, 1 Verg 3/08.

62 So auch OLG Rostock, Beschl. v. 22.10.2002, 17 Verg 7/02.

63 So bspw. VK Lüneburg, Beschl. v. 2.3.1999, 203-VgK-1/1999; VK Mecklenburg-Vorpommern, Beschl. v. 10.7.2002, 2 VK 15/01 (nicht veröffentlicht, aber wiedergegeben in der Entscheidung der Beschwerdeinstanz OLG Rostock, Beschl. v. 22.10.2002, 17 Verg 7/02); Beschl. v. 12.2.2004, 2 VK 15/03; zur Erhöhung der Basisgebühr um das 1,5fache OLG Naumburg, Beschl. v. 25.9.2003, 1 Verg 11/03.

64 Vgl. Niedersächsisches Ministerium für Finanzen, Verwaltungskostenrecht; Pauschsätze für den Verwaltungsaufwand bei der Gebührenbemessung im staatlichen Bereich, RdErl. d. MF v. 15.5.2010, K 2004-41-3412, veröffentlicht als Download unter www.mf.niedersachsen.de, unter Themen >Gebühren>Gebühren des Landes Nds.

insoweit nur, ob der geschilderte Arbeitsaufwand plausibel ist.[65] Die **sachlichen Aufwendungen** sind unter Ausübung pflichtgemäßen Ermessens zu schätzen und ggf. als Auslagen neben der Gebühr zu erheben, wenn sie ins Gewicht fallen.

32 Die Ermittlung des personellen Aufwandes über Stundenabrechnung für die Mitglieder der Vergabekammer führt automatisch dazu, dass **präsente Fach- oder Sachverhaltskenntnisse** der Vergabekammer allen Verfahrensbeteiligten bei der Gebührenbemessung zugute kommen. Wer von solchen Kenntnissen profitiert, verursacht keinen erneuten Bearbeitungsaufwand und kann demzufolge gebührenrechtlich nicht in Anspruch genommen werden.[66] Auf der anderen Seite können die ersten, einen vergleichsweise hohen Aufwand verursachenden Verfahrensbeteiligten sich nicht darauf berufen, der durch sie verursachte Aufwand könne später in nachfolgenden Nachprüfungsverfahren auf die dortigen Verfahrensbeteiligten umgelegt werden; dazu fehlt die gesetzliche Grundlage.[67] Im Übrigen führt diese Form der Gebührenermittlung zutreffenderweise zu höheren Gebühren, wenn die Beteiligten durch ihr Verhalten (**Verschleppungstaktik**) die Arbeit der Vergabekammer erschweren.[68]

4. Berechnung der Ausgangsgebühr

33 Aus den Gebührenansätzen einerseits für die wirtschaftliche Bedeutung des Nachprüfungsgegenstandes (z.B. Basisgebühr lt. Tabelle) und andererseits für den überschlägig bestimmten personellen und sachlichen Aufwand ist eine **Ausgangsgebühr** zu ermitteln, die dann ihrerseits nach den gesetzlichen Vorgaben im Einzelfall auf bis zu 100.000 Euro erhöht oder auf bis zu 250 Euro ermäßigt werden kann. Im „Normalfall" sollten beide Gebührenansätze gleich sein. Denn die Gebührentabelle unterstellt einen durchschnittlichen personellen und sachlichen Aufwand. Weichen also beide Werte nur unmaßgeblich voneinander ab (bis ca. 20 %), kann der Basiswert der Gebührentabelle als Ausgangsgebühr herangezogen werden.

34 Weichen Basiswert (vgl. Rn. 23) und Aufwand (vgl. Rn. 31) innerhalb des normalen Gebührenrahmens von 2.500 Euro bis 50.000 Euro deutlich voneinander ab (ab ca. 20 %), sollte die Ausgangsgebühr aus beiden Komponenten anteilig gebildet werden. Dafür bietet sich an, beide Ansätze nur zu dem Anteil zu gewichten, in dem sie zueinander stehen, und diese Werte dann zu addieren.[69]

---

65 OLG Rostock, Beschl. v. 22.10.2002, 17 Verg 7/02.

66 So auch LSG NRW, Beschl. v. 27.5.2010, L 21 KR 65/09 SFB, das bei rechtlich und tatsächlich im Wesentlichen gleichgelagerten Parallelverfahren die sich aus der angewendeten Gebührenstaffel ergebende Gebühr reduziert.

67 KG, Beschl. v. 10.5.1994, Kart 16/93, WuW/E OLG 5291, 5293.

68 Vgl. *Schlabach*, Verwaltungskostenrecht, § 9 VwKostG Rn. 6.

69 So auch VK Lüneburg, Beschl. v. 2.3.1999, 203-VgK-1/1999; unklar, ob eine Erhöhung oder ein sonstiger Abgleich zwischen Basiswert und Aufwand gemeint ist: VK Mecklenburg-Vorpommern, Beschl. v. 10.7.2002, 2 VK 15/01, nicht veröffentlicht, aber wiedergegeben in der Entscheidung der Beschwerdeinstanz: OLG Rostock, Beschl. v. 22.10.2002, 17 Verg 7/02. Klar mit genauen Stundensätzen auch die Berechnung der VK Mecklenburg-Vorpommern, Beschl. v. 26.9.2001, 1 VK 23/00, die nach der Formel Gebühr = Basisgebühr + (tatsächlicher Aufwand – durchschnittlicher Aufwand) allerdings jegliche – und nicht nur eine 20 %ige – Abweichung berücksichtigt.

Beispiel: 35

Basiswert:	4.000,–
Aufwand:	6.000,–
Anteil Basiswert:	(4.000 × 100)/(4.000 + 6.000) = 40 %
Anteil Aufwand:	(6.000 × 100)/(4.000 + 6.000) = 60 %
Berechnung Ausgangsgebühr:	40 % von Euro 4.000,– = Euro 1.600,–
	60 % von Euro 6.000,– = Euro 3.600,–
	Ausgangsgebühr = Euro 5.200,–

Dieses **zweistufige Vorgehen** (Ermittlung der Basisgebühr und anschließender Abgleich mit dem konkreten Aufwand) schafft Rechtssicherheit. Die von *Gröning* geäußerten Bedenken, dieser Ansatz gehe von der – unzutreffenden – Prämisse aus, dass wirtschaftliche Bedeutung auf der einen und personeller und sachlicher Aufwand der Vergabekammer auf der anderen Seite im Verhältnis gleich zu gewichten seien,[70] sind in der Sache zwar grundsätzlich zutreffend. Frage ist nur, nach welchen Regeln die Korrektur bezüglich des personellen und sachlichen Aufwands ansonsten vorgenommen werden soll. Das hier vorgeschlagene **schematisierte Vorgehen** dient der gebührenrechtlichen Gleichheit besser als die bloße Ermessensausübung.[71] Der Grundsatz der individuellen Gleichmäßigkeit darf – im Verwaltungskostenrecht wie im Steuerrecht – hinter den Grundsatz der generellen Gleichmäßigkeit zurücktreten.[72] 36

5. Gebührenerhöhungen

Nach § 182 Abs. 2 GWB kann die Mindestgebühr von 2.500 Euro bis auf ein Zehntel, also auf bis zu 250 Euro, aus Gründen der Billigkeit ermäßigt, aber auch von dem Regelhöchstbetrag von 50.000 Euro auf bis zu 100.000 Euro erhöht werden. Im Übrigen bestimmt § 182 Abs. 3 Satz 4 GWB, dass nur die Hälfte der Gebühr zu entrichten ist, wenn sich der Antrag auf Nachprüfung vor einer Entscheidung der Vergabekammer durch Rücknahme oder anderweitig erledigt hat. Gem. § 182 Abs. 3 Satz 6 GWB kann aus Gründen der Billigkeit von der Erhebung der Gebühren ganz oder teilweise abgesehen werden. 37

Eine Gebührenerhöhung kann es nach dem Wortlaut des § 182 Abs. 2 Satz 2 GWB sowohl bei außergewöhnlich hohem personellen oder sachlichen Aufwand als auch bei außergewöhnlich hoher wirtschaftlicher Bedeutung geben. Nach allgemeiner Auffassung wird eine Erhöhung nur in Ausnahmefällen in Betracht kommen.[73] *Müller-Wrede* sieht die Möglichkeit einer Erhöhung, wenn ein ganz ungewöhnlicher Aufwand von der Vergabekammer 38

70 *Gröning*, in: Motzke/Pietzcker/Prieß, VOB/A, § 128 Rn. 7.

71 BVerwG, Urt. v. 14.4.1967, IV C 179/65, DVBl. 1967, 577, 579. Das OLG Naumburg, Beschl. v. 3.9.2001, 1 Verg 6/00, juris m. w. N., betont, dass die Orientierung der Vergabekammer an einer Gebührentabelle mit Richtwerten des Landes Sachsen-Anhalt keinen Ermessensfehlgebrauch darstellt, sondern dem auch im Bereich der Gerichtskosten und Verwaltungskostenermittlung üblichen Vorgehen entspricht. Die damit einhergehende Selbstbindung der Verwaltung führe zu einer höheren Transparenz des Kostenrisikos.

72 Vgl. schon BVerfG, Beschl. v. 3.12.1958, 1 BvR 488/57, NJW 1959, 91, 92.

73 *Glahs*, in: Reidt/Stickler/Glahs, Vergaberecht, § 128 Rn. 13; *Stockmann*, in: Immenga/Mestmäcker, GWB, § 128 Rn. 8.

verlangt wird, der jedes, auch erhöhte Maß bei Weitem übersteigt, und/oder eine wirtschaftliche Bedeutung besteht, die für die Beteiligten sozusagen schicksalhaft ist und/oder allgemein als richtungsweisend für diese oder ähnliche Vergabeverfahren in der Zukunft ist.[74] Wie im Rahmen des § 80 Abs. 2 Satz 3 GWB wird jedoch davon auszugehen sein, dass eine Erhöhung der Gebühr über die Regelhöchstgrenze von 50.000 Euro hinaus allein wegen der wirtschaftlichen Bedeutung des Nachprüfungsgegenstandes nicht zulässig ist.[75] Die wirtschaftliche Bedeutung hat im Rahmen einer Gebührenerhöhung nur Korrektivfunktion. Anknüpfungspunkt für die Gebührenerhöhung ist stets der personelle und sachliche Aufwand der Vergabekammer. Als Richtschnur für die Erhöhung kann gelten: Gebühr = personeller und sachlicher Aufwand, maximal aber doppelter Basiswert. Dieses Vorgehen lehnt sich an die hinter § 80 Abs. 2 Satz 3 GWB stehende Wertung an.

Beispiele: Eine Erhöhung um 20% hielt VK Sachsen wegen umfangreicher Sachverhaltsermittlungen samt Zeugenbefragung für angemessen.[76] VK Südbayern hat die Mindestgebühr geringfügig erhöht, weil die Teilentscheidung im Verfahren vor der Vergabekammer und die sich dem Beschwerdeverfahren anschließende Klärung des Umfangs der Akteneinsicht einen zusätzlichen personellen und sachlichen Aufwand verursacht habe.[77] VK Sachsen-Anhalt erhöhte den Wert der Gebührentabelle um 25% bei besonderer technischer Problematik des Sachverhalts.[78]

6. Gebührenermäßigungen

39 Nur die **Hälfte der Gebühr** darf gem. **§ 182 Abs. 3 Satz 4 GWB** festgesetzt werden, wenn sich der Antrag auf Nachprüfung durch Rücknahme oder anderweitig **erledigt** hat. Die drei wichtigsten anderweitigen Erledigungsgründe nennt § 168 Abs. 2 Satz 2 GWB, nämlich die Erteilung des Zuschlags – hier kommt nur der wirksame Zuschlag vor Information des Auftraggebers über den Antrag auf Nachprüfung oder nach Zuschlaggestattung in Betracht; vgl. § 169 Abs. 1 und 2 GWB –, die Aufhebung des Vergabeverfahrens und die Einstellung des Vergabeverfahrens.

40 Mit der Hälfte der Gebühr ist die Hälfte der ansonsten angemessenen Gebühr gemeint. D.h., dass vor der Halbierung ggf. weitere Gebührenerhöhungen oder Gebührenermäßigungen im Sinne von § 182 Abs. 2 GWB zu berücksichtigen sind;[79] so kann z.B. wegen (auch ansonsten) außergewöhnlich geringen personellen und sachlichen Aufwands aus Billigkeitsgründen die Mindestgebühr von 2.500 Euro auf 250 Euro reduziert werden und davon wegen Antragsrücknahme die Hälfte anzusetzen sein. Auch von der Erhebung der hälftigen Gebühr kann aus Billigkeitsgründen gem. § 182 Abs. 3 Satz 6 GWB ganz oder teilweise abgesehen werden,[80] allerdings können Gründe, die vor bzw. bei der Halbierung

74 *Müller-Wrede*, in: Ingenstau/Korbion u. a., VOB, § 128 Rn. 6.

75 *Kollmorgen*, in: Langen/Bunte, Kartellrecht, § 80 GWB Rn. 24; a.A. *Glahs*, in: Reidt/Stickler/Glahs, Vergaberecht, § 128 Rn. 13.

76 VK Sachsen, Beschl. v. 11.10.1999, 1/SVK/17-99.

77 VK Südbayern, Beschl. v. 30.1.2001, 09-05/00.

78 VK Sachsen-Anhalt, Beschl. v. 1.3.2001, VK-OFD LSA-01/01.

79 OLG Düsseldorf, Beschl. v. 9.2.2006, VII-Verg 80/05.

80 Vgl. OLG Saarbrücken, Beschl. v. 26.11.2004, 1 Verg 7/04; VK Schleswig-Holstein, Beschl. v. 21.6.2007, VK-SH 12/07; VK Köln, Beschl. v. 24.7.2007, VK VOL 18/2007; VK Mecklenburg-Vorpommern, Beschl. v. 15.5.2007, 2 VK 4/07; Beschl. v. 5.6.2007, 3 VK 01/07; Beschl. v. 10.7.2007, 3 VK 3/07; VK Thüringen, Beschl. v. 15.10.2008, 250-4002.20-4513/2008-013-SM;

schon berücksichtigt worden sind, nicht zur nochmaligen Reduzierung führen. Insoweit tritt das Prinzip eines sog. „Verbrauchs" der betreffenden Gründe ein (Doppelverwertungsverbot). Die VK Schleswig-Holstein ist der Auffassung, dass die Reduzierung auf die hälftige Gebühr versagt werden kann, wenn der Aufwand der Vergabekammer sich durch die Erledigung nicht, wie typisch, verringert, sondern „die Bekanntgabe des Beschlusses bereits unmittelbar bevorstand".[81] Orientiert an der unveränderten wirtschaftlichen Bedeutung des streitbefangen gewesenen Auftrags und an den bereits praktisch vollständig entstandenen Sach- und Personalkosten ist dies sachgerecht.

41 Fraglich ist, ob die Gebührenermäßigung des § 182 Abs. 3 Satz 4 GWB **auch im Falle des § 168 Abs. 2 Satz 2 GWB** greift, wenn also ein Beteiligter nach Erledigung die Feststellung einer Rechtsverletzung beantragt. Bei **Erledigung** ist die Ermäßigung der Gebühr auf die Hälfte daraus zu rechtfertigen, dass die Sache grundsätzlich keine wirtschaftliche Bedeutung mehr für die Beteiligten haben wird und für die Vergabekammer keine weitere Arbeit anfällt. Beide Aspekte tragen im Falle eines Antrages nach § 168 Abs. 2 Satz 2 GWB nicht. Die Umstellung auf einen **Feststellungsantrag** verdeutlicht im Gegenteil, dass die Sache zumindest für den Antragsteller weiterhin wirtschaftlich bedeutsam ist; zudem hat die Vergabekammer nicht weniger Arbeit, als wenn das erledigende Ereignis nicht eingetreten wäre. Vor diesem Hintergrund erscheint es sachgerecht, die Gebühr grundsätzlich nicht zu ermäßigen.[82] Im Einzelfall kann ein evtl. geringerwertiges Feststellungsinteresse des Antragstellers durch entsprechende Gebührenbemessung im Rahmen des § 182 Abs. 2 GWB berücksichtigt werden.

42 Gem. **§ 182 Abs. 2 GWB** kann die Regelmindestgebühr von 2.500 Euro „aus Gründen der **Billigkeit**" auf ein Zehntel **ermäßigt** werden. Da nach **§ 182 Abs. 3 Satz 6 GWB** ebenfalls „aus Gründen der Billigkeit" von der Erhebung der Gebühr ganz oder zum Teil **abgesehen** werden kann, ist fraglich, wie die beiden Herabsetzungsmöglichkeiten voneinander abzugrenzen sind.[83]

43 In der Literatur wird teilweise nicht differenziert und lediglich ausgeführt, dass Billigkeitsgründe alle Gesichtspunkte des Einzelfalls sind, die nicht bereits bei Anwendung anderer Regeln des § 182 GWB berücksichtigt werden und dennoch die Auferlegung der üblichen Gebühr als unangemessen erscheinen lassen.[84] Viele Stimmen in der Literatur gehen hingegen davon aus, dass die Ermäßigungsmöglichkeit nach **§ 182 Abs. 2 Satz 1 GWB** nur

---

insofern zurückhaltend OLG Düsseldorf, Beschl. v. 6.6.2006, Verg 34/01; OLG Rostock, Beschl. v. 27.7.2005, 17 Verg 7/05; eine weitere Reduzierung mit der Begründung versagend, dass die Rücknahme zu einem sehr späten – verfristeten – Zeitpunkt erfolgte VK Saarland, Beschl. v. 26.9.2007, 3 VK 06/2007; ähnlich OLG Düsseldorf, Beschl. v. 7.1.2004, VII-Verg 55/02; keine weitere Reduzierung bei Rücknahme am Tag vor der mündlichen Verhandlung: VK Nordbayern, Beschl. v. 5.8.2003, 320.VK-3194-27/03.

81 VK Schleswig-Holstein, Beschl. v. 17.7.2007, VK-SH 05 /07.

82 Ebenso *Stockmann*, in: Immenga/Mestmäcker, GWB, § 128 Rn. 14; *Vavra*, in: Hattig/Maibaum, PK Vergaberecht, § 128 Rn. 19; *Gröning*, in: Motzke/Pietzcker/Prieß, VOB/A, § 128 Rn. 17; a. A. *Schweda*, in: Langen/Bunte, Kartellrecht, § 128 Rn. 4. Ebenso OLG Frankfurt, Beschl. v. 6.2.2003, 11 Verg 3/02.

83 *Gröning*, in: Motzke/Pietzcker/Prieß, VOB/A, § 128 Rn. 3, 8, 18, weist besonders deutlich auf diese zweifache Möglichkeit zur Ermäßigung hin.

84 *Glahs*, in: Reidt/Stickler/Glahs, Vergaberecht, § 128 Rn. 12, 18. Insbesondere seien dies die wirtschaftliche Situation des gebührenpflichtigen Unternehmens (schwache Ertragslage) oder eine besondere Verfahrenssituation.

gegeben ist, wenn die Mindestgebühr von 2.500 Euro in Ansatz gebracht wird, aber ausnahmsweise immer noch zu hoch erscheint. Da es nicht sachgerecht wäre, die Möglichkeit der Gebührenreduzierung aus sonstigen Erwägungen allein auf diese Mindestgebühr zu beschränken, könnten nur Gesichtspunkte anerkannt werden, die gerade im Zusammenhang mit der wirtschaftlichen Bedeutung sowie dem erforderlichen Verwaltungsaufwand stünden. Für § 182 Abs. 3 Satz 6 GWB verblieben damit Umstände, die außerhalb dieser Kriterien liegen.[85] Diese Überlegungen führen zu einer handhabbaren Abgrenzung der beiden Ermäßigungstatbestände: Die Mindestgebühr von 2.500 Euro wäre in den Fällen außerordentlich geringen Aufwands und außerordentlich geringer wirtschaftlicher Bedeutung unbillig und ist daher „aus Gründen der Billigkeit" ausnahmsweise noch weiter zu reduzieren. Werden diese Kriterien im Rahmen des § 182 Abs. 2 GWB eingehend berücksichtigt, kann Billigkeit im Sinne des § 182 Abs. 3 Satz 6 GWB nur in einem umfassenderen Sinne verstanden werden, der darüber hinausgehende Besonderheiten des Einzelfalls für alle nach § 182 Abs. 2 GWB festgesetzten Gebühren berücksichtigt.

44 *Stockmann* will im Rahmen des § 182 Abs. 2 Satz 1 GWB nicht auf die Kriterien „wirtschaftliche Bedeutung" und „personeller und sachlicher Aufwand" zurückgreifen, sondern auf andere, nämlich auf Billigkeitsgründe. Hierfür spreche der klare Wortlaut der Norm, die anders als die Erhöhung in § 182 Abs. 2 Satz 2 GWB gerade nicht auf diese Kriterien abstelle, und die Tatsache, dass für diese Überlegungen bereits der weit gespannte Gebührenrahmen zur Verfügung stehe.[86] *Stockmann* ist zuzugestehen, dass der Gebührenrahmen von 2.500 Euro bis 100.000 Euro eigentlich weit genug gespannt ist, um die Kriterien der wirtschaftlichen Bedeutung und des Aufwands darin „billig" abbilden zu können. Zutreffend ist auch sein Hinweis, dass bei der hier vertretenen Auslegung zu fragen bleibt, warum eine der Sache nach gleiche Überlegung bei der Gebührenermäßigung (§ 182 Abs. 2 Satz 1 GWB) und bei der Gebührenerhöhung (§ 182 Abs. 2 Satz 2 GWB) vom Gesetzgeber textlich völlig anders abgebildet wird. Gegen die von *Stockmann* vorgetragene Argumentation spricht aber die Überlegung, welcher Anwendungsbereich bei seiner Auslegung für § 182 Abs. 3 Satz 6 GWB verbliebe. Wenn umfänglich im Rahmen der Wertung des § 182 Abs. 2 Satz 1 GWB alle Billigkeitsüberlegungen anzustellen wären, bliebe für § 182 Abs. 3 Satz 6 GWB nur noch die Absenkung der Gebühr unter 250 Euro – das lässt sich aus den Materialien zu dieser Vorschrift nicht ableiten. Aus diesem Grund wird an der hier vertretenen Auffassung festgehalten.

45 Eine **Ermäßigung nach § 182 Abs. 2 Satz 1 GWB** kommt demzufolge nur bei erheblich unterdurchschnittlichem personellen oder sachlichen Aufwand der Vergabekammer sowie in Fällen minderer wirtschaftlicher Bedeutung in Betracht.[87] Das gilt bspw. für eine Vergabesache, die schnell und ohne besonderen Aufwand erledigt werden kann, denkbar etwa bei **offensichtlicher Unzulässigkeit des Antrages** und geringem Auftragswert. Gründe

85 So *Müller-Wrede*, in: Ingenstau/Korbion u. a., VOB, § 128 Rn. 11; ähnlich *Gröning*, in: Motzke/Pietzcker/Prieß, VOB/A, § 128 Rn. 8, der ebenfalls die wirtschaftliche Bedeutung (niedrige Gewinnspannen) und ein niedriges Auftragsvolumen (bezog sich auf die alte Gebührentabelle, die für alle Auftragssummen bis DM 2 Mio. die Mindestgebühr i. H. v. DM 5.000,– in Ansatz brachte) im Rahmen des § 128 Abs. 2 Satz 2 GWB a. F. (jetzt § 182 Abs. 2 Satz 1 GWB) berücksichtigt wissen will.

86 *Stockmann*, in: Immenga/Mestmäcker, GWB, § 128, Rn. 12.

87 So auch ausdrücklich VK Schleswig-Holstein, Beschl. v. 9.7.2010, VK-SH 11/10; ebenso VK Sachsen, Beschl. v. 25.8.2010, 1/SVK/023-10 noch zu § 128 Abs. 2 Satz 2 GWB a. F.

der Billigkeit sind zu versagen, wenn trotz offensichtlicher Unzulässigkeit an dem Nachprüfungsverfahren festgehalten und daher eine schnellere Erledigung verhindert wurde.[88] Überwiegend auf den Verwaltungsaufwand abstellend, haben die Vergabekammern und -senate in zahlreichen Entscheidungen von der Ermäßigungsmöglichkeit Gebrauch gemacht.[89]

Beispiele: Ein Bieter kann nach alledem mit einer doppelten Gebührenermäßigung auf der Grundlage des § 182 Abs. 2 Satz 1 und § 182 Abs. 3 Satz 4 GWB rechnen. Stellt er einen Nachprüfungsantrag in einem Fall, in dem der Zuschlag zwischenzeitlich bereits erteilt wurde und in dem er diesen zu einem späteren Zeitpunkt wieder zurücknimmt, so kommt er in den Genuss der Regelung des § 182 Abs. 3 Satz 4 GWB, wonach die Gebühr im Falle der Erledigung durch Rücknahme auf die Hälfte zu reduzieren ist. Des Weiteren kann er von der Gebührenermäßigung des § 182 Abs. 2 Satz 1 GWB profitieren, demzufolge die Gebühr aus Gründen der Billigkeit auf ein Zehntel reduziert werden kann.[90] Die Bestimmung des § 182 Abs. 3 Satz 6 GWB erlaubt darüber hinaus den völligen Verzicht auf eine Erhebung der Vergabekammer-Gebühr. Dieser Verzicht kommt bspw. in Betracht, wenn die Vergabekammer einen Fehler macht und den Bieter nicht auf die offensichtliche völlige Unzulässigkeit des Nachprüfungsverfahrens hinweist.[91]

Hingegen darf nicht auf die individuelle Situation der Verfahrensbeteiligten abgestellt werden. Das Unvermögen einer Partei, eine festgesetzte Gebühr bezahlen zu können, ist nicht bei der Gebührenfestsetzung, sondern bei der Gebührenerhebung im Rahmen des § 19 VwKostG zu berücksichtigen.[92] Ertragsgesichtspunkte können aber dann eine Rolle spielen, wenn sich ein **gesamter Wirtschaftszweig** in Schwierigkeiten befindet.[93] 46

Darüber hinaus kann gem. **§ 182 Abs. 3 Satz 6 GWB** aus Gründen der Billigkeit von der Erhebung von Gebühren ganz oder teilweise **abgesehen** werden. Die Vorschrift bezieht sich nur auf Umstände, die nicht im Zusammenhang mit der wirtschaftlichen Bedeutung und dem erforderlichen Verwaltungsaufwand stehen.[94] In diesen Fällen ist also – jedenfalls gedanklich – eine gemessen an der Bedeutung und dem Aufwand „billige" Gebühr zu be- 47

88 *Müller-Wrede*, in: Ingenstau/Korbion u. a., VOB, § 128 GWB Rn. 5.

89 Beispielhaft statt vieler: **Ermäßigung:** Geringer Aufwand bei Parallelverfahren: LSG NRW, Beschl. v. 27.5.2010, L 21 KR 65/09 SFB; reduzierter Aufwand, wenn die von verschiedenen Bietern erhobenen Rügen denselben vergaberechtlichen Verstoß betreffen: BayObLG, Beschl. v. 13.4.2004, Verg 5/04; VK Rheinland-Pfalz, Beschl. v. 27.5.2005, VK 15/05; Reduzierung um ein Drittel wegen Verzichts auf mündliche Verhandlung, Entbehrlichkeit der Beiladung und unterdurchschnittlichen Umfangs: VK Schleswig-Holstein, Beschl. v. 26.5.2009, VK-SH 04/09. **Keine Ermäßigung:** trotz Ausbleibens einer mündlichen Verhandlung, da der hauptsächliche Sach- und Personalaufwand außerhalb der mündlichen Verhandlung anfalle: OLG München, Beschl. v. 15.11.2007, Verg 10/07 unter Verweis auf OLG Koblenz, Beschl. v. 16.2.2006, 1 Verg 2/06.

90 VK Südbayern, Beschl. v. 26.11.2015, Z3-3-3194-1-56-11/15. Im entschiedenen Fall wurde die Regelgebühr auf 1.250 Euro halbiert, sowie außerdem aus Gründen der Billigkeit auf 1.016 Euro weiter ermäßigt. Begründung war, dass es keine Beiladung und keine Ladung zur mündlichen Verhandlung gab.

91 OLG Frankfurt, Beschl. v. 20.10.2013, 11 Verg 10/13.

92 Str.; ebenso: KG, Beschl. v. 13.7.1976, Kart. 159/75, WuW/E OLG 1784, 1785; a. A. *Stockmann*, in: Immenga/Mestmäcker, GWB, § 80.

93 So ausdrücklich KG, Beschl. v. 13.7.1976, Kart. 159/75, WuW/E OLG 1784, 1785.

94 So auch ausdrücklich VK Schleswig-Holstein, Beschl. v. 9.7.2010, VK-SH 11/10.

stimmen, von deren Erhebung die Kammer dann aber aus (anderen) Billigkeitsgründen absieht.[95] Die Rechtsprechung hat noch keine klare Abgrenzung zum Ermäßigungstatbestand des § 182 Abs. 2 Satz 1 GWB herausgearbeitet. Denkbar sind besondere Umstände im Unternehmen oder in der Vergabestelle, soweit sie nicht im Rahmen des § 19 VwKostG zu berücksichtigen sind.[96]

48 Von der Gebührenerhebung konnte nach alter Rechtslage insbesondere dann ganz oder teilweise abgesehen werden, wenn die Vergabestelle den Bieter durch Fehlinformationen oder aufgrund eines sonstigen groben Fehlverhaltens zur Einleitung des Nachprüfungsverfahrens veranlasst. Nach heutiger Rechtslage ist dieser Fall nach § 182 Abs. 3 Satz 5 GWB zu lösen. Den Vergabestellen sind entsprechend ihrem Grad des Verschuldens die Kosten vollständig oder zum Teil aufzuerlegen.

7. Kostenvorschuss

49 Gem. § 182 Abs. 1 Satz 2 GWB i.V.m. **§ 16 VwKostG** können Amtshandlungen, die auf Antrag vorzunehmen sind, von der Zahlung eines angemessenen Vorschusses bis zur Höhe der voraussichtlich entstehenden Kosten abhängig gemacht werden. Die Vergabekammern des Bundes machen die Zustellung eines Nachprüfungsantrags vom Nachweis der Zahlung des Vorschusses abhängig.[97] Die Geschäftsordnungen auf Länderebene sind teilweise weniger strikt.[98] Aufgrund der unterschiedlichen Handhabung durch die Vergabekammern ist die vorherige Information über eine etwaige Vorschusspflicht dringend geboten.[99]

8. Persönliche Gebührenfreiheit

50 § 182 Abs. 1 Satz 2 GWB i.V. m. **§ 8 VwKostG** regelt als unmittelbar geltendes Recht[100] die persönliche Gebührenfreiheit von Bund, Ländern, Gemeinden und Gemeindeverbän-

---

95 Zu Recht weist *Vavra*, in: Hattig/Maibaum, PK Vergaberecht, § 128 Rn., daraufhin, dass die Bestimmung der Gebührenhöhe von der Frage der Gebührenerhebung zu unterscheiden ist.

96 *Gröning*, in: Motzke/Pietzcker/Prieß, VOB/A, § 128 GWB Rn. 18.

97 § 4 Abs. 1 der Geschäftsordnung der Vergabekammern des Bundes vom 15.7.2005: „Geht ein nicht offensichtlich unzulässiger oder unbegründeter Antrag ein und ist die Zahlung eines Vorschusses in Höhe der Mindestgebühr von 2.500 Euro nachgewiesen, so stellt die Kammer dem Auftraggeber den Antrag zu und fordert ihn zur sofortigen Übergabe der Vergabeakten auf. Der Zahlungsnachweis kann durch Übersendung des Zahlungsbeleges, auch per Telefax, oder durch anwaltliche Versicherung erfolgen"; zur Zulässigkeit dieser Regelung vgl. *Stockmann*, in: Immenga/Mestmäcker, GWB, § 128 Rn. 25.

98 Z.B. § 5 der Geschäftsordnung der Vergabekammern des Landes Hessen vom 1.8.2011: „Eine antragsbedürftige Amtshandlung kann nach § 128 Abs. 1 Satz 3 GWB in Verbindung mit § 16 VwKostG des Bundes von der Zahlung eines angemessenen Vorschusses oder einer angemessenen Sicherheitsleistung bis zur Höhe der voraussichtlich entstehenden Kosten abhängig gemacht werden."

99 *Glahs*, in: Reidt/Stickler/Glahs, Vergaberecht, § 128 Rn. 19. Dort auch zu der Frage, ob der Vorschuss europarechtlich unter dem Gesichtspunkt des effektiven Bieterrechtsschutzes zulässig ist.

100 Vgl. OLG Celle, Beschl. v. 13.7.2005, 13 Verg 9/05; OLG Dresden, Beschl. v. 25.1.2005, WVerg 0014/04. Nach – soweit ersichtlich vereinzelt gebliebener – Ansicht der VK Sachsen-Anhalt, Beschl. v. 28.8.2000, 33-32571/07 VK 16/00 MD, findet § 8 VwKostG keine Anwendung, weil § 182 Abs. 3 Satz 1 GWB insofern eine speziellere Regelung trifft, nach der die Kostenschuld unabhängig von der Eigenschaft der Beteiligten als Gebietskörperschaft entsteht.

den. Gleiches gilt für bundesunmittelbare juristische Personen des öffentlichen Rechts, deren Ausgaben ganz oder teilweise aufgrund gesetzlicher Verpflichtung aus dem Haushalt des Bundes getragen werden, und für juristische Personen des öffentlichen Rechts der Länder, die nach den Haushaltsplänen eines Landes für Rechnung eines Landes verwaltet werden; als Beispiel mag hier die **Deutsche Rentenversicherung** dienen.

Die Gebührenbefreiung gilt nicht für wirtschaftliche Unternehmen der Gemeinden[101] und Gemeindeverbände, für Sondervermögen und Bundesbetriebe i. S. d. Art. 110 Abs. 1 GG, für gleichartige Einrichtungen der Länder[102] und sonstige öffentlich-rechtliche Unternehmen, an denen der Bund oder ein Land beteiligt ist. Zudem sind wegen der bei ihnen gegebenen Besonderheiten folgende, abschließend in § 8 Abs. 4 VwKostG aufgeführte Behörden nicht von der Gebührenzahlung befreit: **Bundesanstalt für Bodenforschung, Physikalisch-Technische Bundesanstalt, Bundesanstalt für Materialprüfung, Bundessortenamt, Deutsches Hydrographisches Institut, Bundesamt für Schiffsvermessung, See-Berufsgenossenschaft**. 51

Die Gebührenfreiheit führt nach der ausdrücklichen Regelung in § 10 Abs. 2 VwKostG nicht zur Befreiung von der Erstattung von Auslagen. 52

Ein öffentlicher Auftraggeber darf sich im Rahmen eines **Vergleichs** entgegen der Gebührenbefreiung nach § 8 VwKostG zur Kostentragung verpflichten, denn die Regelung des § 182 GWB stellt insgesamt dispositives Recht dar.[103] Die Vergabekammer erhebt dann die Kosten der vergleichsweisen Einigung entsprechend.[104] Die VK Brandenburg nimmt der im Vergleich vereinbarten hälftigen Kostentragung ungeachtet allein die Antragstellerin auf den vollen Betrag in Anspruch, weil sie aufgrund der gesamtschuldnerischen Haftung der Kostenschuldner gem. § 13 Abs. 1 Nr. 2, Abs. 2 VwKostG in der Wahl der Inanspruchnahme frei sei.[105] 53

III. Höhe der Auslagen

§ 182 GWB enthält keine eigenständigen Regelungen zur Definition und Höhe der **Auslagen**. Es gilt **§ 10 VwKostG**. Diese Vorschrift definiert den Begriff der Auslagen und legt fest, dass diese Auslagen nur insoweit erhoben werden dürfen, als sie nicht bereits in die **Gebühr** einbezogen worden sind. In der Gesetzesbegründung heißt es dazu: 54

> *„Bei dieser Vorschrift ist die Bundesregierung von der Erwägung ausgegangen, dass regelmäßig bei Amtshandlungen entstehende Auslagen aus Gründen der Verwaltungsvereinfachung weitgehend bereits bei der Bemessung von Gebührensätzen einbezogen werden sollten. Denn die Sonderberechnung von Auslagen verursacht zusätzliche Verwaltungsarbeit; sie ist daher nach Möglichkeit zu vermeiden. Soweit jedoch bestimmte*

---

101 Keine Gebührenfreiheit einer Städtischen Entwicklungsgesellschaft in Form einer GmbH: VK Arnsberg, Beschl. v. 13.2.2007, VK 01/07.

102 Zur Frage der Gebührenfreiheit (bayerischer) Universitäten: OLG München, Beschl. v. 30.11.2015, Verg 7/15.

103 VK Schleswig-Holstein, Beschl. v. 8.11.2007, VK-SH 23/07; VK Schleswig-Holstein, Beschl. v. 21.2.2007, VK-SH 02/07.

104 Z. B. VK Sachsen, Beschl. v. 25.6.2003, 1/SVK/015-03 II.

105 VK Brandenburg, Beschl. v. 7.3.2002, 1 VK 113/01.

Auslagen seltener vorkommen und wertmäßig stark ins Gewicht fallen, muss aus fiskalischen Gesichtspunkten ihre besondere Erstattung neben der Gebühr ermöglicht werden.“[106]

55 § 10 Abs. 1 VwKostG nennt als Auslagen:

1. Fernsprechgebühren im Fernverkehr, Telegrafen- und Fernschreibgebühren,
2. Aufwendungen für weitere Ausfertigungen, Abschriften und Auszüge, die auf besonderen Antrag erteilt werden; für die Berechnung der Auslagen gelten die Vorschriften der Nummer 9000 der Anlage 1 des Gerichtskostengesetzes in der jeweils geltenden Fassung,
3. Aufwendungen für Übersetzungen, die auf besonderen Antrag gefertigt werden,
4. Kosten, die durch öffentliche Bekanntmachung entstehen, mit Ausnahme der hierbei erwachsenden Postgebühren,
5. die in entsprechender Anwendung des Justizvergütungs- und -entschädigungsgesetzes zu zahlenden Beträge; erhält ein Sachverständiger aufgrund des § 1 Abs. 2 Satz 2 jenes Gesetzes keine Vergütung, so ist der Betrag zu erheben, der ohne diese Vorschrift nach dem Gesetz zu zahlen wäre,
6. die bei Geschäften außerhalb der Dienststelle den Verwaltungsangehörigen aufgrund gesetzlicher oder vertraglicher Bestimmungen gewährten Vergütungen (Reisekostenvergütung, Auslagenersatz) und die Kosten für die Bereitstellung von Räumen,
7. die Beträge, die anderen in- und ausländischen Behörden, öffentlichen Einrichtungen oder Beamten zustehen; und zwar auch dann, wenn aus Gründen der Gegenseitigkeit, der Verwaltungsvereinfachung und dergleichen an die Behörden, Einrichtungen oder Beamten keine Zahlungen zu leisten sind,
8. die Kosten für die Beförderung von Sachen, mit Ausnahme der hierbei erwachsenden Postgebühren, und die Verwahrung von Sachen.

56 Der vorstehende Katalog von Auslagen ist **abschließend**.[107] Leistungen an die ehrenamtlichen **Beisitzer der Vergabekammer** können aus diesem Grunde nicht als Auslagen verlangt werden, sondern sind bei der Gebührenbemessung zu berücksichtigen. In der Praxis von besonderer Bedeutung sind in der Regel Kosten für ein **Sachverständigengutachten** (§ 10 Abs. 1 Nr. 5 VwKostG), die nicht bereits in die Gebühr mit einbezogen sind. Notwendige Auslagen liegen stets dann vor, wenn die Vergabekammer die Vornahme der zugrunde liegenden Amtshandlung zur zweckentsprechenden Erfüllung ihrer Aufgaben im Vergabenachprüfungsverfahren für erforderlich halten durfte. Der Vergabekammer steht insoweit ein Ermessensspielraum zu, der von den Vergabesenaten nur auf Ermessensfehler zu überprüfen ist. Die Entscheidung, zur Sachverhaltsaufklärung ohne gesonderte Anhörung der Verfahrensbeteiligten eine schriftliche Auskunft von Grundbauingenieuren anzufordern, ist nach Ansicht des OLG Rostock ermessensfehlerfrei. Dass im verfahrensbeendenden Beschluss nicht auf die erteilte Auskunft abgestellt werde, sei unerheblich.[108]

---

106 BR-Drs. 530/69 zu § 10: Auslagen, Allgemeines.
107 *Schlabach*, Verwaltungskostenrecht, § 10 VwKostG Rn. 3 m. w. N.
108 OLG Rostock, Beschl. v. 22.10.2002, 17 Verg 7/02.

IV. Kostenentscheidung (Abs. 3)

1. Allgemeines

Gegenstand der **Kostenentscheidung** ist zum einen eine **Kostengrundentscheidung**; sie legt fest, zu welchen Anteilen die Beteiligten die Kosten der Vergabekammer tragen, und regelt zudem die wechselseitige Erstattung der notwendigen Auslagen zwischen den Beteiligten, inklusive der Entscheidung über die Notwendigkeit der Hinzuziehung eines Bevollmächtigten. Gem. § 182 Abs. 3 Satz 1 GWB hat ein Beteiligter die Kosten zu tragen, soweit er im Verfahren unterliegt. Beteiligte sind dabei alle **Verfahrensbeteiligten im Sinne von § 162 Satz 1 GWB**, also Antragsteller, Auftraggeber und die Beigeladenen. **57**

Über die Kostentragung entscheidet die Vergabekammer **von Amts wegen**. Die Kostenentscheidung ist hinsichtlich der Kosten der Vergabekammer aber auch eine **Kostenfestsetzungsentscheidung**, die den Anspruch des Kostengläubigers nach § 182 Abs. 1 Satz 1 GWB der Höhe nach zu beziffern hat. § 14 Abs. 1 Satz 2 VwKostG verdeutlicht, dass dieser Teil der Kostenentscheidung ein eigenständiger Verwaltungsakt ist; er soll nach Möglichkeit zusammen mit der Sachentscheidung und der Kostengrundentscheidung ergehen. Ansonsten – d.h. abgesehen von der Festsetzung der Kosten der Vergabekammer durch diese – findet gem. § 182 Abs. 4 Satz 5 GWB ein Kostenfestsetzungsverfahren nicht statt; der Zusatz „gesondertes" Kostenfestsetzungsverfahren und die systematische Stellung im vierten Absatz verdeutlichen, dass § 182 Abs. 4 Satz 5 GWB nur Kostenfestsetzungsverfahren auf Antrag eines Beteiligten meint – also Kostenfestsetzungsverfahren, in denen die konkrete Höhe der zur zweckentsprechenden Rechtsverfolgung notwendigen Aufwendungen für den Antragsteller (gemeint ist hier der Antragsteller im Kostenfestsetzungsverfahren) verbindlich festgesetzt wird. In denjenigen Fällen, in welchen die Entscheidung über die Festsetzung der Kosten der Vergabekammer nicht zusammen mit der Sachentscheidung und der Kostengrundentscheidung ergehen kann (z. B. wenn Auslagen noch nicht beziffert werden können), bleibt eine separate nachträgliche Kostenfestsetzungsentscheidung zu den Kosten der Vergabekammer auch nach neuer Rechtslage zulässig. **58**

Die **nachträgliche Ergänzung** einer zunächst unvollständigen **Kostengrundentscheidung** der Vergabekammer ist – von Amts wegen oder auf nicht fristgebundenen Antrag hin – grundsätzlich möglich.[109] Die Oberlandesgerichte sehen sich mehrheitlich bis ca. 6 Monate nach Ergehen des Beschlusses als befugt, auf eine Gegenvorstellung hin insbesondere ihre Kostengrundentscheidungen zu präzisieren oder aber auch zu ändern. Gleiches gilt für die Festsetzung des Gegenstandswertes (Streitwertes).[110] Daher ergehen die Streitwertbeschlüsse nicht selten separat im Nachgang zur Hauptsacheentscheidung. **59**

§ 182 Abs. 3 Satz 1 GWB stellt den Grundsatz für die Kostenverteilung auf. Danach hat ein Beteiligter im Verfahren die Kosten zu tragen, soweit er unterliegt. Hierin kommt der allgemeine kostenrechtliche Grundsatz der **Kostenverteilung nach Kostenverursachung** zum Ausdruck.[111] Korrigierend dazu sind gem. § 182 Abs. 3 Sätze 3 und 5 GWB auch das **Trennungsprinzip** und **Billigkeitserwägungen** zu berücksichtigen. **60**

---

109 BayObLG, Beschl. v. 29.3.2001, Verg 2/01; Beschl. v. 15.4.2003, Verg 4/03, m. w. N.

110 Siehe etwa OLG Düsseldorf, Beschl. v. 7.8.2013, VII-Verg 28/12. Anders zuvor: OLG Düsseldorf, Beschl. v. 14.11.2012 und v. 14.2.2013, VII-Verg 28/12.

111 So auch VK Arnsberg, Beschl. v. 31.5.2001, VK 1-08/01.

61 Dem Grundsatz der Kostenverteilung nach Kostenverursachung gem. § 182 Abs. 3 Satz 1 GWB ist durch eine Aufteilung nach Obsiegen und Verlieren (**Quotelung**) Genüge zu tun. Dabei ist zu beachten, dass im Nachprüfungsverfahren der Amtsermittlungsgrundsatz gilt; der Prozessstoff unterliegt nicht der (alleinigen) Disposition der Verfahrensbeteiligten. Da die Vergabekammer zudem gem. § 168 Abs. 1 Satz 2 GWB nicht an die im Verfahren **gestellten Anträge** gebunden ist, darf sie ihre Entscheidung zur Kostentragung **nicht schematisch** an den Anträgen der Verfahrensbeteiligten orientieren.

62 Nach Ansicht des OLG Düsseldorf haben Anträge im Nachprüfungsverfahren – anders als in der zivilprozessualen Klageschrift gem. § 253 Abs. 2 Nr. 2 ZPO – nicht die Funktion, den Streitgegenstand oder den Umfang des Nachprüfungsverfahrens mitzubestimmen. Deswegen bleiben Fehler oder ein den endgültigen Erfolg der Nachprüfung überschreitendes „Mehr" in dem in der Antragsschrift formulierten bestimmten Begehren ohne Folgen für die spätere Kostenentscheidung. Entscheidend ist, ob hinsichtlich des Streitgegenstandes, wie er in der Antragsschrift und den Schriftsätzen des Antragstellers zum Ausdruck gekommen ist, von der Vergabekammer eine Rechtsverletzung festgestellt und behoben worden ist.[112] In diesem Sinne argumentiert auch das OLG Frankfurt.[113]

> **Beispiel:** Im Sinne einer Kontrollüberlegung könnte man, wenn man diesem Ansatz nicht folgen würde, sonst damit argumentieren, dass derjenige Antragsteller, der bspw. in seinem Fall lediglich die Aufhebung der Ausschreibung erreicht (bei im Nachprüfungsverfahren festgestellten formalen Mängeln in allen Angeboten), jedoch entsprechend dem – naturgemäß primären – Ziel des Nachprüfungsantrages als dessen Ergebnis eigentlich die Zuschlagserteilung an sich selbst erreichen wollte, ein Teilunterliegen für sich zu verzeichnen hätte. Die Folge wäre dann etwa, dass er trotz strukturellen Obsiegens die Hälfte der Kosten des Verfahrens vor der Vergabekammer zu tragen hätte.[114] Dies würde jedoch der Rechtsprechung des BGH zu den sog. „gleichen formalen Mängeln" und der damit verbundenen Devise des „Erstreitens der zweiten Chance"[115] völlig zuwiderlaufen. Dementsprechend muss der Bieter sowohl dann, wenn er mehr erreicht, als er mit seinem Antrag ursprünglich bezweckt hat, als auch dann, wenn er – aus seiner ggf. auch sehr subjektiven Sicht – weniger erreicht[116] hat, als er mit seinem Antrag ursprünglich bezweckt hat, infolge seines strukturellen Obsiegens von jeder Kostentragungspflicht freigestellt werden.[117]

63 Nur vermeintlich anderer Auffassung sind das OLG Naumburg und das OLG Jena, die für die Beurteilung des Obsiegens bzw. Unterliegens eines Beteiligten allein auf den Ausgang

112 Grundlegend OLG Düsseldorf, Beschl. v. 30.5.2001, Verg 23/00; Beschl. v. 18.12.2006, Verg 43/06; dem folgend VK Düsseldorf, Beschl. v. 23.4.2007, VK-09/2007-B; Beschl. v. 21.1.2009, VK-43/2008-L, VK Sachsen, Beschl. v. 17.12.2007, 1/SVK/073-07; Beschl. v. 29.8.2008, 1/SVK/042-08 (vollständiges Obsiegen der ASt, obwohl bloß Verpflichtung zur Neubewertung statt Aufhebung erreicht); VK Schleswig-Holstein, Beschl. v. 5.8.2004, VK-SH 19/04; OLG Dresden, Beschl. v. 25.1.2005, WVerg 0014/04, das im Falle der Aufhebung der Ausschreibung anstatt der beantragten Neubewertung ein hälftiges Unterliegen der ASt annimmt.

113 OLG Frankfurt, Beschl. v. 1.2.2006, 11 Verg 18/05.

114 So: VK Arnsberg, Beschl. v. 23.4.2013, VK 07/13.

115 BGH, Beschl. v. 26.9.2006, X ZB 14/06.

116 OLG Düsseldorf, Beschl. v. 16.12.2013, VII-Verg 12/13, mit Aufhebung der Kostengrundentscheidung der VK Arnsberg, Beschl. v. 23.4.2013, VK 07/13.

117 *Noch*, Vergabe Spezial 2014, 4.

des Nachprüfungsverfahrens im Verhältnis zu dem von dem betreffenden Beteiligten gestellten Antrag abstellen. Entscheidend sei dabei allerdings der **materielle Ausgang des Verfahrens**, d. h. die Frage, ob und ggf. in welchem Umfang die Beteiligten ihr Verfahrensziel erreicht haben. Unterlegene im Sinne des § 182 Abs. 3 GWB sei danach auch die Vergabestelle, die ihr mit dem Abweisungsantrag verfolgtes Ziel, die Auftragsvergabe durch Zuschlag zum Abschluss zu bringen, nicht erreiche. Ob das auf einer entsprechenden Rüge eines Bieters oder auf Maßnahmen der Vergabekammer nach § 114 Abs. 1 Satz 2 GWB a. F. beruhe, sei für den für die Kostenentscheidung allein maßgeblichen Verfahrensausgang unerheblich.[118] Da hier somit im Ergebnis auch auf das hinter den Anträgen stehende Verfahrensziel und nicht formell auf den konkreten Antrag abgestellt wird, ergibt sich kein Widerspruch zu der oben dargestellten Auffassung des OLG Düsseldorf. Aus diesem Grund kann die Vergabekammer bspw. die Kosten vollständig der Vergabestelle auferlegen, auch wenn der Antragsteller nur mit seinem **Hilfsantrag** durchdringt.[119]

Entscheidend ist daher, wann von einem **Teilunterliegen** auszugehen ist, sodass die Kosten gequotelt werden, und wann ein den endgültigen Erfolg der Nachprüfung überschreitendes „Mehr" in dem Begehren ohne Folgen für die spätere Kostenentscheidung ist. *Gröning* geht stets von einem Teilunterliegen aus, wenn das Nachprüfungsverfahren mehrere getrennte Verstöße gegen bieterschützende Vergabebestimmungen zum Gegenstand hat und die Kammer nicht alle als begründet ansieht. Wenn hingegen der Antragsteller mit einem Antrag nicht voll durchdringe, komme es auf die Umstände des Einzelfalls an.[120] Vor dem Hintergrund der Ausgestaltung des Vergabeverfahrens als relativ förmlichem, einem Verwaltungsverfahren sehr nahekommenden Verfahren kann dieser Auffassung im Grundsatz nicht beigetreten werden. Begründung ist, dass nur ein kleiner Fehler, den die Vergabestelle begangen hat, in der Regel zum Erfolg führt, sodass bspw. mindestens die Wertung wiederholt werden muss. Der Bieter und Antragsteller obsiegt in diesem Falle. Auf die Anzahl behaupteter Fehler und vorgebrachter Argumente kommt es prinzipiell nicht an. Die Art der Antragstellung kann allerdings dann relevant werden, wenn ganz dezidiert vorrangige Anträge bspw. auf Ausschluss eines Konkurrenten wegen Nichteignung oder wegen der angeblichen Vornahme einer wettbewerbswidrigen Handlung im Zusammenhang mit dem aktuellen Vergabeverfahren gestellt werden, die sich dann als haltlos herausstellen. Fälle, in denen der Bieter – grob falsch, weil aus mannigfacher Sicht systemwidrig – einen Antrag auf die Zuschlagserteilung an sich selbst stellt, können natürlich auch andere, für ihn negative Kostenfolgen auslösen, wenn dann nur (Teil-)Ziele erreicht werden. 64

118 OLG Naumburg, Beschl. v. 9.12.2008, 1 Verg 8/08; OLG Jena, Beschl. v. 30.1.2002, 6 Verg 9/01.

119 OLG Saarbrücken, Beschl. v. 24.11.1999, 5 Verg 1/99, m. w. N.

120 *Gröning*, in: Motzke/Pietzcker/Prieß, VOB/A, § 128 GWB Rn. 13. Hierauf beruft sich auch OLG Frankfurt, Beschl. v. 6.2.2003, 11 Verg 3/02; weitere Fälle aus der Rechtsprechung: Zur Quotelung bei mehreren Anträgen/Hilfsanträgen vgl. OLG Düsseldorf, Beschl. v. 25.6.2008, VII-Verg 22/08 (hälftiges Unterliegen/Obsiegen bei Stattgabe bzgl. Neubewertung und Abweisung bzgl. Zuschlagserteilung); OLG München, Beschl. v. 28.7.2008, Verg 09/08 (1/3 Unterliegen bei Stattgabe bzgl. Verpflichtung zur Neubewertung und Abweisung bzgl. Aufhebung der Ausschreibung); VK Bund, Beschl. v. 19.1.2009, VK 3-182/08 (2/3 Unterliegen bei Stattgabe bzgl. Nichterteilung an Beigeladene und Abweisung bzgl. Zuschlagserteilung an ASt); Beschl. v. 29.9.2008, VK 3-125/08 (1/4 Unterliegen bei gleicher Konstellation); VK Hamburg, Beschl. v. 23.5.2008, VK BSU 2, 3/08, (2/3 Unterliegen bei vollständiger Abweisung der Anträge aber Verpflichtung zur Neubewertung von Amts wegen).

65 Die Bestimmungen des § 182 Abs. 3 Sätze 3 und 5 GWB schaffen **Korrekturmöglichkeiten** in zwei Richtungen. § 182 Abs. 3 Satz 3 GWB erlaubt, Kosten, die durch Verschulden eines Beteiligten entstanden sind, diesem aufzuerlegen. **Voraussetzung für eine Kostentrennung** nach § 182 Abs. 3 Satz 3 GWB ist die schuldhafte Verursachung von Kosten. Als Kosten sind hier nur die Kosten der Vergabekammer im Sinne von § 182 Abs. 1 GWB gemeint; für Aufwendungen der Verfahrensbeteiligten gilt materiell allerdings Vergleichbares über § 80 Abs. 1 Satz 4 VwVfG. Die Kosten müssen „durch Verschulden ... entstanden" sein; diese etwas unglückliche Formulierung (Kosten können nicht „durch" Verschulden entstehen) will ausdrücken, dass ein Verfahrensbeteiligter eine nicht sachdienliche Handlung (im Sinne von Tun, Dulden oder Unterlassen) vorgenommen hat, dass diese Handlung kausal geworden ist für Kosten, die bei sachdienlichem Verhalten nicht entstanden wären, und dass der betreffende Verfahrensbeteiligte vorsätzlich oder fahrlässig handelte, wobei sich Vorsatz und Fahrlässigkeit sowohl auf die Vornahme der Handlung als auch auf die Kausalität beziehen müssen.

66 Die inhaltliche Reichweite der Gesetzesformulierung „Kosten, die ... entstanden sind" ist nicht ganz deutlich. Zweifelsfrei sind darunter die Fälle zu fassen, in denen durch nicht sachdienliches Verhalten im Nachprüfungsverfahren zusätzliche Kosten entstehen. Diese Fälle dürften in der Praxis kaum bedeutsam werden.[121] Die Gesetzesbegründung legt aber nahe, darunter auch solche Fälle zu fassen, in denen es um ein „Verschulden einer Antragstellung" geht.[122] Abgesehen davon, dass die Formulierung „Verschulden einer Antragstellung" aus rechtsstaatlicher Sicht unglücklich ist,[123] ergibt sich hier auch eine Kollision mit dem Gesetzeswortlaut. Denn schuldhaft handeln muss ein „Beteiligter". Zu „Beteiligten" werden die Akteure eines Vergabeverfahrens aber erst im Nachprüfungsverfahren; das Nachprüfungsverfahren beginnt gem. § 22 Satz 2 Nr. 1 VwVfG mit dem Zugang des Nachprüfungsantrags bei der Vergabekammer. Vom Wortlaut her käme das „Verschulden einer Antragstellung" daher eigentlich nur für den Antragsteller in Betracht, der den Nachprüfungsantrag persönlich bei der Vergabekammer abgibt. Denn in allen anderen Fällen liegt das „Verschulden einer Antragstellung" vor dem Beginn des Vergabenachprüfungsverfahrens und beruht damit nicht auf dem Handeln eines „Beteiligten". Die Gesetzesbegründung sah wahrscheinlich eine umfassendere Reichweite der Regelung vor. Allerdings stand zu dem Zeitpunkt, als die Gesetzesbegründung zu § 182 Abs. 3 Satz 3 GWB verfasst wurde, die Neuregelung des § 182 Abs. 3 Satz 5 GWB noch nicht zur Debatte; sie wurde nachgeschoben, um anderen Fällen gerecht werden zu können. Beide Regelungen, also sowohl § 182 Abs. 3 Satz 3 GWB als auch § 182 Abs. 3 Satz 5 GWB, wollen Fälle regeln, in denen die Rechtsprechung schon zuvor eine Kostenverteilung nach dem Verhältnis von Obsiegen und Unterliegen für unangemessen hielt. Um hier keine beliebigen Überschneidungen zu erhalten, dürfte es sich anbieten, § 182 Abs. 3 Satz 3 GWB dem Wortlaut folgend ausnahmslos auf Sachverhalte im Nachprüfungsverfahren zu begrenzen und § 182 Abs. 3 Satz 5 GWB (jedenfalls vornehmlich) auf Sachverhalte im Vergabeverfahren anzuwenden.

Beispiele für Verschulden im Zusammenhang mit einer Antragstellung: Praktisch relevant sind Situationen sog. „provozierter Nachprüfungsverfahren", in denen der Auftraggeber z. B. durch eine Benennung der Vergabekammer als Nachprüfungsinstanz in

---

121 Ebenso *Vavra*, in: Hattig/Maibaum, PK Vergaberecht, § 128 Rn. 18.

122 So wörtlich BR-Drs. 349/08, S. 48.

123 Zur Ehrenrettung des Urhebers der Textpassage sei hier nicht verschwiegen, dass der Begriff „Verschulden" in der BR-Drs. 349/08, S. 48, immerhin in Anführungsstriche gesetzt ist.

der Bekanntmachung und/oder den Vergabeunterlagen den Rechtsschein setzt, dass der Rechtsweg zu den Nachprüfungsinstanzen eröffnet ist, obwohl die Voraussetzungen dafür nicht gegeben sind. In diesen Fällen trägt die vergebende Stelle die Kosten des Nachprüfungsantrages, den der Bieter deswegen als unzulässig zurücknehmen musste. Dies kann die gesamten Kosten[124] oder einen Teil davon betreffen.[125] In diesen Kontext passen auch Fälle, in denen der Auftraggeber einen Nachprüfungsantrag mitveranlasst, weil er den Bieter nicht über seine chancenlose Platzierung in der Bieterreihenfolge aufgeklärt hat.[126]

Rechtsfolge des § 182 Abs. 3 Satz 3 GWB ist, „Kosten aufzuerlegen". Der Wortlaut beschränkt die Vergabekammer dabei nicht in der Vorgehensweise. So kann die Vergabekammer einem Beteiligten konkrete „Einzelkosten(bestandteile)" auferlegen. Sie kann aber auch im Rahmen der „Quotelung" Sachverhalte im Sinne von § 182 Abs. 3 Satz 3 GWB berücksichtigen. 67

§ 182 Abs. 3 Satz 3 GWB räumt der Vergabekammer ein **Ermessen** ein, ob sie bei Vorliegen der tatbestandlichen Voraussetzungen Kosten getrennt auferlegt. 68

Eine weitere Korrektur der Kostenverteilung im Sinne von § 182 Abs. 3 Satz 1 GWB ermöglicht **§ 182 Abs. 3 Satz 5 GWB**. Gem. dieser Vorschrift erfolgt die Entscheidung, wer die Kosten zu tragen hat, nach billigem Ermessen. 69

2. Kostentragung bei Erledigung, insbesondere bei Antragsrücknahme

Nach richtiger Auslegung – anhand des systematischen Zusammenhanges und des erklärten gesetzgeberischen Willens,[127] Ungerechtigkeiten bei der Frage der Kostentragungspflicht im Falle der Rücknahme oder anderweitigen Erledigung zu beseitigen –, eröffnet die Regelung des § 182 Abs. 3 Satz 5 jetzt insgesamt einen **Spielraum für eine Ermessensausübung**, und zwar nicht nur hinsichtlich der Erstattung der notwendigen Aufwendungen zur Rechtsverfolgung (also i.W. Rechtsanwaltskosten, diese sind für diese Konstellation in § 182 Abs. 4 Satz 3 GWB geregelt), sondern auch hinsichtlich der Gebühren der Vergabekammer (siehe Rn. 4). 70

3. Kostentragung durch die Beigeladene

Kostenschuldner ist gem. § 182 Abs. 3 Satz 1 GWB der Beteiligte, der im Verfahren unterliegt. Beteiligte sind die Verfahrensbeteiligten im Sinne von § 162 Satz 1 GWB, also Antragsteller, Antragsgegner und **Beigeladene**. Es liegt auf der Hand, dass sowohl Antragsteller als auch Antragsgegner in dem kontradiktorisch ausgestalteten Nachprüfungsverfahren unterliegen können. Ob auch Beigeladene im Sinne des § 182 Abs. 3 Satz 1 GWB unterliegen und somit zur Kostentragung verpflichtet sein können, war lange Zeit umstrit- 71

124 OLG Düsseldorf, Beschl. v. 13.1.2014, VII-Verg 11/13.

125 OLG München, Beschl. v. 2.9.2015, Verg 6/15.

126 VK Baden-Württemberg, Beschl. v. 2.2.2015, 1 VK 63/14.

127 Regierungsbegründung (BT-Drs. 18/6281) zu § 182 Abs. 3 Satz 4 GWB n. F.: „Dabei kann es Konstellationen geben, in denen der Antragsteller in einem materiellen Sinne obsiegt hat und es daher unbillig ist, ihm die Kosten aufzuerlegen, etwa wenn der Auftraggeber nach Einleitung des Nachprüfungsverfahrens dem Begehren des Antragstellers abhilft und das Verfahren durch eine beiderseitige Erledigungserklärung beendet wird."

ten. Diese Frage ist nun vom Gesetzgeber beantwortet. Dass Beigeladene im Verfahren überhaupt unterliegen können, stellt § 182 Abs. 3 Satz 1 GWB nun ausdrücklich fest. Fraglich bleibt, wie deren Unterliegen zu bemessen ist. Dazu gibt die Gesetzesbegründung Hinweise. Der Gesetzgeber wollte mit der Änderung den Vergabekammern ermöglichen zu berücksichtigen, wie sich ein Beigeladener am Verfahren beteiligt hat; die Gesetzesbegründung bezieht sich an dieser Stelle ausdrücklich auf unterschiedliche Entwicklungen in der Rechtsprechung.[128] Dies legt nahe, auf die herrschende Meinung in der Rechtsprechung abzustellen, die sich hier zur bisherigen Rechtslage herausgebildet hat.

72 Nach ganz überwiegender Auffassung kann die Beigeladene zur Kostentragung verpflichtet sein, soweit sie sich mit einem **eigenen, das Nachprüfungsverfahren fördernden Beitrag** auf die Seite eines Verfahrensbeteiligten stellt. Denn in diesem Moment verlässt sie ihre bis dahin neutrale Verfahrensposition und kann in dem Verfahren gewinnen und unterliegen. Fraglich ist, wie dieser verfahrensfördernde Beitrag auszusehen hat. Dazu hat sich eine vielfältige Rechtsprechung herausgebildet.[129] Regelmäßig wird sich die Kostentragungspflicht für die Beigeladene ergeben, wenn sie sich aktiv am Nachprüfungsverfahren beteiligt, indem sie Anträge nebst Begründungen hierfür stellt oder das Verfahren sonst wesentlich fördert.[130]

4. Gesamtschuldnerische Haftung mehrerer Kostenschuldner

73 Gem. § 182 Abs. 3 Satz 2 GWB haften mehrere Kostenschuldner als **Gesamtschuldner**.[131] Gem. § 421 BGB kann der Kostengläubiger die Leistung nach seinem Belieben von jedem der Schuldner ganz oder zu einem Teil fordern. Die Gesamtschuldner sind gem. § 426

128 BR-Drs. 349/08, S. 48.

129 OLG Düsseldorf, Beschl. v. 17.5.2004, VII-Verg 12/03, (offenlassend, ob auch der bloße Sachvortrag den Erstattungsanspruch der Beigeladenen begründet); Beschl. v. 5.8.2005, VII-Verg 31/05 (Interessengegensatz besteht nicht bereits dann, wenn sich Ast lediglich gegen Ausschluss seines Angebots und nicht explizit gegen Bezuschlagung der Beigeladenen wendet); Beschl. v. 8.2.2006, Verg 57/05, (darauf hinweisend, dass im Falle der Antragstellung das Kriterium der wesentlichen Förderung des Verfahrens dahinstehen kann); Beschl. v. 8.2.2006, VII-Verg 61/05 (ASt hat sich nicht in einen Interessengegensatz zur Bg. gestellt, da deren Rechtsposition wegen des bereits erfolgten Vertragsschlusses nicht mehr in Frage gestellt werden konnte); OLG Celle, Beschl. v. 27.5.2003, 13 Verg 11/03; OLG Brandenburg, Beschl. v. 20.5.2003, Verg W 17/02 (Erstattungsanspruch mit der Begründung verneinend, dass die Beigeladene ihre Anträge zu einem Zeitpunkt gestellt hat, als die Zurückweisung des Antrags der Antragstellerin bereits absehbar war); Beschl. v. 16.5.2008, Verg W 11/06, m. w. N.; VK Sachsen, Beschl. v. 29.8.2008, 1/SVK/042-08 (Erstattungsanspruch mangels Antragstellung verneint); VK Düsseldorf, Beschl. v. 29.7.2005, VK-06/2005-F (Erstattungsanspruch verneint, da kein direkt gegen den Beigeladenen gerichtetes Vorbringen der ASt – Vorwurf des Dumpingangebots erscheint nachrangig); VK Schleswig-Holstein, Beschl. v. 14.9.2005, VK-SH 21/05 (Erstattungsanspruch trotz Antragstellung verneint, da Verfahren nicht wesentlich gefördert und damit kein Kostenrisiko eingegangen).

130 OLG München, Beschl. v. 8.3.2016, Verg 1/16; OLG Düsseldorf, Beschl. v. 8.2.2006, Verg 57/05; OLG Schleswig, Beschl. v. 2.8.2004, 6 Verg 15/03, m. w. N.; VK Berlin, Beschl. v. 4.4.2016, VK-B2-03/16; VK Sachsen, Beschl. v. 15.3.2013, 1/SVK/003-13.

131 Im typischen Fall betrifft dies die gesamtschuldnerische Haftung des Auftraggebers und der Beigeladenen für die Kosten der Vergabekammer: BGH, Beschl. v. 10.11.2009, X ZB 8/09; BGH, Beschl. v. 26.9.2006, X ZB 14/06; OLG Düsseldorf, Beschl. v. 23.11.2004, VII-Verg 69/04 (kein Raum für ein Absehen von gesamtschuldnerischer Haftung aus Billigkeitsgründen). Eine Ge-

Abs. 1 Satz 1 BGB im Verhältnis zueinander zu den Anteilen verpflichtet, die sich aus der Entscheidung der Vergabekammer ergibt.

Zu fragen ist, ob es den Ausgleichsanspruch nach § 426 BGB tangiert, wenn die Vergabekammer nur gegenüber einem Kostenschuldner von der **Gebührenerhebung absieht**. Folgt man der hier vertretenen Ansicht, dass im Rahmen des § 182 Abs. 3 Satz 6 GWB Gesichtspunkte der individuellen Leistungsfähigkeit des Kostenschuldners keine Rolle spielen, dann kann eine kostenrechtliche Besserstellung nur eines Gesamtschuldners praktisch nur bei einem Erlass gem. § 19 VwKostG und bei der persönlichen Gebührenfreiheit gem. § 8 VwKostG aktuell werden. Im Ergebnis wird diese Problematik aber nicht im Innenausgleich geregelt, sondern es stellt sich schon vorher im Außenverhältnis die Frage, ob der nicht begünstigte Gesamtschuldner tatsächlich auf den vollen Betrag haftet oder ob der auf den befreiten Gesamtschuldner entfallende Teil auf die Schuld angerechnet wird. 74

In den Fällen des **§ 19 VwKostG** wird § 423 BGB greifen, denn ein Teil- oder Vollerlass hat beschränkte Gesamtwirkung,[132] weil die Befreiung von der Kostenlast endgültig sein soll.[133] Das bedeutet, dass der von einem Erlass begünstigte Gesamtschuldner nicht mehr von den übrigen Gesamtschuldnern in Anspruch genommen werden darf und die übrigen Gesamtschuldner gegenüber dem Kostengläubiger hinsichtlich des Anteils frei werden, den der vom Erlass Begünstigte im Innenverhältnis zu tragen hätte. Ist ein Gesamtschuldner gleichwohl zu hoch in Anspruch genommen worden, hat er einen Rückerstattungsanspruch gegen den Kostengläubiger gem. **§ 21 VwKostG**. Dementsprechend geht die Rechtsprechung überwiegend davon aus, dass die **Gebührenfreiheit des Auftraggebers gem. § 8 VwKostG** dem anderen Gesamtschuldner, also regelmäßig der Beigeladenen, zugutekommen muss. OLG Rostock betont, dass aufgrund der Ausgleichspflicht in § 426 BGB das gesetzgeberische Ziel der Gebührenfreiheit des Auftraggebers nur erreicht wird, wenn der nicht befreite Gesamtschuldner um den Gebührenanteil des befreiten Gesamtschuldners im Außenverhältnis vermindert haftet. Unter Heranziehung des § 2 Abs. 5 Satz 1 GKG zugrunde liegenden Rechtsgedankens seien daher Verfahrenskosten nicht zu erheben, soweit ein Kostenschuldner von Kosten befreit ist. Nur diese Auslegung vermeide Wertungswidersprüche zwischen den beiden Instanzen des Nachprüfungsverfahrens.[134] 75

5. Gestattungsverfahren gem. § 169 Abs. 2 Satz 1 GWB

Die Vergabekammer trifft – nach teilweiser Auffassung – korrekterweise gesonderte Kostenentscheidungen für die Hauptsache und für die Gestattung des Zuschlags nach § 169 Abs. 2 Satz 1 GWB. Begründung ist, dass das Verfahren über die Gestattung des Zuschlags ein selbstständiges Zwischenverfahren ist, vergleichbar mit dem Aussetzungsverfahren 76

samtschuldnerschaft kann bspw. aber auch entstehen, wenn mehrere Bieter in einem einheitlich durchgeführten Nachprüfungsverfahren unterliegen.

132 Vgl. dazu BGH, Urt. v. 19.12.1985, III ZR 90/84, NJW 1986, 1097, 1098.

133 Vgl. OLG Köln, Urt. v. 17.12.1993, 19 U 135/93, NJW-RR 1994, 1307.

134 Statt vieler: VK Sachsen, Beschl. v. 19.5.2009, 1/SVK/008-09, unter Verweis auf OLG Dresden, Beschl. v. 25.1.2005, WVerg 0014/04; VK Brandenburg, Beschl. v. 25.3.2009, VK 10-11/09.

gem. § 80 Abs. 5 VwGO.[135] Die gegenteilige Ansicht[136] stellt darauf ab, dass die Eilentscheidung nicht isoliert anfechtbar ist und daher über die Kosten des Eilverfahrens nur zusammen mit der Hauptsache entschieden werden kann. Genau dies kann man in Frage stellen, weil das mit dem Eilantrag verfolgte selbstständige Prozessziel – die **sofortige** Bezuschlagung – mit der Entscheidung gem. § 169 Abs. 2 Satz 1 GWB endgültig erreicht oder verfehlt ist, unabhängig davon, wie die Hauptsache ausgeht. Aus diesem Blickwinkel heraus liegt es näher, beide Verfahren kostenrechtlich gesondert zu behandeln und nicht auf eine kostenmäßige Einheit verschiedener Verfahren hinzuwirken. Folgt man dieser Auffassung, so sind konsequenterweise völlig zu Recht die Grundsätze des § 96 ZPO anwendbar, wonach die Kosten eines ohne Erfolg gebliebenen Angriffs- oder Verteidigungsmittels der Partei auferlegt werden können, die es geltend gemacht hat, auch wenn sie in der Hauptsache obsiegt.[137]

77 Ausgangspunkt der Gebührenbemessung ist sowohl im Hauptsacheverfahren als auch im Gestattungsverfahren die Gebührentabelle. Entgegen der Ansicht der VK Sachsen[138] ist für die Entscheidung des Gestattungsantrages grundsätzlich die **volle Basisgebühr** angemessen, denn der Antrag ist materiell auf die Vorwegnahme der Hauptsacheentscheidung gerichtet und führt bei Erfolg zur Erledigung des Hauptsacheverfahrens. Der Antragsteller des Hauptsacheverfahrens trägt die Kosten des Gestattungsverfahrens bei Zuschlagsgestattung; der Auftraggeber trägt sie bei Zurückweisung des Gestattungsantrags.

6. Kostenfestsetzung/Verfahren

78 Vergabekammern sind zwar **Gerichte** i. S. d. Art. 267 AEUV.[139] Sie treffen ihre Entscheidungen aber in einem **behördlichen Verfahren** durch **Verwaltungsakt** (§ 168 Abs. 3 Satz 1 GWB). Das gilt auch für Kostenentscheidungen (Kostengrundentscheidungen). Für sie sind daher die **allgemeinen Regeln des Verwaltungsverfahrensrechts** zu beachten.

135 Ebenso OLG Naumburg, Beschl. v. 25.2.2015, 2 Verg 2/14; VK Schleswig-Holstein, Beschl. v. 12.7.2005, VK-SH 18/05; a. A. noch: OLG Naumburg, Beschl. v. 15.6.2006, 1 Verg 5/06 (inzwischen aufgegeben, s. o.).

136 OLG Düsseldorf, Beschl. v. 7.5.2013, VII-Verg 36/12, LS ibr: „1. Über die Kosten der Vergabekammer und die notwendigen Aufwendungen der Beteiligten für das Verfahren über den Antrag auf vorzeitige Erteilung des Zuschlags wird gemäß § 115 Abs. 2 Satz 1 GWB (a. F.) grundsätzlich in der Kostenentscheidung der Hauptsacheentscheidung entschieden, wobei die auf diesen Antrag entfallenden Kosten und Aufwendungen nicht gesondert tenoriert werden müssen. 2. Dies gilt jedoch nicht, wenn der Antrag auf vorzeitige Erteilung des Zuschlags erst gestellt wird, wenn die Vergabekammer bereits über die Hauptsache und folglich auch über die damit verbundenen Kosten und Aufwendungen entschieden hat. In diesem Fall muss ausnahmsweise eine gesonderte Entscheidung über die Kosten und Aufwendungen für das Verfahren über den Antrag auf vorzeitige Erteilung des Zuschlags erfolgen."

137 OLG München, Beschl. v. 9.9.2010, Verg 16/10.

138 VK Sachsen setzt die Gebühr für das Gestattungsverfahren in ständiger Rechtsprechung auf die Hälfte der Gebühr des Hauptsacheverfahrens fest, da im Rahmen des vorläufigen Rechtsschutzes lediglich die Eilbedürftigkeit, nicht jedoch die Erfolgsaussichten in der Hauptsache überprüft würden; es handele sich um ein rechtliches Minus zum Hauptsacheverfahren, dessen wirtschaftliche Bedeutung geringer einzuschätzen sei. Vgl. nur Beschl. v. 5.10.2004, 1/SVK/092-04(G).

139 Der EuGH hat die Vorlageberechtigung der deutschen Vergabekammern VK Arnsberg und VK Rheinland-Pfalz anerkannt: EuGH, Urt. v. 18.9.2014, Rs. C-549/13; EuGH, Urt. v. 17.11.2015, Rs. C-115/14. Für den VÜA Bund zu Art. 177 EGV a. F.: EuGH, Urt. v. 17.9.1997, C-54/96, Slg. 1997, I-4961.

Das bedeutet z. B., dass die Vergabekammer den (belastenden) Verwaltungsakt nicht ohne vorherige Anhörung gem. § 28 VwVfG erlassen darf.[140] Im Hinblick auf die Kostengrundentscheidung ist diesem Erfordernis durch das kontradiktorisch ausgestaltete Verfahren allerdings stets Rechnung getragen.

Kostenentscheidungen der Vergabekammern sind **isoliert**, d.h. auch unabhängig von der Hauptsache, **anfechtbar** (vgl. § 22 Abs. 1 VwKostG).[141] Die Bestimmungen des § 158 VwGO und des § 99 Abs. 1 ZPO,[142] denen zufolge Kostenentscheidungen nicht isoliert anfechtbar bzw. isolierte Kostenentscheidungen unanfechtbar sind, sind nicht – auch nicht analog – anwendbar.[143] 79

Das **Rechtsmittel** gegen Kostenentscheidungen ist die **sofortige Beschwerde** nach **§ 171 Abs. 1 GWB**;[144] wegen dieser gesetzlichen Sonderregelung ist die Durchführung eines Vorverfahrens nicht geboten. Zwar zielt die Ausgestaltung des Nachprüfungsverfahrens vor der Vergabekammer allein auf die Hauptsacheentscheidung. Der Wortlaut des § 171 Abs. 1 Satz 1 GWB (Plural: „Entscheidungen") deckt aber alle Entscheidungen der Vergabekammer ab.[145] Auf das Verfahren finden Vorschriften, die voraussetzen, dass Gegenstand des Beschwerdeverfahrens die Hauptsacheentscheidung der Vergabekammer ist, keine Anwendung.[146] 80

Die **Verjährung** des staatlichen Kostenanspruchs richtet sich entweder nach § 20 Abs. 1 Satz 1, 1. Alt. VwKostG i.V. m. § 17 VwKostG (drei Jahre nach Fälligkeit) oder nach § 20 Abs. 1 Satz 1, 2. Alt. VwKostG i.V. m. § 11 VwKostG (nach Ablauf des vierten Jahres nach Entstehung); maßgeblich ist das für den Kostenschuldner günstigere Ergebnis.[147] 81

V. Aufwendungsersatz (Abs. 4)

1. Allgemeines

§ 182 Abs. 4 GWB regelt die Erstattung der Aufwendungen der Verfahrensbeteiligten im Sinne von § 162 Satz 1 GWB untereinander. Viele Fragen, die bislang streitig waren, sind zwischenzeitlich durch den Gesetzgeber beantwortet. Die Vorschrift verweist auf § 80 VwVfG des Bundes und auf die entsprechenden Vorschriften der Verwaltungsverfahrensgesetze der Länder. Für die Kostenerstattung vor den Vergabekammern des Bundes ist § 80 BVwVfG maßgeblich, für die Kostenerstattung vor den Vergabekammern der Länder sind die entsprechenden Ländervorschriften maßgeblich. Die Bundesvorschrift, § 80 BVwVfG, lautet in den hier maßgeblichen Passagen: 82

140 BayObLG, Beschl. v. 29.9.1999, Verg 4/99.

141 OLG Düsseldorf, Beschl. v. 16.12.2013, VII-Verg 12/13, mit Aufhebung der Kostengrundentscheidung der VK Arnsberg, Beschl. v. 23.4.2013, VK 07/13.

142 „(1) Die Anfechtung der Kostenentscheidung ist unzulässig, wenn nicht gegen die Entscheidung in der Hauptsache ein Rechtsmittel eingelegt wird."

143 Statt vieler: OLG Frankfurt, Beschl. v. 22.7.2008, 11 Verg 07/08.

144 Instruktiv: OLG Koblenz, Beschl. v. 16.1.2017, Verg 5/16.

145 Ebenso BayObLG, Beschl. v. 29.9.1999, Verg 4/99 3/Str.

146 Vgl. *Otting*, in: Bechtold, GWB, § 128 Rn. 10, der nur die §§ 117, 120 und 123 GWB a.F. (jetzt §§ 172, 175 und 178 GWB) für anwendbar hält.

147 OLG Dresden, Beschl. v. 4.4.2006, WVerg 0001/06, m.w.N.

„(1) [1]Soweit der Widerspruch erfolgreich ist, hat der Rechtsträger, dessen Behörde den angefochtenen Verwaltungsakt erlassen hat, demjenigen, der Widerspruch erhoben hat, die zur zweckentsprechenden Rechtsverfolgung oder Rechtsverteidigung notwendigen Aufwendungen zu erstatten. [2]Dies gilt auch, wenn der Widerspruch nur deshalb keinen Erfolg hat, weil die Verletzung einer Verfahrens- oder Formvorschrift nach § 45 unbeachtlich ist. [3]Soweit der Widerspruch erfolglos geblieben ist, hat derjenige, der den Widerspruch eingelegt hat, die zur zweckentsprechenden Rechtsverfolgung oder Rechtsverteidigung notwendigen Aufwendungen der Behörde, die den angefochtenen Verwaltungsakt erlassen hat, zu erstatten; [. . .; Anm. d. Verf.: 2. Halbsatz trifft im Rahmen des § 182 GWB nicht zu]. [4]Aufwendungen, die durch das Verschulden eines Erstattungsberechtigten entstanden sind, hat dieser selbst zu tragen; das Verschulden eines Vertreters ist dem Vertretenen zuzurechnen. (2) Die Gebühren und Auslagen eines Rechtsanwalts oder eines sonstigen Bevollmächtigten im Vorverfahren sind erstattungsfähig, wenn die Zuziehung eines Bevollmächtigten notwendig war. (3) [[1]. . .] [2]Die Kostenentscheidung bestimmt auch, ob die Zuziehung eines Rechtsanwalts oder eines sonstigen Bevollmächtigten notwendig war. (4) [. . .]“

83 Die Länder Berlin, Brandenburg, Niedersachsen, Sachsen und Sachsen-Anhalt verweisen auf diese bundesrechtliche Regelung. In den Ländern Bremen, Hamburg, Hessen, Mecklenburg-Vorpommern und Nordrhein-Westfalen sind im Wege der Parallelgesetzgebung identische Vorschriften erlassen worden.

84 Die Länder Baden-Württemberg, Saarland[148] und Thüringen haben dem Abs. 1 jeweils folgenden Satz 5 angefügt:

„Erledigt sich der Widerspruch auf andere Weise, so wird über die Kosten nach billigem Ermessen entschieden; der bisherige Sachstand ist zu berücksichtigen“.

85 Die Länder Bayern,[149] Rheinland-Pfalz[150] und Schleswig-Holstein[151] haben eigenständige Regelungen erlassen.

---

148 Zur Anwendbarkeit des § 80 Abs. 1 Satz 5 Saarländisches Verwaltungsverfahrensgesetz: VK Saarland, Beschl. v. 24.2.2014, 3 VK 02/13.

149 Art. 80 BayVwVfG: (1) Ist der Widerspruch erfolgreich, so hat der Rechtsträger, dessen Behörde den angefochtenen Verwaltungsakt erlassen hat, die Kosten des Widerspruchsverfahrens zu tragen; dies gilt auch, wenn der Widerspruch nur deshalb keinen Erfolg hat, weil die Verletzung einer Verfahrens- oder Formvorschrift nach Art. 45 unbeachtlich ist. Ist der Widerspruch erfolglos geblieben oder zurückgenommen worden, so hat derjenige, der den Widerspruch eingelegt hat, die Kosten des Widerspruchsverfahrens zu tragen; dies gilt nicht für die Verwaltungskosten und die zur zweckentsprechenden Rechtsverfolgung oder Rechtsverteidigung notwendigen Aufwendungen der Behörde, die den angefochtenen Verwaltungsakt erlassen hat, wenn der Widerspruch gegen einen Verwaltungsakt eingelegt wird, der im Rahmen [. . .; *Anm. d. Verf.: Nr. 1 und 2 treffen im Rahmen des § 182 GWB nicht zu*] erlassen wurde. Ist der Widerspruch zum Teil erfolgreich, so gilt § 155 Abs. 1 VwGO entsprechend. Aufwendungen, die einem Beteiligten durch eigenes Verschulden oder das Verschulden seines Vertreters entstanden sind, hat er selbst zu tragen. Erledigt sich der Widerspruch auf andere Weise, so wird über die Kosten nach billigem Ermessen entschieden; der bisherige Sachstand ist zu berücksichtigen. (2) Zu den Kosten des Widerspruchsverfahrens gehören nur die Verwaltungskosten und die zur zweckentsprechenden Rechtsverfolgung oder Rechtsverteidigung notwendigen Aufwendungen dessen, der den Widerspruch eingelegt hat, und der Behörde, die den angefochtenen Verwaltungsakt erlassen hat. Aufwendungen anderer Beteiligter sind erstattungsfähig, wenn sie aus Billigkeit demjenigen, der die Kosten des Widerspruchsverfahrens zu tragen hat, oder der Staatskasse auferlegt werden. Die Gebühren und Auslagen eines Rechtsanwalts oder eines sonstigen Bevollmächtigten im Widerspruchsver-

Streitig ist die Frage, ob es sich bei der Verweisung auf § 80 VwVfG um eine Rechtsgrund- oder eine Rechtsfolgenverweisung handelt. Die Frage spielte nach alter Rechtslage eine Rolle im Rahmen des Aufwendungsersatzes für die Beigeladene. Eine Rechtsgrundverweisung nehmen das OLG München,[152] das OLG Saarbrücken,[153] das OLG Karlsruhe,[154] das OLG Koblenz[155] sowie zahlreiche Vergabekammern[156] an. Die Gegenansicht vertritt etwa **86**

---

fahren sind nur dann notwendige Aufwendungen, wenn die Zuziehung eines Bevollmächtigten notwendig war. [*Anm. d. Verf.: Die dann nachfolgenden Regelungen treffen im Rahmen des § 182 GWB nicht zu*].

150 Hier gilt gemäß § 1 Abs. 1 LVwVfG die Vorschrift des § 80 BVwVfG nicht. Stattdessen gilt § 19 AGVwGO: (1) Soweit der Widerspruch erfolgreich ist, hat der Rechtsträger, dessen Behörde den angefochtenen Verwaltungsakt erlassen hat, demjenigen, der den Widerspruch erhoben hat, die zur zweckentsprechenden Rechtsverfolgung oder Rechtsverteidigung notwendigen Aufwendungen zu erstatten. Dies gilt auch, wenn der Widerspruch nur deshalb keinen Erfolg hat, weil die Verletzung einer Verfahrens- oder Formvorschrift unbeachtlich ist. Soweit der Widerspruch erfolglos geblieben ist, hat derjenige, der den Widerspruch eingelegt hat, die zur zweckentsprechenden Rechtsverfolgung oder Rechtsverteidigung notwendigen Aufwendungen der Behörde, die den angefochtenen Verwaltungsakt erlassen hat, zu erstatten; dies gilt nicht, wenn der Widerspruch gegen einen Verwaltungsakt eingelegt wird, der im Rahmen [...; *Anm. d. Verf.: Nr. 1 und 2 treffen im Rahmen des § 182 GWB nicht zu*] 3. einer Angelegenheit, für die aufgrund einer Rechtsverordnung nach § 7 Abs. 2 Nr. 1 oder 2 des Landesgebührengesetzes Gebührenfreiheit besteht, erlassen wurde. Aufwendungen, die durch das Verschulden eines Erstattungsberechtigten entstanden sind, hat dieser selbst zu tragen; das Verschulden eines Vertreters ist dem Vertretenen zuzurechnen. Erledigt sich der Widerspruch auf andere Weise, so wird auf Antrag von der Behörde, bei der der Widerspruch anhängig war, über die Kosten nach billigem Ermessen entschieden; der bisherige Sachstand ist zu berücksichtigen. (2) Die Gebühren und Auslagen eines Rechtsanwaltes oder eines sonstigen Bevollmächtigten im Vorverfahren sind erstattungsfähig, wenn die Zuziehung eines Bevollmächtigten in der Kostenentscheidung für notwendig erklärt wird. (3) [...; *Anm. d. Verf.: Die dann nachfolgenden Regelungen treffen im Rahmen des § 182 GWB nicht zu*].

151 § 120 LVwG: (1) Soweit der Widerspruch erfolgreich ist, hat der Träger der öffentlichen Verwaltung, dessen Behörde den angefochtenen Verwaltungsakt erlassen hat, derjenigen Person, die Widerspruch erhoben hat, die zur zweckentsprechenden Rechtsverfolgung oder Rechtsverteidigung notwendigen Aufwendungen zu erstatten. Dies gilt auch, wenn der Widerspruch nur deshalb keinen Erfolg hat, weil die Verletzung einer Verfahrens- oder Formvorschrift nach § 114 unbeachtlich ist. (2) Die Gebühren und Auslagen einer Rechtsanwältin oder eines Rechtsanwalts oder einer oder eines sonstigen Bevollmächtigten im Widerspruchsverfahren sind nur dann erstattungsfähig, wenn die Hinzuziehung einer oder eines Bevollmächtigten notwendig war. (3) [*Anm. d. Verf.: Satz 1 trifft im Rahmen des § 182 GWB nicht zu*]. Die Kostenentscheidung bestimmt auch, ob die Hinzuziehung einer Rechtsanwältin oder eines Rechtsanwalts oder einer oder eines sonstigen Bevollmächtigten notwendig war.

152 OLG München, Beschl. v. 11.6.2008, Verg 6/08; Beschl. v. 6.2.2006, Verg 23/05.

153 OLG Saarbrücken, Beschl. v. 9.1.2009, 1 Verg 1/08.

154 OLG Karlsruhe, Beschl. v. 11.7.2008, 15 Verg 5/08.

155 OLG Koblenz, Beschl. v. 8.6.2006, 1 Verg 4, 5/06 (einen Aufwendungsersatzanspruch der Ag. aus § 128 Abs. 4 Satz 3 GWB a. F. i. V. m. § 19 Abs. 1 Satz 5 AGVwGO-RP ableitend).

156 VK Rheinland-Pfalz, Beschl. v. 14.4.2005, VK 12/05; Beschl. v. 21.12.2004, VK 26/04; VK Thüringen, Beschl. v. 6.6.2008, 250-4002.20-1494/2008-022-EF; Beschl. v. 4.3.2009, 4003.20-5545/2008-032-GRZ; Beschl. v. 15.10.2008, 250-4002.20-4513/2008-013-SM; Beschl. v. 15.5.2006, 006/06-ESA-S; VK Nordbayern, Beschl. v. 10.6.2008, VK-3194-21/08; Beschl. v. 9.5.2006, 21.VK-3194-15/06; VK Saarland, Beschl. v. 6.8.2007, 1 VK 03/2007; Beschl. v. 10.8.2009, 3 VK 03/2008; Beschl. v. 20.8.2007, 1 VK 01/2007.

die VK Baden-Württemberg.[157] Den Senaten und Kammern, die eine Rechtsgrundverweisung annehmen, ist zuzugeben, dass der BGH in seinem Beschluss vom 9.12.2003 einen Aufwendungsersatzanspruch tatsächlich mit der Begründung verneint hatte, dass der einschlägige § 80 BremVwVfG einen solchen für den Fall der Erledigung nicht vorsehe.[158] In seiner Entscheidung vom 24.3.2009 hat der BGH[159] die Frage, ob sich ein Aufwendungsersatzanspruch aus entsprechendem Landesrecht herleiten lässt, hingegen offengelassen.

2. Grundsatz des Aufwendungsersatzes

87 Gem. § 182 Abs. 4 Satz 1 GWB hat ein Beteiligter, soweit er im Nachprüfungsverfahren unterliegt, die zur zweckentsprechenden Rechtsverfolgung oder Rechtsverteidigung notwendigen Aufwendungen des Antragsgegners zu tragen. Unter **Antragsgegner** ist jede obsiegende Partei im Nachprüfungsverfahren zu verstehen und nicht lediglich der obsiegende Auftraggeber als Antragsgegner im Nachprüfungsverfahren.[160]

88 § 182 Abs. 4 Satz 3 GWB bestimmt, dass der Antragsteller, wenn er seinen **Antrag zurücknimmt**, die zur zweckentsprechenden Rechtsverfolgung notwendigen Aufwendungen des Antragsgegners und der Beigeladenen zu erstatten hat.

89 Früher gab es eine intensive Diskussion[161] um den **Aufwendungsersatzanspruch** des Antragsgegners und der Beigeladenen im Falle der Antragsrücknahme bei **Erledigung**. Gem. der Fassung des § 128 Abs. 4 Satz 3 GWB 2009 hatte der zurücknehmende Antragsteller die notwendigen Aufwendungen des Antragsgegners und der Beigeladenen in jedem Falle zu erstatten. Es handelte sich demnach um eine **gebundene Entscheidung**. Eine Möglichkeit der Ermessensausübung bestand nicht, sie konnte auch nicht aus der Regelung des § 128 Abs. 3 Satz 5 a. F. abgeleitet werden.[162] Dennoch hatten sich in der jüngeren Vergangenheit – entgegen dem BGH – einige Vergabekammern immer wieder dafür ausgesprochen, auch in den Fällen einer Rücknahme bzw. Erledigterklärung nach Abhilfe eine Ermessensentscheidung hinsichtlich des Aufwendungsersatzanspruches zu treffen.[163]

90 Der Gesetzgeber hat auf diese missliche Rechtslage reagiert. In der **aktuellen Fassung** des **§ 182 Abs. 4 Satz 3 GWB** erfolgt die Entscheidung in denjenigen Fällen, in denen sich der Antrag durch Rücknahme oder anderweitig erledigt hat, bzgl. der zur zweckentsprechenden Rechtsverfolgung notwendigen Aufwendungen **nach billigem Ermessen**. Dies eröffnet einen vernünftigen Spielraum, weil eine Rücknahme oder auch sonstige Erledigung andere Ursachen haben kann als die klassische Konstellation, dass der Antragsteller den Nachprüfungsantrag infolge Aussichtslosigkeit – ggf. nach ausdrücklicher Nahelegung seitens der Vergabekammer – zurücknimmt. Ursache kann auch eine überlange Verfahrensdauer sein, an der der antragstellende Bieter keine Schuld trägt.

---

157 Beschl. v. 15.2.2006, 1 VK 03/06; Beschl. v. 4.4.2007, 1 VK 16/07.

158 BGH, Beschl. v. 9.12.2003, X ZB 14/03, II. 3. b).

159 BGH, Beschl. v. 24.3.2009, X ZB 29/08.

160 So auch *Vavra*, in: Hattig/Maibaum, PK Kartellvergaberecht, § 128 GWB Rn. 23.

161 Vgl. BGH, Beschl. v. 25.10.2005, X ZB 26/05, X ZB 25/05, X ZB 24/05, X ZB 22/05; m. w. N. OLG Schleswig, Beschl. v. 16.7.2009, 1 Verg 1/09.

162 BGH, Beschl. v. 25.1.2012, X ZB 3/11.

163 Vgl. VK Baden-Württemberg, Beschl. v. 21.6.2013, 1 VK 16/13.

Für die Altfälle – also solche, auf welche die Fassung des GWB vor dem 18.4.2016 anzuwenden ist –, hat die VK Niedersachsen[164] zu Recht herausgestellt: Die Bestimmung des § 128 Abs. 4 GWB a. F. führt zwar zu einem offenbar unbilligen Ergebnis, wenn ein Bieter ohne die Erledigung (infolge Abhilfe durch den Auftraggeber) aller Voraussicht nach obsiegt hätte und dennoch keine Kostenerstattung vom Auftraggeber erhält. Klar aber ist, dass dies nach der Rechtsprechung des BGH nur vom Gesetzgeber geändert werden kann. Allein eine andere Regelung im Referentenentwurf zum GWB führt nicht zu einer anderen Beurteilung, selbst wenn die Begründung des Entwurfes von einer Regelungslücke spricht. 91

In seinem Beschluss vom 24.3.2009[165] hatte der BGH über die vom OLG Karlsruhe vorgelegte Frage zu entscheiden, ob ein Aufwendungsersatzanspruch des Antragsgegners und der Beigeladenen auch dann nicht besteht, wenn der Antragsteller seinen Nachprüfungsantrag erst im Beschwerdeverfahren zurücknimmt, nachdem die Vergabekammer bereits zu seinen Lasten entschieden hat. Der BGH hat, in Übereinstimmung mit dem OLG Brandenburg,[166] dem OLG Koblenz[167] und dem OLG Frankfurt a. M.,[168] einen Aufwendungsersatzanspruch auch für diesen Fall verneint. Zur Begründung stellt der BGH fest, dass ein Aufwendungsersatzanspruch des Antragsgegners – sowie der Beigeladenen – lediglich im Falle des Unterliegens des Antragstellers bestehe, ein Unterliegen aber nicht vorliege, wenn die zunächst zulasten des Antragstellers ergangene Entscheidung der Vergabekammer durch die spätere Antragsrücknahme gegenstandslos werde. Etwas anderes würde nur dann gelten, wenn die verfahrensrechtlichen Vorschriften des Vierten Teils des Gesetzes gegen Wettbewerbsbeschränkungen die Möglichkeit der Rücknahme einschränkten, wie dies beispielsweise § 269 Abs. 1 ZPO für die Klagerücknahme vorsieht. Eine solche Einschränkung enthalte das Gesetz jedoch nicht. 92

3. Umfang des Aufwendungsersatzes

Aufwendungen oder Auslagen zur zweckentsprechenden Rechtsverfolgung oder Rechtsverteidigung sind erstattungsfähig, soweit sie ein sachverständiger, nicht rechtskundiger Beteiligter, unter Berücksichtigung der Bedeutung und rechtlichen oder sachlichen Schwierigkeit der Sache, die Gegenstand des Verfahren ist, zur Durchsetzung seines Standpunktes vernünftigerweise für erforderlich halten durfte. Die Kosten müssen in unmittelbarem Zusammenhang mit dem Nachprüfungsantrag entstanden sein.[169] Insgesamt entscheidend ist die Sicht einer Partei, die bemüht ist, die Kosten so gering wie möglich zu halten („Verbilligungsgrundsatz“).[170] Die VK Magdeburg lehnt einen Aufwendungsersatz des Antragstellers ab, wenn die Ausschreibung aus Gründen aufgehoben wird, die dieser in seinen Schriftsätzen nicht vorgetragen hat.[171] 93

164 VK Niedersachsen, Beschl. v. 28.5.2015, VgK-10/2015.
165 BGH, Beschl. v. 24.3.2009, X ZB 29/08.
166 OLG Brandenburg, Beschl. v. 8.1.2008, Verg W 10/07.
167 OLG Koblenz, Beschl. v. 8.6.2006, 1 Verg 4, 5/06.
168 OLG Frankfurt a. M., Beschl. v. 10.4.2008, 11 Verg 10, 13/07.
169 VK Münster, Beschl. v. 1.10.2002, VK 09/2002, m. w. N.
170 BayObLG, Beschl. v. 20.1.2003, Verg 28/02; OLG Koblenz, Beschl. v. 21.9.2000, 1 Verg 2/99 und 1 Verg 3/00; OLG Stuttgart, Beschl. v. 11.9.2000, 2 Verg 2/99.
171 VK Magdeburg, Beschl. v. 28.8.2000, 33-32571/07 VK 16/00 MD.

94 Der Aufwendungsersatz umfasst schwerpunktmäßig die Kosten für einen **Bevollmächtigten**, sofern dessen Hinzuziehung für notwendig erklärt wird. Er betrifft aber speziell auch die **Anreise von Mitarbeitern der verfahrensbeteiligten Partei** zur Wahrnehmung der Akteneinsicht und der mündlichen Verhandlung.[172] Immer wieder einmal trifft man jedoch auf diesbezüglich restriktive Entscheidungen: So entschied das OLG München, dass im Verfahren vor der Vergabekammer Verdienstausfall und **Fahrtkosten für die Anreise einer Partei** aus einer 250 km entfernten Stadt zur Wahrnehmung von Akteneinsicht in die Akten der Vergabestelle u. U. keine notwendigen Auslagen sind.[173] Ebenso soll es rechtens sein, sich eines **Rechtsanwaltes** aus dem Großraum München zu bedienen zu müssen, und nicht eines auswärtigen, wenn man die Reisekosten erstattet haben möchte.[174] Hierbei dürfte allerdings fraglich sein, ob diese Sichtweise heute noch haltbar ist, denn der Kreis ausgewiesener **Fachanwälte für Vergaberecht**, der erst seit dem 1.11.2015 existiert, ist überschaubar; man wird einen Bieter nach hier vertretener Auffassung nicht kostenmäßig benachteiligen dürfen, der sich zu seiner vergaberechtlichen Vertretung des bundesweiten Kreises der ausgewiesenen Fachanwälte für Vergaberecht bedient. Insbesondere auch aufgrund der Eile in Vergabeangelegenheiten **verbieten sich Differenzierungen nach der Ortsnähe oder -ferne des anwaltlichen Vertreters**.[175] Völlig richtig ist es daher, wenn das OLG Brandenburg anführt, dass die Zuerkennung der Notwendigkeit der Hinzuziehung in der Beschlussformel (die das Gericht ja in Kenntnis des Kanzleisitzes des vertretenden Bevollmächtigten getroffen hat) weitere Diskussionen um die Angemessenheit von Anreisewegen und Übernachtungsnotwendigkeiten erstickt.[176] Daneben beschäftigt sich eine Vielzahl von Entscheidungen insbesondere mit der Erstattung von **Reise- und Kopierkosten**.[177] Die im konkreten Fall durch das Vervielfältigen von Akten entstandenen

172 VK Sachsen-Anhalt, Beschl. v. 1.8.2007, 1 VK LVwA 04/07 K. Diese Kosten anzuerkennen grundsätzlich bejahend auch: *Thiele*, in: Kulartz/Kus/Portz/Prieß, GWB, § 182 Rn. 33.

173 OLG München, Beschl. v. 23.1.2006, Verg 22/05. In dieser Hinsicht ähnlich restriktiv auch: OLG Düsseldorf, Beschl. v. 10.4.2014, VII-Verg 4/13.

174 BayObLG, Beschl. v. 20.1.2003, Verg 28/02.

175 *Noch*, Vergaberecht kompakt, Rn. 1472, S. 399.

176 OLG Brandenburg, Beschl. v. 13.9.2013, W Verg 3/13.

177 Zur **Reisekostenerstattung**/Notwendigkeit der Zuziehung eines auswärtigen Anwalts vgl.: OLG Düsseldorf, Beschl. v. 15.12.2005, VII-Verg 74/05, (Erstattungsfähigkeit für nicht ortsansässigen Bevollmächtigten verneint); OLG Dresden, Beschl. v. 23.2.2001, WVerg 2/01, zum Sonderproblem der Berücksichtigung von Umsatzsteuer auf als erstattungsfähig anerkannte Reisekosten; Beschl. v. 5.4.2001, WVerg 8/00; Beschl. v. 3.9.2001, WVerg 6/00; VK Sachsen-Anhalt, Beschl. v. 4.5.2001, 33-32571/07 VK 01/01 MD; OLG Rostock, Beschl. v. 17.8.2001, 17 W 6/01, VergabeR 2002, 208 mit Anm. *Gottschalck*; VK Bremen, Beschl. v. 27.12.2001, VK 5/01; OLG Bremen, Beschl. v. 17.1.2002, Verg 1/2002; OLG Bremen, Beschl. v. 27.6.2003, Verg 2/2002 (dem „Hausanwalt" aus München die Reisekosten für das Verfahren in Bremen zusprechend); BayObLG, Beschl. v. 9.4.2002, Verg 4/02; Beschl. v. 20.1.2003, Verg 28/02; OLG Naumburg, Beschl. v. 30.2.2002, 1 Verg 11/02 (Bevollmächtigter außerhalb des Beitrittsgebiets); Beschl. v. 2.3.2006, 1 Verg 13/05; VK Nordbayern, Beschl. v. 8.11.2005, 320.VK-3194-20/05; zu **Kopierkosten** vgl. VK Bremen, Beschl. v. 27.12.2001, VK 5/01; OLG Bremen, Beschl. v. 17.1.2002, Verg 1/2002; Beschl. v. 2.9.2004, Verg 3/2003 (Kopierkosten grds. von der Kostenpauschale gedeckt); VK Thüringen, Beschl. v. 17.6.2002, 216 4005.20-32/02-EF-S; Beschl. v. 3.9.2002, 216-4005.20-014/02-SHL-S (auch zum Verdienstausfall); ausführlich VK Schleswig-Holstein, Beschl. v. 26.1.2005, VK-SH 07/04; VK Nordbayern, Beschl. v. 8.11.2005, 320.VK-3194-20/05; zu den Kosten für ein **Privatgutachten**: BayObLG, Beschl. v. 9.4.2002, Verg 04/02. Zu den Kosten für ein **beratendes Ingenieurbüro**: OLG Düsseldorf, Beschl. v. 25.2.2004, Verg 9/02; OLG Bremen, Beschl. v. 2.9.2004, Verg 3/2003; Beschl. v. 2.9.2004, Verg 3/2003; OLG Jena, Beschl.

Personal- und Sachkosten hielt die VK Münster nicht für erstattungsfähig. Ausgenommen seien grundsätzlich der mit dem Betreiben des Verfahrens vor der Vergabekammer einhergehende Verlust an Zeit sowie die aufgewandte Mühe der Beteiligten, da sie nicht auf die zweckentsprechende Rechtsverfolgung oder Rechtsverteidigung gerichtet seien.[178] Umfasst sein können etwaiger Verdienstausfall nach ZSEG[179] und die Auslagen für die Einholung eines Privatgutachtens.[180] Das OLG Jena hält unter bestimmten Voraussetzungen die Grundsätze für die Erstattungsfähigkeit der Kosten sogenannter Schutzschriften auf das Beschwerdeverfahren für übertragbar.[181] Das OLG Frankfurt am Main hat die Kosten für die Hinzuziehung eines **sachverständigen Ingenieurbüros** durch den öffentlichen Auftraggeber als zur zweckentsprechenden Rechtsverteidigung notwendige Aufwendungen anerkannt, soweit das erforderliche technische Wissen zur Abwehr eines Nachprüfungsverfahrens bei der Vergabestelle nicht vorhanden ist.[182] **Kurzum**: Zum einen ist es die Frage einer guten Argumentation, welche Aufwendungen man ersetzt erhält, zum anderen ist es zu einem guten Teil Glückssache. Als Bieter muss man sich überlegen, wie wichtig einem die Antragstellung vor der Vergabekammer ist,[183] sei es aus Gründen der großen Attraktivität des aktuell ausgeschriebenen Auftrags, sei es aus grundsätzlichen Erwägungen der Klärung einer Rechtsfrage, deren ungeklärter Zustand ggf. schon mehrmals hohen Aufwand im Rahmen von Rügeverfahren verursacht hat, ohne dass man bisher eine Abhilfe erzielt hat respektive sich zu einer Antragstellung durchzuringen vermochte.

4. Aufwendungsersatz für/durch die Beigeladene

§ 182 Abs. 4 Satz 2 GWB regelt **ausdrücklich** den Aufwendungsersatzanspruch **für die Beigeladene** und macht diesen von einer Billigkeitsentscheidung der Vergabekammer abhängig. Damit sind nach aktueller Rechtslage dieselben Kriterien anzuwenden, wie sie zuvor von der Rechtsprechung im Rahmen der Billigkeitsprüfung nach § 162 Abs. 3 VwGO analog entwickelt wurden. Es gelten hier dieselben Grundsätze wie im Rahmen der Kostentragung im Sinne von § 182 Abs. 3 GWB durch die Beigeladene. Ein Aufwendungserstattungsanspruch der Beigeladenen ist sowohl im Verfahren vor der Vergabekammer als auch im Verfahren vor dem Vergabesenat dann billig, wenn sich die antragstellende Partei mit ihrem Nachprüfungsantrag (und mit der anschließenden Beschwerde) ausdrücklich, bewusst und gewollt in einen Interessengegensatz zur Beigeladenen gestellt hat und wenn sich ferner die Beigeladene **aktiv am Nachprüfungsverfahren beteiligt** hat, indem sie (erfolgreich) Anträge nebst Begründung hierfür gestellt oder das Verfahren sonst **wesent-** 95

---

v. 14.10.2003, 6 Verg 8/03; OLG München, Beschl. v. 7.10.2005, Verg 07/05 (Erstattungsfähigkeit verneint); VK Schleswig-Holstein, Beschl. v. 23.2.2005, VK-SH 05/04, m. w. N. Zur Notwendigkeit der Hinzuziehung eines **Patentanwalts**: VK Bund, Beschl. v. 7.3.2007, VK 1-58/06.

178 OLG München, Beschl. v. 8.6.2005, Verg 03/05; VK Münster, Beschl. v. 1.10.2002, VK 09/2002, m. w. N.

179 Hierzu VK Lüneburg, Beschl. v. 1.3.2001, 203-VgK-08/2000.

180 Im konkreten Fall verneint: OLG Naumburg, Beschl. v. 10.5.2000, 1 Verg 3/99; VK Lüneburg, Beschl. v. 1.3.2001, 203-VgK-08/2000.

181 OLG Jena, Beschl. v. 6.11.2002, 6 Verg 8/02, m. w. N.

182 OLG Frankfurt, Beschl. v. 8.7.2014, 11 Verg 7/14.

183 *Noch*, Vergaberecht kompakt, Rn. 1247, S. 345.

lich gefördert hat.[184] Zum Teil wird auch auf eine **spürbare Unterstützungshandlung** abgestellt, was aber auf das Gleiche hinausläuft.[185] Damit wird auf die zu § 154 Abs. 3 VwGO und § 162 Abs. 3 VwGO entwickelten Grundsätze zurückgegriffen. Fraglich ist aber, ob dies ausreicht. *Vavra* gibt zu bedenken, dass die Beigeladene in die Prozesssituation hineingezwungen wird und es daher für sie beispielsweise zweckdienlich erscheinen kann, am Termin teilzunehmen.[186] Diese Überlegungen treffen zu. Das Gebot der Chancengleichheit gebietet es grundsätzlich, dass die Beigeladene auch die Aufwendungen ersetzt bekommt, die für eine rein passive Rechtsverteidigung notwendig sind. Dazu zählen angesichts der Komplexität des Vergaberechts in aller Regel auch die Kosten für einen Bevollmächtigten. Die Zusprechung des Aufwendungsersatzes ist auch dann rechtens, wenn ein antragstellender Bieter im Range der Auswertung chancenlos platziert ist.[187]

96 Seit dem Vergaberechtsmodernisierungsgesetz 2009 ist geklärt, dass die **Beigeladene** notwendige **Auslagen** des Antragsgegners ihrerseits zu **tragen** hat, soweit sie im Rechtsstreit unterlegen ist. Genau wie bei den Verfahrenskosten nach § 182 Abs. 3 Satz 1 GWB ist auch für den Aufwendungsersatz nach § 182 Abs. 4 Satz 1 GWB die Frage zu beantworten, ob die Beigeladene als Beteiligte im Sinne des § 162 Satz 1 GWB im Verfahren unterliegen kann. Es ist ganz überwiegende Auffassung, dass auch hier eine Kostentragungspflicht entsprechend einem eigenen verfahrensfördernden Beitrag möglich ist.[188] Denn wenn die Beigeladene „unterliegende“ Beteiligte im Sinne von § 182 Abs. 3 Satz 1 GWB sein kann, muss dasselbe auch bei der Anwendung des § 182 Abs. 4 Satz 1 GWB gelten.[189]

97 Musste man früher in puncto Kostentragung/Kostenerstattung durch die Beigeladene die **§§ 154 Abs. 3, 159 Satz 1 und 2, 162 Abs. 3 VwGO entsprechend** anwenden,[190] so entspricht es gem. § 182 Abs. 4 Satz 1 GWB der heutigen Rechtslage, dass für die Beigeladene sowohl im Verfahren vor der Vergabekammer als auch im Beschwerdeverfahren in der Regel nur im Falle einer Antragstellung eine Kostentragungspflicht entsteht – sei es für Verfahrenskosten oder für notwendige Auslagen des Antragsgegners.

98 Unterliegen also die Beigeladene und der Auftraggeber, so haften sie **gesamtschuldnerisch** nur für die Kosten der Vergabekammer nach § 182 Abs. 3 Satz 1 und 2 GWB. Für die Aufwendungen des Antragstellers haften sie **nach Kopfteilen**, die sich nach dem Gewicht der Beteiligung am Verfahren bestimmen.[191]

---

184 OLG München, Beschl. v. 8.3.2016, Verg 1/16; VK Sachsen, Beschl. v. 15.3.2013, 1/SVK/003-13.

185 VK Hessen, Beschl. v. 17.4.2013, 69d VK-03/2013.

186 *Vavra*, in: Hattig/Maibaum, PK Kartellvergaberecht, § 128 GWB Rn. 29.

187 VK Baden-Württemberg, Beschl. v. 2.2.2015, 1 VK 63/14.

188 OLG Brandenburg, Beschl. v. 16.5.2008, Verg W 11/06 (§ 162 Abs. 3 VwGO entsprechend anwendend).

189 OLG Düsseldorf, Beschl. v. 15.6.2000, Verg 6/00; Beschl. v. 29.11.2000, Verg 21/00; Beschl. v. 13.8.2003, Verg 1/02; Beschl. v. 23.11.2004, VII-Verg 69/04; Beschl. v. 23.1.2008, VII-Verg 31/07 (Übernahme des Kostenrisikos durch Stellungnahme zu dem Nachprüfungsantrag); VK Bund, Beschl. v. 6.2.2008, VK 3-11/08; VK Schleswig-Holstein, Beschl. v. 14.9.2005, VK-SH 21/05 (Kostenpflicht der Bg. bzgl. Verfahrensgebühr verneint, da sie mit ihren Anträgen formal nicht unterlegen ist).

190 Vgl. OLG Düsseldorf, Beschl. v. 15.6.2000, Verg 6/00.

191 BGH, Beschl. v. 26.9.2006, X ZB 14/06; OLG Düsseldorf, Beschl. v. 15.6.2000, Verg 6/00; Beschl. v. 29.11.2000, Verg 21/00; Beschl. v. 18.7.2001, Verg 16/01; Beschl. v. 23.1.2008, VII-

5. Notwendigkeit der Hinzuziehung eines Bevollmächtigten

Ebenfalls von Amts wegen bestimmt die Kostengrundentscheidung, ob die Zuziehung eines Rechtsanwalts oder eines sonstigen Bevollmächtigten notwendig war.[192] Dies ist der Fall, wenn ein Beteiligter nach objektiven Gesichtspunkten aufgrund der Schwierigkeit der Sach- und Rechtslage nicht in der Lage ist, seine Rechte im Verfahren ausreichend wahrzunehmen. In Vergaberechtsstreitigkeiten ist die **Notwendigkeit** der Zuziehung eines Rechtsanwaltes für **Bieter oder Bewerber**, d.h. Antragsteller und Beigeladene, die **Regel** – Ausnahmen sind praktisch nur in ganz besonderen Fällen vorstellbar.[193] Geschuldet ist diese Anschauung insbesondere dem Umstand, dass es sich beim Vergaberecht um eine verschachtelte, schwierige Materie handelt, die nicht Gegenstand des Allgemeinwissens ist.[194] Insbesondere in Fällen mittelständischer Unternehmen wird man richtigerweise die Notwendigkeit der Hinzuziehung eines Bevollmächtigten annehmen können.[195] Im Falle von großen Konzernen, die über eine eigenständige Rechtsabteilung verfügen und zudem wesentliche Umsätze mit der erfolgreichen Teilnahme an öffentlichen Ausschreibungen erzielen, kann dies anders gelagert sein;[196] jedenfalls handelt es sich dann nicht um einen „Selbstläufer“. 99

Der BGH hat in seiner Entscheidung vom 26.9.2006[197] allerdings festgestellt, dass die Frage nach der Notwendigkeit der Hinzuziehung eines Rechtsanwalts anhand der Umstände des Einzelfalls zu beurteilen ist. Die maßgebliche Frage sei, ob der Beteiligte unter den Umständen des Falles auch selbst in der Lage gewesen wäre, aufgrund der bekannten oder erkennbaren Tatsachen den Sachverhalt zu erfassen, der im Hinblick auf eine Missachtung von Bestimmungen über das Vergabeverfahren von Bedeutung ist, hieraus die für eine sinnvolle Rechtswahrung oder -verteidigung nötigen Schlüsse zu ziehen und das danach Gebotene gegenüber der Vergabekammer vorzubringen. Hierfür könnten neben Gesichtspunkten wie der Einfachheit oder Komplexität des Sachverhalts, der Überschaubarkeit oder Schwierigkeit der zu beurteilenden Rechtsfragen auch rein persönliche Umstände bestimmend sein, wie etwa die sachliche und personelle Ausstattung des Beteiligten, also beispielsweise, ob er über eine Rechtsabteilung oder andere Mitarbeiter verfügt, von denen 100

Verg 31/07; OLG Brandenburg, Beschl. v. 27.7.2007, Verg W 7/07; OLG Frankfurt, Beschl. v. 7.8.2007, 11 Verg 3/07 und 4/07; VK Bund, Beschl. v. 6.2.2008, VK 3-11/08.

192 VK Münster, Beschl. v. 15.1.2003, VK 22/02.

193 So vor allem OLG Düsseldorf, Beschl. v. 14.4.2004, 7 Verg 65, 66, 68/03; statt vieler anderer OLG Dresden, Beschl. v. 27.7.2010, WVerg 0007/10 (bejaht, Problematik: Auskömmlichkeit der von den Beigeladenen abgegebenen Angebote, insbesondere deren Kalkulation unter Berücksichtigung eines Betriebsüberganges); OLG Schleswig, Beschl. v. 22.1.2007, 1 Verg 2/06; VK Lüneburg, Beschl. v. 11.1.2005, 203 VgK-55/2004; VK Nordbayern, Beschl. v. 22.9.2010, 21.VK-3194-24/10 (verneint, Problematik: ASt hat das Rügeschreiben mit umfangreichen rechtlichen Ausführungen, die bereits sämtliche Erwägungen des späteren Nachprüfungsantrages aufführen, ohne Rechtsbeistand selbst erstellt; ebenso *Vavra*, in: Hattig/Maibaum, PK Kartellvergaberecht, § 128 GWB Rn. 25; a.A. *Stockmann*, in: Immenga/Mestmäcker, GWB, § 128 Rn. 31, der nicht annimmt, dass die Rechtsanwaltskosten regelmäßig erstattet werden, aber dennoch eine zu engherzige Praxis für nicht angebracht hält.

194 VK Hessen, Beschl. v. 17.4.2013, 69d VK-03/2013.

195 VK Berlin, Beschl. v. 4.4.2016, VK-B2-03/16.

196 *Noch*, Vergaberecht kompakt, Rn. 1473 f., S. 399.

197 BGH, Beschl. v. 26.9.2006, X ZB 14/06; Bezug nehmend: OLG Brandenburg, Beschl. v. 27.7.2007, Verg W 7/07; Beschl. v. 6.11.2007, Verg W 12/07.

erwartet werden kann, dass sie gerade oder auch Fragen des Vergaberechts sachgerecht bearbeiten können. Allerdings hebt der BGH dann auch streitentscheidend darauf ab, dass keine gegenteiligen Sachverhalte vorgetragen wurden, sodass er offenbar auch die grundsätzliche Notwendigkeit der Beiziehung eines Anwalts auf Seiten der Antragsteller annimmt. Wie immer in den Fällen, die eine Ermessensentscheidung erfordern, muss dieses auch einzelfallbezogen ausgeübt werden. Schematische Betrachtungsweisen ohne nähere Begründung verbieten sich.

101 Wann für die **Vergabestelle** die Zuziehung eines Bevollmächtigten notwendig im Sinne des § 80 Abs. 2 VwVfG ist, sodass sie im Fall ihres Obsiegens einen Kostenerstattungsanspruch gem. § 182 Abs. 4 Satz 1 GWB hat, ist in Literatur und Rechtsprechung umstritten. Nach den zu § 80 Abs. 2 BVwVfG geltenden Grundsätzen ist für den Bürger die Zuziehung nicht nur in schwierigen und umfangreichen Widerspruchsverfahren, sondern in der Regel notwendig, während dies nur in Ausnahmefällen zugunsten der Ausgangsbehörde gilt. Diese müsse mit eigenem Fachpersonal in der Regel so ausgestattet sein, dass sie ihre Verwaltungstätigkeit, zu der auch die Mitwirkung im Vorverfahren gehört, ohne fremde Unterstützung ausführen kann.[198]

102 Diesen Grundsätzen – zum Teil ausdrücklich – entsprechend, wird vertreten, dass die Hinzuziehung eines Rechtsanwalts für die Vergabestelle **in aller Regel nicht notwendig** ist, wenn im Nachprüfungsverfahren vergabespezifische Fragen des nationalen Gesetz- oder Verordnungsgebers zur Diskussion stehen.[199] Dies gelte insbesondere, aber nicht nur, wenn die Vergabestelle über ein eigenes Justitiariat verfüge. Bei Behörden sei regelmäßig davon auszugehen, dass sie ihre Verwaltungstätigkeit ohne fremde Hilfe ausführen könnten. Wie jeder Amtsträger müsse die Vergabestelle bereits bei der Vorbereitung der Ausschreibung den notwendigen Sachverstand besitzen oder sich verschaffen. Jedenfalls wenn sie tätig geworden sei und deswegen ein Nachprüfungsverfahren eingeleitet wird, sei vom Vorhandensein entsprechender Kenntnisse auszugehen. Dieses Fachwissen sei unabdingbare Voraussetzung für die ordnungsgemäße Auftragsvergabe, und zwar seit Jahrzehnten und nicht erst seit Inkrafttreten der §§ 107 ff. GWB a. F. Auch die Verteidigung dieser Tätigkeit im Verfahren vor der Vergabekammer beinhalte in aller Regel keine zusätzlichen Schwierigkeiten tatsächlicher oder rechtlicher Art, da keine besonderen Verfahrenspflichten oder -obliegenheiten zu beachten seien. Zudem gelte gem. § 163 Abs. 1 GWB der Untersuchungsgrundsatz im Vergabekammerverfahren, demzufolge die Kammer unabhängig vom Vorbringen der Beteiligten den relevanten Sachverhalt aufzuklären und die maßgeblichen Vergabevorschriften anzuwenden habe. Schließlich könne die Notwendigkeit nicht von der Personalausstattung der Vergabestelle abhängen. Dieses Kriterium sei von der Kammer nur schwer zu klären und stelle aus Sicht des Antragstellers keinen Ansatzpunkt für eine sachliche Kostenverteilung dar.[200]

198 So zu § 80 VwVfG: *Kopp/Ramsauer*, VwVfG, § 80 Rn. 39, 42.

199 So wohl *Stockmann*, in: Immenga/Mestmäcker, GWB, § 128, Rn. 32, der zwar eine Einzelfallentscheidung befürwortet, dabei aber eher zurückhaltend verfahren will.

200 OLG Koblenz, Beschl. v. 23.8.2006, 1 Verg 8/06; Beschl. v. 8.6.2006, 1 Verg 4 u. 5/06; VK Rheinland-Pfalz, Beschl. v. 23.4.2007, VK 8/07, unter Hinweis unter anderem auf den im Nachprüfungsverfahren herrschenden Untersuchungsgrundsatz, welcher die Notwendigkeit der Beherrschung der Verfahrensvorschriften relativiere; Beschl. v. 11.12.2008, VK 38/08 (ausnahmsweise bejaht, da primär Zulässigkeitsfragen streitgegenständig und VSt GmbH statt öffentlich-rechtlicher Verwaltungseinheit); ebenso Beschl. v. 12.4.2005, VK 11/05.

Die Gegenauffassung verkehrt den Regelsatz in sein Gegenteil: Es erscheine auch für die Verwaltungsbehörde als Vergabestelle **regelmäßig notwendig**, sich des Beistands eines im Vergaberecht kundigen Rechtsanwalts zu bedienen. Hierfür spreche die komplizierte Materie, deren zahlreiche Neuerungen und ihre Überlagerung durch unionsrechtliche Fragen. Das Nachprüfungsverfahren sei ein kontradiktorisches gerichtsähnliches Verfahren, welches prozessuale Kenntnisse erfordere, sodass die restriktive Handhabung des § 80 VwVfG im Rahmen des Vorverfahrens nicht übernommen werden dürfe.[201] **103**

Das OLG Düsseldorf[202] – gefolgt von einer Vielzahl anderer Oberlandesgerichte[203] und Vergabekammern[204] – bezieht eine **vermittelnde Position**.[205] Weder könne aufgrund der **104**

201 Vgl. OLG Saarbrücken, Beschl. v. 29.9.2004, 1 Verg 5/04; OLG Schleswig, Beschl. v. 15.7.2003, 6 Verg 6/03; OLG Stuttgart, Beschl. v. 19.7.2000, 2 Verg 4/00; Beschl. v. 11.9.2000, 2 Verg 2/99; OLG Naumburg, Beschl. v. 28.6.2004, 1 Verg 8/04; BayObLG, Beschl. v. 19.9.2003, Verg 11/03; VK Lüneburg, Beschl. v. 30.6.2008, VgK 07/2008; Beschl. v. 8.7.2009, VgK-29/2009; Beschl. v. 7.8.2009, VgK-32/2009; VK Köln, Beschl. v. 15.8.2003, VK VOL 20/2003; VK Schleswig-Holstein, Beschl. v. 7.7.2009, VK-SH 05/09; VK Nordbayern, Beschl. v. 9.5.2006, 21.VK-3194-15/06; stark auf den Einzelfall abstellend *Vavra*, in: Hattig/Maibaum, PK Kartellvergaberecht, § 128 GWB Rn. 27.

202 Grundlegend auch unter Berücksichtigung der Literatur: OLG Düsseldorf, Beschl. v. 20.7.2000, Verg 1/00 (bejaht, Problematik: Auftraggebereigenschaft und §§ 97 Abs. 3, 111 GWB a. F., nicht versiertes anderweitig ausgelastetes Personal, enger Zeitrahmen); danach in ständiger Rechtsprechung: Beschl. v. 22.8.2000, Verg 9/00 (bejaht, Problematik: Unverzüglichkeit der Rüge); Beschl. v. 9.8.2001, Verg 1/01 (abgelehnt, Problematik: Leistungsbeschreibung und Auswahlentscheidung, erfahrenes und verfügbares Personal); Beschl. v. 28.2.2002, Verg 37/01, VergabeR 2002, 378 mit Anm. *Rübartsch* (bejaht, Problematik: Aufhebung als Gegenstand des Nachprüfungsverfahrens); Beschl. v. 15.5.2002, Verg 10/02 (bejaht, Problematik: inhaltliche Anforderungen an Schreiben gemäß § 13 VgV a. F.); Beschl. v. 21.5.2003, Verg 63/02 (verneint, da mangels Zustellung des Nachprüfungsantrags kein Prozessrechtsverhältnis begründet); Beschl. v. 29.10.2003, Verg 1/03 (für Beigeladene verneint, da auftragsbezogene Sach- und Rechtsfragen); Beschl. v. 5.2.2004, VII-Verg 25/03; Beschl. v. 25.2.2004, VII-Verg 12/00; Beschl. v. 13.8.2004, VII-Verg 12 und 14/02; Beschl. v. 7.1.2004, VII-Verg 55/02; Beschl. v. 14.4.2004, VII-Verg 66/03.

203 Auf die identischen Kriterien stellt ab OLG Celle, Beschl. v. 17.5.2001, 13 Verg 6/01 (bejaht, Problematik: Antragsbefugnis vor der VK, Zulässigkeit bei unterlassener Rüge, Diskriminierungsverbot, beschaffungsfremde Kriterien); ebenso OLG Koblenz, Beschl. v. 8.6.2006, 1 Verg 4 und 5/06; ausdrücklich folgt OLG München, Beschl. v. 11.6.2008, Verg 6/08; BayObLG, Beschl. v. 19.9.2003, Verg 11/03; OLG Naumburg, Beschl. v. 29.5.2001, 1 Verg 5/01; KG, Beschl. v. 23.7.2001, KartVerg 18/00, beruft sich zwar auf die Rspr. des OLG Düsseldorf, erachtet dann jedoch mittelfristig die Zuziehung grundsätzlich als notwendig; ausdrücklich folgt „der gefestigten Rechtsprechung der Vergabesenate" OLG Frankfurt, Beschl. v. 5.3.2002, 11 Verg 2/01 (bejaht wegen Zulässigkeitsfragen); VK Brandenburg, Beschl. v. 19.12.2008, VK 40/08 (bejaht, da nicht lediglich auftragsbezogene Sach- und Rechtsfragen zu beurteilen).

204 VK Bund, Beschl. v. 6.7.2007, VK 3-58/07; Beschl. v. 19.10.2004, VK 3-191/04; VK Hamburg, Beschl. v. 6.10.2003, VK BB-3/03 (bejaht wegen der kurzen Fristen des Vergabenachprüfungsverfahrens und der herausragenden Bedeutung des Auftrags); VK Sachsen, Beschl. v. 25.8.2003, 1/SVK/087-03 (verneint wegen Fragestellung, die „originäre Aufgabe" des Auftraggebers betrifft und überschaubaren Beitrags des Bevollmächtigten); Beschl. v. 14.3.2007, 1/SVK/006-07; VK Baden-Württemberg, Beschl. v. 24.5.2000, 1 VK 9/00 (bejahend, Problematik: Zulässigkeitsfragen und weder qualifiziertes noch verfügbares Personal); VK Berlin, Beschl. v. 28.11.2000, VK-B1-7/00 (verneint, ausreichend fachkundiges Personal); VK Südbayern, Beschl. v. 30.1.2001, 09-05/00 (abgelehnt; Problematik: Sperrvermerke in Vergabeunterlagen); VK Münster, Beschl. v. 14.9.2001, VK 18/01 (bejaht: Zulässigkeitsfragen und Unterstützung bereits bei Ausarbeitung der Vergabeunterlagen); Beschl. v. 18.9.2002, VK 08/02 (bejaht, Problematik: Zulässigkeitsfragen und Eilverfahren nach § 115 Abs. 3 GWB a. F.); VK Arnsberg, Beschl. v.

nur entsprechenden Geltung des § 80 VwVfG dessen restriktive Tendenz zur Auslegung herangezogen werden, noch dürfe man dessen Regel-Ausnahme-Verhältnis in sein Gegenteil verkehren. Die Entscheidung sei immer eine **Einzelfallentscheidung**, die ihren Bezugspunkt im jeweiligen konkreten Verfahren habe. Maßgeblich sei, ob sich die Problematik auf auftragsbezogene Sach- und Rechtsfragen konzentriere oder ob weitere Rechtsprobleme, gerade auch solche des Nachprüfungsverfahrens, hinzukämen.[206] Auch die Kenntnisse des vorhandenen Personals, dessen Verfügbarkeit, die Bedeutung des in Rede stehenden Auftrags für den Auftraggeber und, im Hinblick auf die kurzen Fristen, der Zeitfaktor seien zu berücksichtigen.[207]

Beispiel: Eine kommunale Behörde, die nur einmal im Jahr eine EU-weite Ausschreibung **durchführt** und nur alle 5 bis 8 Jahre ein Nachprüfungsverfahren bestehen muss, wird anwaltliche Begleitung benötigen und zugesprochen bekommen müssen.[208]

Das Kriterium der „Waffengleichheit" führt der Düsseldorfer Vergabesenat gelegentlich ins Feld.[209] Das OLG Dresden sowie die VK Sachsen und Brandenburg stellen im Wesentlichen auf das erstgenannte Kriterium ab und beurteilen die Notwendigkeit ausschließlich nach dem individuellen Streitstoff des einzelnen Nachprüfungsverfahrens.[210]

105 Aufgrund der Besonderheit des Nachprüfungsverfahrens (einerseits Verwaltungsverfahren, andererseits kontradiktorisches Verfahren) scheint dies auf den ersten Blick eine sinnvolle Kompromisslinie zu sein. Weder eine Parallele zu § 162 Abs. 2 VwGO, der Gebühren und Auslagen eines Rechtsanwalts im verwaltungsgerichtlichen Verfahren stets für erstattungsfähig erklärt, noch eine Parallele zu § 80 Abs. 2 VwVfG, der nach Auslegung durch die Rechtsprechung dies im behördlichen Widerspruchsverfahren nur im Ausnahmefall vorsieht, wird der Sonderstellung des Nachprüfungsverfahrens voll gerecht. Für die Vergabestelle sollte allerdings im Moment der Beauftragung, d. h. regelmäßig kurz nach Information über den Nachprüfungsantrag, Rechtssicherheit darüber bestehen, ob Anwaltskos-

---

29.4.2002, VK 2-06/2002 (bejaht, Problematik: Zulässigkeitsfragen und weder qualifiziertes noch verfügbares Personal); VK Hessen, Beschl. v. 30.7.2002 (bejaht ohne konkrete Begründung); VK Schleswig-Holstein, Beschl. v. 31.3.2003, VK-SH 06/03 (verneint, da überwiegend auftragsbezogene Sach- und Rechtsfragen und qualifiziertes Personal vorhanden); Beschl. v. 1.4.2003, VK-SH 07/03 (verneint, da überwiegend auftragsbezogene Sach- und Rechtsfragen); VK Brandenburg, Beschl. v. 30.1.2008, VK 56/07 (verneint, lediglich auftragsbezogene Sach- und Rechtsfragen).

205 Grundlegend aus neuerer Zeit: OLG Düsseldorf, Beschl. v. 28.1.2011, VII-Verg 60/10.

206 OLG Düsseldorf, Beschl. v. 28.1.2011, VII-Verg 60/10. Dieses Kriterium hebt die Bundesregierung im Entwurf des Vergaberechtsmodernisierungsgesetzes vom 24.4.2009 hervor, BT-Drs. 16/10117, S. 25, zu Nr. 23c. a. E.

207 OLG Brandenburg, Beschl. v. 30.4.2013, W Verg 3/13.

208 *Noch*, Vergaberecht kompakt, Rn. 1473, S. 400.

209 OLG Düsseldorf, Beschl. v. 5.2.2004, VII-Verg 25/03; Beschl. v. 17.5.2004, VII-Verg 12/03 (in Bezug auf den Rechtsbeistand der Beigeladenen); Beschl. v. 16.4.2007, VII-Verg 55/06.

210 OLG Dresden, Beschl. v. 29.6.2001, WVerg 0009/00 (bejaht, Problematik: rechtzeitige Erfüllung der Rügeobliegenheit, Zeitdruck); Beschl. v. 2.2.2004, WVerg 17/03; auch das Kriterium der „Waffengleichheit" und die Kenntnisse und Ressourcen der Vergabestelle berücksichtigend Beschl. v. 1.10.2007, WVerg 0008/07; VK Brandenburg, Beschl. v. 30.5.2005, 1 VK 27/05; VK Sachsen, Beschl. v. 14.8.2000, 1/SVK/73-00 (abgelehnt für die Frage der Unverzüglichkeit der Rüge, obwohl prozessuales Problem); klar auf dieses Kriterium abstellend in Beschl. v. 9.1.2001, 1/SVK/75-00 (abgelehnt, Problematik: VOB/A); Beschl. v. 7.4.2003, 1/SVK/021-03 und 1/SVK/024/03 (abgelehnt wegen Fragen der normalen Angebotsbewertung).

ten im Fall des Obsiegens erstattungsfähig sind. Die vorgeschlagene Unterscheidung nach dem Streitstoff mag zu diesem Zeitpunkt in vielen Fällen eindeutig sein, aber sie kann sicher erst nach Beendigung des Nachprüfungsverfahrens getroffen werden. Dies insbesondere deshalb, weil regelmäßig bei Information über den Nachprüfungsantrag nicht sofort entschieden wird, ob möglicherweise ein Gestattungsantrag nach § 169 Abs. 2 GWB gestellt wird, der als prozessuale Besonderheit nach den Grundsätzen des OLG Dresden zur Notwendigkeit der Hinzuziehung führen muss. Mit der Anzahl der Kriterien, die das OLG Düsseldorf zur Erzielung einer größtmöglichen Einzelfallgerechtigkeit anwendet, steigt auch die Unsicherheit für die Vergabestelle. Daher sollte auch hier der Rechtssicherheit Vorrang vor der Einzelfallgerechtigkeit eingeräumt werden, indem die Hinzuziehung auch für die Vergabestelle **im Regelfall** als **notwendig** angesehen wird. Um extreme Einzelfälle, in denen dies unbillig, weil eben ausnahmsweise offensichtlich nicht notwendig erscheint, zu eliminieren, kann dann auf die zutreffenden Orientierungslinien des OLG Düsseldorf zurückgegriffen werden: Streitstoff, Personal, zeitliche Machbarkeit und Bedeutung des Auftrags. Durch diesen Regelsatz wird nicht per se das Kostenrisiko der Bieter und damit die Zugangsschwelle zum Nachprüfungsverfahren erhöht. In neuerer Zeit tritt in der Entscheidungspraxis ein Gesichtspunkt hinzu, welcher die Binnenspezialisierung auch im Bereich Rechtsanwälte, z. T. sogar im Bereich der Fachanwälte, betrifft. Zu nennen sind bspw. die Besonderheiten der Vergabe im Bereich ÖPNV, SGB II und III, SGB V, Gebäudemanagement oder Postdienstleistungen.[211] Diesbezüglich kann es im Hinblick auf die Entscheidung der Frage der Notwendigkeit der Hinzuziehung auch eine Rolle spielen, ob der vertretende Rechtsanwalt die Vergabestelle nicht nur in vergaberechtlicher, sondern auch in fachlicher Hinsicht unterstützen kann, weil er sich in besonderem Maße bei Vergaben in dem jeweils relevanten Metier auskennt.[212]

6. Rechtsanwaltsgebühren

Im Gegensatz zu den Anwaltsgebühren im Beschwerdeverfahren sind die Anwaltsgebühren im Nachprüfungsverfahren nach wie vor nicht ausdrücklich geregelt. Es hat sich aber seit 1999 eine einheitliche und mittlerweile vollkommen unbestrittene Handhabung ergeben,[213] sodass die Nichtregelung im Rahmen des Vergaberechtsmodernisierungsgesetzes als „beredtes Schweigen" des Gesetzgebers gewertet werden darf. Die in den Vorauflagen vertretene Auffassung, aus dem Charakter des kontradiktorischen Verfahrens ergäben sich andere gebührenrechtliche Tatbestände als bei der Vertretung in Verwaltungsverfahren, wird aufgegeben. 106

In Anbetracht der Tatsache, dass das Nachprüfungsverfahren wie ein gewöhnliches Verwaltungsverfahren zu behandeln ist, erhält der Anwalt eine Geschäftsgebühr gem. VV Nr. 2300;[214] sie kann sich auf 0,5 bis 2,5 Gebühren belaufen. Gem. § 14 Abs. 1 RVG be- 107

211 Das Argument der sog. „Binnenspezialisierungen" nicht anerkennend: OLG Düsseldorf, Beschl. v. 10.4.2014, VII-Verg 4/13.

212 VK Hessen, Beschl. v. 12.11.2015, 69d-VK-23/15. Unter Verweis auf: OLG Naumburg, Beschl. v. 21.3.2013, 2 Verg 1/13.

213 Wichtige Meilensteine zur Festigung der herrschenden Meinung: BGH, Beschl. v. 9.12.2003, X ZB 14/03; Beschl. v. 23.9.2008, X ZB 19/07; für die ganz einhellige Auffassung auf Seiten der Oberlandesgerichte: BayObLG, Beschl. v. 16.2.2005, Verg 28/04; OLG Düsseldorf, Beschl. v. 7.5.2007, VII-Verg 7/07; OLG München, Beschl. v. 13.11.2006, Verg 13/06.

214 Vgl. statt vieler OLG Frankfurt, Beschl. v. 13.7.2009, 11 Verg 1/09.

stimmt der Anwalt bei einer Rahmengebühr – wie sie hier vorliegt – die Höhe der Gebühr im Einzelfall unter Berücksichtigung aller Umstände, vor allem des Umfangs und der Schwierigkeit der anwaltlichen Tätigkeit, der Bedeutung der Angelegenheit sowie der Einkommens- und Vermögensverhältnisse des Auftraggebers nach billigem Ermessen. Gemäß VV Nr. 2300 kann eine Geschäftsgebühr von mehr als 1,3 nur gefordert werden, wenn die Tätigkeit umfangreich oder schwierig war. War die Tätigkeit umfangreich oder schwierig, steht der volle Gebührenrahmen zur Abwägung der Kriterien aus § 14 RVG zur Verfügung. Dies wird in der Mehrzahl der Vergabeverfahren der Fall sein.[215] Nach dem BayObLG spielt die Kappungsgrenze von 1,3 Gebühren für Vergabesachen im Allgemeinen keine Rolle, da sie grundsätzlich schwierig und/oder umfangreich sind; der 2,5fache Satz komme in Betracht, wenn der Nachprüfungsantrag zulässig war und eine mündliche Verhandlung stattgefunden hat.[216] Angemessen wird es jedoch sein, regelmäßig ca. 1,8 Gebühren zu veranschlagen, in komplexeren Verfahren 2,0[217] (wenn, wie regelmäßig, eine mündliche Verhandlung stattgefunden hat) und 1,4 bis 1,6 Gebühren in Nachprüfungsverfahren ohne mündliche Verhandlung. Der Gebührenfaktor 2,5 ist außergewöhnlich komplexen Fällen mit besonders hoher Bedeutung vorbehalten. Dem Rechtsanwalt, der, wenn das Nachprüfungsverfahren vor der Vergabekammer endet, die Kostennote erstellt, ist nach allgemeinen Grundsätzen eine ermessensmäßige Toleranz von 20 % zuzugestehen.[218]

108 Ein signifikantes (Kosten-)Risiko in denjenigen Fällen, in denen der Anwalt im Rahmen eines Vergabeverfahrens beratend für einen Verfahrensbeteiligten tätig (**Tätigkeit im Vorfeld** des Nachprüfungsverfahrens) gewesen ist und in denen er auch unbestreitbar bspw. **Rügeschreiben oder Nichtabhilfeschreiben oder eine Stellungnahme zu einer Rüge**[219] auf Auftraggeberseite unter seinem Briefkopf beantwortet hat, ist seit der Neufassung des RVG 2013 entfallen. Nach der klärenden, aber inzwischen überholten Rechtsprechung des BGH handelte es sich bei dem dem Rügeverfahren folgenden Nachprüfungsverfahren nicht um ein neues Verwaltungsverfahren im Sinne des VV, sodass nicht erneut eine Gebühr nach VV Nr. 2300 anfiel, sondern lediglich VV Nr. 2301 einschlägig war.[220] Diese Gebühr war vorrangig zu prüfen,[221] und es fiel dann lediglich eine Rahmengebühr von 0,5 bis 1,3 Gebühren an. Seit der **Neufassung des RVG 2013** erfolgt die Berechnung ganz normal

---

215 Ausführlich OLG München, Beschl. v. 23.1.2006, Verg 22/05 m. w. N.; OLG Jena, Beschl. v. 2.2.2005, 9 Verg 6/04, das die Darlegung besonderer Umstände erst ab einem Gebührensatz von 2,0 als notwendig erachtet; ebenso OLG Düsseldorf, Beschl. v. 22.7.2005, VII-Verg 83/04; Beschl. v. 4.11.2005, VII-Verg 3/05; auch VK Thüringen, Beschl. v. 1.10.2008, 250-4005.20-3482/2008-024-ABG; VK Bund, Beschl. v. 7.3.2007, VK 1-58/06; mit dem Hinweis, dass Vergabesachen nicht per se mit einem überdurchschnittlichen Satz zu vergüten sind VK Sachsen-Anhalt, Beschl. v. 3.5.2007, 1 VK LVwA 11/06 K; OLG Naumburg, Beschl. v. 2.3.2006, 1 Verg 13/05; als ein Beispiel für die Anerkennung des 2,5fachen Satzes vgl. VK Bund, Beschl. v. 7.3.2007, VK 1-58/06.

216 BayObLG, Beschl. v. 16.2.2005, Verg 28/04; kritisch OLG Naumburg, Beschl. v. 23.8.2005, 1 Verg 4/05.

217 OLG Celle, Beschl. v. 17.5.2011, 13 Verg 18/10. Faktor 2,0 bei schwierigen rechtlichen und tatsächlichen Fragen betreffend das LV: OLG Düsseldorf, Beschl. v. 6.4.2016, VII-Verg 3/15.

218 OLG Naumburg, Beschl. v. 25.2.2015, 2 Verg 2/14.

219 Vgl. OLG Frankfurt, Beschl. v. 15.10.2009, 11 Verg 3/09.

220 BGH, Beschl. v. 23.9.2008, X ZB 19/07 auf die Vorlage des OLG Düsseldorf, Beschl. v. 7.5.2007, VII-Verg 7/07; VK Saarland, Beschl. v. 27.1.2009, 2 VK 01/2008; a. A. zuvor OLG München, Beschl. v. 13.11.2006, Verg 13/06.

221 OLG Schleswig, Beschl. v. 10.10.2013, 1 Verg 4/12.

nach VV Nr. 2300 mit dem Gebührenrahmen 0,5 bis 2,5, wonach anhand der üblichen Maßstäbe des RVG eine Gebühr von mehr als 1,3 nur gefordert werden kann, wenn die Tätigkeit umfangreich oder schwierig war. Die vergaberechtlichen Maßstäbe tendieren aus den bereits genannten Gründen einer großen Komplexität des Vergaberechts eher nach oben.

Kommt es im Nachprüfungsverfahren zu einem **Vergleich**, fällt nach Ansicht der VK Saarland die Einigungsgebühr nach VV Nr. 1000 nicht an. Die entsprechende Tätigkeit des Bevollmächtigten sei bereits von der Geschäftsgebühr gem. VV Nr. 2300 erfasst.[222] Dieses Ergebnis lässt sich auf VV Vorbemerkung 2.3 Abs. 3 stützen („Die Geschäftsgebühr entsteht für das Betreiben des Geschäfts . . . und für die Mitwirkung bei der Gestaltung eines Vertrags"). **109**

Gem. §§ 23 Abs. 1 Satz 1, 3 RVG ist der **Gegenstandswert** für die Berechnung der Anwaltsgebühren im Beschwerdeverfahren und im Nachprüfungsverfahren vor der Vergabekammer[223] nach den Regeln für die Streitwertermittlung im Rahmen des § 50 Abs. 2 GKG zu ermitteln.[224] Danach beträgt der Streitwert im Verfahren über die Beschwerde gegen die Entscheidung der Vergabekammer nach § 171 f. GWB einschließlich der Eilverfahren (nach § 169 Abs. 2 Satz 2 und 3, § 173 Abs. 1 Satz 3 und § 176 GWB) 5% der Bruttoauftragssumme.[225] In der Regel bemisst sich dies nach der Brutto-Angebotssumme des antragstellenden Bieters. Liegt kein Angebot des Antragstellers vor, so ist für die Ermittlung des Gegenstandswertes auf den objektiven Wert des Auftrages, dessen Vergabe beabsichtigt ist, abzustellen.[226] Hierfür bietet insbesondere die Schätzung des Auftraggebers einen hinreichenden Anhaltspunkt. Bei einem fortgeschrittenen Verfahren können auch die von anderen Bietern abgegebenen Angebotspreise einen gewichtigen Anhaltspunkt für den Wert des zu vergebenden Auftrags bieten.[227] Der Umstand, dass ein Nachprüfungsverfahren lediglich das Vergabeverfahren im Stadium des Teilnahmewettbewerbs betraf, rechtfertigt prinzipiell keine Herabsetzung des Gegenstandswertes.[228] **110**

7. Kostenfestsetzung/Verfahren

Die Vergabekammer entscheidet über die **Kostenlast von Amts** wegen; es bedarf hierfür keines Antrages. Zwar fehlt eine entsprechende Regelung, wie sie bspw. § 73 Abs. 3 Satz 3 VwGO für die Widerspruchsbehörde enthält. Es ist aber nicht erkennbar, dass der Gesetzgeber von dieser dem § 80 VwVfG innewohnenden Systematik[229] abweichen wollte. Für die Annahme, schon die Kostengrundentscheidung – und nicht erst die Festsetzung des konkreten Betrages der zu erstattenden Aufwendungen – sei antragspflichtig, fehlt jedenfalls jeder Hinweis im Gesetz oder in der Gesetzesbegründung. **111**

---

222 VK Saarland, Beschl. v. 27.1.2009, 2 VK 01/2008.

223 Statt vieler OLG München, Beschl. v. 31.3.2008, Verg 14/07; OLG Düsseldorf, Beschl. v. 17.1.2006, VII-Verg 63/05; OLG Naumburg, Beschl. v. 23.8.2005, 1 Verg 4/05.

224 VK Saarland, Beschl. v. 5.3.2008, 3 VK 09/2007 m. w. N.

225 Der Gesetzentwurf folgt damit der Rechtsprechung, vgl. BT-Drs. 15/1971, S. 155 f. zu § 50 GKG.

226 OLG Düsseldorf, Beschl. v. 6.7.2016, VII-Verg 44/13.

227 OLG Düsseldorf, Beschl. v. 17.5.2016, VII-Verg 12/16.

228 OLG Düsseldorf, Beschl. v. 8.2.2006, VII Verg 85/05.

229 Vgl. *Kopp/Ramsauer*, VwVfG, § 80 Rn. 2, 47.

112 Die **Festsetzung der Kosten zugunsten der Erstattungsgläubiger** (abgesehen von der Vergabekammer selbst mit ihren Kosten) fand bis zur Neufassung des GWB 2009 durch die Vergabekammern im Rahmen eines eigenständigen Verfahrens statt. Die Vergabekammer entschied durch (nicht vollstreckbaren) Verwaltungsakt auf Antrag eines erstattungsberechtigten Verfahrensbeteiligten. Die **Kostenfestsetzungsverfahren** waren für die Vergabekammern teilweise extrem **arbeitsaufwendig**. Daher hat sich der Gesetzgeber im Jahre 2009 entschieden, diese **Verfahren abzuschaffen (§ 182 Abs. 4 Satz 5 GWB)**. Rechtspolitisch ist das kritikwürdig. Richtig ist zwar, dass die Vergabekammern damit deutlich entlastet werden und wieder mehr Zeit für Sachentscheidungen haben. Jedoch zeigt sich, dass nicht alle Zahlungspflichtigen widerspruchslos die Kostennoten ihrer Antragsgegner bezahlen. Daran ist jedoch ungünstig, dass der Unterlegene bzw. dessen Verfahrensbevollmächtigter nicht selten alles versucht, der Gegenseite in **diversen Schriftwechseln** die **Höhe ihrer Aufwendungen streitig zu machen**. Dabei kann man oftmals Phänomene einer „verletzten Eitelkeit" nicht völlig ignorieren. Es erweist sich daher als gut, wenn möglich, die Kostenfestsetzung durch einen anderen Sozietätsmitarbeiter durchführen zu lassen, um eine direkte Konfrontation der Akteure zu vermeiden. Kommt es dann aber doch zum Streit, müssen nach aktueller Rechtslage die **Zivilgerichte** entscheiden. Es ist klar, dass ein Streit über bspw. die Notwendigkeit von Kosten im Einzelfall vor einem (zuvor nicht sachbefassten) Zivilgericht erheblich höhere Aufwände verursacht, als sie im Falle einer Entscheidung durch die Vergabekammer entstanden wären (man denke bspw. auch an die Pflicht zur Begutachtung durch die Rechtsanwaltskammern gem. § 14 Abs. 2 RVG). Sympathie genießt nach alledem der Vorschlag von *Dicks*,[230] der dafür plädiert, die Bestimmung des § 182 Abs. 4 Satz 5 GWB wieder abzuschaffen und ein gesondertes Kostenfestsetzungsverfahren vor der Vergabekammer erneut zuzulassen, wenn der Verfahrenszug dort endet. *Dicks* führt an, dass diese Vorschrift im Jahre 2009 „ersichtlich aus Gründen einer Erschwerung des Vergaberechtsschutzes in das GWB aufgenommen" worden ist. Er beklagt, dass seither die Verfahrensbeteiligten bei Kostenerstattungsansprüchen im Streitfall auf Einklagen eines materiellen Kostenerstattungsanspruchs vor den Amts- oder Landgerichten angewiesen sind, was problematisch ist, weil diese Spruchkörper in Ermangelung von Fallerfahrungen die Honorarermittlungsgrundlagen (Umfang und Schwierigkeit der Sache) kaum zuverlässig bestimmen können.

113 Nach Durchführung eines **zweistufigen Nachprüfungsverfahrens**, also nach **Beschwerdeentscheidung in der Sache**,[231] entsteht eine **Zuständigkeit** für die Festsetzung der im Verfahren vor der Vergabekammer entstandenen Aufwendungen nach absolut herrschender Rechtsauffassung des **Rechtspflegers beim Beschwerdegericht**. Nach verschiedentlich geäußerter Ansicht der OLGs Düsseldorf, Koblenz, Karlsruhe, München und Naumburg[232] ergibt sich dies aus einer Parallele zum Widerspruchsverfahren, über dessen Kosten auch das Gericht entscheidet, sofern ein Klageverfahren nachfolgt. Lediglich das OLG Dresden hielt lange Zeit mit großer Vehemenz an der (unrichtigen) Auffassung fest, die Bestimmung des § 182 Abs. 4 Satz 5 GWB sei dahingehend zu verstehen, dass seit 2009 nun auch

230 *Dicks*, in Dokumentation des 6. Deutschen Baugerichtstags vom 3./4. Juni 2016 in Hamm/Westf., Thesen des Arbeitskreises II – Vergaberecht, veröffentlicht im Werner-Verlag (Art.-Nr. 24511614).

231 Nicht jedoch im Fall der Zurückverweisung gemäß § 123 Satz 2, 2. Alt. GWB a. F. Vgl. dazu OLG Koblenz, Beschl. v. 6.7.2000, 1 Verg 1/99; ebenso dann nicht, wenn sich die Beschwerde lediglich gegen die Nebenentscheidungen der VK richtet: OLG Düsseldorf, Beschl. v. 20.10.2004, VII-Verg 66/04; Beschl. v. 10.11.2004, VII-Verg 50/04; Beschl. v. 24.11.2004, VII-Verg 80/04.

232 OLG Naumburg, Beschl. v. 25.2.2015, 2 Verg 2/14.

das Beschwerdegericht nicht mehr die Kosten für den Rechtszug vor der Vergabekammer mit festsetzen dürfe.[233] Diese Rechtsprechung des OLG Dresden ist nach (richtiger) Auffassung des Naumburger Vergabesenats[234] spätestens aufgrund der Entscheidung des BGH vom Juni 2014 überholt.[235] Daher findet seitens des OLG nach geltender Rechtslage grundsätzlich eine Kostenfestsetzung für das Verfahren vor der Vergabekammer statt. Dagegen spricht auch nicht der Verweis in § 175 Abs. 2 GWB auf § 78 GWB; diese Regelung sollte Klarheit bezüglich der Kostenerstattung im Beschwerdeverfahren schaffen – eine Beschränkung der Zuständigkeit, nur über Aufwendungen befinden zu dürfen, die vor dem Vergabesenat angefallen sind, ist dem nicht zu entnehmen und widerspräche auch jedem ökonomischen Sinn. Eine die Zuständigkeit des Beschwerdegerichts begründende Entscheidung „in der Sache" stellt nach Auffassung des OLG Karlsruhe auch ein Beschluss über die Verlängerung der aufschiebenden Wirkung der Beschwerde dar.[236] Als Rechtsgrundlage kommen §§ 103, 104 ZPO[237] oder § 164 VwGO i.V. m. § 21 RPflG in Betracht.[238] Die VK Münster stellt klar, dass sich dieser Kompetenzübergang nicht auf die Kosten für Amtshandlungen der Vergabekammer gem. § 182 Abs. 3 GWB erstreckt;[239] dabei bleibt es auch im Rahmen des § 78 GWB.[240]

VI. Kosten im Beschwerdeverfahren

1. Streitwert

Gem. § 50 Abs. 2 GKG beträgt der Streitwert im Beschwerdeverfahren (einschließlich der Verfahren über Anträge nach §§ 169 Abs. 2 Satz 5 und 6, 173 Abs. 1 Satz 3, 176 GWB) **5% der Bruttoauftragssumme**. Die Bruttoauftragssumme ist zu schätzen. Die **Umsatzsteuer** ist, wie der Begriff „Brutto"-Auftragssumme verdeutlicht, bei der Ermittlung des Streitwerts zu berücksichtigen. Die Schätzung ist in drei Stufen vorzunehmen.[241] Sobald ein konkretes Angebot vorliegt, über das der Streit geführt wird, ist grundsätzlich der Preis dieses Angebots und zwar einschließlich der Umsatzsteuer maßgebend[242] (Stufe 1); im Fal- 114

233 OLG Dresden, Beschl. v. 18.6.2014, W Verg 0008/11.

234 OLG Naumburg, Beschl. v. 25.2.2015, 2 Verg 2/14.

235 BGH, Beschl. v. 17.6.2014, X ZB 8/13.

236 OLG Karlsruhe, Beschl. v. 20.2.2007, 17 Verg 2/07.

237 So BayObLG, Beschl. v. 1.12.1999, Verg 2/99.

238 OLG Düsseldorf, Beschl. v. 5.2.2001, Verg 26/00; Beschl. v. 10.11.2004, VII-Verg 50/04; Beschl. v. 24.11.2004, VII-Verg 80/04; Beschl. v. 26.1.2009, VII-Verg 17/08; zustimmend OLG Koblenz, Beschl. v. 29.1.2002, 1 Verg 5/01; OLG München, Beschl. v. 26.11.2008, Verg 21/08 unter Bezugnahme auf BGH, Beschl. v. 23.9.2008, X ZB 19/07; a.A. OLG Naumburg, Beschl. v. 2.11.2000, 1 Verg 2/99.

239 VK Münster, Beschl. v. 19.11.2001, VK 11/01.

240 Dazu *Vavra*, in: Hattig/Maibaum, PK Kartellvergaberecht, § 128 GWB Rn. 38.

241 Das 3-stufige Vorgehen vertreten: OLG Jena, Beschl. v. 13.9.2001, 6 Verg 1/01; ebenso zuvor VK Thüringen, Beschl. v. 29.5.2001, 216-4005.20-009/01-SHL-S; ausführlich OLG Naumburg, Beschl. v. 30.12.2002, 1 Verg 11/02.

242 Zum Teil wird im Rahmen des § 50 Abs. 2 GKG auf das Angebot der Beigeladenen abgestellt. So OLG Rostock, Beschl. v. 10.5.2000, 17 W 4/00, da der Antragsteller lediglich erreichen will, dass der Vergabestelle der Zuschlag an die Beigeladene untersagt wird. Das überzeugt nicht, da es dem Antragsteller im Ergebnis darum geht, die Zuschlagschance auf sein eigenes Angebot zu erhalten. Anders zu beurteilen ist wohl VK Münster, Beschl. v. 5.10.2001, VK 20/01, die den Streit-

le von **De-facto-Vergaben** (vgl. § 135GWB) bietet sich an, auf den Wert des angefochtenen Vertrags abzustellen.[243] Liegen noch keine Angebote vor (wie z. B. bei Nachprüfungsverfahren im Stadium von Teilnahmewettbewerben) wird regelmäßig die in der Dokumentation (vgl. z. B. § 8 VgV) anzugebende Schätzung des Auftragswerts zu Beginn des Vergabeverfahrens heranzuziehen sein (Stufe 2).[244] Fehlt es auch hieran oder ist die Schätzung ermessensfehlerhaft, so hat die Vergabekammer in entsprechender Anwendung von § 3 ZPO den Auftragswert unter Berücksichtigung der ihr von den Beteiligten unterbreiteten Umstände nach freiem Ermessen zu schätzen[245] (Stufe 3); das gilt insbesondere im Falle von Verhandlungsverfahren, wo regelmäßig noch kein Preis feststeht. Hierzu kann sie ggf. auch Beweis erheben. Es gilt eine weitere Ausnahme: Richtet sich ein **Rechtsmittel** lediglich **gegen die Kostenentscheidung** der Vergabekammer (oder einen Teil davon), findet § 50 Abs. 2 GKG keine Anwendung. Streitgegenständlich ist in diesem Fall nicht der Auftrag selbst, sondern das Kosteninteresse. Der Gegenstandswert ist dann analog § 3 ZPO nach freiem Ermessen festzusetzen. Dieser bestimmt sich maßgeblich danach, welches finanzielle Interesse der Rechtsmittelführer mit seinem Bestreben nach Abänderung der angefochtenen Entscheidung verfolgt.[246]

115 Abzulehnen ist die Ansicht, es sei stets auf den bei Einleitung des Vergabeverfahrens von der Vergabestelle geschätzten Wert der zu vergebenden Leistung abzustellen, um die Streitwertermittlung zu objektivieren und damit die Kostenentscheidung letztlich den gleichen Regeln zu unterwerfen wie die Entscheidung über den Zugang zum Nachprüfungsverfahren. Dagegen spricht, dass Grundlage der Streitwertbestimmung die Gewinnerwartung des beteiligten Unternehmens sein soll, die mit dem in § 50 Abs. 2 GKG genannten Prozentsatz pauschaliert wird.[247] Die Gewinnerwartung berechnet sich nicht nach dem zu Beginn des Verfahrens ermittelten Schätzwert. Weder Wortlaut noch Zweck der Vorschrift zwingen dazu, an der Prognose nach § 3 VgV festzuhalten, wenn sich im Verlauf des Verfahrens bessere Erkenntnisse durch konkrete Angebote ergeben. Dieses Verständnis führt in der logischen Konsequenz zu dem Phänomen, dass der Gesamtauftragsschätzwert nach der Vergabeverordnung (VgV) und der Gegenstandswert nach dem GKG differieren können. Das ist weder systemwidrig noch rechtswidrig.[248]

---

wert für die Festsetzung der außergerichtlichen Kosten der Beigeladenen anhand deren Angebot festsetzt. Diene der Gegenstandswert der Berechnung der außergerichtlichen Kosten der Beigeladenen, berechne er sich nach dem Teilbetrag, der ihrem Anteil an dem Nachprüfungsverfahren entspreche. Vgl. auch ausführliche Argumentation im Beschl. v. 6.3.2003, VK 16/02; auf diese Entscheidung Bezug nehmend VK Schleswig-Holstein, Beschl. v. 18.2.2005, VK-SH 18/03.

243 So zutreffend: OLG Schleswig, Beschl. v. 10.10.2013, 1 Verg 4/12; VK Schleswig-Holstein, Beschl. v. 26.5.2010, VK-SH 01/10.

244 OLG Düsseldorf, Beschl. v. 17.5.2016, VII-Verg 12/16.

245 OLG Jena, Beschl. v. 13.9.2001, 6 Verg 1/01, billigt bspw. das Abstellen auf eine nach der Ausschreibung geforderte Erfüllungsbürgschaft als Indiz; OLG Karlsruhe, Beschl. v. 15.10.2008, 15 Verg 9/08, das mangels Vereinbarung einer Vergütung 30 % des Umsatzes des betreffenden Betriebs zugrunde legt.

246 OLG Koblenz, Beschl. v. 16.1.2017, Verg 5/16.

247 BT-Drs. 13/9340, S. 23, zu Art. 2 Nr. 3: „Diese pauschalierende Regelung wird aus Gründen der Vereinfachung vorgeschlagen, weil die Höhe der Gewinnerwartung nur schwer zu ermitteln und das Gericht auf die Angaben der Beteiligten angewiesen wäre."

248 So ausdrücklich: OLG Koblenz, Beschl. v. 31.5.2012, 1 Verg 2/11.

Für die Ermittlung der Bruttoauftragssumme kommt es auf den ganzen Auftrag und damit auf die gesamte (vorgesehene/fest zu vergebende/voraussichtliche) **Laufzeit des Auftrags** an.[249] Die Berücksichtigung lediglich eines Teilzeitraums eines längerfristig angelegten Vertrags – z.B. entsprechend § 3 Abs. 11 Nr. 2 VgV – würde die potenziell geschädigten Interessen des Antragstellers nur teilweise erfassen und ist daher abzulehnen.[250] § 3 Abs. 11 Nr. 2 VgV will langlaufende Kleinaufträge dem Kartellvergaberecht entziehen; hingegen sollen langlaufende (Groß-)Aufträge gebührenrechtlich nicht bevorzugt werden. Zwar wäre eine solche Bevorzugung rechtspolitisch durchaus erwägenswert, um z.B. bei Großaufträgen die prohibitive Wirkung des Kostenrisikos für mittelständische Unternehmen zu minimieren – das würde auch durchaus mit der Wertung des § 21 Abs. 6 VgV harmonieren; Stütze in den Gesetzesmaterialien findet eine solche Auslegung aber an keiner Stelle. Die Regelungen des § 3 VgV können daher allenfalls in Ausnahmefällen als Auslegungshilfe herangezogen werden. Lässt sich z.B. die voraussichtliche tatsächliche Vertragsdauer eines unbefristeten Vertrags nicht abschätzen (z.B. weil Amortisationsfristen keine Rolle spielen), darf ausnahmsweise der Auftragswert analog § 3 Abs. 11 VgV mit dem 48fachen Monatsentgelt angesetzt werden.[251] Besteht lediglich die **Option** einer Vertragsverlängerung, ist das wirtschaftliche Interesse des Bieters mit der Hälfte der optionalen Vertragslaufzeit zu beziffern.[252] Nach der Rechtsprechung des OLG Düsseldorf gilt dies jedoch nur dann, wenn es sich tatsächlich um eine Option handelt, d.h. der Vertrag durch einseitige rechtsgeschäftliche Erklärung einer Partei verlängert werden kann.[253] Parenthese: Es existieren auch Formen beiderseitiger Optionen, bei denen Auftraggeber und Auftragnehmer einer Verlängerung zustimmen müssen. Fallen für den Antragsteller Infrastrukturkosten an, welche er an den Auftraggeber weitergibt, so sind diese nach Ansicht der VK Schleswig-Holstein – vergleichbar dem „**Durchlaufposten**" der Mehrwertsteuer – bei der Bestimmung der Auftragssumme einzubeziehen.[254] In Fällen von **Streitverfahren um die Aufteilung in Lose** ist es ermessensfehlerhaft, wenn die Vergabekammer bei der Bedeutung der Sache auf den Bruttoauftragswert abstellt, der Antragsteller jedoch am Gesamtauftrag gar kein Interesse besitzt, sondern lediglich die unterbliebene Losaufteilung als Vergabeverstoß geltend macht.[255] Maßgeblich ist der Teilwert des Gesamtauftragswertes, für den der Bieter eine alternative, separate Ausschreibung (z.B. in Losen) begehrt.[256] **Sonderfälle** eines ggf. anzunehmenden reduzierten (Teil-)Auftragswerts können auch dann gegeben sein, wenn der Bieter im Rahmen des Angriffs einer De-facto-Vergabe nur die **spätere Ausschreibung einer Teilleistung** anstrebt.[257] **116**

---

249 OLG Düsseldorf, Beschl. v. 30.12.2002, Verg 42/01; OLG Naumburg, Beschl. v. 6.4.2005, 1 Verg 2/05; BayObLG, Beschl. v. 21.11.2003, Verg 18/03; überzeugend VK Sachsen, Beschl. v. 14.8.2000, 1/SVK/71-00.

250 OLG Düsseldorf, Beschl. v. 30.12.2002, Verg 42/01.

251 Vgl. OLG Hamburg, Beschl. v. 31.1.2007, 1 Verg 1/07.

252 BGH, Beschl. v. 18.3.2014, X ZB 12/13; vgl.: OLG Düsseldorf, Beschl. v. 6.7.2016, VII-Verg 44/13; OLG München, Beschl. v. 14.9.2005, Verg 15/05.

253 OLG Düsseldorf, Beschl. v. 17.1.2006, VII-Verg 63/05.

254 VK Schleswig-Holstein, Beschl. v. 14.1.2004, VK-SH 21/03; Beschl. v. 15.1.2004, VK-SH 21/03 m.w.N.

255 OLG Jena, Beschl. v. 22.8.2016, 2 Verg 7/16. Zum Fall einer Loslimitierung: OLG Düsseldorf, Beschl. v. 7.8.2013, VII-Verg 28/12; gegenteilig zuvor OLG Düsseldorf, Beschl. v. 14.11.2012 und v. 14.2.2013, VII-Verg 28/12.

256 BGH, Beschl. v. 19.7.2011, X ZB 4/10; OLG Koblenz, Beschl. v. 31.5.2012, 1 Verg 2/11.

257 OLG Naumburg, Beschl. v. 10.6.2013, 2 Verg 5/12.

2. Gerichtskosten

117 Die Gerichtskosten haben sich im Vergleich zu früher nach Art und Höhe geändert. Mit dem KostRMoG wurde das auf Zivilverfahren erster Instanz (ohne Familiensachen) beschränkte Pauschalgebührensystem, bei dem das gesamte Verfahren durch eine pauschale Verfahrensgebühr abgegolten wird und Entscheidungsgebühren daneben nicht erhoben werden, auf alle Rechtszüge ausgedehnt.[258] Nach wie vor ist das Beschwerdeverfahren gebührenmäßig dem Berufungsverfahren gleichgestellt.[259]

118 Gem. dem auf § 3 Abs. 2 GKG[260] basierenden Kostenverzeichnis (KV) Nr. 1220 fallen für das Beschwerdeverfahren allgemein 4,0 Gebühren an. Von den drei vorgesehenen **Ermäßigungsmöglichkeiten** (KV Nr. 1221–Nr. 1223) kommt nur KV Nr. 1222 in Betracht, wonach sich die Gebühr KV Nr. 1220 u.a. bei Zurücknahme des Rechtsmittels vor dem Schluss der mündlichen Verhandlung oder im Vergleichsfall auf 2,0 Gebühren ermäßigt.[261] Die Ermäßigung nach KV Nr. 1221 auf 1,0 Gebühr für den Fall, dass die Zurücknahme des Rechtsmittels erfolgt, bevor die Schrift zur Begründung desselben bei Gericht eingegangen ist, kann im Beschwerdeverfahren wegen der Anforderung des § 172 Abs. 2 Satz 1 GWB (Begründung zugleich mit der Einlegung der Sofortigen Beschwerde) nicht greifen. KV Nr. 1223 betrifft nur Berufungen.

119 Die **Eilverfahren** sind in einem gesonderten Hauptabschnitt geregelt. Nach KV Nr. 1630 entstehen für ein Verfahren nach § 169 Abs. 2 Satz 2, 3, § 173 Abs. 1 Satz 3 oder § 176 GWB 3,0 Gebühren, die sich nach KV Nr. 1631 auf 1,0 Gebühr ermäßigen, wenn das Verfahren durch Zurücknahme des Antrags beendet wird. Die Tatsache, dass Gebühren im Eilverfahren anfallen, führt anders als früher[262] nicht zu einer Ermäßigung in der Hauptsache. Mehrere Verfahren gelten innerhalb eines Rechtszugs als ein einziges Verfahren.[263]

120 Im Regelfall wird im Laufe des Beschwerdeverfahrens wegen Ablauf des Zuschlagsverbots der Antrag nach § 173 Abs. 1 Satz 3 GWB gestellt. Daher fallen nach regelmäßig 7,0 Gebühren an (4,0 aus KV Nr. 1220 und 3,0 aus KV Nr. 1630). Für eine Vielzahl von Fällen sind daher die Gerichtskosten für das Beschwerdeverfahren gestiegen.

121 **Auslagen** wie z.B. die Herstellung und Überlassung von physischen Dokumenten oder die Überlassung von elektronisch gespeicherten Dateien bzw. deren Bereitstellung zum Abruf werden nach dem Teil 9 des Kostenverzeichnisses zu § 3 Abs. 2 GKG erhoben.

258 Vgl. BT-Drs. 15/1971, S. 1.

259 Kostenverzeichnis Teil 1 Zivilrechtliche Verfahren vor den ordentlichen Gerichten, Hauptabschnitt 2. Prozessverfahren, Abschnitt 2. Berufung und bestimmte Beschwerden. Dort Vorbemerkung 1.2.2 Nr. 1.

260 Gerichtskostengesetz in der Fassung der Bekanntmachung vom 27.2.2014 (BGBl. I, S. 154), das zuletzt durch Artikel 9 des Gesetzes vom 21.11.2016 (BGBl. I, S. 2591) geändert worden ist.

261 Vgl. auch *Wiese*, in: Kulartz/Kus/Portz/Prieß, GWB, § 182 Rn. 45.

262 Vgl. KV Nr. 1224 und 1225 a. F.

263 S. Schlussanmerkung zu Teil 1, Hauptabschnitt 6., Abschnitt 3. des KV zu § 3 Abs. 2 GKG.

3. Rechtsgrundlagen für die Kostengrundentscheidung

Bislang enthielt das Gesetz keine speziellen Regelungen für die Kosten im Beschwerdeverfahren. Seit 2009 gilt ein ausdrücklicher[264] Verweis in § 175 Abs. 2 GWB auf § 78 GWB. Über die Tragweite des Verweises bezüglich § 78 Satz 1 GWB[265] besteht Streit. *Stockmann* nimmt an, der Verweis umfasse gerichtliche wie außergerichtliche Kosten.[266] Anderer Ansicht ist *Vavra*, die nur die außergerichtlichen Kosten, also die Erstattung von Aufwendungen der Verfahrensbeteiligten geregelt sieht.[267] Auch in der Rechtsprechung werden diese unterschiedlichen Meinungen vertreten.[268] **122**

Den Gesetzesmaterialien ist nicht zu entnehmen, dass der Gesetzgeber mit dem Verweis in § 175 Abs. 2 GWB eine „Komplettregelung" bezüglich der Kosten im Beschwerdeverfahren schaffen wollte; im Gegenteil, ihm ging es nur darum, „mit der Verweisung auf den § 78 (zu ermöglichen), auch die notwendigen Kosten einem Beteiligten nach Billigkeit aufzuerlegen".[269] Auch der Gesetzeswortlaut in § 78 Satz 1 GWB („Kosten, die zur zweckentsprechenden Erledigung der Angelegenheit notwendig waren") spricht für eine Begrenzung auf außergerichtliche Kosten. Lediglich § 78 Satz 2 GWB betrifft die Gerichtskosten; allerdings ist der Anwendungsbereich hier auf die Fälle eines „unbegründeten Rechtsmittels" und auf Fälle „groben Verschuldens" beschränkt. Das spricht für die Ansicht *Vavras*. **123**

Daher sind gem. **§ 175 Abs. 2 GWB i.V. m. § 78 Satz 2 GWB** einem Beteiligten Kosten aufzuerlegen, die er durch ein unbegründetes Rechtsmittel oder durch grobes Verschulden veranlasst hat. Diese Regelung der Kostenlast ist ausgesprochen rudimentär. Sie greift in Fällen, in denen die sofortige Beschwerde vollumfänglich zurückgewiesen wird. Im Übrigen greift die Vorschrift – dem Prinzip der Kostentrennung folgend – hinsichtlich solcher einzelner Kosten(bestandteile), die durch „grobes Verschulden" verursacht wurden. Hinsichtlich aller übrigen Sachverhalte bleibt es bei der bisherigen, von der Rechtsprechung entwickelten Rechtslage. Der BGH hält eine entsprechende Anwendung der **§§ 91 f. ZPO** für geboten, da es sich bei dem vergaberechtlichen Beschwerdeverfahren um ein streitiges **124**

---

264 Das OLG Celle griff bereits nach alter Rechtslage auf § 78 GWB zurück, mit der Begründung, § 120 Abs. 2 GWB a.F. sei nicht abschließend gemeint und schließe einen Rückgriff auf § 78 GWB nicht aus, OLG Celle, Beschl. v. 20.10.1999, 13 Verg 3/99.

265 § 78 GWB: „Im Beschwerdeverfahren und im Rechtsbeschwerdeverfahren kann das Gericht anordnen, dass die Kosten, die zur zweckentsprechenden Erledigung der Angelegenheit notwendig waren, von einem Beteiligten ganz oder teilweise zu erstatten sind, wenn dies der Billigkeit entspricht. Hat ein Beteiligter Kosten durch ein unbegründetes Rechtsmittel oder durch grobes Verschulden veranlasst, so sind ihm die Kosten aufzuerlegen. Im Übrigen gelten die Vorschriften der Zivilprozessordnung über das Kostenfestsetzungsverfahren und die Zwangsvollstreckung aus Kostenfestsetzungsbeschlüssen entsprechend."

266 *Stockmann*, in: Immenga/Mestmäcker, GWB, § 78 Rn. 2.

267 *Vavra*, in: Hattig/Maibaum, PK Kartellvergaberecht, § 128 GWB Rn. 38.

268 **Anwendung § 78 GWB:** OLG Düsseldorf, Beschl. v. 9.6.2010, VII-Verg 5/10; OLG Celle, Beschl. v. 29.6.2010, 13 Verg 4/10; OLG Koblenz, Beschl. v. 15.9.2010, 1 Verg 7/10; OLG Brandenburg, Beschl. v. 14.9.2010, Verg W 8/10; OLG Dresden, Beschl. v. 10.8.2010, WVerg 0008/10; OLG Karlsruhe, Beschl. v. 21.7.2010, 15 Verg 6/10; **Anwendung §§ 91 f. ZPO:** OLG Schleswig, Beschl. v. 9.3.2010, 1 Verg 4/09; OLG Naumburg, Beschl. v. 24.6.2010, 1 Verg 4/10; OLG München, Beschl. v. 21.9.2010, Verg 15/10; insoweit unklar OLG Jena, Beschl. v. 9.9.2010, 9 Verg 4/10: „Die Kostenentscheidung für das Beschwerdeverfahren beruht auf § 120 Abs. 2, 78 Satz 2 GWB, 97 Abs. 1 ZPO analog."

269 BT-Drs. 16/10117, S. 24, zu Nr. 19.

Verfahren vor einem ordentlichen Gericht handelt.[270] Das bedeutet, dass der unterlegene Verfahrensbeteiligte nach § 91 ZPO analog die Gerichtskosten trägt, wenn der Beschwerdeführer mit seinem Rechtsmittel Erfolg hat. Bei teilweisem Gewinnen und Verlieren richtet sich die Kostenfolge nach § 92 ZPO. Auch die anderen Vorschriften des 5. Titels der ZPO (§§ 91–107 ZPO) können eine Rolle spielen. Ausgeschlossen ist wohl nur § 95 ZPO, der durch die speziellere Norm des § 78 Satz 2 GWB verdrängt wird, sodass eine Kostentrennung bei einfachem Verschulden nicht möglich ist.

4. Aufwendungsersatz

125 Gem. **§ 78 Satz 1 GWB** kann das Gericht im Beschwerdeverfahren anordnen, dass die Kosten, die zur zweckentsprechenden Erledigung der Angelegenheit notwendig waren, von einem Beteiligten ganz oder teilweise zu erstatten sind, wenn dies der Billigkeit entspricht. Diese Regelung ermöglicht den Vergabesenaten eine Orientierung an den Wertungen des § 182 Abs. 4 GWB, ohne sie für den Aufwendungsersatz im Beschwerdeverfahren verbindlich zu machen.

126 Die **Anwaltsgebühren** im Beschwerdeverfahren richten sich nach Abschnitt 2 Unterabschnitt 1 des Vergütungsverzeichnisses zu § 2 Abs. 2 RVG.[271] Danach hat der Rechtsanwalt Anspruch auf eine **Verfahrensgebühr** (VV Nr. 3200) von 1,6 Gebühren und auf eine **Terminsgebühr** (VV Nr. 3202) von 1,2 Gebühren; die Terminsgebühr entsteht auch, wenn im Einverständnis mit den Beteiligten ohne mündliche Verhandlung entschieden oder in einem solchen Verfahren ein schriftlicher Vergleich geschlossen wird (VV Nr. 3202 Abs. 1 i.V. m. VV Nr. 3104 Abs. 1 Nr. 1). Hat der Rechtsanwalt die betreffende Partei bereits im Nachprüfungsverfahren vor der Vergabekammer vertreten, so wird diese Gebühr als Wertgebühr mit einem Gebührensatz von 0,75 auf die Verfahrensgebühr des gerichtlichen Verfahrens angerechnet.[272] Der frühere Streit, ob eine Anrechnung der Geschäftsgebühr nach VV Nr. 2300 auf die Gebühren für das Beschwerdeverfahren stattfindet,[273] ist damit erledigt. Für das **Eilverfahren** kommt eine **weitere Verfahrensgebühr** (VV Nr. 3100 i.V. m. VV Vorbemerkung 3.2 Abs. 2 Satz 3) mit einem Satz von 1,3 hinzu. In Eilverfahren entstehen dieselben Gebühren, wie sie in einem erstinstanzlichen Verfahren nach VV Teil 3 Abschnitt 1 anfallen.[274] Daher gelten weder VV Nr. 2300, noch VV Nr. 3200, sondern vielmehr VV Nr. 3100 ff.

5. Kostenfestsetzung/Verfahren

127 Gem. § 78 Satz 3 GWB gelten die Vorschriften der Zivilprozessordnung über das Kostenfestsetzungsverfahren und die Zwangsvollstreckung aus Kostenfestsetzungsbeschlüssen entsprechend.

---

270 BGH, Beschl. v. 19.12.2000, X ZB 14/00; Beschl. v. 9.2.2004, X ZB 44/03; Beschl. v. 25.10.2005, X ZB 15/05.

271 Vgl. dort Vorbemerkung 3.2.1 Abs. 1 Nr. 4.

272 Vorbemerkung zu Teil 3 (4): „Soweit wegen desselben Gegenstands eine Geschäftsgebühr nach Teil 2 entsteht, wird diese Gebühr zur Hälfte, bei Wertgebühren jedoch höchstens mit einem Gebührensatz von 0,75, auf die Verfahrensgebühr des gerichtlichen Verfahrens angerechnet."

273 OLG München, Beschl. v. 12.6.2008, Verg 13/07; OLG Celle, Beschl. v. 23.6.2008, 13 Verg 10/07; OLG Frankfurt, Beschl. v. 4.6.2008, 11 Verg 3/07.

274 So im Ergebnis auch *Wiese*, in: Kulartz/Kus/Portz/Prieß, GWB, § 182 Rn. 50.

§ 183 Korrekturmechanismus der Kommission

(1) Erhält die Bundesregierung im Laufe eines Vergabeverfahrens vor Abschluss des Vertrages eine Mitteilung der Europäischen Kommission, dass diese der Auffassung ist, es liege ein schwerer Verstoß gegen das Recht der Europäischen Union zur Vergabe öffentlicher Aufträge oder zur Vergabe von Konzessionen vor, der zu beseitigen sei, teilt das Bundesministerium für Wirtschaft und Energie dies dem Auftraggeber mit.

(2) Der Auftraggeber ist verpflichtet, innerhalb von 14 Kalendertagen nach Eingang dieser Mitteilung dem Bundesministerium für Wirtschaft und Energie eine umfassende Darstellung des Sachverhaltes zu geben und darzulegen, ob der behauptete Verstoß beseitigt wurde, oder zu begründen, warum er nicht beseitigt wurde, ob das Vergabeverfahren Gegenstand eines Nachprüfungsverfahrens ist oder aus sonstigen Gründen ausgesetzt wurde.

(3) Ist das Vergabeverfahren Gegenstand eines Nachprüfungsverfahrens oder wurde es ausgesetzt, so ist der Auftraggeber verpflichtet, das Bundesministerium für Wirtschaft und Energie unverzüglich über den Ausgang des Verfahrens zu informieren.

Schrifttum: *Dauses*, Handbuch des EU-Wirtschaftsrechts, Loseblattausgabe, 40. Aufl., Stand: Juni 2016; *Kulartz/Kus/Portz/Prieß*, Kommentar zum GWB-Vergaberecht, 4. Aufl. 2016; *Müller-Wrede*, GWB Vergaberecht, Kommentar, 2016; *Müller-Wrede*, GWB-Vergaberecht, Kommentar, 2009.

Übersicht

I. Entstehung und Normzweck

1 An die Stelle der bisherigen Kostenregelung für Vergabeprüfstellen ist im Zuge der Novellierung aus 2009 der Rechtsgehalt des bisherigen § 21 VgV getreten. In § 129 GWB a.F. übernahm der Gesetzgeber insoweit die bestehenden Regelungen zum sog. **Korrekturmechanismus** der Kommission und änderte lediglich in rein sprachlicher Hinsicht an einigen Stellen den Wortlaut. Angepasst an die neue Regelungssystematik, aber inhaltlich nahezu unverändert ist durch das Vergaberechtsmodernisierungsgesetz 2016 der bisherige Regelungsinhalt nunmehr in § 183 GWB aufgegangen.

2 § 129 GWB a.F. geht auf Art. 3 und Art. 8 der Rechtsmittelrichtlinie[1] zurück. Nach diesen Vorschriften kann die Kommission während eines **laufenden Vergabeverfahrens** von den Mitgliedstaaten die Beseitigung schwerer Verstöße gegen die Unionsvorschriften für das öffentliche Auftragswesen fordern. Ziel ist, offenkundige Fehler im Vergabeverfahren umgehend – d.h. noch **vor** Abschluss des Vertrags – zu beheben. Nachdem das in § 129 GWB

1 Richtlinie 2007/66/EG des Europäischen Parlaments und des Rates vom 11.12.2007 zur Änderung der Richtlinien 89/665/EWG und 92/13/EWG des Rates im Hinblick auf die Verbesserung der Wirksamkeit der Nachprüfungsverfahren bezüglich der Vergabe öffentlicher Aufträge, ABl. EU vom 20.12.2007, Nr. L 335, S. 31 ff.

a. F. geregelte Verfahren anfangs noch auf ein breiteres Feld der Korrektur gerichtet war, soll der Korrekturmechanismus künftig auf die **schweren Verstöße** gegen das Unionsrecht **im Bereich des öffentlichen Auftragswesens**[2] ausgerichtet werden.[3] Bloße Vergaberechtsverstöße reichen nicht. Zutreffend wird davon ausgegangen, dass als schwere Verstöße vor allem solche anzusehen sind, die die Grundprinzipien des europäischen Vergaberechts, mithin Gleichbehandlung und Nichtdiskriminierung einschließlich der daraus erwachsenden Transparenzpflicht, verletzen.[4] Gem. Art. 46 Abs. 7 und Art. 47 Abs. 7 der Richtlinie 2014/23/EU wird als Prüfungsmaßstab für den schweren Verstoß das Recht der Europäischen Union zur Vergabe von Konzessionen ergänzt.[5] Entsprechend wurde § 183 Abs. 1 GWB durch das Vergaberechtsmodernisierungsgesetz 2016 gefasst. Ferner wurde in § 183 Abs. 3 GWB durch Ersetzen des Merkmals „Nachprüfungsverfahren" in „Vergabeverfahren" klargestellt, dass nicht nur über den Ausgang eines möglichen Nachprüfungsverfahrens, sondern **insgesamt über den Verfahrensausgang der Auftragsvergabe** zu berichten ist.[6]

3 Damit erhält die Kommission im Bereich des Vergaberechts besondere Kompetenzen, welche ihre Möglichkeiten im Rahmen eines **Vertragsverletzungsverfahrens**[7] nach Art. 258 AEUV (vormals: Art. 226 EGV) **ergänzen.**[8] Durch das in § 183 GWB geregelte Verfahren sollen langwierige Vertragsverletzungsverfahren und Prozesse vor dem EuGH vermieden werden.[9] Daraus folgt, dass der Korrekturmechanismus **nach Zuschlagserteilung nicht** in Betracht kommt. Ist der Zuschlag erteilt, kann die Kommission nur noch nach Art. 258 AEUV (vormals: Art. 226 EGV) vorgehen.[10] Ebenso wenig führt dieses Verfahren die Kommission zum Erfolg, wenn der öffentliche Auftraggeber mitteilt, dass aus seiner Sicht kein Vergaberechtsverstoß vorliegt und das Vergabeverfahren fortgesetzt werden kann.

4 Nach vorliegenden Erkenntnissen gibt es bislang nur eine vergleichsweise geringe Zahl von Fällen, in denen die Kommission den Korrekturmechanismus in Gang gesetzt hat. Dieses Verfahren spielt in der Praxis dennoch eine nicht zu unterschätzende Rolle.[11] Soweit

---

2 Hierzu zählen alle vergaberechtlichen Vorschriften der europäischen Union, vor allem die Vergaberichtlinien und die allgemeinen Grundsätze des AEUV (z. B. Art. 18, 49 und 56 AEUV), soweit sie auf vergaberechtliche Verfahren Anwendung finden, so *Müller*, in: Müller-Wrede, GWB Vergaberecht, § 183 Rn. 19 m. w. N. in Fn. 7.

3 Vgl. den 28. Erwägungsgrund der Richtlinie 2007/66/EG. Hieraus folgert *Müller*, in: Müller-Wrede, GWB Vergaberecht Kommentar, § 183 Rn. 18, dass „Maßstab der Beurteilung der Grad der Wirksamkeit des nationalen Rechtsschutzes sein sollte".

4 *Müller*, in: Müller-Wrede, GWB Vergaberecht, § 183 Rn. 18 m. w. N. in Fn. 6.

5 S. die Gesetzesbegründung, BT-Drs. 18/6281, S. 137.

6 Gesetzesbegründung, BT-Drs. 18/6281, S. 137. Zu berichten ist auch „über den Ausgang des Vergabeverfahrens nach Aussetzung oder sonstigen Gründen".

7 Eine aktuelle Übersicht über laufende Vertragsverletzungsverfahren der Europäischen Kommission im Bereich des öffentlichen Auftragswesens findet sich auf http://ec.europa.eu/internal_market/publicprocurement/infringements_de.htm.

8 S. z. B. *Müller*, in: Müller-Wrede, GWB Vergaberecht, § 183 Rn. 4 m. w. N., der ausdrücklich hervorhebt, dass der in § 183 geregelte Korrekturmechanismus neben das Vertragsverletzungsverfahren tritt, mithin dieses nicht ersetzen kann und will. Ebenso *Verfürth*, in: Kulartz/Kus/Portz/Prieß, GWB-Vergaberecht, § 183 Rn. 20.

9 Vgl. *Seidel/Mertens*, in: Dauses, Hdb. EU-WirtR, H. IV, Rn. 310.

10 *Antweiler*, VergabeR 2002, 109, 113.

11 *Müller*, in: Müller-Wrede, GWB Vergaberecht, § 183 Rn. 3 m. w. N., misst dem Korrekturmechanismus hingegen nur eine begrenzte praktische Relevanz schon deshalb bei, weil Unternehmen –

bekannt, sind nahezu alle zu Recht von der Kommission aufgegriffenen schweren Verstöße einer zufriedenstellenden Lösung zugeführt worden, wenn auch nicht unbedingt immer im Wege der Beseitigung der Verstöße. Auch vor dem Hintergrund, dass § 183 GWB selbst keine Sanktionsmöglichkeiten vorsieht, überrascht dieser Befund nicht, da häufig auf Rechtsgrundlagen aus anderen Bereichen (z. B. Kommunalaufsichtsrecht) gestützte, aber auch politisch motivierte, zielführende (bisweilen nur angedrohte) Maßnahmen zu Korrekturen führen.

II. Verfahrensablauf

Eingeleitet wird der Korrekturmechanismus durch eine Mitteilung der Kommission an die Bundesregierung. Darin legt die Kommission dar, aus welchen Gründen sie einen schweren Verstoß gegen europäisches Vergaberecht als gegeben ansieht. Gleichzeitig fordert sie die Beseitigung dieses Verstoßes. **5**

Die **Initiative zur Einleitung** dieses Verfahrens kann auch von einem **Bewerber oder Bieter** ausgehen, zumal die Kommission regelmäßig auf Hinweise angewiesen ist, um auf derartige Fälle aufmerksam zu werden. Spezielle Zulässigkeitsvoraussetzungen bestehen nicht. Insbesondere ist keine Antragsbefugnis erforderlich; auch eine Antragsfrist gibt es – abgesehen davon, dass vor Vertragsschluss gehandelt werden muss – nicht.[12] Deshalb können selbst Unternehmen, die nicht unmittelbar an einem Vertragsabschluss mit dem öffentlichen Auftraggeber interessiert sind, den Korrekturmechanismus wegen schwerer Verstöße gegen das Unionsrecht anregen. Das ist insbesondere für Subunternehmer, Vorlieferanten und Hersteller von Interesse.[13] Die Möglichkeiten der Unternehmer gehen allerdings nicht über reine **Anregungen** hinaus. Der Korrekturmechanismus entfaltet **keine drittschützende Wirkung**, sodass Unternehmer keinen Anspruch gegen die Kommission auf Tätigwerden haben.[14] **6**

§ 183 GWB regelt vornehmlich die **innerstaatlichen** Abläufe der Kommissionsmitteilung über das Vorliegen eines schweren Verstoßes. Die Vorschrift bildet das Procedere in der Praxis allerdings nur teilweise ab. Regelmäßig verläuft das (Auskunfts-)Verfahren[15] in folgenden Stufen: Erhält die Bundesregierung in einem laufenden Vergabeverfahren eine Mitteilung der hier in Rede stehenden Art, teilt das (derzeit) im Bund dafür federführende Bundesministerium für Wirtschaft und Energie dies dem betroffenen Auftraggeber unmittelbar bzw. mittelbar – in der Praxis bei „klassischen“ Auftraggebern über das für Vergabe- **7**

---

mangels Drittwirkung der Regelungen – keinen Anspruch auf ein Einschreiten der Europäischen Kommission geltend machen können.

12 Vgl. *Antweiler*, VergabeR 2002, 109, 114.

13 Vgl. *Antweiler*, VergabeR 2002, 109, 114.

14 Allgemeine Meinung: EuGH, Beschl. v. 3.4.2009, C-387/08 P, Slg. 2009 I-56 – VDH Projektentwicklung und Edeka Rhein-Ruhr ./. Kommission; *Seidel/Mertens*, in: Dauses, Hdb. EU-WirtR, H. IV, Rn. 311; *Müller*, in: Müller-Wrede, GWB Vergaberecht, § 183 Rn. 3; *Verfürth*, in: Kulartz/Kus/Portz/Prieß, Kommentar zum GWB-Vergaberecht, § 183 Rn. 11 und 20 m. w. N.

15 Auch als Beanstandungsverfahren bezeichnet, so Generalanwältin *Trstenjak*, Schlussanträge v. 28.3.2007, C-503/04, Rn. 44 – Bockhorn; s. auch *Schröder*, in: Müller-Wrede, GWB Vergaberecht, 2009, § 129 Rn. 2.

recht im Land federführende (Wirtschafts-)Ministerium[16] – mit. Eine Frist zur Weiterleitung der Mitteilung an den Auftraggeber zur Rückäußerung ist dem Bundesministerium für Wirtschaft und Energie nicht gesetzt. Regelmäßig geht die Mitteilung aber innerhalb des normalen behördlichen Verfahrensgangs dem pflichtigen Auftraggeber zu – längstens aber innerhalb einer Woche.[17] Der Auftraggeber hat dann 14 Tage Zeit, um dem Bundesministerium für Wirtschaft und Energie eine Stellungnahme zu übermitteln. In der Praxis wird die Auskunft regelmäßig wieder über das zuständige Landesministerium, ggf. auch über das (bei kommunalen Auftraggebern) beteiligte Innenministerium, zurück und von dort an das Bundesministerium für Wirtschaft und Energie weitergereicht. Die Stellungnahme muss die in § 183 Abs. 2 GWB genannten Angaben enthalten. Die Bundesregierung ist verpflichtet, der Kommission innerhalb einer Frist von 21 Tagen nach Eingang der Mitteilung zu antworten (Art. 3 Abs. 3 bzw. Art. 8 Abs. 3 der Rechtsmittelrichtlinie i. d. F. Richtlinie 2007/66/EG).

8 Die Anregung an die Kommission, den Korrekturmechanismus einzuleiten, kann für **Bewerber oder Bieter** bei schwerwiegenden Verstößen gegen das europarechtliche Vergaberecht auch aus Kostengründen eine sinnvolle Alternative oder Ergänzung zu einem Nachprüfungsantrag sein.[18] Zwar stehen der Kommission beim Korrekturmechanismus **keine unmittelbaren Eingriffsrechte in das Vergabeverfahren** zu.[19] Dennoch hat die Mitteilung der Kommission, es liege ein schwerer Verstoß gegen das Unionsrecht im Bereich der öffentlichen Aufträge vor, für das laufende Vergabeverfahren erhebliche Auswirkungen: Der Auftraggeber wird dann aus praktischen Gründen[20] gezwungen sein, den von der Kommission beanstandeten Verstoß zu beseitigen. Erteilt er den Zuschlag unter Missachtung der Auffassung der Kommission, wird es Konkurrenten des Auftragnehmers vergleichsweise leicht fallen, Schadensersatzansprüche durchzusetzen.

16 Wenn eine Kommune Pflichtige des Auskunftsersuchens ist, bindet das zuständige Landesressort regelmäßig auch das Innenministerium (Kommunalaufsicht) ein.

17 Im Ergebnis ebenso *Schröder*, in: Müller-Wrede, GWB-Vergaberecht, § 129 Rn. 4 unter Hinweis auf die in Art. 8 Richtlinie 2007/66/EG geregelten Fristen. *Verfürth*, in: Kulartz/Kus/Portz/Prieß, Kommentar zum GWB-Vergaberecht, § 183 Rn. 6, hält angesichts des Zwecks der Vorschrift, dem Vergabeverstoß möglichst noch während des Vergabeverfahrens, also vor Zuschlagerteilung, zu begegnen, unverzügliches Handeln in der Bearbeitung innerhalb der Bundesregierung und dem zuständigen Bundeswirtschaftsministerium für geboten, was die regelmäßige Weiterleitung der Mitteilung der Kommission an den Auftraggeber – s. dazu dort Rn. 10 – einschließt.

18 Nachteil dieser Entwicklung ist allerdings, dass sie den Vorrang des Nachprüfungsverfahrens in Frage stellt, vgl. *H.-M. Müller*, NZBau 2001, 416, 421 (dort Fn. 51).

19 Ebenso *Verfürth*, in: Kulartz/Kus/Portz/Prieß, Kommentar zum GWB-Vergaberecht, § 183 Rn. 19.

20 Zu anderen Motiven s. oben Rn. 4.

§ 184 Unterrichtungspflichten der Nachprüfungsinstanzen

Die Vergabekammern und die Oberlandesgerichte unterrichten das Bundesministerium für Wirtschaft und Energie bis zum 31. Januar eines jeden Jahres über die Anzahl der Nachprüfungsverfahren des Vorjahres und deren Ergebnisse.

Schrifttum: *Kulartz/Kus/Portz/Prieß*, Kommentar zum GWB-Vergaberecht, 4. Aufl. 2016.

§ 184 GWB übernimmt inhaltsgleich die Vorgängerregelungen aus § 22 VgV a. F. und § 129a GWB a. F. Durch die Mitteilung soll es der Bundesrepublik Deutschland ermöglicht werden, ihren Statistikpflichten gegenüber der Kommission nachzukommen.[1] 1

Insoweit waren die Mitgliedstaaten bis zur letzten Änderung der Rechtsmittelrichtlinien verpflichtet, die Kommission alljährlich vor dem 1. März von dem Verlauf der einzelstaatlichen Nachprüfungsverfahren während des vorausgegangenen Jahres zu unterrichten. Durch die letzte Änderung der Rechtsmittelrichtlinie[2] wurde der dortige Art. 4 jedoch neu gefasst. Die allgemeine (initiativunabhängige) Statistikpflicht ist entfallen.[3] Die Kommission kann aber weiterhin die Mitgliedstaaten ersuchen, ihr Informationen über das Funktionieren der innerstaatlichen Nachprüfungsverfahren zu übermitteln. Hierzu gehören auch die nach § 184 GWB gesammelten Daten. Adressaten der Vorschrift sind nur die Nachprüfungsorgane, also die **Vergabekammern und Oberlandesgerichte**. Deren Pflichten sind – innerstaatlich – gegenüber dem Bundesministerium für Wirtschaft und Energie zu erfüllen. Für Auftraggeber und Auftragnehmer werden durch diese Vorschrift keine Unterrichtungspflichten geschaffen.[4] 2

Die statistischen Daten sind für den Zeitraum ab 1999 im Internet auf den Seiten des Bundesministeriums für Wirtschaft und Energie[5] frei abrufbar. 3

---

1 Vgl. BR-Drs. 455/00, S. 21.

2 Richtlinie 2007/66/EWG des Europäischen Parlaments und des Rates vom 11.12.2007 zur Änderung der Richtlinien 89/665/EWG und 92/13/EWG des Rates im Hinblick auf die Verbesserung der Wirksamkeit der Nachprüfungsverfahren bezüglich der Vergabe öffentlicher Aufträge, ABl. EU vom 20.12.2007, Nr. L 335, S. 31 ff.

3 Nunmehr müssen die Mitgliedstaaten der Kommission jedoch jährlich den Wortlaut aller Entscheidungen – zusammen mit entsprechenden Begründungen – mitteilen, die ihre Nachprüfungsstellen gem. Art. 2d Abs. 3 der Rechtsmittelrichtlinie getroffen haben. Erfasst sind hiervon die Fälle, in denen eine Vergabekammer einen rechtswidrig vergebenen Vertrag nicht als unwirksam erachtet, weil nach ihrer Auffassung zwingende Gründe eines Allgemeininteresses es rechtfertigen, die Wirkung des Vertrags zu erhalten. Da eine entsprechende Ermächtigung nicht in das GWB aufgenommen wurde, bedurfte es auch keiner entsprechenden Anpassung der Unterrichtungspflicht.

4 Die Pflichten der Auftraggeber zur Übermittlung von Daten an das Bundesministerium für Wirtschaft und Energie werden in der Vergabestatistikverordnung geregelt, *Thiele*, in: Kulartz/Kus/Portz/Prieß, GWB-Vergaberecht, § 184 Rn. 2.

5 S. http://www.bmwi.de/Redaktion/DE/Downloads/G/gesamtuebersicht-oberlandesgerichte-1999-2010.html (für Oberlandesgerichte) bzw. http://www.bmwi.de/Redaktion/DE/Downloads/G/gesamtuebersicht-vergabekammern-1999-2010.pdf?__blob=publicationFile&v=115.

Teil 6
Übergangs- und Schlussbestimmungen

§ 186 Übergangsbestimmungen

[...]

(2) Vergabeverfahren, die vor dem 18. April 2016 begonnen haben, einschließlich der sich an diese anschließenden Nachprüfungsverfahren sowie am 18. April 2016 anhängige Nachprüfungsverfahren werden nach dem Recht zu Ende geführt, das zum Zeitpunkt der Einleitung des Verfahrens galt.

[...]

Schrifttum: *Kulartz/Kus/Portz/Prieß*, Kommentar zum GWB-Vergaberecht, 4. Aufl. 2016; *Müller-Wrede*, GWB Vergaberecht, Kommentar, 2016; *Ziekow/Völlink*, Vergaberecht, 2. Aufl. 2013.

Übersicht

I. Regelungsgehalt und Normzweck

1 Das GWB trat in seiner vorigen Fassung am 24.4.2009,[1] in seiner aktuellen am 18.4.2016[2] in Kraft. Der 2009 eingeführte achte Absatz des § 131 GWB a.F. enthielt die notwendige Übergangsregelung. Zum 24.9.2009 bereits begonnene Vergabeverfahren einschließlich der sich an diese anschließenden Nachprüfungsverfahren sowie am 24.9.2009 schon anhängige Nachprüfungsverfahren waren nach den hierfür bisher geltenden Vorschriften zu beenden (§ 131 Abs. 8 GWB i. d. F. des VergModG 2009). Mit dem 8. Gesetz zur Änderung des Gesetzes gegen Wettbewerbsbeschränkungen vom 26.6.2013[3] wurden die bisherigen Abs. 1 bis 6 des § 131 GWB i. d. F. des VergModG 2009 aufgehoben, der bisherige Abs. 7 wurde Abs. 1 des § 131 GWB a. F., die bisherigen Abs. 8 und 9 wurden Abs. 2 und 3, zu-

1 Gesetz zur Modernisierung des Vergaberechts vom 20.4.2009, BGBl. I, S. 790, ber. S. 1795, 3850 (als Abs. 7 und 8 des § 131 GWB a. F., zuvor mit dem Gesetz zur Bekämpfung von Preismissbrauch im Bereich der Energieversorgung vom 18.12.2007, BGBl. I 2007, S. 2966, Abs. 7 als neuer Absatz in den früheren § 131 GWB eingefügt).

2 Das Reformpaket bestand aus dem Gesetz zur Modernisierung des Vergaberechts vom 17.2.2016 mit der Überarbeitung des vierten Teils des GWB und der Mantelverordnung zur Modernisierung des Vergaberechts vom 12.4.2016, BGBl. I, S. 624, mit Änderungen der VGV, SektVO, VSVgV, KonzVgV und der VergStatVO. Das neue GWB wurde im Februar 2016 veröffentlicht, BGBl. I, S. 203.

3 BGBl. I 2013, S. 1738.

gleich wurde Abs. 1 hinsichtlich des Zeitpunkts, ab dem (der nicht zum Vergaberecht gehörende) § 29 GWB nicht mehr anzuwenden ist, mit einer fünfjährigen Hinausschiebung auf die Zeit nach dem 31.12.2017 geändert. In dieser Fassung verteilte sich die Übergangsbestimmung zum Vergaberecht auf zwei Absätze (Abs. 2 und Abs. 3 des § 131 GWB a.F.) mit verschiedenen Bezugspunkten. Der 2016 neu eingeführte § 186 GWB – so auch die Gesetzesbegründung – greift den bislang geltenden Teil 6 mit dem bisherigen § 131 GWB auf. Dabei entspricht § 186 Abs. 1 GWB wortgleich § 131 Abs. 1 GWB i.d.F. des Gesetzes vom 26.6.2013.[4] Nach § 186 Abs. 2 GWB i.d.F. des VergRModG 2016 sind die vor dem 18.4.2016 bereits begonnenen Vergabeverfahren einschließlich der sich an diese anschließenden Nachprüfungsverfahren sowie am 18.4.2016 schon anhängige Nachprüfungsverfahren nach dem Recht zu Ende zu führen, das zum Zeitpunkt der Einleitung des Verfahrens galt.

Die an einem Vergabeverfahren Beteiligten werden in der so umrissenen Weise in ihrem Vertrauen geschützt, dass der Rechtsrahmen eines konkreten, bereits begonnenen Vergabeverfahrens durch die Novellierung nicht verändert wird. Vergabestelle und Unternehmen können also unbeeindruckt vom Gesetzgeber und ggf. neu entstandenen Verfahrensanforderungen fortfahren. Alle, die den vergaberechtlichen Vorgaben des GWB unterworfen sind, sollen **rechtssicher** bestimmen können, welche Anforderungen sie erfüllen müssen.[5] § 186 Abs. 2 GWB schafft dazu „eine eindeutige Regelung zu der Frage, nach welchem Recht vor Inkrafttreten des Gesetzes begonnene Vergabeverfahren und Nachprüfungsverfahren zu Ende zu führen sind".[6] Abweichend von sich in verschiedenen Vorschriften des Verfahrensrechts[7] niederschlagenden Grundsätzen des intertemporalen Verfahrensrechts muss der Auftraggeber auf laufende Verfahren nach den Voraussetzungen der Übergangsregelung in § 186 GWB nicht das nach dem Stichtag an sich geltende Recht beachten und damit u.U. das Verfahren umstellen.[8] 2

Die Übergangsregelung beinhaltet den Leitgedanken, dass stets die Vorschriften anzuwenden sind, die zu Beginn des Vergabe- bzw. Nachprüfungsverfahrens galten.[9] 3

II. Erfasste Verfahren

In Übereinstimmung mit der Überschrift von Kapitel 1 des Teils 4 findet sich in § 186 GWB der Begriff „Vergabeverfahren". Erfasst sind damit grundsätzlich alle Vergabeverfahren von Auftraggebern i.S.v. § 98 GWB, nunmehr auch Konzessionsvergabeverfah- 4

---

4 Gesetzesbegründung, BT-Drs. 18/6281, S. 137.

5 *Fandrey*, in: Kulartz/Kus/Portz/Prieß, GWB-Vergaberecht, § 186 Rn. 1.

6 Gesetzesbegründung, BT-Drs. 18/6281, S. 137.

7 S. etwa § 96 VwVfG.

8 *Jularic*, in: Müller-Wrede, GWB Vergaberecht, § 186 Rn. 3; *Fandrey*, in: Kulartz/Kus/Portz/Prieß, GWB-Vergaberecht, § 186 Rn. 1; a.A. *Ziekow*, in: Ziekow/Völlink, Vergaberecht, § 131 GWB, Rn. 9, der unter konsequenter Anwendung der Grundsätze des intertemporalen Verfahrensrechts, mit denen § 131 GWB a.F. nicht in Einklang stehe, die Vorschrift verfassungskonform dahin auslegen will, „dass ab dem jeweiligen Stichtag vorgenommene Verfahrenshandlungen in den §§ 97 ff. GWB unterfallenden Vergabeverfahren nach neuem Recht zu beurteilen sind".

9 *Fandrey*, in: Kulartz/Kus/Portz/Prieß, GWB-Vergaberecht, § 186 Rn. 1.

ren.[10] Auch zum 18.4.2016 – dem Tag des Inkrafttretens des novellierten GWB[11] – anhängige Nachprüfungsverfahren werden nach dem Recht zu Ende geführt, das zum Zeitpunkt der Einleitung des Verfahrens gilt.

III. Beginn eines Vergabeverfahrens

5 Weder das GWB noch die VgV enthalten eine Legaldefinition des Beginns eines Vergabeverfahrens. Lediglich in der Begründung der Gesetzentwürfe zu § 131 GWB a. F.[12] und § 186 GWB[13] finden sich kurze Hinweise. Zu § 131 GWB a. F. heißt es, dass der Beginn jedenfalls auch in dem Falle anzunehmen sei, dass „bislang nur eine Aufforderung zur Beteiligung an einem Teilnahmewettbewerb oder eine Aufforderung zu Verhandlungen ohne vorherigen Teilnahmewettbewerb ergangen ist". Zu § 186 GWB wird ausgeführt: „Ein Vergabeverfahren ist im Sinne dieser Übergangsregelung auch begonnen, wenn eine Aufforderung zum Teilnahmewettbewerb oder zur Angebotsabgabe ohne vorherigen Teilnahmewettbewerb erfolgt ist." Exaktere Vorgaben hat der Gesetzgeber nicht getroffen, sodass auch weiterhin auf die Leitvorgaben der Rechtsprechung zurückgegriffen werden muss.

1. Verfahren mit Bekanntmachung

6 Vergleichsweise einfach stellt sich die Rechtslage dar, wenn die Auftragsvergabe mit einer europaweiten Bekanntmachung beginnt. In diesen Fällen ist auf den (dokumentierten) **Versand**, nicht die Veröffentlichung der Bekanntmachung[14] als Verfahrensbeginn abzustellen. Denn allein der Versand ist in der Organisationssphäre des öffentlichen Auftraggebers zu verorten, diese Handlung hat er in der Hand. Bloßen Vorbereitungshandlungen wie Marktsondierungen, Machbarkeitsstudien und internen Beratungen kommt diese Wirkung noch nicht zu, da hierbei der interne Bereich nicht verlassen wird und diese einem Verfahren auch nicht zwingend vorgelagert sind. Dasselbe gilt für die Bekanntmachung einer **Vorinformation** im Sinne von § 12 EU VOB/A, § 12 VS VOB/A (vgl. § 12a Abs. 1 VOB/A a. F. und zuvor § 17a Nr. 1 VOB/A a. F.).[15]

---

10 *Jularic*, in: Müller-Wrede, GWB Vergaberecht, § 186 Rn. 5, der die Einbeziehung des bisher nicht im GWB geregelten Verfahrens zur Vergabe einer Konzession in die Übergangsregelung auf der Linie der EuGH-Rechtsprechung (Urteil des EuGH v. 15.10.2009, Rs. C-138/08) sieht.

11 S. oben Fn. 2.

12 BT-Drs. 16/10117, S. 26.

13 BT-Drs. 18/6281, S. 137.

14 Unter Aufgabe der in der Vorauflage vertretenen Auffassung insoweit folgend dem OLG Naumburg, Beschl. v. 8.10.2009, 1 Verg 9/09 (juris, Rn. 3, OLG München, Beschl. v. 12.11.2010, Verg 21/10, VergabeR 2011, 212, 214 mit zustimmender Anmerkung von *Herrmann*, VergabeR 2011, 216, 217. Offengelassen vom OLG Düsseldorf, Beschl. v. 21.7.2010, VII-Verg 19/10, NZBau 2010, 582, 583; s. ferner *Fandrey*, in: Kulartz/Kus/Portz/Prieß, GWB-Vergaberecht, § 186 Rn. 4: Abzustellen sei auf den dokumentierten Versand.

15 Insoweit zutreffend OLG Naumburg, Beschl. v. 8.10.2009, 1 Verg 9/09 (juris, Rn. 37); VK Sachsen, Beschl. v. 11.12.2009, 1/SVK/054 – 09; *Fandrey*, in: Kulartz/Kus/Portz/Prieß, GWB-Vergaberecht, § 186 Rn. 6 m. w. N. in Fn. 4; *Jularic*, in: Müller-Wrede, GWB Vergaberecht, § 186 Rn. 6 m. w. N. in Fn. 13.

2. Verfahren ohne Bekanntmachung

Wenn **keine Bekanntmachung** erfolgt – sei es in Einklang mit oder unter Verletzung von Vergabevorschriften –, ist ein **materielles Verständnis** zugrunde zu legen. Insbesondere bei sog. **De-facto-Vergaben**, bei denen der öffentliche Auftraggeber eben nicht den Weg in die Öffentlichkeit sucht, kann der Beginn der Durchführung nicht anhand von veröffentlichten Bekanntmachungen bestimmt werden. In derartigen Fällen ist nach ständiger Rechtsprechung und allgemeiner Auffassung in der Literatur darauf abzustellen, ob der Auftraggeber bereits **nach außen wahrnehmbar** hervorgetreten ist, um ein Unternehmen zwecks Vertragsabschlusses auszuwählen.[16] Erforderlich ist damit, dass die Vergabestelle die zu beschaffende Leistung hinreichend konkret bestimmt hat und nach außen hin Maßnahmen ergreift, die auf den Abschluss eines Vertrags gerichtet sind. Gerade wenn eine Vergabestelle Angebotsaufforderungen versendet, ist nach materiellen Gesichtspunkten bereits die Sphäre reiner Gedankenspiele verlassen, und das Vergabeverfahren hat begonnen. 7

Über eine besondere Konstellation hatte der Vergabesenat des OLG Düsseldorf zu entscheiden:[17] Einige Jahre nach Abschluss eines Schienenpersonennahverkehrsvertrags kam es zu Streitigkeiten zwischen Auftraggeber und Auftragnehmer. Parallel zur gerichtlichen Klärung suchten beide Seiten eine außergerichtliche Klärung im Wege eines **Vergleichs**. Die entsprechenden Verhandlungen zogen sich über einige Monate hin und wurden erst nach dem 24.4.2009 erfolgreich abgeschlossen. Der unter Hinweis auf eine wesentliche Vertragsänderung angerufene Vergabesenat entschied zutreffend, dass erste **unverbindliche (Vergleichs-)Gespräche noch keinen Beginn** im o. g. Sinne darstellten. In ihrer Wertung würden diese vielmehr **anfänglichen Sondierungen** entsprechen. Erst wenn sich der Entschluss des Auftraggebers, die wesentliche Vertragsänderung zu vollziehen, **nach außen manifestiert** habe, beginne das Vergabeverfahren. Der BGH hat im Beschluss vom 8.2.2011[18] diese Ausführungen dahin konkretisiert, dass einseitige Verhandlungen eines öffentlichen Auftraggebers mit dem (bisherigen) Vertragspartner noch kein Vergabeverfahren im Sinne des damals geltenden § 131 Abs. 8 GWB, der im Wesentlichen § 186 Abs. 2 GWB entspricht,[19] darstellt. Dies sei nur dann anzunehmen, wenn „der Auftraggeber ein **konzeptionell auf wettbewerbliche Auswahl eines Vertragspartners ausgerichtetes Verfahren** in die Wege leitet“. Als ein den Anforderungen der Übergangsvorschrift genügender **Publizitätsakt** käme im streitgegenständlichen Fall „die Bekanntgabe der Absicht (des Auftraggebers) im Supplement zum ABlEU…, einen Vergleichsvertrag abzuschließen,… in Betracht“. Dem ist zuzustimmen.[20] 8

16 OLG Düsseldorf, Vorlagebeschl. v. 21.7.2010, VII-Verg 19/10, NZBau 2010, 582, 583 m.w.N.; OLG Schleswig, Beschl. v. 1.4.2010, 1 Verg 5/09 (juris, Rn. 22 m.w.N.); *Fandrey*, in: Kulartz/Kus/Portz/Prieß, GWB-Vergaberecht, § 186 Rn. 8 m.w.N. in Fn. 8; *Jularic*, in: Müller-Wrede, GWB Vergaberecht, § 186 Rn. 6 in Fn. 12, weist allerdings darauf hin, dass der EuGH möglicherweise lediglich interne Beschlüsse ausreichen lässt, sofern im weiteren Verlauf keine wesentlichen Änderungen eintreten, vgl. EuGH, Urt. v. 11.7.2003, Rs. C-576/10, Rn. 54ff.

17 OLG Düsseldorf, Vorlagebeschluss v. 21.7.2010, VII-Verg 19/10 (juris, Rn. 38).

18 X ZB 4/10, NZBau 2011, 175, 179 – Abellio Rail.

19 S. oben Rn. 1.

20 Ebenso *Fandrey*, in: Kulartz/Kus/Portz/Prieß, GWB-Vergaberecht, § 186 Rn. 10.

IV. Anhängige Nachprüfungsverfahren

9 Auch die Nachprüfungsverfahren, die am 18.4.2016 anhängig waren, sind nach den hierfür bisher geltenden Vorschriften zu beenden. Das vor dem Stichtag geltende Recht ist dann anwendbar, wenn der Nachprüfungsantrag selbst **spätestens am Stichtag anhängig** gemacht wird.[21] Der Zeitpunkt der Anhängigkeit richtet sich nach den allgemeinen Vorschriften. Das Nachprüfungsverfahren wird mit dem Eingang des Antrags gem. § 160 GWB bei der Vergabekammer eingeleitet. Dies gilt auch für Vorlageverfahren an den BGH und Vorabentscheidungsverfahren beim EuGH, die im Rahmen eines Nachprüfungsverfahrens erfolgen.[22]

21 *Ziekow*, in: Ziekow/Völlink, Vergaberecht, § 131 GWB Rn. 10.
22 *Fandrey*, in: Kulartz/Kus/Portz/Prieß, GWB-Vergaberecht, § 186 Rn. 11.

Anhang

Anhang I

Anhang II

Anhang III

Anhang I

1. Gesetz gegen Wettbewerbsbeschränkungen (GWB)

in der Fassung der Bekanntmachung vom 26.6.2013 (BGBl. I, S. 1750, 3245), zuletzt geändert durch Artikel 10 Absatz 9 des Gesetzes vom 30.10.2017 (BGBl. I, S. 3618)

(Auszug)

Teil 3
Verfahren

Kapitel 1
Verwaltungssachen

Abschnitt 1
Verfahren vor den Kartellbehörden

§ 54 Einleitung des Verfahrens, Beteiligte

(1) Die Kartellbehörde leitet ein Verfahren von Amts wegen oder auf Antrag ein. Die Kartellbehörde kann auf entsprechendes Ersuchen zum Schutz eines Beschwerdeführers ein Verfahren von Amts wegen einleiten. Soweit sich nicht aus den besonderen Bestimmungen dieses Gesetzes Abweichungen ergeben, sind für das Verfahren die allgemeinen Vorschriften der Verwaltungsverfahrensgesetze anzuwenden.

(2) An dem Verfahren vor der Kartellbehörde sind beteiligt,

1. wer die Einleitung eines Verfahrens beantragt hat;
2. Kartelle, Unternehmen, Wirtschafts- oder Berufsvereinigungen, gegen die sich das Verfahren richtet;
3. Personen und Personenvereinigungen, deren Interessen durch die Entscheidung erheblich berührt werden und die die Kartellbehörde auf ihren Antrag zu dem Verfahren beigeladen hat; Interessen der Verbraucherzentralen und anderer Verbraucherverbände, die mit öffentlichen Mitteln gefördert werden, werden auch dann erheblich berührt, wenn sich die Entscheidung auf eine Vielzahl von Verbrauchern auswirkt und dadurch die Interessen der Verbraucher insgesamt erheblich berührt werden;
4. in den Fällen des § 37 Absatz 1 Nummer 1 oder 3 auch der Veräußerer.

(3) An Verfahren vor obersten Landesbehörden ist auch das Bundeskartellamt beteiligt.

§ 55 Vorabentscheidung über Zuständigkeit

(1) Macht ein Beteiligter die örtliche oder sachliche Unzuständigkeit der Kartellbehörde geltend, so kann die Kartellbehörde über die Zuständigkeit vorab entscheiden. Die Verfügung kann selbständig mit der Beschwerde angefochten werden; die Beschwerde hat aufschiebende Wirkung.

(2) Hat ein Beteiligter die örtliche oder sachliche Unzuständigkeit der Kartellbehörde nicht geltend gemacht, so kann eine Beschwerde nicht darauf gestützt werden, dass die Kartellbehörde ihre Zuständigkeit zu Unrecht angenommen hat.

§ 56 Anhörung, mündliche Verhandlung

(1) Die Kartellbehörde hat den Beteiligten Gelegenheit zur Stellungnahme zu geben.

(2) Vertretern der von dem Verfahren berührten Wirtschaftskreise kann die Kartellbehörde in geeigneten Fällen Gelegenheit zur Stellungnahme geben.

(3) Auf Antrag eines Beteiligten oder von Amts wegen kann die Kartellbehörde eine öffentliche mündliche Verhandlung durchführen. Für die Verhandlung oder für einen Teil davon ist die Öffentlichkeit auszuschließen, wenn sie eine Gefährdung der öffentlichen Ordnung, insbesondere der Staatssicherheit, oder die Gefährdung eines wichtigen Geschäfts- oder Betriebsgeheimnisses besorgen lässt. In den Fällen des § 42 hat das Bundesministerium für Wirtschaft und Energie eine öffentliche mündliche Verhandlung durchzuführen; mit Einverständnis der Beteiligten kann ohne mündliche Verhandlung entschieden werden. In der öffentlichen mündlichen Verhandlung hat die Monopolkommission in den Fällen des § 42 das Recht, gehört zu werden und die Stellungnahme, die sie nach § 42 Absatz 5 erstellt hat, zu erläutern.

(4) Die §§ 45 und 46 des Verwaltungsverfahrensgesetzes sind anzuwenden.

§ 57 Ermittlungen, Beweiserhebung

(1) Die Kartellbehörde kann alle Ermittlungen führen und alle Beweise erheben, die erforderlich sind.

(2) Für den Beweis durch Augenschein, Zeugen und Sachverständige sind § 372 Absatz 1, §§ 376, 377, 378, 380 bis 387, 390, 395 bis 397, 398 Absatz 1, §§ 401, 402, 404, 404a, 406 bis 409, 411 bis 414 der Zivilprozessordnung sinngemäß anzuwenden; Haft darf nicht verhängt werden. Für die Entscheidung über die Beschwerde ist das Oberlandesgericht zuständig.

(3) Über die Zeugenaussage soll eine Niederschrift aufgenommen werden, die von dem ermittelnden Mitglied der Kartellbehörde und, wenn ein Urkundsbeamter zugezogen ist, auch von diesem zu unterschreiben ist. Die Niederschrift soll Ort und Tag der Verhandlung sowie die Namen der Mitwirkenden und Beteiligten ersehen lassen.

(4) Die Niederschrift ist dem Zeugen zur Genehmigung vorzulesen oder zur eigenen Durchsicht vorzulegen. Die erteilte Genehmigung ist zu vermerken und von dem Zeugen zu unterschreiben. Unterbleibt die Unterschrift, so ist der Grund hierfür anzugeben.

(5) Bei der Vernehmung von Sachverständigen sind die Bestimmungen der Absätze 3 und 4 entsprechend anzuwenden.

(6) Die Kartellbehörde kann das Amtsgericht um die Beeidigung von Zeugen ersuchen, wenn sie die Beeidigung zur Herbeiführung einer wahrheitsgemäßen Aussage für notwendig erachtet. Über die Beeidigung entscheidet das Gericht.

§ 58 Beschlagnahme

(1) Die Kartellbehörde kann Gegenstände, die als Beweismittel für die Ermittlung von Bedeutung sein können, beschlagnahmen. Die Beschlagnahme ist dem davon Betroffenen unverzüglich bekannt zu machen.

(2) Die Kartellbehörde soll binnen drei Tagen die gerichtliche Bestätigung bei dem Amtsgericht, in dessen Bezirk sie ihren Sitz hat, beantragen, wenn bei der Beschlagnahme weder der davon Betroffene noch ein erwachsener Angehöriger anwesend war oder wenn der Betroffene und im Falle seiner Abwesenheit ein erwachsener Angehöriger des Betroffenen gegen die Beschlagnahme ausdrücklich Widerspruch erhoben hat.

(3) Der Betroffene kann gegen die Beschlagnahme jederzeit die richterliche Entscheidung nachsuchen. Hierüber ist er zu belehren. Über den Antrag entscheidet das nach Absatz 2 zuständige Gericht.

(4) Gegen die richterliche Entscheidung ist die Beschwerde zulässig. Die §§ 306 bis 310 und 311a der Strafprozessordnung gelten entsprechend.

§ 59 Auskunftsverlangen

(1) Soweit es zur Erfüllung der in diesem Gesetz der Kartellbehörde übertragenen Aufgaben erforderlich ist, kann die Kartellbehörde bis zum Eintritt der Bestandskraft ihrer Entscheidung

1. von Unternehmen und Vereinigungen von Unternehmen Auskunft über ihre wirtschaftlichen Verhältnisse sowie die Herausgabe von Unterlagen verlangen; dies umfasst auch allgemeine Marktstudien, die der Einschätzung oder Analyse der Wettbewerbsbedingungen oder der Marktlage dienen und sich im Besitz des Unternehmens oder der Unternehmensvereinigung befinden;
2. von Unternehmen und Vereinigungen von Unternehmen Auskunft über die wirtschaftlichen Verhältnisse von mit ihnen nach § 36 Absatz 2 verbundenen Unternehmen sowie die Herausgabe von Unterlagen dieser Unternehmen verlangen, soweit sie die Informationen zur Verfügung haben oder soweit sie auf Grund bestehender rechtlicher Verbindungen zur Beschaffung der verlangten Informationen über die verbundenen Unternehmen in der Lage sind;
3. bei Unternehmen und Vereinigungen von Unternehmen innerhalb der üblichen Geschäftszeiten die geschäftlichen Unterlagen einsehen und prüfen.

Gegenüber Wirtschafts- und Berufsvereinigungen gilt Satz 1 Nummer 1 und 3 entsprechend hinsichtlich ihrer Tätigkeit, Satzung, Beschlüsse sowie Anzahl und Namen der Mitglieder, für die die Beschlüsse bestimmt sind. Die Kartellbehörde kann vorgeben, in welcher Form die Angaben nach den Sätzen 1 und 2 zu erteilen sind; insbesondere kann sie vorgeben, dass eine Internetplattform zur Eingabe der Angaben verwendet werden muss.

(2) Die Inhaber der Unternehmen und ihre Vertretung, bei juristischen Personen, Gesellschaften und nicht rechtsfähigen Vereinen die nach Gesetz oder Satzung zur Vertretung berufenen Personen sind verpflichtet, die verlangten Unterlagen herauszugeben, die verlangten Auskünfte zu erteilen, die geschäftlichen Unterlagen zur Einsichtnahme und Prüfung vorzulegen und die Prüfung dieser geschäftlichen Unterlagen sowie das Betreten von Geschäftsräumen und -grundstücken zu dulden.

(3) Personen, die von der Kartellbehörde mit der Vornahme von Prüfungen beauftragt werden, dürfen die Räume der Unternehmen und Vereinigungen von Unternehmen betreten. Das Grundrecht des Artikels 13 des Grundgesetzes wird insoweit eingeschränkt.

(4) Durchsuchungen können nur auf Anordnung des Amtsrichters, in dessen Bezirk die Kartellbehörde ihren Sitz hat, vorgenommen werden. Durchsuchungen sind zulässig, wenn zu vermuten ist, dass sich in den betreffenden Räumen Unterlagen befinden, die die Kartellbehörde nach Absatz 1 einsehen, prüfen oder herausverlangen darf. Das Grundrecht der Unverletzlichkeit der Wohnung (Artikel 13 Absatz 1 des Grundgesetzes) wird insoweit eingeschränkt. Auf die Anfechtung dieser Anordnung finden die §§ 306 bis 310 und 311a der Strafprozessordnung entsprechende Anwendung. Bei Gefahr im Verzuge können die in Absatz 3 bezeichneten Personen während der Geschäftszeit die erforderlichen Durchsuchungen ohne richterliche Anordnung vornehmen. An Ort und Stelle ist eine Niederschrift über die Durchsuchung und ihr wesentliches Ergebnis aufzunehmen, aus der sich, falls keine richterliche Anordnung ergangen ist, auch die Tatsachen ergeben, die zur Annahme einer Gefahr im Verzuge geführt haben.

(5) Für die zur Auskunft verpflichtete Person gilt § 55 der Strafprozessordung entsprechend.

(6) Das Bundesministerium für Wirtschaft und Energie oder die oberste Landesbehörde fordern die Auskunft durch schriftliche Einzelverfügung, das Bundeskartellamt fordert sie durch Beschluss an. Darin sind die Rechtsgrundlage, der Gegenstand und der Zweck des Auskunftsverlangens anzugeben und eine angemessene Frist zur Erteilung der Auskunft zu bestimmen.

(7) Das Bundesministerium für Wirtschaft und Energie oder die oberste Landesbehörde ordnen die Prüfung durch schriftliche Einzelverfügung, das Bundeskartellamt ordnet sie durch Beschluss mit Zustimmung des Präsidenten an. In der Anordnung sind Zeitpunkt, Rechtsgrundlage, Gegenstand und Zweck der Prüfung anzugeben.

§ 60 Einstweilige Anordnungen

Die Kartellbehörde kann bis zur endgültigen Entscheidung über

1. eine Verfügung nach § 31b Absatz 3, § 40 Absatz 2, § 41 Absatz 3 oder einen Widerruf oder eine Änderung einer Freigabe nach § 40 Absatz 3a,
2. eine Erlaubnis nach § 42 Absatz 1, ihren Widerruf oder ihre Änderung nach § 42 Absatz 2 Satz 2,
3. eine Verfügung nach § 26 Absatz 4, § 30 Absatz 3 oder § 34 Absatz 1

einstweilige Anordnungen zur Regelung eines einstweiligen Zustandes treffen.

§ 61 Verfahrensabschluss, Begründung der Verfügung, Zustellung

(1) Verfügungen der Kartellbehörde sind zu begründen und mit einer Belehrung über das zulässige Rechtsmittel den Beteiligten nach den Vorschriften des Verwaltungszustellungsgesetzes zuzustellen. § 5 Absatz 4 des Verwaltungszustellungsgesetzes und § 178 Absatz 1 Nummer 2 der Zivilprozessordnung sind auf Unternehmen und Vereinigungen von Unternehmen sowie auf Auftraggeber im Sinn von § 98 entsprechend anzuwenden. Verfügungen, die gegenüber einem Unternehmen mit Sitz außerhalb des Geltungsbereichs dieses Gesetzes ergehen, stellt die Kartellbehörde der im Inland ansässigen Person zu, die das Unternehmen dem Bundeskartellamt als zustellungsbevollmächtigt benannt hat. Hat das Unternehmen keine zustellungsbevollmächtigte Person benannt, so stellt die Kartellbehörde die Verfügungen durch Bekanntmachung im Bundesanzeiger zu.

(2) Soweit ein Verfahren nicht mit einer Verfügung abgeschlossen wird, die den Beteiligten nach Absatz 1 zugestellt wird, ist seine Beendigung den Beteiligten schriftlich oder elektronisch mitzuteilen.

§ 62 Bekanntmachung von Verfügungen

Verfügungen der Kartellbehörde nach § 30 Absatz 3, § 31b Absatz 3, §§ 32 bis 32b und 32d sind im Bundesanzeiger bekannt zu machen. Entscheidungen nach § 32c können von der Kartellbehörde bekannt gemacht werden.

Abschnitt 2
Beschwerde

§ 63 Zulässigkeit, Zuständigkeit

(1) Gegen Verfügungen der Kartellbehörde ist die Beschwerde zulässig. Sie kann auch auf neue Tatsachen und Beweismittel gestützt werden.

(2) Die Beschwerde steht den am Verfahren vor der Kartellbehörde Beteiligten (§ 54 Absatz 2 und 3) zu. Gegen eine Verfügung, durch die eine Erlaubnis nach § 42 erteilt wird, steht die Beschwerde einem Dritten nur zu, wenn er geltend macht, durch die Verfügung in seinen Rechten verletzt zu sein.

(3) Die Beschwerde ist auch gegen die Unterlassung einer beantragten Verfügung der Kartellbehörde zulässig, auf deren Vornahme der Antragsteller ein Recht zu haben behauptet. Als Unterlassung gilt es auch, wenn die Kartellbehörde den Antrag auf Vornahme der Verfügung ohne zureichenden Grund in angemessener Frist nicht beschieden hat. Die Unterlassung ist dann einer Ablehnung gleichzuachten.

(4) Über die Beschwerde entscheidet das für den Sitz der Kartellbehörde zuständige Oberlandesgericht, in den Fällen der §§ 35 bis 42 das für den Sitz des Bundeskartellamts zuständige Oberlandesgericht, und zwar auch dann, wenn sich die Beschwerde gegen eine Verfügung des Bundesministeriums für Wirtschaft und Energie richtet. § 36 der Zivilprozessordnung gilt entsprechend. Für Streitigkeiten über Entscheidungen des Bundeskartellamts, die die freiwillige Vereinigung von Krankenkassen nach § 172a des Fünften Buches Sozialgesetzbuch betreffen, gilt § 202 Satz 3 des Sozialgerichtsgesetzes.

§ 64 Aufschiebende Wirkung

(1) Die Beschwerde hat aufschiebende Wirkung, soweit durch die angefochtene Verfügung

1. (weggefallen)
2. eine Verfügung nach § 26 Absatz 4, § 30 Absatz 3, § 31b Absatz 3, § 32 Absatz 2a Satz 1 oder § 34 Absatz 1 getroffen oder
3. eine Erlaubnis nach § 42 Absatz 2 Satz 2 widerrufen oder geändert wird.

(2) Wird eine Verfügung, durch die eine einstweilige Anordnung nach § 60 getroffen wurde, angefochten, so kann das Beschwerdegericht anordnen, dass die angefochtene Verfügung ganz oder teilweise erst nach Abschluss des Beschwerdeverfahrens oder nach Leistung einer Sicherheit in Kraft tritt. Die Anordnung kann jederzeit aufgehoben oder geändert werden.

(3) § 60 gilt entsprechend für das Verfahren vor dem Beschwerdegericht. Dies gilt nicht für die Fälle des § 65.

§ 65 Anordnung der sofortigen Vollziehung

(1) Die Kartellbehörde kann in den Fällen des § 64 Absatz 1 die sofortige Vollziehung der Verfügung anordnen, wenn dies im öffentlichen Interesse oder im überwiegenden Interesse eines Beteiligten geboten ist.

(2) Die Anordnung nach Absatz 1 kann bereits vor der Einreichung der Beschwerde getroffen werden.

(3) Auf Antrag kann das Beschwerdegericht die aufschiebende Wirkung ganz oder teilweise wiederherstellen, wenn

1. die Voraussetzungen für die Anordnung nach Absatz 1 nicht vorgelegen haben oder nicht mehr vorliegen oder
2. ernstliche Zweifel an der Rechtmäßigkeit der angefochtenen Verfügung bestehen oder
3. die Vollziehung für den Betroffenen eine unbillige, nicht durch überwiegende öffentliche Interessen gebotene Härte zur Folge hätte.

In den Fällen, in denen die Beschwerde keine aufschiebende Wirkung hat, kann die Kartellbehörde die Vollziehung aussetzen; die Aussetzung soll erfolgen, wenn die Voraussetzungen des Satzes 1 Nummer 3 vorliegen. Das Beschwerdegericht kann auf Antrag die aufschiebende Wirkung ganz oder teilweise anordnen, wenn die Voraussetzungen des Satzes 1 Nummer 2 oder 3 vorliegen. Hat ein Dritter Beschwerde gegen eine Verfügung nach § 40 Absatz 2 eingelegt, ist der Antrag des Dritten auf Erlass einer Anordnung nach Satz 3 nur zulässig, wenn dieser geltend macht, durch die Verfügung in seinen Rechten verletzt zu sein.

(4) Der Antrag nach Absatz 3 Satz 1 oder 3 ist schon vor Einreichung der Beschwerde zulässig. Die Tatsachen, auf die der Antrag gestützt wird, sind vom Antragsteller glaubhaft zu machen. Ist die Verfügung im Zeitpunkt der Entscheidung schon vollzogen, kann das Gericht auch die Aufhebung der Vollziehung anordnen. Die Wiederherstellung und die Anordnung der aufschiebenden Wirkung können von der Leistung einer Sicherheit oder von anderen Auflagen abhängig gemacht werden. Sie können auch befristet werden.

(5) Beschlüsse über Anträge nach Absatz 3 können jederzeit geändert oder aufgehoben werden.

§ 66 Frist und Form

(1) Die Beschwerde ist binnen einer Frist von einem Monat bei der Kartellbehörde, deren Verfügung angefochten wird, schriftlich einzureichen. Die Frist beginnt mit der Zustellung der Verfügung der Kartellbehörde. Wird in den Fällen des § 36 Absatz 1 Antrag auf Erteilung einer Erlaubnis nach § 42 gestellt, so beginnt die Frist für die Beschwerde gegen die Verfügung des Bundeskartellamts mit der Zustellung der Verfügung des Bundesministeriums für Wirtschaft und Energie. Es genügt, wenn die Beschwerde innerhalb der Frist bei dem Beschwerdegericht eingeht.

(2) Ergeht auf einen Antrag keine Verfügung (§ 63 Absatz 3 Satz 2), so ist die Beschwerde an keine Frist gebunden.

(3) Die Beschwerde ist innerhalb von zwei Monaten nach Zustellung der angefochtenen Verfügung zu begründen. Im Fall des Absatzes 1 Satz 3 beginnt die Frist mit der Zustellung der Verfügung des Bun-

desministeriums für Wirtschaft und Energie. Wird diese Verfügung angefochten, beginnt die Frist zu dem Zeitpunkt, zu dem die Untersagung unanfechtbar wird. Im Fall des Absatzes 2 beträgt die Frist einen Monat; sie beginnt mit der Einlegung der Beschwerde. Die Frist kann auf Antrag von dem oder der Vorsitzenden des Beschwerdegerichts verlängert werden.

(4) Die Beschwerdebegründung muss enthalten

1. die Erklärung, inwieweit die Verfügung angefochten und ihre Abänderung oder Aufhebung beantragt wird,
2. die Angabe der Tatsachen und Beweismittel, auf die sich die Beschwerde stützt.

(5) Die Beschwerdeschrift und die Beschwerdebegründung müssen durch einen Rechtsanwalt unterzeichnet sein; dies gilt nicht für Beschwerden der Kartellbehörden.

§ 67 Beteiligte am Beschwerdeverfahren

(1) An dem Verfahren vor dem Beschwerdegericht sind beteiligt

1. der Beschwerdeführer,
2. die Kartellbehörde, deren Verfügung angefochten wird,
3. Personen und Personenvereinigungen, deren Interessen durch die Entscheidung erheblich berührt werden und die die Kartellbehörde auf ihren Antrag zu dem Verfahren beigeladen hat.

(2) Richtet sich die Beschwerde gegen eine Verfügung einer obersten Landesbehörde, ist auch das Bundeskartellamt an dem Verfahren beteiligt.

§ 68 Anwaltszwang

Vor dem Beschwerdegericht müssen die Beteiligten sich durch einen Rechtsanwalt als Bevollmächtigten vertreten lassen. Die Kartellbehörde kann sich durch ein Mitglied der Behörde vertreten lassen.

§ 69 Mündliche Verhandlung

(1) Das Beschwerdegericht entscheidet über die Beschwerde auf Grund mündlicher Verhandlung; mit Einverständnis der Beteiligten kann ohne mündliche Verhandlung entschieden werden.

(2) Sind die Beteiligten in dem Verhandlungstermin trotz rechtzeitiger Benachrichtigung nicht erschienen oder gehörig vertreten, so kann gleichwohl in der Sache verhandelt und entschieden werden.

§ 70 Untersuchungsgrundsatz

(1) Das Beschwerdegericht erforscht den Sachverhalt von Amts wegen.

(2) Der oder die Vorsitzende hat darauf hinzuwirken, dass Formfehler beseitigt, unklare Anträge erläutert, sachdienliche Anträge gestellt, ungenügende tatsächliche Angaben ergänzt, ferner alle für die Feststellung und Beurteilung des Sachverhalts wesentlichen Erklärungen abgegeben werden.

(3) Das Beschwerdegericht kann den Beteiligten aufgeben, sich innerhalb einer zu bestimmenden Frist über aufklärungsbedürftige Punkte zu äußern, Beweismittel zu bezeichnen und in ihren Händen befindliche Urkunden sowie andere Beweismittel vorzulegen. Bei Versäumung der Frist kann nach Lage der Sache ohne Berücksichtigung der nicht beigebrachten Beweismittel entschieden werden.

(4) Wird die Anforderung nach § 59 Absatz 6 oder die Anordnung nach § 59 Absatz 7 mit der Beschwerde angefochten, hat die Kartellbehörde die tatsächlichen Anhaltspunkte glaubhaft zu machen. § 294 Absatz 1 der Zivilprozessordnung findet Anwendung. Eine Glaubhaftmachung ist nicht erforderlich, soweit § 20 voraussetzt, dass kleine oder mittlere Unternehmen von Unternehmen in der Weise abhängig sind, dass ausreichende und zumutbare Ausweichmöglichkeiten nicht bestehen.

§ 71 Beschwerdeentscheidung

(1) Das Beschwerdegericht entscheidet durch Beschluss nach seiner freien, aus dem Gesamtergebnis des Verfahrens gewonnenen Überzeugung. Der Beschluss darf nur auf Tatsachen und Beweismittel ge-

stützt werden, zu denen die Beteiligten sich äußern konnten. Das Beschwerdegericht kann hiervon abweichen, soweit Beigeladenen aus wichtigen Gründen, insbesondere zur Wahrung von Betriebs- oder Geschäftsgeheimnissen, Akteneinsicht nicht gewährt und der Akteninhalt aus diesen Gründen auch nicht vorgetragen worden ist. Dies gilt nicht für solche Beigeladene, die an dem streitigen Rechtsverhältnis derart beteiligt sind, dass die Entscheidung auch ihnen gegenüber nur einheitlich ergehen kann.

(2) Hält das Beschwerdegericht die Verfügung der Kartellbehörde für unzulässig oder unbegründet, so hebt es sie auf. Hat sich die Verfügung vorher durch Zurücknahme oder auf andere Weise erledigt, so spricht das Beschwerdegericht auf Antrag aus, dass die Verfügung der Kartellbehörde unzulässig oder unbegründet gewesen ist, wenn der Beschwerdeführer ein berechtigtes Interesse an dieser Feststellung hat.

(3) Hat sich eine Verfügung nach den §§ 32 bis 32b oder § 32d wegen nachträglicher Änderung der tatsächlichen Verhältnisse oder auf andere Weise erledigt, so spricht das Beschwerdegericht auf Antrag aus, ob, in welchem Umfang und bis zu welchem Zeitpunkt die Verfügung begründet gewesen ist.

(4) Hält das Beschwerdegericht die Ablehnung oder Unterlassung der Verfügung für unzulässig oder unbegründet, so spricht es die Verpflichtung der Kartellbehörde aus, die beantragte Verfügung vorzunehmen.

(5) Die Verfügung ist auch dann unzulässig oder unbegründet, wenn die Kartellbehörde von ihrem Ermessen fehlsamen Gebrauch gemacht hat, insbesondere wenn sie die gesetzlichen Grenzen des Ermessens überschritten oder durch die Ermessensentscheidung Sinn und Zweck dieses Gesetzes verletzt hat. Die Würdigung der gesamtwirtschaftlichen Lage und Entwicklung ist hierbei der Nachprüfung des Gerichts entzogen.

(6) Der Beschluss ist zu begründen und mit einer Rechtsmittelbelehrung den Beteiligten zuzustellen.

§ 71a Abhilfe bei Verletzung des Anspruchs auf rechtliches Gehör

(1) Auf die Rüge eines durch eine gerichtliche Entscheidung beschwerten Beteiligten ist das Verfahren fortzuführen, wenn

1. ein Rechtsmittel oder ein anderer Rechtsbehelf gegen die Entscheidung nicht gegeben ist und
2. das Gericht den Anspruch dieses Beteiligten auf rechtliches Gehör in entscheidungserheblicher Weise verletzt hat.

Gegen eine der Endentscheidung vorausgehende Entscheidung findet die Rüge nicht statt.

(2) Die Rüge ist innerhalb von zwei Wochen nach Kenntnis von der Verletzung des rechtlichen Gehörs zu erheben; der Zeitpunkt der Kenntniserlangung ist glaubhaft zu machen. Nach Ablauf eines Jahres seit Bekanntgabe der angegriffenen Entscheidung kann die Rüge nicht mehr erhoben werden. Formlos mitgeteilte Entscheidungen gelten mit dem dritten Tage nach Aufgabe zur Post als bekannt gegeben. Die Rüge ist schriftlich oder zur Niederschrift des Urkundsbeamten der Geschäftsstelle bei dem Gericht zu erheben, dessen Entscheidung angegriffen wird. Die Rüge muss die angegriffene Entscheidung bezeichnen und das Vorliegen der in Absatz 1 Satz 1 Nummer 2 genannten Voraussetzungen darlegen.

(3) Den übrigen Beteiligten ist, soweit erforderlich, Gelegenheit zur Stellungnahme zu geben.

(4) Ist die Rüge nicht statthaft oder nicht in der gesetzlichen Form oder Frist erhoben, so ist sie als unzulässig zu verwerfen. Ist die Rüge unbegründet, weist das Gericht sie zurück. Die Entscheidung ergeht durch unanfechtbaren Beschluss. Der Beschluss soll kurz begründet werden.

(5) Ist die Rüge begründet, so hilft ihr das Gericht ab, indem es das Verfahren fortführt, soweit dies aufgrund der Rüge geboten ist. Das Verfahren wird in die Lage zurückversetzt, in der es sich vor dem Schluss der mündlichen Verhandlung befand. Im schriftlichen Verfahren tritt an die Stelle des Schlusses der mündlichen Verhandlung der Zeitpunkt, bis zu dem Schriftsätze eingereicht werden können. Für den Ausspruch des Gerichts ist § 343 der Zivilprozessordnung anzuwenden.

(6) § 149 Absatz 1 Satz 2 der Verwaltungsgerichtsordnung ist entsprechend anzuwenden.

§ 72 Akteneinsicht

(1) Die in § 67 Absatz 1 Nummer 1 und 2 und Absatz 2 bezeichneten Beteiligten können die Akten des Gerichts einsehen und sich durch die Geschäftsstelle auf ihre Kosten Ausfertigungen, Auszüge und Abschriften erteilen lassen. § 299 Absatz 3 der Zivilprozessordnung gilt entsprechend.

(2) Einsicht in Vorakten, Beiakten, Gutachten und Auskünfte ist nur mit Zustimmung der Stellen zulässig, denen die Akten gehören oder die die Äußerung eingeholt haben. Die Kartellbehörde hat die Zustimmung zur Einsicht in die ihr gehörigen Unterlagen zu versagen, soweit dies aus wichtigen Gründen, insbesondere zur Wahrung von Betriebs- oder Geschäftsgeheimnissen, geboten ist. Wird die Einsicht abgelehnt oder ist sie unzulässig, dürfen diese Unterlagen der Entscheidung nur insoweit zugrunde gelegt werden, als ihr Inhalt vorgetragen worden ist. Das Beschwerdegericht kann die Offenlegung von Tatsachen oder Beweismitteln, deren Geheimhaltung aus wichtigen Gründen, insbesondere zur Wahrung von Betriebs- oder Geschäftsgeheimnissen, verlangt wird, nach Anhörung des von der Offenlegung Betroffenen durch Beschluss anordnen, soweit es für die Entscheidung auf diese Tatsachen oder Beweismittel ankommt, andere Möglichkeiten der Sachaufklärung nicht bestehen und nach Abwägung aller Umstände des Einzelfalles die Bedeutung der Sache für die Sicherung des Wettbewerbs das Interesse des Betroffenen an der Geheimhaltung überwiegt. Der Beschluss ist zu begründen. In dem Verfahren nach Satz 4 muss sich der Betroffene nicht anwaltlich vertreten lassen.

(3) Den in § 67 Absatz 1 Nummer 3 bezeichneten Beteiligten kann das Beschwerdegericht nach Anhörung des Verfügungsberechtigten Akteneinsicht in gleichem Umfang gewähren.

§ 73 Geltung von Vorschriften des Gerichtsverfassungsgesetzes und der Zivilprozessordnung

Für Verfahren vor dem Beschwerdegericht gelten, soweit nichts anderes bestimmt ist, entsprechend

1. die Vorschriften der §§ 169 bis 201 des Gerichtsverfassungsgesetzes über Öffentlichkeit, Sitzungspolizei, Gerichtssprache, Beratung und Abstimmung sowie über den Rechtsschutz bei überlangen Gerichtsverfahren;
2. die Vorschriften der Zivilprozessordnung über Ausschließung und Ablehnung eines Richters, über Prozessbevollmächtigte und Beistände, über die Zustellung von Amts wegen, über Ladungen, Termine und Fristen, über die Anordnung des persönlichen Erscheinens der Parteien, über die Verbindung mehrerer Prozesse, über die Erledigung des Zeugen- und Sachverständigenbeweises sowie über die sonstigen Arten des Beweisverfahrens, über die Wiedereinsetzung in den vorigen Stand gegen die Versäumung einer Frist sowie über den elektronischen Rechtsverkehr.

2. Verordnung über die Vergabe öffentlicher Aufträge (Vergabeverordnung – VgV)*

vom 12.4.2016 (BGBl. I, S. 624), zuletzt geändert durch Artikel 8 des Gesetzes vom 18.7.2017 (BGBl. I, S. 2745)

Abschnitt 1
Allgemeine Bestimmungen und Kommunikation

Unterabschnitt 1
Allgemeine Bestimmungen

§ 1
Gegenstand und Anwendungsbereich

(1) Diese Verordnung trifft nähere Bestimmungen über das einzuhaltende Verfahren bei der dem Teil 4 des Gesetzes gegen Wettbewerbsbeschränkungen unterliegenden Vergabe von öffentlichen Aufträgen und bei der Ausrichtung von Wettbewerben durch den öffentlichen Auftraggeber.

(2) Diese Verordnung ist nicht anzuwenden auf

1. die Vergabe von öffentlichen Aufträgen und die Ausrichtung von Wettbewerben durch Sektorenauftraggeber zum Zweck der Ausübung einer Sektorentätigkeit,
2. die Vergabe von verteidigungs- oder sicherheitsspezifischen öffentlichen Aufträgen und
3. die Vergabe von Konzessionen durch Konzessionsgeber.

§ 2
Vergabe von Bauaufträgen

Für die Vergabe von Bauaufträgen sind Abschnitt 1 und Abschnitt 2, Unterabschnitt 2 anzuwenden. Im Übrigen ist Teil A Abschnitt 2 der Vergabe- und Vertragsordnung für Bauleistungen in der Fassung der Bekanntmachung vom 19. Januar 2016 (BAnz AT 19.1.2016 B3) anzuwenden.

§ 3
Schätzung des Auftragswerts

(1) Bei der Schätzung des Auftragswerts ist vom voraussichtlichen Gesamtwert der vorgesehenen Leistung ohne Umsatzsteuer auszugehen. Zudem sind etwaige Optionen oder Vertragsverlängerungen zu berücksichtigen. Sieht der öffentliche Auftraggeber Prämien oder Zahlungen an den Bewerber oder Bieter vor, sind auch diese zu berücksichtigen.

(2) Die Wahl der Methode zur Berechnung des geschätzten Auftragswerts darf nicht in der Absicht erfolgen, die Anwendung der Bestimmungen des Teils 4 des Gesetzes gegen Wettbewerbsbeschränkungen oder dieser Verordnung zu umgehen. Eine Auftragsvergabe darf nicht so unterteilt werden, dass sie nicht in den Anwendungsbereich der Bestimmungen des Gesetzes gegen Wettbewerbsbeschränkungen oder dieser Verordnung fällt, es sei denn, es liegen objektive Gründe dafür vor, etwa wenn eine eigenständige Organisationseinheit selbstständig für ihre Auftragsvergabe oder bestimmte Kategorien der Auftragsvergabe zuständig ist.

(3) Maßgeblicher Zeitpunkt für die Schätzung des Auftragswerts ist der Tag, an dem die Auftragsbekanntmachung abgesendet wird oder das Vergabeverfahren auf sonstige Weise eingeleitet wird.

---

* In Kraft getreten am 18.4.2016.

(4) Der Wert einer Rahmenvereinbarung oder eines dynamischen Beschaffungssystems wird auf der Grundlage des geschätzten Gesamtwertes aller Einzelaufträge berechnet, die während der gesamten Laufzeit einer Rahmenvereinbarung oder eines dynamischen Beschaffungssystems geplant sind.

(5) Der zu berücksichtigende Wert im Falle einer Innovationspartnerschaft entspricht dem geschätzten Gesamtwert der Forschungs- und Entwicklungstätigkeiten, die während sämtlicher Phasen der geplanten Partnerschaft stattfinden sollen, sowie der Bau-, Liefer- oder Dienstleistungen, die zu entwickeln und am Ende der geplanten Partnerschaft zu beschaffen sind.

(6) Bei der Schätzung des Auftragswerts von Bauleistungen ist neben dem Auftragswert der Bauaufträge der geschätzte Gesamtwert aller Liefer- und Dienstleistungen zu berücksichtigen, die für die Ausführung der Bauleistungen erforderlich sind und vom öffentlichen Auftraggeber zur Verfügung gestellt werden. Die Möglichkeit des öffentlichen Auftraggebers, Aufträge für die Planung und die Ausführung von Bauleistungen entweder getrennt oder gemeinsam zu vergeben, bleibt unberührt.

(7) Kann das beabsichtigte Bauvorhaben oder die vorgesehene Erbringung einer Dienstleistung zu einem Auftrag führen, der in mehreren Losen vergeben wird, ist der geschätzte Gesamtwert aller Lose zugrunde zu legen. Bei Planungsleistungen gilt dies nur für Lose über gleichartige Leistungen. Erreicht oder überschreitet der geschätzte Gesamtwert den maßgeblichen Schwellenwert, gilt diese Verordnung für die Vergabe jedes Loses.

(8) Kann ein Vorhaben zum Zweck des Erwerbs gleichartiger Lieferungen zu einem Auftrag führen, der in mehreren Losen vergeben wird, ist der geschätzte Gesamtwert aller Lose zugrunde zu legen.

(9) Der öffentliche Auftraggeber kann bei der Vergabe einzelner Lose von Absatz 7 Satz 3 sowie Absatz 8 abweichen, wenn der geschätzte Nettowert des betreffenden Loses bei Liefer- und Dienstleistungen unter 80 000 Euro und bei Bauleistungen unter 1 Million Euro liegt und die Summe der Nettowerte dieser Lose 20 Prozent des Gesamtwertes aller Lose nicht übersteigt.

(10) Bei regelmäßig wiederkehrenden Aufträgen oder Daueraufträgen über Liefer- oder Dienstleistungen sowie bei Liefer- oder Dienstleistungsaufträgen, die innerhalb eines bestimmten Zeitraums verlängert werden sollen, ist der Auftragswert zu schätzen

1. auf der Grundlage des tatsächlichen Gesamtwerts entsprechender aufeinanderfolgender Aufträge aus dem vorangegangenen Haushaltsjahr oder Geschäftsjahr; dabei sind voraussichtliche Änderungen bei Mengen oder Kosten möglichst zu berücksichtigen, die während der zwölf Monate zu erwarten sind, die auf den ursprünglichen Auftrag folgen, oder
2. auf der Grundlage des geschätzten Gesamtwerts aufeinanderfolgender Aufträge, die während der auf die erste Lieferung folgenden zwölf Monate oder während des auf die erste Lieferung folgenden Haushaltsjahres oder Geschäftsjahres, wenn dieses länger als zwölf Monate ist, vergeben werden.

(11) Bei Aufträgen über Liefer- oder Dienstleistungen, für die kein Gesamtpreis angegeben wird, ist Berechnungsgrundlage für den geschätzten Auftragswert

1. bei zeitlich begrenzten Aufträgen mit einer Laufzeit von bis zu 48 Monaten der Gesamtwert für die Laufzeit dieser Aufträge, und
2. bei Aufträgen mit unbestimmter Laufzeit oder mit einer Laufzeit von mehr als 48 Monaten der 48-fache Monatswert.

(12) Bei einem Planungswettbewerb nach § 69, der zu einem Dienstleistungsauftrag führen soll, ist der Wert des Dienstleistungsauftrags zu schätzen zuzüglich etwaiger Preisgelder und Zahlungen an die Teilnehmer. Bei allen übrigen Planungswettbewerben entspricht der Auftragswert der Summe der Preisgelder und Zahlungen an die Teilnehmer einschließlich des Werts des Dienstleistungsauftrags, der vergeben werden könnte, soweit der öffentliche Auftraggeber diese Vergabe in der Wettbewerbsbekanntmachung des Planungswettbewerbs nicht ausschließt.

§ 4
Gelegentliche gemeinsame Auftragsvergabe; zentrale Beschaffung

(1) Mehrere öffentliche Auftraggeber können vereinbaren, bestimmte öffentliche Aufträge gemeinsam zu vergeben. Dies gilt auch für die Auftragsvergabe gemeinsam mit öffentlichen Auftraggebern aus anderen Mitgliedstaaten der Europäischen Union. Die Möglichkeiten zur Nutzung von zentralen Beschaffungsstellen bleiben unberührt.

(2) Soweit das Vergabeverfahren im Namen und im Auftrag aller öffentlichen Auftraggeber insgesamt gemeinsam durchgeführt wird, sind diese für die Einhaltung der Bestimmungen über das Vergabeverfahren gemeinsam verantwortlich. Das gilt auch, wenn ein öffentlicher Auftraggeber das Verfahren in seinem Namen und im Auftrag der anderen öffentlichen Auftraggeber allein ausführt. Bei nur teilweise gemeinsamer Durchführung sind die öffentlichen Auftraggeber nur für jene Teile gemeinsam verantwortlich, die gemeinsam durchgeführt wurden. Wird ein Auftrag durch öffentliche Auftraggeber aus verschiedenen Mitgliedstaaten der Europäischen Union gemeinsam vergeben, legen diese die Zuständigkeiten und die anwendbaren Bestimmungen des nationalen Rechts durch Vereinbarung fest und geben das in den Vergabeunterlagen an.

(3) Die Bundesregierung kann für Dienststellen des Bundes in geeigneten Bereichen allgemeine Verwaltungsvorschriften über die Einrichtung und die Nutzung zentraler Beschaffungsstellen sowie die durch die zentralen Beschaffungsstellen bereitzustellenden Beschaffungsdienstleistungen erlassen.

§ 5
Wahrung der Vertraulichkeit

(1) Sofern in dieser Verordnung oder anderen Rechtsvorschriften nichts anderes bestimmt ist, darf der öffentliche Auftraggeber keine von den Unternehmen übermittelten und von diesen als vertraulich gekennzeichneten Informationen weitergeben. Dazu gehören insbesondere Betriebs- und Geschäftsgeheimnisse und die vertraulichen Aspekte der Angebote einschließlich ihrer Anlagen.

(2) Bei der gesamten Kommunikation sowie beim Austausch und der Speicherung von Informationen muss der öffentliche Auftraggeber die Integrität der Daten und die Vertraulichkeit der Interessensbekundungen, Interessensbestätigungen, Teilnahmeanträge und Angebote einschließlich ihrer Anlagen gewährleisten. Die Interessensbekundungen, Interessensbestätigungen, Teilnahmeanträge und Angebote einschließlich ihrer Anlagen sowie die Dokumentation über Öffnung und Wertung der Teilnahmeanträge und Angebote sind auch nach Abschluss des Vergabeverfahrens vertraulich zu behandeln.

(3) Der öffentliche Auftraggeber kann Unternehmen Anforderungen vorschreiben, die auf den Schutz der Vertraulichkeit der Informationen im Rahmen des Vergabeverfahrens abzielen. Hierzu gehört insbesondere die Abgabe einer Verschwiegenheitserklärung.

§ 6
Vermeidung von Interessenkonflikten

(1) Organmitglieder oder Mitarbeiter des öffentlichen Auftraggebers oder eines im Namen des öffentlichen Auftraggebers handelnden Beschaffungsdienstleisters, bei denen ein Interessenkonflikt besteht, dürfen in einem Vergabeverfahren nicht mitwirken.

(2) Ein Interessenkonflikt besteht für Personen, die an der Durchführung des Vergabeverfahrens beteiligt sind oder Einfluss auf den Ausgang eines Vergabeverfahrens nehmen können und die ein direktes oder indirektes finanzielles, wirtschaftliches oder persönliches Interesse haben, das ihre Unparteilichkeit und Unabhängigkeit im Rahmen des Vergabeverfahrens beeinträchtigen könnte.

(3) Es wird vermutet, dass ein Interessenkonflikt besteht, wenn die in Absatz 1 genannten Personen

1. Bewerber oder Bieter sind,
2. einen Bewerber oder Bieter beraten oder sonst unterstützen oder als gesetzliche Vertreter oder nur in dem Vergabeverfahren vertreten,
3. beschäftigt oder tätig sind

a) bei einem Bewerber oder Bieter gegen Entgelt oder bei ihm als Mitglied des Vorstandes, Aufsichtsrates oder gleichartigen Organs oder
b) für ein in das Vergabeverfahren eingeschaltetes Unternehmen, wenn dieses Unternehmen zugleich geschäftliche Beziehungen zum öffentlichen Auftraggeber und zum Bewerber oder Bieter hat.

(4) Die Vermutung des Absatzes 3 gilt auch für Personen, deren Angehörige die Voraussetzungen nach Absatz 3 Nummer 1 bis 3 erfüllen. Angehörige sind der Verlobte, der Ehegatte, Lebenspartner, Verwandte und Verschwägerte gerader Linie, Geschwister, Kinder der Geschwister, Ehegatten und Lebenspartner der Geschwister und Geschwister der Ehegatten und Lebenspartner, Geschwister der Eltern sowie Pflegeeltern und Pflegekinder.

§ 7
Mitwirkung an der Vorbereitung des Vergabeverfahrens

(1) Hat ein Unternehmen oder ein mit ihm in Verbindung stehendes Unternehmen den öffentlichen Auftraggeber beraten oder war auf andere Art und Weise an der Vorbereitung des Vergabeverfahrens beteiligt (vorbefasstes Unternehmen), so ergreift der öffentliche Auftraggeber angemessene Maßnahmen, um sicherzustellen, dass der Wettbewerb durch die Teilnahme dieses Unternehmens nicht verzerrt wird.

(2) Die Maßnahmen nach Absatz 1 umfassen insbesondere die Unterrichtung der anderen am Vergabeverfahren teilnehmenden Unternehmen in Bezug auf die einschlägigen Informationen, die im Zusammenhang mit der Einbeziehung des vorbefassten Unternehmens in der Vorbereitung des Vergabeverfahrens ausgetauscht wurden oder daraus resultieren, und die Festlegung angemessener Fristen für den Eingang der Angebote und Teilnahmeanträge.

(3) Vor einem Ausschluss nach § 124 Absatz 1 Nummer 6 des Gesetzes gegen Wettbewerbsbeschränkungen ist dem vorbefassten Unternehmen die Möglichkeit zu geben nachzuweisen, dass seine Beteiligung an der Vorbereitung des Vergabeverfahrens den Wettbewerb nicht verzerren kann.

§ 8
Dokumentation und Vergabevermerk

(1) Der öffentliche Auftraggeber dokumentiert das Vergabeverfahren von Beginn an fortlaufend in Textform nach § 126b des Bürgerlichen Gesetzbuchs, soweit dies für die Begründung von Entscheidungen auf jeder Stufe des Vergabeverfahrens erforderlich ist. Dazu gehört zum Beispiel die Dokumentation der Kommunikation mit Unternehmen und interner Beratungen, der Vorbereitung der Auftragsbekanntmachung und der Vergabeunterlagen, der Öffnung der Angebote, Teilnahmeanträge und Interessensbestätigungen, der Verhandlungen und der Dialoge mit den teilnehmenden Unternehmen sowie der Gründe für Auswahlentscheidungen und den Zuschlag.

(2) Der öffentliche Auftraggeber fertigt über jedes Vergabeverfahren einen Vermerk in Textform nach § 126b des Bürgerlichen Gesetzbuchs an. Dieser Vergabevermerk umfasst mindestens Folgendes:

1. den Namen und die Anschrift des öffentlichen Auftraggebers sowie Gegenstand und Wert des Auftrags, der Rahmenvereinbarung oder des dynamischen Beschaffungssystems,
2. die Namen der berücksichtigten Bewerber oder Bieter und die Gründe für ihre Auswahl,
3. die nicht berücksichtigten Angebote und Teilnahmeanträge sowie die Namen der nicht berücksichtigten Bewerber oder Bieter und die Gründe für ihre Nichtberücksichtigung,
4. die Gründe für die Ablehnung von Angeboten, die für ungewöhnlich niedrig befunden wurden,
5. den Namen des erfolgreichen Bieters und die Gründe für die Auswahl seines Angebots sowie, falls bekannt, den Anteil am Auftrag oder an der Rahmenvereinbarung, den der Zuschlagsempfänger an Dritte weiterzugeben beabsichtigt, und gegebenenfalls, soweit zu jenem Zeitpunkt bekannt, die Namen der Unterauftragnehmer des Hauptauftragnehmers,
6. bei Verhandlungsverfahren und wettbewerblichen Dialogen die in § 14 Absatz 3 genannten Umstände, die die Anwendung dieser Verfahren rechtfertigen,

7. bei Verhandlungsverfahren ohne vorherigen Teilnahmewettbewerb die in § 14 Absatz 4 genannten Umstände, die die Anwendung dieses Verfahrens rechtfertigen,
8. gegebenenfalls die Gründe, aus denen der öffentliche Auftraggeber auf die Vergabe eines Auftrags, den Abschluss einer Rahmenvereinbarung oder die Einrichtung eines dynamischen Beschaffungssystems verzichtet hat,
9. gegebenenfalls die Gründe, aus denen andere als elektronische Mittel für die Einreichung der Angebote verwendet wurden,
10. gegebenenfalls Angaben zu aufgedeckten Interessenkonflikten und getroffenen Abhilfemaßnahmen,
11. gegebenenfalls die Gründe, aufgrund derer mehrere Teil- oder Fachlose zusammen vergeben wurden, und
12. gegebenenfalls die Gründe für die Nichtangabe der Gewichtung von Zuschlagskriterien.

(3) Der Vergabevermerk ist nicht erforderlich für Aufträge auf der Grundlage von Rahmenvereinbarungen, sofern diese gemäß § 21 Absatz 3 oder gemäß § 21 Absatz 4 Nummer 1 geschlossen wurden. Soweit die Vergabebekanntmachung die geforderten Informationen enthält, kann sich der öffentliche Auftraggeber auf diese beziehen.

(4) Die Dokumentation, der Vergabevermerk sowie die Angebote, die Teilnahmeanträge, die Interessensbekundungen, die Interessensbestätigungen und ihre Anlagen sind bis zum Ende der Laufzeit des Vertrags oder der Rahmenvereinbarung aufzubewahren, mindestens jedoch für drei Jahre ab dem Tag des Zuschlags. Gleiches gilt für Kopien aller abgeschlossenen Verträge, die mindestens den folgenden Auftragswert haben:

1. 1 Million Euro im Falle von Liefer- oder Dienstleistungsaufträgen,
2. 10 Millionen Euro im Falle von Bauaufträgen.

(5) Der Vergabevermerk oder dessen Hauptelemente sowie die abgeschlossenen Verträge sind der Europäischen Kommission sowie den zuständigen Aufsichts-oder Prüfbehörden auf deren Anforderung hin zu übermitteln.

(6) § 5 bleibt unberührt.

Unterabschnitt 2
Kommunikation

§ 9
Grundsätze der Kommunikation

(1) Für das Senden, Empfangen, Weiterleiten und Speichern von Daten in einem Vergabeverfahren verwenden der öffentliche Auftraggeber und die Unternehmen grundsätzlich Geräte und Programme für die elektronische Datenübermittlung (elektronische Mittel).

(2) Die Kommunikation in einem Vergabeverfahren kann mündlich erfolgen, wenn sie nicht die Vergabeunterlagen, die Teilnahmeanträge, die Interessensbestätigungen oder die Angebote betrifft und wenn sie ausreichend und in geeigneter Weise dokumentiert wird.

(3) Der öffentliche Auftraggeber kann von jedem Unternehmen die Angabe einer eindeutigen Unternehmensbezeichnung sowie einer elektronischen Adresse verlangen (Registrierung). Für den Zugang zur Auftragsbekanntmachung und zu den Vergabeunterlagen darf der öffentliche Auftraggeber keine Registrierung verlangen; eine freiwillige Registrierung ist zulässig.

§ 10
Anforderungen an die verwendeten elektronischen Mittel

(1) Der öffentliche Auftraggeber legt das erforderliche Sicherheitsniveau für die elektronischen Mittel fest. Elektronische Mittel, die von dem öffentlichen Auftraggeber für den Empfang von Angeboten, Teilnahmeanträgen und Interessensbestätigungen sowie von Plänen und Entwürfen für Planungswettbewerbe verwendet werden, müssen gewährleisten, dass

1. die Uhrzeit und der Tag des Datenempfangs genau zu bestimmen sind,
2. kein vorfristiger Zugriff auf die empfangenen Daten möglich ist,
3. der Termin für den erstmaligen Zugriff auf die empfangenen Daten nur von den Berechtigten festgelegt oder geändert werden kann,
4. nur die Berechtigten Zugriff auf die empfangenen Daten oder auf einen Teil derselben haben,
5. nur die Berechtigten nach dem festgesetzten Zeitpunkt Dritten Zugriff auf die empfangenen Daten oder auf einen Teil derselben einräumen dürfen,
6. empfangene Daten nicht an Unberechtigte übermittelt werden und
7. Verstöße oder versuchte Verstöße gegen die Anforderungen gemäß den Nummern 1 bis 6 eindeutig festgestellt werden können.

(2) Die elektronischen Mittel, die von dem öffentlichen Auftraggeber für den Empfang von Angeboten, Teilnahmeanträgen und Interessensbestätigungen sowie von Plänen und Entwürfen für Planungswettbewerbe genutzt werden, müssen über eine einheitliche Datenaustauschschnittstelle verfügen. Es sind die jeweils geltenden Interoperabilitäts- und Sicherheitsstandards der Informationstechnik gemäß § 3 Absatz 1 des Vertrags über die Errichtung des IT-Planungsrats und über die Grundlagen der Zusammenarbeit beim Einsatz der Informationstechnologie in den Verwaltungen von Bund und Ländern vom 1. April 2010 zu verwenden.

§ 11
Anforderungen an den Einsatz elektronischer Mittel im Vergabeverfahren

(1) Elektronische Mittel und deren technische Merkmale müssen allgemein verfügbar, nichtdiskriminierend und mit allgemein verbreiteten Geräten und Programmen der Informations- und Kommunikationstechnologie kompatibel sein. Sie dürfen den Zugang von Unternehmen zum Vergabeverfahren nicht einschränken. Der öffentliche Auftraggeber gewährleistet die barrierefreie Ausgestaltung der elektronischen Mittel nach den §§ 4 und 12 des Behindertengleichstellungsgesetzes vom 27. April 2002 (BGBl. 1 S. 1467, 1468) in der jeweils geltenden Fassung.

(2) Der öffentliche Auftraggeber verwendet für das Senden, Empfangen, Weiterleiten und Speichern von Daten in einem Vergabeverfahren ausschließlich solche elektronischen Mittel, die die Unversehrtheit, die Vertraulichkeit und die Echtheit der Daten gewährleisten.

(3) Der öffentliche Auftraggeber muss den Unternehmen alle notwendigen Informationen zur Verfügung stellen über

1. die in einem Vergabeverfahren verwendeten elektronischen Mittel,
2. die technischen Parameter zur Einreichung von Teilnahmeanträgen, Angeboten und Interessensbestätigungen mithilfe elektronischer Mittel und
3. verwendete Verschlüsselungs- und Zeiterfassungsverfahren.

§ 12
Einsatz alternativer elektronischer Mittel bei der Kommunikation

(1) Der öffentliche Auftraggeber kann im Vergabeverfahren die Verwendung elektronischer Mittel, die nicht allgemein verfügbar sind (alternative elektronische Mittel), verlangen, wenn er

1. Unternehmen während des gesamten Vergabeverfahrens unter einer Internetadresse einen unentgeltlichen, uneingeschränkten, vollständigen und direkten Zugang zu diesen alternativen elektronischen Mitteln gewährt und
2. diese alternativen elektronischen Mittel selbst verwendet.

(2) Der öffentliche Auftraggeber kann im Rahmen der Vergabe von Bauleistungen und für Wettbewerbe die Nutzung elektronischer Mittel für die Bauwerksdatenmodellierung verlangen. Sofern die verlangten elektronischen Mittel für die Bauwerksdatenmodellierung nicht allgemein verfügbar sind, bietet der öffentliche Auftraggeber einen alternativen Zugang zu ihnen gemäß Absatz 1 an.

§ 13
Allgemeine Verwaltungsvorschriften

Die Bundesregierung kann mit Zustimmung des Bundesrates allgemeine Verwaltungsvorschriften über die zu verwendenden elektronischen Mittel (Basisdienste für die elektronische Auftragsvergabe) sowie über die einzuhaltenden technischen Standards erlassen.

Abschnitt 2
Vergabeverfahren

Unterabschnitt 1
Verfahrensarten

§ 14
Wahl der Verfahrensart

(1) Die Vergabe von öffentlichen Aufträgen erfolgt nach § 119 des Gesetzes gegen Wettbewerbsbeschränkungen im offenen Verfahren, im nicht offenen Verfahren, im Verhandlungsverfahren, im wettbewerblichen Dialog oder in der Innovationspartnerschaft.

(2) Dem öffentlichen Auftraggeber stehen das offene Verfahren und das nicht offene Verfahren, das stets einen Teilnahmewettbewerb erfordert, nach seiner Wahl zur Verfügung. Die anderen Verfahrensarten stehen nur zur Verfügung, soweit dies durch gesetzliche Bestimmungen oder nach den Absätzen 3 und 4 gestattet ist.

(3) Der öffentliche Auftraggeber kann Aufträge im Verhandlungsverfahren mit Teilnahmewettbewerb oder im wettbewerblichen Dialog vergeben, wenn

1. die Bedürfnisse des öffentlichen Auftraggebers nicht ohne die Anpassung bereits verfügbarer Lösungen erfüllt werden können,
2. der Auftrag konzeptionelle oder innovative Lösungen umfasst,
3. der Auftrag aufgrund konkreter Umstände, die mit der Art, der Komplexität oder dem rechtlichen oder finanziellen Rahmen oder den damit einhergehenden Risiken zusammenhängen, nicht ohne vorherige Verhandlungen vergeben werden kann,
4. die Leistung, insbesondere ihre technischen Anforderungen, vom öffentlichen Auftraggeber nicht mit ausreichender Genauigkeit unter Verweis auf eine Norm, eine Europäische Technische Bewertung (ETA), eine gemeinsame technische Spezifikation oder technische Referenzen im Sinne der Anlage 1 Nummer 2 bis 5 beschrieben werden kann oder
5. im Rahmen eines offenen oder nicht offenen Verfahrens keine ordnungsgemäßen oder nur unannehmbare Angebote eingereicht wurden; nicht ordnungsgemäß sind insbesondere Angebote, die nicht den Vergabeunterlagen entsprechen, nicht fristgerecht eingereicht wurden, nachweislich auf kollusiven Absprachen oder Korruption beruhen oder nach Einschätzung des öffentlichen Auftraggebers ungewöhnlich niedrig sind; unannehmbar sind insbesondere Angebote von Bietern, die nicht über die erforderlichen Qualifikationen verfügen, und Angebote, deren Preis die vor Einleitung des Vergabeverfahrens festgelegten und dokumentierten eingeplanten Haushaltsmittel des öffentlichen Auftraggebers übersteigt; der öffentliche Auftraggeber kann in diesen Fällen von einem Teilnahmewettbewerb absehen, wenn er in das Verhandlungsverfahren alle geeigneten Unternehmen einbezieht, die form- und fristgerechte Angebote abgegeben haben.

(4) Der öffentliche Auftraggeber kann Aufträge im Verhandlungsverfahren ohne Teilnahmewettbewerb vergeben,

1. wenn in einem offenen oder einem nicht offenen Verfahren keine oder keine geeigneten Angebote oder keine geeigneten Teilnahmeanträge abgegeben worden sind, sofern die ursprünglichen Bedingungen des Auftrags nicht grundlegend geändert werden; ein Angebot gilt als ungeeignet, wenn es ohne Abänderung den in den Vergabeunterlagen genannten Bedürfnissen und Anforderungen des öffentlichen Auftraggebers offensichtlich nicht entsprechen kann; ein Teilnahmeantrag gilt als un-

geeignet, wenn das Unternehmen aufgrund eines zwingenden oder fakultativen Ausschlussgrunds nach den §§ 123 und 124 des Gesetzes gegen Wettbewerbsbeschränkungen auszuschließen ist oder ausgeschlossen werden kann oder wenn es die Eignungskriterien nicht erfüllt,

2. wenn der Auftrag nur von einem bestimmten Unternehmen erbracht oder bereitgestellt werden kann,
   a) weil ein einzigartiges Kunstwerk oder eine einzigartige künstlerische Leistung erschaffen oder erworben werden soll,
   b) weil aus technischen Gründen kein Wettbewerb vorhanden ist oder
   c) wegen des Schutzes von ausschließlichen Rechten, insbesondere von gewerblichen Schutzrechten,
3. wenn äußerst dringliche, zwingende Gründe im Zusammenhang mit Ereignissen, die der betreffende öffentliche Auftraggeber nicht voraussehen konnte, es nicht zulassen, die Mindestfristen einzuhalten, die für das offene und das nicht offene Verfahren sowie für das Verhandlungsverfahren mit Teilnahmewettbewerb vorgeschrieben sind; die Umstände zur Begründung der äußersten Dringlichkeit dürfen dem öffentlichen Auftraggeber nicht zuzurechnen sein,
4. wenn eine Lieferleistung beschafft werden soll, die ausschließlich zu Forschungs-, Versuchs-, Untersuchungs- oder Entwicklungszwecken hergestellt wurde; hiervon nicht umfasst ist die Serienfertigung zum Nachweis der Marktfähigkeit des Produkts oder zur Deckung der Forschungs- und Entwicklungskosten,
5. wenn zusätzliche Lieferleistungen des ursprünglichen Auftragnehmers beschafft werden sollen, die entweder zur teilweisen Erneuerung oder Erweiterung bereits erbrachter Leistungen bestimmt sind, und ein Wechsel des Unternehmens dazu führen würde, dass der öffentliche Auftraggeber eine Leistung mit unterschiedlichen technischen Merkmalen kaufen müsste und dies eine technische Unvereinbarkeit oder unverhältnismäßige technische Schwierigkeiten bei Gebrauch und Wartung mit sich bringen würde; die Laufzeit dieser öffentlichen Aufträge darf in der Regel drei Jahre nicht überschreiten,
6. wenn es sich um eine auf einer Warenbörse notierte und gekaufte Lieferleistung handelt,
7. wenn Liefer- oder Dienstleistungen zu besonders günstigen Bedingungen bei Lieferanten, die ihre Geschäftstätigkeit endgültig einstellen, oder bei Insolvenzverwaltern oder Liquidatoren im Rahmen eines Insolvenz-, Vergleichs- oder Ausgleichsverfahrens oder eines in den Vorschriften eines anderen Mitgliedstaats der Europäischen Union vorgesehenen gleichartigen Verfahrens erworben werden,
8. wenn im Anschluss an einen Planungswettbewerb im Sinne des § 69 ein Dienstleistungsauftrag nach den Bedingungen dieses Wettbewerbs an den Gewinner oder an einen der Preisträger vergeben werden muss; im letzteren Fall müssen alle Preisträger des Wettbewerbs zur Teilnahme an den Verhandlungen aufgefordert werden, oder
9. wenn eine Dienstleistung beschafft werden soll, die in der Wiederholung gleichartiger Leistungen besteht, die durch denselben öffentlichen Auftraggeber an das Unternehmen vergeben werden, das den ersten Auftrag erhalten hat, sofern sie einem Grundprojekt entsprechen und dieses Projekt Gegenstand des ersten Auftrags war, das im Rahmen eines Vergabeverfahrens mit Ausnahme eines Verhandlungsverfahrens ohne Teilnahmewettbewerb vergeben wurde; die Möglichkeit der Anwendung des Verhandlungsverfahrens muss bereits in der Auftragsbekanntmachung des ersten Vorhabens angegeben werden; darüber hinaus sind im Grundprojekt bereits der Umfang möglicher Dienstleistungen sowie die Bedingungen, unter denen sie vergeben werden, anzugeben; der für die nachfolgenden Dienstleistungen in Aussicht genommene Gesamtauftragswert wird vom öffentlichen Auftraggeber bei der Berechnung des Auftragswerts berücksichtigt; das Verhandlungsverfahren ohne Teilnahmewettbewerb darf nur innerhalb von drei Jahren nach Abschluss des ersten Auftrags angewandt werden.

(5) Im Falle des Absatzes 4 Nummer 1 ist der Europäischen Kommission auf Anforderung ein Bericht vorzulegen.

(6) Die in Absatz 4 Nummer 2 Buchstabe b und c genannten Voraussetzungen für die Anwendung des Verhandlungsverfahrens ohne Teilnahmewettbewerb gelten nur dann, wenn es keine vernünftige Alternative oder Ersatzlösung gibt und der mangelnde Wettbewerb nicht das Ergebnis einer künstlichen Einschränkung der Auftragsvergabeparameter ist.

§ 15
Offenes Verfahren

(1) Bei einem offenen Verfahren fordert der öffentliche Auftraggeber eine unbeschränkte Anzahl von Unternehmen öffentlich zur Abgabe von Angeboten auf. Jedes interessierte Unternehmen kann ein Angebot abgeben.

(2) Die Frist für den Eingang der Angebote (Angebotsfrist) beträgt mindestens 35 Tage, gerechnet ab dem Tag nach der Absendung der Auftragsbekanntmachung.

(3) Für den Fall, dass eine hinreichend begründete Dringlichkeit die Einhaltung der Frist gemäß Absatz 2 unmöglich macht, kann der öffentliche Auftraggeber eine Frist festlegen, die 15 Tage, gerechnet ab dem Tag nach der Absendung der Auftragsbekanntmachung, nicht unterschreiten darf.

(4) Der öffentliche Auftraggeber kann die Frist gemäß Absatz 2 um fünf Tage verkürzen, wenn er die elektronische Übermittlung der Angebote akzeptiert.

(5) Der öffentliche Auftraggeber darf von den Bietern nur Aufklärung über das Angebot oder deren Eignung verlangen. Verhandlungen, insbesondere über Änderungen der Angebote oder Preise, sind unzulässig.

§ 16
Nicht offenes Verfahren

(1) Bei einem nicht offenen Verfahren fordert der öffentliche Auftraggeber eine unbeschränkte Anzahl von Unternehmen im Rahmen eines Teilnahmewettbewerbs öffentlich zur Abgabe von Teilnahmeanträgen auf. Jedes interessierte Unternehmen kann einen Teilnahmeantrag abgeben. Mit dem Teilnahmeantrag übermitteln die Unternehmen die vom öffentlichen Auftraggeber geforderten Informationen für die Prüfung ihrer Eignung.

(2) Die Frist für den Eingang der Teilnahmeanträge (Teilnahmefrist) beträgt mindestens 30 Tage, gerechnet ab dem Tag nach der Absendung der Auftragsbekanntmachung.

(3) Für den Fall, dass eine hinreichend begründete Dringlichkeit die Einhaltung der Teilnahmefrist unmöglich macht, kann der öffentliche Auftraggeber eine Frist festlegen, die 15 Tage, gerechnet ab dem Tag nach der Absendung der Auftragsbekanntmachung, nicht unterschreiten darf.

(4) Nur diejenigen Unternehmen, die vom öffentlichen Auftraggeber nach Prüfung der übermittelten Informationen dazu aufgefordert werden, können ein Angebot einreichen. Der öffentliche Auftraggeber kann die Zahl geeigneter Bewerber, die zur Angebotsabgabe aufgefordert werden, gemäß § 51 begrenzen.

(5) Die Angebotsfrist beträgt mindestens 30 Tage, gerechnet ab dem Tag nach der Absendung der Aufforderung zur Angebotsabgabe.

(6) Mit Ausnahme oberster Bundesbehörden kann der öffentliche Auftraggeber die Angebotsfrist mit den Bewerbern, die zur Angebotsabgabe aufgefordert werden, im gegenseitigen Einvernehmen festlegen, sofern allen Bewerbern dieselbe Frist für die Einreichung der Angebote gewährt wird. Erfolgt keine einvernehmliche Festlegung der Angebotsfrist, beträgt diese mindestens zehn Tage, gerechnet ab dem Tag nach der Absendung der Aufforderung zur Angebotsabgabe.

(7) Für den Fall, dass eine hinreichend begründete Dringlichkeit die Einhaltung der Angebotsfrist gemäß Absatz 5 unmöglich macht, kann der öffentliche Auftraggeber eine Frist festlegen, die zehn Tage, gerechnet ab dem Tag nach der Absendung der Aufforderung zur Angebotsabgabe, nicht unterschreiten darf.

(8) Der öffentliche Auftraggeber kann die Angebotsfrist gemäß Absatz 5 um fünf Tage verkürzen, wenn er die elektronische Übermittlung der Angebote akzeptiert.

(9) § 15 Absatz 5 gilt entsprechend.

§ 17
Verhandlungsverfahren

(1) Bei einem Verhandlungsverfahren mit Teilnahmewettbewerb fordert der öffentliche Auftraggeber eine unbeschränkte Anzahl von Unternehmen im Rahmen eines Teilnahmewettbewerbs öffentlich zur Abgabe von Teilnahmeanträgen auf. Jedes interessierte Unternehmen kann einen Teilnahmeantrag abgeben. Mit dem Teilnahmeantrag übermitteln die Unternehmen die vom öffentlichen Auftraggeber geforderten Informationen für die Prüfung ihrer Eignung.

(2) Die Frist für den Eingang der Teilnahmeanträge (Teilnahmefrist) beträgt mindestens 30 Tage, gerechnet ab dem Tag nach der Absendung der Auftragsbekanntmachung.

(3) Für den Fall, dass eine hinreichend begründete Dringlichkeit die Einhaltung der Teilnahmefrist unmöglich macht, kann der öffentliche Auftraggeber eine Frist festlegen, die 15 Tage, gerechnet ab dem Tag nach der Absendung der Auftragsbekanntmachung, nicht unterschreiten darf.

(4) Nur diejenigen Unternehmen, die vom öffentlichen Auftraggeber nach Prüfung der übermittelten Informationen dazu aufgefordert werden, können ein Erstangebot einreichen. Der öffentliche Auftraggeber kann die Zahl geeigneter Bewerber, die zur Angebotsabgabe aufgefordert werden, gemäß § 51 begrenzen.

(5) Bei einem Verhandlungsverfahren ohne Teilnahmewettbewerb erfolgt keine öffentliche Aufforderung zur Abgabe von Teilnahmeanträgen, sondern unmittelbar eine Aufforderung zur Abgabe von Erstangeboten an die vom öffentlichen Auftraggeber ausgewählten Unternehmen.

(6) Die Frist für den Eingang der Erstangebote beträgt mindestens 30 Tage, gerechnet ab dem Tag nach der Absendung der Aufforderung zur Angebotsabgabe.

(7) Mit Ausnahme oberster Bundesbehörden kann der öffentliche Auftraggeber die Angebotsfrist mit den Bewerbern, die zur Angebotsabgabe aufgefordert werden, im gegenseitigen Einvernehmen festlegen, sofern allen Bewerbern dieselbe Frist für die Einreichung der Angebote gewährt wird. Erfolgt keine einvernehmliche Festlegung der Angebotsfrist, beträgt diese mindestens zehn Tage, gerechnet ab dem Tag nach der Absendung der Aufforderung zur Angebotsabgabe.

(8) Für den Fall, dass eine hinreichend begründete Dringlichkeit die Einhaltung der Angebotsfrist gemäß Absatz 6 unmöglich macht, kann der öffentliche Auftraggeber eine Frist festlegen, die zehn Tage, gerechnet ab dem Tag nach der Absendung der Aufforderung zur Angebotsabgabe, nicht unterschreiten darf.

(9) Der öffentliche Auftraggeber kann die Angebotsfrist gemäß Absatz 6 um fünf Tage verkürzen, wenn er die elektronische Übermittlung der Angebote akzeptiert.

(10) Der öffentliche Auftraggeber verhandelt mit den Bietern über die von ihnen eingereichten Erstangebote und alle Folgeangebote, mit Ausnahme der endgültigen Angebote, mit dem Ziel, die Angebote inhaltlich zu verbessern. Dabei darf über den gesamten Angebotsinhalt verhandelt werden mit Ausnahme der vom öffentlichen Auftraggeber in den Vergabeunterlagen festgelegten Mindestanforderungen und Zuschlagskriterien.

(11) Der öffentliche Auftraggeber kann den Auftrag auf der Grundlage der Erstangebote vergeben, ohne in Verhandlungen einzutreten, wenn er sich in der Auftragsbekanntmachung oder in der Aufforderung zur Interessensbestätigung diese Möglichkeit vorbehalten hat.

(12) Sofern der öffentliche Auftraggeber in der Auftragsbekanntmachung oder in den Vergabeunterlagen darauf hingewiesen hat, kann er die Verhandlungen in verschiedenen aufeinanderfolgenden Phasen abwickeln, um so die Zahl der Angebote, über die verhandelt wird, anhand der vorgegebenen Zuschlagskriterien zu verringern. In der Schlussphase des Verfahrens müssen noch so viele Angebote vorliegen, dass der Wettbewerb gewährleistet ist, sofern ursprünglich eine ausreichende Anzahl von Angeboten oder geeigneten Bietern vorhanden war.

(13) Der öffentliche Auftraggeber stellt sicher, dass alle Bieter bei den Verhandlungen gleichbehandelt werden. Insbesondere enthält er sich jeder diskriminierenden Weitergabe von Informationen, durch die bestimmte Bieter gegenüber anderen begünstigt werden könnten. Er unterrichtet alle Bieter, deren

Angebote nicht gemäß Absatz 12 ausgeschieden wurden, in Textform nach § 126b des Bürgerlichen Gesetzbuchs über etwaige Änderungen der Leistungsbeschreibung, insbesondere der technischen Anforderungen oder anderer Bestandteile der Vergabeunterlagen, die nicht die Festlegung der Mindestanforderungen und Zuschlagskriterien betreffen. Im Anschluss an solche Änderungen gewährt der öffentliche Auftraggeber den Bietern ausreichend Zeit, um ihre Angebote zu ändern und gegebenenfalls überarbeitete Angebote einzureichen. Der öffentliche Auftraggeber darf vertrauliche Informationen eines an den Verhandlungen teilnehmenden Bieters nicht ohne dessen Zustimmung an die anderen Teilnehmer weitergeben. Eine solche Zustimmung darf nicht allgemein, sondern nur in Bezug auf die beabsichtigte Mitteilung bestimmter Informationen erteilt werden.

(14) Beabsichtigt der öffentliche Auftraggeber, die Verhandlungen abzuschließen, so unterrichtet er die verbleibenden Bieter und legt eine einheitliche Frist für die Einreichung neuer oder überarbeiteter Angebote fest. Er vergewissert sich, dass die endgültigen Angebote die Mindestanforderungen erfüllen, und entscheidet über den Zuschlag auf der Grundlage der Zuschlagskriterien.

§ 18
Wettbewerblicher Dialog

(1) In der Auftragsbekanntmachung oder den Vergabeunterlagen zur Durchführung eines wettbewerblichen Dialogs beschreibt der öffentliche Auftraggeber seine Bedürfnisse und Anforderungen an die zu beschaffende Leistung. Gleichzeitig nennt und erläutert er die hierbei zugrunde gelegten Zuschlagskriterien und legt einen vorläufigen Zeitrahmen für den Dialog fest.

(2) Der öffentliche Auftraggeber fordert eine unbeschränkte Anzahl von Unternehmen im Rahmen eines Teilnahmewettbewerbs öffentlich zur Abgabe von Teilnahmeanträgen auf. Jedes interessierte Unternehmen kann einen Teilnahmeantrag abgeben. Mit dem Teilnahmeantrag übermitteln die Unternehmen die vom öffentlichen Auftraggeber geforderten Informationen für die Prüfung ihrer Eignung.

(3) Die Frist für den Eingang der Teilnahmeanträge beträgt mindestens 30 Tage, gerechnet ab dem Tag nach der Absendung der Auftragsbekanntmachung.

(4) Nur diejenigen Unternehmen, die vom öffentlichen Auftraggeber nach Prüfung der übermittelten Informationen dazu aufgefordert werden, können am Dialog teilnehmen. Der öffentliche Auftraggeber kann die Zahl geeigneter Bewerber, die zur Teilnahme am Dialog aufgefordert werden, gemäß § 51 begrenzen.

(5) Der öffentliche Auftraggeber eröffnet mit den ausgewählten Unternehmen einen Dialog, in dem er ermittelt und festlegt, wie seine Bedürfnisse und Anforderungen am besten erfüllt werden können. Dabei kann er mit den ausgewählten Unternehmen alle Aspekte des Auftrags erörtern. Er sorgt dafür, dass alle Unternehmen bei dem Dialog gleichbehandelt werden, gibt Lösungsvorschläge oder vertrauliche Informationen eines Unternehmens nicht ohne dessen Zustimmung an die anderen Unternehmen weiter und verwendet diese nur im Rahmen des jeweiligen Vergabeverfahrens. Eine solche Zustimmung darf nicht allgemein, sondern nur in Bezug auf die beabsichtigte Mitteilung bestimmter Informationen erteilt werden.

(6) Der öffentliche Auftraggeber kann vorsehen, dass der Dialog in verschiedenen aufeinanderfolgenden Phasen geführt wird, sofern der öffentliche Auftraggeber darauf in der Auftragsbekanntmachung oder in den Vergabeunterlagen hingewiesen hat. In jeder Dialogphase kann die Zahl der zu erörternden Lösungen anhand der vorgegebenen Zuschlagskriterien verringert werden. Der öffentliche Auftraggeber hat die Unternehmen zu informieren, wenn deren Lösungen nicht für die folgende Dialogphase vorgesehen sind. In der Schlussphase müssen noch so viele Lösungen vorliegen, dass der Wettbewerb gewährleistet ist, sofern ursprünglich eine ausreichende Anzahl von Lösungen oder geeigneten Bietern vorhanden war.

(7) Der öffentliche Auftraggeber schließt den Dialog ab, wenn er die Lösungen ermittelt hat, mit denen die Bedürfnisse und Anforderungen an die zu beschaffende Leistung befriedigt werden können. Die im Verfahren verbliebenen Teilnehmer sind hierüber zu informieren.

(8) Nach Abschluss des Dialogs fordert der öffentliche Auftraggeber die Unternehmen auf, auf der Grundlage der eingereichten und in der Dialogphase näher ausgeführten Lösungen ihr endgültiges Angebot vorzulegen. Die Angebote müssen alle Einzelheiten enthalten, die zur Ausführung des Projekts erforderlich sind. Der öffentliche Auftraggeber kann Klarstellungen und Ergänzungen zu diesen Angeboten verlangen. Diese Klarstellungen oder Ergänzungen dürfen nicht dazu führen, dass wesentliche Bestandteile des Angebots oder des öffentlichen Auftrags einschließlich der in der Auftragsbekanntmachung oder in den Vergabeunterlagen festgelegten Bedürfnisse und Anforderungen grundlegend geändert werden, wenn dadurch der Wettbewerb verzerrt wird oder andere am Verfahren beteiligte Unternehmen diskriminiert werden.

(9) Der öffentliche Auftraggeber hat die Angebote anhand der in der Auftragsbekanntmachung oder den Vergabeunterlagen festgelegten Zuschlagskriterien zu bewerten. Der öffentliche Auftraggeber kann mit dem Unternehmen, dessen Angebot als das wirtschaftlichste ermittelt wurde, mit dem Ziel Verhandlungen führen, im Angebot enthaltene finanzielle Zusagen oder andere Bedingungen zu bestätigen, die in den Auftragsbedingungen abschließend festgelegt werden. Dies darf nicht dazu führen, dass wesentliche Bestandteile des Angebots oder des öffentlichen Auftrags einschließlich der in der Auftragsbekanntmachung oder den Vergabeunterlagen festgelegten Bedürfnisse und Anforderungen grundlegend geändert werden, der Wettbewerb verzerrt wird oder andere am Verfahren beteiligte Unternehmen diskriminiert werden.

(10) Der öffentliche Auftraggeber kann Prämien oder Zahlungen an die Teilnehmer am Dialog vorsehen.

§ 19
Innovationspartnerschaft

(1) Der öffentliche Auftraggeber kann für die Vergabe eines öffentlichen Auftrags eine Innovationspartnerschaft mit dem Ziel der Entwicklung einer innovativen Liefer- oder Dienstleistung und deren anschließenden Erwerb eingehen. Der Beschaffungsbedarf, der der Innovationspartnerschaft zugrunde liegt, darf nicht durch auf dem Markt bereits verfügbare Liefer- oder Dienstleistungen befriedigt werden können. Der öffentliche Auftraggeber beschreibt in der Auftragsbekanntmachung oder den Vergabeunterlagen die Nachfrage nach der innovativen Liefer- oder Dienstleistung. Dabei ist anzugeben, welche Elemente dieser Beschreibung Mindestanforderungen darstellen. Es sind Eignungskriterien vorzugeben, die die Fähigkeiten der Unternehmen auf dem Gebiet der Forschung und Entwicklung sowie die Ausarbeitung und Umsetzung innovativer Lösungen betreffen. Die bereitgestellten Informationen müssen so genau sein, dass die Unternehmen Art und Umfang der geforderten Lösung erkennen und entscheiden können, ob sie eine Teilnahme an dem Verfahren beantragen.

(2) Der öffentliche Auftraggeber fordert eine unbeschränkte Anzahl von Unternehmen im Rahmen eines Teilnahmewettbewerbs öffentlich zur Abgabe von Teilnahmeanträgen auf. Jedes interessierte Unternehmen kann einen Teilnahmeantrag abgeben. Mit dem Teilnahmeantrag übermitteln die Unternehmen die vom öffentlichen Auftraggeber geforderten Informationen für die Prüfung ihrer Eignung.

(3) Die Frist für den Eingang der Teilnahmeanträge beträgt mindestens 30 Tage, gerechnet ab dem Tag nach der Absendung der Auftragsbekanntmachung.

(4) Nur diejenigen Unternehmen, die vom öffentlichen Auftraggeber infolge einer Bewertung der übermittelten Informationen dazu aufgefordert werden, können ein Angebot in Form von Forschungs- und Innovationsprojekten einreichen. Der öffentliche Auftraggeber kann die Zahl geeigneter Bewerber, die zur Angebotsabgabe aufgefordert werden, gemäß § 51 begrenzen.

(5) Der öffentliche Auftraggeber verhandelt mit den Bietern über die von ihnen eingereichten Erstangebote und alle Folgeangebote, mit Ausnahme der endgültigen Angebote, mit dem Ziel, die Angebote inhaltlich zu verbessern. Dabei darf über den gesamten Auftragsinhalt verhandelt werden mit Ausnahme der vom öffentlichen Auftraggeber in den Vergabeunterlagen festgelegten Mindestanforderungen und Zuschlagskriterien. Sofern der öffentliche Auftraggeber in der Auftragsbekanntmachung oder in den Vergabeunterlagen darauf hingewiesen hat, kann er die Verhandlungen in verschiedenen aufeinan-

derfolgenden Phasen abwickeln, um so die Zahl der Angebote, über die verhandelt wird, anhand der vorgegebenen Zuschlagskriterien zu verringern.

(6) Der öffentliche Auftraggeber trägt dafür Sorge, dass alle Bieter bei den Verhandlungen gleichbehandelt werden. Insbesondere enthält er sich jeder diskriminierenden Weitergabe von Informationen, durch die bestimmte Bieter gegenüber anderen begünstigt werden könnten. Er unterrichtet alle Bieter, deren Angebote gemäß Absatz 5 nicht ausgeschieden wurden, in Textform nach § 126b des Bürgerlichen Gesetzbuchs über etwaige Änderungen der Anforderungen und sonstigen Informationen in den Vergabeunterlagen, die nicht die Festlegung der Mindestanforderungen betreffen. Im Anschluss an solche Änderungen gewährt der öffentliche Auftraggeber den Bietern ausreichend Zeit, um ihre Angebote zu ändern und gegebenenfalls überarbeitete Angebote einzureichen. Der öffentliche Auftraggeber darf vertrauliche Informationen eines an den Verhandlungen teilnehmenden Bieters nicht ohne dessen Zustimmung an die anderen Teilnehmer weitergeben. Eine solche Zustimmung darf nicht allgemein, sondern nur in Bezug auf die beabsichtigte Mitteilung bestimmter Informationen erteilt werden. Der öffentliche Auftraggeber muss in den Vergabeunterlagen die zum Schutz des geistigen Eigentums geltenden Vorkehrungen festlegen.

(7) Die Innovationspartnerschaft wird durch Zuschlag auf Angebote eines oder mehrerer Bieter eingegangen. Eine Erteilung des Zuschlags allein auf der Grundlage des niedrigsten Preises oder der niedrigsten Kosten ist ausgeschlossen. Der öffentliche Auftraggeber kann eine Innovationspartnerschaft mit einem Partner oder mit mehreren Partnern, die getrennte Forschungs- und Entwicklungstätigkeiten durchführen, eingehen.

(8) Die Innovationspartnerschaft wird entsprechend dem Forschungs- und Innovationsprozess in zwei aufeinanderfolgenden Phasen strukturiert:

1. einer Forschungs- und Entwicklungsphase, die die Herstellung von Prototypen oder die Entwicklung der Dienstleistung umfasst, und
2. einer Leistungsphase, in der die aus der Partnerschaft hervorgegangene Leistung erbracht wird.

Die Phasen sind durch die Festlegung von Zwischenzielen zu untergliedern, bei deren Erreichen die Zahlung der Vergütung in angemessenen Teilbeträgen vereinbart wird. Der öffentliche Auftraggeber stellt sicher, dass die Struktur der Partnerschaft und insbesondere die Dauer und der Wert der einzelnen Phasen den Innovationsgrad der vorgeschlagenen Lösung und der Abfolge der Forschungs- und Innovationstätigkeiten widerspiegeln. Der geschätzte Wert der Liefer- oder Dienstleistung darf in Bezug auf die für ihre Entwicklung erforderlichen Investitionen nicht unverhältnismäßig sein.

(9) Auf der Grundlage der Zwischenziele kann der öffentliche Auftraggeber am Ende jedes Entwicklungsabschnitts entscheiden, ob er die Innovationspartnerschaft beendet oder, im Fall einer Innovationspartnerschaft mit mehreren Partnern, die Zahl der Partner durch die Kündigung einzelner Verträge reduziert, sofern der öffentliche Auftraggeber in der Auftragsbekanntmachung oder in den Vergabeunterlagen darauf hingewiesen hat, dass diese Möglichkeiten bestehen und unter welchen Umständen davon Gebrauch gemacht werden kann.

(10) Nach Abschluss der Forschungs- und Entwicklungsphase ist der öffentliche Auftraggeber zum anschließenden Erwerb der innovativen Liefer- oder Dienstleistung nur dann verpflichtet, wenn das bei Eingehung der Innovationspartnerschaft festgelegte Leistungsniveau und die Kostenobergrenze eingehalten werden.

§ 20
Angemessene Fristsetzung; Pflicht zur Fristverlängerung

(1) Bei der Festlegung der Fristen für den Eingang der Angebote und der Teilnahmeanträge nach den §§ 15 bis 19 sind die Komplexität der Leistung und die Zeit für die Ausarbeitung der Angebote angemessen zu berücksichtigen. § 38 Absatz 3 bleibt unberührt.

(2) Können Angebote nur nach einer Besichtigung am Ort der Leistungserbringung oder nach Einsichtnahme in die Anlagen zu den Vergabeunterlagen vor Ort beim öffentlichen Auftraggeber erstellt werden, so sind die Angebotsfristen so festzulegen, dass alle Unternehmen von allen Informationen,

die für die Erstellung des Angebots erforderlich sind, unter gewöhnlichen Umständen Kenntnis nehmen können.

(3) Die Angebotsfristen sind, abgesehen von den in § 41 Absatz 2 und 3 geregelten Fällen, zu verlängern,

1. wenn zusätzliche Informationen trotz rechtzeitiger Anforderung durch ein Unternehmen nicht spätestens sechs Tage vor Ablauf der Angebotsfrist zur Verfügung gestellt werden; in den Fällen des § 15 Absatz 3, § 16 Absatz 7 oder § 17 Absatz 8 beträgt dieser Zeitraum vier Tage, oder
2. wenn der öffentliche Auftraggeber wesentliche Änderungen an den Vergabeunterlagen vornimmt.

Die Fristverlängerung muss in einem angemessenen Verhältnis zur Bedeutung der Information oder Änderung stehen und gewährleisten, dass alle Unternehmen Kenntnis von den Informationen oder Änderungen nehmen können. Dies gilt nicht, wenn die Information oder Änderung für die Erstellung des Angebots unerheblich ist oder die Information nicht rechtzeitig angefordert wurde.

Unterabschnitt 2
Besondere Methoden und Instrumente in Vergabeverfahren

§ 21
Rahmenvereinbarungen

(1) Der Abschluss einer Rahmenvereinbarung erfolgt im Wege einer nach dieser Verordnung anwendbaren Verfahrensart. Das in Aussicht genommene Auftragsvolumen ist so genau wie möglich zu ermitteln und bekannt zu geben, braucht aber nicht abschließend festgelegt zu werden. Eine Rahmenvereinbarung darf nicht missbräuchlich oder in einer Art angewendet werden, die den Wettbewerb behindert, einschränkt oder verfälscht.

(2) Auf einer Rahmenvereinbarung beruhende Einzelaufträge werden nach den Kriterien dieses Absatzes und der Absätze 3 bis 5 vergeben. Die Einzelauftragsvergabe erfolgt ausschließlich zwischen den in der Auftragsbekanntmachung oder der Aufforderung zur Interessensbestätigung genannten öffentlichen Auftraggebern und denjenigen Unternehmen, die zum Zeitpunkt des Abschlusses des Einzelauftrags Vertragspartei der Rahmenvereinbarung sind. Dabei dürfen keine wesentlichen Änderungen an den Bedingungen der Rahmenvereinbarung vorgenommen werden.

(3) Wird eine Rahmenvereinbarung mit nur einem Unternehmen geschlossen, so werden die auf dieser Rahmenvereinbarung beruhenden Einzelaufträge entsprechend den Bedingungen der Rahmenvereinbarung vergeben. Für die Vergabe der Einzelaufträge kann der öffentliche Auftraggeber das an der Rahmenvereinbarung beteiligte Unternehmen in Textform nach § 126b des Bürgerlichen Gesetzbuchs auffordern, sein Angebot erforderlichenfalls zu vervollständigen.

(4) Wird eine Rahmenvereinbarung mit mehr als einem Unternehmen geschlossen, werden die Einzelaufträge wie folgt vergeben:

1. gemäß den Bedingungen der Rahmenvereinbarung ohne erneutes Vergabeverfahren, wenn in der Rahmenvereinbarung alle Bedingungen für die Erbringung der Leistung sowie die objektiven Bedingungen für die Auswahl der Unternehmen festgelegt sind, die sie als Partei der Rahmenvereinbarung ausführen werden; die letztgenannten Bedingungen sind in der Auftragsbekanntmachung oder den Vergabeunterlagen für die Rahmenvereinbarung zu nennen;
2. wenn in der Rahmenvereinbarung alle Bedingungen für die Erbringung der Leistung festgelegt sind, teilweise ohne erneutes Vergabeverfahren gemäß Nummer 1 und teilweise mit erneutem Vergabeverfahren zwischen den Unternehmen, die Partei der Rahmenvereinbarung sind, gemäß Nummer 3, wenn diese Möglichkeit in der Auftragsbekanntmachung oder den Vergabeunterlagen für die Rahmenvereinbarung durch die öffentlichen Auftraggeber festgelegt ist; die Entscheidung, ob bestimmte Liefer- oder Dienstleistungen nach erneutem Vergabeverfahren oder direkt entsprechend den Bedingungen der Rahmenvereinbarung beschafft werden sollen, wird nach objektiven Kriterien getroffen, die in der Auftragsbekanntmachung oder den Vergabeunterlagen für die Rahmenvereinbarung festgelegt sind; in der Auftragsbekanntmachung oder den Vergabeunterlagen ist

außerdem festzulegen, welche Bedingungen einem erneuten Vergabeverfahren unterliegen können; diese Möglichkeiten gelten auch für jedes Los einer Rahmenvereinbarung, für das alle Bedingungen für die Erbringung der Leistung in der Rahmenvereinbarung festgelegt sind, ungeachtet dessen, ob alle Bedingungen für die Erbringung einer Leistung für andere Lose festgelegt wurden; oder

3. sofern nicht alle Bedingungen zur Erbringung der Leistung in der Rahmenvereinbarung festgelegt sind, mittels eines erneuten Vergabeverfahrens zwischen den Unternehmen, die Parteien der Rahmenvereinbarung sind.

(5) Die in Absatz 4 Nummer 2 und 3 genannten Vergabeverfahren beruhen auf denselben Bedingungen wie der Abschluss der Rahmenvereinbarung und erforderlichenfalls auf genauer formulierten Bedingungen sowie gegebenenfalls auf weiteren Bedingungen, die in der Auftragsbekanntmachung oder den Vergabeunterlagen für die Rahmenvereinbarung in Übereinstimmung mit dem folgenden Verfahren genannt werden:

1. vor Vergabe jedes Einzelauftrags konsultiert der öffentliche Auftraggeber in Textform nach § 126b des Bürgerlichen Gesetzbuchs die Unternehmen, die in der Lage sind, den Auftrag auszuführen,
2. der öffentliche Auftraggeber setzt eine ausreichende Frist für die Abgabe der Angebote für jeden Einzelauftrag fest; dabei berücksichtigt er unter anderem die Komplexität des Auftragsgegenstands und die für die Übermittlung der Angebote erforderliche Zeit,
3. die Angebote sind in Textform nach § 126b des Bürgerlichen Gesetzbuchs einzureichen und dürfen bis zum Ablauf der Einreichungsfrist nicht geöffnet werden,
4. der öffentliche Auftraggeber vergibt die Einzelaufträge an den Bieter, der auf der Grundlage der in der Auftragsbekanntmachung oder den Vergabeunterlagen für die Rahmenvereinbarung genannten Zuschlagskriterien das jeweils wirtschaftlichste Angebot vorgelegt hat.

(6) Die Laufzeit einer Rahmenvereinbarung darf höchstens vier Jahre betragen, es sei denn, es liegt ein im Gegenstand der Rahmenvereinbarung begründeter Sonderfall vor.

§ 22
Grundsätze für den Betrieb dynamischer Beschaffungssysteme

(1) Der öffentliche Auftraggeber kann für die Beschaffung marktüblicher Leistungen ein dynamisches Beschaffungssystem nutzen.

(2) Bei der Auftragsvergabe über ein dynamisches Beschaffungssystem befolgt der öffentliche Auftraggeber die Vorschriften für das nicht offene Verfahren.

(3) Ein dynamisches Beschaffungssystem wird ausschließlich mithilfe elektronischer Mittel eingerichtet und betrieben. Die §§ 11 und 12 finden Anwendung.

(4) Ein dynamisches Beschaffungssystem steht im gesamten Zeitraum seiner Einrichtung allen Bietern offen, die die im jeweiligen Vergabeverfahren festgelegten Eignungskriterien erfüllen. Die Zahl der zum dynamischen Beschaffungssystem zugelassenen Bewerber darf nicht begrenzt werden.

(5) Der Zugang zu einem dynamischen Beschaffungssystem ist für alle Unternehmen kostenlos.

§ 23
Betrieb eines dynamischen Beschaffungssystems

(1) Der öffentliche Auftraggeber gibt in der Auftragsbekanntmachung an, dass er ein dynamisches Beschaffungssystem nutzt und für welchen Zeitraum es betrieben wird.

(2) Der öffentliche Auftraggeber informiert die Europäische Kommission wie folgt über eine Änderung der Gültigkeitsdauer:

1. Wird die Gültigkeitsdauer ohne Einstellung des dynamischen Beschaffungssystems geändert, ist das Muster gemäß Anhang II der Durchführungsverordnung (EU) 2015/1986 der Kommission vom 11. November 2015 zur Einführung von Standardformularen für die Veröffentlichung von Vergabebekanntmachungen für öffentliche Aufträge und zur Aufhebung der Durchführungsver-

ordnung (EU) Nr. 842/2011 (ABl. L 296 vom 12.11.2015, S. 1) in der jeweils geltenden Fassung zu verwenden.
2. Wird das dynamische Beschaffungssystem eingestellt, ist das Muster gemäß Anhang III der Durchführungsverordnung (EU) 2015/1986 zu verwenden.

(3) In den Vergabeunterlagen sind mindestens die Art und die geschätzte Menge der zu beschaffenden Leistung sowie alle erforderlichen Daten des dynamischen Beschaffungssystems anzugeben.

(4) In den Vergabeunterlagen ist anzugeben, ob ein dynamisches Beschaffungssystem in Kategorien von Leistungen untergliedert wurde. Gegebenenfalls sind die objektiven Merkmale jeder Kategorie anzugeben.

(5) Hat ein öffentlicher Auftraggeber ein dynamisches Beschaffungssystem in Kategorien von Leistungen untergliedert, legt er für jede Kategorie die Eignungskriterien gesondert fest.

(6) § 16 Absatz 4 und § 51 Absatz 1 finden mit der Maßgabe Anwendung, dass die zugelassenen Bewerber für jede einzelne, über ein dynamisches Beschaffungssystem stattfindende Auftragsvergabe gesondert zur Angebotsabgabe aufzufordern sind. Wurde ein dynamisches Beschaffungssystem in Kategorien von Leistungen untergliedert, werden jeweils alle für die einem konkreten Auftrag entsprechende Kategorie zugelassenen Bewerber aufgefordert, ein Angebot zu unterbreiten.

§ 24
Fristen beim Betrieb dynamischer Beschaffungssysteme

(1) Abweichend von § 16 gelten bei der Nutzung eines dynamischen Beschaffungssystems die Bestimmungen der Absätze 2 bis 5.

(2) Die Mindestfrist für den Eingang der Teilnahmeanträge beträgt 30 Tage, gerechnet ab dem Tag nach der Absendung der Auftragsbekanntmachung, oder im Falle einer Vorinformation nach § 38 Absatz 4 nach der Absendung der Aufforderung zur Interessensbestätigung. Sobald die Aufforderung zur Angebotsabgabe für die erste einzelne Auftragsvergabe im Rahmen eines dynamischen Beschaffungssystems abgesandt worden ist, gelten keine weiteren Fristen für den Eingang der Teilnahmeanträge.

(3) Der öffentliche Auftraggeber bewertet den Antrag eines Unternehmens auf Teilnahme an einem dynamischen Beschaffungssystem unter Zugrundelegung der Eignungskriterien innerhalb von zehn Arbeitstagen nach dessen Eingang. In begründeten Einzelfällen, insbesondere wenn Unterlagen geprüft werden müssen oder um auf sonstige Art und Weise zu überprüfen, ob die Eignungskriterien erfüllt sind, kann die Frist auf 15 Arbeitstage verlängert werden. Wurde die Aufforderung zur Angebotsabgabe für die erste einzelne Auftragsvergabe im Rahmen eines dynamischen Beschaffungssystems noch nicht versandt, kann der öffentliche Auftraggeber die Frist verlängern, sofern während der verlängerten Frist keine Aufforderung zur Angebotsabgabe versandt wird. Die Fristverlängerung ist in den Vergabeunterlagen anzugeben. Jedes Unternehmen wird unverzüglich darüber informiert, ob es zur Teilnahme an einem dynamischen Beschaffungssystem zugelassen wurde oder nicht.

(4) Die Frist für den Eingang der Angebote beträgt mindestens zehn Tage, gerechnet ab dem Tag nach der Absendung der Aufforderung zur Angebotsabgabe. § 16 Absatz 6 findet Anwendung.

(5) Der öffentliche Auftraggeber kann von den zu einem dynamischen Beschaffungssystem zugelassenen Bewerbern jederzeit verlangen, innerhalb von fünf Arbeitstagen nach Übermittlung der Aufforderung zur Angebotsabgabe eine erneute und aktualisierte Einheitliche Europäische Eigenerklärung nach § 48 Absatz 3 einzureichen. § 48 Absatz 3 bis 6 findet Anwendung.

§ 25
Grundsätze für die Durchführung elektronischer Auktionen

(1) Der öffentliche Auftraggeber kann im Rahmen eines offenen, eines nicht offenen oder eines Verhandlungsverfahrens vor der Zuschlagserteilung eine elektronische Auktion durchführen, sofern der Inhalt der Vergabeunterlagen hinreichend präzise beschrieben und die Leistung mithilfe automatischer Bewertungsmethoden eingestuft werden kann. Geistig-schöpferische Leistungen können nicht Gegenstand elektronischer Auktionen sein. Der elektronischen Auktion hat eine vollständige erste Bewer-

tung aller Angebote anhand der Zuschlagskriterien und der jeweils dafür festgelegten Gewichtung vorauszugehen. Die Sätze 1 und 2 gelten entsprechend bei einem erneuten Vergabeverfahren zwischen den Parteien einer Rahmenvereinbarung nach § 21 und bei einem erneuten Vergabeverfahren während der Laufzeit eines dynamischen Beschaffungssystems nach § 22. Eine elektronische Auktion kann mehrere, aufeinanderfolgende Phasen umfassen.

(2) Im Rahmen der elektronischen Auktion werden die Angebote mittels festgelegter Methoden elektronisch bewertet und automatisch in eine Rangfolge gebracht. Die sich schrittweise wiederholende, elektronische Bewertung der Angebote beruht auf

1. neuen, nach unten korrigierten Preisen, wenn der Zuschlag allein aufgrund des Preises erfolgt, oder
2. neuen, nach unten korrigierten Preisen oder neuen, auf bestimmte Angebotskomponenten abstellenden Werten, wenn das Angebot mit dem besten Preis-Leistungs-Verhältnis oder, bei Verwendung eines Kosten-Wirksamkeits-Ansatzes, mit den niedrigsten Kosten den Zuschlag erhält.

(3) Die Bewertungsmethoden werden mittels einer mathematischen Formel definiert und in der Aufforderung zur Teilnahme an der elektronischen Auktion bekanntgemacht. Wird der Zuschlag nicht allein aufgrund des Preises erteilt, muss aus der mathematischen Formel auch die Gewichtung aller Angebotskomponenten nach Absatz 2 Nummer 2 hervorgehen. Sind Nebenangebote zugelassen, ist für diese ebenfalls eine mathematische Formel bekanntzumachen.

(4) Angebotskomponenten nach Absatz 2 Nummer 2 müssen numerisch oder prozentual beschrieben werden.

§ 26
Durchführung elektronischer Auktionen

(1) Der öffentliche Auftraggeber kündigt in der Auftragsbekanntmachung oder in der Aufforderung zur Interessensbestätigung an, dass er eine elektronische Auktion durchführt.

(2) Die Vergabeunterlagen müssen mindestens folgende Angaben enthalten:

1. alle Angebotskomponenten, deren Werte Grundlage der automatischen Neureihung der Angebote sein werden,
2. gegebenenfalls die Obergrenzen der Werte nach Nummer 1, wie sie sich aus den technischen Spezifikationen ergeben,
3. eine Auflistung aller Daten, die den Bietern während der elektronischen Auktion zur Verfügung gestellt werden,
4. den Termin, an dem die Daten nach Nummer 3 den Bietern zur Verfügung gestellt werden,
5. alle für den Ablauf der elektronischen Auktion relevanten Daten und
6. die Bedingungen, unter denen die Bieter während der elektronischen Auktion Gebote abgeben können, insbesondere die Mindestabstände zwischen den der automatischen Neureihung der Angebote zugrunde liegenden Preisen oder Werten.

(3) Der öffentliche Auftraggeber fordert alle Bieter, die zulässige Angebote unterbreitet haben, gleichzeitig zur Teilnahme an der elektronischen Auktion auf. Ab dem genannten Zeitpunkt ist die Internetverbindung gemäß den in der Aufforderung zur Teilnahme an der elektronischen Auktion genannten Anweisungen zu nutzen. Der Aufforderung zur Teilnahme an der elektronischen Auktion ist jeweils das Ergebnis der vollständigen Bewertung des betreffenden Angebots nach § 25 Absatz 1 Satz 3 beizufügen.

(4) Eine elektronische Auktion darf frühestens zwei Arbeitstage nach der Versendung der Aufforderung zur Teilnahme gemäß Absatz 3 beginnen.

(5) Der öffentliche Auftraggeber teilt allen Bietern im Laufe einer jeden Phase der elektronischen Auktion unverzüglich zumindest den jeweiligen Rang ihres Angebots innerhalb der Reihenfolge aller Angebote mit. Er kann den Bietern weitere Daten nach Absatz 2 Nummer 3 zur Verfügung stellen. Die Identität der Bieter darf in keiner Phase einer elektronischen Auktion offengelegt werden.

(6) Der Zeitpunkt des Beginns und des Abschlusses einer jeden Phase ist in der Aufforderung zur Teilnahme an einer elektronischen Auktion ebenso anzugeben wie gegebenenfalls die Zeit, die jeweils nach Eingang der letzten neuen Preise oder Werte nach § 25 Absatz 2 Satz 2 Nummer 1 und 2 vergangen sein muss, bevor eine Phase einer elektronischen Auktion abgeschlossen wird.

(7) Eine elektronische Auktion wird abgeschlossen, wenn

1. der vorher festgelegte und in der Aufforderung zur Teilnahme an einer elektronischen Auktion bekanntgemachte Zeitpunkt erreicht ist,
2. von den Bietern keine neuen Preise oder Werte nach § 25 Absatz 2 Satz 2 Nummer 1 und 2 mitgeteilt werden, die die Anforderungen an Mindestabstände nach Absatz 2 Nummer 6 erfüllen, und die vor Beginn einer elektronischen Auktion bekanntgemachte Zeit, die zwischen dem Eingang der letzten neuen Preise oder Werte und dem Abschluss der elektronischen Auktion vergangen sein muss, abgelaufen ist oder
3. die letzte Phase einer elektronischen Auktion abgeschlossen ist.

(8) Der Zuschlag wird nach Abschluss einer elektronischen Auktion entsprechend ihrem Ergebnis mitgeteilt.

§ 27
Elektronische Kataloge

(1) Der öffentliche Auftraggeber kann festlegen, dass Angebote in Form eines elektronischen Katalogs einzureichen sind oder einen elektronischen Katalog beinhalten müssen. Angeboten, die in Form eines elektronischen Katalogs eingereicht werden, können weitere Unterlagen beigefügt werden.

(2) Akzeptiert der öffentliche Auftraggeber Angebote in Form eines elektronischen Katalogs oder schreibt der öffentliche Auftraggeber vor, dass Angebote in Form eines elektronischen Katalogs einzureichen sind, so weist er in der Auftragsbekanntmachung oder in der Aufforderung zur Interessensbestätigung darauf hin.

(3) Schließt der öffentliche Auftraggeber mit einem oder mehreren Unternehmen eine Rahmenvereinbarung im Anschluss an die Einreichung der Angebote in Form eines elektronischen Katalogs, kann er vorschreiben, dass ein erneutes Vergabeverfahren für Einzelaufträge auf der Grundlage aktualisierter elektronischer Kataloge erfolgt, indem er

1. die Bieter auffordert, ihre elektronischen Kataloge an die Anforderungen des zu vergebenden Einzelauftrages anzupassen und erneut einzureichen, oder
2. die Bieter informiert, dass sie den bereits eingereichten elektronischen Katalogen zu einem bestimmten Zeitpunkt die Daten entnehmen, die erforderlich sind, um Angebote zu erstellen, die den Anforderungen des zu vergebenden Einzelauftrags entsprechen; dieses Verfahren ist in der Auftragsbekanntmachung oder den Vergabeunterlagen für den Abschluss einer Rahmenvereinbarung anzukündigen; der Bieter kann diese Methode der Datenerhebung ablehnen.

(4) Hat der öffentliche Auftraggeber gemäß Absatz 3 Nummer 2 bereits eingereichten elektronischen Katalogen selbstständig Daten zur Angebotserstellung entnommen, legt er jedem Bieter die gesammelten Daten vor der Erteilung des Zuschlags vor, sodass dieser die Möglichkeit zum Einspruch oder zur Bestätigung hat, dass das Angebot keine materiellen Fehler enthält.

Unterabschnitt 3
Vorbereitung des Vergabeverfahrens

§ 28
Markterkundung

(1) Vor der Einleitung eines Vergabeverfahrens darf der öffentliche Auftraggeber Markterkundungen zur Vorbereitung der Auftragsvergabe und zur Unterrichtung der Unternehmen über seine Auftragsvergabepläne und -anforderungen durchführen.

(2) Die Durchführung von Vergabeverfahren lediglich zur Markterkundung und zum Zwecke der Kosten- oder Preisermittlung ist unzulässig.

§ 29
Vergabeunterlagen

(1) Die Vergabeunterlagen umfassen alle Angaben, die erforderlich sind, um dem Bewerber oder Bieter eine Entscheidung zur Teilnahme am Vergabeverfahren zu ermöglichen. Sie bestehen in der Regel aus

1. dem Anschreiben, insbesondere der Aufforderung zur Abgabe von Teilnahmeanträgen oder Angeboten oder Begleitschreiben für die Abgabe der angeforderten Unterlagen,
2. der Beschreibung der Einzelheiten der Durchführung des Verfahrens (Bewerbungsbedingungen), einschließlich der Angabe der Eignungs- und Zuschlagskriterien, sofern nicht bereits in der Auftragsbekanntmachung genannt, und
3. den Vertragsunterlagen, die aus der Leistungsbeschreibung und den Vertragsbedingungen bestehen.

(2) Der Teil B der Vergabe- und Vertragsordnung für Leistungen in der Fassung der Bekanntmachung vom 5. August 2003 (BAnz. Nr. 178a) ist in der Regel in den Vertrag einzubeziehen. Dies gilt nicht für die Vergabe von Aufträgen, die im Rahmen einer freiberuflichen Tätigkeit erbracht oder im Wettbewerb mit freiberuflichen Tätigen angeboten werden und deren Gegenstand eine Aufgabe ist, deren Lösung nicht vorab eindeutig und erschöpfend beschrieben werden kann.

§ 30
Aufteilung nach Losen

(1) Unbeschadet des § 97 Absatz 4 des Gesetzes gegen Wettbewerbsbeschränkungen kann der öffentliche Auftraggeber festlegen, ob die Angebote nur für ein Los, für mehrere oder für alle Lose eingereicht werden dürfen. Er kann, auch wenn Angebote für mehrere oder alle Lose eingereicht werden dürfen, die Zahl der Lose auf eine Höchstzahl beschränken, für die ein einzelner Bieter den Zuschlag erhalten kann.

(2) Der öffentliche Auftraggeber gibt die Vorgaben nach Absatz 1 in der Auftragsbekanntmachung oder der Aufforderung zur Interessensbestätigung bekannt. Er gibt die objektiven und nichtdiskriminierenden Kriterien in den Vergabeunterlagen an, die er bei der Vergabe von Losen anzuwenden beabsichtigt, wenn die Anwendung der Zuschlagskriterien dazu führen würde, dass ein einzelner Bieter den Zuschlag für eine größere Zahl von Losen als die Höchstzahl erhält.

(3) In Fällen, in denen ein einziger Bieter den Zuschlag für mehr als ein Los erhalten kann, kann der öffentliche Auftraggeber Aufträge über mehrere oder alle Lose vergeben, wenn er in der Auftragsbekanntmachung oder in der Aufforderung zur Interessensbestätigung angegeben hat, dass er sich diese Möglichkeit vorbehält und die Lose oder Losgruppen angibt, die kombiniert werden können.

§ 31
Leistungsbeschreibung

(1) Der öffentliche Auftraggeber fasst die Leistungsbeschreibung (§ 121 des Gesetzes gegen Wettbewerbsbeschränkungen) in einer Weise, dass sie allen Unternehmen den gleichen Zugang zum Vergabeverfahren gewährt und die Öffnung des nationalen Beschaffungsmarkts für den Wettbewerb nicht in ungerechtfertigter Weise behindert.

(2) In der Leistungsbeschreibung sind die Merkmale des Auftragsgegenstands zu beschreiben:

1. in Form von Leistungs- oder Funktionsanforderungen oder einer Beschreibung der zu lösenden Aufgabe, die so genau wie möglich zu fassen sind, dass sie ein klares Bild vom Auftragsgegenstand vermitteln und hinreichend vergleichbare Angebote erwarten lassen, die dem öffentlichen Auftraggeber die Erteilung des Zuschlags ermöglichen,
2. unter Bezugnahme auf die in Anlage 1 definierten technischen Anforderungen in der Rangfolge:

a) nationale Normen, mit denen europäische Normen umgesetzt werden,
b) Europäische Technische Bewertungen,
c) gemeinsame technische Spezifikationen,
d) internationale Normen und andere technische Bezugssysteme, die von den europäischen Normungsgremien erarbeitet wurden oder,
e) falls solche Normen und Spezifikationen fehlen, nationale Normen, nationale technische Zulassungen oder nationale technische Spezifikationen für die Planung, Berechnung und Ausführung von Bauwerken und den Einsatz von Produkten oder

3. als Kombination von den Nummern 1 und 2
   a) in Form von Leistungs- oder Funktionsanforderungen unter Bezugnahme auf die technischen Anforderungen gemäß Nummer 2 als Mittel zur Vermutung der Konformität mit diesen Leistungs- und Funktionsanforderungen oder
   b) mit Bezugnahme auf die technischen Anforderungen gemäß Nummer 2 hinsichtlich bestimmter Merkmale und mit Bezugnahme auf die Leistungs- und Funktionsanforderungen gemäß Nummer 1 hinsichtlich anderer Merkmale.

Jede Bezugnahme auf eine Anforderung nach Nummer 2 Buchstabe a bis e ist mit dem Zusatz „oder gleichwertig“ zu versehen.

(3) Die Merkmale können auch Aspekte der Qualität und der Innovation sowie soziale und umweltbezogene Aspekte betreffen. Sie können sich auch auf den Prozess oder die Methode zur Herstellung oder Erbringung der Leistung oder auf ein anderes Stadium im Lebenszyklus des Auftragsgegenstands einschließlich der Produktions- und Lieferkette beziehen, auch wenn derartige Faktoren keine materiellen Bestandteile der Leistung sind, sofern diese Merkmale in Verbindung mit dem Auftragsgegenstand stehen und zu dessen Wert und Beschaffungszielen verhältnismäßig sind.

(4) In der Leistungsbeschreibung kann ferner festgelegt werden, ob Rechte des geistigen Eigentums übertragen oder dem öffentlichen Auftraggeber daran Nutzungsrechte eingeräumt werden müssen.

(5) Werden verpflichtende Zugänglichkeitserfordernisse im Sinne des § 121 Absatz 2 des Gesetzes gegen Wettbewerbsbeschränkungen mit einem Rechtsakt der Europäischen Union erlassen, so muss die Leistungsbeschreibung, soweit die Kriterien der Zugänglichkeit für Menschen mit Behinderungen oder der Konzeption für alle Nutzer betroffen sind, darauf Bezug nehmen.

(6) In der Leistungsbeschreibung darf nicht auf eine bestimmte Produktion oder Herkunft oder ein besonderes Verfahren, das die Erzeugnisse oder Dienstleistungen eines bestimmten Unternehmens kennzeichnet, oder auf gewerbliche Schutzrechte, Typen oder einen bestimmten Ursprung verwiesen werden, wenn dadurch bestimmte Unternehmen oder bestimmte Produkte begünstigt oder ausgeschlossen werden, es sei denn, dieser Verweis ist durch den Auftragsgegenstand gerechtfertigt. Solche Verweise sind ausnahmsweise zulässig, wenn der Auftragsgegenstand anderenfalls nicht hinreichend genau und allgemein verständlich beschrieben werden kann; diese Verweise sind mit dem Zusatz „oder gleichwertig“ zu versehen.

§ 32
Technische Anforderungen

(1) Verweist der öffentliche Auftraggeber in der Leistungsbeschreibung auf technische Anforderungen nach § 31 Absatz 2 Nummer 2, so darf er ein Angebot nicht mit der Begründung ablehnen, dass die angebotenen Liefer- und Dienstleistungen nicht den von ihm herangezogenen technischen Anforderungen der Leistungsbeschreibung entsprechen, wenn das Unternehmen in seinem Angebot dem öffentlichen Auftraggeber mit geeigneten Mitteln nachweist, dass die vom Unternehmen vorgeschlagenen Lösungen diesen technischen Anforderungen gleichermaßen entsprechen.

(2) Enthält die Leistungsbeschreibung Leistungs- oder Funktionsanforderungen, so darf der öffentliche Auftraggeber ein Angebot nicht ablehnen, wenn diese Anforderungen die von ihm geforderten Leistungs- oder Funktionsanforderungen betreffen und das Angebot Folgendem entspricht:

1. einer nationalen Norm, mit der eine europäische Norm umgesetzt wird,
2. einer Europäischen Technischen Bewertung,

3. einer gemeinsamen technischen Spezifikation,
4. einer internationalen Norm oder
5. einem technischen Bezugssystem, das von den europäischen Normungsgremien erarbeitet wurde.

Das Unternehmen muss in seinem Angebot belegen, dass die jeweilige der Norm entsprechende Liefer- oder Dienstleistung den Leistungs- oder Funktionsanforderungen des öffentlichen Auftraggebers entspricht. Belege können insbesondere eine technische Beschreibung des Herstellers oder ein Prüfbericht einer anerkannten Stelle sein.

§ 33
Nachweisführung durch Bescheinigungen von Konformitätsbewertungsstellen

(1) Als Beleg dafür, dass eine Liefer- oder Dienstleistung bestimmten, in der Leistungsbeschreibung geforderten Merkmalen entspricht, kann der öffentliche Auftraggeber die Vorlage von Bescheinigungen, insbesondere Testberichten oder Zertifizierungen, einer Konformitätsbewertungsstelle verlangen. Wird die Vorlage einer Bescheinigung einer bestimmten Konformitätsbewertungsstelle verlangt, hat der öffentliche Auftraggeber auch Bescheinigungen gleichwertiger anderer Konformitätsbewertungsstellen zu akzeptieren.

(2) Der öffentliche Auftraggeber akzeptiert auch andere als die in Absatz 1 genannten geeigneten Unterlagen, insbesondere ein technisches Dossier des Herstellers, wenn das Unternehmen keinen Zugang zu den in Absatz 1 genannten Bescheinigungen oder keine Möglichkeit hatte, diese innerhalb der einschlägigen Fristen einzuholen, sofern das Unternehmen den fehlenden Zugang nicht zu vertreten hat. In den Fällen des Satzes 1 hat das Unternehmen durch die vorgelegten Unterlagen zu belegen, dass die von ihm zu erbringende Leistung die angegebenen Anforderungen erfüllt.

(3) Eine Konformitätsbewertungsstelle ist eine Stelle, die gemäß der Verordnung (EG) Nr. 765/2008 des Europäischen Parlaments und des Rates vom 9. Juli 2008 über die Vorschriften für die Akkreditierung und Marktüberwachung im Zusammenhang mit der Vermarktung von Produkten und zur Aufhebung der Verordnung (EWG) Nr. 339/93 des Rates (ABl. L 218 vom 13.8.2008, S. 30) akkreditiert ist und Konformitätsbewertungstätigkeiten durchführt.

§ 34
Nachweisführung durch Gütezeichen

(1) Als Beleg dafür, dass eine Liefer- oder Dienstleistung bestimmten, in der Leistungsbeschreibung geforderten Merkmalen entspricht, kann der öffentliche Auftraggeber die Vorlage von Gütezeichen nach Maßgabe der Absätze 2 bis 5 verlangen.

(2) Das Gütezeichen muss allen folgenden Bedingungen genügen:

1. Alle Anforderungen des Gütezeichens sind für die Bestimmung der Merkmale der Leistung geeignet und stehen mit dem Auftragsgegenstand nach § 31 Absatz 3 in Verbindung.
2. Die Anforderungen des Gütezeichens beruhen auf objektiv nachprüfbaren und nichtdiskriminierenden Kriterien.
3. Das Gütezeichen wurde im Rahmen eines offenen und transparenten Verfahrens entwickelt, an dem alle interessierten Kreise teilnehmen können.
4. Alle betroffenen Unternehmen haben Zugang zum Gütezeichen.
5. Die Anforderungen wurden von einem Dritten festgelegt, auf den das Unternehmen, das das Gütezeichen erwirbt, keinen maßgeblichen Einfluss ausüben konnte.

(3) Für den Fall, dass die Leistung nicht allen Anforderungen des Gütezeichens entsprechen muss, hat der öffentliche Auftraggeber die betreffenden Anforderungen anzugeben.

(4) Der öffentliche Auftraggeber muss andere Gütezeichen akzeptieren, die gleichwertige Anforderungen an die Leistung stellen.

(5) Hatte ein Unternehmen aus Gründen, die ihm nicht zugerechnet werden können, nachweislich keine Möglichkeit, das vom öffentlichen Auftraggeber angegebene oder ein gleichwertiges Gütezeichen innerhalb einer einschlägigen Frist zu erlangen, so muss der öffentliche Auftraggeber andere geeignete

Belege akzeptieren, sofern das Unternehmen nachweist, dass die von ihm zu erbringende Leistung die Anforderungen des geforderten Gütezeichens oder die vom öffentlichen Auftraggeber angegebenen spezifischen Anforderungen erfüllt.

§ 35
Nebenangebote

(1) Der öffentliche Auftraggeber kann Nebenangebote in der Auftragsbekanntmachung oder in der Aufforderung zur Interessensbestätigung zulassen oder vorschreiben. Fehlt eine entsprechende Angabe, sind keine Nebenangebote zugelassen. Nebenangebote müssen mit dem Auftragsgegenstand in Verbindung stehen.

(2) Lässt der öffentliche Auftraggeber Nebenangebote zu oder schreibt er diese vor, legt er in den Vergabeunterlagen Mindestanforderungen fest und gibt an, in welcher Art und Weise Nebenangebote einzureichen sind. Die Zuschlagskriterien sind gemäß § 127 Absatz 4 des Gesetzes gegen Wettbewerbsbeschränkungen so festzulegen, dass sie sowohl auf Hauptangebote als auch auf Nebenangebote anwendbar sind. Nebenangebote können auch zugelassen oder vorgeschrieben werden, wenn der Preis oder die Kosten das alleinige Zuschlagskriterium sind.

(3) Der öffentliche Auftraggeber berücksichtigt nur Nebenangebote, die die Mindestanforderungen erfüllen. Ein Nebenangebot darf nicht deshalb ausgeschlossen werden, weil es im Falle des Zuschlags zu einem Dienstleistungsauftrag anstelle eines Lieferauftrags oder zu einem Lieferauftrag anstelle eines Dienstleistungsauftrags führen würde.

§ 36
Unteraufträge

(1) Der öffentliche Auftraggeber kann Unternehmen in der Auftragsbekanntmachung oder den Vergabeunterlagen auffordern, bei Angebotsabgabe die Teile des Auftrags, die sie im Wege der Unterauftragsvergabe an Dritte zu vergeben beabsichtigen, sowie, falls zumutbar, die vorgesehenen Unterauftragnehmer zu benennen. Vor Zuschlagserteilung kann der öffentliche Auftraggeber von den Bietern, deren Angebote in die engere Wahl kommen, verlangen, die Unterauftragnehmer zu benennen und nachzuweisen, dass ihnen die erforderlichen Mittel dieser Unterauftragnehmer zur Verfügung stehen. Wenn ein Bewerber oder Bieter die Vergabe eines Teils des Auftrags an einen Dritten im Wege der Unterauftragsvergabe beabsichtigt und sich zugleich im Hinblick auf seine Leistungsfähigkeit gemäß den §§ 45 und 46 auf die Kapazitäten dieses Dritten beruft, ist auch § 47 anzuwenden.

(2) Die Haftung des Hauptauftragnehmers gegenüber dem öffentlichen Auftraggeber bleibt von Absatz 1 unberührt.

(3) Bei der Vergabe von Dienstleistungsaufträgen, die in einer Einrichtung des öffentlichen Auftraggebers unter dessen direkter Aufsicht zu erbringen sind, schreibt der öffentliche Auftraggeber in den Vertragsbedingungen vor, dass der Auftragnehmer spätestens bei Beginn der Auftragsausführung die Namen, die Kontaktdaten und die gesetzlichen Vertreter seiner Unterauftragnehmer mitteilt und dass jede im Rahmen der Auftragsausführung eintretende Änderung auf der Ebene der Unterauftragnehmer mitzuteilen ist. Der öffentliche Auftraggeber kann die Mitteilungspflichten nach Satz 1 auch als Vertragsbedingungen bei der Vergabe anderer Dienstleistungsaufträge oder bei der Vergabe von Lieferaufträgen vorsehen. Des Weiteren können die Mitteilungspflichten auch auf Lieferanten, die an Dienstleistungsaufträgen beteiligt sind, sowie auf weitere Stufen in der Kette der Unterauftragnehmer ausgeweitet werden.

(4) Für Unterauftragnehmer aller Stufen gilt § 128 Absatz 1 des Gesetzes gegen Wettbewerbsbeschränkungen.

(5) Der öffentliche Auftraggeber überprüft vor der Erteilung des Zuschlags, ob Gründe für den Ausschluss des Unterauftragnehmers vorliegen. Bei Vorliegen zwingender Ausschlussgründe verlangt der öffentliche Auftraggeber die Ersetzung des Unterauftragnehmers. Bei Vorliegen fakultativer Ausschlussgründe kann der öffentliche Auftraggeber verlangen, dass dieser ersetzt wird. Der öffentliche Auftraggeber kann dem Bewerber oder Bieter dafür eine Frist setzen.

Unterabschnitt 4
Veröffentlichungen, Transparenz

§ 37
Auftragsbekanntmachung; Beschafferprofil

(1) Der öffentliche Auftraggeber teilt seine Absicht, einen öffentlichen Auftrag zu vergeben oder eine Rahmenvereinbarung abzuschließen, in einer Auftragsbekanntmachung mit. § 17 Absatz 5 und § 38 Absatz 4 bleiben unberührt.

(2) Die Auftragsbekanntmachung wird nach dem Muster gemäß Anhang II der Durchführungsverordnung (EU) 2015/1986 erstellt.

(3) Der öffentliche Auftraggeber benennt in der Auftragsbekanntmachung die Vergabekammer, an die sich die Unternehmen zur Nachprüfung geltend gemachter Vergabeverstöße wenden können.

(4) Der öffentliche Auftraggeber kann im Internet zusätzlich ein Beschafferprofil einrichten. Es enthält die Veröffentlichung von Vorinformationen, Angaben über geplante oder laufende Vergabeverfahren, über vergebene Aufträge oder aufgehobene Vergabeverfahren sowie alle sonstigen für die Auftragsvergabe relevanten Informationen wie zum Beispiel Kontaktstelle, Anschrift, E-Mail-Adresse, Telefon- und Telefaxnummer des öffentlichen Auftraggebers.

§ 38
Vorinformation

(1) Der öffentliche Auftraggeber kann die Absicht einer geplanten Auftragsvergabe mittels Veröffentlichung einer Vorinformation nach dem Muster gemäß Anhang I der Durchführungsverordnung (EU) 2015/1986 bekanntgeben.

(2) Die Vorinformation kann an das Amt für Veröffentlichungen der Europäischen Union versandt oder im Beschafferprofil veröffentlicht werden. Veröffentlicht der öffentliche Auftraggeber eine Vorinformation im Beschafferprofil, übermittelt er die Mitteilung dieser Veröffentlichung dem Amt für Veröffentlichungen der Europäischen Union nach dem Muster gemäß Anhang VIII der Durchführungsverordnung (EU) 2015/1986.

(3) Hat der öffentliche Auftraggeber eine Vorinformation gemäß Absatz 1 veröffentlicht, kann die Mindestfrist für den Eingang von Angeboten im offenen Verfahren auf 15 Tage und im nicht offenen Verfahren oder Verhandlungsverfahren auf zehn Tage verkürzt werden, sofern

1. die Vorinformation alle nach Anhang I der Durchführungsverordnung (EU) 2015/1986 geforderten Informationen enthält, soweit diese zum Zeitpunkt der Veröffentlichung der Vorinformation vorlagen, und
2. die Vorinformation wenigstens 35 Tage und nicht mehr als zwölf Monate vor dem Tag der Absendung der Auftragsbekanntmachung zur Veröffentlichung an das Amt für Veröffentlichungen der Europäischen Union übermittelt wurde.

(4) Mit Ausnahme oberster Bundesbehörden kann der öffentliche Auftraggeber im nicht offenen Verfahren oder im Verhandlungsverfahren auf eine Auftragsbekanntmachung nach § 37 Absatz 1 verzichten, sofern die Vorinformation

1. die Liefer- oder Dienstleistungen benennt, die Gegenstand des zu vergebenden Auftrages sein werden,
2. den Hinweis enthält, dass dieser Auftrag im nicht offenen Verfahren oder Verhandlungsverfahren ohne gesonderte Auftragsbekanntmachung vergeben wird,
3. die interessierten Unternehmen auffordert, ihr Interesse mitzuteilen (Interessensbekundung),
4. alle nach Anhang I der Durchführungsverordnung (EU) 2015/1986 geforderten Informationen enthält und
5. wenigstens 35 Tage und nicht mehr als zwölf Monate vor dem Zeitpunkt der Absendung der Aufforderung zur Interessensbestätigung veröffentlicht wird.

Ungeachtet der Verpflichtung zur Veröffentlichung der Vorinformation können solche Vorinformationen zusätzlich in einem Beschafferprofil veröffentlicht werden.

(5) Der öffentliche Auftraggeber fordert alle Unternehmen, die auf die Veröffentlichung einer Vorinformation nach Absatz 4 hin eine Interessensbekundung übermittelt haben, zur Bestätigung ihres Interesses an einer weiteren Teilnahme auf (Aufforderung zur Interessensbestätigung). Mit der Aufforderung zur Interessensbestätigung wird der Teilnahmewettbewerb nach § 16 Absatz 1 und § 17 Absatz 1 eingeleitet. Die Frist für den Eingang der Interessensbestätigung beträgt 30 Tage, gerechnet ab dem Tag nach der Absendung der Aufforderung zur Interessensbestätigung.

(6) Der von der Vorinformation abgedeckte Zeitraum beträgt höchstens zwölf Monate ab dem Datum der Übermittlung der Vorinformation an das Amt für Veröffentlichungen der Europäischen Union.

§ 39
Vergabebekanntmachung; Bekanntmachung über Auftragsänderungen

(1) Der öffentliche Auftraggeber übermittelt spätestens 30 Tage nach der Vergabe eines öffentlichen Auftrags oder nach dem Abschluss einer Rahmenvereinbarung eine Vergabebekanntmachung mit den Ergebnissen des Vergabeverfahrens an das Amt für Veröffentlichungen der Europäischen Union.

(2) Die Vergabebekanntmachung wird nach dem Muster gemäß Anhang III der Durchführungsverordnung (EU) 2015/1986 erstellt.

(3) Ist das Vergabeverfahren durch eine Vorinformation in Gang gesetzt worden und hat der öffentliche Auftraggeber beschlossen, keine weitere Auftragsvergabe während des Zeitraums vorzunehmen, der von der Vorinformation abgedeckt ist, muss die Vergabebekanntmachung einen entsprechenden Hinweis enthalten.

(4) Die Vergabebekanntmachung umfasst die abgeschlossenen Rahmenvereinbarungen, aber nicht die auf ihrer Grundlage vergebenen Einzelaufträge. Bei Aufträgen, die im Rahmen eines dynamischen Beschaffungssystems vergeben werden, umfasst die Vergabebekanntmachung eine vierteljährliche Zusammenstellung der Einzelaufträge; die Zusammenstellung muss spätestens 30 Tage nach Quartalsende versendet werden.

(5) Auftragsänderungen gemäß § 132 Absatz 2 Nummer 2 und 3 des Gesetzes gegen Wettbewerbsbeschränkungen sind gemäß § 132 Absatz 5 des Gesetzes gegen Wettbewerbsbeschränkungen unter Verwendung des Musters gemäß Anhang XVII der Durchführungsverordnung (EU) 2015/1986 bekanntzumachen.

(6) Der öffentliche Auftraggeber ist nicht verpflichtet, einzelne Angaben zu veröffentlichen, wenn deren Veröffentlichung

1. den Gesetzesvollzug behindern,
2. dem öffentlichen Interesse zuwiderlaufen,
3. den berechtigten geschäftlichen Interessen eines Unternehmens schaden oder
4. den lauteren Wettbewerb zwischen Unternehmen beeinträchtigen würde.

§ 40
Veröffentlichung von Bekanntmachungen

(1) Auftragsbekanntmachungen, Vorinformationen, Vergabebekanntmachungen und Bekanntmachungen über Auftragsänderungen (Bekanntmachungen) sind dem Amt für Veröffentlichungen der Europäischen Union mit elektronischen Mitteln zu übermitteln. Der öffentliche Auftraggeber muss den Tag der Absendung nachweisen können.

(2) Bekanntmachungen werden durch das Amt für Veröffentlichungen der Europäischen Union veröffentlicht. Als Nachweis der Veröffentlichung dient die Bestätigung der Veröffentlichung der übermittelten Informationen, die der öffentliche Auftraggeber vom Amt für Veröffentlichungen der Europäischen Union erhält.

(3) Bekanntmachungen dürfen auf nationaler Ebene erst nach der Veröffentlichung durch das Amt für Veröffentlichungen der Europäischen Union oder 48 Stunden nach der Bestätigung über den Eingang der Bekanntmachung durch das Amt für Veröffentlichungen der Europäischen Union veröffentlicht werden. Die Veröffentlichung darf nur Angaben enthalten, die in den an das Amt für Veröffentlichungen der Europäischen Union übermittelten Bekanntmachungen enthalten sind oder in einem Beschafferprofil veröffentlicht wurden. In der nationalen Bekanntmachung ist der Tag der Übermittlung an das Amt für Veröffentlichungen der Europäischen Union oder der Tag der Veröffentlichung im Beschafferprofil anzugeben.

(4) Der öffentliche Auftraggeber kann auch Auftragsbekanntmachungen über öffentliche Liefer- oder Dienstleistungsaufträge, die nicht der Bekanntmachungspflicht unterliegen, an das Amt für Veröffentlichungen der Europäischen Union übermitteln.

§ 41
Bereitstellung der Vergabeunterlagen

(1) Der öffentliche Auftraggeber gibt in der Auftragsbekanntmachung oder der Aufforderung zur Interessensbestätigung eine elektronische Adresse an, unter der die Vergabeunterlagen unentgeltlich, uneingeschränkt, vollständig und direkt abgerufen werden können.

(2) Der öffentliche Auftraggeber kann die Vergabeunterlagen auf einem anderen geeigneten Weg übermitteln, wenn die erforderlichen elektronischen Mittel zum Abruf der Vergabeunterlagen

1. aufgrund der besonderen Art der Auftragsvergabe nicht mit allgemein verfügbaren oder verbreiteten Geräten und Programmen der Informations- und Kommunikationstechnologie kompatibel sind,
2. Dateiformate zur Beschreibung der Angebote verwenden, die nicht mit allgemein verfügbaren oder verbreiteten Programmen verarbeitet werden können oder die durch andere als kostenlose und allgemein verfügbare Lizenzen geschützt sind, oder
3. die Verwendung von Bürogeräten voraussetzen, die dem öffentlichen Auftraggeber nicht allgemein zur Verfügung stehen.

Die Angebotsfrist wird in diesen Fällen um fünf Tage verlängert, sofern nicht ein Fall hinreichend begründeter Dringlichkeit gemäß § 15 Absatz 3, § 16 Absatz 7 oder § 17 Absatz 8 vorliegt.

(3) Der öffentliche Auftraggeber gibt in der Auftragsbekanntmachung oder in der Aufforderung zur Interessensbestätigung an, welche Maßnahmen er zum Schutz der Vertraulichkeit von Informationen anwendet und wie auf die Vergabeunterlagen zugegriffen werden kann. Die Angebotsfrist wird in diesen Fällen um fünf Tage verlängert, es sei denn, die Maßnahme zum Schutz der Vertraulichkeit besteht ausschließlich in der Abgabe einer Verschwiegenheitserklärung oder es liegt ein Fall hinreichend begründeter Dringlichkeit gemäß § 15 Absatz 3, § 16 Absatz 7 oder § 17 Absatz 8 vor.

Unterabschnitt 5
Anforderungen an Unternehmen; Eignung

§ 42
Auswahl geeigneter Unternehmen; Ausschluss von Bewerbern und Bietern

(1) Der öffentliche Auftraggeber überprüft die Eignung der Bewerber oder Bieter anhand der nach § 122 des Gesetzes gegen Wettbewerbsbeschränkungen festgelegten Eignungskriterien und das Nichtvorliegen von Ausschlussgründen nach den §§ 123 und 124 des Gesetzes gegen Wettbewerbsbeschränkungen sowie gegebenenfalls Maßnahmen des Bewerbers oder Bieters zur Selbstreinigung nach § 125 des Gesetzes gegen Wettbewerbsbeschränkungen und schließt gegebenenfalls Bewerber oder Bieter vom Vergabeverfahren aus.

(2) Im nicht offenen Verfahren, im Verhandlungsverfahren mit Teilnahmewettbewerb, im wettbewerblichen Dialog und in der Innovationspartnerschaft fordert der öffentliche Auftraggeber nur solche Be-

werber zur Abgabe eines Angebots auf, die ihre Eignung nachgewiesen haben und nicht ausgeschlossen worden sind. § 51 bleibt unberührt.

(3) Bei offenen Verfahren kann der öffentliche Auftraggeber entscheiden, ob er die Angebotsprüfung vor der Eignungsprüfung durchführt.

§ 43
Rechtsform von Unternehmen und Bietergemeinschaften

(1) Bewerber oder Bieter, die gemäß den Rechtsvorschriften des Staates, in dem sie niedergelassen sind, zur Erbringung der betreffenden Leistung berechtigt sind, dürfen nicht allein deshalb zurückgewiesen werden, weil sie gemäß den deutschen Rechtsvorschriften eine natürliche oder juristische Person sein müssten. Juristische Personen können jedoch bei Dienstleistungsaufträgen sowie bei Lieferaufträgen, die zusätzlich Dienstleistungen umfassen, verpflichtet werden, in ihrem Antrag auf Teilnahme oder in ihrem Angebot die Namen und die berufliche Befähigung der Personen anzugeben, die für die Erbringung der Leistung als verantwortlich vorgesehen sind.

(2) Bewerber- und Bietergemeinschaften sind wie Einzelbewerber und -bieter zu behandeln. Der öffentliche Auftraggeber darf nicht verlangen, dass Gruppen von Unternehmen eine bestimmte Rechtsform haben müssen, um einen Antrag auf Teilnahme zu stellen oder ein Angebot abzugeben. Sofern erforderlich kann der öffentliche Auftraggeber in den Vergabeunterlagen Bedingungen festlegen, wie Gruppen von Unternehmen die Eignungskriterien zu erfüllen und den Auftrag auszuführen haben; solche Bedingungen müssen durch sachliche Gründe gerechtfertigt und angemessen sein.

(3) Unbeschadet des Absatzes 2 kann der öffentliche Auftraggeber verlangen, dass eine Bietergemeinschaft nach Zuschlagserteilung eine bestimmte Rechtsform annimmt, soweit dies für die ordnungsgemäße Durchführung des Auftrags erforderlich ist.

§ 44
Befähigung und Erlaubnis zur Berufsausübung

(1) Der öffentliche Auftraggeber kann verlangen, dass Bewerber oder Bieter je nach den Rechtsvorschriften des Staats, in dem sie niedergelassen sind, entweder die Eintragung in einem Berufs- oder Handelsregister dieses Staats nachweisen oder auf andere Weise die erlaubte Berufsausübung nachweisen. Für die Mitgliedstaaten der Europäischen Union sind die jeweiligen Berufs- oder Handelsregister und die Bescheinigungen oder Erklärungen über die Berufsausübung in Anhang XI der Richtlinie 2014/24/EU des Europäischen Parlaments und des Rates vom 26. Februar 2014 über die öffentliche Auftragsvergabe und zur Aufhebung der Richtlinie 2004/18/EG (ABl. L 94 vom 28.3.2014, S. 65) aufgeführt.

(2) Bei der Vergabe öffentlicher Dienstleistungsaufträge kann der öffentliche Auftraggeber dann, wenn Bewerber oder Bieter eine bestimmte Berechtigung besitzen oder Mitglied einer bestimmten Organisation sein müssen, um die betreffende Dienstleistung in ihrem Herkunftsstaat erbringen zu können, von den Bewerbern oder Bietern verlangen, ihre Berechtigung oder Mitgliedschaft nachzuweisen.

§ 45
Wirtschaftliche und finanzielle Leistungsfähigkeit

(1) Der öffentliche Auftraggeber kann im Hinblick auf die wirtschaftliche und finanzielle Leistungsfähigkeit der Bewerber oder Bieter Anforderungen stellen, die sicherstellen, dass die Bewerber oder Bieter über die erforderlichen wirtschaftlichen und finanziellen Kapazitäten für die Ausführung des Auftrags verfügen. Zu diesem Zweck kann er insbesondere Folgendes verlangen:

1. einen bestimmten Mindestjahresumsatz, einschließlich eines bestimmten Mindestjahresumsatzes in dem Tätigkeitsbereich des Auftrags,
2. Informationen über die Bilanzen der Bewerber oder Bieter; dabei kann das in den Bilanzen angegebene Verhältnis zwischen Vermögen und Verbindlichkeiten dann berücksichtigt werden, wenn

der öffentliche Auftraggeber transparente, objektive und nichtdiskriminierende Methoden und Kriterien für die Berücksichtigung anwendet und die Methoden und Kriterien in den Vergabeunterlagen angibt, oder

3. eine Berufs- oder Betriebshaftpflichtversicherung in bestimmter geeigneter Höhe.

(2) Sofern ein Mindestjahresumsatz verlangt wird, darf dieser das Zweifache des geschätzten Auftragswerts nur überschreiten, wenn aufgrund der Art des Auftragsgegenstands spezielle Risiken bestehen. Der öffentliche Auftraggeber hat eine solche Anforderung in den Vergabeunterlagen oder im Vergabevermerk hinreichend zu begründen.

(3) Ist ein öffentlicher Auftrag in Lose unterteilt, finden die Absätze 1 und 2 auf jedes einzelne Los Anwendung. Der öffentliche Auftraggeber kann jedoch für den Fall, dass der erfolgreiche Bieter den Zuschlag für mehrere gleichzeitig auszuführende Lose erhält, einen Mindestjahresumsatz verlangen, der sich auf diese Gruppe von Losen bezieht.

(4) Als Beleg der erforderlichen wirtschaftlichen und finanziellen Leistungsfähigkeit des Bewerbers oder Bieters kann der öffentliche Auftraggeber in der Regel die Vorlage einer oder mehrerer der folgenden Unterlagen verlangen:

1. entsprechende Bankerklärungen,
2. Nachweis einer entsprechenden Berufs- oder Betriebshaftpflichtversicherung,
3. Jahresabschlüsse oder Auszüge von Jahresabschlüssen, falls deren Veröffentlichung in dem Land, in dem der Bewerber oder Bieter niedergelassen ist, gesetzlich vorgeschrieben ist,
4. eine Erklärung über den Gesamtumsatz und gegebenenfalls den Umsatz in dem Tätigkeitsbereich des Auftrags; eine solche Erklärung kann höchstens für die letzten drei Geschäftsjahre verlangt werden und nur, sofern entsprechende Angaben verfügbar sind.

(5) Kann ein Bewerber oder Bieter aus einem berechtigten Grund die geforderten Unterlagen nicht beibringen, so kann er seine wirtschaftliche und finanzielle Leistungsfähigkeit durch Vorlage anderer, vom öffentlichen Auftraggeber als geeignet angesehener Unterlagen belegen.

§ 46
Technische und berufliche Leistungsfähigkeit

(1) Der öffentliche Auftraggeber kann im Hinblick auf die technische und berufliche Leistungsfähigkeit der Bewerber oder Bieter Anforderungen stellen, die sicherstellen, dass die Bewerber oder Bieter über die erforderlichen personellen und technischen Mittel sowie ausreichende Erfahrungen verfügen, um den Auftrag in angemessener Qualität ausführen zu können. Bei Lieferaufträgen, für die Verlege- oder Installationsarbeiten erforderlich sind, sowie bei Dienstleistungsaufträgen darf die berufliche Leistungsfähigkeit der Unternehmen auch anhand ihrer Fachkunde, Effizienz, Erfahrung und Verlässlichkeit beurteilt werden.

(2) Der öffentliche Auftraggeber kann die berufliche Leistungsfähigkeit eines Bewerbers oder Bieters verneinen, wenn er festgestellt hat, dass dieser Interessen hat, die mit der Ausführung des öffentlichen Auftrags im Widerspruch stehen und sie nachteilig beeinflussen könnten.

(3) Als Beleg der erforderlichen technischen und beruflichen Leistungsfähigkeit des Bewerbers oder Bieters kann der öffentliche Auftraggeber je nach Art, Verwendungszweck und Menge oder Umfang der zu erbringenden Liefer- oder Dienstleistungen ausschließlich die Vorlage von einer oder mehreren der folgenden Unterlagen verlangen:

1. geeignete Referenzen über früher ausgeführte Liefer- und Dienstleistungsaufträge in Form einer Liste der in den letzten höchstens drei Jahren erbrachten wesentlichen Liefer- oder Dienstleistungen mit Angabe des Werts, des Liefer- beziehungsweise Erbringungszeitpunkts sowie des öffentlichen oder privaten Empfängers; soweit erforderlich, um einen ausreichenden Wettbewerb sicherzustellen, kann der öffentliche Auftraggeber darauf hinweisen, dass er auch einschlägige Liefer- oder Dienstleistungen berücksichtigen wird, die mehr als drei Jahre zurückliegen,
2. Angabe der technischen Fachkräfte oder der technischen Stellen, die im Zusammenhang mit der Leistungserbringung eingesetzt werden sollen, unabhängig davon, ob diese dem Unternehmen an-

gehören oder nicht, und zwar insbesondere derjenigen, die mit der Qualitätskontrolle beauftragt sind,
3. Beschreibung der technischen Ausrüstung, der Maßnahmen zur Qualitätssicherung und der Untersuchungs- und Forschungsmöglichkeiten des Unternehmens,
4. Angabe des Lieferkettenmanagement- und Lieferkettenüberwachungssystems, das dem Unternehmen zur Vertragserfüllung zur Verfügung steht,
5. bei komplexer Art der zu erbringenden Leistung oder bei solchen Leistungen, die ausnahmsweise einem besonderen Zweck dienen sollen, eine Kontrolle, die vom öffentlichen Auftraggeber oder in dessen Namen von einer zuständigen amtlichen Stelle im Niederlassungsstaat des Unternehmens durchgeführt wird; diese Kontrolle betrifft die Produktionskapazität beziehungsweise die technische Leistungsfähigkeit und erforderlichenfalls die Untersuchungs- und Forschungsmöglichkeiten des Unternehmens sowie die von diesem für die Qualitätskontrolle getroffenen Vorkehrungen,
6. Studien- und Ausbildungsnachweise sowie Bescheinigungen über die Erlaubnis zur Berufsausübung für die Inhaberin, den Inhaber oder die Führungskräfte des Unternehmens, sofern diese Nachweise nicht als Zuschlagskriterium bewertet werden,
7. Angabe der Umweltmanagementmaßnahmen, die das Unternehmen während der Auftragsausführung anwendet,
8. Erklärung, aus der die durchschnittliche jährliche Beschäftigtenzahl des Unternehmens und die Zahl seiner Führungskräfte in den letzten drei Jahren ersichtlich ist,
9. Erklärung, aus der ersichtlich ist, über welche Ausstattung, welche Geräte und welche technische Ausrüstung das Unternehmen für die Ausführung des Auftrags verfügt,
10. Angabe, welche Teile des Auftrags das Unternehmen unter Umständen als Unteraufträge zu vergeben beabsichtigt,
11. bei Lieferleistungen:
    a) Muster, Beschreibungen oder Fotografien der zu liefernden Güter, wobei die Echtheit auf Verlangen des öffentlichen Auftraggebers nachzuweisen ist, oder
    b) Bescheinigungen, die von als zuständig anerkannten Instituten oder amtlichen Stellen für Qualitätskontrolle ausgestellt wurden, mit denen bestätigt wird, dass die durch entsprechende Bezugnahmen genau bezeichneten Güter bestimmten technischen Anforderungen oder Normen entsprechen.

§ 47
Eignungsleihe

(1) Ein Bewerber oder Bieter kann für einen bestimmten öffentlichen Auftrag im Hinblick auf die erforderliche wirtschaftliche und finanzielle sowie die technische und berufliche Leistungsfähigkeit die Kapazitäten anderer Unternehmen in Anspruch nehmen, wenn er nachweist, dass ihm die für den Auftrag erforderlichen Mittel tatsächlich zur Verfügung stehen werden, indem er beispielsweise eine entsprechende Verpflichtungserklärung dieser Unternehmen vorlegt. Diese Möglichkeit besteht unabhängig von der Rechtsnatur der zwischen dem Bewerber oder Bieter und den anderen Unternehmen bestehenden Verbindungen. Ein Bewerber oder Bieter kann jedoch im Hinblick auf Nachweise für die erforderliche berufliche Leistungsfähigkeit wie Ausbildungs- und Befähigungsnachweise nach § 46 Absatz 3 Nummer 6 oder die einschlägige berufliche Erfahrung die Kapazitäten anderer Unternehmen nur dann in Anspruch nehmen, wenn diese die Leistung erbringen, für die diese Kapazitäten benötigt werden.

(2) Der öffentliche Auftraggeber überprüft im Rahmen der Eignungsprüfung, ob die Unternehmen, deren Kapazitäten der Bewerber oder Bieter für die Erfüllung bestimmter Eignungskriterien in Anspruch nehmen will, die entsprechenden Eignungskriterien erfüllen und ob Ausschlussgründe vorliegen. Legt der Bewerber oder Bieter eine Einheitliche Europäische Eigenerklärung nach § 50 vor, so muss diese auch die Angaben enthalten, die für die Überprüfung nach Satz 1 erforderlich sind. Der öffentliche Auftraggeber schreibt vor, dass der Bewerber oder Bieter ein Unternehmen, das das entsprechende Eignungskriterium nicht erfüllt oder bei dem zwingende Ausschlussgründe nach § 123 des Gesetzes gegen Wettbewerbsbeschränkungen vorliegen, ersetzen muss. Er kann vorschreiben, dass der Bewerber oder Bieter auch ein Unternehmen, bei dem fakultative Ausschlussgründe nach § 124

des Gesetzes gegen Wettbewerbsbeschränkungen vorliegen, ersetzen muss. Der öffentliche Auftraggeber kann dem Bewerber oder Bieter dafür eine Frist setzen.

(3) Nimmt ein Bewerber oder Bieter die Kapazitäten eines anderen Unternehmens im Hinblick auf die erforderliche wirtschaftliche und finanzielle Leistungsfähigkeit in Anspruch, so kann der öffentliche Auftraggeber eine gemeinsame Haftung des Bewerbers oder Bieters und des anderen Unternehmens für die Auftragsausführung entsprechend dem Umfang der Eignungsleihe verlangen.

(4) Die Absätze 1 bis 3 gelten auch für Bewerber- oder Bietergemeinschaften.

(5) Der öffentliche Auftraggeber kann vorschreiben, dass bestimmte kritische Aufgaben bei Dienstleistungsaufträgen oder kritische Verlege- oder Installationsarbeiten im Zusammenhang mit einem Lieferauftrag direkt vom Bieter selbst oder im Fall einer Bietergemeinschaft von einem Teilnehmer der Bietergemeinschaft ausgeführt werden müssen.

§ 48
Beleg der Eignung und des Nichtvorliegens von Ausschlussgründen

(1) In der Auftragsbekanntmachung oder der Aufforderung zur Interessensbestätigung ist neben den Eignungskriterien ferner anzugeben, mit welchen Unterlagen (Eigenerklärungen, Angaben, Bescheinigungen und sonstige Nachweise) Bewerber oder Bieter ihre Eignung gemäß den §§ 43 bis 47 und das Nichtvorliegen von Ausschlussgründen zu belegen haben.

(2) Der öffentliche Auftraggeber fordert grundsätzlich die Vorlage von Eigenerklärungen an. Wenn der öffentliche Auftraggeber Bescheinigungen und sonstige Nachweise anfordert, verlangt er in der Regel solche, die vom Online-Dokumentenarchiv e-Certis abgedeckt sind.

(3) Als vorläufigen Beleg der Eignung und des Nichtvorliegens von Ausschlussgründen akzeptiert der öffentliche Auftraggeber die Vorlage einer Einheitlichen Europäischen Eigenerklärung nach § 50.

(4) Als ausreichenden Beleg dafür, dass die in § 123 Absatz 1 bis 3 des Gesetzes gegen Wettbewerbsbeschränkungen genannten Ausschlussgründe auf den Bewerber oder Bieter nicht zutreffen, erkennt der öffentliche Auftraggeber einen Auszug aus einem einschlägigen Register, insbesondere ein Führungszeugnis aus dem Bundeszentralregister oder, in Ermangelung eines solchen, eine gleichwertige Bescheinigung einer zuständigen Gerichts- oder Verwaltungsbehörde des Herkunftslands oder des Niederlassungsstaats des Bewerbers oder Bieters an.

(5) Als ausreichenden Beleg dafür, dass die in § 123 Absatz 4 und § 124 Absatz 1 Nummer 2 des Gesetzes gegen Wettbewerbsbeschränkungen genannten Ausschlussgründe auf den Bewerber oder Bieter nicht zutreffen, erkennt der öffentliche Auftraggeber eine von der zuständigen Behörde des Herkunftslands oder des Niederlassungsstaats des Bewerbers oder Bieters ausgestellte Bescheinigung an.

(6) Werden Urkunden oder Bescheinigungen nach den Absätzen 4 und 5 von dem Herkunftsland oder dem Niederlassungsstaat des Bewerbers oder Bieters nicht ausgestellt oder werden darin nicht alle Ausschlussgründe nach § 123 Absatz 1 bis 4 sowie § 124 Absatz 1 Nummer 2 des Gesetzes gegen Wettbewerbsbeschränkungen erwähnt, so können sie durch eine Versicherung an Eides statt ersetzt werden. In den Staaten, in denen es keine Versicherung an Eides statt gibt, darf die Versicherung an Eides statt durch eine förmliche Erklärung ersetzt werden, die ein Vertreter des betreffenden Unternehmens vor einer zuständigen Gerichts- oder Verwaltungsbehörde, einem Notar oder einer dazu bevollmächtigten Berufs- oder Handelsorganisation des Herkunftslands oder des Niederlassungsstaats des Bewerbers oder Bieters abgibt.

(7) Der öffentliche Auftraggeber kann Bewerber oder Bieter auffordern, die erhaltenen Unterlagen zu erläutern.

(8) Sofern der Bewerber oder Bieter in einem amtlichen Verzeichnis eingetragen ist oder über eine Zertifizierung verfügt, die jeweils den Anforderungen des Artikels 64 der Richtlinie 2014/24/EU entsprechen, werden die im amtlichen Verzeichnis oder dem Zertifizierungssystem niedergelegten Unterlagen und Angaben vom öffentlichen Auftraggeber nur in begründeten Fällen in Zweifel gezogen (Eignungsvermutung). Ein den Anforderungen des Artikels 64 der Richtlinie 2014/24/EU entsprechen-

des amtliches Verzeichnis kann auch durch Industrie- und Handelskammern eingerichtet werden. Die Industrie- und Handelskammern bedienen sich bei der Führung des amtlichen Verzeichnisses einer gemeinsamen verzeichnisführenden Stelle. Der öffentliche Auftraggeber kann mit Blick auf die Entrichtung von Steuern, Abgaben oder Sozialversicherungsbeiträgen die gesonderte Vorlage einer entsprechenden Bescheinigung verlangen.

§ 49
Beleg der Einhaltung von Normen der Qualitätssicherung und des Umweltmanagements

(1) Verlangt der öffentliche Auftraggeber als Beleg dafür, dass Bewerber oder Bieter bestimmte Normen der Qualitätssicherung erfüllen, die Vorlage von Bescheinigungen unabhängiger Stellen, so bezieht sich der öffentliche Auftraggeber auf Qualitätssicherungssysteme, die

1. den einschlägigen europäischen Normen genügen und
2. von akkreditierten Stellen zertifiziert sind.

Der öffentliche Auftraggeber erkennt auch gleichwertige Bescheinigungen von akkreditierten Stellen aus anderen Staaten an. Konnte ein Bewerber oder Bieter aus Gründen, die er nicht zu vertreten hat, die betreffenden Bescheinigungen nicht innerhalb einer angemessenen Frist einholen, so muss der öffentliche Auftraggeber auch andere Unterlagen über gleichwertige Qualitätssicherungssysteme anerkennen, sofern der Bewerber oder Bieter nachweist, dass die vorgeschlagenen Qualitätssicherungsmaßnahmen den geforderten Qualitätssicherungsnormen entsprechen.

(2) Verlangt der öffentliche Auftraggeber als Beleg dafür, dass Bewerber oder Bieter bestimmte Systeme oder Normen des Umweltmanagements erfüllen, die Vorlage von Bescheinigungen unabhängiger Stellen, so bezieht sich der öffentliche Auftraggeber

1. entweder auf das Gemeinschaftssystem für das Umweltmanagement und die Umweltbetriebsprüfung EMAS der Europäischen Union oder
2. auf andere nach Artikel 45 der Verordnung (EG) Nr. 1221/2009 des Europäischen Parlaments und des Rates vom 25. November 2009 über die freiwillige Teilnahme von Organisationen an einem Gemeinschaftssystem für Umweltmanagement und Umweltbetriebsprüfung und zur Aufhebung der Verordnung (EG) Nr. 761/2001, sowie der Beschlüsse der Kommission 2001/681/EG und 2006/193/EG (ABl. L 342 vom 22.12.2009, S. 1) anerkannte Umweltmanagementsysteme oder
3. auf andere Normen für das Umweltmanagement, die auf den einschlägigen europäischen oder internationalen Normen beruhen und von akkreditierten Stellen zertifiziert sind.

Der öffentliche Auftraggeber erkennt auch gleichwertige Bescheinigungen von Stellen in anderen Staaten an. Hatte ein Bewerber oder Bieter aus Gründen, die ihm nicht zugerechnet werden können, nachweislich keinen Zugang zu den betreffenden Bescheinigungen oder aus Gründen, die er nicht zu vertreten hat, keine Möglichkeit, diese innerhalb der einschlägigen Fristen zu erlangen, so muss der öffentliche Auftraggeber auch andere Unterlagen über gleichwertige Umweltmanagementmaßnahmen anerkennen, sofern der Bewerber oder Bieter nachweist, dass diese Maßnahmen mit denen, die nach dem geltenden System oder den geltenden Normen für das Umweltmanagement erforderlich sind, gleichwertig sind.

§ 50
Einheitliche Europäische Eigenerklärung

(1) Die Einheitliche Europäische Eigenerklärung ist in der Form des Anhangs 2 der Durchführungsverordnung (EU) 2016/7 der Kommission vom 5. Januar 2016 zur Einführung des Standardformulars für die Einheitliche Europäische Eigenerklärung (ABl. L 3 vom 6.1.2016, S. 16) zu übermitteln. Bewerber oder Bieter können eine bereits bei einer früheren Auftragsvergabe verwendete Einheitliche Europäische Eigenerklärung wiederverwenden, sofern sie bestätigen, dass die darin enthaltenen Informationen weiterhin zutreffend sind.

(2) Der öffentliche Auftraggeber kann bei Übermittlung einer Einheitlichen Europäischen Eigenerklärung Bewerber oder Bieter jederzeit während des Verfahrens auffordern, sämtliche oder einen Teil der nach den §§ 44 bis 49 geforderten Unterlagen beizubringen, wenn dies zur angemessenen Durchfüh-

rung des Verfahrens erforderlich ist. Vor der Zuschlagserteilung fordert der öffentliche Auftraggeber den Bieter, an den er den Auftrag vergeben will, auf, die geforderten Unterlagen beizubringen.

(3) Ungeachtet von Absatz 2 müssen Bewerber oder Bieter keine Unterlagen beibringen, sofern und soweit die zuschlagerteilende Stelle

1. die Unterlagen über eine für den öffentlichen Auftraggeber kostenfreie Datenbank innerhalb der Europäischen Union, insbesondere im Rahmen eines Präqualifikationssystems, erhalten kann oder
2. bereits im Besitz der Unterlagen ist.

§ 51
Begrenzung der Anzahl der Bewerber

(1) Bei allen Verfahrensarten mit Ausnahme des offenen Verfahrens kann der öffentliche Auftraggeber die Zahl der geeigneten Bewerber, die zur Abgabe eines Angebots aufgefordert oder zum Dialog eingeladen werden, begrenzen, sofern genügend geeignete Bewerber zur Verfügung stehen. Dazu gibt der öffentliche Auftraggeber in der Auftragsbekanntmachung oder der Aufforderung zur Interessensbestätigung die von ihm vorgesehenen objektiven und nichtdiskriminierenden Eignungskriterien für die Begrenzung der Zahl, die vorgesehene Mindestzahl und gegebenenfalls auch die Höchstzahl der einzuladenden Bewerber an.

(2) Die vom öffentlichen Auftraggeber vorgesehene Mindestzahl der einzuladenden Bewerber darf nicht niedriger als drei sein, beim nicht offenen Verfahren nicht niedriger als fünf. In jedem Fall muss die vorgesehene Mindestzahl ausreichend hoch sein, sodass der Wettbewerb gewährleistet ist.

(3) Sofern geeignete Bewerber in ausreichender Zahl zur Verfügung stehen, lädt der öffentliche Auftraggeber eine Anzahl von geeigneten Bewerbern ein, die nicht niedriger als die festgelegte Mindestzahl an Bewerbern ist. Sofern die Zahl geeigneter Bewerber unter der Mindestzahl liegt, kann der öffentliche Auftraggeber das Vergabeverfahren fortführen, indem er den oder die Bewerber einlädt, die über die geforderte Eignung verfügen. Andere Unternehmen, die sich nicht um die Teilnahme beworben haben, oder Bewerber, die nicht über die geforderte Eignung verfügen, dürfen nicht zu demselben Verfahren zugelassen werden.

Unterabschnitt 6
Einreichung, Form und Umgang mit Interessensbekundungen, Interessensbestätigungen, Teilnahmeanträgen und Angeboten

§ 52
Aufforderung zur Interessensbestätigung, zur Angebotsabgabe, zur Verhandlung oder zur Teilnahme am Dialog

(1) Ist ein Teilnahmewettbewerb durchgeführt worden, wählt der öffentliche Auftraggeber gemäß § 51 Bewerber aus, die er auffordert, in einem nicht offenen Verfahren oder einem Verhandlungsverfahren ein Angebot einzureichen, am wettbewerblichen Dialog teilzunehmen oder an Verhandlungen im Rahmen einer Innovationspartnerschaft teilzunehmen.

(2) Die Aufforderung nach Absatz 1 enthält mindestens:

1. einen Hinweis auf die veröffentlichte Auftragsbekanntmachung,
2. den Tag, bis zu dem ein Angebot eingehen muss, die Anschrift der Stelle, bei der es einzureichen ist, die Art der Einreichung sowie die Sprache, in der es abzufassen ist,
3. beim wettbewerblichen Dialog den Termin und den Ort des Beginns der Dialogphase sowie die verwendete Sprache,
4. die Bezeichnung der gegebenenfalls beizufügenden Unterlagen, sofern nicht bereits in der Auftragsbekanntmachung enthalten,
5. die Zuschlagskriterien sowie deren Gewichtung oder gegebenenfalls die Kriterien in der Rangfolge ihrer Bedeutung, wenn diese Angaben nicht bereits in der Auftragsbekanntmachung oder in der Aufforderung zur Interessensbestätigung enthalten sind.

Bei öffentlichen Aufträgen, die in einem wettbewerblichen Dialog oder im Rahmen einer Innovationspartnerschaft vergeben werden, sind die in Satz 1 Nummer 2 genannten Angaben nicht in der Aufforderung zur Teilnahme am Dialog oder an den Verhandlungen aufzuführen, sondern in der Aufforderung zur Angebotsabgabe.

(3) Im Falle einer Vorinformation nach § 38 Absatz 4 fordert der öffentliche Auftraggeber gleichzeitig alle Unternehmen, die eine Interessensbekundung übermittelt haben, nach § 38 Absatz 5 auf, ihr Interesse zu bestätigen. Diese Aufforderung umfasst zumindest folgende Angaben:

1. Umfang des Auftrags, einschließlich aller Optionen auf zusätzliche Aufträge, und, sofern möglich, eine Einschätzung der Frist für die Ausübung dieser Optionen; bei wiederkehrenden Aufträgen Art und Umfang und, sofern möglich, das voraussichtliche Datum der Veröffentlichung zukünftiger Auftragsbekanntmachungen für die Liefer- oder Dienstleistungen, die Gegenstand des Auftrags sein sollen,
2. Art des Verfahrens,
3. gegebenenfalls Zeitpunkt, an dem die Lieferleistung erbracht oder die Dienstleistung beginnen oder abgeschlossen sein soll,
4. Internetadresse, über die die Vergabeunterlagen unentgeltlich, uneingeschränkt und vollständig direkt verfügbar sind,
5. falls kein elektronischer Zugang zu den Vergabeunterlagen bereitgestellt werden kann, Anschrift und Schlusstermin für die Anforderung der Vergabeunterlagen sowie die Sprache, in der die Interessensbekundung abzufassen ist,
6. Anschrift des öffentlichen Auftraggebers, der den Zuschlag erteilt,
7. alle wirtschaftlichen und technischen Anforderungen, finanziellen Sicherheiten und Angaben, die von den Unternehmen verlangt werden,
8. Art des Auftrags, der Gegenstand des Vergabeverfahrens ist, und
9. die Zuschlagskriterien sowie deren Gewichtung oder gegebenenfalls die Kriterien in der Rangfolge ihrer Bedeutung, wenn diese Angaben nicht bereits in der Vorinformation oder den Vergabeunterlagen enthalten sind.

§ 53
Form und Übermittlung der Interessensbekundungen, Interessensbestätigungen, Teilnahmeanträge und Angebote

(1) Die Unternehmen übermitteln ihre Interessensbekundungen, Interessensbestätigungen, Teilnahmeanträge und Angebote in Textform nach § 126b des Bürgerlichen Gesetzbuchs mithilfe elektronischer Mittel gemäß § 10.

(2) Der öffentliche Auftraggeber ist nicht verpflichtet, die Einreichung von Angeboten mithilfe elektronischer Mittel zu verlangen, wenn auf die zur Einreichung erforderlichen elektronischen Mittel einer der in § 41 Absatz 2 Nummer 1 bis 3 genannten Gründe zutrifft oder wenn zugleich physische oder maßstabsgetreue Modelle einzureichen sind, die nicht elektronisch übermittelt werden können. In diesen Fällen erfolgt die Kommunikation auf dem Postweg oder auf einem anderen geeigneten Weg oder in Kombination von postalischem oder einem anderen geeigneten Weg und Verwendung elektronischer Mittel. Der öffentliche Auftraggeber gibt im Vergabevermerk die Gründe an, warum die Angebote mithilfe anderer als elektronischer Mittel eingereicht werden können.

(3) Der öffentliche Auftraggeber prüft, ob zu übermittelnde Daten erhöhte Anforderungen an die Sicherheit stellen. Soweit es erforderlich ist, kann der öffentliche Auftraggeber verlangen, dass Interessensbekundungen, Interessensbestätigungen, Teilnahmeanträge und Angebote zu versehen sind mit

1. einer fortgeschrittenen elektronischen Signatur,
2. einer qualifizierten elektronischen Signatur,
3. einem fortgeschrittenen elektronischen Siegel oder
4. einem qualifizierten elektronischen Siegel.

(4) Der öffentliche Auftraggeber kann festlegen, dass Angebote mithilfe anderer als elektronischer Mittel einzureichen sind, wenn sie besonders schutzwürdige Daten enthalten, die bei Verwendung allgemein verfügbarer oder alternativer elektronischer Mittel nicht angemessen geschützt werden kön-

nen, oder wenn die Sicherheit der elektronischen Mittel nicht gewährleistet werden kann. Der öffentliche Auftraggeber gibt im Vergabevermerk die Gründe an, warum er die Einreichung der Angebote mithilfe anderer als elektronischer Mittel für erforderlich hält.

(5) Auf dem Postweg oder direkt übermittelte Interessensbekundungen, Interessensbestätigungen, Teilnahmeanträge und Angebote sind in einem verschlossenen Umschlag einzureichen und als solche zu kennzeichnen.

(6) Auf dem Postweg oder direkt übermittelte Interessensbekundungen, Interessensbestätigungen, Teilnahmeanträge und Angebote müssen unterschrieben sein. Bei Abgabe mittels Telefax genügt die Unterschrift auf der Telefaxvorlage.

(7) Änderungen an den Vergabeunterlagen sind unzulässig. Die Interessensbestätigungen, Teilnahmeanträge und Angebote müssen vollständig sein und alle geforderten Angaben, Erklärungen und Preise enthalten. Nebenangebote müssen als solche gekennzeichnet sein.

(8) Die Unternehmen haben anzugeben, ob für den Auftragsgegenstand gewerbliche Schutzrechte bestehen, beantragt sind oder erwogen werden.

(9) Bewerber- oder Bietergemeinschaften haben in der Interessensbestätigung, im Teilnahmeantrag oder im Angebot jeweils die Mitglieder sowie eines ihrer Mitglieder als bevollmächtigten Vertreter für den Abschluss und die Durchführung des Vertrags zu benennen. Fehlt eine dieser Angaben, so ist sie vor der Zuschlagserteilung beizubringen.

§ 54
Aufbewahrung ungeöffneter Interessensbekundungen, Interessensbestätigungen, Teilnahmeanträge und Angebote

Elektronisch übermittelte Interessensbekundungen, Interessensbestätigungen, Teilnahmeanträge und Angebote sind auf geeignete Weise zu kennzeichnen und verschlüsselt zu speichern. Auf dem Postweg und direkt übermittelte Interessensbestätigungen, Teilnahmeanträge und Angebote sind ungeöffnet zu lassen, mit Eingangsvermerk zu versehen und bis zum Zeitpunkt der Öffnung unter Verschluss zu halten. Mittels Telefax übermittelte Interessensbestätigungen, Teilnahmeanträge und Angebote sind ebenfalls entsprechend zu kennzeichnen und auf geeignete Weise unter Verschluss zu halten.

§ 55
Öffnung der Interessensbestätigungen, Teilnahmeanträge und Angebote

(1) Der öffentliche Auftraggeber darf vom Inhalt der Interessensbestätigungen, Teilnahmeanträge und Angebote erst nach Ablauf der entsprechenden Fristen Kenntnis nehmen.

(2) Die Öffnung der Angebote wird von mindestens zwei Vertretern des öffentlichen Auftraggebers gemeinsam an einem Termin unverzüglich nach Ablauf der Angebotsfrist durchgeführt. Bieter sind nicht zugelassen.

Unterabschnitt 7
Prüfung und Wertung der Interessensbestätigungen, Teilnahmeanträge und Angebote; Zuschlag

§ 56
Prüfung der Interessensbestätigungen, Teilnahmeanträge und Angebote; Nachforderung von Unterlagen

(1) Die Interessensbestätigungen, Teilnahmeanträge und Angebote sind auf Vollständigkeit und fachliche Richtigkeit, Angebote zudem auf rechnerische Richtigkeit zu prüfen.

(2) Der öffentliche Auftraggeber kann den Bewerber oder Bieter unter Einhaltung der Grundsätze der Transparenz und der Gleichbehandlung auffordern, fehlende, unvollständige oder fehlerhafte unternehmensbezogene Unterlagen, insbesondere Eigenerklärungen, Angaben, Bescheinigungen oder

sonstige Nachweise, nachzureichen, zu vervollständigen oder zu korrigieren, oder fehlende oder unvollständige leistungsbezogene Unterlagen nachzureichen oder zu vervollständigen. Der öffentliche Auftraggeber ist berechtigt, in der Auftragsbekanntmachung oder den Vergabeunterlagen festzulegen, dass er keine Unterlagen nachfordern wird.

(3) Die Nachforderung von leistungsbezogenen Unterlagen, die die Wirtschaftlichkeitsbewertung der Angebote anhand der Zuschlagskriterien betreffen, ist ausgeschlossen. Dies gilt nicht für Preisangaben, wenn es sich um unwesentliche Einzelpositionen handelt, deren Einzelpreise den Gesamtpreis nicht verändern oder die Wertungsreihenfolge und den Wettbewerb nicht beeinträchtigen.

(4) Die Unterlagen sind vom Bewerber oder Bieter nach Aufforderung durch den öffentlichen Auftraggeber innerhalb einer von diesem festzulegenden angemessenen, nach dem Kalender bestimmten Frist vorzulegen.

(5) Die Entscheidung zur und das Ergebnis der Nachforderung sind zu dokumentieren.

§ 57
Ausschluss von Interessensbekundungen, Interessensbestätigungen, Teilnahmeanträgen und Angeboten

(1) Von der Wertung ausgeschlossen werden Angebote von Unternehmen, die die Eignungskriterien nicht erfüllen, und Angebote, die nicht den Erfordernissen des § 53 genügen, insbesondere:

1. Angebote, die nicht form- oder fristgerecht eingegangen sind, es sei denn, der Bieter hat dies nicht zu vertreten,
2. Angebote, die nicht die geforderten oder nachgeforderten Unterlagen enthalten,
3. Angebote, in denen Änderungen des Bieters an seinen Eintragungen nicht zweifelsfrei sind,
4. Angebote, bei denen Änderungen oder Ergänzungen an den Vergabeunterlagen vorgenommen worden sind,
5. Angebote, die nicht die erforderlichen Preisangaben enthalten, es sei denn, es handelt sich um unwesentliche Einzelpositionen, deren Einzelpreise den Gesamtpreis nicht verändern oder die Wertungsreihenfolge und den Wettbewerb nicht beeinträchtigen, oder
6. nicht zugelassene Nebenangebote.

(2) Hat der öffentliche Auftraggeber Nebenangebote zugelassen, so berücksichtigt er nur die Nebenangebote, die die von ihm verlangten Mindestanforderungen erfüllen.

(3) Absatz 1 findet auf die Prüfung von Interessensbekundungen, Interessensbestätigungen und Teilnahmeanträgen entsprechende Anwendung.

§ 58
Zuschlag und Zuschlagskriterien

(1) Der Zuschlag wird nach Maßgabe des § 127 des Gesetzes gegen Wettbewerbsbeschränkungen auf das wirtschaftlichste Angebot erteilt.

(2) Die Ermittlung des wirtschaftlichsten Angebots erfolgt auf der Grundlage des besten Preis-Leistungs-Verhältnisses. Neben dem Preis oder den Kosten können auch qualitative, umweltbezogene oder soziale Zuschlagskriterien berücksichtigt werden, insbesondere:

1. die Qualität, einschließlich des technischen Werts, Ästhetik, Zweckmäßigkeit, Zugänglichkeit der Leistung insbesondere für Menschen mit Behinderungen, ihrer Übereinstimmung mit Anforderungen des „Designs für Alle", soziale, umweltbezogene und innovative Eigenschaften sowie Vertriebs- und Handelsbedingungen,
2. die Organisation, Qualifikation und Erfahrung des mit der Ausführung des Auftrags betrauten Personals, wenn die Qualität des eingesetzten Personals erheblichen Einfluss auf das Niveau der Auftragsausführung haben kann, oder
3. die Verfügbarkeit von Kundendienst und technischer Hilfe sowie Lieferbedingungen wie Liefertermin, Lieferverfahren sowie Liefer- oder Ausführungsfristen.

Der öffentliche Auftraggeber kann auch Festpreise oder Festkosten vorgeben, sodass das wirtschaftlichste Angebot ausschließlich nach qualitativen, umweltbezogenen oder sozialen Zuschlagskriterien nach Satz 1 bestimmt wird.

(3) Der öffentliche Auftraggeber gibt in der Auftragsbekanntmachung oder den Vergabeunterlagen an, wie er die einzelnen Zuschlagskriterien gewichtet, um das wirtschaftlichste Angebot zu ermitteln. Diese Gewichtung kann auch mittels einer Spanne angegeben werden, deren Bandbreite angemessen sein muss. Ist die Gewichtung aus objektiven Gründen nicht möglich, so gibt der öffentliche Auftraggeber die Zuschlagskriterien in absteigender Rangfolge an.

(4) Für den Beleg, ob und inwieweit die angebotene Leistung den geforderten Zuschlagskriterien entspricht, gelten die §§ 33 und 34 entsprechend.

(5) An der Entscheidung über den Zuschlag sollen in der Regel mindestens zwei Vertreter des öffentlichen Auftraggebers mitwirken.

§ 59
Berechnung von Lebenszykluskosten

(1) Der öffentliche Auftraggeber kann vorgeben, dass das Zuschlagskriterium „Kosten" auf der Grundlage der Lebenszykluskosten der Leistung berechnet wird.

(2) Der öffentliche Auftraggeber gibt die Methode zur Berechnung der Lebenszykluskosten und die zur Berechnung vom Unternehmen zu übermittelnden Informationen in der Auftragsbekanntmachung oder den Vergabeunterlagen an. Die Berechnungsmethode kann umfassen

1. die Anschaffungskosten,
2. die Nutzungskosten, insbesondere den Verbrauch von Energie und anderen Ressourcen,
3. die Wartungskosten,
4. Kosten am Ende der Nutzungsdauer, insbesondere die Abholungs-, Entsorgungs- oder Recyclingkosten, oder
5. Kosten, die durch die externen Effekte der Umweltbelastung entstehen, die mit der Leistung während ihres Lebenszyklus in Verbindung stehen, sofern ihr Geldwert nach Absatz 3 bestimmt und geprüft werden kann; solche Kosten können Kosten der Emission von Treibhausgasen und anderen Schadstoffen sowie sonstige Kosten für die Eindämmung des Klimawandels umfassen.

(3) Die Methode zur Berechnung der Kosten, die durch die externen Effekte der Umweltbelastung entstehen, muss folgende Bedingungen erfüllen:

1. sie beruht auf objektiv nachprüfbaren und nichtdiskriminierenden Kriterien; ist die Methode nicht für die wiederholte oder dauerhafte Anwendung entwickelt worden, darf sie bestimmte Unternehmen weder bevorzugen noch benachteiligen,
2. sie ist für alle interessierten Beteiligten zugänglich und
3. die zur Berechnung erforderlichen Informationen lassen sich von Unternehmen, die ihrer Sorgfaltspflicht im üblichen Maße nachkommen, einschließlich Unternehmen aus Drittstaaten, die dem Übereinkommen über das öffentliche Beschaffungswesen von 1994 (ABl. C 256 vom 3.9.1996, S. 1), geändert durch das Protokoll zur Änderung des Übereinkommens über das öffentliche Beschaffungswesen (ABl. L 68 vom 7.3.2014, S. 2) oder anderen, für die Europäische Union bindenden internationalen Übereinkommen beigetreten sind, mit angemessenem Aufwand bereitstellen.

(4) Sofern eine Methode zur Berechnung der Lebenszykluskosten durch einen Rechtsakt der Europäischen Union verbindlich vorgeschrieben worden ist, hat der öffentliche Auftraggeber diese Methode vorzugeben.

§ 60
Ungewöhnlich niedrige Angebote

(1) Erscheinen der Preis oder die Kosten eines Angebots im Verhältnis zu der zu erbringenden Leistung ungewöhnlich niedrig, verlangt der öffentliche Auftraggeber vom Bieter Aufklärung.

(2) Der öffentliche Auftraggeber prüft die Zusammensetzung des Angebots und berücksichtigt die übermittelten Unterlagen. Die Prüfung kann insbesondere betreffen:

1. die Wirtschaftlichkeit des Fertigungsverfahrens einer Lieferleistung oder der Erbringung der Dienstleistung,
2. die gewählten technischen Lösungen oder die außergewöhnlich günstigen Bedingungen, über die das Unternehmen bei der Lieferung der Waren oder bei der Erbringung der Dienstleistung verfügt,
3. die Besonderheiten der angebotenen Liefer- oder Dienstleistung,
4. die Einhaltung der Verpflichtungen nach § 128 Absatz 1 des Gesetzes gegen Wettbewerbsbeschränkungen, insbesondere der für das Unternehmen geltenden umwelt-, sozial- und arbeitsrechtlichen Vorschriften, oder
5. die etwaige Gewährung einer staatlichen Beihilfe an das Unternehmen.

(3) Kann der öffentliche Auftraggeber nach der Prüfung gemäß den Absätzen 1 und 2 die geringe Höhe des angebotenen Preises oder der angebotenen Kosten nicht zufriedenstellend aufklären, darf er den Zuschlag auf dieses Angebot ablehnen. Der öffentliche Auftraggeber lehnt das Angebot ab, wenn er festgestellt hat, dass der Preis oder die Kosten des Angebots ungewöhnlich niedrig sind, weil Verpflichtungen nach Absatz 2 Satz 2 Nummer 4 nicht eingehalten werden.

(4) Stellt der öffentliche Auftraggeber fest, dass ein Angebot ungewöhnlich niedrig ist, weil der Bieter eine staatliche Beihilfe erhalten hat, so lehnt der öffentliche Auftraggeber das Angebot ab, wenn der Bieter nicht fristgemäß nachweisen kann, dass die staatliche Beihilfe rechtmäßig gewährt wurde. Der öffentliche Auftraggeber teilt die Ablehnung der Europäischen Kommission mit.

§ 61
Ausführungsbedingungen

Für den Beleg, dass die angebotene Leistung den geforderten Ausführungsbedingungen gemäß § 128 Absatz 2 des Gesetzes gegen Wettbewerbsbeschränkungen entspricht, gelten die §§ 33 und 34 entsprechend.

§ 62
Unterrichtung der Bewerber und Bieter

(1) Unbeschadet des § 134 des Gesetzes gegen Wettbewerbsbeschränkungen teilt der öffentliche Auftraggeber jedem Bewerber und jedem Bieter unverzüglich seine Entscheidungen über den Abschluss einer Rahmenvereinbarung, die Zuschlagserteilung oder die Zulassung zur Teilnahme an einem dynamischen Beschaffungssystem mit. Gleiches gilt für die Entscheidung, ein Vergabeverfahren aufzuheben oder erneut einzuleiten einschließlich der Gründe dafür, sofern eine Auftragsbekanntmachung oder Vorinformation veröffentlicht wurde.

(2) Der öffentliche Auftraggeber unterrichtet auf Verlangen des Bewerbers oder Bieters unverzüglich, spätestens innerhalb von 15 Tagen nach Eingang des Antrags in Textform nach § 126b des Bürgerlichen Gesetzbuchs,

1. jeden nicht erfolgreichen Bewerber über die Gründe für die Ablehnung seines Teilnahmeantrags,
2. jeden nicht erfolgreichen Bieter über die Gründe für die Ablehnung seines Angebots,
3. jeden Bieter über die Merkmale und Vorteile des erfolgreichen Angebots sowie den Namen des erfolgreichen Bieters und
4. jeden Bieter über den Verlauf und die Fortschritte der Verhandlungen und des wettbewerblichen Dialogs mit den Bietern.

(3) § 39 Absatz 6 ist auf die in den Absätzen 1 und 2 genannten Angaben über die Zuschlagserteilung, den Abschluss von Rahmenvereinbarungen oder die Zulassung zu einem dynamischen Beschaffungssystem entsprechend anzuwenden.

§ 63
Aufhebung von Vergabeverfahren

(1) Der öffentliche Auftraggeber ist berechtigt, ein Vergabeverfahren ganz oder teilweise aufzuheben, wenn
1. kein Angebot eingegangen ist, das den Bedingungen entspricht,
2. sich die Grundlage des Vergabeverfahrens wesentlich geändert hat,
3. kein wirtschaftliches Ergebnis erzielt wurde oder
4. andere schwerwiegende Gründe bestehen.

Im Übrigen ist der öffentliche Auftraggeber grundsätzlich nicht verpflichtet, den Zuschlag zu erteilen.

(2) Der öffentliche Auftraggeber teilt den Bewerbern oder Bietern nach Aufhebung des Vergabeverfahrens unverzüglich die Gründe für seine Entscheidung mit, auf die Vergabe eines Auftrages zu verzichten oder das Verfahren erneut einzuleiten. Auf Antrag teilt er ihnen dies in Textform nach § 126b des Bürgerlichen Gesetzbuchs mit.

Abschnitt 3
Besondere Vorschriften für die Vergabe von sozialen und anderen besonderen Dienstleistungen

§ 64
Vergabe von Aufträgen für soziale und andere besondere Dienstleistungen

Öffentliche Aufträge über soziale und andere besondere Dienstleistungen im Sinne von § 130 Absatz 1 des Gesetzes gegen Wettbewerbsbeschränkungen werden nach den Bestimmungen dieser Verordnung und unter Berücksichtigung der Besonderheiten der jeweiligen Dienstleistung nach Maßgabe dieses Abschnitts vergeben.

§ 65
Ergänzende Verfahrensregeln

(1) Neben dem offenen und dem nicht offenen Verfahren stehen dem öffentlichen Auftraggeber abweichend von § 14 Absatz 3 auch das Verhandlungsverfahren mit Teilnahmewettbewerb, der wettbewerbliche Dialog und die Innovationspartnerschaft nach seiner Wahl zur Verfügung. Ein Verhandlungsverfahren ohne Teilnahmewettbewerb steht nur zur Verfügung, soweit dies nach § 14 Absatz 4 gestattet ist.

(2) Die Laufzeit einer Rahmenvereinbarung darf abweichend von § 21 Absatz 6 höchstens sechs Jahre betragen, es sei denn, es liegt ein im Gegenstand der Rahmenvereinbarung begründeter Sonderfall vor.

(3) Der öffentliche Auftraggeber kann für den Eingang der Angebote und der Teilnahmeanträge unter Berücksichtigung der Besonderheiten der jeweiligen Dienstleistung von den §§ 15 bis 19 abweichende Fristen bestimmen. § 20 bleibt unberührt.

(4) § 48 Absatz 3 ist nicht anzuwenden.

(5) Bei der Bewertung der in § 58 Absatz 2 Satz 2 Nummer 2 genannten Kriterien können insbesondere der Erfolg und die Qualität bereits erbrachter Leistungen des Bieters oder des vom Bieter eingesetzten Personals berücksichtigt werden. Bei Dienstleistungen nach dem Zweiten und Dritten Buch Sozialgesetzbuch können für die Bewertung des Erfolgs und der Qualität bereits erbrachter Leistungen des Bieters insbesondere berücksichtigt werden:
1. Eingliederungsquoten,
2. Abbruchquoten,
3. erreichte Bildungsabschlüsse und
4. Beurteilungen der Vertragsausführung durch den öffentlichen Auftraggeber anhand transparenter und nichtdiskriminierender Methoden.

§ 66
Veröffentlichungen, Transparenz

(1) Der öffentliche Auftraggeber teilt seine Absicht, einen öffentlichen Auftrag zur Erbringung sozialer oder anderer besonderer Dienstleistungen zu vergeben, in einer Auftragsbekanntmachung mit. § 17 Absatz 5 bleibt unberührt.

(2) Eine Auftragsbekanntmachung ist nicht erforderlich, wenn der öffentliche Auftraggeber auf kontinuierlicher Basis eine Vorinformation veröffentlicht, sofern die Vorinformation

1. sich speziell auf die Arten von Dienstleistungen bezieht, die Gegenstand der zu vergebenen Aufträge sind,
2. den Hinweis enthält, dass dieser Auftrag ohne gesonderte Auftragsbekanntmachung vergeben wird,
3. die interessierten Unternehmen auffordert, ihr Interesse mitzuteilen (Interessensbekundung).

(3) Der öffentliche Auftraggeber, der einen Auftrag zur Erbringung von sozialen und anderen besonderen Dienstleistungen vergeben hat, teilt die Ergebnisse des Vergabeverfahrens mit. Er kann die Vergabebekanntmachungen quartalsweise bündeln. In diesem Fall versendet er die Zusammenstellung spätestens 30 Tage nach Quartalsende.

(4) Für die Bekanntmachungen nach den Absätzen 1 bis 3 ist das Muster gemäß Anhang XVIII der Durchführungsverordnung (EU) 2015/1986 zu verwenden. Die Veröffentlichung der Bekanntmachungen erfolgt gemäß § 40.

Abschnitt 4
Besondere Vorschriften für die Beschaffung energieverbrauchsrelevanter Leistungen und von Straßenfahrzeugen

§ 67
Beschaffung energieverbrauchsrelevanter Liefer- oder Dienstleistungen

(1) Wenn energieverbrauchsrelevante Waren, technische Geräte oder Ausrüstungen Gegenstand einer Lieferleistung oder wesentliche Voraussetzung zur Ausführung einer Dienstleistung sind (energieverbrauchsrelevante Liefer- oder Dienstleistungen), sind die Anforderungen der Absätze 2 bis 5 zu beachten.[1]

(2) In der Leistungsbeschreibung sollen im Hinblick auf die Energieeffizienz insbesondere folgende Anforderungen gestellt werden:

1. das höchste Leistungsniveau an Energieeffizienz und,
2. soweit vorhanden, die höchste Energieeffizienzklasse im Sinne der Energieverbrauchskennzeichnungsverordnung.

(3) In der Leistungsbeschreibung oder an anderer geeigneter Stelle in den Vergabeunterlagen sind von den Bietern folgende Informationen zu fordern:

1. konkrete Angaben zum Energieverbrauch, es sei denn, die auf dem Markt angebotenen Waren, technischen Geräte oder Ausrüstungen unterscheiden sich im zulässigen Energieverbrauch nur geringfügig, und
2. in geeigneten Fällen
   a) eine Analyse minimierter Lebenszykluskosten oder

---

1 § 67 der Vergabeverordnung dient der Umsetzung folgender Richtlinien:
- Richtlinie 2010/30/EU des Europäischen Parlaments und des Rates vom 19. Mai 2010 über die Angabe des Verbrauchs an Energie und anderen Ressourcen durch energieverbrauchsrelevante Produkte mittels einheitlicher Etiketten und Produktinformationen (ABl. L 153 vom 18.6.2010, S. 1),
- Richtlinie 2012/27/EU des Europäischen Parlaments und des Rates vom 25. Oktober 2012 zur Energieeffizienz, zur Änderung der Richtlinien 2009/125/EG und 2010/30/EU und zur Aufhebung der Richtlinien 2004/8/EG und 2006/32/EG (ABl. L 315 vom 14.11.2012, S. 1).

b) die Ergebnisse einer Buchstabe a vergleichbaren Methode zur Überprüfung der Wirtschaftlichkeit.

(4) Der öffentliche Auftraggeber darf nach Absatz 3 übermittelte Informationen überprüfen und hierzu ergänzende Erläuterungen von den Bietern fordern.

(5) Im Rahmen der Ermittlung des wirtschaftlichsten Angebotes ist die anhand der Informationen nach Absatz 3 oder der Ergebnisse einer Überprüfung nach Absatz 4 zu ermittelnde Energieeffizienz als Zuschlagskriterium angemessen zu berücksichtigen.

§ 68
Beschaffung von Straßenfahrzeugen

(1) Der öffentliche Auftraggeber muss bei der Beschaffung von Straßenfahrzeugen Energieverbrauch und Umweltauswirkungen berücksichtigen. Zumindest müssen hierbei folgende Faktoren, jeweils bezogen auf die Gesamtkilometerleistung des Straßenfahrzeugs im Sinne der Tabelle 3 der Anlage 2, berücksichtigt werden:[2]

1. Energieverbrauch,
2. Kohlendioxid-Emissionen,
3. Emissionen von Stickoxiden,
4. Emissionen von Nichtmethan-Kohlenwasserstoffen und
5. partikelförmige Abgasbestandteile.

(2) Der öffentliche Auftraggeber erfüllt die Verpflichtung nach Absatz 1 zur Berücksichtigung des Energieverbrauchs und der Umweltauswirkungen, indem er

1. Vorgaben zu Energieverbrauch und Umweltauswirkungen in der Leistungsbeschreibung macht oder
2. den Energieverbrauch und die Umweltauswirkungen von Straßenfahrzeugen als Zuschlagskriterien berücksichtigt.

(3) Sollen der Energieverbrauch und die Umweltauswirkungen von Straßenfahrzeugen finanziell bewertet werden, ist die in Anlage 3 definierte Methode anzuwenden. Soweit die Angaben in Anlage 2 dem öffentlichen Auftraggeber einen Spielraum bei der Beurteilung des Energiegehaltes oder der Emissionskosten einräumen, nutzt der öffentliche Auftraggeber diesen Spielraum entsprechend den lokalen Bedingungen am Einsatzort des Fahrzeugs.

(4) Von der Anwendung der Absätze 1 bis 3 sind Straßenfahrzeuge ausgenommen, die für den Einsatz im Rahmen des hoheitlichen Auftrags der Streitkräfte, des Katastrophenschutzes, der Feuerwehren und der Polizeien des Bundes und der Länder konstruiert und gebaut sind (Einsatzfahrzeuge). Bei der Beschaffung von Einsatzfahrzeugen werden die Anforderungen nach den Absätzen 1 bis 3 berücksichtigt, soweit es der Stand der Technik zulässt und hierdurch die Einsatzfähigkeit der Einsatzfahrzeuge zur Erfüllung des in Satz 1 genannten hoheitlichen Auftrags nicht beeinträchtigt wird.

---

2 § 68 der Vergabeverordnung dient der Umsetzung der Richtlinie 2009/33/EG des Europäischen Parlaments und des Rates vom 23. April 2009 über die Förderung sauberer und energieeffizienter Straßenfahrzeuge (ABl. L 120 vom 15.5.2009, S. 5).

Abschnitt 5
Planungswettbewerbe

§ 69
Anwendungsbereich

(1) Wettbewerbe nach § 103 Absatz 6 des Gesetzes gegen Wettbewerbsbeschränkungen werden insbesondere auf den Gebieten der Raumplanung, des Städtebaus und des Bauwesens oder der Datenverarbeitung durchgeführt (Planungswettbewerbe).

(2) Bei der Durchführung eines Planungswettbewerbs wendet der öffentliche Auftraggeber die §§ 5, 6 und 43 und die Vorschriften dieses Abschnitts an.

§ 70
Veröffentlichung, Transparenz

(1) Der öffentliche Auftraggeber teilt seine Absicht, einen Planungswettbewerb auszurichten, in einer Wettbewerbsbekanntmachung mit. Die Wettbewerbsbekanntmachung wird nach dem Muster gemäß Anhang IX der Durchführungsverordnung (EU) 2015/1986 erstellt. § 40 ist entsprechend anzuwenden.

(2) Beabsichtigt der öffentliche Auftraggeber im Anschluss an einen Planungswettbewerb einen Dienstleistungsauftrag im Verhandlungsverfahren ohne Teilnahmewettbewerb zu vergeben, hat der öffentliche Auftraggeber die Eignungskriterien und die zum Nachweis der Eignung erforderlichen Unterlagen hierfür bereits in der Wettbewerbsbekanntmachung anzugeben.

(3) Die Ergebnisse des Planungswettbewerbs sind bekanntzumachen und innerhalb von 30 Tagen an das Amt für Veröffentlichungen der Europäischen Union zu übermitteln. Die Bekanntmachung wird nach dem Muster gemäß Anhang X der Durchführungsverordnung (EU) 2015/1986 erstellt.

(4) § 39 Absatz 6 gilt entsprechend.

§ 71
Ausrichtung

(1) Die an einem Planungswettbewerb Interessierten sind vor Wettbewerbsbeginn über die geltenden Durchführungsregeln zu informieren.

(2) Die Zulassung von Teilnehmern an einem Planungswettbewerb darf nicht beschränkt werden

1. unter Bezugnahme auf das Gebiet eines Mitgliedstaats der Europäischen Union oder einen Teil davon oder
2. auf nur natürliche oder nur juristische Personen.

(3) Bei einem Planungswettbewerb mit beschränkter Teilnehmerzahl hat der öffentliche Auftraggeber eindeutige und nichtdiskriminierende Auswahlkriterien festzulegen. Die Zahl der Bewerber, die zur Teilnahme aufgefordert werden, muss ausreichen, um den Wettbewerb zu gewährleisten.

§ 72
Preisgericht

(1) Das Preisgericht darf nur aus Preisrichtern bestehen, die von den Teilnehmern des Planungswettbewerbs unabhängig sind. Wird von den Wettbewerbsteilnehmern eine bestimmte berufliche Qualifikation verlangt, muss mindestens ein Drittel der Preisrichter über dieselbe oder eine gleichwertige Qualifikation verfügen.

(2) Das Preisgericht ist in seinen Entscheidungen und Stellungnahmen unabhängig. Es trifft seine Entscheidungen nur aufgrund von Kriterien, die in der Wettbewerbsbekanntmachung genannt sind. Die Wettbewerbsarbeiten sind ihm anonym vorzulegen. Die Anonymität ist bis zu den Stellungnahmen oder Entscheidungen des Preisgerichts zu wahren.

(3) Das Preisgericht erstellt einen Bericht über die Rangfolge der von ihm ausgewählten Wettbewerbsarbeiten, indem es auf die einzelnen Projekte eingeht und seine Bemerkungen sowie noch zu klärende Fragen aufführt. Dieser Bericht ist von den Preisrichtern zu unterzeichnen.

(4) Die Teilnehmer können zur Klärung bestimmter Aspekte der Wettbewerbsarbeiten aufgefordert werden, Fragen zu beantworten, die das Preisgericht in seinem Protokoll festzuhalten hat. Der Dialog zwischen Preisrichtern und Teilnehmern ist zu dokumentieren.

Abschnitt 6
Besondere Vorschriften für die Vergabe von Architekten- und Ingenieurleistungen

Unterabschnitt 1
Allgemeines

§ 73
Anwendungsbereich und Grundsätze

(1) Die Bestimmungen dieses Abschnitts gelten zusätzlich für die Vergabe von Architekten- und Ingenieurleistungen, deren Gegenstand eine Aufgabe ist, deren Lösung vorab nicht eindeutig und erschöpfend beschrieben werden kann.

(2) Architekten- und Ingenieurleistungen sind

1. Leistungen, die von der Honorarordnung für Architekten und Ingenieure vom 10. Juli 2013 (BGBl. I S. 2276) erfasst werden, und
2. sonstige Leistungen, für die die berufliche Qualifikation des Architekten oder Ingenieurs erforderlich ist oder vom öffentlichen Auftraggeber gefordert wird.

(3) Aufträge über Leistungen nach Absatz 1 sollen unabhängig von Ausführungs- und Lieferinteressen vergeben werden.

§ 74
Verfahrensart

Architekten- und Ingenieurleistungen werden in der Regel im Verhandlungsverfahren mit Teilnahmewettbewerb nach § 17 oder im wettbewerblichen Dialog nach § 18 vergeben.

§ 75
Eignung

(1) Wird als Berufsqualifikation der Beruf des Architekten, Innenarchitekten, Landschaftsarchitekten oder Stadtplaners gefordert, so ist zuzulassen, wer nach dem für die öffentliche Auftragsvergabe geltenden Landesrecht berechtigt ist, die entsprechende Berufsbezeichnung zu tragen oder in der Bundesrepublik Deutschland entsprechend tätig zu werden.

(2) Wird als Berufsqualifikation der Beruf des „Beratenden Ingenieurs" oder „Ingenieurs" gefordert, so ist zuzulassen, wer nach dem für die öffentliche Auftragsvergabe geltenden Landesrecht berechtigt ist, die entsprechende Berufsbezeichnung zu tragen oder in der Bundesrepublik Deutschland entsprechend tätig zu werden.

(3) Juristische Personen sind als Auftragnehmer zuzulassen, wenn sie für die Durchführung der Aufgabe einen verantwortlichen Berufsangehörigen gemäß Absatz 1 oder 2 benennen.

(4) Eignungskriterien müssen gemäß § 122 Absatz 4 des Gesetzes gegen Wettbewerbsbeschränkungen mit dem Auftragsgegenstand in Verbindung und zu diesem in einem angemessenen Verhältnis stehen. Sie sind bei geeigneten Aufgabenstellungen so zu wählen, dass kleinere Büroorganisationen und Berufsanfänger sich beteiligen können.

(5) Die Präsentation von Referenzprojekten ist zugelassen. Verlangt der öffentliche Auftraggeber geeignete Referenzen im Sinne von § 46 Absatz 3 Nummer 1, so lässt er hierfür Referenzobjekte zu, deren Planungs- oder Beratungsanforderungen mit denen der zu vergebenden Planungs- oder Beratungsleistung vergleichbar sind. Für die Vergleichbarkeit der Referenzobjekte ist es in der Regel unerheblich, ob der Bewerber bereits Objekte derselben Nutzungsart geplant oder realisiert hat.

(6) Erfüllen mehrere Bewerber an einem Teilnahmewettbewerb mit festgelegter Höchstzahl gemäß § 51 gleichermaßen die Anforderungen und ist die Bewerberzahl auch nach einer objektiven Auswahl entsprechend der zugrunde gelegten Eignungskriterien zu hoch, kann die Auswahl unter den verbleibenden Bewerbern durch Los getroffen werden.

§ 76
Zuschlag

(1) Architekten- und Ingenieurleistungen werden im Leistungswettbewerb vergeben. Ist die zu erbringende Leistung nach einer gesetzlichen Gebühren- oder Honorarordnung zu vergüten, ist der Preis im dort vorgeschriebenen Rahmen zu berücksichtigen.

(2) Die Ausarbeitung von Lösungsvorschlägen der gestellten Aufgabe kann der öffentliche Auftraggeber nur im Rahmen eines Planungswettbewerbs, eines Verhandlungsverfahrens oder eines wettbewerblichen Dialogs verlangen. Die Erstattung der Kosten richtet sich nach § 77. Unaufgefordert eingereichte Ausarbeitungen bleiben unberücksichtigt.

§ 77
Kosten und Vergütung

(1) Für die Erstellung der Bewerbungs- und Angebotsunterlagen werden Kosten nicht erstattet.

(2) Verlangt der öffentliche Auftraggeber außerhalb von Planungswettbewerben darüber hinaus die Ausarbeitung von Lösungsvorschlägen für die gestellte Planungsaufgabe in Form von Entwürfen, Plänen, Zeichnungen, Berechnungen oder anderen Unterlagen, so ist einheitlich für alle Bewerber eine angemessene Vergütung festzusetzen.

(3) Gesetzliche Gebühren- oder Honorarordnungen und der Urheberrechtsschutz bleiben unberührt.

Unterabschnitt 2
Planungswettbewerbe für Architekten- und Ingenieurleistungen

§ 78
Grundsätze und Anwendungsbereich für Planungswettbewerbe

(1) Planungswettbewerbe gewährleisten die Wahl der besten Lösung der Planungsaufgabe und sind gleichzeitig ein geeignetes Instrument zur Sicherstellung der Planungsqualität und Förderung der Baukultur.

(2) Planungswettbewerbe dienen dem Ziel, alternative Vorschläge für Planungen, insbesondere auf dem Gebiet der Raumplanung, des Städtebaus und des Bauwesens, auf der Grundlage veröffentlichter einheitlicher Richtlinien zu erhalten. Sie können vor oder ohne Vergabeverfahren ausgerichtet werden. In den einheitlichen Richtlinien wird auch die Mitwirkung der Architekten- und Ingenieurkammern an der Vorbereitung und bei der Durchführung von Planungswettbewerben geregelt. Der öffentliche Auftraggeber prüft bei Aufgabenstellungen im Hoch-, Städte- und Brückenbau sowie in der Landschafts- und Freiraumplanung, ob für diese ein Planungswettbewerb durchgeführt werden soll, und dokumentiert seine Entscheidung.

(3) Die Bestimmungen dieses Unterabschnitts sind zusätzlich zu Abschnitt 5 für die Ausrichtung von Planungswettbewerben anzuwenden. Die auf die Durchführung von Planungswettbewerben anwendbaren Regeln nach Absatz 2 sind in der Wettbewerbsbekanntmachung mitzuteilen.

§ 79
Durchführung von Planungswettbewerben

(1) Mit der Ausrichtung eines Planungswettbewerbs sind Preise oder neben Preisen Anerkennungen auszuloben, die der Bedeutung und Schwierigkeit der Bauaufgabe sowie dem Leistungsumfang nach der jeweils geltenden Honorarordnung angemessen sind.

(2) Ausgeschlossen von Planungswettbewerben sind Personen, die infolge ihrer Beteiligung an der Vorbereitung oder Durchführung des Planungswettbewerbs bevorzugt sein oder Einfluss auf die Entscheidung des Preisgerichts nehmen können. Das Gleiche gilt für Personen, die sich durch Angehörige oder ihnen wirtschaftlich verbundene Personen einen entsprechenden Vorteil oder Einfluss verschaffen können.

(3) Abweichend von § 72 Absatz 1 Satz 2 muss die Mehrheit der Preisrichter über dieselbe oder eine gleichwertige Qualifikation verfügen, wie sie von den Teilnehmern verlangt wird. Auch muss die Mehrheit der Preisrichter unabhängig vom Ausrichter sein.

(4) Das Preisgericht hat in seinen Entscheidungen die in der Wettbewerbsbekanntmachung als bindend bezeichneten Vorgaben des Ausrichters zu beachten. Nicht zugelassene oder über das geforderte Maß hinausgehende Teilleistungen sind von der Wertung auszuschließen.

(5) Das Preisgericht hat einen von den Preisrichtern zu unterzeichnenden Bericht über die Rangfolge und hierin eine Beurteilung der von ihm ausgewählten Wettbewerbsarbeiten zu erstellen. Der Ausrichter informiert die Teilnehmer unverzüglich über das Ergebnis durch Versendung des Protokolls der Preisgerichtssitzung. Der Ausrichter soll spätestens einen Monat nach der Entscheidung des Preisgerichts alle eingereichten Wettbewerbsarbeiten mit Namensangaben der Verfasser unter Auslegung des Protokolls öffentlich ausstellen. Soweit ein Preisträger wegen mangelnder Teilnahmeberechtigung oder Verstoßes gegen Wettbewerbsregeln nicht berücksichtigt werden kann, rücken die übrigen Preisträger sowie sonstige Teilnehmer in der Rangfolge des Preisgerichts nach, soweit das Preisgericht ausweislich seines Protokolls nichts anderes bestimmt hat.

§ 80
Aufforderung zur Verhandlung; Nutzung der Ergebnisse des Planungswettbewerbs

(1) Soweit und sobald das Ergebnis des Planungswettbewerbs realisiert werden soll und beabsichtigt ist, einen oder mehrere der Preisträger mit den zu beschaffenden Planungsleistungen zu beauftragen, hat der öffentliche Auftraggeber in der Aufforderung zur Teilnahme an den Verhandlungen die zum Nachweis der Eignung erforderlichen Unterlagen für die gemäß § 70 Absatz 2 bereits in der Wettbewerbsbekanntmachung genannten Eignungskriterien zu verlangen.

(2) Gesetzliche Vorschriften, nach denen Teillösungen von Teilnehmern des Planungswettbewerbs, die bei der Auftragserteilung nicht berücksichtigt worden sind, nur mit deren Erlaubnis genutzt werden dürfen, bleiben unberührt.

Abschnitt 7
Übergangs- und Schlussbestimmungen

§ 81
Übergangsbestimmungen

Zentrale Beschaffungsstellen im Sinne von § 120 Absatz 4 Satz 1 des Gesetzes gegen Wettbewerbsbeschränkungen können bis zum 18. April 2017, andere öffentliche Auftraggeber bis zum 18. Oktober 2018, abweichend von § 53 Absatz 1 die Übermittlung der Angebote, Teilnahmeanträge und Interessensbestätigungen auch auf dem Postweg, anderem geeigneten Weg, Fax oder durch die Kombination dieser Mittel verlangen. Dasselbe gilt für die sonstige Kommunikation im Sinne des § 9 Absatz 1, soweit sie nicht die Übermittlung von Bekanntmachungen und die Bereitstellung der Vergabeunterlagen betrifft.

§ 82
Fristenberechnung

Die Berechnung der in dieser Verordnung geregelten Fristen bestimmt sich nach der Verordnung (EWG, Euratom) Nr. 1182/71 des Rates vom 3. Juni 1971 zur Festlegung der Regeln für die Fristen, Daten und Termine (ABl. L 124 vom 8.6.1971, S. 1).

Anlage 1 (zu § 31 Absatz 2)
Technische Anforderungen, Begriffsbestimmungen

1. „Technische Spezifikation“ bei Liefer- oder Dienstleistungen hat eine der folgenden Bedeutungen: eine Spezifikation, die in einem Schriftstück enthalten ist, das Merkmale für ein Produkt oder eine Dienstleistung vorschreibt, wie Qualitätsstufen, Umwelt- und Klimaleistungsstufen, „Design für Alle“ (einschließlich des Zugangs von Menschen mit Behinderungen) und Konformitätsbewertung, Leistung, Vorgaben für Gebrauchstauglichkeit, Sicherheit oder Abmessungen des Produkts, einschließlich der Vorschriften über Verkaufsbezeichnung, Terminologie, Symbole, Prüfungen und Prüfverfahren, Verpackung, Kennzeichnung und Beschriftung, Gebrauchsanleitungen, Produktionsprozesse und -methoden in jeder Phase des Lebenszyklus der Liefer- oder Dienstleistung sowie über Konformitätsbewertungsverfahren;
2. „Norm“ bezeichnet eine technische Spezifikation, die von einer anerkannten Normungsorganisation zur wiederholten oder ständigen Anwendung angenommen wurde, deren Einhaltung nicht zwingend ist und die unter eine der nachstehenden Kategorien fällt:
   a) internationale Norm: Norm, die von einer internationalen Normungsorganisation angenommen wurde und der Öffentlichkeit zugänglich ist;
   b) europäische Norm: Norm, die von einer europäischen Normungsorganisation angenommen wurde und der Öffentlichkeit zugänglich ist;
   c) nationale Norm: Norm, die von einer nationalen Normungsorganisation angenommen wurde und der Öffentlichkeit zugänglich ist;
3. „Europäische Technische Bewertung“ bezeichnet eine dokumentierte Bewertung der Leistung eines Bauprodukts in Bezug auf seine wesentlichen Merkmale im Einklang mit dem betreffenden Europäischen Bewertungsdokument gemäß der Begriffsbestimmung in Artikel 2 Nummer 12 der Verordnung (EU) Nr. 305/2011 des Europäischen Parlaments und des Rates vom 9. März 2011 zur Festlegung harmonisierter Bedingungen für die Vermarktung von Bauprodukten und zur Aufhebung der Richtlinie 89/106/EWG des Rates (ABl. L 88 vom 4.4.2011, S. 5);
4. „gemeinsame technische Spezifikationen“ sind technische Spezifikationen im Bereich der Informations- und Kommunikationstechnologie, die gemäß den Artikeln 13 und 14 der Verordnung (EU) Nr. 1025/2012 des Europäischen Parlaments und des Rates vom 25. Oktober 2012 zur europäischen Normung, zur Änderung der Richtlinien 89/686/EWG und 93/15/EWG des Rates sowie der Richtlinien 94/9/EG, 94/25/EG, 95/16/EG, 97/23/EG, 98/34/EG, 2004/22/EG, 2007/23/EG, 2009/23/EG und 2009/105/EG des Europäischen Parlaments und des Rates und zur Aufhebung des Beschlusses 87/95/EWG des Rates und des Beschlusses Nr. 1673/2006/EG des Europäischen Parlaments und des Rates (ABl. L 316 vom 14.11.2012, S. 12) festgelegt wurden;
5. „technische Bezugsgröße“ bezeichnet jeden Bezugsrahmen, der keine europäische Norm ist und von den europäischen Normungsorganisationen nach den an die Bedürfnisse des Markts angepassten Verfahren erarbeitet wurde.

Anlage 2 (zu § 68 Absatz 1 und 3)
Daten zur Berechnung der über die Lebensdauer von Straßenfahrzeugen anfallenden externen Kosten

Tabelle 1
Energiegehalt von Kraftstoffen

Kraftstoff	Energiegehalt in Megajoule (MJ)/Liter bzw. Megajoule (MJ)/Normkubikmeter (Nm^3)
Dieselkraftstoff	36 MJ/Liter
Ottokraftstoff	32 MJ/Liter
Erdgas	33 – 38 MJ/Nm^3
Flüssiggas (LPG)	24 MJ/Liter
Ethanol	21 MJ/Liter
Biodiesel	33 MJ/Liter
Emulsionskraftstoff	32 MJ/Liter
Wasserstoff	11 MJ/Nm^3

Tabelle 2
Emissionskosten im Straßenverkehr (Preise von 2007)

Kohlendioxid (CO_2)	Stickoxide (NO_x)	Nichtmethan-Kohlenwasserstoffe	Partikelförmige Abgasbestandteile
0,03 – 0,04 €/kg	0,0044 €/g	0,001 €/g	0,087 €/g

Tabelle 3
Gesamtkilometerleistung von Straßenfahrzeugen

Fahrzeugklasse (Kategorien M und N gemäß der Richtlinie 2007/46/EG)	Gesamtkilometerleistung
Personenkraftwagen (M_1)	200 000 km
Leichte Nutzfahrzeuge (N_1)	250 000 km
Schwere Nutzfahrzeuge (N_2, N_3)	1 000 000 km
Busse (M_2, M_3)	800 000 km

Anlage 3 (zu § 68 Absatz 3)
Methode zur Berechnung der über die Lebensdauer von Straßenfahrzeugen anfallenden Betriebskosten

1. Für die Zwecke von § 68 werden die über die Lebensdauer eines Straßenfahrzeugs durch dessen Betrieb verursachten Energieverbrauchs- und Emissionskosten (Betriebskosten) nach der im Folgenden beschriebenen Methode finanziell bewertet und berechnet:
   a) Die Energieverbrauchskosten, die für den Betrieb eines Straßenfahrzeugs über dessen Lebensdauer anfallen, werden wie folgt berechnet:
      aa) Der Kraftstoffverbrauch je Kilometer eines Straßenfahrzeugs gemäß Nummer 2 wird in Energieverbrauch je Kilometer (Megajoule/Kilometer, MJ/km) gerechnet. Soweit der Kraftstoffverbrauch in anderen Einheiten angegeben ist, wird er nach den Umrechnungsfaktoren in Tabelle 1 der Anlage 2 in MJ/km umgerechnet.
      bb) Je Energieeinheit muss im Rahmen der Angebotswertung ein finanzieller Wert festgesetzt werden (€/MJ). Dieser finanzielle Wert wird nach einem Vergleich der Kosten je Energieeinheit von Ottokraftstoff oder Dieselkraftstoff vor Steuern bestimmt. Der jeweils günstigere Kraftstoff bestimmt den in der Angebotswertung zu berücksichtigenden finanziellen Wert je Energieeinheit (€/MJ).
      cc) Zur Berechnung der Energieverbrauchskosten, die für den Betrieb eines Straßenfahrzeugs über dessen Lebensdauer anfallen, werden die Gesamtkilometerleistung gemäß Nummer 3 (gegebenenfalls unter Berücksichtigung der bereits erbrachten Kilometerleistung), der Energieverbrauch je Kilometer (MJ/km) gemäß Doppelbuchstabe aa und die Kosten in Euro je Energieeinheit (€/MJ) gemäß Doppelbuchstabe bb miteinander multipliziert.
   b) Zur Berechnung der Kohlendioxid-Emissionen, die für den Betrieb eines Straßenfahrzeugs über dessen Lebensdauer anfallen, werden die Gesamtkilometerleistung gemäß Nummer 3 (gegebenenfalls unter Berücksichtigung der bereits erbrachten Kilometerleistung), die Kohlendioxid-Emissionen in Kilogramm je Kilometer (kg/km) gemäß Nummer 2 und die Emissionskosten je Kilogramm (€/kg) gemäß Tabelle 2 der Anlage 2 miteinander multipliziert.
   c) Zur Berechnung der in Tabelle 2 der Anlage 2 aufgeführten Kosten für Schadstoffemissionen, die für den Betrieb eines Straßenfahrzeugs über dessen Lebensdauer anfallen, werden die Kosten für Emissionen von Stickoxiden, Nichtmethan-Kohlenwasserstoffen und partikelförmigen Abgasbestandteilen addiert. Zur Berechnung der über die Lebensdauer anfallenden Kosten für jeden einzelnen Schadstoff werden die Gesamtkilometerleistung gemäß Nummer 3 (gegebenenfalls unter Berücksichtigung der bereits erbrachten Kilometerleistung), die Emissionen in Gramm je Kilometer (g/km) gemäß Nummer 2 und die jeweiligen Kosten je Gramm (€/g) miteinander multipliziert.
   d) Auftraggeber dürfen bei der Berechnung der Emissionskosten nach den Buchstaben b und c höhere Werte zugrunde legen als diejenigen, die in Tabelle 2 der Anlage 2 angegeben sind, sofern die Werte in Tabelle 2 der Anlage 2 um nicht mehr als das Doppelte überschritten werden.
2. Die Werte für den Kraftstoffverbrauch je Kilometer sowie für Kohlendioxid-Emissionen und Schadstoffemissionen je Kilometer basieren auf den genormten gemeinschaftlichen Testverfahren der Gemeinschaftsvorschriften über die Typgenehmigung. Für Straßenfahrzeuge, für die keine genormten gemeinschaftlichen Testverfahren bestehen, werden zur Gewährleistung der Vergleichbarkeit verschiedener Angebote allgemein anerkannte Testverfahren, die Ergebnisse von Prüfungen, die für den Auftraggeber durchgeführt wurden, oder die Angaben des Herstellers herangezogen.
3. Die Gesamtkilometerleistung eines Fahrzeugs ist der Tabelle 3 der Anlage 2 zu entnehmen.

3. Konsolidierte Fassung des Vertrags über die Arbeitsweise der Europäischen Union

(2012/C 326/01)

(Auszug)

ABSCHNITT 2 STAATLICHE BEIHILFEN

Artikel 107 (ex-Artikel 87 EGV)

(1) Soweit in den Verträgen nicht etwas anderes bestimmt ist, sind staatliche oder aus staatlichen Mitteln gewährte Beihilfen gleich welcher Art, die durch die Begünstigung bestimmter Unternehmen oder Produktionszweige den Wettbewerb verfälschen oder zu verfälschen drohen, mit dem Binnenmarkt unvereinbar, soweit sie den Handel zwischen Mitgliedstaaten beeinträchtigen.

(2) Mit dem Binnenmarkt vereinbar sind:

a) Beihilfen sozialer Art an einzelne Verbraucher, wenn sie ohne Diskriminierung nach der Herkunft der Waren gewährt werden;
b) Beihilfen zur Beseitigung von Schäden, die durch Naturkatastrophen oder sonstige außergewöhnliche Ereignisse entstanden sind;
c) Beihilfen für die Wirtschaft bestimmter, durch die Teilung Deutschlands betroffener Gebiete der Bundesrepublik Deutschland, soweit sie zum Ausgleich der durch die Teilung verursachten wirtschaftlichen Nachteile erforderlich sind. Der Rat kann fünf Jahre nach dem Inkrafttreten des Vertrags von Lissabon auf Vorschlag der Kommission einen Beschluss erlassen, mit dem dieser Buchstabe aufgehoben wird.

(3) Als mit dem Binnenmarkt vereinbar können angesehen werden:

a) Beihilfen zur Förderung der wirtschaftlichen Entwicklung von Gebieten, in denen die Lebenshaltung außergewöhnlich niedrig ist oder eine erhebliche Unterbeschäftigung herrscht, sowie der in Artikel 349 genannten Gebiete unter Berücksichtigung ihrer strukturellen, wirtschaftlichen und sozialen Lage;
b) Beihilfen zur Förderung wichtiger Vorhaben von gemeinsamem europäischem Interesse oder zur Behebung einer beträchtlichen Störung im Wirtschaftsleben eines Mitgliedstaats;
c) Beihilfen zur Förderung der Entwicklung gewisser Wirtschaftszweige oder Wirtschaftsgebiete, soweit sie die Handelsbedingungen nicht in einer Weise verändern, die dem gemeinsamen Interesse zuwiderläuft;
d) Beihilfen zur Förderung der Kultur und der Erhaltung des kulturellen Erbes, soweit sie die Handels- und Wettbewerbsbedingungen in der Union nicht in einem Maß beeinträchtigen, das dem gemeinsamen Interesse zuwiderläuft;
e) sonstige Arten von Beihilfen, die der Rat durch einen Beschluss auf Vorschlag der Kommission bestimmt.

Artikel 108 (ex-Artikel 88 EGV)

(1) Die Kommission überprüft fortlaufend in Zusammenarbeit mit den Mitgliedstaaten die in diesen bestehenden Beihilferegelungen. Sie schlägt ihnen die zweckdienlichen Maßnahmen vor, welche die fortschreitende Entwicklung und das Funktionieren des Binnenmarkts erfordern.

(2) Stellt die Kommission fest, nachdem sie den Beteiligten eine Frist zur Äußerung gesetzt hat, dass eine von einem Staat oder aus staatlichen Mitteln gewährte Beihilfe mit dem Binnenmarkt nach Artikel 107 unvereinbar ist oder dass sie missbräuchlich angewandt wird, so beschließt sie, dass der betreffende Staat sie binnen einer von ihr bestimmten Frist aufzuheben oder umzugestalten hat.

Kommt der betreffende Staat diesem Beschluss innerhalb der festgesetzten Frist nicht nach, so kann die Kommission oder jeder betroffene Staat in Abweichung von den Artikeln 258 und 259 den Gerichtshof der Europäischen Union unmittelbar anrufen.

Der Rat kann einstimmig auf Antrag eines Mitgliedstaats beschließen, dass eine von diesem Staat gewährte oder geplante Beihilfe in Abweichung von Artikel 107 oder von den nach Artikel 109 erlassenen Verordnungen als mit dem Binnenmarkt vereinbar gilt, wenn außergewöhnliche Umstände einen solchen Beschluss rechtfertigen. Hat die Kommission bezüglich dieser Beihilfe das in Unterabsatz 1 dieses Absatzes vorgesehene Verfahren bereits eingeleitet, so bewirkt der Antrag des betreffenden Staates an den Rat die Aussetzung dieses Verfahrens, bis der Rat sich geäußert hat.

Äußert sich der Rat nicht binnen drei Monaten nach Antragstellung, so beschließt die Kommission.

(3) Die Kommission wird von jeder beabsichtigten Einführung oder Umgestaltung von Beihilfen so rechtzeitig unterrichtet, dass sie sich dazu äußern kann. Ist sie der Auffassung, dass ein derartiges Vorhaben nach Artikel 107 mit dem Binnenmarkt unvereinbar ist, so leitet sie unverzüglich das in Absatz 2 vorgesehene Verfahren ein. Der betreffende Mitgliedstaat darf die beabsichtigte Maßnahme nicht durchführen, bevor die Kommission einen abschließenden Beschluss erlassen hat.

(4) Die Kommission kann Verordnungen zu den Arten von staatlichen Beihilfen erlassen, für die der Rat nach Artikel 109 festgelegt hat, dass sie von dem Verfahren nach Absatz 3 ausgenommen werden können.

Artikel 109
(ex-Artikel 89 EGV)

Der Rat kann auf Vorschlag der Kommission und nach Anhörung des Europäischen Parlaments alle zweckdienlichen Durchführungsverordnungen zu den Artikeln 107 und 108 erlassen und insbesondere die Bedingungen für die Anwendung des Artikels 108 Absatz 3 sowie diejenigen Arten von Beihilfen festlegen, die von diesem Verfahren ausgenommen sind.

Anhang II

1. Richtlinie 2014/24/EU des Europäischen Parlaments und des Rates

vom 26. Februar 2014

über die öffentliche Auftragsvergabe und zur Aufhebung der Richtlinie 2004/18/EG

(Text von Bedeutung für den EWR)

DAS EUROPÄISCHE PARLAMENT UND DER RAT DER EUROPÄI SCHEN UNION –

gestützt auf den Vertrag über die Arbeitsweise der Europäischen Union, insbesondere auf Artikel 53 Absatz 1, Artikel 62 und Artikel 114,

auf Vorschlag der Europäischen Kommission,

nach Zuleitung des Entwurfs des Gesetzgebungsakts an die nationalen Parlamente,

nach Stellungnahme des Europäischen Wirtschafts- und Sozialausschusses[1],

nach Stellungnahme des Ausschusses der Regionen[2],

gemäß dem ordentlichen Gesetzgebungsverfahren[3],

in Erwägung nachstehender Gründe:

(1) Die Vergabe öffentlicher Aufträge durch oder im Namen von Behörden der Mitgliedstaaten hat im Einklang mit den im Vertrag über die Arbeitsweise der Europäischen Union (AEUV) niedergelegten Grundsätzen zu erfolgen, insbesondere den Grundsätzen des freien Warenverkehrs, der Niederlassungsfreiheit und der Dienstleistungsfreiheit sowie den sich daraus ableitenden Grundsätzen wie Gleichbehandlung, Nichtdiskriminierung, gegenseitige Anerkennung, Verhältnismäßigkeit und Transparenz. Für über einen bestimmten Wert hinausgehende öffentliche Aufträge sollten Vorschriften zur Koordinierung der nationalen Vergabeverfahren festgelegt werden, um zu gewährleisten, dass diese Grundsätze praktische Geltung erlangen und dass das öffentliche Auftragswesen für den Wettbewerb geöffnet wird.

(2) Die öffentliche Auftragsvergabe spielt im Rahmen der in der Mitteilung der Kommission mit dem Titel „Europa 2020 Eine Strategie für intelligentes, nachhaltiges und integratives Wachstum“ vom 3. März 2010 dargelegten Strategie „Europa 2020“ (in Folgenden „Strategie Europa 2020 für intelligentes, nachhaltiges und integratives Wachstum“) eine Schlüsselrolle als eines der marktwirtschaftlichen Instrumente, die zur Erzielung eines intelligenten, nachhaltigen und integrativen Wachstums bei gleichzeitiger Gewährleistung eines möglichst effizienten Einsatzes öffentlicher Gelder genutzt werden sollen. Zu diesem Zweck müssen die Vorschriften für die öffentliche Auftragsvergabe, die gemäß der Richtlinie 2004/17/EG des Europäischen Parlaments und des Rates[4] und der Richtlinie 2004/18/

1 ABl. C 191 vom 29.6.2012, S. 84.

2 ABl. C 391 vom 18.12.2012, S. 49.

3 Standpunkt des Europäischen Parlaments vom 15. Januar 2014 (noch nicht im Amtsblatt veröffentlicht) und Beschluss des Rates vom 11. Februar 2014.

4 Richtlinie 2004/17/EG des Europäischen Parlaments und des Rates vom 31. März 2004 zur Koordinierung der Zuschlagserteilung durch Auftraggeber im Bereich der Wasser-, Energie- und Verkehrsversorgung sowie der Postdienste (ABl. L 134 vom 30.4.2004, S. 1).

EG des Europäischen Parlaments und des Rates[5] erlassen wurden, überarbeitet und modernisiert werden, damit die Effizienz der öffentlichen Ausgaben gesteigert, die Teilnahme insbesondere kleiner und mittlerer Unternehmen (KMU) an öffentlichen Vergabeverfahren erleichtert und es den Vergabestellen ermöglicht wird, die öffentliche Auftragsvergabe in stärkerem Maße zur Unterstützung gemeinsamer gesellschaftlicher Ziele zu nutzen. Ferner ist es notwendig, grundlegende Begriffe und Konzepte zu klären, um Rechtssicherheit zu gewährleisten und bestimmten Aspekten der einschlägigen ständigen Rechtsprechung des Gerichtshofs der Europäischen Union Rechnung zu tragen.

(3) Bei der Umsetzung dieser Richtlinie sollte dem Übereinkommen der Vereinten Nationen über die Rechte von Menschen mit Behinderungen[6] Rechnung getragen werden, insbesondere im Zusammenhang mit der Wahl der Kommunikationsmittel, den technischen Spezifikationen, den Zuschlagskriterien und den Bedingungen für die Auftragsausführung.

(4) Die zunehmende Vielfalt öffentlicher Tätigkeiten macht es erforderlich, den Begriff der Auftragsvergabe selbst klarer zu definieren. Diese Präzisierung als solche sollte jedoch den Anwendungsbereich dieser Richtlinie im Vergleich zu dem der Richtlinie 2004/18/EG nicht erweitern. Die Vorschriften der Union für die öffentliche Auftragsvergabe sollen nicht alle Formen öffentlicher Ausgaben abdecken, sondern nur diejenigen, die für den Erwerb von Bauleistungen, Lieferungen oder Dienstleistungen im Wege eines öffentlichen Auftrags getätigt werden. Es sollte klargestellt werden, dass ein solcher Erwerb von Bauleistungen, Lieferungen oder Dienstleistungen – ob durch Kauf, Leasing oder andere vertragliche Formen – dieser Richtlinie unterliegen sollte.

Der Begriff „Erwerb“ sollte in einem weiteren Sinne verstanden werden als Erlangung des Nutzens der jeweiligen Bauleistungen, Lieferungen oder Dienstleistungen, was nicht unbedingt den Eigentumsübergang auf den öffentlichen Auftraggeber voraussetzt. Des Weiteren gelten die Vorschriften für die öffentliche Auftragsvergabe in der Regel nicht für die bloße Finanzierung, insbesondere durch Finanzhilfen, von Tätigkeiten, die häufig mit der Verpflichtung verbunden ist, erhaltene Beträge bei nicht bestimmungsgemäßer Verwendung zurückzuzahlen. Ebenso sollten Fälle, in denen alle Wirtschaftsteilnehmer, die bestimmte Voraussetzungen erfüllen, zur Wahrnehmung einer bestimmten Aufgabe – ohne irgendeine Selektivität – berechtigt sind, wie beispielsweise bei einer Auswahl durch den Kunden- und bei Dienstleistungsgutscheinsystemen, nicht als Auftragsvergabe verstanden werden, sondern als einfache Zulassungssysteme (z. B. Zulassungen für Arzneimittel oder ärztliche Dienstleistungen).

(5) Es sei darauf hingewiesen, dass die Mitgliedstaaten durch diese Richtlinie in keiner Weise dazu verpflichtet werden, die Erbringung von Dienstleistungen an Dritte oder nach außen zu vergeben, wenn sie diese Dienstleistungen selbst erbringen oder die Erbringung durch andere Mittel als öffentliche Aufträge im Sinne dieser Richtlinie organisieren möchten. Die Richtlinie sollte nicht für die Erbringung von Dienstleistungen auf der Grundlage von Rechts- und Verwaltungsvorschriften oder von Arbeitsverträgen gelten. In einigen Mitgliedstaaten könnte dies z. B. bei bestimmten administrativen und staatlichen Dienstleistungen wie Exekutiv- und Legislativdienstleistungen der Fall sein oder bei der Erbringung bestimmter Dienstleistungen für die Allgemeinheit, wie Dienstleistungen im Bereich der auswärtigen Angelegenheiten oder der Justiz oder Dienstleistungen der gesetzlichen Sozialversicherung.

(6) Ferner sei darauf hingewiesen, dass diese Richtlinie nicht die Rechtsvorschriften der Mitgliedstaaten über die soziale Sicherheit berühren sollte. Ebenso wenig sollte sie die Liberalisierung von Dienstleistungen von allgemeinem wirtschaftlichem Interesse, die öffentlichen oder privaten Einrichtungen vorbehalten sind, oder die Privatisierung öffentlicher Einrichtungen, die Dienstleistungen erbringen, betreffen.

---

5 Richtlinie 2004/18/EG des Europäischen Parlaments und des Rates vom 31. März 2004 über die Koordinierung der Verfahren zur Vergabe öffentlicher Bauaufträge, Lieferaufträge und Dienstleistungsaufträge (ABl. L 134 vom 30.4.2004, S. 114).

6 Mit Beschluss 2010/48/EG des Rates vom 26. November 2009 über den Abschluss des Übereinkommens der Vereinten Nationen über die Rechte von Menschen mit Behinderungen durch die Europäische Gemeinschaft (ABl. L 23 vom 27.1.2010, S. 35) genehmigt.

Gleichermaßen sei darauf hingewiesen, dass es den Mitgliedstaaten freisteht, die Erbringung von gesetzlichen sozialen Dienstleistungen oder andere Dienstleistungen wie Postdienste entweder als Dienstleistungen von allgemeinem wirtschaftlichem Interesse oder als nichtwirtschaftliche Dienstleistungen von allgemeinem Interesse oder als eine Mischung davon zu organisieren. Es sollte klargestellt werden, dass nichtwirtschaftliche Dienstleistungen von allgemeinem Interesse nicht in den Geltungsbereich dieser Richtlinie fallen sollten.

(7) Schließlich sei darauf hingewiesen, dass diese Richtlinie das Recht der nationalen, regionalen und lokalen Behörden unberührt lässt, zur Verfolgung ihrer politischen Ziele im Bereich der öffentlichen Ordnung Dienstleistungen von allgemeinem wirtschaftlichem Interesse, deren Anwendungsbereich und die Merkmale der zu erbringenden Dienstleistung, einschließlich Bedingungen hinsichlich der Qualität der Leistung, im Einklang mit dem Unionsrecht zu definieren. Die Befugnis der nationalen, regionalen und lokalen Behörden, im Einklang mit Artikel 14 AEUV und mit dem AEUV und dem Vertrag über die Europäische Union (EUV) beigefügten Protokoll Nr. 26 über Dienste von allgemeinem Interesse Dienste von allgemeinem wirtschaftlichem Interesse zur Verfügung zu stellen, in Auftrag zu geben und zu finanzieren, sollte ebenfalls unberührt bleiben. Des Weiteren befasst sich die Richtlinie nicht mit der Finanzierung von Dienstleistungen von allgemeinem wirtschaftlichem Interesse oder mit den Systemen der von den Mitgliedstaaten insbesondere auf sozialem Gebiet im Einklang mit den Wettbewerbsvorschriften der Union gewährten Beihilfen.

(8) Ein Auftrag sollte nur dann als öffentlicher Bauauftrag gelten, wenn er speziell die Ausführung der in Anhang II aufgeführten Tätigkeiten zum Gegenstand hat, und zwar auch dann, wenn er sich auf andere Leistungen erstreckt, die für die Ausführung dieser Tätigkeiten erforderlich sind. Öffentliche Dienstleistungsaufträge, insbesondere im Bereich der Grundstücksverwaltung, können unter bestimmten Umständen Bauleistungen umfassen. Sofern diese Bauleistungen jedoch nur Nebenarbeiten im Verhältnis zum Hauptgegenstand des Vertrags darstellen und eine mögliche Folge oder eine Ergänzung des letzteren sind, rechtfertigt die Tatsache, dass der Vertrag diese Bauleistungen umfasst, nicht eine Einstufung des öffentlichen Dienstleistungsauftrags als öffentlicher Bauauftrag.

Angesichts der für die öffentlichen Bauaufträge kennzeichnenden Vielfalt der Aufgaben sollten die öffentlichen Auftraggeber jedoch sowohl die getrennte als auch die gemeinsame Vergabe von Aufträgen für die Planung und die Ausführung von Bauleistungen vorsehen können. Diese Richtlinie bezweckt nicht, eine gemeinsame oder eine getrennte Vergabe vorzuschreiben.

(9) Die Realisierung eines Bauvorhabens gemäß den von einem öffentlichen Auftraggeber genannten Erfordernissen setzt voraus, dass der betreffende Auftraggeber Maßnahmen zur Definition der Art des Vorhabens getroffen oder zumindest einen entscheidenden Einfluss auf dessen Planung gehabt haben muss. Ob der Auftragnehmer das Bauvorhaben ganz oder zum Teil mit eigenen Mitteln durchführt oder dessen Durchführung mit anderen Mitteln sicherstellt, sollte nichts an der Einstufung des Auftrags als Bauauftrag ändern, solange der Auftragnehmer eine direkte oder indirekte rechtswirksame Verpflichtung zur Gewährleistung der Erbringung der Bauleistungen übernimmt.

(10) Der Begriff „öffentliche Auftraggeber" und insbesondere der Begriff „Einrichtungen des öffentlichen Rechts" sind wiederholt im Rahmen der Rechtsprechung des Gerichtshofs der Europäischen Union überprüft worden. Um klarzustellen, dass der persönliche Geltungsbereich dieser Richtlinie unverändert bleiben sollte, ist es angezeigt, die Begriffsbestimmung beizubehalten, auf die sich der Gerichtshof selbst stützt, und einige Erläuterungen, die im Rahmen dieser Rechtsprechung gegeben wurden, als Schlüssel zum Verständnis der Begriffsbestimmung selbst aufzunehmen, ohne dass damit beabsichtigt wird, das Verständnis des Begriffs, so wie es in der Rechtsprechung dargelegt wurde, zu ändern. Zu diesem Zweck sollte daher klargestellt werden, dass eine Einrichtung, die unter marktüblichen Bedingungen arbeitet, gewinnorientiert ist und die mit der Ausübung ihrer Tätigkeit einhergehenden Verluste trägt, nicht als „Einrichtung des öffentlichen Rechts" angesehen werden sollte, da die im Allgemeininteresse liegenden Aufgaben, zu deren Erfüllung sie geschaffen oder mit deren Erfüllung sie beauftragt worden ist, als von gewerblicher Art anzusehen sind.

Desgleichen ist die Bedingung bezüglich der Herkunft der Finanzausstattung der betreffenden Einrichtung ebenfalls im Rahmen der Rechtsprechung überprüft worden, wobei unter anderem klargestellt wurde, dass unter „überwiegend" finanziert eine Finanzierung in Höhe von mehr als der Hälfte zu verstehen ist, worunter auch Zahlungen von Nutzern fallen können, die nach den Vorschriften des öffentlichen Rechts auferlegt, berechnet und erhoben werden.

(11) Im Falle gemischter Aufträge sollten die anwendbaren Vorschriften im Hinblick auf den Hauptgegenstand des Auftrags festgelegt werden, wenn die verschiedenen Teile, aus denen sich ein Auftrag zusammensetzt, objektiv nicht voneinander zu trennen sind. Es sollte daher klargestellt werden, wie öffentliche Auftraggeber festzustellen haben, ob eine Trennung der unterschiedlichen Teile möglich ist. Eine solche Präzisierung sollte sich auf die einschlägige Rechtsprechung des Gerichtshofs der Europäischen Union stützen.

Die Festlegung sollte auf der Grundlage einer Einzelfallprüfung erfolgen, bei der es allerdings nicht ausreichen sollte, dass die Absicht des öffentlichen Auftraggebers, die verschiedenen Teile eines gemischten Auftrags als untrennbar zu betrachten, zum Ausdruck gebracht oder vermutet wird; diese Absicht muss sich vielmehr auf objektive Gesichtspunkte stützen, die sie rechtfertigen und die Notwendigkeit begründen können, einen einzigen Auftrag zu vergeben. Eine solche begründete Notwendigkeit, einen einzigen Auftrag zu vergeben, könnte beispielsweise im Falle der Errichtung eines einzigen Gebäudes gegeben sein, von dem ein Gebäudeteil direkt vom öffentlichen Auftraggeber genutzt werden soll und ein anderer Gebäudeteil auf Basis einer Konzession bewirtschaftet wird, zum Beispiel als öffentliches Parkhaus. Es sollte klargestellt werden, dass die Notwendigkeit, einen einzigen Auftrag zu vergeben, aus Gründen sowohl technischer als auch wirtschaftlicher Art gegeben sein kann.

(12) Im Fall gemischter Aufträge, die getrennt werden können, steht es den öffentlichen Auftraggebern stets frei, getrennte Aufträge für die einzelnen Teile des gemischten Auftrags zu vergeben; in diesem Fall sollten die für jeden einzelnen Teil geltenden Bestimmungen ausschließlich bezüglich der Merkmale des jeweiligen spezifischen Auftrags festgelegt werden. Wenn öffentliche Auftraggeber dagegen beschließen, andere Elemente in die Beschaffungsmaßnahme aufzunehmen, ungeachtet ihres Werts und der rechtlichen Regelung, der die zusätzlichen Elemente ansonsten unterliegen würden, sollte folgendes Hauptprinzip gelten: Wenn eine Auftragsvergabe gemäß den Bestimmungen dieser Richtlinie als Einzelvergabe erfolgt, dann sollte diese Richtlinie weiterhin für den gesamten gemischten Auftrag gelten.

(13) Besondere Bestimmungen sollten jedoch für gemischte Aufträge vorgesehen werden, die Verteidigungs- oder Sicherheitsaspekte beinhalten oder die Teile umfassen, die nicht in den Geltungsbereich des AEUV fallen. In diesen Fällen sollte die Nichtanwendung dieser Richtlinie möglich sein, vorausgesetzt die Vergabe eines einzelnen Auftrags ist aus objektiven Gründen gerechtfertigt und der Beschluss, einen einzelnen Auftrag zu vergeben, wurde nicht mit der Absicht getroffen, den Auftrag von der Anwendung dieser Richtlinie oder der Richtlinie 2009/81/EG des Europäischen Parlaments und des Rates[7] auszuschließen. Es sollte klargestellt werden, dass öffentliche Auftraggeber nicht daran gehindert sein sollten, diese Richtlinie anstelle der Richtlinie 2009/81/EG auf bestimmte gemischte Aufträge anzuwenden.

(14) Es sollte klargestellt werden, dass der Begriff „Wirtschaftsteilnehmer" weit ausgelegt werden sollte, so dass er alle Personen und/oder Einrichtungen umfasst, die die Ausführung von Bauleistungen, die Lieferung von Waren beziehungsweise die Erbringung von Dienstleistungen auf dem Markt anbieten, ungeachtet der Rechtsform, die sie für sich gewählt haben. Somit sollten Unternehmen, Zweigniederlassungen, Tochterunternehmen, Personengesellschaften, Genossenschaften, haftungsbeschränkte Gesellschaften, Universitäten, ob öffentlich oder privat, sowie andere Einrichtungen, bei denen es sich nicht um natürliche Personen handelt, unter den Begriff „Wirtschaftsteilnehmer" fallen, unabhängig davon, ob sie in jeder Beziehung als „juristische Personen" gelten oder nicht.

(15) Es sollte klargestellt werden, dass Gruppen von Wirtschaftsteilnehmern – auch wenn ihr Zusammenschluss nur vorübergehend erfolgt – an Vergabeverfahren teilnehmen können, ohne dass sie eine bestimmte Rechtsform annehmen müssen. Soweit erforderlich, etwa wenn eine gesamtschuldnerische

7 Richtlinie 2009/81/EG des Europäischen Parlaments und des Rates vom 13. Juli 2009 über die Koordinierung der Verfahren zur Vergabe bestimmter Bau-, Liefer- und Dienstleistungsaufträge in den Bereichen Verteidigung und Sicherheit und zur Änderung der Richtlinien 2004/17/EG und 2004/18/EG (ABl. L 216 vom 20.8.2009, S. 76).

Haftung verlangt wird, kann eine bestimmte Form vorgeschrieben werden, wenn solche Gruppen den Zuschlag erhalten.

Ferner sollte klargestellt werden, dass öffentliche Auftraggeber in der Lage sein sollten, ausdrücklich festzulegen, wie Gruppen von Wirtschaftsteilnehmern die Anforderungen in Bezug auf die wirtschaftliche und finanzielle Leistungsfähigkeit nach dieser Richtlinie oder die Kriterien bezüglich der technischen und beruflichen Leistungsfähigkeit, die von den eigenständig teilnehmenden Wirtschaftsteilnehmern verlangt werden, zu erfüllen haben.

Bei der Durchführung von Aufträgen durch Gruppen von Wirtschaftsteilnehmern kann es erforderlich sein, Bedingungen festzulegen, die für Einzelteilnehmer nicht gelten. Solche Bedingungen, die durch objektive Gründe gerechtfertigt und verhältnismäßig sein müssen, könnten beispielsweise die Ernennung eines gemeinsamen Vertreters oder eines federführenden Partners für die Zwecke des Vergabeverfahrens oder die Vorlage von Informationen über die Zusammensetzung der Gruppe sein.

(16) Öffentliche Auftraggeber haben alle ihnen nach nationalem Recht zur Verfügung stehenden Möglichkeiten zu nutzen, um aus Interessenkonflikten resultierende Verzerrungen bei den Verfahren zur Vergabe öffentlicher Aufträge zu verhindern. Dies könnte Verfahren zur Aufdeckung, Verhinderung und Behebung von Interessenkonflikten beinhalten.

(17) Mit dem Beschluss 94/800/EG des Rates[8] wurde insbesondere das Übereinkommen der Welthandelsorganisation über das öffentliche Beschaffungswesen („Agreement on Government Procurement", im Folgenden „GPA") genehmigt. Ziel des GPA ist es, einen multilateralen Rahmen ausgewogener Rechte und Pflichten in Bezug auf öffentliche Aufträge zu schaffen, um den Welthandel zu liberalisieren und auszuweiten. Bei Aufträgen, die unter die Anhänge 1, 2, 4 und 5 sowie die Allgemeinen Anmerkungen zur Anlage I der Europäischen Union zum GPA sowie andere einschlägige, für die Union bindende internationale Übereinkommen fallen, sollten die öffentlichen Auftraggeber die Verpflichtungen aus den betreffenden Übereinkommen erfüllen, indem sie diese Richtlinie auf Wirtschaftsteilnehmer von Drittländern anwenden, die Unterzeichner der Übereinkommen sind.

(18) Das GPA findet Anwendung auf Aufträge oberhalb bestimmter Schwellenwerte, die in dem GPA festgelegt und in Sonderziehungsrechten angegeben sind. Die in dieser Richtlinie festgelegten Schwellenwerte sollten angepasst werden, um zu gewährleisten, dass sie den Euro-Äquivalenten der in dem GPA genannten Schwellenwerte entsprechen. Es sollten eine regelmäßige Überprüfung der in Euro ausgedrückten Schwellenwerte und ihre Anpassung – im Wege eines rein mathematischen Verfahrens – an mögliche Kursschwankungen des Euro gegenüber dem Sonderziehungsrecht vorgesehen werden. Abgesehen von diesen regelmäßigen mathematischen Anpassungen sollte während der nächsten Verhandlungsrunde eine Erhöhung der in dem GPA festgelegten Schwellenwerte geprüft werden.

(19) Es sollte klargestellt werden, dass für die Schätzung des Werts eines Auftrags sämtliche Einnahmen berücksichtigt werden müssen, egal ob sie vom öffentlichen Auftraggeber oder von Dritten stammen. Es sollte ferner klargestellt werden, dass für den Zweck der Schätzung von Schwellenwerten unter „gleichartigen Lieferungen" Waren für gleiche oder gleichartige Verwendungszwecke zu verstehen sind, z. B. Lieferungen einer Reihe von Nahrungsmitteln oder von verschiedenen Büromöbeln. Typischerweise würde ein Wirtschaftsteilnehmer, der in dem betreffenden Bereich tätig ist, solche Lieferungen wahrscheinlich als Teil seiner üblichen Produktpalette anbieten.

(20) Für die Zwecke der Schätzung des Werts eines bestimmten Auftrags sollte klargestellt werden, dass die Schätzung des Werts auf der Grundlage einer Unterteilung des Auftrags nur dann zulässig sein sollte, wenn dies durch objektive Gründe gerechtfertigt ist. So könnte es beispielsweise gerechtfertigt sein, die Auftragswerte auf der Ebene einer eigenständigen Organisationseinheit des öffentlichen Auftraggebers, etwa Schulen oder Kindergärten, zu schätzen, sofern die betreffende Einheit unabhängig für ihre Beschaffungsmaßnahmen zuständig ist. Hiervon kann ausgegangen werden, wenn die eigenständige Organisationseinheit unabhängig Verfahren zur Vergabe öffentlicher Aufträge durchführt und die Kaufentscheidungen trifft, wenn sie über eine getrennte Haushaltslinie für die be-

---

8 Beschluss 94/800/EG des Rates vom 22. Dezember 1994 über den Abschluss der Übereinkünfte im Rahmen der multilateralen Verhandlungen der Uruguay-Runde (1986–1994) im Namen der Europäischen Gemeinschaft in Bezug auf die in ihre Zuständigkeiten fallenden Bereiche (ABl. L 336 vom 23.12.1994, S. 1).

treffenden Auftragsvergaben verfügt, die Aufträge unabhängig vergibt und diese aus ihr zur Verfügung stehenden Haushaltsmitteln finanziert. Eine Aufteilung in Unterteilungen ist nicht allein dadurch gerechtfertigt, dass der öffentliche Auftraggeber eine Auftragsvergabe dezentral durchführt.

(21) Öffentliche Aufträge, die von öffentlichen Auftraggebern im Bereich der Wasser-, Energie- und Verkehrsversorgung sowie der Postdienste vergeben werden und Tätigkeiten in diesen Bereichen betreffen, fallen unter die Richtlinie 2014/25/EU des Europäischen Parlaments und des Rates[9]. Aufträge, die von öffentlichen Auftraggebern im Rahmen ihrer Dienstleistungen im Bereich der Seeschifffahrt, Küstenschifffahrt oder Binnenschifffahrt vergeben werden, fallen jedoch in den Anwendungsbereich der vorliegenden Richtlinie.

(22) Diese Richtlinie ist an die Mitgliedstaaten gerichtet und findet keine Anwendung auf Beschaffungen internationaler Organisationen in deren eigenem Namen und für eigene Rechnung. Es ist jedoch notwendig klarzustellen, inwieweit diese Richtlinie auf Beschaffungen angewandt werden sollte, die spezifischen internationalen Vorschriften unterliegen.

(23) Bei der Vergabe öffentlicher Aufträge über bestimmte audiovisuelle und Hörfunkmediendienste durch Mediendiensteanbieter sollten besondere kulturelle und gesellschaftspolitische Erwägungen berücksichtigt werden können, die die Anwendung von Vergabevorschriften unangemessen erscheinen lassen. Aus diesen Gründen sollte eine Ausnahme für die von den Mediendiensteanbietern selbst vergebenen öffentlichen Dienstleistungsaufträge vorgesehen werden, die den Ankauf, die Entwicklung, die Produktion oder die Koproduktion von sendefertigem Material sowie andere Vorbereitungsdienste zum Gegenstand haben, wie z. B. Dienste im Zusammenhang mit den für die Produktion von Sendungen erforderlichen Drehbüchern oder künstlerischen Leistungen. Es sollte ferner klargestellt werden, dass diese Ausnahme gleichermaßen für Rundfunk-Mediendienste wie für Abruf (on-demand) -dienste (nichtlineare Dienste) gelten sollte. Diese Ausnahme sollte jedoch nicht für die Bereitstellung des für die Produktion, die Koproduktion und die Ausstrahlung dieser Sendungen erforderlichen technischen Materials gelten.

(24) Es sei darauf hingewiesen, dass Schiedsgerichts- und Schlichtungsdienste und andere vergleichbare Formen alternativer Streitbeilegung normalerweise von Organisationen oder Personen übernommen werden, deren Bestellung oder Auswahl in einer Art und Weise erfolgt, die sich nicht nach Vergabevorschriften für öffentliche Aufträge richten kann. Es sollte klargestellt werden, dass diese Richtlinie nicht für Aufträge zur Erbringung solcher Dienstleistungen – ungeachtet ihrer Bezeichnung in den nationalen Rechtsvorschriften – gilt.

(25) Einige Rechtsdienstleistungen werden von durch ein Gericht eines Mitgliedstaats bestellten Dienstleistern erbracht, betreffen die Vertretung von Mandanten in Gerichtsverfahren durch Rechtsanwälte, müssen durch Notare erbracht werden oder sind mit der Ausübung von hoheitlichen Befugnissen verbunden. Solche Rechtsdienstleistungen werden in der Regel durch Organisationen oder Personen erbracht, deren Bestellung oder Auswahl in einer Art und Weise erfolgt, die sich nicht nach Vergabevorschriften für öffentliche Aufträge richten kann, wie z. B. bei der Ernennung von Staatsanwälten in einigen Mitgliedstaaten. Diese Rechtsdienstleistungen sollten daher vom Anwendungsbereich dieser Richtlinie ausgenommen werden.

(26) Es sei darauf hingewiesen, dass der Begriff „Finanzinstrumente" im Sinne dieser Richtlinie dieselbe Bedeutung hat wie in anderen Rechtsakten über den Binnenmarkt; ferner sollte mit Blick auf die kürzlich erfolgte Schaffung der Europäischen Finanzstabilisierungsfazilität und des Europäischen Stabilitätsmechanismus festgehalten werden, dass mit dieser Fazilität und diesem Mechanismus durchgeführte Transaktionen aus dem Anwendungsbereich dieser Richtlinie ausgenommen werden sollten. Schließlich sollte klargestellt werden, dass Darlehen oder Kredite, gleich ob sie mit der Ausgabe von Wertpapieren oder andere Finanzinstrumenten oder mit anderen diese betreffenden Transaktionen im Zusammenhang stehen oder nicht, aus dem Anwendungsbereich dieser Richtlinie ausgenommen werden sollten.

---

9 Richtlinie 2014/25/EU des Europäischen Parlaments und des Rates vom 26. Februar 2014 über die Vergabe von Aufträgen durch Auftraggeber im Bereich der Wasser-, Energie- und Verkehrsversorgung sowie der Postdienste und zur Aufhebung der Richtlinie 2004/17/EG (siehe Seite 243 dieses Amtsblatts).

(27) Es sei daran erinnert, dass Artikel 5 Absatz 1 der Verordnung (EG) Nr. 1370/2007 des Europäischen Parlaments und des Rates[10] ausdrücklich vorsieht, dass die Richtlinien 2004/17/EG und 2004/18/EG für Dienstleistungsaufträge und für öffentliche Dienstleistungsaufträge über öffentliche Personenverkehrsdienste mit Bussen und Straßenbahnen gelten, während die Verordnung (EG) Nr. 1370/2007 für Dienstleistungskonzessionen für öffentliche Personenverkehrsdienste mit Bussen und Straßenbahnen gilt. Es sei außerdem daran erinnert, dass jene Verordnung weiterhin für (öffentliche) Dienstleistungsaufträge sowie für Dienstleistungskonzessionen für öffentliche Personenverkehrsdienste auf der Schiene und per Untergrundbahn gilt. Zur Klarstellung der Beziehung zwischen der vorliegenden Richtlinie und der Verordnung (EG) Nr. 1370/2007 sollte ausdrücklich vorgesehen werden, dass diese Richtlinie nicht für öffentliche Dienstleistungsaufträge für die Bereitstellung von öffentlichen Personenverkehrsdiensten auf der Schiene oder mit Untergrundbahnen gelten, deren Vergabe weiterhin der Verordnung (EG) Nr. 1370/2007 unterliegen sollte. Soweit die Verordnung (EG) Nr. 1370/2007 die Möglichkeit einräumt, im nationalen Recht von den Vorschriften der Verordnung (EG) Nr. 1370/2007 abzuweichen, sollten die Mitgliedstaaten weiterhin in ihren nationalen Rechtsvorschriften vorsehen können, dass öffentliche Dienstleistungsaufträge für öffentliche Personenverkehrsdienste auf der Schiene oder mit Untergrundbahnen durch ein Vergabeverfahren vergeben werden müssen, das ihren allgemeinen Vorschriften für die öffentliche Auftragsvergabe entspricht.

(28) Diese Richtlinie sollte nicht für bestimmte von gemeinnützigen Organisationen oder Vereinigungen erbrachte Notfalldienste gelten, da der spezielle Charakter dieser Organisationen nur schwer gewahrt werden könnte, wenn die Dienstleistungserbringer nach den in dieser Richtlinie festgelegten Verfahren ausgewählt werden müssten. Diese Ausnahme sollte allerdings nicht über das notwendigste Maß hinaus ausgeweitet werden. Es sollte daher ausdrücklich festgelegt werden, dass der Einsatz von Krankenwagen zur Patientenbeförderung nicht ausgenommen sein sollte. In diesem Zusammenhang muss im Übrigen deutlich gemacht werden, dass die CPV-Gruppe 601 „Landverkehr" nicht den Einsatz von Krankenwagen beinhaltet, der unter die CPV-Klasse 8514 fällt. Es sollte daher klargestellt werden, dass für unter den CPV-Code 8514 30 00-3 fallende Dienstleistungen, die ausschließlich im Einsatz von Krankenwagen zur Patientenbeförderung bestehen, die Sonderregelung gelten soll. Folglich würden auch gemischte Aufträge für Dienste von Krankenwagen generell unter die Sonderregelung fallen, falls der Wert des Einsatzes von Krankenwagen zur Patientenbeförderung höher wäre als der Wert anderer Rettungsdienste.

(29) Es sei darauf hingewiesen, dass diese Richtlinie nur für öffentliche Auftraggeber der Mitgliedstaaten gilt. Daher fallen politische Parteien im Allgemeinen nicht unter ihre Bestimmungen, da es sich bei ihnen nicht um öffentliche Auftraggeber handelt. In einigen Mitgliedstaaten könnten politische Parteien jedoch unter den Begriff „Einrichtungen des öffentlichen Rechts" fallen.

Bestimmte Dienstleistungen (etwa die Herstellung von Werbe- und Videofilmen) sind jedoch, wenn sie im Rahmen einer Wahlkampagne erbracht werden, so untrennbar mit den politischen Ansichten der Dienstleister verknüpft, dass deren Auswahl normalerweise in einer Art und Weise erfolgt, die sich nicht nach Vergabevorschriften für öffentliche Aufträge richten kann.

Schließlich sei darauf hingewiesen, dass für die Satzung und die Finanzierung der europäischen politischen Parteien und der europäischen politischen Stiftungen andere als die in dieser Richtlinie festgelegten Regelungen gelten.

(30) In einigen Fällen könnte ein bestimmter öffentlicher Auftraggeber oder ein bestimmter Verband von öffentlichen Auftraggebern der einzige Anbieter einer bestimmten Dienstleistung sein, für deren Erbringung er gemäß den Rechtsvorschriften und gemäß den veröffentlichten Verwaltungsvorschriften, die mit dem AEUV in Einklang stehen, ein ausschließliches Recht besitzt. Es sollte klargestellt werden, dass diese Richtlinie nicht auf die Vergabe von öffentlichen Dienstleistungsaufträgen an diesen öffentlichen Auftraggeber oder Verband von öffentlichen Auftraggebern angewandt werden muss.

---

10 Verordnung (EG) Nr. 1370/2007 des Europäischen Parlaments und des Rates vom 23. Oktober 2007 über öffentliche Personenverkehrsdienste auf Schiene und Straße und zur Aufhebung der Verordnungen (EWG) Nr. 1191/69 und (EWG) Nr. 1107/70 des Rates (ABl. L 315 vom 3.12.2007, S. 1).

(31) Es besteht erhebliche Rechtsunsicherheit darüber, inwieweit Verträge, die zwischen Einrichtungen des öffentlichen Sektors geschlossen werden, von den Vorschriften für die Vergabe öffentlicher Aufträge erfasst werden sollten. Die einschlägige Rechtsprechung des Gerichtshofs der Europäischen Union wird nicht nur von den einzelnen Mitgliedstaaten, sondern auch von den einzelnen öffentlichen Auftraggebern unterschiedlich ausgelegt. Daher gilt es zu präzisieren, in welchen Fällen im öffentlichen Sektor geschlossene Verträge von der Anwendung der Vorschriften für die Vergabe öffentlicher Aufträge ausgenommen sind.

Diese Präzisierung sollte sich auf die Grundsätze stützen, die in der einschlägigen Rechtsprechung des Gerichtshofs der Europäischen Union dargelegt wurden. Der Umstand, dass beide Parteien einer Vereinbarung selbst öffentliche Stellen sind, reicht allein nicht aus, um die Anwendung der Vergabevorschriften auszuschließen. Die Anwendung der Vorschriften für die Vergabe öffentlicher Aufträge sollte öffentliche Stellen jedoch nicht in ihrer Freiheit beschränken, die ihnen übertragenen öffentlichen Aufgaben auszuüben, indem sie ihre eigenen Mittel verwenden, wozu die Möglichkeit der Zusammenarbeit mit anderen öffentlichen Stellen gehört.

Es sollte sichergestellt werden, dass eine vom Anwendungsbereich ausgenommene öffentlich-öffentliche Zusammenarbeit keine Wettbewerbsverzerrung im Verhältnis zu privaten Wirtschaftsteilnehmern zur Folge hat, indem ein privater Dienstleister besser gestellt wird als seine Wettbewerber.

(32) An kontrollierte juristische Personen vergebene öffentliche Aufträge sollten nicht der Anwendung der in dieser Richtlinie vorgesehenen Verfahren unterliegen, wenn der öffentliche Auftraggeber über die betreffende juristische Person eine Kontrolle ausübt, die mit der vergleichbar ist, die er über seine eigenen Dienststellen ausübt, vorausgesetzt die kontrollierte juristische Person führt mehr als 80% ihrer Tätigkeiten in Ausführung der Aufgaben aus, mit denen sie von dem kontrollierenden öffentlichen Auftraggeber oder von anderen durch diesen öffentlichen Auftraggeber kontrollierten juristischen Personen betraut worden ist, und zwar ungeachtet des Begünstigten der Ausführung des Auftrags.

Diese Ausnahme sollte sich nicht auf Situationen erstrecken, in denen ein privater Wirtschaftsteilnehmer am Kapital der kontrollierten juristischen Person unmittelbar beteiligt ist, da die Vergabe eines öffentlichen Auftrags ohne Wettbewerbsverfahren dem am Kapital der kontrollierten juristischen Person beteiligten privaten Wirtschaftsteilnehmer einen unzulässigen Vorteil gegenüber seinen Wettbewerbern verschaffen würde. Mit Blick auf die besonderen Merkmale öffentlicher Einrichtungen mit Pflichtmitgliedschaft, wie die für Verwaltung oder die Ausführung bestimmter öffentlicher Dienstleistungen verantwortlichen Organisationen, sollte dies jedoch nicht in Fällen gelten, in denen die Beteiligung bestimmter privater Wirtschaftsteilnehmer am Kapital der kontrollierten juristischen Person durch eine nationale gesetzliche Bestimmung im Einklang mit den Verträgen vorgeschrieben ist, sofern es sich nicht um eine beherrschende Form der Beteiligung oder eine Form der Beteiligung mit Sperrminorität handelt und sofern die Beteiligung keinen maßgeblichen Einfluss auf die Entscheidungen der kontrollierten juristischen Person ausübt. Es sollte ferner klargestellt werden, dass das entscheidende Element allein die direkte private Beteiligung an der kontrollierten juristischen Person ist. Eine private Kapitalbeteiligung am kontrollierenden öffentlichen Auftraggeber oder den kontrollierenden öffentlichen Auftraggebern schließt daher die Vergabe öffentlicher Aufträge an die kontrollierte juristische Person ohne die Anwendung der in dieser Richtlinie vorgesehenen Verfahren nicht aus, da solche Beteiligungen den Wettbewerb zwischen privaten Wirtschaftsteilnehmern nicht nachteilig beeinflussen.

Es sollte auch klargestellt werden, dass öffentliche Auftraggeber wie Einrichtungen des öffentlichen Rechts, bei denen eine private Kapitalbeteiligung bestehen kann, in der Lage sein sollten, die Ausnahmeregelung für eine horizontale Zusammenarbeit in Anspruch zu nehmen. Sind alle anderen Bedingungen im Zusammenhang mit der horizontalen Zusammenarbeit erfüllt, so sollte sich die Ausnahmeregelung für die horizontale Zusammenarbeit folglich auf solche öffentlichen Auftraggeber erstrecken, bei denen der Auftrag ausschließlich zwischen öffentlichen Auftraggebern geschlossen wird.

(33) Die öffentlichen Auftraggeber sollten auch beschließen können, ihre öffentlichen Dienstleistungen gemeinsam im Wege der Zusammenarbeit zu erbringen, ohne zur Einhaltung einer bestimmten Rechtsform verpflichtet zu sein. Diese Zusammenarbeit könnte alle Arten von Tätigkeiten in Verbin-

dung mit der Ausführung der Dienstleistungen und Zuständigkeiten, die den teilnehmenden Stellen zugeteilt wurden oder von ihnen übernommen werden, erfassen, wie gesetzliche oder freiwillige Aufgaben der Gebietskörperschaften oder Dienste, die bestimmten Einrichtungen durch das öffentliche Recht übertragen werden. Die von den verschiedenen teilnehmenden Stellen erbrachten Dienstleistungen müssen nicht notwendigerweise identisch sein; sie können sich auch ergänzen.

Aufträge für die gemeinsame Erbringung öffentlicher Dienstleistungen sollten nicht der Anwendung der in dieser Richtlinie festgelegten Vorschriften unterliegen, vorausgesetzt sie werden ausschließlich zwischen öffentlichen Auftraggebern geschlossen, die Durchführung dieser Zusammenarbeit wird ausschließlich von Erwägungen des öffentlichen Interesse bestimmt und kein privater Dienstleister erhält einen Vorteil gegenüber seinen Wettbewerbern.

Um diese Voraussetzungen zu erfüllen, sollte die Zusammenarbeit auf einem kooperativen Konzept beruhen. Die Zusammenarbeit setzt nicht voraus, dass alle teilnehmenden Stellen die Ausführung wesentlicher vertraglicher Pflichten übernehmen, solange sie sich verpflichtet haben, einen Beitrag zur gemeinsamen Ausführung der betreffenden öffentlichen Dienstleistung zu leisten. Für die Durchführung der Zusammenarbeit einschließlich etwaiger Finanztransfers zwischen den teilnehmenden öffentlichen Auftraggebern sollten im Übrigen ausschließlich Erwägungen des öffentlichen Interesses maßgeblich sein.

(34) Es kann vorkommen, dass eine Rechtsperson gemäß den einschlägigen nationalen Rechtsvorschriften als Instrument oder technischer Dienst für bestimmte öffentliche Auftraggeber tätig ist und verpflichtet ist, von diesen Auftraggebern erteilte Anweisungen auszuführen, und dass sie keinen Einfluss auf die Vergütung ihrer Tätigkeit hat. Angesichts ihrer außervertraglichen Art sollte eine solche rein administrative Beziehung nicht in den Anwendungsbereich der Verfahren für die öffentliche Auftragsvergabe fallen.

(35) Die Kofinanzierung von Forschungs- und Entwicklungsprogrammen durch die Industrie sollte gefördert werden. Es sollte folglich klargestellt werden, dass diese Richtlinie nur anwendbar ist, wenn es keine solche Kofinanzierung gibt und wenn das Ergebnis der Forschungs- und Entwicklungstätigkeiten dem betreffenden öffentlichen Auftraggeber zugutekommt. Damit sollte die Möglichkeit nicht ausgeschlossen werden, dass der Dienstleistungserbringer, der diese Tätigkeiten durchgeführt hat, einen Bericht darüber veröffentlichen darf, solange der öffentliche Auftraggeber die alleinigen Rechte zum Gebrauch der Forschungs- und Entwicklungsergebnisse bei der Ausübung seiner Tätigkeit behält. Ein fiktiver Austausch der Forschungs- und Entwicklungsergebnisse oder eine rein symbolische Beteiligung an der Vergütung des Dienstleisters sollte jedoch nicht die Anwendung dieser Richtlinie verhindern.

(36) Beschäftigung und Beruf tragen zur Integration in die Gesellschaft bei und sind zentrale Elemente für die Gewährleistung von Chancengleichheit. In diesem Zusammenhang können geschützte Werkstätten eine wichtige Rolle spielen. Das gilt auch für andere soziale Unternehmen, deren Hauptanliegen die Förderung der sozialen und beruflichen Eingliederung oder Wiedereingliederung von Personen mit Behinderung oder von benachteiligten Personen wie Arbeitslosen, Angehörigen benachteiligter Minderheiten oder auf andere Weise an den Rand der Gesellschaft gedrängten Personen ist. Es ist jedoch möglich, dass solche Werkstätten oder Unternehmen nicht in der Lage sind, unter normalen Wettbewerbsbedingungen Aufträge zu erhalten. Es ist daher angemessen, vorzusehen, dass Mitgliedstaaten das Recht, an Verfahren zur Vergabe von öffentlichen Aufträgen oder von bestimmten Auftragslosen teilzunehmen, derartigen Werkstätten oder Unternehmen vorbehalten oder die Ausführung eines Auftrags geschützten Beschäftigungsprogrammen vorbehalten können.

(37) Im Hinblick auf eine angemessene Einbeziehung umweltbezogener, sozialer und arbeitsrechtlicher Erfordernisse in die Verfahren zur Vergabe öffentlicher Aufträge ist es besonders wichtig, dass Mitgliedstaaten und öffentliche Auftraggeber geeignete Maßnahmen ergreifen, um die Einhaltung der am Ort der Ausführung der Bauleistungen oder der Erbringung der Dienstleistungen geltenden Anforderungen auf dem Gebiet des Umwelt-, Sozial- und Arbeitsrechts zu gewährleisten, die sich aus auf nationaler und auf Unionsebene geltenden Rechts- und Verwaltungsvorschriften, Verfügungen und Beschlüssen sowie aus Tarifverträgen ergeben, sofern diese Regelungen und ihre Anwendung mit dem Unionsrecht vereinbar sind. Gleichermaßen sollten während der Auftragsausführung auch die Ver-

pflichtungen aus den von allen Mitgliedstaaten ratifizierten und in Anhang X aufgeführten internationalen Übereinkommen gelten. Dies sollte jedoch auf keinen Fall der Anwendung von für die Arbeitnehmer günstigeren Beschäftigungs- und Arbeitsbedingungen entgegenstehen.

Die betreffenden Maßnahmen sollten mit den Grundprinzipien des Unionsrechts im Einklang stehen, insbesondere im Hinblick auf die Gewährleistung der Gleichbehandlung. Sie sollten im Einklang mit der Richtlinie 96/71/EG des Europäischen Parlaments und des Rates[11] und in einer Art und Weise angewandt werden, dass die Gleichbehandlung gewährleistet ist und Wirtschaftsteilnehmer und Arbeitnehmer aus anderen Mitgliedstaaten weder direkt noch indirekt diskriminiert werden.

(38) Als Ort der Erbringung der Dienstleistungen sollte der Ort gelten, an dem die charakteristischen Leistungen erbracht werden. Bei aus der Ferne, zum Beispiel von Call Centern erbrachten Dienstleistungen sollte dies der Ort der Leistungserbringung sein, ungeachtet der Orte und Mitgliedstaaten, für die die Dienstleistungen bestimmt sind.

(39) Die diesbezüglichen Verpflichtungen könnten sich in Auftragserfüllungsklauseln widerspiegeln. Ferner sollte es möglich sein, Klauseln zur Sicherstellung der Einhaltung von Tarifverträgen im Einklang mit dem Unionsrecht in öffentliche Aufträge aufzunehmen. Die Nichteinhaltung der einschlägigen Verpflichtungen könnte als schwere Verfehlung des betreffenden Wirtschaftsteilnehmers betrachtet werden, die dessen Ausschluss vom Verfahren zur Vergabe eines öffentlichen Auftrags zur Folge haben kann.

(40) Die Überprüfung der Einhaltung dieser umwelt-, sozial- und arbeitsrechtlichen Bestimmungen sollte in den relevanten Phasen des Vergabeverfahrens erfolgen, also bei Anwendung der allgemeinen Grundsätze für die Auswahl der Teilnehmer und die Auftragsvergabe, bei der Anwendung der Ausschlusskriterien und bei der Anwendung der Bestimmungen bezüglich ungewöhnlich niedriger Angebote. Die zu diesem Zweck erforderliche Überprüfung sollte im Einklang mit den einschlägigen Bestimmungen dieser Richtlinie, insbesondere der Bestimmungen zu Nachweisen und Eigenerklärungen, durchgeführt werden.

(41) Keine Bestimmung dieser Richtlinie sollte dem Erlass oder der Durchsetzung von Maßnahmen, die zum Schutz der öffentlichen Ordnung, der öffentlichen Sittlichkeit und der öffentlichen Sicherheit, zum Schutz der Gesundheit und des Lebens von Menschen und Tieren oder zur Erhaltung pflanzlichen Lebens notwendig sind, oder von sonstigen Umweltschutzmaßnahmen, insbesondere mit Blick auf eine nachhaltige Entwicklung, entgegenstehen, sofern diese Maßnahmen mit dem AEUV im Einklang stehen.

(42) Für die öffentlichen Auftraggeber ist es äußerst wichtig, über zusätzliche Flexibilität zu verfügen, um ein Vergabeverfahren auszuwählen, das Verhandlungen vorsieht. Eine stärkere Anwendung dieser Verfahren wird wahrscheinlich dazu beitragen, den grenzüberschreitenden Handel zu fördern, da die Bewertung gezeigt hat, dass bei Aufträgen, die im Wege des Verhandlungsverfahrens mit vorheriger Veröffentlichung einer Bekanntmachung vergeben werden, die Erfolgsquote von grenzüberschreitenden Angeboten besonders hoch ist. Die Mitgliedstaaten sollten die Möglichkeit haben, das Verhandlungsverfahren oder den wettbewerblichen Dialog in verschiedenen Situationen vorzusehen, wenn nicht damit zu rechnen ist, dass offene oder nichtoffene Verfahren ohne Verhandlungen zu einem zufriedenstellenden Ergebnis führen. Es sei daran erinnert, dass die Nutzung des wettbewerblichen Dialogs gemessen an den Auftragswerten in den vergangenen Jahren stark zugenommen hat. Der wettbewerbliche Dialog hat sich in Fällen als nützlich erwiesen, in denen öffentliche Auftraggeber nicht in der Lage sind, die Mittel zur Befriedigung ihres Bedarfs zu definieren oder zu beurteilen, was der Markt an technischen, finanziellen oder rechtlichen Lösungen zu bieten hat. Diese Situation kann insbesondere bei innovativen Projekten, bei der Realisierung großer, integrierter Verkehrsinfrastrukturprojekte oder großer Computer-Netzwerke oder bei Projekten mit einer komplexen, strukturierten Finanzierung eintreten. Den öffentlichen Auftraggebern sollte gegebenenfalls empfohlen werden, einen Projektleiter zu ernennen, um eine reibungslose Zusammenarbeit zwischen den Wirtschaftsteilnehmern und dem öffentlichen Auftraggeber während des Vergabeverfahrens zu gewährleisten.

---

11 Richtlinie 96/71/EG des Europäischen Parlaments und des Rates vom 16. Dezember 1996 über die Entsendung von Arbeitnehmern im Rahmen der Erbringung von Dienstleistungen (ABl. L 18 vom 21.1.1997, S. 1).

(43) Bei Bauaufträgen gehören dazu Bauleistungen, bei denen keine Normbauten errichtet werden, beziehungsweise Bauleistungen, die konzeptionelle oder innovative Lösungen umfassen. Bei Dienstleistungen oder Lieferungen, die eine Anpassung oder konzeptionelle Arbeiten erfordern, bietet sich ein Verhandlungsverfahren oder ein wettbewerblicher Dialog an. Notwendig sind solche Anpassungen oder konzeptionellen Arbeiten vor allem bei komplexen Anschaffungen, beispielsweise für besonders hoch entwickelte Waren, geistige Dienstleistungen wie etwa bestimmte Beratungs-, Architekten- oder Ingenieurleistungen oder Großprojekten der Informations- und Kommunikationstechnologie (im Folgenden „IKT"). In diesen Fällen können Verhandlungen notwendig sein, um zu gewährleisten, dass die betreffende Lieferung oder Dienstleistung den Anforderungen des öffentlichen Auftraggebers entspricht. In Bezug auf Standarddienstleistungen oder Standardlieferungen, die von vielen verschiedenen Marktteilnehmern erbracht werden können, sollten das Verhandlungsverfahren und der wettbewerbliche Dialog nicht genutzt werden.

(44) Das Verhandlungsverfahren sollte auch in Fällen zur Verfügung stehen, in denen ein offenes oder nichtoffenes Verfahren nur zu unregelmäßigen oder inakzeptablen Angeboten geführt hat. In solchen Fällen sollte es den öffentlichen Auftraggebern gestattet sein, Verhandlungen mit dem Ziel zu führen, regelmäßige und akzeptable Angebote zu erhalten.

(45) Für das Verhandlungsverfahren sollten angemessene Schutzvorschriften gelten, die die Einhaltung der Grundsätze der Gleichbehandlung und Transparenz gewährleisten. Die öffentlichen Auftraggeber sollten insbesondere im Voraus die Mindestanforderungen angeben, die das Wesen der Beschaffung charakterisieren und im Verlauf der Verhandlungen nicht geändert werden sollten. Die Zuschlagskriterien und ihre Gewichtung sollten während des gesamten Verfahrens stabil bleiben und sollten nicht verhandelbar sein, um die Gleichbehandlung aller Wirtschaftsteilnehmer zu gewährleisten. Ziel der Verhandlungen sollte es sein, die Angebote so zu verbessern, dass die öffentlichen Auftraggeber in die Lage versetzt werden, Bauleistungen, Lieferungen und Dienstleistungen einzukaufen, die genau auf ihren konkreten Bedarf zugeschnitten sind. Die Verhandlungen können sich auf alle Merkmale der erworbenen Bauleistungen, Lieferungen oder Dienstleistungen beziehen, darunter zum Beispiel Qualität, Mengen, Geschäftsklauseln sowie soziale, umweltbezogene und innovative Aspekte, sofern sie keine Mindestanforderungen darstellen.

Es sollte klargestellt werden, dass es sich bei den Mindestanforderungen, die vom öffentlichen Auftraggeber festzulegen sind, um jene (insbesondere physischen, funktionellen und rechtlichen) Bedingungen und wesentlichen Merkmale handelt, die jedes Angebot erfüllen beziehungsweise aufweisen sollte, damit der öffentliche Auftraggeber den Auftrag im Einklang mit dem gewählten Zuschlagskriterium vergeben kann. Zur Sicherstellung der Transparenz und Nachvollziehbarkeit des Verfahrens sollten alle Phasen ordnungsgemäß dokumentiert werden. Darüber hinaus sollten alle Angebote während des gesamten Verfahrens schriftlich eingereicht werden.

(46) Es sollte den öffentlichen Auftraggebern erlaubt sein, bestimmte Fristen, die für offene und nichtoffene Verfahren sowie für Verhandlungsverfahren gelten, zu kürzen, wenn eine von den öffentlichen Auftraggebern hinreichend begründete Dringlichkeit die Einhaltung dieser Fristen unmöglich macht. Es sollte klargestellt werden, dass es sich dabei nicht notwendigerweise um eine extreme Dringlichkeit wegen unvorhersehbarer und vom öffentlichen Auftraggeber nicht zu verantwortender Ereignisse handeln muss.

(47) Forschung und Innovation, einschließlich Öko-Innovation und sozialer Innovation, gehören zu den Haupttriebkräften künftigen Wachstums und stehen im Mittelpunkt der Strategie „Europa 2020" für intelligentes, nachhaltiges und integratives Wachstum. Öffentliche Auftraggeber sollten die öffentliche Auftragsvergabe strategisch optimal nutzen, um Innovationen voranzutreiben. Der Kauf innovativer Waren, Bauleistungen und Dienstleistungen spielt eine zentrale Rolle bei der Steigerung der Effizienz und der Qualität öffentlicher Dienstleistungen und ermöglicht es gleichzeitig, großen gesellschaftlichen Herausforderungen zu begegnen. Er trägt dazu bei, ein optimales Preis-Leistungs-Verhältnis zu erzielen und einen umfassenderen wirtschaftlichen, ökologischen und gesellschaftlichen Nutzen zu generieren, indem neue Ideen hervorgebracht, diese in innovative Waren und Dienstleistungen umgesetzt werden und damit ein nachhaltiges Wirtschaftswachstum gefördert wird.

Es sei daran erinnert, dass die Kommission in ihrer Mitteilung vom 14. Dezember 2007 „Vorkommerzielle Auftragsvergabe: Innovationsförderung zur Sicherung tragfähiger und hochwertiger öffentlicher Dienste in Europa" eine Reihe von Beschaffungsmodellen beschrieben hat, bei denen es um die Vergabe öffentlicher Aufträge für solche Forschungs- und Entwicklungsdienstleistungen geht, die nicht in den Geltungsbereich dieser Richtlinie fallen. Diese Modelle würden auch weiterhin zur Verfügung stehen, doch diese Richtlinie sollte auch dazu beitragen, die öffentliche Beschaffung von Innovationen zu erleichtern, und Mitgliedstaaten darin unterstützen, die Ziele der Innovationsunion zu erreichen.

(48) Aufgrund der Bedeutung von Innovation sollten die öffentlichen Auftraggeber aufgefordert werden, so oft wie möglich Varianten zuzulassen. Die öffentlichen Auftraggeber sollten folglich darauf aufmerksam gemacht werden, dass die Mindestanforderungen für Varianten definiert werden müssen, bevor angegeben wird, dass Varianten eingereicht werden können.

(49) Kann der Bedarf an der Entwicklung eines innovativen Produkts beziehungsweise einer innovativen Dienstleistung oder innovativer Bauleistungen und dem anschließenden Erwerb dieses Produkts beziehungsweise dieser Dienstleistung oder dieser Bauleistungen nicht durch bereits auf dem Markt verfügbare Lösungen befriedigt werden, so sollten öffentliche Auftraggeber in Bezug auf Aufträge, die in den Anwendungsbereich dieser Richtlinie fallen, Zugang zu einem spezifischen Beschaffungsverfahren haben. Dieses spezifische Verfahren sollte es den öffentlichen Auftraggebern ermöglichen, eine langfristige Innovationspartnerschaft für die Entwicklung und den anschließenden Kauf neuer, innovativer Waren, Dienstleistungen oder Bauleistungen zu begründen – unter der Voraussetzung, dass für solche innovativen Waren, Dienstleistungen oder Bauleistungen die vereinbarten Leistungs- und Kostenniveaus eingehalten werden können, und ohne dass ein getrenntes Vergabeverfahren für den Kauf erforderlich ist. Die Innovationspartnerschaft sollte sich auf die Verfahrensregeln stützen, die für das Verhandlungsverfahren gelten, und die Auftragsvergabe sollte einzig auf der Grundlage des besten Preis-Leistungs-Verhältnisses erfolgen, was für den Vergleich von Angeboten für innovative Lösungen am besten geeignet ist. Ganz gleich, ob es um sehr große Vorhaben oder um kleinere innovative Vorhaben geht, sollte die Innovationspartnerschaft so strukturiert sein, dass sie die erforderliche Marktnachfrage („Market Pull") bewirken kann, die die Entwicklung einer innovativen Lösung anstößt, ohne jedoch zu einer Marktabschottung zu führen.

Die öffentlichen Auftraggeber sollten daher Innovationspartnerschaften nicht in einer Weise nutzen, durch die der Wettbewerb behindert, eingeschränkt oder verfälscht wird. In bestimmten Fällen könnten solche Effekte durch die Gründung von Innovationspartnerschaften mit mehreren Partnern vermieden werden.

(50) Angesichts der negativen Auswirkungen auf den Wettbewerb sollten Verhandlungsverfahren ohne vorherige Veröffentlichung einer Auftragsbekanntmachung nur unter sehr außergewöhnlichen Umständen zur Anwendung kommen. Die Ausnahme sollte auf Fälle beschränkt bleiben, in denen eine Veröffentlichung entweder aus Gründen extremer Dringlichkeit wegen unvorhersehbarer und vom öffentlichen Auftraggeber nicht zu verantwortender Ereignisse nicht möglich ist oder in denen von Anfang an klar ist, dass eine Veröffentlichung nicht zu mehr Wettbewerb oder besseren Beschaffungsergebnissen führen würde, nicht zuletzt weil objektiv nur ein einziger Wirtschaftsteilnehmer in der Lage ist, den Auftrag auszuführen. Dies ist der Fall bei Kunstwerken, bei denen der einzigartige Charakter und Wert des Kunstgegenstands selbst untrennbar an die Identität des Künstlers gebunden ist. Ausschließlichkeit kann auch aus anderen Gründen erwachsen, doch nur Situationen einer objektiven Ausschließlichkeit können den Rückgriff auf das Verhandlungsverfahren ohne vorherige Veröffentlichung rechtfertigen, sofern die Ausschließlichkeitssituation nicht durch den öffentlichen Auftraggeber selbst mit Blick auf das anstehende Vergabeverfahren herbeigeführt wurde.

Öffentliche Auftraggeber, die auf diese Ausnahme zurückgreifen, sollten begründen, warum es keine vernünftigen Alternativen oder keinen vernünftigen Ersatz gibt, wie die Nutzung alternativer Vertriebswege, einschließlich außerhalb des Mitgliedstaats des öffentlichen Auftraggebers, oder die Erwägung funktionell vergleichbarer Bauleistungen, Lieferungen und Dienstleistungen.

Ist die Ausschließlichkeitssituation auf technische Gründe zurückzuführen, so sollten diese im Einzelfall genau beschrieben und nachgewiesen werden. Als solche könnten beispielsweise angeführt werden, dass es für einen anderen Wirtschaftsteilnehmer technisch nahezu unmöglich ist, die geforderte

Leistung zu erbringen, oder dass es nötig ist, spezielles Wissen, spezielle Werkzeuge oder Hilfsmittel zu verwenden, die nur einem einzigen Wirtschaftsteilnehmer zur Verfügung stehen. Technische Gründe können auch zurückzuführen sein auf konkrete Anforderungen an die Interoperabilität, die erfüllt sein müssen, um das Funktionieren der zu beschaffenden Bauleistungen, Lieferungen oder Dienstleistungen zu gewährleisten.

Schließlich ist ein Vergabeverfahren nicht sinnvoll, wenn Waren direkt an einer Warenbörse gekauft werden, einschließlich Handelsplattformen für Bedarfsgüter wie landwirtschaftliche Erzeugnisse und Rohstoffe und Energiebörsen, wo naturgemäß aufgrund der regulierten und überwachten multilateralen Handelsstruktur Marktpreise garantiert sind.

(51) Es sollte klargestellt werden, dass die Bestimmungen zum Schutz vertraulicher Informationen in keiner Weise der Offenlegung der nicht vertraulichen Teile von abgeschlossenen Verträgen, einschließlich späterer Änderungen, entgegenstehen.

(52) Elektronische Informations- und Kommunikationsmittel können die Bekanntmachung von Aufträgen erheblich vereinfachen und Effizienz und Transparenz der Vergabeverfahren steigern. Sie sollten zum Standard für Kommunikation und Informationsaustausch im Rahmen von Vergabeverfahren werden, da sie die Möglichkeiten von Wirtschaftsteilnehmern zur Teilnahme an Vergabeverfahren im gesamten Binnenmarkt stark verbessern. Zu diesem Zweck sollten die Übermittlung von Bekanntmachungen in elektronischer Form, die elektronische Verfügbarkeit der Auftragsunterlagen sowie – nach einem Übergangszeitraum von 30 Monaten – eine ausschließliche elektronische Kommunikation, das heißt eine Kommunikation durch elektronische Mittel, in allen Verfahrensstufen, einschließlich der Übermittlung von Teilnahmeanträgen und insbesondere der Übermittlung der Angebote („elektronische Übermittlung"), verbindlich vorgeschrieben werden. Es sollte den Mitgliedstaaten und öffentlichen Auftraggebern freigestellt bleiben, auf Wunsch hierüber hinauszugehen. Es sollte außerdem klargestellt werden, dass die verbindliche Verwendung elektronischer Kommunikationsmittel nach dieser Richtlinie öffentliche Auftraggeber nicht zur elektronischen Verarbeitung von Angeboten verpflichten oder eine elektronische Bewertung oder automatische Verarbeitung vorschreiben sollte. Des Weiteren sollten nach dieser Richtlinie weder Bestandteile des Verfahrens der öffentlichen Auftragsvergabe, die auf die Vergabe des Auftrags folgen, noch die interne Kommunikation des öffentlichen Auftraggebers unter die Verpflichtung zur Verwendung elektronischer Kommunikationsmittel fallen.

(53) Die öffentlichen Auftraggeber sollten, von spezifischen Sonderfällen abgesehen, elektronische Kommunikationsmittel nutzen, die nichtdiskriminierend, allgemein verfügbar sowie mit den allgemein verbreiteten Erzeugnissen der IKT kompatibel sind und den Zugang der Wirtschaftsteilnehmer zum Vergabeverfahren nicht einschränken. Die Verwendung dieser Kommunikationsmittel sollte auch der Zugänglichkeit für Personen mit Behinderungen hinreichend Rechnung tragen. Es sollte klargestellt werden, dass die Verpflichtung zur Verwendung elektronischer Mittel in allen Phasen des Verfahrens zur Vergabe öffentlicher Aufträge nicht angemessen wäre, wenn die Nutzung elektronischer Mittel besondere Instrumente oder Dateiformate erfordern würde, die nicht allgemein verfügbar sind, oder wenn die betreffende Kommunikation nur mit speziellen Bürogeräten bearbeitet werden könnte. Öffentliche Auftraggeber sollten daher nicht verpflichtet werden, in bestimmten Fällen die Nutzung elektronischer Kommunikationsmittel im Einreichungsverfahren zu verlangen; diese Fälle sollten erschöpfend aufgelistet werden. In der Richtlinie wird festgelegt, dass hierzu Fälle gehören, in denen die Nutzung spezieller Bürogeräte erforderlich wäre, die öffentlichen Auftraggebern nicht generell zur Verfügung stehen, wie beispielsweise Großformatdrucker. In einigen Vergabeverfahren kann in den Auftragsunterlagen die Einreichung eines physischen oder maßstabsgetreuen Modells verlangt werden, das den öffentlichen Auftraggebern nicht auf elektronischem Wege vorgelegt werden kann. In solchen Fällen sollte das Modell den öffentlichen Auftraggebern auf dem Postweg oder einem anderen geeigneten Weg zugesandt werden.

Es sollte jedoch klargestellt werden, dass die Nutzung anderer Kommunikationsmittel auf die Bestandteile des Angebots beschränkt sein sollte, für die eine elektronische Kommunikation nicht verlangt wird.

Es ist angezeigt klarzustellen, dass – sofern dies aus technischen Gründen erforderlich ist – die öffentlichen Auftraggeber in der Lage sein sollten, eine maximale Größe der einzureichenden Dateien festzulegen.

(54) In Ausnahmefällen sollte es den öffentlichen Auftraggebern gestattet sein, andere als elektronische Kommunikationsmittel zu nutzen, wenn es zum Schutz besonders sensibler Informationen erforderlich ist, keine elektronische Kommunikationsmittel zu nutzen. Es sollte klargestellt werden, dass in Fällen, in denen der Rückgriff auf nicht allgemein verfügbare elektronische Mittel das nötige Schutzniveau bieten kann, diese elektronischen Mittel genutzt werden sollten. Dies kann beispielsweise der Fall sein, wenn die öffentlichen Auftraggeber die Nutzung spezieller sicherer Kommunikationskanäle vorschreiben, zu denen sie den Zugang anbieten.

(55) Unterschiedliche technische Formate oder Verfahren und Nachrichtenstandards könnten potenzielle Hindernisse für die Interoperabilität nicht nur innerhalb des jeweiligen Mitgliedstaats, sondern auch und insbesondere zwischen den Mitgliedstaaten entstehen lassen. Beispielsweise wären Wirtschaftsteilnehmer, um an einem Vergabeverfahren teilzunehmen, bei dem die Verwendung von elektronischen Katalogen – einem Format zur Darstellung und Gestaltung von Informationen in einer Weise, die für alle teilnehmenden Bieter gleich ist und für die eine elektronische Bearbeitung sich anbietet – zulässig oder vorgeschrieben ist, bei einer fehlenden Normung verpflichtet, ihre eigenen Kataloge an jedes Vergabeverfahren anzupassen, was bedeuten würde, dass je nach den Spezifikationen des jeweiligen öffentlichen Auftraggebers sehr ähnliche Informationen in unterschiedlichen Formaten bereitgestellt werden müssten. Durch die Vereinheitlichung der Katalogformate würde somit das Maß an Interoperabilität verbessert, die Effizienz gesteigert und zudem der Aufwand für die Wirtschaftsteilnehmer vermindert.

(56) Hinsichtlich der Frage, ob es notwendig ist, die Nutzung spezifischer Standards verbindlich vorzuschreiben, um die Interoperabilität zwischen verschiedenen technischen Formaten oder Verfahrens- und Nachrichtenstandards sicherzustellen beziehungsweise zu verbessern, und welche Standards unter Umständen eingeführt werden sollten, sollte die Kommission die Meinungen der Betroffenen weitestgehend berücksichtigen. Die Kommission sollte auch bedenken, in welchem Umfang ein gegebener Standard bereits von den Wirtschaftsteilnehmern und den öffentlichen Auftraggebern in der Praxis genutzt wird und wie gut er sich bewährt hat. Bevor ein bestimmter technischer Standard vorgeschrieben wird, sollte die Kommission auch sorgfältig die damit gegebenenfalls verbundenen Kosten prüfen, insbesondere hinsichtlich eventuell erforderlicher Anpassungen bestehender Lösungen für das elektronische Beschaffungswesen, einschließlich Infrastrukturen, Verfahren oder Software. Sofern die betreffenden Standards nicht von einer internationalen, europäischen oder nationalen Normungsorganisation entwickelt werden, sollten sie die Anforderungen erfüllen, die für IKT-Normen gemäß der Verordnung (EU) Nr. 1025/2012 des Europäischen Parlaments und des Rates[12] gelten.

(57) Vor Festlegung des erforderlichen Sicherheitsniveaus für die elektronischen Kommunikationsmittel, die in den verschiedenen Phasen des Vergabeverfahrens genutzt werden sollen, sollten die Mitgliedstaaten und die öffentlichen Auftraggeber die Verhältnismäßigkeit zwischen einerseits den Anforderungen zur Sicherstellung einer sachlich richtigen und zuverlässigen Identifizierung der Absender der betreffenden Mitteilungen sowie der Unversehrtheit von deren Inhalt und andererseits der Gefahr von Problemen beispielsweise bei Mitteilungen, die durch einen anderen als den angegebenen Absender verschickt werden, abwägen. Dies würde bei ansonsten gleichen Umständen bedeuten, dass das Sicherheitsniveau, das beispielsweise bei der per E-Mail erfolgten Anforderung einer Bestätigung der genauen Anschrift, an der eine Informationsveranstaltung durchgeführt werden soll, erforderlich ist, nicht so hoch sein muss wie für das eigentliche Angebot, das für den Wirtschaftsteilnehmer ein verbindliches Angebot darstellt. In ähnlicher Weise könnte die Abwägung der Verhältnismäßigkeit dazu führen, dass im Zusammenhang mit der erneuten Einreichung von elektronischen Katalogen

12 Verordnung (EU) Nr. 1025/2012 des Europäischen Parlaments und des Rates vom 25. Oktober 2012 zur europäischen Normung, zur Änderung der Richtlinien 89/686/EWG und 93/15/EWG des Rates sowie der Richtlinien 94/9/EG, 94/25/EG, 95/16/EG, 97/23/EG, 98/34/EG, 2004/22/EG, 2007/23/EG, 2009/23/EG und 2009/105/EG des Europäischen Parlaments und des Rates und zur Aufhebung des Beschlusses 87/95/EWG des Rates und des Beschlusses Nr. 1673/2006/EG des Europäischen Parlaments und des Rates (ABl. L 316 vom 14.11.2012, S. 12).

oder der Einreichung von Angeboten im Rahmen von Kleinstwettbewerben gemäß einer Rahmenvereinbarung oder dem Zugang zu den Auftragsunterlagen niedrigere Sicherheitsniveaus verlangt werden.

(58) Während wesentliche Bestandteile eines Vergabeverfahrens wie die Auftragsunterlagen, Teilnahmeanträge, Interessensbestätigungen und Angebote stets in Schriftform vorgelegt werden sollten, sollte weiterhin auch die mündliche Kommunikation mit Wirtschaftsteilnehmern möglich sein, vorausgesetzt, dass ihr Inhalt ausreichend dokumentiert wird. Dies ist nötig, um angemessene Transparenz sicherzustellen und so überprüfen zu können, ob der Grundsatz der Gleichbehandlung eingehalten wurde. Wichtig ist vor allem, dass mündliche Kommunikationen mit Bietern, die einen Einfluss auf den Inhalt und die Bewertung des Angebots haben könnten, in hinreichendem Umfang und in geeigneter Weise dokumentiert werden, z. B. durch Niederschrift oder Tonaufzeichnungen oder Zusammenfassungen der wichtigsten Aspekte der Kommunikation.

(59) Unionsweit zeichnet sich auf den öffentlichen Beschaffungsmärkten ein starker Trend zur Zusammenführung der Nachfrage der öffentlichen Beschaffer ab, wobei das Ziel darin besteht, Größenvorteile, unter anderem eine Senkung der Preise und der Transaktionskosten, zu erzielen und das Beschaffungsmanagement zu verbessern und zu professionalisieren. Dies kann erreicht werden durch Sammelbeschaffungen einer größeren Zahl öffentlicher Auftraggeber oder durch Sammelbeschaffungen, bei denen über einen längeren Zeitraum hinweg ein bestimmtes Auftragsvolumen oder ein bestimmter Auftragswert erreicht wird. Die Zusammenführung und Zentralisierung von Beschaffungen sollte jedoch sorgfältig überwacht werden, um eine übermäßige Konzentration der Kaufkraft und geheime Absprachen zu verhindern und Transparenz und Wettbewerb sowie die Möglichkeiten des Marktzugangs für KMU aufrechtzuerhalten.

(60) Das Instrument der Rahmenvereinbarungen findet breite Anwendung und wird europaweit als eine effiziente Beschaffungsmethode angesehen. Daher sollte daran weitgehend festgehalten werden. Bestimmte Aspekte bedürfen jedoch der Präzisierung, insbesondere, dass Rahmenvereinbarungen nicht durch öffentliche Auftraggeber in Anspruch genommen werden sollten, die in diesen nicht genannt sind. Zu diesem Zweck sollten die öffentlichen Auftraggeber, die von Anfang an Partei einer bestimmten Rahmenvereinbarung sind, eindeutig angegeben werden, entweder namentlich oder durch andere Mittel, wie beispielsweise eine Bezugnahme auf eine bestimmte Kategorie von öffentlichen Auftraggebern innerhalb eines klar abgegrenzten geografischen Gebiets, so dass die betreffenden öffentlichen Auftraggeber ohne Weiteres und eindeutig identifiziert werden können. Außerdem sollten nach dem Abschluss einer Rahmenvereinbarung keine neuen Wirtschaftsteilnehmer aufgenommen werden können. Dies bedeutet beispielsweise, dass eine zentrale Beschaffungsstelle, die ein Gesamtverzeichnis öffentlicher Auftraggeber oder ihrer Kategorien – wie lokaler Gebietskörperschaften in einem bestimmten geografischen Gebiet – verwendet, die auf Rahmenvereinbarungen zurückgreifen können, die die zentrale Beschaffungsstelle geschlossen hat, dabei dafür sorgen sollte, dass nicht nur die Identität des betreffenden öffentlichen Auftraggebers nachprüfbar ist, sondern auch der Zeitpunkt, ab dem dieser öffentliche Auftraggeber die von der zentralen Beschaffungsstelle geschlossene Rahmenvereinbarung nutzen kann, da durch diesen Zeitpunkt bestimmt wird, welche konkreten Rahmenvereinbarungen dieser öffentliche Auftraggeber nutzen darf.

(61) Die objektiven Voraussetzungen, nach denen bestimmt wird, welcher der Wirtschaftsteilnehmer, der Partei der Rahmenvereinbarung ist, eine gegebene Aufgabe ausführen sollte, wie beispielsweise Lieferungen oder Dienstleistungen zur Nutzung durch natürliche Personen, können im Zusammenhang mit Rahmenvereinbarungen, in denen alle Bedingungen festgelegt sind, die Erfordernisse oder die Auswahl der betreffenden natürlichen Personen umfassen.

Den öffentlichen Auftraggebern sollte bei der Beschaffung auf der Grundlage von Rahmenvereinbarungen, die mit mehr als einem Wirtschaftsteilnehmer geschlossen werden und in denen alle Bedingungen festgelegt sind, mehr Flexibilität eingeräumt werden.

In diesen Fällen sollten die öffentlichen Auftraggeber bestimmte, von der Rahmenvereinbarung abgedeckte Bauleistungen, Lieferungen oder Dienstleistungen erhalten können, indem sie diese entweder von einem der Wirtschaftsteilnehmer anfordern, der anhand objektiver Kriterien und der bereits festgelegten Bedingungen ausgewählt wird, oder nach einem Kleinstwettbewerb zwischen den Wirtschaftsteilnehmern, die Parteien der Rahmenvereinbarung sind, einen bestimmten Auftrag für die betreffenden Bauleistungen, Lieferungen oder Dienstleistungen vergeben. Zur Sicherstellung der Gleichbehandlung und Transparenz sollten die öffentlichen Auftraggeber in den Auftragsunterlagen für die Rahmenvereinbarung die objektiven Kriterien angeben, die für die Entscheidung zwischen diesen beiden Methoden zur Ausführung der Rahmenvereinbarung ausschlaggebend sind. Diese Kriterien könnten sich beispielsweise auf die Menge, den Wert oder die wesentlichen Merkmale der betreffenden Bauleistungen, Lieferungen oder Dienstleistungen, einschließlich der Notwendigkeit eines höheren Leistungsniveaus oder eines gesteigerten Sicherheitsniveaus, oder auf die Preisentwicklung im Vergleich zu einem festgelegten Preisindex beziehen. Das Instrument der Rahmenvereinbarung sollte nicht missbräuchlich oder in einer Weise angewandt werden, durch die der Wettbewerb behindert, eingeschränkt oder verfälscht wird. Die öffentlichen Auftraggeber sollten aufgrund dieser Richtlinie nicht verpflichtet sein, Bauleistungen, Lieferungen oder Dienstleistungen, die Gegenstand einer Rahmenvereinbarung sind, unter dieser Rahmenvereinbarung zu beschaffen.

(62) Ebenso sollte klargestellt werden, dass zwar auf einer Rahmenvereinbarung beruhende Aufträge vor Ablauf der Laufzeit der Rahmenvereinbarung selbst zu vergeben sind, die Laufzeit der einzelnen auf einer Rahmenvereinbarung beruhenden Aufträge jedoch nicht der Laufzeit jener Rahmenvereinbarung entsprechen muss, sondern gegebenenfalls kürzer oder länger sein kann. Insbesondere sollte es zulässig sein, bei der Festlegung der Länge einzelner auf einer Rahmenvereinbarung beruhender Aufträge Faktoren zu berücksichtigen wie beispielsweise die für ihre Durchführung erforderliche Zeit, eine vorgesehene Wartung von Ausrüstung mit einer erwarteten Nutzungsdauer von mehr als vier Jahren oder eine für die Auftragsausführung erforderliche umfassende Mitarbeiterschulung.

Es sollte ferner klargestellt werden, dass in Ausnahmefällen auch bei Rahmenvereinbarungen selbst eine Laufzeit von mehr als vier Jahren zulässig sein sollte. Solche Fälle, die – insbesondere mit dem Gegenstand der Rahmenvereinbarung – hinreichend zu begründen sind, können beispielsweise auftreten, wenn Wirtschaftsteilnehmer Ausrüstung benötigen, deren Amortisierungszeitraum mehr als vier Jahre beträgt und die während der gesamten Laufzeit der Rahmenvereinbarung jederzeit verfügbar sein muss.

(63) Im Lichte der bisherigen Erfahrungen gilt es ferner, die Vorschriften für dynamische Beschaffungssysteme anzupassen, um es den öffentlichen Auftraggebern zu erlauben, die Möglichkeiten, die dieses Instrument bietet, in vollem Umfang zu nutzen. Die betreffenden Systeme müssen vereinfacht werden, indem sie insbesondere in Form eines nichtoffenen Verfahrens betrieben werden; die Notwendigkeit der Einreichung unverbindlicher Angebote, die sich als eine der größten Belastungen bei dynamischen Beschaffungssystemen erwiesen hat, würde damit entfallen. So sollte jeder Wirtschaftsteilnehmer, der einen Teilnahmeantrag stellt und die Eignungskriterien erfüllt, zur Teilnahme an Vergabeverfahren zugelassen werden, die mittels des dynamischen Beschaffungssystems durchgeführt werden, befristet auf die Gültigkeitsdauer des Systems. Diese Beschaffungsmethode ermöglicht es dem öffentlichen Auftraggeber, eine besonders breite Palette von Angeboten einzuholen und damit sicherzustellen, dass die öffentlichen Gelder im Rahmen eines breiten Wettbewerbs in Bezug auf marktübliche oder gebrauchsfertige Waren, Bauleistungen oder Dienstleistungen, die allgemein auf dem Markt verfügbar sind, optimal eingesetzt werden.

(64) Die Prüfung dieser Teilnahmeanträge sollte im Regelfall innerhalb von höchstens zehn Arbeitstagen durchgeführt werden, da die Bewertung der Eignungskriterien aufgrund der in dieser Richtlinie geregelten vereinfachten Dokumentationsanforderungen erfolgt. Allerdings können sich öffentliche Auftraggeber bei erstmaliger Einrichtung eines dynamischen Beschaffungssystems einer so hohen Zahl von Teilnahmeanträgen als Reaktion auf die erste Veröffentlichung der Auftragsbekanntmachung oder die Aufforderung zur Interessenbestätigung gegenübersehen, dass sie zur Prüfung der Anträge möglicherweise mehr Zeit benötigen. Dies sollte zulässig sein, vorausgesetzt, es wird keine einzelne Auftragsvergabe eingeleitet, bevor alle Anträge geprüft wurden. Den öffentlichen Auftraggebern sollte es freigestellt sein, wie sie die Teilnahmeanträge prüfen, z.B. indem sie sich entscheiden, solche Prüfungen nur einmal pro Woche durchzuführen, sofern die Fristen für die Prüfung der einzelnen Anträge auf Zulassung eingehalten werden.

(65) Den öffentlichen Auftraggebern sollte es während der Gültigkeitsdauer des dynamischen Beschaffungssystems jederzeit freigestellt sein, von den Wirtschaftsteilnehmern zu verlangen, innerhalb einer angemessenen Frist eine erneute und aktualisierte Eigenerklärung über die Erfüllung der qualitativen Eignungskriterien zu übermitteln. Es sei daran erinnert, dass die in den allgemeinen Bestimmungen dieser Richtlinie zu Nachweisen vorgesehene Möglichkeit, Wirtschaftsteilnehmer zur Vorlage von zusätzlichen Unterlagen aufzufordern, und die Verpflichtung des Bieters, an den der Auftrag vergeben wurde, dieser Aufforderung nachzukommen, auch in dem besonderen Zusammenhang des dynamischen Beschaffungssystems gelten.

(66) Um die Möglichkeiten für KMU zur Teilnahme an einem großen dynamischen Beschaffungssystem zu fördern, beispielsweise an einem System, das von einer zentralen Beschaffungsstelle betrieben wird, sollte der betreffende öffentliche Auftraggeber für das System objektiv definierte Kategorien von Waren, Bauleistungen oder Dienstleistungen formulieren können. Solche Kategorien sollten unter Bezugnahme auf objektive Faktoren definiert werden, wie beispielsweise den höchstens zulässigen Umfang konkreter Aufträge, die innerhalb der betreffenden Kategorie vergeben werden sollen, oder ein spezifisches geografisches Gebiet, in dem konkrete Aufträge auszuführen sind. Wird ein dynamisches Beschaffungssystem in Kategorien unterteilt, so sollte der öffentliche Auftraggeber Eignungskriterien anwenden, die im Verhältnis zu den wesentlichen Merkmalen der betreffenden Kategorie stehen.

(67) Es sollte klargestellt werden, dass elektronische Auktionen typischerweise nicht geeignet sind für bestimmte öffentliche Bauaufträge und bestimmte öffentliche Dienstleistungsaufträge, die geistige Leistungen wie beispielsweise die Planung von Bauleistungen zum Gegenstand haben, denn nur die Elemente, die sich für die automatische Bewertung auf elektronischem Wege – ohne jegliche Intervention oder Begutachtung durch den öffentlichen Auftraggeber – eignen, namentlich quantifizierbare Elemente, die sich in Zahlen oder Prozentsätzen ausdrücken lassen, können Gegenstand elektronischer Auktionen sein.

Es sollte darüber hinaus jedoch verdeutlicht werden, dass elektronische Auktionen in einem Vergabeverfahren für den Kauf eines Rechts an einem bestimmten geistigen Eigentum genutzt werden können. Es sollte außerdem daran erinnert werden, dass es öffentlichen Auftraggebern zwar freigestellt bleibt, die Zahl der Bewerber oder Bieter zu reduzieren, solange die Auktion noch nicht begonnen hat, es jedoch nicht zulässig ist, die Zahl der an einer elektronischen Auktion teilnehmenden Bieter weiter zu reduzieren, nachdem die Auktion begonnen hat.

(68) Es werden ständig neue elektronische Beschaffungsmethoden entwickelt, wie etwa elektronische Kataloge. Elektronische Kataloge bieten ein Format zur Darstellung und Gestaltung von Informationen in einer Weise, die allen teilnehmenden Bietern gemeinsam ist und die sich für eine elektronische Bearbeitung anbietet. Ein Beispiel wären Angebote in Form einer Kalkulationstabelle. Die öffentlichen Auftraggeber sollten elektronische Kataloge in allen verfügbaren Verfahren verlangen können, in denen die Nutzung elektronischer Kommunikationsmittel vorgeschrieben ist. Elektronische Kataloge tragen vor allem durch eine Zeit- und Geldersparnis zur Stärkung des Wettbewerbs und zur Rationalisierung der öffentlichen Beschaffung bei. Es sollten jedoch bestimmte Regeln festgelegt werden, um sicherzustellen, dass bei der Verwendung der neuen Methoden diese Richtlinie und die Grundsätze der Gleichbehandlung, der Nichtdiskriminierung und der Transparenz eingehalten werden. So sollte die Verwendung elektronischer Kataloge zur Einreichung von Angeboten den Wirtschaftsteilnehmern nicht die Möglichkeit eröffnen, sich auf die Übermittlung ihres allgemeinen Katalogs zu beschränken. Die Wirtschaftsteilnehmer sollten ihre allgemeinen Kataloge vor dem Hintergrund des konkreten Vergabeverfahrens nach wie vor anpassen müssen. Damit wird sichergestellt, dass der im Rahmen eines bestimmten Vergabeverfahrens übermittelte Katalog nur Waren, Bauleistungen oder Dienstleistungen enthält, die nach Einschätzung der Wirtschaftsteilnehmer, zu der sie nach einer aktiven Prüfung gelangt sind, den Anforderungen des öffentlichen Auftraggebers entsprechen. Dabei sollten Wirtschaftsteilnehmer in ihrem allgemeinen Katalog enthaltene Informationen kopieren dürfen, jedoch nicht den allgemeinen Katalog als solchen einreichen dürfen.

Insbesondere in Fällen, in denen auf der Grundlage einer Rahmenvereinbarung ein erneuter Aufruf zum Wettbewerb erfolgt oder in denen ein dynamisches Beschaffungssystem genutzt wird, sollte es öffentlichen Auftraggebern außerdem gestattet sein, Angebote für bestimmte Beschaffungen anhand früher übermittelter elektronischer Kataloge zu generieren, sofern ausreichende Garantien hinsichtlich Rückverfolgbarkeit, Gleichbehandlung und Vorhersehbarkeit geboten werden.

Wurden Angebote durch den öffentlichen Auftraggeber generiert, so sollte der betreffende Wirtschaftsteilnehmer die Möglichkeit erhalten, sich davon zu überzeugen, dass das dergestalt vom öffentlichen Auftraggeber erstellte Angebot keine sachlichen Fehler enthält. Liegen sachliche Fehler vor, so sollte der Wirtschaftsteilnehmer nicht an das Angebot gebunden sein, das durch den öffentlichen Auftraggeber generiert wurde, es sei denn, der Fehler wird korrigiert.

Im Einklang mit den Anforderungen der Vorschriften für elektronische Kommunikationsmittel sollten öffentliche Auftraggeber ungerechtfertigte Hindernisse für den Zugang von Wirtschaftsteilnehmern zu Vergabeverfahren vermeiden, bei denen die Angebote in Form elektronischer Kataloge einzureichen sind und die die Einhaltung der allgemeinen Grundsätze der Nichtdiskriminierung und Gleichbehandlung garantieren.

(69) In den meisten Mitgliedstaaten kommen zunehmend zentralisierte Vergabeverfahren zum Einsatz. Zentrale Beschaffungsstellen haben die Aufgabe, entgeltlich oder unentgeltlich für andere öffentliche Auftraggeber Ankäufe zu tätigen, dynamische Beschaffungssysteme zu verwalten oder öffentliche Aufträge zu vergeben beziehungsweise Rahmenvereinbarungen zu schließen. Die öffentlichen Auftraggeber, für die eine Rahmenvereinbarung geschlossen wird, sollten sie für einzelne oder wiederkehrende Aufträge nutzen können. In Anbetracht der großen Mengen, die beschafft werden, können diese Verfahren zur Verbesserung des Wettbewerbs beitragen und sollten dazu beitragen, das öffentliche Auftragswesen zu professionalisieren. Daher sollte eine unionsweit geltende Definition des Begriffs der für öffentliche Auftraggeber tätigen zentralen Beschaffungsstellen festgelegt werden, und es sollte klargestellt werden, dass zentrale Beschaffungsstellen auf zwei unterschiedliche Arten tätig sind.

Sie sollten in der Lage sein, durch Ankauf, Lagerung und Weiterverkauf zum einen als Großhändler oder durch die Vergabe von Aufträgen, den Betrieb dynamischer Beschaffungssysteme oder den Abschluss von Rahmenvereinbarungen, die durch öffentliche Auftraggeber zu verwenden sind, zum anderen sollten sie in der Lage sein, als Zwischenhändler zu handeln. Eine derartige Rolle als Zwischenhändler könnte in manchen Fällen im Wege einer autonomen, ohne detaillierte Anweisungen seitens der betreffenden öffentlichen Auftraggeber erfolgenden Durchführung der jeweiligen Vergabeverfahren ausgeübt werden, in anderen Fällen im Wege einer nach den Anweisungen der betreffenden öffentlichen Auftraggeber, in deren Auftrag und auf deren Rechnung erfolgenden Durchführung der jeweiligen Vergabeverfahren.

Außerdem sollten die jeweiligen Zuständigkeiten der zentralen Beschaffungsstelle und der öffentlichen Auftraggeber, die ihre Vergaben über die zentrale Beschaffungsstelle abwickeln, für die Einhaltung der aus dieser Richtlinie erwachsenden Verpflichtungen durch geeignete Vorschriften geregelt werden. Obliegt die Durchführung der Vergabeverfahren allein der zentralen Beschaffungsstelle, so sollte diese auch die alleinige und unmittelbare Verantwortung für die Rechtmäßigkeit der Verfahren tragen. Führt ein öffentlicher Auftraggeber bestimmte Teile des Verfahrens durch, beispielsweise einen erneuten Aufruf zum Wettbewerb auf der Grundlage einer Rahmenvereinbarung oder die Vergabe von Einzelaufträgen auf der Grundlage eines dynamischen Beschaffungssystems, so sollte er auch für die von ihm durchgeführten Verfahrensschritte verantwortlich bleiben.

(70) Öffentlichen Auftraggebern sollte es gestattet sein, einen öffentlichen Dienstleistungsauftrag über die Ausübung zentralisierter Beschaffungstätigkeiten an eine zentrale Beschaffungsstelle ohne Anwendung der in dieser Richtlinie vorgesehenen Verfahren zu vergeben. Ferner sollte es gestattet sein, dass derartige öffentliche Dienstleistungsaufträge auch die Ausübung von Nebenbeschaffungstätigkeiten umfassen. Öffentliche Dienstleistungsaufträge für die Ausübung von Nebenbeschaffungstätigkeiten sollten, wenn sie nicht durch eine zentrale Beschaffungsstelle im Zusammenhang mit deren Ausübung zentraler Beschaffungstätigkeiten für den betreffenden öffentlichen Auftraggeber ausgeführt werden, im Einklang mit dieser Richtlinie vergeben werden. Es sei ebenfalls daran erinnert, dass diese Richtlinie nicht gelten sollte, wenn zentrale Beschaffungstätigkeiten oder Nebenbeschaffungstä-

tigkeiten auf andere Weise als durch einen entgeltlichen Vertrag ausgeführt werden, der eine Beschaffung im Sinne dieser Richtlinie darstellt.

(71) Eine Stärkung der Bestimmungen zu zentralen Beschaffungsstellen sollte auf keinen Fall die derzeitige Praxis einer gelegentlichen gemeinsamen Beschaffung verhindern, d. h. weniger institutionalisierte und systematische gemeinsame Beschaffungen oder die bewährte Praxis des Rückgriffs auf Dienstleister, die Vergabeverfahren im Namen und für Rechnung eines öffentlichen Auftraggebers und nach dessen Anweisungen vorbereiten und durchführen. Vielmehr sollten wegen der wichtigen Rolle, die gemeinsame Beschaffungen nicht zuletzt im Zusammenhang mit innovativen Projekten spielen können, bestimmte Merkmale gemeinsamer Beschaffungen eindeutiger gefasst werden.

Gemeinsame Beschaffungen können viele verschiedene Formen annehmen; diese reichen von einer koordinierten Beschaffung durch die Erstellung gemeinsamer technischer Spezifikationen für Bauleistungen, Lieferungen oder Dienstleistungen, die durch mehrere öffentliche Auftraggeber beschafft werden, von denen jeder ein getrenntes Vergabeverfahren durchführt, bis hin zu Fällen, in denen die betreffenden öffentlichen Auftraggeber gemeinsam ein Vergabeverfahren durchführen und dabei entweder gemeinsam handeln oder einen öffentlichen Auftraggeber mit der Verwaltung des Vergabeverfahrens im Namen aller öffentlichen Auftraggeber beauftragen.

Führen mehrere öffentliche Auftraggeber gemeinsam ein Vergabeverfahren durch, so sollten sie gemeinsam für die Erfüllung ihrer Verpflichtungen nach dieser Richtlinie verantwortlich sein. Werden jedoch nur Teile des Vergabeverfahrens von den öffentlichen Auftraggebern gemeinsam durchgeführt, so sollte die gemeinsame Verantwortung nur für die gemeinsam ausgeführten Teile des Verfahrens gelten. Jeder öffentliche Auftraggeber sollte lediglich für Verfahren oder Teile von Verfahren verantwortlich sein, die er selbst durchführt, wie die Vergabe eines Auftrags, den Abschluss einer Rahmenvereinbarung, den Betrieb eines dynamischen Beschaffungssystems, der erneute Aufruf zum Wettbewerb auf der Grundlage einer Rahmenvereinbarung oder die Festlegung, welche der Wirtschaftsteilnehmer, die Partei einer Rahmenvereinbarung sind, eine bestimmte Aufgabe erfüllen sollen.

(72) Elektronische Kommunikationsmittel sind in besonderem Maße für die Unterstützung zentralisierter Beschaffungsverfahren und -instrumente geeignet, da sie die Möglichkeit bieten, Daten weiterzuverwenden und automatisch zu verarbeiten und Informations- und Transaktionskosten möglichst gering zu halten. Die Verwendung entsprechender elektronischer Kommunikationsmittel sollte daher – in einem ersten Schritt – für zentrale Beschaffungsstellen verpflichtend gemacht werden, was auch einer Konvergenz der Praxis innerhalb der Union förderlich sein dürfte. Nach einer Übergangszeit von 30 Monaten sollte dann eine allgemeine Verpflichtung zur Nutzung elektronischer Kommunikationsmittel in sämtlichen Beschaffungsverfahren eingeführt werden.

(73) Einer gemeinsamen Vergabe öffentlicher Aufträge durch öffentliche Auftraggeber aus verschiedenen Mitgliedstaaten stehen derzeit noch gewisse rechtliche Schwierigkeiten hinsichtlich der Kollision nationaler Rechtsvorschriften entgegen. Wenngleich die Richtlinie 2004/18/EG implizit eine grenzüberschreitende gemeinsame öffentliche Auftragsvergabe zulässt, sehen sich öffentliche Auftraggeber noch immer beträchtlichen rechtlichen und praktischen Schwierigkeiten bei der Beschaffung über zentrale Beschaffungsstellen in anderen Mitgliedstaaten oder bei der gemeinsamen Vergabe öffentlicher Aufträge gegenüber. Damit öffentliche Auftraggeber durch Größenvorteile und eine Risiko-Nutzen-Teilung das Potenzial des Binnenmarkts optimal ausschöpfen können, nicht zuletzt im Hinblick auf innovative Projekte, die höhere Risiken bergen, als sie nach vernünftigem Ermessen von einem einzelnen öffentlichen Auftraggeber getragen werden können, sollten diese Schwierigkeiten beseitigt werden. Daher sollten neue Vorschriften für die grenzüberschreitende gemeinsame Beschaffung festgelegt werden, um die Zusammenarbeit zwischen öffentlichen Auftraggebern zu erleichtern und die Vorteile des Binnenmarkts durch die Schaffung grenzüberschreitender Geschäftsmöglichkeiten für Lieferanten und Diensteanbieter zu erhöhen. Mit diesen Vorschriften sollten die Bedingungen für die grenzüberschreitende Nutzung zentraler Beschaffungsstellen festgelegt und das in grenzüberschreitenden gemeinsamen Beschaffungsverfahren anwendbare Recht für die öffentliche Auftragsvergabe, einschließlich der anwendbaren Rechtsvorschriften für Rechtsmittel, bestimmt werden, ergänzend zu den Kollisionsnormen der Verordnung (EG) Nr. 593/2008 des Europäischen Parlaments und

des Rates[13]. Darüber hinaus sollten öffentliche Auftraggeber aus unterschiedlichen Mitgliedstaaten gemeinsame juristische Personen nach nationalem Recht oder Unionsrecht gründen können. Für derartige Formen gemeinsamer Beschaffung sollten besondere Regeln festgelegt werden.

Die öffentlichen Auftraggeber sollten jedoch die Möglichkeiten der grenzüberschreitenden gemeinsamen Beschaffung nicht dazu nutzen, im Einklang mit dem Unionsrecht stehende verbindliche Vorschriften des öffentlichen Rechts zu umgehen, die in dem Mitgliedstaat, in dem sie ihren Sitz haben, auf sie anwendbar sind. Zu solchen Vorschriften könnten beispielsweise Bestimmungen über Transparenz und Zugang zu Dokumenten oder spezifische Anforderungen bezüglich der Rückverfolgbarkeit sensibler Lieferungen gehören.

(74) Die von öffentlichen Beschaffern erstellten technischen Spezifikationen müssen es erlauben, das öffentliche Auftragswesen für den Wettbewerb zu öffnen und Nachhaltigkeitsziele zu erreichen. Zu diesem Zweck sollte es möglich sein, Angebote einzureichen, die die Diversität der technischen Lösungen, Normen und technischen Spezifikationen auf dem Markt widerspiegeln, einschließlich solcher, die auf der Grundlage von Leistungskriterien im Zusammenhang mit dem Lebenszyklus und der Nachhaltigkeit des Produktionsprozesses der Bauleistungen, Lieferungen und Dienstleistungen erstellt wurden.

Folglich sollten technische Spezifikationen so abgefasst sein, dass eine künstliche Einengung des Wettbewerbs vermieden wird, zu der es kommen könnte, wenn Anforderungen festgelegt würden, die einen bestimmten Wirtschaftsteilnehmer begünstigen, indem auf wesentliche Merkmale der von dem betreffenden Wirtschaftsteilnehmer gewöhnlich angebotenen Lieferungen, Dienstleistungen oder Bauleistungen abgestellt wird. Die Formulierung technischer Spezifikationen in Form von Funktions- und Leistungsanforderungen erlaubt es in der Regel, dieses Ziel bestmöglich zu erreichen. Funktions- und Leistungsanforderungen sind auch ein geeignetes Mittel, um im öffentlichen Auftragswesen Innovationen zu fördern, und sollten möglichst breite Verwendung finden. Wird auf eine europäische Norm oder in Ermangelung einer solchen auf eine nationale Norm Bezug genommen, so sollten Angebote, die auf gleichwertigen Regelungen basieren, von öffentlichen Auftraggebern berücksichtigt werden. Es sollte Sache des Wirtschaftsteilnehmers sein, den Nachweis für die Gleichwertigkeit mit dem geforderten Gütezeichen zu erbringen.

Zum Nachweis der Gleichwertigkeit sollte von den Bietern die Vorlage von Belegen verlangt werden können, deren Korrektheit von Dritten bestätigt wurde. Es sollten jedoch auch andere geeignete Nachweise, wie etwa eine technische Dokumentation des Herstellers, zugelassen sein, wenn der betreffende Wirtschaftsteilnehmer keinen Zugang zu entsprechenden Bescheinigungen oder Prüfberichten oder keine Möglichkeit hat, diese fristgerecht zu beschaffen, sofern er auf diesem Weg nachweist, dass die Bauleistungen, Lieferungen oder Dienstleistungen die in den technischen Spezifikationen, den Zuschlagskriterien oder den Bedingungen für die Auftragsausführung genannten Anforderungen und Kriterien erfüllen.

(75) Öffentliche Auftraggeber, die beabsichtigen, Bauleistungen, Lieferungen oder Dienstleistungen mit spezifischen umweltbezogenen, sozialen oder sonstigen Merkmalen zu erwerben, sollten auf bestimmte Gütezeichen Bezug nehmen können, wie etwa das europäische Umweltzeichen, (multi)nationale Umweltzeichen oder andere Gütezeichen, sofern die Anforderungen für den Erwerb des Gütezeichens einen Bezug zum Auftragsgegenstand – wie der Beschreibung der Ware und ihrer Präsentation, einschließlich Anforderungen an die Verpackung – aufweisen. Darüber hinaus ist es von entscheidender Bedeutung, dass diese Anforderungen auf der Grundlage objektiv überprüfbarer Kriterien und unter Anwendung eines Verfahrens, an dem sich die Akteure – wie Regierungsstellen, Verbraucher, Hersteller, Vertriebsunternehmen und Umweltorganisationen – beteiligen können, definiert und angenommen werden, und dass das Gütezeichen für alle interessierten Parteien zugänglich und verfügbar ist. Es sollte klargestellt werden, dass es sich bei den Akteuren um öffentliche oder private Stellen, Unternehmen oder jede Art von Nichtregierungsorganisationen (Organisationen, die nicht Teil einer Regierung und keine konventionellen Unternehmen sind) handeln kann.

---

13 Verordnung (EG) Nr. 593/2008 des Europäischen Parlaments und des Rates vom 17. Juni 2008 über das auf vertragliche Schuldverhältnisse anzuwendende Recht (Rom I) (ABl. L 177 vom 4.7.2008, S. 6).

Außerdem sollte klargestellt werden, dass bestimmte nationale oder Regierungsstellen oder -organisationen in die Festlegung der Anforderungen an Gütezeichen einbezogen werden können, die im Zusammenhang mit einer Auftragsvergabe durch öffentliche Auftraggeber verwendet werden können, ohne dass diese Stellen oder Organisationen ihren Status als dritte Parteien verlieren.

Bezugnahmen auf Gütezeichen sollten nicht innovationshemmend wirken.

(76) Für sämtliche Beschaffungen, die zur Nutzung durch Personen – ob Allgemeinbevölkerung oder Personal des öffentlichen Auftraggebers – bestimmt sind, ist es außer in hinreichend begründeten Fällen erforderlich, dass die öffentlichen Auftraggeber technische Spezifikationen festlegen, um den Kriterien der Barrierefreiheit für Menschen mit Behinderungen und des „Design für Alle" Rechnung zu tragen.

(77) Die öffentlichen Auftraggeber sollten bei der Festlegung der technischen Spezifikationen den aus dem Unionsrecht auf dem Gebiet des Datenschutzes resultierenden Anforderungen Rechnung tragen, insbesondere was das Konzept der Verarbeitung personenbezogener Daten angeht (eingebauter Datenschutz).

(78) Die öffentliche Vergabe sollte an die Bedürfnisse von KMU angepasst werden. Den öffentlichen Auftraggebern sollte empfohlen werden, auf den Leitfaden für bewährte Verfahren zurückzugreifen, der im Arbeitsdokument der Kommissionsdienststellen vom 25. Juni 2008 mit dem Titel „Europäischer Leitfaden für bewährte Verfahren zur Erleichterung des Zugangs kleiner und mittlerer Unternehmen zu öffentlichen Aufträgen" wiedergegeben ist und Vorgaben enthält, wie sie die Vergabevorschriften so anwenden können, dass die Beteiligung von KMU erleichtert wird. Zu diesem Zweck und um den Wettbewerb zu stärken, sollten öffentliche Auftraggeber insbesondere ermutigt werden, große Aufträge in Lose zu unterteilen. Eine solche Unterteilung könnte auf einer quantitativen Grundlage erfolgen, so dass die Größe der Einzelaufträge jeweils der Kapazität der kleineren oder mittleren Unternehmen besser entspricht, oder auf einer qualitativen Grundlage gemäß den verschiedenen involvierten Gewerken und Spezialisierungen, so dass der Inhalt der Einzelaufträge stärker an die Fachsektoren der KMU angepasst wird, oder gemäß den unterschiedlichen aufeinander folgenden Projektphasen.

Die Größe und der Gegenstand der Lose sollten durch den öffentlichen Auftraggeber frei bestimmt werden, dem es – im Einklang mit den einschlägigen Regeln zur Berechnung des Schätzwerts der Beschaffung – auch gestattet sein sollte, einige der Lose ohne Anwendung der Verfahren dieser Richtlinie zu vergeben. Der öffentliche Auftraggeber sollte zur Prüfung der Frage verpflichtet sein, ob die Aufteilung von Aufträgen in Lose sinnvoll ist, wobei es ihm freistehen soll, darüber selbständig zu entscheiden und seine Entscheidung nach eigenem Ermessen zu begründen, ohne dass er einer administrativen oder gerichtlichen Kontrolle untersteht. Entscheidet der öffentliche Auftraggeber, dass eine Unterteilung des Auftrags in Lose nicht sinnvoll wäre, so sollten im Vergabevermerk oder in den Auftragsunterlagen die Hauptgründe für die Entscheidung des öffentlichen Auftraggebers angegeben werden. Derartige Gründe könnten beispielsweise sein, dass eine Aufteilung nach Auffassung des öffentlichen Auftraggebers den Wettbewerb beschränken könnte oder mit der Gefahr verbunden wäre, dass die Ausführung des Auftrags technisch übermäßig erschwert oder kostspielig würde, oder dass mit der Notwendigkeit zur Koordinierung der verschiedenen Auftragnehmer für die Lose die ernsthafte Gefahr einer Untergrabung der sachgerechten Ausführung des Auftrags verbunden sein könnte.

Es sollte den Mitgliedstaaten überlassen bleiben, in ihren Bemühungen um Förderung der Teilnahme von KMU am öffentlichen Beschaffungsmarkt hierüber noch hinauszugehen, indem sie den Geltungsbereich der Verpflichtung zur Prüfung der Frage, ob eine Aufteilung von Aufträgen in Lose sinnvoll ist, dadurch auf kleinere Aufträge ausdehnen, dass sie öffentliche Auftraggeber verpflichten, die Entscheidung, Aufträge nicht in Lose aufzuteilen, zu begründen, oder dass sie eine Aufteilung in Lose unter bestimmten Bedingungen verbindlich vorschreiben. Zu demselben Zweck sollte es Mitgliedstaaten auch freistehen, Direktzahlungen an Unterauftragnehmer vorzusehen.

(79) Werden Aufträge in Lose unterteilt, so sollten die öffentlichen Auftraggeber beispielsweise zur Wahrung des Wettbewerbs oder zur Gewährleistung der Versorgungssicherheit die Zahl der Lose, für

die ein Wirtschaftsteilnehmer ein Angebot unterbreiten kann, begrenzen dürfen; ebenso sollten sie die Zahl der Lose begrenzen dürfen, die an einen einzigen Bieter vergeben werden können.

Wenn die öffentlichen Auftraggeber jedoch verpflichtet wären, den Auftrag auch dann Los für Los zu vergeben, wenn dadurch wesentlich ungünstigere Lösungen im Vergleich zu einer gemeinsamen Vergabe mehrerer oder aller Lose akzeptiert werden müssten, so könnte sich dies negativ auf das Ziel auswirken, den Zugang der KMU zu öffentlichen Aufträgen zu erleichtern. Sofern die Möglichkeit der Anwendung einer solchen Methode vorab deutlich genannt worden ist, sollten öffentliche Auftraggeber daher eine vergleichende Bewertung der Angebote durchführen dürfen, um festzustellen, ob die Angebote eines bestimmten Bieters für eine bestimmte Kombination von Losen die Zuschlagskriterien, die gemäß dieser Richtlinie festgelegt worden sind, in Bezug auf diese Lose als Ganzes besser erfüllen als die Angebote für die betreffenden einzelnen Lose für sich genommen. Ist dies der Fall, so sollte es dem öffentlichen Auftraggeber gestattet sein, dem betreffenden Bieter einen Auftrag in Kombination der betreffenden Lose zu erteilen. Es sollte klargestellt werden, dass öffentliche Auftraggeber bei einer solchen vergleichenden Bewertung zunächst ermitteln sollten, welche Bieter die festgelegten Zuschlagskriterien für jedes einzelne Los am besten erfüllen, um dann einen Vergleich mit den Angeboten eines einzelnen Bieters für eine bestimmte Kombination von Losen zusammengenommen anzustellen.

(80) Um Verfahren zu beschleunigen und effizienter zu machen, sollten die Fristen für die Teilnahme an Vergabeverfahren so kurz wie möglich gehalten werden, ohne unzulässige Hürden für den Zugang von Wirtschaftsteilnehmern im gesamten Binnenmarkt und insbesondere für KMU zu schaffen. Es sei daher daran erinnert, dass die öffentlichen Auftraggeber bei der Fristsetzung für den Eingang von Angeboten und Teilnahmeanträgen vor allem die Komplexität des Auftrags und die für die Angebotserstellung erforderliche Zeit berücksichtigen sollten, auch wenn dies eine Festlegung von Fristen bedeutet, die über die Mindestfristen nach dieser Richtlinie hinausgehen. Die Nutzung elektronischer Informations- und Kommunikationsmittel, insbesondere die vollständige elektronische Bereitstellung von Auftragsunterlagen an Wirtschaftsteilnehmer, Bieter und Bewerber und die elektronische Übermittlung von Bekanntmachungen führen jedoch andererseits zu mehr Transparenz und Zeitersparnis. Dementsprechend ist es angebracht, im Einklang mit den Vorschriften des GPA eine Verkürzung der Mindestfristen vorzusehen, jedoch unter der Voraussetzung, dass sie mit den auf Unionsebene vorgesehenen spezifischen Übertragungsmodalitäten vereinbar sind. Darüber hinaus sollten die öffentlichen Auftraggeber die Möglichkeit haben, die Fristen für den Eingang von Teilnahmeanträgen und Angeboten weiter zu verkürzen, wenn aufgrund der Dringlichkeit die regulären Fristen nicht praktikabel sind, ein reguläres Verfahren mit Veröffentlichung aber dennoch nicht unmöglich ist. Lediglich in Ausnahmefällen, wenn aufgrund von Umständen, die für den öffentlichen Auftraggeber nicht vorhersehbar waren und die er nicht zu vertreten hat, eine besondere Dringlichkeit eingetreten ist, die ein reguläres Verfahren selbst mit verkürzten Fristen nicht zulässt, sollten die öffentlichen Auftraggeber, soweit unbedingt erforderlich, die Möglichkeit haben, Aufträge im Wege des Verhandlungsverfahrens ohne vorherige Bekanntmachung zu vergeben. Dies kann der Fall sein, wenn bei Naturkatastrophen sofortiges Handeln geboten ist.

(81) Es sollte klargestellt werden, dass die Notwendigkeit, sicherzustellen, dass die Wirtschaftsteilnehmer über genügend Zeit für die Erstellung entsprechender Angebote verfügen, möglicherweise dazu führen kann, dass die ursprünglich festgesetzten Fristen verlängert werden müssen. Dies wäre insbesondere dann der Fall, wenn wesentliche Änderungen an den Auftragsunterlagen vorgenommen werden. Es sollte auch angegeben werden, dass als wesentliche Änderungen in diesem Fall Änderungen – insbesondere der technischen Spezifikationen – zu verstehen sind, bei denen die Wirtschaftsteilnehmer für die Erfassung und die entsprechende Reaktion zusätzliche Zeit benötigen würden. Es sollte allerdings klargestellt werden, dass solche Änderungen nicht so wesentlich sein dürfen, dass andere als die ursprünglich ausgewählten Bewerber zugelassen worden wären oder dass das Interesse zusätzlicher Teilnehmer am Vergabeverfahren geweckt worden wäre. Dies könnte insbesondere dann der Fall sein, wenn die Änderungen dazu führen, dass sich der Auftrag oder die Rahmenvereinbarung von der Art her substanziell von dem unterscheidet, was ursprünglich in den Auftragsunterlagen festgelegt war.

(82) Es sollte klargestellt werden, dass Informationen hinsichtlich bestimmter Entscheidungen, die während eines Vergabeverfahrens getroffen werden, darunter auch Entscheidungen, einen Auftrag nicht zu vergeben oder eine Rahmenvereinbarung nicht zu schließen, von den öffentlichen Auftraggebern versendet werden sollten, ohne dass die Bewerber oder Bieter derartige Informationen anfordern müssen. Es sei ebenfalls daran erinnert, dass öffentliche Auftraggeber gemäß der Richtlinie 89/665/EWG des Rates[14] verpflichtet sind, den betreffenden Bewerbern und Bietern eine Zusammenfassung der einschlägigen Gründe für einige der zentralen Entscheidungen, die im Verlauf des Vergabeverfahrens getroffen werden, zur Verfügung zu stellen, ohne dass die Bewerber oder Bieter die Angaben anfordern müssen. Schließlich sollte klargestellt werden, dass Bewerber und Bieter die Möglichkeit haben sollten, ausführlichere Informationen zu den betreffenden Gründen anzufordern; öffentliche Auftraggeber sollten diese Informationen bereitzustellen haben, sofern nicht ernsthafte Gründe dagegen sprechen. Diese Gründe sollten in der Richtlinie aufgeführt werden. Zur Sicherstellung der nötigen Transparenz im Rahmen von Vergabeverfahren, die Verhandlungen und Dialoge mit Bietern umfassen, sollten Bieter, die ein ordnungsgemäßes Angebot unterbreitet haben, sofern nicht ernsthafte Gründe dagegen sprechen, ebenfalls die Möglichkeit erhalten, Informationen über die Durchführung und den Fortgang des Verfahrens anzufordern.

(83) Übermäßig strenge Anforderungen an die wirtschaftliche und finanzielle Leistungsfähigkeit stellen oft ein ungerechtfertigtes Hindernis für die Teilnahme von KMU an öffentlichen Vergabeverfahren dar. Alle derartigen Anforderungen sollten in einem Zusammenhang und in einem angemessenen Verhältnis zu dem Gegenstand des Auftrags stehen. Insbesondere sollte es öffentlichen Auftraggebern nicht gestattet sein, von Wirtschaftsteilnehmern einen Mindestumsatz zu verlangen, der nicht in einem angemessenen Verhältnis zum Gegenstand des Auftrags steht; der verlangte Mindestumsatz sollte den geschätzten Auftragswert normalerweise nicht um mehr als das Zweifache übersteigen. In hinreichend begründeten Fällen sollten jedoch höhere Anforderungen gestellt werden können. Dies gilt beispielsweise für Situationen, in denen die Ausführung des Auftrags mit hohen Risiken verbunden ist oder in denen eine rechtzeitige und ordnungsgemäße Auftragsausführung von entscheidender Bedeutung ist, weil sie beispielsweise eine notwendige Voraussetzung für die Ausführung anderer Aufträge darstellt.

In solchen hinreichend begründeten Fällen sollte es den öffentlichen Auftraggebern freistehen, selbständig zu entscheiden, ob vorgeschriebene höhere Mindestumsätze angemessen und zweckdienlich wären, ohne dass sie einer administrativen oder gerichtlichen Kontrolle unterstehen. Sollen höhere Mindestumsätze verlangt werden, so sollte es den öffentlichen Auftraggebern freistehen, deren Höhe festzulegen, solange diese mit dem Gegenstand des Auftrags zusammenhängt und in einem angemessenen Verhältnis dazu steht. Entscheidet der öffentliche Auftraggeber, dass der vorgeschriebene Mindestumsatz höher sein soll als das Zweifache des geschätzten Auftragswerts, so sollten im Vergabevermerk oder in den Auftragsunterlagen die wesentlichen Gründe für die Entscheidung des öffentlichen Auftraggebers angegeben werden.

Die öffentlichen Auftraggeber sollten zudem weitere Informationen, z. B. über das Verhältnis zwischen Vermögen und Verbindlichkeiten in den Jahresabschlüssen, verlangen können. Ein positives Verhältnis, bei dem die Höhe des Vermögens die der Verbindlichkeiten übersteigt, könnte einen zusätzlichen Nachweis für eine ausreichende finanzielle Leistungsfähigkeit der Wirtschaftsteilnehmer darstellen.

(84) Nach Auffassung vieler Wirtschaftsteilnehmer – und nicht zuletzt der KMU – ist eines der Haupthindernisse für ihre Beteiligung an öffentlichen Vergabeverfahren der Verwaltungsaufwand im Zusammenhang mit der Beibringung einer Vielzahl von Bescheinigungen oder anderen Dokumenten, die die Ausschluss- und Eignungskriterien betreffen. Eine Beschränkung der entsprechenden Anforderungen, beispielsweise durch die Verwendung einer Einheitlichen Europäischen Eigenerklärung, die aus einer aktualisierten Eigenerklärung besteht, könnte eine erhebliche Vereinfachung zum Nutzen sowohl der öffentlichen Auftraggeber als auch der Wirtschaftsteilnehmer bedeuten.

---

14 Richtlinie 89/665/EWG des Rates vom 21. Dezember 1989 zur Koordinierung der Rechts- und Verwaltungsvorschriften für die Anwendung der Nachprüfungsverfahren im Rahmen der Vergabe öffentlicher Liefer- und Bauaufträge (ABl. L 395 vom 30.12.1989, S. 33).

Der Bieter, dem der Zuschlag erteilt werden soll, sollte jedoch die relevanten Nachweise vorlegen müssen; öffentliche Auftraggeber sollten keine Verträge mit Bietern schließen, die dazu nicht in der Lage sind. Öffentliche Auftraggeber sollten auch berechtigt sein, jederzeit sämtliche oder einen Teil der unterstützenden Unterlagen zu verlangen, wenn dies ihrer Ansicht nach zur angemessenen Durchführung des Verfahrens erforderlich ist. Insbesondere könnte dies der Fall sein bei zweistufigen Verfahren – nichtoffenen Verfahren, Verhandlungsverfahren, wettbewerblichen Dialogen und Innovationspartnerschaften –, bei denen die öffentlichen Auftraggeber von der Möglichkeit Gebrauch machen, die Anzahl der zur Einreichung eines Angebots aufgeforderten Bewerber zu begrenzen. Zu verlangen, dass unterstützende Unterlagen zum Zeitpunkt der Auswahl der einzuladenden Bewerber vorgelegt werden, ließe sich damit begründen, zu vermeiden, dass öffentliche Auftraggeber Bewerber einladen, die sich später in der Vergabestufe als unfähig erweisen, die zusätzlichen Unterlagen einzureichen, und damit geeigneten Bewerbern die Möglichkeit der Teilnahme nehmen.

Es sollte ausdrücklich angegeben werden, dass die Einheitliche Europäische Eigenerklärung auch die relevanten Informationen hinsichtlich der Unternehmen, deren Kapazitäten ein Wirtschaftsteilnehmer in Anspruch nimmt, enthalten sollte, so dass die Überprüfung der Informationen über diese Unternehmen zusammen mit der Überprüfung bezüglich des Hauptwirtschaftsteilnehmers und unter den gleichen Voraussetzungen durchgeführt werden kann.

(85) Es ist wichtig, dass die Entscheidungen der öffentlichen Auftraggeber auf aktuellen Informationen basieren, insbesondere was die Ausschlussgründe angeht, da es relativ schnell zu wesentlichen Änderungen kommen kann, beispielsweise bei finanziellen Schwierigkeiten, aufgrund deren der Wirtschaftsteilnehmer als ungeeignet gelten würde, oder umgekehrt, weil Verbindlichkeiten im Zusammenhang mit Sozialbeiträgen mittlerweile beglichen wurden. Es ist daher wünschenswert, dass öffentliche Auftraggeber solche Informationen, wann immer möglich, über einschlägige nationale – in dem Sinn, dass sie von staatlichen Stellen verwaltet werden – Datenbanken überprüfen. Beim aktuellen Stand der Entwicklung mag es Fälle geben, in denen dies aus technischen Gründen noch nicht möglich ist. Die Kommission sollte es daher in Erwägung ziehen, Maßnahmen zu fördern, die einen einfachen elektronischen Zugriff auf aktuelle Informationen erleichtern könnten, etwa den Ausbau des Instrumentariums für den Zugang zu virtuellen Unternehmensdossiers oder die Erleichterung der Interoperabilität zwischen Datenbanken oder entsprechende andere flankierende Maßnahmen.

Ferner sollte vorgesehen werden, dass die öffentlichen Auftraggeber keine nach wie vor aktuellen Unterlagen anfordern sollten, die ihnen aus früheren Vergabeverfahren bereits vorliegen. Es sollte jedoch auch sichergestellt werden, dass die öffentlichen Auftraggeber in diesem Zusammenhang keinen unverhältnismäßigen Archivierungs- und Registrierungsaufwand betreiben müssen. Die Umsetzung dieser Vorgabe sollte daher erst erfolgen, sobald die Nutzung elektronischer Kommunikationsmittel verpflichtend ist, da eine elektronische Dokumentenverwaltung die Aufgabe für die öffentlichen Auftraggeber erheblich erleichtern wird.

(86) Zu einer weiteren Vereinfachung sowohl für die Wirtschaftsteilnehmer als auch die öffentlichen Auftraggeber könnte die Verwendung eines Standardformulars für Eigenerklärungen führen, das Probleme im Zusammenhang mit der genauen Abfassung von förmlichen Erklärungen und Einverständniserklärungen sowie sprachliche Probleme verringern würde.

(87) Die Kommission stellt ein elektronisches System – e-Certis – zur Verfügung, das von ihr verwaltet und von den nationalen Behörden derzeit auf freiwilliger Basis aktualisiert und überprüft wird. Ziel von e-Certis ist es, den Austausch von Bescheinigungen und anderen von öffentlichen Auftraggebern häufig verlangten Nachweisen zu erleichtern. Die bisherigen Erfahrungen zeigen, dass eine freiwillige Aktualisierung und Überprüfung unzureichend ist, wenn sichergestellt werden soll, dass e-Certis sein Potenzial für eine Vereinfachung und Erleichterung des Dokumentenaustauschs zum Nutzen insbesondere KMU voll ausschöpfen kann. In einem ersten Schritt sollte daher die Pflege von e-Certis obligatorisch gemacht werden, bevor dann in einem späteren Schritt die Verwendung von e-Certis vorgeschrieben wird.

(88) Öffentliche Auftraggeber sollten verlangen können, dass während der Ausführung eines öffentlichen Auftrags Umweltmanagementmaßnahmen oder -regelungen angewandt werden. Umweltmanagementregelungen können – unabhängig davon, ob sie im Rahmen von Unionsinstrumenten wie der

Verordnung (EG) Nr. 1221/2009 des Europäischen Parlaments und des Rates[15] registriert sind oder nicht – als Nachweis dafür dienen, dass der betreffende Wirtschaftsteilnehmer über die für die Ausführung des Auftrags erforderliche technische Leistungsfähigkeit verfügt. Dies schließt Öko-Gütezeichen mit ein, die auch Umweltmanagementkriterien beinhalten. Hat ein Wirtschaftsteilnehmer keinen Zugang zu derartigen Umweltmanagement-Registrierungssystemen oder keine Möglichkeit, sich fristgerecht registrieren zu lassen, so sollte die Vorlage einer Beschreibung der durchgeführten Umweltmanagementmaßnahmen zulässig sein, sofern der betreffende Wirtschaftsteilnehmer nachweist, dass diese Maßnahmen dasselbe Umweltschutzniveau gewährleisten wie die im Rahmen des Umweltmanagements erforderlichen Maßnahmen.

(89) Der Begriff der Zuschlagskriterien stellt einen zentralen Begriff dieser Richtlinie dar. Daher ist es wichtig, dass die diesbezüglichen Bestimmungen so einfach und übersichtlich wie möglich dargestellt werden. Dies kann dadurch erreicht werden, dass als übergeordnetes Konzept der Begriff des „wirtschaftlich günstigsten Angebots“ verwendet wird, da alle Angebote, die den Zuschlag erhalten, letztlich danach ausgewählt werden sollten, was der einzelne öffentliche Auftraggeber für die wirtschaftlich beste Lösung unter den Angeboten hält. Um Unklarheiten zu vermeiden, da derzeit bereits in den Richtlinien 2004/17/EG und 2004/18/EG das Zuschlagskriterium des „wirtschaftlich günstigsten Angebots“ verwendet wird, sollte jedoch ein anderer Begriff benutzt werden, nämlich das „beste Preis-Leistungs-Verhältnis“. Dieser sollte folglich im Einklang mit der Rechtsprechung im Zusammenhang mit den genannten Richtlinien ausgelegt werden, sofern die vorliegende Richtlinie nicht eine sachlich klar unterschiedliche Lösung bietet.

(90) Aufträge sollten auf der Grundlage objektiver Kriterien vergeben werden, die die Einhaltung der Grundsätze der Transparenz, der Nichtdiskriminierung und der Gleichbehandlung gewährleisten, um einen objektiven Vergleich des relativen Werts der Angebote sicherzustellen, damit unter den Bedingungen eines effektiven Wettbewerbs ermittelt werden kann, welches das wirtschaftlich günstigste Angebot ist. Es sollte ausdrücklich festgehalten werden, dass das wirtschaftlich günstigste Angebot auf der Grundlage des besten Preis-Leistungs-Verhältnisses ermittelt werden sollte, welches stets eine Preis- oder Kostenkomponente beinhalten sollte. Es sollte ferner klargestellt werden, dass eine solche Bewertung des wirtschaftlich günstigsten Angebots auch allein auf der Grundlage entweder des Preises oder der Kostenwirksamkeit durchgeführt werden könnte. Des Weiteren sei darauf hingewiesen, dass es öffentlichen Auftraggebern freisteht, angemessene Qualitätsstandards in Form von technischen Spezifikationen oder von Bedingungen für die Auftragsausführung festzulegen.

Um eine stärkere Ausrichtung der öffentlichen Auftragsvergabe auf die Qualität zu fördern, sollte es den Mitgliedstaaten gestattet sein, die Anwendung des alleinigen Preis- oder Kostenkriteriums zur Bestimmung des wirtschaftlich günstigsten Angebots zu untersagen oder einzuschränken, sofern sie dies für zweckmäßig halten.

Damit die Einhaltung des Gleichbehandlungsgrundsatzes bei der Vergabe von Aufträgen sichergestellt wird, sollten öffentliche Auftraggeber verpflichtet werden, für die nötige Transparenz zu sorgen, so dass sich jeder Bieter angemessen über die Kriterien und Regelungen, die der Zuschlagsentscheidung zugrunde gelegt werden, unterrichten kann. Öffentliche Auftraggeber sollten daher verpflichtet werden, die Zuschlagskriterien und deren jeweilige relative Gewichtung anzugeben. Es sollte öffentlichen Auftraggebern jedoch gestattet werden, von der Verpflichtung zur Auskunft über die Gewichtung der einzelnen Zuschlagskriterien in ordnungsgemäß begründeten Fällen abzuweichen, wenn die Gewichtung insbesondere wegen der Komplexität des Auftrags nicht im Voraus festgelegt werden kann. In derartigen Fällen sollten sie die Kriterien in absteigender Reihenfolge ihrer Bedeutung angeben.

(91) Artikel 11 AEUV verlangt, die Erfordernisse des Umweltschutzes bei der Festlegung und Durchführung der Unionspolitiken und -maßnahmen insbesondere zur Förderung einer nachhaltigen Entwicklung einzubeziehen. Diese Richtlinie stellt klar, auf welche Weise die öffentlichen Auftraggeber zum Umweltschutz und zur Förderung einer nachhaltigen Entwicklung beitragen können, und gewähr-

---

15 Verordnung (EG) Nr. 1221/2009 des Europäischen Parlaments und des Rates vom 25. November 2009 über die freiwillige Teilnahme von Organisationen an einem Gemeinschaftssystem für Umweltmanagement und Umweltbetriebsprüfung und zur Aufhebung der Verordnung (EG) Nr. 761/2001, sowie der Beschlüsse der Kommission 2001/681/EG und 2006/193/EG (ABl. L 342 vom 22.12.2009, S. 1).

leistet gleichzeitig, dass sie bei der Auftragsvergabe ein optimales Preis-Leistungs-Verhältnis erzielen können.

(92) Öffentliche Auftraggeber sollten bei der Bewertung des besten Preis-Leistungs-Verhältnisses die mit dem Gegenstand des Auftrags verbundenen wirtschaftlichen und qualitativen Kriterien festlegen, die sie zu diesem Zweck heranziehen werden. Diese Kriterien sollten damit eine vergleichende Beurteilung des Leistungsniveaus jedes einzelnen Angebots gemessen am Gegenstand des Auftrags, wie in den technischen Spezifikationen festgelegt, ermöglichen. Hinsichtlich des besten Preis-Leistungs-Verhältnisses wird in dieser Richtlinie eine nicht abschließende Liste möglicher Zuschlagskriterien, die ökologische und soziale Aspekte mit einschließen, festgelegt. Öffentliche Auftraggeber sollten zur Wahl von Zuschlagskriterien ermutigt werden, mit denen sie qualitativ hochwertige Bauleistungen, Lieferungen und Dienstleistungen erhalten können, die ihren Bedürfnissen optimal entsprechen.

Die gewählten Zuschlagskriterien sollten dem öffentlichen Auftraggeber keine unbegrenzte Wahlfreiheit einräumen, einen wirksamen und fairen Wettbewerb ermöglichen und mit Regelungen verknüpft werden, die eine wirksame Überprüfung der von den Bietern beigebrachten Informationen erlauben.

Um das wirtschaftlich günstigste Angebot zu ermitteln, sollten der Entscheidung über den Zuschlag nicht ausschließlich kostenfremde Kriterien zugrunde gelegt werden. Den qualitativen Kriterien sollte deshalb ein Kostenkriterium an die Seite gestellt werden, das – je nach Wahl des öffentlichen Auftraggebers – entweder der Preis oder ein Kosten-Wirksamkeits-Ansatz wie der Lebenszyklus-Kostenansatz sein könnte. Die Zuschlagskriterien sollten jedoch keinerlei Auswirkungen auf die Anwendung von nationalen Bestimmungen zur Festlegung der Vergütung für bestimmte Dienstleistungen oder zu Festpreisen für bestimmte Lieferungen haben.

(93) Es sollte klargestellt werden, dass es in den Fällen, in denen die Vergütung für bestimmte Dienstleistungen oder Festpreise für bestimmte Lieferungen durch nationale Vorschriften festgelegt sind, auch weiterhin möglich ist, das Preis-Leistungs-Verhältnis auf der Grundlage anderer Faktoren als ausschließlich des Preises oder der Vergütung zu bewerten. Je nach Dienstleistung oder Ware könnten solche Faktoren beispielsweise die Liefer- und Zahlungsbedingungen, Kundendienstaspekte (z. B. den Umfang von Beratungs- und Ersatzteilleistungen) oder ökologische oder soziale Aspekte (z. B. den Druck von Büchern auf Recyclingpapier oder Papier aus nachhaltigem Holz, die ökologischen Externalitäten zugeschriebenen Kosten oder die Förderung der sozialen Integration von benachteiligten Personen oder Angehörigen sozial schwacher Gruppen unter den für die Ausführung des Auftrags eingesetzten Personen) einschließen. Angesichts der zahlreichen Möglichkeiten der Bewertung des Preis-Leistungs-Verhältnisses anhand sachlicher Kriterien sollte der Rückgriff auf eine Unterteilung in Lose als einziges Mittel der Auftragsvergabe vermieden werden.

(94) Wenn die Qualität des eingesetzten Personals für das Niveau der Auftragsausführung relevant ist, sollte es öffentlichen Auftraggebern ferner gestattet sein, die Organisation, Qualifikation und Erfahrung der Mitarbeiter, die für die Ausführung des betreffenden Auftrags eingesetzt werden, als Zuschlagskriterien zugrunde zu legen, da sich dies auf die Qualität der Vertragserfüllung und damit auf den wirtschaftlichen Wert des Angebots auswirken kann. Dies kann beispielsweise bei Aufträgen für geistig-schöpferische Dienstleistungen, wie Beratungstätigkeiten oder Architektenleistungen, der Fall sein. Öffentliche Auftraggeber, die von dieser Möglichkeit Gebrauch machen, sollten mit Hilfe geeigneter vertraglicher Mittel sicherstellen, dass die zur Auftragsausführung eingesetzten Mitarbeiter die angegebenen Qualitätsnormen effektiv erfüllen und dass diese Mitarbeiter nur mit Zustimmung des öffentlichen Auftraggebers ersetzt werden können, wenn dieser sich davon überzeugt hat, dass das Ersatzpersonal ein gleichwertiges Qualitätsniveau hat.

(95) Es ist außerordentlich wichtig, das Potenzial der öffentlichen Auftragsvergabe in vollem Umfang für die Verwirklichung der Ziele der Strategie „Europa 2020" für intelligentes, nachhaltiges und integratives Wachstum auszuschöpfen. In diesem Zusammenhang sei daran erinnert, dass öffentliche Aufträge insbesondere als Motor für Innovationen eine entscheidende Rolle spielen, was für das künftige Wachstum in Europa von großer Bedeutung ist. Angesichts der zwischen einzelnen Sektoren und einzelnen Märkten bestehenden großen Unterschiede wäre es jedoch nicht sinnvoll, allgemein verbindliche Anforderungen an eine umweltfreundliche, soziale und innovative Beschaffung zu definieren.

Der Unionsgesetzgeber hat bereits verbindliche Beschaffungsanforderungen zur Erreichung spezifischer Ziele in den Sektoren Straßenfahrzeuge (Richtlinie 2009/33/EG des Europäischen Parlaments und des Rates[16]) und Bürogeräte (Verordnung (EG) Nr. 106/2008 des Europäischen Parlaments und des Rates[17]) festgelegt. Im Übrigen wurden bei der Festlegung gemeinsamer Methoden für die Lebenszykluskostenrechnung erhebliche Fortschritte gemacht.

Es erscheint daher angezeigt, diesen Weg weiterzuverfolgen und es der sektorspezifischen Rechtsetzung zu überlassen, in Abhängigkeit von der spezifischen Politik und den spezifischen Rahmenbedingungen im betreffenden Sektor verbindliche Ziele zu definieren, und die Entwicklung und Anwendung europäischer Konzepte für die Lebenszykluskostenrechnung zu fördern, um die Nutzung der öffentlichen Auftragsvergabe zur Erzielung nachhaltigen Wachstums zu untermauern.

(96) Die sektorspezifischen Maßnahmen sollten durch eine Anpassung der Richtlinien 2004/17/EG und 2004/18/EG ergänzt werden, die es den öffentlichen Auftraggebern ermöglicht, im Rahmen ihrer Beschaffungsstrategien die Ziele der Strategie „Europa 2020" für intelligentes, nachhaltiges und integratives Wachstum zu verfolgen. Es sollte somit klargestellt werden, dass öffentliche Auftraggeber – außer wenn die Bewertung allein auf Grundlage des Preises erfolgt – das wirtschaftlich günstigste Angebot und den niedrigsten Preis unter Zugrundelegung einer Lebenszykluskostenrechnung bestimmen können. Bei der Lebenszykluskostenrechnung werden sämtliche über den gesamten Lebenszyklus von Bauleistungen, Lieferungen oder Dienstleistungen anfallenden Kosten berücksichtigt.

Das umfasst interne Kosten, wie Kosten für durchzuführende Forschung, Entwicklung, Produktion, Transport, Nutzung, Wartung und Entsorgung, kann aber auch Kosten umfassen, die externen Effekten auf die Umwelt zugeschrieben werden, wie einer durch die Gewinnung der in der Ware verwendeten Rohstoffe oder die Ware selbst oder ihre Herstellung hervorgerufenen Umweltverschmutzung, sofern sie sich finanziell bewerten und überwachen lassen. Die Methoden, die von den öffentlichen Auftraggebern für die Bewertung der externen Effekten auf die Umwelt zugeschriebenen Kosten verwendet werden, sollten in einer objektiven und nichtdiskriminierenden Weise im Voraus festgelegt und allen interessierten Parteien zugänglich gemacht werden. Solche Methoden können auf nationaler, regionaler oder lokaler Ebene festgelegt werden, um jedoch Wettbewerbsverzerrungen durch speziell zugeschnittene Methoden zu vermeiden, sollten sie allgemein in dem Sinne gehalten werden, dass sie nicht speziell für ein bestimmtes öffentliches Vergabeverfahren festgelegt werden sollten.

Es sollten gemeinsame Methoden auf Unionsebene für die Berechnung der Lebenszykluskosten für bestimmte Kategorien von Lieferungen oder Dienstleistungen entwickelt werden. Wann immer solche gemeinsamen Methoden entwickelt werden, sollte ihre Anwendung verbindlich vorgeschrieben werden.

Des Weiteren sollte geprüft werden, ob eine gemeinsame Methode zur Ermittlung der Sozialkosten entlang des Lebenszyklus festgelegt werden kann, bei der bereits bestehende Methoden wie etwa die im Rahmen des Umweltprogramms der Vereinten Nationen festgelegten Leitlinien für die soziale Produktbewertung entlang des Lebenszyklus (Guidelines for Social Life Cycle Assessment of Products) berücksichtigt werden.

(97) Im Hinblick auf eine bessere Einbeziehung sozialer und ökologischer Überlegungen in die Vergabeverfahren sollte es den öffentlichen Auftraggebern darüber hinaus gestattet sein, von Zuschlagskriterien oder Bedingungen für die Auftragsausführung betreffend die gemäß öffentlichem Auftrag zu erbringenden Bauleistungen, Lieferungen oder Dienstleistungen in jeder Hinsicht und in jedem Lebenszyklus-Stadium von der Gewinnung der Rohstoffe für die Ware bis zur Entsorgung der Ware Gebrauch zu machen, einschließlich von Faktoren, die mit dem spezifischen Prozess der Herstellung oder Bereitstellung solcher Bauleistungen, Lieferungen oder Dienstleistungen oder dem Handel mit ihnen und den damit verbundenen Bedingungen oder einem spezifischen Prozess in einem späteren Lebenszyklus-Stadium zusammenhängen, auch wenn derartige Faktoren nicht Teil von deren stoffli-

---

16 Richtlinie 2009/33/EG des Europäischen Parlaments und des Rates vom 23. April 2009 über die Förderung sauberer und energieeffizienter Straßenfahrzeuge (ABl. L 120 vom 15.5.2009, S. 5).

17 Verordnung (EG) Nr. 106/2008 des Europäischen Parlaments und des Rates vom 15. Januar 2008 über ein gemeinschaftliches Kennzeichnungsprogramm für Strom sparende Bürogeräte (ABl. L 39 vom 13.2.2008, S. 1).

cher Beschaffenheit sind. Kriterien und Bedingungen bezüglich eines derartigen Produktions- oder Bereitstellungsprozesses sind beispielsweise, dass zur Herstellung der beschafften Waren keine giftigen Chemikalien verwendet wurden oder dass die erworbenen Dienstleistungen unter Zuhilfenahme energieeffizienter Maschinen bereitgestellt wurden. Gemäß der Rechtsprechung des Gerichtshofs der Europäischen Union gehören dazu auch Zuschlagskriterien oder Bedingungen für die Auftragsausführung, die sich auf die Lieferung oder die Verwendung von fair gehandelten Waren während der Ausführung des zu vergebenden Auftrags beziehen. Kriterien und Bedingungen bezüglich des Handels und der damit verbundenen Bedingungen können sich beispielsweise darauf beziehen, dass die betreffende Ware aus dem fairen Handel stammt, was auch das Erfordernis einschließen kann, Erzeugern einen Mindestpreis und einen Preisaufschlag zu zahlen. Bedingungen für die Ausführung eines Auftrags, die sich auf ökologische Aspekte beziehen, können beispielsweise auch die Anlieferung, Verpackung und Entsorgung von Waren und im Falle von Bau- und Dienstleistungsaufträgen auch die Abfallminimierung oder die Ressourceneffizienz betreffen.

Die Bedingung eines Bezugs zum Auftragsgegenstand schließt allerdings Kriterien und Bedingungen bezüglich der allgemeinen Unternehmenspolitik aus, da es sich dabei nicht um einen Faktor handelt, der den konkreten Prozess der Herstellung oder Bereitstellung der beauftragten Bauleistungen, Lieferungen oder Dienstleistungen charakterisiert. Daher sollte es öffentlichen Auftraggebern nicht gestattet sein, von Bietern eine bestimmte Politik der sozialen oder ökologischen Verantwortung zu verlangen.

(98) Es ist von entscheidender Bedeutung, dass sich Zuschlagskriterien oder Bedingungen für die Auftragsausführung, die soziale Aspekte des Produktionsprozesses betreffen, auf die gemäß dem Auftrag zu erbringenden Bauleistungen, Lieferungen oder Dienstleistungen beziehen. Ferner sollten sie gemäß der Richtlinie 96/71/EG in der Auslegung des Gerichtshofs der Europäischen Union angewandt werden und sollten nicht in einer Weise ausgewählt oder angewandt werden, durch die Wirtschaftsteilnehmer aus anderen Mitgliedstaaten oder aus Drittstaaten, die Partei des GPA oder der Freihandelsübereinkommen sind, denen die Union angehört, unmittelbar oder mittelbar diskriminiert werden. Demnach sollten Anforderungen hinsichtlich der in der Richtlinie 96/71/EG geregelten grundlegenden Arbeitsbedingungen, wie Mindestlöhne, auf dem Niveau bleiben, das durch einzelstaatliche Rechtsvorschriften oder durch Tarifverträge, die im Einklang mit dem Unionsrecht im Kontext der genannten Richtlinie angewandt werden, festgelegt wurde.

Hinter Bedingungen für die Auftragsausführung könnte auch die Absicht stehen, die Umsetzung von Maßnahmen zur Förderung der Gleichstellung von Frauen und Männern am Arbeitsplatz, die verstärkte Beteiligung der Frauen am Erwerbsleben und die Vereinbarkeit von Arbeit und Privatleben oder den Umwelt- oder Tierschutz zu begünstigen und im Kern die grundlegenden Übereinkommen der Internationalen Arbeitsorganisation (ILO) zu erfüllen und mehr benachteiligte Personen als nach nationalem Recht gefordert einzustellen.

(99) Maßnahmen zum Schutz der Gesundheit der am Produktionsprozess beteiligten Arbeitskräfte, zur Förderung der sozialen Integration von benachteiligten Personen oder Angehörigen sozial schwacher Gruppen unter den für die Ausführung des Auftrags eingesetzten Personen oder zur Schulung im Hinblick auf die für den betreffenden Auftrag benötigten Fähigkeiten können ebenfalls Gegenstand von Zuschlagskriterien oder von Bedingungen für die Auftragsausführung sein, sofern sie mit den im Rahmen des Auftrags zu erbringenden Bauleistungen, Lieferungen oder Dienstleistungen im Zusammenhang stehen. Derartige Kriterien oder Bedingungen können sich unter anderem auf die Beschäftigung von Langzeitarbeitslosen oder die Umsetzung von Ausbildungsmaßnahmen für Arbeitslose oder Jugendliche im Zuge der Ausführung des zu vergebenden Auftrags beziehen. In technischen Spezifikationen können öffentliche Auftraggeber solche sozialen Anforderungen vorsehen, die die betreffende Ware oder die betreffende Dienstleistung unmittelbar charakterisieren, wie das Kriterium der Zugänglichkeit für Personen mit einer Behinderung oder das Kriterium „Design für Alle".

(100) Öffentliche Aufträge sollten nicht an Wirtschaftsteilnehmer vergeben werden, die sich an einer kriminellen Vereinigung beteiligt haben oder sich der Bestechung, des Betrugs zum Nachteil der finanziellen Interessen der Union, terroristischer Straftaten, der Geldwäsche oder der Terrorismusfinanzierung schuldig gemacht haben. Die Nichtzahlung von Steuern oder Sozialversicherungsbeiträgen

sollte ebenfalls mit der Sanktion eines obligatorischen Ausschlusses auf Unionsebene belegt werden. Die Mitgliedstaaten sollten jedoch Abweichungen von jenen obligatorischen Ausschlüssen in Ausnahmesituationen vorsehen können, wenn es zwingende Gründe des Allgemeininteresses gibt, die eine Auftragsvergabe unumgänglich machen. Dies könnte beispielsweise der Fall sein, wenn dringend benötigte Impfstoffe oder Notfallausrüstungen nur von einem Wirtschaftsteilnehmer käuflich erworben werden können, der sonst einen der obligatorischen Ausschlussgründe erfüllt.

(101) Öffentliche Auftraggeber sollten ferner die Möglichkeit erhalten, Wirtschaftsteilnehmer auszuschließen, die sich als unzuverlässig erwiesen haben, beispielsweise wegen Verstoßes gegen umwelt- oder sozialrechtliche Verpflichtungen, einschließlich Vorschriften zur Barrierefreiheit für Menschen mit Behinderungen, oder wegen anderer Formen schwerwiegenden beruflichen Fehlverhaltens wie der Verletzung von Wettbewerbsregeln oder Rechten des geistigen Eigentums. Es sollte klargestellt werden, dass schwerwiegendes berufliches Fehlverhalten die Integrität eines Wirtschaftsteilnehmers infrage stellen und dazu führen kann, dass er – auch wenn er ansonsten über die technische und wirtschaftliche Leistungsfähigkeit zur Auftragsausführung verfügen würde – als für die Vergabe eines öffentlichen Auftrags ungeeignet betrachtet wird.

Unter Berücksichtigung dessen, dass der öffentliche Auftraggeber für die Folgen seiner möglicherweise falschen Entscheidung die Verantwortung zu tragen hat, sollte es öffentlichen Auftraggebern auch überlassen bleiben, festzustellen, dass ein schwerwiegendes berufliches Fehlverhalten vorliegt, wenn sie vor einer endgültigen und verbindlichen Entscheidung über das Vorliegen zwingender Ausschlussgründe in geeigneter Form nachweisen können, dass der Wirtschaftsteilnehmer gegen seine Verpflichtungen verstoßen hat, wozu auch Verpflichtungen im Zusammenhang mit der Zahlung von Steuern oder Sozialversicherungsbeiträgen zählen, sofern in den nationalen Rechtsvorschriften nichts anderes vorgesehen ist. Es sollte ihnen auch möglich sein, Bewerber oder Bieter auszuschließen, deren Leistung bei früheren öffentlichen Aufträgen im Hinblick auf wesentliche Anforderungen erhebliche Mängel aufwies, zum Beispiel Lieferungsausfall oder Leistungsausfall, erhebliche Defizite der gelieferten Waren oder Dienstleistungen, die sie für den beabsichtigten Zweck unbrauchbar machen, oder Fehlverhalten, das ernste Zweifel an der Zuverlässigkeit des Wirtschaftsteilnehmers aufkommen lässt. In den nationalen Rechtsvorschriften sollte eine Höchstdauer für solche Ausschlüsse vorgesehen sein.

Bei der Anwendung fakultativer Ausschlussgründe sollten die öffentlichen Auftraggeber insbesondere dem Grundsatz der Verhältnismäßigkeit Rechnung tragen. Kleinere Unregelmäßigkeiten sollten nur in Ausnahmefällen zum Ausschluss eines Wirtschaftsteilnehmers führen. Wiederholte Fälle kleinerer Unregelmäßigkeiten können allerdings Zweifel an der Zuverlässigkeit eines Wirtschaftsteilnehmers wecken, die seinen Ausschluss rechtfertigen könnten.

(102) Es sollte jedoch berücksichtigt werden, dass Wirtschaftsteilnehmer Compliance-Maßnahmen treffen können, um die Folgen etwaiger strafrechtlicher Verstöße oder eines Fehlverhaltens zu beheben und weiteres Fehlverhalten wirksam zu verhindern. Bei diesen Maßnahmen kann es sich insbesondere um Personal- und Organisationsmaßnahmen handeln, wie den Abbruch aller Verbindungen zu an dem Fehlverhalten beteiligten Personen oder Organisationen, geeignete Personalreorganisationsmaßnahmen, die Einführung von Berichts- und Kontrollsystemen, die Schaffung einer internen Audit-Struktur zur Überwachung der Compliance oder die Einführung interner Haftungs- und Entschädigungsregelungen. Soweit derartige Maßnahmen ausreichende Garantien bieten, sollte der jeweilige Wirtschaftsteilnehmer nicht länger alleine aus diesen Gründen ausgeschlossen werden. Wirtschaftsteilnehmer sollten beantragen können, dass die im Hinblick auf ihre etwaige Zulassung zum Vergabeverfahren getroffenen Compliance-Maßnahmen geprüft werden. Es sollte jedoch den Mitgliedstaaten überlassen werden, die genauen verfahrenstechnischen und inhaltlichen Bedingungen zu bestimmen, die in diesem Fall gelten. Es sollte ihnen insbesondere freistehen zu entscheiden, es den jeweiligen öffentlichen Auftraggebern zu überlassen, die einschlägigen Bewertungen vorzunehmen, oder sie anderen Behörden auf zentraler oder dezentraler Ebene zu übertragen.

(103) Angebote, deren Preis im Verhältnis zu den angebotenen Bauleistungen, Lieferungen oder Dienstleistungen ungewöhnlich niedrig erscheint, können auf technisch, wirtschaftlich oder rechtlich fragwürdigen Annahmen oder Praktiken basieren. Kann der Bieter keine hinreichende Begründung geben, so sollte der öffentliche Auftraggeber berechtigt sein, das Angebot abzulehnen. Eine Ableh-

nung sollte obligatorisch sein in Fällen, in denen der öffentliche Auftraggeber festgestellt hat, dass die vorgeschlagenen ungewöhnlich niedrigen Preise oder Kosten daraus resultieren, dass verbindliche sozial-, arbeits- oder umweltrechtliche Unionsvorschriften oder mit dem Unionsrecht in Einklang stehende nationale Rechtsvorschriften oder internationale arbeitsrechtliche Vorschriften nicht eingehalten werden.

(104) Die Bedingungen für die Auftragsausführung dienen der Festlegung konkreter Anforderungen bezüglich der Ausführung des Auftrags. Anders als Zuschlagskriterien, die die Grundlage für eine vergleichende Bewertung der Qualität von Angeboten bilden, sind Bedingungen für die Auftragsausführung festgelegte, objektive Anforderungen, von denen die Bewertung von Angeboten unberührt bleibt. Bedingungen für die Auftragsausführung sollten mit dieser Richtlinie vereinbar sein, sofern sie nicht unmittelbar oder mittelbar eine Diskriminierung bewirken und sie mit dem Auftragsgegenstand in Zusammenhang stehen; dazu gehören alle Faktoren, die mit dem konkreten Prozess der Herstellung, Bereitstellung oder Vermarktung zusammenhängen. Dies schließt Bedingungen in Bezug auf die Ausführung des Auftrags mit ein, jedoch nicht Anforderungen in Bezug auf eine allgemeine Unternehmenspolitik.

Die Bedingungen für die Auftragsausführung sollten in der Auftragsbekanntmachung, der als Aufruf zum Wettbewerb dienenden Vorinformation oder den Auftragsunterlagen angegeben werden.

(105) Es ist wichtig, die Einhaltung der geltenden Anforderungen des Unionsrechts, der nationalen Rechtsvorschriften und der Tarifverträge auf dem Gebiet des Umwelt-, Sozial- und Arbeitsrechts oder der in dieser Richtlinie aufgeführten internationalen umwelt-, sozial- und arbeitsrechtlichen Vorschriften – vorausgesetzt, die betreffenden Vorschriften und ihre Anwendung sind mit dem Unionsrecht vereinbar – durch Unterauftragnehmer mittels geeigneter Maßnahmen der zuständigen nationalen Behörden, wie etwa Arbeitsaufsichtsbehörden oder Umweltschutzagenturen, im Rahmen ihrer Zuständigkeiten und Befugnisse sicherzustellen.

Auch muss in der Kette der Unterauftragsvergabe eine gewisse Transparenz gewährleistet sein, da die öffentlichen Auftraggeber dadurch über Informationen darüber verfügen, wer an Baustellen tätig ist, auf denen Bauarbeiten für sie durchgeführt werden, oder welche Unternehmen Dienstleistungen in oder an Gebäuden, Infrastruktur oder Arealen wie Rathäusern, städtischen Schulen, Sporteinrichtungen, Häfen oder Straßen erbringen, für die die öffentlichen Auftraggeber zuständig sind oder die unter ihrer unmittelbaren Aufsicht stehen. Es sollte klargestellt werden, dass die Verpflichtung zur Bereitstellung der erforderlichen Informationen in jedem Fall dem Hauptauftragnehmer obliegt, und zwar entweder auf der Grundlage spezieller Klauseln, die jeder öffentliche Auftraggeber in sämtliche Vergabeverfahren aufzunehmen hätte, oder indem die Mitgliedstaaten die Hauptauftragnehmer durch generell geltende Bestimmungen hierzu verpflichten würden.

Es sollte ferner klargestellt werden, dass die Bedingungen für die Durchsetzung der Einhaltung der geltenden Anforderungen des Unionsrechts, der nationalen Rechtsvorschriften und der Tarifverträge auf dem Gebiet des Umwelt-, Sozial- und Arbeitsrechts und der in dieser Richtlinie aufgeführten internationalen umwelt-, sozial- und arbeitsrechtlichen Vorschriften – vorausgesetzt, die betreffenden Vorschriften und ihre Anwendung sind mit dem Unionsrecht vereinbar – immer dann angewandt werden sollten, wenn die nationalen Rechtsvorschriften eines Mitgliedstaats einen Mechanismus der gemeinsamen Haftung der Unterauftragnehmer und des Hauptauftragnehmers vorsehen. Des Weiteren sollte ausdrücklich angegeben werden, dass die Mitgliedstaaten auch die Möglichkeit haben sollten, über die entsprechenden Bestimmungen hinauszugehen, beispielsweise durch Erweiterung der Transparenzanforderungen, indem sie Direktzahlungen an Unterauftragnehmer zulassen oder indem sie es den öffentlichen Auftraggebern erlauben oder vorschreiben zu überprüfen, dass auf Unterauftragnehmer keine der Situationen zutrifft, die den Ausschluss von Wirtschaftsteilnehmern rechtfertigen würden. Werden solche Maßnahmen auf Unterauftragnehmer angewandt, so sollte die Kohärenz mit den für die Hauptauftragnehmer geltenden Bestimmungen sichergestellt werden, so dass das Vorliegen zwingender Ausschlussgründe zur Folge hätte, dass der Hauptauftragnehmer den betreffenden Unterauftragnehmer ersetzen muss. Zeigt sich bei einer solchen Überprüfung, dass nicht zwingende Gründe für einen Ausschluss vorliegen, so sollte klargestellt werden, dass öffentliche Auftraggeber die Ersetzung verlangen können. Allerdings sollte ausdrücklich auch dargelegt werden, dass öffentliche Auftraggeber verpflichtet sein können, die Ersetzung des betreffenden Unterauftragnehmers zu verlangen, wenn der Ausschluss von Hauptauftragnehmern in denselben Fällen verpflichtend wäre.

Ebenfalls sollte ausdrücklich angegeben werden, dass es den Mitgliedstaaten nach wie vor freisteht, in den nationalen Rechtsvorschriften strengere Haftungsregelungen oder erweiterte Regelungen für Direktzahlungen an Unterauftragnehmer vorzusehen.

(106) Es sei darauf hingewiesen, dass die Verordnung (EWG, Euratom) Nr. 1182/71 des Rates[18] vom 3. Juni 1971 für die Berechnung der Fristen in der vorliegenden Richtlinie gilt.

(107) Es ist erforderlich, die Bedingungen näher zu bestimmen, unter denen Änderungen eines Auftrags während des Ausführungszeitraums ein neues Vergabeverfahren erfordern; dabei ist der einschlägigen Rechtsprechung des Gerichtshofs der Europäischen Union Rechnung zu tragen. Ein neues Vergabeverfahren ist erforderlich bei wesentlichen Änderungen des ursprünglichen Auftrags, insbesondere des Umfangs und der inhaltlichen Ausgestaltung der gegenseitigen Rechte und Pflichten der Parteien, einschließlich der Zuweisung der Rechte des geistigen Eigentums. Derartige Änderungen sind Ausdruck der Absicht der Parteien, wesentliche Bedingungen des betreffenden Auftrags neu zu verhandeln. Dies ist insbesondere dann der Fall, wenn die geänderten Bedingungen, hätten sie bereits für das ursprüngliche Verfahren gegolten, dessen Ergebnis beeinflusst hätten.

Änderungen des Auftrags, die zu einer geringfügigen Änderung des Auftragswerts bis zu einer bestimmten Höhe führen, sollten jederzeit möglich sein, ohne dass ein neues Vergabeverfahren durchgeführt werden muss. Zu diesem Zweck und um Rechtssicherheit zu gewährleisten, sollten in dieser Richtlinie Geringfügigkeitsgrenzen vorgesehen werden, unterhalb deren kein neues Vergabeverfahren erforderlich ist. Änderungen des Auftrags, die diese Schwellenwerte überschreiten, sollten ohne erneutes Vergabeverfahren möglich sein, soweit diese die in dieser Richtlinie festgelegten Bedingungen erfüllen.

(108) Es kann vorkommen, dass öffentliche Auftraggeber zusätzliche Bauleistungen, Lieferungen oder Dienstleistungen benötigen; in solchen Fällen kann eine Änderung des ursprünglichen Auftrags ohne neues Vergabeverfahren gerechtfertigt sein, insbesondere wenn die zusätzlichen Lieferungen entweder als Teilersatz oder zur Erweiterung bestehender Dienstleistungen, Lieferungen oder Einrichtungen bestimmt sind und ein Wechsel des Lieferanten dazu führen würde, dass der öffentliche Auftraggeber Material, Bau- oder Dienstleistungen mit unterschiedlichen technischen Merkmalen erwerben müsste und dies eine Unvereinbarkeit oder unverhältnismäßige technische Schwierigkeiten bei Gebrauch und Instandhaltung mit sich bringen würde.

(109) Öffentliche Auftraggeber können sich mit externen Umständen konfrontiert sehen, die sie zum Zeitpunkt der Zuschlagserteilung nicht absehen konnten, insbesondere wenn sich die Ausführung des Auftrags über einen längeren Zeitraum erstreckt. In diesem Fall ist ein gewisses Maß an Flexibilität erforderlich, um den Auftrag an diese Gegebenheiten anzupassen, ohne ein neues Vergabeverfahren einleiten zu müssen. Der Begriff „unvorhersehbare Umstände" bezeichnet Umstände, die auch bei einer nach vernünftigem Ermessen sorgfältigen Vorbereitung der ursprünglichen Zuschlagserteilung durch den öffentlichen Auftraggeber unter Berücksichtigung der diesem zur Verfügung stehenden Mittel, der Art und Merkmale des spezifischen Projekts, der bewährten Praxis im betreffenden Bereich und der Notwendigkeit, ein angemessenes Verhältnis zwischen den bei der Vorbereitung der Zuschlagserteilung eingesetzten Ressourcen und dem absehbaren Nutzen zu gewährleisten, nicht hätten vorausgesagt werden können. Dies kann jedoch nicht für Fälle gelten, in denen sich mit einer Änderung das Wesen des gesamten Auftrags verändert – indem beispielsweise die zu beschaffenden Bauleistungen, Lieferungen oder Dienstleistungen durch andersartige Leistungen ersetzt werden oder indem sich die Art der Beschaffung grundlegend ändert –, da in einer derartigen Situation ein hypothetischer Einfluss auf das Ergebnis unterstellt werden kann.

(110) Im Einklang mit den Grundsätzen der Gleichbehandlung und Transparenz sollte der erfolgreiche Bieter, zum Beispiel wenn ein Auftrag aufgrund von Mängeln bei der Ausführung gekündigt wird, nicht durch einen anderen Wirtschaftsteilnehmer ersetzt werden, ohne dass der Auftrag erneut ausge-

---

18 Verordnung (EWG, Euratom) Nr. 1182/71 des Rates vom 3. Juni 1971 zur Festlegung der Regeln für die Fristen, Daten und Termine (ABl. L 124 vom 8.6.1971, S. 1).

schrieben wird. Der erfolgreiche Bieter, der den Auftrag ausführt, sollte jedoch – insbesondere wenn der Auftrag an mehr als ein Unternehmen vergeben wurde – während des Zeitraums der Auftragsausführung gewisse strukturelle Veränderungen durchlaufen können, wie etwa eine rein interne Umstrukturierung, eine Übernahme, einen Zusammenschluss oder Unternehmenskauf oder eine Insolvenz. Derartige strukturelle Veränderungen sollten nicht automatisch neue Vergabeverfahren für sämtliche von dem betreffenden Bieter ausgeführten öffentlichen Aufträge erfordern.

(111) Öffentliche Auftraggeber sollten über die Möglichkeit verfügen, im einzelnen Vertrag in Form von Überprüfungs- oder Optionsklauseln Vertragsänderungen vorzusehen, doch sollten derartige Klauseln ihnen keinen unbegrenzten Ermessensspielraum einräumen. Daher sollte in dieser Richtlinie festgelegt werden, inwieweit im ursprünglichen Vertrag die Möglichkeit von Änderungen vorgesehen werden kann. Es sollte daher klargestellt werden, dass mit hinlänglich klar formulierten Überprüfungs- oder Optionsklauseln etwa Preisindexierungen vorgesehen werden können oder beispielsweise sichergestellt werden kann, dass Kommunikationsgeräte, die während eines bestimmten Zeitraums zu liefern sind, auch im Fall veränderter Kommunikationsprotokolle oder anderer technologischer Änderungen weiter funktionsfähig sind. Des Weiteren sollte es möglich sein, mittels hinlänglich klarer Klauseln Anpassungen des Auftrags vorzusehen, die aufgrund technischer Schwierigkeiten, die während des Betriebs oder der Instandhaltung auftreten, erforderlich werden. Ebenfalls sollte darauf hingewiesen werden, dass Aufträge beispielsweise sowohl laufende Wartungsmaßnahmen beinhalten als auch außerordentliche Instandhaltungsarbeiten vorsehen können, die erforderlich werden könnten, um die Kontinuität einer öffentlichen Dienstleistung zu gewährleisten.

(112) Öffentliche Auftraggeber werden mitunter mit Umständen konfrontiert, die eine vorzeitige Kündigung öffentlicher Aufträge erfordern, damit aus dem Unionsrecht erwachsende Verpflichtungen im Bereich der öffentlichen Auftragsvergabe eingehalten werden. Die Mitgliedstaaten sollten daher sicherstellen, dass öffentliche Auftraggeber unter den im nationalen Recht festgelegten Bedingungen, über die Möglichkeit verfügen, einen öffentlichen Auftrag während seiner Laufzeit zu kündigen, wenn dies aufgrund des Unionsrechts erforderlich ist.

(113) Die Ergebnisse des Arbeitspapiers der Kommissionsdienststellen vom 27. Juni 2011 „Bewertungsbericht der Auswirkungen und der Effektivität der EU-Vorschriften für die öffentliche Auftragsvergabe“ haben nahegelegt, dass der Ausschluss bestimmter Dienstleistungen von der vollständigen Anwendung der Richtlinie 2004/18/EG überprüft werden sollte. Infolgedessen sollte die vollständige Anwendung dieser Richtlinie auf eine Reihe von Dienstleistungen ausgedehnt werden.

(114) Bestimmte Dienstleistungskategorien haben aufgrund ihrer Natur nach wie vor lediglich eine begrenzte grenzüberschreitende Dimension, insbesondere die sogenannten personenbezogenen Dienstleistungen, wie etwa bestimmte Dienstleistungen im Sozial-, im Gesundheits- und im Bildungsbereich. Diese Dienstleistungen werden in einem besonderen Kontext erbracht, der sich aufgrund unterschiedlicher kultureller Traditionen in den einzelnen Mitgliedstaaten stark unterschiedlich darstellt. Für öffentliche Aufträge zur Erbringung dieser Dienstleistungen sollte daher eine spezifische Regelung festgelegt werden und ein höherer Schwellenwert gelten als der, der für andere Dienstleistungen gilt.

Personenbezogene Dienstleistungen mit einem unter diesem Schwellenwert liegenden Auftragswert werden in der Regel für Dienstleister aus anderen Mitgliedstaaten nicht von Interesse sein, sofern nicht konkrete Anhaltspunkte vorliegen, die das Gegenteil vermuten lassen, wie etwa eine Finanzierung grenzüberschreitender Projekte durch die Union.

Aufträge zur Erbringung personenbezogener Dienstleistungen oberhalb dieses Schwellenwerts sollten unionsweiten Transparenzvorschriften unterliegen. Angesichts der Bedeutung des kulturellen Kontexts und des sensiblen Charakters dieser Dienstleistungen sollte den Mitgliedstaaten ein weiter Ermessensspielraum eingeräumt werden, damit sie die Auswahl der Dienstleister in einer Weise organisieren können, die sie für am besten geeignet erachten. Die Vorschriften dieser Richtlinie tragen diesem Erfordernis Rechnung, indem sie lediglich die Einhaltung von Grundprinzipien der Transparenz und der Gleichbehandlung verlangen und sicherstellen, dass die öffentlichen Auftraggeber spezifische Qualitätskriterien für die Auswahl von Dienstleistern anwenden können, wie etwa die Kriterien, die in dem vom Ausschuss für Sozialschutz der Europäischen Union veröffentlichten freiwilligen Europäischen Qualitätsrahmen für Sozialdienstleistungen festgelegt wurden. Bei der Festlegung der Verfahren, die für die Auftragsvergabe bei personenbezogenen Dienstleistungen anzuwenden sind, sollten die Mitgliedstaaten Artikel 14 AEUV und das Protokoll Nr. 26 berücksichtigen. Dabei sollten sie sich auch die Vereinfachung und die Reduzierung des Verwaltungsaufwands für die öffentlichen Auftraggeber und die Wirtschaftsteilnehmer zum Ziel setzen; es sollte klargestellt werden, dass hierfür auch Bestimmungen für Dienstleistungsaufträge herangezogen werden können, die nicht unter die Sonderregelung fallen.

Den Mitgliedstaaten und Behörden steht es auch künftig frei, diese Dienstleistungen selbst zu erbringen oder soziale Dienstleistungen in einer Weise zu organisieren, die nicht mit der Vergabe öffentlicher Aufträge verbunden ist, beispielsweise durch die bloße Finanzierung solcher Dienstleistungen oder durch Erteilung von Lizenzen oder Genehmigungen – ohne Beschränkungen oder Festsetzung von Quoten – für alle Wirtschaftsteilnehmer, die die vom öffentlichen Auftraggeber vorab festgelegten Bedingungen erfüllen; Voraussetzung ist, dass ein solches System eine ausreichende Bekanntmachung gewährleistet und den Grundsätzen der Transparenz und Nichtdiskriminierung genügt.

(115) Ebenso werden Beherbergungs- und Gaststättendienstleistungen typischerweise nur von Wirtschaftsteilnehmern angeboten, die an dem konkreten Ort der Erbringung dieser Dienstleistungen angesiedelt sind, und haben daher ebenfalls eine begrenzte grenzüberschreitende Dimension. Sie sollten daher nur durch die Sonderregelung abgedeckt werden, die ab einem Schwellenwert von 750 000 EUR gilt. Großaufträge im Beherbergungs- und Gaststättengewerbe über diesem Schwellenwert können für verschiedene Wirtschaftsteilnehmer, wie Reiseagenturen und andere Zwischenhändler, auch auf grenzüberschreitender Grundlage interessant sein.

(116) Ebenso betreffen bestimmte Rechtsdienstleistungen ausschließlich Fragen des nationalen Rechts und werden daher in der Regel nur von Wirtschaftsteilnehmern in dem betreffenden Mitgliedstaat angeboten; sie haben daher ebenfalls eine begrenzte grenzüberschreitende Dimension. Sie sollten daher nur durch die Sonderregelung abgedeckt werden, die ab einem Schwellenwert von 750 000 EUR gilt. Großaufträge für Rechtsdienstleistungen über diesem Schwellenwert können für verschiedene Wirtschaftsteilnehmer, wie internationale Anwaltskanzleien, auch auf grenzüberschreitender Grundlage interessant sein, insbesondere wenn es dabei um rechtliche Fragen geht, die auf Unionsrecht oder sonstigen internationalen Rechtsvorschriften beruhen oder darin ihren Hintergrund haben oder die mehr als ein Land betreffen.

(117) Die Erfahrung hat gezeigt, dass einige andere Dienstleistungen, wie Rettungsdienste, Feuerwehrdienste und Strafvollzugsdienste, in der Regel nur dann ein grenzüberschreitendes Interesse bieten, wenn sie aufgrund eines relativ hohen Auftragswerts eine ausreichend große kritische Masse erreichen. Soweit sie nicht vom Anwendungsbereich dieser Richtlinie ausgeschlossen sind, sollten sie daher in die Sonderregelung aufgenommen werden. Insofern ihre Erbringung tatsächlich auf Aufträgen beruht, wären andere Kategorien von Dienstleistungen, wie staatliche Dienstleistungen oder die Erbringung von Dienstleistungen für die Allgemeinheit, in der Regel wahrscheinlich erst ab einem Schwellenwert von 750 000 EUR von grenzüberschreitendem Interesse; sie sollten daher nur dann der Sonderregelung unterliegen.

(118) Um die Kontinuität der öffentlichen Dienstleistungen zu gewährleisten, sollte es im Rahmen dieser Richtlinie gestattet sein, die Teilnahme an Vergabeverfahren für bestimmte Dienstleistungen im Gesundheits-, Sozial- und kulturellen Bereich Organisationen, die nach dem Prinzip der Mitarbeiterbeteiligung oder der aktiven Mitbestimmung der Belegschaft an der Führung der Organisation arbeiten, oder bestehenden Organisationen wie Genossenschaften zur Erbringung dieser Dienstleistungen an die Endverbraucher vorzubehalten. Diese Bestimmung gilt ausschließlich für bestimmte Dienstleistungen im Gesundheits- und Sozialbereich und damit verbundene Dienstleistungen, bestimmte Dienstleistungen im Bereich der allgemeinen und beruflichen Bildung, bestimmte Bibliotheks-, Archiv-, Museums- und sonstige kulturelle Dienstleistungen, Sportdienstleistungen und Dienstleistungen für private Haushalte; ihr Ziel ist es nicht, die sonst durch diese Richtlinie vorgesehenen Ausnahmen abzudecken. Solche Vergabeverfahren unterliegen den Veröffentlichungsvorschriften, die für Dienstleistungen Für diese Dienstleistungen sollte nur die Sonderregelung gelten.

(119) Es ist angezeigt, diese Dienstleistungen durch Bezugnahme auf spezifische Posten des mit der Verordnung (EG) Nr. 2195/2002 des Europäischen Parlaments und des Rates[19] angenommenen „Gemeinsamen Vokabulars für öffentliche Aufträge" (CPV) zu identifizieren; es handelt sich dabei um eine hierarchisch strukturierte Nomenklatur, die in Abteilungen, Gruppen, Klassen, Kategorien und Unterkategorien eingeteilt ist. Zur Vermeidung von Rechtsunsicherheit sollte klargestellt werden, dass eine Bezugnahme auf eine Abteilung nicht automatisch eine Bezugnahme auf untergeordnete Unterteilungen bedeutet. Bei einer solchen umfassenden Abdeckung sollten vielmehr ausdrücklich alle einschlägigen Posten, erforderlichenfalls als Abfolge von Codes, angegeben werden.

(120) Wettbewerbe sind seit jeher überwiegend im Bereich der Stadt- und Raumplanung, der Architektur und des Bauwesens oder der Datenverarbeitung durchgeführt worden. Es sollte jedoch darauf hingewiesen werden, dass diese flexiblen Instrumente auch für andere Zwecke verwendet werden könnten, etwa für Pläne für Finanzierungstechnik, die die Unterstützung von KMU im Kontext der gemeinsamen europäischen Ressourcen für kleinste bis mittlere Unternehmen (Jeremie) oder anderen KMU-Unterstützungsprogrammen der Union in einem bestimmten Mitgliedstaat optimieren würden. In einem Wettbewerb für den Erwerb der Pläne für solche Finanzierungstechnik könnte auch festgelegt werden, dass die daran anschließenden Dienstleistungsaufträge für die entsprechende Umsetzung im Rahmen eines Verhandlungsverfahrens ohne vorherige Veröffentlichung an den Gewinner oder einen der Gewinner des Wettbewerbs vergeben würden.

(121) Wie die Bewertung gezeigt hat, gibt es noch erhebliche Verbesserungsmöglichkeiten bei der Anwendung der Vergabevorschriften der Union. Für eine effizientere und einheitlichere Anwendung der Vorschriften ist es unerlässlich, sich einen guten Überblick über mögliche strukturelle Probleme und allgemeine Muster des Auftragswesens in den einzelnen Mitgliedstaaten zu verschaffen, um gezielter auf mögliche Probleme eingehen zu können. Dieser Überblick sollte durch eine geeignete Überwachung gewonnen werden, deren Ergebnisse regelmäßig veröffentlicht werden sollten, um eine sachkundige Debatte darüber zu ermöglichen, wie Beschaffungsvorschriften und -verfahren verbessert werden könnten. Ein solcher guter Überblick könnte auch Einblicke in die Anwendung der Vergabevorschriften im Zusammenhang mit der Durchführung von durch die Union kofinanzierten Projekten ermöglichen. Es sollte den Mitgliedstaaten überlassen bleiben, zu entscheiden, wie und durch wen diese Überwachung praktisch durchgeführt werden soll; dabei soll es ihnen ferner überlassen bleiben, zu entscheiden, ob die Überwachung auf der Basis einer stichprobenartigen Ex-post-Kontrolle oder einer systematischen Ex-ante- Kontrolle von öffentlichen Beschaffungsverfahren, die in den Anwendungsbereich dieser Richtlinie fallen, erfolgen soll. Es sollte möglich sein, potenzielle Probleme den geeigneten Instanzen zur Kenntnis zu bringen; dazu sollte es nicht notwendigerweise erforderlich sein, dass diejenigen, die die Überwachung durchgeführt haben, ein Klagerecht vor Gericht haben.

Bessere Orientierungshilfen, Information und Unterstützung für öffentliche Auftraggeber und Wirtschaftsteilnehmer könnten ebenfalls in hohem Maße dazu beitragen, die Effizienz des öffentlichen Auftragswesens durch umfangreicheres Wissen, stärkere Rechtssicherheit und professionellere Vergabeverfahren zu steigern. Die Orientierungshilfen sollten den öffentlichen Auftraggebern und Wirtschaftsteilnehmern bei Bedarf jederzeit zur Verfügung gestellt werden, um die korrekte Anwendung der Vorschriften zu verbessern. Die bereitzustellenden Orientierungshilfen könnten alle Sachverhalte abdecken, die für das öffentliche Auftragswesen relevant sind, wie die Beschaffungsplanung, die Verfahren, die Wahl von Methoden und Instrumenten und vorbildliche Vorgehensweisen bei der Durchführung der Verfahren. Im Hinblick auf rechtliche Fragen sollte die Orientierungshilfe nicht notwendigerweise den Umfang einer vollständigen rechtlichen Analyse des betreffenden Problems annehmen; sie könnte begrenzt sein auf allgemeine Hinweise auf die Elemente, die bei einer späteren Detailanalyse der Fragen berücksichtigt werden sollten, beispielsweise Hinweise auf einschlägige Rechtsprechung oder auf Leitfäden oder sonstige Quellen, in denen die konkrete Frage bereits untersucht wurde.

(122) Die Richtlinie 89/665/EWG bestimmt, dass bestimmte Nachprüfungsverfahren zumindest jedem zur Verfügung stehen, der ein Interesse an einem bestimmten Auftrag hat oder hatte und dem durch einen behaupteten Verstoß gegen das Unionsrecht im Bereich des öffentlichen Auftragswesens

---

19 Verordnung (EG) Nr. 2195/2002 des Europäischen Parlaments und des Rates vom 5. November 2002 über das Gemeinsame Vokabular für öffentliche Aufträge (CPV) (ABl. L 340 vom 16.12.2002, S. 1).

oder gegen die nationalen Vorschriften zur Umsetzung dieses Rechts ein Schaden entstanden ist beziehungsweise zu entstehen droht. Diese Nachprüfungsverfahren sollten von dieser Richtlinie unberührt bleiben. Jedoch haben Bürger, organisierte oder nicht organisierte Interessengruppen und andere Personen oder Stellen, die keinen Zugang zu Nachprüfungsverfahren gemäß der Richtlinie 89/665/EWG haben, als Steuerzahler dennoch ein begründetes Interesse an soliden Vergabeverfahren. Ihnen sollte daher die Möglichkeit gegeben werden, auf anderem Wege als dem des Nachprüfungssystems gemäß der Richtlinie 89/665/EWG und ohne dass sie zwingend vor Gericht klagen können müssten, mögliche Verstöße gegen diese Richtlinie gegenüber einer zuständigen Behörde oder Stelle anzuzeigen. Um Überschneidungen mit bestehenden Behörden oder Strukturen zu vermeiden, sollte es den Mitgliedstaaten möglich sein, auf allgemeine Überwachungsbehörden oder -strukturen, branchenspezifische Aufsichtsstellen, kommunale Aufsichtsbehörden, Wettbewerbsbehörden, den Bürgerbeauftragten oder nationale Prüfbehörden zurückzugreifen.

(123) Um das Potenzial des öffentlichen Auftragswesens voll auszunutzen und so die Ziele der Strategie „Europa 2020"für intelligentes, nachhaltiges und integratives Wachstum zu erreichen, werden Aspekte des Umweltschutzes, soziale Aspekte und Innovationsaspekte wichtige Rolle spielen müssen. Es ist daher wichtig, einen Überblick über die Entwicklungen im Bereich der strategischen Beschaffung zu gewinnen, um sich über allgemeine Trends auf übergeordneter Ebene in diesem Bereich eine fundierte Meinung bilden zu können. Jeder bereits vorliegende, geeignete Bericht kann in diesem Zusammenhang natürlich ebenfalls herangezogen werden.

(124) Angesichts des Potenzials von KMU bei der Schaffung von Arbeitsplätzen, bei Wachstum und Innovation ist es wichtig, sie zur Beteiligung an öffentlichen Beschaffungsvorhaben zu ermutigen, sowohl durch geeignete Bestimmungen in dieser Richtlinie als auch durch Initiativen auf nationaler Ebene. Die neuen Bestimmungen in dieser Richtlinie sollten dazu beitragen, das Erfolgsniveau zu heben, worunter der Anteil von KMU am Gesamtwert der vergebenen Aufträge zu verstehen ist. Es ist nicht angebracht, verpflichtende Erfolgsquoten vorzuschreiben; jedoch sollten die nationalen Initiativen zur Verbesserung der Teilnahme von KMU angesichts ihrer Bedeutung aufmerksam überwacht werden.

(125) In Bezug auf die Mitteilungen der Kommission an die Mitgliedstaaten und ihre Kontakte zu ihnen, wie die Mitteilungen und Kontakte bezüglich der Verfahren gemäß Artikel 258 und 260 AEUV, dem Problemlösungsnetz für den Binnenmarkt (SOLVIT) und EU Pilot, die durch diese Richtlinie nicht geändert werden, wurde bereits eine Reihe von Verfahren und Arbeitsmethoden festgelegt. Sie sollten jedoch durch die Benennung jeweils einer einzigen Kontaktstelle in jedem Mitgliedstaat für die Zusammenarbeit mit der Kommission ergänzt werden, die als alleinige Anlaufstelle für Fragen hinsichtlich der öffentlichen Beschaffung in dem betreffenden Mitgliedstaat fungieren sollte. Diese Funktion könnte von Personen oder Strukturen übernommen werden, die zu Fragen betreffend das öffentliche Auftragswesen bereits in regelmäßigem Kontakt mit der Kommission stehen, wie die nationalen Kontaktstellen, die Mitglieder des Beratenden Ausschusses für öffentliche Aufträge, die Mitglieder des Netzwerks für das Auftragswesen (Procurement Network) oder nationale Koordinierungsstellen.

(126) Die Rückverfolgbarkeit und Transparenz von Entscheidungen in Vergabeverfahren sind entscheidend, um solide Verfahren, einschließlich einer effizienten Bekämpfung von Korruption und Betrug, zu gewährleisten. Öffentliche Auftraggeber sollten daher Kopien von geschlossenen Verträgen mit hohem Auftragswert aufbewahren, um interessierten Parteien den Zugang zu diesen Dokumenten im Einklang mit den geltenden Bestimmungen über den Zugang zu Dokumenten gewähren zu können. Außerdem sollten die wesentlichen Elemente und Entscheidungen einzelner Vergabeverfahren in einem Vergabebericht dokumentiert werden. Um Verwaltungsaufwand weitestgehend zu vermeiden, sollte es erlaubt sein, dass der Vergabebericht auf Informationen verweist, die bereits in der entsprechenden Vergabebekanntmachung enthalten sind. Die von der Kommission verwalteten elektronischen Systeme zur Veröffentlichung dieser Bekanntmachungen sollten auch verbessert werden, um die Eingabe von Daten zu erleichtern sowie das Extrahieren umfassender Berichte und den Datenaustausch zwischen Systemen einfacher zu gestalten.

(127) Im Interesse der Verwaltungsvereinfachung und um die Belastung der Mitgliedstaaten zu verringern, sollte die Kommission in regelmäßigen Abständen untersuchen, ob die in den Bekanntmachungen, die im Zusammenhang mit den Verfahren zur Vergabe öffentlicher Aufträge veröffentlicht wer-

den, enthaltenen Informationen qualitativ ausreichend und umfangreich genug sind, damit die Kommission die statistischen Angaben, die ansonsten von den Mitgliedstaaten übermittelt werden müssten, daraus entnehmen kann.

(128) Für den Austausch der zur Durchführung von Vergabeverfahren in grenzüberschreitenden Situationen nötigen Informationen ist eine effektive Zusammenarbeit auf Verwaltungsebene unerlässlich, insbesondere hinsichtlich der Überprüfung der Ausschlussgründe und Zuschlagskriterien, der Anwendung von Qualitätsstandards und Umweltstandards und der Liste zugelassener Wirtschaftsteilnehmer. Der Informationsaustausch unterliegt den nationalen Vertraulichkeitsvorschriften. Diese Richtlinie bedingt daher keine Verpflichtung für die Mitgliedstaaten, Informationen auszutauschen, die über diejenigen hinausgehen, zu denen die nationalen öffentlichen Auftraggeber Zugang haben. Das durch die Verordnung (EU) Nr. 1024/2012 des Europäischen Parlaments und des Rates[20] geschaffene IMI-System könnte ein nützliches elektronisches Hilfsmittel sein, um die Verwaltungszusammenarbeit beim Informationsmanagement auf der Grundlage einfacher und einheitlicher Verfahren, mit deren Hilfe sprachliche Barrieren überwunden werden können, zu erleichtern und zu verbessern. Daher sollte so rasch wie möglich ein Pilotprojekt eingeleitet werden, um zu testen, ob eine Ausdehnung des Binnenmarkt-Informationssystems ein geeigneter Schritt wäre, um den nach dieser Richtlinie vorgesehenen Informationsaustausch zu bewältigen.

(129) Zur Anpassung an rasche technische, wirtschaftliche und rechtliche Entwicklungen sollte der Kommission gemäß Artikel 290 AEUV die Befugnis übertragen werden, Rechtsakte zu verschiedenen nicht wesentlichen Elementen dieser Richtlinie zu erlassen. Da es internationale Übereinkommen einzuhalten gilt, sollte die Kommission ermächtigt werden, die den Methoden zur Berechnung der Schwellenwerte zugrunde liegenden technischen Verfahren zu ändern, die Schwellenwerte selbst in regelmäßigen Abständen zu überprüfen und die Anhang X entsprechend anzupassen; die Listen der zentralen Regierungsbehörden sind Änderungen unterworfen, die sich aus administrativen Veränderungen auf nationaler Ebene ergeben. Solche Veränderungen sind der Kommission mitzuteilen; diese sollte ermächtigt werden, Anhang I entsprechend anzupassen; Bezugnahmen auf die CPV-Nomenklatur können rechtlichen Änderungen auf Unionsebene unterworfen sein und diesen Änderungen ist im Text dieser Richtlinie Rechnung zu tragen; die technischen Einzelheiten und Merkmale der Vorrichtungen für eine elektronische Entgegennahme sollten mit den technologischen Entwicklungen Schritt halten; auch ist es erforderlich, die Kommission zu ermächtigen, unter Berücksichtigung der technologischen Entwicklungen verbindliche technische Standards für die elektronische Kommunikation vorzugeben, um die Interoperabilität der technischen Formate, Prozesse und Mitteilungssysteme bei Vergabeverfahren sicherzustellen, die mithilfe elektronischer Kommunikationsmittel abgewickelt werden; das Verzeichnis der Rechtsakte der Union zur Festlegung gemeinsamer Methoden für die Berechnung der Lebenszykluskosten sollte rasch angepasst und um sektorale Maßnahmen erweitert werden. Um diesem Bedarf zu entsprechen, sollte der Kommission die Befugnis übertragen werden, das Verzeichnis der einschlägigen Rechtsvorschriften, einschließlich der Methoden der Lebenszykluskostenrechnung, auf dem aktuellen Stand zu halten. Besonders wichtig ist, dass die Kommission bei ihren vorbereitenden Arbeiten – auch auf Sachverständigenebene – angemessene Konsultationen durchführt. Bei der Vorbereitung und Ausarbeitung delegierter Rechtsakte sollte die Kommission dafür sorgen, dass relevante Dokumente dem Europäischen Parlament und dem Rat zeitgleich, rechtzeitig und ordnungsgemäß übermittelt werden.

(130) Die Kommission sollte sich bei der Anwendung dieser Richtlinie mit den einschlägigen Sachverständigengruppen auf dem Gebiet des elektronischen Beschaffungswesens beraten; dabei sollte auf eine ausgewogene Vertretung der wichtigsten interessierten Kreise geachtet werden.

(131) Zur Gewährleistung einheitlicher Bedingungen für die Durchführung dieser Richtlinie sollten der Kommission zur Erstellung der Standardformulare für die Veröffentlichung von Bekanntmachungen und eines Standardformulars für Eigenerklärungen entsprechende Durchführungsbefugnisse über-

20 Verordnung (EU) Nr. 1024/2012 des Europäischen Parlaments und des Rates vom 25. Oktober 2012 über die Verwaltungszusammenarbeit mit Hilfe des Binnenmarkt-Informationssystems und zur Aufhebung der Entscheidung 2008/49/EG der Kommission („IMI-Verordnung") (ABl. L 316 vom 14.11.2012, S. 1).

tragen werden. Diese Befugnisse sollten gemäß der Verordnung (EU) Nr. 182/2011 des Europäischen Parlaments und des Rates[21], ausgeübt werden.

(132) Die Durchführungsrechtsakte zu den Standardformularen für die Veröffentlichung von Bekanntmachungen, die sich weder finanziell noch in Bezug auf Art und Umfang der aus dieser Richtlinie erwachsenden Verpflichtungen auswirken, sollten im Wege des Beratungsverfahrens verabschiedet werden. Diese Rechtsakte erfüllen einen rein administrativen Zweck und dienen dazu, die Anwendung der in dieser Richtlinie festgelegten Vorschriften zu vereinfachen.

(133) Wegen der Auswirkungen der Eigenerklärungen auf das Auftragswesen und da sie eine zentrale Rolle bei der Vereinfachung der Dokumentationsanforderungen im Vergabeverfahren spielen, sollten die Standardformulare für Eigenerklärungen im Wege des Prüfverfahrens verabschiedet werden.

(134) Die Kommission sollte die Auswirkungen überprüfen, die die Anwendung der Schwellenwerte auf den Binnenmarkt hat, und dem Europäischen Parlament und dem Rat darüber Bericht erstatten. Dabei sollte sie Faktoren wie den Umfang der grenzüberschreitenden Beschaffung, die Beteiligung von KMU, Transaktionskosten und das Kosten- Nutzen-Verhältnis berücksichtigen.

Gemäß Artikel XXII Absatz 7 ist das GPA drei Jahre nach seinem Inkrafttreten und danach in regelmäßigen Abständen Gegenstand weiterer Verhandlungen. In diesem Zusammenhang sollte auch geprüft werden, ob das Niveau der Schwellenwerte angemessen ist, wobei die Auswirkungen der Inflation mit berücksichtigt werden sollten, da die im GPA festgelegten Schwellenwerte über einen langen Zeitraum nicht geändert worden sind; sollte sich daraus eine Änderung der Schwellenwerte ergeben, so sollte die Kommission gegebenenfalls einen Vorschlag für einen Rechtsakt zur Änderung der in dieser Richtlinie festgelegten Schwellenwerte annehmen.

(135) Die Kommission sollte angesichts der derzeitigen Diskussionen über horizontale Bestimmungen zur Regelung der Beziehungen zu Drittländern im Kontext des öffentlichen Auftragswesens die globalen Handelsbedingungen aufmerksam überwachen und die Wettbewerbsposition der Union bewerten.

(136) Da das Ziel dieser Richtlinie, nämlich die Koordinierung der für bestimmte öffentliche Vergabeverfahren geltenden Rechts- und Verwaltungsvorschriften der Mitgliedstaaten, von den Mitgliedstaaten nicht ausreichend verwirklicht werden kann, sondern vielmehr wegen seines Umfangs und seiner Wirkungen auf Unionsebene besser zu verwirklichen ist, kann die Union im Einklang mit dem in Artikel 5 des Vertrags über die Europäische Union verankerten Subsidiaritätsprinzip tätig werden. Entsprechend dem in demselben Artikel genannten Grundsatz der Verhältnismäßigkeit geht diese Richtlinie nicht über das für die Erreichung dieses Ziels erforderliche Maß hinaus.

(137) Die Richtlinie 2004/18/EG sollte aufgehoben werden.

(138) Gemäß der Gemeinsamen Politischen Erklärung der Mitgliedstaaten und der Kommission zu erläuternden Dokumenten vom 28. September 2011 haben sich die Mitgliedstaaten verpflichtet, in begründeten Fällen zusätzlich zur Mitteilung ihrer Umsetzungsmaßnahmen ein oder mehrere Dokumente zu übermitteln, in dem beziehungsweise denen der Zusammenhang zwischen den Bestandteilen einer Richtlinie und den entsprechenden Teilen innerstaatlicher Umsetzungsinstrumente erläutert wird. In Bezug auf diese Richtlinie hält der Gesetzgeber die Übermittlung derartiger Dokumente für gerechtfertigt –

21 Verordnung (EU) Nr. 182/2011 des Europäischen Parlaments und des Rates vom 16. Februar 2011 zur Festlegung der allgemeinen Regeln und Grundsätze, nach denen die Mitgliedstaaten die Wahrnehmung der Durchführungsbefugnisse durch die Kommission kontrollieren (ABl. L 55 vom 28.2.2011, S. 13).

HABEN FOLGENDE RICHTLINIE ERLASSEN:

TITEL I: ANWENDUNGSBEREICH, BEGRIFFSBESTIMMUNGEN UND ALLGEMEINE GRUNDSÄTZE

KAPITEL I: Anwendungsbereich und Begriffsbestimmungen
ABSCHNITT 1: GEGENSTAND UND BEGRIFFSBESTIMMUNGEN
Artikel 1: Gegenstand und Anwendungsbereich
Artikel 2: Begriffsbestimmungen
Artikel 3: Vergabe gemischter öffentlicher Aufträge
ABSCHNITT 2: SCHWELLENWERTE
Artikel 4: Höhe der Schwellenwerte
Artikel 5: Methoden zur Berechnung des geschätzten Auftragswerts
Artikel 6: Überprüfung der Schwellenwerte und der Liste der zentralen Behörden
ABSCHNITT 3: AUSNAHMEN
Artikel 7: Aufträge im Bereich der Wasser-, Energie- und Verkehrsversorgung sowie der Postdienste
Artikel 8: Besondere Ausnahmen im Bereich der elektronischen Kommunikation
Artikel 9: Öffentliche Aufträge und Wettbewerbe, die nach internationalen Regeln vergeben beziehungsweise durchgeführt werden
Artikel 10: Besondere Ausnahmen für Dienstleistungsaufträge
Artikel 11: Dienstleistungsaufträge, die aufgrund eines ausschließlichen Rechts vergeben werden
Artikel 12: Öffentliche Aufträge zwischen Einrichtungen des öffentlichen Sektors
ABSCHNITT 4: BESONDERE SACHVERHALTE
Unterabschnitt 1: Subventionierte Aufträge und Forschungs- und Entwicklungsdienstleistungen
Artikel 13: Aufträge, die von öffentlichen Auftraggebern subventioniert werden
Artikel 14: Forschungs- und Entwicklungsdienstleistungen
Unterabschnitt 2: Vergabe von Aufträgen, die Verteidigungs- oder Sicherheitsaspekte beinhalten
Artikel 15: Verteidigung und Sicherheit
Artikel 16: Vergabe von gemischten Aufträgen, die Verteidigungs- oder Sicherheitsaspekte beinhalten
Artikel 17: Öffentliche Aufträge und Wettbewerbe mit Verteidigungs- oder Sicherheitsaspekten, die nach internationalen Regeln vergeben beziehungsweise durchgeführt werden

KAPITEL II: Allgemeine Vorschriften
Artikel 18: Grundsätze der Auftragsvergabe
Artikel 19: Wirtschaftsteilnehmer
Artikel 20: Vorbehaltene Aufträge
Artikel 21: Vertraulichkeit
Artikel 22: Vorschriften über die Kommunikation
Artikel 23: Nomenklaturen
Artikel 24: Interessenkonflikte

TITEL II: VORSCHRIFTEN FÜR ÖFFENTLICHE AUFTRÄGE

KAPITEL I: Verfahren
Artikel 25: Bedingungen betreffend das GPA und andere internationale Übereinkommen
Artikel 26: Wahl der Verfahren
Artikel 27: Offenes Verfahren
Artikel 28: Nichtoffenes Verfahren

Artikel 29:	Verhandlungsverfahren
Artikel 30:	Wettbewerblicher Dialog
Artikel 31:	Innovationspartnerschaft
Artikel 32:	Anwendung des Verhandlungsverfahrens ohne vorherige Veröffentlichung
KAPITEL II:	Methoden und Instrumente für die elektronische Auftragsvergabe und für Sammelbeschaffungen
Artikel 33:	Rahmenvereinbarungen
Artikel 34:	Dynamische Beschaffungssysteme
Artikel 35:	Elektronische Auktionen
Artikel 36:	Elektronische Kataloge
Artikel 37:	Zentrale Beschaffungstätigkeiten und zentrale Beschaffungsstellen
Artikel 38:	Gelegentliche gemeinsame Auftragsvergabe
Artikel 39:	Auftragsvergabe durch öffentliche Auftraggeber aus verschiedenen Mitgliedstaaten
KAPITEL III:	Ablauf des Verfahrens
ABSCHNITT 1:	VORBEREITUNG
Artikel 40:	Vorherige Marktkonsultationen
Artikel 41:	Vorherige Einbeziehung von Bewerbern oder Bietern
Artikel 42:	Technische Spezifikationen
Artikel 43:	Gütezeichen
Artikel 44:	Testberichte, Zertifizierung und sonstige Nachweise
Artikel 45:	Varianten
Artikel 46:	Unterteilung von Aufträgen in Lose
Artikel 47:	Fristsetzung
ABSCHNITT 2:	VERÖFFENTLICHUNG UND TRANSPARENZ
Artikel 48:	Vorinformation
Artikel 49:	Auftragsbekanntmachung
Artikel 50:	Vergabebekanntmachung
Artikel 51:	Form und Modalitäten der Veröffentlichung von Bekanntmachungen
Artikel 52:	Veröffentlichung auf nationaler Ebene
Artikel 53:	Elektronische Verfügbarkeit der Auftragsunterlagen
Artikel 54:	Aufforderungen an die Bewerber
Artikel 55:	Unterrichtung der Bewerber und Bieter
ABSCHNITT 3:	AUSWAHL DER TEILNEHMER UND AUFTRAGSVERGABE
Artikel 56:	Allgemeine Grundsätze
Unterabschnitt 1:	Qualitative Eignungskriterien
Artikel 57:	Ausschlussgründe
Artikel 58:	Eignungskriterien
Artikel 59:	Einheitliche Europäische Eigenerklärung
Artikel 60:	Nachweise
Artikel 61:	Online-Dokumentenarchiv (e-Certis)
Artikel 62:	Normen für Qualitätssicherung und Umweltmanagement
Artikel 63:	Inanspruchnahme der Kapazitäten anderer Unternehmen
Artikel 64:	Amtliche Verzeichnisse zugelassener Wirtschaftsteilnehmer und Zertifizierung durch öffentlich-rechtliche oder privatrechtliche Stellen
Unterabschnitt 2:	Verringerung der Zahl der Bewerber, der Angebote und der Lösungen
Artikel 65:	Verringerung der Zahl geeigneter Bewerber, die zur Teilnahme aufgefordert werden sollen
Artikel 66:	Verringerung der Zahl der Angebote und Lösungen

ANHANG IV:	ANFORDERUNGEN AN INSTRUMENTE UND VORRICHTUNGEN FÜR DIEELEKTRONISCHE ENTGEGENNAHME VON ANGEBOTEN, TEILNAHMEANTRÄGEN SOWIE PLÄNEN UND ENTWÜRFEN FÜR WETTBEWERBE
ANHANG V:	IN BEKANNTMACHUNGEN AUFZUFÜHRENDE ANGABEN
Teil A:	IN BEKANNTMACHUNGEN ÜBER DIE VERÖFFENTLICHUNG VON VORINFORMATIONEN IN EINEM BESCHAFFERPROFIL AUFZUFÜHRENDE ANGABEN
Teil B:	IN DER VORINFORMATION AUFZUFÜHRENDE ANGABEN (siehe Artikel 48)
Teil C:	IN DER AUFTRAGSBEKANNTMACHUNG AUFZUFÜHRENDE ANGABEN (siehe Artikel 49)
Teil D:	IN DEM VERGABEVERMERK AUFZUFÜHRENDE ANGABEN (siehe Artikel 50)
Teil E:	IN WETTBEWERBSBEKANNTMACHUNGEN AUFZUFÜHRENDE ANGABEN (siehe Artikel 79 Absatz 1)
Teil F:	IN BEKANNTMACHUNGEN ÜBER DIE ERGEBNISSE EINES WETTBEWERBS AUFZUFÜHRENDE ANGABEN (siehe Artikel 79 Absatz 2)
Teil G:	IN BEKANNTMACHUNGEN VON ÄNDERUNGEN EINES AUFTRAGS WÄHREND SEINER LAUFZEIT AUFZUFÜHRENDE ANGABEN (siehe Artikel 72 Absatz 1)
Teil H:	IN BEKANNTMACHUNGEN VON AUFTRÄGEN FÜR SOZIALE UND ANDERE BESONDERE DIENSTLEISTUNGEN AUFZUFÜHRENDE ANGABEN (siehe Artikel 75 Absatz 1)
Teil I:	IN VORINFORMATIONEN FÜR SOZIALE UND ANDERE BESONDERE DIENSTLEISTUNGEN AUFZUFÜHRENDE ANGABEN (siehe Artikel 75 Absatz 1)
Teil J:	IN BEKANNTMACHUNGEN ÜBER DIE VERGABE VON AUFTRÄGEN FÜR SOZIALE UND ANDERE BESONDERE DIENSTLEISTUNGEN AUFZUFÜHRENDE ANGABEN (siehe Artikel 75 Absatz 2)
ANHANG VI:	IN DEN AUFTRAGSUNTERLAGEN FÜR ELEKTRONISCHE AUKTIONEN AUFZUFÜHRENDE ANGABEN (ARTIKEL 33 ABSATZ 4)
ANHANG VII:	TECHNISCHE SPEZIFIKATIONEN – BEGRIFFSBESTIMMUNGEN
ANHANG VIII:	VORGABEN FÜR DIE VERÖFFENTLICHUNG
ANHANG IX:	INHALT DER AUFFORDERUNGEN ZUR ANGEBOTSABGABE, ZUM DIALOG ODER ZUR INTERESSENSBESTÄTIGUNG NACH ARTIKEL 54
ANHANG X:	VERZEICHNIS INTERNATIONALER ÜBEREINKOMMEN IM SOZIAL- UND UMWELTRECHT NACH ARTIKEL 18 ABSATZ 2
ANHANG XI:	REGISTER
ANHANG XII:	NACHWEISE ÜBER DIE ERFÜLLUNG DER EIGNUNGSKRITERIEN
ANHANG XIII:	VERZEICHNIS DER UNIONSRECHTSAKTE NACH ARTIKEL 68 ABSATZ 3
ANHANG XIV:	DIENSTLEISTUNGEN NACH ARTIKEL 74
ANHANG XV:	ENTSPRECHUNGSTABELLE

TITEL I
ANWENDUNGSBEREICH, BEGRIFFSBESTIMMUNGEN UND ALLGEMEINE GRUNDSÄTZE

KAPITEL I
Anwendungsbereich und Begriffsbestimmungen

Abschnitt 1
Gegenstand und Begriffsbestimmungen

Artikel 1
Gegenstand und Anwendungsbereich

(1) Mit dieser Richtlinie werden Regeln für die Verfahren öffentlicher Auftraggeber bei der Vergabe öffentlicher Aufträge und der Durchführung von Wettbewerben festgelegt, deren geschätzter Wert nicht unter den in Artikel 4 genannten Schwellenwerten liegt.

(2) Auftragsvergabe im Sinne dieser Richtlinie bezeichnet den im Wege eines öffentlichen Auftrags erfolgenden Erwerb von Bauleistungen, Lieferungen oder Dienstleistungen durch einen oder mehrere öffentliche Auftraggeber von Wirtschaftsteilnehmern, die von diesen öffentlichen Auftraggebern ausgewählt werden, unabhängig davon, ob diese Bauleistungen, Lieferungen oder Dienstleistungen für einen öffentlichen Zweck bestimmt sind oder nicht.

(3) Die Anwendung dieser Richtlinie unterliegt Artikel 346 AEUV.

(4) Diese Richtlinie berührt nicht das Recht der Mitgliedstaaten, im Einklang mit dem Unionsrecht festzulegen, welche Leistungen sie als von allgemeinem wirtschaftlichem Interesse erachten, wie diese Dienstleistungen unter Beachtung der Vorschriften über staatliche Beihilfen organisiert und finanziert werden sollten und welchen spezifischen Verpflichtungen sie unterliegen sollten. Gleichermaßen berührt diese Richtlinie nicht die Entscheidung öffentlicher Stellen darüber, ob, wie und in welchem Umfang sie öffentliche Aufgaben gemäß Artikel 14 AEUV und gemäß Protokoll Nr. 26 selbst wahrnehmen wollen.

(5) Diese Richtlinie berührt nicht die Art und Weise, in der die Mitgliedstaaten ihre Systeme der sozialen Sicherheit gestalten.

(6) Vereinbarungen, Beschlüsse oder andere Rechtsinstrumente, die die Übertragung von Befugnissen und Zuständigkeiten für die Ausführung öffentlicher Aufgaben zwischen öffentlichen Auftraggebern oder Gruppen von öffentlichen Auftraggebern regeln und die keine Vergütung für vertragliche Leistungen vorsehen, werden als Angelegenheit der internen Organisation des betreffenden Mitgliedstaats betrachtet und als solche nicht von dieser Richtlinie berührt.

Artikel 2
Begriffsbestimmungen

(1) Für die Zwecke dieser Richtlinie bezeichnet der Ausdruck

1. „öffentliche Auftraggeber“ den Staat, die Gebietskörperschaften, die Einrichtungen des öffentlichen Rechts oder die Verbände, die aus einer oder mehreren dieser Körperschaften oder Einrichtungen des öffentlichen Rechts bestehen;
2. „zentrale Regierungsbehörden“ diejenigen öffentlichen Auftraggeber, die in Anhang I aufgeführt sind, und, soweit auf innerstaatlicher Ebene Berichtigungen oder Änderungen vorgenommen wurden, die Stellen, die ihre Nachfolger sind;
3. „subzentrale öffentliche Auftraggeber“ alle öffentlichen Auftraggeber, die keine zentralen Regierungsbehörden sind;
4. „Einrichtungen des öffentlichen Rechts“ Einrichtungen mit sämtlichen der folgenden Merkmale:

a) Sie wurden zu dem besonderen Zweck gegründet, im Allgemeininteresse liegende Aufgaben nicht gewerblicher Art zu erfüllen,
b) sie besitzen Rechtspersönlichkeit und
c) sie werden überwiegend vom Staat, von Gebietskörperschaften oder von anderen Einrichtungen des öffentlichen Rechts finanziert oder unterstehen hinsichtlich ihrer Leitung der Aufsicht dieser Gebietskörperschaften oder Einrichtungen, oder sie haben ein Verwaltungs-, Leitungs- beziehungsweise Aufsichtsorgan, das mehrheitlich aus Mitgliedern besteht, die vom Staat, von Gebietskörperschaften oder von anderen Einrichtungen des öffentlichen Rechts ernannt worden sind;

5. „öffentliche Aufträge" zwischen einem oder mehreren Wirtschaftsteilnehmern und einem oder mehreren öffentlichen Auftraggebern schriftlich geschlossene entgeltliche Verträge über die Ausführung von Bauleistungen, die Lieferung von Waren oder die Erbringung von Dienstleistungen;
6. „öffentliche Bauaufträge" öffentliche Aufträge mit einem der folgenden Ziele:
   a) Ausführung oder sowohl die Planung als auch die Ausführung von Bauleistungen im Zusammenhang mit einer der in Anhang II genannten Tätigkeiten;
   b) Ausführung oder sowohl die Planung als auch die Ausführung eines Bauvorhabens;
   c) Erbringung einer Bauleistung durch Dritte – gleichgültig mit welchen Mitteln – gemäß den vom öffentlichen Auftraggeber, der einen entscheidenden Einfluss auf die Art und die Planung des Vorhabens hat, genannten Erfordernissen;
7. „Bauwerk" das Ergebnis einer Gesamtheit von Hoch- oder Tiefbauarbeiten, das seinem Wesen nach eine wirtschaftliche oder technische Funktion erfüllen soll;
8. „öffentliche Lieferaufträge" öffentliche Aufträge mit dem Ziel des Kaufs, des Leasings, der Miete, der Pacht oder des Ratenkaufs, mit oder ohne Kaufoption, von Waren. Ein öffentlicher Lieferauftrag kann als Nebenarbeiten Verlege- und Installationsarbeiten umfassen;
9. „öffentliche Dienstleistungsaufträge" öffentliche Aufträge über die Erbringung von Dienstleistungen, bei denen es sich nicht um die in Nummer 6 genannten handelt;
10. „Wirtschaftsteilnehmer" eine natürliche oder juristische Person oder öffentliche Einrichtung oder eine Gruppe solcher Personen und/oder Einrichtungen, einschließlich jedes vorübergehenden Zusammenschlusses von Unternehmen, die beziehungsweise der auf dem Markt die Ausführung von Bauleistungen, die Errichtung von Bauwerken, die Lieferung von Waren beziehungsweise die Erbringung von Dienstleistungen anbietet;
11. „Bieter" einen Wirtschaftsteilnehmer, der ein Angebot abgegeben hat;
12. „Bewerber" einen Wirtschaftsteilnehmer, der sich um eine Aufforderung zur Teilnahme an einem nichtoffenen Verfahren, einem Verhandlungsverfahren, einem Verhandlungsverfahren ohne vorherige Bekanntmachung, einem wettbewerblichen Dialog oder einer Innovationspartnerschaft beworben hat oder eine solche Aufforderung erhalten hat;
13. „Auftragsunterlagen" sämtliche Unterlagen, die vom öffentlichen Auftraggeber erstellt werden oder auf die er sich bezieht, um Bestandteile der Auftragsvergabe oder des Verfahrens zu beschreiben oder festzulegen; dazu zählen die Bekanntmachung, die Vorinformationen, sofern sie als Aufruf zum Wettbewerb dienen, die technischen Spezifikationen, die Beschreibung, die vorgeschlagenen Auftragsbedingungen, Formate für die Einreichung von Unterlagen seitens der Bewerber und Bieter, Informationen über allgemeingültige Verpflichtungen sowie sonstige zusätzliche Unterlagen;
14. „zentrale Beschaffungstätigkeiten" in einer der folgenden Formen auf Dauer durchgeführte Tätigkeiten:
   a) Erwerb von Lieferungen und/oder Dienstleistungen für öffentliche Auftraggeber;
   b) Vergabe öffentlicher Aufträge oder Abschluss von Rahmenvereinbarungen über Bauleistungen, Lieferungen oder Dienstleistungen für öffentliche Auftraggeber;
15. „Nebenbeschaffungstätigkeiten" Tätigkeiten zur Unterstützung von Beschaffungstätigkeiten, insbesondere in einer der folgenden Formen:
   a) Bereitstellung technischer Infrastruktur, die es öffentlichen Auftraggebern ermöglicht, öffentliche Aufträge zu vergeben oder Rahmenvereinbarungen über Bauleistungen, Lieferungen oder Dienstleistungen abzuschließen;
   b) Beratung zur Ausführung oder Planung von Verfahren zur Vergabe öffentlicher Aufträge;
   c) Vorbereitung und Verwaltung von Verfahren zur Vergabe öffentlicher Aufträge im Namen und für Rechnung des betreffenden öffentlichen Auftraggebers;

16. „zentrale Beschaffungsstelle“ einen öffentlichen Auftraggeber, der zentrale Beschaffungstätigkeiten und eventuell Nebenbeschaffungstätigkeiten ausübt;
17. „Beschaffungsdienstleister“ eine öffentliche oder privatrechtliche Stelle, die auf dem Markt Nebenbeschaffungstätigkeiten anbietet;
18. „schriftlich“ jede aus Wörtern oder Ziffern bestehende Darstellung, die gelesen, reproduziert und anschließend mitgeteilt werden kann, einschließlich anhand elektronischer Mittel übertragener und gespeicherter Informationen;
19. „elektronische Mittel“ elektronische Geräte für die Verarbeitung (einschließlich digitaler Kompression) und Speicherung von Daten, die über Kabel, per Funk, mit optischen Verfahren oder mit anderen elektromagnetischen Verfahren übertragen, weitergeleitet und empfangen werden;
20. „Lebenszyklus“ alle aufeinander folgenden und/oder miteinander verbundenen Stadien, einschließlich der durchzuführenden Forschung und Entwicklung, der Produktion, des Handels und der damit verbundenen Bedingungen, des Transports, der Nutzung und Wartung, während der Lebensdauer einer Ware oder eines Bauwerks oder während der Erbringung einer Dienstleistung, angefangen von der Beschaffung der Rohstoffe oder Erzeugung von Ressourcen bis hin zu Entsorgung, Aufräumarbeiten und Beendigung der Dienstleistung oder Nutzung;
21. „Wettbewerbe“ Verfahren, die dazu dienen, dem öffentlichen Auftraggeber insbesondere auf den Gebieten der Raumplanung, der Stadtplanung, der Architektur und des Bauwesens oder der Datenverarbeitung einen Plan oder eine Planung zu verschaffen, deren Auswahl durch ein Preisgericht aufgrund vergleichender Beurteilung mit oder ohne Vergabe von Preisen erfolgt;
22. „Innovation“ die Realisierung von neuen oder deutlich verbesserten Waren, Dienstleistungen oder Verfahren, einschließlich – aber nicht beschränkt auf – Produktions-, Bau- oder Konstruktionsverfahren, eine neue Vermarktungsmethode oder ein neues Organisationsverfahren in Bezug auf Geschäftspraxis, Abläufe am Arbeitsplatz oder externe Beziehungen, u. a. mit dem Ziel, zur Bewältigung gesellschaftlicher Herausforderungen beizutragen oder die Strategie Europa 2020 für intelligentes, nachhaltiges und integratives Wachstum zu unterstützen;
23. „Gütezeichen“ ein Dokument, ein Zeugnis oder eine Bescheinigung, mit dem beziehungsweise der bestätigt wird, dass ein bestimmtes Bauwerk, eine bestimmte Ware, eine bestimmte Dienstleistung, ein bestimmter Prozess oder ein bestimmtes Verfahren bestimmte Anforderungen erfüllt;
24. „Gütezeichen-Anforderungen“ die Anforderungen, die ein Bauwerk, eine Ware, eine Dienstleistung, ein Prozess oder ein Verfahren erfüllen muss, um das betreffende Gütezeichen zu erhalten.

(2) Für die Zwecke dieses Artikels umfassen „Gebietskörperschaften“ Behörden, die nicht erschöpfend gemäß der Bezugnahme der Verordnung (EG) Nr. 1059/2003 des Europäischen Parlaments und des Rates[22] unter NUTS 1 und 2 aufgeführt sind, und sämtliche Behörden der Verwaltungseinheiten, die unter NUTS 3 fallen, sowie kleinere Verwaltungseinheiten im Sinne der Verordnung (EG) Nr. 1059/2003.

Artikel 3
Vergabe gemischter öffentlicher Aufträge

(1) Absatz 2 betrifft gemischte Aufträge, die die Vergabe verschiedener Arten öffentlicher Aufträge zum Gegenstand haben, die alle unter diese Richtlinie fallen.

Die Absätze 3 bis 5 betreffen gemischte Aufträge, die die Vergabe öffentlicher Aufträge, die unter diese Richtlinie fallen, sowie die Vergabe öffentlicher Aufträge, die unter andere rechtliche Regelungen fallen, zum Gegenstand haben.

(2) Aufträge, die die Vergabe von zwei oder mehr Arten öffentlicher Aufträge zum Gegenstand haben (Bauleistungen, Lieferungen oder Dienstleistungen), werden gemäß den Bestimmungen für die Art von Beschaffungen vergeben, die dem Hauptgegenstand des betreffenden Auftrags zuzuordnen ist.

---

22 Verordnung (EG) Nr. 1059/2003 des Europäischen Parlaments und des Rates vom 26. Mai 2003 über die Schaffung einer gemeinsamen Klassifikation der Gebietseinheiten für die Statistik (NUTS) (ABl. L 154 vom 21.6.2003, S. 1).

Im Fall gemischter Aufträge, die teilweise aus Dienstleistungen im Sinne von Titel III Kapitel I und teilweise aus anderen Dienstleistungen bestehen, oder im Fall gemischter Aufträge, die teilweise aus Dienstleistungen und teilweise aus Lieferungen bestehen, wird der Hauptgegenstand danach bestimmt, welcher der geschätzten Werte der jeweiligen Dienstleistungen oder Lieferungen am höchsten ist.

(3) Sind die verschiedenen Teile eines bestimmten Auftrags objektiv trennbar, so findet Absatz 4 Anwendung. Sind die verschiedenen Teile eines bestimmten Auftrags objektiv nicht trennbar, so findet Absatz 6 Anwendung.

Unterliegt ein Teil eines bestimmten Auftrags Artikel 346 AEUV oder der Richtlinie 2009/81/EG, so findet Artikel 16 der vorliegenden Richtlinie Anwendung.

(4) Im Fall von Aufträgen, die eine von dieser Richtlinie erfasste Beschaffung sowie eine nicht von ihr erfasste Beschaffung zum Gegenstand haben, können die öffentlichen Auftraggeber beschließen, getrennte Aufträge für die einzelnen Teile oder einen einzigen Auftrag zu vergeben. Beschließen die öffentlichen Auftraggeber, getrennte Aufträge für einzelne Teile zu vergeben, so wird die Entscheidung darüber, welche rechtliche Regelung jeweils für die getrennten Aufträge gelten, auf der Grundlage der Merkmale der betreffenden einzelnen Teile getroffen.

Beschließen die öffentlichen Auftraggeber, einen einzigen Auftrag zu vergeben, so gilt diese Richtlinie, sofern in Artikel 16 nichts anderes vorgesehen ist, für den daraus hervorgehenden gemischten Auftrag, ungeachtet des Werts der Teile, die ansonsten einer anderen rechtlichen Regelung unterliegen würden, und ungeachtet der rechtlichen Regelung, der diese Teile ansonsten unterliegen würden.

Im Fall gemischter Aufträge, die Elemente von Aufträgen über Lieferungen, Bauleistungen und Dienstleistungen und von Konzessionen enthalten, wird der gemischte Auftrag gemäß dieser Richtlinie vergeben, sofern der in Einklang mit Artikel 5 geschätzte Wert des Teils des Auftrags, der einen unter diese Richtlinie fallenden Auftrag darstellt, dem in Artikel 4 angegebenen Schwellenwert entspricht oder diesen übersteigt.

(5) Im Fall von Aufträgen, die sowohl eine von dieser Richtlinie erfasste Beschaffung als auch eine Beschaffung zur Ausübung einer Tätigkeit, die der Richtlinie 2014/25/EU unterliegt, zum Gegenstand haben, werden die anwendbaren Vorschriften ungeachtet des Absatzes 4 des vorliegenden Artikels gemäß den Artikeln 5 und 6 der Richtlinie 2014/25/EU bestimmt.

(6) Sind die einzelnen Teile eines bestimmten Auftrags objektiv nicht trennbar, so wird die anwendbare rechtliche Regelung anhand des Hauptgegenstands des Auftrags bestimmt.

Abschnitt 2
Schwellenwerte

Artikel 4
Höhe der Schwellenwerte

Diese Richtlinie gilt für Aufträge, deren geschätzter Wert ohne Mehrwertsteuer (MwSt.) die folgenden Schwellenwerte nicht unterschreitet:

a) 5 186 000 EUR bei öffentlichen Bauaufträgen;
b) 134 000 EUR bei öffentlichen Liefer- und Dienstleistungsaufträgen, die von zentralen Regierungsbehörden vergeben werden, und bei von diesen Behörden ausgerichteten Wettbewerben; bei öffentlichen Lieferaufträgen, die von öffentlichen Auftraggebern im Verteidigungsbereich vergeben werden, gilt dieser Schwellenwert nur für Aufträge über Waren, die in Anhang III aufgeführt sind;
c) 207 000 EUR bei öffentlichen Liefer- und Dienstleistungsaufträgen, die von subzentralen öffentlichen Auftraggebern vergeben werden, und bei von diesen Behörden ausgerichteten Wettbewerben; dieser Schwellenwert gilt auch bei öffentlichen Lieferaufträgen, die von zentralen Regierungsbehörden im Verteidigungsbereich vergeben werden, sofern diese Aufträge Waren betreffen, die nicht in Anhang III aufgeführt sind;

d) 750 000 EUR bei öffentlichen Dienstleistungsaufträgen betreffend soziale und andere besondere Dienstleistungen im Sinne von Anhang XIV.

Artikel 5
Methoden zur Berechnung des geschätzten Auftragswerts

(1) Grundlage für die Berechnung des geschätzten Auftragswerts ist der vom öffentlichen Auftraggeber geschätzte zahlbare Gesamtbetrag ohne MwSt., einschließlich aller Optionen und etwaigen Verlängerungen der Aufträge, die in den Auftragsunterlagen ausdrücklich geregelt sind.

Wenn der öffentliche Auftraggeber Prämien oder Zahlungen an Bewerber oder Bieter vorsieht, hat er diese bei der Berechnung des geschätzten Auftragswerts zu berücksichtigen.

(2) Besteht ein öffentlicher Auftraggeber aus mehreren eigenständigen Organisationseinheiten, so wird der geschätzte Gesamtwert für alle einzelnen Organisationseinheiten berücksichtigt.

Ungeachtet des Unterabsatzes 1 können die Werte auf der Ebene der betreffenden Einheit geschätzt werden, wenn eine eigenständige Organisationseinheit selbständig für ihre Auftragsvergabe oder bestimmte Kategorien der Auftragsvergabe zuständig ist.

(3) Die Wahl der Methode zur Berechnung des geschätzten Auftragswerts darf nicht in der Absicht erfolgen, die Anwendung dieser Richtlinie zu umgehen. Eine Auftragsvergabe darf nicht so unterteilt werden, dass sie nicht in den Anwendungsbereich der Richtlinie fällt, es sei denn, es liegen objektive Gründe dafür vor.

(4) Für den geschätzten Auftragswert ist der Wert zum Zeitpunkt der Absendung des Aufrufs zum Wettbewerb maßgeblich, oder, falls ein Aufruf zum Wettbewerb nicht vorgesehen ist, zum Zeitpunkt der Einleitung des Vergabeverfahrens durch den öffentlichen Auftraggeber, beispielsweise gegebenenfalls durch Kontaktaufnahme mit Wirtschaftsteilnehmern im Zusammenhang mit der Auftragsvergabe.

(5) Der zu berücksichtigende Wert einer Rahmenvereinbarung oder eines dynamischen Beschaffungssystems ist gleich dem geschätzten Gesamtwert ohne MwSt. aller für die gesamte Laufzeit der Rahmenvereinbarung oder des dynamischen Beschaffungssystems geplanten Aufträge.

(6) Im Falle von Innovationspartnerschaften ist der zu berücksichtigende Wert gleich dem geschätzten Gesamtwert ohne MwSt. der Forschungs- und Entwicklungstätigkeiten, die während sämtlicher Phasen der geplanten Partnerschaft stattfinden sollen, sowie der Lieferungen, Dienstleistungen oder Bauleistungen, die zu entwickeln und am Ende der geplanten Partnerschaft zu beschaffen sind.

(7) Bei der Berechnung des geschätzten Auftragswerts von öffentlichen Bauaufträgen wird außer dem Wert der Bauleistungen auch der geschätzte Gesamtwert der vom öffentlichen Auftraggeber dem Auftragnehmer zur Verfügung gestellten Lieferungen und Dienstleistungen berücksichtigt, sofern diese für die Ausführung der Bauleistungen erforderlich sind.

(8) Kann ein Bauvorhaben oder die vorgesehene Erbringung von Dienstleistungen zu Aufträgen führen, die in mehreren Losen vergeben werden, so ist der geschätzte Gesamtwert aller dieser Lose zu berücksichtigen.

Erreicht oder übersteigt der kumulierte Wert der Lose den in Artikel 4 bestimmten Schwellenwert, so gilt die Richtlinie für die Vergabe jedes Loses.

(9) Kann ein Vorhaben zum Zweck des Erwerbs gleichartiger Lieferungen zu Aufträgen führen, die in mehreren Losen vergeben werden, so wird bei der Anwendung von Artikel 4 Buchstaben b und c der geschätzte Gesamtwert aller dieser Lose berücksichtigt.

Erreicht oder übersteigt der kumulierte Wert der Lose den in Artikel 4 bestimmten Schwellenwert, so gilt die Richtlinie für die Vergabe jedes Loses.

(10) Ungeachtet der Absätze 8 und 9 können öffentliche Auftraggeber bei der Vergabe einzelner Lose von den Bestimmungen dieser Richtlinie abweichen, wenn der geschätzte Wert des betreffenden Loses ohne MwSt. bei Lieferungen oder Dienstleistungen unter 80 000 EUR und bei Bauleistungen unter 1 000 000 EUR liegt. Allerdings darf der kumulierte Wert der in Abweichung von dieser Richtlinie

vergebenen Lose 20 % des kumulierten Werts sämtlicher Lose, in die das Bauvorhaben, der vorgesehene Erwerb gleichartiger Lieferungen oder die vorgesehene Erbringung von Dienstleistungen unterteilt wurde, nicht überschreiten.

(11) Bei regelmäßig wiederkehrenden öffentlichen Liefer- oder Dienstleistungsaufträgen sowie bei öffentlichen Liefer- oder Dienstleistungsaufträgen, die innerhalb eines bestimmten Zeitraums verlängert werden sollen, wird der geschätzte Auftragswert wie folgt berechnet:

a) entweder auf der Basis des tatsächlichen Gesamtwerts entsprechender aufeinander folgender Aufträge aus den vorangegangenen 12 Monaten oder dem vorangegangenen Haushaltsjahr; dabei sind voraussichtliche Änderungen bei Menge oder Wert während der auf den ursprünglichen Auftrag folgenden 12 Monate nach Möglichkeit zu berücksichtigen;
b) oder auf der Basis des geschätzten Gesamtwerts aufeinander folgender Aufträge, die während der auf die erste Lieferung folgenden 12 Monate beziehungsweise während des Haushaltsjahres, soweit dieses länger als 12 Monate ist, vergeben werden.

(12) Bei öffentlichen Lieferaufträgen für Leasing, Miete, Pacht oder Ratenkauf von Waren wird der geschätzte Auftragswert wie folgt berechnet:

a) bei zeitlich begrenzten öffentlichen Aufträgen mit höchstens 12 Monaten Laufzeit auf der Basis des geschätzten Gesamtwerts für die Laufzeit des Auftrags oder, bei einer Laufzeit von mehr als 12 Monaten, auf der Basis des Gesamtwerts einschließlich des geschätzten Restwerts;
b) bei öffentlichen Aufträgen mit unbestimmter Laufzeit oder bei Aufträgen, deren Laufzeit nicht bestimmt werden kann, auf der Basis des Monatswerts multipliziert mit 48.

(13) Bei öffentlichen Dienstleistungsaufträgen wird der geschätzte Auftragswert gegebenenfalls wie folgt berechnet:

a) bei Versicherungsleistungen auf der Basis der zu zahlenden Versicherungsprämie und sonstiger Entgelte;
b) bei Bank- und anderen Finanzdienstleistungen auf der Basis der zu zahlenden Gebühren, Provisionen und Zinsen sowie sonstiger Entgelte;
c) bei Aufträgen über Planungsarbeiten auf der Basis der zu zahlenden Gebühren und Provisionen sowie sonstiger Entgelte.

(14) Bei öffentlichen Dienstleistungsaufträgen, für die kein Gesamtpreis angegeben wird, wird der geschätzte Auftragswert wie folgt berechnet:

a) bei zeitlich begrenzten Aufträgen mit einer Laufzeit von bis zu 48 Monaten auf der Basis des Gesamtwerts für die gesamte Laufzeit des Auftrags;
b) bei Verträgen mit unbestimmter Laufzeit oder mit einer Laufzeit von mehr als 48 Monaten auf der Basis des Monatswerts multipliziert mit 48.

Artikel 6
Überprüfung der Schwellenwerte und der Liste der zentralen Regierungsbehörden

(1) Die Kommission überprüft die in Artikel 4 Buchstaben a, b und c genannten Schwellenwerte alle zwei Jahre ab dem 30. Juni 2013 auf Übereinstimmung mit dem Übereinkommen über das öffentliche Beschaffungswesen (Government Procurement Agreement, im Folgenden „GPA") der Welthandelsorganisation und setzt sie erforderlichenfalls gemäß dem vorliegenden Artikel neu fest.

Gemäß der im GPA festgelegten Berechnungsmethode berechnet die Kommission den Wert dieser Schwellenwerte anhand des durchschnittlichen Tageskurses des Euro, ausgedrückt in Sonderziehungsrechten (SZR), während der 24 Monate, die am 31. August enden, der der Neufestsetzung zum 1. Januar vorausgeht. Der so neu festgesetzte Schwellenwert wird, sofern erforderlich, auf volle Tausend Euro abgerundet, um die Einhaltung der geltenden Schwellenwerte zu gewährleisten, die im GPA vorgesehen sind und in SZR ausgedrückt werden.

(2) Bei der Durchführung der Neufestsetzung gemäß Absatz 1 setzt die Kommission zudem Folgendes neu fest:

a) den in Artikel 13 Absatz 1 Buchstabe a genannten Schwellenwert durch Anpassung an den neu festgesetzten Schwellenwert für öffentliche Bauaufträge;
b) den in Artikel 13 Absatz 1 Buchstabe b genannten Schwellenwert durch Anpassung an den neu festgesetzten Schwellenwert für von subzentralen öffentlichen Auftraggebern vergebene öffentliche Dienstleistungsaufträge.

(3) Die Kommission legt ab dem 1. Januar 2014 alle zwei Jahre den Wert der in Artikel 4 Buchstaben a, b und c genannten und gemäß Absatz 1 dieses Artikels neu festgesetzten Schwellenwerte in den nationalen Währungen der Mitgliedstaaten fest, deren Währung nicht der Euro ist.

Gleichzeitig legt die Kommission den Wert des in Artikel 4 Buchstabe d genannten Schwellenwerts in den nationalen Währungen der Mitgliedstaaten fest, deren Währung nicht der Euro ist.

In Übereinstimmung mit der im GPA dargelegten Berechnungsmethode werden solche Werte im Hinblick auf den anwendbaren Schwellenwert in Euro anhand des durchschnittlichen Tageskurses dieser Währungen in den 24 Monaten, die am 31. August enden, der der Neufestsetzung zum 1. Januar vorausgeht, berechnet.

(4) Die Kommission veröffentlicht die in Absatz 1 genannten neu festgesetzten Schwellenwerte, ihres in Absatz 3 Unterabsatz 1 genannten Gegenwerts in den nationalen Währungen der Mitgliedstaaten und der gemäß Absatz 3 Unterabsatz 2 festgelegten Werte im *Amtsblatt der Europäischen Union* zu Beginn des Monats November, der auf die Neufestsetzung folgt.

(5) Der Kommission wird die Befugnis übertragen, delegierte Rechtsakte gemäß Artikel 87 zu erlassen, um die in Absatz 1 Unterabsatz 2 des vorliegenden Artikels genannte Methode an jede Änderung der im GPA vorgesehenen Methode anzupassen und so die in Artikel 4 Buchstaben a, b und c genannten Schwellenwerte neu festzusetzen und den entsprechenden Wert gemäß Absatz 3 in den nationalen Währungen der Mitgliedstaaten, deren Währung nicht der Euro ist, festzulegen.

Der Kommission wird die Befugnis übertragen, delegierte Rechtsakte gemäß Artikel 87 zu erlassen, um die in Artikel 4 Buchstaben a, b und c genannten Schwellenwerte gemäß Absatz 1 dieses Artikels neu festzusetzen und um die in Artikel 13 Absatz 1 Buchstaben a und b genannten Schwellenwerte gemäß Absatz 2 dieses Artikels neu festzusetzen.

(6) Sollte eine Neufestsetzung der in Artikel 4 Buchstaben a, b und c genannten Schwellenwerte und der in Artikel 13 Absatz 1 Buchstaben a und b genannten Schwellenwerte erforderlich werden und sollten zeitliche Zwänge den Rückgriff auf das in Artikel 87 genannte Verfahren verhindern, so dass vordringliche Gründe vorliegen, wird das Verfahren gemäß Artikel 88 auf gemäß Absatz 5 Unterabsatz 2 dieses Artikels erlassene delegierte Rechtsakte angewandt.

(7) Der Kommission wird die Befugnis übertragen, gemäß Artikel 87 delegierte Rechtsakte zu erlassen, mit denen Anhang I geändert wird, um die Liste der öffentlichen Auftraggeber entsprechend den von den Mitgliedstaaten übermittelten Mitteilungen zu aktualisieren, soweit die betreffenden Änderungen erforderlich sind, um öffentliche Auftraggeber korrekt zu ermitteln.

Abschnitt 3
Ausnahmen

Artikel 7
Aufträge im Bereich der Wasser-, Energie- und Verkehrsversorgung sowie der Postdienste

Diese Richtlinie gilt weder für öffentliche Aufträge und Wettbewerbe, die gemäß der Richtlinie 2014/25/EU von öffentlichen Auftraggebern, die eine oder mehrere Tätigkeiten gemäß den Artikeln 8 bis 14 der genannten Richtlinie ausüben, vergeben oder durchgeführt werden und der Durchführung dieser Tätigkeiten dienen, noch für öffentliche Aufträge, die gemäß den Artikeln 18, 23 und 34 der genannten Richtlinie nicht in ihren Anwendungsbereich fallen, noch – wenn sie von einem öffentlichen Auftraggeber vergeben werden, der Postdienste im Sinne von Artikel 13 Absatz 2 Buchstabe b der genannten Richtlinie erbringt – für Aufträge, die der Durchführung der folgenden Tätigkeiten dienen:

a) Mehrwertdienste, die mit elektronischen Mitteln verknüpft sind und gänzlich mit diesen Mitteln erbracht werden (einschließlich der abgesicherten Übermittlung von verschlüsselten Dokumenten mit elektronischen Mitteln, Adressenverwaltungsdiensten und der Übermittlung von registrierten E-Mail-Sendungen);
b) Finanzdienstleistungen gemäß den CPV-Codes 66100000-1 bis 66720000-3 und gemäß Artikel 21 Buchstabe d der Richtlinie 2014/25/EU, insbesondere Postanweisungen und -überweisungen;
c) philatelistische Dienstleistungen oder
d) logistische Dienstleistungen (Dienstleistungen, bei denen die materielle Auslieferung und/oder Lagerung mit anderen nicht postalischen Aufgaben kombiniert wird).

Artikel 8
Besondere Ausnahmen im Bereich der elektronischen Kommunikation

Diese Richtlinie gilt nicht für öffentliche Aufträge und Wettbewerbe, die hauptsächlich den Zweck haben, dem öffentlichen Auftraggeber die Bereitstellung oder den Betrieb öffentlicher Kommunikationsnetze oder die Bereitstellung eines oder mehrerer elektronischer Kommunikationsdienste für die Öffentlichkeit zu ermöglichen.

Für die Zwecke dieses Artikels haben die Ausdrücke „öffentliches Kommunikationsnetz" und „elektronischer Kommunikationsdienst" die gleiche Bedeutung wie in der Richtlinie 2002/21/EG des Europäischen Parlaments und des Rates[23].

Artikel 9
Öffentliche Aufträge und Wettbewerbe, die nach internationalen Regeln vergeben beziehungsweise durchgeführt werden

(1) Diese Richtlinie gilt nicht für öffentliche Aufträge und Wettbewerbe, bei denen der öffentliche Auftraggeber verpflichtet ist, die Vergabe beziehungsweise Durchführung nach anderen als den in dieser Richtlinie festgelegten Vergabeverfahren vorzunehmen, die durch Folgendes festgelegt sind:

a) ein Rechtsinstrument, das völkerrechtliche Verpflichtungen begründet, wie eine im Einklang mit den Verträgen geschlossene internationale Übereinkunft zwischen einem Mitgliedstaat und einem oder mehreren Drittstaaten beziehungsweise ihren Untereinheiten über Bauleistungen, Lieferungen oder Dienstleistungen für ein von den Unterzeichnern gemeinsam zu verwirklichendes oder zu nutzendes Projekt;
b) eine internationale Organisation.

Die Mitgliedstaaten übermitteln der Kommission alle Rechtsinstrumente nach Unterabsatz 1 Buchstabe a des vorliegenden Absatzes, die hierzu den in Artikel 89 genannten Beratenden Ausschuss für öffentliche Aufträge anhören kann.

(2) Diese Richtlinie gilt nicht für öffentliche Aufträge und Wettbewerbe, die der öffentliche Auftraggeber gemäß den Vergaberegeln einer internationalen Organisation oder internationalen Finanzierungseinrichtung bei vollständiger Finanzierung der betreffenden öffentlichen Aufträge und Wettbewerbe durch diese Organisation oder Einrichtung vergibt oder durchführt; im Falle einer überwiegenden Kofinanzierung öffentlicher Aufträge und Wettbewerbe durch eine internationale Organisation oder eine internationale Finanzierungseinrichtung einigen sich die Parteien auf die anwendbaren Vergabeverfahren.

(3) Artikel 17 gilt für Aufträge und Wettbewerbe mit Verteidigungs- oder Sicherheitsaspekten, die nach internationalen Regeln vergeben beziehungsweise durchgeführt werden. Die Absätze 1 und 2 des vorliegenden Artikels gelten nicht für diese Aufträge und Wettbewerbe.

---

23 Richtlinie 2002/21/EG des Europäischen Parlaments und des Rates vom 7. März 2002 über einen gemeinsamen Rechtsrahmen für elektronische Kommunikationsnetze und -dienste (Rahmenrichtlinie) (ABl. L 108 vom 24.4.2002, S. 33).

Artikel 10
Besondere Ausnahmen für Dienstleistungsaufträge

Diese Richtlinie gilt nicht für öffentliche Dienstleistungsaufträge, die Folgendes zum Gegenstand haben:

a) den Erwerb oder die Miete oder Pacht von Grundstücken oder vorhandenen Gebäuden oder anderem unbeweglichen Vermögen oder Rechte daran, ungeachtet der Finanzmodalitäten;

b) von Anbietern von audiovisuellen oder Hörfunkmediendiensten vergebene Aufträge über den Erwerb, die Entwicklung, Produktion oder Koproduktion von Sendematerial, das für audiovisuelle Mediendienste oder Hörfunkmediendienste bestimmt ist, sowie Aufträge über Ausstrahlungszeit oder Bereitstellung von Sendungen, die an Anbieter von audiovisuellen oder Hörfunkmediendiensten vergeben werden. Für die Zwecke dieses Buchstabens haben die Begriffe „audiovisuelle Mediendienste" und „Anbieter von Mediendiensten" dieselbe Bedeutung wie in Artikel 1 Absatz 1 Buchstabe a beziehungsweise Buchstabe d der Richtlinie 2010/13/EU des Europäischen Parlaments und des Rates[24]. Der Begriff „Sendung" hat dieselbe Bedeutung wie in Artikel 1 Absatz 1 Buchstabe b der Richtlinie 2010/13/EU, umfasst jedoch zusätzlich Hörfunksendungen und Hörfunk-Sendematerial. Ferner hat der Begriff „Sendematerial" für die Zwecke dieser Bestimmung dieselbe Bedeutung wie „Sendung";

c) Schiedsgerichts- und Schlichtungsdienstleistungen;

d) eine der folgenden Rechtsdienstleistungen:
   i) Vertretung eines Mandanten durch einen Rechtsanwalt im Sinne des Artikels 1 der Richtlinie 77/249/EWG des Rates[25] in
      – einem Schiedsgerichts- oder Schlichtungsverfahren in einem Mitgliedstaat, in einem Drittstaat oder vor einer internationalen Schiedsgerichts- oder Schlichtungsinstanz oder
      – Gerichtsverfahren vor Gerichten oder Behörden eines Mitgliedstaats oder eines Drittstaats oder vor internationalen Gerichten oder Einrichtungen;
   ii) Rechtsberatung zur Vorbereitung eines der unter Ziffer i des vorliegenden Buchstabens genannten Verfahren oder Rechtsberatung, wenn konkrete Anhaltspunkte dafür vorliegen und eine hohe Wahrscheinlichkeit besteht, dass die Angelegenheit, auf die sich die Beratung bezieht, Gegenstand eines solchen Verfahrens werden wird, sofern die Beratung durch einen Rechtsanwalt im Sinne des Artikels 1 der Richtlinie 77/249/EWG erfolgt;
   iii) Beglaubigungs- und Beurkundungsdienstleistungen, die von Notaren zu erbringen sind;
   iv) von Treuhändern oder bestellten Vormunden erbrachte Rechtsdienstleistungen oder sonstige Rechtsdienstleistungen, deren Erbringer durch ein Gericht in dem betreffenden Mitgliedstaat bestellt oder durch Gesetz dazu bestimmt werden, um bestimmte Aufgaben unter der Aufsicht dieser Gerichte wahrzunehmen;
   v) sonstige Rechtsdienstleistungen, die in dem betreffenden Mitgliedstaat – wenn auch nur gelegentlich – mit der Ausübung von hoheitlichen Befugnissen verbunden sind;

e) Finanzdienstleistungen im Zusammenhang mit der Ausgabe, dem Verkauf, dem Ankauf oder der Übertragung von Wertpapieren oder anderen Finanzinstrumenten im Sinne der Richtlinie 2004/39/EG des Europäischen Parlaments und des Rates[26], Dienstleistungen der Zentralbanken sowie mit der Europäischen Finanzstabilisierungsfazilität und dem Europäischen Stabilitätsmechanismus durchgeführte Transaktionen;

f) Kredite und Darlehen, unabhängig davon, ob im Zusammenhang mit der Ausgabe, dem Verkauf, dem Kauf oder der Übertragung von Wertpapieren oder anderen Finanzinstrumenten oder nicht;

---

24 Richtlinie 2010/13/EU des Europäischen Parlaments und des Rates vom 10. März 2010 zur Koordinierung bestimmter Rechts- und Verwaltungsvorschriften der Mitgliedstaaten über die Bereitstellung audiovisueller Mediendienste (Richtlinie über audiovisuelle Mediendienste) (ABl. L 95 vom 15.4.2010, S. 1).

25 Richtlinie 77/249/EWG des Rates vom 22. März 1977 zur Erleichterung der tatsächlichen Ausübung des freien Dienstleistungsverkehrs der Rechtsanwälte (ABl. L 78 vom 26.3.1977, S. 17).

26 Richtlinie 2004/39/EG des Europäischen Parlaments und des Rates vom 21. April 2004 über Märkte für Finanzinstrumente, zur Änderung der Richtlinien 85/611/EWG und 93/6/EWG des Rates und der Richtlinie 2000/12/EG des Europäischen Parlaments und des Rates und zur Aufhebung der Richtlinie 93/22/EWG des Rates (ABl. L 145 vom 30.4.2004, S. 1).

g) Arbeitsverträge;
h) Dienstleistungen des Katastrophenschutzes, des Zivilschutzes und der Gefahrenabwehr, die von gemeinnützigen Organisationen oder Vereinigungen erbracht werden und die unter die folgenden CPV-Codes fallen: 75250000-3, 75251000-0, 75251100-1, 75251110-4, 75251120-7, 75252000-7, 75222000-8, 98113100-9 und 85143000-3 mit Ausnahme des Einsatzes von Krankenwagen zur Patientenbeförderung;
i) öffentliche Personenverkehrsdienste auf Schiene oder per Untergrundbahn;
j) Dienstleistungen im Rahmen politischer Kampagnen, die unter die CPV-Codes 79341400-0, 92111230-3 und 92111240-6 fallen, wenn sie von einer politischen Partei im Rahmen einer Wahlkampagne vergeben werden.

Artikel 11
Dienstleistungsaufträge, die aufgrund eines ausschließlichen Rechts vergeben werden

Diese Richtlinie gilt nicht für öffentliche Dienstleistungsaufträge, die von einem öffentlichen Auftraggeber an einen anderen öffentlichen Auftraggeber oder an einen Zusammenschluss öffentlicher Auftraggeber aufgrund eines ausschließlichen Rechts vergeben werden, das dieser aufgrund entsprechender Rechtsvorschriften oder veröffentlichten Verwaltungsvorschriften, die mit dem AEUV vereinbar sind, innehat.

Artikel 12
Öffentliche Aufträge zwischen Einrichtungen des öffentlichen Sektors

(1) Ein von einem öffentlichen Auftraggeber an eine juristische Person des privaten oder öffentlichen Rechts vergebener öffentlicher Auftrag fällt nicht in den Anwendungsbereich dieser Richtlinie, wenn alle der folgenden Bedingungen erfüllt sind:

a) Der öffentliche Auftraggeber übt über die betreffende juristische Person eine ähnliche Kontrolle aus, wie über seine eigenen Dienststellen;
b) mehr als 80 % der Tätigkeiten der kontrollierten juristischen Person dienen der Ausführung der Aufgaben, mit denen sie von dem die Kontrolle ausübenden öffentlichen Auftraggeber oder von anderen von diesem kontrollierten juristischen Personen betraut wurden und
c) es besteht keine direkte private Kapitalbeteiligung an der kontrollierten juristischen Person, mit Ausnahme nicht beherrschender Formen der privaten Kapitalbeteiligung und Formen der privaten Kapitalbeteiligung ohne Sperrminorität, die in Übereinstimmung mit den Verträgen durch nationale gesetzliche Bestimmungen vorgeschrieben sind und die keinen maßgeblichen Einfluss auf die kontrollierte juristische Person vermitteln.

Bei einem öffentlichen Auftraggeber wird davon ausgegangen, dass er über die betreffende juristische Person eine ähnliche Kontrolle im Sinne von Unterabsatz 1 Buchstabe a ausübt wie über seine eigenen Dienststellen, wenn er einen ausschlaggebenden Einfluss sowohl auf die strategischen Ziele als auch auf die wesentlichen Entscheidungen der kontrollierten juristischen Person ausübt. Solche Kontrolle kann auch durch eine andere juristische Person ausgeübt werden, die vom öffentlichen Auftraggeber auf gleiche Weise kontrolliert wird.

(2) Absatz 1 gilt auch, wenn eine kontrollierte juristische Person, bei der es sich um einen öffentlichen Auftraggeber handelt, einen Auftrag an ihren kontrollierenden öffentlichen Auftraggeber oder eine andere von demselben öffentlichen Auftraggeber kontrollierte juristische Person vergibt, sofern keine direkte private Kapitalbeteiligung an der juristischen Person besteht, die den öffentlichen Auftrag erhalten soll, mit Ausnahme nicht beherrschender Formen der privaten Kapitalbeteiligung und Formen der privaten Kapitalbeteiligung ohne Sperrminorität" die in Übereinstimmung mit den Verträgen durch nationale gesetzliche Bestimmungen vorgeschrieben sind und die keinen maßgeblichen Einfluss auf die kontrollierte juristische Person vermitteln.

(3) Ein öffentlicher Auftraggeber, der keine Kontrolle über eine juristische Person des privaten oder öffentlichen Rechts im Sinne von Absatz 1 ausübt, kann einen öffentlichen Auftrag dennoch ohne An-

wendung dieser Richtlinie an diese juristische Person vergeben, wenn alle der folgenden Bedingungen erfüllt sind:

a) Der öffentliche Auftraggeber übt gemeinsam mit anderen öffentlichen Auftraggebern über diese juristische Person eine ähnliche Kontrolle aus wie über ihre eigenen Dienststellen;
b) mehr als 80 % der Tätigkeiten dieser juristischen Person dienen der Ausführung der Aufgaben, mit denen sie von den die Kontrolle ausübenden öffentlichen Auftraggebern oder von anderen von denselben öffentlichen Auftraggebern kontrollierten juristischen Personen betraut wurden und
c) es besteht keine direkte private Kapitalbeteiligung an der kontrollierten juristischen Person, mit Ausnahme nicht beherrschender Formen der privaten Kapitalbeteiligung und Formen der privaten Kapitalbeteiligung ohne Sperrminorität, die in Übereinstimmung mit den Verträgen durch nationale gesetzliche Bestimmungen vorgeschrieben sind und die keinen maßgeblichen Einfluss auf die kontrollierte juristische Person vermitteln.

Für die Zwecke von Unterabsatz 1 Buchstabe a üben öffentliche Auftraggeber gemeinsam die Kontrolle über eine juristische Person aus, wenn alle folgenden Bedingungen erfüllt sind:

i) Die beschlussfassenden Organe der kontrollierten juristischen Person setzen sich aus Vertretern sämtlicher teilnehmender öffentlicher Auftraggeber zusammen. Einzelne Vertreter können mehrere oder alle teilnehmenden öffentlichen Auftraggeber vertreten;
ii) diese öffentlichen Auftraggeber können gemeinsam einen maßgeblichen Einfluss auf die strategischen Ziele und wesentlichen Entscheidungen der kontrollierten juristischen Person ausüben und
iii) die kontrollierte juristische Person verfolgt keine Interessen, die denen der kontrollierenden öffentlichen Auftraggeber zuwiderlaufen.

(4) Ein ausschließlich zwischen zwei oder mehr öffentlichen Auftraggebern geschlossener Vertrag fällt nicht in den Anwendungsbereich dieser Richtlinie, wenn alle nachfolgend genannten Bedingungen erfüllt sind:

a) Der Vertrag begründet oder erfüllt eine Zusammenarbeit zwischen den beteiligten öffentlichen Auftraggebern mit dem Ziel sicherzustellen, dass von ihnen zu erbringende öffentliche Dienstleistungen im Hinblick auf die Erreichung gemeinsamer Ziele ausgeführt werden;
b) die Durchführung dieser Zusammenarbeit wird ausschließlich durch Überlegungen im Zusammenhang mit dem öffentlichen Interesse bestimmt und
c) die beteiligten öffentlichen Auftraggeber erbringen auf dem offenen Markt weniger als 20 % der durch die Zusammenarbeit erfassten Tätigkeiten.

(5) Zur Bestimmung des prozentualen Anteils der Tätigkeiten gemäß Absatz 1 Unterabsatz 1 Buchstabe b, Absatz 3 Unterabsatz 1 Buchstabe b und Absatz 4 Buchstabe c wird der durchschnittliche Gesamtumsatz, oder ein geeigneter alternativer tätigkeitsgestützter Wert wie z. B. Kosten, die der betreffenden juristischen Person oder dem betreffenden öffentlichen Auftraggeber während der letzten drei Jahre vor Vergabe des Auftrags in Bezug auf Dienstleistungen, Lieferungen und Bauleistungen entstanden sind, herangezogen.

Liegen für die letzten drei Jahre keine Angaben über den Umsatz oder einen geeigneten alternativen tätigkeitsgestützten Wert wie z. B. Kosten vor oder sind sie nicht mehr relevant, weil die betreffende juristische Person oder der betreffende öffentliche Auftraggeber gerade gegründet wurde oder erst vor kurzem ihre beziehungsweise seine Tätigkeit aufgenommen hat oder weil sie ihre beziehungsweise er seine Tätigkeiten umstrukturiert hat, genügt es, wenn sie beziehungsweise er – vor allem durch Prognosen über die Geschäftsentwicklung – den tätigkeitsgestützten Wert glaubhaft macht.

Abschnitt 4
Besondere Sachverhalte

Unterabschnitt 1
Subventionierte Aufträge und Forschungs- und Entwicklungsdienstleistungen

Artikel 13
Aufträge, die von öffentlichen Auftraggebern subventioniert werden

Die Bestimmungen dieser Richtlinie finden auf die Vergabe folgender Aufträge Anwendung:

a) Bauaufträge, die zu mehr als 50 % von öffentlichen Auftraggebern direkt subventioniert werden und deren geschätzter Wert ohne MwSt. mindestens 5 186 000 EUR beträgt, sofern diese Aufträge eine der folgenden Tätigkeiten umfassen:
   i) Tiefbauarbeiten gemäß der Auflistung in Anhang II,
   ii) Bauleistungen für die Errichtung von Krankenhäusern, Sport-, Erholungs- und Freizeitanlagen, Schulen und Hochschulen sowie Verwaltungsgebäuden;

b) Dienstleistungsaufträge, die zu mehr als 50 % von öffentlichen Auftraggebern direkt subventioniert werden und deren geschätzter Wert ohne MwSt. mindestens 207 000 EUR beträgt, wenn diese Aufträge mit einem Bauauftrag gemäß Buchstabe a verbunden sind.

Die öffentlichen Auftraggeber, die die in Unterabsatz 1 Buchstaben a und b genannten Subventionen gewähren, stellen die Einhaltung dieser Richtlinie sicher, wenn der subventionierte Auftrag nicht von ihnen selbst oder von ihnen im Namen und für Rechnung anderer Stellen vergeben wird.

Artikel 14
Forschungs- und Entwicklungsdienstleistungen

Diese Richtlinie gilt nur für solche öffentliche Dienstleistungsaufträge über Forschungs- und Entwicklungsdienstleistungen die unter die CPV-Codes 73000000-2 bis 73120000-9, 73300000-5, 73420000-2 und 73430000-5 fallen, vorausgesetzt, dass beide der folgenden Bedingungen erfüllt sind:

a) die Ergebnisse sind ausschließlich Eigentum des öffentlichen Auftraggebers für seinen Gebrauch bei der Ausübung seiner eigenen Tätigkeit und
b) die erbrachte Dienstleistung wird vollständig durch den öffentlichen Auftraggeber vergütet.

Unterabschnitt 2
Vergabe von Aufträgen, die Verteidigungs- oder Sicherheitsaspekte beinhalten

Artikel 15
Verteidigung und Sicherheit

(1) Diese Richtlinie gilt für die Vergabe öffentlicher Aufträge und für die Durchführung von Wettbewerben in den Bereichen Verteidigung und Sicherheit, mit Ausnahme der folgenden Aufträge:

a) Aufträge, die in den Anwendungsbereich der Richtlinie 2009/81/EG fallen;
b) Aufträge, auf die die Richtlinie 2009/81/EG nach deren Artikeln 8, 12 und 13 nicht anwendbar ist.

(2) Liegt nicht bereits eine der in Absatz 1 genannten Ausnahmen vor, so findet diese Richtlinie keine Anwendung, soweit der Schutz wesentlicher Sicherheitsinteressen eines Mitgliedstaats nicht durch weniger einschneidende Maßnahmen, zum Beispiel durch Anforderungen, die auf den Schutz der Vertraulichkeit der Informationen abzielen, die der öffentliche Auftraggeber im Rahmen eines Vergabeverfahrens im Sinne dieser Richtlinie zur Verfügung stellt, gewährleistet werden kann.

Ferner findet diese Richtlinie im Einklang mit Artikel 346 Absatz 1 Buchstabe a AEUV keine Anwendung auf öffentliche Aufträge und Wettbewerbe, die nicht anderweitig im Rahmen des Absatzes 1 des vorliegenden Artikels ausgenommen sind, soweit ein Mitgliedstaat mit der Anwendung dieser Richtlinie verpflichtet würde, Informationen zu übermitteln, deren Offenlegung nach seiner Auffassung seinen wesentlichen Sicherheitsinteressen zuwiderlaufen würde.

(3) Werden die Auftragsvergabe und die Ausführung des öffentlichen Auftrags oder Wettbewerbs für geheim erklärt oder erfordern sie nach den in einem Mitgliedstaat geltenden Rechts- oder Verwaltungsvorschriften besondere Sicherheitsmaßnahmen, so findet diese Richtlinie keine Anwendung, sofern der Mitgliedstaat festgestellt hat, dass die betreffenden wesentlichen Interessen nicht durch weniger einschneidende Maßnahmen, wie jene gemäß Absatz 2 Unterabsatz 1, gewährleistet werden können.

Artikel 16
Vergabe von gemischten Aufträgen, die Verteidigungs- oder Sicherheitsaspekte beinhalten

(1) Dieser Artikel findet Anwendung auf gemischte Aufträge, die unter diese Richtlinie fallende Beschaffungen sowie unter Artikel 346 AEUV oder unter die Richtlinie 2009/81/EG fallende Beschaffungen zum Gegenstand haben.

(2) Sind die einzelnen Teile eines bestimmten öffentlichen Auftrags objektiv trennbar, so können die öffentlichen Auftraggeber beschließen, getrennte Aufträge für die einzelnen Teile oder einen einzigen Auftrag zu vergeben.

Beschließen die öffentlichen Auftraggeber, getrennte Aufträge für einzelne Teile zu vergeben, so wird die Entscheidung darüber, welche rechtliche Regelung jeweils für die getrennten Aufträge gelten, auf der Grundlage der Merkmale der betreffenden einzelnen Teile getroffen.

Beschließen die öffentlichen Auftraggeber, einen einzigen Auftrag zu vergeben, so gelten die folgenden Kriterien für die Bestimmung der anwendbaren rechtlichen Regelung:

a) Unterliegt ein Teil eines bestimmten Auftrags Artikel 346 AEUV, so kann der Auftrag ohne Anwendung dieser Richtlinie vergeben werden, sofern die Vergabe eines einzigen Auftrags aus objektiven Gründen gerechtfertigt ist;
b) unterliegt ein Teil eines bestimmten Auftrags der Richtlinie 2009/81/EG, so kann der Auftrag gemäß jener Richtlinie vergeben werden, sofern die Vergabe eines einzigen Auftrags aus objektiven Gründen gerechtfertigt ist. Dieser Buchstabe berührt nicht die in jener Richtlinie vorgesehenen Schwellenwerte und Ausschlüsse.

Die Entscheidung, einen einzigen Auftrag zu vergeben, darf jedoch nicht zu dem Zweck getroffen werden, Aufträge von der Anwendung dieser Richtlinie oder der Richtlinie 2009/81/EG auszunehmen.

(3) Absatz 2 Unterabsatz 3 Buchstabe a gilt für gemischte Aufträge, für die ansonsten sowohl Unterabsatz 3 Buchstabe a als auch Unterabsatz 3 Buchstabe b gelten könnten.

(4) Sind die einzelnen Teile eines bestimmten Auftrags objektiv nicht trennbar, so kann der Auftrag ohne Anwendung dieser Richtlinie vergeben werden, wenn er Elemente enthält, auf die Artikel 346 AEUV Anwendung findet; ansonsten kann er gemäß der Richtlinie 2009/81/EG vergeben werden.

Artikel 17
Öffentliche Aufträge und Wettbewerbe mit Verteidigungs- oder Sicherheitsaspekten, die nach internationalen Regeln vergeben beziehungsweise durchgeführt werden

(1) Diese Richtlinie gilt nicht für öffentliche Aufträge und Wettbewerbe mit Verteidigungs- oder Sicherheitsaspekten, bei denen der öffentliche Auftraggeber verpflichtet ist, die Vergabe beziehungsweise Durchführung nach anderen als den in dieser Richtlinie festgelegten Vergabeverfahren vorzunehmen, die durch Folgendes festgelegt sind:

a) eine im Einklang mit den Verträgen geschlossene internationale Übereinkunft oder Vereinbarung zwischen einem Mitgliedstaat und einem oder mehreren Drittstaaten beziehungsweise ihren Untereinheiten über Bauleistungen, Lieferungen oder Dienstleistungen für ein von den Unterzeichnern gemeinsam zu verwirklichendes oder zu nutzendes Projekt;

b) eine internationale Übereinkunft oder Vereinbarung im Zusammenhang mit der Stationierung von Truppen, die die Unternehmen eines Mitgliedstaats oder eines Drittstaats betrifft;
c) eine internationale Organisation.

Alle Übereinkünfte oder Vereinbarungen nach Unterabsatz 1 Buchstabe a des vorliegenden Absatzes werden der Kommission mitgeteilt, die hierzu den in Artikel 89 genannten Beratenden Ausschuss für öffentliche Aufträge anhören kann.

(2) Diese Richtlinie gilt nicht für öffentliche Aufträge und Wettbewerbe mit Verteidigungs- oder Sicherheitsaspekten, die der öffentliche Auftraggeber gemäß den Vergaberegeln einer internationalen Organisation oder internationalen Finanzierungseinrichtung bei vollständiger Finanzierung der betreffenden öffentlichen Aufträge und Wettbewerbe durch diese Organisation oder Einrichtung vergibt. Im Falle einer überwiegenden Kofinanzierung öffentlicher Aufträge und Wettbewerbe durch eine internationale Organisation oder eine internationale Finanzierungseinrichtung einigen sich die Parteien auf die anwendbaren Vergabeverfahren.

KAPITEL II
Allgemeine Vorschriften

Artikel 18
Grundsätze der Auftragsvergabe

(1) Die öffentlichen Auftraggeber behandeln alle Wirtschaftsteilnehmer in gleicher und nichtdiskriminierender Weise und handeln transparent und verhältnismäßig.

Das Vergabeverfahren darf nicht mit der Absicht konzipiert werden, es vom Anwendungsbereich dieser Richtlinie auszunehmen oder den Wettbewerb künstlich einzuschränken. Eine künstliche Einschränkung des Wettbewerbs gilt als gegeben, wenn das Vergabeverfahren mit der Absicht konzipiert wurde, bestimmte Wirtschaftsteilnehmer auf unzulässige Weise zu bevorzugen oder zu benachteiligen.

(2) Die Mitgliedstaaten treffen geeignete Maßnahmen, um dafür zu sorgen, dass die Wirtschaftsteilnehmer bei der Ausführung öffentlicher Aufträge die geltenden umwelt-, sozial- und arbeitsrechtlichen Verpflichtungen einhalten, die durch Rechtsvorschriften der Union, einzelstaatliche Rechtsvorschriften, Tarifverträge oder die in Anhang X aufgeführten internationalen umwelt-, sozial- und arbeitsrechtlichen Vorschriften festgelegt sind.

Artikel 19
Wirtschaftsteilnehmer

(1) Wirtschaftsteilnehmer, die gemäß den Rechtsvorschriften des Mitgliedstaats, in dem sie niedergelassen sind, zur Erbringung der betreffenden Leistung berechtigt sind, dürfen nicht allein deshalb zurückgewiesen werden, weil sie gemäß den Rechtsvorschriften des Mitgliedstaats, in dem der Auftrag vergeben wird, eine natürliche oder juristische Person sein müssten.

Bei öffentlichen Dienstleistungs- und öffentlichen Bauaufträgen sowie bei öffentlichen Lieferaufträgen, die zusätzlich Dienstleistungen oder Verlege- und Installationsarbeiten umfassen, können juristische Personen jedoch verpflichtet werden, in ihrem Angebot oder ihrem Antrag auf Teilnahme die Namen und die einschlägigen beruflichen Qualifikationen der Mitarbeiter anzugeben, die für die Erbringung der betreffenden Leistung verantwortlich sein sollen.

(2) Gruppen von Wirtschaftsteilnehmern, einschließlich vorübergehender Zusammenschlüsse, können an Vergabeverfahren teilnehmen. Die öffentlichen Auftraggeber dürfen nicht von ihnen verlangen, dass sie eine bestimmte Rechtsform haben, um ein Angebot oder einen Antrag auf Teilnahme einzureichen.

Falls erforderlich, können die öffentlichen Auftraggeber in den Auftragsunterlagen präzisieren, wie Gruppen von Wirtschaftsteilnehmern die Anforderungen in Bezug auf die wirtschaftliche und finanzielle Leistungsfähigkeit oder die technische und berufliche Eignung nach Artikel 58 zu erfüllen haben, sofern dies durch objektive Gründe gerechtfertigt und angemessen ist. Die Mitgliedstaaten können Standardbedingungen dafür festlegen, in welcher Form Gruppen von Wirtschaftsteilnehmern die Anforderungen zu erfüllen haben.

Sämtliche Bedingungen in Bezug auf die Durchführung eines Auftrags durch diese Gruppen von Wirtschaftsteilnehmern, die von den für einzelne Teilnehmer geltenden Bedingungen abweichen, müssen durch objektive Gründe gerechtfertigt und verhältnismäßig sein.

(3) Ungeachtet des Absatzes 2 können öffentliche Auftraggeber von Gruppen von Wirtschaftsteilnehmern verlangen, dass sie eine bestimmte Rechtsform annehmen, wenn ihnen der Zuschlag erteilt worden ist, soweit diese Änderung für die ordnungsgemäße Durchführung des Auftrags erforderlich ist.

Artikel 20
Vorbehaltene Aufträge

(1) Die Mitgliedstaaten können das Recht zur Teilnahme an einem Vergabeverfahren geschützten Werkstätten und Wirtschaftsteilnehmern, deren Hauptzweck die soziale und berufliche Integration von Menschen mit Behinderungen oder von benachteiligten Personen ist, vorbehalten oder sie können bestimmen, dass solche Aufträge im Rahmen von Programmen mit geschützten Beschäftigungsverhältnissen durchgeführt werden, sofern mindestens 30 % der Arbeitnehmer dieser Werkstätten, Wirtschaftsteilnehmer oder Programme Menschen mit Behinderungen oder benachteiligte Arbeitnehmer sind.

(2) Im Aufruf zum Wettbewerb wird auf diesen Artikel Bezug genommen.

Artikel 21
Vertraulichkeit

(1) Sofern in dieser Richtlinie oder im nationalen Recht, dem der öffentliche Auftraggeber unterliegt, insbesondere in den Rechtsvorschriften betreffend den Zugang zu Informationen, nichts anderes vorgesehen ist, und unbeschadet der Verpflichtungen zur Bekanntmachung vergebener Aufträge und der Unterrichtung der Bewerber und Bieter gemäß den Artikeln 50 und 55 gibt ein öffentlicher Auftraggeber keine ihm von den Wirtschaftsteilnehmern übermittelten und von diesen als vertraulich eingestuften Informationen weiter, wozu insbesondere technische und handelsbezogene Geschäftsgeheimnisse sowie die vertraulichen Aspekte der Angebote selbst gehören.

(2) Öffentliche Auftraggeber können Wirtschaftsteilnehmern Anforderungen vorschreiben, die den Schutz der Vertraulichkeit von Informationen bezwecken, die diese Auftraggeber im Rahmen des Vergabeverfahrens zur Verfügung stellen.

Artikel 22
Vorschriften über die Kommunikation

(1) Die Mitgliedstaaten gewährleisten, dass die gesamte Kommunikation und der gesamte Informationsaustausch nach dieser Richtlinie, insbesondere die elektronische Einreichung von Angeboten, unter Anwendung elektronischer Kommunikationsmittel gemäß den Anforderungen dieses Artikels erfolgen. Die für die elektronische Kommunikation zu verwendenden Instrumente und Vorrichtungen sowie ihre technischen Merkmale müssen nichtdiskriminierend und allgemein verfügbar sowie mit den allgemein verbreiteten Erzeugnissen der IKT kompatibel sein und dürfen den Zugang der Wirtschaftsteilnehmer zum Vergabeverfahren nicht einschränken.

Ungeachtet des Unterabsatzes 1 sind die öffentlichen Auftraggeber in folgenden Fällen nicht verpflichtet, elektronische Kommunikationsmittel bei der Einreichung von Angeboten zu verlangen:

a) Aufgrund der besonderen Art der Auftragsvergabe würde die Nutzung elektronischer Kommunikationsmittel spezifische Instrumente, Vorrichtungen oder Dateiformate erfordern, die nicht allgemein verfügbar sind oder nicht von allgemein verfügbaren Anwendungen unterstützt werden.
b) Die Anwendungen, die Dateiformate unterstützen, die sich für die Beschreibung der Angebote eignen, verwenden Dateiformate, die nicht mittels anderer offener oder allgemein verfügbarer An-

wendungen verarbeitet werden können, oder sind durch Lizenzen geschützt und können vom öffentlichen Auftraggeber nicht für das Herunterladen oder einen Fernzugang zur Verfügung gestellt werden.

c) Die Nutzung elektronischer Kommunikationsmittel würde spezielle Bürogeräte erfordern, die öffentlichen Auftraggebern nicht generell zur Verfügung stehen.

d) In den Auftragsunterlagen wird die Einreichung von physischen oder maßstabsgetreuen Modellen verlangt, die nicht elektronisch übermittelt werden können.

Bei Kommunikationsvorgängen, bei denen nach Unterabsatz 2 elektronische Kommunikationsmittel nicht genutzt werden, erfolgt die Kommunikation per Post oder einem anderen geeigneten Weg oder durch eine Kombination aus Post oder einem anderen geeigneten Weg und elektronischen Mitteln.

Ungeachtet des Unterabsatzes 1 des vorliegenden Absatzes sind öffentliche Auftraggeber nicht verpflichtet, die Nutzung elektronischer Kommunikationsmittel im Einreichungsverfahren zu verlangen, insofern die Verwendung anderer als elektronischer Kommunikationsmittel entweder aufgrund einer Verletzung der Sicherheit der elektronischen Kommunikationsmittel oder zum Schutz der besonderen Empfindlichkeit von Informationen erforderlich ist, die ein derart hohes Schutzniveau verlangen, dass dieser nicht angemessen durch die Nutzung elektronischer Instrumente und Vorrichtungen gewährleistet werden kann, die entweder den Wirtschaftsteilnehmern allgemein zur Verfügung stehen oder ihnen durch alternative Zugangsmittel im Sinne des Absatzes 5 zur Verfügung gestellt werden können.

Es obliegt den öffentlichen Auftraggebern, die gemäß Unterabsatz 2 des vorliegenden Absatzes andere als elektronische Kommunikationsmittel im Einreichungsverfahren verlangen, in dem Vergabevermerk gemäß Artikel 84 die Gründe dafür anzugeben. Gegebenenfalls müssen die öffentlichen Auftraggeber in dem Vergabevermerk die Gründe dafür angeben, dass die Verwendung anderer als elektronischer Kommunikationsmittel in Anwendung des Unterabsatzes 4 des vorliegenden Absatzes für erforderlich erachtet wurde.

(2) Ungeachtet des Absatzes 1 kann die Kommunikation mündlich erfolgen, sofern die Kommunikation keine wesentlichen Bestandteile eines Vergabeverfahrens betrifft und sofern der Inhalt der mündlichen Kommunikation ausreichend dokumentiert wird. Zu diesem Zweck umfassen die wesentlichen Bestandteile eines Vergabeverfahrens die Auftragsunterlagen, Teilnahmeanträge, Interessensbestätigungen und Angebote. Insbesondere muss die mündliche Kommunikation mit Bietern, die einen wesentlichen Einfluss auf den Inhalt und die Bewertung des Angebots haben könnte, in hinreichendem Umfang und in geeigneter Weise dokumentiert werden, z. B. durch Niederschrift oder Tonaufzeichnungen oder Zusammenfassungen der wichtigsten Elemente der Kommunikation.

(3) Bei der gesamten Kommunikation sowie beim Austausch und der Speicherung von Informationen stellen die öffentlichen Auftraggeber sicher, dass die Integrität der Daten und die Vertraulichkeit der Angebote und der Teilnahmeanträge gewährleistet ist. Sie überprüfen den Inhalt der Angebote und der Teilnahmeanträge erst nach Ablauf der Frist für ihre Einreichung.

(4) Für öffentliche Bauaufträge und Wettbewerbe können die Mitgliedstaaten die Nutzung spezifischer elektronischer Instrumente, wie z. B. elektronischer Instrumente für die Gebäudedatenmodellierung oder dergleichen, verlangen. In diesem Fall bieten die öffentlichen Auftraggeber alternative Zugänge gemäß Absatz 5 bis zu dem Zeitpunkt, zu dem diese Instrumente im Sinne von Absatz 1 Unterabsatz 1 Satz 2 allgemein zur Verfügung stehen.

(5) Öffentliche Auftraggeber können erforderlichenfalls die Verwendung von Instrumenten und Vorrichtungen vorschreiben, die nicht allgemein verfügbar sind, sofern die öffentlichen Auftraggeber einen alternativen Zugang bieten.

In allen nachfolgend genannten Situationen wird davon ausgegangen, dass öffentliche Auftraggeber geeignete alternative Zugänge anbieten, wenn sie

a) ab dem Datum der Veröffentlichung der Bekanntmachung gemäß Anhang VIII oder ab dem Versanddatum der Aufforderung zur Interessensbestätigung unentgeltlich einen uneingeschränkten und vollständigen direkten Zugang anhand elektronischer Mittel zu diesen Instrumenten und Vorrichtungen anbieten. Der Text der Bekanntmachung oder der Aufforderung zur Interessensbestätigung muss die Internet-Adresse, über die diese Instrumente und Vorrichtungen zugänglich sind, enthalten;

b) gewährleisten, dass Bieter ohne Zugang zu den betreffenden Instrumenten und Vorrichtungen und ohne Möglichkeit, diese innerhalb der einschlägigen Fristen zu beschaffen, sofern das Fehlen des Zugangs nicht dem betreffenden Bieter zuzuschreiben ist, Zugang zum Vergabeverfahren mittels provisorischer Token haben, die online unentgeltlich zur Verfügung gestellt werden; oder

c) einen alternativen Kanal für die elektronische Einreichung von Angeboten unterstützen.

(6) Zusätzlich zu den Anforderungen des Anhangs IV gelten für die Instrumente und Vorrichtungen zur elektronischen Übermittlung und für den elektronischen Eingang von Angeboten sowie für die Instrumente und Vorrichtungen für den elektronischen Eingang der Teilnahmeanträge die folgenden Vorschriften:

a) Die Informationen über die Spezifikationen für die elektronische Einreichung der Angebote und Teilnahmeanträge, einschließlich Verschlüsselung und Zeitstempelung, müssen den Interessenten zugänglich sein.

b) Die Mitgliedstaaten oder die öffentlichen Auftraggeber, die innerhalb eines von dem betreffenden Mitgliedstaat festgelegten Rahmenkonzepts handeln, legen das für die elektronischen Kommunikationsmittel in den verschiedenen Phasen des jeweiligen Vergabeverfahrens erforderliche Sicherheitsniveau fest; dieses Niveau steht im Verhältnis zu den verbundenen Risiken.

c) Für den Fall, dass Mitgliedstaaten oder öffentliche Auftraggeber, die innerhalb eines von dem betreffenden Mitgliedstaat festgelegten Rahmenkonzepts handeln, zu dem Schluss gelangen, dass das gemäß Buchstabe b des vorliegenden Absatzes eingeschätzte Risikoniveau dergestalt ist, dass fortgeschrittene elektronische Signaturen im Sinne der Richtlinie 1999/93/EG des Europäischen Parlaments und des Rates[27] erforderlich sind, akzeptieren die öffentlichen Auftraggeber fortgeschrittene elektronische Signaturen, die sich auf ein qualifiziertes Zertifikat stützen, wobei berücksichtigt wird, ob diese Zertifikate von einem Zertifizierungsdiensteanbieter angeboten werden, der auf einer Vertrauensliste gemäß dem Beschlusses 2009/767/EG der Kommission[28] geführt wird, die mit oder ohne sichere Signaturerstellungseinheit erstellt werden, sofern die folgenden Bedingungen eingehalten werden:

   i) die öffentlichen Auftraggeber müssen das geforderte Format der fortgeschrittenen Signatur auf der Grundlage der im Beschluss 2011/130/EU der Kommission[29] festgelegten Formate erstellen und die erforderlichen Maßnahmen treffen, um diese Formate technisch bearbeiten zu können; wird eine elektronische Signatur in einem anderen Format verwendet, muss die elektronische Signatur oder der elektronische Dokumententräger Informationen über die bestehenden Validierungsmöglichkeiten enthalten; zuständig hierfür ist der Mitgliedstaat. Die Validierungsmöglichkeiten müssen es dem öffentlichen Auftraggeber erlauben, die erhaltene elektronische Signatur online, kostenlos und in einer für Nichtmuttersprachler verständlichen Weise als fortgeschrittene elektronische Signatur, die durch ein qualifiziertes Zertifikat unterstützt ist, zu validieren.
   Die Mitgliedstaaten übermitteln der Kommission Informationen über den Erbringer der Validierungsdienste; die Kommission macht die von den Mitgliedstaaten erhaltenen Informationen dann im Internet öffentlich zugänglich;

   ii) wird ein Angebot mit einem auf einer Vertrauensliste registrierten qualifizierten Zertifikat unterzeichnet, so schreiben die öffentlichen Auftraggeber keine zusätzlichen Anforderungen fest, die die Bieter an der Verwendung dieser Signaturen hindern.

---

27 Richtlinie 1999/93/EG des Europäischen Parlaments und des Rates vom 13. Dezember 1999 über gemeinschaftliche Rahmenbedingungen für elektronische Signaturen (ABl. L 13 vom 19.1.2000, S. 12).

28 2009/767/EG: Entscheidung der Kommission vom 16. Oktober 2009 über Maßnahmen zur Erleichterung der Nutzung elektronischer Verfahren über „einheitliche Ansprechpartner" gemäß der Richtlinie 2006/123/EG des Europäischen Parlaments und des Rates über Dienstleistungen im Binnenmarkt (ABl. L 274 vom 20.10.2009, S. 36).

29 2011/130/EU: Beschluss der Kommission vom 25. Februar 2011 über Mindestanforderungen für die grenzüberschreitende Verarbeitung von Dokumenten, die gemäß der Richtlinie 2006/123/EG des Europäischen Parlaments und des Rates über Dienstleistungen im Binnenmarkt von zuständigen Behörden elektronisch signiert worden sind (ABl. L 53 vom 26.2.2011, S. 66).

In Bezug auf im Rahmen eines Vergabeverfahrens verwendete Dokumente, die durch eine zuständige Behörde eines Mitgliedstaats oder durch eine andere ausstellende Stelle unterzeichnet sind, kann die zuständige ausstellende Behörde oder Stelle das geforderte Format der fortgeschrittenen Signatur gemäß den Anforderungen in Artikel 1 Absatz 2 des Beschlusses 2011/130/EU festlegen. Sie ergreift die Maßnahmen, die erforderlich sind, damit diese Formate technisch verarbeitet werden können, indem sie die für die Verarbeitung der Signatur erforderlichen Informationen in das betreffende Dokument aufnimmt. Diese Dokumente müssen in der elektronischen Signatur oder im elektronischen Dokumententräger Informationen über die bestehenden Validierungsmöglichkeiten enthalten, die es erlauben, die erhaltene elektronische Signatur online, kostenlos und in einer für Nichtmuttersprachler verständlichen Weise zu validieren.

(7) Der Kommission wird die Befugnis übertragen, gemäß Artikel 87 delegierte Rechtsakte im Hinblick auf die Änderung der technischen Einzelheiten und Merkmale des Anhangs IV zu erlassen, um technischen Entwicklungen Rechnung zu tragen.

Der Kommission wird die Befugnis übertragen, gemäß Artikel 87 delegierte Rechtsakte im Hinblick auf die Änderung der Liste in Absatz 1 Unterabsatz 2 Buchstaben a bis d des vorliegenden Artikels zu erlassen, wenn technische Entwicklungen weiter bestehende Ausnahmen von der Nutzung elektronischer Kommunikationsmittel unangemessen erscheinen lassen oder – in Ausnahmefällen – wenn aufgrund technischer Entwicklungen neue Ausnahmen vorgesehen werden müssen.

Um die Interoperabilität technischer Formate sowie der Standards für die Verfahren und Mitteilungen vor allem auch im grenzüberschreitenden Zusammenhang zu gewährleisten, wird der Kommission die Befugnis übertragen, gemäß Artikel 87 delegierte Rechtsakte im Hinblick auf die zwingende Anwendung solcher technischen Standards zu erlassen; dies gilt insbesondere hinsichtlich der elektronischen Einreichung von Unterlagen, der elektronischen Kataloge und der Mittel für die elektronische Authentifizierung, jedoch nur dann, wenn die technischen Standards gründlich erprobt wurden und ihre Praxistauglichkeit unter Beweis gestellt wurde. Bevor ein technischer Standard vorgeschrieben wird, prüft die Kommission auch sorgfältig die damit gegebenenfalls verbundenen Kosten, insbesondere hinsichtlich eventuell erforderlicher Anpassungen bestehender Lösungen für das elektronische Beschaffungswesen, einschließlich Infrastrukturen, Verfahren oder Software.

Artikel 23
Nomenklaturen

(1) Etwaige Verweise auf Nomenklaturen im Zusammenhang mit der öffentlichen Auftragsvergabe müssen unter Verwendung des mit der Verordnung (EG) Nr. 2195/2002 angenommenen „Gemeinsamen Vokabulars für öffentliche Aufträge" (CPV) erfolgen.

(2) Der Kommission wird die Befugnis übertragen, gemäß Artikel 87 delegierte Rechtsakte zu erlassen, um die in dieser Richtlinie genannten CPV-Codes zu ändern, wenn Änderungen in der CPV-Nomenklatur in dieser Richtlinie zu berücksichtigen sind und sie keine Änderung des Anwendungsbereichs dieser Richtlinie bewirken.

Artikel 24
Interessenkonflikte

Die Mitgliedstaaten stellen sicher, dass die öffentlichen Auftraggeber geeignete Maßnahmen zur wirksamen Verhinderung, Aufdeckung und Behebung von Interessenkonflikten treffen, die sich bei der Durchführung von Vergabeverfahren ergeben, um Wettbewerbsverzerrungen zu vermeiden und eine Gleichbehandlung aller Wirtschaftsteilnehmer zu gewährleisten.

Der Begriff „Interessenkonflikt" deckt zumindest alle Situationen ab, in denen Mitarbeiter des öffentlichen Auftraggebers oder eines im Namen des öffentlichen Auftraggebers handelnden Beschaffungsdienstleisters, die an der Durchführung des Vergabeverfahrens beteiligt sind oder Einfluss auf den Ausgang des Verfahrens nehmen können, direkt oder indirekt ein finanzielles, wirtschaftliches oder sonstiges persönliches Interesse haben, von dem man annehmen könnte, dass es ihre Unparteilichkeit und Unabhängigkeit im Rahmen des Vergabeverfahrens beeinträchtigt.

TITEL II
VORSCHRIFTEN FÜR ÖFFENTLICHE AUFTRÄGE

KAPITEL I
Verfahren

Artikel 25
Bedingungen betreffend das GPA und andere internationale Übereinkommen

Sofern durch die Anhänge 1, 2, 4 und 5 sowie die Allgemeinen Anmerkungen zur Anlage I der Europäischen Union zum GPA sowie die anderen internationalen für die Union rechtsverbindlichen Übereinkommen abgedeckt, wenden die öffentlichen Auftraggeber auf Bauleistungen, Lieferungen, Dienstleistungen und Wirtschaftsteilnehmer aus den Unterzeichnerstaaten dieser Übereinkommen keine ungünstigeren Bedingungen an als auf Bauleistungen, Lieferungen, Dienstleistungen und Wirtschaftsteilnehmer aus der Europäischen Union.

Artikel 26
Wahl der Verfahren

(1) Bei der Vergabe öffentlicher Aufträge wenden die öffentlichen Auftraggeber die an diese Richtlinie angepassten nationalen Verfahren an, sofern unbeschadet des Artikels 32 ein Aufruf zum Wettbewerb im Einklang mit dieser Richtlinie veröffentlicht wurde.

(2) Die Mitgliedstaaten schreiben vor, dass die öffentlichen Auftraggeber offene oder nichtoffene Verfahren nach Maßgabe dieser Richtlinie anwenden können.

(3) Die Mitgliedstaaten schreiben vor, dass die öffentlichen Auftraggeber Innovationspartnerschaften nach Maßgabe dieser Richtlinie anwenden können.

(4) Die Mitgliedstaaten schreiben vor, dass die öffentlichen Auftraggeber ein Verhandlungsverfahren oder einen wettbewerblichen Dialog in den folgenden Fällen anwenden können:

a) in Bezug auf Bau-, Liefer- oder Dienstleistungsaufträge, bei denen eines oder mehrere der folgenden Kriterien erfüllt ist:
   i) Die Bedürfnisse des öffentlichen Auftraggebers können nicht ohne die Anpassung bereits verfügbarer Lösungen erfüllt werden;
   ii) die Aufträge umfassen konzeptionelle oder innovative Lösungen;
   iii) der Auftrag kann aufgrund konkreter Umstände, die mit der Art, der Komplexität oder dem rechtlichen oder finanziellen Rahmen oder den damit einhergehenden Risiken zusammenhängen, nicht ohne vorherige Verhandlungen vergeben werden;
   iv) die technischen Spezifikationen können von dem öffentlichen Auftraggeber nicht mit ausreichender Genauigkeit unter Verweis auf eine Norm, eine europäische technische Bewertung (ETA), eine gemeinsame technische Spezifikation oder technische Referenzen im Sinne des Anhangs VII Nummern 2 bis 5 erstellt werden;

b) in Bezug auf Bau-, Liefer- oder Dienstleistungsaufträge, bei denen im Rahmen eines offenen oder nichtoffenen Verfahrens keine ordnungsgemäßen oder nur unannehmbare Angebote eingereicht wurden. In diesen Fällen sind die öffentlichen Auftraggeber nicht verpflichtet, eine Auftragsbekanntmachung zu veröffentlichen, wenn sie alle – und nur die – Bieter in das Verfahren einbeziehen, die die Kriterien der Artikel 57 bis 64 erfüllen und im Verlauf des vorherigen offenen oder nichtoffenen Verfahrens den formalen Anforderungen des Vergabeverfahrens genügende Angebote eingereicht haben.

   Insbesondere Angebote, die nicht den Auftragsunterlagen entsprechen, die nicht fristgerecht eingegangen sind, die nachweislich auf kollusiven Absprachen oder Korruption beruhen oder die nach Einschätzung des öffentlichen Auftraggebers ungewöhnlich niedrig sind, werden als nicht ordnungsgemäß angesehen. Insbesondere Angebote von Bietern, die nicht über die erforderlichen Qualifikationen verfügen, und Angebote, deren Preis das vor Einleitung des Vergabeverfahrens festgelegte und schriftlich dokumentierte Budget des öffentlichen Auftraggebers übersteigt, werden als unannehmbar angesehen.

(5) Der Aufruf zum Wettbewerb erfolgt mittels einer Auftragsbekanntmachung gemäß Artikel 49.

Wenn der Auftrag im Rahmen eines nichtoffenen Verfahrens oder eines Verhandlungsverfahrens vergeben wird, können die Mitgliedstaaten ungeachtet des Unterabsatzes 1 vorsehen, dass die subzentralen öffentlichen Auftraggeber oder besondere Kategorien von ihnen den Aufruf zum Wettbewerb mittels einer Vorinformation gemäß Artikel 48 Absatz 2 vornehmen können.

Erfolgt der Aufruf zum Wettbewerb mittels einer Vorinformation gemäß Artikel 48 Absatz 2, sind Wirtschaftsteilnehmer, die auf die Veröffentlichung der Vorinformation hin ihr Interesse bekundet haben, mittels einer „Aufforderung zur Interessensbestätigung" gemäß Artikel 54 aufzufordern, ihr Interesse schriftlich zu bestätigen.

(6) In den konkreten Fällen und unter den konkreten Umständen, die in Artikel 32 ausdrücklich genannt sind, können die Mitgliedstaaten vorschreiben, dass öffentliche Auftraggeber auf ein Verhandlungsverfahren ohne vorherige Veröffentlichung eines Aufrufs zum Wettbewerb zurückgreifen können. Die Mitgliedstaaten gestatten die Anwendung dieses Verfahrens nicht in anderen als den in Artikel 32 genannten Fällen.

Artikel 27
Offenes Verfahren

(1) Bei einem offenen Verfahren kann jeder interessierte Wirtschaftsteilnehmer auf einen Aufruf zum Wettbewerb hin ein Angebot abgeben.

Die Frist für den Eingang der Angebote beträgt mindestens 35 Tage, gerechnet ab dem Tag der Absendung der Auftragsbekanntmachung.

Dem Angebot beizufügen sind die Informationen für eine qualitative Auswahl, die von dem öffentlichen Auftraggeber verlangt werden.

(2) Haben die öffentlichen Auftraggeber eine Vorinformation veröffentlicht, die selbst nicht als Aufruf zum Wettbewerb verwendet wurde, kann die Mindestfrist für den Eingang der Angebote nach Absatz 1 Unterabsatz 2 auf 15 Tage verkürzt werden, sofern beide der nachfolgend genannten Bedingungen erfüllt sind:

a) Die Vorinformation enthielt alle für die Bekanntmachung nach Anhang V Teil B Abschnitt I geforderten Informationen, soweit diese zum Zeitpunkt der Veröffentlichung der Vorinformation vorlagen;
b) die Vorinformation wurde zwischen 35 Tagen und 12 Monaten vor dem Tag der Absendung der Auftragsbekanntmachung zur Veröffentlichung übermittelt.

(3) Für den Fall, dass eine vom öffentlichen Auftraggeber hinreichend begründete Dringlichkeit die Einhaltung der Frist gemäß Absatz 1 Unterabsatz 2 unmöglich macht, kann er eine Frist festlegen, die 15 Tage ab dem Tag der Absendung der Auftragsbekanntmachung nicht unterschreiten darf.

(4) Der öffentliche Auftraggeber kann die Frist für den Eingang der Angebote gemäß Absatz 1 Unterabsatz 2 um fünf Tage verkürzen, wenn er die elektronische Übermittlung der Angebote gemäß Artikel 22 Absatz 1 Unterabsatz 1 sowie Artikel 22 Absätze 5 und 6 akzeptiert.

Artikel 28
Nichtoffenes Verfahren

(1) Bei nichtoffenen Verfahren kann jeder Wirtschaftsteilnehmer auf einen Aufruf zum Wettbewerb hin einen Teilnahmeantrag, der die in Anhang V Teil B beziehungsweise Teil C festgelegten Informationen enthält, einreichen, indem er die Informationen für eine qualitative Auswahl vorlegt, die von dem öffentlichen Auftraggeber verlangt werden.

Die Frist für den Eingang der Teilnahmeanträge beträgt mindestens 30 Tage ab dem Tag, an dem die Bekanntmachung beziehungsweise – wenn eine Vorinformation als Aufruf zum Wettbewerb dient – die Aufforderung zur Interessensbestätigung abgesendet worden ist.

(2) Lediglich jene Wirtschaftsteilnehmer, die von dem öffentlichen Auftraggeber infolge seiner Bewertung der bereitgestellten Informationen dazu aufgefordert werden, können ein Angebot übermitteln. Die öffentlichen Auftraggeber können die Zahl geeigneter Bewerber, die zur Teilnahme am Verfahren aufgefordert werden, gemäß Artikel 65 begrenzen.

Die Frist für den Eingang der Angebote beträgt mindestens 30 Tage, gerechnet ab dem Tag, an dem die Aufforderung zur Angebotsabgabe abgesendet wurde.

(3) Haben die öffentlichen Auftraggeber eine Vorinformation veröffentlicht, die selbst nicht als Aufruf zum Wettbewerb verwendet wurde, kann die Mindestfrist für den Eingang der Angebote nach Absatz 2 Unterabsatz 2 auf 10 Tage verkürzt werden, sofern sämtliche der nachfolgend genannten Bedingungen erfüllt sind:

a) Die Vorinformation enthielt alle nach Anhang V Teil B Abschnitt I geforderten Informationen, soweit diese zum Zeitpunkt der Veröffentlichung der Vorinformation vorlagen;
b) die Vorinformation wurde zwischen 35 Tagen und 12 Monaten vor dem Tag der Absendung der Auftragsbekanntmachung zur Veröffentlichung übermittelt.

(4) Die Mitgliedstaaten können vorsehen, dass alle oder bestimmte Kategorien von subzentralen öffentlichen Auftraggebern die Frist für den Eingang von Angeboten im gegenseitigen Einvernehmen zwischen dem Auftraggeber und den ausgewählten Bewerbern festlegen können, vorausgesetzt, dass allen ausgewählten Bewerbern dieselbe Frist für die Erstellung und Einreichung der Angebote eingeräumt wird. Erfolgt keine einvernehmliche Festlegung der Frist für den Eingang der Angebote, beträgt die Frist mindestens 10 Tage ab dem Tag der Absendung der Aufforderung zur Angebotsabgabe.

(5) Die Frist für den Eingang der Angebote gemäß Absatz 2 des vorliegenden Artikels kann um fünf Tage verkürzt werden, wenn der öffentliche Auftraggeber die elektronische Übermittlung der Angebote gemäß Artikel 22 Absätze 1, 5 und 6 akzeptiert.

(6) Für den Fall, dass eine von den öffentlichen Auftraggebern hinreichend begründete Dringlichkeit die Einhaltung der Fristen gemäß diesem Artikel unmöglich macht, können sie Folgendes festlegen:

a) für den Eingang der Teilnahmeanträge eine Frist, die mindestens 15 Tage betragen muss, gerechnet ab dem Tag der Absendung der Auftragsbekanntmachung;
b) für den Eingang der Angebote eine Frist, die mindestens 10 Tage beträgt, gerechnet ab dem Tag der Absendung der Aufforderung zur Angebotsabgabe.

Artikel 29
Verhandlungsverfahren

(1) Bei Verhandlungsverfahren kann jeder Wirtschaftsteilnehmer auf einen die Angaben gemäß Anhang V Teile B und C enthaltenden Aufruf zum Wettbewerb hin einen Teilnahmeantrageinreichen, indem er die von dem öffentlichen Auftraggeber geforderten Informationen für eine qualitative Auswahl vorlegt.

In den Auftragsunterlagen geben die öffentlichen Auftraggeber den Auftragsgegenstand an, indem sie ihre Bedürfnisse und die erforderlichen Eigenschaften der zu erbringenden Lieferungen, Bauleistungen oder Dienstleistungen beschreiben und die Zuschlagskriterien spezifizieren. Ferner geben sie an, welche Elemente der Beschreibung die von allen Angeboten einzuhaltenden Mindestanforderungen darstellen.

Die bereitgestellten Informationen müssen so präzise sein, dass die Wirtschaftsteilnehmer Art und Umfang der Vergabe erkennen und entscheiden können, ob sie eine Teilnahme an dem Verfahren beantragen.

Die Frist für den Eingang der Teilnahmeanträge beträgt mindestens 30 Tage ab dem Tag, an dem die Auftragsbekanntmachung beziehungsweise – wenn eine Vorinformation als Aufruf zum Wettbewerb dient – die Aufforderung zur Interessensbestätigung abgesandt wurde. Die Frist für den Eingang der Erstangebote beträgt mindestens 30 Tage, gerechnet ab dem Tag der Absendung des Aufrufs. Es gilt Artikel 28 Absätze 3 bis 6.

(2) Lediglich jene Wirtschaftsteilnehmer, die von dem öffentlichen Auftraggeber infolge seiner Bewertung der bereitgestellten Informationen dazu aufgefordert werden, können ein Erstangebot übermitteln, das die Grundlage für die späteren Verhandlungen darstellt. Die öffentlichen Auftraggeber können die Zahl geeigneter Bewerber, die zur Teilnahme am Verfahren aufgefordert werden, gemäß Artikel 65 begrenzen.

(3) Sofern in Absatz 4 nicht anders vorgesehen, verhandeln die öffentlichen Auftraggeber mit den Bietern über die von ihnen eingereichten Erstangebote und alle Folgeangebote, mit Ausnahme der endgültigen Angebote im Sinne des Absatzes 7, mit dem Ziel, die Angebote inhaltlich zu verbessern.

Die Mindestanforderungen und die Zuschlagskriterien sind nicht Gegenstand von Verhandlungen.

(4) Die öffentlichen Auftraggeber können Aufträge auf der Grundlage der Erstangebote vergeben, ohne in Verhandlungen einzutreten, wenn sie in der Auftragsbekanntmachung oder in der Aufforderung zur Interessensbestätigung darauf hingewiesen haben, dass sie sich diese Möglichkeit vorbehalten.

(5) Die öffentlichen Auftraggeber stellen sicher, dass alle Bieter bei den Verhandlungen gleich behandelt werden. Dazu enthalten sie sich jeder diskriminierenden Weitergabe von Informationen, durch die bestimmte Bieter gegenüber anderen begünstigt werden könnten. Sie unterrichten alle Bieter, deren Angebote nicht gemäß Absatz 6 ausgeschieden wurden, schriftlich über etwaige Änderungen der technischen Spezifikationen oder anderer Auftragsunterlagen, die nicht die Festlegung der Mindestanforderungen betreffen. Im Anschluss an solche Änderungen gewähren die öffentlichen Auftraggeber den Bietern ausreichend Zeit, um ihre Angebote zu ändern und gegebenenfalls überarbeitete Angebote einzureichen.

In Übereinstimmung mit Artikel 21 dürfen die öffentlichen Auftraggeber vertrauliche Informationen eines an den Verhandlungen teilnehmenden Bewerbers oder Bieters nicht ohne dessen Zustimmung an die anderen Teilnehmer weitergeben. Eine solche Zustimmung darf nicht allgemein erteilt werden, sondern wird nur in Bezug auf die beabsichtigte Mitteilung bestimmter Informationen erteilt.

(6) Verhandlungsverfahren können in verschiedene aufeinander folgende Phasen unterteilt werden, um die Zahl der Angebote, über die verhandelt wird, anhand der in der Auftragsbekanntmachung, der Aufforderung zur Interessensbestätigung oder in anderen Auftragsunterlagen angegebenen Zuschlagskriterien zu verringern. In der Auftragsbekanntmachung, der Aufforderung zur Interessensbestätigung oder in anderen Auftragsunterlagen gibt der öffentliche Auftraggeber an, ob er von dieser Möglichkeit Gebrauch machen wird.

(7) Beabsichtigt der öffentliche Auftraggeber einen Abschluss der Verhandlungen, so unterrichtet er die verbleibenden Bieter und legt eine gemeinsame Frist für die Einreichung neuer oder überarbeiteter Angebote fest. Er vergewissert sich, dass die endgültigen Angebote den Mindestanforderungen entsprechen und im Einklang mit Artikel 56 Absatz 1 stehen, beurteilt die endgültigen Angebote anhand der Zuschlagskriterien und erteilt den Zuschlag gemäß den Artikeln 66 bis 69.

Artikel 30
Wettbewerblicher Dialog

(1) Bei wettbewerblichen Dialogen kann jeder Wirtschaftsteilnehmer auf eine Auftragsbekanntmachung hin einen Teilnahmeantrag übermitteln, indem er die Informationen für eine qualitative Auswahl vorlegt, die von dem öffentlichen Auftraggeber verlangt werden.

Die Frist für den Eingang der Teilnahmeanträge beträgt mindestens 30 Tage, gerechnet ab dem Tag der Absendung der Auftragsbekanntmachung.

Lediglich jene Wirtschaftsteilnehmer, die vom öffentlichen Auftraggeber infolge der Bewertung der bereitgestellten Informationen dazu aufgefordert werden, können am Dialog teilnehmen. Die öffentlichen Auftraggeber können die Zahl geeigneter Bewerber, die zur Teilnahme am Verfahren aufgefordert werden, gemäß Artikel 65 begrenzen. Der Zuschlag erfolgt allein nach dem Kriterium des besten Preis-Leistungs-Verhältnisses gemäß Artikel 67 Absatz 2.

(2) Die öffentlichen Auftraggeber veröffentlichen eine Auftragsbekanntmachung, in der sie ihre Bedürfnisse und Anforderungen formulieren, die sie in dieser Bekanntmachung und/oder in einer Beschreibung näher erläutern. Gleichzeitig erläutern und definieren sie in denselben Unterlagen die zugrunde gelegten Zuschlagskriterien und legen einen indikativen Zeitrahmen fest.

(3) Die öffentlichen Auftraggeber eröffnen mit den nach den einschlägigen Bestimmungen der Artikel 56 bis 66 ausgewählten Teilnehmern einen Dialog, dessen Ziel es ist, die Mittel, mit denen ihre Bedürfnisse am besten erfüllt werden können, zu ermitteln und festzulegen. Bei diesem Dialog können sie mit den ausgewählten Teilnehmern alle Aspekte der Auftragsvergabe erörtern.

Die öffentlichen Auftraggeber stellen sicher, dass alle Teilnehmer bei dem Dialog gleich behandelt werden. Insbesondere enthalten sie sich jeder diskriminierenden Weitergabe von Informationen, durch die bestimmte Teilnehmer gegenüber anderen begünstigt werden könnten.

In Übereinstimmung mit Artikel 21 dürfen die öffentlichen Auftraggeber Lösungsvorschläge oder vertrauliche Informationen eines am Dialog teilnehmenden Bewerbers oder Bieters nicht ohne dessen Zustimmung an die anderen Teilnehmer weitergeben. Eine solche Zustimmung darf nicht allgemein erteilt werden, sondern wird nur in Bezug auf die beabsichtigte Mitteilung bestimmter Informationen erteilt.

(4) Der wettbewerbliche Dialog kann in verschiedene aufeinander folgende Phasen unterteilt werden, um die Zahl der in der Dialogphase zu erörternden Lösungen anhand der in der Bekanntmachung oder in der Beschreibung festgelegten Zuschlagskriterien zu verringern. In der Bekanntmachung oder Beschreibung gibt der öffentliche Auftraggeber an, ob er von dieser Möglichkeit Gebrauch machen wird.

(5) Der öffentliche Auftraggeber setzt den Dialog fort, bis er die Lösung beziehungsweise die Lösungen ermitteln kann, mit denen seine Bedürfnisse erfüllt werden können.

(6) Nachdem die öffentlichen Auftraggeber den Dialog für abgeschlossen erklärt und die verbleibenden Teilnehmer entsprechend informiert haben, fordern sie jeden von diesen auf, auf der Grundlage der eingereichten und in der Dialogphase näher ausgeführten Lösungen ihr endgültiges Angebot einzureichen. Diese Angebote müssen alle zur Ausführung des Projekts erforderlichen Einzelheiten enthalten.

Diese Angebote können auf Verlangen des öffentlichen Auftraggebers klargestellt, konkretisiert und verbessert werden. Diese Präzisierungen, Klarstellungen, Verbesserungen oder zusätzlichen Informationen dürfen jedoch keine Änderungen an den wesentlichen Bestandteilen des Angebots oder des öffentlichen Auftrags, einschließlich der in der Auftragsbekanntmachung oder Beschreibung festgelegten Bedürfnisse und Anforderungen enthalten, wenn Abweichungen bei diesen Bestandteilen, Bedürfnissen und Anforderungen den Wettbewerb verzerren oder diskriminierende Wirkung haben können.

(7) Die öffentlichen Auftraggeber beurteilen die eingereichten Angebote anhand der in der Auftragsbekanntmachung oder in der Beschreibung festgelegten Zuschlagskriterien.

Auf Verlangen des öffentlichen Auftraggebers können mit dem Bieter, dessen Angebot als dasjenige mit dem besten Preis-Leistungs-Verhältnis gemäß Artikel 67 ermittelt wurde, Verhandlungen geführt werden, um im Angebot enthaltene finanzielle Zusagen oder andere Bedingungen zu bestätigen, indem die Auftragsbedingungen abschließend festgelegt werden, sofern dies nicht dazu führt, dass wesentliche Bestandteile des Angebots oder des öffentlichen Auftrags einschließlich der in der Auftragsbekanntmachung oder der Beschreibung festgelegten Bedürfnisse und Anforderungen, grundlegend geändert werden, und sofern dies nicht die Gefahr von Wettbewerbsverzerrungen oder Diskriminierungen mit sich bringt.

(8) Die öffentlichen Auftraggeber können Prämien oder Zahlungen an die Teilnehmer am Dialog vorsehen.

Artikel 31
Innovationspartnerschaften

(1) Bei Innovationspartnerschaften kann jeder Wirtschaftsteilnehmer auf eine Auftragsbekanntmachung hin einen Teilnahmeantrag stellen, indem er die Informationen für eine qualitative Auswahl vorlegt, die von dem öffentlichen Auftraggeber verlangt werden.

Der öffentliche Auftraggeber muss in den Auftragsunterlagen die Nachfrage nach einem innovativen Produkt beziehungsweise innovativen Dienstleistungen oder Bauleistungen angeben, die nicht durch den Erwerb von bereits auf dem Markt verfügbaren Produkten, Dienstleistungen oder Bauleistungen befriedigt werden kann. Ferner gibt er an, welche Elemente dieser Beschreibung die von allen Angeboten einzuhaltenden Mindestanforderungen darstellen. Die bereitgestellten Informationen müssen so präzise sein, dass die Wirtschaftsteilnehmer Art und Umfang der geforderten Lösung erkennen und entscheiden können, ob sie eine Teilnahme an dem Verfahren beantragen.

Der öffentliche Auftraggeber kann beschließen, die Innovationspartnerschaft mit einem Partner oder mit mehreren Partnern, die getrennte Forschungs- und Entwicklungstätigkeiten durchführen, zu bilden.

Die Frist für den Eingang der Teilnahmeanträge beträgt mindestens 30 Tage, gerechnet ab dem Tag der Absendung der Auftragsbekanntmachung. Lediglich jene Wirtschaftsteilnehmer, die vom öffentlichen Auftraggeber infolge der Bewertung der bereitgestellten Informationen dazu aufgefordert werden, können am Verfahren teilnehmen. Die öffentlichen Auftraggeber können die Zahl geeigneter Bewerber, die zur Teilnahme am Verfahren aufgefordert werden, gemäß Artikel 65 begrenzen. Der Zuschlag erfolgt allein nach dem Kriterium des besten Preis-Leistungs-Verhältnisses gemäß Artikel 67.

(2) Ziel der Innovationspartnerschaft muss die Entwicklung eines innovativen Produkts beziehungsweise einer innovativen Dienstleistung oder Bauleistung und der anschließende Erwerb der daraus hervorgehenden Lieferungen, Dienstleistungen oder Bauleistungen sein, sofern das Leistungsniveau und die Kostenobergrenze eingehalten werden, die zwischen den öffentliche Auftraggebern und den Teilnehmern vereinbart worden sind.

Die Innovationspartnerschaft wird entsprechend dem Forschungs- und Innovationsprozess in aufeinander folgende Phasen strukturiert und kann die Herstellung der Produkte, die Erbringung der Dienstleistungen oder die Fertigstellung der Bauleistung umfassen. Die Innovationspartnerschaft legt die von den Partnern zu erreichenden Zwischenziele sowie die Zahlung der Vergütung in angemessenen Tranchen fest.

Auf der Grundlage dieser Ziele kann der öffentliche Auftraggeber am Ende jeder Phase darüber befinden, ob er die Innovationspartnerschaft beendet oder – im Fall einer Innovationspartnerschaft mit mehreren Partnern – die Zahl der Partner durch die Kündigung einzelner Verträge reduziert, sofern der öffentliche Auftraggeber in den Auftragsunterlagen darauf hingewiesen hat, dass diese Möglichkeiten bestehen und unter welchen Umständen davon Gebrauch gemacht werden kann.

(3) Sofern in diesem Artikel nicht anders vorgesehen, verhandeln die öffentlichen Auftraggeber mit den Bietern über die von ihnen eingereichten Erstangebote und alle Folgeangebote, mit Ausnahme der endgültigen Angebote, mit dem Ziel, die Angebote inhaltlich zu verbessern.

Die Mindestanforderungen und die Zuschlagskriterien sind nicht Gegenstand von Verhandlungen.

(4) Die öffentlichen Auftraggeber stellen sicher, dass alle Bieter bei den Verhandlungen gleich behandelt werden. Dazu enthalten sie sich jeder diskriminierenden Weitergabe von Informationen, durch die bestimmte Bieter gegenüber anderen begünstigt werden könnten. Sie unterrichten alle Bieter, deren Angebote gemäß Absatz 5 nicht ausgeschieden wurden, schriftlich über etwaige Änderungen der technischen Spezifikationen oder anderer Auftragsunterlagen, die nicht die Festlegung der Mindestanforderungen betreffen. Im Anschluss an solche Änderungen gewähren die öffentlichen Auftraggeber den Bietern ausreichend Zeit, um ihre Angebote zu ändern und gegebenenfalls überarbeitete Angebote einzureichen.

In Übereinstimmung mit Artikel 21 dürfen die öffentlichen Auftraggeber vertrauliche Informationen eines an den Verhandlungen teilnehmenden Bewerbers oder Bieters nicht ohne dessen Zustimmung an die anderen Teilnehmer weitergeben. Eine solche Zustimmung darf nicht allgemein erteilt werden, sondern wird nur in Bezug auf die beabsichtigte Mitteilung bestimmter Informationen erteilt.

(5) Die Verhandlungen während des Verfahrens der Innovationspartnerschaft können in aufeinander folgende Phasen unterteilt werden, um die Zahl der Angebote, über die verhandelt wird, anhand der in der Auftragsbekanntmachung, der Aufforderung zur Interessensbestätigung oder in den Auftragsunterlagen angegebenen Zuschlagskriterien zu verringern. In der Auftragsbekanntmachung, der Aufforderung zur Interessensbestätigung oder den Auftragsunterlagen gibt der öffentliche Auftraggeber an, ob er von dieser Möglichkeit Gebrauch machen wird.

(6) Bei der Auswahl der Bewerber wenden die öffentlichen Auftraggeber insbesondere die Kriterien an, die die Fähigkeiten des Bewerbers auf dem Gebiet der Forschung und Entwicklung sowie die Ausarbeitung und Umsetzung innovativer Lösungen betreffen.

Lediglich jene Wirtschaftsteilnehmer, die vom öffentlichen Auftraggeber infolge seiner Bewertung der angeforderten Informationen eine Aufforderung erhalten haben, können Forschungs- und Innovationsprojekte einreichen, die auf die Abdeckung der vom öffentlichen Auftraggeber genannten Bedürfnisse abzielen, die von den bereits vorhandenen Lösungen nicht erfüllt werden können.

Der öffentliche Auftraggeber muss in den Auftragsunterlagen die für die Rechte des geistigen Eigentums geltenden Vorkehrungen festlegen. Im Fall einer Innovationspartnerschaft mit mehreren Partnern darf der öffentliche Auftraggeber gemäß Artikel 21 den anderen Partnern keine vorgeschlagene Lösung oder andere von einem Partner im Rahmen der Partnerschaft mitgeteilten vertraulichen Informationen ohne die Zustimmung dieses Partners offenlegen. Eine solche Zustimmung darf nicht allgemein erteilt werden, sondern wird nur in Bezug auf die beabsichtigte Mitteilung bestimmter Informationen erteilt.

(7) Der öffentliche Auftraggeber stellt sicher, dass die Struktur der Partnerschaft und insbesondere die Dauer und der Wert der einzelnen Phasen den Innovationsgrad der vorgeschlagenen Lösung und der Abfolge der Forschungs- und Innovationstätigkeiten, die für die Entwicklung einer auf dem Markt noch nicht vorhandenen innovativen Lösung erforderlich sind, widerspiegeln. Der geschätzte Wert der Lieferungen, Dienstleistungen oder Bauleistungen darf in Bezug auf die für ihre Entwicklung erforderlichen Investition nicht unverhältnismäßig sein.

Artikel 32
Anwendung des Verhandlungsverfahrens ohne vorherige Veröffentlichung

(1) In den konkreten Fällen und unter den konkreten Umständen, die in den Absätzen 2 bis 5 festgelegt sind, können die Mitgliedstaaten vorschreiben, dass öffentliche Auftraggeber einen öffentlichen Auftrag im Wege eines Verhandlungsverfahrens ohne vorherige Veröffentlichung vergeben können.

(2) Bei öffentlichen Bau-, Liefer- und Dienstleistungsaufträgen kann in den folgenden Fällen auf das Verhandlungsverfahren ohne vorherige Veröffentlichung zurückgegriffen werden:

a) wenn im Rahmen eines offenen oder nichtoffenen Verfahrens keine oder keine geeigneten Angebote oder keine oder keine geeigneten Teilnahmeanträge abgegeben worden sind, sofern die ursprünglichen Auftragsbedingungen nicht grundlegend geändert werden und sofern der Kommission auf Anforderung ein Bericht vorgelegt wird.

   Ein Angebot gilt als ungeeignet, wenn es irrelevant für den Auftrag ist, das heißt ohne wesentliche Abänderung den in den Auftragsunterlagen genannten Bedürfnissen und Anforderungen des öffentlichen Auftraggebers offensichtlich nicht entsprechen kann. Ein Teilnahmeantrag gilt als ungeeignet, wenn der Wirtschaftsteilnehmer gemäß Artikel 57 ausgeschlossen wird oder ausgeschlossen werden kann, oder wenn er die vom öffentlichen Auftraggeber gemäß Artikel 58 genannten Eignungskriterien nicht erfüllt;

b) wenn die Bauleistungen, Lieferungen oder Dienstleistungen aus einem der folgenden Gründe nur von einem bestimmten Wirtschaftsteilnehmer erbracht beziehungsweise bereitgestellt werden können:
   i) Erschaffung oder Erwerb eines einzigartigen Kunstwerks oder einer einzigartigen künstlerischen Leistung als Ziel der Auftragsvergabe;
   ii) nicht vorhandener Wettbewerb aus technischen Gründen;
   iii) Schutz von ausschließlichen Rechten, einschließlich der Rechte des geistigen Eigentums.

   Die in den Ziffern i und ii festgelegten Ausnahmen gelten nur dann, wenn es keine vernünftige Alternative oder Ersatzlösung gibt und der mangelnde Wettbewerb nicht das Ergebnis einer künstlichen Einschränkung der Auftragsvergabeparameter ist;
c) soweit dies unbedingt erforderlich ist, wenn äußerst dringliche, zwingende Gründe im Zusammenhang mit Ereignissen, die der betreffende öffentliche Auftraggeber nicht voraussehen konnte, es nicht zulassen, die Fristen einzuhalten, die für die offenen oder die nichtoffenen Verfahren oder die Verhandlungsverfahren vorgeschrieben sind. Die angeführten Umstände zur Begründung der äußersten Dringlichkeit dürfen auf keinen Fall dem öffentlichen Auftraggeber zuzuschreiben sein.

(3) Bei öffentlichen Lieferaufträgen kann auf das Verhandlungsverfahren ohne vorherige Veröffentlichung zurückgegriffen werden:

a) wenn es sich um Produkte handelt, die ausschließlich zu Forschungs-, Versuchs-, Untersuchungs- oder Entwicklungszwecken hergestellt werden; allerdings dürfen Aufträge, die gemäß diesem Buchstaben vergeben wurden, nicht die Serienfertigung zum Nachweis der Marktfähigkeit des Produkts oder zur Deckung der Forschungs- und Entwicklungskosten umfassen;
b) bei zusätzlichen Lieferungen des ursprünglichen Unternehmers, die entweder zur teilweisen Erneuerung von Lieferungen oder Einrichtungen oder zur Erweiterung von bestehenden Lieferungen oder Einrichtungen bestimmt sind, wenn ein Wechsel des Unternehmers dazu führen würde, dass der öffentliche Auftraggeber Lieferungen mit unterschiedlichen technischen Merkmalen kaufen müsste und dies eine technische Unvereinbarkeit oder unverhältnismäßige technische Schwierigkeiten bei Gebrauch und Wartung mit sich bringen würde; die Laufzeit dieser Aufträge sowie der Daueraufträge darf in der Regel drei Jahre nicht überschreiten;
c) bei auf einer Warenbörse notierten und gekauften Lieferungen;
d) wenn Lieferungen oder Dienstleistungen zu besonders günstigen Bedingungen bei Lieferanten, die ihre Geschäftstätigkeit endgültig einstellen, oder bei Insolvenzverwaltern im Rahmen eines Insolvenzverfahrens, einer Vereinbarung mit Gläubigern oder eines in den Rechtsvorschriften eines Mitgliedstaats vorgesehenen gleichartigen Verfahrens erworben werden.

(4) Das Verhandlungsverfahren ohne vorherige Veröffentlichung kann für öffentliche Dienstleistungsaufträge verwendet werden, wenn der betreffende Auftrag im Anschluss an einen gemäß dieser Richtlinie durchgeführten Wettbewerb nach den im Wettbewerb festgelegten Bestimmungen an den Gewinner oder einen der Gewinner des Wettbewerbs vergeben werden muss; im letzteren Fall müssen alle Gewinner des Wettbewerbs zur Teilnahme an den Verhandlungen aufgefordert werden.

(5) Das Verhandlungsverfahren ohne vorherige Veröffentlichung kann bei neuen Bau- oder Dienstleistungen verwendet werden, die in der Wiederholung gleichartiger Bau- oder Dienstleistungen bestehen, die von demselben öffentlichen Auftraggeber an den Wirtschaftsteilnehmer vergeben werden, der den ursprünglichen Auftrag erhalten hat, sofern sie einem Grundprojekt entsprechen und dieses Projekt Gegenstand des ursprünglichen Auftrags war, der nach einem Verfahren im Einklang mit Artikel 26 Absatz 1 vergeben wurde. Im Grundprojekt sind der Umfang möglicher zusätzlicher Bau- oder Dienstleistungen sowie die Bedingungen, unter denen sie vergeben werden, anzugeben.

Die Möglichkeit der Anwendung dieses Verfahrens wird bereits beim Aufruf zum Wettbewerb für das erste Vorhaben angegeben; der für die Fortführung der Bau- oder Dienstleistungen in Aussicht genommene Gesamtauftragswert wird vom öffentlichen Auftraggeber bei der Anwendung des Artikels 4 berücksichtigt.

Dieses Verfahren darf jedoch nur binnen drei Jahren nach Abschluss des ursprünglichen Auftrags angewandt werden.

KAPITEL II
Methoden und Instrumente für die elektronische Auftragsvergabe und für Sammelbeschaffungen

Artikel 33
Rahmenvereinbarungen

(1) Die öffentlichen Auftraggeber können Rahmenvereinbarungen abschließen, sofern sie die in dieser Richtlinie genannten Verfahren anwenden.

Bei einer Rahmenvereinbarung handelt es sich um eine Vereinbarung zwischen einem oder mehreren öffentlichen Auftraggebern und einem oder mehreren Wirtschaftsteilnehmern, die dazu dient, die Bedingungen für die Aufträge, die im Laufe eines bestimmten Zeitraums vergeben werden sollen, festzulegen, insbesondere in Bezug auf den Preis und gegebenenfalls die in Aussicht genommene Menge.

Mit Ausnahme angemessen begründeter Sonderfälle, in denen dies insbesondere aufgrund des Gegenstands der Rahmenvereinbarung gerechtfertigt werden kann, beträgt die Laufzeit der Rahmenvereinbarung maximal vier Jahre.

(2) Aufträge, die auf einer Rahmenvereinbarung beruhen, werden nach den in diesem Absatz und in den Absätzen 3 und 4 beschriebenen Verfahren vergeben.

Diese Verfahren dürfen nur zwischen jenen öffentlichen Auftraggebern angewandt werden, die zu diesem Zweck im Aufruf zum Wettbewerb oder in der Aufforderung zur Interessensbestätigung eindeutig bezeichnet worden sind, und jenen Wirtschaftsteilnehmern, die zum Zeitpunkt des Abschlusses Vertragspartei der Rahmenvereinbarung waren.

Bei der Vergabe der auf einer Rahmenvereinbarung beruhenden Aufträgen dürfen keinesfalls substanzielle Änderungen an den Bedingungen dieser Rahmenvereinbarung vorgenommen werden; dies ist insbesondere für den in Absatz 3 genannten Fall zu beachten.

(3) Wird eine Rahmenvereinbarung mit einem einzigen Wirtschaftsteilnehmer geschlossen, so werden die auf dieser Rahmenvereinbarung beruhenden Aufträge entsprechend den Bedingungen der Rahmenvereinbarung vergeben.

Für die Vergabe der Aufträge kann der öffentliche Auftraggeber den an der Rahmenvereinbarung beteiligten Wirtschaftsteilnehmer schriftlich konsultieren und ihn dabei auffordern, sein Angebot erforderlichenfalls zu vervollständigen.

(4) Wird eine Rahmenvereinbarung mit mehr als einem Wirtschaftsteilnehmer geschlossen, so wird diese Rahmenvereinbarung auf eine der nachfolgend genannten Weisen ausgeführt:

a) gemäß den Bedingungen der Rahmenvereinbarung, ohne erneuten Aufruf zum Wettbewerb, wenn in der Rahmenvereinbarung alle Bedingungen für die Erbringung beziehungsweise der betreffenden Bauleistungen, Dienstleistungen und Lieferungen sowie die objektiven Bedingungen für die Auswahl der Wirtschaftsteilnehmer festgelegt sind, die sie als Partei der Rahmenvereinbarung ausführen werden; die letztgenannten Bedingungen sind in den Auftragsunterlagen für die Rahmenvereinbarung zu nennen;

b) wenn in der Rahmenvereinbarung alle Bedingungen für die Erbringung beziehungsweise Bereitstellung der betreffenden Bauleistungen, Dienstleistungen und Lieferungen festgelegt sind, teilweise ohne erneuten Aufruf zum Wettbewerb gemäß Buchstabe a und teilweise mit erneutem Aufruf zum Wettbewerb zwischen den Wirtschaftsteilnehmern, die Partei der Rahmenvereinbarung sind, gemäß Buchstabe c, wenn diese Möglichkeit in den Auftragsunterlagen für die Rahmenvereinbarung durch die öffentlichen Auftraggeber festgelegt ist. Die Entscheidung, ob bestimmte Bauleistungen, Lieferungen oder Dienstleistungen nach erneutem Aufruf zum Wettbewerb oder direkt entsprechend den Bedingungen der Rahmenvereinbarung beschafft werden sollen, wird nach objektiven Kriterien getroffen, die in den Auftragsunterlagen für die Rahmenvereinbarung festgelegt sind. In den Auftragsunterlagen ist außerdem festgelegt, welche Bedingungen einem erneuten Aufruf zum Wettbewerb unterliegen können.
   Die in Unterabsatz 1 dieses Buchstaben vorgesehenen Möglichkeiten gelten auch für jedes Los

einer Rahmenvereinbarung, für das alle Bedingungen für die Erbringung beziehungsweise Bereitstellung der betreffenden Bauleistungen, Dienstleistungen und Lieferungen in der Rahmenvereinbarung festgelegt sind, ungeachtet dessen, ob alle Bedingungen für die Erbringung beziehungsweise Bereitstellung der betreffenden Bauleistungen, Dienstleistungen und Lieferungen für andere Lose festgelegt wurden;

c) sofern nicht alle Bedingungen zur Erbringung der Bauleistungen, Dienstleistungen und Lieferungen in der Rahmenvereinbarung festgelegt sind, mittels einem erneuten Aufruf zum Wettbewerb zwischen den Wirtschaftsteilnehmern, die Parteien der Rahmenvereinbarung sind.

(5) Die in Absatz 4 Buchstaben b und c genannten Wettbewerbe beruhen auf denselben Bedingungen wie der Abschluss der Rahmenvereinbarung und erforderlichenfalls auf präziser formulierten Bedingungen sowie gegebenenfalls auf weiteren Bedingungen, die in den Auftragsunterlagen für die Rahmenvereinbarung in Übereinstimmung mit dem folgenden Verfahren genannt werden:

a) Vor Vergabe jedes Einzelauftrags konsultieren die öffentlichen Auftraggeber schriftlich die Wirtschaftsteilnehmer, die in der Lage sind, den Auftrag auszuführen.
b) Die öffentlichen Auftraggeber setzen eine hinreichende Frist für die Abgabe der Angebote für jeden Einzelauftrag fest; dabei berücksichtigen sie unter anderem die Komplexität des Auftragsgegenstands und die für die Übermittlung der Angebote erforderliche Zeit.
c) Die Angebote sind schriftlich einzureichen und dürfen bis zum Ablauf der Einreichungsfrist nicht geöffnet werden.
d) Die öffentlichen Auftraggeber vergeben die einzelnen Aufträge an den Bieter, der auf der Grundlage der in den Auftragsunterlagen für die Rahmenvereinbarung genannten Zuschlagskriterien das jeweils beste Angebot vorgelegt hat.

Artikel 34
Dynamische Beschaffungssysteme

(1) Für Beschaffungen von marktüblichen Lieferungen beziehungsweise Leistungen, bei denen die allgemein auf dem Markt verfügbaren Merkmale den Anforderungen der öffentlichen Auftraggeber genügen, können letztere auf ein dynamisches Beschaffungssystem zurückgreifen. Beim dynamischen Beschaffungssystem handelt es sich um ein vollelektronisches Verfahren, das während seiner Gültigkeitsdauer jedem Wirtschaftsteilnehmer offen steht, der die Eignungskriterien erfüllt. Es kann in Kategorien von Waren, Bauleistungen oder Dienstleistungen untergliedert werden, die anhand von Merkmalen der vorgesehenen Beschaffung in der betreffenden Kategorie objektiv definiert werden. Diese Merkmale können eine Bezugnahme auf den höchstzulässigen Umfang späterer konkreter Aufträge oder auf ein spezifisches geografisches Gebiet, in dem spätere konkrete Aufträge auszuführen sind, enthalten.

(2) Bei der Auftragsvergabe über ein dynamisches Beschaffungssystem befolgen die öffentlichen Auftraggeber die Vorschriften für das nichtoffene Verfahren. Alle Bewerber, die die Eignungskriterien erfüllen, werden zum System zugelassen, und die Zahl der zum System zugelassenen Bewerber darf nicht nach Artikel 65 begrenzt werden. Haben öffentliche Auftraggeber das System in Einklang mit Absatz 1 in Kategorien von Waren, Bauleistungen oder Dienstleistungen untergliedert, legen sie die geltenden Eignungskriterien für jede Kategorie fest.

Ungeachtet des Artikels 28 gelten folgende Fristen:

a) Die Mindestfrist für den Eingang der Teilnahmeanträge beträgt 30 Tage ab dem Tag, an dem die Bekanntmachung beziehungsweise – wenn eine Vorinformation als Aufruf zum Wettbewerb dient – die Aufforderung zur Interessensbestätigung übermittelt wird. Sobald die Aufforderung zur Angebotsabgabe für die erste einzelne Auftragsvergabe im Rahmen eines dynamischen Beschaffungssystems abgesandt worden ist, gelten keine weiteren Fristen für den Eingang der Teilnahmeanträge.
b) Die Mindestfrist für den Eingang der Angebote beträgt zehn Tage, gerechnet ab dem Tag der Absendung der Aufforderung zur Angebotsabgabe. Gegebenenfalls findet Artikel 28 Absatz 4 Anwendung. Artikel 28 Absätze 3 und 5 findet keine Anwendung.

(3) Die gesamte Kommunikation im Zusammenhang mit dem dynamischen Beschaffungssystem erfolgt ausschließlich elektronisch im Einklang mit Artikel 22 Absätze 1, 3, 5 und 6.

(4) Für die Zwecke der Auftragsvergabe über ein dynamisches Beschaffungssystem verfahren die öffentlichen Auftraggeber wie folgt:

a) Sie veröffentlichen einen Aufruf zum Wettbewerb, in dem sie präzisieren, dass es sich um ein dynamisches Beschaffungssystem handelt;
b) in den Auftragsunterlagen geben sie mindestens die Art und geschätzte Quantität der geplanten Beschaffungen an, sowie alle erforderlichen Informationen betreffend das dynamische Beschaffungssystem, einschließlich seiner Funktionsweise, die verwendete elektronische Ausrüstung und die technischen Vorkehrungen und Merkmale der Verbindung;
c) sie geben jede Einteilung in Kategorien von Waren, Bauleistungen oder Dienstleistungen sowie die entsprechenden Merkmale an;
d) sie bieten gemäß Artikel 53 einen uneingeschränkten und vollständigen direkten Zugang zu den Auftragsunterlagen, solange das System Gültigkeit hat.

(5) Die öffentlichen Auftraggeber räumen während der gesamten Gültigkeitsdauer des dynamischen Beschaffungssystems jedem Wirtschaftsteilnehmer die Möglichkeit ein, die Teilnahme am System unter den in Absatz 2 genannten Bedingungen zu beantragen. Die öffentlichen Auftraggeber bringen ihre Bewertung derartiger Anträge auf der Grundlage der Eignungskriterien innerhalb von zehn Arbeitstagen nach deren Eingang zum Abschluss. Die Frist kann in begründeten Einzelfällen auf 15 Arbeitstage verlängert werden, insbesondere wenn zusätzliche Unterlagen geprüft werden müssen oder um auf sonstige Art und Weise zu überprüfen, ob die Eignungskriterien erfüllt sind.

Unbeschadet des Unterabsatzes 1 können öffentliche Auftraggeber, solange die Aufforderung zur Angebotsabgabe für die erste einzelne Auftragsvergabe im Rahmen des dynamischen Beschaffungssystems noch nicht versandt wurde, die Bewertungsfrist verlängern, sofern während der verlängerten Bewertungsfrist keine Aufforderung zur Angebotsabgabe herausgegeben wird. Öffentliche Auftraggeber geben in den Auftragsunterlagen die Länge der Fristverlängerung an, die sie anzuwenden gedenken.

Öffentliche Auftraggeber unterrichten den betreffenden Wirtschaftsteilnehmer zum frühestmöglichen Zeitpunkt darüber, ob er zur Teilnahme am dynamischen Beschaffungssystem zugelassen wurde oder nicht.

(6) Die öffentlichen Auftraggeber fordern alle zugelassenen Teilnehmer gemäß Artikel 54 auf, ein Angebot für jede einzelne Auftragsvergabe über das dynamische Beschaffungssystem zu unterbreiten. Wurde das dynamische Beschaffungssystem in Kategorien von Bauleistungen, Waren oder Dienstleistungen untergliedert, fordern die öffentlichen Auftraggeber alle Teilnehmer, die für die dem betreffenden konkreten Auftrag entsprechende Kategorie zugelassen wurden, auf, ein Angebot zu unterbreiten.

Sie erteilen dem Bieter mit dem besten Angebot den Zuschlag auf der Grundlage der Zuschlagskriterien, die in der Bekanntmachung für das dynamische Beschaffungssystem beziehungsweise – wenn eine Vorinformation als Aufruf zum Wettbewerb dient – in der Aufforderung zur Interessensbestätigung genannt wurden. Diese Kriterien können gegebenenfalls in der Aufforderung zur Angebotsabgabe genauer formuliert werden.

(7) Die öffentlichen Auftraggeber können von zugelassenen Teilnehmer während der Laufzeit des dynamischen Beschaffungssystems jederzeit verlangen, innerhalb von fünf Arbeitstagen nach Übermittlung der Aufforderung eine erneute und aktualisierte Eigenerklärung gemäß Artikel 59 Absatz 1 einzureichen.

Artikel 59 Absätze 4 bis 6 gilt während der gesamten Gültigkeitsdauer des dynamischen Beschaffungssystems.

(8) Die öffentlichen Auftraggeber geben im Aufruf zum Wettbewerb die Gültigkeitsdauer des dynamischen Beschaffungssystems an. Unter Verwendung folgender Standardformulare unterrichten sie die Kommission über eine etwaige Änderung dieser Gültigkeitsdauer:

a) Wird die Gültigkeitsdauer ohne Einstellung des Systems geändert, ist das ursprünglich für den Aufruf zum Wettbewerb für das dynamische Beschaffungssystem verwendete Formular zu nutzen;
b) wird das System eingestellt, muss eine Vergabebekanntmachung im Sinne des Artikels 50 erfolgen.

(9) Den am dynamischen Beschaffungssystem interessierten oder teilnehmenden Wirtschaftsteilnehmern dürfen vor oder während der Gültigkeitsdauer des dynamischen Beschaffungssystems keine Bearbeitungsgebühren in Rechnung gestellt werden.

Artikel 35
Elektronische Auktionen

(1) Die öffentlichen Auftraggeber können auf elektronische Auktionen zurückgreifen, bei denen neue, nach unten korrigierte Preise und/oder neue, auf bestimmte Komponenten der Angebote abstellende Werte vorgelegt werden.

Zu diesem Zweck gestalten die öffentlichen Auftraggeber die elektronische Auktion als ein iteratives elektronisches Verfahren, das nach einer vollständigen ersten Bewertung der Angebote eingesetzt wird, denen anhand automatischer Bewertungsmethoden eine Rangfolge zugewiesen wird.

Bestimmte öffentliche Dienstleistungsaufträge und bestimmte öffentliche Bauaufträge, die intellektuelle Leistungen, z. B. die Gestaltung von Bauwerken, zum Inhalt haben, die nicht mithilfe automatischer Bewertungsmethoden eingestuft werden können, sind nicht Gegenstand elektronischer Auktionen.

(2) Bei der Anwendung des offenen oder nichtoffenen Verfahrens oder des Verhandlungsverfahrens können die öffentlichen Auftraggeber beschließen, dass der Vergabe eines öffentlichen Auftrags eine elektronische Auktion vorausgeht, sofern der Inhalt der Auftragsunterlagen, insbesondere die technischen Spezifikationen, hinreichend präzise beschrieben werden kann.

Eine elektronische Auktion kann unter den gleichen Bedingungen bei einem erneuten Aufruf zum Wettbewerb zwischen den Parteien einer Rahmenvereinbarung nach Artikel 33 Absatz 4 Buchstabe b oder c und beim Aufruf zum Wettbewerb hinsichtlich der im Rahmen des in Artikel 34 genannten dynamischen Beschaffungssystems zu vergebenden Aufträge durchgeführt werden.

(3) Die elektronische Auktion beruht auf einem der nachfolgend genannten Angebotselemente:

a) allein auf dem Preis, wenn das Angebot ausschließlich aufgrund des Preises den Zuschlag erhält;
b) auf dem Preis und/oder auf den neuen Werten der in den Auftragsunterlagen genannten Angebotskomponenten, wenn das Angebot mit dem besten Preis-Leistungs-Verhältnis oder mittels eines Kosten-Wirksamkeits-Ansatzes das Angebot mit den geringsten Kosten den Zuschlag für den Auftrag erhält.

(4) Öffentliche Auftraggeber, die eine elektronische Auktion durchzuführen beabsichtigen, weisen in der Auftragsbekanntmachung oder in der Aufforderung zur Interessensbestätigung darauf hin. Die Auftragsunterlagen müssen zumindest die in Anhang VI vorgesehenen Angaben enthalten.

(5) Vor der Durchführung einer elektronischen Auktion nehmen die öffentlichen Auftraggeber anhand des beziehungsweise der Zuschlagskriterien und der dafür festgelegten Gewichtung eine erste vollständige Bewertung der Angebote vor.

Ein Angebot gilt als zulässig, wenn es von einem Bieter eingereicht wurde, der nicht nach Artikel 57 ausgeschlossen wurde und der die Eignungskriterien erfüllt, und dessen Angebot in Übereinstimmung mit den technischen Spezifikationen eingereicht wurde, ohne nicht ordnungsgemäß oder unannehmbar zu sein.

Insbesondere Angebote, die nicht den Auftragsunterlagen entsprechen, die nicht fristgerecht eingegangen sind, die nachweislich auf geheimen Absprachen oder Korruption beruhen oder die nach Einschätzung des öffentlichen Auftraggebers ungewöhnlich niedrig sind, werden als unregelmäßig angesehen. Insbesondere Angebote von Bietern, die nicht über die erforderlichen Qualifikationen verfügen, und Angebote, deren Preis das vor Einleitung des Vergabeverfahrens festgelegte und schriftlich dokumentierte Budget des öffentlichen Auftraggebers übersteigt, werden als inakzeptabel angesehen.

Ein Angebot gilt als ungeeignet, wenn es irrelevant für den Auftrag ist, das heißt ohne wesentliche Abänderung den in den Auftragsunterlagen genannten Bedürfnissen und Anforderungen des öffentlichen Auftraggebers offensichtlich nicht entsprechen kann. Ein Teilnahmeantrag gilt als ungeeignet, wenn der Wirtschaftsteilnehmer gemäß Artikel 57 ausgeschlossen wird oder ausgeschlossen werden kann, oder wenn er die vom öffentlichen Auftraggeber gemäß Artikel 58 genannten Eignungskriterien nicht erfüllt.

Alle Bieter, die zulässige Angebote unterbreitet haben, werden gleichzeitig auf elektronischem Wege zur Teilnahme an der elektronischen Auktion aufgefordert, wobei ab dem genannten Tag und Zeitpunkt die Verbindungen gemäß der in der Aufforderung genannten Anweisungen zu nutzen sind. Die elektronische Auktion kann mehrere aufeinander folgende Phasen umfassen. Sie darf frühestens zwei Arbeitstage nach der Versendung der Aufforderungen beginnen.

(6) Der Aufforderung wird das Ergebnis einer vollständigen Bewertung des betreffenden Angebots, die entsprechend der Gewichtung nach Artikel 67 Absatz 5 Unterabsatz 1 durchgeführt wurde, beigefügt.

In der Aufforderung ist ebenfalls die mathematische Formel vermerkt, nach der bei der elektronischen Auktion die automatische Neureihung entsprechend den vorgelegten neuen Preisen und/oder den neuen Werten vorgenommen wird. Sofern nicht das wirtschaftlich günstigste Angebot allein aufgrund des Preises ermittelt wird, geht aus dieser Formel auch die Gewichtung aller Kriterien für die Ermittlung des wirtschaftlich günstigsten Angebots hervor, so wie sie in der Bekanntmachung, die als Aufruf zum Wettbewerb dient, oder in anderen Auftragsunterlagen angegeben ist. Zu diesem Zweck sind etwaige Margen durch einen im Voraus festgelegten Wert auszudrücken.

Sind Varianten zulässig, so wird für jede einzelne Variante eine gesonderte Formel angegeben.

(7) Die öffentlichen Auftraggeber übermitteln allen Bietern im Laufe einer jeden Phase der elektronischen Auktion unverzüglich zumindest die Informationen, die erforderlich sind, damit den Bietern jederzeit ihr jeweiliger Rang bekannt ist. Sie können, sofern dies zuvor mitgeteilt wurde, weitere Informationen zu sonstigen übermittelten Preisen oder Werten. Sie können ebenfalls jederzeit die Zahl der Teilnehmer in dieser Auktionsphase bekanntgeben. Sie dürfen jedoch keinesfalls während der Phasen der elektronischen Auktion die Identität der Bieter offenlegen.

(8) Die öffentlichen Auftraggeber schließen die elektronische Auktion nach einer oder mehreren der folgenden Vorgehensweisen ab:

a) zum zuvor angegebenen Tag und Zeitpunkt;
b) wenn sie keine neuen Preise oder neuen Werte mehr erhalten, die die Anforderungen für die Mindestunterschiede erfüllen, sofern sie zuvor den Zeitpunkt genannt haben, der nach Eingang der letzten Einreichung vergangen sein muss, bevor sie die elektronische Auktion abschließen, oder
c) wenn die zuvor angegebene Zahl von Auktionsphasen erfüllt ist.

Wenn die öffentlichen Auftraggeber beabsichtigen, die elektronische Auktion gemäß Buchstabe c des Unterabsatzes 1 – gegebenenfalls kombiniert mit dem Verfahren nach dessen Buchstabe b – abzuschließen, wird in der Aufforderung zur Teilnahme an der Auktion der Zeitplan für jede Auktionsphase angegeben.

(9) Nach Abschluss der elektronischen Auktion vergibt der öffentliche Auftraggeber den Auftrag gemäß Artikel 67 entsprechend den Ergebnissen der elektronischen Auktion.

Artikel 36
Elektronische Kataloge

(1) Ist der Rückgriff auf elektronische Kommunikationsmittel vorgeschrieben, können die öffentlichen Auftraggeber festlegen, dass die Angebote in Form eines elektronischen Katalogs übermittelt werden oder einen elektronischen Katalog beinhalten müssen.

Die Mitgliedstaaten können die Verwendung elektronischer Kataloge im Zusammenhang mit bestimmten Formen der Auftragsvergabe verbindlich vorschreiben.

In Form eines elektronischen Katalogs übermittelten Angeboten können weitere, das Angebot ergänzende Unterlagen beigefügt werden.

(2) Bewerber oder Bieter erstellen elektronische Kataloge, um an einer bestimmten Auftragsvergabe gemäß den vom öffentlichen Auftraggeber festgelegten technischen Spezifikationen und dem von ihm vorgeschriebenen Format teilzunehmen.

Zudem müssen elektronische Kataloge den Anforderungen für elektronische Kommunikationsmittel sowie etwaigen zusätzlichen vom öffentlichen Auftraggeber gemäß Artikel 22 festgelegten Bestimmungen genügen.

(3) Wird die Vorlage von Angeboten in Form elektronischer Kataloge akzeptiert oder vorgeschrieben, so

a) weisen die öffentlichen Auftraggeber in der Auftragsbekanntmachung beziehungsweise – sofern eine Vorinformation als Aufruf zum Wettbewerb dient – in der Aufforderung zur Interessensbestätigung darauf hin;
b) nennen sie in den Auftragsunterlagen alle erforderlichen Informationen gemäß Artikel 22 Absatz 6 betreffend das Format, die verwendete elektronische Ausrüstung und die technischen Vorkehrungen der Verbindung und die Spezifikationen für den Katalog.

(4) Wurde mit einem oder mehreren Wirtschaftsteilnehmern eine Rahmenvereinbarung im Anschluss an die Einreichung der Angebote in Form elektronischer Kataloge geschlossen, so können die öffentlichen Auftraggeber vorschreiben, dass der erneute Aufruf zum Wettbewerb für Einzelaufträge auf der Grundlage aktualisierter Kataloge erfolgt. In einem solchen Fall greifen die öffentlichen Auftraggeber auf eine der folgenden Methoden zurück:

a) Aufforderung an die Bieter, ihre elektronischen Kataloge an die Anforderungen des Einzelauftrags anzupassen und erneut einzureichen oder
b) Unterrichtung der Bieter darüber, dass sie beabsichtigen, den bereits eingereichten elektronischen Katalogen die Informationen zu entnehmen, die erforderlich sind, um Angebote zu erstellen, die den Anforderungen des Einzelauftrags angepasst sind; dies setzt voraus, dass der Rückgriff auf diese Methode in den Auftragsunterlagen für die Rahmenvereinbarung angekündigt wurde.

(5) Nehmen die öffentlichen Auftraggeber gemäß Absatz 4 Buchstabe b einen erneuten Aufruf zum Wettbewerb für bestimmte Aufträge vor, so teilen sie den Bietern Tag und Zeitpunkt mit, zu denen sie die Informationen erheben werden, die zur Erstellung der Angebote, die den Anforderungen des genannten konkreten Auftrags entsprechen, notwendig sind, und geben den Bietern die Möglichkeit, eine derartige Informationserhebung abzulehnen.

Die öffentlichen Auftraggeber sehen einen angemessenen Zeitraum zwischen der Mitteilung und der tatsächlichen Erhebung der Informationen vor.

Vor der Erteilung des Zuschlags legen die öffentlichen Auftraggeber dem jeweiligen Bieter die gesammelten Informationen vor, so dass er diesem die Möglichkeit zum Einspruch oder zur Bestätigung geboten wird, dass das dergestalt erstellte Angebot keine materiellen Fehler enthält.

(6) Die öffentlichen Auftraggeber können Aufträge auf der Basis eines dynamischen Beschaffungssystems vergeben, indem sie vorschreiben, dass die Angebote zu einem bestimmten Auftrag in Form eines elektronischen Katalogs übermittelt werden.

Die öffentlichen Auftraggeber können Aufträge auch auf der Grundlage des dynamischen Beschaffungssystems gemäß Absatz 4 Buchstabe b und Absatz 5 erstellen, sofern dem Antrag auf Teilnahme an diesem System ein den vom öffentlichen Auftraggeber festgelegten technischen Spezifikationen und dem von ihm vorgeschriebenen Format entsprechender elektronischer Katalog beigefügt ist. Dieser Katalog ist von den Bewerbern auszufüllen, sobald der öffentliche Auftraggeber sie von seiner Absicht in Kenntnis setzt, Angebote mittels des Verfahrens nach Absatz 4 Buchstabe b zu erstellen.

Artikel 37
Zentrale Beschaffungstätigkeiten und zentrale Beschaffungsstellen

(1) Die Mitgliedstaaten können festlegen, dass die öffentlichen Auftraggeber Lieferungen und/oder Dienstleistungen von zentralen Beschaffungsstellen erwerben dürfen, die die in Artikel 2 Absatz 1 Nummer 14 Buchstabe a genannte zentralisierte Beschaffungstätigkeit anbieten.

Die Mitgliedstaaten können ebenfalls festlegen, dass die öffentlichen Auftraggeber Bauleistungen, Lieferungen und/oder Dienstleistungen anhand von Aufträgen, die durch eine zentrale Beschaffungsstelle vergeben werden, anhand von dynamischen Beschaffungssystemen, die durch eine zentrale Beschaffungsstelle betrieben werden, oder in dem in Artikel 33 Absatz 2 Unterabsatz 2 geregelten Umfang aufgrund einer Rahmenvereinbarung erwerben dürfen, die von einer zentralen Beschaffungsstelle geschlossen wurde, die die in Artikel 2 Absatz 1 Nummer 14 Buchstabe b genannte zentralisierte Beschaffungstätigkeit anbietet. Kann ein von einer zentralen Beschaffungsstelle betriebenes dynamisches Beschaffungssystem durch andere öffentliche Auftraggeber genutzt werden, ist dies im Aufruf zum Wettbewerb, mit dem das dynamische Beschaffungssystem eingerichtet wird, anzugeben.

In Bezug auf die Unterabsätze 1 und 2 können die Mitgliedstaaten festlegen, dass bestimmte Beschaffungen durch Rückgriff auf zentrale Beschaffungsstellen oder eine oder mehrere bestimmte zentrale Beschaffungsstellen durchzuführen sind.

(2) Ein öffentlicher Auftraggeber kommt seinen Verpflichtungen gemäß dieser Richtlinie nach, wenn er Lieferungen oder Dienstleistungen von einer zentralen Beschaffungsstelle erwirbt, die die in Artikel 2 Nummer 14 Absatz 1 Buchstabe a genannte zentralisierte Beschaffungstätigkeit anbietet.

Des Weiteren kommt ein öffentlicher Auftraggeber seinen Verpflichtungen gemäß dieser Richtlinie auch dann nach, wenn er Bauleistungen, Lieferungen oder Dienstleistungen aufgrund von Aufträgen, die durch die zentrale Beschaffungsstelle vergeben werden, anhand von dynamischen Beschaffungssystemen, die durch die zentrale Beschaffungsstelle betrieben werden, oder in dem in Artikel 33 Absatz 2 Unterabsatz 2 geregelten Umfang anhand einer Rahmenvereinbarung erwirbt, die von der zentralen Beschaffungsstelle geschlossen wurde, die die in Artikel 2 Absatz1 Nummer 14 Buchstabe b genannte zentralisierte Beschaffungstätigkeit anbietet.

Allerdings ist der betreffende öffentliche Auftraggeber für die Erfüllung der Verpflichtungen gemäß dieser Richtlinie für die von ihm selbst durchgeführten Teile verantwortlich, beispielsweise in folgenden Fällen:
a) Vergabe eines Auftrags im Rahmen eines dynamischen Beschaffungssystems, das durch eine zentrale Beschaffungsstelle betrieben wird;
b) Durchführung eines erneuten Aufrufs zum Wettbewerb gemäß einer Rahmenvereinbarung, die durch eine zentrale Beschaffungsstelle geschlossen wurde;
c) Festlegung gemäß Artikel 33 Absatz 4 Buchstabe a oder b, welcher der Wirtschaftsteilnehmer, der Partei der Rahmenvereinbarung ist, eine bestimmte Aufgabe aufgrund einer Rahmenvereinbarung, die durch eine zentrale Beschaffungsstelle geschlossen wurde, ausführen soll.

(3) Alle von der zentralen Beschaffungsstelle durchgeführten Vergabeverfahren sind nach Maßgabe der Anforderungen des Artikels 22 mit elektronischen Kommunikationsmitteln abzuwickeln.

(4) Öffentliche Auftraggeber können, ohne die in dieser Richtlinie vorgesehenen Verfahren anzuwenden, einen öffentlichen Dienstleistungsauftrag zur Ausübung zentraler Beschaffungstätigkeiten an eine zentrale Beschaffungsstelle vergeben.

Derartige öffentliche Dienstleistungsaufträge können auch die Ausübung von Nebenbeschaffungstätigkeiten umfassen.

Artikel 38
Gelegentliche gemeinsame Auftragsvergabe

(1) Zwei oder mehr öffentliche Auftraggeber können sich darauf verständigen, eine bestimmte Auftragsvergabe gemeinsam durchzuführen.

(2) Wird ein Vergabeverfahren im Namen und im Auftrag aller betreffenden öffentlichen Auftraggeber zur Gänze gemeinsam durchgeführt, sind sie für die Erfüllung ihrer Verpflichtungen gemäß dieser Richtlinie gemeinsam verantwortlich. Dies gilt auch, wenn ein öffentlicher Auftraggeber das Verfahren in seinem eigenen Namen und im Auftrag der anderen betreffenden öffentlichen Auftraggeber allein ausführt.

Wird ein Vergabeverfahren nicht zur Gänze im Namen und im Auftrag aller betreffenden öffentlichen Auftraggeber gemeinsam durchgeführt, so sind sie nur für jene Teile gemeinsam verantwortlich, die gemeinsam durchgeführt wurden. Jeder öffentliche Auftraggeber ist allein für die Erfüllung der Pflichten gemäß dieser Richtlinie für die Teile verantwortlich, die er in eigenem Namen und Auftrag durchführt.

Artikel 39
Auftragsvergabe durch öffentliche Auftraggeber aus verschiedenen Mitgliedstaaten

(1) Unbeschadet des Artikels 12 können öffentliche Auftraggeber aus verschiedenen Mitgliedstaaten bei der Vergabe öffentlicher Aufträge gemeinsam vorgehen, indem sie auf eines der in diesem Artikel vorgesehenen Mittel zurückgreifen.

Die öffentlichen Auftraggeber dürfen die in diesem Artikel vorgesehenen Mittel nicht dazu verwenden, die Anwendung von im Einklang mit dem Unionsrecht stehenden verbindlichen Bestimmungen des öffentlichen Rechts zu umgehen, denen sie in ihrem Mitgliedstaat unterliegen.

(2) Ein Mitgliedstaat darf seinen öffentlichen Auftraggebern nicht untersagen, zentrale Beschaffungstätigkeiten in Anspruch zu nehmen, die von zentralen Beschaffungsstellen mit Sitz in einem anderen Mitgliedstaat angeboten werden.

In Bezug auf zentrale Beschaffungstätigkeiten, die durch eine zentrale Beschaffungsstelle angeboten werden, die ihren Sitz in einem anderen Mitgliedstaat als der öffentliche Auftraggeber hat, haben die Mitgliedstaaten jedoch die Wahl, festzulegen, dass ihre öffentlichen Auftraggeber nur von den in Artikel 2 Absatz 1 Nummer 14 Buchstabe a oder b festgelegten zentralen Beschaffungstätigkeiten Gebrauch machen dürfen.

(3) Die zentrale Beschaffung durch eine zentrale Beschaffungsstelle mit Sitz in einem anderen Mitgliedstaat erfolgt gemäß den nationalen Bestimmungen des Mitgliedstaats, in dem die zentrale Beschaffungsstelle ihren Sitz hat.

Die nationalen Bestimmungen des Mitgliedstaats, in dem sich die zentrale Beschaffungsstelle befindet, gelten auch für Folgendes:

a) Vergabe eines Auftrags im Rahmen eines dynamischen Beschaffungssystems;
b) Durchführung eines erneuten Aufrufs zum Wettbewerb gemäß einer Rahmenvereinbarung;
c) Festlegung gemäß Artikel 33 Absatz 4 Buchstabe a oder b, welcher der Wirtschaftsteilnehmer, die Partei der Rahmenvereinbarung sind, eine bestimmte Aufgabe ausführen soll.

(4) Mehrere öffentliche Auftraggeber aus verschiedenen Mitgliedstaaten können gemeinsam einen öffentlichen Auftrag vergeben, eine Rahmenvereinbarung schließen oder ein dynamisches Beschaffungssystem betreiben. Ebenfalls können sie Aufträge auf der Basis der Rahmenvereinbarung oder des dynamischen Beschaffungssystems in dem in Artikel 33 Absatz 2 Unterabsatz 2 geregelten Umfang vergeben. Sofern die notwendigen Einzelheiten nicht in einem internationalen Übereinkommen geregelt sind, das zwischen den betreffenden Mitgliedstaaten geschlossen wurde, schließen die teilnehmenden öffentlichen Auftraggeber eine Vereinbarung, worin Folgendes festgelegt ist:

a) die Zuständigkeiten der Parteien und die einschlägigen anwendbaren nationalen Bestimmungen;
b) die interne Organisation des Vergabeverfahrens, einschließlich der Handhabung des Verfahrens, der Verteilung der zu beschaffenden Bauleistungen, Lieferungen oder Dienstleistungen und des Abschlusses der Verträge.

Ein teilnehmender öffentlicher Auftraggeber erfüllt seine Verpflichtungen nach dieser Richtlinie, wenn er Bauleistungen, Lieferungen oder Dienstleistungen von einem öffentlichen Auftraggeber erwirbt, der für das Vergabeverfahren zuständig ist. Bei der Festlegung der Zuständigkeiten und des anwendbaren nationalen Rechts gemäß Buchstabe a können die teilnehmenden öffentlichen Auftraggeber bestimmte Zuständigkeiten untereinander aufteilen und die anwendbaren Bestimmungen der nationalen Gesetze ihres jeweiligen Mitgliedstaats festlegen. Die Verteilung der Zuständigkeiten und die anwendbaren nationalen Rechtsvorschriften müssen in den Auftragsunterlagen für die gemeinsam vergebenen öffentlichen Aufträge angegeben werden.

(5) Haben mehrere öffentliche Auftraggeber aus verschiedenen Mitgliedstaaten eine gemeinsame Einrichtung gegründet, einschließlich eines Europäischen Verbunds für territoriale Zusammenarbeit im Sinne der Verordnung (EG) Nr. 1082/2006 des Europäischen Parlaments und des Rates[30] oder anderer Einrichtungen nach Unionsrecht, so einigen sich die teilnehmenden öffentlichen Auftraggeber per Beschluss des zuständigen Organs der gemeinsamen Einrichtung auf die anwendbaren nationalen Vergaberegeln eines der folgenden Mitgliedstaaten:

a) die nationalen Bestimmungen des Mitgliedstaats, in dem die gemeinsame Einrichtung ihren eingetragenen Sitz hat;
b) die nationalen Bestimmungen des Mitgliedstaats, in dem die gemeinsame Einrichtung ihre Tätigkeiten ausübt.

Die in Unterabsatz 1 genannte Vereinbarung gilt entweder unbefristet, wenn dies im Gründungsrechtsakt der gemeinsamen Einrichtung festgelegt wurde, oder kann auf einen bestimmten Zeitraum, bestimmte Arten von Aufträgen oder eine oder mehrere Auftragserteilungen beschränkt werden.

KAPITEL III
Ablauf des Verfahrens

Abschnitt 1
Vorbereitung

Artikel 40
Vorherige Marktkonsultationen

Vor der Einleitung eines Vergabeverfahrens können die öffentlichen Auftraggeber Marktkonsultationen zur Vorbereitung der Auftragsvergabe und zur Unterrichtung der Wirtschaftsteilnehmer über ihre Auftragsvergabepläne und -anforderungen durchführen.

Hierzu können die öffentlichen Auftraggeber beispielsweise den Rat von unabhängigen Sachverständigen oder Behörden beziehungsweise von Marktteilnehmern einholen oder annehmen. Der Rat kann für die Planung und Durchführung des Vergabeverfahrens genutzt werden, sofern dieser Rat nicht wettbewerbsverzerrend ist und nicht zu einem Verstoß gegen die Grundsätze der Nichtdiskriminierung und der Transparenz führt.

Artikel 41
Vorherige Einbeziehung von Bewerbern oder Bietern

Hat ein Bewerber oder Bieter oder ein mit ihm in Verbindung stehendes Unternehmen den öffentlichen Auftraggeber – ob im Zusammenhang mit Artikel 40 oder nicht – beraten oder war auf andere Art und Weise an der Vorbereitung des Vergabeverfahrens beteiligt, so ergreift der öffentliche Auftraggeber angemessene Maßnahmen, um sicherzustellen, dass der Wettbewerb durch die Teilnahme des Bewerbers oder Bieters nicht verzerrt wird.

Diese Maßnahmen umfassen die Unterrichtung anderer Bewerber oder Bieter in Bezug auf einschlägige Informationen, die im Zusammenhang mit der Einbeziehung des Bewerbers oder Bieters in die Vorbereitung des Vergabeverfahrens ausgetauscht wurden oder daraus resultieren und die Festlegung an-

---

30 Verordnung (EG) Nr. 1082/2006 des Europäischen Parlaments und des Rates vom 5. Juli 2006 über den Europäischen Verbund für territoriale Zusammenarbeit (EVTZ) (ABl. L 210 vom 31.7.2006, S. 19).

gemessener Fristen für den Eingang der Angebote. Der betreffende Bewerber oder Bieter wird vom Verfahren nur dann ausgeschlossen, wenn keine andere Möglichkeit besteht, die Einhaltung der Pflicht zur Wahrung des Grundsatzes der Gleichbehandlung zu gewährleisten.

Vor einem solchen Ausschluss wird den Bewerbern oder Bietern die Möglichkeit gegeben, nachzuweisen, dass ihre Beteiligung an der Vorbereitung des Vergabeverfahrens den Wettbewerb nicht verzerren kann. Die ergriffenen Maßnahmen werden im nach Artikel 84 geforderten Vergabevermerk dokumentiert.

Artikel 42
Technische Spezifikationen

(1) Die technischen Spezifikationen im Sinne von Anhang VII Nummer 1 werden in den Auftragsunterlagen dargelegt. In den technischen Spezifikationen werden die für die Bauleistungen, Dienstleistungen oder Lieferungen geforderten Merkmale beschrieben.

Diese Merkmale können sich auch auf den spezifischen Prozess oder die spezifische Methode zur Produktion beziehungsweise Erbringung der angeforderten Bauleistungen, Lieferungen oder Dienstleistungen oder auf einen spezifischen Prozess eines anderen Lebenszyklus-Stadiums davon beziehen, auch wenn derartige Faktoren nicht materielle Bestandteile von ihnen sind, sofern sie in Verbindung mit dem Auftragsgegenstand stehen und zu dessen Wert und Zielen verhältnismäßig sind.

In den technischen Spezifikationen kann ferner angegeben werden, ob Rechte des geistigen Eigentums übertragen werden müssen.

Bei jeglicher Beschaffung, die zur Nutzung durch natürliche Personen – ganz gleich, ob durch die Allgemeinheit oder das Personal des öffentlichen Auftraggebers – vorgesehen ist, werden die technischen Spezifikationen – außer in ordnungsgemäß begründeten Fällen – so erstellt, dass die Zugänglichkeitskriterien für Personen mit Behinderungen oder der Konzeption für alle Nutzer berücksichtigt werden.

Werden verpflichtende Zugänglichkeitserfordernisse mit einem Rechtsakt der Union erlassen, so müssen die technischen Spezifikationen, soweit die Kriterien der Zugänglichkeit für Personen mit Behinderungen oder der Konzeption für alle Nutzer betroffen sind, darauf Bezug nehmen.

(2) Die technischen Spezifikationen müssen allen Wirtschaftsteilnehmern den gleichen Zugang zum Vergabeverfahren gewähren und dürfen die Öffnung der öffentlichen Beschaffungsmärkte für den Wettbewerb nicht in ungerechtfertigter Weise behindern.

(3) Unbeschadet zwingender nationaler Vorschriften – soweit sie mit dem Unionsrecht vereinbar sind – sind die technischen Spezifikationen auf eine der nachfolgend genannten Arten zu formulieren:

a) in Form von Leistungs- oder Funktionsanforderungen, einschließlich Umweltmerkmalen, sofern die Parameter hinreichend genau sind, um den Bietern ein klares Bild vom Auftragsgegenstand zu vermitteln und den öffentlichen Auftraggebern die Erteilung des Zuschlags zu ermöglichen;
b) unter Bezugnahme auf technische Spezifikationen und – in dieser Rangfolge – nationale Normen, mit denen europäische Normen umgesetzt werden, europäische technische Bewertungen, gemeinsame technische Spezifikationen, internationale Normen und andere technische Bezugssysteme, die von den europäischen Normungsgremien erarbeitet wurden oder – falls solche Normen und Spezifikationen fehlen – unter Bezugnahme auf nationale Normen, nationale technische Zulassungen oder nationale technische Spezifikationen für die Planung, Berechnung und Ausführung von Bauleistungen und den Einsatz von Lieferungen, wobei jede Bezugnahme mit dem Zusatz „oder gleichwertig" zu versehen ist;
c) in Form von Leistungs- oder Funktionsanforderungen gemäß Buchstabe a unter Bezugnahme auf die technischen Spezifikationen gemäß Buchstabe b als Mittel zur Vermutung der Konformität mit diesen Leistungs- und Funktionsanforderungen;
d) unter Bezugnahme auf die technischen Spezifikationen gemäß Buchstabe b hinsichtlich bestimmter Merkmale und unter Bezugnahme auf die Leistungs- oder Funktionsanforderungen gemäß Buchstabe a hinsichtlich anderer Merkmale.

(4) Soweit es nicht durch den Auftragsgegenstand gerechtfertigt ist, darf in technischen Spezifikationen nicht auf eine bestimmte Herstellung oder Herkunft oder ein besonderes Verfahren, das die von einem bestimmten Wirtschaftsteilnehmer bereitgestellten Waren oder Dienstleistungen charakterisiert, oder auf Marken, Patente, Typen, einen bestimmten Ursprung oder eine bestimmte Produktion verwiesen werden, wenn dadurch bestimmte Unternehmen oder bestimmte Waren begünstigt oder ausgeschlossen werden. Solche Verweise sind jedoch ausnahmsweise zulässig, wenn der Auftragsgegenstand nach Absatz 3 nicht hinreichend genau und allgemein verständlich beschrieben werden kann. Solche Verweise sind mit dem Zusatz „oder gleichwertig" zu versehen.

(5) Macht der öffentliche Auftraggeber von der Möglichkeit Gebrauch, auf die in Absatz 3 Buchstabe b genannten technischen Spezifikationen zu verweisen, so kann er ein Angebot nicht mit der Begründung ablehnen, die angebotenen Bauleistungen, Lieferungen oder Dienstleistungen entsprächen nicht den von ihm herangezogenen technischen Spezifikationen, sofern der Bieter in seinem Angebot dem Auftraggeber mit geeigneten Mitteln – einschließlich der in Artikel 44 genannten – nachweist, dass die vorgeschlagenen Lösungen den Anforderungen der technischen Spezifikationen, auf die Bezug genommen wurde, gleichermaßen entsprechen.

(6) Macht der öffentliche Auftraggeber von der Möglichkeit nach Absatz 3 Buchstabe a Gebrauch, die technischen Spezifikationen in Form von Leistungs- oder Funktionsanforderungen zu formulieren, so darf er ein Angebot über Bauleistungen, Lieferungen oder Dienstleistungen, die einer nationalen Norm, mit der eine europäische Norm umgesetzt wird, oder einer europäischen technischen Zulassung, einer gemeinsamen technischen Spezifikation, einer internationalen Norm oder einem technischen Bezugssystem, das von den europäischen Normungsgremien erarbeitet wurde, entsprechen, nicht zurückweisen, wenn diese Spezifikationen die von ihm geforderten Leistungs- oder Funktionsanforderungen betreffen.

Der Bieter muss in seinem Angebot mit allen geeigneten Mitteln – einschließlich der in Artikel 44 genannten – nachweisen, dass die der Norm entsprechende jeweilige Bauleistung, Lieferung oder Dienstleistung den Leistungs- oder Funktionsanforderungen des Auftraggebers entspricht.

Artikel 43
Gütezeichen

(1) Beabsichtigen öffentliche Auftraggeber den Kauf von Bauleistungen, Lieferungen oder Dienstleistungen mit spezifischen umweltbezogenen, sozialen oder sonstigen Merkmalen, so können sie in den technischen Spezifikationen, den Zuschlagskriterien oder den Ausführungsbedingungen ein bestimmtes Gütezeichen als Nachweis dafür verlangen, dass die Bauleistungen, Dienstleistungen oder Lieferungen den geforderten Merkmalen entsprechen, sofern alle nachfolgend genannten Bedingungen erfüllt sind:

a) die Gütezeichen-Anforderungen betreffen lediglich Kriterien, die mit dem Auftragsgegenstand in Verbindung stehen und für die Bestimmung der Merkmale der Bauarbeiten, Lieferungen oder Dienstleistungen geeignet sind, die der Auftragsgegenstand sind;
b) die Gütezeichen-Anforderungen basieren auf objektiv nachprüfbaren und nichtdiskriminierenden Kriterien;
c) die Gütezeichen werden im Rahmen eines offenen und transparenten Verfahrens eingeführt, an dem alle relevanten interessierten Kreise – wie z. B. staatliche Stellen, Verbraucher, Sozialpartner, Hersteller, Händler und Nichtregierungsorganisationen – teilnehmen können;
d) die Gütezeichen sind für alle Betroffenen zugänglich;
e) die Anforderungen an die Gütezeichen werden von einem Dritten festgelegt, auf den der Wirtschaftsteilnehmer, der das Gütezeichen beantragt, keinen maßgeblichen Einfluss ausüben kann.

Verlangen die öffentlichen Auftraggeber nicht, dass die Bauleistungen, Lieferungen oder Dienstleistungen alle Gütezeichen-Anforderungen erfüllen, so müssen sie angeben, welche Gütezeichen-Anforderungen gemeint sind.

Die öffentlichen Auftraggeber, die ein spezifisches Gütezeichen fordern, akzeptieren alle Gütezeichen, die bestätigen, dass die Bauleistungen, Lieferungen oder Dienstleistungen gleichwertige Gütezeichen-Anforderungen erfüllen.

Hatte ein Wirtschaftsteilnehmer aus Gründen, die ihm nicht angelastet werden können, nachweislich keine Möglichkeit, das vom öffentlichen Auftraggeber angegebene oder ein gleichwertiges Gütezeichen innerhalb der einschlägigen Fristen zu erlangen, so muss der öffentliche Auftraggeber andere geeignete Nachweise akzeptieren, zu denen auch ein technisches Dossier des Herstellers gehören kann, sofern der betreffende Wirtschaftsteilnehmer nachweist, dass die von ihm zu erbringenden Bauleistungen, Lieferungen oder Dienstleistungen die Anforderungen des spezifischen Gütezeichens oder die vom öffentlichen Auftraggeber angegebenen spezifischen Anforderungen erfüllen.

(2) Erfüllt ein Gütezeichen die Bedingungen gemäß Absatz 1 Buchstaben b, c, d und e, schreibt aber gleichzeitig Anforderungen vor, die mit dem Auftragsgegenstand nicht in Verbindung stehen, so verlangen die öffentlichen Auftraggeber nicht das Gütezeichen als solches, sie können aber technische Spezifikationen unter Verweis auf die detaillierten Spezifikationen dieses Gütezeichens oder gegebenenfalls Teile davon festlegen, die mit dem Auftragsgegenstand in Verbindung stehen und geeignet sind, die Merkmale dieses Auftragsgegenstands zu definieren.

Artikel 44
Testberichte, Zertifizierung und sonstige Nachweise

(1) Die öffentlichen Auftraggeber können den Wirtschaftsteilnehmern vorschreiben, einen Testbericht einer Konformitätsbewertungsstelle oder eine von dieser ausgegebene Zertifizierung als Nachweis für die Konformität mit den Anforderungen oder Kriterien gemäß den technischen Spezifikationen, den Zuschlagskriterien oder den Ausführungsbedingungen beizubringen.

In Fällen, in denen die öffentlichen Auftraggeber die Vorlage von Bescheinigungen einer bestimmten Konformitätsbewertungsstelle verlangen, akzeptieren die öffentlichen Auftraggeber auch Zertifikate gleichwertiger anderer Konformitätsbewertungsstellen.

Im Sinne dieses Absatzes ist eine Konformitätsbewertungsstelle eine Stelle, die Konformitätsbewertungstätigkeiten durchführt, wie z. B. Kalibrierung, Versuche, Zertifizierung und Inspektion, und die gemäß der Verordnung (EG) Nr. 765/2008 des Europäischen Parlaments und des Rates[31] akkreditiert ist.

(2) Die öffentlichen Auftraggeber akzeptieren auch andere geeignete Nachweise als die in Absatz 1 genannten, wie z. B. ein technisches Dossier des Herstellers, wenn der betreffende Wirtschaftsteilnehmer keinen Zugang zu den in Absatz 1 genannten Zertifikaten oder Testberichten oder keine Möglichkeit hatte, diese innerhalb der einschlägigen Fristen einzuholen, sofern der betreffende Wirtschaftsteilnehmer den fehlenden Zugang nicht zu verantworten hat und sofern er anhand dieser Nachweise belegt, dass die von ihm erbrachten Bauleistungen, Lieferungen oder Dienstleistungen die in den technischen Spezifikationen, den Zuschlagskriterien oder den Ausführungsbedingungen festgelegten Anforderungen oder Kriterien erfüllen.

(3) Die Mitgliedstaaten stellen anderen Mitgliedstaaten auf Anfrage jegliche Informationen im Zusammenhang mit den Nachweisen und Unterlagen zur Verfügung, die gemäß Artikel 42 Absatz 6, Artikel 43 und den Absätzen 1 und 2 dieses Artikels beizubringen sind. Die zuständigen Behörden des Niederlassungsmitgliedstaats des Wirtschaftsteilnehmers übermitteln diese Informationen gemäß Artikel 86.

---

31 Verordnung (EG) Nr. 765/2008 des Europäischen Parlaments und des Rates vom 9. Juli 2008 über die Vorschriften für die Akkreditierung und Marktüberwachung im Zusammenhang mit der Vermarktung von Produkten und zur Aufhebung der Verordnung (EWG) Nr. 339/93 des Rates (ABl. L 218 vom 13.8.2008, S. 30).

Artikel 45
Varianten

(1) Die öffentlichen Auftraggeber können den Bietern die Möglichkeit einräumen oder ihnen vorschreiben, Varianten vorzulegen. Sie weisen in der Bekanntmachung oder – wenn eine Bekanntmachung einer Vorinformation als Aufruf zum Wettbewerb verwendet wird – in der Aufforderung zur Interessensbestätigung darauf hin, ob sie Varianten zulassen oder verlangen oder nicht. Fehlt eine entsprechende Angabe, so sind keine Varianten zugelassen Varianten müssen mit dem Auftragsgegenstand in Verbindung stehen.

(2) Lassen die öffentlichen Auftraggeber Varianten zu oder schreiben sie diese vor, so nennen sie in den Auftragsunterlagen die Mindestanforderungen, die Varianten erfüllen müssen, und geben an, in welcher Art und Weise sie einzureichen sind – insbesondere ob Varianten nur vorgeschlagen werden dürfen, wenn auch ein Angebot, das keine Variante ist, eingereicht wurde. Auch sorgen sie dafür, dass die gewählten Zuschlagskriterien sowohl auf die Varianten angewandt werden können, die diese Mindestanforderungen erfüllen, als auch auf übereinstimmende Angebote, die keine Varianten sind.

(3) Die öffentlichen Auftraggeber berücksichtigen nur Varianten, die die von ihnen verlangten Mindestanforderungen erfüllen.

Bei den Verfahren zur Vergabe öffentlicher Liefer- oder Dienstleistungsaufträge dürfen öffentliche Auftraggeber, die Varianten zugelassen oder vorgeschrieben haben, eine Variante nicht allein deshalb zurückweisen, weil sie, wenn sie den Zuschlag erhalten sollte, entweder zu einem Dienstleistungsauftrag anstatt zu einem öffentlichen Lieferauftrag beziehungsweise zu einem Lieferauftrag anstatt zu einem öffentlichen Dienstleistungsauftrag führen würde.

Artikel 46
Unterteilung von Aufträgen in Lose

(1) Die öffentlichen Auftraggeber können einen Auftrag in Form mehrerer Lose vergeben sowie Größe und Gegenstand der Lose bestimmen.

Außer bei Aufträgen, deren Aufteilung gemäß Absatz 4 des vorliegenden Artikels verbindlich vorgeschrieben worden ist, geben die öffentlichen Auftraggeber die wichtigsten Gründe für ihre Entscheidung an, keine Unterteilung in Lose vorzunehmen; diese Begründung wird in die Auftragsunterlagen oder den Vergabevermerk nach Artikel 84 aufgenommen.

(2) Die öffentlichen Auftraggeber geben in der Auftragsbekanntmachung oder in der Aufforderung zur Interessensbestätigung an, ob Angebote nur für ein Los oder für mehrere oder alle Lose eingereicht werden können.

Die öffentlichen Auftraggeber können, auch wenn Angebote für mehrere oder alle Lose eingereicht werden dürfen, die Zahl der Lose beschränken, für die ein einzelner Bieter einen Zuschlag erhalten kann, sofern die Höchstzahl der Lose pro Bieter in der Auftragsbekanntmachung oder in der Aufforderung zur Interessensbestätigung angegeben wurde. Die öffentlichen Auftraggeber geben die objektiven und nichtdiskriminierenden Kriterien oder Regeln in den Auftragsunterlagen an, die sie bei der Vergabe von Losen anzuwenden gedenken, wenn die Anwendung der Zuschlagskriterien dazu führen würde, dass ein einzelner Bieter den Zuschlag für eine größere Zahl von Losen als die Höchstzahl erhält.

(3) Die Mitgliedstaaten können bestimmen, dass in Fällen, in denen ein einziger Bieter den Zuschlag für mehr als ein Los erhalten kann, die öffentlichen Auftraggeber Aufträge über mehrere oder alle Lose vergeben können, wenn sie in der Auftragsbekanntmachung oder in der Aufforderung zur Interessensbestätigung angegeben haben, dass sie sich diese Möglichkeit vorbehalten und die Lose oder Losgruppen angeben, die kombiniert werden können.

(4) Die Mitgliedstaaten können Absatz 1 Unterabsatz 2 umsetzen, indem sie die Vergabe von Aufträgen in Form von getrennten Losen unter Bedingungen vorschreiben, die gemäß ihren nationalen Rechtsvorschriften und unter Beachtung des Unionsrechts zu bestimmen sind. In diesem Fall finden Absatz 2 Unterabsatz 1 und – gegebenenfalls – Absatz 3 Anwendung.

Artikel 47
Fristsetzung

(1) Bei der Festsetzung der Fristen für den Eingang der Angebote und der Teilnahmeanträge berücksichtigen die öffentlichen Auftraggeber unbeschadet der in den Artikeln 27 bis 31 festgelegten Mindestfristen die Komplexität des Auftrags und die Zeit, die für die Ausarbeitung der Angebote erforderlich ist.

(2) Können die Angebote nur nach einer Ortsbesichtigung oder Einsichtnahme in die Anlagen zu den Auftragsunterlagen vor Ort erstellt werden, so sind die Fristen für den Eingang der Angebote, die länger als die in den Artikeln 27 bis 31 genannten Mindestfristen sein müssen, so festzulegen, dass alle betroffenen Wirtschaftsteilnehmer von allen Informationen, die für die Erstellung des Angebotes erforderlich sind, Kenntnis nehmen können.

(3) In den folgenden Fällen verlängern die öffentlichen Auftraggeber die Fristen für den Eingang der Angebote, so dass alle betroffenen Wirtschaftsteilnehmer Kenntnis aller erforderlichen Informationen haben können, die sie für die Erstellung von Angeboten benötigen:

a) wenn Zusatzinformationen, obwohl sie rechtzeitig vom Wirtschaftsteilnehmer angefordert wurden, aus irgendeinem Grund nicht spätestens sechs Tage vor der für den Eingang der Angebote festgesetzten Frist zur Verfügung gestellt werden. Bei beschleunigten Verfahren im Sinne des Artikels 27 Absatz 3 und des Artikels 28 Absatz 6 beträgt dieser Zeitraum vier Tage;
b) wenn an den Auftragsunterlagen wesentliche Änderungen vorgenommen werden.

Die Fristverlängerung muss in einem angemessenen Verhältnis zur Bedeutung der Informationen oder Änderungen stehen.

Wurden die Zusatzinformationen entweder nicht rechtzeitig angefordert oder ist ihre Bedeutung für die Erstellung zulässiger Angebote unerheblich, so sind die öffentlichen Auftraggeber nicht verpflichtet, die Fristen zu verlängern.

Abschnitt 2
Veröffentlichung und Transparenz

Artikel 48
Vorinformation

(1) Die öffentlichen Auftraggeber können ihre Absicht einer geplanten Auftragsvergabe mittels der Veröffentlichung von Vorinformationen bekanntgeben. Diese Bekanntmachungen enthalten die Informationen nach Anhang V Teil B Abschnitt I. Sie werden entweder vom Amt für Veröffentlichungen der Europäischen Union oder von den öffentlichen Auftraggebern in ihren Beschafferprofilen gemäß Anhang VIII Nummer 2 Buchstabe b veröffentlicht. Wird die Vorinformation von den öffentlichen Auftraggebern in ihren Beschafferprofilen veröffentlicht, übermitteln sie dem Amt für Veröffentlichungen der Europäischen Union eine Mitteilung der Veröffentlichung in ihrem Beschafferprofil gemäß Anhang VIII. Diese Bekanntmachungen müssen die in Anhang V Teil A aufgeführten Angaben enthalten.

(2) Bei nichtoffenen Verfahren und Verhandlungsverfahren können subzentrale öffentliche Auftraggeber die Bekanntmachung einer Vorinformation als Aufruf zum Wettbewerb im Sinne von Artikel 26 Absatz 5 verwenden, sofern die Bekanntmachung sämtliche folgenden Bedingungen erfüllt:

a) Sie bezieht sich eigens auf die Lieferungen, Bauleistungen oder Dienstleistungen, die Gegenstand des zu vergebenden Auftrags sein werden;
b) sie muss den Hinweis enthalten, dass dieser Auftrag im nichtoffenen Verfahren oder im Verhandlungsverfahren ohne spätere Veröffentlichung eines Aufrufs zum Wettbewerb vergeben wird, sowie die Aufforderung an die interessierten Wirtschaftsteilnehmer, ihr Interesse mitzuteilen;
c) sie muss darüber hinaus die Informationen nach Anhang V Teil B Abschnitt I und die Informationen nach Anhang V Teil B Abschnitt II enthalten;

d) sie muss spätestens 35 Tage und frühestens 12 Monate vor dem Zeitpunkt der Absendung der in Artikel 54 Absatz 1 genannten Aufforderung zur Veröffentlichung übermittelt worden sein.

Derartige Bekanntmachungen werden nicht in einem Beschafferprofil veröffentlicht. Allerdings kann gegebenenfalls die zusätzliche Veröffentlichung auf nationaler Ebene gemäß Artikel 52 in einem Beschafferprofil erfolgen.

Der von der Vorinformation abgedeckte Zeitraum beträgt höchstens 12 Monate ab dem Datum der Übermittlung der Bekanntmachung zur Veröffentlichung. Bei öffentlichen Aufträgen, die soziale und andere besondere Dienstleistungen betreffen, kann die Vorinformation gemäß Artikel 75 Absatz 1 Buchstabe b jedoch einen Zeitraum von mehr als 12 Monaten umfassen.

Artikel 49
Auftragsbekanntmachungen

Auftragsbekanntmachungen werden unbeschadet des Artikels 26 Absatz 5 Unterabsatz 2 und des Artikels 32 als Mittel für den Aufruf zum Wettbewerb für alle Verfahren verwendet. Auftragsbekanntmachungen enthalten die Informationen nach Anhang V Teil C und werden gemäß Artikel 51 veröffentlicht.

Artikel 50
Vergabebekanntmachung

(1) Ein öffentlicher Auftraggeber übermittelt spätestens 30 Tage, nachdem beziehungsweise er einen Auftrag vergeben hat oder eine Rahmenvereinbarung abgeschlossen hat, eine Vergabebekanntmachung mit den Ergebnissen des Vergabeverfahrens.

Diese Bekanntmachungen enthalten die Informationen nach Anhang V Teil D und werden gemäß Artikel 51 veröffentlicht.

(2) Ist der Aufruf zum Wettbewerb für den entsprechenden Auftrag in Form einer Vorinformation erfolgt und hat der öffentliche Auftraggeber beschlossen, keine weitere Auftragsvergabe während des Zeitraums vorzunehmen, der von der Vorinformation abgedeckt ist, so enthält die Vergabebekanntmachung einen entsprechenden Hinweis.

Bei gemäß Artikel 33 geschlossenen Rahmenvereinbarungen brauchen die öffentlichen Auftraggeber nicht für jeden Einzelauftrag, der aufgrund dieser Vereinbarung vergeben wird, eine Bekanntmachung mit den Ergebnissen des jeweiligen Vergabeverfahrens zu übermitteln. Die Mitgliedstaaten können vorsehen, dass öffentliche Auftraggeber Vergabebekanntmachungen mit den Ergebnissen des Vergabeverfahrens vierteljährlich auf der Grundlage der Rahmenvereinbarung gebündelt veröffentlichen. In diesem Fall versenden die öffentlichen Auftraggeber die Zusammenstellung spätestens 30 Tage nach Quartalsende.

(3) Die öffentlichen Auftraggeber übermitteln spätestens 30 Tage nach jeder Auftragsvergabe, die im Rahmen eines dynamischen Beschaffungssystems vergeben wird, eine Vergabebekanntmachung. Sie können diese Bekanntmachungen jedoch auch quartalsweise bündeln. In diesem Fall versenden sie die Zusammenstellung spätestens 30 Tage nach Quartalsende.

(4) Bestimmte Angaben über die Auftragsvergabe oder den Abschluss der Rahmenvereinbarungen müssen jedoch nicht veröffentlicht werden, wenn die Offenlegung dieser Angaben den Gesetzesvollzug behindern, dem öffentlichen Interesse zuwiderlaufen, die berechtigten geschäftlichen Interessen eines besonderen öffentlichen oder privaten Wirtschaftsteilnehmers, schädigen oder den lauteren Wettbewerb zwischen Wirtschaftsteilnehmern beeinträchtigen würde.

Artikel 51
Form und Modalitäten der Veröffentlichung von Bekanntmachungen

(1) Die Bekanntmachungen gemäß Artikel 48, 49 und 50 enthalten die Informationen nach Anhang V im Format von Standardformularen, einschließlich Standardformularen für Berichtigungen.

Diese Standardformulare werden von der Kommission im Wege von Durchführungsrechtsakten festgelegt. Die entsprechenden Durchführungsrechtsakte werden nach dem Beratungsverfahren gemäß Artikel 89 Absatz 2 erlassen.

(2) Die Bekanntmachungen gemäß Artikel 48, 49 und 50 werden im Einklang mit Anhang VIII erstellt, dem Amt für Veröffentlichungen der Europäischen Union elektronisch übermittelt und veröffentlicht. Die Bekanntmachungen werden spätestens fünf Tage nach ihrer Übermittlung veröffentlicht. Die Kosten für die Veröffentlichung der Bekanntmachungen durch das Amt für Veröffentlichungen der Europäischen Union gehen zulasten der Union.

(3) Bekanntmachungen nach den Artikeln 48, 49 und 50 werden vollständig in der oder den vom öffentlichen Auftraggeber gewählten Amtssprache(n) der Organe der Union veröffentlicht. Einzig diese Sprachfassung(en) ist beziehungsweise sind verbindlich. In den anderen Amtssprachen der Organe der Union wird eine Zusammenfassung der wichtigsten Bestandteile einer jeden Bekanntmachung veröffentlicht.

(4) Das Amt für Veröffentlichungen der Europäischen Union stellt sicher, dass der vollständige Text und die Zusammenfassung der Bekanntmachungen einer Vorinformation gemäß Artikel 48 Absatz 2 sowie Aufrufe zum Wettbewerb in Bezug auf die Einrichtung eines dynamischen Beschaffungssystems gemäß Artikel 34 Absatz 4 Buchstabe a weiterhin veröffentlicht werden:

a) im Falle von Bekanntmachungen einer Vorinformation während eines Zeitraums von 12 Monaten oder bis zum Eingang eines Vergabevermerks gemäß Artikel 50 mit dem Hinweis, dass in dem vom Aufruf zum Wettbewerb abgedeckten Zwölfmonatszeitraum keine weitere Auftragsvergabe geplant ist. Bei öffentlichen Aufträgen, die soziale und andere besondere Dienstleistungen betreffen, bleibt die Vorinformation gemäß Artikel 75 Absatz 1 Buchstabe b jedoch bis zum Ende ihrer ursprünglichen Gültigkeitsdauer oder bis zum Eingang eines Vergabevermerks gemäß Artikel 50, mit der Angabe, dass in dem vom Aufruf zum Wettbewerb abgedeckten Zeitraum keine weiteren Aufträge mehr vergeben werden;
b) im Falle von Aufrufen zum Wettbewerb in Bezug auf die Einrichtung eines dynamischen Beschaffungssystems für den Gültigkeitszeitraum dieses Systems.

(5) Die öffentlichen Auftraggeber müssen in der Lage sein, den Tag der Absendung der Bekanntmachungen nachzuweisen.

Das Amt für Veröffentlichungen der Europäischen Union stellt dem öffentlichen Auftraggeber eine Bestätigung des Erhalts der Bekanntmachung und der Veröffentlichung der übermittelten Informationen aus, in denen der Tag dieser Veröffentlichung angegeben ist. Diese Bestätigung dient als Nachweis der Veröffentlichung.

(6) Die öffentlichen Auftraggeber können Bekanntmachungen für öffentliche Aufträge veröffentlichen, die nicht der Veröffentlichungsanforderung im Sinne dieser Richtlinie unterliegen, wenn diese Bekanntmachungen dem Amt für Veröffentlichungen der Europäischen Union auf elektronischem Wege in dem in Anhang VIII genannten Format und nach den dort vorgesehenen Verfahren übermittelt werden.

Artikel 52
Veröffentlichung auf nationaler Ebene

(1) Die in den Artikeln 48, 49 und 50 genannten Bekanntmachungen sowie die darin enthaltenen Informationen werden auf nationaler Ebene nicht vor der Veröffentlichung nach Artikel 51 veröffentlicht. Die Veröffentlichung auf nationaler Ebene kann jedoch in jedem Fall erfolgen, wenn die öffentlichen Auftraggeber nicht innerhalb von 48 Stunden nach der Bestätigung des Eingangs der Bekanntmachung gemäß Artikel 51 über die Veröffentlichung unterrichtet wurden.

(2) Die auf nationaler Ebene veröffentlichten Bekanntmachungen dürfen nur die Angaben enthalten, die in den an das Amt für Veröffentlichungen der Europäischen Union übermittelten Bekanntmachungen enthalten sind oder in einem Beschafferprofil veröffentlicht wurden, und müssen auf den Tag der

Übermittlung an das Amt für Veröffentlichungen der Europäischen Union beziehungsweise der Veröffentlichung im Beschafferprofil hinweisen.

(3) Die Vorinformationen werden nicht in einem Beschafferprofil veröffentlicht, bevor die Ankündigung dieser Veröffentlichung an das Amt für Veröffentlichungen der Europäischen Union übermittelt wurde. Dabei ist der Tag der Übermittlung anzugeben.

Artikel 53
Elektronische Verfügbarkeit der Auftragsunterlagen

(1) Die öffentlichen Auftraggeber bieten ab dem Tag der Veröffentlichung einer Bekanntmachung gemäß Artikel 51 oder dem Tag der Aufforderung zur Interessensbestätigung unentgeltlich einen uneingeschränkten und vollständigen direkten Zugang anhand elektronischer Mittel zu diesen Auftragsunterlagen an. Der Text der Bekanntmachung oder der Aufforderung zur Interessenbestätigung muss die Internet-Adresse, über die diese Auftragsunterlagen abrufbar sind, enthalten.

Kann aus einem der in Artikel 22 Absatz 1 Unterabsatz 2 genannten Gründe ein unentgeltlicher, uneingeschränkter und vollständiger direkter Zugang zu bestimmten Auftragsunterlagen nicht angeboten werden, so können die öffentlichen Auftraggeber in der Bekanntmachung oder der Aufforderung zur Interessensbestätigung angeben, dass die betreffenden Auftragsunterlagen im Einklang mit Absatz 2 nicht elektronisch, sondern durch andere Mittel übermittelt werden. In einem derartigen Fall wird die Frist für die Einreichung von Angeboten um fünf Tage verlängert, außer im Fall einer hinreichend begründeten Dringlichkeit gemäß Artikel 27 Absatz 3, Artikel 28 Absatz 6 und Artikel 29 Absatz 1 Unterabsatz 4.

Kann ein unentgeltlicher, uneingeschränkter und vollständiger direkter Zugang zu bestimmten Auftragsunterlagen nicht angeboten werden, weil die öffentlichen Auftraggeber beabsichtigen, Artikel 21 Absatz 2 anzuwenden, geben sie in der Bekanntmachung oder der Aufforderung zur Interessensbestätigung an, welche Maßnahmen zum Schutz der Vertraulichkeit der Informationen sie fordern und wie auf die betreffenden Dokumente zugegriffen werden kann. In einem derartigen Fall wird die Frist für die Einreichung von Angeboten um fünf Tage verlängert, außer im Fall einer hinreichend begründeten Dringlichkeit gemäß Artikel 27 Absatz 3, Artikel 28 Absatz 6 und Artikel 29 Absatz 1 Unterabsatz 4.

(2) Ergänzende Auskünfte zu den Spezifikationen und den zusätzlichen Unterlagen erteilen die öffentlichen Auftraggeber allen am Vergabeverfahren teilnehmenden Bietern, sofern sie rechtzeitig angefordert worden sind, spätestens sechs Tage vor Ablauf der Frist für den Eingang der Angebote. Bei beschleunigten Verfahren im Sinne des Artikels 27 Absatz 3 und des Artikels 28 Absatz 6 beträgt dieser Zeitraum vier Tage.

Artikel 54
Aufforderungen an die Bewerber

(1) Bei nichtoffenen Verfahren, beim wettbewerblichen Dialog, bei Innovationspartnerschaften und bei Verhandlungsverfahren fordern die öffentlichen Auftraggeber die ausgewählten Bewerber gleichzeitig schriftlich auf, ihre Angebote einzureichen oder – im Falle des wettbewerblichen Dialogs – am Dialog teilzunehmen.

Wird eine Vorinformation als Aufruf zum Wettbewerb gemäß Artikel 48 Absatz 2 genutzt, fordern die öffentlichen Auftraggeber die Wirtschaftsteilnehmer, die ihr Interesse an einer weiteren Teilnahme bekundet haben, gleichzeitig schriftlich zu einer Interessensbestätigung auf.

(2) Die in Absatz 1 dieses Artikels genannten Aufforderungen enthalten einen Verweis auf die elektronische Adresse, über die die Auftragsunterlagen direkt elektronisch zur Verfügung gestellt wurden. Den Aufforderungen sind die Auftragsunterlagen beizufügen, wenn ein unentgeltlicher, uneingeschränkter und vollständiger direkter Zugang zu diesen Unterlagen aus den in Artikel 53 Absatz 1 Unterabsätze 2 oder 3 genannten Gründen nicht angeboten wurde und sie nicht bereits auf andere Art und Weise zur Verfügung gestellt wurden. Darüber hinaus enthalten die in Absatz 1 dieses Artikels genannten Aufforderungen die in Anhang IX vorgesehenen Angaben.

Artikel 55
Unterrichtung der Bewerber und Bieter

(1) Die öffentlichen Auftraggeber teilen jedem Bewerber und jedem Bieter schnellstmöglich ihre Entscheidungen über den Abschluss einer Rahmenvereinbarung, die Zuschlagserteilung oder die Zulassung zur Teilnahme an einem dynamischen Beschaffungssystem mit, einschließlich der Gründe, aus denen beschlossen wurde, auf den Abschluss einer Rahmenvereinbarung oder die Vergabe eines Auftrags, für den ein Aufruf zum Wettbewerb stattgefunden hat, zu verzichten und das Verfahren erneut einzuleiten beziehungsweise kein dynamisches Beschaffungssystem einzurichten.

(2) Auf Verlangen des Bewerbers oder Bieters unterrichtet der öffentliche Auftraggeber so schnell wie möglich, in jedem Fall aber binnen 15 Tagen nach Eingang der schriftlichen Anfrage,

a) jeden nicht erfolgreichen Bewerber über die Gründe für die Ablehnung seines Teilnahmeantrags;
b) jeden nicht erfolgreichen Bieter über die Gründe für die Ablehnung seines Angebots; dazu gehört in den Fällen nach Artikel 42 Absätze 5 und 6 auch eine Unterrichtung über die Gründe für seine Entscheidung, dass keine Gleichwertigkeit vorliegt oder dass die Bauleistungen, Lieferungen oder Dienstleistungen nicht den Leistungs- oder Funktionsanforderungen entsprechen;
c) jeden Bieter, der ein ordnungsgemäßes Angebot eingereicht hat, über die Merkmale und relativen Vorteile des ausgewählten Angebots sowie über den Namen des erfolgreichen Bieters oder der Parteien der Rahmenvereinbarung;
d) jeden Bieter, der ein ordnungsgemäßes Angebot eingereicht hat, über den Verlauf und die Fortschritte der Verhandlungen und des Dialogs mit den Bietern.

(3) Die öffentlichen Auftraggeber können beschließen, bestimmte in den Absätzen 1 und 2 genannte Angaben über die Zuschlagserteilung, den Abschluss von Rahmenvereinbarungen oder die Zulassung zu einem dynamischen Beschaffungssystem nicht mitzuteilen, wenn die Offenlegung dieser Angaben den Gesetzesvollzug behindern oder sonst dem öffentlichen Interesse zuwiderlaufen, die berechtigten geschäftlichen Interessen eines bestimmten öffentlichen oder privaten Wirtschaftsteilnehmers schädigen oder den lauteren Wettbewerb zwischen Wirtschaftsteilnehmern beeinträchtigen würde.

Abschnitt 3
Auswahl der Teilnehmer und Auftragsvergabe

Artikel 56
Allgemeine Grundsätze

(1) Die Aufträge werden auf der Grundlage von in Einklang mit den Artikeln 67 bis 69 festgelegten Kriterien vergeben, sofern der öffentliche Auftraggeber gemäß den Artikeln 59 bis 61 überprüft hat, dass sämtliche nachfolgenden Bedingungen erfüllt sind:

a) Das Angebot erfüllt die Anforderungen, Bedingungen und Kriterien, die in der Bekanntmachung oder der Aufforderung zur Interessensbestätigung und in den Auftragsunterlagen genannt werden, wobei gegebenenfalls Artikel 45 Rechnung zu tragen ist;
b) das Angebot kommt von einem Bieter, der nicht gemäß Artikel 57 ausgeschlossen ist und die vom öffentlichen Auftraggeber gemäß Artikel 58 genannten Eignungskriterien sowie gegebenenfalls die in Artikel 65 genannten Nichtdiskriminierungsregeln und -kriterien erfüllt.

Die öffentlichen Auftraggeber können entscheiden, einen Auftrag nicht an den Bieter mit dem mit dem wirtschaftlich günstigsten Angebot zu vergeben, wenn sie festgestellt haben, dass das Angebot nicht den anwendbaren Verpflichtungen gemäß Artikel 18 Absatz 2 genügt.

(2) Bei offenen Verfahren können die öffentlichen Auftraggeber entscheiden, Angebote vor der Überprüfung des Nichtvorliegens von Ausschlussgründen und der Einhaltung der Eignungskriterien gemäß den Artikeln 57 bis 64 zu prüfen. Machen sie von dieser Möglichkeit Gebrauch, so stellen sie sicher, dass die Prüfung des Nichtvorliegens von Ausschlussgründe und der Einhaltung der Eignungskriterien unparteiisch und transparent erfolgt, damit kein Auftrag an einen Bieter vergeben wird, der gemäß Ar

tikel 57 hätte ausgeschlossen werden müssen beziehungsweise der die Eignungskriterien des öffentlichen Auftraggebers nicht einhält.

Die Mitgliedstaaten können die Anwendung des Verfahrens gemäß Unterabsatz 1 für bestimmte Formen der Beschaffung oder bestimmte Umstände ausschließen oder darauf beschränken.

(3) Sind von Wirtschaftsteilnehmern zu übermittelnde Informationen oder Unterlagen unvollständig oder fehlerhaft oder scheinen diese unvollständig oder fehlerhaft zu sein oder sind spezifische Unterlagen nicht vorhanden, so können die öffentlichen Auftraggeber, sofern in den nationalen Rechtsvorschriften zur Umsetzung dieser Richtlinie nichts anderes vorgesehen ist, die betreffenden Wirtschaftsteilnehmer auffordern, die jeweiligen Informationen oder Unterlagen innerhalb einer angemessenen Frist zu übermitteln, zu ergänzen, zu erläutern oder zu vervollständigen, sofern diese Aufforderungen unter voller Einhaltung der Grundsätze der Transparenz und der Gleichbehandlung erfolgen.

(4) Der Kommission wird die Befugnis übertragen, gemäß Artikel 87 delegierte Rechtsakte zur Änderung des Verzeichnisses in Anhang X zu erlassen, wenn dies erforderlich ist, um neue internationale Übereinkommen hinzuzufügen, die von allen Mitgliedstaaten ratifiziert wurden, oder wenn die bestehenden internationalen Übereinkommen nicht mehr von allen Mitgliedstaaten ratifiziert sind oder in anderer Weise – z. B. in Bezug auf ihren Geltungsbereich, ihren Inhalt oder ihre Bezeichnung – geändert wurden.

Unterabschnitt 1
Qualitative Eignungskriterien

Artikel 57
Ausschlussgründe

(1) Die öffentlichen Auftraggeber schließen einen Wirtschaftsteilnehmer von der Teilnahme an einem Vergabeverfahren aus, wenn sie durch eine Überprüfung gemäß den Artikeln 59, 60 und 61 festgestellt haben oder anderweitig davon Kenntnis erlangt haben, dass dieser Wirtschaftsteilnehmer aus einem der nachfolgenden Gründe rechtskräftig verurteilt worden ist:

a) Beteiligung an einer kriminellen Vereinigung im Sinne des Artikels 2 des Rahmenbeschlusses 2008/841/JI des Rates[32];
b) Bestechung im Sinne des Artikels 3 des Übereinkommens über die Bekämpfung der Bestechung, an der Beamte der Europäischen Gemeinschaften oder der Mitgliedstaaten der Europäischen Union beteiligt sind[33] und des Artikels 2 Absatz 1 des Rahmenbeschlusses 2003/568/JI des Rates[34] sowie Bestechung im Sinne des nationalen Rechts des öffentlichen Auftraggebers oder des Wirtschaftsteilnehmers;
c) Betrug im Sinne des Artikels 1 des Übereinkommens über den Schutz der finanziellen Interessen der Europäischen Gemeinschaften[35];
d) terroristische Straftaten oder Straftaten im Zusammenhang mit terroristischen Aktivitäten im Sinne des Artikels 1 beziehungsweise des Artikels 3 des Rahmenbeschlusses 2002/475/JI des Rates zur Terrorismusbekämpfung[36] oder Anstiftung, Beihilfe und Versuch im Sinne des Artikels 4 des genannten Rahmenbeschlusses;
e) Geldwäsche oder Terrorismusfinanzierung im Sinne des Artikels 1 der Richtlinie 2005/60/EG des Europäischen Parlaments und des Rates[37];
f) Kinderarbeit und andere Formen des Menschenhandels im Sinne des Artikels 2 der Richtlinie 2011/36/EU des Europäischen Parlaments und des Rates[38].

---

32 Rahmenbeschluss 2008/841/JI des Rates vom 24. Oktober 2008 zur Bekämpfung der organisierten Kriminalität (ABl. L 300 vom 11.11.2008, S. 42).

33 ABl. C 195 vom 25.6.1997, S. 1.

34 Rahmenbeschluss 2003/568/JI des Rates vom 22. Juli 2003 zur Bekämpfung der Bestechung im privaten Sektor (ABl. L 192 vom 31.7.2003, S. 54).

35 ABl. C 316 vom 27.11.1995, S. 48.

36 Rahmenbeschluss des Rates vom 13. Juni 2002 zur Terrorismusbekämpfung (ABl. L 164 vom 22.6.2002, S. 3).

Die Verpflichtung zum Ausschluss eines Wirtschaftsteilnehmers findet auch dann Anwendung, wenn die rechtskräftig verurteilte Person ein Mitglied im Verwaltungs-, Leitungs- oder Aufsichtsgremium dieses Wirtschaftsteilnehmers ist oder darin Vertretungs-, Entscheidungs- oder Kontrollbefugnisse hat.

(2) Ein Wirtschaftsteilnehmer ist von der Teilnahme an einem Vergabeverfahren auszuschließen, wenn dem öffentlichen Auftraggeber bekannt ist, dass der Wirtschaftsteilnehmer seinen Verpflichtungen zur Entrichtung seiner Steuern oder Sozialversicherungsbeiträge nicht nachgekommen ist und dies durch eine endgültige und verbindliche Gerichts- oder Verwaltungsentscheidung gemäß den Rechtsvorschriften des Landes seiner Niederlassung beziehungsweise des Mitgliedstaats des öffentlichen Auftraggebers festgestellt wurde.

Außerdem können die öffentlichen Auftraggeber einen Wirtschaftsteilnehmer von der Teilnahme an einem Vergabeverfahren ausschließen oder von Mitgliedstaaten dazu verpflichtet werden, wenn der öffentliche Auftraggeber auf geeignete Weise nachweisen kann, dass der Wirtschaftsteilnehmer der Verpflichtung zur Entrichtung seiner Steuern oder Sozialversicherungsbeiträge nicht nachgekommen ist.

Dieser Absatz findet keine Anwendung mehr, wenn der Wirtschaftsteilnehmer seinen Verpflichtungen dadurch nachgekommen ist, dass er die Zahlung vorgenommen oder eine verbindliche Vereinbarung im Hinblick auf die Zahlung der fälligen Steuern oder Sozialversicherungsbeiträge – gegebenenfalls einschließlich etwaiger Zinsen oder Strafzahlungen – eingegangen ist.

(3) Die Mitgliedstaaten können ausnahmsweise aus zwingenden Gründen des öffentlichen Interesses, wie z. B. der öffentlichen Gesundheit oder des Umweltschutzes, eine Ausnahme vom zwingenden Ausschluss gemäß den Absätzen 1 und 2 vorsehen.

Die Mitgliedstaaten können ferner eine Abweichung vom zwingenden Ausschluss gemäß Absatz 2 vorsehen, wenn ein Ausschluss offensichtlich unverhältnismäßig wäre, insbesondere wenn nur geringfügige Beträge an Steuern oder Sozialversicherungsbeiträgen nicht gezahlt wurden oder wenn der Wirtschaftsteilnehmer im Anschluss an die Verletzung seiner Verpflichtungen im Zusammenhang mit der Zahlung von Steuern oder Sozialversicherungsbeiträgen so spät über den genauen geschuldeten Betrag unterrichtet wurde, dass er keine Möglichkeit hatte, die in Absatz 2 Unterabsatz 3 vorgesehenen Maßnahmen vor dem Ablauf der Frist für die Beantragung der Teilnahme beziehungsweise in offenen Verfahren der Frist für die Einreichung seines Angebots zu ergreifen.

(4) Öffentliche Auftraggeber können in einer der folgenden Situationen einen Wirtschaftsteilnehmer von der Teilnahme an einem Vergabeverfahren ausschließen oder dazu von den Mitgliedstaaten verpflichtet werden:

a) Der öffentliche Auftraggeber kann auf geeignete Weise Verstöße gegen geltenden Verpflichtungen gemäß Artikel 18 Absatz 2 nachweisen;
b) der Wirtschaftsteilnehmer ist zahlungsunfähig oder befindet sich in einem Insolvenzverfahren oder in Liquidation, seine Vermögenswerte werden von einem Insolvenzverwalter oder Gericht verwaltet, er befindet sich in einem Vergleichsverfahren, seine gewerbliche Tätigkeit wurde eingestellt oder er befindet sich aufgrund eines in den nationalen Rechtsvorschriften vorgesehenen gleichartigen Verfahrens in einer vergleichbaren Lage;
c) der öffentliche Auftraggeber kann auf geeignete Weise nachweisen, dass der Wirtschaftsteilnehmer im Rahmen seiner beruflichen Tätigkeit eine schwere Verfehlung begangen hat, die seine Integrität in Frage stellt;

---

37 Richtlinie 2005/60/EG des Europäischen Parlaments und des Rates vom 26. Oktober 2005 zur Verhinderung der Nutzung des Finanzsystems zum Zwecke der Geldwäsche und der Terrorismusfinanzierung (ABl. L 309 vom 25.11.2005, S. 15).

38 Richtlinie 2011/36/EU des Europäischen Parlaments und des Rates vom 5. April 2011 zur Verhütung und Bekämpfung des Menschenhandels und zum Schutz seiner Opfer sowie zur Ersetzung des Rahmenbeschlusses 2002/629/JI des Rates (ABl. L 101 vom 15.4.2011, S. 1).

d) der öffentliche Auftraggeber verfügt über hinreichend plausible Anhaltspunkte dafür, dass der Wirtschaftsteilnehmer mit anderen Wirtschaftsteilnehmern Vereinbarungen getroffen hat, die auf eine Verzerrung des Wettbewerbs abzielen;
e) ein Interessenkonflikt gemäß Artikel 24 kann durch andere, weniger einschneidende Maßnahmen nicht wirksam beseitigt werden;
f) eine aus der vorherigen Einbeziehung der Wirtschaftsteilnehmer in die Vorbereitung des Vergabeverfahrens resultierende Wettbewerbsverzerrung gemäß Artikel 41 kann nicht durch andere, weniger einschneidende Maßnahmen beseitigt werden;
g) der Wirtschaftsteilnehmer hat bei der Erfüllung einer wesentlichen Anforderung im Rahmen eines früheren öffentlichen Auftrags, eines früheren Auftrags mit einem Auftraggeber oder eines früheren Konzessionsvertrags erhebliche oder dauerhafte Mängel erkennen lassen, die die vorzeitige Beendigung dieses früheren Auftrags, Schadenersatz oder andere vergleichbare Sanktionen nach sich gezogen haben;
h) der Wirtschaftsteilnehmer hat sich bei seinen Auskünften zur Überprüfung des Fehlens von Ausschlussgründen und der Einhaltung der Eignungskriterien einer schwerwiegenden Täuschung schuldig gemacht, derartige Auskünfte zurückgehalten oder ist nicht in der Lage, die gemäß Artikel 59 erforderlichen zusätzlichen Unterlagen einzureichen, oder
i) der Wirtschaftsteilnehmer hat versucht, die Entscheidungsfindung des öffentlichen Auftraggebers in unzulässiger Weise zu beeinflussen, vertrauliche Informationen zu erhalten, durch die er unzulässige Vorteile beim Vergabeverfahren erlangen könnte, oder fahrlässig irreführende Informationen zu übermitteln, die die Entscheidungen über Ausschluss, Auswahl oder Auftragszuschlag erheblich beeinflussen könnten.

Ungeachtet des Unterabsatzes 1 Buchstabe b können die Mitgliedstaaten verlangen oder die Möglichkeit vorsehen, dass der öffentliche Auftraggeber einen Wirtschaftsteilnehmer, der sich in einer der in jenem Buchstaben genannten Situationen befindet, nicht ausschließt, wenn der öffentliche Auftraggeber unter Berücksichtigung der geltenden nationalen Vorschriften und Maßnahmen betreffend die Fortführung der Geschäftstätigkeit in den Situationen nach Buchstabe b festgestellt hat, dass der fragliche Wirtschaftsteilnehmer in der Lage sein wird, den Auftrag zu erfüllen.

(5) Die öffentlichen Auftraggeber schließen einen Wirtschaftsteilnehmer zu jedem Zeitpunkt des Verfahrens aus, wenn sich herausstellt, dass sich der Wirtschaftsteilnehmer in Bezug auf Handlungen oder Unterlassungen vor oder während des Verfahrens in einer der in den Absätzen 1 und 2 genannten Situationen befindet.

Zu jedem Zeitpunkt des Verfahrens können die öffentlichen Auftraggeber einen Wirtschaftsteilnehmer ausschließen oder von den Mitgliedstaaten zum Ausschluss eines Wirtschaftsteilnehmers verpflichtet werden, wenn sich herausstellt, dass sich der Wirtschaftsteilnehmer in Bezug auf Handlungen oder Unterlassungen vor oder während des Verfahrens in einer der in Absatz 4 genannten Situationen befindet.

(6) Jeder Wirtschaftsteilnehmer, der sich in einer der in den Absätzen 1 und 4 genannten Situationen befindet, kann Nachweise dafür erbringen, dass die Maßnahmen des Wirtschaftsteilnehmers ausreichen, um trotz des Vorliegens eines einschlägigen Ausschlussgrundes seine Zuverlässigkeit nachzuweisen. Werden solche Nachweise für ausreichend befunden, so wird der betreffende Wirtschaftsteilnehmer nicht von dem Vergabeverfahren ausgeschlossen.

Zu diesem Zweck weist der Wirtschaftsteilnehmer nach, dass er einen Ausgleich für jeglichen durch eine Straftat oder Fehlverhalten verursachten Schaden gezahlt oder sich zur Zahlung eines Ausgleichs verpflichtet hat, die Tatsachen und Umstände umfassend durch eine aktive Zusammenarbeit mit den Ermittlungsbehörden geklärt und konkrete technische, organisatorische und personelle Maßnahmen ergriffen hat, die geeignet sind, weitere Straftaten oder Verfehlungen zu vermeiden.

Die von den Wirtschaftsteilnehmern ergriffenen Maßnahmen werden unter Berücksichtigung der Schwere und besonderen Umstände der Straftat oder des Fehlverhaltens bewertet. Werden die Maßnahmen als unzureichend befunden, so erhält der Wirtschaftsteilnehmer eine Begründung dieser Entscheidung.

Ein Wirtschaftsteilnehmer, der durch eine rechtskräftigen gerichtlichen Entscheidung von der Teilnahme an Verfahren zur Auftrags- oder Konzessionsvergabe ausgeschlossen wurde, ist während des Ausschlusszeitraumes, der in dieser Entscheidung festgelegt wurde, nicht berechtigt, in den Mitgliedstaaten, in denen die Entscheidung wirksam ist, von der in diesem Absatz gewährten Möglichkeit Gebrauch zu machen.

(7) Die Mitgliedstaaten legen durch Gesetz, Verordnung oder Verwaltungsvorschrift und unter Beachtung des Unionsrechts die Bedingungen für die Anwendung dieses Artikels fest. Sie bestimmen insbesondere den höchstzulässigen Zeitraum des Ausschlusses für den Fall, dass der Wirtschaftsteilnehmer keine Maßnahmen gemäß Absatz 6 zum Nachweis seiner Zuverlässigkeit ergreift. Wurde kein Ausschlusszeitraum nicht durch rechtskräftige gerichtliche Entscheidung festgelegt, so darf dieser Zeitraum in den in Absatz 1 genannten Fällen fünf Jahre ab dem Tag der rechtskräftigen Verurteilung und in den in Absatz 4 genannten Fällen drei Jahre ab dem betreffenden Ereignis nicht überschreiten.

Artikel 58
Eignungskriterien

(1) Die Eignungskriterien können Folgendes betreffen:

a) Befähigung zur Berufsausübung;
b) wirtschaftliche und finanzielle Leistungsfähigkeit;
c) technische und berufliche Leistungsfähigkeit.

Die öffentlichen Auftraggeber können Wirtschaftsteilnehmern nur die in den Absätzen 2, 3 und 4 genannten Anforderungen an die Teilnahme auferlegen. Sie beschränken die Anforderungen auf jene, die zweckmäßig sind, um sicherzustellen, dass ein Bewerber oder Bieter über die rechtlichen und finanziellen Kapazitäten sowie die technischen und beruflichen Fähigkeiten zur Ausführung des zu vergebenden Auftrags verfügt. Alle Anforderungen müssen mit dem Auftragsgegenstand in Verbindung und mit diesem in einem angemessenen Verhältnis stehen.

(2) Im Hinblick auf die Befähigung zur Berufsausübung können die öffentlichen Auftraggeber den Wirtschaftsteilnehmern vorschreiben, in einem Berufs- oder Handelsregister ihres Niederlassungsmitgliedstaats gemäß Anhang XI verzeichnet zu sein oder jedwede andere in dem Anhang genannte Anforderungen zu erfüllen.

Müssen Wirtschaftsteilnehmer eine bestimmte Berechtigung besitzen oder Mitglieder einer bestimmten Organisation sein, um die betreffende Dienstleistung in ihrem Herkunftsmitgliedstaat erbringen zu können, so kann der öffentliche Auftraggeber bei der Vergabe öffentlicher Dienstleistungsaufträge den Nachweis ihrer Berechtigung oder Mitgliedschaft verlangen.

(3) Im Hinblick auf die wirtschaftliche und finanzielle Leistungsfähigkeit können die öffentlichen Auftraggeber Anforderungen stellen, die sicherstellen, dass die Wirtschaftsteilnehmer über die erforderlichen wirtschaftlichen und finanziellen Kapazitäten für die Ausführung des Auftrags verfügen. Zu diesem Zweck können die öffentlichen Auftraggeber von den Wirtschaftsteilnehmern insbesondere verlangen, einen bestimmten Mindestjahresumsatz, einschließlich eines bestimmten Mindestumsatzes in dem vom Auftrag abgedeckten Bereich, nachzuweisen. Zusätzlich können die öffentlichen Auftraggeber verlangen, dass die Wirtschaftsteilnehmer Informationen über ihre Jahresabschlüsse mit Angabe des Verhältnisses z. B. zwischen Vermögen und Verbindlichkeiten bereitstellen. Sie können auch eine Berufshaftpflichtversicherung in geeigneter Höhe verlangen.

Der Mindestjahresumsatz, der von Wirtschaftsteilnehmern verlangt wird, darf nicht das Zweifache des geschätzten Auftragswerts übersteigen, außer in hinreichend begründeten Fällen, die spezielle, mit der Wesensart der Bauleistungen, Dienstleistungen oder Lieferungen einhergehende Risiken betreffen. Der öffentliche Auftraggeber muss die wichtigsten Gründe für eine solche Anforderung in den Auftragsunterlagen oder in dem Vergabevermerk gemäß Artikel 84 angeben.

Das Verhältnis z. B. zwischen Vermögen und Verbindlichkeiten kann berücksichtigt werden, wenn der öffentliche Auftraggeber die Methoden und Kriterien für diese Berücksichtigung in den Auftragsunterlagen spezifiziert. Diese Methoden und Kriterien müssen transparent, objektiv und nichtdiskriminierend sein.

Ist ein Auftrag in Lose unterteilt, findet dieser Artikel auf jedes einzelne Los Anwendung. Der öffentliche Auftraggeber kann jedoch den Mindestjahresumsatz, der von Wirtschaftsteilnehmern verlangt wird, unter Bezugnahme auf eine Gruppe von Losen in dem Fall festlegen, dass der erfolgreiche Bieter den Zuschlag für mehrere Lose erhält, die gleichzeitig auszuführen sind.

Sind auf einer Rahmenvereinbarung basierende Aufträge infolge eines erneuten Aufrufs zum Wettbewerb zu vergeben, wird der in Unterabsatz 2 genannte Höchstjahresumsatz aufgrund des erwarteten maximalen Umfangs spezifischer Aufträge berechnet, die gleichzeitig ausgeführt werden, oder – wenn dieser nicht bekannt ist – aufgrund des geschätzten Werts der Rahmenvereinbarung. Bei dynamischen Beschaffungssystemen wird der in Unterabsatz 2 genannte Höchstjahresumsatz auf der Basis des erwarteten Höchstumfangs konkreter Aufträge berechnet, die nach diesem System vergeben werden sollen.

(4) Im Hinblick auf die technische und berufliche Leistungsfähigkeit können die öffentlichen Auftraggeber Anforderungen stellen, die sicherstellen, dass die Wirtschaftsteilnehmer über die erforderlichen personellen und technischen Ressourcen sowie Erfahrungen verfügen, um den Auftrag in angemessener Qualität ausführen zu können.

Die öffentlichen Auftraggeber können von den Wirtschaftsteilnehmern insbesondere verlangen, ausreichende Erfahrung durch geeignete Referenzen aus früher ausgeführten Aufträgen nachzuweisen. Ein öffentlicher Auftraggeber kann davon ausgehen, dass ein Wirtschaftsteilnehmer nicht über die erforderliche berufliche Leistungsfähigkeit verfügt, wenn der öffentliche Auftraggeber festgestellt hat, dass der Wirtschaftsteilnehmer kollidierende Interessen hat, die die Auftragsausführung negativ beeinflussen können.

Bei Vergabeverfahren, die Lieferungen, für die Verlege- oder Installationsarbeiten erforderlich sind, oder die Erbringung von Dienstleistungen oder Bauleistungen zum Gegenstand haben, kann die berufliche Leistungsfähigkeit der Wirtschaftsteilnehmer zur Erbringung dieser Leistungen oder zur Ausführung der Verlege- und Installationsarbeiten anhand ihrer Fachkunde, Leistungsfähigkeit, Erfahrung und Zuverlässigkeit beurteilt werden.

(5) Die öffentlichen Auftraggeber geben die zu erfüllenden Eignungskriterien, die in Form von Mindestanforderungen an die Leistungsfähigkeit ausgedrückt werden können, zusammen mit den geeigneten Nachweisen in der Auftragsbekanntmachung oder der Aufforderung zur Interessensbestätigung an.

Artikel 59
Einheitliche Europäische Eigenerklärung

(1) Zum Zeitpunkt der Übermittlung von Teilnahmeanträgen und Angeboten akzeptieren die öffentlichen Auftraggeber die Einheitliche Europäische Eigenerklärung in Form einer aktualisierten Eigenerklärung anstelle von Bescheinigungen von Behörden oder Dritten als vorläufigen Nachweis dafür, dass der jeweilige Wirtschaftsteilnehmer alle nachfolgend genannten Bedingungen erfüllt:

a) Er befindet sich in keiner der in Artikel 57 genannten Situationen, in der Wirtschaftsteilnehmer ausgeschlossen werden oder ausgeschlossen werden können;
b) er erfüllt die einschlägigen Eignungskriterien nach Artikel 58;
c) er erfüllt gegebenenfalls die objektiven Regeln und Kriterien nach Artikel 65.

Nimmt der Wirtschaftsteilnehmer die Kapazitäten anderer Unternehmen gemäß Artikel 63 in Anspruch, so muss die Einheitliche Europäische Eigenerklärung auch die unter des vorliegenden Absatzes genannten Informationen in Bezug auf diese Unternehmen enthalten.

Die Einheitliche Europäische Eigenerklärung besteht aus einer förmlichen Erklärung des Wirtschaftsteilnehmers, dass der jeweilige Ausschlussgrund nicht vorliegt und/oder dass das jeweilige Auswahlkriterium erfüllt ist, und enthält die einschlägigen vom öffentlichen Auftraggeber verlangten Informationen. Ferner sind darin der öffentliche Auftraggeber oder der für die Ausstellung der zusätzlichen

Unterlagen zuständige Dritte genannt und es ist darin eine förmliche Erklärung enthalten, dass der Wirtschaftsteilnehmer in der Lage sein wird, auf Anfrage und unverzüglich diese zusätzlichen Unterlagen beizubringen.

Wenn der öffentliche Auftraggeber die zusätzlichen Unterlagen gemäß Absatz 5 direkt über eine Datenbank abrufen kann, enthält die Einheitliche Europäische Eigenerklärung auch die zu diesem Zweck benötigten Informationen, wie z. B. die Internetadresse der Datenbank, Identifikationsdaten und gegebenenfalls die erforderliche Einverständniserklärung.

Die Wirtschaftsteilnehmer können eine bereits bei einer früheren Auftragsvergabe verwendete Einheitliche Europäische Eigenerklärung wiederverwenden, sofern sie bestätigen, dass die darin enthaltenen Informationen nach wie vor korrekt sind.

(2) Die Einheitliche Europäische Eigenerklärung wird auf der Grundlage eines Standardformulars erstellt. Die Kommission legt das Standardformular im Wege von Durchführungsrechtsakten fest. Diese Durchführungsrechtsakte werden nach dem Prüfverfahren gemäß Artikel 89 Absatz 3 erlassen.

Die Einheitliche Europäische Eigenerklärung wird ausschließlich in elektronischer Form ausgestellt.

(3) Ungeachtet des Artikels 92 überprüft die Kommission die Anwendung der Einheitlichen Europäischen Eigenerklärung in der Praxis unter Berücksichtigung der technischen Entwicklung der Datenbanken in den Mitgliedstaaten und erstattet dem Europäischen Parlament und dem Rat darüber bis zum 18. April 2017 Bericht.

Die Kommission wird gegebenenfalls Vorschläge für Lösungen zur Optimierung des grenzüberschreitenden Zugangs zu diesen Datenbanken und der Verwendung von Bescheinigungen und Zeugnissen im Binnenmarkt vorlegen.

(4) Ein öffentlicher Auftraggeber kann Bieter und Bewerber jederzeit während des Verfahrens auffordern, sämtliche oder einen Teil der zusätzlichen Unterlagen beizubringen, wenn dies zur angemessenen Durchführung des Verfahrens erforderlich ist.

Vor der Auftragsvergabe fordert der öffentliche Auftraggeber – außer in Bezug auf Aufträge, die auf Rahmenvereinbarungen beruhen, sofern diese Aufträge gemäß Artikel 33 Absatz 3 oder Artikel 33 Absatz 4 Buchstabe a geschlossen werden – den Bieter, an den er den Auftrag vergeben will, auf, aktualisierte zusätzliche Unterlagen gemäß Artikel 60 sowie erforderlichenfalls gemäß Artikel 62 beizubringen. Der öffentliche Auftraggeber kann Wirtschaftsteilnehmer auffordern, die gemäß den Artikeln 60 und 62 erhaltenen Bescheinigungen zu vervollständigen oder zu erläutern.

(5) Ungeachtet des Absatzes 4 müssen Wirtschaftsteilnehmer keine zusätzlichen Unterlagen oder sonstigen dokumentarischen Nachweise vorlegen, sofern und soweit der öffentliche Auftraggeber die Bescheinigungen oder die einschlägigen Informationen direkt über eine gebührenfreie nationale Datenbank in einem Mitgliedstaat, z. B. ein nationales Vergaberegister, eine virtuelle Unternehmensakte (Virtual Company Dossier), ein elektronisches Dokumentenablagesystem oder ein Präqualifikationssystem, erhalten kann.

Ungeachtet des Absatzes 4 müssen Wirtschaftsteilnehmer keine zusätzlichen Unterlagen vorlegen, wenn der öffentliche Auftraggeber, der den Auftrag vergeben oder die Rahmenvereinbarung geschlossen hat, bereits im Besitz dieser Unterlagen ist.

Für die Zwecke des Unterabsatzes 1 stellen die Mitgliedstaaten sicher, dass die Datenbanken mit relevanten Informationen über Wirtschaftsteilnehmer, die von ihren öffentlichen Auftraggebern genutzt werden, unter den gleichen Bedingungen auch von öffentlichen Auftraggebern anderer Mitgliedstaaten genutzt werden können.

(6) Die Mitgliedstaaten veröffentlichen und aktualisieren in e- Certis eine vollständige Liste der Datenbanken, die einschlägige Informationen über Wirtschaftsteilnehmer enthalten und die von öffentlichen Auftraggebern aus anderen Mitgliedstaaten konsultiert werden können. Die Mitgliedstaaten teilen den anderen Mitgliedstaaten auf Anfrage sämtliche Informationen in Bezug auf die in diesem Artikel genannten Datenbanken mit.

Artikel 60
Nachweise

(1) Die öffentlichen Auftraggeber können die in den Absätzen 2, 3 und 4 und in Anhang XII genannten Bescheinigungen, Erklärungen und anderen Nachweise als Beleg für das Nichtvorliegen von Ausschlussgründen gemäß Artikel 57 und für die Erfüllung der Eignungskriterien gemäß Artikel 58 anfordern.

Die öffentlichen Auftraggeber verlangen keine weiteren Nachweise als die in diesem Artikel und in Artikel 62 genannten. Die Wirtschaftsteilnehmer können sich in Bezug auf Artikel 63 auf alle geeigneten Mittel stützen, um dem öffentlichen Auftraggeber nachzuweisen, dass sie über die erforderlichen Ressourcen verfügen werden.

(2) Als ausreichenden Nachweis dafür, dass die in Artikel 57 genannten Fälle auf den Wirtschaftsteilnehmer nicht zutreffen, akzeptiert der öffentliche Auftraggeber

a) im Fall von Absatz 1 jenes Artikels einen Auszug aus dem einschlägigen Register, wie dem Strafregister oder – in Ermangelung eines solchen – eine gleichwertige Urkunde einer zuständigen Gerichts- oder Verwaltungsbehörde Herkunftsmitgliedstaats des Herkunftslands oder des Landes, in dem der Wirtschaftsteilnehmer niedergelassen ist, aus der hervorgeht, dass diese Anforderungen erfüllt sind;
b) im Fall von Absatz 2 und von Absatz 4 Buchstabe b jenes Artikels eine von der zuständigen Behörde des betreffenden Mitgliedstaats oder des betreffenden Landes ausgestellte Bescheinigung.

Werden solche Unterlagen oder Bescheinigungen von dem betreffenden Mitgliedstaat oder dem betreffenden Land nicht ausgestellt oder werden darin nicht alle in Artikel 57 Absätze 1 und 2 und Absatz 4 Buchstabe b vorgesehenen Fälle erwähnt, so können sie durch eine entsprechende eidesstattliche Erklärung oder – in Mitgliedstaaten oder Ländern ohne Regelungen zu eidesstattlichen Erklärungen – durch eine förmliche Erklärung ersetzt werden, die der Betreffende vor einer zuständigen Justiz- oder Verwaltungsbehörde oder vor einem Notar oder einer entsprechend bevollmächtigten Berufs- oder Handelsorganisation des Mitgliedstaats oder Herkunftslands oder des Mitgliedstaats oder Landes, in dem der Wirtschaftsteilnehmer niedergelassen ist, abgegeben hat.

Ein Mitgliedstaat gibt bei Bedarf eine amtliche Erklärung darüber ab, dass die in diesem Absatz genannten Unterlagen oder Bescheinigungen nicht ausgestellt werden oder nicht alle in Artikel 57 Absätze 1 und 2 und Absatz 4 Buchstabe b genannten Fälle abdecken. Diese amtlichen Erklärungen werden in dem in Artikel 61 genannten Online-Dokumentenarchiv (e-Certis) veröffentlicht.

(3) Die finanzielle und wirtschaftliche Leistungsfähigkeit des Wirtschaftsteilnehmers kann in der Regel durch einen oder mehrere der in Anhang XII Teil I aufgelisteten Nachweise belegt werden.

Kann ein Wirtschaftsteilnehmer aus einem berechtigten Grund die vom öffentlichen Auftraggeber geforderten Nachweise nicht beibringen, so kann er den Nachweis seiner finanziellen und wirtschaftlichen Leistungsfähigkeit durch Vorlage jedes anderen vom öffentlichen Auftraggeber für geeignet erachteten Belegs erbringen.

(4) Der Nachweis der technischen Leistungsfähigkeit des Wirtschaftsteilnehmers kann je nach Art, Menge oder Umfang oder Verwendungszweck der Bauleistungen, Lieferungen oder Dienstleistungen auf eine oder mehrere der in Anhang XII Teil II aufgelisteten Weisen erbracht werden.

(5) Auf Anforderung stellen die Mitgliedstaaten den anderen Mitgliedstaaten alle Informationen über die Ausschlussgründe gemäß Artikel 57, die Befähigung zur Berufsausübung, die finanzielle und technische Leistungsfähigkeit der Bieter gemäß Artikel 58 sowie Informationen zu den in diesem Artikel genannten Nachweisen zur Verfügung.

Artikel 61
Online-Dokumentenarchiv (e-Certis)

(1) Um grenzübergreifende Ausschreibungen zu erleichtern, sorgen die Mitgliedstaaten dafür, dass die Informationen über Bescheinigungen und andere Formen dokumentarischer Nachweise, die in e-

Certis, dem von der Kommission eingerichteten Online-Dokumentenarchiv, gespeichert sind, kontinuierlich aktualisiert werden.

(2) Öffentliche Auftraggeber greifen auf e-Certis zurück und verlangen in erster Linie jene Arten von Bescheinigungen und dokumentarischen Nachweisen, die von e-Certis abgedeckt sind.

(3) Die Kommission stellt alle Sprachfassungen der Einheitlichen Europäischen Eigenerklärung in e-Certis zur Verfügung.

Artikel 62
Normen für Qualitätssicherung und Umweltmanagement

(1) Verlangen die öffentlichen Auftraggeber zum Nachweis dafür, dass der Wirtschaftsteilnehmer bestimmte Qualitätssicherungsnormen – einschließlich des Zugangs von Menschen mit Behinderungen – erfüllt, die Vorlage von Bescheinigungen unabhängiger Stellen, so nehmen sie auf Qualitätssicherungssysteme Bezug, die den einschlägigen europäischen Normen genügen und von akkreditierten Stellen zertifiziert sind. Gleichwertige Bescheinigungen von Stellen in anderen Mitgliedstaaten sind anzuerkennen. Die öffentlichen Auftraggeber müssen auch andere Nachweise gleichwertiger Qualitätssicherungsmaßnahmen anerkennen, wenn der betreffende Wirtschaftsteilnehmer die betreffenden Bescheinigungen aus Gründen, die diesem Wirtschaftsteilnehmer nicht angelastet werden können, innerhalb der einschlägigen Fristen nicht erlangen konnte, sofern der Wirtschaftsteilnehmer nachweist, dass die vorgeschlagenen Qualitätssicherungsmaßnahmen den geforderten Qualitätssicherungsnormen entsprechen.

(2) Verlangen die öffentlichen Auftraggeber zum Nachweis dafür, dass der Wirtschaftsteilnehmer bestimmte Systeme oder Normen für das Umweltmanagement erfüllt, die Vorlage von Bescheinigungen unabhängiger Stellen, so nehmen sie auf das Gemeinschaftssystem für das Umweltmanagement und die Umweltbetriebsprüfung (EMAS) der Union oder auf andere Systeme für das Umweltmanagement, die in Artikel 45 der Verordnung (EG) Nr. 1221/2009 anerkannt sind, oder auf andere Normen für das Umweltmanagement Bezug, die auf den einschlägigen Europäischen oder internationalen Normen beruhen und von akkreditierten Stellen zertifiziert sind. Gleichwertige Bescheinigungen von Stellen in anderen Mitgliedstaaten sind anzuerkennen.

Wenn ein Wirtschaftsteilnehmer nachweislich keinen Zugang zu den betreffenden Bescheinigungen hatte oder diese aus Gründen, die diesem Wirtschaftsteilnehmer nicht angelastet werden können, innerhalb der einschlägigen Fristen nicht erlangen kann, muss der öffentliche Auftraggeber auch andere Nachweise über Umweltmanagementmaßnahmen anerkennen, sofern der Wirtschaftsteilnehmer nachweist, dass diese Maßnahmen mit jenen, die gemäß dem geltenden Systeme oder den geltenden Normen für das Umweltmanagement erforderlich sind, gleichwertig sind.

(3) Die Mitgliedstaaten stellen den anderen Mitgliedstaaten auf Anfrage gemäß Artikel 86 alle Informationen über die Unterlagen zur Verfügung, die als Nachweis für die Einhaltung der in den Absätze 1 und 2 genannten Qualitäts- und Umweltstandards beizubringen sind.

Artikel 63
Inanspruchnahme der Kapazitäten anderer Unternehmen

(1) In Bezug auf die Kriterien für die wirtschaftliche und finanzielle Leistungsfähigkeit gemäß Artikel 58 Absatz 3 und die Kriterien für die technische und berufliche Leistungsfähigkeit gemäß Artikel 58 Absatz 4 kann ein Wirtschaftsteilnehmer gegebenenfalls für einen bestimmten Auftrag die Kapazitäten anderer Unternehmen – ungeachtet des rechtlichen Charakters der zwischen ihm und diesen Unternehmen bestehenden Verbindungen – in Anspruch nehmen. In Bezug auf die Kriterien für Ausbildungsnachweise und Bescheinigungen über die berufliche Befähigung gemäß Anhang XII Teil II Buchstabe f oder für die einschlägige berufliche Erfahrung können die Wirtschaftsteilnehmer jedoch nur die Kapazitäten anderer Unternehmen in Anspruch nehmen, wenn diese die Arbeiten ausführen beziehungsweise die Dienstleistungen erbringen, für die diese Kapazitäten benötigt werden. Beabsichtigt ein Wirtschaftsteilnehmer, die Kapazitäten anderer Unternehmen in Anspruch zu nehmen, so weist er dem öffentlichen Auftraggeber gegenüber nach, dass ihm die erforderlichen Mittel zur Verfügung

stehen werden, indem er beispielsweise die diesbezüglichen verpflichtenden Zusagen dieser Unternehmen vorlegt.

Der öffentliche Auftraggeber überprüft gemäß den Artikeln 59, 60 und 61, ob die Unternehmen, deren Kapazitäten der Wirtschaftsteilnehmer in Anspruch nehmen möchte, die entsprechenden Eignungskriterien erfüllen und ob Ausschlussgründe gemäß Artikel 57 vorliegen. Der öffentliche Auftraggeber schreibt vor, dass der Wirtschaftsteilnehmer ein Unternehmen, das ein einschlägiges Eignungskriterium nicht erfüllt oder bei dem zwingende Ausschlussgründe vorliegen, ersetzt. Der öffentliche Auftraggeber kann vorschreiben, oder ihm kann durch den Mitgliedstaat vorgeschrieben werden, vorzuschreiben, dass der Wirtschaftsteilnehmer ein Unternehmen, bei dem nicht-zwingende Ausschlussgründe vorliegen, ersetzt.

Nimmt ein Wirtschaftsteilnehmer im Hinblick auf Kriterien für die wirtschaftliche und finanzielle Leistungsfähigkeit die Kapazitäten anderer Unternehmen in Anspruch, so kann der öffentliche Auftraggeber vorschreiben, dass der Wirtschaftsteilnehmer und diese Unternehmen gemeinsam für die Auftragsausführung haften.

Unter denselben Voraussetzungen können Gruppen von Wirtschaftsteilnehmern nach Artikel 19 Absatz 2 die Kapazitäten von Mitgliedern der Gruppe oder von anderen Unternehmen in Anspruch nehmen.

(2) Die öffentlichen Auftraggeber können im Falle von Bauaufträgen, Dienstleistungsaufträgen sowie Verlege- oder Installationsarbeiten im Zusammenhang mit einem Lieferauftrag vorschreiben, dass bestimmte kritische Aufgaben direkt vom Bieter selbst oder – wenn der Bieter einer Gruppe von Wirtschaftsteilnehmern gemäß Artikel 19 Absatz 2 angehört – von einem Gruppenteilnehmer ausgeführt werden.

Artikel 64
Amtliche Verzeichnisse zugelassener Wirtschaftsteilnehmer und Zertifizierung durch öffentlich-rechtliche oder privatrechtliche Stellen

(1) Die Mitgliedstaaten können entweder amtliche Verzeichnisse zugelassener Bauunternehmer, Lieferanten oder Dienstleistungserbringer oder eine Zertifizierung durch Zertifizierungsstellen ein- oder fortführen, die den Europäischen Zertifizierungsstandards im Sinne des Anhangs VII genügen.

Sie teilen der Kommission und den anderen Mitgliedstaaten die Anschrift der Zertifizierungsstelle oder der die amtlichen Verzeichnisse führenden Stelle mit, bei der die Anträge eingereicht werden können.

(2) Die Mitgliedstaaten passen die Bedingungen für die Eintragung in diese in Absatz 1 genannten amtlichen Verzeichnisse sowie für die Ausstellung der Bescheinigungen durch die Zertifizierungsstellen an die Bestimmungen dieses Unterabschnitts an.

Die Mitgliedstaaten passen diese Bedingungen ferner an die Bestimmungen des Artikels 63 an, sofern Anträge auf Eintragung von Wirtschaftsteilnehmern gestellt werden, die zu einer Gruppe gehören und die von anderen Unternehmen der Gruppe bereitgestellten Kapazitäten in Anspruch nehmen. Diese Wirtschaftsteilnehmer müssen in diesem Falle gegenüber der das amtliche Verzeichnis herausgebenden Behörde nachweisen, dass sie während der gesamten Geltungsdauer der Bescheinigung über ihre Eintragung in ein amtliches Verzeichnis über diese Kapazitäten verfügen und dass die qualitativen Eignungskriterien, auf die sie sich für ihre Eintragung berufen, von den betreffenden anderen Unternehmen in diesem Zeitraum fortlaufend erfüllt werden.

(3) Wirtschaftsteilnehmer, die in solchen amtlichen Verzeichnissen eingetragen sind oder über eine Bescheinigung verfügen, können dem öffentlichen Auftraggeber bei jeder Vergabe eine Bescheinigung der zuständigen Stelle über die Eintragung oder die von der zuständigen Zertifizierungsstelle ausgestellte Bescheinigung vorlegen.

In diesen Bescheinigungen sind die Nachweise, aufgrund deren die Eintragung dieser Wirtschaftsteilnehmer in das Verzeichnis oder die Zertifizierung erfolgt ist, sowie die sich aus dem amtlichen Verzeichnis ergebende Klassifizierung anzugeben.

(4) Die von den zuständigen Stellen bescheinigte Eintragung in die amtlichen Verzeichnisse beziehungsweise die von der Zertifizierungsstelle ausgestellte Bescheinigung stellt nur eine Eignungsvermutung in Bezug auf die qualitativen Kriterien, auf die sich die Wirtschaftsteilnehmer für ihre Eintragung berufen, dar.

(5) Die Angaben, die den amtlichen Verzeichnissen beziehungsweise der Zertifizierung zu entnehmen sind, werden nicht ohne Begründung in Zweifel gezogen. Hinsichtlich der Zahlung der Sozialversicherungsbeiträge und der Zahlung von Steuern und Abgaben kann bei jedem zu vergebenden Auftrag von jedem in das Verzeichnis eingetragenen Wirtschaftsteilnehmer eine zusätzliche Bescheinigung verlangt werden.

Öffentliche Auftraggeber aus anderen Mitgliedstaaten wenden die Bestimmungen des Absatzes 3 und des Unterabsatzes 1 nur zugunsten von Wirtschaftsteilnehmern an, die in dem Mitgliedstaat ansässig sind, in dem das amtliche Verzeichnis geführt wird.

(6) Die Nachweisanforderungen für die Eignungskriterien, auf die sich die Wirtschaftsteilnehmer für ihre Eintragung in das amtliche Verzeichnis oder für die Bescheinigung berufen, müssen die Anforderungen des Artikels 60 und gegebenenfalls des Artikels 62 erfüllen. Für die Eintragung von Wirtschaftsteilnehmern aus anderen Mitgliedstaaten in ein amtliches Verzeichnis beziehungsweise für ihre Zertifizierung können nur die für inländische Wirtschaftsteilnehmer vorgesehenen Nachweise und Erklärungen gefordert werden.

Die Wirtschaftsteilnehmer können jederzeit ihre Eintragung in ein amtliches Verzeichnis oder die Ausstellung der Bescheinigung beantragen. Sie sind innerhalb einer angemessen kurzen Frist von der Entscheidung der Stelle, die das amtliche Verzeichnis führt, oder der zuständigen Zertifizierungsstelle zu unterrichten.

(7) Eine solche Eintragung oder Zertifizierung kann den Wirtschaftsteilnehmern aus anderen Mitgliedstaaten nicht zur Bedingung für ihre Teilnahme an einem öffentlichen Auftrag gemacht werden. Die öffentlichen Auftraggeber erkennen gleichwertige Bescheinigungen von Stellen in anderen Mitgliedstaaten an. Sie erkennen auch andere gleichwertige Nachweise an.

(8) Die Mitgliedstaaten stellen den anderen Mitgliedstaaten auf Anfrage alle Informationen über die als Nachweise vorgelegten Unterlagen zur Verfügung, aus denen hervorgeht, dass die Wirtschaftsteilnehmer die Anforderungen erfüllen, um in das amtliche Verzeichnis zugelassener Wirtschaftsteilnehmer aufgenommen zu werden, beziehungsweise die als Nachweis dafür dienen, dass Wirtschaftsteilnehmer aus einem anderen Mitgliedstaat über eine gleichwertige Zertifizierung verfügen.

Unterabschnitt 2
Verringerung der Zahl der Bewerber, der Angebote und Lösungen

Artikel 65
Verringerung der Zahl geeigneter Bewerber, die zur Teilnahme aufgefordert werden sollen

(1) Bei den nichtoffenen Verfahren, bei den Verhandlungsverfahren, beim wettbewerblichen Dialog und bei den Innovationspartnerschaften können die öffentlichen Auftraggeber die Zahl von Bewerbern, die die Eignungskriterien erfüllen und die sie zur Abgabe von Angeboten auffordern oder zum Dialog einladen werden, begrenzen, sofern geeignete Bewerber in Höhe der in Absatz 2 genannten Mindestzahl zur Verfügung stehen.

(2) Die öffentlichen Auftraggeber geben in der Auftragsbekanntmachung oder in der Aufforderung zur Interessensbestätigung die von ihnen vorgesehenen objektiven und nichtdiskriminierenden Kriterien oder Vorschriften, die vorgesehene Mindestzahl und gegebenenfalls auch die Höchstzahl der einzuladenden Bewerber an.

Bei nichtoffenen Verfahren beträgt die Anzahl mindestens fünf Bewerber. Bei Verhandlungsverfahren, wettbewerblichen Dialogen und Innovationspartnerschaften beträgt die Anzahl mindestens drei Bewerber. In jedem Fall muss die Zahl der eingeladenen Bewerber ausreichend hoch sein, dass ein echter Wettbewerb gewährleistet ist.

Die öffentlichen Auftraggeber laden eine Anzahl von Bewerbern ein, die zumindest der Mindestzahl an Bewerbern entspricht. Sofern jedoch die Zahl von Bewerbern, die die Eignungskriterien und Mindestanforderungen gemäß Artikel 58 Absatz 5 erfüllen, unter der Mindestzahl liegt, kann der öffentliche Auftraggeber das Verfahren fortführen, indem er den oder die Bewerber einlädt, die über die geforderte Leistungsfähigkeit verfügen. Der öffentliche Auftraggeber lässt andere Wirtschaftsteilnehmer, die sich nicht um Teilnahme beworben haben, oder Bewerber, die nicht über die geforderte Leistungsfähigkeit verfügen, nicht zu demselben Verfahren zu.

Artikel 66
Verringerung der Zahl der Angebote und Lösungen

Machen die öffentlichen Auftraggeber von der in Artikel 29 Absatz 6 und in Artikel 30 Absatz 4 vorgesehenen Möglichkeit Gebrauch, die Zahl der zu erörternden Lösungen oder der Angebote, über die verhandelt wird, zu verringern, so tun sie dies aufgrund der Zuschlagskriterien, die sie in den Auftragsunterlagen angegeben haben. In der Schlussphase müssen noch so viele Angebote vorliegen, dass ein echter Wettbewerb gewährleistet ist, sofern eine ausreichende Zahl von Angeboten, Lösungen oder geeigneten Bewerbern vorliegt.

Unterabschnitt 3
Zuschlagserteilung

Artikel 67
Zuschlagskriterien

(1) Die öffentlichen Auftraggeber erteilen unbeschadet der für den Preis bestimmter Lieferungen oder die Vergütung bestimmter Dienstleistungen geltenden nationalen Rechts- und Verwaltungsvorschriften den Zuschlag auf der Grundlage des wirtschaftlich günstigsten Angebots.

(2) Die Bestimmung des aus der Sicht des öffentlichen Auftraggebers wirtschaftlich günstigsten Angebots erfolgt anhand einer Bewertung auf der Grundlage des Preises oder der Kosten, mittels eines Kosten-Wirksamkeits-Ansatzes, wie der Lebenszykluskostenrechnung gemäß Artikel 68, und kann das beste Preis-Leistungs-Verhältnis beinhalten, das auf der Grundlage von Kriterien – unter Einbeziehung qualitativer, umweltbezogener und/oder sozialer Aspekte – bewertet wird, die mit dem Auftragsgegenstand des betreffenden öffentlichen Auftrags in Verbindung stehen. Zu diesen Kriterien kann u. a. Folgendes gehören:

a) Qualität, einschließlich technischer Wert, Ästhetik, Zweckmäßigkeit, Zugänglichkeit, Design für Alle, soziale, umweltbezogene und innovative Eigenschaften und Handel sowie die damit verbundenen Bedingungen;
b) Organisation, Qualifikation und Erfahrung des mit der Ausführung des Auftrags betrauten Personals, wenn die Qualität des eingesetzten Personals erheblichen Einfluss auf das Niveau der Auftragsausführung haben kann, oder
c) Kundendienst und technische Hilfe, Lieferbedingungen wie Liefertermin, Lieferverfahren sowie Liefer- oder Ausführungsfrist.

Das Kostenelement kann auch die Form von Festpreisen oder Festkosten annehmen, auf deren Grundlage die Wirtschaftsteilnehmer nur noch mit Blick auf Qualitätskriterien miteinander konkurrieren.

Die Mitgliedstaaten können vorsehen, dass die öffentlichen Auftraggeber nicht den Preis oder die Kosten allein als einziges Zuschlagskriterium verwenden dürfen, oder sie können deren Verwendung auf bestimmte Kategorien von öffentlichen Auftraggebern oder bestimmte Arten von Aufträgen beschränken.

(3) Zuschlagskriterien stehen mit dem Auftragsgegenstand des öffentlichen Auftrags in Verbindung, wenn sie sich in irgendeiner Hinsicht und in irgendeinem Lebenszyklus-Stadium auf die gemäß dem

Auftrag zu erbringenden Bauleistungen, Lieferungen oder Dienstleistungen beziehen, einschließlich Faktoren, die zusammenhängen mit

a) dem spezifischen Prozess der Herstellung oder der Bereitstellung solcher Bauleistungen, Lieferungen oder Dienstleistungen oder des Handels damit oder
b) einem spezifischen Prozess in Bezug auf ein anderes Lebenszyklus-Stadium,

auch wenn derartige Faktoren sich nicht auf die materiellen Eigenschaften des Auftragsgegenstandes auswirken.

(4) Die Zuschlagskriterien dürfen nicht zur Folge haben, dass dem öffentlichen Auftraggeber uneingeschränkte Wahlfreiheit übertragen wird. Sie müssen die Möglichkeit eines wirksamen Wettbewerbs gewährleisten und mit Spezifikationen einhergehen, die eine wirksame Überprüfung der von den Bietern übermittelten Informationen gestatten, damit bewertet werden kann, wie gut die Angebote die Zuschlagskriterien erfüllen. Im Zweifelsfall nehmen die öffentlichen Auftraggeber eine wirksame Überprüfung der Richtigkeit der von den Bietern beigebrachten Informationen und Nachweise vor.

(5) Der öffentliche Auftraggeber gibt in den Auftragsunterlagen an, wie er die einzelnen Kriterien gewichtet, um das wirtschaftlich günstigste Angebot zu ermitteln, es sei denn, dieses wird allein auf der Grundlage des Preises ermittelt.

Diese Gewichtung kann mittels einer Marge angegeben werden, deren größte Bandbreite angemessen sein muss.

Ist die Gewichtung aus objektiven Gründen nicht möglich, so gibt der öffentliche Auftraggeber die Kriterien in absteigender Rangfolge an.

Artikel 68
Lebenszykluskostenrechnung

(1) Soweit relevant, umfasst die Lebenszykluskostenrechnung die folgenden Kosten während des Lebenszyklus eines Produkts, einer Dienstleistung oder Bauleistung ganz oder teilweise:

a) von dem öffentlichen Auftraggeber oder anderen Nutzern getragene Kosten, wie:
   i) Anschaffungskosten,
   ii) Nutzungskosten, wie z. B. Verbrauch von Energie und anderen Ressourcen,
   iii) Wartungskosten,
   iv) Kosten am Ende der Nutzungsdauer (wie Abholungs- und Recyclingkosten);
b) Kosten, die durch die externen Effekte der Umweltbelastung entstehen, die mit der Ware, der Dienstleistung oder der Bauleistung während ihres Lebenszyklus in Verbindung stehen, sofern ihr Geldwert bestimmt und geprüft werden kann; solche Kosten können Kosten der Emission von Treibhausgasen und anderen Schadstoffen sowie sonstige Kosten für die Eindämmung des Klimawandels umfassen.

(2) Bewerten die öffentlichen Auftraggeber die Kosten nach dem Lebenszyklus-Kostenansatz, nennen sie in den Auftragsunterlagen die von den Bietern bereitzustellenden Daten und die Methode, die der öffentliche Auftraggeber zur Bestimmung der Lebenszyklus-Kosten auf der Grundlage dieser Daten anwenden wird.

Die Methode, die zur Bewertung der externen Umweltkosten angewandt wird, muss folgende Bedingungen erfüllen:

a) Sie beruht auf objektiv nachprüfbaren und nichtdiskriminierenden Kriterien. Ist die Methode nicht für die wiederholte oder kontinuierliche Anwendung konzipiert worden, so darf sie insbesondere nicht bestimmte Wirtschaftsteilnehmer auf unzulässige Weise bevorzugen oder benachteiligen;
b) sie ist für alle interessierten Parteien zugänglich;
c) die geforderten Daten lassen sich von Wirtschaftsteilnehmern, die ihrer Sorgfaltspflicht in normalem Maße nachkommen, einschließlich Wirtschaftsteilnehmern aus Drittstaaten, die dem GPA oder anderen, für die Union bindenden internationalen Übereinkommen beigetreten sind, mit vertretbarem Aufwand bereitstellen.

(3) Für den Fall, dass eine gemeinsame Methode zur Berechnung der Lebenszyklus-Kosten durch einen Rechtsakt der Union verbindlich vorgeschrieben worden ist, findet diese gemeinsame Methode bei der Bewertung der Lebenszyklus-Kosten Anwendung.

Ein Verzeichnis derartiger Rechtsakte und erforderlichenfalls der sie ergänzenden delegierten Rechtsakte ist in Anhang XIII enthalten. Der Kommission wird die Befugnis übertragen, gemäß Artikel 87 delegierte Rechtsakte zur Aktualisierung dieses Verzeichnisses zu erlassen, wenn aufgrund der Annahme neuer Rechtsvorschriften, die eine gemeinsame Methode verbindlich vorschreiben, oder der Aufhebung oder Änderung bestehender Rechtsakte eine Aktualisierung erforderlich ist.

Artikel 69
Ungewöhnlich niedrige Angebote

(1) Die öffentlichen Auftraggeber schreiben den Wirtschaftsteilnehmern vor, die im Angebot vorgeschlagenen Preise oder Kosten zu erläutern, wenn diese im Verhältnis zu den angebotenen Bauleistungen, Lieferungen oder Dienstleistungen ungewöhnlich niedrig erscheinen.

(2) Die Erläuterungen im Sinne des Absatzes 1 können sich insbesondere auf Folgendes beziehen:

a) die Wirtschaftlichkeit des Fertigungsverfahrens, der Erbringung der Dienstleistung oder des Bauverfahrens;
b) die gewählten technischen Lösungen oder alle außergewöhnlich günstigen Bedingungen, über die der Bieter bei der der Lieferung der Waren oder der Erbringung der Dienstleistung sowie der Durchführung der Bauleistungen beziehungsweise der Waren verfügt;
c) die Originalität der Bauleistungen, der Lieferungen oder der Dienstleistungen wie vom Bieter angeboten;
d) die Einhaltung der in Artikel 18 Absatz 2 genannten Verpflichtungen;
e) die Einhaltung der in Artikel 71 genannten Verpflichtungen;
f) die Möglichkeit für den Bieter, staatliche Hilfe zu erhalten.

(3) Der öffentliche Auftraggeber bewertet die beigebrachten Informationen mittels einer Rücksprache mit dem Bieter. Er kann das Angebot nur dann ablehnen, wenn die beigebrachten Nachweise das niedrige Niveau des vorgeschlagenen Preises beziehungsweise der vorgeschlagenen Kosten unter Berücksichtigung der in Absatz 2 genannten Faktoren nicht zufriedenstellend erklären.

Die öffentlichen Auftraggeber lehnen das Angebot ab, wenn sie festgestellt haben, dass das Angebot ungewöhnlich niedrig ist, weil es den geltenden Anforderungen gemäß Artikel 18 Absatz 2 nicht genügt.

(4) Stellt der öffentliche Auftraggeber fest, dass ein Angebot ungewöhnlich niedrig ist, weil der Bieter eine staatliche Beihilfe erhalten hat, so darf er das Angebot allein aus diesem Grund nur nach Rücksprache mit dem Bieter ablehnen, sofern dieser binnen einer von dem öffentlichen Auftraggeber festzulegenden ausreichenden Frist nicht nachweisen kann, dass die betreffende Beihilfe mit dem Binnenmarkt im Sinne des Artikels 107 AEUV vereinbar war. Lehnt der öffentliche Auftraggeber ein Angebot unter diesen Umständen ab, so teilt er dies der Kommission mit.

(5) Die Mitgliedstaaten müssen den anderen Mitgliedstaaten im Wege der Verwaltungszusammenarbeit auf Anfrage alle ihnen zur Verfügung stehenden Informationen – wie Gesetze, Vorschriften, allgemein verbindliche Tarifverträge oder nationale technische Normen – über die Nachweise und Unterlagen übermitteln, die im Hinblick auf in Absatz 2 genannte Einzelheiten beigebracht wurden.

KAPITEL IV
Auftragsausführung

Artikel 70
Bedingungen für die Auftragsausführung

Öffentliche Auftraggeber können besondere Bedingungen für die Ausführung eines Auftrags festlegen, sofern diese gemäß Artikel 67 Absatz 3 mit dem Auftragsgegenstand in Verbindung stehen und im Aufruf zum Wettbewerb oder in den Auftragsunterlagen angegeben werden. Diese Bedingungen können wirtschaftliche, innovationsbezogene, umweltbezogene, soziale oder beschäftigungspolitische Belange umfassen.

Artikel 71
Vergabe von Unteraufträgen

(1) Die Einhaltung der in Artikel 18 Absatz 2 genannten Verpflichtungen durch Unterauftragnehmer wird durch geeignete Maßnahmen der zuständigen nationalen Behörden gewährleistet, die im Rahmen ihrer Zuständigkeit und ihrer Aufgaben handeln.

(2) In den Auftragsunterlagen kann der öffentliche Auftraggeber den Bieter auffordern oder von einem Mitgliedstaat verpflichtet werden, den Bieter aufzufordern, in seinem Angebot den Anteil des Auftrags, den er gegebenenfalls im Wege von Unteraufträgen an Dritte zu vergeben gedenkt, sowie die gegebenenfalls vorgeschlagenen Unterauftragnehmer anzugeben.

(3) Die Mitgliedstaaten können vorsehen, dass der öffentliche Auftraggeber auf Wunsch des Unterauftragnehmers – und sofern die Art des Auftrags es erlaubt –, fällige Zahlungen im Zusammenhang mit den für den Wirtschaftsteilnehmer, an den der öffentliche Auftrag vergeben worden ist (Hauptauftragnehmer), erbrachten Dienstleistungen, Lieferungen oder Bauleistungen direkt an den Unterauftragnehmer leistet. Zu diesen Maßnahmen können geeignete Mechanismen gehören, die es dem Hauptauftragnehmer ermöglichen, Einwände gegen ungerechtfertigte Zahlungen zu erheben. Die Modalitäten dieser Zahlung werden in den Auftragsunterlagen dargelegt.

(4) Die Frage der Haftung des Hauptauftragnehmers bleibt von den Absätzen 1 bis 3 unberührt.

(5) Im Fall von Bauaufträgen und in Bezug auf Dienstleistungen, die in einer Einrichtung des öffentlichen Auftraggebers unter dessen direkter Aufsicht zu erbringen sind, schreibt der öffentliche Auftraggeber vor, dass der Hauptauftragnehmer ihm nach der Vergabe des Auftrags und spätestens zum Zeitpunkt des Beginns der Auftragsausführung den Namen, die Kontaktdaten und die gesetzlichen Vertreter seiner Unterauftragnehmer, die an diesen Bau- oder Dienstleistungen beteiligt sind, mitteilt, soweit sie zu diesem Zeitpunkt bekannt sind. Der öffentliche Auftraggeber schreibt vor, dass der Hauptauftragnehmer ihm alle Änderungen dieser Angaben während der Dauer des Auftrags sowie die erforderlichen Informationen in Bezug auf alle neuen Unterauftragnehmer, die in der Folge an diesen Bau- oder Dienstleistungen beteiligt werden, mitteilt.

Ungeachtet des Unterabsatzes 1 können die Mitgliedstaaten die verpflichtende Bereitstellung der einschlägigen Informationen unmittelbar durch den Hauptauftragnehmer vorschreiben.

Falls dies für die Zwecke von Absatz 6 Buchstabe b des vorliegenden Artikels erforderlich ist, sind den einschlägigen Informationen die Eigenerklärungen der Unterauftragnehmer gemäß Artikel 59 beizufügen. In den Durchführungsbestimmungen nach Absatz 8 des vorliegenden Artikels kann vorgesehen werden, dass Unterauftragnehmer, die nach der Vergabe des Auftrags präsentiert werden, statt der Eigenerklärung die Bescheinigungen und andere zusätzliche Unterlagen vorlegen müssen.

Unterabsatz 1 gilt nicht für Lieferanten.

Die öffentlichen Auftraggeber können die in Unterabsatz 1 vorgesehenen Verpflichtungen auf Folgendes ausweiten oder von den Mitgliedstaaten dazu verpflichtet werden:

a) auf Lieferaufträge, auf andere Dienstleistungsaufträge als solche, die in den Einrichtungen des öffentlichen Auftraggebers unter dessen direkter Aufsicht zu erbringende Dienstleistungen betreffen, oder auf Lieferanten, die an Bau- oder Dienstleistungsaufträgen beteiligt sind;
b) auf Unterauftragnehmer der Unterauftragnehmer des Hauptauftragnehmers oder weitere Stufen in der Kette der Unterauftragsvergabe.

(6) Im Hinblick auf die Vermeidung von Verstößen gegen die in Artikel 18 Absatz 2 genannten Verpflichtungen können u. a. folgende geeignete Maßnahmen getroffen werden:

a) Ist im nationalen Recht eines Mitgliedstaats ein Mechanismus der gemeinsamen Haftung von Unterauftragnehmern und Hauptauftragnehmer vorgesehen, so sorgt der betreffende Mitgliedstaat dafür, dass die einschlägigen Vorschriften unter Einhaltung der in Artikel 18 Absatz 2 festgelegten Bedingungen angewandt werden.

b) Die öffentlichen Auftraggeber können im Einklang mit den Artikeln 59, 60 und 61 überprüfen beziehungsweise von den Mitgliedstaaten angewiesen werden zu überprüfen, ob Gründe für den Ausschluss von Unterauftragnehmern gemäß Artikel 57 vorliegen. Ist dies der Fall, so verlangt der öffentliche Auftraggeber vom Wirtschaftsteilnehmer, dass er einen Unterauftragnehmer, für den die Überprüfung zwingende Ausschlussgründe ergeben hat, ersetzt. Der öffentliche Auftraggeber kann verlangen beziehungsweise kann von einem Mitgliedstaat angewiesen werden zu verlangen, dass der Wirtschaftsteilnehmer einen Unterauftragnehmer, für den die Überprüfung nicht-zwingende Ausschlussgründe ergeben hat, ersetzt.

(7) Die Mitgliedstaaten können in ihrem nationalen Recht strengere Haftungsregeln vorsehen oder in Bezug auf Direktzahlungen an Unterauftragnehmer weiter gehen, z. B. indem sie Direktzahlungen an Unterauftragnehmer vorsehen, ohne dass diese die Direktzahlungen beantragen müssen.

(8) Mitgliedstaaten, die Maßnahmen gemäß den Absätzen 3, 5 oder 6 vorsehen, legen die Bedingungen für die Anwendung dieser Maßnahmen in Rechts- oder Verwaltungsvorschriften unter Achtung des Unionsrechts fest. Dabei können die Mitgliedstaaten deren Anwendbarkeit, z. B. in Bezug auf bestimmte Arten von Aufträgen, bestimmte Kategorien von öffentlichen Auftraggebern oder Wirtschaftsteilnehmern oder bestimmte Mindestbeträge, beschränken.

Artikel 72
Auftragsänderungen während der Vertragslaufzeit

(1) Aufträge und Rahmenvereinbarungen können in den folgenden Fällen ohne Durchführung eines neuen Vergabeverfahrens im Einklang mit dieser Richtlinie geändert werden:

a) wenn die Änderungen, unabhängig von ihrem Geldwert, in den ursprünglichen Auftragsunterlagen in Form von klar, präzise und eindeutig formulierten Überprüfungsklauseln, die auch Preisüberprüfungsklauseln beinhalten können, oder Optionen vorgesehen sind. Entsprechende Klauseln müssen Angaben zu Umfang und Art möglicher Änderungen oder Optionen sowie zu den Bedingungen enthalten, unter denen sie zur Anwendung gelangen können. Sie dürfen keine Änderungen oder Optionen vorsehen, die den Gesamtcharakter des Auftrags oder der Rahmenvereinbarung verändern würden;

b) bei zusätzlichen Bau- oder Dienstleistungen oder Lieferungen durch den ursprünglichen Auftragnehmer, die erforderlich geworden sind und nicht in der ursprünglichen Auftragsunterlagen vorgesehen waren, wenn ein Wechsel des Auftragnehmers
   i) aus wirtschaftlichen oder technischen Gründen wie der Austauschbarkeit oder Kompatibilität mit im Rahmen des ursprünglichen Vergabeverfahrens beschafften Ausrüstungsgegenständen, Dienstleistungen oder Anlagen nicht erfolgen kann und
   ii) mit erheblichen Schwierigkeiten oder beträchtlichen Zusatzkosten für den öffentlichen Auftraggeber verbunden wäre;

   eine Preiserhöhung darf jedoch nicht mehr als 50 % des Werts des ursprünglichen Auftrags betragen. Werden mehrere aufeinander folgende Änderungen vorgenommen, so gilt diese Beschränkung für den Wert jeder einzelnen Änderung. Solche aufeinander folgenden Änderungen dürfen nicht mit dem Ziel vorgenommen werden, diese Richtlinie zu umgehen;

c) wenn alle der folgenden Bedingungen erfüllt sind:
   i) Die Änderung wurde erforderlich aufgrund von Umständen, die ein seiner Sorgfaltspflicht nachkommender öffentlicher Auftraggeber nicht vorhersehen konnte;
   ii) der Gesamtcharakters des Auftrags verändert sich aufgrund der Änderung nicht;
   iii) eine etwaige Preiserhöhung beträgt nicht mehr als 50 % des Werts des ursprünglichen Auftrags oder der ursprünglichen Rahmenvereinbarung. Werden mehrere aufeinander folgende Änderungen vorgenommen, so gilt diese Beschränkung für den Wert jeder einzelnen Änderung. Solche aufeinander folgenden Änderungen dürfen nicht mit dem Ziel vorgenommen werden, diese Richtlinie zu umgehen;

d) wenn ein neuer Auftragnehmer den Auftragnehmer ersetzt, an den der öffentliche Auftraggeber den Auftrag ursprünglich vergeben hatte, aufgrund entweder

i) einer eindeutig formulierten Überprüfungsklausel oder Option gemäß Buchstabe a,
ii) der Tatsache, dass ein anderer Wirtschaftsteilnehmer, der die ursprünglich festgelegten qualitativen Eignungskriterien erfüllt, im Zuge einer Unternehmensumstrukturierung – einschließlich Übernahme, Fusion, Erwerb oder Insolvenz – ganz oder teilweise an die Stelle des ursprünglichen Auftragnehmers tritt, sofern dies keine weiteren wesentlichen Änderungen des Auftrags zur Folge hat und nicht dazu dient, die Anwendung dieser Richtlinie zu umgehen, oder
iii) der Tatsache, dass der öffentliche Auftraggeber selbst die Verpflichtungen des Hauptauftragnehmers gegenüber seinen Unterauftragnehmern übernimmt, wenn diese Möglichkeit in den nationalen Rechtsvorschriften gemäß Artikel 71 vorgesehen ist;

e) wenn die Änderungen, unabhängig von ihrem Wert, nicht wesentlich im Sinne des Absatzes 4 sind.

Die öffentlichen Auftraggeber, die einen Auftrag in den Fällen gemäß den Buchstaben b und c des vorliegenden Absatzes geändert haben, veröffentlichen eine diesbezügliche Bekanntmachung im *Amtsblatt der Europäischen Union*. Die Bekanntmachung enthält die in Anhang V Teil G genannten Angaben und wird gemäß Artikel 51 veröffentlicht;

(2) Darüber hinaus können Aufträge auch ohne Durchführung eines neuen Vergabeverfahrens im Einklang mit dieser Richtlinie geändert werden, ohne dass überprüft werden muss, ob die in Absatz 4 Buchstaben a bis d genannten Bedingungen erfüllt sind, wenn der Wert der Änderung die beiden folgenden Werte nicht übersteigt:

i) die in Artikel 4 genannten Schwellenwerte und
ii) 10 % des ursprünglichen Auftragswerts bei Liefer- und Dienstleistungsaufträgen und 15 % des ursprünglichen Auftragswerts bei Bauaufträgen.

Der Gesamtcharakter des Auftrags oder der Rahmenvereinbarung darf sich allerdings aufgrund der Änderung nicht verändern. Im Falle mehrerer aufeinander folgender Änderungen wird deren ert auf der Grundlage des kumulierten Nettowerts der aufeinander folgenden Änderungen bestimmt.

(3) Enthält der Vertrag eine Indexierungsklausel, so wird für die Berechnung des in Absatz 2 und Absatz 1 Buchstaben b und c genannten Preises der angepasste Preis als Referenzwert herangezogen.

(4) Eine Änderung eines Auftrags oder einer Rahmenvereinbarung während seiner beziehungsweise ihrer Laufzeit gilt als wesentlich im Sinne des Absatzes 1 Buchstabe e, wenn sie dazu führt, dass sich der Auftrag oder der Rahmenvereinbarung erheblich von dem ursprünglichen vergebenen Auftrag beziehungsweise der ursprüngliche vergebenen Rahmenvereinbarung unterscheidet. Unbeschadet der Absätze 1 und 2 ist eine Änderung in jedem Fall als wesentlich anzusehen, wenn eine oder mehrere der folgenden Voraussetzungen erfüllt ist:

a) Mit der Änderung werden Bedingungen eingeführt, die, wenn sie für das ursprüngliche Vergabeverfahren gegolten hätten, die Zulassung anderer als der ursprünglich ausgewählten Bewerber oder die Annahme eines anderen als des ursprünglich angenommenen Angebots ermöglicht hätten oder das Interesse weiterer Teilnehmer am Vergabeverfahren geweckt hätten;
b) mit der Änderung wird das wirtschaftliche Gleichgewicht des Auftrags oder der Rahmenvereinbarung zugunsten des Auftragnehmers in einer Weise verschoben, die im ursprünglichen Auftrag beziehungsweise der ursprünglichen Rahmenvereinbarung nicht vorgesehen war;
c) mit der Änderung wird der Umfang des Auftrags oder der Rahmenvereinbarung erheblich ausgeweitet;
d) ein neuer Auftragnehmer ersetzt den Auftragnehmer, an den der öffentliche Auftraggeber den Auftrag ursprünglich vergeben hatte, in anderen als den in Absatz 1 Buchstabe d vorgesehenen Fällen.

(5) Ein neues Vergabeverfahren im Einklang mit dieser Richtlinie ist erforderlich bei anderen als den in den Absätzen 1 und 2 vorgesehenen Änderungen der Bestimmungen eines öffentlichen Auftrags oder einer Rahmenvereinbarung während seiner beziehungsweise ihrer Laufzeit.

Artikel 73
Kündigung von Aufträgen

Die Mitgliedstaaten stellen sicher, dass öffentliche Auftraggeber zumindest unter den folgenden Umständen und unter bestimmten Bedingungen, die im anwendbaren nationalen Recht festgelegt sind, über die Möglichkeit verfügen, einen öffentlichen Auftrag während seiner Laufzeit zu kündigen, wenn:

a) am Auftrag eine wesentliche Änderung vorgenommen wurde, die ein neues Vergabeverfahren gemäß Artikel 72 erforderlich gemacht hätte;
b) der Auftragnehmer erfüllte zum Zeitpunkt der Zuschlagserteilung einen der in Artikel 57 Absatz 1 genannten Tatbestände und hätte daher vom Vergabeverfahren ausgeschlossen werden müssen;
c) der Auftrag aufgrund einer schweren Verletzung der Verpflichtungen aus den Verträgen und dieser Richtlinie, die der Gerichtshof der Europäischen Union in einem Verfahren nach Artikel 258 AEUV festgestellt hat, nicht an den Auftragnehmer hätte vergeben werden dürfen.

TITEL III
BESONDERE BESCHAFFUNGSREGELUNGEN

KAPITEL I
Soziale und andere besondere Dienstleistungen

Artikel 74
Vergabe von Aufträgen für soziale und andere besondere Dienstleistungen

Öffentliche Aufträge, die soziale und andere in Anhang XIV aufgeführte besondere Dienstleistungen betreffen, werden im Einklang mit den Bestimmungen dieses Kapitels vergeben, sofern ihr Wert dem in Artikel 4 Buchstabe d angegebenen Schwellenwert entspricht oder diesen übersteigt.

Artikel 75
Veröffentlichung der Bekanntmachungen

(1) Öffentliche Auftraggeber, die einen öffentlichen Auftrag zur Erbringung von in Artikel 74 aufgeführten Dienstleistungen planen, teilen ihre Absicht auf eine der im Folgenden genannten Arten mit:

a) in einer Auftragsbekanntmachung, in der die Informationen enthalten sind, auf die in Anhang V Teil H Bezug genommen wird, in Übereinstimmung mit den Standardformularen gemäß Artikel 51; oder
b) in einer Vorinformation, die auf kontinuierlicher Basis veröffentlicht wird und die in Anhang V Teil I aufgeführten Informationen enthält. Die Vorinformation bezieht sich speziell auf die Arten von Dienstleistungen, die Gegenstand der zu vergebenden Aufträge sind. Sie muss den Hinweis enthalten, dass diese Aufträge ohne weitere Veröffentlichung vergeben werden, sowie die Aufforderung an die interessierten Wirtschaftsteilnehmer, ihr Interesse schriftlich mitzuteilen.

Unterabsatz 1 gilt jedoch nicht, wenn ein Verhandlungsverfahren ohne vorherige Bekanntmachung gemäß Artikel 32 für die Vergabe eines öffentlichen Dienstleistungsauftrags hätte verwendet werden können.

(2) Öffentliche Auftraggeber, die einen öffentlichen Auftrag zur Erbringung von in Artikel 74 aufgeführten Dienstleistungen vergeben haben, teilen die Ergebnisse des Vergabeverfahrens in einer Vergabebekanntmachung mit, in der die Informationen enthalten sind, auf die in Anhang V Teil J Bezug genommen wird, in Übereinstimmung mit den Standardformularen gemäß Artikel 51. Sie können diese Bekanntmachungen jedoch auch quartalsweise bündeln. In diesem Fall versenden sie die Zusammenstellung spätestens 30 Tage nach Quartalsende.

(3) Die Kommission erstellt die Standardformulare, auf die in den Absätzen 1 und 2 des vorliegenden Artikels Bezug genommen wird, in Form von Durchführungsrechtsakten. Die entsprechenden Durchführungsrechtsakte werden nach dem Beratungsverfahren gemäß Artikel 89 Absatz 2 erlassen.

(4) Bekanntmachungen nach diesem Artikel werden im Einklang mit Artikel 51 veröffentlicht.

Artikel 76
Grundsätze für die Vergabe von Aufträgen

(1) Die Mitgliedstaaten führen einzelstaatliche Regeln für die Vergabe von unter dieses Kapitel fallenden Aufträgen ein, um sicherzustellen, dass die öffentlichen Auftraggeber die Grundsätze der Transparenz und der Gleichbehandlung der Wirtschaftsteilnehmer einhalten. Es ist den Mitgliedstaaten überlassen, die anwendbaren Verfahrensregeln festzulegen, sofern derartige Regeln es den öffentlichen Auftraggebern ermöglichen, den Besonderheiten der jeweiligen Dienstleistungen Rechnung zu tragen.

(2) Die Mitgliedstaaten gewährleisten, dass die öffentlichen Auftraggeber der Notwendigkeit, Qualität, Kontinuität, Zugänglichkeit, Bezahlbarkeit, Verfügbarkeit und Vollständigkeit der Dienstleistungen sicherstellen, sowie den spezifischen Bedürfnissen verschiedener Nutzerkategorien, einschließlich benachteiligter und schutzbedürftiger Gruppen, der Einbeziehung und Ermächtigung der Nutzer und dem Aspekt der Innovation Rechnung tragen können. Die Mitgliedstaaten können auch vorsehen, dass die Auswahl der Dienstleister auf der Grundlage des Angebots mit dem besten Preis-Leistungs-Verhältnis unter Berücksichtigung von Qualitäts- und Nachhaltigkeitskriterien für soziale Dienstleistungen getroffen wird.

Artikel 77
Bestimmten Dienstleistungen vorbehaltene Aufträge

(1) Die Mitgliedstaaten können vorsehen, dass öffentliche Auftraggeber Organisationen das Recht zur Teilnahme an Verfahren für die Vergabe öffentlicher Aufträge ausschließlich für jene Dienstleistungen im Gesundheits-, Sozial- und kulturellen Bereich nach Artikel 74 vorbehalten, die unter die CPV-Codes 75121000-0, 75122000-7, 75123000-4, 79622000-0, 79624000-4, 79625000-1, 80110000-8, 80300000-7, 80420000-4, 80430000-7, 80511000-9, 80520000-5, 80590000-6, 85000000-9 bis 85323000-9, 92500000-6, 92600000-7, 98133000-4 und 98133110-8 fallen.

(2) Eine Organisation nach Absatz 1 muss alle nachfolgenden Bedingungen erfüllen:

a) ihr Ziel ist die Erfüllung einer Gemeinwohlaufgabe, die an die Erbringung der in Absatz 1 genannten Dienstleistungen geknüpft ist;
b) die Gewinne werden reinvestiert, um das Ziel der Organisation zu erreichen. Etwaige Gewinnausschüttungen oder -zuweisungen sollten auf partizipatorischen Überlegungen beruhen;
c) die Management- oder Eigentümerstruktur der Organisation, die den Auftrag ausführt, beruht auf der Eigenverantwortung der Arbeitnehmer oder auf partizipatorischen Grundsätzen oder erfordert die aktive Mitwirkung der Arbeitnehmer, Nutzer oder Interessenträger, und
d) die Organisation hat von dem betreffenden öffentlichen Auftraggeber nach diesem Artikel in den letzten drei Jahren keinen Auftrag für die betreffenden Dienstleistungen erhalten.

(3) Die Laufzeit des Vertrags darf drei Jahre nicht überschreiten.

(4) Im Aufruf zum Wettbewerb wird auf diesen Artikel Bezug genommen.

(5) Ungeachtet des Artikels 92 wird die Kommission die Auswirkungen dieses Artikels bewerten und dem Europäischen Parlament und dem Rat bis 18. April 2019 Bericht erstatten.

KAPITEL II
Vorschriften für Wettbewerbe

Artikel 78
Anwendungsbereich

Dieses Kapitel gilt für

a) Wettbewerbe, die im Rahmen der Vergabe eines öffentlichen Dienstleistungsauftrags durchgeführt werden;

b) Wettbewerbe mit Preisgeldern oder Zahlungen an die Teilnehmer.

In den Fällen nach Unterabsatz 1 Buchstabe a des vorliegenden Artikels wird der in Artikel 4 genannte Schwellenwert auf der Grundlage des geschätzten Werts des öffentlichen Dienstleistungsauftrags ohne Mehrwertsteuer einschließlich etwaiger Preisgelder oder Zahlungen an die Teilnehmer berechnet.

In den Fällen nach Unterabsatz 1 Buchstabe b des vorliegenden Artikels ist der Schwellenwert der Gesamtwert dieser Preisgelder und Zahlungen, einschließlich des geschätzten Wertes des öffentlichen Dienstleistungsauftrags ohne MwSt., der später nach Artikel 32 Absatz 4 vergeben werden könnte, sofern der öffentliche Auftraggeber seine Absicht einer derartigen Vergabe in der Bekanntmachung des Wettbewerbs angekündigt hat.

Artikel 79
Bekanntmachungen

(1) Öffentliche Auftraggeber, die die Durchführung eines Wettbewerbs planen, teilen ihre Absicht in einer Wettbewerbsbekanntmachung mit.

Beabsichtigen sie, einen anschließenden Dienstleistungsauftrag nach Artikel 32 Absatz 4 zu vergeben, so ist dies in der Wettbewerbsbekanntmachung anzugeben.

(2) Öffentliche Auftraggeber, die einen Wettbewerb durchgeführt haben, übermitteln eine Bekanntmachung über die Ergebnisse des Wettbewerbs im Einklang mit Artikel 51 und müssen einen Nachweis über das Datum der Absendung vorlegen können.

Angaben über das Ergebnis des Wettbewerbs brauchen jedoch nicht veröffentlicht zu werden, wenn ihre Offenlegung den Gesetzesvollzug behindern, dem öffentlichen Interesse zuwiderlaufen oder die legitimen geschäftlichen Interessen öffentlicher oder privater Unternehmen schädigen oder den lauteren Wettbewerb zwischen den Dienstleistungserbringern beeinträchtigen würde.

(3) Die Bekanntmachungen nach den Absätzen 1 und 2 werden im Einklang mit Artikel 51 Absätze 2 bis 6 und Artikel 52 veröffentlicht. Sie umfassen jeweils die in Anhang V Teil E beziehungsweise F festgelegten Angaben im Format der Standardformulare.

Die Standardformulare werden von der Kommission in Form von Durchführungsrechtsakten festgelegt. Die entsprechenden Durchführungsrechtsakte werden nach dem Beratungsverfahren gemäß Artikel 89 Absatz 2 erlassen.

Artikel 80
Vorschriften für die Ausrichtung von Wettbewerben und die Auswahl der Teilnehmer

(1) Bei der Durchführung von Wettbewerben wenden die öffentlichen Auftraggeber Verfahren an, welche Titel I und diesem Kapitel entsprechen.

(2) Die Zulassung zur Teilnahme an einem Wettbewerb darf nicht beschränkt werden

a) auf das Gebiet eines Mitgliedstaats oder einen Teil davon;
b) mit der Begründung, dass nach dem Recht des Mitgliedstaats, in dem der Wettbewerb ausgerichtet wird, nur natürliche oder nur juristische Personen teilnehmen dürften.

(3) Sind Wettbewerbe auf eine begrenzte Teilnehmerzahl beschränkt, so legen die öffentlichen Auftraggeber klare und nichtdiskriminierende Eignungskriterien fest. In jedem Fall muss die Zahl der Bewerber, die zur Teilnahme am Wettbewerb aufgefordert werden, ausreichen, um einen echten Wettbewerb zu gewährleisten.

Artikel 81
Zusammensetzung des Preisgerichts

Das Preisgericht darf nur aus natürlichen Personen bestehen, die von den Teilnehmern des Wettbewerbs unabhängig sind. Wird von den Wettbewerbsteilnehmern eine bestimmte berufliche Qualifikation verlangt, muss mindestens ein Drittel der Preisrichter über dieselbe oder eine gleichwertige Qualifikation verfügen.

Artikel 82
Entscheidungen des Preisgerichts

(1) Das Preisgericht ist in seinen Entscheidungen und Stellungnahmen unabhängig.

(2) Die von den Bewerbern vorgelegten Pläne und Entwürfe werden vom Preisgericht unter Wahrung der Anonymität und nur aufgrund der Kriterien, die in der Wettbewerbsbekanntmachung genannt sind, geprüft.

(3) Das Preisgericht erstellt über die Rangfolge der von ihm ausgewählten Projekte einen von den Preisrichtern zu unterzeichnenden Bericht, in dem auf die einzelnen Wettbewerbsarbeiten eingegangen wird und die Bemerkungen des Preisgerichts sowie gegebenenfalls noch zu klärende Fragen aufgeführt sind.

(4) Die Anonymität ist bis zur Stellungnahme oder zur Entscheidung des Preisgerichts zu wahren.

(5) Die Bewerber können bei Bedarf aufgefordert werden, zur Klärung bestimmter Aspekte der Wettbewerbsarbeiten Fragen zu beantworten, die das Preisgericht in seinem Protokoll festgehalten hat.

(6) Über den Dialog zwischen den Preisrichtern und den Bewerbern ist ein umfassendes Protokoll zu erstellen.

TITEL IV
GOVERNANCE

Artikel 83
Durchsetzung

(1) Um wirksam eine korrekte und effiziente Umsetzung zu gewährleisten, stellen die Mitgliedstaaten sicher, dass zumindest die in diesem Artikel genannten Aufgaben von einer oder mehreren Behörden, Stellen oder Strukturen erbracht werden. Sie nennen der Kommission alle Behörden, Stellen und Strukturen, die für diese Aufgaben zuständig sind.

(2) Die Mitgliedstaaten stellen sicher, dass die Anwendung der Vorschriften für die öffentliche Auftragsvergabe überwacht wird.

Decken Überwachungsbehörden oder -strukturen auf eigene Initiative oder nach Erhalt von Informationen bestimmte Verstöße oder systematische Probleme auf, so sind sie befugt, nationale Prüfbehörden, Gerichte oder andere geeignete Behörden oder Strukturen, z. B. den Ombudsmann, nationale Parlamente oder parlamentarische Ausschüsse, auf diese Probleme hinzuweisen.

(3) Die Ergebnisse der Überwachungstätigkeiten gemäß Absatz 2 werden der Öffentlichkeit mithilfe geeigneter Informationsmittel zugänglich gemacht. Sie werden auch der Kommission zugänglich gemacht. Sie können beispielsweise in die in Unterabsatz 2 genannten Überwachungsberichte integriert werden.

Die Mitgliedstaaten übermitteln der Kommission bis zum 18. April 2017 und danach alle drei Jahre einen Überwachungsbericht mit – gegebenenfalls – Informationen über die häufigsten Ursachen einer falschen Anwendung oder Rechtsunsicherheit, einschließlich möglicher struktureller oder wiederkehrender Probleme bei der Anwendung der Vorschriften, über das Ausmaß der Beteiligung von KMU an der öffentlichen Auftragsvergabe und über Vorbeugung, Aufdeckung und angemessene Berichterstattung über Fälle von Betrug, Bestechung, Interessenkonflikten und sonstigen schwerwiegenden Unregelmäßigkeiten im Bereich des öffentlichen Auftragswesens.

Die Kommission kann die Mitgliedstaaten höchstens alle drei Jahre auffordern, Informationen über die praktische Umsetzung ihrer nationalen strategischen Beschaffungspolitik vorzulegen.

Für die Zwecke dieses Absatzes und des Absatzes 4 des vorliegenden Artikels gilt für KMU die Definition der Empfehlung 2003/361/EG der Kommission[39].

Auf der Grundlage der nach diesem Absatz vorgelegten Daten veröffentlicht die Kommission regelmäßig einen Bericht über die Umsetzung der nationalen Beschaffungsmaßnahmen und diesbezügliche bewährte Verfahren im Binnenmarkt.

(4) Die Mitgliedstaaten stellen sicher, dass

a) Informationen und Anleitungen für die Auslegung und Anwendung der Rechtsvorschriften der Union über öffentliche Aufträge kostenfrei zur Verfügung stehen, um öffentliche Auftraggeber und Wirtschaftsteilnehmer, insbesondere KMU, dabei zu unterstützen, die Bestimmungen des EU-Vergaberechts korrekt anzuwenden, und
b) öffentliche Auftraggeber bei der Planung und Durchführung von Vergabeverfahren Unterstützung erhalten können.

(5) Unbeschadet der von der Kommission für die Kommunikation und die Kontakte mit den Mitgliedstaaten festgelegten allgemeinen Verfahren und Arbeitsmethoden benennen die Mitgliedstaaten eine Stelle für die Zusammenarbeit mit der Kommission im Kontext der Anwendung der Rechtsvorschriften für die öffentliche Auftragsvergabe.

(6) Die öffentlichen Auftraggeber bewahren mindestens für die Dauer des Auftrags Kopien aller vergebenen Aufträge auf, die mindestens den folgenden Auftragswert haben:

a) 1 000 000 EUR im Falle von Liefer- oder Dienstleistungsaufträgen;
b) 10 000 000 EUR im Falle von Bauaufträgen.

Öffentliche Auftraggeber gewähren den Zugang zu den Verträgen; der Zugang zu bestimmten Unterlagen oder Einzelinformationen kann jedoch in dem Umfang und unter den Bedingungen verwehrt werden, wie in den geltenden Vorschriften der Union oder der Mitgliedstaaten über den Zugang zu Dokumenten und Datenschutz festgelegt ist.

Artikel 84
Vergabevermerke über Vergabeverfahren

(1) Die öffentlichen Auftraggeber fertigen über jeden vergebenen Auftrag oder jede Rahmenvereinbarung gemäß dieser Richtlinie und jede Einrichtung eines dynamischen Beschaffungssystems einen schriftlichen Vermerk an, der mindestens Folgendes enthält:

a) den Namen und die Anschrift des öffentlichen Auftraggebers sowie Gegenstand und Wert des Auftrags, der Rahmenvereinbarung oder des dynamischen Beschaffungssystems;
b) gegebenenfalls die Ergebnisse der qualitativen Auswahl und/ oder der Verringerung der Anzahl gemäß den Artikeln 65 und 66, insbesondere
   i) die Namen der berücksichtigten Bewerber oder Bieter und die Gründe für ihre Auswahl;
   ii) die Namen der abgelehnten Bewerber oder Bieter und die Gründe für ihre Ablehnung;
c) die Gründe für die Ablehnung von Angeboten, die für ungewöhnlich niedrig befunden wurden;
d) den Namen des erfolgreichen Bieters und die Gründe für die Auswahl seines Angebots sowie – falls bekannt – den Anteil am Auftrag oder an der Rahmenvereinbarung, den der Zuschlagsempfänger an Dritte weiterzugeben beabsichtigt und gegebenenfalls, soweit zu jenem Zeitpunkt bekannt, den Namen der Unterauftragnehmer des Hauptauftragnehmers;
e) bei Verhandlungsverfahren und wettbewerblichen Dialogen die in Artikel 26 genannten Umstände, die die Anwendung dieser Verfahren rechtfertigen;
f) bei Verhandlungsverfahren ohne vorherige Bekanntmachung die in Artikel 32 genannten Umstände, die die Anwendung dieses Verfahrens rechtfertigen;
g) gegebenenfalls die Gründe, aus denen der öffentliche Auftraggeber auf die Vergabe eines Auftrags, den Abschluss einer Rahmenvereinbarung oder die Einrichtung eines dynamischen Beschaffungssystems verzichtet hat;

---

39 Empfehlung der Kommission vom 6. Mai 2003 betreffend die Definition der Kleinstunternehmen sowie der kleinen und mittleren Unternehmen (ABl. L 124 vom 20.5.2003, S. 36).

h) gegebenenfalls die Gründe, aus denen andere als elektronische Kommunikationsmittel für die Einreichung der Angebote verwendet wurden;
i) gegebenenfalls Angaben zu aufgedeckten Interessenkonflikten und getroffenen Abhilfemaßnahmen.

Dieser Vermerk ist nicht erforderlich für Aufträge auf der Grundlage von Rahmenvereinbarungen, sofern diese gemäß Artikel 33 Absatz 3 oder gemäß Artikel 33 Absatz 4 Buchstabe a geschlossen wurden.

In dem Maße, wie der Vergabevermerk gemäß Artikel 50 oder Artikel 75 Absatz 2 die in diesem Absatz geforderten Informationen enthält, können sich öffentliche Auftraggeber auf diesen Vermerk beziehen.

(2) Öffentliche Auftraggeber dokumentieren den Fortgang aller Vergabeverfahren, unabhängig davon, ob sie auf elektronischem Wege durchgeführt werden oder nicht. Zu diesem Zweck stellen sie sicher, dass sie über ausreichend Dokumentation verfügen, um Entscheidungen in allen Stufen des Vergabeverfahrens zu begründen, z. B. Dokumentation der gesamten Kommunikation mit Wirtschaftsteilnehmern und sämtlicher interner Beratungen, der Vorbereitung der Auftragsunterlagen, des Dialogs oder etwaiger Verhandlungen, der Auswahl und der Zuschlagserteilung. Die Dokumentation wird während mindestens drei Jahren ab dem Tag der Vergabe des Auftrags aufbewahrt.

(3) Der Bericht beziehungsweise seine Hauptelemente sind der Kommission oder den in Artikel 83 genannten zuständigen Behörden, Einrichtungen oder Strukturen auf deren Anforderung hin zu übermitteln.

Artikel 85
Nationale Berichterstattung und statistische Informationen

(1) Die Kommission überprüft die Qualität und Vollständigkeit der Daten aus den Bekanntmachungen gemäß den Artikeln 48, 49, 50, 75 und 79, die in Einklang mit Anhang VIII veröffentlicht werden.

Entsprechen die Qualität und Vollständigkeit der in Unterabsatz 1 des vorliegenden Absatzes genannten Daten nicht den Verpflichtungen gemäß Artikel 48 Absatz 1, Artikel 49, Artikel 50 Absatz 1, Artikel 75 Absatz 2 und Artikel 79 Absatz 3, so fordert die Kommission von dem betreffenden Mitgliedstaat zusätzliche Informationen an. Der betreffende Mitgliedstaat stellt die von der Kommission angeforderten fehlenden statistischen Informationen innerhalb einer angemessenen Frist zur Verfügung.

(2) Die Mitgliedstaaten übermitteln der Kommission bis zum 18. April 2017 und danach alle drei Jahre einen statistischen Bericht für Beschaffungen, die – wenn ihr Wert den geltenden Schwellenwert gemäß Artikel 4 überschritten hätte – unter die Richtlinie gefallen wären, mit Angabe des geschätzten Gesamtwerts solcher Beschaffungen im betreffenden Zeitraum. Diese Schätzung kann sich insbesondere auf Daten stützen, die gemäß nationalen Veröffentlichungsvorschriften verfügbar sind, oder auf stichprobenartige Schätzungen.

Dieser Bericht kann in den Bericht gemäß Artikel 83 Absatz 3 aufgenommen werden.

(3) Die Mitgliedstaaten stellen der Kommission Informationen über ihre institutionelle Organisation im Zusammenhang mit der Umsetzung, Überwachung und Durchsetzung dieser Richtlinie sowie über nationale Initiativen zur Verfügung, mit denen bezweckt wird, bei der Anwendung der Unionsvorschriften im Bereich der öffentlichen Auftragsvergabe Orientierungshilfen zu geben und Unterstützung zu leisten oder auf Herausforderungen im Zusammenhang mit der Durchführung der Vorschriften zu reagieren.

Diese Informationen können in den Bericht gemäß Artikel 83 Absatz 3 aufgenommen werden.

Artikel 86
Verwaltungszusammenarbeit

(1) Die Mitgliedstaaten leisten sich gegenseitig Amtshilfe und treffen Maßnahmen zur Begründung einer effektiven Zusammenarbeit mit dem Ziel, den Informationsaustausch zu den in den Artikeln 42,

43, 44, 57, 59, 60, 62, 64 und 69 genannten Aspekten zu gewährleisten. Sie stellen die vertrauliche Behandlung der ausgetauschten Informationen sicher.

(2) Die zuständigen Behörden aller betroffenen Mitgliedstaaten halten beim Informationsaustausch die Vorschriften zum Schutz personenbezogener Daten ein, die in der Richtlinie 95/46/EG des Europäischen Parlaments und des Rates[40] und in der Richtlinie 2002/58/EG des Europäischen Parlaments und des Rates[41] festgelegt sind.

(3) Um zu testen, ob das Binnenmarkt-Informationssystem (IMI), das mit der Verordnung (EU) Nr. 1024/2012 errichtet wurde, für die Zwecke des Informationsaustausches im Rahmen dieser Richtlinie geeignet ist, wird bis zum 18. April 2015 ein Pilotprojekt ins Leben gerufen.

TITEL V
BEFUGNISÜBERTRAGUNG, DURCHFÜHRUNGSBEFUGNISSE UND SCHLUSSBESTIMMUNGEN

Artikel 87
Ausübung der Befugnisübertragung

(1) Die Befugnis zum Erlass delegierter Rechtsakte wird der Kommission unter den in diesem Artikel festgelegten Bedingungen übertragen.

(2) Die Befugnis zum Erlass delegierter Rechtsakte gemäß den Artikeln 6, 22, 23, 56 und 68 wird der Kommission auf unbestimmte Zeit ab dem 17. April 2014 übertragen.

(3) Die Befugnisübertragung gemäß den Artikeln 6, 22, 23, 56 und 68 kann vom Europäischen Parlament oder vom Rat jederzeit widerrufen werden. Der Beschluss über den Widerruf beendet die Übertragung der in diesem Beschluss genannten Befugnis. Er wird am Tag nach seiner Veröffentlichung im *Amtsblatt der Europäischen Union* oder zu einem in dem Beschluss über den Widerruf angegebenen späteren Zeitpunkt wirksam. Die Gültigkeit von delegierten Rechtsakten, die bereits in Kraft sind, wird von dem Beschluss über den Widerruf nicht berührt.

(4) Sobald die Kommission einen delegierten Rechtsakt erlässt, übermittelt sie ihn gleichzeitig dem Europäischen Parlament und dem Rat.

(5) Ein delegierter Rechtsakt, der gemäß den Artikeln 6, 22, 23, 56 und 68 erlassen wurde, tritt nur in Kraft, wenn weder das Europäische Parlament noch der Rat innerhalb einer Frist von zwei Monaten nach Übermittlung dieses Rechtakts an das Europäische Parlament und den Rat Einwände erhoben haben oder wenn vor Ablauf dieser Frist das Europäische Parlament und der Rat beide der Kommission mitgeteilt haben, dass sie keine Einwände erheben werden. Auf Initiative des Europäischen Parlaments oder des Rates wird diese Frist um zwei Monate verlängert.

Artikel 88
Dringlichkeitsverfahren

(1) Delegierte Rechtsakte, die nach diesem Artikel erlassen werden, treten umgehend in Kraft und sind anwendbar, solange keine Einwände gemäß Absatz 2 erhoben werden. Bei der Übermittlung eines delegierten Rechtsakts an das Europäische Parlament und den Rat werden die Gründe für die Anwendung des Dringlichkeitsverfahrens angegeben.

---

40 Richtlinie 95/46/EG des Europäischen Parlaments und des Rates vom 24. Oktober 1995 zum Schutz natürlicher Personen bei der Verarbeitung personenbezogener Daten und zum freien Datenverkehr (ABl. L 281 vom 23.11.1995, S. 31).

41 Richtlinie 2002/58/EG des Europäischen Parlaments und des Rates vom 12. Juli 2002 über die Verarbeitung personenbezogener Daten und den Schutz der Privatsphäre in der elektronischen Kommunikation (Datenschutzrichtlinie für elektronische Kommunikation) (ABl. L 201 vom 31.7.2002, S. 37).

(2) Das Europäische Parlament oder der Rat können gemäß dem Verfahren des Artikels 87 Absatz 5 Einwände gegen einen delegierten Rechtsakt erheben. In diesem Fall hebt die Kommission den Rechtsakt umgehend nach der Übermittlung des Beschlusses des Europäischen Parlaments oder des Rates, Einwände zu erheben, auf.

Artikel 89
Ausschussverfahren

(1) Die Kommission wird von dem Beratenden Ausschuss für das öffentliche Auftragswesen, der durch den Beschluss 71/306/EWG des Rates[42] eingesetzt wurde, unterstützt. Dieser Ausschuss ist ein Ausschuss im Sinne der Verordnung (EU) Nr. 182/2011.

(2) Wird auf diesen Absatz Bezug genommen, so gilt Artikel 4 der Verordnung (EU) Nr. 182/2011.

(3) Wird auf diesen Absatz Bezug genommen, so gilt Artikel 5 der Verordnung (EU) Nr. 182/2011.

Artikel 90
Umsetzung und Übergangsbestimmungen

(1) Die Mitgliedstaaten setzen die Rechts- und Verwaltungsvorschriften in Kraft, die erforderlich sind, um dieser Richtlinie bis 18. April 2016 nachzukommen. Sie übermitteln der Kommission unverzüglich den Wortlaut dieser Vorschriften.

(2) Unbeschadet des Absatzes 1 können die Mitgliedstaaten die Anwendung von Artikel 22 Absatz 1 bis 18. Oktober 2018 aufschieben, außer für den Fall, dass die Verwendung elektronischer Mittel gemäß den Artikeln 34, 35 und 36, Artikel 37 Absatz 3, Artikel 51 Absatz 2 oder Artikel 53 verbindlich vorgeschrieben ist.

Unbeschadet des Absatzes 1 des vorliegenden Artikels können die Mitgliedstaaten die Anwendung von Artikel 22 Absatz 1 für zentrale Beschaffungsstellen bis 18. April 2017 aufschieben.

Beschließt ein Mitgliedstaat, die Anwendung von Artikel 22 Absatz 1 aufzuschieben, so sieht dieser Mitgliedstaat vor, dass die öffentlichen Auftraggeber für alle Mitteilungen und für den gesamten Informationsaustausch zwischen folgenden Kommunikationsmitteln wählen können:

a) elektronische Mittel gemäß Artikel 22;
b) Postweg oder anderer geeigneter Weg;
c) Fax;
d) eine Kombination dieser Mittel.

(3) Ungeachtet des Absatzes 1 des vorliegenden Artikels können die Mitgliedstaaten die Anwendung von Artikel 59 Absatz 2 bis 18. April 2018 aufschieben.

(4) Ungeachtet des Absatzes 1 des vorliegenden Artikels können die Mitgliedstaaten die Anwendung von Artikel 59 Absatz 5 Unterabsatz 2 bis 18. Oktober 2018 aufschieben.

(5) Ungeachtet des Absatzes 1 des vorliegenden Artikels können die Mitgliedstaaten die Anwendung von Artikel 61 Absatz 2 bis 18. Oktober 2018 aufschieben.

(6) Bei Erlass der in den Absätzen 1 bis 5 genannten Vorschriften nehmen die Mitgliedstaaten in den Vorschriften selbst oder durch einen Hinweis bei der amtlichen Veröffentlichung auf diese Richtlinie Bezug. Die Mitgliedstaaten regeln die Einzelheiten dieser Bezugnahme.

(7) Die Mitgliedstaaten teilen der Kommission den Wortlaut der wichtigsten nationalen Rechtsvorschriften mit, die sie auf dem unter diese Richtlinie fallenden Gebiet erlassen.

42 Beschluss des Rates 71/306/EWG: vom 26. Juli 1971 zur Einsetzung eines Beratenden Ausschusses für öffentliche Bauaufträge (ABl. L 185 vom 16.8.1971, S. 15).

Artikel 91
Aufhebungen

Die Richtlinie 2004/18/EG wird mit Wirkung zum 18. April 2016 aufgehoben.

Bezugnahmen auf die aufgehobene Richtlinie gelten als Bezugnahmen auf die vorliegende Richtlinie und sind nach Maßgabe der Entsprechungstabelle in Anhang XV zu lesen.

Artikel 92
Überprüfung

Die Kommission überprüft die wirtschaftlichen Auswirkungen, die die Anwendung der in Artikel 4 festgelegten Schwellenwerte auf den Binnenmarkt hat, insbesondere in Bezug auf Faktoren wie die grenzüberschreitende Vergabe von Aufträgen und Transaktionskosten, und erstattet dem Europäischen Parlament und dem Rat bis 18. April 2019 darüber Bericht.

Wenn dies möglich und angemessen ist, erwägt die Kommission, im Rahmen der nächsten Verhandlungsrunde eine Erhöhung der laut dem GPA geltenden Schwellenwerte vorzuschlagen. Im Falle einer Änderung der laut dem GPA geltenden Schwellenwerte wird im Anschluss an den Bericht gegebenenfalls ein Vorschlag für einen Rechtsakt zur Änderung der in dieser Richtlinie festgesetzten Schwellenwerte vorgelegt.

Artikel 93
Inkrafttreten

Diese Richtlinie tritt am zwanzigsten Tag nach ihrer Veröffentlichung im *Amtsblatt der Europäischen Union* in Kraft.

Artikel 94
Adressaten

Diese Richtlinie ist an die Mitgliedstaaten gerichtet.

Geschehen zu Straßburg am 26. Februar 2014.

Im Namen des Europäischen Parlaments
Der Präsident
M. SCHULZ

Im Namen des Rates
Der Präsident
D. KOURKOULAS

Anhang I

Zentrale Regierungsbehörden

(Hinweis der Herausgeber: Anhang I der VRL wird im Folgenden nur auszugsweise wiedergegeben.)

DEUTSCHLAND

Auswärtiges Amt

Bundeskanzleramt

Bundesministerium für Arbeit und Soziales

Bundesministerium für Bildung und Forschung

Bundesministerium für Ernährung, Landwirtschaft und Verbraucherschutz

Bundesministerium der Finanzen

Bundesministerium des Innern (nur zivile Güter)

Bundesministerium für Gesundheit

Bundesministerium für Familie, Senioren, Frauen und Jugend

Bundesministerium der Justiz

Bundesministerium für Verkehr, Bau und Stadtentwicklung

Bundesministerium für Wirtschaft und Technologie

Bundesministerium für wirtschaftliche Zusammenarbeit und Entwicklung

Bundesministerium der Verteidigung (keine militärischen Güter)

Bundesministerium für Umwelt, Naturschutz und Reaktorsicherheit

Anhang II

Verzeichnis der Tätigkeiten nach Artikel 2 Absatz 1 Nummer 6 Buchstabe a

Bei unterschiedlichen Auslegungen zwischen CPV und NACE gilt die CPV-Nomenklatur.

NACE Rev. 1[(1)]					
ABSCHNITT F			BAUGEWERBE		CPV-Code
Abteilung	Gruppe	Klasse	Gegenstand	Bemerkungen	
45			Baugewerbe	Diese Abteilung umfasst: – Neubau, Renovierung und gewöhnliche Instandsetzung	45000000
	45.1		Vorbereitende Baustellenarbeiten		45100000
		45.11	Abbruch von Gebäuden, Erdbewegungsarbeiten	Diese Klasse umfasst: – Abbruch von Gebäuden und anderen Bauwerken – Aufräumen von Baustellen – Erdbewegungen: Ausschachtung, Erdauffüllung, Einebnung und Planierung von Baugelände, Grabenaushub, Felsabbau, Sprengen usw. – Erschließung von Lagerstätten – Auffahren von Grubenbauen, Abräumen des Deckgebirges und andere Aus- und Vorrichtungsarbeiten Diese Klasse umfasst ferner: – Baustellenentwässerung – Entwässerung von land- und forstwirtschaftlichen Flächen	45110000

NACE Rev. 1[1]					
ABSCHNITT F			BAUGEWERBE		CPV-Code
Abteilung	Gruppe	Klasse	Gegenstand	Bemerkungen	
		45.12	Test- und Suchbohrung	Diese Klasse umfasst: – Test-, Such- und Kernbohrung für bauliche, geophysikalische, geologische oder ähnliche Zwecke Diese Klasse umfasst nicht: – Erdöl- und Erdgasbohrungen zu Förderzwecken (s. 11.20) – Brunnenbau (s. 45.25) – Schachtbau (s. 45.25) – Exploration von Erdöl- und Erdgasfeldern, geophysikalische, geologische und seismische Messungen (s. 74.20)	45120000
	45.2		Hoch- und Tiefbau		45200000
		45.21	Hochbau, Brücken- und Tunnelbau u.Ä.	Diese Klasse umfasst: – Errichtung von Gebäuden aller Art, Errichtung von Brücken, Tunneln u. Ä. – Brücken (einschließlich für Hochstraßen), Viadukte, Tunnel und Unterführungen – Rohrfernleitungen, Fernmelde- und Energieübertragungsleitungen – städtische Rohrleitungs- und Kabelnetze – dazugehöriger Arbeiten	45210000 außer: –45213316 45220000 45231000 45232000

NACE Rev. 1[1]					
ABSCHNITT F			BAUGEWERBE		CPV-Code
Abteilung	Gruppe	Klasse	Gegenstand	Bemerkungen	
				– Herstellung von Fertigteilbauten aus Beton auf der Baustelle Diese Klasse umfasst nicht: – Erbringung von Dienstleistungen bei der Erdöl- und Erdgasförderung (s. 11.20) – Errichtung vollständiger Fertigteilbauten aus selbst gefertigten Teilen, soweit nicht aus Beton (s. Abteilungen 20, 26 und 28) – Bau von Sportplätzen, Stadien, Schwimmbädern, Sporthallen und anderen Sportanlagen (ohne Gebäude) (s. 45.23) – Bauinstallation (s. 45.3) – sonstiges Baugewerbe (s. 45.4) – Tätigkeiten von Architektur- und Ingenieurbüros (s. 74.20) – Projektleitung (s. 74.20)	
		45.22	Dachdeckerei, Abdichtung und Zimmerei	Diese Klasse umfasst: – Errichtung von Dächern – Dachdeckung – Abdichtung gegen Wasser und Feuchtigkeit	45261000

NACE Rev. 1[(1)]					
ABSCHNITT F			BAUGEWERBE		CPV-Code
Abteilung	Gruppe	Klasse	Gegenstand	Bemerkungen	
		45.23	Straßenbau und Eisenbahnoberbau	Diese Klasse umfasst: – Bau von Autobahnen, Straßen und Wegen – Bau von Bahnverkehrsstrecken – Bau von Rollbahnen – Bau von Sportplätzen, Stadien, Schwimmbädern, Tennis- und Golfplätzen (ohne Gebäude) – Markierung von Fahrbahnen und Parkplätzen Diese Klasse umfasst nicht: – Vorbereitende Erdbewegungen (s. 45.11)	45212212 und DA03 45230000 augenommen: –45231000 –45232000 –45234115
		45.24	Wasserbau	Diese Klasse umfasst: – Bau von: – Wasserstraßen, Häfen (einschließlich Jachthäfen), Flussbauten, Schleusen usw. – Talsperren und Deichen – Nassbaggerei – Unterwasserarbeiten	45240000
		45.25	Spezialbau und sonstiger Tiefbau	Diese Klasse umfasst: – Spezielle Tätigkeiten im Hoch- und Tiefbau, die besondere Fachkenntnisse bzw. Ausrüstungen erfordern – Herstellen von Fundamenten einschließlich Pfahlgründung – Brunnen- und Schachtbau	45250000 45262000

NACE Rev. 1[1]					
ABSCHNITT F			BAUGEWERBE		CPV-Code
Abteilung	Gruppe	Klasse	Gegenstand	Bemerkungen	
				– Montage von fremdbezogenen Stahlelementen – Eisenbiegerei – Mauer- und Pflasterarbeiten – Auf- und Abbau von Gerüsten und beweglichen Arbeitsbühnen einschließlich deren Vermietung – Schornstein-, Feuerungs- und Industrieofenbau Diese Klasse umfasst nicht: – Vermietung von Gerüsten ohne Auf- und Abbau (s. 71.32)	
	45.3		Bauinstallation		45300000
		45.31	Elektroinstallation	Diese Klasse umfasst: – Installation oder Einbau von: – elektrischen Leitungen und Armaturen – Kommunikationssystemen – Elektroheizungen – Rundfunk- und Fernsehantennen (für Wohngebäude) – Feuermeldeanlagen – Einbruchsicherungen – Aufzüge und Rolltreppen – Blitzableiter usw. in Gebäuden und anderen Bauwerken	45213316 45310000 außer: –45316000

NACE Rev. 1[1]					
ABSCHNITT F			BAUGEWERBE		CPV-Code
Abteilung	Gruppe	Klasse	Gegenstand	Bemerkungen	
		45.32	Dämmung gegen Kälte, Wärme, Schall und Erschütterung	Diese Klasse umfasst: – Dämmung gegen Kälte, Wärme, Schall und Erschütterung in Gebäuden und anderen Bauwerken Diese Klasse umfasst nicht: – Abdichtung gegen Wasser und Feuchtigkeit (s. 45.22)	45320000
		45.33	Klempnerei, Gas-, Wasser-, Heizungs- und Lüftungsinstallation	Diese Klasse umfasst: – Installation oder Einbau von: – Sanitärinstallation sowie Ausführung von Klempnerarbeiten – Gasarmaturen – Geräten und Leitungen für Heizungs-, Lüftungs-, Kühl- und Klimaanlagen – Sprinkleranlagen Diese Klasse umfasst nicht: – Installation von Elektroheizungen (s. 45.31)	45330000
		45.34	Sonstige Bauinstallation	Diese Klasse umfasst: – Installation von Beleuchtungs- und Signalanlagen für Straßen, Eisenbahnen, Flughäfen und Häfen – Installation von Ausrüstungen und Befestigungselementen a.n.g. in Gebäuden und anderen Bauwerken	45234115 45316000 45340000

NACE Rev. 1[(1)]					
ABSCHNITT F			BAUGEWERBE		CPV-Code
Abteilung	Gruppe	Klasse	Gegenstand	Bemerkungen	
	45.4		Sonstiges Ausbau		45400000
		45.41	Anbringen von Stuckaturen, Gipserei und Verputzerei	Diese Klasse umfasst: – Stuck-, Gips- und Verputzarbeiten einschließlich damit verbundener Lattenschalung in und an Gebäuden und anderen Bauwerken	45410000
		45.42	Bautischlerei und -schlosserei	Diese Klasse umfasst: – Einbau von fremdbezogenen Türen, Toren, Fenstern, Rahmen und Zargen, Einbauküchen, Treppen, Ladeneinrichtungen u. Ä. aus Holz oder anderem Material – Einbau von Decken, Wandvertäfelungen, beweglichen Trennwänden u. ä. Innenausbauarbeiten Diese Klasse umfasst nicht: – Verlegen von Parkett- und anderen Holzböden (s. 45.43)	45420000
		45.43	Fußboden-, Fliesen- und Plattenlegerei, Raumausstattung	Diese Klasse umfasst: – Verlegen von: – Fußboden- und Wandfliesen oder -platten aus Keramik, Beton oder Stein, – Parkett- und anderen Holzböden, Teppichen und Bodenbelägen aus Linoleum, – auch aus Kautschuk oder Kunststoff – Terrazzo-, Marmor-, Granit- oder Schiefer-Boden- oder Wandbelägen, – Tapeten	45430000

NACE Rev. 1[1]					
ABSCHNITT F			BAUGEWERBE		CPV-Code
Abteilung	Gruppe	Klasse	Gegenstand	Bemerkungen	
		45.44	Maler- und Glasergewerbe	Diese Klasse umfasst: – Innen- und Außenanstrich von Gebäuden – Anstrich von Hoch- und Tiefbauten – Ausführung von Glaserarbeiten, einschließlich Einbau von Glasverkleidungen, Spiegeln usw. Diese Klasse umfasst nicht: – Fenstereinbau (s. 45.42)	45440000
		45.45	Sonstiger Ausbau a.n.g.	Diese Klasse umfasst: – Einbau von Swimmingpools – Fassadenreinigung – Sonstige Baufertigstellung und Ausbauarbeiten a.n.g. Diese Klasse umfasst nicht: – Innenreinigung von Gebäuden und anderen Bauwerken (s.74.70)	45212212 und DA04 45450000
	45.5		Vermietung von Baumaschinen und -geräten mit Bedienungspersonal		45500000
		45.50	Vermietung von Baumaschinen und -geräten mit Bedienungspersonal	Diese Klasse umfasst nicht: – Vermietung von Baumaschinen und -geräten ohne Bedienungspersonal (s. 71.32)	45500000

[1] Verordnung (EWG) Nr. 3037/90 des Rates vom 9. Oktober 1990 betreffend die statistische Systematik der Wirtschaftszweige in der Europäischen Gemeinschaft (ABl. L 293 vom 24.10.1990, S. 1).

Anhang III

Verzeichnis der Waren nach Artikel 4 Buchstabe b betreffend Aufträge von öffentlichen Auftraggebern, die im Bereich der Verteidigung vergeben werden

Maßgebend für die Zwecke dieser Richtlinie ist allein der Wortlaut von Anhang 1 Nummer 3 des GPA, auf den sich das folgende indikative Produktverzeichnis stützt:

Kapitel 25:	Salz, Schwefel, Steine und Erden, Gips, Kalk und Zement
Kapitel 26:	Metallurgische Erze sowie Schlacken und Aschen
Kapitel 27:	Mineralische Brennstoffe, Mineralöle und Erzeugnisse ihrer Destillation; bituminöse Stoffe, Mineralwachse ausgenommen: ex 27.10: Spezialtreibstoffe
Kapitel 28:	Anorganische chemische Erzeugnisse, organische oder anorganische Verbindungen von Edelmetallen, radioaktiven Elementen, Metallen der seltenen Erden und Isotopen ausgenommen: ex 28.09: Sprengstoffe ex 28.13: Sprengstoffe ex 28.14: Tränengas ex 28.28: Sprengstoffe ex 28.32: Sprengstoffe ex 28.39: Sprengstoffe ex 28.50: toxikologische Erzeugnisse ex 28.51: toxikologische Erzeugnisse ex 28.54: Sprengstoffe
Kapitel 29:	organische chemische Erzeugnisse ausgenommen: ex 29.03: Sprengstoffe ex 29.04: Sprengstoffe ex 29.07: Sprengstoffe ex 29.08: Sprengstoffe ex 29.11: Sprengstoffe ex 29.12: Sprengstoffe ex 29.13: toxikologische Erzeugnisse ex 29.14: toxikologische Erzeugnisse ex 29.15: toxikologische Erzeugnisse ex 29.21: toxikologische Erzeugnisse ex 29.22: toxikologische Erzeugnisse ex 29.23: toxikologische Erzeugnisse ex 29.26: Sprengstoffe ex 29.27: toxikologische Erzeugnisse ex 29.29: Sprengstoffe
Kapitel 30:	pharmazeutische Erzeugnisse
Kapitel 31:	Düngemittel

Kapitel 32:	Gerb- und Farbstoffauszüge, Tannine und ihre Derivate, Farbstoffe, Farben, Anstrichfarben, Lacke und Färbemittel, Kitte, Tinten
Kapitel 33:	ätherische Öle und Resinoide, zubereitete Riech-, Körperpflege- und Schönheitsmittel
Kapitel 34:	Seifen, organische grenzflächenaktive Stoffe, zubereitete Waschmittel und Waschhilfsmittel, zubereitete Schmiermittel, künstliche Wachse, zubereitete Wachse, Schuhcreme, Scheuerpulver und dergleichen, Kerzen und ähnliche Erzeugnisse, Modelliermassen und „Dentalwachs"
Kapitel 35:	Eiweißstoffe, Klebstoffe, Enzyme
Kapitel 37:	Erzeugnisse zu fotografischen und kinematografischen Zwecken
Kapitel 38:	verschiedene Erzeugnisse der chemischen Industrie ausgenommen: ex 38.19: toxikologische Erzeugnisse
Kapitel 39:	Kunststoffe, Zelluloseäther und -ester, künstliche Resinoide und Waren daraus ausgenommen: ex 39.03: Sprengstoffe
Kapitel 40:	Kautschuk (Naturkautschuk, synthetischer Kautschuk und Faktis) und Kautschukwaren ausgenommen: ex 40.11: kugelsichere Reifen
Kapitel 41:	Häute und Felle (andere als Pelzfelle) und Leder
Kapitel 42:	Lederwaren, Sattlerwaren, Reiseartikel, Handtaschen und ähnliche Behältnisse, Waren aus Därmen
Kapitel 43:	Pelzfelle und künstliches Pelzwerk; Waren daraus
Kapitel 44:	Holz, Holzkohle und Holzwaren
Kapitel 45:	Kork und Korkwaren
Kapitel 46:	Flechtwaren und Korbmacherwaren
Kapitel 47:	Ausgangsstoffe für die Papierherstellung
Kapitel 48:	Papier und Pappe, Waren aus Papierhalbstoff, Papier und Pappe
Kapitel 49:	Waren des Buchhandels und Erzeugnisse des grafischen Gewerbes
Kapitel 65:	Kopfbedeckungen und Teile davon
Kapitel 66:	Regenschirme, Sonnenschirme, Gehstöcke, Peitschen, Reitpeitschen und Teile davon
Kapitel 67:	zugerichtete Federn und Daunen und Waren aus Federn oder Daunen, künstliche Blumen, Waren aus Menschenhaaren

Kapitel 68:	Waren aus Steinen, Gips, Zement, Asbest, Glimmer oder ähnlichen Stoffen
Kapitel 69:	keramische Waren
Kapitel 70:	Glas und Glaswaren
Kapitel 71:	echte Perlen, Edelsteine, Schmucksteine und dergleichen, Edelmetalle, Edelmetallplattierungen, Waren daraus, Fantasieschmuck
Kapitel 73:	Eisen und Stahl und Waren daraus
Kapitel 74:	Kupfer und Waren daraus
Kapitel 75:	Nickel und Waren daraus
Kapitel 76:	Aluminium und Waren daraus
Kapitel 77:	Magnesium und Beryllium und Waren daraus
Kapitel 78:	Blei und Waren daraus
Kapitel 79:	Zink und Waren daraus
Kapitel 80:	Zinn und Waren daraus
Kapitel 81:	andere unedle Metalle und Waren daraus
Kapitel 82:	Werkzeuge, Messerschmiedewaren und Essbestecke aus unedlen Metallen ausgenommen: ex 82.05: Werkzeuge ex 82.07: Werkzeugteile
Kapitel 83:	verschiedene Waren aus unedlen Metallen
Kapitel 84:	Kessel, Maschinen, Apparate und mechanische Geräte und Teile davon ausgenommen: ex 84.06: Motoren ex 84.08: andere Triebwerke ex 84.45: Maschinen ex 84.53: automatische Datenverarbeitungsmaschinen ex 84.55: Teile für Maschinen der Tarif-Nr. 84.53 ex 84.59: Kernreaktoren
Kapitel 85:	elektrische Maschinen, Apparate und Geräte und Teile davon ausgenommen: ex 85.13: Telekommunikationsausrüstung ex 85.15: Sendegeräte
Kapitel 86:	Schienenfahrzeuge, ortsfestes Gleismaterial, nicht elektrische mechanische Signalvorrichtungen für Verkehrswege ausgenommen: ex 86.02: gepanzerte Lokomotiven, elektrisch ex 86.03: andere gepanzerte Lokomotiven

	ex 86.05: gepanzerte Wagen ex 86.06: Werkstattwagen ex 86.07: Wagen
Kapitel 87:	Zugmaschinen, Kraftwagen, Krafträder, Fahrräder und andere nicht schienengebundene Landfahrzeuge ausgenommen: ex 87.08: Panzer und andere gepanzerte Fahrzeuge ex 87.01: Zugmaschinen ex 87.02: Militärfahrzeuge ex 87.03: Abschleppwagen ex 87.09: Krafträder ex 87.14: Anhänger
Kapitel 89:	Wasserfahrzeuge und schwimmende Vorrichtungen ausgenommen: ex 89.01A: Kriegsschiffe
Kapitel 90:	optische, fotografische und kinematografische Instrumente, Apparate und Geräte, Mess-, Prüf- und Präzisionsinstrumente, -apparate und -geräte, medizinische und chirurgische Instrumente, -apparate und -geräte ausgenommen: ex 90.05: Ferngläser ex 90.13: verschiedene Instrumente, Laser ex 90.14: Entfernungsmesser ex 90.28: elektrische oder elektronische Messinstrumente ex 90.11: Mikroskope ex 90.17: medizinische Instrumente ex 90.18: Apparate und Geräte für Mechanotherapie ex 90.19: orthopädische Apparate ex 90.20: Röntgenapparate und -geräte
Kapitel 91:	Uhrmacherwaren
Kapitel 92:	Musikinstrumente, Tonaufnahme- oder Tonwiedergabegeräte, Bild- und Tonaufzeichnungsgeräte oder Bild- und Tonwiedergabegeräte für das Fernsehen, Teile und Zubehör für diese Instrumente und Geräte
Kapitel 94:	Möbel, medizinisch-chirurgische Möbel, Bettausstattungen und ähnliche Waren ausgenommen: ex 94.01A: Sitze für Luftfahrzeuge
Kapitel 95:	bearbeitete Schnitz- und Formstoffe, Waren aus Schnitz- und Formstoffen
Kapitel 96:	Besen, Bürsten, Pinsel, Puderquasten und Siebwaren
Kapitel 98:	verschiedene Waren

Anhang IV

Anforderungen an Instrumente und Vorrichtungen für die elektronische Entgegennahme von Angeboten, Teilnahmeanträgen sowie Plänen und Entwürfen für Wettbewerbe

Die Instrumente und Vorrichtungen für die elektronische Entgegennahme von Angeboten, Teilnahmeanträgen sowie Plänen und Entwürfen für Wettbewerbe müssen mittels geeigneter technischer Mittel und entsprechender Verfahren gewährleisten, dass

a) die Uhrzeit und der Tag des Eingangs der Angebote, der Teilnahmeanträge sowie der Pläne und Entwürfe genau bestimmt werden können;
b) es als sicher gelten kann, dass niemand vor den festgesetzten Terminen Zugang zu den gemäß den vorliegenden Anforderungen übermittelten Daten haben kann;
c) die Zeitpunkte der Öffnung der eingegangenen Daten ausschließlich von den ermächtigten Personen festgelegt oder geändert werden können;
d) in den verschiedenen Phasen des Vergabeverfahrens beziehungsweise des Wettbewerbs nur die ermächtigten Personen Zugang zu allen vorgelegten Daten – beziehungsweise zu einem Teil dieser Daten – haben;
e) nur die ermächtigten Personen Zugang zu den übermittelten Daten gewähren dürfen, und zwar erst nach dem festgesetzten Zeitpunkt;
f) die eingegangenen und gemäß den vorliegenden Anforderungen geöffneten Angaben ausschließlich den zur Kenntnisnahme ermächtigten Personen zugänglich bleiben;
g) es bei einem Verstoß oder versuchten Verstoß gegen die Zugangsverbote oder -bedingungen gemäß den Buchstaben b, c, d, e und f als sicher gelten kann, dass sich der Verstoß oder versuchte Verstoß eindeutig aufdecken lässt.

Anhang V

In Bekanntmachungen aufzuführende Angaben

TEIL A
In Bekanntmachungen über die Veröffentlichung von Vorinformationen in einem Beschafferprofil aufzuführende Angaben

1. Name, Identifikationsnummer (soweit nach nationalem Recht vorgesehen), Anschrift einschließlich NUTS-Code, Telefon- und Fax-Nummer, E-Mail- und Internet-Adresse des öffentlichen Auftraggebers und, falls abweichend, der Dienststelle, bei der weitere Informationen erhältlich sind.
2. Art und Haupttätigkeit des öffentlichen Auftraggebers.
3. Gegebenenfalls Hinweis darauf, dass es sich bei dem öffentlichen Auftraggeber um eine zentrale Beschaffungsstelle handelt oder dass eine andere Form gemeinsamer Beschaffung vorgesehen ist oder vorgesehen werden kann.
4. CPV-Codes.
5. Internet-Adresse (URL) des „Beschafferprofils".
6. Datum der Absendung der Bekanntmachung der Vorinformation im Beschafferprofil.

TEIL B
In der Vorinformation aufzuführende Angaben

(siehe Artikel 48)

I. Obligatorische Angaben

1. Name, Identifikationsnummer (soweit nach nationalem Recht vorgesehen), Anschrift einschließlich NUTS-Code, Telefon- und Fax-Nummer, E-Mail- und Internet-Adresse des öffentlichen Auftraggebers und, falls abweichend, der Dienststelle, bei der weitere Informationen erhältlich sind.
2. E-Mail- oder Internet-Adresse, über die die Auftragsunterlagen unentgeltlich, uneingeschränkt, vollständig und unmittelbar abgerufen werden können.
   Ist ein unentgeltlicher, uneingeschränkter, vollständiger und unmittelbarer Zugang aus den in Artikel 53 Absatz 1 Unterabsätze 2 und 3 genannten Gründen nicht möglich, so ist darauf hinzuweisen, wie die Auftragsunterlagen abgerufen werden können.
3. Art und Haupttätigkeit des öffentlichen Auftraggebers.
4. Gegebenenfalls Hinweis darauf, dass es sich bei dem öffentlichen Auftraggeber um eine zentrale Beschaffungsstelle handelt oder dass eine andere Form gemeinsamer Beschaffung vorgesehen ist oder vorgesehen werden kann.
5. CPV-Codes. Bei Unterteilung des Auftrags in mehrere Lose sind diese Informationen für jedes Los anzugeben.
6. NUTS-Code für den Haupterfüllungsort der Bauarbeiten bei Bauaufträgen beziehungsweise NUTS-Code für den Haupterfüllungsort für Lieferungen und Leistungen bei Liefer- und Dienstleistungsaufträgen. bei Unterteilung des Auftrags in mehrere Lose sind diese Informationen für jedes Los anzugeben.
7. Kurzbeschreibung der Beschaffung: Art und Umfang der Bauarbeiten, Art und Menge beziehungsweise Wert der Lieferungen, Art und Umfang der Dienstleistungen.
8. Wenn die Bekanntmachung nicht als Aufruf zum Wettbewerb dient, voraussichtlicher Zeitpunkt der Veröffentlichung der Auftragsbekanntmachung für den (die) in der Vorinformation genannten Auftrag (Aufträge).
9. Tag der Absendung der Bekanntmachung.
10. Sonstige einschlägige Auskünfte.
11. Hinweis darauf, ob der Auftrag unter das GPA fällt oder nicht.

II. Zu erteilende zusätzliche Auskünfte, wenn die Bekanntmachung als Aufruf zum Wettbewerb dient (Artikel 48 Absatz 2)

1. Hinweis darauf, dass interessierte Wirtschaftsteilnehmer dem öffentlichen Auftraggeber ihr Interesse an dem Auftrag (den Aufträgen) bekunden sollten.
2. Art des Vergabeverfahrens (nichtoffene Verfahren, ob mit oder ohne dynamisches Beschaffungssystem, oder Verhandlungsverfahren).
3. Gegebenenfalls Angaben, ob
   a) eine Rahmenvereinbarung geschlossen wird;
   b) ein dynamisches Beschaffungssystem zum Einsatz kommt.
4. Soweit bereits bekannt, Zeitrahmen für die Bereitstellung der Produkte beziehungsweise die Ausführung der Bauarbeiten oder Dienstleistungen und, soweit möglich, Laufzeit des Auftrags.
5. Soweit bereits bekannt, Teilnahmebedingungen, einschließlich
   a) gegebenenfalls Angabe, ob es sich um einen öffentlichen Auftrag handelt, der geschützten Werkstätten vorbehalten ist, oder bei dem die Ausführung nur im Rahmen von Programmen für geschützte Beschäftigungsverhältnisse erfolgen darf;
   b) gegebenenfalls Angabe, ob die Erbringung der Dienstleistung aufgrund von Rechts- und Verwaltungsvorschriften einem besonderen Berufsstand vorbehalten ist;
   c) einer Kurzbeschreibung der Eignungskriterien.
6. Soweit bereits bekannt, Kurzbeschreibung der Zuschlagskriterien.
7. Soweit bereits bekannt, geschätzte Gesamtgrößenordnung des (der) Auftrags (Aufträge); bei Unterteilung des Auftrags in mehrere Lose sind diese Informationen für jedes Los anzugeben.
8. Fristen für den Eingang der Interessenbekundungen.
9. Anschrift, an die die Interessenbekundungen zu richten sind.
10. Sprache oder Sprachen, in denen die Bewerbungen beziehungsweise Angebote abzugeben sind.
11. Gegebenenfalls Angaben, ob
    a) eine elektronische Einreichung der Angebote oder Anträge auf Teilnahme gefordert beziehungsweise akzeptiert wird;
    b) Aufträge elektronisch erteilt werden;
    c) die Rechnungstellung elektronisch erfolgt;
    d) die Zahlung elektronisch erfolgt.
12. Angaben darüber, ob der Auftrag mit einem aus Mitteln der Union finanzierten Vorhaben beziehungsweise Programm im Zusammenhang steht.
13. Name und Anschrift der für Nachprüfungen und gegebenenfalls für Mediationsverfahren zuständigen Stelle; genaue Angaben zu den Fristen für Nachprüfungsverfahren oder erforderlichenfalls Name, Anschrift, Telefonnummer, Faxnummer und E-Mail-Adresse der Stelle, bei der diese Informationen erhältlich sind.

TEIL C
In der Auftragsbekanntmachung aufzuführende Angaben

(siehe Artikel 49)

1. Name, Identifikationsnummer (soweit nach nationalem Recht vorgesehen), Anschrift einschließlich NUTS-Code, Telefon- und Fax-Nummer, E-Mail- und Internet-Adresse des öffentlichen Auftraggebers und, falls abweichend, der Dienststelle, bei der weitere Informationen erhältlich sind.
2. E-Mail- oder Internet-Adresse, über die die Auftragsunterlagen unentgeltlich, uneingeschränkt, vollständig und unmittelbar abgerufen werden können.
   Ist ein unentgeltlicher, uneingeschränkter, vollständiger und unmittelbarer Zugang aus den in Artikel 53 Absatz 1 Unterabsätze 2 und 3 genannten Gründen nicht möglich, so ist darauf hinzuweisen, wie die Auftragsunterlagen abgerufen werden können.
3. Art und Haupttätigkeit des öffentlichen Auftraggebers.
4. Gegebenenfalls Hinweis darauf, dass es sich bei dem öffentlichen Auftraggeber um eine zentrale Beschaffungsstelle handelt oder dass eine andere Form gemeinsamer Beschaffung vorgesehen ist.
5. CPV-Codes. Bei Unterteilung des Auftrags in mehrere Lose sind diese Informationen für jedes Los anzugeben.

6. NUTS-Code für den Haupterfüllungsort der Bauarbeiten bei Bauaufträgen beziehungsweise NUTS-Code für den Haupterfüllungsort für Lieferungen und Leistungen bei Liefer- und Dienstleistungsaufträgen. bei Unterteilung des Auftrags in mehrere Lose sind diese Informationen für jedes Los anzugeben.
7. Beschreibung der Beschaffung: Art und Umfang der Bauarbeiten, Art und Menge beziehungsweise Wert der Lieferungen, Art und Umfang der Dienstleistungen. Bei Unterteilung des Auftrags in mehrere Lose sind diese Informationen für jedes Los anzugeben; gegebenenfalls Beschreibung etwaiger Optionen.
8. Geschätzte Gesamtgrößenordnung des (der) Auftrags (Aufträge); bei Unterteilung des Auftrags in mehrere Lose sind diese Informationen für jedes Los anzugeben.
9. Zulässigkeit oder Verbot von Änderungsvorschlägen.
10. Zeitrahmen für die Bereitstellung beziehungsweise Ausführung der Lieferungen, Bauarbeiten oder Dienstleistungen und, soweit möglich, Laufzeit des Auftrags.
    a) Bei Rahmenvereinbarungen Angabe der vorgesehenen Laufzeit der Vereinbarung, gegebenenfalls unter Angabe der Gründe für eine etwaige Laufzeit von mehr als vier Jahren. Soweit möglich, Angabe des Werts oder der Größenordnung und der Häufigkeit der zu vergebenden Aufträge sowie gegebenenfalls vorgeschlagene Höchstzahl der teilnehmenden Wirtschaftsteilnehmer.
    b) Bei einem dynamischen Beschaffungssystem Angabe der vorgesehenen Dauer des Bestehens dieses Systems. Soweit möglich, Angabe des Werts oder der Größenordnung und der Häufigkeit der zu vergebenden Aufträge.
11. Teilnahmebedingungen, darunter
    a) gegebenenfalls Angabe, ob es sich um einen öffentlichen Auftrag handelt, der geschützten Werkstätten vorbehalten ist, oder bei dem die Ausführung nur im Rahmen von Programmen für geschützte Beschäftigungsverhältnisse erfolgen darf;
    b) gegebenenfalls Angabe darüber, ob die Erbringung der Dienstleistung aufgrund von Rechts- und Verwaltungsvorschriften einem besonderen Berufsstand vorbehalten ist; Hinweis auf die entsprechende Rechts- oder Verwaltungsvorschrift;
    c) Liste und Kurzbeschreibung der die persönliche Lage der Wirtschaftsteilnehmer betreffenden Kriterien, die zu ihrem Ausschluss führen können, sowie der Eignungskriterien; etwaige einzuhaltende Mindeststandards; Angabe der Informationserfordernisse (Eigenerklärungen, Unterlagen).
12. Art des Vergabeverfahrens; gegebenenfalls Rechtfertigungsgründe für ein beschleunigtes Verfahren (für offene und nichtoffene Verfahren und Verhandlungsverfahren).
13. Gegebenenfalls Angaben, ob
    a) eine Rahmenvereinbarung geschlossen wird;
    b) ein dynamisches Beschaffungssystem zum Einsatz kommt;
    c) eine elektronische Auktion stattfindet (bei offenen oder nichtoffenen Verfahren oder Verhandlungsverfahren).
14. Falls der Auftrag in mehrere Lose unterteilt ist, Angabe, ob die Möglichkeit besteht, Angebote für eines, mehrere oder alle Lose einzureichen; Angabe einer etwaigen Begrenzung der Zahl der Lose, die an einen Bieter vergeben werden können. Wird ein Auftrag nicht in Lose aufgeteilt, Angabe der Gründe hierfür, es sei denn, dass diese Information im Vergabevermerk enthalten ist.
15. Für nichtoffene Verfahren, Verhandlungsverfahren, den wettbewerblichen Dialog oder Innovationspartnerschaften, falls von der Möglichkeit Gebrauch gemacht wird, die Anzahl der Bewerber, die zur Abgabe eines Angebots, zu Verhandlungen oder zum Dialog aufgefordert werden sollen, zu verringern: Mindestanzahl und gegebenenfalls auch Höchstanzahl der Bewerber und objektive Kriterien für die Auswahl der jeweiligen Bewerber.
16. Bei einem Verhandlungsverfahren, einem wettbewerblichen Dialog oder einer Innovationspartnerschaft gegebenenfalls Angabe, dass das Verfahren in aufeinander folgenden Etappen abgewickelt wird, um die Zahl der zu verhandelnden Angebote beziehungsweise der zu erörternden Lösungen schrittweise zu verringern.
17. Gegebenenfalls zusätzliche Bedingungen für die Ausführung des Auftrags.
18. Zuschlagskriterien: Sofern nicht das wirtschaftlich günstigste Angebot allein aufgrund des Preises ermittelt wird, geht, müssen die Kriterien für das wirtschaftlich günstigste Angebot sowie deren

Gewichtung genannt werden, falls sie nicht in den Spezifikationen beziehungsweise im Fall des wettbewerblichen Dialogs in der Beschreibung enthalten sind.

19. Frist für den Eingang der Angebote (offenes Verfahren) oder der Teilnahmeanträge (nichtoffene Verfahren, Verhandlungsverfahren, dynamische Beschaffungssysteme, wettbewerbliche Dialoge, Innovationspartnerschaften).
20. Anschrift, an die die Angebote beziehungsweise Teilnahmeanträge zu richten sind.
21. Bei offenen Verfahren:
    a) Bindefrist;
    b) Datum, Uhrzeit und Ort der Öffnung der Angebote;
    c) Personen, die bei der Öffnung anwesend sein dürfen.
22. Sprache(n), in der (denen) Angebote oder Teilnahmeanträge abzufassen sind.
23. Gegebenenfalls Angaben, ob
    a) eine elektronische Einreichung der Angebote oder Anträge auf Teilnahme akzeptiert wird;
    b) Aufträge elektronisch erteilt werden;
    c) eine elektronische Rechnungstellung akzeptiert wird;
    d) die Zahlung elektronisch erfolgt.
24. Angaben darüber, ob der Auftrag mit einem aus Mitteln der Union finanzierten Vorhaben beziehungsweise Programm im Zusammenhang steht.
25. Name und Anschrift der für Nachprüfungen und gegebenenfalls für Mediationsverfahren zuständigen Stelle; genaue Angaben zu den Fristen für Nachprüfungsverfahren beziehungsweise gegebenenfalls Name, Anschrift, Telefon- und Faxnummer und E-Mail-Adresse der Stelle, bei der diese Informationen erhältlich sind.
26. Daten und Angaben zu früheren Veröffentlichungen im *Amtsblatt der Europäischen Union*, die für den (die) bekanntgegebenen Auftrag (Aufträge) relevant sind.
27. Bei wiederkehrenden Aufträgen Angaben zum geplanten Zeitpunkt für die Veröffentlichung weiterer Bekanntmachungen.
28. Tag der Absendung der Bekanntmachung.
29. Hinweis darauf, ob der Auftrag unter das GPA fällt oder nicht.
30. Sonstige einschlägige Auskünfte.

TEIL D
In der Vergabebekanntmachung aufzuführende Angaben

(siehe Artikel 50)

1. Name, Identifikationsnummer (soweit nach nationalem Recht vorgesehen), Anschrift einschließlich NUTS-Code, Telefon- und Fax-Nummer, E-Mail- und Internet-Adresse des öffentlichen Auftraggebers und, falls abweichend, der Dienststelle, bei der weitere Informationen erhältlich sind.
2. Art und Haupttätigkeit des öffentlichen Auftraggebers.
3. Gegebenenfalls Hinweis darauf, dass es sich bei dem öffentlichen Auftraggeber um eine zentrale Beschaffungsstelle handelt oder dass eine andere Form gemeinsamer Beschaffung vorgesehen ist.
4. CPV-Codes.
5. NUTS-Code für den Haupterfüllungsort der Bauarbeiten bei Bauaufträgen beziehungsweise NUTS-Code für den Haupterfüllungsort für Lieferungen und Leistungen bei Liefer- und Dienstleistungsaufträgen.
6. Beschreibung der Beschaffung: Art und Umfang der Bauarbeiten, Art und Menge beziehungsweise Wert der Lieferungen, Art und Umfang der Dienstleistungen. Bei Unterteilung des Auftrags in mehrere Lose sind diese Informationen für jedes Los anzugeben; gegebenenfalls Beschreibung etwaiger Optionen.
7. Art des Vergabeverfahrens; im Fall von Verhandlungsverfahren ohne vorherige Veröffentlichung Begründung.
8. Gegebenenfalls Angaben, ob
    a) eine Rahmenvereinbarung geschlossen wurde;
    b) ein dynamisches Beschaffungssystem zum Einsatz gekommen ist.

9. Bei der Vergabe des Auftrags beziehungsweise der Aufträge angewandte Zuschlagskriterien nach Artikel 67. Gegebenenfalls Angabe, ob eine elektronische Auktion stattgefunden hat (bei offenen oder nichtoffenen Verfahren oder Verhandlungsverfahren).
10. Datum des Abschlusses des Auftrags (der Aufträge) im Anschluss an dessen (deren) Vergabe beziehungsweise Datum der Rahmenvereinbarung(en) im Anschluss an die Entscheidung über deren Abschluss.
11. Anzahl der für jede Konzessionsvergabe eingegangenen Angebote, darunter
    a) Anzahl der Angebote kleiner und mittlerer Unternehmen,
    b) Anzahl der Angebote aus einem anderen Mitgliedstaat oder aus einem Drittland,
    c) Anzahl der elektronisch übermittelten Angebote.
12. Für jede Zuschlagerteilung Name, Anschrift einschließlich NUTS-Code, Telefon- und Faxnummer, E-Mail- und Internet-Adresse des (der) erfolgreichen Bieters (Bieter), darunter
    a) Angabe, ob der erfolgreiche Bieter ein kleines oder mittleres Unternehmen ist,
    b) Angabe, ob der Auftrag an eine Gruppe von Wirtschaftsteilnehmern (gemeinsames Unternehmen, Konsortium oder andere) vergeben wurde.
13. Wert des (der) erfolgreichen Angebots (Angebote) oder das höchste und das niedrigste Angebot, die bei der Vergabe berücksichtigt wurden.
14. Gegebenenfalls für jede Zuschlagserteilung Wert und Teil des Auftrags, der voraussichtlich an Dritte weitervergeben wird.
15. Angaben darüber, ob der Auftrag mit einem aus Mitteln der Union finanzierten Vorhaben beziehungsweise Programm im Zusammenhang steht.
16. Name und Anschrift der für Nachprüfungen und gegebenenfalls für Mediationsverfahren zuständigen Stelle; genaue Angaben zu den Fristen für die Nachprüfungsverfahren beziehungsweise gegebenenfalls Name, Anschrift, Telefonnummer, Faxnummer und E-Mail-Adresse der Stelle, bei der diese Informationen erhältlich sind.
17. Daten und Angaben zu früheren Veröffentlichungen im *Amtsblatt der Europäischen Union*, die für den (die) bekanntgegebenen Auftrag (Aufträge) relevant sind.
18. Tag der Absendung der Bekanntmachung.
19. Sonstige einschlägige Auskünfte.

TEIL E
In Wettbewerbsbekanntmachungen aufzuführende Angaben

(siehe Artikel 79 Absatz 1)

1. Name, Identifikationsnummer (soweit nach nationalem Recht vorgesehen), Anschrift einschließlich NUTS-Code, Telefon- und Fax-Nummer, E-Mail- und Internet-Adresse des öffentlichen Auftraggebers und, falls abweichend, der Dienststelle, bei der weitere Informationen erhältlich sind.
2. E-Mail- oder Internet-Adresse, über die die Auftragsunterlagen unentgeltlich, uneingeschränkt, vollständig und unmittelbar abgerufen werden können.
   Ist ein unentgeltlicher, uneingeschränkter, vollständiger und unmittelbarer Zugang aus den in Artikel 53 Absatz 1 Unterabsätze 2 und 3 genannten Gründen nicht möglich, so ist darauf hinzuweisen, wie die Auftragsunterlagen abgerufen werden können.
3. Art und Haupttätigkeit des öffentlichen Auftraggebers.
4. Gegebenenfalls Hinweis darauf, dass es sich bei dem öffentlichen Auftraggeber um eine zentrale Beschaffungsstelle handelt oder dass eine andere Form gemeinsamer Beschaffung vorgesehen ist.
5. CPV-Codes. Bei Unterteilung des Auftrags in mehrere Lose sind diese Informationen für jedes Los anzugeben.
6. Beschreibung der Hauptmerkmale des Projekts.
7. Gegebenenfalls Anzahl und Wert der Preise.
8. Art des Wettbewerbs (offen oder nichtoffen).
9. Bei einem offenen Wettbewerb Frist für die Einreichung von Projekten.
10. Bei einem nichtoffenen Wettbewerb:
    a) gewünschte Teilnehmerzahl;
    b) gegebenenfalls Namen der bereits ausgewählten Teilnehmer;

   c) Kriterien für die Auswahl der Teilnehmer;
   d) Frist für die Einreichung der Teilnahmeanträge.
11. Gegebenenfalls Angabe, ob die Teilnahme einem bestimmten Berufsstand vorbehalten ist.
12. Kriterien für die Bewertung der Projekte.
13. Angabe, ob die Entscheidung des Preisgerichts für den öffentlichen Auftraggeber bindend ist.
14. Gegebenenfalls Angabe der an alle Teilnehmer zu leistenden Zahlungen.
15. Angabe, ob die Aufträge im Anschluss an den Wettbewerb an den/die Gewinner des Wettbewerbs vergeben werden können oder nicht.
16. Tag der Absendung der Bekanntmachung.
17. Sonstige einschlägige Auskünfte.

TEIL F
In Bekanntmachungen über die Ergebnisse eines Wettbewerbs aufzuführende Angaben

(siehe Artikel 79 Absatz 2)

1. Name, Identifikationsnummer (soweit nach nationalem Recht vorgesehen), Anschrift einschließlich NUTS-Code, Telefon- und Fax-Nummer, E-Mail- und Internet-Adresse des öffentlichen Auftraggebers und, falls abweichend, der Dienststelle, bei der weitere Informationen erhältlich sind.
2. Art und Haupttätigkeit des öffentlichen Auftraggebers.
3. Gegebenenfalls Hinweis darauf, dass es sich bei dem öffentlichen Auftraggeber um eine zentrale Beschaffungsstelle handelt oder dass eine andere Form gemeinsamer Beschaffung vorgesehen ist.
4. CPV-Codes.
5. Beschreibung der Hauptmerkmale des Projekts.
6. Wert der Preise.
7. Art des Wettbewerbs (offen oder nichtoffen).
8. Kriterien für die Bewertung der Projekte.
9. Datum der Entscheidung des Preisgerichts.
10. Anzahl der Teilnehmer
   a) Anzahl der Teilnehmer, bei denen es sich um KMU handelt;
   b) Anzahl der ausländischen Teilnehmer.
11. Name, Anschrift einschließlich NUTS-Code, Telefon- und Fax-Nummer, E-Mail- und Internet-Adresse des Gewinners (der Gewinner) des Wettbewerbs und Angabe dazu, ob es sich beim Gewinner (den Gewinnern) um kleine und mittlere Unternehmen handelt.
12. Angaben darüber, ob der Wettbewerb mit einem aus Mitteln der Union finanzierten Vorhaben beziehungsweise Programm im Zusammenhang steht.
13. Daten und Angaben zu früheren Veröffentlichungen im *Amtsblatt der Europäischen Union*, die für das (die) bekanntgegebene(n) Projekt (Projekte) relevant sind.
14. Tag der Absendung der Bekanntmachung.
15. Sonstige einschlägige Auskünfte.

TEIL G
In Bekanntmachungen von Änderungen eines Auftrags während seiner Laufzeit aufzuführende Angaben

(siehe Artikel 72 Absatz 1)

1. Name, Identifikationsnummer (soweit nach nationalem Recht vorgesehen), Anschrift einschließlich NUTS-Code, Telefon- und Fax-Nummer, E-Mail- und Internet-Adresse des öffentlichen Auftraggebers und, falls abweichend, der Dienststelle, bei der weitere Informationen erhältlich sind.
2. CPV-Codes.
3. NUTS-Code für den Haupterfüllungsort der Bauarbeiten bei Bauaufträgen beziehungsweise NUTS-Code für den Haupterfüllungsort für Lieferungen und Leistungen bei Liefer- und Dienstleistungsaufträgen.

4. Beschreibung des Auftrags vor und nach der Änderung: Art und Umfang der Bauarbeiten, Art und Menge beziehungsweise Wert der Lieferungen, Art und Umfang der Dienstleistungen.
5. Die etwaige durch die Änderung bedingte Preiserhöhung.
6. Beschreibung der Umstände, die die Änderung erforderlich gemacht haben.
7. Tag der Entscheidung über die Auftragsvergabe.
8. Gegebenenfalls Name, Anschrift einschließlich NUTS-Code, Telefon- und Faxnummer, E-Mail- und Internet-Adresse des (der) neuen Wirtschaftsteilnehmer(s).
9. Angaben darüber, ob der Auftrag mit einem aus Mitteln der Union finanzierten Vorhaben beziehungsweise Programm im Zusammenhang steht.
10. Name und Anschrift der Aufsichtsstelle und der für Nachprüfungen und gegebenenfalls für Mediationsverfahren zuständigen Stelle. Genaue Angaben zu den Fristen für Nachprüfungsverfahren beziehungsweise gegebenenfalls Name, Anschrift, Telefon- und Faxnummer und E-Mail-Adresse der Stelle, bei der diese Informationen erhältlich sind.
11. Daten und Angaben zu früheren Veröffentlichungen im *Amtsblatt der Europäischen Union*, die für den (die) bekanntgegebenen Auftrag (Aufträge) relevant sind.
12. Tag der Absendung der Bekanntmachung.
13. Sonstige einschlägige Auskünfte.

TEIL H
In Bekanntmachungen von Aufträgen für soziale und andere besondere Dienstleistungen aufzuführende Angaben

(siehe Artikel 75 Absatz 1)

1. Name, Identifikationsnummer (soweit nach nationalem Recht vorgesehen), Anschrift einschließlich NUTS-Code, E-Mail- und Internet-Adresse des öffentlichen Auftraggebers.
2. NUTS-Code für die Hauptbaustelle bei Bauarbeiten beziehungsweise NUTS-Code für den Haupterfüllungsort bei Lieferungen und Dienstleistungen.
3. Kurzbeschreibung des betreffenden Auftrags einschließlich der CPV-Codes.
4. Teilnahmebedingungen, darunter
   – gegebenenfalls Angabe, ob es sich um einen Auftrag handelt, der geschützten Werkstätten vorbehalten ist oder bei dem die Ausführung nur im Rahmen von Programmen für geschützte Beschäftigungsverhältnisse erfolgen darf;
   – gegebenenfalls Angabe darüber, ob die Erbringung der Dienstleistung aufgrund von Rechts- und Verwaltungsvorschriften einem besonderen Berufsstand vorbehalten ist.
5. Frist(en) für die Kontaktierung des öffentlichen Auftraggebers im Hinblick auf die Teilnahme.
6. Kurzbeschreibung der wichtigsten Merkmale des Vergabeverfahrens.

TEIL I
In Vorinformationen für soziale und andere besondere Dienstleistungen aufzuführende Angaben

(siehe Artikel 75 Absatz 1)

1. Name, Identifikationsnummer (soweit nach nationalem Recht vorgesehen), Anschrift einschließlich NUTS-Code, E-Mail- und Internet-Adresse des öffentlichen Auftraggebers.
2. Kurzbeschreibung des betreffenden Auftrags einschließlich des geschätzten Gesamtwerts des Auftrags und der beziehungsweise der Code(s) der CPV-Nomenklatur.
3. Soweit bereits bekannt:
   a) NUTS-Code für die Hauptbaustelle bei Bauarbeiten beziehungsweise NUTS-Code für den Haupterfüllungsort bei Lieferungen und Dienstleistungen.
   b) Zeitrahmen für die Bereitstellung der Lieferungen beziehungsweise die Ausführung der Bauarbeiten oder Dienstleistungen und, soweit möglich, Laufzeit des Auftrags.
   c) Teilnahmebedingungen, darunter

- gegebenenfalls Angabe, ob es sich um einen öffentlichen Auftrag handelt, der geschützten Werkstätten vorbehalten ist, oder bei dem die Ausführung nur im Rahmen von Programmen für geschützte Beschäftigungsverhältnisse erfolgen darf;
- gegebenenfalls Angabe, ob die Erbringung der Dienstleistung aufgrund von Rechts- und Verwaltungsvorschriften einem besonderen Berufsstand vorbehalten ist.

d) Kurzbeschreibung der wichtigsten Merkmale des Vergabeverfahrens.

4. Hinweis darauf, dass interessierte Wirtschaftsteilnehmer dem öffentlichen Auftraggeber ihr Interesse an dem Auftrag (den Aufträgen) mitteilen müssen, sowie Angabe der Frist für den Eingang der Interessenbekundungen sowie der Anschrift, an die die Interessenbekundungen zu richten sind.

TEIL J

In Bekanntmachungen über die Vergabe von Aufträgen für soziale und andere besondere Dienstleistungen aufzuführende Angaben

(siehe Artikel 75 Absatz 2)

1. Name, Identifikationsnummer (soweit nach nationalem Recht vorgesehen), Anschrift einschließlich NUTS-Code, E-Mail- und Internet-Adresse des öffentlichen Auftraggebers.
2. Kurzbeschreibung des betreffenden Auftrags einschließlich der Nummer(n) der CPV-Nomenklatur.
3. NUTS-Code für die Hauptbaustelle bei Bauarbeiten beziehungsweise NUTS-Code für den Haupterfüllungsort bei Lieferungen und Dienstleistungen.
4. Anzahl der eingegangenen Angebote.
5. Gezahlter Preis oder Preisspanne (Minimum/Maximum).
6. Für jeden vergebenen Auftrag Name, Anschrift einschließlich NUTS-Code, E-Mail- und Internet-Adresse des (der) erfolgreichen Wirtschaftsteilnehmer(s).
7. Sonstige einschlägige Auskünfte.

Anhang VI

In den Auftragsunterlagen für elektronische Auktionen aufzuführende Angaben

(Artikel 35 Absatz 4)

Die Auftragsunterlagen der öffentlichen Auftraggeber für elektronische Auktionen enthalten mindestens

a) die Komponenten, deren Werte Gegenstand der elektronischen Auktion sein werden, sofern diese Komponenten in der Weise quantifizierbar sind, dass sie in Ziffern oder in Prozentangaben ausgedrückt werden können;

b) gegebenenfalls die Obergrenzen der Werte, die unterbreitet werden können, wie sie sich aus den Spezifikationen des Auftragsgegenstands ergeben;

c) die Informationen, die den Bietern im Laufe der elektronischen Auktion zur Verfügung gestellt werden, sowie den Termin, an dem sie ihnen gegebenenfalls zur Verfügung gestellt werden;

d) die relevanten Angaben zum Ablauf der elektronischen Auktion;

e) die Bedingungen, unter denen die Bieter Gebote abgeben können, und insbesondere die Mindestabstände, die bei diesen Geboten gegebenenfalls einzuhalten sind;

f) die relevanten Angaben zur verwendeten elektronischen Vorrichtung und zu den technischen Modalitäten und Merkmalen der Anschlussverbindung.

Anhang VII

Technische Spezifikationen – Begriffsbestimmungen

Für die Zwecke dieser Richtlinie gelten die folgenden Begriffsbestimmungen:

1. „Technische Spezifikation“ hat eine der folgenden Bedeutungen:
   a) bei öffentlichen Bauaufträgen die Gesamtheit der insbesondere in den Auftragsunterlagen enthaltenen technischen Beschreibungen, in denen die erforderlichen Eigenschaften eines Werkstoffs, eines Produkts oder einer Lieferung definiert sind, damit dieser/diese den vom öffentlichen Auftraggeber beabsichtigten Zweck erfüllt; zu diesen Eigenschaften gehören Umwelt- und Klimaleistungsstufen, „Design für alle“ (einschließlich des Zugangs von Menschen mit Behinderungen) und Konformitätsbewertung, Leistung, Vorgaben für Gebrauchstauglichkeit, Sicherheit oder Abmessungen, einschließlich der Qualitätssicherungsverfahren, der Terminologie, der Symbole, der Versuchs- und Prüfmethoden, der Verpackung, der Kennzeichnung und Beschriftung, der Gebrauchsanleitungen sowie der Produktionsprozesse und -methoden in jeder Phase des Lebenszyklus der Bauleistungen; außerdem gehören dazu auch die Vorschriften für die Planung und die Kostenrechnung, die Bedingungen für die Prüfung, Inspektion und Abnahme von Bauwerken, die Konstruktionsmethoden oder -verfahren und alle anderen technischen Anforderungen, die der Auftraggeber für fertige Bauwerke oder dazu notwendige Materialien oder Teile durch allgemeine und spezielle Vorschriften anzugeben in der Lage ist;
   b) bei öffentlichen Dienstleistungs- oder Lieferaufträgen eine Spezifikation, die in einem Schriftstück enthalten ist, das Merkmale für ein Produkt oder eine Dienstleistung vorschreibt, wie Qualitätsstufen, Umwelt- und Klimaleistungsstufen, „Design für alle“ (einschließlich des Zugangs von Menschen mit Behinderungen) und Konformitätsbewertung, Leistung, Vorgaben für Gebrauchstauglichkeit, Sicherheit oder Abmessungen des Produkts, einschließlich der Vorschriften über Verkaufsbezeichnung, Terminologie, Symbole, Prüfungen und Prüfverfahren, Verpackung, Kennzeichnung und Beschriftung, Gebrauchsanleitungen, Produktionsprozesse und -methoden in jeder Phase des Lebenszyklus der Lieferung oder der Dienstleistung sowie über Konformitätsbewertungsverfahren;
2. „Norm“ bezeichnet eine technische Spezifikation, die von einer anerkannten Normungsorganisation zur wiederholten oder ständigen Anwendung angenommen wurde, deren Einhaltung nicht zwingend ist und die unter eine der nachstehenden Kategorien fällt:
   a) internationale Norm: Norm, die von einer internationalen Normungsorganisation angenommen wurde und der Öffentlichkeit zugänglich ist;
   b) europäische Norm: Norm, die von einer europäischen Normungsorganisation angenommen wurde und der Öffentlichkeit zugänglich ist;
   c) nationale Norm: Norm, die von einer nationalen Normungsorganisation angenommen wurde und der Öffentlichkeit zugänglich ist;
3. „Europäische technische Bewertung“ bezeichnet eine dokumentierte Bewertung der Leistung eines Bauprodukts in Bezug auf seine wesentlichen Merkmale im Einklang mit dem betreffenden Europäischen Bewertungsdokument gemäß der Begriffsbestimmung in Artikel 2 Nummer 12 der Verordnung (EU) Nr. 305/2011 des Europäischen Parlaments und des Rates[1];
4. „gemeinsame technische Spezifikationen“ sind technische Spezifikationen im IKT-Bereich, die gemäß den Artikeln 13 und 14 der Verordnung (EU) Nr. 1025/2012 festgelegt wurden;
5. „technische Bezugsgröße“ bezeichnet jeden Bezugsrahmen, der keine europäische Norm ist und von den europäischen Normungsorganisationen nach den an die Bedürfnisse des Marktes angepassten Verfahren erarbeitet wurde.

---

1 Verordnung (EU) Nr. 305/2011 des Europäischen Parlaments und des Rates vom 9. März 2011 zur Festlegung harmonisierter Bedingungen für die Vermarktung von Bauprodukten (ABl. L 88 vom 4.4.2011, S. 5).

Anhang VIII

Vorgaben für die Veröffentlichung

1. Veröffentlichung der Bekanntmachungen

Die in den Artikeln 48, 49, 50, 75 und 79 genannten Bekanntmachungen werden von den öffentlichen Auftraggebern an das Amt für Veröffentlichungen der Europäischen Union gesandt und gemäß den folgenden Bestimmungen veröffentlicht:
Die Bekanntmachungen nach den Artikeln 48, 49, 50, 75 und 79 sind vom Amt für Veröffentlichungen der Europäischen Union oder im Fall einer Vorinformation in einem Beschafferprofil gemäß Artikel 48 Absatz 1 vom öffentlichen Auftraggeber zu veröffentlichen.
Der öffentliche Auftraggeber kann diese Informationen außerdem im Internet in einem „Beschafferprofil" gemäß Nummer 2 Buchstabe b veröffentlichen.
Das Amt für Veröffentlichungen der Europäischen Union stellt dem öffentlichen Auftraggeber die Bescheinigung über die Veröffentlichung nach Artikel 51 Absatz 5 Unterabsatz 2 aus.

2. Veröffentlichung zusätzlicher beziehungsweise ergänzender Informationen

a) Die öffentlichen Auftraggeber veröffentlichen die Auftragsunterlagen vollständig im Internet, es sei denn, in Artikel 53 Absatz 1 Unterabsätze 2 und 3 ist etwas anderes vorgesehen.
b) Das Beschafferprofil kann eine Vorinformation nach Artikel 48 Absatz 1, Angaben über laufende Ausschreibungen, geplante Aufträge, vergebene Aufträge, annullierte Verfahren sowie alle sonstigen Informationen von allgemeinem Interesse wie Kontaktstelle, Telefon- und Faxnummer, Postanschrift und E-Mail-Adresse enthalten. Das Beschafferprofil kann ferner eine als Aufruf zum Wettbewerb dienende Vorinformation enthalten, die gemäß Artikel 52 auf nationaler Ebene veröffentlicht wird.

3. Muster und Verfahren für die elektronische Übermittlung der Bekanntmachungen

Die von der Kommission festgelegten Muster und Verfahren für die elektronische Übermittlung der Bekanntmachungen sind unter der Internetadresse „http://simap.europa.eu" abrufbar.

Anhang IX

Inhalt der Aufforderung zur Angebotsabgabe, zum Dialog oder zur Interessensbestätigung nach Artikel 54

1. Die Aufforderung zur Angebotsabgabe oder zur Teilnahme am Dialog nach Artikel 54 enthält mindestens Folgendes:
   a) einen Hinweis auf den veröffentlichten Aufruf zum Wettbewerb;
   b) den Tag, bis zu dem die Angebote eingehen müssen, die Anschrift der Stelle, bei der sie einzureichen sind, sowie die Sprache(n), in der/denen sie abzufassen sind;
   c) beim wettbewerblichen Dialog den Termin und den Ort des Beginns der Konsultationsphase sowie die verwendete(n) Sprache(n);
   d) die Bezeichnung der gegebenenfalls beizufügenden Unterlagen entweder zum Beleg der vom Bewerber gemäß Artikel 59 und 60 und gegebenenfalls gemäß Artikel 62 abgegebenen nachprüfbaren Erklärungen oder als Ergänzung der in denselben Artikeln vorgesehenen Auskünfte, wobei keine anderen als die in den Artikeln 59, 60 und 62 genannten Anforderungen gestellt werden dürfen;
   e) die Gewichtung der Zuschlagskriterien oder gegebenenfalls die Kriterien in der absteigenden Reihenfolge ihrer Bedeutung, wenn diese Angaben nicht in der Auftragsbekanntmachung, der Aufforderung zur Interessensbestätigung, den technischen Spezifikationen oder der Beschreibung enthalten sind.

   Bei Aufträgen, die in einem wettbewerblichen Dialog oder im Rahmen einer Innovationspartnerschaft vergeben werden, sind die in Buchstabe b des vorliegenden Absatzes genannten Angaben jedoch nicht in der Aufforderung zur Teilnahme am Dialog beziehungsweise an den Verhandlungen, sondern in der Aufforderung zur Angebotsabgabe aufzuführen.
2. Erfolgt ein Aufruf zum Wettbewerb mittels einer Vorinformation, so fordert der öffentliche Auftraggeber später alle Bewerber auf, ihr Interesse auf der Grundlage von genauen Angaben über den betreffenden Auftrag zu bestätigen, bevor mit der Auswahl der Bieter oder der Teilnehmer an Verhandlungen begonnen wird.

   Diese Aufforderung umfasst zumindest folgende Angaben:
   a) Art und Umfang, einschließlich aller Optionen auf zusätzliche Aufträge, und, sofern möglich, eine Einschätzung der Frist für die Ausübung dieser Optionen; bei wiederkehrenden Aufträgen Art und Umfang und, sofern möglich, das voraussichtliche Datum der Veröffentlichung der Bekanntmachungen zukünftiger Aufrufe zum Wettbewerb für die Bauarbeiten, Lieferungen oder Dienstleistungen, die Gegenstand des Auftrags sein sollen;
   b) Art des Verfahrens: nichtoffenes Verfahren oder Verhandlungsverfahren;
   c) gegebenenfalls Zeitpunkt, zu dem die Lieferung beziehungsweise die Bauarbeiten oder Dienstleistungen beginnen beziehungsweise abgeschlossen werden;
   d) falls kein elektronischer Zugang bereitgestellt werden kann, Anschrift und Schlusstermin für die Anforderung der Auftragsunterlagen sowie Sprache(n), in der (denen) diese abzufassen sind;
   e) Anschrift des öffentlichen Auftraggebers, der den Zuschlag erteilt;
   f) alle wirtschaftlichen und technischen Anforderungen, finanziellen Sicherheiten und Angaben, die von den Wirtschaftsteilnehmern verlangt werden;
   g) Art des Auftrags, der Gegenstand der Ausschreibung ist: Kauf, Leasing, Miete oder Mietkauf oder eine Kombination dieser Arten und
   h) die Zuschlagskriterien sowie deren relative Gewichtung oder gegebenenfalls die Kriterien in der Reihenfolge ihrer Bedeutung, wenn diese Angaben nicht in der Vorinformation, den technischen Spezifikationen oder in der Aufforderung zur Angebotsabgabe oder zu Verhandlungen enthalten sind.

Anhang X

Verzeichnis internationaler Übereinkommen im Sozial- und Umweltrecht nach Artikel 18 Absatz 2

- IAO-Übereinkommen Nr. 87 über die Vereinigungsfreiheit und den Schutz des Vereinigungsrechtes;
- IAO Übereinkommen Nr. 98 über die Anwendung der Grundsätze des Vereinigungsrechtes und des Rechtes zu Kollektivverhandlungen;
- IAO-Übereinkommen Nr. 29 über Zwangs- oder Pflichtarbeit;
- IAO-Übereinkommen Nr. 105 über die Abschaffung der Zwangsarbeit;
- IAO-Übereinkommen Nr. 138 über das Mindestalter für die Zulassung zur Beschäftigung;
- IAO-Übereinkommen Nr. 111 über die Diskriminierung in Beschäftigung und Beruf;
- IAO-Übereinkommen Nr. 100 über die Gleichheit des Entgelts männlicher und weiblicher Arbeitskräfte für gleichwertige Arbeit;
- IAO-Übereinkommen Nr. 182 über das Verbot und unverzügliche Maßnahmen zur Beseitigung der schlimmsten Formen der Kinderarbeit;
- Wiener Übereinkommen zum Schutz der Ozonschicht und das im Rahmen dieses Übereinkommens geschlossene Montrealer Protokoll über Stoffe, die zum Abbau der Ozonschicht führen;
- Basler Übereinkommen über die Kontrolle der grenzüberschreitenden Verbringung gefährlicher Abfälle und ihrer Entsorgung;
- Stockholmer Übereinkommen über persistente organische Schadstoffe;
- UNEP/FAO-Übereinkommen vom 10. September 1998 über das Verfahren der vorherigen Zustimmung nach Inkenntnissetzung für bestimmte gefährliche Chemikalien sowie Pflanzenschutz- und Schädlingsbekämpfungsmittel im internationalen Handel (PIC-Übereinkommen) und seine drei regionalen Protokolle.

Anhang XI

Register[1]

Die einschlägigen Berufs- oder Handelsregister, Bescheinigungen oder Erklärungen sind:

– für Belgien das „Registre du commerce“/„Handelsregister“ und bei Dienstleistungsaufträgen die „Ordres professionnels/Beroepsorden“;

– für Bulgarien das „Търговски регистър“;

– für die Tschechische Republik das „obchodní rejstřík“;

– für Dänemark das „Erhvervsstyrelsen“;

– für Deutschland das „Handelsregister“, die „Handwerksrolle“ und bei Dienstleistungsaufträgen das „Vereinsregister“, das „Partnerschaftsregister“ und die „Mitgliederverzeichnisse der Berufskammern der Länder“;

– für Estland das „Registrite ja Infosüsteemide Keskus“;

– im Fall Irlands kann der Wirtschaftsteilnehmer aufgefordert werden, eine Bescheinigung des „Registrar of Companies“ oder des „Registrar of Friendly Societies“ oder anderenfalls eine Bescheinigung über die von den Betreffenden abge gebene eidesstattliche Erklärung vorzulegen, dass er den betreffenden Beruf in dem Mitgliedstaat, in dem er niedergelassen ist, an einem bestimmten Ort unter einer bestimmten Firma ausübt;

– für Griechenland bei Bauaufträgen das „Μητρώο Εργοληπτικών Επιχειρήσεων – ΜΕΕΠ“ des Ministeriums für Umwelt, Raumordnung und öffentliche Arbeiten (ΥΠΕΧΩΔΕ), bei Lieferaufträgen das „Βιοτεχνικό ή Εμπορικό ή Βιομηχανικό Επιμελητήριο“ und das „Μητρώο Κατασκευαστών Αμυντικού Υλικού“; bei Dienstleistungsaufträgen kann von dem Dienst leistungserbringer eine vor einem Notar abgegebene eidesstattliche Erklärung über die Ausübung des betreffenden Berufes verlangt werden; in den von den geltenden nationalen Rechtsvorschriften vorgesehenen Fällen bei der Er bringung von Forschungsleistungen gemäß Anhang I das Berufsregister „Μητρώο Μελετητών“ sowie das „Μητρώο Γραφείων Μελετών“;

– für Spanien bei Bau- und Dienstleistungsaufträgen das „Registro Oficial de Licitadores y Empresas Clasificadas del Estado“ und bei Lieferaufträgen das „Registro Mercantil“ oder im Falle nicht eingetragener natürlicher Personen eine Bescheinigung über eine von dem Betreffenden abgegebene eidesstattliche Erklärung, dass er den betreffenden Beruf ausübt;

– für Frankreich das „Registre du commerce et des sociétés“ und das „Répertoire des métiers“;

– für Kroatien das „Sudski registar“ und das „Obrtni registrar“ oder bei bestimmten Tätigkeiten eine Bescheinigung, dass die betreffende Person zur Ausübung der betreffenden beruflichen oder geschäftlichen Tätigkeit zugelassen ist;

– für Italien das „Registro della Camera di commercio, industria, agricoltura e artigianato“; bei Liefer- und Dienstleis tungsaufträgen auch das „Registro delle commissioni provinciali per l'artigianato“ und bei Dienstleistungsaufträgen neben den bereits erwähnten Registern das „Consiglio nazionale degli ordini professionali“; bei Bau- oder Dienst leistungsaufträgen neben den bereits erwähnten Registern das „Albo nazionale dei gestori ambientali“;

– im Falle Zyperns kann der Wirtschaftsteilnehmer bei Bauaufträgen aufgefordert werden, gemäß dem „Registration and Audit of Civil Engineering and Building Contractors Law“ eine Bescheinigung des „Council for the Registration and Audit of Civil Engineering and Building Contractors (Συμβούλιο Εγγραφής και Ελέγχου Εργοληπτών Οικοδομικών και Τεχνικών 'Εργων)“ vor-

1 Für die Zwecke des Artikels 58 Absatz 2 gelten als „Berufs- oder Handelsregister“ die in diesem Anhang aufgeführten Register sowie für den Fall, dass auf innerstaatlicher Ebene Änderungen vorgenommen werden, die an ihre Stelle tretenden Register.

zulegen; bei Liefer- und Dienstleistungsaufträgen kann der Lieferant beziehungsweise Dienstleister aufgefordert werden, eine Bescheinigung des „Registrar of Companies and Official Receiver" ('Εφορος Εταιρειών και Επίσημος Παραλήπτης) vorzulegen oder andernfalls eine Bescheinigung über eine von ihm abgegebene eidesstattliche Erklärung beizubringen, dass er den betreffenden Beruf in dem Land, in dem er niedergelassen ist, an einem be stimmten Ort unter einer bestimmten Firma ausübt;

- für Lettland das „Uzņēmumu reģistrs";
- fur Litauen das „Juridinių asmenų registras";
- für Luxemburg das „Registre aux firmes" und das „Rôle de la Chambre des métiers";
- für Ungarn das „Cégnyilvántartás", das „egyéni vállalkozók jegyzői nyilvántartása" und bei Dienstleistungsaufträgen einige „szakmai kamarák nyilvántartása" oder bei bestimmten Tätigkeiten eine Bescheinigung, dass die betreffende Person zur Ausübung der betreffenden beruflichen oder geschäftlichen Tätigkeit zugelassen ist;
- in Malta erhält der Wirtschaftsteilnehmer eine „numru ta' registrazzjoni tat-Taxxa tal-Valur Miżjud (VAT) u n-numru tal-licenzja ta' kummerc" und im Falle von Personengesellschaften oder Unternehmen eine Eintragungsnummer der „Malta Financial Services Authority";
- für die Niederlande das „Handelsregister";
- für Österreich das „Firmenbuch", das „Gewerberegister" und die „Mitgliederverzeichnisse der Landeskammern";
- für Polen das „Krajowy Rejestr Sądowy";
- für Portugal das „Instituto da Construção e do Imobiliário" (INCI) bei Bauaufträgen und das „Registro Nacional das Pessoas Colectivas" bei Liefer- und Dienstleistungsaufträgen;
- für Rumänien das „Registrul Comerţului";
- für Slowenien das „sodni register" und das „obrtni register";
- für die Slowakei das „Obchodný register";
- für Finnland das „Kaupparekisteri"/„Handelsregistret";
- für Schweden das „aktiebolags-, handels- eller föreningsregistren";
- im Fall des Vereinigten Königreichs kann der Wirtschaftsteilnehmer aufgefordert werden, eine Bescheinigung des „Registrar of Companies" vorzulegen, aus der hervorgeht, dass er „incorporated" oder „registered" ist, oder anderenfalls eine Bescheinigung über eine von dem Betreffenden abgegebene eidesstattliche Erklärung, dass er den betreffenden Beruf an einem bestimmten Ort unter einer bestimmten Firma ausübt.

Anhang XII

Nachweise über die Erfüllung der Eignungskriterien

Teil I: Wirtschaftliche und finanzielle Leistungsfähigkeit

Die finanzielle und wirtschaftliche Leistungsfähigkeit des Wirtschaftsteilnehmers kann in der Regel durch einen oder mehrere der nachstehenden Nachweise belegt werden.

a) entsprechende Bankerklärungen oder gegebenenfalls Nachweis einer entsprechenden Berufshaftpflichtversicherung;
b) Vorlage von Jahresabschlüssen oder Auszügen aus Jahresabschlüssen, falls deren Veröffentlichung in dem Land, in dem der Wirtschaftsteilnehmer ansässig ist, gesetzlich vorgeschrieben ist;
c) eine Erklärung über den Gesamtumsatz und gegebenenfalls über den Umsatz für den Tätigkeitsbereich, der Gegenstand der Ausschreibung ist, höchstens in den letzten drei Geschäftsjahren, entsprechend dem Gründungsdatum oder dem Datum der Tätigkeitsaufnahme des Wirtschaftsteilnehmers, sofern entsprechende Angaben verfügbar sind.

Teil II: Technische Leistungsfähigkeit

Der Nachweis der technischen Leistungsfähigkeit des Wirtschaftsteilnehmers gemäß Artikel 58 kann wie folgt erbracht werden:

a) durch die folgenden Verzeichnisse:
   i) Verzeichnis der in den letzten (bis zu fünf) Jahren erbrachten Bauleistungen, wobei für die wichtigsten Bauleistungen Bescheinigungen über die ordnungsgemäße Ausführung und das Ergebnis beizufügen sind; soweit erforderlich, um einen ausreichenden Wettbewerb sicherzustellen, können die öffentlichen Auftraggeber darauf hinweisen, dass sie auch einschlägige Bauleistungen berücksichtigen werden, die mehr als fünf Jahre zurückliegen;
   ii) Verzeichnis der in den letzten (bis zu drei) Jahren bereitgestellten beziehungsweise erbrachten wesentlichen Lieferungen oder Dienstleistungen mit Angabe des Werts, des Liefer- beziehungsweise Erbringungszeitpunkts sowie des öffentlichen oder privaten Empfängers; soweit erforderlich, um einen ausreichenden Wettbewerb sicherzustellen, können die öffentlichen Auftraggeber darauf hinweisen, dass sie auch einschlägige Lieferungen oder Dienstleistungen berücksichtigen werden, die mehr als drei Jahre zurückliegen;
b) durch Angabe der technischen Fachkräfte oder der technischen Stellen, unabhängig davon, ob sie dem Unternehmen des Wirtschaftsteilnehmers angehören oder nicht, und zwar insbesondere derjenigen, die mit der Qualitätskontrolle beauftragt sind, und bei öffentlichen Bauaufträgen derjenigen, über die der Unternehmer für die Errichtung des Bauwerks verfügt;
c) durch Beschreibung der technischen Ausrüstung und Maßnahmen des Wirtschaftsteilnehmers zur Qualitätssicherung und seiner Untersuchungs- und Forschungsmöglichkeiten;
d) eine Angabe des Lieferkettenmanagement- und -überwachungssystems, das dem Wirtschaftsteilnehmer zur Vertragserfüllung zur Verfügung steht;
e) sind die zu liefernden Waren oder die zu erbringenden Dienstleistungen komplexer Art oder sollen sie ausnahmsweise einem besonderen Zweck dienen, durch eine Kontrolle, die vom öffentlichen Auftraggeber oder in dessen Namen von einer zuständigen amtlichen Stelle durchgeführt wird, die sich dazu bereit erklärt und sich in dem Land befindet, in dem der Lieferant oder Dienstleister ansässig ist; diese Kontrolle betrifft die Produktionskapazität des Lieferanten beziehungsweise die technische Leistungsfähigkeit des Dienstleisters und erforderlichenfalls seine Untersuchungs- und Forschungsmöglichkeiten sowie die von ihm für die Qualitätskontrolle getroffenen Vorkehrungen;
f) durch Studiennachweise und Bescheinigungen über die berufliche Befähigung des Dienstleisters oder Unternehmers und/oder der Führungskräfte des Unternehmens, sofern sie nicht als Zuschlagskriterium bewertet werden;
g) durch Angabe der Umweltmanagementmaßnahmen, die der Wirtschaftsteilnehmer während der Auftragsausführung anwenden kann;

h) durch eine Erklärung, aus der die durchschnittliche jährliche Beschäftigtenzahl des Dienstleisters oder des Unternehmers und die Zahl seiner Führungskräfte in den letzten drei Jahren ersichtlich ist;
i) durch eine Erklärung, aus der hervorgeht, über welche Ausstattung, welche Geräte und welche technische Ausrüstung der Dienstleistungserbringer oder Unternehmer für die Ausführung des Auftrags verfügt;
j) durch Angabe, welche Teile des Auftrags der Wirtschaftsteilnehmer unter Umständen als Unteraufträge zu vergeben beabsichtigt;
k) hinsichtlich der zu liefernden Waren:
   i) durch Muster, Beschreibungen oder Fotografien, wobei die Echtheit auf Verlangen des öffentlichen Auftraggebers nachweisbar sein muss;
   ii) durch Bescheinigungen, die von als zuständig anerkannten Instituten oder amtlichen Stellen für Qualitätskontrolle ausgestellt wurden und in denen bestätigt wird, dass die durch entsprechende Bezugnahmen genau bezeichneten Waren bestimmten technischen Spezifikationen oder Normen entsprechen.

Anhang XIII

Verzeichnis der Unionsrechtsakte nach Artikel 68 Absatz 3

Richtlinie 2009/33/EG des Europäischen Parlaments und des Rates.

Anhang XIV

Dienstleistungen nach Artikel 74

CPV-Code	Beschreibung
75200000-8; 75231200-6; 75231240-8; 79611000-0; 79622000-0 [Überlassung von Haushaltshilfen]; 79624000-4 [Überlassung von Pflegepersonal] und 79625000-1 [Überlassung von medizinischem Personal] von 85000000-9 bis 85323000-9 98133100-5, 98133000-4; 98200000-5 und 98500000-8 [Privathaushalte mit Hausangestellten] und 98513000-2 bis 98514000-9 [Bereitstellung von Arbeitskräften für private Haushalte, Vermittlung von Arbeitskräften für private Haushalte, Bereitstellung von Bürokräften für private Haushalte, Bereitstellung von Zeitarbeitskräften für private Haushalte, Dienstleistungen von Haushaltshilfen und Haushaltungsdienste]	Dienstleistungen des Gesundheits- und Sozialwesens und zugehörige Dienstleistungen
85321000-5 und 85322000-2, 75000000-6 [Dienstleistungen der öffentlichen Verwaltung, Verteidigung und Sozialversicherung], 75121000-0, 75122000-7, 75124000-1; von 79995000-5 bis 79995200-7; von 80000000-4 [Allgemeine und berufliche Bildung] bis 80660000-8; von 92000000-1 bis 92700000-8 79950000-8 [Veranstaltung von Ausstellungen, Messen und Kongressen], 79951000-5 [Veranstaltung von Seminaren], 79952000-2 [Event-Organisation], 79952100-3 [Organisation von Kulturveranstaltungen], 79953000-9 [Organisation von Festivals], 79954000-6 [Organisation von Parties], 79955000-3 [Organisation von Modenschauen], 79956000-0 [Organisation von Messen und Ausstellungen]	Administrative Dienstleistungen im Sozial-, Bildungs-, Gesundheits- und kulturellen Bereich
75300000-9	Dienstleistungen im Rahmen der gesetzlichen Sozialversicherung[1]
75310000-2, 75311000-9, 75312000-6, 75313000-3, 75313100-4, 75314000-0, 75320000-5, 75330000-8, 75340000-1	Beihilfen, Unterstützungsleistungen und Zuwendungen
98000000-3; 98120000-0; 98132000-7; 98133110-8 und 98130000-3	Sonstige gemeinschaftliche, soziale und persönliche Dienstleistungen, einschließlich Dienstleistungen von Gewerkschaften, von politischen Organisationen, von Jugendverbänden und von sonstigen Organisationen und Vereinen
98131000-0	Dienstleistungen von religiösen Vereinigungen
55100000-1 bis 55410000-7; 55521000-8 bis 55521200-0 [55521000-8 Verpflegungsdienste für Privathaushalte, 55521100-9 Essen auf Rädern, 55521200-0 Auslieferung von Mahlzeiten] 55520000-1 Verpflegungsdienste, 55522000-5 Verpflegungsdienste für Transportunternehmen, 55523000-2 Verpflegungsdienste für sonstige Unternehmen oder andere Einrichtungen, 55524000-9 Verpflegungsdienste für Schulen 55510000-8 Dienstleistungen von Kantinen, 55511000-5 Dienstleistungen von Kantinen und anderen nicht öffentlichen Cafeterias, 55512000-2 Betrieb von Kantinen, 55523100-3 Auslieferung von Schulmahlzeiten	Gaststätten und Beherbergungsgewerbe
79100000-5 bis 79140000-7; 75231100-5	Dienstleistungen im juristischen Bereich, sofern sie nicht nach Artikel 10 Buchstabe d ausgeschlossen sind

CPV-Code	Beschreibung
75100000-7 bis 75120000-3; 75123000-4; 75125000-8 bis 75131000-3	Sonstige Dienstleistungen der Verwaltung und für die öffentliche Verwaltung
75200000-8 bis 75231000-4	Kommunale Dienstleistungen
75231210-9 bis 75231230-5; 75240000-0 bis 75252000-7; 794300000-7; 98113100-9	Dienstleistungen für Haftanstalten, Dienstleistungen im Bereich öffentliche Sicherheit und Rettungsdienste, sofern sie nicht nach Artikel 10 Buchstabe h ausgeschlossen sind
79700000-1 bis 79721000-4 [Dienstleistungen von Detekteien und Sicherheitsdiensten, Dienstleistungen von Sicherheitsdiensten, Überwachung von Alarmanlagen, Bewachungsdienste, Überwachungsdienste, Dienstleistungen in Verbindung mit Suchsystemen, Fahndung nach Flüchtigen, Streifendienste, Ausgabe von Mitarbeiterausweisen, Ermittlungsdienste und Dienstleistungen von Detekteien] 79722000-1 [Dienstleistungen von Grafologen], 79723000- 8 [Abfallanalyse]	Dienstleistungen von Detekteien und Sicherheitsdiensten
98900000-2 [Von extraterritorialen Organisationen und Körperschaften erbrachte Leistungen] und 98910000-5 [Dienstleistungen von internationalen Organisationen und Körperschaften]	Internationale Dienstleistungen
64000000-6 [Post- und Fernmeldedienste], 64100000-7 [Post- und Kurierdienste], 64110000-0 [Postdienste], 64111000-7 [Postdienste im Zusammenhang mit Zeitungen und Zeitschriften], 64112000-4 [Briefpostdienste], 64113000-1 [Paketpostdienste], 64114000-8 [Post-Schalterdienste], 64115000-5 [Vermietung von Postfächern], 64116000-2 [Dienste im Zusammenhang mit postlagernden Sendungen], 64122000-7 [Interne Bürobotendienste]	Postdienste
50116510-9 [Reifenrunderneuerung], 71550000-8 [Schmiedearbeiten]	Verschiedene Dienstleistungen

(1) Diese Dienstleistungen unterliegen nicht dieser Richtlinie, wenn sie als nichtwirtschaftliche Dienstleistungen von allgemeinem Interesse organisiert werden. Es steht den Mitgliedstaaten frei, die Erbringung von Dienstleistungen im Rahmen der gesetzlichen sozialen Dienstleistungen oder anderen Dienstleistungen als Dienstleistungen von allgemeinem Interesse oder als nichtwirtschaftliche Dienstleistungen von allgemeinem Interesse zu organisieren.

Anhang XV

Entsprechungstabelle

Vorliegende Richtlinie	Richtlinie 2004/18/EG
Art. 1 Abs. 1, 2, 4, 5 und 6	–
Art. 1 Abs. 3	Art. 10
Art. 2 Abs. 1 Nr. 1	Art. 1 Abs. 9 Unterabs. 1
Art. 2 Abs. 1 Nr. 2	Art. 7 Buchstabe a
Art. 2 Abs. 1 Nr. 3	–
Art. 2 Abs. 1 Nr. 4 Buchstabe a	Art. 1 Abs. 9 Unterabs. 2 Buchstabe a
Art. 2 Abs. 1 Nr. 4 Buchstabe b	Art. 1 Abs. 9 Unterabs. 2 Buchstabe b
Art. 2 Abs. 1 Nr. 4 Buchstabe c	Art. 1 Abs. 9 Unterabs. 2 Buchstabe c
Art. 2 Abs. 1 Nr. 5	Art. 1 Abs. 2 Buchstabe a
Art. 2 Abs. 1 Nr. 6	Art. 1 Abs. 2 Buchstabe b Satz 1
Art. 2 Abs. 1 Nr. 7	Art. 1 Abs. 2 Buchstabe b Satz 2
Art. 2 Abs. 1 Nr. 8	Art. 1 Abs. 2 Buchstabe c
Art. 2 Abs. 1 Nr. 9	Art. 1 Abs. 2 Buchstabe d
Art. 2 Abs. 1 Nr. 10	Art. 1 Abs. 8 Unterabs. 2
Art. 2 Abs. 1 Nr. 11	Art. 1 Abs. 8 Unterabs. 3
Art. 2 Abs. 1 Nr. 12	Art. 1 Abs. 8 Unterabs. 3
Art. 2 Abs. 1 Nr. 13	Art. 23 Abs. 1
Art. 2 Abs. 1 Nr. 14	Art. 1 Abs. 10
Art. 2 Abs. 1 Nr. 15	–
Art. 2 Abs. 1 Nr. 16	Art. 1 Abs. 10
Art. 2 Abs. 1 Nr. 17	–
Art. 2 Abs. 1 Nr. 18	Art. 1 Abs. 12
Art. 2 Abs. 1 Nr. 19	Art. 1 Abs. 13
Art. 2 Abs. 1 Nr. 20	–
Art. 2 Abs. 1 Nr. 21	Art. 1 Abs. 11 Buchstabe e
Art. 2 Abs. 1 Nr. 22	–
Art. 2 Abs. 1 Nr. 23	–
Art. 2 Abs. 1 Nr. 24	–
Art. 2 Abs. 2	–
Art. 3 Abs. 1	–
Art. 3 Abs. 2 Unterabs. 1	–
Art. 3 Abs. 2 Unterabs. 2	Art. 22; Art. 1 Abs. 2 Buchstabe d
Art. 3 Abs. 3	–
Art. 3, Abs. 4	–
Art. 3, Abs. 5	–
Art. 3, Abs. 6	–
Art. 4	Art. 7, Art. 67
Art. 5, Abs. 1	Art. 9 Abs. 1
Art. 5 Abs. 2	–
Art. 5, Abs. 3	Art. 9 Abs. 3, Art. 9 Abs. 7 Unterabs. 2
Art. 5, Abs. 4	Art. 9 Abs. 2
Art. 5 Abs. 5	Art. 9 Abs. 9
Art. 5 Abs. 6	–
Art. 5 Abs. 7	Art. 9 Abs. 4
Art. 5 Abs. 8	Art. 9 Abs. 5 Buchstabe a Unterabs. 1
Art. 5 Abs. 9	Art. 9 Abs. 5 Buchstabe b Unterabs. 1 und 2
Art. 5 Abs. 10	Art. 9 Abs. 5 Buchstabe a Unterabs. 3 Art. 9 Abs. 5 Buchstabe b Unterabs. 3
Art. 5 Abs. 11	Art. 9 Abs. 7

Vorliegende Richtlinie	Richtlinie 2004/18/EG
Art. 5 Abs. 12	Art. 9 Abs. 6
Art. 5 Abs. 13	Art. 9 Abs. 8 Buchstabe a
Art. 5 Abs. 14	Art. 9 Abs. 8 Buchstabe b
Art. 6 Abs. 1 bis 6	Art. 78, Art. 79 Abs. 2 Buchstabe a
Art. 6 Abs. 7	Art. 79 Abs. 2 Buchstabe d
Art. 7	Art. 12, Art. 68 Buchstabe a
Art. 8 Unterabs. 1	Art. 13, Art. 68 Buchstabe b
Art. 8 Unterabs. 2	Art. 1 Abs. 15
Art. 9	Art. 15, Art. 68 Buchstabe b
Art. 10 Buchstabe a	Art. 16 Buchstabe a
Art. 10 Buchstabe b	Art. 16 Buchstabe b
Art. 10 Buchstabe c	Art. 16 Buchstabe c
Art. 10 Buchstabe d	–
Art. 10 Buchstabe e	Art. 16 Buchstabe d
Art. 10 Buchstabe f	–
Art. 10 Buchstabe g	Art. 16 Buchstabe e
Art. 10 Buchstabe h	–
Art. 10 Buchstabe i	–
Art. 10 Buchstabe j	–
Art. 11	Art. 18
Art. 12	–
Art. 13 Unterabs. 1	Art. 8 Unterabs. 1
Art. 13 Unterabs. 2	Art. 8 Unterabs. 2
Art. 14	Art. 16 Buchstabe f
Art. 15 Abs. 1 und 2	Art. 10, Art. 14, Art. 68 Buchstabe b
Art. 15 Abs. 3	Art. 14, Art. 68 Buchstabe b
Art. 16	–
Art. 17 Abs. 1	Art. 10 Unterabs. 2; Art. 12 der Richtlinie 2009/81/EG
Art. 17 Abs. 2	–
Art. 18 Abs. 1	Art. 2
Art. 18 Abs. 2	–
Art. 19 Abs. 1	Art. 4 Abs. 1
Art. 19 Abs. 2 und 3	Art. 4 Abs. 2
Art. 20 Abs. 1	Art. 19
Art. 20 Abs. 2	Art. 19 Unterabs. 2
Art. 21 Abs. 1	Art. 6
Art. 21 Abs. 2	–
Art. 22 Abs. 1	Art. 42 Abs. 1, 2 und 4, Art. 71 Abs. 1
Art. 22 Abs. 2	–
Art. 22 Abs. 3	Art. 42 Abs. 3, Art. 71 Abs. 2
Art. 22 Abs. 4	–
Art. 22 Abs. 5	–
Art. 22 Abs. 6	Art. 42 Abs. 5 und 6, Art. 71 Abs. 3
Art. 22 Abs. 7 Unterabs. 1	Art. 79 Abs. 2 Buchstabe g
Art. 22 Abs. 7 Unterabs. 2 und 3	–
Art. 23 Abs. 1	Art. 1 Abs. 14 Unterabs. 1
Art. 23 Abs. 2	Art. 79 Abs. 2 Buchstaben e und f
Art. 24	–
Art. 25	Art. 5
Art. 26 Abs. 1	Art. 28 Unterabs. 1
Art. 26 Abs. 2	Art. 28 Unterabs. 2
Art. 26 Abs. 3	–

Vorliegende Richtlinie	Richtlinie 2004/18/EG
Art. 26 Abs. 4	Art. 28 Unterabs. 2, Art. 30 Abs. 1
Art. 26 Abs. 5 Unterabs. 1	Art. 35 Abs. 2
Art. 26 Abs. 5 Unterabs. 2	–
Art. 26 Abs. 6	Art. 28 Unterabs. 2
Art. 27 Abs. 1 Unterabs. 1	Art. 1 Abs. 11 Buchstabe a
Art. 27 Abs. 1 Unterabs. 2 und 3	Art. 38, Abs. 2
Art. 27 Abs. 2	Art. 38 Abs. 4
Art. 27 Abs. 3	–
Art. 27 Abs. 4	–
Art. 28 Abs. 1	Art. 38 Abs. 3 Buchstabe a, Art. 1 Abs. 11 Buchstabe b
Art. 28 Abs. 2	Art. 1 Abs. 11 Buchstabe b, Art. 38 Abs. 3 Satz 1
Art. 28 Abs. 3	Art. 38 Abs. 4
Art. 28 Abs. 4	–
Art. 28 Abs. 5	–
Art. 28 Abs. 6	Art. 38 Abs. 8
Art. 29 Abs. 1 Unterabs. 1	Art. 1 Abs. 11 Buchstabe d
Art. 29 Abs. 1 Unterabs. 2 und 3	–
Art. 29 Abs. 1 Unterabs. 4	Art. 38 Abs. 3 Buchstaben a und b
Art. 29 Abs. 2	Art. 1 Abs. 11 Buchstabe d, Art. 44 Abs. 3, Satz 1
Art. 29 Abs. 3	Art. 30 Abs. 2
Art. 29 Abs. 4	–
Art. 29 Abs. 5	Art. 30 Abs. 3
Art. 29 Abs. 6	Art. 30 Abs. 4
Art. 29 Abs. 7	Art. 30 Abs. 2
Art. 30 Abs. 1	Art. 1 Abs. 11 Buchstabe c, Art. 38 Abs. 3 Satz 1
Art. 30 Abs. 2	Art. 29 Abs. 2, Abs. 7
Art. 30 Abs. 3	Art. 29 Abs. 3
Art. 30 Abs. 4	Art. 29 Abs. 4
Art. 30 Abs. 5	Art. 29 Abs. 5
Art. 30 Abs. 6	Art. 29 Abs. 6
Art. 30 Abs. 7	Art. 29 Abs. 7
Art. 30 Abs. 8	Art. 29 Abs. 8
Art. 30	–
Art. 3 Abs. 1	Art. 31 Satz 1
Art. 32 Abs. 2 Buchstabe a	Art. 31 Nr. 1 Buchstabe a
Art. 32 Abs. 2 Buchstabe b	Art. 31 Nr. 1 Buchstabe b
Art. 32 Abs. 2 Buchstabe c	Art. 31 Nr. 1 Buchstabe c
Art. 32 Abs. 3 Buchstabe a	Art. 31 Nr. 2 Buchstabe a
Art. 32 Abs. 3 Buchstabe b	Art. 31 Nr. 2 Buchstabe b
Art. 32 Abs. 3 Buchstabe c	Art. 31 Nr. 2 Buchstabe c
Art. 32 Abs. 3 Buchstabe d	Art. 31 Nr. 2 Buchstabe d
Art. 32 Abs. 4	Art. 31 Nr. 3
Art. 32 Abs. 5	Art. 31 Nr. 4 Buchstabe b
Art. 33 Abs. 1	Art. 32 Abs. 1, Art. 1 Abs. 5, Art. 32 Abs. 2 Unterabs. 1 und 4
Art. 33 Abs. 2	Art. 32 Abs. 2 Unterabs. 2 und 3
Art. 33 Abs. 3	Art. 32 Abs. 3
Art. 33 Abs. 4	Art. 32 Abs. 4
Art. 33 Abs. 5	Art. 32 Abs. 4
Art. 34 Abs. 1	Art. 33 Abs. 1, Art. 1 Abs. 6
Art. 34 Abs. 2	Art. 33 Abs. 2
Art. 34 Abs. 3	Art. 33 Abs. 2 am Ende

Vorliegende Richtlinie	Richtlinie 2004/18/EG
Art. 34 Abs. 4	Art. 33 Abs. 3
Art. 34 Abs. 5	Art. 33 Abs. 4
Art. 33 Abs. 6	Art. 33 Abs. 6
Art. 34 Abs. 7	–
Art. 33 Abs. 8	–
Art. 34 Abs. 9	Art. 33 Abs. 7 Unterabs. 3
Art. 35 Abs. 1 Unterabs. 1	Art. 54 Abs. 1
Art. 35 Abs. 1 Unterabs. 2 und 3	Art. 1 Abs. 7
Art. 35 Abs. 2	Art. 54 Abs. 2 Unterabs. 1 und 2
Art. 35 Abs. 3	Art. 54 Abs. 2 Unterabs. 3
Art. 35 Abs. 4	Art. 54 Abs. 3
Art. 35 Abs. 5	Art. 54 Abs. 4
Art. 35 Abs. 6	Art. 54 Abs. 5
Art. 35 Abs. 7	Art. 54 Abs. 6
Art. 35 Abs. 8	Art. 54 Abs. 7
Art. 35 Abs. 9	Art. 54 Abs. 8 Unterabs. 1
Art. 36	–
Art. 37 Abs. 1	Art. 11 Abs. 1
Art. 37 Abs. 2	Art. 11 Abs. 2
Art. 37 Abs. 3	–
Art. 37 Abs. 4	Art. 11 Abs. 2
Art. 38	–
Art. 39	–
Art. 40	Erwägungsgrund 8
Art. 41	–
Art. 42 Abs. 1	Art. 23 Abs. 1
Art. 42 Abs. 2	Art. 23 Abs. 2
Art. 42 Abs. 3	Art. 23 Abs. 3
Art. 42 Abs. 4	Art. 23 Abs. 8
Art. 42 Abs. 5	Art. 23 Abs. 4 Unterabs. 1
Art. 42 Abs. 6	Art. 23 Abs. 5 Unterabs. 1 und 2
Art. 43 Abs. 1	Art. 23 Abs. 6
Art. 43 Abs. 2	Art. 23 Abs. 6 erster Gedankenstrich
Art. 44 Abs. 1	Art. 23 Abs. 4 Unterabs. 2, Abs. 5 Unterabs. 2 und 3, Abs. 6 Unterabs. 2, Abs. 7
Art. 44 Abs. 2	Art. 23 Abs. 4 Unterabs. 1, Abs. 5 Unterabs. 1, Abs. 6 Unterabs. 1
Art. 44 Abs. 3	–
Art. 45 Abs. 1	Art. 24 Abs. 1 und 2
Art. 45 Abs. 2	Art. 24 Abs. 3
Art. 45 Abs. 3	Art. 24 Abs. 4
Art. 46	–
Art. 47 Abs. 1	Art. 38 Abs. 1
Art. 47 Abs. 2	Art. 38 Abs. 7
Art. 47 Abs. 3	Art. 38 Abs. 7
Art. 48 Abs. 1	Art. 35 Abs. 1, Art. 36 Abs. 1
Art. 48 Abs. 2	–
Art. 49	Art. 35 Abs. 2, Art. 36 Abs. 1
Art. 50 Abs. 1 bis 3	Art. 35 Abs. 4 Unterabs. 1 bis 3, Art. 36 Abs. 1
Art. 50 Abs. 4	Art. 35 Abs. 4 Unterabs. 5
Art. 51 Abs. 1	Art. 36 Abs. 1, Art. 79 Abs. 1 Buchstabe a
Art. 51 Abs. 2	Art. 36 Abs. 2

Vorliegende Richtlinie	Richtlinie 2004/18/EG
Art. 51 Abs. 2	Art. 36 Abs. 3 und 4 Unterabs. 2
Art. 51 Abs. 3	Art. 36 Abs. 4 Unterabs. 1
Art. 51 Abs. 4	–
Art. 51 Abs. 5 Unterabs. 1	Art. 36 Abs. 7
Art. 51 Abs. 5 Unterabs. 2	Art. 36 Abs. 8
Art. 51 Abs. 6	Art. 37
Art. 52 Abs. 1	Art. 36 Abs. 5 Unterabs. 1
Art. 52 Abs. 2 und 3	Art. 36 Abs. 5 Unterabs. 2 und 3
Art. 53 Abs. 1	Art. 38 Abs. 6,
Art. 53 Abs. 2	Art. 39 Abs. 2
Art. 54 Abs. 1	Art. 40 Abs. 1
Art. 54 Abs. 2	Art. 40 Abs. 2
Art. 55 Abs. 1	Art. 41 Abs. 1
Art. 55 Abs. 2	Art. 41 Abs. 2
Art. 55 Abs. 3	Art. 41 Abs. 3
Art. 56 Abs. 1 Unterabs. 1	Art. 44 Abs. 1
Art. 56 Abs. 2 Unterabs. 2	–
Art. 56 Abs. 2	–
Art. 56 Abs. 3	–
Art. 56 Abs. 4	–
Art. 57 Abs. 1	Art. 45 Abs. 1
Art. 57 Abs. 2	Art. 45 Abs. 2 Buchstaben e und f
Art. 57 Abs. 3	Art. 45 Abs. 1 Unterabs. 2
Art. 57 Abs. 4	Art. 45 Abs. 2
Art. 57 Abs. 5	–
Art. 57 Abs. 6	–
Art. 557 Abs. 7	Art. 45 Abs. 1 Unterabs. 2 und Abs. 2 Unterabs. 2
Art. 58 Abs. 1	Art. 44 Abs. 1 und Abs. 2 Unterabs. 1 und 2
Art. 58 Abs. 2	Art. 46
Art. 58 Abs. 3	Art. 47
Art. 58 Abs. 4	Art. 48
Art. 58 Abs. 5	Art. 44 Abs. 2
Art. 59	–
Art. 60 Abs. 1	Art. 47 Abs. 4 und 5, Art. 48 Abs. 6
Art. 60 Abs. 2	Art. 45 Abs. 3
Art. 60 Abs. 3 und 4	Art. 47 Abs. 1 und 5, Art. 48 Abs. 2
Art. 60 Abs. 5	–
Art. 61	–
Art. 62 Abs. 1	Art. 49
Art. 62 Abs. 2	Art. 50
Art. 62 Abs. 3	–
Art. 63 Abs. 1	Art. 47 Abs. 2 und 3, Art. 48 Abs. 3 und 4
Art. 63 Abs. 2	–
Art. 64 Abs. 1	Art. 52 Abs. 1, Art. 52 Abs. 7
Art. 64 Abs. 2 Unterabs. 1	Art. 52 Abs. 1 Unterabs. 2
Art. 64 Abs. 2 Unterabs. 2	Art. 52 Abs. 1 Unterabs. 3
Art. 64 Abs. 3	Art. 52 Abs. 2
Art. 6 4Abs. 4	Art. 52 Abs. 3
Art. 64 Abs. 5 Unterabs. 1	Art. 52 Abs. 4 Unterabs. 1
Art. 64 Abs. 5 Unterabs. 2	Art. 52 Abs. 4 Unterabs. 2
Art. 6 Abs. 6 Unterabs. 1	Art. 52 Abs. 5 Unterabs. 1

Vorliegende Richtlinie	Richtlinie 2004/18/EG
Art. 64 Abs. 6 Unterabs. 2	Art. 52 Abs. 6
Art. 64 Abs. 7	Art. 52 Abs. 5 Unterabs. 2
Art. 64 Abs. 8	–
Art. 65	Art. 44 Abs. 3
Art. 66	Art. 44 Abs. 4
Art. 67 Abs. 1	Art. 53 Abs. 1
Art. 67 Abs. 2	Art. 53 Abs. 1
Art. 67 Abs. 3	–
Art. 67 Abs. 4	Erwägungsgrund 1, Erwägungsgrund 46 Abs. 3
Art. 67 Abs. 5	Art. 53 Abs. 2
Art. 68	–
Art. 69 Abs. 1	Art. 55 Abs. 1
Art. 69 Abs. 2 Buchstabe a	Art. 55 Abs. 1 Unterabs. 2 Buchstabe a
Art. 69 Abs. 2 Buchstabe b	Art. 55 Abs. 1 Unterabs. 2 Buchstabe b
Art. 69 Abs. 2 Buchstabe c	Art. 55 Abs. 1 Unterabs. 2 Buchstabe c
Art. 69 Abs. 2 Buchstabe d	Art. 55 Abs. 1 Unterabs. 2 Buchstabe d
Art. 69 Abs. 2 Buchstabe e	–
Art. 69 Abs. 2 Buchstabe f	Art. 55 Abs. 1 Unterabs. 2 Buchstabe e
Art. 69 Abs. 3 Unterabs. 1	Art. 55 Abs. 2
Art. 69 Abs. 3 Unterabs. 2	–
Art. 69 Abs. 4	Art. 55 Abs. 3
Art. 69 Abs. 5	–
Art. 70	Art. 26
Art. 71 Abs. 1	–
Art. 71 Abs. 2	Art. 25 Unterabs. 1
Art. 71 Abs. 3	–
Art. 71 Abs. 4	Art. 25 Unterabs. 2
Art. 72 Abs. 5 bis 8	–
Art. 72	–
Art. 73	–
Art. 74	–
Art. 75	–
Art. 76	–
Art. 77	–
Art. 78	Art. 67 Abs. 2
Art. 79 Abs. 1 und 2	Art. 69 Abs. 1 und 2
Art. 79 Abs. 3	Art. 70 Abs. 1, Art. 79 Abs. 1 Buchstabe a
Art. 80 Abs. 1	–
Art. 80 Abs. 2	Art. 66 Abs. 2
Art. 80 Abs. 3	Art. 72
Art. 81	Art. 73
Art. 82	Art. 74
Art. 83 Abs. 1	Art. 81 Unterabs. 1
Art. 83 Abs. 2 bis 6	–
Art. 84	Art. 43
Art. 85	–
Art. 86	–
Art. 87	Art. 77 Abs. 3 und 4
Art. 88	Art. 77 Abs. 5
Art. 89 Abs. 1 und 2	Art. 77 Abs. 1 und 2
Art. 89 Abs. 3	–

Vorliegende Richtlinie	Richtlinie 2004/18/EG
Art. 90 Abs. 1	Art. 80 Abs. 1 Unterabs. 1
Art. 90 Abs. 2 bis 5	
Art. 90 Abs. 6	Art. 80 Abs. 1 Unterabs. 2
Art. 91	Art. 82
Art. 92	–
Art. 93	Art. 83
Art. 94	Art. 84
Anhang I	Anhang IV
Anhang II	Anhang I
Anhang III	Anhang V
–	Anhang III
Anhang IV Buchstaben a bis f	Anhang X Buchstaben b bis h
Anhang IV Buchstabe g	–
Anhang V – Teil A	Anhang VII – A
Anhang V – Teil B – I.	Anhang VII – A
Anhang V – Teil B – II.	–
Anhang V – Teil C	Anhang VII – A
Anhang V – Teil D	Anhang VII – A
Anhang V – Teil E	Anhang VII – D
Anhang V – Teil F	Anhang VII – D
Anhang V – Teil G	–
Anhang V – Teil H	–
Anhang V – Teil I	–
Anhang V – Teil J	–
Anhang VI	Art. 54 Abs. 3 Buchstaben a bis f
Anhang VII	Anhang VI
Anhang VIII	Anhang VIII
Anhang IX Nr. 1	Art. 40 Abs. 5
Anhang IX Nr. 2	–
Anhang X	–
Anhang XI	Anhang IX A, B und C
Anhang XII Teil I	Art. 47 Abs. 1
Anhang XII Teil II	Art. 48 Abs. 2
Anhang XIII	–
Anhang XIV	Anhang II
Anhang XV	Anhang XII

2. Richtlinie 2007/66/EG des Europäischen Parlaments und des Rates

vom 11. Dezember 2007

zur Änderung der Richtlinien 89/665/EWG und 92/13/EWG des Rates im Hinblick auf die Verbesserung der Wirksamkeit der Nachprüfungsverfahren bezüglich der Vergabe öffentlicher Aufträge

(Text von Bedeutung für den EWR)

DAS EUROPÄISCHE PARLAMENT UND DER RAT DER EUROPÄISCHEN UNION –

gestützt auf den Vertrag zur Gründung der Europäischen Gemeinschaft, insbesondere auf Artikel 95,

auf Vorschlag der Kommission,

nach Stellungnahme des Europäischen Wirtschafts- und Sozialausschusses,[1]

nach Stellungnahme des Ausschusses der Regionen,[2]

gemäß dem Verfahren des Artikels 251 des Vertrags,[3]

in Erwägung nachstehender Gründe:

(1) Die Richtlinie 89/665/EWG des Rates vom 21. Dezember 1989 zur Koordinierung der Rechts- und Verwaltungsvorschriften für die Anwendung der Nachprüfungsverfahren im Rahmen der Vergabe öffentlicher Liefer- und Bauaufträge[4] und die Richtlinie 92/13/EWG des Rates vom 25. Februar 1992 zur Koordinierung der Rechts- und Verwaltungsvorschriften für die Anwendung der Gemeinschaftsvorschriften über die Auftragsvergabe durch Auftraggeber im Bereich der Wasser-, Energie- und Verkehrsversorgung sowie im Telekommunikationssektor[5] betreffen die Nachprüfungsverfahren in Bezug auf Aufträge, die von öffentlichen Auftraggebern im Sinne des Artikels 1 Absatz 9 der Richtlinie 2004/18/EG des Europäischen Parlaments und des Rates vom 31. März 2004 über die Koordinierung der Verfahren zur Vergabe öffentlicher Bauaufträge, Lieferaufträge und Dienstleistungsaufträge[6] und von Auftraggebern im Sinne des Artikels 2 der Richtlinie 2004/17/EG des Europäischen Parlaments und des Rates vom 31. März 2004 zur Koordinierung der Zuschlagserteilung durch Auftraggeber im Bereich der Wasser-, Energie- und Verkehrsversorgung sowie der Postdienste[7] vergeben werden. Die Richtlinien 89/665/EWG und 92/13/EWG sollen die wirksame Anwendung der Richtlinien 2004/18/EG und 2004/17/EG gewährleisten.

(2) Die Richtlinien 89/665/EWG und 92/13/EWG gelten daher nur für Aufträge, die in den Anwendungsbereich der Richtlinien 2004/18/EG und 2004/17/EG gemäß der Auslegung des Gerichtshofs der Europäischen Gemeinschaften fallen, und zwar unabhängig von dem gewählten Vergabeverfahren oder der jeweiligen Art des Aufrufs zum Wettbewerb, einschließlich der Wettbewerbe, Prüfungssysteme oder dynamischen Beschaffungssysteme. Nach der Rechtsprechung des Gerichtshofs sollten die

---

1 ABl. C 93 vom 27.4.2007, S. 16.

2 ABl. C 146 vom 30.6.2007, S. 69.

3 Stellungnahme des Europäischen Parlaments vom 21. Juni 2007 (noch nicht im Amtsblatt veröffentlicht) und Beschluss des Rates vom 15. November 2007.

4 ABl. L 395 vom 30.12.1989, S. 33. Geändert durch die Richtlinie 92/50/EWG (ABl. L 209 vom 24.7.1992, S. 1).

5 ABl. L 76 vom 23.3.1992, S. 14. Richtlinie zuletzt geändert durch die Richtlinie 2006/97/EG (ABl. L 363 vom 20.12.2006, S. 107).

6 ABl. L 134 vom 30.4.2004, S. 114. Richtlinie zuletzt geändert durch die Richtlinie 2006/97/EG.

7 ABl. L 134 vom 30.4.2004, S. 1. Richtlinie zuletzt geändert durch die Richtlinie 2006/97/EG.

Mitgliedstaaten dafür Sorge tragen, dass Entscheidungen der öffentlichen Auftraggeber und der Auftraggeber darüber, ob ein Auftrag in den persönlichen und sachlichen Anwendungsbereich der Richtlinien 2004/18/EG und 2004/17/EG fällt, wirksam und rasch nachgeprüft werden können.

(3) Die Anhörung der Beteiligten wie auch die Rechtsprechung des Gerichtshofs haben bei den gegenwärtigen Nachprüfungsverfahren in den Mitgliedstaaten einige Schwachstellen aufgedeckt. Aufgrund dieser Schwachstellen können die Verfahren der Richtlinien 89/665/EWG und 92/13/EWG die Beachtung der Gemeinschaftsvorschriften nicht immer gewährleisten und insbesondere nicht in einem Stadium, in dem Verstöße noch beseitigt werden könnten. So sollten die mit diesen Richtlinien angestrebten Garantien im Hinblick auf Transparenz und Nichtdiskriminierung verstärkt werden, um zu gewährleisten, dass die positiven Effekte der Modernisierung und Vereinfachung der Vorschriften über das öffentliche Auftragswesen im Rahmen der Richtlinien 2004/18/EG und 2004/17/EG für die Gemeinschaft insgesamt voll zum Tragen kommen. Es ist daher angezeigt, die Richtlinien 89/665/EWG und 92/13/EWG so zu präzisieren und zu ergänzen, dass die vom Gemeinschaftsgesetzgeber angestrebten Ziele erreicht werden können.

(4) Zu den ermittelten Schwächen zählt insbesondere das Fehlen einer Frist, die eine wirksame Nachprüfung zwischen der Zuschlagsentscheidung und dem Abschluss des betreffenden Vertrags ermöglicht. Das führt zuweilen dazu, dass öffentliche Auftraggeber und Auftraggeber sehr rasch die Vertragsunterzeichnung vornehmen, um die Folgen einer strittigen Zuschlagsentscheidung unumkehrbar zu machen. Um diese Schwachstelle zu beseitigen, die einen wirksamen Rechtsschutz der betroffenen Bieter, nämlich derjenigen Bieter, die noch nicht endgültig ausgeschlossen wurden, ernstlich behindert, ist es erforderlich, eine Mindest-Stillhaltefrist vorzusehen, während der der Abschluss des betreffenden Vertrags ausgesetzt wird, und zwar unabhängig davon, ob der Vertragsschluss zum Zeitpunkt der Vertragsunterzeichnung erfolgt oder nicht.

(5) Die Dauer der Mindest-Stillhaltefrist sollte den verschiedenen Kommunikationsmitteln Rechnung tragen. Werden schnelle Kommunikationsmittel genutzt, kann eine kürzere Frist vorgesehen werden als beim Einsatz anderer Kommunikationsmittel. Diese Richtlinie sieht lediglich Mindest-Stillhaltefristen vor. Den Mitgliedstaaten steht es frei, längere Fristen als diese Mindestfristen einzuführen oder beizubehalten. Ebenso können die Mitgliedstaaten entscheiden, welche Frist gelten soll, wenn verschiedene Kommunikationsmittel gleichzeitig genutzt werden.

(6) Die Stillhaltefrist sollte den betroffenen Bietern genügend Zeit geben, um die Zuschlagsentscheidung zu prüfen und zu beurteilen, ob ein Nachprüfungsverfahren eingeleitet werden sollte. Gleichzeitig mit der Mitteilung der Zuschlagsentscheidung sollten den betroffenen Bietern die relevanten Informationen übermittelt werden, die für sie unerlässlich sind, um eine wirksame Nachprüfung zu beantragen. Gleiches gilt entsprechend auch für Bewerber, soweit der öffentliche Auftraggeber oder der Auftraggeber die Informationen über die Ablehnung ihrer Bewerbung nicht rechtzeitig zur Verfügung gestellt hat.

(7) Zu diesen einschlägigen Informationen zählen insbesondere – in zusammengefasster Form – die einschlägigen Gründe, die in Artikel 41 der Richtlinie 2004/18/EG und in Artikel 49 der Richtlinie 2004/17/EG vorgesehen sind. Da die Dauer der Stillhaltefrist in den Mitgliedstaaten unterschiedlich ist, ist es ferner wichtig, dass die betroffenen Bieter und Bewerber über die tatsächliche Frist informiert werden, innerhalb deren sie ein Nachprüfungsverfahren anstrengen können.

(8) Diese Art der Mindest-Stillhaltefrist soll nicht gelten, wenn die Richtlinie 2004/18/EG oder 2004/17/EG nicht die vorherige Veröffentlichung einer Bekanntmachung im Amtsblatt der Europäischen Union vorschreibt, insbesondere in Fällen äußerster Dringlichkeit gemäß Artikel 31 Absatz 1 Buchstabe c der Richtlinie 2004/18/EG bzw. Artikel 40 Absatz 3 Buchstabe d der Richtlinie 2004/17/EG. In diesen Fällen genügt es, wirksame Nachprüfungsverfahren nach dem Vertragsschluss vorzusehen. Ebenso ist eine Stillhaltefrist nicht erforderlich, wenn dem einzigen betroffenen Bieter auch der Zuschlag erteilt wird und wenn es keine betroffenen Bewerber gibt. In diesem Fall gibt es in dem Vergabeverfahren keine weitere Person mit einem Interesse daran, unterrichtet zu werden und eine Stillhaltefrist zu nutzen, die eine wirksame Nachprüfung ermöglicht.

(9) Außerdem könnten bei Aufträgen, die auf Rahmenvereinbarungen oder dynamischen Beschaffungssystemen beruhen, die mit diesen Vergabeverfahren angestrebten Effizienzgewinne durch eine obligatorische Stillhaltefrist beeinträchtigt werden. Die Mitgliedstaaten sollten daher statt der Einführung einer obligatorischen Stillhaltefrist die Unwirksamkeit als wirksame Sanktion gemäß Artikel 2d der Richtlinie 89/665/EWG und Artikel 2d der Richtlinie 92/13/EWG für Verstöße gegen Artikel 32 Absatz 4 Unterabsatz 2 zweiter Gedankenstrich und Artikel 33 Absätze 5 und 6 der Richtlinie 2004/18/EG sowie gegen Artikel 15 Absätze 5 und 6 der Richtlinie 2004/17/EG vorsehen können.

(10) In den Fällen nach Artikel 40 Absatz 3 Buchstabe i der Richtlinie 2004/17/EG ist für Aufträge, die auf Rahmenvereinbarungen beruhen, keine vorherige Veröffentlichung einer Bekanntmachung im Amtsblatt der Europäischen Union vorgeschrieben. In diesen Fällen sollte die Stillhaltefrist nicht obligatorisch sein.

(11) Wenn ein Mitgliedstaat verlangt, dass eine Person, die ein Nachprüfungsverfahren anstrengen will, den öffentlichen Auftraggeber oder den Auftraggeber darüber in Kenntnis setzt, so muss klargestellt werden, dass dies nicht die Stillhaltefrist oder etwaige andere Fristen zur Beantragung einer Nachprüfung beeinträchtigen darf. Wenn ein Mitgliedstaat verlangt, dass die betreffende Person zunächst eine Nachprüfung beim öffentlichen Auftraggeber oder beim Auftraggeber beantragt, sollte ferner dieser Person eine angemessene Mindestfrist zugestanden werden, die es ihr erlaubt, die zuständige Nachprüfungsstelle vor Abschluss des Vertrags anzurufen, wenn sie die Antwort oder das Ausbleiben einer Antwort des öffentlichen Auftraggebers oder des Auftraggebers anfechten möchte.

(12) Die Beantragung einer Nachprüfung kurz vor Ablauf der Mindest-Stillhaltefrist sollte nicht dazu führen, dass die für die Nachprüfungsverfahren zuständige Instanz nicht über die Mindestzeit verfügt, die für ein Handeln unerlässlich ist, insbesondere für die Verlängerung der Aussetzung des Vertragsschlusses. Daher ist eine eigenständige Mindest-Stillhaltefrist vorzusehen, die so lange dauern sollte, bis die Nachprüfungsstelle über den Antrag entschieden hat. Dabei sollte es der Nachprüfungsstelle unbenommen bleiben, vorher zu beurteilen, ob die Nachprüfung als solche zulässig ist. Die Mitgliedstaaten können bestimmen, dass diese Frist endet, entweder wenn die Nachprüfungsstelle eine Entscheidung über den Antrag auf vorläufige Maßnahmen, einschließlich einer weiteren Aussetzung des Vertragsschlusses, oder eine Entscheidung in der Hauptsache, insbesondere über den Antrag auf Aufhebung einer rechtswidrigen Entscheidung, getroffen hat.

(13) Um gegen die rechtswidrige freihändige Vergabe von Aufträgen vorzugehen, die der Gerichtshof als die schwerwiegendste Verletzung des Gemeinschaftsrechts im Bereich des öffentlichen Auftragswesens durch öffentliche Auftraggeber oder Auftraggeber bezeichnet hat, sollten wirksame, verhältnismäßige und abschreckende Sanktionen vorgesehen werden. Ein Vertrag, der aufgrund einer rechtswidrigen freihändigen Vergabe zustande gekommen ist, sollte daher grundsätzlich als unwirksam gelten. Die Unwirksamkeit sollte nicht automatisch gelten, sondern durch eine unabhängige Nachprüfungsstelle festgestellt werden oder auf der Entscheidung einer unabhängigen Nachprüfungsstelle beruhen.

(14) Die Unwirksamkeit ist das beste Mittel, um den Wettbewerb wiederherzustellen und neue Geschäftsmöglichkeiten für die Wirtschaftsteilnehmer zu schaffen, denen rechtswidrig Wettbewerbsmöglichkeiten vorenthalten wurden. Eine freihändige Vergabe im Sinne dieser Richtlinie sollte alle Auftragsvergaben ohne vorherige Veröffentlichung einer Bekanntmachung im Amtsblatt der Europäischen Union im Sinne der Richtlinie 2004/18/EG umfassen. Dies entspricht dem Verfahren ohne vorherigen Aufruf zum Wettbewerb im Sinne der Richtlinie 2004/17/EG.

(15) Mögliche Rechtfertigungen für eine freihändige Vergabe im Sinne dieser Richtlinie sind unter anderem die Ausnahmen in den Artikeln 10 bis 18 der Richtlinie 2004/18/EG, die Anwendung der Artikel 31, 61 oder 68 der Richtlinie 2004/18/EG, die Vergabe eines Dienstleistungsauftrags gemäß Artikel 21 der Richtlinie 2004/18/EG oder eine rechtmäßige Inhouse-Vergabe entsprechend der Auslegung des Gerichtshofs.

(16) Das Gleiche gilt für Aufträge, die die Bedingungen für eine Ausnahmeregelung oder für Sonderregelungen gemäß Artikel 5 Absatz 2, Artikel 18 bis 26, Artikel 29 und 30 oder Artikel 62 der Richt-

linie 2004/17/EG erfüllen, im Falle der Anwendung von Artikel 40 Absatz 3 der Richtlinie 2004/17/EG oder für die Vergabe von Dienstleistungsaufträgen nach Artikel 32 der Richtlinie 2004/17/EG.

(17) Ein Nachprüfungsverfahren sollte zumindest jeder Person zur Verfügung stehen, die ein Interesse an einem bestimmten Auftrag hat oder hatte und der durch einen behaupteten Verstoß ein Schaden entstanden ist bzw. zu entstehen droht.

(18) Um schwere Verstöße gegen die obligatorische Stillhaltefrist und den automatischen Suspensiveffekt, die Voraussetzungen für eine wirksame Nachprüfung sind, zu vermeiden, sollten wirksame Sanktionen gelten. Verträge, deren Abschluss gegen die Stillhaltefrist oder den automatischen Suspensiveffekt verstößt, sollten daher grundsätzlich als unwirksam gelten, wenn sie mit Verstößen gegen die Richtlinie 2004/18/EG oder die Richtlinie 2004/17/EG einhergehen, soweit diese Verstöße die Aussichten des Bieters, der eine Nachprüfung beantragt, auf die Zuschlagserteilung beeinträchtigt haben.

(19) Bei anderen Verstößen gegen förmliche Anforderungen können die Mitgliedstaaten den Grundsatz der Unwirksamkeit als ungeeignet betrachten. In diesen Fällen sollten die Mitgliedstaaten die Möglichkeit haben, alternative Sanktionen vorzusehen. Alternative Sanktionen sollten auf die Verhängung von Geldbußen bzw. -strafen, die an eine von dem öffentlichen Auftraggeber oder dem Auftraggeber unabhängige Stelle zu zahlen sind, oder auf die Verkürzung der Laufzeit des Vertrags beschränkt sein. Es obliegt den Mitgliedstaaten, die Einzelheiten der alternativen Sanktionen und die Bestimmungen für ihre Anwendung festzulegen.

(20) Diese Richtlinie sollte die Anwendung schärferer Sanktionen nach innerstaatlichem Recht nicht ausschließen.

(21) Mit der Festlegung von Regeln durch die Mitgliedstaaten, die gewährleisten, dass ein Vertrag als unwirksam gilt, soll erreicht werden, dass die Rechte und Verpflichtungen der Parteien im Rahmen des Vertrags nicht mehr ausgeübt und nicht mehr durchgesetzt werden. Die Folgen, die sich dadurch ergeben, dass ein Vertrag als unwirksam gilt, sollten durch das einzelstaatliche Recht bestimmt werden. Die einzelstaatlichen Rechtsvorschriften können somit z. B. vorsehen, dass alle vertraglichen Verpflichtungen rückwirkend aufgehoben werden (ex tunc) oder dass umgekehrt die Wirkung der Aufhebung auf die Verpflichtungen beschränkt ist, die noch zu erfüllen sind (ex nunc). Dies sollte nicht dazu führen, dass strenge Sanktionen fehlen, wenn die Verpflichtungen im Rahmen eines Vertrags bereits vollständig oder fast vollständig erfüllt wurden. Für derartige Fälle sollten die Mitgliedstaaten auch alternative Sanktionen vorsehen, wobei zu berücksichtigen ist, in welchem Umfang ein Vertrag nach dem einzelstaatlichen Recht Gültigkeit behält. Gleichermaßen sind die Folgen bezüglich der möglichen Rückerstattung von gegebenenfalls gezahlten Beträgen sowie alle anderen Formen möglicher Rückerstattungen – einschließlich Rückerstattungen des Werts, falls eine Rückerstattung der Sache nicht möglich ist – durch einzelstaatliche Rechtsvorschriften zu regeln.

(22) Um zu gewährleisten, dass die Verhältnismäßigkeit der Sanktionen gewahrt bleibt, können die Mitgliedstaaten der für die Nachprüfungsverfahren zuständigen Stelle die Möglichkeit geben, den Vertrag nicht für unwirksam zu erklären oder einige oder alle zeitlichen Wirkungen des Vertrags anzuerkennen, wenn zwingende Gründe eines Allgemeininteresses dies in Ausnahmesituationen rechtfertigen. In diesen Fällen sollten stattdessen alternative Sanktionen zur Anwendung gelangen. Die von dem öffentlichen Auftraggeber oder dem Auftraggeber unabhängige Nachprüfungsstelle sollte alle relevanten Aspekte prüfen, um festzustellen, ob zwingende Gründe eines Allgemeininteresses es erfordern, dass die Wirkungen des Vertrags bestehen bleiben.

(23) In Ausnahmefällen ist die Anwendung des Verhandlungsverfahrens ohne Veröffentlichung einer Bekanntmachung im Sinne des Artikels 31 der Richtlinie 2004/18/EG oder des Artikels 40 Absatz 3 der Richtlinie 2004/17/EG unmittelbar nach der Aufhebung des Vertrags zulässig. In diesen Fällen könnte die Anwendung zwingender Gründe gerechtfertigt sein, wenn aus technischen oder anderen zwingenden Gründen die verbleibenden Vertragsverpflichtungen zu diesem Zeitpunkt nur von dem Wirtschaftsteilnehmer erfüllt werden können, dem der Auftrag erteilt wurde.

(24) Wirtschaftliche Interessen an der Wirksamkeit eines Vertrags dürfen nur als zwingende Gründe gelten, wenn die Unwirksamkeit in Ausnahmesituationen unverhältnismäßige Folgen hätte. Wirt-

schaftliche Interessen in unmittelbarem Zusammenhang mit dem betreffenden Auftrag sollten jedoch nicht als zwingende Gründe gelten.

(25) Die Notwendigkeit, für Rechtssicherheit hinsichtlich der Entscheidungen der öffentlichen Auftraggeber und der Auftraggeber zu sorgen, erfordert ferner die Festlegung einer angemessenen Mindest-Verjährungsfrist für Nachprüfungen, in denen die Unwirksamkeit eines Vertrags festgestellt werden kann.

(26) Um eine mögliche Rechtsunsicherheit im Zusammenhang mit der Unwirksamkeit zu vermeiden, sollten die Mitgliedstaaten eine Ausnahme von der Unwirksamkeit in den Fällen vorsehen, in denen der öffentliche Auftraggeber oder der Auftraggeber der Auffassung ist, dass die freihändige Vergabe eines Auftrags ohne vorherige Veröffentlichung einer Bekanntmachung im Amtsblatt der Europäischen Union nach den Richtlinien 2004/18/EG und 2004/17/EG zulässig ist und er eine Mindest-Stillhaltefrist angewendet hat, die eine wirksame Nachprüfung ermöglicht. Eine solche freiwillige Veröffentlichung, die eine Stillhaltefrist auslöst, bedeutet keine Ausdehnung von Verpflichtungen, die sich aus der Richtlinie 2004/18/EG oder der Richtlinie 2004/17/EG ergeben.

(27) Da diese Richtlinie die einzelstaatlichen Nachprüfungsverfahren stärkt, insbesondere in Fällen der rechtswidrigen freihändigen Vergabe, sollten die Wirtschaftsteilnehmer ermutigt werden, diese neuen Mechanismen zu nutzen. Aus Gründen der Rechtssicherheit ist die Geltendmachung der Unwirksamkeit eines Vertrags auf einen bestimmten Zeitraum beschränkt. Die Effektivität dieser Fristen sollte respektiert werden.

(28) Die Erhöhung der Wirksamkeit der einzelstaatlichen Nachprüfungsverfahren sollte die Betroffenen ermutigen, die Möglichkeiten der Nachprüfung vor Vertragsschluss im Wege der einstweiligen Verfügung stärker in Anspruch zu nehmen. Unter diesen Umständen sollte der Korrekturmechanismus auf die schweren Verstöße gegen das Gemeinschaftsrecht im Bereich des öffentlichen Auftragswesens ausgerichtet werden.

(29) Das in der Richtlinie 92/13/EWG vorgesehene freiwillige Bescheinigungsverfahren, das den Auftraggebern die Möglichkeit gibt, sich auf der Grundlage regelmäßiger Überprüfungen bescheinigen zu lassen, dass ihre Vergabeverfahren richtlinienkonform sind, ist praktisch nie in Anspruch genommen worden. Es kann daher seinen Zweck, Verstöße gegen das Gemeinschaftsrecht im Bereich des öffentlichen Auftragswesens in größerer Zahl zu verhindern, nicht erfüllen. Andererseits kann die den Mitgliedstaaten in der Richtlinie 92/13/EWG auferlegte Pflicht, dafür zu sorgen, dass für diese Prüfungen ständig akkreditierte Prüfer zur Verfügung stehen, Verwaltungskosten verursachen, die angesichts des fehlenden Interesses der Auftraggeber nicht mehr zu rechtfertigen sind. Deshalb ist es angezeigt, dieses Bescheinigungsverfahren abzuschaffen.

(30) Auch das in der Richtlinie 92/13/EWG vorgesehene Schlichtungsverfahren ist bei den Wirtschaftsteilnehmern nie auf echtes Interesse gestoßen. Dies ist zum einen darauf zurückzuführen, dass dieses Verfahren allein keine verbindlichen vorläufigen Maßnahmen ermöglicht, die einen rechtswidrigen Vertragsschluss rechtzeitig verhindern könnten, und zum anderen darauf, dass es nur schwer mit der Einhaltung der besonders kurzen Fristen für Nachprüfungen zwecks Verhängung vorläufiger Maßnahmen und Aufhebung rechtswidriger Entscheidungen zu vereinbaren ist. Außerdem ist die potenzielle Wirksamkeit des Schlichtungsverfahrens zusätzlich beeinträchtigt worden durch die Schwierigkeiten beim Erstellen einer vollständigen, hinreichend langen Liste unabhängiger Schlichter für jeden Mitgliedstaat, die jederzeit zur Verfügung stehen und Schlichtungsanträge sehr kurzfristig bearbeiten können. Deshalb ist es angezeigt, das Schlichtungsverfahren abzuschaffen.

(31) Die Kommission sollte ermächtigt werden, von den Mitgliedstaaten die Übermittlung von dem verfolgten Ziel angemessenen Informationen über das Funktionieren der innerstaatlichen Nachprüfungsverfahren zu verlangen; bei der Festlegung von Art und Umfang dieser Informationen sollte der Beratende Ausschuss für öffentliche Aufträge eingebunden werden. Allein diese Informationen ermöglichen es nämlich, nach einem längeren Anwendungszeitraum eine korrekte Bewertung der durch diese Richtlinie bewirkten Änderungen vorzunehmen.

(32) Die Kommission sollte die in den Mitgliedstaaten erzielten Fortschritte überprüfen und dem Europäischen Parlament und dem Rat spätesten drei Jahre nach Ablauf der Frist für die Umsetzung der Richtlinie über deren Wirksamkeit Bericht erstatten.

(33) Die zur Durchführung der Richtlinien 89/665/EWG und 92/13/EWG erforderlichen Maßnahmen sollten gemäß dem Beschluss 1999/468/EG des Rates vom 28. Juni 1999 zur Festlegung der Modalitäten für die Ausübung der der Kommission übertragenen Durchführungsbefugnisse[8] erlassen werden.

(34) Da das Ziel dieser Richtlinie, nämlich die Verbesserung der Wirksamkeit der Nachprüfungsverfahren bezüglich der Vergabe von Aufträgen, die in den Anwendungsbereich der Richtlinien 2004/18/EG und 2004/17/EG fallen, aus den oben genannten Gründen auf Ebene der Mitgliedstaaten nicht ausreichend verwirklicht werden kann und daher besser auf Gemeinschaftsebene zu verwirklichen ist, kann die Gemeinschaft im Einklang mit dem in Artikel 5 des Vertrags niedergelegten Subsidiaritätsprinzip tätig werden. Entsprechend dem in demselben Artikel genannten Grundsatz der Verhältnismäßigkeit geht diese Richtlinie bei gleichzeitiger Wahrung des Grundsatzes der Verfahrensautonomie der Mitgliedstaaten nicht über das für die Erreichung dieses Ziels erforderliche Maß hinaus.

(35) Gemäß Nummer 34 der Interinstitutionellen Vereinbarung „Bessere Rechtsetzung“[9] sollten die Mitgliedstaaten für ihre eigenen Zwecke und im Interesse der Gemeinschaft eigene Tabellen aufstellen, aus denen die Entsprechungen zwischen dieser Richtlinie und den Umsetzungsmaßnahmen zu entnehmen sind, und diese veröffentlichen.

(36) Diese Richtlinie steht im Einklang mit den Grundrechten und Grundsätzen, die insbesondere mit der Charta der Grundrechte der Europäischen Union anerkannt wurden. Sie soll namentlich die uneingeschränkte Achtung des Rechts auf einen wirksamen Rechtsbehelf und ein faires Verfahren nach Artikel 47 Absätze 1 und 2 der Charta sicherstellen.

(37) Die Richtlinien 89/665/EWG und 92/13/EWG sollten daher entsprechend geändert werden –

HABEN FOLGENDE RICHTLINIE ERLASSEN:

Artikel 1
Änderungen der Richtlinie 89/665/EWG

Die Richtlinie 89/665/EWG wird wie folgt geändert:

1. Die Artikel 1 und 2 erhalten folgende Fassung:

„Artikel 1
Anwendungsbereich und Zugang zu Nachprüfungsverfahren

(1) Diese Richtlinie gilt für Aufträge im Sinne der Richtlinie 2004/18/EG des Europäischen Parlaments und des Rates vom 31. März 2004 über die Koordinierung der Verfahren zur Vergabe öffentlicher Bauaufträge, Lieferaufträge und Dienstleistungsaufträge*, sofern diese Aufträge nicht gemäß den Artikeln 10 bis 18 der genannten Richtlinie ausgeschlossen sind.

Aufträge im Sinne der vorliegenden Richtlinie umfassen öffentliche Aufträge, Rahmenvereinbarungen, öffentliche Baukonzessionen und dynamische Beschaffungssysteme.

Die Mitgliedstaaten ergreifen die erforderlichen Maßnahmen, um sicherzustellen, dass hinsichtlich der in den Anwendungsbereich der Richtlinie 2004/18/EG fallenden Aufträge die Entscheidungen der öffentlichen Auftraggeber wirksam und vor allem möglichst rasch nach Maßgabe der Artikel 2 bis 2f der vorliegenden Richtlinie auf Verstöße gegen das Gemeinschaftsrecht im Bereich des öffentlichen Auftragswesens oder gegen die einzelstaatlichen Vorschriften, die dieses Recht umsetzen, nachgeprüft werden können.

(2) Die Mitgliedstaaten stellen sicher, dass die in dieser Richtlinie getroffene Unterscheidung zwischen einzelstaatlichen Vorschriften zur Umsetzung des Gemeinschaftsrechts und den übrigen inner-

---

8 ABl. L 184 vom 17.7.1999, S. 23. Geändert durch den Beschluss 2006/512/EG (ABl. L 200 vom 22.7.2006, S. 11).

9 ABl. C 321 vom 31.12.2003, S. 1.

staatlichen Bestimmungen nicht zu Diskriminierungen zwischen Unternehmen führt, die im Rahmen eines Verfahrens zur Vergabe eines öffentlichen Auftrags einen Schaden geltend machen könnten.

(3) Die Mitgliedstaaten stellen sicher, dass Nachprüfungsverfahren entsprechend den gegebenenfalls von den Mitgliedstaaten festzulegenden Bedingungen zumindest jeder Person zur Verfügung stehen, die ein Interesse an einem bestimmten Auftrag hat oder hatte und der durch einen behaupteten Verstoß ein Schaden entstanden ist bzw. zu entstehen droht.

(4) Die Mitgliedstaaten können verlangen, dass die Person, die ein Nachprüfungsverfahren anzustrengen beabsichtigt, den öffentlichen Auftraggeber über den behaupteten Verstoß und die beabsichtigte Nachprüfung unterrichtet, sofern die Stillhaltefrist nach Artikel 2a Absatz 2 oder andere Fristen für die Beantragung einer Nachprüfung nach Artikel 2c hiervon unberührt bleiben.

(5) Die Mitgliedstaaten können auch verlangen, dass die betreffende Person zunächst bei dem öffentlichen Auftraggeber eine Nachprüfung beantragt. In diesem Fall tragen die Mitgliedstaaten dafür Sorge, dass die Einreichung eines solchen Antrags einen unmittelbaren Suspensiveffekt auf den Vertragsschluss auslöst.

Die Mitgliedstaaten entscheiden über die geeigneten Kommunikationsmittel, einschließlich Fax oder elektronischer Mittel, die für die Beantragung der Nachprüfung gemäß Unterabsatz 1 zu verwenden sind.

Der Suspensiveffekt nach Unterabsatz 1 endet nicht vor Ablauf einer Frist von mindestens zehn Kalendertagen, gerechnet ab dem Tag, der auf den Tag folgt, an dem der öffentliche Auftraggeber eine Antwort abgesendet hat, falls sie per Fax oder auf elektronischem Weg abgesendet wird, oder, falls andere Kommunikationsmittel verwendet werden, nicht vor Ablauf einer Frist von entweder mindestens 15 Kalendertagen, gerechnet ab dem Tag, der auf den Tag folgt, an dem der öffentliche Auftraggeber eine Antwort abgesendet hat, oder mindestens zehn Kalendertagen, gerechnet ab dem Tag nach dem Eingang einer Antwort.

Artikel 2
Anforderungen an die Nachprüfungsverfahren

(1) Die Mitgliedstaaten stellen sicher, dass für die in Artikel 1 genannten Nachprüfungsverfahren die erforderlichen Befugnisse vorgesehen werden, damit

a) so schnell wie möglich im Wege der einstweiligen Verfügung vorläufige Maßnahmen ergriffen werden können, um den behaupteten Verstoß zu beseitigen oder weitere Schädigungen der betroffenen Interessen zu verhindern; dazu gehören auch Maßnahmen, um das Verfahren zur Vergabe eines öffentlichen Auftrags oder die Durchführung jeder sonstigen Entscheidung des öffentlichen Auftraggebers auszusetzen oder die Aussetzung zu veranlassen;
b) die Aufhebung rechtswidriger Entscheidungen, einschließlich der Streichung diskriminierender technischer, wirtschaftlicher oder finanzieller Spezifikationen in den Ausschreibungsdokumenten, den Verdingungsunterlagen oder in jedem sonstigen sich auf das betreffende Vergabeverfahren beziehenden Dokument vorgenommen oder veranlasst werden kann;
c) denjenigen, die durch den Verstoß geschädigt worden sind, Schadensersatz zuerkannt werden kann.

(2) Die in Absatz 1 und in den Artikeln 2d und 2e genannten Befugnisse können getrennt mehreren Stellen übertragen werden, die für das Nachprüfungsverfahren unter verschiedenen Gesichtspunkten zuständig sind.

(3) Wird eine gegenüber dem öffentlichen Auftraggeber unabhängige Stelle in erster Instanz mit der Nachprüfung einer Zuschlagsentscheidung befasst, so sorgen die Mitgliedstaaten dafür, dass der öffentliche Auftraggeber den Vertragsschluss nicht vornehmen kann, bevor die Nachprüfungsstelle eine Entscheidung über einen Antrag auf vorläufige Maßnahmen oder eine Entscheidung in der Hauptsache getroffen hat. Diese Aussetzung endet frühestens mit Ablauf der Stillhaltefrist nach Artikel 2a Absatz 2 und Artikel 2d Absätze 4 und 5.

(4) Außer in den Fällen nach Absatz 3 und Artikel 1 Absatz 5 haben die Nachprüfungsverfahren als solche nicht notwendigerweise einen automatischen Suspensiveffekt auf die betreffenden Vergabeverfahren.

(5) Die Mitgliedstaaten können vorsehen, dass die Nachprüfungsstelle die voraussehbaren Folgen der vorläufigen Maßnahmen im Hinblick auf alle möglicherweise geschädigten Interessen sowie das Interesse der Allgemeinheit berücksichtigen kann und dass sie beschließen kann, diese Maßnahmen nicht zu ergreifen, wenn deren nachteilige Folgen die damit verbundenen Vorteile überwiegen könnten.

Die Ablehnung der vorläufigen Maßnahmen beeinträchtigt nicht die sonstigen Rechte des Antragstellers.

(6) Die Mitgliedstaaten können vorsehen, dass bei Schadensersatzansprüchen, die auf die Rechtswidrigkeit einer Entscheidung gestützt werden, diese zunächst von einer mit den dafür erforderlichen Befugnissen ausgestatteten Stelle aufgehoben worden sein muss.

(7) Außer in den in den Artikeln 2d bis 2f genannten Fällen richten sich die Wirkungen der Ausübung der in Absatz 1 des vorliegenden Artikels genannten Befugnisse auf den nach der Zuschlagsentscheidung geschlossenen Vertrag nach dem einzelstaatlichen Recht.

Abgesehen von dem Fall, in dem eine Entscheidung vor Zuerkennung von Schadensersatz aufgehoben werden muss, kann ein Mitgliedstaat ferner vorsehen, dass nach dem Vertragsschluss in Übereinstimmung mit Artikel 1 Absatz 5, Absatz 3 des vorliegenden Artikels oder den Artikeln 2a bis 2f die Befugnisse der Nachprüfungsstelle darauf beschränkt werden, einer durch einen Verstoß geschädigten Person Schadensersatz zuzuerkennen.

(8) Die Mitgliedstaaten stellen sicher, dass die Entscheidungen der Nachprüfungsstellen wirksam durchgesetzt werden können.

(9) Eine Nachprüfungsstelle, die kein Gericht ist, muss ihre Entscheidung stets schriftlich begründen. Ferner ist in diesem Falle sicherzustellen, dass eine behauptete rechtswidrige Maßnahme der Nachprüfungsstelle oder ein behaupteter Verstoß bei der Ausübung der ihr übertragenen Befugnisse zum Gegenstand einer Klage oder einer Nachprüfung bei einer anderen von dem öffentlichen Auftraggeber und der Nachprüfungsstelle unabhängigen Stelle, die ein Gericht im Sinne des Artikels 234 des Vertrags ist, gemacht werden können.

Für die Ernennung und das Ende der Amtszeit der Mitglieder dieser unabhängigen Stelle gelten bezüglich der für ihre Ernennung zuständigen Behörde, der Dauer ihrer Amtszeit und ihrer Absetzbarkeit die gleichen Bedingungen wie für Richter. Zumindest der Vorsitzende der unabhängigen Stelle muss die juristischen und beruflichen Qualifikationen eines Richters besitzen. Die unabhängige Stelle trifft ihre Entscheidungen in einem Verfahren, in dem beide Seiten gehört werden; ihre Entscheidungen sind in der von den einzelnen Mitgliedstaaten jeweils zu bestimmenden Weise rechtsverbindlich.

---

* ABl. L 134 vom 30.4.2004, S. 114. Richtlinie zuletzt geändert durch die Richtlinie 2006/97/EG des Rates (ABl. L 363 vom 20.12.2006, S. 107)."

2. Folgende Artikel werden eingefügt:

„Artikel 2a
Stillhaltefrist

(1) Die Mitgliedstaaten legen nach Maßgabe der Mindestbedingungen in Absatz 2 und in Artikel 2c Fristen fest, die sicherstellen, dass die in Artikel 1 Absatz 3 genannten Personen gegen Zuschlagsentscheidungen der öffentlichen Auftraggeber wirksame Nachprüfungsverfahren anstrengen können.

(2) Der Vertragsabschluss im Anschluss an die Zuschlagsentscheidung für einen Auftrag, der in den Anwendungsbereich der Richtlinie 2004/18/EG fällt, darf nicht vor Ablauf einer Frist von mindestens zehn Kalendertagen erfolgen, gerechnet ab dem Tag, der auf den Tag folgt, an dem die Zuschlagsentscheidung an die betroffenen Bieter und Bewerber abgesendet wurde, falls sie per Fax oder auf elek-

tronischem Weg abgesendet wird, oder, falls andere Kommunikationsmittel verwendet werden, nicht vor Ablauf einer Frist von entweder mindestens 15 Kalendertagen, gerechnet ab dem Tag, der auf den Tag folgt, an dem die Zuschlagsentscheidung an die betroffenen Bieter und Bewerber abgesendet wurde, oder mindestens zehn Kalendertagen, gerechnet ab dem Tag nach dem Eingang der Zuschlagsentscheidung.

Bieter gelten als betroffen, wenn sie noch nicht endgültig ausgeschlossen wurden. Ein Ausschluss ist endgültig, wenn er den betroffenen Bietern mitgeteilt wurde und entweder von einer unabhängigen Nachprüfungsstelle als rechtmäßig anerkannt wurde oder keinem Nachprüfungsverfahren mehr unterzogen werden kann.

Bewerber gelten als betroffen, wenn der öffentliche Auftraggeber ihnen keine Informationen über die Ablehnung ihrer Bewerbung zur Verfügung gestellt hat, bevor die Mitteilung über die Zuschlagsentscheidung an die betroffenen Bieter ergangen ist.

Der Mitteilung über die Zuschlagsentscheidung an jeden betroffenen Bieter und Bewerber wird Folgendes beigefügt:

- vorbehaltlich des Artikels 41 Absatz 3 der Richtlinie 2004/18/EG eine Zusammenfassung der einschlägigen Gründe gemäß Artikel 41 Absatz 2 der genannten Richtlinie und
- eine genaue Angabe der konkreten Stillhaltefrist, die gemäß den einzelstaatlichen Vorschriften zur Umsetzung dieses Absatzes anzuwenden ist.

Artikel 2b
Ausnahmen von der Stillhaltefrist

Die Mitgliedstaaten können vorsehen, dass die in Artikel 2a Absatz 2 genannten Fristen in folgenden Fällen nicht angewendet werden:

a) wenn nach der Richtlinie 2004/18/EG keine vorherige Veröffentlichung einer Bekanntmachung im *Amtsblatt der Europäischen Union* erforderlich ist;
b) wenn der einzige betroffene Bieter im Sinne des Artikels 2a Absatz 2 der Bieter ist, dem der Zuschlag erteilt wird, und wenn es keine betroffenen Bewerber gibt;
c) bei einem Auftrag, dem eine Rahmenvereinbarung gemäß Artikel 32 der Richtlinie 2004/18/EG zugrunde liegt, und bei einem Einzelauftrag, der auf einem dynamischen Beschaffungssystem gemäß Artikel 33 der genannten Richtlinie beruht.

Wird von dieser Ausnahmeregelung Gebrauch gemacht, so stellen die Mitgliedstaaten sicher, dass der Vertrag gemäß den Artikeln 2d und 2f der vorliegenden Richtlinie unwirksam ist, wenn

- ein Verstoß gegen Artikel 32 Absatz 4 Unterabsatz 2 zweiter Gedankenstrich oder gegen Artikel 33 Absätze 5 oder 6 der Richtlinie 2004/18/EG vorliegt und
- der geschätzte Auftragswert die in Artikel 7 der Richtlinie 2004/18/EG genannten Schwellenwerte erreicht oder diese übersteigt.

Artikel 2c
Fristen für die Beantragung einer Nachprüfung

Legt ein Mitgliedstaat fest, dass alle Nachprüfungsanträge gegen Entscheidungen eines öffentlichen Auftraggebers, die im Rahmen von oder im Zusammenhang mit einem Vergabeverfahren im Sinne der Richtlinie 2004/18/EG ergehen, vor Ablauf einer bestimmten Frist gestellt werden müssen, so beträgt diese Frist mindestens zehn Kalendertage, gerechnet ab dem Tag, der auf den Tag folgt, an dem die Entscheidung des öffentlichen Auftraggebers an den Bieter oder Bewerber abgesendet wurde, falls sie per Fax oder auf elektronischem Weg abgesendet wird, oder, falls andere Kommunikationsmittel verwendet werden, entweder mindestens 15 Kalendertage, gerechnet ab dem Tag, der auf den Tag folgt, an dem die Entscheidung des öffentlichen Auftraggebers an den Bieter oder Bewerber abgesendet wurde, oder mindestens zehn Kalendertage, gerechnet ab dem Tag nach dem Eingang der Entscheidung des öffentlichen Auftraggebers. Der Mitteilung der Entscheidung des öffentlichen Auftraggebers an jeden Bieter oder Bewerber wird eine Zusammenfassung der einschlägigen Gründe beigefügt. Wird ein Antrag auf Nachprüfung in Bezug auf die in Artikel 2 Absatz 1 Buchstabe b der vorliegenden Richtlinie genannten Entscheidungen eingereicht, die keiner besonderen Mitteilungspflicht unterliegen, so beträgt die Frist mindestens zehn Kalendertage, gerechnet ab dem Zeitpunkt der Veröffentlichung der betreffenden Entscheidung.

Artikel 2d
Unwirksamkeit

(1) Die Mitgliedstaaten tragen in folgenden Fällen dafür Sorge, dass ein Vertrag durch eine von dem öffentlichen Auftraggeber unabhängige Nachprüfungsstelle für unwirksam erklärt wird oder dass sich seine Unwirksamkeit aus der Entscheidung einer solchen Stelle ergibt,

a) falls der öffentliche Auftraggeber einen Auftrag ohne vorherige Veröffentlichung einer Bekanntmachung im *Amtsblatt der Europäischen Union* vergeben hat, ohne dass dies nach der Richtlinie 2004/18/EG zulässig ist,
b) bei einem Verstoß gegen Artikel 1 Absatz 5, Artikel 2 Absatz 3 oder Artikel 2a Absatz 2 der vorliegenden Richtlinie, falls dieser Verstoß dazu führt, dass der Bieter, der eine Nachprüfung beantragt, nicht mehr die Möglichkeit hat, vor Abschluss des Vertrags Rechtsschutz zu erlangen, und dieser Verstoß verbunden ist mit einem Verstoß gegen die Richtlinie 2004/18/EG, falls der letztgenannte Verstoß die Aussichten des Bieters, der eine Nachprüfung beantragt, auf die Erteilung des Zuschlags beeinträchtigt hat,
c) in Fällen gemäß Artikel 2b Buchstabe c Unterabsatz 2 der vorliegenden Richtlinie, falls die Mitgliedstaaten von der Ausnahmeregelung bezüglich der Stillhaltefrist für Aufträge, die auf Rahmenvereinbarungen oder dynamischen Beschaffungssystemen beruhen, Gebrauch gemacht haben.

(2) Die Folgen der Unwirksamkeit eines Vertrags richten sich nach einzelstaatlichem Recht.

Die einzelstaatlichen Rechtsvorschriften können somit vorsehen, dass alle vertraglichen Verpflichtungen rückwirkend aufgehoben werden oder dass die Wirkung der Aufhebung auf die Verpflichtungen beschränkt ist, die noch zu erfüllen sind. Im letzteren Fall tragen die Mitgliedstaaten dafür Sorge, dass auch alternative Sanktionen im Sinne des Artikels 2e Absatz 2 Anwendung finden.

(3) Die Mitgliedstaaten können vorsehen, dass die von dem öffentlichen Auftraggeber unabhängige Nachprüfungsstelle einen Vertrag nicht als unwirksam erachten kann, selbst wenn der Auftrag aus den in Absatz 1 genannten Gründen rechtswidrig vergeben wurde, wenn die Nachprüfungsstelle nach Prüfung aller einschlägigen Aspekte zu dem Schluss kommt, dass zwingende Gründe eines Allgemeininteresses es rechtfertigen, die Wirkung des Vertrags zu erhalten. In diesem Fall sehen die Mitgliedstaaten alternative Sanktionen im Sinne des Artikels 2e Absatz 2 vor, die stattdessen angewandt werden.

Wirtschaftliche Interessen an der Wirksamkeit eines Vertrags dürfen nur als zwingende Gründe gelten, wenn die Unwirksamkeit in Ausnahmesituationen unverhältnismäßige Folgen hätte.

Wirtschaftliche Interessen in unmittelbarem Zusammenhang mit dem betreffenden Vertrag dürfen jedoch nicht als zwingende Gründe eines Allgemeininteresses gelten. Zu den wirtschaftlichen Interessen in unmittelbarem Zusammenhang mit dem Vertrag gehören unter anderem die durch die Verzögerung bei der Ausführung des Vertrags verursachten Kosten, die durch die Einleitung eines neuen Vergabeverfahrens verursachten Kosten, die durch den Wechsel des Wirtschaftsteilnehmers, der den Vertrag ausführt, verursachten Kosten und die Kosten, die durch rechtliche Verpflichtungen aufgrund der Unwirksamkeit verursacht werden.

(4) Die Mitgliedstaaten sehen vor, dass Absatz 1 Buchstabe a nicht zur Anwendung kommt, wenn

– der öffentliche Auftraggeber der Ansicht ist, dass die Auftragsvergabe ohne vorherige Veröffentlichung einer Bekanntmachung im Amtsblatt der Europäischen Union gemäß der Richtlinie 2004/18/EG zulässig ist,
– der öffentliche Auftraggeber im Amtsblatt der Europäischen Union eine Bekanntmachung veröffentlicht hat, wie sie in Artikel 3a der vorliegenden Richtlinie beschrieben ist und mit der er seine Absicht bekundet, den Vertrag abzuschließen, und
– der Vertrag nicht vor Ablauf einer Frist von mindestens zehn Kalendertagen, gerechnet ab dem Tag nach der Veröffentlichung dieser Bekanntmachung, abgeschlossen wurde.

(5) Die Mitgliedstaaten sehen vor, dass Absatz 1 Buchstabe c nicht zur Anwendung kommt, wenn

- der öffentliche Auftraggeber der Ansicht ist, dass die Auftragsvergabe im Einklang mit Artikel 32 Absatz 4 Unterabsatz 2 zweiter Gedankenstrich oder Artikel 33 Absätze 5 und 6 der Richtlinie 2004/18/EG erfolgt,
- der öffentliche Auftraggeber eine Zuschlagsentscheidung mit einer Zusammenfassung der Gründe gemäß Artikel 2a Absatz 2 Unterabsatz 4 erster Gedankenstrich der vorliegenden Richtlinie an die betroffenen Bieter abgesendet hat und
- der Vertrag nicht vor Ablauf einer Frist von mindestens zehn Kalendertagen geschlossen wurde, gerechnet ab dem Tag, der auf den Tag folgt, an dem die Zuschlagsentscheidung an die betroffenen Bieter abgesendet wurde, falls sie per Fax oder auf elektronischem Weg abgesendet wird, oder, falls andere Kommunikationsmittel verwendet werden, nicht vor Ablauf einer Frist von entweder mindestens 15 Kalendertagen, gerechnet ab dem Tag, der auf den Tag folgt, an dem die Zuschlagsentscheidung an die betroffenen Bieter abgesendet wurde, oder mindestens zehn Kalendertagen, gerechnet ab dem Tag nach dem Eingang der Zuschlagsentscheidung.

Artikel 2e
Verstöße gegen diese Richtlinie und alternative Sanktionen

(1) Bei Verstößen gegen Artikel 1 Absatz 5, Artikel 2 Absatz 3 oder Artikel 2a Absatz 2, die nicht von Artikel 2d Absatz 1 Buchstabe b erfasst sind, sehen die Mitgliedstaaten die Unwirksamkeit gemäß Artikel 2d Absätze 1 bis 3 oder alternative Sanktionen vor. Die Mitgliedstaaten können vorsehen, dass die vom öffentlichen Auftraggeber unabhängige Nachprüfungsstelle nach Bewertung aller einschlägigen Aspekte entscheidet, ob der Vertrag als unwirksam erachtet oder alternative Sanktionen verhängt werden sollten.

(2) Die alternativen Sanktionen müssen wirksam, verhältnismäßig und abschreckend sein. Sie umfassen Folgendes:

- die Verhängung von Geldbußen bzw. -strafen gegen den öffentlichen Auftraggeber oder
- die Verkürzung der Laufzeit des Vertrags.

Die Mitgliedstaaten können der Nachprüfungsstelle einen weiten Ermessensspielraum einräumen, damit sie alle relevanten Faktoren berücksichtigen kann, einschließlich der Schwere des Verstoßes, des Verhaltens des öffentlichen Auftraggebers und – in den in Artikel 2d Absatz 2 genannten Fällen – des Umfangs, in dem der Vertrag seine Gültigkeit behält.

Die Zuerkennung von Schadensersatz stellt keine angemessene Sanktion im Sinne dieses Absatzes dar.

Artikel 2f
Fristen

(1) Die Mitgliedstaaten können vorsehen, dass eine Nachprüfung gemäß Artikel 2d Absatz 1 innerhalb der folgenden Fristen beantragt werden muss:

a) vor Ablauf von mindestens 30 Kalendertagen, gerechnet ab dem Tag, der auf den Tag folgt, an dem
   - der öffentliche Auftraggeber eine Bekanntmachung über die Auftragsvergabe gemäß Artikel 35 Absatz 4 und den Artikeln 36 und 37 der Richtlinie 2004/18/EG veröffentlicht hat, sofern darin die Entscheidung des öffentlichen Auftraggebers begründet wird, einen Auftrag ohne vorherige Veröffentlichung einer Bekanntmachung im Amtsblatt der Europäischen Union zu vergeben, oder
   - der öffentliche Auftraggeber die betroffenen Bieter und Bewerber über den Abschluss des Vertrags informiert hat, sofern diese Information eine Zusammenfassung der einschlägigen Gründe gemäß Artikel 41 Absatz 2 der Richtlinie 2004/18/EG enthält, vorbehaltlich des Artikels 41 Absatz 3 der genannten Richtlinie. Diese Option findet auch in den in Artikel 2b Buchstabe c der vorliegenden Richtlinie genannten Fällen Anwendung;

b) und in jedem Fall vor Ablauf einer Frist von mindestens sechs Monaten, gerechnet ab dem Tag, der auf den Tag folgt, an dem der Vertrag geschlossen wurde.

(2) In allen anderen Fällen, einschließlich der Beantragung einer Nachprüfung gemäß Artikel 2e Absatz 1, werden die Fristen für die Beantragung einer Nachprüfung vorbehaltlich des Artikels 2c durch das einzelstaatliche Recht geregelt."

3. Artikel 3 erhält folgende Fassung:

„Artikel 3
Korrekturmechanismus

(1) Die Kommission kann das in den Absätzen 2 bis 5 vorgesehene Verfahren anwenden, wenn sie vor Abschluss eines Vertrags zu der Auffassung gelangt, dass bei einem Vergabeverfahren, das in den Anwendungsbereich der Richtlinie 2004/18/EG fällt, ein schwerer Verstoß gegen das Gemeinschaftsrecht im Bereich des öffentlichen Auftragswesens vorliegt.

(2) Die Kommission teilt dem betroffenen Mitgliedstaat mit, aus welchen Gründen sie einen schweren Verstoß als gegeben ansieht, und fordert dessen Beseitigung durch geeignete Maßnahmen.

(3) Innerhalb von 21 Kalendertagen nach Eingang der in Absatz 2 genannten Mitteilung übermittelt der betroffene Mitgliedstaat der Kommission

a) die Bestätigung, dass der Verstoß beseitigt wurde, oder
b) eine Begründung dafür, weshalb der Verstoß nicht beseitigt wurde, oder
c) die Mitteilung, dass das betreffende Vergabeverfahren entweder auf Betreiben des öffentlichen Auftraggebers oder aber in Wahrnehmung der in Artikel 2 Absatz 1 Buchstabe a vorgesehenen Befugnisse ausgesetzt wurde.

(4) In einer gemäß Absatz 3 Buchstabe b übermittelten Begründung kann insbesondere geltend gemacht werden, dass der behauptete Verstoß bereits Gegenstand eines Gerichtsverfahrens oder eines anderen Verfahrens oder einer Nachprüfung nach Artikel 2 Absatz 9 ist. In diesem Fall unterrichtet der Mitgliedstaat die Kommission über den Ausgang dieser Verfahren, sobald dieser bekannt ist.

(5) Hat ein Mitgliedstaat gemäß Absatz 3 Buchstabe c mitgeteilt, dass ein Vergabeverfahren ausgesetzt wurde, so hat er die Beendigung der Aussetzung oder die Eröffnung eines neuen Vergabeverfahrens, das sich ganz oder teilweise auf das frühere Vergabeverfahren bezieht, der Kommission bekannt zu geben. In der neuen Mitteilung bestätigt der Mitgliedstaat entweder, dass der behauptete Verstoß beseitigt wurde, oder er gibt eine Begründung dafür, weshalb der Verstoß nicht beseitigt wurde."

4. Folgende Artikel werden eingefügt:

„Artikel 3a
Inhalt einer Bekanntmachung für die Zwecke der freiwilligen Ex-Ante-Transparenz

Die Bekanntmachung nach Artikel 2d Absatz 4 zweiter Gedankenstrich, deren Format von der Kommission nach dem in Artikel 3b Absatz 2 genannten Beratungsverfahren festgelegt wird, enthält folgende Angaben:

a) Name und Kontaktdaten des öffentlichen Auftraggebers,
b) Beschreibung des Vertragsgegenstands,
c) Begründung der Entscheidung des öffentlichen Auftraggebers, den Auftrag ohne vorherige Veröffentlichung einer Bekanntmachung im Amtsblatt der Europäischen Union zu vergeben,
d) Name und Kontaktdaten des Wirtschaftsteilnehmers, zu dessen Gunsten die Zuschlagsentscheidung getroffen wurde, und
e) gegebenenfalls jede andere vom öffentlichen Auftraggeber für sinnvoll erachtete Angabe.

Artikel 3b
Ausschussverfahren

(1) Die Kommission wird von dem Beratenden Ausschuss für öffentliche Aufträge (nachstehend „Ausschuss" genannt) unterstützt, der mit Artikel 1 des Beschlusses 71/306/EWG des Rates vom 26. Juli 1971* eingesetzt wurde.

(2) Wird auf diesen Absatz Bezug genommen, so gelten die Artikel 3 und 7 des Beschlusses 1999/468/EG des Rates vom 28. Juni 1999 zur Festlegung der Modalitäten für die Ausübung der der Kommission übertragenen Durchführungsbefugnisse** unter Beachtung von dessen Artikel 8.

---

* ABl. L 185 vom 16.8.1971, S. 15. Geändert durch den Beschluss 77/63/EWG (ABl. L 13 vom 15.1.1977, S. 15).
** ABl. L 184 vom 17.7.1999, S. 23. Geändert durch den Beschluss 2006/512/EG (ABl. L 200 vom 22.7.2006, S. 11).“

5. Artikel 4 erhält folgende Fassung:

„Artikel 4
Durchführung

(1) Die Kommission kann in Konsultation mit dem Ausschuss die Mitgliedstaaten ersuchen, ihr Informationen über das Funktionieren der innerstaatlichen Nachprüfungsverfahren zu übermitteln.

(2) Die Mitgliedstaaten teilen der Kommission auf einer jährlichen Basis den Wortlaut aller Entscheidungen – zusammen mit entsprechenden Begründungen – mit, die ihre Nachprüfungsstellen gemäß Artikel 2d Absatz 3 getroffen haben.“

6. Folgender Artikel wird eingefügt:

„Artikel 4a
Überprüfung

Die Kommission überprüft spätestens am 20. Dezember 2012 die Durchführung dieser Richtlinie und erstattet dem Europäischen Parlament und dem Rat über deren Wirksamkeit Bericht, insbesondere über die Wirksamkeit der alternativen Sanktionen und der Fristen.“

Artikel 2
Änderungen der Richtlinie 92/13/EWG

Die Richtlinie 92/13/EWG wird wie folgt geändert:

1. Artikel 1 erhält folgende Fassung:

„Artikel 1
Anwendungsbereich und Zugang zu Nachprüfungsverfahren

(1) Diese Richtlinie gilt für Aufträge im Sinne der Richtlinie 2004/17/EG des Europäischen Parlaments und des Rates vom 31. März 2004 zur Koordinierung der Zuschlagserteilung durch Auftraggeber im Bereich der Wasser-, Energie- und Verkehrsversorgung sowie der Postdienste,* sofern diese Aufträge nicht gemäß Artikel 5 Absatz 2, Artikel 18 bis 26, Artikel 29 und 30 oder Artikel 62 der genannten Richtlinie ausgeschlossen sind.

Aufträge im Sinne der vorliegenden Richtlinie umfassen Liefer-, Bau- und Dienstleistungsaufträge, Rahmenvereinbarungen und dynamische Beschaffungssysteme.

Die Mitgliedstaaten ergreifen die erforderlichen Maßnahmen, um sicherzustellen, dass hinsichtlich der in den Anwendungsbereich der Richtlinie 2004/17/EG fallenden Aufträge die Entscheidungen der Auftraggeber wirksam und vor allem möglichst rasch nach Maßgabe der Artikel 2 bis 2f der vorliegenden Richtlinie auf Verstöße gegen das Gemeinschaftsrecht im Bereich des Auftragswesens oder gegen die einzelstaatlichen Vorschriften, die dieses Recht umsetzen, nachgeprüft werden können.

(2) Die Mitgliedstaaten stellen sicher, dass die in dieser Richtlinie getroffene Unterscheidung zwischen einzelstaatlichen Vorschriften zur Umsetzung des Gemeinschaftsrechts und den übrigen innerstaatlichen Bestimmungen nicht zu Diskriminierungen zwischen Unternehmen führt, die im Rahmen eines Verfahrens zur Vergabe eines Auftrags einen Schaden geltend machen könnten.

(3) Die Mitgliedstaaten stellen sicher, dass Nachprüfungsverfahren entsprechend den gegebenenfalls von den Mitgliedstaaten festzulegenden Bedingungen zumindest jeder Person zur Verfügung stehen, die ein Interesse an einem bestimmten Auftrag hat oder hatte und der durch einen behaupteten Verstoß ein Schaden entstanden ist bzw. zu entstehen droht.

(4) Die Mitgliedstaaten können verlangen, dass die Person, die ein Nachprüfungsverfahren anzustrengen beabsichtigt, den Auftraggeber über den behaupteten Verstoß und die beabsichtigte Nachprüfung unterrichtet, sofern die Stillhaltefrist nach Artikel 2a Absatz 2 oder andere Fristen für die Einreichung eines Antrags auf Nachprüfung nach Artikel 2c hiervon unberührt bleiben.

(5) Die Mitgliedstaaten können verlangen, dass die betreffende Person zunächst beim Auftraggeber eine Nachprüfung beantragt. In diesem Fall tragen die Mitgliedstaaten dafür Sorge, dass die Einreichung eines solchen Antrags einen unmittelbaren Suspensiveffekt auf den Vertragsschluss auslöst.

Die Mitgliedstaaten entscheiden über die geeigneten Kommunikationsmittel, einschließlich Fax oder elektronischer Mittel, die für die Beantragung der Nachprüfung gemäß Unterabsatz 1 zu verwenden sind.

Der Suspensiveffekt nach Unterabsatz 1 endet nicht vor Ablauf einer Frist von mindestens zehn Kalendertagen, gerechnet ab dem Tag, der auf den Tag folgt, an dem der Auftraggeber eine Antwort abgesendet hat, falls diese per Fax oder auf elektronischem Weg abgesendet wird, oder, falls andere Kommunikationsmittel verwendet werden, nicht vor Ablauf einer Frist von entweder mindestens 15 Kalendertagen, gerechnet ab dem Tag, der auf den Tag folgt, an dem der Auftraggeber eine Antwort abgesendet hat, oder mindestens zehn Kalendertagen, gerechnet ab dem Tag nach dem Eingang einer Antwort.

---

* ABl. L 134 vom 30.4.2004, S. 1. Richtlinie zuletzt geändert durch die Richtlinie 2006/97/EG des Rates (ABl. L 363 vom 20.12.2006, S. 107).“

2. Artikel 2 wird wie folgt geändert:

a) Es wird die Überschrift „Anforderungen an die Nachprüfungsverfahren“ eingefügt.
b) Die Absätze 2 bis 4 erhalten folgende Fassung:

„(2) Die in Absatz 1 und in den Artikeln 2d und 2e genannten Befugnisse können getrennt mehreren Stellen übertragen werden, die für das Nachprüfungsverfahren unter verschiedenen Gesichtspunkten zuständig sind.

(3) Wird eine von dem Auftraggeber unabhängige Stelle in erster Instanz mit der Nachprüfung einer Zuschlagsentscheidung befasst, so sorgen die Mitgliedstaaten dafür, dass der Auftraggeber den Vertragsschluss nicht vornehmen kann, bevor die Nachprüfungsstelle eine Entscheidung über einen Antrag auf vorläufige Maßnahmen oder eine Entscheidung in der Hauptsache getroffen hat. Diese Aussetzung endet frühestens mit Ablauf der Stillhaltefrist nach Artikel 2a Absatz 2 und Artikel 2d Absätze 4 und 5.

(3a) Außer in den Fällen nach Absatz 3 und Artikel 1 Absatz 5 haben die Nachprüfungsverfahren als solche nicht notwendigerweise einen automatischen Suspensiveffekt auf die betreffenden Vergabeverfahren.

(4) Die Mitgliedstaaten können vorsehen, dass die Nachprüfungsstelle die voraussehbaren Folgen der vorläufigen Maßnahmen im Hinblick auf alle möglicherweise geschädigten Interessen sowie das Interesse der Allgemeinheit berücksichtigen kann und dass sie beschließen kann, diese Maßnahmen nicht zu ergreifen, wenn deren nachteilige Folgen die damit verbundenen Vorteile überwiegen könnten.

Die Ablehnung der vorläufigen Maßnahmen beeinträchtigt nicht die sonstigen Rechte des Antragstellers.“

c) Absatz 6 erhält folgende Fassung:

„(6) Außer in den in den Artikeln 2d bis 2f genannten Fällen richten sich die Wirkungen der Ausübung der in Absatz 1 des vorliegenden Artikels genannten Befugnisse auf den nach der Zuschlagsentscheidung geschlossenen Vertrag nach dem einzelstaatlichen Recht.

Abgesehen von dem Fall, in dem eine Entscheidung vor Zuerkennung von Schadensersatz aufgehoben werden muss, kann ein Mitgliedstaat ferner vorsehen, dass nach dem Vertragsschluss in Übereinstimmung mit Artikel 1 Absatz 5, Absatz 3 des vorliegenden Artikels oder den Artikeln 2a bis 2f die Befugnisse der Nachprüfungsstelle darauf beschränkt werden, einer durch einen Verstoß geschädigten Person Schadensersatz zuzuerkennen."

d) In Absatz 9 Unterabsatz 1 werden die Worte „Gericht im Sinne des Artikels 177 des Vertrags" durch die Worte „Gericht im Sinne des Artikels 234 des Vertrags" ersetzt.

3. Es werden folgende Artikel eingefügt:

„Artikel 2a
Stillhaltefrist

(1) Die Mitgliedstaaten legen nach Maßgabe der Mindestbedingungen in Absatz 2 und in Artikel 2c Fristen fest, die sicherstellen, dass die in Artikel 1 Absatz 3 genannten Personen gegen Zuschlagsentscheidungen der Auftraggeber wirksame Nachprüfungsverfahren anstrengen können.

(2) Der Vertragsabschluss im Anschluss an die Zuschlagsentscheidung für einen Auftrag, der in den Anwendungsbereich der Richtlinie 2004/17/EG fällt, darf nicht vor Ablauf einer Frist von mindestens zehn Kalendertagen erfolgen, gerechnet ab dem Tag, der auf den Tag folgt, an dem die Zuschlagsentscheidung an die betroffenen Bieter und Bewerber abgesendet wurde, falls sie per Fax oder auf elektronischem Weg abgesendet wird, oder, falls andere Kommunikationsmittel verwendet werden, nicht vor Ablauf einer Frist von entweder mindestens 15 Kalendertagen, gerechnet ab dem Tag, der auf den Tag folgt, an dem die Zuschlagsentscheidung an die betroffenen Bieter und Bewerber abgesendet wurde, oder mindestens zehn Kalendertagen, gerechnet ab dem Tag nach dem Eingang der Zuschlagsentscheidung.

Bieter gelten als betroffen, wenn sie noch nicht endgültig ausgeschlossen wurden. Ein Ausschluss ist endgültig, wenn er den betroffenen Bietern mitgeteilt wurde und entweder von einer unabhängigen Nachprüfungsstelle als rechtmäßig anerkannt wurde oder keinem Nachprüfungsverfahren mehr unterzogen werden kann.

Bewerber gelten als betroffen, wenn der Auftraggeber ihnen keine Informationen über die Ablehnung ihrer Bewerbung zur Verfügung gestellt hat, bevor die Mitteilung über die Zuschlagsentscheidung an die betroffenen Bieter ergangen ist.

Der Mitteilung über die Zuschlagsentscheidung an jeden betroffenen Bieter und Bewerber wird Folgendes beigefügt:

- eine Zusammenfassung der einschlägigen Gründe gemäß Artikel 49 Absatz 2 der Richtlinie 2004/17/EG und
- eine genaue Angabe der konkreten Stillhaltefrist, die gemäß den einzelstaatlichen Vorschriften zur Umsetzung dieses Absatzes anzuwenden ist.

Artikel 2b
Ausnahmen von der Stillhaltefrist

Die Mitgliedstaaten können vorsehen, dass die in Artikel 2a Absatz 2 genannten Fristen in folgenden Fällen nicht angewendet werden:

a) wenn nach der Richtlinie 2004/17/EG keine vorherige Veröffentlichung einer Bekanntmachung im Amtsblatt der Europäischen Union erforderlich ist;
b) wenn der einzige betroffene Bieter im Sinne des Artikels 2a Absatz 2 der Bieter ist, dem der Zuschlag erteilt wird, und wenn es keine betroffenen Bewerber gibt;
c) bei Einzelaufträgen, die im Rahmen eines dynamischen Beschaffungssystems gemäß Artikel 15 der Richtlinie 2004/17/EG vergeben werden.

Wird von dieser Ausnahmeregelung Gebrauch gemacht, so stellen die Mitgliedstaaten sicher, dass der Vertrag gemäß den Artikeln 2d und 2f der vorliegenden Richtlinie unwirksam ist, wenn:

- ein Verstoß gegen Artikel 15 Absätze 5 oder 6 der Richtlinie 2004/17/EG vorliegt und
- der geschätzte Auftragswert die in Artikel 16 der Richtlinie 2004/17/EG genannten Schwellenwerte erreicht oder diese übersteigt.

Artikel 2c
Fristen für die Beantragung einer Nachprüfung

Legt ein Mitgliedstaat fest, dass alle Nachprüfungsanträge gegen Entscheidungen eines Auftraggebers, die im Rahmen von oder im Zusammenhang mit einem Vergabeverfahren im Sinne der Richtlinie 2004/17/EG ergehen, vor Ablauf einer bestimmten Frist gestellt werden müssen, so beträgt diese Frist mindestens zehn Kalendertage, gerechnet ab dem Tag, der auf den Tag folgt, an dem die Entscheidung des Auftraggebers an die betroffenen Bieter oder Bewerber abgesendet wurde, falls sie per Fax oder auf elektronischem Weg abgesendet wird, oder, falls andere Kommunikationsmittel verwendet werden, entweder mindestens 15 Kalendertage, gerechnet ab dem Tag, der auf den Tag folgt, an dem die Entscheidung des Auftraggebers an die betroffenen Bieter oder Bewerber abgesendet wurde, oder mindestens zehn Kalendertage, gerechnet ab dem Tag nach dem Eingang der Entscheidung des Auftraggebers. Der Mitteilung der Entscheidung des Auftraggebers an jeden Bieter oder Bewerber wird eine Zusammenfassung der einschlägigen Gründe beigefügt. Wird ein Antrag auf Nachprüfung in Bezug auf die in Artikel 2 Absatz 1 Buchstabe b der vorliegenden Richtlinie genannten Entscheidungen eingereicht, die keiner besonderen Mitteilungspflicht unterliegen, so beträgt die Frist mindestens zehn Kalendertage, gerechnet ab dem Zeitpunkt der Veröffentlichung der betreffenden Entscheidung.

Artikel 2d
Unwirksamkeit

(1) Die Mitgliedstaaten tragen in folgenden Fällen dafür Sorge, dass ein Vertrag durch eine von dem Auftraggeber unabhängige Nachprüfungsstelle für unwirksam erklärt wird oder dass sich seine Unwirksamkeit aus der Entscheidung einer solchen Stelle ergibt,

a) falls der Auftraggeber einen Auftrag ohne vorherige Veröffentlichung einer Bekanntmachung im *Amtsblatt der Europäischen Union* vergeben hat, ohne dass dies nach der Richtlinie 2004/17/EG zulässig ist,
b) bei einem Verstoß gegen Artikel 1 Absatz 5, Artikel 2 Absatz 3 oder Artikel 2a Absatz 2 der vorliegenden Richtlinie, falls dieser Verstoß dazu führt, dass der Bieter, der eine Nachprüfung beantragt, nicht mehr die Möglichkeit hat, vor Abschluss des Vertrags Rechtsschutz zu erlangen, und dieser Verstoß verbunden ist mit einem Verstoß gegen die Richtlinie 2004/17/EG, falls der letztgenannte Verstoß die Aussichten des Bieters, der eine Nachprüfung beantragt, auf die Erteilung des Zuschlags beeinträchtigt hat,
c) in Fällen gemäß Artikel 2b Buchstabe c Unterabsatz 2 der vorliegenden Richtlinie, falls die Mitgliedstaaten von der Ausnahmeregelung bezüglich der Stillhaltefrist für Aufträge, die auf dynamischen Beschaffungssystemen beruhen, Gebrauch gemacht haben.

(2) Die Folgen der Unwirksamkeit eines Vertrags richten sich nach einzelstaatlichem Recht.

Die einzelstaatlichen Rechtsvorschriften können vorsehen, dass alle vertraglichen Verpflichtungen rückwirkend aufgehoben werden oder dass die Wirkung der Aufhebung auf die Verpflichtungen beschränkt ist, die noch zu erfüllen sind. Im letzteren Fall tragen die Mitgliedstaaten dafür Sorge, dass auch alternative Sanktionen im Sinne des Artikels 2e Absatz 2 Anwendung finden.

(3) Die Mitgliedstaaten können vorsehen, dass die von dem Auftraggeber unabhängige Nachprüfungsstelle einen Vertrag nicht für unwirksam erachten kann, selbst wenn der Auftrag aus den in Absatz 1 genannten Gründen rechtswidrig vergeben wurde, wenn die Nachprüfungsstelle nach Prüfung aller einschlägigen Aspekte zu dem Schluss kommt, dass zwingende Gründe eines Allgemeininteresses es rechtfertigen, die Wirkung des Vertrags zu erhalten. In diesem Fall sehen die Mitgliedstaaten alternative Sanktionen im Sinne des Artikels 2e Absatz 2 vor, die stattdessen angewandt werden.

Wirtschaftliche Interessen an der Wirksamkeit eines Vertrags dürfen nur als zwingende Gründe gelten, wenn die Unwirksamkeit in Ausnahmesituationen unverhältnismäßige Folgen hätte.

Wirtschaftliche Interessen in unmittelbarem Zusammenhang mit dem betreffenden Vertrag dürfen jedoch nicht als zwingende Gründe eines Allgemeininteresses gelten. Zu den wirtschaftlichen Interessen in unmittelbarem Zusammenhang mit dem Vertrag gehören unter anderem die durch die Verzögerung bei der Ausführung des Vertrags verursachten Kosten, die durch die Einleitung eines neuen Vergabeverfahrens verursachten Kosten, die durch den Wechsel des Wirtschaftsteilnehmers, der den Vertrag ausführt, verursachten Kosten und die Kosten, die durch rechtliche Verpflichtungen aufgrund der Unwirksamkeit verursacht werden.

(4) Die Mitgliedstaaten sehen vor, dass Absatz 1 Buchstabe a nicht zur Anwendung kommt, wenn

- der Auftraggeber der Ansicht ist, dass die Auftragsvergabe ohne vorherige Veröffentlichung einer Bekanntmachung im *Amtsblatt der Europäischen Union* gemäß der Richtlinie 2004/17/EG zulässig ist,
- der Auftraggeber im *Amtsblatt der Europäischen Union* eine Bekanntmachung veröffentlicht hat, wie sie in Artikel 3a der vorliegenden Richtlinie beschrieben ist und mit der er seine Absicht bekundet, den Vertrag abzuschließen, und
- der Vertrag nicht vor Ablauf einer Frist von mindestens zehn Kalendertagen, gerechnet ab dem Tag nach der Veröffentlichung dieser Bekanntmachung, abgeschlossen wurde.

(5) Die Mitgliedstaaten sehen vor, dass Absatz 1 Buchstabe c nicht zur Anwendung kommt, wenn

- der Auftraggeber der Ansicht ist, dass die Auftragsvergabe im Einklang mit Artikel 15 Absätze 5 und 6 der Richtlinie 2004/17/EG erfolgt,
- der Auftraggeber eine Zuschlagsentscheidung mit einer Zusammenfassung der Gründe gemäß Artikel 2a Absatz 2 Unterabsatz 4 erster Gedankenstrich der vorliegenden Richtlinie an die betroffenen Bieter abgesendet hat und
- der Vertrag nicht vor Ablauf einer Frist von mindestens zehn Kalendertagen geschlossen wurde, gerechnet ab dem Tag, der auf den Tag folgt, an dem die Zuschlagsentscheidung an die betroffenen Bieter abgesendet wurde, falls sie per Fax oder auf elektronischem Weg abgesendet wird, oder, falls andere Kommunikationsmittel verwendet werden, nicht vor Ablauf einer Frist von entweder mindestens 15 Kalendertagen, gerechnet ab dem Tag, der auf den Tag folgt, an dem die Zuschlagsentscheidung an die betroffenen Bieter abgesendet wurde, oder mindestens zehn Kalendertagen, gerechnet ab dem Tag nach dem Eingang der Zuschlagsentscheidung.

Artikel 2e
Verstöße gegen diese Richtlinie und alternative Sanktionen

(1) Bei Verstößen gegen Artikel 1 Absatz 5, Artikel 2 Absatz 3 oder Artikel 2a Absatz 2, die nicht von Artikel 2d Absatz 1 Buchstabe b erfasst sind, sehen die Mitgliedstaaten die Unwirksamkeit gemäß Artikel 2d Absätze 1 bis 3 oder alternative Sanktionen vor. Die Mitgliedstaaten können vorsehen, dass die vom Auftraggeber unabhängige Nachprüfungsstelle nach Bewertung aller einschlägigen Aspekte entscheidet, ob der Vertrag als unwirksam erachtet werden sollte oder ob alternative Sanktionen verhängt werden sollten.

(2) Die alternativen Sanktionen müssen wirksam, verhältnismäßig und abschreckend sein. Sie umfassen Folgendes:

- die Verhängung von Geldbußen bzw. -strafen gegen den Auftraggeber; oder
- die Verkürzung der Laufzeit des Vertrags.

Die Mitgliedstaaten können der Nachprüfungsstelle einen weiten Ermessensspielraum einräumen, damit sie alle relevanten Faktoren berücksichtigen kann, einschließlich der Schwere des Verstoßes, des Verhaltens des Auftraggebers und – in den in Artikel 2d Absatz 2 genannten Fällen – des Umfangs, in dem der Vertrag seine Gültigkeit behält.

Die Zuerkennung von Schadensersatz stellt keine angemessene Sanktion im Sinne dieses Absatzes dar.

Artikel 2f
Fristen

(1) Die Mitgliedstaaten können vorsehen, dass eine Nachprüfung gemäß Artikel 2d Absatz 1 innerhalb der folgenden Fristen beantragt werden muss:

a) vor Ablauf von mindestens 30 Kalendertagen, gerechnet ab dem Tag, der auf den Tag folgt, an dem
   - der Auftraggeber eine Bekanntmachung über die Auftragsvergabe gemäß Artikel 43 und 44 der Richtlinie 2004/17/EG veröffentlicht hat, sofern darin die Entscheidung des Auftraggebers begründet wird, einen Auftrag ohne vorherige Veröffentlichung einer Bekanntmachung im Amtsblatt der Europäischen Union zu vergeben, oder
   - der Auftraggeber die betroffenen Bieter und Bewerber über den Abschluss des Vertrags informiert hat, sofern diese Information eine Zusammenfassung der einschlägigen Gründe gemäß Artikel 49 Absatz 2 der Richtlinie 2004/17/EG enthält. Diese Option findet auch in den in Artikel 2b Buchstabe c der vorliegenden Richtlinie genannten Fällen Anwendung;

b) und in jedem Fall vor Ablauf einer Frist von mindestens sechs Monaten, gerechnet ab dem Tag, der auf den Tag folgt, an dem der Vertrag geschlossen wurde.

(2) In allen anderen Fällen, einschließlich der Beantragung einer Nachprüfung gemäß Artikel 2e Absatz 1, werden die Fristen für die Beantragung einer Nachprüfung vorbehaltlich des Artikels 2c durch das einzelstaatliche Recht geregelt."

4. Die Artikel 3 bis 7 erhalten folgende Fassung:

„Artikel 3a
Inhalt einer Bekanntmachung für die Zwecke der freiwilligen Ex-Ante-Transparenz

Die Bekanntmachung nach Artikel 2d Absatz 4 zweiter Gedankenstrich, deren Format von der Kommission nach dem in Artikel 3b Absatz 2 genannten Beratungsverfahren festgelegt wird, enthält folgende Angaben:

a) Name und Kontaktdaten des Auftraggebers,
b) Beschreibung des Vertragsgegenstands,
c) Begründung der Entscheidung des Auftraggebers, den Auftrag ohne vorherige Veröffentlichung einer Bekanntmachung im Amtsblatt der Europäischen Union zu vergeben,
d) Name und Kontaktdaten des Wirtschaftsteilnehmers, zu dessen Gunsten die Zuschlagsentscheidung getroffen wurde, und
e) gegebenenfalls jede andere vom Auftraggeber für sinnvoll erachtete Angabe.

Artikel 3b
Ausschussverfahren

(1) Die Kommission wird von dem Beratenden Ausschuss für öffentliche Aufträge (nachstehend „Ausschuss" genannt) unterstützt, der mit Artikel 1 des Beschlusses 71/306/EWG des Rates vom 26. Juli 1971* eingesetzt wurde.

(2) Wird auf diesen Absatz Bezug genommen, so gelten die Artikel 3 und 7 des Beschlusses 1999/468/EG des Rates vom 28. Juni 1999 zur Festlegung der Modalitäten für die Ausübung der der Kommission übertragenen Durchführungsbefugnisse** unter Beachtung von dessen Artikel 8.

---

* ABl. L 185 vom 16.8.1971, S. 15. Geändert durch den Beschluss 77/63/EWG (ABl. L 13 vom 15.1.1977, S. 15).

** ABl. L 184 vom 17.7.1999, S. 23. Geändert durch den Beschluss 2006/512/EG (ABl. L 200 vom 22.7.2006, S. 11)."

5. Artikel 8 erhält folgende Fassung:

„Artikel 8
Korrekturmechanismus

(1) Die Kommission kann das in den Absätzen 2 bis 5 vorgesehene Verfahren anwenden, wenn sie vor Abschluss eines Vertrags zu der Auffassung gelangt, dass bei einem Vergabeverfahren, das in den Anwendungsbereich der Richtlinie 2004/17/EG fällt, oder im Zusammenhang mit Artikel 27 Buchstabe a der genannten Richtlinie im Falle eines Auftraggebers, auf den diese Bestimmung Anwendung findet, ein schwerer Verstoß gegen das Gemeinschaftsrecht im Bereich des Auftragswesen vorliegt.

(2) Die Kommission teilt dem betroffenen Mitgliedstaat mit, aus welchen Gründen sie einen schweren Verstoß als gegeben ansieht, und fordert dessen Beseitigung durch geeignete Maßnahmen.

(3) Innerhalb von 21 Kalendertagen nach Eingang der in Absatz 2 genannten Mitteilung übermittelt der betroffene Mitgliedstaat der Kommission

a) die Bestätigung, dass der Verstoß beseitigt wurde, oder
b) eine Begründung dafür, weshalb der Verstoß nicht beseitigt wurde, oder
c) die Mitteilung, dass das betreffende Vergabeverfahren entweder auf Betreiben des Auftraggebers oder aber in Wahrnehmung der in Artikel 2 Absatz 1 Buchstabe a vorgesehenen Befugnisse ausgesetzt wurde.

(4) In einer gemäß Absatz 3 Buchstabe b übermittelten Begründung kann insbesondere geltend gemacht werden, dass der behauptete Verstoß bereits Gegenstand eines Gerichtsverfahrens oder einer Nachprüfung nach Artikel 2 Absatz 9 ist. In diesem Fall unterrichtet der Mitgliedstaat die Kommission über den Ausgang dieser Verfahren, sobald dieser bekannt ist.

(5) Hat ein Mitgliedstaat gemäß Absatz 3 Buchstabe c mitgeteilt, dass ein Vergabeverfahren ausgesetzt wurde, so hat er die Beendigung der Aussetzung oder die Eröffnung eines neuen Vergabeverfahrens, das sich ganz oder teilweise auf das frühere Vergabeverfahren bezieht, der Kommission bekannt zu geben. In der neuen Mitteilung bestätigt der Mitgliedstaat entweder, dass der behauptete Verstoß beseitigt wurde, oder er gibt eine Begründung dafür, weshalb der Verstoß nicht beseitigt wurde."

6. Die Artikel 9 bis 12 erhalten folgende Fassung:

„Artikel 12
Durchführung

(1) Die Kommission kann in Konsultation mit dem Ausschuss die Mitgliedstaaten ersuchen, ihr Informationen über das Funktionieren der innerstaatlichen Nachprüfungsverfahren zu übermitteln.

(2) Die Mitgliedstaaten teilen der Kommission auf einer jährlichen Basis den Wortlaut aller Entscheidungen – zusammen mit entsprechenden Begründungen – mit, die ihre Nachprüfungsstellen gemäß Artikel 2d Absatz 3 getroffen haben.

Artikel 12a
Überprüfung

Die Kommission überprüft spätestens am 20. Dezember 2012 die Durchführung dieser Richtlinie und erstattet dem Europäischen Parlament und dem Rat über deren Wirksamkeit Bericht, insbesondere über die Wirksamkeit der alternativen Sanktionen und der Fristen."

7. Der Anhang wird gestrichen.

Artikel 3
Umsetzung

(1) Die Mitgliedstaaten setzen die Rechts- und Verwaltungsvorschriften in Kraft, die erforderlich sind, um dieser Richtlinie spätestens am 20. Dezember 2009 nachzukommen. Sie teilen der Kommission unverzüglich den Wortlaut dieser Vorschriften mit.

Wenn die Mitgliedstaaten diese Vorschriften erlassen, nehmen sie in den Vorschriften selbst oder durch einen Hinweis bei der amtlichen Veröffentlichung auf diese Richtlinie Bezug. Die Mitgliedstaaten regeln die Einzelheiten der Bezugnahme.

(2) Die Mitgliedstaaten teilen der Kommission den Wortlaut der wichtigsten innerstaatlichen Rechtsvorschriften mit, die sie auf dem unter diese Richtlinie fallenden Gebiet erlassen.

Artikel 4
Inkrafttreten

Diese Richtlinie tritt am zwanzigsten Tag nach ihrer Veröffentlichung im *Amtsblatt der Europäischen Union* in Kraft.

Artikel 5
Adressaten

Diese Richtlinie ist an die Mitgliedstaaten gerichtet.

Geschehen zu Straßburg am 11. Dezember 2007.

In Namen des Europäischen Parlaments	*Im Namen des Rates*
Der Präsident	*Der Präsident*
H.-G. Pöttering	M. Lobo Antunes

Anhang III

1. Geschäftsordnung der Vergabekammern des Bundes vom 15. Juli 2005

Anwendungsbereich

Die Geschäftsordnung regelt Organisation, Grundsätze der Geschäftsverteilung, Geschäftsgang und Verfahren der Vergabekammern des Bundes, sie ist Geschäftsordnung im Sinne von § 106 Abs. 1 Satz 4 des Gesetzes gegen Wettbewerbsbeschränkungen (GWB).

Soweit nicht anderes bestimmt ist, bleibt die Geschäftsordnung des Bundeskartellamtes (GO-BKartA) unberührt.

I. Organisation, Geschäftsjahr, Geschäftsverteilung und Vertretung

§ 1

(1) Einer Kammer gehören der Vorsitzende, mindestens zwei hauptamtliche und mindestens vier ehrenamtliche Beisitzer sowie weitere Mitarbeiter an. Die ehrenamtlichen Beisitzer können auch mehreren Kammern angehören.

(2) Für Frauen in einer der in der Geschäftsordnung genannten Funktionen gilt die weibliche Form der Funktionsbezeichnung.

(3) Geschäftsjahr ist das Kalenderjahr.

§ 2

(1) Der Präsident des Bundeskartellamtes regelt vor Beginn des Geschäftsjahres die Verteilung der Geschäfte unter den Kammern. Die Geschäftsverteilung darf während des Geschäftsjahres nur geändert werden, wenn dies wegen Überlastung oder ungenügender Auslastung von Kammern erforderlich wird. Für Anträge, die dasselbe Vergabeverfahren betreffen, ist die Kammer zuständig, in deren Zuständigkeit der erste Antrag fällt.

(2) Der Vorsitzende weist die Verfahren seiner Kammer den Berichterstattern nach einem vor Beginn des Geschäftsjahres von ihm festgelegten Geschäftsverteilungsplan zu.

§ 3

(1) Der Vorsitzende wirkt an allen Entscheidungen seiner Kammer mit, es sei denn, die Kammer hat dem hauptamtlichen Beisitzer das alleinige Entscheidungsrecht übertragen (§ 105 Abs. 3 GWB). Berichterstatter sind nur die hauptamtlichen Beisitzer. Die ehrenamtlichen Beisitzer wirken an den Verfahren aus den ihnen zugeordneten Fachgebieten mit.

(2) Den Vorsitzenden einer Vergabekammer vertritt bei Verhinderung grundsätzlich der anwesende hauptamtliche Beisitzer, dem das höhere Beförderungsamt verliehen ist und der in diesem Amt nach dem allgemeinen Dienstalter der Dienstältere ist. Bei gleichem allgemeinen Dienstalter kommt es auf das höhere Lebensalter an.

(3) Ist einer Vergabekammer die Beschlussfassung im Einzelfall nicht möglich, weil sie gar nicht besetzt ist, übernimmt der Vorsitzende der nach ihrer Bezifferung folgenden Vergabekammer (auf die Vergabekammer mit der höchsten Bezifferung folgt die erste Vergabekammer) den Vorsitz. Zum weiteren hauptamtlichen Beisitzer ist derjenige hauptamtliche Beisitzer aus der nach ihrer Bezifferung folgenden Vergabekammer bestellt, dem von den anwesenden hauptamtlichen Beisitzern das niedrigste Beförderungsamt verliehen ist und der in diesem Amt der Dienstjüngste ist. Bei gleichem allgemeinen Dienstalter kommt es auf das geringere Lebensalter an. Entsprechendes gilt, wenn eine Vergabekammer nur mit einem Vorsitzenden besetzt ist. Die Bestellung lässt die originären Aufgaben des betreffenden Vorsitzenden oder hauptamtlichen Beisitzers unberührt und bleibt in Kraft bis zum Ab-

schluss der Beratung, der Abstimmung, der Zeichnung und der Zustellung der getroffenen Entscheidung an alle Verfahrensbeteiligten.

II. Verfahren zwischen Antragseingang und mündlicher Verhandlung

§ 4

(1) Geht ein nicht offensichtlich unzulässiger oder unbegründeter Antrag ein und ist die Zahlung eines Vorschusses in Höhe der Mindestgebühr von 2.500 EUR nachgewiesen, so stellt die Kammer dem Auftraggeber den Antrag zu und fordert ihn zur sofortigen Übergabe der Vergabeakten auf. Der Zahlungsnachweis kann durch Übersendung des Zahlungsbeleges, auch per Telefax, oder durch anwaltliche Versicherung erfolgen.

(2) Ist eine Vergabeprüfstelle eingerichtet, so übermittelt die Kammer dieser den Antrag in Kopie.

(3) Der Vorsitzende unterrichtet den zuständigen ehrenamtlichen Beisitzer, übermittelt ihm eine Abschrift des Antrages und veranlasst, dass ihm Abschriften der Entscheidung der Vergabeprüfstelle und der Schriftsätze so rechtzeitig vor der mündlichen Verhandlung übermittelt werden, dass er sich mit der Sache vertraut machen kann. Ist ein ehrenamtlicher Beisitzer verhindert oder hat er am Vergabeverfahren mitgewirkt, so zeigt er dies dem Vorsitzenden unverzüglich an.

§ 5

(1) Nach Eingang der Akten leitet der Vorsitzende diese dem zuständigen Berichterstatter zu. Die Kammer prüft, ob Beiladungen zu dem Verfahren geboten sind und beschließt diese gegebenenfalls unverzüglich. Der Berichterstatter legt dem Vorsitzenden innerhalb der von diesem gesetzten Frist sein schriftliches Votum vor.

(2) Der Vorsitzende oder der Berichterstatter in den Fällen des § 105 Abs. 3 GWB können den Verfahrensbeteiligten Fristen für die Einreichung von Schriftsätzen setzen. Nach Ablauf der Fristen kann ein weiterer Vortrag unbeachtet bleiben.

(3) Mitteilungen der Kammern, Schriftsätze und Ladungen werden den Verfahrensbeteiligten nach Möglichkeit mit Telefax, ansonsten durch die Post oder einen Kurier übersandt.

III. Mündliche Verhandlung

§ 6

(1) Die Kammern entscheiden, sofern nicht die Voraussetzungen des § 112 Abs. 1 Satz 3 oder des § 112 Abs. 2 GWB vorliegen oder es sich um eine Entscheidung nach § 115 Abs. 2 Satz 1 oder 3 oder nach § 115 Abs. 3 Satz 1 GWB handelt, auf Grund mündlicher, nicht öffentlicher Verhandlung. Der Vorsitzende stimmt den Termin mit dem ehrenamtlichen Beisitzer ab und lädt die Verfahrensbeteiligten.

(2) Die Ladungsfrist beträgt mindestens drei Tage nach Eingang bei den Verfahrensbeteiligten.

§ 7

(1) Der Vorsitzende leitet die mündliche Verhandlung.

(2) Über die mündliche Verhandlung wird eine Niederschrift aufgenommen, die folgenden Inhalt hat:

- Ort und Tag der Verhandlung,
- Bezeichnung der entscheidenden Kammer,
- Namen des Vorsitzenden und der Beisitzer,
- Bezeichnung des Nachprüfungsverfahrens,
- Namen der erschienenen Verfahrensbeteiligten, ihrer gesetzlichen Vertreter und Bevollmächtigten sowie sonstiger Personen,
- Rücknahme des Antrags,
- Feststellung, dass die Verfahrensbeteiligten Gelegenheit zum Vortrag hatten,

- bei Entscheidung im Anschluss an die mündliche Verhandlung die Beschlussformel,
- die Unterschrift des Vorsitzenden.

(3) Die Verfahrensbeteiligten erhalten eine Abschrift der Niederschrift.

IV. Beschluss

§ 8

(1) Die Kammern entscheiden durch Beschluss. Das gilt auch dann, wenn über die Entscheidung einer Vergabeprüfstelle zu befinden ist. Ist die Entscheidung der Vergabeprüfstelle rechtswidrig, so hebt die Kammer diese auf und entscheidet nach § 114 GWB. Der Beschluss enthält:

- die Bezeichnung der entscheidenden Kammer,
- die Bezeichnung des Vorsitzenden und der Beisitzer,
- die Bezeichnung der Verfahrensbeteiligten,
- den Tag, an dem die mündliche Verhandlung abgeschlossen worden ist,
- die Beschlussformel,
- die Gründe,
- die Kostenentscheidung, soweit diese nicht durch gesonderten Beschluss ergeht,
- die Rechtsmittelbelehrung,
- die Unterschriften des Vorsitzenden und des hauptamtlichen Beisitzers. Ist ein Kammermitglied verhindert, seine Unterschrift beizufügen, so wird dies mit dem Hinderungsgrund vom Vorsitzenden oder, wenn er verhindert ist, vom hauptamtlichen Beisitzer unter dem Beschluss vermerkt. Der Unterschrift des ehrenamtlichen Beisitzers bedarf es nicht.

(2) Die begründete Entscheidung der Kammer wird den Verfahrensbeteiligten zugestellt. Ist eine Vergabeprüfstelle eingerichtet, wird ihr auf Anforderung eine Kopie der Entscheidung übersandt.

V. Geschäftsgang

§ 9

Die an die Kammern gerichteten Eingänge werden von der Geschäftsstelle behandelt. Diese erteilt jedem Nachprüfungsverfahren ein Geschäftszeichen gemäß der Registraturanweisung, prüft bei Eingang des Antrags, ob die Zahlung eines Vorschusses in Höhe der Mindestgebühr nachgewiesen ist und leitet den Antrag unverzüglich der zuständigen Kammer zu.

§ 10

Die Aufbewahrungsfrist der Verfahrensakten beträgt grundsätzlich 30 Jahre nach Abschluss des Verfahrens. Die Verfahrensakten der Kammern werden anschließend dem Bundesarchiv übergeben.

§ 11

Die Entscheidungen der Kammern werden in der Geschäftsstelle gesammelt. Sie sind auf der Home-Page des Bundeskartellamtes (www.bundeskartellamt.de) regelmäßig abrufbar.

§ 12

Die Kosten (Auslagen und Gebühren) werden von der Kostenstelle des Bundeskartellamtes eingezogen und verbucht.

VI. In-Kraft-Treten

§ 13

Diese Geschäftsordnung tritt am 15. Juli 2005 in Kraft. Gleichzeitig tritt die Geschäftsordnung der Vergabekammern des Bundes vom 20. Februar 2002 (Bekanntmachung Nr. 111/2002 vom 20. Februar 2002, BAnz. S. 10432) außer Kraft.

2. Gebührenstaffeln – Basisgebühr (als Richtwert)[1]

Stand: Juli 2016

Auftragswert in €	Basisgebühr in €
< 80.000	2.500
80.000	2.500
200.000	2.575
400.000	2.725
600.000	2.850
800.000	3.000
1.000.000	3.125
2.000.000	3.800
3.000.000	4.475
4.000.000	5.175
5.000.000	5.850
6.000.000	6.525
7.000.000	7.200
8.000.000	7.875
9.000.000	8.575
10.000.000	9.250
11.000.000	9.925
12.000.000	10.600
13.000.000	11.275
14.000.000	11.975
15.000.000	12.650
16.000.000	13.325
17.000.000	14.000
18.000.000	14.675

1 Bundeskartellamt, Informationsblatt zum Rechtsschutz bei der Vergabe öffentlicher Aufträge, im Internet abrufbar unter www.bundeskartellamt.de.

Auftragswert in €	Basisgebühr in €
19.000.000	15.375
20.000.000	16.050
22.000.000	17.400
24.000.000	18.775
26.000.000	20.125
28.000.000	21.475
30.000.000	22.850
32.000.000	24.200
34.000.000	25.575
36.000.000	26.925
38.000.000	28.275
40.000.000	29.650
50.000.000	36.450
60.000.000	43.250
70.000.000	50.000
> 70.000.000	50.000

3. Übersicht über den Stand der Tariftreue- und Vergabegesetze in den Ländern[1]

Stand: April 2017

Bundesland	Gesetz
Baden-Württemberg	Tariftreue- und Mindestlohngesetz für öffentliche Aufträge in Baden-Württemberg (Landestariftreue- und Mindestlohngesetz – LTMG) vom 16.4.2013 (GBl. S. 50)
Bayern	Derzeit keine gesetzliche Regelung
Berlin	Berliner Ausschreibungs- und Vergabegesetz vom 8.7.2010 (GVBl. S. 399); *zuletzt geändert durch Gesetz vom 5.6.2012 (GVBl. S. 159)*
Brandenburg	Brandenburgisches Gesetz über Mindestanforderungen für die Vergabe von öffentlichen Aufträgen (Brandenburgisches Vergabegesetz – BbgVergG) vom 29.9.2016 (GVBl. I Nr. 21)
Bremen	Bremisches Gesetz zur Sicherung von Tariftreue, Sozialstandards und Wettbewerb bei öffentlicher Auftragsvergabe (Tariftreue- und Vergabegesetz) vom 24.11.2009 (Brem.GBl. S. 476); *zuletzt geändert durch Gesetz vom 27.9.2016 (Brem.GBl. S. 591) – Mindestlohn zuletzt geändert durch „Verordnung über den Mindestlohn nach dem Landesmindestlohngesetz" vom 23.9.2014 (Brem.GBl. S. 403)*
Hamburg	Hamburgisches Vergabegesetz (HmbVgG) vom 13.2.2006 (HmbGVBl. S. 57); *zuletzt geändert durch Gesetz vom 15.12.2015*
Hessen	Hessisches Vergabe- und Tariftreuegesetz (HVTG) vom 19.12.2014 (GVBl. S. 354)
Mecklenburg-Vorpommern	Gesetz über die Vergabe öffentlicher Aufträge in Mecklenburg-Vorpommern (Vergabegesetz Mecklenburg-Vorpommern – VgG M-V) vom 7.7.2011 (GVOBl. M-V S. 411); *zuletzt geändert durch Gesetz vom 21.12.2015 (GVOBl. M-V S. 587)*
Niedersachsen	Niedersächsisches Gesetz zur Sicherung von Tariftreue und Wettbewerb bei der Vergabe öffentlicher Aufträge (Niedersächsisches Tariftreue- und Vergabegesetz – NTVergG) vom 31.10.2013 (Nds. GVBl. S. 259); *zuletzt geändert durch Gesetz vom 15.12.2016 (Nds. GVBl. S. 301)*
Nordrhein-Westfalen	Gesetz über die Sicherung von Tariftreue und Sozialstandards sowie fairen Wettbewerb bei der Vergabe öffentlicher Aufträge (Tariftreue- und Vergabegesetz Nordrhein-Westfalen – TVgG NRW) vom 31.1.2017 (GVBl. S. 273)[2]
Rheinland-Pfalz	Landesgesetz zur Gewährleistung von Tariftreue und Mindestentgelt bei öffentlichen Auftragsvergabe (LTTG) vom 1.12.2010 (GVBl. S. 426); *zuletzt geändert durch Gesetz vom 8.3.2016 (GVOBl. S. 178)*

1 Quelle: Forum Vergabe e.V., im Internet abrufbar unter www.forum-vergabe.de.

2 Anmerkung der Hrsg.: Das TVgG NRW wurde durch Art. 2 des Gesetzes vom 22.3.2018 (Entfesselungspaket I, GV. NRW. 2018, Nr. 8 v. 29.3.2018, S. 172) neu gefasst, insbesondere auf wenige Vorschriften reduziert. Das aktuelle Gesetz über die Sicherung von Tariftreue und Mindestlohn bei der Vergabe öffentlicher Aufträge (TVgG NRW) ist am 30.3.2018 in Kraft getreten.

Bundesland	Gesetz
Saarland	Gesetz Nr. 1798 über die Sicherung von Sozialstandards, Tariftreue und Mindestlöhnen bei der Vergabe öffentlicher Aufträge im Saarland (Saarländisches Tariftreuegesetz – STTG) vom 6.2.2013 (Amtsbl. I S. 84)
Sachsen	Gesetz über die Vergabe öffentlicher Aufträge im Freistaat Sachsen (Sächsisches Vergabegesetz – SächsVergabeG) vom 14.2.2013 (GVBl. S. 109)
Sachsen-Anhalt	Gesetz über die Vergabe öffentlicher Aufträge in Sachsen-Anhalt (Landesvergabegesetz – LVG LSA) vom 19.11.2012 (GVBl. LSA S. 536); *zuletzt geändert durch Gesetz vom 27.10.2015 (GVBl. LSA S. 562)*
Schleswig-Holstein	Gesetz über die Sicherung von Tariftreue und Sozialstandards sowie fairen Wettbewerb bei der Vergabe öffentlicher Aufträge (Tariftreue- und Vergabegesetz Schleswig-Holstein – TTG) vom 31.5.2013 (GVOBl. Schl.-H. S. 239)
Thüringen	Thüringer Gesetz über die Vergabe öffentlicher Aufträge (Thüringer Vergabegesetz – ThürVgG –) vom 18.4.2011 (GVBl. S. 69); *zuletzt geändert durch Gesetz vom 23.7.2013 (GVBl. S. 194, 202)*

Sachregister

Fette Zahlen verweisen auf Paragrafen, magere auf die Randnummern.